KB018073

우리말
형태소 사전

백문식

강원대학교 사범대학 국어교육과 졸업
같은 대학원에서 국어교육 전공
한말운동본부 연구위원장 지냄
전 경기 보라고등학교 교장

저서 및 논문
우리말의 뿌리를 찾아서, 삼광출판사, 1998(증보판 2006)
우리말 파생어 사전, 삼광출판사, 2004.
우리말 표준발음 연습, 박이정, 2005.
우리말 부사 사전, 박이정, 2006(개정판 2010. 중국 북경판 2010)
우리말 어원 사전, 박이정, 2014.

"문학교재의 구조화에 의한 지도방법론", 1983.
"탐구학습 전략을 통한 문법능력 신장 방안", 1995.
"우리말 표준발음 지도 방법 연구", 2001.
외 여러 편이 있음

우리말
형태소 사전

초판 발행 2012년 8월 20일
2쇄 발행 2014년 4월 30일

편 찬 자 백문식
펴 낸 이 박찬익
펴 낸 곳 도서출판 **박이정**
주 소 서울시 동대문구 천호대로 16가길 4
전 화 02)922-1192~3
팩 스 02)928-4683
홈페이지 www.pjbook.com
이 메 일 pijbook@naver.com
등 록 1991년 3월 12일 제1-1182호

ISBN 978-89-6292-322-3 (91710)

* 책값은 뒤표지에 있습니다.

우리말 형태소 사전

백문식

도서출판 박이정

 차례

머리말

인간이 사용하는 말과 글은 의사 소통의 기본 수단이다. 언어는 사고(思考)의 틀이며 가치의 집이다.

사전은 낱말을 체계적으로 모아 놓은 창고로 이용자에게 바르고 정확한 언어 정보를 제공하는 데 길잡이 구실을 한다.

이 책은 일반 국어사전의 전형적인 틀을 따르되, 낱말 위주가 아닌 형태소(形態素)를 올림말[표제어]로 삼은 것이 특징이다. 비유하자면, 화합물이 아니라 수소나 산소 같은 원소(元素)를 중심으로 재구성한 사전이라고 할 수 있다.

형태별로 분류·배열한 말뭉치를 구조적으로 파악하면 관련 낱말이 가진 뜻의 본질을 쉽게 이해할 수 있을 것이다. 아울러 낱말만들기 규칙의 습득이 어휘력 향상과 언어 활용 능력에 든든한 밑거름이 됨을 전제로 하였다.

최소의 자립 형식으로 정의되는 낱말은 한 형태소[단일어]나 여러 형태소[파생어, 합성어]로 구성된다.

형태소(morpheme)란 뜻을 지닌 가장 작은 말의 요소로서 더 이상 쪼갬이 불가능한 문법 단위다.

예를 들어 "꽃이 피었다"라는 문장은 '꽃, 이, 피-, -었-, -다'의 형태소로 이루어졌다. 이들 중 '꽃'은 홀로 설 수 있는 자립형태소이며 나머지는 다른 말에 기대어 쓰이는 의존형태소다. '꽃, 피-'는 구체적인 대상이나 동작, 상태와 같은 어휘적 의미를 표시하므로 실질형태소라 하고, '이, -었-, -다'는 실질형태소에 붙어 주로 말과 말 사이의 관계나 문법 기능을 표시하므로 형식형태소라고 한다.

〈형태소 사전〉은 우리말을 사용하는 사람들에게 폭넓은 사고와 바르고 아름다운 언어 생활을 위한 어휘력 증진에 이바지하려는 의도로 엮었다. 집필하면서 기존의 국어사전과 관계 논저를 두루 참고하였다. 독자 여러분의 질정을 바라며 부족한 부분은 앞으로 보완할 계획이다.

책이 나오기까지 주위에 계신 여러분의 격려와 도움, 특히 대학원에서 국어교육을 전공하는 백벼리에게 고맙다는 말을 전한다. 끝으로 출판을 맡아 거친 원고를 곱게 꾸며 주신 도서출판 박이정 박찬익 사장님과 편집진께 깊이 감사를 드린다.

2012년 4월 19일

광교산 기슭에서 잣뫼 백 문 식

◈ 일 러 두 기 ◈

1. 이 사전은 현대 우리말의 형태소를 올림말[표제어]로 삼고 같은 낱말군을 한데 모아 놓았다. 단, 고유명사와 근·현대 외래어는 되도록 싣지 않았다.

2. 올림말은 한글 맞춤법의 자모순에 따르고, 한자로 된 형태소는 낱말의 수가 많고 획이 적은 순서로 늘어놓았다.
   자음 ㄱ ㄲ ㄴ ㄷ ㄸ ㄹ ㅁ ㅂ ㅃ ㅅ ㅆ ㅇ ㅈ ㅉ ㅊ ㅋ ㅌ ㅍ ㅎ
   모음 ㅏ ㅐ ㅑ ㅒ ㅓ ㅔ ㅕ ㅖ ㅗ ㅘ ㅙ ㅚ ㅛ ㅜ ㅝ ㅞ ㅟ ㅠ ㅡ ㅢ ㅣ

3. 형태소에 딸린 낱말의 뜻풀이와 예문은 괄호 또는 각주로 처리하였고, 그 나머지는 뜻풀이를 생략하였다.

4. 형태소 분석 방법은 대치(代置)와 결합(結合)의 원리에 따르고, 공시적 또는 어원적으로 형태소를 분석하였다. 음운론·형태론적 조건에 따른 이형태(異形態)와 달리 실제 발화되는 구체적 단위로서의 이형태는 기술하지 않았다.

5. 어형(語形)이 변하는 형태소는 작은말이나 자주 쓰는 말을, 형태소 분석이 불분명할 경우에는 낱말[단어]을 그대로 올림말로 삼았다.

6. 남·북한·연변에서 쓰는 현대어를 두루 수록하여 우리말의 총체적 모습을 담았다.

7. 약호 및 부호
   : 올림말과 풀이와의 경계, 긴소리
   −, + 어근과 접사, 형태소 경계
   = 동의어(同義語)
   ≒ 유의어(類義語)
   ↔ 반의어(反意語)
   ← 낱말의 연원 표시
   · , / 본말과 준말의 가름, 낱말의 열거
   ¶ 올림말에 속하는 낱말과 용례(用例)
   ( ) 낱말의 뜻풀이
   〈 〉 준말, 여린말, 큰말, 작은말, 센말, 거센말, 들어온 말
   〉,〈 통시적인 변천
   [ ] 어원, 발음, 낱말군, +, − 환경 자질
   § 올림말에 대한 덧붙임 풀이
   ☞ 같은 뜻의 형태소
   * 문법에 어긋난 문장, 문헌적으로 실증되지 않은 재구형(再構形)

ㄱ

가[1] 바닥의 복판으로부터 바깥쪽으로 향하여 끝닿은 곳. 어떤 물체에서 매우 가까운 주위의 공간.[<ᄀᆞ<ᄀᆞᇫ]. ≒가장자리[1]. 언저리. 둘레. 주변(周邊). 변두리(외곽).↔가운데. 복판. 중앙(中央). ¶운동장 가에 학생들이 모여 있다. 가근방(近方), 갓기둥, 갓길[2], 갓나무[3], 가녘(변두리나 한쪽 모퉁이)[가녘돌, 가녘보], 갓대(접부채의 양쪽에 대는 대쪽), 가도련(刀鍊;종이의 가장자리를 가지런하게 벰), 갓돌[4], 가두리(물건의 가에 둘린 언저리), 가두리양식(養殖), 갓머리(산등성이의 가장 높은 곳), 갓물질(바닷가에서 하는 물질), 갓바다(뭍에서 가까운 바다), 갓방(房;가에 있는 방), 가살[5], 가생이(가장자리를 이루는 부분), 가선(縇)[6], 가없다/가이없다[7], 가위선(線)[8], 가위손[9], 가장자리, 갓집, 가쪽(가장자리 방향), 갓털[10], 가톱(세톱박이 밤의 양쪽 가에 있는 밤톨), 가후리[11]; 강가(江), 갯가, 개울가(개울녘), 개천가(川), 귓가, 길가, 나룻가, 난롯가(煖爐), 냇가, 논가, 눈가, 늪가(늪의 둘레), 들창가(窓), 마당가, 못가, 무덤가, 문가(門), 물가(물녘), 바닷가, 밭둑가, 벼랑가, 부둣가(埠頭), 샘물가/샘가, 선창가(船窓), 수돗가(水道), 수풀가/숲가, 시냇가, 연못가(蓮), 우물가, 입가(입언저리), 잎가(잎의 가장자리), 창가(窓), 하늘가(하늘의 끝), 하천가(河川), 해안가(海岸), 호숫가(湖水), 화롯가(火爐) 들.

가[2] 음계(音階)[12]의 여섯째 음의 이름. 라(la). ¶가단조(短調), 가장조(長調).

가/이 모음으로 끝나는 체언에 붙어, [받침 뒤에서는 '이'로 쓰임]. ①어떤 상태나 상황에 놓인 대상, 또는 상태나 상황을 겪거나 일정한 동작을 하는 주체를 나타내는 주격 조사. 〈높〉께서. 께옵서. ¶친구가 왔다. 산이 높다. ¶철수와 순이가 우등생이다. 누가 이번 일에 앞장을 서느냐가 중요하다. ②'되다', '아니다' 앞에 쓰여, 바뀌게 되는 대상이나 부정하는 대상임을 나타내는 보격 조사. ¶그는 바보가 아니다. 물이 얼음이 되다. ③일부 부사 뒤, 또는 보조적 연결 어미 '-지'나 '-고 싶다. -기 어렵다/쉽다'의 구성에서 앞말을 지정하여 강조하는 뜻을 나타내는 보조사. ¶도대체가 틀려먹었다. 모두가 돌아갔다. 어쩐지 기분이 좋지가 않다. 어머니가 보고 싶다. 책이 읽기가 어렵다. §'나/ 너/ 저/ 누구'와 붙으면 '내가/ 네가/ 제가/ 누가'의 꼴이 됨.

가(家) ①같은 호적에 들어 있는 친족 집단. 또는 집이나 집안. ¶가가례(家家禮)[13], 가가호호(家家戶戶;집집이), 가각본(家刻本;개인이나 민간에서 사사로이 펴낸 책), 가간사(家間事), 가거(家居), 가격(家格), 가계(家系)[14], 가계(家計)[15], 가계(家契), 가계(家鷄), 가고(家故), 가구/주(家口/主), 가구(家具)[가구공예(工藝), 가구장이, 가구재(材), 가구점(店); 등가구(藤)], 가국(家國), 가군(家君), 가권(家券), 가권(家眷), 가권(家權), 가규(家規), 가금(家禽;집에서 기르는 날짐승)[가금업(業), 가금학(學)], 가기/판(家忌/板), 가난(家難), 가내(家內)[가내공업(工業), 가내노동(勞動)], 가노(家奴), 가대(家垈), 가대인(家大人;아버지), 가도(家道), 가돈(家豚;아들), 가동(家僮;종), 가력(家力;살림), 가령(家令), 가례(家禮;한 집안의 예법), 가록(家祿), 가명(家名), 가모기(家母;어머니), 가묘(家廟), 가무(家務), 가문(家門;집안)[대성가문(大姓)], 가문(家紋;한 가문의 표지로 삼는 도형), 가방(家邦), 가백(家伯), 가벌(家閥), 가법(家法), 가변(家變;집안의 변고), 가보(家譜), 가보(家寶), 가복(家僕), 가부(家夫), 가부(家父)[가부장(長), 가부장제(長制)], 가빈(家貧), 가사(家事)[가사경제(經濟), 가사실(室), 가사심판(審判), 가사조정(調停)], 가산(家山), 가산(家産)[가산국가(國家), 가산제도(制度); 탕진가산(蕩盡), 탕패가산(蕩敗)], 가삼(家蔘), 가상(家相), 가서(家書;집에서 온 편지), 가성(家聲), 가세(家貫), 가세(家勢;집안 살림의 형편), 가속(家屬;家族), 가솔(家率;집안 식구), 가숙(家塾), 가승(家乘;한 집안의 역사), 가신(家臣), 가신(家信;家書), 가신/제(家神/祭), 가실(家室;한 집안), 가아(家兒;남에게 자기의 아들을 낮추어 이르는 말), 가액(家厄;집안의 재앙), 가양/주(家釀/酒), 가엄(家嚴;家親), 가업(家業)[안가업(안방에서 음식을 파는 일)], 가역(家役), 가옥(家屋;집)[가옥구조(構造), 가옥대장(臺帳), 가옥세(稅); 독립가옥(獨立)], 가용(家用), 가운(家運), 가인(家人), 가자(家慈), 가작(家作), 가잠(家蠶), 가장/권(家長/權), 가장(家狀), 가장/집물(家藏/什物), 가재(家財), 가전/비방(家傳/秘方), 가전(家電;가정용 전기)[가전기기(器機), 가전제품(製品)], 가정(家政)[가정경제(經濟), 가정부(家政婦), 가정학(學)], 가정(家庭)[16],

---

1) 가장자리: 물체에서 가장 바깥에 있는 부분.[←가/ᄀᆞᇫ+앙+자리]. ¶책상의 가장자리에 놓인 꽃병.

2) 갓길: 큰길의 가장자리로 난 길. 비상시 이용하도록 고속도로 양쪽 가장자리에 낸 길.

3) 갓나무: 의자의 뒷다리 맨 위에 가로질러 댄 나무. ¶나무 의자의 갓나무 삐걱거리는 소리에 세월의 깊이가 느껴진다.

4) 갓돌: 가장자리에 둘러놓은 돌. 경계석(境界石).

5) 가살: 뭍에서 가장 가까운 물가 쪽에 놓는 어살. ¶가살을 놓다.

6) 가선(縇): ①옷이나 가방 따위의 가장자리를 다른 헝겊으로 좁게 싸서 돌린 선. ¶가선을 두르다. ②눈시울의 쌍꺼풀진 금. ¶가선이 지다. §'선(縇;가선을 두르다)'은 우리나라에서 만든 한자.

7) 가이없다: 끝이 안 보이게 넓다. 헤아릴 수 없다.≒그지없다. 끝없다. ¶가없는 어머님의 은혜에 그는 눈물을 흘렸다. 가이없는 바다. 가이없이/가없이(영원히. 그지없이. 무한히).

8) 가위선(線): 어떤 물체의 가장자리를 이루는 선. ¶국 가마의 가위선. 창문의 가위선.

9) 가위손: ①삿자리 따위의 둘레에 천 같은 것을 빙 돌려 댄 부분. 또는 그 천. ②그릇이나 냄비 따위의 손잡이. ¶가위손이 뜨거울 테니 맨손으로 잡지 마라.

10) 갓털: 꽃받침의 변형. 씨방의 맨 끝에 붙은 솜털.

11) 가후리: 연안(沿岸)에 후릿그물을 쳐서 바닷가로 고기를 끌어들여 잡는 방법.[←가+후리(다)].

12) 음계(音階): 음악에 쓰이는 음을 그 높이의 차례대로 일정하게 배열한 것. 서양 음악의 도(다) · 레(라) · 미(마) · 파(바) · 솔(사) · 라(가) · 시(나), 동양 음악의 궁 · 상 · 각 · 치 · 우 따위.

13) 가가례(家家禮): 각 집안에 따라 달리 행하는 예법 · 풍속 · 습관 따위. ¶제사 지내는 절차도 가가례라 어느 것이 옳다고 하기가 어렵다.

14) 가계(家系): 대대로 이어 내려온 한 집안의 계통. 가통(家統). ¶그의 가계는 선비의 집안이다. 가계도(圖), 가계연구법(研究法).

15) 가계(家計): 한 집안 살림의 수입과 지출의 상태. 집안 살림을 꾸려 나가는 방도나 형편. ¶거듭되는 지출로 가계는 적자가 되었다. 가계가 쪼들리다. 가계경제(經濟), 가계보험(保險), 가계부(簿), 가계비(費), 가계소득(所得), 가계수표(手票), 가계조사(調査), 가계종합예금(綜合預金).

16) 가정(家庭): 한 가족이 생활하는 집. 함께 생활하는 한 가족 단위로서의 집단.≒집안. 보금자리. ¶가정이 화목하다. 결혼하여 한 가정을 이루다.

가제(家弟), 가족(家族)[17], 가존(家尊), 가좌(家座), 가주(家主), 가중(家中), 가직(家直), 가질(家姪), 가집(家什), 가집(家集), 가첩(家牒), 가축(家畜)[18], 가출(家出), 가친(家親;자기의 아버지), 가쾌(家儈;집주릅), 가택/수색(家宅/搜索), 가토(家兎), 가통(家統), 가품(家品;家風. 한 집안 사람들의 공통된 성품), 가풍(家風;한 집안에 전하여 내려오는 풍습이나 범절), 가학(家學), 가행(家行), 가향(家鄕), 가형(家兄), 가호(家戶), 가화(家禍), 가환(家患;집안의 우환), 가훈(家訓;가정 교훈. 집안의 도덕적 실천 기준으로 삼은 가르침); 가가(假家), 거가(巨家), 거가(居家), 거가(擧家), 계가(計家), 고가(古家), 고가(故家), 공가(公家), 공가(空家), 관가(官家), 구가(舊家), 국가(國家), 궁가(宮家), 권가(權家), 귀가(歸家), 기가(起家), 난가(亂家), 난가(難家), 농가(農家), 누가(累家), 단가(檀家), 당가(唐家), 당가(當家), 대가(大家), 대가(貸家), 대소가(大小家), 도가(都家), 백가(百家;많은 학자 또는 작자), 동가(同家), 동가(東家), 동맹가(同盟家;勳錄이 서로 같은 공신의 집안), 만가하다(滿家), 망가(亡家), 매가(每家), 매가(妹家), 매가(賣家), 명가(名家), 무가(武家), 무장가(武將家), 무후가(無後家;상속인이 없어 소멸된 집안), 묵가(墨家), 문한가(文翰家;대대로 뛰어난 문필가가 난 집안), 민가(民家), 반가(班家), 방가(邦家), 방매가(放賣家), 별가(別家), 병가(病家), 보가(保家), 보가(補家), 복가(福家), 본가(本家), 본생가(本生家), 부가(富家), 분가(分家), 불가(佛家), 빈가(貧家), 사가(私家), 사가(査家), 사가(師家), 사부가(士夫家), 사환가(仕宦家), 산가(山家), 산가(産家), 상가(商家), 상가(喪家), 상차가(相借家), 생가(生家), 서가(庶家), 석가(釋家), 선가(禪家), 설가(挈家), 성가(成家)[자수성가(自手), 적수성가(赤手)], 성가(聖家), 세가(世家), 세가(貰家), 세가(勢家), 소가(小家), 소생가(所生家), 소후가(所後家), 속가(俗家), 솔가(率家), 수가(收家), 술가(術家), 승가(僧家), 시가(媤家), 실가(室家), 실가(實家), 안가(安家), 양가(良家), 양가(兩家), 양가(養家), 양가(楊家), 여가(閭家), 연가(煙家), 예가(禮家), 와가(瓦家), 왕가(王家), 외가(外家)[외가댁(宅); 진외가(陳)], 원가(怨家), 유가(儒家), 의가(依家), 이가(離家), 인가(人家), 인가(姻家), 인가(隣家), 일가(一家)[19], 자가(自家), 잡가(雜家), 재가(在家), 재가(齋家), 재상가(宰相家), 적가(嫡家), 전가(田家), 전가(全家), 전가(傳家), 절가(絕家), 제가(諸家;여러 집안. 여러 대가), 제가(齊家;집안을 바로 다스림), 조가(朝家;朝廷), 존가(尊家), 졸가(拙家), 종가(宗家), 주가(住家;사는 집), 주가(酒家;술집), 차가(借家), 창가(娼家), 처가(妻家), 철가도주(撤家逃走), 첩치가(妾置家), 초가(草家), 촌가(村家), 출가(出家), 치가(治家), 치가(致家), 치가(置家), 친가(親家), 타가(他家)[타가수분(受粉), 타가수정(受精)], 통가(通家), 파가(破家), 파가(罷家), 패가(敗家), 평가(平家), 폐가(弊家), 폐가(廢家), 폐절가(廢絕家), 혐가(嫌家;서로 꺼리고 미워하는 집안), 혼가(婚家), 혼가(渾家), 환가(患家), 환가(換家), 환가(還家), 후가(後家;뒷집), 흉가(凶家). ②일부 명사 뒤에 붙어 '그 방면의 일이나 지식이 남보다 뛰어난 사람. 그것을 많이 가진 사람. 그런 특성을 지닌 사람'의 뜻을 나타내는 말. ¶각본가(脚本家), 각색가(脚色家), 감식가(鑑識家), 감여가(堪輿家), 감정가(感情家), 감정가(鑑定家), 개혁가(改革家), 건담가(健啖家), 건망가(健忘家), 건식가(健食家), 건축가(建築家), 검약가(儉約家), 경륜가(經綸家), 경세가(經世家), 경제가(經濟家), 경험가(經驗), 고문가(古文家), 고전가(古典家), 고필가(古筆家), 골계가(滑稽家), 공담가(空談家), 공론가(空論家), 공상가(空想家), 공업가(工業家), 공예가(工藝家), 공처가(恐妻家), 과작가(寡作家), 관상가(觀相家), 광산가(鑛産家), 교육가(教育家), 국사가(國史家), 군략가(軍略家), 권력가(權力家), 권모가(權謀家), 극단가(極端家), 극작가(劇作家), 극평가(劇評家), 근면가(勤勉家), 금문가(今文家), 금자가(金字家), 기고가(寄稿家), 기교가(技巧家), 기변가(機變家), 기업가(企業家), 기업가(起業家), 기업가(機業家), 기호가(奇好家), 기환가(綺紈家), 낙천가(樂天家), 노력가(努力家), 노련가(老鍊家), 논가(論家), 능변가(能辯家), 다변가(多辯家), 다작가(多作家), 달변가(達辯家), 대가(大家), 대방가(大方家), 대식가(大食家), 덕교가(德教家), 덕망가(德望家), 덕행가(德行家), 도규가(刀圭家), 도덕가(道德家), 도락가(道樂家), 도안가(圖案家), 도예가(陶藝家), 독단가(獨斷家), 독림가(獨林家), 독서가(讀書家), 독선가(獨善家), 독설가(毒舌家), 독점가(獨占家), 독주가(獨奏家), 독지가(篤志家), 등산가(登山家), 만담가(漫談家), 만화가(漫畵家), 망명가(亡命家), 매명가(賣名家), 매문가(賣文家), 명망가(名望家), 명문가(名文家), 명상가(冥想家), 모험가(冒險家), 목조가(木彫家), 목축가(牧畜家), 몽상가(夢想家), 무산가(無産家), 무용가(舞踊家), 문법가(文法家), 문예가(文藝家), 문장가(文章家), 문필가(文筆家), 문학가(文學家), 미술가(美術家), 미식가(美食家), 미신가(迷信家), 민완가(敏腕家), 박식가(博識家), 발명가(發明家), 배금가(拜金家), 번역가(飜譯家), 법률가/법가(法律家), 변론가(辯論家), 변설가(辯舌家), 병가(兵家;병학의 전문가), 병법가(兵法家;병법의 전문가), 보수가(保守家), 본초가(本初家), 분석가(分析家), 불교가(佛教家), 불평가(不平家), 비행가(飛行家), 사교가(社交家), 사무가(事務家), 사상가(思想家), 사색가(思索家), 사실가(寫實家), 사업가(事業家), 산업가(産業家), 상식가(常識家), 삽화가(挿畵家), 색주가(色酒家), 서가(書家), 서도가(書道家), 서예가(書藝家), 서화가(書畵家), 선동가(煽動家), 설계가(設計家), 섭생가(攝生家), 성악가(聲樂家),

가정경제(經濟), 가정관리(管理), 가정교사(教師), 가정교육(教育), 가정교훈(教訓), 가정극(劇), 가정란(欄), 가정방문(訪問), 가정법원(法院), 가정불화(不和), 가정생활(生活), 가정소설(小說), 가정용품(用品), 가정의(醫), 가정적(的), 가정집, 가정통신(通信), 가정학습(學習), 가정환경(環境); 결손가정(缺損), 모자가정(母子), 상류가정(上流).

17) 가족(家族): 남편과 아내를 중심으로 혈연 관계로 한 집안을 이룬 사람들의 집단. 한 집안의 친족.≒식구(食口). 피붙이. 친척(親戚). 이해 관계나 뜻을 같이 하여 맺어진 사람들. ¶가족경제(經濟), 가족계획(計劃), 가족공동체(共同體), 가족국가(國家), 가족노동(勞動), 가족농업(農業), 가족력(歷), 가족무덤, 가족법(法), 가족사(史), 가족사진(寫眞), 가족생활(生活), 가족수당(手當), 가족적(的), 가족제도(制度), 가족주의(主義), 가족탕(湯), 가족해체(解體), 가족회(會), 가족회의(會議); 대가족(大), 모계가족(母系), 방계가족(傍系), 복합가족(複合), 부계가족(父系), 부양가족(扶養), 분쟁가족(紛爭), 소가족(小), 쌍계가족(雙系), 유가족(遺家族), 이산가족(離散), 직계가족(直系), 핵가족(核), 확대가족(擴大).

18) 가축(家畜): 집에서 기르는 짐승. ¶가축법(法), 가축병원(病院), 가축시장(市場), 가축우리, 가축학(學), 가축화/하다(化); 대가축(大), 소가축(小).

19) 일가(一家): ①성과 본이 같은 겨레붙이. 한집안. ¶일가단란(團欒), 일가문중(門中), 일가친척(親戚), 일가화합(和合); 붙이기일가. ②학문·예술·기술 분야에서 독립한 한 유파(流派). ¶일가견(見;자기 나름의 독자적인 경지나 체계를 이룬 견해); 자성일가(自成;스스로의 노력으로 어떤 학문이나 기예에 통달하여 일가를 이룸).

성학가(星學家), 세도가(勢道家), 세력가(勢力家), 소설가(小說家), 소식가(小食家), 수구가(守舊家), 수단가(手段家), 수사가(修史家), 수완가(手腕家), 수집가(蒐集家), 수필가(隨筆家), 숙련가(熟練家), 술수가(術數家), 술업가(術業家), 술책가(術策家), 시가(詩家), 식도락가(食道樂家), 실력가(實力家), 실무가(實務家), 실업가(實業家), 실제가(實際家), 실천가(實踐家), 실행가(實行家), 심출가(心出家), 악식가(惡食家), 안무가(按舞家), 애견가(愛犬家), 애도가(愛陶家), 애서가(愛書家), 애연가(愛煙家), 애조가(愛鳥家), 애주가(愛酒家), 애처가(愛妻家), 애호가(愛好家), 애호가(愛護家), 야담가(野談家), 야심가(野心家), 야욕가(野慾家), 양생가(養生家), 양응가(養鷹家),여행가(旅行家), 역농가(力農家), 역사가/사가(歷史家), 역상가(曆象家), 역설가(逆說家), 역술가(曆術家), 연구가(研究家), 연설가(演說家), 연주가(演奏家), 연출가(演出家), 열심가(熱心家), 염복가(艶福家), 염색가(染色家), 염세가(厭世家), 엽기가(獵奇家), 엽색가(獵色家), 예문가(禮文家), 예술가(藝術家), 예언가(豫言家), 완력가(腕力家), 외교가(外交家), 요설가(饒舌家), 운동가(運動家), 웅변가(雄辯家), 원예가(園藝家), 위생가(衛生家), 유력가(有力家), 유지가(有志家), 육성가(育成家), 육식가(肉食家), 은행가(銀行家), 음악가(音樂家), 음양가(陰陽家), 의가(醫家), 의술가(醫術家), 의장가(意匠家), 이론가(理論家), 이론가(異論家), 이재가(理財家), 인색가(吝嗇家), 인망가(人望家), 자본가(資本家), 자산가(資産家), 자선가(慈善家), 작가(作家), 작곡가(作曲家), 작명가(作名家), 작전가(作戰家), 장서가(藏書家), 재담가(才談家), 재력가(財力家), 재산가(財産家), 재정가(財政家), 저술가(著述家), 저작가(著作家), 전각가(篆刻家), 전략가(戰略家), 전문가(專門家), 전술가(戰術家), 절약가(節約家), 정담가(政談家), 정력가(精力家), 정열가(情熱家), 정치가(政治家), 정탐가(偵探家), 제조가(製造家), 조각가(彫刻家), 종교가(宗教家), 종횡가(縱橫家), 주유가(周遊家), 주조가(酒造家), 참위가(讖緯家), 창술가(槍術家), 창작가(創作家), 채식가(菜食家), 천문가(天文家), 철필가(鐵筆家), 철학가(哲學家), 촬영가(撮影家), 탐식가(貪食家), 탐욕가(貪慾家), 탐정가(探偵家), 탐험가(探險家), 투자가(投資家), 특지가(特志家), 풍류가(風流家), 필가(筆家), 학문가(學問家), 해학가(諧謔家), 행정가(行政家), 험구가(險口家), 혁명가(革命家), 형명가(刑名家), 호고가(好古家), 호사가(好事家), 호색가(好色家), 호식가(好食家), 호전가(好戰家), 화가(畵家), 활동가(活動家) 들.

가(假) '가짜 · 거짓 · 헛것. 임시로. 임시적인. 빌리다. 가령(假令)'을 뜻하는 말.↔진(眞). ¶가가(假家), 가거(假居), 가건물(假建物), 가건축(建築), 가검물(假檢物), 가결의(假決議), 가계약(假契約), 가계정(假計定), 가골(假骨), 가공간(假空間), 가과(假果), 가관속(假官屬), 가관절(假關節), 가교(假橋), 가교사(假校舍), 가교실(假教室), 가근(假根;헛뿌리), 가금(假金), 가납(假納), 가늑골(假肋骨), 가도(假渡), 가도(假道), 가도관(假導管), 가도조(假賭租), 가등기(假登記), 가등록(假登錄), 가량[20]/없다(假量), 가령(假令;가정하여 말한다면. 예컨대), 가리(假吏), 가매(假寐), 가매립(假埋立), 가매(假寐;짧은 동안의 잠. 거짓으로 자는 체함), 가매장(假埋葬), 가면(假面)[21], 가면제(假免除), 가면허(假免許), 가명(假名↔本名), 가묘(假墓), 가문서(假文書), 가박(假泊), 가발(假髮), 가방(假房), 가방면(假放免), 가본(假本), 가본적(假本籍), 가봉(假縫;시침바느질), 가분수(假分數), 가불(假拂), 가사(假使), 가사(假死), 가산(假山), 가상(假相), 가상(假象↔實在), 가상(假想)[22], 가상(假像), 가색(假色), 가석방(假釋放), 가설(假設;임시로 설치함)[가설공사(工事), 가설극장(劇場), 가설무대(舞臺), 가설물(物), 가설인(人)], 가설(假說)[23], 가성(假性;병인은 다르면서 증세는 비슷한 성질)[가성근시(近視), 가성빈혈(貧血)], 가성(假聲), 가성대(假聲帶), 가성명(假姓名), 가성문(假聲門), 가소(假笑;거짓 웃음), 가쇄(假刷), 가수/금(假受/金), 가수요(假需要)/가수(假需), 가수(假數), 가수(假睡), 가수용(假收容), 가식(假植;임시로 심음.↔定植)/법(法), 가식(假飾)[24], 가압류(假押留), 가압수(假押收), 가약정(假約定), 가어사(假御使), 가어옹(假漁翁), 가어음, 가언(假言)[25], 가역사(假驛舍), 가열(假熱), 가엽(假葉;헛잎), 가영수(假領收), 가영업(假營業), 가영치(假領置), 가예산(假豫算), 가옥(假屋), 가우(假寓;임시 거처함), 가웅예(假雄蕊;헛수술), 가위탁(假委託), 가유(假有), 가유치(假留置), 가작(假作), 가장(假葬), 가장(假裝)[가장무도(舞蹈), 가장하다, 가장행렬(行列), 가장행위(行爲), 가장회(會)], 가전체(假傳體)[26], 가정/법(假定/法), 가정(假晶), 가정거장(假停車場), 가정관(假定款), 가정류소(假停留所), 가정류장(假停留場), 가정부(假政府), 가젓제(假-劑), 가제(假製), 가제목(假題目), 가제방(假堤防), 가제본(假製本), 가조(假造), 가조각(假爪角), 가조약(假條約), 가조인(假調印), 가족(假足), 가종피(假種皮), 가주거(假住居), 가주권(假株券), 가주소(假住所), 가주어(假主語), 가주제(假主題), 가지급(假支給), 가진급(假進級), 가질(假質), 가집장(假醬), 가집행(假執行), 가짜, 가차(假借), 가차사(假差使), 가차압(假差押), 가채권(假債券), 가처분(假處分), 가철(假綴), 가체포(假逮捕), 가추(假椎), 가출소(假出所), 가출옥(假出獄), 가치(假齒),

---

20) 가량(假量): ①어떤 일에 대하여 확실한 계산은 아니나 얼마쯤이나 정도가 되리라고 짐작하여 봄.≒어림짐작. 가늠. ¶얼마가 필요할는지 자네가 가량해서 가져오게. 가량없다, 가량없이; 겉가량, 속가량, 초가량(初). ②능력 또는 신분이나 처지로 할 만한 일인가 아닌가를 생각해 보는 일.≒분수(分數).[+부정어]. ¶그 사람은 아주 가량없이 굴어 믿을 수가 없다. ③수량을 나타내는 명사 또는 명사구 뒤에 붙어 '정도'의 뜻을 더하는 말.≒-쯤. ¶아직 한 시간가량 더 가야 도착이다. 열 명가량 모였다. 식량이 얼마가량 필요한가. 10%가량/ 30세가량.

21) 가면(假面): 나무나 종이 따위로 사람이나 짐승의 얼굴 모양을 본떠 만든 것. '본마음이나 참모습을 감춘, 거짓 꾸밈'을 비유. ¶가면을 쓰다/ 벗다. 가면극(劇), 가면무(舞;탈춤), 가면무도/회(舞蹈/會), 가면적(的), 가면현상(現象), 가면희(戲); 구나가면(驅儺), 벽사가면(辟邪).

22) 가상(假想): 가정(假定)하여 생각함. 어림생각. ¶가상의 적. 가상공간(空間), 가상극(劇), 가상도(圖), 가상원(源), 가상일, 가상적(的), 가상적(敵), 가상하다, 가상현실(現實), 가상훈련(訓練).

23) 가설(假說): 경험 과학에 있어서, 어떤 현상을 설명하거나 어떤 이론을 구체적으로 펴나가기 위하여 우선 이용하는, 아직 증명되지 아니한 이론. ¶가설검정(檢定), 가설추리(推理), 가설판단(判斷); 귀무가설(歸無;영가설), 단순가설(單純), 복합가설(複合), 연합가설(聯合), 영가설(零), 이류가설(移流), 주의가설(注意), 통계가설(統計).

24) 가식(假飾): 말이나 행동을 속마음과는 달리 거짓으로 꾸밈. ¶가식이 없는 인품. 가식적(的), 가식하다.

25) 가언(假言): ①어떤 조건을 가정한 말. 가설(假說). ¶가언적(的)[가언적명령(命令), 가언적명제(命題), 가언적삼단논법(三段論法), 가언적추론(推論), 가언적판단(判斷)]. ②거짓말.

26) 가전체(假傳體): 사물을 의인화(擬人化)하여 전기(傳記) 형식으로 적은 문학 양식. ¶가전체소설(小說).

가칠(假漆;애벌칠), 가칭(假稱;임시 이름. 거짓으로 일컬음), 가탁(假託)[27], 가투표(假投票), 가편집(假編輯), 가평균(假平均), 가현(假現)[28]/하다, 가현운동(假現運動)[29], 가호적(假戶籍), 가화류(假樺榴), 가화폐(假貨幣), 가화(假花), 가화합(假和合), 가환(假鬟), 가환부(假還付), 가환지(假換地); 진가(眞假), 호가호위(狐假虎威) 들.

가(可) ①옳거나 좋음. 할(될) 수 있음. 허락하다. ¶연소자 관람 가. 가가(可呵), 가감지인(可堪之人), 가감하다(可堪), 가거지지(可居之地), 가검물(可檢物;병균의 유무를 알아보기 위하여 거두는 물질), 가경지(可耕地), 가경하다(可驚), 가고하다(可考), 가공하다(可恐;놀랄 만하다), 가관/스럽다(可觀;꼴이 볼 만하다), 가괴하다(可怪;괴이하게 여길 만하다), 가교하다(可敎), 가급적(可及的;되도록), 가긍하다/스럽다(可矜;불쌍하고 가엾다), 가기하다(可期;기대하거나 기약할 수 있다), 가능(可能)[가능성(性), 가능하다; 불가능(不)], 가단성(可鍛性)[30], 가당(可當;합당함. 걸맞음)[가당하다, 가당찮다], 가동(可動)[31], 가려하다(可慮;걱정/염려스럽다), 가련하다(可憐;가엽고 불쌍하다), 가망/성(可望/性), 가변(可變)[32], 가분(可分)[가분급부(給付), 가분물(物), 가분성(性)], 가불가(可不可), 가상계(可想界), 가석하다(可惜;안타깝다), 가소롭다(可笑;같잖아서 우습다), 가소성(可塑性)[33], 가시(可視)[34], 가약(可約;약분할 수 있음), 가역(可逆)[35], 가연(可燃;불에 탈 수 있음)[가연물(物), 가연성(性), 가연체(體)], 가외(可畏), 가용(可溶;액체에 잘 녹음)[가용물(物), 가용성(性)], 가용/금(可鎔/金), 가용인구(可容人口), 가위(可謂;가히 말하자면. 말 그대로 과연), 가융합금(可融合金), 가이동가이서(可以東可以西), 가전성(可展性), 가제(加除), 가조율(可照率), 가증/스럽다/맞다/하다(可憎;괘씸하고 얄밉다), 가지(可知), 가채(可採), 가청(可聽)[가청음(音), 가청주파수(周波數)], 가축성(可縮性), 가취(可取), 가타부타(可-否;옳다거나 그르다거나), 가탄하다(可歎;탄식할 만하다), 가통하다(可痛), 가편(可便), 가하다[36], 가히[37], 가합하다(可合;마음에 합당하다), 가항(可航); 방가위지(方可謂之), 불가(不可), 윤가(允可), 인가(認可), 재가(裁可), 허가(許可). ②회의 따위에서의 찬성 표시.↔부(否). ¶대의원 여러분의 가와 부를 묻겠소. 가결(可決↔否決)[가결되다/하다, 가결안(案); 거수가결(擧手)]. 가부/간(可否/間), 가표(可票). ③성적을 5단계로 매길 때의 가장 아래 등급.

가(加) '보태거나 더해서 늘리다. 입히다'를 뜻하는 말.↔감(減). ¶가감(加減)[가감례(例), 가감법(法), 가감부득(不得), 가감승제(加減乘除)], 가격하다(加擊;때리다. 치다), 가견하다(加譴;꾸짖다), 가결/되다/하다(可決↔否決), 가결(加結;結稅의 율을 올림), 가경(加敬), 가계(加計), 가계(加髻;덧머리), 가공(加工)[38], 가관(加冠), 가극(加棘), 가급(加給;더 줌), 가년(加年), 가담(加擔;한편이 되어 힘을 보탬)[가담범(犯), 가담자(者), 가담하다], 가도(加賭), 가등(加等), 가료(加療;병이나 상처를 치료함), 가맹(加盟)[39], 가미(加味), 가방(加枋), 가법(加法), 가복(加卜), 가봉(加俸), 가봉(加捧)[가봉녀(女), 가봉자(子)], 가산(加算)[가산금(金), 가산세(稅)], 가서하다(加敍;계급을 올리다), 가선(加線;덧줄), 가설(加設), 가세(加勢), 가속(加速↔減速)[가속기(器), 가속운동(運動), 가속장치(裝置)], 가수(加數), 가수분해(加水分解), 가수해리(加水解離), 가습(加濕), 가식(加飾;어떤 것을 꾸밈), 가압/기(加壓/機), 가애(加愛), 가액(加額), 가열(加熱)[가열기(器), 가열살균(殺菌)], 가외(加外)[40], 가의(加衣;책을 덧씌우는 물건), 가의(加意), 가일층(加一層), 가입/자(加入/者), 가자(加資), 가전(加錢;웃돈), 가점(加點), 가죄(加罪), 가중(加重;더 무겁게 함)[가중처벌(處罰), 가중치(加重値), 가중형(刑); 누범가중(累犯)], 가증(加症), 가증(加增;더 보탬), 가지(加持), 가지방(加地枋), 가징(加徵;더 늘리어 거둠), 가첨(加添;덧붙임)[가첨밥, 가첨잠], 가첨석(加檐石;碑蓋石), 가체(加髢)[41], 가추렴, 가칠(加漆;덧칠), 가토(加土;북주기), 가통(加痛), 가편(加鞭), 가피(加被), 가필(加筆), 가하다(더하다. 보태다↔감하다), 가하지다(加下;돈을 정한 액수보다 더 쓰게 되어 빚을 지다), 가학(加虐)[42], 가해(加害↔被害)[가해자(者), 가해하다, 가해행위(行爲)], 가형(加刑), 가호(加護;신불이 돌보아 줌), 가황(加黃), 가획(加劃); 누가(累加), 명가(冥加), 배가(倍加), 부가(附加),

---

27) 가탁(假託): ① 거짓 핑계를 댐. ¶병을 가탁하여 관직에서 물러나다. ②다른 사물을 끌어다 사상·감정을 나타내는 표현법. ¶자기의 외로운 마음을 접동새에 가탁하여 노래한 정과정곡.

28) 가현(假現): 신이나 부처가 사람의 모습으로 잠시 이 세상에 나타나는 것.

29) 가현운동(假現運動): 실제는 움직이지 않는 것이 어떤 조건에서 움직이는 것처럼 보이는 현상. 가상운동(假象運動).

30) 가단성(可鍛性): 쇠붙이를 두드려 다른 모양으로 만들 때, 금이 가거나 하지 않는 질긴 성질. ¶가단주철(可鍛鑄鐵).

31) 가동(可動): 움직일 수 있음. ¶가동관절(關節), 가동교(橋), 가동성(性), 가동언(堰), 가동장치(裝置).

32) 가변(可變): 변하거나 변경할 수 있음. ¶가변비용(費用), 가변성(性), 가변자본(資本), 가변저항기(抵抗器), 가변적(的), 가변축전기(蓄電器;바리콘).

33) 가소성(可塑性): 고체에 어떤 한도 이상의 힘을 가하였을 때, 고체가 부서지지 않고 모양이 달라져서 그 힘을 없애도 달라진 모양 그대로 있는 성질. 소성(塑性). ¶가소물(可塑物;가소성 물질).

34) 가시(可視): 눈으로 볼 수 있음. ¶가시거리(距離), 가시광선(光線)/가시선, 가시권(圈), 가시신호(信號), 가시적(的), 가시화/되다/하다(化).

35) 가역(可逆): 다시 본디의 상태로 돌이킬 수 있음. ¶가역기관(機關), 가역반응(反應), 가역변화(變化), 가역성(性), 가역순환(循環), 가역전극(電極), 가역전지(電池), 가역회로(回路); 비가역(非).

36) 가하다(可): ①안건 따위가 자기의 뜻과 맞다. ¶그 안건은 나도 가하다고 생각한다. ②도리에 맞다. 옳다. ¶마땅히 노부모를 모셔야 가하거늘……. ③해도 좋다. 허락하다. ¶학생의 관람도 가하다.

37) 가히(可): ①긍정하는 말과 함께 쓰여, 그야말로.=능히. 넉넉히. ¶이 과일은 가히 먹음직하다. 한글의 우수성은 가히 세계에 자랑할 만하다. ②부정어와 함께 쓰여, '과연. 응당. 결코. 마땅히'의 뜻을 나타냄. ¶지성인이라면 가히 그런 말을 할 수 없을 것이다.

38) 가공(加工): 원자재나 반제품을 인공적으로 처리하여 새로운 제품을 만들거나 제품의 질을 높임. 남의 소유물에 노력을 가하여 새로운 물건을 만들어 내는 일. ¶가공경화(硬化), 가공되다/하다, 가공무역(貿易), 가공물(物), 가공배상(賠償), 가공법(法), 가공비(費), 가공사(絲), 가공산업(産業), 가공생산(生産), 가공선(船), 가공수입(輸入), 가공수지(樹脂), 가공수출(輸出), 가공식품(食品), 가공업(業), 가공원료(原料), 가공유(油), 가공유지(油脂), 가공지(紙), 가공창고(倉庫), 가공품(品); 난연가공(難燃), 농산가공(農産), 방수가공(防水), 방염가공(防炎), 방추가공(防皺), 방축가공(防縮), 보세가공(保稅), 소성가공(塑性), 식품가공(食品), 열간가공(熱間), 정밀가공(精密), 화학가공(化學).

39) 가맹(加盟): 동맹이나 연맹에 듦. ¶가맹국(國), 가맹단체(團體), 가맹되다/하다, 가맹보증(保證), 가맹자(者), 가맹점(店).

40) 가외(加外): 일정한 표준이나 한도의 밖. ¶가욋길, 가외로, 가욋돈, 가외벌이, 가욋사람, 가욋일.

41) 가체(加髢): 지난날, 부인이 성장(盛裝;옷을 화려하게 차려 입음)할 때 머리에 큰머리나 어여머리를 얹던 일.

42) 가학(加虐): 남을 못살게 굶. ¶가학성(性), 가학애(愛), 가학적(的), 가학증(症;sadism), 가학하다.

점가(漸加), 증가(增加), 참가(參加), 첨가(添加), 체가(遞加), 추가(追加) 들.

가(歌) '노래(를 부르다)'를 뜻하는 말. ¶가객(歌客), 가곡(歌曲;클래식), 가극(歌劇;노래극)[가극단(團); 경가극(輕), 정가극(正)], 가기(歌妓), 가단(歌壇), 가무(歌舞), 가사(歌詞;노랫말), 가사/체(歌辭/體), 가성(歌聲), 가수(歌手)[명가수(名)], 가악(歌樂), 가요(歌謠)[43], 가의(歌意), 가인(歌人), 가제(歌題), 가집(歌集), 가창(歌唱), 가취(歌吹), 가투(歌鬪), 가희(歌姬); 강호가(江湖歌), 개가(凱歌), 개선가(凱旋歌), 격양가(擊壤歌), 경기체가(景幾體歌), 경민가(警民歌), 고가(古歌), 고진금퇴가(鼓進金退歌), 권농가(勸農歌), 권선가(勸善歌), 권학가(勸學歌), 교가(校歌), 교가(嬌歌), 교훈가(敎訓歌), 구가/하다(謳歌), 구귀가(九歸歌), 국가(國歌), 군가(軍歌), 권농가(勸農歌), 권주가(勸酒歌), 기도가(祈禱歌), 나례가(儺禮歌), 난봉가(민요의 하나), 노가(櫓歌;뱃노래), 농가(農歌), 농부가(農夫歌), 단가(短歌), 단가(團歌), 담가(譚歌), 도가(悼歌), 도가(棹歌), 도가(道歌), 도덕가(道德歌), 독립군가(獨立軍歌), 동가(童歌), 만가(輓/挽歌), 망향가(望鄕歌), 매화가(梅花歌), 멍에가, 명가(名歌), 목가(牧歌), 목동가(牧童歌), 무가(巫歌), 무가(舞歌), 반가(返歌), 반가(班歌), 방가(放歌), 방물가, 백수가(白首歌), 베틀가, 본사가(本事歌), 부속가(附屬歌), 분절가(分節歌), 불가(佛歌), 비가(悲歌), 사뇌가(詞腦歌), 사랑가, 사면초가(四面楚歌), 사절가(四節歌), 산유가(山遊歌), 상여가(喪輿歌), 서가(序歌), 선가(選歌), 성가(聖歌), 속가(俗歌), 송가(頌歌), 송덕가(頌德歌), 송축가(頌祝歌), 수심가(愁心歌), 승전가(勝戰歌), 시가(詩歌), 시절가(時節歌), 시철가(時-歌), 아가(雅歌), 아가사창(我歌查唱), 악가(樂歌), 애가(哀歌), 애국가(愛國歌), 애도가(哀悼歌), 애창가(愛唱歌), 애향가(愛鄕歌), 앵가(鶯歌), 약성가(藥性歌), 어가(漁歌), 여탄가(女歎歌), 연가(戀歌), 연모가(戀母歌), 영가(詠歌), 영가(靈歌)[흑인영가(黑人)], 예찬가(禮讚歌), 옥중가(獄中歌), 원무가(圓舞歌), 월령가(月令歌), 유행가(流行歌), 응원가(應援歌), 이가(俚歌), 이별가(離別歌), 이앙가(移秧歌), 자장가, 자찬가(自讚歌), 자탄가(自歎歌), 작가(作歌), 잡가(雜歌), 장가(長歌), 장가(葬歌), 장탄가(長歎歌), 절의가(節義歌), 정가(情歌), 조가(弔歌), 주제가(主題歌), 중찬가(衆讚歌), 즉흥가(卽興歌), 찬가(讚歌), 찬미가(讚美歌), 찬불가(讚佛歌), 찬송가(讚頌歌), 창가(唱歌), 청가(淸歌), 청춘가(青春歌), 초가(樵歌), 초부가(樵夫歌), 추도가(追悼歌), 축가(祝歌), 취가(醉歌), 탄로가(歎老歌), 태평가(太平歌), 풍년가(豊年歌), 풍양가(豊穰歌), 항가(巷歌), 해로가(薤露歌), 행진가(行進歌), 향가(鄕歌), 향도가(香徒歌), 허두가(虛頭歌), 혁명가(革命歌), 현가(絃歌), 호가(浩歌), 화초가(花草歌), 회고가(懷古歌), 훈민가(訓民歌) 들.

가(價) '값 · 값어치. 원자가. 수치. 힘'을 뜻하는 말. ¶가격(價格)[44], 가금(價金), 가수(價數;원자가의 수), 가액(價額), 가전(價錢;값), 가전자(價電子), 가치(價値)[45]; 감가(減價), 감정가(鑑定價), 거래가(去來價), 건가(建價), 건가(乾價), 결가(決價), 경매가(競賣價), 고가(高), 고가(雇價), 고시가(告示價), 곡가(穀價)[이중곡가(二重)], 공가(工價), 공가(貢價), 공급가(供給價), 공시가(公示價), 공장도가(工場渡價), 공정가(公定價), 권감가(權減價), 권장가(勸奬價), 교차가(交叉價), 구매가(購買價), 구입가(購入價), 기준가(基準價), 낙가(落價), 낙찰가(落札價), 단가(單價), 단백가(蛋白價), 대가(代價), 대가(對價), 도매가(都賣價), 동가(同價), 등가/물(等價/物), 매가(買價), 매가(賣價), 매도가(賣渡價), 매입가(買入價), 명가(名價), 목록가(目錄), 무가(無價), 물가(物價), 미가(米價), 반가(半價), 배상가(賠償價), 보상가(報償價), 본가(本價), 부등가(不等價), 분양가(分讓價), 비가(比價)[법정비가(法定)], 산가(酸價), 산출가(算出價), 상종가(上終價), 상한가(上限價), 생물가(生物價), 생산가(生産價), 선가(船價), 선가(善價), 성가(聲價;좋은 평가), 소매가(小賣價), 수가(酬價), 시가(市價;시장에서 상품이 매매되는 가격), 시가(始價↔終價), 시가(時價;일정한 시기의 물건 값), 시준가(時準價), 실가(實價), 실측가(實測價), 아세틸가(Acetyl價), 액면가(額面價), 약가(藥價), 약정가(約定價), 에스테르가(ester價), 역가(役價), 연가(煙價), 연상가(聯想價), 염가(廉價;싼값), 영양가(營養價), 예정가(豫定價), 옥탄가(octane價), 원가(原價)[46], 원공가(元貢價), 원자가(原子價), 월가(越價), 유가(有價), 유가(油價), 음가(音價), 응결가(凝結價), 이가(二價), 이온가(ion價), 입찰가(入札價), 저가(低價), 적정가(適正價), 전세가(傳貰價), 절가(折價), 정가(正價), 정가(定價), 종가(終價)[상종가(上), 하종가(下)], 주가(酒價), 주가(株價), 준가(準價), 중가(重價), 증가(增價), 지가(地價), 지가(紙價), 지정가(指定價), 진가(眞價), 찬가(饌價), 창역

---

43) 가요(歌謠): 대중이 즐겨 부르는 유행가. 노래. ¶가요곡(曲); 교방가요(敎坊), 국민가요(國民), 대중가요(大衆), 애창가요(愛唱), 인기가요(人氣), 통속가요(通俗).

44) 가격(價格): 어떤 상품을 사려면 내야 하는 돈의 액수. 상품의 값. ¶가격을 자유화하다. 가격경기(景氣), 가격경쟁(競爭), 가격기구(機構), 가격대(帶), 가격분석(分析), 가격수준(水準), 가격연동제(連動制), 가격정책(政策), 가격제(制), 가격지수(指數), 가격차등(差等), 가격차이(差異), 가격탄력성(彈力性), 가격통제(統制), 가격표(表), 가격표(票), 가격혁명(革命), 가격현실화(現實化), 가격효과(效果); 감정가격(感情;개인의 주관적 감정에 의하여 평가하는 가격), 감정가격(鑑定), 강제가격(强制), 경쟁가격(競爭), 고시가격(告示), 공정가격(公正), 공정가격(公定), 교환가격(交換), 권고가격(勸告), 권장가격(勸奬), 담보가격(擔保), 대비가격(對比), 도착가격(到着), 독점가격(獨占), 말단가격(末端;소매가격), 법정가격(法定), 보상가격(補償), 보험가격(保險), 산정가격(算定價格), 산출가격(算出), 상대가격(相對), 생산가격(生産)/생산가, 생산자가격(生産者), 소비자가격(消費者), 시장가격(市場), 실효가격(實效), 액면가격(額面), 유용가격(有用), 유통가격(流通), 응모가격(應募), 이락가격(利落), 이부가격(利付), 이중가격(二重), 자연가격(自然), 자유가격(自由), 장부가격(帳簿), 적정가격(適正), 절대가격(絕對), 정상가격(正常), 지시가격(指示), 통제가격(統制), 특정가격(特定), 판매가격(販賣), 표준가격(標準), 현물가격(現物), 협상가격차(鋏狀價格差), 협정가격(協定), 형성가격(形成), 희소가격(稀少).

45) 가치(價値): 값어치. 어떤 사물이 지니고 있는 의의나 중요성. 인간 정신의 목표가 되는 보편 타당의 당위(當爲). ¶생각해 볼 가치도 없다. 종교적 가치. 예술적 가치. 가치관(觀), 가치론(論), 가치법칙(法則), 가치분석(分析), 가치전환(轉換), 가치중립/적(中立/的), 가치척도(尺度), 가치철학(哲學), 가치판단(判斷), 가치형태(形態); 교환가치(交換), 노동가치설(勞動-說), 매개가치(媒介), 무가치(無), 문화가치(文化), 법률가치(法律), 부가가치(附加), 비교가치(比較), 사용가치(使用;쓸모), 수익가치(收益), 시장가치(市場), 양면가치(兩面), 이용가치(利用), 잉여가치(剩餘), 절대적가치(絕對的), 투자가치(投資), 화폐가치(貨幣), 희소가치(稀少).

46) 원가(原價): 원가계산(計算), 원가관리(管理), 원가소각(銷却;감가상각), 원가양태(樣態), 원가요소(要素), 원가의식(意識), 원가절감(節減), 원가주의(主義), 원가차액(差額); 매입원가(買入), 매출원가(賣出), 부가원가(附加), 생산원가(生産), 제조원가(製造), 표준원가(標準).

ㄱ

가(倉役價), 책가(冊價), 천가(賤價), 최고가(最高價), 최저가(最低價), 추곡가(秋穀價), 출고가(出庫價), 탄가(炭價), 태가(駄價), 특가(特價), 판매가(販賣價), 평가(平價), 평가(評價), 표가(表價), 하한가(下限價), 행동가(行動價;생태적 공간에서 어떤 대상이 동물을 유인하거나 반발하게 하는 힘), 헐가(歇價), 현가(現價), 현금가(現金價), 호가(呼價)[동시호가(同時)], 호가(好價), 환가(換價), 환원가(還元價), 후가(厚價;후한 값) 들.

가(街) '거리. 계통'을 뜻하는 말. ¶가각(街角), 가거(街渠;길가의 양쪽에 만들어 놓은 도랑), 가곽(街廓), 가구(街衢;거리), 가담(街談;거리의 뜬소문)[가담항설(巷說), 가담항의(巷議), 가도(街道). 가동주졸(街童走卒), 가두(街頭)[47], 가로(街路)[48], 가창(街娼), 가촌(街村), 가판(街販); 공장가(工場街), 공창가(公娼街), 구가(衢街), 극장가(劇場街), 금융가(金融街), 대학가(大學街), 방송가(放送街), 번화가(繁華街), 빈민가(貧民街), 사가(死街), 사창가(私娼街), 상가(商街), 상점가(商店街), 서점가(書店街), 세민가(細民街), 쇼핑가(shopping街), 슬럼가(slum街), 시가(市街), 식당가(食堂街), 암흑가(暗黑街), 어가(御街), 연쇄가(連鎖街), 운종가(雲從街), 유가(遊街), 유흥가(遊興街), 윤락가(淪落街), 은행가(銀行街), 정가(政街), 주점가(酒店街), 주택가(住宅街), 중심가(中心街), 증권가(證券街), 지하가(地下街), 학원가(學院街), 홍등가(紅燈街), 화류가(花柳街), 향락가(享樂街), 환락가(歡樂街); 종로1-가/ 팔달로3-가 들.

가(佳) '아름답다. 좋다'를 뜻하는 말. ¶가객(佳客;반가운 손님. 귀한 손님), 가경(佳景;좋은 경치), 가경(佳境), 가과(佳果;헛열매), 가구(佳句), 가국(佳局), 가기(佳氣;자연의 상서롭고 좋은 기운), 가기(佳期;좋은 계절), 가기(佳器), 가랑(佳郎), 가량하다(佳良), 가려하다(佳麗;자연의 경치가 아름답고 새뜻하다. 여자의 모습이 곱고 아름답다), 가명(佳名), 가문(佳文), 가미(佳/嘉味), 가배(佳配), 가사(佳詞), 가서(佳壻), 가신(佳辰;경사스러운 날), 가아(佳兒;외모와 능력이 뛰어난 아들), 가약(佳約;좋은 언약. 부부가 되기로 한 약속)[백년가약(佳約)], 가언(佳/嘉言), 가연(佳宴;경사스러운 잔치), 가연(佳緣;좋은 인연), 가월(佳月), 가인(佳人)[가인박명(薄命), 가인재자(才子); 절세가인(絕世)], 가일(佳日), 가자제(佳子弟), 가작(佳作;잘된 작품)[가작입선(入選); 선외가작(選外)], 가절(佳節;좋은 때)[사시가절(四時), 천중가절(天中;단오)], 가주(佳/嘉酒), 가집(佳什;아름답게 잘 지은 시나 노래), 가찬(佳/嘉饌), 가취(佳趣), 가편(佳篇), 가품(佳品), 가향(佳香), 가화(佳話), 가회(佳/嘉會), 가효(佳/嘉肴), 가흥(佳興), 가희(佳姬); 절가(絕佳) 들.

가(架) '시렁. 건너지르다'를 뜻하는 말. ¶가공(架空)[49], 가공의치/가공치(架工義齒), 가교(架橋;다리), 가구(架構), 가대(架臺), 가도교(架道橋;구름다리. 陸橋), 가선(架線;송전선·삭도 따위를 가설하는 일. 架空線), 가설(架設;전선·다리·선로 따위를 건너질러 시설함), 가자(架子;시렁), 가판(架版); 간가(間架;집의 칸살의 얽이. 글의 짜임새), 개가(開架), 경가(鏡架), 고가(高架), 공가(拱架), 교가(橋架), 담가(擔架), 등가(燈架), 삼각가(三角架), 삼각가(三脚架;삼발이), 서가(書架), 선가(船架), 성가(聖架), 십자가(十字架), 의가(衣架;옷걸이), 잠가(蠶架), 촉가(燭架), 총가(銃架), 폐가식(閉架式), 포가(砲架), 필가(筆架), 헌가(軒架), 화가(畵架) 들.

가(苛) '맵다. 사납다. 혹독하다(酷毒)'를 뜻하는 말. ¶가각하다(苛刻), 가려하다(苛厲;혹독하고 사납다), 가렴(苛斂;收奪), 가렴주구(苛斂誅求), 가령(苛令), 가법(苛法), 가성(苛性)[가성소다(soda), 가성알코올(alcohol), 가성화합물(化合物)], 가세(苛稅), 가세하다(苛細;성미가 까다롭고 하는 짓이 잘다), 가엄(苛嚴), 가열/하다(苛烈), 가정(苛政), 가중/하다(苛重), 가찰(苛察), 가책(苛責), 가평(苛評), 가학(苛虐), 가혹(苛酷)[가혹성(性), 가혹하다, 가혹행위죄(行爲罪)]; 번가하다(煩苛) 들.

가(駕) '탈것·수레. 능가하다'를 뜻하는 말. ¶가교(駕轎), 가여(駕輿;왕세자나 황태자가 타는 가마), 가전(駕前), 가정(駕丁), 가후(駕後); 거가(車駕), 난가(鸞駕), 능가하다(凌駕), 대가/파천(大駕/播遷), 대가(臺駕), 도가(導駕), 동가(動駕), 법가(法駕), 봉가(鳳駕), 선가(仙駕), 성가(聖駕), 소가(小駕), 수가(隨駕), 어가(御駕), 여가(輿駕), 영가(靈駕), 옥가(玉駕), 왕가(王駕), 왕가(枉駕), 용가(龍駕), 종가(從駕), 학가(鶴駕), 호가(扈駕) 들.

가(暇) '겨를·틈. 말미. 쉬다. 한가하다'를 뜻하는 말. ¶가극(暇隙), 가일(暇日); 골몰무가(汨沒無暇), 공가(公暇), 급가(給暇), 득가(得暇), 방가(放暇), 병가(病暇), 사가(賜暇), 산가(産暇), 소가(小暇), 식가(式暇), 안가(安暇), 여가(餘暇), 연가(年暇), 일가(逸暇), 정가(整暇), 청가(請暇), 촌가(寸暇), 하가/에(何暇), 한가/롭다/하다(閑暇), 해가에(奚暇), 휴가(休暇) 들.

가(嫁) '시집가다/ 시집보내다'를 뜻하는 말. ¶가기(嫁期), 가세(嫁稅), 가자(嫁資), 가죄(嫁罪), 가취(嫁娶;시집가는 일과 장가드는 일), 가화(嫁禍); 강가(降嫁), 개가(改嫁)[배부개가(背夫)], 남혼여가(男婚女嫁;자녀의 혼인), 미가녀(未嫁女), 재가(再嫁), 전가(轉嫁), 출가(出嫁), 취가(娶嫁), 하가(下嫁), 후가(後嫁;후살이) 들.

가(嘉) '아름답다. 기쁘다. 좋다'를 뜻하는 말. ¶가경/절(嘉慶/節), 가납(嘉納), 가덕(嘉德;훌륭한 덕), 가례(嘉禮)[50], 가목(嘉木), 가상하다(嘉尙;착하고 기특하게 여기다), 가상(嘉/佳賞), 가열(嘉悅;대견해하고 기뻐함), 가월(嘉月;음력 3월), 가일(嘉日), 가탄(嘉歎), 가평/절(嘉平/節) 들.

가(呵) '꾸짖다. 웃다. 불다(숨을 내쉬다)'를 뜻하는 말. ¶가가(呵呵), 가가대소/하다(呵呵大笑), 가동(呵凍;언 것에 입김을 불어서 녹이거나 덥히는 것), 가책(呵責;꾸짖어 나무람); 수가(受呵) 들.

가(稼) '심다. 농사. 일하다'를 뜻하는 말. ¶가동(稼動;일을 함. 기

---

47) 가두(街頭): 시가지의 길거리. 거리. ¶가두로 몰려나온 환영 인파. 가두검색(檢索), 가두극장(劇場), 가두녹음(錄音), 가두모금(募金), 가두문학(文學), 가두방송(放送), 가두서명(署名), 가두선전(宣傳), 가두시위(示威), 가두연극(演劇), 가두연설(演說), 가두집회(集會), 가두판매(販賣).

48) 가로(街路): 도시의 넓은 길. ¶가로등(燈)/가등(街燈), 가로망(網), 가로변(街路邊), 가로수(樹), 가로원(園).

49) 가공(架空): 어떤 시설물을 공중에 가설함. 이유나 근거가 없음. 또는 사실이 아니고 거짓이나 상상을 꾸며냄.↔실재(實在). ¶해태는 가공의 동물이다. 가공도체(導體), 가공망상(妄想;터무니없는 상상), 가공삭도(索道;케이블카), 가공선(線), 가공이익(利益;명목이익), 가공인물(人物), 가공자산(資産), 가공적(的), 가공전선(電線), 가공주(株;물탄주), 가공철도(鐵道), 가공케이블(cable), 가공하다.

50) 가례(嘉禮): 왕의 즉위나 성혼, 왕세자·왕세손의 탄생이나 책봉 또는 성혼의 예식.

계를 움직임)[가동력(力), 가동률(率), 가동인구(人口)], 가득/률(稼得/率), 가사(稼事;농사일), 가행탄전(稼行炭田); 경가(耕稼), 상가(桑稼), 출가(出稼;객지에 품을 팔러 나감) 들.

가(枷) '도리깨. 칼(형틀의 한 가지)'을 뜻하는 말. ¶가쇄(枷鎖), 가수(枷囚;죄인의 목에 칼을 씌워 둠), 연가(連枷;도리깨), 족가(足枷;차꼬), 착가/엄수(着枷/嚴囚) 들.

가(哥) 인명의 성(性)을 나타내는 명사 뒤에 붙어 '그 성씨 자체. 또는 그 성씨를 가진 사람'의 뜻을 더하는 말.≒씨(氏). ¶홍백가(紅白;꼭두각시놀음에 나오는 인형), 김가/ 박가/ 최가 들.

가(坷) '평탄하지 않다'를 뜻하는 말. ¶감가(坎坷;길이 험하여 찾아다니기 거북함. 때를 만나지 못하여 뜻을 이루지 못함).

가(柯) '초목의 줄기. 자루(연장의 긴 손잡이)'를 뜻하는 말. ¶가엽(柯葉); 횡가(橫柯;가로 뻗은 나뭇가지).

가(痂) '헌데 딱지'를 뜻하는 말. ¶가피(痂皮;부스럼 딱지). 낙가(落痂;마마나 헌데가 나아 딱지가 떨어짐. 또는 그 딱지).

가(葭) '갈대. 멀다'를 뜻하는 말. ¶가부(葭莩;갈대청. 가볍고 엷은 관계로 먼 친척), 가부지친(葭莩之親;촌수가 먼 인척).

가(珂) '머리꾸미개. 떨잠'을 뜻하는 말. ¶패가(珮珂;옥으로 만든 띠).

가(跏) '책상다리하여 앉다'를 뜻하는 말. ¶결가(結跏); 가부좌(跏趺坐)[결가부자(結), 반가부좌(半)].

가(瘕) '배에 덩어리가 생기는 병'을 뜻하는 말. ¶혈가(血瘕).

가(笳) 짐승의 뿔로 만든 원시적인 악기.

가(斝) 제례 때에 쓰던 술잔.

가게 물건을 파는 곳.[←假家(가가)].≒상점(商店). 점포(店鋪). ¶가게에서 물건을 사다. 가게를 내다. 가게 기둥에 입춘이라(제격에 어울리지 않는다). 가게내기(기성품), 가게맞춤(기획 상품), 가게문(門), 가겟방(房), 가게일, 가겟집, 가게채(가게로 쓰는 집채); 고물가게(古物), 구멍가게[51], 그릇가게, 꽃가게, 난가게[52], 땜가게, 뜸가게[53], 반찬가게(飯饌), 빵가게, 셋가게(貰), 쌀가게, 엿가게, 옷가게, 찬가게(饌), 헛가게[54]. ☞ 전(廛).

가굴가굴 고불고불 감겨 있는 모양. ¶선반기에서 쇳밥이 가굴가굴 고부라져 나온다.

가깝(다) ①거리나 동안이 짧다.↔멀다. ②스스럼없이 친하다.≒사귀다. ③촌수가 멀지 아니하다. ④어떤 기준에 거의 비슷하다. ⑤신변에서 멀지 아니하다. ¶책을 가까이하면 너에게 큰 도움이 될 것이다. 가까스로(애를 써서 간신히. 겨우), 가까워지다, 가까이(바싹. 바투)/하다(사귀다. 거리를 작게 하다), 가깝디가깝다, 가직이, 가직하다/가직다(거리가 조금 가깝다.↔멀찍하다), 가찰막하다(거리가 조금 가깝다), 가친가친[55]. ☞ 근(近).

가꾸(다) ①식물이 잘 자라도록 보살피다.≒재배하다(栽培). ¶꽃을 가꾸다. 논밭을 잘 가꾸다. 모종을 잘 가꾸어 탐스러운 꽃을 피웠다. ②몸을 꾸미거나 매만지다.≒꾸미다. 다듬다. 치장하다(治粧). ¶늙을수록 몸을 가꿔야 한다. 가꾸기, 가꿈새(가꾸는 모양새나 그 솜씨).

가끔 때와 때의 사이가 불규칙적으로 얼마쯤 떨어지게.≒이따금. 종종(種種). 드문드문. 때때로. 어쩌다/가. 왕왕(往往).↔자주. 늘. 언제나. ¶어쩌다 가끔 만나는 친구. 그는 가끔 왔다. 가끔가끔, 가끔가다/가(어쩌다), 가끔씩.

가난 ①재산이나 수입이 적어서 살림이 어렵고 딱한 상태.≒애옥살이. 빈곤(貧困).↔부유(富裕).[←간난(艱難)]. ¶가난 구제는 나라도 못한다. 가난에도 암가난 수가난이 있다. 가난뱅이(빈털터리), 가난살이/하다, 가난설움, 가난타령, 가난하다(어렵다); 물가난(물이 적어 겪는 어려움), 수가난(남자의 팔자가 사나워서 당하게 되는 가난), 암가난, 인가난(人), 인물가난(人物;인물난), 찰가난(매우 심한 가난). ☞ 빈(貧). ②사람의 마음에 욕심이 없는 상태. ¶마음이 가난한(물욕이 없는) 자는 복이 있나니.

가납사니 쓸데없이 말수가 많은 사람. 말다툼을 잘하는 사람. ¶가납사니같다(되잖은 소리를 자꾸 지껄이다).

가년-스럽다 보기에 몹시 가난하고 어려운 데가 있다. 몹시 궁상스럽다(몸에 궁상이 흘러 보이다). 〈큰〉거년스럽다. ¶노숙자의 옷차림새는 늘 가년스러웠다. 가년 · 거년스러이/스레.

가누(다) ①몸을 가다듬어 바른 자세를 가지다.≒버티다. ¶몸을 가누지 못하고 비틀거리다. 가눔/하다; 몸가눔. ②기운이나 정신 · 숨결 따위를 가다듬어 차리다. ③일을 돌보아 잘 처리하다. ¶일을 가누다. 똥을 가누지 못하는 아이를 똥싸개라고 한다. 어머니가 아이의 오줌똥을 거누어 주었다. 〈큰〉거누다.

가늘(다) ①길이를 가진 물체의 굵기가 보통 정도에 이르지 못한 상태에 있다.↔굵다. ¶가느다랗다/가느닿다, 가느다래지다, 가느스레하다, 가느스름하다, 가느슥하다, 가느직하다, 가느초름하다, 가는고리, 가는대(아기살), 가는비, 가는먼지(가늘고 보드라운 먼지), 가는뿌리(곁뿌리), 가는실, 가는털(가늘고 부드러운 털), 가는허리(잔허리), 가는홈, 가늘디가늘다, 가늘죽하다(좀 가늘다), 가늣[56]/하다, 간드랍다(무엇이 가늘고 부드럽다), 간드러지다[57]; 가냘프다[58], 가녀리다[59]. ②선의 너비가 좁다. ¶가는눈(가늘게

---

51) 구멍가게: 손과 물건이 겨우 드나들 수 있을 정도로 바람벽에 구멍을 뚫어 물건을 파는 아주 작은 지난날의 상점.

52) 난가게: 일정한 건물 없이 작은 규모로 물건을 벌이어 놓고 파는 가게.

53) 뜸가게: 뜸에 뜸(짚 · 띠 따위로 거적처럼 엮어 만든 물건)으로 둘러서 만들어 놓은 가게.

54) 헛가게: 때에 따라 벌였다 걷었다 하는 가게.

55) 가친가친: 손이 거의 닿을 듯 닿을 듯한 모양.

56) 가늣: ①몸이나 물건 따위가 가늘고 길. ¶가늣한 몸매. 가늣하다(약간 가는 듯하다). ②성품이나 마음이 여림.

57) 간드러지다: 목소리나 맵시 따위가 마음을 녹일 듯이 예쁘고 애교가 있으며, 멋들어지게 보드랍고 가늘다. 〈큰〉건드러지다. ¶그녀의 간드러진 웃음소리에 녹아나지 않는 남자가 없었다. 간드랍다(무엇이 가늘고 부드럽다), 간들③(사람이 간드러진 태도를 보이는 모양); 시건드러지다(시큰둥하게 건드러지다).

58) 가냘프다: 몸매가 호리호리하고 연약하다. 소리가 가늘고 약하다.≒가녀리다.↔튼튼하다. 억세다. ¶가냘픈 몸매. 가냘프게 들려오는 피리소리. §'가늘다'와 '얇다'의 어근 합성에 형용사화 접사 '-브다'의 결합.

ㄱ

뜬 눈. 실눈), 가는줄, 가는톱(날이 얇고 이가 잔 작은 톱). ③소리의 울림이 약하다. ¶어디서 가는 신음 소리가 들린다. 가는귀(작은 소리를 듣지 못하는 귀)/먹다. ④낟알 따위가 아주 잘다. ¶모래가 너무 가늘어서 흙 같다. 글씨를 가늘게 쓴다. 가는먼지, 가는모래, 가는소금(정제를 여러 번 한 소금.↔굵은소금). ⑤흔들리는 정도가 아주 약하다. ¶가는바람(약하게 부는 바람. 실바람). ⑥직물 따위의 짜임새가 촘촘하다.↔굵다. ¶가는모시. 가는베(가는 올로 촘촘히 짠 고운 베), 가는체(고운체). ☞ 세(細).

가늠 어떤 목표나 기준에 맞고 안 맞음을 헤아려 봄. 일이 되어 가는 형편이나 기미를 살피어 얻은 짐작. 기준. 표준.≒대중. 어림짐작. ¶물이 흐려서 깊이를 가늠할 수 없다. 내 가늠으로는 그 일이 쉬울 것 같지 않다. 가늠값, 가늠곡예(曲藝), 가늠구멍, 가늠되다, 가늠보다(목표를 겨누어 보다. 시세나 형편 등을 헤아리다), 가늠쇠, 가늠자(기준. 잣대. 표준), 가늠잡다(가늠보다), 가늠좌(座), 가늠질/하다, 가늠추(錘), 가늠표(標), 가늠하다(겨누다. 헤아리다. 겨냥하다), 가늠힘(중심을 가늠하는 평형 능력); 눈가늠, 발가늠, 손가늠(손으로 대충 길이를 잼) 들.

가닐 벌레가 기어가는 것처럼 살갗이 매우 가렵고 자릿한 느낌. 보기에 매우 위태롭거나 치사하고 더러워 마음이 자린 느낌. 〈큰〉그닐그닐. ¶다리가 가닐가닐 가렵다. 어린 광대가 가닐가닐 줄을 타다. 가닐·그닐거리다/대다, 가닐가닐·그닐그닐/하다, 그니럽다(근지러운 느낌이 있다).

가(다)[1] 이곳에서 저곳으로 옮아 움직이다.(↔오다). 지나다. 전해지다. 다다르다. 변하다. 생기다. 품이나 손질이 들다. '죽다'의 속된 말. ¶학교에 가다. 금이 간 유리창. 소식이 가다. 가는 말이 고와야 오는 말이 곱다. 가기[60], 가나오나, 가다가(이따금. 간혹), 가다가다, 가다서기(차가 가다 멈추었다 하는 일), 가닿다[61], 가서/는, 가설랑/은, 간데없다/없이, 간데온데없다/없이, 간데족족(가는 곳마다), 간물때[62], 간밤, 간이(죽어 세상을 떠난 사람), 갈데없다/없이, 갈수록, 갈지자(之字)[갈지자걸음, 갈지차춤, 갈지자형(形)]; 가끔가다가, 가져가다, 갈려가기[반진행(反進行)], 갈려가다(전근되어 다른 곳으로 가다), 건너가다, 걸어가다, 굴러가다, 금가다(금이 생기다. 사이가 벌어지다), 기어가다, 끌려가다, 나가다[달려나가다, 뛰어나가다, 뛰쳐나가다, 벋나가다, 빗나가다], 나아가다, 날아가다, 내려가다, 내어가다/내가다, 넘어가다, 놓아가다(배·말이 빨리 가다), 눈가다(눈길이 가다), 다가가다, 다녀가다, 다음가다(버금가다), 달려가다, 대가다(시간이 맞게 목적지에 이르다), 데려가다, 도다녀가다, 돌라가다(남의 물건을 슬쩍 빼돌려 가져가다), 돌아가다, 들러가다, 들어가다, 들여가다, 따라가다, 떠가다, 떠나가다, 떠내려가다, 뛰어가다, 막가다(막되게 행동하다), 몰려가다, 몰아가다, 물러가다, 밀려가다, 버금가다, 벋가다(올바른 길에서 벗어나게 행동하다), 빗나가다/빗가다, 살아가다, 설가다(광맥이 단단하지 않고 금분이 적다), 앞서가다, 엇가다(언행이 사리에 어그러지게 나가다), 에워가다, 오가다, 오갈데없다/없이, 오다가다, 오락가락, 오래가다, 오면가면(오면서 가면서), 올라가다, 옮아가다, 왔다갔다, 으뜸가다, 잡아가다, 제일가다(第一), 지나가다, 좇아가다, 쫓아가다, 찾아가다, 쳐가다(더러운 것을 쳐서 가져가다), 한물가다[63], 휘어가다(굽이쳐 흐르다), 휘어넘어가다(속아 넘어가다), 흘러가다, 흠가다(欠). ☞ 거(去). 행(行).

가(다)[2] 용언의 보조적 연결어미 '-아/어/여' 아래에 붙어서, 그 동작이나 상태가 앞으로 진행됨을 나타내는 말. ¶사과가 붉게 익어 가다. 밤이 깊어 가다.

가다랭이 다랑엇과의 바닷물고기.

가닥 한 군데에 합쳐 있거나 또는 한 군데에서 갈라져 나간 끝. 또는 줄기를 세는 말. ¶가닥을 내다. 한 가닥의 실. 한 가닥의 희망. 가다귀[64], 가다리[1](갈래), 가닥덕대[65], 가닥가닥/이, 가닥수(數:가닥의 수효), 가닥스럽다(갈래가 많다), 가닥지다(가닥이 생기다); 곁가닥, 외가닥.

가닥가닥 물기나 풀기가 있는 물체의 거죽이 조금 마른 모양. 〈큰〉거덕거덕. 〈센〉까닥까닥. 〈큰·센〉꺼덕꺼덕. ¶빨래가 가닥가닥 마르다. 가닥가닥 말라붙은 풀. 가뭄으로 논바닥이 심하게 가닥가닥 말라 있다. 비에 젖은 옷이 거덕거덕 말랐다. 가닥가닥·거덕거덕/하다.

가달 몹시 사나운 사람. ¶그는 가달이라 모두들 가까이하길 꺼린다.

가담가담 ①이따금 때때로. ¶파도소리가 가담가담 들릴 뿐 바닷가는 고즈넉하다. ②여기저기 띄엄띄엄. ¶너른 방목장에서 소들이 가담가담 풀을 뜯고 있다.

가대기[1] 창고나 부두에서 쌀가마니 따위의 무거운 짐을 인부들이 갈고리로 찍어 당기어 어깨에 메고 나르는 일. ¶트럭에서 내린 쌀가마를 인부들이 가대기 치고 있다. 가대기꾼, 가대기하다.

가대기[2] 밭갈이 기구의 한 가지. ¶가대기줄. ☞ 갈다[3].

가댁-질 아이들이 서로 잡으려고 쫓고 쫓기며 뛰노는 놀이.≒장난. ¶우리는 어렸을 때 밤늦게까지 가댁질하며 놀았다. 깊은 곳에 들어가 물장구와 가댁질이다. 입가댁질(입으로 하는 가댁질).

가동 어린아이의 겨드랑이를 치켜들고 올렸다 내렸다 하며 어를 때에, 아이가 다리를 오그렸다 폈다 하는 모양. ¶아이는 짧은 다리를 가동가동 움직인다. 가동가동/하다, 가동거리다/대다, 가동이(=가동질), 가동이치다(힘차게 가동거리다), 가동질/하다.

가두(다) ①일정한 곳에 넣어 마음대로 나들지 못하게 하다.(≒잡

---

59) 가녀리다: 물건이나 사람의 신체 부위 따위가 몹시 가늘고 연약하다. 소리가 몹시 가늘고 힘이 없다.[←가늘(다)+여리다]. ¶가녀린 꽃. 가녀린 팔. 가녀린 목소리. 가녈가녈하다(매우 가녀리다).

60) 가기: 화음(和音)이 계속 되는 일. ¶가기하다; 갈려가기, 같이가기, 비껴가기.

61) 가닿다: 가서 닿다. 도착하다. ¶연락이 가닿다. 목적지에 가닿았다. 최우등의 수준에 가닿기 위한 노력.

62) 간물때: 썰물의 가장 낮은 때.↔찬물때(밀물이 가득히 찬 때. 만조).

63) 한물가다: ①채소, 과일, 어물 따위의 한창 나오는 때가 지나다.=한물넘다. ②어물 따위의 싱싱한 정도가 떨어지다. ③한창 때가 지나 기세가 꺾이다.

64) 가다귀: 땔나무로 쓰이는 참나무 따위의 잔가지.

65) 가닥덕대: 여러 가닥의 막대기로 매 놓은 선반.

아넣다. 수감하다.(↔풀다). 물이나 공기를 일정한 곳에 머물러 있게 하다. ¶짐승을 우리에 가두다. 저수지에 물을 가두다. 갇히다. ②생각이나 느낌 같은 것을 드러내지 않고 간직하다. 풀렸던 마음을 다잡다. ¶가슴 속에 가두어 두었던 사연. 정신을 가두고 살피다.

가둥 몸집이 작은 사람이 엉덩이를 흔드는 모양. ¶그는 작은 몸을 흔들며 가둥가둥 지나간다. 가둥거리다/대다, 가둥가둥/하다.

가드라-들다 몸이 굳어지면서 오그라들다. 마음이 긴장하여 조여들며 펴지 못하게 되다. 〈준〉가다들다. ¶두 손이 가드라들어 마음대로 움직일 수 없었다. 가드라뜨리다, 가드라붙다/붙이다, 가드라지다.

가드락 조금 거만스럽게 잘난 체하며 버릇없이 구는 모양. 〈큰〉거드럭. 〈센〉까드락. 까뜨락. 〈큰·센〉꺼드럭. 꺼뜨럭. 〈준〉가들[66]. ¶가드락가드락 말참견을 하다. 가드락가드락 채신없이 굴다. 제 세상이나 만난 듯이 거드럭거드럭 거만을 보인다. 가드락/가들·거드럭/거들·까드락/까들·꺼드럭/꺼들거리다/대다, 가드락가드락/가들가들/하다, 거드럭스럽다, 가들랑·까들랑·꺼들렁거리다/대다, 가들랑가들랑/하다, 가들막[1]·그들먹·까들막·꺼들먹거리다/대다/이다, 가들막가들막/하다 들.

가득 그릇이나 어떠한 막힌 공간에 꽉 차게.≒꽉. 〈큰〉그득. 〈큰·센〉그뜩. 〈센〉가뜩. ¶동이에 물을 가득 채우다. 사람이 방안에 가득 찼다. 가득·그득·가뜩·그뜩하다(↔모자라다. 부족하다), 가득가득/하다, 가득히, 가들막[2][67]·그들먹하다, 가뿍[68], 깝북[69].

가든-하다 물건 따위가 생각보다 가볍고 사용하기에 간편하다. 기분이나 몸이 상쾌하고 개운하다.≒가볍다. 〈큰〉거든하다. 〈센〉가뜬하다. ¶짐을 가든가든 어깨에 메었다. 한잠 푹 자고 나니 몸이 아주 거뜬하다. 가든[70], 가든·거든그리다(가든하게 거두어 싸다), 가든그·거든그뜨리다/트리다, 가든·가뜬·거든·거뜬하다, 가든히, 가든가든·거든거든/하다 들.

가뜩 그렇지 않아도. ¶가뜩 어려운 살림인데 그렇게 큰일이 생기다니 걱정이다. 가뜩에. 가뜩이나/가뜩이, 가뜩한데(그렇잖아도 힘에 겹거나 견디기 어려운데).

가라 '검다'를 뜻하는 말.[←qara〈몽〉]. ¶가라말(털빛이 검은 말); 담가라(털빛이 거무스름한 말), 표가라(驃;몸이 검고 갈기가 흰 말) 들.

가라- 몇몇 용언 앞에 붙어 '아래. 밑으로'를 뜻하는 말. ¶가라뜨다(눈을 아래로 향하여 보다), 가라앉다[71]/앉히다, 가라지다[72], 가란침몃(←가라+앉+히+ㅁ+몃(앙금몃. 침전지)). §어근 '*가르-/갈-'에 연결 어미 '-아'와 결합한 꼴.

가라지[1] 밭에 나는 강아지풀. 〈준〉가랒.

가라지[2] 전갱잇과의 바닷물고기.

가라치 예전에, 정 2품 이상의 벼슬아치가 출입할 때 긴요한 문서를 넣고 다니던 제구(諸具). 또는 가라치를 끼고 앞서서 다니던 하인.[←qarači〈몽〉].

가락[1] ①가느스름하고 기름하게 토막을 친 물건. 또는 그것을 세는 말. 몸체에서 길고 가늘게 나온 부분.≒가닥. ¶가락이 굵다. 엿 한 가락. 가락가락이, 가락국수, 가락엿, 가락윷, 가락장갑, 가락지[73]; 낱가락, 떡가락, 머리카락/머리칼(머리ㅎ+가락), 발가락, 부젓가락, 새끼가락, 손가락, 숟가락, 엿가락, 윷가락, 적쇳가락(炙), 젓가락, 틀가락. ②물레로 실을 자을 때, 실이 감기는 쇠꼬챙이. ¶가락고리, 가락고동(가락고리. 방추차), 가락기름(가락에 치는 윤활유), 가락꼬치, 가락꼴(가락 모양의 것. 紡錘型), 가락실(방추사), 가락옷[74], 가락잡이, 가락체(體;방추체), 가락토리(실을 감는 쇠꼬챙이); 물렛가락 들.

가락[2] ①소리의 길이와 높낮이의 어울림. 선율. 멜로디. 곡조(曲調).≒노래. 소리. ¶가락에 맞추어 춤을 추다. 가락이 맞다. 가락을 떼다(풍류를 치다), 가락덜이, 가락소리, 가락음정(音程), 가락지다(음악적 느낌이 잘 느껴지다), 가락청(가락덜이); 군가락(곁들이는 가락. 객쩍은 말), 노랫가락, 별가락(別), 자진가락, 잔가락, 접가락(원박에 반박을 섞어서 치는 가락), 한가락[1](한 곡조). ②일의 솜씨나 능률. 또는 기분. ¶손발이 잘 맞아 가락이 절로 오르다. 가락이 나다(능률이 오르다). 가락을 떼다(흥이 나는 일에 첫 번 동작을 시작하다), 마침가락[75], 한가락[2](어떤 방면의 녹녹하지 않은 솜씨나 재주).

가람 중이 살면서 불도를 닦는 집. 절[寺]의 딴 이름인 '승가람마(僧伽藍摩)[←saṃghārāma〈범〉]'의 준말. ¶가람당(堂), 가람신(神), 가람조(鳥;사다새).

가랑[1] ①액체가 많이 담기거나 괴어서 가장자리까지 찰 듯한 모양.=가르랑[76]. 갸릉, 그렁하다; 퐁그렁하니, 퐁그렁하다[77]. ¶소나

---

66) 가들: ①버릇없이 잘난 체하며 채신없이 행동하는 모양. 〈큰〉거들. 〈센〉까들. 〈큰·센〉꺼들. ¶가들·거들·까들·꺼들거리다/대다, 가들가들·거들거들/하다(언행이 좀 거칠고 쾌활하다). 가들랑·거들렁·까들랑·꺼들렁/거리다/대다, 가들막·거들먹·까들막·꺼들먹거리다/대다. ②달리거나 붙어 있는 것이 힘없이 이리저리 움직이는 모양(거들). 〈센〉거뜰. 꺼들. 꺼뜰. ¶이빨이 거들거들 흔들리다. 거들거리다.

67) 가들막[2]: 여럿이 다 일정한 범위 안에 거의 가득하거나 매우 가득한 모양. 〈큰〉그들먹. ¶술잔마다 막걸리가 가들막가들막 담겼다. 동이마다 막걸리가 그들먹그들먹 차 있다.

68) 가뿍: 가득하게 차 있는 모양.=잔뜩. 〈큰〉그뿍. ¶물병에 물을 가뿍 채우다. 가뿍가뿍/하다.

69) 깝북: 어떤 범위 안에 무엇이 널려 널리 퍼져 있거나 가득한 모양.=가뜩.

70) 가든: 물건이나 차림새 따위가 다루거나 움직이기에 여럿이 다 또는 매우 가볍고 간편하게.

71) 가라앉다: 밑바닥에 내려앉다(↔뜨다. 떠오르다). 흥분이나 아픔 따위가 수그러들거나 내려앉다. 숨결이나 기침 따위가 순하게 되다. 잠잠해지다. 조용하고 침착하다. 〈준〉갈앉다.

72) 가라지다: ①기운이 숙어 들어 힘이 약해지다. 기운이 빠져 축 늘어지다. 〈센〉까라지다. ¶가라진 목소리. ②안정되다.

73) 가락지: ①치장으로 손가락에 끼는 두 짝의 고리. 또는 그와 같은 모양의 것.[←가락+지(고리)]. ¶가락지매듭, 가락짓벌(상투를 틀 때 감아서 넘기는 가장 큰 고), 가락지빵(도넛), 가락지연기(煙氣); 금가락지(金), 쇠가락지, 쌍가락지(雙), 옥가락지(玉), 은가락지(銀), 팔가락지(팔찌), 평가락지(平). ②소반의 네 다리 중간쯤에 건너지른 나무.

74) 가락옷: 물레 가락에 실을 감기 위하여 가락의 아랫몸에 입히는 종이나 지푸라기.

75) 마침가락: 공교롭게 일이 딱 들어맞음. ¶그 상자는 책상으로 마침가락이다. 마침가락으로 경찰이 지나가다가 그 교통사고를 목격하였다.

기가 지나가자 마당에 널린 화분마다 빗물이 가랑가랑 고였다. ②눈에 눈물이 넘칠 듯이 가득 괸 모양. ¶영랑의 눈에도 이슬방울이 맺혀 가랑거렸다. ③건더기는 적고 국물이 많은 모양. ④물을 많이 마셔서 배 속이 가득 찬 듯한 모양. ¶물배가 가랑가랑 차다. ⑤숨이 거의 질 듯 질 듯 하면서 나는 소리. 또는 그 모양. ¶숨이 아직도 가랑가랑 붙어 있다. 가랑·그렁거리다/대다. ⑥목구멍에 가래가 걸리어 숨쉴 때 나는 소리.=가르랑. 그르렁. ¶목에서 가랑 소리가 나다. 가랑·카랑·크렁하다, 가랑가랑/하다¹, 가스랑거리다[78]/대다. 〈큰〉그렁. 〈거〉카랑[79]. 〈큰·거〉크렁.

가랑² 쇠붙이 따위가 끌리거나 구르는 소리. ¶기계 돌아가는 소리가 가랑가랑 들린다. 가랑거리다/대다, 가랑가랑/하다².

가랑-¹ '마른'을 뜻하는 말. ¶가랑잎/갈잎. [←가락+잎]

가랑-² 일부 명사 앞에 붙어 '가늘고 잔. 갈라진. 덜 자란'의 뜻을 더하는 말.[〈ᄀᆞ랑←ᄀᆞᄅᆞ(다)+앙]. ¶가랑개미(자디잔 개미), 가랑나무, 가랑눈, 가랑니[잔가랑니], 가랑머리(두 갈래로 땋아 늘인 머리), 가랑무, 가랑비, 가랑비녀, 가랑손, 가랑이/지다, 가랑좁쌀, 가랑파(실파) 들.

가래¹ 흙을 파헤치거나 떠서 던지는 기구.[←가르/갈(다)+애]. ¶가래와 삽으로 도랑을 치다. 늘 쓰는 가래는 녹이 슬지 않는다. 가래꾼, 가랫날, 가랫노(櫓:가래 모양의 노), 가랫대(가랫자루), 가랫바닥, 가랫밥, 가래삽(가래처럼 줄을 매서 쓰는 삽), 가랫자루, 가랫장구, 가랫장부, 가랫줄, 가래질/꾼/하다, 가래채, 가래코, 가래터(가래질이 벌어지고 있는 곳); 넉가래[←넓+가래], 눈가래(눈치개)/질/하다, 먼가래[80], 불가래(부삽), 삽가래, 세손목카래[81], 쇠가래, 얼렁가래(둘을 나란히 어울려 겹으로 쓰는 가래), 열목카래[82], 종가래(한 손으로 쓸 수 있는 작은 가래), 큰가래, 한카래꾼[83], 헹가래[84]/질/하다, 화가래(가랫바닥 끝에 쇠로 된 날을 붙인 농기구), 후릿가래질 들.

가래² 가래나무의 열매. 추자(楸子). ¶가래겯(가래나무의 껍질), 가래기름, 가래나무/껍질(가래겯), 가랫물(가래나무의 껍질을 삶은 물감), 가랫잎, 가래팀(가래나무뿌리를 찧어 짜낸 즙을 풀어 고기를 잡는 일).

가래³ 떡이나 엿 따위를 둥글고 길게 늘이어 놓은 토막. 긴 나무. 또는 그것을 세는 단위. ¶떡 두 가래. 가래떡, 가래엿(가락엿), 가랫장[85]; 떡가래, 시렁가래(시렁을 매는 데 쓰는 긴 나무), 엿가래, 질가래(질흙 반죽을 길고 가늘게 늘어뜨린 것), 흙가래(도자기를 만들려고 가래떡처럼 만든 흙덩이) 들.

가래⁴ 폐에서 목구멍에 이르는 사이에서 생기는 끈적끈적한 분비물. ¶가래가 끓다. 가래검사(檢査), 가래약(藥), 가래침; 헛가래. ☞ 담(痰).

가량가량-하다 얼굴이나 몸이 야윈 듯하면서도 부드럽고 탄탄하다. ¶가량가량한 몸매에 싹싹한 마음씨. 가량가량하다, 가량가량히, 갈걍갈걍[86].

가량-맞다 조촐하지 않아서 격에 어울리지 아니하다.≒어색하다. 〈큰〉거령맞다. ¶언행이 가량맞고 야살스러운 짓을 '가살'이라고 한다. 서양인이 한복을 입으니 역시 가량스럽다. 가량·거령스럽다.

가력-되다 사태(沙汰) 같은 것에 덮이어 묻히다.=개력하다. ¶논밭이 가력되어 큰 피해를 입다.

가렵(다) 살갗에 긁고 싶은 느낌이 있다.≒근지럽다. ¶등이 가렵다. 가려운 데를 긁어 주다. 가려움/증(症), 가려워하다, 가렴돋이(몹시 가려운 만성피부병).

가로 왼쪽에서 오른쪽으로 나가는 방향. 또는 그 길이. 왼쪽에서 오른쪽의 방향으로 또는 옆으로 길게.↔세로. ¶벌판을 가로 건너지른 국도. 가로거리, 가로거치다[87], 가로걸다/걸리다, 가로걸음, 가로골[횡곡(橫谷)], 가로관(옆으로 놓인 관), 가로글씨, 가로금, 가로길이[88], 가로꿰지다(옆으로 터지다. 빗나가다. 중도에서 잘못되다), 가로나비(피륙 등의 가로 잰 길이), 가로놓다/놓이다, 가로누르기, 가로눕다/누이다/눕히다, 가로다지[89], 가로닫다, 가로닫이/창(窓:가로로 여닫는 창문), 가로대(가로장. 가로축), 가로동자(童子:장에 건너지른 나무오리), 가로돛, 가로들다, 가로뜨기, 가로딴죽(발로 상대방의 다리를 쳐서 쓰러뜨리는 동작), 가로띠, 가로막(膜), 가로막다/막히다, 가로말이, 가로맡다(남의 할 일을 가로채서 맡다), 가로무늬/근(筋), 가로물다/물리다, 가로물매, 가로보(洑:가로로 쌓은 보), 가로보다/보이다, 가로뿌리다, 가로새다[90], 가로서다/세우다, 가로세로, 가로썰다, 가로쓰기, 가로안다, 가로압력(壓力:測壓), 가로외, 가로장(가로로 건너지른 나무막대기), 가로재(材), 가로젓다, 가로좌표(座標), 가로줄, 가로지[91], 가로지기(가로 방향으로 되게 한 것), 가로지다, 가로지르다/질리다, 가로짜기, 가로찢다, 가로차다/채다[92]/채이다, 가로철

76) 가르랑: 목구멍에 가래 따위가 걸려 숨을 쉴 때 가치작거리는 소리. 〈큰〉그르렁. 거르렁/거렁. ¶가르랑·거르렁·그르렁거리다/대다.

77) 풍그렁하다: 무엇이 푹 잠길 수 있게 그렁그렁하다. ¶안개가 풍그렁하다. 어둠이 풍그렁하니 짙다.

78) 가스랑거리다: 가래가 끓는 듯한 거친 숨소리가 자꾸 나다. ¶아이가 감기를 오래 앓더니 어제는 밤새 가스랑거렸다.

79) 카랑카랑하다: ①날씨가 맑고 차다. ②목소리가 쇳소리같이 맑고 똑똑하다. ¶목소리가 카랑카랑하다.

80) 먼가래: 객지에서 죽은 사람의 송장을 임시로 그 곳에 묻는 일. ¶'먼가랫밥'은 객사한 사람을 임시로 파묻은 가래 흙을 뜻한다.

81) 세손목카래: 장부꾼 한 사람과 줄꾼 두 사람이 하는 가래질.

82) 열목카래: 두 개의 가래를 연폭(마주 이어 붙임)한 것에 장부잡이 둘과 줄잡이 여덟 사람이 하는 가래질.

83) 한카래꾼: 가래질할 때, 한 가래에 쓰이는 세 사람의 한 패.

84) 헹-가래: 기쁜 일을 치하하거나 또는 잘못을 벌주는 뜻으로, 여러 사람이 한 사람의 네 활개를 번쩍 들어 여러 번 내밀었다 들이켰다 하는 일.

85) 가랫장: 고싸움에서, 고를 어깨에 메고 두 손으로 받칠 때 쓰는 나무.

86) 갈걍갈걍: 굳센 기상이 있어 보이면서 가량가량하게. ¶갈걍갈걍 여윈 얼굴. 갈걍갈걍하다(얼굴이 파리하나 단단하고 기상이 굳세다).

87) 가로거치다: 앞에서 거치적거려 방해가 되다. ¶길에 전봇대가 넘어져 있어 다니기에 가로거친다.

88) 가로길이: 공간과 시간, 자기 힘과 남의 힘. 횡수(橫竪).

89) 가로다지: ①가로로 된 방향. ②어떠한 것을 가로지른 물건.

90) 가로새다: 중간에 슬그머니 다른 곳으로 빠져나가다.

91) 가로지: 종이 뜬 자국이 가로놓인 종이 결. 종이·피륙 따위의 가로로 넓은 조각.↔세로지.

92) 가로채다: ①남이 가진 것을 옆에서 빼앗다. ②남의 것을 불법으로 가져 자기 것으로 만들다. 횡령하다. ③남의 하는 말을 중간에서 가로맡아 하다.

근(鐵筋), 가로축(軸), 가로침식(浸蝕), 가로켜기, 가로코(↔세로코), 가로타다[93], 가로톱, 가로퍼지다(옆으로 퍼지다), 가로피리, 가로회전(回轉), 가로획(畵), 가로흔들다, 가름대'(가로 놓는 대. 벽 둘레에 길게 가로로 설치한 대). ☞ 횡(橫).

가로(다) 말하다 · 이르다. ¶가라사대(말씀하시되), 가로되, 가론(말하자면. 이른바). ☞ 왈(曰).

가뢰-꾼 대궐에서 잡일을 맡아보던 일꾼.

가루 ☞ 갈다'.

가루(다) ①자리를 나란히 함께 하다.[←굷다]. ¶둘이 가루어 서니 쌍둥이 같군. 둘이 가루어 앉아 있는 모습이 믿음직하였다. ②맞서 견주다. 왈가왈부하다. 시시비비하다.≒가래다. ¶승부를 가루다. 시비를 가루다.

가루라 불경에 나오는 상상의 큰 새. 머리는 새, 몸은 사람을 닮고, 날개는 금빛인데 부리로는 불꽃을 내뿜으며, 용을 잡아먹고 산다 함.[←迦樓羅←Garuda〈범〉].

가루택이 끝에 낫이나 칼, 창날을 매어 둔 긴 나뭇가지를 휘어 말뚝에 걸쳐 놓아, 지나가던 짐승이 건드리면 튕겨지게 만든 덫.

가르(다) 본래 하나인 것을 쪼개거나 나누어 따로따로 구별되게 하다. 양쪽으로 헤쳐서 열다. 갈라져 나온 것.≒나누다. 자르다. 타다[6].↔붙이다. 합치다. 모으다. ¶두 편으로 갈라 경기를 하였다. 새벽 공기를 가르며 날아가는 비행기. 칼로 생선의 배를 가르다. 가랑이[94], 가래-(가랑이)[가래단속곳, 가래바대], 가래다[95], 가르마[96], 가르새[97], 가른돌, 가름[98], 가리가리/갈가리[99], 갈기갈기(여러 가닥으로 여지없이 찢어진 모양), 갈라내다, 갈라놓다(떼다. 구별하다), 갈라땋다, 갈라막이, 갈라맡다/맡기다, 갈라보다[100], 갈라붙이다[101], 갈붙이다[102], 갈라서다(갈라지다. 이혼하다), 갈라지기, 갈라지다(떨어지다. 깨지다, 이별하다), 갈라치기, 갈라터지다, 갈래[103], 갈래다[104], 갈래판[105], 갈램[106], 갈리다'[107], 갈림[갈림길, 갈림목, 갈림새(물살이 갈라지는 현상), 갈림역(驛), 갈림점(點); 뭇갈림], 갈피; 뭇가름(묶음으로 된 물건을 여러 묶음으로 갈라 묶는 일), 뭇갈림, 섞갈리다, 엇갈리다, 판가름(시비나 우열 따위를 판단하여 가름)/하다, 편가르다/갈리다(便), 헷갈리다(정신을 차리기 어렵다. 뒤섞이다). ☞ 분(分).

가르치(다) 지식 · 기능 따위를 알도록 하다.↔배우다. 그릇된 것을 고치어 올바르게 잡아주다. 아직 모르는 일을 알도록 일러주다. ≒일깨우다. ¶노래를 가르치다. 역사가 가르치는 교훈. 비공개 사실을 가르쳐주다. 가르친사위(창의성이 없는 사람), 가르침/가르치심. ☞ 교(教).

가리[1] 통발 비슷하나 밑이 없는 물고기 잡는 기구. 대나무를 결어 만듦. ¶가리질(가리로 물고기를 잡는 일)/하다; 엇가리(대나 채를 엮어서 곡식을 담는 데 쓰는 기구).

가리[2] 소 따위의 갈비를 식품으로 일컫는 말.[←가르다]. ¶가리구이, 가릿국, 가릿대, 가리볶음, 가리새김, 가리적(炙), 가리조림, 가리찜, 가리틀다[108]; 곁가리(갈빗대 아래쪽의 짧고 가는 뼈). ☞ 갈비.

가리(다)[1] 바로 보이거나 통하지 아니하게 넓이를 가진 물체를 사이에 놓다.≒막다. 덮다. 감싸다. ¶두 손으로 얼굴을 가리다. 눈 가리고 아웅한다. 가리개(두 폭으로 꾸민 병풍. 가릴 수 있게 만든 물건), 가리끼다[109], 가리어지다/가려지다. 가리여울[110], 가리우다, 가리이다, 가림[111]; 낯가리다'(얼굴을 무엇으로 막거나 덮

93) 가로타다: 다른 부문이나 사람이 할 일을 당치 않게 가로맡아 나서다. ¶남의 일을 가로타지 말고 자기 일이나 하시오.

94) 가랑이: ①윗몸의 끝이 갈라져 나란히 벌어진 부분. 가래. ¶가랑이를 벌리다. 가랑이지다(아래쪽이나 한끝이 갈라지다), 가랑이표(標), 가래단속곳(두 가랑이로 된 단속곳), 가래바대(단속곳이나 속곳 따위의 밑을 달 때에 곁에 힘받침으로 대는 천), 가래톳(허벅다리의 림프샘이 부어 아프게 된 멍울)[〈가랏돗〈가룻톳]. ②바지의 다리를 꿰는 부분. ¶억수 같은 비로 순식간에 가랑이가 다 젖었다. 바짓가랑이.

95) 가래다: ①어떤 사람이 다른 사람을 상대로 맞서서 옳고 그름을 따지다. ≒가루다②. ¶철없는 아이를 가래서 어찌 하겠소? 누가 더 잘못했는가를 가래는 것은 둘 다에게 상처를 줄 수 있다. ②남의 일을 방해하거나 남을 해롭게 하다. ¶왜 사사건건 가래는 거야?

96) 가르마: 이마에서 정수리까지의 머리털을 양쪽으로 갈라붙일 때 생기는 금.[←가르(다)+마]. ¶가르마를 반듯하게 타다. 가르마골, 가르맛길, 가르마꼬챙이(골타개), 가르맛자리(가르마를 탄 자국), 가르마질/하다; 뒷가르마, 앞가르마.

97) 가르새: 베틀 양쪽 채 어중간에 맞춘 나무.

98) 가름: ①함께 하던 일을 서로 가르는 일. ②사물을 구별하거나 분별하는 일. ¶가름끈(갈피끈), 가름대(수판의 윗알과 아래알을 갈라 가로지른 나무), 가름돌(일정한 형태로 쪼개 갈라놓은 돌), 가름둑(합류 지점에서 난류를 막기 위하여 세운 둑), 가름머리(가르마를 타서 갈라 빗은 머리), 가름목(길이 서로 갈리는 곳)/다리, 가름막(膜), 가름솔(시접을 좌우 양쪽으로 갈라붙인 솔기), 가름쇠, 가름수(繡), 가름장(두 갈래로 한 장부촉), 가름재(갈림길에 있는 등성이나 재), 가름줄, 가름표지(標識;구획표지), 가름하다(따로따로 구별 또는 분별하여 나누다); 뭇가름, 속가름, 씨가름, 판가름, 편가름(便). ③글의 내용을 가르는 단위. 장(章).

99) 가리가리: 갈라지거나 찢어진 모양. ¶마음이 가리가리 찢기다. 가리가리/갈가리 찢어진 신문지.

100) 갈라보다: 일을 따로 맡다. 어떤 일을 나누어서 여럿이 따로따로 하다. ¶자료를 갈라보다. 업무를 갈라보다.

101) 갈라붙이다: 둘 또는 그 이상으로 갈라서 이쪽저쪽에 붙이다.

102) 갈붙이다: 남을 헐뜯어 사이가 벌어지게 하다. 이간질하다. ¶그렇게 두 사람 사이를 갈붙인다고 너에게 유리할 것 같으냐?

103) 갈래: 한 군데에서 둘 이상으로 갈라져 나간 낱낱의 부분이나 가닥.[←가르(다)+애]. ¶세 갈래의 길. 갈래갈래, 갈래길(갈림길), 갈래꽃, 갈래꽃받침, 갈래꽃부리, 갈래론(論), 갈래머리, 갈랫줄, 갈래창(槍); 강갈래(江), 굽갈래(말이나 소의 굽이 갈라진 곳), 길갈래, 말갈래, 물갈래, 외갈래.

104) 갈래다: ①정신이 혼란하여 갈피를 잡기 어렵게 되다. ¶정신이 갈래다. ②짐승이 갈 바를 몰라 왔다갔다하다. ¶밤중에 멧돼지들이 갈래니 밖에 돌아다니지 않는 것이 좋다. ③길이 섞갈리어 바른 길을 찾기 어렵게 되다.

105) 갈래판: 일이 여러 가지로 일어나는 자리.

106) 갈램: 목재가 마르면서 갈라진 틈.

107) 갈리다': ①가름(나눔)을 당하다. 나뉘다. ¶길이 두 갈래로 갈리다. ②목이 잠기어 쉰 소리가 나다. 쉬다. ¶목이 갈리도록 응원을 하다.

108) 가리틀다: ①잘되어 가는 일을 잘못 되도록 헤살놓다. ②남의 횡재에 대하여 무리하게 한 몫을 청하다.

109) 가리끼다: 무엇이 사이에 가리어 거리끼다(방해하다).[←가리(다)+어+끼다]. ¶키 큰 사람이 앞에 가리껴 구경을 할 수 없다. ☞ 거리끼다.

110) 가리여울: 물고기가 알을 낳는 여울. ¶가리여울로 몰리는 피라미떼.

111) 가림: 가림담(차면담), 가림막(幕), 가림벽(壁), 가림새(무엇을 가리거나 감추는 태도), 가림색(보호색), 가림식(式), 가림집(울안의 으슥한 곳에 지은 딴채), 가림판(板); 낯가림, 눈가림, 비가림막, 손가림, 해가림.

어서 보이지 않게 하다), 눈가리개, 치가리다(밑에서 위로 올라가며 가리다) 들.

가리(다)[2] ①여럿 가운데서 골라내거나 분간하여 추리다.≒고르다. 선별하다(選別). 뽑다. ¶우수작을 가리어내다/가려내다. 밤낮을 가리지 않고 공부하다. 고혈압 환자는 음식을 가려서 먹어야 한다. 가려보다[112]/보이다, 가려뽑다, 가려잡다(골라 가지다. 골라 잡다), 가리어지다/가려지다, 가려짚다, 가린나무(건축에서 쓰임에 따라 제재한 나무), 가린병아리[감별추(鑑別雛)], 가림법(法), 갈라내기(선별); 섞갈리다. ②낯선 사람을 싫어하다. ¶낯가리다[2], 낯가림. ③셈을 따져 밝히다.≒따지다. ④옳고 그름을 분간하다. ¶옳고 그름을 가리다. 가려듣다, 가려보다/보이다, 가리사니[113], 가리산지리산[114], 가리새[1][115], 가리틀다[116]; 앞가리다[117], 앞가림, 헷갈리다[118]. ⑤가지런하게 하다. ¶머리를 가리다. 가리새[2][119]. ⑥편식(偏食)하다. ¶가려먹다(골라서 먹다). ⑦똥오줌을 눌 데에 누다. ¶똥오줌을 가리다. ⑧빚·외상값 따위를 갚다. ¶외상값을 가리다. 그 집은 빚을 대충 가리고 도시로 떠났다. ☞ 택(擇).

가리(다)[3] 곡식단·나뭇단 따위를 차곡차곡 쌓아 더미를 만들다. ¶낟가리를/ 볏가리를 가리다. 마당에 가려 놓은 장작. 가려놓다(곡식단 따위를 차곡차곡 쌓아놓다), 가리[3][120].

가리단죽 남의 것을 가로채어 가짐. ¶그 나쁜 놈이 나를 속여 가지고 돈을 몽땅 가리단죽을 했지 뭐냐. 그 사람이 내 몫을 몽땅 가리단죽하였다. 가리단죽하다.

가리마 예전에, 부녀자들이 예복을 갖추어 입을 때 큰머리 위에 덮어쓰던 검은 헝겊. 차액(遮額).

112) 가려보다: 문제의 본질을 판단하여 알아내다. ¶정당한 행동과 망동을 옳게 가려보다.

113) 가리사니: ①사물을 판단할 만한 힘이나 능력.≒지각(知覺). ¶가리사니 없는 행동. 가리사니가 없는 사람이라 믿고 뭘 맡길 수가 없다.=가리산. ②사물을 분간할 수 있는 실마리. ¶일이 얽히고설키어 가리사니를 잡을 수 없다.

114) 가리산지리산: 갈피를 못 잡아 갈팡질팡하는 모양.≒갈팡질팡. ¶암흑 속에서 가리산지리산 헤매다.

115) 가리새[1]: 일의 갈피와 조리(條理). 〈준〉가리. ¶가리새를 잡을 수 없다. 어수선해서 가리를 못 차리겠다.

116) 가리틀다: ①잘되어 가는 일을 헤살놓다. ②남의 횡재에 대하여 자기도 무리하게 한 몫을 청하다.

117) 앞가리다: 겨우 무식함을 면하고 자기 앞에 닥친 일이나 처리하다. ¶앞가림도 못하는 주제.

118) 헷갈리다: 정신을 차리지 못하다. 갈피를 못 잡다. 여러 갈래가 뒤섞이다.

119) 가리새[2]: 도자기를 만들 때, 구덕구덕 마른 그릇의 몸을 긁어서 모양을 내는 데 쓰는 고부라진 연장.

120) 가리[3]: ①단으로 묶은 곡식이나 땔나무 따위를 차곡차곡 쌓은 더미. 또는 그것을 세는 단위. ¶벼 두 가리. 가리나무(갈퀴 따위로 솔가리를 긁어모은 땔나무), 가리부피; 곡식가리(穀食), 나뭇가리, 낟가리, 낟가릿대, 노적가리(露積;한데에 쌓아 둔 곡식의 더미), 돈가리('많은 돈'을 비유), 동가리(단으로 묶은 것을 동으로 가려 쌓아 놓은 무지), 마들가리(잔가지나 줄거리의 토막으로 된 땔나무), 미수가리(잘못 삼아서 못쓰게 된 것만을 한데 모아 묶어 놓은 삼 꼭지), 볏가리, 볏가릿대, 보릿가리, 솔가리(소나무 가지를 꺾어서 묶은 땔나무), 수숫가리, 장작가리(長斫;장작더미), 줄가리/치다, 짚가리, 통가리(桶;쑥대나 싸리, 뜸 따위로 엮어 땅에 둥글게 둘러치고 그 안에 감자나 곡식을 채워 쌓은 더미). ②삼을 벗길 때, 몇 꼭지씩 묶어서 한 줌 남짓하게 한 분량을 세는 단위.

가리-맛 긴맛과의 바닷조개. 〈준〉갈맛. ¶가리맛살/맛살, 가리맛저냐, 가리맛조개, 가리맛찌개.

가리비 부채 모양으로 둥글넓적한 바닷조개.

가리온 털이 희고 갈기가 검은 말.[←qaliun〈몽〉].

가리키(다) 어떠한 방향이나 사물을 집어서 이르다. 알리다. 특별히 지정하다. ¶마을 어귀의 초가집을 손가락으로 가리키다. 공자를 가리켜 성인이라 일컫는다. 가리킴. ☞ 지(指).

가린-스럽다 다랍게 인색하다.[←간린(慳吝)]. ¶저 노인은 참으로 가린스럽다. 가린주머니(재물에 인색한 사람. 구두쇠), 가린하다.

가마[1] '가마솥(크고 우묵한 솥)'의 준말.≒솥. ¶가마솥이 노구솥 밑을 검다 한다. 가마굽, 가마내기, 가마목(가마가 걸려 있는 부뚜막이나 아랫목), 가맛바가지(쇠죽을 푸는데 쓰는, 자루가 달린 바가지), 가맛밥(가마솥에 지은 밥), 가마붙이(가마, 솥 같은 것), 가마솔, 가마솥, 가마솥더위, 가맛전(가마솥 가장자리의 넓은 부분), 가마치(누룽지), 가마팔이(가마솥 장사), 가마후렁[121]; 가압가마(加壓), 겉가마, 구이가마(고기나 생선을 굽는 가마), 단가마(뜨거워진 가마솥), 무쇠가마, 소금가마, 속가마, 쇠죽가마(粥), 용가마(큰 가마솥), 질가마[1](질흙으로 구워서 만든 가마솥), 찻가마(茶) 들.

가마[2] 숯·기와·벽돌·질그릇 따위를 구워내는 시설. 용광로나 보일러 따위를 세는 말. ¶가마굴(가마의 아궁이), 가마구이, 가마넣기, 가마떼기(일꾼의 품삯을 옹기 한 가마당 얼마씩 도거리로 쳐서 주는 일). 가마재임(구울 물건을 가마에 재는 일), 가마터[요지(窯址)], 가마호수(戶首;가마에 불을 때는 사람); 굴가마(窟), 기왓가마, 너구리가마, 녹임가마(용해로), 대포가마(속이 나뉘지 않고 통으로 된 가마), 돌가마, 벽돌가마, 봉우리가마(비탈을 이용해 계단식으로 만든 가마), 불가마(불을 때서 벌겋게 된 가마), 석회가마(石灰;석회를 굽는 데 쓰이는 가마), 쇠가마(용광로), 숯가마, 옹기가마(甕器), 전기가마(電氣), 질가마[2], 한증가마(汗蒸). ☞ 요(窯).

가마[3] 정수리에 머리털이 소용돌이 모양을 이룬 부분. 선모(旋毛). ¶가마소[122]; 쌍가마(雙).

가마[4] 조그만 집 모양으로 생기어, 그 안에 사람을 태우고 앞뒤에서 둘 또는 넷이 멜빵을 걸어 메고 다니는 탈것. ¶가마를 타다. 가마꾼, 가마등(손과 팔을 엮어 사람을 태우는 일), 가마뚜껑, 가마멀미, 가맛바람(가마를 타고 가면서 쐬는 바람), 가맛바탕(가마의 밑바탕), 가맛방석(方席), 가마싸움[123], 가마채, 가마타기(손가마); 꽃가마, 복가마(福;뜻하지 않은 행복), 삿갓가마, 손가마(두 사람이 손잡고 사람을 태우는 놀이), 쌍가마(雙) 들.

가마[5] 갈모나 쌈지 따위의 100개를 세는 단위.

121) 가마후렁: 가마 밑굽이 들어갈 만한 크기로 가마를 걸 수 있게 쌓아 올린 공간.

122) 가마소(沼): 강이나 내의 물이 소용돌이치며 지나가는 깊은 곳. 큰 웅덩이.

123) 가마싸움: 한가위에, 편을 짜서 가마를 앞세우고 싸우던 민속놀이.

ㄱ

가마니 곡식·소금 따위를 담는 짚으로 만든 섬. 또는 그것을 세는 말.[←〈일〉かます]. 〈준〉가마. ¶가마니날, 가마닛동(垌;흙을 채운 가마니를 쌓아서 만든 둑), 가마니때기/떼기, 가마니바늘, 가마니짜기, 가마니짝, 가마니틀, 가마통[124]; 구가마하다[125], 막가마, 소금가마, 싸개가마니, 쌀가마니 들.

가마리 욕을 먹거나 매를 맞거나 걱정 따위를 항상 당하는 사람. 일부 명사 뒤에 붙어 '그 말의 대상이 되는 행동이나 사람'의 뜻을 나타내는 말. ¶참외서리에 가젔다는 가마리들이 여럿 있었다. 걱정가마리, 구경가마리, 근심가마리, 놀림가마리, 맷가마리, 욕(辱)가마리, 웃음가마리.

가마우지 가마우짓과의 물새. 〈준〉우지. ¶민물가마우지, 바다가마우지, 쇠가마우지.

가만 ①아무런 손도 쓰지 않고 그냥 그대로. 조용하게. 유심히 잘. 신경을 써서. 곰곰이. ¶가만 놔 두어라. 가거나 말거나 가만 내버려 두게. 가만 생각해 보면 알게 될 것이다. 가만가만(조용히. 살그머니)/하다, 가만두다(있는 그대로 두어 두다), 가만바람(약하게 부는 바람), 가만사뿐(발소리가 나지 않게 아주 조용히), 가만있다, 가만있자/있거라, 가만하다[126], 가만히. ②남의 말이나 행동을 제지할 때 하는 말. ¶가만, 저 소릴 들어 보게. 무슨 소리지? 가만있어라, 가만있자.

가말(다) 일을 맡아 헤아리거나 재량껏 처리하다.[←감(재료)+알다]. ¶그 많은 일을 혼자 가말기는 버겁지 않겠니? 맡은 일이니 가말고 난 뒤에 얘기하라.

가망 무당굿의 둘째 거리인 가망거리에서 청하는 신(神).

가멸(다) 살림이 넉넉하다. 재산이 많다.≒넉넉하다. 부유하다(富裕). ¶가멸은 재산. 가면 집과 가난한 집. 가멸(부자를 예스럽게 이르는 말), 가멸차다(재산이 매우 많고 풍족하다).

가무리(다) ①눈에 띄지 않게 감쪽같이 먹어 치우다. ¶잉어가 미끼를 가무리다. 딸기를 따는 족족 가무리어 버리다. 가무뜨리다[127]/트리다. ②가리거나 감추다. 남이 보지 못하게 숨기다. ¶손에 들고 있던 것을 얼른 치마폭에 가무리다. 가무려물다(안쪽으로 감아 물다). ③남의 물건을 슬그머니 제가 가지다. 착복하다(着服). ¶나랏돈을 가무려 버린 나쁜 관리. 가무려넣다.

가물 ①작은 것이 먼 데서 약하게 흔들리는 모양. ¶안개 속으로 가물가물 멀어져 가는 새벽 기차. 배가 멀리 가물가물 보인다/ 사라진다. ②불빛이 약하게 사그라져 가는 모양. 희미하게 생각이 들 듯 말 듯 한 모양. ¶등불이 가물가물 스러져가다. 의식이 가물가물 없어져가다. 가무러지다[128], 가무러치다[129], 가무락·까무락/까막·거무럭·꺼무럭/꺼먹, 까무룩[130]. ③살포시 잠이 들어가는 모양. ¶눈에 가물가물 졸음이 매달리다. 〈큰〉거물. 〈센〉까물. 〈큰·센〉꺼물. 가물·거물·까물·꺼물거리다/대다.

가물(다) 땅의 물기가 바짝 마를 정도로 오랫동안 계속하여 비가 오지 않다. ¶날이 가물다. 가물에 콩 나듯. 가물(가뭄), 가물견딜성(性), 가물끝(가물이 든 뒤끝), 가물더위, 가물때(가뭄의 피해), 가물막이/하다, 가물못자리, 가물철(가뭄이 계속 되는 철. 가뭄철), 가물타다(가뭄을 겪다), 가물해(가물어 식물이 정상적으로 자라지 못하는 해[年]), 가뭄(↔장마)[가뭄더위, 가뭄못자리, 가뭄주의보(注意報), 가뭄철, 가뭄해(害); 불가뭄, 왕가뭄, 찔레꽃가뭄[131]]; 땅가물[132], 봄가물, 불가물(아주 심한 가물), 왕가물(아주 심한 가물) 들.

가물치 가물칫과의 민물고기.[←감(다)[4]+을+치]. ¶가물치곰(가물치를 푹 고아 만든 국), 가물칫국, 가물치회(膾).

가뭇 흔적이나 소식 따위가 없이 전혀. 알아보거나 찾을 길이 없이 감감함.[←검다/감다]. ¶가뭇 간 곳이 없다. 가뭇 잊어버리다. 가뭇 조용하다. 가뭇없다[133]/없이.

가방 물건을 넣어 들고 다니기에 편하도록 만든 용구.[←kabas〈네〉]. ¶가방을 들다. 가방끈; 가죽가방, 구슬가방, 돈가방, 멜가방(배낭), 손가방, 책가방(冊), 철가방(鐵) 들.

가배 ①신라 유리왕 때, 한가윗날 궁중에서 길쌈 겨루기를 하며 놀던 놀이. ②가위[2][추석(秋夕)]. ¶가배일, 가배절. ③고려 때 '바지'를 일컫던 말.

가볍(다) ①무게가 적다.↔무겁다. ②비중이나 가치 따위가 작다. ③정도가 심하지 아니하다. ④언행이 진중하지 아니하다.↔신중하다. ⑤옷차림이나 마음이 홀가분하다. ⑥동작이 재빠르고 경쾌하다. ⑦대수롭지 아니하고 예사롭다. ⑧식사 따위가 담백하고 간단하다. ⑨다루기가 수월하다. 〈큰〉거볍다. ¶가벼이, 가볍디가볍다, 가분[134]·거분·가뿐·거뿐/하다, 가불[135]·거불·까불·꺼불/거리다/대다, 가불딱[136], 가불짝[137], 가붓·거붓·가뿟·거

---

124) 가마통: ①한 가마니에 드는 곡식의 분량. ②빈 가마니.

125) 구가마하다: 곡식을 넣은 가마니를 법식에 맞추어 묶다.

126) 가만하다: '가만한'의 꼴로 쓰이어, 움직임 따위가 매우 조용하여 잘 드러나지 않다. ¶입가에 가만한 미소가 번지다.

127) 가무뜨리다: ¶밥 한 그릇을 순식간에 가무뜨리다.

128) 가무러지다: 정신이 가물가물 흐려지다. 기력이 없어지다. 불빛이 차차 약해지면서 꺼질 듯 말 듯 하게 되다. 〈센〉까무러지다. ¶노인은 가무러지는 정신을 다시 차리고 아들의 이름을 불렀다.

129) 가무러치다: 얼마 동안 넋을 잃고, 죽은 사람처럼 되다. 〈센〉까무러치다/까물치다(의식을 잃어버리다. 기절하다). ¶아들이 전사했다는 소식을 듣고 가무러쳤다.

130) 까무룩: 정신이 갑자기 흐려지는 모양. ¶책을 읽다가 까무룩 잠이 들었다. 까무룩하다(까무러칠 듯이 정신이 희미하다).

131) 찔레꽃가뭄: 모내기철이자 찔레꽃이 한창 필 무렵인 음력 5월에 드는 가뭄.

132) 땅가물: 가물어서 푸성귀들이 마르는 재앙.

133) 가뭇없다: 눈에 띄지 아니하여 찾을 길이 감감하다. 흔적도 없다. ¶여기 두었던 책이 어디로 갔는지 가뭇없다. 파도가 모래성을 가뭇없이 휩쓸었다.

134) 가분하다: 들기 좋을 정도로 가볍다. 마음에 부담이 없이 가볍고 편안하다. 언행 따위가 매우 가볍다. 〈큰〉거분하다. 〈센〉가뿐하다. ¶가분가분 걸음을 걷다. 가분가분·가뿐가뿐·가뿟가뿟/하다; 홀가분하다.

135) 가불: ①가볍게 흔들려 움직이는 모양. 〈큰〉거불. 〈센〉까불. ¶촛불이 금방 꺼질 듯이 가불가불 흔들리다. 첫눈이 까불까불 내린다. 까불까불 키질을 하다. 가불거리다/대다, 가불가불/하다. ②격에 맞지 않게 까부는 모양. ¶기쁜 나머지 가불가불 춤을 춘다. 하는 일 없이 거불거불 돌아다니다.

136) 가불딱: 작은 것이 몸을 한 번 조금 빠르게 굽혔다 펴는 모양. 〈큰〉거불

뿟·거풋/하다(매우 가볍다), 가붓가붓/하다, 갑삭[138], 갑신[139], 갭직[140], 거푼[141]·거풋거리다/대다/하다(품새가 매우 가볍다), 거푼거푼·거풋거풋/하다, 거풀거리다[142]/대다, 거풀거풀/하다; 홀가분하다. ☞ 경(輕).

가보 민어의 부레 속에 쇠고기·두부·오이 따위의 소를 넣고 끝을 실로 잡아매어 삶아서 둥글게 썰어 낸 음식.

가빠 ①비 올 때 입는 외투의 한 가지. ②비가 내릴 때 짐 같은 것을 덮는 방수포(防水布).[←capa〈포〉].

가쁘(다) 힘든 일을 하거나 몸에 이상이 생겨 숨을 빨리 쉬다. 힘에 겨워하다.≒숨차다. 벅차다. ¶뛰어왔더니 숨이 가쁘다. 숨을 가삐 쉬다. 아무리 어려운 일도 가빠하지 않는다. 자동차가 언덕을 가쁘게 올라간다. 가빠나다, 가빠오르다, 가빠지다, 가빠하다, 가쁜숨, 가삐(가쁘게); 숨가쁘다.

가사 중이 장삼 위에, 왼쪽 어깨에서 오른쪽 겨드랑이 밑으로 걸쳐 입는 법의(法衣).[←袈裟←kasaya〈범〉]. ¶가삿대(가사를 걸어두는 횃대), 가사불사(佛事), 가사시주(施主); 납가사(衲;헝겊 조각을 누벼서 만든 가사), 금란가사(金襴), 만수가사(滿繡) 들.

가사리[1] 돌고기(잉엇과의 민물고기)의 새끼.

가사리[2] 식물에 속한 바다풀[해초(海草)]. ¶우뭇가사리, 참가사리, 풀가사리 들.

가살 말씨나 하는 짓이 간사하고 얄미운 태도. 아양.≒야살. ¶가살을 떨다. 가살을 피우다. 가살궂다[143], 가살꾼, 가살떨다(경망스럽게 가살을 부리다), 가살부리다(일부러 가살스러운 짓이나 말을 하다), 가살빼다(가살스러운 태도를 거만하게 짓다), 가살스럽다[144], 가살이(가살을 부리는 사람), 가살쟁이(가살이), 가살지다.

가새– 두 개의 날을 교차시켜 옷감·종이·머리털 따위를 베는 기구인 '가위'의 옛말로 '어긋나게'를 뜻하는 말. ¶가새[145], 가새다리치다, 가새모춤(어긋나게 묶은 볏모의 단), 가새발[146], 가새벌임, 가새뽕, 가새염(簾;한시를 지을 때, 한자음의 높낮이를 배열하는 방법), 가새접(椄), 가새주리[←주뢰(周牢)], 가새줄(벼리와 끝줄)/코, 가새지르다[147], 가새진(陣), 가새틀음[148], 가새표(標), 가새풀; 못가새(모 한 춤의 1/3) 들.

가설랑 글을 읽거나 말을 할 때, 또는 말을 하다가 막힐 때 중간에 덧붙여 내는 군소리.=가서. 가서는, 가설랑은.

가슬 ①성질이 부드럽지 못하고 약간 까다로운 모양. ¶말을 가슬가슬 곱지 않게 하다. ②물체의 거죽이나 살결이 윤기가 없이 거세거나 거친 모양.=가실. 가시시[149]. 〈큰〉거슬. 〈센〉까슬[150]. 〈큰·센〉꺼슬. ¶가슬가슬 수염이 돋았다. 입술이 가슬가슬 타다. 가스러·거스러지다[151], 가슬가슬·거슬거슬·까슬까슬/하다, 가슬하다, 거스러미[152], 까실·꺼실하다 들.

가슴 배와 목 사이의 앞부분. 마음이나 생각. 심장 또는 폐. 옷에서 몸의 앞쪽을 가리는 부분. ¶가슴이 넓다. 가슴을 웅크리다. 가슴이 두근거리다/ 아프다. 가슴이 미어지다(심한 고통이나 슬픔을 느끼다). 아버님 말씀을 가슴에 새기다. 속옷이 안 보이도록 가슴을 여미다. 가슴걸이(마소의 가슴에 매는 끈), 가슴골(가슴 한가운데 팬 부분), 가슴관(管), 가슴근육(筋肉), 가슴깃(가슴에 난 새털), 가슴깊이, 가슴너비, 가슴놀이(가슴의 맥박이 뛰는 곳), 가슴다리, 가슴동(가슴통), 가슴둘레, 가슴등뼈, 가슴뜨거이(절절한 심정이 가슴에 사무치게), 가슴띠(가슴에 띠는 띠), 가슴마디, 가슴막(膜;늑막), 가슴바대, 가슴받이, 가슴뼈, 가슴살, 가슴상[흉상(胸像)], 가슴샘[흉선(胸腺)], 가슴소리, 가슴속, 가슴숨쉬기, 가슴앓이, 가슴운동(運動), 가슴지느러미, 가슴치기, 가슴통, 가슴팍(가슴패기), 가슴헤엄[평영(平泳)], 가슴호흡(呼吸), 가슴홈(옷이 가슴 쪽으로 팬 부분), 가슴힘살; 냉가슴(冷), 놀란가슴, 덴가슴[153], 새가슴[154], 생가슴(生;공연한 걱정으로 타는 가슴), 앙가슴, 앞가슴, 언가슴[155], 옷가슴, 젖가슴, 참새가슴(소심한 성격), 털가슴. ☞ 흉(胸).

떡. 〈센〉까불딱. 꺼불떡. ¶가불딱거리다/대다/하다, 가불딱가불딱/하다.

137) 가불짝: 조금 작고 빠르게 몸을 움직이는 모양. 〈큰〉거불쩍. 〈센〉까불짝. 꺼불쩍. ¶가불짝거리다/대다/하다, 가불짝가불짝/하다.

138) 갑삭: ①고개나 몸을 가볍게 조금 숙이는 모양.=갭직.≒굽실.¶고개를 갑삭 숙여 보이다. ②어떤 물건이 몹시 가벼워 보이는 모양. 가볍게 걷는 모양. ¶짐을 갑삭 들다. 들뜬 마음으로 갑삭갑삭 집으로 돌아갔다. 갑삭거리다/대다/하다. 〈큰〉겁석. 〈센〉갑싹. 깝삭.

139) 갑신: ①가볍게 살짝. ¶고개를 갑신 숙여 인사하다. ②채신없이 다소 비굴하게. 갑신·겁신거리다/대다.

140) 갭직: ①몹시 가벼운 모양. ②모두가 다 갭직한 모양.↔묵직. ¶짐을 갭직갭직 들다. 갭직하다.

141) 거푼: 물체의 한 부분이 바람에 떠들려 가볍게 날리는 모양. ②뒤집히는 모양. ③앉았다 섰다 하는 모양.

142) 거풀거리다: 물체의 한 부분이 바람에 떠들려 자꾸 크게 흔들리다. ¶널어놓은 이불이 바람에 거풀거풀 움직인다. 거풀·꺼풀거리다/대다, 거풀거풀/하다.

143) 가살궂다: 말씨나 행동이 몹시 가량맞고 야살스럽다. ¶하는 짓이 가살궂기 짝이 없다.

144) 가살스럽다: 가량스럽고 야살스럽다. ¶가살스런 첩의 행실을 휘어잡지 못하다.

145) 가새: 사각형으로 짠 뼈대의 뒤틀림을 막기 위하여 대각선 방향으로 빗댄 쇠나 나무 막대.

146) 가새발: 풍랑을 만났을 때 돛대를 떼서 뱃머리에 놓고 거기에 돛을 다는 일. ¶가새발을 치다.

147) 가새지르다: 어긋매끼어 엇갈리게 걸치다. ¶가새지르기.

148) 가새틀음: 앉았다 일어났다 하다가 뛰어서 돌아앉는, 남사당패 놀이에서 부리는 재주.

149) 가시시: 사람이나 짐승의 짧은 털 따위가 거칠게 일어나 있는 모양. 〈큰〉거시시. 거스스. 〈센〉까시시. 까스스·꺼스스. 꺼시시. ¶면도를 안 해서 수염이 가시시 일어났다. 머리털이 거스스 일어나다. 목덜미의 털을 꺼시시 일으켜 세우고 짖는 개. 가시시·까시시하다.

150) 까슬하다: 몹시 거칠고 빳빳한 느낌이 있다. 성질이 순하지 않고 까다롭다. 〈큰〉꺼슬하다.

151) 가스러지다: 성질이 거칠어지다. 잔털 같은 것이 좀 거칠게 일어나다. 〈큰〉거스러지다. 〈센〉까스러지다. ¶신경이 가스러지다. 가스러지고 변덕스러운 시어머니의 비위를 맞추다. 머리털이 가스러지고 볼이 우묵하게 패여 더 늙어 보인다. 가스러진 목뒤털.

152) 거스러미: 손톱 뒤의 살 껍질이나 나뭇결 따위가 얇게 터져 일어나서 가시처럼 된 부분. ¶은지는 고개를 숙인 채 말없이 거스러미만 뜯고 있었다. 판자의 거스러미. 손거스러미.

153) 덴가슴: 한 번 몹쓸 재난을 겪은 사람이 그 재난과 연관되는 사소한 일에도 겁을 내는 마음. ¶화재에 덴가슴이라 성냥불만 보아도 가슴이 섬뜩해진다.

154) 새가슴: 새의 가슴처럼 불룩 내민 사람의 가슴.

155) 언가슴: 공연한 일을 가지고 썩이는 마음.

가슴츠레 술에 취하거나 졸리어 눈이 흐릿하고 자꾸 감길 듯한 모양. 게슴츠레. 〈큰〉거슴츠레. ¶술에 취해 가슴츠레하다. 졸음에 겨워 가슴츠레한 눈으로 등잔불을 바라보았다. 가슴츠레 · 거슴츠레 · 게슴츠레하다.

가시[1] 식물의 줄기나 잎에 바늘처럼 뾰족하게 돋아난 것. 물고기의 잔뼈. '미운 사람'의 비유. ¶가시가 돋치다. 저 사람은 눈엣가시다. 찔레의 가시. 가시개미(가시가 있는 개미), 가시고기, 가시굴레, 가시나무, 가시넝쿨, 가시눈(날카롭게 쏘아보는 눈), 가시덤불[가시덤불길, 가시덤불밭], 가시두더지(바늘두더지), 가시딸기, 가시랭이[156], 가시면류관(冕旒冠)/가시관(冠), 가시망둥, 가시못, 가시바늘, 가시방석(方席), 가시밭/길(고난), 가시복, 가시살(끝이 날카로운 지느러미살), 가시새[157], 가시성(城;탱자나무나 장미 따위의 가시나무로 한 울타리), 가시섶(가시가 있는 땔나무), 가시세다(앙칼스럽고 고집이 세다), 가시손[158], 가시연(蓮)[가시연꽃, 가시연밥], 가시오갈피, 가시울타리, 가시주름(잔주름), 가시줄(가시철을 끼운 철사)/가시쇠줄, 가시철사/가시철(鐵絲), 가시털[극모(棘毛)], 가시톡토기, 가시홍어(洪魚); 눈엣가시[159], 분가시(粉), 생선가시(生鮮), 잔가시, 철가시(鐵) 들.

가시[2] 된장이나 고추장의 음식물에 생기는 구더기. ¶된장 항아리에 가시가 생기다. 가시 무서워 장 못 담그랴. 장가시(醬;장에 생기는 가시).

가시[3] 가시나무의 열매. 도토리와 비슷함.

가시- 일부 명사 앞에 붙어 '아내. 아내의 친정'이라는 뜻을 더하는 말.[〈갓(女 · 妻)]. ¶가시버시[부부(夫婦)], 가시아버지, 가시아비, 가시어머니, 가시어미, 가시집(처가), 가시할머니, 가시할미, 가시할아버지, 가시할아비. §'가시내', '시앗'도 동근어.

가시(다) ①어떤 상태나 느낌이 없어지거나 달라지다. ¶이젠 정말 소녀티가 가시고 처녀티가 난다. 더위가 싹 가시다. 아픔이 가시다. 멍이 가시다. 부앗가심(화를 누그러뜨리는 일), 달가시다[160]. ②물로 깨끗이 씻다. 깨끗하게 하다.≒씻다. 설거지하다. 부시다. ¶식사 후 입안을 물로 가시다. 가셔내다, 가셔지다, 가시대(臺;싱크대), 가시물(설거지에 쓰는 물. 개숫물)/통, 가시통(桶), 가심(깨끗하지 않은 것을 가시는 일)[가심끌(나무에 뚫은 구멍을 다듬는 끌), 가심질/하다, 가심하다; 볼가심[161], 불씨가심[162], 약가심(藥), 입가심[1,2], 진부정가심(不淨), 집가심]; 씻가시다(그릇을 깨끗이 씻어서 더러운 것이 없게 가시다), 집가시다[163] 들.

가야(伽倻) 42년경에 낙동강 하류에 일어난 우리나라 고대 부족국가. ¶가야금(琴)[산조가야금(散調), 풍류가야금(風流)], 가얏고, 가야산(山), 가야토기(土器) 들.

가열 남사당패의 뜬쇠(각 놀이 분야의 우두머리) 밑에서 재주를 익히는 수련생.

가엽/엾(다) 딱하고 애틋하다.≒불쌍하다. 안쓰럽다. 애처롭다. §자기보다 나이가 어리거나 정신적으로 비참한 상태에 빠져 남에게 동정을 받을 만한 사람에게 주로 씀. ¶부모 잃은 가엾은 소녀. 가엾이 여겨 보살펴 주다. 밤잠도 못 자고 공부에만 전념하는 아들이 가엽다.

가오리 가오릿과의 바닷물고기. '마름모꼴'을 뜻하는 말. ¶가오리의 새끼를 '간자미'라고 한다. 가오릿국, 가오리나물, 가오리무침, 가오리백숙(白熟), 가오리어채(魚菜), 가오리연(鳶;꼬빡연), 가오리자반, 가오리탕(湯), 가오리흥정[164]; 나비가오리, 눈가오리, 매가오리, 목탁가오리(木鐸), 시끈가오리, 전기가오리(電氣), 쥐가오리, 흰가오리 들.

가운데 ①일정한 공간이나 사물의 끝에서 안쪽의 부분이나 양쪽의 사이.↔가. 변(邊). ②여럿으로 이루어진 일정한 범위의 안. ¶많은 학생 가운데 내가 제일 어리다. ③어떤 상태가 이루어지거나 일을 하고 있는 도중.≒중간(中間). ¶농담 가운데 진담이 있다. §'갑대중간(中間)'에서 나온 말.[←갑(다)+ᄋᆞᆫ+ᄃᆡ]. 가운뎃골, 가운뎃귀, 가운뎃다리, 가운데뜰, 가운뎃마디, 가운데열매껍질, 가운뎃소리, 가운뎃발가락, 가온북(큰북과 작은북의 중간 크기 북), 가운뎃소리, 가운뎃손가락, 가온데음(音), 가운뎃점(點), 가운뎃줄, 가운뎃집, 가운데창자, 가운데치마(갈퀴의 위아래 두 치마 사이에 가로지른 나무), 가운데토막, 가운데톨; 한가운데. ☞ 중(中).

가웃 수량을 나타내는 명사 또는 명사구 뒤에 붙어 '절반 정도의 분량에 해당하는, 남는 분량'을 뜻하는 말. ¶가웃지기(논밭의 넓이의 단위로, 마지기로 세고 남는 반 마지기); 나절가웃(반나절), 되가웃, 말가웃, 뼘가웃, 자가웃(한 자 반쯤 되는 길이).

가위[1] ①두 개의 날을 교차시켜 옷감 · 종이 · 머리털 따위를 베는 기구. ¶이발용 가위. 가위꼴, 가윗날, 가위다리(가위의 손잡이), 가위다리봉사(奉祀)[165], 가위다리양자(養子), 가위다리차(車;장기를 둘 때, 나오는 수), 가위다리치다(물건을 어긋매끼어 놓다), 가위막기, 가윗밥, 가위손(가재, 게 따위의 갈라진 앞다리), 가위좀(벼 잎을 갉아먹는 벌레), 가위질/하다(자르다. 오리다), 가윗집, 가위차(車), 가위춤/추다, 가위표(標); 꽃가위, 나무가위, 다듬가위, 양철가위(洋鐵), 엿가위, 전정가위(剪定), 쪽가위[166], 찬가위(饌), 핑킹가위(pinking), 함석가위. ②가위바위보[167]에서, 집게와 가운뎃손가락이나 엄지손가락을 벌려 내민 것. ¶가위를 내다.

가위[2] 음력 팔월 보름의 명절. 중추(仲秋). 추석(秋夕). ¶가윗날,

156) 가시랭이: 풀이나 나무의 가시 부스러기. ¶가시랭이에 찔리다.
157) 가시새: 벽 속을 얽을 때 중깃에 가로로 대는 가는 나무오리나 댓가지.
158) 가시손: 다른 사람의 몸을 만지거나 때리는 느낌이 찌르는 듯한 손을 비유적으로 이르는 말.
159) 눈엣가시: ①몹시 미워 항상 눈에 거슬리는 사람. ②남편의 첩을 가리키는 말.
160) 달가시다: 사람이 죽어서 부정하던 달이 지나가다.
161) 볼가심: 아주 적은 음식으로 시장기를 면함. 또는 그렇게 하는 일. ¶볼가심거리.
162) 불씨가심: 불이 난 집에서 행하는, 불씨의 신을 달래는 굿.
163) 집가시다: 상여가 떠난 뒤에 집 안을 깨끗이 한다는 뜻으로, 무당을 시켜서 악귀를 물리치다.

164) 가오리흥정: 잘못하여 도리어 값을 올린 셈인 흥정.
165) 가위다리봉사(奉祀): 생가(生家)와 양가(養家)의 제사를 같이 모시는 일.
166) 쪽가위: 실 따위를 자르는 데 쓰는, 족집게처럼 생긴 작은 가위.
167) 가위바위보: 순서나 승부를 정할 때, 서로 손을 내밀어 그 손 모양으로 정하는 방법.

가위놀이; 한가위[←한+가운데].

가위3 ①어떤 무렵이나 때. 어느 즈음. ¶식사를 끝낼 가위에 손님이 찾아왔다. ②어떤 정황이나 조건. ¶힘든 가위에 공연히 기력을 낭비하지 말고 체력 보충에 힘쓰시오.

가위4 ①자는 사람을 놀라게 하는 귓것(귀신). 잠자다가 꿈에 나타나는 무서운 광경. ¶가위눌리다(자다가 무서운 꿈을 꾸어 옴쭉도 못 하고 답답함을 느끼다). ②기를 펴지 못할 만큼 벅차고 힘겨운 기운. ¶서슬 퍼런 주인의 분부에 가위가 눌렸다.[+눌리다].

가을 ①한 해의 네 계절 가운데 셋째 철. 〈준〉갈. ¶ 갈 봄 여름 없이. 가을갈이/갈갈이, 가을꽃, 가을날, 가으내(온 가을 동안 줄곧)[←가을내], 가을누에, 가을무, 가을바람, 가을밤, 가을배추, 가을벌레, 가을볕/가실볕, 가을보리/갈보리, 가을부채(철이 지나 쓸모없게 된 물건), 가을부침, 가을비, 가을빛, 가을뿌림, 가을일, 가을장마, 가을줄이[168], 가을철, 갈초(草;겨울 동안 마소에게 먹이려고 초가을에 베어다 말린 풀), 가을카리(가을에 논밭을 갈아두는 일), 가을하늘, 가을하다; 늦가을, 마가을(마무리하는 가을. 늦가을), 보릿가을, 봄가을, 지난가을, 첫가을, 초가을(初), 한가을. ②농작물을 거두어들이는 일. ¶벌써 가을하는 사람들의 손길이 바쁘다. 가을걷이/갈걷이[추수(秋收)], 가을마당, 가을밭(가을걷이를 한 밭), 가을하다/갈하다(추수하다); 볏가을(벼를 거두어 타작하는 일). ☞ 추(秋).

가자미 가자밋과의 바닷물고기. ¶가자미눈(화가 나서 옆으로 흘겨보는 눈), 가자미식혜(食醯), 가자미저냐, 가자미젓, 가자미조림, 가자미지짐이, 가자미회(膾); 각시가자미, 노랑가자미, 눈가자미, 범가자미, 점가자미(點), 찰가자미, 참가자미, 홍가자미(紅) 들.

가장 ①여럿 가운데 으뜸으로.≒제일(第一). 첫째로. ¶여기서 가장 힘센 사람이 누구냐. 비행기가 가장 빠르다.[+동사]. ②가능한 최고의 정도로.≒제일. 무척. 굉장히. 매우. 대단히. ¶이것이 가장 좋다. 가장 높은 산.[+형용사]. ☞ 최(最).

가장귀 나뭇가지의 갈라진 곳(아귀). 또는 그렇게 생긴 나뭇가지. ¶가장귀지다, 가장귀창(槍), 가장이(나뭇가지의 몸뚱이 부분. 가지).

가장-질 노름판에서, 패를 속이는 짓. ¶가장질하다.

가재 가잿과의 절지동물. ¶가재는 게 편이다. 가재를 치다[169]. 가재걸음(뒤나 옆으로 기어가는 걸음), 가재구이, 가재수염(鬚髯), 가재지지미, 가재탕(湯); 갯가재, 바다가재 들.

가재기 튼튼하게 만들지 못한 물건.

가죽 동물의 몸을 싸고 있는 껍질. 또는 그것을 가공한 것.[←갗+욱]. §'갗, 갖'으로도 쓰임. ¶가죽가방, 가죽공예(工藝), 가죽구두, 가죽끈, 가죽띠, 가죽배[170], 가죽배자, 가죽숫돌, 가죽신, 가죽옷, 가죽이김(무두질), 가죽점퍼, 가죽조끼, 가죽집(가죽으로 만든 총이나 칼집), 가죽채, 가죽칼, 갖-[171]; 개가죽, 겉가죽, 광택가죽(光澤), 날가죽(생가죽), 낯가죽, 눈가죽, 다룸가죽[숙피(熟皮);무두질한 가죽)], 등가죽(등에 붙어 있는 가죽), 말가죽, 몰가죽(두껍고 큰 주름이 있는 가죽의 일종), 뱃가죽, 살가죽, 살갗, 생가죽(生), 소가죽/쇠가죽, 속가죽, 악어가죽(鰐魚), 양가죽(羊), 에나멜가죽(enamel), 인조가죽(人造), 참가죽[진피(眞皮)], 털가죽, 통가죽, 풀소가죽. ☞ 잘'. 피(皮). 혁(革)②.

가즈럽(다) 아무 것도 없으면서 온갖 것을 다 갖춘 듯이 뻐기는 태도가 있다.[←가지다/갖다]. ¶쥐뿔도 없는 주제에 가즈럽게 행동하면 누가 알아주나?

가지1 나무나 풀의 원줄기에서 갈라져 뻗어나간 줄기. 근본에서 갈라져 나간 것. ¶가지를 치다. 가기가지(나무의 가지마다), 가지고르기[정지(整枝)], 가지골(원 골짜기에서 갈라져 나간 골짜기), 가지꽂이, 가지다듬기, 가지돌연변이(突然變異), 가지마름병(病), 가지맥(脈), 가지바늘, 가지번호(番號), 가지접(接), 가지줄, 가지치기1(가지가 생기다), 가지치기2[전지(剪枝)], 가지치다, 가지톱; 곁가지, 기는가지[복지(匐枝)], 길맛가지(길마의 말굽쇠 모양의 나무), 깃가지[우지(羽枝)], 나뭇가지, 너울가지(남과 사귀는 솜씨), 닻가지(닻에 달린 갈고리), 댓가지, 덧가지, 막댓가지(가느다란 막대기), 밑가지, 버들가지, 뽕가지, 산가지(算), 산호가지(珊瑚), 생가지(生), 솔가지, 실가지, 앞가지, 외가지(곁가지가 없는 풀이나 나무의 줄기), 욋가지(椳;울타리를 엮는 나뭇가지나 수숫대), 원가지(原), 의지가지없이(依支), 잔가지, 접가지(椄), 지겟가지, 청솔가지(靑), 풋가지(풋나무의 가지). ☞ 지(枝).

가지2 가짓과의 한해살이풀. 가지의 열매(찬거리로 씀). ¶가지나무에 목맨다. 가지김치, 가지나물, 가지냉국(冷), 가지노리개(가지 모양으로 만든 노리개), 가지누름적(炙), 가지등(燈;가지 모양으로 만든 가로등), 가지만지[172], 가지말랭이, 가지무늬, 가지무침, 가지볶음, 가짓빛, 가지색(色), 가짓잎괭이, 가지장아찌, 가짓잎쌈, 가지적(炙), 가지전(煎), 가지절임, 가지짠지, 가지찜, 가지찬국, 가지회(膾); 백가지(白), 풋가지(새로 난 맏물 가지).

가지3 ①사물을 그 성질이나 특징에 따라 구별 지어 낱낱의 부류를 헤아리는 말.≒갈래. 종류. ¶여러 가지의 종류. 한 가지 질문이 있습니다. 열 가지. 가지가지/갖가지/갖갖, 가지가지로/갖가지로, 가지각색(各色), 가짓수(數); 각가지(各), 온갖, 옷가지(몇 가지의 옷); 한가지(서로 같음). ②제기를 차기 시작한 때부터 땅에 떨어지기까지의 동안.

가지4 바로 지금. 금방. 처음으로. ¶가지 떠나다. 이 모임에는 오늘 가지 나왔다. 우리 회사에 가지 입사한 사람을 소개합니다.

가지기 정식 혼인을 하지 아니하고 다른 남자와 사는 과부나 이혼한 여자.[←가직(家直)+이].

168) 가을줄이: 풍작(豊作)을 예상하였으나 가을 수확이 주는 일. ¶가을줄이에 당황하는 농민.

169) 가재를 치다: 샀던 물건을 도로 무르다. 뒤집다. ¶엄마는 내가 사다 드린 옷이 비싸다고 가재를 쳤다.

170) 가죽배: 목조 따위로 된 골조 위에 짐승 가죽을 붙인 배.

171) 갖-: 일부 명사에 붙어 '가죽'을 뜻하는 말. ¶갖두루마기, 갖등거리(털로 만든 소매가 없는 겉옷), 갖바치(가죽신을 만드는 사람), 갖벙거지, 갖신, 갖옷, 갖저고리, 갖풀[아교(阿膠)], 갖(가죽); 젓갖(사냥용으로 기르는 매의 두 발에 각각 잡아매는 가는 가죽끈).

172) 가지만지: 가지를 살짝 데쳐 물기를 짜낸 다음, 속에 고명을 넣고 소금을 뿌려 며칠을 삭힌 반찬.

가지(다) ①어떤 대상을 손에 쥐거나 몸에 지니거나 자기 것으로 하다.≒소유하다(所有). ¶가진 돈이라곤 겨우 이것뿐이다. 가져가다, 가져다주다, 가져보다, 가져오다, 가즈럽다[173], 가진것; 되가지다. ②마음속에 두다. 마음에 품다. 마음먹다. ¶주인은 나에게 호의를 가지고 있다. 가짐[174]. ③알·새끼·아이를 뱃속에 지니다(배다). ¶처녀가 아이를 가졌다. 몸가지다(임신을 하다). ④거느리다. ¶많은 부하를 가지고 있다. ⑤관계를 맺다. ¶깊은 유대를 가진 두 나라. 〈준〉갖다. ⑥('가지고'의 꼴로 쓰이어) '동작이나 상태를 그대로 지니고 있음', '~을 상대하여'를 뜻하는 말. ¶낫을 가지고 풀을 베다. 그렇게 게을러 가지고 시험에 붙겠나? 왜 나를 가지고 야단들이냐?

가지런-하다 여러 끝이 고르게 되어 있다.≒고르다. 나란하다. ¶하얀 이가 가지런하다. 신발을 가지런히 정돈하다. 가쯘[175], 간고르다[176], 간잔지런하다[177], 간자름하다(가지런하면서 자름하다), 간지피다[178], 간추리다[179].

가축 물품이나 몸가짐 따위를 알뜰히 매만져서 잘 간직하거나 거둠. ¶문화재는 신중한 가축이 필요합니다. 물건의 수명은 가축하기에 달렸다. 짐승도 가축할 탓. 가축하다(알뜰살뜰 잘 매만지다.≒간직하다. 보살피다); 몸가축[180], 집가축(집을 매만져서 잘 거두는 일).

가치 =개비. ¶담배/성냥 한 가치.

가타 부처의 공덕이나 가르침을 찬미하는 교리를 노래로 나타낸 글귀. 게(偈).[←伽陀←gathā〈범〉].

가탈¹ ①일이 순조롭지 아니하게 방해하는 어떤 존재. ¶가탈을 부리다. ②이러쿵저러쿵 트집을 잡으며 까다롭게 구는 일. 〈센〉까탈. ¶가탈·까탈거리다/대다/지다[181], 가탈·까탈부리다. '까탈스럽다'는 비표준말이다.

가탈² 사람이 타거나 물건을 싣기 불편할 정도로 말이 비틀거리며 걷는 모양. 〈센〉까탈. ¶노새가 가탈가탈 걷다. 가탈가탈/하다, 가탈거리다/대다, 가탈걸음.

가파르(다) 산이나 길이 몹시 비탈지다.[〈가ᄑᆞᄅᆞ다].=강파르다④. ¶가파른 언덕길/ 비탈길. 가파롭다(느낌이 가파르다), 가풀막(〈가팔막;가파르고 비탈진 곳), 가팔막·가풀막지다[182].

가푸르(다) 몹시 숨차고 초조하다.

각(角) ①짐승의 뿔이나 뿔로 만든 물건·악기. ¶각간(角干), 각궁(角弓;뿔로 꾸민 활), 각궁반장(角弓反張), 각대(角帶), 각도(角塗), 각도장(圖章;뿔도장), 각띠, 각린(角鱗;파충류의 딱딱한 껍질), 각막(角膜;眼膜)[각막건조증(乾燥症), 각막염(炎), 각막이식(移植)], 각배(角杯), 각분(角粉), 각상(角狀), 각성(角星), 각세공(角細工), 각소(角素), 각응(角鷹), 각자무치(角者無齒), 각적(角笛;뿔피리), 각좆(뿔로 만든 남자의 생식기), 각지(角指), 각질(角質)[각질층(層), 각질화(化)], 각취(角嘴), 각치(角鴟;수리부엉이), 각침(角針), 각태(角胎;뿔 속에 있는 살), 각태(角駄;망령된 생각), 각테(뿔테), 각퇴(角槌), 각패(角牌), 각피/소(角皮/素), 각화(角化)[각화증(症), 각화층(層)]; 고각(鼓角), 귀모토각(龜毛免角), 교각살우(矯角殺牛), 기각(觭角), 나각(螺角), 녹각(鹿角), 대각(大角), 두각(頭角;뛰어난 재능), 맥각(麥角), 서각(犀角), 소각(小角;조그마한 나팔), 액각(額角;이마에 뿔 모양으로 내민 부분), 양각(羊角), 영양각(羚羊角), 와각(蝸角), 우각(牛角), 일각수(一角獸), 장각(長角;긴 뿔), 장각(獐角), 절각(折角), 제각(除角), 조각(爪角), 천지각(天地角), 촉각(觸角), 토각귀모(兎角龜毛), 통각(洞角), 풍각(風角), 피각(皮角), 해각(解角), 호각(號角), 화각(火角), 화각(畵角), 흑각(黑角), 흡각(吸角). ②모난 귀퉁이·구석. 한 점에서 벗어나간 두 반직선이 이룬 도형. 각도(角度). 겨루다. ¶각가속도(角加速度), 각거리(角距離), 각건(角巾), 각기둥, 각도(角度)[각도계(計), 각도기(器); 급각도(急), 다각도(多)], 각도장(角圖章;모난 도장), 각등(角燈), 각력(角力;서로 힘을 겨룸), 각립(角立;뛰어남. 맞버팀), 각모(角帽;사각모자), 각목(角木), 각반병(角斑病), 각뿔, 각뿔대(角-臺), 각사탕(角砂糖), 각석(角石), 각설탕, 각섬석(角閃石), 각속도(角速度;회전 물체가 움직이는 각도), 각수(角數), 각승(角勝;승부를 겨룸), 각시계(角時計), 각시차(角視差), 각암(角巖), 각운동(角運動), 각응(角鷹), 각장(角壯), 각재(角材), 각저(角抵;씨름), 각주(角柱), 각줄(모난 줄칼), 각책(角柵), 각추(角錐), 각축(角逐)[183], 각측량(角測量), 각형(角形); 가각(街角), 경각(傾角), 광각(光角), 광축각(光軸角), 구각(口角), 경사각(傾斜角), 경각(傾角), 고각(高角;올려본각), 교각(交角), 구면각(球面角), 굴절각(屈折角), 규각(圭角)[184], 기각(掎角), 꼭지각, 끼인각/낀각, 내각(內角), 내려본각, 능각(稜角), 다면각(多面角), 단각과(短角果), 대각(對角;맞각), 대각선(對角線), 대립각(對立角), 대응각(對應角), 돌각(突角), 동위각(同位角), 두각(頭角), 둔각(鈍角), 등각(等角), 등위각(等位角), 맞각, 맞꼭지각, 면각(面角), 모서리각, 밑각[저각(底角)], 반각(半角), 반사각(反射角), 발사각(發射角), 방위각(方位角), 방향각(方向角), 보각(補角), 복각/계(伏角/計), 부각(俯角;내려본각), 사각(死角), 사각(射角), 사각(斜角), 사각(寫角), 산각(山角), 삼감(三角)/ 사각, 오각, 삼면각(三面角), 석각(石角), 소각(小角), 수평각(水平角), 시각(時角), 시각(視角), 안각(眼角), 안면각(顔面角), 앙

---

173) 가즈럽다: 가진 것도 없으면서 가진 체하여 뽐내는 티가 있다. ¶가즈러운 데가 있어 지키지도 못할 약속을 하였다가 낭패를 보았다.

174) 가짐: 몇몇 명사에 붙어서 '태도나 자세(姿勢)'의 뜻을 더하는 말. ¶가짐새(품성이나 마음의 됨됨이); 마음가짐, 머리가짐, 몸가짐/새.

175) 가쯘: 가장자리가 들쭉날쭉하지 않고 가지런한 모양. 〈큰〉그쯘. ¶가쯘하다(일매지다). 가쯘/거리다/하다/히, 가쯘가쯘하다.

176) 간고르다: 간추리어 고르다.

177) 간잔지런하다: ①매우 가지런하다. ¶산 밑에 늘어선 집들이 간잔지런하다. ②졸리거나 술에 취하여 눈시울이 처지다.

178) 간지피다: 이불이나 보 따위를 가지런히 개서 정리하다. ¶그녀는 얼른 이부자리를 간지피고 청소를 하였다.

179) 간추리다: ①흐트러진 것을 가지런히 바로잡다. ②글 따위에서 중요한 점만을 골라 간략하게 정리하다.

180) 몸가축: 몸을 매만져서 거두는 일. ¶몸가축하다.

181) 가탈지다: 복잡하고 까다로운 조건이 생기다.

182) 가풀막지다: ①땅바닥이 가파르게 비탈져 있다. ②눈이 아찔하며 어지럽다. ¶눈앞이 가풀막지는 것이 아무래도 빈혈기가 있는 듯했다.

183) 각축(角逐): 서로 이기려고 다투며 덤벼듦. ¶외세의 각축. 각축장(場), 각축전(戰), 각축하다.

184) 규각(圭角): ①모나 귀퉁이의 서로 잘 맞지 아니하는 곳. ②사물이 서로 맞지 아니함. ③사물·뜻이 잘 들어맞지 아니함.

각(仰角;올려본각), 엇각, 양각(陽角), 열각(劣角), 영각(迎角)[185], 예각(銳角), 올려본각, 외각(外角), 요각(凹角), 우각(隅角), 우각(優角), 위각(違角), 음각(陰角), 이각(離角), 이면각(二面角), 일각(一角), 임계각(角), 입사각(入射角), 입체각(立體角), 장각과(長角果), 저각(底角), 전각(全角), 접각(接角), 정각(正角), 정지각(靜止角), 중심각(中心角), 지각(地角;땅의 어느 한 모퉁이), 직각(直角), 짝진각, 착각(錯角;엇각), 척각(尺角), 철각(凸角), 촉각(觸角;더듬이), 측각기(測角器), 켤레각, 투사각(投射角), 편각(偏角), 평각(平角), 평면각(平面角), 한계각(限界角), 해각(海角), 협각(夾角), 호각(互角), 회전각(回轉角). ③동양 음악의 오음(五音; 궁상각치우) 음계의 셋째 음.

각(刻) ①'나무 · 돌 · 쇠붙이 따위에, 글자나 그림을 새기다. 깎다. 각박하다'를 뜻하는 말. ¶각고(刻苦)[186], 각골(刻骨)[187], 각공(刻工), 각도(刻刀), 각루(刻鏤;파서 새김), 각명(刻銘), 각목(刻木;나무에 새김), 각박하다(刻薄;모질고 박정하다), 각본(刻本;版本), 각부(刻符;符信에 쓰는 글씨체), 각비(刻碑), 각삭(刻削;새겨 깎음), 각석(刻石), 각수(刻手;각수장이), 각역(刻役), 각연초(刻煙草;살담배), 각인(刻印;도장을 새김), 각일각(刻一刻), 각자(刻字), 각잠(刻簪), 각주구검(刻舟求劍), 각죽(刻竹), 각판(刻板), 각판/본(刻版/本), 각하다(새기다), 각화(刻花;도자기에 꽃무늬를 새김); 가각하다(苛刻), 간각(刊刻;글씨를 새김), 개각(改刻), 결각(缺刻;잎 가장자리가 패어 들어간 모양), 누각(縷刻), 모각(模刻), 목각(木刻), 방각(倣刻), 방각(傍刻), 번각(飜刻), 복각(覆/復刻), 부각(浮刻), 부각(腐刻), 석각(石刻)[석각장이, 석각화(畵)], 식각(蝕刻), 심각하다(深刻), 양각(陽刻), 엄각하다(嚴刻), 우물각(깊고 두드러지게 새기는 새김), 운각(雲刻), 음각(陰刻), 음양각(陰陽刻), 인각(印刻), 자각(自刻), 전각(篆刻), 제각(題刻), 조각(彫刻), 중각(重刻), 초각(峭刻;돋을새김), 투각(透刻), 파련각(波蓮刻)[188], 판각(板刻), 합각(合刻), 해각학(解刻學). ②'시계. 시간의 단위(15분)'를 뜻하는 말. ¶일각(一刻)이 여삼추(如三秋)라. 각각으로(시간이 가는 대로 자꾸자꾸), 각기(刻期;刻限), 각루(刻漏;물시계), 각하(刻下;시각이 급한 이 때), 각한(刻限;기한을 정함); 경각(頃刻)[명재경각(命在)], 구각(晷刻), 누각(漏刻), 당각(當刻), 석각(夕刻;저녁 무렵), 시각(時刻), 시시각각(時時刻刻), 일각(一刻), 정각(正刻), 정각(定刻), 즉각(卽刻), 지각(遲刻), 초각(初刻), 촌각(寸刻), 편각(片刻;삽시간) 들.

각(閣) '높고 큰 집. 관아(官衙) · 내각(內閣)'을 뜻하는 말. ¶각령(閣令;내각에서 발표한 법규 명령), 각료(閣僚;내각의 구성원인 각부 장관), 각문(閣門), 각신(閣臣), 각외(閣外), 각원(閣員), 각의(閣議), 각필(閣筆;붓을 놓음), 각하(閣下)[189]; 개각(改閣), 거각(巨閣)[고루거각(高樓)], 걸각(傑閣), 경판각(經板閣), 고각(高閣), 고설각(高設閣), 관각(館閣), 관각(觀閣), 규장각(奎章閣), 금각(金閣), 내각(內閣)[190], 누각(樓閣), 대각(臺閣), 대일각(大一閣), 대비각(大悲閣), 도각(倒閣;반대파가 내각을 무너트림), 등각(登閣), 묘상각(墓上閣), 범각(梵閣), 보루각(報漏閣), 보문각(寶文閣), 보신각(普信閣), 불각(佛閣), 비각(秘閣;궁중의 서고), 비각(碑閣;안에 비를 세워 놓은 집), 비서각(秘書閣), 산신각(山神閣), 서각(書閣), 성각(城閣), 수각(水閣), 수각/집(守閣), 어서각(御書閣), 어필각(御筆閣), 열녀각(烈女閣), 영각(影閣), 영수각(靈壽閣), 오량각(五梁閣), 우자각(-字閣), 운각(雲閣;궁전의 천장 밑에 돌려 붙인 장식판), 의발각(衣鉢閣), 입각(入閣), 장경각(藏經閣), 장서각(藏書閣), 재각(齋閣), 전각(殿閣), 정각(亭閣), 정자각(丁字閣), 제각(祭閣), 조각(組閣), 종각(鐘閣), 진영각(眞影閣), 청연각(靑讌閣), 충렬각(忠烈閣), 충혼각(忠魂閣), 칠량각(七樑閣), 칠성각(七星閣), 판각(板/版閣), 합각(合閣), 행각(行閣), 향각(香閣), 현충각(顯忠閣), 호두각(虎頭閣), 화각(畵閣), 횡각(橫閣); 용두각/ 임진각/ 판문각 들.

각(各) '각각의, 낱낱의; 제각기, 따로따로. 서로'를 뜻하는 말. ¶각 행정 기관, 각가지, 각각/으로(各各), 각개/전투(各個/戰鬪), 각거(各居), 각계(各界), 각국(各國), 각국(各局), 각급(各級), 각기(各其;각각의 것), 각기(各岐), 각기(各技), 각론(各論), 각립(各立), 각명(各名), 각물(各物), 각방(各方), 각방(各房), 각방면(各方面), 각배(各拜), 각봉(各封), 각부(各部), 각분(各分), 각불때다[191], 각산(各産), 각산(各散), 각산진비(各散盡飛), 각살림, 각상(各床), 각색(各色), 각생(各生), 각석, 각성/바지(各姓), 각소(各所), 각수렴하다(各收斂;기부금을 모으다), 각심(各心), 각아비자식(子息), 각양각색(各樣各色), 각원(各員), 각위(各位), 각유소장(各有所長), 각이(各異), 각인(各人)[각인각색(各色), 각인각성(各姓)], 각자(各自)[각자도생(圖生), 각자병서(竝書)], 각장(各葬), 각종(各種)[각종도서(圖書), 각종학교(學校)], 각지(各地), 각처(各處), 각체(各體), 각추렴, 각출(各出), 각칙(各則), 각통(各通), 각파(各派), 각항(各項), 각호(各戶), 각혼(윷놀이에서 각 팀의 말이 하나만 감); 제각각(各各), 제각기(各其) 들.

각(覺) '깨닫다. 드러나다. 느끼다'를 뜻하는 말. ¶각서(覺書;약속문서. 다짐 글), 각성(覺醒;깨어 정신을 차림. 깨달아 앎)[각성되다/하다, 각성제(劑); 대오각성(大悟)], 각오(覺悟)[192]/하다, 각오(覺寤;잠에서 깸), 각왕(覺王), 각자(覺者), 각지(覺知), 각타(覺他), 각해(覺海), 각행(覺行); 감각(感覺), 경각(警覺), 광각(光覺), 공감각(共感覺), 구경각(究竟覺), 냉각(冷覺), 대각(大覺)[대각견성(見性); 황연대각(晃然;환하게 모두 깨달음)], 등각(等覺), 만각(晩覺), 망각(妄覺), 몰각(沒覺), 묘각(妙覺), 무각무인(無覺舞認), 미각(味覺), 발각(發覺), 본각(本覺), 불각(不覺), 삼각(三覺;本覺. 始覺. 究竟覺), 색각(色覺), 선각/자(先覺/者), 시각(始覺), 시각(始覺), 시각(視覺), 시간각(時間覺), 시청각(視聽覺), 압각(壓覺), 연각(緣

185) 영각(迎角): 비행기가 날아가는 방향과 날개가 놓인 방향 사이의 각.

186) 각고(刻苦): 어떤 일을 이루기 위하여 어려움을 견디며 몸과 마음을 다하여 무척 애를 씀. ¶각고의 노력을 기울이다. 각고의 노력 끝에 얻은 영광. 각고면려/하다(勉勵), 각고정려(精勵), 각고하다.

187) 각골(刻骨): 고마움이나 원한 따위가 잊을 수 없을 만큼 마음속에 깊이 새겨짐. ¶각골난망/하다(難忘), 각골명심(銘心), 각골통한/하다(痛恨).

188) 파련각(波蓮刻): 덩굴나무가 서리어 나가는 모양을 그린 무늬.

189) 각하(閣下): 높은 지위에 있는 사람에 대한 경칭.

190) 내각(內閣): 내각불신임안(不信任案), 내각수반(首班), 내각책임제(責任制); 단독내각(單獨), 소수내각(少數), 연립내각(聯立), 유산내각(流産), 정당내각(政黨), 책임내각(責任), 초연내각(超然).

191) 각불때다: 따로따로 아궁이에 불을 지핀다는 뜻에서, 각살림하다.

192) 각오(覺悟): ①앞으로 해야 할 일이나 겪을 일에 대한 마음의 준비. ¶각오를 다지다. 비장한 각오. 죽음을 각오하다. ②도리를 깨우쳐 앎.

覺), 영각(靈覺), 예각(豫覺), 온각(溫覺), 위치각(位置覺), 자각(自覺), 정각(正覺), 정각(精覺), 지각(知覺)[193], 직각(直覺), 착각(錯覺), 청각(聽覺), 촉각(觸覺), 통각(統覺), 통각(痛覺), 환각(幻覺), 후각(嗅覺), 후각(後覺) 들.

각(脚) '다리. 물건의 밑 부분. 토대가 되는 것. 자리'를 뜻하는 말. ¶각경증(脚硬症), 각광(脚光)[194], 각근(脚跟), 각기(脚氣;비타민 B,의 부족으로 생기는 병증)[각기병(病), 각기입복(入腹), 각기충심(衝心)], 각뜨다[195], 각력(脚力;다릿심), 각반(脚絆;行纏), 각본(脚本), 각부(脚部), 각색(脚色)[196], 각선미(脚線美;다리맵시), 각연증(脚軟症), 각운(脚韻;시구나 행의 끝에 규칙적으로 같은 운의 글자를 다는 일), 각주(脚註), 각질(脚疾), 각통(脚痛), 각파(脚婆), 각희(脚戲); 건각(健脚), 건각(蹇脚;절뚝발이), 교각(橋脚), 기각(基脚), 기각(旗脚), 노각(老脚), 등각목(等脚目), 마각(馬脚), 사각(斜脚), 산각(山脚;산기슭), 삼각(三脚), 실각(失脚), 쌍각(雙脚), 엑스각(X脚), 오각(O脚), 우각(雨脚;빗발), 운각(雲脚), 운각(韻脚), 유영각(遊泳脚), 이인삼각(二人三脚), 의각(義脚;義足), 일각(日脚;햇발), 입각하다(立脚), 적각(赤脚;맨다리. 다목다리), 전각(前脚), 절각(折脚), 절각(截脚), 좌각(坐脚), 주각(柱脚), 주각(註脚), 철각(鐵脚), 출각(出脚), 폐각(廢脚;걷지 못하게 된 다리), 행각(行脚), 화각(火脚), 후각(後脚;뒷다리) 들.

각(却) '물러나다. 물리치다. 없애다'를 뜻하는 말. ¶각설(却說;화제를 돌림)[각설이/타령/패(牌)], 각지하다(却之;주는 것을 받지 아니하고 물리치다), 각하(却下;棄却. 소장이나 신청을 물리침)[각하결정(決定); 상고각하(上告)]; 감가상각(減價償却), 감각(減却), 거각(拒却), 견각(見却;남에게 거절당함), 기각(棄却)[상고기각(上告), 항소기각(抗訴)], 냉각(冷却)[냉각기(期), 냉각기(器), 냉각수(水), 냉각제(材)], 뇌각(牢却), 망각(忘却), 매각(賣却), 멸각(滅却), 몰각(沒却), 반각(返却), 배각(排却), 상각(償却), 소각(消/銷却), 소각(燒却), 이각(離却;학질 등의 병이 떨어지게 함), 제각(除却), 조각(阻却), 탈각(脫却), 퇴각(退却), 파각(破却), 한각(閑却), 환각(還却;돌려보냄), 휘각(揮却) 들.

각(殼) '껍질. 껍데기'를 뜻하는 말. ¶각과(殼果;堅果), 각두(殼斗), 각막(殼膜), 각물(殼物); 갑각(甲殼), 개각(介殼), 거각(去殼), 공각(空殼), 구각(舊殼), 기각(枳殼), 난각(卵殼), 내각(內殼), 단각(丹殼), 석회각(石灰殼), 쌍각류(雙殼類), 앵속각(罌粟殼)/속각(粟殼;양귀비 열매의 껍질), 와우각(蝸牛殼), 외각(外殼), 이각(耳殼), 자각(磁殼), 전자각(電子殼), 지각(地殼), 탈각(脫殼), 패각(貝殼), 폐각(閉殼), 합각(蛤殼), 형각(形殼), 홍각(紅殼) 들.

각(恪) '삼가다'를 뜻하는 말. ¶각고(恪固;삼가 굳게 지킴), 각근(恪勤)[197], 각별하다(恪別;유달리 특별하다), 각별히(恪別), 각숙(恪肅), 각신(恪愼;조심하고 삼감); 건각하다(虔恪) 들.

각(埆) '메마르다. 척박하다'를 뜻하는 말. ¶요각(墝埆;땅이 메마름).

각(桷) '서까래. 나뭇가지'를 뜻하는 말. ¶순각(楯桷).

각다귀 각다귓과의 모기보다 작은 곤충. 남의 것을 착취하기 좋아하는 사람을 비유하여 이르는 말. ¶각다귀판[198]; 낫각다귀, 대모각다귀(玳瑁), 모기각다귀, 상제각다귀(喪制), 섬각다귀, 잠자리각다귀, 항라각다귀(亢羅), 황각다귀(黃) 들.

각다분-하다 일을 해 나가기가 몹시 힘들고 고되다. ¶시골살림이 각다분하다. 각다분한 생활. 우선 당장은 일이 각다분하겠지만 시간이 지나면 나아질 것이다. 사전 편찬 작업이 이렇게 각다분한 줄은 정말 몰랐다.

각단[1] 일의 갈피와 실마리. 갈피와 단서. ¶각단이 나다. 사세가 복잡하여 각단을 잡을 수가 없다. 일이 어찌 되는 판인지 각단을 모르겠다. 일의 앞뒤를 가려 각단을 짓다.

각단[2] =뜸(한 동네 안에서 몇 집씩 따로 한데 모이어 있는 구역).

각담 논밭의 돌·풀을 추려 한편에 나지막이 쌓아놓은 무더기. ¶밭귀의 각담. 그는 엽전 꾸러미를 각담 속에 숨겨 놓고 태연하게 마을로 돌아왔다. 돌각담.

각삭각삭 키가 작은 사람이 좀 얄밉게 다리를 옮겨 디디며 걷는 모양. 〈큰〉걱석걱석[199]. ¶각삭각삭 걸어가다.

각석-하다 대접이 소홀하다.

각시 아내. 새색시(↔신랑). 새색시 모양으로 조그맣게 만든 인형. ¶각시를 얻다. 각시광대, 각시귀신(鬼神), 각시노리[200], 각시놀음/놀이, 각시도령(남자 차림을 한 처녀), 각시방(房), 각시춤, 각시탈, 각시풀(갈대); 꼭두각시, 마늘각시(하얗고 반반하게 생긴 색시), 방각시(房), 부출각시(뒷간을 지킨다는 여자 귀신), 새앙각시, 풀각시 들.

각심 예전에, 상궁이나 나인의 방에 속하여 잡역에 종사하던 여자 종. 각심이.

각치(다) ①손톱 따위로 할퀴다. ¶손톱으로 얼굴을 각쳤다. ②쓸데없이 말을 옮기어 화를 돋우다. 이런저런 말로 성나게 하다. ¶넌 항상 기분 좋은 말도 그런 식으로 해서 나를 각치게 해.

---

193) 지각(知覺): 알아서 깨달음. 감각 기관을 통하여 외계의 대상을 의식하는 작용 및 이에서 얻어지는 표상(表象). 사물의 이치나 도리를 분별하는 능력(철). ¶이제야 그 일이 현실로 지각되기 시작했다. 지각이 들다. 지각이 나자 망령(철나자 망령). 지각력(力), 지각마비(痲痺), 지각머리, 지각신경(神經), 지각없다, 지각이상(異常), 지각장애(障碍), 지각하다; 몰지각(沒).

194) 각광(脚光): ①사회적 관심이나 흥미. 주목(注目). ¶각광을 받다(많은 사람들로부터 주목을 받다). ②무대의 앞쪽 아래에 장치하여 배우를 비추는 장치.

195) 각뜨다(脚): 잡은 짐승의 몸을 몇 부분으로 가르다. §각(脚; 잡은 짐승의 몸을 몇 부분으로 가를 때의 그 한 부분).

196) 각색(脚色): ①문학 작품을 희곡이나 시나리오로 고쳐 쓰는 일. ¶각색가(家), 각색되다/하다. ②흥미나 강한 인상을 주기 위하여 실제로 없었던 것을 보태어 사실인 것처럼 꾸밈.

197) 각근(恪勤): 정성을 다하여 부지런히 일함. ¶각근면려/하다(勉勵), 각근봉공/하다(奉公), 각근하다/히.

198) 각다귀판: 인정 없이 서로 남의 것만 뜯어 먹으려고 덤비는 판. ¶노름판이 곧 각다귀판이다.

199) 걱석걱석: 긴 다리를 크게 옮겨 디디며 걷는 모양. ¶시냇물을 걱석걱석 건너가는 키다리.

200) 각시노리: 가래의 양편에 있는 군둣구멍에 꿴 새끼가 장부의 목을 감고 돌아간 부분.

각통–질 소장수가 소의 배를 크게 보이게 하려고 풀과 물을 억지로 먹이는 일. ¶각통질하다.

간 ①소금 · 간장 · 된장 따위의 짠 조미료를 통틀어 이름. ¶간을 치다. ②음식의 짠맛의 정도. 소금기. ¶간을 맞추다. 음식은 간이 맞아야 제 맛이 난다. 간도 모른다. 간간하다[1],[2][201], 간고기, 간고등어, 간국(간물. 옷에 밴 더러운 것), 간기(氣), 간내[202], 간맞다/맞추다, 간말리다[203], 간물(소금기가 섞인 물), 간보다(간이 맞는지 안 맞는지 맛을 보다), 간삶이(간을 하고 삶거나 찌는 것.↔맨삶이)/하다, 간새[204], 간수(水;서슬[2])[양간수(洋;염화마그네슘)], 간양념, 간장(醬)[205], 간조기, 간치다(간을 알맞게 맞추어 넣다), 간피다[206], 간하다[207], 건건이[208]; 밑간(음식을 만들기 전에 재료에 미리 해 놓는 간), 얼간[209], 장간(醬;맛의 짜고 싱거운 정도) 들.

간(間) ①'사이 · 틈. 관계'를 뜻하는 말. 기간을 나타내는 일부 명사 뒤에 붙어 '동안'을, 몇몇 명사 뒤에 붙어 '장소 · 칸. 거리[街]'의 뜻을 나타내는 말. ¶서울과 인천 간의 국도. 부모와 자식 간의 정. 25년간. 간가(間架), 간간/이(間間), 간거르다(차례에서 하나씩 사이를 거르다), 간거리[210], 간격(間隔;벌어진 사이. 틈)[간격범(犯)], 간경(間頃;이마적), 간관(間關), 간극(間隙;사이. 틈), 간급(間級), 간기(間氣), 간년(間年;해거리)[간년경(耕), 간년작(作)], 간뇌(間腦), 간단/없다(間斷;그치거나 끊어짐이 없다), 간도(間道), 간로(間路;샛길), 간발(間髮;아주 잠시. 순간적이거나 아주 적음), 간방(間方), 간벌(間伐), 간부(間夫), 간불용발(間不容髮), 간빙기(間氷期), 간삭(間朔), 간색(間色), 간선/제(間選/制), 간성(間性), 간세(間世), 간세지재(間世之材), 간세(間稅), 간승(間繩), 간시(間時), 간식(間食), 간언(間言), 간연하다(間然), 간월(間月;한 달씩 거름), 간인(間印), 간일(間日), 간일학(間日瘧;하루거리), 간자(間者;간첩), 간작(間作;사이짓기), 간잡이그림(설계도), 간장지(障), 간점선(間點線), 간접(間接)[211], 간주(間柱), 간주/곡(間奏/曲), 간지(間紙), 간지석(間知石), 간질세포(間質細胞)/간세포(間細胞), 간첩(間諜)[간첩망(網), 간첩죄(罪); 고정간첩(固定), 이중간첩(二重)], 간충직(間充織), 간투사(間投詞), 간헐(間歇)[212], 간혹(間或), 간혼(間婚); 가부간(可否間), 거간(居間), 경간(徑間), 경각간(頃刻間), 곁간, 고간(股間;샅), 고깃간(푸줏간), 고물간(↔이물간), 곳간(庫間), 공간(空間), 공수간(供需間;절에서 음식을 만드는 곳), 구간(區間), 구류간(拘留間), 궤간(軌間), 그간, 근간(近間), 금명간(今明間), 금명일간(今明日間), 금방앗간, 기간(其間), 기간(期間), 기계간(機械間), 기차간(汽車間), 깃간(화살의 깃을 붙인 사이), 꼴간, 나간에(那間), 나뭇간, 남매간(男妹間), 내간(內間), 누간(壘間), 늑간(肋間), 다년간(多年間), 다소간(多少間), 달장간, 당분간(當分間), 대문간(大門間), 대장간, 돌차간(咄嗟間), 동간(胴間), 두엄간, 뒤줏간, 뒷간, 똥간, 마구간(馬廏間), 마방간(馬房間), 막간/극(幕間/劇), 맏간(배 고물의 첫째 칸), 망간(望間), 망념간(望念間), 매갈잇간, 매조미간(糙米間), 매홧간, 모자간(母子間), 목간(沐間), 목욕간(沐浴間), 몽매간(夢寐間), 무간하다(無間), 무심중간(無心中間), 무자윗간, 문간(門間), 물레방앗간, 물림간(間), 물방아간, 미간(眉間), 민간(民間), 반간(反間), 반빗간(飯), 방간(坊間), 방앗간, 밭둘렛간, 뱃간, 벽간(壁間), 별간(別間), 별안간(瞥眼間), 병간(病間), 병간(屏間), 복대깃간, 부부간(夫婦間), 부엌간, 부자간(父子間), 부지불식간(不知不識間), 부질간(놋그릇을 만드는 공장의 대장간), 불식간(不識間), 불원간(不遠間), 불일간(不日間), 불호간(不好間), 비몽사몽간(非夢似夢間), 빙탄간(氷炭間), 빨랫간, 사장간, 삭도간(索道間), 산간(山間), 삽시간(霎時間), 상신간(相信間), 생간(生間), 석간(石澗), 석간(石間), 선간(線間), 세간(世間), 세수간(洗手間), 소양지간(霄壤之間), 속간(俗間), 송간(松間), 쇠죽간(粥), 수간(數間), 수간(樹間;나무와 나무 사이), 수라간(間), 수유간(須臾間), 수일간(數日間), 수직간(守直間), 숙설간(熟設間), 숙수간(熟手間), 순간(旬間;음력 초열흘께), 순간/적(瞬間/的), 순망간(旬望間), 순식간(瞬息間), 숫간[213], 시간(時間), 식간(食間), 아랫간, 안둘렛간, 야간(夜間), 야장간(冶匠間), 양단간(兩端間), 양수간(揚水間), 양일간(兩日間), 어간(御間), 어간(於間;시간이나 공간의 일정한 사이)[어간대청(大廳), 어간마루, 어간문(門), 어간장지, 어간재비], 어릿간(가축의 우리), 어언간(於焉間), 얼마간, 여물간, 여하간(如何間), 여항간(閭巷間), 연간(年間), 연자맷간, 염간(念間;스무날께), 오간(午間;낮때), 외간(外間), 외양간(喂養間), 우릿간(間), 운간(雲間;구름 사이), 월간(月間), 윗간, 의사간(疑似間), 의신간(疑信間), 의지간(依支間), 이간/질

---

201) 간간하다[1]: 입맛이 당기게 약간 짠 듯하다.≒짜다. 〈큰〉건건하다. ¶간간한 음식. 간간히 조리다. 간간짭짤 · 건건찝찔하다, 간간히(조금 짠 듯하게), 건건이(변변하지 않은 반찬).
간간하다[2]: ①심심하지 아니하게 재미있다. ¶간간한 기분. 할머니는 이야기를 간간히 해 주셔서 항상 다음 이야기가 기다려진다. ②아슬아슬하게 위태롭다. ¶경기를 간간하게 이겼다. 간간히 외줄타기를 하는 어린 소녀의 모습은 보는 사람들의 마음을 졸이게 했다. 간간히. ③마음이 켕길 만큼 기척이 없다. ¶시끄럽다가 갑자기 간간하다.

202) 간내: 바닷물에서 풍기는 찝찔한 냄새. 간국의 냄새.

203) 간말리다: 해산물 따위를 소금기가 있게 말리다.

204) 간새: ①음식의 맛이 짜고 싱거운 정도. ¶그녀는 음식의 간새를 보면서 양념을 더 치기도 했다. ②반찬이나 반찬거리.

205) 간장(醬): 간장국, 간장단지, 간장독, 간장박(粕), 간장병(瓶), 간장비지, 간장조림, 간장종지, 간장쪽박, 간장찌끼; 무염간장(無鹽), 양념간장, 왜간장(倭), 진간장, 초간장(醋).

206) 간피다: 바닷물에서 미역을 감고 난 뒤 살갗 따위에 소금기가 남아 있다.

207) 간하다: 음식에 짠맛을 내기 위하여 간을 치다. 생선이나 채소 따위를 간으로 절이다.

208) 건건이: 변변하지 않은 반찬. 또는 간단한 반찬. ¶장건건이(醬;장을 재료로 하여 만든 반찬의 총칭).

209) 얼간: 소금을 조금 뿌려서 약간 절이는 간. ¶얼간구이, 얼간망둥이, 얼간쌈, 얼간이, 얼갈이김치.

210) 간거리(間): 순서나 차례에서, 일정한 사이를 거름. ¶사흘 간거리로 술을 마시다. 간거리장사, 간거리장수.

211) 간접(間接↔直接): 간접강제(强制), 간접경험(經驗), 간접공시(公示), 간접관리(管理), 간접광고(廣告), 간접교사(敎唆), 간접교역(交易), 간접구이, 간접금융(金融), 간접기관(機關), 간접노동(勞動), 간접대리(代理), 간접매매(賣買), 간접무역(貿易), 간접민주주의(民主主義), 간접발행(發行), 간접범(犯), 간접분석(分析), 간접비(費), 간접선거(選擧), 간접세(稅), 간접손해(損害), 간접인용(引用), 간접적(的), 간접전염(傳染), 간접점유(占有), 간접조명(照明), 간접조사(調査), 간접조준(照準), 간접증거(證據), 간접책임(責任), 간접촬영(撮影), 간접추리(推理), 간접측량(測量), 간접침략(侵略), 간접통신(通信), 간접투자(投資), 간접하중(荷重), 간접화법(話法), 간접환(換), 간접효용(效用), 간접흡연(吸煙).

212) 간헐(間歇): 얼마 동안의 시간 간격을 두고 되풀이하여 일어났다 쉬었다 함. ¶간헐동작(動作), 간헐류(流;間歇川), 간헐방전(放電), 간헐열(熱), 간헐온천(溫泉)/간헐천(泉), 간헐욕(浴), 간헐유전(遺傳), 간헐자분(自憤), 간헐적(的), 간헐천(川), 간헐천(泉), 간헐효과(效果).

213) 숫간(間): 몸채 뒤에 자그마하고 낮게 지은 광이나 객실.

(離間), 이물간(배의 이물 쪽의 칸), 이틀간/ 사흘간, 인간(人間), 일간(日間), 일순간(一瞬間), 임간(林間), 임석간(衽席間), 입담간(立談間), 자간(字間), 자빗간, 작둣간, 장독간(醬-間)/장간, 장설간(帳設間), 장앳간, 잿간, 저간(這間), 전순간(轉瞬間), 절간, 정간(井間), 정주간(鼎廚間), 조만간(早晩間), 조차간(造次間), 존시간(尊侍間), 졸사간(猝乍間), 졸연간(猝然間), 졸창간(卒倉間), 종잇간, 종항간(終行間), 주간(晝間), 주간(週間), 주간(株間), 중간(中間), 중문간(中門間), 지호지간(指呼之間), 진잿간, 짐칸, 집안간, 찬간(饌間), 참간, 찻간(車間), 창졸간(倉卒間), 천지간(天地間), 초간하다(稍間), 촌간(村間), 추간(秋間), 추간연골(椎間軟骨), 측간(厠間;뒷간), 통간(通間), 퇴선간(退膳間), 툇간(退間), 파수간(把守間), 편시간(片時間), 푸줏간, 풀무간, 피차간(彼此間), 하여간(何如間), 하추간(夏秋間), 항간(巷間), 행간(行間), 허릿간(고물간), 헛간, 협간(峽間;골짜기), 형제간(兄弟間), 호홀지간(毫忽之間), 혹간(或間), 회간(晦間), 회초간(晦初間), 흉간(胸間). ②가옥의 넓이를 나타내는 말. 대략 6자×6자 정도의 넓이. ¶방 두 칸.

간(肝) 동물의 복강 오른쪽 위, 횡격막 아래에 접해 있는 암적갈색의 대분비선. 간장(肝臟). 담력(膽力). '요긴하다'를 뜻하는 말. ¶간이 붓다. 어린놈이 간도 크지, 어떻게 그 어두운 산길을 넘어왔을까? 간을 녹이다(몹시 애를 태우다). 간경(肝經), 간경변증(肝硬變症), 간경풍(肝經風), 간경화(肝硬化), 간관(肝管), 간기(肝氣), 간납(肝納), 간농양(肝膿瘍), 간뇌(間腦), 간뇌도지(肝腦塗地), 간담(肝膽)[간담상조(肝膽相照); 토진간담(吐盡)], 간덩이, 간동맥(肝動脈), 간디스토마, 간떨어지다(몹시 놀라다), 간명(肝銘), 간무침, 간문맥(肝門脈), 간반(肝斑), 간볶음, 간비대(肝肥大), 간서리목[214], 간신(肝腎), 간암(肝癌), 간열(肝熱), 간염(肝炎), 간엽(肝葉), 간옹(肝癰), 간요하다(肝要), 간위축증(肝萎縮症), 간유(肝油), 간이식(肝移植), 간잎, 간장(肝腸)[구곡간장(九曲), 목석간장(木石), 애간장], 간장/염(肝臟/炎), 간정(肝精), 간정맥(肝靜脈), 간종창(肝腫脹), 간질/병(肝蛭/病), 간처녑, 간충(肝蟲), 간토질(肝土疾;간디스토마병), 간흡충(肝吸蟲); 곁간, 날간, 명간(銘肝), 복룡간(伏龍肝;약으로 쓰는 아궁이 바닥 흙), 생간(生肝), 쇠간, 심간(心肝), 양간(羊肝), 장간(獐肝), 저간(豬肝), 지방간(脂肪肝), 충간(忠肝), 폐간(肺肝) 들.

간(簡) '대쪽. 편지. 줄이다. 검소하다. 가리다 · 분별하다'를 뜻하는 말. ¶간검(簡儉), 간결(簡潔;깔끔하다. 짜임새가 있다)[간결미(美), 간결성(性), 간결체(體), 간결하다], 간경하다(簡勁;글이나 글씨가 간결하고 힘차다), 간고하다(簡古;간결하고 예스럽다), 간단(簡單)[간단명료/하다(明瞭), 간단반응(反應), 간단스럽다/하다], 간독(簡牘)[고간독(古)], 간략하다(簡略), 간명하다(簡明), 간묵하다(簡默), 간박하다(簡朴/樸), 간발(簡拔;골라 뽑음), 간법(簡法), 간서(簡書), 간선(簡選), 간세하다(簡細), 간소(簡素)[간소주의(主義), 간소하다, 간소화/되다/하다(化)], 간솔하다(簡率;단순하고 솔직하다. 꾸밈이 없이 솔직하다), 간승법(簡乘法), 간열(簡閱)[간열소집(召集), 간열점호(點呼)], 간요하다(簡要), 간의(簡儀), 간이(簡易;간단하고 편리함)[간이식당(食堂), 간이식(食), 간이역(驛), 간이화/되다/하다(化)], 간정하다(簡淨), 간제법(簡除法), 간주지(簡周紙), 간죽(簡竹), 간지(簡紙), 간지봉(簡紙封), 간찰(簡札), 간책(簡册), 간첩하다(簡捷), 간체자(簡體字), 간출(簡出;추려냄, 가려냄), 간탁(簡擢;簡拔), 간택(簡擇;여럿 중에서 골라냄), 간편하다(簡便), 간필(簡筆); 광간하다(狂簡), 귀간(貴簡), 긴간(緊簡), 낙간(落簡;책의 원문이 일부 빠짐), 내간/체(內簡/體), 내간(來簡), 단간(短簡), 단간(斷簡), 단편잔간(短篇殘簡), 목간(木簡), 묘간(妙簡;잘 골라 뽑음), 백간(白簡), 번간(煩簡), 서간(書簡), 소간(小簡), 수간(手簡), 외간(外簡), 전간(傳簡), 전간(銓簡), 죽간(竹簡), 착간(錯簡), 청간(請簡), 혼간(婚簡), 화간(華簡) 들.

간(奸) '제 잇속을 차리기 위하여 교활하게 알랑거리다(간사하다). 간음의 죄를 범하다'를 뜻하는 말. ¶간계(奸計), 간교/하다/스럽다(奸巧), 간녀(奸女), 간녕/배(奸佞/輩), 간녕하다(奸佞), 간당(奸黨), 간도(奸盜), 간도(奸徒), 간독하다(奸毒), 간리(奸/姦吏), 간모(奸謀), 간물(奸物), 간부(奸婦), 간사/하다/스럽다(奸詐), 간사하다/스럽다(奸邪), 간상(奸狀), 간상/배(奸商/輩), 간세(奸細), 간세지배(奸細之輩), 간신(奸臣)[간신적자(賊子)], 간심(奸心), 간악(奸惡)[간악무도(無道)], 간요(奸妖), 간웅(奸雄), 간위(奸僞), 간인(奸人), 간재(奸才), 간적(奸賊), 간지(奸智), 간책(奸策), 간하다(속생각과는 달리 겉으로는 정성이 있는 체하다), 간행(奸行), 간험하다(奸險), 간협(奸俠), 간활하다(奸滑;간사하고 교활하다), 간휼하다(奸譎;간사하고 음흉하다), 간흉(奸凶;간사하고 흉악함), 간힐하다(奸黠;간사하고 꾀바르다); 권간(權奸), 농간/질(弄奸), 대간(大奸/姦), 발간적복(發奸摘伏), 방간(防奸), 용간(用奸), 작간(作奸), 적간(摘奸;부정이 있는지를 캐어 살핌) 들.

간(刊) '책을 펴내다. 새기다'를 뜻하는 말. ¶동양출판사 간. 2008년 간. 간각(刊刻;글자나 그림을 새김), 간경(刊經), 간경도감(刊經都監), 간교(刊校), 간기(刊記), 간목(刊木), 간서(刊書), 간인(刊印), 간출(刊出), 간포(刊布), 간행(刊行)[간행물(物), 간행사(辭)]; 개간(改刊), 개간(開刊), 격월간(隔月刊), 격주간(隔週刊), 계간(季刊), 공간(公刊), 구간(舊刊), 근간(近刊), 기간(旣刊), 미간(未刊), 발간(發刊), 복간(復刊), 석간(夕刊), 속간(續刊), 순간(旬刊), 신간(新刊), 연간(年刊), 원간/본(原刊/本), 월간(月刊), 인간(印刊), 일간(日刊), 재간(再刊), 정간(停刊), 조간(朝刊), 주간(週刊), 종간(終刊), 중간/본(重刊/本), 증간/호(增刊/號), 창간(創刊), 초간/본(初刊/本), 출간(出刊), 편간(編刊), 폐간(廢刊), 휴간(休刊) 들.

간(幹) '몸. 줄기. 재능. 뼈대'를 뜻하는 말. ¶간국(幹局;간판), 간근(幹根;바탕. 근본), 간류(幹流↔本流), 간릉(재치 있고 능청스러움)/스럽다(幹能), 간부(幹部)[간부급(級), 간부양성(養成), 간부직(職), 간부진(陣), 간부회의(會議)], 간사(幹事;일을 주선하고 처리함), 간선(幹線)[간선거(渠), 간선도로(道路), 간선로(幹線路), 간선수로(水路)], 간음(幹音;原音), 간판[215]; 골간(骨幹;뼈대), 교간(喬幹), 구간(軀幹), 근간(根幹), 기간(基幹), 긴간사(緊幹事), 뇌간(腦幹), 능간하다(能幹), 모간(毛幹), 목간(木幹), 본간(本幹), 소간(所幹;볼일), 수간(樹幹), 어간(語幹), 우간(羽幹;깃대), 재간(才幹), 정간(楨幹), 주간(主幹), 지간(枝幹), 지간(肢幹), 체간(體幹) 들.

214) 간서리목: 소의 간을 넓게 저며 꼬챙이에 꿰어 구운 음식.

215) 간판(幹): 일을 능숙하게 처리하는 능력이나 배포. ¶간판이 크다. 간판이 있는 사람을 찾다.

간(看) '보다. 지키다'를 뜻하는 말. ¶간감(看監), 간객(看客;구경꾼), 간검(看檢), 간경(看經;불경을 봄), 간과(看過;대충 보아 넘김), 간당(看堂), 간병(看病;병구완. 간호), 간산(看山), 간색/대(看色), 간서(看書), 간선(선을 보다), 간수(看守;교도관), 간심(看審), 간아(看兒), 간역(看役), 간운보월(看雲步月), 간주(看做;그렇다고 봄. 그렇게 여김)/하다, 간추(看秋), 간취(看取), 간파(看破;보아서 속내를 알아차림), 간판(看板)[216], 간평/도조(看坪/賭租), 간품(看品;품질의 좋고 나쁨을 살펴봄), 간호(看護)[간호법(法), 간호사(師), 간호인(人), 간호학(學); 병간호(病), 수간호사(首)]; 면간교대(面看交代), 범간(泛看), 병간(病看), 포간(飽看), 헐간(歇看), 회간(回看), 횡간(橫看) 들.

간(懇) '지성스럽고 절실하게 바라다'를 뜻하는 말. ¶간걸(懇乞), 간곡하다(懇曲), 간구하다(懇求), 간념(懇念;간절한 생각), 간담(懇談;정답게 이야기를 나눔)[간담하다, 간담회(會)], 간대(懇待;후하게 대접함), 간도(懇到;갖은 정성을 다하여 빈틈없이 마음을 씀), 간독하다(懇篤;정성스럽고 정이 도탑다), 간망(懇望;간절한 바람), 간성(懇誠), 간원(懇願;간절히 원함), 간의(懇意), 간절하다(懇切;정성이나 마음 씀씀이가 정성스럽고 지극하다), 간지(懇志;간곡한 뜻), 간청(懇請;간절히 청함), 간촉(懇囑;懇請), 간측하다(懇惻;간절하고 지성스럽다. 몹시 측은하다), 간친(懇親;다정하고 친근하게 사귐), 간탄(懇歎/嘆;간절히 탄원함); 고간(苦懇;간절히 바람), 근간(懃懇), 충간(衷懇) 들.

간(干) '방패. 십간(十干). 구하다. 간여하다. 얼마. 마르다'를 뜻하는 말. ¶간과(干戈), 간구(干求), 간독(干瀆;범하여 더럽힘), 간련(干連;남의 범죄에 관련됨), 간만(干滿), 간범(干犯), 간석지(干潟地), 간섭(干涉)[217], 간성(干城), 간여(干與;관계하여 참견함), 간연(干連), 간예(干預), 간조/선(干潮/線), 간증(干證), 간지(干支), 간척(干拓)[간척지(地), 간척사업(事業)], 간척(干戚), 간청(干請), 간출암(干出巖); 건간망(建干網), 난간(欄干/杆), 만간(滿干), 불간(不干), 십간십이지(十干十二支), 약간/하다(若干), 여간(如干;어지간하다) 들.

간(姦) '부부 아닌 남녀가 관계를 맺음. 간음하다'를 뜻하는 말. ¶간계(姦計), 간부(姦夫), 간부(姦婦), 간음/죄(姦淫/罪), 간정(姦情), 간죄(姦罪), 간통(姦通)[간통쌍벌주의(雙罰主義), 간통죄(罪)], 간특(姦慝;간사하고 사특함); 강간/죄(强姦/罪), 거간(巨姦), 겁간(劫姦), 계간(鷄姦;비역), 상간(相姦)[상간혼(婚); 근친상간(近親)], 수간(獸姦), 시간(屍姦), 윤간(輪姦), 조간(刁姦), 통간(通姦), 행간(行姦), 화간(和姦) 들.

간(諫) '웃어른께 잘못을 고치도록 말하다'를 뜻하는 말. ¶간간(諫官), 간계(諫戒), 간과(諫果), 간관(諫官), 간사(諫死), 간소(諫疏), 간신(諫臣), 간언(諫言), 간자(諫子), 간장(諫長), 간쟁(諫爭), 간지(諫止;간하여 말림), 간하다[218]; 강간(降諫), 고간(固諫), 고간(苦諫), 규간(規諫), 극간(極諫), 대간(臺諫), 사간(死諫), 시간(屍諫), 역간(力諫), 읍간(泣諫), 잠간(箴諫), 직간(直諫), 충간(忠諫), 통간(痛諫), 풍간(諷諫↔直諫), 필간(筆諫) 들.

간(艱) '어렵다. 괴로워하다. 어버이 상(喪)'을 뜻하는 말. ¶간고하다/스럽다(艱苦), 간곤하다(艱困), 간구하다(艱苟), 간군하다(艱窘), 간난(艱難)[간난신고(辛苦); 국보간난(國步)], 간신하다(艱辛;힘들고 고생스럽다)/히(겨우. 가까스로), 간정(艱貞), 간초하다(艱楚), 간핍하다(艱乏;몹시 가난하다); 고간(苦艱), 구간(苟艱), 극간(極艱), 내간(內艱), 신간(辛艱), 외간(外艱), 조간(遭艱;아버지 또는 어머니 상을 당함) 들.

간(竿) '장대. 긴 막대기'를 뜻하는 말. ¶간대, 간두(竿頭)[간두지세(之勢); 백척간두(百尺)], 간석(竿石), 간죽(竿竹); 구간(球竿), 기간(旗竿), 당간(幢竿), 당간지주(幢竿支柱), 등간(燈竿), 목간(木竿), 백척간두(百尺竿頭), 조간(釣竿;낚싯대), 죽간(竹竿), 찰간/주(刹竿/柱) 들.

간(墾) '거친 땅을 개척하여 논밭을 만듦'을 뜻하는 말. ¶간식(墾植), 간전(墾田), 간착(墾鑿;개간하고 도랑을 팜); 개간/지(開墾/地), 경간(耕墾), 기간(起墾), 기간지(旣墾地), 미간지(未墾地), 신간(新墾), 점간(占墾) 들.

간(癎) '어린아이가 경련을 일으키는 병(경기). 간질'을 뜻하는 말. ¶간기(癎氣), 간벽(癎癖;버럭 신경질을 잘 내는 버릇), 간병(癎病), 간증(癎症), 간질(癎疾), 간풍(癎風); 경간(驚癎), 자간(子癎;분만 때 일어나는 전신 경련), 전간(癲癎;간질) 들.

간(澗) '산과 산 사이를 흐르는 내'를 뜻하는 말. ¶간곡(澗谷;산골짜기), 간반(澗畔;산골물이 흐르는 냇가), 간수(澗水); 계간(溪澗), 곡간(谷澗;산골짜기를 흐르는 시내), 산간수(山澗水), 석간/수(石澗/水), 청간(淸澗) 들.

간(杆) '막대. 막대 모양의'를 뜻하는 말. '杆(간)'의 속자. ¶간균(杆菌), 간봉(杆棒), 간상세포(杆狀細胞); 공간(槓杆;지레), 난간(欄杆/干), 평형간(平衡杆) 들.

간(揀) '가리다'를 뜻하는 말. ¶간선(揀選), 간택(揀擇;분간하여 고름. 왕이나 왕자, 왕녀의 배우자를 고르는 일)[초간택(初)]; 분간(分揀) 들.

간(艮) 역(易)의 괘(卦)의 이름. ¶간괘(艮卦), 간상련(艮上連), 간시(艮時), 간좌(艮坐) 들.

간(侃) '굳세다'를 뜻하는 말. ¶간간하다(侃侃;강직하다. 성품이나 행실 따위가 꼿꼿하고 굳세다), 간직(侃直).

간(柬) '편지'를 뜻함.=간(簡). ¶간서(柬書); 발간(發柬;초대장을 보냄).

간(衎) '즐기다. 기뻐하다'를 뜻하는 말. ¶간간(衎衎;기쁘고 즐거움.

216) 간판(看板): ①보람판. ¶간판장이, 간판점(店), 간판화(畵). ②대표하여 내세울 만한 사람이나 사물. ¶간판선수(選手), 간판스타(star), 간판타자(打者). ③겉으로 내세우는 외모. ¶간판놀음, 간판주의(主義).

217) 간섭(干涉): 직접 관계가 없는 남의 일에 참견함. 두 개 이상의 파(波)가 한 점에서 만날 때 합쳐진 파의 진폭이 변하는 현상. ¶간섭을 받다. 간섭에서 벗어나다. 간섭계(計), 간섭굴절계(屈折計), 간섭무늬, 간섭분광기(分光器), 간섭상(像), 간섭색(色), 간섭설(說), 간섭음(音), 간섭자(者), 간섭파(派), 간섭필터(filter), 간섭현상(現象); 내정간섭(內政), 무력간섭(武力), 반대간섭(反對), 불간섭(不)[내정불간섭(內政)], 전파간섭(電波).

218) 간하다(諫): 임금이나 윗사람에게 옳지 못한 일을 고치도록 말하다.

강직하고 민첩함), 간간대소(衎衎大笑), 간연(衎然).

간(桿) '막대. 막대 모양의'를 뜻하는 말. ¶간균(桿菌); 당간(撞桿), 조종간(操縱桿), 측간(測桿;측량대) 들.

간(稈) '짚. 볏짚'을 뜻하는 말. ¶맥간(麥稈;밀짚이나 보릿짚의 줄기).

간(慳) '아끼다'를 뜻하는 말. ¶간린(慳吝;욕심이 많고 인색하며 다라움)/스럽다, 간탐(慳貪) 들.

간각 사물을 깨닫는 힘. 가늠하는 힘. 이해력(理解力). ¶간각이 있다. 간각이 부족하다.

간간-하다¹ ①마음이 간질간질하게 재미있다. ②아슬아슬하게 위태롭다.

간간-하다² 입맛 당기게 약간 짠 듯하다. 〈작〉건건하다. ¶나물을 간간하게 무치다. 간간짭짤·건건찝찔하다. ☞ 간.

간나 처녀. 계집아이.

간나위 간사스러운 사람이나 간사한 짓. ¶간나위를 치며 돌아다니다.

간다개 말 머리에서 고삐에 매는 끈.

간닥 가로 조금씩 움직이거나 움직이게 하는 모양. 졸음이 몰려올 때 고개를 한 번 크게 숙였다 드는 모양. 〈큰〉간득[219]. 근덕. 〈센〉깐딱. ¶등에 업힌 아기가 간닥간닥 고갯짓을 한다. 걸상에 앉아 건덕 졸다. 곤득[220]. 간닥·건덕·근덕·깐닥·끈덕·껀덕·깐딱·끈떡거리다/대다, 간당[221], 간드락[222], 간드랑[223], 간드작[224], 간들[225]·건들[226], 간들막[227]거리다/대다, 곤독[228], 꼰들[229] 들.

간답 기둥 사이의 폭.

간대로 그다지 쉽사리. 그리 쉽게. ¶우리의 삶이란 간대로 되는 것이 아니다. 그 불이 간대로 꺼지지는 않겠지. 하늘의 먹구름을 보아하니, 간대로 비가 멎지는 않겠다.[+부정어].

간동 하나도 흩어지지 않게 말끔히 잘 가다듬어 수습하는 모양. 〈큰〉건둥'. 〈센〉깐동. 껀둥. ¶간동간동 짐을 싸다. 간동간동 서류를 정돈하다. 간동·건둥·깐동·껀둥그리다(간동하게 마무르다), 간동간동/하다, 간동하다[230].

간둥간둥 조심성이 없이 데면데면하게 하는 모양. ¶안 본 일을 가지고 간둥간둥 이야기하는 것이 아니다.

간릉 남의 환심을 사려고 엉너리치는 솜씨가 좋음.[←간능(幹能)]. ¶간릉부리다(말이나 행동을 간릉스럽게 하다).

간사위 ①일을 차근차근히 잘하고 두름성(융통성) 있는 솜씨. ¶그는 간사위가 좋아서 무슨 일을 하던 손해 보는 일이 없다. 간사위가 없어서 열통적은 것을 '변모없다'라고 한다. ②자기 이익을 위하여 쓰는 교묘한 수단. ¶간사위를 부리다. 간사위가 있다.

간살 간사스럽게 아양을 떠는 태도. ¶간살을 떨다. 간살맞다, 간살보, 간살부리다(알랑거리다), 간살스럽다/스레, 간살웃음, 간살쟁이, 간살질/하다, 간실간실[231].

간새 동남쪽에서 불어오는 바람. 샛마파람. ¶바람도 간새로 좋다.

간수 물건 따위를 잘 거두어 보호하거나 보관함.≒간직. 건사. 관리(管理). ¶패물을 장롱 속에 간수하다. 몸간수[232], 바람간수[233].

간자 어른의 '숟가락'을 높여 이르는 말.↔잎숟가락. ¶간자숟가락(두껍고 곱게 만든 숟가락).

간자-말 이마와 뺨이 흰말.[←kalja〈만〉]. ¶찬간자(온몸의 털빛이 푸르고 얼굴과 이마만 흰말).

간자미 가오리의 새끼.

간정 앓던 병이나 소란하던 일이 가라앉아 진정된 상태. ¶앓던 이가 좀 간정되어가다. 집안 일만 간정이 되면 한 시름 놓겠소. 싸움이 간정되다.

간종 흐트러진 일이나 물건을 가닥가닥 가리고 골라서 가지런하게 하는 모양. 〈큰〉건중. ¶원고지를 간종간종 정리하다. 작업장을 건중건중 치우고 퇴근하다. 그 사람은 복잡한 일을 잘 간종이었다. 간종·건중/그리다/이다, 간종간종/하다.

---

219) 간득: 졸음이 와서 머리를 힘없이 조금씩 앞으로 숙였다 드는 모양. 〈큰〉건득. ¶병아리가 간득간득 졸고 있다.

220) 곤득: 졸면서 머리를 조금 숙였다 들었다 하는 모양. 〈큰〉군득. ¶아기가 곤득곤득 졸다.

221) 간당: ①달려 있는 작은 물체가 가볍게 흔들리는 모양. ②물건 따위를 거의 다 써서 얼마 남지 않게 된 상태. ③목숨이 거의 다 되어 얼마 남지 않게 된 상태. 〈큰〉간댕. 건덩. 건뎅. 근뎅. ¶간당거리다/대다/이다.

222) 간드락: 작은 물체가 매달려 조금 느리게 흔들리는 모양. 〈큰〉건드럭. ¶전등이 간드락간드락 움직인다. 간드락거리다/대다, 간드락간드락/하다.

223) 간드랑: 작고 가벼운 물건이 떨어질 듯이 흔들리는 모양. 〈큰〉근드렁. 건드렁. 곤드랑/군드렁. ¶방울이 간드랑간드랑 흔들린다. 간드랑·근드렁거리다/대다, 간드랑간드랑/하다, 건드렁·근드렁타령(술이 취하여 건들거리는 몸짓).

224) 간드작: 무엇에 기대어 있거나 붙어 있는 작은 물체가 찬찬히 가볍게 흔들리는 모양. 〈큰〉근드적. ¶간드작거리다/대다, 간드작간드작/하다.

225) 간들: ①부드러운 바람이 잠깐 불어오는 모양. ¶간들바람. ②물체가 이리저리 흔들리는 모양. ¶곤돌, 곤들, 군들, 근돌. ③사람이 간드러진 태도를 보이는 모양. 〈큰〉건들. 근들 ¶간들·건들·근들거리다/대다, 간드랍다(무엇이 가늘고 부드럽다). ☞ 가늘다.

226) 건들: 건들마(남쪽에서 불어오는 초가을의 선들선들한 바람), 건들멋(멋지고 부드러운 태도에서 드러나는 건드러진 멋), 건들바람, 건들장마(초가을 장마), 건들팔월(八月).

227) 간들막: 작은 것이 매달려 멋없이 조금 흔들리는 모양. 〈큰〉건들먹, 근들먹. ¶간들막거리다/대다.

228) 곤독: 작은 것이 귀엽게 흔들리는 모양. 고개를 숙이며 조는 모양. 〈큰〉군둑. 〈센〉꼰독. ¶곤독곤독 흔들리다. 병아리가 곤독곤독 졸고 있다. 꼰독 졸다. 곤독·꼰독·꾼둑거리다/대다/하다

229) 꼰들: 매달려 있거나 떠 있는 것이 작게 한 번 흔들리는 모양. 〈큰〉꾼들. ¶물 위에 뜬 찌가 꼰들 움직인다. 꼰들·꾼들거리다/대다/하다.

230) 간동하다: 잘 정돈 되어 있다. 짤막하고 단출하다. 〈큰〉건둥하다. 〈센〉깐동하다. ¶이삿짐을 되도록 간동히 꾸려라.

231) 간실간실: 살살 남의 비위를 맞춰 가면서 간살을 부리는 모양. 〈센〉깐실깐실. ¶남 앞에서 간실간실 기기 잘하는 사람. 간실간실하다.

232) 몸간수: ①병이 나거나 더치지 않게 몸을 거두어 보호함. ②처신을 단정히 함.

233) 바람간수: 바람을 맞지 않게 몸을 건사하는 일. ¶해산 뒤 바람간수를 잘하다.

ㄱ

간지(다) ①붙은 데가 가늘어 끊어질 듯하다. ¶가는 덩굴에 호박이 간지게 매달려 있다. ②목소리가 간드러진 멋이 있다. ¶간지게 넘어가는 노랫가락. 간드러지다[234].

간직 물건을 잘 간수하여 둠. 마음속 깊이 새겨 둠. ¶아버지의 유품이나 소중히 간직하여라. 귀중품을 금고 속에 간직하다. 간직되다/하다(≒가지다. 지니다. 지키다. 새기다. 간수하다).

간질 ①무엇이 살에 닿아 가볍게 스치는 느낌이 드는 상태. 어떤 일을 하고 싶어 참고 견디기 어려운 상태. 〈큰〉근질. ¶감언이설로 간질간질 꼬득이다. 간지라기[235], 간지럼/타다, 간·근지럽다[236], 간질간질·근질근질/하다, 간질·근질거리다/대다/이다, 간질밥먹이다(간질이다), 간지럽히다(간질이다), 그니럽다(근지러운 느낌이 있다), 근실[237]; 낯간지럽다, 귀간지럽다. ②언행이 남의 마음을 자릿자릿하게 간질이는 모양. ¶마음을 간질간질 들띄운다.

간지(ㅅ)-대 긴 대로 만든 장대.=전짓대. 〈준〉간대.[←간지(다)/가늘(다)+대].

갈¹ 포아폴과의 여러해살이풀인 '갈대'. ¶갈게(갈대밭에 사는 방게), 갈기슭(갈대가 우거진 비탈), 갈대[갈대국수, 갈대꽃/갈꽃, 갈대발, 갈대밭/갈밭, 갈대배, 갈대숲, 갈댓잎, 갈대청/갈청(갈대의 청)], 갈멍덕(갈대로 만든 삿갓), 갈모(옮겨심기 위하여 기른 갈대의 모), 갈모(帽), 갈목[238], 갈바자(갈대로 엮은 바자), 갈밭[갈밭논, 갈밭머리(갈대밭 근처)], 갈버덩(갈이 무성한 버덩) 갈베기(갈대를 베는 행동), 갈뿌리, 갈삿(갈대로 엮어 짠 삿자리), 갈삿갓(갈멍덕), 갈잎, 갈자리(삿자리), 갈지붕, 갈짚, 갈판(갈대가 많이 난 들판), 갈품¹[239], 갈풀, 갈피리 들.

갈² 기둥의 사개나 인방(引枋)의 가름장 따위의 갈래. ¶갈을 켜다(갈을 만들기 위해 톱질하다). 갈타다(갈을 만들다); 쌍갈(雙), 쌍갈지다(雙;두 갈래로 갈라지다).

갈³ '학문(學問). 연구(研究)'를 뜻하는 말. ¶갈말(학술어); 말갈, 말본갈, 말소리갈, 소리갈, 씨갈, 월갈, 한글갈 들.

갈- 몇몇 동물 이름 앞에 붙어 '작은'을 뜻하는 말. ¶갈까마귀, 갈거미, 갈게(갈대밭에 사는 방게), 갈은상어(은상어와 비슷하나 좀 작음), 갈품²[240] 들.

갈(渴) '목마르다. 물이 마르다'를 뜻하는 말. ¶갈골하다(渴汨;몹시 바쁘게 골몰하다), 갈구(渴求;애타게 구함), 갈급(渴急;부족하여 몹시 바람)[갈급령나다(令)[241], 갈급증(症), 갈급하다], 갈망(渴望;간절히 바람. 熱望), 갈민대우(渴民待雨), 갈수(渴水;물이 가물어서 마름)[갈수기(期), 갈수량(量), 갈수위(位)], 갈앙(渴仰;매우 동경하고 사모함), 갈애(渴愛;매우 좋아하고 사랑함), 갈열(渴熱), 갈장(渴葬;급히 장사 지냄↔過葬), 갈증(渴症;목마름), 갈필(渴筆), 갈하다(목이 타고 마르다); 고갈(枯渴), 구갈/증(口渴/症), 기갈(飢渴), 민궁재갈(民窮財渴), 번갈(煩渴), 소갈증(消渴症), 요갈(療渴), 전갈(錢渴), 조갈(燥渴), 주갈(酒渴), 지갈(止渴), 해갈(解渴) 들.

갈(褐) '검은빛을 띤 주황색(갈색). 또는 그 색깔을 띤 동식물'을 뜻하는 말. ¶갈가자미, 갈강병(褐殭病), 갈게, 갈고둥, 갈고등어, 갈관박(褐寬博), 갈돔, 갈반(褐斑), 갈범, 갈변(褐變), 갈색(褐色)[242], 갈전갱이, 갈조(褐藻)[갈조류(類), 갈조소(素), 갈조식물(植物)], 갈쥐치, 갈철/광(褐鐵/鑛), 갈탄(褐炭), 갈포(褐袍;거친 칡베로 지은 도포); 단갈(袒褐), 적갈색(赤褐色), 조갈소(藻褐素) 들.

갈(葛) '칡. 덩굴'을 뜻하는 말. ¶갈건(葛巾), 갈건야복(葛巾野服), 갈구슬(칡의 열매), 갈근(葛根)[갈근차(茶), 갈근탕(湯),갈등(葛藤;복잡한 관계. 욕구가 충돌하는 상태)[갈등상태(狀態), 갈등선(禪): 극적갈등(劇的), 한갈등(閑;쓸데없는 말이나 글)], 갈분(葛粉)[갈분개떡, 갈분국수, 갈분다식(茶食), 갈분응이, 갈분죽(粥)], 갈삭(葛索), 갈탕(葛湯), 갈포(葛布;칡베), 갈피(葛皮), 갈필(葛筆), 갈화(葛花); 건갈(乾葛), 하갈동구(夏葛冬裘) 들.

갈(喝) '꾸짖다. 칭찬하는 소리를 지르다. 으르다'를 뜻하는 말. ¶갈도/성(喝道/聲), 갈채(喝采;외침이나 박수 따위로 찬양이나 환영의 뜻을 나타냄), 갈취하다(喝取;남의 것을 강제로 빼앗다), 갈파(喝破)[243]; 공갈(恐喝), 대갈(大喝;큰소리로 꾸짖음), 동갈(恫喝), 일갈(一喝), 전갈(傳喝;사람을 시켜서 남의 안부를 묻거나 말을 전함), 허갈(虛喝), 휘갈(揮喝) 들.

갈(竭) '다하다'를 뜻하는 말. ¶갈력(竭力;있는 힘을 다하여 애씀), 갈진(竭盡), 갈충보국(竭忠報國); 곤갈(困竭), 탄갈(殫竭), 탄갈심력(殫竭心力), 탕갈(蕩竭) 들.

갈(碣) '지붕돌을 얹지 아니하고 머리 부분을 둥글게 만든 작은 비석'을 뜻하는 말. ¶단갈(短碣), 묘갈/명(墓碣/銘), 비갈(碑碣), 태갈(苔碣) 들.

갈(暍) '더위를 먹다'를 뜻하는 말. ¶갈병(暍病), 갈사(暍死), 갈인(暍人) 들.

갈(蠍) '전갈(全蠍;가재와 비슷하게 생긴 전갈과의 절지동물)'을 뜻하는 말. ¶사갈/시(蛇蠍/視)[244], 전갈/자리.

갈가위 몹시 인색하게 굴며 제 실속만 차리려는 사람. ¶갈가위라고 소문난 철수에게는 진실한 친구가 없다.

갈갈 ①음식이나 재물에 욕심을 부려 조금 염치없이 구는 모양.=

---

234) 간드러지다: 목소리가 가늘고 멋들어지면서 애교가 있다. 〈큰〉건드러지다. ¶간드러진 여자의 목소리.

235) 간지라기: 남의 몸이나 마음을 잘 간질이는 사람.

236) 간지럽다: ¶발바닥이 간지럽다. 성한 몸으로 일을 하지 않고 있자니, 팔다리가 근지럽다.

237) 근실: 가려운 느낌이 드는 모양. ¶송충이를 보기만 해도 온 몸이 근실근실 스멀거린다. 근실거리다/대다, 근실근실/하다.

238) 갈목: 갈대의 이삭. ¶갈목비/갈비(갈대의 이삭으로 만든 비).

239) 갈품¹: 꽃이 채 피지 아니한 갈대의 이삭. 꽃 피기 전의 갈목.

240) 갈품²: 갈게가 부질부질 내뿜는 마른 거품.[←갈대+게+거품]. ¶갈품을 게워내다. 입가에 갈품을 물고 씩씩거리는 아낙네.

241) 갈급령나다(令): 몹시 조급한 마음이 일어나다.

242) 갈색(褐色): 갈색고미(苦味), 갈색인종(人種), 갈색제비, 갈색조류(藻類), 갈색쥐, 갈색체(體), 갈색탄(炭)/갈탄, 갈색토(土), 갈색화약(火藥); 녹갈색(綠), 자갈색(紫), 적갈색(赤), 황갈색(黃褐色), 흑갈색(黑).

243) 갈파(喝破): ①큰소리로 꾸짖어 기세를 눌러버림. ②정당한 논리로 그릇된 주장을 깨뜨리고 진리를 밝혀 분명히 말함.

244) 사갈시(蛇蠍視): 뱀과 전갈을 보듯, 남을 나쁘게 여겨 몹시 싫어함.

갈근. 〈큰〉걸걸.=걸근. ¶바쁘다는 사람을 붙잡고 갈갈 사정을 했다. 갈갈·걸걸거리다/대다. ②물새, 기러기, 오리 따위가 떼를 지어 자꾸 우는 소리. 또는 그 모양.

갈개 땅에 괸 물을 빠지게 하거나 땅의 경계를 짓기 위하여 얕고 가늘게 판 도랑. ¶밭에 갈개를 내다. 논에 갈개를 만들어 물 빠짐을 좋게 하였다.

갈개(다)[1] 남의 일을 훼방하다. 마구 사납게 행동하다. '찢다'의 사투리. ¶남의 일을 갈개는 버릇이 있어서는 안 된다. 갈개꾼[245], 갈개발[246], 갈개질(갈개는 짓)/하다[1], 갈개치다(이리저리 돌아치며 몹시 갈개다), 갈갬질[247]/하다.

갈개(다)[2] 잠을 잘 때에, 몸을 바르게 가지지 않고 이리 구르고 저리 구르고 하다. ¶이리저리 갈개며 자다. 갈개자다(갈개면서 자다), 갈개잠, 갈개질/하다[2].

갈걍갈걍-하다 얼굴이 파리하고 몸이 여윈듯하나 단단하고 굳센 기상이 있다. ¶사십이 넘은 갈걍갈걍하게 생긴 여자가 주인이다.

갈겨니 잉엇과의 민물고기.

갈고랑이 끝이 뾰족하게 꼬부라진 물건. 또는 그와 같은 무기. 〈준〉갈고리. ¶갈고리걸쇠, 갈고리꼴, 갈고리낚시, 갈고리눈(위로 째진 눈), 갈고리단추, 갈고리달(몹시 이지러진 달. 초승달이나 그믐달), 갈고랑막대기, 갈구리매듭, 갈고리못[곡정(曲釘)], 갈고리바늘, 갈고리사슬, 갈고랑쇠, 갈고리쇠(용두쇠), 갈고리지다(갈고리처럼 생겨 있다), 갈고리질/하다, 갈고리촌충(寸蟲), 갈고리표(標:§), 갈고쟁이[248], 갈구링호미; 북두갈고리[249], 쇠갈고리 들.

갈그랑 가래 따위가 목구멍에 걸려 숨 쉴 때마다 조금 거칠게 나는 소리. 또는 그 모양. 〈준〉갈강. 〈큰〉글그렁/글겅. ¶목에서 가래 끓는 소리가 갈강갈강 나다. 갈그랑/갈강·걸그렁/걸겅·글그렁/글겅거리다/대다, 갈그랑갈그랑/하다.

갈근 ①음식물이나 재물 따위를 얻으려고 조금 치사하고 구차스럽게 구는 모양. 〈큰〉걸근. ¶어린것들이 밥 한 덩이 얻으려고 갈근갈근 애쓰는 모양이 보기에 안쓰러웠다. ②목구멍에 가래 따위가 걸려 간지럽게 가치작거리는 모양. 〈큰〉걸근. 갈근·걸근거리다/대다, 갈근갈근/하다.

갈기[1] 말·사자 따위의 목덜미에 난 긴 털. 갈기 모양. ¶갈기늑대, 갈깃머리(딴머리 밑으로 묶이지 않고 처지는 머리털), 갈기털; 눈갈기(말갈기처럼 흩날리는 눈보라), 말갈기, 모시갈기(갈색에 모시 빛깔을 띤 갈기), 물갈기[250], 불갈기(타래쳐 흩날리는 불길), 앞갈기(말 따위의 이마에 난 털), 흰갈기(흰말의 갈기. 흰색의 물결) 들.

갈기[2] ①여러 가닥으로 찢어진 모양.≒가리가리. ¶갈기갈기 찢어진 옷. ②마음이나 심정이 몹시 괴롭게 아픈 모양. ¶가슴이 갈기갈기 찢어지는 것 같다. [+찢다].

갈기(다) ①후려치다. 혀를 세게 차다. ¶따귀를 갈기다. 어머니는 형을 보며 혀를 갈기었다. 갈겨먹다(가로 채서 먹다), 갈겨보다[251]; 내갈기다[1](힘껏 때리다), 내리갈기다, 들이갈기다(몹시 세게 때리다), 후려갈기다. ②총이나 포를 냅다 쏘다. ¶적을 향해 기관총을 갈겼다. 갈겨대다[1]; 내갈기다[2], 휘갈기다(휘둘러 갈기다). ③글씨를 아무렇게나 마구 쓰다. ¶갈겨대다[2], 갈겨쓰다, 갈긴글씨; 내갈기다[3](글씨를 마구 쓰다), 휘갈겨쓰다. ④똥·오줌 따위를 함부로 싸다. ¶내깔기다.

갈깃 곁눈으로 새침하면서도 가볍게 한 번 흘겨보는 모양. 〈센〉깔깃. ¶갈깃거리다/대다/하다, 갈깃갈깃/하다.

갈(다)[1] 묵은 것을 치우고, 사람이나 물건을 다른 사람이나 물건으로 대신하여 바꾸다.≒고치다. ¶부속품을 갈다. 이름을 갈다. 투수를 다른 선수로 갈다. 갈려가다(전근되어 다른 곳으로 가다), 갈려들다(다른 사람이나 물건으로 대신하여 들어오다), 갈려오다(일자를 옮겨 오다), 갈리다[2](교체되다. 바뀌다), 갈마-[252], 갈아내다, 갈아넣다, 갈아대다(갈아서 대다), 갈아들다/들이다, 갈아매다, 갈아붙이다(새것으로 바꾸어 붙이다), 갈아서다(묵은 것이 나간 자리에 새것이 대신 들어서다)/세우다, 갈아쉬다, 갈아입다(옷을 바꾸어 입다)/입히다, 갈아주다[253], 갈아치우다, 갈아타다(다른 것으로 바꾸어 타다), 갈음[갈음옷(갈아입는 옷), 갈음질(다른 것으로 바꾸는 일;代替)/하다, 갈음하다[254]], 갈이[1](바꿈)[굽갈이, 기와갈이, 물갈이(바꿈), 이갈이, 잎갈이[255], 창갈이(신창을 갈아대는 일), 털갈이, 테갈이]; 번갈다(番)[번갈아든다, 번갈아들다/들이다], 색갈다(色;사물을 여러 가지로 갈아 바꾸다), 색갈이(色;봄에 곡식을 꾸어주었다가 가을에 햇곡식으로 바꾸어 받는 일), 엇갈리다(서로 어긋나다). ☞ 대(代). 체(替).

갈(다)[2] 날을 세우거나 광채를 내기 위하여 또는 닳게 하기 위하여 문지르다. 곡식의 낟알을 맷돌 같은 데 넣어 바수다. 소리가 나도록 맞대어 비비다. ¶칼을 갈다. 벼루에 먹을 갈다. 콩을 갈아 두부를 만들다. 뽀도독뽀도독 이를 가는 소리. 가다듬다[256],

---

245) 갈개꾼: ①종이의 원료인 닥나무 껍질을 벗기는 사람. ②남의 일을 훼방하는 사람. ¶저 갈개꾼이 눈치를 채지 못하게 일을 마무리하도록 합시다.

246) 갈개발: ①연의 아래 양쪽 귀퉁이에 붙이는 긴 종잇조각. ②권세 있는 집안에 붙어서 덩달아 세도를 부리는 사람.

247) 갈갬질: ①서로 붙들고 뒹굴거나 서로 잡으려고 이리저리 쫓아다니는 짓. ②몹시 갈개는 짓.

248) 갈고쟁이: 가장귀진 나무의 옹이 밑과 우듬지를 잘라 버리고 만든 갈고랑이. 〈준〉갈고지.

249) 북두갈고리: 북두(말이나 소의 등에 실은 짐과 배를 얼러서 매는 줄) 끝에 매단 갈고리.

250) 물갈기: 흰 거품을 일으키며 갈기처럼 일렁이며 밀려오는 물결. ¶흰 물갈기가 바위에 부딪친다.

251) 갈겨보다: 아니꼽고 미운 마음으로 쏘아보다.

252) 갈마-: 몇몇 동사 앞에 붙어 '번갈아. 바꾸어가며'를 뜻하는 말.[←갈다〈골다. 代]. ¶갈마돌다(번갈아 돌다), 갈마들다(서로 번갈아들다. 갈음하여 들다)/들이다(갈마들게 하다), 갈마들이(서로 번갈아드는 일), 갈마보다(양쪽을 번갈아보다), 갈마뿌리기(대용갈이), 갈마쥐다(번갈아 바꾸어 쥐다), 갈마치다(어떤 생각, 감정 따위가 세차게 엇갈려 일어나다), 갈마타다(번갈아 가며 올라타다).

253) 갈아주다: 상인의 물건을 이익을 붙여 주고 사다. ¶어머니는 행상의 감자 한 상자를 갈아주셨다.

254) 갈음하다: 무엇을 다른 것으로 바꾸어 대신하다. ¶이것으로 인사말을 갈음할까 합니다. 이것으로 내 말을 갈음한다. 기말시험을 과제물로 갈음하다.

255) 잎갈이: 묵은 잎이 떨어지고 새 잎이 나는 일.

가루[257], 간-[간니, 간석기(石器), 간팥], 갈닦다, 갈닦이, 갈리다[3][258], 갈매틀[259], 갈부수다(물건을 갈아 부스러뜨리다), 갈아붙이다(독한 마음으로 이를 바짝 갈다), 갈음질(연장을 날이 서게 가는 일), 갈이[2][260], 갈이소리[마찰음(摩擦音)], 갈판/돌(곡식이나 열매를 가는 데 사용하는 돌); 매갈이, 물갈음(광택이 나도록 석재의 표면을 물을 쳐 가며 가는 일), 옥갈다[261]/갈리다, 잔갈다(잘고 곱게 갈다)/갈리다. ☞ 마(磨).

갈(다)[3] 쟁기 따위로 땅을 파 뒤집다. 씨앗을 뿌리어 농사를 짓다. ≒파다. 일구다. 경작하다(耕作). ¶밭을 갈다. 밭에 무를 갈다. 가다루다(논밭을 갈아서 다루다), 가다리[2][262], 가대기[2][263], 갈리다[4], 갈묻이(논밭을 갈아엎어 묵은 끄트러기를 묻히게 하는 일), 갈바래다[264], 갈아먹다(농사짓다), 갈아엎다(땅을 갈아서 흙을 뒤집어엎다), 갈이[3][265]; 되갈다(논밭을 다시 갈다), 밭갈이, 삭갈다[266]. ☞ 경(耕).

갈람-하다 기름하고 선이 가늘고 호리호리하다. ¶갈람한 얼굴에 도독한 코.

256) 가다듬다: 정신 · 생각 · 마음 따위를 바로 차리거나 다잡다. ≒다듬다. 매만지다.[←갈(다)+다듬다].

257) 가루: 썩 잘게 부스러진 마른 가루. 분말(粉末).[←갈(다)].↔덩어리. ¶가루것(가루붙이), 가룻국(밀가루를 푼 물), 가루내기, 가루눈(가루 모양으로 내리는 눈), 가루담배, 가루된장(醬), 가루모래, 가루모이, 가루받이[딴꽃가루받이, 인공가루받이(人工)], 가루붙이, 가루비누, 가루사탕(砂糖), 가루소금, 가루약(藥), 가루우유(牛乳), 가루음식(飮食), 가루자반, 가루젖(분유), 가루좀, 가루즙(汁), 가루집(가루에 생긴 벌레집), 가루차(茶), 가루체, 가루탄(炭); 겉가루, 계핏가루(桂皮), 고춧가루, 금가루(金), 꽃가루, 날가루(익히지 않은 가루), 눈가루, 달걀가루, 담배가루, 도토리가루, 돌가루, 떡가루, 막가루(껍질까지 막 빻아서 치지 않은 가루), 메밀가루, 무릿가루, 미숫가루, 밀가루, 번가루(반죽할 때 덧치는 가루), 보릿가루, 뼛가루, 사탕가루(砂糖), 속가루, 솔가루, 송홧가루(松花), 쇳가루, 쌀가루, 아연가루(亞鉛), 얼레짓가루, 엿기름가루, 옥가루(玉), 우유가루(牛乳), 은가루(銀), 잣가루, 조핏가루, 칡가루, 콩가루, 탄가루(炭), 팥가루, 횟가루(灰), 후춧가루, 흙가루, 흰자가루. ☞ 분(粉).

258) 갈리다[3]: 단단한 물체가 다른 물체의 표면에 닿아 움직임으로써 닳게 되거나 가루나 진한 액체 상태의 물질이 생기는 상태가 되다. ¶칼이 숫돌에 갈리다. 이가 갈리다. 먹이 잘 안 갈렸다.

259) 갈매틀: 잘게 갈아 부스러뜨리는 기계. 마쇄기(磨碎機).

260) 갈이[2]: 갈이틀이나 갈이 기계로 나무 그릇을 만드는 일. ¶갈이공장(工場), 갈이구슬, 갈이그릇, 갈이기계(機械), 갈이박(갈이틀로 갈아 만든 나무바가지), 갈이방(房), 갈이어처구니(바윗돌을 가루가 되게 가는 어처구니-맷돌-), 갈이장이, 갈이질/하다, 갈이칼, 갈이틀(굴레가 도는 대로 틀이 따라 돌면서 공작 재료가 갈리도록 하는 틀).

261) 옥갈다: 칼 · 낫 · 대패 따위의 날을 세워 빗문질러 갈다.

262) 가다리[2]: 모낼 논을 삯을 받고 갈아주는 일. ¶가다리를 맡다.

263) 가대기[2]: 쟁기와 비슷한 밭갈이 기구. ¶가대기줄(소 대신 사람이 가대기에 매어 어깨에 걸치고 끄는 줄).

264) 갈바래다: 흙 속의 벌레 알을 죽이기 위하여 논밭을 갈아엎어 볕과 바람에 쐬다. ¶갈바래질.

265) 갈이[3]: 갈이깊이, 갈이너비, 갈이땅[경도(耕土)], 갈이삯, 갈이질(논밭을 가는 일)/하다, 갈이흙; 가을갈이, 겉갈이, 논갈이, 그루갈이, 더운갈이(날이 몹시 가물다가 소나기가 왔을 때에, 그 빗물로 논을 가는 일), 마른갈이, 물갈이(논에 물을 넣고 가는 일), 밭갈이, 밭날갈이, 봄갈이, 삭갈이, 소갈이, 앞갈이, 애벌갈이/애갈이[初耕], 얼갈이, 원형갈이(圓形), 진갈이, 짝갈이(처음과 나중이 다른 갈이), 층갈이(層;계단 경작), 하루갈이.

266) 삭갈다: 논을 미리 갈지 못하고 모낼 때에 이르러 한 번만 갈다. ¶삭갈이, 삭모(논을 삭갈이하여 심은 모), 삭심다(삭갈아서 모를 심다).

갈마 전세(前世)의 소행 때문에 현세에서 받는 응보(應報). 업보(業報).[←karma〈범〉].

갈망 일어난 사건이나, 앞으로 생길 일을 제 힘으로 맡아서 수습하고 처리하는 것. ¶갈망도 못하면서 나서다. 갈망하다(처리하다. 갈무리하다); 끝갈망(일의 뒤끝을 수습하는 일), 눈갈망[267], 뒷갈망, 말갈망, 바람갈망[268], 비갈망, 앞갈망 들.

갈매[1] ①짙은 초록빛. ¶눈부신 햇빛 속에 갈매 등성이를 드러내는 여름 산. 갈매 물을 들이다. 갈맷빛, 갈매색(色); 진갈매. ②개흙. ¶갈매층(層;갈매화된 흙의 층), 갈매화/되다(化) 갈매흙[269] 들.

갈매[2] 갈매나무의 열매. ¶갈매나무.

갈매[3] 수레의 굴대와 바퀴 사이에 쓸리는 것을 막기 위하여 끼우는 쇠로 토시같이 만든 것. ¶갈매통(桶;갈매를 끼운 부분을 싸고 있는 통).

갈매기 바닷가에 사는 회색이 섞인 하얀 큰 물새. 백구(白鷗). ¶괭이갈매기, 재갈매기, 제비갈매기.

갈모 예전에, 비가 올 때 갓 위에 덮어 쓰던 기름종이로 만든 물건. 순서가 뒤바뀐 경우.[←갓+모(帽)]. ¶갈모 형제라(아우가 형보다 잘났다). 갈모지(紙), 갈모테; 모테(지난날, 벼슬아치가 머리에 쓰던 우장).

갈무리 ①물건을 잘 정돈하여 보관함. ≒간수. 저장(貯藏). ¶연장들을 잘 갈무리하여 두다. 갈무리광(곳간), 갈무리먹이(저장 사료); 갈무리되다/하다(≒간수하다. 마무리하다. 저장하다). ②자기에게 닥친 일을 처리하여 마무리함. ¶복잡한 일을 잘 갈무리하다.

갈보 웃음과 몸을 팔며 천하게 노는계집. ≒논다니.[←갈(다)+보]. ¶갈보년; 똥갈보, 양갈보(洋).

갈비[1] 등뼈에 붙어 좌우로 둥글게 심장과 허파를 둘러싸고 있는 여러 개의 뼈. 소나 돼지의 늑골과 거기에 붙어 있는 살. ¶갈비구이, 갈빗국, 갈빗대[270], 갈비볶음, 갈비뼈, 갈빗살[271], 갈비새김(갈비에서 발라낸 고기), 갈비씨(氏;몹시 마른 사람), 갈비조림, 갈빗집, 갈비찜, 갈비탕(湯); 닭갈비, 등갈비, 떡갈비, 돼지갈비, 등갈비(등에 붙은 갈비), 떡갈비[272], 생갈비(生), 쇠갈비, 양념갈비, 옆갈비. ☞ 가리[2]. 늑(肋).

갈비[2] 앞면 추녀 끝에서 뒷면 추녀 끝까지의 지붕의 넓이. ¶갈비가 넓은 집.

267) 눈갈망: 눈을 맞지 않도록 여러 가지 방법으로 대책을 세우는 일. ¶눈갈망을 단단히 하고 길을 떠나다. 눈갈망하다.

268) 바람갈망: 덮거나 입거나 쓰거나 하여 바람과 찬 기운을 막는 일. ¶이 추운 날에 바람갈망을 할 만한 옷도 입지 못했다.

269) 갈매흙: 물이 차 있는 땅속이나 물 밑에서 오랫동안 갈매화 과정으로 만들어진 흙.

270) 갈빗대: 갈비의 낱낱의 뼈대. 갈빗대가 휘다(갈빗대가 휘어질 정도로 일이 힘에 겹다).

271) 갈빗살: 물건의 힘을 받치고 모양을 유지시키는 살의 하나. 갈비뼈처럼 여러 가닥으로 갈라진 것을 이른다.

272) 떡갈비: 갈빗살을 다져서 양념한 후 갈비뼈에 얹어 구운 요리.

갈비[3] 말라서 땅에 떨어진 솔잎. 불쏘시개나 땔감으로 쓰임. ¶솔가리.

갈-서다 둘 이상의 사람이 나란히 서다. §'갈-'은 옛말 '갋다(竝:나란하다)'. ☞ 서다.

갈쌍 눈에 눈물이 넘칠 듯이 가득하게 고이는 모양. 〈큰〉글썽. ¶눈물이 갈쌍 고였다. 갈쌍·글썽거리다/대다/이다, 갈쌍갈쌍·글썽글썽/하다.

갈씬 겨우 닿을락 말락한 모양. 〈큰〉걸씬. ¶뒤꿈치를 들어도 손끝이 갈씬갈씬 닿다 말다 하다. 머리가 천장에 걸씬걸씬 닿을 만큼 낮은 지하도. 갈씬·걸씬거리다/대다/하다(겨우 조금 닿고 말다), 갈씬갈씬/하다.

갈지개 사냥용으로 기르는 한 살 된 매.[←qarciqai〈몽〉]. §'초지니'는 두 살, '삼지니'는 세 살 된 매를 뜻함.

갈치 납작하고 긴 띠 모양의 바닷물고기.[←칼+치]. ¶갈치가 갈치 꼬리 문다(친한 사이에 서로 모함함). 갈치구이, 갈치밭(갈치가 많이 잡히는 어장), 갈치속젓, 갈치자반, 갈치잠, 갈치조림; 은갈치(銀), 자반갈치 들.

갈퀴 검불 또는 곡식 따위를 긁어모으는 데 쓰는 도구. ¶갈퀴로 나무를 긁어모아 태우다. 갈퀴나무(갈퀴로 긁어모은 땔나무), 갈퀴눈[273], 갈퀴다(갈퀴로 긁어모으다), 갈큇밑, 갈큇발, 갈큇밥, 갈퀴살, 갈퀴손, 갈퀴코, 갈퀴지다[274], 갈퀴질/하다, 갈퀴코(갈퀴 자루의 앞 끝을 원몸에 잡아맨 부분); 단정갈퀴(短艇), 물갈퀴, 밀갈퀴, 손갈퀴, 쇠갈퀴(쇠로 만든 갈퀴) 들.

갈팡 방향을 잡지 못하고 이리저리 헤매는 모양. 갈팡거리다/대다. 갈팡질팡[275].

갈피 ①겹쳐 있거나 포개져 있는 것들의 사이. 책장과 책장의 사이.[<ᄀᆞᆯ피]. ¶수첩 갈피에 단풍잎을 넣어두다. 갈피갈피, 갈피끈(책의 갈피를 표시하는 끈. 보람줄. 가름끈), 갈피짬(갈피 사이의 틈), 갈피표(標), 갈피허파[폐서(肺書)]; 책갈피(冊). ②일의 갈래가 구별되는 어름. ¶갈피를 잡을 수가 없다. 갈피를 잡지 못하고 뿔뿔이 흩어지다.

갉(다) 물체를 이나 손톱 또는 끝이 날카로운 도구로 깔짝깔짝 문지르다. 갈퀴 따위로 빗질하듯이 끌어들이다. 남의 재물을 비열한 짓으로 훑어들이다. 좀스럽게 헐뜯다. 〈큰〉긁다[276]. ¶쥐가 벽을 갉다. 수북이 쌓인 낙엽을 갈퀴로 갉다. 갉아내다, 갉아내리다, 갉아당기다, 갉아대다, 갉아먹다, 갉이/질/하다(금속을 갉아서 윤이 나게 하는 일), 갉작[277], 갉죽[278], 갉지르다[279], 갈충이(잎을 갉아먹는 벌레), 갉히다, 그적거리다[280]/대다, 글겅이[281], 글컹글컹[282], 깔짝[283] 들.

감:[1] 감나무의 열매. 감빛. ¶감귤, 감김치(우린감), 감꼬치, 감꼭지, 감나무, 감단자(團子), 감떡, 감또개[284], 감물(덜 익은 감에서 나는 떫은 즙), 감빛, 감잎, 감접(椄), 감참외, 감초(醋), 감편[시병(柿餠)]; 고추감(작은 뾰주리감), 골감, 곶감, 날감, 납작감, 단감, 대접감, 두리감, 둥주리감, 땡감(덜 익어서 맛이 떫은 감), 먹감, 물감, 뾰주리감, 속감[쌍시(雙柿)], 알감, 연감(軟), 왕감(王), 우린감, 장두감(끝이 뾰족하고 길쭉한 감), 침감(沈:우린감), 풋감, 황감(黃). ☞ 시(柿).

감[2] 어떤 일을 하거나 무엇을 만드는 데 바탕이 되는 재료나 자격에 알맞은 대상을 뜻하는 말. 또는 그것의 수량을 헤아리는 말. ¶감이 재간이라(재료가 좋아야 일의 성과가 좋다). 저고리 한 감. 양복 두 감. 감사납다(억세어서 휘어잡기 어렵다. 거칠다), 감새'[285], 감잡히다[286]; 거죽감(옷 따위의 거죽으로 쓰는 감), 겉감, 구경감, 기저귓감, 글감, 기둥감, 기름감, 김장감, 남편감(男便), 널감(널을 만들 재료), 노리갯감, 놀림감, 놀잇감, 다듬잇감, 당혼감(當婚)[287], 데릴사윗감, 도릿감, 땔감, 말장감(-杖), 망신감(亡身), 매감, 먹잇감, 며느릿감, 물감(빛깔을 들이는 색소), 물막잇감, 밑감(기초가 되는 재료), 바느질감, 반찬감(飯饌), 불땔감, 빨랫감, 사냥감, 사윗감, 색싯감, 서까랫감, 섶감(옷섶을 지을

---

273) 갈퀴눈: 화가 나서 눈시울에 모가 난 험상궂은 눈. ¶갈퀴눈을 하고 노려본다.

274) 갈퀴지다: ①생김새가 갈퀴처럼 구부정하다. ¶갈퀴진 손가락. ②성이 나서 눈시울이 모나게 되다. 말을 부드럽지 아니하고 앙칼지게 하다. ¶갈퀴진 눈초리.

275) 갈팡-질팡: 어떻게 할지를 모르고 이리저리 급히 헤매는 모양.≒허둥지둥. 허겁지겁. ¶갈팡질팡하다.

276) 긁다: 날카롭고 강한 끝이나 날을 가진 것으로 다른 물체의 거죽을 세게 문지르다. ¶등이 가려워서 손으로 긁었다. 긁어 부스럼(공연히 건드려서 만들어낸 걱정거리), 갈퀴로 땅바닥을 긁어 검불을 모았다. 긁개, 긁기굳기, 긁어내다/내리다, 긁어놓다, 긁어당기다, 긁어대다(잇달아 몹시 긁다), 긁어먹다(남의 재물을 빼앗아 가지다), 긁어모으다(물건을 손이나 도구로 긁어서 모으는 일. 부정한 방법으로 재물을 모아들이다), 긁어쟁이(파낸 흙을 제자리에 뒤쳐 덮는 애벌 논매기), 극젱이/긁정이(논밭을 가는 데 쓰는 쟁기와 비슷한 농기구.=후치)질/하다. 긁어쥐다(손톱으로 긁어서 움켜쥐다. 긁어먹다), 긁적·갉작거리다/대다, 긁죽·갉죽거리다/대다/이다, 긁죽긁죽·갉죽갉죽/하다, 긁칼, 긁혀미다(긁히어 다치거나 또는 찢어지다), 긁히다(긁음을 당하다), 긁힘(닳기의 한 현상); 등글개첩(妾), 등긁이(등을 긁는 데 쓰는 물건). 그러-: 몇몇 동사 앞에 붙어, '한데 모으다'를 뜻하는 말.[←긁(다)+어]. ¶그러내다, 그러넣다(그러모아 안으로 집어넣다), 그러담다, 그러당기다, 그러덮다, 그러들이다, 그러매다, 그러모으다(사람이나 흩어진 것을 거두어 한곳에 모으다), 그러묻다, 그러안다, 그러잡다, 그러쥐다.

277) 갉작: ①날카롭고 뾰족한 끝으로 바닥이나 거죽을 문지르거나 긁는 모양. ②되는 대로 글이나 그림 따위를 쓰거나 그리는 모양. ③씨부렁거리며 좀스럽게 남의 비위를 건드리는 모양. 〈큰〉긁적. ¶갉작·긁적거리다/대다, 갉작갉작/하다.

278) 갉죽: ①무디게 갉는 모양. ②사부랑거리며 남의 비위를 갉는 모양. 〈큰〉긁죽. ¶갉죽·긁죽거리다/대다, 갉죽갉죽/하다.

279) 갉지르다: 날카로운 손톱 끝이나 발톱, 칼 따위로 세게 허비다.

280) 그적거리다: 글씨나 그림을 함부로 쓰거나 그리다. 〈센〉끄적거리다/대다.

281) 글겅이: 말이나 소의 털을 빗기는 쇠로 된 빗 모양의 기구. ¶글겅이질(지방 관리들이 백성의 재물을 긁어모으는 짓).

282) 글컹글컹: 남의 심사를 긁어 상하게 하는 모양. ¶어미의 속을 글컹글컹 태우다. 글컹글컹하다.

283) 깔짝: 갉아서 뜯거나 진집을 내는 소리나 모양. 〈큰〉끌쩍. ¶깔짝·끌쩍거리다/대다.

284) 감또개: 꽃과 함께 떨어진 어린 감. 〈준〉감똑. ¶노란 감또개가 수북이 쌓인 죽담.

285) 감새': 무엇을 만들기 위한 거리. 밑감. ¶감새가 모자라 보인다.

286) 감잡히다: 남과 시비(是非)를 다툴 때, 약점을 잡히다. ¶상대편에게 감잡혀서 아무 말도 하지 못하다.

287) 당혼감(當婚): 혼인할 나이가 된 처녀나 총각.

감), 소일감(消日), 신랑감(新郎), 신붓감(新婦), 안감, 안줏감(按酒), 앞장감, 양념감, 양복감(洋服), 옷감, 외툿감(外套), 요릿감(料理), 용짓감[288], 일감, 자랑감, 장군감(將軍), 장난감, 찻감(茶), 채색감(彩色;물감의 재료), 치렛감, 특종감(特種), 팻감(覇), 풀감, 햇줏감, 혼숫감(婚需), 홍두깻감, 횟감(膾), 후보감(候補), 힘받잇감(힘받이천); 감잡히다[289] 들.

감[3] '감돌[290]. 감흙[291]'의 준말.

감[4] 감히 어떤 일을 해보려고 하는 마음. 엄두. ¶감을 내다. 그 일에는 감이 나지 않는다. 감을 낼 수 없다. 탈옥할 감을 못 내다.[+내다. 못 내다].

감[5] ①썰물 때 해수면이 가장 낮아진 때의 물. ¶감과 참. 감물(가장 낮을 때의 썰물). 감풀[292]. ②밭을 갈거나 씨를 뿌리기에 알맞은 땅의 상태. 소금을 생산하기에 알맞은 염전의 상태. ¶감을 내다. 감을 들이다.

감(感) 심리적인 느낌이나 생각. 감도(感度). ¶늦은 감이 있다. 전화의 감이 멀다. 감을 잡다. 감각(感覺)[293], 감개(感慨;마음속에 사무치는 깊은 느낌), 감개무량(感慨無量), 감격(感激)[감격무지/하다(無知), 감격성(性), 감격스럽다, 감격적(的), 감격하다], 감관/미(感官/美), 감광(感光)[294], 감구(感球), 감기(感氣)[감기약(藥); 돌림감기, 목감기, 몸살감기, 유행성감기(流行性), 코감기], 감도(感度), 감도(感導;마음을 움직여 이끎), 감동(感動)[295], 감득(感得;깊이 느끼어 얻음)[감득되다/하다, 감득력(力)], 감량(感量), 감루(感淚;마음에 깊이 느끼어 흘리는 눈물), 감명(感銘;감격하여 마음에 깊이 새김)[감명되다/하다, 감명적(的)], 감모(感冒;感氣), 감모(感慕), 감발(感發), 감복(感服;감동하여 진심으로 복종함), 감분(感奮;감동하여 분발함), 감사(感謝)[296], 감상(感想)[297], 감상(感傷)[298], 감상(感賞;마음에 깊이 느끼어 칭찬함), 감성(感性)[감성계(界), 감성론(論), 감성적(的)], 감수(感受;외부의 영향을 수동적으로 받아들임)/성(性), 감숭(感崇;고뿔의 빌미), 감심(感心), 감열(感咽;감동하여 목메어 욺), 감열(感悅;감격하여 기뻐함), 감열성(感熱性), 감염(感染)[299], 감오(感悟;마음에 느끼어 깨달음), 감은(感恩), 감읍(感泣;감동/감격하여 욺), 감응(感應)[300], 감작(感作), 감전(感電), 감전(感傳), 감정(感情)[301], 감지(感知), 감천(感天), 감체(感涕;감동/감격하여 눈물을 흘림), 감촉(感觸), 감축/하다(感祝;경사를 축하하다. 충심으로 감사하다), 감탄(感歎)[감탄문(文), 감탄사(詞), 감탄스럽다, 감탄조(調), 감탄형(形)], 감통(感通), 감패(感佩), 감하(感荷), 감화(感化)[감화교육(敎育), 감화되다/하다, 감화력(力), 감화사업(事業), 감화원(院)], 감회(感懷;지난 일을 돌이켜 볼 때 느껴지는 회포), 감흥(感興), 감희(感喜); 가책감(呵責感), 강박감(强拍感), 객창감(客窓感), 거리감(距離感), 거부감(拒否感), 격세감(隔世感), 격차감(隔差感), 경멸감(輕蔑感), 경모감(敬慕感), 경연감(硬軟感), 경외감(敬畏感), 경이감(驚異感), 경쾌감(輕快感), 계절감(季節感), 고독감(孤獨感), 고립감(孤立感),

288) 용짓감: 불을 밝히기 위하여 나무에 감아 기름을 묻히는 헌 솜이나 넝마.

289) 감잡히다: 남과 시비를 겨룰 때, 약점을 잡히다. ¶괜히 감잡히는 말은 하지 마라. 말을 많이 하면 감잡히게 되는 법이다.

290) 감돌: 어느 정도 이상으로 유용 광물이 들어 있는 광석.↔버력. ¶만감(광맥에 골고루 들어 있는 감돌).

291) 감흙: 사금광에서 캐낸, 금이 섞인 흙.

292) 감풀: 썰물 때에만 드러나 보이는 비교적 넓고 펀펀한 모래벌판.[←감+벌/펄]. ¶썰물 때가 되면 감풀에 나가서 게도 잡고 해초도 주을 수 있다.

293) 감각(感覺): 눈, 코, 귀, 혀, 살갗을 통하여 바깥의 어떤 자극을 알아차림. 사물에서 받는 인상이나 느낌. ¶감각이 둔하다. 현대 감각에 맞다. 그는 언어 감각이 뛰어난 작가다. 감각감정(感情;情調), 감각계(界), 감각기(器), 감각기관(器官), 감각기능(機能), 감각되다/하다, 감각력(力), 감각론(論), 감각마비(痲痹), 감각모(毛), 감각묘사(描寫), 감각상실(喪失), 감각상피(上皮), 감각성(性), 감각세포(細胞), 감각시간(時間), 감각식물(植物), 감각신경(神經), 감각여건(與件), 감각역(域), 감각온도(溫度), 감각유추(類推), 감각자극(刺戟), 감각잔류(殘留), 감각적(的), 감각점(點), 감각주의(主義), 감각중추(中樞), 감각차단(遮斷), 감각파(派); 감정감각(感情), 고감각(高感覺), 고등감각(高等), 공감각(共), 균형감각(均衡), 극대감각(極大), 근육감각(筋肉), 내부감각(內部)/내감각(內), 내장감각(內臟), 눌림감각[압각(壓覺)], 도덕감각(道德), 맛감각, 무감각(無), 미적감각(美的), 방향감각(方向), 보통감각(普通), 색채감각(色彩), 시대감각(時代), 신체감각(身體), 온도감각(溫度), 외부감각(外部)/외감각(外), 위치감각(位置), 유기감각(有機), 일반감각(一般), 잔류감각(殘留), 잔존감각(殘存), 장기감각(臟器), 특수감각(特殊), 평형감각(平衡), 피부감각(皮膚), 하등감각(下等).

294) 감광(感光): 빛에 감응하여 화학적 변화를 일으킴. 필름에 바른 감광제에 빛을 쬐어 잠상(潛像)을 만듦. ¶감광계(計), 감광도(度), 감광되다/하다, 감광막(膜), 감광보상률(補償率), 감광상(相), 감광성(性), 감광액(液), 감광약(藥), 감광유리, 감광작용(作用), 감광재료(材料), 감광제(劑), 감광지(紙), 감광체(體), 감광판(板), 감광핵(核).

295) 감동(感動): 깊이 느끼어 마음이 움직임. ¶감동을 불러일으키다. 깊은 감동을 받다. 감동되다/시키다/하다, 감동력(力), 감동성(性), 감동적(的).

296) 감사(感謝): 고마움을 나타내는 인사. 고맙게 여김. ¶감사단(團), 감사만만(萬萬), 감사무지(無地), 감사문(文), 감사일(日), 감사장(狀), 감사제(祭), 감사패(牌), 감사하다(여러 사람이거나 단체를 대상으로 하여 감사를 느끼는 상태에 있다), 감사히.

297) 감상(感想): 마음속에 일어나는 느낌이나 생각. ¶일기에 하루의 감상을 적는 시간은 자신을 되돌아보는 시간이기도 하다. 감상담(談), 감상록(錄), 감상문(文).

298) 감상(感傷): 하찮은 일에도 쓸쓸하고 슬퍼져서 마음이 상함. 또는 그런 마음. ¶감상에 젖다. 감상에 빠지다. 감상문학(文學), 감상벽(癖), 감상성(性), 감상적(的), 감상주의(主義), 감상하다.

299) 감염(感染): 감염경로(經路), 감염면역(免疫), 감염원(源), 감염증(症); 경구감염(經口), 경부감염(經腐), 공기감염(空氣), 먼지감염, 무고감염(無辜), 불현성감염(不顯性), 수계감염(水系), 자가감염(自家), 잠복감염(潛伏), 접촉감염(接觸), 중감염(重), 진애감염(塵埃), 초감염(初), 토양감염(土壤), 피부감염(皮膚).

300) 감응(感應): 어떤 느낌을 받아 마음이 따라 움직임. 믿거나 비는 정성이 신령(神靈)에 통함. ¶감응이 일어나다/ 주다. 신의 감응을 받다. 감응계수(係數), 감응기(機), 감응기뢰(機雷), 감응납수(納受), 감응도교(道交), 감응도체(導體), 감응되다/하다, 감응반응(反應), 감응방사선(放射線), 감응불사의(不思議), 감응유전(遺傳), 감응전류(電流), 감응정신병(精神病), 감응초(草;미모사), 감응폭발(爆發), 감응효과(效果;유발효과); 영적감응(靈的), 자기감응(自己), 자기감응(磁氣), 전자기감응(電磁氣), 정신감응(精神).

301) 감정(感情): 어떤 현상이나 일에 대하여 일어나는 마음이나 느끼는 기분. ¶감정이 풍부하다. 감정이 메마르다. 감정가(家), 감정가격(價格;개인의 주관적인 감정에 의하여 평가하는 가격), 감정감각(感覺), 감정교육(敎育), 감정나다/내다, 감정논리(論理), 감정놀음(마음에 이끌려 공연히 하는 장난), 감정능력(能力), 감정도착(倒錯), 감정둔마(鈍痲), 감정론(論), 감정미학(美學), 감정법학(法學), 감정사다(남으로 하여금 감정이 나게 하다), 감정사회학(社會學), 감정생활(生活), 감정실금(失禁), 감정싸움, 감정이입(移入), 감정적(的), 감정전가(轉嫁), 감정전이(轉移), 감정철학(哲學), 감정풀이; 가상감정(假象感情→實感), 사회적감정(社會的), 상태감정(狀態), 생명감정(生命), 생활감정(生活), 순수감정(純粹), 악감정(惡), 유기감정(有機), 자기감정(自己), 호감정(好).

고적감(孤寂感), 공감(共感), 공리감(功利感), 공복감(空腹感), 공생감(共生感), 공포감(恐怖感), 공한감(空閑感), 공허감(空虛感), 과감하다(過感), 관감(觀感), 괴리감(乖離感), 교감(交感)[교감신경(神經); 영적교감(靈的)], 구속감(拘束感), 구역감(嘔逆感), 굴욕감(屈辱感), 권태감(倦怠感), 균형감(均衡感), 금석지감(今昔之感), 긍지감(矜持感), 기대감(期待感), 기시감(旣視感), 긴박감(緊迫感), 긴장감(緊張感), 낙후감(落後感), 낭패감(狼狽感), 내감(內感), 냉감증(冷感症), 다감(多感), 다정다감(多情多感), 단절감(斷絕感), 당혹감(當惑感), 도의감(道義感), 독감(毒感), 독후감(讀後感), 동감(同感), 동감(動感), 동향감(同鄕感), 둔감하다(鈍感), 리듬감(rhythm感), 만감(萬感), 만복감(滿腹感), 만족감(滿足感), 멸시감(蔑視感), 명감(冥感), 명감(銘感), 모멸감(侮蔑感), 모욕감(侮辱感), 몰락감(沒落感), 무감(無感), 무게감, 무기력감(無氣力感), 무력감(無力感), 무료감(無聊感), 무상감(無常感), 물질감(物質感), 미감/아(未感/兒), 미감(味感), 미감(美感), 미시감(未視感), 민감하다(敏感), 박자감(拍便感), 반감(反感), 배신감(背信感), 볼륨감(volume感), 부담감(負擔感), 부족감(不足感), 부피감, 불감(不感), 불만감(不滿感), 불신감(不信感), 불안감(不安感), 불안정감(不安定感), 불쾌감(不快感), 비감(悲感), 비애감(悲哀感), 빈곤감(貧困感), 사감(私感), 사명감(使命感), 사실감(事實感), 삭막감(索寞感), 상실감(喪失感), 색감(色感), 색채감(色彩感), 생동감(生動感), 생명감(生命感), 생활감(生活感), 서감(暑感;여름에 드는 감기), 서운감, 선감(善感), 선입감(先入感), 성감(性感), 성감(誠感), 성실감(誠實感), 성취감(成就感), 소감(所感), 소격감(疏隔感), 소속감(所屬感), 소양감(搔癢感), 소외감(疏外感), 소원감(疏遠感), 수감/록(隨感/錄), 수치감(羞恥感), 스릴감(thrill感), 승리감(勝利感), 승차감(乘車感), 시감(時感;돌림감기), 시감(視感), 시감(詩感), 시대감(時代感), 신감(神感), 신뢰감(信賴感), 신비감(神秘感), 실감(實感), 실망감(失望感), 실재감(實在感), 실체감(實體感), 아늑감, 악감(惡感), 안도감(安堵感), 안락감(安樂感), 안심감(安心感), 안온감(安穩感), 안전감(安全感), 안정감(安定感), 안정감(安靜感), 안착감(安着感), 압박감(壓迫感), 약동감(躍動感), 양감(凉感), 양감(量感), 어감(語感), 억지감, 연대감(連帶感), 열감(熱感), 열등감(劣等感), 열패감(劣敗感), 염오감(厭惡感), 영감(靈感), 영예감(榮譽感), 예감(叡感), 예감(豫感), 오감(五感), 외감(外感), 우려감(憂慮感), 우월감(優越感), 운감(殞感), 운동감(遠近感), 외축감(畏縮感), 운감(運感;열이 심하게 오르는 감기), 운감(殞感;歆饗), 원근감(遠近感), 위기감(危機感), 위압감(威壓感), 위작열감(胃灼熱感), 위축감(萎縮感), 위화감(違和感), 유감(有感)[유감지대(地帶), 유감지진(地震)], 유대감(紐帶感), 유쾌감(愉快感), 육감(肉感), 윤감(輪感), 응감(應感), 의구감(疑懼感), 의리감(義理感), 의무감(義務感), 의주감(蟻走感), 음감(音感), 이물감(異物感), 이질감(異質感), 일체감(一體感), 임무감(任務感), 임장감(臨場感), 입체감(立體感), 자괴감(自愧感), 자기효능감(自己效能感), 자신감(自信感), 자아감(自我感), 자족감(自足感), 자책감(自責感), 장감(長感;고뿔이 오래 되어서 생기는 병), 재질감(材質感), 저항감(抵抗感), 적대감(敵對感), 적막감(寂寞感), 전율감(戰慄感), 절감(切感), 절망감(絕望感), 절박감(切迫感), 정감(情感), 정밀감(靜謐感), 정의감(正義感), 정적감(靜寂感), 정체감(正體感), 제육감(第六感), 조화감(調和感), 존재감(存在感), 좌절감(挫折感), 죄악감(罪惡感), 죄장감(罪障感), 죄책감(罪責感), 중량감(重量感), 중압감(重壓感), 중하감(重荷感), 중후감(重厚感), 증감(增感), 증오감(憎惡感), 지루감, 직감(直感), 진실감(眞實感), 질감(質感), 질량감(質量感), 질식감(窒息感), 질투감(嫉妬感), 착용감(着用感), 책임감(責任感), 첨감(添感), 청량감(淸凉感), 체감(體感), 초조감(焦燥感), 촉감(觸感), 충만감(充滿感), 충실감(充實感), 충실감(忠實感), 충일감(充溢感), 충족감(充足感), 친근감(親近感), 친목감(親睦感), 친밀감(親密感), 친선감(親善感), 친숙감(親熟感), 쾌감(快感), 통감(痛感), 통일감(統一感), 통절감(痛切感), 통쾌감(痛快感), 패배감(敗北感), 팽만감(膨滿感), 포만감(飽滿感), 풍만감(豊滿感), 피로감(疲勞感), 한감(寒感), 해방감(解放感), 행복감(幸福感), 허무감(虛無感), 허전감, 허탈감(虛脫感), 현실감(現實感), 현장감(現場感), 혐오감(嫌惡感), 협감(挾感;감기에 걸림), 호감(好感), 환멸감(幻滅感), 황감하다(惶感), 황홀감(恍惚感), 회의감(懷疑感), 효감(孝感), 후감(嗅感), 흔감(欣感), 희열감(喜悅感) 들.

감(減) ‘줄이다. 덜다’를 뜻하는 말.↔증(增). 가(加), 첨(添). ¶감가(減價)[감가상각(償却), 감가수정(修正), 감가자산(資産), 감가제(制)], 감각(減却;덜어 버림)/하다, 감경하다(減輕;줄여서 가볍게 하다), 감광(減光), 감군(減軍), 감극(減極), 감급(減給), 감납하다(減納), 감등(減等), 감량(減量), 감마(減摩/磨)[감마제(劑), 감마합금(合金)], 감면(減免)[조세감면(租稅); 감면소득(所得)], 감모(減耗;닳거나 줄어들어 축이 남)[감모공제제(控除制), 감모량(量), 감모상각(償却), 감모율(率)], 감배(減配), 감법(減法), 감봉/되다/하다(減俸), 감사(減死), 감삭(減削), 감산(減産), 감산(減算)[감산기(器), 감산제(制), 감산혼색(混色)], 감색(減色;색이 바램), 감생(減省), 감선(減膳), 감세(減稅), 감세(減勢), 감소(減少;줆)[감소되다/하다, 감소분(分), 감소세(勢), 감소율(率)], 감속(減速↔加速)[감속기(機), 감속비(比), 감속운동(運動), 감속장치(裝置), 감속재(材)], 감손(減損)[감손되다/하다, 감손율(率)], 감쇄(減殺;줄어 없어짐), 감쇠(減衰)[302], 감수(減水), 감수(減收), 감수(減壽;수명이 줄어듦), 감수(減數), 감식/요법(減食/療法), 감압(減壓), 감액(減額), 감원(減員), 감음정(減音程), 감자(減資), 감작(減作), 감점(減點), 감채(減債), 감축/되다/하다(減縮), 감퇴(減退), 감편(減便), 감필(減筆), 감하(減下), 감하다, 감형(減刑), 감획(減劃); 가감(加減), 가감승제(加減乘除), 격감(激減), 경감(輕減), 계감(計減), 극감(剋減), 극감(極減), 급감(急減), 누감(累減), 모감(耗減), 반감(半減), 삭감(削減), 산감(刪減), 쇠감(衰減), 재감(災減), 재감(裁減), 저감(低減), 절감(節減), 점감(漸減), 제감(除減), 증감(增減), 차감(差減), 첨감(添減), 체감(遞減), 축감(縮減), 탕감(蕩減), 특감(特減), 회감(會減;주고받을 것을 맞비기고, 남은 것을 셈함) 들.

감(監) ‘거느리다. 살피다. 감옥(監獄). 관청’을 뜻하는 말. ¶감고(監考)[말감고, 장감고(場)], 감관(監官), 감군(監軍), 감금(監禁)[불법감금(不法)], 감농(監農), 감독(監督)[303], 감리(監理;감독하고 관

302) 감쇠(減衰): 힘이나 세력 따위가 약해짐. ¶감쇠곡선(曲線), 감쇠기(器), 감쇠능(能;물질이 진동을 흡수하는 능력), 감쇠력(力;감쇠력), 감쇠상수(常數), 감쇠전도(傳導), 감쇠진동(振動), 감쇠하다, 감쇠회로(回路;잦아듦회로).

리함)[감리되다/하다, 감리위원회(委員會), 감리종목(種目)], 감림(監臨), 감목(監牧), 감무(監務), 감방(監房), 감봉(監封;감독하고 검사한 내용을 봉함), 감사(監司), 감사(監寺), 감사(監査)[304], 감사(監事), 감상(監床), 감색(監色), 감선(監膳), 감수(監守), 감수(監修), 감시(監視)[305], 감시(監試), 감실(監室), 감역(監役), 감영(監營), 감옥/살이(監獄), 감적(監的;화살이나 총알이 맞고 안 맞음을 살핌)[감적관(官), 감적수(手), 감적호(壕)], 감제(監製), 감주(監主), 감찰(監察)[306], 감치(監置;가두는 일)/장(場), 감표(監票), 감호(監護;감독하고 보호함)[감호영장(令狀), 감호자(者), 감호조치(措置); 보호감호(保護), 치료감호(治療)]; 감찰감(監察監), 경감(警監), 교감(校監), 국자감(國子監), 군감(軍監), 기감(技監), 기결감(旣決監), 대감(大監)[대감굿, 대감놀이, 대감상(床), 대감제(祭)], 도감(島監), 도감(都監), 미결감(未決監), 반감(飯監), 별감(別監), 병감(病監), 부/교육감(副/敎育監), 사감(舍監), 상감(上監), 수감/자(收監/者), 여감(女監), 영감(令監), 원감(園監), 이감(移監), 입감(入監), 재감(在監), 정감(正監), 총감(總監), 출감(出監), 치안감(治安監), 친감(親監), 탈감(脫監), 통감(統監), 학감(學監), 헌병감(憲兵監) 들.

감(甘) '달다. 맛 좋다. 달갑게 여기다'를 뜻하는 말. ¶감고(甘苦), 감과(甘瓜;참외), 감곽(甘藿;미역), 감국(甘菊), 감람(甘藍;양배추), 감로(甘露;하늘이 복스럽고 길한 징조로 내린다는 이슬)[감로수(水), 감로주(酒)], 감률(甘栗), 감미(甘味)[감미롭다, 감미료(料), 감미제(劑)], 감미/하다(甘美;맛이나 느낌 따위가 달콤하고 좋다), 감밀(甘蜜), 감사(甘死;기꺼이 죽음), 감산(甘酸), 감수(甘水), 감수/하다(甘受;책망이나 괴로움을 달갑게 받아들이다), 감시(甘柹), 감식(甘食), 감심(甘心;괴로움 · 책망을 달게 여김. 또는 그 마음), 감언(甘言), 감언이설(甘言利說), 감우(甘雨), 감자(甘蔗;사탕수수), 감장(甘醬;맛이 단 간장), 감주(甘酒;단술), 감차(甘茶), 감채(甘菜;사탕무), 감천(甘泉), 감초(甘草)[구감초(灸)], 감탄고토(甘呑苦吐), 감탕(甘湯), 감태(甘苔;김), 감향주(甘香酒), 감홍(甘汞), 감홍로(甘紅露), 감홍주(甘紅酒), 감효(甘肴); 고진감래(苦盡甘來) 들.

감(鑑) '거울. 비추어 보다'를 뜻하는 말. ¶감계(鑑戒;교훈이 될 만한 본보기), 감고(鑑古), 감별(鑑別;보고 식별함)[감별되다/하다, 감별력(力), 감별배양액(培養液), 감별사(師), 감별추(雛); 자웅감별(雌雄)], 감사(鑑査)[307], 감상(鑑賞)[308], 감식(鑑識)[309], 감정(鑑定)[310], 감쪼으다[311], 감찰(鑑札)[312], 감찰(鑑察;살펴보심), 감표(鑑票;표 감정), 감하다(살펴보다); 귀감(龜鑑), 대감(大鑑), 도감(圖鑑), 명감(明鑑), 문감(門鑑), 보감(寶鑑), 상감(賞鑑), 성감(聖鑑), 승감(升鑑), 연감(年鑑), 영감(靈鑑), 은감(殷鑑;거울삼아 경계하여야 할 전례), 은감불원(殷鑑不遠), 인감(印鑑), 입감(入鑑), 전감(前鑑), 전감소연(前鑑昭然), 조감(照鑑), 조감(藻鑑), 친감(親鑑), 태감(台鑑), 품감(品鑑), 풍감(風鑑), 하감(下鑑), 혜감(惠鑑), 후감(後鑑) 들.

감(勘) '헤아리다. 조사하다. 따져 묻다'를 뜻하는 말. ¶감결(勘決;잘 조사하여 결정함), 감단하다(勘斷;죄인을 조사하여 처단하다), 감당(勘當;죄를 헤아려 벌함), 감심(勘審), 감안하다(勘案), 감죄(勘罪;죄인을 문초하여 처단함), 감합(勘合), 감하다(勘;죄인을 처벌하여 다스리다); 경감(輕勘), 마감(磨勘;옛날 중국에서 관리의 성적을 매기던 제도), 엄감(嚴勘), 요감(了勘), 후감(後勘;뒷날의 감당) 들.

감(敢) '굳세다. 감히. 결단성이 있다'를 뜻하는 말. ¶감결(敢決), 감불생심(敢不生心), 감불생의(敢不生意), 감사/심(敢死/心), 감연하다(敢然), 감전(敢戰;죽음을 각오하고 싸움), 감청(敢請;감히 청함), 감투(敢鬪;과감하게 싸움), 감행(敢行;어려움을 무릅쓰고 과감하게 실행함), 감히[313]; 과감하다(果敢), 불감(不敢), 불감당(不敢當), 불감생심(不敢生心), 불감생의(不敢生意), 불감앙시(不敢仰視), 언감생심(焉敢生心), 언감히(焉敢), 용감하다(勇敢) 들.

감(疳) '어린아이의 영양 장애, 만성 소화 불량 따위의 병. 매독(梅毒)'을 뜻하는 말. ¶감루(疳瘻), 감병(疳病), 감질(疳疾)[314], 감창

303) 감독(監督): 일이나 사람 따위가 잘못되지 아니하도록 살피어 단속함. 또는 그렇게 하는 사람. 영화나 연극, 운동 경기 따위에서 일의 전체를 지휘하며 실질적으로 책임을 맡은 사람. ¶감독이 소홀하다. 공사장 감독. 감독을 교체하다. 감독관(官), 감독관청(官廳), 감독권/자(權/者), 감독사무(事務), 감독원(員), 감독자(者), 감독지도권(指導權), 감독하다, 감독행위(行爲); 대감독(大), 명감독(名), 무대감독(舞臺), 도감독(都;감독의 우두머리), 무대감독(舞臺), 미술감독(美術), 부감독(副), 산감독(山), 영화감독(映畵), 정감독(正), 조감독(助), 총감독(總), 행정감독(行政), 현장감독(現場).

304) 감사(監査): 감독하고 검사함. 지도 검사. ¶감사권(權), 감사기관(機關), 감사원(院), 감사위원(委員), 감사증명(證明); 국정감사(國政), 복무감사(服務), 세무감사(稅務), 업무감사(業務), 자체감사(自體), 정기감사(定期), 정밀감사(精密), 종합감사(綜合), 행정감사(行政), 회계감사(會計).

305) 감시(監視): 단속하기 위하여 주의 깊게 살핌. ¶감시를 받다/ 당하다. 감시가 매우 심하다. 감시계(界), 감시구(口), 감시구역(區域), 감시단(團), 감시대(臺), 감시되다/하다, 감시망(網), 감시망(網), 감시병(兵), 감시선(船), 감시소(所), 감시신호(信號), 감시원(員), 감시인(人), 감시자(者), 감시제어(制御), 감시창(窓), 감시체계(體系), 감시초(哨), 감시탑(塔).

306) 감찰(監察): 정부 감사 기관의 직무 행위. 단체의 규율과 구성원의 행동을 감독하여 살핌. 또는 그런 직무. ¶감찰검열(檢閱), 감찰관(官), 감찰제도(制度), 감찰하다.

307) 감사(鑑査): 잘 살피어 적부(適否) · 우열(優劣) · 진위(眞僞) 따위를 분별함. 감정(鑑定). ¶감사관(官), 감사원(員), 감사하다; 무감사(無).

308) 감상(鑑賞): 주로 예술 작품을 이해하여 즐기고 평가함. ¶영화를/ 음악을/ 소설을 감상하다. 감상력(力), 감상법(法), 감상비평(批評), 감상안(眼), 감상자(者), 감상하다, 감상회(會;감상모임).

309) 감식(鑑識): 어떤 사물의 가치나 진위(眞僞) 따위를 알아냄. 또는 그런 식견. 범죄 수사에서 필적, 지문, 혈흔(血痕) 따위를 과학적으로 감정함. ¶문화재 감식. 현장 감식. 유전자 감식. 감식가(家), 감식되다/하다, 감식력(力), 감식소(所), 감식안(眼).

310) 감정(鑑定): 사물의 특성이나 참과 거짓, 좋고 나쁨을 분별하여 판별하는 것. ¶감정가(家), 감정가격(價格), 감정서(書), 감정유치(留置), 감정인(人); 구분감정(區分), 정신감정(精神), 필적감정(筆跡).

311) 감쪼으다(鑑): 웃어른이나 윗사람이 물건을 살펴보게 갖다 드리다.

312) 감찰(鑑札): 관청이나 동업 조합 따위의 공적(公的)인 기관에서 일정한 영업이나 행위를 허가한 표시로 내어 주는 증표. ¶감찰료(料); 면허감찰(免許), 영업감찰(營業).

313) 감히(敢): ①두려움이나 송구함을 무릅쓰고. 겁 없이. 주제넘게. ¶감히 몇 말씀 여쭙겠습니다. ②주로 '못하다'와 함께 쓰여, '함부로. 만만하게'를 나타냄. ¶감히 말을 꺼낼 엄두가 나지 않는다. 인간의 도리를 모르고서야 감히 사람이라 할 수 있으랴?

314) 감질(疳疾): 어떤 일을 몹시 하고 싶거나 무엇이 먹고 싶거나 하여 애타는 마음. 바라는 마음에 아주 못 미쳐 성에 안 참. ¶감질이 들다. 감질나서 못 견디겠다. 감질나다/내다; 인감질(人;꼭 필요한 때에 일손이 모자라서 몹시 애가 타는 일), 젖감질.

(疳瘡); 구감(口疳), 냉감(冷疳), 뇌감(腦疳), 열감(熱疳), 인감질(人疳疾), 치감(齒疳), 폐감(肺疳), 포로감(哺露疳), 하감(下疳;陰蝕瘡), 회감(蛔疳) 들.

감(堪) '견디다. 참아 내다'를 뜻하는 말. ¶감내하다(堪耐;어려움을 참고 견디다), 감능(堪能;일을 감당할 만한 능력), 감당하다(堪當;능히 맡아서 당해 내다), 감승(堪勝;잘 견디어 이겨 냄), 감여(堪輿;하늘과 땅), 감여가(堪輿家;풍수지리가), 감인(堪忍), 감항능력(堪航能力); 극감(克堪), 난감하다(難堪), 매사가감(每事可堪), 불감(不堪), 불감당(不堪當) 들.

감(憾) '서운해 하다. 근심하다'를 뜻하는 말. ¶감에(憾恚;원망하며 몹시 화를 냄), 감정(憾情;성내거나 언짢게 여기는 마음)[감정나다/내다, 감정적(的), 감정사다/오르다], 감회(憾悔;한탄하고 뉘우침), 사감(私憾;사사로운 일로 품은 유감), 숙감(宿憾), 유감(遺憾)[315], 함감(含憾) 들.

감(酣) '술을 마시며 즐기다. 한창 성하다'를 뜻하는 말. ¶감가(酣歌), 감수(酣睡;곤히 단잠을 잠), 감어(酣飫;마음껏 술을 마시고 음식을 먹음), 감전(酣戰), 감취(酣醉), 감흥(酣興); 방감하다(方酣) 들.

감(柑) '감자나무(상록교목. 열매는 약재로 쓰임)'를 뜻하는 말. ¶감과(柑果), 감귤(柑橘), 감류(柑類), 감피(柑皮); 금감(金柑), 밀감(蜜柑), 황감(黃柑) 들.

감(紺) '검푸른빛'을 뜻하는 말. ¶감동(紺瞳;검푸른 눈동자), 감벽(紺碧), 감색(紺色;검은빛을 띤 남색), 감전(紺殿;절¹), 감원(紺園), 감청(紺靑) 들.

감(嵌) '골짜기. 끼워 새겨 넣다'를 뜻하는 말. ¶감곡(嵌谷;깊은 골짜기); 감공(嵌工), 감공란(嵌工卵), 감돈(嵌頓), 감입(嵌入;장식을 박아 넣음), 감화문기(嵌花文器); 상감/청자(象嵌/靑瓷) 들.

감(橄) '감람나무(상록교목)'를 뜻하는 말. ¶감람(橄欖)[감람나무, 감람녹색(綠色)/감람색(橄欖色), 감람석(橄欖石), 감람유(橄欖油;올리브유)].

감(瞰) '보다'를 뜻하는 말. ¶감망(瞰望), 감사(瞰射;내려다보고 쏨), 감시(瞰視;높은 데서 내려다 봄); 부감(俯瞰)[부감대(臺), 부감도(圖)], 조감/도(鳥瞰/圖), 하감(下瞰) 들.

감(龕) '사당 안에 신주(神主)를 모셔두는 장(欌). 불탑 밑에 베푼 작은 방'을 뜻하는 말. ¶감실(龕室;닫집), 감상(龕像)[316], 감탑(龕塔); 벽감(壁龕), 석감(石龕), 안감(安龕) 들.

감(坎) '구덩이. 팔괘(八卦)의 하나'를 뜻하는 말. ¶감가(坎坷;때를 만나지 못함), 감괘(坎卦) 들.

감(坩) '도가니(쇠붙이를 녹이는 데 쓰는 토기)'를 뜻하는 말. ¶감과(坩堝;도가니).

315) 유감(遺憾): 마음에 남아 있는 섭섭한 느낌. 언짢은 마음. ¶그에게는 유감이 많다. 유감스럽다, 유감없다.

316) 감상(龕像): 암벽을 우묵하게 파내어 작은 방을 만들어 그곳에 모시어 둔 불상.

감(歛) '시름겹다. 서운하다'를 뜻하는 말. ¶감감(歛憾), 감연하다(歛然;마음에 차지 아니하여 좀 언짢다).

감(撼) '흔들다/흔들리다'를 뜻하는 말. ¶감동(撼動); 요감(搖撼), 진감(震撼) 들.

감(泔) '뜨물'을 뜻하는 말. ¶미감수(米泔水;쌀뜨물).

감(다)¹ 위아래 눈시울을 맞붙이다.↔뜨다. ¶눈을 감고 기도하다. 가박[317], 감기다¹, 까막·끄먹거리다[318]/대다, 깜박②, 깜짝·끔적거리다/대다/이다, 깜작거리다/대다; 내리감다, 눈감다, 눈깜작이, 지르감다(눈을 찌그리어 감다) 들.

감(다)² 사람이 머리를 물로 깨끗이 하거나, 몸을 물속에 완전히 담가 놀다.≒씻다. ¶머리를 감다. 아이들이 냇가에서 미역을 감다. 감기다².

감(다)³ ①실·끈 따위를 무엇에 빙 두르다. 길이를 가진 물체를 움직여 어떤 물체의 주위를 돌리다. 돌돌 말다.↔풀다. ¶팔에 붕대를 감다. 실을 실패에 감다. 감개(실을 감아 두는 기구), 감겨들다(가까이로 바싹 감기어 오다), 감고돌다(짓궂게 달라붙어 떨어지지 않다), 감기다³, 감는목[319], 감는줄기, 감돌다[320], 감뛰다[321], 감물다[322], 감발[감발하다; 발감개, 감발저뀌[323]], 감빨다/빨리다, 감새²[324], 감서리다(무엇을 칭칭 감듯이 잔뜩 끼다), 감싸넣다, 감싸돌다/감싸고돌다, 감싸다/싸이다, 감싸들다, 감싸안다(포용하다), 감싸잡다, 감싸주다, 감씹다, 감아넘기다, 감아들다(감겨들다), 감아먹다, 감아붙다, 감아빗다, 감아시침/하다, 감아엎다/감엎다, 감아올리다, 감아쥐다, 감아채다, 감아치다, 감아상투, 감잡이¹,²[325], 감접이/감접[326], 감줄(코일), 감치다¹,²[327], 거멀

317) 가박: 눈을 한 번 가볍게 감았다 뜨는 모양. 작은 불이 얼핏 꺼질 듯하다가 되살아나는 모양. 〈큰〉거벅. 〈센〉까박. 〈큰·센〉꺼벅.

318) 끄먹거리다: ①등불 따위가 꺼질 듯 말 듯하다. ②눈을 가볍게 감았다 떴다 하다.

319) 감는목: 판소리 창법에서 천천히 몰아들이는 목소리.

320) 감돌다: 어떤 둘레를 빙빙 돌다. 길이나 물굽이 따위가 모퉁이를 따라 돌다. 어떤 분위기가 그 자리에 가득 차다. 떠났던 곳으로 다시 오다.[←감(다)+돌다]. ¶감돌아들다(빙빙 돌아서 들어오다), 감돌아치다(세게 감돌다), 감돌이(사소한 이끗을 탐내어 덤벼드는 사람. 한곳으로 감돌아드는 물에 비유됨).

321) 감뛰다: 둘레나 언저리를 빙빙 돌며 뛰다.

322) 감물다: 입술 같은 것을 감아 들여서 꼭 물다. ¶입술을 감물다.

323) 감발저뀌: 잇속을 노리고 약빠르게 달라붙는 사람.[←감(다)+발+저뀌(귀신)]. 〈준〉감바리. ¶사람 됨됨이가 워낙 좀스럽고 감바리라서 주위 사람들에게 따돌림을 당한다.

324) 감새²: 박공 끝을 감싸는 면이 있는 걸침기와. ¶감새를 얹다. 감새마루.

325) 감잡이¹: ①기둥과 들보에 걸쳐 대고 못을 박는 쇳조각. 감잡이쇠. ②대문 문장부에 감아 박는 쇠. 감잡이²: 남녀가 잠자리를 같이할 때 쓰는 수건.

326) 감접이: 피륙을 짤 때, 올이 풀리지 않도록 휘감친 부분.

327) 감치다¹: ①음식의 맛이 맛깔스러워 입맛이 당기다. ¶꿀맛이 입에 감치다. 감칠맛(맛깔스러운 뒷맛. 사람의 마음에 휘감기어 여운을 남기는 묘미). ②잊히지 아니하고 항상 마음속에 감돌다. ¶고향에 계신 어머니의 모습이 감쳐 온다.
감치다²: 바느질감의 가장자리나 솔기를 실올이 풀리지 아니하게 용수철 모양으로 감으며 꿰매다. 〈큰〉검치다(접거나 휘어붙이다. 맞대고 걸쳐서 붙이다). ¶치맛단을 감치다. 감침[감치기, 감침시침, 감침실, 감침재봉틀(裁縫), 감침질/하다; 속감침]; 감쳐물다(아래위 두 입술을 약간 겹치도록 붙이면서 꼭 다물다), 휘감치다.

장/거멀, 검다(흩어진 물건을 손이나 갈퀴 따위로 긁어모으다), -갱기[낫갱기, 신갱기]; 굽이감다(휘어서 감다), 닻감다, 되감다/감기다, 발감개, 실감개, 치감다(위로 치올려서 감다), 휘감다/감기다. ②옷을 입다. ¶비단을 몸에 감다. 감아입다. ③서리서리 사리다. ¶방울뱀이 몸을 감다. ④씨름에서 다리를 걸다. ¶왼쪽 다리를 감다.

감(다)[4] ①빛깔이 산뜻하게 검다. 〈큰〉검다[328]. 〈센〉깜다. ¶감은 천으로 옷을 해 입다. 가마가맣다(아주 가맣다), 가맣다[1],[2][329] · 거멓다 · 까맣다 · 꺼멓다, 가마노르께 · 거머누르께하다, 가마 · 까마말쑥하다, 거머 · 꺼머멀쑥하다, 가마무트름/가무트름 · 거머무트름/거무트름 · 까무무트름 · 꺼머무트름하다, 가마반드르 · 거머번드르 · 까마반드르 · 꺼머번드르하다, 가마반지르 · 거머번지르 · 까마반지르 · 꺼머번지르하다, 가마 · 거머우리하다[330], 가마푸르레 · 거머푸르레하다, 가막 · 까막[331], 가매 · 거메 · 까매 · 꺼메지다, 가무끄름 · 거무끄름 · 까무끄름 · 꺼무끄름하다, 가무대대 · 거무데데 · 까무대대 · 꺼무데데하다, 가무댕댕 · 거무뎅뎅 · 까무댕댕 · 꺼무뎅뎅하다, 가무레 · 거무레 · 그무레 · 까무레 · 꺼무레 · 끄무레하다, 가무속속 · 거무숙숙 · 까무속속 · 꺼무숙숙하다, 가무스레 · 거무스레 · 까무스레 · 꺼무스레하다, 가무스름 · 거무스름 · 까무스름 · 꺼무스름하다/가뭇 · 거뭇 · 까뭇 · 꺼뭇하다, 가무슥 · 거무슥, 가뭇가뭇 · 거뭇거뭇 · 까뭇까뭇 · 꺼뭇꺼뭇/하다, 가무잡잡 · 거무접접 · 까무잡잡 · 꺼무접접하다, 가무족족 · 거무죽죽 · 까무족족 · 꺼무죽죽하다, 가무총총 · 거무충충하다, 가무칙칙 · 거무칙칙 · 까무칙칙 · 꺼무칙칙하다, 가무퇴퇴 · 거무튀튀 · 까무퇴퇴 · 꺼무튀튀하다, 가무파리하다[332], 가밀가밀[333] · 거밀거밀, 가밋가밋 · 거밋거밋 · 까밋까밋 · 꺼밋꺼밋/하다, 감감[334] · 깜깜 · 껌껌 · 캄캄 · 컴컴하다, 감노랗다 · 검누렇다, 감노르다 · 검누르다, 감숭[335], 감실[336], 감싯[337], 감작[338], 감장 · 검정 · 깜장[339] · 껌정/이, 감태같다(머리털이 까맣고 윤기가 있다), 감파르다 · 검푸르다 · 검퍼렇다, 감파르잡잡 · 검푸르접접하다, 감파르족족 · 검푸르죽죽하다, 까미[340], 깜부기[341]; 새까맣다 · 시꺼멓다, 새까매지다 · 시꺼메지다 · 새카매지다 · 시커메지다. ②가막-: '검은 빛깔'을 뜻하는 말.[←가맣(다)+악]. 〈센〉까막-[342]. ¶가막베도라치, 가막눈, 가막부리(부리 모양을 한 제도용 동필), 가막사리, 가막쇠[343], 가막조개. ☞ 흑(黑).

감/감때- '생김새나 모양이 험상궂고 사나움'을 뜻하는 말. ¶감궂다[344], 감때꾼, 감때사납다[345], 감때세다(사납다. 억세다), 감때스럽다, 감사납다[346].

감바리 ☞ 감다[3]. 감발저뀌.

감자 가짓과의 여러해살이풀에 달린 땅속 덩이줄기.[←감저(甘藷)]. ¶감잣가루, 감자경단(瓊團), 감자경자(梗子)[347], 감잣고개, 감잣국, 감자국수, 감자나물, 감자녹말(綠末), 감자된장(醬), 감자떡, 감자만두(饅頭), 감자밥, 감자버무리, 감자병(餠), 감자볶음, 감자부각, 감잣살, 감자술, 감자시루떡, 감자싹, 감자알(하나하나의

---

328) 검다: 빛이 먹빛같이 어둡고 짙다.↔희다. 마음이 엉큼하다. 〈센〉껌다. ¶검은 눈동자. 검다 희다 말이 없다. -거미(어스름)[땅거미, 저녁거미], 검기다(검게 더럽히다. 그림을 그릴 때 윤곽에서부터 안쪽으로 차차 짙게 칠하여 들어오다), 검기울다(검은 구름이 퍼져 해가 가리어지고 날이 차차 어두워지다), 검노랑, 검노린재, 검댕(그을음이나 연기가 맺혀서 된 검은빛의 물질)[검댕이, 검디앙; 숯검댕], 검덕귀신(鬼神;얼굴이나 옷이 몹시 더럽게 된 사람), 검독수리, 검둥개, 검둥오리, 검둥이, 검디검다, 거망빛(짙은 검붉은 빛), 검물벼룩, 검물잠자리, 검붉다, 검바위(거뭇거뭇한 바위), 검밝기(명도)/새, 검버섯, 검보라색, 검복, 검붉다, 검뿌옇다, 검스레하다, 검어둡다(몹시 어둡다), 검은그루, 검은[검은그루(지난겨울에 아무것도 안 심었던 땅), 검은깨, 검은담비, 검은빛, 검은손, 검은약(藥;아편), 검은엿, 검은자, 검은자위, 검은콩, 검은팥, 검은흙], 검자주색(紫朱色), 검자줏빛, 검정[검정개, 검정막(幕), 검정말, 검정물, 검정빛, 검정소, 검정이, 검정저고리, 검정치마, 검정콩; 앉은검정(솥 밑에 붙은 그을음), 숯검정, 탄소검정(炭素)], 검측다(살갗 조직이 죽어 거무스름하게 되다), 검측하다(검은빛을 띠며 어둡고 맑지 않다. 음침하고 욕심이 많다)/스럽다/스레, 검측측하다(=검측하다), 검치[욕심(慾心)], 검칙하다, 검푸르다; 새카맣다 · 시커멓다.

329) 가맣다[1]: 새뜻하고 짙게 검다. 가맣다[2]: 너무 멀어 아득하다. 기억이 흐릿하다. 〈센〉까맣다. ¶돌아갈 길이 까맣다. 까맣게 잊고 살다. 가마아득/가마득 · 까마아득/까마득하다, 가무러 · 까무러지다, 가무러 · 까무러치다(기절하다).

330) 가마우리하다: 은은히 도는 빛이 거멓다.

331) 까막: 희미한 불빛이 꺼질 듯 말 듯한 모양. 눈을 가볍게 감았다 떴다 하는 모양. 〈큰〉끄먹. ¶까막까막하는 등불. 작은 눈을 까막거리며 생각에 잠겨 있다. 까막 · 끄먹거리다/대다, 까막눈/이, 까막뒤짐(주인 몰래 뒤지는 일), 까막바보, 까막별(빛을 내지 않는 별), 까막잡기(술래가 수건 같은 것으로 눈을 가리고 다른 사람을 잡으러 다니는 술래잡기)/하다.

332) 가무파리하다: 가무스름하고 파리하게 핼쓱하다. 쌀쌀해 보이다. ¶그 가무파리한 낯빛부터 찬바람이 일듯이 서슬이 느껴진다.

333) 가밀가밀: 좀 검은 듯한 것이 이리저리 움직이는 모양. 〈큰〉거밀. ¶머리카락이 가밀가밀 나부끼다. 가밀가밀하다.

334) 감감: ①멀어서 아득한 모양. ¶목적지까지는 아직도 감감 멀었다. ②어떤 사실을 전혀 모르거나 잊은 모양. ¶자네가 그런 일을 당할 줄은 감감 모르고 있었네. ③소식이 전혀 없는 모양. ¶감감 소식이 없다. 깜깜나라, 감감 · 깜깜무소식(無消息), 감감 · 깜깜소식(消息), 깜깜부지(不知), 감감하다, 깜깜 · 캄캄절벽(絕壁). 〈센〉깜깜. 〈센 · 큰〉껌껌. 〈거〉캄캄.

335) 감숭: 잔털 따위가 드물게 나서 가무스름한 모양. 〈큰〉검숭. 〈센〉깜숭. ¶수염이 감숭감숭 나다. 감숭 · 검숭 · 깜숭하다.

336) 감실: ①어떤 물체가 먼 곳에서 어렴풋이 움직이는 모양. ¶물결이 감실감실 일렁이다. 연기가 감실감실 피어오른다. ②잔털 따위가 군데군데 나서 가뭇가뭇한 모양. 〈큰〉검실. ¶강아지 털이 감실감실 났다. 감실 · 검실거리다/대다/하다, 감실감실 · 검실검실/하다.

337) 감싯: 여러 부위가 또렷이 가무스름한 모양. 〈큰〉검싯. ¶구레나룻이 감싯감싯 나다. 감싯 · 검싯하다.

338) 감작: 검은 점이나 얼룩이 잘게 여기저기 박혀 있는 모양. 〈큰〉검적. 〈센〉깜작. 〈큰 · 센〉껌적. ¶주근깨가 감작감작 박힌 얼굴.

339) 깜장: 깜은 빛깔이나 물건. ¶깜장 고무신. 깜장말, 깜장소.

340) 까미: 얼굴이나 털빛이 까만 사람이나 동물.

341) 깜부기: 흑수병(黑穗病)에 걸리어 까맣게 된 곡식의 이삭. 얼굴빛이 까만 사람. ¶깜부깃병(病), 깜부기불(깜부기숯에서 불꽃 없이 붙어서 거의 꺼져 가는 불), 깜부기숯; 보리깜부기, 수수깜부기, 조깜부기.

342) 까막-: '날이 어둡거나 불이 없어서 깜깜하거나 아득히 먼' 또는 '전혀 모르는'을 뜻하는 말. ¶까막과부(寡婦), 까막관자(貫子), 까막까치, 까막길, 까막나라, 까막눈, 까막뒤짐, 까막딱따구리, 까막바보, 까막잡기(술래가 수건으로 눈을 가리고 다른 사람을 잡는 놀이).

343) 가막쇠: 한끝을 감아 고리못을 달고, 다른 끝을 갈고리 모양으로 꼬부리어 배목에 걸도록 만든 쇠.

344) 감궂다: 성질이 엉큼하고 불량하거나 모습이 험상궂다. 스산하고 짓궂다. ¶얼굴이 감궂게 생기다. 감궂은 날씨.

345) 감때사납다: ①사람이 억세고 사납다. ¶제가 아무리 감때사납기로서니 내 앞에서 감히 시비를 걸진 못하겠지. ②사물이 험하고 거칠다.

346) 감사납다: ①모양이나 생각이 억세고 사납다. ¶감사납게 생긴 얼굴. ②바탕이 험하고 거칠어 일하기 어렵다. ¶감사나운 밭.

347) 감자경자(梗子): 감자를 곱게 갈아 찹쌀가루와 함께 반죽하여 깍두기처럼 썰어서 말린 다음, 흰엿과 참깨를 넣어서 볶은 음식.

감자), 감자엿, 감자장(醬), 감자장아찌, 감자전(煎), 감자정과(正果), 감자조림, 감자찌개, 감자채(菜;감자나물), 감자탕(湯), 감자튀김, 감자풀(감자녹말로 쑨 풀); 돼지감자(뚱딴지), 씨감자, 자주감자(紫朱), 통감자, 햇감자; 뜨거운 감자(해결하기 곤란한 시급한 문제) 들.

감장 혼자 힘으로 일을 꾸리어 나감. 자립(自立). ¶제 앞 감장도 못하면서 남의 일에 무슨 참견이냐? 이쪽 일은 내가 감장할 테니, 자네는 저쪽 일을 맡게. 아버지는 아들에게 밑천을 내놓으며 사업을 감장시켜 주셨다. 감장시키다/하다.

감쪽-같다 꾸미거나 고친 것이 전혀 알아챌 수 없을 정도로 티가 나지 아니하다. ¶감쪽같이.

감추(다) 어떤 사실을 남이 모르게 하다. 어떤 물건을 다른 사람이 찾을 수 없도록 보이지 않게 하다. 남의 눈에 띄지 않게 하다≒숨기다. 가리다. ¶내막을 감추다. 자취를 감추다. 감출 줄은 모르고 훔칠 줄만 안다. 어머니가 아이들에게 눈물을 감춘다. 가무리다[348], 가무뜨리다/트리다.

감탕 ①갖풀과 송진을 끓이어 만든 풀. 새를 잡거나 나무를 붙이는 데 씀. ②곤죽처럼 된 진흙. ¶장마철만 되면 길이 감탕이 된다. 감탕길, 감탕논, 감탕땅, 감탕물, 감탕밭(곤죽같이 된 진흙 땅), 감탕벌, 감탕질(잠자리할 때에, 몸을 음탕하게 놀리는 짓)/하다, 감탕찜질, 감탕치료(治療), 감탕칠/하다, 감탕판(감탕밭), 감탕흙 들.

감태 갈조류(褐藻類)의 해초. ¶감태같다(머리털이 까맣고 윤기가 있다).

감태기 갯가나 냇가 따위에 곤죽처럼 풀어져 깔려 있는 진흙을 뜻하는 '감탕②'을 낮잡아 이르는 말. ¶똥감태기, 욕감태기(辱;남으로부터 욕을 먹는 사람), 흙감태기(온통 흙을 뒤집어쓴 사람이나 물건) 들.

감투 예전에, 머리에 쓰던 의관(衣冠). 벼슬(직책이나 직위)을 비유함.[←Kamtu〈만〉]. ¶감투를 쓰다(벼슬을 하다). 감투가 커도 귀가 짐작이라. 감투거리(여자가 남자 위에 올라가 하는 행위), 감투밥(그릇 위로 수북이 담은 밥), 감투싸움(벼슬자리 다툼), 감투쓰다(벼슬하다), 감투장이, 감투쟁이; 김첨지감투(金僉知)[349], 노감투(노끈으로 짜서 만든 감투), 노랑감투, 도깨비감투[350], 벼락감투[351], 보살감투[352], 복주감투(방한모), 억지감투(부당하게 뒤집어쓴 누명), 오소리감투[353], 총감투(말총으로 만든 감투).

348) 가무리다: 몰래 혼자서 차지하거나 흔적도 없이 먹어 버리다. 감추다. ¶붕어 한 마리가 물 위에 뜬 먹이를 납작 가무렸다. 가무뜨리다/트리다.

349) 김첨지감투: 어떤 사물이 도깨비장난같이 없어지기를 잘 하거나, 가뭇없이 사라져 버린 것. 걸맞지 않은 자에게 벼슬자리를 맡겼음. ¶내 휴대 전화가 금방 어디로 갔을까? 이거야말로 김첨지감투로군.

350) 도깨비감투: 머리에 쓰면 자기 몸이 다른 사람의 눈에 보이지 않는다고 하는 감투. 신기한 조화를 부리는 사람이나 사물.

351) 벼락감투: 자격 없는 사람이 얻어 걸린 높은 벼슬. 갑자기 얻어 하게 된 관직이나 직책.

352) 보살감투: ①돼지 똥집에 붙은 고기 조각. ②갓의 속껍질 안에 있는, 갓의 대가리에 씌운 꺼풀의 한 부분.

353) 오소리감투: 털이 붙은 오소리 가죽으로 만든 벙거지.

감풀 밀물 때는 보이지 않고 썰물 때만 보이는 비교적 넓고 펀펀한 모래톱. ☞ 펄'.

감풀(다) 사람이나 그 성질이 막되고 거칠며 사납다.

감화-보금 주로 농어나 숭어의 살을 잘 다져 펴서 양념한 채소를 넣고 돌돌 말아 쪄서 토막토막 썰어 놓은 음식.

갑(甲) ①첫째 천간(天干), 나이. '첫째. 으뜸'을 뜻하는 말. ¶갑은 을에게 돈을 갚아야 한다. 갑남을녀(甲男乙女), 갑년(甲年;예순한 살 되는 해), 갑론을박(甲論乙駁), 갑리(甲利), 갑번(甲燔), 갑변(甲邊;甲利), 갑부(甲富;첫째가는 큰 부자), 갑사(甲紗;품질이 좋은 비단), 갑시(甲時), 갑을(甲乙), 갑자(甲子)[갑자년(年); 육십갑자(六十)], 갑제(甲第;아주 잘 지은 집), 갑종(甲種), 갑주(甲紬), 갑찰(甲刹), 갑회(甲膾;소의 내포로 만든 회); 거갑(居甲), 동갑(同甲)[동갑계(契), 동갑내기; 자치동갑], 연갑(年甲), 육갑(六甲), 진갑(進甲), 화갑(華甲), 환갑(還甲), 회갑/연(回甲/宴). ②'갑옷. 단단한 껍데기'를 뜻하는 말. ¶갑각(甲殼)[갑각류(類), 갑각소(素)], 갑골문자(甲骨文字), 갑배(甲褙;겹쳐 접은 종이를 바름), 갑병(甲兵), 갑상(甲狀)[갑상선(腺), 갑상연골(軟骨)], 갑옷[갑옷미늘], 갑장(甲仗), 갑주(甲冑), 갑창(甲窓), 갑철(甲鐵), 갑충(甲蟲), 갑판(甲板)[갑판장(長); 건현갑판(乾舷), 후갑판(後)], 갑피(甲皮); 개갑(介甲), 개갑(鎧甲), 견갑(堅甲), 귀갑(龜甲), 기갑(機甲), 대모갑(玳瑁甲), 두흉갑(頭胸甲), 둔갑(遁甲), 마갑(馬甲), 배갑(背甲), 별갑(鱉甲), 병갑(兵甲), 슬갑(膝甲), 엄신갑(掩身甲), 용린갑(龍鱗甲), 유엽갑(柳葉甲), 은갑(銀甲), 인갑(鱗甲), 장갑(裝甲), 조갑(爪甲), 철갑/선(鐵甲/船), 칠갑(漆甲), 탁갑(坼甲), 편갑(片甲), 피갑(皮甲), 해갑(蟹甲), 혁갑(革甲), 호액갑(護腋甲) 들.

갑(匣) 작은 상자. 또는 그것에 담긴 물건을 세는 말. ¶갑작(匣作;冒器作), 담배/성냥 한 갑. 교갑(膠匣), 담뱃갑, 목갑(木匣), 문갑(文匣)[난문갑(亂;다양한 문양을 한 문갑), 책문갑(册)], 밀갑(蜜匣), 보갑(寶匣), 분갑(粉匣), 사롱갑(紗籠匣), 성냥갑, 수갑(手匣), 안갑(鞍匣), 약갑(藥匣), 연갑(硯匣;벼룻집), 옥갑(玉匣), 인갑(印匣), 인주갑(印朱匣), 장갑(掌匣), 지갑(紙匣), 책갑(册匣), 초갑(草匣;담배쌈지), 필갑(筆匣), 향갑(香匣) 들.

갑(閘) '물문[수문(水門)]'을 뜻하는 말. ¶갑두(閘頭), 갑문(閘門;수량 조절용의 문)[갑문비(扉), 갑문식운하(運河), 갑문항(港)], 갑실(閘室); 수갑(水閘)[수갑세(水閘稅), 수갑식운하(運河)] 들.

갑(胛) '어깨뼈'를 뜻하는 말. ¶견갑(肩胛;어깨뼈가 있는 자리), 견갑골(肩胛骨)/갑골(胛骨).

갑(岬) 바다나 호수로 뾰족하게 내민 땅. 곶.

갑갑-하다 비좁아서 답답하다. 기다리기 지루하다. 궁금하다. 속이 언짢거나 체하거나 하여 뱃속이 무겁고 답답하다. 지능이 모자라서 상대하기에 지겹다. ¶갑갑한 놈이 송사(訟事)한다. 갑갑궁금하다, 갑갑증(症), 갑갑히.

갑시(다) 세찬 바람이나 물 따위가 갑자기 목구멍으로 들어갈 때, 숨이 막히다. ¶문을 나서자 세찬 바람에 갑시어 잠시 돌아서 있어야 했다. 물을 급하게 마시면 갑시게 되어 위험할 수 있다.

갑자르(다) ①힘겨워하다. ¶무거운 짐을 지고 끙끙 갑자르다. 수학 문제를 푸느라 갑자르다. ②말을 하기가 어렵거나 거북하여 주저하며 낑낑거리다. ¶말문이 막혀 갑자르기만 하다.

갑자기 ①미처 대비하지 않은 상태에서 생각할 겨를 없이. 뜻하지 아니하게.≒불시로. 별안간. 돌연(突然). 느닷없이. 뜻밖에. 불쑥. 홀연히. 〈큰〉급자기.[←갑작+이]. ¶계곡에서 수영을 하는데 갑자기 물이 불어났다. 비행접시가 갑자기 나타났다 사라졌다. '가분재기/자기'는 '갑자기'의 사투리이다. 갑작·급작스럽다. 갑이별(離別), 갑작병(病), 갑작부자(富者;벼락부자), 갑작비, 갑작사랑, 갑작수(갑자기 꾸며낸 수나 방법), 갑작스럽다, 갑작죽음, 갑작출세(出世), 갑작탈(돌연 사고). ②시간적으로 아주 짧은 기간에.↔천천히. 서서히. ¶갑자기 날씨가 추워졌다. 흥부가 갑자기 부자가 되었다.

갑절 ①어떤 수나 양을 두 번 합친 것. 배(倍). ¶8은 4의 갑절이다. ②두 배로. 두 번 합친 만큼. ¶남보다 뒤진 사람은 갑절 노력해야 한다. 이것은 그것보다 갑절 많다. ☞ 곱절.

갑치(다) 마구 서둘거나 조르면서 귀찮게 굴다. ¶아이는 어머니에게 장난감을 사 달라고 갑치었다.

값 ①어떤 물건을 사고팔기 위하여 정한 돈의 액수.≒금. 가격(價格). 대금(代金). ②다른 사람에게 물건을 빌리거나 빌려 주고 받는 돈의 액수.≒세(貰). ③사람이나 사물이 지닌 중요성. 가치. ¶그는 참 값 있는 죽음을 택하였습니다. 덩지 값도 못한다. ④노력이나 희생의 대가(代價). ¶우승은 피나는 노력이라는 값을 치른 결과로 얻어진 것이오. ⑤수 또는 수량. 수치(數値). ¶값을 정하다. 일한 값. x의 값을 구하라. 값나가다/값가다(귀하다. 값이 많은 액수에 이르다), 값나다(금나다), 값낮다, 값놓다, 값높다(값비싸다), 값눅다(값싸다. 보잘것없다), 값닿다(기대할 만한 값에 이르다), 값보다(사려는 물건을 어림하여 보다), 값부르다, 값싸다/비싸다, 값어치(값에 해당하는 분량이나 정도. 가치), 값없다(흔하다. 고귀하여 값어치를 헤아릴 수가 없다), 값있다, 값지다[354], 값치다(값을 정하여 말하다. 값을 매기다), 값치르다, 값표(表), 값하다[355]; 같은값이면(이왕이면. 이러나저러나 마찬가지일 것 같으면), 갯값(아주 싼 값), 고른값, 고윳값(固有), 극값(極), 극솟값(極小), 극댓값(極大), 극한값(極限), 근삿값(近似), 금값(金;금의 값. 비싼 값), 기댓값(期待), 기름값, 껌값, 꼴값, 나잇값(먹은 나이에 어울리는 언행), 낱값, 담뱃값, 대푯값(代表), 덩칫값(몸집에 어울리는 말과 행동), 도맷값(都賣), 돈값(돈의 가치), 땅값, 떡값, 똥값(헐값), 몸값, 민값[356], 바느질값, 반값(半), 반찬값, 밥값, 방값(방세), 본값(本), 비싼값, 사냇값(남자로서 걸맞은 행동), 산값(↔판값), 세뱃값(歲拜), 소릿값[음가(音價)], 소맷값(小賣), 술값, 신발값, 싼값, 쌀값, 약값(藥), 어른값(어른으로서 갖추어야 할 체통이나 행동), 어림값, 얼굴값, 옥탄값(octane), 옷값, 왁댓값[357], 외상값, 요오드값(Jod), 이름값(명성에 걸맞게 하는 행동), 인물값(人物), 자릿값, 재료값(材料), 전셋값(傳貰), 죄값(罪), 중값(重), 중앙값(中央), 진릿값(眞理), 집값, 참값[진가(眞價)], 찻값(車), 찻값(茶), 책값(冊), 최댓값(最大), 최솟값(最小), 킷값, 탄값(炭), 판값, 평균값(平均), 품값, 해웃값[358], 헐값(歇). ☞ 가(價).

갓[1] 말총으로 만든 의관(衣冠). 갓 모양의 물건. ¶갓을 쓰다. 전등갓. 갓 쓰고 자전거 탄다. 갓걸이, 갓골, 갓끈[359], 갓도래(갓양태의 테두리), 갓돌[2](성벽이나 돌담의 지붕처럼 덮어 놓은 돌), 갓두루마기, 갓등(燈), 갓망건(網巾), 갓모자(帽子), 갓방(房;갓을 만드는 방), 갓버섯, 갓벙거지, 갓봉(원뿔대 모양의 낚싯봉). 갓봉돌(윗부분이 평평한 봉돌), 갓상자(箱子;갓집), 갓신(갓과 신), 갓싸개, 갓양반(兩班), 갓양태/갓양, 갓일(갓을 만드는 일), 갓장이, 갓쟁이, 갓전(廛), 갓집(갓을 넣어 두는 집), 갓창옷(갓과 소창옷), 갓철대(갓양태의 테두리에 두른 테), 갓털[관모(冠毛)], 갓판(갓을 만들 때에 쓰이는 판자); 굴갓[360], 노갓, 대갓, 돈피털갓, 등갓(燈), 등피갓, 말총갓, 방갓(方), 비단갓, 삿갓[361], 손갓(손을 이맛전에 붙이는 짓), 시욱갓(담요로 만든 갓), 옷갓(와과 갓), 용수갓, 전등갓(電燈), 제량갓, 죽갓[362], 지붕갓, 초갓, 총갓/종갓, 칠갓(漆), 통영갓, 큰갓, 풀갓[초립(草笠)] 들.

갓[2] 겨자과의 두해살이 풀. 개채(芥菜). ¶갓김치, 갓나물, 갓무, 갓잎; 밑갓, 밑갓채(菜).

갓[3] '말림갓(나무나 풀을 함부로 베지 못하게 하여 가꾸는 땅이나 산)'의 준말. ¶나뭇갓, 말림갓, 멧갓(산에 있는 말림갓), 풀갓, 황장갓(黃腸;'국유림'을 달리 이르는 말) 들.

갓[4] 굴비나 고비·고사리 따위를 묶어 세는 말. 1갓은 10마리/ 모숨. ¶조기 두 갓. 고사리 세 갓.

갓[5] 몇몇 용언이나 수사에 붙어 '이제 막. 금방. 이제 겨우'의 뜻을 더하는 말. §'갓-[〈갓]'은 부사이면서 접두사로 쓰임. ¶갓 시집온 새색시. 갓 점심을 먹었다. 갓굽다, 갓나다, 갓나오다, 갓난[갓난것, 갓난아기/갓난애, 갓난아이/갓난이, 갓난쟁이], 갓맑다[363]. 갓먹다, 갓밝이[364], 갓병아리, 갓스물/서른/마흔/쉰, 갓얼음(살얼음보다 좀 두껍게 언 얼음), 갓졸업하다(卒業), 갓피다 들.

갓모 사기그릇을 만드는 물레의 밑구멍에 끼우는, 사기로 된 고리.

강– 일부 명사나 용언 앞에 붙어 '그것만으로 이루어진. 마른·물기가 없는. 억지스러운. 몹시 심한'의 뜻을 더하는 말. ¶강굴, 강기침(마른기침), 강다물다(강물다), 강다짐[365], 강담[366], 강대[367],

---

354) 값지다: 값이 많이 나갈 만한 가치가 있다. ¶집 안에 값진 것이라고는 하나도 없다. 젊음은 그 자체만으로도 값진 보석과 같다.

355) 값하다: ①그 값어치에 어울리는 일을 하다. ②그만한 값어치에 해당하다. ¶받은 훈장에 값할 만한 공을 세웠다.

356) 민값: 물건을 받기 전에 먼저 주는 물건 값. 선금(先金). ¶민값을 내다.

357) 왁댓값: 자기 아내를 다른 남자에게 빼앗기고 그 대가로 받는 돈.

358) 해웃값: 기생·창기 등과 상관하고 주는 돈.

359) 갓끈: 갓에 다는 끈. 입영(笠纓). ¶갓끈을 매다. 구슬갓끈, 대갓끈(竹), 대모갓끈(玳瑁), 방죽갓끈(연밥을 잇달아 꿰어 만든 갓끈), 연실갓끈(蓮實).

360) 굴갓: 벼슬한 중이 쓰던 갓. 대로 만들었는데 모자 위가 둥글게 되었음.

361) 삿갓: 대오리나 갈대로 거칠게 엮어서 비나 볕을 피하기 위하여 쓰는 갓.[←삿〈삳(簞;대나무 껍질이나 갈대)+갓]. ¶삿갓을 쓰다. 삿갓장이, 삿갓쟁이; 대삿갓, 늘삿갓(부들로 만든 삿갓).

362) 죽갓: ①한 죽. 곧 열 개의 갓. ②날림으로 만들어 여러 죽씩 헐값으로 파는 갓.

363) 갓맑다: 조금도 다른 것이 섞이지 아니하게 깨끗하다.

364) 갓밝이: 날이 막 밝을 무렵. 여명(黎明).

강더위, 강된장(醬), 강떼(생떼), 강똥(몹시 된 똥), 강 · 깡마르다(물기가 없이 딱딱하게 마르다. 몸에 살이 없이 바짝 마르다), 강모, 강물다(입을 굳게 다물다), 강바람(비는 몰아오지 않고 심하게 불어대는 바람), 강밥, 강받다[368], 강병(病;꾀병), 강보리밥, 강샘[369](강짜)/하다, 강서리, 강세(강샘;지나치게 시기함), 강소주(燒酒), 강수술(手術), 강술(안주 없이 마시는 술), 강엄살, 강울음(억지로 우는 울음), 강조밥, 강주정(酒酊), 강질투(嫉妬), 강짜(강다짐으로 하는 것. 강샘), 강참숯, 강추위, 강풀(물에 개지 아니한 된풀), 강피[강피밥, 강피죽(粥)] 강호령(號令), 강회(蛔), 강회(膾;미나리 · 파 따위를 데쳐 돌돌 감아 초고추장에 찍어먹는 회) 들.

강(强) '힘세다. 힘쓰다. 억지로'를 뜻하는 말.↔약(弱). 연(軟). ¶강간/죄(强姦/罪), 강간유(强肝油), 강건/체(强健/體), 강겁(强劫), 강격(强擊), 강견(强肩), 강견하다(强堅), 강견하다(强堅), 강경(强勁/硬)[강경론(論), 강경수(手), 강경증(症), 강경책(策), 강경파(强硬派), 강경하다], 강고하다(强固), 강골/한(强骨/漢), 강공/책(强攻/策), 강구(强球), 강국(强國), 강군(强軍), 강군(强群), 강궁(强弓), 강권(强勸;억지로 권함), 강권(强權;강한 힘을 가진 권력)[강권발동(發動), 강권자(者), 강권주의(主義)], 강기(强記), 강기(强起), 강기력(强記力), 강노(强弩;위력이 큰 활), 강대하다(强大), 강도(强度)[노동강도(勞動), 파괴강도(破壞)], 강도(强盜)[강도극(劇), 강도떼, 강도범(犯), 강도죄(罪), 강도질; 복면강도(覆面), 살인강도(殺人)], 강력(强力)[강력밀가루, 강력범(犯), 강력분(粉)], 강렬하다(强烈), 강린(强隣), 강립(强立), 강매(强買), 강매(强賣), 강맹하다(强猛), 강면약(强綿藥), 강모음(母音), 강박(强拍), 강박(强迫)[370], 강박하다(强薄), 강벽(强癖), 강변하다(强辯), 강변화(强變化), 강병(强兵)[부국강병(富國)], 강보합(强保合), 강사(强仕), 강산(强酸), 강산성(强酸性), 강서브(强serve), 강설(强雪;세차게 내리는 눈), 강성(强性), 강성하다(强盛), 강세(强勢), 강소풍(强素風), 강속구(强速球), 강솜약(强-藥), 강송(强送;억지로 보냄), 강쇄(强殺), 강쇠바람(첫가을에 부는 동풍)[←강소풍(强素風)]. 강슛(强shoot), 강습(强襲), 강식(强食)[약육강식(弱肉)], 강식염천(强食鹽泉), 강식하다(强識), 강신(强臣), 강심/제(强心/劑), 강심장(强心臟), 강알칼리(强alkali), 강압/적(强壓/的), 강약(强弱)[강약부동(不同), 강약부호(符號)], 강어(强圉), 강어(强禦), 강연사(强撚絲), 강열(强熱), 강염기(强鹽基), 강요(强要)[강요되다/받다/하다, 강요죄(罪)], 강용(强慂;억지로 권함), 강용하다(强勇), 강우(强雨), 강유전체(强誘電體), 강음(强音), 강음(强淫), 강음(强飮), 강인(强忍), 강인하다(强靭), 강입자(强粒子), 강잉하다(强仍), 강자(强者), 강자성(强磁性), 강작(强作), 강장/제(强壯/劑), 강장(强將), 강적(强賊), 강적(强敵), 강전(强電), 강전해질(强電解質), 강점(强占)[강점군(軍), 강점기(期), 강점되다/하다, 강점자(者), 강점지(地)], 강점(强點↔弱點), 강정제(强精劑), 강제(强制)[371], 강조(强調;강조되다/하다, 강조화(化)], 강졸(强卒), 강종(强從;마지못하여 따름), 강주(强酒), 강중증(强中症), 강직/성(强直/性), 강진/계(强震/計), 강청(强請), 강축(强縮), 강철이(强鐵), 강취(强取), 강타(强打)[강타선(線), 강타자(者)], 강탈(强奪)[강탈되다/하다, 강탈자(者), 강탈적(的)], 강팀(强team), 강펀치(强punch), 강포(强暴), 강풍(强風), 강피증(强皮症), 강하다[372], 강한하다(强悍), 강항령(强項令), 강행/법(强行/法), 강행군(强行軍), 강호(强豪), 강화(强化)[373]; 견강(堅强), 견강(牽强), 막강하다(莫强), 면강(勉强), 목강하다(木强), 보강(補强), 부강하다(富强), 설강(舌强), 역강하다(力强), 열강(列强), 웅강(雄强), 자강(自强)[자강불식(不息), 자강술(術)], 조강하다(燥强), 증강하다(增强), 척강(脊强), 최강(最强), 항강증(項强症), 호강(豪强) 들.

강(江) 넓고 길게 흐는 큰 내. ¶강 건너 불구경. 강가, 강갈래, 강겨레, 강골(강물이 흐르는 골짜기)/바람, 강골짜기, 강교(江郊), 강구(江口), 강구(江鷗), 강기슭, 강나루, 강남(江南), 강녘, 강놈, 강돌(강바닥에 있는 돌), 강두(江頭), 강둑/길, 강류(江流), 강만(江灣), 강모래, 강물[강물길, 강물소리], 강바닥, 강바람, 강반(江畔), 강배, 강버덩(강기슭에 난 버덩)강벼랑, 강변(江邊)[강변거리, 강변길, 강변도로/강변로(道路), 강변벌, 강변턱], 강북(江北), 강비탈, 강산(江山)[강산풍월(風月); 금수강산(錦繡), 만고강산(萬古)], 강상(江上), 강섬(강에 있는 섬), 강섶, 강속, 강수(江水), 강신(江神), 강심(江心;강의 한복판), 강심수(江心水), 강아래, 강안(江岸), 강안다리, 강어귀/굽이, 강언덕, 강얼음, 강여울, 강역(江域), 강운(江韻), 강월(江月;강물에 비친 달), 강자갈, 강줄기, 강천(江天), 강촌(江村), 강터, 강턱, 강펄, 강폭(江幅), 강풀(강에서 자라는 풀), 강풍(江風), 강하(江河), 강항(江港), 강해(江海), 강호(江湖;自然)[강호가(歌), 강호객(客), 강호연파(煙波), 강호지락(之

365) 강다짐: ①밥을 국이나 물에 말지 아니하고 맨밥으로 먹음. ¶강다짐으로 먹은 밥. ②보수도 주지 아니하고 우격다짐으로 남을 부림. ¶몇 해째 강다짐으로 일을 시키고 있다. ③덮어놓고 억누르고 꾸짖음. ¶강다짐으로 남을 윽박지르다.

366) 강담: 흙을 쓰지 않고 돌로만 쌓은 담.

367) 강대: 선 채로 말라서 죽은 나무. 강대나무.

368) 강밭다: 몹시 야박하고 인색하다. ¶강밭은 사람. 매사에 강밭기로 이름난 구두쇠.

369) 강샘: 상대되는 이성(異性)이 다른 이성과 좋아함을 미워하는 샘. 질투(嫉妬).

370) 강박(强迫): 남의 뜻을 무리하게 내리누르거나 자기 뜻에 억지로 따르게 함. ¶언제 소집이 될지 모르는 강박에 쫓기고 있다. 강박감(感), 강박관념(觀念), 강박반응(反應), 강박사고(思考), 강박상태(狀態), 강박적(的), 강박충동(衝動), 강박행위(行爲).

371) 강제(强制): 권력이나 위력(威力)으로 남의 자유의사를 억눌러 원하지 않는 일을 억지로 시킴.↔임의(任意). ¶강제로 일을 시키다. 강제가격(價格), 강제감사(監査), 강제격리(隔離), 강제경매(競賣), 강제경제(經濟), 강제공랭(空冷), 강제공채(公債), 강제공출(供出), 강제관리(管理), 강제권(權), 강제규범(規範), 강제노동(勞動), 강제대류(對流), 강제되다/하다, 강제력(力), 강제매매(賣買), 강제벌(罰), 강제변호(辯護), 강제보험(保險), 강제선거(選擧), 강제소각(消却), 강제소개(疏開), 강제송환(送還), 강제수단(手段), 강제수사(搜査), 강제수용/소(收容/所), 강제순환(循環), 강제예산(豫算), 강제이민(移民), 강제이행(履行), 강제인지(認知), 강제임용(任用), 강제저축(貯蓄), 강제적(的), 강제절차(節次), 강제조정(調整), 강제조차(租借), 강제조합(組合), 강제중재(仲裁), 강제지출(支出), 강제진단(診斷), 강제진동(振動), 강제집행(執行), 강제징병(徵兵), 강제징수(徵收), 강제징용(徵用), 강제차환(借換), 강제착륙(着陸), 강제처분(處分), 강제철거(撤去), 강제체형(體刑), 강제통화(通貨), 강제투표(投票), 강제해산(解散), 강제화의(和議), 강제흡연(吸煙;간접흡연); 설립강제(設立).

372) 강하다(强): 물리적인 힘이 세다. 기력 · 세력 따위가 세다. 힘있다.↔약하다(弱). ¶강한 손힘. 체력을 강하게 하다. 우리 가족은 결속력이 강하다. 추위에 견디는 힘이 강하다.

373) 강화(强化): 강화목(木), 강화미(米), 강화식품(食品), 강화우유(牛乳), 강화유리(琉璃), 강화작용(作用).

樂), 강호파(派)]; 격강(隔江), 대강(大江), 도강(渡江), 방강(防江; 둑), 삼각강(三角江), 샛강, 소강(溯江), 쌍둥이강(雙江), 연강(沿江), 월강(越江), 장강(長江), 청강(淸江), 추강(秋江), 탁강(濁江), 투강(投江); 삼각강(三角江)[374], 낙동강/ 대동강/ 한강 들.

강(講) 배운 글을 스승이나 윗사람 앞에서 외는 일. '풀이/설명하다. 익히다. 꾀하다. 화해하다'를 뜻하는 말. ¶강을 받다. 강경(講經), 강관(講官), 강구(講究), 강단(講壇)[강단문학(文學), 강단비평(批評)], 강담(講談), 강당(講堂)[대강당(大), 소강당(小)], 강대(講臺), 강도/상(講道/床), 강독(講讀), 강론(講論), 강마(講磨), 강목(講目), 강무(講武), 강미(講米)[강밋돈(강미 대신으로 내는 돈)], 강사(講士), 강사(講師)[강사진(陣); 시간강사(時間)], 강생(講生), 강서(講書), 강석(講席), 강석(講釋), 강설(講說), 강성(講聲), 강송(講誦), 강술(講述), 강습(講習)[강습료(料), 강습생(生), 강습회(會)], 강연/회(講演/會), 강연(講筵), 강원(講院), 강의(講義)[강의록(錄), 강의실(室); 명강의(名), 임상강의(臨床)], 강좌(講座), 강평/회(講評/會), 강해(講解), 강화(講和)[375], 강화(講話); 개강(開講), 결강(缺講), 논강(論講), 대강(代講), 도강(都講), 도강(盜講), 면강(面講), 명강(名講), 배강(背講), 법강(法講), 별강(別講), 보강(補講), 석강(夕講), 속강(續講), 수강(受講), 순강(巡講), 순강(順講), 시강(侍講), 열강(熱講), 영대강(永代講), 웅강(雄講), 윤강(輪講), 조강(朝講), 종강(終講), 진강(進講), 청강(聽講), 출강(出講), 특강(特講), 폐강(閉講), 학례강(學禮講), 회강(會講), 휴강(休講) 들.

강(降) '내리다. 내려오다'를 뜻하는 말.↔승(昇). ¶강계(降階;벼슬의 품계를 낮춤), 강등(降等;등급이나 계급이 내려감), 강령(降靈;신의 영이 인간에 내림), 강림(降臨;신이 하늘에서 인간 세상으로 내려옴), 강멱(降冪), 강복(降服), 강복(降福), 강상(降霜), 강생(降生;降誕), 강설(降雪)[강설량(量); 인공강설(人工)], 강세(降世), 강쇄(降殺;등급을 깎아내려 낮추는 것), 강쇠(降衰;차차 쇠하여 감), 강수(降水)[376], 강신(降神)[강신론(論), 강신술(術)], 강압(降壓;전압을 낮춤), 강우(降雨)[강우기(期), 강우띠, 강우량(量); 인공강우(人工降雨)], 강잉(降孕;성자가 마리아의 뱃속에 잉태됨), 강자(降資;降階), 강지(降旨;敎旨를 내림), 강직(降職↔陞職), 강착(降着;着陸), 강탄(降誕;거룩한 분이 태어남), 강하(降下)[강하식(式), 강하하다; 급강하(急), 분자강하(分子)], 강하어(降河魚↔溯河魚), 강혼(降婚↔仰婚), 강화(降火;몸 안의 열기를 풀어냄), 강화(降話;한울님이 세상 사람들에게 내리는 말씀)];복불재강(服不再降), 상강(霜降), 승강(昇降), 승강(乘降), 역강(歷降), 이강(以降), 적강(謫降), 점강법(漸降法), 척강(陟降), 침강(沈降), 탄강(誕降), 폄강(貶降), 하강/기류(下降/氣流), 혼승백강(魂昇魄降), 활강(滑降). §'항복하다'의 뜻으로는 [항]으로 읽힘. 항복(降服), 투항(投降).

374) 삼각강(三角江): 침식되어 나팔 모양으로 벌어진 강어귀.

375) 강화(講和): 싸우던 두 편이 싸움을 그치고 평화로운 상태가 됨. ¶강화담판(談判), 강화예비조약(豫備條約), 강화조건(條件), 강화조약(條約), 강화하다, 강화회의(會議); 다수강화(多數), 단독강화(單獨), 전면강화(全面).

376) 강수(降水): 비, 눈, 우박, 안개 따위로 지상에 내린 물. ¶강수계(計), 강수공전(空電), 강수량(量), 강수물리학(物理學), 강수예보(豫報), 강수운(雲), 강수일/수(日/數), 강수전기(電氣), 강수전류(電流), 강수효과(效果), 강수효율(效率).

강(鋼) '단단한 쇠'를 뜻하는 말. ¶강괴(鋼塊), 강금(鋼琴;피아노), 강선(鋼船), 강선/포(鋼線/砲), 강옥(鋼玉), 강재(鋼材), 강재(鋼滓), 강철(鋼鐵)[강철선(線), 강철판(板), 강철함(艦)], 강청색(鋼靑色), 강판(鋼版), 강판(鋼板), 강필(鋼筆); 경강(硬鋼), 고속도강(高速度鋼), 단강(鍛鋼), 망간강(Mangan鋼), 봉강(棒鋼), 불수강(不銹鋼), 선강(銑鋼), 스테인리스강, 연강(軟鋼), 연강(鍊鋼;불린 강철), 자석강(磁石鋼), 정강(精鋼), 제강(製鋼), 조강(條鋼), 조강(粗鋼), 주강(鑄鋼), 질화강(窒化鋼), 철강(鐵鋼), 쾌삭강(快削鋼), 탄소강(炭素鋼), 특수강(特殊鋼), 평로강(平爐鋼), 합금강(合金鋼), 형강(形鋼), 환강(丸鋼) 들.

강(剛) '굳세다. 억세다'를 뜻하는 말.↔유(柔). ¶강강하다(剛剛;마음이나 기력이 아주 단단하다. 빳빳하다. 목소리가 날카롭다), 강건하다(剛蹇), 강건하다(剛健), 강경하다(剛勁), 강과하다(剛果), 강기(剛氣), 강단(剛斷;굳세고 꿋꿋하여 견디어 내는 힘)[강단성(性), 강단지다], 강담(剛膽), 강도(剛度), 강명하다(剛明), 강모(剛毛), 강병(剛兵), 강성(剛性), 강용(剛勇), 강유(剛柔), 강의(剛毅), 강지(剛志), 강직하다(剛直;마음이 꼿꼿하고 곧다), 강체/진자(剛體/振子), 강퍅하다(剛愎), 강하다[377], 강한(剛悍), 강회(剛灰); 건강(健剛), 금강(金剛)[금강경(經), 금강계(界), 금강신(神), 금강심(心)], 금강석(金剛石), 내강(內剛), 외강내유(外剛內柔), 외유내강(外柔內剛), 용강(勇剛), 지강(至剛), 청강석(靑剛石), 태강즉절(太剛則折), 평로강(平爐鋼) 들.

강(綱) ①벼리. 대강. 다스리다'를 뜻하는 말. ¶강기/숙정(綱紀/肅正), 강령(綱領)[378], 강목(綱目;사물의 대략적인 줄거리), 강상(綱常;사람이 지켜야 할 도리)[강상죄/인(罪/人), 강상지변(之變); 부식강상(扶植)], 강요(綱要); 기강(紀綱), 대강(大綱), 법강(法綱), 삼강오륜(三綱五倫), 요강(要綱), 정강(政綱). ②생물 분류상의 한 단계로, 문(門)의 아래 목(目)의 위. ¶강목(綱目;사물을 분류 정리하는 큰 단위와 작은 단위); 아강(亞綱), 짐승강.

강(腔) 몸 안의 빈 곳. '비다. 텅 빈'을 뜻하는 말. ¶강선(腔線), 강장/동물(腔腸/動物); 골강(骨腔), 관절강(關節腔), 구강(口腔), 난할강(卵割腔), 내강(內腔), 뇌강(腦腔), 늑막강(肋膜腔), 만강(滿腔), 배설강(排泄腔), 복강(腹腔), 부비강(副鼻腔), 분열강(分裂腔), 비강(鼻腔), 수강(髓腔), 심막강(心膜腔), 외투강(外套腔), 인후강(咽喉腔), 체강(體腔), 치강(齒腔), 포강(砲腔), 할강(割腔), 흉강(胸腔) 들.

강(康) '편안하다. 몸 건강하다'를 뜻하는 말. ¶강건하다(康健), 강구(康衢), 강구연월(康衢煙月;태평스러운 시대), 강녕하다(康寧), 강복하다(康福;편안하고 행복하다), 강왕하다(康旺); 건강(健康), 만강하다(萬康), 소강(小康), 소강상태(小康狀態), 안강(安康), 평강(平康) 들.

377) 강하다(剛): ①성격이 곧고 단단하다. 지조 따위가 굳다. ¶겉보기보다 성격이 강한 편이다. ②물질 따위가 억세고 단단하다. ¶쇠가 너무 강하면 부러진다.

378) 강령(綱領): ①일의 근본이 되는 큰 줄거리. ¶일을 시작함에 있어서는 우선 강령을 세우고 그에 따라 세부 지침을 정해야 한다. ②정당이나 사회단체의 기본 입장이나 방침, 운동 규범 따위를 열거한 것. ¶행동강령. 대강령(大).

ㄱ

강(疆) '경계(境界). 변방(邊方)'을 뜻하는 말. ¶강경(疆境), 강계(疆界), 강역(疆域), 강토(疆土); 무강(無疆)[만세무강(萬世), 만수무강(萬壽), 성수무강(聖壽)], 방강(邦疆), 변강(邊疆), 봉강(封疆), 출강(出疆) 들.

강(薑) '생강·생강의 뿌리'를 뜻하는 말. ¶강병(薑餠), 강분/죽(薑粉/粥), 강염(薑鹽), 강주(薑酒), 강즙(薑汁), 강판(薑板), 강황(薑黃), 강황지(薑黃紙); 건강(乾薑), 모강(母薑), 생강(生薑)[379], 연강(軟薑), 편강(片薑) 들.

강(絳) '붉다'를 뜻하는 말. ¶강사포(絳紗袍), 강홍(絳紅;동유(銅釉)가 환원된 본디의 새빨간 빛깔), 강홍(絳虹;붉은 무지개) 들.

강(僵) '쓰러지다'를 뜻하는 말. ¶강립하다(僵立;꿋꿋하게 서다), 강발(僵拔;나무가 쓰러져 뿌리가 뽑힘), 강시(僵/殭屍;얼어 죽은 송장) 들.

강(慷) '의기가 북받치어 한탄하고 분개함'을 뜻하는 말. ¶강개(慷慨), 강개무량(無量), 강개지사(慷慨之士), 강개청직(慷慨淸直), 강개하다; 비분강개(悲憤慷慨) 들.

강(杠) '깃대'를 뜻하는 말. ¶강수(杠首;깃대의 꼭대기); 장강/목(長杠/木;길고 굵은 멜대).

강(襁) '어린애를 업을 때 두르는 보(포대기)'를 뜻하는 말. ¶강보/유아(襁褓/幼兒) 들.

강(糠) '겨'를 뜻하는 말. ¶강죽(糠粥); 비강(粃糠), 조강(糟糠), 조강지처(糟糠之妻) 들.

강(殭) '굳어지다'를 뜻하는 말. ¶강시(殭尸), 강잠(殭蠶); 갈강병(褐殭病) 들.

강강-술래 정월 대보름날이나 팔월 한가위에 남부 지방에서 행하는 민속놀이.

강고도리 물치(다랑엇과에 딸린 바닷물고기)의 살을 오이 모양으로 뭉쳐서 말린 식료품.

강구(다) 잘 들으려고 귀를 기울이다. ¶모두가 두리번거리며 귀를 강구었다. 강구어듣다(무엇을 주의하여 듣다).

강굴강굴 고불고불하게 감겨 있는 모양. ¶강굴강굴 감긴 양털. 잎사귀가 강굴강굴 말리다.

강냉이 옥수수. ¶강냉이를 튀기다. 강냉이국수, 강냉이떡, 강냉이묵, 강냉이밥, 강냉이알, 강냉이엿, 강냉이자루, 강냉이죽(粥) 들.

강다리¹ ①물건을 버틸 때 어긋맞게 괴는 나무. 〈준〉강달. ¶강다리를 괴다. ②도리 바깥쪽으로 내민 추녀 끝의 처짐을 막기 위해 추녀의 안쪽 위 끝에 비녀장을 하는 나무.

강다리² 쪼갠 장작을 묶어 세는 말. 한 강다리는 100개비. ¶장작 다섯 강다리.

강-대 ①어린 나뭇가지와 뿌리를 잘라 버린 밋밋한 낙엽송 따위의 나무. ②선 채로 껍질이 벗겨져 말라 죽은 나무. 강대나무. ¶산마루에 오르자 군데군데 강대나무가 허옇게 서 있는 것이 보였다. 강대나무통/강대통(筒), 강대밭, 강대잎(강대나무에 붙어 있는 잎).

강동¹ 조금 짧은 다리로 가볍게 뛰는 모양. 침착하지 못하고 치신없이 경솔하게 행동하는 모양. 〈큰〉겅둥. 강둥. 〈센〉깡동. 깡둥. 깡똥. 껑뚱. 강똥. 강뚱. ¶냇물을 강동 뛰어넘다. 강동거리다/대다, 강동강동/하다, 깡동치마(짧은 치마).[+뛰다].

강동² ①겉에 입은 것이 아주 짧은 모양. ¶치마가 강둥 올라갔다. 강동·겅둥하다, 깡동치마, 강동하다. ②짤막한 것이 아주 짧게 끊어진듯하게. ¶머리를 강둥 묶다. 〈센〉깡동. 깡똥. 껑둥. 껑뚱. 〈큰·거〉강둥. 겅둥. 겅충[380].

강목 광석을 캘 때, 감돌이 나오지 아니하여 소득이 없는 일. 성과 없이 한 헛수고.=허탕. ¶강목을 치다(소득이 없이 허탕을 치다). 강목다짐(우격다짐); 날강목치다[381].

강장 다리를 모으고 가볍게 내뛰는 모양. 〈큰〉겅정. 〈센〉깡짱. 껑쩡. 깡쫑. 〈큰·센〉깡장. 〈거·센〉깡창. 껑청[382]. ¶개울을 강장 뛰어 건너다. 강장·깡장·깡창·겅정·껑정·겅중·껑청거리다/대다. 강중[383], 깡창깡창·껑청껑청/하다, 깡충깡충·껑충껑충/하다.

강정 찹쌀가루를 술로 반죽하여 썰어 말렸다가 기름에 튀겨 꿀과 고물을 묻힌 과자. 깨·콩 따위를 물엿에 버무려 만든 과자.≒약과(藥果). ¶강정밥, 강정속; 계피강정(桂皮), 깨강정, 밥풀강정, 방울강정, 비자강정(榧子), 세반강정(細飯), 송화강정(松花), 승검초강정, 실패강정(실패 모양으로 가운데를 잘록하게 만든 강정), 쌀강정, 잣강정, 지마강정(芝麻;참깨와 검은깨로 만든 강정), 콩강정, 호두강정, 홍강정(紅) 들.

강충이 매미와 비슷한 매우 작은 강충잇과의 곤충.

강치 강칫과의 바다 짐승. 해룡(海龍). 독도에 서식했으나 20세기 초중엽 일본인들의 잔인한 불법 남획으로 멸종되었음.

강태 귀밀, 수수와 같은 낟알을 껍질째로 갈거나 빻은 가루. ¶강태로 겨우 입에 풀칠이나 하는 형편. 강태죽(粥;강태로 쑨 죽).

강파르(다) ①몸이 야위고 파리하다. ②성질이 까다롭고 괴팍하다.=강팔지다[384]. ¶성미가 강파르다. ③인정이 메마르고 야박하다. ¶강파른 사회. 인심이 자꾸 강팔라 간다. ④몹시 가파르다. ¶강파르게 솟은 바위. 강파른 오솔길. 강파롭다[385], 강파리하다[386].

379) 생강(生薑): 생강나무, 생강단자, 생강뿔((생강 뿌리의 뿌다구니. 두 개가 모두 짧게 난 소의 뿔), 생강엿, 생강장아찌, 생강정과(正果), 생강주(酒), 생쪽매듭(생강쪽처럼 생긴 매듭), 생강차(茶), 생강초(醋), 생강편.

380) 겅충: ①겉에 입은 것이 아랫도리가 드러날 정도로 짧은 모양. ②매우 짤막한 것이 크게 툭 끊어진 듯한 모양. ¶겅충 짧은 치마.

381) 날강목치다: 광물을 캤으나 얻는 것이 없이 땅만 파다. 헛수고만 하다.

382) 껑청: ①긴 다리로 힘차게 내뛰는 모양. ②키가 크면서 다리가 멋없이 긴 모양.

383) 강중: 짧은 다리를 모으고 힘 있게 솟구쳐 뛰는 모양. 〈작〉강종. 〈큰〉겅중/껑쭝. 〈거〉강충/겅충. 〈센〉깡쫑. 〈거·센〉깡충. 〈큰·센·거〉껑충. [+뛰다].

384) 강팔지다: 성미가 까다롭고 너그럽지 못하다. ¶강팔진 성격.

385) 강파롭다: 꽤 강파른 데가 있다.

갖(다)[1] '가지다'의 준말. ¶가정을 갖다. 자신을 갖고 대답하다. 책을 갖다(가지어다가) 다오. 가진 돈. 가진 책.

갖(다)[2] 고루고루 다 있다. 완비하다(完備). ¶갖은[387], 갖추[388], 갖추다[389], 갖춘꽃, 갖춘마디, 갖춘마침, 갖춘잎, 갖춘탈바꿈, 갖춤새; 말갖춤, 맞갖다[390], 몸갖춤/새, 못갖춘마디, 못갖춘마침, 셋갖춤, 안갖춘꽃, 안갖춘잎, 안갖춘탈바꿈, 올목갖다(이것저것 고루고루 다 갖추고 있다). ☞ 구(具).

갖바리 뿌리가 서너 대 벌어져 난 산삼. 또는 그것을 세는 단위. ¶세 갖바리.

같(다) ①다르지 아니하다. 닮아서 비슷하다. 변동이나 변화가 없다. 추측이나 불확실한 단정을 나타내는 말.≒비슷하다. 닮다. 고르다.↔다르다. ¶형과 아우의 얼굴이 같다. 비가 올 것 같다. 같아지다(동화되다), 같으니라고/같으니[391], 같은값이면, 같은또래(수준이나 나이 따위가 거의 비슷한 무리), 같은자리, 같음표(標)[등호(等號)], 같이[392], 같이가기, 같이하다(함께하다), 같잖다[393], 같지다[394]; 똑같다/같이. ②'-같(다)'의 꼴로, 일부 명사나 명사성 어근 뒤에 붙어 '그 특정의 성질 또는 상태'를 나타내는 형용사를 파생시키는 말. ¶가납사니같다, 감쪽같다, 감태같다[395], 개좆같다, 개코같다, 굴왕신같다, 귀신같다(鬼神), 깨알같다, 끌날같다, 다락같다, 대쪽같다, 댕돌같다, 둥덩산같다(山;많이 쌓여 수북하다. 몹시 불룩하다), 득달같다[396], 득돌같다[397], 떡두꺼비같다[398], 뚱딴지같다, 라이터돌같다, 밤톨같다, 무쪽같다, 바둑판같다(板), 박속같다, 번개같다, 벼락같다, 벽력같다(霹靂), 분통같다(粉桶), 불같다, 불찌같다, 생때같다, 생뚱같다, 성화같다(星火), 신청부같다, 실낱같다, 쏜살같다, 악착·억척같다, 알토란같다(土卵), 옴포동이같다, 왕청같다, 장승같다, 전반같다, 주옥같다(珠玉), 쥐뿔같다, 쥐좆같다, 차돌같다, 찰떡같다, 철벽같다, 철석같다(鐵石), 철통같다(鐵桶), 철화같다, 추상같다(秋霜), 하나같다, 한결같다. ☞ 여(如).

갚(다) 다른 사람에게서 꾼 돈이나 빌린 물건을 시간이 지난 뒤에 도로 내주다. 주어야 할 돈이나 값을 주다(≒물다[2].↔꾸다). 은혜에 보답하거나 원한에 대하여 그에 상당하는 짓을 하다. ¶외상값을/ 빚을 갚다. 나라의 원수를 갚다. 은혜를 갚다. 되로 주고 말로 갚다. 갚음[갚음하다; 대갚음(對)[399], 보갚음(앙갚품), 안갚음[400], 앙갚음[401], 품갚음[402]]; 되갚다 들.

개[1] 강이나 내에 바닷물이 드나드는 곳. ¶재 넘고 개 건너 잘도 간다. 갯가, 갯가재, 갯것(바닷물이 드나드는 곳에서 나는 물건), 개고(갯바닥에 낸 물꼬), 갯고랑/갯골, 갯고둥, 갯고랑, 개골창[403], 개꾼(갯벌에서 조개, 낙지 따위를 잡는 일을 하는 사람), 갯내, 갯냄새, 갯논, 갯놈(갯사람), 갯다슬기, 갯대, 개도랑, 갯돌[404], 갯둑, 개땅(바닷물이 드나드는 땅. 갯벌), 개랑(매우 좁고 얕은 개울), 갯마을, 개막은땅(간석지), 개막이[405], 갯머리(바닷물이 드나드는 곳의 가장자리), 개무지[406], 갯물, 갯바닥[갯바닥논, 갯바닥파기, 갯바닥흙], 갯바람, 갯바위/낚시, 개바자(갯버들의 가지로 엮어 만든 바자), 갯밭, 갯버들, 갯벌[407], 갯보리, 개부심[408]/하다, 갯비나리, 갯비린내, 갯사람(갯놈), 갯산호(珊瑚), 갯솜(해면)[갯솜동물(動物), 갯솜조직(組織), 갯솜질, 갯솜체(體)], 갯싸리, 개어귀[409](강어귀), 개언덕(갯가의 언덕), 갯일, 개자리[410], 개자리지다[411], 갯잔디, 갯장어(長魚), 갯지네, 갯지렁이, 갯질경이, 개천[412][사복개천[413]], 개펄[414], 개포(圃;강이나 개울가에 펄

---

386) 강파리하다: ①몸이 야위고 파리한 듯하다. ②성질이 까다롭고 괴팍한 듯하다.

387) 갖은: '고루 다 갖춘. 온갖. 가지가지의'를 뜻하는 관형사. ¶갖은 욕설을 퍼붓다. 갖은 방법을 다 쓰다. 갖은것(빠짐없이 골고루 갖춘 것), 갖은고생(苦生), 갖은꽃(갖춘꽃), 갖은떡, 갖은부담(負擔), 갖은삼거리, 갖은삼포(三包), 갖은색떡(色), 갖은소리(온갖 소리), 갖은시루떡, 갖은안장(鞍裝), 갖은양념, 갖은자(字), 갖은폿집(包).

388) 갖추: 고루 다 갖추어. 빠짐없이 갖추어. ¶갖추 장만하다. 음식을 갖추 차리다. 갖추갖추(골고루 갖게. 골고루 갖추어. 여럿이 모두 있는 대로), 갖추쓰다(글자의 획을 빼지 않고 바르게 쓰다. 여러 가지를 빼지 않고 쓰다).

389) 갖추다: 쓰임에 따라 필요한 여러 가지를 골고루 준비하거나 지니다. ¶여장(旅裝)을 갖추다. 필요한 서류를 갖추어 신청을 하다. 실력을 갖추다. 갖추매(갖추거나 마련한 모양새나 차림), 갖춤새.

390) 맞갖다: 마음이나 입맛에 바로 맞다. ¶맞갖은 음식.

391) 같으니라고: 혼자말투로 남을 욕하거나 손아랫사람을 꾸짖거나 핀잔을 주거나 놀리는 뜻으로 명사에 붙여 쓰는 말. 〈준〉같으니. ¶나쁜 놈같으니라고. 실없는 사람같으니라고.

392) 같이: ①'똑같게. 함께'를 뜻하는 부사. ¶이것과 같이 했다. 나와 같이 가자. ②명사·대명사에 붙어서 '그 정도로'의 뜻을 나타내는 비교 부사격 조사. ¶눈같이 희다. 살같이 빠르다. 요·이같이. ③때를 나타내는 일부 명사 뒤에 붙어, 그 시간성을 강조하는 뜻을 나타냄. ¶새벽같이 떠나다.

393) 같잖다: ≒건방지다. 못마땅하다. 우습다. 엉성하다. 되잖다.

394) 같지다: 씨름에서 겨루던 선수가 같이 넘어지다.

395) 감태같다: 머리털이 까맣고 윤기가 있다.

396) 득달같다: 잠시도 미루거나 머뭇거리지 않다.

397) 득돌같다: 마음먹고 있는 것과 같이 뜻에 꼭꼭 잘 맞다.

398) 떡두꺼비같다: 아기가 보기에 탐스럽고 희며 실팍하게 생기다.

399) 대갚음(對): 자기가 입은 은혜나 원한을 그만큼 갚음. ¶옛날에 수모당한 대갚음을 오늘에 하다.

400) 안갚음: ①까마귀 새끼가 자라서 늙은 어미에게 먹이를 물어다 줌. 자식이 커서 부모를 봉양함. 반포(反哺). ¶안갚음하는 것은 자식의 도리이다.

401) 앙갚음: 남이 저에게 해를 준 대로 저도 그에게 해를 주는 일.=보갚음. ¶모욕당한 일을 앙갚음하다. 앙갚음을 당하다.

402) 품갚음: 남에게 도움을 받은 것을 그대로 갚음.

403) 개골창: 수채물이 흐르는 작은 도랑.=구거(溝渠). ¶개골창에 내동댕이치다.

404) 갯돌: ①재래종의 벌통 밑을 받치는 돌. ②개천에 있는 큼직한 둥근 돌.

405) 개막이: 개에 어살을 박고 울타리처럼 그물을 쳐 두어 밀물 때 들어온 고기를 썰물 때 잡는 일. 또는 그런 때에 사용하는 그물.

406) 개무지: 밀물이 들기 전에 그물을 쳐 두었다가 썰물이 나갈 때 고기가 걸리도록 하는 고기잡이 방법.=개막이, 개매기.

407) 갯벌: 바닷물이 드나드는 모래톱이나 그 주변의 넓은 땅. ¶갯벌에 나가 조개도 주었다. 갯벌장(場), 갯벌투성이(갯일을 업으로 하는 사람).

408) 개부심: 장마로 큰물이 난 뒤, 한동안 멎었다가 다시 비가 내려 명개를 부시어 냄. 또는 그 비.[←명개+부시(다)+ㅁ].

409) 개어귀: 강물이나 냇물이 호수나 바다로 들어가는 어귀.

410) 개자리: ①불기를 빨아들이고 연기를 머무르게 하려고 구들 윗목 속에 깊이 판 고랑. ②과녁 앞에 파 놓은 구덩이. ③강이나 내 바닥에 갑자기 푹 패어 들어가 깊어진 곳.

411) 개자리지다: 모를 낼 때, 한쪽은 성기게 심어지고, 한쪽은 배게 심어져 층이 지다.

412) 개천(川): ①개골창 물이 흘러가도록 길게 판 내. ②시내보다 크고, 강보다는 조금 작은 물줄기. ¶개천에서 용 난다(변변치 못한 환경에서 훌륭한 인물이 난다). 개천가; 실개천.

413) 사복개천(司僕-川): '더러운 개천'이란, 뜻으로 욕지거리나 상말을 마구

쳐진 밭), 개풀(갯가에 난 풀), 개흙, 갬[415]; 굴개(窟)[416], 먼개(썰물 때 멀리까지 드러나는 갯벌), 명개[417], 터진개(강 따위에 트여 있는 개천) 들.

개[2] 꿀벌이 그 유충을 기르거나 꽃꿀, 꽃가루 따위를 저장하기 위하여 만든 벌집. ¶개꿀(벌통에서 떠낸, 벌집에 들어 있는 상태의 꿀).

개[3] 윷놀이에서, 윷짝의 두 개는 엎어지고 두 개는 잦혀진 때의 이름.

개:[4] 갯과의 짐승. ¶이 개는 집을 잘 지킨다. 개같이 벌어서 정승처럼 쓴다. 그 사람은 술에 취하면 개가 된다. 개 머루 먹듯[418]. 개가죽, 갯값(아주 싼 값. 똥값), 개고기[1](개의 고기), 개구멍[개구멍바지, 개구멍받이[419], 개구멍서방], 개귀쌈지, 개꼬리/비, 개날[술일(戌日)], 개다리[420], 개독(毒), 개돼지, 개떼, 개똥(개의 똥. 엉터리)[421], 개띠(개해에 난 사람의 띠), 개머리(총의 아랫부분)[개머리쇠, 개머리판(板); 총개머리(銃)], 개발[개발사슴(발이 개의 발처럼 생긴 큰 고라니), 개발코(뭉툭하게 생긴 코)], 개밥, 개밥바라기[샛별. 금성(金星)], 개백장/백정(白丁), 개벼룩, 개보름쇠기, 개뼈다귀, 개사냥/하다, 개새끼(강아지), 개소주(燒酒), 개승냥이(늑대), 개싸움, 개씨바리(←개씹앓이;결막염), 개씹단추, 개씹머리(소의 양에 붙은 고기), 개씹옹두리(소의 옹두리뼈), 강아지[강아지풀; 검정강아지, 바둑강아지, 발탄강아지[422], 불강아지[423], 수캉아지, 쌀강아지[424], 암캉아지, 재강아지, 하룻강아지], 개잘량(개가죽), 개잠, 개장/개장국(醬), 개장수, 개조심(操心), 개죽(粥), 개줄, 개질(개짓)/하다, 개집, 개찜, 개차반[425], 개촌충(寸蟲), 개코[1](개의 코), 개털/니, 개파리[426], 개해[술년(戌年)], 개헤엄, 개호주(범의 새끼), 개흘레[427]; 검둥개, 고리개(고리눈을 가진 개), 누렁개, 더펄개(긴 털이 나서 더부룩한 개), 도둑개(주인 없이 떠돌아다니며 몰래 음식을 훔쳐 먹는 개), 둘암캐, 두절개[428], 들개, 땅개(키가 몹시 작은 개), 똥개, 멍멍개, 물개, 미친개, 바닷개, 북슬개, 불개[429], 사냥개, 삽살개, 상갓집개(喪家;주인 없는 개), 센개(털빛이 흰 개), 수캐, 쌀강아지(털이 짧은 강아지), 쌀개(털이 짧고 함함한 개), 암캐, 요개[430], 우주개(宇宙), 진돗개(珍島), 토종개(土鐘), 풍산개(豐山), 호박개[431]. ☞ 견(犬).

개– 일부 명사 앞에 붙어 '야생(野生)의. 참 것이 아닌. 변변하지 못한. 헛된. 이치에 맞지 않거나 더러운'을 뜻하는 말. '들-, 돌-, 뫼-'와 같이 동식물 이름에 덧붙음. §'개울[포(浦)], 개굴창(도랑)'에서 '자연 상태로 자라는 식물'이나, 개[구(狗)]의 '막된 행동. 매우 만족스럽지 못하거나 자신의 인격을 돌보지 않음'을 비유한 말. ¶개가시나무, 개갈퀴, 갯값(형편없이 헐한 값), 개고사리, 개고기[2](막된 사람), 개고생(苦生), 개골(공연스레 내는 성), 개곽향(藿香), 개구릿대, 개귀쌈지, 개기름, 개기장(볏과의 한해살이풀), 개꼴(체면이 엉망이 된 꼬락서니), 개꽃, 개꿀, 개꿈, 개꿩, 개나래새, 개나리, 개나무좀, 개나발(喇叭;사리에 맞지 아니하는 헛소리), 개노릇, 개놈, 개느삼, 개다래, 갯다슬기, 개다시마, 개대황, 개동백, 개두릅, 개들쭉, 개딸년(행실이 못된 여자), 개떡/같다, 개떡갈나무, 개떼, 개마디풀, 개망나니, 개망신(亡身), 개망초, 개맥문동(麥門冬), 개맨드라미, 개머루, 개머위, 개먹, 개면마(綿馬), 개모시풀, 개묵새, 개물통이, 개물푸레나무, 개미나리, 개밀, 개박달나무, 개박하, 개방귀, 개백당나무, 개버들, 개버무리, 개버찌나무, 개벚나무, 개별꽃, 개병풍(屛風), 갯보리, 개복(福), 개복숭아, 개복치, 개볼락, 개불(개불과의 환형동물), 개불상놈(常), 개불알/꽃, 개비름, 개뿔[432], 개비자나무, 개사망[433], 개사철쑥, 개산초(山椒), 개삼, 개살구, 개상(床), 개상사화(相思花), 개상어, 개새끼(행동이나 됨됨이가 나쁜 사람), 개서대, 개서어나무, 개석송(石松), 개선갈퀴, 개소경, 개소리(당치 않은 소리나 쓸데없는 말), 개소리괴소리(아무렇게나 지껄이는 말), 개속새, 개솔나물, 개솔새, 개쇠뜨기, 개쇠스랑개비, 개쉽싸리, 개수리취, 개수양버들, 개수염(鬚髥), 개수작(酬酌)[434], 개승마(升麼), 개시호(柴胡), 개싱아, 갯싸리, 개쑥갓, 개쑥부쟁이, 개씀바귀, 개아그배나무, 개아들, 개아마, 개양귀비(楊貴妃), 개억새, 개여뀌, 개연꽃, 개염주나무(念珠), 개오동나무(梧桐), 개오미자(五味子), 개옥잠화(玉簪花), 개옻나무, 개이파리, 개잠, 개잡년(雜), 개잡놈(雜), 개제비난(蘭), 개족두리개풀, 개종용, 개좆같다/같이, 개좆부리/개좆불(감기), 개죽음, 개지네, 개지랄(남이 하는 미운 짓), 개지치, 개질, 개질경이, 개짐승(언행이 안 좋은 사람), 개짓(못된 행동), 개짓거리, 개차조기, 개취, 개코[2][435][개코같다, 개코망신(亡身;아주 큰 망신), 개코쥐코[436]], 개통발, 개판(무질서하고 난잡한 상태), 개피,

---

하는 입이 더러운 사람을 뜻함. ¶당신의 입은 사복개천이야.

414) 개펄: 갯가의 개흙이 깔린 벌판. 간석지(干潟地). 〈준〉펄. ¶썰물 때는 개펄이 드러나 뭍과 섬을 잇기도 한다.

415) 갬: 개펄에서 흙에 돋은 소금.

416) 굴개(窟): 썩은 물속에 처져 가라앉은 개흙.

417) 명개: 갯가나 흙탕물이 지나간 자리에 앉은 검고 보드라운 흙.

418) 개 머루 먹듯: ①뜻도 모르면서 아는 체함. ②내용이 틀리거나 말거나 건성건성 일을 해치움.

419) 개구멍받이: 울타리 밑 개구멍으로 버려진 것을 거두어 기른 아이.

420) 개다리: 개다리상제(喪制;예절에 어긋나는 행동을 하는 상제), 개다리소반(小盤), 개다리질, 개다리참봉(參奉;돈으로 참봉 벼슬을 사서 거드름을 피우는 사람), 개다리출신(出身;총 쏘는 기술로 무과에 급제한 사람).

421) 개똥: 개똥갈이, 개똥같다, 개똥밭, 개똥벌레, 개똥번역(飜譯), 개똥불(반딧불), 개똥상놈(常), 개똥쇠, 개똥장마, 개똥철학(哲學).

422) 발탄강아지: 걸음을 걷기 시작한 강아지.

423) 불강아지: 몸이 바짝 여윈 강아지.

424) 쌀강아지/쌀개: 털이 짧고 보드라우며 반지르르한 강아지.

425) 개차반(茶盤): ①개가 먹는 똥이라는 뜻으로, 하는 짓이나 마음보가 더러운 사람을 욕으로 이르는 말. ②옷주제나 차림새가 몹시 누추하고 볼품없는 사람.

426) 개파리: 발구 모양으로 만든, 개가 끄는 운반도구.

427) 개흘레: 집의 벽 밖으로 벽장을 늘이거나 새로 만들 때에 조그맣게 달아낸 칸살.

428) 두절개: 두 절을 왔다갔다하다가 아무것도 얻어먹지 못한 개의 뜻으로, 양다리를 걸고 있다가 일이 잘못된 신세. ¶그러다가 두절개 신세 되겠네.

429) 불개: 일식이나 월식 때에 해나 달을 먹는다는 상상의 짐승.

430) 요개: 개를 쫓을 때 내는 소리. 〈큰〉이개.

431) 호박개: 뼈대가 굵고 털이 복슬복슬한 개.

432) 개뿔: 별 볼일 없이 하찮은 것. 있으나 마나 한 것. ¶개뿔도 모른다. 개뿔도 없다.

433) 개사망: 남이 뜻밖에 이득을 보거나 재수가 좋음을 욕하여 이르는 말. ¶개사망하게 돌쇠가 복권에 당첨되었다고 한다. 개사망하다. §사망: 장사에서 이익을 많이 보는 운수.

434) 개수작(酬酌): 사리에 맞지 아니하게 아무렇게나 지껄임.

435) 개코[2]: '하찮은 것. 잘못된 것. 쓸데없는 것'을 비유하는 말.

436) 개코쥐코: 쓸데없는 이야기로 이러쿵저러쿵하는 모양. ¶기껏 둘이 앉아서 개코쥐코 떠들다가 갑자기 일어서니까 꽤 이상한 모양이었다.

ㄱ

개현삼(玄參), 개황기, 개회나무, 개회향(茴香) 들.

-개¹ 이름을 지정하지 않는 대명사 '아무'에 붙어 '사람'의 뜻을 나타내는 말. ¶아무개.

-개² (-게~-애/-에) 일부 명사나 타동사 어근에 붙어 '작은 도구나 물건. 동물 몸기관의 일부. 음식', 몇몇 합성동사 어간에 붙어 '그러한 특성의 사람'의 뜻을 더하여 명사를 만드는 말. §'-애/-에'는 '-개/-게'에서 /ㄱ/이 약화 탈락된 이형태이며, '-깨'는 된소리화된 것. ¶-개; 가리개, 가르개, 감개, 갓싸개, 고르개, 귀이개, 깔개, 꾸미개, 꿀-가르개, 꿀뜨개, 끌개, 날개, 노리개, 누르개, 다듬개, 달개[437], 덮개, 돌개, 돌리개, 두르개, 뒤지개, 등글개첩(妾), 따개, 똥싸개, 뜨개, 마개, 무디개[438], 물뿌리개, 밑신개[439], 밑씻개(똥을 누고 밑을 씻는 종이), 베개, 병따개, 빗치개, 빨개, 뽑개, 뿜이개, 손뜨개, 손톱깎개, 실감개, 실뜯개[440], 심돋우개, 싸개, 쑤시개, 쓰개[머리쓰개], 씌우개, 얼개, 오줌싸개, 이끎개, 이쑤시개, 재개, 젖을개[441], 조르개, 조리개, 졸개(卒), 지우개, 쪼개, 찌개[된장찌개, 두부찌개], 찌르개, 찍개, 침흘리개, 코마개, 코흘리개, 틀개, 흙얼개. -게; 글게('글겅이'의 옛말), 뜯게(뜯게옷), 뜯게질/하다, 지게, 집게[빨래집게, 연탄집게(煉炭), 잣집게, 족집게]. -깨; 도리깨, 앉을깨(베틀에 사람이 앉는 자리). -애/에; 부치다(부채), 안(內)(아내), 잦다(자새). 저지르다(저지레), 코뚫다(코뚜레), 흐르다(흘레) 들.

개(開) '열다. 펼치다. 시작하다. 깨우치다'를 뜻하는 말.↔폐(閉). ¶개가/제(開架/制), 개간(開刊), 개간(開墾)[개간지(地); 미개간(未)], 개강(開講), 개갱(開坑), 개거(開渠), 개관(開棺), 개관(開館), 개관(開管), 개광(開鑛), 개교(開校), 개구/도(開口/度), 개구간(開區間), 개국(開國)[개국공신(功臣), 개국주의(主義)], 개국(開局), 개굴(開掘), 개권(開卷), 개금(開金;열쇠), 개금(開襟), 개금정(開金井), 개기(開基), 개답(開沓), 개도(開導;깨우쳐 인도함), 개도국(開途國), 개독(開櫝), 개동(開冬), 개동(開東), 개로(開路), 개립(開立), 개막(開幕)[개막극(劇), 개막사(辭), 개막식(式)], 개면/기(開綿/機), 개명/먹(開明), 개모/기(開毛/機), 개모음(開母音), 개문(開門), 개문납적(開門納賊), 개물성무(開物成務), 개발(開發)[442], 개방/법(開方/法), 개방(開放↔閉鎖)[443], 개방(開房), 개벌(開伐), 개범(開帆), 개법(開法), 개벽(開闢)[사회개벽(社會), 천지개벽(天地)], 개복(開腹), 개봉/관(開封/館), 개빙/제(開氷/祭), 개사(開士;보살), 개사(開社), 개산(開山)[개산기(忌), 개산날, 개산법회(法會), 개산조사(祖師)], 개서(開書), 개석(開析)[444][개석대지(臺地), 개석분지(盆地)], 개선거(開船渠), 개설(開設), 개성(開城), 개소/식(開所/式), 개소(開素), 개수로(開水路), 개시(開市), 개시(開示), 개시(開始), 개시장(開市場), 개식/사(開式/辭), 개신(開申), 개심(開心), 개안(開眼), 개양(開陽), 개업(開業;영업을 처음 시작함)[개업식(式), 개업의(醫)], 개연(開演), 개열(開裂), 개영역(開塋域), 개오(開悟), 개운(開運), 개원(開院), 개원(開園), 개위(開胃), 개유(開諭;사리를 알아듣도록 잘 타이름), 개음절(開音節), 개의(開議), 개장(開仗), 개장(開張), 개장(開場), 개전(開展), 개전(開戰), 개점/휴업(開店/休業), 개정(開廷), 개제(開除), 개조(開祖;원조가 되는 사람), 개종/조(開宗/祖), 개좌(開座/坐), 개지(開地), 개진하다(開陳)[445], 개진(開進), 개착(開鑿), 개찰(開札;入札 결과를 견주어 조사함), 개창(開倉), 개창(開創;새로 시작하거나 섬), 개창하다(開敞;앞이 훤히 트여 있다), 개척(開拓)[446], 개천절(開天節), 개청(開廳), 개체(開剃), 개최/지(開催/地), 개춘(開春), 개탁(開坼)[초개탁(初)], 개탕(開錫)[447], 개토(開土), 개통(開通)[대통되다/하다, 개통식(式)], 개판(開版), 개편열(開片裂)/개편(開片), 개평방(開平方)/개평(開平), 개폐(開閉)[개폐교(橋), 개폐기(器), 개폐문(門)], 개표(開票)[개표구(區), 개표소(所)], 개학(開學), 개함(開函), 개항(開港)[개항장(場), 개항지(地)], 개호(開戶), 개혼(開婚), 개화(開化)[448], 개화/기(開花/期), 개활(開豁;앞이 탁 트이어 시원하게 넓다. 도량이 넓고 원만하다)[개활지(地), 개활하다], 개황(開荒), 개회(開會↔閉會)[개회사(辭), 개회식(式)], 개흉/술(開胸/術); 공개(公開), 난개(爛開), 내개(內開), 만개(滿開), 미개(未開)[미개국(國), 미개인(人); 반미개(反)], 반개(半開), 벽개(劈開), 산개(散開), 성개(盛開), 소개(疏開), 속개(續開), 승개교(昇開橋), 열개(裂開), 재개(再開), 전개(展開), 절개(切開), 창개(創/刱開), 타개(打開), 통개(洞開) 들.

개(改) '고치다. 바로잡다, 바꾸다. 다시 · 새삼스럽게'를 뜻하는 말. ¶개가(改嫁), 개각(改刻), 개각(改閣), 개간(改刊), 개관(改棺), 개고(改稿), 개과(改過;잘못을 고침), 개과천선(改過遷善), 개관(改棺), 개교(改教;改宗), 개금(改金), 개금불사(改金佛事), 개두량(改

---

437) 달개: 처마 끝에 잇대어 집을 늘여 짓거나, 챙을 달아서 몸채에 잇대어 지은 집.=달개집. 달개방(房).≒까대기.

438) 무디개: 날이나 손잡이 따위를 무디게 하기 위하여 쓰던 연장.

439) 밑신개: 두 발을 디디거나 앉을 수 있게 그넷줄의 맨 아래에 걸쳐 놓은 물건.

440) 실뜯개: 실을 뜯어내는, 갈고리처럼 된 기구.

441) 젖을개/깨: 길쌈할 때 베실이 마르면 물을 적셔다가 축이는 나무토막.

442) 개발(開發): 토지나 천연자원 따위를 개척하여 유용하게 만듦. 지식이나 재능 따위를 발달하게 함. 산업이나 경제 따위를 발전하게 함. 새로운 물건이나 생각 따위를 만듦. ¶기술을 개발하다. 신제품 개발. 개발계획(計劃), 개발공해(公害), 개발교육(教育), 개발도상국(途上國), 개발독재(獨裁), 개발되다/하다, 개발력(力), 개발비(費), 개발수입(輸入), 개발원조(援助), 개발이익(利益), 개발자(者), 개발주의(主義), 개발지(地); 경제개발(經濟), 국토개발(國土), 난개발(亂), 도시개발(都市), 도시재개발(再), 미개발(未), 사회개발(社會), 재개발(再), 종합개발(綜合), 지역개발(地域), 해양개발(海洋).

443) 개방(開放): 열어 놓음. 열어 둠.↔폐쇄(閉鎖). 봉쇄(封鎖). ¶개방경제(經濟), 개방대학(大學), 개방도시(都市), 개방되다/하다, 개방사회(社會), 개방성(性), 개방시설(施設), 개방식(式), 개방요법(療法), 개방적(的), 개방정책(政策), 개방조약(條約), 개방주의(主義), 개방체계(體系), 개방체제(體制), 개방혈관계(血管系), 개방형(形), 개방화/되다/하다(化); 문호개방(門戶).

444) 개석(開析): 골짜기의 침식 작용으로 여러 가지 새로운 지형으로 바뀌는 작용. ¶개석분지(盆地), 개석삼각주(三角洲).

445) 개진하다(開陳): 자기의 의견이나 생각 따위를 말하다. ¶여러 사람 앞에서 소신을 개진하다.

446) 개척(開拓): 거친 땅을 쓸모 있는 땅으로 만듦. 새로운 영역, 운명, 진로 따위를 처음으로 열어 나감. ¶황무지 개척 사업. 신문학의 개척. 개척권(權), 개척기(期), 개척단(團), 개척되다/하다, 개척민(民), 개척사(史), 개척자(者), 개척전선(前線), 개척지(地), 개척촌(村); 미개척/지(未開拓/地).

447) 개탕(開錫): 장지 · 빈지 따위를 끼우기 위하여 파낸 홈. ¶개탕대패(개탕을 치는 좁다란 대패), 개탕붙임, 개탕치다(장지틀 따위에 홈을 파내다).

448) 개화(開化): 개화경(鏡;안경), 개화기(期), 개화당(黨), 개화사(史), 개화장(杖), 개화주머니; 문명개화(文明).

斗量), 개량(改良)[449], 개량(改量), 개력(改曆), 개렴(改殮), 개령(改令), 개명(改名), 개변(改變), 개복(開服), 개복(改腹), 개봉(改封), 개봉축(改封築), 개비(改備;갈아내고 다시 장만함), 개사초(改莎草), 개산(改刪;시나 문장 따위의 잘못된 것을 고침), 개살이[개가(改嫁)], 개색(改色), 개서(改書), 개선(改善)[450], 개선(改選), 개설(改設), 개성(改姓), 개소년(改少年), 개수(改修), 개신(改新), 개심(改心), 개악(改惡), 개역(改易), 개역(改譯), 개오(改悟), 개원(改元), 개의(改衣), 개의(改議;고쳐 의논함)[재개의(再)], 개인(改印), 개작(改作), 개잠(아침에 깨었다 다시 드는 잠), 개장(改葬), 개장(改裝), 개적(改籍), 개전(改悛)[451], 개정(改正)[개정안(案), 개정표(表)], 개정(改定), 개정/판(改訂/版), 개종(改宗;믿던 종교를 바꾸어 다른 종교를 믿음), 개제(改題), 개제주(改題主;神主의 글자를 고침), 개조(改造), 개조(改組), 개종(改宗), 개주(改鑄), 개지(改紙), 개진(改進), 개차(改差), 개착(改着;옷을 갈아입음), 개찬(改撰), 개찬(改竄), 개채(改彩), 개체(改替), 개축(改築), 개춘(改春;다시 돌아온 봄), 개치(改置), 개칠(改漆), 개칭(改稱), 개판(씨름 등에서 승부가 나지 않을 때 다시 함), 개판(改版), 개편(改編), 개폐(改廢), 개표(改票), 개표(改標), 개헌/안(改憲/案), 개혁(改革)[452], 개혈(改血), 개호(改號), 개화(改化), 개회(改悔), 개획(改劃); 경개(更改), 변개(變改), 산개(刪改), 수개(修改), 요개(搖改), 요개(撓改), 재개(再改), 전개(悛改), 정개(定改), 조령모개(朝令暮改), 조변석개(朝變夕改), 조체모개(朝遞暮改), 증개(增改), 체개(遞改), 회개(悔改) 들.

개(蓋) '덮다. 뒤덮다. 뚜껑. 대략 · 대강'을 뜻하는 말. ¶개과(蓋果), 개관(蓋棺), 개관사정(蓋棺事定), 개두(蓋頭), 개벽(蓋甓), 개복(蓋覆), 개석(蓋石), 개세(蓋世), 개세지풍(蓋世之風), 개연(蓋然)[453], 개와(蓋瓦), 개인(蓋印), 개차(蓋車), 개초/장이(蓋草;이엉), 개판/널(蓋板); 경개(傾蓋), 구개(口蓋)[구개골(骨), 구개음(音)], 균개(菌蓋), 뇌개(腦蓋), 대개(大蓋;대강), 두개(頭蓋), 두개골(頭蓋骨), 무개(無蓋), 무개차(無蓋車), 보개(寶蓋), 보산개(寶傘蓋), 복개(覆蓋), 사개(賜蓋), 상개(床蓋), 새개(鰓蓋;아감딱지), 엄개(掩蓋), 옥개(屋蓋), 유개(有蓋), 천개(天蓋), 홍개(紅蓋), 화개(花蓋;꽃뚜껑), 황개(黃蓋), 후두개(喉頭蓋) 들.

개(個/箇/个) ①낱(셀 수 있는 물건의 하나하나)'를 뜻하는 말. ¶개개/인(個個/人), 개개(箇箇)[개개고찰(考察), 개개승복(承服)], 개년(個年), 개당(個當), 개물(個物), 개별(個別)[454], 개성(個性)[455], 개소(個所), 개수(個數), 개아(個我), 개월(個月), 개인(個人)[456], 개조(個條), 개중/에(個中), 개체(個體)[457], 개충(個蟲); 각개(各個), 기개(幾個), 낱개, 단개(單個), 매개(每個), 별개(別個). ②낱으로 된 물건의 수효를 세는 말. ¶사과 한/두 개. ③제품으로 만들거나 세공하지 않은 황금 열 냥쭝을 단위로 일컫는 말. 수개(數箇).

개(介) '끼이다. 단단한 껍데기. 소개하다. 홀로'를 뜻하는 말. ¶개각/류(介殼/類), 개갑(介甲;갑옷), 개결하다(介潔;성품이 깨끗하고 굳다), 개린(介鱗;조개와 물고기), 개립(介立;혼자 힘으로 섬. 굳게 절개를 지킴), 개마(介馬;갑옷을 입힌 말), 개연/하다(介然), 개의하다(介意;마음에 둠. 걱정하다), 개입(介入;끼어듦. 아랑곳)[개입권(權), 개입되다/하다; 불개입(不)], 개재(介在;끼어듦. 끼어 있음), 개주(介/鎧胄), 개주지사(介胄之士), 개충(介蟲), 개호(介護); 견개(狷介), 경개(耿介), 고개(孤介;속세에 물들지 아니함), 매개(媒介), 분개(分介), 소개(紹介), 어개(魚介;물고기와 조개), 이개(耳介;귓바퀴), 인개(鱗介;魚介), 일개(一介;보잘것없는 한 낱), 중개(仲介) 들.

개(槪) '대개. 대강. 절개. 풍치 · 경관'을 뜻하는 말. ¶개견(槪見), 개관(槪觀;대충 살펴봄), 개괄(槪括;대강을 간추려 요점이나 줄거리를 뭉뚱그림), 개념(槪念)[458], 개략(槪略;대강 간추려 줄임)[개략

---

449) 개량(改良): 나쁜 점을 보완하여 더 좋게 고침. ¶농사 방법을 개량하다. 개량되다/하다, 개량목재(木材), 개량복(服), 개량식(式), 개량종(種), 개량주의(主義), 개량책(策), 개량품(品), 개량행위(行爲); 종자개량(種子), 토지개량(土地), 품종개량(品種).

450) 개선(改善): 잘못된 점을 고치어 잘되게 함. ¶처우를 개선하다. 개선관(觀), 개선론(論), 개선책(策); 생활개선(生活), 체질개선(體質), 품질개선(品質), 환경개선(環境).

451) 개전(改悛): 행실이나 태도의 잘못을 뉘우치고 마음을 바르게 고쳐먹음. ¶개전의 정을 보이다. 죄인에게 개전의 기회를 주다.

452) 개혁(改革): 제도나 기구 따위를 새롭게 뜯어고침. ¶개혁가(家), 개혁되다/하다, 개혁세력(勢力), 개혁자(者), 개혁적(的), 개혁파(派); 교육개혁(敎育), 농지개혁(農地), 의식개혁(意識), 정치개혁(政治), 종교개혁(宗敎), 토지개혁(土地), 통화개혁(通貨), 행정개혁(行政), 화폐개혁(貨幣).

453) 개연(蓋然): 확실하지는 않으나 대개 그럴 것 같음을 이르는 말.↔필연(必然). ¶개연론(論), 개연성(性), 개연율(率), 개연적(的).

454) 개별(個別): 여럿 중에서 하나씩 따로 나뉘어 있는 상태. ¶개별개념(槪念), 개별경제(經濟), 개별과학(個別), 개별교수(敎授), 개별링크제(link制), 개별생산(生産), 개별성(性), 개별신문(訊問), 개별심사(審査), 개별자(者), 개별적(的), 개별지도(指導), 개별지수(指數), 개별회계(會計).

455) 개성(個性): 다른 사람이나 개체와 구별되는 고유의 특성. ¶개성이 강하다. 개성 있는 옷차림. 개성교육(敎育), 개성분석(分析), 개성심리학(心理學), 개성원리(原理), 개성적(的), 개성화/되다/하다(化); 몰개성(沒), 사회적개성(社會的).

456) 개인(個人): 국가나 사회, 단체 등을 구성하는 낱낱의 사람. ¶개인 자격으로 참가하다. 개인감정(感情), 개인경기(競技), 개인교수(敎授), 개인기(技), 개인별(別), 개인상(賞), 개인성/개성(性), 개인세(稅), 개인소득(所得), 개인소유(所有), 개인숭배(崇拜), 개인어음, 개인연금(年金), 개인위생(衛生), 개인윤리(倫理), 개인은행(銀行), 개인의식(意識), 개인장비(裝備), 개인적(的), 개인전(展), 개인전(戰), 개인주의(主義), 개인차(差), 개인택시(taxi), 개인표상(表象), 개인플레이(play), 개인행동(行動), 개인호(壕), 개인회사(會社).

457) 개체(個體): 개체개념(槪念), 개체군(群), 개체발생(發生), 개체변이(變異), 개체생활(生活), 개체접합(接合), 개체주의(主義).

458) 개념(槪念): 어떤 것에 대한 대강의 뜻이나 내용. 여러 관념 속에서 공통적인 성질을 빼내어 종합해서 얻은 하나의 일반적 관념. ¶개념을 파악하다. 개념력(力), 개념론(論), 개념어(語), 개념예술(藝術), 개념인식(認識), 개념작용(作用), 개념적(的), 개념형성(形成); 개별개념(個別), 개체개념(個體), 겹개념(복합개념), 경험적개념(經驗的), 고급개념(高級), 공간개념(空間), 괴리개념(乖離), 교차개념(交叉), 교호개념(交互), 구상적개념(具象的), 구성개념(構成), 구체적개념(具體的)/구체개념(具體), 극한개념(極限), 급개념(級;일반개념), 긍정적개념(肯定的), 단독개념(單獨), 단순개념(單純), 대개념(大), 대상개념(對象↔속성개념), 대위개념(對位), 동연개념(同延), 동위개념(同位), 동일개념(同一), 등가개념(等價), 등급개념(等級), 등치개념(等值), 매개념(媒), 모순개념(矛盾), 반대개념(反對), 병립개념(竝立), 보통개념(普通), 보편개념(普遍), 복합개념(複合), 부정적개념(否定的), 빈개념(賓), 상관개념(相關), 상대개념(相對), 상위개념(上位), 선언적개념(選言的), 설명개념(說明), 소개념(小), 소극적개념(消極的), 속성개념(屬性), 순수개념(純粹), 시간개념(時間), 유개념(類), 이류개념(異類), 이성개념(理性槪念)/이념(理念), 일반개념(一般), 저급개념(低級), 적극적개념(積極的), 절대개념(絶對), 종개념(種), 종합개념(綜合), 주개념(主), 중개념(中), 집합개념(集合), 추상개념(抽象), 하위개념(下位).

적(的)], 개론/서(概論/書), 개산(概算;어림셈), 개상(概尙), 개설(概說), 개세(概勢), 개수(概數;어림수), 개술(概述), 개언(概言), 개요/도(概要/圖), 개의(概意;내용의 개략적인 뜻), 개칙(概則), 개평(概評), 개형(概形), 개황(概況;대략의 상황); 경개(梗概), 경개(景概), 기개(氣概), 내개(內概), 대개(大概), 분개(分概), 승개(勝概), 용개(勇概), 절개(節概), 지개(志概) 들.

개(皆) '모두 · 전부'를 뜻하는 말. ¶개근/상(皆勤/賞), 개기(皆旣)[개기식(蝕), 개기월식(月蝕), 개기일식(日蝕)], 개납(皆納;完納), 개로(皆勞), 개무하다(皆無), 개벌(皆伐), 개병/주의(皆兵/主義), 개성불도(皆成佛道), 개시(皆是); 거개(擧皆) 들.

개(凱) '승리의 함성'을 뜻하는 말. ¶개가(凱歌), 개선(凱旋;이기고 돌아옴)[개선가/개가(歌), 개선문(門), 개선식(式), 개선악(樂), 개선장군(將軍), 개선탑(塔)], 개진(凱陣;싸움에 이기고 자기의 진영으로 돌아옴) 들.

개(慨) '분개하다. 슬퍼하다. 탄식하다'를 뜻하는 말. ¶개세(慨世;세상 형편을 개탄함), 개연하다(慨然), 개탄(慨歎/嘆); 감개(感慨), 감개무량(感慨無量), 강개(慷慨), 분개(憤慨), 비개(悲慨), 비분강개(悲憤慷慨), 적개심(敵愾心), 참개(慙慨) 들.

개(芥) '쓰레기 · 먼지. 겨자'를 뜻하는 말. ¶개자/유(芥子/油), 개진(芥塵;티끌. 티), 개채(芥菜); 대개(帶芥), 섬개(纖芥;검부러기), 진개(塵芥), 초개(草芥) 들.

개(疥) '옴'을 한방에서 이르는 말. ¶개선(疥癬;옴), 개선충(疥癬蟲), 개창(疥瘡;옴); 건개(乾疥;마른옴), 사개(砂疥), 습개(濕疥;진옴) 들.

개(丐) '남의 것을 거저 얻으려고 사정하다(빌다)'를 뜻하는 말. ¶개걸(丐乞;빌어서 먹음); 걸개(乞丐;거지).

개(愷) '마음이 누그러지다'를 뜻하는 말. ¶개자/개제하다(愷悌/豈弟;마음이 누그러져 화락하다).

개(愾) '성내다'를 뜻하는 말. ¶개분(愾憤;분개함); 적개/심(敵愾/心) 들.

개(豈) '즐기다'를 뜻하는 말. ¶개제하다(豈弟/愷悌;편안하고 화락하다).

개(鎧) '갑옷'을 뜻하는 말. ¶개갑(鎧甲;쇠로 된 미늘을 단 갑옷), 개수일촉(鎧袖一觸), 개주(介/鎧冑) 들.

개(剴) '알맞다. 잘 어울리다'를 뜻하는 말. ¶개절(剴切;아주 알맞고 적절함).

개(漑) '물을 대다'를 뜻하는 말. ¶관개(灌漑).

개개개 새의 울음소리. ¶개개비(휘파람샛과의 새).

개개(다) ①성가시게 달라붙어 손해가 되다. 손해를 끼치다.↔북돋다. ¶내게 개개지 마라. 남의 땅을 개개어 울짱을 세우다. ②서로 닿아서 닳거나 벗어지다. 해지다. ¶소의 등이 무거운 짐에 개개어 벗어졌다. 개개어서 몹시 닳다. 개개빌다(잘못을 용서하여 달라고 손이 닳도록 간절히 빌다), 개개풀어지다[459], 개갤개갤(물체가 서로 닿아 자꾸 달라붙거나 치대는 소리), 개먹다[460].

개구-쟁이 지나치게 짓궂은 장난을 하는 아이.≒말썽꾸러기. ¶개구쟁이 짓을 하다. 개구장마누라(입이 걸고 행실이 더러운 여편네).

개굴 개구리의 울음소리. 〈작〉개골. ¶개구리가 개굴개굴 운다. 개구리도 옴쳐야 뛴다. 개구리[461]. ☞ 와(蛙).

개끼(다) 갑자기 재치기를 하듯이 연거푸 기침을 하다. ¶물을 마시다가 개꼈는지 얼굴이 새빨개져 가지고 캑캑거렸다. 담배가 독하여 개꼈다.

개(다)¹ ①흐리거나 궂은 날씨가 맑게 되다.≒들다.↔흐리다. ¶맑게 갠 하늘. 장마가 개다. 벗개다(안개나 구름이 벗어지고 날이 맑게 개다). ②얼굴이나 마음에 근심이 없어진 상태로 되다. ¶기쁜 소식을 듣자 얼굴이 활짝 갰다.

개(다)² 덩이진 것이나 가루에 물 · 기름 따위를 쳐서 풀어져 섞이게 이기다.≒반죽하다. 으깨다. ¶밀가루를 개다. 개바르다[462], 갤칼(그림칼), 갤판(板;그림물감을 짜내어 섞기 위한 판); 짓개다(짓이기다시피 마구 개다).

개(다)³ 바닥에 펼쳐 있거나 널브러져 있는 이부자리 · 옷 · 양말 따위를 겹치거나 접어 포개다. 손이나 발 따위를 접어 겹치게 하다.↔펴다. ¶이불을 개다. 개키다(접어서 포개다), 개킴살(개킨 줄이 잡힌 금), 개킴새(개킴 모양새), 갬상추[463]; 접개다(접어서 개다), 치개다[464], 포개다.

개두지 벽이나 방바닥에 새벽(누런 빛깔의 차지고 고운 흙)을 바를 때에 누런 빛깔이 나도록 섞는 물감.

개력-하다 산이나 내가 무너지고 변하여 옛 모습이 없어지다.=가력되다.

개맹이 (부정적 · 소극적인 뜻을 가진 말과 함께 쓰이어) 똘똘한 기운이나 정신. ¶개맹이가 없는 사람. 그는 한동안 말없이 개맹이가 풀린 눈으로 쳐다보고 있었다.

개:미¹ 개밋과의 곤충을 두루 일컫는 말. ¶개미 새끼 하나 볼 수 없다. 개미구멍, 개미군단(軍團;영세한 증권 개인 투자자들), 개미굴(窟;蟻穴), 개미귀신(鬼神;명주잠자리의 유충), 개미누에(알에서 갓깨어난 누에), 개밋둑(≒면'), 개미둥지, 개미떼, 개미붙이(개미붙잇과의 곤충, 개미산(酸), 개미새끼, 개미손님(개미를 먹

---

459) 개개풀어지다: 끈끈하던 것이 녹아서 풀어지다. 졸리거나 술에 취하여 눈의 정기가 흐려지다. ¶피로하여 개개풀어진 눈. 개개풀리다/개풀리다.

460) 개먹다: 자꾸 맞닿아서 몹시 닳거나 상하다. ¶삭고 개먹은 밧줄. 안장이 개먹다. 책 모서리가 개먹어서 나달나달하다. 야금야금 개먹어 들어가는 것을 '침식(侵蝕)'이라고 한다.

461) 개구리: 개구리강(綱), 개구리눈, 개구리뜀, 개구리매, 개구리발톱, 개구리밥, 개구리울음, 개구리잠(簪), 개구리젓, 개구리참외, 개구리첩지(개구리 모양으로 만든 장식품), 개구리헤엄[평영(平泳)]; 금개구리(金), 무당개구리, 비단개구리(緋緞;무당개구리), 산개구리(山), 송장개구리, 식용개구리(食用), 옴개구리, 참개구리(악머구리), 청개구리(靑), 황소개구리.

462) 개바르다: ① 되는대로 매대기를 치며 바르다. ②되는대로 실속이 없이 씨부렁거리며 말하다. ¶그는 낯간지러운 소리를 한참 개바르고 있었다.

463) 갬상추: 쌈을 싸 먹을 수 있게 잎이 다 다란 상추.

464) 치개다: 마주 대어 잇따라 세게 문지르거나 비비다.

고 사는 곤충), 개미자리, 개미장(場)[465], 개미지옥(地獄:개미귀신이 숨어 지내는 깔때기 모양의 구멍), 개미진(陣), 개미집, 개미취, 개미탑(塔:개밋둑), 개미핥기, 개미허리(매우 가는 허리); 가시개미, 독개미(毒), 말개미, 병정개미(兵丁), 불개미, 뿔개미, 수개미, 알개미, 암개미, 여왕개미(女王), 왕개미(王), 일개미, 주름개미, 침개미(針), 홍개미(紅), 흰개미. ☞ 의(蟻)

개미² 연줄을 억세게 하기 위하여 먹이는, 사기 · 유리의 고운 가루를 부레풀에 탄 물질. 〈준〉갬. ¶연줄에 개미를 먹이다. 개미먹이기(연실에 유리풀을 먹이는 일), 갬칠(漆:개미먹이기); 기왓개미(기와의 부스러진 가루), 사깃개미(沙器:사금파리 가루로 만든 개미), 유리개미.

개불탕 부처를 그린 화본.

개비¹ 가늘고 짤막하게 쪼갠 도막이나 조각. 또는 그것을 세는 단위. ¶담배 한 개비. 나뭇개비, 낱개비, 댓개비, 목둣개비/목두기(木頭:재목을 다듬을 때 잘라 버린 나뭇개비), 바람개비, 성냥개비, 싸릿개비, 안타깨비[466], 잡장개비(雜杖:잡살뱅이 나뭇가지의 낱개비), 장작개비(長斫), 지저깨비[467], 참댓개비(참대를 잘게 쪼갠 개비), 팔랑개비, 허정개비(겉보기와는 달리 속이 옹골차지 못한 사람), 형장개비(刑杖), 황개비(黃:끝에 황을 바른 가는 나뭇조각), 흔들개비[468] 들.

개비² 도자기를 구울 때, 가마 문 앞에 놓아 그릇을 덮는 물건.[←개피(蓋皮)].

개수 설거지(그릇 따위를 씻는 일).[←갸스(家事)←kasïg(그릇)〈터어키〉]. ¶개숫간(間), 개수그릇, 개수기(器:개수틀), 개수대(臺), 개수도랑(개숫물이 흐르는 도랑), 개숫물, 개수통(桶), 개수틀 들.

개시시 눈이 풀려서 정기가 없이 흐리멍덩한 모양. 〈큰〉게시시. ¶눈까풀이 개시시 풀려 조는 듯이 앉아 있다. 개시시하다.

개신 ①게으르거나 쇠약한 사람이 동작을 맥없이 하거나 몹시 힘겹게 애쓰는 모양. 〈큰〉기신. ¶잘못을 용서해 달라고 빌며 개신개신 입을 열었다. 개신 · 기신거리다/대다, 개신개신/하다. ②욕심이 나고 탐나서 기웃기웃 엿보는 모양. ¶개신개신 움직이다.

개암¹ 개암나무(자작나뭇과의 낙엽 관목)의 열매. ¶개암나무, 개암버섯, 개암사탕(砂糖), 개암장(醬), 개암죽(粥).

개암² 속살이 찌지 않게 하려고 매의 먹이 속에 넣는 솜뭉치. ¶개암도르다(개암에서 고기만 삭이고 솜뭉치는 토해내다), 개암지르다(매가 개암만 뱉다. 티를 지르다).

개암-들다 아이를 낳은 뒤에 후더침(잡병)이 생기다.

개운-하다 기분이나 몸이 상쾌하고 가뿐하다. 맛이 깔끔하고 산뜻하다.↔찜찜하다. 꺼림하다. ¶목욕을 하니 몸이 개운하다. 개운한 맛.

개울 골짜기나 들에 흐르는 작은 물줄기.≒내. 시내. ¶개울에서 물놀이를 하다. 개울가, 개울기슭, 개울녘, 개울막이, 개울목, 개울물, 개울버덩, 개울섶(개울의 가장자리), 개울창(개굴창), 개여울(개울의 여울목); 골개(좁은 골짜기로 흐르는 개울)[골개골, 골개논, 골개물]; 실개울(폭이 아주 좁은 개울) 들.

개-자리 ①불기를 빨아들이고 연기를 머무르게 하려고 구들 윗목 속에 깊이 판 고랑. ②과녁 앞에 파놓은 구덩이. ③강이나 내 바닥에 갑자기 푹 패어 들어가 깊어진 곳. ¶개자리가 지다(모를 낼 때 모포기가 한 부분만 성기게 심어져서 층이 지다).

개자-하다¹ 사람의 생김생김이 깨끗하고 단정하다.≒말쑥하다. ¶얼굴이 개자하다.

개자-하다² 하는 짓이 똑똑하지 못하다.(함경 사투리).

개지 ①'버들개지'의 준말. ②사월 초파일에 다는 등(燈)에 모양을 내기 위하여 모서리나 밑에 붙여 늘어뜨린 종이 오리.

개진 눈에 끈끈한 물기가 있는 모양.

개짐 월경을 할 때 기저귀처럼 샅에 차는 헝겊. 생리대(生理帶). §'서답'은 사투리.

개치 두 개의 도랑이나 개울이 합쳐지는 곳. ¶개치에 놓인 징검다리.

개치네-쒜 재치기를 한 뒤에 내는 소리.

개평 노름이나 내기에서, 남의 몫에서 공으로 조금 얻어 가지는 것. ¶개평을 얻다. 개평꾼, 개평떼다(개평을 얻어 가지다).

개피(다) ①배앓이로 똥에 곱 같은 것이 조금씩 섞이면서 뒤가 무직하게 잘 나오지 않다. ¶자꾸 개피면서 배가 아프다. 개핌증(症). ②늪이나 웅덩이에 물이 흐르지 않고 고여 있다. ¶늪에 물이 개피다.

객(客) ①손님 · 나그네. 여행. 객지(客地)'를 뜻하는 말. ¶낯선 객이 찾아오다. 객거(客居), 객고(客苦:객지에서 겪는 고생. 공연히 겪는 고생), 객공/잡이(客工), 객관(客館), 객관(客觀)[469], 객귀(客鬼), 객금(客衾:손님의 이부자리), 객님(객중), 객동(客冬), 객랍(客臘), 객례(客禮), 객반위주(客反爲主), 객방(客房:손님 방), 객병(客兵), 객비(客費), 객사(客死), 객사(客舍), 객사(客思), 객상(客商), 객석(客席:관람객이 앉는 자리), 객선(客船), 객성(客星), 객수(客愁), 객숟가락, 객승(客僧:객중), 객실(客室), 객심(客心), 객아(客我), 객어(客語), 객연(客演), 객용(客用), 객우(客寓), 객우(客遇), 객원/교수(客員/敎授), 객의(客意), 객인(客人), 객장(客裝), 객점(客店), 객정(客情), 객주(客主)[객줏방(房), 객줏집, 객주하다(객줏집을 경영하다); 물상객주(物商)], 객주(客酒), 객죽(客

465) 개미장(場): 장마가 오기 전에 개미들이 줄지어 먹이를 나르거나 집을 옮기는 일.

466) 안타깨비: 명주실의 토막을 이어서 짠 굵은 명주.

467) 지저깨비: 나무를 다듬거나 깎을 때 생기는 잔 조각. 목찰(木札).=나무지저귀(사투리).

468) 흔들개비: 바람이나 그 밖의 힘으로 움직이는 추상적인 조각.

469) 객관(客觀): 자기와의 관계에서 벗어나 제삼자의 입장에서 사물을 보거나 생각함.↔주관(主觀). ¶객관가치설(價値說), 객관객체(客體:주관이나 주체의 작용 대상이 되는 객체), 객관묘사(描寫), 객관법(法), 객관변증법(辨證法), 객관성(性), 객관식(式), 객관적(的)[객관적가치(價値), 객관적관념론(觀念論), 객관적도덕(道德), 객관적비평(批評)], 객관주의(主義), 객관화/되다/하다(化); 인식객관(認識).

竹), 객중(절에 손으로 와 있는 중), 객중(客中), 객지(客地)[객짓밥, 객지살이/-하다], 객차(客車), 객창(客窓;나그네가 객지에서 묵는 방), 객청(客廳), 객체(客體)[객체높임법(法), 객체성(性), 객체표상(表象); 경제객체(經濟)], 객초(客草), 객침(客枕), 객토(客土;딴흙), 객한(客恨), 객향(客鄕), 객황(客況;객지에 있는 형편이나 상황), 객회(客懷); 가객(佳客), 가객(歌客), 강호객(江湖客), 걸객(乞客), 검객(劍客), 고객(苦客), 고객(孤客), 고객(顧客), 골부객(骨賦客), 과객(科客), 과객(過客), 관객(觀客), 관광객(觀光客), 관람객(觀覽客), 교객(嬌客;남의 사위를 이르는 말), 궁객(窮客), 귀객(貴客), 귀성객(歸省客), 기객(棋/碁客), 기객(嗜客), 기도객(祈禱客), 기마객(騎馬客), 긴객(緊客), 나들이객, 낭객(浪客;허랑하고 실속이 없는 사람), 내객(內客), 내객(來客), 내방객(來訪客), 내장객(來場客), 노객(老客), 녹림객(綠林客;불한당이나 화적), 논객(論客), 다모객(多謀), 단체객(團體客), 단풍객(丹楓客), 대객(待客), 대객(對客), 두류객(逗留客), 등산객(登山客), 마상객(馬上客), 망객(亡客), 망명객(亡命客), 무세객(無勢客), 묵객(墨客), 문객(門客), 문병객(問病客), 문상객(問喪客), 문안객(問安客), 방랑객(放浪客), 방문객(訪問客), 방외객(方外客), 방청객(傍聽客), 배객(陪客), 백년지객(百年之客;사위), 병객(病客), 보행객(步行客), 복면객(覆面客), 부객(浮客), 부객(賦客), 불귀객(不歸客), 불청객(不請客), 불평객(不平客), 빈객(賓客), 사객(使客), 사객(詞客), 사객(謝客), 사송객(使送客), 산보객(散步客), 산책객(散策客), 삼등객(三等客), 상객(上客), 상객(商客), 상객(常客), 상춘객(賞春客), 선객(仙客), 선객(先客), 선객(船客), 선객(禪客), 선타객(仙陀客), 성묘객(省墓客), 세객(勢客), 세객(歲客), 세객(說客), 소객(騷客), 소요객(逍遙客), 소풍객(逍風客), 속객(俗客), 송객(送客), 쇼핑객(shopping客), 수객(瘦客), 숙객(熟客), 승객(乘客), 시객(詩客), 식객(食客), 신객(新客), 심란객(心亂客), 아객(雅客), 아객(衙客), 야영객(野營客), 여객(旅客), 여행객(旅行客), 열람객(閱覽客), 염객(廉客), 오세객(傲世客), 외객(外客), 외래객(外來客), 요술객(妖術客), 요양객(療養客), 욕객(浴客), 운객(雲客), 원객(遠客), 유객(幽客), 유객(留客), 유객(遊客), 유람객(遊覽客), 유랑객(流浪客), 유산객(遊山客), 유세객(有勢客), 유세객(遊說客), 유숙객(留宿客), 유협객(遊俠客), 유형객(流刑客), 율객(律客), 음객(吟客), 음객(飮客), 음양객(陰陽客), 응원객(應援客), 의관객(衣冠客), 이객(異客), 이용객(利用客), 인객(引客), 일견객(一見客), 일등객(一等客), 일반객(一般客), 입장객(入場客), 자객(刺客), 자취객(自炊客), 작객(作客), 잡객(雜客), 장발객(長髮客), 저승객, 적객(謫客), 전서객(典書客), 접객(接客), 정객(正客), 정객(政客), 정탐객(偵探客), 조객/록(弔客/錄), 조문객(弔問客), 조상객(弔喪客), 존객(尊客), 좌객(坐客;앉은뱅이), 좌객(座客), 주객(主客), 주객(酒客), 주지객(酒池客), 지객(知客), 지음객(知音客), 진객(珍客), 참배객(參拜客), 천객(千客), 천객(遷客), 청객(請客), 청운객(靑雲客), 초면객(初面客), 초행객(初行客), 추모객(追慕客), 축객(祝客), 축객(逐客), 축하객(祝賀客), 췌객(贅客), 취객(醉客), 취식객(取食客), 탁객(濁客), 탐방객(探訪客), 탐승객(探勝客), 탐조객(探鳥客), 탐춘객(探春客), 탑객(搭客), 탑승객(搭乘客), 탕객(蕩客), 투숙객(投宿客), 폐객(弊客), 포병객(抱病客), 포철객(哺啜客), 폭객(暴客), 풍객(風客;바람둥이), 풍류객(風流客), 풍월객(風月客), 풍자객(諷刺客), 피서객(避暑客), 하객(賀客), 하례객(賀禮客), 한객(閑客), 해수욕객(海水浴客), 행객(行客), 행락객(行樂客), 향객(鄕客), 향춘객(享春客), 헐객(歇客), 험객(險客), 협객(俠客), 호객(豪客), 호객(呼客), 호변객(好辯客), 호사객(好事客), 호상객(護喪客), 호주객(好酒客), 화객(化客), 화객(貨客), 화객(華客), 화객(畵客), 환송객(歡送客), 환승객(換乘客), 환영객(歡迎客), 활동객(活動客), 황객/황당객(荒唐客), 황천객(黃泉客;죽은 사람), 휴가객(休暇客), 휴양객(休養客). ②지나간 때. ¶객년(客年), 객동(客冬), 객랍(客臘), 객세(客歲), 객월(客月), 객추(客秋), 객춘(客春, 객하(客夏). ③몇몇 명사나 한자어 어근 앞에 붙어 '본디가 아닌, 쓸데없는'의 뜻을 더하는 말. ¶객기(客氣), 객꾼, 객담(客談), 객돈, 객론(客論), 객물(군물), 객비(客費;쓸데없는 데에 드는 비용), 객상(客床), 객설/스럽다/하다(客說), 객소리, 객수(客水), 객순가락/객술, 객스럽다(보기에 객쩍다), 객식구(客食口), 객심스럽다(客甚), 객열(客熱), 객일, 객증(客症), 객쩍다[470], 객한(客寒), 객화(客火;병중에 생기는 울화) 들.

객(喀) '뱉다. 토하다'를 뜻하는 말. ¶객담(喀痰), 객출(喀出), 객혈(喀血) 들.

갤[1] 암탉이 알겯는 소리. 〈큰〉골.

갤[2] 늘 앓거나 몸이 불편하여 기운이 없이 빌빌하거나 겨우 견디어 나가는 모양. 〈큰〉골. ¶겨울만 되면 갤갤 앓기 일쑤다.

갤런(gallon) 부피의 단위. 1갤런은 미국 약 3.8 *l*, 영국 약 4.5 *l*.

갬 개펄에서 펄 위에 돋은 소금. ¶갬이 돋다.

갱(坑) 광물을 파내기 위하여 땅 속을 파 들어간 굴. '구덩이'를 뜻하는 말. ¶갱내(坑內)[갱내부(夫), 갱내채굴(採掘)], 갱달다[471], 갱도(坑道;굿길. 미세기)[수직갱도(垂直), 연층갱도(沿層)], 갱목(坑木;동바리), 갱부(坑夫), 갱사(坑舍), 갱살(坑殺), 갱외(坑外), 갱유분서(坑儒焚書), 갱정(坑井), 갱참(坑塹;깊고 길게 판 구덩이), 갱판(광산에서 물을 빼기 위하여 파놓은 수로), 갱함(坑陷); 개갱(開坑), 광갱(鑛坑), 금갱(金坑), 덕대갱, 동갱(銅坑), 무저갱(無底坑;한없이 깊은 구렁텅이), 배기갱(排氣坑), 배수갱(排水坑), 보갱(保坑), 본갱(本坑), 사갱(斜坑), 석갱(石坑), 석유갱(石油坑), 석탄갱(石炭坑), 수갱(垂/竪坑), 심갱(深坑), 은갱(銀坑), 입갱(入坑), 철갱(鐵坑), 탄갱(炭坑), 폐갱(廢坑), 횡갱(橫坑) 들.

갱(更) '다시'를 뜻하는 말. ¶갱기/불능(更起/不能), 갱년기/장애(更年期/障碍), 갱독(更讀), 갱무꼼짝(更無), 갱무도리(更無道理), 갱발(更發), 갱봉(更逢), 갱생(更生)[갱생보호법(保護/法), 갱생사위(죽을 고비를 넘김), 갱생지도(指導); 자력갱생(自力)], 갱선(更選), 갱신(更新), 갱위(更位;물러났던 임금이 왕위에 다시 오름), 갱지(更紙), 갱진(更進), 갱짜(논다니와 두 번째 상관하는 일. 두 번째에 해당하는 것). ☞ 경(更).

갱(羹) 무와 다시마 따위를 넣고 끓인, 제사에 쓰는 국. 건더기가 많은 국. ¶갱기(羹器;갱지미), 갱죽(羹粥), 갱즙(羹汁;국물), 갱

470) 객쩍다: 행동이나 말, 생각이 쓸데없고 싱겁다.

471) 갱달다: ①광맥을 향하여 갱도를 뚫다. ②사금광에 도랑을 내다.

지미[472], 갱탕(羹湯;국), 갱헌(羹獻); 단사두갱(簞食豆羹), 반갱(飯羹), 육갱(肉羹), 채갱(菜羹) 들.

갱(賡) '잇다. 계승하다. 갚다'를 뜻하는 말. ¶갱가(賡歌;남이 부르는 노래에 화답하는 노래), 갱운(賡韻), 갱재(賡載;임금이 지은 시가에 화답하여 시가를 짓는 것), 갱재첩(帖), 갱진(賡進;임금에게 갱재하여 올리는 일) 들.

갱(鏗) '금옥이 부딪혀 나는 소리'를 뜻하는 말. ¶갱연하다(鏗然;쇠붙이 따위의 단단한 물체의 부딪치는 소리가 맑고 곱다).

갱(秔) '메벼'를 뜻하는 말. ¶갱도(秔稻;메벼↔糯稻), 갱미(秔米;멥쌀).

갱기 '감는 사물'을 뜻하는 말. 짚신 따위의 총갱기와 뒷갱기를 두루 일컫는 '신갱기'의 준말.[←감(다)[3]+기]. ¶구슬갱기(짚신 총갱기의 하나)[←구슬감기], 낫갱기(낫자루에 둘러 감은 쇠), 돋음갱이[473], 신갱기, 뒷갱기, 앞갱기, 총갱기[474].

갱신 몸을 가까스로 움직이는 일.[+부정어]. ¶그는 몸살이 나서 갱신도 못하고 누워 있다. 이제야 갱신할 정도다. 갱신못하다[475], 갱신하다, 깽싯깽싯[476].

갱충-맞다 행동 따위가 조심성이 없고 아둔하다. ¶갱충머리없다(채신머리없다), 갱충쩍다(갱충맞다).

갱핏-하다 몸집이나 생김새가 여윈 듯하고 칼칼하다. ¶갱핏하고 가무잡잡한 얼굴.

갸기 얄미울 만큼 교만한 태도.[←교기(驕氣)]. ¶갸기를 부리다(교만한 태도를 일부러 행동에 나타내 보이다).

갸륵-하다[1] 마음씨나 하는 일이 착하고 장하다. ¶갸륵한 일. 마음씨가 갸륵하다. 효성을 갸륵히 여기다.

갸륵-하다[2] 딱하고 가련하다. ¶네게 아무런 도움을 주지 못하는 내 처지가 안타깝도록 갸륵하다.

갸자 두 사람이 앞뒤에서 들도록 된, 음식을 실어 나르는 들것.[←가자(架子)]. ¶대갓집 잔칫날, 갸자를 멘 하인들의 발걸음이 바쁘다.

갹(醵) '술잔치. 술추렴(술값을 여러 사람이 나누어 내는 추렴)'을 뜻하는 말. ¶갹금(醵金;추렴), 갹음(醵飮), 갹출하다(醵出;한 가지 목적을 위하여 여러 사람이 저마다 얼마씩 금품을 냄).

갸 ①암탉이 순하게 알겯는 소리. ②갈매기 따위가 우짖는 소리. 〈센〉꺅.

거 '그것'의 뜻으로 감탄문에 쓰는 말. ¶거 참 좋구나. 거 봐, 내말이 맞지.

472) 갱지미: 반병두리 모양이나 조금 작은, 놋쇠로 만든 국그릇. 갱기(羹器). ¶갱지미에 반찬을 조금씩 담아내다.

473) 돋음갱이: 당감잇줄에 총을 꿴 위에 모양을 내기 위하여 딴 줄을 덧대고 총갱기를 친 미투리.

474) 총갱기: 짚신이나 미투리 총의 고를 낱낱이 감아 돌아가는 끄나풀.[←총+감기].

475) 갱신못하다: 기진맥진해서 더 꼼짝 못하다.

476) 깽싯깽싯: 힘에 부치어 힘들어 하는 모양. ¶지친 몸으로 집에 갈 차비를 깽싯깽싯 차리고 있었다.

거(居) '살다. 있다. 머무르다. 벼슬하지 아니하다'를 뜻하는 말. ¶거가(居家), 거가지락(居家之樂), 거간(居間;흥정꾼)[거간꾼, 거간질; 빚거간], 거갑(居甲;으뜸 자리를 차지함), 거관(居官), 거괴(居魁;우두머리를 차지함), 거기중(居其中), 거려(居廬), 거류(居留;머무름)[거류민/단(民/團)], 거류지(居留地)[공동거류지(共同, 전관거류지(專管)], 거민(居民), 거지반(居之半)/거반(居半;절반 이상. 거의), 거사(居士;處士), 거상(居常), 거상(居喪), 거생(居生), 거소(居所), 거수(居首;居甲), 거실(居室), 거연히(居然;모르는 사이에 슬그머니), 거재/유생(居齋/儒生), 거접(居接), 거주(居住)[477], 거중/조정(居中/調整), 거지(居地), 거지반(居之半)/거반(居半), 거처/방(居處/房), 거촌(居村), 거택(居宅), 거하다(머물러 살다), 거향(居鄕); 가거(家居), 가거(假居), 각거(各居), 객거(客居;객지에서 삶), 과거(寡居;과부로 지냄), 교거(僑居), 기거(起居), 기거(寄居), 군거(群居), 누거(陋居), 독거(獨居), 동거(同居), 벽거(僻居), 별거(別居), 병거(竝居), 병거(屛居), 복거(卜居), 분거(分居), 산거(山居), 세거(世居), 안거(安居)[안거낙업(樂業), 안거위사(安居危思); 동안거(冬), 하안거(夏)], 암거(巖居), 연거(燕居;閑居), 영거(寧居), 요거(饒居), 우거(寓居), 원거원처(爰居爰處;이곳저곳에 옮기어 삶), 유거(幽居), 은거(隱居), 이거(移居), 이거(離居), 일거(逸居), 잠거(潛居), 잡거(雜居), 적거(謫居), 전거(奠居), 전거(轉居), 점거(占居), 접거(接居), 정거(靜居), 주거(住居)[주거비(費), 주거지(地), 주거지(址)], 차거(借居), 촌거(村居), 췌거(贅居;처가살이), 칩거(蟄居), 택거(宅居), 폐거(閉居), 한거(閑居), 현거(現居), 혈거(穴居), 호거(好居), 혼거(混居), 환거(鰥居;홀아비로 삶) 들.

거(擧) '들다. 일으키다, 행하다(行). 가려 뽑다. 모두. 들추어내다'를 뜻하는 말. ¶거가(擧家;온 집안), 거개(擧皆;거의 모두), 거공(擧公;일을 공적인 규칙대로 처리함), 거관/포(擧棺/布), 거국(擧國;온 나라. 또는 국민 전체)[거국내각(內閣), 거국일치/하다(一致), 거국적(的)], 거당/적(擧黨/的), 거동/범(擧動/犯), 거두(擧頭), 거례법(擧例法), 거론(擧論)[478], 거명(擧名), 거병(擧兵;군사를 일으킴), 거부형(擧父兄;나쁜 뜻으로 남의 부모를 초들어 말함), 거사(擧沙;논밭에 든 모래를 쳐냄), 거사(擧事;큰일을 일으킴), 거산(擧散), 거상(擧床), 거성명(擧姓名), 거세(擧世), 거수(擧手)[거수가결(可決), 거수경례/하다(敬禮), 거수기(機), 거수투표(投票)], 거시(擧示), 거식(擧式;식을 올림), 거애(擧哀;發喪), 거양하다(擧揚), 거업(擧業), 거의(擧義), 거인(擧人. 擧子; 과거를 보는 선비), 거제(擧祭), 거조(擧條), 거조(擧措;말이나 행동의 태도), 거조(擧朝;온 조정), 거족/적(擧族/的), 거중기(擧重機), 거증(擧證)[거증책임(責任)], 거지(擧止)[행동거지(行動)], 거천(擧薦), 거촉(擧燭), 거판(擧板), 거풍(擧風), 거행(擧行)[479], 거화(擧火;횃불을 켬); 검거(檢擧), 경거(輕擧), 경거망동(輕擧妄動), 공거(貢擧), 과거(科擧), 단

477) 거주(居住): 일정한 곳에 자리를 잡고 머물러 삶. 또는 그 곳. ¶거주민(民), 거주자(者), 거주지(地), 거주하다; 영내거주(營內), 영외거주(營外), 해외거주(海外).

478) 거론(擧論): 어떤 사항을 논제(論題)로 삼기 위하여 초들어 말함. ¶여름철을 맞아 홍수 문제를 거론하다.

479) 거행(擧行): 명령에 따라 시행함. 행사나 의식을 차리어 치름. ¶결혼식을 거행하다. 기념행사를 거행하다. 거행지법(地法), 거행하다; 자하거행(自下).

거(單擧), 대거(大擧), 두거(頭擧), 망거(妄擧;망령된 짓), 매거하다(枚擧), 모거(毛擧), 미거(美擧), 미거하다(未擧), 병거(竝擧), 부거(赴擧), 비거(備擧), 성거(盛擧), 열거(列擧), 예거(例擧), 외거(外擧), 위거(偉擧), 의거(義擧), 일거(一擧), 자거(恣擧), 장거(壯擧), 재거(再擧), 전거(全擧), 정거(停擧), 중거(中擧;중허리), 천거(薦擧), 추거(推擧), 쾌거(快擧), 폭거(暴擧), 해거(駭擧), 헌거(軒擧)/롭다/하다 들.

거(去) '가다. 떠나다. 지나다. 버리다. 물리치다. 죽다'를 뜻하는 말. ¶거각(去殼;껍데기를 벗기어 버림), 거거익심(去去益甚), 거관(去官), 거근(去根), 거냉(去冷), 거년(去年), 거담/제(去/祛痰/劑), 거독(去毒), 거동(去冬), 거두절미(去頭截尾), 거래(去來)[480], 거로(去路), 거류(去留), 거맥(去脈), 거목(去目;알맹이를 발라버림), 거백(去白), 거번(去番;지난번), 거성(去姓), 거성(去聲), 거세(去歲;지난해), 거세(去勢)[481], 거심(去心), 거악생신(去惡生新), 거월(去月), 거유(去油), 거익(去益;갈수록 더욱), 거일(去日), 거재(去滓), 거주(去週), 거처(去處), 거추(去秋), 거춘(去春), 거취(去取), 거취(去就), 거폐/생폐(去弊/生弊), 거하(去夏), 거핵(去核); 과거(過去), 귀거래(歸去來), 대거(貸去;꾸어감), 도거(逃去), 말거(抹去), 발거(拔去), 병거(屛去), 비거(飛去), 사거(死去), 사거(辭去), 삭거(削去), 서거(逝去), 소거(消去), 속거천리(速去千里), 수거(收去), 언거언래(言去言來), 영거(領去), 이거(移去), 인거하다(引去), 제거(除去), 주거(做去;실행하여 감), 진거(進去), 착거(捉去), 척거(擲去), 철거(撤去), 청거(請去), 체거(遞去), 초거(招去;불러 데려감), 추거(推去;찾아서 가져감), 출거(出去), 취거(取去), 탈거(脫去), 탈거(奪去), 태거(汰去), 퇴거(退去), 하거(下去), 할거(割去), 화거(化去), 환거(還去), 훙거(薨去) 들.

거(巨) '크다. 많다'를 뜻하는 말. ¶거가/대족(巨家/大族), 거각(巨閣), 거간(巨姦), 거관(巨款), 거괴(巨魁), 거구(巨軀), 거금(巨金;목돈), 거대(巨大;큼)[거대과학(科學), 거대도시(都市), 거대분자(分子), 거대증(症), 거대하다], 거도(巨盜), 거도(巨濤), 거두/회담(巨頭/會談), 거량(巨量), 거리(巨利), 거막(巨瘼), 거만(巨萬;아주 많음), 거목(巨木), 거물(巨物)[거물급(級), 거물스럽다], 거벽/스럽다(巨擘;어떤 전문적인 분야에서 남달리 뛰어난 사람), 거보(巨步), 거부(巨富), 거비(巨費), 거사(巨事), 거산(巨山), 거산(巨産), 거상(巨商), 거석(巨石)[거석렬(列), 거석문화(文化)], 거선(巨船), 거성(巨姓), 거성(巨星), 거세(巨細), 거세(巨勢), 거수(巨樹), 거승(巨僧), 거시적(巨視的), 거암(巨巖), 거액(巨額), 거역(巨役), 거유(巨儒), 거익(巨益), 거인(巨人)[거인설화(說話), 거인증(症)], 거작(巨作), 거장(巨匠), 거재(巨材), 거재(巨財), 거적(巨跡/迹), 거정(巨晶), 거족(巨足), 거족(巨族), 거종(巨鐘), 거죄(巨罪), 거지(巨指;엄지가락), 거진(巨鎭), 거찰(巨刹), 거창하다(巨創/刱;엄청나게 크다), 거체(巨體), 거촉(巨燭), 거탄(巨彈), 거편(巨篇), 거폐(巨弊), 거포(巨砲), 거포(巨逋), 거하다(수나 양이 많고 풍부하다), 거학(巨壑;큰 골짜기), 거한(巨漢;몸집이 매우 큰 사나이), 거할마(巨割馬), 거함(巨艦); 누거만(累巨萬) 들.

거(據) '어떤 것에 근거하다(의거하다). 의지하다. 자리 잡고 버티다(웅거하다)'를 뜻하는 말. ¶거수(據守), 거실(據實), 거유(據有), 거점(據點;활동의 근거지로 삼는 곳)[거점도시(都市); 성장거점(成長)], 거집(據執); 고거(考據), 근거(根據), 논거(論據), 무거불측(無據不測), 무거하다(無據), 반거(盤/蟠據), 본거/지(本據/地), 빙거(憑據), 수준거표(水準據標), 웅거(雄據), 의거(依據), 인거(引據), 전거(典據), 점거(占據), 준거(準據), 준거(遵據), 증거(證據), 할거(割據) 들.

거(拒) '받아들이지 아니하고 물리치다(거절하다). 막다. 겨루다. 어기다'를 뜻하는 말. ¶거각(拒却;거절하여 물리침), 거납(拒納;납세하거나 납부하기를 거절함), 거문불납(拒門不納), 거부(拒否↔受諾. 承認)[거부권(權), 거부되다/하다, 거부반응(反應); 증언거부/권(證言/權)], 거성(拒性), 거식증(拒食症), 거역/하다(拒逆), 거전(拒戰), 거절(拒絕;拒否)[거절증(症), 거절증서(證書); 인수거절(引受)], 거지(拒止;버티어 막음); 뇌거(牢拒), 완거(頑拒), 준거(峻拒), 척거(斥拒), 항거(抗拒), 힐거(詰拒) 들.

거(渠) '도랑 · 개울'을 뜻하는 말. ¶가거(街渠), 간선거(幹線渠), 개거(開渠), 계선거(繫船渠), 구거(溝渠), 도수거(導水渠;수멍), 명거(明渠), 선거(船渠)[개선거(開), 건선거(乾), 계선거(繼), 부선거(浮), 수선거(修), 습선거(濕)], 수거(水渠), 암거(暗渠), 오거(汚渠), 입거(入渠), 조거(漕渠), 지선거(枝線渠), 천거(川渠), 천거창일(川渠漲溢), 하거(河渠;강과 개천), 하수거(下水渠) 들.

거(鋸) '톱'을 뜻하는 말. ¶거도(鋸刀;톱칼), 거치(鋸齒;톱니)[거치상(狀), 거치연(緣;톱니잎가); 반거치(反)], 인거(引鋸). §'거(鉅)'는 '크다[巨]'는 뜻인데, '톱'을 뜻하는 말로도 쓰임. ¶거어(鉅漁;큰 물고기), 대거(帶鉅;띠톱), 중거리(中鉅;길이가 중간쯤 되는 톱).

거(距) '떨어지다. 뛰다'를 뜻하는 말. ¶거골(距骨;복사뼈), 거금(距今;지금으로부터 지나간 어느 때까지의 동안), 거리(距離)[482], 거

480) 거래(去來): 상품을 사고팔거나 돈을 꾸어줌과 꾸어옴. ¶거래되다/하다, 거래량(量), 거래법(法), 거래소(所), 거래시간(時間), 거래자(者), 거래정지처분(停止處分), 거래증명서(證明書), 거래처(處); 검은거래, 결제거래(決濟), 경상거래(經常), 공정거래(公正), 단기청산거래(短期清算)/단기거래, 당좌거래(當座), 대차거래(貸借), 돈거래, 뒷거래, 론거래(loan), 맞돈거래, 밀거래(密), 발행일결제거래(發行日決濟)/발행일거래, 보통거래(普通), 부당거래(不當), 불공정거래(不公正), 상거래(商), 선물거래(先物), 신용거래(信用), 실물거래(實物), 암거래(暗), 은행거래(銀行), 자본거래(資本), 장기청산거래(長期清算)/장기거래, 장외거래(場外), 전자거래(電子), 주식거래(株式), 준거래(準), 증권거래(證券), 직접거래(直接)/직거래(直), 청산거래(清算), 투기거래(投機), 현금거래(現金), 현물거래(現物), 환거래(換).

481) 거세(去勢): 동물의 생식 기능을 잃게 함. 저항이나 반대하지 못하도록 세력을 빼앗음. ¶거세가축(家畜), 거세계(鷄), 거세돈(豚), 거세되다, 거세마(馬), 거세술(術), 거세하다.

482) 거리(距離): 서로 떨어져 있는 두 곳 사이의 길이. 수학에서, 두 점을 잇는 직선의 길이. 인간 관계에서 서먹한 사이. 어떤 기준에서 본, 서로의 차이나 구별. ¶10리 거리를 단숨에 달려왔다. 두 사람의 견해에는 상당한 거리가 있었다. 거리감(感), 거리경주(競走), 거리계(計), 거리표(標); 가시거리(可視;보임거리), 각거리(角), 광달거리(光達), 광학거리(光學), 극거리(極), 근거리(近), 근일점거리(近日點), 남극거리(南極), 단거리(短), 등거리(等), 명시거리(明視), 물거리, 변심거리(邊心), 북극거리(北極), 비거리(飛距離), 비행거리(飛行), 사거리(射)[유효사거리(有效), 최대사거리(最大)], 사정거리(射程), 사회적거리(社會的), 수직거리(垂直), 수평거리(水平), 시인거리(視認), 안전거리(安全), 완충거리(緩衝), 원거리(遠), 장거리(長), 재식거리(栽植), 조준거리(照準), 주시거리(注視), 주행거리(走行), 중거리(中), 중장거리(中長), 지평거리(地平),

약(距躍;뛰어오르거나 뛰어넘음); 구거(鉤距;미늘), 상거(相距), 축거(軸距), 측거기(測距器) 들.

거(倨) '잘난 체하며 남을 업신여기는 데가 있다(거만하다)'를 뜻하는 말. ¶거기(倨氣), 거만(倨慢↔謙遜)[거만성(性), 거만스럽다/하다, 거만지다], 거모하다(倨侮), 거오(倨傲) 들.

거(据) '일하다. 의거하다'를 뜻하는 말. ¶거총(据銃;총의 개머리쇠를 어깨에 댐), 거치(据置)483); 양수거지(兩手据地) 들.

거(踞) '웅크리다'를 뜻하는 말. ¶거시(踞侍;웅크리고 옆에서 기다리는 것), 거좌(踞坐;걸터앉음); 반거(盤/蟠踞), 반거(蟠踞), 용반호거(龍蟠虎踞) 들.

거(遽) '갑작스럽다. 갑자기'를 뜻하는 말. ¶거연히(遽然;깊이 생각할 겨를도 없이. 문득), 급거(急遽;급히 서둘러), 황거(惶遽) 들.

거(岠) '큰 산'을 뜻하는 말. ¶봉거(峰岠;산봉우리가 험하여 가까이 갈 수 없음).

거(炬) '횃불'을 뜻하는 말. ¶거촉(炬燭;횃불과 촛불), 거화(炬火), 송거(松炬;관솔불), 식거(植炬) 들.

거(祛) '떨어 없애다. 보내다'를 뜻하는 말. ¶거담(祛痰)[거담되다/하다, 거담작용(作用), 거담제(劑)].

거(裾) '옷자락'을 뜻하는 말. ¶거초(裾礁;큰 바다의 섬이나 따뜻한 해역(海域)에 발달하는 산호초).

거꾸로 차례나 방향이 반대로 바뀌이게.↔바로. 〈작〉가꾸로.[*거꿀(다)+오]. ¶거꾸로 박히다. 가꾸러·거꾸러·까꾸러·꺼꾸러뜨리다/지다, 가꾸로·거꾸로·까꾸로·꺼꾸로, 거꿀가랑이표(標), 거꿀삼발점(三-點), 고꾸라·꼬꾸라뜨리다/트리다/지다.

거나 모음으로 끝나는 체언에 붙어, 사람·시간·장소·사물을 가리지 아니하는 뜻을 나타내는 접속 조사. [받침 뒤에서는 '이거나'로 쓰임]. 〈준〉(이)건.≒(이)든지. (이)든가. ¶우유거나 홍차거나 다 괜찮다. 금이거나 은이거나 다 귀중품이다. 술이건 밥이건.

-거나 용언의 어간 또는 시제의 '-았/었-'이나 높임의 '-시-'에 붙어, ①앞뒤의 내용 중 선택될 수 있는 사실을 나타냄. ¶산책을 하거나 책을 읽어요. ②'-거나~-거나' 꼴로 쓰여, 가리지 않는 뜻을 나타내는 연결 어미. 〈준〉-건②. ¶보거나 말거나 상관없다. 믿거나 말거나. 가거나 오거나 간에 다 가져오너라.

거나-하다 술 취한 정도가 어지간하다. 〈준〉건하다. ¶거나한 목소리. 그는 거나해지자 횡설수설하기 시작했다.

거느리(다) ①부양하며 손아래에 데리고 있다. 짐승이 새끼를 데리고 살다. ¶처자를 거느린 가장(家長). 암탉이 병아리들을 거느리다. 메거느림(산고개). ②지휘하여 통솔하다.≒부리다. ¶한 부대를 거느리고 작전에 임하다. 거느림채(원채나 사랑채에 딸려 있는 작은 집채).

거느시 좀 크게 흔들릴 정도로 맥없이. 또는 건드렁하게. ¶지게를 거느시 지다.

거늑-하다 넉넉하여 마음이 아주 느긋하다. ¶거늑한 마음. 이장은 횡재수가 뻗친 것같이 뱃속이 거늑했다. 거느즉하다484).

-거늘 '이다', 용언의 어간 또는 시제의 '-았/었-, -겠-'이나 높임의 '-시-'에 붙어, ①까닭이나 원인을 나타내는 연결 어미. ¶오늘이 장날이거늘 한 밑천 잡아야겠다. ②앞의 사실을 인정하면서 그와 맞서는 사실을 이어 주는 연결 어미. ¶그리 일렀거늘 이 무슨 실책이냐?

거니 어떤 일이나 사태의 미묘한 상황이 진행되어 가는 과정. ¶두 손자며느리는 벌써 거니를 채고서 고개를 떨어뜨립니다. 사건의 전모를 거니채다. 거니나다(소문나다), 거니채다(낌새를 알아차리다).

-거니 '이다' 또는 용언의 어간에 붙어, ①'이미 사실이 이러이러한데, 이러이러하리라'의 뜻을 나타내는 연결 어미. ¶나는 젊었거니 짐인들 무거우랴. 지금도 살았거니 싶다. ②여러 동작이 잇따라 되풀이될 때 각 동사 어간에 붙이는 연결 어미. ¶앞서거니 뒤서거니 하며 걸었다. ③마땅한 사실로 인정하거나 미루어 짐작한 사실임을 나타내는 종결 어미. ¶핏줄의 정이란 다 그러하거니. 자네 말이 전적으로 옳거니. 나는 네가 합격했거니 하고 생각했다. -거니-와485). ☞ -거늘.

거덕-치다 모양·차림새 따위가 상스럽거나 거칠어서 어울리지 아니하다. 〈센〉꺼덕치다. ¶그는 생김새와 행동이 몹시 꺼덕치다. 내가 입은 반바지는 거덕친데, 네가 입은 반바지는 잘 어울린다.

거덜[1] 재산이나 살림 같은 것이 여지없이 허물어지거나 없어지는 것. 옷이나 신발 같은 것이 다 해지거나 닳아 떨어지는 것. 하려던 일이 여지없이 결딴이 나는 것. 살림이나 무슨 일이 결딴나려고 흔들흔들 위태한 모양. ¶사업에 실패하여 회사가 거덜이 났다. 노름으로 살림이 거덜났다. 치맛단이 거덜거덜 떨어졌다. 살림살이가 거덜이 나다. 밑천이 거덜나다/내다, 거덜거덜/하다.

거덜[2] 조선 시대에 사복시(司僕寺;궁중의 가마와 말에 관한 일을 맡아보던 관청)에서 말을 맡아 거두던 하인. ¶거덜마(馬;거덜이 타던 말. 걸을 때 몹시 몸을 흔드는 말).

거두(다) ①애쓴 과정 뒤에 어떤 성과를 가지게 되다.≒얻다. ¶좋은 성적을 거두다. ②멈추어 끝내거나 그만 두다. ¶객지 살림을 거두어 고향으로 내려갔다. ③숨·말·웃음·생각 따위를 멈추어 끝내거나 그만두다. ¶그 환자는 끝내 숨을 거두고야 말았다. 웃음을 거두다. ④책임지고 보살피거나 건사하다. ¶당신이 이 아이

원거리(遠), 직선거리(直線), 차간거리(車間), 착탄거리(着彈), 천정거리(天頂), 초점거리(焦點), 탄착거리(彈着).

483) 거치(据置): ①손을 대거나 변경하지 않고 그대로 둠. ②공채·사채(私債)·저금·연금 따위를 일정 기간 동안 또는 지급하지 아니함. ¶5년 거치, 10년 분할 상환. 거치하다(据置)[거치배당금(配當金), 거치예금(預金).

484) 거느즉하다: 긴장이 풀린 상태에 있다. ¶거느즉한 기분에 잠겨 한담을 나누고 있을 때였다.

485) -거니와: '이다' 또는 용언의 어간에 붙는 연결 어미. ①앞 절의 사실을 인정하면서 관련된 다른 사실도 인정함을 나타냄. ¶날씨가 춥거니와 바람까지 세차다. ②사리가 상반되는 구절을 이음. ¶나는 그러하거니와 너는 왜 그러냐. ☞ -(이)려니와.

ㄱ

를 당분간 거두어 주십시오. 이 일은 당신이 거두셔야 합니다. 내가 없는 동안 집을 잘 거두어라. 식솔들을 거두느라 바쁜 나날에 시달려 온 맛문한 가장의 얼굴이랄까. ⑤ ☞ 걷다[2]②.

거둥 임금의 나들이.[←거동(擧動)]. ¶거둥에 망아지 새끼 따라다니듯 한다. 거둥길; 자내거둥(自內).

거드렁이 장기를 둘 때, 한번 집은 장기짝은 반드시 써야 되는 규칙. 일수불퇴(一手不退). =들어니쓰기.

거드름 보기에 잘난 체하며 남을 업신여기는 태도.≒거만(倨慢).↔겸손. ¶그 녀석은 언제나 거드름을 피우다. 거드름부리다, 거드름빼다, 거드름새, 거드름스럽다(거드름을 피우는 티가 있다), 거드름쟁이, 거드름춤(입춤;무용의 기본적인 자세를 익히기 위한 춤).

-거드면 '이다' 또는 용언의 어간에 붙어, '실제로 어떠하면'의 뜻을 나타내는 연결 어미. ¶자네 말이 사실이거드면 내가 사과하겠네. 혹시나 일이 잘 안 되거드면 어쩌나. -(이)거드면-은.

거드모리로 주저 없이 마구.

-거든 ①'이다', 용언의 어간 또는 시제의 '-았/었-·-겠-'이나 높임의 '-시-'에 붙어, 가정이나 조건을 나타내는 종속적 연결 어미. [+명령, 청유]. ¶좋거든 가져가라. 먹기 싫거든 먹지 마라. 오시거든 방으로 모셔라. ②앞 절의 사실이 이러하니 뒤 절의 사실은 더욱 당연히 어떠하다는 뜻을 나타내는 연결 어미. ¶개도 은혜를 알거든, 하물며 사람이랴. 너도 사람이거든 부끄러움을 알아라. ③해할 자리에 쓰여, 청자가 모르고 있을 내용을 가르쳐 줌을 나타내는 종결 어미. ¶도무지 까닭을 모르겠거든. 복권이 당첨됐거든. 참 알 수 없는 일이거든. -(이)거든-요, -(이)거들랑[486]/(이)걸랑(은)[←-(이)거든+을랑(조사)]. ☞ -(으)면.

거들(다)[1] ①남이 하는 일을 도와주다. 시중들다.≒돕다. ¶집안 살림을 거들다. ②남의 행동이나 말에 끼어들어 참견하다. ¶괜히 옆에서 한 마디 거들다. 한 몫 거들고 나서다. 자네가 거들고 나설 일이 아니네.

거들(다)[2] 근거를 보이거나 증명하기 위하여 보다.

거들-뜨다 내리떴던 눈을 위로 치뜨다. ¶거들떠도 안 본다. 거들떠보다[487].

거들지 손을 감추기 위하여 두루마기나 여자의 저고리 따위의 소매 끝에 흰 헝겊으로 길게 덧대는 소매. 한삼(汗衫).

거듭 ①어떤 일을 되풀이하여. 여러 번 다시.≒다시. 또. 연거푸. 잇달아. 연달아. 재차. ¶거듭 사과하다/ 부탁하다/ 당부하다/ 강조하다. 거듭거듭, 거듭나다(새사람이 되다), 거듭남, 거듭되다, 거듭부정(否定), 거듭소리, 거듭매매(賣買), 거듭제곱/근(根), 거듭하다(되풀이하다). ②다시 덧포개어. ¶거듭 쌓다.

-거라 'ㅏ'로 끝나는 자동사나 '있(다), 듣(다), 앉(다)' 따위의 동사 어간에 붙어, 명령의 뜻을 나타내는 해라체의 종결 어미. ¶빨리 가거라. 빨리 자거라. 이놈 게 있거라. 내 말을 듣거라. 게 앉거라. ☞ -너라.

거란지 '거란지뼈(소의 꽁무니뼈)'의 준말.

거랑 남의 광산 구덩이의 버력탕에서 광석을 골라 돈을 버는 일. [←걸량(乞糧)]. ¶거랑금(金), 거랑금점(金店), 거랑꾼, 거랑촌(村), 거랑하다.

거량 설법할 때에 죽은 사람의 영혼을 부르는 것.[←擧揚(거양)]. ¶거량하다.

거레 까닭 없이 어정거리면서 몹시 느리게 움직이는 짓.≒늑장. 늦장. ¶빨리 하지 않고 무슨 거레를 이리 하는고? 춘희는 시집에 갈 때면 거레하기 일쑤여서 남편의 지청구를 들었다. 두 시간이나 잡담으로 거레를 하다. 거레하다.

거루 거룻배(돛을 달지 아니한 작은 배). ¶거루다[488]; 낚싯거루/낚거루(작은 낚싯배), 두멍거루(배의 폭이 넓고 바닥이 깊어서 짐을 많이 싣는 배) 들.

거룩-하다 성스럽고 위대하다. 고결하고 훌륭하다.[〈거륵ᄒᆞ다].↔비천하다(卑賤). ¶그의 희생 정신은 매우 거룩하다. 거룩하신 하느님. 거룩거룩하다, 거룩히.

거르(다)[1] 찌꺼기나 건더기가 있는 액체를 체 따위에 밭쳐서 유동성의 물질만 빼내다. ¶술을 거르다. 거르기(여과), 거른물, 거름망(網), 거름베, 거름종이(여과지), 걸러내기, 걸러내다, 걸름기관(器官;콩팥); 막걸리[489] 들.

거르(다)[2] 차례대로 하여 가다가 중간에 어느 자리를 빼고 넘기다. ≒건너뛰다②. 뛰어넘다. ¶끼니를 거르다. 며칠 걸러 하루씩 나오다. 걸러[490], 걸러뛰다[491], -거리'; 간거르다(間;하나씩 사이를 거르다), 하루걸러(하루씩 띄어서. 하루건너), 해거리(한 해를 거름)/하다.

거리[1] ①음식을 만드는 데 재료가 되는 것. ¶반찬을 할 거리. ②일부 명사나 용언의 관형형 뒤에 붙어 '재료(밑감)·구실'의 뜻을 나타내는 말.=-감. §원래 '거리'는 '국물에 있는 건더기'로 쓰이던 말인데, 내용이 될 만한 재료로 전의되었음. 발음은 [꺼리]. ¶간식거리(間食), 개짓거리, 걱정거리, 고민거리(苦悶), 고소거리(苦笑), 골칫거리, 관심거리(關心), 곰거리(곰국의 재료), 구경거리, 구실거리, 국거리, 굿거리, 근심거리, 글거리, 기삿거리(記事), 김장거리, 김칫거리, 꾸밋거리, 끼닛거리, 나물거리, 논란거리(論難), 논문거리(論文), 논쟁거리(論爭), 놀거리, 놀림거리, 놀이거리, 눈요깃거리(療飢), 논쟁거리(論爭), 눅거리(일반적인 값보다

486) -(이)거들랑: 앞 말이 뒷말의 전제 조건이 됨(가정적인 사실을 강조)을 나타냄. 〈준〉-(이)걸랑.[←거든+-을랑]. ¶식전이거들랑 같이 한술 뜨자. 혼자거들랑 함께 오너라. -(이)거들랑-은.

487) 거들떠보다: ①알은체하거나 관심을 가지고 보다.[+부정어]. ¶내일 시험인데 책을 거들떠보지도 않는구나. ②내렸던 눈을 언짢게 치뜨고 바라보다. ¶사나운 눈으로 힐끗 거들떠보다.

488) 거루다: 배를 강기슭이나 냇가에 대다.

489) 막걸리: 맑은술을 떠내지 아니하고 그대로 걸러 짠 술. 탁주(濁酒).↔맑은술.

490) 걸러: 사이나 차례를 건너뛰어서. ¶사흘 걸러 들르는 사무실.

491) 걸러뛰다: 차례를 다 거치지 않고 중간 단계를 걸러서 가다.≒건너뛰다. ¶대리에서 고장을 거치지 않고 부장으로 걸러뛰다.

싼 물건), 뉴스거리(news), 단거리(單;오직 그것 하나뿐인 재료), 대거리(對), 대판거리(大), 대항거리(對抗), 덧거리, 도거리(都), 돈거리(돈으로 바꿀 수 있는 물건), 돌거리, 두통거리(頭痛), 땔거리, 땟거리, 뜨갯거리, 만홧거리(漫畵), 말거리, 말썽거리, 망신거리(亡身), 먹(을)거리, 멋거리, 명정거리(銘旌), 문젯거리(問題), 밑거리[492], 반찬거리(飯饌), 밤참거리, 밥거리, 벌거리, 복장거리(腹臟), 볼거리, 부업거리(副業), 비난거리(非難), 비솟거리(誹笑), 살거리, 상담거리(相談), 생각거리, 생애거리(生涯), 샛거리, 소견거리(消遣), 소문거리(所聞), 소야거리(消夜), 소일거리(消日), 소한거리(消閑), 속거리, 솟거리, 숙젯거리(宿題), 술잔거리(盞), 시량거리(柴糧), 시빗거리(是非), 싸움거리, 싼거리(물건을 싸게 사는 일), 쓸거리, 아침거리, 안줏거리(按酒), 암숫거리(暗數), 암죽거리(粥), 양념거리, 양식거리(糧食), 언턱거리/턱거리, 요깃거리(療飢), 우셋거리, 우환거리(憂患), 웃음거리, 위안거리(慰安), 이야깃거리, 일거리, 읽을거리, 입맷거리, 입을거리, 자랑거리, 잡담거리(雜談), 장거리(場;장에서 팔아 돈을 마련하거나 사올 물건), 재밋거리, 재셋거리(내세워 우쭐해할 만한 것), 저녁거리, 전당거리(典當), 점심거리(點心), 조롱거리(嘲弄), 조석거리(朝夕), 주목거리(注目), 중거리(中), 즐길거리, 증것거리(證據), 질문거리(質問), 짓거리, 찌개거리, 추억거리(追憶), 찬거리(饌), 치다꺼리, 치렛거리, 치장거리(治粧), 탈거리(頉), 탈거리[승(乘)], 탕거리(湯), 통거리, 트집거리, 파적거리(破寂), 팔거리(팔 물건), 푸닥거리, 푼거리, 핑곗거리, 하룻거리, 한턱거리, 해장거리(解酲), 행셋거리(行世), 화근거리(禍根), 화단거리(禍端), 화젯거리(話題), 후환거리(後患), 흥밋거리(興味), 흥정거리 들.

거리[2] 사람이 많이 다니고 시설이나 건물이 있는 비교적 큰 길. ¶거리에 사람들이 많다. 번화한 거리. 거리거리, 거리굿, 거리나무(가로수), 거리변죽(거리의 가녘), 거릿송장(길거리에서 죽은 송장), 거리제(祭), 거릿집(길거리에 있는 집); 길거리, 뒷거리, 밤거리, 비석거리(碑石), 삼/ 세/ 네/ 오거리, 앞거리, 장거리(場;장이 서는 거리), 저잣거리, 주막거리(酒幕) 들.

거리[3] 오이 · 가지 따위의 50개를 묶어 세는 단위. ¶가지 두 거리. 오이 두 거리를 한 접이라고 한다. 오이 세 거리. 편거리(片)[493].

거리[4] ①춤이나 굿의 한 장면. ¶춤 한 거리. 굿거리[대감거리, 성주거리]. ②연극의 한 막이나 한 각본.

-거리[1] 일정한 기간을 나타내는 명사에 붙어 '주기(週期)로 하여 일어남. 때'의 뜻을 더하는 말.[←거르(다)[2]+이]. ¶간거리(間;차례에서 일정한 사이를 거름), 날거리, 달거리[1,2], 대거리(代;서로 번갈아 듦. 교대), 물거리[494], 이레거리, 이틀거리, 하루거리(하루씩 걸러서 앓는 학질), 해거리(한해를 거름) 들.

-거리[2] 몇몇 명사 뒤에 붙어 '시답지 않게 여기거나 점잖지 않게 여김. 낮춤[비하(卑下)]'의 뜻을 더하는 말.=지거리.[←짓+거리]. ¶떼거리, 말짓거리, 생떼거리(生), 싸움짓거리, 짓거리, 패거리(牌); 기롱지거리(欺弄), 농지거리(弄), 맹세지거리(盟誓), 반말지거리(半), 악담반지거리(惡談半), 욕지거리(辱), 허텅지거리[495], 호령지거리(號令), 희롱지거리(戲弄).

-거리[3] 몇몇 명사 뒤에 붙어 '병(病)'을 이르는 말. ¶볼거리(볼 아래가 부어오르는 돌림병), 턱거리(턱 아래에 나는 종기).

거리끼(다) ①거치적거려 방해가 되다. ¶사업을 하자니 거리끼는 것이 많다. ②꺼림칙하게 마음에 걸리다. ¶양심에 거리끼는 일은 하지 말자. 무슨 문제든 거리낌 없이 이야기하다. 거리낌(거리끼는 것). ☞ 꺼리다.

-거리(다) 1음절 반복형이나 2음절 이상의 동작성 어근 및 의성어 · 의태어에 붙어 '그 소리나 동작이 잇따라 계속됨'의 뜻을 더하고 동사를 만드는 접미사. §'-대다'와도 결합함. 단, 상태성만 띠는 의태어에는 제한을 받음. ¶가닐 · 그닐, 가동[496], 가둥[497], 가드락 · 거드럭 · 까드락 · 꺼드럭 · 까뜨락 · 꺼뜨럭/가들 · 거들 · 까들 · 꺼들, 가들랑 · 거들렁 · 까들랑 · 까뜰랑 · 꺼들렁, 가들막 · 거들먹 · 까들막 · 까뜰막 · 꺼들먹, 가르랑/가랑 · 그르렁/그렁, 가물 · 거물 · 까물 · 꺼물, 가박 · 거벅 · 까박 · 꺼벅, 가불 · 거불 · 까불 · 꺼불, 가불딱 · 거불떡, 가불짝 · 거불쩍, 가치작 · 거치적 · 까치작 · 꺼치적, 가칫 · 거칫 · 까칫 · 꺼칫, 가탈 · 까탈, 간닥 · 근덕 · 깐닥 · 깐딱 · 껀덕 · 끈덕 · 끈떡, 간당 · 건덩 · 간댕 · 근뎅, 간드락 · 건드럭 · 간드랑 · 근드렁 · 간드작 · 근드적, 간들 · 건들 · 근들 · 간들막 · 건들먹, 간질 · 근질, 갈갈 · 걸걸, 갈그랑/갈강 · 글그렁/글겅, 갈근 · 걸근[1,2], 갈신(자꾸 눈에 띄다), 갈쌍 · 글썽, 갈씬 · 걸씬, 갉작 · 긁적 · 갉죽 · 긁죽, 감실 · 검실, 강동 · 겅둥 · 깡동 · 깡둥 · 껑둥 · 깡똥 · 껑뚱, 강장 · 깡장 · 깡짱 · 깡쫑 · 깡창 · 깡충 · 겅정 · 껑정 · 껑쩡 · 강종 · 겅중 · 껑쭝 · 껑청 · 껑충, 개신 · 기신, 갸우뚱 · 기우뚱 · 꺄우뚱 · 끼우뚱, 갸울 · 기울/개울딱 · 기울떡, 갸웃 · 기웃 · 꺄웃 · 끼웃, 갿갿 · 꺌꺌, 거푼 · 거풀 · 거풋, 걱실, 건득, 건정(일을 대강하다), 걸리적(거치적), 걸쩍(활달하고 시원스럽게 행동하다), 게걸, 게정, 게지락 · 깨지락 · 께지럭/게질 · 깨질 · 께질/깨작 · 께적, 고기작 · 구기적 · 꼬기작 · 꾸기적/고깃 · 구깃 · 꼬깃 · 꾸깃, 고로록, 고로롱/고롱, 고무락 · 구무럭 · 꼬무락 · 꾸무럭, 고무작 · 구무적 · 고물 · 구물 · 꼬물 · 꾸물, 고부랑 · 구부렁 · 꼬부랑 · 꾸부렁, 고분, 고불 · 구불 · 꼬불 · 꾸불, 고불딱 · 구불떡 · 고불락 · 구불럭, 고시랑 · 구시렁, 골골[1,2], 곰실 · 굼실 · 꼼실 · 꿈실, 곰작 · 굼적 · 꼼작 · 꿈적 · 꼼짝 · 꿈쩍, 곰지락 · 굼지럭 · 곰지락 · 굼지럭꼼지락 · 꿈지럭/곰질 · 굼질 · 꼼질 · 꿈질, 곰틀 · 굼틀 · 꼼틀 · 꿈틀, 곱실 · 굽실 · 꼽실 · 꿉실, 곱작 · 굽적 · 꼽작 · 꿉적, 구두덜, 구벅 · 꾸벅 · 꼬박 · 꼬빡 · 꾸뻑, 군실 · 근실, 굼닐[←굽(다)+닐], 궁싯, 그물 · 끄물, 까닥 · 꺼덕 · 까딱 · 꺼떡 · 끄덕 · 끄떡[1,2], 까르르 · 까르륵, 까르릉, 까막 · 끄먹, 까물/까무락 · 꺼물/꺼무럭, 까악(산까치가 우는 소리), 까옥(까마귀가 우는 소리), 깍깍, 깍둑 · 꺽둑, 깐작 · 끈적, 깐족 · 깐죽, 깔깔 · 껄껄, 깔

---

492) 밑거리: ①원재료(原材料). ②단청할 때 건물에 먼저 한 벌 바르는 엷은 녹색의 채색(彩色).

493) 편거리(片): 인삼을 한 근씩 골라 맞출 때 그 편수를 세는 말.

494) 물거리: 낚시에서, 물고기가 가장 잘 낚이는 때.

495) 허텅지거리: 일정한 상대자 없이 들떼놓고 하는 말.

496) 가동거리다: 어린아이를 치켜들고 올렸다 내렸다 하며 어르다. 또는 그렇게 시키다. ¶가동대다, 가동가동/하다.

497) 가둥거리다: 몸집이 작은 사람이 해해 엉덩이짓을 하다. ¶가둥대다. 가둥가둥/하다.

끔 · 껄끔, 깔딱 · 껄떡, 깔짝 · 끌쩍[1,2], 깔쭉 · 껄쭉, 깜박 · 깜빡 · 껌벅 · 껌뻑 · 끔벅 · 끔뻑, 깜작 · 깜짝 · 끔적 · 끔쩍[1,2], 깝삭 · 껍석, 깝신 · 껍신, 깝작 · 껍적 · 깝죽 · 껍죽, 깝진 · 껍진, 깨갱 · 끼깅, 깨작[1] · 끼적, 깨작[2]/깨지락, 깨죽 · 께죽, 깩깩 · 끽끽, 깰깩 · 낄끽, 깰깰 · 낄낄 · 캘캘 · 킬킬, 깽깽 · 캉캉 · 캥캥 · 컹컹 · 킹킹, 꺄룩 · 끼룩[1,2], 꺅꺅, 꺽죽, 꼬꼬댁, 꼬르륵/꼬륵 · 꾸르륵/꾸륵, 꼬박 · 꾸벅 · 꼬빡 · 꾸뻑, 꼬약 · 꾸역, 꼭꼭(암탉이 알을 안는 소리), 꼴까닥 · 꿀꺼덕/꼴깍 · 꿀꺽 · 꼴칵 · 꿀컥, 꼴꼴 · 꿀꿀 · 콜콜 · 쿨쿨[1], 꼴꼴 · 꿀꿀[2], 꼴딱 · 꿀떡, 꼴락 · 꿀럭, 꼴랑 · 꿀렁 · 콜랑 · 쿨렁, 꼴짝 · 꿀쩍, 꼴찌락 · 꿀찌럭, 꼼트락 · 꿈트럭, 꽁꽁 · 꿍꿍 · 콩콩 · 쿵쿵[1,2], 꽁알 · 꿍얼, 꽈르르 · 꿔르르 · 콰르르, 꽈르릉 · 콰르릉/꽈릉 · 콰릉, 꽐꽐 · 꿜꿜 · 콸콸 · 퀄퀄, 꽝꽝 · 꿩꿩 · 쾅쾅 · 퀑퀑, 꽥꽥 · 꿱꿱, 꽹그랑, 꽹꽹 · 꽹당, 꿍꽝 · 쿵쾅, 끄르륵 · 끌꺽 · 끅끅, 끙끙 · 낑낑 · 킹킹, 끼드득/끼득, 끼루룩/끼룩, 낄낄 · 캘캘 · 킬킬, 나근 · 느근[1,2], 나달 · 너덜 · 나탈 · 너털[1,2], 나불 · 너불, 나불 · 너불 · 나풀 · 너풀, 나붓 · 너붓 · 너풋, 나슬 · 너슬, 나울 · 너울, 나팔 · 너펄, 나푼 · 너푼, 난작 · 넌적 · 는적, 난지락 · 는지럭, 난질 · 는질, 날름 · 널름 · 늘름, 날짱 · 늘쩡[1,2], 날캉 · 늘컹, 날큰 · 늘큰 · 날찐, 남상 · 넘성, 남실 · 넘실 · 늠실, 납신 · 넙신, 납작 · 넙적, 납죽 · 넙죽, 낭창 · 능청, 냠냠, 너울쩍, 넌덜, 넌들, 넘늘, 노닥, 뉘엿, 느글 · 니글, 느긋, 느물, 다다닥 · 따다닥 · 타다닥, 다달 · 더덜, 다독 · 따독, 다듬 · 더듬 · 따듬 · 떠듬/다듬작 · 더듬적 · 따듬작 · 떠듬적, 다르랑 · 드르렁 · 다르릉 · 드르릉, 다르륵 · 더르륵 · 따르륵 · 떠르륵 · 드르륵[1,2], 다박 · 더벅 · 타박 · 터벅, 다빡 · 더뻑, 다팔 · 더펄, 닥다글 · 덕더글 · 딱따글 · 떡더글, 달가닥 · 덜거덕 · 달까닥 · 덜꺼덕 · 달카닥 · 덜커덕 · 딸가닥 · 떨거덕 · 딸까닥 · 떨꺼덕 · 떨커덕 · 탈가닥 · 탈카닥 · 털거덕 · 털커덕, 달가당 · 덜거덩 · 달까당 · 덜꺼덩 · 달카당 · 덜커덩 · 딸가당 · 떨거덩 · 딸까당 · 떨꺼덩 · 딸카당 · 떨커덩 · 탈가당 · 탈카당 · 털거덩 · 털커덩, 달각 · 덜걱 · 달깍 · 덜꺽 · 달칵 · 덜컥 · 딸각 · 딸깍 · 떨걱 · 떨꺽 · 딸칵 · 탈각 · 탈칵 · 털걱 · 털컥, 달강 · 덜겅 · 달깡 · 덜껑 · 달캉 · 덜컹 · 딸강 · 딸깡 · 떨겅 · 떨껑 · 탈강 · 탈캉 · 털겅 · 털컹, 달그락 · 덜그럭 · 딸그락 · 떨그럭, 달그랑 · 덜그렁 · 딸그랑 · 떨그렁, 달달 · 덜덜 · 딸딸 · 떨떨 · 탈탈 · 털털, 달라당 · 덜러덩, 달랑 · 덜렁 · 딸랑 · 떨렁, 달막 · 딸막 · 들먹 · 뜰먹, 달망 · 들멍, 달싹 · 딸싹 · 들썩 · 뜰썩, 담바당 · 덤버덩 · 탐바당 · 텀버덩/담방 · 덤벙 · 탐방 · 텀벙, 답삭 · 덥석 · 탑삭 · 텁석, 답작 · 덥적, 당실 · 덩실, 당싯 · 덩싯, 대가닥 · 데거덕 · 때가닥 · 떼거덕, 대각 · 데걱 · 때각 · 떼걱 · 때깍 · 떼꺽, 대굴 · 데굴 · 때굴 · 떼굴, 대그락 · 데그럭 · 때그락 · 떼그럭, 대깍 · 데꺽, 대롱 · 디룽, 대룩 · 때룩, 댁대굴 · 덱데굴 · 땍때굴 · 떽떼굴, 댕가당 · 뎅거덩 · 땡가당 · 뗑거덩, 댕강 · 뎅겅 · 땡강 · 뗑겅, 댕그랑 · 뎅그렁 · 땡그랑 · 뗑그렁, 댕댕 · 뎅뎅 · 땡땡 · 뗑뗑, 덩드럭, 도근 · 두근, 도닥 · 두덕 · 또닥 · 뚜덕 · 토닥 · 투덕, 도란 · 두런, 도리반 · 두리번, 돌돌 · 둘둘, 동당 · 둥당 · 똥땅 · 뚱땅 · 통당 · 퉁탕 · 퉁텅, 동동 · 둥둥[1,2], 동실 · 둥실, 되똑 · 뒤뚝 · 뙤똑 · 뙤뚝, 되똥 · 뒤뚱 · 뙤똥 · 뙤뚱, 되록 · 뒤룩 · 뙤록 · 뛰룩[1,2], 되롱 · 뒤룽, 되작 · 뒤적 · 되착 · 뒤척, 두덜 · 뚜덜 · 투덜, 둥싯, 뒤스럭, 드렁 · 드릉, 득시글/득실, 들락, 들랑, 들썽, 들척, 들큰, 따끔 · 뜨끔, 따짝 · 뜬쩍, 딱딱, 딸꾹, 딸딸, 땅땅 · 떵떵[1], 땅땅 · 떵떵[2] · 탕탕 · 텅텅, 떠들썩, 떠죽, 또드락 · 뚜드럭 · 토드락 · 투드럭, 또박 · 뚜벅, 똑딱 · 뚝딱 · 톡탁 · 툭탁, 똘똘 · 뚤뚤, 뙤뙤, 뚜걱, 뜰뜰, 뜰먹, 뜰썩[1,2], 만지작/만작, 말똥 · 멀뚱, 말랑 · 몰랑 · 물렁, 말씬 · 몰씬 · 물씬, 말카당 · 몰카당 · 물커덩/말캉 · 몰캉 · 물컹, 망설, 매끄당 · 미끄덩 · 매끈 · 미끈 · 매끈둥 · 미끈둥 · 매끌 · 미끌, 매슥 · 메슥, 머무적/머뭇, 멈칫, 멍멍, 몽그작 · 뭉그적, 몽글 · 뭉글 · 몽클 · 뭉클, 몽긋 · 뭉긋/몽깃 · 뭉깃, 무춤, 문치적/문칫, 미루적/미적, 바가닥 · 버거덕 · 빠가닥 · 빠까닥 · 뻐꺼덕, 바각 · 버걱 · 빠각 · 빠깍 · 뻐꺽, 바글 · 버글 · 빠글 · 뻐글, 바동 · 버둥, 바드득 · 빠드득 · 빠드득 · 부드득 · 파드득 · 퍼드득/바득 · 빠득 · 부득 · 피득 · 퍼덕, 바드등 · 빠드등 · 부드등 · 뿌드등, 바들 · 버들 · 부들 · 파들 · 퍼들 · 푸들 · 바들짝 · 버들쩍, 바락 · 버럭, 바르작 · 버르적 · 빠르작 · 뻐르적/바릇 · 버릇 · 빠릇 · 뻐릇, 바사삭 · 버서석 · 빠사삭 · 뻐서석 · 파사삭 · 퍼서석/바삭 · 버석 · 바싹 · 버썩 · 빠삭 · 뻐석 · 파삭 · 퍼석, 바스락 · 버스럭 · 빠스락 · 뻐스럭, 바시랑, 바작 · 버적 · 빠작 · 뻐적, 바장 · 버정, 바지직 · 빠지직 · 부지직 · 뿌지직/바직 · 빠직 · 부직 · 뿌직, 바질, 박박 · 벅벅 · 빡빡, 박신 · 벅신, 박작 · 벅적, 반둥 · 번둥 · 빤둥 · 뻔둥, 반득 · 번득 · 반뜩 · 번뜩 · 빤뜩 · 뻔뜩 · 빤득, 반들 · 번들 · 빤들 · 뻔들 · 판들 · 펀들[1,2], 반뜻 · 번뜻, 반작 · 번적 · 반짝 · 번쩍 · 빤작 · 뻔적 · 빤짝 · 뻔쩍, 반질 · 번질 · 빤질 · 뻔질, 발깍 · 벌꺽 · 빨깍 · 뻘꺽, 발끈 · 벌끈 · 빨끈 · 뻘끈, 발딱 · 벌떡 · 빨딱 · 뻘떡 · 팔딱 · 펄떡, 발랑 · 벌렁 · 빨랑 · 뻘렁, 발록 · 벌룩[1,2], 발롱 · 벌룽, 발름 · 벌름, 발발 · 벌벌[1,2], 발씬 · 벌씬, 발짝 · 벌쩍 · 불쩍, 발쪽 · 벌쭉 · 빨쪽 · 뻘쭉, 발칵 · 벌컥, 방글 · 벙글 · 빵글 · 뻥글, 방긋 · 벙긋 · 방끗 · 벙끗 · 뱅긋 · 빙긋 · 빙끗 · 빵긋 · 빵끗 · 뻥끗 · 뺑긋 · 뺑끗 · 삥긋 · 삥끗, 방실 · 벙실 · 빵실 · 뺑실 · 뻥실, 방싯 · 벙싯 · 뱅싯 · 뺑싯 · 빵싯 · 뻥싯 · 빙싯 · 삥싯, 배가닥 · 빼가닥 · 빼까닥 · 삐가닥 · 삐거덕 · 삐꺼덕/배각 · 빼각 · 빼깍 · 삐각 · 삐걱 · 삐꺽, 배끗 · 빼끗 · 비끗 · 삐끗, 배딱 · 비딱 · 빼딱 · 삐딱, 배뚝 · 비뚝 · 빼뚝 · 삐뚝, 배뚤 · 빼뚤 · 비뚤 · 삐뚤, 배슥 · 베슥 · 비슥 · 배쓱[1,2], 배슬 · 베슬 · 비슬[1,2], 배죽 · 비죽 · 배쭉 · 비쭉 · 빼쭉 · 삐쭉, 배치락 · 비치럭 · 배칠 · 비칠, 배치작/배착 · 비치적/비척, 배트작 · 비트적 · 빼트작 · 삐트적, 배틀 · 비틀 · 빼틀 · 삐틀, 밴둥 · 빈둥 · 뺀둥 · 삔둥 · 판둥 · 펀둥 · 팬둥 · 핀둥, 밴들 · 뺀들 · 빈들 · 팬들 · 핀들, 뱅글 · 빙글 · 뺑글 · 삥글 · 팽글 · 핑글, 뱅뱅 · 빙빙 · 뺑뺑 · 팽팽 · 핑핑, 뱅실 · 빙실 · 삥실, 뱌비작/뱌빗 · 비비적/비빗, 뱐죽 · 뺜죽, 버근 · 비근, 법석, 보각 · 부걱, 보글 · 부글 · 뽀글 · 뿌글, 보도독 · 부두둑 · 뽀도독 · 뿌두둑 · 포도독 · 푸두둑, 보드득 · 부드득 · 뽀드득 · 뿌드득/보득 · 부득 · 뽀득 · 뿌득, 보드등 · 부드등 · 뽀드등 · 뿌드등, 보르르 · 부르르 · 포르르, 보사삭 · 부서석 · 뽀사삭 · 뿌서석/보삭 · 부석 · 보싹 · 부썩뽀삭 · 뿌석, 보스락 · 부스럭 · 뽀스락 · 뿌스럭, 보슬 · 부슬, 복복 · 북북 · 뽁뽁 · 뿍뿍, 복작 · 북적, 볼각 · 불걱, 볼강 · 불겅, 볼근 · 불근, 볼끈 · 불끈 · 뽈끈 · 뿔끈, 볼똑 · 불뚝 · 뽈똑 · 뿔뚝, 볼똥 · 불뚱 · 볼통 · 불퉁, 볼록 · 불룩 · 뽈록 · 뿔룩, 볼쏙 · 불쑥, 볼칵 · 불컥, 봉봉 · 붕붕 · 뽕뽕 · 퐁퐁 · 풍풍, 봉실, 봉싯, 부르릉/부릉, 붐빠 · 뿜빠, 비거덕 · 빼거덕/비걱 · 빼걱, 비아냥, 비악/뱍, 비영, 비웃적, 빈정, 빌빌, 빠가각, 빠금 · 빠끔 · 뻐끔, 빠릇 · 뻐릇, 빨락, 빨빨 · 뻘뻘, 빵빵 ·

뺑뺑 · 삥삥 · 팡팡, 빼빼 · 삐삐, 빼죽 · 빼쭉 · 빽빽 · 삑삑, 빠드득 · 삐드득, 뻑뻑, 뻰죽, 뿡빵, 삐악, 사각 · 서걱 · 싸각 · 써걱, 사락, 사르륵/사륵, 사물 · 스멀[1], 사물 · 서물[2], 사물[3], 사박 · 서벅, 사부랑 · 시부렁 · 싸부랑 · 씨부렁, 사부작 · 시부적, 사분 · 서분 · 사뿐 · 서뿐 · 사푼 · 서푼, 사붓 · 서붓 · 사뿟 · 서뿟 · 사풋 · 서풋, 삭둑 · 석둑 · 싹둑 · 썩둑, 삭삭 · 석석 · 싹싹 · 썩썩, 산득 · 선득 · 산뜩 · 선뜩, 산들 · 선들, 살강 · 설겅 · 쌀강 · 썰겅 · 살캉 · 설컹, 살그랑, 살근 · 슬근, 살긋 · 샐긋 · 쌀긋 · 쌜긋 · 씰긋, 살랑 · 설렁 · 쌀랑 · 썰렁[1,2], 살살(알랑거리다)[1], 살살(이리저리 기어다니다) · 쌀쌀 · 설설 · 썰썰[1], 삼박 · 섬벅 · 쌈박 · 쌈빡 · 슴벅 · 슴뻑 · 씀벅 · 씀뻑, 상글 · 생글 · 성글 · 싱글 · 쌍글 · 쌩글 · 썽글 · 씽글, 상글방글 · 쌍글빵글, 상긋 · 상끗 · 생긋 · 성긋 · 성끗 · 싱긋 · 싱끗 · 쌍긋 · 썽긋 · 쌍끗 · 썽끗 · 쌩긋 · 쌩끗 · 씽긋 · 씽끗, 상긋방긋 · 싱긋벙긋, 상동 · 쌍동 · 쌍동 · 썽둥, 새근 · 시근 · 쌔근 · 씨근[1], 새근 · 새큰 · 시근 · 씨근 · 시큰[2], 새근덕 · 시근덕 · 쌔근덕 · 씨근덕, 새근발딱 · 시근벌떡/시벌떡 · 쌔근발딱 · 쌔근팔딱 · 씨근벌떡 · 씨근펄떡, 새들 · 시들[1,2], 새뚝, 새롱 · 시룽, 새물 · 시물 · 쌔물 · 씨물, 새살 · 시설 · 새실 · 시실, 새새 · 시시, 새새덕 · 시시닥 · 시시덕, 색색 · 식식 · 쌕쌕 · 씩씩, 샐긋 · 실긋 · 쌜긋 · 씰긋, 샐기죽 · 실기죽 · 쌜기죽 · 씰기죽, 샐룩 · 쌜룩 · 실룩 · 씰룩, 샐샐 · 실실, 샐쭉 · 실쭉 · 쌜쭉 · 씰쭉, 서성, 서슴, 소곤 · 수군 · 쏘곤 · 쑤군, 속닥 · 숙덕 · 쏙닥 · 쑥덕, 속달 · 숙덜 · 쏙달 · 쑥덜, 속삭, 속살 · 숙설 · 쏙살 · 쑥설, 송당 · 숭당 · 쏭당 · 쑹덩, 수군덕 · 쑤군덕, 수런, 수선, 술렁, 슬렁/어슬렁, 시근 · 씨근, 시끌벅적, 시위적, 시적, 신들, 실떡, 싸르락/싸락, 싸르륵/싸륵, 쏘삭 · 쑤석, 쏠까닥/쏠깍, 쏠닥, 쏠라닥/쏠락, 쑤알, 쓰적, 쓱싹, 씨불, 씨우적, 씩둑, 아기똥 · 어기뚱, 아기작 · 어기적[1,2]/아깃 · 어깃, 아기족 · 어기죽, 아느작/아늑, 아늘, 아드득 · 으드득/아득 · 으득, 아드등 · 으드등/아등 · 으등, 아룽 · 어룽, 아르렁 · 으르렁, 아른 · 어른, 아름 · 어름, 아름작 · 어름적, 아릿 · 어릿, 아물 · 어물, 아사삭 · 어서석, 아삭 · 어석, 아슬랑 · 어슬렁, 아싹 · 어썩 · 으썩, 아옹[1,2], 아지작/아작 · 어적 · 아짝 · 어쩍 · 으지적/으적, 아장 · 어정 · 아창 · 어청, 아지직 · 으지직, 아치랑 · 어치렁/아칠 · 어칠, 아치장 · 어치정, 악악 · 억억, 알랑 · 얼렁, 알른 · 얼른, 알씬 · 얼씬, 알짱 · 얼쩡, 알쫑 · 얼쭝, 알찐 · 얼찐, 앙글 · 엉글, 앙기작 · 엉기적, 앙알 · 엉얼, 앙앙 · 엉엉, 앙잘 · 엉절, 애죽, 앵앵 · 잉잉, 야금, 야기죽 · 이기죽/약죽 · 익죽, 야물, 야스락/야슬, 야죽 · 이죽, 얄긋 · 일긋, 얄기죽 · 일기죽, 얄랑 · 일렁, 얄쭉 · 일쭉, 양냥, 양양, 어물쩍 · 우물쩍, 어슷, 오글 · 우글[1,2], 오도당 · 우두덩, 오도독 · 우드득/오독 · 우둑, 오들 · 우들, 오똘 · 우뚤, 오무락 · 우무럭, 오무작 · 우무적, 오물 · 우물[1,2], 오비작 · 우비적 · 호비작 · 후비적, 오빗 · 우빗 · 호빗 · 후빗, 오졸 · 우줄 · 우쭐, 오졸랑 · 우줄렁, 오지끈 · 우지끈 · 와지끈, 오지직 · 우지직 · 외지직, 오쫄 · 우쭐, 옥시글 · 욱시글/옥실 · 욱실, 옥신 · 욱신, 옥작 · 욱적, 올각 · 울걱 · 올깍 · 울꺽 · 올칵 · 울컥, 올강 · 울겅, 올공, 올근 · 울근, 올딱 · 울떡, 올랑 · 울렁, 옴실 · 움실, 옴쏙 · 움쑥, 옴씰 · 움씰, 옴죽 · 움죽 · 옴쭉 · 움쭉, 옴지락 · 움지럭, 옴직 · 움직 · 움찍 · 옴칫 · 움칫, 옴질 · 움질 · 옴찔 · 움찔 · 옴칠 · 움칠, 옴짝 · 움쩍, 옹성 · 웅성, 옹알 · 웅얼 · 응얼, 옹잘 · 웅절, 와각 · 워걱, 와그작 · 워그적, 와글 · 워글, 와다닥, 와닥닥, 와당, 와당탕 · 우당탕, 와드득, 와들, 와르릉, 와삭 · 와싹 · 워석 · 워썩, 와다글 · 워더글, 와시글 · 워시글, 와실, 와작, 왈가닥 · 월거덕 · 왈카닥 · 월커덕/왈각 · 월걱 · 왈칵 · 월컥, 왈가당 · 월거덩 · 왈카당 · 월커덩/왈강 · 월겅 · 왈캉 · 월컹, 왜글, 왜죽 · 웨죽, 왝왝 · 웩웩, 왱그랑 · 웽그렁/왱강 · 웽겅, 왱왱 · 웽웽 · 윙윙 · 윙윙, 욜랑, 우죽, 울먹, 웅실, 으르딱딱, 으르릉, 으쓱, 을근, 응응, 이글, 이렁성, 이룽, 이질, 자갈 · 재갈 · 재깔 · 지걸 · 지껄, 자그락 · 재그럭 · 지그럭 · 짜그락 · 찌그럭[1,2], 자근 · 자끈 · 지근 · 지끈 · 짜근 · 찌근 · 차근 · 치근[1,2], 자근덕 · 지근덕 · 짜근덕 · 찌근덕 · 차근덕 · 치근덕, 자글 · 재글 · 짜글 · 지글, 자금 · 자끔 · 짜금 · 쩌금 · 지금 · 지끔, 자드락 · 짜드락 · 지드럭 · 찌드럭, 자랑 · 저렁 · 짜랑 · 쩌렁 · 차랑 · 처렁, 자르랑 · 저르렁 · 짜르랑 · 쩌르렁 · 차르랑 · 처르렁, 자박 · 저벅 · 짜박 · 쩌벅, 자부락 · 지부럭, 자분 · 지분[1,2], 자분닥 · 지분덕, 자작 · 저적, 자축 · 저축 · 자춤 · 저춤, 자칫 · 지칫, 작신 · 직신, 작작 · 직직 · 짝짝 · 찍찍, 잔득 · 진득 · 짠득 · 찐득, 잘가닥 · 절거덕 · 잘까닥 · 절꺼덕 · 짤가닥 · 짤까닥 · 쩔거덕 · 쩔꺼덕 · 잘카닥 · 절커덕 · 짤카닥 · 쩔커덕 · 찰가닥 · 철거덕 · 찰까닥 · 철꺼덕 · 철커덕/잘각 · 절걱 · 잘깍 · 절꺽 · 짤각 · 짤깍 · 짤칵 · 쩔걱 · 쩔꺽 · 찔꺽 · 쩔컥 · 찰각 · 철걱 · 찰깍 · 철꺽 · 잘칵 · 절컥 · 질컥 · 찰칵 · 철컥, 잘가당 · 절거덩 · 잘까당 · 절까당 · 절꺼덩 · 잘카당 · 절커덩 · 짤가당 · 짤까당 · 쩔거덩 · 쩔꺼덩 · 짤카당 · 쩔커덩 · 찰가당 · 철거덩 · 찰까당 · 철꺼덩 · 찰카당 · 철커덩/잘강 · 절겅 · 잘깡 · 절껑 · 질겅 · 짤강 · 짤깡 · 짤캉 · 쩔겅 · 쩔껑 · 쩔컹 · 찰강 · 철겅 · 찰깡 · 철껑 · 잘캉 · 절컹 · 질컹 · 찰캉 · 철컹, 잘그락 · 절그럭 · 짤그락 · 쩔그럭, 잘그랑 · 절그렁 · 짤그랑 · 쩔그렁 · 찰그랑 · 철그렁, 잘근 · 잴근 · 질근 · 잘끈[1,2], 잘금 · 잘끔 · 짤금 · 짤끔 · 졸금 · 쫄금 · 쫄끔 · 질금 · 질끔 · 찔금 · 찔끔, 잘똑 · 잴뚝 · 절뚝 · 질뚝 · 짤똑 · 쩔뚝 · 찔뚝, 잘랑 · 절렁 · 짤랑 · 쩔렁 · 찰랑 · 철렁, 잘록 · 절룩 · 질룩 · 짤록 · 쩔룩 · 찔룩, 잘름 · 절름 · 질름 · 짤름 · 쩔름 · 찔름[1,2], 잘바닥 · 절버덕 · 잘파닥 · 절퍼덕 · 질퍼덕 · 찰바닥 · 철버덕 · 찰파닥 · 철퍼덕[1,2]/잘박 · 절벅 · 질벅 · 잘팍 · 질퍽 · 찰박 · 철벅, 잘바당 · 절버덩 · 찰바당 · 철버덩/잘방 · 절벙 · 찰방 · 철벙, 잘싸닥 · 절써덕 · 찰싸닥 · 철써덕/잘싹 · 절썩 · 찰싹 · 철썩, 잘쏙 · 절쑥 · 짤쏙 · 쩔쑥, 잘잘 · 절절 · 짤짤 · 쩔쩔[1,2], 잘착 · 질적 · 질척, 잠방 · 점벙 · 참방 · 첨벙, 장알 · 징얼 · 짱알 · 쨍알 · 찡얼 · 창알 · 칭얼, 재갈 · 재깔 · 지껄, 재까닥 · 제꺼덕 · 째까닥 · 째꺼덕/재깍 · 제꺽 · 째깍 · 쩨꺽, 재자 · 지저, 재잘 · 지절, 재재 · 지지, 잴잴 · 짤짤 · 질질 · 찔찔, 쟁강 · 젱겅 · 쨍강 · 쩽겅, 쟁그랑 · 젱그렁 · 쨍그랑 · 쨍그렁 · 쩽그렁, 쟁쟁 · 쨍쨍 · 징징 · 찡찡[1], 쟁쟁[2,3], 점벅, 제꺼덕 · 쩨꺼덕, 조르륵 · 주르륵 · 쪼르륵 · 쭈르륵 · 좌르륵 · 쫘르륵, 조마, 조물락 · 주물럭, 조뼛 · 주뼛 · 쪼뼛 · 쭈뼛, 조작 · 주적, 조잔 · 주전, 조잘 · 주절 · 쪼잘 · 쭈절, 조촘 · 주춤, 족족 · 쪽쪽 · 쪽쪽 · 쭉쭉, 존득 · 준득 · 쫀득 · 쭌득 · 찐득, 졸랑 · 줄렁 · 쫄랑 · 쭐렁 · 촐랑 · 출렁,졸졸 · 줄줄 · 쫄쫄 · 쭐쭐, 종달 · 중덜 · 쫑달 · 쭝덜, 종알 · 중얼 · 쫑알 · 쭝얼, 종잘 · 중절 · 쫑잘 · 쭝절, 종종 · 중중 · 쫑쫑 · 쭝쭝[1,2], 좔좔 · 쫠쫠, 주억, 지딱, 지벅 · 지뻑 · 찌뻑, 지범, 지분[3](날씨가 궂다), 지정(머뭇거리다), 지지직 · 찌지직, 지짐, 지척[1,2], 질커덕 · 찰카닥 · 질탕, 집적 · 찝쩍, 짜긋 · 째긋 · 찌긋, 짜들름 · 찌들름 · 찌뜰름, 짜락, 짜르륵 · 찌르륵[1,2], 짜르릉 · 찌르릉, 짭짭 · 쩝쩝, 짱짱 · 쩡쩡, 쨱쨱, 쨍긋 · 쨍끗, 쪼물 · 쭈물, 쪼작, 쪽잘, 쫑긋 · 쭝긋, 찌걱 · 찌꺽, 찌국, 찌궁, 찌그덕 · 찌그덩, 찌르릉, 찡긋 · 찡끗, 차닥 · 처덕, 차락, 차랑 · 치렁, 찰딱 · 철떡 · 칠떡, 찰락 · 철럭, 찰람 · 철럼 · 칠럼, 찰랑 · 철렁 · 칠렁, 천덩, 초싹 · 추썩, 촐싹 · 출썩, 총총 · 충충, 추석, 추적, 충동(衝動), 칵칵 · 캑캑 · 캭캭 · 컥컥, 칼락 · 컬럭, 칼랑 · 컬렁, 캐드득 · 키드득/캐득 · 키득 · 캬득, 캐들 · 키들, 캐등 · 키등, 콕콕 · 쿡쿡, 콜록 · 쿨룩, 콜콜 · 쿨쿨[1,2], 콩다콩 · 쿵더쿵, 콩닥 · 쿵닥 · 쿵덕, 콩닥닥 · 쿵덕덕, 콩당 · 쿵덩, 콩작 · 쿵작 · 쿵적, 콩작작 · 쿵적적, 콩작콩 · 쿵적쿵, 콩콩 · 쿵쿵, 콰당탕, 콱콱, 쿠렁, 쿠르릉/쿠릉, 쿵그렁, 큼큼, 킁킁, 킥킥[1,2], 타닥 · 터넉, 나달 · 터덜, 타드락 · 터드럭[1,2], 타드랑 · 터드렁/타랑 · 터렁, 타발 · 터벌, 타시락, 타울 · 터울, 탁탁 · 턱턱, 탈락 · 털럭, 탈랑 · 털렁[1,2], 탈바닥 · 털버덕 · 털퍼덕/탈박 · 털벅, 탈바당 · 털버덩/탈방 · 털벙, 탈싹 · 털썩, 탕탕 · 텅텅, 토도독 · 투두둑, 톡톡 · 툭툭, 톰방 · 툼벙, 통통 · 퉁퉁, 투루루, 툴툴, 티적, 파닥 · 파딱 · 퍼덕 · 푸덕 · 푸떡, 파드닥 · 퍼드덕 · 포드득 · 푸드득[1,2]/포득 · 푸득, 파뜩 · 퍼뜩, 팔라닥 · 펄러덕/팔락 · 펄럭, 팔라당 · 펄러덩/팔랑 · 펄렁, 팔싹 · 펄썩 · 폴싹 · 풀썩, 팔짝 · 펄쩍 · 폴짝 · 풀쩍, 팡당 · 펑덩 · 퐁당 · 풍덩, 팡팡 · 펑펑[1,2,3], 팩팩, 팽팽, 펀뜩, 포닥 · 푸덕, 포도동 · 푸두둥, 포드닥 · 푸드덕, 포들 · 푸들, 포딱, 포롱, 포륵 · 푸륵, 포삭 · 푸석, 포실, 폭삭 · 푹석, 폴딱 · 풀떡, 폴락 · 풀럭, 폴랑 · 풀렁, 폴폴 · 풀풀, 푸르릉, 푸설 · 푸실, 푸푸, 피뜩, 피식, 픽픽, 하느작/하늑 · 흐느적흐늑, 하늘 · 흐늘, 하동 · 허둥, 하롱 · 허룽, 하비작 · 허비적 · 호비적 · 후비적, 하빗 · 허빗, 하소, 하작 · 허적, 하하 · 허허, 한닥 · 흔덕, 한댕 · 흔뎅, 한드랑 · 흔드렁, 한드작 · 흔드적, 한들 · 흔들, 할근 · 헐근, 할금 · 할끔 · 핼금 · 핼끔 · 흘금 · 흘끔 · 힐금 · 힐끔, 할긋 · 할끗 · 핼긋 · 핼끗 · 흘긋 · 흘끗 · 힐긋 · 힐끗, 할기족 · 흘기죽, 할깃 · 할낏 · 흘깃 · 흘낏, 할딱 · 헐떡, 할랑 · 헐렁, 할래발딱 · 헐레벌떡, 할싹, 할짝 · 할쭉, 합죽, 해끗 · 희끗[1,2], 해드득 · 히드득, 해득 · 히득, 해들 · 히들, 해뜩 · 히뜩[1,2], 해롱 · 희롱, 해물, 해반닥 · 희번덕, 해발쭉, 해작 · 헤적[1,2], 해죽 · 해쭉 · 히죽 · 히쭉, 해해 · 헤헤 · 히히, 허덕, 허든, 허우적, 허정 · 허청, 헉헉, 호드득 · 후드득/호득 · 후득, 호들, 호로록 · 후루룩, 호록 · 후룩, 호물 · 후물, 호호[1,2], 홀까닥, 홀딱 · 훌떡[1,2], 홀라당 · 훌러덩/홀랑 · 훌렁, 홀짝 · 훌쩍[1], 홈착, 홍알 · 홍얼, 화끈 · 후끈, 화닥닥 · 후닥닥, 화드득 · 후드득, 화들 · 후들, 화들짝, 회똑 · 휘뚝, 회창 · 휘청, 후다닥, 훌근번쩍, 훌쩍[2]/훌쭉, 휘영, 휘우뚱, 휘우청, 휘적, 휘정, 흐늑, 흐늘쩍, 흐물[1,2], 흔전, 흘근, 흘근번쩍, 흠칫, 흠흠, 흥글, 흥성, 흥청, 흥흥, 희뜩[1,2], 희번덕, 희번들, 희희낙락거리다(喜喜樂樂), 히죽거리다.

거리끼(다) ①일 · 행동 따위를 함에 있어 순조롭지 못하게 방해가 되다. ¶사업을 하자니 거리끼는 것이 많다. ②꺼림칙하거나 어색하여 마음에 걸리다. ¶양심에 거리끼는 일은 하지 말자. 무슨 문제든 거리낌 없이 이야기하다. 거리낌/없이. ☞ 꺼리다.

거머리[1] 어린아이의 두 눈썹 사이의 살 속에 파랗게 내비쳐 보이는 심줄. 자란 뒤에는 없어짐.

거머리[2] 거머릿과의 환형동물. 남에게 달라붙어서 괴롭게 구는 사람을 비유하여 이르는 말. ¶말거머리, 찰거머리.

거멀 가구나 나무 그릇의 사개를 맞춘 모서리에 걸쳐 대는 쇳조각. 거멀장.[←감다[3]]. ¶거멀다[498], 거멀도장[간인(間印). 계인(契印)], 거멀띠, 거멀맞춤, 거멀못, 거멀쇠, 거멀장/하다, 거멀장부, 거멀장식(裝飾), 거멀접기[499], 거멀접이[500], 거멀쪽(거멀쇠).

거문고 우리나라 전래의 현악기. 현금(玄琴).[〈거믄고←검다]. ¶거문고 인 놈이 춤을 추면 칼 쓴 놈도 춤을 춘다(남이 하는 짓을 덩달아 흉내 내어 웃음거리가 됨). 거문고산조(散調), 거문고자리, 거문고판 들.

거미 거북목의 절지동물을 통틀어 이르는 말.[〈거믜←검다]. ¶거미발[501], 거미손, 거미줄[거미줄곰팡이, 거미줄이론(理論)], 거미집, 거미채, 거미치밀다[502], 거미파리; 가시거미, 갈거미, 깡충거미, 납거미, 독거미(毒), 돼지거미, 땅거미, 말거미, 무당거미, 물거미, 수거미, 암거미, 왕거미(王), 잎거미, 접시거미, 호랑거미(虎狼) 들.

거방-지다 몸집(허우대)이 큼직하고 하는 짓이 점잖고 무게가 있다. 매우 푸지다. ¶생김새가 거방지다. 거방진 허우대. 거방진 방앗소리. 거방지게 놀다. 거방지게 한턱을 내다. 거방스러운 표정. 거방스럽다. §'거판지다. 걸판지다[503]'는 사투리.

거북 거북과의 파충류를 통틀어 이르는 말. '느리다'를 비유한 말. ¶토끼와 거북 이야기. 거북놀이, 거북다리(거북손), 거북등[504], 거북등(燈;거북 형상의 등), 거북딱지, 거북빗장, 거북선(船), 거북손(갑각류의 절지동물), 거북운행(運行;느리게 움직여 다니는 자동차), 거북이, 거북이걸음, 거북점(占), 거북패(牌), 거북형(形); 바다거북, 붉은거북, 장수거북(將帥), 푸른거북. ☞ 구(龜).

거북-하다 자연스럽지 못하거나 자유롭지 못하다. 마음이 어색하고 겸연쩍어 편하지 않다.(≒언짢다↔편하다). 몸이 찌뿌드드하고 괴롭다. ¶어른 앞이라 행동이 거북하다. 속이 거북해서 토할 것 같다. 부탁을 거절하기가 거북하다. 거북살스럽다(몹시 거북하다), 거북스레.

거사 노는계집을 데리고 다니며 소리와 춤과 재주를 팔러 다니는 사람.[←걸사(乞士)]. ¶거사 노릇을 하다.

거섶 ①냇물이 둑에 바로 스치어 개개지 못하도록 냇둑의 가에 죽 박은 말뚝에 가로 결은 나뭇가지. ¶개울물이 워낙 세차서 둑조

---

498) 거멀다: 두 물체 사이를 벌어지지 않게 하다.

499) 거멀접기: 금속판을 잇기 위하여 끝을 반쯤 말아 접어 거는 방법.

500) 거멀접이: 찰수수 가루를 반죽하여, 반대기를 지어 끓는 물에 삶아낸 뒤 팥고물을 묻히거나, 소를 넣고 접어 부친 떡.

501) 거미발: 장신구 따위에 보석이나 진주알을 박을 때, 빠지지 아니하게 물리고 겹치어 오그라지게 된 삐죽삐죽한 부분.

502) 거미치밀다: 부러움과 시새움으로 욕심이 게염스럽게 목구멍에 치밀어 오르다.

503) 걸판지다: 푸짐하고 넉넉하다. 모양이나 규모 따위가 놀라울 정도로 아주 크고 대단하다. ¶걸판스러운 잔치를 벌이다. 걸판지게 생긴 얼굴. 걸판스럽다.

504) 거북등: ①거북의 등. ¶거북등무늬. ②물살에 밀려서 쌓인 시내나 강 속의 자갈 더미.

차 무너졌는데 거섶이야 어디 남아 있겠니? ②삼굿(삼의 껍질을 벗기기 위하여 찌는 구덩이나 솥) 위에 덮는 풀. ¶거섶단(거섶을 묶은 단). ③비빔밥에 섞는 갖은 나물. ¶거섶 위에 고추장을 듬뿍 얹다. 거섶안주(按酒:나물로 차린 초라한 안주).

거스러미 손거스러미. 나뭇결 따위가 얇게 터서 가시처럼 일어나는 부분. ☞ 가슬.

거스르(다)¹ ①자연스러운 형세나 흐름에 반대되는 방향을 취하다.≒역류하다(逆流). 어긋나다. ¶역사의 흐름을 거스르다. 대세를 거스를 수야 없지. 거슬러오르다/올라가다, 겻지르다[505]. ②자연의 뜻이나 남의 뜻을 거역하다. 남의 마음을 언짢게 하다.≒벗어나다. 어기다. 거역하다(拒逆). ¶하늘의 뜻을 거스르다. 부모님의 말씀을 거스르다(어기다). 비위를 거스르다. 거슬리다¹ [506].

거스르(다)² 셈할 돈을 빼고 나머지 돈을 도로 내어 주거나 받다. ¶잔돈을 거슬러 받다. 거스름돈/거스름(우수리), 거슬리다²(거스름돈을 받다). §큰돈을 주고 그에 해당하는 작은 돈으로 또는 다른 화폐 단위끼리 교환하는 것은 '바꾸다'라고 한다.

거스르(다)³ 풀 따위를 베다. ¶그는 밭두둑을 거슬러 소여물이나 해야겠다고 낫을 들고 나섰다.

거슴츠레 졸리거나 술에 취해서 눈이 정기가 풀리고 흐리멍덩하며 거의 감길 듯한 모양.=게슴츠레. ¶거슴츠레하다.

거시기 말하는 도중에, 사람이나 사물의 이름이 얼른 떠오르지 아니할 때, 그 이름 대신으로 내는 말. ¶거시기는 어디 갔나? 거식하다[507]; 저거시기(말을 하다가 기억이 잘 나지 않을 때 내는 군소리).

거시시-하다 눈이 맑지 아니하고 침침하다. 〈작〉게시시[508]하다.

거엽(다) 큼직하고 너그럽고 꿋꿋하다. ¶백두산은 거엽게 느껴지는 우리 민족의 명산이다. 몸가짐이 거엽스럽다.

거우(다) 사람이나 동물을 건드리거나 집적거려 성나게 하다. ¶내 성미를 거우는 것을 참지 못하고 밖으로 뛰쳐나갔다. 동물원의 동물을 섣불리 거우는 일이 없도록 조심합시다. 부친이 거워 놓은 비위가 가라앉지 않다. 개를 거우면 물린다.

거울 물체의 모양을 비추어 보는 물건. 모범이나 교훈이 될 만한 사실. ¶거울 속에 비친 얼굴. 거울로 삼다. 거울반사(反射), 거울삼다[509][귀감(龜鑑)]. 거울상(像), 거울속, 거울지다[510], 거울집, 거울통(筒), 거울판, 거울핵(核); 구리거울, 나무거울[511], 뒷거울(백미러), 물거울, 볼록거울, 손거울, 쇠거울(쇠로 만든 거울), 업거울(업의 구실을 한다는 거울), 오목거울, 옥거울(玉), 유리거울, 은거울(銀), 입체거울(立體), 쪽거울(작거나 조각난 거울), 청동거울(靑銅), 평면거울(平面). ☞ 경(鏡).

거웃¹ 생식기 둘레에 난 털. 음모(陰毛). ¶거웃이 짙다. 불거웃/불겻, 삼거웃[512], 씹거웃, 입거웃(수염).

거웃² 논이나 밭을 쟁기로 갈아 넘긴 골. 또는 그것을 세는 단위. 자락. ¶거웃을 내다. 두 거웃을 갈다.

거위¹ 오릿과의 새.=게사니. ¶거위를 기르다. 거위/게사니걸음, 게목(거위의 소리란 뜻으로 듣기 싫은 목소리), 거위병(甁:목이 잘록하고 긴 병. 오리병), 거위알, 거위영장(야위고 키가 크며 목이 긴 사람), 거위젓, 거위포(脯). ☞ 아(鵝).

거위² 회충(蛔蟲)과의 기생충. ¶거위배/앓이(횟배), 거위약(藥), 거위침(가슴속이 느긋거리면서 목구멍에서 나는 군침); 설거위(주로 어린아이의 직장에서 기생하는 회충), 실거위[요충(蟯蟲)].

거의 ①전부에서 조금 모자라게. ¶거의 다 왔다. 거의 모든 사람들이 자유를 바란다. 거의거의. ②어느 한도에 가까울 정도로.=서기(庶幾). 거개. 거반. 거지반(居之半). 대부분.↔다. 모두. 전부. 완전히. ¶일이 거의 끝나 간다. 거의 틀림없다. 거의없이(모두. 다). §'거진'은 사투리.

거장-치다 사람이나 집단이 크게 거들먹거리며 세상을 어지럽히고 사람들을 괴롭히다. ¶경찰력이 약화되면 불량배들이 거장치고 다니는 세상이 될 것이다.

거저 ①아무런 노력이나 대가 없이.≒공으로. 공짜로. ¶연주회 관람권을 거저 얻었다. 거저 일해 주다. 거저일[513]. ②아무것도 가지지 않고 빈손으로. ¶남의 잔치에 거저 갈 수야 없는 일이지. ③아무 일도 함이 없이. ¶거저 앉아 있다. 거저 놀고먹다. 거저먹기(노력하지 않고 차지함), 거저먹다, 거저줍다.

거적 짚으로 엮거나, 새끼와 짚으로 결어서 자리처럼 만든 물건.≒멍석. ¶거적을 깔다. 거적눈[514], 거적때기, 거적모/판(板), 거적문(門), 거적송장(거적주검), 거적시체(屍體), 거적쌈, 거적자리, 거적주검, 거적집; 뗴적[515], 밀거적(밀짚을 엮어 만든 거적), 섬거적(섬을 엮어서 만들거나 섬을 뜯어낸 거적) 들.

거죽 ☞ 겉.

거지 남에게 빌어먹고 사는 사람. 남을 업신여기고 멸시하여 욕하는 말. ¶거지도 손 볼 날이 있다. 거지같다/같이. 거지근성(根性),

505) 겻지르다: 아래에서 위로 거슬러 지르다. ¶겻질러 가다. 치마폭을 허리춤에 겻지르다.

506) 거슬리다¹: 순순히 받아들여지지 않아 언짢고 불쾌함을 느끼다. 언행이 사람이나 마음에 들지 않아 불쾌함을 주다. ¶남의 눈에 거슬리는 행동은 피해야 한다. 눈에 몹시 거슬려 보기 싫다.

507) 거식하다: 말하는 도중에, 표현하려는 알맞은 동사나 형용사가 얼른 떠오르지 아니할 때 그 대신 쓰는 말. ¶그 일은 거식하면 안 되겠니? 이 꽃은 빛깔이 참 거식하지?

508) 게시시: 눈이 풀려서 정기가 없이 매우 흐리멍덩한 모양. ¶술에 취해 게시시 풀린 눈으로 내다보다.

509) 거울삼다: 남의 일이나 지나간 일을 보아 본받거나 경계하다. ¶지난 일을 거울삼아 더욱 분발하다.

510) 거울지다: ①되비치어 보이다. ¶그가 지내 온 험난한 한 평생이 그의 말씨에 거울져 보였다. ②사람의 경험이 그 행위에 담겨 드러나다. ¶가정 교육의 엄격함이 그의 몸가짐에 거울져 보인다.

511) 나무거울: 겉모양은 그럴 듯하나 실제로는 아무 소용도 없는 사람이나 물건을 이르는 말.=굴퉁이①.

512) 삼거웃: 삼 껍질의 끝을 다듬을 때에 긁혀 떨어진 검불.

513) 거저일: 쉽고 단순하게 여길 만한 일. ¶가만 생각해 보니 어제 있었던 일이 거저일은 아니다.

514) 거적눈: 윗눈시울이 축 처진 눈. ¶거적눈을 치뜨나 내리뜨나 매한가지다.

515) 뗴적: 비나 바람 따위를 막으려고 치는 거적 같은 것.

거지꼴, 거지발싸개(몹시 지저분하거나 너절한 것), 거지새끼, 거지아이, 거지주머니[516], 거지판; 난거지, 난거지든거지, 든거지, 땅거지(아무것도 가진 것이 없는 거지), 떼거지, 상거지(上; 말할 수 없을 만큼 불쌍한 거지), 알거지, 풍년거지(豊年), 흉년거지(凶年; 얻어먹기 어려운 때의 거지). ☞ 걸(乞).

거짓 사실과 다른 것. 사실이 아닌 것을 사실같이 꾸밈. 허위(虛僞). 사실이 아닌데 사실인 듯이.[←걸+짓]. ≒가짜. 엉터리. 속임수. ↔참. 진실(眞實). ¶거짓으로 말하다. 거짓이 드러나다. 거짓 슬픈 체하다. 거짓꼴(거짓으로 꾸민 모양), 거짓꾸미기, 거짓나이테, 거짓되다, 거짓마침, 거짓막(膜), 가짓 · 거짓말[거짓말쟁이, 거짓말탐지기(探知機), 거짓말투성이, 거짓말하다, 거짓부렁/이, 거짓부리, 거짓상(像; 허상), 거짓소리; 새빨간거짓말, 생거짓말(生)], 거짓부리, 가짓 · 거짓부렁/이, 가짓 · 거짓부리/불, 거짓소리, 거짓스럽다, 거짓약속(約束), 거짓잠(꾀잠), 거짓주머니(여물지 못한 과실의 헛껍데기), 거짓전갈(傳喝), 거짓죽음, 거짓진술(陳述), 거짓창(窓), 거짓탈 들.

거추-하다 일을 보살펴 치다꺼리하다. 도와서 주선하다. ≒보살피다. ¶어린아이를 거추하다. 어려운 이웃을 거추하다. 거추꾼(일을 주선하거나 치다꺼리하는 사람).

거추-없다 하는 짓이 어울리지 않고 싱겁다. ≒어색하다. ¶거추없는 행동. 거추없이 굴지 마라.

거추장-스럽다 ≒거치적거리다. ↔간단하다. ☞ 거치다[1].

거출 나누어 냄. 추렴.[←갹출(醵出)]. ¶회의 결과 거출에 반대하는 사람이 한 사람도 없었다.

거춤거춤 ①일을 대강대강 하는 모양. ¶우선 지저분한 방부터 거춤거춤 치웠다. ②여기저기 대강대강 거쳐 가는 모양. ¶시간이 없어 경복궁은 거춤거춤 돌아볼 수밖에 없었다.

거충거충 일을 쉽고 빠르게 대충 하는 모양. ¶이삿짐 정리를 거충거충 해치우다. 설거지를 거충거충 해치우다. 일을 거충 끝내다. 거충다짐(겉으로만 대충 해치우는 것), 거충거충/하다.

거치(다)[1] 무엇에 걸리거나 막히다. ¶돌이 발길에 거치다. 거침[517], 거침돌(거추장스러운 일이나 물건), 거침새[518], 거침없다[519], 거침없이(얼른), 가치작[520] · 거치적/거리다/대다, 가칫 · 거칫거리다[1][521]/대다/하다, 거추장스럽다[522]; 가로거치다(앞에서 거치적거리며 방해가 되다) 들.

거치(다)[2] ①지나는 길에 잠깐 들르다. ≒지나다. 경유하다(經由). ¶형님 댁을 거쳐 집으로 가다. 비행기가 홍콩을 거쳐(경유하여) 방콕에 도착했다. 거쳐가다/오다. ②어떤 일을 겪다. 경험하다. ¶수많은 병란을 거친 우리의 역사. ③과정이나 단계를 밟다. ¶예심을 거치다.

거칠(다) 표면이나 숨소리 따위가 고르지 않다. 물결 · 바람 · 날씨 따위가 사납다. 성질이나 말 · 글 따위가 거세거나 막되다. 알갱이가 굵다. 베나 천의 결이 성기다.(↔곱다[4]. 부드럽다). 산이나 농토 따위가 가꾸지 않아 메마르다.(↔비옥하다). 물건을 훔치는 버릇이 있다. 서투르다. ¶살결이 거칠다. 거친 삼베. 거친 들판. 행동이 거칠다. 손버릇이 거친 아이. 솜씨가 거칠다. 가치르르 · 거치르르[523], 가칠[524] · 거칠 · 까칠 · 꺼칠하다, 가칠가칠 · 거칠거칠 · 까칠까칠 · 꺼칠꺼칠/하다, 가칫 · 까칫[525] · 거칫[2] · 꺼칫하다, 거치럽다[526], 거치렁이[527], 거친구리, 거친그림, 거친널빤지, 거친대패, 거친돌, 거친먹이, 거친밥, 거친털, 거칠어지다, 거세다[528], 거쉬다[529]; 눈거칠다(미움을 사다), 덤거칠다(우울하고 답답하다), 덧거칠다[530], 덩거칠다[531], 손거칠다(손버릇이 나쁘다). ☞ 황(荒).

거쿨-지다 몸집이 크고 말이나 하는 짓이 씨억씨억하다/씩씩하다. ¶그는 나이에 비해 워낙 숙성한데다가 거쿨져서 짜장 어른 같다. 거쿨스럽다(보기에 매우 거쿨지다).

거통 ①몸집이 크고 움직임이 드레진 태도. 의젓하고 당당한 생김새. ②별 능력도 발휘하지 못하면서 큰소리치며 거들먹거리는 사람. 지위는 높으나 아무 실속이 없는 처지. ¶그 사람은 영 거통이다. 거통지다[532].

거푸 거듭하여 잇달아. ≒거듭. 거퍼. ¶큰 잔으로 거푸 석 잔을 마셨다. 거푸거푸, 거푸뛰기, 거푸살(연거푸 쏘는 화살), 거푸짓기/

516) 거지주머니: 과실이 여물지 못하여 주머니처럼 된 헛껍데기.

517) 거침: 일의 진행이 순조롭지 못하고 걸리거나 막히는 일.

518) 거침새: 일이 진행되는 도중에 막히거나 걸리는 상태. ¶숙련공의 거침새 없는 일솜씨.

519) 거침없다: 걸리거나 막힘이 없다. ≒거리낌없다. 막힘없다. 유창하다.

520) 가치작: 조금 거추장스럽게 한 번 걸리거나 닿는 모양. 〈큰〉거치적. ¶가치작 · 거치적(걸리적) · 까치작 · 꺼치적거리다/대다.

521) 가칫거리다[1]: 살갗 따위에 자꾸 닿아 걸리다. 순조롭지 못하게 자꾸 방해가 되다. ¶못이 나와서 문을 드나들 때 거칫거린다. 가칫 · 거칫 · 까칫 · 꺼칫거리다/대다/하다.

522) 거추장스럽다: 다루기가 거북하고 귀찮다. 번거로운 갈래나 절차가 많아서 거치적거려 성가시다. ¶거추장스러운 짐. 손님 접대가 거추장스럽다.

523) 거치르르: 여위어서 살결이나 털이 부드럽지 못하고 거친 듯하게 보이는 모양. 〈작〉가치르르. 〈센〉꺼치르르. ¶살갗이 거치르르 겉마르다. 까치르르 메마른 얼굴로 병원을 나서는 어머니.

524) 가칠: 야위거나 메말라 살갗이나 털이 여기저기 또는 매우 윤기가 없고 거친 모양. 〈큰〉거칠. 〈센〉까칠. ¶가칠가칠 메마른 얼굴. 가치르르 · 거치르르, 가칠 · 거칠 · 까칠 · 꺼칠/하다.

525) 까칫하다: 살갗이나 털 따위가 야위고 윤기가 없어 좀 거친 느낌이 있다. 〈큰〉거칫하다. ¶잠을 못 잤는지 얼굴이 거칫하다. 몸이 까칫한 게 전만 못한 것 같다.

526) 거치럽다: 험상궂고 사나운 데가 있다. ¶인상이 거치럽다. 거치러운 겨울바람.

527) 거치렁이: ①벼나 보리의 낟알에 붙어 있는 까끄라기. ②거죽에 잘게 갈라져 일어나 거치적거리는 것. ¶손톱 가에 일어난 거치렁이.

528) 거세다: 몹시 거칠고 세차다. ¶불길이 거세게 타오르다. 거센 항의. 거세차다(바람이나 그 기세 따위가 몹시 세차다), 거센말, 거센바람, 거센소리/되기, 거센털.

529) 거쉬다: 목소리가 쉰 듯하면서 갈리어 좀 거칠고 굵다. ¶거쉰 목소리. 거쉰소리, 거쉳사하다.

530) 덧거칠다: 일이 순조롭지 못하고 가탈이 많다. ¶일이 갈수록 덧거칠게 꼬이다.

531) 덩거칠다: 풀이나 나무가 덩굴이 뒤엉켜 거칠다. 사람의 생김새나 행동 따위가 매우 거칠다.[←덩굴/덮+거칠다]. ¶얼굴이 덩거칠게 생겼어도 성품은 색시같이 곰살맞다.

532) 거통지다: 허우대가 크다. 건방진 데가 있다. ¶거통지게 까분다.

하다, 거푸하다(거듭하다); 연거푸.

거푸– 쇠붙이를 녹여 부어서 만드는 물건의 바탕으로 쓰이는 모형[주형(鑄型)]을 뜻하는 '거푸집/겁'의 어근. §'거푸'는 '겉·꺼풀/껍질'과 동근어. ¶거푸집[533], 거푸집널(거푸집 틀로 쓰는 널빤지), 거푸집진동기(振動機), 겁만들기(형틀을 만드는 것), 겁틀(거푸집을 설치하는 틀;휘틀[534]); 반겁(半;두 부분으로 나누어진 거푸집에서의 한쪽).

거푸수수 털이나 머리카락 따위가 매우 엉성하고 어수선하게 일어나 있는 모양.=거푸시시. ¶수염발이 거푸수수 일어나다. 거푸수수하다.

거풀 물체의 한 부분이 바람에 떠들리어 가볍고 빠르게 움직이는 모양. ¶널어놓은 이불이 바람에 거풀거풀 움직인다. 거풀거풀/하다.

거품 액체가 공기를 머금고 둥글게 부풀어 물 위에 뜬 잔 방울. 입가에 내뿜어진 침방울. '실제보다 과장된'을 뜻하는 말. ¶거품이 일다. 부동산 가격 거품을 빼다. 거품경제(經濟), 거품기(器), 거품돌[535], 거품무늬, 거품상자(箱子), 거품성(性), 거품욕(浴), 거품유리, 거품제(劑), 거품치다[536], 거품화/하다(化); 게거품, 물거품, 비누거품, 잔거품, 피거품 들.

거–하다 산이 크고 웅장하다. 나무나 풀이 우거지다. ¶천왕산의 거한 산봉우리들.

걱둑걱둑 거리낌 없이 걷는 모양. ¶그는 걱둑걱둑 넋 나간 걸음으로 걷고 있었다.

걱실 성질이 너그러워 말과 행동을 시원시원하게 하는 모양. ¶성격이 걱실걱실 시원하다. 걱실걱실 걷다. 걱실걱실히 일 잘하는 머슴. 걱실거리다/대다, 걱실걱실/하다(성질이 너그럽고 언행이 활발하다).

걱정 불안하여 속을 태우는 일.≒근심. 꾸지람. ¶걱정도 팔자다. 걱정가마리(걱정꾸러기), 걱정거리, 걱정걱정하다, 걱정기(걱정스러운 기색), 걱정꾸러기, 걱정덩어리, 걱정되다, 걱정듣다(꾸지람 듣다), 걱정스럽다, 걱정없다/없이, 걱정잠(걱정하면서 자는 잠), 걱정하다; 뒷걱정, 밥걱정, 별걱정(別), 생걱정(生), 식걱정(食), 잔걱정, 한걱정(큰 걱정), 헛걱정 들.

–건 ①용언의 어간에 붙어 '-거든'의 뜻을 나타내는 연결 어미. ¶좋건 사라. 술이 깨건 이야기를 해라. ②연결 어미 '-거나'의 준말. ¶하건 말건/ 오건 말건.

건(乾) ①'마른·말린. 액체를 쓰지 아니한', 또는 행동이 '겉으로만·건으로. 근거나 이유 없는'을 뜻하는 말.↔습(濕). 생(生). ¶건가(乾價;술 못 마시는 일꾼에게 술 대신 주는 돈), 건가자미, 건갈(乾葛), 건강(乾薑), 건강짜, 건개(乾疥;마른옴), 건견/기(乾繭/器), 건계(乾季↔雨季), 건고(乾固;말라서 굳어짐), 건고(乾枯), 건곡(乾谷), 건곡(乾穀;말린 곡식), 건골독어(乾骨獨魚), 건과(乾果), 건과자(乾菓子), 건곽란(乾霍亂), 건교자(乾交子), 건구(乾球), 건구역(乾嘔逆), 건국(乾局), 건기(乾期↔雨期), 건기운(乾氣運), 건기침, 건깡깡이[537], 건낙지, 건다짐(속뜻 없이 겉으로만 하는 다짐), 건답(乾畓), 건대구(乾大口), 건독(dock), 건등(乾等)[538], 건락(乾酪;치즈), 건량(乾量), 건량(乾糧), 건류(乾溜)[목재건류(木材), 석탄건류(石炭)], 건망(乾網), 건맥아(乾麥芽), 건머루, 건면(乾眠), 건면(乾麪), 건명(乾命), 건명태(북어), 건모, 건모판(板), 건목(乾木), 건몰(乾沒), 건못자리, 건문어(乾文魚), 건물(乾物), 건물로[539], 건미역, 건바닥, 건반(乾飯), 건발(乾髮), 건배(乾杯), 건뱃도랑, 건법(乾法), 건병(乾病), 건복(乾福), 건복(乾鰒), 건부병(乾腐病), 건부자(乾附子), 건부종(乾付種), 건비목어(比目魚), 건비빔, 건빨래, 건빵, 건사료(乾飼料), 건살구, 건살포[540], 건삶이, 건삼(乾蔘), 건삽하다(乾澁), 건상어, 건새/지붕(마른 재료로 새를 한 지붕), 건색(乾色), 건생(乾生), 건석어(乾石魚), 건선(乾癬;마른버짐), 건선거(乾船渠), 건성(乾性)[건성늑막염(肋膜炎), 건성유(油), 건성지(脂)], 건소채(乾蔬菜), 건수(乾水), 건수(乾嗽;마른기침), 건순(乾脣), 건습(乾濕;마름과 젖음)[건습계(計), 건습운동(運動)], 건시(乾柿), 건식(乾式↔濕式), 건식(乾食), 건어(乾魚), 건어물(乾魚物), 건열(乾裂), 건염법(乾鹽法), 건오징어, 건육(乾肉), 건율(乾栗), 건으로(터무니없이. 매나니로), 건장(乾醬;마른장), 건재(乾材), 건전복(乾全鰒), 건전지(乾電池), 건정하다/건하다(乾淨), 건제(乾劑)[건제비료(肥料), 건제품(品)], 건조(乾棗). 건조(乾燥)[541], 건주정(乾酒酊), 건채(乾菜), 건채소(乾菜蔬), 건천(乾川), 건청어(乾青魚), 건초(乾草↔生草), 건초열(乾草熱), 건초원(乾草原), 건축(乾縮), 건치(乾雉), 건칠(乾漆), 건침(乾浸), 건태(乾太), 건태(乾苔), 건트집, 건파(乾播), 건판(乾板), 건포(乾布), 건포(乾脯), 건포도(乾葡萄), 건품(乾品), 건풍(乾風;습기가 없는 바람), 건풍떨다(乾風)[542], 건피(乾皮), 건하(乾芐), 건학(乾涸), 건합육(乾蛤肉), 건해삼(乾海蔘), 건현(乾舷;수면 위에 드러나는 뱃전의 부분), 건혈(乾血), 건협통(乾脇痛), 건혜(乾鞋;마른신), 건혼나다(魂)[543], 건홍합(乾紅蛤), 건황원(乾荒原); 냉건(冷乾), 방건(防乾), 배건(焙乾), 양

533) 거푸집: ①만들려는 물건의 모양대로 속이 비어 있어 거기에 쇠붙이를 녹여 붓도록 되어 있는 틀. ②풀칠하여 붙인 종이나 천, 주물이나 도자기 따위의 한 부분에 공기가 들어가서 들뜬 곳.=콩풀'. ③몸의 겉모양을 낮잡아 이르는 말.

534) 휘틀: 북한에서 '거푸집'을 이르는 말. ¶휘틀을 만들다. 휘틀감, 휘틀공(工), 휘틀판(板).

535) 거품돌: 화산의 용암이 갑자기 식어서 구멍이 뚫린 채로 굳어져 물에 뜨는 돌. 속돌.

536) 거품치다: 찬 공기 등을 쐬어 거품을 없애다.

537) 건깡깡이: 어떤 일을 아무 기술이나 기구가 없이 매나니로 함. 또는 그런 사람.=날탕.

538) 건등(乾等): 통계(筒契)에서 원래의 등수의 알을 빼고 덤으로 또 뽑는 알.

539) 건물로(乾): ①쓸데없이. 공연히. ¶건물로 속을 썩이고 있다. ②힘을 안 들이고. ¶남의 재산을 건물로 삼키려 한다. ③까닭도 모르고 건으로. ¶건물로 날뛰다.

540) 건살포: 일은 하지도 아니하면서 건으로 살포(삽)만 짚고 다니는 사람.

541) 건조(乾燥): 습기나 물기가 없는 마른 상태. 마름. 메마름. ¶건조과(果), 건조기(期), 건조기(機), 건조기간(期間), 건조기후(氣候), 건조대(臺), 건조도(度), 건조되다/하다, 건조로(爐), 건조롭다/하다, 건조림(林), 건조물(物), 건조법(法), 건조비료(肥料), 건조장(場), 건조장치(裝置), 건조제(劑), 건조주의보(注意報), 건조증(症), 건조지역(地域), 건조지형(地形), 건조체(體↔華麗體), 건조탑(塔), 건조품(品), 건조한계(限界), 건조혈장(血漿), 건조화(花), 건조효모(酵母); 무미건조(無味), 이상건조(異常).

542) 건풍떨다(乾風): 터무니없이 과장된 말이나 행동을 하다.≒허풍떨다(虛風;경망스럽게 과장하여 말하다. 풍떨다).

543) 건혼나다(魂): 놀라지 아니할 일에 공연히 놀라서 혼나다.

건(陽乾), 온건(溫乾), 음건(陰乾), 풍건(風乾;바람에 쐬어 말림), 한건(旱/暵乾). ②하늘. 임금. 방향. 때'를 뜻하는 말.↔坤(곤). ¶건계(乾戒), 건곤(乾坤;하늘과 땅)[건곤일색(一色), 건곤일척(一擲); 만건곤(滿), 별건곤(別)], 건공(乾空;텅 빈 공중)[건공대매로[544], 건공잡이[545]], 건괘(乾卦), 건덕(乾德), 건도(乾道), 건령(乾靈), 건방(乾方), 건삼연(乾三連), 건상(乾象), 건선명(乾仙命), 건시(乾時), 건위(乾位), 건좌(乾坐); 만건곤하다(滿乾坤), 한건하다(旱乾) 들.

건(件) ①어떤 특정한 일이나 사건. 물건(物件). ¶그 건에 대하여. 건건사사(件件事事), 건건이(件件), 건기(件記), 건명(件名), 건수(件數); 난건(難件), 문건(文件), 물건(物件), 별건(別件), 본건(本件), 부건(副件;여벌), 불용건(不用件), 사건(事件), 사사건건(事事件件), 상건(上件), 상상건(上上件), 안건(案件), 어람건(御覽件), 여건(與件), 예건(例件), 예비건(豫備件), 요건(要件), 요용건(要用件), 용건(用件), 의건(議件), 의례건(依禮件), 인건/비(人件/費), 입건(立件), 잡건(雜件), 전건(前件), 조건(條件), 족건(足件;'버선'의 궁중말), 차례건, 초건(草/初件), 치건(侈件), 파건(破件), 폐건(敝件;낡고 더러워져 못 쓰게 된 물건), 품건(品件), 행하건(行下件), 호건(好件), 후건(後件). ②'벌. 가지'의 뜻을 나타내는 말. ¶소송/사고 두 건. 단건(單件;단벌), 부건(副件;여벌), 여건(餘件), 일건(一件) 들.

건(建) '세우다. 아뢰다'를 뜻하는 말. ¶건가(建價;매매의 약정가격), 건간망(建干網), 건고(建鼓), 건공(建功), 건구(建具;窓戶), 건국(建國)[건국이념(理念), 건국포장(褒章), 건국훈장(勳章)], 건군(建軍), 건극(建極), 건도(建都), 건령/수(建瓴/水), 건립(建立), 건물(建物)[가건물(假), 고건물(古), 고층건물(高層), 공공건물(公共), 목조/석조/철조건물(木造/石造/鐵造)], 건백(建白;의견을 말함), 건비(建碑), 건설(建設)[546], 건언(建言), 건옥(建玉;세운알), 건원(建元), 건의(建議)[547], 건재(建材), 건제(建制), 건조/물(建造/物), 건책(建策), 건축(建築)[548], 건평(建坪), 건폐율(建蔽率), 건함(建艦); 봉건(封建), 영건(營建), 웅건(雄建), 이건(移建), 재건(再建), 중건(重建), 창건(創建), 토건(土建) 들.

건(健) '튼튼하다. 굳세다. 잘·매우'를 뜻하는 말. ¶건각(健脚), 건강(健康)[549], 건강(健剛), 건경(健勁), 건담(健啖), 건망(健忘)[건망증(症;기억력이 부실하여 잘 잊어버리는 병증); 역행성건망(逆行性)], 건민(健民), 건보(健步), 건선(健羨), 건송(健訟;하찮은 일에도 소송하기를 좋아하는 것), 건승(健勝;몸에 탈이 없이 건강함. 몸이나 마음이 건전함), 건식(健食;음식을 많이 잘 먹음), 건실(健實), 건아(健兒), 건용(健勇), 건위(健胃), 건장하다(健壯;몸이 크고 굳세다), 건재(健在;이무 탈 없이 잘 있음), 건전(健全;튼튼하고 온전함. 건실하고 정상임)[건전성(性), 건전재정(財政), 건전증서(證書), 건전하다, 건전화/하다(化); 불건전(不)], 건졸(健卒), 건첩하다(健捷), 건투(健鬪;씩씩하게 잘해 나감), 건필(健筆;힘 있게 쓴 글씨. 시문을 잘 지음), 건호(健毫;힘 있게 쓴 글씨); 강건(剛健)[강건체(體), 강건하다], 강건하다(康健), 강건하다(强健), 경건(勁健), 노건하다(老健), 굳건하다, 보건(保健), 온건하다(穩健), 웅건(雄健), 장건하다(壯健), 지건(至健), 창건하다(蒼健), 항건(伉健), 호건(豪健) 들.

건(巾) 헝겊 따위로 만든 쓰개를 두루 이르는 말. ¶상여꾼들이 건을 썼다. 갈건(葛巾)[갈건야복(野服)], 건대(巾帶), 건즐(巾櫛), 건착망(巾着網), 건탕(巾宕), 건포(巾布); 갈건(葛巾), 굴건(屈巾), 뇌건(雷巾), 두건(頭巾), 망건(網巾)[550], 민짜건, 복건(幞巾), 삼각건(三角巾), 상건(床巾), 수건(手巾), 연건(軟巾), 유건(儒巾), 절각건(折角巾), 착건속대(着巾束帶), 탈건(脫巾), 탕건(宕巾)[탕건집; 단탕건(單), 외올탕건], 통천건(通天巾), 평정건(平頂巾), 포건(布巾), 행건(行巾), 홍건(紅巾), 효건(孝巾), 휘건(揮巾) 들.

건(鍵) 열쇠. 피아노·풍금·타자기 따위에서 손가락으로 치도록 된 부분. ¶건반(鍵盤); 관건(關鍵), 백건(白鍵), 시건장치(施鍵裝置), 약건(鑰鍵;문빗장에 내리지르는 쇠), 전건(電鍵), 흑건(黑鍵) 들.

건(虔) '정성. 공경하다'를 뜻하는 말. ¶건건(虔虔;매우 삼가고 조심하는 모양), 건공하다(虔恭), 건성(虔誠), 건숙하다(虔肅); 경건(敬虔), 불건(不虔) 들.

건(愆) '허물. 어기다'를 뜻하는 말. ¶건과(愆過), 건기(愆期;정한 기간을 어기는 것), 건납(愆納), 건우(愆尤;愆過), 건체(愆滯), 건회(愆悔;허물이나 잘못) 들.

건(腱) '힘줄'을 뜻하는 말. ¶건삭(腱索), 건막(腱膜), 건반사(腱反射), 건방추(腱紡錘), 건초(腱鞘;힘줄을 둘러싸고 있는 점액낭); 슬개건(膝蓋腱), 아킬레스건 들.

건(蹇) '절다. 절뚝거리다'를 뜻하는 말. ¶건각(蹇脚), 건괘(蹇卦),

---

544) 건공대매로(乾空): 아무런 조건이나 근거도 없이 무턱대고.

545) 건공잡이(乾空): ①허세를 부리는 사람. ②공중제비(空中).

546) 건설(建設): 건물, 설비, 시설 따위를 새로 만들어 세움. 조직체 따위를 새로 이룩함. ¶신도시 건설. 건설 현장. 복지국가의 건설. 건설공법(工法), 건설공사(工事), 건설공학(工學), 건설되다/하다, 건설물(物), 건설사(史), 건설업/자(業/者), 건설자재(資材), 건설적(的), 건설학(學), 건설협회(協會).

547) 건의(建議): 개인이나 단체가 의견이나 희망을 내놓음. 또는 그 의견이나 희망. ¶그는 회원들의 건의를 받아들였다. 건의 사항(事項). 건의권(權), 건의되다/하다, 건의문(文), 건의서(書), 건의안(案), 건의자(者), 건의함(函).

548) 건축(建築): 집이나 성, 다리 따위의 구조물을 그 목적에 따라 설계하여 흙이나 나무, 돌, 벽돌, 쇠 따위를 써서 세우거나 쌓아 만드는 일. ¶건축가(家), 건축경영(經營), 건축경제(經濟), 건축계약(契約), 건축계획(計劃), 건축공학(工學), 건축과(科), 건축구조(構造), 건축기획(企劃), 건축되다/하다, 건축면적(面積), 건축물(物), 건축미(美), 건축미술(美術), 건축법(法), 건축법규(法規), 건축비(費), 건축사/법(士/法), 건축사(史), 건축선(線), 건축설계(設計), 건축설비(設備), 건축술(術), 건축시공(施工), 건축양식(樣式), 건축업(業), 건축예술(藝術), 건축용재(用材), 건축의장(意匠), 건축자(者), 건축제도(製圖), 건축조각(彫刻), 건축주(主), 건축주체(主體), 건축지(地), 건축학/적(學/的), 건축한계(限界), 건축협정(協定), 건축화(化); 가건축(假), 고건축(古), 고딕건축(Gothic), 내진건축(耐震), 내화건축(耐火), 목조건축(木造), 조립건축(組立), 철골조건축(鐵骨造), 토목건축(土木).

549) 건강(健康): 건강검진(檢診), 건강관리(管理), 건강교육(敎育), 건강미(美), 건강법(法), 건강보험(保險), 건강서(書), 건강성(性), 건강식(食), 건강식품(食品), 건강증명서(證明書), 건강지표(指標), 건강진단(診斷), 건강체(體), 건강하다.

550) 망건(網巾): 상투를 튼 사람이 머리에 두르는 물건. ¶망건가게, 망건골, 망건꾸미개, 망건앞, 망건자국, 망건장이, 망건집, 망건편자; 갓망건, 복자망건, 외올망건, 인모망건(人毛).

건열하다(蹇劣), 건체(蹇滯), 건파(蹇跛;절름발이); 강건하다(剛蹇), 언건하다(偃蹇;거드름을 피우며 거만하다) 들.

건건이 변변치 않은 반찬. 음식의 짠맛을 내는 간장이나 양념장 같은 것. ¶건건이가 없는데 밥이라도 많이 드세요. 건개(밥에 곁들여 먹는 온갖 음식), 건건하다[551]; 장건건이(醬;간장, 고추장, 된장을 통틀어 이르는 말. 장을 재료로 하여 만든 반찬).

건너(다) 사이에 있는 것을 넘거나 지나서 맞은편으로 가거나 오다. 일정한 시간을 사이에 두고 지나다.[←걷(다)+나다].≒넘다. ¶강을 건너다. 한 집 건너 한 명씩 피해를 입었다. 동생이 하루 건너 한 번씩 병원에 다닌다. 건너[552], 건너가다, 건너긋다(한쪽에서 맞은쪽까지 가로질러 죽 긋다), 건너놓다, 건너다니다, 건너다보다/건너보다, 건너다보이다/건너보다, 건너대다(물을 건너서 반대편에 배를 대다), 건너딛다, 건너뛰다[553]/뛰우다, 건너막다, 건너보내다, 건너서다, 건너앉다, 건너오다, 건너지르다[554], 건너지피다[555], 건너질러, 건너짚다[556]/짚이다, 건너편(便), 건넌방(房;마루를 사이하여 안방의 맞은편에 있는 방)/건넛방(房;마당을 사이에 두고 건너편에 있는 방), 건널목[557], 건네다[558], 건네받다, 건네주다, 건늠길, 건늠길목, 건늠다리, 건늠보, 건늠살틀, 건늠질; 하루건너(하루걸러) 들.

건달 하는 일 없이 빈둥빈둥 놀거나 게으름을 부리는 짓. 또는 그런 사람.[←乾達婆←Gandharva〈범〉]. ¶돈 한 푼 없는 건달. 건달강(江)[559], 건달기(氣), 건달꾼, 건달농사(農事), 건달닭(알을 못 낳고 먹이만 먹는 닭), 건달떡, 건달바(婆)[560], 건달병(餠;오입장이 떡), 건달뱅이, 건달사상(思想), 건달식(式), 건달잡놈, 건달치기, 건달패(牌;난봉꾼의 패), 건달풍, 건달화/되다/하다(化); 백수건달(白手), 알건달 들.

-건대 동사의 어간에 붙어, 뒤에서 말할 내용이나 말하는이의 처지에 대해 근거가 됨을 나타내는 종속적 연결 어미. ¶내가 생각하건대 그것은 사실이 아니다. 바라건대 저를 도와주소서. 원하건대 성공하기를 빌 뿐이다. -건대-는/건댄.

건더기 ①국물 있는 음식에서 국물 이외의 것. 건덕지[561]. ¶건더기를 건지다. 국건더기. ②액체에 섞여 있는, 풀리지 아니한 덩어리. ③내세울 만한 일의 내용이나 근거. ¶변명할 건더기가 없다.[건더기←건지〈건디(다)+어기〉]. §변한 말은 '건지'.

건둥[1] ①'간동'보다 큰말. ②일을 꼼꼼하게 하지 않고 대충대충 빠르게 해치우는 모양.≒건성. 건정. ¶일을 건둥건둥 해치우다. 책을 건둥건둥 훑어보다. 건둥건둥 · 반둥건둥하다.

건둥[2] ①물체가 공중에 매달려 흔들리는 모양. ②무엇을 공중에 들어 올리는 모양.

건드레-하다 술이 거나하게 취하여 정신이 흐릿하다. ¶건드레하게 술이 취한 사람들.

건드리(다) ①손이나 물건을 닿게 하여 조금 움직이게 하다.≒닿다. 다치다. ¶남의 물건을 함부로 건드리다. 전시품을 건드리지 마시오. ②남의 마음을 움직이게 하거나 노하게 하다. ¶비위를 건드리다. ③부녀자를 꾀어 관계하다. ④어떠한 일에 손을 대다. ¶한번 건드린 일은 최선을 다하라. 〈준〉건들다.

건듯 ①정성을 들이지 않고 일을 대충 빠르게 하는 모양. 〈센〉건뜻. ¶일을 건듯 해치우다. 건듯건듯. ②한 줄기 바람이 스쳐 부는 모양. ¶춘풍이 건듯 불어 적설을 다 녹이니. ③음산하던 날씨가 시원하게 개는 모양. ¶구질구질하던 날씨가 건듯/건뜻 개다. ④무겁던 마음이나 기분이 거뜬하게 되는 모양. ¶건듯 · 건뜻하다[562]. ⑤가볍게 슬쩍 드는 모양. ¶건듯 들어 올리다.

건등 광맥(鑛脈)이 땅거죽 가까이 있는 부분.

-건마는 '이다'나 용언의 어간 뒤에 붙어, 기대가 되는데도 이미 말한 사실과 일치되지 않는 일을 말하려 할 때 붙이는 연결 어미.≒-지마는. 〈준〉-(이)건만. §'-언마는/언만'은 예스러운 말. ¶나이를 먹었건마는/만 아직도 철이 없다. 사위도 자식이건마는 어찌 그리 데면데면하게 구는지. 힘은 장사건만 꾀가 없다.

건목 잘 다듬지 않고 거칠게 대강 만드는 일. 또는 그렇게 만든 물건. ¶건목으로 얽어 놓다. 건목을 치다(잘 다듬지 아니하고 대강 만들다. 얼추잡다). 건목재(材;산에서 도끼나 톱으로 대강 다듬은 거친 재목), 건목치기(건목을 치는 일), 건목재(材;대강 다듬은 거친 재목).

건방 잰 체(잘난 체)하는 주제넘은 태도. ¶건방을 부리다. 건방을 피우다. 건방떨다, 건방지다(≒시먹다); 시건방지다(비위에 거슬리게 건방지다).

건사 ①일을 시킬 때 일거리를 만들어 모아 대어 줌. ¶일 건사도

551) 건건하다: 맛이 싱겁지 않을 정도로 좀 짜다. ¶건건찝질하다.

552) 건너: 일정한 공간을 사이에 둔 맞은편. 마주 보이는 쪽. ¶강 건너 마을. 길 건너에 가게가 있다. 건너간, 건너금(맞은편에 그은 줄), 건너뜸(건너편에 있는 작은 마을), 건넛마을, 건넌방(房;대청을 사이하여 안방의 맞은편에 있는 방), 건넛방(房;마당을 사이에 두고 건너편에 있는 방), 건넌사랑(舍廊), 건넛산(山), 건넛집, 건너편(便).

553) 건너뛰다: ①맞은편까지 뛰다. ¶도랑을 건너뛰다. ②거르다. ¶차례를 건너뛰다. 끼니를 건너뛰다. ③중간 단계를 거치지 아니하고 오르거나 내리다.≒걸러뛰다.

554) 건너지르다: 긴 물건을 이쪽에서 저쪽에 이르게 가로놓다. ¶개천에 통나무를 건너질러 외나무다리를 놓다. 건너질리다(①건너지름을 당하다. ②건너지피다).

555) 건너지피다: 강물이 이쪽에서 저쪽 끝까지 꽉 얼어붙다. 합빙하다(合氷). 건너질리다②.

556) 건너짚다: ①중간의 것을 건너거나 넘어서 팔을 내밀어 짚다. ②어떤 속내를 앞질러서 짐작하다. ¶알지도 못하면서 괜히 건너짚어 말하지 마시오.

557) 건널목: ①철로와 도로가 교차하는 곳. ¶건널목지기. ②강, 길, 내 따위에서 건너다니게 된 일정한 곳.

558) 건네다: ①남에게 말을 붙이다. ¶수작을 건네다. 농담을 건네다. 술잔을 건네다. ②금품 · 일 따위를 남에게 넘기어 주다. ¶소유권을 건네다. 중도금을 건네다. ③'건너다'의 사동(건너게 하다). ¶배로 사람을 건네다.

559) 건달강(江): 아무데도 이용됨이 없이 흘러가기만 하는 강.

560) 건달바(乾達婆): 수미산 남쪽의 금강굴에 살며 제석천의 아악을 맡아보는 신. ¶건달바성(城), 건달바왕(王).

561) 건덕지: ①일을 이룰 만한 조건이나 근거. ②힘들인 결과에 소득으로 남는 것. ¶건덕지다(보람이나 건덕지가 있다. 보람차다).

562) 건듯하다: ①무겁던 마음이 풀리어 거뜬하다. ¶노랫소리를 들으니 우울했던 마음이 건듯하다. ②바람이 살랑살랑 부는 상태에 있다.

빠짐없이 해 주었다. ②자기에게 딸린 것을 잘 보살피고 돌봄. ¶제 몸 하나 건사도 못하면서 남의 일을 간섭하려 든다. 동생들을 잘 건사해 주기 바란다. ③잘 거두어 보호함. 간수. ¶귀중한 물건이니 잘 건사해 두어라. 화분을 잘 건사하다. 나이를 잘 건사하다.

건설방 아무 가진 것 없이 오입판에 쫓아다니면서 허랑한 짓이나 하는 추잡한 사람.=건달.

건성 ①주의를 하지 않고, 별 성의 없이 겉으로만 함.≒대강(大綱). ¶건성이 아니라 진정으로 부탁한다. 알아듣지 못하면서 건성 고개만 끄덕인다. 건성으로 대답하다. 건성건성/하다, 건성꾼, 건성으로, 건성질/하다, 건성하다(건성을 부리는 태도가 있다). ②'건'의 꼴로 다른 말에 붙어 '건성'의 뜻을 더함. ¶건돕다(건성으로 돕다), 건말질(건성으로 하는 말질)/하다, 건몰다[563], 건몸[564], 건물[565], 건밤(잠을 자지 않고 뜬눈으로 새우는 밤)/새다, 건성울음/건울음, 건입맛[566], 건혼(魂)[567]들.

건숭-맞다 실속 있게 차근차근 하지 않고 대강대강 하는 데가 있다. ¶아주머니는 성미가 건숭맞다.

건잠[1] 제대로 된 일의 내용. ¶건잠도 모르고 덤벼들면 낭패다. 건잠머리[568]/하다.

건잠[2] 곡식의 뿌리를 갉아먹는 벌레의 하나. ¶논에 건잠이 들어 벼가 썩는다.

건정 ①=대강. 대충. ¶설거지를 건정 해치우다. 건정거리다/대다, 건정건정[569]. ②기운차게 성큼성큼 걷는 모양.

건지[1] 물의 깊이를 재는 데 쓰는, 돌을 매단 줄.≒잼추(錘). ¶건지로 우물의 깊이를 재다.

건지[2] '건더기'가 변한 말. ¶건지가 많아야 국물이 난다(조건을 다 갖추면 큰 성과가 이루어질 수 있다).

건지(다) ①물에 떠 있거나 빠진 것을 집어내거나 끌어내다.↔빠뜨리다. ¶국에 뜬 머리카락을 건지다. 건져내다, 건짐국수(삶은 국수를 건져 고명을 얹어 만든 음식). ②곤경에서 구해내다. ¶목숨만 겨우 건지다. ③실패나 손해를 본 것 중에서 그 일부를 도로 찾다. ¶본전도 못 건졌다.

건-하다 ①아주 넉넉하다. ¶이젠 살림이 제법 건하게 되었다. ② '흥건하다(물 따위가 많이 괴어 있다. 음식에 국물이 많다)'의 준말. ¶건하게 젓다. 때 아닌 비로 밭고랑에 물이 건하다. ③'거나하다(술에 취한 정도가 기분이 좋을 만큼 알맞다)'의 준말. ¶술이 건하게 취하다.

걷(다)[1] 두 다리를 번갈아 움직여 옮겨 가다. 일정한 방향으로 나아가다. ¶길을 걷다. 거닐다[570], 거님길(산책길), 걷기, 걸리다'(걷게 하다), 걸어가다, 걸어나가다/나오다, 걸어내리다, 걸어다니다, 걸어오다', 걸어오르다, 걸음(걸음걸음, 걸음걸이, 걸음길(↔찻길), 걸음나비(보폭), 걸음낚시, 걸음마[571], 걸음발[572], 걸음발타다(걸음마타다), 걸음사위, 걸음새, 걸음쇠, 걸음짐작, 걸음짓(걸음새), 걸음품(다리품); 가로걸음(엮걸음), 가재걸음, 가탈걸음, 갈지자걸음(之字), 거북이걸음, 거위걸음, 게걸음, 공걸음(空;헛걸음), 군걸음, 까치걸음, 깽깽이걸음(앙감질하여 걷는 걸음걸이), 내친걸음(이왕 나선 걸음. 이왕에 시작한 일), 네발걸음, 노루걸음, 동동걸음, 두루미걸음, 뒷걸음, 뚱깃걸음(뚱기적거리며 걷는 걸음), 뜀걸음, 명매기걸음(칼새처럼 맵시 있게 아장거리며 걷는 걸음), 모걸음(옆으로 걷는 걸음)/질, 모자비걸음(옆으로 비척비척 걷는 걸음), 무릎걸음, 바른걸음, 반걸음, 발걸음, 발끝걸음, 발등걸음[573], 배착·비척걸음, 배틀·비틀걸음, 봉충걸음[574], 불걸음(매우 재게 빨리 걷는 걸음), 살걸음(화살이 날아가는 속도), 상걸음(常), 색시걸음, 선걸음[575], 씨암탉걸음, 아장걸음, 안짱걸음, 앉은걸음, 앉은뱅이걸음, 암탉걸음, 여덟팔자걸음, 옆걸음, 오른걸음, 오리걸음, 왜죽걸음[576], 왼걸음, 우산걸음(雨傘)[577], 자국걸음[578], 잔걸음, 장진걸음(4박자 걸음새), 잦은걸음, 잰걸음, 제자리걸음, 종종·총총걸음, 중진걸음, 쥐걸음[579], 지게걸음[580], 진동·진둥걸음(바쁘게 서둘러 걷는 걸음), 차례걸음[581], 첫걸음, 통통·퉁퉁걸음, 팔자걸음(八字), 한걸음, 허깨비걸음(정신없이 허둥지둥 걷는 걸음), 헛걸음/치다/하다, 헛걸음질/하다, 호장걸음(虎將;용맹스러운 걸음), 화장걸음(長)[582], 황새걸음, 황소걸음, 휘장걸음(揮帳)[583], 휘청걸음; 내걷다(앞을 향해 걷다. 내처 걷다), 욱걷다(힘껏 힘을 모아 빨리 걷다), 줄걷다(줄 위를 걸어가다)/걸리다, 치걷다'(위쪽을 향하여 걷다). ☞ 보(步).

563) 건몰다: 일을 정성 들이지 않고 건성건성 빨리 해 나가다. ¶일을 건몰아서 한 달 안에 공사가 얼추 다 끝이 났다.
564) 건몸: 공연히 혼자서만 애쓰며 안달하는 일. ¶건몸을 달다(저 혼자서만 헛되게 애를 쓰며 몸이 달다).
565) 건물: ①몸이 허약하거나 병이 들어서 공연히 나오는 정액(精液).=겉물. ②무엇의 섞임이나 아무런 작용도 받지 않고 나오는 깨끗한 물.
566) 건입맛: 제대로 먹지 못하고 아주 적은 양으로 조금만 먹는 일. ¶입맛이 없어서 미음 몇 술로 건입맛만 다시었다.
567) 건혼(魂): 이승도 저승도 가지 못하고 중간에 떠도는 혼.
568) 건잠머리: 어떤 일을 시킬 때 대강의 방법을 알려 주고, 이에 필요한 기구를 준비하여 주는 일. ¶김 대리는 신입사원에게 건잠머리를 해 놓고 출장을 갔다. 건잠머리할 시간도 없다.
569) 건정건정: 대강대강 빠르게 해치우는 모양. ¶건정건정하다.
570) 거닐다: 이리저리 한가로이 왔다 갔다 하며 산책하다.[←걷(다)+니(다)]. ¶공원을 거닐며 사색에 잠기다. 혼자서 절 경내를 거닐고 있었다.
571) 걸음마: ①어린아이가 처음 걸음을 배울 때의 걸음걸이. ②어린아이에게 걸음을 익히게 할 때 발을 떼어 놓으라고 하는 말. ③초보(初步). 시작.[←걷(다)+음+마(명사화접미사)].
572) 걸음발: ①발을 놀려 걸음을 걷는 일. 또는 그렇게 걷는 발. ¶걸음발을 멈추다. ②걸음을 걷는 기세나 본새.
573) 발등걸음: 발을 들고 발끝과 발뒤축만을 바닥에 대고 걷는 걸음.
574) 봉충걸음: 한쪽이 짧은 다리로 쩔뚝거리며 걷는 걸음.
575) 선걸음: 지금 서서 가는 그대로의 걸음. 이왕 내디딘 걸음. ¶선걸음에 동대문시장까지 다녀오겠습니다.
576) 왜죽·웨죽걸음: 팔을 훼훼 내저으며 느릿느릿 걷는 걸음.
577) 우산걸음(雨傘): 우산이 오르내리듯이 몸을 출썩거리며 걷는 걸음.
578) 자국걸음: 조심스럽게 한발 한발 옮겨 디디는 걸음.
579) 쥐걸음: 초조한 마음으로 둘레를 살피며 자세를 낮추고 살금살금 걷는 걸음. 무서워서 조금씩 뒷걸음치는 걸음.
580) 지게걸음: 몸을 좌우로 기우뚱거리며 걷는 걸음.
581) 차례걸음(次例): 차례대로 일을 진행하는 방식. ¶서둘지 말고 차근차근 차례걸음으로 합시다.
582) 화장걸음(長): 팔을 벌리고 뚜벅뚜벅 걷는 걸음.
583) 휘장걸음(揮帳): ①두 사람이 양쪽에서 한 사람의 허리와 팔죽지를 움켜잡고 휘몰아 걸리는 걸음. ¶휘장걸음하는 형사사건의 피의자 사진이 공개되었다. ②말을 둥글게 몰아 달리게 모는 걸음.

걷(다)² ①구름이나 안개 따위가 흩어져서 없어지다. 비나 장마 따위가 맑게 개다. 안개가 걷히다.↔끼다. ¶먹구름이 걷다. 걷히다²; 웃비걷다[584]. ②감아서 올리거나 위에 걸다. 널려 있는 것을 정리하다. 돈이나 물품을 내게 하다. 〈본〉거두다⑤. ¶돛을 걷다. 곰국에 뜬 기름을 걷다. 소매를 걷어 올리고 일을 한다. 수재 의연금을 걷다/거두다. 거두매[585], 거두어들이다/거둬들이다, 거두치다(거두어 치워 버리다), 거둠[586], 거듬[587], 거듬거듬[588], 걷들다[589], 걷몰다[590], 걷몰이, 걷묻다(무엇에 덧붙다), 걷어감다, 걷어기르다(보살펴 기르다), 걷어꽂다, 걷어넣다, 걷어들다/들이다(거두어 모으거나 안으로 들이다), 걷어매다[591], 걷어붙이다(걷어 올리다)[592], 걷어안다(거두어서 품에 안다), 걷어입다(옷을 되는대로 마구 입다), 걷어잡다, 걷어쥐다, 걷어지르다(발로 내질러 차다), 걷어질리다[593], 걷어차다/채다/채이다, 걷어치우다[594], 걷잡다[595], 걷지르다[596], 걷히다²; 뒷거둠(일의 뒤끝을 거두어 처리함), 부르걷다(옷소매나 바짓가랑이를 활발하게 걷어 올리다), 숨거두다, 줄밑걷다[597], 치걷다²(위로 걷어 올리다). ③-걷이/걷기'의 꼴로 몇몇 명사 뒤에 붙어, '작물을 거둠. 걷어치우는 일. 목재를 깎음'의 뜻을 더하는 말. ¶가을걷이(추수), 골걷이(밭고랑의 풀을 뽑아 없앰), 끝걷기, 넉걷이[598], 덩굴걷이, 도래걷이[599], 민걷이, 받걷이(돈이나 물건을 받아 거두어들이는 일), 밭걷이, 소마걷이[600], 자리걷이. ☞ 수(收). 염(斂).

584) 웃비걷다: 비가 오다가 잠시 날이 들다. ¶웃비걷자 해가 반짝인다.
585) 거두매: 하던 일이나 벌여 놓은 일거리를 거둬서 마무르는 것. ¶거두매질/하다.
586) 거둠: 손으로 거두어 쥐는 모양이나 거두는 일. ¶치맛자락을 거둠거둠 걷어쥐다. 거둠이 푸짐하다. 거둠새(거두어들이는 돈품이나 물품. 거둠질하는 모양이나 상태), 거둠질(거두어들이는 일. 일의 뒤끝을 처리하거나 벌여 놓은 것을 거두는 일)/하다.
587) 거듬: 팔 따위로 한 몫에 거두어들일 만한 분량을 세는 단위.
588) 거듬거듬: 흩어지거나 널려 있는 것을 대강대강 거두어 모으는 모양. ¶먹고 난 자리를 거듬거듬 치우고 일어나다. 거듬거듬 주워 모으다. 거듬거듬하다.
589) 걷들다: 오던 비가 걷고 날이 들다.
590) 걷몰다: 대강대강 거두어 빨리 몰아치다. 거듬거듬 빨리 몰다. ¶닭떼를 걷몰아 가두다. 걷몰이로 쓴 원고.
591) 걷어매다: 일을 하다가 중간에서 대충 마무리하다.
592) 걷어붙이다: 소매나 바짓가랑이를 걷어 올리다. ¶소매를 걷어붙이고 나서다.
593) 걷어질리다: 기운이 없거나 병이 나서 눈꺼풀이 맥없이 열리고 눈알이 우묵해지다. ¶그녀는 근심 때문인지 불쌍할 정도로 걷어질린 눈을 하고 있었다.
594) 걷어치우다: ①물건 따위를 걷어서 다른 곳으로 치우다. ¶빨랫줄에 널린 빨래를 걷어치워라. ②하던 일을 중도에서 그만두다. ¶학업을 걷어치우다.
595) 걷잡다: 잘못 치닫거나 기우는 형세 따위를 붙들어 바로잡거나 헤아려 짐작하다. 거두어 바로잡다.[+없다. 못하다]. ¶번지는 불길을 걷잡지 못하다. 감정이 극에 달하면 자신의 감정을 걷잡을 수 없게 된다. 걷잡을 수 없는 일들이 일어났다. 걷잡히다.
596) 걷지르다: ①말이나 일이 이어지던 것을 중간에서 끊다. ¶그는 친구의 말을 걷질러 결론부터 물었다. 걷질리다. ②'걷어지르다'의 준말.
597) 줄밑걷다: 어떤 일의 단서나 말의 출처를 더듬어 찾다. 〈준〉줄걷다.
598) 넉걷이: 밭에서 오이·호박·수박 따위의 덩굴을 걷어치우는 일. ¶넉걷이하다. §'넉(넉지)'은 '덩굴'의 사투리.
599) 도래걷이: 보가 기둥에 앉히는 곳의 안팎을 깎는 일.
600) 소마걷이: 모난 기둥에 얹히는 보의 어깨통이 기둥보다 넓을 때 어깨의 양쪽 모서리를 둥글게 깎아서 기둥면이 드러나게 하는 방식. 또는 그 일.

걸 윷놀이에서, 윷짝의 한 개는 엎어지고 세 개는 잦혀진 때의 이름. ¶걸이 나오다.

걸- 몇몇 용언 앞에 붙어서 '엇비슷하게. 마구. 거친. 매우'의 뜻을 더하는 말.=걸터-/걱-. ¶걸굳다(거칠고 굳다), 걸뜨다[601], 걸맞다[602], 걸싸다[603], 걸차라다; 걸터들이다(이것저것 닥치는 대로 휘몰아 들이다), 걸터듬다(←걸+더듬다;마구 더듬다)/걱더듬다, 걸터먹다(닥치는 대로 휘몰아 먹다), 걱세다(몸이 굳고 억세다) 들.

걸(乞) '빌어먹다. 구하다'를 뜻하는 말. ¶걸개(乞丐;거지), 걸객(乞客), 걸과(乞科), 걸교(乞巧)[604], 걸구(乞求), 걸군(乞郡), 걸귀(乞鬼)[605], 걸립(乞粒)[606], 걸맹(乞盟;적에게 화해를 청함), 걸불병행(乞不竝行), 거사[←걸사(乞士;중)], 걸승(傑僧), 걸식(乞食;비럭질)[걸식자(者); 문전걸식(門前), 전전걸식(轉轉)], 걸신(乞神)[607], 걸양(乞養;빌어먹는 아이를 제 자식처럼 거두어 기름), 걸언(乞言;노인에게 좋은 말을 해달라고 청하는 것), 걸위(乞位;거지의 靈位), 걸인(乞人;거지), 걸해(乞骸;늙은 재상이 벼슬을 내놓고 물러가기를 청하는 일); 간걸(懇乞;간절하게 빎), 개걸(丐乞), 구걸(求乞), 복걸(伏乞), 애걸복걸(哀乞伏乞), 풍걸(豐乞), 행걸(行乞) 들.

걸(傑) '뛰어나다. 훌륭하다. 굉장히 큰'을 뜻하는 말. ¶걸각(傑閣), 걸걸하다(傑傑;외양이 헌칠하고 성격이 쾌활하다), 걸관(傑觀), 걸구(傑句), 걸기(傑氣;호걸스러운 기상), 걸립(傑立;뛰어나게 우뚝 높이 솟음), 걸물(傑物;뛰어난 사람. 훌륭한 물건), 걸사(傑士;傑人), 걸사(傑舍;크게 지은 집), 걸승(傑僧), 걸악(傑惡;매우 추악함), 걸연하다(傑然;남보다 매우 뛰어나다), 걸인(傑人), 걸작(傑作)[608], 걸출하다(傑出), 걸행(傑行); 괴걸(怪傑;괴상할 정도로 재주나 힘이 뛰어남), 괴걸(魁傑;생김새나 재주가 뛰어남), 굉걸하다(宏傑;굉장하고 훌륭하다), 기걸/스럽다(奇傑), 삼걸(三傑), 상하걸(霜下傑;국화), 수걸(秀傑), 시걸(詩傑), 십걸(十傑), 여걸(女傑), 영걸(英傑), 우걸(羽傑;가장 뛰어난 새), 웅걸(雄傑), 인걸(人傑), 정걸(挺傑), 조걸위악/학(助傑爲惡/虐;못된 사람을 부추기어 악한 짓을 더하게 함), 준걸하다/스럽다(俊傑), 호걸(豪傑) 들.

601) 걸뜨다: 물 위에 뜨지 않고 중간에 뜨다. ¶찌가 가라앉지도 않고 걸뜨다.
602) 걸맞다: 두 편의 정도가 거의 비슷하다. 격에 맞게 어울리다. ¶분위기에 걸맞은 옷차림.
603) 걸싸다: ①하는 일이나 동작 따위가 매우 날쌔다. '걸하다'는 '재빠르다'의 사투리. ②성미가 괄괄하고 세차다.
604) 걸교(乞巧): 부녀자들이 칠석날 저녁에 견우·직녀 두 별에게 바느질과 길쌈을 잘하게 하여 달라고 빌던 일.
605) 걸귀(乞鬼): ①새끼를 낳은 뒤의 암퇘지.=걸구. ②음식을 몹시 탐내는 사람을 욕으로 이르는 말. ¶걸귀 같다. 걸귀가 들린 듯이. 걸귀배.
606) 걸립(乞粒): 무당이 위하는 귀신. 마을 사람들이나 중이 무리를 지어 풍악을 울리고 곡식이나 돈을 얻는 일. ¶걸립을 놀다. 걸립굿, 걸립꾼, 걸립놀다, 걸립상(床), 걸립신(神), 걸립짚신, 걸립패(牌), 걸립하다; 화주걸립(貨主;무당이 위하는 귀신의 하나).
607) 걸신(乞神): 빌어먹는 귀신. 염치없이 음식을 지나치게 탐하는 일. 허발. ¶걸신들리다, 걸신스럽다, 걸신쟁이, 걸신증(症).
608) 걸작(傑作): ①매우 훌륭한 작품.↔졸작(拙作). ¶걸작품(品). ②우스꽝스럽거나 유별나서 남의 주목을 끄는 사물이나 사람. ¶걸작으로 놀다. 길짜(걸작으로 노는 사람).

걸(桀) '사납다. 거칠다'를 뜻하는 말. ¶걸주(桀紂;폭군), 걸오하다(桀驁;성정이 막되어 사납다); 간걸(奸桀;간교하고 사나운 사람) 들.

걸걸-하다 ①목소리가 좀 갈라진 듯하면서 우렁차다. ¶걸걸한 목소리. 걸지다[1][609]. ②성질이나 행동이 조심성이 없고 거칠다. ¶걸걸한 성미.

걸기-질 논바닥을 평평하게 고르는 일. ¶'걸기'는 '써레'의 함북 사투리다. 걸기질하다.

걸까리-지다 걸때(사람의 몸집이나 체격)가 크다. 몸이 크고 실팍하다(매우 실하다).≒크다. ¶초등학생으로서는 무척 걸까리지다. 우람하고 걸까리진 사나이.

걸(다)[1] ①물건을 걸쳐놓거나 드리워지게 하다.≒매달다.↔떼다. ¶그림을 벽에 걸다. 미장이가 부뚜막에 솥을 걸다. 걸개[걸개그림/걸그림, 걸개매듭, 걸개바지, 걸개볼트(bolt), 걸개식(式), 걸개철물(鐵物); 수건걸개(手巾)], 걸거치다[610], 걸고넘어지다, 걸고들다[611], 걸고리, 걸그렁, 걸그물, 걸기(걸어 넘어뜨리는 기술), 걸꿩쇠(보습에 딸린 긴 쇠), 걸낫/거낫, 걸낭(囊;걸어두는 주머니. 바랑), 걸놓다(걸쳐서 놓다), 걸단추(걸어 채우게 된 단추), 걸대(물건을 걸 때 쓰는 장대), 걸등(燈), 걸뜨다[612], 걸뜨리다(걸쳐서 아래로 늘어뜨리다), 걸러내다, 걸리다[2][613], 걸린곡(谷;懸谷), 걸림[걸림돌(일의 진행을 가로막는 것. 장애물), 걸림새[614], 걸림음(音), 걸림조(調)], 걸망(網), 걸머맡다(남의 일이나 빚을 안아맡다), 걸머메다/걸메다(어깨에 걸어서 메다)/메이다, 걸머잡다, 걸머지다(책임지다), 걸목[615], 걸바(걸어당기는 밧줄), 걸빵(멜빵. 질빵), 걸상(床), 걸쇠(문빗장쇠. 들쇠)[분합걸쇠(分閤)], 걸어놓다, 걸어닫다, 걸어당기다, 걸어매다, 걸어매듭, 걸어메다, 걸어앉다/걸앉다, 걸어앉히다, 걸어오다[2](수작 따위를 붙이다), 걸어잡다, 걸어차다, 걸어채다/채우다, 걸어총(銃), 걸어치기, 걸이/거리[가슴걸이, 감투거리, 귀걸이, 덧거리[616], 덧걸이, 등거리[617], 등잔걸이(燈盞), 모자걸이(帽子), 목걸이, 못걸이, 발거리[618], 발걸이, 발등걸이, 밭걸이(↔안걸이), 벽걸이(壁), 빗장걸이, 빨래걸이, 살거리, 안걸이, 앞걸이, 양수걸이(兩手), 어깨걸이, 연장걸이(목도리), 옷걸이, 족자걸이, 징걸이, 코걸이, 턱걸이(운동), 팔걸이, 호리걸이, 후거리(後)], 걸입다(언걸입다), 걸줄, 거지게(길마 양편에 걸친 지게), 걸채[619], 걸채다/걸채이다(발길에 차여 걸리다), 걸치다[620][〈걸티다], 걸쳐두다, 걸친코, 걸침[양걸침(兩)], 걸키다(걸려 째지거나 흠집이 나다), 걸타다(걸쳐 있다. 걸쳐 타다), 걸터눕다, 걸터들이다, 걸터메다, 걸터앉다/앉히다, 걸터타다[621], 걸틀(물건을 거는 틀); 가로걸다(옆으로 걸다)/걸리다, 곱걸다/걸리다(두 번 겹치어 얽다/얽히다), 내걸다, 닫아걸다, 덧걸다/걸리다, 되걸다/걸리다, 맞걸다/걸리다(양쪽으로 마주 걸다), 맞걸이, 빗길다, 얻어걸리다, 엇걸다/걸리다, 옭걸다, 처걸다(굳게 닫아걸다), 총걸다(銃). ②계약이나 내기의 조건으로 내놓다. ¶누구나 그런 일에는 명예를 걸고 싸운다. 계약금을 걸다. 곱걸다/걸리다(돈을 곱으로 걸다), 떼걸다(관계하던 일을 그만두다), 막걸다/걸리다, 맞걸다/걸리다(노름판에서 서로 판돈을 걸다). ③일정한 관계를 맺거나 어떤 문제를 일으키다. 사람이 기계 작동을 시작하다. ¶말을 걸다. 전화를 걸다. 싸움을 걸다. 엔진에 시동을 걸다. 걸리다[3]. ④의논이나 토의의 내용으로 삼다. ⑤사람이 어떤 일에 기대나 희망을 두다. ¶동생의 장래에 희망을 걸다. ⑥게양하다(揭揚). ⑦'-거리'로 쓰이어 '엇갈리다. 성교(性交)'를 뜻함. ¶감투거리(여자가 남자 위에 올라가 하는 성행위), 낮거리, 대거리(代;交代), 빗장거리.

걸(다)[2] ①흙에 양분이 많다.≒기름지다. 비옥하다(肥沃).↔메마르다. 거칠다. ¶밭이 걸다. 거름[622], 건땅(기름진 땅), 건밭(매우 기름진 밭), 건흙(걸고 기름진 흙), 걸기(땅의 기름진 정도. 비옥도), 걸우다(걸게 하다)/걸구다('걸우다'의 사투리), 걸차다(땅이 매우 기름지다). ②액체가 되직하고 바특하다.≒묽다. ¶풀을 걸게 쑤다. 걸다랗다[623], 걸지다[2](음식이 맛이 진하고 깊다), 걸쭉·갈쭉하다. ③차려 놓은 음식의 가짓수가 많아 푸짐하다.↔거칠다. ¶반찬이 걸다. ④말솜씨가 험하여 거리낌이 없고 푸지다. ¶손이 걸다(씀씀이가 푸지다). 입이 걸다(말이 많고 험하다). 걸지다[3][624], 걸쩍지근하다/걸찍하다[625]. ⑤빛깔이 칙칙하게 짙다. ¶별에

609) 걸지다[1]: 목소리가 몹시 갈린 듯하면서도 우렁우렁 힘차다.

610) 걸거치다: 일이나 행동하는 데 방해가 되게 걸려서 거치적거리다. ¶강아지가 발치를 맴돌아 걸거치다. 걸거친 윗도리를 벗어던지다.

611) 걸고들다: 어떤 시빗거리를 잡아 대들다.

612) 걸뜨다: ①가라앉지도 않고 물위에 뜨지도 않고 중간에 뜨다. ¶낚시찌가 가라앉지도 않고 걸뜨다. ②생각이나 일이 어렴풋하게 들뜨다.

613) 걸리다[2]: ①멈추거나 끼어 있다. ¶가시가 목에 걸리다. ②매달려 있다. 잡히다. 몰래 하던 일이 남의 눈에 드러나다(≒들키다), 계략에 빠지다. ¶연이 나뭇가지에 걸리다. 고기가 그물에 걸리다. 해가 서산에 걸려 있다. 사기꾼에게 걸리다. 법망에 걸리다. 걸려들다, *걸리적거리다('거치적거리다'의 잘못). ③마음에 거리끼다. ¶집안 일이 마음에 걸리다. ④병이 나다. ¶감기에 걸리다. ⑤날짜나 시간이 소요되다. ¶공사가 2년 걸려 완공되었다.

614) 걸림새: 장애가 되는 모양이나 상태.

615) 걸목: ①의지할 만한 데. ②합당한 밑천이나 거리.

616) 덧거리: ①정해진 수량 이외에 덧붙이는 물건.=곁들이. ②사실을 보태어 없는 일까지 덧붙여서 말함. ¶덧거리질/하다.

617) 등거리: 조끼처럼 등에 걸쳐 입는 홑옷.

618) 발거리: ①간사한 꾀로 남을 은근히 해치는 짓. ②남이 못된 일을 꾸밀 때 이것을 미리 다른 사람에게 알리는 짓. ¶발거리를 놓다.

619) 걸채: 소의 길마 위에 덧얹어, 볏단이나 보릿단 등을 싣는 기구. ¶걸챗불(걸채에 옹구처럼 달린 물건).

620) 걸치다: ①두 끝이 맞닿아서 겸치다. ②긴 물건이 어떤 물건에 얹히어 두 끝이 양쪽으로 늘어지다. ③해나 달이 기울어져 산이나 고개 위에 얹히다. ④어느 기간 동안 계속되다. ⑤어떤 범위에까지 미치다. ⑥끝부분을 다른 물건의 끝에 올려놓다. ¶의자에 엉덩이를 걸치다. 팔을 난간에 걸치다. 걸놓다(걸쳐서 놓다). ⑦옷이나 이불 따위를 되는 대로 대강 입거나 덮다. ¶나는 급히 옷을 걸치고 길을 나섰다. 덧걸치다.

621) 걸터타다: 마소나 탈것을 모로 앉아 타다.[←걸치(다)〈걸티(다)+어+타다]. ¶걸터태우다.

622) 거름: 식물이 자라도록 땅을 기름지게 하기 위하여 주는 물질. 비료(肥料).≒두엄. ¶거름기(氣;거름의 기운), 거름나무, 거름더미, 거름독(똥오줌 항아리) 거름독(毒), 거름발(거름의 효과 또는 기운), 거름주기, 거름지게, 거름집(퇴비를 넣어 두는 헛간), 거름통(桶), 거름풀, 거름하다, 거름흙; 늦거름, 덧거름, 뒷거름, 똥거름, 물거름, 밑거름, 보릿거름, 살거름(씨와 섞어 쓰는 거름), 생거름(生), 웃거름, 재거름, 풋거름.

623) 걸다랗다: 다른 물질과 섞인 액체가 물기가 적어 된 듯하다.

624) 걸지다[3]: 사람이나 그 성질, 행동 따위가 조심스럽지 못하고 거칠다. ¶그녀는 항상 입부터가 걸진 여자였다.

625) 걸쩍지근하다: 음식을 닥치는 대로 먹거나 말을 함부로 하여, 입이 매우 걸다. 걸찍하다. ¶걸쩍지근하게 잘도 먹는다. 걸찍하게 차린 밥상.

건 얼굴.

걸때 사람의 몸집이나 체격.[〈傑大(걸대)]. ¶동생이 형보다 걸때가 커서 옷을 물려 입을 수 없다오. 걸때가 황소 같다. 걸때가 크고 몸이 실팍한 것을 '걸까리지다'라고 한다.

걸떡 몹시 가쁜 숨을 거칠게 쉬거나 구역질을 하는 모양. 〈작〉갈딱.

걸랑 소의 갈비를 싸고 있는 고기. ¶걸랑에 붙은 쇠고기를 '쥐머리' 또는 '넓은다대'라고 한다.

걸레 ①더러운 곳을 닦거나 훔치는 데 쓰는 헝겊. ¶방바닥을 걸레로 닦다. 걸레받이[626], 걸레부정(不淨;너절한 물건이나 사람), 걸레질/하다(훔치다), 걸레짝, 걸레쪽, 걸레통(桶); 기름걸레, 대걸레, 똥걸레, 물걸레, 마른걸레, 물걸레, 손걸레, 진걸레. ②더러운 행동을 서슴지 않고 행하는 사람을 비유적으로 이르는 말. ¶지조가 없는 사람은 걸레다.

걸쌈-스럽다 남에게 지기 싫어하고 억척스럽다. ¶아이들은 모두 걸쌈스럽게 절름발이 흉내를 내었다.

걸쌍-스럽다 일솜씨가 뛰어나거나 먹음새가 좋아서 탐스러운 데가 있다. 성미가 별나고 억척스럽다. ¶한 그릇 밥을 걸쌍스럽게 비워 냈다. 먹는 것이 걸쌍스럽다.

걸써 ①대수롭지 않게 여기어 소홀한 태도로.=대강. ¶남의 말을 걸써 듣다. 걸써 해치우다. ②든든히 자리 잡지 못하고 불안정한 상태로. ¶걸써 붙은 안내문이 곧 떨어질 것 같다.

걸썽 ①다리를 가볍게 높이 들면서 내디디는 모양. ¶사열대 앞을 걸썽걸썽 지나가는 병사들. ②성격이나 행동이 좀스럽지 않고 시원스럽고 빠른 모양. ¶남의 일손을 걸썽걸썽 돕다.

걸쩍 성질이 쾌활하여, 어떤 일에나 시원스레 행동하는 모양. ¶남의 어려운 일을 맡아 걸쩍걸쩍 해치운다. 그는 언제나 걸쩍걸쩍 일을 해서 모두들 좋아한다. 걸쩍거리다/대다, 걸쩍걸쩍/하다.

걸창 방축을 쌓을 때나 방축의 흙이 무너지는 것을 막기 위하여 말뚝을 창살처럼 총총 박아서 흙이 잘 걸려 있도록 한 물건.

걸태-질 염치나 체면을 돌보지 아니하고 재물을 마구 긁어모으는 짓. ¶지주들의 탐욕스런 걸태질은 조금도 누그러지지 않았다. 걸태질하여 모은 재산. 걸태질하다(긁다).

걸핏 ①무엇이 진행되는 서슬에 빨리. ¶지나가다 걸핏 들리다. 걸핏걸핏, 걸핏하면(조금이라도 일이 있기만 하면.≒제꺽하면. 툭하면). ②갑작스럽게 문득. ③무엇이 갑자기 잠깐 나타났다가 사라지는 모양.=얼핏.

검 사람에게 화복(禍福)을 내려 준다는 신(神). 신령(神靈). ¶검이 텃세를 하다. 검님(신령님); 한백검(대종교에서 단군을 높이어 이르는 말).

검-(거머-/감-) 일부 행동이나 상태를 나타내는 용언 앞에 붙어 '지나칠 정도로 몹시(휘감아. 휘몰아). 탐스럽게'의 뜻을 더하는 말.[←감다[3]]. ¶감궂다(성질이 음충맞고 감사납다), 감빨다/빨리다(감칠맛 있게 빨다. 야무지게 먹다. 이익을 탐내다), 감사납다[627], 감씹다(감칠맛이 나도록 맛있게 씹다); 거머당기다, 거머들다/들이다(탐스럽게 휘몰아 들이다), 검뜯다(거머잡고 쥐어뜯듯이 바득바득 조르다), 거머먹다, 거머삼키다, 거머안다, 거머잡다/검잡다, 거머쥐다/검쥐다, 거머짚다, 거머채다(힘 있게 잡아채다); 검뜯다(거머잡고 쥐어뜯다. 바득바득 조르다)/뜯기다, 검세다(검질기고 억세다. 검질기다), 검쓰다(맛이 몹시 쓰다. 일이 마음에 들지 않아 언짢고 씁쓰레하다≒못마땅하다), 검접하다[628], 검질기다(몹시 끈기 있게 질기다), 검차다(성질이 끈질기고 세차다), 검흐르다(그릇 따위의 전을 넘쳐흐르다).

검(檢) '조사하다. 살피다. 단속하다'를 뜻하는 말. ¶검거/선풍(檢擧;수사기관에서 범법 용의자를 잡아가는 일)[검거선풍(旋風), 검거되다/하다], 검견(檢見), 검경(檢鏡), 검납(檢納;검사하여 수납함), 검뇨(檢尿), 검단(檢斷;비행을 조사하여 죄를 단정함), 검답(檢踏), 검당계(檢糖計), 검독(檢督), 검란(檢卵), 검량/인(檢量/人), 검루기(檢漏器), 검류(檢流)[검류계(計), 검류의(儀)], 검맥(檢脈), 검문(檢問)[629], 검변(檢便;대변을 검사함), 검복(檢覆;되풀이하여 조사함), 검봉(檢封), 검분(檢分;참관하여 검사함), 검사(檢事;검찰권을 행사하는 사법관)[검사구류(拘留), 검사장(長), 검사항소(抗訴)], 검사(檢查)[630], 검산(檢算), 검색(檢索;찾기. 검사)[검색기(機), 검색대(臺), 검색표(表); 가두검색(街頭), 검문검색(檢問), 정보검색(情報)], 검속/되다/하다(檢束), 검수/기(檢水/器), 검수(檢受), 검수(檢數)[검수원(員), 검수인(人)], 검시/관(檢屍/官), 검시(檢視;사실을 조사하여 봄. 시력을 검사함)[검시장(場), 검시조서(調書)], 검식(檢食), 검신(檢身), 검안(檢案)[검안서(書); 사체검안(死體)], 검안(檢眼)[검안경(鏡), 검안기(器)], 검압(檢壓), 검역(檢疫)[631], 검열(檢閱)[632], 검염기(檢鹽器), 검온(檢溫), 검유기(檢乳

입이 걸씩하나.

626) 걸레받이: 걸레질을 할 때 굽도리가 더러워지지 않도록 장판방 벽의 굽도리 밑으로 좁게 오려 돌려 바른 기름종이.

627) 감사납다: ①억세고 사나워서 휘어잡기 힘들다. ¶감사납게 생긴 얼굴. ②논밭 따위가 바탕이 험하고 거칠어 일하기 어렵다. ¶잡초가 우거진 감사나운 밭.

628) 검접하다: 검질기게 붙잡고 놓지 아니하다. 꼭 달라붙다.

629) 검문(檢問): 검사하기 위하여 따져 물음. ¶경찰의 검문을 받다. 검문검색(檢索), 검문소(所), 검문하다; 불심검문(不審).

630) 검사(檢查): 사실이나 일의 상태 또는 물질의 구성 성분 따위를 조사하여 옳고 그름과 낫고 못함을 판단하는 일. ¶철저한 검사를 통해 제품의 불량률을 줄였다. 숙제 검사. 검사관(官), 검사기(器), 검사대(帶), 검사도(圖), 검사되다/하다, 검사료(料), 검사마치, 검사선(船), 검사소(所), 검사역(役), 검사원(員), 검사인(人), 검사장(場), 검사제(制), 검사증(證), 검사필(畢); 개별검사(個別), 기능검사(技能), 발취검사(拔取), 색맹검사(色盲), 성능검사(性能), 성도검사(性度), 수질검사(水質), 시력검사(視力), 신체검사(身體), 육안검사(肉眼), 임상검사(臨床), 작업검사(作業), 재검사(再), 적성검사(適性)[직업적성검사(職業)], 정신검사(精神), 준공검사(竣工), 지능검사(知能), 집단검사(集團), 징병검사(徵兵), 체력검사(體力), 피검사, 초음파검사(超音波), 출납검사(出納), 표준검사(標準), 향성검사(向性), 혈액검사(血液), 혈청검사(血清), 혈흔검사(血痕).

631) 검역(檢疫): 해외에서 전염병이나 해충이 들어오는 것을 막기 위하여 공항과 항구에서 하는 일들을 통틀어 이르는 말. ¶수입 농산물에 대한 검역. 검역관(官), 검역구역(區域), 검역권(圈), 검역기(旗), 검역료(料), 검역반(班), 검역법(法), 검역선(船), 검역소(所), 검역신호(信號), 검역원(員), 검역의(醫), 검역전염병(傳染病), 검역증(證), 검역항(港); 공항검역(空港), 식물검역(植物), 해항검역(海港).

632) 검열(檢閱) 어떤 행위나 사업 따위를 살펴 조사하는 일. 어떤 내용을

器), 검인(檢印), 검인정(檢認定), 검자(檢字;한자의 부수 찾아보기), 검전기(檢電器), 검정(檢定)633), 검조의(檢潮儀), 검증(檢證;증거를 조사함)[검증물(物), 검증조서(調書); 실지검증(實地), 현장검증(現場)], 검지(檢地), 검지(檢知), 검진(檢眞), 검진(檢診)[건강검진(健康), 집단검진(集團)], 검차(檢車), 검찰(檢札), 검찰(檢察)634), 검척(檢尺), 검체(檢體), 검출(檢出)[검출기(器), 검출되다/하다], 검침(檢針), 검토(檢討;분석하여 따짐)[검토되다/하다; 재검토(再)], 검파/기(檢波/器), 검표(檢票), 검품(檢品), 검험(檢驗;검사하여 증명함); 간검(看檢), 고검(考檢), 고검(高檢;고등검찰청), 골검(骨檢), 구검(句檢), 구검(拘檢), 굴검(掘檢), 면검(免檢), 명검(名檢), 부검(剖檢), 수검(受檢), 수검(搜檢), 순검/막(巡檢/幕), 안검(按檢), 임검(臨檢), 점검(點檢), 탐검(探檢), 피검(被檢)[피검되다, 피검자(者)] 들.

검(劍) 양쪽에 날이 있고 크고 길며 무기나 자기 수양으로 쓰는 칼. ¶검을 빼다. 검을 통해 기(氣)를 기른다. 검객(劍客;칼잡이), 검공(劍工;劍匠), 검광(劍光), 검극(劍戟), 검극(劍劇), 검기(劍器), 검기(劍氣), 검기(劍技), 검난(劍難;검으로 말미암은 재난), 검대(劍帶), 검도(劍道), 검룡(劍龍), 검무(劍舞;칼춤), 검법(劍法;劍術), 검봉(劍鋒;칼날의 끝), 검비(劍鼻;칼코등이), 검사(劍士), 검새(劍璽;王位), 검선(劍仙), 검수(劍樹;지옥의 나무), 검순(劍楯;칼과 방패), 검술/사(劍術/師), 검장(劍匠), 검척(劍尺), 검코, 검협(劍俠;검술에 능한 협객), 검호(劍豪;검술에 통달한 사람), 검환(劍環); 각주구검(刻舟求劍), 격검(擊劍), 구마검(驅魔劍), 구밀복검(口蜜腹劍), 단검(短劍), 대검(大劍), 대검(帶劍), 도검(刀劍), 동검(銅劍), 명검(名劍), 목검(木劍), 발검(拔劍)[견문발검(見蚊), 노승발검(怒蠅;사소한 일에 화를 내는 사람)], 법검(法劍;진리의 검), 보검(寶劍), 복검(覆劍), 사인검(四寅劍), 살인검(殺人劍), 삼척검(三尺劍), 석검(石劍), 소검(小劍), 수리검(手裏劍), 쌍수검(雙手劍)/쌍검(雙劍), 안검(按劍), 어사검(御賜劍), 영검(靈劍), 운검(雲劍), 이검(利劍), 인검(引劍), 장검(長劍), 진검(眞劍), 착검(着劍), 창검(槍劍), 총검(銃劍), 패검(佩劍), 항마검(降魔劍), 혜검(慧劍), 활인검(活人劍), 휘검(揮劍) 들.

검(儉) '사치하지 아니하고 수수하다'를 뜻하는 말. ¶검덕(儉德;검소하고 질박한 행실이나 마음가짐), 검린하다(儉吝), 검박하다(儉朴), 검소하다(儉素), 검약(儉約;節約); 공검하다(恭儉), 근검(勤儉), 염검하다(廉儉), 유사입검(由奢入儉), 절검(節儉), 청검(淸儉) 들.

검(黔) '검다. 그을다'를 뜻하는 말. ¶검돌(黔突;시커멓게 솟아오르는 연기. 검어진 굴뚝), 검려(黔黎;보잘것없는 솜씨나 힘. 黔首), 검수(黔首;검은 맨 머리. 곧 일반 백성), 검침하다(黔沈;마음이 검고 음침하다. 검측스럽다), 검탄(黔炭), 검특하다(黔慝;마음이 음흉하고 간사하다) 들.

검(鈐) '비녀장. 도장을 찍다'를 뜻하는 말. ¶검새(鈐璽;옥새를 찍음), 검인(鈐印); 동검구(銅鈐口;구리로 도자기의 아가리를 싸서 물리는 꾸밈새) 들.

검(瞼) '눈꺼풀'을 뜻하는 말. ¶안검(眼瞼;눈꺼풀), 안검염(眼瞼炎;다래끼).

검(다)[1] 흩어진 물건을 손이나 갈퀴 따위로 긁어모으다. ☞ 감다[3].

검(다)[2] ↔희다. ☞ 감다[4].

검불 마른 풀이나 가랑잎, 지푸라기 따위를 두루 이르는 말. ¶온몸이 검불투성이다. 검부나무(검불로 된 땔나무), 검불덤불635), 검부러기(검불의 부스러기), 검불막이, 검불밭(검불이 쌓여 있는 곳), 검부잿불(검불이 타고 난 뒤의 잿불), 검부저기(먼지나 잡물이 뒤섞인 검부러기); 샛검불(잡풀이 섞인 새나무의 검불), 텃검불(짚·풀 같은 것의 부스러기).

검비검비 어떤 행동을 쉽게 대강대강 하는 모양.

검측-하다 ☞ 감다[4].

검치(다) ①모서리를 중심으로 두 면에 걸치도록 하여 접거나 휘어붙이다. ②한 물체의 두 곳이나 두 물체를 맞대고 걸쳐서 붙이다. ¶기와를 검쳐 놓을 때에는 빗물이 새지 않도록 주의해야 한다.

겁(怯) 무서워하거나 두려워하는 마음. 또는 그러한 심리적 경향. ¶겁이 많다. 겁결, 겁꾸러기, 겁나하다(怯懦), 겁나다(≒두렵다)/내다, 겁렬(怯劣;비겁하고 용렬함), 겁먹다(얼다. 무서워하다), 겁보, 겁부(怯夫), 겁성(怯聲), 겁스럽다(무던히 겁이 많다), 겁심(怯心), 겁약하다(怯弱), 겁의(怯疑), 겁쟁이, 겁주다, 겁주기(엄포), 겁침(怯鍼), 겁포(怯怖), 겁타하다(怯惰); 경겁(驚怯), 기겁(氣怯), 끽겁(喫怯), 나겁하다(懦/懦怯), 다겁(多怯), 대겁(大怯), 덴겁하다(怯;뜻밖의 일로 놀라 허둥지둥하다), 무겁하다(無怯), 비겁하다(卑怯), 생겁(生怯), 신겁(腎怯), 심겁(心怯), 얼겁636), 외겁(畏怯), 자겁(自怯), 파겁(破怯), 허겁(虛怯), 혼겁(魂怯), 황겁(惶怯) 들.

겁(劫) ①천지가 개벽할 때부터 다음 개벽할 때까지의 동안. 무한한 시간.[←kalpa〈범〉].↔찰나(刹那). ¶경겁(經劫;액운이 지나감), 공겁(空劫), 광겁(曠劫), 구원겁(久遠劫), 대겁(大劫), 만겁(萬劫), 무량겁(無量劫), 백겁(百劫), 백천만겁(百千萬劫), 사겁(四劫;세계가 생기어 없어질 때까지의 시기)[성겁(成劫), 주겁(住劫), 괴겁(壞劫), 공겁(空劫)], 아승기겁(阿僧祇劫), 억천만겁(億千萬劫), 영겁(永劫)[미래영겁(未來)], 진겁(塵劫), 진묵겁(塵墨劫), 천겁(千劫). ②위협하다. 겁탈하다. 부지런하다. 언짢거나 궂다'를 뜻하는 말. ¶겁간(劫姦), 겁겁하다(劫劫;성미가 급하고 참을성이 없다), 겁기(劫氣), 겁년(劫年;액운이 닥친 해), 겁략(劫掠;약탈), 겁살(劫煞), 겁수(劫水), 겁수(劫囚), 겁여(劫餘;싸움을 하고 난 뒤),

---

사전에 심사하여 그 발표를 통제하는 일. ¶검열을 받다. 검열관(官), 검열되다/하다, 검열망(網), 검열원(員), 검열자(者), 검열점호(點呼), 검열제도(制度).

633) 검정(檢定): 일정한 규정에 따라 자격이나 조건을 검사하여 결정함. ¶검정 결과에 따라 납품업체를 선정하다. 검정고시(考試), 검정교과서(教科書), 검정료(料), 검정시험(試驗), 검정증(證), 검정필(畢), 검정하다; 가설검정(假說), 무/시험검정(無/試驗), 산도검정(酸度).

634) 검찰(檢察): 검사하여 살핌. 범죄를 수사하고 그 증거를 모으는 일. 또는 그런 일을 하는 사람. ¶검찰관(官), 검찰권(權), 검찰기관(機關), 검찰청(廳).

635) 검불덤불: 한데 뒤섞이고 엉클어져 갈피를 잡을 수 없이 어수선한 모양. ¶검불덤불 엉킨 털실. 사건이 검불덤불 뒤얽혀 실마리를 찾을 수가 없다.

636) 얼겁(怯): 겁에 질려 어리둥절한 상태. ¶얼겁이 들다.

겁옥(劫獄), 겁운(劫運), 겁재(劫災;겁수, 겁풍, 겁화), 겁채(劫寨;적의 소굴을 위협하거나 힘을 빼앗음), 겁탁(劫濁), 겁탈(劫奪;위협하여 함부로 빼앗음)[겁탈되다/하다, 겁탈질], 겁풍(劫風), 겁혼(劫婚), 겁화(劫火), 겁회(劫灰), 겁회(劫會;劫運); 다생광겁(多生曠劫), 박겁(迫劫), 번겁(燔劫;불을 지르고 약탈함), 탈겁(脫劫;언짢고 침침한 기운이 없어짐) 들.

것 ①관형사·관형어 뒤에 붙어, 그 물건·사실·현상·존재의 이름 대신 쓰는 말.=해². ¶내 것/ 형의 것. 새로 산 것. 〈준〉거. ②사람. 동물'을 낮잡아 일컫는 말. ¶젊은것이 버릇이 없군. 늙은것, 뜬것¹(떠돌아다니는 귀신), 미친것, 상것(常), 수컷, 숨탄것(짐승), 아랫것, 암컷, 어린것, 잘난것(대수롭지 않은 것), 잡것¹(雜;잡스러운 사람), 젊은것, 좀것(성질이 좀스러운 사람), 지친것(퇴직한 사람), 행랑것(行廊). ③내용·정도·수준. ¶생각하는 것이 고작 그 정도냐? ④확신·결심·결정. ¶기어이 해내고야 말 것이다. ⑤전망·추측·예상. ¶이미 도착했을 것이다. 내일은 비가 올 것이다. ⑥끝맺는 말로 쓰여, 명령이나 부탁. ¶이곳에서 담배를 피우지 말 것. 실내에서는 조용히 할 것. ⑦다른 말에 붙어 '사물. 옷'을 이르는 말. ¶겹것(겹으로 된 것. 겹옷), 공것(空), 군것[637], 까짓것(별것 아닌 것. 하찮은 것), 날것, 들것[담가(擔架)], 뜨갯것[편물(編物)], 뜬것²(우연히 관계를 맺게 된 사물), 뜯이것, 먹을것, 모시것, 몸엣것(월경으로 나온 피), 무명것, 물것[638], 박이것, 박이겹것, 별것(別), 보병것(步兵), 보잘것없다, 새것, 생것(生), 솜것, 쓰잘것(쓸 만한 가치. 쓸모), 입을것, 잡것²(雜;순수하지 못한 것), 좀것(좀스럽게 생긴 물건), 좀쳇것(웬만한 것), 주사니것(紬), 차렵것, 찰것, 탈것, 통것(통째 그대로의 것), 풋것, 핫것, 햇것, 헌것, 헛것, 홑것(홑옷) 들.

-것다 '이다, 아니다'의 어간, 용언의 어간 또는 어미 '-으시-. -었-' 뒤에 붙어, ①인정된 사실을 다시 확인하는 뜻을 나타냄. ¶네 마음대로 하였것다. 분명히 네가 그랬것다. ②경험으로 보아 사실이 응당 그러하거나 그리됨을 추측하여 인정하는 뜻을 나타냄. ¶이맘때면 꼭 뻐꾸기가 와서 울것다. ③원인·조건 등이 충분함을 열거하는 뜻을 나타냄. ['-엇다'는 선행 모음 'ㅣ' 아래에서 'ㄱ'이 탈락한 꼴]. ¶건강하것다 돈도 있것다 무엇이 걱정인가? -것-다(종결 또는 연결 어미). 오늘은 휴일이엇다. 돈을 축낸 것이 너는 아니엇다.

경그레 솥에 무엇을 찔 때, 찌는 것이 물에 잠기지 아니하도록 받침으로 놓는 물건. ¶경그레를 놓고 떡을 찌다. 경그레놓다.

경금 황산제일철이 검정 물감의 매염제로 쓰일 때 이르는 말.[←검금(黑礬)].

경더리-되다 몹시 앓거나 많은 고통을 겪어서 몸이 파리하고 뼈가 앙상하게 되다. 〈센〉껑더리되다. ¶오랜 만에 만난 친구는 몹시 앓았는지 경더리되었다.

경성드뭇-하다 많은 수효의 것이 듬성듬성 흩어져 있다. ¶밤하늘에 별들이 경성드뭇하더니 이내 날이 밝아 왔다. 경성드뭇이.

637) 군것: 없어도 좋은 것. 쓸데없는 것. ¶군것지다, 군것질/하다.

638) 물것: 사람·동물의 살을 물어 피를 빨아 먹는 벌레의 총칭.

겉 ①물건의 밖으로 드러난 쪽이나 면. 바깥으로 드러난 현상.≒밖.↔속. 안. ¶겉이 오톨도톨한 호두껍데기. 사람은 겉만 봐 가지고는 모르는 법이다. 겉가죽, 겉감, 겉겨, 겉고름, 겉고삿(이엉 위에 잡아매는 새끼), 겉귀, 겉깃, 겉꺼풀, 겉껍데기, 겉껍질, 겉꼴, 겉날실, 겉넌출, 겉넓이, 겉녹다, 겉눈, 겉눈썹, 겉단추, 겉대(↔속대), 겉더껑이, 겉더께, 겉도랑, 겉때, 겉뜨기, 겉뜨이다, 겉막(膜), 겉면(面), 겉모골(毛骨), 겉모습(겉꼴), 겉모양(模樣), 겉물/돌다, 겉버선, 겉벌, 겉벽(壁), 겉보기[겉보기등급(等級), 겉보기운동(運動), 겉보기팽창(膨脹)], 겉보매(겉으로 드러나는 모양새), 겉볼안[639], 겉볼품, 겉봉(封), 겉봉투(封套), 겉불꽃, 겉붙이기, 겉뼈대, 겉살¹,², 겉섶, 겉수눅, 겉실, 겉수틀, 겉싸개, 겉씨/식물(植物), 겉아가미, 겉언치, 겉옷, 겉옷고름, 겉잎, 겉자락¹(↔안자락), 겉자락²(↔속자락), 겉장(張), 겉재목(材木), 겉저고리, 겉족건(足件), 겉주름, 겉주머니, 거죽[640], 겉질(質), 겉쪽, 겉창(窓;덧창), 겉치마, 겉칠(漆), 겉켜, 거탈[641], 겉틀[642], 겉판, 겉포장(包裝), 겉표지(表紙), 겉형태(形態), 겉흙; 나무겉(나무거죽). ②'겉-'의 꼴로, 일부 명사나 용언 앞에 붙어 '겉만 보고 대략 어림잡는. 건성으로 대강. 실속과는 전혀 다른. 어울리거나 섞이지 못하고 따로. 껍질을 벗기지 아니한. 날 것 그대로'의 뜻을 더하는 말. ¶겉가량(假量;겉만 보고 어림잡아 하는 셈. 대중. 어림짐작), 겉가루(↔속가루), 겉갈이[643], 겉고춧가루, 겉곡식(穀食), 겉구경, 겉꾸리다, 겉꾸림/하다, 겉꾸미다, 겉나깨, 겉날리다(겉으로만 어름어름 되는 대로 날려서 하다), 겉낮, 겉놀다(따로 놀다. 맞지 않다), 겉늙감다, 겉늙다, 겉대답(對答), 겉대접(待接), 겉대중/하다, 겉돌다[644], 겉따르다(무턱대고 따르다. 겉으로만 따르다), 겉똑똑이, 겉뜨물(곡식을 처음 씻은 부연 물), 겉마르다(겉만 대강 마르다), 겉마음, 겉말, 겉맞추다(겉으로만 발라 맞추다), 겉맵시, 겉멋, 겉메밀, 겉목소리(건성으로 하는 말소리), 겉묻다[645], 겉바람, 겉바르다(겉만 흠 없이 꾸미다), 겉발림(겉만 그럴듯하게 발라맞추는 일)/하다, 겉밤, 겉벼, 겉보리, 겉사주(四柱), 겉수수, 겉수습(收拾), 겉수작(酬酌), 겉수청(守廳), 겉시늉, 겉쐐기, 겉약다(겉보기만 약다), 겉어림/하다, 겉여물다(겉보기로만 여물다), 겉욕심(慾心), 겉웃음, 겉익다, 겉인사성(人事性), 겉자리(대강 잡은 자리), 겉잠(깊이 들이 않은 잠), 겉잡다[646], 겉잣, 겉절이, 겉절이다, 겉조, 겉짐작(어

639) 겉볼안: 겉을 보면 속은 안 보아도 짐작할 수 있다는 말. ¶아무리 겉볼안이라지만, 사람은 사귀어 보아야 진심을 알 수 있다.

640) 거죽: 두께를 가진 물체의 겉 부분.[←겉]. ¶거죽이 너덜너덜하다. 거죽감(겉감↔안찝); 옷거죽(옷잇).

641) 거탈: 실상이 아닌, 겉으로만 드러나 보이는 태도.[〈겉탈←겉+알].=겉틀. ¶사람을 볼 때는 거탈만 보지 마라. 거탈수작(酬酌;실속 없이 겉으로 주고받는 말).

642) 겉틀: 겉으로 드러나 보이는 모든 행동거지.

643) 겉갈이: 가을걷이 뒤에 잡초 따위를 없애기 위하여 논밭을 갈아엎는 일.

644) 겉돌다: ①서로 다른 액체·기체 따위를 섞어도 섞이지 아니하고 따로 있다. ¶물과 기름이 겉돌다. ②친구끼리 서로 어울리지 못하고 따로 배돌다.≒겉놀다. ③기계·바퀴 따위가 제구실을 못하고 헛돌다. ¶진창에 빠진 바퀴가 겉돌다.

645) 겉묻다: 남이 무슨 일을 하는 운김에 덩달아 건성으로 따르다.

646) 겉잡다: 겉가량으로 대강 어림치다. 겉으로 대강 짐작하여 헤아리다.≒어림잡다. ¶어떤 행사를 치를 때 예산을 대충 겉잡아서는 곤란할 일이다. 겉잡아 두 말은 될 것이다.

ㄱ

림짐작), 겉치레(눈가림. 허울), 겉치장(治粧), 겉칭찬(稱讚), 겉팔매, 겉피, 겉핥기, 겉핥다, 겉허울, 겉호통, 겉훑다. ☞ 표(表).

게:¹ 갑각류에 속하는 절지동물. 바다 또는 민물에 사는데, 몸이 납작하고 등과 배는 딱지로 싸였으며, 한 쌍의 집게발과 네 쌍의 발로 옆으로 기어 다님. '게 모양의'를 뜻하는 말. ¶게눈 감추듯 한다. 겟가루, 게감정647), 게거품, 게걸음/치다, 게고둥, 게구멍(게집), 게구이, 겟국, 게꽁지648), 게눈649), 게드레(게잡이 어구), 게딱지650), 게분(粉), 게살, 게성운(星雲), 게알젓, 게알탕건(宕巾; 아주 곱게 뜬 탕건), 게자리, 게장(醬), 게저냐, 게저리게651), 게젓, 게줄/다리기, 게지짐, 게집, 게찜, 게통발, 게트림652), 게포무침(脯), 게회(膾); 갈게(강가의 갈대밭에 사는 방게), 꽃게, 꽃발게, 농게(籠), 달랑게, 대게(大), 도둑게, 바닷게, 밤게, 방게/젓, 범게, 섬게, 성게, 수게, 암게, 여섯발게, 잘방게(민물에 사는 작은 게로 디스토마의 숙주임), 조갯속게, 참게, 털게, 풋게. ☞ 해(蟹).

게² ①'거기'의 준말. ¶게 앉아라. 게다가 놓아라. 게나예나(거기나 여기나), 게다가(거기에다가), 게서(거기에서). ☞ 그². ②'것이'의 준말. ¶손에 쥔 게 뭐냐? ③상대방을 조금 얕잡아 이르는 말. ¶게가 뭘 안다고 그래. 게네(그네들).

게³ '내. 네. 제' 아래에 쓰이어, '에게'의 준말. ¶내게 맡겨라. 네게 주마.

-게¹ ①용언의 어간 뒤에 붙어, 앞의 내용이 뒤에서 가리키는 사태의 목적이나 결과, 방식, 정도 따위가 됨을 나타내는 연결 어미. 또는 부사형성 어미653) '-게' 뒤에 '까지, 끔, 나마, 는, 도, 만, 시리' 따위의 보조사와 결합하여 강조를 나타냄. ¶부디 행복하게 살아라. 기다리게 해서 미안합니다. 귀하게도 생각하는 물건. 다 알아듣게 큰소리로 읽어라. 뒤탈이 없게끔 잘 다스려라. 뒷일이 없게끔 잘 처리하시오. '-게시리'는 '-게끔'의 비표준말이다. ②용언의 어간이나 '-이다'의 어간 또는 어미 '-으시-', '-었-' 뒤에 붙어, 사실에 따라 그러한 일이 응당 뒤따르거나 반어적인 뜻을 지니는 의문형 종결 어미. ¶그럼 그 사람이 사기꾼이었게? 그러다가는 나만 골탕 먹게? 그걸로 뭐 하게? 돈은 벌어 어디에 쓰시게? -게-요. ③동사 어간이나 어미 '-으시-' 뒤에 붙어, 손아래나 허물없이 지내는 친구에게 시킴의 뜻을 나타내는 종결 어미. 뒤에 보조사 '나'가 붙어 뜻을 좀더 친근하게 나타낸다. ¶어서 들어오게. 빨리 가시게. 어서 들게나. 언제든지 오게나. 비록 하찮은 것이지만 성의로 주는 것이니 받아 두게나. ④일의 진행의 한계(정도)를 나타내는 보조적 연결 어미. ¶멋지게 해내다. 살펴보게 하다.

647) 게감정: 게의 등딱지를 떼고 게장을 긁어낸 뒤, 그 속에 갖은 양념을 한 소를 담아 조린 음식.
648) 게꽁지: 지식이나 재주 따위가 아주 짧거나 보잘것없는 것을 비유적으로 이르는 말. ¶그 사람 지식이라는 것이 게꽁지만 하다.
649) 게눈: ①게의 눈. ¶마파람에 게눈 감추기. ②추녀 끝에 장식하는 소용돌이 모양의 무늬. 게눈모.
650) 게딱지: ①게의 등딱지. ②집이 작고 아주 허술함을 비유적으로 이르는 말.
651) 게저리게: 게 장수가 게를 팔러 다닐 때 외치는 소리.
652) 게트림: 거만스럽게 거드름을 피우며 하는 트림.
653) -게: ¶더럽게, 되게, 부리나케, 용케.

-게² 주로 '우리, 너희, 자네'의 아래에 쓰이어, 살고 있는 곳(고장)을 뜻하는 말. ¶우리게 사람들. 자네게도 별일 없나. -게도.

게(揭) '걸다. 걸어두다'를 뜻하는 말. ¶게기(揭記), 게방(揭榜;방문을 내붙임), 게시/판(揭示/板), 게양(揭揚;높이 겲. 올림)[게양대(臺), 게양되다/하다; 국기게양(國旗)], 게재(揭載;글이나 그림을 잡지나 신문 따위에 실음), 게판(揭板); 별게(別揭), 상게(上揭), 전게(前揭), 전게서(前揭書) 들.

게(偈) 부처의 공덕 · 교리를 찬미하는 노래 글귀. 가타(伽陀). ¶게구(揭句), 게문(偈文), 게송(偈頌), 게제(偈諦;불교의 오묘한 진리) 들.

게(憩) '쉬다'를 뜻하는 말. ¶게류(憩流), 게박(憩泊), 게식(憩息), 게조(憩潮), 게지(憩止;일을 하다가 잠깐 쉼), 게휴(憩休); 권게(倦憩; 피로하여 쉼), 소게(小憩), 휴게(休憩)[휴게소(所), 휴게실(室)] 들.

게걸¹ 체면을 차림이 없이 마구 먹으려 하거나 가지려고 탐내는 마음. ¶게걸이 들다. 게걸을 떼다(식탐욕이 없어지게 되다). 게걸대거리(對), 게걸들다/들리다, 게걸스럽다(걸신스럽다), 게걸쟁이, 게걸증(症), 개감 · 게검스럽다654).

게걸² 상스러운 말로 소리를 지르며 불평스럽게 떠드는 모양. ¶게걸게걸 떠들어 대다. 게걸거리다/대다, 게걸게걸/하다, 게두덜655).

게게 ①코나 침을 보기 흉하게 흘리는 모양. ¶침을 게게 흘리다. ②눈이나 몸에 기운이 없이 축 늘어진 모양. ¶게게 풀어진 눈. 게게하다.

게끼 매달 음력 5, 6일과 20, 21일쯤의 서해안의 조수(潮水).

게들(다) 어떤 사람이 다른 사람에게 기를 쓰며 달려들다. ¶영수는 화가 나자 그를 놀리던 상급생에게 게들었다.

게뚜더기 눈두덩 위의 살이 헐거나 상처 자국이 있어 찍어맨 것처럼 된 눈. 또는 그런 눈을 가진 사람.

게먹(다) 귀찮을 정도로 끈덕지게 따지고 들다. ¶아니 이놈이 누구한테 게먹는 거야.

게실게실¹ 여기저기 지저분하게 널려 있는 모양. ¶가윗밥들이 게실게실 널린 방안.

게실게실² 가루 성분으로 된 것이 찰기는 조금도 없고 아주 메진 모양.=부슬부슬.

게염 부러워하며 시샘하여 탐내는 마음. 〈작〉개염. ¶개염이 생기다. 게염이 나서 나만 못살게 굴어. 먹을 것만 보면 게염부린다. 개염 · 게염나다(개염이 생기다)/내다, 개염 · 게염부리다(게염스러운 짓을 하다), 개염 · 게염스럽다(시새워서 탐내는 마음이 있다).

게우(다) ①먹은 것을 삭이지 못하고 도로 토하다.≒뱉다. ¶아기가

654) 개감스럽다: 욕심을 내어 마구 먹어대는 꼴이 보기에 천하고 흉하다. 〈큰〉게검스럽다. ¶밥을 개감스럽게 먹다.
655) 게두덜: 게걸거리며 두덜대는 모양. 굵고 거친 목소리로 불평하는 모양. ¶무엇이 불만이라서 그렇게 게두덜게두덜 뇌까리느냐? 게두덜거리다/대다, 게두덜게두덜하다.

젖을 게우다. ②부당하게 차지한 재물을 도로 내 놓다. 〈준〉게다.

게으르(다) 움직이거나 일하기를 싫어하는 성미와 버릇이 있다.↔부지런하다. 〈작〉개으르다. ¶게으른 사람. 게으름을 피우다. 게으른 선비 책장 넘기기. 개으름/개름 · 게으름/게름/부리다, 개으름 · 게으름뱅이, 개을러 · 게을러빠지다/터지다, 게으름성(性), 개으름 · 게으름쟁이, 개을리/갤리 · 게을리/겔리. ☞ 태(怠).

게저분-하다 너절하고 몹시 지저분하다. 〈센〉께저분하다. ¶책상 위에 이것저것 게저분하게 늘어놓는 사람은 딱 질색이다. 게저분히, 게적지근하다[656], 게접스럽다[657].

게정 불평을 품고 떠드는 말이나 짓. 심술(心術). ¶게정을 부리는 사람. 온갖 소리를 게정게정 늘어놓는다. 게정거리다/대다, 게정게정/하다, 게정꾼, 게정내다, 게정부리다, 게정스럽다. 게정피우다.

게지레 침이나 코 같은 것을 흘리는 것이 더럽고 보기 싫은 모양. ¶침을 게지레 흘리면서 낮잠을 자다.

게질 ①질깃한 물건을 보기 흉하게 놀리어 씹는 모양. ¶대구포를 게질게질 씹어 먹는다. ②내키지 않는 음식을 억지로 먹듯 하는 모양. ¶먹기 싫은 음식을 게질게질 씹고 있다. 게질 · 께질거리다/대다, 게질게질/하다.

겔 ①허기져서 비실비실하는 모양. 겔겔하다. ②요구하는 것이 모자라거나 없어서 게걸스럽게 돌아다니는 모양. ③뜻대로 되지 않아 쩔쩔매는 모양.

-겠- ①용언의 어간에 붙어, 미래 시제를 나타내는 선어말 어미. ¶다음에 오겠다. 곧 보시게 되겠습니다. ②'이다' 또는 용언의 어간, 높임의 '-시-'나 시제의 '-았/었-' 들에 붙어, 추측을 나타냄. ¶재미있었겠다. 내일은 비가 오겠다. ③동사 어간에 붙어 1인칭 주체의 의지를 나타냄. ¶월말까지는 꼭 갚아드리겠습니다. ④동사 어간에 붙어, 가능성을 나타냄. ¶네 힘으로 할 수 있겠니? ⑤말하는이 자신의 인지 상태를 표현함. ¶그 녀석 때문에 미치겠다(미칠 지경이다). 약을 먹었더니, 이제는 좀 살겠다(살 만한 상태에 있다).

겨 벼 · 보리 · 조 같은 곡식을 찧어 벗겨 낸 껍질의 총칭. ¶겨기름(쌀겨에서 짜낸 기름), 겨된장(醬), 겨떡, 겨반지기(半;겨가 많이 섞인 쌀), 겨범벅, 겻불/내, 겨붙이, 겻섬(겨를 담은 섬), 겨죽(粥); 겉겨, 등겨(벼의 겨. 왕겨와 쌀겨를 아울러 이르는 말. '등'은 '거친'의 뜻), 등겻섬(등겨를 담아 놓은 섬), 매조밋겨(糙米;왕겨), 멥겨(메벼에서 나온 겨), 밀기울, 보릿겨, 속겨, 수숫겨, 쌀겨, 왕겨(王;벼의 겉겨)[왕겨숯, 왕겨탄(炭)], 핏겨(피의 껍질). ☞ 강(糠).

겨끔-내기 서로 번갈아 가며 하기. 교대(交代). ¶두 사람이 겨끔내기로 질문을 퍼부었다. 두 사람이 겨끔내기로 짐을 날랐다.

겨냥 ①목표물을 겨누는 것.≒조준(照準). ¶나무 위의 참새를 겨냥하다. 겨냥대(겨냥 막대), 겨냥대다[658], 겨냥보다, 겨냥하다(겨누다. 노리다. 가늠하다); 눈겨냥(눈으로 보아 대략 목표를 겨눔). ②어떤 물건에 겨누어 정한 치수와 본새.[←견양(見樣)]. ¶새 상품의 겨냥. 겨냥내다[659], 겨냥도(圖); 세폐겨냥(歲幣)[660].

겨누(다) ①목표물이 있는 곳의 방향과 거리를 똑바로 잡다. ¶과녁에 총을 겨누다. 겨눔점(點), 겨눔틀, 겨눠보다(겨누어서 보다. 겨냥보다); 눈겨눔. ②어떤 물체의 길이 · 넓이 따위를 알기 위하여 대중이 될 만한 다른 물체로써 마주 대어 헤아리다.≒견주다.

겨드랑이 가슴의 양쪽 옆, 어깨 밑의 오목하게 들어간 부분. 옷의 겨드랑이에 닿는 자리. 〈준〉겨드랑.[←겯(옆)]. ¶책을 겨드랑이에 끼다. 겨드랑눈[액아(腋芽)], 겯짓살(닭의 겨드랑이에 붙어 있는 살), 곁땀(겨드랑이에서 나는 땀); 뒷겨드랑이, 잎겨드랑이[엽액(葉腋)]. ☞ 액(腋).

겨레 같은 조상에서 태어난 자손들의 무리.≒동포(同胞). ¶배달겨레; 겨레말, 겨레붙이; 강겨레(江;강의 본류와 지류를 포함한 체계), 바늘겨레. ☞ 족(族). -붙이.

겨루(다) 서로 버티어 승부를 다투다.≒싸우다. 다투다. ¶자웅을 겨루다. 재주를 겨루다. 씨름을 하여 힘을 겨루다. 겨루기(맞서기), 겨룸(싸움)[겨룸하다; 눈겨룸(눈싸움)/하다, 힘겨룸]; 맞겨루다(서로 우열이나 승부를 겨루다), 힘겨루기. ☞ 경(競).

겨를 바쁜 가운데서 달리 활용할 수 있는 시간이나 동안. 얼핏 스쳐가는 짧은 동안.≒틈. 짬. 말미. 여가(餘暇). 〈준〉결②. ¶한숨 돌릴 겨를도 없다. 어느 결에 그 많은 일을 다 했느냐? 겨르롭다(한가롭다), 겨를철(농한기), 겨를하다(한가하다), 결결이(그때 그때마다. 때때로); 겁결/에(怯), 구름결, 귓결[661], 꿈결, 낮결[662], 눈결[663]/에, 말결/에, 무심결(無心), 바람결, 아침결, 얼떨결/얼결, 엉겁결/에, 일결, 잠결(자면서 의식이 흐릿한 겨를), 지날결(지나가는 길이나 편). ☞ 가(暇).

겨릅 껍질을 벗긴 삼대[삼골(麻骨)]. ¶겨릅단, 겨릅대, 겨릅등(燈), 겨릅문(門;겨릅대로 만든 사립문), 겨릅발(겨릅대로 엮어 만든 발), 겨릅불, 겨릅이엉, 겨릅피(皮;껍질을 벗기지 않은 삼대), 겨릅호두(껍데기가 얇은 호두).

겨리 소 두 마리가 끄는 쟁기.↔호리. ¶겨릿소(안소.↔마라소), 겨리소리(쟁기질소리), 겨리질/하다; 소겨리, 외겨리(호리).

겨린 살인 사건이 났을 때, 그 범인의 이웃에 사는 사람.[←절린(切隣)]. ¶겨린잡다/잡히다.

겨우르(다) 야멸치고 박정하다.

겨울 사철 중의 마지막 철. ¶겨울이 가고 봄이 오다. 겨울나이[월동(越冬)], 겨울날, 겨우내, 겨울냉면(冷麪), 겨울눈[동아(冬芽)], 겨울

---

656) 게적지근하다: ①어딘지 모르게 게저분한 느낌이 있다. ②마음이 내키지 않게 은근히 꺼림칙하다. 〈센〉께적지근하다. ¶게적지근히.
657) 게접스럽다: 약간 지저분하고 더럽다. 조금 구접스럽다. ¶게접스레.
658) 겨냥대다: ①목표물을 겨누어 보다. ②활이나 총 따위로 겨누어서 목표에 맞도록 어림을 잡다.
659) 겨냥내다: 실물에 겨누어 치수와 양식을 정하다.
660) 세폐겨냥(歲幣): 길이 · 넓이 · 치수가 규격에 꼭 맞는 겨냥이란 뜻으로, 어떤 일에 꼭 알맞은 물건을 이르는 말.=세포겨냥.
661) 귓결: 우연히 듣게 된 겨를. ¶귓결에 그의 소식을 들었다.
662) 낮결: 한낮으로부터 저물 때까지를 둘로 나눈 앞 절반.
663) 눈결: 시선(視線)이 스치는 잠깐 동안.

ㄱ

띠[664], 겨울맞이, 겨울바람, 겨울밤, 겨울방학(放學), 겨울비, 겨우살이'[2][665], 겨울새, 겨울옷, 겨울작물(作物), 겨울잠, 겨울줄[666], 겨울철, 겨울털, 겨울홑씨; 늦겨울, 지난겨울, 첫겨울, 초겨울(初), 한겨울, 핵겨울(核;핵전쟁이 일어날 경우 도래할 것이라는 추위 현상). ☞ 동(冬).

겨자 십자화과의 한·두해살이 풀. 겨자씨로 만든 양념. ¶겨잣가루, 겨자기름, 겨자김치, 겨자깍두기, 겨자무, 겨자선(膳), 겨자씨, 겨자즙(汁), 겨자찜질, 겨자채(菜;겨자 양념을 한 냉채), 겨자초(醋), 겨자탄(彈) 등.

격(格) ①환경과 사정에 자연스럽게 어울리는 분수. 품위나 법. 표준이나 형식. 자리. ¶격에 맞다. 격이 높다. 격군(格軍), 격납고(格納庫), 격담(格談), 격례(格例), 격률(格率;행위의 규범), 격상(格上), 격식(格式)[격식바르다, 격식체(體), 격식화/되다/하다(化)], 격언(格言)[667], 격외(格外), 격자(格子)[668], 격조(格調)[669], 격차(格差;가격이나 자격, 품등 따위의 서로 다른 정도. 차이), 격치(格致;格物致知), 격투(格鬪;서로 맞붙어 치고받고 하며 싸움), 격하(格下↔格上), 격호(格護;포섭하여 보호함); 가격(家格), 가격(價格), 결격(缺格;자격이 모자람↔適格)[결격자(者), 결격사유(事由)], 고격(古格), 고문격(顧問格), 관격(關格), 골격(骨格), 과격(科激), 구격(具格;격식을 갖춤), 국격(國格), 귀격(貴格↔賤格), 규격(規格), 동격(同格), 문격(文格), 변격(變格), 별격(別格), 본격(本格), 사격(寺格), 상격(相格), 상격(賞格), 선격(船格;배를 부리는 곁꾼), 성격(成格), 성격(性格), 속격(俗格), 승격(昇格), 시격(詩格), 신격(神格), 실격(失格), 안하무인격(眼下無人格), 어격(語格), 엄격하다(嚴格), 예격(例格), 원격(原格;원래의 격식. 제대로 어울리는 격식), 위격(違格), 율격(律格), 은격(隱格), 인격(人格), 입격(入格), 자격(字格), 자격(資格)[자격자(者), 자격증(證)], 재격(才格), 적격[670]/자(適格/者), 정격(正格), 정격(定格), 제격[671], 조격(調格;시의 가락과 격식), 지격(志格), 천격/스럽다(賤格), 체격(體格), 파격(破格), 폄격(貶格), 품격(品格), 표격(標格), 풍격(風格), 필격(筆格), 합격(合格), 화격(畵格), 흠격(歆格). ②'연구하다'를 뜻하는 말. ¶격물(格物), 격물치지(格物致知), 격치(格致). ③문장 속에서 체언이나 명사구가 서술에 대하여 가지는 자격. ¶격변화(格變化), 격조사(格助詞); 관형격(冠形格), 주격(主格), 대격(對格), 동격(同格), 목적격(目的格), 보격(補格), 부사격(副詞格), 빈격(賓格), 상대격(相對格), 서술격(敍述格), 소유격(所有格), 속격(屬格), 여격(與格), 인용격(引用格), 조격(造格;副詞格), 주격(主格), 칭격(稱格), 탈격(奪格), 호격(呼格). ④관형사형 어미 '-은/는' 뒤에 쓰여 '셈·식'의 뜻을 나타내는 말. ¶쇠귀에 경 읽는 격. ⑤일부 명사 뒤에 쓰여 '자격'의 뜻을 나타내는 말. ¶이 회사의 사장 격. 자격(資格). ⑥'겨루다. 대적하다'의 뜻을 나타내는 말. ¶격납고(格納庫), 격투(格鬪); 수격(手格;주먹으로 침), 출격(出格). ⑦화투나 윷놀이 따위에서 끝수를 세는 말. ¶다섯 격. 격뜨기.

격(激) '물결이 세차다. 심하다. 힘쓰다. 떨치다'를 뜻하는 말. ¶격감(激減↔激增), 격권(激勸;격려하여 권함), 격난(激難), 격노(激怒), 격단(激湍;몹시 빠르게 흐르는 여울), 격돌(激突;세차게 부딪침), 격동(激動;급격하게 변동함. 몹시 흥분하고 감동함)[격동기(期), 격동되다/하다, 격동적(的)], 격락(激落;급격하게 떨어짐), 격랑(激浪;거센 파도 모진 시련), 격려(激勵)[672], 격렬하다(激烈;뜨겁다)[격렬성(性)], 격론(激論), 격류(激流), 격멸(激滅), 격무(激務;몹시 바쁘고 고된 직무), 격발(激發;격동하여 일어남), 격변(激變;상황이 급격하게 변함), 격분(激忿;激怒), 격분(激憤;몹시 분개함), 격분(激奮;몹시 흥분함), 격상(激賞;激讚), 격성(激成;몹시 세차게 생기어 일어남), 격성(激聲;세차게 지르는 말소리), 격심하다(激甚), 격앙(激昂;감정이 격해짐. 몹시 흥분함)/되다/하다, 격양/되다(激揚;기운이나 감정 따위가 세차게 일어남), 격어(激語;격한 말투), 격음(거센소리)/화(激音/化), 격장(激奬;격려하고 장려함), 격전(激戰;세차게 싸움)[격전장(場), 격전지(地), 격전하다], 격절하다(激切;말이나 글 따위가 격렬하고 절실하다), 격정(激情;누르기 어려운 감정)[격정적(的), 격정범죄인(犯罪人), 격정열의(熱意)], 격증(激增↔激減), 격진(激震), 격차다(몹시 흥분된 상태에 있다), 격찬(激讚), 격탕(擊盪;심하게 흔들림), 격통(激痛;심한 아픔), 격투(激鬪), 격파(激波), 격하다(激), 격화(激化), 격화일로(激化一路); 감격(感激), 과격(過激), 급격하다(急激), 분격(奮激), 분격(憤激), 상격(相激), 절격(切激), 충격(衝激), 층격(層激) 등.

격(擊) '두드리다. 공격하다. 마주치다'를 뜻하는 말. ¶격검(擊劍), 격고(擊鼓), 격고명금(擊鼓鳴金), 격구(擊毬), 격멸(擊滅;쳐서 멸망시킴), 격발/장치(擊發/裝置), 격살(擊殺), 격상(擊賞), 격쇄(擊碎), 격양/가(擊壤/歌), 격양(擊攘)[격양가(歌); 고복격양(鼓腹)], 격자(擊刺), 격쟁(擊錚;징이나 꽹과리를 침), 격절(擊節;두드려 박자를 맞춤)[격절칭상(稱賞), 격절칭찬(稱讚), 격절탄상/하다(嘆賞)], 격철(擊鐵), 격추(擊追;좇아가서 침), 격추(擊墜;쏘아 떨어뜨림)/되다/하다, 격침(擊沈;배를 공격하여 가라앉힘), 격침(擊針;공이), 격탁(擊柝;딱따기를 침), 격퇴(擊退;물리침), 격파/되다/하다(擊破); 가격(加擊), 견마곡격(肩摩轂擊), 공격(攻擊), 급격(急擊), 뇌격(雷擊), 돌격(突擊), 맹격(猛擊), 목격/자(目擊/者), 박격/포(迫

---

664) 겨울띠: 겨울에 생기는 물고기의 빽빽한 비늘.=겨울줄.

665) 겨우살이': 겨울을 남. 겨울철에 입고 먹고 지낼 옷이나 식량. 겨우살이[2]: 겨우살잇과에 속하는 상록 기생 관목. 참나무에 기생하며 줄기와 잎은 약재로 씀.

666) 겨울줄: 겨울철에 물고기 비늘에 나이테처럼 나타나는 줄.

667) 격언(格言): 오랜 역사적 생활 체험을 통하여 이루어진 인생에 대한 교훈이나 경계 따위를 간결하게 표현한 글. ¶격언시(詩).

668) 격자(格子): 바둑판처럼 가로세로를 일정한 간격으로 직각이 되게 짠 구조나 물건. 또는 그런 형식. ¶격자 모양의 무늬가 있는 셔츠. 격자결함(缺陷), 격자군(群), 격자뜨기(모눈뜨기), 격자무늬, 격자문(門), 격자산란(散亂), 격자상수(常數), 격자수(水), 격자점(點), 격자직(織), 격자진동(振動), 격자창(窓), 격자판(板); 결정격자(結晶;결정 안에 규칙적이고 주기적으로 배열해 있는 점들이 형성하는 입체적인 그물 모양의 격자), 공간격자(空間), 회절격자(回折).

669) 격조(格調): 격식과 운치에 어울리는 가락. 사람의 품격과 취향. ¶그의 최근 작품은 격조가 떨어진다. 격조 높은 말씨와 예절. 격조파(派).

670) 적격(適格): 어떤 일에 자격이 알맞음. 또는 그 자격.↔결격(缺格). ¶회장에는 그 사람이 적격이다. 그런 일에는 네가 적격이다. 적격자(者).

671) 제격(格): 지닌 바의 정도나 신분에 알맞은 격식.[←저+의+格]. ¶보리밥에는 풋고추 된장이 제격이다. 한복에는 고무신이 제격이다.

672) 격려(激勵): 마음이나 기운을 북돋우어 힘쓰도록 함. 분기(奮起)시킴. ¶시합을 앞둔 선수를 격려하다. 격려금(金), 격려되다/하다, 격려문(文), 격려사(辭).

擊/砲), 박격(搏擊), 박격(駁擊), 반격(反擊), 배격(排擊), 분격(奮擊), 사격(射擊), 수격(首擊), 수격작용(水擊作用), 습격(襲擊), 엄격(掩擊), 영격(迎擊), 요격(邀擊), 유격(遊擊), 일격(一擊), 저격(狙擊), 전격(電擊), 종격(縱擊), 직격탄(直擊彈), 진격(進擊), 총격(銃擊), 추격(追擊), 추격(椎擊), 출격(出擊), 충격(衝擊), 침격(侵擊), 타격(打擊)[타격력(力), 타격률(率), 타격수(數), 타격순(順)], 통격(痛擊), 퇴격(槌擊), 포격(砲擊), 폭격/기(爆擊/機), 피격(被擊), 협격(挾擊), 횡격(橫擊) 들.

격(隔) 사이를 가로막는 간격. ¶격이 나다(사이가 벌어지다). 격을 두다. 격강/천리(隔江/千里;강을 사이에 두고 멀리 떨어져 있음), 격기하다(隔期), 격년(隔年;해거리), 격리(隔離)[673], 격린(隔隣), 격막(隔膜;칸막이 구실을 하는 막), 격벽(隔壁), 격색(隔塞), 격세(隔世;세대를 거름)[격세유전(遺傳), 격세지감/격세감(之感)], 격세/안면(隔歲/顔面), 격수벽(隔水壁), 격색(隔塞), 격시범(隔時犯), 격실(隔室), 격심(隔心;隔意), 격안(隔岸), 격야(隔夜), 격원하다(隔遠), 격월/간(隔月/刊), 격의(隔意)[674], 격일/제(隔日/制), 격장(隔墻)[격장가(家), 격장지린(之隣)], 격절(隔絕;서로 멀리 떨어져 있어 연락이 끊어짐), 격조(隔阻)[675], 격주(隔週), 격지/자(隔地/者), 격지(隔紙;켜와 켜 사이에 끼우는 종이), 격지다[676], 격차(隔差)[677], 격판(隔板), 격하다(사이를 두다), 격화소양(隔靴搔癢;성에 차지 않거나 철저하지 못한 안타까움), 격회(隔灰); 간격(間隔), 상격(相隔), 소격/감(疏隔/感), 요격(遼隔), 원격(遠隔), 이격(離隔), 조격되다/하다(阻隔;막혀서 통하지 못함), 지격(至隔), 층격(層隔), 한격(限隔), 현격하다(懸隔), 회격(灰隔) 들.

격(檄) 널리 알리어 사람들을 부추기기 위한 글. ¶격문(檄文), 격서(檄書); 봉격지희(奉檄之喜), 비격(飛檄), 우격(羽檄;羽書) 들.

격(膈) '심장과 지라와의 사이(흉격). 마음속. 종(鐘)을 다는 나무틀'을 뜻하는 말. ¶격막(膈膜); 횡격막(橫膈膜), 흉격(胸膈;가슴과 배의 사이) 들.

격(鴃) '때까치'를 뜻하는 말. ¶격설(鴃舌;알아들을 수 없이 지껄이는 말).

격(覡) '남자 무당(박수)'을 뜻하는 말. ¶무격(巫覡).

격지 ①층과 층 사이. 여러 겹으로 쌓이어 붙은 켜. ¶격짓돌; 흙격지(지층과 지층 사이). ②여러 켜로. 각 켜마다. ¶격지격지 덧붙이다. 격지격지 쌓아올린 인절미. ③몸 쪽에서 떼어낸 돌조각. ¶돌날격지, 돌쩌귀격지.

겪(다) ①어렵거나 경험될 만한 일을 치르다.≒당하다. 경험하다. 체험하다. ¶갖은 고초를 다 겪다. 우리 민족이 겪은 일제강점기는 결코 잊어서는 안 될 역사다. 사람은 겪어 봐야 그 됨됨이를 알 수 있다. ②손님이나 여러 사람에게 음식을 지어 대접하다. ¶귀한 손님을 겪다. 겪이(음식을 차리어 남을 대접하는 일); 손겪이.

견(見) '보다. 보는 바. 의견. 당하다'를 뜻하는 말. ¶견각(見却;거절을 당함), 견경(見輕;업신여김을 당함), 견곤(見困;곤란을 당함), 견굴(見屈;굽힘을 당함), 견기(見棄;버림을 받음), 견기(見機;낌새를 알아챔. 기회를 엿봄), 견리(見利)[견리망의(忘義), 견리사의(思義)], 견맥(見脈), 견모(見侮), 견문(見聞)[견문록(錄), 견문일치(一致), 견문하다; 습숙견문(習熟)], 견문발검(見蚊拔劍), 견물생심(見物生心), 견반(見盤), 견배(見背;어버이를 여읨), 견본(見本;본보기)[견본매매(賣買), 견본쇄(刷), 견본시장(市場), 견본품(品); 초견본(初)], 견불(見佛;불성을 깨달음), 견사생풍(見事生風), 견성(見成;現成), 견성(見性)[678][견성성불(見性成佛); 대각견성(大覺)], 견습(見習;修習)[견습공(工), 견습생(生)], 견식(見識;견문과 학식), 견실(見失;자기도 모르게 잃어버림), 견양(見樣;보기. 본보기), 견욕(見辱), 견위치명(見危致命;나라가 위태로울 때 목숨을 바침), 견이불식(見而不食), 견이지지(見而知之), 견적(見積;어림셈)[견적가격(價格), 견적도(圖), 견적서(書), 견적원가(原價)], 견중(見重;남에게 소중하게 여겨짐), 견증(見憎;미움을 받음), 견지(見地)[679], 견집(見執;붙잡힘), 견책(見責;책망을 당함), 견척(見斥;배척을 당함), 견축(見逐;다른 곳으로 쫓겨남), 견출(見黜;강제로 쫓겨남), 견탁(見濁;더러움이 넘쳐남), 견탈(見奪;빼앗김), 견퇴(見退;見却), 견패(見敗;패함), 견학(見學), 견해(見害), 견해(見解;생각. 의견)[견해차(差)]; 개견(槪見), 검견(檢見), 고견(高見), 고견(顧見), 관견(管見), 국견(局見), 귀견(貴見), 누견(陋見), 단견(短見), 단견(斷見), 달견(達見), 대견(對見), 망견(望見), 면견(面見), 명견(明見), 목견(目見), 목불인견(目不忍見), 문견(聞見), 미견(未見), 미견(迷見), 발견(發見), 배견(拜見), 벽견(僻見), 별견(瞥見), 봉견(奉見), 부견(膚見), 불인견(不忍見), 비견(鄙見), 사견(私見), 사견(邪見), 산견(散見), 상견(相見), 상견(常見), 상견(想見), 상사불견(相思不見), 선견/자(先見/者), 선견지명(先見之明), 소견(召見), 소견(所見), 속견(俗見), 시이불견(視而不見), 식견(識見), 앙견(仰見), 억견(臆見), 연견(延見), 영견(迎見), 예견(豫見), 오견(誤見), 외견(外見), 우견(愚見), 유견(謬見), 의견(意見), 이견(異見), 인견(引見), 일가견(一家見), 일견(一見), 잠견(暫見), 적견(的見), 접견(接見), 정견(正見), 정견(定見), 정견(政見), 조견(早見)[조견표(表), 조견하다], 존견(尊見), 졸견(拙見), 좌견천리(座見千里), 주견(主見), 지견(知見), 지견(智見), 차견(借見), 참견(參見), 창견(創見), 천견(淺見), 초견(初見), 친견(親見), 타견(他見), 탁견(卓見), 통견(洞見), 통견(通見), 편견(偏見), 피견(披見), 확견(確見), 회견(會見), 횡견(橫見), 후견(後見). ☞ 현(見).

673) 격리(隔離): 다른 것과 통하지 못하게 사이를 막거나 떼어 놓음. ¶격리되다/하다, 격리범(犯), 격리법(法), 격리벽(壁), 격리병동(病棟), 격리병원(病院), 격리분포(分布), 격리사육(飼育), 격리설(說), 격리실(室), 격리처분(處分); 강제격리(强制).

674) 격의(隔意): 서로 터놓지 않는 속마음. ¶격의 없는 대화를 나누다. 두 사람은 격의 없이 서로의 감정을 이야기했다.

675) 격조(隔阻): 멀리 떨어져 있어 서로 통하지 못함. 오랫동안 서로 소식이 막힘. ¶격조되다/하다, 격조수월(數月).

676) 격지다(隔): 뜻이나 성미가 서로 맞지 않거나 틈이 나서 사이가 벌어지다. ¶누구와도 격지지 않고 화목하게 지내기란 참으로 어려운 일이다.

677) 격차(隔差): 빈부, 임금, 기술 수준 따위가 서로 벌어져 다른 정도. ¶생활수준의 격차. 격차가 벌어지다/ 줄어지다. 격차감(感), 격차임금(賃金); 빈부격차(貧富), 소득격차(所得), 임금격차(賃金).

678) 견성(見性): 불교에서, 모든 망념과 미혹을 버리고 자기 본디의 타고난 불성(佛性)을 깨달음을 이르는 말.

679) 견지(見地): 어떤 사물을 판단하거나 관철하는 입장. 거시적인 견지. 인도적 견지에서 이웃 나라에 식량을 지원했다.

ㄱ

견(犬) '개. 개 같은'을 뜻하는 말. ¶견공(犬公), 견돈(犬豚), 견마(犬馬)[680], 견묘(犬猫), 견설고골(犬齧枯骨), 견성(犬星), 견아(犬牙;개의 이빨. 서로 어긋남), 견양(犬羊), 견양지질(犬羊之質), 견원지간(犬猿之間;사이가 매우 나쁜 관계), 견유(犬儒;冷笑)[견유적(的), 견유주의(主義)], 견치(犬齒;송곳니)[견칫돌(축댓돌)], 견토지쟁(犬免之爭), 견폐(犬吠); 경견(競犬), 경찰견(警察犬), 계견상문(鷄犬相聞), 광견병(狂犬病), 구조견(救助犬), 군용견(軍用犬)/군견(軍犬), 맹견(猛犬), 맹도견(盲導犬), 명견(名犬), 목양견(牧羊犬), 백견(白犬), 번견(番犬), 복제견(複製犬), 사역견(使役犬), 안내견(案內犬), 애견(愛犬), 애완견(愛玩犬), 야견(野犬;들개), 양견(養犬), 엽견(獵犬), 우주견(宇宙犬), 응견(鷹犬), 의견(義犬), 종견(種犬), 축견(畜犬), 충견(忠犬), 탐지견(探知犬), 토종견(土種犬), 투견(鬪犬) 들.

견(堅) '굳다. 단단하다. 강하다'를 뜻하는 말. ¶견갑(堅甲), 견갑이병(堅甲利兵), 견강(堅剛), 견강(堅强), 견경(堅勁), 견고(堅固;굳음)[견고기지(基地), 견고성(性), 견고지면(地面), 견고해변(海邊), 견고화/되다/하다(化)], 견과(堅果), 견뢰(堅牢), 견루(堅壘), 견새(堅塞), 견수(堅守), 견실(堅實;미덥고 확실함)[견실주의(主義), 견실하다], 견여금석(堅如金石), 견여반석(堅如盤石), 견위(堅圍;굳게 포위함), 견인(堅忍;굳게 참고 견딤)[견인성(性), 견인주의(主義), 견인불발(不拔)], 견지(堅持;어떤 견해나 입장 따위를 지니거나 지킴), 견진(堅陣), 견집(堅執;굳게 지님), 견치하다(堅緻;단단하고 치밀하다), 견확하다(堅確); 강견(强/剛堅), 중견(中堅), 중견수(中堅手) 들.

견(絹) 얇고 성기게 짠 무늬 없는 깁이나 누에고치에서 얻은 '비단 · 깁 · 명주'를 뜻하는 말. ¶견모(絹毛), 견본(絹本), 견사(絹紗), 견사(絹絲), 견사방적(絹絲紡績)/견방(絹紡), 견사(絹紗), 견사(絹絲)[견사선(腺); 방적견사(紡績)], 견직(絹織), 견직물(絹織物), 견포(絹布), 견혼식(絹婚式); 백견병(白絹病), 본견(本絹), 생견(生絹), 순견(純絹), 인조견(人造絹)/인견(人絹); 본견(本絹), 통견(通絹), 평견(平絹), 홍견(紅絹) 들.

견(肩) '어깨'를 뜻하는 말. ¶견갑(肩胛;어깨뼈가 있는 자리)[견갑골(骨), 견갑근(筋)], 견골(肩骨), 견관절(肩關節), 견대(肩帶), 견마곡격(肩摩轂擊;교통이 복잡함), 견박(肩膊), 견부(肩部), 견비/통(肩臂/痛), 견수(肩隨)[681], 견여(肩輿), 견장(肩章;標章), 견장(肩牆), 견파(肩把;두 팔을 모아 들여 반달 모양으로 만드는 춤사위); 강견(强肩), 노견(路肩;갓길), 비견(比肩), 식견(息肩), 쌍견(雙肩), 양견(兩肩;두 어깨) 들.

견(牽) '끌다'를 뜻하는 말. ¶견강(牽强;억지로 끌고 감), 견강부회/하다(牽强附會), 견만(牽挽;손을 잡아 이끎), 견속(牽束;견제하여 행동의 자유를 속박함), 견신(牽伸;당기어 늘임), 견예(牽曳), 견용동물(牽用動物), 견우(牽牛)[견우성(星), 견우자(子), 견우화(花;나팔꽃)], 견인(牽引;끌어당김)[견인기(機), 견인력(力), 견인차(車), 견인통(痛)], 견제(牽制)[682], 견철(牽掣) 들.

견(繭) '고치'를 뜻하는 말. ¶견면(繭綿;고치솜), 견사(繭絲;고치실), 견순(繭脣), 견잠(繭蠶), 견족(繭足), 견주(繭紬), 견지(繭紙); 건견(乾繭), 동공견(同功繭), 면견(綿繭), 사견(絲繭), 상견(上繭), 생견(生繭), 설견(屑繭), 수견(收繭), 야견/사(野繭/絲), 와견(臥繭), 작견(柞繭;산누에고치), 잠견(蠶繭;고치), 종견(種繭), 중견(中繭), 중견(重繭), 하견(夏繭), 황견(黃繭) 들.

견(狷) '절의를 지켜 뜻을 굽히지 아니하다. 성급하다'를 뜻하는 말. ¶견개하다(狷介;지조가 굳고 고집이 세다), 견광(狷狂)[683], 견급하다(狷急), 견애하다(狷隘;견협), 견협하다(狷狹;속이 좁고 성미가 급하다) 들.

견(遣) '보내다. 내쫓다'를 뜻하는 말. ¶견귀(遣歸;돌려보냄), 견당(遣唐;당나라에 사신을 보냄), 견외(遣外;외국으로 파견함), 견전제(遣奠祭); 분견(分遣), 선견(先遣), 소견(消遣), 차견(差遣;사람을 시켜서 보냄), 파견(派遣) 들.

견(譴) '꾸짖다'를 뜻하는 말. ¶견고(譴告), 견노(譴怒;성내어 꾸짖음), 견책(譴責;꾸짖음)[중견책(重)], 견파(譴罷); 엄견(嚴譴), 천견(天譴) 들.

견(繾) '마음과 정성이 지극하다(곡진하다)'를 뜻하는 말. ¶견권(繾綣;생각하는 정이 두터워 못내 잊히지 않는 모양)/하다, 견권지정(繾綣之情).

견(筧) '대나무 홈'을 뜻하는 말. ¶견수(筧水;대나무 홈통으로 끌어온 물); 죽견(竹筧) 들.

견(鵑) '두견이. 두견화(참꽃)'를 뜻하는 말. ¶두견(杜鵑)[두견새, 두견이, 두견화(花)].

견(畎) '밭의 고랑'을 뜻하는 말. ¶견묘(畎畝;밭의 고랑과 이랑).

견(甄) '표(表)하다'를 뜻하는 말. ¶견별(甄別;뚜렷하게 나눔).

견(羂) '걸리다'를 뜻하는 말. ¶견결(羂結;동여맴), 견삭(羂索;새나 짐승을 잡는 밧줄).

견대미 실꾸리를 결을 때 실의 가락을 가로 걸치는 자그마한 틀. [←결다[2]].

견디(다) 존재나 상태를 지켜 나가다. 물리적인 고통이나 시련 또는 억압 따위의 어려움을 잘 참아내다. 오래 가다.≒이기다. 참다. 버티다. 배기다. 지탱하다(支撑). ¶그는 강권에 견디지 못하여 기밀을 누설하고 말았다. 요즈음은 그럭저럭 견디어 나가고 있습니다. 통증을 견디다. 견디어내다, 견디어배기다, 견딜성(性;잘 견디어내는 성질. 참을성), 견딜힘(인내력); 붙견디다(붙어 잘 배겨 내다). ☞ 내(耐).

견주(다) 둘 이상의 사물의 우열이나 차이를 비교하기 위하여 서

680) 견마(犬馬): 개나 말과 같이 천하고 보잘것없다는 뜻으로, 자신에 관한 것을 낮추어 이르는 말. ¶견마지로(之勞), 견마지류(之類), 견마지성(之誠), 견마지심(之心).

681) 견수(肩隨): 윗사람과 함께 걸어갈 때에, 예(禮)를 갖추는 의미에서 약간 뒤에 떨어져 따라감.

682) 견제(牽制): 지나치게 세력을 펴거나, 자유행동을 하지 못하도록 억누름. ¶견제구(球), 견제력(力), 견제사격(射擊), 견제하다.

683) 견광(狷狂): 과장이 심하거나 극단에 치우친 행동을 하는 사람.

로 대어 보다.≒겨누다. ¶누가 더 큰가 키를 견주어 보다. 견줌; 귀견줌[684].

견지[1] 흐르는 물에서 낚싯줄을 감았다 풀었다 하며 쓰는, 대나무로 만든 납작한 외짝 얼레. ¶견지낚시, 견지낚싯대, 견지질(견지로 물고기를 낚는 일)/하다.

견지[2] '어깨'를 뜻하는 말. ¶견지뼈(척추동물의 팔뼈와 몸통을 연결하는 한 쌍의 뼈. 어깨뼈), 견짓살(닭의 겨드랑이에 붙어 있는 흰 살).

겯(다)[1] ①기름기가 많이 묻어 흠씬 배다. 물건을 기름에 담그거나 발라 흠씬 배게 하다. ¶기름에 결은 종이. 장판지를 기름에 겯다. 결리다', 결은신[685]; 반결음(半;기름을 적게 먹인 가죽신). ②어떤 일에 오래 종사하여 손에 익고 몸에 배다.

겯(다)[2] ①대·싸리 따위의 여러 오리로 씨와 날이 어긋매끼게 엮어 짜다. ¶복조리를 겯다. 결리다². 별 겯듯 하다(별이 총총 박이듯 하다). ②여러 개의 긴 물체가 자빠지지 않도록 어긋매끼게 걸어 세우다. ¶비계를 단단히 결어서 안전사고를 막다. 엇겯다/결리다(서로 어긋매끼어 겯다). ③서로 어긋매끼도록 걸치거나 싸나. ¶어깨를 겯다. 팔을 겯다. 총을 결어 세우다. 겯거니틀거니/하다, 겯고틀다[686], 겯지르다[687]/질리다; 맞겯다, 엇겯다, 엇결리다. ④실꾸리를 만들기 위하여 실을 어긋맞게 감다. ¶실꾸리를 겯는 아낙네.

겯(다)[3] 암탉이 알을 낳을 무렵에 골골 소리를 내다. ¶씨암탉이 골골 알을 겯고 다니다. 알겯다.

결 ①나무·돌·살가죽 따위의 조직이 굳고 무른 부분이 모이어 일정하게 켜를 지으면서 짜인 바탕의 상태나 무늬. 또는 움직이는 상태. ¶결이 고운 비단. 결골(결마루. 波谷), 결메우기(나뭇결의 구멍을 메우는 일); 나뭇결, 곧은결[688], 꼬인결(비비 꼬인 모양의 나뭇결), 늘결[689], 돌결, 머릿결, 몸결(몸의 살결), 무늿결, 물결, 분결(紛), 비단결(緋緞), 살결, 소릿결, 손결, 엇결[690], 역결(逆), 옥결(玉), 은결(銀;은빛과 같이 번쩍거리는 물결), 이동결(移動;물이 흐르는 방향으로 치는 물결), 잔결(가늘게 나타난 곧은 결), 점박이결(고갱이가 나타난 곧은결). ②'겨를'의 준말. ③몹시 급한 성미나 결단성 있게 행동하는 성질이나 상태. ¶결이 고운 사람. 결이 삭다(거센 기운이 풀어져서 부드럽게 되다). 결이 바르다(성결이 곱다), 결기(氣)[691], 결김/에[692], 결나다(결기가 일어나다)/내다. 결딱지(결증), 결머리, 결증(症;결딱지. 결머리), 결차다[693]; 마음결/맘결, 말결(말투), 분결(憤/忿), 성결(性) 들.

결(結) '맺다. 끝내다, 얽어매다. 엉기다. 매듭. 조세를 셈하기 위한 면적 단위'를 뜻하는 말. ¶결가부좌(結跏趺坐), 결과(結果)[694], 결과(結裹;물건을 싸서 동여맴), 결관(結棺), 결교(結交), 결구(結句), 결구(結球;알들이), 결구(結構;얼개를 만듦), 결국(結局), 결권(結卷;한 벌로 된 책의 마지막 권), 결금(조세의 액수), 결뉴(結紐;끈을 맴), 결단(結團;단체를 결성함), 결당/식(結黨/式), 결람(結攬;뜻을 같이 하는 사람을 끌어 모음), 결련(結連), 결렴(結斂), 결로(結露), 결론/짓다(結論), 결료(結了), 결막(結膜)[결막염(炎), 결막충혈(充血)], 결말(結末;끝. 매듭)/나다/내다/짓다, 결맹(結盟), 결목(結木;논밭의 결에 따라 세로 내던 무명), 결묵(結墨;먹으로 치수를 표시함), 결문(結文), 결미(結尾), 결박(結縛)[695], 결발(結髮), 결복(結卜), 결부(結付;일정한 사물이나 현상을 서로 연관시킴)/되다/하다, 결빙(結氷)[결빙기(期), 결빙점(點;어는점)], 결사(結社)[비밀결사(秘密), 정치결사(政治)], 결사(結辭), 결상(結像), 결석(結石)[방광결석(膀胱), 신장결석(腎臟), 요도결석(尿道), 피부결석(皮膚)], 결선(結船), 결성/식(結成/式), 결세(結稅), 결속/되다/하다(結束), 결승/문자(結繩/文字), 결실(結實)[696], 결심(結審), 결안(結案), 결약(結約), 결어(結語), 결연(結緣)[자매결연(姉妹)], 결원(結怨), 결의(結義)[결의형제(兄弟); 도원결의(桃園)], 결인(結印), 결인(結因), 결자해지(結者解之;일을 저지른 사람이 그 일을 해결해야 함), 결작(結作), 결장(結腸), 결전(結錢), 결절(結節)[결절라(結節癩), 결절지역(地域); 후두결절(喉頭)], 결정(結晶)[697], 결진(結陣), 결집(結集)[결집되다/하다, 결집체(體)], 결체(結滯), 결체(結締;맺어서 졸라맴)[결체조직(組織), 결체질(質)], 결체(結體), 결초보은(結草報恩), 결친(結親), 결탁(結託), 결하(結夏), 결합(結合)[698], 결핵(結核)[699], 결혼(結婚), 결후(結喉), 결회(結檜); 가결

---

684) 귀견줌: 격구(擊毬)를 시작할 때 장(杖)을 들어 말의 귀와 가지런히 하는 동작.

685) 결은신: 물에 새지 아니하게 기름을 발라 흠씬 배게 한 가죽신.

686) 겯고틀다: 시비나 승부를 다툴 때 지지 않으려고 서로 버티어 겨루고 뒤틀다.

687) 겯지르다: ①서로 마주 엇갈리게 걸다. 엮다. ¶친구 다리에 겯질려 넘어지다. ②엇결어 다른 쪽으로 지르다. ¶대문에는 굵은 막대 두 개가 겯질려 있었다. 겯질리다. ③일이 힘에 겨워서 기운을 잃어버리다. ¶오늘따라 일이 밀려 퇴근 무렵에는 모두들 겯질려 있었다.

688) 곧은결: 나이테와 직각이 되게 자른 나무의 면에 나타난 결.

689) 늘결: 나이테와 접선이 되게 자른 면에 파문이 일듯이 퍼져나가는 나무의 결.

690) 엇결: 나무의 비꼬이거나 엇나간 결.

691) 결기(氣): ①못마땅한 것을 참지 못하고 성이 나서 왈칵 행동하는 성미. ¶결기가 나서 덤벼들다. ②결이 바르고 결단성 있게 행동하는 성질. ¶결기 있는 사나이. 매사에 머뭇거리지 않고 결기 있게 행동하다.

692) 결김/에: ①화가 난 나머지. ②정신이 없거나 바쁜 중에 별안간.

693) 결차다: 성을 내거나 왈칵 행동하는 성질이 강하다.

694) 결과(結果): 열매를 맺음. 어떤 원인으로 결말이 생김. 또는 그런 결말의 상태. ¶결과가 좋다. 결과론(論), 결과물(物), 결과범(犯), 결과설(說), 결과적(的), 결과주의(主義), 결과지(枝), 결과책임(責任), 결과표(標); 단위결과(單爲).

695) 결박(結縛): 몸이나 손 따위를 움직이지 못하도록 동이어 묶음. 자유롭지 못하게 얽어 구속함. ¶결박을 짓다. 결박되다/하다, 결박짐(묶임), 결박철사(鐵絲); 뒷짐결박/뒷결박, 사문결박(私門), 살결박(結縛).

696) 결실(結實): 열매가 여묾. 일의 결과가 잘 맺어짐. ¶가을은 결실의 계절이다. 성실한 노력의 결실. 결실기(期), 결실량(量), 결실력(力), 결실률(率), 결실물(物), 결실성(性), 결실수(樹); 단성결실(單性), 불결실(不), 자가결실(自家), 지하결실(地下;땅 위에서 핀 꽃이 수정 후에 땅속으로 들어가 열매를 맺는 일. 땅콩 따위).

697) 결정(結晶): 일정한 평면으로 둘러싸인 물체 내부의 원자 배열이 규칙적으로 이루어짐. 또는 그렇게 이루어진 고체. 노력의 결과로 이루어진 훌륭한 보람. ¶이 한 톨의 쌀도 농민이 흘린 땀의 결정이다. 결정격자(格子), 결정계(系), 결정광학(光學), 결정구조(構造), 결정군(群), 결정도(度), 결정립(粒), 결정면(面), 결정상(相), 결정서리, 결정성(性), 결정속도(速度), 결정수(水), 결정열(熱), 결정자(子), 결정점(點), 결정족(族), 결정질(質), 결정체(體), 결정축(軸), 결정편암(片巖), 결정품(品), 결정학(學), 결정핵(核), 결정형(形), 결정화학(化學); 다결정(多), 이온결정(ion), 인공결정(人工), 재결정(再).

ㄱ

(加結), 경결(硬結), 고결(固結), 교결(交結), 귀결(歸結), 기결(起結), 논결(論結), 단결(團結), 단결(斷結), 담결(痰結), 담결석(膽結石), 답결(畓結;논에 대한 세금), 동결(凍結)[동결하다; 자금동결(資金)], 동심결(同心結), 반결(盤結), 방결(防結), 백결(百結), 병결(併結), 복호결(復戶結), 비결(秘結), 빙결(氷結), 소결(燒結), 양결(陽結), 연결(連結), 완결(完結), 요결(了結), 요결(要結), 은결(隱結), 완결(完結), 울결(鬱結), 응결(凝結), 재결(災結), 전결(田結), 전결(纏結), 점결성(粘結性), 점결탄(粘結炭), 종결(終結), 증결(增結), 직결(直結), 진결(陳結), 집결(集結), 체결(締結), 총결(總結), 취결(就結), 타결(妥結) 들.

결(決) '판단하여 잡다. 마음이나 뜻을 세워 굳히다. 터지다'를 뜻하는 말. ¶결가(決價;값을 결정함), 결궤(決潰), 결기(決起), 결단(決斷)[700], 결론짓다(決論), 결명차(決明茶), 결사/적(決死/的), 결산(決算)[701], 결선/투표(決選/投票), 결송(決訟), 결승(決勝)[결승선(線), 결승전(戰), 결승점(點); 준결승(準)], 결심(決心), 결연하다(決然), 결렬(決裂), 결옥(決獄), 결의(決意), 결의(決議)[702], 결장(決杖), 결재(決裁)[결재투표(投票); 미결재(未)], 결전/장(決戰/場), 결정(決定)[703], 결제(決濟)[다각적결제(多角的)], 결착(決/結着), 결책(決策), 결처(決處), 결코, 결투(決鬪), 결판(決判)[결판나다/내다, 결판싸움], 결하(決河), 결하다(결정하다), 결행(決行;결단하여 실행함≒斷行); 가결(可決), 기결(旣決), 공결(公決), 관결(官決), 기결(旣決), 내결(內決), 논결(論決), 다수결(多數決), 단결(斷決), 대결(代決), 대결(對決), 면결(面決), 명결(明決), 미결(未決)[704], 부결(否決), 선결(先決), 소결(疏決), 속결(速決), 수결(手決), 심결(審決), 양결(量決), 억결(臆決), 예결(豫決), 오결(誤決), 완결(完決), 의결(議決), 이결(已決), 일결(一決;한 번에 결정함. 한 번에 터짐), 자결(自決), 재결(裁決), 전결(專決;결정권자가 단독 책임으로 결정함), 종결(終決), 직결(直決), 즉결(卽決), 처결(處決;결정하여 조처함)/되다/하다, 판결(判決), 평결(評決), 표결(表決), 표결(票決), 품결(稟決), 해결(解決), 후결(後決) 들.

결(缺) 빠져서 부족 됨. '모자라다. 흠이 있다. 비다'를 뜻하는 말. ¶20에 하나 결. 결각(缺刻;잎의 가장자리가 패어 듦), 결강(缺講;강의를 거름), 결격(缺格;자격이 모자람)[결격사유(事由), 결격자(者); 상속결격(相續)], 결과(缺課), 결근(缺勤), 결락(缺落), 결례(缺禮), 결루(缺漏), 결리(缺籬;귀퉁이가 부서진 울타리), 결문(缺文;빠진 문구), 결번(缺番), 결본(缺本), 결석(缺席)[결석신고(申告), 결석재판(裁判), 결석판결(判決); 무결석(無)], 결손(缺損)[705], 결순(缺脣), 결시(缺試), 결식(缺食), 결신(缺神;짧은 동안 가볍게 일어나는 간질 발작), 결여(缺如), 결연하다(缺然), 결원(缺員), 결원(缺圓), 결자(缺字), 결장(缺場;나와야 할 자리에 나오지 않음), 결점(缺點≒短點), 결핍(缺乏;窮乏. 다 써 없어짐)[결핍증(症), 결핍되다/하다], 결하다(모자라다), 결함(缺陷;흠이 되는 부분), 결항(缺航), 결획(缺劃); 공결(公缺), 구결(球缺), 무결(無缺)[금구무결(金甌;나라가 외침으로부터 수모를 당한 적이 없음); 완전무결(完全)], 병결(病缺), 보결(補缺), 불가결(不可缺), 사고결(事故缺), 완결(刓缺), 완전무결(完全無缺), 잔결(殘缺), 출결(出缺), 흠결(欠缺) 들.

결(潔) '깨끗하다. 깨끗이 하다'를 뜻하는 말. ¶결렴(潔廉), 결백(潔白)[결백성(性), 결백하다], 결벽(潔癖)[결벽성(性), 결벽증(症)], 결신(潔身;몸을 더럽히지 않음); 간결(簡潔)[간결미(美), 간결체(體), 간결하다], 개결하다(介潔;성질이 굳고 홀로 깨끗하다), 고결하다(高潔), 교결(皎潔), 불결하다(不潔), 빙정옥결(氷貞玉潔), 성결(聖潔), 순결(純潔), 아결하다(雅潔), 염결하다(廉潔), 정결하다(貞潔), 정결/스럽다/하다(淨潔), 정결스럽다/하다(精潔), 지결(至潔), 청결하다(淸潔) 들.

결(訣) '이별·사별하다. 끊다. 비결'을 뜻하는 말. ¶결별/사(訣別/辭), 결사(訣辭), 결요(訣要); 구결(口訣)[706], 비결(秘訣), 사결(辭訣), 영결(永訣), 요결(要訣) 들.

결(抉) '도려내다. 파다'를 뜻하는 말. ¶척결(剔抉), 파라척결(爬羅剔抉).

결(駃) '버새(암나귀와 수말 사이에서 난 튀기)'를 뜻하는 말. ¶결제(駃騠;버새. 잘 달리는 말).

결(闋) '일이 끝나서 문을 닫다. 마치다'를 뜻하는 말. ¶일결(一闋;국악에서, 한 곡의 음악이 끝남을 이르는 말).

결(纈) '홀치기 염색(옷감의 군데군데를 홀치어 매어 염색한 무늬)'을 뜻하는 말. ¶납결(蠟纈;수지와 밀랍을 섞어 녹인 것으로 천에 모양을 그려 식힌 후 눌러 물들인 무늬).

결결-하다 얼굴 생김새나 마음씨가 지나칠 정도로 빈틈없고 곧다. ¶결결한 성미. 마음을 결결히 다잡아 가지다.

698) 결합(結合): 둘 이상의 사물이나 사람이 서로 관계를 맺어 하나가 됨. ¶물은 산소와 수소의 결합으로 이루어진다. 결합각(角), 결합국(國), 결합기(器), 결합범(犯), 결합법(法), 결합법칙(法則), 결합생산(生産), 결합선(線;붙임줄), 결합성(性), 결합수(水), 결합수(數), 결합원리(原理), 결합음(音), 결합재(材), 결합적(的), 결합제(劑), 결합조직(組織), 결합체(體), 결합화/되다/하다(化), 결합회로(回路); 공유결합(共有), 금속결합(金屬), 기업결합(企業), 단일결합(單一), 등극결합(等極), 무극성결합(無極性), 배위결합(配位), 수소결합(水素), 유극결합(有極), 이온결합(ion), 이중결합(二重), 재결합(再), 화학결합(化學).

699) 결핵(結核): 결핵균(菌), 결핵병(病); 개방성결핵(開放性), 경선결핵(頸腺), 골결핵(骨), 관절결핵(關節), 비뇨기결핵(泌尿器), 신장결핵(腎臟), 위결핵(胃), 장결핵(腸), 폐결핵(肺), 폐쇄성결핵(閉鎖性), 후두결핵(喉頭).

700) 결단(決斷): 결정적인 판단을 하거나 단정을 내림. 또는 그런 판단이나 단정. ¶결단을 내리다. 결단력(力), 결단성(性), 결단적(的), 결단주의(主義), 결단코, 결단하다; 사생결단(死生), 한사결단(限死).

701) 결산(決算): 결산기(期), 결산보고(報告), 결산서(書) 결산일(日); 분식결산(粉飾), 수지결산(收支), 주기결산(週期), 총결산(總).

702) 결의(決議): 회의에서, 의안이나 제의의 가부를 결정함. ¶만장일치로 결의되다. 결의기관(機關), 결의문(文), 결의안(案); 가결의(假), 불신임결의(不信任), 서면결의(決議).

703) 결정(決定): 결단을 내려 확정함. 법원이 행하는 판결 및 명령 이외의 재판. ¶결정경향(傾向), 결정권/자(權/者), 결정론(論), 결정적(的), 결정짓다/하다, 결정타(打), 결정투표(投票), 결정판(版); 미결정(未), 압류결정(押留).

704) 미결(未決): 미결감(監), 미결구금(拘禁), 미결수(囚), 미결수용자(收容者), 미결안(案).

705) 결손(缺損): 축이 남. 재산상의 손실. ¶결손가정(家庭), 결손금(金), 결손나다, 결손액(額), 결손처분(處分); 질량결손(質量).

706) 구결(口訣): 한문의 글 뜻을 명백히 하거나 읽기 쉽게 하기 위하여 한문 중간 중간에 끼워 넣는 우리말.

결곡-하다 생김새나 마음씨가 깨끗하고 야무져서 빈틈없다. ¶그 녀의 얼굴은 맑고 결곡하다. 결곡히 생긴 얼굴. 의지를 결곡히 가지다.

결딴 어떤 일이나 물건이 아주 망가져 도무지 손쓸 수가 없게 된 상태가 되거나 살림이 망하여 거덜이 나는 일.≒파탄(破綻). ¶네가 우리 집안을 아주 결딴낼 작정이냐? 번창하던 사업이 결딴났다. 결딴나다(≒깨지다. 망가지다. 부서지다)/내다.

결리(다) ①숨을 쉬거나 움직일 때, 몸의 한 부분이 아프게 딱딱 마치다.≒아프다. ¶축구공에 맞아 옆구리가 결리다. 맞결리다. ②남에게 눌리어 기를 펴지 못하다. ¶그 사람한테 뭐 결리는 데라도 있나? ③마음에 꺼리어 맺히다.

결찌 어찌어찌하여 연분이 닿는 먼 친척. ¶누구의 결찌라고 그를 홀대하겠나. 그의 결찌에 요로(要路)에 선이 닿는 사람이 하나 있네. 본결(本;妃嬪의 친정).

결창 '내장(內臟)'을 상스럽게 이르는 말. ¶결창내다(배를 가르다), 결창터지다(몹시 분하여 속이 터지다).

겸(兼) ①두 명사 사이에, 또는 관형사형 어미 '-ㄹ' 아래 붙어서 한 가지 일 외에 또 다른 일을 아울러 함을 나타내는 말. ¶응접실 겸 거실. 장도 볼 겸 장터 친구를 찾아가다. ②'겸하다. 아우르다. 배가 되다'를 뜻하는 말. ¶겸관(兼官), 겸관(兼管), 겸금(兼金;좋은 황금), 겸노상전(兼奴上典), 겸달(兼達;두루 통달함), 겸대(兼帶), 겸령(兼領), 겸명(兼名), 겸무(兼務), 겸병(兼倂), 겸보(兼補;다른 직책을 겸하여 맡김), 겸복(兼覆), 겸비(兼備;두루 갖춤), 겸사(兼事)[겸사겸사/하다], 겸상(兼床), 겸선(兼善), 겸섭(兼攝;다른 직무를 아울러 맡아봄), 겸수(兼修), 겸순(兼旬;열흘 이상 걸림), 겸승(兼勝;두 적을 모두 이김), 겸애(兼愛), 겸업(兼業), 겸영(兼營), 겸용(兼用), 겸용(兼容;도량이 넓음), 겸유(兼有), 겸인지력(兼人之力), 겸인지용(兼人之勇), 겸임(兼任)[겸임국(國), 겸임지(地)], 겸장(兼將), 겸장(兼掌), 겸전(兼全;아울러 갖춤)[강유겸전(剛柔), 문무겸전(文武)], 겸지우겸(兼之又兼), 겸직(兼職), 겸찰(兼察), 겸치다(여러 개를 겸하여 합치다), 겸하다(두 가지 이상의 것을 함께 지니다. 겸임하다), 겸학(兼學), 겸행(兼行), 겸형(兼衡), 겸호필(兼毫筆); 병겸(竝兼), 신겸노복(身兼奴僕) 들.

겸(謙) '남을 높이고 자기를 낮추는 태도를 취함'을 뜻하는 말. ¶겸공(謙恭), 겸괘(謙卦), 겸근(謙謹), 겸덕(謙德), 겸렴(謙廉), 겸비(謙卑), 겸사(謙辭), 겸손(謙遜)[겸손법(法), 겸손성(性), 겸손스럽다/하다], 겸양(謙讓)[겸양사(辭), 겸양말, 겸양법(法), 겸양어(語), 겸양지덕(謙讓之德)], 겸어(謙語), 겸억(謙抑), 겸유하다(謙柔), 겸칭(謙稱;자신을 낮추어 겸손하게 이름), 겸퇴(謙退;겸손히 사양하고 물러남), 겸하(謙下;謙卑), 겸허하다(謙虛), 겸화(謙和); 공겸(恭謙), 과겸(過謙), 자겸(自謙) 들.

겸(慊) '마음에 흐뭇하지 아니하다'를 뜻하는 말. ¶겸연스럽다(慊然), 겸연쩍다(慊然;미안하다. 부끄럽다. 쑥스럽다), 겸연하다(慊然), 계면스럽다, 계면쩍다('겸연쩍다'의 변한 말) 들.

겸(鉗) '가위 모양의 수술 기구. 칼(죄인의 목에 씌우는 형구)'를 뜻하는 말. ¶겸기(鉗忌), 겸도(鉗徒;목에 칼을 쓴 죄인), 겸자(鉗子)[산과겸자(産科), 지혈겸자(止血)].

겸(歉) '흉년 들다'를 뜻하는 말. ¶겸년(歉年;흉년), 겸연(歉然;마음에 차지 않는 모양), 겸황(歉荒); 대겸년(大歉年), 재겸(災歉), 판겸(判歉), 풍겸(豐歉) 들.

겸(箝) '입을 다물다'를 뜻하는 말. ¶겸구(箝口), 겸어(箝語;입을 다물게 함), 겸제(箝制) 들.

겸(鎌) '낫'을 뜻하는 말. ¶겸리(鎌利); 장병겸(長柄鎌;긴 자루가 달린 낫 모양의 무기).

겸사겸사 한꺼번에 여러 가지 일을 겸하여 하는 모양.[←겸(兼)].=겸두겸두. ¶자네도 보고 볼일도 겸사겸사 왔지.

겹 물체의 면과 면, 선과 선이 포개진 것. 또는 그 켜. 사물이 거듭된 상태.↔홑. 겹으로 된 물건을 세는 단위. ¶겹으로 지은 옷이나 물건. 겹으로 싸다. 종이/헝겊 세 겹. 겹간통(間通), 겹갈이(겹쳐 가는 밭갈이), 겹거미, 겹것(겹옷), 겹겹/이, 겹겹하다(여러 겹으로 겹쳐 있다), 겹경사(慶事), 겹고깔, 겹고팽이[707], 겹구름, 겹글자, 겹깔다(포개어 덧깔다), 겹꺾임, 겹꽃, 겹꽃받침, 겹꽃잎, 겹낫표(標), 겹낱말, 겹내림/표(標), 겹널마루, 겹녹화(綠花), 겹놓다/놓이다, 겹눈(↔홑눈), 겹닿소리, 겹대패, 겹도르래, 겹마고자, 겹마치, 겹말, 겹매기(겹으로 지은 옷), 겹매듭, 겹머리사위, 겹모음(母音), 겹무늬, 겹무대(舞臺), 겹문(門), 겹문자(文字), 겹문장(文章), 겹바닥, 겹바디, 겹바르다, 겹바지, 겹박자(拍子), 겹받침, 겹발굽, 겹버선, 겹보(褓), 겹보이기, 겹분해(分解), 겹빔, 겹빛, 겹뿔, 겹사돈, 겹사라지(겹으로 만든 담배쌈지), 겹사위, 겹산(山), 겹산철쭉, 겹산형화서(繖形花序), 겹살림(따로 차린 살림), 겹상(像), 겹새김, 겹새끼(겹으로 꼰 새끼), 겹서다, 겹선(線), 겹세다(센 것을 또 세어 넣다), 겹세토막형식(形式), 겹세로줄, 겹소리[복음(複音)], 겹손, 겹손톱묶음표(標), 겹신다, 겹실[두겹실, 세겹실], 겹쌓다/쌓이다, 겹쓰다, 겹씨[복합어(複合語)], 겹씨방(房), 겹암술, 겹앞꾸밈음(音), 겹여밈(옷자락을 겹으로 여민 것), 겹열매, 겹염(鹽), 겹엽(葉), 겹온음표(音標), 겹올림표(標), 겹옷, 겹월, 겹유리, 겹음정(音程), 겹이불, 겹이삭꽃차례, 겹입다, 겹잎, 겹자락(↔홑자락), 겹자리[복수(複數)], 겹장(帳;겹으로 된 휘장), 겹장구머리초(草), 겹장군(將軍), 겹저고리, 겹점음표(點音標), 겹제자리표(標), 겹주름위(胃), 겹줄, 겹질리다[708], 겹집, 겹집다(여러 개를 겹쳐서 집다), 겹창(窓), 겹처마, 겹천(겹짜임으로 된 천), 겹철릭, 겹철쭉, 겹체(두 올씩으로 짠 쳇불로 메운 체), 겹쳐지다[709], 겹치기, 겹치다(거듭하다. 쌓다. 접다. 포개다), 겹치마, 겹친점(點), 겹침무늬, 겹침코(뜨개질에서, 겹치는 부분을 뜬 코), 겹칸통, 겹턱, 겹톱니, 겹통신(通信), 겹판(板), 겹합창(合唱), 겹핵(核), 겹현미경(顯微鏡), 겹혼인(婚姻;사돈의 관계에 있는 집안끼리 다시 맺는 혼인), 겹홑소리, 겹활차(滑車;겹도르래), 겹회로(回路;이중회

---

707) 겹고팽이: 단청에서, 소라 껍데기 모양이 겹쳐서 감아 돌아간 무늬.

708) 겹질리다: 몸의 근육이나 관절이 제 방향대로 움직이지 않거나 너무 빨리 움직여서 다치다. ¶어깨를 겹질리다.

709) 겹쳐지다: ①여럿이 서로 포개어져 덧놓이다. ¶여러 겹으로 겹쳐진 종이. ②여러 가지 일이 한꺼번에 일어나다. ¶어려운 일이 겹쳐지다.

로), 겹효과(效果), 겹흔들이(복진자); 물겹것[710], 외겹, 홑겹 들.

겹(다) 정도가 지나쳐 감당하기 어렵거나 어떤 감정이나 기분에 흠뻑 젖어 있다. 때가 기울거나 늦다.≒지나치다. 벅차다.↔모자라다. ¶힘에/ 흥에 겹다. 복에 겨워 야단이다. 일이 한낮이 겨워서야 끝났다. 겨우[711], 겨워하다(힘겹게 여기다).

-겹다 일부 명사 뒤에 붙어, 그 말이 형용사가 되게 하는 접미사. ¶눈물겹다, 시름겹다, 역겹다(逆)[712], 이슬겹다(이슬이 차서 싫은 느낌이 있다), 정겹다(情;정이 넘치는 듯하다), 철겹다[713], 흥겹다(興), 힘겹다 들.

경 호된 꾸지람이나 심한 고통. ¶이런 경을 칠 녀석 같으니. 날씨 한번 경을 치게 덥다. 죽을 경을 겪다. 경 쳐 포도청이라(몹시 곤욕을 당하였다). 경치다, 경치게(매우), 경칠놈, 경칠수(數;경칠 운수. 경수); 행셋경(行世)[714].

경(經) '경서(經書)·책. 지내다·지나다. 다스리다. 길·날실. 항상. 달거리[월경(月經)]'을 뜻하는 말. ¶경을 읽다. 경계(經界)[몰경계(沒)], 경과(經過)[715], 경교(經敎), 경구(經口;약이나 세균 따위가 입을 통하여 몸 안으로 들어감)[경구감염(感染), 경구면역(免疫), 경구투약(投藥)], 경국(經國;나라를 다스림)[경국대전(大典), 경국제세(濟世), 경국지재(之才)], 경난(經難;어려운 일을 겪음. 어려운 고비를 넘김)/꾼, 경년(經年;해를 보냄), 경농(經農), 경당(經堂), 경대시(經帶時), 경도(經度)[경도선(線), 경도시(時), 경도풍(風); 지심경도(地心)], 경독(經讀;경문을 읽음), 경락(經絡)[716], 경략(經略;국가를 경영 통치함), 경량(經糧), 경력(經力;경문의 공력), 경력(經歷;겪어 지내온 일들)[경력담(談), 경력자(者), 경력평정(評定)], 경로(經路;과정. 길), 경론(經論), 경루(經漏;달거리 피가 그치지 아니하는 병), 경륜(經綸[717], 경리(經理;회계나 급여에 관한 사무), 경명행수(經明行修), 경문(經文;불경에 있는 글. 기도할 때 외는 글), 경법(經法), 경본(經本), 경부(經部), 경비(經費;어떤 일을 하는 데 드는 비용)[경비절감(節減); 소요경비(所要), 필요경비(必要)], 경사(經史), 경사(經師), 경사(經絲;날실), 경산부(經産婦), 경상(經常;항상)[718], 경서(經書), 경선(經線↔緯線), 경세(經世)[경세제민(濟民), 경세치용(致用)], 경소리, 경수(經水;月經), 경숙(經宿), 경술(經術), 경스승, 경악(經幄), 경안(經眼), 경야(經夜;밤을 지새움), 경연(經筵), 경영(經營)[719], 경용(經用), 경위(經緯)[720], 경유(經由)[721], 경장(經藏), 경쟁이, 경적(經籍), 경전(經典), 경전(經傳), 경제(經濟)[722], 경종(經宗), 경차(經差), 경천위지(經天緯地), 경탑(經塔), 경판/각(經板/閣), 경학(經學), 경행(經行), 경험(經驗)[723], 경훈(經訓), 경힘; 간경(刊經), 간경(看

---

710) 물겹것: 헝겊을 겹쳐 성기게 꿰매 지은 겹옷. 물겹저고리, 물겹바지 따위.

711) 겨우: ①매우 힘들여.≒가까스로. 근근이. 간신히. ¶겨우 이겼다. 겨우 명맥을 유지하다. ②넉넉하지 못하게 기껏해야.≒고작. 끽해야. 불과. ¶비는 겨우 먼지나 가라앉힐 정도로 내렸다. [+기대에 못 미침]. [←겹(다)+우].

712) 역겹다(逆): 역정이 나거나 속에 거슬리게 싫다. ¶생선 비린내가 역겹다. 내 말이 그렇게도 역겨우냐?

713) 철겹다: 제철에 뒤져서 맞지 않다. ¶철겨운 옷. 철겹게 오는 비.

714) 행셋경(行世): 행세를 올바르게 하지 못하는 사람에게 경을 치는 일.

715) 경과(經過): 시간이 지나감. 어떤 단계나 시기, 장소를 거침. 일이 되어 가는 과정. ¶시일의 경과. 수술 경과가 매우 좋다. 교섭 이후의 경과를 보고하다. 경과구(句), 경과규정(規定), 경과되다/하다, 경과법(法), 경과음(音), 경과이자(利子), 경과조치(措置;경과법); 뒷경과.

716) 경락(經絡): 한의학에서, 침을 놓거나 뜸을 뜨는 자리인 경혈(經穴)과 경혈을 연결한 선을 이름.

717) 경륜(經綸): 일정한 포부를 가지고 일을 조직적으로 계획함. 또는 그 계획이나 포부. 나라를 다스리는 일. 또는 그 방책. ¶높은 경륜의 소유자. 경륜을 쌓다. 경륜가(家); 만복경륜(滿腹;마음에 가득 찬 경륜).

718) 경상(經常): 늘 일정하여 변함이 없음.↔임시(臨時). ¶경상적 경비. 경상가격(價格), 경상거래(去來), 경상계정(計定), 경상보조금(補助金), 경상비(費), 경상세(稅), 경상손익(損益), 경상수입(收入), 경상수지(收支), 경상예산(豫算), 경상이익(利益), 경상재산세(財産稅), 경상적(的), 경상지출(支出;경상비).

719) 경영(經營): 기업이나 사업을 관리하고 운영함. 기초를 닦고 계획을 세워 어떤 일을 해 나감. ¶경영 능력. 소유와 경영을 분리하다. 국가의 경영. 경영계열화(系列化), 경영계획(計劃), 경영공학(工學), 경영관리(管理), 경영권(權), 경영난(難), 경영다각화(多角化), 경영분석(分析), 경영비(費), 경영비교(比較), 경영사(士), 경영성(性), 경영성적(成績), 경영자(者), 경영자본(資本), 경영전략(戰略), 경영조직(組織), 경영주(主), 경영지표(指標), 경영진(陣), 경영진단(診斷), 경영참가(參加), 경영층(層), 경영통계/학(統計/學), 경영학(學), 경영합리화(合理化), 경영형태(形態); 감량경영(減量), 다각경영(多角), 부실경영(不實), 위탁경영(委託), 조방경영(粗放), 집약경영(集約), 학급경영(學級).

720) 경위(經緯): 피륙의 날과 씨. '경위도, 경위선'의 준말. 일이 되어 온 경로나 결과. ¶고향을 떠나게 된 경위를 털어 놓다. 사건의 경위를 알아보다. 경위를 설명하다. 경위도(度), 경위서(書), 경위선(線), 경위의(儀); 천경지위(天經地緯;영원히 변하지 않을 떳떳한 위치).

721) 경유(經由): 거쳐서 지나감. ¶대전 경유 부산행. 경유지(地), 경유되다/하다.

722) 경제(經濟): 인간 생활의 유지·발전에 필요한 재화를 획득·이용하는 모든 활동. 절약(節約). ¶경제가(家), 경제가치(價値), 경제개발(開發), 경제개혁(改革), 경제객체(客體), 경제경찰(警察), 경제계(界), 경제계획(計劃), 경제공황(恐慌), 경제관(觀), 경제관념(觀念), 경제교서(敎書), 경제구조(構造), 경제권(圈), 경제권(權), 경제기구(機構), 경제난(難), 경제단위(單位), 경제도시(都市), 경제동맹(同盟), 경제동학(動學), 경제란(欄), 경제력(力), 경제림(林), 경제면(面), 경제모형(模型), 경제문제(問題), 경제민주화(民主化), 경제발전단계설(發展段階說), 경제백서(白書), 경제법(法), 경제법칙(法則), 경제변동(變動), 경제봉쇄(封鎖), 경제비(費), 경제사(史), 경제사관(史觀), 경제사범(事犯), 경제사상(思想), 경제사회(社會), 경제생활(生活), 경제성(性), 경제성장(成長), 경제속도(速度), 경제수역(水域), 경제순환(循環), 경제심리학(心理學), 경제예측(豫測), 경제외교(外交), 경제원조(援助), 경제원칙(原則), 경제인(人), 경제재(財), 경제적(的), 경제전(戰), 경제정책(政策), 경제정학(靜學), 경제제재(制裁), 경제조약(條約), 경제조직(組織), 경제조항(條項), 경제주의(主義), 경제주체(主體), 경제지수(指數), 경제지표(指標), 경제차관(借款), 경제철학(哲學), 경제체제(體制), 경제침투(浸透), 경제토대(土臺), 경제통계/학(統計/學), 경제통제(統制), 경제통합(統合), 경제투쟁(鬪爭), 경제특구(特區), 경제파동(波動), 경제평화(平和), 경제표(表), 경제학(學), 경제해부학(解剖學), 경제행위(行爲), 경제협력(協力), 경제협정(協定), 경제활동(活動); 가정경제(家庭), 가족경제(家族), 강제경제(强制), 개방경제(開放), 개별경제(個別), 거시경제(巨視), 거품경제, 계획경제(計劃), 고립경제(孤立), 공경제(公), 공공경제(公共), 공동경제(共同), 광역경제(廣域), 교환경제(交換), 국민경제(國民), 국제경제(經濟), 기업경제(企業), 나라경제, 단일경제(單一), 도시경제(都市), 동태경제(動態), 미시경제(微視), 블록경제(bloc), 사경제(私), 사회경제(社會), 소비경제(消費), 시장경제(市場), 신용경제(信用), 실물경제(實物), 영리경제(營利), 유통경제(流通), 이중경제(二重), 자본주의경제(資本主義), 자연경제(自然), 자유경제(自由), 자족경제(自足), 정태경제(靜態), 종합경제(綜合), 지하경제(地下), 통제경제(統制), 혼합경제(混合), 화폐경제(貨幣), 후생경제(厚生).

723) 경험(經驗): 자신이 실제로 해 보거나 겪어봄. 또는 거기서 얻은 지식이나 기능. ¶경험을 얻다. 풍부한 경험을 쌓다. 경험가(家), 경험개념(概念), 경험과학(科學), 경험급(給), 경험담(談), 경험론(論), 경험방(方), 경험아(我), 경험자(者), 경험적(的), 경험주의(主義), 경험착오(錯誤), 경험

經), 간경(肝經), 강경(講經), 결연경(結緣經), 고경(古經), 구경(九經), 관음경(觀音經), 금강경(金剛經), 기경(寄經), 단경(斷經), 대경(大經), 대승경(大乘經), 대장경(大藏經)/장경(藏經), 대집경(大集經), 도경(道經), 도경(圖經), 독경(讀經), 동경(東經), 명경(明經), 무경(武經), 무경계하다(無經界), 무량수경(無量壽經), 반야경(般若經), 법화경(法華經), 벽경(壁經), 봉헌경(奉獻經), 불경(佛經), 사경(四經), 사경(寫經), 사서삼경(四書三經), 상경(常經), 서경(西經), 서경(書經), 서경(署經), 설경(說經), 성경(聖經), 소경사(所經事), 소승경(小乘經), 송경(誦經), 수경(授經), 신경(信經), 신경(神經), 신경(腎經), 심경(心經), 아미타경, 시경(詩經), 아함경(阿含經), 안택경(安宅經), 역경(易經), 열반경(涅槃經), 염경(念經), 오경(五經), 옥추경(玉樞經), 용신경(龍神經), 용왕경(龍王經), 우이독경(牛耳讀經), 월경(月經), 위경(胃經), 위경(僞經), 유마경(維摩經), 재경(財經), 적경(赤經), 전경(典經), 정경(政經), 정경/대원(正經/大原), 조경(調經), 초경(初經), 축경(竺經), 통경(通經), 폐경(肺經;폐에 딸린 경락), 폐경기(閉經期), 풍경(諷經), 홍경(弘經), 화엄경(華嚴經), 황경(黃經), 황정경(黃庭經;도가의 경문), 횡경(橫經) 들.

경(鏡) 일부 명사나 한자어 어근 뒤에 붙어 '들여다보는 기구. 안경 · 거울. 본받다'의 뜻을 나타내는 말. ¶경가(鏡架), 경삼(鏡鑑), 경대(鏡臺), 경동(鏡胴), 경동(鏡銅), 경면(鏡面), 경면지(鏡面紙), 경상(鏡像), 경옥(鏡玉), 경중미인(鏡中美人), 경화수월(鏡花水月); 개화경(開化鏡;안경), 검경(檢鏡), 검안경(檢眼鏡), 경철경(鏡鐵鏡), 고려경(高麗鏡), 골반경(骨盤鏡), 관측경(觀測鏡), 괘경(掛鏡), 구강경(口腔鏡), 구도경(構圖鏡), 구면경(球面鏡), 근시경(近視鏡), 금경(金鏡), 기봉경(夔鳳鏡), 나전경(螺鈿鏡), 내시경(內視鏡), 노안경(老眼鏡;돋보기), 노인경(老人鏡), 당경(唐鏡), 대물경(對物鏡), 대안경(對眼鏡), 대원경(大圓鏡), 동경(銅鏡), 동범경(同范鏡), 만리경(萬里鏡), 만화경(萬華鏡), 망원경(望遠鏡)[724], 면경(面鏡), 명경(明鏡), 명경지수(明鏡止水), 반룡경(盤龍鏡), 반사경(反射鏡), 반투명경(半透明鏡), 방광경(膀胱鏡), 번리문경(蟠螭文鏡), 백경(白鏡), 보안경(保眼鏡), 복강경(腹腔鏡), 분광경(分光鏡), 비경(鼻鏡), 비소경(砒素), 빙경(氷鏡;얼음처럼 맑고 밝은 달), 사신경(四神鏡), 삼면경(三面鏡;프리즘), 색경(色鏡), 샐쭉경[725], 석경(石鏡), 선진경(先秦鏡), 송원경(宋元鏡), 수경(水鏡), 수색경(搜索鏡), 수중경(水中鏡), 수평경(水平鏡), 시준경(視準鏡), 식도경(食道鏡), 신수경(神獸鏡), 실체경(實體鏡), 심장경(心臟鏡), 안경(眼鏡), 야시경(夜視鏡), 양목경(養目鏡), 여경(女鏡), 연경(煙鏡), 오수경(烏水鏡), 옥경(玉鏡), 오목면경(面鏡), 왜상경(歪像鏡), 요경(凹鏡), 요도경(尿道鏡), 요면경(凹面鏡;오목거울), 요지경(瑤池鏡)[726], 운경(雲鏡), 원시경(遠視鏡), 원안경(遠眼鏡), 원주경(圓柱鏡), 이경(耳鏡), 일광경(日光鏡), 입체경(立體鏡), 자궁경(子宮鏡), 자기경(磁氣鏡), 잠망경(潛望鏡), 장경(粧鏡), 전세경(傳世鏡), 접물경(接物鏡), 접안경(接眼鏡), 정문경(精文鏡), 정백경(精白鏡), 정파리경(淨玻璃鏡), 조마경(照魔鏡), 조심경(照心鏡), 조요경(照妖鏡), 조준경(照準鏡), 주련경(柱聯鏡), 지혜경(知慧鏡), 직달경(直達鏡), 직장경(直腸鏡), 집광경(集光鏡), 창경(窓鏡), 천리경(千里鏡), 철면경(凸面鏡), 청백경(淸白鏡), 체경(體鏡), 추천경(鞦韆鏡), 측량경(測量鏡), 측시경(側視鏡), 측운경(測雲鏡), 측일경(測日鏡), 태양경(太陽鏡), 투시경(透視鏡), 파경(破鏡;거울이 깨짐. 離婚), 팔릉경(八稜鏡), 팔화경(八花鏡), 편광경(偏光鏡), 평경(平鏡;맞보기), 평면경(平面鏡), 포대경(砲臺鏡), 포물면경(抛物面鏡), 항문경(肛門鏡), 현미경(顯微鏡)[쌍안현미경(雙眼), 위상차현미경(位相差)], 호심경(護心鏡), 호주경(湖州鏡), 화상경(畵像鏡), 화장경(化粧鏡), 확대경(擴大鏡), 회광경(回光鏡), 회선경(回線鏡), 회전경(回轉鏡), 회중경(懷中鏡), 후두경(喉頭鏡), 후비경(喉鼻鏡) 들.

경(輕) '가볍다. 간단하다. 간편하다. 경솔하다. 깔보다'를 뜻하는 말.↔중(重). ¶경가극(輕歌劇), 경감(輕勘), 경감(輕減↔加重), 경거(輕擧), 경거망동(輕擧妄動), 경경하다(輕輕), 경계(輕繫), 경고사포(輕高射砲), 경공양(輕供養), 경공업(輕工業), 경과(輕科;가벼운 죄과), 경과실(輕過失), 경광물(輕鑛物), 경구비마(輕裘肥馬;귀인 출입시의 차림새), 경금속(輕金屬), 경기/병(輕騎/兵), 경기관총(輕機關銃), 경기구(輕氣球), 경기병(輕騎兵), 경낙(輕諾), 경난하다(輕暖), 경노동(輕勞動), 경도(輕度), 경동(輕動), 경량(輕量)[경량급(級), 경량품(品)], 경려(輕慮), 경론(輕論), 경망하다(輕妄), 경멸(輕蔑)[경멸감(感), 경멸하다], 경모하다(輕侮), 경묘하다(輕妙), 경무기(輕武器), 경무장(輕武裝), 경문학(輕文學), 경미하다(輕微), 경박(輕薄)[727], 경벌(輕罰), 경범/죄(輕犯/罪), 경범(輕帆), 경변(輕邊;싼 이자), 경보(輕寶), 경복(輕服), 경부하다(輕浮), 경분(輕粉), 경비(輕肥), 경비행기(輕飛行機), 경삼(輕衫), 경상(輕傷), 경석(輕石), 경선하다(輕先), 경세(輕稅), 경소(輕小), 경소(輕笑), 경속보(輕速步), 경솔하다(輕率;가볍다. 자발없다), 경송토(輕鬆土), 경쇄(輕鎖), 경수(輕水), 경수(輕囚), 경수(輕水), 경수(輕囚), 경수로(輕水爐), 경수소(輕水素), 경수필(輕隨筆), 경순양함(輕巡洋艦), 경순음(輕脣音), 경승용차(輕乘用車), 경시(輕視;깔봄), 경신(輕信), 경양식(輕洋食), 경역(輕役), 경연극(輕演劇), 경열(輕熱), 경예하다(輕銳), 경우(輕雨), 경운(輕雲), 경유(輕油), 경은(輕銀), 경음악(輕音樂), 경의(輕衣), 경이(輕易), 경입자(輕粒子), 경자동차(輕自動車), 경장(輕裝), 경장비마(輕裝肥馬), 경적(輕敵), 경적필패(輕敵必敗), 경전(輕箭), 경전기(輕電氣), 경전차(輕戰車), 경전철(輕電鐵), 경정(輕艇), 경정비(輕整備), 경조(輕燥)[경조토(土), 경조하다)], 경조부박(輕佻浮薄)/경박(輕薄), 경조하다(輕佻), 경조하다(輕躁), 경졸(輕卒), 경죄(輕罪), 경주(輕舟), 경중(輕重), 경증(輕症), 경진(輕震), 경책(輕責), 경철(輕鐵), 경첩하다(輕捷;가뿐하고 민첩하다), 경청하다(輕淸), 경체조(輕體操), 경치양토(輕埴壤土), 경쾌하다(輕快), 경쾌감(輕快感), 경탈하다(輕脫), 경토(輕土), 경통증(經痛症), 경편하다(輕便), 경포(輕砲),

---

철학(哲學), 경험판단(判斷), 경험하다(겪다. 밟다. 배우다), 경험학습(學習); 간접경험(間接), 내경험(內;주관적인 경험), 미경험(未), 산경험, 순수경험(純粹), 완전경험(完全), 외경험(外), 직접경험(直接), 학습경험(學習).

724) 망원경(望遠鏡): 굴절망원경(屈折), 반사망원경(反射), 사진망원경(寫眞), 우주선망원경(宇宙船), 천체망원경(天體), 탑망원경(塔).

725) 샐쭉경(鏡): 길둥글게 생긴 안경.

726) 요지경(瑤池鏡): 상자 앞면에 확대경을 달고, 그 안에 여러 가지 그림을 넣어 들여다보게 만든 장치.

727) 경박(輕薄): 사람됨이 진중하지 못하고 가벼움. ¶경박성(性), 경박스럽다, 경박아(兒), 경박자(子), 경박재자(才子), 경박하다(가볍다. 경솔하다).

경폭격기(輕爆擊機), 경풍(輕風), 경하(輕霞), 경하다, 경한(輕汗), 경한(輕寒), 경합금(輕合金), 경항공기(輕航空機), 경협(輕俠), 경형(輕刑), 경홀하다(輕忽), 경화기(輕火器), 경화물(輕貨物), 경환/자(輕患/者), 경회(輕灰), 경회유(輕灰釉), 경흘수(輕吃水); 감경(減輕), 부경(浮輕), 언경하다(言輕), 표경(剽輕;재빠름. 경솔함. 거칠고 경박함) 들.

경(境) 땅의 경계. 형편. 처지. ¶빈사의 경에 이르다. 경계(境界)[728], 경내(境內), 경상참(境上斬), 경애(境涯), 경역(境域), 경외(境外), 경우(境遇)[729], 경지(境地)[신경지(新)], 경토(境土); 가경(佳境), 강경(彊境), 고경(苦境), 고독경(孤獨境), 곡경(曲境), 곤경(困境), 국경(國境), 군경(窘境), 궁경(窮境), 근경(近境), 급경(急境;위험한 처지), 낙경(樂境), 난경(難境), 노경(老境), 단경(端境), 도원경(桃源境), 도취경(陶醉境), 마경(魔境), 만경(晩境;늙바탕), 말경(末境), 명경(冥境), 모경(暮境;늙바탕), 몽환경(夢幻境), 묘경(妙境), 무아경(無我境), 무인지경(無人之境), 미경(美境), 미경(迷境), 방경(邦境), 범경(凡境), 범경(梵境), 벽경(僻境), 변경(邊境), 봉경(封境), 분경(分境), 비경(秘境), 비경(悲境), 사경(四境), 사경(死境;죽을 지경), 생사경(生死境), 선경(仙境), 쇠경(衰境;늙바탕), 순경(順境), 시경(詩境), 신비경(神秘境), 심경(心境), 심경(深境), 안락경(安樂境), 역경(逆境), 연경(連境), 영경(靈境), 우경학(優境學), 위경(危境), 월경(越境), 유경(幽境), 이경(異境), 인경(隣境), 적경(敵境), 절대경(絶對境), 점입가경(漸入佳境), 접경(接境), 조경(潮境), 종경(終境), 주경(州境), 지경(地境), 진경(眞境), 진경(進境), 진경(塵境), 출경하다/당하다/시키다(出境), 침경(侵境), 퇴경(退境), 화경(畵境), 환경(環境), 황홀경(恍惚境) 들.

경(景) '볕. 빛. 경치. 크다. 우러러보다'를 뜻하는 말. ¶경개(景槪), 경관(景觀)[도시경관(都市), 문화경관(文化), 자연경관(自然)], 경광(景光), 경기(景氣)[730], 경모(景慕), 경문(景門), 경물/시(景物/詩), 경복(景福), 경색(景色), 경성(景星), 경승/지(景勝/地), 경앙(景仰), 경인본(景印本), 경처(景處), 경치(景致)[밤경치], 경품/권(景品/券), 경풍(景風;마파람), 경황(景況;흥미를 느낄 만한 겨를이나 형편/없다; 가경(佳景), 광경(光景), 근경(近景), 만경(晩景), 모경(暮景), 무한경(無限景), 미경(美景), 배경(背景)[배경묘사(描寫), 배경음악(音樂); 무대배경(舞臺)], 산경(山景), 서경(敍景), 석경(夕景), 설경(雪景), 소경(小景), 숙경(淑景), 승경(勝景), 식후경(食後景), 실경(實景), 야경(夜景), 야경(野景), 연경(煙景), 우경(雨景), 원경/법(遠景/法), 유경(流景), 전경(全景), 전경(前景), 절경(絶景), 점경(點景)[점경인물(人物), 점경하다], 정경(情景), 조감경(鳥瞰景), 조경(造景), 즉경(卽景), 진경(珍景), 진경(眞景), 참경(慘景), 추경(秋景), 춘경(春景), 팔경(八景), 풍경(風景), 하경(夏景), 호경(好景), 화경(華景;음력 2월), 후경(後景) 들.

경(硬) '굳다. 단단하다. 딱딱하다. 익숙하지 아니하다'를 뜻하는 말.↔연(軟). ¶경강(硬鋼), 경결(硬結), 경고(硬膏), 경골(硬骨)[경골어류(魚類), 경골한(漢)], 경교육(硬敎育), 경구(硬球), 경구개/음(硬口蓋/音), 경구충(硬口蟲), 경뇌막(硬腦膜)/경막(硬膜), 경단백질(硬蛋白質), 경도/계(硬度/計), 경랍(硬鑞), 경론(硬論), 경린(硬鱗;굳비늘), 경망간석(硬Mangan石), 경맥(硬脈), 경모음(硬母音), 경문학(硬文學), 경변(硬便), 경변증(硬變症), 경변화(硬變化), 경사암(硬沙巖), 경색(哽塞), 경석(硬石), 경석(硬席), 경석고(硬石膏), 경성(硬性), 경성분(硬成分), 경수(硬水), 경식(硬式), 경실(硬實), 경엑스선(硬X線), 경연(硬軟), 경연(硬鉛), 경열(硬咽), 경염(硬鹽), 경옥(硬玉), 경음(硬音), 경자성(硬磁性), 경재(硬材), 경조(硬調), 경직/되다/하다(硬直;부드럽다), 경질(硬質)[경질도기(陶器), 경질유리, 경질자기(磁器)], 경채(硬彩), 경초전도체(硬超傳導體), 경탄(硬炭), 경파(硬派), 경피(硬皮), 경필(硬筆), 경화(硬化)[731], 경화(硬貨), 경헌법(硬憲法); 견경하다(堅硬), 생경하다(生硬), 수경(瘦硬/勁), 수경성(水硬性), 수경증(手硬症) 들.

경(京) ①'서울'을 뜻하는 말. ¶경각사(京各司), 경각사(京各寺), 경강/상인(京江/商人), 경과(京果), 경과(京科), 경관(京官), 경교(京校), 경군(京軍), 경궐(京闕), 경극(京劇), 경기도(京畿道), 경답(京畓), 경도(京都), 경락(京洛), 경본(京本), 경부(京府), 경부선(京釜線), 경사(京司), 경사(京師), 경산(京山), 경성(京城), 경소(京所), 경시(京試), 경신(京信), 경아리[732], 경영(京營), 경외(京外), 경인(京人), 경인(京仁), 경인답(京人畓), 경인전(京人田)/경전(京田), 경조/치(京造), 경조(京兆), 경조(京調), 경종(京種), 경중(京中), 경지(京址), 경직(京職), 경창(京倉), 경창(京唱), 경통사(京通事), 경판(京板), 경향(京鄕), 경호(京湖), 경화(京華); 귀경(歸京), 동경(東京), 상경(上京), 서경(西京), 옥경(玉京)[백옥경(白)], 유경(留京), 이경(離京), 입경(入京), 재경(在京), 주경(駐京), 체경(滯京), 출경(出京), 퇴경(退京). ②조(兆)의 만 곱절. 해(垓)의 만 분의 일.

경(敬) '섬기다. 삼가 예를 표시하다'를 뜻하는 말. ¶경건(敬虔)[경건주의(主義), 경건하다], 경계(敬啓;삼가 말씀드립니다), 경구(敬具;삼가 아룁니다), 경근(敬謹), 경대(敬待), 경례(敬禮)[거수경례(擧手)], 경로(敬老)[경로당(堂), 경로회(會)], 경명(敬命;삼가 공경함), 경모(敬慕;敬仰), 경배(敬拜), 경백(敬白;공경하여 사뢺), 경복(敬服;존경하여 복종함), 경복(敬復/覆;공경하여 답장하다), 경신(敬信), 경신(敬神), 경신숭조(敬神崇祖), 경앙(敬仰;존경하여 우러러봄), 경애(敬愛), 경어(敬語), 경외(敬畏;공경하면서 두려워함)[경외심(心), 경외하다], 경의(敬意;존경의 뜻), 경이원지(敬而遠之)/경원(敬遠)[733], 경정(敬呈), 경조(敬弔), 경중(敬重;존중하고 중히 여김), 경천(敬天)[경천근민(勤民), 경천애인(愛人)], 경청(敬

728) 경계(境界): 사물이 어떠한 기준에 의하여 분간되는 한계. 지역이 구분되는 한계. ¶경곗값, 경곗돌, 경계등(燈), 경계마찰(摩擦), 경계변경(變更), 경계분쟁(紛爭), 경계사정(査定), 경계석(石), 경계선(線), 경계인(人), 경계인수(因數), 경계점(點), 경계측량(測量), 경계층(層), 경계표(標); 삼림경계(森林), 인위적경계(人爲的), 이면경계(裏面).

729) 경우(境遇): 놓이게 되는 조건이나 때. 놓여 있는 사정이나 형편.≒때. 상황. 처지(處地). ¶그는 경우가 밝은 사람이다. 경우에 따라서는 가야 한다. 그의 경우는 우리와 전혀 다르다.

730) 경기(景氣): 매매나 거래에 나타나는 호황(好況). ¶경기변동(變動), 경기상승(上昇), 경기순환(循環), 경기예측(豫測), 경기정책(政策), 경기조정(調整), 경기지수(指數), 경기통계(統計), 경기하강(下降); 가격경기(價格), 건설경기(建設), 과열경기(過熱), 군수경기(軍需), 불경기(不), 수량경기(數量), 중간경기(中間), 증권경기(證券), 호경기(好).

731) 경화(硬化): 경화고무, 경화병(病), 경화유(油), 경화증(症); 간경화(肝).

732) 경아리(京): 서울 사람을 약고 간사하다 하여 이르는 말.

733) 경원(敬遠): ①겉으로는 공경하는 체하면서 가까이하지는 아니함. ¶감독관을 경원하다. ②꺼리어 멀리함. ¶서로 경원하는 사이.

請), 경청(敬聽), 경칭(敬稱), 경탄(敬歎;우러러 탄복함), 경하(敬賀;공경하여 축하함); 공경하다(恭敬), 독경(篤敬), 불경(不敬)[불경심(心), 불경스럽다/하다], 상경(相敬), 숙경(肅敬), 숭경(崇敬), 예경(禮敬), 외경(畏敬), 자경(自敬), 존경(尊敬), 충경(忠敬), 치경(致敬), 효경(孝敬) 들.

경(耕) '논밭을 갈다. 농사 이외의 일을 하여 생계를 꾸리다'를 뜻하는 말. ¶경가(耕稼), 경간(耕墾), 경농(耕農), 경당문노(耕當問奴), 경독(耕讀), 경마(耕馬), 경목(耕牧), 경식(耕食), 경우(耕牛), 경운기(耕耘機), 경작(耕作)[734], 경전(耕田), 경종/농업(耕種/農業), 경지(耕地)[경지면적(面積), 경지이용률(利用率), 경지정리(整理), 경지지구(地區)], 경직(耕織), 경토(耕土); 간년경(間年耕), 귀경(歸耕), 근경(根耕;그루갈이), 기경(起耕), 농경(農耕), 누경(耨耕), 마경(馬耕), 모경(冒耕), 미경지(未耕地), 번경(反耕), 사경(私耕), 사경(沙耕), 설경(舌耕), 소경(疎耕), 수경/법(水耕/法), 식경(息耕), 심경(深耕), 우경(牛耕), 원경(園耕), 임농탈경(臨農奪耕), 재경(再耕;두벌갈이, 주경야독(晝耕夜讀), 중경(中耕;사이갈이), 청경우독(晴耕雨讀), 초경(初耕), 추경(秋耕), 춘경(春耕), 침경(侵耕), 퇴경(退耕), 필경(筆耕), 하경(夏耕), 할경(割耕), 화경(火耕), 휴경(休耕) 들.

경(莖) '식물의 줄기. 대'를 뜻하는 말. ¶경엽식물(莖葉植物), 경채류(莖菜類); 괴경(塊莖), 구경(球莖), 근경(根莖), 기경(氣莖), 남경(男莖), 마경(麻莖;삼대), 만경(蔓莖), 만연경(蔓延莖), 목본경(木本莖), 무경(無莖), 반연경(攀緣莖), 변태경(變態莖), 상승경(上昇莖), 섬경(纖莖), 세경(細莖), 소경(小莖), 소경(蘇莖/梗), 수중경/수경(水中莖), 신경(腎莖), 양경(陽莖), 연반경(緣攀莖), 엽상경(葉狀莖), 옥경(玉莖), 음경(陰莖;자지), 인경(鱗莖), 장경(漿莖), 전요경(纏繞莖;감는줄기), 지경(地莖), 지경(枝莖), 지상경(地上莖), 지하경(地下莖;땅속줄기), 직경(直莖), 직립경(直立莖;곧은줄기), 초경(草莖), 초본경(草本莖), 치경(齒莖;잇몸), 포경(包莖;우멍거지), 포복경(匍匐莖;기는줄기), 화경(花莖) 들.

경(警) '경계하다. 주의하다. 깨닫다 · 깨우치다'를 뜻하는 말. ¶경각(警覺;경계하여 각성시킴)[경각성(性), 경각심(心)], 경감(警監), 경계(警戒)[735], 경고(警告)[736], 경구[737]/법(警句/法), 경급(警急), 경동(警動), 경라(警邏;순시하며 경계함), 경리(警吏), 경몽(警蒙), 경무(警務), 경무호(警霧號)[738], 경민/가(警民/歌;백성을 깨우치는 노래), 경발(警拔;뛰어나게 총명함. 문장이나 착상 따위가 기발함), 경방(警防), 경보(警報)[739], 경비(警備)[740], 경성(警省;깨달아 반성함), 경성(警醒;정신을 차려 그릇된 행동을 하지 않도록 타일러 깨닫게 함), 경세(警世;세상 사람들을 경계하여 깨우침), 경시종(警時鐘), 경위(경계하고 지킴)/병(警衛/兵), 경장(警長), 경적(警笛;위험을 알리는 고동), 경정(警正), 경종(警鐘), 경중(警衆), 경찰(警察)[741], 경책(警責;정신을 차리도록 꾸짖음), 경책(警策)[742], 경포(警砲), 경표(警標), 경필(警蹕), 경해(警駭;인기척으로 내는 기침), 경호(警號), 경호(警護); 군경(軍警), 기경하다(奇警), 기경하다(機警), 논경(論警), 민경(民警), 순경(巡警), 야경(夜警), 여경(女警), 자경/단(自警/團), 잠경(箴警), 해경(海警) 들.

경(徑) '지름. 지름길. 곧바로'를 뜻하는 말. ¶경간(徑間;기둥과 기둥 사이), 경간구조(徑間構造), 경로(徑路;지름길. 오솔길), 경륜(徑輪), 경선(徑線), 경정직행(徑情直行;곧이곧대로 행함), 경체(徑遞), 경행(徑行); 곡경(曲徑), 구경(口徑), 나경(羅徑;덩굴이 무성한 좁은 길), 내경(內徑), 단경(短徑), 동경(動徑), 반경(半徑;반지름)[유감반경(有感), 행동반경(行動)], 반계곡경(盤溪曲徑), 사경(私徑), 사경(斜徑;비탈길), 석경(石徑/逕), 설경(雪徑), 세경(細徑), 외경(外徑), 원경(圓徑), 장경(長徑), 직경(直徑;지름), 첩경(捷徑), 초경(草徑), 측경기(測徑器;캘리퍼스), 태경(苔徑), 포경(砲徑), 험경(險徑) 들.

경(傾) '기울다 · 기울이다. 위태롭다'를 뜻하는 말. ¶경가파산(傾家破産), 경각(傾角;기울기를 나타내는 각), 경갈(傾渴;머리를 기울여 지혜를 짜냄), 경개(傾蓋;우연히 한 번 보고 서로 친해짐), 경개여구(傾蓋如舊), 경국(傾國;나라를 위태롭게 함), 경국지색(傾國之色;美人), 경균도름(傾囷倒廩)/경도(傾倒), 경도(傾度;기울기의 정도)[경도계(計), 경도되다/하다; 기압경도(氣壓)], 경도(傾倒)[743], 경동(傾動)[경동성(性), 경동지괴(地塊)], 경명(傾命;늙고

734) 경작(耕作): 땅을 갈아서 농사를 지음. ¶경작공동체(共同體), 경작권(權), 경작되다/하다, 경작면적(面積), 경작물(物), 경작자(者), 경작제도(制度), 경작지(地), 경작하다(가꾸다. 짓다. 일구다), 경작한계지(限界地); 계단경작(階段), 단일경작/단작(單一).

735) 경계(警戒): 뜻밖의 사고가 생기지 않도록 조심하여 단속함. 옳지 않은 일이나 잘못된 일들을 하지 않도록 타일러서 주의하게 함. 침입을 막기 위하여 주변을 살피면서 지킴. ¶경계의 눈초리로 지켜보다. 경계 근무를 서다. 경계경보(警報), 경계관제(管制), 경계기(機), 경계망(網), 경계병(兵), 경계부대(部隊), 경계빛, 경계색(色), 경계선(線), 경계수위(水位), 경계심(心), 경계초소(哨所), 경계표지(標識); 비상경계(非常).

736) 경고(警告): 조심하거나 삼가도록 미리 주의를 줌. 운동 경기나 조직 생활에서 규칙이나 규범을 어겼을 때 주는 벌칙의 하나. ¶불법 어로 행위를 다스린다는 경고가 적혀 있다. 경고를 받다. 경고문(文), 경고공역(空域), 경고반응(反應), 경고사격(射擊), 경고선량(線量), 경고승(勝), 경고신호(信號), 경고장(狀), 경고하다.

737) 경구(警句): 삶에 대한 느낌이나 생각을 간결하게 표현한 구.

738) 경무호(警霧號): 바다 위에 안개가 짙을 때, 자기 배의 위치를 알리기 위하여 울리는 음향 신호.

739) 경보(警報): 경보기(器); 경계경보(警戒), 공습경보(空襲), 기상경보(氣象), 비상경보(非常), 주의경보(注意), 파랑경보(波浪), 폭풍경보(暴風), 호우경보(豪雨), 홍수경보(洪水), 화재경보(火災), 화재위험경보(火災危險).

740) 경비(警備): 만일에 대비하여 경계하고 지킴. ¶해안을 경비하다. 경비계엄(戒嚴), 경비기지(基地), 경비대(隊), 경비망(網), 경비병(兵), 경비선(船), 경비선(線), 경비소집(召集), 경비실(室), 경비원(員), 경비정(艇), 경비진(陣), 경비하다, 경비함(警備艦); 과잉경비(過剩).

741) 경찰(警察): 경계를 살핌. 국가 사회의 공공질서와 안녕을 보장하고 국민의 안전과 재산을 보호하는 일. 또는 그 일을 하는 조직. ¶경찰에 신고하다. 경찰강제(强制), 경찰견(犬), 경찰공무원/법(公務員/法), 경찰관(官), 경찰국가(國家), 경찰권(權), 경찰기관(機關), 경찰긴급권(緊急權), 경찰력(力), 경찰벌(罰), 경찰범(犯), 경찰법규(法規), 경찰복(服), 경찰봉(棒), 경찰서(署), 경찰소추(訴追), 경찰의무(義務), 경찰차(車), 경찰처분(處分), 경찰청(廳), 경찰통치(統治), 경찰행정(行政), 경찰허가(許可); 경제경찰(經濟), 관세경찰(關稅), 교통경찰(交通), 군사경찰(軍事), 법정경찰(法廷), 보건경찰(保健), 보안경찰(保安), 보통경찰(普通), 비밀경찰(秘密), 사법경찰(司法), 수상경찰(水上), 예방경찰(豫防), 위생경찰(衛生), 의무경찰(義務), 이동경찰(移動), 전투경찰(戰鬪), 정치경찰(政治), 철도경찰(鐵道), 청원경찰(請願), 치안경찰(治安), 풍속경찰(風俗), 해상경찰(海上), 해양경찰(海洋), 행정경찰(行政).

742) 경책(警策): 대나무나 갈대로 만든 납작하고 긴 막대기. 좌선(坐禪)할 때에, 주의가 산만하거나 조는 사람을 막대기로 침.

쇠약해진 목숨), 경모(傾慕;우러러 그리워함), 경복(傾覆;나라나 집안이 결딴나서 망하는 일), 경사(傾斜)[744], 경사(傾瀉), 경성(傾性), 경심(傾心;배 따위의 기울기의 중심), 경주하다(傾注;정신이나 기운을 한곳에만 기울이다), 경차(傾差), 경청하다(傾聽), 경측(傾仄), 경퇴(傾頹), 경향(傾向)[745]; 사경(斜傾), 우경/화(右傾/化), 좌경/화(左傾/化), 편경(偏傾) 들.

경(慶) '축하할 만한 좋은 일. 즐거워하다. 복. 행복'을 뜻하는 말. ¶경과(慶科), 경복(慶福), 경사(慶事)[경사굿, 경사롭다, 경사스럽다; 겹경사], 경서(慶瑞), 경연(慶宴;경사스러운 잔치), 경연(慶筵;경사스러운 잔치를 벌인 자리), 경일(慶日), 경전(慶典), 경절(慶節), 경조(慶弔;경사스러운 일과 불행한 일), 경조(慶兆;경사가 있을 징조), 경조상문(慶弔相問), 경축(慶祝)[경축일(日), 경축하다], 경하(慶賀;경사스러운 일을 축하함), 경행(慶幸;경사스럽고 다행한 일), 경희(慶喜;경사스럽게 여기어 기뻐함); 가경(嘉慶), 구경(具/俱慶), 국경일(國慶日), 길경(吉慶), 농와지경(弄瓦之慶), 농장지경(弄璋之慶), 대경(大慶), 동경(同慶), 방경(邦慶), 상경(祥慶), 앙경(殃慶), 애경(哀慶), 여경(餘慶), 적경(積慶), 칭경(稱慶), 합경(合慶), 희경(喜慶) 들.

경(驚) '놀라다. 경련을 일으키는 병'을 뜻하는 말. ¶경간(驚癎), 경겁(驚怯), 경계(驚悸;잘 놀라는 증세), 경구(驚懼), 경기(驚起), 경기(驚氣), 경도(驚倒), 경동(驚動), 경삼(驚蔘;옮겨 심어서 기른 산삼), 경아(驚訝;놀라고 의아하게 여김), 경악(驚愕;깜짝 놀람)[경악반응(反應), 경악스럽다/하다], 경이(驚異)[경이감(感), 경이롭다, 경이적(的)], 경인구/경구(驚人句), 경천동지(驚天動地), 경칩(驚蟄), 경탄(驚歎), 경풍(驚風), 경해(驚駭), 경혈(驚血), 경혹(驚惑), 경황(驚惶), 경황망조(驚惶罔措), 경희(驚喜), 경희작약(驚喜雀躍); 가경(可驚), 끽경(喫驚), 대경(大驚), 물경(勿驚), 태경간풍(胎驚癎風), 허경(虛驚) 들.

경(競) '다투다. 겨루다'를 뜻하는 말. ¶경견(競犬), 경기(競技)[746], 경기(競起;앞을 다투어 일어남), 경락(競落)[747], 경륜(競輪), 경마(競馬)[경마잡이, 경마장(場)], 경매(競買), 경매(競賣)[748], 경보(競步;걸어서 빠르기를 겨루는 육상 경기), 경분(競奔;앞을 다투어 뛰어감), 경사(競射), 경업(競業), 경업금지(競業禁止), 경연(競演)[749], 경염(競艶), 경영(競泳), 경음(競飮;음료를 많이 마시기를 겨룸), 경쟁(競爭)[750], 경전(競田), 경전(競傳;서로 다투어 전함), 경정(競艇), 경조(競漕), 경주(競舟), 경주(競走)[751], 경진/회(競進/會), 경합(競合)[경합범(犯); 법조경합(法條)]; 분경(奔競), 분경(粉競) 들.

경(更) '고치다. 바꾸다. 시각(時刻)'을 뜻하는 말. ¶경개(更改), 경고(更鼓), 경루(更漏;물시계), 경시(更始;고치어 다시 시작함), 경신(更新), 경장(更張)[752], 경점(更點), 경정(更正)[경정결정(決定), 경정등기(登記), 경정예산(豫算)], 경정(更定), 경정(更訂;고침), 경질(更迭;바꿈); 고경(告更;시간을 알림), 변경(變更), 사경(四更), 삼경(三更;밤 12시), 순경/꾼(巡更), 심경(深更), 오경(五更), 이경(二更), 잔경(殘更;날이 샐 무렵), 졸경(卒更;밤새 잠을 이루지 못하는 괴로움), 좌경(坐更), 초경(初更). ☞ 갱(更).

경(頃) ①'잠깐. 요즈음'을 뜻하는 말. ¶경각(頃刻;아주 짧은 시간), 경년(頃年;近年), 경보(頃步;반걸음), 경자(頃者;지난번), 경일(頃日;지난번); 간경(間頃;이마적), 과경에(過頃;아까), 소경(少頃), 아경에(俄頃), 월경(月頃;한 달 가량). ②밭 넓이를 세는 단위(이랑). ¶경묘(頃畝), 경전(頃田); 만경(萬頃), 만경창파(萬頃蒼波). ③시간·날짜 따위를 나타내는 일부 명사나 한자어 어근 뒤에 붙어 '께·쯤·무렵'의 뜻을 나타내는 말. ¶식경(食頃), 하시경(何時頃), 12월경/ 초순경/ 정오경/ 중순경/ 시월경, 5세기경.

경(梗) '대개. 대강. 도라지. 통하지 아니하다·막히다'를 뜻하는 말. ¶경개(梗槪), 경색(梗塞)[심근경색(心筋), 융자경색(融資)]; 길경(桔梗;도라지), 무경(無梗;꽃가루가 없음), 생경(生梗;두 사람 사이에 화목하지 못한 일이 생김), 작경(作梗), 화경(花梗;꽃자루) 들.

경(勁) '굳세다. 힘·의지가 강하다'를 뜻하는 말. ¶경건(勁健;굳세고 건장함. 필력이 매우 힘참), 경노(勁弩;강한 쇠뇌), 경송(勁松),

---

743) 경도(傾倒): ①기울어 넘어짐. ②어떤 일에 열중하여 온 정신을 쏟음. 또는 어떤 인물이나 사상 따위에 마음을 기울여 열중함. ¶사르트르의 실존주의에 경도하다. 불교 철학에 경도하다.

744) 경사(傾斜): 비스듬히 기울어짐. 지층면과 수평면이 어떤 각도를 이룸. ¶경사가 심하다. 경사각(角), 경사계(計), 경사관세(關稅), 경사굴착(掘鑿), 경사궤도(軌道), 경사단층(斷層), 경사도(度), 경사로(路), 경사류(流), 경사면(面), 경사생산(生産), 경사습곡(褶曲), 경사의(儀), 경사지(地), 경사지다(기울다. 비탈지다), 경사칭(秤), 경사판(板); 급경사(急).

745) 경향(傾向): 현상이나 사상, 행동 따위가 어떤 방향으로 기울어짐. 일정한 자극에 대하여 일정한 반응을 보이는 유기체의 소질(素質). ¶새로운 경향. 형식주의의 경향에서 탈피하다. 경향극(劇), 경향문학(文學), 경향범(犯), 경향소설(小說), 경향영화(映畵), 경향적(的), 경향파(派); 결정경향(決定), 신경향/파(新-派).

746) 경기(競技): 경기장(場), 경기종목(種目); 개인경기(個人), 계주경기(繼走), 교환경기(交歡), 구기경기(球技), 근대오종경기(近代五種), 기록경기(記錄), 단식경기(單式), 단체경기(團體), 도약경기(跳躍), 몰수경기(沒收), 복식경기(複式), 본선경기(本選), 빙상경기(氷上), 사격경기(射擊), 속도경기(速度), 수상경기(水上), 수영경기(水泳), 시범경기(示範), 예선경기(豫選), 올림픽경기(Olympic), 운동경기(運動), 육상경기(陸上), 친선경기(親善), 투척경기(投擲;던지기), 트랙경기(track), 필드경기(field), 혼성경기(混成), 혼합경기(混合), 활강경기(滑降).

747) 경락(競落): 경매(競賣)에 이겨서, 그 목적물인 동산이나 부동산의 소유권을 차지하는 일. ¶경락가격(價格), 경락물(物), 경락인(人).

748) 경매(競賣): 사려는 사람이 많을 경우, 그들을 서로 경쟁시켜 가장 비싸게 사겠다는 사람에게 물건을 파는 일. ¶경매기간(期間), 경매되다/하다, 경매물(物), 경매법(法), 경매시장(市場), 경매신청(申請), 경매위임자(委任者), 경매인(人), 경매장(場), 경매조건(條件), 경매조서(調書), 경매취소권(取消權); 강제경매(强制), 재경매(再).

749) 경연(競演): 개인이나 단체가 모여서 연기나 기능 따위를 겨룸. ¶무용 경연 대회.

750) 경쟁(競爭): 서로 앞서거나 이기려고 다툼. ¶경쟁이 심하다. 경쟁가격(價格), 경쟁값, 경쟁계약(契約), 경쟁국(國), 경쟁력(力), 경쟁률(率), 경쟁매매(賣買), 경쟁사(社), 경쟁시험(試驗), 경쟁심(心), 경쟁의식(意識), 경쟁입찰(入札), 경쟁자(者), 경쟁적(的), 경쟁하다(다투다. 견주다); 가격경쟁(價格), 공개경쟁(公開), 과당경쟁(過當;지나친 경쟁), 과열경쟁(過熱), 독점적경쟁(獨占的), 무경쟁(無), 무한경쟁(無限), 부정경쟁(不正), 불완전경쟁(不完全), 생존경쟁(生存), 순수경쟁(純粹), 완전경쟁(完全), 우주경쟁(宇宙), 자유경쟁(自由), 출혈경쟁(出血).

751) 경주(競走): 경주경기(競技), 경주로(路), 경주마(馬), 경주선(線), 경주하다; 단거리경주(短距離), 도보경주(徒步), 마라톤경주(marathon), 역전경주(驛傳), 장거리경주(長距離), 장애물경주(障碍物).

752) 경장(更張): 거문고 끈을 고쳐 팽팽하게 맨다는 뜻으로, ①사물이 해이(解弛)된 것을 고치어 긴장하게 만듦. ②정치적·사회적으로 낡은 제도를 고쳐 새롭게 함. ¶경장하다; 갑오경장(甲午).

경적(勁/勍敵), 경전(勁箭), 경직(勁/梗直), 경첩(勁捷;굳세고 날램), 경초(勁草;절조가 굳은 사람), 경풍(勁風), 경필(勁筆;힘찬 글씨), 경한(勁悍;굳세고 사나움); 강경(剛勁), 강경(强勁/硬), 건경(健勁), 수경(瘦勁/硬), 염경(廉勁), 주경(遒勁), 후경(後勁) 들.

경(鯨) '고래'를 뜻하는 말. ¶경골(鯨骨), 경뇌유(鯨腦油), 경도(鯨濤;바다의 큰 물결), 경랍(鯨蠟), 경랑(鯨浪), 경선(鯨船), 경수(鯨鬚), 경유(鯨油), 경육(鯨肉), 경음(鯨飮;술을 많이 마심), 경좌(鯨座;고래자리), 경척(鯨尺), 경파(鯨波), 경형(鯨/黥刑); 포경/선(捕鯨/船) 들.

경(卿) 벼슬. 임금이 신하를 부르는 말. ¶경등(卿等), 경사대부(卿士大夫), 경상(卿相), 경자(卿子;남을 높이어 부르는 2인칭 대명사), 경재(卿宰); 공경/대부(公卿/大夫), 아경(亞卿), 중경(重卿), 추기경(樞機卿) 들.

경(頸) '목'을 뜻하는 말. ¶경골(頸骨), 경근(頸筋), 경동맥(頸動脈), 경련(頸聯), 경부(頸部), 경선(頸腺), 경수(頸髓), 경식(頸飾), 경위(頸圍), 경정맥(頸靜脈), 경추(頸椎); 문경(刎頸), 문경지교(刎頸之交), 사경(斜頸), 전경(前頸), 후경(後頸) 들.

경(磬) 옥돌로 만들어 달아, 뿔망치로 쳐 소리를 내는 아악기. ¶경돌, 경석(磬石), 경쇠; 돌경, 석경(石磬;돌경), 종경(鐘磬), 특경(特磬), 편경(編磬), 풍경(風磬)[풍경소리, 풍경치다(자주 드나들다); 쇠풍경(워낭)], 현경(懸磬) 들.

경(逕) '길[노(路)]'을 뜻하는 말. ¶산경(山徑), 석경(石逕/徑), 소경(小逕;좁은 길), 정경(正逕), 조경(鳥逕;좁은 길), 초경(樵逕;나뭇길) 들.

경(痙) '심술이 당기다. 경련을 일으키다'를 뜻하는 말. ¶경련(痙攣)[강직성경련(强直性), 비장근경련(腓腸筋), 위경련(胃)]; 교경(咬痙), 서경(書痙), 진경/제(鎭痙/劑) 들.

경(瓊) '아름다운 옥(玉)'을 뜻하는 말. ¶경단(瓊團)[753], 경루(瓊樓;궁궐. 아름답게 지은 높은 전각), 경옥(瓊玉;아름다운 구슬), 경음(瓊音) 들.

경(涇) '흐르다. 통하다'를 뜻하는 말. ¶경위(涇渭)[754][몰경위(沒), 무경위하다(無), 잔경위(아주 작은 일도 분명히 함)] 들.

경(黥) 도둑을 징계하던 형벌의 하나인 묵형(墨刑). 호된 벌이나 꾸지람. ¶경치다(혹독하게 벌을 받다), 경칠수(數)[755], 경형(黥刑)[756]; 주리경[757].

경(骾) '가시가 목에 걸리다. 기골이 차다'를 뜻하는 말. ¶골경(骨骾/鯁; 짐승의 뼈와 물고기의 가시. 꼿꼿한 신하. 강직한 사람).

경(庚) 십간(十干)의 일곱째. ¶경방(庚方), 경시(庚時), 경열(庚熱), 경염(庚炎); 동경(同庚;同甲) 들.

경(耿) '빛. 빛나다'를 뜻하는 말. ¶경개(耿介;덕이 빛나고 큰 모양), 경경하다(耿耿) 들.

경(哽) '목이 메다'를 뜻하는 말. ¶경색(哽塞;목이 잠기다), 경열(哽咽;목메어 욺); 오경(五哽) 들.

경(竟) '마침내. 다하다'를 뜻하는 말. ¶경야(竟夜); 구경(究竟), 필경(畢竟) 들.

경(綮) '힘줄이 얽힌 곳'을 뜻하는 말. ¶긍경(肯綮;사물의 가장 중요한 곳-급소).

경(鯁) '물고기'를 뜻하는 말. ¶경골(鯁骨), 경언(鯁言;直言); 어골경(魚骨鯁;물고기의 가시) 들.

경(粳) '메벼'를 뜻하는 말. ¶경미(粳米;멥쌀), 경미토(粳米土;모래흙).

경(罄) '다하다. 없어지다'를 뜻하는 말. ¶경갈(罄竭;돈이나 물건 따위가 바닥이 나 다 없어짐), 경진(罄盡), 경핍(罄乏).

경(檠) '등잔걸이'를 뜻하는 말. ¶등경(燈檠), 유경(鍮檠) 들.

경(剄) '목을 베다'를 뜻하는 말. ¶경살(剄殺); 자경(自剄) 들.

경(憬) '그리워하다'를 뜻하는 말. ¶동경(憧憬).

경(脛) '정강이'를 뜻하는 말. ¶경골(脛骨;정강이뼈).

경마 남이 탄 말의 고삐를 잡고 말을 모는 일.[←견마(牽馬)]. ¶경마를 잡다/잡히다. 경마잡이; 긴경마(의식에 쓰는 말의 왼쪽에 다는, 넓고 긴 고삐), 자경마(自;말 탄 사람이 스스로 잡은 경마).

경첩 돌쩌귀처럼 문짝을 다는 데 쓰는 쇠붙이.[←겹첩]. ¶경첩을 달다. 경첩관절(關節); 나비경첩(나비 모양으로 된 경첩), 장경첩(長).

곁[1] 일부 나무 이름에 붙어 '그 나무의 껍질'을 뜻하는 말. ¶곁피(皮); 가래곁, 구름곁(귀룽나무의 껍질), 봇곁(자작나무의 껍질), 피곁(피나무의 껍질).

곁[2] '겨드랑이'를 뜻하는 말. ¶곁동(활 쏘는 곳에서 겨드랑이를 이르는 말), 곁땀[액한(腋汗)], 곁땀내(암내), 곁마기, 곁바대(한복의 겨드랑이에 대는 바대) 들.

곁[3] 사람이나 사물에 딸린 어느 한쪽. 옆. 근처. 일부 명사 앞에 붙어 '곁에 딸리어 있거나 거기서 갈라져 나왔음'의 뜻을 나타내는 말. ¶항상 내 곁에 있는 사람. 곁가다[758], 곁가닥, 곁가리(갈빗대 아래쪽의 짧고 가는 뼈), 곁가마, 곁가지, 곁간(肝), 곁간(間), 곁갈래, 곁고름(곁옷고름), 곁골목, 곁굴, 곁길, 곁꾼(손도울이), 곁노/질(櫓), 곁누르기, 곁눈[1](↔꼭지눈), 곁눈[2][759], 곁다

753) 경단(瓊團): 찹쌀가루나 찰수수 따위의 가루를 반죽하여 밤톨만 한 크기로 동글동글하게 빚어 끓는 물에 삶아 낸 후 고물을 묻히거나 꿀이나 엿물을 바른 떡. ¶감자경단, 색경단(色), 수수경단, 쑥경단, 엿경단, 오색경단(五色).

754) 경위(涇渭): 흐린 물줄기와 맑은 물줄기. 중국의 경수(涇水)는 항상 흐리고 위수는 항상 맑아 구별이 분명한 데서, '사리의 옳고 그름이나, 이러하고 저러함의 분별'을 이르는 말.=경오. ¶경위가 바르다(분명하다). 경위가 없다(무경위하다).

755) 경칠수(數): 심한 꾸지람을 듣거나 벌을 받을 운수.

756) 경형(黥刑): 죄인의 이마나 팔뚝에 먹줄로 죄명을 써 넣던 형벌.

757) 주리경: 주리를 트는 모진 형벌. 악형이나 극형.

758) 곁가다: 똑바로 가지 않고 도중에 다른 길로 가다.

리[760], 곁달다(덧붙여 달다)/달리다, 곁두리[761], 곁듣다/듣기[방청(傍聽)], 곁들다[762], 곁들이다[763], 곁들이[764], 곁따르다/딸리다, 곁마(馬), 곁마기(여자의 예복 저고리), 곁마누라(첩), 곁마름, 곁마부(馬夫), 곁말, 곁매[765], 곁머슴, 곁목밑샘, 곁문(門), 곁묻다, 곁바다(연해), 곁밥(곁두리로 먹는 밥), 곁방(房)[곁방문(門), 곁방살림, 곁방살이/하다], 곁방망이/질, 곁방석(方席;세력이 있는 사람의 곁에서 가까이 지내는 사람), 곁부축/하다(돕다), 곁불[766], 곁불질, 곁붙다, 곁붙이(촌수가 먼 일가붙이), 곁비녀, 곁비다/비우다(도와줄 사람이 없다), 곁뺨, 곁뿌리, 곁사돈, 곁사람, 곁사슬, 곁상(床), 곁손질, 곁쇠/질[767], 곁수(제자), 곁순/치기(筍), 곁쐐기[768], 곁옷고름, 곁이야기(일화. 에피소드), 곁자리, 곁주다(가까이하도록 속을 터주다), 곁주머니, 곁줄, 곁줄기, 곁집(이웃집), 곁쪽(가까운 일가붙이), 곁채, 곁치기, 곁칼, 곁콩팥(부신(副腎)), 곁탁자(卓子), 곁태도(態度;곁으로 보이는 몸가짐), 곁하다(가까이하다. 가까이 있다); 대군곁(大君;왕세자의 시중을 드는 내시), 도린곁[769], 뒤곁(집 뒤에 있는 뜰이나 마당), 말곁[770], 본곁(本;비 또는 빈의 친정), 본곁나인(本;본곁에서 들어온 나인), 우물곁 들.

계(計) 합계(合計). 총계(總計). '재다. 그것을 재는 기구. 셈. 계획. 꾀'를 뜻하는 말. ¶계를 내다. 계가 얼마냐? 계가(計家), 계감(計減), 계거기(計距器), 계교(計巧;꾀), 계교(計較), 계궁(計窮), 계기(計器)[771], 계도(計圖), 계략(計略;꾀), 계량/기(計量/器), 계료(計料), 계리(計理), 계망(計網), 계모(計謀), 계배(計杯), 계변(計邊), 계삭(計朔), 계산(計算)[772], 계상/금(計上/金), 계석(計石), 계수/기(計數/器), 계시/원(計時/員), 계월(計月), 계일(計日), 계정(計定)[773], 계제(計除), 계진기(計塵器), 계책(計策), 계촌(計寸), 계측(計測), 계표(計票), 계획(計劃)[774]; 가계(家計)[가계부(簿), 가계비(費)], 가속도계(加速度計), 각도계(角度計), 각막계(角膜計), 간계(奸計), 간섭계(干涉計), 감광계(感光計), 감속계(減速計), 강수계(降水計), 강진계(强震計), 거리계(距離計), 건습계(乾濕計), 검당계(檢糖計), 검력계(檢力計), 검류계(檢流計), 검압계(檢壓計), 경각계(傾角計), 경도계(硬度計), 경사계(傾斜計), 경선계(傾船計), 고도계(高度計), 고압계(高壓計), 고온도계(高溫度計)/고온계(高溫計), 곡선계(曲線計), 골반계(骨盤計), 공기량계(空氣量計), 과계(過計), 광도계(光度計), 광량계(光量計), 광력계(光力計), 광속계(光束計), 광택도계(光澤度計), 교계(較計), 구면계(球面計), 구적계(求積計), 굳기계, 굴절계(屈折計), 궁계(窮計), 궤계(詭計), 근전계(筋電計), 기계(奇計), 기록계(記錄計), 기속계(氣速計), 기압계(汽壓計), 기압계(氣壓計), 노량계(露量計), 노점계(露點計), 노정계(路程計), 노출계(露出計), 농도계(濃度計), 뇌파계(腦波計), 누계(累計), 단계(短計), 단백계(蛋白計), 대계(大計), 도수계(度數計), 독계(獨計), 동결계(凍結計), 동공계(瞳孔計), 동력계(動力計), 득계(得計), 라돈계(radon計), 럭스계(lux計), 마하계(Mach計), 만계(晩計), 말계(末計), 망계(妄計), 망심계(網深計), 맥박계(脈搏計), 맥압계(脈壓計), 맥파계(脈波計), 면적계(面積計), 모계(謀計), 묘계(妙計), 무량계(霧量計), 미기압계(微氣壓計), 미동계(微動計), 미인계(美人計;미인을 이용하여 사람을 꾀는 계략), 미진계(微震計), 미풍계(微風計), 밀계(密計), 밀도계(密度計), 밀리볼트계(millivolt計), 반사계(反射計), 방사계(放射計), 방사선량계(放射線量計), 배근계력(背筋力計), 백계(百計), 보수계(步數計), 보측계(步測計), 복각계(伏角計), 복사계(輻射計), 불계(不計), 분광계(分光計), 비계(秘計), 비색계(比色計), 비율계(比率計), 비중계(比重計), 비탁계(比濁計), 사계(四計), 사계(私計), 사계(邪計), 사계(詐計), 사루계(沙漏計), 산소계(酸素計), 상계(上計), 상계(相計), 상계(詳計), 상계(商計), 색도계(色度計), 색차계(色差計), 색채계(色彩計), 생계(生計), 생장계(生長計), 선계(善計), 선량계(線量計), 선회계(旋回計), 설계(設計), 설량계(雪量計), 섬도계(纖度計), 성장계(成長計), 세계(歲計), 세진계(細塵計), 소계(小計), 소음계(騷音計), 속도계(速度計), 수동력계(水動力計), 수두계(水頭計), 수

759) 곁눈²: 얼굴을 돌리지 아니하고 눈알만 굴려서 보는 눈. ¶곁눈을 주다(곁눈으로 보며 상대에게 은밀한 뜻을 알리다). 곁눈을 팔다(엉뚱한 데를 보다. 한눈을 팔다). 곁눈주다, 곁눈질/하다.

760) 곁다리: ①덧붙여 딸린 사람이나 사물. ②그 일에 관계가 없는 사람. ¶곁다리들이 더 극성이다. 곁다리를 들다(그 일에 관계가 없는 사람이 참견을 하다).

761) 곁두리: 농부나 일꾼이 끼니 이외에 참참이 먹는 음식. 샛밥. 새참. 전누리(강원 사투리). ¶곁두리때; 저녁곁두리(점심과 저녁밥 사이에 먹는 밥).

762) 곁들다: ①어떤 공간이나 상황 따위에 끼어들다. ¶춤판에 곁들다. ②곁에서 붙잡아 부축하다. ③곁에서 거들어 주다. ¶곁들리다, 곁들이다.

763) 곁들이다: ①한 그릇에 딴 음식을 옆으로 붙이어 담다. ¶고기에 채소를 곁들이다. ②주로 하는 일 외에 다른 일을 겸하여 하다.

764) 곁들이: 구색을 갖추기 위하여 놓은 음식.

765) 곁매: 싸울 때에 뜻밖에 곁에서 한 쪽을 치는 매. ¶곁매질/하다.

766) 곁불: ①얻어 쬐는 불. ②목표로 겨누어진 짐승의 가까이에 있다가 맞는 총알. ¶곁불을 맞다.

767) 곁쇠질: 제 짝이 아닌 열쇠로 자물쇠를 여는 짓. 도적질.

768) 곁쐐기: ①곁들여 박는 쐐기. ②남의 일에 참견하거나 남이 방해하는 데 끼어들어 함께 방해함. ¶곁쐐기를 박다/치다.

769) 도린곁: 사람이 별로 가지 않는 외진 곳. ¶집 뒤의 도린곁에 나무를 심다. 마을 뒤에 있는 도린곁에는 밤이면 좋지 않은 일이 많으니까 너도 조심해야 할 거야.

770) 말곁: 남이 말하는 옆에서 덩달아 참견하는 말. ¶말곁을 달다. 말곁에(무슨 말을 하는 김에).

771) 계기(計器): 계기비행(飛行), 계기속도(速度), 전기계기(電氣), 계기판(板); 기록계기(記錄), 항공계기(航空).

772) 계산(計算): 수를 헤아림. 어떤 일을 예상하거나 고려함. 값을 치름. 어떤 일이 자기에게 이해득실이 있는지 따짐. ¶계산광(狂;運算症), 계산기(機), 계산대(臺), 계산되다/하다, 계산력(力), 계산법(法), 계산서(書), 계산서류(書類), 계산속(이해득실을 속으로 따짐), 계산오차(誤差), 계산원(員), 계산자, 계산적(的), 계산증명(證明), 계산표(表); 기간계산(期間), 교호계산(交互), 근사계산(近似), 손익계산(損益), 수지계산(收支), 원가계산(原價), 자기계산(自己).

773) 계정(計定): 부기 원장에서 같은 종류나 동일 명칭의 자산 · 부채 · 자본 · 손익 따위의 증감을 계산 · 기록하기 위해 설정한 단위. ¶계정계좌(計座)/계좌(計座), 계정과목(科目); 경상계정(經常), 당좌계정(當座), 당좌예금계정(當座預金), 대체계정(對替), 미결산계정(未決算), 부채계정(負債), 손익계정(損益), 이연계정(移延), 자산계정(資産), 잡계정(雜), 자본계정(資本), 재산계정(財産), 제조계정(製造), 청산계정(淸算), 총계정(總), 현금계정(現金).

774) 계획(計劃): 앞으로 할 일의 절차, 방법, 규모 따위를 미리 헤아려 작성함. 또는 그 내용. ¶계획을 잡다. 계획경제(經濟), 계획도(圖), 계획도산(倒産), 계획도시(都市), 계획되다/하다, 계획량(量), 계획범죄(犯罪), 계획서(書), 계획성(性), 계획안(案), 계획원가(原價), 계획인구(人口), 계획자(者), 계획자본(資本), 계획적(的), 계획표(表), 계획화/되다/하다(化); 가족계획(家族), 경제계획(經濟), 교육계획(敎育), 구조계획(構造), 기본계획(基本), 도시계획(都市), 무계획(無), 물동계획(物動), 발전계획(發展), 삼림계획(森林), 연구계획(硏究), 연차계획(年次), 작전계획(作戰), 장기계획(長期).

량계(水量計), 수면계(水面計), 수분계(水分計), 수압계(水壓計), 수온계(水溫計), 수위계(水位計), 수질계(水質計), 순계/액(純計/額), 술계(術計), 습도계(濕度計), 승강계(昇降計), 시계(時計), 시도계(視度計), 시압계(示壓計), 시야계(視野計), 시정계(視程計), 실계(失計), 심박계(心博計), 심음계(心音計), 심전계(心電計), 심탄계(心彈計), 악계(惡計), 악력계(握力計), 안압계(眼壓計), 안진계(眼振計), 알코올계(alcohol計), 암계(暗計), 압력계(壓力計), 압력차계(壓力差計), 압축계(壓縮計), 액량계(液量計), 액면계(液面計), 액주계(液柱計), 역량계(力量計), 역률계(力率計), 연환계(連環計;計巧), 열량계(熱量計), 열전류계(熱電流計), 열팽창계(熱膨脹計), 염도계(鹽度計), 염분계(鹽分計), 오계(誤計), 오존계(ozone計), 온도계(溫度計), 용량계(容量計), 용적계(容積計), 우계(愚計;어리석은 계략이나 계획), 우량계(雨量計), 운고계(雲高計), 운량계(雲量計), 운속계(雲速計), 원계(遠計;먼 앞날을 위한 계획), 월계/표(月計/表), 위계(危計), 위계(爲計), 위계(僞計), 위상계(位相計), 유량계(流量計), 유면계(油面計), 유속계(流速計), 유압계(油壓計), 유지계(乳脂計), 윤정계(輪程計), 음계(陰計), 일계(一計), 일사계(日射計), 일조계(日照計), 자력계(磁力計), 자속계(磁束計), 잡음계(雜音計), 장력계(張力計), 장계취계(將計就計), 장구지계(長久之計), 저압계(低壓計), 저항계(抵抗計), 적설계(積雪計), 전기계(電氣計), 전기량계(電氣量計), 전력계(電力計), 전류계(電流計), 전압계(電壓計), 전위계(電位計), 전위차계(電位差計), 전파계(電波計), 점도계(粘度計), 조계(早計;이른 계획), 조도계(照度計), 조류계(潮流計), 조명계(照明計), 조명도계(照明度計), 졸계(拙計), 종신계(終身計), 좌고계(坐高計), 주정계(酒精計), 주파계(周波計), 주파수계(周波數計), 주행계(走行計), 중력계(重力計), 증발계(蒸發計), 증산계(蒸散計), 지각계(知覺計), 지압계(地壓計), 지음계(地音計), 지진계(地震計), 직류계(直流計), 진공계(眞空計), 진동계(振動計), 진애계(塵埃計), 진통계(陣痛計), 질소계(窒素計), 집계(集計), 차압계(差壓計), 천효계(泉効計), 청력계(聽力計), 청우계(晴雨計), 체계(遞計), 체온계(體溫計), 체적계(體積計), 체중계(體重計), 촉각계(觸覺計), 총계(總計), 추계(推計)[추계인구(人口), 추계하다, 추계학(學)], 출력계(出力計), 충계(忠計), 측각계(測角計), 측력계(測力計), 측색계(測色計), 측운계(測雲計), 측후계(測厚計), 탁도계(濁度計), 탄력계(彈力計), 탄산계(炭酸計), 통계(通計), 통계(統計), 통각계(痛覺計), 통풍계(通風計), 투자율계(透磁率計), 파고계(波高計), 파랑계(波浪計), 파력계(波力計), 파장계(波長計), 파향계(波向計), 팽창계(膨脹計), 페하계(PH計), 편각계(偏角計), 편광계(偏光計), 편류계(偏流計), 폐활량계(肺活量計), 풍력계(風力計), 풍속계(風速計), 풍압계(風壓計), 풍향계(風向計), 피전계(皮電計), 하계(下計), 하중계(荷重計), 한란계(寒暖計), 합계(合計), 항온계(恒溫計), 혈구계(血球計), 혈압계(血壓計), 회계(會計), 회로계(回路計), 회전계(回轉計), 회절계(廻折計), 횟수계(回數計), 휼계(譎計), 흉계(凶計), 흡광계(吸光計), 흡수계(吸水計), 흡수계(吸收計) 들.

계(界) ①그 사회나 분야. 경계. 둘레·범위(範圍)'를 뜻하는 말. ¶ 계도(界盜), 계락(界樂), 계면(界面;경계면)[계면반응(反應), 계면현상(現象), 계면화학(化學), 계면활성(活性)], 계면조(界面調)/계면(界面), 계뢰(界雷), 계석(界石), 계선(界線), 계자(界磁), 계표(界標), 계한(界限); 가상계(可想界), 가요계(歌謠界), 각계(各界), 감각계(感覺界), 감성계(感性界), 감시계(監視界), 강계(疆界;나라의 경계), 개그계(gag界), 객체계(客體界), 경계(境界), 경제계(經濟界), 고계(苦界), 공업계(工業界), 공연계(公演界), 과학계(科學界), 관계(官界), 광물계(鑛物界), 교계(敎界), 교육계(敎育界), 국계(國界), 군계(郡界), 극락계(極樂界), 극작계(劇作界), 금계(禁界), 금강계(金剛界), 금융계(金融界), 기계(棋/碁界), 기술계(技術界), 기후계(氣候界), 남계(南界), 남극계(南極界), 내계(內界), 노동계(勞動界), 대계(大界), 대천계(大千界), 도계(道界), 도규계(刀圭界), 도덕계(道德界), 동물계(動物界), 마계(魔界), 마이오계(←Miocene), 면계(面界), 면역계(免疫界), 명계(冥界), 몽환계(夢幻界), 묘계(墓界;묘지의 구역), 무기계(無機界), 무색계(無色界), 무생계(無生界), 무생물계(無生物界), 무역계(貿易界), 무형계(無形界), 문단계(文壇界), 문필계(文筆界), 문학계(文學界), 문화계(文化界), 미술계(美術界), 물계(物界), 물자체계(物自體界), 물질계(物質界), 미계(迷界), 미곡계(米穀界), 미생물계(微生物界), 미술계(美術界), 범계(犯界;경계선을 침범함), 법계(法界), 법조계(法曹界), 변계(邊界), 보도계(報道界), 보살계, 본체계(本體界), 부사의계(不思議界), 북계(北界), 북극계(北極界), 분계(分界), 분수계(分水界), 분포계(分布界), 불법계(佛法界)/불계(佛界), 사계(四界;天·地·水·陽界), 사계(砂界), 사계(射界), 사계(斯界), 사교계(社交界), 사상계(思想界), 사업계(事業界), 사환계(仕宦界), 사회계(社會界), 산업계(産業界), 삼계(三界;天界. 地界. 人界), 상계(上界), 상계(商界), 상류계(上流界), 상업계(商業界), 상조계(商租界), 색계(色界), 생계(生界), 생물계(生物界), 선계(仙界), 성계(姓界), 성문계(聲聞界), 세계(世界), 소설계(小說界), 속계(俗界), 수계(水界), 수라계(修羅界), 수제계(水堤界), 시계(視界), 시생계(始生界), 식물계(植物界), 신생계(新生界), 실업계(實業界), 실재계(實在界), 심계(心界), 십팔계(十八界), 아귀계(餓鬼界), 아수라계(阿修羅界), 악계(樂界), 악극계(樂劇界), 안계(眼界), 안양계(安養界), 안전계(安全界), 양계(陽界), 언론계(言論界), 업계(業界), 여성계(女性界), 연극계(演劇界), 연예계(演藝界), 염마계(閻魔界), 영계(靈界), 영화계(映畵界), 예술계(藝術界), 예지계(叡智界), 오계(悟界), 오성계(悟性界), 외계(外界), 외교계(外交界), 욕계(慾界), 우주계(宇宙界), 유계(有界), 유계(幽界), 유기계(有機界), 유명계(幽冥界), 유학계(儒學界), 유형계(有形界), 육계(肉界), 은반계(銀盤界), 음계(陰界), 음악계(音樂界), 의료계(醫療界), 인간계(人間界), 임계(臨界), 자연계(自然界), 작곡계(作曲界), 잡주계(雜住界), 재계(財界), 전자계(電磁界), 정계(定界), 정계(政界), 정계(淨界), 정신계(精神界), 정치계(政治界), 조고계(操觚界), 조직계(組織界), 종교계(宗敎界), 중생계(中生界), 중생계(衆生界), 증권계(證券界), 지계(地界), 지옥계(地獄界), 진계(塵界), 차별계(差別界), 천계(天界), 천상계(天上界), 체육계(體育界), 축생계(畜生界), 출판계(出版界), 타계(他界), 태고계(太古界), 태장계(胎藏界), 평등계(平等界), 평론계(評論界), 하계(下界), 학계(學界), 학문계(學問界), 학생계(學生界), 학술계(學術界), 한계(限界), 항계(港界), 항공계(航空界), 해만계(懈慢界), 행림계(杏林界), 허공계(虛空界), 현계(顯界), 현상계(現象界), 현실계(現實界), 혜지계(慧智界), 화류계(花柳界), 화장계(華藏界), 화주계(華胄界;귀족의 사회), 화학

계(化學界). ②생물 분류상의 한 단계. 문(門)의 위로 가장 높은 계급.

계(系) '같은 계통·계열에 딸림. 잇다'를 뜻하는 말. ¶계가(系家), 계도(系圖), 계맥(系脈), 계보(系譜), 계손(系孫), 계열(系列)[775], 계자(系子;養子), 계통(系統)[776], 계파(系派); 가계/도(家系/圖), 개방계(開放系), 결정계(結晶系)/정계(晶系), 경상계(慶尙系), 고립계(孤立系), 골격계(骨格系), 공리계(公理系), 공형계(空型系), 관성계(慣性系), 광학계(光學系), 균일계(均一系), 근교계(近交系), 근육계(筋肉系), 기관계(氣管系), 기관계(器官系), 기독교계(基督敎系), 기압계(氣壓系), 기준계(基準系), 남계(男系), 내분비계(內分泌系), 다산계(多産系), 단열계(斷熱系), 단위계(單位系), 닫힌계, 대계(大系), 대동계(大同系), 대수계(代數系), 대칭계(對稱系), 데본계(Devon系), 동계(同系), 동물계(動物系), 림프계(lymph系), 만류계(灣流系), 맥관계(脈管系), 모계(母系), 물리계(物理系), 반응계(反應系), 발생계(發生系), 방계(傍系), 배설계(排泄系), 백악계(白堊系), 법계(法系), 보관계(步管系), 보존계(保存系), 부계(父系), 분산계(分散系), 분지계(分支系), 불균일계(不均一系), 불조계(佛祖系), 산계(山系), 산일계(散佚系), 삼방정계(三方晶系), 삼상계(三相系), 상원계(祥原系), 생성계(生成系), 생식기계(生殖器系), 생태계(生態系), 서계(庶系), 석탄계(石炭系), 성계(姓系), 세계(世系), 소화계(消化系), 수계(水系), 수관계(水管系), 순계/설(純系/說), 순환계(循環系), 식물계(植物系), 식물구계(食物區系), 신경계(神經系), 실루리아계(Silurian系), 실업계(實業系), 악티늄계(actinium系), 암석계(巖石系), 야당계(野黨系), 어계(語系;언어의 계통), 여계(女系), 열대계(熱帶系), 열린계, 영양계(營養系), 엮줄계, 예능계(藝能系), 오도계(奧陶系), 왕계(王系), 운동계(運動系), 위수관계(胃水管系), 위장계(胃腸系), 유생계(有生系), 은하계(銀河系), 이계(異系), 이공계(理工系), 이변계(二變系), 이상계(異常系), 이첩계(二疊系), 인문계(人文系), 일변계(一變系), 일성분계(一成分系), 자연계(自然系), 절리계(節理系), 정계(正系), 제계(諸系), 제사계(第四系), 제삼계(第三系), 조직계(組織系), 좌표계(座標系), 직계(直系), 직근계(直根系), 진단계(震旦系), 질점계(質點系), 체계(體系), 출계(出系), 측선계(側線系), 친계(親系), 타계(他系), 타성계(惰性系), 탕구계(湯口系), 태양계(太陽系), 트라이아스(Trias系), 파계(派系), 페름계(Permian系), 평면계(平面系), 평안계(平安系), 폐쇄계(閉鎖系), 표피계(表皮系), 풍계(風系), 핏줄계, 하계(河系), 항성계(恒星系), 혈관계(血管系), 호흡기계(呼吸器系), 황계(皇系); 한국계(韓國系), 중국계(中國系) 들.

계(戒) 죄를 짓지 못하게 하는 규정. 수행의 덕목으로 삼는 행동규범. '삼가서 경계하다'를 뜻하는 말. ¶계를 받다. 계고/장(戒告/狀), 계공(戒功), 계구(戒具), 계그릇, 계금(戒禁), 계기(戒器), 계단(戒壇), 계명(戒名), 계문(戒文), 계법(戒法), 계사(戒師), 계색(戒色), 계선(戒善), 계세징인(戒世懲人), 계신(戒愼), 계심(戒心), 계엄(戒嚴)[777], 계영배(戒盈杯), 계율(戒律), 계음(戒飮), 계주(戒酒), 계첩(戒牒), 계칙(戒飭;경계하고 타이름), 계행(戒行;계율을 지켜 닦는 일), 계호(戒護), 계힘(계율에 공을 들인 힘); 간계(諫戒), 경계(警戒), 구족계(具足戒), 권계(勸戒), 규계(規戒), 금계(禁戒), 금강계(金剛戒), 긍계(兢戒), 대계(大戒), 범계(犯戒), 법계(法戒), 변계(邊戒), 보살계(菩薩戒), 복거지계(覆車之戒), 불계(佛戒), 사계(事戒), 사계(捨戒), 사미계(沙彌戒), 살생계(殺生戒), 삼계(三戒), 삼사계(三事戒), 삼업계(三業戒), 설계(設戒), 속계(俗戒), 수계(受戒), 수계(授戒), 심계(深戒), 십계(十戒), 여계(女戒), 잠계(箴戒), 전계(傳戒), 엄계(嚴戒), 예계(豫戒), 오계(五戒), 오백계(五百戒), 유계(遺戒), 자계(自戒), 재계(齋戒), 재가계(在家戒), 주계(酒戒), 지계(持戒), 징계(懲戒), 차계(遮戒), 천계(天戒), 초계(哨戒)[초계기(機), 초계정(艇)], 출가계(出家戒), 출가구계(出家具戒), 파계(破戒), 훈계(訓戒); 보살계/ 비구계 들.

계(鷄) '닭'을 뜻하는 말. ¶계간(鷄姦), 계견상문(鷄犬相聞), 계관(鷄冠)[계관석(石), 계관초(草), 계관화(花;맨드라미)], 계구(鷄口), 계구(鷄灸), 계구우후(鷄口牛後), 계군(鷄群), 계돈(鷄豚), 계두(鷄頭), 계란(鷄卵;달걀)[778], 계륵(鷄肋;닭갈비), 계림(鷄林;우리나라), 계명/축시(鷄鳴/丑時), 계명구도(鷄鳴狗盜;비굴한 꾀를 써서 남을 속이는 천박한 사람), 계분(鷄糞), 계비(鷄肥), 계사(鷄舍), 계삼탕(鷄蔘湯), 계성(鷄聲), 계안창(鷄眼瘡;티눈)/계안(鷄眼), 계압(鷄鴨;비오리), 계역(鷄疫), 계육(鷄肉), 계이(鷄彝), 계초(鷄炒;닭볶음), 계추(鷄雛;병아리), 계탕(鷄湯); 군계(群鷄), 군계일학(群鷄一鶴), 금계(金鷄), 노계(老鷄;묵은 닭), 동계(凍鷄), 모계(母鷄), 백계(白鷄), 부계(伏鷄;알을 품은 닭), 빈계(牝鷄;암탉), 산계(山鷄;꿩), 산란계(産卵鷄), 삼계탕(蔘鷄湯), 수계(水鷄;비오리), 신계(晨鷄), 쌍계(雙鷄), 양계(養鷄), 영계/구이[←연계(軟鷄)], 오계(午鷄), 오계(烏鷄), 오계성(午鷄聲), 오골계(烏骨鷄), 오공계(蜈蚣鷄;지네닭), 옥계(玉鷄), 와계(瓦鷄), 우도할계(牛刀割鷄), 웅계(雄鷄;수탉), 육계(肉鷄), 장미계(長尾鷄;긴꼬리닭), 종계(種鷄), 투계(鬪鷄), 황계(黃鷄), 효계(曉鷄) 들.

계(契) ①상호 협동 단체의 하나. 목돈을 만들기 위하여 일정한 인원으로 구성하는 조직. ¶계를 들다. 곗날, 곗돈, 계모임, 계빠지다, 곗술. 계알, 계원(契員), 곗일(계를 꾸려 나가는 일), 계장(契長), 계전(契錢), 계주(契主), 계주/생면(契酒/生面), 계중(契中), 계회(契會); 가계(家契), 고본계(股本契), 금란계(金蘭契), 낙찰계(落札契), 난계(蘭契), 동갑계(同甲契), 동계(洞契), 동네계(洞), 등촉계(燈燭契), 마계(馬契)[마계도가(都家), 마계말], 만인계(萬人契), 묵계(黙契), 밀계(密契), 반지계(半/斑指契), 산림계(山林契),

775) 계열(系列): 서로 관련이 있거나 유사한 점이 있어서 한 갈래로 이어지는 계통이나 조직. ¶계열금융(金融), 계열기업(企業), 계열사(社), 계열생산(生産), 계열융자(融資), 계열적(的), 계열학습(學習), 계열화/되다(化), 계열회사(會社); 동족계열(同族), 시계열(時), 연속계열(連續).

776) 계통(系統): 일정한 체계에 따라 서로 관련되어 있는 부분들의 통일적 조직. 일의 체계나 순서. 일정한 분야나 부분. 하나의 공통적인 것에서 갈려 나온 갈래. ¶소화기 계통. 계통을 밟아 일을 처리하다. 행정 계통. 계통이 같은 품종. 계통도(圖), 계통론(論), 계통발생(發生), 계통번식(繁殖), 계통보(譜), 계통분류(分類), 계통분리(分離), 계통분석(分析), 계통선발(選拔), 계통성(性), 계통수(樹), 계통재배(栽培), 계통적(的), 계통진화(進化), 계통출하(出荷), 계통학(學); 운전계통(運轉).

777) 계엄(戒嚴): 전쟁이나 비상 사태가 발생하였을 때, 군대로써 어떤 지역을 경계하며, 그 지역의 사법권과 행정권을 계엄 사령관이 관할하는 일. ¶계엄군(軍), 계엄령(令), 계엄법(法), 계엄사령관(司令官), 계엄사태(事態), 계엄지구(地區); 비상계엄(非常), 행정계엄(行政).

778) 계란(鷄卵): 달걀. ¶계란골(骨), 계란말이, 계란빵, 계란선(膳), 계란유골(有骨), 계란지(紙), 계란찜, 계란형(形).

산통계(算筒契), 상포계(喪布契), 선계(船契), 설계(設契), 승평계(昇平契), 요역계(徭役契), 위친계(爲親契. 喪契), 이중계(里中契), 자빡계[779], 저축계(貯蓄契), 종계(宗契), 지계(地契), 친목계(親睦契), 통계(筒契), 파계(破契), 필계(筆契), 학계(學契). ②'정분(情分)이나 인연을 맺다. 약속(約束). 문서 · 서류'를 뜻하는 말. ¶계기(契機)[780], 계분(契分), 계약(契約)[781], 계인(契印), 계장(契狀), 계합(契合); 결연계(結緣契), 관계(官契), 교계(交契;交分), 금란지계(金蘭之契), 명계(冥契), 묵계(默契), 묵계(墨契), 서계(書契), 우계(右契), 원앙지계(鴛鴦之契), 좌계(左契) 들.

계(啓**)** '열다. 여쭙다. 가르치다'를 뜻하는 말. ¶계고(啓告), 계달(啓達), 계도(啓導), 계라(啓螺), 계명성(啓明星), 계몽(啓蒙)[782], 계문(啓門), 계문(啓聞), 계발(啓發)[783], 계배(啓培), 계복(啓服), 계복(啓覆), 계빈(啓殯), 계사(啓事), 계사(啓辭), 계상(啓上), 계시(啓示)[계시록(錄), 계시문학(文學), 계시종교(宗教)], 계유(啓喩), 계자(啓字), 계장(啓狀), 계정(啓程), 계주(啓奏), 계찬궁(啓攢宮), 계청(啓請), 계칩(啓蟄), 계폐(啓閉), 계품(啓稟), 계하(啓下), 계행(啓行); 경계(敬啓), 근계(謹啓), 논계(論啓), 대계(臺啓), 묘계(廟啓), 문계(問啓), 밀계(密啓), 배계(拜啓), 복계(復啓), 복계(覆啓), 비계(秘啓), 상계(上啓), 서계(書啓), 숙계(肅啓), 승계(升啓), 우계(佑啓), 입계(入啓), 장계(狀啓), 재계(再啓), 진계(陳啓), 천계(天啓), 추계(追啓;追伸), 포계(褒啓), 행계(行啓), 회계(回啓) 들.

계(階**)** '섬돌. 층계. 사닥다리. 차례/벼슬의 등급'을 뜻하는 말. ¶계고(階高), 계고직비(階高職卑), 계궁(階窮), 계급(階級)[784], 계단(階段)[785], 계명(階名), 계비직고(階卑職高), 계상(階上), 계승(階乘), 계이름, 계절(階節;무덤 앞의 평평하게 닦은 땅), 계정(階庭), 계제(階梯)[786], 계차(階次), 계차(階差), 계체석(階砌石), 계층(階層)[계층구조(構造), 계층화(化); 사회계층(社會), 지식계층(知識)], 계하(階下); 강계(降階), 관계(官階), 낙계(螺階), 단계(段階)[단계적(的); 발달단계(發達)], 법계(法階), 보계/판(補階/板), 산계(散階), 석계(石階;섬돌), 승계(昇/陞階), 옥계(玉階), 위계(位階), 음계(音階)[반음계(半), 온음계, 전음계(全)], 제계(梯階), 중계(中階), 지계(地階), 첨계(檐階;댓돌), 층계(層階), 태계(苔階), 품계(品階), 학계(學階), 화계(花階), 훈계(勳階) 들.

계(繼**)** '잇다. 이어가다'를 뜻하는 말. ¶계계승승(繼繼承承), 계귀(繼晷), 계기(繼起), 계대(繼代), 계량(繼糧), 계망(繼望), 계모(繼母), 계배(繼配), 계부(繼父), 계부모(繼父母), 계비(繼妃), 계사(繼嗣), 계서(繼序), 계소(繼紹), 계속(繼續)[787], 계수/법(繼受/法), 계술(繼述), 계습(繼襲), 계승(繼承)[계승성(性), 계승인(人), 계승자(者), 계승하다(잇다. 물려받다. 이어받다)], 계실(繼室), 계양(繼養), 계업(繼業), 계영(繼泳), 계위(繼位;왕위를 계승함), 계임(繼任), 계자(繼子), 계장(繼葬), 계적(繼蹟), 계전(繼傳), 계전기(繼電器), 계절(繼絕;끊어진 대를 다시 이음), 계종(繼蹤), 계주/자(繼走/者), 계지(繼志), 계처(繼妻), 계철(繼鐵), 계체(繼體), 계취(繼娶), 계친/자(繼親/子), 계통(繼統;왕통을 이음), 계투(繼投), 계행(繼行), 계후(繼後); 수계(受繼), 승계(承繼), 인계(引繼), 중계(中繼), 파계(罷繼), 후계자(後繼者) 들.

계(季**)** '끝. 막내. 계절(季節)'을 뜻하는 말. ¶계간/지(季刊/紙), 계녀(季女;막내딸), 계동(季冬), 계말(季末), 계모(季母), 계방(季方), 계보(季報), 계부(季父), 계세(季世), 계수(季嫂), 계씨(季氏;남의 아우), 계자(季子;막내아들), 계절(季節)[788], 계주(季主), 계지(季

---

779) 자빡계: 산통계(算筒契)의 하나. 돈을 타는 동시에 탈퇴함.

780) 계기(契機): 어떤 일이 일어나거나 결정되는 근거나 기회. 동기(動機). ¶사건의 계기. 말다툼을 계기로 두 사람의 우정이 돈독해졌다. 계기설정(設定).

781) 계약(契約): 계약금(金), 계약법(法), 계약서(書), 계약소득(所得), 계약이민(移民), 계약자(者), 계약재배(栽培), 계약해제(解除); 가계약(假), 경쟁계약(競爭), 고용계약(雇傭), 공급계약(供給), 구두계약(口頭), 근로계약(勤勞), 낙성계약(諾成), 노동계약(勞動), 담보계약(擔保), 도급계약(都給), 매매계약(賣買), 무명계약(無名), 무상계약(無償), 물권계약(物權), 반대계약(反對), 배당담보계약(配當擔保), 보증계약(保證), 보험계약(保險), 본계약(本), 부종계약(附從), 비/전형계약(非/典型), 사행계약(射倖), 삼면계약(三面), 상호계약(相互), 생전계약(生前), 서면계약(書面), 성문계약(成文), 수의계약(隨意), 신탁계약(信託), 쌍무계약(雙務↔편무계약), 여신계약(與信), 요물계약(要物), 요식계약(要式), 용선계약(傭船), 유명계약(有名), 유상계약(有償), 유예계약(猶豫), 일괄계약(一括), 임대계약(賃貸), 조합계약(組合), 중재계약(仲裁), 지명경쟁계약(指名競爭), 청부계약(請負), 편무계약(片務), 화해계약(和解), 황견계약(黃犬;노동조합에 가입하지 않거나 탈퇴할 것을 고용 조건으로 하는 노동 계약).

782) 계몽(啓蒙): 어린아이나 무식한 사람을 일깨워 줌. 인습에 젖거나 바른 지식을 가지지 못한 사람을 일깨워, 새롭고 바른 지식을 가지도록 함. ¶계몽기(期), 계몽되다/하다, 계몽문학(文學), 계몽사상(思想), 계몽운동(運動), 계몽주의(主義), 계몽철학(哲學).

783) 계발(啓發): 슬기나 재능 · 사상 따위를 일깨워 주는 일. ¶재능 따위를 키워주는 일은 '개발(開發)'이라고 한다. 계발되다/하다.

784) 계급(階級): ①지위 · 관직의 단계. 일정한 사회에서 신분 · 지위가 비슷한 사람들로 형성된 집단. 사회주의 경제 체제에서, 생산 수단의 소유 여부 및 부의 분배 방식에 따라 발생하는 인간 집단. ¶한 계급 승진하다. 부르주아 계급. 프롤레타리아 계급. 계급값, 계급관념(觀念), 계급국가(國家), 계급귀속의식(歸屬意識), 계급도덕(道德), 계급독재(獨裁), 계급동정(同情), 계급문학(文學), 계급사회(社會), 계급성(性), 계급세(稅), 계급예술(藝術), 계급의식(意識), 계급장(章), 계급적(的), 계급정년(停年), 계급정당(政黨), 계급제도(制度), 계급주의(主義), 계급층(層), 계급투쟁/하다(鬪爭), 계급화해론(和解論); 귀족계급(貴族), 기본계급(基本), 노동자계급(勞動者)/노동계급(勞動), 무산계급(無産), 반상계급(班常), 상류계급(上流), 상층계급(上層), 생산계급(生産), 서민계급(階級), 소시민계급(小市民), 수탈계급(收奪), 시민계급(市民), 신흥계급(新興), 양반계급, 유산계급(有産), 자본가계급(資本家)/자본계급(資本), 중간계급(中間), 중산계급(中産), 지배계급(支配), 지식계급(知識), 지주계급(地主), 착취계급(搾取), 특권계급(特權), 평민계급(平民), 피압박계급(被壓迫) 피지배계급(被支配), 하층계급(下層). ②변량(變量)을 적당한 폭으로 구분하여 놓은 것. ¶계급값; 광도계급(光度), 풍력계급(風力;바람의 세기를 나타내는 수준), 진도계급(震度).

785) 계단(階段): 계단경작(耕作), 계단농업(農業), 계단단층(斷層), 계단만(灣), 계단밭, 계단상(狀), 계단석(席), 계단식(式), 계단참(站); 꺾인계단, 나무계단, 나선계단(螺旋), 돌계단, 자동계단(自動;에스컬레이터), 층층계단(層層).

786) 계제(階梯): 층계와 사닥다리란 뜻에서 ①일이 되어가는(벼슬이 올라가는) 순서나 절차. 계제직(職). ②일의 좋은 기회. ¶이 계제에 다 해 버리자. 이 계제에 친해집시다.

787) 계속(繼續): 끊이지 않고 이어 나감. ¶계속 쏟아지는 폭우. 계속급부(給付), 계속되다/하다, 계속범(犯), 계속변이(變異), 계속보험(保險), 계속비(費), 계속비행(飛行), 계속심의(審議), 계속약관(約款), 계속적(的), 계속하다(잇다. 유지하다), 계속회(會).

788) 계절(季節): 한 해를 날씨에 따라 넷으로 나눈 그 한 철(절기). 어떤 일을 하는 데 가장 알맞은 시절. ¶계절 식품. 독서의 계절. 계절관세(關稅), 계절노동(勞動), 계절변동(變動), 계절병(病), 계절성(性), 계절예보(豫報), 계절적(的)[계절적실업(失業), 계절적취락(聚落)], 계절주(株), 계절품(品), 계절풍(風)[계절풍기후(氣候), 계절풍지대(地帶)], 계절형(型), 계절회유(回遊); 사계절(四).

指), 계추(季秋), 계춘(季春), 계하(季夏), 계후(季候); 건계(乾季), 고일계(高日季), 곤계(昆季;형제), 동계(冬季), 반계(半季), 사계(四季), 요계(澆季), 우계(雨季), 절계(節季), 추계(秋季), 춘계(春季), 하계(夏季), 혼계(昏季;나이가 젊고 어리석음) 들.

계(繫) '얽어매다'를 뜻하는 말. ¶계기(繫羈), 계람(繫纜), 계루(繫/係累), 계류(繫留)[789], 계마(繫馬), 계목(繫牧), 계박(繫泊), 계박(繫縛), 계사(繫辭), 계삭(繫索;물건을 매어두는 밧줄), 계선(繫船;배를 매어둠)[계선거(渠), 계선기(機), 계선능력(能力), 계선부표(浮漂), 계선잔교(棧橋), 계선주(柱)], 계속(繫/係屬)[소송계속(訴訟)], 계수(繫囚), 계옥(繫獄), 계주(繫柱), 계지(繫止), 계칩(繫蟄;자유를 구속당하여 집 안에 들어앉아 있음), 계포(繫匏); 수계(囚繫), 수계(收繫), 연계(連繫), 체계(逮繫), 포계(捕繫) 들.

계(桂) '계수나무. 월계수'를 뜻하는 말. ¶계관(桂冠), 계도(桂櫂), 계륜(桂輪;달), 계림(桂林), 계마(桂馬), 계말(桂末;계핏가루), 계백(桂魄;달), 계수/나무(桂樹), 계심(桂心), 계월(桂月), 계추(桂秋), 계피(桂皮)[계핏가루, 계피산(酸), 계피유(油), 계피정(精); 편계피(片)]; 모계(牡桂), 목계(木桂), 육계(肉桂;계수나무의 두꺼운 껍질), 월계(月桂)[월계관(冠), 월계수(樹)] 들.

계(稽) '머리를 조아리다. 머무르다'를 뜻하는 말. ¶계고(稽古), 계고(稽考;자세히 알아봄), 계류(稽留;머무르게 함)[계류열(熱), 계류유산(流産), 계류조(條)], 계사(稽查;잘 생각해서 자세히 조사함), 계상(稽顙;이마가 땅에 닿도록 몸을 굽혀 절함. 머리를 조아림. 계수), 계상재배(稽顙再拜;머리를 조아려 두 번 절함), 계수/재배(稽首/再拜), 계체(稽滯); 골계(滑稽), 무계하다(無稽), 황당무계(荒唐無稽), 황탄무계(荒誕無稽) 들.

계(係) 사무나 작업 분담의 작은 갈래. '관계되다. 매이다'를 뜻하는 말. ¶계련(係戀), 계루(係累), 계속(係/繫屬), 계수(係數), 계원(係員), 계장(係長), 계쟁/물(係爭/物), 계착(係着); 관계/하다(關係), 보급계(補給係), 진행계(進行係), 출납계(出納係); 사무계/ 인사계 들.

계(溪) '시내'를 뜻하는 말. ¶계간(溪澗;산골짜기에 흐르는 시냇물), 계곡(溪谷;골짜기), 계람(溪嵐), 계류(溪/谿流)[빙하계류(氷河)], 계반(溪畔), 계수(溪水), 계운(溪雲), 계천(溪川), 계천(溪泉), 계학(溪壑;溪谷); 만계(灣溪), 반계곡경(盤溪曲徑), 벽계(碧溪), 설계(雪溪), 식계(蝕溪), 옥계(玉溪), 청계(淸溪) 들.

계(誡) 죄를 짓지 못하게 하는 규정. 수행의 덕목으로 삼는 행동 규범. ¶계면(誡勉), 계명(誡命); 수계(守誡), 십계명(十誡命) 들.

계(悸) '가슴이 뛰다. 두근거리다'를 뜻하는 말. ¶계심통(悸心痛), 계율(悸慄); 경계(驚悸), 동계(動悸), 심계(心悸) 들.

계(枅) '두공(枓栱;기둥 위에 지붕을 받치며, 장식하기 위하여 짜 올린 구조)'를 뜻하는 말. ¶목계(木枅).

계(癸) 십간(十干)의 열째. ¶계방(癸方), 계시(癸時), 계좌(癸坐), 계축년(癸丑年) 들.

계(械) '기계. 도구'를 뜻하는 말. ¶계곡(械梏), 계계(械繫); 기계(器械), 기계(機械), 형계(刑械) 들.

계(紒) '상투를 틀다'를 뜻하는 말. ¶노계(露紒;아무것도 쓰지 아니한 상투머리).

계(棨) '나무로 만들어 비단으로 싼 창(槍)'을 뜻하는 말. ¶계극(棨戟); 중계(中棨) 들.

계(屆) '이르다. 다다르다'를 뜻하는 말. ¶계기(屆期;때가 됨).

계(笄) '비녀'를 뜻하는 말. ¶계례(笄禮).

계면 내림굿을 하기 위하여, 무당이 집집마다 돌아다니며 돈이나 쌀을 거둘 때에 무당을 인도한다는 귀신. ¶계면굿, 계면놀이(계면돌며 하는 굿), 계면돌다(무당이 쌀이나 돈을 얻으려고 집집이 돌아다니다), 계면떡(굿을 끝내고 구경꾼에게 나눠주는 떡).

계명워리 행실이 바르지 못한 계집을 욕으로 이르는 말.≒허튼계집. 통지기.

계수 '이불'의 궁중말.

계시 공장(工匠;장인바치)의 밑에서 기술을 배우는 제자. 수습공(修習工).[←겯+수].

계시(다) 어떤 존귀한 인물이 어떤 장소에 있다. '있다'의 높임말. ¶시아버지께서는 지금 안방에 누워 계신다. 할아버지께서는 아들 집에 이틀도 못 계시고 시골로 돌아가셨다. 겝시다('계시다'의 높임말).

계집 '여자. 아내'의 낮춤말.↔사내.[←겨시(다)+집]. ¶계집과 사내. 제 계집 위할 줄도 모른다. 계집에 미치다. 계집년, 계집붙이, 계집사람, 계집아이/계집애, 계집자식(子息), 계집장사, 계집종, 계집질, 계집편성(偏性); 노는계집, 군계집, 남진계집(내외를 갖춘 남의 집 하인), 독계집, 뜬계집(우연히 상관하게 된 여자), 본계집(本), 작은계집[첩(妾)], 큰계집[본처(本妻)], 허튼계집, 헌계집.

계추리 삼의 겉껍질을 긁어 버리고 만든 실로 짠 삼베의 한 가지. 황저포(黃紵布).

고¹ 옷고름·노끈 따위의 매듭이 풀리지 아니하게 한 가닥을 고리처럼 잡아맨 것. 상투를 틀 때 머리털을 고리처럼 되도록 감아 넘긴 것. ¶보자기의 고를 풀다. 고를 틀다. 고달이[790], 고름/옷고름, 고매끼(대님), 고머리[791]; 단춧고(단추를 꿰기 위하여 헝겊 따위로 만들어 단 고리), 상툿고(상투의 틀어 감아 맨 부분), 심고(활시위를 걸기 위하여 양냥고자 끝에 소의 심으로 만들어 댄 고).

---

789) 계류(繫留): 일정한 곳을 벗어나지 못하도록 밧줄 같은 것으로 붙잡아 매어 놓음. 어떤 사건이 해결되지 않고 걸려 있음. 배매기. ¶그 사건은 법원에 계류 중이다. 계류기구(氣球), 계류기뢰(機雷), 계류되다/하다, 계류부표(浮漂), 계류삭(索), 계류선(船), 계류신호(信號), 계류음(音;걸림음), 계류장(場), 계류탑(塔).

790) 고달이: 물건을 들거나 걸어 놓기 좋도록, 노끈 따위로 고리처럼 만들어 물건에 달아 놓은 것.[←고+달(다)+이]. ¶열쇠고달이.

791) 고머리: 머리 땋은 것으로 머리통을 한 번 두르고, 남은 머리와 댕기를 이마 위쪽에 얹은머리 모양.

고² 온돌 구조에서, 마루 아래 터진 구멍. ¶고막이[고막이널, 고막이돌, 고막이머름, 고막이바르기].

고³ 가야금이나 거문고 같은 예전의 국악 현악기를 통틀어 이르는 말.

고⁴ 말하는 대상을 얕잡는 뜻으로 가리키거나, 또는 귀엽게 여기는 뜻으로 가리킬 때 쓰는 말. 가리키는 범위를 좁혀 가리킬 때 쓰는 말. ¶고 자식, 참으로 발칙하군. 겨우 고 정도냐?

고⁵ ①모음으로 끝나는 체언 아래나 조사 '에, 에게, 서, 에서, 께, 께서' 따위에 붙어 둘 이상의 사물을 같은 자격으로 이어주는 접속 조사. [받침 뒤에서는 '이고'로 쓰임]. ¶개고 돼지고 할 것 없이 잡아갔다. 집에서고 학교에서고 공부만 한다. 사람이고 짐승이고 먹어야 산다. ②'-다, -냐, -라, -자, -마'로 끝나는 종결 어미 뒤에서, 앞말이 인용되는 말임을 나타내는 조사. ¶집에 가라고 합니다. "나는 가겠소"라고 말했다.

-고 ①두 가지 이상의 사실이 단순히 나열하는 뜻을 나타내는 연결 어미. ¶보고 들은 이야기. ②상반되는 두 사실을 대조적으로 나타내는 연결 어미. ¶인생은 짧고, 예술은 길다. ③동사의 어간에 붙어 동작이나 행위의 진행 · 지속 · 종료 · 욕망을 나타내는 연결 어미. ¶편지를 쓰고 있다. 말을 타고 가다. 집에 가고 싶다. ④동작이나 상태를 강조하기 위하여 어간을 겹쳐 쓸 때, 앞 어간에 붙는 연결 어미. ¶쌓이고 쌓인 시름. 높고 높은 은혜. ⑤물음이나 항변 또는 감탄 따위의 뜻을 나타내는 종결 어미. ¶설거지는 누가 하고? 자기는 뭐 얼마나 예쁘고? 네가 가면 나는 어떡하고? 노래 소리도 좋고! -는다-고, -느냐-고, -자-고, -으라-고. ⑥선행절을 전제로 쓰이는 서술이나 명령의 종결 어미. ¶네가 그 일을 하면야 나는 좋고. 학교에 가서 까불지 말고. ⑦보조 용언 '있다, 나다, 싶다, 보다' 등과 어울려 동작의 진행이나 끝남, 동작(상태)에의 욕망, 동작을 시험함을 나타내는 어미. ¶원고를 쓰고 있다. 실컷 울고 나니 시원하다. 시집간 누님이 보고 싶다. -고-는/곤, -고-말(다)-고, -고-도[792], -고-서[793](는/도/야/부터/까지/라도/라야), -고-야, -고-요, -고-지고/지라, -고-파(라).

-고- 형용을 강조하기 위하여 어간을 겹쳐 합성어를 이룰 때, 앞 어간에 붙는 연결 어미. ¶멀고멀다, 하고많다(많고 많다).

고(高) ①'높다. 훌륭한. 나이가 많은'을 뜻하는 말.↔저(低). ¶고가(高價)[고가주(株), 고가품(品)], 고가(高架)[고가교(橋), 고가도로(道路), 고가수조(水槽), 고가철도(鐵道)], 고각(高角), 고각/대루(高閣/大樓), 고감각(高感覺), 고감도(高感度), 고강도(高强度), 고검(高檢), 고견(高見), 고결(高潔)[고결성(性), 고결하다], 고공(高空)[고공병(病), 고공심리(心理)], 고관/대작(高官/大爵), 고광도(高光度), 고교(高校), 고교(高敎), 고귀하다(高貴), 고극(高極), 고금리(高金利), 고급(高級)[794], 고급(高給), 고기능(高技能), 고기압(高氣壓), 고난도(高難度), 고년(高年;高齡), 고농도(高濃度), 고농축(高濃縮), 고단(高段), 고단백(高蛋白), 고단수(高段數), 고단위(高單位), 고담(高談)[고담방언(放言), 고담준론(峻論)], 고답(高踏)[795], 고당(高堂), 고당질(高糖質), 고대/광실(高臺/廣室), 고대고모(高大姑母), 고덕(高德), 고도(高度)[고도병(病), 고도성장(成長), 고도화(化); 초고고도(超高), 최고도(最)], 고도(高跳), 고도(高蹈), 고득점(高得點), 고등(高等)[796], 고등(高騰), 고람(高覽), 고랭지(高冷地), 고량(高粱;수수)[고량주(酒)], 고령(高嶺), 고령/자(高齡/者), 고령토(高嶺土), 고로/재(高爐/滓), 고론(高論), 고루/거각(高樓/巨閣), 고리(高利)[고리대금(貸金), 고리채(債)], 고만하다(高慢), 고매하다(高邁;인격이나 품성이 높다. 훌륭하다), 고매성(高邁性), 고명(高名), 고명하다(高明), 고모음(高母音), 고묘하다(高妙), 고문(高文)[고문대책(大册), 고문전책(典册)], 고문(高門), 고물가(高物價), 고밀도(高密度), 고방사능(高放射能), 고배(高排), 고복지(高福祉), 고봉(高俸), 고봉/峻嶺(高峰/준령), 고봉/밥(高捧), 고부조(高浮彫), 고분자(高分子), 고분화(高粉畵), 고비(高卑), 고비(高飛), 고비원주(高飛遠走), 고비용(高費用), 고사(高士), 고사(高射), 고사포(高射砲), 고산(高山)[고산기후(氣候), 고산대(帶), 고산병(病), 고산식물(植物)], 고상하다(高尙), 고상(高翔), 고설(高說), 고설삼문(高設三門), 고성(高聲)[고성대규(大叫), 고성대독(大讀), 고성대질(大叱), 고성전화(電話), 고성준론(峻論)], 고성능(高性能), 고소/공포증(高所/恐怖症), 고소득(高所得), 고속(高速)[고속기류(氣流), 고속도(高速度), 고속도로(道路)], 고손(高孫;玄孫), 고수(高手), 고수(高壽), 고수로(高水路), 고수위(高水位), 고수익(高收益), 고순위(高順位), 고습(高濕), 고승(高僧), 고아하다(高雅), 고악(高嶽), 고압(高壓)[고압계(計), 고압선(線), 고압수단(手段), 고압적(的)], 고압축(高壓縮), 고액(高額), 고양하다(高揚), 고언(高言), 고열(高熱), 고온(高溫)[초고온(超)], 고와(高臥), 고원(高原), 고원(高遠), 고위(高位), 고위도(高緯度), 고위험군(高危險群), 고유가(高油價), 고율(高率), 고은(高恩), 고음(高吟), 고음(高音), 고음계(高音階), 고의(高意), 고의(高義), 고의(高誼), 고일하다(高逸;높이 빼어나다), 고일계(高日季), 고임금(高賃金), 고자세(高姿勢), 고장(高張), 고장애(高障碍), 고재(高才;뛰어난 재주), 고재(高材), 고저(高低), 고저(高著), 고적운(高積雲), 고전압(高電壓), 고절하다(高絶), 고절(高節), 고점(高點), 고조(高調)[고조되다/하다, 고조파(波)], 고조/되다/선(高潮/線), 고조모(高祖母), 고조부(高祖父)/고조(高祖), 고조부모(高祖父母), 고조비(高祖妣), 고족사기(高足沙器), 고족상(高足床), 고족제자(高足弟子)/고제(高弟), 고주(高柱)[고주대문(大門;솟을대문), 고주오량(五梁); 고줏집], 고주파(高周波)[고주파요법(療法), 고주파전류(電流)], 고준하다(高峻),

792) -고도: 용언의 어간에 붙어 상반되는 내용이나, 어떠한 특성 이외에 또 다른 특성을 동시에 가지고 있음을 나타내는 연결 어미. ¶길고도 짧은 얘기. 보고도 못 본 체하다. 슬프고도 아름다운 전설.

793) -고서: 연결 어미 '-고'에 보조사 '서②'와 결합된 말. ¶돈을 벌고서 쓸 생각을 해라. 비가 오고서 날씨가 추워졌다.

794) 고급(高級): 물건 따위의 품질이 뛰어나고 값이 비쌈. 지위나 신분 또는 수준 따위가 높음.↔저급(低級). ¶고급 음식점. 고급 인력. 고급 관리. 고급개념(槪念), 고급문화(文化), 고급반(般), 고급상징(象徵), 고급스럽다, 고급장교(將校), 고급포장(鋪裝), 고급품(品), 고급하다, 고급화/되다/하다(化); 최고급(最).

795) 고답(高踏): 속세에 초연하며 현실과 동떨어진 것으로 고상하게 여김. ¶고답적(的), 고답주의(主義), 고답파(派).

796) 고등(高等): 등급이나 수준, 정도가 높음. 또는 그런 정도. ¶고등감각(感覺), 고등교육(敎育), 고등동물(動物), 고등법원(法院), 고등비평(批評), 고등비행(飛行), 고등수학(數學), 고등식물(植物), 고등재배(栽培), 고등학교(學校).

고지(高地), 고지(高志), 고지대(高地帶), 고지방(高脂肪), 고진공(高眞空), 고차원(高次元), 고찰(高札), 고창하다(高唱), 고창하다(高敞;지대가 높고 시원하다), 고처/공포증(高處/恐怖症), 고철봉(高鐵棒), 고청정(高淸淨), 고초석(高礎石), 고촉(高燭), 고출력(高出力), 고층(高層)[고층건물(建物); 초고층(超)], 고침(高枕)[고침단명(短命), 고침안면(安眠)], 고탁하다(高卓), 고탄성(高彈性), 고탑(高塔), 고평(高評), 고폭탄(高爆彈), 고품격(高品格), 고품위(高品位), 고품질(高品質), 고풍(高風), 고하(高下), 고학년(高學年), 고학력(高學歷), 고함(高喊;크게 부르짖거나 외치는 소리), 고항하다(高亢;남에게 굽힘이 없이 뻐기는 태도가 있다), 고해상도(高解像度), 고해안(高海岸), 고헌(高軒;높은 처마), 고헐(高歇;값이 비쌈과 쌈), 고험하다(高險), 고혈당(高血糖), 고혈압/증(高血壓/症), 고화질(高畵質), 고효율(高效率), 고흥(高興); 계고(階高), 고고하다(孤高;홀로 깨끗하고 우뚝하다), 기고만장(氣高萬丈), 도고(道高), 동고서저(東高西低), 동고선(同高線), 등고선(等高線), 등고/자비(登高/自卑), 사고(斜高), 산고곡심(山高谷深), 수고(樹高), 숭고하다(崇高), 점고(漸高), 제고(提高), 조고(潮高), 종고(宗高;땅바닥에서 마루 끝까지의 높이), 좌고(坐高;앉은키), 지고/하다(至高), 지고(地高), 질고(秩高), 천고마비(天高馬肥), 청고(淸高), 체고(體高), 최고(最高), 태고(太高), 파고(波高), 표고/점(標高/點). ②'양. 액수'를 뜻하는 말. ¶계획고(計劃高), 농산고(農産高), 매상고(賣上高)/매고(賣高), 물가고(物價高), 발행고(發行高)[통화발행고(通貨)/통화고], 보유고(保有高)[외환보유고(外換)], 보합고(步合高), 산출고(産出高), 생산고(生産高), 소비고(消費高), 수출고(輸出高), 수확고(收穫高), 순환고(循環高), 실수고(實收高), 어획고(漁獲高), 예상고(豫想高), 유통고(流通高), 잔고(殘高), 통화고(通貨高), 판매고(販賣高), 현고(現高) 들.

고(古) '오래되다. 낡다. 예스럽다'를 뜻하는 말. ¶고가(古家), 고가(古歌), 고가구(古家具), 고간독(古簡牘), 고간본(古刊本), 고건물(古建物), 고건축(古建築), 고격(古格), 고경(古經), 고곡(古曲), 고괴(古怪), 고교(古敎), 고국(古國), 고군영(古軍營), 고궁(古宮), 고규(古規), 고금(古今)[고금독보(獨步), 고금동서(東西), 고금동연(同然); 동서고금(東西)], 고기(古記), 고기(古奇), 고기(古氣), 고기(古基), 고기(古器), 고담(古談), 고당(古堂), 고대(古代)[고대국가(國家), 고대극(劇), 고대사회(社會), 고대소설(小說), 고대어(語), 고대인(人)], 고덕(古德), 고도(古都), 고도(古道), 고동(古銅), 고동기(古銅器), 고동로(古銅爐), 고동색(古銅色), 고래/로(古來), 고력(古曆), 고례(古例), 고례(古禮), 고례(古隷), 고로(古老), 고루(古壘), 고명(古名), 고목(古木), 고묘(古墓), 고묘(古廟), 고묵(古墨), 고문(古文), 고문서(古文書), 고문헌(古文獻), 고물(古物)[고물가게, 고물단지[797], 고물딱지, 고물상(商)], 고미(古米), 고미술(古美術), 고미술품(古美術品), 고박하다(古朴/樸), 고방(古方), 고법(古法), 고병(古兵), 고본(古本), 고분(古墳), 고불/심(古佛/心), 고비(古碑), 고사(古史), 고사(古寺), 고사거찰(古寺巨刹), 고사(古事), 고사(古祠), 고사(古槎), 고사본(古寫本), 고색/창연(古色/蒼然), 고생대/층(古生代/層), 고생물/학(古生物/學), 고생태(古生態), 고서(古書), 고서적(古書籍), 고서화(古書畵), 고석(古石), 고석(古昔), 고설(古說), 고성(古城), 고성(古聖), 고성소(古聖所), 고세(古世), 고소(古巢), 고소설(古小說), 고속(古俗), 고속요(古俗謠), 고송(古松), 고시(古時), 고시(古詩), 고시조(古時調), 고식(古式), 고식물학(古植物學), 고아하다(古雅), 고악(古樂), 고악기(古樂器), 고어(古語), 고언(古言), 고언(古諺), 고영어(古英語), 고옥(古屋), 고옥경(古玉磬), 고와(古瓦), 고왕금래(古往今來), 고요(古謠), 고원(古園), 고유전학(古遺傳學), 고윤(古胤;옛 자손), 고율척(古律尺), 고읍(古邑), 고의(古義), 고의방(古醫方), 고인(古人), 고자(古字), 고자기(古瓷器), 고적(古蹟)[명승고적(名勝)], 고전(古典)[798], 고전(古殿), 고전(古磚), 고전(古錢), 고전(古篆), 고전장(古戰場), 고제(古制), 고제삼기(古第三紀), 고조(古祖), 고조(古調), 고조류(古鳥類), 고조선(古朝鮮), 고졸하다(古拙;치졸한 듯하면서도 고아한 맛이 있다), 고주(古註), 고지도(古地圖), 고지리(古地理), 고지자기(古地磁氣), 고지형(古地形), 고찰(古刹), 고참(古參), 고철(古哲), 고철(古鐵), 고체/시(古體/詩), 고총(古冢), 고칭(古稱), 고탑(古塔), 고태/의연(古態/依然), 고택(古宅), 고토양(古土壤), 고판(古版), 고판본(古板本), 고품(古品), 고풍(古風), 고필(古筆), 고허(古墟), 고현(古賢), 고호(古號), 고화(古畵), 고훈(古訓), 고희/연(古稀/宴); 감고(鑑古), 계고(稽古), 고고/학(考古/學), 근고(近古), 긍고(亘古;옛날까지 걸침), 기고(奇古;두드러지게 예스러움), 만고(萬古;오랜 세월), 반고(盤古), 방고(倣古), 복고(復古), 상고(上古), 상고(尙古), 수고(邃古), 순고(淳古), 숭고(崇古), 신고(新古), 왕고(往古), 의고(擬古)[의고주의(主義), 의고체(體), 의고풍(風)], 자고로(自古), 자고이래(自古以來), 전고(前古), 중고(中古), 질고(質古), 창고(蒼古), 천고(千古), 천만고(千萬古), 최고(最古), 태고(太古), 한고(罕古;옛적부터 드묾), 호고(好古), 회고(懷古) 들.

고(苦) '맛이 쓰다. 괴롭다. 애쓰다'를 뜻하는 말. ¶고간(苦諫), 고간(苦懇), 고객(苦客), 고경(苦境), 고계(苦界), 고고(苦苦), 고곤하다(苦困), 고관(苦觀), 고극(苦劇;너무 심하거나 지독함), 고난(苦難), 고뇌(苦惱), 고대(苦待), 고락(苦樂), 고려(苦慮;걱정), 고련(苦楝;소태나무), 고륜(苦輪;고뇌가 수레바퀴처럼 굴러서 쉴 사이가 없음), 고륜지해(苦輪之海), 고미(苦味), 고민(苦悶;걱정. 근심. 갈등), 고배(苦杯;쓴 술잔. 쓰라린 경험), 고삼/자(苦蔘/子), 고삽하다(苦澁), 고색(苦色), 고생(苦生)[799], 고소(苦笑), 고신(苦辛), 고심(苦心)[고심담(談), 고심스럽다, 고심작(作), 고심참담(慘憺), 고심혈성(血誠)], 고안(苦顔), 고액(苦厄), 고어(苦語), 고언(苦言), 고업(苦業), 고역(苦役), 고열(苦熱), 고염(苦炎), 고염(苦鹽), 고욕(苦辱), 고우(苦雨;궂은비), 고장(苦障), 고전(苦戰), 고절(苦節), 고정(苦情), 고제(苦諦), 고주(苦主), 고주(苦酒), 고죽(苦竹), 고진감래(苦盡甘來), 고집멸도(苦集滅道), 고채(苦菜), 고초(苦楚;苦

797) 고물단지(古物): 시대에 뒤떨어졌거나 오래되어 쓸모없게 된 물건.

798) 고전(古典): 고전극(劇), 고전문학(文學), 고전물리학(物理學), 고전미(美), 고전어(語), 고전역학(力學), 고전음악(音樂), 고전적(的), 고전주의(主義), 고전파(派), 고전학(學).

799) 고생(苦生): 괴롭게 애쓰고 수고함. ¶고생기(氣), 고생길, 고생담(談), 고생문(門), 고생바가지, 고생보따리, 고생살이, 고생스럽다, 고생주머니, 고생줄, 고생티, 고생하다(≒애쓰다. 수고하다); 개고생, 노년고생(老年), 돈고생(돈이 없거나 부족하여 겪는 고생), 마음고생, 생고생(生), 소년고생(少年), 짓고생(아주 심한 고생), 초년고생(初年;젊어서 하는 고생), 헛고생.

難), 고충(苦衷), 고치(苦恥), 고토(苦土), 고통(苦痛), 고투(苦鬪)[악전고투(惡戰)], 고편(苦鞭), 고학/생(苦學/生), 고한(苦寒), 고한노동(苦汗勞動), 고해(苦海), 고행(苦行)[고행길; 난행고행(難行)], 고헐(苦歇), 고환(苦患), 고황(苦況), 고회(苦懷); 각고(刻苦), 간고하다(艱苦), 감고(甘苦), 객고(客苦), 곤고(困苦), 공고(功苦;애써 연구함), 괴고(壞苦), 구고(救苦), 궁고(窮苦), 근고(勤苦), 끽고(喫苦), 노고(老苦), 노고(勞苦), 동고(同苦), 동고동락(同苦同樂), 만고(萬苦), 민생고(民生苦), 번고(煩苦), 병고(病苦), 빈고(貧苦), 사고(四苦), 사고(死苦), 사고팔고(四苦八苦), 사상고(思想苦), 산고(産苦), 삼중고(三重苦), 생고(生苦), 생활고(生活苦), 서고(暑苦), 세계고(世界苦), 수고(愁苦), 신고(辛苦), 실고(失苦), 애고(哀苦), 업고(業苦), 여고(旅苦), 염고(厭苦), 오고(五苦), 옥고(獄苦), 이고(離苦), 이중고(二重苦), 인간고(人間苦), 인고(忍苦), 제고(諸苦), 중고(重苦), 참고(慘苦), 통고(痛苦), 한고(寒苦), 행고(行苦), 환고(患苦) 들.

고(告) '알리다. 아뢰다 · 여쭈다'를 뜻하는 말. ¶고경(告更), 고과(告課), 고관(告官), 고귀(告歸), 고급(告急), 고묘(告廟), 고발(告發)[800], 고백(告白;털어놓음)[고백문학(文學), 고백서(書), 고백성사(聖事), 고백적(的), 고백체(體), 고백하다; 신앙고백(信仰)], 고변(告變;변고를 알림), 고별(告別)[고별사(辭), 고별식(式), 고별연(宴), 고별인사(人事), 고별주(酒), 고별회(會)], 고부(告訃), 고사(告祀)[고삿고기, 고사떡, 고삿말(고사를 지낼 때 신령에게 비는 말), 고사반(盤), 고삿소리; 텃고사], 고사(告辭), 고사당(告祠堂), 고사반(告祀盤), 고소(告訴)[고소권자(權者), 고소인(人), 고소장(狀); 맞고소], 고시(告示)[고시가격(價格), 고시되다/하다], 고유(告由), 고유(告諭), 고자/쟁이/질(告者)[801], 고전기(告傳旗), 고제(告祭), 고죄경(告罪經), 고지(告知;알림)[고지서(書), 고지의무(義務), 고지판(板)], 고천(告天), 고축(告祝), 고하다, 고해성사(告解聖事); 경고/문(警告/文), 계고(戒告), 계고(啓告), 공고(公告), 광고(廣告), 권고(勸告), 근고(謹告), 급고(急告), 내고(內告), 논고(論告), 누고(漏告), 무고(誣告), 무고(無告), 무고지민(無告之民), 밀고(密告)[밀고자(者), 밀고장(狀)], 발고(發告), 번고(煩告), 변고(辨告), 보고(報告), 봉고(奉告), 부고(訃告), 부고(訃告), 분고(奔告), 불고(不告), 사고(社告), 상고(上告)[802], 선고(宣告), 식고(食告), 신고(申告), 심고(心告), 앙고(仰告), 영고(靈告), 예고(豫告), 원고(原告), 유고(諭告), 이실직고(以實直告), 전고(傳告), 직고(直告), 진고(陳告), 최고(催告), 추고(追告), 충고(忠告), 친고(親告), 통고(通告), 포고(布/佈告), 품고(稟告), 피고(被告), 함고(咸告), 항고(抗告), 향고(饗告), 훈고(訓告) 들.

고(庫) '물건을 저장하는 곳간(庫間). 또는 그런 관아'를 뜻하는 말. ¶곳간(庫間), 곳간차(庫間車), 고방(庫房), 고봉(庫封), 고사(庫舍), 고세(庫貰), 고자(庫子), 고직(庫直), 곳집; 가각고(架閣庫), 격납고(格納庫), 공정고(供正庫), 관고(官庫), 구경고(九經庫), 국고/금(國庫/金), 군기고(軍器庫), 군량고(軍糧庫), 금고(金庫)[마을금고, 상호신용금고(相互信用), 중앙금고(中央)], 기관고(機關庫), 내빙고(內氷庫), 내탕고(內帑庫), 냉동고(冷凍庫), 냉장고(冷藏庫), 누상고(樓上庫), 늠고(廩庫), 덕천고(德泉庫), 도재고(都齋庫), 무기고(武器庫), 문고(文庫)[마을문고, 아동문고(兒童)], 문서고(文書庫), 문헌고(文獻庫), 물장고(物藏庫), 번고(反庫), 별고(別庫), 병기고(兵器庫), 보고(寶庫), 보물고(寶物庫), 봉고파직(封庫罷職), 봉선고(奉先庫), 부고(府庫), 비고(秘庫), 빙고(氷庫), 사고(史庫), 서고(書庫), 서류고(書類庫), 석빙고(石氷庫), 석탄고(石炭庫), 선고(船庫), 소비고(消費庫), 수장고(收藏庫), 수차고(修車庫), 아랫고, 양말고(糧秣庫), 어고(御庫), 염장고(鹽藏庫), 오경고(五經庫), 온장고(溫藏庫), 요물고(料物庫), 유고(油庫), 육고(肉庫), 의영고(義盈庫), 은고(銀庫), 의장고(儀仗庫), 입고(入庫), 장빙고(藏氷庫), 장젓고(醬庫), 재고(在庫), 저유고(貯油庫), 저장고(貯藏庫), 저탄고(貯炭庫), 제용고(濟用庫), 종견고(種繭庫), 주고(酒庫), 차고(車庫), 창고(倉庫), 책고(冊庫), 출고(出庫), 탄고(炭庫), 탄약고(彈藥庫), 피복고(被服庫), 해전고(解典庫), 혜제고(惠濟庫), 화약고(火藥庫) 들.

고(故) 이미 세상을 떠난 사람이 된. '옛적. 옛일. 일 · 사건. 죽다. 일부러. 이유'를 뜻하는 말. ¶고 안중근 의사. 고가(故家)[고가대족(大族), 고가세족(世族)], 고교(故交), 고구(故舊), 고국(故國), 고군(故君), 고기(故基), 고로(그러므로. 때문에), 고로(故老), 고로상전(故老相傳), 고리(故吏), 고면(故面), 고물(故/古物), 고범(故犯), 고사(故事), 고산(故山), 고살(故殺), 고습(故習), 고실(故實), 고우(故友), 고원(故園), 고의(故意)[고의로(일부러), 고의범(犯), 고의적(的); 미필적고의(未畢的)], 고의(故誼), 고인(故人), 고장(故障), 고정(故情), 고종(故縱), 고주(故主;옛 주인), 고지(故地), 고지(故址), 고태(故態), 고택(故宅), 고토(故土), 고향(故鄕)[고향땅, 고향집; 본고향(本), 환고향(還)], 고허(故墟); 가고(家故), 구고(舊故), 기고(忌故;기제사를 지내는 일), 당고(當故), 대고(大故), 무고(無故), 물고(物故;사회적으로 이름난 사람이 죽음. 죄인이 죽음), 변고(變故), 별고(別故), 병고(病故), 사고(事故), 산고(産故;아이를 낳는 일), 상고(喪故), 세고(世故), 세고(細故), 소고(小故), 연고(緣故), 온고지신(溫故知新), 유고(有故), 작고(作故), 전고(典故), 조고(遭故), 질고(疾故), 추고(推故), 친고(親故), 타고(他故), 탁고(託故), 하고(何故), 혁고(革故) 들.

고(膏) 종기나 상처에 붙이는 물건. 또는 끓여서 곤 즙이나 동물에서 짜낸 기름. '기름진'을 뜻하는 말. ¶고량(膏粱)[고량자제(子弟; 고량진미만 먹고 귀엽게 자란 부잣집 젊은이), 고량진미(珍味)], 고약(膏藥)[흑고약(黑)], 고양(膏壤), 고우(膏雨;제때에 내리는 비), 고유(膏油), 고유(膏腴;기름지고 살짐. 땅이 걺), 고치(膏雉;살진 꿩), 고택(膏澤)[준민고택(浚民)], 고토(膏土;기름진 땅), 고혈(膏血), 고황(膏肓)[고황지질(之疾); 천석고황(泉石)]; 강장고(强壯膏), 경고(硬膏), 경옥고(瓊玉膏), 계고(鷄膏), 계부고(鷄附膏), 구기자고(枸杞子膏), 구절초고(九節草膏), 구피고(狗皮膏), 난고(蘭膏;난

800) 고발(告發): 세상에 잘 알려지지 않은 잘못이나 비리 따위를 드러내어 알림. 피해자나 고소권자가 아닌 제삼자가 수사 기관에 범죄 사실을 신고하여 수사 및 범인의 기소를 요구하는 일. ¶고발되다/하다, 고발문학(文學), 고발인(人), 고발자(者), 고발장(狀), 고발정신(精神), 고발조건(條件).

801) 고자질하다(告者): 남의 잘못이나 비밀을 몰래 일러바치거나 헐뜯어 말하다. ≒찌르다③. 이르다². 일러바치다.

802) 상고(上告): 상고기각(棄却), 상고법원(法院), 상고심(審), 상고장(狀); 불복상고(不服), 비약상고(飛躍).

향기가 나는 기름), 녹골고(鹿骨膏), 동상고(凍傷膏), 두통고(頭痛膏), 만삼고(蔓蔘膏), 만응고(萬應膏), 반창고(絆瘡膏), 발포고(發泡膏), 비전고(秘傳膏), 산밀고(蒜密膏), 석고(石膏)[803], 설리고(雪梨膏), 수고(受膏), 수은고(水銀膏), 쑥고, 액고(液膏), 양의고(兩儀膏), 연고(軟膏)[도말연고(塗抹;피부에 바르는 연고), 붕산연고(硼酸), 습진연고(濕疹), 안연고(眼)], 영류고(癭瘤膏), 우골고(牛骨膏), 운모고(雲母膏), 유고(油膏), 육미고(六味膏), 음양고(淫羊膏), 이강고(梨薑膏), 이붕고(梨硼膏), 인도고(印度膏), 인진고(茵蔯膏), 저피고(樗皮膏), 죽력고(竹瀝膏), 진흙고, 창출고(蒼朮膏), 청생고(青生膏), 향설고(香雪膏), 호골고(虎骨膏) 들.

고(考/攷) ①'곰곰 생각하다. 살피다. 시험'을 뜻하는 말. ¶고거(考據), 고검(考檢), 고고/학(考古/學), 고과(考課), 고관(考官), 고구(考究), 고량(考量), 고려(考慮;생각), 고사(考査)[804], 고선(考選), 고시(考試)[805], 고안(考案)[806], 고열(考閱;참고하여 살펴봄), 고적(考績), 고정(考訂), 고종명(考終命), 고준(考準), 고증/학(考證/學), 고찰(考察;깊이 생각하여 살핌)[고찰하다; 개개고찰(箇箇)], 고평(考評), 고핵(考覈), 고현학(考現學); 가고하다(可考), 감고(監考), 계고(稽考), 고고(顧考), 구고(究考), 논고(論考/攷), 묵고(默考), 보고(補考), 복고(覆考), 비고(備考), 빙고(憑考), 사고(私考), 사고(思考), 삼고(三考), 상고(相考), 상고(詳考), 선고(選考), 소고(小考), 소고(溯考), 수고(搜攷;이것저것 찾아서 상고함), 수고(壽考), 숙고(熟考), 운고(韻考), 일고(一考), 잡고(雜考), 장고(長考), 재고(再考), 전고(詮考), 전고(銓考), 점고(點考), 조고(照考), 좌사우고(左思右考), 참고(參考), 천사만고(千思萬考), 추고(追考), 추고(推考), 후고(後考). ②'죽은 아버지'를 뜻하는 말.↔비(妣). ¶고비(考妣), 고위(考位); 고조고(高祖考) 선고(先考), 왕고(王考), 조고(祖考), 현고(顯考), 황고(皇考) 들.

고(孤) '외롭다. 홀로. 혼자'를 뜻하는 말. ¶고개(孤介), 고객(孤客), 고고하다(孤高;혼자 세속에 초연하여 고상하다), 고군(孤軍;도움을 받지 못하고 고립된 군사나 군대)[고군분투(奮鬪), 고군약졸(弱卒)], 고궁하다(孤窮;외롭고 곤궁하다), 고규(孤閨;외로운 잠자리), 고근약식(孤根弱植), 고금(孤衾;홀로 쓸쓸히 자는 잠자리), 고도(孤島), 고독(孤獨)[807], 고등(孤燈), 고로(孤老), 고로여생(孤露餘生), 고루(孤壘;고립된 보루), 고루하다(孤陋;보고 들은 것이 없어 견문이 좁다), 고립(孤立)[808], 고범(孤帆), 고봉(孤峰), 고성(孤城), 고송(孤松), 고신(孤臣)[고신얼자(孽子), 고신원루(寃淚)], 고신/척영(孤身/隻影), 고아(孤兒)[고아원(院); 전쟁고아(戰爭)], 고안(孤雁), 고애자(孤哀子), 고얼(孤孼), 고영(孤影;외롭고 쓸쓸한 그림자), 고운(孤雲), 고운야학(孤雲野鶴), 고월(孤月), 고은(孤恩), 고자(孤子), 고장난명(孤掌難鳴), 고적하다(孤寂), 고절(孤節)[오상고절(傲霜;국화)], 고정(孤貞), 고족(孤族), 고종(孤宗), 고주(孤主;권력이 없는 외로운 임금), 고주(孤舟), 고주(孤注;노름꾼이 나머지 돈을 다 걸고 단번에 승패를 겨룸), 고촉(孤燭), 고촌(孤村), 고충(孤忠), 고침(孤枕)[고침단금(單衾), 고침한등(寒燈)], 고투(苦鬪), 고혈(孤孑)[고혈단신(單身), 고혈하다], 고혼(孤魂); 불초고(不肖孤), 유고(遺孤), 탁고(託孤), 편고(片孤), 현군고투(懸軍孤鬪) 들.

고(鼓) '북. 북을 치다. 부추기다'를 뜻하는 말. ¶고각(鼓角), 고각함성(鼓角喊聲), 고녀(鼓女), 고동치다(鼓動)[809], 고루(鼓樓), 고막(鼓膜;귓구멍 안쪽에 있는 막)[고막기관(器官), 고막염(炎), 고막천공(穿孔), 고막파열(破裂)], 고무(鼓舞)[고무되다/하다, 고무자(者), 고무적(的)], 고복/격양(鼓腹/擊壤), 고분(鼓盆)/고분지통(鼓盆之痛), 고석(鼓石), 고성(鼓聲), 고수(鼓手), 고실(鼓室), 고자(鼓子;생식기가 불완전한 사내), 고적(鼓笛), 고창(鼓脹;장 안에 가스가 차서 배가 붓는 병), 고조(鼓譟), 고취(鼓吹;鼓舞), 고탁(鼓柝), 고풍로(鼓風爐), 고함(鼓喊;북을 치면서 여러 사람이 함께 큰 소리를 지름), 고행(鼓行), 고화(鼓花); 갈고(羯鼓;장구와 비슷한 아악기), 건고(建鼓), 격고(擊鼓), 경고(更鼓), 교방고(教坊鼓), 군고(軍鼓), 기고(旗鼓), 뇌고(雷鼓;천둥소리. 북을 야단스럽게 침), 누고(漏鼓), 누고(樓鼓), 당고(堂/唐鼓), 대고(大鼓), 동고(銅鼓;꽹과리), 등문고(登聞鼓), 명고(鳴鼓), 무고(舞鼓), 법고(法鼓), 생고(笙鼓), 소고(小鼓), 수고(水鼓), 수고(手鼓), 승전고(勝戰鼓), 신문고(申聞鼓), 엄고(嚴鼓), 영고(迎鼓), 영고(靈鼓), 오고(午鼓), 요고(腰鼓;장구), 용고(龍鼓), 자명고(自鳴鼓), 전고(戰鼓), 장구(杖/長鼓), 절고(節鼓), 종고(鐘鼓), 좌고(座鼓), 진고(晉鼓), 타고(打鼓), 태고(太鼓), 토고(土鼓), 팔면고(八面鼓), 행고(行鼓), 혼고(昏鼓) 들.

고(固) '굳다. 움직이지 아니하다. 본디부터. 고아(孤兒)'를 뜻하는 말. ¶고간(固諫), 고결/성(固結/性), 고궁/독서(固窮/讀書;가난한 것을 달게 여기고 글 읽기를 좋아함), 고루하다(固陋;낡은 습관에 젖어 고집이 세고 융통성이 없다), 고사(固辭), 고상(固相), 고소원(固所願), 고수(固守;굳게 지킴), 고연(固然;본디부터 그러함), 고염(固鹽), 고용체(固溶體), 고유(固有)[810], 고정(固定)[811], 고정

---

803) 석고(石膏): 석고끌, 석고붕대(繃帶), 석고상(像), 석고색(色), 석고형(型); 설화석고(雪花), 소석고(燒;구운석고), 투석고(透).

804) 고사(考査): 고사실(室), 고사장(場); 구술고사(口述), 국가고사(國家), 기말고사(期末), 논술고사(論述), 면접고사(面接), 모의고사(模擬), 실기고사(實技), 연합고사(聯合), 인물고사(人物), 중간고사(中間), 지필고사(紙筆), 필답고사(筆答), 학력고사(學力).

805) 고시(考試): 검정고시(檢定), 국사고시(國家), 기술고시(技術), 사법고시(司法), 행정고시(行政).

806) 고안(考案): 새로운 방법이나 물건을 연구하여 생각해 냄. 또는 그것.

807) 고독(孤獨): 세상에 홀로 떨어져 있는 듯이 매우 외롭고 쓸쓸함. ¶고독을 느끼다. 고독한 군중. 고독감(感), 고독경(境), 고독단신(單身), 고독스럽다, 고독지옥(地獄), 고독하다; 군중고독(群衆).

808) 고립(孤立): 다른 사람과 어울리어 사귀지 아니하거나 도움을 받지 못하여 외톨이가 됨. ¶고립 상태에 빠지다. 고립경제(經濟↔사회경제), 고립계(系), 고립국이론(國理論), 고립되다/하다, 고립무원(無援), 고립무의(無依), 고립성(性), 고립아(兒), 고립어(語), 고립의무(義務;절대의무), 고립적(的), 고립점(點), 고립정책(政策), 고립주의(主義), 고립파(波), 고립화/되다/하다(化).

809) 고동치다: ①피의 순환을 위하여 심장이 심하게 뛰다. ¶심장의 고동이 울리다. ②희망이나 이상이 가득 차 마음이 약동하다.

810) 고유(固有;特有): 본래부터 가지고 있는 특유한 것. ¶고윳값, 고유기간(期間), 고유명사(名詞), 고유문자(文字), 고유문화(文化), 고유반사(反射), 고유법(法), 고유사무(事務), 고유색(色), 고유성(性), 고유시(時), 고유식물(植物), 고유어(語), 고유운동(運動), 고유음(音), 고유자극(刺戟), 고유재산(財産), 고유종(種), 고유진동(振動), 고유파(波), 고유하다.

811) 고정(固定): 한번 정한 대로 변경하지 아니함. 한곳에 꼭 붙어 있거나 박혀 있음. ¶고정간첩(間諜), 고정관념(觀念), 고정급(給), 고정도르래, 고정되다/하다, 고정란(欄), 고정목표(目標), 고정불변(不變), 고정부채(負債), 고정비(費), 고정비용(費用), 고정비율(比率), 고정수(數), 고정부수(部數), 고정불변(不變), 고정식(式), 고정액(液), 고정요소(要素), 고정

(固情), 고지(固持), 고질(固質), 고집(固執)[812], 고착/관념(固着/觀念), 고청(固請), 고체(固滯), 고체(固體)[813], 고체하다(固滯), 고총(固寵), 고폐(固閉), 고형(固形)[고형물(物), 고형사료(飼料), 고형연료(燃料)], 고화(固化); 강고하다(强固), 건고(乾固), 견고하다(堅固), 공고하다(鞏固), 교고(膠固), 뇌고(牢固), 완고(完固), 완고(頑固), 응고(凝固), 주고성(走固性), 체고(滯固), 확고하다(確固) 들.

고(顧) '돌아보다. 돌보다. 찾다'를 뜻하는 말. ¶고객(顧客;손님)[고객예탁금(預託金), 고객이론(理論), 고객지향(志向)], 고견(顧見;돌이켜 봄), 고고(顧考), 고기(顧忌), 고념(顧念), 고려(顧慮), 고면(顧眄)[좌우고면(左右)], 고명(顧命), 고명대신(顧命大臣), 고명사의(顧名思義), 고문(顧問)[814], 고복(顧復), 고시(顧視), 고조(顧助), 고호(顧護;돌보아 줌), 고휼(顧恤;불쌍히 여겨 돌봄); 권고(眷顧), 내고(內顧), 불고(不顧), 사고(四顧)[사고무인(無人), 사고무친(無親)], 삼고초려(三顧草廬), 상고(相顧), 애고(愛顧), 왕고(枉顧), 은고(恩顧), 일고(一顧), 자고(自顧), 절망고(絕望顧), 좌고(左顧), 좌고우면(左顧右眄), 혜고(惠顧), 환고일세(環顧一世), 회고(回顧), 후고(後顧) 들.

고(姑) '시어머니. 할미. 고모. 잠시'를 뜻하는 말. ¶고모(姑母)[고모부(姑母夫); 고모부(夫); 당고모(堂), 대고모(大姑母), 종고모(從), 종고모부(夫)], 고부/간(姑婦/間), 고사하고(姑捨;더 말할 나위도 없이), 고선(姑洗), 고식(姑息;잠시 동안의 안정. 임시변통)[고식적(姑息的), 고식지계(之計), 고식책(策)]; 인순고식(因循姑息)], 고식(姑媳), 고종(姑從), 고질(姑姪); 구고(舅姑), 노고(老姑), 마고할미(麻姑), 선고(先姑), 외고(外姑;장모), 자고(慈姑;쇠귀나물), 조고(祖姑) 들.

고(稿) '볏짚. 원고(原稿)'를 뜻하는 말. ¶고료(稿料), 고본(稿本), 고인(稿人); 개고(改稿), 구고(舊稿), 기고(起稿), 기고/가(寄稿/家), 묵고(默稿), 미정고(未定稿), 복고(腹稿), 사고(私稿), 산고(散稿), 속고(續稿), 송고(送稿), 시고(詩稿), 옥고(玉稿), 원고(原稿)[원고료(料), 원고뭉치, 원고용지(用紙), 원고지(紙)], 유고(遺稿), 전고(傳稿), 졸고(拙稿), 초고(草稿/藁), 초고(礎稿), 탈고(脫稿), 투고(投稿)[투고란(欄), 투고자(者)], 화고(畫稿;초벌 그림) 들.

고(枯) '마르다. 죽다. 약해지다'를 뜻하는 말. ¶고갈(枯渴;물자나 자금이 달림. 메마름)[고갈되다/하다; 자금고갈(資金)], 고고(枯槁), 고골(枯骨), 고담(枯淡), 고목(枯木), 고백반(枯白礬), 고사/목(枯死/木), 고색(枯色), 고송(枯松), 고엽(枯葉), 고장(枯腸), 고조(枯凋), 고지(枯枝), 고초(枯草), 고한(枯旱;가물어서 식물이 마름), 고화(枯花;시든 꽃), 고후(枯朽), 고훼(枯卉); 건고(乾枯), 동고병(胴枯病), 엽고병(葉枯病), 영고(榮枯), 자고송(自枯松), 조고(凋枯), 혈고(血枯) 들.

고(雇) '품을 사다. 고용하다'를 뜻하는 말. ¶고가(雇價), 고공(雇工), 고군(雇軍), 고녀(雇女), 고립/꾼(雇立;남을 대신하여 공역을 치르게 함), 고마(雇馬), 고병(雇兵), 고빙(雇聘;학식이나 기술이 뛰어난 사람을 모셔 옴), 고용(雇用;삯을 주고 사람을 부림)[고용주(主)/고주(雇主), 고용되다/하다; 공공고용(公共)], 고용(雇傭)[815], 고원(雇員), 고인(雇人); 월고(月雇), 일고(日雇), 해고(解雇) 들.

고(辜) '허물. 죄'를 뜻하는 말. ¶무고감(無辜疳;얼굴이 누렇게 뜨고 손발이 바짝 마르는 병), 무고감염(無辜感染), 무고하다(無辜;잘못이나 허물이 없다), 보고(保辜;맞은 사람의 상처가 나을 때까지 때린 사람의 처벌을 보류함), 불고(不辜;아무 죄가 없음) 들.

고(蠱) '사람을 해치는 것. 홀리게 하다'를 뜻하는 말. ¶고독(蠱毒;뱀 · 지네 · 두꺼비 따위의 독), 고석(蠱石;속돌·용암이 갑자기 식어서 된 가벼운 돌), 고주리(蠱疰痢;설사가 만성이 된 병), 고창(蠱脹), 고혹(蠱惑;아름다움이나 매력 같은 것에 홀려서 정신을 못 차림)[고혹적(的), 고혹하다]; 무고(巫蠱;무술로써 남을 미혹함) 들.

고(股) '넓적다리. 가닥지다'를 뜻하는 말. ¶고간(股間), 고관절(股關節), 고굉(股肱), 고굉지신(股肱之臣), 고동맥(股動脈), 고본(股本), 고육(股肉), 고율(股慄;무서워 다리가 떨리는 것), 고장(股掌), 고정맥(股靜脈); 구고(勾股) 들.

고(叩) '두드리다. 조아리다'를 뜻하는 말. ¶고두사죄/고사(叩頭謝罪), 고문(叩門), 고비(叩扉;사립문을 두드린다는 뜻으로, 남의 집을 방문함), 고수하다(叩首;조아리다); 호천고지(呼天叩地) 들.

고(沽) '팔고사다(매매하다)'를 뜻하는 말. ¶고성죄(沽聖罪;성물 · 성사의 대가로 돈이나 물건을 받는 죄), 고주(沽酒;술을 사는 것), 고판(沽販;사고파는 일) 들.

고(拷) '자백을 받기 위하여 세게 때리다'를 뜻하는 말. ¶고략(拷掠), 고문(拷問)[고문치사(致死); 물고문, 전기고문(電氣)], 고타(拷打) 들.

고(痼) '고치기 어려운 병'을 뜻하는 말. ¶고랭증(痼冷症), 고막(痼瘼;바로잡기 어려운 폐단), 고벽(痼癖;아주 굳어져 고치기 어려운 버릇), 고질(痼疾)[연하고질(煙霞)], 고폐(痼弊) 들.

고(賈) '장사. 팔다'를 뜻하는 말. ¶다전선고(多錢善賈), 대고(大賈), 도고(都賈), 상고(商賈), 양고(良賈;큰 상인), 좌고(坐賈;앉은장사), 행고(行賈;도붓장사) 들.

고(睾) '불알(포유동물 수컷의 생식기관)'을 뜻하는 말. ¶고녀(睾女;

원가(原價), 고정자(子), 고정자본(資本), 고정자산(資産), 고정재산(財産), 고정적(的), 고정주(株), 고정주의(主義), 고정표(票), 고정표적(標的), 고정하다(흥분이나 노기를 가라앉히다), 고정화/되다/하다(化), 고정환율제(換率制), 고정활차(滑車;고정도르래).

812) 고집(固執): 자기 의견을 굳게 내세워 우김. 또는 그 우기는 성미.=이퉁.≒억지. ¶고집이 세다. 고집경향(傾向), 고집덩어리, 고집불통(不通), 고집스럽다, 고집쟁이, 고집통/머리, 고집통이, 고집하다; 닭고집(고집이 센 사람), 땅고집(융통성이 없는 지나친 고집), 생고집(生), 쇠고집, 옹고집(壅), 왕고집(王), 외고집, 황고집(黃), 황소고집.

813) 고체(固體): 고체상(相), 고체연료(燃料), 고체탄산(炭酸), 고체화(化).

814) 고문(顧問): 의견을 물음. 자문에 응하여 의견을 말하는 직무. ¶전문가를 고문으로 초빙하다. 고문 변호사. 고문격(格), 고문관(官); 군사고문(軍事), 기술고문(技術), 법률고문(法律).

815) 고용(雇傭): 삯을 받고 남의 일을 해 줌. ¶고용계약(契約), 고용구조(構造), 고용불안(不安), 고용살이, 고용세(稅), 고용수준(水準), 고용승수(乘數), 고용안정(安定), 고용원(員), 고용이론(理論), 고용인(人), 고용자(者), 고용정책(政策), 고용조건(條件), 고용조정(調整), 고용지수(指數), 고용함수(函數); 불/완전고용(不/完全), 임시고용(臨時).

어지자지), 고상체(睾上體), 고환(睾丸)[고환염(炎); 부고환(副)] 들.

고(藁) '짚 · 풀줄기'를 뜻하는 말. ¶고공품(藁工品), 고장(藁葬), 고정지(藁精紙), 고초(藁草); 맥고(麥藁), 문고(文藁), 석고대죄(席藁待罪) 들.

고(瞽) '소경(눈 먼 사람)'을 뜻하는 말. ¶고녀(瞽女), 고마문령(瞽馬聞鈴;맹목적으로 남이 하는 대로 따라함), 고자(瞽者); 무고(巫瞽) 들.

고(觚) '대쪽(옛날 문자를 기록하는 데 쓰던 나무쪽). 술잔'을 뜻하는 말. ¶조고(操觚;붓을 잡아 글을 씀), 조고계(操觚界) 들.

고(估) '값'을 뜻하는 말. ¶평고(評估;재판 때에 장물의 값을 평가하여 정함).

고(呱) '울다'를 뜻하는 말. ¶고고(呱呱;아기가 태어나면서 처음 우는 소리. 젖먹이의 울음).

고(涸) '물이 마르다'를 뜻하는 말. ¶고곡(涸谷;건조기에 물이 없는 강).

고(袴) '바지'를 뜻하는 말. ¶단고(單袴;홑바지), 단고(短;짧은 바지), 유고(油袴) 들.

고(誥) '알리다'를 뜻하는 말. ¶고명(誥命), 고하다; 관고(官誥), 유고(遺誥), 제고(制誥) 들.

고(詁) '주내다(지금의 말로써 옛말의 뜻을 풀이하여 밝히다)'를 뜻하는 말. ¶훈고/학(訓詁/學).

고(錮) '가두다. 붙들어 매다'를 뜻하는 말. ¶금고/형(禁錮/刑).

고(皐) '고복하는 소리'를 뜻하는 말. ¶고복(皐復;초혼하고 발상하는 의식), 고월(皐月;음력 5월) 들.

고(餻) '떡. 경단'을 뜻하는 말. ¶귤병고(橘餠餻;귤병에 대추를 박은 꿀떡), 설화고(雪花糕)[816] 들.

고(羔) '새끼 양'을 뜻하는 말. ¶고양(羔羊).

고(罟) '그물'을 뜻하는 말. ¶촉고(數罟).

고(敲) '두드리다'를 뜻하는 말. ¶퇴고(推敲).

고(槁/槀) '마르다. 말라 죽다'를 뜻하는 말. ¶고고(枯槁).

고(糕) '떡'을 뜻하는 말. ¶백설고(白雪糕).

고(翺) '날다'를 뜻하는 말. ¶고상(翺翔;새가 높이 날아다니는 일. 하는 일 없이 돌아다니는 것).

고개¹ 목의 뒷등 부분. 머리. ¶고개가 뻣뻣하다. 고개를 숙이다. 고개끄덕이, 고갯놀이, 고갯방아(졸거나 긍정하거나 고개를 끄덕이는 짓), 고갯심(고개의 힘), 고개인사(人事), 고갯장단, 고갯짓/하다 들.

고개² ①산이나 언덕을 넘어 다니도록 길이 나 있는 비탈진 곳. 중년 이후, 열 살 단위의 시간적인 위치. ¶고개 너머 마을. 쉰 고개를 넘어서다. 고개고개, 고개기슭, 고갯길, 고갯마루, 고개밑, 고갯영상(嶺上), 고개중턱(中), 고개턱, 고개티[817]; 뒷고개, 박석고개(薄石;얇은 돌을 깔아놓은 고개), 지름고개(지름길이 되는 고개). ②일의 중요한 고비나 절정. ¶감잣고개, 보릿고개[818], 스무고개, 피고개(피도 아직 패지 않을 무렵. 궁핍한 고비). ☞ 영(嶺).

고갱이 ①초목의 줄기 한가운데의 연한 심.≒속. 알. ¶나뭇고갱이(나무줄기 속에 박힌 심), 배추고갱이, 속고갱이(속 한가운데 있는 고갱이). ②사물이 알찌기 되는 부분. 핵심(核心). ¶그의 삶 속에는 민족자존이라는 고갱이가 자리 잡고 있었다.

고거리 소의 앞다리에 붙은 살.

고구려(高句麗) 우리나라 고대 왕국 중의 하나.

고구마 메꽃과의 여러해살이풀. ¶고구마를 찌다. 고구마덩굴, 고구마볶음, 고구마술, 고구마엿, 고구마튀김; 군고구마, 날고구마, 물고구마, 밤고구마, 올고구마, 절간고구마(切干;얇게 썰어서 말린 고구마. 빼때기), 찐고구마 들.

고금 학질모기가 매개하는 말라리아 병원충의 기생으로 일어나는 전염성 열병.=말라리아. 학질(瘧疾). ¶고금에 걸리다. 고금으로 발작하는 날을 '직날'이라고 한다. 당고금(이틀거리), 며느리고금(날마다 앓는 학질).

고기 사람의 먹이가 되는 온갖 짐승의 살.(≒육류(肉類).↔푸성귀). 물고기. ¶고기를 먹다. 아이들이 개천에서 고기를 잡는다. 고깃간(間), 고기간장(醬), 고기구이, 고깃국, 고깃길, 고깃기름, 고깃깃[819], 고기닭, 고기덕(물고기를 말릴 수 있게 만든 시렁이나 선반), 고깃덩어리/덩이, 고기마룩(고기를 넣고 끓인 국물), 고기만두(饅頭), 고기반찬(飯饌), 고기망태기, 고기밥(미끼), 고깃배, 고기밸, 고기볶음, 고기붙이, 고기비늘, 고기서리목[820], 고기소(고기를 다져 양념과 함께 만든 소), 고깃소(肉牛), 고기쌈, 고기잡이, 고기저냐, 고기전골, 고깃점(點;고기의 작은 조각), 고기젓, 고기즙(汁), 고깃집(고기를 주로 파는 집); 가시고기, 개고기, 고래고기, 고삿고기(告祀)[821], 궂은고기[822], 꾸미고기[823], 날고기, 단고기(개고기), 닭고기, 돼지고기, 마른고기, 말고기, 맷고기[824], 물고기[민물고기, 바닷물고기], 방자고기[825], 불고기, 사고기(私), 살코기, 새고기, 생고기(生), 쇠고기, 양고기(羊), 오리고기, 잔고기(자질구레한 고기), 잡고기(雜), 쟁기고기[826], 토끼고기, 토막고

---

816) 설화고(雪花糕): 찹쌀을 쪄서 짓이기고 깨소금에 설탕을 섞어 속을 넣은 뒤 다시 쪄서 모나게 잘라서 만든 떡.

817) 고개티: 고개를 넘어가는 가파른 길. ¶해가 기우는 먼 고개티를 바라보며 어머니가 오시기를 기다렸다.

818) 보릿고개: 묵은 곡식은 다 떨어지고 보리는 미처 덜 여물어 농가의 식량 사정이 가장 어려웠던 시기. ¶보릿고개를 넘기다.

819) 고기깃: 물고기가 모여들도록 물 속에 넣어 두는 나뭇가지나 풀포기.

820) 고기서리목: 쇠고기를 넓고 좀 두껍게 조각을 내어 꼬챙이에 꿰고 갖은 양념을 발라 가며 구운 반찬.

821) 고삿고기(告祀): 여러 사람의 허물을 혼자 뒤집어쓰고 희생되는 사람.

822) 궂은고기: 질병 따위로 죽은 짐승의 고기. 진육(殄肉).

823) 꾸미고기: 국 따위에 넣어 잘 끓인 고기 조각.

824) 맷고기: 조금씩 떼어 놓고 푼어치로 파는 쇠고기.

825) 방자고기: 씻지도 아니하고 양념도 하지 아니한 채 소금만 뿌려서 구운 짐승의 고기.

826) 쟁기고기: 각을 뜨고 뼈를 바르지 아니한 고깃덩이.

기(토막을 낸 고기), 푿소고기(푿소의 고기). ☞ 육(肉). 어(魚).

고깔 중이나 무당 또는 농악대들이 머리에 쓰는, 위 끝이 뾰족한 모자. '고깔 모양'을 뜻하는 말. ¶고깔꼴, 고깔동기(銅器), 고깔모자(帽子), 고깔밑(고깔모양으로 붙인 한복 바지의 밑), 고깔밥, 고깔불, 고깔뿌리, 고깔살(뒷잔등의 세모난 힘살. 승모근), 고깔제비꽃, 고깔조개, 고깔지다(고깔이 이루어지다), 고깔지붕, 고깔해파리; 손고깔[827] 들.

고깝(다) 섭섭하고 야속하여 마음이 언짢다.[〈곡갑다←곡(曲)]. 〈센〉꼬깝다. ¶그게 그렇게 고깝냐? 내 말을 고깝게 듣지 말게? 고까움타다, 고까워·꼬까워하다(고깝게 여기다).

고내기 자배기보다 운두가 높은 오지 그릇.

고너리 정어리와 비슷한 멸칫과의 바닷물고기. ¶고너리의 새끼를 '눈타리'라고 한다.

고누 땅이나 종이 위에 말밭을 그려 놓고 두 편으로 나누어 말을 많이 따거나 말길을 막는 것을 다투는 놀이. ¶고누를 두다. 고누두기, 고누판(板); 곤질고누, 네밭고누, 밭고누, 백장고누, 사발고누, 열두밭고누, 우물고누, 육밭고누(六), 패랭이고누(열두밭고누) 들.

고니 오릿과의 물새. 백조(白鳥). ¶큰고니, 흑고니(黑).

고(다)¹ ①고기나 뼈를 무르거나 진국이 나오도록 푹 삶다. ¶쇠족을 고다. 닭 한 마리를 푹 고아 먹었다. 곤소금(고아서 깨끗하게 만든 소금), 곰[828]. ②졸아서 진하게 엉기도록 푹 끓이다. ¶엿을 고다. ③소주 따위를 얻기 위하여 솥에 열을 가하여 증류시키다. ¶소주를 고는 오지그릇을 '소줏고리'라 한다.

고(다)² 큰소리로 시끄럽게 떠들다. ¶늙은이는 손자 녀석의 팔을 잡아 올리느라고 법석 고았다. 고아대다(떠들어 대다. 고함치다).

고다리 지겟다리 위에 내뻗친 가지.

고단-하다 병이나 과로로 몸이 나른하다(피곤하다). 형편이 어렵고 답답하다.≒힘들다. 괴롭다. 힘들다. ¶몸이 고단하다. 고단한 신세.

고달¹ ①칼·송곳 따위의 몸뚱이가 자루에 박힌 부분.=괴.≒슴베. ¶고달에 자루를 박다. 창고달(槍:창의 물미-끝이 뾰족한 쇠). ②쇠붙이 따위의 대롱으로 된 물건의 부리.

고달² ①점잔을 빼고 거만을 떠는 짓. ¶돈푼이나 있다고 고달을 부린다. 고달을 부리며 지나가다. 고달걸음. ②아직 말을 못하는 어린아이가 화가 나서 몸부림을 치는 짓. ¶너무 고달을 부리는 아이. 조카는 고달을 부리다 지쳐 잠을 잔다.

고달프(다) 몸이나 처지가 몹시 지쳐서 느른하다. 고단하다. ¶고달픈 신세. 고달파지다, 고달픔, 고달피.

고대 깃을 달 때 목뒤로 돌아가는, 옷깃의 뒷부분. ¶고대선(線); 깃고대(옷깃의 뒷부분), 뒷고대(깃고대의 뒷부분).

고도 '흰 겹저고리'를 뜻하는 궁중말.

고도리 고등어의 새끼. ¶소고도리(중간 크기의 고도리).

고동¹ ①틀어서 작동시키는 기계 장치. ¶수도 고동을 틀어 물을 받다. 고동줄[829]; 물고동(수도의 마개를 여닫는 장치), ②신호를 하기 위하여 비교적 길게 내는 소리. ¶고동을 울리다. 멀리서 뱃고동이 아련히 들려온다. 고동을 틀다'(고동 소리를 내다). 뱃고동, 손고동(손으로 돌려서 소리를 내게 된 고동), 안개고동[무적(霧笛)].

고동² 어떤 일을 하는데 가장 중요한 점이나 계기.≒핵심(核心). 요점(要點). ¶고동을 말하다. 고동만 잘 잡으면 일은 순조롭게 진행된다. 일의 가장 중요한 고동을 '기틀'이라고 한다. 고동을 틀다²(일의 고동을 잡다). 일고동[830].

고동³ 물렛가락에 끼워서 고정시킨 두 개의 매듭 같은 물건. ¶가락고동; 대고동(논에 김을 맬 때에, 손가락에 끼우는 도구).

고되(다) 하는 일이 힘에 겨워서 고단하다. ¶고된 훈련을 끝내다.

고두- 몇몇 명사에 붙어 '곧은'의 뜻을 더하는 말. ¶고두머리(도리깨 머리에 끼우는 나무 비녀), 고두밥(아주 된 밥), 고두쇠[831], 고두저고리(여자가 제사 지낼 때 입는, 회장을 달지 않은 저고리) 들.

고두기 건물이나 시설 따위를 살피고 지키는 일을 맡아서 하는 사람. 경비원(警備員).

고두리 ①물건 끝의 뭉뚝한 곳. ¶고두리뼈(넓적다리뼈의 머리빼기). ②'고두리살[832]'의 준말.[←qodoli(화살)〈몽〉]. ¶뼈고도리(뼈로 만든 화살촉).

고둥 소라나 우렁이와 같은 조개. 권패(卷貝). ¶뿔고둥(뿔소라), 소라고둥, 솔방울고둥, 쇠고둥, 참고둥.

고드래 ①'고드랫돌[833]'의 준말. ②'고드래-뽕[834]'의 어근.

고드름 낙숫물 따위가 흘러내리다가 길게 얼어붙은 얼음. 빙주(氷柱). ¶처마 끝에 달린 고드름. 고드름똥[835], 고드름장아찌; 돌고드름[종유석(鐘乳石)], 쇠고드름(쇠가 녹아 붙어 고드름처럼 된

827) 손고깔: 목소리가 멀리 들리게 하기 위하여 두 손을 입에 대고 고깔 모양을 만든 것.

828) 곰: 고기나 생선을 진한 국물이 나오도록 푹 삶은 국.[←고(다)+ㅁ]. ¶곰을 고다. 곰거리, 곰국, 곰탕(湯); 가물치곰(가물치를 폭 고아 만든 국), 꼬리곰/꼬리곰탕, 미꾸라지곰, 붕어곰(붕어를 오래 곤 국).

829) 고동줄: 기계를 움직여 활동시키는 장치에 연결된 줄.

830) 일고동: 일이 잘되고 못됨이 결정되는 요긴한 대목.

831) 고두쇠: ①작두 따위의 머리에 꽂는 끝이 굽은 쇠. ②두 쪽으로 된 장식 따위를 맞추어 끼우는 쇠. ③명이 길어지라고 어린아이의 주머니 끈에 다는 은으로 만든 표.

832) 고두리살: 작은 새를 잡는 데 쓰는 화살. 철사나 대 따위로 고리처럼 테를 만들어 살촉 대신으로 살 끝에 가로 끼웠음.

833) 고드랫돌: 발이나 자리를 엮을 때, 날을 감아 매어 늘어뜨리는 조그마한 돌.

834) 고드래-뽕: ①술래를 정할 때 세는 말의 끝의 말. ②하던 일이 끝났을 때 쓰는 말. ¶일 년이나 끌던 일이 마침내 고드래뽕이다.

835) 고드름똥: ①고드름 모양으로 눈 똥. ②방이 몹시 추움을 비유하여 쓰는 말. ¶고드름똥 싸겠다.

ㄱ

것), 수정고드름(水晶).

고들개¹ 소의 처녑에 붙은 너털너털한 고기. 횟감으로 씀. ¶고들개머리(고들개가 붙은 두툼한 부분).

고들개² ①안장의 가슴걸이에 다는 방울. ②채찍의 열 끝에 달린 굵은 매듭이나 추(錘) 같이 달린 물건. ¶고들개채찍, 고들개철편(鐵鞭). ③말굴레의 턱 밑으로 돌아가는, 방울이 달린 가죽.[←qudurqai〈몽〉].

고들-빼기 국화과의 두해살이 풀. 씀바귀와 비슷함. ¶고들빼기김치, 고들빼기나물.

고등어 고등엇과의 바닷물고기. ¶고등어 통조림. 고등어 두 손. 고등어구이, 고등어자반, 고등어저냐, 고등어조림, 고등어찌개, 고등어철, 고등어회(膾); 간고등어, 갈고등어, 자반고등어(간고등어).

고라 등에 검은 털이 난 누런 말. 고라말.[←qula〈몽〉].

고라니 사슴과의 짐승으로 노루의 일종.

고라리 =시골고라리(어리석고 고집스런 시골 사람을 놀림조로 이르는 말). 산골고라리(山).

고라-지다 식물이 말라서 죽다. 고사하다(枯死).[←곯(다)].

고락 ①낙지의 배. ¶고락을 따다. ②낙지 뱃속에 든 검은 물. 또는 그 물이 담긴 주머니. ¶고락찌개.

고랑¹ 밭이나 논 두둑 사이의 움푹한 곳. 두두룩한 두 부분의 사이. 〈준〉골⁵.[←골+앙]. ¶밭에 고랑을 내다. 골을 타다(밭에 고랑을 만들다). 고랑못자리, 고랑배미836), 고랑창/골창, 골걷이(밭고랑의 풀을 뽑아 없앰), 골고래837), 골모판(板), 골뿌림, 골풀무838); 갯고랑, 개골창, 기왓고랑/기왓골, 기준골(基準), 낙숫고랑(落水), 논고랑, 물고랑, 밭고랑, 산고랑(山;산의 작은 골짜기), 실고랑(실오리처럼 좁고 가느다랗게 난 고랑), 산골창(산고랑) 들.

고랑² '쇠고랑[수갑(手匣)]'의 준말.[←고리+앙]. ¶고랑을 채우다. 고랑쇠, 고랑틀(차꼬); 쇠고랑.

고래¹ 고래류의 포유동물의 총칭. '고래처럼 큰'을 뜻하는 말. ¶고래가죽, 고래고기, 고래그물, 고래기름, 고래기와집, 고래등/같다(집이 크고 드높아 웅장하다), 고래밀[경랍(鯨蠟)], 고래상어, 고래수염(鬚髥), 고래자리, 고래작살, 고래잡이/배, 고래회(膾); 돌고래, 말향고래(抹香), 멸치고래, 범고래, 쇠고래, 참고래, 큰고래, 향유고래(香油), 혹등고래/혹고래, 흑고래(黑) 들.

고래² 방의 구들장 밑으로 나 있는, 불길과 연기가 통하여 나가는 길. 갱동(坑洞). ¶고래가 막히다. 고랫고무래, 고랫당그래, 고랫등[-뜽](고래 사이의 두덩), 고랫재; 골고래839), 구들고래(방고래), 나란히고래(나란히 놓여 있는 방고래), 냉골(冷;찬 방고래), 돌고래¹(돌로만 쌓은 방고래), 돌고래²(연기가 고래 밑으로 되돌아 빠져 나오게 만든 방고래), 방고래(房), 선자고래(扇子;부챗살처럼 퍼져 나가게 만든 방고래), 왕고래(王), 장고래(長), 편자고래(편자 모양으로 만든 방고래), 허튼고래.

고래³ 술을 많이 마시는 사람을 놀림조로 이르는 말. ¶너 같은 고래가 이깟 술 한 병에 취하겠나? 고래술; 술고래.

고래⁴ 화가 나서 목소리를 높여 지르는 모양. ¶고래고래 소리를 지르다. 고래기('아우성'의 평북 사투리), 고래고함(高喊).

고래- 몇몇 명사에 붙어 '깊은 물구덩이'를 뜻하는 말.[←골⁵+에+실(골짜기)]. ¶고래답(沓), 고래실(바닥이 깊고 물길이 좋은 기름진 논.=고래실논/고논), 고래안(바닥이 깊고 기름진 논).

고량 궁궐의 툇마루.

고량(高粱) 수수(쌀). ¶고량소주(燒酒), 고량주(酒).

고려(高麗) 918년 왕건이 세운 나라 이름. '고려풍'을 뜻하는 말. ¶고려가사(歌詞), 고려경(鏡), 고려공사삼일(公事三日), 고려밤떡, 고려석(石), 고려속요(俗謠), 고려양(樣), 고려인(人), 고려인삼(人蔘), 고려자기(磁器), 고려장(葬), 고려전(箭), 고릿적 들.

고로록 새, 짐승 따위가 목구멍에서 무엇을 굴리듯 내는 소리 또는 그 모양. ¶숲속에서 산새가 고로록고로록 울다. 고로록거리다/대다, 고로록고로록/하다.

고로롱¹ 몸이 약하거나 늙어서 늘 골골하는 모양. 〈준〉고롱. ¶고로롱고로롱 앓고 있는 노인. 고로롱/고롱거리다/대다, 고로롱고로롱/고롱고롱/하다, 고로롱팔십(八十;약골이 예상보다 오래 산다는 뜻).

고로롱² 포나 폭탄이 멀리서 터질 때 나는 소리. 〈큰〉구르릉.

고르(다)¹ 여럿 가운데에서 가려내어 뽑다.≒가리다². ¶노처녀가 신랑감을 고르다. 쌀에 뉘를 고르다. 돌을 고르다. 다음 중 맞는 답을 고르시오. 골라내다, 골라들다, 골라먹다, 골라베다, 골라잡다(골라서 가지다. 가려잡다), 골라주다, 고른쌀(돌이나 뉘 따위를 골라낸 쌀); 간고르다(간추리어 고르다) 들.

고르(다)² ①여럿이 다 높낮이, 크기, 양 따위의 차이가 없이 한결같다.≒같다. 비슷하다. ¶길바닥을 고르다. 이익을 고르게 나누다. 우리 반 학생들은 성적이 고르게 분포되어 있다. 수입을 고르게 나누어 가지다. 고루(그르게), 고루고루/골고루, 고르롭다(여럿이 한결같이 고르다), 고르잡다840)/잡히다, 고른값(평균값), 고른돌/고름돌, 고름도(度), 고름새(고른 상태나 모양), 고른음(音), 고름질(방바닥을 반반하게 다듬는 일); 매고르다(모두 비슷하다. 모두 가지런하다). ②날씨 따위가 순조롭다. ¶요즈음은 일기가 고르지 못하다. ③울퉁불퉁한 것을 평평하게 하거나 들쭉날쭉한 것을 가지런하게 하다.≒다듬다. ¶인부들이 파인 땅을 고르다. 땅고름.

고름¹ '옷고름(저고리나 두루마기의 앞에 달아, 옷자락을 여미어

---

836) 고랑배미: ①물길이나 고랑이 있는 논. ②밭고랑이나 논배미를 세는 말.
837) 골고래: 여러 갈래로 고랑이 져 불길이 따로 따로 들어가게 한 방고래.
838) 골풀무: 땅에 고랑을 파서 꾸미어 놓은 풀무. 발풀무.
839) 골고래: 불길이 몇 갈래로 따로따로 들게 놓은 고래. [←골⁵]

840) 고르잡다: 표정이나 호흡 따위를 정상적인 상태로 고르게 조절하다. ¶거친 숨을 고르잡다.

매는 끈)'의 준말. ¶고름을 단정히 하다. 고름끝; 겉고름, 곁고름, 안고름, 빗장고름(고의 대가리를 안쪽으로 비스듬히 맨 옷고름), 옷고름[겉옷고름, 곁옷고름, 안옷고름], 저고릿고름.

고름² ☞ 곪다.

고리¹ ①무엇에 끼우기 위하여 만든 둥근 물건. 둥그런 모양. ¶고리를 이어서 사슬을 만들다. 고리개(고리눈을 가진 개), 고리금(錦;단청에서, 고리 모양이 이어진 무늬), 고리눈[841], 고달이[842], 고리뜨기, 고리띠, 고리마디, 고리매듭, 고리못(대가리가 고리로 된 못), 고리무늬, 고리바늘(둘레바늘), 고리바지(가랑이 끝에 고리를 단 바지), 고리받이(문고리를 보호하기 위하여 문설주나 기둥 사이에 가로 지른 나무), 고리병(瓶;고리 모양의 병), 고리봉돌(고리가 달린 봉돌), 고리뼈, 고리쇠(쇠로 만든 고리)/줄, 고리수(繡), 고리잠(簪), 고리잡이(고리 모양의 손잡이), 고리전(錢), 고리점/무늬(點), 고리줄, 고리칼; 갈고리[북두갈고리[843]], 쇠갈고리], 귀고리, 끈고리, 나사고리(螺絲), 닻고리, 대고리(대오리로 만든 고리), 띠고리, 문고리(門), 사슬고리, 쇠고리, 쌍사슬고리(雙), 열쇠고리, 옥고리(玉). ②조직 · 현상이 서로 연결하여 주는 각각의 부분이나 이음매. ¶정경 유착의 고리를 끊다.

고리² ①껍질을 벗긴 고리버들의 가지. 고리나 대오리로 엮어 상자같이 만든 물건. ¶고리 안에 포개 놓은 옷을 들치고 그 속에 그 꾸러미를 넣었다. 고리멜빵, 고리백장[844], 고리버들, 고리장이, 고리짝, 고리틀(고리를 짜는 틀), 고리패랭이; 댓고리(대오리로 만든 고리), 동고리[845], 바느질고리/반짇고리, 밥고리, 버들고리, 쌀고리. ②소줏고리(燒酒;소주를 고는 그릇)'의 준말. 소주 열 사발을 이르는 말. ¶고리떨음[846]; 동고리(銅), 쇠고리[철(鐵)], 토고리(土) 들.

고마 아내 있는 남자의 사랑을 받고 사는 작은 마누라. 첩(妾).

고마리 마디풀과의 한해살이풀.

고막 바닷조개의 한 가지. 꼬막.

고맙(다) 은혜나 신세를 입어 개인적으로 마음이 흐뭇하고 즐겁다.[〈고마ᄒᆞ다]. ≒감사하다. ¶고마우신 선생님. 고마움, 고마워하다, 고마이(고맙게).

고명 모양과 맛을 더하기 위하여 음식 위에 뿌리거나 얹는 것을 통틀어 이르는 말. ≒양념. 소. ¶국수에 고명을 얹다. 고명을 곁들인 음식. 고명딸(아들 많은 집의 외딸)/따님, 고명딸아기, 고명장(醬;양념으로 쓰는 장), 고명파(고명으로 얹는 잘게 썬 차); 달걀고명, 대추고명, 밤고명, 알고명(달걀지단), 웃고명 들.

고무 고무나무 껍질에서 나오는 물질로 만든 물건.[←gomme〈프〉]. ¶고무공, 고무관(管), 고무나무, 고무다리, 고무도장(圖章), 고무마개, 고무망치, 고무바닥, 고무바퀴, 고무방울, 고무배, 고무밴드(band), 고무베개, 고무벨트(belt), 고무보트(boat;고무배), 고무빗, 고무손(고무로 만든 가짜 손), 고무수지(樹脂), 고무식물(植物), 고무신[고무신짝; 검정고무신, 흰고무신], 고무용제(溶劑), 고무인(印), 고무장(漿), 고무장갑(掌匣), 고무장화(長靴), 고무재(材), 고무젖꼭지, 고무종(腫), 고무주머니, 고무줄[고무줄넘기, 고무줄놀이, 고무줄뛰기, 고무줄식(式)], 고무즙(汁), 고무지우개, 고무창, 고무천, 고무총(銃), 고무칠(漆), 고무테, 고무판(板), 고무풀, 고무풍선(風船), 고무호스(hose), 고무화(靴), 고무황(黃); 가황고무(加黃), 갯솜고무, 거품고무, 경화고무(硬化;에보나이트), 규소고무(硅素), 방진고무(防振), 생고무(生), 유전고무(油展), 인조고무(人造), 재생고무(再生), 지렁이고무, 찌고무, 찰고무, 천연고무(天然), 탄성고무(彈性), 합성고무(合成) 들.

고무래 곡식을 그러모으거나 펴는 데, 또는 밭의 흙을 고르거나 아궁이의 재를 긁어내는 데 쓰는 '丁'자 모양의 기구. ¶고무래바탕, 고무래자루, 고무래질/하다; 발고무래(발이 대여섯 개 달린 고무래), 쇠발고무래.

고물¹ ①인절미 · 경단 따위의 겉에 묻히거나, 시루떡 켜 사이에 뿌리는 팥 · 콩 등의 가루. =보숭이. ¶떡에 고물을 묻히다. 고무라기/고무락(떡의 부스러기), 꼬물[847]; 거피고물(去皮;껍질을 벗긴 팥이나 녹두로 만든 고물), 깨고물, 떡고물, 동부고물, 밤고물, 빵고물, 콩고물, 팥고물, 흙고물(고운 흙가루). ②보잘것없이 아주 적은 분량.

고물² ①우물마루('井'자 모양으로 널빤지를 가로 세로 놓은 마루)의 귀틀 두 개 사이의 구역. ¶한 고물/ 두 고물. ②=고미(흙으로 바른 반자). ¶제고물(반자를 들이지 아니하고 서까래에 흙을 붙여 만든 천장).

고물³ 배의 뒤쪽. 밑뒤. 선미(船尾). ↔이물. ¶고물간(間), 고물닻, 고물대(고물 쪽에 있는 돛대), 고물머리(배 뒤쪽의 끝 부분), 고물방(房), 고물사공(고물 쪽에서 배를 젓는 사공), 고물전(고물 쪽의 뱃전), 고물짐칸; 뱃고물.

고물⁴ 몸을 좀스럽고 느리게 움직이는 모양. 〈큰〉구물. 〈센〉꼬물. 〈센 · 큰〉꾸물. ¶벌레가 고물고물 움직이다. 고물 · 꼬물 · 구물 · 꾸물거리다/대다, 고물고물/하다, 고무락 · 구무럭 · 꼬무락 · 꾸무럭거리다/대다, 고무작 · 구무적 · 꼬무작 · 꾸무적거리다/대다, 고무락고무락/하다, 고밀고밀[848] 들.

고미 굵은 나무를 가로지르고 그 위에 산자를 엮고 진흙을 두껍게 바른 반자. ¶고미를 누르다(고미를 만들다). 고미다락(고미와 보꾹 사이의 빈 곳), 고미받이(고미를 만들기 위하여 천장 한복판에 세로로 놓는 나무), 고미장지(障;고미다락의 맹장지), 고미집

841) 고리눈: 눈동자의 둘레에 흰 테가 둘린 눈. 모양이 둥그렇게 생긴 눈. ¶고리눈을 부릅뜨다. 고리눈/고리눈이(고리눈으로 된 사람이나 동물), 고리눈말; 외고리눈이.

842) 고달이: 물건을 들거나 걸어 놓기 좋도록, 노끈 따위로 고리처럼 만들어 물건에 달아 놓은 것.

843) 북두갈고리: 막일을 많이 해서 손결이 거칠어져 험상궂게 된 손가락.

844) 고리백장: ①고리장이. ②시기에 맞춰서 할 것을 때가 지난 뒤까지 하고 있는 사람(고리장이가 약속한 날을 지키지 않은 데서 온 말임). ¶고리백장 낼모레(약속 기한을 어기는 것을 욕하는 말).

845) 동고리: 고리버들로 동글납작하게 만든 작은 고리.

846) 고리떨음: 잔치가 다 끝나고 수고한 사람끼리만 남아서 한 잔 잘 먹는 일.

847) 꼬물: 보잘것없이 아주 적은 분량. ¶그런 생각은 꼬물도 없다.

848) 고밀고밀: 꼼꼼하고 찬찬한 모양. 〈큰〉꼬밀꼬밀. ¶혼자서 고밀고밀 일하다. 고밀고밀하다.

(고미다락이 있는 집), 고미혀(고미서까래).

고부탕이 피륙 따위의 필을 지을 때 꺾이어 겹쳐 넘어간 곳.[←곱+붙(다)+앙이]. 〈준〉고붙. ¶고붙치다[849].

고불-통(桶) 흙을 구워서 만든 담배통.[←곱(다)[3]/고불].

고바우 인색한 사람. =도치기.

고비[1] 일이 되어 가는 과정에서 가장 중요한 단계나 대목. 또는 막다른 절정.[←곱(다)[3]+이].=고팽이[2]②. ¶어려운 고비를 넘기다. 고빗길(오르기 힘들고 가파른 길), 고비늙다(지나치게 늙다), 고빗사위[850], 고비샅샅(구석구석마다 샅샅이), 고비판[851]; 마감고비(일의 중요한 마지막 단계), 막고비(막바지 고비), 죽을고비/죽을고, 한고비(가장 중요하거나 어려운 때. 絕頂).

고비[2] 편지 따위를 꽂아 두는 물건. 종이 따위로 상자처럼 만들어 벽에 붙임. ¶빗접고비(빗·빗솔을 꽂아 걸어 두는 물건).

고비[3] 고빗과의 여러해살이풀. ¶고비에 인삼(人蔘;일이 매우 공교롭게 되어 난처함). 고빗국, 고비나물, 고비고사리, 고비찌개.

고뿔 감기(感氣).[〈곳블←코/고+불]. ¶고뿔이 들다.

고삐 마소의 재갈에 잡아매어, 몰거나 부릴 때에 끄는 줄.[←코/고+삐]. ¶고삐 풀린 망아지. 고삐를 늦추다[852]. 고삐고리, 고삐다리(코뚜레와 고삐를 잇기 위하여 소의 뺨에 대는 연결 부분), 고삐이음쇠; 말고삐, 후릿고삐(말이나 소를 후리어 몰기 위하여 길게 단 고삐).

고사 석간주(石間硃;가루로 된 안료)에 먹을 섞은 색. 진채화·수묵화·담채화 따위에 쓰임.

고사리 고사릿과의 여러해살이 양치식물.[←곱(다;曲)+사리]. ¶고사리를 꺾다. 고사리 같은 손. 고사릿국, 고사리나물, 고사리무늬, 고사리밭, 고사리볶음, 고사리산적(散炙), 고사리삼, 고사리손(어린아이의 여리고 포동포동한 손), 고사리수염(덩굴손), 고사리순; 개고사리, 고비고사리, 골고사리, 공작고사리(孔雀), 꼬리고사리, 별고사리, 비늘고사리, 설설고사리, 실고사리, 애고사리(어린 고사리), 왁살고사리, 이끼고사리, 족제비고사리, 지네고사리, 진고사리, 진저리고사리, 처녀고사리(處女), 한라고사리, 황고사리(黃) 들.

고사-풍 말이나 돼지가 갑자기 다리가 뻣뻣하게 굳어 제대로 움직이지 못하다가 죽는 병.

고삭 가구를 짤 때에 사개에 덧붙여 더욱 튼튼하게 덧붙이는 나무.

고삽 건물의 모퉁이에 있는, 처마의 구석 서까래 끝머리에 대는 세모꼴의 판.

고샅 초가지붕을 이을 때 이엉을 매는 새끼. ¶이엉이 바람에 날리지 않도록 고샅 매기를 하였다. 고사새끼[853]; 겉고샅, 속고샅(이엉을 얹기 전에 먼저 지붕 위에 건너질러 잡아매는 새끼).

고상고상 ①잠이 오지 않아 누운 채로 이 생각 저 생각하며 애태우는 모양. ¶긴 가을밤을 고상고상 밝히다. ②생각이 자꾸 갈마들며 시원히 풀리지 않아 모대기는 모양. ¶이 일 저 일이 고상고상 갈마들어 머리를 어지럽히다.

고섶 물건을 넣어 둔 곳이나 그릇이 놓인 곳의 가장 손쉽게 찾을 수 있는 맨 앞쪽. ¶바로 고섶에 두고도 못 찾니?

고소-하다 ①깨소금이나 참기름 같은 맛이나 냄새가 나다. ¶고소한 맛. ②미운 사람이 잘못되는 것을 마음속에 재미있게 여김을 비유하는 말. 〈큰〉구수하다[854].

고송 약으로 독을 없애어 다시 전염할 염려가 없는 매독.

고수 산형과의 한해살이풀. 호유(胡荽). ¶고수강회(膾;호유를 돌돌 말아서 초고추장에 찍어 날로 먹는 음식), 고수김치.

고수레[1] 민간 신앙에서, 사람들이 산이나 들에서 음식을 조금씩 떼어 던지며 하는 소리. 또는 그렇게 하는 짓.

고수레[2] ①흰떡을 만들기 위하여 쌀가루를 반죽할 때에 끓는 물을 훌훌 뿌려서 물이 골고루 퍼지게 하는 일. ¶고수레떡[855]. ②주로 논농사에서, 갈아엎은 논의 흙을 물에 잘 풀리게 짓이기는 일. ¶고수레하다.

고수련 앓는 사람의 병시중을 들어줌. 오래 앓는 사람에게 편안하게 해줌. 함부로 다루지 않는 일.≒병구완(病). ¶병든 사람을 고수련하다. 그 아주머니는 시아버지를 5년 가까이 고수련하느라 매우 허약해졌다. 귀한 약이니까 고수련하게 다루어라.

고스락 ①아주 위급한 때.≒위기(危機). ¶고스락에 부처님 만나듯. 적의 포위가 좁혀드는 고스락에 지원군이 오다. ②꼭대기.

고스란-하다 건드리지 아니하여 조금도 축나거나 상함이 없이 그대로 온전하다. ¶겉모습만 고스란하지 속은 엉망이다. 첫 월급을 고스란히 어머니께 드렸다. 고스란히(≒그대로. 모두).

고슬고슬[1] 밥 따위가 되지도 질지도 아니하고 알맞은 모양. 〈큰〉구슬구슬. 〈거〉코슬코슬[856]. ¶밥이 고슬고슬 잘 되었다. 고슬고슬·구슬구슬/하다.

고슬고슬[2] 털 따위가 조금 고불고불하게 말려 있는 모양.=고실고실.[←곱(다)[3]]. ¶고슬고슬하다.

고슴도치 고슴도칫과의 동물. 〈준〉고슴돛.[←고솜+돝]. ¶고슴도치도 제 새끼는 함함하다면 좋아한다. 고슴도치버섯, 고슴도치선

849) 고붙치다: 고부탕이가 지게 접거나 꺾어 넘겨 겹치다. ¶진열장에 옷감을 고붙쳐 쌓아 두다.
850) 고빗사위: 매우 중요한 단계나 대목 가운데서도 가장 아슬아슬한 순간.
851) 고비판: 썩 중요한 고비 가운데서도 가장 아슬아슬한 판.
852) 고삐를 늦추다(감독이나 감시의 정도를 느슨하게 늦추어 주다).

853) 고사새끼: 초가의 지붕을 일 때 먼저 지붕 위에 잡는 벌이줄.
854) 구수하다: ①음식 맛이 조금 구수하다. ②하는 말이 이치에 그럴듯하다. ③하는 짓이나 차림이 수수하면서도 은근한 맛이 있어 마음을 끄는 데가 있다. ¶엇구수하다, 엇구수히.
855) 고수레떡: 고수레한 멥쌀가루를 시루에 안쳐 찐 떡. 메로 쳐서 흰떡을 만듦.
856) 코슬코슬: 밥 따위가 알알이 흩어지게 풀기가 적은 모양. 〈큰〉쿠슬쿠슬. ¶코슬코슬 식은 조밥. 코슬코슬/하다.

인장(仙人掌).

고시랑 군소리를 좀스럽게 늘어놓는 모양. 〈큰〉구시렁[857]. ¶고시랑고시랑 군소리는 그만하고 일이나 해라. 고시랑·구시렁거리다/대다, 고시랑고시랑/하다.

고시르(다) 일이 뜻대로 되지 않아 좀스럽게 마음을 썩이다. 내키지 않거나 불안하여 생각을 다잡지 못하거나 마음을 썩이다. ¶오지 않는 사람을 기다리며 고시르는 사이에 해가 지고 어두워졌다. 안타까운 생각을 고시르며 안절부절못하다.

고시시 사람이나 짐승의 짧은 털이 보기 흉하게 헝클어져 있는 모양. 〈큰〉구시시. ¶머리털이 고시시 일어나다. 고시시·구시시하다.

고아-대다 ①큰 소리로 시끄럽게 마구 떠들다. ②호통을 치면서 시끄럽게 떠들다. ③일판을 벌이고 야단법석이다. 고아치다.

고약-하다 ①냄새나 맛이 비위에 거슬릴 정도로 나쁘다. ¶고약한 냄새. ②성미나 언행이 괴팍하고 사납다. ¶고약한 인심. 고얀(고약한) 녀석. ③일이 몹시 꼬이거나 빗나가다. ¶일이 고약하게 되어가다. ④날씨가 고르지 못하고 사납다. ¶고약한 날씨. 고약스럽다(몹시 고약하다).

고양이 고양잇과의 동물. 〈준〉괭이. ¶고양이가 쥐를 잡다. 고양이소(素)[858], 괭이갈매기, 괭이잠(깊이 들지 못하고 자주 깨면서 자는 잠), 괴발개발/개발새발[859], 괴발디딤[860]; 검정고양이, 도둑고양이, 들고양이, 멧괴새끼(들고양이 같이 거친 사람), 사향고양이(麝香), 살쾡이, 수고양이/수괭이, 암코양이/암괭이, 이괴(고양이를 쫓는 소리), 집고양이/집괭이. ☞ 묘(猫).

고요 ①일정한 공간이 아무 소리나 움직임이 없이 잠잠한 상태. 정적(靜寂). ¶고요가 깃들다. 깊은 고요 속에 잠기다. 고요한 밤 거룩한 밤. 고요한 아침의 나라. 고요히 흐르는 별빛. 고요하다(잠잠하고 조용하다.≒잔잔하다. 괴괴하다)[〈괴외ᄒᆞ다. ②풍력이 매우 약한 바람의 이름.

고욤 고욤나무의 열매. 소시(小柹). ¶고욤 일흔이 감 하나만 못하다. 고욤나무

고을 마을. 〈준〉골[7]. ¶우리 고을에서는 밤이 많이 낳다. 고을고을/골골, 고을모둠, 골박이(좁은 범위를 벗어나지 못한 사람), 골/고을살이, 골편사(便射); 타고을/타골(他).

고의 남자가 입는 여름 한복 홑바지. 속곳. 여자가 입는 저고리. [〈고외〈ᄀᆞ외]. §'袴衣(고의)'는 한자음을 빌린 말. ¶고의적삼, 고의춤/괴춤(고의나 바지의 허리를 접어서 여민 사이); 물고의, 사발고의(沙鉢:가랑이가 좁은 홑바지), 소고의(여자가 입는 짧은 저고리), 속고의 들.

고자 '활고자(활의 양 끝머리)'의 준말. '고자잎(활의 도고지에서 양냥고자까지 이르는 부분)'의 준말. 〈준〉고. ¶심고[861], 양냥고자(활 끝에 심고가 걸리는 곳).

-고자 동사의 어간에 붙어, 의도·소망의 뜻을 나타내는 연결 어미.≒-려고. ¶여행을 하고자 한다. 목적을 달성하고자 열심히 노력하다. 값이 싼 물건을 사고자 재래시장으로 갔다.

고자누룩-하다 한참 떠들썩하다가 잠잠하다. 몹시 괴롭고 답답하던 병세가 좀 가라앉다.≒조용하다. 고요하다. ¶시끌벅적하더니 이제는 고자누룩하구나. 환자가 잠든 걸 보니, 통증이 다소 고자누룩하게 된 모양이다. '잔자누룩하다'는 고자누룩하여 잔잔하다를 뜻하는 말이다.

고자리[1] 박이나 호박의 속살을 길게 오려서 말린 것.=오가리. ¶호박 고자리.

고자리[2] 오이돼지벌레의 유충. ¶고자리 쑤시듯 하다(썩은 물건에 구더기가 구멍을 뚫듯 함부로 쑤시다). 고자리 먹다(고자리가 오이나 배추 잎을 쏠아먹다).

고작[1] 얕잡아 하는 말로 기껏 따져 보거나 헤아려 보아야. 평가 기준보다 훨씬 미흡한 정도로. 많아야.≒겨우. 기껏. ¶고작 한다는 것이 이것이냐? 이제 고작 십 리 걸었다. 고작하다[고작해서, 고작해야].

고작[2] '상투'를 속되게 이르는 말.

고장 사람이 많이 사는 일정한 지방. 나서 자란 곳. 어떤 물건이 특징적으로 많이 나거나 있는 곳. ¶낯선 고장. 우리 고장 사람들. 사과의 고장. 고장이름; 본고장(本)/본곳, 타고장(他) 들.

고쟁이 가랑이 통이 넓은 여자 속옷의 하나. 속곳 위 단속곳 밑에 입음. ¶고쟁이를 입다.

고전 가객(歌客)과 고수(鼓手) 간의 암시. 가객은 부채를 고수는 북을 이용함.

고정-하다 노여움이나 흥분 따위를 가라앉히다. ¶아버님, 고정하세요. 제가 잘못했습니다.

고주-망태 술을 많이 마시어 정신을 차릴 수 없는 상태.[←고주(술을 거르는 틀)+망태(기)]. 〈준〉고주. ¶고주망태가 되도록 마시다.

고주박(이) 땅에 박힌 채 썩은 소나무의 그루터기. ¶고주박잠(등을 구부리고 앉아서 자는 잠), 고자빠기(고주박).

고즈근-하다 빈 듯이 잠잠하다. 아무런 말이 없이 조용하다. ¶집안이 고즈근하다. 고즈근하게 기다리고 있다.

고즈넉-하다 잠잠하고 쓸쓸하다. 말없이 다소곳하거나 잠잠하다. ¶고즈넉한 정적이 흐르다. 고즈넉하게 고개를 숙이고 앉아 있다. 고즈넉이.

857) 구시렁: ①못마땅하여 군소리를 듣기 싫도록 하는 모양. ¶구시렁구시렁 잔소리를 늘어놓다. ②불안한 마음으로 몸을 뒤척이는 모양. ¶구시렁구시렁 안절부절못하다.

858) 고양이소(素): '욕심꾸러기가 짐짓 청렴한 체하거나, 나쁜 사람이 착한 체함'을 비유하여 이르는 말.

859) 괴발개발/개발새발: 글씨를 함부로 갈겨써 놓은 모양. ¶괴발개발 그리다. §'괴'는 고양이의 준말로, 고양이 발자국인지 개의 발자국인지 알 수 없이 어지럽다는 뜻.

860) 괴발디딤: 소리 나지 않게 가만히 발을 디디는 짓.

861) 심고: 활시위를 얹기 위하여 양냥고자 끝에 소의 심으로 만들어 낸 고.

고지[1] 누룩이나 메주 따위를 디디어 만들 때 쓰는 나무틀. ¶삶은 콩을 고지에 넣어 다져 꺼내다.

고지[2] 명태의 이리(수컷의 정액), 알, 내장을 통틀어 이르는 말. ¶고지로 찌개를 끓이다. 고지젓.

고지[3] 호박이나 가지, 고구마 따위를 납작하게 썰거나 길게 오려서 말린 것.[←곶(다)+이]. ¶고지를 켜다. 고지말랭이; 가지고지, 돈고지(엽전 모양으로 동글게 썰어서 말린 호박고지), 무고지, 박고지, 호박고지.

고지[4] 모내기로부터 마지막 김매기까지 일해 주기로 하고 미리 받아쓰는 삯. 또는 그 일. ¶고지를 주다. 고지를 먹다. 고지꾼, 고지논(고지로 내놓은 논), 고짓돈, 고지자리품/자리품(논을 마지기로 떼어, 돈을 받고 농사를 지어 주는 일), 고지주(主;고지를 준 사람), 고지품; 그냥고지[862], 봉창고지[863], 오고지[864], 통고지[865].

고지식-하다 성질이 곧아 융통성이 없다.[←곧(다)+이+식(識)+하다.≒답답하다. 곧다. 우직하다(愚直). ¶천성이 고지식하다. 고지식쟁이.

고추 가짓과의 한해살이풀. '고추 모양(원뿔 모양)'을 뜻하는 말. [←고초(苦草)]. ¶고추는 작아도 맵다. 고춧가루, 고추감(작은 뾰주리감), 고추기름, 고추김치, 고추나물, 고추냉이, 고춧대, 고추무거리, 고추바람(매우 쌀쌀한 바람), 고추박이(천한 계집의 남편), 고추뿔(양쪽 다 곧게 선 뿔), 고추상투, 고추선(膳), 고추쌈, 고추씨, 고추알(고추나무의 열매), 고추양념, 고춧잎[고춧잎나물, 고춧잎장아찌], 고추자지, 고추잠자리, 고추장(醬)[고추장볶이, 고추장찌개; 떡고추장, 약고추장(藥), 보리고추장, 초고추장(醋)], 고추전(煎), 고추찌, 고추타래(고추를 가는 실이나 끈에 꿰어서 묶은 타래); 땡고추(빨갛게 잘 익은 고추), 마른고추, 물고추, 쇠뿔고추, 실고추, 채고추, 통고추, 풋고추, 호고추(胡) 들.

고치[1] 누에가 실을 토하여 제 몸을 싸서 만든 집. ¶고치가름, 고치고르개, 고치나무, 고치따기, 고치말기, 고치솜, 고치실, 고치켜기, 고치틀기; 날고치, 누에고치, 무리고치[866], 생고치(生), 솜고치, 쌀고치, 쌍고치(雙), 어스렁이고치(밤나무벌레의 고치). ☞견(繭).

고치[2] 물레로 실을 자으려고 솜을 고칫대에 말아 빼놓은 솜뭉치. ¶고치를 말다. 고칫대(솜으로 고치를 만드는 데 쓰는 수수깡).

고치(다) ①잘못이나 틀린 것을 바로 잡다. ¶버릇을 고치다. 고쳐짜기[개판(改版)]. ②병을 낫게 하다. ¶위장병을 고치다. ③못 쓰게 된 것을 쓸 수 있게 만들다.=수리하다(修理). 수선하다(修繕). ¶시계를 고치다. 헌옷을 고쳐 새 옷을 만들다. ④바꾸거나 다르게 하다. ¶답안을 고치다. 시간표를 고치다. 고쳐곁누르기, 고쳐되다(다르게 되다), 고쳐먹다[867]; 뜯어고치다.[←곧다].

고콜 관솔불을 올려놓을 수 있도록 벽에 뚫어 놓은 구멍.[←고ㅎ+골]. ¶고콜대, 고콜불(고콜에 켜는 관솔불).

고패[1] ①줄을 걸쳐 높은 곳에 기(旗)나 물건을 달아 올리고 내리는 도르래나 고리. 또는 그것이 오르락내리락하는 상태. 녹로(轆轤). ¶고패를 올려 기를 날다. 고패낚시(미끼를 오르락내리락 놀리면서 하는 낚시), 고패떨어뜨리다/트리다(하인이 상전에게 뜰 아래에서 절하다), 고패떼다[868], 고패뛰, 고팻줄(고패에 걸치는 줄), 고패질/하다[869], 고패집[870], 고패치다[871]; 창고패(窓)[872]. ②'숙이다'와 어울려 '숙이는 머리'를 뜻하는 말. ¶고패를 치다. 고패를 숙이다(약자가 되어 머리를 숙이다), 고패절(고개를 숙이어 하는 절).

고패[2] 천천히 뜨겁게 열을 주어 구부린 나무.

고팽이[1] ①새끼·줄 따위를 사리어 놓은 돌림을 세는 단위. ¶새끼 한 고팽이. ②두 지점 사이의 왕복을 세는 단위. ¶거기까지 두 고팽이나 물건을 날랐소. ③단청에서, 나선형 무늬를 이르는 말.

고팽이[2] ①비탈진 길의 가장 높은 곳. ¶숨을 헐떡이며 고팽이까지 올라갔다. ②어떤 일의 가장 어려운 상황.=고비. ¶그는 전쟁통에 죽을 고팽이를 무수히 넘겼다. ③굽은 길의 모퉁이.

고프(다) 뱃속이 비어 음식이 먹고 싶다. 시장하다.[←곯(다)+브다]. ↔부르다. ¶배가 고프다. 배고프다; 귀고프다(옳고 바른 소리를 실컷 듣고 싶다).

곡(曲) ①'굽다/굽히다. 사리가 옳지 않다. 재주를 부리다. 변화가 많다. 간절하다'를 뜻하는 말. ¶곡경(曲徑;꼬불꼬불한 길), 곡경(曲境;몹시 어려운 처지), 곡곡(曲曲), 곡관(曲管), 곡굉이침지(曲肱而枕之), 곡구(曲球), 곡국(曲鞠), 곡기(曲技), 곡담(굽은 담), 곡두선(曲頭扇), 곡론(曲論), 곡류(曲流), 곡률(曲律), 곡률/원(曲率/圓), 곡륭산지(曲隆山地), 곡마/단(曲馬/團), 곡면(曲面)[곡면인쇄(印刷), 곡면체(體)], 곡미(曲眉), 곡배(曲拜), 곡법(曲法), 곡변(曲辯), 곡병(曲屛), 곡비(曲庇), 곡사/포(曲射/砲), 곡삼(曲蔘), 곡선(曲線)[873], 곡설(曲說), 곡성(曲城), 곡쇠[곡철(曲鐵)], 곡수(曲水)

---

862) 그냥고지: 아침 곁두리와 점심만 얻어먹는 것으로 삯을 대신하는 고지.
863) 봉창고지: 삯만 받고, 음식은 제 것을 먹고 일하는 고지.=생먹이.
864) 오고지: 모내기부터 가을걷이까지 맡은 고지.
865) 통고지: 지주에게 진 빚을 갚으려고 대신 농사일을 해주는 고지. 모든 농사일을 통으로 하는 고지.
866) 무리고치: 군물이 들어 깨끗하지 못한 고치.↔쌀고치.

867) 고쳐먹다: 다른 마음을 가지거나 달리 생각하다.
868) 고패떼다: 잘못을 인정하고 굴복하다. 동곳빼다.
869) 고패질하다: 마음이나 감정 같은 것이 격하게 굽이치다. ¶하루에도 몇 번이고 마음속에 고패질하는 안타까운 생각.
870) 고패집: 일자로 된 집채에 부엌이나 외양간 따위를 직각으로 이어붙인 집.
871) 고패치다: ①원을 그리듯이 세차게 올렸다 내렸다 하다. ②심정이 격하게 굽이치다.=고패질하다.
872) 창고패(窓): 오르내리창의 끈이 감겨서 돌게끔, 창틀에 끼운 도르래 비슷한 바퀴.=창도르래.
873) 곡선(曲線): 모나지 아니하고 부드럽게 굽은 선. ¶곡선을 그리다. 곡선계(計), 곡선교(橋), 곡선미(美), 곡선식(式), 곡선운동(運動), 곡선자[尺], 곡선표(標), 곡선형(形); 공간곡선(空間), 대수곡선(代數), 등고곡선(等高;等高線), 로그곡선(log), 망각곡선(忘却), 맥박곡선(脈搏), 변이곡선(變異), 사항곡선(斜航), 삼차곡선(三次), 수평곡선(水平;等高線), 쌍곡선(雙), 용해도곡선(溶解度), 원뿔곡선(圓), 원추곡선(圓錐), 이차곡선(二次), 작업곡선(作業), 정규곡선(正規), 정규분포곡선(正規分布), 주기곡선(週期), 평면곡선(平面), 평형곡선(平衡), 폐곡선(閉), 학습곡선(學習).

[곡수연(宴), 곡수유상(流觴)], 곡심(曲心), 곡연(曲宴), 곡예(曲藝)[곡예단(團), 곡예무용(舞踊), 곡예비행(飛行), 곡예사(師)], 곡옥(曲玉), 곡용(曲用), 곡자(曲子), 곡장(曲牆), 곡절(曲折)[소소곡절(小小), 파란곡절(波瀾)], 곡정(曲釘), 곡좌(曲坐), 곡직(曲直)[불문곡직(不問), 사지곡직(事之), 시비곡직(是非)], 곡진(曲盡), 곡척(曲尺), 곡철(曲鐵), 곡필(曲筆), 곡하다[874], 곡학(曲學), 곡학아세(曲學阿世), 곡해/되다/하다(曲解;곱새김/곱새기다), 곡형(曲形), 곡호(曲護), 곡호수(曲號手), 곡화(曲畵); 간곡하다(懇曲), 구곡간장(九曲肝腸), 굴곡(屈曲), 대곡(對曲), 만곡(彎曲), 반곡(反曲), 반곡(盤曲), 방곡/나다(坊曲), 방방곡곡(坊坊曲曲), 사곡하다(私曲), 사곡하다(邪曲), 습곡(褶曲), 심곡(心曲), 앙곡(昻曲), 완곡(婉曲), 왜곡(歪曲), 우곡(迂曲), 우곡(紆曲;얽히어 구부러져 있음), 위곡하다(委曲), 이곡(理曲), 자곡(自曲;스스로 고깝게 여김), 정곡(情曲), 첨곡(諂曲), 충곡(衷曲), 편곡(偏曲), 향곡(鄕曲;시골 구석), 회곡(回曲), 흉곡(胸曲)②'곡조(曲調)·악곡(樂曲)'의 준말. 또는 악곡·노래를 세는 단위. ¶노래 한 곡을 부르다. 곡률(曲律), 곡명(曲名), 곡목(曲目), 곡보(曲譜), 곡이름, 곡절(曲節), 곡조(曲調); 가곡(歌曲), 간주곡(間奏曲), 고곡(古曲), 광상곡(狂想曲), 광시곡(狂詩曲;민족적·서사적인 느낌을 가진 자유로운 형식의 기악곡), 교성곡(交聲曲;칸타타), 교향곡(交響曲), 금지곡(禁止曲), 기상곡(綺/奇想曲), 기악곡(器樂曲), 난곡(難曲), 단곡(短曲), 단장곡(斷腸曲;애끊는 듯이 슬픈 곡조), 담시곡(譚詩曲), 대표곡(代表曲), 독주곡(獨奏曲), 독창곡(獨唱曲), 돌림곡(돌림노래), 둔주곡(遁走曲), 명곡(名曲), 명상곡(冥想曲), 모음곡, 몽상곡(夢想曲), 몽환곡(夢幻曲), 묘곡(妙曲), 묘사곡(描寫曲), 무곡(武曲), 무곡(舞曲), 무도곡(舞蹈曲;춤곡), 무용곡(舞踊曲), 미사곡(彌撒曲), 미완성곡(未完成曲), 민요곡(民謠曲), 발췌곡(拔萃曲), 변주곡(變奏曲), 별곡(別曲), 보곡(譜曲), 비곡(秘曲), 비곡(悲曲), 사모곡(思母曲), 삼중주곡(三重奏曲), 상사곡(相思曲), 서곡(序曲), 서사곡(敍事曲), 선곡(選曲), 성담곡(聖譚曲), 성악곡(聲樂曲), 소곡(小曲), 소야곡(小夜曲), 소묘곡(素描曲), 소품곡(小品曲), 속곡(俗曲), 수난곡(受難曲), 순라곡(巡邏曲), 승전곡(勝戰曲), 신곡(新曲), 신청곡(申請曲), 악곡(樂曲), 애곡(哀曲), 애상곡(哀傷曲), 애창곡(愛唱曲), 애청곡(愛聽曲), 야곡(夜曲), 야상곡(夜想曲), 양곡(洋曲), 연결곡(連結曲), 연습곡(鍊習曲), 연주곡(演奏曲), 염곡(艶曲), 영창곡(咏唱曲), 영탄곡(詠歎曲), 원무곡(圓舞曲), 위령곡(慰靈曲), 음곡(音曲), 인기곡(人氣曲), 자유곡(自由曲), 자작곡(自作曲), 작곡/가(作曲/家), 잡곡(雜曲), 장송곡(葬送曲), 재즈곡(jazz), 전곡(全曲), 전설곡(傳說曲), 전원곡(田園曲), 전주곡(前奏曲), 접속곡(接續曲), 조곡(組曲), 주명곡(奏鳴曲), 주연곡(酒宴曲), 주제곡(主題曲), 중주곡(重奏曲), 중창곡(重唱曲), 즉제곡(卽題曲), 즉흥곡(卽興曲), 지정곡(指定曲), 진혼곡(鎭魂曲), 창곡(唱曲), 청곡(淸曲), 추도곡(追悼曲), 춤곡, 탱고곡, 파연곡(罷宴曲), 편곡(編曲), 표일곡(飄逸曲), 풍창곡(諷唱曲), 피아노곡, 합주곡(合奏曲), 합창곡(合唱曲), 해학곡(諧謔曲), 행진곡(行進曲), 협주곡(協奏曲), 혼성곡(混成曲), 화상곡(華想曲), 환상곡(幻想曲), 회선곡(回旋曲), 후주곡(後奏曲), 희곡(戱曲) 들.

[874] 곡하다(曲): 사리가 바르지 못하고 굽다.

곡(谷) '골짜기'를 뜻하는 말. ¶곡간(谷澗), 곡수(谷水), 곡빙하(谷氷河), 곡풍(谷風); 개석곡(開析谷;하천의 침식 작용으로 생긴 깊은 골짜기), 건곡(乾谷), 걸린곡[현곡(懸谷)], 계곡(溪谷)[침강계곡(沈降)], 고곡(涸谷;건조기에는 물이 없는 강), 공곡(空谷), 구조곡(構造谷), 궁곡(窮谷), 권곡(圈谷;Kar), 노년곡(老年谷), 단층곡(斷層谷), 매적곡(埋積谷), 배사곡(背斜谷), 빙식곡(氷蝕谷), 빙하곡(氷河谷), 사행곡(蛇行谷), 선행곡(先行谷), 수식곡(水蝕谷;침식곡), 습곡곡(褶曲谷), 심곡(深谷), 심산유곡(深山幽谷), 양곡(洋谷;대륙붕의 사면을 파고 들어간 골짜기), 열곡(裂谷), 우곡(雨谷;빗물에 패어 생긴 골짜기), 유곡(幽谷), 유년곡(幼年谷), 익곡(溺谷;빠진골), 장곡(長谷), 장년곡(壯年谷), 정종곡(適從谷), 종곡(縱谷;산맥 사이에 끼어 산맥과 나란히 있는 골짜기), 주향곡(走向谷), 진퇴유곡(進退維谷), 천곡(川谷), 침식곡(浸蝕谷), 파곡(波谷), 필종곡(必從谷), 하곡(河谷), 합곡(合谷), 해저곡(海底谷), 향사곡(向斜谷), 현곡(懸谷), 협곡(峽谷), 화구곡(火口谷), 횡곡(橫谷) 들.

곡(穀) 사람의 식량이 되는 쌀·보리·콩 따위의 두루 일컫는 말. 곡식. ¶곡가(穀價), 곡귀(穀貴), 곡기(穀氣;곡식으로 만든 음식), 곡달(穀疸), 곡루(穀樓), 곡류(穀類), 곡물(穀物)[곡물법(法), 곡물상(商), 곡물식(式)], 곡복사신(穀腹絲身;먹는 것과 입는 것), 곡분(穀粉), 곡상(穀商), 곡식(穀)[겉곡식, 밭곡식, 속곡식, 풋곡식, 햇곡식], 곡신(穀神), 곡우(穀雨), 곡일(穀日), 곡적(穀賊;곡식의 까끄라기가 목에 결려 붓는 병), 곡정(穀精)[곡정수(水;밥물), 곡정초(草)], 곡제화주(穀製火酒), 곡주(穀酒), 곡차(穀茶;술), 곡창(穀倉), 곡창(穀脹), 곡천(穀賤), 곡초(穀草)[곡초식(式), 곡초전(廛)], 곡출(穀出), 곡피(穀皮), 곡향(穀鄕); 건곡(乾穀), 공곡(公穀), 관곡(官穀), 구곡(九穀), 구곡(舊穀), 근곡(根穀;묵은 곡식), 금곡(金穀), 기곡대제(祈穀大祭), 농곡(農穀), 단곡(斷穀), 답곡(畓穀), 두곡(斗穀), 매상곡(買上穀), 맥곡(麥穀), 모곡(耗穀), 무곡(貿穀), 미곡(米穀), 방곡(防穀), 방곡(放穀), 백곡(百穀), 벽곡(辟穀), 분곡(分穀), 사곡(私穀), 사곡(絲穀), 산곡(産穀), 산곡(散穀), 상평곡(常平穀), 생곡(生穀), 서곡(黍穀), 세곡(稅穀), 수곡(收穀), 수곡도(水穀道;창자), 수곡리(水穀痢), 식곡(息穀), 신곡(新穀), 알곡식/알곡, 양곡(糧穀), 여곡(餘穀), 오곡(五穀), 외곡(外穀), 원곡(元穀), 잡곡(雜穀), 적곡(積穀), 전곡(田穀), 전곡(錢穀), 절곡(絕穀), 종곡(종穀), 주곡(主穀), 진곡(陳穀;묵은 곡식), 창곡(倉穀), 천곡(天穀), 추곡(秋穀), 탈곡(脫穀), 피곡(皮穀;겉곡식), 하곡(夏穀), 햇곡식/햇곡(穀), 향곡(餉穀), 화곡(禾穀), 환곡(換穀), 환곡(還穀) 들.

곡(哭) 사람이 죽었을 때나 제사 때에 일정한 소리를 내어 우는 울음. 소리 내어 울다. ¶곡을 하다, 구슬픈 곡소리. 곡림(哭臨;임금이 죽은 신하를 몸소 조문함), 곡반(哭班), 곡비(哭婢), 곡성(哭聲), 곡소리, 곡읍(哭泣), 곡하다; 귀곡(鬼哭)[귀곡새, 귀곡성(聲)], 대곡(大哭)[방성대곡(放聲)], 대곡(代哭), 망곡(望哭), 방곡(放哭), 삼일곡(三日哭), 석곡(夕哭), 애곡(哀哭), 어이곡, 읍곡(泣哭), 입곡(入哭), 절곡(絕哭), 제곡(啼哭), 조곡(弔哭), 조곡(朝哭), 조석곡(朝夕哭), 졸곡(卒哭), 지곡(止哭), 탄곡(嘆/歎哭), 통곡(痛哭)[대성통곡(大聲), 방성통곡(放聲), 앙천통곡(仰天)], 호곡(號哭) 들.

곡(斛) '휘(곡식 열 말의 용량. 또는 그 그릇)'를 뜻하는 말. ¶두곡

(斗斛;곡식을 되는 말과 휘. 되질하는 일).

곡(梏) '쇠고랑(수갑. 차꼬)'을 뜻하는 말. ¶질곡(桎梏;구속하여 자유를 속박함).

곡(鵠) '과녁. 고니(오릿과에 딸린 물에 사는 큰 새). 크다'를 뜻하는 말. ¶정곡(正鵠)[875], 홍곡(鴻鵠;큰 인물) 들.

곡(麴) '누룩'을 뜻하는 말. ¶곡균(麴菌); 면곡(麵麴), 반하곡(半夏麴), 백곡(白麴), 종곡(種麴), 황곡(黃麴), 흑곡(黑麴) 들.

곡(轂) '수레. 바퀴통'을 뜻하는 말. ¶곡격(轂擊); 연곡(輦轂) 들.

곡곡 학이 우는 소리.

곡달 절박한 사정을 놓고 이러니저러니 하고 안타까이 말을 주고받는 것. ¶밤 이슥토록 곡달을 했으나 아무 합의점도 찾지 못했다.

곡두 실제로는 눈앞에 없는 사람이나 물건이 마치 있는 것처럼 보이다가 사라져 버리는 것.[〈곡도]. 환영(幻影). 신기루(蜃氣樓). ¶곡두가 보이다. 곡두가 나타나다. 너무 배가 고파 곡두 현상까지 생기는 것이었다.

곤(困) '어렵다. 괴롭다. 가난하다. 피곤하다'를 뜻하는 말. ¶곤갈(困竭/渴), 곤경(困境), 곤고/하다(困苦;어렵고 고생스럽다), 곤괘(困卦), 곤군하다(困窘), 곤궁(困窮↔富裕), 곤급하다(困急), 곤뇌하다(困惱), 곤라(困懶), 곤란/하다/스럽다(困難), 곤마(困馬), 곤박하다(困迫), 곤보(困步), 곤비/하다(困憊), 곤색하다(困塞;답답하다), 곤수(困睡;곤히 잠), 곤액(困厄), 곤와(困臥), 곤욕(困辱;심한 모욕. 심정적 고통)/스럽다, 곤이지지(困而知之), 곤작(困作), 곤잠[곤침(困寢)], 곤절(困絕), 곤지(困知), 곤침(困寢), 곤핍/하다(困乏), 곤하다, 곤혹/스럽다(困惑;몹시 곤란한 일. 어찌할 바를 모름); 간곤하다(艱困), 견곤(見困;곤란을 당함), 궁곤하다(窮困), 기곤(飢困), 노곤하다(勞困), 민곤(民困), 비곤하다(憊困), 빈곤(貧困)[빈곤망상(妄想), 빈곤층(層), 빈곤하다], 쇠곤(衰困), 주곤(酒困), 춘곤(春困), 피곤하다(疲困), 혼곤하다(昏困), 홀곤하다(매우 곤하다) 들.

곤(坤) 팔괘(八卦)의 하나로 '땅. 여자'를 상징함.↔건(乾). ¶곤괘(坤卦), 곤궁(坤宮;왕후 또는 왕후의 궁전), 곤극(坤極), 곤덕(坤德;황후나 왕후의 덕), 곤도(坤圖), 곤명(坤命), 곤방(坤方), 곤삼절(坤三絕), 곤선명(坤仙命), 곤시(坤時), 곤위(坤位), 곤전(坤殿;中宮殿), 곤전마마(坤殿媽媽), 곤좌(坤坐), 곤좌간향(坤坐艮向); 건곤(乾坤)[건곤일색(一色), 건곤일척(一擲)], 별건곤(別乾坤) 들.

곤(棍) '길게 만든 몽둥이나 그것으로 때리는 일'을 뜻하는 말. ¶곤봉(棍棒), 곤장(棍杖), 곤형(棍刑); 대곤(大棍), 별곤(別棍;크게 만든 곤장), 소곤(小棍), 쌍절곤(雙節棍), 엄곤(嚴棍), 중곤(中棍), 중곤(重棍), 치도곤(治盜棍;몹시 혼나거나 맞음), 치곤(治棍), 편곤(鞭棍), 평균곤(平均棍;파리나 모기의 뒷날개), 화곤(火棍;부지깽이) 들.

곤(昆) '맏. 형(兄). 자손. 벌레'를 뜻하는 말. ¶곤계(昆季;형제), 곤손(昆孫;여섯째 대의 손자), 곤제(昆弟;형제), 곤충(昆蟲), 곤포(昆布;다시마); 옥곤금우(玉昆金友), 후곤(後昆) 들.

곤(梱) 포장한 화물, 특히 생사(生絲)나 견사(絹紗)의 개수 또는 수량을 표시하는 말. ¶곤포(梱包;거적 · 새끼 들로 짐을 꾸리어 포장함).

곤(袞) '곤룡포(용을 수놓은 천자의 예복)'를 뜻하는 말. ¶곤룡포(袞龍袍), 곤미(袞馬), 곤면(袞冕), 곤보(袞寶;국새), 곤복(袞服), 곤직(袞職) 들.

곤(悃) '정성. 거짓이 없는 마음'을 뜻하는 말. ¶곤관(悃款;꾸밈이 없는 모양), 곤복하다(悃愊;진실하고 정성스럽다) 들.

곤(滾) '물이 흐르다. 샘솟다'를 뜻하는 말. ¶곤곤/하다(滾滾)[876], 곤골하다(滾汨;몹시 바쁘다) 들.

곤(壼) '문지방의 안. 여자'를 뜻하는 말. ¶곤법(壼法;후궁의 규율), 곤위(壼/坤位;왕후의 지위), 곤정(壼政;내정의 일) 들.

곤(鯤) 길이가 몇 천 리나 되는지 모른다는 상상의 큰 물고기. ¶곤이(鯤鮞)[877].

곤:대 토란의 줄기.[←곤(고운)+대(줄기)]. 〈본〉고운대. ¶곤대에 양지머리와 곱창을 함께 넣어 푹 끓였다. 곤댓국, 곤댓짓[878].

곤두 ①몸을 번드쳐서 재주넘는 짓. 거꾸로. ¶곤두를 넘다. 곤두 매달려 있다. 자전거에서 곤두 떨어져 박히다. 곤두기침/하다, 곤두박다(높은 데서 거꾸로 떨어지다)/박이다, 곤두박이, 곤두박이치다/곤두치다, 곤두박질/치다/하다, 곤두배(輩), 곤두뱉다(멀리 내뱉다), 곤두새우다(밤을 꼬박 새우다), 곤두서다/세우다, 곤두자(땅재주를 하는 광대), 곤드라지다[879], 곤드레[880], 곤두하다(기침이 나서 솟구치어 올리다); 뒷곤두, 번개곤두(아주 날쌔게 하는 곤두박질), 앞곤두, 외팔곤두, 재곤두치다[881]. ②곤두곤두(어린아이를 손바닥 위에 세울 때 가락을 맞추기 위하여 부르는 소리).

곤자소니 소의 창자(똥구멍) 끝에 달린 기름기가 많은 부분. ¶곤자소니에 발기름이 끼었다(부귀를 누리고 호기를 부리며 뽐냄을 비유하는 말).

곤쟁이 새우의 한 종류. 자하(紫蝦). ¶곤쟁이 주고 잉어 낚는다(적은 자본을 들이어 큰 이익을 보다). 곤쟁이젓[곤쟁이젓김치, 곤쟁이젓깍두기, 곤쟁이젓찌개].

---

875) 정곡(正鵠): ①과녁의 한복판이 되는 점. ②사물의 가장 중요한 요점 또는 핵심. ¶정곡을 찌르는 논리.

876) 곤곤(滾滾): 물이 펑펑 솟아나오는 모양. 맑은 물이 철렁철렁 흘러가는 모양. ¶곤곤히 흐르는 강물.

877) 곤이(鯤鮞): ①물고기의 뱃속에 있는 알. ②물고기의 새끼.

878) 곤댓짓: 사람이 기세 좋게 뽐내어 우쭐거리며 고개를 흔드는 짓.=곤댓질. ¶보잘것없는 놈이 양반입네 하고 곤댓짓이 이만저만이 아니다. 곤댓짓하다.

879) 곤드라지다: 술에 취하거나 몹시 피곤하여 정신없이 쓰러져 자다. 곤두박질하여 쓰러지다. 〈큰〉군드러지다. ¶군드러진 사람들의 지갑만 노리는 소매치기 일당이 검거되었다. 나가곤드라지다.

880) 곤드레: 술이나 잠에 취하여 정신이 흐릿하고 몸을 잘 가누지 못함. 또는 그러한 사람. ¶곤드레만드레/하다, 곤드레하다.

881) 재곤두치다: 몹시 곤두박질치면서 아래로 떨어지다. ¶고장 난 헬기가 땅으로 재곤두치더니 쾅 하고 폭발했다.

곤지 전통 혼례식에서, 시집가는 새색시가 단장할 때 이마에 연지(臙脂)로 찍는 붉은 점. ¶연지 찍고 곤지 찍은 새색시.

곤지곤지 젖먹이에게 손바닥에 다른 손 집게손가락 끝을 댔다 뗐다 하라고 이를 때 하는 말. 또는 그 동작. ¶곤지곤지하다.

곧 어떤 일이 있을 때마다 반드시 무슨 일이 따름을 나타내는 말. ≒만. §예스러운 표현으로 쓰임. ¶밤곧 되면 운다. 아기곧 울면 어미가 달려가오. 그는 날마다 밥곧 먹으면 놀러 나가오.

곧(다) 휘지 않고 똑바르다.(↔굽다). 마음이 바르다. 정직하다. ¶곧은 길. 팔다리를 곧게 펴고 눕다. 대쪽 같이 곧은 선비. 성품이 매우 곧다. 고두밥(몹시 된 밥), 고두쇠(작두 머리에 끼우는 쇠), 곧[882], 곧바르다(곧고 바르다), 고대[883], 곧날대패, 곧아지다, 곧은결, 곧은금(직선), 곧은길, 곧은목, 곧은목소리, 곧은바닥, 곧은불림[884], 곧은뿌리, 곧은솔기, 곧은시침(곧바르게 하는 시침), 곧은쌤(곧은바닥. 수직 갱도), 곧은줄기, 곧은창자, 곧이곧대로, 곧이듣다/들리다, 곧차다[885], 곧추다[886]; 목곧다[887], 목곧이(목이 곧은 사람), 올곧다. ☞ 직(直).

골¹ 뼈의 내강(內腔)을 채우고 있는 연한 조직. 골수(骨髓). ¶골이 아프다/비다. 골국(골탕), 골막(膜), 골머리(머릿골), 골비다(어리석다), 골밑샘[뇌하수체(腦下垂體)], 골속, 골저리다(찬 기운이 뼛속까지 미치다), 골치[888], 골탕(湯), 골통/골통이(머리), 골틀, 골패기(머릿골), 꼴통(머리가 나쁜 사람. 말썽꾸러기); 다릿골, 뒷골(뒤통수), 등골(등골뼈. 척수), 머릿골[뇌(惱;골치)], 뼛골, 쇠골(소의 골), 수양골(쇠머리 속에 든 골), 숨골, 이골[치수(齒髓)], 잇골, 작은골, 큰골 들.

골² 비위에 거슬리거나 언짢은 일을 당하여 벌컥 성이 나는 기운. ¶골을 내다/ 올리다. 골김/에(골이 났던 그 바람에. 홧김에), 골나다/내다, 골딱지, 골리다[889], 골부림(함부로 골을 내는 일)/하다, 골오르다/올리다, 골집(심술), 골집사납다(심술사납다), 골틀리다(마음이 비꼬여 부아가 나다), 골풀이(성을 참지 않고 밖으로 풀어버림)/하다; 개골(까닭 없이 내는 성) 들.

골³ 만들고자 하는 물건의 일정한 모양을 잡거나, 비뚤어진 물건의 모양을 바로 잡는 데 쓰는 틀(형태). ¶골을 박다(골박다[890]). 골을 치다(골치다). 골씌우기, 골켜다[891]; 갓골, 구둣골, 꽃장골, 망건골(網巾), 신골, 짚신골, 평골(平;창이 평평한 신골) 들.

골⁴ 종이 · 피륙 · 판자 따위를 길이로 똑같이 나누어 오리거나 접는 금. 줄이 지게 파인 홈. ¶판지에 자를 대고 골을 내면 쉽게 접힌다. 골감[시(柿)], 골모판(板;골이 있는 모판), 골밀이, 골뱅이[892], 골변탕(邊鐋;골이 지게 깎는 대패), 골살(주름살), 골싸다[893], 골이지다, 골참외, 골채(彩), 골치마(골이 아래위로 진 치마), 골침(枕), 골판지(板紙)[894], 골풀(골풀과의 여러해살이풀), 골함석(골이 지게 만든 함석); 나사골(螺絲), 온골(종이나 피륙 따위의 전체의 너비), 욱음골(재목을 우묵하게 판 골) 들.

골⁵ 골짜기/골짝. 고랑. 깊은 구멍/구덩이. 골목. '좁고 긴. 구석진'을 뜻하는 말. ¶골로 가다(죽다). 골을 타다(고랑을 만들다). 골갈이(김을 매어 흙을 부드럽게 하는 일), 골개[895], 골걷이(밭고랑의 풀을 뽑아 없애는 일)/하다, 골고래[896], 골골샅샅/이, 골기와, 골답(畓;물이 흔하고 기름진 논), 골땅(골짜기를 이룬 땅), 골마루(골방 모양의 좁은 마루), 골막바지, 골막이[897], 골목[898], 골물, 골밑(골짜기 밑), 골바닥, 골바람[곡풍(谷風)], 골방(房;좁고 구석진 방), 골밭(골짜기에 있는 밭), 골배질[899], 골벽(壁;골짜기 양쪽의 벼랑), 골분지(盆地), 골뿌림(줄뿌림), 고샅[900], 골쇠[901], 골시내(골짜기를 흐르는 시내), 고써레(파종할 때 씨를 넣을 골을 파는 농기구), 골씨[902], 골안(골짜기의 안)/길, 골안개, 골어귀, 골지르다(세 번째 밭을 갈다), 골짜기[골짜기길, 골짜기밭; 산골짜기(山)/골짝], 골창(고랑창), 골채[903], 골치기, 골타다(밭의 고랑을 만들다), 골풀무[904]; 가슴골(가슴 한가운데 패인 부분), 가지골(원

882) 곧: '곧다'의 어간형 부사. ①때를 놓치지 않고 바로. 즉시. ¶곧 떠나라. ②시간적으로 가까이. 멀지 않아서. ¶그도 곧 오겠지. ③다시 말하면. 즉. ¶민심이 곧 천심이다. ④그대로 직접. 제법. 상당히. ¶산에 오르니 곧 날 것만 같다. 곧바로, 곧뿌림[직파(直播)], 곧이(바로 그대로), 곧이어, 곧잘, 곧장; 줄곧(끊임없이 잇달아. 내처). ☞ 즉(卽).

883) 고대: 이제 막. 즉시에. 바로 가까이.[←곧+애]. ¶고대 있었던 물건이 없어졌다. 비가 그치면 고대 김매기를 시작하여라.

884) 곧은불림: 지은 죄를 사실대로 바로 말함. ¶곧은불림하다.

885) 곧차다: 발길로 곧게 내어지르다.

886) 곧추다: 굽은 것을 곧게 하다. 어린아이를 겨드랑이에 붙들어 세우다. ¶구부정한 허리를 곧추다. 곧추(곧게. 똑바로)[곧추갈이, 곧추들다, 곧추뛰기, 곧추뜨다, 곧추서다/세우다, 곧추안다(어린아이를 곧게 세워서 안다), 곧추앉다(꼿꼿이 앉다), 곧추하다].

887) 목곧다: 억지가 세어서 남에게 호락호락하게 굽히지 아니하다. ¶목곧은 노인.

888) 골치: 머릿골[뇌(惱)]. 골머리. ¶골치가 아프다. 골칫거리, 골칫덩어리/덩이.

889) 골리다: 상대편을 놀리어 약을 올리거나 골이 나게 하다. ¶그가 나를 골리려고 그런 말을 한 것 같다. 골려넘기다, 골려대다, 골려주다.

890) 골박다: 일정한 테두리 밖을 나가지 못하게 하다. 허술하지 않도록 단단하게 하다.

891) 골켜다: 나무를 통째 세로로 켜서 골을 만들다.

892) 골뱅이: ①몸이 타래처럼 꼬인 껍데기 속에 들어 있는 연체동물. ¶골뱅이선(螺旋). ②인터넷에서 사용하는 @ 기호의 이름.

893) 골싸다: 피륙을 두 쪽 길이가 같게 접다.=꼴싸다.

894) 골판지(板紙): 판지의 한쪽 또는 두 장의 판지 사이에 물결모양으로 골이 진 종이를 완충재로 붙인 판지. 물품의 포장용 상자로 많이 쓰임. ¶아이들이 골판지로 모형 집을 만든다.

895) 골개: 좁은 골짜기로 흐르는 개울. ¶골개강(江), 골개골(골개가 흐르는 골짜기), 골개논, 골갯물, 골개천(川).

896) 골고래: 여러 갈래로 고랑이 져 불길이 따로따로 들어가게 놓은 방고래.

897) 골막이: 도리 위의 서까래와 서까래 사이를 흙으로 막는 일. 또는 그 흙.

898) 골목: 동네 집 사이로 난 좁은 길. 〈준〉골. ¶막다른 골목. 골목거리, 골목골목/이(골목마다 모두), 골목굽이, 골목길(골목에 난 길), 골목대장(大將;아이들의 우두머리), 골목바람, 골목자기('골목'을 속되게 이르는 말), 골목쟁이(골목에서 더 깊숙이 들어간 좁은 곳), 골목집; 뒷골목, 뚫린골(↔막다른골), 막다른골, 샛골목(작은 골목), 실골목(폭이 썩 좁고 긴 골목), 외골목.

899) 골:배질: 얼음이 얼거나 풀릴 무렵에 나루의 얼음을 깨고 뱃길을 만들어 배를 건너게 하는 일. ¶골배질하다.

900) 고샅: 마을의 좁은 골목길. 좁은 골짜기의 사이.[←고을/골짜기, 골목+샅(사이)]. ¶후미진 고샅. 고샅고샅(고샅마다), 고샅길; 뒷고샅.

901) 골쇠: 골짜기의 밑바닥에 있는 사금(砂金)의 층.

902) 골씨: 골보다 깊고 두멍보다는 얕은 바다.

903) 골채: 골짜기에 있어서 물을 대기가 편리한 논.

904) 골풀무: 땅에 고랑을 파서 꾸미어 놓은 풀무. 발풀무.

골짜기에서 갈라져 나간 골짜기), 개골창, 구유골[905][협곡(峽谷)], 기압골(氣壓;기압이 낮은 부분), 등골[906], 물골[907], 빠진골[908], 산골(山)[두메산골; 산골짝], 실골(좁고 가느다란 골짜기), 안골. ☞ 곡(谷).

골[6] 〈옛〉 만(萬). ¶골백번(百番;'여러 번'을 강조한 말), 골잘[영겁(永劫)].

골[7] '고을'의 준말.

골- 몇몇 명사 앞에 붙어, '하던 일이 몸에 배어 다른 물정을 모르는. 고루한(固陋). 고리타분한'의 뜻을 더하는 말. ¶골담배꾼, 골샌님, 골생원(生員), 골서방, 골선비[909], 골양반(兩班), 골예수, 골초(草;담배를 몹시 피우는 사람).

골(骨) '동물의 뼈. 사물의 뼈대. 골격(骨格) · 판박이'를 뜻하는 말. ¶골각기(骨角器), 골간(骨幹), 골강(骨腔), 골검(骨檢), 골격(骨格;뼈. 뼈대)[골격근(筋), 내골격(內), 외골격(外)], 골결핵(骨結核), 골경(骨骾/鯁), 골관절(骨關節), 골근(骨筋), 골기(骨氣), 골기(骨器), 골단(骨端), 골동(骨董)[910], 골류(骨瘤), 골린(骨鱗), 골막(骨膜), 골반(骨盤), 골분(骨粉), 골비(骨肥), 골산(骨山;나무가 없고 바위로만 이루어진 산), 골상/학(骨相/學), 골세포(骨細胞), 골수(骨髓;마음. 뼛속)[골수분자(分子), 골수세포(細胞), 골수수혈(輸血), 골수염(炎); 외골수(단 한 곳으로만 파고드는 사람)]; 범골수로(汎骨髓癆), 혈원골수(血怨)], 골양(骨瘍), 골연(骨硯), 골연증(骨軟症), 골연화증(骨軟化症), 골염(骨炎), 골유(骨油), 골육(骨肉)[골육상잔(相殘), 골육상쟁(相爭), 골육수(水)], 골육종(骨肉腫), 골자(骨子;要點. 要領①), 골재(骨材), 골저(骨疽), 골절(骨折), 골절(骨節), 골조(骨組), 골조직(骨組織), 골조풍(骨槽風), 골종(骨腫), 골지(骨脂), 골질(骨質), 골침(骨針), 골탄(骨炭), 골통(骨痛), 골판문(骨板門), 골패(骨牌), 골편(骨片;뼛조각), 골품제도(骨品制度), 골필(骨筆), 골해(骨骸), 골핵(骨核), 골혹(뼈에 생기는 혹), 골화연령(骨化年齡), 골회(骨灰); 각골(刻骨), 강골/한(强骨/漢), 거골(距骨;복사뼈), 견갑골(肩胛骨)/견골(肩骨), 견박골(肩膊骨), 견설고골(犬齧枯骨), 경골(脛骨;정강이뼈), 경골(硬骨)[경골한(漢); 늑경골(肋)], 경골(頸骨;목뼈), 경골(鯁骨), 경골(鯨骨), 계란유골(鷄卵有骨), 고골(枯骨), 공명골(功名骨), 과골(踝骨), 관골(髖骨), 관골(顴骨;광대뼈), 교골(交骨;여자의 치골. 불두덩뼈), 구간골(軀幹骨;몸통뼈), 구개골(口蓋骨), 귀골(貴骨), 근골(筋骨), 근골(跟骨), 금골(金骨), 기골(奇骨), 기골(氣骨), 기골(肌骨), 납골/당(納骨/堂), 노골(老骨), 노골(顱骨), 노골/적(露骨/的), 녹골(鹿骨), 누골(漏骨), 늑골(肋骨), 단골(短骨), 대퇴골(大腿骨), 두골(頭骨)[측두골(側)], 두개골(頭蓋骨), 두정골(頭頂骨), 막골(膜骨), 만골(萬骨;수많은 사람의 뼈), 망골(亡骨;주책없는 사람), 매골(埋骨), 모골(毛骨), 목골(木骨), 무골(無骨), 무골호인(無骨好人), 무명골(無名骨;궁둥이뼈), 미골(尾骨;꼬리뼈), 미릉골(眉稜骨;눈썹 있는 곳의 뼈), 미저골(尾骶骨), 미추골(尾椎骨), 반골(反/叛骨), 방골(方骨), 백골(白骨), 백골난망(白骨難忘), 범골(凡骨;평범한 사람), 병골(病骨), 복골(覆骨), 부골(富骨), 부골(跗骨), 부골(腐骨), 부전골(跗前骨), 분골쇄신(粉骨碎身), 비골(腓骨), 비골(鼻骨), 비골(髀骨;넓적다리뼈), 사골(四骨), 사골(死骨), 사골(篩骨), 상골(象骨), 상박골(上膊骨), 상악골(上顎骨), 상지골(上肢骨), 상완골(上腕骨;위팔뼈), 새골(鰓骨;아감뼈), 색골(色骨), 서골(鋤骨), 선골(仙骨), 선골(扇骨), 선골(船骨), 설골(舌骨), 선풍도골(仙風道骨), 설상골(楔狀骨), 섭유골(顳顬骨), 성골(聖骨), 세골장(洗骨葬), 속골(俗骨), 쇄골(鎖骨), 쇠골(衰骨), 수골(手骨), 수골(收骨), 수골(壽骨), 수근골(手根骨;손목뼈), 슬개골(膝蓋骨;종지뼈), 심골(心骨), 악골(顎骨;턱뼈)[간악골(間)], 약골(弱骨), 양골(陽骨;양지머리뼈), 어골(魚骨), 언중유골(言中有骨), 연골(軟骨;물렁뼈)[911], 오훼골(烏喙骨), 옥골(玉骨), 완골(完骨), 완골(腕骨), 요골(腰骨), 요골(撓骨), 용골(龍骨), 우골(牛骨), 우두골(牛頭骨), 위골(違骨), 유골(遺骨), 이차골(二次骨), 인골(人骨), 잔골(孱骨), 장골(壯骨), 장골(長骨), 장골(掌骨), 장골(腸骨), 재골(才骨), 전골(全骨), 전두골(前頭骨), 전신골(全身骨), 전완골(前腕骨), 절골(折骨), 접골(接骨), 접형골(蝶形骨), 정신골(精神骨;지능이 뛰어나고 총명하게 생긴 골격), 족골(足骨), 족근골(足根骨), 좌골/신경(坐骨/神經), 지골(肢骨), 지골(趾骨), 지골(指骨), 진골(眞骨), 차골(次骨;원한이 뼈에 사무침), 척골(尺骨), 척골(脊骨), 척골(瘠骨), 척골(蹠骨), 척추골(脊椎骨), 천골(賤骨), 천골(薦骨), 철골(徹骨;뼈에 사무침), 철골(鐵骨;건축의 뼈대가 되는 철재), 청골(聽骨), 추골(椎骨;등골뼈), 추골(槌骨), 취골(聚骨), 측두골(側頭骨), 치골(恥骨), 치골(齒骨), 치골(癡骨), 침골(枕骨), 퇴골(腿骨), 투자골(骰子骨;주사위뼈), 파골(破骨), 풍골(風骨), 피골(皮骨), 하박골(下膊骨), 하악골(下顎骨), 하퇴골(下腿骨), 한골[912], 해골(骸骨), 협골(俠骨), 협골(頰骨), 호골(虎骨), 화골(化骨), 환골탈태(換骨奪胎), 황골(黃骨), 흉골(胸骨), 후골(喉骨) 들.

골(汨) '빠지다(잠기다. 물에 가라앉다)'를 뜻하는 말. ¶골골무가(汨汨無暇;한 가지 일에 파묻혀 조금도 틈이 없음), 골몰(汨沒)[골몰무가(無暇), 골몰하다(옴하다); 주야골몰(晝夜)]; 갈골하다/히(渴汨) 들.

골(滑) '그르치다'를 뜻하는 말. ¶골계(滑稽)[913]. §'미끄럽다'의 뜻으로는 [활]로 읽힘. ☞ 활(滑).

골(鶻) '송골매(매과의 사나운 새)'를 뜻하는 말. ¶송골(松鶻)[옥송골(玉;좋은 송골매), 잡송골(雜)] 들.

골가랑 눈에 눈물이 가득하게. ¶눈물이 골가랑 맺힌 눈. 골가랑하

---

905) 구유골: 비탈면이 급하며 바닥이 좁고 깊은 구유 모양의 골짜기. 협곡(峽谷). ¶구유골에 쌓인 눈.

906) 등골: 등 한가운데로 길게 고랑이 진 곳. ¶등골이 서늘해지다. 등골이 오싹하다(심한 두려움 따위로 등골에 소름이 끼치는 것 같다).

907) 물골: ①밀물과 썰물의 흐름이 세찬 곳. 또는 그 흐름. ②'물고랑'의 준말.

908) 빠진골: 땅이 내려앉거나 바다의 바닥이 솟아서 바닷물이 침입하여 생긴 골짜기. 익곡(溺谷).

909) 골선비: 어느 모로 보아도 선비 티가 몸에 밴 사람. 옹졸하고 고루한 사람.

910) 골동(骨董): ①여러 가지 물건이 한데 섞인 것. ②골동품(骨董品).

911) 연골(軟骨): 연골막(膜), 연골세포(細胞), 연골조직(組織), 연골질(質), 연골한(漢); 갑상연골(甲狀), 늑연골(肋軟骨), 추간연골(椎間), 환상연골(環狀), 회염연골(會厭), 후두개연골(喉頭蓋), 후두연골(喉頭).

912) 한골(骨): 썩 좋은 문벌. ¶한골 나가다(썩 좋은 지체로 드러나다).

913) 골계(滑稽;익살): 골계가(家;익살꾼), 골계극(劇), 골계소설(小說), 골계적(的), 골계전(傳), 골계화(畵).

다, 골가랑골가랑/하다.

골갱이 ①식물이나 동물의 고기 따위의 속에 있는 단단하고 질긴 부분. ¶이 무는 골갱이가 씹힌다. ②말이나 일의 중심이 되는 줄거리. 골자(骨子). ¶길게 이야기하지 말고 골갱이만 말해라.

골골¹ 암탉이 알겯는 소리. ¶골골거리다/대다¹.

골골² 몸이 약해서 늘 시름시름 앓는 모양. ¶그는 노상 골골 앓아서 걱정이다. 골골하는 어린아이. 골골거리다/대다², 골비단지(늘 병으로 골골거리는 허약한 사람).

골골³ 귀엽게 단잠을 자고 있는 모양. ¶어린이가 골골 단잠을 자고 있다.

골(다) 잘 때 크게 콧소리를 내다. ¶코 고는 소리. 고르릉고르릉914), 코골다, 코골이, 헛코골다.

골똘-하다 한 가지 일에 온 정신을 쏟아 딴 생각이 없다.[←골독(汨篤)]. ¶무얼 그리 골똘히 생각하니?

골마지 간장·술·김치 따위의 음식물 겉면에 생기는 곰팡이 같은 물질.=발만(醱醂). ¶오래된 간장 항아리에는 골마지가 잔뜩 껴 있었다.

골무 바느질할 때 바늘을 눌러 밀기 위하여 손가락 끝에 끼는 물건. 골무 모양. ¶골뭇감, 골무꽃, 골무떡(가락을 짧게 자른 흰떡)/흰골무떡; 가죽골무, 밀골무(꿀벌이 밀로 만든 골무), 뿌리골무[근관(根冠)], 쇠골무 들.

골탕 되게 손해를 보거나 곤란을 당하는 일. ¶골탕을 먹다/먹이다.

곪(다) 상처에 염증이 생기어 고름이 들게 되다. 내부에 부패나 모순이 쌓이어 터질 정도에 이르다. ¶상처가 곪다. 회사의 내부가 곪을 대로 곪았다. 곪아터지다, 곰기다(곪은 자리에 딴딴한 멍울이 생기다), 곰보915), 고름916); 돌곰기다917). ☞ 농(膿).

곬 ①한쪽으로 트여 나가는 방향이나 길. 고랑. ¶제 곬으로만 흐르는 강물. 바닥에 곬이 잡히다. 한 곬으로만 파야 성공한다. 곬구들, 곬섶, 곬수채, 곬온돌, 곬잡이(방향 설정); 냇곬(냇물이 흐르는 물곬), 물곬(물이 흘러 빠져나가는 작은 도랑), 외곬918), 통곬919). ②물고기 떼가 늘 다니는 일정한 길. ¶조기의 곬. 곬거리(그물의 한 종류). ③사물의 유래. ④마름질에서, 천을 접는 부분.=골⁴.

914) 고르릉고르릉: 어린아이들이 단잠을 자며 귀엽게 코를 고는 소리. 〈준〉고릉고릉. ¶배부른 아기가 고르릉고르릉 단잠을 자다.

915) 곰보: ①얼굴이 얽은 사람. ¶곰보딱지, 곰보타령; 살짝곰보(조금 얽은 곰보). ②'표면이 오톨도톨한 모양'을 뜻하는 말. ¶곰보뜨기(곰보자수), 곰보망치, 곰보무늬, 곰보미장, 곰보버섯, 곰보빵, 곰보유리.

916) 고름: 종기(腫氣)가 곪아서 생기는 누른 물. ¶고름을 짜다. 고름균(菌), 고름덩이, 고름딱지, 고름병(病), 고름오줌, 고름집(곪아 고름이 누렇게 맺힌 곳), 고름통(桶;말썽꾸러기나 불평분자. 나쁜 근성); 피고름.

917) 돌곰기다: 종기가 겉은 딴딴하고 속으로 몹시 곰기다. ¶돌곪다.

918) 외곬: 한 곳으로만 통하는 길. 단 한 가지 방법이나 방향. ¶외곬으로만 생각하는 사람은 성공하기 어렵다. §외골수(骨髓;단 한 곳으로만 파고드는 사람).

919) 통곬: 여러 갈래의 물이 한 곬으로 모이는 곳.

곯(다)¹ 과일·달걀 따위가 속이 물크러져 상하다. 속으로 골병이 들다.≒썩다. ¶곯은 달걀. 주색에 곯다. 고리다·구리다920)·코리다·쿠리다, 고리삭다921), 고삭다922), 고삭부리923), 고리타분하다/고타분하다·구리터분하다/구터분하다·쿠리터분하다/쿠터분하다, 고리탑탑하다/고탑탑하다·구리텁텁하다/구텁텁하다, 고린내, 고린샌님(하는 짓이 잘고 옹졸한 사람), 고린전(錢;고린내 나는 돈), 고린짓924), 고림보925), 고릿고릿·구릿구릿, 곤달걀(곯은 달걀), 곤쇠926), 곤죽(粥)927), 곯리다¹(상하게 하다), 곯마르다(속으로 썩어가면서 마르다), 골병(病)[골병들다, 골병먹이다], 고삭부리(곯고 삭아 체질이 약한 사람), 곯아떨어뜨리다(자다)/트리다, 곯아떨어지다, 곯아빠지다(몹시 곯아서 버리게 되다), 고탑지근·구텁지근하다; 종애곯리다928).

곯(다)² 양(量)에 아주 모자라게 먹거나 굶다. 그릇에 담긴 것이 가득 차지 아니하고 조금 비다. 한 부분이 옹골차지 아니하고 푹 꺼져 있다. 〈큰〉굻다. ¶곯은 밥그릇. 말라서 속이 곯은 밤. 어린 시절에 배를 곯고 자랐다. 쌀독에 쌀이 굻다. 곯리다²·굻리다(배고프게 하다. 곯게 하다), 골막골막929), 골막·굴먹하다, 골싹930), 골쏨931), 고프다, 굴풋하다932), 곯어지다(조금 비어 있게 되다); 배곯다 들.

곰¹ 곰과의 동물. '미련한 사람'을 농조로 이르는 말. ¶곰 가재 뒤지듯(느릿느릿 행동함). 곰 창(槍)날 받듯933). '너페'는 곰을 이

920) 구리다: ①똥·방귀와 같은 냄새가 나다. 〈작〉고리다. 〈거〉쿠리다. ¶고린·구린·코린·쿠린내, 구리구리, 구릿, 구린입(구린내 나는 입. 더럽고 주제 넘는 말을 하는 입). 코리, 코릿. ②하는 짓이 더럽다. ¶구리게 놀다. ③행동이 의심스럽다. ¶그의 행동에는 구린 데가 있다. 밑구리다(떳떳하지 못하다).

921) 고리삭다: 젊은이의 말이나 행동이 풀이 죽어 늙은이 같다. ¶고리삭은 말만 하다. 고리삭은 샌님.

922) 고삭다: 곯아서 썩거나 삭아 빠지다.[←곯(다)+삭다]. ¶녹이 슬고 고삭아서 부실부실한 쇳조각.

923) 고삭부리: 음식을 많이 못 먹는 사람. 기력이나 체질이 약해 늘 병치레를 하는 사람.

924) 고린짓: 규모가 작고 시야가 좁으며 안목이 짧은 일. ¶그따위 고린짓은 그만 좀 해라.

925) 고림보: ①몸이 약하여 늘 골골거리며 앓는 사람. ②마음이 옹졸하고 하는 짓이 푼푼하지 못한 사람.

926) 곤쇠: 나이는 많아도 실없고 쓰잘머리가 없는 사람. ¶곤쇠아비동갑(同甲;나이가 많고 흉측한 사람).

927) 곤죽(粥): ①곯아서 썩은 죽이라는 뜻으로, 밥이나 땅이 몹시 질어 질퍽질퍽함을 이르는 말. ②일이 뒤죽박죽이 되어 갈피를 잡을 수 없이 엉망이 된 상태. ③몸이 상하거나 지치거나 또는 주색에 곯거나 하여 늘어진 상태. ¶술에 곤죽이 되다.

928) 종애곯리다: 남을 놀리어 약을 올리다.

929) 골막골막: 그릇에 담긴 것이 다 차지 않고 조금 모자라는 듯하게.[←곯(다)+막(약간)]. 〈큰〉굴먹굴먹. ¶동이마다 쌀을 골막골막 채우다. 골막골막·굴먹굴먹하다.

930) 골싹: 그릇에 담긴 것이 다 차지 않고 조금 모자라는 듯한 모양. 〈큰〉굴썩. ¶잔마다 막걸리를 골싹골싹 따르다. 장독에 장이 골싹골싹 들어 있다. 골싹·굴썩하다, 골싹골싹/하다.

931) 골쏨: 담긴 것이 약간 차지 않은 듯한 모양. 〈여〉골솜. ¶광주리마다 잘 익은 과일을 골쏨골쏨 담다. 골쏨골쏨/하다, 골쏨하다.

932) 굴풋하다: 배가 고파 무엇을 먹고 싶은 느낌이 있다. 속이 헛헛한 듯하다. ¶나는 여행길에 굴풋하고 피곤하여 주막처럼 보이는 집으로 가서 주인을 찾았다.

933) 우둔하고 미련하여, 자기에게 해가 되는 일을 스스로 함.

ㄱ

르는 심마니들의 말이다. 곰고양이(판다), 곰덫, 곰손이(순하고 든직한 사람), 곰쓸개[웅담(熊膽)], 곰열, 곰짓, 곰춤(곰의 흉내를 내는 춤), 곰통(미련하고 우둔한 사람), 곰통방(통나무로 상자처럼 만든 곰 잡는 덫); 갈색곰(褐色;불곰), 반달가슴곰/반달곰, 백곰(白), 북극곰(北極), 불곰(갈색곰), 안경곰(眼鏡). ☞ 웅(熊).

곰² 물질이 변하여 그 표면에 허옇게 슨 균. 곰팡/이[←곰+픠+앙]. ¶곰이 피다. 곰팡이 슬다. 믿는 나무에 곰이 핀다더니. 곰팡냄새/곰팡내, 곰팡스럽다934), 곰팡붙이, 곰팡이류(類), 곰팡피다/곰피다(곰팡이가 피다); 거미줄곰팡이, 누룩곰팡이, 털곰팡이, 푸른곰팡이 들.

곰/굼-¹ '정도가 심한. 횟수가 잦은'을 뜻하는 말. ¶곰돌다/돌리다, 곰돌이935), 곰삭다(오래 되어 푹 삭다)/삭히다, 곰살갑다936), 곰살궂다937), 곰살맞다(몹시 부드럽고 친절하다)/스럽다, 곰투덜(혼자서 투덜거리는 일), 굼깊다938), 굼튼튼하다939) 들.

곰-² '움직이다'를 뜻하는 말. 〈큰〉굼. §'곰-/굼-'은 '움직이다[〈금즈기다/움즈기다]'의 어근 '옴-/움-'과 음운 교체형. ¶고물940), 곰실941), 곰작 · 꼼짝942) · 굼적 · 꿈쩍거리다/대다/이다, 꼼짝 · 꿈쩍없다, 곰지락943), 곰질 · 굼질거리다/대다/하다, 곰틀944), 굼뜨다945), 굼벵이946), 꿈지러기(음식물에 생긴 구더기). ☞ 움직이다.

-곰/금/콤/큼(하다) '달다. 맵다. 시다'의 어근과 '하다' 사이에 붙어, '조금 알맞게'의 뜻을 더하는 말. ¶달곰 · 달콤 · 들큼하다, 새곰 · 시금 · 새콤 · 시큼하다(조금 신맛이 있다), 매콤하다(매운 맛이 조금 있다), 매큼하다(매운 기운이 약간 있다).

곰곰 이리저리 헤아리며 깊이 생각하는 모양. 곰곰이. 〈센〉꼼꼼. ¶아버지는 곰곰 생각한 뒤 아들을 불러 타일렀다. 앞일을 곰곰이 생각하다. 곰곰궁리(窮理), 곰곰하다 · 꼼꼼하다947), 곰바지런 · 꼼바지런하다(시원스럽지는 못하나 꼼꼼하고 부지런하다), 꼼바르다948), 곰상949), 곰실(이리저리 여러 가지로 생각하는 모양.=곰곰), 곰파다950) 들.

곰방- 몇몇 명사 뒤에 붙어 '짧다'의 뜻을 더하는 말. §'곰방대'에서 '짧다'로 유추된 뜻. ¶곰방그네(줄이 짧은 그네), 곰방대(짧은 담뱃대)[〈곰방듸], 곰방담뱃대, 곰방메(흙덩이를 부수는 메), 곰방술(자루가 짧은 숟가락), 곰방적삼('등거리'의 사투리), 곰방지게(멜빵과 지겟다리가 짧은 지게).

곰배 ☞ 곱다³.

곰비-임비 물건이 거듭 쌓이거나 일이 자꾸 계속되는 모양. 앞뒤.=거듭거듭. 자꾸자꾸. ¶경사스러운 일이 곰비임비 일어나다.

곰치 곰칫과의 바닷물고기.

곱¹ 같은 수량을 배로 합치는 일. 또는 그 셈. 동사 앞에 붙어 '잦은 횟수. 거듭'을 뜻하는 말. ¶비용이 곱으로 들다. 곱가마질951), 곱값, 곱걸다/걸리다, 곱길(두 곱이나 걸리는 길), 곱놓다952)/놓이다, 곱되다(갑절이 되다), 곱들다(비용이나 재료가 갑절로 들다)/들이다, 곱먹다(곱먹다)/먹이다, 곱바(지게의 짐을 얽는 긴 밧줄), 곱박이(한 번 더 박는 바느질), 곱밟다, 고부탕이953), 곱빼기954), 곱삶다(거듭 삶다), 곱삶이(거듭 삶기. 꽁보리밥), 곱새기다'(곰곰이 생각하다), 곱새치기(돈을 곱걸어 하는 노름), 곱셈, 곱솔955), 곱수(數), 곱시침, 곱싸박다/박음질, 곱쌈솔956), 곱써레

---

934) 곰팡스럽다: 말이나 행동이 고리타분하고 괴상한 데가 있다.
935) 곰돌이: 자꾸 계속하여 도는 일.
936) 곰살갑다: 겉으로 보기보다 성질이 무척 부드럽고 다정하다. 〈큰〉굼슬겁다. ¶사람이 곰살가워 친하기 쉽다.
937) 곰살궂다: 성질이나 태도가 매우 부드럽고 다정하며 싹싹하다. ¶어린 녀석이 어른들 대하는 태도가 제법 곰살궂었다.
938) 굼깊다: 산이나 골이 매우 깊고 으슥하다. ¶치악산은 굼깊은 산이다.
939) 굼튼튼하다: ①성질이 굳어서 재물을 아끼고 튼튼하다. ②저축심이 많다.
940) 고물: ①매우 좀스럽고 느리게 움직이는 모양. ¶구더기가 고물고물 기어 다니다. ②조금 게으르고 굼뜨게 행동하는 모양. ③몸통 일부를 느리게 움직이는 모양. 〈큰〉구물. 〈센〉꼬물. 〈큰 · 센〉꾸물. 〈센〉꼬물. 고물거리다/대다, 고물고물 · 구물구물, 고무락 · 꼬무락 · 구무럭 · 꾸무럭거리다/대다, 고무작 · 꼬무작 · 구무적 · 꾸무적거리다/대다.
941) 곰실: 작은 벌레 같은 것이 느릿느릿 곰틀거리는 모양. 〈큰〉굼실. 〈센〉꼼실. [+기어가다]. ¶쌀벌레가 곰실곰실 기어간다. 곰실 · 꼼실 · 굼실 · 꿈실거리다/대다/하다.
942) 꼼짝: 몸을 둔하고 느리게 조금 움직이는 모양. 〈큰〉꿈쩍. 〈여〉곰작 · 꼼작. [+부정어]. ¶꼼짝 말고 거기 그대로 있어라. 손도 발도 꼼짝 놀릴 수 없다. 꼼짝거리다/대다, 꼼짝꼼짝, 꼼짝달싹. 꼼짝못하다, 꼼짝없다, 꼼짝없이, 꼼짝이다; 갱무꼼짝(更無;다시 더 이상 꼼짝할 수 없음).
943) 곰지락: 약하고 둔한 몸짓으로 천천히 움직이는 모양. 〈큰〉굼지럭. 〈센〉꼼지락. 〈준〉곰질. ¶곰지락 몸을 틀다. 곰지락/곰질 · 굼지럭/굼질 · 꼼지락/꼼질 · 꿈지럭/꿈질거리다/대다, 곰지락곰지락/곰질곰질/하다, 곰지락운동(運動), 꿈지러기(음식물에서 생긴 구더기).
944) 곰틀: 몸의 한 부분을 고부리거나 비틀며 좀스럽게 움직이는 모양.[←곰+틀(다)]. 〈큰〉굼틀. 〈센〉꼼틀. 〈큰 · 센〉꿈틀. ¶곰틀 · 굼틀거리다/대다, 곰트락 · 꼼트락 · 굼트럭 · 꿈트럭/거리다/대다.
945) 굼뜨다: 몸 움직임이 답답할 만큼 느리다.≒메뜨다. 우통하다.↔날래다. 재빠르다. ¶굼뜬 대답. 그렇게 굼떠서야 어떻게 일을 마치겠느냐?
946) 굼벵이: 매미의 유충. 동작이 몹시 굼뜨고 느린 사람. '굼벵이 모양'을 뜻하는 말. ¶굼벵이도 구르는 재주가 있다. 굼벵이걸음, 굼벵이대롱, 굼벵이매듭, 굼벵이벌, 굼벵이콩(음력 정월 열엿새 날, 귀신단오에 볶는 콩).

---

947) 꼼꼼하다: 사람이나 그 생각, 태도 따위가 매우 찬찬하고 조심스러워 빈틈이 없다. 〈여〉곰곰하다. ¶꼼꼼한 성격. 일을 꼼꼼히 해라. 꼼꼼성(性), 꼼꼼쟁이, 꼼꼼히(낱낱이), 꼼바르다(도량이 좁고 인색하여 야멸치고 다랍다), 꼼바리(꼼바른 사람), 꼼수(쩨쩨한 수단이나 방법), 꼼치(작은 것. 적은 것).
948) 꼼바르다: 생각이 좁고 제 것을 몹시 아끼다. 인색하다. ¶그 사람은 너무 꼼발라서 남편감으로는 싫다. 꼼바리(꼼바른 사람).
949) 곰상: ①성질이나 행동이 싹싹하고 부드러운 모양. ¶아이들을 무조건 윽박지르지 말고 곰상곰상 대하여야 한다. 귀찮게 여기지 않고 곰상곰상 대답을 잘해 주다. 곰상스럽게 타이르다. ②성질이나 행동이 잘고 꼼꼼한 모양. ¶일을 곰상곰상 처리하다. 곰상스럽게 만들어 놓은 연못. 곰상스럽다, 곰상하다, 곰상곰상/하다.
950) 곰파다: 일의 내용을 알려고 자세히 따져보다. ¶이것저것 캐물으며 곰파고 들다.
951) 곱가마질: 한 개의 솥으로 밥을 지어내고 잇달아서 거기에 국이나 찌개를 끓이는 일.
952) 곱놓다: ①노름에서 탠 돈을 다시 곱걸어 놓다. ②자꾸 되풀이하다. 반복하다. 되뇌다.
953) 고부탕이: 피륙 등의 필을 지을 때 꺾이어 겹쳐 넘어간 곳. 〈준〉고붙.[←곱+붙(다)+앙이].
954) 곱빼기: ①음식의 두 그릇 몫을 한 그릇에 담은 분량. ¶자장면 곱빼기. ②계속하여 두 번 거듭하는 일.
955) 곱솔: 박이옷을 지을 때, 한 번 접어서 박고, 다시 접어서 박는 일.
956) 곱쌈솔: 한번 박은 솔기를, 시접이 싸이도록 접어 위에서 눌러 박은 솔기.

(갈아 놓은 밭을 다시 더 써는 일), 곱씹다[957], 곱어른(웃어른의 웃어른), 곱잇다(하던 일을 연거푸 하다), 곱잡다(곱절로 셈하여 헤아리다), 곱잦히다, 곱장사(곱으로 남기는 장사), 곱쟁이(곱절되는 수량), 곱절[958]. 곱접다, 곱존장(尊丈;곱어른), 곱죽다, 곱집다, 곱집합(集合), 곱징역(懲役;매우 힘든 징역), 곱채다(여러 번 훔치다. 여러 번 채다), 곱 · 꼽치다(반으로 접어 합치다. 곱절을 하다), 곱침(공을 거듭 치면서 모는 것), 곱캐다(밝혀내고 싶은 사실을 거듭하여 캐다), 곱하기, 곱하다; 논리곱(論理), 상승곱(相乘), 제곱[959] 들.

곱[2] 부스럼이나 헌데에 끼는 골마지 모양의 물질. 기름. 때. ¶곱이 끼다. 곱나들다[960], 곱끼다[961], 곱똥, 꼽재기[962], 곱창/전골; 눈곱/눈곱자기, 때꼽/때꼽재기, 발곱(발톱 밑에 끼어 있는 때), 손곱(손톱 밑이나 손가락 사이에 낀 때).

곱(다)[1] 이익을 보려다가 도리어 손해를 입게 되다. ¶그는 큰돈을 벌겠다고 주식에 손을 대었다가 곱고 말았다.

곱(다)[2] ①손가락이나 발가락이 얼어서 감각이 없고 놀리기가 자유롭지 못하다. ¶손이 곱다. ②시거나 찬 것을 먹은 뒤에 이뿌리가 저리고 시금시금하다.≒시다. 저리다.

곱(다)[3] 곧지 아니하고 휘어 있다.↔곧다. 〈큰〉굽다[963]. ¶곱구슬[곡옥(曲玉)], 곱꺾다(꼬부렸다 폈다 하다)/꺾이다, 곱꺾이[964], 곱끌(날이 곱은 끌), 곱돌다(꼬불꼬불 휘돌다), 곱드러지다[965], 곱디디다(발을 접질리게 디디다), 곱사등/곱사등이(꼽추)/안팎곱사등이, 곱삭[966], 곱삿병(病), 곱새기다[2][967], 곱새이엉(용마름), 곱새춤, 곱송그리다[968], 곱슬[969], 곱실[970], 곱은도리, 곱은마디, 곱은성(城;曲城), 곱은옥(玉), 곱자[곡척(曲尺)], 곱작[971], 곱장다리(휘어진 다리), 곱장쇠, 곱 · 굽질리다(일이 꼬이어 제대로 안 되다), 곱창(소의 작은창자), 고부라 · 구부러 · 꼬부라 · 꾸부러뜨리다/트리다/지다/들다, 까부라지다[2][972], 까부랑[973], 고부라 · 꼬부라지다[1,2][974], 고부랑 · 구부렁길, 고부랑 · 구부렁 · 꼬부랑[975] · 꾸부렁/이/하다, 고부 · 구부 · 꼬부 · 꾸부 · 고푸 · 꼬푸 · 구푸 · 꾸푸리다, 고부리통(매의 고부라진 부리), 고부스름/고부슴 · 구부스름/구부슴 · 꼬부스름/꼬부슴 · 꾸부스름/꾸부슴하다, 고부장 · 구부정 · 꼬부장 · 꾸부정하다, 까부장[976], 가불[977] · 고불[978] · 구불 · 꼬불 · 꾸불거리다/대다, 고불딱[979], 고불락[980], 고불탕 · 구불텅/하다[981], 고불통(桶)[982], 고붓 · 구붓/하다[983], 고붙치다[984], 고수머리(곱슬머리), 고수버들(가지가 꼬불꼬불한 버들), 고스러지

957) 곱씹다: ①거듭하여 씹다. ¶칡은 곱씹을수록 단맛이 난다. ②말이나 생각 따위를 곰곰이 되풀이하다. ¶어제 일을 곱씹어 생각하면 생각할수록 분하기 짝이 없다.

958) 곱절: ①같은 수량이나 분량을 몇 번이고 거듭 합치는 일. 또는 그 셈. ¶어떤 수를 곱절로 셈하는 방법. ②배의 수를 세는 말. ¶소득이 세 곱절로 늘다.

959) 제곱: 제곱근(根), 제곱멱(冪), 제곱비(比), 제곱수(數); 거듭제곱, 완전제곱(完全).

960) 곱나들다: 종기나 부스럼 따위가 자꾸 곪다.

961) 곱끼다: ①'곱살끼다(몹시 보채거나 짓궂게 굴다)'의 준말. ②부스럼이나 헌데에 곱이 생기다.

962) 꼽재기: ①때나 먼지 같은 작고 더러운 물건. ¶눈곱자기, 때꼽재기. ②아주 하찮고 작은 사물을 일컫는 말. ¶기껏해야 꼽재기만큼 주겠지. 새알꼽재기(보잘것없이 아주 작거나 적은 물건).

963) 굽다: 한쪽으로 구부러져 있다. 한쪽으로 휘다. ¶팔이 안으로 굽는다. 굽가락지, 굽다듬다(한쪽으로 휘어지도록 다듬다), 굽도리(방안 벽의 아랫도리), 굽도리지(紙), 굽돌이(커브), 굽석거리다/대다/하다, 굽성(性;굽어지는 식물의 성질), 굽쇠, 굽실 · 곱실거리다/대다, 굽어들다(남에게 숙이다), 굽어보다/살피다, 굽은구슬, 굽은금, 굽은칼, 굽을사하다(조금 굽은 듯하다), 굽이[굽이감다, 굽이굽이, 굽이길, 굽이돌다/돌이, 굽이칼, 굽이흐름; 도랫굽이], 굽이감다, 굽이돌다, 굽이지다(안쪽으로 구부러져 들다), 굽이치다(물이 굽이를 만들며 세차게 흐르다), 굽이칼, 굽잇길, 굽인돌이(굽이도는 곳. 모퉁이)/길, 굽절다(굽실거리며 숙어들다), 굽정이(구부정하게 생긴 물건. 쟁기 같은 작은 농기구), 굽 · 곱질리다(일이 순조롭게 안 되다), 굽죄다/죄이다(겸연쩍어 마음이 어연번듯하지 못하다. 꿀리는 일이 있어 기를 펴지 못하다), 굽질리다(일이 꼬여 제대로 안 되다), 굽혀들다, 굽히기, 굽히다(≒구부리다. 숙이다.↔펴다), 굽힘[장굽힘(살풀이춤에서 무릎을 많이 굽힌 뒤 발을 놀며 옆으로 옮기면서 몸을 세우는 춤사위), 중굽힘; 굽힘성(性)]; 내굽다(바깥쪽으로 굽어 꺾이다), 에굽다(조금 휘어져 뒤로 굽다), 엔굽이치다.

964) 곱꺾이: ①뼈마디를 꼬부렸다 폈다 함. ②노래를 부를 때 소리를 꺾어 넘김.

965) 곱드러지다: 걷어채거나 무엇에 부딪쳐서 꼬꾸라져 엎어지다. ¶엎드러지고 곱드러지며 산을 올랐다.

966) 곱삭: 작은 몸을 깜찍하게 한 번 푹 숙였다 드는 모양. 〈큰〉굽석. ¶허리를 곱삭 숙이며 인사하다.

967) 곱새기다[2]: ①잘못 생각하다. ②해석을 그릇되게 하다. 곡해하다(曲解). ¶곱새김(그릇되게 생각함. 曲解). ③고깝게 여기다.

968) 곱송그리다: 놀라거나 겁이 나서 몸을 오그리다. ¶곱송하다(몸이 잔뜩 움츠려져 있다).

969) 곱슬: 털이나 실 따위가 고불고불하게 말려 있는 모양. 〈큰〉굽슬. 〈센〉꼽슬. ¶머리카락이 곱슬곱슬 일어난 아이. 곱슬곱슬 · 굽슬굽슬하다, 곱슬머리, 고수머리(곱슬머리), 곱슬빔실(곱슬곱슬하게 도드라지도록 꼬아서 쓰는 수실), 곱슬섬유(纖維), 곱슬수(繡), 곱슬수염.

970) 곱실: 남의 비위를 맞추려고 몸을 굽히는 모양. 〈큰〉굽실. 〈센〉꼽실. ¶곱실 · 굽실 · 꼽실 · 꿉실/거리다/대다, 굽실굽실하다.

971) 곱작: 작은 몸을 한 번 굽히는 모양. 〈큰〉굽적. 〈센〉꼽작. 꿉적. ¶허리를 곱작 굽히다. 곱작 · 굽적거리다/대다.

972) 까부라지다[2]: 성미가 바르지 아니하다. ¶워낙 까부라진 성미라서 매사에 걸고 든다.

973) 까부랑: 여럿이 다 이리저리 꼬부라진 모양. 〈큰〉꺼부렁. ¶날이 가물어 오이가 까부랑까부랑 자랄 줄 모른다. 까불랑 · 꺼불렁.

974) 꼬부라지다[1]: '고부라지다'의 센말. 〈큰〉꾸부러지다.
꼬부라지다[2] 성미나 마음이 바르지 아니하고 비틀어져 있다. 〈작〉까부라지다.

975) 꼬부랑: 꼬부랑글씨, 꼬부랑글자, 꼬부랑길, 꼬부랑늙은이, 꼬불랑말, 꼬부랑이[혀꼬부랑이], 꼬부랑자지, 꼬부랑할아버지/할머니 들.

976) 까부장: 몸 따위가 까부라져 보이게 움직이는 모양. 〈큰〉꺼부정. ¶허리가 까부라진 할아버지가 오르막길을 까부장까부장 걸어 오른다.

977) 가불: 머리털 같은 것이 순하게 까부라져 있는 모양. 〈센〉까불. ¶나팔꽃이 나뭇가지를 가불가불 감으며 커 가다. 까불까불 돌아가는 고갯길.

978) 고불: 이리저리 고부라진 모양. 〈큰〉구불. 〈거〉고풀. 〈센〉꼬불. 〈큰 · 센〉꼬풀. 꾸불. 〈큰 · 거〉구풀. ¶꽃줄기가 고불고불 얽히었다. 고불고불 굽은 산길.

979) 고불딱: 몸을 조금 느리게 고부렸다 펴는 모양. 〈큰〉구불떡. 〈거〉고풀딱. 〈센〉꼬불딱. 〈큰 · 거〉구풀떡. 〈큰 · 센〉꼬풀딱. ¶굼벵이가 고불딱 움직이다.

980) 고불락: 작은 몸이나 허리를 세게 고부렸다 폈다 하는 모양. 〈큰〉구불럭. 〈센〉꼬불락. 〈큰 · 센〉꾸불럭. ¶지렁이가 고불락고불락 기어가고 있다.

981) 고불탕: 여러 군데가 다 나슨하게 고부라진 모양. 〈큰〉구불텅. 〈센〉꼬불탕. 〈큰 · 센〉꾸불텅. ¶고불탕고불탕 곱은 길. 고불탕하다.

982) 고불통(桶): 흙을 구워서 만든 담배통.

983) 고붓: 여러 군데가 다 좀 곱은 모양. 〈큰〉구붓. 〈센〉꼬붓. ¶고붓고붓 · 꼬붓꼬붓 · 구붓구붓 · 꾸붓꾸붓/하다, 고붓이, 고붓하다.

984) 고붙치다: 고부탕이가 지게 접거나 꺾어 넘겨 겹치다. ¶광목을 고붙치다.

ㄱ

다[985], 고슬 · 구슬 · 고실 · 구실[986], 고푸리다 · 구푸리다[987]/구핏 · 꼬푸리다 · 꾸푸리다/꾸핏[988], 곰배[989], 굼닐다[990], 까불랑[991] · 꼬불랑, 꼬박[992] · 꼬빡 · 꾸벅 · 꾸뻑거리다/대다/이다, 꼽들다[993]/들이다, 꼽추[994], -꿈치[꾸머리;뒤꿈치, 발꿈치, 팔꿈치], 곱 · 굽히다; 내곱다/굽다, 되곱치다[995], 들이곱다(안쪽으로 꼬부라지다)/굽다, 등꼬부리(등이 꼬부라진 늙은이), 반구비(半)[996], 엔구부정하다. ☞ 곡(曲).

곱:(다)[4] 겉모양이 산뜻하고 아름답다(↔밉다). 상냥하고 순하다. 살결이나 피륙 따위의 바탕이 부드럽다. 말이나 소리가 듣기에 맑고 부드럽다. 가루 같은 것이 아주 잘고 부드럽다(↔거칠다). 편안하다. 그대로 온전하다. ¶얼굴이 곱다. 살결이 곱다. 마음씨가 곱고 상냥하다. 곱게 잠들다. 곱게 돌려보내다. 가루를 곱게 빻다. 곱게곱게, 곱다랗다/곱닿다, 곱다래지다(곱다랗게 되다), 곱다시(무던히 곱게. 그대로 고스란히), 곱단하다[997], 곱돌[곱돌냄비, 곱돌솥, 곱돌탕관(湯罐), 곱돌화로(火爐)], 곱디곱다, 고분[998], 곱살스럽다/하다(생김새가 곱고 얌전하다), 곱상(相;곱게 생긴 얼굴.↔밉상)/하다, 고운대/곤대(토란줄기의 밑동 부분). 고운대패(마무리대패), 고운때[999], 고운매(미인), 고운알(완전히 다 여문 명태알), 고운체(올이 가늘고 구멍이 잔 체), 고이(곱게. 고스란히. 편안히), 고이댕기(곱게 수놓은 댕기); 온곱다[1000] 들.

곱살 몹시 보채는 모양이나 태도. ¶곱살끼다[1001].

곱소리 코끼리의 꼬리털. 가늘고 부드러워 망건, 탕건 따위를 만드는 데 씀. 〈준〉곱솔.

곳 일정한 자리나 지역.≒데. 자리. 장소(場所). 위치(位置). ¶때와 곳. 높은 곳. 곳에 따라 가끔 비가 오는 곳도 있겠습니다. 친구가 사는 곳. 위험한 곳에는 가지 마라. 곳곳/이; 타곳(他). ☞ 처(處).

공 가죽이나 고무 따위로 둥글게 만든 운동구. 알. ¶공은 둥글다. 공을 차다. 공굴리기, 공꽃(공 또는 원뿔 모양의 꽃), 공놀이, 공다루기, 공몰기, 공빼앗기, 공알[음핵(陰核)], 공운동(運動), 공차기, 공채(공을 치는 채), 공치기; 고무공, 골프공(golf), 농구공(籠球), 당구공(撞球), 뜬공, 럭비공(Rugby), 배구공(排球), 송구공(送球), 쇠공(쇠로 만든 공), 야구공(野球), 얼레공, 장치기공, 정구공(庭球), 축구공(蹴球), 탁구공(卓球). ☞ 구(球).

공(工) ①'만들다. 솜씨가 재치 있고 교묘하다. 일 · 공사. 도구. 공업'을 뜻하는 말. ¶공가(工價;工錢), 공고(工高), 공과(工科), 공과(工課;공부하는 과정), 공교롭다(工巧), 공교하다(工巧), 공구(工具)[공기공구(空氣), 절삭공구(切削)], 공구(工區), 공기(工期), 공녀(工女), 공대(工大), 공력(工力), 공률(工率), 공무(工務), 공방(工房), 공법(工法), 공병(工兵)[공병단(團), 공병대(隊)], 공비(工費), 공사(工事)[1002], 공산(工産)[공산물(物), 공산품(品)] 공선(工船;가공시설을 갖춘 어선), 공업(工業)[1003], 공업단지(工業團地)/공단(工團), 공역(工役), 공예(工藝)[1004], 공원(工員), 공률(工率), 공인(工人), 공임(工賃;품삯), 공작(工作;일. 작업)[1][공작물(物), 공작실(室), 공작창(廠)], 공작(工作)[2][1005], 공장(工匠)[내공장(內), 외공장(外)], 공장(工場)[1006], 공전(工錢), 공정(工程)[1007], 공조(工曹), 공졸(工拙), 공지(工遲;재주는 있으나, 솜씨가 더딤), 공창(工廠), 공학(工學); 가공(加工), 근공(勤工), 금공(金工), 기공(技工), 기공/식(起工/式), 농공(農工), 누공(縷工), 단공(鍛工), 대공(大工), 독공(篤工), 독공(獨工), 동공(同工), 목공(木工), 묘공(妙工), 반공(半工), 방공해사(妨工害事), 백공(百工), 불공(佛工), 서공(書工), 세공(細工)[1008], 수공(手工), 시공(施工), 신공(神工), 안공(鞍工),

985) 고스러지다: 벼 · 보리 따위의 이삭이 거둘 때가 지나 꼬부라져 앙상하게 되다. ¶누런 보리가 고스러져 있다.

986) 구실: 털 따위가 기름기가 거의 없이 몹시 무질서하게 고부라져 있는 모양.=구슬. 〈작〉고실.

987) 구푸리다: 몸을 앞으로 구부리다.

988) 꾸핏꾸핏: 몸이나 다리 따위를 세게 구푸리며 움직이는 모양. 〈여〉구핏구핏. ¶몸통을 꾸핏꾸핏 끌며 기어가는 지렁이.

989) 곰배: '굽은'을 뜻하는 말. 팔이 꼬부라져 펴지 못하거나 팔뚝이 없는 사람. ¶곰배말(등이 굽은 말), 곰배팔, 곰배팔이/춤.

990) 굼닐다: 몸을 일으켰다 구부렸다 하다. 물결이 잦아들었다 솟았다 하다.[←굽(다)+닐(다;起)]. =굼되다. ¶몸을 굼닐기도 힘들다. 물결이 굼닐며 쓸리다. 굼닐거리다/대다[←굽+닐+거리다/대다].

991) 까불랑: 매우 까부라진 모양. ¶까불랑까불랑 까부라진 담쟁이덩굴.

992) 꼬박: ①머리나 몸을 앞으로 조금 숙였다가 드는 모양. ¶머리를 꼬박 숙이다. ②모르는 사이에 순간적으로 잠이 드는 모양. ¶나도 모르는 사이에 꼬박 잠이 들었다. 고박 · 꼬박 · 구벅 · 꾸벅거리다/대다/이다, 꼬박꼬박, 꾸벅잠. 〈큰〉꾸벅. 〈센〉꼬빡. 〈여〉고박.

993) 꼽들다: 사람이 어떤 장소에 가까이 접어들다. ¶저 고개에 꼽들면 마을이 보인다.

994) 꼽추: 뼈의 발육 장애로 말미암아, 등뼈가 고부라져서 큰 혹과 같은 뼈가 불룩하게 나와 있는 사람. ¶노트르담의 꼽추.

995) 되곱치다: 다시 반으로 접어 합치다. ¶되곱쳐(도로. 또는 다시).

996) 반구비(半): 쏜 화살이 적당한 높이로 날아가는 일.

997) 곱단하다: 곱고 단정하다.[←곱(다)+단(端)+하다]. ¶곱단하게 생긴 색시.

998) 고분: ①시키는 대로 순순히 잘 듣는 모양. ②말이나 행동이 공손하고 부드럽게.[←곱(다)+은]. ¶말을 고분고분 잘 듣다. 고분거리다/대다, 고분고분하다(말이나 행동이 공손하고 부드럽다. ≒친절하다. 얌전하다).

999) 고운때: 보기에 흉하지 아니할 정도로 옷 따위에 조금만 묻은 때. ¶고운때가 가시다(꽃다운 모습이 변하여 없어지다).

1000) 온곱다: 성격이 부드럽고 고분고분하다. ¶온곱지 않은 사람.

1001) 곱살끼다: 몹시 보채거나 짓궂게 굴다. 곱살지다. 〈준〉곱끼다①. ¶그 애는 하는 짓이 워낙 곱살끼어 귀엽지 않다.

1002) 공사(工事): 공사비(費), 공사장(場), 공사판; 간척공사(干拓), 건설공사(建設), 고수공사(高水), 관개공사(灌漑), 기초공사(基礎), 난공사(難), 난방공사(煖房), 노반공사(路盤), 누수공사(漏水), 매축공사(埋築), 배관공사(配管), 배수공사(排水), 보수공사(補修), 복구공사(復舊), 신축공사(新築), 재공사(再), 저수공사(低水), 전기공사(電氣), 지반공사(地盤), 토목공사(土木).

1003) 공업(工業): 공업계(界), 공업국(國), 공업규격(規格), 공업단지(團地), 공업도시(都市), 공업부기(簿記), 공업분석(分析), 공업소유권(所有權), 공업용(用), 공업용수(用水), 공업입지(立地), 공업지대(地帶), 공업화(化), 공업화학(化學); 가내공업(家內), 경공업(輕), 금속공업(金屬), 기계공업(機械), 병기공업(兵器), 석공업(石), 섬유공업(纖維), 수공업(手), 식품공업(食品), 유지공업(油脂), 조선공업(造船), 중공업(重), 철공업(鐵), 화학공업(化學).

1004) 공예(工藝): 공예가(家), 공예미술(美術), 공예작물(作物), 공예품(品); 귀금속공예(貴金屬), 금속공예(金屬), 목공예(木), 미술공예(美術), 섬유공예(纖維), 수공예(手), 종이공예, 짚공예.

1005) 공작(工作;작전)[2]: 공작금(金), 공작대(隊), 공작선(船), 공작원(員), 공작함(艦); 선무공작(宣撫), 이면공작(裏面), 지하공작(地下) 들.

1006) 공장(工場): 공장공해(公害), 공장도(渡), 공장법(法), 공장자동화(自動化), 공장장(長), 공장재단(財團), 공장진단(診斷), 공장폐쇄(閉鎖), 공장폐수(廢水); 갈이공장, 모체공장(母體), 보세공장(保稅).

1007) 공정(工程): 공정관리(管理), 공정도(圖), 공정률(率); 생산공정(生産), 작업공정(作業).

야공(夜工;밤일), 완공(完工), 익공(翼工;기둥 위에 새 날개 모양으로 얹는 나무), 인공(人工), 일공(日工), 준공/식(竣工/式), 착공(着工;起工), 천공(天工), 토공(土工), 파공(罷工), 폐공(廢工;공부나 하던 일을 중도에서 그만둠), 하공(河工), 해공(害工), 해공(海工), 화공(化工;化學工業). ②일부 명사 뒤나 한자어 어근에 붙어 '기술직 노동자'의 뜻을 더하는 말.≒-장이. ¶가구공(家具工), 가열로공(加熱爐工), 감공(嵌工), 객공(客工;임시로 둔 직공), 검공(劍工), 검사공(檢査工), 견직공(絹織工), 견습공(見習工), 결선공(結線工), 곁공, 고공(雇工), 고급공(高級工), 관현공(管絃工), 굴진공(掘進工), 권선공(捲線工), 금공(金工;金匠), 금사립공(金沙粒工), 급유공(給油工), 기계공(機械工), 기능공(技能工), 기술공(技術工), 날염공(捺染工), 남공(男工), 남포공, 단야공(鍛冶工), 단조공(鍛造工), 당악공(唐樂工), 대장공, 대패공, 대할공(大割工), 도공(刀工), 도공(陶工), 도공(圖工), 도배공(塗褙工), 도색공(塗色工), 도자기공(陶瓷器工), 도장공(塗裝工), 도채공(塗彩工), 동발공, 떼무이공, 명공(名工), 목공(木工), 목각공(木刻工), 목형공(木型), 무선공(無線工), 문선공(文選工), 미숙련공(未熟練工), 미장공, 밀대공, 반공(飯工), 발파공(發破工), 방직공(紡織工), 배관공(配管工), 배밀이공, 배선공(配線工), 벌목공(伐木工), 벽돌공(甓工), 벽와공(甓瓦工), 병기공(兵器工), 보선공(保線工), 보일러공(boiler), 봉제공(縫製工), 분석공(分析工), 비계공, 사도공(寫圖工), 사석공(捨石工), 사외공(社外工), 사철공(絲綴工), 삽지공(揷紙工), 상공(上工), 석공(石工;石手), 선공(船工), 선로공(線路工), 선반공(旋盤工), 성형공(成形工), 세관공(洗罐工), 세탁공(洗濯工), 소년공(少年工), 소성공(燒成工), 송풍공(送風工), 수굴공(手掘工), 수리공(修理工), 수선공(修繕工), 수습공(修習工), 숙공(宿工), 숙련공(熟練工), 시약공(試藥工), 식자공(植字工), 신입공(新入工), 악공(樂工), 야공(冶工;대장장이), 야금공(冶金工), 야장공(冶匠工), 양공(良工), 양성공(養成工), 양철공(洋鐵工), 어로공(漁撈工), 여공(女工), 엮음공, 연마공(研磨工), 연판공(鉛版工), 염색공(染色工), 옥공(玉工;옥장이), 온돌공, 와공(瓦工), 완성공(完成工), 용공(庸工), 용공(傭工), 용접공(鎔接工), 운반공(運搬工), 운재공(運材工), 운전공(運轉工), 위장공(緯裝工), 유년공(幼年工), 인공(人工), 인쇄공(印刷工), 인장공(印章工), 임시공(臨時工), 장석공(張石工), 재봉공(裁縫工), 전공(電工), 전기공(電氣工), 전로공(電爐工), 전로공(轉爐工), 전해공(電解工), 정공(精工), 정방공(精紡工), 정비공(整備工), 제강공(製鋼工), 제관공(製管工), 제도공(製圖工), 제련공(製鍊工), 제망공(製網工), 제본공(製本工), 제사공(製絲工), 제염공(製鹽工), 제와공(製瓦工), 제철공(蹄鐵工), 제탄공(製炭工), 제화공(製靴工), 조공(彫工), 조각공(彫刻工), 조괴공(造塊工), 조력공(助力工), 조립공(組立工), 조선공(造船工), 조적공(組積工), 졸공(拙工), 주공(做工), 주공(鑄工), 주금공(呪噤工), 주물공(鑄物工), 주유공(注油工), 주자공(鑄字工), 주조공(鑄造工), 주형공(鑄型工), 증해공(蒸解工), 지보공(支保工), 지주공(支柱工), 직공(職工), 직공(織工), 집재공(集材工), 착암공(鑿巖工), 착유공(搾乳工), 착유공(搾油工), 채광공(採鑛工), 채자공(採字工), 채탄공(採炭工), 천공(賤工), 철공(鐵工), 초공(梢工), 출선공(出銑工), 충전공(充塡工), 치절공(齒切工), 칠공(漆工), 침공(針工), 타일공(tile), 탈피공(脫皮工), 토공(土工;미장이), 토기공(土器工), 페인트공(paint), 평로공(平爐工), 포장공(包裝工), 프레이즈공(fraise), 피공(皮工), 필공(筆工), 함석공, 해탄로공(骸炭爐工), 향악공(享樂工), 혁세공(革細工), 화공(火工), 화공(畵工), 화공(靴工), 화배공(畵坏工), 휘틀공 들.

공(公) ①여러 사람에게 관계되는 국가나 사회의 일. 공평하다.↔사(私). ¶공과 사를 구별하다. 공가(公家), 공가(公暇), 공간(公刊), 공개(公開)[1009], 공결(公決), 공경(公卿)[공경대부(大夫); 혁세공경(赫世)], 공경제(公經濟), 공고(公告)[1010], 공곡(公穀), 공공(公共)[1011], 공공연하다(公公然;떳떳하다. 비밀이 없이 그대로 드러나다), 공과/금(公課/金), 공관/장(公館/長), 공교육(公教育), 공교회(公教會), 공국(公國), 공권(公權;공법상 인정된 권리)[공권력(力), 공권박탈(剝奪)] 공금(公金)[공금유용(流用), 공금횡령(橫領)], 공기(公器), 공기업(公企業), 공납/금(公納/金), 공노비(公奴婢), 공단(公團), 공담(公談), 공답(公畓), 공당(公堂), 공당(公黨), 공덕/심(公德/心), 공도(公度), 공도(公道), 공도(公稻), 공도(公盜), 공랑(公廊), 공력(公力), 공로(公路), 공론(公論)[1012], 공류(公流), 공리(公吏), 공리(公利), 공리(公理), 공립(公立), 공매(公賣)[공매처분(處分)], 공명하다(公明)[공명선거(選擧), 공명정대(正大)], 공모(公募)[공모전(展), 공모주(株), 공모채(債)], 공무(公務)[공무원(員), 공무집행(執行)], 공문서(公文書)/공문(公文), 공물(公物)[인공공물(人工); 자연공물(自然)], 공민(公民)[공민교육(教育), 공민권(權,), 공민학교(學校)], 공배수(公倍數), 공법/학(公法/學), 공법인(公法人), 공보(公報)[공보원(員), 공보처(處)], 공복(公服), 공복(公僕), 공부(公簿), 공분(公憤), 공분모(公分母), 공비(公比), 공비(公費), 공사(公私)[공사다망(多忙)], 공사/관(公舍/館), 공사(公事)[베갯밑공사[1013], 양편공사(兩便), 한마루공사[1014]], 공사(公

1008) 세공(細工): 잔손을 많이 들여 정밀하게 만듦. 또는 그런 수공. ¶보석을 세공하는 솜씨가 뛰어나다. 세공되다/하다, 세공물(物), 세공품(品); 각세공(角), 고세공(藁), 금세공(金), 납세공, 등세공(藤), 매목세공(埋木), 맥간세공(麥稈), 상감세공(象嵌), 수세공(手;손으로 만드는 세공), 유리세공, 은세공(銀), 죽세공(竹), 토세공(土), 혁세공(革).

1009) 공개(公開): 어떤 사실이나 사물, 내용 따위를 여러 사람에게 터놓는. 또는 그런 것. ¶시민단체가 기관의 정보 공개를 요구하다. 공개강좌(講座), 공개경쟁(競爭), 공개되다/하다, 공개방송(放送), 공개법인(法人), 공개보관(保管), 공개서한(書翰), 공개석상(公開席上), 공개선거(選擧), 공개수사(搜査), 공개수업(授業), 공개시장(市場)[공개시장정책(政策), 공개시장조직(組織)], 공개심리/주의(心理/主義), 공개외교(外交), 공개장(狀), 공개재판(裁判), 공개적(的), 공개정(廷), 공개주(株), 공개주의(主義), 공개투표(投票), 공개하다/되다, 공개회의(會議); 기업공개(企業), 비공개(非), 재산공개(財産).

1010) 공고(公告): 공고문(文), 공고입찰(入札); 결산공고(決算), 공매공고(公賣), 모집공고(募集), 법정공고(法定), 입찰공고(入札), 출원공고(出願).

1011) 공공(公共): 사회 일반이나 공중(公衆)에 관계 되는 것. ¶공공의 이익. 공공건물(建物), 공공경제(經濟), 공공기관(機關), 공공기업체(企業體), 공공단체(團體), 공공물(物), 공공방송(放送), 공공복지(福祉), 공공사업(事業), 공공성(性), 공공시설(施設), 공공심(心↔이기심), 공공요금(料金), 공공용물(用物), 공공재(財), 공공재산(財産), 공공조합(組合), 공공차관(借款), 공공투자(投資).

1012) 공론(公論): 공론화(化); 난상공론(爛商), 뒷공론, 묘당공론(廟堂), 쑥덕공론, 종공론(從)/하다, 판공론(여러 사람 사이에 공동으로 떠도는 의논), 헛공론.

1013) 베갯밑공사(公事): 아내가 자기의 바라는 바를 잠자리에서 남편에게 속삭여 청하는 일. ¶베갯밑공사에 안 넘어가는 남자 없다.

使)[전권공사(全權)], 특파공사(特派)], 공사(公社), 공사채(公社債), 공산(公算;확실성의 정도), 공상(公相;대신과 재상), 공상(公傷), 공생애(公生涯), 공서(公書), 공서(公署), 공서양속(公序良俗), 공석(公席), 공선(公船), 공선/제(公選/制), 공설(公設)[공설시장(市場), 공설운동장(運動場)], 공세(公稅), 공소(公訴)[1015], 공소유권(公所有權), 공수(公水), 공수(公需), 공수전(公須田), 공술인(公述人), 공시(公示)[1016], 공시(公試)[공시운전(運轉)], 공식(公式)[공식어(語), 공식적(的), 공식주의(主義), 공식화(化); 비공식(非)], 공신/력(公信/力), 공실(公室), 공심(公心), 공심판(公審判), 공아(公衙), 공안(公安), 공안/소설(公案/小說), 공안(公眼;여러 사람의 공평한 눈), 공약(公約), 공약수(公約數), 공언(公言), 공역(公役), 공연(公演), 공연하다(公然;숨김없이 떳떳하다), 공영(公營)[공영기업(企業), 공영선거(選擧); 선거공영(選擧)], 공용(公用)[1017], 공원(公園), 공유(公有)[공유권(權), 공유림(林), 공유물(物), 공유재산(財産), 공유지(地)], 공은(公恩), 공의/롭다(公義), 공의(公儀), 공의(公醫), 공의/회(公議/會), 공의무(公義務), 공익(公益)[1018], 공인(公人), 공인(公印), 공인(公認), 공인수(公因數), 공임(公任), 공장(公狀), 공장(公葬), 공저(公邸), 공적(公的)[공적경제(經濟), 공적독점(獨占), 공적부조(扶助), 공적(公賊), 공적(公賊), 공전(公田), 공전(公典), 공전(公電), 공전(公戰), 공전/주기(公轉/週期), 공절선(公切線), 공접선(公接線), 공정(公正)[1019], 공정(公定)[1020], 공조(公租), 공죄(公罪), 공주(公主)[공주병(病), 공주자개[1021]; 바리공주, 양공주(洋;갈보)], 공준(公準), 공중(公衆;일반 사람들)[공중도덕(道德), 공중변소(便所), 공중보건의(保健醫), 공중위생(衛生), 공중전화(電話), 공중쾌락설(快樂說)], 공중유사(公中有私), 공증(公證)[1022], 공지(公志), 공지(公知;세상 사람이 다 앎), 공지사항(公知事項), 공직(公職), 공직하다(公直), 공차(公差), 공찰(公札), 공창(公娼), 공채(公債)[1023], 공채(公採), 공채무(公債務), 공천(公賤), 공천(公薦), 공첩(公貼), 공첩(公牒), 공청/회(公聽/會), 공칭(公稱)[공칭능력(能力), 공칭자본(資本)], 공토(公土), 공판(公判)[공판정(廷), 공판조서(調書)], 공편하다(公便), 공평(公平)[공평무사(無事); 불공평(不)], 공평(公評), 공포(公布), 공표(公表), 공한(公翰), 공함(公函), 공항(公項), 공해(公海), 공해(公害), 공행(公行), 공허(公許), 공형벌(公刑罰), 공형법(公刑法), 공회/당(公會/堂), 공후(公侯), 공휴일(公休日); 거공(擧公;공적인 규칙대로 처리함), 봉공(奉公), 빙공영사(憑公營私), 선공후사(先公後私), 속공(屬公), 순공(殉公), 인공(因公;공무를 띰), 지공무사(至公無私), 판공(辦公), 행공(行公), 회공(恢公;사건의 결정을 여러 사람의 의논에 붙임). ②당신 · 그대. 남자 삼인칭의 공대말. 임금이나 제후. 귀족. 짐승을 높여 일컫는 말. ¶공의 능력을 믿겠소. 공이 생전에 늘 말씀하시던 일이다. 공국(公國), 공보지기(公輔之器), 공상(公相), 공손(公孫), 공자(公子)[공자왕손(王孫), 귀공자(貴)], 공작(公爵), 공주(公主), 공형(公兄), 공후(公侯); 강태공(姜太公;낚시를 유난히 좋아하는 사람), 개국공(開國公), 견공(犬公), 귀공(貴公), 뇌공(雷公), 대공(大公), 명공(名公), 삼공(三公), 상공(相公), 왕공(王公), 우공(牛公), 원공(猿公), 적휘공(赤輝公), 제공(諸公;여러분), 존공(尊公), 주공(主公), 주인공(主人公), 천공(天公;하느님), 태공(太公), 흑두공(黑頭公;나이가 젊어 재상이 된 사람), 이공(李公)/ 충무공(忠武公)/ 필립공 들.

공(空) ①속이 텅 빈 것. ②영(零). ③숨김표인 ㅇㅇ을 이르는 말. ④실체(實體)가 없음. 불교를 이르는 말. ¶공문(空門), 공즉시색(空卽是色); 본래공(本來空), 색즉시공(色卽是空), 성공(性空). ⑤하늘. 공기. 속이 비어 있는. 헛된. 힘이나 돈이 들지 않는'을 뜻하는 말. ¶공가(空家), 공가교(駕轎), 공각(空殼), 공간(空間)[1024], 공겁(空劫), 공것(노력이나 대가 없이 거저 얻은 것), 공계(空界), 공곡(空谷)[공곡공음(跫音), 공곡족음(足音)], 공공(空空)[공공적적(寂寂)], 공관(空官;비어 있는 벼슬자리), 공관(空館;관을 물러남), 공관(空罐;빈 깡통), 공군(空軍)[공군기(機), 공군본부(本部)], 공권(空拳;맨주먹), 공궐(空闕), 공규(空閨), 공극(空隙;빈틈. 겨를), 공기(空氣)[1025], 공기(空器)[1026], 공낭(空囊), 공담(빈담), 공담(空

1014) 한마루공사(公事): 일 처리를 전례와 다름없이 하여 나가는 일.

1015) 공소(公訴): 공소권(權), 공소기각(棄却), 공소사실(事實), 공소시효(時效), 공소장(狀).

1016) 공시(公示): 알림. ¶공시가(價), 공시문(文), 공시송달(送達), 공시지가(地價), 공시최고(催告), 공시표(表), 공시학(學).

1017) 공용(公用): 공용물(物), 공용부담(負擔), 공용수용(收用), 공용어(語), 공용재산(財産), 공용제한(制限).

1018) 공익(公益): 사회 전체의 이익.↔사익(私益). ¶공익광고(廣告), 공익기업(企業), 공익단체(團體), 공익법인(法人), 공익사업(事業), 공익신탁(信託), 공익위원(委員), 공익재량(載量), 공익전당포(典當鋪), 공익채권(債權), 공익포장(褒章).

1019) 공정(公正): 공평하고 올바름. ¶공정 보도. 법관은 판결에 공정을 기해야 한다. 공정가격(價格), 공정거래/법(去來/法), 공정기록(記錄), 공정성(性), 공정심(心), 공정임금(賃金), 공정주의(主義), 공정증서(證書), 공정지가(地價), 공정하다; 불공정(不).

1020) 공정(公定): 관청이나 공공 기관에서 정함. 일반 사회의 공론(公論)에 따라 정함. ¶공정가격(價格), 공정금리(金利), 공정력(力), 공정시세(時勢), 공정이율(利率), 공정하다, 공정환율/제(換率/制).

1021) 공주자개(公主): 궁중에서, 출가한 공주를 이르던 말.

1022) 공증(公證): 국가나 공공 단체가 직권(職權)으로 어떤 사실을 공적으로 증명하는 일. 증명(證明). ¶공증권(權), 공증되다/하다, 공증문서(文書), 공증인(人).

1023) 공채(公債): 공채증권(證券), 공채증서(證書); 강제공채(强制), 임의공채(任意).

1024) 공간(空間): 아무 것도 없는 빈 곳. 물리적으로나 심리적으로 널리 퍼져 있는 범위. 영역이나 세계. 물질이 존재하고 여러 가지 현상이 일어나는 장소. ¶좁은 공간. 공간을 메우다. 시간과 공간. 공간개념(槪念), 공간격자(格子), 공간곡선(曲線), 공간군(群), 공간기하학(幾何學), 공간도시(都市), 공간도형(圖形), 공간미(美), 공간색(色), 공간성(性), 공간속도(速度), 공간역(閾), 공간예술(藝術), 공간오차(誤差), 공간운동(運動), 공간음(音), 공간적(的), 공간좌표(座標), 공간지각(知覺), 공간파(波), 공간포(包), 공간학습(學習); 가상공간(假想), 생활공간(生活), 시공간(視), 우주공간(宇宙), 제한공간(制限), 주거공간(住居), 청공간(聽), 촉공간(觸), 표본공간(標本), 현상공간(現象;주관적 · 심리적 활동의 주체인 개인이 파악하는 공간).

1025) 공기(空氣): 지구를 둘러싼 대기의 하층부를 구성하는 무색, 무취의 기체. 그 자리에 감도는 기분이나 분위기. ¶신선한 공기를 마시다. 공기오염이 심각하다. 바깥 공기가 심상찮다. 집안 공기가 험악하다. 공기가스(gas), 공기공구(工具), 공기구(口), 공기기관(機關), 공기냉각(冷却), 공기력(力), 공기류(溜), 공기뿌리, 공기산화(酸化), 공기색전증(塞栓症), 공기수송(輸送), 공기식(式), 공기압축기(壓縮機), 공기액(液), 공기역학(力學), 공기요법(療法), 공기욕(浴), 공기저항(抵抗), 공기전염(傳染), 공기제동/기(制動/機), 공기조절(調節), 공기주머니, 공기총(銃), 공기통(桶), 공기펌프(pump), 공기필터(filter); 습윤공기(濕潤), 압축공기(壓縮), 액체공기(液體), 포화공기(飽和).

1026) 공기(空器): ①빈 그릇. ¶공기에 밥을 담다. 공깃밥. ②밥 따위를 작은 그릇에 담아 분량을 세는 단위. ¶밥 한 공기.

談), 공당(空堂), 공대(空垈), 공대공(空對空), 공대지(空對地), 공돈, 공돌다(차의 바퀴 따위가 멋대로 골다), 공동(空洞)[공동현상(現像), 공동화(化); 폐공동(肺)], 공동벽돌(空洞甓-), 공득(空得;거저 얻음), 공때리다, 공떡[1027], 공뜨다[1028], 공란(空欄), 공랭(空冷)[공랭관(管), 공랭식(式)], 공력(空力), 공로(空老), 공로(空路), 공록(空麓), 공론(空論)[공론공담(空談); 공리공론(公理)], 공뢰(空雷), 공루(空淚), 공륙(空陸), 공륜(空輪), 공리(空理)[공리공론(空論)], 공림(空林), 공막(空漠), 공먹다, 공명(空冥), 공명(空名)[공명장(帳), 공명지(紙), 공명첩(帖)], 공모(空耗), 공목(空木/目), 공문(空文), 공발(空發), 공밥, 공방/살(空房/煞), 공배(空排), 공백/기(空白/期), 공법(空法;항공법), 공병(空瓶), 공보(기둥과 기둥 사이에 벽을 치지 아니한 곳에 얹히어 있는 보), 공복(空腹), 공사(空士), 공사(空事), 공산(空山)[공산명월(明月)], 공상(空床), 공상(空相), 공상(空想)[1029], 공석(空石;벼를 담지 아니한 빈 석), 공석(空席), 공선/항해(空船/航海), 공성(空性), 공성(空城), 공소하다(空疎;드물다), 공수(空手), 공수/부대(空輸/部隊), 공수래공수거(空手來空手去), 공수표(空手票), 공술(거저 마시는 술), 공습(空襲)[공습경보(警報), 공습관제(管制)], 공식(空食), 공실(空室), 공심/복(空心/服), 공약(空約), 공언/무시(空言/無施), 공얻다(거저 얻다), 공역(空域), 공연하다[1030]/스럽다(空然), 공염불(空念佛;헛소리. 빈말), 공염송(空念誦), 공운(空運), 공위(空位), 공유(空有), 공으로(거저), 공일(空日), 공장(空腸), 공재(空財), 공적하다(空寂), 공전(空前), 공전(空電), 공전(空轉), 공정(空挺)[공정부대(部隊), 공정작전(作戰)], 공제(空諦), 공주(空株), 공주련(空柱聯), 공죽(空竹), 공중(空中)[1031], 공지(空地), 공지(空地), 공집기(돈을 모아서 무엇을 사다 먹는 내기), 공짜/배기, 공차(空車), 공채, 공책(空冊), 공처(空處), 공청(空青), 공청(空廳;헛간), 공출물(空出物). 공치다(무슨 일을 하려다가 허탕치다), 공치사(空致辭), 공탄(空彈), 공터, 공포(空胞), 공포/약(空砲/藥), 공표(空票), 공하다, 공한/지(空閒/地), 공항(空港), 공행(空行;헛걸음), 공허/감(空虛/感), 공화증(空話症), 공활하다(空豁;텅 비어 매우 넓음), 공회전(空回轉); 가공(架空), 건공(乾空), 고공(高空), 구공(九空), 내고공(耐高空)/내공(耐空), 누공(屢空;늘 가난함), 대공(大空), 대공(對空), 반공(半空), 방공(防空), 벽공(碧空), 보공(補空), 사공(四空;사방의 하늘), 상공(上空), 상공(翔空), 성공(性空), 영공(領空), 운공(雲空;처마 사이에 끼는 널쪽), 일공(一空), 장공(長空), 저공(低空), 제공권(制空權), 조공(照空), 중공(中空), 진공(眞空)[진공관(管), 진공도(度), 진공상태(狀態), 진공포장(包裝)], 창공(蒼空), 천공(天空), 청공(青空), 청공(晴空), 체공(滯空), 추공(秋空), 탈공(脫空), 태공(太空), 폐공(蔽空;하늘을 뒤덮어 가림), 한공(寒空), 항공(航空), 해공(海空), 허공(虛空), 활공(滑空) 들.

공(功) ①어떤 일에 이바지한 공적과 노력. 애써 들인 힘. ¶공을 세우다/ 쌓다. 공을 들인 작품. 공과(功過)[공과상반(相半)], 공능(功能), 공덕/심(功德/心), 공들다[1032]/들이다, 공력(功力), 공렬(功烈), 공로(功勞)[1033], 공리(功利)[공리문학(文學), 공리성(性), 공리적(的), 공리주의(主義)], 공명(功名)[공명심(功名心); 극공명(極功名), 부귀공명(富貴), 사후공명(死後)], 공복(功服), 공상(功狀), 공성(功成)[공성명수(名遂), 공성신퇴(身退)], 공신(功臣)[공신전(田); 개국공신(開國), 일등공신(一等)], 공위(功位), 공적(功績)[공적비(碑); 불후공적(不朽)], 공전(功田), 공죄/상보(功罪/相補), 공포(功布), 공효(功效), 공훈(功勳); 건공(建功), 계공(戒功), 과공(誇功), 구공(舊功), 군공(軍功), 근공(勤功), 기공(奇功), 기공/비(紀功/碑), 기공(氣功), 논공(論功), 논공행상(論功行賞), 농공(農功), 대공(大功)[1], 독공(獨功), 동공(同功), 득공(得功), 무공(武功), 무공(無功), 미공(微功), 변공(邊功;변경의 싸움에서 세운 공), 부공(婦功), 성공(成功), 성공(聖功), 세공(歲功), 손공[수(手)], 송공(訟功), 수공(手功), 수공(首功), 수공(殊功), 신공(神功), 실공(實功), 여공(女功;부녀자가 하는 길쌈질), 연공(年功), 요공(要功), 원공(元功), 위공(偉功), 유공(有功), 유공(遺功), 은공(恩功), 음공(陰功), 장공속죄(將功贖罪), 쟁공(爭功), 적공(積功), 전공(全功), 전공(前功), 전공(戰功), 주공(奏功), 천공(天功), 촌공(寸功), 통공(通功), 특공(特功), 풍공(豐功), 형설지공(螢雪之功), 홍공(鴻功), 횡초지공(橫草之功), 훈공(勳功). ②복(服)을 입다. ¶대공(大功)[2], 소공(小功).

공(共) '함께. 함께하다. 같이'를 뜻하는 말. '공산주의'의 준말. ¶공감(共感), 공감각(共感覺), 공노(共怒)[천인공노(天人)], 공도동망(共倒同亡), 공동(共同)[1034], 공동(共動), 공력근(共力筋), 공립(共

1027) 공떡(空): 공으로 생긴 떡이란 뜻으로, 대가를 치르거나 힘들이지 않고 거저 얻은 이익이나 좋은 일.

1028) 공뜨다(空): ①어떤 것이 임자 없이 남다. ¶여행 계획이 취소되어 차표가 공뜨다. ②말이나 소문 따위가 근거 없이 떠돌다. ¶공뜬 소문. ③마음이 공연히 들뜨다. ¶공떠 있는 마음.

1029) 공상(空想): 현실적이지 못하거나 실현될 가망이 없는 것을 막연히 그리어 봄. 또는 그런 생각. ¶공상에 빠지다. 공상에 잠기다. 공상가(家), 공상과학(科學), 공상적(的), 공상하다, 공상허언(虛言), 공상화(畵); 시적공상(詩的).

1030) 공연하다(空然): 까닭이나 필요가 없다. 〈준〉괜하다. ¶공연한 트집을 잡다. 공연히/괜히.

1031) 공중(空中): 하늘과 땅 사이의 빈 곳. ¶새는 공중을 마음껏 날아다닌다. 공중감시(監視), 공중공세(攻勢), 공중광고(廣告), 공중권(權), 공중급유(給油), 공중누각(樓閣), 공중다리, 공중뛰기, 공중물(物), 공중방전(放電), 공중보급(補給), 공중볼(ball), 공중분해(分解), 공중사찰(査察), 공중선(線), 공중수송(輸送), 공중어뢰(魚雷), 공중전(戰), 공중전기(電氣), 공중정찰(偵察), 공중제비(텀블링), 공중조명(照明), 공중촬영(撮影), 공중투하(投下), 공중폭격(爆擊), 공중활주(滑走), 공중회전(回轉); 반공중(半), 한공중(하늘의 한복판).

1032) 공들다: 무엇을 이루는 데 정성과 노력이 많이 들다. ¶공드는 작업. 공든 탑이 무너지랴. 공들여 만든 작품.

1033) 공로(功勞): 어떤 일에 이바지한 공적과 노력. 공훈(功勳). ¶공로상(賞), 공로자(者), 공로주(株), 공로패(牌).

1034) 공동(共同): 둘 이상의 사람이나 단체가 일을 하거나, 같은 자격으로 관계를 가짐. ¶공동 1위. 공동 관심사. 공동강령(綱領), 공동거류지(居留地), 공동건물(建物), 공동건축(建築), 공동격(格), 공동견(繭;쌍고치), 공동경영(經營), 공동경작(耕作), 공동경제(經濟), 공동관리(管理), 공동구입(購入), 공동권리(權利), 공동규제수역(規制水域), 공동기업(企業), 공동담보(擔保), 공동답(畓), 공동대리(代理), 공동대표(代表), 공동면허(免許), 공동모금(募金), 공동모의(謀議), 공동목욕탕(沐浴湯), 공동목적(目的), 공동묘지(墓地), 공동발표(發表), 공동변소(便所), 공동보관(保管), 공동보조(步調), 공동보증(保證), 공동보험(保險), 공동사회(社會), 공동상속(相續), 공동생활(生活), 공동선(線), 공동선언(宣言), 공동성명(聲明), 공동소송(訴訟), 공동소유(所有), 공동수도(水道), 공동수역(水域), 공동압류(押留), 공동영지(領地), 공동우승(優勝), 공동운동(運動), 공동운명(運命), 공동원고(原告), 공동위원회(委員會), 공동융자(融資), 공동의무(義務), 공동일치(一致), 공동작업(作業), 공동작전(作戰), 공동저당(抵當), 공동적(的), 공동전(栓), 공동전선(戰

立), 공면(共勉), 공명(共鳴), 공모(共謀)[1035][공모공범(共犯)/공모범(犯), 공모자(者)], 공범(共犯), 공병(共病), 공분(共分), 공비(共匪), 공비(共沸)[공비점(點), 공비혼합물(混合物)], 공산(共産)[1036], 공생(共生)[1037], 공서(共棲), 공석(共析), 공수(共守), 공시론(共時論), 공시언어학(共時言語學), 공시태(共時態), 공식(共食), 공액(共軛;컬레), 공역(共譯), 공연(共演), 공영(共榮;함께 번영함), 공용(共用)[공용물(物), 공용전(栓)], 공위(共委), 공유(共有)[공유결합(結合), 공유물(物), 공유지(地); 준공유(準)], 공융물(共融物), 공융성(共融性), 공융점(共融點), 공융합금(共融合金), 공의식(共意識), 공익(共益;공동의 이익)[공익권(權), 공익비용(費用)], 공재(共在), 공제/조합(共濟/組合), 공조(共助)[공조체제(體制), 공조하다(돕다)], 공존(共存)[1038], 공지(共知), 공진(共振), 공진회(共進會), 공통(共通)[1039], 공판(共販), 공학(共學), 공화(共和)[공화국(國), 공화력(曆), 공화정체(政體), 공화정치(政治), 공화제도(制度)/공화제(制)], 공히; 공공(公共), 멸공(滅共), 반공(反共), 승공(勝共), 용공(容共), 타공(打共) 들.

공(孔) ①'구멍'을 뜻하는 말. ¶공극(孔隙;틈. 구멍), 공극(孔劇;몹시 지독함), 공렬(孔裂), 공문(孔紋), 공방(孔方;엽전), 공방형(孔方兄), 공변세포(孔邊細胞), 공성(孔性), 공열(孔裂), 공작(孔雀;꿩과의 새)[1040], 공참하다(孔慘), 공혈(孔穴), 공형(孔型); 구공탄(九孔炭), 기공(氣孔), 누공(瘻孔), 대공(大孔), 동공(瞳孔), 막공(膜孔), 모공(毛孔), 발아공(發芽孔), 배공(胚孔), 백공천창(百孔千瘡), 분기공(噴氣孔), 비공(鼻孔;콧구멍), 새공(鰓孔;아감구멍), 세공(細孔), 수공(水孔), 안공(眼孔), 유공성(有孔性), 유기공(硫氣孔), 의공(蟻孔;개미구멍), 잔공(殘孔), 착공(鑿孔/空), 천공(穿孔), 침공(針孔), 침공(鍼孔), 탄산공(炭酸孔), 통기공(通氣孔), 피공(皮孔;껍질눈). ②중국의 성인 '공자'와 관계된 말. ¶공교(孔敎), 공구(孔丘), 공도(孔道), 공맹(孔孟), 공묘(孔廟), 공문(孔門), 공부자(孔夫子), 공석(孔釋), 공성(孔聖), 공자(孔子).

공(供) '이바지하다·바치다. 내놓다. 대다. 받들다. 진술하다'를 뜻하는 말. ¶공궤(供饋;윗사람에게 음식을 드림), 공급(供給)[공급계약(契約), 공급원(源)], 공람(供覽;많은 사람이 보게 함), 공물(供物), 공미(供米), 공사(供辭), 공상(供上), 공수(供水), 공수/간(供需/間), 공술(供述), 공양(供養)[1041], 공어(供御), 공여(供與), 공용/림(供用/林), 공직(供職), 공진(供進), 공차반(供茶飯), 공찬(供饌), 공초(供招), 공출/미(供出/米), 공탁(供託)[공탁금(金), 공탁서(書), 공탁소(所)], 공하다(이바지하다. 제공하다), 공혈(供血), 공화(供花/華); 구공(口供), 난공(亂供), 내공목(內供木;옷의 안감), 무공(誣供), 반공(飯供), 법공(法供), 불공(佛供)[불공드리다, 불공밥, 불공쌀], 성공(聖供), 식공(食供), 어공/미(御供/米), 영공(靈供), 외공목(外供木;옷의 겉감), 자공(自供), 제공(祭供), 제공(提供), 진공(陳供), 진공(進供), 퇴공(退供) 들.

공(攻) ①'치다. 쳐부수다'를 뜻하는 말. ¶공격(攻擊)[1042], 공고(攻苦;학문 따위를 애써 연구함), 공구(攻究;학문·기예 따위를 연구함), 공략(攻略;공격하여 빼앗음), 공략(攻掠;쳐들어가서 남의 것을 약탈함), 공로(攻路), 공방(攻防;공격과 방어), 공벌(攻伐), 공살(攻殺), 공성(攻城)[공성퇴(退), 공성포(砲)], 공세(攻勢↔守勢)[총공세(總), 평화공세(平和)], 공수/동맹(攻守/同盟), 공습(攻襲), 공위(攻圍), 공전(攻戰), 공탈(攻奪), 공파(攻破), 공함(攻陷); 강공(强攻), 난공(難攻), 내공(內攻), 내공(來攻), 맹공(猛攻), 반공(反攻), 불공(不攻), 선공(先攻), 속공(速攻), 수공(水攻), 식공(食攻), 야공(夜攻), 역공(力攻), 역공(逆攻), 잠공(潛攻), 정공/법(正攻/法), 졸공(拙攻), 진공(進攻), 침공(侵攻), 합공(合攻), 협공(挾攻), 화공(火攻), 환공(環攻). ②'닦다. 연구하다'를 뜻하는 말. ¶공구(攻究), 공옥(攻玉); 전공(專攻) 들.

공(貢) '바치다'를 뜻하는 말. ¶공가(貢價;공물의 값), 공거(貢擧), 공납(貢納), 공녀(貢女), 공리(貢吏), 공물(貢物)[공물방(房)/공방(貢房), 공물지(紙)], 공미(貢米), 공바치다(나라에 공물을 바치다), 공부(貢賦), 공삼(貢蔘), 공상(貢上), 공세(貢稅), 공신(貢臣), 공신포(貢身布), 공헌(貢獻); 납공(納貢), 내공(來貢), 별공(別貢), 부공(賦貢), 상공(常貢), 세공(歲貢), 연공(年貢), 입공하다(入貢), 조공(朝貢), 진공(進貢) 들.

공(恐) '두렵다·두려워하다. 으르다'를 뜻하는 말. ¶공갈(恐喝;을러서 무섭게 함. 거짓말)[공갈죄(罪), 공갈치다], 공구하다(恐懼), 공룡(恐龍), 공률(恐慄), 공수병(恐水病), 공처/가(恐妻/家), 공포(恐怖)[1043], 공하/정치(恐嚇;위협/政治), 공협(恐脅), 공황(恐惶), 공황

線), 공동절교(絕交), 공동점유(占有), 공동정범(正犯), 공동조계(租界), 공동존재(存在), 공동주최(主催), 공동주택(住宅), 공동지배(支配), 공동집행(執行), 공동참가(參加), 공동책임(責任), 공동체(體)[생활공동체(生活), 촌락공동체(村落)], 공동출자(出資), 공동탕(湯), 공동투자(投資), 공동판매(販賣), 공동피고(被告), 공동해손(海損), 공동행위(行爲), 공동환각(幻覺), 공동환상(幻想).

1035) 공모(共謀): =트리(평안 사투리).

1036) 공산(共産): 공산국가(國家), 공산권(圈), 공산당(黨), 공산사회(社會), 공산제(制), 공산주의(主義).

1037) 공생(共生): 공생공사(共死), 공생동물(動物), 공생생활(生活), 공생설(說), 공생식물(植物); 상리공생(相利), 편리공생(片利) 들.

1038) 공존(共存): 두 가지 이상의 사물이나 현상이 함께 존재함. 서로 도와서 함께 존재함. ¶근대와 전근대의 공존. 평화 공존의 시대. 공존공영(共營), 공존농도(濃度), 공존동생/권(同生/權), 공존용액(溶液), 공존의식(意識), 공존정책(政策), 공존하다; 평화공존(平和).

1039) 공통(共通): 둘 또는 그 이상의 여럿 사이에 두루 통하고 관계됨. ¶공통과제. 공통공리(公理), 공통과목(科目), 공통관세(關稅), 공통근(根), 공통되다/하다, 공통변(邊), 공통부문(部門), 공통분모(分母), 공통성(性), 공통어(語), 공통인수(因數), 공통적(的), 공통점(點), 공통접선(接線), 공통항(項), 공통현(弦).

1040) 공작(孔雀): 공작나비, 공작무늬, 공작부인(夫人), 공작비둘기, 공작새, 공작석(石), 공작선(扇), 공작우(羽), 공작자리, 공작흉배(胸背).

1041) 공양(供養): 어른에게 음식을 드림. 부처에게 음식을 바치는 일. 중이 하루 세 끼를 먹는 일. ¶공양드리다, 공양미(米), 공양법(法), 공양주(主), 공양탑(塔), 공양하다; 경공양(輕), 대불공양(大佛), 대중공양(大衆), 만발공양(萬鉢), 법공양(法), 보동공양(普同;누구나 참여할 수 있는 공양), 사신공양(捨身), 소신공양(燒身), 조석공양(朝夕), 천불공양(千佛), 천승공양(千僧), 향공양(香).

1042) 공격(攻擊↔守備. 防禦): 공격군(軍), 공격기(機), 공격대(隊), , 공격력(力), 공격로(路), 공격성(性), 공격수(手), 공격자(者), 공격작전(作戰), 공격적(的)[공격적행동(行動)], 공격진(陣), 공격하다; 공중공격(空中), 대지공격(對地), 맹공격(猛), 변난공격(辯難), 선제공격(先制), 시간차공격(時間差), 육탄공격(肉彈), 인신공격(人身), 정면공격(正面), 주공격(主), 총공격(總), 측면공격(側面), 파상공격(波狀), 포화공격(飽和).

1043) 공포(恐怖): 두렵고 무서움. ¶공포에 떨다. 공포와 싸우다. 공포감(感), 공포시세(時勢), 공포심(心), 공포정치(政治), 공포증(症); 백색공포(白

(恐慌)[1044]; 가공(可恐), 불공(不恐), 시이불공(恃而不恐), 우공(憂恐), 진공(震恐), 혼공(渾恐), 황공하다(惶恐) 들.

공(恭) '받들다. 공손하다. 삼가다'를 뜻하는 말. ¶공검(恭儉), 공겸(恭謙), 공경하다(恭敬;모시다. 우러르다), 공근하다(恭勤), 공근하다(恭謹), 공대(恭待.↔下待)[공대말; 말공대], 공묵(恭默), 공손(恭遜), 공순(恭順), 공신(恭愼), 공인(恭人), 공축(恭祝), 공하/신년(恭賀;삼가 축하함/新年), 공행(恭行); 겸공(謙恭), 과공(過恭), 극공(極恭), 불공(不恭), 온공(溫恭), 주공(做恭), 지공(至恭) 들.

공(拱) '두 손을 맞잡다. 껴안다'를 뜻하는 말. ¶공가(拱架), 공문(拱門), 공수(拱手), 공용벽돌(拱用甓;홍예문에 쓰이는 쐐기 모양의 벽돌), 공읍(拱揖), 공파(拱把;한 아름과 한 줌) 들.

공(栱) '보'를 뜻하는 말. ¶공계(栱桁;가로 걸친 보), 공포(栱包;처마 끝의 무게를 받치려고 기둥머리에 짜맞추어 댄 나무쪽들); 두공(枓栱), 박공(欂栱) 들.

공(筇) '대나무 지팡이'를 뜻하는 말. ¶공장(筇杖); 연공(聯筇;행동을 같이 하는 것), 휴공(携筇;길을 걸을 때에 지팡이를 지님).

공(倥) '어리석다. 바쁘다'를 뜻하는 말. ¶공동(倥侗;어리석은 모양), 공총하다(倥偬;이것저것 일이 많아 바쁘다).

공(控) '당기다. 누르다'를 뜻하는 말. ¶공소(控訴;抗訴), 공제(控制;억눌러 단속함), 공제(控除)[1045] 들.

공(箜) '공후(현악기의 하나)'를 뜻하는 말. ¶공후(箜篌)[공후인(箜篌引); 수공후(手), 수공후(竪)] 들.

공(鞏) '단단하다. 묶다'를 뜻하는 말. ¶공고하다(鞏固;튼튼하다), 공막(鞏膜) 들.

공(蚣) '지네'를 뜻하는 말. ¶오공(蜈蚣;지네).

공(槓) '지렛대'를 뜻하는 말. ¶공간(槓杆;지레).

공고라 누른 빛깔의 몸에 주둥이가 검은 말. ¶공골말(털빛이 누른 말).

공골-차다 속이 꽉 차다. 내용이 충실하고 완전하다.=옹골차다. ¶공골찬 통배추.

공그르(다) 헝겊의 시접을 접어 바늘을 넣어 가며 실 땀이 겉으로 나오지 않도록 떠서 꿰매다.[〈공글다]. ¶손수건 가선을 공그르다. 공그르기.

공글리(다) ①방바닥 따위를 단단하게 다지다. 바닥을 높낮이가 없도록 평평하게 만들다. ¶바닥을 잘 공글리다. ②일을 확실하게 따져서 아퀴짓다. 틀림없이 마무리하다. ¶일을 공글리어 매듭짓다. ③흩어져 있는 것을 가지런히 하다. 〈준〉공글다.

공기 밤톨만 한 돌 다섯 개 또는 여러 개를 땅바닥에 놓고, 일정한 규칙에 따라 집고 받는 놀이. 또는 그 돌들. ¶공기를 놀다/놀리다. 공기 놀리듯 하다. 공기를 '다섯콩'이라고도 한다. 공기놀이, 공깃돌, 공기받기 들.

공다리 무·배추 따위에서 씨를 떨어낸 장다리.

공미리 공미릿과의 바닷물고기.=학꽁치.

공바기 씨도리배추를 잘라 내고 남은 뿌리. ¶공바기밭.

공변-되다 행동이나 일처리가 어느 한쪽으로 치우치거나 사사롭지 아니하고 공평하다. ¶공변된 인물. 공변된 처리.

공부(工夫) 학문이나 기술을 배우거나 책을 읽어 모르는 것을 스스로 익힘. ¶공부를 열심히 하다. 공부꾼, 공부방(房), 공붓벌레, 공부승(僧), 공부하다(≒배우다. 익히다); 글공부, 마음공부, 밤공부, 벼락공부, 시험공부(試驗), 십년공부(十年;오랜 세월을 두고 쌓은 공), 정심공부(正心;마음을 바르게 가다듬어 배워 익히는 데 힘씀), 한무릎공부(한때 착실히 하는 공부), 헛공부/하다 들.

공사 무당이 사람의 편에서 신에게 사정을 전하는 일.

공성 어떤 일에 익숙하여짐. 이골. ¶공성이 나다(익숙하여지다). 어사또 반말하기는 공성이 났지.

공수 무당이 죽은 사람의 넋이 말하는 것이라고 하여 전하는 말. ¶공수받이(무당으로부터 공수를 받는 일). 공수를 주다(무당이 공수를 전하다).

공알 여자의 생식기 속에 도드라진 살. 음핵(陰核).

공이 ①절구나 확에 든 물건을 찧는 기구. ¶공이질/하다; 나무공이, 돌공이, 메공이, 무쇠공이, 방앗공이, 쇠공이, 절굿공이, 토목공이(土木)[1046]. ②탄환의 뇌관을 쳐서 폭발하게 하는, 송곳 모양의 총포의 한 부분. ¶공이뭉치, 공이치기.

공중 ①아무 목적이 없이 거저 들떼어놓고.=공연히. ¶지팡이는 짚지도 않고 공중 끌고만 다니다. ②=헛되이. ¶공중 시간만 보내고 말았다. ③따로 동떨어져서 ¶힘이 부친 사나이는 공중 나가떨어지고 말았다.

공징이 귀신 소리라고 하는 휘파람소리를 내면서 점을 치는 여자 점쟁이. ¶공징이의 음산한 휘파람소리.

공칙-하다 일이 공교롭게 잘못된 상태에 있다. ¶갑자기 파산하는 바람에 제 형편이 공칙하게 되었습니다. 공칙스럽다.

곶(串) 바다 쪽으로 좁고 길게 내민 땅. 갑(岬). ¶곶머리(곶의 끝부분. 고잔동(洞)[←곶+안+동], 곶이[돌곶이, 살곶이]; 모롱곶(곶의 끝이 휘돌아간 곳), 모래곶(곶을 이룬 모래톱), 공단곶/ 동외곶/ 장산곶/ 장기곶 들로 쓰임.

색), 질병공포(疾病).

1044) 공황(恐慌): 근거 없는 두려움이나 공포로 갑자기 생기는 심리적 불안 상태. ¶공황기(期), 공황사(史), 공황이론(理論), 공황장애(障碍), 공황주기설(週期說), 공황학설(學說); 경제공황(經濟), 공업공황(工業), 금융공황(金融), 산업공황(産業), 상업공황(商業), 세계공황(世界), 신용공황(信用), 안정공황(安定), 은행공황(銀行), 투기공황(投機), 화폐공황(貨幣).

1045) 공제(控除): 빼어냄. 뗌. ¶기부금 공제. 공제금(金), 공제되다/하다, 공제보험(保險), 공제액(額); 기초공제(基礎), 세액공제(稅額), 소득공제(所得).

1046) 토목공이: 어리석고 미련한 사람.

ㄱ

과(過) ①'지나치다. 지나가다. 잘못 · 허물. 뛰어나다'를 뜻하는 말. ¶과감하다(過感;지나칠 정도로 고맙다.=오감하다), 과객(過客), 과거(過去)[1047], 과격(過激)[과격파(派), 과격하다], 과겸하다(過謙), 과경에(過頃;아까), 과계(過計), 과공(過恭), 과급기(過給器), 과기(過期), 과냉각(過冷却), 과년(過年), 과념(過念), 과다/증(過多/症), 과당(過當;보통보다 정도가 지나침), 과당경쟁(競爭), 과대(過大)[1048], 과도(過度;정도에 지나침)[과도적응(適應), 과도하다], 과도(過渡)[1049], 과동/시(過冬/柴), 과똑똑이(지나치게 똑똑함), 과람(過濫;분수에 넘침), 과랭(過冷), 과량(過量), 과려(過慮), 과례(過禮), 과로/사(過勞/死), 과료(過料), 과류(過謬), 과만(過滿), 과망(過望), 과분(過分), 과문불입(過門不入), 과민(過敏)[과민반응(反應), 과민성(性), 과민증(症), 과민하다; 신경과민/증(神經-症)], 과밀(過密)[과밀도시(都市), 과밀학급(學級), 과밀화(化)], 과반/(過半/數), 과반(過般), 과방(過房;일가집 사람으로 양자를 삼는 일), 과분(過分;분수에 넘침), 과불(過拂), 과세(過歲), 과소/평가(過小/評價), 과소(過少), 과소(過疎;너무 성김), 과속(過速), 과수(過數), 과숙(過熟), 과식(過食), 과신(過信), 과실(過失)[1050], 과언(過言), 과열/기(過熱/器), 과오(過誤), 과외(課外), 과욕(過慾), 과용(過用), 과음(過淫), 과음(過飮), 과인(過人)[여력과인(膂力)], 과일(過日), 과잉(過剩)[1051], 과장(過葬), 과적(過積), 과적재(過積載), 과정(過政), 과정(過程)[1052], 과중(過重;벅참. 힘겨움), 과찬(過讚), 과취(過醉), 과태료(過怠料), 과태약관(過怠約款), 과하다, 과하시(過夏柴), 과한(過限), 과호(過戶), 과혹하다(過酷), 과화숙식(過火熟食), 과화존신(過化存神); 간과(看過), 개과(改過), 건과(愆過), 경과(經過), 공과(功過), 구과(口過), 논과(論過), 대과(大過), 독과(督過), 명과기실(名過其實), 묵과하다(默過), 범과(犯過), 범과(泛過), 보과습유(補過拾遺), 복과재생(福過災生), 부과(附/付過), 불과(不過), 사과(謝過), 세과(歲過), 소과(小過), 안과(安過), 알과(戛過), 언과기실(言過其實), 여과(濾過), 자과(自過), 전과(前過), 죄과(罪過), 중과(重過), 초과(超過), 태과(太過), 통과(通過), 투과(透過), 회과(悔過). ②일부 명사 앞에 붙어 '지나친. 너무 하는', 산성 화합물을 나타내는 몇몇 명사 앞에 붙어 '과다하게 결합한'의 뜻을 더하는 말. ¶과건견(過乾繭), 과건조(過乾燥), 과권양(過捲楊), 과냉각(過冷却), 과년도(過年度), 과동률(過冬率), 과똑똑이, 과방목(過放牧), 과변조(過變調), 과변태(過變態), 과보호(過保護), 과부족(過不足), 과부하(過負荷), 과분쇄(過粉碎), 과불급(過不及), 과산화(過酸化), 과생산(過生産), 과소비(過消費), 과습지(過濕地), 과승차(過乘車), 과유불급(過猶不及), 과융해(過融解), 과인산(過燐酸), 과임신(過妊娠), 과장입(過裝入), 과재생(過再生), 과적재(過積載), 과전류(過電流), 과전압(過電壓), 과중시(過重視), 과체중(過體重), 과포화(過飽和), 과혈당(過血糖), 과형성(過形成), 과망간산/ 과염소산/ 과산화수소/ 과요드산, 과황산(過黃酸) 들.

과(果) ①'과실. 과실나무'를 뜻하는 말. ¶과당(果糖), 과도(果刀), 과라(果蓏), 과린(果鱗), 과목(果木), 과물/전(果物/廛), 과반(果盤), 과방(果房), 과병(果柄), 과상(果床), 과서(果序), 과송(果松), 과수/원(果樹/園), 과실(果實;열매)[1053], 과심(果心), 과원(果園), 과육(果肉), 과일, 과전(果田), 과종(果種), 과즙(果汁), 과지(果枝), 과채(果菜), 과체(果蔕), 과품(果品), 과피(果皮), 과하마(果下馬); 가과(假果;헛열매), 각과(殼果), 감과(柑果), 개과(蓋果), 개열과(開裂果), 건조과/건과(乾造果), 견과(堅果), 결과(結果;열매를 맺음. 끝.↔原因), 경과(京果), 골동과(骨董果;裂果), 구과(毬果), 금과(禁果), 낙과(落果;도사리), 냉과(冷果), 다육과(多肉果), 단각과(短角果), 단과(單果), 단화과(單花果;홑열매), 무화과(無花果), 미과(美果), 백과(白果;은행), 백과(百果)[백과주(酒); 오곡백과(五穀)], 복화과(複花果)/복과(複果;겹열매), 부과(副果;헛열매), 사과(沙果), 삭과(蒴果;속이 여러 칸이고 칸마다 씨가 많이 들어 있는 열매), 산과(山果), 삼색과(三色果), 상과(桑果), 생과(生果), 선과(選果), 선악과(善惡果), 세실과(細實果), 소과(蔬果), 수과(瘦果), 수과(樹果), 숙실과/숙과(熟實果), 시과(時果), 시과(翅果;날개열매), 실과(實果), 액과(液果), 약과(藥果;과줄)[약과문(紋), 약과장식(裝飾)], 열과(裂果;익으면 씨가 떨어지는 열매), 영과(穎果), 이과(梨科), 잡과(雜果), 장각과(長角果), 장과(漿果), 적과(摘果;과실솎음), 적과기(炙果器)/적기(炙器;적틀), 전과(煎果), 정과(正果)[1054], 주과(酒果), 진과(珍果), 진과(眞果), 집합과(集合果), 채과(菜果), 청과(青果), 쾌과(快果;배), 평과(苹果;사과), 폐과(閉果↔裂果), 포과(胞果), 핵과(核果;씨열매), 현수과(懸瘦果), 협과(莢果;꼬투리에 맺히는 열매), 호과(瓠果;오이나 참외 따위의 열매), 화과(花果). ②'결과(結果). 과연(果然). 결단성이 있다'를 뜻하는 말. ¶과감하다(果敢), 과결(果決), 과단/성(果斷/性), 과시(果是), 과실(果實;元物에서 생기는 이익)[법정과실(法定); 천연과실(天然)], 과약(果若), 과연(果然), 과용(果勇), 과의하다(果毅); 강과하다(剛果), 결과(結果;결말의 상태), 묘과(妙果), 무학과(無學果), 미과(未果;결과를 짓지 못함), 보과(報果), 성과(成果), 전과(戰果), 증과(證果), 효과(效果). ③원인으로 말미암아 생기는 일체의

1047) 과거(過去): 과거분사(分詞), 과거사(事), 과거세(世), 과거완료(完了), 과거장(帳), 과거진행(進行); 대과거(大).

1048) 과대(過大): 정도가 지나치게 큼.↔과소(過小). ¶과대시/하다(視), 과대자본/화(資本/化), 과대최고(催告), 과대평가/되다/하다(評價), 과대황장/하다(皇張;사실보다 지나치게 떠벌림).

1049) 과도(過渡): 한 상태에서 다른 단계로 옮아가거나 바뀌어 가는 도중. ¶과도 내각. 과도 체제. 과도기/적(期/的), 과도상태(狀態), 과도시대(時代), 과도적(的), 과도전류(電流), 과도정부(政府), 과도종(種), 과도하다, 과도현상(現象).

1050) 과실(過失): 부주의나 게으름 따위에서 비롯된 잘못이나 허물. ¶자기의 과실을 인정하다. 과실범(犯), 과실살상(殺傷), 과실상계(相計;過失相殺), 과실상해/죄(傷害/罪), 과실점유(占有), 과실죄(罪), 과실책임(責任), 과실치사/죄(致死/罪), 과실치상(致傷); 경과실(輕), 업무상과실(業務上), 중과실(重).

1051) 과잉(過剩): 지나침. 초과(超過). ¶과잉경비(警備), 과잉되다/하다, 과잉방위(防衛), 과잉보호(保護), 과잉생산(生産), 과잉설비(設備), 과잉수(數), 과잉인구(人口), 과잉전자(電子), 과잉치(齒), 과잉투자(投資), 과잉피난(避難); 공급과잉(供給), 기억과잉(記憶), 노동과잉(勞動), 생산과잉(生産), 인구과잉(人口).

1052) 과정(過程): 일이 되어 가는 경로. ¶과정효과(效果); 발달과정(發達), 변천과정(變遷), 생산과정(生産), 순환과정(循環), 제작과정(製作), 진행과정(進行).

1053) 과실(果實): 과실나무, 과실림(林), 과실음료(飮料), 과실주(酒), 과실즙(汁), 과실채(菜), 과실초(醋), 과실편; 산과실(山), 삼색과실(三色), 생과실(生), 열대과실(熱帶), 태생과실(胎生), 풋과실.

1054) 정과(正果): 귤정과(橘), 더덕정과, 도라지정과, 배정과, 삼정과(蔘), 새앙정과, 연강정과(軟薑), 인삼정과(人蔘), 죽순정과(竹筍).

ㄱ

법.↔인(因). ¶과덕(果德), 과두(果頭), 과보(果報), 과상(果上), 과위(果位), 과인(果人), 과지(果地); 결과(結果), 보과(報果), 불과(佛果), 선과(善果), 악과(惡果), 업과(業果), 인과(因果), 인과응보(因果應報), 현과(現果), 호과(好果) 들.

과(科) ①생물 분류상의 한 단계로 목(目)의 아래, 속(屬)의 위. ¶고양잇과, 소나뭇과, 과명(科名); 학과(鶴科). ②전문 분야나 학과의 구분 단위. ¶과락(科落), 과료(科料), 과명(科名), 과목(科目)[계정과목(計定;각 계정의 명칭), 교양과목(敎養), 선택과목(選擇), 필수과목(必須)], 과장(科長), 과학(科學)[1055], 과회(科會); 공과(工科), 교과(敎科)[교과목(目), 교과서(書)], 국문과(國文科), 국악과(國樂科), 내과(內科), 농과(農科), 문과(文科), 백과(百科), 범과(犯科;犯法), 별과(別科), 병과(兵科), 본과(本科), 분과(分科), 산부인과(産婦人科), 상과(商科), 선과(選科), 소아과(小兒科), 신경과(神經科), 실과(實科), 안과(眼科), 예과(豫科), 외과(外科), 의과(醫科), 이과(理科), 이비인후과(耳鼻咽喉科), 전과(全科), 전과(轉科), 치과(齒科), 특과(特科), 피부과(皮膚科), 학과(學科). ③과거(科擧;문무관을 뽑을 때 보이던 시험)의 준말. ¶과객(科客), 과거(科擧), 과격(科格), 과군(科軍), 과망(科望), 과몽(科夢), 과문(科文), 과방(科榜), 과보(科譜), 과시(科時), 과시(科試), 과시(科詩), 과욕(科慾), 과유(科儒), 과장(科場), 과제(科題), 과제(科第), 과채(科債), 과폐(科弊), 과필(科筆), 과행(科行); 강경과(講經科), 경과(經科), 걸과(乞科), 경과(京科), 경과(慶科), 낙과(落科), 대과(大科), 등과(登科), 무과(武科), 문과(文科), 백과(百科), 삭과(削科), 선과(禪科), 소과(小科), 승과(僧科), 역과(譯科), 율과(律科), 음양과(陰陽科), 의과(醫科), 잡과(雜科), 폐과(廢科), 학과(學科). ④형벌을 지우다의 뜻인 '과하다'의 어근. 죄(罪). 법(法). ¶과단(科斷), 과료(科料), 과전(科錢), 과태(科怠), 과하다; 경과(輕科), 금과옥조(金科玉條), 병과(竝科), 자과(自科;스스로 저지른 죄과), 전과(前科), 죄과(罪科), 중과(重科) 들.

과(課) ①관청·회사의 업무 조직의 한 구분. ¶과원(課員), 과장(課長); 관리과/ 업무과/ 총무과/ 인사과/ 생산과/ 시설과 들로 쓰임. ②'시험하다. 매기다. 짐을 지우다. 살피다. 일'을 뜻하는 말. ¶과공(課工), 과년(課年), 과세(課歲), 과세(課稅), 과시(課試), 과야(課夜), 과업(課業), 과외(課外)[과외수업(授業), 과외활동(活動)], 과월(課月), 과율(課率), 과일(課日), 과정(課程;해야 할 일의 정도)[교과과정(敎科), 교육과정(敎育)], 과제(課題)[과제장(帳); 당면과제(當面)], 과조(課租), 과표(課標), 과하다, 과호(課戶); 결과(缺課), 고과/표(考課/表), 고과(告課), 공과(工課), 공과/금(公課/金), 궐과(闕課), 방과(放課), 부과(賦/附課), 분과(分課), 월과(月課), 일과(日課), 전과(全課), 정과(正課), 중과(重課), 학과(學課) 들.

과(寡) ①'적다. 홀로[獨]'를 뜻하는 말.↔과(夥). 다(多). ¶과거(寡居), 과녀(寡女;홀어미), 과댁(寡宅), 과덕(寡德;薄德), 과두(寡頭)[과두정치(政治), 과두체제(體制)], 과묵(寡默;말이 적고 침착함), 과문/천식(寡聞/淺識), 과병(寡兵), 과부(寡婦)[과부늙은이, 과부댁(宅), 과부집, 까막과부[1056]; 마당과부[1057], 망문과부(望門;까막과부), 청상과부(靑孀)], 과소(寡少), 과수/댁(寡守/宅), 과액(寡額), 과약(寡弱), 과언(寡言), 과욕(寡慾), 과우(寡雨)[과우지역(地域)], 과작(寡作↔多作), 과점(寡占)[독과점(獨)], 과조(寡照); 다과(多寡), 중과(衆寡), 중과부적(衆寡不敵). ②왕이 스스로를 낮추어 이르거나 다른 나라의 임금에게 겸손의 뜻으로 자기 나라의 임금을 이르던 말. ¶과군(寡君), 과인(寡人).

과(瓜) ①'오이. 오이 모양의. 오이로 만든'을 뜻하는 말. ¶과루(瓜蔞), 과자화(瓜子花), 과저(瓜菹;오이김치), 과전(瓜田), 과전불납리(瓜田不納履), 과종(瓜種), 과준(瓜尊), 과증(瓜蒸), 과채(瓜菜); 감과(甘瓜), 모과(木瓜), 백과(白瓜;오이), 사과(絲瓜;수세미외), 서과(西瓜;수박), 수과(水瓜), 종과득과(種瓜得瓜), 진과(眞瓜;참외). ②'정한 기간이 다되거나 참'을 뜻하는 말. ¶과기(瓜期), 과년(瓜年;결혼하기에 적당한 여자의 나이), 과만(瓜滿), 과숙(瓜熟); 파과기(破瓜期), 파과지년(破瓜之年), 호과(胡瓜) 들.

과(誇) '자랑하다'를 뜻하는 말. ¶과공(誇功), 과긍(誇矜;자랑), 과대(誇大;작은 것을 큰 것처럼 부풀림)[과대광고(廣告), 과대망상/광(妄想/狂), 과대선전(宣傳), 과대포장(包裝)], 과부(誇負), 과시(誇示;자랑하여 보임)[과시욕(慾), 과시하다, 과시효과(效果); 자기과시(自己)], 과언(誇言), 과장(誇張;덧거리)[과장되다/하다, 과장법(法), 과장스럽다, 과장증(症)], 과칭(誇稱); 긍과(矜誇;자랑하며 뽐냄), 자과(自誇), 허과(虛誇) 들.

과(菓) '과자(밀가루·쌀가루·설탕 따위를 재료를 써서 만든 식품)'를 뜻하는 말. ¶과자(菓子)[1058]; 냉과(冷菓), 다과(茶菓), 다식과(茶食菓), 당과(糖菓), 명과(名菓), 명과(銘菓), 모과(네모지게 만든 과줄), 밀과(蜜菓), 반과(飯菓), 빙과(氷菓), 양과(洋菓), 유과(油菓), 유과(乳菓), 유밀과(油蜜菓), 제과(製菓), 조과(造菓/果), 진과(珍菓), 타래과, 한과(韓菓) 들.

과(戈) '창(槍)'을 뜻하는 말. ¶과검(戈劍;창과 칼), 과순(戈盾); 간과(干戈), 도과(倒戈), 병과(兵戈), 투병식과(投兵息戈;싸움을 그침), 지과(止戈;전쟁을 그만둠) 들.

과(窠) '벼슬자리'를 뜻하는 말. ¶자벽과(自辟窠), 안과(眼窠), 요과(饒窠), 작과(作窠;딴 사람을 등용하기 위하여 현임자를 사면시

1055) 과학(科學): 보편적인 진리나 법칙의 발견을 목적으로 한 체계적인 지식. ¶과학계(界), 과학관(觀), 과학교육(敎育), 과학도(徒), 과학론(論), 과학만능주의(萬能主義), 과학무기(武器), 과학비판(批判), 과학비평(批評), 과학사(史), 과학성(性), 과학소설(小說), 과학수사(搜査), 과학위성(衛星), 과학자(者), 과학적(的), 과학전(展), 과학전(戰), 과학주의(主義), 과학철학(哲學), 과학혁명(革命), 과학화/되다/하다(化); 개별과학(個別), 거대과학(巨大), 경험과학(經驗), 공상과학(空想), 관념과학(觀念), 기술적과학(記述的), 기초과학(基礎), 도덕과학(道德), 문화과학(文化), 물질과학(物質), 범죄과학(犯罪), 법칙과학(法則), 보존과학(保存), 사회과학(社會), 생명과학(生命), 생활과학(生活), 설명적과학(說明的), 실재과학(實在), 역사과학(歷史), 우주과학(宇宙), 응용과학(應用), 이론과학(理論), 인문과학(人文), 인지과학(認知), 자연과학(自然), 정밀과학(精密), 정신과학(精神), 지구과학(地球), 특수과학(特殊), 행동과학(行動), 형식과학(形式).

1056) 까막과부: 정혼(定婚)한 남자가 죽어서 시집도 가 보지 못한 과부. 또는 혼례는 하였으나 첫날밤을 치르지 못하여 처녀로 있는 여자. 망문과부(望門).

1057) 마당과부(寡婦): 혼례를 올린 다음 시가로 가기 전에 신랑과 사별한 여자.

1058) 과자(菓子): 마른과자, 밥풀과자, 붕어과자, 생과자(生), 양과자(洋), 얼음과자, 진과자, 호두과자.

킴), 지과(指窠), 한과(閑窠) 들.

과(裹**)** '(물건을) 싸다'를 뜻하는 말. ¶과두(裹肚), 과두(裹頭), 과족(裹足), 과혁지시(裹革之屍); 결과(結裹), 복과(福裹;복쌈), 봉과(封裹), 포과/지(包裹/紙) 들.

과(堝**)** '도가니(쇠붙이를 녹이는 데 쓰는 흙그릇)'를 뜻하는 말. ¶감과(坩堝).

과(夥**)** '많다'를 뜻하는 말.↔과(寡). ¶과다(夥多), 과수(夥數), 과연(夥然) 들.

과(踝**)** '복사뼈'를 뜻하는 말. ¶과골(踝骨;복사뼈), 과종(踝腫); 내과(內踝), 외과(外踝) 들.

과(蝌**)** '올챙이'를 뜻하는 말. ¶과두(蝌蚪;올챙이)[과두문자(文字); 과두체(體)].

과(顆**)** '난알'을 뜻하는 말. ¶과립(顆粒); 반과(飯顆), 옥과(玉顆) 들.

과녁 활 · 총 따위를 쏠 때의 목표로 만들어 놓은 물건. 어떤 일의 목표.[←관혁(貫革)]. ¶과녁을 맞히다. 과녁물(物;과녁으로 쓰는 물건), 과녁받이(총알받이. 불평이나 비난을 집중적으로 받는 대상), 과녁빼기(똑바로 건너다보이는 곳. 맞은바라기)/집, 과녁판(板); 먹과녁, 알과녁(과녁의 한복판. 관), 전사과녁(戰射), 좁쌀과녁(좁쌀을 던져도 잘 맞힐 수 있는 넓은 과녁이라는 뜻으로, 얼굴이 넓적한 사람), 터과녁 들.

과닥과닥 뻣뻣하게 굳은 모양. ¶혓바닥이 과닥과닥 굳어져서 목소리가 입 안에서 힘없이 잦아들고 말았다.

과따-대다 몹시 시끄럽게 떠들어 대다. ¶학생들의 과따대는 소리에 동네가 떠나갈 것 같다. 과따치다.

과메기 청어나 꽁치를 차게 말린 것.[←관목(貫目)].

과석 땅 위에 드러난 광맥에서 노출된 광석.

과일 먹을 수 있는, 과실나무의 열매. 과실(果實). ¶과일가게, 과일꽃, 과일꾸미(과일을 채를 쳐서 만든 꾸미), 과일나무, 과일내, 과일농사(農事), 과일상자(箱子), 과일술, 과일즙(汁), 과일채, 과일칼, 과일편 들.

과줄 약과 · 다식 · 강정 · 정과 따위를 통틀어 이르는 말. 약과(藥果;유밀과의 하나). ¶과줄쌀(기름에 튀겨서 과줄에 묻히는 쌀), 과줄판(板;과줄을 박아내는 판).

과판 ①국화 모양의 장식이 달린 머리꽂이. ②국화 모양을 새긴 쇠나 나무의 판.[←국화(菊花)+판].

곽 물건을 넣어두는 그릇. 갑(匣). ¶꿀곽(꿀을 담는 그릇), 밥곽(도시락), 분필곽(粉筆), 성냥곽, 연필곽(鉛筆;필통), 찬곽(饌) 들.

곽(廓**)** '둘레. 한 구역을 이루는 지역. 외성(外城)'을 뜻하는 말. ¶가곽(街廓), 내곽(內廓/郭), 수곽(水廓), 외곽(外廓/郭), 외곽단체(外廓團體), 유곽(遊廓), 윤곽(輪廓), 외곽(外廓), 지곽(地廓), 천곽(天廓;눈의 흰자위), 택곽(澤廓), 흉곽(胸廓). §'크다. 넓히다. 바로잡다'의 뜻으로 쓰일 경우에는 [확]으로 읽힘. ¶확대(廓大;넓혀서 크게 함), 확락(廓落), 확연하다(廓然;넓고 텅 비어 있다), 확정(廓正), 확청(廓淸); 회확대도(恢廓大度), 회확하다(恢廓) 들.

곽(郭**)** '도읍의 주변을 둘러싼 벽. 외성(外城). 둘레'를 뜻하는 말. ¶곽공(郭公;뻐꾸기), 곽내(郭內); 산곽(山郭), 성곽(城郭/廓), 외곽(外郭), 일곽(一郭/廓), 주곽(周郭) 들.

곽(藿**)** '미역'을 뜻하는 말. ¶곽암(藿巖), 곽전(藿田); 감곽(甘藿), 산곽(産藿), 어곽(魚藿;해산물의 통칭), 어관전(魚藿廛), 장곽(長藿), 조곽(早藿) 들.

곽(槨**)** 관(棺)을 담는 궤. 외관(外棺). ¶관곽/장이(棺槨), 목곽(木槨), 석곽/분(石槨/墳), 외곽(外槨) 들.

곽(癨**)** '급성 위장병'을 뜻하는 말. ¶곽란(癨亂)[토사곽란(吐瀉)]; 서곽(暑癨).

관(觀**)** '보다/보이다 · 구경하다. 모양 · 광경. 관점 또는 견해 · 생각'을 뜻하는 말. ¶관각(觀閣), 관감(觀感), 관객(觀客), 관광(觀光)[1059], 관괘(觀卦), 관념(觀念)[1060], 관등(觀燈)[관등놀이, 관등연(宴), 관등절(節), 관등회(會)], 관람(觀覽)[1061], 관망(觀望)[관망대(臺), 관망세(勢), 관망자(者), 관망적(的), 관망탑(塔)], 관법(觀法), 관병/식(觀兵/式), 관상(觀相;얼굴을 보고 운명을 판단함)[관상가(家), 관상술(術), 관상쟁이, 관상학(學)], 관상(觀想), 관상(觀賞)[1062], 관세(觀勢), 관심(觀心)[관심거리, 관심권(圈), 관심사(事), 관심처(處)], 관엽식물(觀葉植物), 관음(觀音)[1063], 관입(觀入), 관자재(觀自在), 관전(觀戰), 관점(觀點), 관조(觀照)[1064], 관중/석(觀衆/席), 관찰(觀察)[1065], 관철(觀徹)[1066], 관첨(觀瞻;여러 사람이

1059) 관광(觀光): 다른 지방이나 다른 나라에 가서 그곳의 풍경, 풍습, 문물 따위를 구경함. ¶관광 휴양 도시. 관광을 떠나다. 관광객(客), 관광국(國), 관광농원(農園), 관광단(團), 관광단지(團地), 관광도시(都市), 관광무역(貿易), 관광버스(bus), 관광사업/법(事業/法), 관광산업(産業), 관광시설(施設), 관광자원(資源), 관광정책(政策), 관광지(地), 관광차(車), 관광특구(特區), 관광호텔(hotel), 관광휴양업(休養業).

1060) 관념(觀念): 어떤 일에 대한 견해나 생각. 현실에 의하지 않는 추상적이고 공상적인 생각. 어떤 대상에 관한 인식이나 의식 내용. ¶관념과학(科學), 관념론(論)[관념론자(者), 관념론적(的); 선험적관념론(先驗的)], 관념성(性), 관념소설(小說), 관념시(詩), 관념연합(聯合), 관념염불(念佛), 관념운동(運動), 관념유희(遊戲), 관념적(的), 관념주의(主義), 관념형태(形態); 강박관념(强迫), 경제관념(經濟), 고정관념(固定), 고착관념(固着;고정관념), 관계관념(關係), 기성관념(旣成), 도덕관념(道德), 망상적관념(妄想的), 미적관념(美的), 보조관념(補助), 본유관념(本有), 생득관념(生得), 습득관념(習得), 시간관념(時間), 원관념(元), 위생관념(衛生), 자책관념(自責).

1061) 관람(觀覽): 관람객(客), 관람권(券), 관람대(臺), 관람료(料), 관람석(席), 관람세(稅), 관람인(人), 관람자(者); 단체관람(團體), 영화관람(映畵).

1062) 관상(觀賞): 취미에 맞는 동식물 따위를 보면서 즐김. ¶관상목(木), 관상수(樹), 관상식물(植物), 관상어(魚), 관상용(用), 관상조(鳥), 관상초(草).

1063) 관음(觀音): '관세음보살'의 준말. ¶관음경(經), 관음상(像), 관음전(殿), 관음찬(讚).

1064) 관조(觀照): 고요한 마음으로 사물이나 현상을 관찰하거나 비추어 봄. 미(美)를 직접적으로 인식하는 일. ¶관조자(者), 관조적(的), 관조하다.

1065) 관찰(觀察): 사물이나 현상을 주의하여 자세히 살펴봄. ¶관찰 결과를 빠짐없이 기록하다. 관찰기록(記錄), 관찰되다/하다, 관찰력(力), 관찰문(門), 관찰안(眼), 관찰자(者), 관찰점(點); 자기관찰(自己), 자연관찰(自然).

다 같이 봄), 관측(觀測)[1067], 관풍찰속(觀風察俗), 관형찰색(觀形察色); 가관(可觀), 가치관(價値觀), 개관(概觀), 개선관(改善觀), 객관(客觀), 거관(巨觀), 걸관(傑觀;傑閣), 결혼관(結婚觀), 경관(景觀), 경제관(經濟觀), 고관(苦觀), 관음관(觀音觀), 교사관(敎師觀), 교육관(敎育觀), 구관(舊觀), 국가관(國家觀), 기관(奇觀), 기계관(機械觀), 낙관(樂觀), 낙천관(樂天觀), 남성관(男性觀), 내관(內觀), 내세관(來世觀), 다령관(多靈觀), 달관(達觀), 달인대관(達人大觀), 대관(大觀), 대국관(大局觀), 도관(道觀), 도덕관(道德觀), 무상관(無常觀), 문예관(文藝觀), 문학관(文學觀), 물질관(物質觀), 미관(美觀), 방관(傍觀), 배관(拜觀), 배관(陪觀), 백골관(白骨觀), 벽상관(壁上觀), 보루관(寶樓觀), 보수관(寶樹觀), 보지관(寶池觀), 부관(俯觀), 부정관(不淨觀), 사관(史觀), 사회관(社會觀), 상관(相觀), 상배관(上輩觀), 생활관(生活觀), 석공관(析空觀), 선악관(善惡觀), 선입관(先入觀), 성관(盛觀), 세계관(世界觀), 세지관(勢至觀), 수상관(水想觀), 수식관(數息觀), 숙명관(宿命觀), 시국관(時局觀), 실상관(實相觀), 심미관(審美觀), 십육관(十六觀), 아공관(我空觀), 아동관(兒童觀), 애정관(愛情觀), 언어관(言語觀), 여성관(女性觀), 역사관(歷史觀), 연속관(連續觀), 연애관(戀愛觀), 염세관(厭世觀), 예술관(藝術觀), 외관(外觀), 우주관(宇宙觀), 운명관(運命觀), 위관(偉觀), 유관(遊觀), 유물관(唯物觀), 유생관(有生觀), 유심관(唯心觀), 윤리관(倫理觀), 의인관(擬人觀), 이관(異觀), 인간관(人間觀), 인생관(人生觀), 일면관(一面觀), 일상관(日想觀), 자녀관(子女觀), 자륜관(字輪觀), 자비관(慈悲觀), 자연관(自然觀), 잡상관(雜像觀), 장관(壯觀), 정관(靜觀), 정의관(正義觀), 종관(縱觀), 종교관(宗敎觀), 주관(主觀), 중관(中觀), 중배관(中輩觀), 지관(止觀), 지리관(地理觀), 지상관(地想觀), 직관(直觀), 직업관(職業觀), 진신관(眞身觀), 차별관(差別觀), 참관(參觀), 처세관(處世觀), 체관(諦觀), 총관(總觀), 측면관(側面觀), 앙관(仰觀), 타계관(他界觀), 통관(洞觀), 통관(通觀), 평등관(平等觀), 현실관(現實觀), 하배관(下輩觀), 화좌관(華座觀) 들.

관(官) '공적인 직책을 맡은 사람. 벼슬. 벼슬아치. 정부나 관청. 마을. 감각 기관(器官)'을 뜻하는 말. ¶관 주도로 행사를 하다. 관가(官家), 관간(官刊), 관결(官決), 관계(官界), 관계(官契), 관계(官桂), 관계(官階), 관고(官庫), 관고/지(官誥/紙), 관곡(官穀), 관공서(官公署), 관교/지(官敎/紙), 관군(官軍), 관권/당(官權/黨), 관귀(官鬼), 관규(官規), 관금(官金), 관금(官禁), 관급(官給), 관기(官妓), 관기(官紀), 관기(官記), 관납(官納), 관노(官奴), 관능(官能)[1068], 관도(官途), 관두(官斗), 관등(官等), 관력(官力), 관력(官歷), 관령(官令)[허전관령(虛傳)], 관례(官隷), 관록(官祿), 관료(官僚)[1069], 관리(官吏)[수세관리(收稅)], 관림(官林), 관립(官立), 관마(官馬), 관명(官名), 관명(官命), 관모(官帽), 관몰(官沒), 관문(官文), 관문서(官文書), 관물(官物), 관민(官民), 관방(官房), 관방학(官房學), 관배자(官牌子), 관벌(官閥), 관변(官邊), 관병(官兵), 관보(官報), 관복(官服), 관복(官福), 관본(官本), 관봉(官俸), 관봉(官封), 관부(官府), 관부(官簿), 관비(官婢), 관비(官費), 관사(官司), 관사(官舍), 관삼(官蔘), 관서(官署), 관선(官船), 관선(官線), 관선(官選), 관설(官設), 관속(官屬), 관수(官修), 관수/미(官需/美), 관승(官升), 관식(官食), 관아(官衙), 관안(官案), 관액(官厄), 관업(官業), 관역(官役), 관영(官營), 관요(官窯), 관욕(官辱), 관용(官用), 관운(官運), 관원(官員), 관위(官位), 관위(官威), 관유(官有), 관인(官人), 관인(官印), 관인(寬忍), 관인(官認), 관작(官爵), 관장(官長), 관재(官災), 관저(官邸), 관전(官前), 관전(官展), 관전(官錢), 관정/발악(官庭/發惡), 관제(官制)[관제개편(改編); 중앙관제(中央)], 관제(官製.↔私製)[관제염(鹽), 관제엽서(葉書)], 관제(官題), 관존민비(官尊民卑), 관졸(官卒), 관죽전(官竹田), 관지(官紙), 관직(官職)[삭탈관직(削奪)], 관차(官次), 관차(官差), 관찬(官撰), 관창(官倉), 관청(官廳)[감독관청(監督), 경찰관청(警察), 상급관청(上級), 중앙관청(中央), 하급관청(下級), 행정관청(行政)], 관치/행정(官治/行政), 관통(官桶), 관판(官版), 관폐(官弊), 관품(官品), 관하기(官下記), 관하인(官下人), 관학(官學), 관함(官銜), 관해(官海), 관행(官行), 관행차(官行次), 관허(官許), 관헌(官憲); 간관(諫官), 감관(感官;감각기관), 감관(監官), 감납관(監納官), 감독관(監督官), 감사관(監査官), 감사관(鑑査官), 감시관(監試官), 감야관(監冶官), 감역관(監役官), 감정관(鑑定官), 감찰관(監察官), 감참관(監斬官), 감채관(監採官), 감형관(監刑官), 감호관(監護官), 강관(講官), 객관(客官), 거관(去官), 거관(居官), 검사관(監査官), 검시관(檢視官), 검역관(檢疫官), 검열관(檢閱官), 검인관(鈐印官), 검찰관(檢察官), 검토관(檢討官), 겸관(兼官), 경관(京官), 경리관(經理官), 경무관(警務官), 경찰관(警察官)/경관(警官), 고관(告官;관청에 알림), 고관(高官;높은 관리), 고관대작(高官大爵), 고문관(顧問官), 공관(空官), 공납관(貢納官), 공보관(公報官), 공사관(公事官), 관관(館官), 관계관(關係官), 관리관(管理官), 관할관(管轄官), 교관(敎官), 교도관(矯導官), 교정관(矯正官), 구관(舊官), 군관(軍官), 군관민(軍官民), 군의관(軍醫官), 군정관(軍政官), 귀관(貴官), 기관(技官), 기관(器官), 기사관(記事官), 기술관(技術官), 내관(內官), 단사관(斷事官), 달관(達官;높은 벼슬), 담당관(擔當官), 당관(唐官), 당상관(堂上官), 당하관(堂下官), 당후관(堂後官), 대관(代官), 대관(臺官), 대리관(代理官), 대무관(大膴官), 도덕관(道德官), 독보관(讀寶官), 독애책관(讀哀册官), 독책관(讀册官), 동관(同官), 동등관(同等官), 등관(登官), 말관(末官), 매관매직(賣官賣職), 면관(免官), 면접관(面接官), 명관(名官), 명관(明官), 명관(命官), 명관(冥官), 모대관(帽帶官), 목관(牧官), 목민관(牧民

1066) 관철(觀徹): ①어려움을 뚫고 나아가 목적을 기어이 이룸. ¶노동자들은 요구 사항 관철을 위해 장외 집회를 열었다. 관철되다/하다. ②사물을 속속들이 꿰뚫어 봄.

1067) 관측(觀測): 육안(肉眼)이나 기계로 자연 현상 특히 천체나 기상의 상태, 추이, 변화 따위를 자세히 살펴 측정하는 일. ¶관측경(鏡), 관측기(器), 관측기구(氣球), 관측되다/하다, 관측병(兵), 관측사격(射擊), 관측선(船), 관측선(線), 관측소(所), 관측자(者), 관측통(通); 기상관측(氣象), 극년관측(極年), 자오선관측(子午線), 지상관측(地上), 천체관측(天體), 해양관측(海洋).

1068) 관능(官能): 생물이 생명을 영위하는 모든 기관의 기능. 오관(五官) 및 감각 기관의 작용. 육체적 쾌감, 특히 성적인 감각을 자극하는 작용. ¶그녀의 관능에 유혹되다. 관능검사(檢査), 관능묘사(描寫), 관능미(美), 관능심사(審査), 관능욕(慾), 관능장애(障礙), 관능적(的), 관능장애(障碍), 관능주의(主義), 관능파(派).

1069) 관료(官僚): 직업적인 관리. 벼슬아치. ¶관료성(性), 관료식(式;관료들의 권위적인 방식), 관료의식(意識), 관료자본(資本), 관료적(的), 관료전(田), 관료정치(政治), 관료제(制), 관료주의/적(主義/的), 관료행정(行政), 관료화/되다/하다(化).

官), 무관(武官), 무관(無官), 무민관(撫民官), 문관(文官), 문정관(問情官), 문초관(問招官), 미관/球(味官), 미관(美官), 미관/말직(微官/末職), 반관(半官), 백관(百官), 번역관(飜譯官), 법관(法官), 법무관(法務官), 법제관(法制官), 보급관(補給官), 보안관(保安官), 보좌관(補佐官), 본관(本官), 봉세관(封稅官), 봉심관(奉審官), 부관(副官), 분임관(分任官), 분헌관(分獻官), 비서관(秘書官), 사관(士官), 사관(仕官), 사관(史官), 사관(査官), 사관(辭官), 사령관(司令官), 사무관(事務官), 사법관(司法官), 사열관(査閱官), 사자관(寫字官), 산관(散官), 삼력관(三曆官), 상관(上官), 상례관(相禮官), 상무관(商務官), 서관(敍官), 서기관(書記官), 서사관(書寫官), 서연관(書筵官), 서장관(書狀官), 선관(仙官), 선교관(宣敎官), 선전관(宣傳官), 선전관(宣箋官), 선책관(宣册官), 선행관(先行官), 소관(小官), 소방관(消防官), 속관(屬官), 송관(訟官), 수릉관(守陵官), 수사관(搜査官), 수세관(收稅官), 수송관(輸送官), 수협관(搜挾官), 승후관(承逅官), 시강관(侍講官), 시관(試官), 시사관(侍射官), 시험관(試驗官), 신관(新官), 심사관(審査官), 심판관(審判官), 아헌관(亞獻官), 악관(樂官), 압령관(押領官), 압물관(押物官), 언관(言官), 약제관(藥劑官), 역관(曆官), 역관(曆官), 역관(譯官), 연구관(研究官), 열병관(閱兵官), 엽관(獵官), 영관(領官), 영사관(領事官), 예모관(禮貌官), 오관(五官), 외관(外官), 외교관(外交官), 운량관(運糧官), 위관(位官), 위관(尉官), 유관(留官), 유령관(幽靈官), 유수관(留守官), 율관(律官), 의관(醫官), 이사관(理事官), 임관(任官), 입문관(入門官), 장관(長官)[외무장관(外務), 정무장관(政務)], 장관(將官), 장학관(獎學官), 재관(在官), 재무관(財務官), 재정관(財政官), 재판관(裁判官), 전관(前官), 전관(轉官), 정관(正官), 정관(呈官), 정무관(政務官), 정보관(情報官), 제관(祭官), 제관(諸官), 조관(朝官), 조정관(調停官), 종신관(終身官), 종헌관(終獻官), 주무관(主務官), 주재관(駐在官), 주전관(鑄錢官), 중관(中官), 증관(贈官), 지관(地官), 지방관(地方官), 지출관(支出官), 지휘관(指揮官), 직관(職官), 집달관(執達官), 집사관(執事官), 집정관(執政官), 집행관(執行官), 징모관(徵募官), 징발관(徵發官), 징병관(徵兵官), 징수관(徵收官), 차관(次官), 차비관(差備官), 참사관(參事官), 천관(天官), 청관(聽官), 체옥관(滯獄官), 초모관(招募官), 초헌관(初獻官), 촉관(觸官), 추수관(秋收官), 축관(祝官), 춘방관(春坊官), 출납관(出納官), 친임관(親任官), 타관(他官), 탐관(貪官), 토재관(土在官), 토주관(土主官), 통역관(通譯官), 통제관(統制官), 퇴관(退官), 판관(判官), 판무관(辦務官), 패관(稗官), 편수관(編修官), 품관(品官), 하관(下官), 하사관(下士官), 한관(閑官), 항무관(港務官), 해관(解官), 행정관(行政官), 행형관(行刑官), 향관(享官), 향도관(嚮導官), 헌관(獻官), 현관(現官), 현관(顯官), 호관(好官), 화관무직(華官膴職:이름이 높고 녹이 많은 벼슬), 환관(宦官), 환관(還官), 후관(嗅官후각을 맡은 기관), 훈관(勳官) 들.

관(管) ①몸피가 둥글고 길며 속이 빈 물건. 대롱. 관현악(管絃樂). ¶관강(管腔), 관견(管見), 관다발, 관똥(관의 안벽에 붙은 버캐), 관발[족(足)], 관상(管狀)[관상골(骨:긴뼈), 관상신경계(神經系), 관상화(花)], 관성자(管城子:붓), 관소(管簫), 관속(管束:관다발), 관악/기(管樂/器), 관약(管籥), 관약(管鑰:궁문이나 성문의 자물쇠), 관옥(管玉), 관이음, 관족(管足), 관구(管球), 관현(管絃), 관현악(管絃樂); 가스관(gas), 가습관, 강관(鋼管), 개관(開管), 계수관(計數管), 고무관, 곡관(曲管), 공랭관(空冷管), 공명관(共鳴管), 광전관(光電管), 근관(根管), 금관악기(金管樂器), 급수관(給水管), 기관(汽管), 기관(氣管), 나팔관(喇叭管), 난관(卵管), 납관[연관(鉛管)], 네온관(neon), 뇌관(雷管), 누관(漏管), 누관(瘻管), 누비관(淚鼻管), 다공관(多孔管), 달팽이관, 담관(膽管), 도관(導管), 도파관(導波管), 동관(彤管), 동관(銅管), 림프관(lymph), 말피기관(Malpigh), 맥관(脈管), 맹관(盲管), 명관(鳴管;울대), 모세관(毛細管)/모관(毛管)[모세관인력(引力), 모세관현상(現象)], 목관악기(木管樂器), 물관, 반고리관(半), 반규관(半規管), 발사관(發射管), 발전관(發電管), 방전관(放電管), 배관(配管), 배기관(排氣管), 배수관(配水管), 배수관(排水管), 변조관(變調管), 복합관(複合管), 본관(本管), 비루관(鼻淚管), 사관(향피리), 사관(蛇管), 사관(絲管), 사관(篩管;체관), 사정관(射精管), 산란관(產卵管), 서혜관(鼠蹊管), 세관(細管), 세뇨관(細尿管), 소화관(消化管), 송수관(送水管), 송신관(送信管), 송유관(送油管), 송풍관(送風管), 수관/계(水管/系), 수관(輸管), 수뇨관(輸尿管), 수담관(輸膽管)/담관(膽管), 수도관(水道管), 수란관(輸卵管), 수상관(受像管), 수신관(受信管), 수압관(水壓管), 수정관(輸精管), 시험관(試驗管), 식관(食管), 신관(信管)[1070], 신관(腎管), 알관(나팔관), 암죽관(粥管), 애관(礙管), 연관(煙管), 연관(鉛管), 연소관(燃燒管), 연통관(連通管), 요관(尿管), 원신관(原腎管), 위관(胃管), 유관속(維管束), 유리관(琉璃管), 유미관(乳糜管), 유송관(油送管), 유스타키오관, 유자관(U字管), 유정관(油井管), 율관(律管), 이관(耳管), 이관(移管), 이형관(異形管), 자전관(磁電管), 장관(腸管), 전성관(傳聲管), 전자관(電子管), 정관(精管), 정류관(整流管), 주철관(鑄鐵管), 증기관(蒸氣管), 지관(支/枝管), 지관(地管), 진공관(眞空管), 철관(鐵管), 체관(篩管), 촬상관(撮像管), 췌관(膵管), 취관(吹管), 태관(兌管), 토관(土管), 폐관(閉管), 하수관(下水管), 혈관(血管), 흄관(Hume管), 흡수관(吸水管). ②'맡다'를 뜻하는 말. ¶관구(管區)[군관구(軍)], 관내(管內), 관령(管領), 관리(管理)[1071], 관섭(管攝), 관수(管守), 관외(管外), 관장(管掌), 관재(管財), 관제(管制)[1072], 관하(管下),

---

1070) 신관(信管): 탄약에 장치한 도화관. ¶순발신관(瞬發), 시계신관(時計), 시한신관(時限), 착발신관(着發).

1071) 관리(管理): 어떤 일의 사무를 맡아 처리함. 시설이나 물건의 유지, 개량 따위의 일을 맡아봄. 사람을 통제하고 지휘 감독함. ¶선거 관리. 직원 관리. 질병 관리. 관리가격(價格), 관리경제(經濟), 관리권(權), 관리농(農), 관리능력(能力), 관리도(圖), 관리되다/하다, 관리명령(命令), 관리무역(貿易), 관리법(法), 관리비(費), 관리사회(社會), 관리신탁(信託), 관리예금(預金), 관리원(員), 관리인(人), 관리자(者), 관리점유(占有), 관리종목(種目), 관리직(職), 관리처분권(處分權), 관리통화(通貨), 관리행위(行爲), 관리회계(會計); 가정관리(家庭), 건강관리(健康), 경영관리(經營), 공정관리(工程), 국가관리(國家), 노무관리(勞務), 무역관리(貿易), 분권적관리(分權的), 비배관리(肥培), 사무관리(事務), 상품관리(商品), 생산관리(生産), 수입관리(輸入), 안전관리(安全), 양곡관리(糧穀), 열관리(熱), 위기관리(危機), 위험관리(危險), 인사관리(人事), 자재관리(資材), 재산관리(財産), 출입국관리(出入國), 통화관리(通貨), 출입국관리(出入國), 판매관리(販賣), 학교관리(學校), 환관리(換).

1072) 관제(管制): 관리하여 통제함. 특히 국가나 공항 따위에서 필요에 따라 강제적으로 관리하여 통제하는 일. ¶관제공영(空域), 관제구(區), 관제권(圈), 관제소(所), 관제요격(邀擊), 관제탑(管制塔); 경계관제(警戒), 공습관제(空襲), 교통관제(交通), 등화관제(燈火), 보도관제(報道), 음향관제(音響), 항공교통관제(航空交通).

관할(管轄)[1073]; 겸관(兼管), 보관(保管), 분관(分管), 소관(所管), 이관(移管), 장관(掌管), 전관(專管), 조관(照管), 주관(主管), 총관(總管), 통관(統管), 투관(套管), 필관(筆管;붓대), 흉관(胸管) 들.

관(館) '건물(장소), 기관' 또는 '음식점 · 가게'를 뜻하는 말. ¶관각(館閣), 관반사(館伴使), 관비(館婢), 관사(館舍), 관사람, 관쇠(푸줏간을 내고 고기를 파는 사람), 관장(館長); 개관/식(開館/式), 개봉관(開封館), 객관(客館), 고려관(高麗館), 공관(公館), 공관(空館), 공보관(公報館), 공사관(公使館), 과학관(科學館), 구관(舊館), 귀빈관(貴賓館), 기계관(機械館), 기념관(記念館), 누관(樓館), 대사관(大使館), 도서관(圖書館), 독립관(獨立館), 말마관(秣馬館), 모화관(慕華館), 무도관(武道館), 박물관(博物館), 백악관(白堊館), 별관(別館), 본관(本館), 북평관(北平館), 분관(分館), 사관(私館), 사관(舍館), 사제관(司祭館), 사진관(寫眞館), 상관(商館), 상설관(常設館), 생활관(生活館), 서관(書館), 성균관(成均館), 수족관(水族館), 숭문관(崇文館), 신관(新館), 신라관(新羅館), 신문관(新文館), 실상관(實相館), 양관(洋館), 양관(兩館), 여관(旅館), 역관(驛館), 연무관(演武館), 영빈관(迎賓館), 영사관(領事館), 영화관(映畵館), 예문관(藝文館), 예절관(禮節館), 왜관(倭館), 외객관(外客館), 용만관(龍灣館), 이발관(理髮館), 인보관(隣保館), 입관(入館), 전관(全館), 전람관(展覽館), 전시관(展示館), 전쟁기념관(戰爭紀念館), 제관(第館), 주교관(主敎館), 진열관(陳列館), 진주관(眞珠館), 진현관(進賢館), 체육관(體育館), 추모관(追慕館), 춘추관(春秋館), 태평관(太平館), 통문관(通文館), 특약관(特約館), 폐관(弊館), 폐관(廢館), 학관(學館), 한국관(韓國館), 홍문관(弘文館), 홍보관(弘報館), 회관(會館), 휴관(休館); 명월관/ 국일관 들.

관(冠) '갓. 볏. 윗부분. 어른'을 뜻하는 말. ¶관대(冠帶)[사모관대(紗帽)], 관동(冠童), 관디[1074], 관략(冠略), 관례(冠禮)[관례옷; 외자관례(정혼하지 아니하고 상투만 틀어 올리는 일)], 관망(冠網), 관면(冠冕), 관명(冠名), 관모(冠毛), 관사(冠詞), 관상동맥(冠狀)[관상동맥(動脈), 관상정맥(靜脈), 관상순환(循環)], 관성(冠省), 관세(冠歲), 관수해(冠水害), 관옥(冠玉;남자의 아름다운 얼굴), 관자(冠者), 관절하다(冠絕), 관형사(冠形詞), 관형어(冠形語), 관형절(冠形節), 관혼(冠婚), 관혼상제(冠婚喪祭); 가시관, 계관/시인(桂冠/詩人), 계관(鷄冠), 광관(光冠), 괘관(掛冠;벼슬을 내놓음), 구관(球冠), 굴관(屈冠), 극관(極冠), 근관(根冠;뿌리골무), 금관(金冠), 금양관(金梁冠), 단관(單冠), 대관/식(戴冠/式), 도관(道冠), 매미관, 맺음관, 면관(免冠), 면관돈수(免冠頓首), 면류관(冕旒冠), 무관(無冠), 보관(寶冠), 사방관(四方冠), 상투관, 성관(成冠), 수건관(手巾冠), 수관(樹冠), 약관(弱冠;남자 나이 스무 살), 연엽관(蓮葉冠), 영관(榮冠), 와룡관(臥龍冠;말총으로 만든 관), 왕관(王冠), 원유관(遠遊冠), 월계관(月桂冠)/계관(桂冠), 의관(衣冠), 익선관(翼善冠), 임관(林冠), 잠수관(潛水冠), 접관(冠), 정자관(程子冠), 제관(祭冠), 조관(朝冠), 주교관(主敎冠), 착관(着冠), 철관(鐵冠), 첫불관(冠;첫불처럼 만든 관), 탈관(脫冠), 통천관(通天冠), 평천관(平天冠), 품관(品冠), 형관(荊冠), 화관(花冠), 화형관(花形冠;꽃 모양으로 생긴 닭의 볏), 황관(黃冠) 들.

관(關) '문빗장. 서로 관련을 맺다'를 뜻하는 말. ¶관건(關鍵)[1075], 관격(關格), 관계(關係)[1076], 관남(關南), 관념(觀念), 관동(關東), 관두(關頭;고비), 관련(關聯)[관련되다/하다, 관련사건(事件), 관련성(性), 관련짓다], 관맥(關脈), 관목(關木;문빗장), 관문(關文;관청의 문서), 관문(關門), 관방/중지(關防/重地), 관북(關北), 관산(關山), 관서(關西), 관섭(關涉), 관세(關稅), 관쇄(關鎖), 관심(關心)[관심거리, 관심사(事): 무관심(無)], 관여(關與;어떤 일에 관계하여 참여함), 관외(關外;관계할 바가 아님), 관절(關節;마디)[1077], 관지(關知), 관진(關鎭), 관하다; 간관(間關;길이 험함. 새의 울음소리가 아름다움. 수레바퀴소리가 요란함), 귀관(鬼關;저승으로 들어가는 문), 기관(機關), 긴관(緊關), 난관(難關), 논관(論關), 대관절(大關節), 무관(無關), 문관(門關), 발관(發關), 불관(不關), 비관(秘關;비밀공문), 사관(四關;침을 놓는 곳), 상관(相關), 세관/원(稅關/員), 소관(所關), 아관(牙關), 연관(聯關), 유관(有關), 윤관(輪關), 입관(入關;관문으로 들어감), 통관(通關), 평관(平關), 폐관(弊/廢館), 하관(何關), 해관(海關), 향관(鄕關;고향) 들.

관(貫) ①척관법에 의한 질량의 기본 단위로 3.75㎏을 이르는 말. ¶감자 세 관. ②뚫다. 꿰다. 본관(本貫). 과녁의 한복판'을 뜻하는 말. ¶과녁[←관혁(貫革)], 관록(貫祿;상당한 경력과 그에 따른 위엄이나 권위), 관류(貫流), 관목(貫目;말린 청어), 관영(貫盈;가득 참), 관입(貫入), 관자(貫子;망건에 달아 당줄을 꿰는 작은 고리)[관자놀이[1078]; 금관자(金), 옥관자(玉), 대모관자(玳瑁), 뿔관자, 옥관자(玉), 조개관자], 관적(貫籍), 관주(貫珠), 관중(貫中), 관천(貫穿), 관철(貫徹;목적을 이룸)[관철되다/하다], 관통(貫通)[1079],

---

1073) 관할(管轄): 일정한 권한에 의하여 통제하거나 지배함. 또는 그런 지배가 미치는 범위. 담당(擔當). ¶관할관(官), 관할관청(官廳), 관할구역(區域), 관할권(權), 관할범위(範圍), 관할법원(法院), 관할위반(違反), 관할지(地), 관할하다; 재판관할(裁判), 전속관할(專屬), 토지관할(土地), 합의관할(合議).

1074) 관디: 옛날 벼슬아치의 공복(公服).[←관대(冠帶)]. ¶관디목지르다, 관디벗김, 관디판(板;관디를 담는 그릇).

1075) 관건(關鍵): 문빗장과 자물쇠. 어떤 사물이나 문제 해결의 가장 중요한 부분. ¶성공을 위한 관건. 문제 해결의 관건을 쥐다.

1076) 관계(關係): 둘 이상의 사람, 사물, 현상 따위가 서로 관련을 맺거나 관련이 있음. 또는 그런 관련. 어떤 일에 참견을 하거나 주의를 기울임. 또는 그런 참견이나 주의. ¶관계 정상화. 관계가 깊다. 관계를 끊다. 사업 관계로 출장을 가다. 관계관(官), 관계관념(觀念), 관계국(國), 관계되다/하다, 관계망상(妄想), 관계사(詞), 관계식(式), 관계없다/있다, 관계자(者), 관계하다(關係), 괜찮다(관계하지 아니하다); 권력관계(權力), 금전관계(金錢), 대당관계(對當), 대인관계(對人), 무관계(無), 사제관계(師弟), 사회관계(社會), 삼각관계(三角), 상관관계(相關), 상린관계(相隣), 상보관계(相補), 상하관계(上下), 상호관계(相互), 성관계(性), 우호관계(友好), 이해관계(利害), 인간관계(人間), 인과관계(因果), 인적관계(人的), 인척관계(姻戚), 적대관계(敵對), 종속관계(從屬)), 주종관계(主從), 친족관계(親族), 평등관계(平等), 함수관계(函數), 혈연관계(血緣).

1077) 관절(關節): 뼈와 뼈가 서로 맞닿아 움직일 수 있게 연결되어 있는 부분. ¶관절각(角), 관절감각(感覺), 관절강(腔), 관절강직(强直), 관절결핵(結核), 관절꺾기, 관절낭(囊), 관절막(膜), 관절면(面), 관절뼈, 관절신경통(神經痛), 관절연골(軟骨), 관절염(炎), 관절통(痛); 가동관절(可動), 고관절(股), 골관절(骨), 구상관절(球狀), 늑추관절(肋椎), 단관절(單), 복관절(複), 부동관절(不動), 비구관절(髀臼), 슬관절(膝;무릎마디), 악관절(顎), 인공관절(人工), 족관절(足), 활주관절(滑走).

1078) 관자놀이(貫子): 귀와 눈 사이의 맥박이 뛰는 곳. ¶관자놀이가 뛰다.

1079) 관통(貫通): 꿰뚫어 통함. 처음부터 끝까지 일관함. ¶관통되다/하다, 관통력(力), 관통상(傷), 관통총창(銃創); 맥락관통(脈絡), 활연관통(豁然;환하게 통하여 도나 이치를 깨달음).

관향(貫鄕); 돌관(突貫), 명관(名貫), 본관(本貫), 연관(連貫), 일관(一貫)[1080], 작관(作貫), 전관(錢貫;돈꿰미), 종관(縱貫), 통관(通貫), 횡관(橫貫) 들.

관(款) ①법문이나 조문 따위의 조목. 예산서나 결산서의 한 과목. 장(章)의 아래, 항(項)의 위. ¶관장(款狀), 관항(款項); 가정관(假定款), 부관(附款), 약관(約款)[1081], 정관(定款), 조관(條款), 통관(通款). ②정성 · 성의. 새기다'를 뜻하는 말. ¶관곡하다(款曲), 관담(款談), 관대(款待)[1082], 관성(款誠), 관지(款識); 낙관(落款), 납관(納款;마음을 다 바치어 복종함), 성관(誠款). ③돈 · 경비'를 뜻하는 말. ¶거관(巨款), 차관(借款)[경제차관(經濟), 정치차관(政治)] 들.

관(棺) 시신을 담은 궤. ¶관을 짜다. 관곽(棺槨), 관구(棺柩), 관머리, 관멥[보공(補空)], 관재(棺材), 관판(棺板); 개관(改棺), 개관(開棺), 개관사정(蓋棺事定), 거관(擧棺), 결관(結棺)[결관바, 결관삭(索), 결관포(布)], 납관(納棺), 내관(內棺), 도관(陶棺), 목관(木棺), 부관참시(剖棺斬屍), 석관(石棺), 옹관(甕棺), 와관(瓦棺), 외관(外棺), 입관(入棺), 철관(鐵棺), 출관(出棺), 퇴관(退棺), 포관(布棺), 하관(下棺) 들.

관(寬) '너그럽다'를 뜻하는 말. ¶관대하다(寬大;마음이 너그럽고 크다), 관득(寬得;너그럽게 대접함), 관면(寬免;寬恕), 관서(寬恕;너그럽게 용서함), 관억(寬抑;너그럽게 생각함), 관엄(寬嚴;너그러우면서도 엄격함), 관용(寬容;남의 잘못을 너그럽게 받아들이거나 용서함)[관용도(度), 관용하다], 관유(寬宥;寬恕), 관유(寬裕;마음이 크고 너그러움), 관인(寬忍;너그러운 마음으로 참음), 관인(너그럽고 어짊)/대도(寬仁/大度), 관인하다(寬仁), 관정(寬政;관대한 정치↔苛政), 관해(寬解), 관형(寬刑), 관활하다(寬闊;도량이 넓고 성질이 활달함), 관후/하다(寬厚;너그럽고 온후하다), 관후장자(寬厚長者) 들.

관(慣) '익숙하다'를 뜻하는 말. ¶관례(慣例)[관례법(法); 국제관례(國際)], 관면(慣面;낯익은 얼굴), 관문(慣聞), 관성(慣性)[1083], 관숙하다(慣熟), 관습(慣習;버릇)[관습법(法), 관습적(的); 특별관습(特別)]; 상관습/법(商/法), 관용(慣用)[관용구(句), 관용어(語), 관용음(音), 관용적(的)], 관행(慣行;오래 전부터 내려오는 대로 함)[관행범(犯), 관행적(的); 소작관행(小作)]; 구관(舊慣), 습관(習慣) 들.

관(灌) '물을 대다'를 뜻하는 말. ¶관개(灌漑)[1084], 관류(灌流;흘러들어감), 관목(灌木;떨기나무)[관목대(帶); 낙엽관목(落葉), 상록관목(常綠), 아관목(亞)], 관불/회(灌佛/會), 관수(灌水), 관역(灌域), 관욕(灌浴), 관장(灌腸)[관장제(劑); 약물관장(藥物), 자양관장(滋養)], 관정(灌頂); 수관(受灌), 탕관(湯灌) 들.

관(罐) 양철로 만든 통. 질로 만든 그릇. ¶관물때, 관석(罐石); 고압관(高壓罐), 공관(空罐), 기관(汽罐), 다관(茶罐), 수관(水罐), 제관(製罐), 조관(澡罐), 증기관(蒸氣罐), 차관(茶罐), 탕관(湯罐)[약탕관(藥), 질탕관(湯罐)], 편관(扁罐) 들.

관(髖) '볼기. 허벅다리가 몸에 붙은 부분'을 뜻하는 말. ¶관골(髖骨;궁둥이뼈), 관골근(髖骨筋), 관비(髖髀;궁둥이뼈) 들.

관(顴) '광대뼈'를 뜻하는 말. ¶관골(顴骨), 관골근(顴骨筋); 하관(下顴;얼굴의 아래쪽).

관(串) '꿰다'를 뜻하는 말. ¶관시(串柿;곶감). ☞ 곶(串).

관(盥) '씻다'를 뜻하는 말. ¶관분(盥盆), 관세(盥洗), 관수(盥水).

-관데 까닭을 캐어물을 때 예스럽게 쓰는 연결 어미(앞에 의문사가 오며 뒤에는 의문 형식이 옴).=-(이)기에. ¶무엇을 보았관데 그리 겁을 먹고 있는고. 그대가 누구관데 나를 찾으시오?

관디 지난날, 벼슬아치들이 입던 공복(公服). 전통 혼례 때에 신랑의 예복으로 입음.[←관대(冠帶)]. ¶관디목지르다[1085], 관디벗김[1086], 관디판(板;관디를 담는 그릇).

관이 투전 · 화투 · 골패 따위 노름에서, 먼저 시작하는 사람.

관자 수레바퀴의 테를 이루는 나무토막.

괄(括) '묶다'를 뜻하는 말. ¶괄발(括髮;풀었던 머리를 묶음), 괄선(括線;다른 글과 구별하기 위하여 긋는 줄), 괄약(括約;끝갈망을 함. 모아서 한데 묶음), 괄약근(括約筋), 괄태충(括胎蟲), 괄호(括弧)[대괄호(大), 소괄호(小), 중괄호(中)]; 개괄/적(槪括/的), 두괄식(頭括式), 미괄식(尾括式), 양괄식(兩括式), 인괄하다(引括), 일괄(一括), 중괄식(中括式), 총괄(總括), 통괄(統括;뭉뚱그려 잡음), 포괄/적/되다/하다(包括/的) 들.

괄(恝) '소홀히 하다. 푸대접하다'를 뜻하는 말. ¶괄대(恝待)/하다, 괄시(恝視;업신여겨 하찮게 대함)/하다(≒미다³), 괄연(恝然)/하다/히 들.

괄(刮) '비비다'를 뜻하는 말. ¶괄목(刮目), 괄목상대/하다(刮目相對); 귀배괄모(龜背刮毛;불가능한 일을 억지로 시도함).

괄(聒) '떠들썩하다'를 뜻하는 말. ¶괄이(聒耳;귀가 따갑도록 시끄러움); 악괄하다(惡聒;입이 험하고 떠들썩하다) 들.

괄괄-하다 ①성질이 급하고 과격하다. 괄다②. 〈준〉괄하다. ¶괄괄한 성격. 괄괄스럽다, 괄기(氣;거세고 급한 성질); 말괄량이. ②풀이 세다. ③목소리가 굵고 거세다. ¶괄괄한 목소리.

1080) 일관(一貫): 처음부터 끝까지 같은 태도 · 방법으로 계속함. ¶일관메이커(maker), 일관성(性), 일관작업(作業), 일관하다; 시종일관(始終), 종시일관(終始), 초지일관(初志).

1081) 약관(約款): 계약이나 조약에서 정해진 하나하나의 조항. ¶약관에 위배되다. 과태약관(過怠), 보험약관(保險), 실권약관(失權), 운송약관運送), 유보약관(留保), 최혜국약관(最惠國), 협의약관(協議).

1082) 관대(款待): 친절히 대하거나 정성껏 대접함. 또는 그런 대접. ¶관대하다.

1083) 관성(慣性): 물체가 밖의 힘을 받지 않는 한 정지 또는 등속도 운동의 상태를 지속하려는 성질. ¶관성계(系), 관성극(極), 관성력(力), 관성류(流), 관성바퀴, 관성운동(運動), 관성유도(誘導), 관성질량(質量), 관성항법(航法), 관성효과(效果;소득이 높았을 때 굳어진 소비 성향이 소비가 낮아져도 변하지 않는 현상), 관성후퇴력(後退力),

1084) 관개(灌漑): 농사를 짓는 데에 필요한 물을 논밭에 댐. ¶관개 시설. 관개공사(工事), 관개농업(農業), 관개망(網), 관개용수(用水), 관개원(園), 관개지(地).

1085) 관디목지르다: 벼슬이 낮은 사람이 높은 사람에게 경례를 하다.

1086) 관디벗김: 신랑이 초례를 마치고 관디를 벗을 때에 갈아입도록 신부 집에서 마련한 옷. 길복벗김.

괄(다) ①불길이 세다. ¶연탄불이 괄다. 불이 너무 괄아서 밥이 탔다. 괄익다(불기운이 괄아서 지나치게 익다). ②나무의 옹이 부분에 뭉쳐서 엉긴 진이 많다. ¶송진이 관 나뭇가지는 불이 잘 붙었다. 관솔[1087]/불. ③누긋하거나 부드럽지 못하고 거세며 단단하다. ¶나뭇결이 괄다. 괄리다[1088]. ④괄괄하다①; 세괃다[1089].

광¹ 세간 따위를 넣어두는 곳간.[←고방(庫房)]. ¶광에서 인심 난다. 광채(광이 있는 집채); 나뭇광, 땅광, 마루광(마루를 깐 광), 쌀광, 토광(土;널 따위를 깔지 아니하고 흙바닥을 그대로 둔 광) 들.

광² 아름답게 꾸미기 위하여 연에 달거나 붙이는 종이. ¶가오리연에 광을 붙였다. 광달다(연에 무색 종이로 위를 표시하는 꼭지를 붙이다), 광뜨다(연의 한가운데 구멍을 도려내다).

-광/꽝(스럽다) '밉다. 우습다'의 어간과 '-스럽다'에 사이에 붙어, '몹시'의 뜻을 더하는 말. ¶밉광스럽다(지나치게 밉살스럽다), 우스꽝스럽다(하는 모양이 가소롭다. 됨됨이가 우습게 생기다).

광(光) '빛·윤기(潤氣). 경치. 빛나다·빛내다'를 뜻하는 말. ¶광이 나다. 광을 내다. 광각(光角), 광각(光覺), 광경(光景;벌어진 일의 상태와 모양)[불호광경(不好)], 광고온계(光高溫計), 광나다(빛이 나다)/내다(닦다), 광년(光年), 광달거리(光達距離), 광덕(光德), 광도(光度)[광도계(計), 항성광도(恒星)], 광디스크(光disk), 광량(光量), 광력(光力), 광로(光路), 광림(光臨), 광망(光芒), 광명(光明), 광명정대(光明正大), 광배(光背)[1090], 광복(光復)[광복군(軍), 광복절(節)], 광비(光比), 광산업(光産業), 광색(光色), 광선(光線)[1091], 광섬유(光纖維), 광소(光素), 광속(光束;빛다발), 광속(光速), 광쇠(쇠붙이에 광을 내는 데 쓰는 연장), 광수차(光收差), 광심(光心), 광압(光壓), 광양자(光量子), 광열(光熱), 광염(光焰), 광영(光榮), 광요(光耀), 광원(光源)[면광원(面)], 광음(光陰;세월)[석화광음(石火)], 광입자(光粒子), 광자(光子), 광전도(光傳導), 광전자(光電子), 광전지(光電池), 광전화(光電話), 광점(光點), 광조(光照), 광주성(光週性), 광중성자(光中性子), 광차(光差), 광창(光窓), 광채(光彩), 광체(光體), 광추(光錐), 광축(光軸[광축각(角), 광축면(面)], 광탄(光彈), 광탄성(光彈性), 광탑(光塔), 광택(光澤)[광택기(機), 광택지(紙); 비/금속광택(非/金屬)], 광통신(光通信), 광파(光波), 광풍(光風), 광학(光學)[1092], 광합성(光合成), 광행차(光行差), 광화학(光化學), 광환(光環), 광휘/롭다(光輝); 각광(脚光), 감광(減光), 감광(感光), 검광(劍光), 경광(景光), 관광(觀光), 굴광성(屈光性), 괴광(怪光), 국광(國光), 극광(極光;오로라)[남극광(南), 북극광(北)], 금광(金光), 냉광(冷光), 노광(露光), 단광(單光), 단백광(蛋白光), 등광(燈光), 마광(磨光), 명광(明光), 무량광(無量光), 미광(微光), 반사광(反射光), 발광/체(發光/體), 방광(放光), 방전광(放電光), 배광(背光), 배광(配光), 백색광(白色光)/백광(白光), 복색광(複色光)/복광(複光), 분광(分光)[1093], 사광(射光), 사광(斜光), 산광(散光), 상광(祥光), 색광(色光), 생광(生光), 서광(西光), 서광(瑞光), 서광(曙光), 설광(雪光), 섬광(閃光), 성광(星光), 소광(消光), 소광(韶光), 수광벌(受光伐), 안광(眼光), 야광(夜光), 양광(陽光), 여광(餘光), 역광(逆光), 열광(烈光), 영광(榮光), 영광(靈光), 용광(容光;얼굴. 틈으로 들어오는 빛), 원광(圓光), 원광(遠光), 월광(月光), 위광(威光), 유광(流光), 은광(恩光), 인광(燐光), 일광(日光), 일월광(日月光), 잔광(殘光), 적광(寂光), 전광(電光), 주광(晝光), 지구광(地球光), 지혜광(智慧光), 직선광(直線光), 집광(集光), 차광(遮光)[차광기(器), 차광판(板)], 채광(採光), 천광(天光), 촉광(燭光), 총광(寵光), 추광(秋光), 추광성(趨光性), 춘광(春光), 측광(測光), 태양광(太陽光), 투과광(透過光), 투광(投光), 투광(透光), 파광(波光), 편광(偏光), 풍광(風光), 향광성(向光性), 형광(螢光), 호광(弧光), 화광(火光;불빛), 화광동진(和光同塵), 황도광(黃道光), 효광(曉光), 후광(後光) 들.

광(鑛) 광물을 파내기 위하여 뚫은 구덩이나 광석. 쇳돌. ¶광갱(鑛坑), 광공업(鑛工業), 광괴(鑛塊), 광구(鑛口), 광구(鑛區), 광꾼, 광독(鑛毒), 광량(鑛量), 광맥(鑛脈), 광물(鑛物)[1094], 광미(鑛尾;복대기), 광부(鑛夫), 광분(鑛分), 광사(鑛舍), 광사(鑛砂), 광산(鑛山)[광산가(家), 광산도시(都市), 광산물(物), 광산업(業), 광산촌(村)], 광산(鑛産), 광상(鑛床)[1095], 광석(鑛石)[철광석(石)], 광수(鑛水), 광액(鑛液), 광업(鑛業)[광업권(權), 광업소(所), 광업저당(抵當), 광업출원(出願)], 광연(鑛煙), 광염(鑛染), 광유(鑛油), 광재(鑛滓;슬래그)[광재기와, 광재면(綿), 광재시멘트], 광점(鑛店;鑛坑), 광주(鑛主), 광주(鑛柱), 광차(鑛車), 광천/염(鑛泉/鹽), 광층(鑛層), 광학(鑛學), 광해(鑛害), 광혈(鑛穴), 광화(鑛化); 개광(開鑛), 괴광(塊鑛), 금광(金鑛), 남동광(藍銅鑛), 노천광(露天鑛), 능철광(菱鐵鑛), 단광(團鑛), 독광(獨鑛), 동광(銅鑛), 만광(광주가 덕대에게 맡기는 방식으로 경영하는 광산), 매광(賣鑛), 반동광(斑銅鑛), 방연광(方鉛鑛), 부광(富鑛), 분광(分鑛), 분광(粉鑛), 빈광(貧鑛), 사광(砂鑛), 상광(上鑛), 석광(石鑛), 석광(錫鑛), 석탄광(石炭鑛), 선광(選鑛)[부유선광(浮游), 비중선광(比重), 자력선광(磁力)], 세광

1087) 관솔: 송진이 많이 엉긴, 소나무의 가지나 옹이.

1088) 괄리다: 사람이 무엇을 단단하게 하다. ¶대장장이는 쇠를 숯불에 불리고 메로 치고 강한 팔로 괄린다. 강정을 잘 괄려 두어야 오래 먹을 수 있다.

1089) 세괃다: 성질이나 기세가 세고 괄다. ¶일을 세괃게 하다. 비가 세괃이 내리다. 세괃게 춥다.

1090) 광배(光背): 회화나 조각에서 인물의 성스러움을 드러내기 위하여 머리나 등의 뒤에 광명을 표현한 원광(圓光). ¶광배효과(效果;후광효과).

1091) 광선(光線): 빛의 줄기. 빛살. ¶광선무기(武器), 광선속(束), 광선요법(療法), 광선전화(電話), 광선총(銃); 가시광선(可視)/가시선(可視線), 굴절광선(屈折), 레이저광선(laser), 반사광선(反射), 불가시광선(不可視), 살인광선(殺人), 역광선(逆), 외광선(外), 이상광선(異常), 입사광선(入射), 직사광선(直射), 태양광선(太陽), 투사광선(投射).

1092) 광학(光學): 광학거리(距離), 광학기기(器機), 광학유리, 광학지레; 결정광학(結晶), 기하광학(幾何), 물리광학(物理), 반사광학(反射), 파동광학(波動).

1093) 분광(分光): 분광계(計), 분광기(器), 분광사진(寫眞), 분광시차(視差), 분광쌍성(雙星), 분광측광(測光), 분광학(學), 분광화학(化學).

1094) 광물(鑛物): 천연으로 나며 질이 고르고 화학적 조성(組成)이 일정한 물질. ¶광물경도(硬度), 광물계(界), 광물분석(分析), 광물비료(肥料), 광물상(相), 광물성(性)[광물성색소(色素), 광물성섬유(纖維), 광물성염료(染料)], 광물수(水), 광물유(油), 광물자원(資源), 광물질(質), 광물체(體), 광물학(學), 광물화/하다(化), 광물화학(化學); 기성광물(氣成), 방사능광물(放射能), 비/금속광물(非/金屬), 유기광물(有機), 접촉광물(接觸), 조암광물(造巖), 침전광물(沈澱), 화성광물(火成).

1095) 광상(鑛床): 광상학(學); 교대광상(交代), 기성광상(氣成), 변성광상(變成), 사광상(砂), 수성광상(水成), 심사광상(深砂), 열수광상(熱水), 유용광상(有用), 충적광상(沖積), 교대광상(交代), 충전광상(充塡), 표사광상(漂砂), 풍화잔류광상(風化殘留), 화성광상(火成), 후생광상(後生).

(洗鑛), 쇄광(碎鑛), 아연광(亞鉛鑛), 연광(鉛鑛), 용광로(鎔鑛爐), 우라늄광(uranium鑛), 원광(原鑛), 은광(銀鑛), 인광(燐鑛), 자석광(磁石鑛), 자철광(磁鐵鑛), 적동광(赤銅鑛), 적철광(赤鐵鑛), 정광(精鑛), 조광(粗鑛), 채광(採鑛), 철광(鐵鑛), 청연광(青鉛鑛), 탄광(炭鑛), 탐광(探鑛), 토광(土鑛), 폐광(廢鑛), 황동광(黃銅鑛), 황비철광(黃砒鐵鑛), 황연광(黃鉛鑛), 황철광(黃鐵鑛), 휘안광(輝安鑛), 휘철광(輝鐵鑛), 흑광(黑鑛), 흑연광(黑煙鑛) 들.

광(狂) '미치다. 제 정신이 아닌. 열광적으로 정신을 쏟는 사람'의 뜻을 나타내는 말. ¶광간(狂簡), 광객(狂客), 광견/병(狂犬/病), 광견(狂狷), 광기(狂氣), 광녀(狂女), 광담(狂談), 광담패설(狂談悖說), 광도(狂濤), 광등(狂騰), 광란(狂瀾), 광란/적(狂亂/的), 광랑(狂浪), 광망(狂妄), 광병(狂病), 광부(狂夫), 광분하다(狂奔), 광상(狂想), 광상곡(狂想曲), 광설(狂雪), 광시(狂詩), 광신(狂信)[광신도(徒), 광신자(者), 광신적(的)], 광약(狂藥;술), 광언(狂言)[광언망설(妄說)], 광열(狂熱), 광염(狂炎;타오르는 불길), 광음(狂飮), 광인(狂人;미치광이), 광자(狂者), 광적(狂的), 광조(狂躁), 광증(狂症), 광치(狂痴/癡), 광태(狂態), 광패하다(狂悖), 광포하다(狂暴), 광풍(狂風), 광학(狂虐), 광한(狂漢;미치광이), 광화(狂畵), 광흥(狂興), 광희(狂喜), 광희(狂戱); 게임광(game狂), 견광(狷狂), 계산광(計算狂), 노광(老狂), 과대광(誇大狂), 낙서광(落書狂), 낚시광, 도박광(賭博狂), 독서광(讀書狂), 독재광(獨裁狂), 등산광(登山狂), 망상광(妄想狂), 메모광(memo狂), 발광(發狂), 방화광(放火狂), 살인광(殺人狂), 색광/증(色狂/症), 색정광(色情狂), 서적광(書籍狂), 성광(成狂), 섹스광(sex狂), 소광하다(疏狂), 속도광(速度狂), 수집광(蒐集狂), 신소광(申訴狂), 애서광(愛書狂), 야구광(野球狂), 양광(佯狂), 연극광(演劇狂), 열광(熱狂), 영화광(映畵狂), 음악광(音樂狂), 전광(癲狂), 전쟁광(戰爭狂), 절도광(竊盜狂), 정치광(政治狂), 조광(躁狂), 종교광(宗敎狂), 주광(酒狂), 창광(猖狂), 청광(淸狂), 축구광(蹴球狂), 취광(醉狂), 패덕광(悖德狂), 편집광(偏執狂), 호색광(好色狂) 들.

광(廣) '넓다(넓이 · 너비)/넓히다. 널리'를 뜻하는 말.↔협(狹). 밀(密). ¶광고(廣告)[1096], 광구(廣求), 광궤(廣軌), 광대(廣大)[광대무변(無邊), 광대하다], 광두정(廣頭釘), 광막하다(廣漠), 광면(廣面), 광목(廣木), 광무(廣袤), 광문(廣問), 광범하다(廣範), 광범위(廣範圍), 광수(廣袖;통이 너른 소매↔尖袖), 광순(廣詢;여러 사람의 의견을 널리 물음), 광야(廣野), 광어(廣魚), 광역(廣域)[광역경제(經濟), 광역도시(都市), 광역변성암(變成巖)], 광원(廣遠), 광의(廣義), 광익(廣益), 광작(廣作), 광장(廣壯), 광장(廣場), 광제(廣濟), 광좌(廣座), 광탐(廣探), 광파(廣播), 광판(廣板), 광포(廣布;폭이 넓은 삼베. 널리 알림), 광폭(廣幅), 광하(廣廈), 광협/장단(廣狹/長短), 광활(廣闊;넓음); 장광(長廣), 지광(地廣), 폭광(幅廣) 들.

광(曠) '밝다. 환하다. 비다/비우다. 들판. 넓다. 홀아비'등을 뜻하는 말. ¶광겁/다생(曠劫/多生), 광고(曠古), 광망(曠茫), 광부(曠夫;홀아비), 광세(曠世), 광야(曠野)[무변광야(無邊)], 광원(曠原), 광일(曠日); 방광하다(放曠), 청광하다(淸曠), 허광(虛曠) 들.

광(匡) '바로잡다. 돕다. 편안하다'를 뜻하는 말. ¶광간(匡諫), 광곤(匡困;가난한 사람을 도와줌), 광교(匡矯), 광구(匡救), 광보(匡輔), 광상(匡牀), 광익(匡益), 광정(匡正;바로잡아 고침), 광정(匡定;도와서 정함), 광제(匡濟;잘못된 일을 바르게 고쳐 구제함), 광필(匡弼;도움); 필광(弼匡) 들.

광(恇) '겁내다'를 뜻하는 말. ¶광겁(恇怯), 광구(恇懼), 광요(恇擾) 들.

광(筐) '광주리(대나무를 결어서 만든 그릇)'를 뜻하는 말. ¶광사(筐笥), 광저(筐底) 들.

광(眶) '눈자위'를 뜻하는 말. ¶목광(目眶;눈시울), 안광(眼眶;눈자위) 들.

광(誆) '속이다'를 뜻하는 말. ¶광사(誆詐), 광유(誆誘), 광혹(誆惑) 들.

광(壙) 송장을 묻기 위하여 판 구덩이. ¶광중(壙中;무덤의 구덩이), 광지(壙誌), 광혈(壙穴); 파광/터(破壙) 들.

광(胱) '오줌통'을 뜻하는 말. ¶방광(膀胱;오줌통).

광대¹ 옛날에, 가면극 · 인형극 같은 연극이나 판소리 · 줄타기 등을 하던 직업적 예능인. ¶광대 끈 떨어졌다. 광대놀음/놀이, 광대덕담(德談), 광대립(笠), 광대소리(판소리), 광대줄(어름²), 광대치장(治粧;야단스럽게 차린 치장), 광대탈, 각시광대, 되광대(중국인 광대), 또랑광대(판소리를 잘 못하는 사람), 뜬광대(유랑 광대), 말광대(말을 타고 재주를 부리는 광대), 아니리광대(어설픈 소리꾼), 어릿광대[1097]/춤, 얼럭광대, 정작광대(얼럭광대), 탈광대 들.

광대² '얼굴. 용모(容貌)'를 속되게 이르는 말. ¶광대등걸[1098], 광대머리(소의 처녑에 얼러붙은 고기), 광대뼈, 광대종이.

광명두 나무로 만들어 등잔을 올려놓는 기구.=등방(燈榜).

광자위 장롱의 한 부분으로, 마대(馬臺;장롱의 받침다리) 앞과 옆에 오려 붙인 널빤지.

1096) 광고(廣告): 세상에 널리 알림. 상품이나 서비스에 대한 정보를 여러 가지 매체를 통하여 소비자에게 널리 알리는 의도적인 활동. ¶광고를 내다. 광고관리(管理), 광고기구(氣球), 광고대리업(代理業), 광고란(欄), 광고료(料), 광고매체(媒體), 광고문(文), 광고미술(美術), 광고방송(廣告), 광고비(費), 광고사진(寫眞), 광고세(稅), 광고소구(訴求;광고를 수용자들에게 전달할 때 사용하는 표현 방법), 광고술(術), 광고심리학(心理學), 광고업(業), 광고우편(郵便), 광고윤리(倫理), 광고인(人), 광고장(狀;광고지), 광고주(主), 광고지(紙), 광고책임자(責任者), 광고탑(塔), 광고판(板), 광고풍선(風船), 광고효과(效果); 간접광고(間接), 공익광고(公益), 공중광고(空中), 과대광고(誇大), 교통광고(交通), 구인광고(求人), 기사광고(記事), 기업광고(企業), 모집광고(募集), 방송광고(放送), 배너광고(banner), 복면광고(覆面), 비교광고(比較), 산업광고(產業), 상품광고(商品), 스폿광고(spot;프로그램 사이사이 또는 진행 중에 하는 짧은 광고), 신문광고(新聞), 실물광고(實物), 안내광고(案內), 옥외광고(屋外), 옹호광고(擁護), 유통광고(流通), 의견광고(意見), 의장광고(意匠), 이미지광고(image), 자가광고(自家), 자기광고(自己), 전면광고(全面), 정치광고(政治), 주장광고(主張), 차내광고(車內), 토막광고, 현상광고(懸賞), 협동광고(協同).

1097) 어릿광대: ①곡예나 연극에서, 얼럭광대의 재주가 시작되기 앞이나 막간에 나와 우습고 재미있는 말이나 몸짓으로 판을 어울리게 하는 사람. 피에로(pierrot). ②무슨 일에 앞잡이로 나서서 그 일을 시작하기에 서투르지 아니하게 하여 주는 사람. ¶악당들의 어릿광대짓을 하다. ③우스운 짓이나 말로 남을 잘 웃기는 사람.

1098) 광대등걸: ①나무의 줄기를 베어 내고 남은 험상궂게 생긴 나무 밑동. ②살이 빠져 뼈만 남은 얼굴. ¶고난의 세월 속에 옥같이 희던 얼굴, 광대등걸이 되었구나.

광저기 콩과의 한해살이풀. 동부. ¶광저기의 꽃을 '동부노굿'이라고 한다.

광주리 대·싸리·버들 따위로 엮어 만든 둥글고 바닥이 평평한 그릇. ¶광주리에 사과를 가득 담다. 광주리덮, 광주리장사, 광주리장수, 광지덮[1099]; 대광주리, 신광주리(神), 채광주리.

괘(卦) 천지간의 변화를 나타내고 길흉을 판단하는 주역의 기본. '점괘(占卦)'의 준말. ¶괘그르다(일이 모두 뜻대로 되지 아니하다), 괘사(卦辭), 괘상(卦象), 괘서(挂筮), 괘조(卦兆), 괘효(卦爻); 감괘(坎卦), 건괘(乾卦), 건괘(蹇卦), 곤괘(困卦), 곤괘(坤卦), 길괘(吉卦), 상괘(上卦), 수괘(隨卦), 알괘(卦;알조), 역괘(易卦), 유괘(有卦), 이괘(離卦), 이괘(履卦), 점괘(占卦), 쾌괘(夬卦), 태괘(兌卦), 팔괘(八卦), 하괘(下卦), 흉괘(凶卦) 들.

괘(掛) '걸다'를 뜻하는 말. ¶괘경(掛鏡), 괘관(掛冠), 괘념(掛念), 괘도(掛圖;걸그림), 괘등(掛燈), 괘력(掛曆), 괘면(掛麪), 괘방(掛榜), 괘범(掛帆), 괘불(掛佛), 괘서(掛書), 괘의(掛意), 괘종(掛鐘); 수괘(樹掛) 들.

괘(挂) '걸다. 매달다'를 뜻하는 말. ¶유괘(遺挂;죽은 사람이 남기고 간 물건).

괘(罫) '줄(바둑판처럼 가로세로 엇갈리게 친 줄)'을 뜻하는 말. ¶괘선(罫線), 괘지(罫紙), 괘판(罫版); 세괘(細罫) 들.

괘괘이-떼다 점잖게 딱 잘라 거절하다. 단호히 거절하다. 〈준〉괘괘떼다.

괘꽝-스럽다 말이나 행동이 엉뚱하고 괴이한 데가 있다. 망령스럽다.≒괴상하다.

괘다리-적다 ①사람됨이 멋없고 거칠다. ②성미가 무뚝뚝하고 퉁명스럽다.=괘달머리적다.≒멋없다. ¶원래 성격이 괘다리적어서 친하기는 어렵지만 알고 보면 좋은 사람이다.

괘등 산등성이에 드러난 광맥(鑛脈)의 노두(露頭). ¶괘등을 파 보다.

괘사 변덕스럽고 우습게 이기죽거리며 엇가는 말이나 짓.≒익살. ¶괘사를 떨다/ 부리다(익살부리다). 그는 원래 괘사가 많은 친구다. 하는 짓이 워낙 괘사스러워서 진심을 헤아릴 수가 없다. 괘사스럽다/스레.

괘씸-하다 예의·신의에 어긋난 태도나 행동을 당하였을 때, 밉살스럽고 분하다.[〈과씸ᄒᆞ다.≒얄밉다. 발칙하다. ¶그의 태도는 언제나 괘씸하다. 늘 괘씸히 여겨 오던 놈이다. 괘씸스럽다, 괘씸죄(罪), 괘씸히.

괘장 처음에는 그럴 듯이 하다가 갑자기 딴전을 부리는 일. ¶괘장을 부리다. 이랬다저랬다 하니 무슨 괘장인지 모르겠소. 번번이 괘장을 부치니 참으로 걱정이오. 괘장을 부치다(한번 동의했던 일을 갑작스럽게 반대하여 안 되게 하다).

1099) 광지덮: 광주리를 엎어 막대기로 괴고 그 밑에 모이를 놓아 모여드는 새를 덮어 잡는 사냥.

괜-하다 공연하다(空然). ¶괜한 소리. 괜한 트집. 괜히 폐를 끼치다. 괜스럽다/괜스레, 괜시리, 괜히.

괠(다) 광맥(鑛脈)의 노석(露石)이 치밀하지 못하여 금의 분량이 적은 듯하다. ¶광맥이 괠다.

괭이 땅을 파는 데 쓰는 농기구의 하나.[〈광이]. ¶괭이로 파다. 괭잇날, 괭이뿔, 괭이자루, 괭이질/하다; 가짓잎괭이(날이 가지의 잎 모양으로 생긴 괭이), 곡괭이[1100][〈곳광이], 나무괭이, 넓적괭이(날이 넓적한 괭이)/넉괭이[←넓+괭이], 돌괭이, 삽괭이(볼이 좁고 자루가 긴 괭이), 손괭이, 수숫잎괭이[1101], 주먹괭이, 황새괭이(황새 주둥이처럼 생긴 괭이) 들.

괭-하다 물체가 환히 비쳐 보이도록 맑고 투명하다.≒맑다. 〈센〉꽹하다'. ¶유리창을 괭하게 닦아 놓았다.

괴¹ 창호지를 세는 단위. 한 괴는 2,000장.

괴² '고달'을 뜻하는 말. ¶굇구멍(괴통의 구멍), 괴통(괭이·삽·창·쇠스랑 따위의 자루를 박는 부분).

괴(怪) '의심하다. 기이하다. 도깨비'를 뜻하는 말. ¶괴걸(怪傑), 괴광(怪光), 괴괴하다(怪怪), 괴괴망측(怪怪罔測), 괴교(怪巧), 괴귀(怪鬼;도깨비), 괴기(怪奇), 괴까다롭다, 괴까닭스럽다, 괴담(怪談), 괴도(怪盜), 괴동(怪童), 괴력(怪力), 괴망(怪妄), 괴몽(怪夢), 괴문(怪聞), 괴물(怪物), 괴벽(怪癖), 괴변(怪變), 괴병(怪病), 괴상하다(怪狀), 괴석(怪石), 괴설(怪說), 괴수(怪獸), 괴사(怪事), 괴상(怪狀), 괴상(怪常)[괴상망측(罔測), 괴상스럽다, 괴상야릇하다], 괴악(怪惡), 괴암(怪巖), 괴어(怪魚), 괴우(怪雨), 괴운(怪雲), 괴의(怪疑), 괴이하다(怪異)[괴이쩍다, 괴이찮다], 괴조(怪鳥), 괴질(怪疾), 괴짜, 괴충(怪蟲), 괴탄(怪誕;괴이하고 헛됨), 괴탄(怪歎/嘆), 괴하다, 괴한(怪漢), 괴행(怪行), 괴현상(怪現象), 괴화(怪火); 고괴(古怪), 극괴하다(極怪), 기괴하다(奇怪), 기괴망측(奇怪罔測), 기기괴괴(奇奇怪怪), 무괴(無怪), 물괴(物怪), 변괴(變怪), 수괴하다(殊怪), 신괴하다(神怪), 오괴(←迂怪), 요괴하다/스럽다(妖怪), 진괴하다(珍怪), 추괴(醜怪), 해괴하다(駭怪), 환괴(幻怪), 희괴하다(稀怪) 들.

괴(塊) '덩이·덩어리'를 뜻하는 말. ¶괴를 배다(여자의 뱃속에 덩어리가 뭉치는 병이 들다). 괴경(塊莖;덩이줄기), 괴광(塊鑛), 괴근(塊根), 괴금(塊金), 괴석(塊石;돌멩이), 괴철(塊鐵), 괴촌(塊村), 괴탄(塊炭), 괴토(塊土), 괴형(塊形): 강괴(鋼塊), 금괴(金塊), 금은괴(金銀塊), 기괴(氣塊), 난괴(卵塊), 단괴(團塊), 담괴(痰塊), 대괴(大塊), 대륙괴(大陸塊), 빙괴(氷塊), 산괴(山塊), 석괴(石塊), 설괴(雪塊), 소괴(小塊), 수괴(水槐), 암괴(巖塊), 육괴(肉塊), 은괴(銀塊), 응괴(凝塊), 점괴(苫塊), 점괴(粘塊), 주괴(鑄塊), 지괴(地塊), 집괴(集塊), 토괴(土塊), 포괴(泡塊), 혈괴(血塊) 들.

1100) 곡괭이: 황새 부리처럼 한쪽 또는 양쪽을 길게 날을 내고 가운데에 자루를 박은 괭이.[←곡〈곳(뾰족함. 곧음)+괭이]. ¶곡괭이버력, 곡괭이뿔, 곡괭이질/하다.

1101) 수숫잎괭이: 볼이 얇고 넓죽하며 자루를 끼는 부분이 수숫잎의 밑동 모양으로 생긴 괭이.

괴(壞) '무너뜨리다 · 무너지다'를 뜻하는 말. ¶괴겁(壞劫), 괴고(壞苦), 괴락(壞落;무너져 떨어짐), 괴란(壞亂;풍속 따위를 무너뜨리고 어지럽게 함), 괴멸(壞滅;파괴되어 멸망함)/되다/하다, 괴사(壞死;생체 내의 조직이나 세포가 부분적으로 죽는 일), 괴열(壞裂), 괴저(壞疽), 괴증(壞症), 괴패(壞敗), 괴혈병(壞血病); 결괴(缺壞), 도괴(倒壞), 반괴(半壞), 붕괴(崩壞), 손괴(損壞), 자괴(自壞), 천붕지괴(天崩地壞), 파괴(破壞), 패괴(敗壞), 후괴(朽壞), 훼괴(毁壞) 들.

괴(乖) '어그러지다. 어기다'를 뜻하는 말. ¶괴격(乖隔), 괴당(乖當), 괴란하다(乖亂;사리에 어그러져 어지럽다), 괴람(乖濫;언행이 사리에 어그러지고 지나친 데가 있음), 괴려하다(乖戾;사리에 어그러져 온당하지 않다), 괴리(乖離;서로 어그러져 동떨어짐)[괴리감(感), 괴리개념(概念), 괴리되다/하다], 괴반(乖反;어그러져 틀림), 괴반(乖叛;남을 배반함) 괴배(乖背), 괴벽(乖僻), 괴상(乖常;도리에 어긋나 있음), 괴팍하다(乖愎), 괴패(乖悖); 위괴하다(違乖) 들.

괴(愧) '부끄럽다 · 부끄러움을 느끼다'를 뜻하는 말. ¶괴란하다/괴란쩍다(愧赧), 괴색(愧色), 괴심(愧心), 괴율(愧慄;부끄러워하고 두려워함), 괴한(愧汗;부끄러워 땀을 흘림), 괴한(愧恨;무안당한 것을 원망함. 수치스럽고 한스러움); 면괴하다/스럽다(面愧), 무괴(無愧), 부앙무괴(俯仰無愧), 분괴(憤愧), 불괴옥루(不愧屋漏), 송괴하다(悚愧), 수괴하다(羞愧), 수괴무면(羞愧無面), 앙감부괴(仰感俯愧), 염불위괴(恬不爲愧), 자괴(自愧), 참괴(慙愧), 황괴하다(惶愧) 들.

괴(魁) '으뜸(우두머리. 수석 합격자). 빼어나다'를 뜻하는 말. ¶괴걸(魁傑), 괴공(魁公), 괴기(魁奇), 괴방(魁榜;장원으로 급제한 사람), 괴수(魁首), 괴위하다(魁偉); 거괴(巨魁;도둑의 두목), 거괴(居魁;우두머리를 차지함)/하다, 난괴(亂魁), 무괴(武魁), 문괴(文魁), 비괴(匪魁), 수괴(首魁), 쟁괴(爭魁), 적괴(賊魁), 적괴(敵魁) 들.

괴(瑰) '구슬. 훌륭하다. 아름답다'를 뜻하는 말. ¶괴재(瑰才;희귀한 재료. 보기 드문 인재); 매괴(玫瑰;때찔레. 해당화)[매괴유(油), 매괴화(花)] 들.

괴(拐) '속이다. 꾀어내다'를 뜻하는 말. ¶괴대(拐帶;속여서 팖. 속여서 물건을 가지고 달아남); 유괴/범(誘拐/犯) 들.

괴(傀) '꼭두각시'를 뜻하는 말. ¶괴뢰(傀儡;꼭두각시)[괴뢰군(軍), 괴뢰배(輩), 괴뢰정권(政權), 괴뢰정부(政府)] 들.

괴(槐) '홰나무(콩과에 속하는 낙엽 교목)'을 뜻하는 말. ¶괴목(槐木;회화나무. 느티나무), 괴문(槐門) 들.

괴괴-하다 쓸쓸한 느낌이 들 정도로 아주 고요하다. ¶겨울밤이 깊어지자 온 마을이 괴괴하다. 이곳은 기분 나쁠 만큼 괴괴하다. 괴괴한 달밤. 괴괴히.

괴깔 종이 · 나무 · 실 · 피륙 들의 겉에 보풀보풀하게 일어난 섬유. 산모섬유(散毛纖維). ¶괴깔이 일어나다.

괴꼴 타작할 때 나오는, 벼 낟알이 섞인 짚북데기. ¶괴꼴을 모아 모깃불을 놓다.

괴끼 벼, 보리 따위 곡식의 수염 부스러기. ¶괴끼가 목에 걸려 병원에 갔다.

괴나리 먼 길을 떠날 때에 보자기에 싸서 어깨에 메는 작은 짐보따리. 괴나리봇짐(袱). ¶밤늦게 괴나리도 없는 수상한 나그네가 주막에 들어왔다.

괴(다)[1] 우묵한 곳에 액체가 모이다. 고이다.≒벙벙하다. ¶저수지에 물이 괴다. 눈물이 괴다. 고인물, 괴어들다(모여들다).

괴(다)[2] 술 · 초 · 간장 따위가 발효하여 거품이 일다.≒익다. ¶날씨가 더워 술이 부걱부걱 괴다. 괴어오르다/괴오르다(벌컥거리다/대다[2]).

괴(다)[3] ①쓰러지거나 기울지 아니하도록 아래를 받치어 안정하게 하다.≒받치다. ¶책상 한쪽 다리를 괴다. 손으로 턱을 괴다. 고이다, 고인돌(무덤), 고임/굄[굄대, 고임돌/굄돌, 고임목/굄목(木), 고임새/굄새], 괴머리[1102], 괴목[1103], 괴밑대[1104], 괴어올리다[1105], 괴이다(받쳐서 안정되게 하다. 쌓아 올려지다), 굄[1][굄대, 굄돌, 굄목(木), 굄새[1106], 굄질/하다[1], 굄틀], 괴짚다(괴어 버티면서 짚다); 떠괴다(밑을 떠받쳐서 괴다). ②음식 따위를 그릇에 쌓아 올리다.≒쌓다. ¶제기(祭器)에 과일을 괴다. 괴이다(굄을 당하다), 굄질[2]. ③웃어른의 직함을 받들어 쓰다.

괴(다)[4] 특별히 귀여워하고 사랑하다. 떠받들어 대하다. ¶아이는 괴는 대로 커 간다. 굄을 받다. 고임성(性;남의 눈에 들게 하는 성미나 성질), 굄[2](유난히 귀여운 사랑), 굄받이(귀염둥이), 굄성(性;남의 사랑을 받을 만한 성질), 굄이(사랑하고 아끼는 사람).

괴덕 실없이 수선스럽고 번거로운 말이나 행동. ¶괴덕을 부리다. 저 아줌마는 너무 괴덕스러워 일을 맡기기가 꺼려진다. 괴덕스럽다(언행이 실없고 수선스러워 미덥지 못하다).

괴도라치 장갱잇과의 바닷물고기. 새끼를 말린 것을 '뱅어포'라고 함.

괴란 부끄러워 얼굴이 붉어질 정도로 어색함.[←괴난(愧赧)]. ¶괴란쩍다(보고 듣기에 창피하여 얼굴이 뜨겁다), 괴란하다(부끄럽다).

괴-롭다 몸이나 마음이 편하지 못하다. 심리적으로 힘들고 어렵다. 귀찮고 성가시다.[←苦(고)+롭다.↔편하다. 즐겁다. ¶아주 괴로운 일이다. 그가 괴롭게 굴다. 열이 나서 몹시 괴롭다. '괴롭다'는 '아프다'보다 정신적인 고통이 더 큼을 뜻하는 말이다. 괴로움, 괴로워하다, 괴롭히다(≒건드리다. 들볶다).

괴불 '괴불주머니(어린아이가 차는 노리개)'의 준말. ¶말괴불(매우 큰 괴불주머니).

괴팍 성미가 까다롭고 별나서 붙임성이 없음.[←괴퍅(乖愎)]. ¶변덕스럽고 괴팍한 일면도 있지만 심성은 아주 착한 사람이다.

1102) 괴머리: 물레의 왼쪽 끝에 가락을 꽂도록 되어 있는 받침 나무. ¶괴머리를 내다. 괴머리기둥.

1103) 괴목: 부엌 아궁이에서 불길이 방고래로 넘어 들어가게 한 목. ¶괴목을 넘어 들어가는 불길.

1104) 괴밑대: 방아확에서 광석을 파낼 때 방앗공이를 받치어 놓는 나무.

1105) 괴어올리다: 비위를 맞춰 간사하게 구슬리다.

1106) 굄새: 물건의 밑을 받쳐 고이는 모양. 쌓아올린 솜씨. 고임새.

괵(斛) 옛날 민가에서, 곡물 15말을 되는 데 쓰던 그릇.=휘'. ¶괵량(斛量); 대괵(大斛), 소괵(小斛).

괵(馘) '전쟁에서 적의 왼쪽 귀나 머리를 베다'를 뜻하는 말. ¶괵수(馘首;목을 벰. 斬首), 괵이(馘耳) 들.

괵실 '떡갈나무'의 열매(도토리)를 뜻하는 말.[←곡실(槲實)]. ¶괵실(도토리), 괵약(약재로 쓰이는 떡갈나무의 잎사귀) 들.

굉(宏) '크다'를 뜻하는 말. ¶굉걸(宏傑;굉장하고 웅대함), 굉대(宏大), 굉모(宏謨), 굉박하다(宏博), 굉업(宏業), 굉원하다(宏遠;썩 멀다), 굉음(宏飮), 굉장스럽다/하다(宏壯;대단하다. 훌륭하다. 엄청나다), 굉장(宏莊), 굉재(뛰어난 재주)/탁식(宏才/卓識), 굉재(宏材;뛰어난 인물), 굉활하다(宏闊;넓다) 들.

굉(轟) '몹시 큰 소리를 울리다'를 뜻하는 말. ¶굉굉하다(轟轟), 굉렬(轟烈), 굉연하다(轟然;소리가 크고 요란하다), 굉음(轟音), 굉취(轟醉), 굉침(轟沈); 뇌굉(雷轟), 흔굉(掀轟) 들.

굉(肱) '팔뚝'을 뜻하는 말. ¶고굉(股肱), 고굉지신(股肱之臣), 곡굉이침지(曲肱而枕之); 침굉(枕肱) 들.

교(敎) '가르치다. 종교(宗敎). 법령(法令)이나 명령'을 뜻하는 말. ¶교계(敎界), 교계(敎戒), 교과(敎科)[교과목(目), 교과서(書)], 교관(敎官), 교구(敎具), 교구(敎區), 교국(敎國), 교권(敎勸), 교권(敎權), 교규(敎規), 교난(敎難), 교단(敎團), 교단(敎壇), 교당(敎堂), 교도(敎徒), 교도(敎導), 교련(敎鍊), 교령(敎令), 교령(敎領), 교리(敎理)[교리문답(問答), 교리신학(神學); 기본교리(基本)], 교명문(敎名文), 교무/실(敎務/室), 교문(敎門), 교방(敎坊)[교방가요(歌謠), 교방고(鼓)], 교범(敎範), 교법(敎法), 교본(敎本), 교부/철학(敎父/哲學), 교사(敎師)[1107], 교사(敎唆)[1108], 교상(敎相), 교생(敎生), 교서(敎書)[교서권(權); 연두교서(年頭), 연차교서(年次), 특별교서(特別)], 교설(敎說), 교세(敎勢), 교수[1](敎授)[1109], 교수[2](敎授)[1110], 교술시(敎述詩), 교습/소(敎習/所), 교시(敎示), 교실(敎室), 교안(敎案), 교양(敎養)[1111], 교역/자(敎役/者), 교외별전(敎外別傳), 교우(敎友), 교원(敎員), 교유(敎誘;잘 달래고 가르치어 이끎), 교유(敎諭;가르치고 타이름), 교육(敎育)[1112], 교의(敎義), 교인(敎人)[참교인], 교장(敎場), 교재(敎材)[교재비(費), 교재원(園); 부교재(副)], 교전(敎典), 교정/권(敎政/權), 교정(敎程), 교조(敎祖;敎主), 교조(敎條)[1113], 교종(敎宗), 교주(敎主), 교지(敎旨;교육의 취지), 교직(敎職), 교칙(敎則), 교탁(敎卓), 교파(敎派), 교편(敎鞭), 교학(敎學), 교화(敎化)[1114], 교황(敎皇)[교황령(領), 교황사절(使節), 교황청(廳)], 교회(敎會)[1115], 교회(敎誨)[교회관(官), 교회사(士)], 교훈(敎訓)[가정교훈/가훈(家庭)]; 가교하다(可敎), 개교(改敎;改宗), 개신교(改新敎), 경교(經敎), 고교(古敎;모세교), 고교(高敎;훌륭한 가르침), 관교(官敎;敎旨), 구교(舊敎), 국교(國敎), 권교(權敎), 기독교(基督敎), 내교(內敎), 다신교(多神敎), 단일신교(單一神敎), 대종교(大倧敎), 대화교(大華敎), 덕교(德敎), 도교(道敎), 마니교, 명교(名敎), 모교(母敎), 문교(文敎), 밀교(密敎), 배교(背敎), 배물교(拜物敎), 배화교(拜火敎), 범신교(汎神敎), 봉교/서(奉敎/書), 부교(父敎), 불교(佛敎), 비교(秘敎), 사교(邪敎), 사교(師敎), 사신교(邪神敎), 삼장교(三藏敎), 상교(上敎), 서교(西敎), 석교(釋敎), 선교(仙敎), 선교(宣敎), 선교(善敎), 선교(禪敎), 설교(說敎), 성교(聖敎), 세교(世敎), 순교(殉敎), 수교(手敎), 수교(受敎), 수교(垂敎), 시교(示敎), 시천교(侍天敎), 신교(信敎), 신교(神敎), 신교(新敎), 신교(伸敎), 실교(實敎), 언교(諺敎), 엄교(嚴敎), 연교(筵敎), 열교(裂敎), 유교(遺敎), 유교(儒敎), 이교(理敎),

---

1107) 교사(敎師): 교사상(像); 가정교사(家庭), 과외교사(課外), 기간제교사(期間制), 담임교사(擔任), 보건교사(保健), 사서교사(司書), 상담교사(相談), 인솔교사(引率), 정교사(正), 준교사(準), 지도교사(指導), 평교사(平).

1108) 교사(敎唆): 남을 꾀거나 부추겨서 나쁜 짓을 하게 함. ¶교사범(犯), 교사죄(罪), 교사하다; 간접교사(間接), 직접교사(直接), 특수교사(特殊).

1109) 교수[1](敎授): 학문이나 기예를 가르침. ¶교수법(法), 교수안(案), 교수요목(要目), 교수진(陣), 교수학(學); 개인교수(個人), 실물교수(實物), 통신교수(通信).

1110) 교수[2](敎授): 대학 교원. ¶교수단(團), 교수진(陣), 교수회(會); 개인교수(個人), 객원교수(客員), 겸임교수(兼任), 교환교수(交換), 명예교수(名譽), 부교수(副), 석좌교수(碩座), 전임교수(專任), 정교수(正), 조교수(助), 주임교수(主任), 초빙교수(招聘).

1111) 교양(敎養): 가르치어 기름. 학문, 지식, 사회생활을 바탕으로 이루어지는 품위. 또는 문화에 대한 폭넓은 지식. 본데. ¶교양을 쌓다. 교양이 있다. 교양과목(科目), 교양되다/하다, 교양물(物), 교양미(美), 교양서적(書籍), 교양소설(小說), 교양인(人), 교양적(的); 무교양(無).

1112) 교육(敎育): 인간으로서의 가치를 높이기 위하여 지식과 기술 따위를 가르치며 인격을 길러주는 일. ¶교육을 받다. 자녀를 교육하다. 교육가/적(家/的), 교육감(監), 교육강령(綱領), 교육개혁(改革), 교육계(界), 교육계획(計劃), 교육공무원/법(公務員/法), 교육공학(工學), 교육과정(課程), 교육과학(科學), 교육관(觀), 교육교재(敎材), 교육금고(金庫), 교육기관(機關), 교육기금(基金), 교육도시(都市), 교육되다/하다, 교육령(令), 교육목표(目標), 교육법(法), 교육보험(保險), 교육비(費), 교육상담(相談), 교육세(稅), 교육소집(召集), 교육실습(實習), 교육애(愛), 교육연령(年齡), 교육열(熱), 교육영화(映畵), 교육예산(豫算), 교육원리(原理), 교육의무(義務), 교육인구(人口), 교육자/적(者/的), 교육장(長), 교육재정(財政), 교육적(的), 교육정책(政策), 교육제도(制度), 교육조사(調査), 교육지수(指數), 교육진단(診斷), 교육철학(哲學), 교육측정(測定), 교육통계(統計), 교육투자(投資), 교육평가(評價), 교육학(學), 교육행정(行政), 교육현장(現場), 교육형(刑); 가정교육(家庭), 감정교육(感情), 감화교육(感化), 개발교육(開發), 개성교육(個性), 경교육(硬), 고등교육(高等), 공교육(公), 공민교육(公民), 교정교육(矯正), 국민교육(國民), 군사교육(軍事), 기술교육(技術), 노작교육(勞作), 도덕교육(道德), 무상교육(無償), 민주교육(民主), 밀봉교육(密封), 방송교육(放送), 보통교육(普通), 사교육(私), 사회교육(社會), 산교육, 생활교육(生活), 성교육(性), 성인교육(成人), 스파르타교육(Sparta), 시각교육(視覺), 신교육(新), 아동교육(兒童), 안전교육(安全), 역사교육(歷史), 연교육(軟), 예능교육(藝能), 예술교육(藝術), 예절교육(禮節), 위탁교육(委託), 유아교육(幼兒), 윤리교육(倫理), 의무교육(義務), 인격교육(人格), 인문교육(人文), 자기교육(自己), 자유교육(自由), 재교육(再), 전문교육(專門), 전인교육(全人), 정서교육(情緖), 정신교육(精神), 정치교육(政治), 조기교육(早期), 주입교육(注入), 중등교육(中等), 직업교육(職業), 진로교육(進路), 참교육, 천재교육(天才), 초등교육(初等), 통신교육(通信), 특수교육(特殊), 평생교육(平生), 학교교육(學校), 환경교육(環境).

1113) 교조(敎條): 역사적 환경이나 구체적 현실과 관계없이 어떠한 상황에서도 절대로 변하지 않는 진리인 듯 믿고 따르는 것. 종교상의 신조(信條). ¶교조적(的), 교조주의/자/적(者/的).

1114) 교화(敎化): 가르치고 이끌어서 좋은 방향으로 나아가게 함. ¶교화 사업. 교화되다/하다, 교화력(力), 교화인(人), 교화적(的).

1115) 교회(敎會): 예수 그리스도를 주(主)로 고백하고 따르는 신자들의 공동체. ¶교회당(堂), 교회력(曆), 교회법(法), 교회법규(法規), 교회음악(音樂); 공교회(公), 무교회주의(無-主義), 복음교회(福音), 성교회(聖), 천주교회(天主).

이교(異敎), 이슬람교, 일신교(一神敎), 입교(入敎), 자력교(自力敎), 자연교(自然敎), 잡교(雜敎), 장로교(長老敎), 전교(傳敎), 정교(正敎), 정교(政敎), 정토교(淨土敎), 조교(助敎), 조교(調敎), 조선교(祖先敎), 종교(宗敎), 주교(主敎), 준교(遵敎), 진교(眞敎), 천도교(天道敎), 천주교(天主敎), 출교(黜敎), 칙교(勅敎), 친교(親敎;부모의 교훈), 침례교(浸禮敎), 타력교(他力敎), 탈교(脫敎), 탑교(榻敎), 태교(胎敎), 특교(特敎), 포교(布敎), 풍교(風敎;風化), 하교(下敎), 현교(顯敎), 황교(黃敎), 회교(回敎), 힌두교 들.

교(交) '사귀다. 엇갈리다. 주고받다. 바꾸다. 서로'를 뜻하는 말. ¶교각(交角), 교감(交感), 교결(交結), 교계(交界), 교계(交契), 교골(交骨), 교관(交款), 교구(交媾;性交), 교극(交戟;싸움), 교담(交談), 교대(交代)[1116], 교도(交道), 교독(交讀), 교란(交欄), 교령(交靈;산 자와 죽은이의 영이 통함), 교룡(交龍;용틀임), 교류(交流)[1117], 교린(交隣)[교린정책(政策)], 교미(交尾), 교배(交拜), 교배(交配)[1118], 교번(交番)[교번전류(電流); 핵상교번(核相)], 교병(交兵), 교봉(交鋒), 교부(交付/附;줌)[교부공채(公債), 교부금(金), 교부신청(申請); 원서교부(願書), 재교부(再)], 교분(交分;情), 교붕(交朋;벗), 교비(交臂), 교빙(交聘), 교섭(交涉)[1119], 교성곡(交聲曲), 교순(交詢), 교식의(交食儀), 교신(交信), 교역(交易)[1120], 교오(交惡), 교우(交友), 교유(交遊), 교의(交椅), 교의(交誼), 교인(交印), 교자(交子)[1121], 교잡(交雜)[교잡설(說), 교잡육종법(育種法)], 교장증(交腸症), 교전(交戰)[교전국(國), 교전권(權), 교전단체(團體), 교전법규(法規)], 교절(交截), 교점/월(交點/月), 교접/기(交接/期), 교정(交情), 교제(交際;사귐)[교제비(費), 교제술(術, 교제하다; 이성교제(異性)], 교족상(交足床), 교주(交奏), 교직(交織), 교질(交迭), 교집합(交集合), 교차(交叉)[1122], 교차(交差)[연교차(年), 일교차(日)], 교착(交着;서로 붙음), 교착(交錯;이리저리 엇갈려 뒤섞임), 교창(交窓), 교천하다(交淺), 교체(交替)[교체균증(菌症), 교체선수(選手)], 교체(交遞), 교통(交通)[1123], 교합(交合), 교향곡(交響曲), 교향시(詩), 교향(交響;서로 어우러져 울림)[교향곡(曲), 교향시(詩), 교향악/단(樂/團)], 교호(交互)[1124], 교호(交好), 교화(交火;交戰), 교환(交換)[1125], 교환(交歡/驩); 결교(結交), 고교(故交), 관포지교(管鮑之交), 교칠지교(膠漆之交), 국교(國交), 궁교(窮交), 금석지교(金石之交), 난교(亂交), 난교(蘭交), 논교(論交), 단교(斷交), 담교(淡交), 담교(談交), 만교(晩交), 문경지교(刎頸之交), 문교(文交), 방교(邦交), 빈천지교(貧賤之交), 사교(死交), 사교(私交), 사교(社交), 사교(斜交), 상교(相交), 석교(石交), 선교(善交), 성교(性交), 세교(世交), 세교(勢交), 속교(俗交), 수교(手交), 수교(修交), 수어지교(水魚之交), 신교(神交), 심교(心交), 심교(深交), 양교(量交), 오교(五交), 외교(外交), 욕교(辱交), 원교근공(遠交近攻), 육교(肉交), 인교(隣交), 작교(酌交), 잡교(雜交), 절교(絶交), 정교(情交), 지교(至交), 지란지교(芝蘭之交), 직교(直交), 추교(醜交), 총죽지교(蔥竹之交), 친교(親交), 택교(擇交), 통교(通交), 평교(平交;나이가 서로 비슷한 벗), 하교(下交), 허교(許交), 회교(賄交) 들.

교(校) ①'학교. 장교(將校)'를 뜻하는 말. ¶교가(校歌), 교감(校監), 교궁(校宮), 교규(校規), 교기(校紀), 교기(校旗), 교내(校內), 교단(校壇), 교명(校名), 교모(校帽), 교목(校木), 교목(校牧), 교무(校務), 교문(校門), 교보(敎報), 교복(校服), 교비/생(校費/生), 교사(校舍), 교생(校生), 교시(校是), 교외(校外)[교외지도(指導)], 교우(校友)[교우지(誌), 교우회(會)], 교의(校醫), 교장(校長), 교정(校庭), 교조(校鳥), 교주(校主), 교지(校地), 교지(校誌), 교칙(校則), 교풍(校風), 교훈(校訓); 개교(開校), 경교(京校), 귀교(貴校), 귀교(歸校), 당교(當校), 대교(對校), 동교(同校), 등교(登校), 명문교(名門校), 모교(母校), 모교(某校), 방교(放校), 복교(復校), 본교

1116) 교대(交代): 교대광상(鑛床), 교대본위(本位), 교대식(式), 교대작용(作用), 교대제(制), 교대하다(갈마들다); 낮교대, 면간교대(面看), 밤교대, 신구교대(新舊), 인교대(印).

1117) 교류(交流): 근원이 다른 물줄기가 서로 섞이어 흐름. 또는 그런 줄기. 문화나 사상 따위가 서로 통함. 시간에 따라 크기와 방향이 주기적으로 바뀌어 흐름. 또는 그런 전류. ¶남북한 교류가 확대되고 있다. 교류결합(結合), 교류기(機), 교류되다/하다, 교류발전기(發電機), 교류장치(裝置), 교류전력(電力), 교류전류(電流), 교류전압(電壓), 교류전화(電化), 교류증폭기(增幅器), 교류회로(回路); 다상교류(多相), 단상교류(單相), 문화교류(文化), 삼상교류(三相), 정보교류(情報).

1118) 교배(交配): 생물의 암수를 인위적으로 수정 또는 수분시켜 다음 세대를 얻는 일. ¶교배종(種); 동계교배(同系), 되돌이교배, 역교배(逆;되돌이교배), 이계교배(異系), 이속교배(異屬), 이종교배(異種), 인공교배(人工), 잡종교배(雜種).

1119) 교섭(交涉): 어떤 일을 이루기 위하여 서로 의논하고 절충함. 교섭이 결렬되다. ¶교섭권한(權限), 교섭단체(團體), 교섭되다/하다; 내교섭(內), 단체교섭/권(團體-權), 막후교섭(幕後), 몰교섭(沒), 외교교섭(外交).

1120) 교역(交易): 주로 나라와 나라 사이에서 물건을 사고팔며 하여 서로 바꿈. 맞무역(貿易). ¶남북 간의 교역이 활발하다. 교역도시(都市), 교역되다/하다, 교역장(場), 교역조건(條件); 간접교역(間接), 물물교역(物物).

1121) 교자(交子): 교자상에 구색을 갖추어 차려 놓은 음식. ¶교자상(床); 건교자(乾;술안주로만 차린 교자), 식교자(食), 얼교자, 열교자상(床).

1122) 교차(交叉): 서로 엇갈리거나 마주침. 생식세포가 감수 분열을 할 때에 상동 염색체 사이에 일어나는 부분적인 교환 현상. ¶만 감의 교차. 두 직선의 교차. 교찻값, 교차개념(槪念), 교차구분(區分), 교차궁륭(穹窿), 교차되다/하다, 교차로(路), 교차면역(免疫), 교차반응(反應), 교차방위(方位), 교차법(法), 교차시험(試驗), 교차율(率), 교차점(點), 교차책임(責任), 교차청약(請約), 교차탄력성(彈力性), 교차형(型), 교차효과(效果); 입체교차/로(交叉/路), 평면교차(平面).

1123) 교통(交通): 탈것을 이용하여 사람이 오고가는 일이나, 짐을 나르는 일. ¶교통 중심지. 교통이 편리하다. 교통감응신호기(感應信號機), 교통강도(强度), 교통경제/학(經濟/學), 교통경찰(警察), 교통계획(計劃), 교통공학(工學), 교통관리(管理), 교통관제(管制), 교통광고(廣告), 교통광장(廣場), 교통기관(機關), 교통난(難), 교통노동(勞動), 교통도덕(道德), 교통도시(都市), 교통량(量), 교통로(路), 교통류(流), 교통마비(痲痺), 교통망(網), 교통방송(放送), 교통방해죄(妨害罪), 교통법규(法規), 교통비(費), 교통사고(事故), 교통사업(事業), 교통섬, 교통세(稅), 교통수단(手段), 교통순경(巡警), 교통신호(信號), 교통안전(安全), 교통업(業), 교통정리(整理), 교통정보(情報), 교통정책(政策), 교통조사(調査), 교통지도(地圖), 교통지리학(地理學), 교통지옥(地獄), 교통질서(秩序), 교통차단(遮斷), 교통체증(滯症), 교통축(軸), 교통파(波), 교통표지(標識), 교통학(學), 교통행정(行政), 교통호(壕), 교통화(禍); 대중교통(大衆).

1124) 교호(交互): 서로 어긋나게 맞춤. 서로 번갈아 함. ¶교호개념(槪念), 교호계산(計算), 교호되다/하다, 교호신문(訊問), 교호작(作;엇갈아짓기), 교호작용(作用).

1125) 교환(交換): 서로 바꿈. 서로 주고받고 함. 전화나 전신을 통할 수 있도록 사이에서 선로를 연결해 줌. ¶의견을 교환하다. 일대일 교환. 교환가격(價格), 교환가치(交換), 교환경기(競技), 교환경제(經濟), 교환공문(公文), 교환교수(敎授), 교환끝(어음을 교환하였을 때의 차액), 교환되다/하다, 교환법칙(法則), 교환액(額), 교환원(員), 교환율(律), 교환율(率), 교환이론(理論), 교환재(材), 교환학생(學生), 교환혼(婚); 물물교환(物物), 비준교환(批准), 실물교환(實物), 포로교환(捕虜).

(本校), 분교(分校), 애교(愛校), 입교(入校), 자매교(姉妹校), 장교(將校), 재교(在校), 전교(全校), 전교(轉校), 타교(他校), 퇴교(退校), 폐교(弊校), 폐교(廢校), 하교(下校), 학교(學校), 향교(鄕校), 휴교(休校). ②'교정하다. 헤아리다'를 뜻하는 말. ¶교감(校勘), 교료(校了), 교본(校本), 교비(校比), 교서(校書), 교열(校閱)[교열본(本); 원고교열(原稿)], 교정(校正)[1126], 교정(校定), 교주(校註), 교준(校準), 교합(校合); 간교(刊校), 감교하다(勘校), 변교하다(辨校), 오교(誤校), 재교(再校), 조교(照校), 초교(初校), 퇴교(推校), 폐교(閉校), 폐교(弊校), 폐교(廢校). ③'장수(將帥)'를 뜻하는 말. ¶장교(將校).

교(橋) '다리. 연결하다'를 뜻하는 말. ¶교가(橋架), 교각(橋脚), 교대(橋臺), 교두보(橋頭堡;據點), 교량(橋梁;다리), 교체(橋體;다릿몸), 교탑(橋塔;다리탑), 교항(橋杭;다리말뚝); 가교(架橋;건너질러 놓은 다리), 가교(假橋;임시로 놓은 다리), 가도교(架道橋), 가동교(可動橋;開閉橋), 가반교(可搬橋;맞춤다리. 조립교), 개폐교(開閉橋), 고가교(高架橋), 과선교(跨線橋), 구교(溝橋), 군용교(軍用橋), 뇌교(腦橋), 답교(踏橋), 대교(大橋), 도개교(跳開橋), 도로교(道路橋), 도선교(渡船橋), 도수교(導水橋), 독목교(獨木橋;외나무다리), 만인교(萬人轎), 명교(命橋;명다리), 목교(木橋;나무다리), 벌교(筏橋), 보교판(補橋板), 부교(浮橋;뜬다리), 부잔교(浮棧橋), 비교(飛橋;매우 높은 다리), 사교(斜橋), 사장교(斜張橋), 상로교(上路橋), 석교(石橋;돌다리), 선개교(旋開橋), 선교(船橋), 수도교(水道橋), 수로교(水路橋), 수표교(水標橋), 승강교(昇降橋), 승개교(昇開橋), 아치교(arch), 연속교(連續橋), 연육교(連陸橋;섬다리), 오작교(烏鵲橋), 옥교(玉橋;옥돌로 놓은 다리), 운교(雲橋;고가교), 운하교(運河橋), 육교(陸橋;뭍다리), 은하작교(銀河鵲橋;오작교), 인도교(人道橋), 잔교(棧橋), 잠수교(潛水橋;잠김다리), 저수교(低水橋), 접속교(接續橋), 조교(弔橋)[1127], 조립교(組立橋), 주교(舟橋;배다리), 천연교(天然橋), 철교(鐵橋), 철도교(鐵道橋), 탑승교(搭乘橋), 토교(土橋;흙다리), 판교(板橋;널다리), 하로교(下路橋), 함교(艦橋), 현교(懸橋), 현수교(懸垂橋), 형교(桁橋;들보로 된 다리), 회선교(回旋橋) 들.

교(巧) '솜씨가 있다. 공교하다'를 뜻하는 말. ¶교고(巧故;교묘한 거짓), 교구(巧構;교묘한 꾸밈), 교기(巧技), 교묘하다(巧妙), 교민하다(巧敏), 교변(巧辯), 교사(巧詐), 교소(巧笑), 교수(巧手), 교어(巧語), 교언(巧言), 교장(巧匠), 교졸(巧拙), 교지(巧智), 교지(巧遲), 교치(巧緻), 교하다, 교혜(巧慧); 간교/하다/스럽다(奸巧), 걸교(乞巧), 계교(計巧), 공교롭다/하다(工巧), 괴교하다(怪巧), 기교(技巧)[기교면(面), 기교파(派)], 기교하다(奇巧), 기교하다(機巧), 농교(弄巧), 목교(目巧;눈썰미), 사교(詐巧), 선교(善巧), 수교(手巧;손재주), 심교(心巧), 욕교반졸(欲巧反拙), 이교(利巧), 인교(人巧), 절교(切/絕巧), 정교하다/롭다(精巧), 지교(至巧), 지교(智巧), 치교하다(緻巧), 혜교(慧巧) 들.

교(膠) '아교(갖풀; 소가죽을 말린 접착제)'를 뜻하는 말. ¶교갑(膠匣), 교고(膠固;매우 굳음), 교낭(膠囊), 교니(膠泥), 교병(膠餠;족편), 교부(膠付;갖풀로 붙임), 교분(膠分), 교사(膠沙), 교상/질(膠狀/質;물질의 끈끈한 상태), 교석포장(膠石鋪裝), 교우(膠友;절친한 친구), 교원병(膠原病), 교접(膠接), 교제(膠劑), 교주고슬(膠柱鼓瑟), 교질(膠質)[교질용액(溶液), 교질화학(化學)], 교착(膠着)[1128], 교칠(膠漆), 교칠지교(膠漆之交), 교침(膠枕;베갯모); 녹각교(鹿角膠), 아교(阿膠)[아교물, 아교주(珠), 아교질(質), 아교풀], 어교(魚膠;부레풀), 어표교(魚鰾膠;부레풀), 절교(折膠), 해교(解膠) 들.

교(驕) '젠체하고 뽐내며 방자함. 교만하다. 건방지다'를 뜻하는 말. ¶교객(驕客;남의 사위를 이르는 말), 교거(驕倨), 교과하다(驕誇), 교기(驕氣), 교긍(驕矜), 교동(驕童;교만한 아이), 교만/스럽다/하다(驕慢;잘난 체하며 뽐내고 건방짐), 교사하다(驕奢;교만하고 사치스러움), 교사하다(驕肆;교만하고 방자함), 교색(驕色;교만한 낯빛), 교심(驕心), 교아(驕兒;버릇없는 아이), 교오(驕傲), 교일하다(驕佚/逸), 교자하다(驕恣), 교자불민(驕恣不敏), 교태하다(驕怠;건방지고 게으르다), 교태하다(驕泰;교만하고 방자하다), 교태(驕態)[백만교태(百萬)], 교티(驕;교만한 태도나 기색), 교한하다(驕悍), 교항하다(驕亢;교만하고 자존심이 강하다), 교횡하다(驕橫;교만하고 횡포하다); 문교(文驕), 부교(富驕), 전교(錢驕) 들.

교(轎) '가마'를 뜻하는 말. ¶교군(轎軍)[교군꾼; 단패교군(單牌)], 교마(轎馬), 교부(轎夫), 교여(轎輿;가마와 수레), 교자(轎子)[평교자(平)]; 가교(駕轎), 공가교(空駕轎), 독교(獨轎)[장독교(帳)], 만인교(萬人轎), 보교(步轎), 소교(素轎), 사린교/사인교(四人轎), 소교(素轎), 승교(乘轎), 승교바탕(乘轎), 쌍교(雙轎), 쌍마교(雙馬轎), 양교(涼轎), 옥교(玉轎;임금이 타는 가마)[옥교배(陪), 옥교봉도(奉導)], 장보교(帳步轎), 정가교(正駕轎), 초교(草轎;삿갓가마), 혼교(魂轎) 들.

교(郊) '성 밖. 들·시골'을 뜻하는 말. ¶교보(郊堡;교외에 있는 작은 성), 교사(郊祀), 교야(郊野), 교영(郊迎), 교외/선(郊外/線), 교원(郊原;도시의 주변에 있는 들), 교촌(郊村), 교행(郊行;교외로 나감), 교허(郊墟;마을 근처의 들과 언덕); 강교(江郊), 근교(近郊)[근교농업(農業), 근교원예(園藝)], 남교(南郊), 농교(農郊), 단교(斷郊), 동교(東郊), 북교(北郊), 서교(西郊), 원교(遠郊), 춘교(春郊), 평교(平郊) 들.

교(嬌) '아리땁다. 요염하다'를 뜻하는 말. ¶교객(嬌客;사위), 교기(嬌氣), 교녀(嬌女), 교동(嬌童), 교면(嬌面), 교미(嬌媚), 교성(嬌聲;아리따운 목소리), 교소(嬌笑;요염한 웃음), 교수(嬌羞;아양을 떨면서 수줍어함), 교아(嬌兒), 교안(嬌顔), 교언(嬌言), 교염하다(嬌艶), 교영(嬌影;요염한 모습), 교용(嬌容), 교자(嬌恣), 교태(嬌態); 애교(愛嬌) 들.

1126) 교정(校正): 교정쇄와 원고를 대조하여 잘못된 글자나 배열 따위를 바르게 고침. ¶교정기호(記號), 교정되다/하다, 교정료(料), 교정보다, 교정본(本), 교정쇄(刷), 교정원(員), 교정지(紙), 교정필(畢;교정이 끝남).

1127) 조교(弔橋): 강이나 좁은 해협의 양쪽에 굵은 줄이나 쇠사슬을 건너질러 놓고, 거기에 의지하여 매달아 놓은 다리.

1128) 교착(膠着): 아주 단단히 달라붙음. 어떤 상태가 굳어 조금도 변동이나 진전이 없이 머묾. ¶교착개념(概念;交叉概念), 교착되다/하다, 교착력(力), 교착박자(拍子), 교착부동(不動), 교착상태(狀態), 교착어(語), 교착전(戰).

교(矯) '바로잡다'를 뜻하는 말. ¶교각살우(矯角殺牛), 교도(矯導), 교사(矯詐), 교세(矯世;세상의 나쁜 것을 바로잡음), 교속(矯俗), 교식(矯飾;꾸밈), 교왕(矯枉;굽은 것을 바로잡음), 교왕과직(矯枉過直), 교위(矯僞), 교정(矯正)[1129], 교정(矯情), 교탁(矯託;거짓 핑계를 댐), 교탈(矯奪;속이어 빼앗음), 교폐(矯弊), 교풍(矯風), 교혁(矯革) 들.

교(咬) '물다. 씹다. 새소리'를 뜻하는 말. ¶교경(咬痙), 교근(咬筋), 교상(咬傷;짐승이나 벌레 따위에 물려서 상함), 교열(咬裂;물어뜯어 찢음), 교창(咬創;동물에게 물린 상처), 교초(翹楚;여럿 가운데 뛰어남. 白眉), 교치(咬齒), 교합(咬合;아랫니와 윗니의 결합 상태); 서교증(鼠咬症) 들.

교(絞) ①'목을 매다. 묶다'를 뜻하는 말. ¶교대(絞帶), 교대(絞臺), 교사(絞死), 교살(絞殺;목을 졸라 죽임), 교수(絞首)[교수대(臺), 교수형(刑)], 교죄(絞罪;교수형에 해당하는 범죄), 교포(絞布;殮布), 교형(絞刑); 처교(處絞). ②끈이나 새끼줄 따위의 가닥을 세는 단위. ¶이/ 삼 교.

교(喬) '높다'를 뜻하는 말. ¶교간(喬幹;높은 나무의 줄기), 교림(喬林), 교목(喬木;키큰나무)[교목대(帶), 교목세신(世臣;나라와 운명을 같이 한 신하), 교송(喬松), 교척(喬陟;높은 산), 교천(喬遷;벼슬이나 지위가 낮은 데서 높은 데로 옮아감); 낙엽교목(落葉), 상록교목(常綠)] 들.

교(攪) '어지럽다. 뒤섞다'를 뜻하는 말. ¶교거(攪車;씨아), 교곤(攪棍;사침대), 교란(攪亂)[교란력(力), 교란작전(作戰); 후방교란(後方)], 교반(攪拌;휘저어 함께 섞음), 교반기(攪拌機/器), 교토(攪土;흙덩이를 부스러뜨리어 부드럽게 함), 교토기(攪土器;곰방메) 들.

교(翹) '꼬리의 긴 깃털'을 뜻하는 말. ¶교기(翹企;몹시 기다림. 열망함), 교사(翹思;마음속에 간직하고 생각함), 교수(翹秀;재능이 뛰어나게 우수함), 교수하다(翹首;간절히 바라거나 기다리다) 들.

교(狡) '간사하고 음흉하다(교활하다)'를 뜻하는 말. ¶교구(狡寇), 교동(狡童;교활한 아이), 교사(狡詐;간사한 꾀로 남을 속임), 교지(狡智), 교활하다(狡猾;간사하고 꾀가 많다), 교활성(狡猾性), 교휼하다(狡譎), 교힐하다(狡/巧黠) 들.

교(蛟) '용(龍)의 한 가지. 꼬불꼬불하다'를 뜻하는 말. ¶교룡(蛟龍;이무기와 용), 교룡기(蛟龍旗), 교전(蛟篆); 잠교(潛蛟) 들.

교(皎) '달빛. 햇빛. 희다. 밝다'를 뜻하는 말. ¶교결(皎潔), 교경(皎鏡;달), 교교(皎皎)[교교월색(月色), 교교하다], 교월(皎月;희고 밝은 달) 들.

교(較) '견주다. 비교하다'를 뜻하는 말. ¶교계(較計), 교량(較量), 교차(較差); 계교(計較), 비교(比較), 일교차(日較差) 들.

교(僑) '객지에 살다'를 뜻하는 말. ¶교거(僑居;집), 교민(僑民), 교중(僑中), 교체(僑體;客體), 교포(僑胞); 한교(韓僑), 화교(華僑) 들.

교(蕎) '메밀(마디풀과의 한해살이풀)'을 뜻하는 말. ¶교맥(蕎麥).

교대죽 판소리에서 사설이 몇 장단을 뛰어넘어가 붙는 일.

-구- 몇몇 동사 어간 뒤에 붙어 '-게 하다[시킴꼴]'의 뜻을 더하는 말. 자동사를 타동사로 바꾸는 문법적인 기능을 가지는 사동 접사임. ¶달구다, 돋구다, 솟구다, 알구다[←알다], 엉구다[←얽다], 일구다.

구(口) '입. 말하다. 구멍. 드나드는 곳. 어귀'를 뜻하는 말. ¶구각(口角;입아귀), 구각궤양(口角潰瘍), 구갈/증(口渴/症), 구감(口疳), 구강(口腔;입안의 빈 곳)[구강검사(檢査), 구강암(癌), 구강염(炎), 구강위생(衛生), 구강학(學)], 구개(口蓋;입천장)[구개골(骨), 구개음(音), 구개음화(音化), 구개파열(破裂); 경구개(硬), 연구개(軟)], 구결(口訣), 구경/비(口徑/比), 구경증(口硬症), 구공(口供;지은 죄를 자백함), 구과(口過;말을 잘못한 허물), 구금(口金;꼭지쇠), 구기(口器;곤충의 입기관), 구내/염(口內/炎;입안), 구눌하다(口訥;말을 더듬다), 구담(口談;이야기), 구답(口答), 구덕(口德), 구도(口到), 구두(口頭)[1130], 구둔(口鈍;입이 굼뜸), 구량(口糧), 구령/소리(口令), 구문(口文;흥정을 붙여 주고 그 보수로 받는 돈), 구문(口吻;입술), 구미(口味;입맛), 구미(口糜;입속이 허는 일), 구밀복검(口蜜腹劍), 구벽(口癖;말버릇), 구변(口辯;말솜씨)[구변머리; 현하구변(懸河)], 구복(口腹;입과 배. 음식), 구비(口碑)[구비동화(童話), 구비문학(文學)], 구사(口四), 구산(口算), 구상서(口上書), 구상유취(口尙乳臭), 구서(口書), 구설(口舌)[구설수(數;口舌福), 구설창(瘡)], 구송/체(口誦/體), 구수(口受), 구수(口授), 구순(口脣)[구순기(期), 구순성격(性格), 구순암(癌), 구순열(裂)], 구술(口述)[1131], 구습(口習;입버릇), 구승/문학(口承/文學), 구실(口實;핑계를 삼을 만한 재료), 구안와사(口眼喎斜), 구액(口液;침), 구약(口約), 구어(口語;입말)[구어문(文), 구어체(體)], 구업(口業), 구연(口演)[구연동화(童話), 구연되다/하다, 구연자(者)], 구연증(口軟症), 구열(口熱), 구외불출(口外不出;비밀을 지킴), 구이지학(口耳之學), 구재(口才), 구전(口傳)[구전문학(文學), 구전민요(民謠), 구전심수(心授)], 구전(口錢;口文), 구점(口占;시를 즉석에서 지어 읊음), 구중약(口中藥), 구증(口證), 구진(口陳), 구창(口瘡), 구첩하다(口捷), 구초(口招), 구취(口臭), 구칭/염불(口稱/念佛), 구필(口筆), 구험(口險), 구협(口峽), 구호(口號)[구호문헌(文獻); 헛구호], 구화/법(口話/法); 가구(家口), 감시구(監視口), 강구(江口;강어귀), 강차구(降車口), 개구(開口), 개찰구(改札口), 개표구(改票口), 갱구(坑口), 겸구(箝口), 경구(經口)[경구감염(感染), 경구면역(免疫)], 계구(鷄口), 공기구(空氣口), 관구지옥(灌口地獄), 광구(鑛

1129) 교정(矯正): 틀어지거나 잘못된 것을 바로잡음. 잘못된 품성이나 행동을 바로잡음. ¶교정교육(教育), 교정기계(機械), 교정되다/하다, 교정보호(保護), 교정술(術), 교정시력(視力), 교정약(藥), 교정처분(處分), 교정체조(體操).

1130) 구두(口頭): 마주 대하여 입으로 하는 말. ¶구두로 지시하다. 구두로 약속하다. 구두감사(感謝), 구두계약(契約), 구두교(交;말로만 친할 뿐 진실성이 없는 사귐), 구두법(法), 구두변론(辯論), 구두삼매(三昧;口頭辦), 구두선(禪;실행이 따르지 않는 실속이 없는 말. 헛소리), 구두시험(試驗), 구두심리(審理), 구두심판(審判), 구두약속(約束), 구두제소(提訴), 구두주의(主義).

1131) 구술(口述): 입으로 말함. ¶필답고사와 구술시험. 구술되다, 구술문학(文學), 구술법(法), 구술변론(辯論), 구술서(書), 구술시험(試驗), 구술제소(提訴), 구술주의(主義), 구술투표(投票), 구술필기/하다(筆記), 구술하다.

口), 권구(眷口), 극구(極口;온갖 말을 다하여), 근구(近口;조금 먹음), 금구(金口), 노구(爐口), 농구(弄口), 누수구(漏水), 단구(斷口), 당구(鐺口), 대구(大口), 도구(渡口), 도피구(逃避口), 대피구(待避口), 돌파구(突破口;구멍수), 동구(洞口), 등산구(登山口), 만구(萬口)[만구성비(成碑), 만구일담(一談), 만구칭송(稱頌), 만구칭찬(稱讚), 만구전파(傳播)], 만구(灣口), 말구(末口;끝동부리), 매표구(賣票口), 멸구(滅口), 메구(袂口;소맷부리), 발파구(發破口), 방구(防口), 방실구(房室口), 방연구(放煙口), 배기구(排氣口), 배수구(排水口), 배식구(配食口), 배출구(排出口), 백구(百口), 변구(辯口), 분사구(噴射口), 분출구(噴出口), 분화구(噴火口), 비상구(非常口), 살수구(撒水口), 삽입구(挿入口), 세포구(細胞口), 송화구(送話口), 수구(水口), 수구(守口), 승강구(昇降口), 승강구(乘降口), 승차구(乘車口), 시찰구(視察口), 시추구(試錐口), 식구(食口), 식통구(食通口), 신구(愼口), 악구(惡口), 애구(隘口;좁고 험한 길목), 여수구(餘水口), 열구(悅口), 오구(烏口), 원구(元/原口), 유구무언(有口無言), 응구하다(應口), 이구/동성(異口/同聲), 인구(人口), 인입구(引入口), 일구(一口), 일구(逸口), 입구(入口), 자구(藉口), 작구(雀口;도자기 밑에 달린 발), 장입구(裝入口), 저작구(咀嚼口), 적구(適口;음식이 입에 맞음), 적재구(積載口), 점화구(點火口), 접구(接口;조금 먹음), 접속구(接續口), 접수구(接受口), 주유구(注油口), 주입구(注入口), 중구(衆口), 직절구(直截口;수직 단면), 진구(進口), 집찰구(集札口), 참구(讒口), 창구(窓口), 창구(創口), 창구(瘡口), 창구(艙口), 총구(銃口), 출구(出口), 출납구(出納口), 출입구(出入口), 출찰구(出札口), 출탕구(出湯口), 취구(吹口), 취수구(取水口), 취입구(吹入口), 친구(親口), 탈출구(脫出口), 토사구(吐絲口), 토출구(吐出口), 통기구(通氣口), 통용구(通用口), 통풍구(通風口), 퇴수구(退水口), 퇴식구(退食口), 투광구(投鑛口), 투약구(投藥口), 투입구(投入口), 투탄구(投炭口), 폐구(閉口), 포구(浦口), 포구(砲口), 하구(河口), 하차구(下車口), 함구(緘口), 항구(港口), 해구(海口), 호구(戶口), 호구(虎口), 호구(糊口), 화구(火口), 화산구(火山口), 화입구(火入口), 환기구(換氣口), 함구(緘口), 험구(險口), 황구(黃口)[황구유취(乳臭), 황구첨정(簽丁)] 회맹구(回盲口), 흡수구(吸收口), 흡입구(吸入口) 들.

구(舊) ①'옛적. 과거. 오래 되다'를 뜻하는 말. ¶구가(舊家), 구각(舊殼;시대에 맞지 아니하는 옛 제도나 관습), 구간(舊刊), 구고(舊故), 구고(舊稿), 구곡(舊穀), 구공(舊功), 구관(舊官), 구관(舊慣), 구관(舊館), 구관(舊觀), 구교(舊交), 구교(舊敎), 구군(舊君), 구군(舊軍), 구권(舊券), 구규(舊規), 구극(舊劇), 구기(舊記), 구기(舊基), 구년(舊年)[구년묵이, 구년친구(親舊)], 구답(舊畓), 구대(舊代), 구덕(舊德), 구도(舊都), 구도(舊道), 두동(舊冬), 구랍(舊臘), 구래(舊來), 구력(舊曆), 구령(舊領), 구례(舊例), 구례(舊禮), 구로(舊路), 구록(舊錄), 구면(舊面), 구명(舊名), 구문(舊聞), 구물(舊物), 구미(舊米), 구법(舊法), 구본(舊本), 구봉(舊封), 구사(舊寺), 구사(舊師), 구산(舊山), 구세(舊歲;묵은 해), 구소(舊巢), 구속(舊俗), 구습(舊習), 구승(舊升), 구식/쟁이(舊式), 구신(舊臣), 구악(舊惡), 구악(舊樂), 구약(舊約), 구업(舊業), 구역(舊譯), 구연(舊緣), 구염오속(舊染汚俗), 구옥(舊屋), 구왕(舊王), 구우(舊友), 구원(舊怨), 구유(舊遊), 구은(舊恩), 구읍(舊邑), 구의(舊誼), 구의(舊醫), 구인(舊人), 구인(舊因), 구인(舊姻), 구작(舊作), 구저(舊著), 구적(舊蹟), 구전(舊典), 구전(舊錢), 구정(舊正), 구정(舊政), 구정(舊情), 구제(舊制), 구제(舊題), 구족(舊族), 구주(舊主), 구주(舊株), 구지(舊地), 구지(舊址), 구진(舊陳;오래 내버려 둔 땅이나 논밭), 구채(舊債), 구체(舊滯), 구초(舊草;묵은 담배), 구칭(舊稱), 구태(舊態), 구태의연(舊態依然), 구택(舊宅), 구토(舊土), 구투(舊套), 구파/연극(舊派/演劇), 구판(舊版), 구폐(舊弊), 구풍(舊風), 구학문(舊學問)/구학(舊學), 구한/신감(舊恨/新感), 구향(舊鄕), 구형(舊形), 구회(舊懷); 감구지회(感舊之懷)/감회(感懷), 고구(故舊), 배구(倍舊), 복구(復舊), 송구(送舊), 송구영신(送舊迎新), 수구(守舊), 신구(新舊), 여구하다(如舊), 의구(依舊), 지구(知舊), 친구(親舊), 회구(懷舊), 훈구/파(勳舊/派). ②일부 명사 앞에 붙어 '묵은. 낡은'의 뜻을 더하는 말.↔신(新). ¶구공신(舊功臣), 구광중(舊壙中), 구교사(舊校舍), 구놀량, 구대륙(舊大陸), 구닥다리[1132], 구되, 구문서(舊文書), 구미납(舊未納), 구미수(舊未收), 구북구(舊北歐), 구사상(舊思想), 구상전(舊上典), 구석기(舊石器), 구세계(舊世界), 구세대(舊世代), 구세력(舊勢力), 구세배(舊歲拜), 구소련(舊蘇聯), 구소설(舊小說), 구시가(舊市街), 구시대(舊時代), 구여성(舊女性), 구열대/구(舊熱帶/區), 구왕궁(舊王宮), 구적사암(舊赤沙巖), 구제도(舊制度), 구주식(舊株式), 구주인(舊主人), 구진전(舊陳田), 구칠립(舊漆笠), 구태양력(舊太陽曆), 구풍습(舊風習), 구피질(舊皮質), 구학문(舊學問), 구활자본(舊活字本), 구황궁(舊皇宮), 구황실(舊皇室) 들.

구(具) ①'갖추다. 자세히'를 뜻하는 말. ¶구격(具格), 구경(具慶/下), 구덕(具德), 구록(具錄), 구문(具文;실속은 없이 문서상으로 형식을 갖춤), 구본변(舊本邊;본전과 변리를 합함), 구비(具備), 구상(具象)[1133], 구색(具色)[1134], 구서(具書), 구성명(具姓名), 구신(具申), 구안(具眼;안목과 식견을 갖추고 있음), 구안(具案), 구유(具有), 구재(具載), 구족(具足;어떤 사물이나 형태가 충분히 갖추어져 있음), 구존(具存;具足), 구진(具陳), 구첨(具瞻), 구체(具體)[1135], 구품(具稟), 구현(具現/顯)[1136]; 경구(敬具), 불구(不具). ②'용구(用具). 도구'를 뜻하는 말. ¶가구(家具), 건구(建具), 계구(戒具), 공구(工具), 공성구(攻城具), 과구(科具), 교구(校具), 교구(敎具), 구명구(救命具), 금구(衾具), 금공구(金工具), 기구(器具), 기구(機具), 낚시구, 농구(農具), 다구(茶具), 담구(擔具), 도구(道具), 도구(賭具), 등화구(燈火具), 마구(馬具), 모구(毛具), 목공구(木工具), 무구(巫具), 무구(武具), 문구(文具), 문방구(文房具), 민구(民具), 박구(博具), 방구(防具), 방독구(防毒)具), 방성구(防聲具), 방승구(防蠅具), 방우구(防雨具), 방탄구(防彈具), 방한구(防

1132) 구닥다리(舊): 여러 해 묵어 낡고 시대에 뒤떨어진 사람, 사물, 생각 따위를 낮잡아 이르는 말.

1133) 구상(具象↔抽象): 사물 특히 예술 작품 따위가 직접 경험하거나 지각할 수 있도록 일정한 형태와 성질을 갖추고 있는. 또는 그런 것. ¶구상명사(名詞), 구상미술(美術), 구상성(性), 구상어(語), 구상예술(藝術), 구상음악(音樂), 구상적개념(槪念), 구상화/되다/하다(化), 구상화(畵).

1134) 구색(具色): 여러 가지 물건을 고루 갖춤. 또는 그런 모양새. ¶다양한 구색. 구색이 맞다. 구색친구(親舊;널리 사귀어서 생긴 여러 방면의 친구).

1135) 구체(具體): 사물이 직접 경험하거나 지각할 수 있도록 일정한 형태와 성질을 갖춤. 전체를 구비함. ¶구체개념(槪念), 구체성(性), 구체안(案), 구체음(音), 구체적(的), 구체책(策), 구체화/되다/하다(化).

1136) 구현(具現/顯): 어떤 내용이 구체적인 사실로 나타남. ¶정의 구현. 민주주의의 구현. 구현되다/하다.

寒具), 방화구(防火具), 병구(兵具), 보장구(保障具), 보철구(補綴具), 보호구(保護具), 부구(浮具), 불구(佛具), 사냥구, 삭구(索具), 산구(産具), 상구(喪具), 선구(船具), 수구(手具), 수구(壽具), 수공구(手工具), 수채화구(水彩畵具), 시문구(施文具), 안구(鞍具), 애완구(愛玩具), 어구(漁具), 여구(旅具), 연결구(連結具), 염구(殮具), 엽구(獵具), 옥구(獄具), 와구(臥具), 완구(玩具), 용구(用具), 우구(雨具), 운동구(運動具), 운반구(運搬具), 유화구(油畵具), 유회구(油繪具), 음구(飮具), 잠구(蠶具), 잠수구(潛水具), 장구(裝具), 장구(葬具), 장신구(裝身具), 장실구(裝室具), 전구(戰具), 접합구(接合具), 제구(祭具), 제구(製具), 제구(諸具), 조준구(照準具), 좌구(坐具), 주방구(廚房具), 청소구(淸掃具), 침구(寢具), 타구(唾具), 토구(吐具), 투석구(投石具), 판화구(版畵具), 표구/사(表具/師), 피임구(避妊具), 필기구(筆記具), 행구(行具), 형구(刑具), 호구(護具), 혼구(婚具), 화구(火具), 화구(畵具), 회구(繪具), 희구(戱具), 흉구(凶具). ③시체의 수를 세는 말. ¶3구의 시체.

구(球) '공. 둥근 물체'를 뜻하는 말. ¶구간(球竿), 구결(球缺), 구경(球莖;알줄기), 구관(球冠), 구균(球菌), 구근(球根;알뿌리)[구근류(類), 구근식물(植物)], 구기(球技), 구단/주(球團/主), 구등(球燈), 구띠, 구력(球歷), 구림(球琳;재능. 능력), 구면(球面)[구면각(角), 구면경(鏡), 구면계(計), 구면수차(收差), 구면파(波)], 구상(球狀[1137]), 구속(球速), 구심(球心), 구심(球審), 구아(球芽;살눈), 구위(球威;공의 위력), 구장(球場), 구정체(球晶體), 구질(球質), 구척(球尺), 구체(球體), 구형(球形), 구희(球戱); 감구(感球), 건구(乾球), 견제구(牽制球), 결구(結球), 경구(硬球), 곡구(曲球), 광구(光球), 구약구(蒟蒻球), 기구(氣球[1138]), 난구(卵球), 난구(難球), 넓적구, 농구(膿球), 농구(籠球), 단구(單球), 당구(撞球), 마구(魔球), 모구(毛球), 미관구(味官球;味蕾), 반구(半球)[대뇌반구(大腦), 수반구(水), 육반구(陸), 해반구(海)], 배구(胚球), 배구(配球), 배구(排球), 백구(白球), 변화구(變化球), 비구(飛球), 빙구(氷球), 사구(四球), 사구(死球), 선구(選球), 소구(小球), 속구(速球)[강속구(强)], 송구(送球), 수구(水球), 습구(濕球), 시구(時球), 시구/식(始球/式), 안구(眼球;눈알), 야구(野球), 연구(軟球), 완구(緩球), 외접구(外接球), 원구(圓球), 월구(月球;달), 전구(電球), 정구(庭球), 제구(制球), 족구(足球), 지구(地球), 직구(直球), 채구(彩球), 천구(天球), 초구(初球), 타구(打球), 타구(楕球), 타원구(橢圓球), 탁구(卓球), 투구(投球), 편구(偏球), 포구(匍球;굴러가는 공), 포구(捕球;공을 잡음), 피구(避球), 할구(割球), 혈구(血球), 화구(火球) 들.

구(句) 문장의 가장 작은 단위. '구절(句節;토막글이나 말)'을 뜻하는 말. ¶구검(句檢), 구구이(句句), 구구절절/이(句句節節), 구두점(句讀點), 구법(句法), 구절(句節), 구점(句點); 가구(佳句), 걸구(傑句), 게구(揭句), 결구(結句), 경구(警句), 경과구(經過句), 경인구(驚人句)/경구(驚句), 금구(金句), 기구(奇句), 기구(起句), 끝구, 낙구(落句), 난구(難句), 단구(短句), 단명구(短命句), 단장적구(斷章摘句), 대구(對句), 도구(倒句), 명구(名句), 묘구(妙句), 문구(文句), 미구(美句), 미사여구(美辭麗句), 반구(半句), 법구(法句), 사구(死句), 삽구(挿句), 삽입구(挿入句), 성구(成句), 성구(聖句), 속구(俗句), 수구(秀句), 수구(首句), 승구(承句), 시구(詩句), 심장적구(尋章摘句), 악구(樂句), 어구(語句), 언구(言句), 연구(聯句), 월장성구(月章星句), 유구(類句), 인용구(引用句), 자구(字句), 장구(章句), 전구(轉句), 절구(絕句), 진구(眞句), 집구(集句), 탈구(脫句), 활구(活句), 횡구(橫句). §'귀(句;글의 구절)'로도 읽힘. ¶귀글(두 마디가 한 덩이로 짝지어져 있는 글); 글귀(글의 구나 절), 악귀(樂句) 들.

구(求) '구하다. 바라다. 찾다. 얻다'를 뜻하는 말. ¶구걸/질(求乞), 구도(求道)[구도자(者), 구도정신(精神)], 구득(求得), 구문권(求問權), 구법(求法), 구부득/고(求不得/苦), 구사(求仕), 구사(求嗣), 구산(求山), 구상(求償[1139]), 구색(求索;애를 써서 찾아냄), 구심(求心)[구심력(力), 구심성신경(性神經), 구심운동(運動), 구심점(點)], 구애(求愛), 구언(求言), 구은(求恩), 구인/난(求人/難), 구적(求積)[구적계(計), 구적법(法)], 구전문사(求田問舍), 구전지훼(求全之毁), 구직/난(求職/欄), 구청(求請), 구하다[1140], 구해(求解), 구현(求賢), 구형(求刑), 구혼(求婚)[구혼색(色), 구혼자(者), 구혼하다]; 간구(干求;바라고 구함), 간구(懇求;간절히 구함), 갈구하다(渴求), 강구하다(强求), 걸구(乞求), 광구(廣求), 근구(勤求), 급구(急求), 기구(祈求), 문구(問求), 반구(反求), 방구(旁求), 방구(訪求), 소구(訴求), 소구(遡求), 수구(需求), 역구(力求), 요구(要求), 욕구(慾求), 자구(自求), 전구(轉求), 주구(誅求), 징구(徵求), 청구(請求), 촉구(促求), 추구(追求), 탐구(探求), 흔구(欣求), 희구(希求) 들.

구(區) '구역. 지역. 나누다'를 뜻하는 말. ¶구간(區間)[개구간(開), 공사구간(工事), 신뢰구간(信賴), 폐구간(閉)], 구구(區區;각기 다름)/하다, 구구불일(區區不一), 구구사정(區區私情), 구구세절(區區細節), 구구하다(區區[1141])/스럽다, 구내(區內), 구민(區民), 구별하다(區別;나누다. 가르다), 구분(區分)[구분감정(鑑定), 구분되다/하다; 시대구분(時代)], 구역(區域[1142]), 구장(區長), 구처(區處;구별하여 처리함), 구청(區廳), 구획(區劃)[구획어업(漁業), 구획정

1137) 구상(球狀): 공처럼 둥근 모양. ¶구상관절(關節), 구상균/구균(菌), 구상모(毛), 구상선수(船首), 구상성단(星團), 구상암(巖), 구상절리(節理), 구상투영법(投影法), 구상풍화(風化).

1138) 기구(氣球): 계류기구(繫留), 광고기구(廣告), 관측기구(觀測), 자유기구(自由), 조색기구(阻塞), 방공기구(防空), 타진기구(打診).

1139) 구상(求償): 배상(賠償) 또는 상환(償還)을 청구함. ¶구상권(權;채무자를 대신하여 채무를 변제한 연대 채무자나 보증인이 그 채무자에 대하여 가지는 반환 청구의 권리), 구상무역(貿易), 구상보증(保證), 구상시세(時勢).

1140) 구하다(求): ①상대편이 어떻게 해 주기를 바라다. ¶양해를 구하다. ②사람이 필요한 것을 자기 영역 속에 있는 상태가 되게 하다.≒얻다. 찾다. ¶구하면 얻을 것이다. 해답을 구하다. 인재를 구하다. 일자리를 구하는 사람들이 많다. 필요한 책을 구하느라 몹시 힘이 들었다. ③물건을 사다. ¶그런 물건을 구하기 어렵다.

1141) 구구하다(區區): 각각 다르다. 잘고 많아서 일일이 언급하기가 구차스럽다. 떳떳하지 못하고 졸렬하다. ¶구구한 학설. 구구한 변명을 늘어놓다. 구구하게 목숨을 보전하느니 차라리 죽는 게 낫다. 구구한 마음. 구구스럽다.

1142) 구역(區域): 갈라놓은 지역. ¶출입 금지 구역. 맡은 구역을 순찰하다. 관할구역(管轄), 금지구역(禁止), 방언구역(方言), 보세구역(保稅), 세관보세구역(稅關保稅), 접도구역(接道), 통제구역(統制), 통학구역(通學), 행정구역(行政).

리(區劃); 방언구획(方言)]; 개표구(開票區), 공구(工區), 관구(管區), 광구(鑛區), 교구(敎區), 구열대구(舊熱帶區), 군구(軍區), 금렵구(禁獵區), 금어구(禁漁區), 기상구(氣象區), 기후구(氣候區), 대양구(大洋區), 도선구(導船區), 명구승지(名區勝地), 분구(分區), 선거구(選擧區), 승구(勝區), 시구(市區), 신열대구(新熱帶區), 아한대구(亞寒帶區), 어구(漁區), 자구(磁區), 자치구(自治區), 전국구(全國區), 지구(地區)[지구당(黨); 산림지구(山林), 풍치지구(風致)], 지리구(地理區), 지역구(地域區), 투표구(投票區), 특구(特區), 학구(學區), 해구(海區), 해방구(解放區) 들.

구(九) '아홉(9). 많다'를 뜻하는 말. ¶삼 더하기 육은 구이다. 구건(九乾;하늘), 구곡(九穀), 구곡간장(九曲肝腸), 구공(九空;아득히 먼 하늘), 구공탄(九孔炭), 구구법(九九法), 구구표(九九表), 구동(九冬), 구량/각(九樑/閣), 구륜(九輪), 구미호(九尾狐), 구사일생(九死一生), 구산(九山), 구십춘광(九十春光), 구우일모(九牛一毛), 구은(九垠;천지의 끝), 구일장(九日葬), 구절양장(九折羊腸), 구절죽장(九節竹杖), 구절판/찬합(九折坂/饌盒), 구족(九族), 구중궁궐(九重宮闕), 구중심처(九重深處), 구증구포(九蒸九曝), 구척장신(九尺長身), 구천(九天;하늘의 가장 높은 곳), 구천(九泉), 구첩전(九疊篆;글자의 획을 여러 번 꾸부려서 쓴 서체), 구춘(九春), 구해(九垓); 망구(望九), 손구구, 십중팔구(十中八九), 역구구(逆九九), 주먹구구(九九), 중구(重九), 중구절(重九節) 들.

구(久) '오래다. 시간이 길다'를 뜻하는 말. ¶구근(久勤), 구리(久痢), 구림(久霖;장마), 구별(久別;오랜 이별), 구병(久病), 구설(久泄), 구성(久成;오래 도를 닦아야 깨달음을 얻을 수 있음), 구설(久泄), 구원(久遠)[구원겁(劫), 구원불(佛)], 구조(久阻), 구진(久陳)[1143], 구질(久疾), 구천(久喘), 구체(久滯), 구한/감우(久旱/甘雨), 구활(久闊); 내구(耐久)[내구력(力), 내구성(性)], 미구(未久;오래지 아니한 동안)[미구불원(不遠), 미구에], 미구(彌久;동안이 매우 오래됨), 미구불원(未久不遠), 법구폐생(法久弊生), 불구(不久), 세구하다(歲久), 양구에(良久), 역구(歷久), 연구(年久), 연심세구(年深歲久), 영구(永久), 완구하다(完久), 유구하다(悠久), 이구하다(已久), 장구하다(長久), 적구(積久;오래 걸림), 지구(持久), 지구하다(地久), 진구하다(陳久), 천장지구(天長地久), 최구(最久), 항구(恒久)[항구성(性), 항구여일(如一), 항구적(的)], 허구(許久) 들.

구(丘) ①'언덕. 무덤'을 뜻하는 말. ¶구롱(丘壟;언덕. 조상의 산소), 구릉(丘陵;언덕)[구릉길, 구릉대(帶), 구릉지(地), 구릉지대(地帶)], 구목(丘木;무덤가에 있는 나무), 구묘(丘墓;무덤), 구산(丘山), 구수(丘首), 구원(丘園), 구자(丘玆), 구진(丘疹;살갗에 돋아나는 발진), 구질(丘垤;작은 언덕), 구판(丘坂), 구학(丘壑;언덕과 구렁), 구허(丘墟;황폐한 유적); 단구(丹丘;신선이 산다는 곳), 단구(段丘)[1144], 묘구도적(墓丘盜賊), 분석구(噴石丘), 사구(砂丘)[사구식물(植物); 내륙사구(內陸), 종렬사구(縱列), 해안사구(海岸)], 쇄설구(碎屑丘), 수구초심(首丘初心), 용암구(鎔巖丘), 원정구(圓頂丘;둥근 언덕), 이구(泥丘), 잔구(殘丘;평원에 홀로 남아 있는 언덕), 청구(靑丘), 파구(波丘), 해구(海丘), 해안사구(海岸砂丘), 화구(火丘), 호사수구(狐死首丘), 화구구(火口丘)[중앙화구구(中央)]. ②공자(孔子). ¶동가구(東家丘).

구(救) '구하다. 돕다. 찾다'를 뜻하는 말. ¶구고(救苦), 구국/운동(救國/運動), 구급(救急)[1145], 구난/부표(救難/浮漂), 구령(救靈), 구료(救療), 구명(救命)[1146], 구민(救民), 구병(救兵), 구병(救病), 구빈(救貧), 구세(救世;세상 사람들을 불행과 고통에서 구함)[구세제민(濟民), 구세주(主)], 구속(救贖), 구원(救援)[1147], 구인(救人), 구재(救災), 구제(救濟)[1148], 구조(救助)[1149], 구출(救出), 구치(救治), 구하다[1150], 구호(救護)[1151], 구황(救荒)[구황식물(植物), 구황작물(作物)], 구휼(救恤)[1152]; 광구(匡救), 급구(急救), 상구(相救), 신구(伸救), 역구(力救), 자구책(自救策), 진구(賑救), 환난상구(患難相救) 들.

구(究) '연구하다. 끝까지 파고들다. 마지막'을 뜻하는 말. ¶구경(究竟;窮極. 畢竟), 구고(究考), 구극(究極), 구기본하다(究基本), 구기실하다(究其實), 구리(究理;사물의 이치를 끝까지 캐어 밝힘), 구명/하다(究明;깊이 연구하여 밝히다. 캐다), 구문(究問), 구색(究索;연구하고 사색함), 구실(究悉;빠짐없이 다 연구함), 구찰(究察), 구핵(究覈;이치나 사실 따위를 속속들이 살펴 밝힘), 구힐

1143) 구진(久陳): ①음식이 만든 지 오래되어 맛이 변함. ¶구진한 김치 냄새. ②약재가 오래 묵어 못 쓰게 됨.

1144) 단구(段丘): 하안(河岸)과 해안 또는 호안(湖岸)을 따라 형성된 계단 모양의 지형. ¶단구애(段丘崖), 단구역층(礫層), 단구퇴적물(堆積物); 구조단구(構造), 기후단구(氣候), 빙식단구(氷蝕), 사력단구(沙礫;자갈단구), 암석단구(巖石), 자갈단구, 퇴적단구(堆積), 하성단구(河成), 하안단구(河岸), 해식단구(海蝕), 해안단구(海岸), 해저단구(海底).

1145) 구급(救急): 위급한 상황에서 구하여 냄. 병이 위급할 때 우선 목숨을 구하기 위한 처치를 함. ¶구급낭(囊), 구급방(方), 구급법(法), 구급붕대(繃帶), 구급상비약(常備藥), 구급상자(箱子), 구급선(船), 구급소(所), 구급수술(手術), 구급약품(藥品)/구급약, 구급차(車), 구급책(策), 구급품(品), 구급함(函).

1146) 구명(救命): 사람의 목숨을 구함. ¶구명구(具), 구명기(器), 구명대(帶), 구명동의(胴衣;구명조끼), 구명되다/하다(살리다. 구조하다), 구명띠, 구명부기(浮器), 구명부레(구명삭), 구명부표(浮漂), 구명삭(索;구명줄), 구명수(水), 구명염(焰), 구명정(艇;구명보트), 구명조끼, 구명줄, 구명책(策), 구명총(銃), 구명환(環).

1147) 구원(救援): 어려움이나 위험에 빠진 사람을 구하여 줌. ¶구원의 손길. 구원을 받다. 구원되다/하다, 구원금(金), 구원병(兵), 구원자(者), 구원책(策), 구원투수(投手).

1148) 구제(救濟): 구하여 건짐. 구하여 도움. ¶구제 불능의 상태에 이르다. 빈민을 구제하다. 구제를 받다. 구제권(權), 구제금융(金融), 구제되다/하다, 구제명령(救濟), 구제법(法), 구제비(費), 구제사업(事業), 구제율(率), 구제조합(組合), 구제창생/하다(蒼生), 구제책(策), 구제품(品); 자력구제(自力).

1149) 구조(救助): 재난 따위를 당하여 어려운 처지에 빠진 사람을 구하여 줌. ¶구조 요원들이 신속한 구조 활동을 벌이다. 구조금(金), 구조기(機), 구조대(袋), 구조대(隊), 구조되다/하다, 구조료(料), 구조막(幕), 구조망(網), 구조미(米), 구조법(法), 구조비(費), 구조비행(飛行), 구조사다리, 구조선(船), 구조원(員), 구조총(銃); 법률구조(法律), 인명구조(人命), 재해구조(災害), 탐색구조(探索), 해난구조(海難).

1150) 구하다(救): 어렵거나 위태로운 처지에 있는 사람을 그 곳에서 벗어나도록 도와주다. ¶죽음에서 구하다. 목숨을 구해주다. 극빈자를 구하다. 내 아들을 꼭 구해주세요.

1151) 구호(救護): 재해나 재난 따위로 어려움에 처한 사람을 도와 보호함. ¶구호 기관. 구호금(金), 구호단체(團體), 구호대(隊), 구호망(網), 구호미(米), 구호물자(物資), 구호반(班), 구호법(法), 구호사업(事業), 구호선(船), 구호소(所), 구호시설(施設), 구호신(神), 구호양곡(糧穀), 구호책(策), 구호품(品), 구호하다; 난민구호(難民), 재난구호(災難).

1152) 구휼(救恤): 사회적 또는 국가적 차원에서 재난을 당한 사람이나 빈민에게 금품을 주어 돕고 보살핌. ¶구휼 사업. 구휼금(金), 구휼미(米), 구휼하다.

(究詰;끝까지 따져 꾸짖음); 강구하다(講究), 고구(考究), 공구(攻究;학문 · 기예 따위를 연구함), 궁구(窮究), 논구(論究), 박구하다(博究), 사구(査究), 심구(深究), 심구(尋究), 연구(研究), 정구(精究), 참구(參究), 천구(闡究), 추구(追究), 추구(推究), 탐구/심(探究/心), 토구(討究), 학구/파(學究/派) 들.

구(構) '얽다. 집 · 가옥'을 뜻하는 말. ¶구내(構內)[구내매점(賣店), 구내선(線), 구내식당(食堂)], 구도(構圖)[1153], 구무(構誣)[1154], 구문/론(構文/論), 구살(構殺), 구상(構想)[1155], 구성(構成)[1156], 구영(構營), 구외(構外), 구원(構怨), 구재(構材), 구조(構造)[1157], 구축(構築)[1158], 구함(構陷), 구허(構虛), 구허날무(構虛捏無), 구화(構禍;화근을 만듦); 가구(架構), 결구(結構), 기구(機構), 당구(堂構), 영구(營構), 유구(遺構), 주구(主構), 참구(讒構), 허구(虛構) 들.

구(狗) '개[견(犬)]'를 뜻하는 말. ¶구도(狗盜), 구미속초(狗尾續貂), 구미초(狗尾草;강아지풀), 구신(狗腎), 구역(狗疫), 구장(狗醬), 구척(狗脊), 구체(狗彘), 구피(狗皮); 노구(老狗), 당구(堂狗), 백구

1153) 구도(構圖): 작품의 미적 효과를 얻기 위하여, 예술 표현의 여러 요소를 전체적으로 조화 있게 배치하는 도면 구성의 요령. ¶구도를 잡다. 구도학(學); 화면구도(畵面).

1154) 구무(構誣): 터무니없는 일을 꾸며 남을 모함함.

1155) 구상(構想): 앞으로 이루려는 일에 대하여 그 일의 내용이나 규모, 실현 방법 따위를 어떻게 정할 것인지 이리저리 생각함. 예술 작품을 창작할 때, 작품의 골자가 될 내용이나 표현 형식 따위에 대하여 생각을 정리함. 또는 그 생각. ¶조직 개편안 구상. 작품 구상. 구상도(圖), 구상력(力), 구상안(案), 구상하다.

1156) 구성(構成): 몇 가지 부분이나 요소들을 모아서 일정한 전체를 짜 이룸. 또는 그 이룬 결과. 문학 작품에서 형상화를 위한 여러 요소들을 유기적으로 배열하거나 서술하는 일.=플롯(plot). ¶구성 성분. 이 소설은 구성이 탄탄하다. 구성개념(概念), 구성단위(單位), 구성도(圖), 구성되다/하다, 구성미(美), 구성본능(本能), 구성비(比), 구성심리학(心理學), 구성암석학(巖石學), 구성요건(要件), 구성요소(要素), 구성원(員), 구성유희(遊戲), 구성재(材), 구성적(的), 구성적범주(範疇), 구성주의(主義), 구성체(體), 구성파(派), 구성효소(酵素); 공간구성(空間), 자본구성(資本), 재구성(再).

1157) 구조(構造): 부분이나 요소가 어떤 전체를 짜 이룸. 또는 그렇게 이루어진 얼개. ¶권력 구조. 사회 구조의 다원성. 구조계산(計算), 구조계획(計劃), 구조곡(谷), 구조공학(工學), 구조기능주의(機能主義), 구조단구(段丘), 구조단면(斷面), 구조도(圖), 구조망(網), 구조물(物), 구조민감(敏感), 구조변경(變更), 구조분석(分析), 구조분지(盆地), 구조불황(不況), 구조선(線), 구조설계(設計), 구조성(性), 구조식(式), 구조심리학(心理學), 구조악(惡), 구조암(巖), 구조언어학(言語學), 구조역학(力學), 구조연관(聯關), 구조운동(運動), 구조유전자(遺傳子), 구조이성(異性), 구조적(的), 구조적실업(失業), 구조점성(粘性), 구조조정(調整), 구조주의(主義), 구조지진(地震), 구조체(體), 구조층(層), 구조평야(平野), 구조하다, 구조호(湖), 구조화/되다/하다(化), 구조화학(化學); 가옥구조(家屋), 강구조(鋼), 건식구조(乾式), 결정구조(結晶), 내진구조(耐震), 내화구조(耐火), 단립구조(團粒構造), 단어구조(單語), 동적구조(動的), 뜬구조(지반을 다지기 위한 기초 형식), 띠구조, 배사구조(背斜), 분자구조(分子), 사회구조(社會), 산업구조(産業), 상부구조(上部), 상층구조(上層), 습곡구조(褶曲), 시장구조(市場), 신체구조(身體), 심층구조(深層), 원자구조(原子), 유구조(柔), 의식구조(意識), 인지구조(認知), 인체구조(人體), 인편구조(鱗片), 임금구조(賃金), 입체구조(立體), 재무구조(財務), 전자구조(電子), 조립구조(組立), 중층구조(中層), 지배구조(支配), 지질구조(地質), 철골구조(鐵骨), 판구조(板構造), 표면구조(表面), 표층구조(表層), 하부구조(下部).

1158) 구축(構築): 구조물이나 진지를 쌓아 올려 만듦. 체제, 체계 따위의 기초를 닦아 세움. ¶진지 구축. 신뢰 구축. 통신망 구축. 지지 기반의 구축. 구축되다/하다, 구축물(物).

(白狗), 수구(水狗;물개), 양두구육(羊頭狗肉), 어구(魚狗;물총새), 의구(義狗;의로운 개)[의구전설(傳說), 의구총(塚)], 적구(赤狗), 주구(走狗), 천리구(千里駒), 투구(鬪狗), 해구(海狗), 황구(黃狗), 흑구(黑狗) 들.

구(驅) '몰다. 몰아내다. 달리다. 앞장서다'를 뜻하는 말. ¶구나(驅儺;악귀를 쫓는 일), 구동(驅動)[1159], 구마(驅魔;마귀를 몰아 내쫓음), 구매(驅梅), 구매제(驅梅劑), 구박(驅迫)[1160], 구보(驅步), 구사하다(驅使), 구서(驅鼠), 구잠정(驅潛艇), 구제(驅除)[1161], 구종(驅從;말구종), 구집(驅集;물고기 따위를 몰아서 모음), 구축(驅逐)[1162], 구출(驅出), 구충/제(驅蟲/劑), 구치(驅馳), 구풍제(驅風劑); 색구(色驅), 선구/자(先驅/者), 승승장구(乘勝長驅), 장구(長驅), 전구(前驅) 들.

구(灸) '뜸[1163]. 굽다'를 뜻하는 말. ¶구소(灸所;灸穴), 구술(灸術), 구점(灸點;뜸점), 구창(灸瘡;뜸자리에 생긴 부스럼), 구치(灸治), 구하다(뜸을 뜨다. 불에 굽다), 구혈(灸穴); 간접구(間接灸), 무흔구(無痕灸), 밀구(蜜灸), 온구(溫灸), 온화구(溫和灸), 육구(肉灸), 점구(點灸;뜸을 뜸), 직접구(直接灸), 철구(鐵灸), 침구(鍼灸). §'부끄럽다'의 뜻을 나타냄.≒괴(愧). 면구하다/스럽다(面灸).

구(鉤) '갈고리'를 뜻하는 말. ¶구거(鉤距;미늘), 구륵/법(鉤勒/法;선으로 윤곽을 그리고 그 사이를 채색하는 동양 화법), 구상(鉤狀;갈고리 모양), 구영자(鉤纓子), 구용(鉤用), 구인(鉤引;갈고리로 당김), 구철(鉤鐵), 구충(鉤蟲), 구취(鉤取), 구침(鉤針), 구형(鉤形); 단구/법(單鉤/法), 대구(帶鉤), 사조구(四爪鉤), 쌍구/법(雙鉤/法), 염구(簾鉤), 은구(銀鉤), 조구(釣鉤;낚시) 들.

구(溝) '도랑. 고랑. ㄷ자 모양'을 뜻하는 말. ¶구거(溝渠;개골창), 구교(溝橋;도로 아래를 가로지르는 지하 수로), 구지(溝池), 구학(溝壑;구렁), 구혁(溝洫), 구형강(溝形鋼), 구회(溝澮); 공동구(共同溝), 맹구(盲溝), 묘구(畝溝), 배수구(排水溝), 심구(深溝), 어구(御溝), 와구(瓦溝;기왓고랑), 원구(怨溝), 유구(遺構), 은구(隱溝), 음구(音溝), 조구(漕溝), 지구/대(地溝/帶), 하수구(下水溝), 해구(海溝) 들.

구(拘) '거리끼다. 잡다'를 뜻하는 말. ¶구검(拘檢), 구금(拘禁)[1164], 구기(拘忌;꺼림), 구니(拘泥;어떤 일에 얽매임), 구례(拘禮)[1165], 구류(拘留)[구류간(間), 구류처분(處分); 민사구류(民事)], 구속(拘束)[1166], 구수(拘囚), 구애(拘礙;거리낌), 구인(拘引;사람을 강제로

1159) 구동(驅動): 동력을 가하여 움직임. ¶구동력(力), 구동륜(輪), 구동장치(裝置), 구동축(軸), 구동하다; 전륜/후륜구동(前輪/後輪).

1160) 구박(驅迫): 못 견디게 괴롭힘. 들들볶음. 업시름(업신여김과 구박). ¶구박깨나 받았다. 며느리가 시어머니를 구박하다니. 구박하다.

1161) 구제(驅除): 해충 따위를 몰아내어 없앰. ¶기생충 구제. 해충 구제 사업. 구제되다/하다, 구제법(法), 구제약(藥).

1162) 구축(驅逐): 어떤 세력 따위를 몰아서 쫓아냄. ¶사치 풍조 구축. 구축되다/하다, 구축전차(戰車), 구축함(艦).

1163) 뜸: 병을 고치기 위하여, 약쑥을 비벼서 자질구레 빚어 살 위의 혈(穴)에 놓고 불을 붙이어 살을 뜨는 일. ¶뜸을 뜨다.

1164) 구금(拘禁): 피고인 또는 피의자를 가두어 신체적 자유를 구속하는 강제 처분. 구류(拘留). ¶구금되다/하다, 구금반응(反應), 구금자(者), 구금장(場); 미결구금(未決), 잡거구금(雜居).

1165) 구례(拘禮): 변통성이 업이 예의에 얽매임.

끌고 감)[구인되다/하다, 구인장(狀)], 구축(拘縮), 구치/소(拘置/所); 불구하고(不拘) 들.

구(苟) '구차하다(군색스럽고 구구하다. 가난하다)'를 뜻하는 말. ¶구간하다(苟艱;매우 가난하다), 구생(苟生;구차하게 삶), 구안(苟安;일시적인 안락을 탐함), 구안투생(苟安偸生), 구연세월(苟延歲月), 구용(苟容;비굴하게 남의 비위를 맞춤), 구종(苟從;분별없이 맹목적으로 좇아 따름), 구차하다/스럽다(苟且), 구투(苟偸;눈앞의 일시적인 안일을 탐냄), 구합(苟合;함부로 영합함); 간구(艱苟;가난하고 구차함) 들.

구(軀) '몸[신(身)]'을 뜻하는 말. ¶구간/골(軀幹/骨;몸통/뼈), 구명(軀命), 구체(軀體); 거구(巨軀), 노구(老軀), 단구(短軀), 미구(微軀;천한 몸), 병구(病軀), 수구(瘦軀), 시구(屍軀;송장), 왜구(矮軀), 위구(偉軀), 의구(義軀;의로운 몸), 장구(長軀), 전구(全軀;온몸), 천구(賤軀), 체구(體軀), 환구(幻軀) 들.

구(垢) '때'를 뜻하는 말. ¶구예(垢穢;때가 묻어 더러움), 구의(垢衣), 구폐(垢弊;때가 묻고 해진 옷); 두구(頭垢;비듬), 무구하다(無垢), 순진무구(純眞無垢), 심구(心垢), 오구(汚垢), 이구(耳垢;귀지), 죄구(罪垢), 진구(塵垢), 천진무구(天眞無垢), 함구(含垢) 들.

구(寇) '떼도둑. 해치다. 겁탈하다'를 뜻하는 말. ¶구수(寇讎;怨讐), 구적(寇賊), 구탈(寇奪), 구투(寇偸)[1167]; 교구(狡寇), 궁구(窮寇), 내구(內寇), 묘구(墓寇), 입구(入寇), 왜구(倭寇), 외구(外寇), 원구(怨寇), 일구(日寇;왜구), 침구(侵寇), 토구(土寇), 해구(海寇) 들.

구(購) '사다. 구해드리다'를 뜻하는 말. ¶구구(購求;구하여 삼), 구독(購讀)[구독료(料), 구독자(者), 구독하다; 정기구독(定期)], 구람(購覽), 구매(購買)[1168], 구서(購書), 구입(購入)[구입가(價), 구입예산(豫算), 구입정책(政策), 구입하다], 구판장(購販場) 들.

구(仇) '원수(怨讐)'를 뜻하는 말. ¶구극(仇隙;원수처럼 지내는 사이), 구방(仇邦;원수의 나라), 구수(仇讎), 구수지간(仇讎之間), 구시(仇視), 구원(仇怨), 구인(仇人), 구적(仇敵), 구한(仇恨); 보구(報仇;앙갚음), 복구(復仇), 세구(世仇) 들.

구(臼) '절구. 우묵하게 들어간 곳'을 뜻하는 말. ¶구상/화산(臼狀/火山;절구꼴 화산), 구저(臼杵), 구치(臼齒;어금니), 구포(臼砲); 관골구(髖骨臼), 답구(踏臼), 도구(搗臼), 비구(髀臼), 석구(石臼), 소구치(小臼齒), 탈구(脫臼) 들.

구(舅) '시아버지. 장인(丈人), 외삼촌'을 뜻하는 말. ¶구고(舅姑;시부모)[현구고(見)], 구모(舅母;외숙모), 구부(舅父), 구생(舅甥;외숙의 생질), 구제(舅弟;외사촌의 형제), 구조(舅祖); 국구(國舅), 내구(內舅), 백구(伯舅), 외구(外舅) 들.

구(俱) '함께. 다. 모두'를 뜻하는 말. ¶구경(俱慶), 구몰(俱沒), 구발(俱發), 구실(俱失), 구재(俱在), 구전[1169](俱全;모두 갖추어져 온전함), 구존(俱存), 구창(俱唱), 구현(俱現;내용이 속속들이 다 드러남) 들.

구(鳩) '비둘기'를 뜻하는 말. ¶구사(鳩舍), 구수(鳩首;여럿이 머리를 맞댐), 구수회의(鳩首會議), 구장(鳩杖), 구재(鳩財), 구집(鳩集;鳩聚), 구취(鳩聚;한데 모음), 구편(鳩便)[1170]; 반구(頒/斑鳩), 전서구(傳書鳩), 청구(靑鳩) 들.

구(勾) 직각삼각형에서 직각을 낀 짧은 변. ¶구고(勾股;직각삼각형), 구배(勾配)[1171], 구삼고사현오(勾三股四弦五), 구옥(勾玉) 들.

구(劬) '수고하다. 부지런하다'를 뜻하는 말. ¶구근(劬勤;부지런히 일함), 구로(劬勞;자식을 낳아 기르는 수고), 구로지은(劬勞之恩) 들.

구(咎) '허물. 잘못. 탓하다'를 뜻하는 말. ¶구실재아(咎實在我), 구징(咎徵), 구책(咎責;잘못을 나무람); 수원수구(誰怨誰咎), 원구(怨咎), 참구(懺咎), 추구(追咎) 들.

구(矩) 곱자[곡척(曲尺;기역자자)]. ¶구묵(矩墨;곱자와 먹줄. 法則), 구척(矩尺;곱자), 구철(矩鐵), 구형(矩形;長方形); 규구(規矩/法), 상구(上矩), 승구(繩矩), 하구(下矩) 들.

구(柩) '널. 관(棺)'을 뜻하는 말. ¶구의(柩衣;관 위에 덮는 베), 구차(柩車); 관구(棺柩), 반구(返柩), 시구(屍柩), 영구/차(靈柩/車), 운구(運柩), 정구(停柩), 출구(出柩) 들.

구(毬) 격구나 타구(打毬)에 쓰는 공. ¶구과(毬果;솔방울), 구문(毬門), 구장(毬杖), 구장(毬場), 구화(毬花); 격구(擊毬), 모구(毛毬), 목구(木毬), 채구(彩毬), 타구(打毬) 들.

구(裘) '가죽옷'을 뜻하는 말. ¶구마(裘馬;부자. 재벌); 경구비마(輕裘肥馬), 귀갑구(龜甲裘), 녹구(鹿裘), 초구(貂裘), 하갈동구(夏葛冬裘), 피구(皮裘), 호백구(狐白裘) 들.

구(駒) '망아지'를 뜻하는 말. ¶극구(隙駒;달리는 말을 문틈으로 본다는 뜻에서, 세월의 흐름이 빠름), 백구(白駒), 백구과극(白駒過隙).

구(歐) '유럽(Europe)'을 뜻하는 말. ¶구미(歐美), 구주(歐洲), 구화(歐化); 남구(南歐), 동구(東歐), 북구(北歐), 서구/풍(西歐/風), 전구(全歐) 들.

구(甌) '사발'을 뜻하는 말. ¶금구(金甌), 금구무결(金甌無缺;조금도 흠이 없는 황금 단지라는 뜻으로, 나라가 외침으로 수모를 받은 적이 없음을 비유).

구(懼) '두려워하다'를 뜻하는 말. ¶구우(懼憂), 구천(懼喘); 공구하다(恐懼), 긍구(兢懼), 삼구(三懼), 송구하다(悚懼), 외구(畏懼), 우구(憂懼), 위구(危懼), 의구/심(疑懼/心) 들.

1166) 구속(拘束): 마음대로 못하게 얽어맴. ¶구속감(感), 구속계약(契約), 구속기간(期間), 구속되다/하다, 구속력(力), 구속시간(時間), 구속영장(令狀), 구속적부심사(適否審查); 긴급구속(緊急), 불구속(不), 사회적구속(社會的), 자아구속(自我).

1167) 구투(寇偸): 남의 나라에 쳐들어가서 난폭한 짓이나 도둑질을 함.

1168) 구매(購買): 물건을 사들임. ¶구매관리(管理), 구매권(券), 구매동기(動機), 구매력(力)[구매력손익(損益), 구매력평가(評價)], 구매예산(豫算), 구매욕(慾), 구매자(者), 구매조합(組合), 구매처(處), 구매품(品); 충동구매(衝動).

1169) 구전하다(俱全): 물건이 부족한 것 없이 넉넉하고 많다.

1170) 구편(鳩便): 길들인 비둘기를 이용하여 통신함. 또는 그 통신. 구편을 띄우다.

1171) 구배(勾配): 물매. 기울기. ¶구배자(尺), 구배표(標); 급구배(急), 반구배(半), 제한구배(制限), 종단구배(縱斷).

ㄱ

구(嘔) '게우다. 토하다(吐)'를 뜻하는 말. ¶구기(嘔氣), 구역(嘔逆;욕지기)[구역나다(욕지기가 나다), 구역증(症), 구역질/하다; 날구역(아주 심한 욕지기), 헛구역], 구토/증(嘔吐/症) 들.

구(毆) '때리다'를 뜻하는 말. ¶구격(毆擊), 구매(毆罵;때리고 욕함), 구살(毆殺), 구상(毆傷;때려서 상처를 냄), 구타/치사(毆打/致死); 투구(鬪毆) 들.

구(晷) '해. 햇빛. 그림자'를 뜻하는 말. ¶귀루(晷漏;해시계와 물시계라는 뜻으로 '시각(時刻)'을 이르는 말), 단구(短晷;짧은 해. 짧은 낮), 앙부일구(仰釜日晷).

구(韭) '부추'를 뜻하는 말. ¶구세청(韭細靑;청자의 한 빛), 구채(韭菜;부추).

구(釦) '그릇에 테를 두르다'를 뜻하는 말. ¶금구(金釦;도자기의 입둘레를 두른 금빛의 테두리).

구(耉) '늙은이'를 뜻하는 말. ¶구로(耉老), 구장(耉長); 황구(黃耉) 들.

구(媾) '나라 사이의 좋은 교분(화친하다)'를 뜻하는 말. ¶구합(媾合;性交), 구화(媾和;싸우던 나라끼리 평화를 의논함).

구(嶇) '산이 가파르다'를 뜻하는 말. ¶구로(嶇路;험한 길); 기구/하다(崎嶇) 들.

구(嫗) '할미. 할머니'를 뜻하는 말. ¶노구(老嫗;할멈), 노구쟁이(老嫗;뚜쟁이 노파) 들.

구(廏) '마구간'을 뜻하는 말. ¶구비(廏肥), 구사(廏舍); 마구(馬廏) 들.

구(屨) '삼으로 만든 신발'을 뜻하는 말. ¶장구(杖屨;지팡이와 짚신. 이름난 사람의 머무른 자리).

구(謳) '노래'를 뜻하는 말. ¶구가하다(謳歌;칭송하여 노래하다), 구음(謳吟;노래를 부름).

구(鷗) '갈매기'를 뜻하는 말. ¶구로(鷗鷺); 강구(江鷗), 백구(白鷗), 해구(海鷗).

구(衢) '거리'를 뜻하는 말. ¶구가(衢街;큰 길거리), 구로(衢路); 가구(街衢), 강구(康衢), 강구연월(康衢煙月), 통구(通衢) 들.

구(簆) '바디(베 또는 가마니의 날에 씨를 쳐서 짜는 기구)'를 뜻하는 말. ¶성구(筬簆;바디).

구(颶) '회오리바람'을 뜻하는 말. ¶구모(颶母;회오리바람), 구풍(颶風;열대성 저기압).

구(龜) '거북이'를 뜻하는 말. ¶구자(龜玆). ☞ 귀(龜).

구(佝) '곱사등이'를 뜻하는 말. ¶구루병(佝僂病).

구(蚯) '지렁이'를 뜻하는 말. ¶구인/니(蚯蚓/泥;지렁이/똥).

구경 경치나 행사·흥행물을 보고 즐기는 일. ¶산천을 구경하다. 영화 구경. 구경가다, 구경가마리[1172], 구경감(구경거리), 구경값, 구경거리, 구경길, 구경꾼, 구경나다(구경거리가 생기다), 구경삯, 구경속(구경하려는 속내), 구경스럽다(구경할 만하다), 구경시키다, 구경터, 구경판, 구경하다(보다. 유람하다); 꽃구경, 단풍구경(丹楓), 달구경, 물구경, 별구경[성(星)], 별구경(別;별다른 구경), 불구경, 집구경 들.

구구 닭을 부를 때 내는 소리. 닭이나 비둘기 따위가 우는 소리. ¶구구거리다, 구구구[1173].

구궁구궁 멀리서 웅글게 들려오는 포 소리. ¶전선의 폿소리가 구궁구궁 울려오다.

구기 기름이나 술 따위를 풀 때 쓰는 국자와 비슷한 기구. 또는 그것을 세는 단위. ¶술 한 구기. 박구기(쪽박으로 만든 구기), 술구기, 알구기[1174], 은구기(銀).

구기(다)¹ 종이·피륙 따위가 비비어져 잔금이 생기다.(≒접히다). 〈작〉고기다. 〈센〉꾸기다¹. ¶옷이 구기다. 종이를 구겨 휴지통에 넣다. 고기다·꼬기다·구기다·꾸기다, 구겨박다/박히다, 구겨지다, 구기박지르다/구박지르다(몹시 구기지르다), 구기지르다(마구 구기다), 구김(주름)·꾸김·고김·꼬김/살, 구김살없다, 구김·꾸김새, 꾸김없다, 구김지다, 고기작고기작·꼬기작꼬기작·구기적구기적·꾸기적꾸기적/거리다/대다, 고기작·꼬기작·구기적·꾸기적거리다/대다, 고깃고깃·꼬깃꼬깃(비기거나 주무르는 행위)·구깃구깃·꾸깃꾸깃/거리다/대다/하다, 꼬기꼬기(꼬기어서 금이 많이 난 모양); 짓구기다.

구기(다)² 마음이 언짢게 되거나 마음을 언짢게 하다. 나쁜 영향을 받거나 운수가 막혀 일이나 살림이 꼬여만 가다.≒망치다. 〈센〉꾸기다². ¶마음에 구긴 분을 풀다. 그가 우리 계획을 구겨 놓았다. 작은 잘못이 일 전체를 구겨 놓았다.

구꿈-맞다 말이나 행동이 도무지 사리에 맞지 않고 엉뚱하다.

-구나 ①'이다, 아니다'의 어간이나 형용사의 어간 또는 선어말 어미 '-았/었-, -겠-'에 붙어 '해라'할 자리에서 혼자 새삼스러운 감탄을 나타내는 종결 어미.≒-내². 〈준〉-군. ¶참 잘 되었구나. 네가 벌써 대학생이구나. 범인이 아니구나. 날씨가 참 좋군. -는-구나/군-그려, -더-구나/군, -군-그래, -군-요. ②-(이)로구나[이구나'의 준말. ¶진짜가 아니로구나. 별천지로구나. 올해도 벌써 섣달이로구나.

구나방 말이나 행동이 모질고 거칠며 예절을 모르는 사람. ¶누가 구나방을 모른다더냐, 모른 척하는 것이지. 그런 구나방 하고 평생 살아야 한다니 한심할 일이다.

구냥 처녀. 젊은 여자.[←姑娘(고낭)].

구누름 제 스스로 자신을 비웃으며 욕하고 중얼거리는 짓. ¶그는 비위가 상할 때면 으레 이런 구누름을 하곤 합니다.

구눙 무당이 섬기는 아홉째 귀신.[〈군웅(軍雄)]. ¶구눙을 부르는 무

1172) 구경가마리: 행동거지가 남과 달라서 남의 웃음거리가 되는 사람을 얕잡아 이르는 말.

1173) 구구구: 비둘기나 닭이 우는 소리. 〈센〉꾸꾸꾸.

1174) 알구기: 술이나 기름, 줄 따위를 풀 때에 쓰는 작은 기구,

당. 구능 놀다(구능 차림을 하고 나와서 놀아나다). 구능거리, 구능굿, 구능놀다(구능 차림을 하고 나와서 놀아나다), 구능놀이, 구능대신(大神), 구능살(煞), 구능상(床); 사신구능(使臣;외국에 부임하는 사신을 호위하는 신) 들.

-구니/꾸니 몇몇 명사성 어근에 붙어 '그 속성을 지닌 사람'의 뜻을 더하는 말. ¶발록구니[1175], 조방꾸니(助幇;오입판에서 여자를 소개하거나 심부름을 하는 사람), 졸망구니(졸망졸망한 조무래기), 치룽구니(어리석어서 쓸모가 없는 사람).

구더기 파리의 애벌레.≒가시. ¶구더기 무서워 장 못 담글까. 누엣구더기, 똥구더기, 술구더기(걸러 놓은 술에 뜬 밥알) 들.

구덕 제주도 여자들이 사용하는, 바닥이 평평하고 좀 크게 만든 대바구니. ¶물구덕, 아기구덕.

구덥 구차한 생활이나 처지. ¶구덥을 면하려면 놀지 말아야 한다. 진구덥(자질구레하고 지저분한 뒷바라지 일. 구듭).

구덩이 땅이 움푹하게 팬 곳. 또는 그렇게 파낸 곳. 갱(坑). 〈준〉굿[2].[〈굳+엉+이].≒구렁. 함정(陷穽). ¶구덩이를 파다/메우다. 구덩무덤, 구덩식(式), 구덩이심기; 돌림구덩이[1176], 똥구덩이, 물구덩이, 불구덩이(불이 타고 있는 속. 위급한 지경), 운석구덩이(隕石), 통구덩이, 흙구덩이, 흠구덕(欠) 들.

구두 가죽을 재료로 하여 만든 신발.[←くつ〈일〉. 구둘〈몽〉]. ¶구두를 닦다. 구두를 맞추다. 구두끈, 구두닦이(구두를 닦는 것을 업으로 하는 사람), 구두못, 구둣발/길, 구둣방(房), 구둣솔, 구두약(藥), 구두장이, 구둣주걱(구두술), 구두징, 구두창, 구두칼, 구두코; 목구두(목이 긴 구두), 반구두(半), 백구두(白), 뾰족구두, 양피구두(羊皮) 들.

구들 아궁이에 불을 때면 방밑을 지나며 방을 따듯하게 하는 장치. 온돌(溫突). ¶구두질[1177]/하다, 구둣대(굴뚝·방고래의 검댕이나 재를 그러내는 기구), 구들골(방고래), 구들대접(待接;각별한 대접), 구들더께(늙고 병들어 방에만 있는 사람), 구들돌, 구들동티(이렇다 할 아무 동티도 없이 죽음), 구들막농사(農事), 구들목(방안의 아랫목), 구들미[1178], 구들바닥, 구들방(房), 구들식(式), 구들장(구들돌), 구들재/구재(방고래에 낀 철매[1179]와 재), 구들직장(直長;방에만 처박혀 있는 사람); 냉구들(冷;차가운 방구들), 돌구들, 막구들, 방구들(房), 쇠구들[1180], 연좌구들(골을 켜고 놓은 구들), 장판구들(壯版), 함실구들, 허튼구들 들.

구듭 귀찮고 힘 드는 남의 뒤치다꺼리.≒진구덥. [+치다]. ¶노망든 시어머니의 구듭을 치다. 구듭치기.

구뜰-하다 변변하지 아니한 국이나 찌개 따위의 맛이 제법 구수하여 먹을 만하다. ¶시래깃국이 꽤 구뜰하다. 구뜰한 찌개 냄새가 풍겨오자 걷잡을 수 없는 식욕을 느꼈다. 엇구뜰하다(조금 구수한 맛이 있다).

구라 '거짓말'을 속되게 이르는 말.

구럭 새끼로 그물처럼 떠서 만든 망태기. ¶구럭망태(網), 구럭배낭(背囊); 멍구럭(사이를 성기게 떠서 만든 구럭)[섬멍구럭;섬을 묶어서 친 얽이], 모구럭(모내는 기계에서 모를 넣는 구럭), 빚구럭(빚이 많아서 헤어나지 못하는 상태), 섬멍구럭, 장구럭(場;장바구니), 초물구럭(草物; 밀짚이나 왕골로 만든 구럭).

구렁 땅이 움푹 패어 들어간 곳. 헤어나기 어려운 나쁜 상황을 비유하는 말.[←굴+엉]. ¶구렁에 몰아넣다. 구렁논, 구렁배미(구렁논), 구렁지다, 구렁창, 구렁텅/이[물구렁텅이]; 진구렁, 허구렁(虛;텅 빈 구렁).

구렁-말 털 빛깔이 밤색인 말.[←küreng〈몽〉].≒황마(黃馬).

구렁이 뱀과의 파충류. 마음이 음흉한 사람. ¶구렁이 담 넘어 가듯. 구렁이알[1181]; 능구렁이, 먹구렁이, 복구렁이(福), 비단구렁이(緋緞), 수구렁이, 암구렁이, 업구렁이, 황구렁이(黃) 들.

구레 지대가 낮아서 물이 늘 괴어 있는 땅. 패어 들어간 곳(웅덩이). ¶바위 구레에는 곤충이 들락거린다. 구레논(고래실), 구렛들(바닥이 깊고 물이 늘 있어서 기름진 들); -구레: '허구리(허리. 곧 양쪽 갈비 아래의 잘쏙한 부분)'의 옛말. ¶뱃구레(사람이나 짐승의 배의 통. 또는 그 안), 옆구리(갈빗대가 있는, 가슴과 등 사이의 부분)/운동(運動), 진구리(허리의 양쪽으로 잘록하게 들어간 부분), 허구리.

-구려 ①동사·형용사의 어간이나 선어말 어미 '-았/었-'에 붙어 '하오'할 자리에 새삼스런 감탄을 나타내는 종결 어미. ¶벌써 갔구려. ②동사 어간에 붙어 상대자에게 좋도록 시킴을 나타내는 종결 어미. ¶알아서 하구려. 편한 대로 하시구려. -는-구려[1182]. ③'-(이)로구려[이구려]'의 준말. ¶저기가 설악산이로구려. 개인 재산이 아니로구려. 마지막이로구려.

구르(다)[1] ①물체가 면 위에서 돌면서 어떤 방향으로 옮겨 가다. 뒹글다. 〈준〉굴다. ¶공이 구르다. 길가에 구르는 쓰레기들. 데굴데굴 구르다. 구르는 돌은 이끼가 끼지 않는다. 구름돌, 구름마찰(摩擦)[1183], 굴개(롤러), 굴대[1184], 굴도리[1185], 굴똥[1186], 굴러가다, 굴러나다(굴러서 나가다), 굴러다니다, 굴러듣다(떠도는 소문을 얻어듣다), 굴러들다, 굴러먹다[1187], 굴러차기, 굴렁대(굴렁

1175) 발록구니: 하는 일이 없이 공연히 놀면서 돌아다니는 사람.
1176) 돌림구덩이: 벽과 기둥을 통하여 그 밑에 길게 돌려 판 구덩이.
1177) 구두질: 방고래에 모인 재를 구둣대(재를 쑤시고 그러내는 기구)로 쑤시어 그러내는 일. ¶구두질을 하고 난 사람 같이 얼굴이 검다.
1178) 구들미: 방구들을 뜯어 고칠 때 나오는 재나 탄 흙. 거름으로 씀. §'미'는 '진흙'을 뜻하는 옛말로 현대어 '미장이[←미/니(泥)+장이]'와 동근어. ¶집터엔 구들미가 거뭇거뭇 보였을 뿐이었다.
1179) 철매: 연기 속에 섞여 나오는 검은 가루.
1180) 쇠구들: 고래가 막히어, 아무리 불을 때도 더워지지 않는 방.

1181) 구렁이알: '소중한 밑천'을 비유적으로 이르는 말.
1182) -는구려: ¶보고 싶었던 그이가 오시는구려.
1183) 구름마찰(摩擦): 물체가 어떤 면(面) 위를 굴러갈 때, 이 물체의 운동에 대한 면의 저항력.
1184) 굴대: 수레바퀴의 한가운데에 뚫린 구멍에 끼우는, 긴 쇠나 나무. 축(軸). ¶굴대장군(將軍;몸이 크고 살빛이 검은 사람), 굴대통/굴통(筒); 방아굴대.
1185) 굴도리: 둥글게 만든 도리.
1186) 굴똥: 물레의 가운데에 박아, 바퀴를 돌리는 둥근 나무.

쇠를 굴리는 대), 굴렁쇠1188), 굴레미1189), 굴리다, 굴림(나무 따위를 모나지 않게 깎음)[굴림끌, 굴림대패], 굴림대1190), 굴림마찰(摩擦), 굴림바퀴, 굴림백토(白土), 굴림소리, 굴만두(소를 밀가루에 굴린 만두), 굴통(筒;굴대통); 나굴다(이리저리 마구 뒹굴다), 내굴리다(함부로 내돌려서 천하게 다루다), 내리구르다/굴리다, 뒹굴다1191), 치굴리다(눈알 따위를 위로 굴리다), 휘굴리다(마구 돌리어 굴리다). ☞ 전(轉). ②총 따위를 쏠 때 반동으로 되튀다. ¶뒤구르다(총·대포가 발사 후의 반동으로 움직이거나 물러나다).

구르(다)[2] 선 자리에서 발로 바닥을 마구 내리 디디다. ¶마루를 구르며 뛰놀다. 추워서 발을 동동 구르다. 구름금1192), 구름판(도약판(跳躍板)); 공구르다(선 자리에서 바닥이 울리게 발을 디디거나 구르다).

구름[1] 공기 중의 수분이 엉겨서 작은 물방울이나 얼음의 결정이 되어 떠 있는 것. 구름처럼 몰려 있는 것. ¶구름을 잡다(막연하고 허황한 짓을 하다). 흰 구름. 구름결/에, 구름다리, 구름덩이, 구름떼, 구름량(量), 구름머리, 구름먼지, 구름모양(模樣), 구름모임(법회 대중이 구름처럼 많이 모여듦), 구름무늬, 구름바다, 구름발1193), 구름발치(구름과 맞닿아 뵈는 먼 곳), 구름밤(구름이 끼어 어두운 밤), 구름방울, 구름밭(산등성이에 있는 조그마한 밭), 구름벼랑(늘 구름이 끼는 벼랑), 구름분류(分類), 구름사다리, 구름새(기상에 따라 구름이 움직이는 모양), 구름송이(작은 구름덩이), 구름안개, 구름옷1194), 구름자(운형자), 구름자락, 구름장(구름의 덩이), 구름집[운당(雲堂)], 구름짬(구름의 틈새), 구름차일(遮日;공중에 높이 친 차일), 구름층(層), 구름타래; 검은구름, 꼬리구름1195), 꽃구름[채운(彩雲)], 높쌘구름, 눈구름, 뜬구름(浮雲;가변적 현상. 덧없는 세상 일), 띠구름, 렌즈구름(lens), 매지구름1196), 먹구름, 먹장구름, 모루구름(모루 모양의 구름), 물구름(물방울로 이루어진 구름), 뭉게구름, 밑턱구름1197), 방사능구름(放射能), 버섯구름, 벌집구름, 비구름, 비늘구름, 비행기구름(飛行機;航跡雲), 산안개구름(山), 삿갓구름(산봉우리에 걸린 삿갓 모양의 구름), 새털구름, 소나기구름, 실구름, 쌘구름[적운(積雲)], 쌘비구름, 안개구름, 양떼구름(羊), 연기구름(煙氣), 열구름[행운(行雲)], 오리구름(실낱같이 가늘게 퍼진 구름), 오색구름(五色), 원자구름(原子;핵폭발 직후에 버섯처럼 생기는 구름), 위턱구름(상층운), 유방구름(乳房), 자개구름(진주구름), 조각구름, 조개구름[권적운(卷積雲)], 진주구름(眞珠), 쪽구름(한 조각의 작은 구름), 층구름(層), 털구름, 털쌘구름, 털층구름(層), 토막구름[편난운(片亂雲)], 햇무리구름, 흘레구름(비를 내리려고 엉기기 시작하는 구름). ☞ 운(雲).

구름[2] 귀룽나무, 참나무 껍질 따위를 약간 좁은 듯하고 길게 오린 것. 구름나무(귀룽나무)의 열매. ¶구름결(구름나무의 껍질), 구름노전(구름으로 결어서 만든 깔개), 구름오리, 구름자리, 구름칼, 구름틀.

구리 전연성(展延性)과 가공성이 뛰어난 적색 광택의 금속 원소[Cu]. ¶구리가락지, 구릿가루, 구릿값, 구리거울, 구리공예(工藝), 구리공이, 구리관(管), 구리광(鑛), 구리귀신(鬼神;억척같은 구두쇠), 구리기둥, 구리물, 구리바리, 구리병(甁), 구릿빛, 구리색(色), 구리쇠, 구리자(구리로 만든 자), 구리장이, 구리종(鐘), 구리줄, 구리창(槍), 구리철/사(鐵/絲), 구리촉(鏃), 구리칼, 구리판(板), 구리합금(合金); 노구솥(놋쇠와 구리의 합금으로 만든 솥), 산화구리(酸化), 전해구리(電解), 초산구리(醋酸), 침전구리(沈澱), 황산구리(黃酸), 황화구리(黃化). ☞ 동(銅).

구리(다) 〈작〉고리다. ☞ 곯다'.

-구먼 ①형용사의 어간이나 선어말 어미 '-았/었-, -겠-'에 붙어, 반말이나 혼잣말로 새삼스런 감탄을 나타내는 종결 어미. 〈준〉군. ¶많구먼. 빨리 왔구먼. 참 재미있구먼. -는-구먼(요)/-는-군(요). ②'-(이)로구먼'의 준말. ¶벌써 한 시로구먼/로군.

구멍 뚫어졌거나 파낸 자리. 구덩이.[←구무/굼ㄱ+엉]. ¶구멍이 뚫리다. 구멍가게, 구멍구멍(구멍마다. 으슥한 구석마다), 구멍나다, 구멍나사(螺絲), 구멍노리(구멍의 언저리), 구멍돈, 구멍돌, 구멍돌도끼, 구멍뚫이, 구멍무늬, 구멍문(門), 구멍병(病), 구멍봉(구멍이 뚫린 낚싯봉), 구멍봉돌, 굼부리, 구멍새(구멍의 생김새), 구멍수1198), 구멍창(窓), 구멍치기, 구멍탄(炭); 가늠구멍, 개구멍1199)/받이, 게재비구멍1200), 고줏구멍, 괴구멍1201), 군둣구멍(가래 바닥에 뚫린 구멍), 귓구멍, 까치구멍1202), 꽁숫구멍, 끌구멍, 남폿구멍, 놀구멍1203), 눈구멍, 눈:구멍(눈이 많이 쌓인 가운데), 단춧구멍, 댓구멍(대통의 구멍), 도수리구멍1204), 돈구멍1205), 돌개구멍1206), 돌구멍/안, 뒷구멍(불법적인 방법. 뒤쪽에 있는 구

1187) 굴러먹다: 이리저리 떠돌아다니며 갖은 이력을 다 겪고 천하게 살다. ¶그는 한동안 뒷골목에서 굴러먹었다. 어디서 굴러먹던 녀석이냐!

1188) 굴렁쇠: 굴렁대로 뒤를 밀어서 굴리는 장난감으로, 둥근 테 모양의 쇠. 동그랑쇠. 도롱태.

1189) 굴레미: 나무로 만든 바퀴. ¶굴레통(筒;굴레미와 밧줄로 기중기 구실을 하게 만든 통).

1190) 굴림대: 무거운 물건을 옮길 때, 그 밑에 깔아서 굴리는 둥근 나무.

1191) 뒹굴다: ①누워서 몸을 이리저리 구르다. ¶풀밭에서 뒹굴다. 뒹굴뒹굴 구르다. 나뒹굴다, 내리뒹굴다. ②하는 일 없이 빈둥빈둥 놀다. ¶종일 방안에서 뒹굴다. 뒹굴뒹굴 놀고 지낸다. ③여기저기 널리어 구르다. ¶거리에 낙엽이 뒹굴다.

1192) 구름금: 구름판의 맨 앞 선. ¶전력으로 질주해 오던 삼돌이는 구름금 앞에 이르자 두려웠는지 멈춰 섰다.

1193) 구름발: 길게 벋어 있거나 퍼져 있는 구름의 덩이.

1194) 구름옷: 구름처럼 가볍고 아름다운 옷.

1195) 꼬리구름: 내리는 비가 땅에 닿기 전에 증발하여, 마치 꼬리를 끄는 것처럼 보이는 구름.

1196) 매지구름: 비를 머금은 검은 조각구름. ¶저기 매지구름이 몰려오는 것으로 봐서 곧 비가 올 것 같군.

1197) 밑턱구름: 땅 위로 바짝 내려앉은 구름.

1198) 구멍수: 장애나 난관을 뚫고 나갈 만한 수단이나 도리. 어떤 일을 해결할 수 있는 방법. 돌파구(突破口). ¶구멍수를 찾으려는 노력.

1199) 개구멍: 담, 울타리 따위에 개가 드나들게 뚫은 구멍.

1200) 게재비구멍: 가래·보습 등의 날 위쪽의 나무 바탕을 끼우는 홈처럼 벌어진 틈.

1201) 괴구멍: 창, 삽, 괭이, 쇠스랑 따위의 자루를 박는 구멍. 고달. 괴통.

1202) 까치구멍: 겹집에서, 초가의 용마루 양쪽에 햇빛의 통로나 환기구로 뚫어놓은 구멍.

1203) 놀구멍: 낫의 슴베 끝을 구부리어 둥글게 한 구멍.

1204) 도수리구멍: 도자기를 굽는 가마의 옆에 불을 땔 수 있도록 나 있는 구멍.

1205) 돈구멍: 돈이 생겨나올 만한 길.

멍), 땀구멍, 똥구멍, 마룻구멍, 맞구멍, 모랫구멍, 목구멍, 문구멍(門), 물구멍, 밑구멍, 바늘구멍, 바람구멍, 방구멍[1207], 벌구멍, 불구멍, 산지구멍, 샘구멍, 소구멍[1208], 수챗구멍, 숨구멍, 숫구멍[정문(頂門)], 수챗구멍, 시궁구멍, 심구멍(心;남풋구멍), 씹구멍, 아가미/아감구멍, 아랫구멍, 오줌구멍, 우리구멍[1209], 잇구멍(利;이끗이 생길 만한 기회나 일), 잔구멍, 젓구멍[저(笛)], 좀생이구멍, 중방구멍(中枋), 쥐구멍, 창구멍[1210], 창구멍(窓), 청구멍(請), 촉구멍(鏃), 총구멍(銃), 침구멍(鍼), 콧구멍, 통구멍, 팽구멍(강이나 내의 얼음구멍), 혼꾸멍내다(魂). ☞ 공(孔). 혈(穴).

구메 '구멍. 작은'을 뜻하는 말. ¶구메구메[1211], 구메농사(農事;작황이 고르지 못하여 고장에 따라 풍흉이 엇갈린 농사. 작은 규모의 농사), 구메도적(盜賊;자질구레한 물건만을 훔치는 도둑), 구메밥(죄수에게 벽 구멍으로 몰래 들여보내는 밥), 구메결혼/혼인(結婚/婚姻;널리 알리지 않고 하는 혼인)/하다, 구메활터(작은 규모로 꾸민 활터).

구미 바닷가나 강가의 곶이 깊게 뻗고 활처럼 휘어 후미지게 된 곳. 후미. 만(灣). ¶구미진 데에 괴어 잘 흐르지 않는 강물을 '구지[1212]'라고 한다. 구미지다[1213].

구쁘(다) 뱃속이 허전하여 자꾸 무엇이 먹고 싶다. 입맛이 당기다. ¶한창 구쁘던 때라, 떫은 감이나마 맛있게 먹었다. 아무리 구쁜 마음을 눌러도 입 안에 군침만 가득했다. ≒궁금하다².

구살머리-쩍다 마음에 마땅치 않고 귀찮다. ¶구살머리쩍은 피난 생활이 시작되다. 구살머리(핀잔).

구새¹ 광석 속에 끼여 있는 산화된 다른 광물질의 알갱이. ¶댓진구새(津;댓진같이 검은 윤택이 나는 구새), 재구새[1214], 황구새(黃).

구새² '구새통[1215]'의 준말. ¶구새가 먹다(살아 있는 나무의 속이 썩어서 구멍이 나다). 구새굴뚝, 구새막기(구새를 메우는 것).

구석 모퉁이의 안쪽. 잘 드러나지 아니하고 외진 곳. ¶냉장고를 한쪽 구석에 놓다. 구석구석(이 구석 저 구석. 구석마다), 구석바치(집안에만 틀어박혀 있는 사람), 구석방(房), 구석빼기, 구석장(欌), 구석지다(외지다), 구석차기(코너 킥), 구석켠, 구제비[1216]; 눈구석, 두멧구석, 방구석(房), 산구석(山), 시골구석, 안방구석(房), 외주물구석(외주물집만이 모여 있는 곳), 집구석, 촌구석(村), 한구석 들.

구성-지다 천연덕스럽고 구수하며 멋지다. 격에 맞고 멋지다. ¶구성진 노랫가락. 구성없다[1217]; 목구성(목소리의 구성진 맛), 천구성[1218].

구세 해면(海綿;갯솜)처럼 구멍이 숭숭 뚫린 황동(黃銅) 광석. ¶구세가 나오다.

구세-안 배의 덕판(배의 오르내리는 부분을 덮은 널빤지)과 바닥의 사이.

구순-하다 서로 사귀거나 지내는데 사이가 좋아 화목하다. 말썽없이 의좋게 잘 지내다. ¶구순하게 지내다. 모처럼 구순해진 집안에 평지풍파를 일으키지 말게. 구순히.

구슬 보석으로 둥글게 만든 물건. 사기나 유리로 조그맣고 둥글게 만든 장난감.≒알. ¶구슬이 서 말이라고 꿰어야 보배라. 구슬가방, 구슬갓끈, 구슬갱기(짚신 총갱기의 하나), 구슬꿰미, 구슬덩(공주나 옹주가 타던 가마), 구슬땀, 구슬뜨기, 구슬목걸이, 구슬못(신선이 산다는 못), 구슬무늬, 구슬발[주렴(珠簾)], 구슬방울, 구슬알, 구슬양피(羊皮), 구슬옥(玉), 구슬자갈, 구슬주렴(珠簾), 구슬지다[1219], 구슬찌, 구슬치기, 구슬파(派;아름다운 말들을 골라 표현하려는 창작 태도를 가진 유파); 갈구슬(葛;칡의 열매), 곱구슬[곡옥(曲玉)], 꾸밈구슬(꾸미개로 다는 구슬), 말짱구슬(여러 가지 빛깔의 유리로 만든 구슬), 불구슬[1220], 붕사구슬(硼砂), 빈구슬(속이 비어 있는 구슬), 옥구슬(玉), 유리구슬, 은구슬(銀), 흙구슬. ☞ 옥(玉).

구슬리(다) ①그럴 듯한 말로 꾀어 마음이 움직이게 하다.≒달래다. 타이르다. ¶살살 구슬려서 승낙을 받다. 뇌물로 윗사람을 구슬려 우리 편으로 만들었다. 구슬려내다, 구슬려대다, 구슬려삶다(잘 따르게 만들다), 구슬려세다(구슬려서 추어올리다). ②이미 끝난 일을 되짚어 이리저리 생각하다.

구슬프(다) 처량하고 슬프다.≒서글프다. ¶피리소리가 어디선가 구슬프게 들려온다. 구슬피.

구실 ①관청의 직무나 온갖 조세(租稅). ¶구실길, 구실바치, 구실살이, 구실아치; 몸구실, 밭구실, 텃구실(집터를 쓰는 사람이 내는 세). ②자기가 응당히 하여야 할 맡은 바의 일. 못난 짓. ¶구실거리(핑계로 삼을 만한 거리); 박쥐구실[1221]/하다, 사내구실. 아비구실. 여자구실(女子), 병신구실(病身), 제구실[1222]. ③어떤 일에 성과와 영향을 주는 활동.≒역할(役割). 노릇. ¶이번 일을 성공시키는 데 그가 큰 구실을 하였다.

1206) 돌개구멍: 암반(巖盤)으로 이루어진 하상(河床)에 생긴 원통형의 깊은 구멍.
1207) 방구멍: 연의 한복판에 뚫린 둥근 구멍.
1208) 소구멍: 광산에서, 갱 속의 위로 향하여 뚫은 남풋구멍.
1209) 우리구멍: 논의 물이 빠지도록 논두렁에 뚫어 놓은 작은 구멍.
1210) 창구멍: 이불·솜옷·버선 따위를 꿰매어 만들 때 뒤집는 곳.
1211) 구메구메: 남모르게 틈틈이. 기회 있을 때마다.=꾀꾀로②. ¶외로운 이웃 노인을 구메구메 도와주다. 구메구메 먹여 살리다. 구메구메 모아둔 잔돈.
1212) 구지: ¶강가 군데군데에 구지가 썩고 있다.
1213) 구미지다: 땅이 길게 뻗고 후미지게 휘어져 있다. ¶바닷가의 구미진 곳.
1214) 재구새: 황화물(黃化物)이 산화하여 재와 같이 된 가루.
1215) 구새통: ①속이 썩어서 구멍이 생긴 통나무. ②구새먹은 나무로 만든 굴뚝(나무로 만든 굴뚝).
1216) 구제비: 강물의 흐름이 느리고 물줄기의 폭이 넓어진 부분의 구석진 곳.
1217) 구성없다: 격에 어울리지 않다. 멋없다. ¶구성없는 짓을 하다. 구성없이 굴다/ 까불다. §'구성-'은 '규격(規格)'을 뜻함.
1218) 천구성: 날 때부터 타고난 힘차고 윤기가 흐르는 목청.
1219) 구슬지다: 눈물이나 땀이 동그랗게 맺히다. ¶풀잎에 구슬진 아침 이슬.
1220) 불구슬: 불빛같이 붉은 구슬.
1221) 박쥐구실: 자기 이익만을 위하여 이리 붙었다 저리 붙었다 하는 줏대없는 행동. 두길보기.
1222) 제구실: 제가 마땅히 해야 할 일이나 책임.

구어-박다 사람이 한 군데에서만 지내다. ☞ 굽다².

구완 어려운 처지에 있는 사람을 돌보아 주는 일.=바라지.[←구원(救援)]. ¶병구완(病;고수련), 해산구완(解産;해산바라지).

구유 소나 말 따위의 먹이를 담아 주는 큰 그릇(흔히 나무토막이나 돌을 파내어 만듦). '구유처럼 움푹 들어간'을 뜻하는 말.[←궃²]. ¶소 외양간 구유에 먹이를 주다. 구유골[1223], 구유방아, 구유배(궁이배), 구유전뜯다[1224], 구유젖(귀웅젖), 구유통(桶); 돌구유(돌을 파서 만든 구유), 떡구유(구유처럼 만든 떡을 치는 그릇), 말구유, 물구유, 소구유, 소마구유(거름으로 쓸 오줌을 모아 두는 나무그릇) 들.

구입 겨우 벌어먹음. 또는 겨우 되는 밥벌이. ¶장사라는 게 겨우 구입 정도이다. 구입하기도 벅찬 하루벌이. 구입하다(겨우 밥벌이하여 살아가다).

구적 돌이나 질그릇 따위가 삭아서 겉에 일어나는 얇은 조각. ¶구적이 일다. 구적돌(돌이 삭아서 겉에 일어난 엷은 조각); -쩍[1225].

구태여 일부러 힘을 들여. 애써.≒굳이. 일부러. 괜히. 〈준〉구태. ¶구태여 서두를 필요가 없다. 구태 간다면 잡지 않겠다.[+없다. 않다].

구팡 처마 밑에 마루를 놓을 수 있게 쌓아 만든 것. 토방(土房). ¶구팡돌(디딤돌. 댓돌).

구학 '먹줄과 자'라는 뜻으로, '법칙(法則)'을 비유하여 이르는 말. [←구확(矩矱)].

국 ①채소·생선·고기 따위를 넣고 물을 많이 부어 끓인 음식. 또는 그것을 담는 그릇. ¶국거리, 국그릇, 국말이(국에 만 밥이나 국수), 국물[김칫국물, 맛국물, 찌개국물, 탕국물(湯)], 국밥[따로국밥, 장국밥, 첫국밥[1226]], 국사발(沙鉢), 국솥; 가릿국(갈빗국), 가오릿국, 간국[1227], 간막국[1228], 감잣국, 개장국(醬), 겟국, 고깃국, 고빗국, 고사릿국, 골국, 곰국, 굴국, 근댓국, 김칫국, 깻국, 꿩국, 나물국, 내푯국(內包), 냉국(冷;찬국), 냉잇국, 냉콩국, 능잇국(能栮), 다시맛국, 단국(맛이 단 국물), 닭국, 대굿국(大口), 도밋국, 동치밋국, 동탯국(凍太), 된장국, 두붓국(豆腐), 떡국, 맑은장국, 만둣국(饅頭), 명탯국(明太), 묵국(청포탕), 묵물국(묵물에 나물을 넣고 끓인 국), 뭇국(무로 끓인 국), 미꾸라짓국, 미역국, 박국(박의 흰 살을 썰어 넣고 끓인 장국), 배춧국, 버섯국, 보릿국(보리순으로 끓인 된장국), 복국, 북엇국(北魚), 비짓국, 뼈다귓국/뼛국, 삼태국(三太;콩나물·두부·북어를 넣고 고추장을 풀어서 끓인 국), 새우젓국, 생선국(生鮮), 선짓국, 설치국[1229], 소금국, 소루쟁잇국, 속댓국, 솟국(素)[1230], 순댓국, 술국/밥, 시금칫국, 시래깃국, 쑥국, 아욱국, 연푯국(軟泡)[1231], 염푯국(殮布;연푯국), 오이무름국[1232], 우거짓국, 우뭇국, 월천국(越川)[1233], 잉엇국, 장국(醬)[장국밥; 개장국, 맑은장국], 조갯국, 조깃국, 짠짓국, 찬국, 챗국(채로 만든 국), 촛국(醋), 칡국(참취로 끓인 국), 콩국, 콩나물국, 탕국, 토란국(土卵), 토장국(土醬;된장국), 파랫국, 팟국, 해장국. ☞ 갱(羹). ②'국물'을 뜻하는 말. ¶간국(짠맛이 우러난 물), 꽃국[1234], 땀국(옷에 밴 땀), 땟국(때가 섞인 물기), 웃국[1235], 전국(全)[1236], 젓국[젓국수란(水卵), 젓국지], 진국(津;↔훗국), 훗국(後;진국을 우려낸 건더기로 다시 끓인 국), 후줏국(後酒)[1237]. ③'본바탕'을 뜻하는 말. ¶국으로[1238]; 숫국[1239], 제국(거짓이나 잡것이 섞이지 아니한, 제격의 상태), 진국(眞)[1240].

국(國) '나라'를 뜻하는 말. ¶국가(國家)[1241], 국가(國歌), 국경(國境)[국경관세(關稅), 국경도시(都市), 국경무역(貿易), 국경분쟁(分爭), 국경선(線)], 국경/일(國慶/日), 국계(國界), 국고(國庫)[국고금(金), 국고잉여금(剩餘金), 국고차입금(借入金), 국고채권(債券), 국고행위(行爲)], 국광(國光), 국교(國交)[국교단절(斷絕), 국교죄(罪), 국교회복(回復)], 국교(國教), 국구(國舅;왕비의 아버지), 국군(國君;國王), 국군(國軍), 국궁(國弓), 국권(國權), 국극(國劇), 국금(國禁), 국기(國忌), 국기(國技), 국기(國基), 국기(國旗)[국기배례(拜禮), 국기법(法)], 국기(國器;나라를 맡아 다스릴 만한 능력), 국난(國難), 국내(國內)[국내법(法), 국내산(産), 국내선(線), 국내시장(市場), 국내정세(政勢), 국내항로(航路)], 국도(國都), 국도(國道), 국란(國亂), 국력(國力), 국로/연(國老/宴), 국록(國祿;나라에서 주는 녹봉), 국론/비등(國論/沸騰), 국리/민복(國利/民福),

---

1223) 구유골: 비탈면이 급하며 바닥이 좁고 깊은 구유 모양의 골짜기. 협곡(峽谷). ¶구유골에 쌓인 눈.

1224) 구유전뜯다: 구유통의 가장자리 전을 뜯는다는 뜻으로, ①세도 있는 사람의 도움을 받음을 자랑으로 삼다. ②남에게 돌봐 주기를 청하다. ¶고아인 그녀는 큰집에 어쩔 수 없이 구유전뜯을 수밖에 없었다.

1225) -쩍: 굴쩍: 굴을 까 낸 살에 섞여 든 굴깍지(굴껍데기), 이쩍(오래되어 굳어 붙은 이똥).

1226) 첫국밥: 해산 후 산모가 처음으로 먹는 미역국과 밥.

1227) 간국: ①짠맛이 우러난 물. 간물. ②옷에 밴 더러운 것.

1228) 간막국: 소의 머리·꼬리·가슴·등·볼기·뼈·다리·허파·염통·간·처녑·콩팥 따위를 한 토막씩 다 넣어 소금에 끓인 국.

1229) 설치국: 바지락조개에 생미역이나 파래를 넣어 끓인 국.

1230) 솟국: 고기를 넣지 아니하고 끓인 국.

1231) 연푯국(軟泡): 쇠고기·두부·다시마·무 따위를 넣어 끓인 국. 흔히, 상가(喪家)에서 발인(發靷) 날 끓임.

1232) 오이무름국: 오이 속에 고기를 다져 넣고 맑은 장국에 끓인 음식.

1233) 월천국(越川): 국물이 많고 건더기는 없어서 맛없는 국.

1234) 꽃국: 술독에 지른 용수 안에 괸 술의 웃국.

1235) 웃국: 간장이나 술 등에서 담근 후 맨 처음으로 떠내는 진한 국.

1236) 전국(全): 간장·술·국 따위에 물을 타지 아니한 진한 국물. ¶전국 간장.

1237) 후줏국(後酒): 술·간장 따위를 두 번째 떠낸 묽은 액체.

1238) 국으로: 자기가 생긴 그대로. 자기 주제에 맞게.

1239) 숫국: 숫보기로 있는 사람이나 진솔대로 있는 물건.

1240) 진국(眞): 참되어 거짓이 없는 사람. ¶겪어보면 아시겠지만 이 사람은 진국 중에 진국이올시다.

1241) 국가(國家): 일정한 영토에 살며 독립된 통치 조직을 가지는 사회집단. ¶국가경제(經濟), 국가고시(考試), 국가공무원(公務員), 국가관(觀), 국가관리(管理), 국가권력(權力), 국가기관(機關), 국가기본권(基本權), 국가긴급권(緊急權), 국가론(論), 국가배상/법(賠償/法), 국가법(法), 국가법인설(法人說), 국가보상(補償), 국가보훈(報勳), 국가부조(扶助), 국가사업(事業), 국가수반(首班), 국가승인(承認), 국가시험(試驗), 국가신용(信用), 국가연합(聯合), 국가원수(元首), 국가의사(意思), 국가이익(利益), 국가적(的), 국가정책(政策), 국가주권설(主權說), 국가주의(主義), 국가책임(責任), 국가파산(破産), 국가행정(行政), 국가형태(形態); 가산국가(家産), 경찰국가(警察), 고대국가(古代), 공산국가(共産), 관광국가(觀光), 단일국가(單一), 단족국가(單族), 도시국가(都市), 문화국가(文化), 민족국가(民族), 민주복지국가(民主福祉), 법치국가(法治), 복족국가(複族), 복지국가(福祉), 복합국가(複合), 봉건국가(封建), 부족국가(部族), 사회국가(社會), 서방국가(西方), 신흥국가(新興), 야경국가(夜警), 연합국가(聯合), 위성국가(衛星), 이상국가(理想), 전체국가(全體), 직능국가(職能), 통일국가(統一), 합성국가(合成).

국립(國立)[국립공원(公園), 국립극장(劇場), 국립묘지(墓地)], 국맥(國脈;나라의 명맥), 국명(國名), 국명(國命;나라의 사명), 국모(國母), 국무(國務)[국무위원(委員), 국무총리(總理), 국무회의(會議)], 국무당(國巫), 국문(國文), 국문(國聞), 국민(國民)[1242], 국방(國防)[국방군(軍), 국방력(力), 국방비(費), 국방색(色), 국방의무(義務)], 국법(國法), 국변(國變), 국보/간난(國步/艱難), 국보/급(國寶/級), 국본(國本), 국부(國父), 국비/생(國費/生), 국빈(國賓), 국사(國士), 국사(國史), 국사(國師), 국사(國事), 국산/품(國産/品), 국상(國喪), 국새(國璽), 국색(國色)[천향국색(天香)], 국서(國書), 국서(國婿;임금의 사위. 여왕의 남편), 국선/도(國仙/徒), 국선/변호인(國選/辯護人), 국성(國姓), 국세(國稅), 국세(國勢), 국속(國俗), 국수/전(國手/戰), 국수/주의(國粹/主義;배타적이고 보수적인 민족주의), 국수(國讎;나라의 원수), 국승(國乘;나라의 역사), 국시(國是;국정의 근본 방침), 국악(國樂), 국어(國語)[1243], 국역(國役), 국역/본(國譯/本), 국영(國營)[국영기업(企業), 국영무역(貿易), 국영방송(放送), 국영사업(事業), 국영화/되다/하다(化)], 국왕(國王), 국외/주권(國外/主權), 국욕(國辱), 국용(國用), 국우(國憂), 국운(國運), 국위(國威), 국유(國有)[국유림(林), 국유재산(財産), 국유지(地), 국유철도(鐵道), 국유화(化); 토지국유(土地)], 국은(國恩), 국음(國音), 국익(國益), 국자(國字), 국장(國章), 국장(國葬), 국재(國災), 국재(國財), 국재(國齋), 국저(國儲), 국적(國賊), 국적(國籍)[1244], 국전(國展), 국전(國典), 국전(國錢), 국정/교과서(國定/教科書), 국정(國政)[국정감사/권(監査權), 국정조사/권(調査權)], 국정(國情), 국제(國制), 국제(國際)[1245], 국조(國祚), 국조(國祖), 국조(國朝), 국족(國族), 국채(國債;나라빚)[국채법(法), 국채증권(證券)], 국책(國策)[국책문학(文學), 국책영화(映畵), 국책회사(會社)], 국책(國責), 국척(國戚;임금의 인척), 국체(國體)[군주국체(君主), 민주국체(民主)], 국초(國初), 국초(國礎), 국치/일(國恥/日), 국태(나라가 태평함)/민안(國泰/民安), 국토(國土)[국토개발(開發), 국토방위(防衛)], 국폐(國弊), 국풍(國風), 국학/자(國學/者), 국한문(國漢文), 국향(國香), 국헌(國憲;憲法), 국호(國號), 국혼(國婚;왕실의 혼인), 국혼(國魂;나라의 혼), 국화(國花), 국회(國會)[1246], 국휼(國恤;國喪); 가국(家國), 가맹국(加盟國), 가입국(加入國), 각국(各國), 강국(强國), 강대국(强大國), 개국(開國), 개도국(開途國), 개최국(開催國), 거국(擧國), 건국(建國), 결합국(結合國), 경국(傾國), 경국(經國), 경쟁국(競爭國), 고국(古國), 고국(故國), 공국(公國), 공업국(工業國), 공화국(共和國), 교국(教國), 교전국(交戰國), 구국(救國), 국적국(國籍國), 군국(軍國), 군자국(君子國), 군주국(君主國)/군국(君國), 군합국(君合國), 귀국(貴國), 귀국(歸國), 근국(近國), 난국(亂國), 난국(暖國), 남국(南國), 내국(內國), 내륙국(內陸國), 농본국(農本國), 농업국(農業國), 단순국(單純國), 단일국(單一國), 단족국(單族國), 담보국(擔保國), 당사국(當事國), 대국(大國), 대공국(大公國), 도국(島國), 도서국(島嶼國), 독립국(獨立國), 동맹국(同盟國), 만국(萬國), 망국(亡國), 매국(賣國), 맹약국(盟約國), 모국(母國), 무역국(貿易國), 문명국(文明國), 물합국(物合國), 미개국(未開國), 민국(民國), 반도국(半島國), 반독립국(半獨立國), 방국(邦國), 배상국(賠償國), 번국(蕃國), 번국(藩國), 법치국(法治國), 변국(邊國), 보국(保國), 보국(報國), 보국(輔國), 보장국(保障國), 보호국(保護國), 복부국(複部國), 복합국(複合國), 본국(本國), 부국(富國), 부모국(父母國), 부상국(扶桑國), 부용국(附庸國), 북국(北國), 분단국(分斷國), 불국(佛國), 불생국(佛生國), 비지국(飛地國), 빈국(貧國), 산악국(山岳國), 산유국(産油國), 상국(上國), 상국(相國), 상국(喪國), 상대국(相對國), 상업국(商業國), 서역국(西域國), 선진국(先進國), 성원국(成員國), 소국(小國), 소약국(小弱國), 소인국(小人國), 속국(屬國), 쇄국(鎖國), 수국(水國), 순치지국(脣齒之國), 승국(勝國), 승역국(承役國), 승전국(勝戰國), 시국(市國), 식민국(植民國), 식인국(食人國), 신국(神國), 신생국(新生國), 실합국(實合國), 아국(我國), 안락국(安樂國), 애국(愛國)[애국가(歌), 애국자(者)], 야국(夜國), 야만국(野蠻國), 약국(弱國), 약소국(弱小國), 양국(兩國), 여인국(女人國), 연방국(聯邦國), 연안국(沿岸國), 연합국(聯合國), 연해국(緣海國), 연화국(蓮花國), 열국(列國), 염라국(閻羅國), 예속국(隷屬國), 오국(誤國;나라의 전도를 그르침), 완충국(緩衝國), 왕국(王國), 왜국(倭國), 외국(外國), 요역국(要役國), 우국(憂國), 우호국(友好國), 원국(遠國), 위국(爲國), 위국(衛國), 위성국(衛星國), 유관국(有關國), 이국(夷國), 이국(理國), 이국(異國), 이사국(理事國), 이상국(理想國), 인접국(隣接國)/인국(隣國), 일국(一國), 일등국(一等國), 임국(任國), 입국(入國)[입국수속(手續), 입

1242) 국민(國民): 국가를 구성하는 사람. 또는 그 나라의 국적을 가진 사람. ¶국민가요(歌謠), 국민감정(感情), 국민경제(經濟), 국민교육(教育), 국민도덕(道德), 국민발안(發案), 국민성(性), 국민소득(所得), 국민소환/제(召還/制), 국민외교(外交), 국민운동(運動), 국민은행(銀行), 국민의례(儀禮), 국민의무(義務), 국민의회(議會), 국민자본(資本), 국민자치(自治), 국민장(葬), 국민정신(精神), 국민주(株), 국민주권설(主權說), 국민주의(主義), 국민차(車), 국민총생산(總生産), 국민투표(投票), 국민포장(褒章), 국민훈장(勳章).

1243) 국어(國語): 한 나라의 국민이 쓰는 말. ¶국어계통론(系統論), 국어과(科), 국어교육(教育), 국어국문학(國文學), 국어문법(文法), 국어사(史), 국어사전(辭典), 국어순화(醇化), 국어운동(運動), 국어학/사(學/史); 고대국어(古代), 중세국어(中世), 현대국어(現代).

1244) 국적(國籍): 한 나라의 구성원이 되는 자격. 배나 비행기 따위가 소속되어 있는 나라. ¶대한민국 국적을 취득하다. 국적법(法), 국적변경(變更), 국적상실(喪失), 국적이탈(離脫), 국적증명서(證明書), 국적증서(證書), 국적회복(恢復); 무국적(無), 이중국적(二重), 중국적(重).

1245) 국제(國際): 나라와 나라 사이의 관계. 여러 나라 사이의 공통된 것이나 이를 포괄하는 것. ¶국제결제(決濟), 국제결혼(結婚), 국제경기(競技), 국제경쟁력(競爭力), 국제경찰(警察), 국제공법(公法), 국제공약(公約), 국제공항(空港), 국제관례(慣例), 국제균형(均衡), 국제금리(金利), 국제금융(金融), 국제기관(機關), 국제기업(企業), 국제노선(路線), 국제단위(單位), 국제단체(團體), 국제대차(貸借), 국제무대(舞臺), 국제무역(貿易), 국제문제(問題), 국제방송(放送), 국제범죄(犯罪), 국제법(法)[전시국제법(戰時), 평시국제법(平時)], 국제분업(分業), 국제분쟁(紛爭), 국제사법(私法), 국제사회(社會), 국제색(色), 국제선(線), 국제성(性), 국제수로(水路), 국제수지(收支), 국제시장(市場), 국제심사(審査), 국제어(語), 국제연합(聯合), 국제영화제(映畵祭), 국제예양(禮讓), 국제우편(郵便), 국제운하(運河), 국제음성기호(音聲記號), 국제이해(理解), 국제재판/소(裁判/所), 국제적(的), 국제전화(電話), 국제정세(政勢), 국제정치(政治), 국제조약(條約), 국제조정(調停), 국제주의(主義), 국제중재(仲裁), 국제철도(鐵道), 국제통신(通信), 국제통화(通貨), 국제판권(版權), 국제하천(河川), 국제항(港), 국제항공(航空), 국제해협(海峽), 국제호(湖), 국제화/되다/하다(化), 국제화의(和議), 국제환(換), 국제회의(會議).

1246) 국회(國會): 국민의 대표로 구성한 입법 기관. 국회의원들이 의사당에 모여서 하는 회의. ¶국회가 개회하다. 국회도서관(圖書館), 국회법(法), 국회의사당(議事堂), 국회의원(議員), 국회의장(議長), 국회해산(解散), 국회회기(會期); 모의국회(模擬), 임시국회(臨時), 정기국회(定期).

ㄱ

국허가(許可); 밀입국(密), 입국(立國), 입헌국(立憲國), 자국(自國), 자유국(自由國), 자주국(自主國), 자치국(自治國), 재배국(栽培國), 저개발국(低開發國), 적국(敵國), 적대국(敵對國), 적성국(敵性國), 전국(全國), 전국(戰國), 전승국(戰勝國), 전제국(專制國), 점령국(占領國), 접수국(接受國), 정국(靖國), 정토국(淨土國), 정합국(政合國), 제국주의(帝國/主義), 제국(諸國), 제삼국(第三國), 제후국(諸侯國), 조국/애(祖國/愛), 조국(肇國), 조약국(條約國), 종속국(從屬國), 종주국(宗主國), 주국(酒國), 주권국(主權國), 주유국(侏儒國;난쟁이의 나라. 또는 약소국), 주재국(駐在國), 주최국(主催國), 중간국(中間國), 중개국(仲介國), 중립국(中立國)[불/완전중립국(不/完全), 영세중립국(永世)], 중재국(仲裁國), 중진국(中進國), 진국(鎭國), 참가국(參加國), 참전국(參戰國), 채권국(債權國), 채무국(債務國), 천국(天國)[지상천국(地上)], 천수국(天壽國), 체맹국(締盟國), 체약국(締約國), 최혜국(最惠國), 추장국(酋長國), 추축국(樞軸國), 출국(出國)[밀출국(密)], 치국(治國), 침략국(侵略國), 타국(他國), 토후국(土侯國), 통상국(通商國), 파견국(派遣國), 파라나국(波羅奈國), 패전국(敗戰國), 폐국(弊國), 피점령국(被占領國), 한국(寒國), 한국(韓國), 합중국(合衆國), 해국(海國), 해권국(海權國), 해양국(海洋國), 핵보유국(核保有國), 향국(鄕國), 허국(許國), 헌정국(憲政國), 협상국(協商國), 형제지국(兄弟之國), 호국(胡國), 호국(護國), 호전국(好戰國), 환국(還國), 황국(皇國), 회국(回國), 회원국(會員國), 후예국(後裔國), 후진국(後進國), 흥국(興國); 마한/ 부여/ 비류/ 비리/ 우산/ 회교/ 불교 따위로 쓰임.

국(局)¹ ①관청·회사에서 사무를 분담하여 처리하는 곳. ¶국내(局內), 국번호(局番號), 국보(局報), 국원(局員), 국장(局長); 내국(內局), 당국(當局), 발신국(發信局), 방송국(放送局), 본국(本局), 부국(部局), 분국(分局), 사무국(事務局), 서기국(書記局), 선국(選局), 선박국(船舶局), 설국(設局), 수신국(受信局), 수자원국(水資源局), 약국(藥局), 업무국(業務局), 외국(外局), 우체국(郵遞局), 의국(醫局), 전당국(典當局), 전화국(電話局), 제작국(製作局), 중계국(中繼局), 지국(支局), 총국(總局), 총무국(總務局), 편성국(編成局), 편집국(編輯局). ②바둑·장기의 한 판. 또는 그 승부. ¶국면(局面;바둑이나 장기의 반면의 형세), 국희(局戱); 기국(碁局), 대국(對局), 말국(末局;끝판), 명국(名局), 박국(博局). ③'재능·도량(度量). 전체 가운데 한 부분·구획. 당면한 사태나 정세'를 뜻하는 말. ¶국견(局見;좁은 소견), 국도(局度), 국량(局量)[1247], 국면(局面;어떤 일이 되어 가는 형세)[신국면(新)], 국번(局番), 국부(局部), 국세(局勢), 국소/마취(局所/痲醉), 국외/중립(局外/中立), 국지(局地)[1248], 국한/시키다/하다(局限); 가국(佳局), 간국(幹局;일을 처리하는 재간과 도량), 결국(結局), 기국(器局;재능과 도량), 난국(亂局), 난국(難局), 대국(大局), 도국(都局), 두국(頭局), 변국(變局), 부국(富局), 빈국(貧局), 사국(事局), 성국(成局), 소국(小局), 시국(時局), 완국(完局), 위국(危局), 작국(作局;골상·뫼자리의 됨됨이), 재국(才局), 전국(全局), 전국(戰局), 정국(政局), 종국(終局), 체국(體局), 파국(破局), 판국(局), 패국(敗局), 폐국(弊局), 포국(布局), 형국(形局;어떤 일이 벌어진 국면), 환국(換局) 들.

국(局)² 풍수지리에서, 명당에 흐르는 물과 그 주위의 형세가 이룬 자리. ¶건국(乾局), 좌국(坐局), 형국(形局;얼굴이나 집터 따위의 겉모양 및 부분의 생김새).

국(菊) '국화(菊花;엉거싯과의 여러해살이풀)'를 뜻하는 말. ¶국월(菊月;음력 9월), 국판(菊判/版), 국화(菊花)[1249]; 감국(甘菊), 관국(觀菊), 구화반자(←菊花;국화무늬를 새긴 반자), 구화장지(←菊花障;국화무늬를 새긴 장지), 노국(老菊), 들국(菊), 매란국죽(梅蘭菊竹), 백국(白菊), 산국(山菊), 상국(賞菊), 상국(霜菊), 수국(水菊), 야국(野菊), 양국(洋菊;달리아), 오국(五菊), 제충국(除蟲菊), 추국(秋菊), 취국(翠菊;과꽃), 풍국(楓菊;단풍과 국화), 하국(夏菊), 한국(寒菊), 해국(海菊), 황국(黃菊) 들.

국(鞠/鞫) '공. 죄를 심문하다. 기르다·양육하다'를 뜻하는 말. ¶국궁(鞠躬;존경의 뜻으로 몸을 굽혀 절함), 국문(鞫問), 국신(鞫訊), 국양(鞠養;鞠育), 국자(鞠子;어린아이), 국청(鞫廳), 국핵(鞫劾;죄를 국문하는 것), 국희(鞠戱;공차기 놀이); 곡국(曲鞠), 나국(拿鞫), 신국(訊鞫), 정국(庭鞫), 추국(推鞫), 축국(蹴鞠) 친국(親鞫) 들.

국(麴) '누룩'을 뜻하는 말. ¶국균(麴菌;누룩곰팡이), 국모(麴母), 국생(麴生;술); 남성국(南星麴), 면국(麪麴), 미국(米麴), 반하곡(半夏麯), 백국(白麴), 비전국(秘傳麴), 신국(神麴), 신국(新麴), 여국(女麴), 청국장(淸麴醬), 홍국/주(紅麴/酒), 황국(黃麴) 들.

국(掬) '두 손으로 움켜쥐다'를 뜻하는 말. ¶국수(掬水;두 손을 오목하게 하여 물을 뜨는 것); 일국(一掬;한 움큼) 들.

국(跼) '몸을 구부리다'를 뜻하는 말. ¶국보(跼步), 국척(跼蹐;황송하여 몸을 굽힘) 들.

국수 밀가루나 메밀가루를 반죽하여 가늘게 썰거나 국수틀로 뺀 식품. 면(麵). ¶국수강정, 국수꾸미, 국수물, 국숫발(면발), 국수방망이, 국수사리, 국수양념, 국수오리(국수발), 국수-원밥숭이[1250], 국수자루(국수를 삶아 건져내는 채), 국수장국/밥(醬), 국숫집, 국수틀, 국수판(板); 가락국수, 갈대국수[1251], 갈분국수(葛粉), 감자국수, 건짐국수(삶은 국수를 건져 고명을 얹어 만든 음식), 기계국수(機械), 기장국수, 깻국국수(깻국에 만 국수), 냄비국수, 냉국수(冷), 마른국수, 막국수, 메밀국수, 명길이국수(命), 물국수, 밀국수, 비빔국수, 사리국수, 손국수, 수타국수(手打), 실국수, 쌀국수, 열무국수, 올챙이국수, 유부국수(油腐), 잔치국수, 쟁반국수(錚盤), 제물국수[1252], 칼국수(손칼국수), 콩국수, 통국수(국수 모

1247) 국량(局量): 사람을 포용하는 도량과 일을 처리하는 능력. ¶국량이 넓다. 궁냥(궁리. 속셈. 깊이 헤아리는 생각).

1248) 국지(局地): 일정하게 한정된 지역. ¶국지 분쟁. 국지경계(警戒), 국지교통(交通), 국지기상(氣象), 국지기후(氣候), 국지도로(道路), 국지방공(防空), 국지방호(防護;국지경계), 국지적(的), 국지전(戰), 국지풍(風), 국지화/하다(化).

1249) 국화(菊花): 국화과의 여러해살이풀. ¶국화꽃, 국화동자못(童子;머리가 국화 모양으로 된 장식못), 국화떡, 국화만두(饅頭), 국화매듭, 국화빵, 국화석(石), 국화송곳, 국화수(水), 국화잠(簪), 국화전(展), 국화전(煎), 국화주(酒), 국화차(茶), 국화천(天;9월), 국화판(瓣).

1250) 국수-원밥숭이: 흰밥과 국수를 넣고 끓인 떡국. §원밥수기(떡국에 밥을 넣어 끓인 음식).

1251) 갈대국수: 갈대 뿌리를 가루로 만들어 메밀가루와 섞어서 반죽하여 만든 국수. 노분면(蘆粉麵).

양으로 삶은 낚시 미끼), 틀국수, 회국수(膾;생선회를 고명으로 얹은 국수). ☞ 면(麵).

국-으로 자기가 생긴 그대로. ☞ 국③.

국자 자루가 달린, 국을 뜨는 기구. 또는 그 분량을 뜨는 단위. ¶국자로 국을 뜨다. 국물 두 국자.

군- 일부 명사 앞에 붙어, '쓸데없는. 필요한 범위 밖의. 가외로 더한. 공연한'의 뜻을 더하는 말. ¶군가닥, 군가락, 군걱정, 군걸음, 군것, 군것질[1253], 군것지다[1254], 군계집, 군고기(수컷의 성기), 군글, 군글자(쓸데없는 글자), 군기침, 군내, 군눈[1255], 군다리미질, 군달[閏月;윤달], 군담(談), 군대답(對答), 군더더기(쓸데없이 덧붙이는 것), 군돈/질/하다, 구두덜거리다/대다(못마땅하여서 혼자 군소리하다), 군두드러기[1256], 군마음, 군말, 군말썽, 군목, 군목질(발성 연습), 군물(끼니때 이외에 마시는 물), 군밥, 군버력, 군버릇, 군불[군불솥, 군불아궁이] 군붓/질, 군빗질, 군사람(가욋사람), 군사설(辭說), 군살(군덕살), 군새(초가지붕의 썩은 곳을 파내고 덧끼워 질러 넣는 짚), 군소리, 군손님, 군손질, 군쇠, 군수(手), 군수작(酬酌), 군순(筍;쓸데없는 순), 군식구(食口), 군심부름, 군욕질(辱), 군음식(飮食;간식), 군일, 군입/질, 군입정(군음식으로 입을 다시는 일)/질, 군잎, 군장단, 군주름(잘못 잡힌 주름), 군짓, 군침, 군턱(턱 아래에 축 처진 살), 군티(물품의 조그만 허물), 군획/지다(劃) 들.

군(軍) '군사, 군대, 전투'를 뜻하는 말. ¶군을 통솔하다. 군이 정치에 관여하다. 2군 사령부. 군가(軍歌), 군감(軍監), 군견(軍犬), 군경(軍警), 군공(軍功), 군관(軍官), 군구(軍區), 군국(軍國)[군국제도(制度), 군국주의(主義)], 군규(軍規), 군규(軍窺), 군기(軍紀), 군기(軍氣), 군기(軍旗), 군기(軍器), 군기(軍機), 군납/불(軍納/弗), 군노(軍奴), 군단(軍團), 군담(軍談), 군답(軍畓), 군대(軍隊), 군대장(軍大將), 군도(軍刀), 군란(軍亂), 군략/가(軍略/家), 군량(軍糧)[군량미(米), 군량선(船), 군량전(田)], 군려(軍旅), 군력(軍力), 군령(軍令)[군령다짐, 군령장(狀)], 군례(軍禮), 군뢰(軍牢)[군뢰복다기(군뢰가 쓰는 벙거지)], 군마(軍馬), 군막(軍幕), 군매점(軍賣店), 군명(軍命), 군모(軍帽), 군목(軍牧), 군무/원(軍務/員), 군문(軍門), 군물(軍物), 군민(軍民), 군바리, 군번/줄(軍番), 군벌(軍閥;군인의 파벌)[군벌정치(政治), 군벌주의(主義)], 군법(軍法), 군법정(軍法廷), 군별(軍別), 군병(軍兵), 군복(軍服), 군봉(軍鋒), 군부(軍部), 군부대(軍部隊), 군비(軍費), 군비(軍備)[군비축소(縮小), 군비확장(擴張); 재군비(再)], 군사(軍士), 군사(軍史), 군사(軍事)[1257], 군사(軍使), 군사(軍師), 군서(軍書), 군선(軍船), 군성(軍聲), 군세(軍勢), 군속(軍屬), 군수(軍帥), 군수(軍需)[군수경기(景氣), 군수공업(工業), 군수물자(物資), 군수산업(產業), 군수품(品)], 군술(軍術), 군승(軍僧), 군신(軍神), 군아(軍衙), 군악(軍樂)[군악기(器), 군악대(隊)], 군액(軍額), 군역(軍役)[군역필(畢); 면군역(免)], 군영(軍營), 군요(軍擾), 군용(軍用)[1258], 군용(軍容), 군우(軍友), 군우(軍郵), 군원(軍援), 군위(軍威), 군율(軍律), 군의관(軍醫官)/군의(軍醫), 군인(軍人)[상이군인(傷痍), 재향군인(在鄕), 직업군인(職業)], 군자금(軍資金), 군작미(軍作米), 군장(軍裝), 군장(軍葬), 군재(軍裁), 군적(軍籍), 군정(軍丁), 군정(軍政), 군정(軍情), 군제(軍制), 군졸(軍卒), 군종(軍宗), 군주(軍主), 군직(軍職), 군진(軍陣), 군총(軍摠), 군축(軍縮), 군포(軍布), 군표(軍票), 군학(軍學), 군함(軍艦), 군항(軍港), 군향미(軍餉米), 군호(軍號), 군화(軍靴), 군확(軍擴); 감군(監軍), 감군(減軍), 강군(强軍), 건군(建軍), 경군(京軍), 고군(孤軍), 고군(雇軍), 공군(空軍)[공군기(機), 공군기지(基地), 공군부대(部隊)], 공산군(共產), 과군(科軍), 관군(官軍), 광복군(光復軍), 교군/꾼(轎軍), 구군(舊軍), 국군(國軍), 국방군(國防軍), 금군(禁軍;궁궐을 지키는 군), 난군(亂軍), 낭자군(娘子軍), 노군(櫓軍), 대군(大軍), 대항군(對抗軍), 독립군(獨立軍), 마군(馬軍), 마군(魔軍), 만군(萬軍), 만군(蠻軍), 망군(望軍), 모군(募軍), 민군(民軍), 반군(反軍), 반군(叛軍), 반란군(叛亂軍), 발군(發軍), 발군(撥軍), 백군(白軍), 별군(別軍), 보군(步軍), 봉수군(烽燧軍), 북군(北軍), 비/정규군(非/正規軍), 산군(山軍), 상군(廂軍), 선군(旋軍), 선군(選軍), 수군(水軍), 상륙군(上陸軍), 상비군(常備軍), 상승군(常勝軍), 수릉군(守陵軍), 수문군(守門軍), 수비군(守備軍), 수성군(守城軍), 수포군(守鋪軍), 숙군(肅軍), 순라군(巡邏軍), 승군(僧軍), 십자군(十字軍), 아군(我軍), 야전군(野戰軍), 양군(兩軍), 양군(養軍), 여군(女軍), 역군(役軍), 연합군(聯合軍), 영군(領軍), 예비군(豫備軍), 왜군(倭軍), 외군(外軍), 요망군(瞭望軍), 용군(用軍), 우군(友軍), 우군(右軍), 원군(援軍), 원정군(遠征軍), 유군(遊軍), 육군(陸軍), 의군(義軍), 의용군(義勇軍), 일군(一軍), 잠군(潛軍), 장군(將軍)1,2, 적군(赤軍), 적군(賊軍), 적군(敵軍), 전군(全軍), 전군(前軍), 전군(殿軍), 정군(整軍), 정부군(政府軍), 종군(從軍), 좌군(左軍), 주군(舟軍), 주둔군(駐屯軍), 지상군(地上軍), 진군(進軍), 진압군(鎭壓軍), 창군(創軍), 창군(槍軍), 천군만마(千軍萬馬), 철군(撤軍), 청군(青軍), 초군(樵軍;나무꾼), 총군(銃軍), 취군(聚軍), 토벌군(討伐軍), 통합군(統合軍), 퇴군(退軍), 파군(罷軍), 파견군(派遣軍), 패군(敗軍), 포군(砲軍), 해군(海軍), 해군(解軍;군대를 해산함), 행군(行軍), 향군(鄕軍), 현군(懸軍), 호군(護軍), 홍군(紅軍), 환군(還軍), 회군(回軍), 후군(後軍), 후방군(後方軍), 후원군(後援軍) 들.

1252) 제물국수: 국수 삶은 국물을 갈지 낳고 그대로 먹는 국수.

1253) 군것질: 끼니 밖에 과일이나 과자 따위의 군음식을 먹는 일. 군입질.

1254) 군것지다: 없어도 좋을 것이 쓸데없이 있어서 거추장스럽다.

1255) 군눈: 쓸데없는 것에 정신을 팔거나 보지 않아도 좋을 것을 보는 눈. ¶군눈을 뜨다. 군눈을 팔다.

1256) 군두드러기: 장롱 문에 사각 또는 팔각으로 장식하기 위하여 두른 둥그스름한 나무.

1257) 군사(軍事): 군대 · 군비(軍備) · 전쟁 따위에 관한 일. ¶군사개입(介入), 군사고문(顧問), 군사교육(教育), 군사기밀(機密), 군사기술(技術), 군사기지(基地), 군사도시(都市), 군사동맹(同盟), 군사력(力), 군사법원(法院), 군사복무(服務), 군사봉쇄(封鎖), 군사부담(負擔), 군사분계선(分界線), 군사비(費), 군사비밀(秘密), 군사수송(輸送), 군사시설(施設), 군사우편(郵便), 군사원조(援助), 군사위성(衛星), 군사작전(作戰), 군사재판(裁判), 군사적(的), 군사전략(戰略), 군사점검(點檢), 군사점령(占領), 군사정권(政權), 군사정보(情報), 군사정부(政府), 군사정책(政策), 군사조약(條約), 군사지도(地圖), 군사첩보(諜報), 군사탐정(探偵), 군사태세(態勢), 군사통(通), 군사학(學), 군사행동(行動), 군사행정(行政), 군사혁명(革命), 군사협정(協定), 군사화(化), 군사훈련(訓練).

1258) 군용(軍用): 군용견(犬), 군용교(橋), 군용기(機), 군용기구(氣球), 군용도로(道路), 군용선(船), 군용열차(列車), 군용지도(地圖), 군용차량(車輛), 군용품(品).

ㄱ

군(君) '하게' 할 자리의 상대를 부르는 말인 '자네'. '임금. 군주'를 뜻하는 말. ¶군이 앞장을 서게. 군도 함께 가게. 군국(君國), 군권(君權), 군덕(君德), 군림(君臨), 군명(君命), 군민(君民), 군변(君邊), 군부(君父;임금의 아버지), 군사부일체(君師父一體), 군상(君上;임금), 군신(君臣)[군신대의(大義), 군신분의(分義), 군신유의(有義); 봉의군신(蜂蟻君臣)], 군신(群臣), 군왕(君王), 군위(君位), 군은(君恩), 군자(君子)[1259], 군장(君長), 군제(君劑), 군주(君主)[군주국(國), 군주정치(政治), 군주제(制); 전제군주(專制)], 군총(君寵), 군측(君側), 군친(君親), 군합국(君合國), 군호(君號), 군후(君侯); 가군(家君), 고군(故君), 과군(寡君), 구군(舊君), 국군(國君), 귀군(貴君), 난군(亂君), 낭군(郎君;아내가 남편을 정답게 일컫는 말), 대군(大君), 대원군(大院君), 동군(東君), 득군(得君;임금의 신임을 얻음), 망군(亡君), 명군(名君), 명군(明君), 보군(輔君), 봉군(封君), 부군(父君), 부군(夫君), 부군(府君), 부원군(府院君), 불사이군(不事二君), 사군(使君), 사군(師君;스승), 사군(嗣君), 산군(山君;산신령. 범), 선군(先君), 성군(聖君), 소군(小君), 암군(暗君), 애군(愛君), 엄군(嚴君), 연산군/ 광해군 등, 오군(吾君), 왕자군(王子君;임금의 庶子), 용군(庸君), 유군(幼君), 윤군(允/胤君), 이신벌군(以臣伐君), 인군(人君;임금), 인군(仁君), 저군(儲君), 제군(諸君;여러분), 주군(主君), 차군(此君;대나무), 충군(忠君), 파군(罷君), 폐군(廢君), 폭군(暴君), 현군(賢君), 현성지군(賢聖之君), 혜군(惠君), 혼군(昏君). ②친구나 손아랫사람을 부를 때, 성이나 이름 밑에 붙여 '장가를 안간 남자'를 뜻하는 말. 그대. 자네. ¶군의 건투를 빈다. 제군(諸君), 김군/ 이군/ 철수 군 들.

군(群) '무리 · 떼', '많다. 짙다'를 뜻하는 말. ¶군거(群居), 군계(群系), 군계(群鷄), 군계일학(群鷄一鶴), 군기(群起), 군당(群黨), 군도(群島), 군도(群盜;떼도둑), 군락(群落;떼판)[군락대(帶), 군락도(圖), 군락천이(遷移); 분층군락(分層), 식물군락(植物), 전층군락(全層)], 군록(群綠), 군론(群論), 군리(群吏), 군말뚝, 군맹(群盲), 군무(群舞), 군민(群民), 군방(群邦), 군방(群芳), 군봉(群峰), 군비(群飛), 군상/화(群像/畵), 군생(群生;여러 백성. 모든 생물), 군서(群書), 군서(群棲)[1260], 군선도(群仙圖), 군섬광(群閃光), 군성(群星), 군소(群小)[군소국(國), 군소배(輩), 군소봉(峰), 군소정당(政黨)], 군속(群俗;세상의 많은 사람), 군속도(群速度), 군신(群臣;많은 신하), 군심(群心), 군영(群英;많은 인재), 군영(群泳), 군웅(群雄), 군웅할거(群雄割據), 군작(群雀), 군적(群籍), 군전(群典), 군조(群鳥), 군중(群衆)[1261], 군집(群集)[1262], 군청/색(群青/色), 군체(群體;무리몸↔個體), 군총(群叢), 군추(群酋;여러 두목), 군취(群聚), 군파(群波), 군학(群鶴), 군현(群賢), 군호(群豪), 군혼(群婚), 군흉(群凶); 개체군(個體群), 계군(鷄群), 대군(大群), 동물군(動物群), 발군(拔群), 만휘군상(萬彙群象), 불군(不群), 산군(山群), 상군(商群), 성군(成群), 성군(星群), 성운군(星雲群), 식물군(植物群), 어군(魚群), 어군(語群), 어선군(漁船群), 유성군(流星群), 은하군(銀河群), 일군(一群;한 무리), 일군(逸群), 증후군(症候群), 지뢰군(地雷群), 직군(職群), 초군(超群;여럿 속에서 뛰어남), 출군(出群), 학군(學群), 화산군(火山群) 들.

군(郡) 행정 구역의 하나. 고을. 군청(郡廳), ¶군 대회(郡大會). 경기도 여주군. 군계(郡界), 군내(郡內), 군민(郡民), 군세(郡勢), 군수(郡守)[아낙군수(안방샌님)], 군아(郡衙), 군읍(郡邑), 군제(郡制), 군주(郡主), 군지(郡誌), 군청(郡廳), 군현제도(郡縣制度); 대군(大郡), 본군(本郡), 산군(山郡), 인군(隣郡), 일군(一郡;온 고을), 전군(全郡), 타군(他郡), 폐군(廢郡) 들.

군(窘) '막히다. 궁해지다'를 뜻하는 말. ¶군경(窘境;재산이 없어 곤궁함), 군박하다(窘迫), 군색하다[1263]/스럽다(窘塞;부자연스럽거나 떳떳하지 못하다), 군속하다(窘束), 군욕(窘辱), 군핍하다(窘乏;군색하고 아쉽다); 간군하다(艱窘;가난하고 군색하다), 곤군하다(困窘) 들.

군(裙) '치마'를 뜻하는 말. ¶군유(裙襦;속옷. 땀받이), 군자(裙子;허리에 둘러 입는 중의 옷); 마미군(馬尾裙), 홍군(紅裙;미인이나 예기(藝妓)를 비유하는 말) 들.

군데 낱낱의 곳을 나타내는 말. ¶덫을 여러 군데 놓다. 군데군데가 시퍼렇게 멍이 들다. 군데군데(낱낱의 곳. 여기저기) 모여 있다. 한/서너 군데, 한군데(어떤 일정한 곳).

군두 가래의 날을 맞추어 끼우는 넓적한 판. ¶군둣구멍(군두새끼를 꿰는 구멍), 군두새끼, 군두쇠[1264]; 살군두(가랫날을 장부 바닥에 얼러 매는 줄).

군두목 한자의 뜻은 생각하지 아니하고 소리와 새김을 따서 물건의 이름을 적는 방법.[〈軍都目]. ¶순수 우리말인 '광이'를 '廣耳' 따위로 적는 것을 군두목이라 한다.

군실 벌레 같은 것이 살갗에 붙어 기어가는 듯한 느낌. 가려운 느낌이 드는 모양. 〈큰〉근실. ¶온 몸이 군실군실 근지럽다. 군시럽다(몸이 간질간질 가려운 느낌이 있다), 군실거리다/대다, 군실군실/하다.

1259) 군자(君子): 학식이 높고 행실이 어진 사람. 마음이 착하고 무던한 사람. ¶군자국(國), 군자연하다(然); 금옥군자(金玉), 대인군자(大人), 대현군자(大賢), 도학군자(道學), 동리군자(東籬;국화), 무식군자(無識;배우지 못하여 지식이나 식견이 없어도 말과 품행이 올바른 사람), 박물군자(博物;온갖 사물에 정통한 사람), 백이군자(百爾;온갖 벼슬아치), 사군자(士君子), 사군자(四君子;매화 · 난초 · 국화 · 대나무), 성덕군자(成德), 성인군자(聖人), 양상군자(梁上;도둑), 여중군자(女中;덕이 높은 여자), 유곡군자(幽谷;난초), 유비군자(有斐;학식과 인격이 훌륭한 사람), 은군자(隱), 자칭군자(自稱;자기 자랑이 심한 사람), 정인군자(正人), 통리군자(通理;사리에 통달한 학자), 현인군자(賢人), 화중군자(花中;연꽃), 후덕군자(厚德).

1260) 군서(群棲): 같은 종류의 생물이 생식, 포식, 방어, 수면 따위를 위하여 한곳에 무리를 지어 사는 일.=군거(群居). 떼살이. 무리살이.

1261) 군중(群衆): 한곳에 모인 많은 사람. 수많은 사람. ¶시위 군중. 군중의 열렬한 환호성. 군중고독(孤獨), 군중극(劇), 군중노선(路線), 군중대회(大會), 군중범죄(犯罪), 군중심리/학(心理/학), 군중집회(集會), 군중행동(行動).

1262) 군집(群集): 사람이나 동물 따위가 한곳에 떼를 지어 모임. 여러 종류의 생물이 자연계의 한 지역에 살면서 유기적인 관계를 가지고 생활하는 개체군의 모임. 무리. 군취(群聚). ¶군집도(度), 군집생태학(生態學), 군집하다; 생물군집(生物).

1263) 군색하다(窘塞): ①필요한 것이 없거나 모자라서 어렵고 답답하다. ¶생활이 군색하다. ②자유롭거나 자연스럽지 못하여 거북하고 어색하다. ¶군색한 변명을 늘어놓다.

1264) 군두쇠: 원목을 산에서 운반할 때 한쪽 머리에 박고 거기에 줄을 매어 끄는 크고 굵은 쇠고리.

굳치리(집) 개고기를 안주로 하여 술을 파는 집. ¶굳치리에서 복·달임을 하다.

굳(다) ①누르는 자국이 나지 아니할 만큼 단단하다. 무른 물질이 마르거나 식어 단단하게 되다.(↔무르다). 변하거나 흔들리지 아니할 만큼 강하다. 튼튼하고 단단하다. 표정이 딱딱하다. ¶굳은 땅에 물이 괸다. 사나이의 굳은 의지. 방문을 굳게 잠그다. 잔뜩 긴장한 굳은 얼굴. 고독고독[1265], 고두밥(아주 된 밥), 구덕구덕[1266], 구덥다[1267], 구두쇠(몹시 인색한 사람. 가린주머니), 고드러·꼬드러·구드러·꾸드러지다, 굳건하다[1268], 굳기(광물의 단단한 정도)/계(計), 굳기름, 굳돌, 굳비늘[경린(硬鱗)], 굳뼈[경골(硬骨)], 굳세다(굳고 세차다. 힘차고 튼튼하다), 굳어지다(굳게 되다), 굳은대, 굳은돌/굳돌, 굳은동(굳은 母巖), 굳은목, 굳은살(못[2]), 굳은어깨, 굳은힘(모질게 쓰는 힘), 굳음병(病), 굳음새(물체의 굳은 정도), 굳이[1269], 굳잠(깊이 든 잠), 굳짜[1,2][1270], 굳히기, 굳히다[1271], 굳힘구이(초벌구이), 굳힌기름, 굳힘약(藥), 고드러·꼬드러·구드러·꾸드러지다, 고들고들[1272]·꼬들꼬들·구들구들·꾸들꾸들/하다, 꼬장떡(꼬들꼬들하게 만든 떡), 꽈닥[1273], 꽈들꽈들[1274], 꽛꽛하다[1275], 꾸덩꾸덩[1276], 꾸둥꾸둥[1277]; 걸굳다[1278], 말굳다(말할 때 더듬거려 말이 부드럽지 못하다), 설굳다(덜 굳다)/굳히다, 쇠굳다(쇠처럼 변하지 않고 단단하다). ②오그라들어 빳빳하여지다. 버릇이 되다. ¶팔다리가 굳다. 말버릇이 굳어버리다. ☞ 고(固). 견(堅).

굴 굴조개. 굴조개의 살. ¶굴을 따다. 굴국, 굴김치, 굴깍두기, 굴덕, 굴밥, 굴장(醬), 굴장아찌, 구재[1279], 구죽[1280], 굴저냐, 굴적(炙), 굴전(煎), 굴젓, 굴젓눈이(눈에 백태가 낀 사람), 구조개, 굴조개, 굴죽(粥), 굴쩍[1281], 굴튀김, 굴회(灰), 굴회(膾); 가시굴, 갓굴, 강굴, 날굴, 물굴젓, 미네굴(굴과의 조개), 생굴(生), 석굴(石; 돌에 붙어사는 굴), 어리굴젓, 토굴(土) 들.

굴- '참나무'를 뜻하는 말. ¶굴밤(졸참나무의 열매), 굴참나무(참나뭇과의 낙엽 활엽 교목), 굴피(皮)[1282].

굴(屈) '굽다·굽히다. 굳세다'를 뜻하는 말. ¶굴강(屈强), 굴건(屈巾), 굴곡(屈曲)[1283], 굴관(屈冠), 굴광성(屈光性), 굴근(屈筋), 굴기(屈起;일어남), 굴기성(屈氣性), 굴복(屈伏;머리를 숙이고 꿇어엎드림)/하다, 굴복(屈服;힘이 모자라서 복종함)/되다/하다, 굴성(屈性), 굴수성(屈水性), 굴슬(屈膝;무릎을 꿇고 절함. 복종), 굴신(屈伸;팔, 다리를 굽혔다 폄)[굴신력(力), 굴신성(性), 굴신운동(運動), 굴신하다, 굴신환율(換率)], 굴신(屈身;몸을 굽힘), 굴심(屈心; 남에게 마음을 굽힘), 굴억(屈抑;억누름), 굴왕(屈枉;휘어져 굽음. 억울한 죄), 굴요하다(屈橈;마음이나 기개가 굽혀지거나 꺾이다), 굴욕(屈辱)[굴욕감(感), 굴욕적(的)], 굴일성(屈日性), 굴장(屈葬), 굴절(屈折)[1284], 굴절(屈節;정조나 절개를 굽힘), 굴종(屈從), 굴지(屈指)[1285], 굴지성(屈地性), 굴촉성(屈觸性), 굴칩(屈蟄;집에 틀어박혀 있음), 굴하다, 굴화성(屈化性); 만굴(彎屈), 반굴(反屈;뒤로 구부러짐), 반굴(盤屈;서리고 엉클어짐), 불굴(不屈)[백절불굴(百折), 불요불굴(不撓), 지사불굴(至死)], 비굴하다/스럽다(卑屈), 어굴하다(語屈;語塞), 원굴(寃屈), 이굴(理屈), 자굴(自屈), 좌굴(坐屈), 편굴(偏屈), 후굴(後屈) 들.

굴:(窟) 땅이나 바위가 안으로 깊숙하게 패어 들어간 곳. 터널. 짐승이 사는 구멍. 구덩이. ¶굴을 뚫다. 굴개(썩은 개흙), 굴길, 굴다리, 굴목(굴로 들어가는 길목), 굴문(門;굴의 아가리), 굴바닥, 굴법당(法堂), 굴속, 굴어귀, 굴우물[1286], 굴젓(돌고드름이나 돌순), 굴집(움집), 굴혈(窟穴); 간굴(굴), 개미굴, 나사굴(螺絲), 너구리굴, 도깨비굴, 동굴(洞窟), 땅굴, 똬리굴, 마굴(魔窟), 매음굴(賣淫窟), 범굴(호랑이굴), 빈민굴(貧民窟), 사굴(蛇窟), 사창굴(私娼窟), 산굴(山窟), 석굴(石窟), 선굴(仙窟), 설굴(雪窟), 소굴(巢窟), 심굴(深窟), 아편굴(阿片窟), 암굴(巖窟), 와굴(窩窟), 용암굴(鎔巖窟), 적굴(賊窟), 적굴(敵窟), 토굴(土窟;땅굴), 토영삼굴(兎營三窟), 해식굴(海蝕窟), 호굴(虎窟) 들.

1265) 고독고독: 물기 있는 물건이 마르거나 얼어서 단단히 굳어진 상태. 〈큰〉구둑구둑. 〈센〉꼬독꼬독. ¶고독고독 마르다.

1266) 구덕구덕: 물기 있는 물체의 거죽이 조금 마른 모양. 〈작〉고닥고닥. 〈센〉꾸덕꾸덕. ¶고닥고닥 마른 빨래. 가닥가닥, 고닥고닥·꼬닥꼬닥·구덕구덕·꾸덕꾸덕/하다.

1267) 구덥다: 굳건하고 확실하여 아주 미덥다.[←굳(다)+업다].

1268) 굳건하다: 굳세고 건실하며 씩씩하다. ¶굳건한 의지. 경제적 토대를 굳건히 하다.

1269) 굳이: 단단한 마음으로 굳게. 고집을 부려 구태여. ¶굳이 지키다. 굳이 따라가겠다면 할 수 없지.

1270) 굳짜[1]: 누가 가지게 될 것인지가 정해져 있는 물건.=굳은자. 굳짜배기. 굳짜[2]: 구두쇠.

1271) 굳히다: 굳게 하다. 무른 것을 딱딱하게 하다.≒응결시키다(凝結). 다지다. ¶기반을 굳히다. 초를 녹여 틀에 넣어 굳혔다.

1272) 고들고들: 밥알이 물기가 적어서 오돌오돌 한 느낌. ¶밥이 고들고들해졌다.

1273) 꽈닥: 얇은 물건이 갑자기 마르거나 얼어서 만지면 부러질 듯이 굳어진 모양. ¶꽈닥 마르다. 꽈드러지다.

1274) 꽈들꽈들: 마르거나 굳어지거나 하여 몹시 빳빳하게. ¶노가리가 꽈들꽈들 마르다.

1275) 꽛꽛하다: 물건이 어지간히 굳어져서 거칠고 단단하다. ¶꽛꽛이.

1276) 꾸덩꾸덩: 좀 두터운 물건이 겉은 꾸덕꾸덕하지만 속은 조금 물렁물렁한 듯한 느낌을 주는 상태. 〈작〉꼬당꼬당. ¶밀가루 반죽이 꾸덩꾸덩 굳어지다. 떡이 꼬당꼬당 말라가다.

1277) 꾸둥꾸둥: 조금 큰 물건이 몹시 마르거나 얼어서 굳으면서도 부푼 듯한 모양. ¶꾸둥꾸둥 얼어드는 숲속.

1278) 걸굳다: 거칠고 굳다. ¶땅이 너무 걸굳어 삽날이 들어가지 않는다.

1279) 구재: 굴을 따는 데에 쓰는 갈고리 모양의 도구. ¶구재를 날렵하게 놀려 굴을 까는 섬 아주머니들.

1280) 구죽: 바닷가에 쌓인 굴 껍데기. ¶구죽바위(구죽이 쌓여서 된 바위).

1281) 굴쩍: 굴을 까 낸 살에 섞여 든 굴깍지(굴껍데기). ¶굴쩍을 골라내다.

1282) 굴피(皮): ①참나무의 두꺼운 껍질. ¶굴피나무, 굴피자리(굴피로 엮은 자리), 굴핏집(굴피로 지붕을 인 집). ②돈이 마른 빈 주머니. ¶굴피를 털어 보이다.

1283) 굴곡(屈曲): ①이리저리 굽어 꺾여 있음. 또는 그런 굽이. ¶굴곡이 심한 해안선. 굴곡주성(走性), 굴곡지다. ②사람이 살아가면서 잘되거나 잘 안 되거나 하는 일이 번갈아 나타나는 변동. ¶굴곡을 겪다.

1284) 굴절(屈折): 휘어서 꺾임. 굴절각(角), 굴절계(計), 굴절광선(光線), 굴절구(球), 굴절도(度), 굴절되다/하다, 굴절률(率), 굴절망원경(望遠鏡), 굴절면(面), 굴절버스(bus), 굴절법(法), 굴절선(線), 글절손실(損失), 굴절어(語), 굴절운동(運動), 굴절이상(異常), 굴절저항(抵抗), 굴절파(波), 굴절학(學); 단굴절(單), 복굴절(複).

1285) 굴지(屈指): 무엇을 셀 때, 손가락을 꼽음. 수많은 가운데서 손가락을 꼽아 셀 만큼 아주 뛰어남. ¶우리나라 굴지의 재벌. 굴지계수(計數;손가락셈), 굴지계일(計日), 굴지근(筋), 굴지하다.

1286) 굴우물: 바닥을 모를 만치 깊은 우물. ¶굴우물에 돌 넣기(자기 힘으로는 도저히 하기 힘든 일을 감히 하려고 함).

ㄱ

굴(掘) '파다 · 파내다. 뚫다'를 뜻하는 말. ¶굴검(掘檢), 굴근(掘根; 나무뿌리를 파내는 일), 굴변(掘變;무덤을 파내어 생긴 재앙이나 사고), 굴이(掘移;무덤을 파서 옮김), 굴진(掘進;땅을 파 들어감), 굴착(掘鑿)[굴착기(機), 굴착삽, 굴착하다], 굴총(掘塚;남의 무덤을 팜), 굴해(掘垓;무덤가를 돌아가며 고랑을 깊이 팜), 굴혈(掘穴); 개굴(開掘), 노천굴(露天掘)/노굴(露掘), 늑굴(勒掘), 도굴(盜掘), 발굴(發掘), 사굴(私掘), 시굴(試掘), 착굴(鑿掘), 채굴(採掘) 들.

굴(崛) '우뚝 솟다'를 뜻하는 말. ¶굴기(崛起;산 따위가 불쑥 솟음), 굴물(崛物); 기굴하다(奇崛;외모가 남다르고 허우대가 크다) 들.

굴(다)¹ 주로 부사 또는 '-이/히'로 끝난 파생 부사, 보조적 연결 어미 '-게' 아래에 놓이어, '그러하게 행동하거나 처신함'을 나타내는 말. ¶어른 앞에서 함부로 굴어서는 안 된다. 까다롭게 굴다. 사랑스럽게 굴다. 귀찮게 굴다. 버릇없이 굴다. 못살게 굴다. 째째하게 굴지 마라. 어른 들이 왜 생각 없이 구는지 모르겠다.

굴(다)² '구르다'의 준말. ¶강아지들이 마당을 굴면서 장난을 치다. 뒹굴다.

굴뚝 불을 땔 때, 연기가 밖으로 빠져 나가도록 만든 장치. 연기에 그을린 굴뚝처럼 '흑갈색을 띤, 잿빛'을 뜻하는 말. ¶굴뚝같다(무엇을 하고 싶은 생각이 간절하다). 굴뚝개자리, 굴뚝나비, 굴뚝메(굴뚝과 벽 사이), 굴뚝목(방고래와 굴뚝이 잇닿은 곳), 굴뚝새, 굴뚝아가리, 굴뚝쟁이, 굴뚝청어(靑魚;덜 자란 어린 청어), 굴진[1287] 들.

굴레¹ 마소를 부리기 위하여 목에서 고삐에 걸치어 얽어매는 줄. 부자유하게 얽매이는 일.[<구레]. ¶굴레를 씌우다/ 벗다. 굴레 벗은 말(거칠게 행동하는 사람). 인습의 굴레에서 벗어나지 못하다. 굴레수염(鬚髥;구레나룻), 굴레옆쇠; 꽃굴레, 말굴레; 구레나룻(귀밑에서 턱까지 잇달아 난 수염).

굴레² 어린 아이의 머리에 씌우는 수놓은 모자.

굴레미 나무로 만든 바퀴.[←구르다¹].

굴비 소금에 약간 절여서 통째로 말린 조기. 건석어(乾石昔魚). ¶굴비 한 두름은 스무 마리이다. 굴비찌개; 곡우살굴비(穀雨), 보리굴비 들.

굴왕신-같다 낡고 찌들고 몹시 더러워져 보기에 흉하다. ¶저 빈 초가집은 굴왕신같다. 굴왕신같은 골방.

굴-지다 마음이 느긋하고 만족스럽다. ¶이번 협상은 전체적으로 성과가 좋아 양쪽 모두 굴진 분위기였다. 그는 지금 속으로는 굴져서 입이 저절로 흐물흐물 못 견딜 지경이다.

굴축-나다 몹시 줄어들다.

굴치¹ 은근히 탐하는 성질을 가진 사람. ¶그의 행동만 보아도 흉측스러운 굴치임에 틀림없다.

굴치² 바닷지렁이의 하나.

1287) 굴진: 굴뚝 속이나 구들장 밑에 붙은 검고 끈끈한 물질.

굴침-스럽다 잘 되지 않는 일을 억지로 하려고 애쓰는 태도가 있다. ¶고시에 합격하려고 굴침스럽게 공부한다. 굴침스레.

굴타리-먹다 참외나 호박 · 수박 따위의 밭에서 흙이 닿아 썩은 자리를 벌레가 파먹다. ¶굴타리먹은 수박.

굴퉁이 ①겉모양은 그럴듯해도 속은 보잘것없는 물건이나 사람.= 나무거울. ¶사고 보니 굴퉁이었다. ②씨가 덜 여문 청둥호박.

굴포 ①민물이 들어왔다가 빠져나가지 못하고 괴어 있는 웅덩이. ②논밭에 물을 대기 위하여 만든 보조 웅덩이.

굴피(皮) ①빈 돈주머니. ②참나무의 두꺼운 껍데기. ¶굴핏집(굴피로 지붕을 인 집).

굵(다) 긴 물건이 몸피가 크다. 알 모양의 물건이 부피가 크다. 목소리가 우렁우렁 울리어 크다. 피륙의 바탕이 거칠고 투박하다. ↔가늘다. 잘다. ¶굵은 기둥. 달걀이 굵다. 사내다운 굵은 목소리. 굵은 삼베. 굵다랗다, 굵디굵다(↔자디잘다), 굵어지다, 굵은베(↔가는베), 굵은붓, 굵은소금, 굵은체, 굵지다(꽤 굵다), 굵직하다, 굵직굵직/하다, 굵히다; 굴때장군(將軍;몸이 굵고 키가 크며 살갗이 검은 사람. 옷이 시커멓게 된 사람) 들.

굶(다) 끼니때에 끼니를 먹지 아니하거나 먹지 못하다(≒주리다. 거르다). 놀이 · 오락 따위에서 자기 차례를 거르다. ¶배탈이 나서 아침을 굶었다. 하루 종일 굶었더니 배가 고프다. 한 번 굶은 사람은 다시는 놀이에 끼지 못한다. 굶기다, 굶주리다, 굶주림.

굼뉘 바람이 불지 않을 때 치는 큰 물결. ¶굼뉘가 일다.

굼벵이 매미의 애벌레. 동작이 굼뜨고 느린 사물이나 사람.☞ 곰-².

굽 말 · 소 · 양 따위 짐승의 발톱. 그릇의 밑바닥 받침. 구두 밑바닥의 뒤축에 붙어 있는 부분. 나막신의 발. ¶굽이 낮은 구두. 굽을 갈다. 접시의 굽이 깨지다. 굽갈래(굽의 갈라진 곳), 굽갈이/장수, 굽격지(굽 달린 나막신), 굽구멍(토기 굽에 뚫린 구멍), 굽깎기, 굽다리(그릇에 달린 높다란 굽)[굽다리바리, 굽다리접시, 굽다리합(盒)], 굽단지, 굽달이(굽이 달린 접시), 굽뒤축, 굽밑테(그릇 굽의 밑 테두리), 굽바닥, 굽바자[1288], 굽바탕, 굽벽(壁), 굽병(甁), 굽새(굽의 갈라진 사이), 굽소로(小爐;굽이 달린 소로), 굽싸다[1289], 굽아(소에게 굽을 들라는 뜻으로 내는 소리), 굽잔(盞; 굽다리접시), 굽잡다/잡히다[1290], 굽접시, 굽창, 굽통[1291]; 뒷굽, 말굽, 밀굽[1292], 밑굽(물건의 밑의 굽도리), 바자굽(바자의 아랫부분), 밖굽(바깥쪽의 굽.↔안굽), 발굽[뒷발굽, 말발굽, 앞발굽], 버치[1293]굽, 실굽(그릇의 밑바닥에 가늘게 돌려 있는 받침), 실굽달이(실굽이 달려 있는 그릇), 안굽, 종짓굽 들.

굽(다)¹ ☞ 곱다³.

1288) 굽바자: 작은 나뭇가지로 엮어 만든 낮은 울타리.
1289) 굽싸다: 짐승의 네 발을 모아 움직이지 못하도록 얽어매다.
1290) 굽잡다: 남의 약점을 잡아 기를 펴지 못하게 하다.
1291) 굽통: 말이나 소의 발굽의 몸통. 화살대의 끝 쪽에 대통으로 싼 윗부분.
1292) 밀굽: ①다리에 병이 나거나 편자를 박지 아니하여 앞으로 밀려난 말의 발굽. ②다 들어가지 아니하고 밀린 버선 뒤꿈치.
1293) 버치: 자배기보다 조금 깊고 큰 그릇.

굽(다)[2] 생선이나 고기 따위를 불이나 뜨거운 것에 직접 대어 익히다. 나무를 태워 숯을 만들다. 벽돌·도자기·옹기 따위를 굳히기 위하여 가마에 넣고 불을 때다. ¶숯불에 고기를 굽다. 도자기를 굽다. 구움일(목재를 구움판에 넣어 말리는 일), 구움판(목재를 구워 말리는 구덩이), 구어박다[1294]/박히다, 구워삶다[1295], 구이[1296], 군-[군감자, 군고구마, 군기와, 군돌, 군두부(豆腐), 군마늘, 군만두(饅頭), 군밤, 군장(醬;찌끼 된장에 양념을 넣고 반죽한 다음 기름을 발라서 구운 반찬)]; 설굽다(덜 굽다). ☞ 자(炙).

굽(다)[3] 윷놀이에서, 먼저 놓았던 말 위에 새 말을 덧붙여 어우르다. ¶석 동을 구워서 가다.

굿[1] 무당이 노래하고 춤을 추며 귀신에게 치성을 드리는 의식. 여러 사람이 모여 벅적거리는 구경거리. ¶굿을 하다. 굿거리, 굿거리장단, 굿것(귀신), 굿구경, 굿날, 굿놀음, 굿놀이, 굿당(堂), 굿보다[1297], 굿북, 굿상(床), 굿소리, 굿자리, 굿중(걸립을 하는 중)[굿중놀이, 굿중패(牌)], 굿터, 굿판, 굿하다; 강신굿(降神;내림굿), 거리굿, 걸립굿(乞粒), 계면굿, 고방굿(庫房), 꽃맞이굿, 나라굿, 난리굿(亂離;난리가 일어난 판), 난장굿(亂場), 내당굿(內堂;안당굿), 내림굿, 넋건지기굿, 노랫국, 다리굿, 단오굿(端午), 당맞이굿(堂), 당산굿(堂山), 도당굿(都堂), 동맞이굿, 두린굿(미친병을 낫게 드리는 굿), 뒤안굿(장독에 축원을 드리는 굿), 뒷전굿(뒷전풀이로 하는 굿), 뜰덩굿(다리굿에 앞서 안굿의 뒷전풀이), 마당굿, 망자굿(亡者), 매귀굿(埋鬼), 멧굿(농악을 반주로 하여 치르는 굿), 몸굿[1298], 문굿(門), 물부리굿(기우제), 배뱅이굿, 배송굿(拜送), 별신굿(別神), 병굿(病), 부정풀이굿(不淨), 사례굿(謝禮), 사자굿(使者), 살풀이굿(煞), 삼신굿(三神), 상당굿(上堂), 상사굿(相思), 샘굿, 선굿(무당이 서서 뛰놀며 하는 굿), 선창굿(船艙), 성문여는굿(城門), 성신굿(星神), 성주굿, 세존굿(世尊), 소놀이굿, 손님굿/손굿, 실력굿[1299], 씨름굿(씨름구경), 씻김굿, 안굿, 안반굿(본굿에 앞서 조상신과 성주신에게 아뢰는 일), 안택굿(安宅), 앉은굿(장구와 춤이 없이 하는 굿), 액막이굿(厄), 여탐굿[1300], 연등굿(燃燈), 열두거리굿, 영등굿, 오구굿[1301], 외마치질굿, 용굿(龍), 용신굿(龍神), 용왕굿(龍王), 우마굿(牛馬), 우물굿(샘굿), 우환굿(憂患), 입춘굿(立春), 재수굿, 절굿, 절궁굿(음력 정월에 행하던 놀이), 제석굿(帝釋), 조상굿(祖上), 조왕굿(竈王), 지노귀굿/진오귀굿, 지신굿, 집굿, 징굿, 쪽박굿(쪽박을 문질러 소리를 내어 병마를 쫓는 굿), 천도굿(遷度), 천신굿(薦神), 초망자굿(招亡者), 축원굿(祝願), 칠성굿(七星), 큰굿, 탈상굿(脫喪), 텃굿, 풍류굿(風流), 허줏굿[1302], 허천굿[1303] 들.

굿[2] ①'구덩이'의 준말. ¶굿등(구덩이의 둔덕), 굿문(門), 굿박(구덩이의 밖), 굿밭(움푹한 산지대에 있는 밭), 굿뱀; 삼굿[1304]. ②광산에서 굴이 무너지지 아니하도록 손을 보아 놓은 구덩이. ¶굿감독(監督;굿반수), 굿길, 굿꾸리다[1305], 굿단속(團束), 굿덕대[1306], 굿막(幕), 굿문(門;坑口), 굿반수[1307], 굿병(病;광부에게 생기는 병), 굿복(服;굿옷), 굿옷(광부가 일할 때 입는 옷), 굿일[1](광산의 구덩이를 파는 일); 누운굿(수평갱도), 방틀굿(方)[1308], 씨굿(씨를 두는 구덩이). ③뫼를 쓸 때, 널이 들어갈 만큼 알맞게 파서 다듬어 놓은 구덩이. ¶굿을 파다. 굿일[2](뫼의 구덩이를 파는 일), 굿짓다(널이 들어갈 자리를 만들다).

궁(宮) '임금이 거처하는 집. 세자(世子). 오음(五音)의 하나. 여자의 생식기. 장기에서의 큰 말'을 뜻하는 말. ¶궁가(宮家), 궁궐(宮闕)[구중궁궐(九重)], 궁금(宮禁), 궁납(宮納), 궁내(宮內), 궁녀(宮女), 궁노(宮奴), 궁단속(宮團束), 궁답(宮畓), 궁도(宮圖), 궁도련님[1309]/도령, 궁례(宮隷), 궁료(宮僚), 궁문(宮門), 궁방(宮房), 궁밭, 궁빈(宮嬪), 궁상각치우(弓商角徵羽), 궁선(宮扇), 궁성(宮城), 궁세(宮稅), 궁수(宮繡), 궁실(宮室), 궁역(宮域), 궁온(宮醞), 궁외(宮外), 궁인/직(宮人/職), 궁장(宮庄), 궁장(宮牆), 궁장식(宮裝飾), 궁전(宮田), 궁전(宮殿), 궁전(宮前), 궁정/악(宮廷/樂), 궁정(宮庭), 궁조(宮調), 궁중(宮中)[궁중말, 궁중무용(舞踊), 궁중문학(文學), 궁중어(語)], 궁지(宮趾), 궁차지(宮差知), 궁체(宮體), 궁초(宮綃), 궁터, 궁토(宮土), 궁합(宮合)[찰떡궁합], 궁합(宮閤), 궁형(宮刑;생식기를 없애는 벌); 고궁(古宮), 교궁(校宮), 동궁(東宮), 명궁(命宮;두 눈썹 사이), 묘궁(廟宮), 미궁(迷宮), 민궁, 반궁(泮宮), 범궁(梵宮), 별궁(別宮), 비궁(秘宮), 빈궁(嬪宮), 빈궁(殯宮), 상궁(尙宮), 선궁(仙宮), 선궁(禪宮;절), 세손궁(世孫宮), 세자궁(世子宮), 수궁(水宮), 수궁(守宮), 수궁(壽宮), 수정궁(水晶宮), 신궁(神宮), 심궁(深宮), 아방궁(阿房宮), 어궁(御宮), 왕궁(王宮), 용궁

1294) 구어박다: ①같은 장소에서 꼼짝 못하고 머무르거나 같은 상태로 지내다/지내게 하다. ¶그는 열흘째 집안에만 구어박혀 있다. ②쐐기 따위를 단단히 끼여 있게 하기 위하여 불김을 쐬어 박다. ③길미(이자) 놓는 돈을 한곳에 잡아 두어 더 이상 늘리지 아니하다.[〈구워박다←굽(다)+어+박+다].

1295) 구워삶다: 남을 구슬리어 말을 듣게 하다. ¶친구를 구워삶아 함께 떠나다.

1296) 구이: ①고기나 생선에 양념을 하여 굽는 일이나 구운 음식. ¶구이가마, 구이통(筒); 갈비구이, 갈치구이, 게구이, 고기구이, 고등어구이, 꼬치구이, 꽁치구이, 더덕구이. 도미구이, 돌구이, 두태구이(豆太;소의 콩팥을 구워 만든 음식), 로스구이(roast), 맥반석구이, 민어구이(民魚), 북어구이(北魚), 붕어구이, 비웃구이, 삼치구이, 생선구이(生鮮), 생치구이(生雉), 석쇠구이, 소금구이, 숭어구이, 숯불구이, 얼간구이, 염통구이, 영계구이(鷄), 오리구이, 오리알구이, 장어구이(長魚), 전기구이(電氣), 전어구이(錢魚), 제육구이(猪肉), 조개구이, 진흙구이, 참새구이, 철판구이(鐵板), 통닭구이. ②도자기를 불에 굽는 일. ¶마침구이, 설구이, 애벌구이, 초벌구이(初).

1297) 굿보다: ①굿을 구경하다. ②남의 일에 참견하지 않고 보기만 하다.

1298) 몸굿: 처음으로 무당이 될 때 하는 굿.

1299) 실력굿: 집안을 평안하게 하여 달라고 3년에 한 번씩 하는 굿.

1300) 여탐굿: 집안에 경사가 있을 때 조상에게 먼저 아뢰는 굿.[←예탐(豫探)].

1301) 오구굿: 죽은 이의 넋을 위로하는 굿. ¶오구물림(바리데기), 오구새남(오구굿); 산오구(산 사람을 위하여 벌이는 오구굿).

1302) 허줏굿: 무당이 되려고 할 때에 처음으로 신을 맞아들이기 위하여 하는 굿. ¶허줏굿하다.

1303) 허천굿: 하회 별신굿 탈놀이에서, 마지막 날 마을 앞길에 제물을 차려 놓고 하는 굿.

1304) 삼굿: 삼의 껍질을 벗기기 위하여 찌는 구덩이나 큰 솥. ¶삼굿구이(삼굿에서 감자를 굽는 일), 삼굿하다(삼굿에 삼을 넣고 찌다).

1305) 굿꾸리다: 광이 무너지지 않도록 벽과 천장에 기둥을 세우다.

1306) 굿덕대: 탄광에서 한 구덩이의 작업을 감독하는 책임자.

1307) 굿반수: 광산에서, 구덩이의 단속을 책임 맡은 사람.

1308) 방틀굿(方): 방틀(井자 모양의 틀)을 쌓아 올린, 곧게 내려간 광산 구덩이.

1309) 궁도련님(宮): 거만하고 반지빠른 궁가의 젊은 사람. 부유한 집에서 태어나 세상 물정을 모르는 사람.

(龍宮), 월궁(月宮), 이궁(離宮), 입궁(入宮), 자궁(子宮), 자궁(梓宮), 자궁(慈宮), 자미궁(紫微宮), 재궁(梓宮), 재궁(齋宮), 저궁(儲宮), 적멸궁(寂滅宮), 정궁(正宮), 주궁패궐(珠宮貝闕), 중궁(中宮), 지궁(地宮), 처첩궁(妻妾宮), 천궁(天宮), 춘궁(春宮), 출궁(出宮), 태손궁(太孫宮), 태자궁(太子宮), 폐궁(廢宮), 합궁(合宮;合衾), 행궁(行宮), 혼궁(魂宮), 환궁(還宮), 황궁(皇宮), 후궁(後宮) 들.

궁(窮) 가난한 상태. 또는 그러한 기색. '연구하다. 다하다. 막히다'를 뜻하는 말. ¶궁이 끼다(곤궁하게 되다). 궁을 떨다. 궁하면 통한다. 궁객(窮客;몹시 궁한 처지에 놓인 사람), 궁경(窮經;경학을 깊이 연구함), 궁경(窮境;생활이 몹시 어려운 지경), 궁계(窮計), 궁고하다(窮苦), 궁곡(窮谷), 궁곤하다(窮困), 궁교/배(窮交/輩), 궁구(窮究;속속들이 파고들어 깊게 연구함), 궁구/막추(窮寇/莫追), 궁귀(窮鬼;궁한 귀신), 궁극(窮極)[궁극스럽다, 궁극원리(原理), 궁극적(的), 궁극하다], 궁기(窮氣), 궁끼다(곤궁하게 되다. 궁상이 끼다), 궁달(窮達), 궁도(窮途)[무인궁도(無人)], 궁동(窮冬), 궁리(窮理;생각)[궁리궁리/하다, 궁리하다; 별궁리(別)], 궁문(窮問), 궁민(窮民), 궁바가지[1310], 궁박하다(窮迫), 궁벽스럽다/하다(窮僻), 궁사(窮死), 궁사(窮奢), 궁사남위(窮思濫爲), 궁상(窮相;궁하게 생긴 상), 궁상/떨다/맞다/스럽다(窮狀;어렵고 궁한 상태), 궁색(窮色;곤궁한 모습), 궁색/스럽다/하다(窮塞)[1311], 궁생원(窮生員), 궁서(窮鼠), 궁설(窮說), 궁세(窮勢), 궁수(窮愁), 궁수(窮數), 궁심(窮心), 궁여지책(窮餘之策), 궁음(窮陰), 궁인(窮人), 궁절(窮節;春窮期), 궁조(窮鳥), 궁줄(궁한 처지), 궁지(窮地)[1312], 궁진(窮盡;다하여 없어짐), 궁책(窮策), 궁천극지(窮天極地), 궁촌(窮村), 궁축(窮蹙), 궁춘(窮春), 궁태(窮態), 궁통(窮通), 궁팔십(窮八十;↔達八十), 궁폐하다(窮弊), 궁핍하다(窮乏;몹시 가난하다), 궁하다[1313], 궁항(窮巷), 궁핵(窮覈;원인을 속속들이 캐어 찾음), 궁향(窮鄕), 궁협(窮峽), 궁흉하다(窮凶;아주 음침하고 흉악하다); 계궁(計窮), 계궁(階窮), 고궁(固窮), 고궁(孤窮), 곤궁하다(困窮), 극궁(極窮), 기궁(奇窮;몹시 궁함), 기궁(飢/饑窮), 면궁(免窮), 무궁(無窮)[1314], 민궁(民窮), 빈궁(貧窮), 사궁(四窮), 설궁(說窮), 세궁/민(細窮/民), 수궁(數窮), 양궁상합(兩弓相合), 어궁하다(語窮;語塞), 이궁하다(理窮), 조궁즉탁(鳥窮則啄), 주궁휼빈(賙窮恤貧), 지궁(至窮), 추궁(秋窮), 추궁하다(追窮), 춘궁/기(春窮)/期, 칠궁(七窮), 학궁(學窮) 들.

궁(弓) '활. 활 모양의 것'을 뜻하는 말. ¶궁노(弓弩), 궁대(弓袋), 궁도(弓道), 궁마(弓馬), 궁방(弓房), 궁사(弓士), 궁사(弓師), 궁상(弓狀), 궁수(弓手), 궁술(弓術), 궁시(弓矢), 궁의(弓衣), 궁인(弓人), 궁장(弓匠), 궁장이, 궁전(弓箭), 궁정(弓旌), 궁주(弓奏), 궁척(弓尺;한량), 궁체(弓體;활쏘기 자세), 궁현(弓弦), 궁형(弓形); 각궁(角弓), 각궁반장(角弓反張;뒤틀려진 형태), 강궁(强弓)[막막강궁(莫莫;아주 단단하고 센 활)], 경궁(勁弓), 국궁(國弓), 노궁(弩弓), 대궁(大弓), 동궁(彤弓), 만궁(彎弓;활을 당김), 맥궁(貊弓), 명궁(名弓), 목궁(木弓), 반궁(半弓), 반사궁(反射弓;신경반사의 모든 경로), 석궁(石弓), 심궁(心弓;활 모양의 심장부), 악궁(樂弓), 알궁(軋弓;아쟁을 켜는 활), 양궁(良弓), 양궁(洋弓), 연궁(軟弓), 예궁(禮弓), 우궁/깃(右弓), 장궁(長弓), 제궁(帝弓;무지개), 조궁장이(造弓), 좌궁/깃(左弓), 천궁(天弓;무지개), 철궁(鐵弓), 철태궁(鐵胎弓), 호궁(胡弓), 후궁(猴弓) 들.

궁(穹) '하늘. 깊다. 활꼴[궁형(弓形;arch)]'을 뜻하는 말. ¶궁곡(穹谷), 궁교(穹窖;구덩이 위를 불룩하게 만든 움), 궁륭(穹窿)[궁륭반자, 궁륭지붕, 궁륭형(形)], 궁창(穹蒼;높고 푸른 하늘) 들.

궁(躬) '몸. 몸소'를 뜻하는 말. ¶궁경(躬耕;자기가 직접 농사를 지음), 궁진(躬進), 궁행(躬行;몸소 행함)[실천궁행(實踐)]; 국궁(鞠躬), 비궁(匪躬), 성궁(聖躬) 들.

궁굴(다) 그릇 따위가 겉보기보다 속이 너르다.

궁굴-하다 어떤 사물이 이리저리 구르다. ¶궁글대(롤러. 굴림대), 궁굴리다[1,2][1315], 궁글막대(길마의 앞가지와 뒷가지를 꿰뚫어 맞춘 나무), 궁글통(물방아나 물레의 중심에 가로 지른 굵은 나무).

궁글(다) ①착 달라붙어야 할 물건이 들떠서 속이 비다. ¶장판이 여기저기 궁글었다. 벽지가 궁글어 보기 싫다. ②단단한 물체 속의 한 부분이 텅 비다. =궁굴다(겉보기 보다는 속이 다르다) ¶고목 밑동이 궁글다. 그 단지는 속이 궁굴어서 꿀이 많이 들었다. ③소리가 웅숭깊다(되바라지지 않고 깊숙하다). ¶노랫소리가 궁글다. 궁근소리(웅숭깊은 소리). ④내용이 부실하고 변변치 아니하다. ¶궁글대로 궁근 살림살이.

궁금-하다[1] 무엇이 어찌 되었는지 알고 싶어 마음이 안타깝다. ¶소식이 궁금하다. 궁금히 여기다. 궁겁다(마음에 궁금한 느낌이 있다), 궁금답답하다, 궁금스럽다, 궁금증(症); 갑갑궁금하다(몹시 갑갑하고 궁금하다).

궁금-하다[2] 속이 출출하여 무엇이 먹고 싶다. ¶입이 궁금하다.

궁둥이 사람이 앉을 때 바닥에 닿는 엉덩이의 아랫부분. 옷에서 엉덩이 아래에 닿는 부분. ¶궁둥이에 좀이 쑤시다. 그 놈은 궁둥이가 질기다. 살이 도도록한 궁둥이의 윗부분을 '엉덩이(볼기)'라고 한다. 궁둥이걸음, 궁둥방아(엉덩방아), 궁둥배지기, 궁둥살, 궁둥이내외(內外;남녀가 마주쳤을 때 슬쩍 피하는 짓), 궁둥잇바람, 궁둥이뼈, 궁둥잇짓/하다, 궁둥짝, 궁둥춤(엉덩춤); 말궁둥이, 알궁둥이(발가벗은 궁둥이) 들.

궁-따다 시치미를 떼고 딴소리를 하다. ¶궁따고 앉아 있다. 그렇게 궁딴다고 누가 모를 줄 아느냐? 궁따지 말고 털어놓아라.

궁뚱망뚱-하다 몹시 후미지고 너절하다. ¶그는 변두리의 궁뚱망

1310) 궁바가지(窮): 필요한 밑천이나 물건이 떨어져 사정이 매우 딱하게 된 형편이나 그런 처지의 사람. ¶궁바가지를 타고나다.

1311) 궁색하다(窮塞): 아주 가난하다. ¶궁색한 집안. 궁색하게 살다. 궁색히.

1312) 궁지(窮地): 살아갈 길이 막연하거나, 매우 어려운 일을 당한 처지. 궁경(窮境). ¶궁지에 몰리다.

1313) 궁하다(窮): ①가난하다. ¶살림이 궁하다. ②사정이 딱하다. ¶궁한 소리. ③벗어날 도리가 없이 막히다. ¶답변에 궁하다. ④극도에 이르다. ¶궁하면 통한다.

1314) 무궁(無窮): 무궁세(世), 무궁아(我), 무궁하다, 무궁화(花); 사변무궁(事變), 영세무궁(永世), 영영무궁(永永), 영원무궁(永遠).

1315) 궁굴리다[1]: 너그럽게 생각하다. 좋은 말로 구슬리다. ¶따라오겠다는 아이를 겨우 궁굴려 떼어 놓았다. 궁굴리다[2]: 사물을 이리저리 굴리다. ¶눈알을 궁굴리다. 공을 궁굴리다.

뚱한 동네로 이사했다. 사람 사는 곳이 이렇게 궁뚱망뚱해서야 정이 붙겠나.

궁량 사물을 처리하거나 밝히거나 하기 위하여 이리저리 깊이 헤아리는 생각.=궁리(窮理). ¶친구들은 그의 높은 식견과 궁량에 의뢰하는 바가 많았다. 궁량하다.

궁시렁 작은 소리로 혼자서 하는 안 좋은 소리. ¶궁시렁거리다/대다, 궁시렁궁시렁/하다.

궁싯 잠이 오지 아니하여 몸을 뒤척이는 모양. 어찌할 바를 몰라 이리저리 머뭇거리는 모양. 〈센〉꿍싯. ¶몸을 이리 궁싯 저리 궁싯 하며 날밤을 새우다. 궁싯거리다/대다, 궁싯궁싯/하다.

궂(다)[1] 눈이 멀다. 소경이 되다.

궂(다)[2] ①비나 눈이 내려 날씨가 나쁘다. 언짢고 꺼림칙하다. 곡식에 겨가 섞여 깨끗하지 않다.↔좋다. ¶날씨가 궂다. 좋다 궂다 말이 없다. 궂은날, 궂은말(언짢은 말), 궂은비(끄느름하게 오래 오는 비), 궂은쌀[1316], 궂은일[1317], 궂히다[1](다 된 일을 그르치게 하다); 구접[1318], 구정물[1319], 구중중하다[1320], 구지레하다(지저분할 정도로 더럽다), 구질거리다/대다, 구질구질[1321], 귀접스럽다[1322], 귀중중하다[1323], 귀축축하다. ②사람이 죽다. 짐승이 죽다. ¶궂기다[1324], 궂은고기(병 따위로 죽은 짐승의 고기), 궂은살[1325], 궂은소리(사람이 죽었다는 소리), 궂히다[2](사람을 죽게 하다). ③'-궂-'의 꼴로, 일부 명사나 명사성 어근 뒤에 붙어 '거칠고 나쁘다[조악(粗惡)]'의 뜻을 더하고 형용사를 파생시키는 말. §형용사 '궂다'의 어간이 접미사화 한 것으로 부정적인 의미를 나타내는 형태소. ¶가살궂다, 감궂다[1326], 게궂다[1327], 곰살궂다, 데설궂다, 몽니궂다, 새살궂다, 시설궂다, 심술궂다(心術), 암상궂다, 앙살궂다, 앙상·엉성궂다, 애꿎다, 얄궂다, 얄망궂다, 어설궂다, 엄살궂다, 익살궂다, 잔망궂다(孱妄), 좀살궂다, 주체궂다, 진망궂다, 짓궂다, 청승궂다, 테설궂다, 패려궂다(悖戾), 해찰궂다, 험상궂다(險狀) 들.

권(權) '권리·권한. 자격. 저울. 꾀'를 뜻하는 말. ¶권가(權家), 권간(權奸), 권감국사(權監國事), 권교(權敎), 권귀(權貴), 권능(權能), 권도(權度), 권략(權略), 권력(權力)[1328], 권리(權利)[1329], 권매(權賣), 권모(權謀;임기응변의 계략), 권모술수(權謀術數), 권문세가(權門勢家), 권변(權變;임기응변으로 일을 처리하는 일), 권병(權柄;권력으로 사람을 마음대로 다룰 수 있는 힘), 권부(權府), 권불십년(權不十年), 권설직(權設職), 권섭(權攝;어떤 일을 임시로 대리하여 맡아봄), 권세(權勢;권력과 세력), 권술(權術), 권신(權臣), 권요(權要;권력 있는 중요한 자리), 권원(權原), 권위(權威)[1330], 권익(權益;권리와 그에 따르는 이익), 권정(權定;임시로 작정함), 권좌(權座;통치권을 가진 자리), 권중(權重;권세가 큼), 권지(權智), 권총(權寵), 권칭(權稱), 권판(權判)[1331], 권폄(權窆;좋은 무덤을 구할 때까지 임시로 장사를 지냄), 권한(權限)[권한내(內), 권한대행(代行), 권한외(外), 권한쟁의(爭議)], 권형(權衡), 권화(權化), 권흉(權凶); 가권(家權), 가부권(家父權), 가설권(架設權), 가입권(加入權), 가장권(家長權), 가치권(價値權), 감독권(監督權), 강권(强權), 강제권(强制權), 개입권(介入權), 개척권(開拓權), 개최권(開催權), 거부권(拒否權), 거주권(居住權), 건의권(建議權), 검역권(檢疫權), 검찰권(檢察權), 결의권(決議權), 결재권(決裁權), 결정권(決定權), 경영권(經營權), 경작권(耕作權), 경제권(經濟權), 경찰권(警察權), 고유권(固有權), 고참권(古參權), 공권(公權), 공무담임권(公務擔任權), 공민권(公民權), 공사권(公使權), 공소권(公訴權), 공소권(控訴權), 공업권(工業權), 공업소유권(工業所有權), 공연권(公演權), 공유권(公有權), 공익권(共益權), 공존동생권(共存同生權), 공중권(空中權), 공증권(公證權), 과세권(課稅權), 관권(官權), 관리권(管理權), 관할권(管轄權), 광산권(鑛山權), 광업권(鑛業權), 교권(敎權), 교도권(敎導權), 교서권(敎書權), 교섭권(交涉權), 교육권(敎育權), 교전권(交戰權), 교정권(敎政權), 교통권(交通權), 구문권(求問權), 구상권(求償權), 구제

1316) 궂은쌀: 깨끗이 쓿지 아니한 쌀.

1317) 궂은일: ①초상을 치르는 일. ②언짢고 꺼림하여 하기 싫은 일. 진일.

1318) 구접: 하는 짓이 너절하고 지저분함. ¶구접이 도는 늙은이. 구접스럽게 놀다. 구저분한 옷차림. 구저분하다(더럽고 지저분하다), 구저분히, 구접스럽다(지저분하고 더럽다. 하는 짓이 지저분하다), 구접지근하다, 구접지레·구집지레하다(구질구질하고 지저분하다).

1319) 구정물: 이미 사용하여 더럽고 흐려진 물. 〈작〉고장물. ¶구정물받이, 구정물통(개수통), 꼬지랑·구지렁물.

1320) 구중중하다: ①축축한 습지나 고인 물 따위가 몹시 더럽고 지저분하다. ¶개울물이 구중중하다. ②사람이나 물건의 모양새가 깔끔하지 않고 지저분하다. ¶그 구중중한 수염 좀 깎아라.

1321) 구질구질: ①어떤 상태나 하는 짓 등이 더럽고 구저분한 모양. ¶싫다고 해도 구질구질 남을 따라 다니기를 좋아하는 사람. ②날씨가 맑게 개지 못하고 비나 눈이 내려 구저분한 모양. ¶며칠째 구질구질 내리는 비. 구질구질하다/구질다.

1322) 귀접스럽다: ①몹시 지저분하고 더럽다. ②하는 짓이 더럽고 너절하다. ¶귀접스러운 짓만 골라서 하다. 귀접지근하다(별스럽게 귀접스럽다).

1323) 귀중중하다: 더럽고 지저분한 느낌이 있다. ¶귀중중한 골목길. 옷차림이 귀중중하다.

1324) 궂기다: ①초상이 나다. 돌아가다.≒죽다. ¶선생께서 궂긴 소식을 듣다. 궂긴일. ②일에 헤살(짓궂게 훼방함)이 들어 잘 되지 아니하다. ¶가업을 궂기고 들어앉다. 짓궂기다(불행한 일을 거듭하여 당하다).

1325) 궂은살: 헌데에 두드러지게 내민 군더더기 살.

1326) 감궂다: ①태도나 외모 따위가 음충맞게 험상궂다. ¶감궂게 생긴 얼굴. ②논밭 따위가 일하기 힘들게 거칠고 험하다. ¶감궂은 밭.

1327) 게궂다: '궂다(매우 나쁘고 언짢다)'의 사투리. ¶게궂은 날씨. 게궂은 일을 도맡아 하다.

1328) 권력(權力): 남을 복종시키거나 지배할 수 있는 공인된 권리와 힘. ¶권력을 쥐다. 권력 강화. 권력가(家), 권력관계(關係), 권력균형(均衡), 권력기관(機關), 권력다툼, 권력분립(分立), 권력설(說), 권력욕(慾), 권력의지(意志), 권력자(者), 권력작용(作用), 권력정치(政治), 권력집중제(集中制), 권력층(層), 권력투쟁(鬪爭); 공권력(公), 국가권력(國家), 정치권력(政治), 지배권력(支配).

1329) 권리(權利): 권세와 이익. 무슨 일을 자기 마음대로 할 수 있는 자격. ¶권리객체(客體), 권리관계(關係), 권리금(金), 권리남용(濫用), 권리능력(能力), 권리락(落), 권리매매(賣買), 권리명의(名義), 권리박탈(剝奪), 권리변동(變動), 권리보석(保釋;필요적 보석), 권리부(附), 권리서(書), 권리선언(宣言), 권리자(者), 권리자백(自白), 권리쟁의(爭議), 권리전당(典當), 권리점유(占有), 권리주(株), 권리주체(主體), 권리증(證), 권리질(質;質權), 권리침해(侵害), 권리행사(行事), 권리행위(行爲); 알권리.

1330) 권위(權威): 절대적인 것으로서 남을 복종시키는 일. 어떤 분야에서 능히 남이 신뢰할 만한 뛰어난 지식이나 그런 사람. ¶제왕(帝王)의 권위. 권위가 있다. 권위국가(國家), 권위도덕(道德), 권위서(書), 권위자(者), 권위적(的), 권위주의/적(主義/的), 권위지(紙).

1331) 권판(權判): 품계(品階)가 높은 사람에게 그 지위에 걸맞지 않은 낮은 일을 임시로 맡아보게 하던 일.

ㄱ

권(救濟權), 국가기본권(國家基本權), 국가긴급권(國家緊急權), 국권(國權), 국정조사권(國政調査權), 군권(君權), 군정권(軍政權), 근로권(勤勞權), 근로기본권(勤勞基本權), 금난전권(禁亂廛權), 금권(金權), 금연권(禁煙權), 금지권(禁止權), 기권(棄權), 기대권(期待權), 기득권(既得權), 기본권(基本權), 기업권(企業權), 기처권(棄妻權), 긴급권(緊急權), 남녀동등권(男女同等權), 노동권(勞動權), 노동기본권(勞動基本權), 노동삼권(勞動三權), 농권(弄權), 단결권(團結權), 단체교섭권(團體交涉權), 단체행동권(團體行動權), 담보권(擔保權), 당권(黨權), 대권(大權)[비상대권(非常)], 대리권(代理權), 대세권(對世權), 대여권(貸與權), 대용권(代用權), 대의권(代議權), 대인고권(對人高權), 대인권(對人權), 대표권(代表權), 대행권(代行權), 도전권(挑戰權), 도지권(賭地權), 독립권(獨立權), 독점권(獨占權), 동권(同權), 동등권(同等權), 매매권(賣買權), 명령권(命令權), 명예권(名譽權), 모권(母權), 무역권(貿易權), 묵비권(黙秘權), 물권(物權)[1332], 민권(民權), 반론권(反論權), 반사권(反射權), 발명권(發明權), 발문권(發問權), 발안권(發案權)[법률발안권(法律)], 발언권(發言權), 발의권(發議權), 발행권(發行權), 방송권(放送權), 방청권(傍聽權), 배수권(排水權), 번역권(飜譯權), 법권(法權)[치외법권(治外)], 법령심사권(法令審査權), 법률발안권(法律發案權), 법률심사권(法律審査權), 법률안거부권(法律案拒否權), 변론권(辯論權), 변호권(辯護權), 별제권(別除權), 병권(兵權), 병권(秉權), 보충권(補充權), 복권(復權), 복임권(複任權), 복제권(複製權), 본권(本權), 봉박권(封駁權), 부권(夫權), 부권(父權), 부권(婦權), 부설권(敷設權), 부인권(否認權), 분권(分權)[분권적관리(的管理), 분권주의(主義); 지방분권(地方)], 분묘기지권(墳墓基地權), 불가분권(不可分權), 불가침권(不可侵權), 불입권(不入權), 비호권(庇護權), 사권(私權), 사목권(司牧權), 사법권(司法權), 사소권(私訴權), 사신권(使臣權), 사용권(使用權)[토지사용권(土地)], 사원권(社員權), 사유권(私有權), 사제권(司祭權), 사죄권(赦罪權), 사회권(社會權), 삼권(三權;입법권, 사법권, 행정권), 상권(商權), 상계권(相計權), 상고권(上告權), 상대권(相對權), 상소권(上訴權), 상속권(相續權), 상쇄권(相殺權), 상연권(上演權), 상영권(上映權), 상토권(上土權), 상표권(商標權), 상품화권(商品化權), 상호권(商號權), 상환권(償還權), 생명권(生命權), 생살여탈권(生殺與奪權), 생살권(生殺權), 생존권(生存權), 생활권(生活權), 서브권(serve權), 석명권(釋明權), 선거권(選擧權), 선매권(先買權), 선수권(選手權), 선의권(先議權), 선임권(先任權), 선취권(先取權), 선택권(選擇權), 설교권(說敎權), 성명권(姓名權), 세권(稅權), 소권(訴權), 소구권(溯求權), 소유권(所有權)[소유권자(者); 지적소유권(知的), 토지소유권(土地)], 소작권(小作權), 수권(受權), 수권(授權), 수리권(水利權), 수사권(搜査權), 수색권(搜索權), 수익권(收益權), 수입권(輸入權), 수조권(收租權), 수출권(輸出權), 시굴권(試掘權), 시민권(市民權), 시정권(施政權), 시청권(視聽權), 신권(神權), 신분권(身分權), 신주인수권(新株引受權), 신체권(身體權), 신품권(神品權), 실권(實權), 실권(失權), 실용신안권(實用新案權), 심리권(審理權), 심의권(審議權)[예산심의권(豫算)], 심판권(審判權), 액세스권(access權), 양육권(養育權), 어로권(漁撈權), 어업권(漁業權), 어획권(漁獲), 언권(言權), 업무권(業務權), 여권(女權), 역권(役權), 연고권(緣故權), 연주권(演奏權), 연출권(演出權), 영공권(領空權), 영대차지권(永代借地權), 영도권(領導權), 영업권(營業權), 영역권(領域權), 영예권(榮譽權), 영유권(領有權), 영주권(永住權), 영토권(領土權), 영토고권(領土高權), 영해권(領海權), 예방권(豫防權), 왕권(王權), 외교권(外交權), 외국선추섭권(外國船追躡權), 요상권(要償權), 용수권(用水權), 용익권(用益權), 우선권(優先權), 우정권(郵政權), 원권(原權), 원시권(原始權), 월권(越權)[월권대리(代理), 월권행위(行爲)], 위권(威權), 유권(有權)[유권자(者), 유권해석(解釋); 공소유권(公所)], 유목권(流木權), 유치권(留置權), 의결권(議決權), 의장권(意匠權), 이권(利權), 이원권(以遠權), 인권(人權), 인격권(人格權), 인사권(人事權), 인신권(人身權), 인역권(人役權), 인정권(人定權), 일조권(日照權), 임대권(賃貸權), 임면권(任免權), 임명권(任命權), 임용권(任用權), 임차권(賃借權), 입법권(立法權), 입어권(入漁權), 입회권(入會權), 자결권(自決權), 자구권(自救權), 자연권(自然權), 자위권(自衛權), 자유권(自由權), 자율권(自律權), 자익권(自益權), 자존권(自存權), 자주권(自主權), 자치권(自治權), 재결권(裁決權), 재량권(裁量權), 재산권(財産權)[무체재산권(無體), 지적재산권(知的)], 재정권(財政權), 재치권(裁治權), 재판권(裁判權), 쟁권(爭權), 쟁의권(爭議權), 저당권(抵當權), 저작권(著作權), 저항권(抵抗權), 적발권(摘發權), 전권(全權), 전권(專權), 전당권(典當權), 전람권(展覽權), 전매권(專賣權), 전세권(傳貰權), 전시비상권(戰時非常權), 전용권(專用權), 전환권(轉換權), 절대권(絶對權), 점유권(占有權), 접근권(接近權), 정권(正權), 정권(政權), 정조권(貞操權), 제공권(制空權), 제권(帝權), 제안권(提案權), 제이권(第二權), 제일권(第一權), 제작권(製作權), 제출권(提出權), 제해권(制海權), 조광권(粗鑛權), 조망권(眺望權), 조폐권(造幣權), 족부권(族父權), 존재권(存在權), 종권(從權), 종주권(宗主權), 주권(主權), 주도권(主導權), 주병권(駐兵權), 주부권(主婦權), 주주권(株主權), 중계권(中繼), 중립권(中立權), 중용권(中用權), 지능권(知能權), 지도권(指導權), 지명권(指名權), 지배권(支配權), 지분권(持分權), 지상권(地上權), 지상권(至上權), 지역권(地役權), 지하권(地下權), 지휘권(指揮權), 직권(職權)[직권남용(濫用), 직권면직(免職), 직권명령(命令), 직권알선(斡旋), 직권조사(調査), 직권주의(主義), 직권처분(處分); 의장직권(議長)], 질권(質權), 집권(執權)[집권당(黨), 집권자(者), 집권층(層); 장기집권(長期)], 집권(集權)[중앙집권(中央)], 집행권(執行權), 징계권(懲戒權), 징세권(徵稅權), 징용권(徵用權), 차지권(借地權), 참가권(參加權), 참정권(參政權), 창안권(創案權), 창작권(創作權), 채권(債權), 채광권(採光權), 채광권(採鑛), 채굴권(採掘權), 채석권(採石權), 채유권(採油權), 채취권(採取權), 책문권(責問權), 처분권(處分權), 천권(天權), 천권(擅權), 청구권(請求權)[물상청구권(物上), 방해예방청구권(妨害豫防), 재판청구권(裁判)], 청원권(請願權), 초상권(肖像權), 초야권(初夜權), 총권(總權), 최고권(最高權), 최혜권(最惠), 추급권(追及權), 추인권(追認權), 추적권(追跡權), 추첨권(抽籤權), 출전권(出戰權), 출판권(出版權), 취소권(取消權), 치교권(治敎權), 치리권(治理權), 친권(親權), 친족권(親族權), 타물권(他物權), 탄소배출권(炭素排出權), 탄핵권(彈劾權), 탄핵소추권(彈劾訴追權), 통상권(通商權),

1332) 물권(物權): 물권법(法), 물권계약(契約), 물권행위(行爲); 담보물권(擔保), 동산물권(動産), 용익물권(用益).

통솔권(統率權), 통수권(統帥權), 통제권(統制權), 통치권(統治權), 통풍권(通風權), 통할권(統轄權), 통항권(通航權), 통행권(通行權), 투표권(投票權), 특권(特權)[1333], 특별인출권(特別引出權), 특허권(特許權), 파업권(罷業權), 판권(板/版權)[국제판권(國際)], 판매권(販賣權), 패권(覇權), 편집권(編輯權), 평등권(平等權), 표결권(表決權), 프로그램권(program權), 피보호권(被保護), 피선거권(被選擧), 학습권(學習權), 합유권(合有權), 항변권(抗辯權), 항소권(抗訴權), 항해권(航海權), 해상권(海上權), 해제권(解除權), 해지권(解止權), 행복추구권(幸福追求權), 행정권(行政權), 허유권(虛有權), 혁명권(革命權), 혐연권(嫌煙權), 형벌권(刑罰權), 형성권(形成權), 호유권(互有權), 호주권(戶主權), 화권(化權;중생 제도의 방편), 환경권(環境權), 환매권(換買權), 환취권(環聚權), 훈령권(訓令權), 흥업권(興業權), 흥행권(興行權), 희망권(希望權) 들.

권(圈) '범위. 또는 그 범위에 속하는 지역. 우리'를 뜻하는 말. ¶권계면(圈界面), 권계층(圈界層), 권곡(圈谷), 권곡호(圈谷湖), 권기(圈記), 권내(圈內), 권뢰(圈牢), 권양(圈養), 권역(圈域), 권외(圈外), 권자(圈子), 권점(圈點), 권투(圈套), 권추(圈樞), 권함(圈檻;우리); 가시권(可視圈), 간섭권(干涉圈), 감각권(感覺圈), 거등권(踞等圈), 검역권(檢疫圈), 경제권(經濟圈), 고가권(高價圈), 고기압권(高氣壓圈), 공산권(共産圈), 관심권(關心圈), 관제권(管制圈), 광달권(光達圈), 광역권(廣域圈), 균질권(均質圈), 극권(極圈), 금융권(金融圈), 기권(氣圈), 난류권(亂流圈), 남극권(南極圈), 내륙권(內陸圈), 냉수권(冷水圈), 당선권(當選圈), 대권(大圈), 대기권(大氣圈), 대도시권(大都市圈), 대류권(對流圈), 도시권(都市圈), 동구권(東歐圈), 동위권(同位圈), 등수권(等數圈), 등시권(等時圈), 마권(魔圈), 문화권(文化圈), 민족권(民族圈), 바닥권, 박스권(box圈), 방언권(方言圈), 배위권(配位圈), 법권(法圈), 보합권(保合圈), 북극권(北極圈), 분포권(分布圈), 붕괴권(崩壞圈), 사격권(射擊圈), 상권(商圈), 상위권(上位圈), 생물권(生物圈), 생활권(生活圈), 서구권(西歐圈), 선두권(先頭圈), 선회권(旋回圈), 성층권(成層圈), 세력권(勢力圈), 소권(小圈), 수권(水圈), 수권(獸圈), 수도권(首都圈), 수직권(垂直圈), 순위권(順位圈), 승공권(勝空圈), 시각권(時角圈), 시권(時圈), 시준권(視準圈), 안정권(安定圈), 암류권(巖流圈), 암석권(巖石圈), 야당권(野黨圈)/야권(野圈), 여당권(與黨圈)/여권(與圈), 역세권(驛勢圈), 연약권(軟弱圈), 연직권(鉛直圈), 열권(熱圈), 영향권(影響圈), 온도권(溫度圈), 외기권(外氣圈), 우승권(優勝圈), 우주권(宇宙圈), 운동권(運動圈), 위도권(緯度圈), 위치권(位置圈), 육권(陸圈), 이슬람권(Islam圈), 인력권(引力圈), 인류권(人類圈), 일월권(日月圈), 일주권(日週圈), 일출권(逸出圈), 입상권(入賞圈), 자기권(磁氣圈), 자오권(子午圈), 작용권(作用圈), 장마권, 저기압권(低氣壓圈), 적도권(赤道圈), 적위권(赤緯圈), 전리권(電離圈), 정치권(政治圈), 제도권(制度圈), 중권(重圈), 중간권(中間圈), 중성권(中性圈), 중위권(中位圈), 텃세권(勢-圈), 토양권(土壤圈), 통근권(通勤圈), 통혼권(通婚圈), 평행권(平行圈), 포위권(包圍圈), 폭풍권(暴風圈), 하위권(下位圈), 합격권(合格圈), 항시권(恒視圈), 항은권(恒隱圈), 항현권(恒顯圈), 행동권(行動圈), 화력권(火力圈), 화학권(化學圈), 확산권(擴散圈), 황경권(黃經圈), 황위권(黃緯圈), 회교권(回敎圈), 회귀권(回歸圈), 회유권(回游圈), 회전권(回轉圈) 들.

권(卷) ①'책. 두루마리. 말다. 굽다[曲]'를 뜻하는 말. ¶권곡(卷曲), 권단(卷丹), 권두(卷頭)[권두사(辭;머리말), 권두언(言)], 권말/기(卷末/記), 권미(卷尾), 권백(卷柏), 권서(卷舒), 권수(卷首), 권수(卷鬚;덩굴손), 권수(卷數), 궐련(←卷煙), 권연송(卷連誦), 권운/층(卷雲/層), 권적운(卷積雲), 권자(卷子), 권지(卷紙), 권질(卷帙), 권척(卷尺;줄자), 권축(卷軸), 권취지(卷取紙), 권층운(卷層雲), 권패(卷貝), 권회(卷懷); 개권(開卷), 결권(結卷), 단권(單卷), 만권(萬卷;많은 책), 반권(反卷), 서권(書卷), 석권(席卷), 설권(舌卷), 수권(首卷), 수불석권(手不釋卷), 시권(試卷), 시권(詩卷), 압권(壓卷), 황권(黃券), 황권적축(黃券赤軸;불경). ②책을 세는 단위. 책의 편차(編次)를 구별하는 단위. ¶책 두 권. 결권(結卷), 권수(卷數), 낱권, 매권(每卷), 백권(百卷), 상권(上卷), 수권(首卷), 전권(全卷), 종권(終卷), 중권(中卷), 책권(冊卷), 통권(通卷), 하권(下卷), 합권(合卷). ③한지(韓紙) 20장을 한 묶음으로 하는 단위. ¶창호지 두 권. ④영화 필름의 길이의 단위(한 권은 305m). ¶필름 열 권.

권(券) '자격이나 권리를 증명하는 표(表). 증권(證券), 지폐(紙幣)'를 뜻하는 말. ¶권계(券契;어음), 권대(券臺), 권면/액(券面/額), 권반(券班), 권번(券番), 권서(券書), 권약(券約), 권장(券狀); 가권(家券), 경품권(景品券), 고액권(高額券), 관람권(觀覽券), 교환권(交換券), 구권(舊券), 구매권(購買券), 국고권(國庫券), 금권(金券), 급행권(急行券), 답권(畓券;논문서), 대권(大卷), 마권(馬券), 문권(文券), 발권(發券), 방청권(傍聽券), 복권(福券), 불환권(不換券), 사채권(社債券), 상품권(商品券), 성문권(成文券), 소액권(少額券), 손상권(損傷券), 숙박권(宿泊券), 승차권(乘車券), 식권(食券), 신권(新券), 신용권(信用券), 안도권(安導券), 여권(旅券), 열람권(閱覽券), 예매권(豫賣券), 완행권(緩行券), 왕복권(往復券), 우대권(優待券), 위권(僞券), 은행권(銀行券), 입석권(立席券), 입장권(立場券), 전권(典券), 정권(呈券;과거의 답안을 시관에게 냄), 정기권(定期券), 정액권(定額券), 종람권(縱覽券), 좌석권(座席券), 주권(株券), 주차권(駐車券), 증권(證券), 진료권(診療券), 진찰권(診察券), 채권(債券), 청약권(請約券), 초대권(招待券), 추첨권(抽籤券), 침대권(寢臺券), 탐승권(探勝券), 태환권(兌換券), 통학권(通學券), 통행권(通行券), 투표권(投票券), 할인권(割引券), 항공권(航空券), 해외여행권(海外旅行券), 환권(換券), 회수권(回數券), 회원권(會員券); 발권(發券), 천 원 권/ 오천 원 권/ 만원 권 들.

권(勸) 어떤 일을 하도록 부추김. 또는 그런 말이나 행동. ¶좌중의 권에 못 이겨 노래를 불렀다. 술을 권하다. 권계(勸戒), 권고(勸告)[권고가격(價格), 권고사직(辭職)], 권농(勸農)[권농가(歌), 권농책(策)], 권도(勸導), 권독(勸讀), 권려(勸勵;勸奬), 권매(勸賣), 권면(勸勉;권하고 격려하여 힘쓰게 함), 권배(勸杯), 권사(勸士), 권상(勸賞), 권서(勸書), 권선(勸善)[권선문(文), 권선지(紙), 권선징악/권징(懲惡), 권선책(冊)], 권수(勸酬), 권언(勸言), 권업(勸業), 권유(勸誘;어떤 일을 하도록 권함), 권유(勸諭;어떤 일을 하도록

1333) 특권(特權): 특권계급(階級), 특권의식(意識), 특권층(層); 면책특권(免責), 불체포특권(不逮捕), 외교특권(外交).

ㄱ

타이름), 권장(勸奬;권하여 장려함)[권장가격(價格), 권장되다/하다], 권주/가(勸酒/歌), 권지(勸止;그만두도록 권함), 권커니잣거니, 권하다, 권학(勸學), 권항(勸降;항복하도록 권함), 권화(勸化;불교를 믿도록 감화시킴. 중이 보시를 권유함); 강권(强勸), 교권(敎勸), 역권(力勸), 인권(引勸), 장권(奬勸), 진권(進勸) 들.

권(眷) '돌아보다. 돌보다. 그리워하다'를 뜻하는 말. ¶권고(眷顧), 권구(眷口;한집에 사는 식구), 권권(眷眷)[1334], 권권불망(眷眷不忘), 권념(眷念;돌보아 줌. 돌보아 생각함), 권련(眷戀;애타게 그리워함), 권비(眷庇;돌보아 보호함), 권속(眷屬;식구. 가족), 권솔(眷率;食率), 권식(眷食), 권애(眷愛;보살피고 사랑함), 권우(眷佑); 가권(家眷), 법권(法眷), 은권(恩眷), 친권(親眷;아주 가까운 권속) 들.

권(倦) '게으르다. 싫증나다. 고달프다'를 뜻하는 말. ¶권객(倦客;고달픈 나그네), 권게(倦憩;피로하여 쉼), 권곤하다(倦困), 권로(倦勞), 권염(倦厭;지겨워서 싫어짐), 권태(倦怠)[1335]; 노권상(勞倦傷), 피권(疲倦) 들.

권(拳) '주먹'을 뜻하는 말. ¶권권(拳拳)[1336], 권권복응(拳拳服膺), 권법(拳法), 권서(拳書;먹물을 주먹에 묻히어 글씨를 쓰는 일), 권총(拳銃)[쌍권총(雙)], 권투(拳鬪); 공권(空拳)[적수공권(赤手)], 철권(鐵拳), 태권(跆拳), 태권도(跆拳道), 휘권(揮拳) 들.

권(捲) '감아 말다 · 걷다. 용기를 내다'를 뜻하는 말. ¶권당(捲堂)[1337], 권렴(捲簾), 권선/기(捲線/機), 권양/기(捲揚/機), 권토중래(捲土重來); 석권(席卷/捲) 들.

권(綣) '정답다. 다발로 묶다'를 뜻하는 말. ¶견권(繾綣), 견권지정(繾綣之情).

권당 바느질에서, 옷 속이 뚫려 통하게 꿰매야 할 것을 잘못하여 양쪽이 들러붙게 꿰맨 바느질. ¶소매끝을 권당질한 바느질 솜씨. 권당바느질, 권당질/하다.

궐(闕) ①임금이 거처하는 집. 궁궐(宮闕). ¶궐내(闕內), 궐문(闕門), 궐외(闕外), 궐중(闕中), 궐패(闕牌), 궐하(闕下); 경궐(京闕), 공궐(空闕), 궁궐(宮闕), 금궐(禁闕), 대궐(大闕), 문궐(門闕), 범궐(犯闕), 보궐(補闕), 북궐(北闕), 서궐(西闕), 석궐(石闕), 예궐(詣闕), 옥궐(玉闕), 입궐(入闕), 제궐(帝闕), 퇴궐(退闕). ②하여야 할 일을 빠뜨리거나 모임에 빠짐. 자리가 빔.=결(缺). ¶궐과(闕課), 궐나다/내다(결원이 생기게 하다), 궐루(闕漏), 궐문(闕文), 궐방치다(闕榜;반드시 해야 할 일을 하지 못하다), 궐본(闕本), 궐사(闕仕), 궐사(闕祀), 궐석(闕席)[궐석재판(裁判), 궐석판결(判決)], 궐식(闕食), 궐실(闕失), 궐액(闕額;부족한 액수), 궐원(闕員), 궐위(闕位;자리가 빔), 궐자(闕字), 궐잡다[1338]/잡히다, 궐제(闕祭), 궐직(闕直;숙직이나 일직의 번드는 날이 빠짐), 궐참(闕參), 궐하다, 궐향(闕享), 궐획(闕劃); 구궐(久闕), 보궐(補闕) 들.

궐(厥) ①'그. 그것'을 뜻하는 말. ¶궐공(厥公. 궐자), 궐녀(厥女;그녀), 궐명(厥明;다음 날 날이 밝을 무렵. 그 이튿날), 궐물(厥物), 궐자(厥者;그 사람), 궐초(厥初;그 처음), 궐후(厥後;그 뒤). ②'병(病)'을 뜻하는 말. ¶궐랭(厥冷), 궐증(厥症); 기궐(氣厥;기의 순환 장애로 생기는 궐증), 시궐(尸厥), 식궐(食厥), 양궐(陽厥), 열궐(熱厥), 회궐(蛔厥) 들.

궐(蹶) '힘차게 일어나다. 넘어지다'를 뜻하는 말. ¶궐기(蹶起)[궐기대회(大會), 궐기하다; 총궐기(總)], 궐연하다(蹶然), 궐지(蹶躓;발을 헛디디어 넘어짐) 들.

궐(獗) '사납게 날뛰다'를 뜻하는 말. ¶창궐하다(猖獗;못된 세력이 발생하여, 기승을 부리어 퍼지다).

궐공 몸이 허약한 사람. ¶저 궐공이 어쩐 일로 여기까지 오나.

궐련 종이로 말아 놓은 담배.[←권연(卷煙)]. ¶궐련 한 가치를 빼물다. 궐련갑(匣); 엽궐련(葉), 지궐련(紙).

궤(潰) '(방죽이나 둑 따위가) 무너지다. 헤어지다'를 뜻하는 말. ¶궤결(潰決;무너져 터지는 것), 궤란(潰亂;조직 따위가 산산이 무너져 흩어짐), 궤란(潰爛;썩어 문드러짐), 궤맹(潰盟;맹세를 저버리는 것), 궤멸(潰滅)[1339], 궤병(潰兵), 궤붕(潰崩), 궤산(潰散), 궤양(潰瘍;피부나 점막이 헐어서 짓무름)[각막궤양(角膜), 구각궤양(口角;입병), 위궤양(胃)], 궤열(潰裂), 궤일(潰溢), 궤주(潰走), 궤패(潰敗); 결궤(決潰), 농궤(膿潰), 도궤(倒潰), 분궤(粉潰), 분궤(犇潰), 붕궤(崩潰), 압궤(壓潰), 어궤조산(魚潰鳥散), 자궤(自潰), 제궤의혈(堤潰蟻穴) 들.

궤(詭) '속이다. 다르다(특수하다)'를 뜻하는 말. ¶궤격하다(詭激;언행이 과격하여 상궤를 벗어나다. 특별히 남다른 것을 구하다), 궤계(詭計;남을 속이는 꾀), 궤도(詭道;남을 속이는 수단), 궤망하다(詭妄), 궤명(詭名;이름을 속임), 궤모(詭謀), 궤변(詭辯)[1340], 궤사(詭詐), 궤술(詭術), 궤언(詭言), 궤휼(詭譎;간사스럽고 교묘하게 속임); 기궤(奇詭;이상야릇함), 휼궤(譎詭;속임. 괴이한 물체) 들.

궤(軌) '길. 수레바퀴. 법도(法道)'를 뜻하는 말. ¶궤간(軌間)[궤간자; 표준궤간(標準)], 궤도(軌道)[1341], 궤범(軌範), 궤적(軌跡/迹),

1334) 권권(眷眷): 가엽게 여기어 항상 마음이 쏠리는 모양.

1335) 권태(倦怠): 시들해져서 생기는 게으름이나 싫증. 심신이 피로하여 나른함. ¶권태를 느끼다. 단조로운 생활에서 오는 권태. 권태감(感), 권태기(期), 권태롭다, 권태증(症).

1336) 권권(拳拳): ①참된 마음으로 정성스럽게 간직함. 또는 그 모양. ②공경하며 겸손함. 또는 그러한 모양.

1337) 권당(捲堂): 지난날에 성균관 유생들이 불만이 있을 때 단결하여 한꺼번에 관(館)을 나가던 일.

1338) 궐잡다(闕): 제때에 제자리에 있지 않은 것을 세어 두거나 적어 두다.

1339) 궤멸(潰滅): 조직이나 기구 따위가 무너지거나 흩어져 아주 없어짐. ¶지진이 나서 평화롭던 마을이 궤멸되었다.

1340) 궤변(詭辯): 거짓을 진실같이 교묘하게 꾸미어 대는 변론. 논리학에서, 얼른 보기에는 옳은 것 같은 거짓 추론(推論). ¶궤변가(家), 궤변술(術), 궤변적(的), 궤변학파(學派).

1341) 궤도(軌道): 수레가 지나간 바큇자국이 난 길. 일이 발전하는 정상적이며 본격적인 방향과 단계. ¶궤도를 벗어나다. 정상 궤도에 오르다. 궤도검측차(檢測車), 궤도경사(傾斜), 궤도계획(計劃), 궤도교점(交點), 궤도론(論), 궤도면(面), 궤도방향(方向), 궤도속도(速度), 궤도수정(修正), 궤도업(業), 궤도요소(要素), 궤도운동(運動), 궤도원점(原點), 궤도재단(財團), 궤도전자(電子), 궤도전차(電車), 궤도제어(制御), 궤도주기(週期), 궤도차(車), 궤도폭탄(爆彈), 궤도회로(回路); 단선궤도(單線), 대기궤도(待機), 무궤도(無), 무한궤도(無限), 병용궤도(竝用), 복선궤도(複線), 본궤도(本), 분자궤도(分子), 전자궤도(電子), 정지궤도(靜止), 지구궤도(地球), 태양궤도(太陽), 포물선궤도(拋物線), 행성궤

궤조(軌條), 궤철(軌轍;수레바퀴가 지나간 자국. 지나간 일의 자취), 궤철(軌鐵); 거동궤서동문(車同軌書同文), 광궤(廣軌), 단궤(單軌), 복궤(復軌), 불궤(不軌), 불궤지심(不軌之心), 상궤(常軌), 정궤(正軌), 철궤(鐵軌), 협궤(挾軌) 들.

궤(櫃) 물건을 넣도록 나무로 네모나게 만든 그릇. ¶궤에 넣다, 궤독(櫃櫝), 궤봉(櫃封), 궤짝[돈궤짝, 사과궤짝, 생선궤짝, 쌀궤짝]; 금궤(金櫃), 돈궤, 문서궤(文書櫃), 서궤(書櫃), 손궤, 시재궤(時在櫃), 언약궤(言約櫃), 연장궤, 왜궤(倭櫃), 인궤(印櫃), 책궤(冊櫃), 철궤(鐵櫃), 패물궤(佩物櫃), 향궤(香櫃) 들.

궤(饋) '음식을 대접하다. 음식이나 물건을 보내다'를 뜻하는 말. ¶궤송(饋送;물품을 보내는 일), 궤전선(饋電線), 궤주(饋酒), 궤휼(饋恤;가난한 사람에게 물품을 주어 구제하는 것); 공궤(供饋), 주궤(主饋), 향궤(餉饋), 호궤(犒饋) 들.

궤(几) 앉아서 팔을 편히 기대는 도구. 제사에 쓰는 상. ¶궤석(几席), 궤안(几案), 궤연(几筵), 궤지기[几直]; 서궤(書几), 영궤(靈几) 들.

궤(机) '책상'을 뜻하는 말. ¶궤상(机上), 궤상(机床), 궤상육(机上肉), 궤하(机下) 들.

궤(匱) '함. 궤짝'을 뜻하는 말. ¶궤갈(匱渴), 궤핍(匱乏); 핍궤(乏匱;물자가 떨어짐) 들.

궤(憒) '마음이 어지럽다(심란하다)'를 뜻하는 말. ¶궤란(憒亂), 궤욕(憒辱;흐트러지고 더러워짐) 들.

궤(跪) '무릎을 꿇다'를 뜻하는 말. ¶궤복(跪伏), 궤상(跪像), 궤좌(跪坐); 기궤(起跪;일어섬과 꿇어앉음), 배궤(拜跪) 들.

궤란-쩍다 행동이 건방지다. 주제넘다. ¶하는 짓이 궤란쩍다. 궤란쩍게 나서다.

궤젓-하다 용감하다. 대담하다.

궤-지기 좋은 것은 다 고르고 찌끼만 남아서 쓸데가 없는 물건. ¶파장 무렵 떨이라고 해서 갔더니 궤지기만 잔뜩 쌓였더라.

귀 ①오관의 하나로 얼굴 좌우에 있어 청각을 맡은 기관. 소리를 들을 수 있는 능력. 길이를 가진 물체의 윗부분에 난 구멍. 옷섶의 끝. 네모난 물건의 모서리. 모퉁이. ¶귀가 막히다. 귀가 가렵다. 귀가 반듯하다. 귓가, 귀거슬리다(듣기에 역겹다. 귀걸리다), 귀거칠다(듣기에 거북하다), 귀걸리다, 귀걸이, 귀걸이안경(眼鏡), 귀견줌, 귓결/에(우연히 듣게 된 겨를/에), 귀고리, 귀고프다(옳고 바른 소리를 실컷 듣고 싶다), 귓구멍, 귀구슬, 귀긋기(단청에서, 색줄을 긋는 일), 귀기둥(귀에 있는 뻣뻣하고 굵은 밑동. 건물 모퉁이에 세운 기둥), 귓기스락/기슭, 귀깃(귓가에 번친 귀털), 귀꽃[1342], 귀나다[1343], 귀넘어듣다(예사로 들어 넘기다), 귀느래(귀가 늘어진 말), 귀다래기(귀가 작은 소), 귓달[1344], 귀담다(마음에 단단히 새겨두다), 귀담아듣다(주의하여 잘 듣다), 귀대야(귀때가 달린 대야), 귓돈(수수료), 귀돌[1345], 귓돌[1](머릿돌), 귓돌[2](속귀에 있는 석회질의 단단한 물질), 귀돌림[1346], 귀동냥(남이 하는 말을 귀로 얻어 들음), 귓등, 귀따갑다, 귀때[1347], 귀때기, 귀떨어지다, 귀뙈기(논밭의 아주 작은 구역), 귀뜨다/뜨이다[1348], 귀띔[1349], 귀마개, 귀마루(지붕의 모서리에 있는 마루), 귀막새(처마 모서리를 덮는 기와), 귀막이(면류관의 구슬 꿴 줄을 귀까지 늘어뜨린 물건), 귓맛(소리나 이야기를 듣고 느끼는 재미나 맛), 귀머리(귀밑에 난 머리), 귀머거리, 귀먹다[뒷귀먹다[1350]], 귓문(門), 귀밑[귀밑때기, 귀밑머리, 귀밑샘, 귀밑털(살쩍)], 귀바늘(코바늘), 귀바리(귀가 달린 바리), 귓바퀴, 귀박[1351], 귀밝다, 귀밝이술/귀밝이, 귓밥(귓불의 두께), 귀벽돌(甓), 귓병(病), 귓불[1352], 귀뺨, 귀뿌리, 귀빠지다(출생하다), 귀뺨(뺨의 귀쪽 부근), 귀뿌리, 귀살이(바둑 둘 때 구석에서 사는 일), 귀서까래(추녀), 귓속[귓속다짐/하다, 귓속말, 귓속뼈, 귓속질/하다], 귀솟음[1353], 귀송곳, 귓쇠, 귀수작(酬酌;남의 귀에 대고 소곤소곤하는 말), 귀시끄럽다, 귀싸대기[1354], 귀쌈지, 귀썰미(한 번 들어도 잊지 않는 재주), 귀앓이, 귀약(藥), 귀어둡다, 귀엣말(남의 귀 가까이에 입을 대고 소곤대는 말. 귓속말)/하다, 귀엣머리, 귀여겨듣다[1355], 귀여리다, 귀울다(귓속에서 윙 울리는 소리가 나다), 귀울림/귀울음/귀울이[이명(耳鳴)], 귀이개(귀지를 파내는 기구), 귀잠(아주 깊이 든 잠), 귀잡이[1356], 귀재다[1357], 귓전(귓바퀴의 가장자리), 귀접이[1358], 귀젖(귀에 나온 젖 모양의 군살. 귓병), 귀주머니(네모진 주머니), 귀지(귓구멍 속에 낀 때), 귀질기다[1359], 귀짐작, 귓집, 귀찌, 귀청(고막), 귀치레(듣기만 좋게 꾸미는 겉치레), 귀침(鍼), 귀퉁머리, 귀퉁배기, 귀퉁이[1360], 귀틀[1361],

---

도(行星).

1342) 귀꽃: 돌탑 위의 귀마루 끝에 새긴 풀꽃의 장식.

1343) 귀나다: ①네 모가 반듯하지 않고 한쪽으로 실그러지다. ¶색종이를 귀나게 접다. ②의견이 맞지 않고 서로 틀어지다. ¶서로의 생각이 귀나면 행동의 통일을 기대할 수가 없다.

1344) 귓달: 연의 네 귀에 x표 모양으로 엇러서 붙이는 가는 댓개비.

1345) 귀돌: 기단(基壇) · 지대 · 석축 따위의 주춧돌. 벽의 모퉁잇돌.

1346) 귀돌림: 귀를 모나지 않고 둥글게 박거나 재단하는 일.

1347) 귀때: 주전자의 부리같이 그릇 한쪽에 바깥쪽으로 내밀어 만든 구멍. 액체를 따르기 편하게 만든 것임. 〈준〉귀. ¶귀때그릇, 귀대야, 귀때동이, 귀때병(甁), 귀때토기(土器), 귀때항아리. §'때'는 '바리때(중들이 쓰는 넓적한 그릇)'와 같이 '그릇'을 뜻하는 말.

1348) 귀뜨다: 사람이나 동물이 난 뒤에 처음으로 듣기를 시작하다.

1349) 귀띔: 어떤 일을 상대편이 알아챌 수 있도록 슬그머니 말해 주는 일.[←귀+뜨(다)+이+ㅁ].≒암시(暗示). ¶좋은 소식이 있을 것이라고 귀띔해 주다. 귀띔이라도 해 주었으면 속아 넘어가지 않았을 텐데. 귀띔질/하다, 귀띔하다.

1350) 뒷귀먹다: 어리석어서 사물을 잘 이해하지 못하다.

1351) 귀박: 네 귀가 지게 직사각형으로 나무를 파서 만든 자그마한 함지박.

1352) 귓불: 귓바퀴의 아래쪽에 붙어 있는 살. ¶귀고리를 하려고 귀불을 뚫었다. 귓불만 만진다(그 이상 어떻게 할 수 없을 때 운명만 기다린다는 뜻).

1353) 귀솟음: 건물의 귀기둥을 가운데 기둥보다 조금 높게 꾸미는 것.

1354) 귀싸대기: '귀와 뺨과의 어름'을 속되게 이르는 말. ¶귀싸대기를 갈기다.

1355) 귀여겨듣다: 정신을 차리어 주의 깊게 듣다.↔귀넘어듣다. ¶이 말은 귀여겨들어야 한다. 선생님의 말씀을 귀여겨듣다.

1356) 귀잡이: 논밭을 갈 때 모서리 부분의 갈리지 않고 남은 부분. ¶귀잡이 하나 남기지 않고 말끔히 갈아엎었다.

1357) 귀재다: 혹시 잘못 들은 것이 아닌가 하고 귀를 기울이다. 집중하다.

1358) 귀접이: 물건의 귀를 깎아 버리거나 접어서 붙이는 일. ¶귀접이반자, 귀접이천장(天障).

1359) 귀질기다: ①감각이 둔하고 말귀가 어둡다. ②남의 말에 잘 동조하는 일이 없다.

1360) 귀퉁이: ①귀의 언저리. ②물건의 쑥 내민 부분. ③사물의 구석. 〈속〉귀퉁머리. 귀퉁배기.

1361) 귀틀: 마루청을 놓기 전에 먼저 굵은 나무로 가로나 세로로 귀를 맞추

ㄱ

귀포(包). 귀표(標), 귀함지; 가는귀(작은 소리를 듣지 못하는 귀)/먹다, 가운데귀[중이(中耳)], 겉귀, 글귀[1362], 날귀, 넓은귀(재목의 귀를 넓게 한 귀), 논귀(논의 귀퉁이), 뒷귀[1363], 담뱃귀, 둥근귀(둥글게 깎은 재목의 모서리), 들은귀(들은 경험), 마당귀(마당의 귀퉁이), 말귀¹,²[1364], 목탁귀(木鐸;목탁소리를 듣는 귀), 미역귀(미역의 대가리), 바깥귀, 바늘귀, 밭귀(밭의 귀퉁이), 볏귀(쟁기 뒷바닥의 삼각형으로 된 부분), 불귀(화승총의 불구멍), 섶귀, 소맷귀, 속귀[내이(內耳)], 솥귀[1365], 쇠귀, 실귀[1366], 안귀, 양귀[1367], 자장귀[1368], 잠귀[1369], 짝귀, 쪽박귀(오그라진 귀), 치맛귀(치마의 모서리 부분), 칼귀(칼처럼 굴곡이 없이 삐죽한 귀), 햇귀(해가 처음 솟아오를 때의 빛. 햇발). ☞ 이(耳). ②돈머리에 좀 더 붙은 우수리. ¶십만 원에 귀가 달렸다.

귀(貴) '상대편에 대한 존칭. 존귀한. 희귀한 또는 값비싼'을 뜻하는 말.↔천(賤). ¶귀가(貴家), 귀간(貴簡), 귀객(貴客), 귀격(貴格↔賤格), 귀견(貴見), 귀고(貴稿), 귀골(貴骨;貴格), 귀공(貴公), 귀공녀(貴公女), 귀공자(貴公子), 귀관(貴官), 귀관(貴館), 귀교(貴校), 귀국(貴國), 귀군(貴君), 귀금속(貴金屬), 귀남자(貴男子), 귀녀(貴女), 귀단백석(貴蛋白石), 귀댁(貴宅), 귀동(貴童), 귀동녀(貴童女), 귀동자(貴童子), 귀둥이, 귀려(貴慮), 귀명(貴名), 귀명(貴命;命令), 귀문(貴門;지체가 높은 집안), 귀물(貴物), 귀방(貴邦), 귀보(貴報), 귀보(貴寶), 귀부인(貴夫人), 귀부인(貴婦人), 귀비(貴妃), 귀빈(貴賓), 귀사(貴社), 귀상(貴相;귀인이 될 얼굴), 귀서(貴書), 귀석(貴石), 귀소(貴所), 귀식(貴息), 귀애하다(貴愛), 귀업(貴業), 귀의(貴意), 귀인(貴人)[귀인상/스럽다(相), 귀인성(性)/스럽다], 귀성지다'(貴性;귀인성스럽게 생기다), 귀제(貴弟), 귀족(貴族)[1370], 귀중(貴中)[1371], 귀중하다(貴重;귀하고 중요하다), 귀중본(貴重本), 귀중품(貴重品), 귀지(貴地), 귀지(貴紙), 귀지(貴誌), 귀찮다[1372], 귀찰(貴札), 귀처(貴處), 귀척(貴戚), 귀천(貴賤)[존비귀천(尊卑)], 귀체(貴體), 귀측(貴側), 귀태(貴態), 귀티, 귀편(貴便), 귀품(貴品), 귀하(貴下), 귀하다, 귀한(貴翰), 귀함(貴函), 귀현하다(貴顯), 귀형(貴兄), 귀화법(貴化法), 귀회(貴會); 고귀하다(高貴), 곡귀(穀貴), 권귀(權貴), 극귀(極貴), 등귀(騰貴), 부귀(富貴)[부귀공명(功名), 부귀영화(榮華), 부귀화(花;모란꽃)], 상귀(翔貴), 영귀(榮貴), 용귀(踊貴), 인귀(人貴), 자귀(自貴), 존귀(尊貴), 지귀(至貴), 진귀하다(珍貴), 최귀(最貴), 품귀(品貴), 현귀(顯貴), 희귀하다(稀貴) 들.

귀(歸) '돌아가다. 돌아오다. 따르다. 돌리다'를 뜻하는 말. ¶귀가(歸家), 귀거래/사(歸去來/辭), 귀결(歸結)[1373], 귀경(歸京), 귀경(歸耕), 귀교(歸校), 귀국(歸國), 귀금(歸禽), 귀기(歸期), 귀납(歸納)[귀납법(法), 귀납적(的), 귀납추리(推理)], 귀녕(歸寧), 귀농(歸農), 귀단(歸斷), 귀대(歸隊), 귀도(歸途), 귀래(歸來), 귀로(歸路), 귀류법(歸謬法), 귀마방우(歸馬放牛), 귀매(歸妹), 귀명(歸命), 귀범(歸帆), 귀복(歸伏), 귀본(歸本), 귀부(歸附), 귀산(歸山), 귀서(歸棲;歸巢), 귀성(歸省)[1374], 귀성(歸城), 귀소(歸巢)[귀소본능(本能), 귀소성(性;동물이 자기 집으로 되돌아오는 본능)], 귀속(歸屬)[1375], 귀숙(歸宿), 귀순(歸順)[1376], 귀심(歸心), 귀안(歸雁), 귀양(歸養), 귀영(歸營), 귀와(歸臥), 귀원(歸元), 귀원성(歸原性)[1377], 귀의(歸依)[1378], 귀일(歸一;여러 가지 현상이 한 가지 결말이나 결과로 귀착됨), 귀임(歸任), 귀적(歸寂), 귀정(歸正), 귀정(歸程), 귀조(歸朝), 귀죄(歸罪), 귀중(歸重), 귀진(歸陣), 귀착(歸着)[1379], 귀책(歸責;결과를 원인에 결부시키는 판단)[귀책사유(事由)], 귀천(歸天;죽음), 귀천(歸泉), 귀청(歸廳), 귀촌(歸村), 귀추(歸趨;어떤 결과로 귀착하는 바), 귀택(歸宅), 귀토(歸土;죽음), 귀함(歸艦), 귀항(歸航), 귀항(歸港), 귀항(歸降), 귀향/길(歸鄕), 귀화(歸化)[1380], 귀환(歸還)[귀환병(兵), 귀환수(水), 귀환자(者)], 쉬환하다,

---

어 짜놓은 틀. 천장 주변에 있는 천장틀. 통나무를 '井'자 모양으로 짠 틀. ¶귀틀을 들이다. 귀틀나무, 귀틀돌(다리에 쓰이는 길게 놓은 돌), 귀틀동발, 귀틀마루, 귀틀막(幕), 귀틀무덤, 귀틀벽(壁), 귀틀부두(埠頭), 귀틀집(통나무를 井자 형으로 귀를 맞추어 층층이 얹고 틈서리를 흙으로 메워 지은 집); 단귀틀(短), 동귀틀(마루의 장귀틀 사이에 가로질러서 청널의 잇몸을 받는 짧은 귀틀), 동귀틀(장귀틀에 직각으로 좌우에 끼어 짧은 마룻널을 끼우는 나무), 마룻귀틀(마룻널을 끼우거나 까는 길고 튼튼한 나무), 입귀틀(대청 한가운데에 있는 동귀틀의 좌우 쪽에 끼우는 나무), 장귀틀(長;세로로 들이는 귀틀), 중귀틀(中).

1362) 글귀: 글을 듣고 이해하는 능력. ¶글귀가 밝다. 글귀가 어둡다.

1363) 뒷귀: 주로 '먹다. 어둡다. 밝다'와 어울려 쓰이어, '사리나 말귀를 알아채는 힘'을 뜻하는 말. ¶뒷귀가 밝아야 무슨 일이든 시키지.

1364) 말귀¹: '밝다. 어둡다'와 함께 쓰이어, '남의 말을 알아듣는 능력'을 뜻하는 말. ¶말귀가 어둡다.
말귀²: 말이 뜻하는 내용. ¶말귀를 못 알아듣고 엉뚱한 대답을 하다.[←말[言]+句(구)].

1365) 솥귀: 솥의 운두 위로 두 귀처럼 삐죽이 달려 있는 부분.

1366) 실귀: 귀를 가늘게 귀접이한 재목(材木).

1367) 양귀: 말이나 나귀의 굽은 귀.=곡이(曲耳).

1368) 자장귀: 마름질하다가 떼어낸 자질구레한 헝겊. ¶자장궤(櫃;자장귀 따위를 모아두는 손그릇).

1369) 잠귀: 잠결에 소리를 들을 수 있는 감각. ¶잠귀가 밝다/어둡다.

1370) 귀족(貴族): 가문이나 신분 따위가 좋아 정치적 · 사회적 특권을 가진 계층. 또는 그런 사람. ¶귀족계급(階級), 귀족국체(國體), 귀족도덕(道德;군주 도덕), 귀족문학(文學), 귀족식(式), 귀족어(語), 귀족예술(藝術), 귀족적(的), 귀족정체(政體), 귀족정치(政治), 귀족제(制), 귀족주의(主義), 귀족화/하다(化); 노동귀족(勞動).

1371) 귀중(貴中): 편지나 물품 따위를 받을 단체나 기관의 이름 아래에 쓰는 높임말. ¶국립 국어 연구원 귀중.

1372) 귀찮다: 마음에 싫고 성가시기만하다.[←귀하지 않다]. ¶귀찮이 여기다. 귀찮아하다.

1373) 귀결(歸結): 어떤 결론에 이름. 어떠한 가정(假定)에서 추출해 낸 결과. ¶국민의 욕구는 결국 경제적 풍요에 귀결한다. 귀결부(符), 귀결점(點).

1374) 귀성(歸省): 객지에서 지내다가 고향에 돌아옴/돌아감. ¶귀성객(客), 귀성열차(列車), 귀성하다; 역귀성(逆).

1375) 귀속(歸屬): 재산이나 권리, 또는 영토 같은 것이 어떤 사람이나 단체 · 국가에 속하여 그 소유가 됨. ¶영토의 귀속 문제. 국고에 귀속되다. 귀속되다/하다, 귀속이론(理論), 귀속재산(財産), 귀속주의(主義), 귀속지위(地位).

1376) 귀순(歸順): 반항하거나 반역하려는 마음을 버리고, 스스로 돌아서서 따라오거나 복종함. ¶귀순 간첩. 귀순 용사(勇士). 귀순할 뜻을 비치다. 귀순병(兵), 귀순자(者), 귀순하다.

1377) 귀원성(歸原性): 물고기 따위가, 그 깨어난 곳을 떠났다가 산란(産卵)하기 위하여 다시 그 곳으로 돌아오는 습성.

1378) 귀의(歸依): 돌아가 몸을 의지함. 신불(神佛)의 가르침을 믿고 그에 의지함. ¶불문에 귀의하다. 귀의법(法), 귀의불(佛), 귀의승(僧), 귀의심(心), 귀의처(處).

1379) 귀착(歸着): ①먼 곳으로부터 돌아와 닿음. ②의논이나 어떤 일의 경과 따위가 여러 과정을 거쳐 어떤 결말에 다다름. 최초의 안(案)으로 귀착되다. ¶귀착되다/하다, 귀착장치(裝置), 귀착점(點).

1380) 귀화(歸化): ①다른 나라에 국적을 얻어 그 나라의 국민이 됨. ¶한국에 귀화한 미국인. 귀화식물(植物), 귀화인(人), 귀화종(種); 재귀화(再). ②지난날, 정복당한 백성이 임금의 덕에 감화되어 그 백성이 되던 일.

귀환회로(回路)], 귀휴(歸休); 고귀(告歸), 미귀(未歸), 방귀(放歸), 복귀(復歸), 북귀(北歸), 불귀(不歸), 생기사귀(生寄死歸), 순귀(順歸), 우귀(于歸), 의귀(依歸), 재귀(再歸), 조귀(早歸), 철귀(撤歸), 체귀(遞歸), 파귀(罷歸), 회귀(回歸)[회귀년(年), 회귀선(線), 회귀성(性); 모천회귀(母川)] 들.

귀(鬼) '죽은 사람의 넋. 정령(精靈) 신(神). 도깨비. 신기한. 재주가 몹시 뛰어남'을 뜻하는 말. ¶귀곡(鬼哭;귀신의 울음소리)[귀곡새(부엉이), 귀곡성(聲)], 귀관(鬼關;저승으로 들어가는 문), 귀기(鬼氣;소름이 끼칠 정도로 무서운 기운), 귀녀(鬼女), 귀두(鬼頭), 귀린(鬼燐), 귀매(鬼魅), 귀면(鬼面;귀신의 얼굴), 귀모(鬼謀), 귀문(鬼門), 귀보(鬼報), 귀부(鬼斧), 귀성(鬼星), 귀수(鬼祟), 귀신(鬼神)[1381], 귀어(鬼語), 귀와(鬼瓦), 귀재(鬼才), 귀적(鬼籍), 귀졸(鬼卒), 귀책(鬼責), 귀축(鬼畜), 귀침(鬼侵), 귀판(鬼板), 귀형(鬼形), 귀화(鬼火); 객귀(客鬼), 걸귀(乞鬼), 괴귀(怪鬼), 덕달귀(낡은 집에 붙어 있다는 귀신), 마귀(魔鬼), 만귀잠잠하다(萬鬼潛潛), 매귀(埋鬼), 명귀(冥鬼), 몽달귀[1382], 무두귀(無頭鬼), 미명귀(未命鬼;남의 아내로서 젊어서 죽은 귀신), 백귀(百鬼), 사귀(邪鬼), 살인귀(殺人鬼), 수귀(水鬼), 식인귀(食人鬼), 신귀(神鬼), 신출귀몰(神出鬼沒), 아귀(餓鬼), 악귀(惡鬼), 업귀(業鬼), 여귀(厲鬼), 영귀접(靈鬼接), 오귀(惡鬼), 요귀(妖鬼), 원귀(寃鬼), 인귀(人鬼), 잡귀(雜鬼), 점귀부(點鬼簿), 지노귀(鬼), 채귀(債鬼;몹시 조르는 빚쟁이), 축귀(逐鬼), 측귀(厠鬼), 흡혈귀(吸血鬼) 들.

귀(龜) '거북이. 거북이 모양'을 뜻하는 말. ¶귀감(龜鑑;본보기), 귀갑(龜甲), 귀뉴(龜紐;거북 형상을 한 도장의 손잡이), 귀두(龜頭), 귀모토각(龜毛兔角), 귀배괄모(龜背刮毛), 귀별(龜鱉;거북이와 자라), 귀복(龜卜;거북점), 귀부(龜趺;거북 모양의 비석 받침돌), 귀선(龜船;거북선), 귀옥(龜玉), 귀점(龜占), 귀판(龜板), 귀흉귀배(龜胸龜背); 맹귀우목(盲龜遇木), 석귀(石龜;남생이), 수귀(水龜), 신귀(神龜). §'터지다. 갈라지다'의 뜻으로는 [균]으로 읽힘. 균열(龜裂)[1383].

귀꿈-스럽다 ①어딘가 어울리지 아니하고 촌스럽다. ¶그는 오늘따라 유난히 귀꿈스레 행동했다. 귀꿈맞다(말이나 짓이 도무지 가당찮게 생뚱맞다). ②흔히 보기 어려울 정도로 후미지고 으슥하다. ¶귀꿈스러운 산비탈 아래 외딴집 한 채.

귀둥대둥 말이나 행동을 되는 대로 아무렇게나 하는 모양. ¶귀둥대둥 지껄이다. 귀둥대둥이, 귀둥대둥하다.

귀뚤 귀뚜라미의 우는 소리. ¶귀뚜라미 풍류(風流)한다. 귀뚜라미/귀뚜리.

귀룽 귀룽나무의 열매. ¶귀룽나무(장미과의 낙엽 활엽 교목). 귀룽자리(귀룽나무의 속껍질로 어긋나게 짜서 만든 자리).

귀리 포아풀과의 한해 또는 두해살이 재배 식물. 연맥(燕麥). ¶귀리국수, 귀리떡, 귀리밥, 귀리소주(燒酒), 귀리술, 귀리쌀, 귀리죽(粥), 귀리풀떼기, 귀릿짚; 메귀리 들.

귀목 느티나무의 재목. 귀목나무(←槻木;느티나무). ¶귀목뒤주, 귀목반닫이.

귀부레기 시루떡에서 베어 내고 남은 가의 부분.

귀살-쩍다 일이나 물건이 마구 뒤얽히어 처리하기에 정신이 뒤숭숭하다. 〈낮〉귀살머리쩍다. ¶일이 하도 귀살쩍어서 갈피를 잡을 수 없다. 아무리 애를 셋 키운다고 해도 이렇게 귀살스럽고 정신 사나워서 어떻게 사니? 귀살스럽다/귀살머리스럽다(보기에 정신이 매우 뒤숭숭하게 느껴지다.=귀성스럽다²).

귀성-스럽다¹ 제법 구수한 맛이 있다. ¶하는 말이 제법 귀성스럽다. 귀성스러운 이야기.

귀성-스럽다² =귀살스럽다(보기에 귀살쩍게 느껴지다. 귀성지다²(귀성스럽게 느껴지다).

귀얄 풀·옻 따위를 칠할 때 쓰는 도구. 풀귀얄.≒풀비. ¶귀얄 같은 수염이 까맣게 난 사람. 귀얄문(紋;귀얄로 낸 무늬), 귀얄잡이(귀 밑에 수염이 많이 난 사람을 조롱하여 이르는 말).

귀양 죄인을 먼 시골이나 섬으로 보내어 일정한 기간 동안 제한된 곳에서만 살게 하던 형벌.[←귀향(歸鄕)]. ¶귀양가다, 귀양다리(귀양살이하는 사람을 업신여기어 이르던 말), 귀양보내다, 귀양살이, 귀양지(地), 귀양풀다/풀어주다 들.

귀엽(다) 모양이나 행동이 작고 오밀조밀하고 곱거나 예뻐서 사랑할 만하다.≒앙증하다.↔밉다. ¶인형이 매우 귀엽다. 귀여운 얼굴. 귀여워하다, 귀염[귀염둥이(굄받이), 귀염바치(귀여움이나 사랑을 받는 아이), 귀염성/스럽다(性)].[+아랫사람].

귀웅 도자기 공장에서 쓰는 진흙을 담는 통. ¶귀웅에 진흙을 담아 나르다. 귀웅젖(젖꼭지가 움푹 들어간 여자의 젖).

귀접-스럽다 ①매우 더럽고 지저분하다. ②하는 짓이 더럽고 너저분하다. ¶귀접스러운 짓만 골라서 하다.

귀축축-하다 구질구질하고 축축하다. 하는 짓이 조촐한 맛이 없고 구질구질하여 더럽다.[←궂다²]. ¶귀축축한 뒷골목. 귀축축한 짓만 하고 다니다. 귀축축히.

귀틀 ☞ 귀.

규(規) 각도기·컴퍼스 등의 총칭. '법. 법칙. 본뜨다. 바루다(바르게 하다). 그림쇠[1384]'를 뜻하는 말. ¶규간(規諫;사리를 말하여 간함), 규격(規格)[1385], 규계(規戒;지켜야 할 규범. 바르게 경계함),

---

1381) 귀신(鬼神): 사람의 혼령. 사람을 해친다는 무서운 존재. 주제나 생김새가 몹시 사나운 사람. 재주가 뛰어난 사람. ¶귀신이 나오다. 몰골이 꼭 귀신같구나. 귀신이 곡할 노릇이다(일이 하도 신기하여 귀신도 탄복할 만하다). 솜씨가 귀신같다. 귀신도 모른다(아주 감쪽같다). 귀신같다, 귀신날, 귀신들리다, 귀신불(귀신이 낸다고 하는 불빛), 귀신씌우다(귀신에게 홀려 정신을 차리지 못하다); 각시귀신, 검덕귀신(얼굴이나 옷이 몹시 더러운 사람), 나무귀신, 도령귀신(몽달귀), 뜬귀신(떠돌아다니는 못된 귀신), 목탁귀신(木鐸), 몽달귀신, 무사귀신(無祀), 무자귀신(無子), 물귀신, 불귀신, 생귀신(生), 선귀신(善), 쇠귀신(소가 죽어서 된다는 귀신, 성질이 몹시 검질긴 사람), 우물귀신, 잡귀신(雜), 처녀귀신(處女), 총각귀신.

1382) 몽달귀: 총각이 죽어 되었다는 귀신.

1383) 균열(龜裂): ①거북의 등딱지 모양으로 갈라짐. 또는 그 갈라진 금이나 틈. 균탁(龜坼). ¶벽에 균열이 생기다. ②사람과 사람 사이에 틈이 생김. ¶두 사람 사이에 균열이 생기다.

규구(規求;탐내어 요구함), 규구(規矩;컴퍼스와 곱자. 그림쇠), 규도(規度;규범이 되는 틀), 규례(規例;일정한 규칙과 정하여진 관례), 규면(規免;책임이나 맡은 일에서 벗어나려고 애를 씀), 규모(規模)[1386], 규범(規範)[1387], 규식(規式), 규약(規約), 규율(規律;행동의 준칙이 되는 본보기)[규율부(部); 무규율(無)], 규정(規正;바로잡아서 고침), 규정(規定)[1388], 규정(規程;조목별로 정하여 놓은 표준), 규정(規整;규율을 세워 바르게 정리함), 규제(規制)[1389], 규준(모범이 되는 표준)/자/틀(規準), 규칙(規則)[1390], 규탁(規度;헤아려서 계획함), 규풍(規風;풍습을 바로잡음), 규피(規避;피할 길을 꾀함), 규회(規誨;따지고 바로잡아 가르침), 규획(規畫); 가규(家規), 고규(古規), 관규(官規), 교규(校規), 구규(舊規), 군규(軍規), 내규(內規;내부에서만 시행되는 규칙), 당규(黨規), 법규(法規)[법규명령(命令), 법규재량(裁量), 법규정비(整備)], 사규(寺規), 사규(社規), 상규(常規), 선규(先規), 성규(成規), 세규(世規), 승규(僧規), 신규(新規)[신규등록(登錄), 신규사업(事業)], 예규(例規), 예규(禮規), 유규(類規), 잠규(潛規), 정규(正規)[정규곡선(曲線), 정규군(軍), 정규분포(分布); 비정규(非)], 정규(定規), 제규(制規;정해진 규칙), 조규(條規), 종규(宗規), 준규(準規), 청규(廳規), 통규(通規), 학규(學規), 회규(會規) 들.

규(糾) '얽히다. 살피다. 들추어내다'를 뜻하는 말. ¶규거(糾擧;죄를 따져 열거함), 규결(糾結;헝클어지고 얽힘), 규계(糾戒;잘못을 따져 경계함), 규규하다(糾糾;서로 뒤얽혀 있다), 규리(糾理;두루 보살피어 처리함), 규명되다/하다(糾明;어떤 사실을 따져 밝히다), 규문(糾問;죄를 엄하게 따져 물음)[규문소송(訴訟), 규문주의(主義)], 규분(糾紛), 규승(糾繩;노를 꼼. 죄를 법으로 밝혀 바로잡음), 규의(糾儀;의식을 단속함), 규전(糾纏;서로 복잡하게 뒤얽힘), 규정(糾正;잘못을 바로잡음), 규죄(糾罪), 규착(糾錯;서로 얽히고 뒤섞임), 규찰(糾察;죄상 따위를 캐고 따져 자세히 밝힘), 규칙(糾飭;죄를 따지고 살펴 바로잡음), 규탄(糾彈;따지고 나무람)/되다/하다, 규합(糾合;어떤 목적 아래 많은 사람을 한데 끌어 모음)/되다/하다, 규핵(糾覈;과오나 죄상을 따져서 밝힘), 규획(糾畫;계략을 꾸밈); 분규(紛糾), 심규(審糾) 들.

규(閨) '부녀자. 부녀자의 거실. 남녀 간의 관계'를 뜻하는 말. ¶규각(閨閣), 규달(閨闥;여자의 침실), 규두(閨竇;가난한 사람의 거처. 여자의 침실), 규문(閨門;閨中), 규방(閨房;閨室)[규방가사(歌辭), 규방문학(文學), 규방필독(必讀), 규벌(閨閥)[규벌정치(政治)], 규범(閨範;부녀자가 지켜야 할 도리나 범절), 규수(閨秀), 규실(閨室), 규애(閨愛;令愛), 규양(閨養;閨秀), 규원(閨怨), 규조(閨藻;부녀자가 지은 시), 규중(閨中)[규중부녀(婦女), 규중심처(深處), 규중절색(絕色), 규중처녀(處女), 규중처자(妻子)], 규합(閨閤;궁중의 작은 문. 안방); 공규(空閨;오랫동안 남편이 없이 여자 혼자 지내는 방), 심규(深閨), 영규(令閨), 유규(幽閨), 청규(淸閨), 홍규(紅閨) 들.

규(叫) '부르짖다. 울다'를 뜻하는 말. ¶규고(叫苦;괴로움을 부르짖음), 규곡(叫曲;부르짖기만 하는 노래), 규규(叫叫;멀리 들리는 소리), 규성(叫聲), 규음(叫吟), 규춘(叫春), 규함(叫喊), 규호(叫號), 규환(叫喚;괴로움 따위로 큰소리로 부르짖음)[규환지옥(地獄); 아비규환(阿鼻)], 규후(叫吼); 고성대규(高聲大叫), 대규(大叫), 절규(絕叫), 환규(喚叫) 들.

규(硅) '규소(비금속 원소인 하나)'를 뜻하는 말. ¶ 규동선(硅銅線), 규사(硅砂), 규석(硅石)[규석벽돌(甓)], 규선석(硅線石), 규소(硅素), 규암(硅巖), 규조(硅藻)[규조석(石), 규조토(土)], 규폐(硅肺), 규화(硅華), 규화목(硅化木), 규회석(硅灰石) 들.

규(窺) '엿보다'를 뜻하는 말. ¶규견(窺見;窺視), 규봉(窺峰), 규사(窺伺;기회를 엿봄), 규시(窺視;엿봄), 규유(窺窬;틈을 엿봄), 규점(窺覘;窺視), 규지(窺知;엿보아 앎), 규청(窺聽), 규형(窺衡); 군규(軍窺), 모규(毛窺;털구멍), 쟁규(爭窺) 들.

규(揆) '헤아리다. 벼슬. 도(道)·법(法)'을 뜻하는 말. ¶규서(揆敍;헤아려 차례를 정함), 백규(百揆;百官), 일규(一揆;한결같은 법칙) 들.

규(圭) '모나다. 귀퉁이'를 뜻하는 말. ¶규각(圭角)[1391], 규복(圭復;편지를 되풀이하여 읽음), 규전(圭田); 도규(刀圭;약을 뜨는 숟가락) 들.

규(奎) '별 이름. 글·문장(文章)'을 뜻하는 말. ¶규문(奎文;학문과 문물), 규벽(奎璧;작은 글씨로 찍은 경서), 규성(奎星), 규장(奎章;임금의 글씨)[규장각(閣), 규장지보(奎章之寶)] 들.

규(葵) '해바라기. 접시꽃'을 뜻하는 말. ¶규화(葵花); 동규(冬葵;아욱), 촉규(蜀葵;접시꽃), 촉규화(蜀葵花;접시꽃) 들.

1384) 그림쇠: 지름이나 선의 길이를 재는 기구. 규구(規矩).

1385) 규격(規格): 사물의 표준이 되는 규정. 공업 제품의 품질이나 치수·모양에 대한 일정한 표준. ¶규격에 맞추다. 국제 규격에 맞게 만들다. 규격품(品), 규격화/되다/하다(化), 규격판(版), 규격품(品), 규격화/되다/하다(化); 공업규격(工業), 표준규격/품(標準/品).

1386) 규모(規模): 본보기가 될 만한 틀이나 제도. 사물이나 현상의 크기나 범위. 씀씀이의 계획성이나 일정한 한도. ¶규모가 크다. 살림을 규모 있게 꾸려 나가다. 대규모(大), 소규모(小), 졸규모(拙;졸때기).

1387) 규범(規範): 사물의 본보기. 판단·평가·행위 따위의 기준이 되는 것. ¶규범을 보이다. 도덕의 규범. 규범과학(科學), 규범문법(文法), 규범미학(美學), 규범법칙(法則), 규범성(性), 규범윤리학(倫理學), 규범의식(意識), 규범적(的)[규범적 헌법(憲法), 규범적 효력(效力)], 규범학(學), 규범화/되다/하다(化); 강제규범(强制), 법률규범(法律)/법규범(法), 사회규범(社會), 생활규범(生活), 습속규범(習俗), 윤리규범(倫理), 행동규범(行動), 행위규범(行爲), 행정규범(行政).

1388) 규정(規定): 어떤 일을 하나의 고정된 규칙으로 정함. 또는 그 정해진 규칙. 어떤 것의 내용·성격·의미 따위를 밝히어 정함. ¶도서 대출 규정. 전항(前項)의 규정에 의함. 모임의 성격을 분명히 규정하다. 규정농도(濃度;용액 1리터 속에 녹아 있는 용질의 g 당량수. 노르말 농도), 규정되다/하다, 규정량(量), 규정명제(命題), 규정성(性), 규정액(液), 규정전류(電流), 규정종목(種目), 규정주파수(周波數), 규정짓다, 규정타석(打席), 규정투쟁(鬪爭), 규정판단(判斷); 강행규정(强行), 자가규정(自家), 자기규정(自己), 특별규정(特別).

1389) 규제(規制): 어떤 규칙을 정하여 제한함. 또는 그 규칙. ¶수입 상품의 규제. 규제되다/하다, 규제종목(種目), 규제책(策), 규제표지(標識); 총량규제(總量).

1390) 규칙(規則): 국가나 어떤 단체에 속해 있는 사람의 행위 또는 사무 절차 따위의 기준으로서 정해 놓은 준칙. ¶규칙동사(動詞), 규칙적(的), 규칙활용(活用); 시행규칙(施行), 의사규칙(議事), 취업규칙(就業), 행정규칙(行政).

1391) 규각(圭角): ①모나 귀퉁이의 뾰족한 곳. ②사물이 서로 들어맞지 않음. ③말이나 뜻이 원만하지 못하고 모가 나서 남과 잘 어울릴 수 없는 일. ¶규각이 나다(원만하지 못하고 모가 나다).

규(逵) '큰 길'을 뜻하는 말. ¶규로(逵路;사방팔방으로 통하는 큰 길).

규(跬) '반걸음. 가까운 거리'를 뜻하는 말. ¶규보(跬步;반걸음 정도의 가까운 거리).

규(竅) '구멍'을 뜻하는 말. ¶구규(九竅;사람이나 포유동물의 몸에 있는 아홉 개의 구멍. 두 눈과 두 귀, 두 콧구멍과 입, 음부와 항문), 칠규(七竅;사람의 얼굴에 있는 귀·눈·코·입의 일곱 구멍).

균(菌) 동식물에 기생하여 발효나 부패, 병 따위를 일으키는 단세포의 미생물. 엽록소를 가지지 아니하며, 암술·수술의 구별이 없이 포자로 번식하는 식물의 총칭. '버섯. 곰팡이. 세균'을 뜻하는 말. ¶균을 죽이다. 균이 퍼지다. 균개(菌蓋), 균근(菌根), 균독(菌毒), 균류/학(菌類/學), 균륜(菌輪), 균모(菌帽), 균사/체(菌絲/體), 균산(菌傘), 균습(菌褶), 균영(菌癭), 균조식물(菌藻植物), 균종(菌腫), 균체(菌體;균의 몸등이), 균핵/병(菌核/病), 균혈증(症), 균환(菌環;菌輪); 간균(杆菌;막대 모양의 세균)[쌍간균(雙)], 간상균(杆狀菌)/, 결핵균(結核菌), 곡균(麯菌), 구상균(球狀菌)/구균(球菌)[쌍구균(雙)], 나균(癩菌), 나병균(癩病菌), 나선균(螺旋菌), 낙산균(酪酸菌), 내성균(耐性菌), 담자균(擔子菌), 대장균(大腸菌), 독균(毒菌), 맥각균(麥角菌), 멸균(滅菌), 목균(木菌), 무균(無菌), 미균(黴菌), 발효균(醱酵菌), 방사상균(放射狀菌), 방선균(放線菌), 배균(排菌), 백강균(白殭菌), 변형균(變形菌), 병균(病菌), 병원균(病原菌), 보균(保菌), 부패균(腐敗菌), 뿌리혹균, 사상균(絲狀菌), 살균(殺菌)[1392], 살모넬라균(salmonella菌), 생균(生菌), 세균(細菌)[세균무기(武器), 세균전(戰), 세균학(學); 철세균(鐵)], 수생균(水生菌), 식용균(食用菌), 아질산균(亞窒酸菌), 유산균(乳酸菌), 임균(淋/痳菌), 자낭균(子囊菌), 잡균(雜菌), 적리균(赤痢菌), 점균(粘菌), 젖산균(酸菌), 조균(朝菌;덧없는 짧은 목숨), 조균(藻菌), 종균(種菌), 질산균(窒酸菌), 초산균(醋酸菌), 콜레라균(cholera), 파라티프스균(Paratyphus菌), 파상풍균(破傷風菌), 편모균(鞭毛菌), 폐렴균(肺炎菌), 항균(抗菌), 항산성균(抗酸性菌), 화농균(化膿菌), 황국균(黃麴菌), 효모균(酵母菌) 들.

균(均) '고르다. 평평하다'를 뜻하는 말. ¶균등(均等)[1393], 균배(均排), 균배(均配;고르게 나누어 배치함), 균분(均分;고르게 나눔)[균분법(法), 균분상속(相續)], 균세(均勢), 균숙(均熟;고루 잘 익음), 균시차(均時差), 균안하다(均安;두루 편안하다), 균역법(均役法), 균열로(均熱爐), 균염(均染), 균온하다(均穩), 균일(均一)[1394], 균적하다(均適;고루 알맞다), 균전/법(均田/法), 균점(均霑;이익이나 혜택을 고르게 얻거나 받음), 균정하다(均整;균제하다), 균제(均齊;고르고 가지런함)[균제미(美), 균제하다], 균질(均質)[1395], 균첨(均沾), 균평하다(均平), 균할(均割;균등하게 분할함), 균형(均衡)[1396]; 제균하다(齊均), 평균(平均) 들.

균(囷) '둥근 창고'를 뜻하는 말. ¶경균도름(傾囷倒廩)/경도(傾倒;전 재산을 내놓음. 숨김없이 드러냄), 늠균(廩囷;쌀 곳간).

귤(橘) 귤나무의 열매. ¶귤을 먹다. 귤껍질/무늬, 귤꽃, 귤나무, 귤록(橘綠), 귤병/고(橘餠/餻), 귤빛, 귤색(色), 귤술, 귤열매, 귤엽(橘葉;귤잎), 귤잎, 귤정과(正果), 귤주(橘酒;귤술), 귤피(橘皮)[귤피문(紋), 귤피차(茶)], 귤핵(橘核), 귤화/차(橘花/茶), 귤화위지(橘化爲枳), 귤화차(橘花茶), 귤화채(橘花菜); 감귤(柑橘), 청귤(靑橘), 홍귤(紅橘) 들.

그¹ '그이(그 사람)'의 준말. ¶그는 무척 용감한 사람이다. 그네들/그네, 그녀(그 여자. 그미), 그년, 그놈, 그대[1397], 그들, 그미(그녀), 그분, 그이, 그자(者), 그치('그 사람'을 낮잡아 이르는 말) 들.

그² ①말하는 사람으로부터 조금 떨어져 있는 물건을 가리킬 때 쓰는 말. ¶그 책을 이리 좀 다오. 그 꽃이 참 곱구나. ②이미 말한 것이나 알려져 있는 사물을 가리킬 때 쓰는 말. ¶그 소설은 재미가 없더라. ③밝히고 싶지 아니하거나 확실하지 아니한 사물을 말할 때 쓰는 말. ¶그 언제쯤이었을까? ④'그것'의 준말. 〈작〉고. ¶거기[1398], 그간(間), 그것/그거/거, 거참(그것 참), 그건(그것은), 그걸(그것을)/그걸로, 그게(그것이), 그글피, 그까지로, 그까짓, 그끄러께, 그끄저께/그끄제, 그나마, 그날그날, 그냥[1399]/고냥, 그다지[1400]/그닥, 그대로, 그따위, 그러루하다[1401], 그러하다, 그리/로, 그만¹,²[1402], 그만큼, 그맘때, 그빨로[1403], 그사이/그새, 그야(그것이야), 그야말로(참으로), 그역(亦), 그예[1404], 그전(前), 그중(中), 그토록(그러하도록), 그편(便;그쪽).

1392) 살균(殺菌): 약품이나 열 따위로 세균을 죽임. 멸균(滅菌). ¶살균등(燈), 살균력(力), 살균법(法), 살균약(藥), 살균제(劑), 살균하다; 가열살균(加熱), 저온살균(低溫).

1393) 균등(均等): 고르고 가지런하여 차별이 없음. 똑같은 비율로 나눔. ¶균등 배분. 균등한 기회를 주다. 균등대표제(代表制), 균등법(法), 균등분열(分裂), 균등처우(處遇), 균등하다, 균등할(割), 균등화/되다/하다(化); 기회균등(機會), 수혜균등(受惠).

1394) 균일(均一): 한결같이 고름. 똑같음. ¶균일 판매. 균일계(系), 균일상점(商店), 균일성(性), 균일제(制), 균일조명(照明), 균일화/하다(化).

1395) 균질(均質): 성분이나 특성이 고루 같음. ¶균질공간(空間), 균질권(圈), 균질로(爐), 균질성(性), 균질유(乳), 균질체(體), 균질촉매(觸媒), 균질하다.

1396) 균형(均衡): 어느 한쪽으로 기울거나 치우치지 아니하고 고른 상태. ¶균형 잡힌 몸매. 균형을 깨뜨리다/ 유지하다. 균형가격(價格), 균형감(感), 균형계산(計算;패리티 계산), 균형론(論), 균형미(美), 균형발전(發展), 균형방정식(方程式), 균형성(性), 균형성장(成長), 균형예산(豫算), 균형이론(理論), 균형재정(財政), 균형적(的), 균형추(錘), 균형타(舵), 균형환율(換率); 국제균형(國際), 불균형(不), 산업균형(産業), 색균형(色), 수지균형(收支), 시장균형(市場), 초균형(超)[초균형예산(豫算), 초균형재정(財政)], 축소균형(縮小).

1397) 그대: ①친구나 아랫사람을 높여 점잖게 이르는 말. ②애인이나 어떤 대상을 친근하게 부르는 말.[〈그듸].

1398) 거기: 그 곳에. 듣는 이에게 가까운 곳을 가리키는 말.[←그+어긔]. 〈준〉게. 〈작〉고기. ¶거기에다가/게다가/게다(거기에다가. 그런데다가. 또 더하여), 게나예나(거기나 여기나), 게서(거기에서).

1399) 그냥[←그+양(樣)]: ①더 이상의 변화 없이 그 상태 그대로. ¶그냥 두어라. ②그런 모양으로 줄곧. ¶그냥 잠만 자고 있다. ③아무런 대가나 조건 없이.=거저. ¶그냥 주어라. ④가만히. 그저. ¶그냥 듣기만 해라.

1400) 그다지: 별로 그렇게까지. 그러한 정도로 까지. ¶그다지 반갑지 않다. 산길이 그다지도 험한 줄 몰랐다.[+부정어].

1401) 그러루하다: 여럿이 다 비슷비슷하다. 〈작〉고러루하다.

1402) 그만¹: 그 정도까지만. ¶그만 먹어라. 그만두다, 그만이다, 그만저만, 고만이(재물이 늘거나 벼슬이 오르는 것을 막는다고 하는 귀신).
그만²: 그만한. ¶그만그만하다, 그만저만, 그만하다(웬만하다).

1403) 그빨로: 나쁜 버릇을 고치지 않고 그대로. ¶그빨로 놀다가는 신세 망칠 줄 알아라.[←그+빨+로]. §'빨'은 일이 되어가는 형편이나 모양을 뜻함.

1404) 그예: 마지막에 가서는 기어지. ¶그토록 노력하더니만 그예 성공하였다. 그예 떠나고 말았다.

ㄱ

ㄱ

그네¹ 날이 촘촘한 빗살 모양의 쇠틀을 끼워 벼의 낟알을 훑는 데 쓰는 농기구. 벼훑이.

그네² 민속적인 놀이의 하나. 또는 그 시설. 추천(鞦韆) ¶그넷대, 그네뛰기, 그네비계, 그넷줄, 그네터; 걸상그네(床), 곰방그네(줄이 짧은 아이들의 그네), 공중그네(空中), 땅그네, 쌍그네(雙), 아기그네(어린애를 태우고 흔들게 만든 그네), 앉은그네, 어우렁그네(쌍그네), 외그네, 자장그네[요람(搖籃)], 회전그네(回轉) 들.

그느(다) 젖먹이가 오줌이나 똥을 눌 때를 가려서 찾다. ¶우리 애는 아직 오줌을 그느지 못해요. 아기가 자꾸 찡얼찡얼 그느다.

그느르(다) ①돌보아 보살펴 주다. ¶아직 어려서 내가 그를 그느르고 있다. 수재민을 구제하여 그늘러야 했다. ②흠이나 잘못을 덮어 주다. ¶아이들을 너무 감싸고 그느르면 버릇이 나빠진다.

그늑-하다 모자람이 없이 느긋하다.

그늘 ①빛이 물체에 가리어져 어두워지는 상태. 음영(陰影). ¶그늘이 져서 어둡다. 그늘가꾸기, 그늘곡(谷;그늘골), 그늘골, 그늘나무(정자나무), 그늘대1405), 그늘막(幕), 그늘말림(응달건조), 그늘받이(그늘이 지는 곳), 그늘석(席), 그늘숲, 그늘식물(植物), 그늘잎[음엽(陰葉)], 그늘지다1406), 그늘지붕, 그늘집, 그늘취, 그늘터(그늘을 끼고 있는 쉼터); 겉그늘(흐릿한 그림자), 꽃그늘(꽃나무의 그늘), 나무그늘, 반그늘(半;반그림자), 본그늘(本;본그림자), 부분그늘(部分), 산그늘(山), 솔개그늘1407), 숲그늘, 해그늘(햇빛이 가려서 진 그늘). ②부모나 어느 사람의 보살펴 주는 보호나 혜택. 겉으로 드러나지 아니하는 처지나 환경. 어떤 세력이 영향을 끼치는 범위. ¶부모님 그늘에서 이만큼 컸다. 그늘에서 봉사하는 사람들. ☞ 음(陰).

그래¹ ①친구나 아랫사람에게 대답하는 말. 오냐. ¶그래, 잘 알겠다. ②말을 다잡아 묻거나 강조할 때 쓰는 말. ¶그래, 그게 잘한 짓이오? ③'아, 글쎄'의 뜻으로 쓰이는 말. ¶그래, 그것도 못하니?

그래² 일부 종결 어미 뒤에 붙어, 상대방에게 그 말의 뜻을 강조하거나 친밀감을 나타내는 보조사. ¶날씨가 참 좋군 그래. 이것 좀 먹어 보지 그래. -구먼/먼-그래, -지-그래.

그려 '하게'나 '하오', 또는 드물게 '합쇼'할 자리의 종결 어미에 붙여 느낌이나 응낙(應諾) 또는 강조의 뜻을 나타내는 보조사. ¶자네 말 잘하네그려. 훌륭합니다그려. 갑시다그려. -세/게-나-그려.

그램(g) 미터법에 의한 무게의 단위. 1그램은 섭씨 4도의 물 1㎤의 질량. 킬로그램(kg; 각 모서리의 길이가 1/10m인 정육면체와 같은 부피의 4℃ 물의 질량을 이름).

그러께 지난해의 전 해(재작년). ¶이 사진은 그러께 찍은 것이다. ☞ 그제.

1405) 그늘대: 짚자리나 삿자리 따위로 만들어 길거리에서 장사하는 사람이 볕을 가리는 물건.
1406) 그늘지다: ①빛이 가리어서 그늘이 생기다. ②속에 숨어 드러나지 아니하다. ③불행이나 근심이 있어 표정이나 마음 따위가 흐려지다. ¶그늘진 얼굴.
1407) 솔개그늘: 솔개만한, 아주 작게 지는 그늘.

그러-하다 '그와 같다. 특별히 다른 변화가 없다'의 어근. 〈준〉그렇다. 〈작〉고러하다.[←그²]. ¶내 생각도 그러하다. 그래(그러하여)/도/서/야, 그랬다저랬다, 그러고, 그러구러1408), 고러고러 · 그러그러하다, 그러기에, 그러나1409), 그러나저러나, 그러니/까, 그러니말리, 그러니저러니, 그러다/가, 그러루하다1410), 그러면/서, 그러므로1411), 그러잖아도, 그러저러하다, 그러지(그렇게 하지), 그러하고말고, 그러한데/그런데, 그러한즉, 그럭저럭, 그런, 그런단들, 그런데1412), 그런듯만듯, 그런즉, 그럴듯하다, 그럴싸하다, 그럼1413), 그렁성저렁성, 그렁저렁, 그렇게, 그렇고말고, 그렇다, 그렇듯/이, 그렇잖다, 그렇지(그러하지)/마는/만, 그리고1414), 그리하자/그러자 들.

그루 ①나무 · 곡식 줄기의 밑동. 식물 특히 나무를 세는 단위.≒주(株). ¶그루째 뽑다. 나무 그루에 걸려 넘어지다. 소나무 두 그루. 그루갈이¹(땅을 갈다), 그루갖추다(곡식의 이삭이 고르게 패어 가지런하다), 그루다듬기, 그루뒤다(땅을 갈아 그루를 뒤덮다), 그루들이다1415), 그루박다1416), 그루빼기1417), 그루앉히다1418), 그루치다(그루박아서 가지런하게 하다), 그루터기1419), 그루풀1420); 어미그루(뿌리를 가지고 있는 주된 그루), 밑그루(독의 아랫부분. 椄本), 엇그루(엇비슷하게 자른 그루터기). ②한 해에 같은 땅에 농사짓는 횟수나 늦게 생긴 것. ¶두 그루 심는 논농사. 그루갈이²[이모작(二毛作)], 그루강냉이(뒷그루로 심은 강냉이), 그루돌림(돌려짓기), 그루되다1421), 그루바꿈(돌려짓기)/하다, 그루밭/글

1408) 그러구러: 우연히 그러하게 되어. 세월이 그럭저럭 지나는 모양.
1409) 그러나: 앞의 말에 맞세워서 뒤의 말을 이어 주는 접속부사. 그와는 다르게. 그렇지만. 그렇기는 하여도. 반면에.≒하지만. 하나. 허나. ¶제안은 좋아. 그러나 우리 현실에는 적합하지 않아.
1410) 그러루하다: 대개 정도나 형편 따위가 그러하다.
1411) 그러므로: 그렇기 때문에. 그러하므로. 그러한 까닭으로. 그러한 이유에서 말한다면. ¶노력은 성공의 어머니다. 그러므로 열심히 공부해야 한다.=고로. §앞에 말한 내용이 뒤에 말하는 사실의 원인 · 조건 · 근거가 됨을 나타내는 접속 부사.
1412) 그런데: ①형편이나 상태나 현상이 그와 같은데. 그러한 형편, 상태, 일이 벌어지고 있는데. ②그러한 형편이지만. 형편, 사정이 그와 같지만. ③그것은 그렇고. 그 말은 그만하고. ④그것에 덧붙여 말하자면. '그러한데'의 준말. 〈준〉근데. 건데. §앞에 말한 내용과 상반되는 내용임을 나타내는 접속 부사.
1413) 그럼: ①마지막으로. 이상으로. ¶그럼 내내 건강하길 빌면서. 그럼 내일 또 만나자. ②그렇다면. ¶난 집에 거의 없어요. 그럼 직장에 나가시나요? ③다음으로 할 말은. ④'그러면'의 준말. ¶그럼 어떻게 해야 되지?
1414) 그리고: 또한. 이에 더하여 말하자면.≒또. 및. 단어 · 구 · 절 · 문장 등을 연결할 때 쓰는 접속 부사. ¶봄, 여름, 가을 그리고 겨울.
1415) 그루들이다: 땅을 갈아서 그루를 뒤덮고 다시 곡식을 심다.
1416) 그루박다: ①물건을 들어 바닥에 거꾸로 탁 놓다. ②연의 머리를 아래쪽으로 돌려 내려가게 하다. ③사람의 기를 펴지 못하게 억누르다. ④말을 다지거나 힘을 주어 단단히 강조하다. ¶이번 일요일에 등산하자고 단단히 그루박았다. ⑤어떠한 곳을 정하고 머물러 살다.
1417) 그루빼기: 짚단이나 나뭇단의 그루가 맞대어서 이룬 바닥 부분.
1418) 그루앉히다: 앞으로 할 일에 대하여 그것을 해 나갈 수 있도록 터전을 잡아 주다.
1419) 그루터기: ①풀이나 나무, 또는 곡식 따위를 베고 남은 밑동. 등걸. ②초 따위의 쓰거나 타다 남은 밑동. ③밑바탕이나 기초가 될 수 있는 사물을 비유적으로 이르는 말.
1420) 그루풀: 나무의 틈새나 그루터기에서 새로 돋아나온 싹.
1421) 그루되다: 서너 살 안짝의 어린아이의 자람이 늦되다. ¶아이가 너무

밭[1422], 그루벼(보리를 베어 낸 논에 심은 벼), 그루빈대(철늦게 생긴 빈대), 그루잠(깨었다가 다시 든 잠), 그루조(그루갈이로 심은 조), 그루차례(그루갈이 횟수), 그루콩, 그루타다[1423], 그루팥; 검은그루[1424], 뒷그루, 앞그루, 양그루(兩;이모작), 한그루, 홑그루[1425], 후그루(後), 흰그루(지난겨울에 곡식을 심었던 땅) 들.

그르(다) 어떤 일이 사리나 도덕적 판단에 맞지 아니하다.(↔옳다). 일이 잘될 가망이 없다(≒틀리다). 상태나 조건이 좋지 아니하다. ¶옳고 그름을 따지다. 이번 일을 네가 그르다. 날씨가 궂어 등산하기는 글렀다. 사람 구실 하기는 영 글렀다. 그르치다(그릇되게 하다), 그릇(그르게. 잘못되게), 그릇되다[1426]/하다, 글러지다(잘못되어 가다), 글리(그르게↔옳이); 괘그르다(卦;일이 모두 뜻대로 되지 아니하다). ☞ 오(誤). 비(非).

그릇 ①음식이나 물건을 담는 기구. 또는 그것에 담긴 것을 세는 단위. ¶그릇을 닦다. 그릇도 차면 넘친다. 밥 한 그릇. 그릇그릇/이, 그릇가지(그릇붙이), 그릇박(그릇을 씻어 담아두는 함지박), 그릇받침, 그릇붙이, 그릇장(欌), 그릇테; 갈이그릇(기계로 갈아 만든 나무그릇), 국그릇, 귀때그릇(귀때가 달린 그릇), 꽃그릇, 낱그릇, 놋그릇, 대그릇[죽(竹)], 독그릇/도깨그릇[1427], 돌그릇, 모삿그릇(茅沙), 모이그릇, 물그릇, 반짇그릇, 밥그릇, 사기그릇(沙器)/사그릇(沙), 손그릇, 약그릇(藥), 양은그릇(洋銀), 오지그릇, 옹기그릇(甕器), 유기그릇(鍮器;놋그릇), 유리그릇, 은그릇(銀), 자개그릇, 질그릇, 찬그릇(饌), 찻그릇(茶), 채그릇, 채료그릇(彩料), 칠그릇(漆), 탕그릇(湯), 퇴줏그릇(退酒). ②일에 처하는 능력. 기량(器量). ¶그는 지도자가 될 그릇이라 생각된다. 그릇답다(국량이 있고 도량이 크다); 계그릇(戒). ☞ 기(器).

그리(다)[1] 사랑하는 마음으로 어떤 사람이나 대상을 간절히 생각하다.≒그리워하다. ¶조국을 그리는 마음. 이것은 우리가 꿈에 그리던 자동차다. 그린네(사랑하는 사람), 그립다[1428].

그리(다)[2] 사물이나 형상을 선이나 빛깔로 나타내다. 사물의 형상이나 사상 감정을 말이나 글로 나타내다. 회상하거나 상상하거나 하다. ¶연필로 종이에 그림을 그리다. 그레[1429], 그려내다/보다, 그림[1430], 그무개[1431]; 등글기[1432], 왜룡그리다(독에 꼬불꼬불한 줄을 긋다) 들.

그리마 그리맛과의 절지동물. 지네와 비슷하나 머리에 긴 한 쌍의 촉각이 있으며, 어둡고 습한 곳에서 작은 벌레를 잡아먹고 삶.

그물[1] 실이나 노끈·철사 따위로 구멍이 나게 엮어 물고기나 새를 잡는 물건. 남을 꾀거나 해치는 묘한 수단과 방법. ¶그물의 치다. 그물감[1433], 그물걷개, 그물계(契), 그물귀, 그물눈(그물의 구멍. 그물코), 그물떨기(그물로 누에를 떠는 방법), 그물뜨기, 그물막[망막(網膜)], 그물망(網), 그물맥(脈;網狀脈), 그물바늘, 그물배(어망선), 그물사냥, 그물수(繡;벌집수), 그물실, 그물어업(漁業), 그물자리(그물 모양의 별자리), 그물주머니, 그물줄(벼릿줄), 그물질/하다, 그물채, 그물추(錘), 그물추기(그물을 추어올리는 일), 그물코(그물눈), 그물톱[1434], 그물틀; 가래그물(덮그물), 걸그물, 길그물, 깃그물, 까래그물[1435], 꿩그물, 끌그물[예망(曳網)], 날개그물, 당김그물, 던짐그물, 덮그물, 두릿그물[선망(旋網)], 들그물(들망), 뜬걸그물, 망녕그물[1436], 머리그물, 먹이그물, 몰잇그물(고기를 그물 안으로 몰아넣어 잡는 방법), 미레그물(밀그물), 밀그물, 벌레그물[포충망(捕蟲網)], 벌컬그물[1437], 삼태그물, 새그물, 소매그물, 실그물, 쓰레그물, 아귀그물, 아래판그물(안강망의 아래 그물), 어깨그물, 자루그물, 자리그물(정치망), 짚그물, 채그물, 초리그물(자루그물의 끌 주머니), 초롱그물, 토끼그물, 통그물(桶), 활개그물, 후릿그물. ☞ 망(網). 덫.

그물[2] ①날씨가 활짝 개지 않고 흐려지는 모양. 〈센〉끄물. ¶날씨가 그물그물 자주 변한다. 안개가 끄물끄물 일어나다. 하늘이 갑자기 끄물끄물 흐려진다. ②불빛 따위가 밝게 비치지 않고 침침해지는 모양. ¶검푸른 밤빛이 허연 길 위에 그물그물 깃들었을 뿐이었다. 별빛이 그물그물 반짝인다. ③연기나 김 따위가 천천히 움직이는 모양. ¶그물·끄물거리다/대다, 그무러·끄무러지다[1438], 그무레·끄무레하다(날이 흐리고 어둠침침하다), 그물그물·끄물끄물/하다.

그루되어 아직 걸음마도 못한다.

1422) 그루밭: 밀이나 보리를 베어 내고 다른 작물을 심는 밭.

1423) 그루타다: 한 논밭에 같은 곡식을 연거푸 심어서 그 곡식이 잘 되지 아니하다.

1424) 검은그루: 지난해 겨울에 아무 농작물도 심지 않았던 땅.

1425) 홑그루: 일정한 경작지에 한 가지 농작물만 짓는 일.

1426) 그릇되다: 적당하지 않다. 잘못되다. ¶그릇된 생각은 바꿔야 한다. 그릇하다(잘못하다).

1427) 도깨그릇: 독·항아리·중두리·바탱이 따위의 그릇을 두루 이르는 말.

1428) 그립다: 그리는 마음이 간절하다. 있어야 할 것이 없거나 모자라서 아쉽다.[←그리(다)+ㅂ다]. ¶그리운 고향 산전. 그리움, 그리워지다, 그리워하다.

1429) 그레: 기둥·재목·기와 따위를 그 놓일 자리에 꼭 맞도록 따내기 위하여 바닥의 높낮이에 따라 그리는 도구. 금을 긋는 데 쓰는 물건.=그레칼. ¶그레질을 하다. 그레발을 접는다(그레발을 잘라 없애다). 그레떼기(그레질), 그레발(그레질을 하여 자르거나 깎아 없앨 부분), 그레질/하다.

1430) 그림: 그림감(그림의 소재), 그림그래프(graph), 그림글자, 그림동화(童話), 그림말, 그림문자(文字), 그림물감, 그림배[화방(畵舫)], 그림버티개(이젤), 그림본(本), 그림쇠[규거(規矩;지름이나 선의 거리를 재는 기구)], 그림씨(형용사), 그림연극(演劇), 그림엽서(葉書), 그림영화(映畵;만화영화), 그림일기(日記), 그림자[그림자극(劇), 그림자놀이, 그림자밟기; 뒷그림자, 물그림자, 뭍그림자, 반그림자(半), 발그림자(찾아오거나 찾아가는 발걸음), 본그림자(本), 불그림자], 그림장, 그림쟁이, 그림책(冊), 그림첩(牒), 그림칼, 그림틀, 그림판(版), 그림표(表); 간잡이그림(間;건축의 설계도), 걸개그림, 걸그림[괘도(掛圖)], 덧그림, 먹그림, 무대그림(舞臺), 민그림[소묘(素描)], 밑그림, 뼈대그림[골격도(骨格圖)], 본그림(本), 원그림(原), 인두그림[낙화(烙畵)], 펼친그림. ☞ 화(畵). 도(圖).

1431) 그무개: 목재에 정해진 치수의 평행선을 긋거나 자리를 내는 데 쓰는 공구.≒그레.

1432) 등글기: 다른 그림을 그대로 본떠서 그리는 일.[←등+그리(다)+기].

1433) 그물감: 그물을 뜨는 실. 망지(網地).

1434) 그물톱: 손으로 그물을 뜰 때, 그물코의 길이를 일정하게 하는 데 쓰는 작은 나무쪽.

1435) 까래그물: 큰 그물에서, 밑바닥 쪽에 놓이는 부분.

1436) 망녕그물: 꿩이나 토끼 따위를 잡는 그물. 망그물.

1437) 벌컬그물: 밀물에 들어왔던 고기가 썰물에 밀려 나가는 길을 막아 잡는 그물.

1438) 그무러지다: ①구름이 끼어 날이 점점 흐려지다. ¶하늘이 그무러지는 게 비가 오려나보다. ②마음이 침울하게 되다. ¶왜 그렇게 그무러져 다니니, 근심거리라도 있니?

그믐 음력으로 그 달의 마지막 날.[←*그믈(다)+ㅁ]. ¶그믐밤에 홍두깨 내민다(뜻밖의 일이 갑작스레 일어난다는 뜻). 그믐게(음력 그믐께 잡히는 게), 그믐께(그믐날 앞뒤의 며칠 동안), 그믐날, 그믐달, 그믐반달(半), 그믐밤/길, 그믐사리(음력 그믐께 잡힌 젓조기), 그믐장(場), 그믐조금, 그믐초승(初), 그믐치(그믐께 오는 눈이나 비), 그믐칠야(漆夜); 섣달그믐 들.

그슬(다) 불에 쬐어 겉만 살짝 타게 하다. ¶장작불에 털을 그슬다. 촛불에 머리카락이 그슬었다. 그슬리다(그슬음을 당하다. 그슬게 하다), 그슬음(불에 겉만 약간 타게 하는 일).

그악-하다 장난 따위가 지나치게 심하다. 사납고 모질다. 억척스럽게 부지런하다. ¶애들 장난이 너무 그악하다. 혼잣손으로 그악하게 일하다. 그악스럽다, 그악히.

그예 마지막에 가서는 그만. 기어이.=마침내. 드디어. 필경(畢竟). ¶그토록 노력하더니만 성공하고 말았어. 그예 떠나고 말았다.

그윽-하다 깊숙하고 고요하다. 은근하다. 뜻이나 생각이 깊다. ¶그윽이 들려오는 뻐꾸기 소리. 방안에 국화 향기가 그윽하다. 그윽한 애정.

그을(다) 햇볕을 쬐거나 연기 따위에 오래 쐬어 빛이 검게 되다.≒타다'. 〈준〉글다. ¶봄볕에 그을려 얼굴이 구릿빛이 되었다. 나무가 연기에 그을다. 처마가 연기에 그을려 시커멓다. 그은총이(驄; 그을린 듯이 흰 바탕에 얼룩이 진 말), 그을리다(그을음을 당하다. 그을게 하다), 그을음[1439].

그저 ①그대로 줄곧.≒사뭇. 여전히. ¶그저 앉아 기다리고만 있었다. ②별로 신기함이 없이. 더 나아진 것이 없이. 늘 그렇듯이.≒그냥. ¶그저 그렇지요 뭐. ③특별한 까닭이나 목적이 없이. ¶너를 보니 그저 반갑기만 하구나. ④다른 조건은 가릴 것 없이 다만. 무조건하고.≒제발. ¶그저 살려만 주십시오. ⑤그저 시키는 대로만 하라. 별다른 생각 없이.≒무심코. 무심히. ¶그저 농담으로 해본 말이다. ⑥틀림없이 바로. 꼭. ¶내 그저 그렇게 될 줄 알았다.

그제 어제의 전날.↔모레. ¶그 사람이 간 것은 그제이다. 그저께, 그저껫밤; 그그저께.

그지- 한정(限定)된 범위. 헤아릴 수 있는 한도.[〈긎]. ¶그지없다(끝이 없다. 헤아릴 수 없다), 그지없이.

그쯘-하다 빠짐없이 충분히 다 갖추어져 있다. ¶그쯘히(빠짐없이 충분히).

그치(다) 움직임이 멈추다. 더 이상의 진전 없이 어떤 상태에 머무르다.[←끝]. ≒그만두다. 멎다.↔계속되다(繼續). ¶비와 바람이 그치다. 동작을 그치다. 그침꼴, 그침표(標) 들.

극(劇) ①심하다. 대단하다. 바쁘다. 번거롭다'를 뜻하는 말.=격(激). ¶극구(劇寇;몹시 포악하고 사나운 적), 극난(劇難;잘못을 논하여 몹시 비난함), 극도(劇盜), 극독(劇毒;猛毒), 극독약(劇毒藥), 극렬(劇烈), 극론(劇論), 극무(劇務;격무), 극문(劇問;급히 묻는 일), 극물(劇物;독성이 있는 물질), 극방(劇旁;세 군데로 통하는 길), 극번하다(劇繁;매우 바쁘다), 극변(劇變), 극서(劇署), 극성/병(劇性/病), 극심(劇甚), 극약(劇藥)[1440], 극역(劇逆), 극열(劇熱), 극염(劇炎), 극음(劇飮), 극쟁(劇爭), 극적(劇賊), 극적(劇敵), 극전(劇戰), 극제(劇劑), 극증(劇症), 극지(劇地), 극직(劇職), 극진(劇震). 극참(劇驂;일곱 군데로 통하는 길), 극통(劇痛), 극한(劇寒); 건극(建極;임금이 나라의 법을 세움), 고극(苦劇;너무 심하거나 지독함), 공극(孔劇), 번극하다(煩/繁劇), 독극물(毒劇物), 쇄극(碎劇), 요극(要劇;매우 중요한 벼슬자리), 총극하다(悤劇), 통극하다(痛劇). ②배우가 어떠한 행동을 대화의 형식으로 표현하는 예술. 드라마. 또는 '꾸밈'을 비유한 말. ¶인간의 욕망을 극으로 형상화하다. 극계(劇界), 극놀이, 극단(劇團)[예술극단(藝術), 유랑극단(流浪)], 극단(劇壇), 극담(劇談), 극도(劇道), 극문학(劇文學), 극본(劇本), 극시(劇詩), 극영화(劇映畫), 극원(劇園), 극음악(劇音樂), 극자(劇子), 극작/가(劇作/家), 극장(劇場)[1441], 극적(劇的)[극적갈등(葛藤), 극적사건(事件)], 극전(劇戰), 극중(劇中)[극중극(劇), 극중인물(人物)], 극평(劇評), 극화/되다/하다(劇化), 극화(劇畫), 극희(劇戲;광대가 하는 연극); 가극(歌劇;노래극), 가면극(假面劇), 가무극(歌舞劇), 가상극(假想劇), 가정극(家庭劇), 강도극(强盜劇), 검극(劍劇), 경가극(輕歌劇), 경극(京劇), 경연극(輕演劇), 경향극(傾向劇), 고대극(古代劇), 고전극(古典劇), 골계극(滑稽劇), 구극(舊劇), 국극(國劇), 군중극(群衆劇), 군집극(群集劇), 그림자극, 극중극(劇中劇), 근대극(近代劇), 기만극(欺瞞劇), 기적극(奇蹟劇), 난투극(亂鬪劇), 날조극(捏造劇), 납치극(拉致劇), 단막극(單幕劇), 대화극(對話劇), 도박극(賭博劇), 독백극(獨白劇), 동극(童劇), 동화극(童話劇), 라디오극(radio), 마당극, 막간극(幕間劇), 망석중극, 모략극(謀略劇), 목가극(牧歌劇), 몽환극(夢幻劇), 무극(舞劇), 무대극(舞臺劇), 무언극(無言劇), 무용극(舞踊劇), 묵극(默劇), 문사극(文士劇), 문예극(文藝劇), 문인극(文人劇), 문제극(問題劇), 민속극(民俗劇), 방송극(放送劇), 번역극(飜譯劇), 복수극(復讐劇), 부조리극(不條理劇), 비극(悲劇)[비극적(的); 성격비극(性格), 운명비극(運命)], 사기극(詐欺劇), 사상극(思想劇), 사슬극(키노드라마), 사옹극(沙翁劇), 사회극(社會劇), 산대극(山臺劇), 산대도감극(山臺都監劇), 산문극(散文劇), 살인극(殺人劇), 상징극(象徵劇), 상황극(狀況劇), 서부극(西部劇), 서사극(敍事劇), 성격극(性格劇), 성극(聖劇), 성사극(聖史劇), 소극(笑劇), 소인극(素人劇)/소극(素劇;전문적인 배우가 아닌 사람들이 출연하는 연극), 수난극(受難劇), 시극(詩劇), 시대극(時代劇), 신극(新劇), 신비극(神秘劇), 신파극(新派劇), 신화극(劇), 심리극(心理劇), 아동극(兒童劇), 악극(樂劇), 암투극(暗鬪劇), 야외극(野外劇), 역사극(歷史劇)/사극(史劇), 역전극(逆轉劇), 역할극(役割劇), 연극(演劇), 연속극(連續劇), 연쇄극(連鎖劇), 예전극(禮典劇), 운명극(運命劇;운명 비극), 운문극(韻文劇;운문으로 된 희곡), 웃음거리극/웃음극, 유혈극(流血劇;

1439) 그을음: ①연기에 섞이어 있는 검은 먼지 같은 가루. 연매(煉煤). ¶이 난로는 그을음이 많이 난다. ②연기나 먼지 같은 것이 엉기어 벽이나 천장에 검게 낀 것. 〈준〉글음.

1440) 극약(劇藥): 잘못 사용할 때 생명에 위험을 줄 수 있는 의약제(醫藥劑).

1441) 극장(劇場): 극장가(街), 극장표(票); 가설극장(假設), 국립극장(國立), 노천극장(露天), 실험극장(實驗), 야외극장(野外), 원형극장(圓形).

피를 흘리는 싸움판), 음악극(音樂劇), 익살극, 인질극(人質劇), 인형극(人形劇), 자살극(自殺劇), 자작극(自作劇), 잔혹극(殘酷劇), 잡극(雜劇), 장막극(長幕劇), 장막극(帳幕劇), 전례극(典禮劇), 전원극(田園劇), 전위극(前衛劇), 전통극(傳統劇), 정극(正劇), 정극(靜劇), 정치극(政治劇), 조작극(造作劇), 종교극(宗敎劇), 즉흥극(卽興劇), 참극(慘劇), 창극(唱劇), 창무극(唱舞劇), 창작극(創作劇), 촌극(寸劇), 축제극(祝祭劇), 춤극, 토막극[촌극(寸劇)], 통속극(通俗劇), 풍자극(諷刺劇), 해학극(諧謔劇), 행위극(行爲劇), 현대극(現代劇), 환등극(幻燈劇), 활극(活劇), 희극(喜劇), 희극(戲劇), 희비극(喜悲劇), 희소극(喜笑劇) 들.

극(極) ①정도가 더 이상 갈 수 없는 상태. 끝. '더할 나위 없는. 정도가 심한. 몹시'의 뜻을 나타내는 말. ¶슬픔이 극에 달하다. 극간하다(極奸), 극간(極諫), 극간하다(極艱), 극감(極減), 극값, 극고생(苦生), 극공하다(極恭), 극공명(極功名), 극광(極光;오로라), 극괴(極怪), 극구(極口)[1442], 극궁(極窮), 극귀하다(極貴;몹시 귀하다), 극기(極忌;몹시 꺼림), 극공명(極功名), 극난하다(極難;몹시 어렵다), 극난사(極難事), 극낭(極囊), 극단(極端;끝. 궁극)[극단론/자(論/者), 극단적(的), 극단주의(主義); 양극단(兩)], 극대(極大)[1443], 극도(極度), 극동(極東), 극락(極樂)[서방극락(西方)], 극량(極量), 극력(極力), 극렬(極烈), 극론(極論), 극률(極律), 극목하다(極目;시력이 미치는 데까지 보다), 극묘(極妙), 극미(極美), 극미(極微;더없이 작거나 적음)[극미량(量)], 극변(極邊), 극비/리(極秘/裡), 극비밀(極秘密), 극비칭(極卑稱), 극빈(極貧), 극빈자(極貧者), 극사실주의(極寫實主義), 극삼각형(極三角形), 극상(極上), 극상(極相), 극상등(極上等), 극상품(極上品), 극서(極西), 극서(極/劇暑), 극선(極善), 극선(極線), 극성(極性)[극성결합(結合), 극성분자(分子)], 극성(極盛)[1444], 극세(極細), 극세말(極細末), 극소량(極少量), 극소수(極小數), 극수(極數), 극심하다(極/劇甚), 극악(極惡), 극악무도(極惡無道), 극언(極言), 극엄(極嚴), 극열(極熱), 극염(極炎), 극예하다(極銳;몹시 날카롭다), 극우/적(極右/的), 극우익(極右翼), 극우파(極右派), 극원하다(極遠), 극월(極月), 극위(極位), 극응력(極應力), 극자리표[극좌표(極座標)], 극저온(極低溫), 극전(極傳), 극점(極點), 극제품(極製品), 극존(極尊;임금), 극존대(極尊待), 극존칭(極尊稱), 극좌/적(極左/的), 극좌익(極左翼), 극좌파(極左派), 극중하다(極重), 극지법(極地法), 극진하다(極盡), 극찬(極讚), 극채색(極彩色), 극처(極處), 극체(極體), 극초단파(極超短波), 극초대형(極超大型), 극초소형(極超小型), 극초음속(極超音速), 극초음파(極超音波), 극치(極侈), 극치(極致), 극치(極値), 극친하다(極親;더없이 친하다), 극태사(極太絲), 극통(極痛), 극포(極胞), 극하다(더할 수 없는 지경에 이르다), 극한(極限;限界)[1445], 극한(極寒), 극해(極害), 극핵(極核), 극형(極刑), 극호사(極豪奢), 극흉(極凶), 극히(매우. 몹시. 대단히); 고극(高極), 구극(究極), 궁극/하다/스럽다(窮極), 다극(多極), 대극(大極), 동물극(動物極), 등극(登極), 망극하다(罔極;그지없다), 소극적(消極的), 식물극(植物極), 오극(五極), 위극(危極), 적극(積極), 종극(終極), 지극하다(至極;더할 나위 없다), 천극(賤極), 태극(太極), 황극(皇極), 호천망극(昊天罔極). ②지축(地軸)의 양쪽 끝. 전기가 드나드는 양쪽 끝. ¶극거리(極距離), 극고도(極高度;극높이), 극관(極冠), 극광(極光), 극권(極圈), 극남(極南), 극년(極年), 극높이, 극동(極東), 극동풍(極東風), 극류(極流), 극북(極北), 극서(極西), 극세포(極細胞), 극성(極性), 극성(極星), 극야(極夜), 극양(極洋), 극전선(極前線), 극점(極點), 극지(極地)[극지식물(植物), 극지항법(航法)], 극지방(極地方), 극판(極板), 극풍(極風); 감극(減極), 남극(南極), 대극(對極), 대음극(對陰極), 보극(補極), 북극(北極), 분극(分極), 사극(四極), 소극(消極), 양극(兩極), 양극(陽極), 에스극(S), 엔극(N), 음극(陰極), 자극(磁極), 적극(積極), 전극(電極), 정류극(整流極), 천극(天極), 한극(寒極) 들.

극(克) '이기다. 다스리다'를 뜻하는 말. ¶극가(克家;집안을 잘 다스림), 극감(克堪;참고 견디어 맡은 소임을 능히 감당함), 극과(克果;능히 해냄), 극기(克己)[1446], 극난(克難), 극려(克/剋勵), 극명하다(克明), 극복되다/하다(克服;이기다. 뛰어넘다), 극복(克復;이기어 도로 회복함), 극양하다(克讓), 극정(克/剋定;적을 무찔러 나라를 안정되게 함), 극종(克從;이겨서 복종시킴), 극첩(克捷;싸움에 이김), 극치(克治;욕심이나 그릇된 생각을 물리침), 극효(克孝;어버이를 잘 섬김); 기극(忌克;남의 재능을 공연히 시샘하여 그보다 나으려고 다툼), 부극(掊克), 시극(猜克), 초극(超克) 들.

극(隙) '벌어진 틈'을 뜻하는 말. ¶극구(隙駒), 극우(隙宇); 가극(暇隙), 간극(間隙), 공극(孔隙), 공극(空隙;빈틈), 구극(仇隙), 구극(駒隙), 농극(農隙), 백구과극(白駒過隙), 사극(伺隙), 사극(私隙), 세극(細隙;좁은 틈), 승극(乘隙;잠시 틈을 탐), 촌극(寸隙), 한극(閒隙;한가한 틈), 혐극(嫌隙), 흔극(釁隙) 들.

극(棘) 물고기 따위의 지느러미를 이루고 있는 단단하고 끝이 날카로운 줄기. '가시'를 뜻하는 말. ¶극모(棘毛), 극위(棘圍), 극인(棘人), 극침(棘針;가시), 극피/동물(棘皮/動物); 가극(加棘), 천극(栫棘), 형극(荊棘) 들.

극(剋) '승부를 겨루어 이기다. 억누르다'를 뜻하는 말. ¶극감(剋減;깎아 내어 줄이는 것. 削減), 극기(剋期;굳게 기한을 정함); 상극(相剋)[수화상극(水火), 오행상극(五行)], 하극상(下剋上) 들.

극(戟) '찌르다. 창(槍)'을 뜻하는 말. ¶극가(戟架), 극수(戟手), 극순(戟盾), 극진(戟塵); 검극(劍戟), 교극(交戟), 당극(幢戟), 자극(刺戟)(자극적(的), 자극제(劑)], 파극(巴戟) 들.

1442) 극구(極口): 온갖 말을 다 하여. ¶극구 변명하다. 극구 사양하다. 극구 부인하다.

1443) 극대(極大): 더할 수 없이 큼.↔극소(極小). ¶극대감감(感覺), 극댓값, 극대량(量), 극대원리(原理), 극대점(點), 극대치(値), 극대화/하다(化), 극대효용(效用).

1444) 극성(極盛): 몹시 왕성함. 성질이나 행동이 몹시 드세거나 지나치게 적극적임. ¶극성에 이르다. 모기가 극성을 피우다. 극성기(期), 극성떨다/부리다, 극성뗑이, 극성맞다, 극성스럽다, 극성쟁이, 극성즉패(則敗;왕성함이 지나치면 도리어 패망한다), 극성팬(fan).

1445) 극한(極限): 궁극의 한계. 어떤 양이 일정한 규칙에 따라 어떤 일정한 값에 한없이 가까워지는 일. ¶극한 대립. 슬픔이 극한에 이르다. 극한값, 극한개념(概念), 극한상황(狀況), 극한설계(設計), 극한점(點), 극한투쟁(鬪爭), 극한하중(荷重).

1446) 극기(克己): 자기의 욕망이나 충동·감정 따위를 의지로 눌러 이김. 자제(自制). ¶극기력(力), 극기복례(復禮;지나친 욕심을 누르고 예의범절을 좇음), 극기심(心), 극기주의(主義), 극기파(派), 극기하다.

극젱이 논밭을 가는 데 쓰는 쟁기와 비슷한 농기구.=끌쟁기. ☞ 갊다.

극터듬(다) 간신히 붙잡고 기어오르다. ¶바위너설을 극터듬으며 산꼭대기에 오르다.

근(根) '뿌리. 바탕. 끝. 생식기'를 뜻하는 말. ¶근을 구하다. 근간/적(根幹/的), 근거(根據)[1447], 근경(根耕;그루갈이), 근경(根莖), 근고버력(根固), 근곡(根穀;묵은 곡식), 근관(根冠), 근관(根管), 근기(根氣), 근기(根基), 근담보(根擔保), 근류(根瘤), 근맥(根脈), 근멸(根滅), 근모(根毛), 근본(根本)[1448], 근부(根部), 근비(根肥), 근상엽(根狀葉), 근생엽(根生葉), 근성(根性)[노예근성(奴隸), 속물근성(俗物)], 근수(根數), 근압(根壓), 근어(根魚), 근엽(根葉), 근원(根源)[1449], 근유(根由), 근인(根因), 근저(根底;사물의 밑바탕), 근저당(根抵當), 근절(根絕;뿌리째 없애버림)[근절되다/하다, 근절책(策)], 근접(根接), 근종(根腫), 근종(根種), 근지수(根指數), 근착(根着), 근채(根菜), 근축(根軸), 근치(根治), 근표(根表;제곱근표), 근호(根號); 가근(假根;헛뿌리), 간근(幹根), 갈근(葛根), 거근(去根), 거듭제곱근, 고근(菰根), 공통근(共通根), 괴근(塊根), 구근(球根), 균근(菌根), 기근(氣根), 기근(基根), 기생근(寄生根), 남근(男根), 동근(同根), 등근(等根), 등반근(登攀根), 마근(麻根), 멱근(冪根), 면마근(綿馬根), 명근(命根), 모근(毛根), 모근(茅根), 목근(木根), 무근(無根), 무연근(無緣根), 반근(盤根), 발근(拔根), 발근(發根), 방추근(紡錘根), 배근(培根), 변태근(變態根), 병근(病根), 부근(浮根), 부정근(不定根;엇뿌리), 부진근(不盡根), 부착근(附着根), 분근(分根), 비근(鼻根;코), 사근(事根), 산근(山根), 산근(酸根), 상근(上根), 상근(桑根), 선근(善根), 설근(舌根), 세근(細根;잔뿌리), 수근(水根;물의 근원. 물뿌리), 수근(樹根), 수근(鬚根), 숙근/초(宿根/草), 승근(乘根), 시근(始根), 시근(試根), 식근(食根;논밭. 밥줄), 식용근(食用根), 실근(實根), 심근(心根), 애근(愛根;집착의 근원), 양근(陽根;자지), 어근(語根), 여근(女根), 연근(蓮根), 우근(羽根), 원근(原根), 원추근(圓錐根), 유근(幼根), 이근(耳根), 자근(紫根), 저장근(貯藏根), 정근(定根;제뿌리), 정진근(精進根), 제곱근, 종근(種根;씨뿌리), 죄근(罪根), 주근(主根), 주근(柱根), 죽근(竹根), 중근(重根), 지근(支根), 지주근(支柱根), 지하근(地下根;땅속뿌리), 직근(直根;곧은 뿌리), 착근(着根), 채근(採根), 천근(天根), 청근(菁根;무), 초근(草根), 초질근(草質根), 측근(側根;곁뿌리), 치근(齒根;이촉), 하근(下根;도를 닦을 힘이 적은 사람), 허근(虛根), 호흡근(呼吸根), 화근(禍根), 후근(後根) 들.

근(筋) '힘줄. 힘살. 근육'을 뜻하는 말. ¶근골(筋骨), 근긴장(筋緊張), 근력(筋力), 근막(筋膜), 근맥(筋脈), 근방추(筋紡錘), 근복(筋腹), 근비(筋痺), 근섬유(筋纖維), 근세포(筋細胞), 근수축(筋收縮), 근염(筋炎), 근위(筋痿), 근위축(筋萎縮), 근육(筋肉)[1450], 근음(筋音), 근장(筋漿;근육 속에 들어 있는 끈끈한 액체), 근전도(筋電圖), 근절(筋節), 근조직(筋組織), 근종(筋腫;근육에 생기는 부스럼), 근지구력(筋持久力), 근초(筋鞘;肉膜), 근축(筋縮), 근표본(筋標本), 근학(筋學); 가로무늬근, 거근(擧筋), 견갑근(肩胛筋), 경근(頸筋), 골근(骨筋), 골격근(骨格筋), 공동근(共動筋), 공력근(共力筋), 관골근(臗骨筋), 관골근(顴骨筋), 관부근(月寬部筋), 괄약근(括約筋;오무림살), 교근(咬筋), 굴근(屈筋), 굴지근(屈指筋), 길항근(拮抗筋), 내장근(內臟筋), 늑간근(肋間筋), 늑골거근(肋骨擧筋), 대둔근(大臀筋), 대요근(大腰筋), 대원근(大圓筋;겨드랑이 근육), 대퇴근(大腿筋), 대흉근(大胸筋), 두개근(頭蓋筋), 맘대로근, 모양체근(毛樣體筋), 목근(木筋), 무문근(無紋筋), 민무늬근, 배근(背筋), 배근(配筋), 복근(腹筋), 복근(複筋), 복직근(腹直筋;배곧은살), 봉공근(縫工筋), 불수의근(不隨意筋), 비장근(腓腸筋), 비복근(腓腹筋), 비장근(腓腸筋), 사각근(斜角筋), 사두근(四頭筋), 삼각근(三角筋), 삼두근(三頭筋), 삼두박근(三頭膊筋), 삼릉근(三稜筋), 상박근(上膊筋), 상지근(上肢筋), 설근(舌筋), 섭유근(顳顬筋), 수근(手筋), 수의근(隨意筋), 승모근(僧帽筋;어깨의 삼각형 근육), 신근(伸筋), 심근(心筋), 심장근(心臟筋), 안구근(眼球筋)/안근(眼筋)[외안근(外)], 안면근(顏面筋), 염통근, 위근(胃筋), 이두고근(二頭股筋), 이두박근(二頭膊筋), 입모근(立毛筋), 저작근(咀嚼筋), 전근(轉筋), 전두근(前頭筋), 전박근(前膊筋), 전완근(前腕筋), 제대로근, 족근(足筋), 주근(主筋), 직복근(直腹筋), 철근(鐵筋;콘크리트 속에 엮어 넣는 쇠), 충양근(蟲樣筋), 치골근(恥骨筋), 평활근(平滑筋), 표정근(表情筋), 하박근(下膊筋), 하지근(下肢筋), 하퇴근(下腿筋), 협근(頰筋;턱뼈에서 입술에 붙은 근육)), 호흡근(呼吸筋), 환상근(環狀筋), 활배근(闊背筋), 회선근(回旋筋), 횡문근(橫紋筋), 후근(後筋), 흉근(胸筋) 들.

근(近) 그 수량에 거의 가까움. '거리나 시간이 가깝다'를 뜻하는 말.↔원(遠). ¶근 두 달 동안 앓았다. 근간(近刊), 근간(近間), 근거리(近距離), 근경(近景), 근경(近境), 근고(近古), 근교(近郊), 근구(近口;조금 먹음), 근국(近國), 근근(近近;멀지 아니하여), 근기(近畿), 근년(近年), 근대(近代)[1451], 근동(近東), 근동(近洞), 근래(近來), 근린(近隣), 근묵자흑(近墨者黑), 근방(近方), 근방(近傍), 근변(近邊), 근사(近似;거의 같음. 그럴듯하게 괜찮음)[근사값, 근사성(性), 근사하다], 근상(近狀), 근서(近西), 근세/사(近世/史), 근세(近勢), 근시(近侍), 근시(近時), 근시(近視)[근시경(鏡), 근시안(眼), 근시안적(的)], 근신(近臣), 근신(近信), 근안(近眼), 근업(近業), 근연(近緣), 근영(近詠), 근영(近影), 근위(近衛)[근위대(隊), 근위병(兵)], 근읍(近邑), 근인(近因), 근일(近日), 근일점(近

1447) 근거(根據): ①근본이 되는 거점. ¶활동의 근거로 삼다. 근거지(地). ②어떤 일이나 의논, 의견에 그 근본이 됨. 또는 그런 까닭. ¶근거를 대다. 판단의 근거. 근거과세(課稅), 근거하다.

1448) 근본(根本): 초목의 뿌리. 사물의 본질이나 본바탕. 자라온 환경이나 혈통. ¶근본 원칙. 그는 근본이 좋은 사람이다. 근본 있는 집안. 근본규범(規範), 근본법(法), 근본사료(史料), 근본악(惡), 근본원리(原理), 근본이념(理念), 근본적(的), 근본정신(精神), 근본주의(主義), 근본진리(眞理), 근본책(策).

1449) 근원(根源): ①물줄기가 흘러나오기 시작하는 곳. ¶압록강의 근원은 백두산이다. 근원하다. ②어떤 일이 생겨나는 본바탕. 남상(濫觴). ¶악의 근원. 생명의 근원. 근원을 파헤치다. 근원둥이(첫날밤에 배어서 낳은 아이), 근원지(地).

1450) 근육(筋肉): 몸의 연한 부분을 이루고 있는 심줄과 살. 힘살. ¶근육감각(感覺), 근육강화제(强化劑), 근육계(系), 근육노동(勞動), 근육섬유/근섬유(纖維), 근육소(素), 근육운동(運動), 근육조직(組織), 근육주사(注射), 근육질(質), 근육통(痛), 근육형(型), 근육효소(酵素).

1451) 근대(近代): 얼마 지나가지 않은 가까운 시대. 역사 시대 구분의 하나.=근세(近世). ¶근대의 풍조. 근대건축(建築), 근대과학(科學), 근대국가(國家), 근대극(劇), 근대사(史), 근대사상(思想), 근대사회(社會), 근대성(性), 근대인(人), 근대적(的), 근대화/되다/하다(化).

日點), 근자(近者), 근작(近作), 근저(近著), 근점(近點)[근점년(年), 근점월(月), 근점이각(離角)], 근접(近接)[근접되다/하다, 근접작용(作用), 근접전(戰)], 근족(近族), 근지/점(近地/點), 근착(近着), 근처(近處), 근척(近戚), 근촌(近寸), 근친(近親)[근친결혼(結婚), 근친상간(相姦), 근친혼(婚)], 근칭(近稱), 근해(近海), 근화(近火), 근황(近況;요즈음의 형편); 기근(畿近), 내근(內近), 만근/이래(輓近;요즈음)/以來, 박근(迫近), 부근(附近), 불근(不近), 불가근(不可近), 비근하다(卑近), 사근(四近), 사근취원(捨根取遠), 압근(狎近), 원근(遠近), 인근(隣近), 장근(將近;거의), 절근(切近), 점근(漸近), 접근/성(接近/性), 정근(情近), 지근(至近), 천근하다(淺近), 최근(最近), 측근(側近), 친근(親近), 편근하다(便近), 핍근하다(逼近;가까이 닥치다) 들.

근(勤) '부지런하다. 근무하다. 일'을 뜻하는 말.↔태(怠). ¶그는 대단히 근하다. 근검(勤儉;부지런하고 검소함)[근검저축(貯蓄), 근검절약(節約)], 근고(勤苦), 근공(勤工), 근공(勤功;맡은 일을 열심히 한 공로), 근구(勤求), 근근자자하다(勤勤孜孜), 근근하다(勤勤;부지런하다), 근념(勤念), 근농(勤農), 근로(勤勞)[1452], 근만(勤慢), 근면(勤勉;부지런)[근면가(家), 근면성(性), 근면하다], 근무(勤務)[1453], 근민(勤民), 근사(勤仕), 근사(勤事), 근속(勤續), 근수(勤修), 근실하다(勤實), 근왕(勤王;임금에게 충성을 다함), 근정포장(勤政褒章), 근정훈장(勤政勳章), 근타(勤惰), 근태(勤怠;부지런함과 게으름. 출근과 결근), 근하다(부지런하다), 근학(勤學), 근행(勤行), 근휼(勤恤); 각근하다(恪勤;부지런히 힘쓰다), 개근/상(皆勤/賞), 결근(缺勤), 공근(恭勤), 구근(久勤), 내근(內勤), 대근(代勤), 불근(不勤), 상근(常勤)[비상근(非)], 성근하다(誠勤), 야근(夜勤), 외근(外勤), 일근(日勤), 전근(轉勤), 정근(精勤), 출근(出勤), 충근(忠勤), 통근(通勤), 퇴근(退勤), 특근(特勤) 들.

근(謹) '삼가다. 신중하다'를 뜻하는 말. ¶근계(謹啓), 근고(謹告), 근배(謹拜), 근백(謹白), 근봉(謹封;삼가 봉함)[신근봉(臣)], 근상(謹上), 근선(謹選), 근신(謹身;몸조심), 근신(謹愼;말이나 행동을 삼가고 조심함)[근신하다; 불근신(不)], 근언(謹言), 근엄하다(謹嚴;매우 점잖고 엄하다), 근정(謹呈;삼가 드림), 근제(謹製), 근조(謹弔), 근주(謹奏), 근직(謹直), 근청(謹請;삼가 청함), 근청(謹聽), 근칙(謹勅), 근하/신년(謹賀/新年), 근함(謹緘;삼가 편지를 봉함), 근후하다(謹厚;신중하고 온후하다); 겸근(謙謹), 경근(敬謹), 공근(恭謹), 순근(醇謹) 들.

근(斤) ①고기나 한약재의 무게 단위로 600g을 이르는 말. 과일이나 채소는 한 관의 1/10인 375g. ¶고기 한 근. 근담배, 근량/쭝(斤兩), 근량(斤量), 근수(斤數), 근중하다(斤重), 근쭝(斤重), 근칭(斤秤), 근풀이; 낱근, 만근(萬斤;아주 무거운 무게), 작근(作斤), 천근만근(千斤萬斤), 천근역사(千斤力士). ②'작은 도끼'를 뜻하는 말. ¶부근(斧斤).

근(芹) '미나리'를 뜻하는 말. ¶근궁(芹宮), 근성(芹誠;정성을 다하여 비치는 마음), 근채(芹菜); 수근(水芹), 헌근(獻芹), 헌근지성(獻芹之誠) 들.

근(僅) '겨우. 간신히. 조금'을 뜻하는 말. ¶근근(僅僅;겨우. 부지런한 모양)[근근득생(得生), 근근부지(扶持), 근근이, 근근자자(孜孜)], 근소하다(僅少;아주 적다) 들.

근(跟) '발꿈치'를 뜻하는 말. ¶근골(跟骨), 근수(跟隨;사람의 뒤를 따라감), 근착(跟捉;뒤를 추적하여 체포함); 각근(脚跟).

근(槿) '무궁화. 우리나라'를 뜻하는 말. ¶근역(槿域), 근화(槿花); 목근(木槿), 조근(朝槿) 들.

근(覲) '찾아뵙다'를 뜻하는 말. ¶근참(覲參), 근친(覲親), 근행(覲行;어버이를 뵈러 감); 조근(朝覲) 들.

근(殣) '굶어죽다'를 뜻하는 말. ¶행근(行殣;길에서 굶어죽은 사람의 시체).

근(懃) '드러나지 않다'를 뜻하는 말. ¶근간(懃懇); 은근하다(慇懃).

근(饉) '흉년들다. 주리다'를 뜻하는 말. ¶기근(飢/饑饉).

근검-하다 ①자손이 많아서 보기에 매우 복스럽다. ¶부귀 공명한 대대후손 근검하오. ②마음에 흐뭇하고 남 보기에 굉장하다(근감하다). ¶근검하게 줄지어 있는 가로수. 근감하게 구호를 쓴 깃발.

근근-하다[1] 좀 아픈 듯하면서 근질근질 가려운 느낌이 있다. ¶부스럼 자리가 근근하면서 좀 쑤신다.

근근-하다[2] 우물이나 못 따위에 괸 물이 가득하다. ¶저수지에 물이 근근하여 모내기에는 지장이 없겠다.

근근-하다[3] 숨소리를 죽이고 죽은 듯이 움직이지 않다. 죽은 듯이 잠잠하다.

근대 명아줏과의 두해살이풀. 줄기와 잎은 먹음. ¶근댓국, 근대나물.

근대(다) ①몹시 성가시게 굴다. 귀찮게 치근덕거리다.=치근대다. ¶생활이 궁하여 형님한테 근대다. ②남을 비웃고 놀리다. 조롱하다.

근사-모으다 어떤 일에 오랫동안 애써 은근히 공을 들이다. ¶근사모은 지 10년 만에 일은 뜻대로 이루어졌다.

근심 마음이 놓이지 아니하여 속이 타거나 속을 태움. 걱정. ¶근심걱정 없는 사람은 없다. 근심이 떠날 날이 없다. 근심거리, 근심까치, 근심되다/하다, 근심사(事;근심거리), 근심스럽다; 뒷근심(뒷일에 대한 근심), 한근심(큰 근심) 들.

근잠 벼의 이삭이 하얗게 겉마르고 잘 여물지 못하는 병.

근천 살림살이가 넉넉하지 못하여 어려운 상태. ¶며칠 밥을 굶었더니 그 곱던 녀석의 모습에도 근천이 질질 흘렀다. 근천을 떨다. 근천맞다(보잘것없고 초라하다. 궁상맞다), 근천스럽다.

1452) 근로(勤勞): 부지런히 일을 함. 노동(勞動). ¶근로계약(契約), 근로공제(控除), 근로권(權), 근로기본권(基本權), 근로기준법(基準法), 근로대중(大衆), 근로력(力), 근로문제(問題), 근로성(性), 근로소득(所得), 근로자(者), 근로조건(條件).

1453) 근무(勤務): 직장에 적을 두고 일을 맡아봄. 일을 맡아 함. ¶신문사에 근무하다. 근무소집(召集), 근무시간(時間), 근무연한(年限), 근무자(者), 근무지(地), 근무처(處), 근무태만(怠慢), 근무평정(評定); 당직근무(當直), 보충근무(補充), 보초근무(步哨), 비상근무(非常), 시간외근무(時間外), 야간근무(夜間), 연장근무(延長), 잠복근무(潛伏), 재택근무(財宅), 정상근무(正常), 철야근무(徹夜), 초과근무(超過), 후방근무(後方).

ㄱ

근터리 근거나 구실.=근터구. ¶잘못에 대하여 뭐라고 변명할 근터리가 없다. 아무 근터리도 없는 소문을 내고 다니다.

글 말을 글자로 나타낸 기록. 글자. ¶글을 쓰다. 글을 읽다. 글가락(얼마간의 글), 글감, 글거리(글감), 글공부(工夫), 글구멍(글을 잘하는 지혜나 소질. 글눈), 글귀[1](글을 듣고 이해하는 능력), 글귀[2](句;글의 구나 절), 글꼬리(글의 끄트머리), 글꼴, 글눈(글을 보고 이해하는 능력), 글다듬기, 글동냥, 글동무, 글동접(同接;글동무), 글뒤주(글바보. 글보), 글따구니(글의 짜임새), 글때[1454], 글마디, 글마루(글의 본문), 글말, 글맛, 글맵시(글의 아름다운 꾸밈새), 글머리, 글밑천, 글바보[1455], 글발[1456], 글방(房)[글방도련님(세상 물정을 도무지 모르는 사람), 글방물림(물정에 어두운 사람), 글방사랑(舍廊), 글방서방님, 글방퇴물(退物;글방물림)], 글벗, 글병어리, 글소리(글 읽는 소리), 글속[1457], 글쇠, 글심(知識), 글심부름, 글쓰기, 글쓰다, 글쓴이, 글씨[1458], 글씨름(서로 글을 지어 학식을 겨루는 일), 글월, 글자[1459], 글장(帳), 글장님(문맹자), 글재간(才幹), 글재주(才), 글쟁이, 글제(題), 글줄(써 놓은 글의 줄. 그리 높지 않은 학문), 글지(작가), 글짓기, 글쪽지, 글첩(帖), 글체(體), 글치레, 글토막, 글투(套), 글품(글을 쓰는 데 드는 노력)/쟁이, 글하다(공부하다. 학문을 알다); 가로글, 귀글(句)[1460], 그림글, 노루글[1461], 답글(答), 댓글(對), 도둑글[1462], 동강글(매우 짤막한 글), 되글[1463], 뜻글, 머리글, 밑글(이미 배워 아는 지식), 바탕글, 밤글(밤에 읽는 글), 세로글, 소리글, 수글, 암글, 어깨너멋글[1464], 줄글, 토막글(짧은 글), 편지글(便紙), 한글[1465], 헛글. ☞ 문(文). 서(書).

글깃 곁눈으로 좀 사납게 한 번 흘겨보는 모양.=흘깃. ¶째진 눈으로 글깃 흘겨볼 때면 섬뜩한 살기가 돌았다. 글깃거리다/대다, 글깃글깃/하다.

글뛰(다) 부러워서 동경하는 마음이 뒤끓다.[←긇/긇(다)+뛰다]. ¶참으로 그는 미치고 글뛴 마음을 어디다 진정할 수 없었다.

1454) 글때: 글을 읽거나 글씨를 쓰는 일이 몸에 밴 것. ¶글때가 오르다. 글때가 묻다.
1455) 글바보: 책상물림. 세상 물정에 어두운 사람.
1456) 글발: ①적어 놓은 글. ②써 놓은 글자의 생김이나 형식. ③문맥(文脈).
1457) 글속: 학식, 학문을 이해하는 정도. ¶글속이 뒤지다(늦다). 어린아이가 글속이 신통하다.
1458) 글씨: 글씨본(本), 글씨체(體); 가로글씨, 게발글씨, 꼬부랑글씨, 내리글씨, 붓글씨, 세로글씨, 잔글씨, 책글씨(冊), 큰글씨, 펜글씨(pen).
1459) 글자: 글자개혁(改革), 글자꼴, 글자도안(圖案), 글자막(幕), 글자무늬, 글자수(數), 글자체(字體), 글자크기, 글자판(字板), 글자풀이, 글자학(學); 겹글자, 군글자(문장에서 필요 없이 더 있는 글자), 꼬부랑글자(모양 없이 서투르게 쓴 글씨. 서양 글자), 뜻글자, 머리글자(한 단어의 첫머리에 나오는 글자. 이니셜), 불글자(횃불로 새긴 글자), 소리글자, 잔글자.
1460) 귀글(句): 두 마디가 한 덩이씩 짝이 되도록 지은 글.
1461) 노루글: 노루가 겅중겅중 걷는 것처럼 내용을 건너뛰며 띄엄띄엄 읽는 글.
1462) 도둑글: 남이 배우는 옆에서 몰래 듣고 배우는 글.
1463) 되글: 자그마한 지식. ¶되글을 자랑한다. 되글을 가지고 말글을 써 먹는다.
1464) 어깨너멋글: 남이 공부하는 옆에서 얻어들어 배운 글.
1465) 한글: 우리나라 글자의 이름. ¶한글날, 한글문학(文學).

글쎄 ①남의 물음이나 요구에 대하여 분명하지 못한 태도를 나타낼 때 쓰는 말. ¶글쎄, 어떻게 해야 될지 모르겠어. ②자기의 의견을 고집하거나 강조할 때 쓰는 말. ¶글쎄, 그렇다니까. 글쎄다, 글쎄올시다, 글쎄요.

글피 모레의 다음날. ¶글피에 오겠다. 그글피(글피의 다음 날).

긁(다) ☞ 갉다. '그러-(한데 모으다)'.

금[1] 물건의 값. 가격(價格). ¶금을 매기다. 금이 좋다. 금도 모르면서 싸다 한다(내용도 모르고 아는 체하다). 금나다(물건의 사고 팔 값이 결정되다. 값나다), 금낮다, 금높다(값이 비싸다), 금놓다, 금닿다(물건 값이 적당한 선에 이르다), 금보다(값을 알아보다), 금뵈다(물건 값을 쳐보게 하다), 금새[1466], 금쳐놓다[1467], 금치기(물건의 시세를 따져서 값을 매기는 일)/하다, 금치다(값을 매기다), 금하다(흥정하여 값을 정하다); 결금(結; 토지 한 결에 대한 조세의 액수), 놀금[1468], 댓금[1469], 똥금(똥값), 뜬금[1470], 먹은금(물건을 살 때에 든 돈), 먹은금새, 반금(半), 본금새(本;본값의 높고 낮은 정도)/본금, 시겟금, 쌀금(쌀값), 인금(人;사람의 가치나 인격적인 됨됨이), 장금(場;시장에서 거래되는 시세), 통금[1471] 들.

금[2] 일정한 면에 그어진 선. 파이거나 긁힌 자국. 구기거나 접거나 한 자국. 줄을 그은 자국. 갈라지지 아니하고 터지기만 한 자국.[〈그음←긋(다)+음]. ¶금을 긋다. 독에 금이 갔다. 넘어져 뼈에 금이 갔다. 금가다, 금긋다, 금나다(잔금이 생기다), 금쇠(금을 그을 때 쓰는 쇠), 금쳐놓다[1472]; 가로금, 곧은금, 구름금, 굽은금, 날금, 눈금, 돌금(돌에 난 금), 맞모금[대각선(對角線)], 물금(수평선), 밑금, 빗금, 세로금, 소용돌이금, 손금(수상(手相)], 실금(가는 금), 씨금, 잔금/무늬, 치수금(數), 칼금(칼날에 스쳐서 생긴 가는 금) 들.

-금 어떤 말 뒤에 붙어, 그 말의 뜻을 강조하는 구실을 하는 접미사. ¶다시금, 이제금, 하여금.

금(金) ①황색의 광택이 있는 금속 원소. 쇠. 금의 순도를 나타내는 말. '귀중한. 금빛. 아름다운'을 뜻하는 말. ¶금이야 옥이야. 금가락지, 금가루, 금각(金閣;금으로 꾸민 누각), 금각대(金角帶;금으로 무늬를 새겨 넣은 뿔로 만든 띠), 금갑(金甲), 금값(금의 값. 매우 비싼 값), 금강(金剛)[1473], 금갱(金坑), 금경(金鏡), 금계(金鷄), 금골(金骨)[1474], 금공(金工;금속공예), 금과옥조(金科玉條), 금관

1466) 금새: 물건의 시세나 물건의 값. ¶요즘 과일 금새가 어떤가?
1467) 금쳐놓다: 일의 결과를 미리 말하여 두다.
1468) 놀금: 물건을 살 때에, 팔지 않으려면 그만두라고 썩 적게 부른 값. 최소의 값.
1469) 댓금: 물건값이 높은 시세. ¶물가가 댓금인 대목.
1470) 뜬금: 일정하지 않고 시세에 따라 달라지는 값.[←뜨(다)+ㄴ+금]. ¶뜬금으로 팔아넘기다. 뜬금없다(갑작스럽고도 엉뚱하다), 뜬금없이.
1471) 통금[-끔]: ①이것저것 한데 몰아친 값. ②물건을 통거리로 파는 일.
1472) 금쳐놓다: 사물이 장차 어떻게 되리라고 미리 말하여 두다. 예언하다.
1473) 금강(金剛): 가장 뛰어난. 가장 단단한. ¶금강경(經), 금강계(戒), 금강력(力), 금강문(門;금강신의 상을 만들어 세워 놓은 절의 문), 금강사(砂), 금강산(山), 금강석(石;다이아몬드), 금강신(神), 금강심(心), 금강역사(力士), 금강지(智).

(金冠), 금관(金管), 금관자(金貫子), 금광(金光), 금광/업(金鑛/業), 금광상(金鑛床), 금광석(金鑛石)], 금괴(金塊), 금구(金口), 금구(金句), 금구(金釦), 금구(金甌), 금구덩이(금갱), 금권(金券), 금궤(金櫃), 금꼭지, 금나비, 금니(금으로 박은 이)/박이, 금니(金泥), 금당(金堂), 금대(金帶;금띠), 금덩이, 금도금(金鍍金), 금돈, 금돌[석(石)], 금동/불(金銅/佛), 금딱지, 금띠, 금란(金襴), 금란(金蘭)[1475], 금랍(金鑞), 금령(金鈴), 금록석(金綠石), 금록옥(金綠玉), 금륜(金輪), 금맥(金脈), 금메달, 금모래, 금문(金門), 금몸, 금문(金文), 금문자(金文字), 금물(아교에 금박 가루를 개어 만든 물감), 금물가(金物價), 금물결, 금바늘, 금박/댕기(金箔), 금박이, 금반지(金半指), 금발(金髮;금빛 머리털), 금방(金房), 금방망이, 금방아(금광에서 금돌을 찧는 방아), 금방울, 금배(金杯), 금배지(金badge), 금백(金帛), 금벽산수(金碧山水), 금별(별의 모양을 본떠서 금으로 만든 별), 금병(金甁), 금보(金寶), 금본위(金本位), 금봉채(金鳳釵), 금부채, 금부처, 금북[고(鼓)], 금분(金分), 금분(金盆), 금분(金粉), 금불(金佛), 금붕어, 금붙이, 금비녀, 금빛, 금사(金砂), 금사(金絲), 금산(金山), 금살(금빛으로 반짝이는 빛살), 금상(金賞), 금상(金像), 금상학(金相學), 금색(金色), 금색신(金色身)/금신(金身), 금석(金石)[1476], 금선(金仙), 금설(金屑), 금섭옥(金鑷玉), 금성(金城;굳고 단단한 성. 임금이 거쳐하는 성)[금성철벽(鐵壁), 금성탕지(湯池)], 금성(金聲)[금성옥진(玉振)], 금세공(金細工), 금속(金屬)[1477], 금수송점(金輸送點), 금식(金飾), 금신(金神), 금실[사(絲)], 금싸라기[1478], 금어(金魚), 금언(金言;생활의 본보기가 될 귀중한 내용의 짧은 어구), 금연화(金蓮花), 금염(金鹽), 금오(金烏;해. 태양), 금옥(金玉), 금용(金容), 금운모(金雲母), 금은(金銀)[금은괴(塊), 금은방(房), 금은전(錢), 금은화(貨)], 금이삭(금을 파간 자리에서 얻은 금), 금인(金刃), 금인(金印), 금잉어, 금자(金字)[금자가(家), 금자둥이, 금자탑(塔)[1479]], 금잔(金盞), 금잔디, 금잠(金簪), 금장(金匠), 금장(金裝)[금장도(刀), 금장식(金粧飾)], 금전지(金箋紙), 금전옥루(金殿玉樓), 금점(金店)[1480], 금점(金點;순수한 금이 녹는 온도. 1063℃), 금정옥액(金精玉液), 금정(金井;무덤구덩이를 파는 틀)[금정틀; 외금정(外), 한금정(限)], 금제/품(金製/品), 금조개, 금종이, 금준(金樽), 금준비(金準備), 금줄[1481], 금지(金紙), 금지금(金地金), 금지옥엽(金枝玉葉), 금쪽같다(金;귀하고 소중하다), 금창(金瘡), 금채(金釵), 금채(金彩), 금척(金尺), 금철(金鐵), 금첩지(예장할 때 머리 위에 꾸미는 첩지), 금치(金齒), 금칠(金漆), 금탑(金塔;황금으로 만들거나 금으로 도금한 탑), 금털(금빛이 나는 털), 금테, 금테두리, 금파(金波)[1482], 금파리, 금파오다[1483], 금팔찌, 금패(金牌), 금패물(金牌物), 금풍(金風;가을바람), 금해금(金解禁), 금혁(金革;무기. 전쟁), 금현송(金現送), 금혈(金穴), 금형(金型;금속으로 만든 주형), 금혼식(金婚式), 금환(金環); 개금(改金;다시 금칠을 함), 개금(開金;열쇠), 개금정(開金井), 거랑금(거랑으로 모은 금), 겸금(兼金), 괴금(塊金), 구금(口金), 뇌금(雷金), 누금(縷金), 단금(斷金;두터운 정)[단금우(友), 단근지교(之交)], 단금(鍛金), 도금(鍍金), 모조금(模造金), 물금(아밀감), 백금(白金), 복대기금, 분금(分金), 사금(砂金), 산금(山金), 산금(産金), 상금(上金), 생금(生金), 석금(石金), 소금(小金), 소금(銷金), 쇄금(碎金), 쇄금(鎖金;자물쇠), 수금(水金), 수금(燧金;부시), 순금/량(純金/量), 시금/석(試金/石), 십품금(十品金), 야금(冶金), 연금(鍊金), 염화금(鹽化金), 엽자금(葉子金), 오금(烏金;구리와 금의 합금. '먹[墨]'의 별칭), 은금(銀金), 의금(擬金), 이금(耳金), 이금(泥金;아교풀에 갠 금가루), 인금(印金), 인조금(人造金), 자색금(紫色金), 자연금(自然金), 자옥금, 쟁금(鎗金), 적금(赤金), 정금(正金), 조금(造金), 조금(彫金), 좌금(座金;자릿쇠), 주금(鑄金), 지금(地金), 직금(織金), 채금(採金), 청금(靑金;납), 태금(汰金), 판금(板金), 편편금(片片金;어느 물건이나 모두 귀함), 피금(皮金), 한금줍다[1484], 합성금(合成金)/합금(合金)[1485], 해면상금(海綿狀金), 화금(火金), 화금(靴金;대문짝 아래 돌촉에 씌우는 쇠), 활자금(活字金), 황금(黃金)[황금만능(萬能), 황금분할(分割), 황금비(比), 황금술(術), 황금연휴(連休)], 18금/ 24금. ② '돈'을 뜻하는 말. ¶금고(金庫)[금고출납(出納); 손금고], 금곡(金穀), 금권(金權;돈의 위력)[금권만능(萬能), 금권정치(政治)], 금납(金納), 금돈(금으로 만든 돈), 금력(金力;돈의 힘), 금리(金利)[1486], 금비(金肥), 금액(金額), 금약관(金約款), 금원(金員), 금융(金融)[1487], 금일봉(金一封), 금전(金錢), 금준비(金準備), 금품(金品;

1474) 금골(金骨): 세속을 벗어난 고상한 풍격(風格). 범상(凡常)하지 않은 풍격.

1475) 금란(金蘭): 친구 사이의 매우 도타운 사귐. ¶금란계(契), 금란부(簿), 금란지계(之契), 금란지교(之交).

1476) 금석(金石): ①쇠붙이와 돌. ¶금석문자(文字)/금석문(文), 금석지(誌), 금석학(學). ②매우 굳고 단단한 것. 변함없음. ¶금석과 같다. 금석맹약(盟約), 금석지교(之交), 금석지전(之典).

1477) 금속(金屬): 쇠붙이. ¶금속가공(加工), 금속결합(結合), 금속공업(工業), 금속공예(工藝), 금속광물(鑛物), 금속광택(光澤), 금속기(器), 금속박(箔), 금속분(粉), 금속성(性), 금속성(聲), 금속원소(元素), 금속음(音), 금속이온(ion), 금속재료(材料), 금속제(製), 금속탐지기(探知機), 금속판화(版畵), 금속피로(疲勞), 금속품(品), 금속화/하다(化), 금속화폐(貨幣), 금속활자(活字), 금속회(灰), 금속회로(回路); 경금속(輕), 귀금속(貴), 비금속(非), 비금속(卑金屬), 비철금속(非鐵), 알칼리금속(alkali), 연금속(軟), 중금속(重), 토류금속(土類), 희소금석(稀少)/희금속(稀).

1478) 금싸라기(金): ①금의 부스러기. 금가루. ②아주 드물고 귀한 것. ¶도심지의 금싸라기 땅.

1479) 금자탑(塔): 후세에 빛날 '훌륭한 업적'의 비유. ¶그의 소설은 우리 문학사에 찬란한 금자탑으로 남을 것이다.

1480) 금점(金店): 금광(金鑛). ¶금점꾼, 금점판(금광의 일터); 거랑금점, 무회계금점(無會計), 분철금점(分鐵).

1481) 금줄(金): 금실로 꼬아 만든 줄. 금이 나는 광맥(鑛脈).

1482) 금파(金波): 석양이나 달빛이 비치어 금빛으로 반짝이는 물결. 황금물결. 곡식이 누렇게 익은 들판.

1483) 금파오다(金): 음력 정월 열 나흗날 저녁에, 부잣집에 몰래 들어가 흙을 파오다. 그 흙을 부뚜막에 바르면 부자가 된다고 여겼다.

1484) 한금줍다: 큰 금덩이를 캐내다.

1485) 합금(合金): 합금강(鋼); 가융합금(可融), 감마합금(減磨), 경합금(輕), 공융합금(共融), 구리합금, 발화합금(發火), 소결합금(燒結), 와이합금(Y), 이융합금(易融), 초경합금(超硬), 형상기억합금(形狀記憶).

1486) 금리(金利): 빌려준 돈이나 예금 따위에 붙는 이자. 또는 그 비율. ¶금리가 안정되다. 금리생활자(生活者), 금리인상/인하(引上/引下), 금리자유화(自由化), 금리재정/거래(裁定/去來), 금리정책(政策), 금리체계(體系), 금리평가설(評價說), 금리현실화(現實化), 금리협정(協定); 고금리(高), 공정금리(公定), 법정금리(法定), 선별금리(選別), 시중금리(市中), 우대금리(優待), 은행금리(銀行), 저금리(低).

1487) 금융(金融): 돈의 유통. 영리를 위한 화폐의 수요와 공급의 관계. ¶금융가(街), 금융거래(去來), 금융계(界), 금융공황(恐慌), 금융기관(機關), 금융긴축(緊縮), 금융단(團), 금융망(網), 금융시세(時勢), 금융시장(市場), 금융실명제(實名制), 금융업/자(業/者), 금융완화(緩和), 금융인(人), 금융자본(資本), 금융자산(資産), 금융정책(政策), 금융채권/금융채(債券), 금융통계(統計), 금융핍박(逼迫), 금융협정(協定), 금융회사

돈과 물건), 금화(金貨); 가불금(假拂金), 가산금(加算金), 가수금(假受金), 가입금(加入金), 가지급금(假支給金), 갈취금(喝取金), 갹금(醵金), 갹출금(醵出金), 거금(巨金), 격려금(激勵金), 결손금(缺損金), 결제금(決濟金), 계상금(計上金), 계약금(契約金), 고본금(股本金), 공금(公金), 공금(貢金), 공과금(公課金), 공납금(公納金), 공작금(工作金), 공제금(控除金), 공탁금(供託金), 과징금(過徵金), 과징금(課徵金), 과태금(過怠金), 관금(官金), 교무금(教務金), 교부금(交付金), 구원금(救援金), 구조금(救助金), 구호금(救護金), 구휼금(救恤金), 국고금(國庫金), 군용금(軍用金), 군자금(軍資金), 권리금(權利金), 급부금(給付金), 급여금(給與金), 기금(基金)[1488], 기본금(基本金), 기부금(寄附金), 기불금(旣拂金), 기여금(寄與金), 기연금(棄捐金), 기증금(寄贈金), 기탁금(寄託金), 납금(納金), 납부금(納付金), 납입금(納入金), 내금(內金), 내입금(內入金), 내탕금(內帑金), 누거만금(累巨萬金), 누만금(累萬金), 담보금(擔保金), 당첨금(當籤金), 대금(大金), 대금(代金), 대금(貸金), 대납금(貸納金), 대부금(貸付金), 대상금(貸上金), 대손금(貸損金), 대여금(貸與金), 대월금(貸越金), 대출금(貸出金), 대하금(貸下金), 도급금(都給金), 도매금(都賣金), 동정금(同情金), 등록금(登錄金), 만금(萬金), 매각금(賣却金), 매득금(賣得金), 매로금(買路金), 매상금(賣上金), 매출금(賣出金), 명가금(冥加金), 모금(募金), 모연금(募捐金), 몰수금(沒收金), 미납금(未納金), 미수금(未收金), 미지급금(未支給金), 반금(返金), 배금(拜金), 배당금(配當金), 배상금(賠償金), 백금(百金), 백만금(百萬金), 벌과금(罰科金), 벌금(罰金), 범칙금(犯則金), 보로금(報勞金), 보상금(報償), 보상금(補償金), 보석금(保釋金), 보수금(報酬金), 보장금(報獎金), 보조금(補助金), 보증금(保證金), 보충금(補充金), 보험금(保險金), 보호금(保護金), 복금(福金), 본금(本金), 부금(負金), 부금(賦金), 부가금(附加金), 부과금(賦課金), 부담금(負擔金), 부의금(賻儀金), 부조금(扶助金), 분담금(分擔金), 분배금(分配金), 불입금(拂入金), 비상금(非常金), 사금(私金), 사금(賜金), 사금(謝金), 사납금(社納金), 사례금(謝禮金), 상금(賞金), 상금(償金), 상납금(上納金), 상비금(常備金), 상여금(賞與金), 상환금(償還金), 선금(先金), 선급금(先給金), 선납금(先納金), 선대금(先貸金), 선수금(先受金), 성금(誠金), 세금(稅金), 세금(貰金), 소지금(所持金), 속금(贖金), 속죄금(贖罪金), 손금(損金), 손실금(損失金), 손해금(損害金), 송금(送金), 수금(收金)[수금원(員), 수금인(人); 미수금(未)], 수당금(手當金), 수속금(手續金), 수익금(收益金), 수입금(收入金), 순이익금(純利益金), 실수금(實受金), 애휼금(愛恤金), 약조금(約條金), 약정금(約定金), 약조금(約條金), 양로금(養老金), 억만금(億萬金), 연금(年金)[1489], 연금(捐金), 연보금(捐補金), 연부금(年賦金), 연조금(捐助金), 영치금(領置金), 예금(預金), 예비금(豫備金), 예산금(豫算金), 예수금(豫受金), 예약금(豫約金), 예입금(預入金), 예치금(預置金), 요금(料金), 우편환금(郵便換金), 원금(元金), 원리금(元利金), 원조금(援助金), 원호금(援護金), 월부금(月賦金), 월사금(月謝金), 위금(僞金), 위로금(慰勞金), 위문금(慰問金), 위약금(違約金), 위탁금(委託金), 유금(遊金), 융자금(融資金), 은금(恩金), 은사금(恩賜金), 의연금(義捐金), 이금(利金), 이월금(移越金), 이익금(利益金), 익금(益金), 인수금(引受金), 일금(一金), 일부금(日賦金), 일시금(一時金), 임금(賃金), 입금(入金), 입학금(入學金), 입회금(入會金), 잉여금(剩餘金), 자금(資金), 자본금(資本金), 잔금(殘金), 잡부금(雜賦金), 장려금(獎勵金), 장학금(獎學金), 저금(貯金), 저당금(抵當金), 적금(積金)[대체적금(對替), 정기적금(定期)], 적립금(積立金), 전금(前金), 전도금(前渡金), 전별금(餞別金), 전세금(傳貰), 전수금(前受金), 전입금(轉入金), 전차금(前借金), 정기금(定期金), 정착금(定着金), 조위금(弔慰金), 조의금(弔意金), 조체금(繰替金), 주금(株金), 준비금(準備金)[1490], 중도금(中途金), 증거금(證據金), 지급금(支給金), 지불금(支拂金), 지원금(支援金), 지참금(持參金), 지출금(支出金), 진휼금(賑恤金), 집금(集金), 징수금(徵收金), 차금(借金), 차금(差金;差額), 차용금(借用金), 차익금(差益金), 차입금(借入金), 차입금(差入金), 착수금(着手金), 찬조금(贊助金), 천금(千金), 천만금(千萬金), 청부금(請負金), 청산금(淸算金), 청약금(請約金), 체납금(滯納金), 체당금(替當金), 체불금(滯拂金), 체약금(締約金), 추징금(追徵金), 축의금(祝儀金), 축적금(蓄積金), 출금(出金), 출연금(出捐金), 출자금(出資金), 충당금(充當金)[대손충당금(貸損)], 통용금(通用金), 퇴직금(退職金), 포상금(褒賞金), 하부금(下付金), 하사금(下賜金), 학비금(學費金), 학자금(學資金), 할려금(割戾金), 할부금(割賦金), 할증금(割增金), 해약금(解約金), 헌금(獻金)[정치헌금(政治)], 헌납금(獻納金), 현금(現金), 현상금(懸賞金)/현금(懸金), 환금(換金), 환금(還金), 환급금(還給金), 환부금(還付金), 후불금(後拂金), 후원금(後援金), 휼금(恤金), 휼병금(恤兵金), 희사금(喜捨金). ③ 성씨(姓氏). [김]으로 읽힘. ¶김아무개(金), 김지이지[←金的李的](성명이 분명하지 아니한 여러 사람을 두루 이르는 말).

금(禁) '못 하게 하다. 참다. 꺼리다. 대궐(大闕)'을 뜻하는 말. ¶금계(禁戒), 금계(禁界), 금고(禁錮)[금고종신(終身), 금고형(刑); 무기금고(無期), 유기금고(有期)], 금과(禁果), 금구(禁句), 금군(禁軍)[금군별장(別將), 금군청(廳)], 금궐(禁闕), 금기(禁忌;사위[2])[배합금기(配合)], 금난전권(禁亂廛權), 금남(禁男), 금단(禁斷)[살생금단(殺生)], 금란(禁亂), 금렵(禁獵;사냥을 못하게 함)[금렵구(區), 금렵기(期), 금렵수(獸), 금렵조(鳥)], 금령(禁令), 금루(禁漏;궁중의 물시계), 금물(禁物), 금반언(禁反言), 금방(禁方), 금벌(禁伐), 금법(禁法), 금변(禁便), 금비(禁秘;궁중의 비밀), 금산(禁山), 금서(禁書), 금성(禁城), 금송(禁松), 금수(禁輸), 금식(禁食), 금알(禁遏), 금압(禁壓), 금약(禁約), 금약(禁藥), 금양(禁養), 금어(禁

(會社); 간접금융(間接), 계열금융(系列), 구제금융(救濟), 내부금융(內部), 단기금융(短期), 담보금융(擔保), 무역금융(貿易), 부동산금융(不動産), 산업금융(産業), 상업금융(商業), 생산금융(生産), 서민금융(庶民), 선별금융(選別), 소비금융(消費), 자기금융(自己), 자체금율(自體), 장기금융(長期), 주식금융(株式), 증권금융(證券), 직접금융(直接), 체화금융(滯貨), 투자금융(投資), 해사금융(海事), 현지금융(現地).

1488) 기금(基金): 기금마련; 복지기금(福祉), 상환기금(償還), 이재구조기금(罹災救助), 임금기금설(賃金-說), 자선기금(慈善), 장학기금(獎學), 파업기금(罷業).

1489) 연금(年金): 일정 기간 동안 또는 종신(終身)에 걸쳐서 해마다 지급되는 일정액의 돈. ¶연금공채(公債), 연금보험(保險), 연금산(算); 국민복지연금(國民福祉), 단체연금(團體), 복지연금(福祉), 생명연금(生命), 양로연금(養老), 영구연금(永久), 정기연금(定期), 종신연금(終身), 퇴직연금(退職), 훈장연금(勳章).

1490) 준비금(準備金): 법정준비금(法定), 이익준비금(利益), 임의준비금(任意), 자본준비금(資本), 지급준비금(支給), 책임준비금(責任).

漁), 금연(禁煙)[금연권(權), 금연침(鍼), 금연하다], 금옥(禁獄), 금욕/주의(禁慾/主義), 금원(禁垣), 금원(禁苑), 금잡인(禁雜人), 금장(禁仗), 금장(禁將), 금장(禁葬), 금전(禁轉)[금전수표(手票), 금전어음], 금절(禁絕), 금제/품(禁制/品), 금조(禁鳥), 금족/령(禁足/令), 금주(禁酒), 금준(金樽), 금줄(인줄), 금중(禁中;대궐의 안), 금지(禁止)[1491], 금지(禁地), 금치산/자(禁治産/者), 금하다(어떤 일을 하지 못하게 하다), 금형일(禁刑日), 금혼(禁婚), 금화(禁火; 화재 방지를 위하여 불을 사용하는 것을 금함); 감금(監禁), 계금(戒禁), 관금(官禁), 구금(拘禁), 국금(國禁), 궁금(宮禁), 대금(大禁), 문금(門禁), 물금(勿禁), 방금(防禁), 방금(邦禁), 범금(犯禁), 법금(法禁), 불금(不禁), 송금(松禁), 수금(囚禁), 실금(失禁), 야금(夜禁), 엄금(嚴禁), 연금(軟禁;정도가 가벼운 감금), 우금(牛禁;소 잡는 것을 금함), 응금물(應禁物), 이금(弛禁), 일금(一禁), 주금(酒禁), 촉금(觸禁), 통금(通禁), 해금(海禁), 해금(解禁), 향금(鄕禁), 혼금(閽禁) 들.

금(今) '이제. 지금(의). 바로'를 뜻하는 말. ¶금기(今期), 금년(今年), 금대(今代), 금동(今冬;올 겨울), 금례(今隷), 금명/간(今明/間), 금반(今般), 금방(今方), 금번(今番), 금상(今上;당시의 왕), 금생(今生), 금석(今夕), 금석(今昔)[금석지감(之感)], 금세(今世), 금세(今歲), 금세기(今世紀), 금소(今宵), 금시/에(今時), 금시초문(今時初聞), 금야(今夜), 금월(今月), 금인(今人), 금일(今日), 금자(今者), 금조(今朝), 금주(今週), 금차(今次;이번), 금추(今秋), 금춘(今春), 금하(今夏), 금회(今回), 금효(今曉), 금후(今後); 거금(距今), 고금(古今), 당금(當今), 목금(目今), 방금(方今), 상금(尙今;아직까지), 여금(如今), 우금(于今;지금까지), 이금/에(而今), 자금(自今), 작금(昨今), 종금(從今;지금으로부터), 즉금(卽今), 지금(只今), 지금(至今), 현금(現今) 들.

금(琴) 당악(唐樂) 현악기의 하나. '거문고'를 뜻하는 말. ¶금기(琴碁), 금도(琴道), 금선(琴線), 금실[1492], 금심(琴心), 금휘(琴徽)[1493]; 가야금(伽倻琴)[가야금병창(竝唱); 산조가야금(散調)], 강금(鋼琴;피아노), 구현금(九絃琴), 목금(木琴), 무현금(無絃琴), 법금(法琴), 삼현금(三絃琴), 수금(竪琴), 심금(心琴), 양금(洋琴), 월금(月琴), 일현금(一絃琴), 제금(提琴), 초금(草琴), 철금(鐵琴), 칠현금(七絃琴), 탄금(彈琴), 풍금(風琴), 해금(奚琴), 현금(玄琴;거문고), 현학금(玄鶴琴;거문고), 호금(胡琴), 휘금(徽琴) 들.

금(禽) '날짐승·새'를 뜻하는 말. ¶금독지행(禽犢之行), 금수(禽獸), 금조(禽鳥;날짐승); 가금(家禽), 귀금(歸禽), 노금(露禽;학), 맹금(猛禽), 명금(鳴禽), 반금류(攀禽類), 방금(放禽), 비금(飛禽;날짐승), 산금(山禽), 선금(仙禽;두루미), 섭금류(涉禽類), 섭수금(涉水禽), 소금(小禽), 수금(水禽), 신금(信禽;기러기), 야금(夜禽), 야금(野禽), 영금(靈禽), 유금(游禽), 주금(走禽) 들.

금(衾) '이불'을 뜻하는 말. ¶금구(衾具), 금침(衾枕); 객금(客衾;손님용 이부자리), 고침단금(孤枕單衾), 대렴금(大斂衾), 동금(同衾), 비취금(翡翠衾), 수금(繡衾), 소렴금(小殮衾), 양금(兩衾), 옹금(擁衾;몸을 이불로 휩싸서 덮음), 원앙금(鴛鴦衾), 의금(衣衾), 천금(天衾;시체를 입관하고 덮는 이불), 합금(合衾) 들.

금(錦) '비단. 아름답다'를 뜻하는 말. ¶금낭(錦囊), 금린(錦鱗;아름다운 물고기), 금린어(錦鱗魚;쏘가리. 은어), 금린옥척(錦鱗玉尺), 금사화(錦賜花), 금삼(錦衫), 금상첨화(錦上添花), 금수/강산(錦繡/江山), 금의(錦衣;비단옷)[금의야행(夜行), 금의옥식(玉食), 금의환향(還鄕)], 금채(錦采), 금패(錦貝;琥珀의 한 가지), 금향색(錦香色); 당금(唐錦) 들.

금(襟) '저고리나 두루마기의 목에 둘러 대어 앞으로 여미게 된 부분(옷깃)'을 뜻하는 말. ¶금도(襟度;남을 용납할 만한 도량), 금장(襟章), 금회(襟懷;마음속에 품고 있는 회포); 개금(開襟;흉금을 털어놓음), 신금(宸襟;임금의 마음), 염금(斂襟), 의금(衣襟), 정금단좌(正襟端坐), 흉금(胸襟;속마음) 들.

금(擒) '사로잡다'를 뜻하는 말. ¶금생(擒生;生捕), 금이종(擒而縱), 금종(擒縱;사로잡음과 놓아줌); 박금(縛擒), 생금(生擒), 칠종칠금(七縱七擒) 들.

금(衿) '옷깃'을 뜻하는 말. ¶청금(靑衿), 후금(喉衿;목구멍과 옷깃-중요한 곳) 들.

금(笒) '대나무'를 뜻하는 말. ¶대금(大笒), 소금(小笒).

금세 바로 지금. 이제 곧.[←금시(今時)+에].

금실 느리고 폭이 넓게 물결치는 모양. ¶들판의 벼이삭이 금실금실 춤을 춘다. 낙동강 찬 물결이 금실금실 일고 있었다. 금실거리다/대다.

급(急) '빠르다. 갑작스럽다. 절박하다'를 뜻하는 말. 일부 명사 앞에 붙어 '갑작스러운. 매우 급한/심한'의 뜻을 더하는 말.↔완(緩). ¶급가동(急稼動), 급가속(急加速), 급각도(急角度), 급감(急減), 급강하(急降下), 급거(急遽), 급격(急激), 급격(急擊), 급경(急境), 급경사(急傾斜), 급경풍(急驚風), 급고(急告), 급구(急求), 급구(急救), 급구배(急句配), 급급하다(急急), 급난(急難), 급단(急湍), 급등(急騰), 급락(急落), 급랭(急冷), 급뢰(急瀨;물살이 세찬 여울), 급류(急流), 급매(急賣), 급모(急募), 급무(急務;빨리 처리하여야 할 일)[최급무(最)], 급물살, 급박(急拍;박자가 빨라지는 일), 급박(急迫;사태가 매우 급함), 급발진(急發進), 급배기(急排氣), 급배수(急排水), 급변/되다/하다(急變), 급병(急病), 급보(急步), 급보(急報), 급부상(急浮上;갑자기 물위로 떠오름), 급브레이크(急brake), 급사(急死), 급사(急使), 급사(急事), 급사(急斜;급경사), 급사면(急斜面), 급살/탕(急煞/湯), 급상승(急上昇), 급서(急書;급한 일을 알리는 편지), 급서(急逝;急死), 급선무(急先務), 급선봉(急先鋒), 급선회(急旋回), 급설(急設;급하게 설치함), 급성(急性)[급성간염(肝炎), 급성병(病), 급성위염(胃炎), 급성중독(中毒), 급성폐렴(肺炎)], 급성장(急成長), 급소(急所), 급소(急燒), 급속(急速),

1491) 금지(禁止): 말리어 못하게 함. ¶금지구역(區域), 금지권(權), 금지규정(規定), 금지되다/하다, 금지띠, 금지령(令), 금지법(法), 금지선(線), 금지세(稅), 금지안(案), 금지어업(漁業), 금지영업(營業), 금지전이(轉移), 금지조항(條項), 금지처분(處分), 금지표(標), 금지표지(標識), 금지품(品); 겸업금지(兼業), 경업금지(競業), 낙서금지(落書), 발매금지(發賣), 배서금지(背書), 압류금지(押留), 영업금지(營業), 영행금지(令行), 주차금지(駐車), 출입금지(出入), 통행금지(通行), 판매금지(販賣).

1492) 금실: 부부 사이의 정.[←금슬(琴瑟)]. ¶그들 내외는 금실이 좋다.

1493) 금휘(琴徽): 가야금이나 거문고 따위의 줄을 고르는 부속품. 기러기발.

급송(急送), 급습(急襲), 급신(急信), 급신장(急伸張), 급속도(急速度), 급열(急熱), 급용(急用), 급우(急雨), 급유아(急乳蛾), 급전(急傳), 급전(急電), 급전(急轉), 급전(急錢), 급전환(急轉換), 급절(急切), 급정거(急停車), 급정지(急停止), 급정차(停車), 급제동(急制動), 급조(急造), 급조(急潮), 급조(急躁), 급족(急足), 급주(急走), 급증(急症), 급증(急增), 급진(急進)[급진적(的), 급진주의(主義), 급진파(派)], 급진(急診), 급진전(急進展), 급체(急滯), 급촉하다(急促), 급출발(急出發), 급커브(急curve), 급템포(急tempo), 급파(急派), 급팽창(急膨脹), 급피치(急pitch), 급하다(몹시 서두르다. 빠르다), 급행(急行)[급행권(券), 급행열차(列車)], 급행군(急行軍), 급화(急火), 급환/자(急患/者), 급회전(回轉), 급후비(急喉痺); 갈급하다(渴急), 갈급령나다(渴急令), 경급(警急), 고급(告急), 곤급하다(困急), 구급(救急), 긴급하다(緊急), 면급(免急), 미급(未急), 번급하다(煩急), 불급(不急)[불요불급(不要)], 비급(備急), 성급하다(性急), 시급하다(時急), 신급(迅急), 심급하다(甚急), 완급(緩急), 위급(危急), 응급(應急)[응급실(應急), 응급조치(應急), 응급환자(應急)], 이급(裏急), 절급(切急), 조급하다(早急), 조급하다(躁急;참을성이 없다), 준급하다(峻急), 준급(準急), 지급(至急), 질급(窒急), 착급(着急), 천급(喘急), 초급하다(峭急), 촉급하다(促急), 총급하다(悤急), 최급(最急), 태급하다(太急), 특급(特急), 편급하다(褊急), 화급하다(火急), 황급하다(遑急) 들.

급(給) '주다. 공급하다. 시중들다'를 뜻하는 말. ¶급가(給暇), 급기갱(給氣坑), 급대(給代), 급량(給糧), 급료(給料), 급부(給付)[가분급부(可分), 계속급부(繼續), 반대급부(反對)], 급비/생(給費/生), 급사(給仕), 급수(給水)[1494], 급식(給食)[1495], 급액(給額), 급양(給養), 급여(給與)[1496], 급원(給源), 급유(給由), 급유(給油)[1497], 급자(給資), 급전(給田), 급전/선(給電/線), 급차(給次), 급채(給債), 급탄(給炭), 급탕(給湯;뜨거운 물을 공급함), 급혈(給血), 급호(給犒); 가급(加給), 감급(減給), 고정급(固定給), 공급(供給), 과급기(過給器), 관급(官給), 기본급(基本給), 대급(貸給), 도급(都給), 능력급(能力給), 능률급(能率給), 면급(面給), 무급(無給), 박급(薄給), 반급(班給), 반급(頒給), 발급(發給), 배급(配給), 보급(補給), 본급(本給), 봉급(俸給), 분급(分給), 사급(賜給), 생활급(生活給), 상급(賞給), 성과급(成果給), 수급(收給), 수급(受給), 수급(需給), 승급(昇給), 시간급(時間給)/시급(時給), 여급(女給), 연급(年給), 월급(月給), 유급(有給), 은급(恩給), 일급(日給), 자급(自給)[자급력(力), 자급자족(自足)], 잡급(雜給), 제급(除給), 제급(題給), 주급(週給), 증급(增給), 지급(支給), 직급(職給), 직능급(職能給), 차급(借給), 초임급(初任給)/초급(初給), 추급(追給), 추급(推給), 출급(出給)[즉출급(卽)], 출세급(出世給), 타급(他給), 탈급(頉給), 특급(特給), 허급(許給), 환급(還給), 휴직급(休職給) 들.

급(級) 일부 명사나 한자어 어근에 붙어 '실력이나 기술. 등급·계급 따위의 정도'의 뜻을 나타내는 말. 크기·무게의 단계. ¶20만 톤 급의 유조선. 급간(級間), 급개념(級概念), 급수(級數)[1498], 급장(級長), 급우(級友), 급훈(級訓); 각급(各級), 간급(間級), 간부급(幹部級), 거물급(巨物級), 경량급(輕量級), 계급(階級), 고급(高級), 고위급(高位級), 다급(多級), 단급(單級), 동급(同級), 드래건급(dragon級), 등급(等級), 라이트급(light級), 모스키토급(mosquito級), 무제한급(無制限級), 무차별급(無差別級), 미니급(mini級), 미니멈급(minimum級), 밴텀급(bantam級), 분급(分級), 비교급(比較級), 상급(上級), 선급(船級), 수급(首級), 수준급(水準級), 스타급(star級), 스트로급(straw級), 승급(昇/陞級), 심급(審級), 에이급/비급(A/B級), 연급(年級;학년별로 갈라놓은 등급), 원로급(元老級), 유급/생(留級/生), 일급(一級), 일류급(一流級), 일반급(一般級), 장관급(長官級), 장사급(壯士級), 저급(低級), 정상급(頂上級), 주니어급(junior級), 중량급(中量級), 중량급(重量級), 지도급(指導級), 직급(職級), 진급(進級), 참급(斬級), 체급(體級), 초급(初級), 최대급(最大級), 특급(特級), 품급(品級), 풍급(風級), 플라이급(fly級), 하급(下級), 학급(學級), 헤비급(heavy級) 들.

급(及) '어느 곳에 이르다(미치다)'를 뜻하는 말. ¶급과(及瓜;임기가 다하는 것), 급기야(及其也), 급락(及落;합격과 불합격), 급문(及門;문하에 참여하는 것), 급제(及第;시험에 합격하는 일)[동방급제(同榜), 장원급제(壯元)], 급창(及唱;사내종); 기급(企及;뜻한 바를 이루고자 꾀함. 엇비슷하거나 맞먹음), 논급하다(論及), 막급(莫及)[막급하다; 추회막급(追悔), 후회막급(後悔)], 미급(未及), 보급(普及), 불급(不及)[과유불급(過猶), 앙망불급(仰望), 조수불급(措手)], 소급(遡及), 언급(言及), 욕급부형(辱及父兄), 점급(漸及), 추급(追及), 추급(推及), 택급만세(澤及萬世), 파급(波及), 후회막급(後悔莫及) 들.

급(汲) '물을 긷다. 분주하다'를 뜻하는 말. ¶급급하다(汲汲;어떤 일에만 골몰하여 마음의 여유가 없다), 급로(汲路), 급수(汲水), 급인(汲引); 영영급급(營營汲汲), 초급(樵汲), 초동급부(樵童汲婦), 황급(遑汲) 들.

급(岌) '높다. 위태롭다'를 뜻하는 말. ¶급아(岌峨); 급급하다(岌岌;산이 높고 가파르다. 매우 위급하다).

급(笈) '책 상자. 길마'를 뜻하는 말. ¶부급(負芨;타향으로 공부하러 감), 부급종사(負芨從師;留學) 들.

급(扱) '다루다. 처리하다'를 뜻하는 말. ¶취급하다(取扱).

긋(다)[1] ①줄을 치거나 금을 그리다. 불을 일으키기 위하여 성냥을 대고 문지르다.≒켜다. 외상값을 장부에 적다. 재물이나 곡식 따위 얼마를 몫으로 떼다. 한계 따위를 분명히 짓다. ¶금을 긋다. 긋고 술을 먹다. 막내에게 집 한 채를 그어주다(떼어 주다). 책임의 한계를 긋다. 그무개[1499], 그어주다[1500], 그어지다(구분이나

1494) 급수(給水): 물 대기. 물 공급. ¶급수공사(工事), 급수관(管), 급수낙차(落差), 급수난(難), 급수되다/하다, 급수료(料), 급수선(船), 급수설비(設備), 급수압력(壓力), 급수운하(運河), 급수장(場), 급수장치(裝置), 급수전(栓), 급수조합(組合), 급수지(池), 급수차(車), 급수탑(塔).

1495) 급식(給食): 식사를 공급함. 또는 그 음식. ¶급식량(量), 급식비(費), 급식소(所), 급식자(者), 급식하다; 무상급식(無償).

1496) 급여(給與): 돈이나 물품 따위를 줌. 또는 그 돈이나 물품. ¶급여를 지급하다. 급여되다/하다, 급여금(金), 급여기준(基準), 급여소득(所得), 급여액(額); 현물급여(現物).

1497) 급유(給油): 연료를 보급함. 기계 마찰 부분에 기름을 침. ¶급유공(工), 급유관(管), 급유기(機), 급유선(船), 급유소(所), 급유차(車), 급유하다, 급유함(艦); 공중급유(空中), 양상급유(洋上), 해상급유(海上).

1498) 급수(級數): 등비급수(等比), 등차급수(等差), 무한급수(無限), 무한등비급수(無限等比), 산술급수(算術), 순환급수(循環), 유한급수(有限].

한계가 명확해지다), 긋(글씨의 획); 건너긋다, 금긋다, 내긋다(앞이나 바깥쪽으로 향하거나 나가게 줄을 긋다), 내려긋다, 내리긋다, 덧긋다, 들이긋다(금을 계속하여 긋다. 금을 안쪽으로 긋다), 속긋[1501], 줄긋다, 치긋다(아래에서 위로 긋다). ②말이나 노래 따위를 먼저 나서서 시범적으로 하다. ¶만세의 선창을 긋다. 선창을 그어 노래를 불렀다.

긋(다)² 비가 그치다. 비를 잠시 피하여 그치기를 기다리다.≒멈추다. ¶비가 긋기를 기다리다. 원두막에서 비를 긋다. 비그이[←비+긋(다)+이]/하다.

긍(矜) '불쌍히 여기다. 자랑하다'를 뜻하는 말. ¶긍경(矜競)[1502]/하다, 긍과(矜誇;자랑하며 으스댐)/하다, 긍대(矜大;젠체하며 뽐내는 것), 긍련(矜憐;불쌍히 여겨 감싸줌), 긍민(矜悶;가엾이 여김), 긍벌(矜伐;드러내어 자랑함), 긍부(矜負;재능을 자랑하고 믿음), 긍분(矜奮;삼가고 힘씀), 긍서(矜恕;가엾게 여겨 용서함), 긍식(矜式;모범을 보임), 긍애(矜哀;불쌍히 여김), 긍용(矜勇;용기를 자랑함), 긍육(矜育;가엽게 여겨 기름), 긍조하다(矜躁;교만하고 조급하다); 긍지(矜持)[1503], 긍측하다(矜惻;矜憐), 긍타하다(矜惰;교만하고 게으르다), 긍태(矜泰;교만하고 뽐냄), 긍휼(矜恤;가엾게 여겨 도움); 가긍하다(可矜), 과긍(誇矜), 교긍(驕矜), 자긍/심(自矜/心) 들.

긍(肯) '그렇다고 하다. 들어 주다'를 뜻하는 말. ¶긍경(肯綮)[1504], 긍구긍당(肯構肯堂), 긍낙(肯諾;承諾), 긍의(肯意;수긍하는 뜻), 긍정(肯定↔否定)[1505], 긍종(肯從;기꺼이 따르는 일), 긍지(肯志;찬성하는 뜻); 불긍(不肯), 불긍저의(不肯底意), 수긍(首肯)[1506] 들.

긍(兢) '삼가다. 두려워하다'를 뜻하는 말. ¶긍계(兢戒;삼가고 조심함), 긍구(兢懼;삼가고 두려워함), 긍긍업업(兢兢業業;항상 조심하여 공경하고 삼가는 것)/하다, 긍긍하다(兢兢;두려워하여 삼가다), 긍척(兢惕;경계하고 두려워함), 긍황(兢惶;兢懼); 전전긍긍/하다(戰戰兢兢) 들.

긍(亘) '걸치다. 미치다'를 뜻하는 말. ¶긍고(亘古;옛날까지 걸침), 긍만고(亘萬古;만고에 걸침), 긍장(亘長), 긍하다(시간적으로 일정한 동안에 걸치다); 면긍(綿亘;길게 뻗쳐 이어지다), 연긍하다(延亘;길게 뻗치다) 들.

1499) 그무개: 목재에 정해진 치수의 평행선을 긋거나 자리를 내는 데 쓰는 공구.≒그레. ¶그무개로 줄을 치다.

1500) 그어주다: ①금전이나 곡식 가운데서 얼마를 몫으로 떼어 주다. ②돈을 환으로 부치다. 〈준〉거주다.

1501) 속긋: 글씨·그림 따위를 처음 배우는 이에게 덮어 쓰게 하기 위하여 먼저 가늘게 그려 주는 획. ¶속긋을 넣다.

1502) 긍경(矜競): 재능을 자랑하며 남과 우열을 겨루는 것.

1503) 긍지(矜持): 자신의 재능이나 능력 따위를 믿음으로써 가지는 자랑. 보람. ¶대한민국 국민으로서의 긍지를 가지다. 긍지감(感), 긍지심(心).

1504) 긍경(肯綮): 사물의 가장 긴요한 곳. 급소(急所). ¶긍경을 찌르다.

1505) 긍정(肯定): 그러하다고 생각하여 옳다고 인정함. ¶긍정되다/하다, 긍정명제(命題), 긍정문(文), 긍정성(性), 긍정식(式), 긍정적(的), 긍정판단(判斷); 자기긍정(自己).

1506) 수긍(首肯): ①그러하다는 뜻으로, 고개를 끄덕임. ②남의 주장이나 언행이 옳다고 인정함. ¶회장의 말이 옳다고 누구나 수긍했다. 듣고 보니 수긍이 가는 이야기다. 수긍이 가다(옳다고 여겨지다).

긍검-하다 자손이 많아서 복이 있다.

긍이 보리를 베기 전에 밭고랑 사이에 목화나 콩, 조 따위를 심는 일.=등글기². ¶보리밭골에 긍이콩을 심다.

-기¹ 일부 명사 뒤나 용언의 어근에 붙어 '느낌. 기운. 성분'의 뜻을 더하는 말. §'氣(기)'에 연유한 말. ¶간기, 거름기, 걱정기, 건달기(乾達), 결기(발끈하는 기질), 고생기(苦生), 과장기(誇張), 괄기(괄괄한 기운), 근심기, 기름기, 끈기, 난봉기, 낟알기, 노망기(老妄), 땀기, 매핵기(梅核), 몸살기, 물기, 바람기, 방랑기(放浪), 볕기, 불기[화(火)], 불만기(不滿), 불량기(不良), 비늣기, 빈혈기(貧血), 살기(몸에 살이 붙은 정도), 소금기, 수상기(殊常), 수심기(愁心), 수전기(手顫), 술기, 숫기[1507], 시장기, 심술기(心術), 암기(암상궂은 마음. 시기심), 어린기, 연화기(煙火), 열기(눈동자에 나타나는 정신의 담찬 기운), 우쭐기, 욱기, 울음기, 웃음기, 원망기(怨望), 위엄기(威嚴), 이슬기, 인적기(人跡), 잠기, 장난기, 정신기(精神), 조롱기(嘲弄), 졸음기, 찬기, 찰기, 천식기(喘息), 천촉기(喘促), 체증기(滯症), 콩기, 풀기¹,², 핏기, 현훈기(眩暈), 호령기(號令), 화냥기, 화장기(化粧), 후중기(後重), 흥분기(興奮) 들.

-기² '이다' 또는 용언의 어간에 붙어 명사 구실을 하게 하는 명사형 어미. 움직임이나 상태 및 판단에 대한 과정성을 나타냄. ¶웃기 시작했다. 먹기 좋다. -기-는/긴, -기-는-요/긴요, -기-는-커녕(-는 것은 말할 것도 없거니와/고사하고), -기-도, -(이)기-로(서니/선들)[1508], -기-만, -(이)기-에[1509], -기-야.

-기³ 일부 동사나 형용사 어간 뒤에 붙어 명사를 만드는 접미사. §동사 어간과 결합하면 행위나 사건 명사가 되고, 형용사 어간과 결합하면 척도명사가 된다. '-기' 파생명사들은 동작·진행성과 서술성을 동시에 지님.='-이', '-(으)ㅁ'. ¶(여기에서는 파생되기 전의 기본형을 열거함). 가로-쓰다, 가위-뛰다, 가을-심다, 가지-고르다, 가지-다듬다, 가지-자르다, 가지-치다, 갈려가다, 갊아먹다, 감돌고르다, 감아서다, 감치다, 같이-가다, 개컬-뜨다, 갱-까먹다, 거듭-몰다, 거듭-치다, 거르다, 거름-내다, 거름-주다, 거슬러-태우다, 거저먹다, 거푸-뛰다, 거푸-짓다, 걷다(收), 걷다, 걸러-내다, 걸어-차다, 걸쳐-뜨다, 걸쳐-막다, 겉-보다, 겨끔-내다, 겨냥-떼다, 겨드랑-치다, 겨루다, 겨울-나다, 격-뜨다(格), 격자-뜨다(格子), 격지-떼다, 겹-치다, 겹쳐-뜨다, 겯순-치다(筍), 계단식-떼다(階段式), 고르다, 고리-뜨다, 고막이-바르다, 고무-뜨다, 고무줄-넘다, 고쳐-결누르다, 고쳐-짜다, 고치-고르다, 고치-따다, 고치-삶다, 고치-켜다, 고치-틀다, 곱새-치다, 곱하다, 공-집다(空), 공-뜨다, 공-차다, 공-치다, 공그르다, 공이-치다, 공중-던지다(空中), 공중-뛰다(空中), 공중-지치다(空中), 공중-차다(空中), 공터-넣다(空), 관자-치다, 교차-뜨다(交叉), 구덩이-심다, 구석-차다, 구슬-뜨다, 구슬-치다, 굳

1507) 숫기(氣): 활발하여 부끄러워하지 않는 기운. ¶저 아이는 숫기가 없다. 숫기가 좋아 무슨 일이든지 잘 한다.

1508) -기-로: '이다'의 어간, 용언의 어간 등에 붙는 연결 어미. ①까닭이나 조건으로 말할 때 쓰는 말. ¶오래 있다가는 배가 고프겠기로 미리 와 버렸소. ②'아무리 그렇다 하더라도'의 뜻으로 쓰는 말. ¶제가 유명한 작가기로 그리 도도할 수 있을까. -기로-서, -기로서-니, -기로서-ㄴ들.

1509) -기에(-기 때문에): 용언의 어간이나 '-았/겠-' 뒤에 붙어, 원인이나 이유를 나타내는 어미.=-길래.

ㄱ

다, 굳히다, 굽-깎다, 굽혀-묻다, 귀-긋다, 귀-접다, 귀갑-따내다(龜甲), 귀표-내다, 그네-뛰다, 그늘-가꾸다, 그루-가르다, 그루-다듬다, 그루-뜨다, 그림자-밟다, 그물-넘다, 그물-닿다, 그물-떨다, 그물-뜨다, 글다듬다, 글짓다, 금-치다, 기계-짜다(機械), 기계-켜다(機械), 기와-밟다, 기울다, 기울이다, 긴-뜨다, 길-닦다, 길이-쌓다, 길이모-쌓다, 길이세워-쌓다, 김-내다, 김매-가꾸다, 김-매다, 깃발-붙이다(旗), 까막-잡다, 깎아-썰다, 깎아-차다, 깎아-치다, 꺾다, 꺾어-돌아나가다, 껍질-떼다, 꼬리-대다, 꼬리-따다, 꼬리-잡다, 꼬아-뜨다, 꼬아-서다, 꼬아-올리다, 꼬아-잇다, 꽃-따다, 꽃-받다, 꾸미다, 꿀-뜨다, 꿰매다, 끈-매다, 끌어-올리다, 끝-걷다, 끝내다, 끝말-잇다, 끼어-들다, 나누다, 나누어-살다, 나래-치다, 나무-시집보내다, 나방-내다, 나비-내다, 날-고르다, 날-치다, 날려-고르다, 남포-까다, 낫-치다, 낱-뜨다, 내다, 내려치다, 내려켜다, 내려가다, 내리다, 내리누르다, 내리읽다, 내리지르다, 내리쏘다, 내리쓰다, 내쌓다, 내쏘다, 넉동-내다, 넋-올리다, 널뛰다, 노느-매다, 노랑-들다, 녹여-뚫다, 논-매다, 놋다리-밟다, 높이뛰다, 놓고-치다, 누르다, 누에-가르다, 누에-깨다, 누에-떨다, 누에-올리다, 누에-치다, 눈-따다, 눌러-넣다, 눌러-다듬다, 눌러-떼다, 눌러-붙이다, 눌러-찍다, 눌러-차다, 눕혀-묻다, 다가-채다, 다듬다, 다듬돌-쌓다, 다리-밟다, 다리-조르다, 다리-훅치다, 다리걸어-돌다, 다리굽혀-펴다, 다져-쌓다, 다지다, 다회-치다(多繪), 단-짜다(段), 단-접다, 단동-내다(單), 단동-치다(單), 단방-치다(單放), 단번-떼다(單番), 달-붓다, 달-치다, 달리다, 달아-치다, 달집-태우다, 닭-잡다, 닭-치다, 닭의홰-타다, 답쌔기다, 당겨-막다, 당년-치다(當年), 당일-치다(當日), 대바늘-뜨다, 달걀-굴리다, 더위-팔다, 더하다, 던져-떼다, 던지다, 덜다, 덧-보다, 덩굴-뒤집다, 덩굴-치다, 덮치다, 도-내다, 도굿대-당기다, 도움-닫다, 돈-치다, 돈-되다, 돈-찍다, 돈-보다, 돋움-내다, 돌-나누다, 돌-쌓다, 돌-잡히다, 돌-차다, 돌날-떼다, 돌려-나다, 돌려-떼다, 돌려-뜨다, 돌려-읽다, 돌려-짓다, 돌려-치다, 돌리다, 돌며-뿌리치다, 동당-치다, 되내다, 되넘다, 되매다, 되메우다, 되붙이다, 되치다, 되팔다, 되돌아-뜨다, 된소리-되다, 두그루-부치다, 두그루-심다, 두그루-짓다, 두길-보다, 두길마-보다, 두단-짜다(段), 두루-치다[1,2,3], 두룽-배지다, 두모-접다, 두모-치다, 두무릎-곱치다, 두무릎-꿇다, 두미-기울다(頭眉), 두발-차다, 두벌-매다, 두벌-묻다, 두패-지르다, 둘러-짜다, 뒤-밀치다, 뒤집다, 뒤-트다, 뒤걸어-뜨다, 뒤로-차다, 뒤로-훑다, 뒤턱-따다, 뒷-넘다, 뒷무릎-치다, 뒷발-서다, 뒷발-차다, 드러눕다, 듣다, 듣고-놓다, 듣고-부르다, 들-치다, 들안아-놓다, 들어-놓다, 들어-막다, 들어-올리다, 등-맞추다, 등-치다, 딱지-치다, 딴말-쓰다, 딴지-치다, 땅-굳히다, 땅-다루다, 땅-뺏다, 땅-파다, 때리다, 똥-받다, 뛰어가다, 뜀-뛰다, 띄어-쓰다, 마구리-쌓다, 마당-돌다, 마당-들이다, 마디-자라다, 마름돌-쌓다, 마름모-깔다, 마목-지다(馬木), 마주나다, 마주잇다, 막깎다, 막넘기다, 막떼다, 막매다, 막짜다, 말-달리다, 말-타다, 말하다, 맛-내다, 맛보다, 맞-바라다, 맞-보다[1,2], 맞잡다, 맞벽-치다(壁), 맞서다, 매어-기르다, 매어-먹이다, 매장-치다(每場), 머리-찌르다, 머리-치다, 먹-긋다, 먹-놓다, 먹물-뜨다, 먹줄-치다, 먼산-바라다, 멀리뛰다, 멀리보다, 메치다, 메어쳐-누르다, 모-걷다, 모-기르다, 모내다, 모심다, 모-접다, 모-죽이다, 모찌다, 모눈-뜨다, 모두-걸다, 모두-먹다, 모두-베다, 모들뜨다[1,2], 모래-가꾸다, 모로-걸다, 모로누우며-메치다, 모루-긋다, 모루-떼다, 모루망치-떼다, 모아-뜨다, 모아-서다, 모여-나다, 목-매다, 목-조르다, 목청소리-되다, 몰아-떨구다, 몰아-서다, 몸-만들다, 몸앞굽혀-뛰다, 몸앞으로-굽히다, 몸통-막다, 몸통-비틀다, 무-넘다, 무늬-빼다, 무늬-찍다, 무릎-치다, 무릎대어-돌리다, 무명실-뽑다, 물-가꾸다, 물-담그다, 물-빼다, 물-들이다, 물매-잡다, 물사발-이다, 뭉쳐-나다, 미끼-치다, 밀-따다, 밀치다, 밀어던지다, 밀어올리다, 밀어차다, 밀어내다, 밀어-넘어뜨리다, 밑-깎다, 밑벌-쓰다, 바깥무릎-치다, 바깥샅바-잡다, 바꾸어-타다, 바늘-비우다, 바늘대-뜨다, 바다-잠기다, 바닥-고르다, 바닥-나다, 바닥-덮다, 바닥-뜨다, 바데-떼다, 바디-치다, 바로-뒤다, 바로-보다, 바투-보다, 박-치다, 박편-떼다(剝片), 반-깎다(半), 반-돌리다(半), 반-보다(半), 반달-썰다(半), 반달-차다(半), 받고-차다, 받아쓰다, 받아치다, 발-붙이다, 발-치다, 발틀-켜다, 밝다, 방-걷다, 방구-매다, 방패-팔다(防牌), 밭-떼다, 밭-매다, 밭-번지다, 밭다리-감아돌리다, 밭다리-후리다, 배-따다, 배-붙이다, 배-지다, 배-치다, 배면-뛰다(背面), 버림-뜨다, 벌-치다, 벌칙-차다, 베-매다, 벼락치다, 벽-귀긋다(壁), 벽돌-쌓다(壁), 별신-올리다(別神), 별점-치다(占), 보-내다(洑), 보다, 보-싸다, 보고-놓다, 보고-부르다, 보리-밟다, 보물-찾다(寶物), 보태다, 본뜨다(本), 본보다(本), 볼-접다, 봄-베다, 봉선화-물들이다(鳳仙花), 부-넘다[1,2], 부고-달아매다(訃告), 부구-치다, 부들이-뽑다, 부딪쳐-떼다, 부분뜨다(部分), 부수대다, 북편-치다(便), 불-치다, 불러-먹다, 불씨-나누다, 비껴나다, 비껴뛰다, 비껴가다, 비늘긁다, 비비대다, 비사-치다, 비행기-태우다(飛行機), 빗모-치다, 빗못-치다, 빗당겨-치다, 빛살-세다, 빼다, 빼-뜨다, 뺨-접다, 뼈-맞추다, 뼘-내다, 뿌려-바르다, 뿌려-치다, 뿌리-돌리다, 뿌리-치다, 뿔돌-쌓다, 사방-치다(四方), 사선-서다(斜線), 사슬-뜨다, 사위-돌리다, 사위-팔없다, 사이-짓다, 사재다, 사춤-쌓다, 사춤-치다, 산-바라다(山), 살짝-대다, 삼잎-뜨다, 상모-돌리다(象毛), 상자-떼다(箱子), 새발-뜨다, 서까래-나누다, 서로-치다, 서서-뛰어들다, 석고-본뜨다(石膏本), 섞-붙이다, 선-두르다(線), 성-돌다(城), 성-밟다(城), 성층-쌓다(成層), 세간-나다, 세그루-짓다, 세단-뛰다(段), 세로-누르다, 세로-뜨다, 세로-쓰다, 세로-짜다, 세로-트다, 세발-뛰다, 세워-깔다, 세워-쌓다, 소밥-주다, 소금물-가리다, 소금물-고르다, 소리내다, 소리-맞추다, 소매-치다, 소용돌이치다, 솎다, 솎아-베다, 손-닿다, 손-보다[1,2], 손-빗다, 손훅-치다, 손목-잡다, 손뼘-재다, 솔잎-뜨다, 송곳-치다, 쇠머리-대다, 수건-돌리다(手巾), 수꽃-따다, 수멍-물빼다, 수박-따다, 수술-치다, 수저-꽂다, 수평-뛰다(水平), 수평-보다(水平), 순-지르다(筍), 순-따주다(筍), 순-돌리다, 술래-잡다, 숨-뜨다, 숨-쉬다, 숨은그림-찾다, 숫보다, 신발-짓다, 신방-엿보다(新房), 실-뜨다, 실-잣다, 실끝-매다, 실테-뜨다, 십자-마주나다(十字), 십자-매달리다(十字), 십자-물구나무서다(十字), 십자-썰다(十字), 십자-조르다(十字), 싹트다, 싹틔우다, 쌍-나누다(雙), 쌍-빼다(雙), 쌍사-치다(雙絲), 쐐기-떼다, 쓰다, 쓰레-받다, 씌워-빼다, 씨나다, 씨뿌리다, 아들낳기-빌다, 안-기울다, 안-뜨다, 안걸이-당기다, 안걸이-뒤집다, 안걸이-잦히다, 안다리-걸다, 안다리-후리다, 안반-뒤지다, 안아-막다, 안아-조르다, 안잠-자다, 안-지다, 안창-치다, 안팎-먹다, 알-곯다, 알-굴리다, 알까다, 알내다, 알넣다, 알뜯다, 알-붙이다, 알슬다, 알배다, 암수-가르다, 앗아-넣다, 앞-넘다, 앞-누르다, 앞무릎-치다, 앞-차다, 앞-치다, 앞-트다, 앞걸어-뜨다, 앞다리-들다, 앞뒤-치다, 앞으로-가다, 앞지르다, 앞턱-따다, 애벌-닦다, 애벌-매다, 애잇-닦다, 양-치다(羊), 양발-차다(兩), 양상-치다(兩), 어금-쌓다, 어긋나다, 어깨-치다, 어깨너머-던지다, 어녹음-부서지다, 어녹음-흩다, 어리보다, 어림-재다, 얼뜨다, 얼치다, 얼굴-막다, 얼굴-지르다, 얼굴-잡다, 얼음-지치다, 업어치다, 업어주다, 엇빗내다, 엇갈림-떼다, 엇갈아-짓다, 엇걸어-뜨다, 엎어-묻다, 여러번-까다(番), 연-날리다(鳶), 연전띠-따다(揀箭), 열매-솎다, 엿-치다, 옆-떼다, 옆-잇다, 옆-차다, 옆-채다, 옆-치다, 옆-트다, 옆무릎-치다, 오방-치다(五方), 오분/오푼-걷다(五分), 올-모심다, 올려-찍다, 올려-치다, 올려-켜다, 옮겨묻다, 옮겨심다, 외로-뒤다, 외무릎-꿇다, 외무릎-풍치다, 외무릎-황새두렁넘다, 외무릎꿇기-풍치다, 외발-뛰다, 왼배-지다, 왼발목-치다, 왼오금-치다, 용알-뜨다(龍), 용왕-먹이다(龍王), 움-따다, 원반-던지다(圓盤), 월점-치다(點), 음이름-부르다(音), 이-물리다, 이-박다, 이랑-가꾸다, 이슬-털다, 이어가다, 이어-나누다, 이어달리다, 이어-말하다, 이어짓다, 이어치다, 익공-짜다(翼工), 일러두다, 일자-매다(一字), 일차-떼다(-次), 읽다, 입술소리-되다, 입천장소리-되다, 잇다, 잎-따다, 자-치다, 자리-뜨다, 자반-뒤지다, 자반-뒤집다, 자사-받다, 잔풀-나다, 장-내다(場), 장-보다, 장-치다, 장대-높이뛰다(長), 장대-멀리뛰다(長), 장대-타다(長), 장장-치다, 잦다, 잦혀-뛰다, 재주-넘다, 재치다, 저며-썰다, 전-내다(廛), 전-내다(全), 전-치다(前), 점-내다(點), 점-심다(點), 접-붙이다(接), 접시-돌리다, 젖-떼다, 제곱하다, 제기-차다, 제비-뽑다, 제앞-채다, 제웅-치다, 조개-뜨다, 조르다, 조리-치다, 졸-되다, 졸-보다, 좀생이-보다, 종다리-집다, 종이-떨다, 종이-뜨다, 종짓굽-붙이다, 좌우-치다(左右), 좌우-퍼넘기다(左右), 주먹-조르다, 주먹-치다, 죽-치다, 줄-넘다, 줄-다리다, 줄-띄다, 줄-심다, 줄-치다, 줄-타다, 줄눈-나누다, 중간-따다(中間), 쥐-잡다, 즙-내다(汁), 지르다, 지릅-뜨다, 지붕-이다, 지신-밟다(地神), 지정-다지다(地釘), 직접-떼다(直接), 집-내다, 집-짓다, 짜-깁다, 짜-집다, 짝-짓다, 짧은-뜨다, 째고-따다, 찔러-팔다, 차-돌리다, 차례-가다(次例), 창-던지다(槍), 창살-뜨다(窓), 찾아보다, 채다, 채-썰다, 초-읽다(秒), 추어올리다, 층-밀리다(層), 층식-떼다(層式), 치대다, 치니-매다, 칠-뿜다(漆), 칸살-잡다(間), 코-잇다, 코-잡다, 코-줍다, 코-차다, 코바늘-뜨다, 콩-볶다, 콩-심다, 크다, 턱-밀치다, 턱솔-깎다, 턱솔-밀다, 테-쌓다, 통-넣다(筒), 통다리-뜨다, 트다, 판-갈다(版), 판-고르다(版), 판-구부리다(版), 판-짜다(版), 팔-굽혀펴다, 팔-꿇다, 팔매-치다, 팔자-서다(八字), 팔-잡아돌리다, 팽이-치다, 퍼-넘기다, 퍽-치다, 펴-묻다, 평-뜨다(坪), 포기-나누다, 폭-내다(幅), 풀-매다[1,2], 풀-베다, 풀-보다, 풀-빼다, 풀어뜨다, 풀어쓰다, 풀칠-매다, 피-돌다, 한그루-짓다, 허리-꺾다, 허리-띄다, 허리-잡다, 허리-죄다, 허리-채다, 허리-튀다, 허리-후리다, 허리감아-치다, 허리껴-치다, 허리옮겨-치다, 허리튀겨-감다, 허물-벗다, 허방치다, 허벅다리-걸다, 홀치다, 화문-쌓다(花紋), 환-치다(換), 활-쏘다, 활개-꺾다, 활개-펴다, 활자-뽑다(活字), 황새-두렁넘다, 후벼내다, 훑이다, 휘갑뜨다, 휘갑치다, 흑보다, 흙-깔다, 흙-넣다, 흙-받다, 흙-펴다, 흙벽치다(壁), 힐끔보다, 힘내다, 도리다 들.

-기- 일부 동사 어간 뒤에 붙어 '-어 지다, -게 하다; 피동이나 사동'의 뜻을 더하는 말. §자동사를 타동사로, 타동사를 자동사로 바꾸는 접사. ¶감기다[색(塞)], 감기다[권(捲)], 감기다[세(洗)], 곪기다, 굶기다, 긋기다, 끊기다, 남기다, 넘기다, 담기다, 도맡기다, 뒤쫓기다, 뜯기다, 맡기다, 믿기다, 발가·벌거벗기다, 벗기다, 빗기다, 빼앗기다, 삶기다, 숨기다, 신기다, 심기다, 씻기다, 안기다, 앗기다, 여닫기다, 옮기다, 웃기다, 잠기다, 짖기다, 쫓기다, 찢기다, 튀기다 들.

기(機) '기계. 장치·틀. 조짐(兆朕)·때. 낌새. 작용(作用). 중요하다'를 뜻하는 말. ¶기갑(機甲), 기경하다(機警), 기계(機械)[1510], 기관(機關)[1][1511], 기관(機關)[2][1512], 기교(機巧), 기구(機具;기계와 기구)[농기구(農)], 기구(機構)[1513], 기기/창(機器/廠), 기내(機內), 기능(機能)[1514], 기동(機動)[1515], 기략(機略;임기응변이 계략), 기력(機力;기계의 힘), 기뢰(機雷), 기무(機務), 기미(機微)[1516], 기민

1510) 기계(機械): 동력을 움직여서 일정한 일을 하게 만든 장치. ¶기계공(工), 기계공업(工業), 기계끌, 기계력(力), 기계론(論), 기계문명(文明), 기계방아, 기계어(語), 기계유(油), 기계적(的), 기계장치(裝置), 기계톱, 기계틀, 기계학(學), 기계화/되다/하다(化); 공작기계(工作), 단압기계(鍛壓), 단일기계(單一), 목공기계(木工), 발기계, 방적기계(紡績), 섬유기계(纖維), 소방기기계(消防), 손기계, 정밀기계(精密), 측량기계(測量).

1511) 기관(機關)[1]: 화력·수력·전력 따위의 에너지를 기계적 에너지로 바꾸는 기계 장치. ¶기관고(庫), 기관구(區), 기관사(士), 기관실(室), 기관차(車), 기관총(銃), 기관포(砲); 가솔린기관(gasoline), 가스기관(gas), 경유기관(輕油), 공기기관(空氣), 내연기관(內燃), 단동기관(單動), 단열기관(單列), 디젤기관(Diesel), 박용기관(舶用), 범용기관(汎用), 분사추진기관(噴射推進), 사행정기관(四行程), 석유기관(石油), 수기관(竪), 수랭식기관(水冷式), 수력기관(水力), 수압기관(水壓), 액랭기관(液冷), 열기관(熱), 열기기관(熱氣), 영구기관(永久), 왕복기관(往復), 외연기관(外燃), 이행정기관(二行程), 제트기관(jet), 증기기관(蒸氣).

1512) 기관(機關)[2]: 어떤 목적을 이루기 위하여 설치된 조직. 법인·단체 따위의 의사를 결정하거나 실행하는 지위에 있는 개인이나 집단. ¶기관신문(新聞), 기관원(員), 기관장(長), 기관쟁의(爭議), 기관지(紙), 기관투자가(投資家); 간접기관(間接), 감사기관(監査), 결의기관(決議), 공공기관(公共機關), 교육기관(教育), 교통기관(交通), 국가기관(國家), 국제기관(國際), 금융기관(金融), 단독기관(單獨), 대의기관(代議), 대행기관(代行), 독립기관(獨立), 보조기관(補助), 사법기관(司法), 산하기관(傘下), 상업기관(商業), 생산기관(生産), 수납기관(收納), 수사기관(搜査), 신용기관(信用), 언론기관(言論), 연구기관(研究), 외교기관(外交), 의결기관(議決), 의료기관(醫療), 입법기관(立法), 자문기관(諮問), 자치기관(自治), 정보기관(情報), 정부기관(政府), 중앙기관(中央), 중추기관(中樞), 직접기관(直接), 집행기관(執行), 첩보기관(諜報), 출납기관(出納), 통신기관(通信), 통치기관(統治), 투자기관(投資), 특무기관(特務), 합의기관(合意), 행정기관(行政), 헌법기관(憲法).

1513) 기구(機構): ①기계의 내부구조. ②하나의 조직을 이루고 있는 구조적인 체계. ¶회사의 기구를 개편하다. 기구개편(改編); 국제기구(國際), 유통기구(流通), 평화기구(平和), 행정기구(行政).

1514) 기능(機能): 사물의 작용이나 활용. 어떤 기관이 그 권한 안에서 활용할 수 있는 능력. ¶심장의 기능. 입법부의 기능. 언어의 사회적 기능. 기능개념(概念;설명개념), 기능문법(文法), 기능미(美), 기능분석(分析), 기능사회(社會), 기능성(性), 기능식수(植樹), 기능신(神), 기능어(語), 기능장애(障碍), 기능재료(材料), 기능조직(組織), 기능주의(主義), 기능키(key), 기능훈련(訓練); 생활기능(生活), 소화기능(消化), 순기능(順), 식물성기능(植物性), 역기능(逆), 조정기능(調整), 평형기능(平衡).

1515) 기동(機動): 상황에 따라 조직적으로 재빠르게 하는 행동. 부대나 병기(兵器)를 재빠르게 운용하는 일. ¶기동력(力), 기동로(路), 기동부대/기동대(部隊), 기동방어(防禦), 기동성(性), 기동수단(手段), 기동연습(演習), 기동작전(作戰), 기동적(的), 기동전(戰), 기동타격대(打擊隊), 기동함대(艦隊), 기동화력(火力), 기동훈련(訓練).

1516) 기미(機微): 낌새. 눈치. 어떤 일이 일어날 기운. ¶기미가 이상하다. 비가 내릴 기미가 보인다. 앞기미.

하다(機敏), 기밀(機密)[1517], 기범선(機帆船), 기변(機變;때에 따라 변함), 기봉(機鋒;銳鋒), 기부(機婦;베를 짜는 여자), 기사(機事;비밀스러운 일), 기사(機詐;무슨 일을 꾸며 속이는 것), 기상(機上;비행기 위), 기선(機先)[1518], 기선(機船), 기수(機首), 기업(機業;틀을 사용하여 피륙을 짜는 사업), 기연(機緣;因緣), 기요(機要;중요한 기밀), 기운(機運;氣運), 기의(機宜;시기 또는 형편에 잘 맞음. 時宜), 기장(機長), 기재(機才;기민한 재주), 기재(機材;기계의 재료), 기제론(機制論), 기종(機種), 기지(機智;재치 있는 슬기), 기직(機織), 기체(機體;비행기의 몸통), 기총(機銃), 기축(機軸)[1519], 기회(機會)[1520]; 가압기(加壓機), 감속기(減速機), 감용기(減容機), 감응기(感應機), 개면기(開綿機), 개모기(開毛機), 개찰기(改札機), 거수기(擧手機), 거중기(擧重機), 건조기(乾燥機), 검조기(檢潮機), 게임기(game機), 격발기(擊發機), 견기(見機;기회를 엿봄), 견인기(牽引機), 견절기(牽切機), 견직기(絹織機), 경간기(耕墾機), 경운기(耕耘機), 경탐기(鯨探機), 계기(契機;결정하는 동기나 기회), 계산기(計算機), 계선기(繫船機), 고해기(叩解機), 과립기(顆粒機), 관수기(灌水機), 광택기(光澤機), 교류기(交流機), 교반기(攪拌機), 교환기(交換機), 구조기(救助機), 군기(軍機), 군용기(軍用機), 굴진기(掘進機), 굴착기(掘鑿機), 굴취기(掘取機), 권상기(捲上機), 권선기(捲線機), 권양기(捲揚機), 권취기(捲取機), 권판기(卷板機), 권포기(捲布機), 금속기(金屬機), 급광기(給鑛機), 급수기(給水機), 급유기(給油機), 급지기(給紙機), 급탄기(給炭機), 기기(器機), 기기(汽機), 기동기(起動機), 기록기(記錄機), 기류건조기(氣流乾燥機), 기모기(起毛機), 기전기(起電機), 기중기(起重機), 날염기(捺染機), 날화기(捏和機), 냉동기(冷凍機), 냉방기(冷房機), 녹즙기(綠汁機), 농기(農機), 농경기(農耕機), 농축기(濃縮機), 뇌격기(雷擊機), 다발기(多發機), 단기(單機), 단말기(端末機), 단발기(單發機), 단엽기(單葉機), 단재기(斷裁機), 단절기(斷切機), 단좌기(單座機), 답압기(踏壓機), 대기(大機;중대한 계기), 대기(待機;기회를 기다림. 공무원에 대한 대명 처분), 대기(對機;설법을 듣는 사람), 대잠기(對潛機), 도광기(搗鑛機), 도급기(稻扱機), 도정기(搗精機), 도청기(盜聽機), 도태기(淘汰機), 도포기(塗布機), 도화기(圖化機), 동기(動機;契機), 동력기(動力機), 등사기(謄寫機), 롤기(roll機), 마광기(摩鑛機), 마사기(磨絲機), 마쇄기(磨碎機;갈매틀), 마직기(麻織機), 만기(萬機), 모방기(毛紡機), 모스기(Morse機), 모형기(模型機), 무기(無機), 무미익기(無尾翼機), 무전기(無電機), 미분기(微粉機), 미안기(美顔機), 민간기(民間機), 밀봉기(密封機), 반모기(反毛機), 발동기(發動機), 발매기(發賣機), 발사기(發射機), 발성기(發聲機), 발신기(發信機), 발우기(拔羽機), 발전기(發電機), 발전동기(發展動機), 발효기(醱酵機), 방사기(紡絲機), 방송기(放送機), 방적기(紡績機), 방직기(紡織機), 방추기(紡錘機), 배기기(排氣機), 배전기(配電機), 배탄기(配炭機), 배합기(配合機), 번역기(飜譯機), 변류기(變流機), 변속기(變速機), 변환기(變換機), 병기(兵機), 보지기(報知機), 복사기(複寫機), 복엽기(複葉機), 복제기(複製機), 부식기(腐蝕機), 분급기(分級機), 분리기(分離機), 분말기(粉末機), 분사기(噴射機), 분쇄기(粉碎機), 비기(秘機), 비행기(飛行機), 비화기(秘話機), 사기(事機), 사별기(篩別機), 사식기(寫植機), 사진기(寫眞機), 사출기(射出機), 산분기(散粉機), 살비기(撒肥機), 살초기(撒草機), 삼각익기(三角翼機), 상기(商機;상업상의 비밀), 선견기(選繭機), 선과기(選果機), 선광기(選鑛機), 선도기(先導機), 선미익기(先尾翼機), 선풍기(扇風機), 성형기(成形機), 세광기(洗鑛機), 세척기(洗滌機), 세탁기(洗濯機), 소결기(燒結機), 소면기(梳綿機), 소모기(梳毛機), 소설기(掃雪機), 소형기(小型機), 송상기(送像機), 송신기(送信機), 송파기(送波機), 송풍기(送風機), 쇄광기(碎鑛機), 쇄모기(刷毛機), 쇄목기(碎木機), 쇄빙기(碎氷機), 쇄석기(碎石機), 쇄토기(碎土機), 수기(隨機), 수로기(修路機), 수상기(水上機), 수상기(受像機), 수송기(輸送機), 수신기(受信機), 수압기(水壓機), 수직기(手織機), 수파기(受波機), 수확기(收穫機), 승기(乘機;기회를 탐), 승강기(昇降機), 시기(時機;적당한 기회), 시기상조(時機尙早), 시보기(時報機), 시비기(施肥機), 시추기(試錐機), 식자기(植字機), 식판기(植版機), 신기(神機), 신예기(新銳機), 신호기(信號機), 실기(失機;기회를 놓침), 심기(心機;마음의 기능·활동), 심기일전(心機一轉;어떤 계기로 생각을 뒤집듯이 바꿈), 심경기(深耕機), 쌍발기(雙發機), 압관기(押貫機), 압맥기(壓麥機), 압상기(押上機), 압송기(壓送機), 압쇄기(壓碎機), 압슬기(壓膝機), 압연기(壓延機), 압착기(壓搾機), 압축기(壓縮機), 압출기(壓出機), 애기(愛機), 액화기(液化機), 양로기(揚路機), 양말기(洋襪機), 양망기(揚網機), 양묘기(揚錨機), 양빙기(揚氷機), 양수기(揚水機), 양승기(揚繩機), 양탄기(揚炭機), 양화기(揚貨機), 여객기(旅客機), 여광기(濾光機), 여자기(勵磁機), 역전기(逆轉機), 역직기(力織機), 연경기(連經機), 연동기(聯動機), 연락기(連絡機), 연무기(煙霧機), 연사기(撚絲機), 연삭기(研削機), 연습기(練習機), 연신기(延伸機), 열풍기(熱風機), 염색기(染色機), 영사기(映寫機), 예인기(曳引機), 예취기(刈取機), 오락기(娛樂機), 원동기(原動機), 원심기(遠心機), 위기(危機;위험한 때나 고비), 유기(有機), 유성기(留聲機), 윤전기(輪轉機), 음향기(音響機), 응축기(凝縮機), 이발기(理髮機), 이앙기(移秧機), 인쇄기(印刷機), 인시기(印時機), 인양기(引揚機), 인자기(印字機), 일기(逸機;기회를 놓침. 失機), 임기응변(臨機應變), 자견기(煮繭機), 자선기(磁選機), 자카르기(jacquard機), 자판기(自販機), 작업기(作業機), 장전기(裝塡機), 재단기(裁斷機), 적기(敵機), 적재기(積載機), 적하기(積荷機), 전기(全機), 전기(電機), 전기(戰機), 전기(轉機;전환하는 기회), 전단기(剪斷機), 전동기(電動機), 전모기(展毛機), 전모기(剪毛機), 전발기(剪髮機), 전성기(傳聲機), 전세기(傳貰機), 전신기(電信機), 전압기(轉壓機), 전용기(專用機), 전전기(輾轉機), 전철기(轉轍機), 전투기(戰鬪機), 전폭기(戰爆機), 전화기(電話機), 절단기(切斷機), 절면기(切綿機), 절삭기(切削機), 절첩기(折疊機), 절탄기(截炭機), 점자기(點字機), 점파기(點播機), 접지기(摺紙機), 정련기(精練機),

1517) 기밀(機密): 더 없이 중요하고 비밀한 일. 특히 국가 기관이나 기타 조직체의 중요한 비밀. ¶기밀을 누설하다. 기밀누설죄(漏泄罪), 기밀문서(文書), 기밀비(費), 기밀실(室); 군사기밀(軍事).

1518) 기선(機先): 어떤 일이 일어나려는 그 직전(直前). ¶기선을 잡다(상대가 행동을 일으키기 직전에 행동을 일으켜 상대의 계획이나 기세를 꺾다. 선수를 치다).

1519) 기축(機軸): ①기관이나 바퀴 따위의 굴대. ②어떤 조직의 활동의 중심. ③방법이나 방식. ¶평화 통일의 새 기축을 이룩하다. 신기축(新).

1520) 기회(機會): 무슨 일을 하기에 알맞은 시기나 경우. 틈. 때. ¶기회를 잡다. 기회감염(感染;自家傳染), 기회균등/주의(均等/主義), 기회범(犯;우발범), 기회비용(費用), 기회시(詩), 기회원인(原因), 기회주의/적(主義/的), 기회평등(平等).

정리기(整理機), 정맥기(精麥機), 정미기(精美機), 정분기(精粉機), 정빙기(整氷機), 정쇄기(精碎機), 정찰기(偵察機), 제동기(制動機), 제망기(製網機), 제분기(製粉機), 제빙기(製氷機), 제사기(製絲機), 제설기(除雪機), 제습기(除濕機), 제승기(製繩機), 제유기(製油機), 제재기(製材機), 제족기(製簇機), 제진기(除塵機), 재차기(制車機), 제트기(jet機), 제함기(製函機), 조기(造機), 조각기(彫刻機), 조광기(調光機), 조면기(繰綿機), 조방기(粗紡機), 조분쇄기(粗粉碎機), 조사기(繰絲機), 조속기(調速機), 조쇄기(粗碎機), 조타기(操舵機), 조폐기(造幣機), 조형기(造型機), 족답기(足踏機), 주식기(鑄植機), 주유기(注油機), 주조기(鑄造機), 주퇴기(駐退機), 준설기(浚渫機), 중기(重機), 지기(知機:낌새를 미리 알아차림), 직기(織機), 직류기(直流機), 직방기(直紡機), 직조기(織造機), 직진기(直進機), 직파기(直播機), 진동기(振動機), 집신기(集信機), 집음기(集音機), 집전기(集電機), 집진기(集塵機), 차단기(遮斷機), 착암기(鑿巖機), 착유기(窄乳機), 착유기(窄油機), 착정기(鑿井機), 착즙기(窄汁機), 채탄기(採炭機), 천기(天機), 천공기(穿孔機), 청음기(聽音機), 초계기(哨戒機), 초지기(抄紙機), 촉살기(鐲-機), 촬영기(撮影機), 추기(樞機), 추격기(追擊機), 추진기(推進機), 축력기(畜力機), 축압기(蓄壓機), 축열기(蓄熱機), 축음기(蓄音機), 축중기(軸重機), 취풍기(吹風機), 측미기(測微機), 측시기(測時機), 측원기(測遠機), 층교기(層橋機), 타기(舵機), 타면기(打綿機:솜틀), 타자기(打字機), 타전기(打電機), 타포기(打布機), 탈곡기(脫穀機), 탈립기(脫粒機), 탈모기(脫毛機), 탈빙길(脫氷機), 탈수기(脫水機), 탈진기(脫進機), 탐상기(探傷機), 탐색기(探索機), 탐지기(探知機), 탑재기(搭載機), 태환기(台丸機), 텐터기(tenter機), 토련기(土練機), 통신기(通信機), 통풍기(通風機), 투기(投機), 투석기(投石機), 파쇄기(破碎機), 파종기(播種機), 파형기(波形機), 판독기(判讀機), 편물기(編物機), 편직기(編織機), 편집기(編輯機), 편평기(扁平機), 평삭기(平削機), 평판기(平版機), 폐쇄기(閉鎖機), 포기(砲機:포의 몸통), 포설기(鋪設機), 포장기(包裝機), 폭격기(爆擊機), 프린트기(print機), 함상기(艦上機), 함재기(艦載機), 합사기(合絲機), 항공기(航空機), 항타기(杭打機), 해사기(解絲機), 현기(玄機:현묘한 이치), 현미기(玄米機), 현파기(現派機), 호기(好機)[물실호기(勿失)], 혼사기(混沙機), 혼타면기(混打綿機), 혼합기(混合機), 화기(禍機:재앙이 일어날 기회), 확대기(擴大機), 환등기(幻燈機), 환풍기(換風機), 활공기(滑空機), 회계기(會計機), 회전기(回轉機) 들.

기(器) ①재능·능력'을 뜻하는 말. ¶기국(器局), 기량(器量), 기재(器才); 국기(國器), 대기만성(大器晩成), 덕기(德器), 법기(法器), 신기(神器:임금의 자리), 위기(偉器), 인기(人器:사람의 됨됨이), 재기(才器). ②일부 명사 뒤나 어근에 붙어 '도구·기구. 그릇' 또는 생물체의 활동을 나타내는 몇몇 명사 위에 붙어 '그러한 활동을 위한 기관'의 뜻을 나타내는 말. ¶기계(器械:도구와 기물)[기계체조(體操), 기계총(머리 부스럼); 자기기계(自記)], 기관(器官)1521), 기구(器具)1522), 기기(器機광학기기(光學)], 기량(器量), 기명(器皿:살림살이에 쓰는 온갖 그릇)[기명도(圖); 놋기명(놋그릇)], 기물/답다(器物:기물로써 쓸모가 있다), 기악(器樂), 기완(器玩), 기장(器仗), 기재(器材); 가모기(家母器), 가산기(加算器), 가속기(加速器), 가습기(加濕器), 가압기(加壓器), 가열기(加熱器), 각도기(角度器), 감각기(感覺器), 감광기(減光器), 감산기(減算器), 감속기(減速器), 감쇠기(減衰器), 감압기(減壓器), 감지기(感知器), 감진기(感震器), 감화문기(嵌花文器:꽃무늬를 새기어 넣은 도자기), 개구기(開口器), 개폐기(開閉器), 갱기(羹器), 거중기(擧重器), 건조기(乾燥器), 검기(劍器), 검년기(檢撚器), 검뇨기(檢尿器), 검력기(檢力器), 검루기(檢漏器), 검사기(檢絲器), 검수기(檢水器), 검습기(檢濕器), 검안기(檢眼器), 검압기(檢壓器), 검염기(檢鹽器), 검온기(檢溫器), 검유기(檢乳器), 검전기(檢電器), 검조기(檢潮器), 검지기(檢地器), 검진기(檢震器), 검척기(檢尺器), 검출기(檢出器), 검층기(檢層器), 검침기(檢針器), 검파기(檢波器), 결합기(結合器), 경보기(警報器), 경음기(警音器), 계거기(計距器), 계기(戒器), 계기(計器), 계량기(計量器), 계보기(計步器), 계수기(計數器), 계전기(繼電器), 계진기(計塵器), 계측기(計測器), 골기(骨器), 골각기(骨角器), 공기(公器), 공기(空器), 공명기(共鳴器), 과급기(過給器), 과열기(過熱器), 관악기(管樂器), 관측기(觀測器), 관장기(灌腸器), 광변조기(光變調器), 광축각기(光軸角器), 교미기(交尾器), 교토기(攪土器), 구기(口器), 구명기(救命器), 국악기(國樂器), 군기(軍器), 군악기(軍樂器), 균질기(均質器), 금속기(金屬器), 급사기(給飼器), 급수기(給水器), 기기(碁器), 기시기(記時器), 기음기(記音器), 기화기(氣化器), 나자기(裸子器), 냉각기(冷却器), 녹음기(錄音器), 농기(農器), 누기(淚器), 누산기(累算器), 누수기(漏水器), 다기(茶器), 단도기(端度器), 단로기(斷路器), 단색광기(單色光器), 단속기(斷續器), 당의기(糖衣器), 대기(大器), 대변기(大便器), 도기(度器), 도기(陶器), 도기(道器), 도량형기(度量衡器), 도자기(陶瓷器), 도칠기(陶漆器), 도파기(導派器), 동기(銅器), 동조기(同調器), 둔기(鈍器), 등화기(等化器), 맥음기(脈音器), 면도기(面刀器), 멸균기(滅菌器), 명기(名器), 명기(明器), 모사기(茅沙器), 목기(木器), 무기(武器), 미각기(味覺器), 박기(薄器), 박자기(拍子器), 반기(飯器), 반사기(反射器), 반상기(飯床器), 반응기(反應器), 발광기(發光器), 발생기(發生器), 발성기(發聲器), 발음기(發音器), 발전기(發電器), 발진기(發振器), 방발기(防發器), 방사기(放射器), 방열기(放熱器), 방전기(放電器), 방향기(方向器), 배설기(排泄器), 배수기(排水器), 배양기(培養器), 배율기(倍率器), 배출기(排出器), 번호기(番號器), 벌빙기(伐氷器), 변기(便器), 변성기(變成器), 변압기(變壓器), 변조기(變調器), 변환기(變換器), 병기(兵器), 보기(寶器), 보시기(報時器), 보온기(保溫器), 보육기(保育器), 보청기(補聽器), 보행기(步行器), 보호기(保護器), 복선기(複線器), 복조기(複調器), 부기(缶器), 부란기(孵卵器), 부속기

1521) 기관(器官): 생물체를 형성하는 한 부분. 몇 개의 조직으로 이루어져, 일정한 모양과 기능을 지닌 부분. ¶기관계(系); 감각기관(感覺), 동물성기관(動物性), 미각기관(味覺), 발성기관(發聲), 발육기관(發育), 발음기관(發音), 발전기관(發電), 번식기관(繁殖), 보행기관(步行), 부유기관(浮遊), 상동기관(相同), 상사기관(相似), 생식기관(生殖), 소화기관(消化), 영양기관(營養), 운동기관(運動), 음성기관(音聲), 전기기관(電氣), 전정기관(前庭), 조음기관(調音), 평형기관(平衡), 호흡기관(呼吸), 흔적기관(痕迹).

1522) 기구(器具): 세간·그릇·연장 따위를 통틀어 이르는 말. 구조·조작 따위가 간단한 기계나 도구류. ¶가정용 전기 기구. 기구부리다(온갖 세간 기구를 다 있는 대로 내어 써서 있는 체하다), 기구있다(의식이 예법대로 갖추어져 있다); 농기구(農), 생활기구(生活), 열기구(熱), 의료기구(醫療), 주방기구(廚房).

(附屬器), 부착기(附着器), 부호기(符號器), 부화기(孵化器), 분광기(分光器), 분도기(分度器), 분류기(分流器), 분리기(分離器), 분무기(噴霧器), 분석기(分析器), 분수기(噴水器), 분압기(分壓器), 분축기(分縮器), 분출기(噴出器), 분할기(分割器), 분해기(分解器), 불기(佛器), 비교기(比較器), 비뇨기(泌尿器), 비등기(沸騰器), 사기(砂器), 사도기(寫圖器), 살균기(殺菌器), 살수기(撒水器), 살파기(撒播器), 살포기(撒布器), 상기(相器;재상이 될 만한 기량), 생란기(生卵器), 생식기(生殖器), 샤워기(shower器), 석기(石器), 석기(炻器), 선도기(線度器), 선별기(選別器), 성기(成器), 성기(性器), 세기(貰器), 세면기(洗面器), 세척기(洗滌器), 소기(小器), 소강기(燒糠器), 소독기(消毒器), 소변기(小便器), 소방기(消防器), 소염기(消焰器), 소음기(消音器), 소화기(消火器), 소화기(消化器), 송탄기(送彈器), 송화기(送話器), 수기(壽器), 수용기(受容器), 수준기(水準器), 수진기(受振器), 수평기(水平器), 수화기(受話器), 순환기(循環器), 습기(襲器), 승압기(昇壓器), 승화기(昇華器), 시각기(視覺器), 시경기(試硬器), 시조기(示潮器), 시준기(視準器), 시험기(試驗器), 식기(食器), 신기(神器), 아기(牙器), 아악기(雅樂器), 악기(樂器), 안마기(按摩器), 안전기(安全器), 안정기(安定器), 압려기(壓濾器), 압슬기(壓膝器), 약기(藥器), 양각기(兩脚器), 양기(良器), 양기(量器), 양수기(量水器), 양치기(養齒器), 여과기(濾過器), 여광기(濾光器), 여진기(勵振器), 여파기(濾波器), 역기(力器), 역기(礫器), 연결기(連結器), 연소기(燃燒器), 예기(禮器), 예선기(曳線器), 예열기(豫熱器), 옥기(玉器), 온기(溫器), 온구기(溫灸器), 온수기(溫水器), 온육기(溫育器), 온풍기(溫風器), 옹기(甕器), 와기(瓦器), 완력기(腕力器), 완충기(緩衝器), 요리기(料理器), 용기(用器;어떤 일을 하는 데 쓰는 기구), 용기(容器)[1523], 용변기(用便器), 용접기(鎔接器), 웅성기(雄性器), 원기(原器;표준으로 만든 그릇), 유기(柳器), 유기(鍮器), 유압기(油壓器), 은기(銀器), 음향기(音響器), 응결기(凝結器), 응축기(凝縮器), 의료기(醫療器), 이기(利器), 이표기(耳標器), 인기(刃器), 자기(瓷器), 자기(磁器), 작조기(作條器), 장기(臟器), 장기(葬器), 장난기(藏卵器), 장정기(臟精器), 저작기(咀嚼器), 저항기(抵抗器), 적과기(炙果器)/적기(炙器), 적분기(積分器), 전성기(傳聲器), 전열기(電熱器), 전음기(傳音器), 전축기(全縮器), 전환기(轉換器), 절환기(切丸器), 절탄기(節炭器), 점멸기(點滅器), 점자기(點字器), 점화기(點火器), 접속기(接續器), 접선기(接線器), 접지기(接地器), 접촉기(接觸器), 정류기(精溜器), 정류기(整流器), 정미기(精米器), 정선기(精選器), 정수기(淨水器), 정온기(定溫器), 정용기(整容器), 정제기(精製器), 제기(祭器), 제도기(製圖器), 제신기(除燼器), 제어기(制御器), 제운기(製雲器), 제진기(制振器), 제초기(除草器), 제한기(制限器), 제핵기(除核器), 제환기(製丸器), 조기장(造器匠), 조리기(調理器), 조반기(早飯器), 조상기(調相器), 조절기(調節器), 조정기(造精器), 조정기(調整器), 조준기(照準器), 조혈기(造血器), 주기(酒器), 주사기(注射器), 주유기(注油器), 주입기(注入器), 주탕기(注湯器), 죽기(竹器), 중기(重器), 중계기(中繼器), 중심기(中心器), 증류기(蒸溜器), 증발기(蒸發器), 증폭기(增幅器), 지기(紙器), 지시기(指示器), 지철기(紙綴器), 직각기(直角器), 진기(珍器), 진찰기(診察器/機), 진탕기(震盪器), 집기(什器), 집광기(集光器), 집음기(集音器), 차기(茶器), 차광기(遮光器), 차단기(遮斷器), 채기(彩器), 채니기(採泥器), 채밀기(採蜜器), 채설기(採雪器), 채수기(採水器), 채정기(採精器), 채화기(彩畵器), 철기(鐵器), 청기(聽器), 청각기(聽覺器), 청동기(靑銅器), 청소기(淸掃器), 청진기(聽診器), 청취기(聽取器), 체량기(體量器), 체온기(體溫器), 체절기(體節器), 초기(礎器), 초자기(硝子器), 촉감기(觸感器), 총기(銃器), 최청기(催靑器), 추출기(抽出器), 축도기(縮圖器), 축사기(縮射器), 축열기(蓄熱器), 축융기(縮絨器), 축음기(蓄音器), 축전기(蓄電器), 축중기(軸重器), 충전기(充電器), 측각기(測角器), 측거기(測距器), 측경기(測徑器), 측고기(測高器), 측량기(測量器), 측면기(側面器), 측보기(測步器), 측선기(側線器), 측수기(測樹器), 측압기(測壓器), 측용기(測容器), 측우기(測雨器), 측운기(測雲器), 측음기(測音器), 측장기(測長器), 측정기(測定器), 측정기(測程器), 측풍기(測風器), 칠기(漆器), 타진기(打診器), 탁기(琢器), 탈습기(脫濕器), 탐지기(探知器), 탕기(湯器), 토기(土器), 토기(吐器), 통계기(統計器), 투광기(投光器), 투석기(投石器), 투창기(投槍器), 파기(破器), 파성기(破成器), 판독기(判讀器), 펀치기(punch器), 편광기(偏光器), 포장기(包裝器), 표시기(表示器), 표시기(標示器), 피뢰기(避雷器), 항온기(恒溫器), 해독기(解讀器), 향악기(鄕樂器), 허기(虛器), 현미음기(顯微音器), 현음기(弦音器), 형기(刑器), 형기(衡器), 호흡기(呼吸器), 혼의기(渾儀器), 혼합기(混合器), 화기(火器), 화기(花器), 확성기(擴聲器), 환의기(丸衣器), 환절기(環節器), 회광기(回光器), 효과기(效果器), 후각기(嗅覺器), 후기(嗅器), 흉기(凶器), 흡기(吸器), 흡기기(吸氣器), 흡유기(吸乳器), 흡인기(吸引器), 흡입기(吸入器), 흡진기(吸塵器), 흡착기(吸着器) 들.

기(期) '때. 기간, 시기. 기다리다'를 뜻하는 말. ¶기간(期間)[1524], 기년(期年), 기대(期/企待)[1525], 기도(期圖), 기말(期末), 기미(期米), 기성/회(期成/會), 기약(期約)[기약하다; 뒷기약], 기어이/코(期於;어떠한 일이 있더라도 반드시), 기월(期月), 기이(期頤), 기일(期日)[시행기일(施行), 지급기일(支給), 초기일(初)], 기중(期中), 기초(期初), 기필/코(期必), 기하다, 기한(期限)[기한부(附); 무기한(無), 불/확정기한(不/確定), 시행기한(施行), 유기한(有)], 기회(期會); 가기(可期), 가기(佳期), 가기(嫁期), 간빙기(間氷期), 갈수기(渴水期), 감온기(感溫期), 강우기(降雨期), 강점기(强占期), 개구기(開口期), 개서기(開絮期), 개엽기(開葉期), 개척기(開拓期), 개화기(開化期), 개화기(開花期), 갱년기(更年期), 건기(乾期), 건유기(乾乳期), 건조기(乾燥期), 격동기(激動期), 격변기(激變期), 결과기(結果期), 결빙기(結氷期), 결산기(決算期), 결실기(結實期),

1523) 용기(容器): 액체나 기체 상태의 물질 또는 작은 알갱이나 덩어리 상태의 물질이나 물체를 넣어 가두어 둘 수 있는 기구.

1524) 기간(期間): 어느 일정한 시기부터 다른 어느 일정한 시기까지의 사이. 두 시점의 사이. ¶기간계산(計算), 기간계약(契約), 기간급(給), 기산보험(保險), 기간분석(分析), 기간제(制); 냉각기간(冷却;노동쟁의 개시 전에 설정하는 유예기간), 단기간(短), 대혼기간(待婚), 무상기간(無霜), 법정기간(法定), 보험기간(保險), 부가기간(附加), 불변기간(不變), 생산기간(生産), 시효기간(時效), 예고기간(豫告), 유예기간(猶豫), 유효기간(有效), 잔여기간(殘餘), 잠복기간(潛伏), 장기간(長), 재정기간(裁定), 재혼금지기간(再婚禁止), 준비기간(準備), 휴가기간(休暇)

1525) 기대(期待): 어떤 일이 이루어지기를 바라고 기다림. ¶기대를 걸다. 기대를 저버리다. 기대가능성(可能性), 기대감(感), 기댓값, 기대권(權), 기대금액(金額), 기대난(難), 기대되다/하다, 기대주(株), 기대치(値).

겸입기(鎌入期), 계몽기(啓蒙期), 고조기(高潮期), 고초기(枯草期), 공기(工期), 공백기(空白期), 공황기(恐慌期), 과기(瓜期), 과기(科期), 과기(過期), 과도기(過渡期), 관동기(貫動期), 교미기(交尾期), 교체기(交替期), 구강기(口腔期), 구순기(口脣期), 권태기(倦怠期), 귀기(歸期), 극성기(極盛期), 금기(今期), 금납기(金納期), 금렵기(禁獵期), 금어기(禁漁期), 급전기(急轉期), 기기(起期), 기성기(氣成期), 낙수기(落水期), 난숙기(爛熟期), 남근기(男根期), 납기(納期), 낭배기(囊胚期), 내기(來期), 내유기(來遊期), 냉각기(冷却期), 노년기(老年期), 노쇠기(老衰期), 농기(農期), 농경기(農耕期), 농궁기(農窮期), 농번기(農繁期), 농한기(農閑期), 다조기(多照期), 단기(短期), 단경기(端境期), 단경기(斷經期), 당기(當期), 대기(大期), 대전환기(大轉換期), 도약기(跳躍期), 도태기(淘汰期), 동기(冬期), 동기(同期), 동난기(動亂期), 동절기(冬節期), 만기(滿期), 만기(晩期), 만출기(娩出期), 말기(末期), 매기(每期), 매우기(梅雨期), 맥령기(麥嶺期), 맥작기(麥作期), 맹아기(萌芽期), 메톤기(Meton期), 면기(眠期), 명기(命期), 모기(耄期), 묘판기(苗板期), 무기(無期), 무밀기(無蜜期), 미개기(未開期), 미아배기(尾芽胚期), 반기(半期), 반감기(半減期), 반동기(反動期), 반항기(反抗期), 발생기(發生期), 발수기(發穗期), 발아기(發芽期), 발양기(發陽期), 발육기(發育期), 발전기(發展期), 발정기(發情期), 발흥기(勃興期), 방출기(放出期), 배당기(配當期), 배란기(排卵期), 배태기(胚胎期), 번성기(繁盛期), 번식기(繁殖期), 번영기(繁榮期), 변성기(變聲期), 변절기(變節期), 변제기(辨濟期), 변혁기(變革期), 병기(病期), 부정기(不定期), 부활기(復活期), 부흥기(復興期), 분기(分期), 분만기(分娩期), 분얼기(分蘖期), 불기(不期), 불안기(不安期), 불응기(不應期), 붕괴기(崩壞期), 비등기(沸騰期), 비수기(非需期), 빙기(氷期), 빙간기(氷間期), 빙온기(氷溫期), 빙하기(氷河期), 빙한기(氷寒期), 사기(死期), 사분기(四分期), 사전기(死戰期), 사춘기(思春期), 산기(産期), 산란기(産卵期), 산식기(産殖期), 산욕기(産褥期), 상기(喪期), 상반기(上半期), 상승기(上昇期), 상실기(桑實期), 상징기(象徵期), 생식기(生殖期), 생장기(生長期), 생초기(生草期), 서열기(暑熱期), 석금기(石金期), 선기(先期), 성광기(成鑛期), 성기기(性器期), 성과기(盛果期), 성년기(成年期), 성년기(盛年期), 성수기(盛需期), 성숙기(成熟期), 성어기(盛漁期), 성인기(成人期), 성장기(成長期), 소기(所期), 소년기(少年期), 소생기(蘇生期), 소식기(小食期), 소퇴기(消退期), 쇠망기(衰亡期), 쇠퇴기(衰退期), 수기(需期), 수난기(受難期), 수련기(修鍊期), 수렵기(狩獵期), 수유기(授乳期), 수학기(修學期), 수확기(收穫期), 숙성기(熟成期), 순환기(循環期), 습작기(習作期), 시기(時期), 시련기(試鍊期), 시원기(始原期), 시필기(始畢期), 시험기(試驗期), 신생아기(新生兒期), 신장기(伸長期), 실기(失期;일정한 시기를 어김), 아동기(兒童期), 안정기(安定期), 안정기(安靜期), 암흑기(暗黑期), 앙양기(昂揚期), 야만기(野蠻期), 약혼기(約婚期), 어기(漁期), 어로기(漁撈期), 어한기(漁閑期), 어획기(漁獲期), 여명기(黎明期), 연기(年期), 연기(延期), 연령기(年齡期), 연학(研學期), 엽기(獵期), 영농기(營農期), 영소기(營巢期), 영업기(營業期), 예기(豫期), 예취기(刈取期), 온난기(溫暖期), 온양기(醞釀期), 완기(緩期), 완숙기(完熟期), 왕성기(旺盛期), 요람기(搖籃期), 우기(雨期), 원숙기(圓熟期), 원장기(原腸期), 위기(違期;시한을 어김), 유기(有期), 유기(幼期), 유년기(幼年期), 유밀기(流蜜期), 유숙기(乳熟期), 유아기(幼兒期), 유아기(乳兒期), 유약기(幼若期), 윤벌기(輪伐期), 융성기(隆盛期), 융흥기(隆興期), 음성기(陰性期), 이기(二期), 이세포기(二細胞期), 이앙기(移秧期), 이완기(弛緩期), 이유기(離乳期), 이행기(履行期), 일기(一期), 일화기(一花期), 임계기(臨界期), 임기(任期), 임농기(臨農期), 입문기(入門期), 입학기(入學期), 자기(自期), 잔설기(殘雪期), 잠복기(潛伏期), 장기(長期), 장년기(壯年期), 장림기(長霖期), 장마기, 장배기(腸胚期), 재배기(栽培期), 저온기(低溫期), 적기(適期), 적령기(適齡期), 적시기(適時期), 전기(全期), 전기(前期), 전구기(前驅期), 전반기(前半期), 전변기(轉變期), 전성기(全盛期), 전환기(轉換期), 전후기(戰後期), 절량기(絕糧期), 절정기(絕頂期), 정기(定期), 정련기(精練期), 정리기(整理期), 정마그마기(正magma期), 정지기(靜止期), 정체기(停滯期), 정혁기(鼎革期), 조기(早期), 졸업기(卒業期), 종기(終期), 주기(週期), 주산기(周産期), 준비기(準備期), 중기(中期), 중간기(中間期), 중년기(中年期), 중반기(中盤期), 중식기(中食期), 증수기(增水期), 중장기(中長期), 지급기(支給期), 지불기(支拂期), 진통기(陣痛期), 차기(次期), 차기(此期), 채벌기(採伐期), 청기(請期), 청년기(青年期), 청소년기(青少年期), 청초기(青草期), 청춘기(青春期), 초기(初期), 초로기(初老期), 초반기(初盤期), 초창기(草創期), 총렵기(銃獵期), 최성기(最盛期), 최청기(催青期), 추기(秋期), 추경기(秋耕期), 추수기(秋收期), 축적기(蓄積期), 춘기(春期), 춘경기(春耕期), 춘궁기(春窮期;보릿고개), 출수기(出穗期), 출회기(出廻期), 충적기(沖積期), 침략기(侵掠期), 침체기(沈滯期), 카타르기(catarrh期), 쾌유기(快癒期), 탁아기(託兒期), 태사기(太絲期), 태생기(胎生期), 태아기(胎兒期), 퇴기(退期), 퇴조기(退潮期), 퇴행기(退行期), 파과기(破瓜期), 파종기(播種期), 팔세포기(八細胞期), 평화기(平和期), 폐경기(閉經期), 포란기(抱卵期), 포배기(胞胚期), 포유기(哺乳期), 풍기(風期;임금과 신하 사이의 뜻이 서로 통함을 이르는 말), 풍수기(豐水期), 풍어기(豐漁期), 풍운기(風雲期), 피서기(避暑期), 하강기(下降期), 하기(夏期), 하반기(下半期), 하절기(夏節期), 하향기(下向期), 학기(學期), 학령기(學齡期), 한기(限期), 항문기(肛門期), 항성기(恒星期), 항전기(抗戰期), 해동기(解凍期), 해빙기(解氷期), 혁명기(革命期), 형기(刑期), 형성기(形成期), 호기(好期), 호숙기(糊熟期), 혹서기(酷暑期), 혹한기(酷寒期), 혼기(婚期), 혼란기(混亂期), 홍수기(洪水期), 화기(花期), 환우기(換羽期;날짐승이 깃을 가는 시기), 환원기(還元期), 환절기(換節期), 환후기(換候期), 황금기(黃金期), 황숙기(黃熟期), 황체기(黃體期), 황혼기(黃昏期), 회기(回期), 회기(會期), 회귀기(回歸期), 회두기(回頭期), 회복기(回復期), 획기적(劃期的), 후기(後期), 후반기(後半期), 후산기(後産期), 후퇴기(後退期), 휴가기(休暇期), 휴면기(休眠期), 휴식기(休息期), 휴어기(休漁期), 휴지기(休止期), 흉어기(凶漁期), 흡유기(吸乳期), 흥분기(興奮期) 들.

기(氣) '기운 · 힘. 징조(徵兆). 공기. 숨. 마음. 느낌. 기후'를 뜻하는 말. ¶기가 넘치다. 기가 꺾이다. 기를 쓰다. 기를 펴다. 기가 죽다. 기껏/해야, 기개(氣槪)[1526], 기개세(氣蓋世), 기겁(氣怯)[1527],

1526) 기개(氣槪): 어떤 어려움에도 굽히지 않는 강한 의지. 또는 그러한 기상. 의기(意氣). ¶기개가 높다. 한국 남아의 기개.

ㄱ

기고만장(氣高萬丈), 기골(氣骨), 기공(氣孔), 기관(氣管)[기관지(支), 기관지염(氣管支炎)], 기괴(氣塊), 기구(氣球)[1528], 기권(氣圈), 기낭(氣囊), 기단(氣短), 기단(氣團;공기의 덩이)[1529], 기도(氣道), 기량(氣量), 기력(氣力)[무기력(無)], 기류(氣流)[1530], 기막히다, 기맥(氣脈), 기모(氣貌), 기문(氣門), 기미(氣味)[1531], 기밀(氣密)[기밀복(服), 기밀시험(試驗), 기밀실(室)], 기백(氣魄), 기벽(氣癖;자부심이 많아서 남에게 지거나 굽히지 않으려는 성질), 기병(氣病), 기분/파(氣分/派), 기상(氣相), 기상(氣象;대기 중에서 일어나는 현상)[1532], 기상(氣像;타고난 기개나 마음씨), 기색(氣色), 기색(氣塞), 기성(氣盛), 기성(氣成)[기성광물(鑛物), 기성광상(鑛床), 기성암(巖), 기성작용(作用)], 기세(氣勢;바람. 힘), 기수(氣數), 기습(氣習), 기승(氣勝)[1533], 기식(氣息), 기신(氣神), 기실(氣室), 기쓰다(있는 힘을 다하다), 기압(氣壓)[1534], 기약(氣弱), 기염(氣焰)[1535], 기염만장(氣焰萬丈), 기엽(氣葉), 기예(氣銳), 기온(氣溫)[기온파(波), 기온편차(偏差); 평균기온(平均)], 기요통(氣腰痛), 기우(氣宇), 기운(氣運)[1536], 기운(氣韻;서화에서 느끼는 아담한 멋)[기운생동(生動)], 기울(氣鬱), 기음(氣音), 기절(氣絕;충격 따위로 한동안 정신을 잃음)[기절낙담(落膽), 기절초풍(風)[1537]], 기절(氣節), 기종(氣腫), 기죽다/죽이다, 기지(氣志), 기진(氣盡)[기진맥진(脈盡), 기진역진(力盡)], 기질(氣質), 기차다[1538], 기천(氣喘), 기체(氣滯), 기체(氣體)[1][1539], 기체(氣體;기력과 신체. 기체후)[2], 기축(氣縮), 기층(氣層), 기파(氣波), 기포(氣泡;거품), 기포(氣胞;부레. 허파꽈리), 기품(氣品;고상한 품격), 기품(氣稟;타고난 기질과 성품), 기풍(氣風;어떤 사회나 집단의 사람들이 공통으로 가지고 있는 전통적인 기질이나 풍채), 기핍(氣乏), 기함(氣陷), 기합/술(氣合/術), 기해(氣海), 기허(氣虛), 기혈(氣血), 기화(氣化)[1540], 기후(氣候)[1541], 기훈(氣暈), 기흉(氣胸); 가기(佳氣), 각기(脚氣), 간기(肝氣), 간기(間氣), 간기(癎氣), 감기(感氣), 강기(剛氣), 객기(客氣), 거기(倨氣), 걸기(傑氣), 겁기(劫氣), 경기(景氣), 경기(驚氣), 고기(古氣), 곡기(穀氣), 골기(骨氣), 공기(空氣), 광기(狂氣), 교기(嬌氣), 교기(驕氣), 구기(九氣), 구기(嘔氣), 군기(軍氣), 굴기성(屈氣性), 궁기(窮氣), 귀기(鬼氣), 근기(根氣), 난기(煖/暖氣), 남기(嵐氣;이내), 냉기(冷氣), 노기(老氣), 노기(怒氣), 누기(陋氣), 누기(漏氣), 다기/지다/차다(多氣), 단기(短氣), 달기(達氣), 담기(膽氣), 대기/압(大氣/壓), 덕기(德氣), 독기(毒氣), 동기(同氣), 딴기(냅뜨는 기운. 세찬 기운), 망기(望氣), 매기(買氣), 매기(煤氣), 매기(霉氣), 명기(明氣), 무기(武氣), 무기(無氣), 물기[수(水)], 방기(放氣), 배기(排氣), 백기(白氣), 보기(補氣), 부기(浮氣), 분기(噴氣), 분기(憤氣), 분위기(雰圍氣), 사기(士氣), 사기(邪氣), 사기(使氣), 사기(肆氣), 사기(辭氣), 산기(山氣), 산기(疝氣), 산기(産氣), 살기(殺氣), 상기되다/하다(上氣), 상기(祥氣), 상기(桑氣), 상기(喪氣), 상기(霜氣), 생기(生氣), 서기(暑氣), 서기(瑞氣), 설기(泄氣), 성기(盛氣), 성기(聲氣), 소금기, 소기(消氣;메탄), 소기(笑氣), 소기(騷氣), 속기(俗氣), 손기(損氣), 송기(送氣), 수기(水氣), 수기(羞氣), 수상기(殊常氣), 숙기(淑氣), 순기(順氣), 습기(濕氣), 승기(勝氣), 신기(神氣), 신기(腎氣), 심기(心氣), 아기(雅氣), 악기(惡氣), 압기(壓氣), 애기(噯氣;트림), 액기(厄氣), 액기(腋氣;암내), 야기(夜氣), 양기(凉氣), 양기(揚氣), 양기(陽氣), 양기(養氣), 어기(語氣;말하는 기세), 여기(沴氣;요사하고 독한 기운), 여기(厲氣), 여기(餘氣), 역기(逆氣;욕지기), 연기(煙氣), 열기(熱氣), 염기(鹽氣), 영기(靈氣), 예기(銳氣), 예기(穢氣), 오기(傲氣), 온기(溫氣), 왕기(王氣), 왕기(旺氣), 외기(外氣), 요기(妖氣), 요기(腰氣;자궁병), 욕기(慾氣), 용기(勇氣), 우기(雨氣), 욱기(郁氣), 운기(雲氣), 운기(運氣), 울기(鬱氣), 원기(元氣), 위기(胃氣), 위기(衛氣), 유기

1527) 기겁(氣怯): 갑자기 몹시 놀라거나 겁에 질려 숨이 막힐 듯이 됨. ¶기겁을 하다.

1528) 기구(氣球): 수소나 헬륨 등 공기보다 가벼운 기체를 넣어 공중에 띄우는 큰 공 모양의 물건. ¶기구를 띄우다. 기구위성(衛星); 경기구(輕), 광고기구(廣告), 군용기구(軍用), 선전기구(宣傳), 탐검기구(探檢).

1529) 기단(氣團): 기온과 습도의 대기 상태가 거의 같은 성질을 가지고 수평 방향으로 넓은 범위에 걸쳐 퍼져 있는 공기 덩어리. ¶극기단(極), 대륙기단(大陸), 북태평양기단(北太平洋), 상층기단(上層), 시베리아기단(Siberla), 아한대기단(亞寒帶), 양쯔강기단(揚子江), 열대기단(熱帶)[열대대륙성기단(大陸性), 열대해양성기단(海洋性)], 오호츠크해기단(Okhotsk海), 적도기단(赤道), 한대기단(寒帶), 한랭기단(寒冷), 해양기단(海洋).

1530) 기류(氣流): 대기 중에서 일어나는 공기의 흐름. 항공기 따위가 공중에서 일으키는 바람. ¶고속도기류(高速度)/고속기류, 난기류(亂), 제트기류(jet), 반전기류(反轉), 발산기류(發散), 상승기류(上昇), 상층기류(上層), 악기류(惡), 제트기류(jet), 하강기류(下降).

1531) 기미(氣味): ①생각하는 바와 취미. ¶기미가 통하다. ②약의 성질과 효능을 판단하는 기준. ¶기미를 보다(수라나 탕제를 상궁이 먼저 먹어 보는 일).

1532) 기상(氣象): ①대기 중에서 일어나는 모든 현상. ¶기상경보(警報), 기상관측(觀測), 기상구(區), 기상기호(記號), 기상대(臺), 기상도(圖), 기상병(病), 기상요소(要素), 기상위성(衛星), 기상인자(因子), 기상재해(災害), 기상청(廳), 기상통보(通報), 기상특보(特報), 기상학(學); 농업기상(農業), 산악기상(山岳), 인공기상(人工)②사람이 타고난 성품 또는 기질. ¶빼어난 기상. 왕자기상(王者;임금의 기상).

1533) 기승(氣勝): 남에게 굽히지 않는 굳세고 억척스러운 성미. 또는 그렇게 굳세고 억척스러움. ¶기승을 떨다. 기승을 부리다. 기승을 피우다(기승스러운 성미를 드러내다). 기승스럽다/하다.

1534) 기압(氣壓): 기압경도(傾度), 기압계(計), 기압골(두 기압에 끼여 가늘고 길게 뻗은 저기압의 구역), 기압배치(配置), 기압파(波); 고기압(高)[이동성고기압(移動性)], 저기압(低), 중심기압(中心), 표준기압(標準).

1535) 기염(氣焰): 발언(發言) 따위에 나타나는 호기로운 기세. 대단한 호기(豪氣). ¶기염을 토하다(대단한 기세로 큰소리를 치다).

1536) 기운(氣運): 어떤 물질이나 세력 또는 에너지가 가진 특별한 성질. 주위에 영향을 미치거나 돌아가는 형편.≒힘. ¶형은 기운(힘)이 세다. 몸에 기운이 빠졌다. 요즘 정가(政街)에는 이상한 기운이 돈다. 불기운, 약기운(藥).

1537) 기절초풍(氣絕-風): 숨이 막히고 경기를 일으킬 정도로 몹시 놀람.

1538) 기차다(氣): 하도 어이없어 말이 나오지 아니하다. ¶금세 있었던 책이 없어졌으니 기찰 노릇이다.

1539) 기체(氣體)[1]: 일정한 모양이나 부피가 없고 자유로이 유동(流動)하는 성질을 가진 물질. 공기나 가스 따위. ¶기체론(論), 기체상(相), 기체상수(常數), 기체연료(燃料), 기체전지(電池); 비활성기체(非活性), 완전기체(完全), 이상기체(理想), 혼합기체(混合).

1540) 기화(氣化): 액체가 증발하여 기체가 됨. ¶기화기(器;카뷰레터), 기화열(熱;蒸發熱).

1541) 기후(氣候): 어느 지역의 평균적인 기상 상태. ¶기후가 좋은 지방. 기후구(區), 기후대(帶), 기후도(圖), 기후순화(馴化), 기후요법(療法), 기후요소(要素), 기후인자(因子), 기후조(鳥;철새), 기후형(型); 건조기후(乾燥), 고산기후(高山), 내륙성기후(內陸性), 대기후(大), 대륙성기후(大陸性), 도시기후(都市), 동안기후(東岸), 미기후(微), 빙설기후(氷雪), 사막기후(沙漠), 산악기후(山岳), 소기후(小), 스텝기후(steppe), 습윤기후(濕潤), 식물기후(植物), 아열대기후(亞熱帶), 연해기후(沿海), 열대기후(熱帶), 온대기후(溫帶), 한대기후(寒帶), 해안기후(海岸), 해양성기후(海洋性).

(乳氣), 윤기(潤氣;윤택한 기운), 음기(陰氣), 의기(意氣), 의기(義氣), 이기(二氣;음양), 이기(理氣), 인기(人氣), 일기(日氣;날씨), 자기(磁氣), 잠기, 장기(壯氣), 장기(瘴氣), 재기(才氣), 저기(沮氣;縮氣), 전기(電氣), 절기(節氣), 정기(正氣), 정기(精氣), 종기(腫氣), 종기(鐘氣;정기가 한데 뭉침), 좌기(挫氣;기세가 꺾임), 주기(主氣), 주기(酒氣), 중기(中氣), 증기(蒸氣), 지기(地氣), 지기(志氣), 진기(津氣;진액의 기운), 진기(振氣;기운을 떨쳐냄), 질기(窒氣), 창기(脹氣), 창기(瘡氣), 천기(天氣), 청기(靑氣), 체기(滯氣), 총기(聰氣), 추기(秋氣), 축기(蓄氣), 축기(縮氣), 춘기(春氣), 취기(臭氣), 취기(醉氣), 치기(稚氣), 쾌기(快氣), 타기(惰氣), 탄기(炭氣), 탈기(脫氣), 태기(胎氣), 토기(土氣), 토기(吐氣), 통기(通氣), 패기(覇氣), 폭명기(爆鳴氣), 풍기(風氣), 하기(下氣), 학기(瘧氣), 한기(旱氣;가뭄), 한기(寒氣), 함기성(鹹氣性), 해기(咳氣), 행기(行氣), 향기(香氣), 허기(虛氣), 현기/증(眩氣/症), 혈기/왕성(血氣/旺盛), 혐기/성(嫌氣/性), 협기(俠氣), 형기(形氣), 호기(呼氣), 호기(浩氣), 호기(豪氣), 호연지기(浩然之氣), 혼기(魂氣), 화기(火氣;불기운), 화기(和氣), 화기애애(和氣靄靄), 화장기(化粧氣), 환기(換氣), 활기(活氣), 효기(曉氣), 후기(後氣), 후중기(後重氣), 훈기(薰氣), 흑기(黑氣), 흡기(吸氣) 들.

기(記) '기록(문서). 적다. 기억하다. 표지'를 뜻하는 말. ¶기념(記/紀念)[1542], 기록(記錄)[1543], 기말(記末),기명(記名)[1544], 기명(記銘), 기사(記事)[1545], 기사(記寫), 기상(記象)[지진기상(地震)], 기성명(記姓名), 기송(記誦), 기술법(記數法), 기술(記述)[기술문법(文法), 기술적(的)], 기시기(記時器), 기억(記憶)[1546], 기음/기(記音/機), 기입(記入)[기입란(欄), 기입장(帳)], 기자(記者)[1547], 기장(記章), 기장제(記帳制), 기재(記載), 기주(記注), 기표(記票), 기표(記標), 기하다, 기호(記號)[1548]; 간기(刊記), 감합기(勘合記), 강기(强記)[박람강기(博覽), 박문강기(博聞)], 건기(件記), 게기(偈記), 계성기(啓省記), 고기(古記), 공과기(功過記), 공판기(公判記), 관기(官記), 관전기(觀戰記), 관찰기(觀察記), 권말기(卷末記), 구기(舊記), 기기(旣記), 깃기(상속할 몫을 적은 서류), 노정기(路程記), 다짐기(다짐을 적은 서류), 단기(單記), 단군기(檀君記), 답사기(踏査記), 도원기(桃源記), 도중기(道中記), 동승기(同乘記), 등기(登記), 등과기(登科記), 레위기(Levi), 명기(明記), 명기(銘記), 모험기(冒險記), 묘기(描記), 문기(文記), 미래기(未來記), 민수기(民數記), 밀기(密記), 반문기(反問記), 발기(사람이나 물건의 이름을 죽 적은 글)[맞발기[1549]], 발인기(發靷記), 방랑기(放浪記), 방문기(訪問記), 별기(別記), 병기(倂記), 부기(附記), 부기(簿記), 분별기(分別記), 분재기(分財記), 불망기(不忘記), 비기(秘記), 비망기(備忘記), 사기(仕記), 사기(史記), 사기(私記), 사기(事記), 사사기(士師記), 사씨남정기(謝氏南征記), 사진기(仕進記), 상기(上記), 상기(詳記), 생기(省記), 생활기(生活記), 서시(書記)[서기관(官), 서기국(局), 서기장(長)], 세시기(歲時記), 속기(速記), 수기(手記), 수난기(受難記), 수도기(囚徒記), 순방기(巡訪記), 시정기(時政記), 신명기(申命記), 신사기(神事記), 실기(實記), 안내기(案內記), 암기(暗記), 약기(略記), 여행기(旅行記), 연기(連記), 연대기(年代記), 열기(列記), 열왕기(列王記), 오기(誤記), 옥중기(獄中記), 외기(外記), 외유기(外遊記), 욥기(Job記), 우기(右記), 위기(位記), 유기(遺記), 음기(陰記), 이기(移記), 인상기(印象記), 일기(日記), 일대기(一代記), 자기(自記), 잡기(雜記)[잡기장(帳); 신변잡기(身邊)], 장기(帳/掌記), 전기(前記), 전기(傳記), 전기(戰記), 전기(轉記), 전투기(戰鬪記), 정기(精記), 조상기(造像記), 종군기(從軍記), 좌기(左記), 주기(朱記), 집기(執記), 차기(箚記), 참관기(參觀記), 참전기(參戰記), 창세기(創世記), 체험기(體驗記), 초기(抄記), 초사기(招辭記), 총기(總記), 총기(叢記), 총명기(聰明記), 추기(追記), 출애급기(出埃及記), 취재기(取材記), 탈출기(脫出記), 탐방기(探訪記), 탐승기(探勝記), 탐험기(探險記), 투병기(鬪病記), 투쟁기(鬪爭記), 특기(特記), 파기(疤記), 파장기(把掌記), 판관기(判官記), 풍속기(風俗記), 풍토기(風土記), 표기/법(表記/法), 표기(標記), 표류기(漂流記), 필기/구(筆記/具), 하기(下記)[무하기(無)], 행장기(行狀記), 혈전기(血戰記), 형지기(形止記), 홀기(笏記), 회견기(會見記), 회상기(回想記), 후기(後記), 훈기(勳記) 들.

기(奇) '이상하다. 갑자기. 홀수'를 뜻하는 말. ¶기걸(奇傑;남다른 인물), 기경(奇經), 기계(奇計), 기고(奇古), 기고(奇觚), 기골(奇骨;보통과 다른, 특이한 골상이나 뛰어난 성품), 기공(奇功), 기관(奇

1542) 기념(記/紀念): 어떤 뜻 깊은 일이나 훌륭한 인물 등을 오래도록 잊지 아니하고 마음에 간직함. ¶결혼 30주년 기념. 기념관(館), 기념논문집(論文集), 기념되다/하다, 기념문(門), 기념물(物), 기념배당(配當), 기념벽화(壁畵), 기념비/적(碑/的), 기념사(辭), 기념사업(事業), 기념사진(寫眞), 기념상(像), 기념상(賞), 기념상품(商品), 기념식(式), 기념식수(植樹), 기념식전(式典), 기념엽서(葉書), 기념우표(郵票), 기념인장(印章), 기념일(日), 기념장(章), 기념절(節), 기념제(祭), 기념주(柱), 기념주화(鑄貨), 기념지(地), 기념집회(集會), 기념탑(塔), 기념패(牌), 기념품(品), 기념하다, 기념행사(行事), 기념호(號), 기념회(會).

1543) 기록(記錄): 주로 후일에 남길 목적으로 어떤 사실을 적음.=적바림. 운동 경기 따위에서 세운 성적이나 결과를 수치로 나타냄. ¶기록을 남기다. 세계 최고 기록. 기록경기(競技), 기록계(係), 기록계(計), 기록기(機), 기록되다/하다, 기록문(文), 기록문학(文學), 기록보유자(保有者), 기록부(簿), 기록사격(射擊), 기록사진(寫眞), 기록영화(映畵), 기록원(員), 기록자(者), 기록적(的), 기록철(綴), 기록화(畵); 공인기록(公認), 공정기록(公正), 공판기록(公判), 누가기록(累加), 세계기록(世界), 소송기록(訴訟), 신기록(新), 진기록(珍), 체공기록(滯空), 타이기록(tie).

1544) 기명(記名): 기명날인(捺印), 기명식(式), 기명제(制), 기명주권(株券); 무기명(無).

1545) 기사(記事): 기삿거리, 기사광고(廣告), 기사문(文), 기사체(體); 머릿기사, 사회기사(社會), 신문기사(新聞), 탐방기사(探訪), 특종기사(特種), 폭로기사(暴露).

1546) 기억(記憶): 지난 일을 잊지 않고 외어 둠. 또는 그 내용. ¶기억을 더듬다. 그때 일을 아직도 기억하고 있니? 기억과잉(過剩), 기억나다(떠오르다. 생각나다)/하다, 기억력(力;윌재주. 윌총. 지닐총. 지닐재주), 기억매체(媒體), 기억상실/자(喪失/者), 기억술(術), 기억용량(容量), 기억인자(因子), 기억장애(障碍), 기억장치(裝置), 기억착오(錯誤), 기억폭(幅;기억범위), 기억화(畵), 기억회로(回路), 기억흔적(痕迹); 이상기억(異常), 형상기억합금(形狀-合金).

1547) 기자(記者): 기자단(團), 기자실(室), 기자회견(會見); 교열기자(校閱), 민완기자(敏腕記者), 방송기자(放送), 사진기자(寫眞), 수습기자(修習), 신문기자(新聞), 어용기자(御用), 외신기자(外信), 전문기자(專門), 종군기자(從軍), 주재기자(駐在), 촬영기자(撮影), 출입기자(出入), 취재기자(取材), 편집기자(編輯).

1548) 기호(記號): 기호논리학(論理學), 기호론(論), 기호문자(文字), 기호투표(投票); 교정기호(校正), 기상기호(氣象), 발음기호(發音), 변화기호(變化), 연산기호(演算), 연음기호(延音;늘임표), 원소기호(元素), 원자기호(原子), 음부기호(音部), 음성기호(音聲)[국제음성기호(國際)], 지도기호(地圖), 화음기호(和音), 화학기호(化學).

1549) 맞발기: 두 통을 만들어 양쪽이 하나씩 간수하여 두는 문서.

ㄱ

觀), 기괴/하다(奇怪;이상야릇하다), 기괴망측(奇怪罔測), 기교(奇巧), 기구(奇句), 기굴하다(奇崛), 기궁하다(奇窮), 기기(奇技), 기기(奇鰭), 기기괴괴(奇奇怪怪), 기기묘묘(奇奇妙妙), 기기하다(奇奇;매우 이상야릇하다), 기남자(奇男子;재주나 슬기가 아주 뛰어난 사나이), 기담(奇談/譚), 기동(奇童), 기려하다(奇麗), 기론(奇論), 기리(奇利), 기만/수봉(奇巒/秀峰), 기모(奇謀), 기묘하다(奇妙), 기문/벽서(奇文/僻書), 기문(奇聞), 기박(奇薄), 기발(奇拔), 기벽(奇癖;남달리 기이한 버릇), 기변(奇變), 기별(奇/寄別)[기별꾼(소식을 전하는 사람), 기별하다], 기병(奇兵), 기병(奇病), 기봉(奇峰), 기봉소설(奇逢小說), 기사(奇士), 기사(奇事), 기사(奇思), 기상(奇想), 기서(奇書), 기석(奇石), 기성(奇聲), 기수(奇數), 기술(奇術), 기습(奇習), 기습(奇襲), 기승(奇勝;기묘한 경치. 뜻밖의 승리), 기안(奇案), 기암(奇巖), 기약(奇藥), 기언(奇言), 기연(奇緣), 기우(奇遇), 기이하다(奇異), 기인(奇人), 기일(奇日), 기재(奇才), 기적(奇蹟/跡;상식으로는 생각할 수 없는 기이한 일)[기적극(劇), 기적적(的)], 기절(奇絕;매우 신기함), 기정(奇正), 기제류(奇蹄類), 기준(奇峻), 기지(奇智), 기책(奇策), 기첩(奇捷), 기초(奇峭), 기치(奇恥), 기태(奇態), 기특하다(奇特)[1550], 기품(奇品), 기하다, 기행(奇行), 기현상(奇現象), 기형(奇形)[기형괴상(怪狀)], 기화(奇花), 기화(奇貨), 기화(奇禍), 기화(奇話), 기환(奇幻), 기효(奇效); 고기(古奇), 괴기(怪奇), 괴기(魁奇), 기기(奇奇), 수기(數奇), 신기하다(神奇), 신기하다(新奇), 엽기(獵奇)[엽기가(家), 엽기소설(小說), 엽기심(心), 엽기적(的)], 전기(傳奇)[전기소설(小說), 전기수(叟)[1551]], 절기(絕奇), 진기하다(珍奇), 호기하다(好奇), 호기심(好奇心) 들.

기(起) '일어나다. 서다. 시작하다'를 뜻하는 말. ¶기가(起家), 기간(起墾), 기거(起居), 기결(起結), 기경(起耕), 기고(起稿), 기공/식(起工/式→着工), 기구(起句), 기기(起期), 기뇨(起鬧), 기답(起畓), 기동/기(起動/機), 기두(起頭), 기론(起論), 기립(起立)[1552], 기모(起毛)[기모기(機), 기모직물(織物)], 기발하다(起發), 기병(起兵), 기복(起伏), 기복량(起伏量), 기복출사(起復出仕), 기봉(起峰), 기사/회생(起死/回生), 기산(起算)[기산일(日), 기산점(點)], 기상(起床)[기상나팔(喇叭), 기상시간(時間)], 기색(起色), 기서(起誓), 기소(起訴)[기소유예(猶豫), 기소장(狀); 불기소(不), 재기소(再), 준기소(準)], 기송(起送), 기송(起訟), 기승전결(起承轉結), 기신(起身), 기안(起案), 기업(起業), 기요(起擾), 기용(起用), 기원(起源/原), 기인(起因;일이 일어나게 된 까닭)/되다/하다, 기자력(起磁力), 기잠(起蠶), 기전(起電)[기전기(機), 기전력(力)], 기점(起點), 기조력(起潮力), 기좌(起坐), 기주(起酒), 기중기/선(起重機/船), 기채(起債), 기초(起草), 기침(起枕), 기침(起寢), 기포/성(起泡/性), 기폭/약(起爆/藥), 기필(起筆), 기한제(起寒劑), 기함(起陷); 갱기(更起), 결기(決起), 경기(競起), 경기(驚起), 계기(繼起), 군기(群起), 굴기(崛起), 궐기(蹶起)[궐기대회(大會), 궐기하다], 대기(大起), 돌기(突起), 두기하다(斗起), 반기(叛起), 발기(發起), 발기(勃起), 봉기(蜂起), 분기(紛起), 분기(奮起), 불기(不起), 상기(想起), 생기(生起), 숙기(夙起), 야기(惹起), 약기(躍起), 억기(憶起), 융기(隆起), 재기(再起), 제기하다(提起), 조기(早起), 좌기(坐起), 진기(振起), 포기(泡起), 환기(喚起), 효기(曉起), 흥기(興起) 들.

기(旗) 헝겊이나 종이 따위에 그려서 어떤 뜻을 나타내거나 국가·단체 등을 나타내는 것. ¶기를 꽂다. 기각(旗脚;깃발), 기간(旗竿;깃대), 기고(旗鼓), 기국법(旗國法), 기꼭지(깃대 꼭대기의 꾸밈새), 깃대, 기드림(기와 함께 그 위에 다는 좁고 긴 띠), 기류(旗旒;기드림), 깃발, 깃봉, 기수(旗手)[기수단(團); 번기수(番)], 기세배(旗歲拜), 기신호(旗信號), 기엽(旗葉;깃발), 기잡이, 기장(旗章), 기치(旗幟)[1553], 기판(旗瓣), 기폭(旗幅), 기함(旗艦), 기호(旗號); 검역기(檢疫旗), 고전기(告傳旗), 교기(校旗), 교룡기(蛟龍旗), 국기(國旗), 군기(軍旗), 난기(鸞旗), 농기(農旗), 단기(團旗), 당기(黨旗), 당보기(塘報旗), 대기(大旗), 대장기(大將旗), 만국기(萬國旗), 만자기(卍字旗), 망기(望旗), 반기(反旗), 반기(叛旗), 반기(半旗)[반기조례(弔禮)], 방색기(方色旗), 백기(白旗), 사기(社旗), 삼색기(三色旗), 상선기(商船旗), 선기(船旗), 성조기(星條旗), 선주기(船主旗), 손기, 수기(手旗), 신호기(信號旗), 아기(牙旗), 영기(靈旗), 오륜기(五輪旗), 왕기(王旗), 우승기(優勝旗), 유엔기(UN旗), 의기(義旗), 의장기(儀仗旗), 인기(認旗), 적기(赤旗), 적기(敵旗), 점풍기(占風旗), 정기(旌旗), 조기(弔旗), 주기(朱旗), 주기(酒旗), 청기(青旗), 초요기(招搖旗), 축기(祝旗), 태극기(太極旗), 표기(標旗), 풍신기(風信旗), 필성기(畢星旗), 호기(號旗), 항복기(降伏旗)/항기(降旗), 홍기(紅旗), 황기(黃旗), 휘기(麾旗;지휘할 때 쓰는 기), 휴전기(休戰旗), 흑기(黑旗) 들.

기(基) ①화학 반응에서 다른 화합물로 변화할 때 마치 한 원자처럼 작용하는 원자단. ¶메틸기, 산기(酸基), 수산기(水酸基), 염기(鹽基), 황산기(黃酸基), 히드록시기. ②무덤·비석·탑이나 원자로·유도탄을 세는 단위. ¶무덤 두 기. ③'터·바탕'을 뜻하는 말. ¶기각(基脚), 기간(基幹)[1554], 기근(基根;基本), 기금(基金), 기단(基壇)[기단석(石); 탑기단(塔)], 기반(基盤), 기본(基本)[1555], 기부(基部), 기비(基肥), 기색(基色), 기선(基線), 기성암(基性巖;鹽基性巖), 기수(基數), 기업(基業), 기음(基音), 기인(基因), 기저(基底)[1556], 기저막(基底膜), 기점(基點), 기조(基調), 기조연설(基調演說), 기주(基主), 기준(基準)[1557], 기지(基地)[1558], 기질(基質), 기초

1550) 기특하다(奇特): 말씨나 행동이 신통하여 귀염성이 있다.[+손아랫사람].

1551) 전기수(傳奇叟): 예전에, 이야기책을 전문적으로 읽어 주던 사람.

1552) 기립(起立): 일어나 섬. 기립 박수. 기립 표결. ¶기립 반대를 하다. 일동 기립! 기립성(性;일어설 때 증세를 나타내는 병의 성질), 기립하다.

1553) 기치(旗幟): ①기(旗). ②어떤 일에 대한 분명한 태도 또는 주장. ¶평화적 통일의 기치를 내걸다. 대기치(大).

1554) 기간(基幹): 어떤 분야나 부문에서 가장 으뜸이 되거나 중심이 되는 부분. ¶조선은 유교가 기간이 되는 도덕을 정치 이념으로 삼았다. 기간단체(團體), 기간산업(産業), 기간요원(要員), 기간적(的), 기간통화(通貨).

1555) 기본(基本): 사물의 가장 중요한 밑바탕. 근본. 토대(土臺). ¶기본구도(構圖), 기본권(權), 기본금(金), 기본급(給), 기본기(技), 기본단위(單位), 기본동작(動作), 기본뜻, 기본동작(動作), 기본료(料), 기본모순(矛盾), 기본법(法), 기본설계(設計), 기본어음, 기본어휘(語彙), 기본예절(禮節), 기본요금(料金), 기본욕구(慾求), 기본음(音), 기본자세(姿勢), 기본재산(財産), 기본적(的), 기본조직(組織), 기본집단(集團), 기본형(形); 불실기본(不失).

1556) 기저(基底): 어떤 것의 바닥이 되는 부분. 근저(根底). ¶이 작품은 도교 사상을 기저에 깔고 있다. 기저막(膜), 기저부하(負荷), 기저상태(狀態;바닥상태), 기저세포(細胞), 기저역암(礫巖), 기저연령(年齡), 기저유량(流量;바닥흐름양), 기저체(體), 기저핵(核;大腦核).

1557) 기준(基準): 기본이 되는 표준. ¶하루의 작업량의 기준을 정하다. 새로

(基礎[1559]), 기축(基軸;무슨 일의 중심이 되는 부분), 기층(基層), 기판(基板), 기하다(基); 개기(開基), 고기(古基), 고기(故基), 구기(舊基), 국기(國基), 근기(根基), 비기(丕基;사기(寺基;절터), 사기(社基), 석기(石基), 홍기(弘/鴻基;큰 사업을 이루는 기초), 황기(皇基) 들.

기(技) '솜씨. 재주'를 뜻하는 말. ¶기곡(技曲), 기공(技工), 기관(技官), 기교(技巧)[기교면(面), 기교파(派); 무기교(無)], 기능(技能[1560]), 기량(技/伎倆), 기법(技法), 기사(技士), 기사(技師), 기술(技術[1561]), 기양(技癢), 기예(技藝), 기장(技匠); 개인기(個人技), 경기(競技), 곡기(曲技), 교기(巧技), 구기(球技), 국기(國技), 기기(奇技), 농기(弄技), 다기(多技), 도기(賭技;노름), 말기(末技), 명기(名技), 묘기(妙技), 무기(武技), 무기(舞技), 미기(美技), 사기(射技), 소기(小技), 수기(手技;손재주), 수기(殊技), 시기(試技), 신기(神技), 실기(實技), 여기(餘技), 역기(力技), 연기(演技), 외기(外技), 유기(遊技), 잡기(雜技), 장기(長技), 절기(絕技), 조기(彫技), 졸기(拙技), 주기(走技), 진기(珍技), 천기(賤技), 체기(體技), 투기(鬪技), 특기(特技), 해기/사(海技/士), 화기(畵技) 들.

기(忌) '꺼리다. 미워하다. 상중(喪中)'을 뜻하는 말. ¶기고(忌故;해마다 사람이 죽은 날에 제사를 지내는 일), 기극(忌克), 기물(忌物), 기복(忌服), 기수(忌數), 기신(忌辰), 기외(忌畏;꺼리고 두려워함), 기월(忌月), 기일(忌日), 기제사(忌祭祀)/기제(忌祭), 기중(忌中;喪中), 기지(忌地), 기탄(忌憚)[기탄없이(거리낌 없이); 무소기탄(無所)], 기피(忌避)[기피자(者), 기피하다; 대인기피(對人), 병역기피(兵役)], 기하다(꺼리다. 피하다), 기혐(忌嫌), 기휘(忌諱;꺼리어 피함); 가기(家忌), 개산기(開山忌), 고기(顧忌), 구기(拘忌), 국기(國忌), 극기(極忌), 금기(禁忌), 대기(大忌), 방기휘(房忌諱), 상기(相忌), 속기(俗忌), 시기(猜忌), 염기(厭忌), 외기(畏忌), 의기(疑忌), 절기(絕忌), 주기(周/週忌), 초기(初忌), 친기(親忌;부모의 제사), 투기(妬忌;강샘), 편기(褊忌), 혐기(嫌忌), 휘기(諱忌) 들.

기(旣) '이미. 벌써'를 뜻하는 말. ¶기간(旣刊), 기결(旣決)[기결감(監), 기결수(囚), 기결안(案)], 기기(旣記), 기득/권(旣得/權), 기망(旣望), 기발(旣發), 기보(旣報), 기불(旣拂), 기설(旣設), 기성(旣成[1562]), 기수(旣遂↔未遂), 기술(旣述), 기시감(旣視感), 기약(旣約), 기왕/에/이면(旣往), 기왕증(旣往症), 기위(旣爲), 기이(旣已), 기장지무(旣張之舞), 기정(旣定)[기정비(費), 기정세입(歲入), 기정세출(歲出), 기정예산(豫算)], 기제(旣濟), 기존(旣存), 기지/수(旣知/數), 기출(旣出), 기취(旣聚), 기판력(旣判力), 기혼(旣婚); 개기(皆旣)[개기식(蝕), 개기월식(月蝕)], 식기(食/蝕旣) 들.

기(紀) '법칙. 규율(規律). 기록하다 · 적다. 연대(年代)'를 뜻하는 말. ¶기강(紀綱;근무자세. 태도), 기공(紀/記功), 기년(紀年)[기년법(法), 기년학(學;연대학)], 기요(紀要;요점을 적어 놓은 것), 기원(紀元)[기원전(前), 기원후(後); 서력기원(西曆)/서기(西紀), 신기원(新)], 기율(紀律;規律), 기전/체(紀傳/體), 기행(紀行); 강기(剛紀), 관기(官紀), 국기(國紀), 교기(校紀), 군기(軍紀), 단기(檀紀), 당기(黨紀), 방기(芳紀), 법기(法紀), 본기(本紀), 불기(佛紀), 서기(西紀), 세기(世紀), 풍기(風紀); 연기(年紀), 윤기(倫紀), 백악기(白堊紀)/ 석탄기(石炭紀)/ 중세기(中世紀)/ 쥬라기 들.

기(騎) '말 타다. 말 탄 군사'를 뜻하는 말. 말 탄 사람의 수효를 세는 말. ¶기고(騎鼓), 기마(騎馬)[기마대(隊), 기마바지, 기마병(兵), 기마전(戰), 기마행렬(行列); 쌍기마(雙)], 기발(騎撥), 기병/대(騎兵/隊), 기사/도(騎士/道), 기솔(騎率), 기수(騎手), 기어(騎馭), 기어(騎御), 기우(騎牛), 기전(騎戰), 기졸(騎卒), 기창(騎槍), 기총(騎銃), 기추(騎芻)/놓다(말을 타고 달리면서 활을 쏘다), 기호지세(騎虎之勢), 기휘(忌諱); 경기(輕騎), 단기(單騎), 보기(步騎), 비기(飛騎), 사기(射騎), 애기(愛騎), 예기(銳騎), 전기(傳騎), 정기(精騎), 철기(鐵騎), 체기(遞騎), 효기(驍騎) 들.

기(棄) '버리다. 그만두다. 잊다'를 뜻하는 말. ¶기각(棄却)[기각처분(處分); 공소기각(公訴), 상고기각(上告), 항소기각(抗訴)], 기권(棄權), 기물(棄物), 기세/은둔(棄世/隱遁), 기아(棄兒), 기약(棄約), 기연(棄捐), 기은(棄恩), 기인(棄人;버려진 사람), 기처(棄妻), 기치(棄置); 견기(見棄), 방기(放棄), 소기(燒棄), 양기(揚棄), 위기(委棄), 유기(遺棄), 인기아취(人棄我取), 자기(自棄), 자포자기(自暴自棄), 타기하다(唾棄), 투기(投棄), 파기(破棄), 폐기(廢棄), 포기(抛棄), 혐기(嫌棄), 훼기(毁棄) 들.

기(棋/碁) '바둑. 장기'를 뜻하는 말. ¶기객(棋/碁客), 기계(棋界), 기국(碁/棋局), 기기(碁器), 기단(棋壇), 기도(棋/碁道), 기력(棋/碁力), 기력(棋/碁歷;바둑이나 장기의 경력), 기박(碁博), 기반(碁盤), 기보(棋/碁譜), 기사(棋士), 기석(棋/碁石), 기성(棋/碁聖), 기

운 기준을 적용하다. 기준가(價), 기준골(논밭을 갈 때에 기준이 되는 도랑), 기준도(圖), 기준량(量), 기준면(面), 기준선(線), 기준시(時), 기준시가(時價), 기준원가(原價), 기준일(日), 기준임금(賃金), 기준전압(電壓), 기준점(點), 기준지가(地價), 기준층(層), 기준치(値), 기준틀, 기준표본(標本), 기준화/되다/하다(化), 기준환율(換率); 배수기준(排水), 평가기준(評價), 평정기준(評定), 합격기준(合格), 환경기준(環境).

1558) 기지(基地;터): 군대나 탐험대 따위의 행동의 근거지. ¶기지망(網), 기지창(廠), 기지촌(村); 공군기지(空軍), 군사기지(軍事), 남극기지(南極), 레이더기지(radar), 미사일기지(missile), 병참기지(兵站), 보급기지(補給), 비행기지(飛行), 사패기지(賜牌;나라에서 내려 준 땅), 우주기지(宇宙), 지상기지(地上), 지하기지(地下), 탐험기지(探險), 해군기지(海軍).

1559) 기초(基礎): 건물의 무게를 떠받치고 안정시키기 위하여 설치하는 밑받침.=토대(土臺). 사물이 이루어지는 바탕.=근본(根本). ¶민주정치의 기초를 다지다. 기초가 부족하다. 기초공사(工事), 기초공업(工業), 기초공제(控除), 기초과학(科學), 기초군(群), 기초대사(代謝), 기초도(圖), 기초버력(방파제나 다리를 놓을 때 물속에 기초를 만들기 위하여 집어넣는 돌), 기초산업(産業), 기초식품(食品), 기초연구(研究), 기초운동(運動), 기초의학(醫學), 기초적(的), 기초조사(調査), 기초지식(知識), 기초질서(秩序), 기초체력(體力), 기초체온(體溫), 기초하다, 기초학력(學力), 기초화장(化粧), 기초훈련(訓練); 막돌기초(막돌로 쌓은 기초).

1560) 기능(技能): 육체적 · 정신적 작업을 정확하고 손쉽게 해 주는 기술상의 재능. ¶기능을 닦다. 기능공(工), 기능노동(勞動), 기능사(士), 기능인(人), 기능자(者的, 기능직(職).

1561) 기술(技術): 어떤 일을 정확하고 능률적으로 해내는 솜씨. 과학 지식을 생산 · 가공에 응용하는 방법이나 수단. ¶기술공(工), 기술교육(教育), 기술도입(導入), 기술수출(輸出), 기술용역(用役), 기술원조(援助), 기술이전(移轉), 기술인(人), 기술자(者), 기술적(的), 기술정보(情報), 기술제휴(提携), 기술진(陣), 기술혁신(革新), 기술협력(協力), 기술화(化); 발기술, 손기술, 잔기술, 첨단기술(尖端).

1562) 기성(旣成): 어떤 사물이 이미 되어 있거나 만들어져 있음. 현실적으로 이미 그렇게 되어 있음. ¶기성곡(曲), 기성관념(觀念), 기성도덕(道德), 기성문단(文壇), 기성복(服;맞춤옷), 기성사실(事實), 기성세대(世代), 기성세력(勢力), 기성인(人), 기성작가(作家), 기성조건(條件), 기성종교(宗教), 기성품(品), 기성화(靴).

ㄱ

원(棋院), 기자(棋子), 기적(棋敵), 기전(棋戰), 기풍(棋/碁風); 금기(琴碁), 병기(兵棋), 복기(復碁), 속기(速棋), 사인기(四人棋), 위기(圍棋/碁), 장기(將棋)[장기짝, 장기판(板); 맞장기, 흘떼기장기[1563]], 혁기(奕棊) 들.

기(飢/饑) '주리다. 굶주리다. 흉년 들다'를 뜻하는 말. ¶기갈(飢渴)[1564], 기곤(飢困), 기근(飢/饑饉)[풍년기근(豊年)], 기년(饑年;흉년), 기동(饑凍), 기민(饑/飢民), 기사(饑/飢死), 기색(饑/飢色), 기세(饑/飢歲), 기아(飢/饑餓)[1565], 기인(飢人), 기자(飢者), 기자감식(飢者甘食), 기장(飢腸;주린 창자), 기포(飢飽), 기핍(飢乏;기근이 들어 먹을 것이 모자람), 기한(飢/饑寒), 기황(饑荒); 내기(耐飢), 소기(小飢), 요기(療飢), 허기(虛飢)[허기증(症), 허기지다; 육허기(肉)], 황기(荒饑) 들.

기(妓) '기생(잔치나 술자리에서 노래나 춤을 추어 흥을 돋우는 여자)'를 뜻하는 말. ¶기공(妓工), 기녀(妓女), 기루(妓樓;창기가 노는 집), 기명(妓名), 기무(妓舞), 기방(妓房), 기부(妓夫), 기생(妓生)[1566], 기악(妓樂), 기적(妓籍); 관기(官妓), 노기(老妓), 도기(都妓), 동기(童妓), 명기(名妓), 묘기(妙妓), 무기(舞妓), 미기(美妓), 소기(少妓), 압기(狎妓), 애기(愛妓), 여기(女妓), 예기(藝妓), 의기(義妓), 창기(娼妓), 천기(賤妓), 퇴기(退妓) 들.

기(幾) '얼마. 여러. 몇. 낌새. 거의. 가깝다'를 뜻하는 말. ¶기개(幾個;몇 개), 기다(幾多;여럿), 기만(幾萬), 기망(幾望), 기미/채다(幾/機微;낌새/채다), 기번(幾番), 기사(幾死)[기사근생(僅生), 기사지경(幾死之境)], 기삭(幾朔), 기수/채다(幾數;낌새), 기십(幾十;몇십), 기십만(幾十萬), 기일(幾日), 기지사경(幾至死境), 기차(幾次), 기패(幾敗), 기하(幾何)[1567], 기허(幾許); 미기(未幾), 서기(庶幾;거의) 들.

기(寄) '기대다. 맡기다. 주다'를 뜻하는 말. ¶기거하다(寄居), 기고(寄稿), 기공(寄公), 기류(寄留), 기부(寄附)[1568], 기생(寄生)[1569], 기서(寄書), 기송(寄送), 기숙(寄宿)[기숙사(舍), 기숙생(生)], 기식(寄食), 기어(寄語), 기여(寄與), 기여보비(寄與補裨), 기우(寄寓), 기주(寄主)[기주식물(植物)], 기증(寄贈)[1570], 기진(寄進;물품을 기부하여 바침), 기착(寄着)[1571], 기탁(寄託), 기항(寄航), 기항/지(寄港/地); 위기(委寄), 통기(通寄/奇), 투기(投寄) 들.

기(己) ①자기. 몸'을 뜻하는 말.↔타(他). ¶기심(己心), 기출(己出); 극기(克己), 비기(肥己), 수기(修己), 애기(愛己), 애린지기(愛隣知己), 율기(律己), 이기(利己), 자기(自己)[자기류(流), 자기애(愛), 자기편(便)], 지기(知己), 지피지기(知彼知己). ②천간(天干)의 여섯째. ¶기미(己未), 기축(己丑), 기해(己亥) 들.

기(欺) '속이다'를 뜻하는 말. ¶기군망상(欺君罔上), 기롱(欺弄), 기만(欺瞞)[기만극(劇), 기만성(性), 기만술(術), 기만전술(戰術), 기만책(策), 기만행위(行爲); 자기기만(自己)], 기망(欺罔), 기세(欺世), 기소(欺笑), 기심(欺心), 기은(欺隱), 기인(欺人), 기정(欺情), 기혹(欺惑); 무기(誣欺), 사기(詐欺), 자기(自欺) 들.

기(其) '그. 그것'을 뜻하는 말. ¶기간(其間), 기실(其實)[1572], 기여(其餘), 기역(其亦), 기역시(其亦是), 기연미연(其然未然), 기외(其外), 기인(其人), 기중(其中), 기처(其處), 기타(其他), 기후(其後); 각기(各其), 급기야(及其也), 타기술중(墮其術中) 들.

기(肌) '살·살갗'을 뜻하는 말. ¶기골(肌骨), 기뉵(肌衄;땀구멍을 통하여 피가 나오는 증상), 기리(肌理;살결), 기부(肌膚), 기비(肌痺); 빙기(氷肌;고운 살결), 빙기옥골(氷肌玉骨;梅花. 美人), 설기(雪肌), 송기(松肌;소나무의 속껍질), 옥기(玉肌) 들.

기(汽) '김. 증기'를 뜻하는 말. ¶기관(汽管), 기관(汽罐)[박용기관(舶用), 증기기관(蒸氣)], 기기(汽機), 기동차(汽動車), 기력(汽力), 기선(汽船), 기수(汽水;강어귀에 있는 바닷물), 기수생물(汽水生物), 기적(汽笛), 기정(汽艇), 기차(汽車), 기통(汽筒) 들.

기(祈) '빌다'를 뜻하는 말. ¶기곡(祈穀), 기곡대제(祈穀大祭), 기구하다(祈求), 기년(祈年), 기념(祈念), 기도(祈禱)[1573], 기료(祈療), 기망(祈望), 기양(祈禳), 기우(祈雨)[기우단(壇), 기우제(祭)], 기원/제(祈願/祭), 기청제(祈晴祭), 기축(祈祝) 들.

기(朞) '돌(만 하루나 1개월 또는 1주년)'을 뜻하는 말. ¶기년복(朞年服)/기년(朞年), 기년제(朞年祭), 기복(朞服); 대기(大朞), 대소기(大小朞), 부장기(不杖朞), 소기(小朞), 장기(杖朞) 들.

기(綺) '무늬가 놓인 비단. 아름답다'를 뜻하는 말. ¶기라(綺羅;아름

1563) 흘떼기장기: 으레 질 장기를 안 지려고 떼를 쓰며 끈질기게 두는 장기. (흘떼기: 질긴 짐승의 고기).

1564) 기갈(飢渴): 배고픔과 목마름. ¶기갈로 고통스러워하다. 기갈나다(허기가 져서 몹시 먹고 싶은 생각이 들다), 기갈삯(기갈임금), 기갈요법(療法), 기갈임금(賃金), 기갈자심(滋甚), 기갈통(痛).

1565) 기아(飢餓): 굶주림. ¶기아동맹(同盟), 기아부종(浮腫), 기아선상(線上), 기아수출(輸出), 기아요법(療法), 기아임금(賃金); 자극기아(刺戟;끊임없이 강한 자극을 추구하고 갈망하는 심적 상태).

1566) 기생(妓生): 지난날, 노래나 춤을 배워 술자리에 나가 흥을 돕는 것을 업으로 삼던 여자. 기녀(妓女). ¶기생나비, 기생매미, 기생방(房)/기방(妓房), 기생오라비(유난히 매끄럽게 모양을 내고 다니는 사람), 기생잠자리, 기생집, 기생첩(妾), 기생초(草), 기생퇴물(退物); 약방기생(藥房), 옥당기생(玉堂), 행수기생(行首).

1567) 기하(幾何): ①얼마. ②'기하학'의 준말. ¶기하공리(公理), 기하광학(光學), 기하급수/적(幾何級數/的), 기하평균(平均), 기하학(學)[기하학적(的); 공간기하학(空間), 미분기하학(微分), 입체기하학(立體), 평면기하학(平面)], 기하화법(畵法).

1568) 기부(寄附): 어떤 일을 도울 목적으로 재물을 내어 놓음. ¶기부금(金), 기부문화(文化), 기부장(帳), 기부재산(財産), 기부행위(行爲), 기부하다(내놓다. 주다).

1569) 기생(寄生): 어떤 사물이 다른 생물의 내부나 외부에 붙어서 영양을 섭취하여 사는 일. 스스로의 힘으로 생활하지 않고 남에게 기대어 살아가는 일. ¶유흥가(遊興街)에서 기생하는 사람들. 기생근(根), 기생동물(動物), 기생뿌리, 기생식물(植物), 기생충(蟲), 기생화산(火山;側火山); 내부기생(內部), 반기생(半), 사물기생(死物;腐生), 상상기생(桑上), 외부기생(外部), 전기생(全), 활물기생(活物).

1570) 기증(寄贈): 선물이나 기념으로 남에게 물품을 거저 줌. 드림. ¶장기기증 운동. 기증금(金), 기증되다/하다, 기증물(物), 기증본(本), 기증자(者), 기증품(品).

1571) 기착(寄着): 목적지로 가는 도중에 잠깐 들름. ¶기착기지(基地), 기착지(地), 기착하다.

1572) 기실(其實): 실제의 사실. 실제에 있어서는.

1573) 기도(祈禱): 바라는 바가 이루어지기를 신불에게 빎. 또는 그 의식. 기구(祈求). ¶기도문(文), 기도미(米), 기도회(會); 단식기도(斷食), 묵기도(黙), 백일(百日)/ 천일(千日)기도, 산천기도(山川), 안수기도(按手), 철야기도(徹夜).

다운 비단/옷), 기라성(綺羅星;실력자들이 늘어선 것을 비유하는 말), 기려(綺麗), 기상곡(綺/奇想曲), 기어(綺語;교묘하게 꾸며 대는 말), 기언(綺言) 들.

기(嗜) '좋아하다. 즐기다'를 뜻하는 말. ¶기객(嗜客), 기면(嗜眠)[1574], 기벽(嗜僻/癖;한쪽에 치우쳐서 즐기는 버릇), 기욕(嗜慾), 기주(嗜酒), 기학/적(嗜虐;잔악한 일을 즐김)/적(的), 기호/품(嗜好/品); 최기(最嗜), 탐기(貪嗜), 편기(偏嗜), 혹기(惑嗜) 들.

기(譏) '나무라다. 꾸짖다. 살피다'를 뜻하는 말. ¶기롱(譏弄;빗대어 놓고 실없는 말로 농락함), 기산(譏訕;남을 헐뜯어서 말함. 비방함), 기소(譏笑;욕하고 비웃음), 기자(譏刺;헐뜯고 비꼬아서 말함) 기찰(譏察;따지어 조사함), 기평(譏評;사물에 비기어 비평함) 들.

기(羈) '얽매다. 굴레'를 뜻하는 말. ¶기려(羈旅), 기미(羈縻;羈絆), 기반(羈絆;굴레. 자유를 얽맴), 기속(羈束;얽어매어 묶음. 자유를 구속함)[기속력(力), 기속재량(裁量), 기속처분(處分)]; 불기(不羈)[독립불기(獨立), 척당불기(倜儻), 호탕불기(豪宕)] 들.

기(企) '꾀하다. 바라다'를 뜻하는 말. ¶기급(企及), 기대(企待), 기도(企圖)/되다/하다, 기망(企望), 기업(企業)[1575], 기획(企劃;아직까지 없었거나 안 하던 일을 꾸미어 꾀함); 투기(投企) 들.

기(岐) '갈림길. 갈래'를 뜻하는 말. ¶기로(岐路); 다기(多岐), 다기망양(多岐亡羊), 별기(別岐), 분기(分岐)[분기선(線), 분기점(點)] 들.

기(畸) '뙈기밭. 우수리. 셈 나머지'를 뜻하는 말. ¶기인(畸人;奇人), 기형(畸/奇形;유별나거나 비정상적인 모양)[기형아(兒), 기형적(的); 선천성기형(先天性)] 들.

기(畿) '서울 근방'을 뜻하는 말. ¶기근(畿近), 기내(畿內), 기찰(畿察), 기호(畿湖); 경기도(京畿道), 근기(近畿), 왕기(王畿) 들.

기(冀) '바라다'를 뜻하는 말. ¶기구(冀求;몹시 바라고 구함), 기도(冀圖), 기망(冀望), 기원(冀願;希望); 행기(幸冀), 희기(希冀) 들.

기(鰭) '지느러미'를 뜻하는 말. ¶기상(鰭狀), 기조(鰭條)[1576]; 기기(奇鰭), 대기(對鰭), 미기(尾鰭), 배기(背鰭), 복기(腹鰭), 수직기(垂直鰭), 우기(偶鰭), 협기(頰鰭;가슴지느러미) 들.

기(祇) '토지의 신(神)'을 뜻하는 말. ¶지기(地祇), 천신지기(天神地祇)/신기(神祇) 들.

기(耆) '늙은이. 어른'을 뜻하는 말. ¶기년(耆年), 기덕(耆德), 기로(耆老), 기숙(耆宿), 기애(耆艾), 기유(耆儒;늙은 선비); 숙기(宿耆) 들.

기(琪) '옥(玉)'을 뜻하는 말. ¶기수(琪樹;아름다운 나무. 눈 쌓인 나무), 기화요초(琪花瑤草;옥같이 고운 꽃과 풀).

기(崎) '산길이 험하다'를 뜻하는 말. ¶기구하다(崎嶇)[1577], 기구망측/하다(崎嶇罔測;세상살이가 험난하다), 기험(崎險) 들.

기(掎) '끌어당기다'를 뜻하는 말. ¶기각(掎角;앞뒤로 적을 견제함. 두 장수가 마주하여 버팀), 기각지세(掎角之勢) 들.

기(箕) '삼태기. 삼태기 모양'을 뜻하는 말. ¶기분(箕畚), 기성(箕星); 남기북두(南箕北斗), 두기(斗箕) 들.

기(觭) '쇠뿔'을 뜻하는 말. ¶기각(觭角;하나는 위로 솟고 하나는 아래로 처진 뿔).

기(磯) '물가. 강가의 자갈밭'을 뜻하는 말. ¶어기(漁磯;낚시터), 조기(釣磯) 들.

기(騏) '천리마. 준마(駿馬)'를 뜻하는 말. ¶기기(騏驥), 기린(騏驎;하루에 천 리 간다는 상상의 말) 들.

기(麒) '기린(기린과의 동물)'을 뜻하는 말. ¶기린(麒麟;기린과의 동물)[기린아(兒)[1578], 기린자리, 기린초(草)], 기미(驥尾) 들.

기(杞) '나라 이름'을 뜻하는 말. ¶기우(杞憂;쓸데없는 걱정. 군걱정).

기(琦) '옥 이름. 훌륭하다'를 뜻하는 말. ¶기뢰(琦賂;훌륭한 보배).

기겁 갑자기 되게 놀라거나 겁에 질리어 숨이 막히는 듯이 다급한 소리를 지름.[←기급(氣急)]. ¶개가 달려드는 바람에 도둑이 기겁하여 달아났다. 기겁하다.

기껍(다) 마음속으로 은근히 기쁘다.[←깃ㄱ다〉깃그다(기뻐하다)+ㅂ다]. §'기쁘다'와 동근어. ¶손님을 기껍게 맞이하다. 기꺼이 승낙하다. 기꺼워하다/기꺼하다(마음속으로 은근히 기쁘게 여기다), 기꺼이.

기나리 황해도와 평안도 일부에서 불리는 민요의 이름. 장단 없이 목청을 길게 뽑아 부른다.

기(다)[1] 몸을 엎드리어 손과 발을 바닥에 짚고 옮기어 놓으면서 나아가다. 바닥에 배를 붙이고 움직여 나아가다. ¶기는 놈 위에 나는 놈 있다. 기는가지, 기는줄기(땅 위로 뻗는 줄기), 기어가다, 기어들다, 기어오다, 기어오르다, 기엄기엄[1579], 기엄둥실(기는

1574) 기면(嗜眠): 고열(高熱)이나 극도의 쇠약, 또는 기면성 뇌염 따위로 말미암아 외계의 자극에 응하는 힘이 약해져서 수면 상태에 빠져 드는 일.

1575) 기업(企業): 영리를 얻기 위하여 재화나 용역을 생산하고 판매하는 조직체. ¶기업을 운영하다. 기업가(家), 기업결합(結合), 기업경제(經濟), 기업계열/화(系列/化), 기업공개(公開), 기업공시(公示), 기업공채(公債), 기업광고(廣告), 기업권(權), 기업금융(金融), 기업기금(基金), 기업담보(擔保), 기업독점권(獨占權), 기업소득(所得), 기업연금(年金), 기업예산(豫算), 기업의식(意識), 기업이득(利得), 기업이론(理論), 기업자(者), 기업자본(資本), 기업적(的), 기업정비(整備), 기업제휴(提携), 기업조합(組合), 기업주(主), 기업진단(診斷), 기업집단(集團), 기업집중(集中), 기업참여(參與), 기업책임(責任), 기업체(體), 기업통제(統制), 기업합동(合同), 기업행동(行動), 기업협정(協定), 기업형태(形態), 기업화/되다/하다(化), 기업회계(會計); 개인기업(個人), 공기업(公), 공동기업(共同), 공익기업(公益), 국영기업(國營), 다국적기업(多國籍), 독점기업(獨占), 대기업(大), 부실기업(不實), 사기업(私), 사익기업(私益), 소기업(小), 영세기업(零細), 조합기업(組合), 중소기업(中小), 초거대기업(超巨大), 특허기업(特許), 해외기업(海外), 협동기업(協同).

1576) 기조(鰭條): 물고기의 지느러미를 지탱하는 각질이나 골질의 뼈대와 같은 구조물. 지느러미 가시와 여린줄기가 있음.

1577) 기구하다(崎嶇): ①산길이 험하다. ②사람의 세상살이가 순탄하지 못하고 가탈이 많다. ¶팔자가 기구하다. 기구한 운명. 기구망측하다(崎嶇罔測).

1578) 기린아(麒麟兒): 지혜와 재주가 썩 뛰어난 사람. ¶문단의 기린아.

1579) 기엄기엄: 가만가만 기어가는 모양. ¶물안개가 기엄기엄 강둑을 넘는다. 방안에서 아이가 기엄기엄 기어 나왔다.

ㄱ

듯이 둥둥 뜨는 모양), 길벌레(기어 다니는 벌레), 길짐승(↔날짐승) 들.

기(다)² '그것이다'의 준말. ¶긴지 아닌지 모르겠다.

기(다)³ '기이다'의 준말.

기다리(다) ①사람 · 사물 · 때가 나타나거나 다가오기를 바라면서 시간을 보내다.[+예정된 상황]. ¶아이들이 엄마를 목이 빠지도록 기다린다. 차례를 기다리다. 봄을 기다리는 마음. 기다림; 헛기다리다(헛되게 기다리다). ②기한을 뒤로 물리어 미루다. ¶하루만 더 기다려 주시오. ☞ 대(待).

기대 ①무동(舞童)을 따라다니는 여자. ②무당이 굿을 할 때 무악(巫樂)을 맡은 사람. ¶장구를 멘 기대.

기대(다) 몸이나 물건을 무엇에 의지하면서 비스듬히 대다. 남의 힘에 의지하다.[←길(다)+대(다)]. ¶난간에 몸을 기대다. 그는 아직도 부모에게 기대고 산다. 기대서다, 기대앉다; 엇기대다. ☞ 길다. 닿다.

기덕 오른손에 쥔 장구채로 장구의 채편을 겹쳐 치는 겹채의 입소리. ¶기덩쿵.

기독(基督) 왕(王) 또는 구세주(救世主)라는 뜻으로 '예수'를 이르는 말.[←Kristos[그리스도]의 음역어]. ¶기독교/도(基督教/徒), 기독교인(人), 기독교적(的), 기독교회(會) 들.

기둥 건축물에서, 주춧돌 위에 세워서 보 · 도리를 받치는 것. 받침대. 집안 · 단체 · 나라의 의지가 될 만한 사람을 비유하는 말.[←긷+웅]. ¶기둥을 세우다. 기둥감, 기둥구멍, 기둥글(기둥에 써 놓은 글), 기둥머리, 기둥면(面), 기둥목(木), 기둥몸(기둥의 중간 부분), 기둥뿌리, 기둥산지, 기둥서방; 각기둥(角), 갓기둥[교대(橋臺)], 귀기둥(건물 모퉁이에 세운 기둥), 높은기둥, 다릿기둥[교각(橋脚), 덧기둥, 돌기둥, 동자기둥(童子;쪼구미), 두리기둥(둥근기둥), 모기둥, 물기둥, 밑기둥, 바람기둥[1580], 배흘림기둥, 버팀기둥, 부른기둥, 불기둥, 빛기둥(빛살), 사각/삼각기둥(四/三角), 산기둥[1581], 상기둥(上), 상투기둥[1582], 세모기둥, 쇠기둥, 수장기둥(修粧), 안두리기둥(건물의 안 둘레에 돌아가며 세운 기둥), 엄지기둥[1583], 오각기둥(五角), 옥심기둥(玉心), 외기둥, 원기둥(原), 원기둥(圓), 통기둥, 퇴기둥(退), 해기둥(햇무리를 따라 나타나는 줄), 회침기둥, 흘림기둥, 흙기둥. ☞ 주(柱).

기럭 기러기가 우는 소리. ¶기럭기럭 울어 예는 기러기. 기러기, 기러기발[1584], 기러기아빠[1585], 기러기춤, 기럭아비; 목기러기(木), 쇠기러기, 외기러기, 재기러기, 회색기러기(灰色), 흑기러기(黑), 흰기러기, 흰이마기러기. ☞ 안(雁).

1580) 바람기둥: 기류가 수직으로 급상승하여 일으키는 바람.
1581) 산:기둥: 벽 따위에 붙어 있지 아니하고 따로 서 있는 기둥. ¶그리스 신전에는 산기둥이 많이 있다.
1582) 상투기둥: 위를 상투처럼 만들어 도리에 구멍을 뚫어 얹게 된 기둥.
1583) 엄지기둥: 다리나 난간의 양쪽 끝에 세우는 기둥.
1584) 기러기발: 거문고나 가야금 등 현악기의 줄을 고르는 기구. 기러기발처럼 생겼음. 금휘(金徽).
1585) 기러기아빠: 아내와 자식을 외국에 유학을 보내고 홀로 지내는 아버지.

기르(다) ☞ 길다.

기름 물에 녹지 아니하고 물보다 가벼우며, 불을 붙이면 잘 타는 액체 상태의 물질. 석유(石油). 지방(脂肪). 윤활유(潤滑油). 윤기(潤氣). ¶기름을 짜다/ 치다. 나물에는 기름이 들어가야 맛이 난다. 차에 기름을 넣다. 기름기가 자르르 흐르는 햅쌀밥. 기름간장(醬), 기름감, 기름거르개, 기름걸레/질/하다, 기름구멍, 기름구이, 기름기(氣), 기름내, 기름대우(기름을 발라 윤기 나게 하는 것), 기름덩이, 기름독(기름을 담는 독), 기름등잔(燈盞), 기름땀, 기름때, 기름떡[1586], 기름띠, 기름막이(기름이 퍼지는 것을 막기 위하여 수면에 설치하는 기름 울타리), 기름먹, 기름방울, 기름밭[유전(油田)], 기름병(甁), 기름복자[1587]/복자, 기름불, 기름샘, 기름소금(양념), 기름얼룩, 기름옷, 기름작물(作物), 기름접시, 기름종개, 기름종이[유지(油脂)], 기름줄(기름떡을 감은 굵은 줄), 기름지느러미, 기름지다(기름기가 많다. 땅이 걸다), 기름지옥(地獄), 기름집, 기름쨋날/기름채, 기름천, 기름체(기름을 받아 거르는 체), 기름칠/하다(漆), 기름통(桶), 기름통(筒;기름을 헝겊에 묻힌 막대), 기름투성이, 기름튀기, 기름틀, 기름혹, 기름흙(찰흙에다 기름을 섞어 조각으로 빚기에 좋도록 만든 흙); 개기름[1588], 겨기름, 굳기름(지방), 동백기름(冬柏), 돼지기름, 두꺼비기름, 들기름, 머릿기름, 물기름(묽어서 물처럼 된 기름), 밀기름(밀과 참기름을 섞어 끓여서 만든 머릿기름), 발기름[1589], 배추씨기름, 삼씨기름, 쇠기름, 수유기름(茱萸), 아주까리기름, 애잇기름(애벌로 짠 기름), 오동기름(梧桐), 옥수수기름, 잣기름, 참기름, 콧기름, 콩기름, 피마자기름. ☞ 유(油).

기리(다) 우수한 점이나 잘하는 일을 추어서 말하다. ¶고인의 덕을 기리다. ☞ 길다.

기미 심한 괴로움이나 병 따위로 얼굴에 나타나는 거무스름한 얼룩점.=주근깨. ¶얼굴에 기미가 끼다. 복기미(福;복을 가져다준다는 기미).

기쁘(다) 어려운 일이 해결되거나 바라는 일이 이루어져, 마음이 만족스럽고 기분 좋은 상태에 있다.[←깃ㄱ(다)+-브다]. ≒즐겁다. ↔슬프다. ¶너와 다시 만나게 되어 기쁘다. 나는 네가 일자리를 잡은 것이 기쁘다. 기뻐하다(좋아하다. 즐거워하다. 반가워하다), 기쁨.[+사람의 판단]. ☞ 기껍다. 희(喜). 열(悅). 쾌(快).

기수 '이불'의 궁중말. 임금 및 그 직계에 쓰이었음.=계수. ¶기숫잇(금침을 덮는 흰 보자기).

기슭 ①산이나 처마 따위에서 비탈진 곳의 아랫부분. ¶갈기슭(갈대가 우거진 비탈), 귓기슭/귓기스락(초가집 처마 모퉁이의 끝), 멧기슭, 산기슭(山), 처맛기슭(지붕의 가장자리). ②바다나 강이 물과 맞닿아 있는 땅의 부분. 가장자리. ¶기스락(기슭의 가장자

1586) 기름떡: 참깨 따위 기름 재료를 찧어, 시루에 쪄서 기름을 짤 보자기에 싼 덩어리.
1587) 기름복자: 기름을 되는 데 쓰는 그릇.
1588) 개기름: 얼굴에 번질번질하게 끼는 기름.
1589) 발:기름: 짐승의 뱃가죽 안쪽에 낀 기름덩이. ¶소의 배에 붙어 있는 기름은 '발채'라고 한다.

리)[←기슭+악]/길; 강기슭(江), 개울기슭, 늪기슭, 물기슭(물가), 바다기슭. ③옷의 자락이나 소매, 가랑이 따위의 끝 부분. ¶기슭단, 기슭선(기슭에 덧대는 천), 기슭품1590); 바지기슭, 소매기슭, 치마기슭; 턱슭(턱부리의 맨 아래쪽 기슭 부분).

기와 흙이나 시멘트로 구워 지붕을 이는 물건. 개와(蓋瓦). ¶기와 한 장 아끼다가 대들보 썩힌다. 기왓가마, 기왓개미(기와의 부스러진 가루), 기와걸개, 기왓고랑/기왓골, 기와꼴, 기왓등, 기와막(幕), 기와못, 기와북[와고(瓦鼓)], 기와이끼[와의(瓦衣)], 기왓장(張), 기와장이, 기와점(占), 기와지붕, 기와집; 걸침기와, 광재기와(鑛滓;광석 찌꺼기로 만든 기와), 날기와(굽지 아니한 기와), 너새기와, 널기와(동기와), 돌기와, 동기와(나무로 만든 기와), 만달기와(덩굴무늬를 그린 기와), 수키와, 시멘트기와(cement), 암키와, 양기와(洋), 왕지기와, 조선기와(朝鮮), 질기와[도와(陶瓦)], 차꼬기와(용마루의 양쪽으로 끼우는 수키와), 청기와(靑), 파기와(破), 평기와(平;바닥기와). ☞ 와(瓦).

기운 ①하늘과 땅 사이에 가득차서 만물이 나고 자라는 힘의 근원. 〈준〉기. ¶기껏, 기껏해야, 기운꼴(힘). ②생물이 살아 움직이는 힘. ¶기운이 세다. 기운을 쓰다. 기운차다(힘차다); 술기운, 약기운(藥). ③눈에는 보이지 아니하나 오관(五官)으로 느끼어지는 현상. ¶더운 기운. 봄기운, 불기운; 헛기운[환영(幻影)]. ④기미(幾/機微;낌새). ¶감기 기운.

기울 밀이나 귀리 따위를 빻아 가루를 쳐내고 남은 찌끼나 속겹질.≒겨. ¶기울죽(粥); 밀기울.

기울(다) 일정한 기준에서 한쪽으로 비스듬해져 높이가 낮아지다. (≒지다. 쏠리다). 생각이나 어떤 상황이 한쪽으로 쏠리다. 가장 왕성한 시기가 쇠하여 약하게 되다.(≒망하다. 쇠퇴하다). 〈작〉갸울다. 〈작·센〉꺄울다. 〈센〉끼울다. ¶돌탑이 기울었다. 해가 서쪽으로 기울다. 여론이 찬성 쪽으로 기울다. 달도 차면 기운다. 집안이 점점 기울어갔다. 국운이 기울어 위태로웠던 시기가 있었다. 개우랑·갸우랑·기우렁, 개우뚱·갸우뚱·꺄우뚱·기우뚱·끼우뚱거리다/대다/하다, 개울딱·깨울딱·갸울딱·꺄울딱·기울떡·끼울떡/거리다/대다, 기울떡기울떡/하다, 갸우듬·꺄우듬·거우듬·기우듬·끼우듬하다, 갸우숙하다, 갸울어·꺄울어·기울어·끼울어뜨리다/트리다/지다, 거우듬하다/거운하다(조금 기울어진 듯하다), 거우르다1591), 기우스름·끼우스름·갸우스름하다, 기울·개울·깨울·갸울·꺄울·끼울/거리다/대다/이다1592), 기울기울/하다, 기울기[기울기시험(試驗), 기울기자, 기울기표(標)], 기울써하다, 기울어뜨리다/트리다, 기울어지다, 기웃1593); 검기울다1594).

☞ 사(斜).

기이(다) 어떤 일을 숨기고 바른 대로 말하지 아니하다. 〈준〉기다[2]. ¶추후라도 기이면 혼날 줄 알아. 무슨 일을 하는지 남의 눈을 몹시 기인다. 눈기이다(남의 눈을 속이어 슬쩍 하다).

기장[1] 옷 따위의 긴 정도.[←길다]. ¶기장이 긴 치마. 기장차다1595); 옷기장(옷의 길이).

기장[2] 볏과의 일년초. ¶줄기가 푸르고 씨앗이 흰 기장을 '장으리'라고 한다. 기장국수, 기장떡, 기장밥, 기장비, 기장쌀, 기장인절미, 기장전병(煎餠); 메기장, 옻기장, 찰기장 들.

기지개 피곤할 때에 몸을 쭉 펴고 팔다리를 뻗는 짓. ¶기지개를 켜다.

기직 왕골껍질이나 부들 잎으로 짚을 싸서 엮은 돗자리. ¶기직가시(기직에 난 거스러미), 기직자리; 줄기직(줄의 잎으로 거칠게 짠 기직).

기척 있는 줄을 알 만한 소리나 기색.≒소리. 자취. ¶기척을 내다. 문기척(門), 바깥기척(집이나 문밖에서 나는 기척), 발기척, 사람기척, 손기척, 숨기척(숨소리로 내는 기척), 인기척(人;사람기척).

기침 기도(氣道) 점막이 자극을 받아 반사적으로 일어나는 급격한 날숨 운동. 또는 인기척으로 내는 소리.[←깇(다)+음]. ¶기침을 하다. 기침감기, 기침머리(기침이 나오려는 하는 첫머리), 기침병(病), 기침소리, 기침약(藥); 곤두기침1596), 군기침, 담기침(痰), 당나귀기침1597), 마른기침, 목기침(목청을 가다듬는 것과 같이 목을 울려하는 기침)/하다, 밭은기침, 백일기침(百日), 생기침(生), 쇠기침1598), 잔기침, 큰기침, 헛기침. ☞ 해(咳)

기틀 ①어떤 일의 가장 중요한 계기나 조건. ¶기틀을 닦다. 기틀이 잡히다(일의 가장 중요한 고동이 제 기능을 발휘할 수 있게 되다). 평화의 기틀을 다지다. ②기회나 낌새. ¶기틀을 살피다.

기판 절에서 끼니때에 밥 먹을 것을 알리기 위하여 목탁이나 종을 치는 일.[←끽반(喫飯)]. ¶기판목탁(木鐸), 기판쇠, 기판종(鐘).

긴 윷놀이에서, 자기의 말로 남의 말을 좇아 잡을 수 있는 길의 거리. ¶긴이 닿다. 도/걸 긴. 제긴(윷놀이에서, 모를 내면 잡을 수 있는 긴).

긴(緊) '급하다. 요긴하다. 팽팽하다. 줄이다'를 뜻하는 말. ¶긴간(緊簡;중요한 내용의 편지), 긴간사(緊簡事;긴급하고 중요한 일), 긴객(緊客;썩 가깝게 지내는 손. 긴한 일로 찾아온 손), 긴관(緊關), 긴급(緊急)1599), 긴담(緊談;긴요한 이야기), 긴람(緊纜;벌잇줄

1590) 기슭품: 옷의 자락이나 소매, 가랑이 같은 것의 아랫부분의 둘레. ¶기슭품이 넓다.

1591) 거우르다: 속에 든 것이 쏟아지도록 기울어지게 하다. 한쪽으로 기울여 쏟다. ¶기름병을 거우르다.

1592) 기울이다: ①기울게 하다. 〈작〉갸울이다. 〈센〉끼울이다. ¶고개를 기울이다. ②주의·힘·정성 따위를 한곳으로 모으다. ¶귀를 기울이다. 심혈을 기울이다.

1593) 기웃: (무엇을 보려고) 몸이나 고개를 여러 쪽으로 조금씩 기울여[←기울(다)+ㅅ]. 〈작〉개웃·갸웃. 〈작·센〉깨웃. 꺄웃. 〈센〉끼웃. ¶기웃 내다보다. 집안을 기웃 들여다 보다. 기웃거리다/대다/하다, 기웃기웃/하다, 깨웃하다(물체가 한쪽으로 기우듬하게 기울어지다).

1594) 검기울다: 검은 구름이 퍼져 해가 가리어지고 날이 차차 어두워지다.

1595) 기장차다: 물건이 곧고 길다.[←길(다)+長(장)+차다]. ¶기장찬 나무.

1596) 곤두기침: 소리를 높여 날카롭게 하는 기침.

1597) 당나귀기침(唐): 당나귀 울음소리와 같이 소리를 내면서 하는 기침.

1598) 쇠기침: 오래도록 낫지 아니하여 점점 더 심해진 기침.

1599) 긴급(緊急): 일이 아주 중대하고도 급함. ¶긴급구속(拘束), 긴급권(權), 긴급동의(動議), 긴급명령(命令), 긴급반응(反應), 긴급발진(發進), 긴급사태(事態), 긴급상태(狀態), 긴급수입(輸入), 긴급조정(調停), 긴급조치(措置), 긴급질문(質問), 긴급차량(車輛), 긴급체포(逮捕), 긴급통

을 꽉 졸라맴), 긴무(緊務;중요한 볼 일), 긴밀하다(緊密), 긴밀도(緊密度), 긴박/감(緊迫/感), 긴박(緊縛;꼭 졸라 얽어맴), 긴불긴간에(緊不緊間), 긴순(緊脣), 긴실(緊實), 긴요하다(緊要;꼭 필요하고 중요하다), 긴용(緊用;긴요하게 씀. 긴한 일), 긴장(緊張)[1600], 긴절하다(緊切;아주 절실하다), 긴중(緊重), 긴찮다(긴하지 않다), 긴찰(緊札;緊簡), 긴청(緊請;緊託), 긴촉(緊囑;緊託), 긴축(緊縮;졸이거나 줄임)[긴축예산(豫算), 긴축재정(財政), 긴축정책(政策)], 긴탁(緊託;꼭 들어 달라고 긴하게 부탁함), 긴하다(긴요하다)/긴히, 긴헐(緊歇;필요함과 불필요함); 끽긴(喫緊), 불긴(不緊), 요긴하다(要緊), 절긴(切緊), 정긴하다(精緊), 최긴(最緊) 들.

긴가민가 그런지 그렇지 않은지 분명하지 않은 모양.[←기연가미연가(其然-未然-)]. ¶긴가민가하다.

긷(다) 우물 · 샘 · 내 같은 데서 물을 퍼서 그릇에 담다. 또는 그 물을 나르다. ¶물을 길어 오다. 우물에서 물 긷는 일은 쉽지 않다.

길' ①사람 · 짐승이나 교통기관이 오고갈 수 있도록 만들어진 곳. 방향. 기세(氣勢). ¶길가, 길갈래, 길갓집, 길거리, 길군악(軍樂), 길굼턱(길이 굽는 턱), 길나들이(길목), 길나장이(羅將), 길녘, 길놀이, 길눈'[1601], 길닦이, 길도랑, 길동무, 길라잡이/길잡이, 길마중, 길맹(盲), 길모퉁이, 길목(길의 어귀), 길목버선(먼 길을 갈 때 신는 허름한 버선), 길바닥, 길바로(길을 제대로 잡아들어서), 길벗(길동무), 길봇짐(褓), 길사람(길에서 만나는 낯모르는 사람), 길새(길의 생김새나 상태), 길섶(길의 가장자리), 길세(稅), 길송장, 길싸움(길을 먼저 지나가려고 하는 싸움), 길쓸별[(혜성(彗星)], 길앞잡이, 길양식(糧食), 길어깨, 길옆, 길요강, 길이불, 길제사(祭祀), 길짐, 길차림/하다, 길참(길에서 먹는 참), 길처[1602], 길켠(길의 한켠), 길턱(과속 방지턱. 길바닥의 가장자리), 길품/삯, 길허리(길의 중간), 길호사(豪奢)[1603]; 가시밭길, 갈림길[기로(岐路)], 감탕길, 갓길, 강둑길(江), 거둥길[어로(御路)], 곁길, 고갯길, 고깃길(고기 떼가 다니는 길), 고빗길[1604], 고샅길(마을의 좁은 골목길), 곧은길, 골목길, 공깃길(空氣), 과수원길(果樹園), 구릉길(丘陵;언덕으로 나 있는 길), 굽굿길(광산의 구덩이 안에 파 놓은 길), 굽잇길, 귀갓길(歸家), 귀성길(歸省), 귀향길(歸鄕), 기찻길(汽車), 까막길(까마득하게 먼 길), 꼬부랑 · 꾸부렁길, 꽃길, 꿈길, 나라길, 나뭇길, 낭길(낭떠러지를 끼고 난 길), 내리막길, 널길, 녹색길(綠色), 논길, 논두렁길, 논둑길, 논틀길[1605], 눈:길(눈 덮인 길), 눈길[시선(視線)], 눈물길[누관(淚管)], 답삿길(踏査), 덤불길(덤불숲으로 난 길), 도붓길(到付;장사치가 물건을 팔러 다니는 길), 돌길'(자갈이 많은 길. 돌을 깐 길), 돌길[2](돌아가는 길), 돌너덜길(돌이 많이 깔린 비탈길), 돌담길, 돌림길(에도는 길), 돌서덜길(돌이 많이 깔린 길), 된길(몹시 힘이 드는 길), 두렁길, 두름길[1606], 두멧길, 둑길, 둔덕길(언덕이 진 길), 뒤안길, 뒷길, 들길, 등굣길(登校), 등굽잇길(등처럼 굽은 길), 등반길(登攀), 등산길(登山), 등성이길(산등성이에 난 길), 등판길(등성이의 평평하게 넓은 곳에 난 길), 뗏길(뗏목이 지나는 길), 명삿길(鳴砂), 모랫길, 물길, 뭍길[육로(陸路)], 바닷길, 바윗길, 발길, 밤길, 방천길(防川), 밭길, 밭둑길, 뱃길, 벌판길, 벼랑길, 벼룻길[1607], 북길(북이 드나드는 공간), 북향길(北向), 본길(本), 불길(세차게 타오르는 불꽃), 비단길(緋緞), 비탈길, 비행길(飛行), 빗길, 사랫길(논이나 밭 사이로 난길), 사릿길[1608], 산골길(山), 산길(山), 산책길(散策), 살길'(화살이 가는 길), 새벽길, 샛길, 서덜길[1609], 성굽길(城;성이 굽어 돌아간 모서리길), 손길[1610], 숫눈길(아무도 지나가지 않은 눈길), 숲길, 시골길, 썰맷길, 아랫길, 아스팔트길, 안돌잇길, 앞길', 어둠길, 언덕길, 얼음길, 에움길/엔길(굽은 길. 두름길), 연전길(揀箭), 옆길, 옛길, 오르막길, 오솔길, 외길', 외딴길, 외자욱길[1611], 윗길, 자갈길, 자동찻길(自動車), 자드락길[1612], 지돌잇길, 지름길, 진창길, 찻길(車), 천길만길(千萬), 천릿길(千里), 철길(鐵), 첫길, 촌길(村), 출근길(出勤), 출입길(出入), 큰길, 토막길(갈라져 나온 짤막한 길), 퇴근길(退勤), 푸서릿길/푸섶길(풀과 섶이 우거진 길), 피난길(避難), 피란길(避亂), 하굣길(下校), 하늘길, 하룻길, 학교길(學校), 한길, 홀림길[미로(迷路)], 황톳길(黃土), 후밋길(아주 구석지고 으슥한 길), 휴가길(休暇), 흙탕길. ②마땅히 지켜야 할 도리. ¶스승의 길. 길수(묘한 이치나 도리); 바른길. ③시간이나 공간을 거치는 과정. ¶인류 문명이 발전하여 온 길. ④방법이나 수단. 생활. 형편. ¶살릴 길이 없다(도리나 방법이 없다). 길이 열리다(해결 방도가 생겨나다. 전망이 보이다). 길속(전문적인 일의 속내), 길수[1613], 길트기(새로운 방법을 모색하는 일); 갈길, 고생길(苦生), 구실길, 극락길(極樂), 돈길(돈이 유통되는 길), 말길(남과 말을 주고받을 수 있는 방도), 망종길(亡終;저승길), 벼슬길, 사양길(斜陽), 살길[2](살아가는 방도), 세상길(世上;세상을 살아가는 길), 앞길[2], 외길[3], 인생길(人生), 입길[1614], 장삿길(장사하려고 나선 길), 저승길, 지옥길(地獄), 출셋길(出世;벼슬길), 혼삿길(婚事), 혼인길(婚姻). ⑤도중(途中)이나 기회. ¶지나가는 길에 들렀다. ⑥여정(旅程). ¶먼 길을 떠나다. 길독(毒;먼 길에 지친 피로), 길목버선(먼 길을 갈 때에

신(通信), 긴급통화(通貨), 긴급피난(避難), 긴급하다, 긴급행위(行爲), 긴급회의(會議).

1600) 긴장(緊張): 굳어질 정도로 정신을 바짝 차림. 근육이나 신경 중추가 수축 상태나 흥분 상태를 지속하는 일. 양자나 두 나라 간에 싸움이 일어날 것 같은 상태가 되는 일. ¶긴장된 분위기. 긴장을 풀다. 국경에서는 긴장이 계속된다. 긴장감(感), 긴장감각(感覺), 긴장감정(感情), 긴장도(度), 긴장되다/하다, 긴장미(味;긴장한 느낌), 긴장병(病), 긴장완화(緩和), 긴장음(音), 긴장형(型); 근긴장(筋), 사회적긴장(社會的), 전기긴장(電氣), 초긴장(超).

1601) 길눈': 한 번 본 길을 잘 익히어 두는 눈. ¶길눈이 밝다/ 어둡다.

1602) 길처: 가는 길의 가까운 곳. ¶이번 여행길의 길처에는 명승고적이 많다. 그 길처에 가게가 있다.

1603) 길호사(豪奢): 부임하거나 신행 가는 길에 버젓하게 차리고 감.

1604) 고빗길: 오르기 힘들고 가파른 길.

1605) 논틀길: 꼬불꼬불한 논두렁 위로 난 길.

1606) 두름길: 빙 둘러서 멀리 돌아가게 된 길. 엔길, 우회로(迂廻路).

1607) 벼룻길: 아래가 강가나 바닷가로 통하는 몹시 험한 벼랑길.

1608) 사릿길: 사리를 지어 놓은 것처럼 구불구불한 길.

1609) 서덜길: 냇가나 강가 따위에 나 있는, 돌이 많은 길.

1610) 손길: ①손바닥을 펴고 늘어뜨린 손. ¶손길이 닿을 만한 가까운 거리. ②위해 주려는 마음으로 내미는 손. ¶불우 이웃을 돕는 사랑의 손길. ③손의 움직임.

1611) 외자욱길: 한쪽으로만 사람이 지나간 흔적이 있는 길.

1612) 자드락길: 낮은 산의 밋밋하게 비탈진 기슭에 난 길.

1613) 길수: 묘한 이치나 도리.

1614) 입길: 남의 흉을 보는 입의 놀림. ¶입길에 오르내리다.

신는 허름한 버선), 길손(먼 길을 가는 나그네), 길차림(여행을 가는 차림새), 길채비(여행이나 먼 길 떠날 준비); 나그넷길, 여행길(旅行), 초행길(初行), 출장길(出張), 유학길(留學). ⑦방면이나 분야. ¶그 길에 통달한 사람. ⑧발전이나 활동의 방향. ¶현대화의 길로 접어들다. ☞ 도(道). 로(路).

길[2] ①물건에 손질을 잘하여 생기는 윤기. ¶길나다[1615], 길들다/들이다[1]. ②짐승을 잘 가르쳐서 부리기 좋게 된 버릇. ¶길든 짐승. 길들다/들이다[2](순치). ③익숙해진 솜씨. ¶차츰 손놀림에 길이 들다. 길꾼[1616], 길나다(익숙해지다), 길들다(익숙하게 되다)/들이다[3], 길속[1617].

길[3] 물건의 품질이 좋고 나쁜 등급. ¶댓길, 상길(上), 아랫길, 윗길, 중길(中), 핫길(下) 들.

길[4] 저고리·두루마기 따위의 웃옷의 섶과 무 사이에 있는 넓고 큰 폭. ¶뒷길, 소맷길(옷의 소매를 이루는 조각), 앞길 들.

길[5] 사람의 머리끝에서 발끝까지의 길이를 나타내는 단위. ¶열 길 물속은 알아도 한 길 사람 속은 모른다. 열 길 절벽. 길길이[1618], 길눈[2][1619], 길물(한 길 깊이가 되는 물) 들.

길(吉) '운이 좋거나 일이 상서롭다. 착하다. 예식(禮式)'을 뜻하는 말. ¶길경(吉慶), 길례(吉例), 길례(吉禮), 길몽(吉夢), 길보(吉報), 길복/벗김(吉服), 길사(吉士), 길사(吉事), 길상(吉相), 길상(吉祥), 길서(吉瑞), 실성(吉星), 길시(吉時), 길신(吉辰), 길연(吉宴), 길운(吉運), 길월(吉月), 길인(吉人), 길일(吉日), 길장(吉仗), 길제(吉祭), 길조(吉兆), 길조(吉鳥), 길지(吉地), 길하다, 길행(吉行), 길흉(吉凶), 길흉화복(吉凶禍福); 납길(納吉), 대길(大吉)[대길일(日); 입춘대길(立春), 흉몽대길(凶夢)], 복길(卜吉), 불길(不吉)[운수불길(運數)], 차길(借吉), 초길(初吉), 추길(諏吉), 택길(擇吉), 평길(平吉), 화길하다(和吉) 들.

길(拮) '맞서다. 죄다'를 뜻하는 말. ¶길거(拮据;쉴 사이 없이 일을 함)/하다, 길항(拮抗;맞버팀), 길항근(拮抗筋) 들.

길(桔) '도라지'를 뜻하는 말. ¶길경(桔梗;도라지).

길(다) 잇닿은 물체의 두 끝이 서로 멀다. 한 때에서 다른 때까지의 동안이 오래다. 머리카락이나 수염 따위가 자라다[長].↔짧다. ¶줄이 길다. 연설이 너무 길다. 기나긴(매우 긴), 기나길다(오래다), 기다랗다/기닿다, 길다랗다, 기다마하다/기다맣다/기닿다, 기르다[1620], 기르스름하다, 기르스레하다, 갈람하다(갸름하고 호리호리하다), 개름[1621]하다, 기름·갸름하다, 기름기름·갸름갸름하다, 기리다[1622], 기장(옷의 길이), 긴-[1623], 길동그랗다/길둥그렇다, 길동굴다/길둥글다, 길디길다, 길래[1624], 길어지다, 길이[1,2], 길이길이, 길이이음, 길차다[1625], 갤쑥·갤씀·갤쭉·갤쯤·갤찍·걀쑥·걀쓤·걀쭉·걀쯤·걀찍·길쑥·길씀·길쭉·길쯤·길찍·걀쭉·깰쭉·낄쭉하다, 길편하다[1626]; 몸길이. ☞ 장(長).

길마 짐을 실으려고 소의 등에 얹는 안장.[〈기ᄅᆞ마]. ¶길마를 지우다. 길마 무거워 소 드러누울까. 길맛가지(길마의 몸을 이루는 말굽쇠 모양의 나무), 길마머리(길마의 맨 위), 길마상처(傷處), 길마접(椄); 말길마. §'질마-재(길마 모양의 큰 고갯길)'는 구개음화된 말.

길미 ①빚돈에 덧붙어 일정한 푼수로 느는 돈. 변리(邊利). 이자(利子). ¶길미가 나날이 불어서 이제는 본전보다도 많아졌다. 길밋세(稅;길미에 대하여 매기는 세금). ②물질적으로나 정신적으로 보탬이 되는 것. 이익(利益).

길쌈 동식물의 섬유를 가공하여 피륙을 짜내기까지의 모든 일. 방적(紡績).[〈질삼]. ¶길쌈노래, 길쌈놀이, 길쌈두레, 길쌈질, 길쌈틀, 길쌈하다; 삼베길쌈 들.

길체 한 쪽으로 치우쳐 있는 자리. 모퉁이. ¶저 길체에 놓아라. 저 길체에 가서 기다려라.

길치 우리나라 남쪽 지방에서 나는 황소. 보통 살지고 윤택하나 억세지 못하다.

길카리 가깝지 않고 먼 동성(同姓)이나 이성(異姓)의 겨레붙이(친척). 곁쪽.

김[1] 홍조류의 해초(海草).=태(苔). ¶김구이, 김국, 김무침, 김반대기, 김발(김을 양식할 때 치는 발), 김밥, 김밭, 김봇짐[1627], 김부각, 김쌈(김으로 밥을 싼 음식), 김양식(養殖), 김찬국; 돌김[석태(石苔)], 쑥대김(종이처럼 얇게 만든 돌김), 톱김, 햇김 들.

김[2] 논밭에 난 잡풀. ¶김매기[제초(除草)], 김매다; 논김(논에 난 잡

1615) 길나다: ①버릇이나 습관이 되어 버리다. ②윤기가 나다. ¶자주 닦아 길난 마루.

1616) 길꾼: 노름 따위에 길이 익어 잘하는 사람.

1617) 길속: 전문적으로 익숙하여진 일의 속내. ¶길속을 모른다.

1618) 길길이: ①성이 나서 펄펄 뛰는 모양. ¶길길이 뛰다. ②여러 길이나 되게 높이. ¶불길이 길길이 치솟다. 잡초가 길길이 자라다.

1619) 길눈[2]: 한 길이나 될 만큼 많이 쌓인 눈.

1620) 기르다: 사람이나 동식물을 보살펴 자라게 하다.(≒가꾸다. 키우다. 치다[10]). 가르치다. 길게 하다. 육체나 정신을 단련하여 더 강하게 하다. 버릇·기술 따위를 익히다.[←길(다)+으+다]. ¶금붕어를 기르다. 콩나물을 기르다. 손톱을 기르다. 머리카락을 기르다. 제자를 기르다. 체력을 기르다. 일찍 일어나는 습관을 기르다. 기르기, 기름[기름콩(콩나물을 기르는 잘고 흰 콩); 엿기름], 길러내다; 놓아기르다, 헛기르다(아무 보람도 없이 기르다). §'길[2]'의 '길들이다'와 동근어.

1621) 개름: 귀여우면서도 조금 긴 듯한 모양.=갸름. 〈큰〉기름. ¶글씨를 개름개름 곱게 쓰다.

1622) 기리다: 우수한 점이나 잘하는 일을 추어서 말하다. 찬사(讚辭)를 드리다.[←길(다)+이+다]. ¶세종대왕의 업적을 기리다. 고인의 넋을 기리다. 기림(칭찬하는 일. 기리는 일).

1623) 긴-: 긴경마(긴 고삐), 긴꼬리[긴꼬리꿩, 긴꼬리닭], 긴단장(丹粧;온갖 단장), 긴대[장죽(長竹)], 긴대답(對答), 긴등(길게 뻗어 나간 언덕의 등성이), 긴뜨기, 긴말, 긴맛, 긴목, 긴바늘, 긴반지름(半), 긴병(病), 긴뼈, 긴사설(辭說), 긴살/볼기긴살, 긴소리/표(標), 긴소매, 긴시침, 긴업(業;업구렁이), 긴원(圓;타원), 긴의대(衣襨), 긴작(긴 화살), 긴잡가(雜歌), 긴지름, 긴짐승, 긴촉, 긴촌충(寸蟲), 긴치마, 긴털, 긴파람(길게 부는 휘파람), 긴팔; 긴긴[긴긴날, 긴긴낮, 긴긴밤, 긴긴세월(歲月), 긴긴해].

1624) 길래: 오래도록 길게. 길게 내쳐서. ¶길래 써 오던 망치. 길래 고집을 부릴 테냐? 아버님의 뜻을 길래 지켜 가겠습니다. 그 버릇 길래 못 고치면 사람 안 된다.

1625) 길차다: ①아주 훤칠하게 길다. ¶대나무가 길차게 자랐다. ②나무가 우거져 깊숙하다. ¶길찬 갈대 숲속을 거닐었다.

1626) 길편하다: 편편하고 넓다.[←길(다)+편편하다]. ¶길편한 들판.

1627) 김봇짐: 김으로 잣을 싸서 기름에 지진 반찬.

ㄱ

풀), 밭김, 애벌김.

김³ ①액체가 기체로 변한 것. ¶김이 모락모락 나다. 김내기(증산작용), 김빠지다, 김새다(흥이 깨지다); 물김(물에서 피어오르는 김), 불김, 실김(가느다랗게 피어오르는 김), 찬김, 헛김[1628], 훈김(薰). ②입이나 코에서 나오는 더운 기운. ¶살김(살의 훈훈한 기운), 입김, 콧김. ③음식의 냄새나 맛.

김⁴ 관형사형 어미 '-(으)ㄴ' 다음에 처소 부사격 조사 '에'와 어울려 쓰여, '어떤 일의 기회나 바람'을 뜻하는 말. 기운(氣運). ¶이왕 온 김에 하룻밤 자고 가거라. 화가 난 김에 서방질 한다. 골김, 뜬김에(이왕 하던 참에), 부앗김[1629], 분김에(憤), 서릿김, 술김, 얼김[1630], 열김(熱), 운김[1631], 홧김, 홍김(興;홍취가 일어나는 바람) 들.

김장 겨우내 먹기 위하여 늦가을에 김치·깍두기·동치미 따위를 한목 담그는 일. 또는 그 담근 것.[←침장(沈藏)]. ¶김장감, 김장값, 김장거리, 김장김치, 김장독, 김장마늘, 김장무, 김장밭, 김장배추, 김장철, 김장파[자총(慈蔥)] 들.

김지이지 성명이 분명하지 않은 여러 사람을 두루 이를 때 쓰는 말.[←김적이적(金的李的)]. ¶장터에 김지이지 모여 있다.

김치 배추·무를 소금에 절여서 고춧가루·파·마늘·생강 따위의 양념을 버무려 담근 반찬. ¶김치를 담그다. 김칫거리, 김치공장(工場), 김칫국, 김치냉장고(冷藏庫), 김칫독, 김칫돌[1632], 김치말이(김칫국에 만 밥이나 국수), 김치밥, 김칫보/보시기(김치를 담는 그릇), 김칫소[1633], 김치움(김장독을 넣어 두기 위한 움), 김치전(煎), 김치주저리[1634], 김치죽(粥), 김치찌개; 가지김치, 갓김치, 고들빼기김치, 고수김치(고수풀로 담근 김치), 고추김치, 국물김치/물김치, 굴김치, 김장김치, 꿩김치[치저(雉菹)], 나박김치[←나복(蘿葍)], 날김치(익지 아니한 김치), 늦김치, 닭김치[1635], 덤불김치[1636], 데김치(채소 따위를 살짝 데쳐서 담근 김치), 독김치(독에 담근 김치), 돌나물김치, 동가김치(冬茄;가지로 담은 김치), 동아김치, 두릅김치, 등둥이김치[1637], 무김치, 무순김치(筍;저장하여 둔 무에서 자라난 순으로 담근 김치), 미나리김치, 미역귀김치, 박김치, 배추김치, 백김치(白), 벼락김치(급살김치), 보쌈김치(褓), 부들김치(부들의 싹으로 담근 김치), 부추김치, 비늘김치[1638], 생김치(生), 생치김치(生雉;꿩김치), 소김치(젓국은 넣지 않고 소금으로만 담근 김치), 소박이김치, 숙김치(熟;무를 삶아서 담근 김치), 순무김치, 싱건김치[1639], 어육김치(魚肉), 얼갈이김치, 열무김치, 오이/외김치, 오이소박이김치, 우거지김치, 장김치(醬), 중갈이김치(中;중갈이 배추나 무로 담근 김치), 지레김치, 짜개김치(소를 박지 않은 오이김치), 쪽김치[1640], 채김치, 초김치(醋), 총각김치(總角), 통김치, 파김치[1641], 포기김치, 푸새김치[1642], 풋김치, 한련김치(旱蓮), 햇김치, 호박김치, 호수김치(호유로 담근 김치), 홀아비김치[1643] 들.

깁 명주실로 바탕을 좀 거칠게 짠, 무늬 없는 비단. ¶깁바탕[1644], 깁부채, 깁실, 깁옷(비단옷), 깁장(깁으로 만든 모기장), 깁창(窓;깁으로 바른 창), 깁체(깁으로 쳇불을 메운 채).

깁(다) ①천이나 가죽으로 된 물건의 해진 곳에 딴 조각을 대어 때우거나 그대로 꿰매다. ¶구멍 난 양말을 깁다. 해진 바지를 깁다. 기우개질(무엇을 깁는 일), 기움질/하다, 깁각질(옷 따위를 깁는 일), 깁누비다(깁고 누비다); 덧깁다, 짜깁기, 짜깁다. ②글에서 내용이 부족한 점을 보충하다. ¶깁고더한판(版;증보판), 기움말[보어(補語)].

깃¹ 외양간·마구간·닭장 같은 데에 깔아주는 짚이나 마른풀. ¶날마다 외양간에 깃을 깔아주다. 깃갈이¹, 깃주다; 고기깃[1645], 뜸깃[1646], 부싯깃, 불깃[1647].

깃² ①새의 몸에 가늘고 길게 나 날기에 적합하도록 된 조직체. 새 날개의 털. 새의 집. 보금자리[소(巢)]. ¶새가 깃을 접다. 꿩의 꽁지깃을 '장목'이라고 한다. 깃가지[우지(羽枝)], 깃갈이², 깃고사리, 깃꼴[우상(羽狀)], 깃꼴겹잎, 깃꼴맥(脈), 깃니(깃 양끝의 모난 부분), 깃다듬다, 깃대(새 깃털의 줄기), 깃들다[1648], 깃들이다[1649], 깃떨기, 깃머리¹(소의 양에 붙은 고기), 깃모양(模様), 깃무늬(깃 모양으로 생긴 무늬), 깃바다지렁이, 깃발(발로 만든 깃그물 장치), 깃방석, 깃비(깃털로 만든 비), 깃뿌리[우근(羽根)], 깃살대, 깃상모(象毛), 깃세포(細胞), 깃신갈나무, 깃심(心;깃의 안쪽에 대는 심), 깃옷[우의(羽衣)], 깃이불(깃털로 만든 이불), 깃주머니, 깃줄(날개의 줄기), 깃촉[1650], 깃털[깃털베개; 밭깃털, 안깃털], 깃펜

1628) 헛김: 딴 데로 새어 나오는 기운. ¶헛김나다.
1629) 부앗김: 분한 마음이 일어나는 바람.
1630) 얼김: 다른 일이 되는 바람. ¶얼김에 해치우다.
1631) 운김: ①운이 단 김. ②여럿이 한창 함께 일할 때에 우러나오는 힘. 사람들이 모여 있을 때 나는 따뜻한 기운.
1632) 김칫돌: 김칫독 안의 김치 포기가 뜨지 않도록 눌러 놓는 돌.
1633) 김칫소: 김치를 담글 때, 파·무채·젓갈 따위의 고명을 고춧가루에 버무려 절인 배추나 무에 넣는 소.
1634) 김치주저리: 청이 달린 채로 절여 담근 무김치나 배추김치의 잎.
1635) 닭김치: 닭 내장을 빼고 그 안에 쇠고기·버섯·두부를 양념하여 넣고 삶아낸 다음, 건져서 속에 든 것을 헤뜨리어 햇김칫국에 섞은 닭국물에 넣어 얼음을 띄운 음식.
1636) 덤불김치: 무의 잎과 줄기, 또는 배추의 지스러기로 담근 김치.
1637) 등둥이김치: 국물을 많이 하여 건더기가 등둥 뜨게 담근 김치.
1638) 비늘김치: 무를 돌아가며 칼로 깊이 에고, 그 틈에 김치소를 넣어 통김치와 함께 담근 것.
1639) 싱건김치: 김장할 때 좀 싱겁게 담근 무김치. 싱건지.
1640) 쪽김치: 조각조각 썰어서 담근 김치.
1641) 파김치: 파로 담근 김치. ¶파김치가 되다(지쳐서 몹시 느른하게 되다).
1642) 푸새김치: 절이지도 아니하고 담가서 바로 먹는 김치.
1643) 홀아비김치: 무나 배추 한 가지로만 담근 김치.
1644) 깁바탕: 그림을 그리거나 글씨를 쓸 때 바탕이 되는 깁. 또는 그 그림이나 글씨.
1645) 고기깃: 물고기가 모여들도록 물속에 넣어 두는 나뭇가지나 풀포기.
1646) 뜸깃: ①뜸(풀로 거적처럼 엮어 만든 물건)을 엮는 데 쓰이는 재료의 총칭. ②뜸의 겉에 넘늘어지게 내민 풀잎.
1647) 불깃: 산불이 번지지 못하도록 조금 떨어진 주위를 미리 태워 없애는 일. ¶불깃을 달다.
1648) 깃들다: 아늑하게 서려 들다. 감정·생각·노력 따위가 속속들이 스며들거나 간직되다. ¶황혼이 깃들다. 추억이 깃들어 있는 사진들을 펼쳐 보다.
1649) 깃들이다: ①짐승이 보금자리를 만들고 그 안에 들어 살다. ¶뒤뜰의 감나무 가지에 참새가 깃들였다. ②그 안에 머무르거나살다. 또는 자리잡다. ¶건전한 정신은 건전한 신체에 깃들인다. 심산유곡에는 고찰들이 깃들여 있다.

(pen), 깃히드라; 귀깃(귓가에 뻗친 깃털), 꽁지깃, 날개깃, 노깃(櫓), 덮깃, 발갯깃[1651], 번식깃(繁殖), 부등깃[1652], 빼깃[1653], 생식깃(生殖), 솜깃, 어깨깃[견우(肩羽)], 장식깃(裝飾;치렛깃), 칼깃[1654]. ②화살에 세 갈래로 붙인 새 날개의 털. ¶깃간/마디(間), 깃머리[우두(羽頭)], 깃살대; 궁깃(弓;살깃), 살깃, 우궁깃(右弓), 좌궁깃(左弓) 들.

깃[3] ①옷의 목을 둘러 앞에서 만나는 부분(옷깃). ¶깃고대(옷깃의 뒷부분), 깃그물[1655], 깃기바람(도포의 옷깃 바람), 깃길이(깃의 기장), 깃꺾임선(線), 깃꼬리(겉섶 위에 앞깃이 놓이는 부분의 일부), 깃달이, 깃동, 깃머리[2](옷깃의 끝), 깃받이, 깃발[1656], 깃본(本), 깃부리, 깃저고리[1657]; 겉깃, 겉깃니, 동구래깃[1658], 뒷깃, 목깃(목을 여미게 되어 있는 깃), 목판깃(木版;깃의 부리를 동글리지 않고 넓적하고 모양 없이 단 깃), 안깃, 옷깃, 치렛깃. ②이불 거죽의 위쪽에 가로 대는 다른 빛깔의 천.=이불깃. 기저귀[1659]; 쌀깃[1660]. ③벽 사이에 욋가지를 대고 엮기 위하여 세우는 가는 기둥.=중깃(中).

깃[4] 여러 몫에 나누는 한 몫. 자기가 차지할 물건.≒노느몫. ¶한 깃을 따로 떼어 주다. 깃가림제(制), 깃기(記); 분깃(유산을 한 몫 나누어 주는 일. 또는 그 몫)/하다, 분잿깃(分財;나누어 받은 재산의 몫).

깃- 천(피륙)을 나타내는 명사 뒤에 붙어 '잿물에 삶아 바래지 아니한(마전하지 아니한. 누인)'의 뜻을 나타내는 말. ¶깃광목(廣木;누이지 않은 광목), 깃당목(唐木), 깃목(木;누이지 않은 무명), 깃버선, 깃베(생모시), 깃옷(짓옷;생무명 옷).

깃(다) 논밭에 잡풀이 많이 나다. ¶장마가 끝나자 논밭에 김이 깃다.

깉(다) '남다. 먹거나 쓰거나 한 뒤에 나머지가 있게 되다'의 옛말.

깊(다) ①겉에서 안까지, 또는 위에서 밑까지의 사이가 멀다. ¶깊은 바다. ②마음이 침착하고 듬쑥하다. ¶생각이 깊다. ③정이나 사귐이 가깝고 두텁다. ¶깊은 사이. ④어떤 상태가 오래되어 정도가 더하다. ¶깊은 밤. ⑤어떤 수준이나 정도가 높다. ¶문학에 조예가 깊다. ①②⑤↔얕다. 깊다랗다. 깊다래지다, 깊드리[1661]. 깊디깊다, 깊수룸하다(은근히 깊다), 깊숙하다[1662]. 깊숙이. 깊은 바다, 깊은소리, 깊은숨(심호흡), 깊이[1663]. 깊이깊이. 깊직이, 깊직하다; 굼깊다(산이나 골이 매우 깊고 으슥하다), 뿌리깊다[1664], 살깊다(살이 두껍다), 웅숭깊다(도량이 크고 넓다. 되바라지지 아니하고 깊숙하다). ☞ 심(深).

-까 ①합쇼·하소서체의 의문형 종결어미. 선어말어미 '-(ㅂ)니(디)-', '-리-' 뒤에 어울려 쓰임. ¶당신은 누구시오니까. 어디 가십니까. 내가 가오리까. 누가 보잡디까. ②연결어미 '-니'②의 힘줌말. ¶때리니까 운다. 어려운 때니까 참자.

까강 꽹과리를 치는 소리.

까근까근 매우 깐깐하고 찬찬한 모양. 〈센〉까끈까끈. ¶까근까근 살펴보다/ 캐묻다/ 따져 묻다. 까끈하다(성질이나 태도가 깐깐하고 끈덕지다).

까까 '과자(菓子)'를 이르는 어린이말.

까꿍 어린 아기를 귀여워하며 어를 때 내는 소리.

까뀌 한 손으로 나무를 찍어 깎는 연장. '자귀'와 비슷하나 크기가 작음. ¶까뀌로 말뚝을 다듬다. 까뀟밥, 까뀌질/하다. ☞ 깍다.

까끄라기 ☞ 깔깔하다'.

까나리 까나릿과의 바닷물고기. ¶까나리젓.

까(다)[1] ①몸의 살이나 재물이 줄다/축내다. ¶까올리다(재산이나 돈 따위를 모조리 써 없애다), 까지다'. ②셈에서 빼다. ¶원금에서 이자를 까다. 밀린 외상값을 월급에서 까다. 까먹다'(밑천을 다 없애다. 어떤 일을 잊어버리다), 깔종[1665],깔축/없다.

까(다)[2] ①겉을 싸고 있는 단단한 껍질을 깨뜨리거나 부수어서 속의 것을 나오게 하다. 불필요한 것을 벗겨 없애다. 결함을 들추어 비난하다. 밝히다. ¶호두를 까다. 잘못된 일을 속 시원히 까놓다. 까내다, 까놓다(껍데기를 까다. 마음속의 비밀을 숨김없이 털어놓다), 까뒤집다(벗겨 뒤집다)/뒤집히다, 까먹다[2][갱까먹기[1666]]/먹이다, 까무느다[1667], 까뭉개다[1668], 까바치다(비밀 따위를 일러바치다), 까바르다, 까발리다[1669], 까밝히다, 까부수다, 까불리다[1670], 까붙이다[1671], 까올리다(모조리 쓰거나 없애버리다), 까이다, 까지다[2][1672], 까지르다[1673], 까집다[1674]; 내리까다, 불까다.

1650) 깃촉: 새의 깃대 밑쪽의 단단한 부분.
1651) 발갯깃: 꿩에서 떼어 낸 날개(깃털).
1652) 부등깃: 갓난 날짐승 새끼의 다 자라지 못한 약한 깃.
1653) 빼깃: 매의 꽁지 위에 덧꽂아 맨 새의 깃. 매를 잃었을 때 되찾기 위한 표시임.
1654) 칼깃: 새의 죽지를 이루고 있는 빳빳하고 긴 부분. ¶바람칼(날개).
1655) 깃그물: 길그물의 양쪽에 옷소매처럼 길게 달려 있는 그물.
1656) 깃발: 발로 만든 깃그물 장치.
1657) 깃저고리: 깃과 섶을 달지 아니한, 갓난아이의 저고리. 배내옷. 배냇저고리.
1658) 동구래깃: 깃부리가 반원형으로 동글게 된 옷깃.↔목판깃(木版).
1659) 기저귀: 어린아이의 똥오줌을 받아 내기 위하여 샅에 채우는 헝겊.[←깃/깃+어귀]. ¶기저귀를 찬 아이. 똥기저귀.
1660) 쌀깃: 갓난아이의 몸을 옷 대신 둘러싸는 보드라운 헝겊조각.
1661) 깊드리: 바닥이 깊은 논. ¶깊드리배미(바닥이 깊은 논배미).
1662) 깊숙하다: 깊고 으슥하다. ¶깊숙한 골짜기. 깊숙이 감추다.
1663) 깊이: 겉에서 속까지의 길이. 또는 무게. 깊게, 깊도록. ¶깊이갈이, 깊이자(바다의 물깊이를 재는 자), 깊이하다; 물깊이.
1664) 뿌리깊다: 내력이나 연원(淵源)이 오래다. ¶두 집안 사이의 뿌리 깊은 원한.
1665) 깔종[-쫑]: 일정한 중량의 금속 세공품을 만들 때, 재료의 무게에서 어느 정도 까야 될지를 미리 헤아려 보는 종작(짐작). ¶깔종을 잡다(깔종을 헤아려 짐작하다).
1666) 갱까먹기: 물건이 오래 견디지 못하고 금방 없어지는 것.
1667) 까무느다: ①까뭉개다. ②까거나 헐어서 무너뜨리다.
1668) 까뭉개다: ①겉의 것을 벗겨 속이 드러나게 하다. 살을 싸고 있는 껍질 같은 것을 싸서 벗겨내다. ¶밤송이를 발로 깎아내리다.
1669) 까발리다: 속의 것을 드러나게 하다. 비밀 따위를 속속들이 들추어내다.
1670) 까불리다: ①가진 재물을 함부로 써서 없애 버리다. ②좋은 처지를 경솔한 행동으로 없어지게 하다.
1671) 까붙이다: ①완전히 벗겨 드러내다. ②흰자위가 완전히 드러나게 부릅뜨다.
1672) 까지다[2]: 껍질 따위가 벗겨지다. ¶무릎이 까지다.
1673) 까지르다: 공연히 싸다니다. 주책없이 쏘다니다. 〈큰〉끄지르다. ¶하라

ㄱ

②알을 부화하다. 약다(속). ¶병아리가 알을 까고 나왔다. 까나오다(깨고 나오다), 깨다(까게 하다); 알까기[부화(孵化)], 알까지다(지나치게 약삭빠르다), 알로까다(몹시 약다).

까(다)[3] 실천은 없고 말을 앞세워 입만 놀리다. ¶입만 까고 실천이 없다. 너무 주둥아리만 까지 마라. 까지다[3][1675]; 껑까다('거짓말하다'의 속어. 껑; 거짓말).

까다롭(다) ①성미나 취향이 별스럽게 까탈이 많다.[←가탈/까닭+ㅂ다]. ¶식성이 까다롭다. ②어떠한 일이 복잡하거나 엄격하여 다루기가 어렵다.↔수월하다. ¶까다로운 절차. 까다로이 굴다. 까다로이; 괴 · 꾀까다롭다(괴이하고도 까다롭다).=괴까닭스럽다.

까닥 ①고개 따위를 아래위로 가볍게 움직이는 모양.=까댁[1676]. 〈여〉가닥. 〈큰〉끄덕. 〈센〉까딱②. 〈큰 · 센〉끄떡. ¶턱을 까닥 쳐들다. 머리를 까닥거리면서 졸다. 눈 하나 까딱 하지 않다. 까닥 · 까딱 · 끄덕 · 끄떡거리다/대다/이다/하다. 까닥까닥 · 끄덕끄덕/하다. ②분수없이 잘난 체하며 경망하게 자꾸 행동하는 모양. 〈큰〉꺼덕. 〈센〉까딱. ¶까닥 · 까딱 · 꺼덕거리다/대다.

까대기 건물이나 담 따위에 임시로 덧붙여서 만든 허술한 건조물.

까딱 ①조금이라도 탈이 있는 모양. 뜻하지 않게, 또는 의도나 예상과는 달리 일이 잘못되는 상태를 뜻하는 말. 자칫. ¶까딱수(手; 바둑이나 장기에서, 요행을 바라는 얕은 수), 까딱 · 끄떡없다/없이, 까딱하다, 까딱하면(조금이라도 실수하면. 걸핏하면), 까딱했더라면. ②'까닥'의 센말.

까닭 어떤 일이 일어나게 된 동기(動機)가 되는 속사정이나 내용, 근거나 연유. 이유. 소이(所以). 꿍꿍이속.[+~은(관형사형 어미). 자립명사]. ¶지각한 까닭을 말하다. 내게 그런 말을 한 까닭을 통 모르겠다. 까닭 없이 눈물이 나다. 까닭을 알 수 없다. 무슨 까닭일까? 까닭수(數;까닭으로 삼을 만한 근거), 까닭표(標).

까대기 건물이나 담 따위에 임시로 덧붙여서 만든 허술한 건조물. 가건물(假建物).≒달개. ¶까대기를 외양간 겸 곳간을 쓰고 있다. 까대깃방(房).

까르르 ①여러 사람이 한꺼번에 자지러지게 웃는 소리.=깨르르. ¶아이들이 까르르 웃음을 터뜨렸다. [+웃다]. ②아기가 갑자기 자지러지게 우는 소리. 또는 그 모양. ¶자던 아기가 기침소리에 놀라 까르르 울다. 까르륵[1677].

까르릉 기계 따위가 매우 시끄럽고 날카롭게 도는 소리. ¶까르릉 소리를 내며 불꽃을 튀기는 선반기.

까리[1] 일정한 직업이 없이 길거리를 떠돌아다니는 사람. 까리꾼. ¶지하철역을 잠자리로 삼는 까리들.

까리[2] 때. 기회. ¶까리가 좋다. 기다리던 까리가 왔다. 해방 후의 복잡한 까리에 이런저런 현상이 계속 나타나고 있다.

까리까리 꼭 짚어 말하기 어렵게 몹시 희미하고 어렴풋한 모양. ¶정답이 까리까리 잘 떠오르지 않아 시험을 망쳤다. 까리까리하다; 아리까리하다.

까리(다) 마음이 언짢거나 답답할 때, 혀를 입천장에 연거푸 댔다 떼면서 소리를 내다. ¶혀를 끌끌 까리다.

까마귀 까마귓과의 새. 시꺼먼 상태. 전혀 없음.[←감(다)+아귀]. ¶까마귀 날자 배 떨어진다. 까마귀대가리(약속이나 기억을 잘 잊는 사람), 까마귀떼, 까마귀발(몹시 더러운 발), 까마귀밥[1678], 까마귀사촌(四寸;때가 많이 낀 사람), 까마귀소리(들을 가치가 없는 허황된 소리), 까마귀소식(消息;소식이 전혀 없음), 까마귀손, 까마귀자리, 까옥[1679]; 갈까마귀, 당까마귀(唐), 떼까마귀, 물까마귀, 뭇까마귀(떼를 지어 다니는 까마귀). ☞ 오(烏).

까박 남의 말이나 행동에 대하여 트집을 잡아서 핀잔을 주거나 걸고 넘어지는 것. 말대꾸. ¶까박을 부리다. 쓸데없이 까박을 붙이다.

까분까분 풀기 있는 물건이 달라붙는 모양. ¶까분까분 알맞추 쑨 풀.

까불(다) ①위아래로 흔들리다. ¶촛불이 간들간들 까불다가 꺼졌다. 까부르다[1680]; 땅까불[1681]. ②경망하게 행동하다. 〈큰〉꺼불다. ¶그렇게 까불다가는 혼이 나겠다. 까부랑[1682], 까불거리다/대다, 까부새(까불이), 까불이, 까불딱 · 꺼불떡, 까부리다(호들갑을 떨다), 까불짝 · 꺼불쩍, 깝신[1683], 깝작[1684], 깝죽[1685], 깝치다(방정맞게 깝죽거리다); 뒤까불다, 들까부르다, 들까불다, 들까불거리다/대다; 짓까불다 들.

까세(다) 어떤 사람이 다른 사람을 세차게 치거나 때리다. ¶"이걸 까셀라 보다"하고 소리쳤다.

까지 ①주어진 시간적 · 공간적 범위의 한계점임을 나타내는 부사

는 일은 하지 않고 밤낮 어디를 그렇게 끄질러 다니니?

1674) 까집다: ①거죽을 까서 속에 있는 것이 드러나게 하다. ②흰자위가 드러나게 눈을 뜨다. 까뒤집다.

1675) 까지다[3]: 성질이나 태도 따위가 지나치게 되바라지거나 약다. ¶말투가 까질 대로 까졌다.

1676) 까댁: 머리를 앞뒤로 조금 가볍게 움직이는 모양. 〈큰〉끄덕. 끄덱. 〈센〉까땍. 〈큰 · 센〉 끄떽. ¶고개를 까댁 흔들다. 까댁 · 끄덱 · 끄덕 · 끄떡 · 끄떽거리다/대다/없다/이다.

1677) 까르륵: ①여러 사람이 되바라지게 웃는 소리나 모양. ¶옆방에서 까르륵 웃는 소리가 났다. ②젖먹이가 자지러지게 우는 소리. 또는 그 모양. ¶갑자기 아이가 까르륵 숨넘어가는 소리로 울기 시작했다.

1678) 까마귀밥: 음력 정월 대보름날을 까마귀 제삿날이라 하여 들에 내다 버리는 잡곡밥.

1679) 까옥: 까마귀나 까치가 우는 소리.=까악 · 가악. 〈큰〉까욱. 〈준〉깍. ¶까옥거리다/대다, 까옥까옥/깍깍, 깍깍거리다/대다, 까작, 깟.

1680) 까부르다: ①키 끝을 위아래로 흔들어 안에 든 곡식의 티나 검불 따위를 날려 보내다. ¶까불린 볍씨. 쌀을 까불다. 까불리다(재물을 탕진하다. 일을 그르치게 하다), 까붐질(키질); 뒤까부르다/뒤까불다, 들까부르다/들까불다. ②키질을 하듯이 위아래로 흔들다. ¶우는 아이를 달래려고 까부르다. 〈준〉까불다.

1681) 땅까불: 암탉이 혼자서 땅바닥에 대고 몸을 비비적거리는 짓.

1682) 까부랑: 함부로 까부는 모양. 〈큰〉꺼부렁. ¶공부는 않고 까부랑까부랑 장난만 친다.

1683) 깝신: 고개나 몸을 방정맞게 조금 숙이는 모양. 〈큰〉껍신. ¶깝신 · 껍신거리다/대다.

1684) 깝작: 방정맞게 자꾸 까불거나 잘난 체하다. 깝작거리다/대다/이다.

1685) 깝죽: ①신이 나서 몸이나 몸의 일부를 방정맞게 움직이는 모양. ¶아무데나 깝죽깝죽 나서기를 잘한다. ②자기 분수에 맞지 않게 움직이는 모양. ¶깝죽깝죽 나서서 말참견하지 않아도 된다. 깝죽 · 껍죽거리다/대다.

격 조사.[〈ᄀ장]. ¶서울까지 간다. 처음부터 끝까지. ②동작이나 상태가 미치는 한도를 나타내는 보조사. ¶이렇게까지 날 사랑하는 줄 몰랐다. ③함께 포함시키는 뜻을 나타내는 보조사. ¶어머니 회갑에는 미국에 있는 동생까지 왔다. ④'불만이나 실망'의 심적 태도를 나타내는 보조사. ¶추운 데다가 비까지 오다니. 철수까지 가버렸다.≒마저. 조차. 도. 에게-까지, 에서-까지, 하고-까지, 아직/이제[부사]-까지, 까지-가/를/와/는/도/만/야/의 들.

까짓 ①업신여기는 뜻으로, 별것 아닌. 하찮은.=그까짓. ¶까짓 놈. 까짓 영화쯤 안 보면 되지. 까짓, 될 대로 되라지. 까짓것. ②'-까짓' 꼴로, 지시관형사나 몇몇 대명사 뒤에 붙어 업신여기는 투로 '~만한 정도쯤이야'의 뜻을 더하는 말. §어원은 어느 한계점을 나타내는 조사 '까지'에 관형격 사잇소리인 'ㅅ'이 첨가된 형태. ¶고까짓, 그까짓, 네까짓, 요까짓, 이까짓, 저까짓, 제까짓, 조까짓.

까짜-올리다 남을 추어올리면서 놀리다. ¶남을 까짜올리며 놀려먹다.

까치 까마귓과의 새. '까치 모양을 한'을 뜻하는 말. ¶까치 뱃바닥 같다(실속 없이 흰소리하다). 까치걸음/하다, 까치곱새, 까치구멍[1686], 까치날개연(鳶), 까치놀[1687], 까치눈[1688], 까치둥지, 까치멀기(바다의 큰 물결), 까치박공(牔栱), 까치발[1689], 까치밥[1690], 까치선(扇), 까치집(까치둥지), 까치체(體;까치처럼 발을 떼며 추는 춤사위), 까치콩[작두(鵲豆)]; 까막까치[오작(烏鵲)], 때까치, 메까치, 물까치. ☞ 작(鵲).

까치- 몇몇 명사 앞에 붙어 '작은. 버금'의 뜻을 더하는 말. ¶까치두루마기, 까치설날(설날의 전날), 까치설빔, 까치저고리(까치설빔으로 입는 저고리), 까치조금(음력 22일께의 조금. 작은 조금) 들.

까투리 암꿩.↔장끼. ¶까투리웃음[1691], 까투리타령; 경기까투리(京畿)[1692], 서울까투리(수줍어하는 기색이 없는 사람).

까팡이 질그릇의 깨어진 조각.=이징가미. ¶까팡돈(돈처럼 동글납작한 장난감).

깍둑 조금 단단한 물건을 단칼에 쑥 써는 모양. 〈큰〉깍둑. ¶무를 깍둑 도막내다. 깍두기[1693], 깍둑거리다/대다, 깍둑깍둑/하다, 깍둑썰기.

깍듯-하다 예절 바르고 극진하다. ¶그는 나에게 깍듯한 높임말을 썼다. 깍듯이 인사를 하다. 깍듯이.

깍-쟁이 남에게는 인색하고 자기 이익에는 밝은 사람. 얄밉도록 약삭빠른 사람.[←깎다]. ¶서울깍쟁이, 알깍쟁이, 전깍쟁이(全;지독한 깍쟁이), 찰깍쟁이(아주 지독한 깍쟁이).

깍지[1] 콩 따위의 꼬투리에서 알맹이를 까낸 껍질. ¶깍짓동[1694], 깍짓방(房;콩깍지를 넣어두는 방), 깍정이[1695], 깍지열매; 굴깍지(굴껍데기), 콩깍지.

깍지[2] ①열 손가락을 서로 엇갈리게 바짝 맞추어 잡은 상태. ¶깍지를 낀 손으로 턱을 고이고 있다. 깍지걸이/하다, 깍지끼다[1696], 깍짓손[1](깍지를 낀 손), 깍지연귀(모서리를 모질게 엇베어 맞춘 연귀. 사개연귀); 무릎깍지, 손깍지. ②화살을 쏠 때 시위를 잡아당기기 위하여 엄지손가락의 아랫마디에 끼는 뿔로 만든 기구.[←각지(角指)]. ¶깍지를 떼다(활시위를 놓다). 깍짓손[2](활시위를 잡아당기는 손)[깍지손꾸미(깍지를 낀 손의 팔꿈치), 깍짓손회목]; 활깍지.

깎(다) 칼 따위로 물건을 얇게 베어 그 부분이 떨어지게 벗겨내다(떼어내다). 연장 따위를 써서 털·머리 따위를 잘라 내다. 값을 덜다. 체면이나 명예를 상하다. 주었던 지위 따위를 빼앗다. ¶과일을 칼로 깎다. 연필을 깎다. 체면이 깎이다. 깎기끌, 깎기접(接), 깎낫/질, 깎아내리다, 깎아먹다, 깎아썰기, 깎아지르다(반듯하게 깎아 바로 세우다), 깎아차기/치기, 깎은새서방/서방님, 깎은선비(말쑥하고 얌전한 선비), 깎음밥(쇠부스러기), 깎음질/하다, 깎이다, 깎이우다(몸이 축나다), 까뀌[1697], 까까머리(박박 깎은 머리), 까까중. 까무느다(높은 부분을 파서 깎아내리다), 까뭉개다[2]/뭉기다[1698]; 내리깎다[1699], 늦깎이, 되깎이, 막깎기, 막깎다, 빗깎다, 손톱깎이, 엇깎다(비뚤어지게 깎다), 연필깎이, 옥깎다, 잔디깎기, 털깎기, 풀깎기 들.

깐 ①속으로 헤아려 보는 생각이나 가늠. ¶제 깐에는 그만하면 충분하다고 생각했겠지. 깐보다[1700]. ②용언의 관형사형 아래에 쓰이어, '요량. 가늠'의 뜻을 나타냄. ¶전에 제가 한 깐이 있으니까,

---

1686) 까치구멍: 용마루 양쪽에 환기구로 뚫어 놓은 구멍.

1687) 까치놀: 석양에 먼 바다의 수평선에서 벌겋게 희번덕이는 물결.

1688) 까치눈: 발가락 밑의 접힌 금의 살이 터지고 갈라져서 쓰리고 아픈 자리.

1689) 까치발: 선반·탁자 따위의 널빤지를 받치는 직각 삼각형으로 된 나무나 쇠.

1690) 까치밥: 늦가을에 감을 딸 때, 까치 따위 날짐승이 먹으라고 따지 않고 몇 개 남겨 두는 감.

1691) 까투리웃음: 경망스럽게 키드득거리며 웃는 웃음.

1692) 경기까투리: 경기·서울 지방 사람을 지나치게 약다는 뜻으로 일컫는 말.

1693) 깍두기: ①무를 작고 모나게 썰어서 소금에 절인 후 양념을 하여 절인 김치. '깍두기 모양. 질서가 없는'을 뜻하는 말. ¶깍두기를 담그다. 굴깍두기공책(空冊;네모 칸 공책), 깍두기집안(질서가 없는 집안), 깍두기찌개, 깍두기판(질서 없이 뒤범벅이 된 난장판); 도루묵깍두기, 서거리깍두기(소금에 절인 명태 아가미를 다져 넣고 담근 깍두기), 소깍두기(素;젓국과 양념을 하지 않고 소금에만 절여 담근 하얀 깍두기), 소금깍두기, 수박깍두기, 숙깍두기(熟;무를 삶아서 담근 깍두기), 오이깍두기, 장깍두기(醬), 조개깍두기, 채깍두기, 평토깍두기(平土;짜게 담가 땅에 묻어 두었다가 이듬해 여름에 꺼내 먹는 깍두기), 해깍두기(봄에 새로 담근 깍두기). ②어느 쪽에도 끼지 못하는 사람이나 그런 신세를 비유적으로 이르는 말. ¶오갈 데 없는 깍두기 신세구료.

1694) 깍짓동: ①마른 콩깍지가 달린 줄기를 모아 묶은 큰 단. ②몹시 뚱뚱한 사람의 몸집.

1695) 깍정이: ①밤나무·떡갈나무 따위의 열매를 싸고 있는, 술잔 모양의 받침.[←깍(지)+정이]. 각두(殼斗). ¶도토리깍정이, 상수리깍정이. ②=종지. ¶간장 깍정이.

1696) 깍지끼다: 두 손의 열 손가락을 서로 어긋나게 바짝 끼다.

1697) 까뀌: 나무를 찍어 깎는 연장. ¶까뀌질/하다; 돌까뀌(돌을 깎는 까뀌), 옥까뀌(날이 오긋한 까뀌).

1698) 까뭉개다: 높은 데를 파서 깎아내리다.=까무느다. 〈큰〉까뭉기다. ¶집을 짓느라고 언덕을 까뭉개다.

1699) 내리깎다: ①값을 사정없이 깎아내리다. ②남의 능력이나 인격·체면 따위를 낮추어 평하다.

1700) 깐보다: 마음속으로 가늠하여 보다. 속을 떠보다. ¶깐보고 사업을 시작하다. 일을 깐보아 가며 대처해야겠다.

저렇게 면박을 당하고도 아무 말을 못하는 거지. §옛말은 '간'으로 '분수(分數)'를 뜻함.

깐깐-하다 ☞ 끈끈하다.

깐족 ①쓸데없는 소리를 밉살스럽고 짓궂게 달라붙어 지껄이는 모양. ¶녀석은 깐족깐족 말대답만 한다. ②조금 까다롭게 굴거나 남을 깎아내리기 잘하는 모양. 〈큰〉깐죽. ¶깐족 · 깐죽거리다/대다/이다, 깐족깐족/하다.

-깔 몇몇 명사에 붙어 그것의 '맵시나 바탕'의 뜻을 더하는 말. §'가르다(分)'에서 연유한 말로 '갈래'를 뜻함. ¶때깔, 맛깔[1701], 빛깔, 색깔(色), 성깔(性), 태깔(態); 깔색(色;물건의 빛깔. 품질의 모양) 들.

깔기(다) 오줌이나 똥을 아무 데나 함부로 누다. ¶담벼락에 오줌을 깔기다. 내리깔기다(호수의 물이나 오줌 줄기 따위를 아래쪽에 대고 힘차게 내쏘다).

깔깃 곁눈으로 꽤 사납게 흘겨보는 모양. 〈큰〉끌깃. 〈여〉갈깃. ¶모눈을 세우고 깔깃 흘겨보다. 깔기둥[1702].

깔깔 높은 목소리로 못 참을 듯이 웃는 소리. 또는 그 모양. 〈큰〉껄껄. ¶깔깔 웃다. 깔깔 · 껄껄거리다/대다/하다, 깰깰[1703].

깔깔-하다[1] 감촉이 부드럽지 못하고 까슬까슬하다. 성품이 부드럽지 못하고 거칠다. 〈큰〉껄껄하다. ¶깔깔한 옷감. 깔깔한 수염. 입이 깔깔해서 밥맛이 없다. 까끄라기[1704], 까끌[1705], 깔까리, 깔깔수(繡;깔깔한 느낌이 들도록 도들도들하게 놓는 수), 깔끄랑[1706] · 껄끄렁, 깔끄럽다 · 껄끄럽다[1707], 깔끔[1708] · 껄끔거리다/대다, 깔쭉[1709], 깔킷[1710] 들.

깔깔-하다[2] 마음이 맑고 바르고 깨끗하다. 사람됨이 생기 있고 듬직하다. 〈큰〉끌끌하다. ¶그의 깔깔하고 점잖은 풍모는 재상이라도 따를 수 없었다. 끌끌하고 예절 바른 젊은이.

깔끔-하다 마음씨나 솜씨가 깨끗하고 매끈하다. 〈큰〉끌끔하다. ¶바느질 솜씨가 깔끔하다. 깔끔히 차리고 나서다. 어머니는 끌끔한 며느리의 마음씨가 마음에 들었다. 깔끔 · 끌끔스럽다, 깔끔이(모양새나 솜씨가 깨끗하고 매끈한 사람), 깔맵다(일솜씨가 깔끔하고 매섭다).

깔끼-하다 성격이 좀 차갑고 새침하다(쌀쌀맞다). ¶그이는 평소에 예의가 바르지만 가끔씩 깔낏하다.

깔(다) ①넓이가 있는 물건이나 미세한 알맹이의 물질을 바닥에 펴놓다.≒펴다.↔개다. ¶자리를 깔다. 마당에 자갈을 깔다. 까라지다[1711], 까부라지다'[1712], 깔개(깔개깃, 깔개짚), 깔그물, 깔기다[1713], 깔낚시(바닥낚시), 깔돌(바닥에 장식으로 까는 돌), 깔리다(깖은 당하다. 흩어지다. 널리다), 깔묻히다(깔려 묻히다), 깔방석(方席), 깔아주다, 깔유리(琉璃), 깔찌[1714], 깔창, 깔치; 내리깔다(아래쪽으로 깔다)/깔리다, 덧깔다/깔리다, 되깔다/깔리다(도리어 눌리다), 밑깔이짚, 어금깔음(돌을 갈지자(之)로 까는 일), 짓깔다/깔리다. ②타고 앉다. ¶방석을 깔고 앉다. 깔아버리다, 깔아죽이다. ③돈 · 물건을 여러 군데 빌려주거나 팔려고 내놓다. ¶외상을 깔다. ④눈을 아래로 내리뜨다. ¶소녀는 눈을 다소곳이 깔고 아무 말이 없었다. 깔뜨다(눈을 아래쪽으로 내리뜨다); 내리깔다(시선을 아래로 보내다), 치깔다(내리깔다). ⑤바탕이 되게 하다. ¶강렬한 리얼리즘을 저변에 깐 작품. 깐줄기[1715]. ⑥꼼짝 못하게 남을 억누르거나 업신여기다. ¶남을 너무 깔고 뭉개지 마라. 동네 사람을 깔고 앉아 제 하인 다루듯이 한다. 깔보다(남을 얕잡아 보다)/보이다, 깔아뭉개다.

깔딱 ①기운 없이 액체를 조금씩 삼키는 소리. 약한 숨이 곧 넘어갈 듯이 끊어졌다 이어졌다 하는 소리. 얇고 빳빳한 물체가 뒤집힐 때 나는 소리. 〈큰〉껄떡[1716]. ¶약을 깔딱 삼키다. 깔딱 숨을 쉬다. 깔딱 · 껄떡거리다/대다/하다. ②매우 먹고 싶거나 갖고 싶어 입맛을 다시면서 안달하는 모양. ¶껄떡쇠[1717], 껄떡이[1718].

깔딱-하다 얼이 빠지다. 피로하거나 배가 고파 눈꺼풀이 위로 올라붙고 눈알이 푹 들어가다.=할끔하다. 〈큰〉껄떡하다.

깔때기 액체를 통 따위에 넣을 때 쓰는, 나팔꽃처럼 생긴 기구. ¶

1701) 맛깔: 음식 맛의 성질.

1702) 깔기둥: 가벼운 곁눈으로 사납게 요리조리 흘겨보는 모양. ¶깔기둥깔기둥 곁눈질을 하다.

1703) 깰깰: 웃음을 억지로 참으면서 입속으로 조금 새되게 웃는 소리. 또는 그 모양. 〈큰〉낄낄. 〈거〉캘캘. 〈큰 · 거〉킬킬. ¶호들갑스럽게 깰깰 소리를 내며 웃어대다. 깰깰 · 낄낄 · 캘캘 · 킬킬거리다/대다.

1704) 까끄라기: 벼나 보리 따위의 낟알 겉껍질에 붙어 있는 깔끄러운 수염 동강.[←까끌+아기]. 〈준〉까라기 · 까락. 〈큰〉꺼끄러기/꺼러기/꺼럭. ¶까라기벼. 까끄라기/까라기/까락 · 꺼끄러기; 벼까라기/벼까락.

1705) 까끌: 매우 따금따끔한 느낌.=깔끔. 〈큰〉꺼끌. ¶까끌까끌 찌르는 까끄라기를 털다.

1706) 깔끄랑: 부드럽지 못하고 깔깔한 느낌. 성질이 부드럽지 못하고 좀스럽게 까다로운 모양. 〈큰〉껄끄렁. ¶손이 깔끄랑 거칠어지다. 깔끄랑 · 껄끄렁베, 깔끄랑 · 껄끄렁벼, 깔끄랑 · 껄끄렁보리.

1707) 껄끄럽다: ①살갗에 닿는 감촉이 신경이 쓰이게 뜨끔하다. ②미끄럽거나 반드럽지 못하고 껄껄하다. ③상대하기가 무난하지 못하고 거북하다.

1708) 깔끔: 작은 까끄라기 따위가 살을 자극하는 모양.

1709) 깔쭉: 거칠게 생긴 모양. 〈큰〉껄쭉. ¶깔쭉 · 껄쭉거리다/대다, 깔쭉이(가장자리를 톱니처럼 에어 만든 동전).

1710) 깔킷: 여럿이 다 또는 매우 깔깔하며 거북하고 불편한 모양. ¶눈에 티가 들어가 깔킷깔킷 쓰리다.

1711) 까라지다: 기운이 빠지어 축 늘어지다. 〈여〉가라지다. ¶몇 끼를 굶었더니 몸이 까라진다. 까라져 활동이 둔해지다. 가라진 목소리로 몇 마디 더하고 팔싹 주저앉는다.

1712) 까부라지다': ①작은 물건의 운두 따위가 점점 줄어지다. ②기운이 빠져서 꼬부라지거나 나른해지다. ¶몸이 착 까부라지다. ③썩거나 삭아서 부피가 점점 줄어지다. ¶두엄더미가 푹 까부라지다. 〈큰〉꺼부러지다.

1713) 깔기다: 오줌이나 똥을 아무 데나 함부로 누다. 〈여〉갈기다. ¶오줌을 아무데나 깔기다. 내리깔기다/내깔기다.

1714) 깔찌: 밑에 깔아서 괴는 물건. 깔개. 밑바탕.

1715) 깐줄기: ①말이나 글에서 겉으로 드러나지 않고 속에 깔려 있게 하는 표현. 또는 그런 내용. ②일정한 조건이 성숙될 때까지 겉으로 직접 드러내지 않고 바탕에 깔려 있게 하는 내용. 복선(伏線).

1716) 껄떡: ①목구멍으로 물 따위를 힘겹게 삼키는 소리. 또는 그 모양. ¶약한 모금을 겨우 껄떡 삼키다. ②숨이 끊어질 듯 말 듯하는 소리. 또는 그 모양. ¶마지막 숨을 껄떡 쉬다. ③엷고 빳빳한 물체의 바닥이 뒤집히거나 뒤틀리는 소리. 또는 그 모양. ¶널마루를 밟으니 껄떡 소리가 난다.

1717) 껄떡쇠: 여기저기 기웃거리며 먹을 것을 몹시 탐하는 사람.

1718) 껄떡이: 음식이나 재물에 공연히 욕심을 내는 사람.

깔때기에 시약을 붓다. 깔때기꼴, 깔때기꽃부리, 깔때기전건(戰巾), 깔때기세포(細胞), 깔때기홈통(桶); 분액깔때기(分液), 적하깔때기(滴下) 들.

깔밋-하다 모양이나 차림새가 아담하고 깨끗하다. 인물이 깨끗하고 헌칠하게 잘 생기다. 손끝이 여물다. 〈큰〉끌밋하다. 〈준〉깔밋다. ¶찻집이 크지는 않으나 깔밋하다. 성품이 지나치게 깔밋하다. 깔밋잖다(깔밋하지 아니하다).

깔빼기 구슬을 던져 바닥에 놓인 구슬을 맞히는 놀이.

깔축 조금의 줄어듦[축(縮)]. ¶돈 한 푼 깔축을 낸 일이 없다. 깔축없다1719).

깜냥 일을 가늠보아 해낼 만한 능력. 자기 능력을 스스로 겸손하게 이르거나, 아랫사람의 능력을 깔보아 이를 때 씀. ¶그의 깜냥으로는 벅차다. 깜냥깜냥이(저마다의 깜냥대로).

깜뭇 순간적으로 깊이 빠져들거나 멀리 사라지는 모양.

깜박 ①불빛이나 별빛 따위가 잠깐 어두워졌다 밝아지는 모양. ¶숲속에서 등불이 깜박 빛났다. 깜박불, 깜빡이. ②눈이 잠깐 감겼다 뜨이는 모양. ¶샛별 같은 눈을 깜박 떴다 감는다. ③기억이나 의식 따위가 잠깐 흐려지는 모양. ¶깜박 잊다. 깜박1720)·껌벅·끔벅·깜빡·끔뻑거리다/대다/이다, 깜박하다1721), 까막1722), 깜작1723).

깜짝[1] '깜작'보다 센말.

깜짝[2] 별안간 놀라는 모양. 〈큰〉끔쩍. ¶갑자기 소리를 질러 깜짝 놀라게 하였다. 깜짝거리다/대다/하다, 깜짝깜짝, 깜짝이, 깜짝이야/깜짝야. [+놀라다].

깜찍-하다 나이에 비하여 매우 영악하다. 몸집이나 생김새가 작고 귀엽다. ¶하는 짓이 매우 깜찍하다. 깜찍한 아이. 깜찍스럽다, 깜찌기실(아주 가늘고도 질긴 실), 깜찍이.

깝살리(다) ①찾아온 사람을 따돌리어 보내다. ②재물이나 기회 따위를 흐지부지 다 없애다. ¶요 알량한 집 한 채나마 깝살리고 멍석을 쓰고 길거리를 나갈 테지? 그는 기회를 깝살려 버린 것을 후회했다.

깝작 끈기 있는 것이 착 달라붙는 모양. ¶깝작하다. 깝진1724).

깝지(다) 말이나 행동이 시원스럽지 못하고 안타깝다. ¶깝진 여편네 첫 아이 낳기만이나 하다(끙끙거리기만 하면서 일을 척척 해내지 못함).

깡[1] '옥수수나 수수의 줄기(대)'를 이르는 말. ¶수수깡, 옥수수깡.

깡[2] '뇌관(雷管;폭약이나 화약의 점화 장치)'을 이르는 말. ¶깡물리다(뇌관을 도화선에 잇다), 깡집게.

깡[3] =깡다구1725). ¶깡으로 버티다.

깡[4] 뗏목을 만들 때에 통나무들을 마주 잇는 데 쓰는 말발굽 모양의 쇠못. ¶깡을 박다. 깡떼(깡을 박아서 짠 떼), 깡줄(깡을 잇는 밧줄).

깡그리(다) 일을 수습하여 뒤끝을 마무르다. ¶잔무를 깡그리고 퇴근하다. 깡그리1726).

깡깡 ①몹시 여윈 모양. ¶깡깡 여위어 뼈만 앙상하다. ②땅 같은 것이 몹시 마른 모양. ¶오랜 가뭄으로 논바닥이 깡깡 말라 갈라지다. ③몹시 단단하게 얼어붙거나 굳은 모양. ¶땅이 깡깡 얼다.

깡깡(이) '해금(奚琴)'의 속칭. ¶깡깡이를 켜다. 건깡깡이(乾)1727).

깡증-하다 몹시 게을러빠지다. ¶깡증한 버릇을 고치다. 강지근하다(오금을 쓰기 싫어하고 게으르다).

깡총-하다 키가 작고 다리가 길다. 〈큰〉껑충하다. ¶키가 깡총하다. 껑충이(키가 큰 사람).

깡치 밑에 가라앉은 찌꺼기나 앙금.=깡지. ¶독 밑의 깡치를 가셔냈다. 꿀깡치(꿀을 냈을 때 통에 남아 있는 찌끼), 물깡치.

깡통 생철로 만든 통조림통. 속에 든 것이 없는 사람.[←can+桶(통)]. ¶깡통을 차다(빌어먹는 신세가 되다). 야, 이 깡통아 그것도 몰라.

깡패 폭력 따위를 휘두르며, 남에게 못된 짓을 일삼는 불량배.[←gang+牌(패)].

깨 참깨·들깨의 총칭. 참깨의 열매. ¶깨가 쏟아지다. 깻가루, 깨강정, 깨고물, 깨고소하다(깨가 쏟아지듯이 매우 고소하고 재미나다), 깨곰보, 깻국, 깨그루(깻대를 베어낸 그루터기), 깨기름, 깨꽃, 깨꾸지장(醬;깻묵으로 담근 장), 깨다식(茶食), 깻단, 깨떡, 깻묵[들깻묵, 참깻묵, 콩깻묵], 깨바심, 깨밭, 깨보숭이1728), 깨소, 깨소금/맛, 깻송이(깨의 이삭), 깨알, 깨알같다, 깨엿, 깻이파리, 깻잎[깻잎나물, 깻잎썸], 깨죽(粥), 깨춤1729), 깨판(아주 고소하게 일이 벌어진 자리나 장면); 검은깨, 들깨, 주근깨1730), 참깨, 통깨

1719) 깔축없다: 조금도 축나거나 버릴 것이 없다. ¶사과 네 상자가 하나같이 모두 깔축없다. 제법 깔축없이 잘 되었다.

1720) 깜박: 깜박대(낚시찌), 깜박등(燈), 깜박막(膜), 깜박불, 감박이다, 깜빡이.

1721) 깜박하다: 어떤 것을 기억하지 못하거나 주의를 기울이지 못하다.

1722) 까막: 희미한 불빛이 꺼질 듯 말 듯한 모양. 눈을 가볍게 감았다 떴다 하는 모양. 〈큰〉끄먹. ¶까막까막하는 등불. 작은 눈을 까막하며 생각에 잠겨 있다. 까막·끄먹거리다/대다.

1723) 깜작: 갑자기 놀라는 모양. 눈을 살짝 감았다 뜨는 모양. 〈큰〉껌적. 끔적. 〈센〉깜짝. 〈큰·센〉끔쩍. ¶눈을 깜작 뜨다. 깜작·끔적·깜짝·끔쩍·거리다/대다/이다; 눈깜작이·눈깜짝이·눈끔적이·눈끔쩍이.

1724) 깝진: 조금 끈적끈적하게 달라붙는 모양. 〈큰〉껍진. ¶깝진거리는 송진. 깝진깝진 달라붙는 접착제. 깝진거리다/대다, 깝진하다(좀 끈적끈적하게 달라붙는 성질이 있다).

1725) 깡다구: 악착같이 버티어 밀고 나가는 오기(傲氣). 〈준〉깡. ¶깡다구를 부리다. 깡다구가 세다.

1726) 깡그리: 하나도 남김없이 모조리.≒몽땅. 온통. 죄다. 모두. 싹. 전부. 다. 사그리. ¶깡그리 없어지다. 깡그리 부수다. 어릴 적 일은 깡그리 잊어버렸다.

1727) 건깡깡이(乾): 무슨 일을 하는 데에 아무런 기술이나 기구도 없이 맨손으로 함. 또는 그러한 사람.

1728) 깨보숭이: 들깨의 꽃송이에 찹쌀가루를 묻혀서 기름에 튀겨낸 반찬.

1729) 깨춤: 깨를 볶을 때에 톡톡 튀듯, 체구가 작은 사람이 방정맞게 까부는 모양을 비유적으로 이르는 말.

1730) 주근깨: 얼굴의 군데군데에 생기는 잘고 검은 점. ¶깨돌이(얼굴에 주

ㄱ

(빻지 않은 깨), 흰깨 등.

깨갱 강아지가 심하게 얻어맞거나 아플 때에 다급하게 지르는 소리. 〈큰〉끼깅. ¶깨개갱, 깨갱거리다/대다, 깨갱깨갱/하다, 깽[1731]·킹.

깨금 어떤 행동을 표가 나지 않게 조금씩 천천히 하는 모양. ¶울타리 너머에서 야경꾼의 소리가 들리자 우리는 깨금깨금 제각기 집으로 흩어졌다. 깨금걸음, 깨금다리[1732], 깨금발(발뒤꿈치를 들어올림. 또는 그 발. 앙감질)/뛰다, 깨금사위(무당춤의 하나), 깨금발싸움(닭싸움), 깨꾸막질(앙감질).

깨깨¹ 몹시 여위어 마른 모양.=깽깽. 〈여〉개개. ¶며칠을 굶었는지 깨깨 마른 몸으로 나타난 그를 보니 참 안되었다는 생각이 들었다. 몸이 깨깨 마르다. [+마르다].

깨:깨² 어린아이가 시끄럽게 자꾸 우는 소리. ¶어린애가 깨깨 울다. 아이를 깨깨 울리다.

깨깨³ ①하나도 남김없이 몽땅.=낱낱이. ¶마당의 눈을 깨깨 치우다. ②더할 수 없거나 여지없이. ¶깨깨 망신을 당하다.

깨끗-하다 청결하고 순수하다. 잘 정돈되어 있다. 맑다. 정정당당하다. 아무것도 없이 텅 비다. 병 등이 나아서 말짱하다. 〈준〉깨끗다. ¶깨끗잖다, 깨끗이, 깨끔스럽다(깨끗하고 아담스럽다), 깨끔찮다(깨끔하지 아니하다), 깨끔하다[1733], 깨끔히, 끼끗하다(멀쑥하고 깨끗하다. 생기가 있고 깨끗하다. 싱싱하다). ☞ 정(淨). 결(潔).

깨끼 ①안팎 솔기를 사(紗)붙이로 곱솔로 박아 겹옷을 짓는 일. ②깨끼옷. ¶할머니는 고운 깨끼를 입고 외출을 하셨다. 깨끼겹저고리/깨끼저고리, 깨끼당저고리, 깨끼두루마리, 깨끼바지, 깨끼옷, 깨끼저고리/겹저고리, 깨끼적삼.

깨끼리 오른쪽 다리를 앞으로 굽혀 들고 두 팔을 활개펴기를 하였다가 차례로 오른 무릎 위에 손을 얹어 가며 추는 춤사위. 깨끼리춤. ¶깨끼식춤(式;양주 별산대놀이 춤사위); 깨끼발(한 발을 들고 한 발로 선 자세.=앙감발), 깨끼춤(난봉꾼이 멋을 내어 재미있게 추는 춤); 곧은깨끼(두 발 사이를 좁혀 곧게 나아가는 춤사위), 제자리깨끼(제자리에 서서 추는 춤).

깨나 말하는 이의 주관적인 판단에 근거하여 '어느 정도'의 뜻을 아니꼽다는 듯이 이르는 말.≒좀. ¶주먹깨나 쓰는 아이다. 심술깨나 부리게 생겼더라. 돈깨나 벌었다. 구박깨나 받았다. 힘깨나 쓰는 사람이다.[+글, 나이, 돈, 속, 학식, 힘].

깨(다)¹ ①잠·꿈·술기운이 사라져 정신이 맑아지다. 자던 잠을 그치다.(↔잠들다). ¶잠이/ 술이 깨다. 깨우다, 깨이다[1734], 깰머리[1735]; 들깨우다(요란스럽게 흔들어 깨우다), 설깨다, 일깨다(잠을 일찍이 깨다)/깨우다, 일깻날(잠을 일찍이 깬 날). ②의식이나 지능이 사리를 깨달을 수 있게 열리다. ¶깨갈다(깨달아서 갈고 닦다), 깨나다/깨어나다(의식을 되찾다), 깨다듬다(깨달아 마음을 가다듬다), 깨단하다[1736], 깨닫기관(器官), 깨닫신경(神經), 깨닫줏대(깨닫기관의 신경줏대), 깨달은이, 깨닫다[1737], 깨달음(이해), 깨도(깨달음)[1738], 깨성[1739], 깨우치다[1740], 깨치다[1741]; 일깨우다(일러 주거나 가르쳐서 깨닫게 하다), 자나깨나. ☞ 각(覺).

깨(다)² ①단단한 물체를 쳐서 조각을 내거나 금이 가게 하다.(≒부수다). 일을 중간에서 못 이루게 하다. ¶유리창을 돌로 깨다. 약속을 먼저 깬 사람이 누구냐? 정적을 깬 총소리가 들렸다. 깨두드리다(물체를 두드리어 깨뜨리다)/뚜드리다, 깨드득[1742], 깨뜨러지다/깨트러지다, 깨뜨리다/트리다, 깨물다[1743], 깨부수다, 깨어지다/깨지다, 깨인자갈/깬자갈, 깬모래; 으깨다(으그러뜨려 깨다), 찌깨다(찌그러뜨려 부수다). ②어려운 기록을 뚫다. 소통되다. ¶기록을 깨다. 의사소통의 벽을 깨다. ☞ 파(破).

깨드득 주로 아이나 여자들이 명랑하고 천진하게 웃는 소리. 또는 그 모양. 〈준〉깨득. 〈큰〉끼드득. ¶까득[1744], 깨드득/깨득거리다/대다, 깨들[1745], 캐득·키득[1746]거리다/대다.

깨드럭 물건이 부딪치거나 떨어져 내는 소리.

깨작 ①글씨를 아무렇게나 갈기어 쓰는 모양. 〈큰〉끼적. 끄적. ¶글씨를 깨작 갈겨쓰다. 깨작·끼적·끄적거리다/대다, 깨작깨작·끼적끼적'·끄적끄적/하다. ②'깨지락'의 준말.

깨죽 불평스럽게 종알거리는 모양. 〈큰〉께죽. ¶깨죽·께죽거리다/대다, 깨죽깨죽·께죽께죽/하다.

근깨가 많은 남자아이), 깨순이.

1731) 깽: ①몹시 아프거나 힘겨운 일에 부대끼어 괴롭게 내는 소리. 〈큰〉끙. 낑. 〈큰·거〉킹. ¶깽깽·끙끙·낑낑·킹킹거리다/대다. ②강아지가 놀라거나 아플 때 내는 소리. 〈큰〉껑(개가 몹시 짖는 소리). 〈거〉캥. 컹. ¶깽깽·껑껑·캥캥·캉캉·컹컹거리다/대다.

1732) 깨금다리: 태껸에서 쓰는, 다리 기술의 하나.

1733) 깨끔하다: 깨끗하고 아담하다. ¶깨끔한 집.

1734) 깨이다: 제 정신으로 돌아가다. 가리새를 가릴 만큼 되다.

1735) 깰머리: 잠에서 깨어날 때의 정신 상태 또는 그 무렵. 깰머리가 맑다. 깰머리의 기분이 좋다.

1736) 깨단하다: 오래 생각나지 아니하다가 어떠한 실마리로 말미암아 깨닫고 분명히 알다. ¶어려운 수학 문제를 해답을 보고 나서야 깨단할 수 있었다. 사업의 실패 원인을 이제야 깨단하게 되다니.

1737) 깨닫다: 생각하거나 궁리하여 알게 되다. 느껴서 알다.≒알다. ¶이치를 깨닫다. 잘못을 깨닫다. 가슴이 떨려려 옴을 깨닫다. 깨달은이, 깨달음.

1738) 깨도: ①깨달아 알아차리는 짐작.≒이해(理解). ¶여러 번 되풀이해서 이야기했더니 깨도가 간 모양이다. 깨도가 되다(깨달아 알게 되다). ②까무러진 상태에서 깨어나 조금 정신을 차리는 것.

1739) 깨성: 병이 나으면서 제대로 기운을 차리게 되는 것. ¶그의 아내는 깨성을 못하고 골골하였다. 몸을 푼 뒤 깨성을 하여 가다.

1740) 깨우치다: 깨닫도록 가르쳐 주다. 깨달아 알게 하다.≒일깨우다. ¶친구의 잘못을 깨우쳐 주다.

1741) 깨치다: 모르던 것을 알게 되다. 일의 이치 따위를 깨달아 알다. ¶글을 깨치다. 수학의 원리를 깨치다.

1742) 깨드득: 단단한 물체가 외부의 강한 힘에 눌리어 깨지는 소리.

1743) 깨물다: ①어떤 물체를 이 사이에 넣고 힘을 주어 일부가 떨어지거나 깨지게 하거나 상처를 입게 하다. ¶혀를 깨물다. 사과를 한 입 크게 깨물었다. 짓깨물다(함부로 마구 깨물다). ②말·감정을 눌러 참다. ¶슬픔을 깨물면서 끝내 아무 말도 하지 않았다.

1744) 까득: 귀엽게 소리 내어 웃는 모양.=깨득. ¶까득까득 웃어대는 귀둥이.

1745) 깨들: 주로 어린아이가 참다못하여 끝내 웃음을 입속으로 꽤 높고 날카롭게 터뜨리는 소리. 또는 그런 모양. ¶계집애가 엄마 뒤로 몸을 숨기며 깨들 웃다. 〈거〉캐들. 키들. 캐등. 키등.

1746) 키득: 참지 못하여 새어 나오는 웃음소리. 〈작〉캐득. ¶문틈으로 엿보던 민수는 그만 키득 웃어버리고 말았다.

깨지락 ①조금 달갑지 않은 음식을 억지로 굼뜨게 먹는 모양. ¶음식을 깨지락/깨작 씹다. ②조금 달갑지 않은 듯이 게으르고 굼뜨게 행동하는 모양. 〈준〉깨작. 깨질. 〈큰〉께지럭. 끼지럭. ¶깨작·끼적거리다/대다/이다, 깨작깨작·끼적끼적[2]/하다, 깨지락/깨질·께지럭·끼지럭거리다/대다.

깩 몹시 놀라거나 충격을 받아 갑자기 되게 지르는 소리. 〈큰〉끽. 꿱. ¶느닷없이 소리를 깩 지르다. 깩깩·끽끽거리다/대다. 깩·끽소리(반항하는 태도나 괴로움을 참을 때 내는 소리).

깰깩 숨이 차서 목구멍이 조금 벅찼다가 터져 나오는 소리. 또는 그 모양. 〈큰〉낄끽. ¶깰깩깰깩 터져 나오는 소리. 깰깩·낄끽거리다/대다, 깰깩깰깩/하다.

깽 몹시 아프거나 힘겨운 일에 부대끼어 괴롭게 내는 소리. 〈큰〉낑. 〈거〉캥. 킹. ¶깽깽·킹킹거리다/대다.

깽비리 어린아이나 같은 동아리 중의 작은 사람을 얕잡아 이르는 말. ¶멀쩡한 사람을 깽비리 취급해서는 안 된다.

-깽이 '짤막한 나무도막'을 이르는 말. ¶나무깽이(부러진 나뭇가지), 말라깽이(몸이 몹시 여윈 사람), 부지깽이, 수수깽이(수수의 잎을 벗겨낸 줄기).

꺄룩 (무엇을 보려고 기웃거리거나 목구멍에 걸린 것을 삼키려 할 때) 목을 앞으로 조금 내미는 모양. 〈큰〉끼룩. ¶목을 꺄룩 내밀다. 꺄룩·끼룩거리다/대다.

꺅[1] 위급할 때 놀라서 부르짖는 소리.

꺅[2] 먹은 음식이 목까지 찬 모양. ¶꺅차다(먹은 음식이 목까지 꽉 차다), 꺆하다(더 들어갈 수 없다. 더 먹을 수 없이 배부르다).

꺅[3] 짐승 따위가 몹시 놀라거나 죽게 될 때 되바라지게 내는 소리. ¶꺅꺅거리다/대다.

꺌 암탉이나 갈매기 따위가 목청껏 지르는 소리.

꺼겅 꿩이 우는 소리.

꺼귀꺼귀 입을 천천히 놀리며 음식물을 먹는 모양. ¶마른 오징어를 꺼귀꺼귀 씹다.

꺼끙-그리다 겉곡을 방아에 대강 쓿어(찧어) 내다.

꺼리(다) 사물이나 일 따위가 자신에게 해가 될까 하여 피하거나 싫어하다. 언짢아 마음에 걸리다.↔좋아하다. 가까이하다. ¶상대와 가까이 하기를 꺼린다. 사진 찍기를 꺼린다. 양심에 꺼릴 만한 일은 않는 게 상책이다. 꺼림칙·께름칙하다(매우 꺼림하다), 꺼림[1747]·께름하다, 꺼림텁텁하다[1748], 께끄름하다/께끔하다(께적지근하고 꺼림하여 마음이 내키지 않다).

1747) 꺼림하다: 뉘우치거나 불안한 감정이 마음에 걸려 유쾌하지 않고 속이 언짢다. ¶좀더 따뜻이 대해 주지 못한 것이 꺼림하다. 상한 음식이 아닌가 싶어서 먹기가 께름하다.

1748) 꺼림텁텁하다: 마음이나 배 속이 언짢고 시원하지 않다. ¶어머니는 아이를 혼자 떼어 놓고 가기가 아무래도 꺼림텁텁한지 자꾸만 뒤를 돌아다보았다.

꺼벙-하다 허우대는 크나 성격이 야무지지 못하고 엉성하다. ¶겉으로는 꺼벙해 보이나 마음은 단단하다. 꺼벙하게 생긴 얼굴.

꺼병이 ①꿩의 어린 새끼. ②겉모양이 잘 어울리지 아니하고 거칠게 생긴 사람.

꺼이꺼이[1] 듣기 싫은 소리로 목 놓아 우는 소리. ¶꺼이꺼이 울다.

꺼이꺼이[2] 일을 혼자서 애써 하는 모양. ¶그는 쌀가마를 꺼이꺼이 메고 왔다. 노인이 늦도록 밭고랑에 엎드려 꺼이꺼이 밭을 맨다.

꺼지(다)[1] ①속이 곯아서 겉이 우묵하게 들어가다. ¶눈이 푹 꺼지다. 이틀을 굶었더니 배가 쑥 꺼지다. ②아래로 내려앉아 빠지다. ¶땅이 꺼지다. 방바닥이 꺼지다.

꺼지(다)[2] '끄다'의 피동형.

꺼풀 여러 겹으로 된 껍질이나 껍데기의 층(層).[〈거플]. 〈작〉까풀. ¶꺼풀을 벗기다. 꺼풀막(꺼풀을 싸고 있는 얇은 막), 까풀·꺼풀지다(껍질이나 껍데기가 여러 겹으로 층을 이루다), 깝대기·껍데기[1749], 깝질·껍질[1750], 꺼펑이[1751]; 겉꺼풀, 눈꺼풀, 속꺼풀, 쌍꺼풀(雙) 들.

꺼풋 바람에 날리어 매우 힘 있게 떠들리며 빠르고 세게 움직이는 모양. ¶불꼬리가 꺼풋 모로 눕더니 다시 살아났다.

꺽[1] 트림하는 소리. ¶꺽, 어 잘 먹었다.

꺽[2] 장끼가 우는 소리. ¶꺽꺽, 꺽꺽푸드덕/푸드득.

꺽[3] 숨이나 말이 목구멍 쪽에서 갑자기 막히는 소리. 또는 그 모양. ¶숨이 꺽 막히다. 꺽세다[1752], 꺽쉬다(꺽세다②).

꺽꺽-하다 ①성질이 억세어서 부드러운 맛이 없다. ¶꺽꺽한 목소리. 사람이 꺽꺽하여 대하기가 힘들다. ②밥·떡 따위가 물기가 적어 되고 딱딱하다. ¶꺽꺽한 꽁보리밥을 냉수에 말아 먹다. ③말이나 글이 순탄하거나 부드럽지 못하다.

꺽두기 ①기름에 결은 가죽신. ②나막신. 〈준〉꺽두.

꺽실-하다 키가 꼴사납게 꽤 크다. ¶꺽다리(키꺽다리), 꺽두룩하다(키가 멋없이 크다).

1749) 껍데기: ①달걀·조개 같은 것의 겉을 싸고 있는 단단한 물질. 〈작〉깝대기. ¶소라/ 굴/ 조개껍데기. 알껍데기. ②알맹이는 빼내고 겉에 남은 것(단단하거나 무른 것이거나 모두). 속을 싼 겉의 물건. ¶껍데기를 벗기다. 요/ 이불 껍데기. 겉껍데기, 빈껍데기, 속껍데기, 안껍데기, 홑껍데기. ③옷을 속되게 이르는 말. ④화투에서, 끗수가 없는 것. ☞ 각(殼).

1750) 껍질: 열매나 동식물의 거죽을 감싸고 있는 질기고 무른 물질의 켜. [〈겁질]. ¶배/사과 껍질. 바나나 껍질을 벗기다. 껍질눈, 껍질막(膜), 껍질샘, 껍질세포(細胞), 껍질켜; 겉껍질, 귤껍질(橘), 나무껍질, 등껍질, 비지껍질(생가죽의 겉껍질), 소태껍질, 속껍질, 씨껍질, 열매껍질, 왕골껍질, 전자껍질(電子).

1751) 꺼펑이: 어떤 물건을 덧씌워서 덮거나 가리는 것. ¶불꽃이 꺼지지 않게 남포에 유리 꺼펑이를 씌워 바람을 막았다.

1752) 꺽세다: ①힘이나 기운이 매우 강하고 세다. 〈여〉걱세다①. ②목청이 탈이 나서 목소리가 거칠거나 잘 나오지 않다.=꺽쉬다.

꺽저기 농엇과의 민물고기.

꺽정이 둑중갯과의 민물고기.

꺽죽 혼자 잘난 듯이 몸을 흔들며 떠드는 모양. ¶꺽죽꺽죽 떠들다. 꺽죽거리다/대다.

꺽지 농엇과의 민물고기. ¶꺽지탕(湯).

꺽지(다) 성격이나 몸이 억세고 꿋꿋하며 용감하다. 일을 딱 잘라 결정하는 성질이 있다. ¶그는 꺽지지 못한 성격 때문에 쫓겨났다. 꺽짓손이 세다. 꺽짓손(억세어서 호락호락하게 넘어가지 않는 손아귀, 또는 그러한 수단).

꺾(다) 길고 단단한 물체를 구부리거나 끊다(≒부러뜨리다). 접어 겹치다. 방향을 바꾸어 돌리다(≒틀다). 기세나 의지를 제대로 펴지 못하게 누르다. ¶산에서 꽃을 꺾다. 책장의 귀를 꺾다. 운전대를 왼쪽으로 꺾다. 고집을 꺾다. 아이들의 기를 꺾어서는 안 된다. 꺾기[1](유도의 굳히기), 꺾기[2](구속성 예금), 꺾꽂이[꺾꽂이모, 꺾꽂잇법(法)], 꺾괄호(括弧), 꺾낫, 꺾는목, 꺾는소리, 꺾쇠[꺾쇠괄호(括弧), 꺾쇠구멍, 꺾쇠묶음(묶음표), 꺾쇠뼈(쇄골), 꺾쇠표(標); 단촉꺾쇠(短鏃), 어금꺾쇠], 꺾어지다, 꺾은반자, 꺾은선(線), 꺾은/꺾인지붕, 꺾은채(가마 따위의 긴 채), 꺾음새(목소리를 꺾어 내는 기술), 꺾음솔(홑솔), 꺾이다(부러지다), 꺾인계단(階段), 꺾임꺾임, 꺾임새, 꺾자[尺], 꺾자(字;문서의 여백에 긋는 ㄱ자 모양의 기호)[꺾자놓다, 꺾자치다], 꺾창(槍), -께끼[1753]; 곱꺾다(꼬부렸다 폈다 하다)/꺾이다, 곱꺾이, 되꺾다(다시 꺾다) 들.

껄떼기 농어의 새끼.

껄렁 ①말이나 행동이 들떠 미덥지 아니하고 허황된 모양. ¶껄렁거리다/대다/하다, 껄렁이(됨됨이나 언행이 껄렁한 사람), 껄렁패(牌), 껄렁껄렁/하다; 시시껄렁하다. ②사물이 꼴사납고 너절한 모양.

–껏 몇몇 명사 뒤에 붙어 '가능한 데까지. 그것이 닿는 데까지', 때를 나타내는 부사 뒤에 붙어 '그 때까지 내내'의 뜻을 더하고 부사를 만드는 말. §'끝'을 의미하는 중세어 'ᄀᆞᆺ[변(邊)·단(端)]. ᄀᆞ장[최(最)]'에서 온 말로, 한계점을 나타내는 조사 '까지'와 동원어. ¶기껏(겨우. 고작)/해야, 낮새껏(낮이 다 지날 때까지), 눈치껏, 능력껏(能力), 마음껏/맘껏, 목청껏, 밤새껏, 배껏, 상껏(上), 성심껏(誠心), 성의껏(誠意), 소신껏(所信), 수단껏(手段), 신껏, 아량껏(雅量), 아직껏, 양껏(量), 여지껏, 여태껏, 열성껏(熱誠), 오늘껏, 요령껏(要領), 욕심껏(慾心), 으레껏, 이때껏, 이제껏, 일껏, 입때껏, 재량껏(才量), 재주껏(才), 정도껏(程度), 정성껏(精誠), 지금껏(至今), 지성껏(至誠), 한껏(限), 해껏, 힘껏 들.

껑 '거짓말'의 속어. ¶껑을 까다(거짓말을 하다).

껑거리 길마를 얹을 때에 소의 궁둥이에 막대를 가로 대고 그 두 끝에 줄을 매어 길마의 뒷가지에 좌우로 잡아매게 되어 있는 물건. ¶껑거리끈, 껑거리막대. 껑거리의 경남 사투리는 '철기'다.

껑짜–치다 열없고 어색하여 매우 거북하다. 면목이 없다. ¶부모님의 기대어린 시선이 껑짜쳐서 이대로 고향집에 돌아가는 것도 쉬운 일이 아니었다.

께 '에게'의 높임말. ¶부모님께 편지를 올리다. 께-는, 께-로, 께-서[1754], 께-옵-서.

–께 시간이나 공간을 나타내는 일부 명사 뒤에 붙어 '때·무렵. 그것을 중심으로 한 가까운 범위'를 뜻하는 말. ¶이 달 말께나 고향에 갈 것이다. 시장껜 역시 시끄럽다. 그러께, 그그러께, 그믐께, 그저께, 그그저께, 먼저께, 무릎께(무릎을 중심으로 그 가까이에 있는 부위), 발칫께, 보름께, 어저께, 10시께, 월말께(月末), -정께[1755]; 께는/껜, 남문께/ 서울역께/ 정문께 들.

-께– '파르/푸르다, 노르/누르다'의 어간과 '하다' 사이에 붙어, '조금. 알맞음'의 뜻을 더하는 말. ¶노르께·누르께하다, 파르께·푸르께하다.

께끼(다) ①절구질을 할 때 확의 가장자리로 솟아오르는 것을, 가운데로 밀어 넣다. ¶방앗간에서 께끼질하며 품을 팔다. 께끼꾼, 께끼대/질/하다. ②남의 말을 께끼는 일. ¶어른 말에 께끼질하는 것이 아니다. 께끼질/하다. ③노래나 말을 옆에서 거들어 잘 어울리게 하다. ¶말마디마다 께끼다. ④잘 모르는 것을 옆에서 거들어 일러주다. ¶옆에서 슬쩍 한 마디 께끼었다.

꼑 마구 내지르는 소리. ¶꼑 소리 지르다. 〈큰〉꽥.

꼬 암탉이 우는 소리. ¶꼬꼬, 꼬꼬댁/거리다/대다, 꼬꼬댁꼬꼬댁/하다, 꼬끼댁, 꼬끼오/꼬꾜(수탉 우는 소리).

–꼬/고 몇몇 명사에 붙어, '물을 흐르게 판 도랑'을 뜻하는 말.[〈고/코]. ¶고논(물꼬가 있는 논); 개고(갯바닥에 낸 물꼬), 논꼬(논의 물꼬), 말꼬(말을 할 때 처음으로 입을 여는 일), 물꼬[1756], 배수고(排水), 샘고(샘의 근원), 술꼬(술을 마시는 목)/가 터졌다(한정없이 술을 마시게 된 것). ☞ 고랑'.

꼬까/고까 알록달록 곱게 만든 아이의 옷이나 신발.≒때때. ¶꼬까/고까신, 꼬까/고까옷.

꼬꼬마 ①실 끝에 새털이나 종이 오리를 매어 바람에 날리는 장난감. ¶꼬꼬마를 바람에 날리다. ②군졸의 벙거지 뒤에 길게 늘여 꽂던 붉은 말총.

꼬느(다) ①무거운 물건의 한쪽 끝을 쥐고 번쩍 치켜들어 내뻗치다. ¶창을 꼬나 쥐고 내닫다. 꼬나내다(꼬나들어 올리다), 꼬나들

1753) -께끼: 장께끼(살풀이춤에서, 양팔을 벌린 뒤 한 팔을 꺾어 ㄴ자처럼 굽혔다가 다시 펴는 춤사위), 중께끼(장께끼보다 팔을 덜 굽히는 춤사위).

1754) 께서: 주격 조사 '가/이'의 높임말. 높임 선어말 어미 '-시-'와 어울려 쓰임. §'는·도·야'의 보조사를 덧붙이면, 주격을 더 강조하는 뜻이 됨. 높임말은 '께옵서, 께오서'가 있음. ¶아버님께서 오셨다. 주님께서 말씀하시되. 단군께옵서 아사달에 도읍하시다. 께서-는, 께서-도, 께서-야.

1755) -정께: 때를 나타내는 일부 명사 뒤에 붙어 '그 무렵임'을 뜻하는 말. ¶유월정께나 떠나겠소. 사월정께·시월정께·섣달정께 따위.

1756) 물꼬: ①논에 물이 넘나들도록 만든 좁은 어귀. ¶물꼬고사(告祀), 물꼬받이(물꼬를 넘는 물에 팬 웅덩이). ②어떤 일의 시작을 비유적으로 이르는 말. ¶남북교류의 물꼬를 트다.

다(힘 있게 손에 들다), 꼬나메치다, 꼬나물다[1757], 꼬나세우다, 꼬나올리다, 꼬나쥐다, 꼬느질(물체 따위를 꼬느는 짓)/하다. ②마음을 잔뜩 가다듬고 연필 따위를 힘주어 쥐다. ¶기자들은 만년필을 꼬느고 앉아 중대 발표를 기다렸다. ③=꾢다(잘잘못이나 좋고 나쁨을 살피어 정하다). ¶상반기의 실적을 꼬나 보다. 성적을 꾢다/ 꼬느다. 꼬나보다[1758].

꼬(다) ①여러 가닥을 비틀어 한 줄이 되게 하다. ¶새끼나 노는 꼬고, 밧줄은 드린다. 꼬씹다[1759], 꼬아서기, 꼬아올리기, 꼬아잇기, 꼬이다[1760], 꼬인결, 꼬임/꾐, 꼬임새, 꼬집다[1761]/집히다, 꼰무늬[승문(繩紋)], 꽈배기[1762]; 배 · 비꼬다[1763]/꼬이다, 엇꼬다. ②몸 · 팔다리를 뒤틀다. ¶다리를 꼬고 앉다. 뒤꼬다/꼬이다, 뒤재비꼬다(엎친 몸을 뒤집으며 꼬다).

꼬다케 불이 너무 세지도, 꺼지지도 아니하고 그대로 곱다랗게 붙어 있는 모양. ¶화롯불이 밤새 꼬다케 붙어 있다.

꼬두기 장대 같은 긴 물건이나 아기를 한 손바닥에 세우고 넘어지지 않게 균형을 잡는 일.[←곧다]. ¶꼬둑꼬둑(꼬두기를 하라는 소리).

꼬드기(다) ①어떠한 일을 하도록 꾀어 부추기다. ¶물건을 사라고 꼬드기다. 꼬드김. ②연이 높이 올라가도록 연줄을 잡아 젖히다. ¶아이들이 연을 연방 꼬드기며 놀고 있다.

꼬뜽 처음으로 나오는 차례. 맨 처음.=꼬등. 꽃등. ¶꼬뜽 참외. 첫고등(맨 처음의 기회).

꼬르륵 ①뱃속이 비었을 때 나는 소리. ②닭이 놀라서 지르는 소리. ③액체가 비좁은 구멍으로 가까스로 빠져나가는 소리. 〈준〉꼬륵. ④가래가 목구멍에 걸리어 숨을 쉴 때 거칠게 나는 소리. ⑤물속에서 기체의 작은 방울이 물 위로 떠오를 때 나는 소리. 〈준〉꼬륵. ⑥액체가 끓어오를 때 나는 소리. 〈큰〉꾸르륵. ¶꼬르르 · 꾸르르 · 꼬르륵 · 꾸르륵거리다/대다, 꽈르르 · 꿔르르 · 콰르르 · 쿼르르/하다.

꼬리 동물의 꽁무니에 가늘게 내민 부분. 사물의 맨 뒤끝. ¶꼬리가 길다. 꼬리를 감추다. 꼬리를 사리다. 새의 몸에서 뒤로 뻗어 나온 깃은 '꽁지'라고 한다. 꼬랑이(꼬리), 꼬랑지(꽁지), 꼬리곰/곰탕(湯), 꼬리구름, 꼬리긴닭, 꼬리날개, 꼬리등(燈;尾燈), 꼬리말[1764], 꼬리별[혜성(彗星)], 꼬리보(한쪽 끝이 휘어서 도리에 닿는 보), 꼬리뼈, 꼬리손잡이[1765], 꼬리연(鳶), 꼬리잡기[1766]/하다, 꼬리지느러미, 꼬리초리(꼬리의 가는 끝부분), 꼬리치기, 꼬리치마(풀치마), 꼬리털, 꼬리표(票); 깃꼬리[1767], 긴꼬리[긴꼬리꿩, 긴꼬리닭, 긴꼬리원숭이, 긴꼬리쥐], 눈꼬리(눈초리), 뒤꼬리('꼬리'의 강조), 말꼬리, 머리꼬리, 물꼬리(분수 물줄기의 끝부분), 붓꼬리(붓끝의 가는 부분), 쇠꼬리, 쥐꼬리(매우 적은 수입)/쥐꼬리만하다, 지게꼬리(지게에 짐을 얹고 잡아매는 줄), 찌꼬리(낚시찌의 끝 부분), 책꼬리(冊;책의 아랫면), 치마꼬리. ☞ 미(尾).

꼬마 ①어린아이를 귀엽게 이르는 말. ¶꼬마야, 이리 온. 꼬마둥이/꼬맹이, 꼬막손(어린아이의 손). ②조그마한 동식물이나 사물을 귀엽게 이르는 말. ¶꼬마계획(計劃), 꼬마관(管), 꼬마기상대(氣象臺), 꼬마긴꼬리쥐, 꼬마꽃등에, 꼬마누덕옷게, 꼬마달재, 꼬마돌고래, 꼬마돌쩌귀, 꼬마둥이(꼬맹이), 꼬마망둑, 꼬마물떼새, 꼬마물방개, 꼬마민어(民魚), 꼬마방송(放送), 꼬막배미(작은 논), 꼬마배우(俳優), 꼬마백금거미, 꼬마별, 꼬마부전나비, 꼬마비단원숭이, 꼬막손, 꼬마수레벌레, 꼬마신랑, 꼬마쌍살벌, 꼬마씨우렁, 꼬마알락희롱나비, 꼬마인형(人形), 꼬마잎(잔잎), 꼬마잠자리, 꼬마자동차(自動車), 꼬마전구(電球), 꼬마전등(電燈), 꼬마진공관(眞空管), 꼬마참집게, 꼬마표범나비, 꼬마하루살이, 꼬마횃대, 꼬마흰꼬리하루살이. ③키가 작은 사람을 놀림조로 이르는 말. ¶꼬마대장(大將); 땅꼬마. ☞ 소(小).

꼬막 안다미조갯과의 바닷조개.

꼬박[1] 도자기를 빚는 데 쓰려고 이긴 흙덩이.

꼬박[2] 어떤 상태를 고스란히 그대로. 시키는 일을 조금도 어김이 없이 그대로. 쉬지 못하고 끝끝내 계속하여.≒고스란히. 내내. 〈센〉꼬빡. 〈여〉고박. ¶밤을 꼬박 새우다. 꼬박 서서 왔다. 시키는 대로 꼬박꼬박 따라하다. 하루를 거르지 않고 일기를 꼬박꼬박 쓰다. 꼬박이/꼬박(고대로 끝끝내 기다리거나, 밤을 새우는 모양).

꼬시시 사람이나 짐승의 짧은 털이 몹시 보기 흉하게 헝클어져 까칠하게 일어선 모양.

꼬잘-스럽다 좀스럽고 자질구레한 데가 있다.

꼬장꼬장 ① 가늘고 긴 물건이 굽지 아니하고 쪽 곧은 모양. ¶꼬장꼬장 곧은 막대. ②성미가 곧고 까다롭게. ¶학교일을 꼬장꼬장 관리하다. 성미가 꼬장꼬장하다. ③나이 든 어른이 자세가 바르고 건강하게. ¶허리를 꼬장꼬장 펴고 앉아 있는 할머니. 꼬장꼬장 · 꾸정꾸정하다.

꼬질꼬질 ①몹시 뒤틀어지고 꼬불꼬불한 모양. ¶꼬질꼬질 마른 무말랭이. ②옷이나 몸에 때가 많아 매우 지저분한 모양. ¶꼬질꼬질 묻은 때. 꼬질꼬질 땟국이 흐르는 옷.

꼬치미 오뉴월에 돋아나는 산나물을 통틀어 이르는 말.

꼬투리 ①콩과 식물의 열매를 싸고 있는 껍질. ¶담배꼬투리(담뱃

1757) 꼬나물다: '물다'를 아니꼽게 일컫는 말. ¶담배를 꼬나물다.

1758) 꼬나보다: 눈을 모로 뜨고 못마땅한 듯이 노려보다. ¶기분 나쁘게 왜 자꾸 나를 꼬나보는 거요.

1759) 꼬씹다: 상대의 마음이 상하게 비꼬아 말하다.

1760) 꼬이다: ①꼬아지다. ②일이 제대로 잘 안 되다. ③마음이 뒤틀리다.

1761) 꼬집다: ①손가락이나 손톱으로 살을 집어 뜯거나 비틀다. ¶꼬집히다. ②남의 비밀 · 감정 따위를 찌르듯이 건드리다. ¶꼬집어 말하다(분명하게 꼭 집어서 말하다).

1762) 꽈배기: ①밀가루 · 찹쌀가루 따위를 반죽하여, 두 가닥으로 꼬아서 기름에 튀겨낸 과자. '꽈배기 모양'을 뜻하는 말. ¶꽈배기바늘, 꽈배기엿. ②사물을 비꼬아서 말하기 좋아하는 사람의 비유.

1763) 배꼬다: ①끈 같은 것을 배배 틀어서 꼬다. ②밉살스레 비꼬다.

1764) 꼬리말: 책이나 논문의 끝에 그 내용의 대강이나 관련 사항을 간략하게 적은 글. 권말기(卷末記). 뒷글.

1765) 꼬리손잡이: 노끈이나 가죽 따위로 만든 손잡이.

1766) 꼬리잡기: 두 편으로 나누어 앞사람의 허리를 잡고 일렬로 늘어서서 맨 앞사람이 상대편의 뒷사람을 붙잡는 놀이.

1767) 깃꼬리: 저고리의 길섶 위에 앞깃이 놓이는 부분의 일부.

ㄱ

잎의 단단한 줄기), 콩꼬투리, 팥꼬투리, 풋꼬투리(채 익지 않은 깍지). ②어떤 이야기나 사건의 실마리. ¶꼬투리를 잡다. 말꼬투리(말꼬리).

꼭¹ ①지긋이 힘을 줘서 누르거나 조르는 모양. ¶꼭 누르다. 눈을 꼭 감다.=꽈악. 꼬옥·꾸욱('꼭·꾹'의 힘줌말). 〈큰〉꾹. ②빈틈이 없이.≒꽉. ¶이 옷은 너무 꼭 낀다. ③드러나지 않게 단단히 숨거나 틀어박혀 있는 모양. ¶방안에 꼭 틀어박혀 나오지 않는다. 〈거〉콕. ④야무지게 찌르는 모양. 〈거〉콕. ¶주사바늘로 꼭 찌르다. 꾹돈[1768]. ⑤애써 참거나 견디는 모양. ¶아픈 것을 꼭 참다. 무거운 돌로 꼭 눌러 놓다. 〈큰〉꾹. [+동사].

꼭² ①어떤 일이 있어도 반드시. 조금도 어김없이. ¶가거든 꼭 편지해라. 꼭 참석해라. 꼭하다(변통성이 없이 정직하고 고지식하다), ②딱 맞게. 한 치도 다름이 없이. 완전히. 빈틈없이. ¶수지계산이 꼭 맞는다.≒딱. [+긍정적 확신]. [+동사].

꼭³ ①암탉이 세게 우는 소리. ②암탉이 알을 안는 소리.

꼭대기 높이가 있는 사물의 맨 위. 단체나 기관 따위의 맨 윗자리. ¶건물 꼭대기. 꼭대기까지 썩어 있다. 머리꼭대기, 산꼭대기(山), 지붕꼭대기 들.

꼭두- ①'얼굴. 가면'을 뜻하는 말. ¶꼭두각시[1769], 꼭두놀리다(꼭두각시를 놀리다), 꼭두놀림, 꼭두사람(마네킹). ②'시간적으로 이른'을 뜻하는 말. ¶꼭두머리'(일의 맨 처음), 꼭두새벽(첫새벽), 꼭두식전(食前;이른 새벽); 식전꼭두(食前).

꼭두서니 꼭두서닛과의 여러해살이풀. 꼭두서니를 원료로 하여 만든 물감. ¶꼭두서닛빛(빨간색).

꼭뒤 ①뒤통수의 한가운데. ¶머리 꼭뒤를 톡톡 치다. 꼭뒤에 부은 물이 발꿈치에 흐른다(윗물이 맑아야 아랫물이 맑다). 꼭뒤누르다(위의 세력이 아래를 억누르다)/눌리다, 꼭뒤누름(힘으로 남의 기를 꺾는 짓), 꼭뒤상투, 꼭뒤수술(모자 꼭대기에 다는 수술), 꼭뒤잡이(뒤통수의 머리나 깃고대를 잡아채는 짓이나 그런 씨름 재주)/하다, 꼭뒤지르다(압제하다. 앞장을 질러 가로 차다)/질리다. ②활의 도고지가 붙은 뒤.

꼭지¹ ①잎사귀나 열매를 지탱하는 줄기. ¶꼭지를 따다. 꼭지꽃(줄기나 가지 끝에서 피는 꽃), 꼭지눈[정아(頂芽)]; 꽃꼭지(꽃자루), 잎꼭지(잎자루). ②그릇의 뚜껑이나 기구 따위에 붙은 손잡이. 몸체에 붙은 도도록한 부분. ¶주전자 꼭지. 꼭지각(角), 꼭지마리(물레를 돌리는 손잡이), 꼭지쇠, 꼭지잡이(꼭지손잡이), 꼭지표(表); 기꼭지(旗;깃대 꼭대기의 꾸밈새), 냄비꼭지, 다리꼭지, 도리깨꼭지, 머리꼭지, 먹줄꼭지, 바람꼭지(튜브의 쇠로 만든 바람구멍), 바리꼭지, 부채꼭지, 설꼭지[1770], 소댕꼭지, 수도꼭지(水道), 인꼭지(印), 젖꼭지, 통꼭지(桶;통에 붙은 손잡이), 활꼭지. ③도리깨의 자루 머리에 꿰어, 열을 걸게 하는 나무 비녀. ④연 머리의 가운데에 붙인 표. ¶꼭지연(鳶); 금꼭지/연(金), 먹꼭지[묵(墨)], 별꼭지, 홍꼭지(紅). ⑤어떤 방면의 우두머리. ¶꼭지딴(딴꾼이나 패거리의 우두머리), 꼭지자리(책임적 지위); 도꼭지(都)[1771]. ⑥일정한 양으로 묶은, 교정쇄를 세는 말. ¶오늘은 한 꼭지만 교정했다. ⑦모서리. ¶꼭지각(角), 꼭짓점(點). ⑧실이나 빨래, 모숨을 지어 잡아맨 긴 물건. 또는 그것을 세는 말. ¶실 한 꼭지. 미역 세 꼭지. 꼭지미역, 꼭짓집(빨래터에서 빨래를 삶는 집); 말꼭지(말의 첫마디), 삼꼭지 들.

꼭지² 시집가지 않은 처녀. ¶꼭지도둑[1772].

꼭-하다 융통성이 없이 고지식하다.=똑하다. ¶꼭한 성격. 꼭자[1773].

꼰지(다) 위에서 아래로 박히듯이 내려지거나 떨어지다. ¶배가 파도 사이로 꼰지다. 가오리연이 땅바닥으로 꼰지다.

꼰질꼰질 지나치게 좀스럽고 꼼꼼한 모양. ¶꼰질꼰질 캐묻다. 꼰질꼰질하다(하는 짓이나 생각이 지나치게 꼼꼼하여 갑갑하다).

꼲(다) 잘잘못이나 좋고 나쁨을 살피어 점수를 매기다.=꼬느다③. ¶작문을 꼲기에 머리가 아팠다. 선생님은 학생을 한 명씩 불러내어 성적을 꼲았다. 꼲아보다.

꼴¹ ①사물의 생김새나 됨됨이. 또는 처지나 형편을 얕잡아 이르는 말. ¶꼴이 흉하다/사납다. 꼴이 말이 아니다. 우스운 꼴을 당하다. 꼴이 박히다(어떤 모양이 제대로 이뤄져 나타나다). 꼬라지, 꼬락서니[←꼴+악서니], 꼴값(얼굴값), 꼴같잖다(꼴이 격에 맞지 않아 아니꼽다. 꼴답잖다), 꼴다듬기/하다, 꼴답잖다, 꼴먹다[1774], 꼴밉다[1775], 꼴바꿈, 꼴바탕, 꼴보다, 꼴본(사물의 생김새), 꼴불견(不見), 꼴사납다, 꼴시늉말(의태어), 꼴싸다[1776], 꼴좋다(꼴사납다), 꼴흉내말; 개꼴, 거지꼴(거지와 같은 초라한 모양), 거짓꼴(거짓으로 꾸민 모양), 눈꼴(눈의 생김새나 움직이는 모양), 별꼴(別), 볼꼴[1777], 주제꼴[1778], 힘꼴(힘을 낮잡아 이르는 말). ②일부 명사 뒤나 용언의 어근에 붙어 '모양'의 뜻을 더하는 말.≒상(狀). ¶글꼴, 기와꼴(기와와 같은 모양), 깃꼴(새의 깃 모양), 깔때기꼴, 나비꼴, 나사꼴(螺絲), 네모/세모꼴, 달걀꼴, 달꼴, 닮은꼴, 마름모꼴, 맞선꼴, 몸꼴, 밑꼴, 반달꼴(半), 부채꼴, 사다리꼴, 손꼴[장상(掌狀)], 알꼴(알과 같은 모양), 염통꼴, 원꼴(圓), 원뿔꼴, 으뜸꼴, 활꼴[궁형(弓形)] 들.

꼴² 소에 먹이는 풀. 목초(牧草). ¶꼴을 먹이다/ 베다. 꼴간(間;마소에게 먹일 꼴을 모아 두는 곳), 꼴꾼, 꼴단, 꼴담살이(꼴꾼으로

1768) 꾹돈: 남에게 뇌물로 주는 돈. ¶꾹돈을 찔러주다.

1769) 꼭두각시: ①여러 가지 이상야릇한 탈을 씌운 인형. ¶꼭두각시극(劇), 꼭두각시놀음(인형극. 주체성 없이 남의 뜻에 따라 움직이는 일), 꼭두놀리다(꼭두각시를 놀리다), 꼭두쇠(남사당패의 우두머리). ②남의 조종에 의하여 움직이는 사람.≒앞잡이②. 괴뢰(傀儡).[←郭禿(곽독)←godov(가면)〈몽〉].

1770) 설꼭지: 질그릇 따위의 넓죽한 꼭지.

1771) 도꼭지: 어떤 방면에서 가장 으뜸가는 사람.

1772) 꼭지도둑: 혼인 때에 신랑을 따라가는 어린 계집종.

1773) 꼭자: 성격이 꼭한 사람. ¶꼭자가 따로 없다. 여하간 그 자식은 꼭자야. 꼭자무식/하다, 꼭자무식쟁이(無識), 꼭쟁이(꼭자).

1774) 꼴먹다: 남에게 반박이나 욕을 당하다.

1775) 꼴밉다: 하는 짓이나 생김새가 밉살스럽다.

1776) 꼴싸다: 피륙을 양쪽을 서로 똑같은 길이로 접다.

1777) 볼꼴: 남의 눈에 비치는 겉모양. ¶볼꼴이 사납다.

1778) 주제꼴: 변변하지 못한 몰골이나 몸치장. 〈준〉주제. ¶주제꼴이 사납다.

살아가는 사람), 꼴망태(網), 꼴머슴, 꼴방석(方席), 꼴밭, 꼴방망이, 꼴배(꼴을 많이 먹어 불룩해진 배), 꼴지게, 꼴짐, 꼴풀; 말꼴[마초(馬草)], 소꼴/쇠꼴, 이슬꼴(이슬 맺힌 풀) 들.

-꼴 수량을 나타내는 일부 명사구 뒤에 붙어 '그 물건의 수량만큼 해당함'의 뜻을 더하는 말. ¶한 개에 백 원꼴씩 친 셈이다. 열 개꼴/ 백 원꼴/ 천 원꼴/ 한 명꼴 들.

꼴깍 ①적은 양의 액체가 목구멍으로 단번에 넘어가는 소리. ¶물을 머금고 약을 꼴깍 삼켰다. 병에 물이 꼴깍 들어가다. 〈큰〉꿀꺽. ②해가 서쪽으로 아주 넘어가 버리는 모양. ¶해가 서산으로 꼴깍 넘어가다. ③물체가 물속에 아주 잠겨 버리는 모양. ¶물속으로 꼴깍 가라앉다. ④사람이 금방 숨을 거두는 모양. ¶꼴깍 숨이 넘어갔다. ⑤어떤 기준이 되는 시점을 넘겨 버리는 모양. ¶분함을 꼴깍 삼켰다. 〈큰〉꿀꺽 〈본〉꼴까닥. 꿀꺼덕. 〈거〉꼴칵. 꼴깍·꿀꺽·꼴칵·꿀컥거리다/대다.

꼴꼴[1] 물 따위의 액체가 가는 줄기로 몰려 기울고 굽이진 데를 조금씩 흐르는 소리. 〈큰〉꿀꿀. 〈센〉콜콜. ¶시냇물이 꼴꼴 흐르다. 꼴꼴·꿀꿀·콜콜[1779]·쿨쿨거리다/대다/하다.

꼴꼴[2] 새끼 돼지가 내는 소리. 〈큰〉꿀꿀. ¶새끼돼지가 꼴꼴 울다. 꼴꼴·꿀꿀거리다/대다. 꿀꿀돼지, 꿀꿀이, 꿀꿀이죽(粥), 꿀돼지.

꼴꼴-하다[1] 헝겊 따위에 풀기가 남아 조금 빳빳하다.

꼴꼴-하다[2] ①사람이 건실하고 똑똑하다. ¶꼴꼴한 사내/ 청년. ②물건이 실속 있고 값지다. ¶꼴꼴한 제품.

꼴(다) 자지를 자극하여 불끈 일어나게 하다. ¶좆을 꼴다. 꼴리다[1780].

꼴딱 ①전혀 잠을 자지 않고 밤을 새우는 모양. ¶밤을 꼴딱 새우다. ②해가 완전히 지는 모양. ¶해가 서산으로 꼴딱 넘어가다. ③적은 음식물이 목구멍으로 넘어가는 소리.[+삼키다]. 〈큰〉꿀떡. ¶약을 꼴딱 삼키다. 꼴딱거리다/대다, 꼴딱꼴딱/하다. ④내리 굶는 모양. ¶하루를 꼴딱 굶었다.

꼴뚜기 두족류(頭足類)의 연체동물. ¶꼴뚜기구이, 꼴뚜기어채(魚菜), 꼴뚜기장사, 꼴뚜기장수[1781], 꼴뚜기젓, 꼴뚜기질(가운뎃손가락만을 펴고 남의 앞에 내밀어 욕하는 짓)/하다; 자주꼴뚜기(紫朱;'살빛이 검붉은 사람'의 비유).

꼴락 액체가 좁은 구멍으로 흘러나오거나 흘러 들어가는 소리. 또는 그 모양. 〈큰〉꿀럭.

꼴랑 ①작은 병이나 통 속에 다 차지 아니한 액체가 흔들리는 소리. ¶병을 흔들어 보니 꼴랑 소리가 난다. ②착 달라붙지 아니하고 들떠서 부푼 모양. ¶땅이 꼴랑 부풀어 있다. ③작은 물체가 조금 깊은 액체 속으로 쏙 빠져 들어가는 모양. ¶발이 꼴랑 얼음구멍에 빠지다. 꼴랑·꿀렁·콜랑·쿨렁거리다/대다.

꼴짝 ①적은 양의 질거나 끈기 있는 물건을 주무르거나 누르는 소리. 또는 그 모양. ¶진흙을 꼴짝 주무르다. 꼴찌락[1782]. ②눈물을 조금씩 짜내듯이 흘리는 모양. ¶눈물을 꼴짝 흘리다. 꼴짝거리다/대다, 꼴짝꼴짝/하다. 콜찌락·쿨찌럭. 〈큰〉꿀쩍. 〈센〉콜짝. 〈큰·센〉쿨쩍.

꼴찌 맨 끝 차례. ¶달리기에서 꼴찌를 하다. 꼬래비/꼬바리('꼴찌'의 사투리), 꼴등(等;등급의 맨 끝), 꼴맺이[1783].

꼼꼼-하다 꼼꼼성(性), 꼼꼼쟁이, 꼼바르다, 꼼바리, 꼼바지런하다, 꼼수(쩨쩨한 수단이나 방법), 꼼치(작은/적은 것). ☞ 곰곰.

꼼치 꼼칫과의 바닷물고기.

꼽등이 꼽등잇과의 곤충.=왕똥이.

꼽(다) ①수를 세려고 손가락을 하나씩 꼬부리다.[<곱다]. ¶생일이 며칠이나 남았는지 꼽아 본다. 추석을 손꼽아 기다리다. 손꼽다, 손꼽이치다, 첫손꼽다(여럿 중에서 가장 뛰어나다). ②쳐주다. 지목하다. ¶그는 세계에서 손을 꼽는 지휘자다.

꼽꼽-하다 약간 촉촉하다. 〈큰〉꿉꿉하다. ¶꼽꼽하게 마른 빨래. 옷이 비에 젖어 꿉꿉하다. 누기가 차서 벽이 꿉꿉하였다. 꼽꼽쟁이(성질이 꽤 잘고 칙칙한 사람).

꼽-사리 남이 노는 판에 거저 끼어드는 일. ¶꼽사리를 끼다. 꼽사리를 붙다. 꼽사리꾼.

꼿꼿-하다 휘거나 굽은 데가 없이 쪽 바르다. 기개나 의지가 굳세다.[←곧다]. 〈큰〉꿋꿋하다. ¶꼿꼿한 나무. 성미가 대쪽같이 꼿꼿하다. 고개를 꼿꼿이 세우다.

꽁꽁[1] ①물체가 매우 단단히 언 모양. ¶꽁꽁 얼어붙은 강물. ②힘주어 단단하게 죄어 묶거나 꾸리는 모양. ¶이 놈을 도망가지 못하게 꽁꽁 묶어라. ③보이지 아니하게 숨은 모양. ¶집안에 꽁꽁 들어박혀 있다. ④힘 있게 지그시 감는 모양.

꽁꽁[2] ①아프거나 괴로울 때 견디지 못하여 앓는 소리. ¶아픔을 참다못해 꽁꽁 소리를 내다. ②강아지가 짖는 소리. 〈큰〉꿍꿍. 끙끙[1784]. 〈거〉콩콩. 킁킁. 꽁꽁거리다/대다/하다.

꽁다리 짤막하게 남은 동강이나 끄트머리. ¶담배 꽁다리. 분필 꽁다리. 생선 꽁다리.

꽁무니 ①짐승이나 새의 등마루뼈의 끝이 되는 부분. 몸의 뒷부분. ②사물의 맨 뒤나 맨 끝. ¶꽁무니를 따라 다니다. 꽁무니를 빼다(슬그머니 물러서거나 달아나다). 꽁무니바람(뒤쪽에서 불어오는 바람), 꽁무니뼈, 꽁무니지느러미; 뒤꽁무니, 말꽁무니(말꼬리),

---

1779) 콜콜: 액체가 좁은 구멍으로 잇달아 세차게 쏟아지는 소리. 〈큰〉쿨쿨. ¶비닐관으로 콜콜 쏟아지는 물.

1780) 꼴리다: ①생식기가 성욕으로 흥분하여 일어나다. ¶자지가 꼴리다. ②무슨 일이 마음에 들지 않아 부아가 몹시 치밀다. ¶밸이/ 비위가 꼴리다.

1781) 꼴뚜기장수: ①꼴뚜기를 파는 사람. ②'많은 밑천을 다 없애고 구차하게 사는 사람'의 비유.

1782) 꼴찌락: ①적은 양의 질고 물기가 많은 물건을 주무르거나 누르는 소리. 또는 그 모양. ¶진흙탕을 밟자 꼴찌락 소리가 났다. ②작은 병이나 통에 들어 있는 액체가 세게 흔들릴 때 나는 소리. 〈큰〉꿀찌럭. ¶술병을 흔들자 꼴찌락 소리가 났다. 꼴찌락·꿀찌럭거리다/대다.

1783) 꼴맺이: 오이나 토마토의 넝쿨을 걷게 될 무렵에 맺힌 볼품없는 열매.

1784) 끙: 몹시 아프거나 힘에 겨운 일을 할 때 내는 소리. ¶끙 소리를 내며 짐을 들었다.

ㄱ

맨꽁무니1785); 꽁다리1786).

꽁수 연의 가운데 구멍 밑의 부분. ¶꽁숫구멍1787), 꽁숫달(꽁수에 대는 작은 대), 꽁숫줄.

꽁알 남이 잘 알아듣지 못하게 혼잣말로 불만스럽고 좀스럽게 말하는 소리. 또는 그 모양. 〈큰〉꿍얼. ¶꽁알꽁알 혼잣소리로 종알대다. 꽁알·꿍얼거리다/대다, 꽁알꽁알·꿍얼꿍얼/하다.

꽁지 새의 꽁무니에 붙은 기다란 깃이나 사물의 맨 끝. ¶꽁지 빠진 새 같다(볼꼴이 추레하거나 우습게 생겼다). 꼬랑지('꽁지'를 낮잡아 이르는 말), 꽁지가오리, 꽁지깃, 꽁지덮깃(꽁지깃을 덮고 있는 깃털), 꽁지머리1788), 꽁지발1789), 꽁지방아(새가 꽁지를 달싹달싹 들추는 것), 꽁지벌레, 꽁지별(혜성), 꽁지부리(船尾;고물), 꽁지점(點), 꽁지줄(끝줄); 게꽁지(아주 보잘것없거나 짧은 것) 들.

꽁초(草) 담배꽁초(피우다 남은 담배꼬투리)의 준말.

꽁치 꽁칫과의 바닷물고기. ¶꽁치구이, 꽁치조림, 꽁치통조림(桶); 살꽁치, 손꽁치(산란기에 손으로 떠서 잡은 꽁치), 학꽁치(鶴;학처럼 주둥이가 긴 꽁치) 들.

꽁-하다 ①마음이 좁아 너그럽지 못하고 말이 없다. ¶꽁한 성격. 꽁생원(生員;성질이 꽁한 남자), 꽁영감(令監;소견이 좁은 영감). ②무슨 일을 잊지 아니하고 언짢아하는 태도가 있다. ¶꽁하지 말고 오해를 푸시오. 〈큰〉꿍하다1790).

꽂(다) 자빠지지 않도록 박아 세우거나 찔러 넣다. 가늘고 뾰족한 부분을 다른 물체에 꼭 끼워져 있게 하다.≒찌르다. 끼우다. ¶산정상에 태극기를 꽂다. 비녀를 꽂다. 머리에 꽃을 꽂았다. 고지[a], 곶감, 꽂개, 꽂아칼, 꽂을대(쇠꼬챙이), 꽂이접(楔;쐐기 모양으로 깎아 꽂는 가지접의 한 가지), 꽂임촉(鏃), 꼬챙이1791), 꼬치1792), 꼬지꼬지/꼬치꼬치1793), -꽂이1794), 꽂히다; 내꽂다(박이나 앞을 향하여 세게 또는 마구 꽂다), 내리꽂다1795)/꽂히다, 덧꽂다, 들이꽂다(마구 꽂다. 안쪽으로 꽂다)/꽂히다, 메어꽂다/메꽂다(둘러메어 아래로 힘껏 던지다), 치꽂다(아래에서 위를 향하여 꽂다) 들.

꽃 ①종자식물의 번식 기관이나 아름답고 화려한 것. 무늬. 여자. 또는 인기(人氣) 있는 것을 비유함. ¶꽃가게, 꽃가루, 꽃가마, 꽃가위, 꽃가지, 꽃값, 꽃갖신(꽃무늬로 꾸민 가죽신), 꽃게, 꽃계절(季節), 꽃고무신, 꽃과자(菓子), 꽃괘(罫), 꽃구경, 꽃구두, 꽃구름, 꽃굴레, 꽃귀신(鬼神;어린아이가 죽어서 된 귀신), 꽃그늘(꽃나무의 그늘), 꽃그릇, 꽃기운(사춘기에 솟아나는 기운), 꽃길, 꽃껍질(꽃덮개), 꽃꼭지(꽃자루), 꽃꽂이, 꽃꿀[화밀(花蜜)], 꽃나무, 꽃나비, 꽃나이(여자의 한창 나이), 꽃노래, 꽃노을, 꽃놀이, 꽃눈(자라서 꽃이 될 눈), 꽃눈개비(흰 눈같이 떨어지는 꽃잎), 꽃다발, 꽃단장(丹粧), 꽃달임1796), 꽃담, 꽃답다, 꽃당혜(唐鞋), 꽃대, 꽃대궐(大闕), 꽃대님, 꽃대롱, 꽃댕기, 꽃덮개, 꽃덮이, 꽃도미, 꽃돔, 꽃돗자리, 꽃동네, 꽃동산, 꽃등(燈), 꽃등심, 꽃등에, 꽃따기, 꽃떨기, 꽃뚜껑, 꽃띠, 꽃마차(馬車), 꽃말(꽃에 상징적인 의미를 부여한 말), 꽃망울, 꽃맞이, 꽃맺이1797), 꽃멀미1798), 꽃모(어린 화초), 꽃모습(꽃처럼 아름다운 모습), 꽃모종, 꽃목걸이, 꽃무늬, 꽃무덤(젊은이의 무덤), 꽃무리(꽃이 무리지어 피어 있는 것), 꽃무지, 꽃묶음, 꽃문양(文様;무늬), 꽃물[1](꽃을 물감으로 하여 들이는 물), 꽃물[2]1799), 꽃물[3]1800), 꽃물결, 꽃미투리, 꽃미남(美男), 꽃바구니, 꽃바다, 꽃바닥(꽃받침 속의 바닥), 꽃바람, 꽃반지(半指), 꽃받침[갈래꽃받침, 겹꽃받침, 통꽃받침], 꽃발(꽃무늬를 수놓은 발), 꽃밥, 꽃방(房;꽃집), 꽃방망이, 꽃방석(方席), 꽃밭, 꽃배, 꽃뱀1801), 꽃버선(수를 놓은 버선), 꽃베개, 꽃병(瓶), 꽃보라(높은 데서 뿌리는 오색 종이), 꽃보자기(褓), 꽃봉오리, 꽃봉투(封套), 꽃부꾸미(진달래꽃으로 만들어 먹는 떡), 꽃부리1802), 꽃부채, 꽃분(盆), 꽃불(이글이글 타오르는 불), 꽃비, 꽃사슴, 꽃살문(門), 꽃삽(鍤;모종삽), 꽃상여(喪輿), 꽃샘1803), 꽃소금1804), 꽃소식(消息), 꽃솎아내기, 꽃솎음(꽃따기)/하다, 꽃손, 꽃솜, 꽃

1785) 맨꽁무니: 밑천이 없이 어떤 일을 하는 경우를 일컫는 말. 또는 그러한 사람.

1786) 꽁다리: 짤막하게 남은 동강이나 끄트머리. ¶분필꽁다리(粉筆), 생선꽁다리(生鮮).

1787) 꽁숫구멍: 연의 가운데 구멍 아래쪽의 꽁숫달 좌우편에 바싹 뚫어서 연줄을 꿰게 만든 작은 구멍.

1788) 꽁지머리: 도래나 물레의 손잡이같이 머리가 북방망이처럼 생긴 나무때기.

1789) 꽁지발: 뒤꿈치를 들고 서 있는 발.

1790) 꿍하다: ①성격이 활달하지 못하고 덤덤하다. ¶성미가 꿍하다. ②마음을 드러내지 아니하고 속으로만 언짢게 여기는 태도가 있다. ¶그는 조금만 서운한 소리를 들어도 곧잘 꿍한다. 꿍꿍이(꿍꿍이셈), 꿍꿍이셈(속으로만 우물쭈물하는 속셈), 꿍꿍이속(아주 모를 수작), 꿍꿍이수(꿍꿍이셈), 꿍꿍이수작(酬酌), 꿍꿍이질/하다, 꿍꿍이짓/하다, 꿍꿍이판(꿍꿍이를 꾸미는 판).

1791) 꼬챙이: 가늘고 길쭉한 나무나 대·쇠 등으로 된, 끝이 뾰족한 물건. [〈곶챵이]. ¶꼬챙이에 꿰다. 꼬창모; 가르마꼬챙이, 대꼬챙이, 쇠꼬챙이, 이엉꼬챙이.

1792) 꼬치: ①꼬챙이에 꿴 음식물.=꼬치미. ¶꼬치구이, 꼬치백반(白飯), 꼬치삼치, 꼬치안주(按酒); 감꼬치, 낱꼬치, 적꼬치(炙). ②꼬챙이에 꿰어 있는 물건을 세는 말. ¶곶감 세 꼬치. 전복 한 꼬치.

1793) 꼬치꼬치: ①낱낱이 따지고 자세히 캐어묻는 모양. ¶꼬치꼬치 캐묻다. ②무엇을 꼼꼼하게 따져 생각하는 모양. ¶물건을 꼬치꼬치 살펴보다. ③꼬챙이처럼 몸이 바싹 마른 모양. ¶꼬치꼬치 말랐다/ 야위다. 〈여〉꼬지.

1794) -꽂이: 꺾꽂이, 꽃꽂이, 뒤꽂이(쪽 진 머리 위에 덧꽂는 비녀 이외의 장식품), 빗꽂이, 서류꽂이(書類), 연필꽂이(鉛筆), 책꽂이(冊), 초꽂이, 촉꽂이(鏃), 판꽂이, 편지꽂이(便/片紙), 향꽂이(香).

1795) 내리꽂다: ①위에서 아래로 힘차게 꽂거나 박다. ②새나 비행기 따위가 급강하하다.

1796) 꽃달임: 진달래나 국화를 따서 전을 부치거나 떡에 넣어 여럿이 모여 먹는 놀이.

1797) 꽃맺이: 꽃이 진 뒤에 바로 맺히는 열매.

1798) 꽃멀미: 꽃향기에 취하여 일어나는 어지러운 증세.

1799) 꽃물[2]: 일의 긴한 고빗사위. 중요하고도 아슬아슬한 고비. ¶지금 일이 꽃물로 치닫고 있는 판에 그렇게 무른 꼴을 보인다는 것은 되레 좋지 않습니다.

1800) 꽃물[3]: 벼의 이삭이 배거나 팰 때 논에 대는 물.

1801) 꽃뱀: ①피부에 알록달록한 빛깔을 가진 뱀. ②남자에게 의도적으로 접근하여 몸을 맡기고 금품을 우려내는 여자.

1802) 꽃부리[화관(花冠)]: 갈래꽃부리, 나비꽃부리, 누두상꽃부리(漏斗狀), 십자형꽃부리(十字形), 장미꽃부리(薔薇), 통꽃부리.

1803) 꽃샘: 이른 봄, 꽃이 필 무렵에 추워짐. 또는 그런 추위. ¶꽃샘바람, 꽃샘잎샘/하다, 꽃샘추위, 꽃샘하다.

1804) 꽃소금: 간장을 담글 때에, 위로 뜬 메주에 뿌리는 소금.

송아리, 꽃송이, 꽃수(繡), 꽃수레, 꽃술¹(장식으로 다는 여러 가닥의 색실), 꽃술²[수꽃술, 암꽃술], 꽃술³(꽃잎을 넣어 담근 술), 꽃숭어리 · 송아리(많은 꽃송이가 한데 달려있는 덩어리), 꽃시계(時計), 꽃식물(植物), 꽃신, 꽃실(수술대), 꽃싸리, 꽃싸움/꽃쌈[화전(花戰)], 꽃씨, 꽃유황(硫黃:유황에 엉긴 가루), 꽃이삭, 꽃이슬, 꽃일다[1805], 꽃잎[겹꽃잎, 홑꽃잎], 꽃자동차/꽃차(自動車), 꽃자루, 꽃자리¹(꽃무늬의 돗자리), 꽃자리²(꽃이 달려 있다가 떨어진 자리), 꽃잠(깊이 든 잠. 신랑 신부의 첫 잠), 꽃전(煎), 꽃전차(電車), 꽃접시, 꽃종이, 꽃주름(꽃잎에 나타나는 잔줄), 꽃줄기, 꽃지짐, 꽃집, 꽃차(車), 꽃차례[화서(花序)][1806], 꽃창포(菖蒲), 꽃철(꽃이 피는 계절), 꽃턱/잎, 꽃트림[1807], 꽃판[젖꽃판], 꽃팔찌, 꽃포기(꽃떨기), 꽃피다/피우다, 꽃향기(香氣), 꽃향내(香); 갈대꽃, 갈래꽃, 감자꽃, 갖춘꽃, 개꽃, 개나리꽃, 개불알꽃, 겹꽃, 과꽃, 깨꽃, 나라꽃[국화(國花)], 나리꽃, 나팔꽃(喇叭), 낯꽃(얼굴에 드러나는 감정의 표시), 녹두꽃(綠豆), 눈꽃[1808], 달맞이꽃, 도라지꽃, 들꽃, 들마꽃, 등꽃(藤), 매화꽃(梅花), 맨드라미꽃, 메꽃, 메밀꽃, 모란꽃, 무꽃, 물꽃(하얀 거품을 일으키는 물결), 뭇꽃(여러 가지 꽃), 민들레꽃, 바늘꽃, 바람꽃¹[1809], 박꽃, 밤꽃, 방울꽃, 배꽃, 배추꽃, 백합꽃(百合), 벚꽃, 복숭아꽃, 봄맞이꽃, 부처꽃, 분꽃(粉), 붓꽃, 불꽃[불꽃놀이, 불꽃반응(反應), 불꽃심(心)], 붓꽃, 산호꽃(珊瑚), 살구꽃, 삼꽃, 서리꽃[1810], 석류꽃(石榴), 성탄꽃(聖誕), 성에꽃, 수꽃, 십자꽃(十字), 아카시아꽃, 안갖춘꽃, 암꽃, 앵두꽃, 양지꽃(陽地), 얼음꽃, 연꽃(蓮), 오랑캐꽃(제비꽃), 웃음꽃, 유채꽃(油菜), 은방울꽃(銀), 이야기꽃, 잇꽃, 장다리꽃, 장미꽃(薔薇), 접시꽃, 제비꽃, 종이꽃, 진달래꽃, 참꽃(진달래꽃), 철쭉꽃, 초롱꽃(籠), 층층이꽃(層層), 칡꽃, 토박이꽃(土), 통꽃, 팥꽃, 패랭이꽃, 풀꽃, 할미꽃, 함박꽃, 함석꽃[연화분(鉛華粉)], 헛꽃, 호박꽃, 홑꽃. ②홍역 따위를 앓을 때, 살갗에 좁쌀처럼 불긋불긋하게 내돋는 것. ¶꽃돋이/하다; 바람꽃², 삼꽃(살갗에 열기로 생긴 점). ☞ 화(花).

꽃- 명사 뒤에 붙어, '맨 처음으로 된. 맨 위에 뜬'의 뜻을 더하는 말. ¶꽃국[1811], 꽃다지[1812], 꽃등[1813], 꽃물⁴[1814], 꽃소금[1815], 꽃소주(燒酒:소주를 고아서 맨 처음 받은 진한 소주).

꽈당 무거운 물체가 떨어지거나 굴러 단단한 바닥에 부딪치는 소리. 또는 그 모양. 발을 구르거나 기계가 움직일 때 울리어 나는 소리. 〈거〉콰당. ¶꽈당 소리를 내며 넘어졌다. 꽈당당 · 꽈당탕 · 콰당탕.

꽈르릉 폭발물 따위가 터지거나 천둥이 치며 요란하게 울리는 소리. 〈준〉꽈릉. 〈큰〉꾸르릉/꾸릉. 〈거〉콰르릉/콰릉. ¶뇌성이 꽈르릉 일어나다. 꽈르릉 · 꾸르릉거리다/대다.

꽈리 가짓과의 여러해살이풀. 꽈리 열매의 속을 우벼내어 만든 장난감. '꽈리 모양'을 뜻하는 말. ¶꽈리를 불다. 꽈리고추, 꽈리단추(매듭단추), 꽈릿빛, 꽈리색(色), 꽈리정과(正果), 꽈리주둥이; 알꽈리, 허파꽈리[폐포(肺胞)] 들.

꽈욱 꽉새가 우는 소리

꽉 ①가득 찬 모양.=가득. ¶강당은 사람들로 꽉 차 있었다. 꽉꽉, 꽉차다/채우다. ②한껏 힘을 주어 움직이지 않는 모양.≒힘껏. 단단히. ¶꽉 붙잡다. 꽉집게(꽉집이). ③움직일 수 없이 가득히 들어차거나 아주 막힌 모양. ¶생각이 꽉 막히다. ④굳게. 힘들여. 억눌러.≒국. ¶아픔을 꽉 참다. 〈거〉콱. [+막다. 묶다. 잡다. 차다].

꽐 많은 양의 액체가 작은 구멍으로 급하고 쏟아져 흐르는 소리. 〈큰〉뀔. 〈거〉콸. ¶수도관에서 물이 콸콸 쏟아지다. 양수기로 끌어올린 물이 꽐꽐 쏟아져 나오다. 꽐꽐 · 뀔뀔 · 콸콸 · 퀄퀄거리다/대다. 꽈르르[1816].

꽝꽝-하다 물건이 어지간히 굳어져서 거칠고 단단하다.[〈괃괃하다←굳다]. ¶밖에 널어둔 빨래가 얼어서 꽝꽝하게 되었다. 꽝꽝이 얼다.

꽝¹ 추첨(제비뽑기)에서 뽑히지 못하여 배당이 없는 것. ¶복권이 모두 꽝이 나왔다.

꽝² ①무겁고 단단한 물건이 바닥이나 벽에 세게 떨어지거나 부딪쳤을 때 나는 큰 소리. ¶문을 꽝 닫다. ②총이나 대포를 쏘거나 폭발물이 터지거나 천둥, 벼락이 칠 때 울리는 큰 소리. 〈큰〉꿩. 〈거〉쾅. ¶꽝꽝 · 쾅쾅 · 쿵쿵/거리다/대다/이다/하다, 꽝당 · 쾅당/거리다/대다, 꽝포(砲:허풍. 거짓말)/쟁이, 꽝하다.

꽝³ 땅이나 물이 아주 단단히 얼거나 굳은 모양. 〈작〉꽁. ¶물이 꽝꽝 얼었다.

꽤¹ 재래종 '자두'의 강원 사투리.

꽤² 생각한 것보다는 상당히. 보통 이상으로. 예상보다는 더한 정도로.≒어지간히. 제법. 상당히. 대단히. 비교적. 매우. 자못. 심히. ¶그 곳까지는 꽤 멀다. 힘이 꽤 세다. 공부를 꽤 잘한다. 그 여자는 꽤 미인이다. 꽤-나(매우), 꽤짜(꽤 괜찮은 사람이나 물건.=꽤짜리).

1805) 꽃일다: 화학적 작용이나 발효 과정에서 꽃처럼 일어나는 현상이 나타나 보이다.

1806) 꽃차례: 기산꽃차례(岐繖), 단산꽃차례(團繖), 단정꽃차례(單頂), 두상꽃차례(頭狀), 무한꽃차례(無限), 복/산형꽃차례(複/繖形), 복/수상꽃차례(複/穗狀), 산방꽃차례(繖房), 원추꽃차례(圓錐), 유제꽃차례(葇荑), 유한꽃차례(有限), 육수꽃차례(肉穗), 은두꽃차례(隱頭), 겹/총상꽃차례(總狀).

1807) 꽃트림: 백중날, 농악꾼을 사서 마을 사람들이 즐기는 일.

1808) 눈꽃: 나뭇가지 따위에 꽃처럼 얹힌 눈이나 서리.

1809) 바람꽃¹: 바람이 일어나려고 할 적에 먼 산에 구름같이 끼는 뽀얀 기운.

1810) 서리꽃: 유리창에 서린 수증기가 얼어서 꽃처럼 엉긴 무늬.

1811) 꽃국: 용수 안에 괸 술의 웃국.

1812) 꽃다지: 오이 · 가지 · 호박 따위의 맨 처음에 열린 열매.[←꽃+닫(다)+이/다지(달린 것)].

1813) 꽃등(等): 맨 처음. 어떤 일의 절정.=꼬등. 꼬뜽.

1814) 꽃물⁴: 곰국, 설렁탕 따위의 고기를 삶아내고 아직 맹물을 타지 아니한 진한 국물.

1815) 꽃소금: 간장을 담글 때에, 위로 뜬 메주에 뿌리는 소금.

1816) 꽈르르: 많은 양의 액체가 좁은 목이나 구멍에서 조금 급하고 세차게 쏟아지는 소리. 또는 그 모양. 〈큰〉꿔르르. 〈거〉콰르르. ¶동이물을 꽈르르 쏟아 붓다.

꽤기 버들가지 풀대 등의 잎이나 껍질을 벗긴 줄기.=홰기②. ¶낚은 물고기를 꽤기에 꿰다. 새꽤기(새의 껍질을 벗긴 줄기).

꽥 ①갑자기 목청을 높여 세고 짧게 내는 소리. ¶소리를 꽥 지르다. ②목이 졸릴 때 내는 소리. 〈큰〉꿱. ¶꽥꽥 · 꽥꽥거리다/대다/지르다/하다, 꽥하다(꽥하고 소리를 지르다).

꽹 꽹과리나 징 따위를 칠 때 나는 소리. ¶꽹과리, 꽹그랑/거리다/대다/하다, 꽹꽹/거리다/대다/하다, 꽹당/거리다/대다/하다, 꽹창/거리다/대다, 꽹하다[2](꽹 소리가 나다).

꾀 일을 그럴듯하게 꾸며내거나 해결해 내거나 하는, 교묘한 생각이나 수단. 계책(計策). ¶꾀가 많다. 꾀꾼, 꾀다[1817], 꾀꾀로[1818], 꾀돌이, 꾀똥, 꾀바르다[1819], 꾀바리(꾀바른 사람), 꾀배, 꾀병/쟁이(病), 꾀보, 꾀부리다(배상부리다), 꾀살이(묘책), 꾀송(여러 말로 남을 꾀는 모양. 꾀음)/거리다/대다/질, 꾀솜꾀솜하다(달콤한 말로 꾀이다), 꾀쓰다[1820], 꾀어내다, 꾀어넘기다, 꾀음꾀음/꾐꾐(꾀송꾀송)/하다, 꾀음질/하다, 꾀이다, 꾀자기(꾀보), 꾀잠, 꾀장수(將帥), 꾀쟁이, 꾀주머니, 꾀지다(꾀바른 데가 있다), 꾀퉁이(꾀쟁이), 꾀피우다, 꾀하다[1821], 꾐[꾐꾐/하다, 꾐낚시, 꾐도체(導體), 꾐등불(燈), 꾐수(속여 넘기는 수단. 꼼수), 꾐약(藥), 꾐주머니, 꾐질/하다]; 약은꾀, 얕은꾀(속이 들여다보이는 얕은 꾀.='물탄꾀'는 비표준말임), 잔꾀, 좀꾀(좀스러운 꾀). ☞ 계(計). 유(誘).

꾀꼴 꾀꼬리가 우는 소리. '꾀꼬리처럼 노란'을 뜻하는 말. ¶꾀꼬리[꾀꼬리눈썹, 꾀꼬리단풍(丹楓), 꾀꼬리버섯, 꾀꼬리참외(빛이 노란 참외)], 꾀꼴꾀꼴, 꾀꼴피리. ☞ 앵(鶯).

꾀꾀 얼굴이 바싹 말라 살이 없는 모양. ¶장작개비처럼 꾀꾀 마르다. 그의 얼굴은 꾀꾀하여 보기 안쓰럽다. 꾀꾀하다.

꾀(다)[1] 벌레 따위가 모여들어서 뒤끓다. ¶배추에 진딧물이 꾀다. 머리에 이가 꾀다. 꾀어들다, 꾀이다; 들꾀다(여럿이 많이 모여들다).

꾀(다)[2] ☞ 꾀.

꾀죄-하다 옷차림이나 모양새가 지저분하고 궁상스럽다. 하는 것이 다랍고 옹졸하다. 〈여〉괴죄하다. ¶꾀죄죄[1822]/하다, 꾀지지[1823].

꾸나 동사 어간이나 일부 형용사 어간에 붙어, 청유형 종결 어미 '-자'의 뜻을 좀더 친근하게 나타내는 문장 종결 보조사. ¶같이 가자꾸나. 함께 먹자꾸나. 좀 조용하자꾸나.

꾸(다)[1] 잠자는 동안에 생시와 마찬가지로 체험하는 여러 가지 현상이 나타나다. ¶꿈을 꾸다. 꾸이다[1]/뀌다, 꿈[1824].

꾸(다)[2] 남의 돈이나 곡식 따위를 나중에 도로 갚기로 하고 가져오거나 받아다가 쓰다.≒빌리다.↔갚다.[+소모품]. ¶돈을 꾸다. 꾸어다 놓은 보릿자루. 꿔어주다, 꾸이다[2]/뀌다.

꾸리 소의 앞다리 무릎 위쪽에 붙은 살덩이.=꾸리살.[←꿇(다)+이]. ¶작은꾸리, 큰꾸리.

꾸리(다) 짐 따위를 싸서 동여매다(↔풀다). 일을 알뜰하고 규모있게 처리하다. 집이나 자리 따위를 손질하여 모양이 나게 만들다.(≒꾸미다). ¶이삿짐을 꾸리다. 살림을 꾸리다. 화단을 꾸리다. -꾸러기[1825], 꾸러미[1826], 꾸리[1,2][1827], 꾸림감(물건을 싸거나 묶을 때 쓰는 것), 꾸림새(꾸려 놓은 모양새); 겉꾸리다, 겉꾸림(겉만 그럴 듯하게 꾸미는 일), 굿꾸리다.

꾸무리(다) 말을 하다가 갑자기 그만두다. ¶밖에서 인기척이 나자 하던 말을 갑자기 꾸무렸다.

꾸미(다) ①모양이 나게 잘 만들거나 쓸모 있게 차려 갖추다.≒단장하다(丹粧). 장식하다(粧飾). 수식하다(修飾). ¶머리 모양을 매만져 예쁘게 꾸미다. 무대를 꾸미다. 신방을 꾸미다. 꾸미[1828],

1817) 꾀다: 그럴 듯하게 남을 속이거나 부추기어 자기 생각대로 끌다. ¶술을 마시자고 꾀다. 꾀어내다, 꾀어넘기다, 꼬이다; 어루꾀다(남을 얼렁거리어서 꾀다. 남을 속이다).

1818) 꾀꾀로: 가끔씩 틈을 타서 남몰래 넌지시. 기회 있는 대로. ¶꾀꾀로 자료를 준비하다. 꾀꾀로 놀러 다니다.

1819) 꾀바르다: 어려운 일이나 난처한 경우를 잘 피하거나 약게 처리하는 꾀가 있다. 약삭빠르다.↔어리석다.

1820) 꾀쓰다: 일이 잘 풀리도록 슬기로운 생각을 내다.

1821) 꾀하다: 어떤 일을 이루거나 해결하려고 뜻을 두거나 힘을 쓰다.≒계획하다. 꾸미다. 도모하다. ¶나라의 발전을 꾀하다. 못된 짓을 꾀하다.

1822) 꾀죄죄: 옷차림이나 모양새가 몹시 지저분하고 궁상스러운 모양. 〈여〉괴죄죄. ¶때가 꾀죄죄 오른 옷섶. 꾀죄한 옷. 꾀죄한 사람. 괴죄죄 못난 사람. 괴죄죄 · 꾀죄죄하다.

1823) 꾀지지: 때가 찌들어서 차림새가 꽤 더럽고 궁상스러운 모양. 〈작〉꼬지지. 〈여〉괴지지. ¶꼬지지/꾀지지 때가 오른 옷.

1824) 꿈: ①잠자는 동안에 생시와 마찬가지로 체험하는 여러 가지 현상. ②덧없음. ③실현시키고 싶은 바람이나 이상. ④실현 가능성이 거의 없는 공상적인 소망. ¶꿈에도 없다(전혀 생각이 없다). 꿈같다/같이, 꿈결, 꿈깨다 꿈꾸다(미래의 상태를 머릿속에 그리다), 꿈나라, 꿈나무, 꿈땜(꿈에서 나타난 나쁜 조짐에 대한 땜으로 현실에서 궂은일을 당함)/하다, 꿈만하다(현실이 아닌 것처럼 아득하다. 막막하다), 꿈밖(매우 뜻밖의 일), 꿈세계(世界), 꿈속(꿈꾸는 동안), 꿈에도(조금도. 전혀), 꿈자리, 꿈자취(꿈에서 본 흔적), 꿈쟁이, 꿈풀이; 개꿈, 돼지꿈, 봄꿈(봄날에 꾸는 꿈. 덧없는 일이나 헛된 공상), 용꿈(龍), 헛꿈. ☞ 몽(夢).

1825) -꾸러기: 일부 명사 뒤에 붙어 '그 버릇이 심하거나 그 일을 잘 버르집어 일으키는 사람(인성적 결함)'의 뜻을 더하는 말. §'꾸리다[包]'의 어근에 '작은 것'을 뜻하는 '-어기[지소사]'가 결합되어 이루어진 말. ¶걱정꾸러기, 겁꾸러기(怯), 나/나이꾸러기, 내숭꾸러기, 눈치꾸러기, 능청꾸러기, 늦잠꾸러기, 떼꾸러기, 말꾸러기, 말썽꾸러기, 매꾸러기, 방정꾸러기, 밴덕 · 뱐덕 · 변덕꾸러기, 빚꾸러기, 소심꾸러기(小心), 심술꾸러기(心術), 싸움꾸러기, 악착꾸러기(齷齪), 암상꾸러기, 애교꾸러기(愛嬌), 얌심꾸러기, 억척꾸러기, 엄살꾸러기, 염증꾸러기(厭症), 욕심꾸러기(慾心), 용심꾸러기, 응석꾸러기, 의심꾸러기(疑心), 이꾸러기, 익살꾸러기, 잔병꾸러기(病), 잠꾸러기, 장난꾸러기, 지청구꾸러기, 책꾸러기(冊), 천던꾸러기(賤), 청승꾸러기, 흉꾸러기(凶), 흑심꾸러기(黑心).

1826) 꾸러미: ①꾸리어 뭉치거나 싼 물건.≒뭉치. 타래. 사리. ¶꾸미꾸미(여러 꾸러미로); 불꾸러미, 선물꾸러미, 알꾸러미, 열쇠꾸러미. ②짚으로 길게 묶어 중간중간을 동인 것. 또는 그것을 세는 단위. ¶달걀 한 꾸러미(10알).

1827) 꾸리[1]: 실을 감은 뭉치. 또는 그것을 세는 단위. ¶꾸리를 감다. 열 꾸리의 실. 명주꾸리(明紬), 북꾸리(재봉틀의 북 안에 들어 있는 실), 실꾸리. 꾸리[2]: 소의 앞다리 무릎 위쪽에 붙은 살덩이.

1828) 꾸미: ①찌개나 국에 넣는 고기붙이. ¶꾸밋거리, 꾸미고기(국 따위에 넣어 잘 끓인 고기 조각), 꾸미장수(꾸밋거리를 이고 다니며 파는 장수); 고기꾸미. ②떡국·만둣국·국수·덮밥에 맛을 더하기 위해 얹는 고기 · 채소 · 튀김 같은 것. ¶국수꾸미.

꾸미개[1829], 꾸미기, 꾸미기체조(體操;집단 맨손체조), 꾸민단(緞), 꾸민잠(簪), 꾸민족두리, 꾸밈구슬(꾸미개로 다는 구슬), 꾸밈그림(장식화), 꾸밈놀이/하다, 꾸밈말(수식어), 꾸밈새, 꾸밈수(手;虛構), 꾸밈실, 꾸밈씨(수식언), 꾸밈없다(수수하다)/없이, 꾸밈음(音;裝飾音), 꾸밈장이, 꾸밈조각(彫刻), 꾸밈종이(장식지), 꾸지[1830]; 겉꾸미다, 머리꾸미개. ☞ 식(飾). ②어떤 일을 짜고 꾀하다. ¶음모를 꾸미다. ③글 따위를 지어서 만들다. ¶보고서를/ 서류를 꾸미다. ④사실인 것처럼 거짓으로 둘러대다.≒짓다. ¶꾸민 이야기. 꾸미어내다. ⑤바느질하여 만들다. ¶이불을 꾸미다. [+인위성].

꾸역 ①많은 것이 계속해서 한 곳으로 모여들거나 한 곳에서 나오는 모양. ¶사람이 꾸역꾸역 모여 들다. ②어떤 느낌이나 생각이 생겨나는 상태를 나타냄. ③많은 것을 한꺼번에 많이 먹어 대는 모양. ¶밥을 꾸역꾸역 먹다. 꾸역거리다/대다. ④연기나 김 따위가 많이씩 나오거나 생기는 모양. ¶연기가 꾸역꾸역 나다. ⑤볼썽사납게 많은 것이 터져 나오거나 생기는 모양. 〈작〉꼬약.

꾸웩 먹은 것을 토해 내는 소리.

꾸준-하다 한결같이 부지런하고 끈기가 있다.≒부지런하다. ¶꾸준한 노력. 꾸준하게 한글 연구를 하다. 꾸준히 일하다.

꾸짖(다) 손아랫사람의 잘못에 대하여 엄격하게 야단쳐 말하다.≒나무라다. 훈계하다(訓戒).↔칭찬하다. ¶아들의 잘못을 호되게 꾸짖다. 꾸중/하다[←꾸짖(다)+웅], 꾸지람/하다; 된꾸중(되게 하는 모진 꾸중). ☞ 질(叱).

꾹 비둘기가 우는 소리.

꾼 어떤 일, 특히 즐기는 방면의 일에 능숙한 사람을 속되게 이르는 말. ¶꾼이 모이다. 밤이면 사랑방에 모여드는 꾼들.

-꾼 일부 명사 뒤에 붙어 '어떤 일을 직업적 · 전문적 또는 습관적으로 하는 사람' 또는 '어떤 일로 모인 사람'의 뜻을 더하는 말. §'-꾼[〈군]은 만주어, 몽고어 [han(왕, 사람)]과 동원어. ¶가대기꾼, 가래꾼, 가래질꾼, 가뢰꾼, 가마꾼, 가살꾼, 갈개꾼, 감때꾼, 강경꾼(講經), 개꾼, 개명꾼(開明), 개평꾼, 개화꾼(開化), 객꾼(客), 갸자꾼[들것], 거간꾼(居間), 거랑꾼, 거추꾼, 건달꾼, 건성꾼, 걸량꾼(乞糧), 걸립꾼(乞粒), 게정꾼, 격검꾼(擊劍), 경난꾼(經難), 곁꾼, 고기잡이꾼, 고립꾼(雇立), 고용살이꾼(雇傭), 곤두꾼, 과거꾼(科擧), 과방꾼(果房), 광꾼(鑛), 교꾼(轎), 교꾼(轎), 교자꾼(轎子), 구경꾼, 구사꾼(求仕), 금점꾼(金店), 급수꾼(汲水), 기별꾼(奇別), 길꾼, 께끼꾼, 꼴꾼, 꼽사리꾼, 꾀꾼, 나래꾼, 나무꾼, 나물꾼, 낚시꾼, 난봉꾼, 난장꾼, 난질꾼, 날삯꾼, 날치꾼, 날치기꾼, 날품팔이꾼, 남포꾼, 내왕꾼(來往), 넉살꾼, 노동꾼(勞動), 노래꾼, 노름꾼, 노릇꾼, 논쟁꾼(論爭), 놀이꾼, 농꾼(農), 농땡이꾼, 농사꾼(農事), 누리꾼, 눈치꾼, 능꾼(能), 능수꾼(能手), 달구지꾼, 대차꾼(大借), 대패질꾼, 덜렁꾼, 덜미꾼, 덤벙꾼, 도굴꾼(盜掘), 도망꾼(逃亡), 도매꾼(都賣), 도박꾼(賭博), 도벌꾼(盜伐), 도부꾼(到付), 도비꾼, 돈놀이꾼, 동채꾼, 두더지꾼, 두레꾼, 뒤꾼, 뒷일꾼, 뒷거래꾼(去來), 드난꾼, 들치기꾼, 등롱꾼(燈籠), 따리꾼, 딱지꾼, 딴꾼, 딸딸이꾼, 땅꾼, 땔나무, 떼꾼[1],[2], 떼몰이꾼, 마꾼(魔), 마름꾼, 마바리꾼(馬), 마발꾼(馬), 마을꾼, 마작꾼(麻雀), 마차꾼(馬車), 막벌이꾼, 막일꾼, 막장꾼, 만담꾼(漫談), 만석꾼(萬石), 만수꾼(萬首), 말몰이꾼, 말썽꾼, 말재주꾼, 말전주꾼, 망꾼(望), 마갈이꾼[1],[2], 매사냥꾼, 매장꾼(埋葬), 매조이꾼, 매질꾼, 머리꾼, 머슴꾼, 머슴살이꾼, 메질꾼, 멜꾼, 모꾼, 모군꾼(募軍), 모사꾼(謀事), 모양꾼(模樣), 모주꾼(母酒), 목도꾼, 목도리깨꾼, 몰꾼, 몰이꾼, 무식꾼(無識), 문상꾼(問喪), 미두꾼(米豆), 밀렵꾼(密獵), 바느질꾼, 바둑꾼, 바람꾼, 반두질꾼, 반작이꾼(半作), 발괄꾼, 발쇠꾼, 방꾼(榜), 방망이꾼, 방아꾼, 방정꾼, 방해꾼(妨害), 배꾼[1],[2], 배달꾼(配達), 배상[1831], 벌목꾼(伐木), 벼팔이꾼, 보교꾼(步轎), 보발꾼(步撥), 보행꾼(步行), 본전꾼(本錢), 봉죽꾼, 부두꾼(埠頭), 부림꾼[1832], 부상꾼(負商), 부역꾼(賦役), 부지꾼, 분대꾼, 불땔꾼[1833], 불평꾼(不平), 빨래꾼, 사기꾼(詐欺), 사냥꾼, 사랑꾼(舍廊), 사전꾼(私錢), 삯꾼, 삯일꾼, 삯팔이꾼, 산역꾼(山役), 살림꾼, 살림살이꾼, 살판꾼, 삼받이꾼, 삽질꾼(鍤), 상일꾼(常), 상두꾼(喪), 상여꾼(喪輿), 생꾼(生;생무지), 생력꾼(生力;기운과 힘이 펄펄한 사람), 석전꾼(石戰), 선소리꾼, 선접꾼(先接), 설레꾼, 세도꾼(勢道), 세배꾼(歲拜), 소개꾼(紹介), 소리꾼, 소매치기꾼, 소몰이꾼, 소바리꾼, 소설꾼(掃雪), 소여꾼(小輿), 손수레꾼, 솜씨꾼, 쇠꾼, 쇠잡이꾼, 수단꾼(手段), 수레꾼, 수릉꾼(守陵), 수북꾼(首), 순경꾼(巡更), 술꾼, 시마리꾼, 시비꾼(是非), 시세꾼(時勢), 시수꾼(失數), 시중꾼, 실꾼(實), 심부름꾼, 싸움/쌈꾼, 써레질꾼, 쓰레기꾼, 씨름꾼, 아첨꾼(阿諂), 암상꾼, 앞메꾼, 야바위꾼, 야번꾼(夜番), 야살꾼, 야시꾼(夜市), 야시장꾼(夜市場), 약물꾼(藥), 얌생이꾼, 양몰이꾼(羊), 어름꾼, 어성꾼(게으름쟁이. 거간꾼), 억지꾼, 얼개화꾼(開化), 엄살꾼, 엉터리꾼, 여리꾼, 연메꾼(輦), 연반꾼(延燔), 연애꾼(戀愛), 염문꾼(艶聞), 염알이(廉), 염탐꾼(廉探), 엽색꾼(獵色), 영구꾼(靈柩), 영여꾼(靈輿), 예수꾼, 예탐꾼(豫探), 오맞이꾼(五), 올무꾼, 왁살꾼, 요령꾼(要領), 요사꾼(妖邪), 요여꾼(腰輿), 운꾼, 운상꾼(運喪), 울음꾼, 웃음꾼, 월천꾼(越川), 위조꾼(僞造), 유대꾼(留待), 유식꾼(有識), 윷꾼, 음모꾼(陰謀), 응사꾼(鷹師), 이까리꾼, 이야기꾼, 익살꾼, 인력거꾼(人力車), 일급꾼(日給), 일꾼, 임방꾼, 일급꾼(日給), 자비꾼, 작대기꾼, 잔소리꾼, 잔심부름꾼, 잔치꾼, 잠채꾼(潛採), 잡기꾼(雜技), 잡담꾼(雜談), 잡색꾼(雜色), 장꾼(場), 장구꾼, 장난꾼, 장단꾼, 장막꾼(帳幕), 장보기꾼, 장부꾼, 장사꾼, 장정꾼(壯丁), 장타령꾼(打令), 재간꾼(才幹), 재담꾼(才談), 재주꾼, 쟁기꾼, 전갈꾼(傳喝), 점꾼(占), 접꾼(接), 정치꾼(政治), 정탐꾼(偵探), 제꾼(祭), 조력꾼(助力), 조방꾼(助幇), 조상꾼(弔喪), 조역꾼(助役), 졸업꾼(卒業), 종도리깨꾼, 주정꾼(酒酊), 줄꾼, 줄담배꾼, 줄잡이, 줄풍류(風流), 중매꾼(仲媒), 중씨름꾼(中), 지게꾼[물지게꾼, 삯지게꾼], 지로꾼(指路), 질통꾼(桶), 짐꾼, 짐밀이꾼, 짐방꾼, 짐수레꾼, 짐질꾼, 징역꾼(懲役), 차꾼(車), 차력꾼

1829) 꾸미개: ①무엇을 곱게 꾸미는 데 쓰는 물건. ②옷·돗자리·망건 들의 가장자리를 꾸미는 헝겊.

1830) 꾸지: 무기(武器)를 꾸민 붉은 털.

1831) 배상꾼: 거만하게 몸을 아끼고 꾀만 부리는 사람. ¶배상부리다.

1832) 부림꾼: 늘 남에게 부림을 받는 사람.

1833) 불땔꾼: 심사가 사나워 남의 일에 헤살을 잘 놓고, 하는 행동도 사나운 사람.

(借力), 차인꾼(差人), 창꾼(槍), 채복꾼(採鰒), 채삼꾼(採蔘), 천렵꾼(川獵), 천석꾼(千石), 청꾼(請), 체메꾼(體), 초롱꾼, 총회꾼(總會), 추세꾼(趨勢), 출물꾼(出物), 출역꾼(出役), 춤꾼, 충수꾼(充數), 치경꾼(治經), 치부꾼(致富), 치성꾼(致誠), 타령꾼(打令), 타작꾼(打作), 타짜꾼[1834], 탁주꾼(濁酒), 탈꾼, 탐정꾼(探偵), 탐지꾼(探知), 태짐꾼(駄), 태평꾼(太平), 털이꾼, 토론꾼(討論), 토역꾼(土役), 토점꾼(土店), 토호질꾼(土豪), 통변꾼(通辯), 통일꾼(統一), 투기꾼(投機), 투석꾼(投石), 투전꾼(鬪牋), 투정꾼, 파수꾼(把守), 팔미리꾼, 펄꾼[1835], 편싸움꾼(便), 폐꾼(弊), 푸지게꾼, 풀꾼, 품꾼, 품앗이꾼, 품팔이꾼, 풋삼배꾼, 풍물꾼(風物), 풍악꾼(風樂), 피난꾼(避難), 피란꾼(避亂), 하루살이꾼, 한카래꾼, 함지질꾼, 행상꾼(行商), 행세꾼(行世), 행세꾼(行勢), 향도꾼(香徒), 허드레꾼, 헛소리꾼, 헤살꾼, 협잡꾼(挾雜), 호색꾼(好色), 홰꾼, 후행꾼(後行), 훈수꾼(訓手), 훼방꾼(毁謗), 흙일꾼, 흙질꾼, 흥정꾼 들.

꿀 꿀벌이 꽃에서 따다가 저장하여 둔, 달콤하고 끈끈한 액체. 봉밀(蜂蜜). ¶꿀 먹은 벙어리. 꿀가르개(꿀을 뜨는 기구), 꿀곽, 꿀깡치(꿀찌끼나 앙금), 꿀꽃(꿀샘이 있어 꿀이 나는 꽃), 꿀농사(農事), 꿀단지(꿀을 넣어두는 단지), 꿀떡, 꿀뜨개(꿀가르개), 꿀뜨기, 꿀맛, 꿀물, 꿀밤[1836], 꿀밥, 꿀방구리, 꿀방울, 꿀밭, 꿀배, 꿀벌, 꿀범벅, 꿀비(단비), 꿀샘/식물(植物), 꿀설기(꿀떡), 꿀소(꿀을 섞어 만든 소), 꿀송이(꿀이 들어 있는 벌집), 꿀수박, 꿀잠(아주 달게 자는 잠), 꿀종지, 꿀주머니, 꿀참외, 꿀칼, 꿀털[밀모(蜜毛)], 꿀통(꿀곽), 꿀팥/소, 꿀호박; 개꿀[소밀(巢蜜)], 멍덕꿀(벌통 뚜껑 안에 박힌 꿀), 벌꿀, 약꿀(藥), 참꿀, 토종꿀(土種;참꿀). ☞ 밀(蜜).

꿀리(다) ①쭈그러지거나 우그러져 구김살이 생기다. ¶냄비가 꿀려 못 쓰게 되었다. ②경제 형편이 옹색하게 되다. ¶살림이 꿀리다. ③마음속으로 좀 켕기다. ¶꿀리는 데가 있다. 뒤가 꿀리다. ④힘이나 능력이 남에게 눌리다. ¶힘이 좀 꿀리다.

꿇(다) ①무릎을 구부리어 바닥에 대다. ¶무릎을 꿇리고 책망을 하였다. 꿀내기[←꿇-+내기], 꿇리다[1837], 꿇어앉다/꿀앉다, 꿇어앉히다; 무릎꿇림. ②자기가 마땅히 할 차례에 못하다. ¶그는 아파서 한 학년을 꿇었다.

꿍꿍이 남에게 드러내지 않고 혼자 속으로 우물쭈물하는 궁리. ¶무슨 꿍꿍이가 있기에 하루 종일 방안에만 처박혀 있을까? 꿍꿍이셈/하다, 꿍꿍이속, 꿍꿍이수, 꿍꿍이수작(酬酌)/하다, 꿍꿍이질/하다, 꿍꿍이짓/하다, 꿍꿍이판(꿍꿍이를 꾸미는 판).

꿍지(다) 마구 동이거나 묶다. 되는 대로 구겨서 뭉그리다. ¶짐을 꿍지다. 원고를 꿍지어 주머니에 넣었다.

꿩 꿩과의 새. ¶꿩 대신 닭. 꿩 먹고 알 먹는다. 꿩고기, 꿩국, 꿩그물, 꿩김치, 꿩닭, 꿩만두(饅頭), 꿩망태(網), 꿩알, 꿩엿, 꿩잡이/하다, 꿩장(깃대의 꼭지 위에 꿩의 깃털을 꽂은 것), 꿩조림, 꿩창애, 꿩피리; 들꿩, 떼꿩, 바다꿩(오릿과의 새), 사막꿩(沙漠), 수꿩(장끼), 암꿩(까투리) 들.

꿰(다) 실이나 끈을 구멍이나 틈의 한쪽에 넣어 다른 쪽으로 나가게 하다.(≒끼우다). 물건을 맞뚫리게 찔러서 꽂다. 옷을 입거나 신을 신다. 일의 사정이나 내용을 자세하게 다 알고 있다. ¶바늘에 실을 꿰다. 꼬챙이에 곶감을 꿰다. 바지를 꿰다. 그 사람은 천문학이라면 다 꿰고 있다. 동생은 그 일에 대해서는 훤히 꿰고 있다. 꿰들다[1838], 꿰뚫다[1839]/뚫리다, 꿰뚫어보다, 꿰뜨리다/트리다(문질러서 해지게 하다), 꿰맞추다, 꿰매기, 꿰매다[1840], 꿰맴질/하다, 꿰미[1841], 꿰방[1842], 꿰비치다, 꿰신다[1843], 꿰어차다, 꿰이다, 꿰입다(옷을 입다), 꿰지다[1844], 꿰지르다(되는 대로 입거나 신다), 꿰진소리(심사가 뒤틀린 소리), 꿰찌르다(속으로 세게 푹 찌르다)/찔리다, 꿰차다(끈을 꿰어서 허리춤에 매달다. 자기 것으로 만들다), 꿰창(꿰뚫거나 찔러서 맞구멍을 내는 것), 뀀줄, 뀀중방(中枋), 뀀대, 뀀틀(잉아와 바디 따위에 날실을 뀔 수 있도록 설치하는 틀); 내리꿰다 들.

뀌(다) 방귀를 몸 밖으로 내보내다.

뀌지-하다 상쾌하지 못하고 지저분하다. ¶방문을 열자 뀌지한 기운이 얼굴을 확 덮친다.

끄느름-하다 날씨가 흐리어 어둠침침하다. 아궁이의 장작불이 약하다. ¶오전 내내 날씨가 끄느름하더니 눈송이가 날리기 시작했다. 끄느름하게 오랫동안 내리는 비를 '궂은비'라고 한다. 끄느름히.

끄(다)[1] 타는 불을 못 타게 하다.(↔켜다). 전기나 동력이 통하는 길을 끊다. 빚이나 급한 일 따위를 해결하다. ¶촛불을 끄다. 전등을 끄다. 다달이 빚을 꺼 나가다. 이것이 급하니 이쪽 일부터 꺼야 한다. 꺼지다[1845], 꺼뜨리다/트리다.

끄(다)[2] 엉기어 덩어리가 된 것을 깨어 헤뜨리다.≒깨뜨리다. ¶흙덩이를 끄다. 얼음을 끄다.

끄(다)[3] 주름 잡히거나 마주 닿는 곳의 연한 살이 물크러지다. ¶

1834) 타짜꾼: 노름판에서 남을 잘 속이는 재주를 가진 사람.
1835) 펄꾼: 겉모습을 도무지 꾸미지 않는, 주제사나운(겉모습이 남보다 흉한) 사람. ¶펄꾼은 안내원에서 제외시키다. ☞ 퍼벌하다.
1836) 꿀밤: 귀엽다는 표시나, 장난의 뜻으로 주먹으로 가볍게 머리를 때리는 일.
1837) 꿇리다: ①꿇음을 당하다. ②무릎을 꿇게 하다. ③억지로 눌러 아무 소리도 못하게 하다. ④억지로 복종하게 하다.
1838) 꿰들다: 꿰어서 쳐들다. 남의 허물이나 약점 같은 것을 들추어내다. 어떤 사정이나 내용을 세밀히 다 알아 가지고 있다.
1839) 꿰뚫다: 꿰어서 뚫다. 일을 속속들이 다 알다. ¶표적을 꿰뚫다. 탄환이 강철을 꿰뚫었다. 남의 마음을 환히 꿰뚫어 보다.
1840) 꿰매다: ①찢어지거나 터진 부분을 실이나 철사와 같은 것으로 얽어서 떨어지지 않게 하다. ¶옷을 꿰매다. 찢어진 상처를 꿰매다. ②어지럽게 벌어진 일을 매만져 탈이 없게 하다.
1841) 꿰미: 물건을 꿰는 데 쓰는 노끈이나 꼬챙이 따위. 또는 거기에 무엇을 꿴 것. 그것을 세는 말.[←꿰(다)+ㅁ+이]. ¶엽전 다섯 꿰미. 낙지 열 꿰미. 구슬꿰미, 돈꿰미, 명태꿰미(明太).
1842) 꿰방: 중방 구멍이나 문살 구멍 따위를 아주 내뚫은 구멍.
1843) 꿰신다: 신 따위를 발에 꿰어서 신다.
1844) 꿰지다: ①내미는 힘으로 터지거나 미어져 찢어지다. ¶옷이 꿰지다. ②둘러싼 것이 터져서 속의 것이 드러나다. ③일이 틀어지거나 그르쳐지다. 가로꿰지다. ¶일이 꿰지기 시작하니 걷잡을 수 없다.
1845) 꺼지다: 불 따위가 사라져 없어지다. 거품 따위가 스러지거나 가라앉다. 노여움이나 분 따위가 가라앉다. 목숨이 끊어지다. ¶전등불이 꺼지다. 시동이 꺼져 버렸다. 꺼져 가는 생명.

살이 끄다. 목이 끄다. 겨드랑이가 끄어서 진물이 나다.

끄레발 단정하지 못하여 텁수룩한 옷차림. 헙수룩한 모양. ¶끄레발에 갈모를 우그려 쓴 사람이 난로 가까이에 앉아 있었다. 그런 끄레발을 해가지고 어디 가느냐?

끄르(다) 맺은 것이나 맨 것 또는 싼 것을 풀다. 잠긴 것을 열다. ¶보따리를 끄르다. 단추를 끄르다. 허리띠를 끄르다. 자물쇠를 끄르는 데 시간이 많이 걸렸다. 끌러지다(매어 놓은 것이 풀어지다).

끄르륵 트림하는 소리. ¶끄르륵거리다/대다, 끄르륵끄르륵/하다, 끅/끄윽(트림을 거칠게 하는 소리).

끄리 잉엇과의 민물고기.

끈 물건을 매거나 꿰거나 하는 데 쓰는 가늘고 긴 물건.≒줄. ¶끈으로 묶다. 끈고리, 끄나풀1846), 끈달다(연달아 잇다), 끈떨어지다(↔끈붙다), 끈목1847), 끈붙다(의지하여 살아갈 길이 생기다)/붙이다, 끈삼태기, 끈술(매듭의 실을 늘어뜨린 것), 끈턱1848); 가름끈1849), 갈피끈1850), 갓끈, 구두끈, 껑거리끈, 노끈/노내끈(색노끈(色), 종이노끈), 눈썹끈(베틀의 눈썹줄), 눌림끈(베틀의 눌림대에 걸어 매는 줄), 돈끈, 들메끈(신발이 벗겨지지 않도록 매는 끈), 말기끈, 머리끈, 문끈(門;문짝의 손잡이 끈), 밀치끈(밀치에 거는 끈), 뱃대끈, 베틀신끈, 부티끈, 삼끈, 삼지끈(三指), 신발끈, 알끈1851), 인끈(印), 적갈나끈1852), 중동끈(中;치마 위에 눌러 띠는 좁고 긴 끈), 철끈(綴), 치마끈, 허리끈 들.

끈끈-하다 끈기가 많아 끈적끈적하다. 몸에 땀이 배거나 때가 끼어 갑갑하다. 성질이 검질기어 싹싹한 맛이 없다. 〈작〉깐깐하다1853). ¶송진이 끈끈하다. 끈기1854), 끈끈막(膜;점막), 끈끈액(液), 끈끈이(끈끈한 물질)[끈끈이귀이개, 끈끈이주걱], 끈덕지다(꾸준하고 끈기가 있다), 깐깐오월(五月), 깐깐이(성질이 깐작깐작한 사람), 깐작1855)·끈적거리다/대다/이다, 깐·끈지다1856), 깐·끈질기다(끈기 있게 질기다), 깐직깐직1857), 깐질깐질1858)·끈질끈질하다, 끈히(질기도록 끈기 있게. 끈질기게).

끊(다) 실, 줄, 끈 따위의 이어진 것을 잘라 따로 떨어지게 하다.(↔잇다). 관계를 떼다. 그만두다. 표를 사다. 수표나 어음 등을 발행하다. ¶줄을 끊다/ 자르다. 목숨이/ 인연이 끊어지다. 차표를 끊다. 끊기다(끊음을 당하다. 끊어지게 하다.≒잘리다. 끊어지다), 끊는목(판소리 창법에서, 끊는 목소리), 끊어뜨리다/트리다, 끊어맡다(일의 얼마를 잘라서 떼어 맡다), 끊어주다, 끊어지다, 끊음소리, 끊음표(標), 끊이다(끊어지게 되다. 뒤가 달리어 없어지다), 끊임없다/없이, 끈치톱(나무의 결을 가로 자르는 톱); 동끊기다, 발끊다, 애끊다(마음이 몹시 슬퍼서 창자가 끊어질 듯하다), 잡아끊다. ☞ 단(斷). 절(絶).

끌¹ 나무에 구멍을 파거나 또는 깎고 다듬는 데에 쓰이는 연장. ¶끌구멍, 끌기계(機械), 끌날, 끌날같다1859), 끌밥, 끌망치, 끌방망이, 끌질/하다; 가심끌1860), 곱끌(곱은 끌), 기계끌(機械), 굴림끌(날이 안쪽으로 반원을 이룬 끌), 깎기끌, 넓적끌, 둥근끌, 때림끌, 미는끌, 박이끌(때려 박아서 자국만을 내는 끌), 배둥근끌, 삼각끌(三角), 석고끌(石膏), 세모끌, 쌍장부끌(雙), 애끌(아이만한 커다란 끌), 얼음끌, 연꽃끌(蓮;날의 한쪽이 오목하게 된 조각용의 끌), 제자루끌, 칼막이끌, 판화끌(版畵), 푼끌1861), 헛끌(끌밥을 밀어내는 연장), 홈끌, 홈손끌(홈통의 바닥을 다듬는 데 쓰는 홈손 모양의 끌) 들.

끌² ①트림을 길게 하는 모양.≒끅. ¶트림을 끌 하다. 끌꺽끌꺽하다1862). 끌끌거리다/대다. ②기막히거나 못마땅할 때 혀를 한 번 차는 소리. ¶못마땅한지 혀를 끌끌/낄낄 차다.

끌깃 곁눈으로 아주 사납게 한 번 흘겨보는 모양. ¶끌깃 흘겨보다.

끌(다) 바닥에 댄 채 잡아당기다. 어떤 수단을 써서 남을 자기 뜻대로 움직이게 하다. 바닥에 늘어뜨리고 가다. 감정을 쏠리게 하다. 수레나 마소·차 따위를 부리거나 움직이게 하다.(↔밀다). 늦추거나 미루다. 길게 빼어 늘이다. ¶밥상을 끌다. 손님을 끌다. 관심을 끌다. 차를 끌고 가다. 끌개(끌어당기는 기구), 끌기(끌어당기는 것), 끌낚시, 끌그물, 끌대, 끌려가다, 끌려들어가다/끌려들다, 끌려오다, 끌리다(끎을 당하다. 끌게 하다). 끌림배, 끌목, 끌무게, 끌배(예인선), 끄숙이다1863), 끌신(베틀신. 슬리퍼), 끌어가다, 끌어내다, 끌어내리다, 끌어넣다, 끌어당기다/끄당기다, 끌어대다, 끌어들이다, 끌어매다1864), 끌어안다/끌안다(두 팔로 가슴에 당기어 껴안다), 끌어올리다, 끌영창(映窓), 끄잡다(끌어 잡다), 끄집다1865), 끌줄[예삭(曳索)], 끌차(車;견인차), 끌채(수레의

1846) 끄나풀: ①길지 아니한 끈의 도막. ¶끄나풀로 동여매다. ②남의 앞잡이 노릇을 하는 사람. ¶정보기관의 끄나풀.
1847) 끈목: 여러 가닥의 실을 꼬거나 짜거나 땋아 만든 끈을 통틀어 이르는 말.
1848) 끈턱: 문제 삼거나 의거할 만한 조건이나 근거로 되는 요소.=끈터구. ¶끈턱을 포착하다.
1849) 가름끈: 읽던 곳이나 필요한 곳을 쉽게 찾을 수 있도록 책갈피에 끼워 두는 끈.
1850) 갈피끈: 책의 갈피에 끼워 넣는 끈.=가름끈.
1851) 알끈: 알의 노른자위를 싸고 양옆으로 뻗쳐 있는 기관.
1852) 적갈나끈: 사냥할 때에, 매의 두 다리를 잡아매는 끈.
1853) 깐깐하다: 깐질기고 차지다. 행동이나 성격이 까다로울 정도로 빈틈없고 알뜰하다. ¶그 사람은 모든 일에 깐깐하다. 깐깐이(빈틈이 없고 알뜰한 사람), 깐지다(성질이나 솜씨가 깐깐하고 이악하다).
1854) 끈기: ①물건의 끈끈한 성질. ¶찰밥이 끈기가 있다. ②쉽사리 단념하지 않고 끈질기게 참아 나가는 기운. ¶끈기 있게 노력하다.
1855) 깐작: ①끈끈한 것이 짝짝 달라붙는 모양. ¶껌이 깐작깐작 여기저기 달라붙었다. ②성질이 깐깐하여 관계한 일에 갉작거리며 검질기게 구는 모양. ¶내가 그러지 않았느냐며 그녀는 깐작깐작 따지고 들었다. 깐작깐작, 깐작·끈적거리다/대다/이다/하다, 끈적끈적/하다. 〈큰〉끈적.
1856) 깐지다: 성질이 까다로울 정도로 빈틈없고 야무지다. 〈큰〉 끈지다(끈기가 있다. 오래 버티어 나가는 힘이 있다).
1857) 깐직깐직: 조금 깐깐하고 끈질긴 모양. ¶이것저것 깐직깐직 따져 묻다.
1858) 깐질깐질: 매우 깐깐하고 검질긴 모양. 〈큰〉끈질끈질. ¶깐질깐질 극성스럽게 달라붙다.
1859) 끌날같다: 씩씩하고 끌끌하다(마음이 맑고 바르고 깨끗하다). ¶끌날같은 청년들.
1860) 가심끌: 나무에 뚫은 구멍을 다듬는 끌.
1861) 푼끌: 날의 너비가 좁은 작은 끌.
1862) 끌꺽끌꺽하다: 먹은 것이 잘 내리지 아니하여 트림이 나다. ¶너무 먹어서 끌꺽끌꺽하다.
1863) 끄숙이다: 끌어당겨 아래로 박다.
1864) 끌어매다: 여러 조각을 끌어대어 아무렇게나 꿰매다.
1865) 끄집다: 끌어서 집다. 집어서 끌다.[←끌(다)+집다]. ¶팔을 끄집는 바람에 따라갔다. 끄집어내다, 끄집어내리다, 끄집어당기다, 끄집어들이다, 끄집어올리다.

양쪽에 대는 긴 채), 끌통(桶), 끌힘[인력(引力)]/끄는힘, 끎[끎음(音); 이끎], 꺼내다[1866], 꺼내리다[1867], 꺼당기다(앞으로 끌어당기다), 꺼두르다(움켜쥐고 함부로 휘두르다)/들리다, 꺼들다[1868]; 내끌다, 들이끌다(마구 세게 끌다. 안쪽으로 끌다), 이끌다[1869], 잡아끌다, 짓끌다(함부로 마구 끌다). ☞ 인(引).

끓(다) 물이 뜨거워서 부글부글 솟아오르다. 몹시 뜨거워지다. 화가 나서 속이 뒤집힐 듯하다. 많이 모여 우글우글하다. 매우 흥분한 상태로 되다. ¶끓는 물. 속이 끓다. 구더기가 끓다. 가래가 끓다. 청춘의 피가 끓는다. 끓는점(點), 글뛰다[1870], 끓어넘치다, 끓어번지다[1871], 끓어오르다, 끓이다(끓게 하다. 속을 태우다), 끓임소독(消毒), 끌탕[1872]; 뒤끓다(한데 마구 섞여서 몹시 끓다), 들끓다[1873], 무르끓다(흐무러질 정도로 끓다), 부레끓다(몹시 성이 나다)/끓이다, 속끓이다[1874], 애끓다(몹시 걱정이 되어서 속이 끓는 듯하다), 욱끓다(일시적으로 한 번 거칠게 끓다), 짓끓다 들.

-끔(하다) '맑다. 희다'의 어근과 '하다' 사이에 붙어, '조금 깨끗함. 조금 밝음'의 뜻을 더하는 말. ¶말끔하다[1875], 해 · 희끔하다(빛깔이 약간 희고 깨끔하다). §'-끔-'이 '깨끗함'을 뜻하는 말에는 '깔끔하다. 깨끔하다'가 있음.

끔찍-하다 지독하게 크거나, 많아서 놀랍다. 진저리가 날 정도로 몹시 참혹하다. 정성이나 성의가 매우 극진하다. ¶끔찍한 살인 사건. 자녀에 대한 끔찍한 사랑. 말만 들어도 끔찍스럽다. 끔찍끔찍/하다, 끔찍스럽다, 끔찍이.

끕끕-수 체면이 깎일 일을 당하여 갖는 부끄러움. 수모(受侮). ¶우선 그랬으면 여태까지 끕끕수를 받던 반분풀이는 될 것 같았다.

끕적 매우 둔하고 좀스럽게 움직이는 모양.

끗 ①겹쳐서 파는 피륙의 접힌 것을 세는 단위. ¶비단 두 끗. ②화투 · 투전 따위의 노름에서 셈의 단위로 매겨진 수.[<긋(끝)]. ¶다섯 끗. 끗발(좋은 끗수가 잇달아 나오는 기세), 끗수(數;끗의 수), 끗창(끗수를 합한 수); 이끗(利;이익이 되는 실마리).

끗(다) 자리를 다른 곳으로 옮기도록, 쥐고 힘을 가하다. ¶밧줄을 끗다. 끄어서라도 그를 데려 오너라. 꺼내다[1876], 꺼내리다(당겨서 아래로 내리다), 꺼당기다(끌어당기다), 꺼두르다[1877]/둘리다, 꺼들다(당겨서 추켜들다)/들리다, 끄숙이다(끌어당겨 아래로 박다), 꺼오다(앞으로 끌어서 오게 하다), 꺼올리다(당겨서 위로 올리다).

끙 몹시 아프거나 힘에 겨운 일에 부대낄 때 내는 소리.=끄응. ¶끙끙거리며 기어오다. 끙끙거리다/대다.

끙게 씨를 뿌린 뒤에 흙을 덮는 연장. 위에 사람이 타거나 돌멩이를 올려놓고 소가 끌게 함. 예로(曳撈).

끙짜-놓다 불쾌하게 생각하다. 즐겨서 듣지 아니하다.

끝 공간적으로나 시간적으로 한계가 되는 곳. 행동이나 일의 결과. ≒마지막.↔처음. 시작(始作). ¶끝 부러진 송곳. 끝가지(접미사), 끝간데(끝나는 한도. 지경이 다한 곳), 끝갈망(끝마감), 끝걷기(서까래 끝을 훑어 깎는 일), 끝구(句), 끝내/끝끝내, 끝나다/내다, 끝내기, 끝내주다(대단히 훌륭하다), 끝눈, 끝단(천의 끝에 이어 댄 단), 끝단속(團束), 끝닿다(맨 끝까지 다다르다), 끝댕기, 끄덩이[1878], 끝돈, 끝동, 끝동아리(긴 물건의 끝부분), 끝마감/하다, 끝마디, 끝마무리/하다, 끝마치다, 끝막다, 끝막음, 끝말/잇기, 끝매듭, 끝맺다, 끝맺이, 끄트러기[1879], 끄트머리[1880], 끝머리, 끝물, 끝반지[1881], 끝빨다[1882], 끝서리(그해 겨울에 마지막으로 내린 서리), 끝세포(細胞;생장점에 있는 세포), 끝소리, 끝손질, 끝손톱(손톱의 끄트머리), 끝수(數;끝자리에 있는 수), 끝신경(神經;말초신경), 끝없다, 끝일, 끝자락, 끝자리, 끝잔(盞), 끝장(일의 마지막)[끝장나다/내다, 끝장보다, 끝장쥐다(뒷일을 맡아보다)], 끝전(끝의 가), 끝전(錢;끝돈), 끝줄, 끝지다[1883], 끝초리(회초리의 끝부분), 끝코(뜨개질에서, 끝에 낸 코), 끝판(마지막판이나 기간. 결판이 나는 판), 끝항(項), 끝휨새(낚싯대 끝부분의 휘어진 모양새); 대림끝[1884], 뒤끝(일의 맨 나중이나 끝), 땅끝, 똥끝, 말끝, 머리끝, 명치끝, 모태끝, 바닥끝, 발끝, 붓끝, 뼈끝, 손끝, 쇠끝/쇠끄트머리, 양끝(兩), 일끝(일의 실마리), 처마끝, 첫끝, 촉끝(鏃), 칼끝, 코끝, 털끝, 토끝[1885], 풀끝(풀의 아주 적은 분량), 한끝(한

1866) 꺼내다/끄어내다: 속이나 안에 들어 있는 물건 따위를 손이나 도구를 이용하여 밖으로 나오게 하다. 마음속의 생각 따위를 말로 드러내 놓기 시작하다. ¶지갑에서 돈을 꺼내다. 이야기를 꺼내다.

1867) 꺼내리다: 속이나 안에 있는 물건 따위를 손이나 도구를 이용하여 밖으로 내서 아래쪽으로 내리다. ¶배에서 화물을 꺼내리다.

1868) 꺼들다/끄어들다: 잡아 쥐고 당겨서 추켜들다. 함께 거들거나 들고 나오다. ¶그물을 꺼들다. 지난 사실을 꺼들며 이야기하다. 꺼들리다, 꺼들이기(어떤 경계선 밖에 있는 것을 안으로 끌어들이는 일), 꺼들이다.

1869) 이끌다: 앞에서 잡고 끌다. 따라오도록 인도하다. 마음이나 시선이 쏠리게 하다.[←잇(다)+끌다]. ¶이끌리다, 이끎음(音), 이끎말(들머리. 서론).

1870) 글뛰다: 동경하는 마음이 뒤끓다. ¶참으로 그는 미치고 글뛴 마음을 어디다 진정할 수가 없었다.

1871) 끓어번지다: 걷잡을 수 없이 몹시 설레어 움직이다. ¶온 공장이 끓어번지고 있다.

1872) 끌탕: 속을 태우는 걱정. ¶끌탕하다.

1873) 들끓다: 사람이나 동물이 일정한 장소에 많이 들어차 혼잡하다. 뒤끓다.[-물건]. ¶여론이 물 끓듯이 들끓다. 인파로 들끓는 해수욕장. 마당에 개미가 들끓는다.[-물건].

1874) 속끓이다: 화가 나거나 걱정이 되거나 하여 속을 태우다.

1875) 말끔하다: 티 하나 없이 맑고 깨끗하다. 〈큰〉멀끔하다. ¶말끔하게 갠 하늘.

1876) 꺼내다: ①끌어서 밖으로 내다. ¶서랍에서 연필을 꺼내다. ②이야기 따위를 시작하다. ¶말을 꺼내다.

1877) 꺼두르다: 끌어잡거나 움켜잡고 마구 휘두르다. 〈준〉꺼둘다. ¶머리채를 휘어잡고 꺼두르다.

1878) 끄덩이: ①머리끝이나 실 따위의 뭉친 끝. ¶머리끄덩이. ②일의 실마리. 단서(端緖).[←끝+덩이].

1879) 끄트러기: 쓰고 남은 자질구레한 물건. 깎아 내거나 끊어 내고 처진 자질구레한 조각.[←끝+(으)+어기]. 〈준〉끄트럭. ¶먹고 남은 끄트러기를 날 먹으라고 준다. 쇠끄트러기/쇠끝.

1880) 끄트머리: ①맨 끝이 되는 부분. ②일의 실마리. 단사(端緖).

1881) 끝반지: 물건을 여러 몫으로 가를 때(노느매기할 때)의 맨 끝판 차례.

1882) 끝빨다: ①끝이 차차 가늘어져 뾰족하다. ②어떤 일시적인 좋은 상태가 그 뒤로 내려오면서 쇠퇴하여 보잘것없다. 집안이 망해 가다.

1883) 끝지다: 끝에 이르다/가까워지다. 끝에 치우쳐 있다. ¶마을 끝진 곳.

1884) 대림끝: 활의 아귀와 밭은오금의 사이.

쪽의 맨 끝), 혀끝, 화도끝(華;피륙의 양쪽 끝에 상표를 넣어 짠 부분)/토끝 들.

끼 주체할 수 없을 정도로 넘쳐흐르는 연예에 대한 타고난 재능이나 소질. 무엇을 하고 싶어서 들뜬 마음이나 짓.[←기(技 · 氣)]. ¶끼를 마음껏 발휘하다. 끼가 있는 여자.

끼니 아침 · 점심 · 저녁과 같이 일정한 시간에 먹는 밥. 또는 먹는 일. ¶끼니를 거르다/ 잇다. 끼닛거리, 끼니때, 끼보탬(끼니에 보태어 먹는 것), 끼니음식(飮食); 끼[1886].

끼(다)¹ '끼이다'의 준말. ¶전철 문에 낀 가방. 손가락에 반지를 끼다. 틈에 끼다. 어른도 아이들 틈에 끼어 인형극을 구경했다.

끼(다)² ①안개나 연기 따위가 퍼져서 서리다.↔걷히다. ¶하늘에 구름이 끼다. 안개 낀 골짜기. ②때나 먼지가 엉기어 붙다.≒묻다³. ¶옷에 때가 끼다. 눈곱이 끼다. 곱끼다(종기나 부스럼이 생기다), 황끼다(黃;인삼에 황이 생기다). ③이끼나 녹 따위가 물체를 덮다.≒생기다. ¶이끼 낀 바위. 된장에 곰팡이가 끼다. ④어떠한 표정이 얼굴이나 목소리에 어리어 돌다. ¶수심이 가득 낀 얼굴. 얼굴에 웃음기가 끼다.

끼(다)³ ①'끼우다[1887]'의 준말. ¶책을 겨드랑이에 끼다. 소매에 팔을 끼다. 손에 장갑을 끼다. ②팔이나 손을 서로 걸다. ¶팔짱을 끼다. 두 손으로 깍지를 끼다. 껴들다(두 팔로 끼어서 들다), 껴붙들다(팔로 끼어서 붙들다), 껴안다, 껴잡다(팔로 끼어서 잡다)/잡히다. ③곁에 가까이 두거나 데리고 있다. ¶계곡을 끼고 올라가다. 해변을 낀 도로. 껴묻다²[1888], 끼고돌다[1889]. ④남의 힘을 빌려 이용하다. ¶권력을 끼고 행세하다. ⑤어떠한 상태에 이르다. ¶곱살끼다(몹시 보채다. 곱이 끼다)/곱끼다, 궁끼다(窮;곤궁하게 되다), 황기끼다(氣;겁을 내어 두려워하는 마음이 일어나다) 들.

끼-(뜨리/트리다) '흩어지게 내던지다. 여기저기 퍼뜨리다'의 어근. ¶물을 길에 끼뜨리다. 끼얹다(물 · 가루 따위를 다른 물건 위에 흩어지게 뿌리다)/얹히다.

끼랴 마소를 몰 때 하는 소리.=이랴. 이러.

끼루룩 기러기 등의 울음소리. 〈준〉끼룩. ¶외기러기가 끼루룩 울며 날아가다. 끼루룩거리다/대다.

끼리 일부 명사 뒤에 붙어 '한 무리에 드는 부류만이 함께'의 뜻을 나타내는 말. ¶우리끼리/ 아이들끼리/ 남자끼리; 끼리끼리/낄끼리(패를 지어 따로따로) 들.

끼이(다)¹ ①'끼다³'의 피동사. 끼움을 당하다. 틈에 박히거나 꽂히다. 〈준〉끼다¹. ¶옆구리에 끼인 가방. 이에 음식물이 끼이다. 문틈에 옷자락이 끼이다. 틈에 끼다, 한몫 끼다. 껴묻다³[1890]/묻히다, 껴붙임(바둑에서, 붙여 두는 수), 껴얹다(끼어넣거나 덧붙이다), 껴입다(겹쳐 입다)/입히다, 껴주다(덧붙여 주다), 끼어들다¹/껴들다(틈 사이를 비집고 들어가다), 끼인각/낀각(角), 낌줄[1891]; 깍지끼다(두 손의 열 손가락을 서로 어긋나게 바짝 끼다), 덧끼다/끼우다/끼이다, 들이끼다(함부로 마구 끼다. 틈이나 사이에 들어가 끼다)/끼우다/끼이다, 엇끼다(서로 맞물리다), 지르끼다(지르듯이 꽂거나 박다), 통끼움(筒). ②무리 가운데 섞이다. ¶아이들 틈에 끼이다. 끼어들다²/껴들다(두 물건을 한데 겹쳐서 들다). ③어떤 일에 관여하다. ¶노름판에 끼이다. 껴들다(개입하다), 끼어들다³/껴들다(관여하다).

끼이(다)² 사람을 꺼리고 싫어하다.

끼익 차량 따위가 갑자기 멈출 때 나는 브레이크 소리. ¶자동차가 끼익 멈추다. 끼익하다.

끼치(다)¹ ①살가죽에 소름이 돋다. ¶소름이 끼치다. ②무슨 기운이 덮치듯이 확 밀려오다. ¶술 냄새가 확 끼친다.

끼치(다)² ①남에게 손해를 입히거나, 번거로움이나 괴로움을 주다. ¶남에게 폐를 끼치다. 걱정을 끼치다. 누끼치다(累). ②남에게 은혜를 베풀어 주다. ¶자연이 우리에게 끼치는 혜택. ③어떤 것을 뒷날에 남기다.≒미치다². ¶결과를 끼치다. 후세에 큰 영향을 끼치다. 훈민정음의 창제가 후세에 끼친 영향.

끽 '고작'을 속되게 이르는 말. ¶끽 먹어야 얼마나 먹겠느냐. 끽해야[1892].

끽(喫) '마시다 · 먹다'를 뜻하는 말. ¶끽겁(喫怯;잔뜩 겁을 먹음), 끽경(喫驚;몹시 놀람), 끽고(喫苦), 끽긴하다(喫緊;매우 긴요하다), 끽다(喫茶), 끽반(喫飯), 끽연(喫煙)[간접끽연(間接)], 끽착(喫着;衣食), 끽파(喫破;다 먹어 버림), 끽휴(喫虧;손해를 입음); 돈끽(頓喫;단번에 많이 먹음), 만끽(滿喫), 매끽(賣喫), 몰끽(沒喫;남기지 않고 다 먹음), 수끽(受喫;식구의 수만큼 양식을 받아먹음) 들.

낌새 어떤 일의 야릇한 기틀이나 눈치. 어떤 일의 되어 가는 형편. 기미(機微). 기수(幾數). 조짐. ¶낌새를 보다. 낌새를 채다.

1885) 토끝: ①피륙의 끄트머리. ②피륙의 필 끝에 글씨나 그림이 있는 부분.

1886) 끼: 끼니를 세는 말. ¶하루 세 끼는 먹어야 건강이 유지된다.

1887) 끼우다: 〈준〉끼다³. ①벌어진 사이에 무엇을 넣고 죄어서 빠지지 않게 하다. ¶구멍에 단추를 끼우다. 열쇠를 끼워 넣다. ②무엇에 걸려 있도록 꿰거나 꽂다. ¶창문에 유리를 끼우다. 탄창을 끼우다. ③한 무리에 섞거나 덧붙여 들어가게 하다. ¶우리 편에 친구를 끼우다. 간장에 설탕을 끼워팔다. ¶껴묻다¹(같이 끼어 덧붙다)/묻히다, 껴얹다(있는 위에 더 끼워 넣거나 덧붙이다), 껴차다(무엇을 찰 때에, 다른 것도 같이 차다). 끼움말, 끼움쇠, 끼움종이, 끼움쪽, 끼움토, 끼움표(標), 끼워넣기, 끼워지다, 끼워팔기.

1888) 껴묻다²: 묻은 것에 다른 것을 또 묻다. ¶아버지의 무덤에 애장품을 껴묻었다. 껴묻거리, 껴묻기.

1889) 끼고돌다: 상대편을 무조건 감싸고 변호하다. ¶부모가 자식을 끼고돈다.

1890) 껴묻다³: 다른 물건에 싸잡혀 묻어 들어가다. ¶내 짐이 자네 짐에 껴묻어 갔는지 봐 주게.

1891) 낌줄: 광산의 광맥이 거의 끊어진 때에 탐광의 실마리가 되는 썩 가는 줄.

1892) 끽해야: 한껏 한다고 하여도. 기껏해야. ¶하루 벌이가 끽해야 만 원밖에 안 된다. 끽해야 국밥밖에 더 사겠어.

ㄴ

-ㄴ¹ 모음으로 끝난 동사 어간에 붙어 '과거의 사실'을, '이다' 또는 형용사 어간에 붙어서는 '현재의 모습이나 사실'을 나타내는 관형사형 어미. ['ㄹ' 이외의 받침 뒤에서는 '-은'으로 쓰임]. §'-ㄴ' 뒤에는 수식을 받는 의존명사가 통합됨. ¶떠난 사람/ 흰 꽃. 죽은 동물/ 검은 머리. -ㄴ(은)-듯/ 바. ☞ -는. -은.

-ㄴ² 명령형 '-너라'의 준말. '오다'의 어간에 붙어서, '-너라'보다 더 친근함을 나타내는 종결 어미. ¶아가야, 이리 온.

-ㄴ- 모음으로 끝나는 동사의 어간에 붙어, 현재 시제를 나타내는 선어말 어미. 어말 어미 '-다'와 어울려 '-ㄴ다[1]'의 꼴로 쓰임. [받침 뒤에서는 '-는'으로 쓰임[2]]. ¶빨리 달린다. 비가 온다. -는구나/구먼/구려, -ㄴ(는)다-거나, -ㄴ(는)다-고, -ㄴ(는)다-고-는/도/들/요, -ㄴ(는)다-나/-냐/-네, -ㄴ(는)다-느냐, -ㄴ(는)다-느니, -ㄴ(는)다-는(데)/-ㄴ(는)단, -ㄴ(는)다-니, -ㄴ(는)다-니까(는/요)(-ㄴ다고 하니까), -ㄴ(는)다-더군(요), -ㄴ(는)다-더니(만), -ㄴ(는)다-더라, -ㄴ(는)다-더만, -ㄴ(는)다-던(가/데), -ㄴ(는)다-든가, -ㄴ(는)다-마는/만, -ㄴ(는)다-며, -ㄴ(는)다-면(서/요), -ㄴ다-손[3], -ㄴ(는)다-오/-지(마는/만), -ㄴ다-ㄴ다-, -ㄴ다-ㄹ[4], -ㄴ(는)다-ㅁ[5], -ㄴ대[래-ㅂ니까/-ㅂ니다[6]/-ㅂ디까/-ㅂ디다/-ㅂ시고[7], -ㄴ(는)다-지, -ㄴ다-ㄴ다/-ㄴ단다, -ㄴ(는)다-네, -ㄴ대(-ㄴ다고 하여서)-/도/서(야)/야/요/지/었어요/었다.

-ㄴ가 ①모음으로 끝난 형용사 어간이나 '이다' 또는 하게할 자리에서 현재의 어떠함에 대한 물음을 나타내는 종결 어미. ['ㄹ' 이외의 받침 뒤에서는 '-은가'로 쓰임]. ¶얼마나 기쁜가. 누구인가. 건강이 좋은가. 그 사람이 싫은가. ②보다. 하다. 싶다' 앞에 쓰여, 다른 사람 또는 자기 스스로에게 묻는 물음이나 추측을 나타내는 연결 어미. [받침 뒤에서는 '-은가'로 쓰임]. ¶누구신가 했어요. 꽤 좋은가 보다. 그만하면 족하지 않은가 싶다. 아직도 날씨가 찬가 보다. -ㄴ(은)가, -ㄴ(은)가-요, -더/러-ㄴ가-요.

-ㄴ걸 '이다' 또는 모음으로 끝난 용언의 어간에 붙어, 혼잣말로 가벼운 반말이나 감탄 · 의지의 뜻을 나타내는 종결 어미. [받침 뒤에서는 '-은걸'로 쓰임]. ¶아주 힘든 일인걸. 물이 꽤 찬걸. 나무가 너무 작은걸. 생각보다 많은걸. 밥을 먹었는걸. -ㄴ(은/는)걸-요, -더-ㄴ-걸. [←-ㄴ+것+을].

-ㄴ고 모음으로 끝난 형용사 어간에 붙는, 해체의 현재 시제 종결 어미. '-ㄴ가'보다 예스러운 말투. 점잖게 묻거나 나무라는 뜻을 나타냄. [받침 뒤에서는 '-은고'로 쓰임. ¶뉘 집 갠고. 얼마나 기쁜고. 산은 얼마나 깊은고. -ㄴ(은)고-하니/-ㄴ(은)과니.

-ㄴ단다 모음으로 끝난 동사 어간이나 높임의 '-시-'에 붙는, 해라체의 종결 어미. [받침으로 끝나면 '-는단다'로 쓰임]. ①말하는이가 어떤 사실이나 경험으로 터득한 사실을 직접 친근하게 일러주거나 타이르는 뜻을 나타냄. ¶그 애는 건강하게 잘 지낸단다. 무리하면 건강을 잃는단다. ②'-ㄴ(는)다고 한다'가 줄어서 된 말. 남의 말을 인용하는 뜻을 나타냄. ¶내일 결혼한단다. 글쎄, 저렇게 매일 술만 먹는단다. §'-단다(-다고 한다), -란다(-라고 한다)' ¶매우 예쁘단다/ 기분이 아주 좋으시단다. 빨리 오란다. 정이란 그런 게 아니란다.

-ㄴ데 '이다' 또는 모음으로 끝나는 형용사의 어간 또는 어미 '-으시-', '-사오-'에 붙는 어미. [받침 뒤에서는 '-은데'로 쓰임] ①다음 말을 끌어내기 위하여 어떤 사실을 먼저 말하고자 할 때 쓰는 종속적 연결 어미.[+맞섬. 원인. 배경 제시. 의향]. ¶키는 큰데 힘은 없다. 물건은 좋은데 값이 비싸다. ②듣는이의 반응을 기다리는 태도로 스스로 감탄하는 말을 할 때 쓰는 종결 어미. ¶날씨가 꽤 찬데. 풀기 어려운 문젠데. 경치가 참 좋은데. -ㄴ(은)데-다, -ㄴ(은)데-다-가, -ㄴ(은)데-도; -ㄴ(은)데-요/ㅂ쇼, -는데[8].

ㄴ들 모음으로 끝나는 체언이나 부사격 조사 뒤에 붙어, 양보와 반문을 겸하여 '-라 할지라도 어찌[가리지 않거나 소용이 없음]'의 뜻을 나타내는 보조사. [받침 뒤에서는 'ㄴ들'로 쓰임]. ¶난들 어쩌란 말이냐. 자넨들 그만 못하랴. 꿈엔들 잊으리오? 그들인들 양심이 없겠니? 에-ㄴ(인)들/엔들, 에서-ㄴ들, 까지-ㄴ들, 부터-ㄴ들, 다시/조금-ㄴ(인)들.

-ㄴ들 모음으로 끝나는 용언의 어간에 붙어, 앞의 내용을 인정하더라도 기대되는 뒤의 내용이 부정됨[양보 · 반문] 곧 '가리지 않음. 소용없음. 마찬가지임'을 나타내는 종속적 연결 어미. [받침 뒤에서는 '-은들'로 쓰임]. ¶네가 나서 본들 별수 있겠나. 겉이 검은들 속조차 검을쏘냐. 철수인들 어디 공부했겠니?

-ㄴ바 모음으로 끝나는 동사 어간이나 높임의 '-(으)시-'에 붙어, 앞 절의 상황이 이미 이루어졌거나 뒤 절에서 어떤 사실을 말하기 위하여 그 사실이 있게 된 것과 관련된 상황을 제시하는 데 쓰는 종속적 연결 어미. ['ㄹ' 이외의 받침 뒤에서는 '-은바'로

---

1) -ㄴ다: 'ㄹ' 받침이나 모음으로 끝나는 동사 어간 또는 어미 '-으시-' 뒤에 붙어, ①현재 사건이나 사실을 서술하는 해라체의 종결 어미. ¶아기가 잠을 잔다. 엄마는 청소를 하신다. 나는 그를 안다. ②자기 스스로에게 묻는 물음을 나타내는 해라체의 종결 어미. [+의문사]. ¶오늘은 어디서 만난다?

2) ¶밥을 먹는다. 책을 읽는다. 사람이 웃는다. 길을 걷는다. -는다-거나, -는다-고, -는다-ㄴ다, -는다-나, -는다-네, -는다-느냐, -는다-느니, -는다-는(군), -는다-니/까(요), -는다-는데, -는다-더라, -는다-든가, -는다-ㄹ, -는다-ㅁ, -는다-마는, -는다-며, -는다-면(서), -는다-ㅂ니다/니까/디다/디까/시고, -는다-손, -는다-오, -는다-지(만), -는대(의문 종결 어미)(-는다고 하여서)/그래/도/서(야)/야/요/지/었어요/었다.

3) -다손: 형용사의 어간이나 선어말 어미 '-았/었', '-겠-' 뒤에 붙는 종속적 연결 어미. '치더라도'와 함께 쓰여 '어떠한 상태에 있더라도 · 어떠한 동작을 하더라도'의 뜻을 나타냄. ¶아무리 적다손 치더라도 그만하면 되겠지.

4) '-ㄴ다고 할'의 뜻. ¶차마 떠난달 수가 없다. 간달 사람이 있을까?

5) '-ㄴ단 말인고'의 뜻. ¶이 일을 어찌 한담. 서울은 뭐 하러 간담.

6) '-ㄴ다고 합니다'의 준말.

7) '-ㄴ다고 하여'의 뜻을 나타내는 종속적 연결 어미. ¶뭘 한답시고 끝끝내 말대꾸냐? '-랍시고'는 빈정거림을 뜻하는 연결 어미. ¶사장이랍시고 거만하다.

8) -는데: 동사나 '있다, 없다'의 어간 또는 '-았/었-, -겠-'의 아래에 붙어, ①한 일을 풀이한 다음, 그 상황을 계속 설명함을 나타내는 연결 어미. ¶여기 있었는데 어디 갔지? 사람들이 그러는데 거기는 위험하대요. ②자기 말에 남의 동의를 구하는 투로, 스스로의 가벼운 느낌을 나타내는 종결 어미. ¶날씨가 금방 풀리겠는데. 올해는 비가 너무 오는데. -는데-요, -는데-ㅂ쇼.

쓰임]. ¶서류를 검토한바 몇 가지 미비한 사항이 발견되었다. 진상을 들은바, 그것은 사실이 아님이 드러났다. 어버이의 은혜가 하해와 같은바 갚을 길이 없다. 우리의 운명은 이미 결정된바 맡은 바 직무에 충실해야 한다.

ㄴ새려 받침 있는 체언에 붙어, 매개 모음 '으'와 함께 쓰여, '예상되는 해당 사실은 말할 것도 없고 그만 못한 것까지도'의 뜻을 나타내는 보조사. ¶눈은새려 비도 오지 않는다.

ㄴ즉 모음으로 끝나는 체언에 붙어, '…(으)로 말하면, …를 듣자면'의 뜻을 나타내는 보조사. [받침 뒤에서는 '-인즉'으로 쓰임]. ¶이야긴즉 옳다. 물건인즉 최상품이니 값도 비싸다오. 사실인즉 말도 안 되는 일입니다. -ㄴ(인)즉-은/슨.

-ㄴ즉 모음으로 끝나는 어간에 붙어, 원인이나 근거 또는 가정이나 조건을 나타내는 연결어미. [받침 뒤에서는 '-은즉'으로 쓰임]. ¶듣고 본즉 그의 주장이 옳더라. 일이 끝났은즉 쉬어도 되겠지. 밥을 먹은즉 배가 부르다.

-ㄴ지 '이다' 또는 모음으로 끝나는 형용사의 어간에 붙어, 직접 묻지는 않고 막연한 의문이나 감탄을 나타내는 연결 또는 종결 어미. [받침 뒤에서는 '-은지'로 쓰임]. ¶그가 어떤 사람인지 알 수가 없다. 얼마나 착한지 몰라. 날씨가 어찌나 추운지. 멋쩍은지 얼굴을 붉히다. 아, 얼마나 좋은지. -ㄴ(은)지-고[9], -ㄴ(은)지-요.

-ㄴ지라 ①'이다' 또는 모음으로 끝나는 형용사의 어간에 붙어, 이유나 근거가 되는 현재 사실을 나타내는 연결 어미. [받침 뒤에서는 '은지라'로 쓰임]. ¶수재인지라 문제없소. 얌전한지라 칭찬이 자자하오. 밤이 깊은지라 사위가 고요하다. ②모음으로 끝나는 동사의 어간에 붙어, 이유나 근거가 되는 과거 사실을 나타내는 연결 어미. [받침 뒤에서는 '은지라'로 쓰임]. ¶말도 없이 떠난지라 아무도 간 곳을 모른다.

나¹ 단체에 대한 개인. 공(公)에 대한 사(私). 자아(自我). 말하는 사람이 자기 스스로를 가리키는 말.↔너. 남. 〈낮〉저. ¶대의(大義)를 위하여 나를 버려라. 나는 간다. 내[10], 내로라하다[11], 나몰라라(오불관언), 나절로, 나홀로; 너나들이, 너나없이, 너도나도, 참나(참된 본래 모습의 나); 나도-[12]. ☞ 여(余). 여(予). 아(我). 오(吾).

나² 모음으로 끝나는 체언이나 부사어 아래 붙는 보조사. [받침 뒤에서는 '이나'로 쓰임]. ①그다지 내키지 않지만 차선책으로의 선택을 나타냄. ¶국수나 빵을 먹자. 잠이나 자야겠다. ②강조하거나 조건을 붙이거나 양보하는 뜻을 나타냄. ¶천리나 되는 길. 제 할 일이나 할 것이지. ③양보의 뜻을 나타냄. ¶그 사람을 만나나 보렴. ④수량이 예상되는 정도를 넘었거나 한도에 이르렀음을 나타냄.≒쯤. ¶모두 몇 개나 되는가? 열 개나 사서 무엇 하게. 벌써 다섯 명이나 애꿎게 희생되었다. 용돈을 얼마나 썼는가? 얼마나 아름다운 꽃인가. ⑤많지는 않으나 있음을 나타냄. ¶소 마리나 키운다. ⑥'그 어느 것을 막론하고'의 뜻을 나타내는 냄. ¶너나 나나 마찬가지다. 누구나 다 참가하게 됩니다. 가나 안 가나 마찬가지다. 당신이나 나나 같은 평사원이다. ⑦청유문과 명령문의 종결 어미에 붙어, 친밀감을 나타내는 말. ¶학교에 가세나. 어서 들어오게나. 한테-나, 에게-나, 에서-나, (이)나-도, (이)라-도, 가뜩/꽤/너무/무엇/아무/어디/어찌/언제/얼마/여북/오죽/이제/저제/적/퍽/행여/혹시/혹여-(이)나.

-나¹ 어말이 모음으로 끝나는 명사나 부사에 붙어 새로운 부사를 파생시키거나, 감탄사에 붙어 어감을 더하는 말. ¶가뜩이나, 누구나, 얼마나, 언제나, 어찌나, 행여나; 얼씨구나절씨구나. 아니나 다를까?

-나² ①모음으로 끝나는 어간에 붙어, 앞말과 뒷말의 내용이 서로 다름을 나타내는 연결 어미. [받침 뒤에서는 '-으나'로 쓰임]. ¶비는 오나 바람은 불지 않는다. 그러나, 허나. ②모음으로 끝나는 어간에 붙어, '-나~-나'의 꼴로 쓰여 '언제든지, 항상'의 뜻을 나타내는 연결 어미. ¶비가 오나 눈이 오나/ 이렇게 하나 저렇게 하나. 미우나 고우나 내 자식이다. 보나마나 아직도 자고 있을 것이다. 게나예나, 그나저나, 그러나저러나, 드나나나, 앉으나서나, 오나가나, 이러나저러나, 이제나저제나, 자나깨나, 지나새나. ③형용을 과장하기 위하여 어간을 겹쳐 쓸 때, 앞 어간에 붙는 연결 어미. 모음으로 끝나거나 'ㄹ'받침이 탈락되는 형용사의 어간에 쓰임. §나열이나 감동의 뜻을 지님. ¶기나길다/기나긴, 머나멀다/머나먼, 크나크다/크나큰, -나-마나. ④들을이에게 물어보는 뜻을 나타내는 반말체 종결 어미. '-는가. 느냐'의 준말. ¶어딜 가나? 무슨 일로 왔나? 빨리 못하나? 한 잔 하겠나? 누가 자네를 믿겠나? -나-요. ⑤어미 '-(는)다-나(요), -(으)라-나(요), -자-나(요)'의 꼴로, 무관심하거나 빈정거림의 뜻 또는 자랑할 때 쓰이는 종결 어미. ¶등산은 재미로 한다나. 나더러 혼자 기다리라나. 자기하고 같이 행동하자나.

-나- 하소서체의 형태론적 표지인 '-이-'와 어울려 쓰이는 선어말 어미. ¶가나이다, 먹나이다, 비나이다[빌다], 하나이다[까] 들.

나(羅) ①명주실로 짠 피륙의 하나. 사(紗)와 비슷함. '새그물'을 뜻하는 말. ¶나거(羅裾), 나건(羅巾;비단으로 짠 수건), 나군(羅裙;얇은 비단 치마), 나단(羅緞), 나망(羅網;새그물), 나사(羅紗. raxa〈포〉), 나삼(羅衫), 나성(羅星;죽 늘어진 별), 나성(羅城;성의 바깥), 나수(羅袖;비단옷의 소매), 나위(羅幃), 나직(羅織); 경라(輕羅), 기라(綺羅), 능라(綾羅), 망라(網羅), 모라(帽羅), 섬라(纖羅), 조라(鳥羅), 항라(亢羅)[13]. ②벌이어 놓다. 펴다'를 뜻하는 말. ¶

9) -ㄴ지고: '이다' 또는 모음으로 끝나는 형용사의 어간에 붙어, 느낌을 영탄조로 나타내는 예스러운 말투의 종결 어미. [받침 뒤에서는 '-은지고'로 쓰임]. ¶몹쓸 사람인지고. 참으로 거룩한지고. 오, 가엾은지고.

10) 내: ①'나'의 특수 형태로 주격 조사 '가' 앞에 쓰이는 일인칭 대명사.[←나+이]. ¶내가 할 일이다. 내괘(내가 벌써 그럴 줄 알았다), 내남(나와 남), 내남없이/나남없이, 내남직없이, 내더위, 내미룩네미룩/하다(서로 미루적거리다), 내살(포장지를 뺀 내용물의 부피), 내절로(자기 스스로), 내폴로(내 마음대로). ②'나의'의 준말. 주로 입말에 쓰임. ¶내 집. 내 동생. 이것을 내 책이다. 슬프다 이내 신세.

11) 내로라하다: 바로 '나'이로라 하고 자신하다. 어떤 분야를 대표할 만하다.[←나+이+로라(자신의 행동을 의식적으로 드러내는 어미)+하다]. ¶내로라하는 장사들이 모래판에서 힘을 겨루다.

12) 나도-: 나 또한.[←나+도]. ¶나도감(고욤), 나도냉이, 나도미역, 나도밤나무, 나도잔디, 나도풍란(風蘭).

13) 항라(亢羅): 항라적삼; 당항라(唐), 물항라, 생항라(生), 양항라(洋), 저항라(紵).

나립(羅立), 나배(羅拜), 나부(羅致), 나열(羅列), 나침(羅針;指南針)[나침반(盤), 나침방위(方位), 나침자오선(子午線)], 나포(羅布); 삼라(森羅), 삼라만상(森羅萬象), 성라기포(星羅碁布) 들.

나(裸) '벌거벗다. 드러나다'를 뜻하는 말. ¶나대지(裸垈地;민땅. 알땅), 나맥(裸麥;쌀보리), 나목(裸木), 나부(裸婦), 나상(裸像), 나선(裸跣;발가벗은 몸과 벗은 발), 나선(裸線;겉에 아무 것도 싸지 않은 줄. 알줄), 나신/상(裸身;알몸/像), 나아(裸芽), 나안(裸眼;안경을 쓰지 않은 눈), 나엽(裸葉), 나자식물(裸子植物), 나장(裸葬), 나지(裸地), 나체(裸體)[나체상(像), 나체화(畵); 반나체(半)], 나출(裸出), 나충(裸蟲), 나화(裸花;無被花), 나화(裸貨;포장하지 않고 운반되는 화물); 반라(半裸), 적나라(赤裸裸), 전라(全裸) 들.

나(拿) '붙잡다'를 뜻하는 말. ¶나국(拿鞫;죄인을 잡아다 신문하던 일), 나래(拿來;죄인을 잡아옴), 나래대(拿來代;전임자가 죄를 지어 붙들려 간 뒤에 후임으로 온 사람), 나명(拿命;붙잡아 오라는 명령), 나문(拿問), 나송(拿送;죄인을 잡아 보냄), 나수(拿囚;죄인을 잡아 가둠), 나인(拿引;拿來), 나입(拿入), 나추(拿推;죄를 문초함), 나취(拿就;죄인을 붙잡아 감), 나치(拿致), 나파(拿罷;죄를 지은 벼슬아치를 잡아다가 심문하고 파면함), 나포(拿捕;죄인을 붙잡음)[나포되다/하다, 나포선(拿捕船)], 나획(拿獲;拿捕); 구나(拘拿), 선나후주(先拿後奏), 선주후나(先奏後拿) 들.

나(螺) '소라. 나선(螺旋) 모양'을 뜻하는 말. ¶나각(螺角), 나계(螺階), 나계(螺髻), 나발(螺髮), 나사(螺絲)[14], 나상(螺狀;나선상), 나선(螺旋)[15], 나전(螺鈿)[16], 나층(螺層;나사켜), 나해(螺醢;소라젓); 계라(啓螺), 법라(法螺), 와라(蝸螺), 전라(田螺), 취라(吹螺), 취라치(吹螺赤), 토라(土螺;우렁이) 들.

나(懦) '나약하다. 무기력하다'를 뜻하는 말. ¶나겁하다(懦/愞怯;마음이 약하고 겁이 많다), 나부(懦夫;겁이 많은 사나이. 게으른 사람), 나암(懦闇;나약하고 어리석음), 나약(懦/愞弱), 나어(懦語), 나자(懦者); 겁나(怯懦), 유나하다(柔懦) 들.

나(懶) '게으르다. 나른하다'를 뜻하는 말.↔근(勤). ¶나농(懶農↔勤農), 나만하다(懶慢;게으르고 느리다), 나면(懶眠;게을러 잠), 나불자석(懶不自惜), 나성(懶性;게으른 성질), 나타(懶惰), 나태(懶怠;게으름)[나태성(性), 나태심(心), 나태하다]; 곤라(困懶) 들.

나(鑼) 국악기의 하나. 놋쇠로 둥글넓적하고 배가 나오게 만든 타악기로 징보다 조금 작음. ¶나를 치다. 나수(鑼手); 동라(銅鑼), 소라(小鑼), 운라(雲鑼/羅) 들.

나(蘿) '소나무겨우살이. 담쟁이덩굴. 무'를 뜻하는 말. ¶나마(蘿藦), 나마자(蘿藦子), 나만(蘿蔓), 나복(蘿葍;무); 등라(藤蘿), 송낙[松蘿], 송라(松蘿), 청라(靑蘿) 들.

나(癩) '문둥병'을 뜻하는 말. ¶나균(癩菌), 나병(癩病), 나요양소(癩療養所), 나창(癩瘡), 나한'(癩漢;醜男), 나환자(癩患者); 결절라(結節癩).

나(那) '어찌. 어느. 저'를 뜻하는 말. ¶나간에(那間), 나개(那箇), 나변(那邊;어디), 나시(那時), 나하(那何) 들.

나(娜) '아리땁다'를 뜻하는 말. ¶나나(娜娜;아리따운 모양); 요나하다(裊娜;부드럽고 길어서 날씬하고 간드러지다).

나(挪) '옮기다. 유용하다(流用)'를 뜻하는 말. ¶나대(挪貸;꾸거나 빌려온 것을 다시 타인에게 그렇게 함), 나용(挪用).

나(糯) '찰벼'를 뜻하는 말. ¶나도(糯稻), 나미(糯米;찹쌀), 나서(糯黍), 나속(糯粟); 황나(黃糯;차좁쌀) 들.

나(儺) '역귀(疫鬼)를 쫓다'를 뜻하는 말. ¶나례(儺禮), 나례가(儺禮歌), 나희(儺戲;儺禮); 구나(驅儺), 대나(大儺) 들.

나(邏) '돌다(순찰하다)'를 뜻하는 말. ¶나졸(邏卒); 경라(警邏;순찰하며 경계함), 순라(巡邏) 들.

나(瘰) '연주창(連珠瘡)'을 뜻하는 말. ¶나력(瘰癧).

나가시 동네나 공청에서 각 집에 부담시켜 거두어들이는 돈. §옛말은 '낛'. [←낛+앗(다)+이]

나귀 말과의 짐승. 당나귀. ¶나귀를 타다. 나귀꾼, 나귀바리(짐을 실은 나귀), 나귀쇠(나귀를 부리는 사람); 당나귀(唐)[당나귀기침; 참당나귀(站)], 방울나귀[17], 서산나귀(보통 나귀보다 큰 중국산 나귀), 수나귀, 암나귀, 전나귀(다리를 저는 나귀), 참당나귀(站), 피나귀(다 자란 암탕나귀). §'노새'는 수나귀와 암말 사이에서 난 잡종이고, '버새'는 암노새와 수말, 또는 암나귀와 수말 사이에 난 잡종.

나근 가늘고 긴 물건이 보드랍고 탄력 있게 움직이는 모양. 〈큰〉 느근. ¶실버들 가지가 바람에 나근나근 흔들리고 있다. 나근·느근거리다/대다, 나근나근·느근느근/하다.

나긋 몹시 부드럽고 연한 모양. 매우 친절하고 상냥한 모양. ¶나긋나긋 씹히는 나물 맛. 그 어린이는 나긋나긋 말을 잘 들었다. 나긋나긋한 말씨. 사람이 참 낫낫하여 호감이 간다. 따뜻한 물에 목욕을 하니 몸이 노긋해졌다. 나긋나긋하다/낫낫하다(친절하고 부드럽다), 나긋나긋·노긋노긋·누긋누긋/하다, 나긋나긋이/낫낫이, 나긋·노긋·누긋하다(살갗에 닿는 느낌이 부드럽고 연하다).

14) 나사(螺絲): 소라 껍데기처럼 빙빙 비틀리어 고랑이 진 물건. ¶나사를 깎다. 나사를 죄다(정신을 다잡다). 나사가 빠지다(정신이 없다). 나사고리, 나사골, 나사굴(窟), 나사기어(gear), 나사꼴, 나삿니(나사못이나 볼트 따위에 낸 나사 모양의 이), 나사돌리개(드라이버), 나삿등, 나사못, 나사받이, 나사산(山;나사의 솟아오른 부분. 나삿등), 나사선(線), 나사송곳, 나사쇠, 나사이음, 나사자물쇠, 나사조개(고둥), 나사짝, 나사천, 나사체(體;나사 모양으로 된 부품), 나사층층대(層層臺), 나사치기, 나사켜[나층(螺層)], 나사탑(塔), 나사탕개, 나사톱니바퀴, 나사틀개, 나사홈(나사골); 구멍나사, 나비나사, 두줄나사, 둥근나사, 수나사, 암나사, 오른나사, 왼나사, 축나사(軸), 톱날나사.

15) 나선(螺旋): 물체의 겉모양이 소라 껍데기처럼 빙빙 비틀린 것.=나선무늬. ¶나선계단(階段), 나선균(菌), 나선기(器;달팽이관), 나선대(帶), 나선띠구름, 나선면(面), 나선사(絲), 나선상(狀), 나선식(式), 나선압착기(壓搾機), 나선운동(運動), 나선은하(銀河), 나선자기구조(磁氣構造), 나선추진기(推進機), 나선층계(層階), 나선형(形).

16) 나전(螺鈿): 광채가 나는 자개 조각을 여러 가지 모양으로 박아 넣거나 붙여서 장식하는 공예기법. ¶나전경(鏡), 나전목기(木器), 나전장(欌;자개장롱), 나전칠기(漆器).

17) 방울나귀: 몸은 작으면서 걸음을 빨리 걷는 나귀.

나깨 메밀의 가루를 체에 쳐 낸 무거리(가루를 내고 남은 찌기). ¶나깨떡, 나깨만두, 나깨범벅, 나깨수제비; 겉나깨, 메밀나깨, 속나깨.

나나니 구멍벌과의 곤충. ¶나나니등에, 나나니벌 들.

나노-(nano) 미터법의 여러 단위의 이름에 붙어, 10억분의 1의 뜻을 나타내는 말. ¶나노미터.

나누(다) ①하나로 되어 있는 것을 둘 이상의 부분으로 경계를 짓거나 따로 갈라놓다.(≒분류하다. 분류하다. 분배하다.↔합하다). 음식을 함께 먹거나 말이나 이야기, 인사를 주고받다. ¶사과 한 개를 두 쪽으로 나누다. 이익금을 나누다. 이야기를 나누다. 즐거움을 나주다. 피를 나눈 형제. 나누어가지다, 나누어먹다, 나누어주다, 나누어지다, 나누이다/나뉘다, 나눔몫, 나눔질/하다, 나뉜옷, 노느다[18]; 포기나누기(포기가름). ②나눗셈을 하다. ¶나누기, 나누어떨어지다/떨어짐, 나눗셈/표(標), 나눗수(數), 나뉨수(數). ☞ 분(分).

-나니 용언의 어간이나 선어말 어미 '-으시/었/겠/옵-' 따위의 뒤에 붙어, ①원인·근거·전제의 뜻을 나타내는 연결 어미. ¶심령이 가난한 자는 복이 있나니 천국이 저희 것임이요. ②어떤 사실을 먼저 진술하고 이와 관련된 다른 사실을 이어서 설명할 때 쓰는 연결 어미. ¶자네를 믿나니 나를 실망시키지 말게. -나니-라(종결어미), -노니('-나니'보다 엄숙한 문어적 말투).

나(다)[1] ①없던 것이 있게 되다.(≒생기다). 어떤 것이 발생하거나 일어나다. 밖으로 향하다. 어떤 결과로 되다. §일부 명사 뒤나 명사성 어근에 붙어 '그러한 상태로 되거나 그런 현상이 일어남'을 뜻함. ¶병이 나다. 화가 나다. 땀이 나다. 결론이 나다. 틈이 나다. 힘이 나다. 살림을 나다. 열녀가 나다. 얼마나 힘이 들었는지 병이 다 났다. 나가다[19], 나굴다(아무렇게나 뒹굴다), 나그네[20], 나눕다(아무 곳에나 쓰러져 눕다), 나다니다(나가 돌아다니다), 나대다[21], 나덤벙이다, 나덤비다, 나돋다(밖으로 돋아나다), 나돌다, 나돌아다니다, 나돌아치다, 나동그라·나둥그러지다, 나뒤쳐지다(갑자기 뒤집혀 젖혀지다), 나뒹굴다, 나들다(드나들다), 나들목, 나들문(門), 나들이[1][22], 나듬성(性;투과성), 나뜨다, 나번득이다[23], 나부대다(나대다. 철없이 나대다), 나붙다(밖으로 눈에 잘 띄는 곳에 붙다), 나비치다(나타나서 비치다), 나서다[따라나서다, 떨쳐나서다], 나수다[24], 나싸대다(나가서 분주하게 돌아다니다), 나아가다[1][25], 나아오다, 나앉다[26], 나엎어지다, 나오다[기어나오다, 되나오다, 몰려나오다, 흘러나오다], 나오르다[27], 나가자빠지다/나자빠지다, 나지다[28], 나쪼다[29], 나헤[30], 난가게, 난거지난부자(富者), 난달[31], 난데[32]. 난든벌(외출복과 집에서 입는 옷), 난든집[33], 난들(마을에서 멀리 떨어져 있는 들), 난바다(육지에서 멀리 떨어진 넓은 바다), 난밭(지정된 테두리 밖의 바닥), 난버릇(고쳐지거나 없어진 버릇.↔든버릇). 난번(番↔든번), 난벌(↔든벌), 난부자(富者↔든부자), 난사냥(멀리 다니면서 하는 매사냥), 난장(場)[34], 난질[35], 난침모(針母↔든침모), 날락들락/하다, 날면들면(들락날락)/하다, 날물(나가는 물. 썰물), 날새경(머슴살이를 마치고 가을에 받는 새경), 날숨(내쉬는 숨), 납시다[36], 내다[37], 내앉히다, 내키다[2][38]; 각별나다(恪別), 갈급령나다(渴急

---

18) 노느다: 물건 따위를 여러 몫으로 나누다. 〈준〉논다. ¶여럿이 노나 가지다. 재산을 논다. 노느매기(여러 몫으로 나눔. 또는 그 몫)/하다, 노느몫(물건을 갈라 나누는 몫), 노느이다/노늬다.

19) 나가다: 안에서 밖으로 가다.(↔들어오다). 앞쪽으로 옮아가다. 물러나다. 정신이나 의식 따위가 없어지다. 일하러 다니다. 상품이 팔리다. 진출·참가 따위를 하다. ¶나가곤드라지다, 나가너부러지다, 나가넘어지다, 나가눕다, 나가돌아치다, 나가동그라지다/둥그러지다, 나가뒹굴다, 나가떨어지다, 나가번드러지다, 나가번지다, 나가빼드러지다, 나가쓰러지다, 나가자빠지다, 나간이(정신이 나간 사람), 납시다('나가시다. 나오시다'의 뜻으로 임금에게만 쓰던 말); 값나가다/값가다, 달려나가다, 들고나가다, 뛰어나가다, 벗나가다/벗가다(테 밖으로 벗어져 나가다), 벋나가다, 빗나가다, 엇나가다, 헛나가다(아무렇게나 되는 대로 나가다).

20) 나그네: 자기 고장을 떠나 다른 곳에 임시로 머무르고 있거나, 여행 중에 있는 사람.≒손님. 길손. ¶나그네길, 나그네새(철새), 나그네차림. ☞ 객(客).

21) 나대다: 얌전히 있지 못하고 철없이 촐랑거리다. 깝신거리고 나다니다. ≒덤비다. 나다니다. 나돌다. 나부대다.

22) 나들이[1]: 집을 떠나 가까운 곳에 잠시 다녀오는 일. ¶나들이객(客), 나들이고누, 나들이꾼, 나들잇벌, 나들이옷, 나들이차림, 나들이하다; 봄나들이, 첫나들이, 친정나들이(親庭).

23) 나번득이다: 젠체하고 뽐내며 함부로 덤비다.[←나(다)+번득+이+다].

24) 나수다: ①내어서 드리다. 내어서 바치다. ¶잔을 들어 승상께 나수다. ②높은 자리로 나아가게 하다.

25) 나아가다[1]: ①앞으로 향하여 가다. ¶용감히 나아가서 적을 무찌르다. ②높은 자리, 또는 넓은 곳을 향하여 가다. ¶사회로 나아가다.

26) 나앉다: ①일정한 데로 다가앉거나 거기서 물러앉다. ¶어려워 말고 이리로 나앉아라. ②하던 일을 포기하거나 권리를 잃고 물러나다. ¶노름으로 재산을 날리고 거리로 나앉다.

27) 나오르다: 소문 따위가 퍼져 자꾸 남의 입에 오르내리다. 남편은 그녀의 행실이 사람들 입에 나오르는 것이 신경에 거슬렸다.

28) 나지다: 없거나 보이지 않던 것이 나타나다.

29) 나쪼다: 어른 앞에 나아가다. ¶할머니 앞에 나쪼다.

30) 나헤: 장치기를 할 때, 공이 금 밖으로 나가면 지르는 소리.

31) 난달: ①길이 여러 갈래로 통한 곳. 사방으로 터져 있는 장소. ☞ 달[3](땅. 곳). ¶사방 난달. 이곳은 여러 고을로 통하는 난달이다. ②고누에서, 나들이고누가 되는 말밭.

32) 난데: 다른 고장. 낯선 고장. ¶난데서 온 낯선 친구. 난뎃놈, 난뎃사람, 난뎃손님, 난데없다(별안간 불쑥 나타나. 어디서 나왔는지 알 수 없다)/없이.

33) 난든집: 손에 익숙한 재주. ¶난든집이 난 숙련 노동자가 대접받는 사회가 되어야 한다. 난든집이 나다(손에 익숙하여지다).

34) 난장(場): 한데에 난전을 벌여 놓고 물건을 팔고 사는 장. ¶난장이 서다.

35) 난질: 여자가 정을 통한 남자와 도망하는 짓. 여자의 오입질. 술과 색에 빠져 방탕하게 놀아나는 짓. ¶난질로 젊은 날을 보내다. 난질을 나선 여자. 난질가다(정을 통한 남자와 달아나다), 난질꾼, 난질하다.

36) 납시다: '나가시다. 나오시다'의 뜻으로 궁중에서 임금에게 쓰던 말.[←나+압+시+다]. ¶상감마마 납시오.

37) 내다: ①'나다[出]'의 사동사 어근으로, '내-'의 꼴로, 용언의 어간이나 몇몇 명사 앞에 쓰여, '안에서 바깥으로. 앞으로. 힘을 주어. 사정없이 마구'를 나타내는 말. ¶내가다(내어가다), 내갈기다, 내걷다(앞을 향해 걷다), 내걸다/걸리다, 내곱·내굽다(↔들이굽다), 내굴리다, 내긋다, 내기[1][가루내기, 걸러내기, 김내기, 끝내기, 나비내기, 도내기, 돋음내기, 되내기, 모내기, 밀어내기, 보내기(洑), 뺌내기, 소리내기, 싹내기, 즙내기(汁), 집내기], 내기[2](이기고 짐을 겨루는 일)[내기바둑/장기; 돈내기[1](놀음), 점내기(點)], 내깔기다, 내깔리다, 내꽂다, 내끌다, 내놓다/놓이다, 내다보다/보이다, 내다지(기둥 따위에 마주 통하게 뚫은 구멍), 내닫다/달리다, 내달다, 내대다(내밀다. 거역하여 말하다. 냉대하여 멀리하다. 내어 놓고 바칠 각오를 하다)/대이다, 내던지다, 내돋다/돋치다, 내돌리다, 내동댕이/치다(마구 내던져 팽개치다), 내두다, 내두드리다(마구 치거나 때리다), 내두르다(이리저리 내젓거나 흔들다), 내둘리다(갑자기 정신이 아찔하여 어지러워지다), 내드리다, 내들다(내어서 들다. 예를 들어 말하다), 내

슈), 값나다(금나다), 갓나다, 개염나다, 거덜나다, 거듭나다, 겁나다/내다(怯), 게염나다, 결딴나다, 고장나다(故障), 광나다/내다(光), 구역나다(嘔逆), 끝나다/내다/내기, 날나다(거덜나다), 낯나다/내다(생색내다), 내내다(연기 · 냄새를 내다), 넘나다(분수에 넘치는 짓을 하다), 네모나다, 녹나다(綠), 달창나다, 덧나다, 독별나다(獨別), 동나다, 뒤내다(중도에 싫증을 내다), 드레나다[39], 들고나다, 따로나다/내다, 땀나다/내다, 떠나다, 떠내다, 뚝별나다, 맛나다, 맛깔나다, 멱나다(말의 목구멍이 부어오르다), 면내다[40], 면나다/내다(面), 모나다, 몸나다, 몸서리나다, 못나다, 받내다, 방나다[41], 방나다(榜), 번나다(番), 별나다(別), 별쭝나다, 병나다(病), 빼내다, 뻔질나다(드나드는 것이 매우 잦다), 불나다, 부리나케, 불티나다, 빛나다/내다(빛을 얻다), 빗나다(빗나가다), 빚나다/내다, 뽐내다, 뽕 · 뺑나다(비밀이 드러나다), 뿔나다, 새나다, 생각나다, 생색나다/내다(生色), 생혼나다(生魂), 선나다/내다(禪), 성나다, 성미나다(性味), 세나다(덧나다), 세나다(물건이 잘 팔리다), 세내다(貰), 셈나다(사물을 분별하는 판단력이 있다), 소문나다(所聞), 소수나다/솟나다(그 땅의 농산물 소출이 증가하다), 속내다[42], 쇠나다[43], 신나다[44], 신명나다, 심술나다, 쌍심지나다(雙心), 알내기, 야단나다, 어긋나다, 엄발나다(빗나가는 태도가 있다), 엄청나다, 엳고나다[45], 열나다(熱), 영내다(令), 요절나다, 욕지기나다, 움나다, 유별나다(有別), 의심나다(疑心), 이름나다, 일나다/내다, 작살나다, 잘나다, 재미나다, 저름나다(말이나 소가 다리를 절게 되다), 주살나다(뻔질나다), 줄나다(생산물이 표준 수량보다 덜 나다), 중뿔나다(中), 증나다(症), 진나다(津), 진절머리나다, 짬나다, 철나다(철들다), 체내다(滯), 축나다(縮), 출중나다(出衆), 층나다(層), 큰일나다, 탈나다, 탐나다(貪), 특별나다(特別), 티격나다[46], 파나다(破), 판나다, 피새나다[47], 혼나다(魂), 화나다, 흠나다/내다(欠), 흥나다(興), 힘내다. ②동사의 어미 '-아/어' 아래에 쓰이어, '나오다. 그 동작이 계속되어 나아감' 또는 '나오게 하다(-내다)'를 뜻하는 말. 깨어나다/깨나다, 나타나다/내다, 남아나다, 녹아나다, 놀아나다, 늘어나다, 달아나다, 돋아나다, 돌려나기[윤생(輪生)], 드러나다, 뛰어나다, 묻어나다, 몰려나다, 물러나다, 벋나다[48], 벗어나다, 불어나다, 비켜나다, 빼어나다/빼나다, 살아나다, 생겨나다, 솟아나다, 우러나다, 일어나다, 자라나다, 죽어나다, 타고나다, 태어나다, 튀어나다, 피어나다, 헤어나다; 가려내다, 걷어내다, 걸러내다, 결딴내다, 골라내다, 그러내다, 긁어내다, 깎아내다, 꾀어내다, 끄어내다, 끄집어내다, 끌어내다, 끝내다, 나타내다, 당해내다, 도려내다, 돌라내다, 돌려내다, 뒤져내다, 드러내다, 들고일어나다, 들그서내다(함부로 들추어내다), 들어내다, 들추어내다/추어내다, 떠내다, 뜯어내다, 몰아내다, 물어내다, 밀려나다/나오다, 밀어내다, 받아내다, 발라내다, 베어내다/베내다, 부르터나다, 불러내다, 빨아내다, 빼내다, 뽐내다, 뽑아내다, 살려내다, 솎아내다, 실어내다, 써내다, 쓸어내다, 알겨내다, 알아내다, 얻어내다, 얽어내다, 옮아내다, 우려내다, 이끌어내다, 자아내다, 잡아내다, 주워내다, 지어내다, 집어내다, 짜내다, 쫓겨나다, 쫓아내다, 차내다, 찾아내다, 처내다[49], 쳐내다[50], 치어나다(빼어나다), 캐내다, 켜내다, 타내다(얻어내다. 받아내다), 탐내다, 퇴내다, 파내다, 퍼내다, 펴내다, 풀어내다, 해내다, 훔쳐내다 들.

나(다)^{2} 철이나 일정한 기간을 지내다. ¶겨울/ 여름을 나다. 겨울을 날 준비. 일 년을 나다.

나(다)^{3} 동사의 어미 '-고'의 다음에 쓰여, 어떤 행동이나 상태가 끝났음을 나타내는 말. ¶어려움을 겪고 나다. 힘겹던 일을 끝내고 나니 속이 후련하다. 잠을 자고 나니 정신이 맑아졌다.

나다분-하다 어수선하여 갈피를 잡을 수 없이 어지럽다. 쓸데없는 말들이 듣기 싫고 수다스럽다.≒어지럽다. 너저분하다. 뒤숭숭하다. 〈큰〉너더분하다. ¶세간이 너더분하게 흩어져 있다. 말을 너더분하게 늘어놓지 말고, 요점만 간추려 말해라. 나다분한 말

들이(밖으로 내고 안에 들이고 하는 일), 내디디다/내딛다, 내떨다/떨리다, 내뚫다/뚫리다, 내뛰다, 내뛸성, 내뜨리다/트리다(힘껏 던져 버리다. 함부로 내버리다), 내띄우다, 내막다, 내맡기다, 내매다, 내맺히다, 내먹다, 내몰다/몰리다, 내물리다, 내미손(어수룩하고 만만한 손님), 내민대(臺), 내민-[내민방(房), 내민부두(埠頭), 내민창(窓), 내민층대(層臺), 내민턱], 내밀것, 내밀다/밀리다, 내밀성, 내밀손(일을 강력하게 추진하는 솜씨), 내밀이단(段), 내밀치다, 내밀힘, 내바치다, 내박차다, 내박치다(힘껏 집어 내던지다), 내받다, 내발리다, 내발뺌/하다, 내밟다, 내배다, 내뱉다, 내버리다, 내버티다(대항하다), 내번지다, 내벌리다, 내보내다(밀어내다), 내보다/보이다(드러내다), 내부딪다, 내부딪뜨리다/트리다, 내부딪치다/내붙치다(앞으로 나가 세게 부딪다), 내부딪히다, 내부치다(부채로 바람을 밖으로 나가게 힘껏 부치다), 내불다/불리다, 내붙이다(광고지나 포스터 따위를 밖에 내어 붙이다), 내비치다(빛이 밖으로 비치다. 암시하다), 내비침, 내빼다(달아나다), 내빼오다, 내뻗다/뻗치다, 내뽑다, 내뿌리다, 내뿜다/뿜기다, 내살리다, 내색(色;마음에 느낀 것을 얼굴에 드러냄)/하다, 내세우다, 내생기다, 내솟다, 내쉬다, 내쌓기/쌓다, 내쏘기, (총/욕을)내쏘다, 내쏟다, 내씹다, 내앉다(앞이나 밖으로 나와 앉다)/앉히다, 내오다, 내우기다, 내이음, 내젓다, 내주다(건네주다), 내지르다(차다. 쥐어박다), 내짚다, 내쫓다/쫓기다, 내찌르다, 내차다, 내치다^{2}(내쫓거나 물리치다. 물체를 들어서 내던지다), 내치락들이치락(성질이 변덕스러운 모양), 내켜놓다(앞으로 물려 놓다), 내팽개치다(던지다), 내퍼붓다, 내풍기다, 내헤치다, 내후리다, 내휘두르다(내젓다)/휘둘리다, 내흔들다/흔들리다; 꺼내다, 드러내다, 들어내다, 불러내다, 파내다. ②'-내기'의 꼴로, '많이 만들어 내 놓은 물건'을 뜻하는 말. ¶가게내기(기성품), 맞춤내기, 장내기(場), 전내기(全;물을 타지 않은 순수한 술), 전내기(廛;가게내기. 죽치). ③'-내기'의 꼴로, 일부 명사 뒤에 붙어 '나고 자란 지역의 특성', 일부 어간이나 접사 뒤에 붙어 '그런 특성을 지닌 사람'의 뜻을 더하는 말.='-뜨기' ¶단출내기, 동갑내기(同甲), 뜨내기(떠돌이. 무자리[수척(水尺)]), 보통내기(普通), 산골내기(山), 새내기, 서울내기, 수월내기, 숫내기, 시골내기, 신출내기(新出), 여간내기(如干), 연갑내기(年甲), 예사내기(例事), 이북내기(以北), 잔풀내기, 젖내기, 종내기(種), 짠물내기, 풋내기, 햇내기, 행내기(보통내기).

38) 내키다^{2}: 넓게 하려고 물리어 내다.↔들이키다. ¶벽에 바싹 붙이지 말고 안으로 약간 내켜라. 화분을 창가로 내켜놓다, 내켜놓다(앞으로 물리어 놓다).

39) 드레나다: 바퀴나 나사못 따위가 헐거워서 흔들거리다.

40) 면내다: ①개미 · 게 · 쥐 따위가 구멍을 뚫느라고 보드라운 가루 흙을 파내다. ②남의 물건을 조금씩 훔쳐 축을 내다.

41) 방나다: 집안의 재물이 죄다 없어지다. ¶방내다.

42) 속내다: 대패나 끌 따위의 닳은 날을 갈아 새로 날카로운 날이 서게 하다.

43) 쇠나다: ①솥에 난 녹이 음식에 물들다. ②부스럼이 덧나다.

44) 신나다: 흥이 일어나 기분이 몹시 좋아지다. ¶신나는 수학여행.

45) 엳고나다: 몹시 급하게 서두르다.

46) 티격나다: 서로 뜻이 맞지 아니하여 사이가 벌어지다.

47) 피새나다: 은밀하게 숨기던 일이 발각되다. ¶비밀이 피새나다.

48) 벋나다: ①새싹이나 잔가지 같은 것이 바깥쪽으로 향하여 나다. ②못된 길로 나가다.

49) 처내다: 아궁이로 연기나 불길이 쏟아져 나오다.

50) 쳐내다: 쓰레기 따위를 쓸어 모아서 일정한 곳으로 가져가다.

장난. 나다분히 어지러운 방안.

나닥나닥 여기저기 해진 데를 자그마하고 지저분하게 깁거나 덧붙인 데가 많은 모양. 〈큰〉너덕너덕. ¶나닥나닥 기운 승복을 입으신 노스님.

나달 종이나 헝겊 조각 따위가 여러 가닥으로 드리워져 한들거리는 모양. 주제넘은 말을 주책없이 지껄이는 모양. 너털웃음을 웃는 모양. 〈큰〉너덜. 나들. 〈거〉나탈. 〈큰·거〉너털. ¶옷소매가 나달나달 흔들린다. 실없이 나달나달 씨부렁거리다. 나달·너덜·나탈·너털거리다/대다, 나달나달·너덜너덜·나탈나탈·너털너털/하다, 넌들넌들[51], 너덜나다(여러 가닥으로 어지럽게 갈기갈기 찢어지다), 너털뱅이, 너털버선, 너털웃음(크게 소리를 내어 시원하고 당당하게 웃는 웃음), 너털지다(웃음소리가 크고 통쾌하다).

나뜰 분수없이 가볍게 까부는 모양. 몹시 경망스럽게 움직이는 모양. 〈큰〉너뜰너뜰. ¶그는 나뜰나뜰 제 잘난 멋에 사는 별난 사람이다. 남 흉보는 줄 모르고 나뜰나뜰 돌아다니다. 너뜰거리다/대다, 나뜰나뜰/하다.

나라 영토와 국민과 주권을 갖춘 사회.(≒국가). 일부 명사 뒤에 붙어 그 낱말이 나타내는 '세상'임을 뜻하는 말. ¶나라 밖에서 들려오는 희소식. 나라가 좁다. 나라를 다스리다. 나랏것, 나라경제(經濟), 나라굿, 나라글, 나라글자, 나라길, 나라꼴(나라가 돌아가는 형세), 나라꽃, 나랏노래, 나라님(임금), 나랏돈(국고금), 나라땅, 나라말, 나라망신(亡身), 나랏무당, 나라밖, 나랏밥, 나랏법(法), 나랏빚, 나라사랑, 나라사업(事業), 나라살림, 나라안, 나랏일, 나라자랑; 껌껌나라(어둠이 매우 짙은 곳), 꿈나라, 난장이나라, 다른나라, 달나라, 뒤진나라(후진국), 먼나라, 물나라, 뭍나라(바다를 끼고 있지 않은 나라), 바깥나라, 별나라, 부자나라(富者), 섬나라, 앞선나라(선진국), 우리나라, 이웃나라, 잠나라(잠이 든 상태), 하늘나라, 한나라. ☞ 국(國). 방(邦).

나라미 물고기의 가슴지느러미. ¶짚나라미(새끼 따위에서 떨어지는 너더분한 부스러기).

나락 벼.[←낟+악]. ¶나락 까먹는 소리. 나락뒤주; 씨나락.

나락 지옥(地獄). 구원할 수 없는 마음의 구렁텅이.[←奈/那落←Naraka〈범〉]. ¶나락에 빠지다.

나란-하다 줄지어 있는 모양이 가지런하다. ¶길가의 나무가 나란하다. 나란한조(調), 나란히·느런히[52], 나란히고래(나란히 놓여 있는 방고래), 나란히금, 나란히꼴, 나란히맥(脈), 나란히서기 들.

나래¹ 논밭을 판판하게 고르는 농기구. 써레와 비슷함. ¶나래꾼, 나래질/하다, 나래치기; 발나래[족(足)], 삽나래, 칼나래, 판나래 들.

나래² 두 개로 배의 양편을 젓는 도구. 노와 비슷하나 길이가 짧음.

나래³ 날개.[〈ᄂᆞ래←ᄂᆞᆯ(다)+애]. ¶나래체(體:살풀이춤에서, 나는 것처럼 두 팔로 날갯짓을 하는 춤사위), 나래치다(힘차게 기세를 올리다).

나루 강가나 냇가 또는 좁은 바닷목에서 배가 건너다니는 일정한 곳. ¶나룻가, 나룻길, 나루막(幕), 나룻목(나룻배가 늘 건너다니는 물목), 나룻배, 나루질(나룻배를 부리는 일)/하다, 나루치, 나루터[도선장(渡船場)], 나루터지기/나루지기, 나루턱(나룻배를 대는 일정한 곳); 강나루(江), 노들나루 들.

나룻 수염(鬚髥). ¶나룻이 석 자라도 먹어야 샌님. 가잠나룻(짧고 성기게 난 수염), 구레나룻[53], 다박나룻, 답삭·탑삭·텁석나룻(입과 턱 주위에 더부룩하게 많이 난 수염).[+사람].

나르(다) 짐이라고 부를 수 있는 다소 큰 물건을 다른 곳으로 옮기다.≒운반하다(運搬). ¶이삿짐을 나르다/ 옮기다. 날라가다, 날라내다, 날라들이다, 날라오다; 드나르다(들어 나르다), 물어나르다 들.

나른-하다 몸이 고단하여 기운이 없다(피곤하다). 풀기가 없어 보드랍다.[←늘다]. 〈큰〉느른하다. ¶몸이 나른하다, 나라지다[54], 나른히, 날짝지근·늘쩍지근하다(몹시 나른하다), 날짱하다[55]; 깨나른하다[56], 해나른하다(더할 나위 없이 나른하다).

나름 명사나 동사 어간에 관형사형 어미 '-ㄹ' 이 결합한 꼴 다음에 쓰여, '그 형편 또는 됨됨이나 하기에 달림. 각자가 가지고 있는 방식'을 뜻하는 말. ¶물건 나름/ 사람 나름. 생각하기 나름이다. 귀염을 받고 못 받고는 제가 할 나름이다. 나름길(운이 트인다는 길. 운길), 나름대로; 내나름(자기 나름).

나릅 말·소·개 따위의 '네 살'을 이르는 말.

나룻 수레의 양쪽에 있는 긴 채. ¶나룻걸이(멍에의 양 끝에 나룻을 거는 부분).

나리¹ 백합(百合). '참나리'의 준말. ¶나리꽃, 나리뿌리; 개나리, 말나리, 산나리(山), 섬나리, 참나리 들.

나:리² 저보다 지체 높은 사람을 높이어 부르는 말. ¶주인 나리께서 오라고 하신다. 사또/면장 나리. 나리마님; 배부장나리(배가 불룩하게 나온 사람),알나리[57], 알나리깔나리.

나마¹ 일정한 기준이나 한도보다 조금 넘게. '쯤. 정도'의 뜻을 나타내는 말.≒남짓/이. ¶손님들은 반나마 가고 없었다. 공사가 10년 나마 걸렸다. [←남(다)+아].

나마² 모음으로 끝나는 체언에 붙어, 부족하거나 마음에 덜 차지만 아쉬운 대로의 뜻으로 양보나 불만의 뜻을 나타내는 보조사. [받침 뒤에서는 '이나마'로 쓰임]. ¶전화나마 걸어 주었으면. 조금

---

51) 넌들넌들: 천이나 옷 따위가 어지럽고 지저분하게 늘어져 있는 모양. ¶낡은 거미줄이 넌들넌들 매달려 있다. 넌들넌들하다.

52) 느런히: 죽 벌여서. 죽 벌여놓은 모양. ¶금비녀 열 개가 느런히 꽂혔다.

53) 구레나룻: 귀 밑에서 턱까지 잇달아 난 수염.[←구레(굴레)+나룻]. ¶구레나룻이 덥수룩하게 난 사나이.

54) 나라지다: 피곤하여 온 몸이 몹시 나른해지다. 〈큰〉늘어지다. ¶몸이 나라져 만사가 귀찮다.

55) 날짱하다: 나른한 태도로 느리게 행동하다. ¶날짱거리다/대다/이다.

56) 깨나른하다: 일에 마음이 내키지 않고 몸이 나른하다. 〈큰〉께느른하다. 〈여〉개·게나른하다(매우 나른하다). ¶깨나른한 봄날.

57) 알나리: 어리고 키 작은 사람이 벼슬하였을 때 그를 놀리는 말.

이나마 도움이 되기를 바란다. 가난하지만 몸이나마 성해야지. 그렇게나마 해주십시오. 고나마, 그나마, 요나마, 이나마, 저나마, 조나마. 로-나마, 에서-나마, 대강/조금[부사]-이나마, 막연히-나마, 나마-도.

-나마 '이다'의 어간, 모음으로 끝나는 용언의 어간에 붙어, '어떤 상황이 불만스럽지만 아쉬운 대로 양보하는 조건'의 뜻을 나타내는 연결 어미. [받침 뒤에서는 '-으나마'로 쓰임].=-지마는. ¶도와주지는 못하나마 방해는 하지 마오. 찬은 없으나마 많이 들게. 변변치는 못하나마 많이 잡수십시오.

나마 '승려 · 중'을 뜻하는 티베트 말[←喇嘛←Lama(더없이 훌륭한 사람)〈티베트〉]. ¶나마교(敎), 나마승(僧).

나무¹ 줄기나 가지가 목질화(木質化)된 여러해살이식물.≒수목(樹木;살아 있는 나무). 재목(材木). 땔감. ¶나무를 심다. 나막신, 나뭇가리(땔나무를 쌓은 더미), 나뭇가지, 나무가위, 나뭇간(間), 나뭇갓(나무를 가꾸는 말림갓), 나뭇개비, 나무거울[58], 나무겉, 나뭇결/무늬, 나뭇고갱이, 나무공이, 나뭇광, 나무귀신(鬼神), 나무그늘, 나무그릇, 나뭇길, 나무깽이, 나무껍질, 나무꼴, 나무꾼, 나무눈, 나무다리¹(나무로 놓은 다리), 나무다리²(나무로 만든 다리), 나뭇단, 나뭇더미, 나무도시락, 나무도장(圖章), 나무독, 나뭇동, 나무드므(통나무독), 나뭇등걸, 나무딸기, 나무때기(조그마한 나무쪽), 나무떨기, 나무마개, 나무막대기, 나무말미[59], 나무망치, 낭먹다[60], 나무모, 나무못, 나무무늬, 나무밑동, 나무바가지, 나뭇바리, 나무바퀴, 나무발구, 나무밥, 나무방망이, 나무배, 나무베기, 나무부처, 나무비녀, 나무뿌리, 나무상자(箱子), 나무새(여러 가지 땔나무), 나무새김[목각(木刻)], 나무속, 나무순, 나무숲, 나무시집보내기(嫁), 나막신, 나무심기, 나무쐐기, 나무오리(가늘고 긴 나뭇조각), 낭오림[61], 나무옹이, 나무의자(倚子), 나무일, 나뭇잎, 나무잔(盞), 나무장수, 나뭇재, 나무전(廛), 나무접시, 나무젓가락/나무저, 나뭇조각, 나무주걱, 나무주추, 나무줄기, 나무지저귀[62], 나뭇진/길, 나뭇짐, 나무집(나무로 지은 집), 나뭇집(나무를 파는 집), 나무집게, 나무찍지[63], 나무쪽, 나무창(槍), 나무초리, 나무총(銃), 나무칼, 나무탈, 나무토막, 나무톳(도막을 낸 통나무), 나무통(桶), 나무틀, 나무판자(板子), 나무패(牌), 나무판화(版畵); 가래나무, 가린나무[64], 가문비나무, 가시나무, 가죽나무, 갈매나무, 갈잎나무[낙엽수(落葉樹)], 갈퀴나무(갈퀴로 긁어모은 땔나무), 감나무, 감람나무(橄欖), 감탕나무, 갓나무[65], 강대나무[66], 개암나무, 계수나무(桂樹), 계통나무(系統;생물의 계통 발생을 그린 그림), 고로쇠나무, 고무나무, 고욤나무, 광나무, 괴불나무, 구기자나무(枸杞子), 구상나무, 굴거리나무, 굴피나무, 귀룽나무, 귀목나무(←槻木;느티나무), 귤나무(橘), 꽃나무, 꽝꽝나무, 꽹나무, 꾸지나무, 꾸지뽕나무, 꿈나무, 난티나무, 너도밤나무, 넓은잎나무(활엽수), 노각나무, 노간주나무, 노린재나무, 노송나무(老松), 녹나무, 누리장나무, 느릅나무, 느티나무[느티나무버섯, 느티떡], 늘푸른나무[상록수(常綠樹)], 능금나무, 능소화나무(凌霄花), 다래나무, 다릅나무, 다발나무, 닥나무, 단나무, 당산나무(堂山;마을의 수호신으로 모셔 제사를 지내 주는 나무), 단풍나무(丹楓), 대나무, 대추나무, 댐나무[67], 댕강나무, 덧방나무[68], 덩굴나무, 도둑나무(주인 몰래 마련한 땔나무), 돌감나무, 돌배나무, 동나무, 동백나무(冬柏), 두릅나무, 두충나무, 둥구나무[69], 들나무[70], 들쭉나무, 등나무(藤), 등자나무(橙子), 때죽나무, 땔나무, 떡갈나무[71], 떨기나무[관목(灌木)], 마른나무, 마주나무[72], 망개나무, 매발톱나무, 매자나무, 매화나무(梅花)[황매화나무(黃)], 머귀나무, 먼나무, 명자나무, 모감주나무, 모과나무[←목과(木瓜)], 모나무[묘목(苗木)], 모새나무, 무화과나무(無花果), 무환자나무(無患子), 문배나무, 물푸레나무, 뭇나무(단으로 묶는 땔나무), 미루나무[←미류(美柳)], 미선나무(尾扇), 바리나무, 박달나무, 박쥐나무, 박태기나무, 발매나무, 밤나무, 배나무, 배롱나무, 백랍나무(白蠟;쥐똥나무), 버드나무, 버팀나무(버팀목), 벚나무, 벽도나무(碧桃), 보리수나무(菩提樹), 복숭아나무, 복장나무, 분단나무, 분디나무, 불두화나무(佛頭花), 불수감나무(佛手柑), 붉나무, 붓순나무, 비슬나무, 비자나무(榧子), 비쭈기나무, 비파나무(枇杷), 빈추나무, 뽕나무, 사과나무(沙果), 사시나무, 사철나무(四), 산돌배나무(山), 산사나무(山査), 산수유나무, 산신나무(山神;무덤 근처에 심는 나무), 산초나무(山椒), 살구나무, 삼나무, 상수리나무, 새나무, 새비나무, 새양나무, 생강나무, 생나무(生;날목), 생달나무, 생명나무(生命), 서나무, 석류나무(石榴), 섶나무, 센달나무, 소귀나무, 소나무, 소태나무, 속소리나무, 솔비나무, 솔송나무, 수나무, 수유나무(茱萸), 순비기나무, 시닥나무, 식나무, 신나무, 신갈나무, 싸리나무, 아가위나무, 아구장나무, 아그배나무, 아까시나무, 아름드리나무, 아왜나무, 암나무, 애나무(어린 나무), 앵두나무(櫻桃), 야자나무(椰子), 엄/음나무, 염주나무(念珠), 예덕나무, 오가나무(五加), 오가피/오갈피나무(五加皮), 오구나무, 오동나무(梧桐), 오리나무, 오얏나무(자두나무), 옻나무, 움나무[73], 육박나무, 윤노리나무, 은행나무(銀杏)[수은행나무, 암은행나무], 음나무, 이깔나무, 이노리나무, 이팝나무, 잎갈나무, 잎나무(잎이 붙은 땔나무), 자귀나무, 자두나무, 자작나무, 작살나무, 잣나무, 장나무(長;굵고 긴 나무), 전나무, 젓나무, 정금나무, 정자나무(亭子)[74], 정향나무(丁香), 조롱/조록나무, 조팝나무, 조피나무(산초

58) 나무거울: 외양은 그럴듯하나 실제로는 아무 소용도 없는 사람이나 물건.
59) 나무말미: 장마 중에 날이 잠깐 개어서 풋나무를 말릴 만한 겨를.
60) 낭먹다: 나무가 잘리거나 켜지다.
61) 낭오림: 나무를 켜는 일.[←낭(나무)+오리(다)+ㅁ].
62) 나무지저귀: 나무를 깎을 때에 생기는 나무 부스러기. 지저귀(지저깨비).
63) 나무찍지: 벌목을 하기 위하여 도끼로 나무의 밑동을 찍을 때 나오는 나무 부스러기.
64) 가린나무: 용도에 따라 제재한 나무.
65) 갓나무: 의자의 뒷다리 맨 위에 가로 댄 나무.
66) 강대나무: 선 채로 껍질이 벗겨져 말라죽은 나무.
67) 댐나무: 나무로 만든 기구에 마치질을 할 때 마치 자국이 남지 아니하도록 두드리는 곳에 덧대는 나무토막.
68) 덧방나무(枋): 수레의 양쪽 변죽에 덧댄 나무.
69) 둥구나무: 크고 오래 된 정자나무. ¶사람들이 마을 앞 둥구나무 밑에 모여 의논을 한다.
70) 들나무: 마소의 편자를 신기는 곳에 세운 기둥.
71) 떡갈나무: 참나뭇과의 낙엽 활엽 교목. 〈준〉갈나무. ¶갈물(떡갈나무 껍질에서 나는 검붉은 물감).
72) 마주나무: 말이나 소를 매어 놓는 나무.
73) 움나무: 싹이 돋기 시작한 어린 나무.
74) 정자나무(亭子): 집 근처나 길가 같은 데에 있는 큰 나무. ¶노인들이 정자나무 그늘에서 쉬고 있다.

나무), 종려나무(棕櫚), 종비나무(樅榧), 죽은나무, 쥐똥나무, 지빵나무(누운측백), 지포나무, 진대나무[75)], 쪽나무, 차나무(茶), 참나무[갈참나무, 굴참나무, 물참나무, 졸참나무], 참죽나무/죽나무, 창나무(배의 키의 자루), 천선과나무(天仙果), 철쭉나무, 초피나무(산초나무), 측백나무(側柏), 층층나무(層層), 큰키나무[교목(喬木)], 톳나무(큰 나무), 통나무, 팔손이나무, 팥배나무, 팽나무, 포도나무(葡萄), 푼거리나무/푼나무(푼거리로 팔고 사는 땔나무), 푼지나무, 풋나무, 풍개나무, 피나무, 향나무(香), 헛개나무, 호깨나무, 호두나무, 호랑가시나무(虎狼), 호자나무(虎刺), 화살나무, 황경나무(黃), 황벽나무(黃蘗), 황철나무, 황칠나무(黃漆), 홰나무, 회나무, 회목나무, 회화나무, 횟잎나무, 후박나무(厚朴), 후추나무, 후피향나무(厚皮香). ☞ 목(木). 수(樹).

나무[2] '부처에게 돌아가 의지한다'는 뜻으로, 부처나 보살 또는 경문(經文)의 이름 앞에 붙이어 절대적인 믿음을 나타내는 말.[←南無←Namas〈범〉]. ¶나무관세음보살, 나무아미타불.

나무라(다) 아랫사람의 가벼운 잘못을 꾸짖어 알아듣도록 주의를 주다. 물건의 흠점을 지적하여 말하다. ¶형이 동생을 나무라다. 나무라지만 말고 잘 타일러라. 못난 목수는 연장 나무란다. 이것은 나무랄 데 없는 작품이다. 나무람을 듣다. 나무람을 타다(나무람을 듣고 쉽게 충격을 받다), 나무람/하다, 나무랍다[76)].

나물[1] 먹을 수 있는 풀이나 나뭇잎. 또는 그것을 갖은 양념에 무쳐서 만든 반찬.=남새.≒푸성귀. 채소. ¶나물을 뜯다. 나물감, 나물국, 나물꾼, 나물맛, 나물바구니, 나물밥, 나물범벅, 나물볶음, 나물죽(粥), 나물캐기, 나물콩, 나물하다; 가지나물, 갓나물, 고비나물, 고사리나물, 고춧잎나물, 나문재나물, 나비나물, 넘나물[77)], 노각나물(老;늙은 오이를 무친 나물), 녹두나물(綠豆), 더덕나물, 도끼나물[78)], 돌나물, 들나물, 등골나물, 맏나물(그해에 맨 먼저 나온 나물), 멧나물, 무나물, 무순나물(筍), 묵나물[79)], 미나리나물, 박나물, 박속나물, 방풍나물(防風), 버섯나물, 봄나물, 부룻동나물(상추의 줄기를 무친 나물), 비름나물, 산나물(山), 삽주나물, 삿갓나물, 생나물(生), 숙주나물, 시래기나물, 심나물[80)], 씀바귀나물, 참나물, 참죽나물, 청각나물(靑角), 초나물(醋), 취나물, 콩나물, 파나물, 푸른나물, 풋나물, 햇나물, 호박나물, 활량나물. ☞ 채(菜).

나물[2] 종이나 피리 소리가 가늘게 퍼져 가는 모양. 〈큰〉너물. ¶피리소리가 나물나물 들려온다. 나물거리다/대다, 나물나물·너물너물[81)]/하다.

나박나박 채소를 얇고 네모지게 써는 모양. 〈큰〉너벅너벅. ¶무를 나박나박 썰다. 나박김치/냉면(冷麪).

나발 ①놋쇠로 긴 대롱같이 만든 관악기.[←나팔(喇叭)]. ¶나발을 불다. 나발대(나발의 몸채. 돼지의 입과 코가 달린 주둥이), 나발수(手), 나발치마, 나발통; 당나발(唐), 병나발(瓶), 질나발(질흙을 구워 만든 나발). ②앞말의 내용을 무시하거나 욕으로 이를 때 쓰는 말. ¶감추고 나발이고 다 싫다. 나발을 불다(함부로 떠벌리다. 허풍을 떨다). 개나발.

나방 나비와 비슷하나 몸이 더 통통하고 주로 밤에 활동하는 곤충의 총칭. ¶나방꾐등(燈), 나방이; 갈고리나방, 누에나방, 독나방(毒), 매미나방, 명충나방(螟蟲), 반딧불나방, 밤나방, 불나방, 송충나방(松蟲), 쐐기나방, 알락·얼럭나방, 애기나방, 자벌레나방 들.

나뱃뱃-하다 얼굴이 나부죽하고 덕성스럽다. 〈큰〉너벳벳하다. ¶나뱃뱃한 딸아이의 얼굴을 흐뭇하게 바라보았다. 나뱃뱃 덕스러워 보이는 얼굴. 나뱃뱃이.

나볏 됨됨이나 태도가 반듯하고 어엿하게. 〈큰〉너볏. ¶나볏 절을 하다. 나볏하다[82)], 나볏·너볏이.

나부랭이 ①종이·헝겊 따위의 자질구레한 오라기.≒조각. 따위. ¶새끼 나부랭이. 헝겊 나부랭이. ②어떤 부류의 사람·물건을 하찮게 여기는 말. 〈큰〉너부렁이. ¶양반 나부랭이. 관료 나부랭이. 책 나부랭이. 세간 나부랭이. 헌옷 나부랭이.

나부룩-하다 풀이나 머리카락이 착 가라앉아 늘어진 상태에 있다. ¶그녀의 토실한 목덜미가 나부룩한 머리에 덮여 있었다.

나부시 ①물체가 천천히 땅으로 내려오는 모양. ¶깃털 하나가 나부시 내려앉다. ②고개를 찬찬히 숙이며 절하거나 앉는 태도가 공손하거나 차분한 모양. ¶손녀가 할아버지께 나부시 세배를 드린다. 〈큰〉너부시.

나불[1] 어느 방면이나 구석. ¶이 나불 저 나불 욕을 살피노라면 누구나 욕을 지니지 않은 족속이 없다.

나불[2] 얇은 물체가 바람에 날리어 가볍게 움직이는 모양. 〈큰〉너불. 〈거〉나팔. 나풀. ¶촛불이 바람에 나불거리다. 나부끼다[83)], 나부대다[84)], 나불·너불·나풀·너풀·나팔·너펄거리다/대다, 나붓·너붓·나풋·너풋거리다/대다(나부끼어 흔들리다), 나붓·너붓이(넓고 평평한 듯이 생긴 모양), 나풀나풀/하다, 나풀춤 들.

나불[3] 입을 가볍게 함부로 놀리는 모양. 〈큰〉너불. ¶입을 나불나불 놀리다. 제발 좀 나불거려라. 나분나분/이, 나분작나분작, 나불·너불거리다/대다.

---

75) 진대나무: 산속에 죽어서 쓰러져 있는 나무. ¶진대나무 밑에서 쪽잠을 자다.

76) 나무랍다: 못마땅하고 섭섭하게 생각되어 언짢다. ¶나무라운 말을 하다. 늦게나마 찾아온 것이 고맙기도 하고 나무랍기도 하다.

77) 넘나물: 원추리의 잎과 꽃으로 무치어 먹는 나물.

78) 도끼나물: 절에서, 쇠고기 따위의 고기 종류를 일컫는 말.

79) 묵나물: ①뜯어 두었다가 이듬해 봄에 먹는 산나물. ②묵을 썰어서 무친 나물.

80) 심나물: 소의 마른 심을 물에 불려 한 치 길이로 자른 다음, 끓는 물에 데쳐 숙주나물과 함께 무쳐 먹는 음식.

81) 너물너물: ①'나물나물'보다 큰말. ¶종소리가 너물너물 퍼져 갔다. ②무엇을 가지거나 하고 싶은 생각에 들썩거리는 모양. ¶공연히 너물너물 끼어들지 말고 차례지면 가지기나 해라.

82) 나볏하다: 몸가짐이나 행동이 반듯하고 의젓하다. 〈큰〉너볏하다. ¶나이는 어리지만 몸가짐은 매우 나볏하다.

83) 나부끼다: 천이나 종이 따위가 바람을 받아 가볍게 흔들리다.[〈나봇기다.≒날리다. 펄럭이다. ¶깃발이 나부끼다.

84) 나부대다: 얌전히 있지 못하고 철없이 촐랑거리다. 나대다. ¶나부대지 말고 가만히 좀 있어.

나비[1] 나비 아목(亞目)과의 총칭. '나비 모양의'를 뜻하는 말. ¶나비야 청산 가자. 나비가오리, 나비강충이, 나비경첩, 나비고기, 나비구름, 나비꼴, 나비꽃, 나비꽃부리, 나비꽃잎, 나비나물, 나비나사(螺絲), 나비난초(蘭草), 나비너트(nut), 나비넥타이(necktie), 나비눈[85], 나비매듭, 나비목(目), 나비물[86], 나비뼈, 나비수염(鬚髥), 나비잠[87], 나비잠(簪), 나비잠자리, 나비장[88], 나비질[89]/하다, 나비춤, 나비치다(나비질을 하다), 나비헤엄, 나비효과(效果); 공작나비(孔雀), 굴뚝나비, 금나비(金), 기생나비(妓生), 꽃나비, 노랑나비, 대왕나비(大王), 두줄나비, 먹나비, 모시나비, 물결나비, 배추흰나비, 범나비, 부나비, 부전나비, 부처나비, 불나비, 뿔나비, 상제나비(喪制), 수나비, 신선나비(神仙), 암나비, 오색나비(五色), 옥나비(玉;옥으로 만든 나비 모양의 노리개), 제비나비, 청강석나비(靑剛石;청강석으로 만든 나비 모양의 노리개), 표범나비(豹), 호랑나비(虎狼), 흰나비. ☞ 접(蝶).

나비[2] 고양이를 부를 때에 쓰는 말. ¶나비야, 이리 온.

나쁘(다) 됨됨이나 품질 따위가 좋지 아니하다. 도덕·윤리에서 벗어나 옳지 아니하다. 먹은 것이 양이 차지 아니하다.↔좋다. ¶나쁜 소문은 빨리 퍼진다. 물건의 질이 나쁘다. 도둑질은 나쁜 짓이다. 밥을 좀 나쁘게 먹은 것이 건강에 좋다. 나쁜 술 먹기는 정승하기보다 어렵다. 나빠지다(도지다. 타락하다), 나쁨하다[90], 나삐(나쁘게. 낮추)[나삐나삐, 나삐보다, 나삐알다, 나삐여기다].

나사 양털 또는 거기에 무명·명주·인조 견사 따위를 섞어서 짠 모직물.[←羅紗←raxa〈포〉]. ¶나사점(店), 나사지(紙).

나슨-하다 잡아맨 끈 따위가 헐겁다. 마음이 풀리어 긴장됨이 없다.≒헐겁다. 〈큰〉느슨하다. ¶빨랫줄이 나슨하다. 사무실 분위기가 느슨하다. 기강이 느슨하다. 느즈러지다[91].

나슬나슬 가늘고 짧은 풀이나 털 따위가 거칠고 성기게. 또는 털이나 풀이 늘어져 약하게 흔들리는 모양.=나실. 〈작〉나살나살. 〈큰〉너슬너슬. ¶나슬나슬 말라가는 금잔디. 나슬나슬·너슬너슬/하다, 나스르르[92]·너스르르하다, 너스래미[93].

나왕 용뇌향과의 상록 교목. 또는 그 재목(材木).[←羅王←lauan].

나울 물결이나 늘어진 피륙 따위가 보드랍게 굽이지어 움직이는 모양. 〈큰〉너울. ¶물결이 나울나울 일어서다. 봄바람에 나울나울 일렁이는 밀밭. 나울나울·너울너울, 나울·너울[94]거리다/대다/지다, 나울짝[95]·너울쩍/거리다/대다.

나위 동사의 어간에 관형사형 어미 '-(으)ㄹ'이 결합한 꼴 다음에 서술어 '없다'와 함께 쓰여, '틈. 여지(餘地). 필요'의 뜻을 나타내는 말.≒까닭. 이유. ¶더할 나위 없이 훌륭한 작품이다. 다시 말할 나위도 없다. 의심할 나위 없는 사실이다. 옴나위(꼼짝할 만큼의 적은 여유)/없다.

나이 사람이나 생물이 세상에 나서 지낸 햇수. 연령(年齡). 〈준〉나. ¶나이가 지긋하다. 나이를 먹다. 나 어린 자매. 나 많은 말이 콩 마달까. 나잇값/낫값, 나이갓수(생물이 살아 있는 연한), 나꾸러기(나이배기), 나이대접(待接)/나대접/하다, 나이덕(德), 나이떡/나떡, 나이또래, 나이바퀴(나이테), 나이배기, 나잇살/낫살(지긋한 나이), 나잇성(性;나이에 따른 성질), 나쎄(나이 또래. 나이 든 정도),나어리다(나이가 어리다), 나이자락(지긋한 나이), 나이집단(集團;연령집단), 나이쨈[96], 나이층(層;연령층), 나이테[헛나이테[97]], 나이티[98], 나전(錢), 나틀다('나이 들다'의 옛말); 꽃나이(한창 젊은 나이), 남의나이(환갑이 지난 뒤의 나이), 만나이, 앰한나이[99], 이내[100], 한창나이, 헛나이[101]. ☞ 영(齡).

-나이까 동사 및 '있다. 없다, 계시다'의 어간에 붙어, 합쇼할 자리에 현재의 동작·상태를 묻는 문어체의 종결 어미. ¶어디로 가시나이까? 병이 깊삽나이까?

-나이다 동사 및 '있다. 없다. 계시다'의 어간에 붙어, 합쇼할 자리에 현재의 동작·상태를 나타내는 문어체의 종결 어미. ¶새해에는 소원 성취하시기를 기원하나이다.

나인 궁중에서 임금과 왕비의 시중을 들던 궁녀(宮女)를 두루 이르는 말.[←내인(內人)]. ¶벗나인(한 방에 거처하는 또래 나인), 복이나인(나인의 하인), 본곁나인(本;본곁에서 들어온 나인), 지밀나인(至密), 흩이나인(왕족이 사는 궁에 속한 나인).

나절 ①하루 낮의 대략 절반쯤 되는 동안. ¶나절가웃(하루 낮의 4분의 3쯤 되는 동안), 나절갈이; 반나절(半;한나절의 반. 한겻[102]), 세나절[103], 열나절[104], 한나절(하루 낮의 반. 오전이나 오

85) 나비눈: 못마땅해서 사르르 눈을 굴려 못 본 체하는 눈짓.
86) 나비물: 옆으로 쫙 퍼지게 끼얹는 물.
87) 나비잠: 갓난아기가 두 팔을 머리 위로 벌리고 자는 잠.
88) 나비장: 재목을 서로 이을 때 쓰는 나비 모양의 나뭇조각. ¶나비장붙임/하다, 나비장이음, 나비장쪽매.
89) 나비질: 곡식에 섞인 쭉정이나 검부러기·먼지 따위를 날리기 위하여, 키로 나비가 날개 치듯 부치어 바람을 내는 일.
90) 나쁨하다: ①마음에 흡족하지 아니하고 부족한 듯하다. 먹은 것이 양에 차지 아니한 듯하다. ¶나쁨하게 먹다.
91) 느지러지다: ①졸라맨 것이 느슨하게 되다. ¶구두끈이 느즈러지다. ②기한이 밀려 나가다. ¶납부기한이 느즈러지다. ③마음이 풀리다. ¶느즈러진 마음을 다잡다. 녹느즈러지다(성질이 부드럽고 순하게 느즈러지다).
92) 나스르르: 가늘고 보드라운 털인 풀 따위가 짧고 성기게 나 있는 모양. ¶나스르르 자란 머리금잔디.
93) 너스래미: 물건에 쓸데없이 너슬너슬 붙어 있는 거스러미나 털 따위. ¶옷에 붙은 너스래미를 떨다.
94) 너울: ①물체가 부드럽고 느리게 곡선을 이루며 움직이는 모양.≒니일. ②팔이나 날개 따위를 활짝 펴고 위아래로 부드럽게 움직이는 모양.≒너펄. ¶너울너울 춤추다. 〈작〉나울.
95) 나울짝: 가벼운 것이 보드랍고 느릿하게 하느작거리는 모양. 〈큰〉너울쩍. ¶깃발이 나울짝나울짝 나부끼다.
96) 나이쨈: 나이를 밝혀 누가 많은가, 적은가를 가림.
97) 헛나이테: 병충해 따위로 인하여 규칙적인 나이테가 형성되지 아니하고 일 년에 두 개 이상의 테가 생기는 일.
98) 나이티: 나이가 든 기미. 자기 나이에 어울리는 언행의 태도.
99) 앰한나이: 연말에 태어나서 얼마 지나지 않아 한 살을 더 먹게 된 경우의 나이.[←애매한 나이].
100) 이내: '나이'의 힘줌말. ¶고달픈 이내 신세. 이내 사정 들어 보소.
101) 헛나이: 나잇값을 못하거나 해 놓은 일이 별로 없이 헛되게 든 나이.
102) 한겻: 하루 낮의 1/4쯤 되는 동안. 약 3시간 정도.=반나절. ¶걸어서 한겻이면 간다.
103) 세나절: 나절의 세 배. 잠깐이면 끝마칠 수 있는 것을 느리게 하여 늦어지는 동안을 조롱하는 말.

후). ②낮의 어느 무렵이나 동안. ¶오전 나절. 저녁나절, 점심나절(點心), 아침나절.

나중 얼마가 지난 뒤. 먼저의 일을 한 다음. 얼마가 지난 뒤에.[←乃終(내종)]. ≒다음. ↔먼저. ¶나중 난 뿔이 우뚝하다(후배가 선배보다 낫다). 나중의 일. 나중 오는 사람. 우리 나중/다음에 또 봅시다. 이 다음은 노래 순서다. 나중판(얼마의 시간이 지난 뒤); 남나중(남보다 나중).

나찰 불교의 수호신의 하나.[←羅刹←Rākṣasa〈범〉]. ¶나찰녀(女;여자 나찰).

나타-나다 숨거나 감추어졌던 것이 겉으로 드러나다.(≒생기다). ↔사라지다. 없어지다.[←*낱(다)+나다]. ¶얼굴에 기쁜 빛이 나타나다. 문제점이 나타나다. 열심히 일한 결과가 나타나다. 나타내다, 나타냄말, 나타냄표(標). ☞ 현(現). 현(顯).

나티 ①짐승의 모양을 한 일종의 귀신. ¶나티상(相;귀신같이 망측하고 무시무시한 얼굴). ②검붉은 곰.

나팔(喇叭) 금속으로 만든 나팔꽃 모양으로 된 관악기. ¶나팔을 불다. 나팔관/염(管/炎), 나팔꼭지, 나팔꽃, 나팔무넘이, 나팔바지(가랑이가 나팔 모양으로 만든 바지), 나팔버섯, 나팔벌레, 나팔병(甁), 나팔소리, 나팔수(手), 나팔통; 기상나팔(起床), 소등나팔(消燈), 신호나팔(信號), 진군나팔(進軍), 진혼나팔(鎭魂), 행군나팔(行軍) 들.

나한(羅漢) '아라한(阿羅漢)'의 준말. ¶나한에도 모래 먹는 나한이 있다(고생하는 사람). 나한상(羅漢像), 나한전(羅漢殿).

나후(羅睺) 별의 이름. 해와 달을 가리어 일식·월식을 일으킨다 함. 나후성(星).

나흘 네 날.[←네/너[四]. ¶완성하기까지는 나흘이 걸린다. 나달(나흘이나 닷새 가량), 나흗날; 사나흘, 스무나흘, 열나흘.

낙(落) ①'떨어지다. 몰락하다. 이루다'를 뜻하는 말.↔騰(등). ¶낙가(落痂;상처 딱지가 떨어짐), 낙가(落價), 낙간(落簡), 낙과(落果;도사리), 낙과(落科), 낙관(落款;款識)[105], 낙구(落句;끝구), 낙남(落南), 낙담/상혼(落膽/喪魂), 낙도(落島), 낙등(落等), 낙락장송(落落長松), 낙낙하다(축 늘어지다), 낙뢰(落雷), 낙루(落漏), 낙마(落馬), 낙막(落寞), 낙망(落望), 낙매(落梅), 낙면(落綿), 낙명(落名), 낙명(落命), 낙목/공산(落木/空山), 낙반(落盤/落盤), 낙발(落髮), 낙방(落榜;시험, 모집, 선거 따위에 응하였다가 떨어짐)[낙방거자(擧子;과거에 떨어진 선비)], 낙법(落法), 낙본(落本), 낙산(落山), 낙상(落傷;떨어지거나 넘어져서 다침), 낙서/장(落書/張), 낙석(落石), 낙선(落選↔當選)[낙선되다/하다, 낙선인(人), 낙선자(者)], 낙설(落屑), 낙성(落成)[106], 낙성(落城;성이 함락됨), 낙세(落勢), 낙송(落訟), 낙수(落水)[낙숫고랑, 낙숫물, 낙수받이, 낙수받잇돌], 낙수(落穗), 낙승(落僧;타락한 중), 낙심(落心), 낙안(落雁;줄을 지어 땅으로 내려앉는 기러기), 낙양(落陽), 낙엽(落葉), 낙영(落英;落花), 낙오(落伍)[낙오되다/하다, 낙오병(兵), 낙오자(者)], 낙월(落月;지는 달), 낙일(落日;지는 해), 낙자(落字;빠뜨린 글자), 낙장(落張)[낙장본(本), 낙장불입(不入)], 낙적(落籍), 낙전(落箭), 낙전(落錢), 낙점(落點;임금이 뽑을 대상자 이름 위에 점을 찍던 일)[낙점되다/하다], 낙정(落丁), 낙정미(落庭米), 낙제(落第)[낙제생(生), 낙제점(點)], 낙조(落照;夕陽), 낙조(落潮), 낙종/물(落種;씨뿌리기), 낙지(落地), 낙지(落枝), 낙직(落職), 낙진(落塵), 낙질/본(落帙/本), 낙차(落差;물이 떨어지는 높이. 높낮이의 차), 낙착/되다/하다(落着;문제가 되던 일이 결말이 맺어지다), 낙찰(落札;入札)[낙찰가(價), 낙찰계(契), 낙찰되다/하다, 낙찰자(者)], 낙척(落拓), 낙천(落薦;추천이나 천거에서 빠짐), 낙체(落體;떨어지는 물체), 낙치(落齒), 낙태/죄(落胎/罪), 낙판(落板), 낙필(落筆), 낙하(落下;떨어짐)[낙하산(傘), 낙하운동(運動), 낙하율(律), 낙하점(點); 자유낙하(自由)], 낙한(落汗), 낙향(落鄕), 낙혼(落婚), 낙화(落火), 낙화생(落花生;땅콩), 낙화(落花)[낙화유수(流水), 낙후(落後)[낙후감(感), 낙후되다/하다, 낙후성(性)]; 결락(缺落), 경락(輕落), 경락(競落), 공락(攻落), 과락(科落), 권리락(權利落), 괴락(壞落), 급락(及落), 급락(急落), 냉락(冷落), 뇌락(磊落), 뇌락장렬(磊落壯烈), 뇌락육리(牢落陸離), 누락(漏落), 단락(段落), 당락(當落), 등락(登落), 등락(騰落), 몰락(沒落), 미락(微落), 박락(剝落), 반락(反落), 배당락(配當落), 분락(奔落), 붕락(崩落), 산락(散落), 속락(續落), 쇄락하다(灑落), 쇠락(衰落), 수락석출(水落石出), 신주락(新株落), 연락(連落), 영락(榮落), 영락/하다/없다(零落), 오락(誤落), 오비이락(烏飛梨落), 요락(搖落), 원락(院落;본채와 떨어져 있는 건물), 위락(萎落), 유락(流落), 윤락(淪落;타락하여 몸을 파는 처지에 빠짐), 이락(籬落;울타리), 이자락(利子落)/이락(利落), 저락(低落), 저락(著落), 전락(轉落), 점락(漸落), 조락(凋落), 종락(種落;종내기), 추락(墜落), 타락(墮落), 탈락(脫落), 퇴락(頹落), 포락(浦落), 폭락(暴落), 하락(下落), 함락(陷落), 호락(虎落), 호락(瓠落), 확락하다(廓落;마음이 넓어 관대하다. 풀이 죽다), 황락(荒落), 후락(朽落). ②'마을'을 뜻하는 말. ¶군락(群落), 부락(部落), 윤락(淪落;영락하여 다른 고장으로 떠돌아다님), 촌락(村落), 취락(聚落) 들.

낙(諾) '대답하다. 허락하다. 따르다'를 뜻하는 말. ¶낙부(諾否), 낙성계약(諾成契約), 낙약/자(諾約/者), 낙언(諾言;승낙하는 말), 낙의(諾意), 낙종(諾從); 경낙(輕諾), 긍낙(肯諾), 내락(內諾), 묵낙(默諾), 수락(受諾), 승낙(承諾), 연낙(然諾), 유유낙낙(唯唯諾諾), 응낙(應諾), 인낙(認諾), 일낙(一諾), 입락(立諾;즉석에서 승낙함), 쾌락(快諾), 허락(許諾), 환낙(歡諾), 흔낙(欣諾) 들.

낙(烙) '불로 지지다'를 뜻하는 말. ¶낙계(烙契;벼슬아치의 신분증인 나무패에 찍던 도장), 낙살(烙殺), 낙인(烙印)[낙인찍다/찍히다, 낙인행용(行用;말·되·홉되에 불도장을 찍어 쓰는 일)], 낙죽(烙竹;대에 달군 쇠로 지져 무늬를 만드는 일), 낙치다(낙인찍다), 낙형(烙刑;단근질), 낙하다(낙화를 그리다), 낙화(烙畫;인두로 지져서 그린 그림); 포락/지형(炮烙/之刑) 들.

104) 열나절: 일정한 한도 안에서 매우 오랫동안. ¶밥 한 술 뜨는 데 열나절이나 걸리니, 원.

105) 낙관(落款): 글씨나 그림 따위에 작자가 자신의 이름이나 호(號)를 쓰고 도장을 찍는 일. 또는 그렇게 찍는 도장. ¶낙관을 찍다. 낙관하다.

106) 낙성(落成): 건축물이 완공됨. 또는 그렇게 되게 함. ¶낙성굿, 낙성되다/하다, 낙성식/하다(式), 낙성연(宴).

낙(絡) 경맥(經脈)에서 갈라져 나온 작은 기혈(氣血)의 통로. '잇다. 연락하다. 맥(脈)'을 뜻하는 말. ¶낙거(絡車;실을 감는 데 쓰는 얼레), 낙역하다(絡繹); 경락(經絡;오장육부에 생긴 병이 몸 거죽에 나타나는 자리), 농락하다(籠絡), 단락(短絡), 맥락(脈絡), 연락(連/聯絡)[연락기(機), 연락망(網), 연락병(兵), 연락처(處)] 들.

ㄴ

낙(酪) '진한 유즙(乳汁)'를 뜻하는 말. ¶낙농품(酪農)[낙농기계(機械), 낙농업(業), 낙농품(品)], 낙산/균(酪酸/菌), 낙소(酪素;카세인), 낙유(酪乳), 낙장(酪漿;소나 양의 젖), 낙제품(酪製品); 건락(乾酪;치즈), 우락(牛酪;버터), 유락(乳酪), 타락(駝酪) 들.

낙(珞) '구슬 목걸이'를 뜻하는 말. ¶영락(瓔珞;목·팔 등에 두르는 구슬을 꿴 장식품).

낙양 기둥의 위쪽 측면과 상인방, 창방 따위의 밑에 돌려 붙인 파련각(波蓮刻;덩굴나무가 서리어 나가는 모양을 그린 무늬)의 장식. ¶기둥에 낙양을 붙인 집.

낙장-거리 네 활개를 벌리고 뒤로 발딱 나자빠짐. 〈큰〉넉장거리. ¶얼음판에서 낙장거리를 하다. 낙장거리하다.

낙지 낙짓과의 연체동물. ¶낙지를 잡다. 낙지낚시, 낙지발술(끈술), 낙지배, 낙지백숙(白熟), 낙지볶음, 낙지새우숙회(熟膾), 낙지어채(魚菜), 낙지자반, 낙지잡이, 낙지저냐, 낙지적(炙), 낙지전골, 낙지젓, 낙지호미, 낙지회(膾); 마른낙지, 세발낙지(細) 들.

낙침 목이 아파서 잘 놀리지 못하는 증상.

낙타(駱駝) 낙타과의 짐승. ¶낙타색(色), 낙타지(駱駝地;낙타털로 만든 직물), 낙타털; 단봉낙타(單峰), 쌍봉낙타(雙峰) 들.

낚(다) 낚시로 물고기를 잡다. 남을 꾀어 이득을 얻다. ¶낚시로 붕어를 낚다. '낚다'의 사투리는 '나꾸다'다. 낚시[107][낚싯거루, 낚시걸이, 낚시꾼, 낚시눈(눈꼬리가 올라간 눈), 낚싯대, 낚시도래, 낚싯돌, 낚싯바늘, 낚싯밥, 낚싯배/낚배, 낚싯봉, 낚시인(人), 낚시얼레, 낚시인(人), 낚싯줄, 낚시질, 낚시찌, 낚시채비, 낚시터, 낚시회(會); 갈고리낚시, 걸음낚시[108], 견지낚시, 겹낚시, 고패낚시[109], 깔낚시[110], 끌낚시, 놀림낚시, 닻낚시(배를 고정하여 놓고 배에서 하는 낚시), 대낚시, 덕낚시[111], 던질낚시(릴낚시), 들낚시[112], 뜰낚/시(띄움낚시), 루어낚시(lure), 릴낚시(reel), 맥낚시(脈)[113], 멍텅구리낚시, 민낚시[114], 민물낚시, 바다낚시, 바닥낚시, 밤낚시, 방울낚시, 배흘림낚시, 빨낚시[115], 뼈낚시, 삼봉낚시(三峰), 설망낚시(網), 소경낚시[116], 손낚시, 수초낚시(水草), 앉힐낚시(깔낚시), 얼레낚시(주낙), 얼음낚시, 외줄낚시, 자낙[117], 주낙[118], 찌낚시/찌낚, 챌낚(칠낚), 털낚시, 훌림낚시, 훌낚시, 활낚시, 훌치기낚시, 흘림낚시], 낚아내다/보다/채다(고기를 낚듯이 잡아채다), 낚이다. ☞ 조(釣).

난(難) '예측할 수 없이 어렵다. 괴로워하다. 근심이나 재앙. 나무라다'를 뜻하는 말. ¶난가(難家), 난간(難艱), 난감하다(難堪;견디어 내기 어렵다. 난처하다), 난건(難件), 난경(難境;어려운 처지), 난고(難苦), 난곡(難曲), 난공(상대편을 공격하기 어려움)/불락(難攻/不落), 난공사(難工事), 난관(難關)[119], 난괄하다(難括;만만히 보아 업신여기기 어렵다), 난구(難句), 난구(難球), 난국(難局;일을 하기 어려운 상황이나 국면), 난금(難禁), 난난하다(難難;매우 곤란하다), 난당(難當;당해내기 어려움), 난도(難度), 난도(難道), 난독(難讀), 난득하다(難得;구하기 어렵다), 난로(難路), 난망(難忘)[각골난망(刻骨), 백골난망(白骨)], 난망(難望), 난면하다(難免), 난명지안(難明之案), 난문(難文), 난문(難問;답하기 어려운 질문), 난문장(難文章), 난문제(難問題), 난물(難物), 난민(難民)[난민구호(救護); 선상난민(船上)], 난박(難駁), 난백난중(難伯難仲), 난병(難病), 난보(難保), 난봉(難峯), 난봉(難捧), 난사(難事), 난사(難思), 난산(難產↔順產), 난삽하다(難澁)[120], 난상(難上;물품이 더할 수 없이 좋음), 난색(難色;난처해하는 기색), 난선(難船), 난소(難所), 난시청(難視聽), 난신(難信), 난안하다(難安), 난어(難語), 난언(難言), 난업(難業), 난역(難役), 난연성(難燃性), 난용성(難溶性;물이나 그 밖의 용매에 잘 녹지 않는 성질), 난용성(難鎔性;광물이나 금속 따위가 불에 잘 녹지 않는 성질), 난운(難韻), 난유(難乳), 난의(難義), 난의(難疑), 난이/도(難易/度), 난자(難字), 난적(難敵), 난전(難田), 난전(難戰), 난점(難點), 난정(難定)[비위난정(脾胃)], 난제(難題), 난주(難舟), 난중하다(難重), 난증(難症), 난처하다(難處), 난청(難聽), 난촌(難村), 난측(難測;헤아리기 어려움), 난치(難治)[난치병(病), 난치성(性)], 난코스(難course), 난통[121], 난파/선(難破/船), 난편하다(難便), 난풍(難風), 난하다, 난항(難航;순조롭게 진척되지 않음), 난해하다(難解)[난해성(性)], 난행(難行), 난행도(難行道), 난험하다(難險), 난형난제(難兄難弟), 난화하다(難化); 가난(家難;집안의 재난), 간난(艱難), 경난(經難;어려운 일을 겪음), 경영난(經營難), 경제난(經濟難), 고난(苦難), 곤란(困難), 교난(敎難), 교통난(交通難), 구난(救難), 구인난(求人難), 구직난(求職難), 국난(國難), 극난(克難), 극난(極難), 급난(急難), 급수난(給水難), 기대난(期待難), 논란(←論難), 다난하다(多難), 대난(大難), 대인난(待人難), 도난(盜難), 도난(道難), 동력난

107) 낚시: 미끼를 꿰어서 물고기를 낚는 데에 쓰는 작은 갈고리. 낚시질.
108) 걸음낚시: 계곡을 따라 걸으면서 하는 낚시.
109) 고패낚시: 미끼를 위아래로 놀리면서 하는 낚시.
110) 깔낚시: 물 밑바닥에 사는 고기를 낚는 민물낚시의 한 가지. 바닥낚시.
111) 덕낚시: 물속에 설치한 덕을 타고 하는 낚시.
112) 들낚시: 씨름에서, 상대의 다리 사이로 다리를 넣어 위로 당기어 올리는 기술.
113) 맥낚시(脈): 낚시찌를 쓰지 않고 낚싯대, 낚싯줄, 손을 통하여 느껴지는 감촉으로 물고기를 낚는 방법.
114) 민낚시: 끝에 미늘이 없는 낚시,
115) 빨낚시: 떡밥 주위에 낚싯바늘을 늘어뜨려 물고기가 떡밥과 함께 낚싯바늘도 삼킬 때 채어 올리는 낚시 방법. 주로 잉어나 숭어 낚시에 씀.
116) 소경낚시: 미늘이 없는 낚시. ¶소경낚시질/하다.
117) 자낙: 강이나 하천 같은 흐르는 물에서 자새에 감은 낚싯줄을 감았다 풀었다 하면서 잡는 낚시. 견지낚시.[←자새(얼레)+낚시].
118) 주낙: 낚싯줄에 여러 개의 낚시를 달아 물속에 넣어 두었다가 물린 고기를 잡는 기구. 줄낚시. ¶낙조기(주낙으로 잡은 조기), 주낙배; 땅주낙, 뜬주낙.
119) 난관(難關): 통과하기 어려운 관문이나 매우 어려운 곳. 뚫고 나가기 어려운 사태나 상황. ¶이 산을 넘는 데는 몇 군데 난관이 있다. 난관에 봉착하다.
120) 난삽하다(難澁): 글이나 말이 매끄럽지 못하면서 어렵고 까다롭다. 껄끄럽다. ¶난삽한 문장이 많으면 글 전체도 난삽해진다. 난삽히 쓰인 글.
121) 난통(難): 겪어내기 어렵고 복잡한 처지나 경우. ¶난통을 겪다.

(動力難), 만난(萬難), 무난하다(無難), 문난(問難), 물자난(物資難), 백난(百難), 법난(法難), 변난(辯難), 병난(兵難), 병난(病難), 분사난(忿思難), 비난(非難), 사난(死難), 색난(色難), 생활난(生活難), 선난(船難), 소난(小難), 수난(水難), 수난(受難), 순난(殉難), 식량난(食糧難), 식수난(食水難), 실업난(失業難), 심난하다(甚難), 안난(安難), 양난(兩難)[기세양난(其勢), 진퇴양난(進退)], 에너지난(energy難), 여난(女難), 연료난(燃料難), 외난(外難), 운영난(運營難), 위난(危難), 유난무난(有難無難), 인력난(人力難), 인물난(人物難), 인재난(人材難), 입학난(入學難), 자금난(資金難), 자료난(資料難), 자원난(資源難), 자재난(資材難), 재난(災難), 재정난(財政難), 적난(賊難), 전력난(電力難), 정난(靖難), 조난(遭難), 주차난(駐車難), 주택난(住宅難), 중난하다(重難), 지난(持難), 지난하다(至難), 진퇴양난(進退兩難), 취직난(就職難), 판로난(販路難), 판매난(販賣難), 풍난(風難), 피난(避難), 해난/구조(海難/救助), 행로난(行路難), 험난하다(險難), 호구난(糊口難), 화난(禍難), 환난(患難), 후난(後難), 힐난(詰難) 등.

난(亂) '어지럽다. 뒤섞이다. 품행이 단정하지 못하다. 난리(亂離). 함부로'를 뜻하는 말. ¶난을 일으키다/ 피하다/ 만나다. 난가(亂家), 난개발(亂開發), 난격(亂擊), 난계(亂階), 난공(亂供;죄인이 심문을 받을 때 거짓말로 꾸며 댐), 난괴(亂魁), 난교(亂交), 난교(亂攪), 난국(亂局), 난국(亂國), 난군(亂君;暴君), 난군(亂軍), 난굴(亂掘), 난기(亂氣), 난기류(亂氣流), 난당(亂黨), 난도/질(亂刀), 난도(亂擣;함부로 찧거나 짓이김), 난독(亂讀), 난동(亂動;질서를 어지럽히며 함부로 난폭하게 행동하는 짓), 난류/권(亂流/圈), 난륜(亂倫), 난리(亂理;도리에 어긋남), 난리(亂離)[물난리, 불난리], 난립(亂立), 난마(亂麻;복잡하게 뒤얽힌 일), 난매(亂賣), 난맥(亂脈;질서가 없는 상태), 난명(亂命;운명할 때 정신없이 하는 유언. ↔治命), 난무(亂舞), 난민(亂民;사회의 안녕 질서를 어지럽히는 백성), 난반사(亂反射), 난발(亂發), 난발(亂髮), 난방(亂邦), 난벌(亂罰), 난병(亂兵), 난봉(亂峯), 난분분하다(亂紛紛), 난비(亂飛;어지럽게 날아다님), 난사(亂射;표적을 정하지 않고 함부로 쏨), 난사(亂辭), 난산(亂山), 난상(亂想), 난서(亂書), 난선(亂線), 난세(亂世;어지러운 세상), 난속(亂俗), 난수(亂手), 난수(亂首), 난수/표(亂數/表), 난시(亂時), 난시/안(亂視/眼), 난식(亂植), 난신(亂臣), 난심(亂心), 난앵(亂鶯), 난어(亂語), 난언(亂言), 난역(亂逆), 난옥(亂獄), 난용(亂用), 난운(亂雲), 난음(亂淫), 난인(亂人), 난입(亂入), 난자(亂刺;칼로 마구 찌름)/질/하다, 난작(亂斫), 난잡하다(亂雜;어수선하고 너저분하다)/스럽다, 난장(亂杖;몰매. 뭇매)[난장질/하다, 넨장맞을, 넨장칠], 난장(亂將), 난장(亂帳/張), 난장/판(亂場), 난적(亂賊), 난전(亂前), 난전(亂廛), 난전(亂箭), 난전(亂戰), 난정(亂政), 난조(亂調), 난종(亂鐘), 난좌(亂坐), 난주(亂酒), 난중(亂中), 난진(亂眞), 난질(亂帙), 난초(亂草), 난초(亂招), 난추(亂抽), 난층운(亂層雲), 난타(亂打;마구 침), 난투/극(亂鬪/劇), 난폭(亂暴), 난필(亂筆), 난하다, 난항(亂杭), 난행(亂行;난폭한 행동. 음란한 짓), 난혼(亂婚), 난획(亂獲), 난후(亂後); 곽란(癨亂)[토사곽란(吐瀉)], 광란(狂亂), 괴란(乖亂), 괴란(壞亂), 교란(攪亂), 국란(國亂), 군란(軍亂), 궤란(憒亂), 금란(禁亂), 내란(內亂)[122], 뇌란(惱亂), 대란(大亂), 독란(黷亂), 동란(動亂), 문란(紊亂), 민란(民亂), 민란(泯亂;질서를 어지럽힘), 반란(叛/反亂), 발란(撥亂), 번란(煩亂), 변란(變亂), 병란(兵亂), 분란(紛亂;어수선하고 시끄러움), 불란(不亂;어지럽지 않음)[일사분란(一絲)], 산란(散亂), 상란(喪亂), 선란(煽亂), 소란/스럽다(騷亂), 수란(愁亂), 심란(心亂), 양란(洋亂), 역란(逆亂), 외란(外亂), 요란(搖/擾亂)/하다/스럽다, 위란(危亂), 음란(淫亂), 작란(作亂), 전란(戰亂), 정란(靖亂), 주란(酒亂), 착란(錯亂), 치란(治亂), 탁란(濁亂), 평란(平亂;난리를 평정함), 피란(避亂), 현란(眩亂), 호란(胡亂), 혹란(惑亂), 혼란(昏亂), 혼란(混亂), 화란(禍亂), 환란(患亂) 등.

난(卵) 일부 한자어 명사나 어근에 붙어 '알·난자(卵子)·동그랗고 작은 것'의 뜻을 나타내는 말. 반지·노리개 등 장식품의 거미발에 물리어 박는 보석의 통칭. ¶난각(卵殼), 난관(卵管), 난괴(卵塊;알의 덩어리), 난구(卵球), 난낭(卵囊), 난막(卵膜), 난모세포(卵母細胞), 난백(卵白)[난백막(膜), 난백분(粉), 난백소(素), 난백수(水)], 난분(卵粉), 난분할(卵分割), 난상(卵狀;달걀꼴), 난생(卵生), 난세포(卵細胞), 난소(卵巢)[123], 난용종(卵用種), 난육(卵育), 난원세포(卵原細胞), 난원창(卵圓窓), 난원형(卵圓形), 난육(卵育), 난자(卵子), 난정소(卵精巢), 난탑(卵塔), 난태생(卵胎生), 난포(卵胞), 난할(卵割), 난할강(卵割腔), 난합(卵盒), 난해(卵醢;알젓), 난형(卵形), 난황(卵黃); 감공란(嵌工卵), 건조란(乾燥卵), 검란(檢卵), 계란(鷄卵;달걀), 누란(累卵), 누란지위(累卵之危), 단일란(單一卵), 대붕란(大鵬卵;오리알과 양·돼지 창자로 만든 요리), 도란형(倒卵形), 등황란(等黃卵), 명란(明卵), 모자이크란(mosaic), 무정란(無精卵;홀알), 반숙란(半熟卵), 배란(排卵), 복란(鰒卵;전복의 알), 복합란(複合卵), 부란(孵卵), 사방란(四方卵), 산란(産卵), 소란(巢卵), 수란(水卵)[담수란(淡), 물수란[124]], 수란(水卵)[젓국수란], 수란(秀卵;숭어알로 만든 어란), 수란관(輸卵管), 수정란(受精卵), 숙란(熟卵), 쌍란(雙卵), 액란(液卵), 어란(魚卵), 연란(鰱卵), 유정란(有精卵), 작란(雀卵), 잠란(蠶卵), 전할란(全割卵), 조란(鳥卵), 조란(棗卵), 조절란(調節卵), 조정란(調整卵), 종란(種卵), 중황란(中黃卵), 지속란(持續卵), 채란(採卵), 태란(胎卵), 토란(土卵)[125], 포란(抱卵), 하란(夏卵), 하란(蝦卵), 한란(寒卵), 해란(蟹卵) 등.

난(欄) '난간. 테두리. 울타리'를 뜻하는 말. 또는 신문·잡지 편집상의 일 구분. 또는 일정한 지면이나 그 공간을 뜻하는 말. ¶빈 난을 채우다. 난각(欄角), 난간(欄干)[126], 난구(欄毆), 난외(欄外), 난함(欄檻); 가십란(gossip), 가정란(家庭欄), 경제란(經濟欄), 고정란(固定欄), 공란(空欄), 광고란(廣告欄), 교란(交欄;난간의 亞자 모양의 장식), 구인란(求人欄), 구직란(求職欄), 금액란(金額欄), 기고란(寄稿欄), 기입란(記入欄), 논설란(論說欄), 답란(答欄), 독자란(讀者欄), 문예란(文藝欄), 보란/좌(寶欄/座;화려하게

122) 내란(內亂): 나라 안에서 일어난 난리. 정부를 뒤엎을 목적으로 나라 안에서 일으킨 무력 투쟁. 내변(內變). ¶내란을 일으키다. 내란죄(罪).

123) 난소(卵巢): 동물 암컷의 생식 기관 가운데 난자(卵子)를 만들어내고 호르몬을 분비하는 기관. ¶난소기능(機能), 난소낭(囊), 난소암(癌), 난소염(炎), 난소임신(姙娠), 난소종(腫), 난소호르몬(hormone).

124) 물수란: 끓는 물에 달걀을 깨 넣어 반쯤 익힌 음식.

125) 토란(土卵): 천남성과의 여러해살이풀의 뿌리줄기. ¶토란국; 알토란.

126) 난간(欄干): 계단·툇마루·다리 따위의 가장자리에, 나무나 쇠붙이 따위로 가로세로 세워 놓은 살. 난함(欄檻). ¶난간궁창, 난간동자(童子), 난간마루, 난간법수(法首); 돌난간, 옥난간(玉).

꾸민 난간), 본난(本欄), 비고란(備考欄), 빈란, 상란(上欄), 석란(石欄), 소란(小欄), 소식란(消息欄), 여적란(餘滴欄), 연예란(演藝欄), 오사란(烏絲欄), 인물란(人物欄), 인사란(人事欄), 작품란(作品欄), 적요란(摘要欄), 전란(殿欄), 주란(朱欄), 참고란(參考欄), 층란(層欄), 투고란(投稿欄), 표제란(表題欄), 풍서란(風-欄:바람을 막기 위하여 대는 나무오리), 학생란(學生欄), 학습란(學習欄), 학예란(學藝欄), 해답란(解答欄), 해당란(該當欄), 현란(懸欄) 들.

난(蘭) 난초과의 여러해살이풀. 난초. ¶난을 치다(그리다), 난의 향기가 은은하다. 난객(蘭客;동무), 난계(蘭契), 난교(蘭交), 난월(蘭月), 난죽(蘭竹), 난초(蘭草)[금난초(金), 새우난초, 은난초(銀)], 난추(蘭秋), 난향(蘭香), 난화(蘭花); 금난(金蘭;친구 사이의 정이 두터운 상태), 목란(木蘭), 방난(芳蘭), 석란(石蘭), 양란(洋蘭), 옥란(玉蘭;백목련), 용설란(龍舌蘭), 지란(芝蘭), 지란지교(芝蘭之交), 춘란(春蘭), 풍란(風蘭), 혜란(蕙蘭), 홍란(紅蘭) 들.

난(爛) '빛나다. 무르녹다. 한창'을 뜻하는 말. ¶난개하다(爛開), 난만(爛漫)[백화난만(百花], 난발하다(爛發), 난상(爛商)[127], 난숙기(爛熟期), 난숙하다(爛熟), 난연하다(爛然), 난취(爛醉); 궤란(潰爛), 농란하다(濃爛:무르익다), 미란(糜/靡爛), 습란(濕爛), 농란하다(濃爛), 반란(斑爛), 부란(腐爛), 순란(純爛), 찬란(燦爛), 현란(絢爛) 들.

난(暖) '따뜻하다. 따뜻이 하다'를 뜻하는 말. ¶난국(暖國), 난기(暖氣), 난대/림(暖帶/林), 난동(暖冬), 난류(暖流), 난방(暖房)[난방장치(裝置); 복사난방(輻射), 전기난방(電氣)], 난색(暖色), 난실(暖室), 난역(暖域), 난열(暖熱), 난의(暖衣), 난의포식(暖衣飽食), 난지(暖地), 난파(暖波), 난풍(暖風), 난해(暖海), 난화하다(暖和); 경난(輕暖), 석불가난(席不暇暖), 온난(溫暖), 춘난(春暖), 포난(飽暖), 한난(寒暖), 화난(和暖) 들.

난(鸞) '난새(봉황의 일종인 영조), 천자가 타는 수레'를 뜻하는 말. ¶난가(鸞駕;輦), 난기(鸞旗), 난령(鸞鈴;난기에 다는 방울), 난봉(鸞鳳;난조와 봉황), 난조(鸞鳥) 들.

난(煖) '따뜻하다. 따뜻하게 하다'를 뜻하는 말. ¶난기(煖氣), 난돌(煖堗), 난로(煖爐), 난방(煖房)[128]; 좌석미난(座席未煖) 들.

난(瀾) '물결'을 뜻하는 말. ¶광란(狂瀾), 도란(濤瀾;큰 물결), 파란(波瀾)[파란곡절(曲折), 파란만장(萬丈), 파란중첩(重疊)] 들.

난(赧) '무안하거나 부끄러워 얼굴을 붉히다'를 뜻하는 말. ¶난안(赧顔), 난연하다(赧然;부끄럽다); 괴란/쩍다(愧赧), 면난하다(面赧) 들.

난(鑾) '방울'을 뜻하는 말. ¶난도(鑾刀), 난여(鑾輿); 명란(鳴鑾), 영란(迎鑾) 들.

난(襴) '비단. 난삼'을 뜻하는 말. ¶난삼(襴衫;예복의 하나); 금란(金襴;황금실을 섞어 짜고 명주실로 무늬를 놓은 비단).

난(闌) '가로막다'를 뜻하는 말. ¶난입(闌入;출입을 막는 구역에 함부로 뛰어듦); 흥란(興闌;흥취가 이미 쇠하여짐).

난(嬾) '게으르다'를 뜻하는 말. ¶난부(嬾夫;게으른 남자), 난타(嬾惰).

난등 연꽃이나 모란꽃 같은 것을 만들어, 불상의 머리 위나 영단(靈壇) 위에 둘러 장식하는 꽃뭉치.

난딱 ①재빠르게 냉큼 딱. 닁큼 썩. ¶난딱 일어서다. 울음을 난딱 그치다. 넌떡 나가거라. ②맵시 있고 가뜬히. ¶난딱 둘러메다. 〈큰〉넌떡.

난봉 허랑방탕한 짓. 또는 그런 사람. ¶난봉을 부리다/ 피우다. 난봉가(歌), 난봉기(氣), 난봉나다, 난봉꾼(오입쟁이), 난봉살림, 난봉자식(子息), 난봉쟁이; 팔난봉(언행이 허랑하고 방탕하여 온갖 짓을 하는 사람).

난작 물체가 썩거나 삭아서 힘없이 축 처지는 모양.=난지락[129]. 〈큰〉넌적. 는적. 는정. ¶이 옷은 난작난작 물러져 더 입을 수 없겠다. 녹아서 난작난작 늘어지는 엿. 난작 · 넌적/넌덕 · 는적 · 는정거리다/대다/이다/하다, 난질[130] · 는질.

난장 굴이나 구덩이 속에 들어가서 하는 허드렛일. 굴 밖에서 석탄이나 광석을 캐는 일터. ¶터널 공사는 야간 작업이 있었지만 난장은 낮일밖에 없었다. 난장꾼, 난장캐기(광석이나 석탄 같은 것을 땅속에서 직접 캐내는 일).

난추니 새매의 수컷.[〈난치니←način〈몽〉].↔익더귀.

난출 길게 뻗어 나가 늘어진 식물의 줄기(넌출) 같은 것이 바람에 가볍게 흔들리는 모양.

난탕 한바탕의 야단. 칼 따위로 마구치거나 벰. ¶난탕을 치다(무질서하고 난잡스럽게 마구 행동하다). 폭력배들이 거리에서 난탕을 치고 돌아갔다. 난탕을 당했으나 가까스로 살아났다. 난탕질/하다.

낟 곡식의 알. ¶좁쌀 낟 같은 핏방울이 송송 솟는다. 낟가리(낟알이 붙은 채로 곡식을 쌓은 더미), 낟가릿대, 낟알, 낟알기(곡식으로 된 적은 분량의 음식), 낟알모이 들.

날' ①어느 하루. ¶날이면 날마다(매일). 여러 날이 지났다. 날공전(工錢), 나날/이, 나달[131], 날떠퀴(그 날의 운수), 날로(날이 갈

127) 난상(爛商): 깊이 생각하여 충분히 의논함. ¶난상공론(爛商公論), 난상숙의(爛商), 난상토의(爛商討議)/난의(爛議).

128) 난방(煖房): 난방비(費), 난방시설(施設), 난방장치(裝置); 냉난방(冷煖房), 복사난방(輻射), 온수난방(溫水), 온풍난방(溫風), 전기난방(電氣), 중앙난방(中央), 지역난방(地域).

129) 난지락: ①물체가 심하게 물크러질 정도로 힘없이 물러지는 모양. 〈큰〉는지럭. ¶반죽이 난지락난지락 물러진다. 난지락난지락 삶은 호박에 찹쌀을 갈아 붓고 콩과 팥을 넣으면 호박죽이 된다. 난지락 · 는지럭거리다/대다, 는지렁이(끈끈하고 는질거리는 액체). ②말이나 행동 따위를 매우 굼뜨고 느리게 하는 모양. ¶자벌레 한 마리가 난지락난지락 기어가다.[←난질+악].

130) 난질: ①물체가 물크러질 정도로 힘없이 물러지는 모양. 〈큰〉는질. 넌질. ¶반죽이 난질난질 무르다. 난질 · 는질거리다/대다, 는지렁이(끈끈하고 는질거리는 액체). ②말이나 행동이 매우 능청스럽고 능글능글한 모양. ¶는질맞다(매우 능청스럽고 징글맞다).

131) 나달: 날과 달이라는 뜻으로, 흘러가는 시간을 비유적으로 이르는 말. 세월(歲月).

수록 더욱. 나날이), 날마다, 날변(邊;날수로 계산하는 길미), 날사이/날새, 날삯/꾼, 날새(날 사이), 날샐녘(날이 샐 무렵), 날성수(星數;날떠퀴), 날소일(消日;하는 일 없이 그날그날을 보냄), 날수(數), 날일(날삯을 받고 하는 일), 날짜[132], 날치(날마다 길미를 무는 빚), 날포(하루 이상이 걸쳐진 동안), 날품; 가윗날, 개산날(開山;처음으로 절을 세운 날), 개학날(開學), 경삿날(慶事), 곗날(契), 귀신날(鬼神;음력 1월 16일), 그믐날, 긴긴날, 끝날, 너무날[133], 다음날, 단오날(端午), 돌날(첫돌이 되는 날), 두렛날, 두무날, 뒷날, 만날/맨날(萬;늘. 언제나), 명절날(名節), 반날(半), 백날(百)[134], 백중날(伯仲), 보름날, 복날(伏), 봉급날(俸給), 살날, 삼짇날, 새날, 설날, 성복날(成服;초상이 난 지 사흘이 되는 날), 삭발날(削髮), 생일날(生日), 서무날, 섣날, 소풍날(消風), 수릿날[단오(端午)], 앞날, 어린이날, 어버이날, 열무날[135], 영등날(影燈), 옛날, 오늘날, 오만날(五萬), 용날(龍;辰日), 월급날(月給), 이튿날, 일깬날(잠을 일찍이 깬 날), 장날(場), 잿날(齋), 전날(前), 전춘날(餞春), 제날짜/제날, 제삿날(祭祀)/젯날, 잔칫날, 종날(음력 2월 초하룻날), 직날(학질의 증세가 발작하는 날), 첫날, 초하룻날, 추석날(秋夕), 칠석날(七夕), 하룻날, 한글날, 헛날(일이 없이 헛된 날), 환갑날(還甲), 훗날(後). ②하루의 환한 동안.≒낮. ¶날이 밝았다. 날이 저물다. ③'날씨[136]'의 준말. ¶날이 좋다. 날들다[137]; 가을날, 겨울날, 더운날, 마른날, 맑은날, 바깥날, 복날(伏), 봄날, 여름날, 웃날[138], 진날, 추운날. ④시절이나 때. ¶젊은 날의 추억. ☞ 일(日).

날[2] 베거나 찍거나 깎도록 된, 연장의 날카로운 부분. 또는 오똑하게 솟은 모양. ¶날이 무디다. 날귀[139], 날달기[140], 날등성[141], 날메[142], 날밑[143], 날붙이(날이 서 있는 연장), 날서다/세우다, 날어김(어긋난 톱날), 날입[144], 날정(날이 넓적하게 생긴 정), 날창(槍;칼날처럼 생긴 창), 날카롭다[145], 날홈(대팻날이 끼어 있는 홈); 가랫날, 가윗날, 괭잇날, 대팻날, 덧날, 도끼날, 돌날[석인(石刃)], 등날, 면도날(面刀), 민날[146], 볼록날, 삽날, 손날, 송곳날, 쌍날(雙), 안팎날, 양날(兩), 오목날, 쟁기날, 칼날, 콧날, 톱날. ☞ 인(刃).

날[3] 천이나 돗자리 따위를 짤 때에 세로 건너 짠 실.↔씨. ¶베틀에 날을 걸다. 자갈길을 걸어와서 짚신의 날이 다 났다. 날고르기, 날금[(경선(經線)], 날나다[147], 날실[1](↔씨실), 날줄(↔씨줄), 날틀(베를 짤 때, 날을 고르는 기구); 가마니날, 놋날(날로 쓰는 노끈), 신날 들.

날[4] 아주 길이 잘 들어 익숙해진 버릇이나 짓.

날- 일부 명사 앞에 붙어 '아직 익지 않은. 익히거나 말리지 않은. 맨 그대로의. 악랄한. 서툰. 장례를 치르지 않은. 뜻밖의'의 뜻을 더하는 말. ¶날가루, 날가죽, 날가지(잎이 없는 맨 가지), 날간(肝), 날감, 날감자, 날강도(强盜), 날강목치다(헛수고를 하다), 날건달(지독한 건달), 날것, 날계란(鷄卵), 날고구마, 날고기, 날고추, 날고치, 날곡식(穀食), 날구역(嘔逆), 날굴, 날기와, 날김, 날김치, 날나무(어떤 일에 서투른 사람. 생무지), 날내, 날단거리(베어서 묶은 땔나무), 날달걀, 날도둑/놈, 날도적(盜賊), 날돈(공연한 일에 드는 돈. 생돈. 공돈), 날된장(醬), 날두부(豆腐), 날땅(개간하지 아니한 땅), 날떡, 날로(날것으로), 날말, 날망제(望祭), 날목(木;생나무), 날무지, 날미역, 날바늘, 날바닥(맨바닥), 날바람잡다, 날바탕, 날반죽(찬물로 하는 떡반죽), 날밤[1](익히거나 말리지 않은 생밤), 날밤[2](부질없이 새우는 밤)/새우다, 날배기, 날백정(白丁), 날벼, 날벼락, 날보리, 날봉당(封堂), 날불한당(不汗黨), 날빨래, 날사기꾼(詐欺), 날삼, 날상가(喪家), 날상제(喪制), 날선비, 날소일(消日), 날속한(俗漢), 날송장(送葬), 날수수, 날식품(食品), 날술, 날실[2](삶지 않은 실), 날쌀, 날아편(阿片), 날엿기름, 날장구(일 없이 치는 장구), 날장작(長斫), 날장판(壯版), 날전복(全鰒), 날젓, 날제육(猪肉), 날종이(기름을 먹이지 않은 종이), 날주정(酒酊;공연한 주정), 날짜(날것. 일에 익숙하지 못한 사람), 날콩, 날티[148], 날팥, 날피[149] 들.

날(捏) '없는 것을 있는 것처럼 만들어 내다'를 뜻하는 말. ¶날법(捏法), 날사(捏詞;전혀 근거 없는 말), 날조하다(捏造;꾸미다), 날합(捏合;歪曲), 날화(捏和); 구허날무(構虛捏無;터무니없는 말을 만들어냄)/구날(構捏) 들.

날(捺) '누르다. 찍다'를 뜻하는 말. ¶날염(捺染)[150], 날인(捺印)[날인증서(證書), 날인하다; 기명날인(記名), 서명날인(署名)], 날장(捺章;捺印), 날형(捺型).

날(辣) '매섭다'를 뜻하는 말. ¶날수(辣手), 날완(辣腕); 신랄하다(辛

---

132) 날짜: 어떤 일에 소용되는 날(날 수). 어느 해, 어느 달의 며칠이라는 정한 날이나 날의 차례. 〈준〉날. ¶원고마감 날짜. 날짜가 많이 걸렸다. 어제 날짜로 사표를 냈다. 돌아올 날. 날을 잡다. 날짜도장(圖章), 날짜선(線), 날짜표시(標示).

133) 너무날: 밀물과 썰물의 차이를 볼 때에, 열사흘과 스무여드레를 이르는 말.=너무.

134) 백날(百): ①백일(百日). ②아무리 애써도. 아무리 오래 걸려도. ¶백날 졸라봐야 헛수고다.

135) 열무날: 조수의 간만(干滿)의 차를 볼 때에 음력 4일과 19일을 이르는 말.

136) 날씨: 일정한 지역에 있어서, 그날그날의 비 · 구름 · 바람 · 기온 따위의 기상 상태. ¶맑은 날씨. 날씨가 개었다. 날씨가 따뜻하다.

137) 날들다: 눈이나 비가 개고 날씨가 좋아지다.

138) 웃날: 흐렸을 때의 날씨. ¶장마가 계속 되다가 소풍을 가는 날에 웃날이 들었다. 비가 올 듯한 웃날. 웃날이 들다(흐렸던 날씨가 개다).

139) 날귀[-뀌]: 대패 · 끌 같은 것의, 날 끝의 양쪽 모.

140) 날달기: 도끼나 호미가 닳았을 때 날 끝에 쇠붙이를 덧붙이는 일. ¶날달기한 호미.

141) 날등성: 산마루가 날카로우면서도 길게 뻗어나간 등성이.

142) 날메: 한쪽에 두툼한 날이 있어 돌의 표면에 대고 돌의 옆을 따내는 데 쓰는 망치.

143) 날밑: 칼날과 칼자루 사이에 끼워서, 손을 보호하는 테.

144) 날입: 대팻밥이 빠져 나오도록 대패의 등 쪽으로 파인 틈.

145) 날카롭다: 끝이 뾰족하다. 서슬이 서 있다. 사물을 대하는 능력이 매우 빠르고 명확하다. 형세가 격렬하거나 매섭다. 신경이 작은 일에도 지나치게 자극을 받기 쉽다.[〈놀캅다←날ㅎ+갑다]. ¶날카로운 송곳. 날카로운 관찰력. 신경이 날카롭다.

146) 민날: 밖으로 날카롭게 드러난 칼이나 창 따위의 날.

147) 날나다: 짚신이 닳아서 날이 보인다는 뜻으로 '결딴나다. 일이 거덜나다'를 뜻함.

148) 날티: 언행이 가볍고 노는 일에만 열중하려는 태도나 모습. ¶어째 하나같이 날티가 나는 사람들뿐이다.

149) 날피: 살림이 가난하고 말이나 행동이 허랑한 사람. ¶어머니는 딸에게 날피를 사귀어서는 안 된다고 신신당부했다.

150) 날염(捺染): 피륙에 부분적으로 착색하여 무늬가 나타나게 염색하는 방법. ¶날염공(工), 날염기(機), 날염하다.

辣), 악랄하다(惡辣) 들.

날(茶) '몸이 지쳐서 노곤하고 기운이 없다(나른하다)'를 뜻하는 말. ¶날연하다(茶然;나른하다), 피날하다(疲茶).

날(糲) '애벌 찧은 쌀'을 뜻하는 말. ¶날반(糲飯).

날(다)[1] 공중에서 떠서 움직이다. 매우 빨리 움직이다. ¶비행기가 하늘을 날다. 나는 새도 떨어뜨린다. 날개/나래[151], 날고뛰다(갖은 재주를 다 보이다), 나닐다[152], 난다긴다하다[153], 날다람쥐, 날단거리, 날뛰다, 날뛸판[154], 나뜨다[155], 날래다[156], 날려보내다, 날력하다[157], 날렵하다[158], 날리다[1,2][159], 날매(공중에서 날고 있는 매), 날매같다(동작이 매우 빠르다), 날벌레, 날새(날아다니는 새), 날솟다[160], 날쌔다[161], 날아가다(날아예다), 날아나다[162], 날아내리다, 날아다니다, 날아돌다, 날아들다, 날아스치다, 날아오다, 날아오르다, 날아지나다, 날음(날아가는 일), 날짐승, 날치[날치구이, 날치알], 날치[163]/날치꾼, 날치기[날치기꾼, 날치기판, 날치기하다], 날치다[164], 날파람[165], 날파람둥이(주책없이 싸다니는 사람), 날파리, 날피리(물위로 뛰어오르며 도망치는 피라미), 나분[166], 나불[167], 나붓[168], 나팔[169], 나풋나풋[170]; 넘날다(넘어서 날다), 드날리다(손으로 높이 들어서 날리다), 들날리다[171], 붓날다(말이나 하는 짓이 가볍고 들뜨게 하다)/날리다, 펄날다[172], 휘날리다, 흩날리다. ☞ 비(飛).

날(다)[2] ①빛깔이 바래어 엷어지거나 없어지다. ¶물이 날다. 이 옷은 색이 날았다. 날리다[3](옷의 색깔이 날리다). ②냄새가 없어지다. ¶약 냄새가 다 날아 버렸다. 옷에 친 향수 냄새가 날다.

날(다)[3] ①솜을 길게 늘여서 실을 만들다. ¶무명을 날다. ②베, 돗자리, 가마니를 짜려고 베틀에 날을 걸다. ¶가마니 날을 날다. 날아놓다[173], 나틀(베실을 뽑아 날아 내는 기구).

날라리 ①우리나라 고유의 관악기. 태평소(太平簫). ¶날라리를 불다. 날라릿춤. ②'찌날라리[174]'의 준말. ¶날라리줄. ③들떠서 건달을 부리고 흔들거리며 안일하게 보내는 것. 또는 그렇게 하는 사람. ¶일은 하지 아니하고 날라리만 부리고 다닌다. 날라릿기, 날라리바람, 날라리판, 날라리패(牌) 들.

날름 ①입에 넣거나 손에 쥐는 것을 약삭빠르게 하는 모양. 얼른. ¶고양이는 고기를 날름 받아먹었다. ②무엇을 날쌔게 받아 가지는 모양. ③불길이 밖으로 날쌔게 나왔다 들어가는 모양. ¶바람이 불자 불꽃이 날름 치솟았다. ④날쌔게 움직이는 모양. 〈큰〉널름. 늘름. ¶손을 날름 내밀어 잡다. 혀를 늘름 내밀다. 날름·널름·늘름거리다/대다, 날름막(膜;瓣膜), 날름쇠[175], 날름날름/하다.

날지니 야생(野生)의 매.=날진.↔수지니/수진.

날찌 뱃간에 깔기 위하여 엮은 나뭇가지.

날찍 일한 결과로 생기는 이익.≒소득(所得). ¶날찍이 많은 일. 이번 일에는 날찍이 톡톡하대요. 오늘 장사는 날찍이 좋다.

---

151) 날개/나래: 새나 곤충이 날 때에 쓰는 기관. 공중에 잘 뜨게 하기 위하여 비행기의 양쪽 옆에 단 부분. 날개 모양. ¶날개를 펴다. 날개가 돋치다(빠른 속도로 팔려 나가다). 상상의 나래를 펼치다. 날개그물, 날개깃, 날개끝, 날개덮깃, 날개돋이, 날개띠, 날개막(膜), 날개맥(脈), 날개무늬, 날개바퀴(날개가 달려 있는 바퀴), 날개벽(壁), 날개사위(학이 날개를 펼치듯 두 팔로 곡선을 그리면서 옆으로 펴며 벌리는 춤사위), 날개식(式), 날개신호(信號), 날개옷, 날갯죽지(날개가 몸에 붙어 있는 부분), 날개지붕, 날개집(딸린 건물), 날갯짓/하다, 날개촉(簇), 날개털, 날개폭(幅), 날개힘살; 뒷날개, 앞날개, 쪽나래(어린 작은 날개), 회전날개(回轉). ☞ 시(翅).

152) 나닐다: 오락가락 여기저기 날아다니다. ¶꽃밭을 나니는 벌과 나비들. 갈매기들이 평화로이 나닐다.

153) 난다긴다하다: 재주가 뛰어나고 행동을 매우 민첩하게 하다.

154) 날뛸판: 감정의 격동으로 막 날뛰는 판국.

155) 나뜨다: 물 위나 공중에 뜨다. 나타나거나 나와서 다니다. 빗나가 공중에 뜨다.[←날(다)+뜨다].

156) 날래다: 사람이나 동물의 움직임이 나는 듯이 빠르다. ¶발걸음이 날래다. 날래(어서 빨리) 먹어라.

157) 날력하다: 재빠르고 세차다. ¶날력하게 행동하다.

158) 날렵하다: ①재빠르고 날래다.≒날쌔다. ¶제비처럼 날렵하다. 제비처럼 날렵한 동작. ②매끈하게 맵시가 있다. ¶몸매가 날렵하다. 저고리는 섶귀가 날렵하고 예뻐야 한다.

159) 날리다[1]: ①바람에 나부끼어 움직이게 하다. 낢을 당하다.≒펄럭이다. ¶꽃가루가 바람에 날리다. 종이비행기를 날리다. 드날리다(손으로 들어서 날리다), 연날리기, 휘날리다(바람에 나부끼다), 흩날리다. ②이름이 널리 알려지다. 이름을 널리 떨치다. ¶공부를 잘하여 그 놈은 학교에서 날리다. 선수 시절에는 그 사람의 이름이 꽤 날렸다. 들날리다/드날리다(세력이나 명성이 세상에 널리 떨치다. 또는 떨치게 하다), 휘날리다(명성을 널리 떨치다).
날리다[2]: ①지녔던 것을 헛되게 잃어버리거나 없애다.≒탕진하다(蕩盡). ¶빚으로 집을 날리다. ②일을 대강대강 아무렇게나 하다. ¶일을 날리어 하다. 날림으로 지은 집. 날림[날림공사(工事), 날림식(式), 날림일/날림, 날림치(날림으로 만든 물건)]; 겉날리다(겉으로만 어름어름 되는 대로 날려서 하다).

160) 날솟다: 날거나 또는 아주 빨리 솟아오르다.

161) 날쌔다: 동작이 날래고 재빠르다. ¶날쌘 동작. 날쌔게 도망가다.

162) 날아나다: ①안에 있던 것이 날아서 나가거나 나오다. ②사방으로 날아서 흩어지다. ③돈이나 재물이 다 없어지다. ④어떤 현상이 가셔지고 없어지다. ⑤액체가 기화해 없어지다.

163) 날치: 날아가는 새를 쏘아 잡는 일. 동작이 매우 재빠르고 날쌤.

164) 날치다: 제 세상인 양 날뛰며 기세를 올리다.≒설치다.

165) 날파람: 어떤 물체가 빠르게 지나갈 때 그 서슬에 이는 바람. 빠르고 날카로운 기세. ¶날파람나다/스럽다.

166) 나분: 매우 가볍게 움직이는 모양. 〈큰〉너분. 〈거〉나푼. ¶입을 나분나분 놀리다. 나분거리다/대다. 나분작·너분적.

167) 나불: ①얇은 물체가 바람에 날리어 가볍게 움직이는 모양. 〈큰〉너불. 〈거〉나풀. ②입을 가볍게 함부로 놀리는 모양. ¶입을 나불나불 놀리다. 나불·너불·나풀·너풀거리다/대다.

168) 나붓: 얇은 천이나 종이 따위가 나부끼어 흔들리는 모양. 〈큰〉너붓. ¶나뭇잎이 나붓나붓 흔들리다. 나붓나붓 나부끼는 깃발들. 나붓·너붓거리다/대다.

169) 나팔: 작은 천 조각이나 종이 따위가 빠르고 가볍게 나부끼는 모양. 〈큰〉너펄. ¶옷고름을 나팔나팔 날리며 달려가는 소녀. 나팔·너펄거리다/대다.

170) 나풋나풋: 작은 것이 가볍고 날렵하게 움직이는 모양. 〈큰〉너풋너풋. ¶무대 위로 나풋나풋 걸어 나오는 꼬마 배우. 운동장에서 뛰놀던 아이들이 선생님을 보자 너풋너풋 인사를 한다.

171) 들날리다: 세력이나 명성이 세상에 널리 떨치다. 또는 떨치게 하다. 〈준〉드날리다.

172) 펄날다: 일하는 솜씨가 아주 능숙하여 빨리 해내다.[←펄펄 날다].

173) 날아놓다: 여러 사람이 낼 돈의 액수를 정하다. ¶곗돈을 날아놓다. 이사들의 분담금을 날아놓다.

174) 찌날라리: 낚시찌를 찌고무에 꽂기 위하여 날라리줄로 연결하여 놓은 메뚜기.

175) 날름쇠: ①무자위의 아래위 부분에 있는 판. ¶날름쇠가 열리며 물이 쏟아져 나오다. ②총의 방아쇠를 걸었다 떨어뜨리는 쇠. ③물건을 퉁겨지게 하려고 걸어 놓은 쇠. ¶덫의 날름쇠를 걸다.

날카롭다 ☞ 날³.

날탕 ①아무것도 가진 것이 없음 또는 그런 사람. ¶날탕인 주제에 사업이라니……. ②어떤 일을 하는 데 아무런 기술이나 기구 없이 마구잡이로 함. ¶일을 날탕으로 하다.

날피 가난하면서 말이나 행동이 착실하지 못한 사람. ≒가난뱅이. 난봉꾼. ¶뼈대 있는 집안에서 자랐음에도 날피처럼 보였다. 그를 날피라고 하지만 그래도 쓸모가 있다.

낡(다) 물건을 만든 지가 오래된 상태가 되다. 헐고 삭아 너절하다. 시대에 뒤떨어져 새롭지 못하다. ¶낡은 의자. 낡은 사고방식. 낡삭다(오래되어 낡고 삭다), 낡아빠지다, 낡은것, 낡은말, 낡은이(늙은이). ☞ 후(朽).

남 ①자기 이외의 다른 사람. 나 아닌 일체의 것.↔나. ¶남을 위하여 살다. 남나중(남보다 나중), 남늦다(남보다 늦다), 남다르다(다른 사람과는 유난히 다르다), 남달리, 남대되[176], 남먼저(남보다 먼저), 남모르다, 남몰래(남이 모르게), 남볼썽(남을 대하여 볼 면목. 체면), 남부끄럽다, 남부럽다, 남부럽잖다, 남우세/스럽다(=남세스럽다), 남의나이(환갑이 지난 뒤의 나이), 남의눈(여러 사람의 시선), 남의달[177], 남의집살이, 남잡이(해코지); 내남(나와 남을 아울러 이르는 말), 내남없이(나와 다른 사람 모두 마찬가지로), 성부동남(姓不同;썩 가까운 사람). ②일가 친척에 속하지 않는 사람. ¶집안일에 왜 남을 끼어 넣느냐? ③아무런 관계가 없거나 관계를 끊은 사람. ¶그도 이제 남이 되었다. 남남, 남남끼리, 남스럽다(남남사이처럼 느껴져서 서먹서먹하다).

남(男) '남성. 남자. 그러한 사내. 아들'을 뜻하는 말.↔여(女). ¶남경(男莖;자지), 남계/친(男系/親), 남공(男工), 남근(男根), 남녀(男女)[178], 남노(男奴;사내종), 남동생(男同生), 남매(男妹;오누이)[남매간(間); 의남매(義), 종남매(從), 친남매(親)], 남배우(男俳優)/남우(男優), 남복(男服), 남부여대(男負女戴), 남사당/패(男-牌), 남상/지르다(男相), 남색(男色), 남상(男像), 남선생(男先生), 남성(男性)[남성미(美), 남성지다[179], 남성지르다, 남성호르몬], 남성(男聲), 남수(男囚), 남술(남자의 숟가락), 남스님, 남승(男僧), 남아(男兒), 남악(男樂), 남자(男子)[180], 남작(男爵), 남장(男裝), 남정/네(男丁), 남존여비(男尊女卑), 남좌여우(男左女右), 남중일색(男中一色), 남창/여수(男唱/女隨), 남창(男娼), 남첩(男妾), 남탕(男湯), 남편(男便)[181], 남학생(男學生), 남혼/여가(男婚/女嫁), 남흔여열(男欣女悅); 고애남(孤哀男), 근사남(近事男), 근책남(勤策男), 금남(禁男), 남남북녀(南男北女), 다복다남(多福多男), 동남(童男), 동거남(同居男), 동정남(童貞男;숫총각), 득남(得男), 말남(末男;막내아들), 미남(美男), 불초남(不肖男), 생남(生男), 선남선녀(善男善女), 신남(信男), 용남(傭男), 울남(울기를 잘하는 사내아이), 유부남(有婦男), 장남(長男), 적남(嫡男;嫡子), 정남(貞男), 차남(次男), 처남(妻男), 추남(醜男), 쾌남(快男), 호남(好男) 들.

남(南) 나침반이 남극을 가리키는 쪽. 남쪽. 남쪽.↔북(北). ¶남으로 가다. 남계(南界), 남국/적(南國/的), 남극(南極)[남극권(圈), 남극성(星), 남극해(海)], 南男北女(남남북녀), 남녘, 남단(南端), 남대(南帶), 남대문(南大門), 남도(南道), 남동쪽(南東), 남두(南斗), 남록(南麓), 남마구리, 남만(南蠻), 남면(南面), 남명(南冥/溟), 남묘(南廟), 남문(南門), 남미(南美), 남미서(南微西), 남반구(南半球), 남반부(南半部), 남방(南方)[남방셔츠(shirts)], 남벌(南伐), 남변(南邊), 남북(南北)[남북문제(問題), 남북통일(統一)], 남산(南山)[남산수(壽)], 남서쪽(南西), 남십자성(南十字星), 남안(南岸), 남양(南洋), 남위/선(南緯/線), 남유럽(Europe), 남인(南人), 남전북답(南田北畓), 남점(南點), 남정(南征), 남종화(南宗畵), 남중(南中), 남지(南枝), 남지(南至), 남진(南進), 남쪽, 남창(南窓), 남천(南天), 남초(南草), 남촌(南村), 남측(南側), 남치, 남침(南侵), 남파(南派), 남풍(南風), 남하(南下), 남학(南學), 남한(南韓), 남한대(南寒帶), 남항(南港), 남해(南海), 남해안(南海岸), 남행(南行), 남향(南向)[남향집, 남향판], 남회귀선(南回歸線); 강남(江南), 극남(極南), 낙남(落南), 대남(對南), 도남(圖南), 동남(東南), 영남(嶺南), 월남(越南), 정남(正南), 지남(指南), 지남철(指南鐵), 호남(湖南) 들.

남(濫) '함부로·마구. 번지다·퍼지다. 넘쳐흐르다'를 뜻하는 말. ¶남독(濫讀;닥치는 대로 아무 책이나 마구 읽음), 남렬하다(濫劣), 남발(濫發)[182], 남벌(濫伐↔選伐), 남벌(濫罰), 남법(濫法;법을 함부로 쓰거나 어지럽게 함), 남봉(濫捧), 남분하다(濫分;분수에 크게 넘치다), 남비(濫費), 남살(濫殺;사람을 함부로 죽임), 남상(濫賞↔濫罰), 남상(濫觴)[183], 남소(濫訴), 남솔(濫率), 남승(濫乘), 남식(濫食), 남악하다(濫惡), 남용(濫用)[남용하다; 권리남용(權利), 오남용(誤), 직권남용(職權)], 남위(濫僞), 남음(濫飮), 남작(濫作;글 따위를 질을 생각하지 않고 마구 많이 지음), 남제/품(濫製/品;濫造), 남조(濫造;마구 많이 만듦;濫製), 남직(濫職), 남징(濫徵), 남취(濫吹)[184], 남하(濫下;관청에서 함부로 돈이나 곡식을 내어줌), 남하다(외람하다;분수에 지나친 데가 있다), 남행(濫行;난잡하게 행동함), 남형(濫刑;법에 의하지 않고 함부로 형벌을 가함), 남획(濫獲;짐승·물고기 따위를 마구 잡음)/하다; 과람(過濫;분수에 넘침), 모람(冒濫;윗사람에게 버릇없이 함부로 행

176) 남대되: ①남들은 빠짐없이 모두. ¶남대되 맞는 서방을 나라고 못 맞이할까. ②남과 같이.

177) 남의달: 임신부가 해산할 달로 치는 그 다음달. ¶남의달잡다(아이를 남의달에 낳게 되다).

178) 남녀(男女): 남녀공학(共學), 남녀노소(老少), 남녀동등권(同等權), 남녀추니(남녀의 생식기를 둘 다 가지고 있는 사람. 어지자지. 불씹장이), 남녀상열지사(男女相悅之詞), 남녀유별(男女有別), 남녀평등/권(平等/權).

179) 남성지다(男性): 여자가 남자의 성질을 가지다.

180) 남자(男子): 남자답다; 기남자(奇男子;재주가 뛰어난 사나이), 귀남자(貴), 미남자(美), 변성남자(變成), 외간남자(外間), 위남자(偉), 혈성남자(血誠), 호남자(好).

181) 남편: 아내의 배우자. ≒지아비.↔여편/네.[(남진/남편]. ¶본남편(本), 전남편(前).

182) 남발(濫發): ①화폐나 어음·증명서 따위를 함부로 발행함. ¶부도 수표(不渡手票)를 남발하다. 남발되다/하다. ②어떤 말이나 행동을 함부로 함. ¶선거 공약을 남발하다.

183) 남상(濫觴): 큰 강물의 시초도 잔을 띄울 정도의 가는 물줄기라는 뜻에서, 사물의 맨 처음. 기원(起源). 근원(根源). ¶100년 전의 이 학교 설립이 곧 신교육의 남상이었다.

184) 남취(濫吹): 무능한 사람이 재능이 있는 체하는 것이나 또는 실력이 없는 사람이 어떤 지위에 붙어 있는 일을 이르는 말. 남우(濫竽).

동함), 범람(氾/汎濫;물이 넘쳐흐름. 바람직하지 못한 것이 마구 쏟아져 나옴), 외람되다/스럽다/하다(猥濫), 우람하다(愚濫), 위람(危濫), 참람하다(僭濫), 치람하다(侈濫), 태람(太濫) 들.

남(覽) '두루 보다. 살펴보다'를 뜻하는 말. ¶남고(覽古;고적을 찾아보고 당시의 일을 회상함), 남승(覽勝), 남침(覽寢), 남필(覽畢), 남화장(覽火匠); 고람(考覽), 고람(高覽), 공람(供覽), 관람(觀覽), 내람(內覽;비공식으로 몰래 봄), 등람(登覽), 박람/회(博覽/會), 배람(拜覽), 상람(上覽), 상람(詳覽), 성람(聖覽), 소람(笑覽), 숙람(熟覽), 순람(巡覽), 어람(御覽), 역람(歷覽), 열람(閱覽), 예람(睿覽), 예람(叡覽), 요람(要覽), 유람(流覽), 유람(遊覽), 을람(乙覽;임금이 글을 봄), 일람(一覽), 전람(展覽), 조람(照覽), 존람(尊覽), 종람(縱覽), 주람(周覽), 천람(天覽), 청람(淸覽), 총람(總覽), 친람(親覽)[만기친람(萬機)], 태람(台覽), 통람(通覽), 편람(便覽), 피람(披覽), 회람(回覽), 흡람(洽覽) 들.

남(藍) '쪽. 쪽빛'을 뜻하는 말. ¶남벽(藍碧), 남보라, 남본(藍本), 남빛, 남색(藍色), 남색짜리, 남섬석(藍閃石), 남수(藍水), 남스란치마, 남실(藍實), 남여(藍輿;가마), 남옥(藍玉), 남자색(藍紫色), 남전(藍靛), 남정석(藍晶石), 남조류(藍藻類), 남지(藍紙), 남철(藍鐵;남빛이 나는 쇠), 남철릭, 남청(藍靑;남청빛), 남초(藍草), 남치마, 남파랑, 남판(藍版), 남포(藍袍), 남흑색(藍黑色); 감람(甘藍;양배추), 농람(濃藍), 목람(木藍;쪽), 송람(菘藍), 심람(深藍), 요람(搖籃), 청람(靑藍), 청출어람(靑出於藍), 출람(出藍) 들.

남(嵐) '아지랑이. 폭풍(暴風)'을 뜻하는 말. ¶남광(嵐光), 남기(嵐氣;이내), 남취(嵐翠), 남풍(嵐風); 계람(溪嵐), 자기람(磁氣嵐), 장람(瘴嵐), 청람(靑嵐), 청람(晴嵐), 취람(翠嵐) 들.

남(攬) '손에 쥐다(잡다). 가려 뽑아서 취하다'를 뜻하는 말. ¶남요(攬要;요점을 추림); 수람(收攬), 연람(延攬;남의 마음을 끌어 자기편으로 만듦), 총람(總攬) 들.

남(喃) '재잘거리다'를 뜻하는 말. ¶남남하다(喃喃;혀를 빨리 놀리어 알아들을 수 없이 재잘거리다).

남(襤) '누더기. 옷이 해지다'를 뜻하는 말. ¶남루/하다(襤褸;옷 따위가 때묻고 해어져 너절함). 남의(襤衣).

남(欖) '감람나무(감람과의 상록 교목)'를 뜻하는 말. ¶감람/나무(橄欖).

남(鬖) '머리털이 길다'를 뜻하는 말. ¶남삼하다(鬖髿).

남-날개 사냥꾼이 화약이나 탄알을 넣어 가지고 다니는 그릇을 통틀어 이르는 말.

남(다) 다 처분되지 아니하여 그 일부가 그대로 있게 되다.(↔모자라다). 따로 처져 있다. 뒤에까지 전하다. 이익을 보다. ¶밥이 남다. 많은 사람이 아직도 그 곳에 남아 있다. 기억에 오래 남다. 크게 남는 장사. 남기다[185], 남김없이(다. 모두. 깡그리), 남스렁이(남은 부스러기), 남아나다[186], 남아넘치다, 남아돌다[187]/돌아가다, 나머지, 나머지정리(定理), 남짓[188], 나투리('나머지'의 전라 사투리); 반나마(半;반이 조금 지나게), 살아남다, 여남은(열을 조금 넘은 어림수)/째. ☞ 여(餘).

남바위 추울 때 머리에 쓰는 방한구(防寒具). ¶색동옷을 입고 남바위를 쓴 도령.

남새 심어서 가꾸는 푸성귀.[<ᄂᆞᄆᆞ새]. ¶텃밭에 남새를 심었다. 남새국, 남새꾸미, 남새막(幕), 남새밭, 남새붙이; 멧남새, 밭남새, 푸른남새. ☞ 새[5].

남생이 남생잇과의, 민물에 사는 거북 비슷한 동물. ¶남생이 등에 활쏘기. 줄남생이(물가의 양지 바른 곳에 죽 늘어앉은 남생이).

남태 통나무에 나무토막을 둘러 박아 씨를 뿌린 뒤 다지는 데 쓰는 농기구.

남포[1] 도화선 장치를 하여 폭발시킬 수 있게 된 다이너마이트. ¶남포를 터뜨리다. 남폿구멍, 남포까기, 남포꾼, 남폿돌, 남폿불[1](남포를 폭발시킬 때 도화선에 붙이는 불), 남포약(藥), 남포질/하다.

남포[2] 석유를 넣은 그릇의 심지에 불을 붙이고 유리제의 등피(燈皮;유리 껴펑이)를 끼운 등.[←lamp]. ¶남포등(燈), 남폿불[2](남포등에 켠 불).

납 푸르스름한 잿빛의 무른 금속 원소. '땜납'의 준말. ¶납공해(公害), 납관(管), 납덩이, 납덩이같다(무겁다), 납독(毒), 납돌, 납땜[납땜인두, 납땜질/하다], 납똥, 납봉, 납빛(푸르스름한 잿빛), 납유리(琉璃), 납종이, 납중독(中毒), 납축전지(蓄電池); 경납(硬), 상납(上), 유납(놋쇠를 만드는 데 섞는 아연), 초산납(醋酸), 황납(黃) 들. ☞ 연(鉛).

납(納) '바치다. 들이다·받아들이다. 거두다'를 뜻하는 말. ¶납골(화장한 유골을 그릇이나 납골당에 모심)/당(納骨/堂), 납공(納貢), 납관(納款), 납금(納金;돈을 바침), 납기(納期), 납길(納吉), 납녀(納女), 납득하다(納得;알다), 납량[189]/물(納涼/物), 납뢰(納賂;뇌물을 바침), 납리(納履;신을 신음), 납배(納杯), 납배(納拜), 납백(納白;결정적인 거절. 자빡), 납본(納本;발행한 출판물을 본보기로 관계 당국에 보냄), 납부(納付/附)[납부금(金), 납부량(量), 납부인(印), 납부증(證)], 납상(納上), 납세(納稅;세금을 냄)[납세고지(告知), 납세액(額), 납세의무(義務), 납세자(者)], 납속(納贖;죄를 면하기 위하여 돈을 바침), 납액(納額), 납양(納陽), 납언(納言), 납음(納音), 납입(納入)[납입금(金), 납입자본(資本), 납입증(證)], 납주(納主), 납징(納徵), 납채(納采)[마두납채(馬頭)], 납초(納草), 납폐(納幣), 납품(納品), 납함(納銜), 납항(納降), 납헌하다(納獻;바치다), 납회(納會); 가납/세(假納/稅), 가납(嘉納), 간납(肝

185) 남기다: 남는 상태가 되다. ¶밥을 다 먹지 못하고 남기다. 동생만 집에 남기고 온 가족이 떠났다. 역사에 이름을 남기다. 이익을 남기다.

186) 남아나다: 나머지가 생기게 되거나 어떤 기준보다 넘쳐나다. 끝까지 남다. 제대로 성하게 남다. ¶아이들 손만 닿으면 남아나는 물건이 없다.

187) 남아돌다: 사람이나 물건이 아주 넉넉하여, 여분이 많이 있다. ¶남아도는 인원.

188) 남짓: 수량을 나타내는 말 뒤에 쓰여, 어느 한도에 차고 조금 남는 정도. 남짓하게.=나마'.[<남ᄌᆞᆨ]. ¶지갑에 돈이 만 원 남짓 남았다. 일할 날이 한 달 남짓 남았다. 남짓하다, 남짓이(남짓하게).

189) 납량(納凉): 더운 여름에 서늘함을 맛봄. 납량 특집으로 공포 영화를 상영하다.

納), 감납(減納), 개납(皆納), 거납(拒納), 검납(檢納), 공납(公納), 공납(貢納), 관납(官納), 군납(軍納), 궁납(宮納), 귀납(歸納), 금납(金納), 대납(代納), 독납(督納), 물납(物納), 미납(未納)[미납세(稅), 미납자(者), 미납조(條)], 반납(半納), 반납(返納), 방납(防納), 별납(別納), 봉납(捧/奉納), 부납(賦納), 분납(分納), 불납(不納)[거문불납(拒門), 폐문불납(閉門)], 상납(上納), 선납(先納), 소납(笑納), 수납(受納), 수납(收納), 수납(袖納;편지 등을 가지고 가서 직접 드림), 수납(輸納), 시납(施納), 연납(捐納), 연납(延納), 예납(例納), 예납(豫納), 오납(誤納), 완납(完納), 용납/되다/하다(容納), 원납(願納), 윤납(輪納), 응납(應納), 입납(入納)[남대문입납(南大門); 본제입납(本第)], 전납(全納), 전납(前納), 전납(傳納), 정납(呈納), 정납(停納), 준납(準納), 즉납(卽納), 직납(直納), 진납(進納), 징납(徵納), 채납(採納), 청납(淸納;세금을 죄다 바침), 청납(聽納;남의 말을 잘 들어줌), 체납(滯納), 추납(追納), 추납(推納), 출납(出納), 충납(充納), 태납(怠納), 토납(吐納), 판납(辦納), 필납(必納), 필납(畢納), 하납(下納), 헌납(獻納), 환납(還納), 회납(回納), 후납(後納) 들.

납(蠟) 지방산과 고급 1가 알코올과의 에스테르. 초. ¶납결(蠟結頁), 납밀(蠟蜜), 납석(蠟石;곱돌), 납세공(蠟細工), 납송(蠟松;소나무의 송진이 많은 부분), 납염(蠟染;밀랍을 써서 물들임), 납지(蠟地;파라핀지), 납지(蠟紙;밀이나 백랍이나 파라핀 따위를 먹인 종이), 납촉(蠟燭;밀초), 납판(蠟板), 납판(蠟版), 납형(蠟型)[190], 납화(蠟畫)[191], 납환(蠟丸); 경랍(鯨蠟), 동물납(動物蠟), 목랍(木蠟), 밀랍(蜜蠟). 백랍(白蠟), 봉랍(封蠟), 봉랍(蜂蠟), 석랍(石蠟), 성랍(聖蠟), 어랍(魚蠟), 주랍(朱蠟), 탈랍(脫蠟), 형랍(型蠟), 황랍(黃蠟;밀) 들.

납(臘) 동지(冬至) 뒤의 셋째 미일(未日). 납일(臘日). ¶납매(臘梅), 납설(臘雪), 납설수(臘雪水), 납약(臘藥), 납월(臘月;섣달), 납육(臘肉), 납일(臘日), 납전삼백(臘前三白), 납제(臘劑), 납조(臘鳥), 납주(臘酒), 납팔(臘八), 납평(臘平), 납평치(臘平), 납향(臘享;섣달에 지내는 제사); 객랍(客臘;舊臘), 구랍(舊臘;지난해의 섣달), 법랍(法臘), 복랍(伏臘;복날과 납일), 승랍(僧臘), 일랍(一臘) 들.

납(鑞) 주석. 납과 주석의 합금. 땜질에 씀. 땜납. ¶납땜[납땜인두, 납땜질], 납봉(鑞封), 납빛, 납세공(鑞細工), 납염(鑞染), 납의(鑞衣), 납지(鑞紙;납과 주석의 합금을 종이처럼 얇게 늘인 것); 경랍(硬鑞), 금랍(金鑞), 동랍(銅鑞), 땜납, 백랍(白鑞), 양은랍(洋銀鑞), 은랍(銀鑞), 황동랍(黃銅鑞) 들.

납(吶) '말을 느리게 하다'를 뜻하는 말. ¶납함(吶喊;여러 사람이 일제히 큰소리를 지름), 납함성(吶喊聲;여러 사람이 다 함께 지르는 큰 소리). §'말을 더듬다'의 뜻으로는 [눌]로 읽힘. 눌눌(吶吶), 눌흘(吶吃).

납(拉) '데려가다. 끌어가다'를 뜻하는 말. ¶납거(拉去), 납배(拉杯), 납북(拉北), 납치(拉致;강제로 끌고 감), 납후(拉朽); 피랍(被拉;납치를 당함) 들.

납(衲) '깁다. 중. 승려'를 뜻하는 말. ¶납의(衲衣), 납자(衲子); 범납(梵衲;중) 들.

납신 ①윗몸을 가볍고 빠르게 구부리는 모양. ¶허리를 납신 굽히다. 납신거리다/대다[1], 납신납신/하다. ②입을 빠르고 경망스럽게 놀려 말하는 모양. 납신거리다/대다[2].

낫 풀·곡식·나뭇가지 따위를 베는 데 쓰는 연장. ¶낫가락, 낫갱기[192], 낫걸이, 낫공치[193], 낫꽂이, 낫나무, 낫날, 낫놀[194], 낫대패(홅이기), 낫등, 낫몸, 낫부리(낫의 뾰족한 끝 부분), 낫자루, 낫자리, 낫질/하다, 낫치기놀이, 낫칼, 낫표(標); 걸낫, 겹낫, 깎낫(방망이나 홍두깨 따위를 깎는 낫), 깔딱낫(보잘것없는 헌 낫), 담뱃낫, 밀낫(풀을 밀어 깎는 낫), 반달낫(半), 버들낫(날의 길이가 짧은 낫), 벌낫, 양낫(洋), 옥낫(접낫), 왜낫(倭), 왼낫, 접낫(자그마한 낫), 조선낫(朝鮮), 톱날낫, 황새낫. ☞ 겸(鎌).

낫낫-하다[1] ☞ 나긋.

낫낫-하다[2] ①흡족하여 얼굴 표정이 환하다. ②기름한 물건이 곧고 빳빳하다. ¶낫낫한 회초리. 낫낫한 오리나무. 낫낫이 선 가지.

낫(다)[1] 몸의 병이나 상처가 없어지다.≒치료되다(治療). 치유되다(治癒).↔병들다. 아물다. ¶병이 다 나았다. 부스럼이 낫다. 두통이 말끔히 낫다.

낫(다)[2] 서로 견주어 좋은 점이 더하다.↔못하다. ¶이것이 저것보다 낫다. 보다 나은 대우. 매도 먼저 맞는 것이 낫다. 나아가다[2][195], 나아가서(거기에 만 머무르지 않고), 나아지다(차차 좋아지다), 나암[196], 나우[197], 난놈, 난사람(잘나거나 뛰어난 사람), 낫자라다(더 잘 자라다), 낫잡다[198] 들.

낭 '낭떠러지(깎아지른 듯한 언덕)'의 어근. 위에서 내려다보았을 때를 일컫는 말. ¶서울이 낭이라니까 과천부터 간다(어떤 일을 당하기도 전에 지레 겁을 먹다). 천만 길 낭떠러지. 낭떠러지에서 떨어지다. 낭길(낭떠러지를 끼고 난 길), 낭끝(벼랑끝), 낭벼랑(낭떠러지처럼 가파른 벼랑).

낭(囊) '주머니. 불알'을 뜻하는 말. ¶낭도(囊刀), 낭배(囊胚), 낭상(囊狀;주머니처럼 생긴 모양)[낭상모(毛), 낭상물(物), 낭상인대(靭帶), 낭상체(體), 낭상충(蟲)], 낭서(囊書;주머니 속의 글), 낭습증(囊濕症), 낭옹(囊癰;고환에 나는 종기), 낭장망(囊長網), 낭중(囊中)[낭중물(物), 낭중지추(之錐), 낭중취물(取物)] 낭축증(囊縮症;음낭이 오그라드는 병), 낭충(囊蟲), 낭탁(囊橐;자기의 차지로

---

190) 납형(蠟型): 주물(鑄物)의 거푸집을 만들기 위하여, 주물과 똑같은 모양으로 만든 밀랍 인형.

191) 납화(蠟畫): 납을 섞은 물감을 벌꿀 또는 송진에 녹여서 불에 달군 인두로 색을 입히는 그림. 또는 그런 기법.

192) 낫갱기: 낫자루에 슴베가 박히는 부분을 단단히 하기 위하여 둘러 감은 쇠.[←낫+감(다)+-기].

193) 낫공치: 낫의 슴베가 휘어넘어가는 덜미의 두꺼운 부분.

194) 낫놀: 슴베가 빠지지 않도록 낫자루에 놀구멍을 꿰어박는 쇠못. 〈준〉놀.

195) 나아가다[2]: 하는 일이 점점 되어가다. 병세가 호전되다. ¶살림이 좀 나아가다. 기술이 좀 나아가다. 병이 나아가다.

196) 나암: =차츰. ¶낮이 나암나암 길어지다. 성적이 나암나암 나아지고 있다.

197) 조금 많이. 약간 낫게.[←낫(다)+우]. ¶월급을 지난달보다 나우 주다.

198) 낫잡다: 수효·수량·금액·나이 따위를 좀 넉넉하게 치다. ¶아무리 낫잡아도 만 원이면 충분하다. 음식을 낫잡아 준비하다.

만듦. 아람치), 낭포(囊胞), 낭핍(囊乏;지갑이나 주머니가 텅 비어 있음), 낭형(囊螢;어려운 환경을 이겨내고 학업에 정진함); 결낭, 공낭(空囊), 관절낭(關節囊), 교낭(膠囊), 구급낭(救急囊), 극낭(極囊), 금낭(錦囊), 기낭(氣囊), 난낭(卵囊), 난소낭(卵巢囊), 난황낭(卵黃卵), 내장낭(內臟), 누낭(淚囊), 담낭(膽囊;쓸개), 도리낭(둥그렇게 만든 주머니), 맹낭(盲囊), 명낭(鳴囊), 모낭(毛囊), 모이낭, 무낭(無囊;불알이 없음), 문서낭(文書囊), 바랑(←鉢囊), 배낭(背囊), 배낭(胚囊), 부낭(浮囊), 빙낭(氷囊), 사낭(砂囊), 사향낭(麝香囊), 소낭(嗉囊), 수낭(水囊), 수낭(繡囊), 수정낭(受精囊), 신낭(腎囊;불알), 심낭(心囊), 안낭(鞍囊), 약낭(藥囊), 여낭(旅囊), 염낭(囊;두루주머니)[염낭거미, 염낭끈, 염낭쌈지], 오낭(五囊), 요낭(尿囊), 우랑(←牛囊), 우편낭(郵便囊), 육아낭(育兒囊), 음낭(陰囊), 의가반낭(衣架飯囊), 의낭(衣囊;호주머니), 자낭(子囊), 저수낭(貯水囊), 점액낭(粘液囊), 정낭(精囊), 제낭(臍囊), 지낭(智囊), 추낭(錐囊), 침낭(寢囊), 태낭(胎囊), 평형낭(平衡囊), 포자낭(胞子囊), 포충낭(捕蟲囊), 해낭(奚囊), 행낭(行囊)/적행낭(赤), 향낭(香囊), 혁낭(革囊), 협낭(頰囊), 황낭(黃囊) 들.

낭(浪) ① '삼가지 아니하다(방자하다). 떠돌아다니다. 터무니없다. 함부로 · 마구'를 뜻하는 말. ¶낭객(浪客), 낭랑하다(浪浪;떠돌아다니다), 낭비(浪費)[199], 낭사(浪士;언행이 허황하고 실하지 못한 사람), 낭사(浪死;헛된 죽음), 낭설(浪說;거짓말)[부언낭설(浮言), 중간낭설(中間)], 낭어(浪語), 낭유(浪遊), 낭인(浪人;건달), 낭적(浪跡;정처 없이 떠돌아다닌 자취), 낭지(浪志;두서없고 이치에 맞지 아니한 어지러운 생각), 낭직(浪職;직무를 등한히 함); 맹랑하다(孟浪), 방랑/자(放浪/者), 부랑(浮浪)[부랑배(輩), 부랑아(兒), 부랑자(者)], 유랑(流浪)[유랑민(民), 유랑자(者)], 허랑하다(虛浪), 허랑방탕(虛浪放蕩). ②물결. 파도'를 뜻하는 말. ¶낭랑하다(浪浪;눈물이 거침없이 흐르다. 비가 계속 오다), 낭흔(浪痕); 격랑(激浪), 경랑(鯨浪), 광랑(狂浪), 맥랑(麥浪), 역랑(逆浪), 조랑(潮浪;조수의 물결), 창랑(滄浪), 취랑(吹浪), 탁랑(濁浪), 파랑(波浪), 표랑(漂浪), 풍랑(風浪), 험랑(嶮浪) 들.

낭(郞) '사나이. 사내. 남편. 남의 아들을 부름'을 뜻하는 말. ¶낭관(郎官), 낭군/님(郎君), 낭기마(郎騎馬), 낭도(郎徒;화랑의 무리), 낭선(郎扇), 낭자(郎子;총각), 낭재(郎材;신랑감), 낭중(郎中;남자무당); 당랑(堂郎), 서랑(壻郎), 시랑(侍郎), 신랑(新郎)[신랑감; 꼬마신랑, 새신랑], 야유랑(冶遊郎;방탕한 젊은이), 여랑(女郎), 영랑(令郎), 전랑(銓郎), 정랑(正郎), 정랑(情郎), 좌랑(佐郎), 풍류랑(風流郎), 화랑(花郎) 들.

낭(狼) '이리. 어지러워지다. 거칠다'를 뜻하는 말. ¶낭고(狼顧)[200], 낭독(狼毒;한라투구꽃), 낭선(狼筅)[낭성창(槍), 낭성대(긴 막대)], 낭아(狼牙), 낭연(狼煙/烟), 낭연(狼煙/烟봉화), 낭자야심(狼子野心), 낭자하다(狼藉)[201], 낭질(狼疾;성미가 워낙 고약해서 쉽게 뉘우치지 못함), 낭탐(狼貪), 낭판(狼)[202], 낭패(狼狽)[203]; 시랑(豺狼;승냥이와 이리. 탐욕스럽고 무자비한 사람), 호랑(虎狼), 호랑이(虎狼) 들.

낭(朗) '환하게 밝다. 유쾌하고 활달하다. 소리높이 또랑또랑하게'를 뜻하는 말. ¶낭독(朗讀)[낭독자(者); 입체낭독(立體)], 낭랑하다/히(朗朗;맑다), 낭보(朗報;반가운 소식), 낭송(朗誦), 낭오하다(朗悟;지혜가 밝아 깨달음이 빠르다), 낭월(朗月), 낭음(朗吟), 낭철하다(朗徹;속까지 환히 들여다 비치어 보일 만큼 맑다), 낭혜하다(朗慧;슬기롭다), 낭화(朗話;맑고 밝은 이야기); 명랑하다(明朗), 청랑(淸朗), 청랑(晴朗) 들.

낭(廊) '복도(건물 안에 다니게 된 긴 통로). 골마루'를 뜻하는 말. ¶낭묘(廊廟), 낭속(廊屬;하인배의 총칭), 낭하(廊下), 낭한(廊漢;행랑살이 하는 사람); 공랑(公廊), 사랑(舍廊), 성랑(城廊), 수랑(守廊), 외랑(外廊), 월랑(月廊), 익랑(翼廊), 주랑(柱廊), 줄행랑(行廊), 행랑(行廊), 화랑(畵廊), 회랑(回廊) 들.

낭(娘) '계집. 소녀'를 뜻하는 말. ¶낭랑(娘娘;왕비나 귀족의 아내), 낭세포(娘細胞), 낭자(娘子;처녀), 낭자군(娘子軍); 소랑(小娘), 여랑(女娘) 들.

낭(琅/瑯) '옥. 구슬'을 뜻하는 말. ¶낭랑하다/히(琅琅), 법랑(琺瑯).

낭만 주정적(主情的) 또는 이상적으로 사물을 파악하는 일. 또는 그렇게 하여 파악된 세계.[←roman(로망)]. §'浪漫(낭만)'은 취음. ¶낭만적(的), 낭만주의(主義), 낭만파(派).

낭성-대 장대. 긴 막대기.[←낭선(狼筅)]. ¶낭성대에 맨 깃발.

낭자 여인의 예장(禮裝)에 쓰던 딴머리의 하나. 쪽진 머리 위에 긴 비녀를 꽂음. 쪽. ¶낭자를 풀다. 낭자를 틀고 비녀를 꽂은 새색시. 낭자머리, 낭잣비녀.

낭창 가늘고 긴 막대기나 줄 따위가 조금 탄력 있게 자꾸 흔들리는 모양. 〈큰〉능청. ¶낭창낭창한 버들가지. 낚싯대가 낭창낭창 흔들리다. 낭창 · 능청거리다/대다, 낭창낭창 · 능청능청/하다.

낮 해가 떠 있는 동안. 한낮.↔밤. ¶낮과 밤. 낮거리(낮에 하는 성교)/하다, 낮것(낮에 먹는 밥), 낮결[204], 낮교대(交代), 낮기온(氣溫), 낮길이, 낮달, 낮닭(낮에 우는 닭), 낮대거리(代;낮교대)/하다, 낮도깨비, 낮도둑, 낮도와(밤을 낮 삼아서), 낮때, 낮말, 낮물잡이(낮에 새우를 잡는 일), 낮방송(放送), 낮번(番), 낮볕(대낮에 쬐는 햇볕), 낮부림(낮에만 부림을 받아서 하는 일), 낮새껏(낮이 다 지날 때까지), 낮수라, 낮술, 낮일, 낮잠/자다, 낮차(車), 낮참[205], 낮후(後;한낮이 지난 뒤); 긴긴낮(여름날의 긴 낮), 대낮(환히 밝은 낮), 밤낮, 새끼낮(정오가 채 되지 아니한 낮), 청천대

---

199) 낭비(浪費): 시간이나 재물 따위를 헛되이 헤프게 씀. ¶사치와 낭비. 시간을 낭비하다. 낭비되다/하다, 낭비벽(癖), 낭비성(性), 낭비자(者).

200) 낭고(狼顧): 이리는 뒤를 돌아 잘 돌아본다는 뜻으로, 경계하거나 무서워하여 뒤를 돌아봄을 이르는 말.

201) 낭자하다(狼藉): 물건 따위가 마구 흩어져 있어 어지럽다. ¶유혈이 낭자하다.

202) 낭판(狼): 계획한 일이 어그러지는 형편. ¶낭판이 떨어져 얼굴이 핼쑥해졌다.[+떨어지다].

203) 낭패(狼狽): 계획한 일이 실패로 돌아가거나 기대에 어긋나 매우 딱하게 됨. ¶낭패를 보다(낭패를 당하다). 낭패되다/하다, 낭패롭다, 낭패성(性), 낭패스럽다; 임시낭패(臨時), 전돈낭패(顚頓).

204) 낮결: 한낮부터 해가 저물 때까지의 동안을 둘로 나누었을 때의 그 앞의 절반. ¶낮결수라(곁두리).

205) 낮참: 점심 전후의 잠시 쉬는 동안. 또는 그때 새참으로 먹는 음식.

낮(青天), 한낮. ☞ 주(晝).

낮(다) 공간적인 대상의 높이, 소리의 크기, 압력이나 기온 또는 사회적인 신분이 어떤 기준이나 상대의 아래에 있다.≒얕다.↔높다. ¶낮은 지대. 온도가 낮다. 계급이 낮다. 나드리다[206], 나들이[2][207], 나분하다[208], 낮아지다, 낮은말, 낮은음자리표(音-標), 나잘하다[209], 낮잡다[210], 나즈럽다(낮은 듯하다), 나지라기(직위와 등급이 낮은 사람이나 물건. 아랫길. 하치), 나지리[211], 나지막이, 나지막하다(높이나 소리의 크기 따위가 조금 낮다), 나직[212], 낮추/다(낮게 하다.≒내리다), 낮추보다/낮보다(↔돋보다), 낮추붙다[213], 낮추잡다(기준보다 낮게 잡다), 낮춤, 낮춤말, 낮춤하다; 금낮다(물건 값이 싸다.↔금높다), 높낮이, 높으락낮으락. ☞ 저(底).

낯 얼굴. 남을 대할 만한 체면[면목(面目)]. ¶낯을 붉히다. 볼 낯이 없다. 낯가리다, 낯가림[214], 낯가죽/낯갗, 낯간지럽다, 낯깎이다, 낯꼴(감정에 따라 변하는 얼굴의 모양), 낯꽃(얼굴에 드러나는 감정)/피다, 낯나다[215]/내다, 낯놀림[216], 낯닦음(체면으로 하는 행동. 면치레), 낯두껍다, 낯뜨겁다, 낯모르다(누구인 줄 모르다), 낯바닥, 낯바대기, 낯부끄럽다, 낯붉히다, 낯빛, 낯빼기, 낯살(얼굴의 주름살. 얼굴의 살), 낯설게하기, 낯설다(어색하다. 눈에 익지 아니하다), 낯알다(얼굴을 기억하고 알아보다), 낯없다(남을 대할 면목이 없다. 부끄럽다), 낯익다(알다)/익히다, 낯있다(앞면이 있다), 낯짝, 낯판, 낯하다(얼굴을 대하다); 물낯[수면(水面)], 민낯, 첫낯[초면(初面)], 풋낯[217]. ☞ 면(面).

낱 셀 수 있게 된 물건의 하나하나. ¶낱으로 팔고 산다. 낱가락, 낱값, 낱개(個), 낱개비, 낱권(卷), 낱그릇, 낱근(斤), 낱글자, 낱꼬치, 낱낱/이, 낱내(소리마디), 낱냥쭝(兩), 낱눈(홑눈), 낱단, 낱담배(가치담배), 낱덩이, 낱돈(낱푼), 낱돈쭝, 낱동, 낱되, 낱뜨기(낱개로 파는 물건), 낱뜻, 낱마리, 낱말[1,2], 낱몸[개체(個體)], 낱뭇, 낱벌, 낱상(床), 낱섬, 낱셈, 낱소리/글, 낱알, 낱이삭, 낱자, 낱자(字), 낱자루, 낱잔(盞), 낱장(張), 낱짐, 낱켤레, 낱폭(幅), 낱푼, 낱푼쭝, 낱흥정/하다; 말낱(몇 마디의 말), 사살낱(필요 이상으로 쓸데없이 늘어놓는 말), 실낱(실의 올. 가는 실오리), 한낱(다만) 들.

206) 나드리다: 나지막하게 쳐 드리거나 또는 그렇게 되게 하다.
207) 나들이[2]: 내가 굽은 곳 바깥의 낮은 터.=나드리. ¶여울 나들이.
208) 나분하다: 나지막하게 날아 땅에 가깝다. ¶제비가 나분히 날아가다.
209) 나잘하다: 낮고 자질구레하다. ¶나잘한 귀틀집. 나잘한 판잣집이 다닥다닥 붙어선 달동네.
210) 낮잡다: 실제의 값보다 낮게 치다. 사람을 만만히 여기고 함부로 낮추어 대하다. 대수롭지 않게 여기다.
211) 나지리: 자기보다 품위나 인격 또는 정도가 낮게. 경멸하여. ¶남을 나지리 여기다. 남의 인격을 덮어놓고 나지리 보아서는 안 된다. 처음부터 주눅이 들거나 주춤대어 나지리 보이거나 얕잡힐 순 없었다. [+보다. 여기다. 대하다].
212) 나직: ①위치가 다 꽤 낮은 모양. ②소리가 다 꽤 낮은 모양.↔높직. ¶나직나직 속삭이다. 나직하다, 나직나직하다/이.
213) 낮추붙다: 자세를 낮추고 겸손하게 대하다. 〈준〉낮붙다.
214) 낯가림: ①갓난아이가 낯선 사람 대하기를 싫어함. ¶낯가림이 심한 아이. ②적은 금전이나 선물 따위로 남에게 겨우 체면을 세움. 낯가림하다.
215) 낯나다: 돌보아준 효과가 나타나다.=생색나다.
216) 낯놀림: 어떤 사실에 대하여 그르다는 뜻을 나타낼 때에 얼굴을 살살 흔드는 행동을 이르는 말.
217) 풋낯: 서로 겨우 낯을 아는 정도의 사이. ¶풋낯인 사람을 만났을 때 하는 인사를 '풋인사'라고 한다.

낳(다)[1] ①밴 아이나 새끼·알을 몸 밖으로 내놓다. ¶쌍둥이를 낳다. 알을 낳다. 난데(출생지), 난생(세상에 태어나서), 난생처음(生), 난생후(生後), 난쟁이[218]. ②어떤 결과를 이루거나 가져오다. ¶오늘에서야 아주 좋은 결과를 낳았다.

낳(다)[2] ①솜·털·삼 껍질 따위로 실을 만들다. 실로 피륙을 짜다. ¶명주실을 낳다. 무명을 낳다. 낳이하다(길쌈하다). ②'-낳이'의 꼴로, 몇몇 명사 앞에 붙어 '피륙을 짬. 피륙의 생산지'를 뜻하는 말. ¶돌실낳이, 막낳이, 명주낳이(明紬), 반낳이[219], 베낳이, 봄낳이(봄에 짠 무명), 실낳이, 안동낳이(安東), 여름낳이, 천낳이, 충주낳이(忠州), 한산낳이; 나틀(낳이틀;베실을 뽑아 날아내는 기구) 들.

내[1] 물건이 탈 때에 일어나는 부옇고 매운 기운. 연기(煙氣). ¶내를 피우다. 내 마신 고양이 상. 내구럽다[220], 내굴[221], 내굴다[222], 냇내[223], 내다[1][224].

내[2] 코로 맡아서 느끼는 것.=냄새/내음. ¶고소한 내가 나다. 내내다[2](냄새를 내다); 간내[225], 갯내(바닷물에서 나는 짭짤하고 비릿한 냄새), 고린·코린·구린·쿠린내, 곰팡내, 군내[226], 기름내, 냄새[227], 냅다[1][228], 냇내(연기의 냄새), 노린내, 녹내(綠), 누린내. 단내[229], 들내[230], 땀내, 땅내, 똥내, 뜬내[231], 머릿내(머리에서 나는 냄새), 몸내[체취(體臭)], 묵은내/문내[232], 문뱃내[233], 밥내, 분내(粉), 비린내[물비린내, 생선비린내(生鮮), 젖비린내, 피비린내], 살내, 새물내[234], 소독내(消毒), 송진내(松津), 쇳내[235], 술내,

218) 난쟁이: 기형적으로 키가 작은 사람.↔키다리. '키가 작은'을 뜻하는 말. ¶난쟁이 교자꾼 참여하듯. 난쟁이나무, 난쟁이버들, 난쟁이수수, 난쟁이춤.
219) 반낳이: 실을 사들이어 베를 짜는 일.
220) 내구럽다: 연기가 눈이나 목구멍을 자극하여 숨 막히게 맵고 싸하다. ¶내구러운 배기가스를 뿜어내는 화물차.
221) 내굴: '내. 연기'의 사투리. ¶내굴을 마시다. 내굴내(냇내), 내굴먼지(연기와 먼지), 내굴쏘임, 내굴찜[훈제(燻製)].
222) 내굴다: 연기나 불길이 아궁이로 되돌아 나오다.
223) 냇내: 연기의 냄새. 음식에 밴 연기의 냄새. ¶냇내가 심해서 먹을 수가 없다.
224) 내다[1]: 연기나 불길이 아궁이로 되돌아 나오다. ¶바람이 불어 불이 내다. 내내다(연기를 내다), 내키다, 냅다(연기가 눈이나 목구멍을 쓰라리게 하는 기운이 있다); 내내다(연기를 내다), 처내다(아궁이로 연기나 불길이 쏟아져 나오다).
225) 간내: 바닷물에서 풍기는 찝찔한 냄새. 간국의 냄새.
226) 군내: 본래의 제 맛이 변하여 나는 좋지 않은 냄새.
227) 냄새: ①코로 맡을 수 있는 온갖 기운. ¶냄새를 맡다. 향기로운 냄새. 냄새나다, 냄새피우다; 곰팡냄새/곰팡내, 꽃냄새, 담배냄새, 똥냄새, 반찬냄새(飯饌), 배냇냄새, 사람냄새, 풀냄새, 향냄새(香), 흙냄새. ②어떤 사물·분위기가 가지는 색채·경향. ¶홀아비 냄새. 사람냄새.
228) 냅다[1]: 연기가 목구멍이나 눈을 쓰라리게 하는 기운이 있다. ¶풋고추가 몹시 냅다. 내워서 눈을 뜨지 못하겠구나.
229) 단내: ①높은 열에 눋거나 달아서 나는 냄새. ②몸의 열이 높을 때 입이나 코 안에서 나는 냄새. ¶단내가 확확 나다.
230) 들내: 들깨나 들기름에서 풍기는 냄새.
231) 뜬내: 오래된 낟알이나 물기 있는 물건이 썩거나 삭으면서 나는 냄새.
232) 문내: ①쌀 따위가 오래되거나, 열이나 습기 때문에 뜨거나 하여서 나는 냄새. ②물고기 따위가 물러서 나는 상한 냄새. ③돌배 따위가 물러서 나는 향기로운 냄새.
233) 문뱃내: 술 취한 사람의 입에서 나는 술 냄새. 문배의 냄새와 비슷하여 이르는 말.

ㄴ

숯내, 쉰내, 쌍내(쌍스러운 느낌), 암내¹,²[236], 약내(藥), 염내(鹽;두부나 비지 따위에서 나는 간수 냄새), 인내(人), 입내[구취(口臭)], 자릿내[237], 전내[238], 젖내, 좀내(좀이 생긴 물체에서 나는 냄새), 지린내, 탄내¹(무엇이 탈 때에 나는 냄새), 탄내²(炭;연탄이나 숯을 피울 때 난 냄새), 풀내음, 풋내, 해감내[239], 향내(香), 향불내(香), 화독내(火毒;음식 따위가 눋다가 타는 냄새)), 화약내(火藥), 흙내 들.

내[3] 시내보다는 크고, 강보다는 조금 작은 물줄기. 개천. ¶내 건너 배 타기. 냇가, 내걸[240], 냇곬, 냇둑, 냇모래, 냇물, 냇바닥, 냇버들, 냇자갈, 냇줄기; 뒷내, 마른내(가물면 물이 마르는 내), 미리내[241], 시내[242], 삼도내(三途), 먼내[원천(遠川)], 앞내와 같이 땅 이름에 쓰임. ☞ 천(川).

내[4] 기간이나 때를 나타내는 일부 명사 뒤에 붙어 '처음부터 끝까지 내쳐, 마지막에 이르러'의 뜻을 더하여 부사를 만드는 말. §'내리다[강(降)]〈ᄂᆞ리다'의 어간형 부사 '내리~나리/내'에 연유한 말로 '잇달아 계속, 사정없이 마구'로 뜻이 바뀜. ¶내나[243], 내내[244]; 가으내, 겨우내, 끝끝내/끝내, 마침내, 못내, 봄내, 아침내, 여름내, 이내, 저녁내 들.

내(內) 어떤 범위나 한계 안의 것. '몰래. 안. 아내 · 부녀자(婦女子), 부계(父系)'를 뜻하는 말.↔외(外). ¶기한 내에 끝마치다. 당선권 내에 들다. 범위 내. 내각(內角), 내각(內殼), 내각(內閣;국가의 행정권을 담당하는 최고 합의 기관)[내각불신임(不信任), 내각회의(會議)], 내간(內間;부녀자가 거처하는 곳. 아낙), 내간/상(內艱/喪), 내간(內簡;부녀자끼리 주고받는 편지), 내간체(體), 내감(內感), 내감각(內感覺), 내감창(內疳瘡), 내강(內剛), 내강(內腔), 내개(內開), 내개(內槪), 내객(內客), 내결(內決), 내경(內徑), 내경험(內經驗), 내계(內界), 내고(內告), 내고(內顧), 내골격(內骨格), 내공(內攻), 내공(內空), 내공목(內供木), 내과(內科), 내과(內踝), 내과피(內果皮), 내곽(內廓/內郭), 내관(內官), 내관(內棺), 내관(內觀), 내광목(內廣木), 내교(內敎), 내교섭(內交涉), 내구(來寇), 내구(內舅), 내국(內局), 내국(內國)[245], 내규(內規;내부에서만 시행되는 규칙), 내근(內勤↔外勤), 내근하다(內近;부녀자가 거처하는 곳과 가깝다), 내금(內金;치를 돈의 일부를 미리 내는 돈), 내당(內堂), 내도(內道), 내동산(궁궐 안에 있는 동산), 내락(內諾), 내란/죄(內亂/罪), 내람(內覽), 내력(內力), 내륙(內陸)[246], 내륜산(內輪山), 내막(內幕), 내막(內膜), 내면(內面)[내면묘사(描寫), 내면세계(世界), 내면적(的)], 내명(內命), 내명하다(內明), 내명부(內命婦), 내목(內目), 내무(內務), 내무(內舞), 내무주장(內無主張), 내문(內門), 내밀하다(內密), 내반슬(內反膝), 내발(內發), 내발진(內發疹), 내방(內方), 내방(內房), 내배엽(內胚葉), 내배유(來胚乳), 내벌/적(內罰/的), 내법(內法), 내벽(內壁), 내변(內變), 내보(內報), 내보(內輔;內助), 내복(內服)¹,², 내복(內腹), 내복하다(內福), 내부(內部)[247], 내부(內附), 내분(內分), 내분(內紛), 내불(內佛), 내빈(內賓;안손님), 내사(內舍), 내사(內事), 내사(內査), 내사(內賜), 내사면(內斜面), 내산(內山), 내상(內相), 내상(內喪), 내상(內傷), 내새(內鰓), 내생(內生), 내서(內書), 내선(內線), 내선(內旋), 내성(內城), 내성/적(內省/的), 내소박(內疏薄), 내속(內屬), 내수(內水), 내수(內需), 내수용체(內受容體), 내숭(內凶). 내시(內示;공식으로 알리기 전에 몰래 알림), 내시(內侍), 내시경(內視鏡), 내신(內申), 내신(內臣), 내신(內信), 내신(內腎), 내실(內室), 내실(內實;내부의 실제 사실. 내적인 가치나 충실성), 내심(內心)¹,², 내아(內衙), 내안산(內案山), 내알(內謁;은밀히 찾아가 뵘), 내압(內壓), 내야(內野)[내야석(席), 내야수(手)], 내약(內約), 내약(內藥), 내약하다(內弱), 내양(內洋), 내역(內譯)[248], 내연(內緣;은밀하게 맺은 연고), 내연(內燃), 내염(內焰), 내영(內營), 내온(內醞;임금이 신하에게 내리던 술), 내옹(內癰), 내외¹(內外;안과 밖)[교내외(校), 국내외(國), 실내외(室)]. 내외²(內外;부부(夫婦))[내외간(間), 내외분; 아들내외], 내외³(內外;이성의 얼굴을 대하기가 어려워 피하는 일)[내외술집, 내외하다; 궁둥이내외, 통내외(通)], 내용(內用), 내용(內容)[249], 내우/외환(內憂/外患), 내원(內園/苑), 내유외강(內柔外剛), 내응(內應;남몰래 적과 통함), 내응인(內應人), 내의(內衣), 내의(內意), 내의(內醫), 내이(內耳), 내이(內移), 내인(內人), 내인(內因), 내인가(內認可), 내입(內入), 내자(內子;자기 아내), 내자(內資), 내장(內粧), 내장안(內障眼), 내장(內藏;안에 간직함), 내장(內臟)[내장감각(感覺), 내장낭(囊), 내장근(筋), 내장병(病)], 내재(內在)[250], 내쟁(內爭), 내저항(內抵抗), 내적(內的

234) 새물내: ①갓 빨아 입은 옷에서 나는 냄새. ②새로운 사상이나 유행을 받아들인 냄새.

235) 쇳내: 음식이나 물에서 나는 쇠의 냄새.

236) 암내¹: 발정기에 암컷의 몸에서 나는 냄새. ¶소가 암내를 풍기다. 암내²: 겨드랑이에서 나는 좋지 못한 냄새.

237) 자릿내: 오래도록 빨지 아니한 빨랫감에서 나는 쉰 냄새. ¶온 집안에 자릿내가 진동한다.

238) 전내: 전 기름이나 생선에 소금기가 스며들어 간이 밴 냄새.

239) 해감내: 물속에서 흙과 유기물이 썩어서 생긴 찌꺼기 냄새.

240) 내걸: 냇가에 걸쳐 있는 기다란 논.[←내+걸(다)].

241) 미리내: 남북으로 길게 강물처럼 분포한 항성의 무리. 은하수(銀河水). §'미리-'는 '미르[용(龍)]'가 어형 변화된 말.

242) 시내: 골짜기나 평지에서 흐르는 자그마한 내.[←실[谷]+내(나리)]. ¶시냇가, 시내낚시, 시냇물.

243) 내나: ①결국은. 결국에 가서는. ¶그렇게도 반대하더니 그도 내나 동의하고 말았다. 내나 돌아올 것이다. ②일껏. ¶내나 좋게 지내다가 이게 무슨 짓인가?

244) 내내: ①처음부터 끝까지 계속해서. ¶아침 내내. 선생님 내내 건강하십시오. ②≒늘. 언제나. 줄곧. 한결같이. 쭉. ¶너는 내내 그 꼴이냐?

245) 내국(內國): 내국공채(公債), 내국관세(關稅), 내국무역(貿易), 내국민(民)[내국민대우(待遇)], 내국법(法), 내국세(稅), 내국인(人), 내국채(債), 내국환(換).

246) 내륙(內陸): 바다에서 멀리 떨어져 있는 육지. ¶적이 내륙 깊숙이 침투했다. 내륙국(國), 내륙권(圈), 내륙빙하(氷河), 내륙사구(沙丘), 내륙성(性)[내륙성기후(氣候), 내륙성하류(河流)], 내륙수로(水路), 내륙유역(流域), 내륙지방(地方), 내륙지역(地域), 내륙탄전(炭田), 내륙평야(平野), 내륙하(河), 내륙호(湖).

247) 내부(內部): 안쪽의 부분. 어떤 조직에 속하는 범위의 안.↔외부(外部). ¶내부를 수리하다. 내부 장치. 내부 방침. 내부감각(感覺), 내부감사(監査), 내부경제(經濟), 내부분열(分裂), 내부위임(委任), 내부저항(抵抗), 내부적(的), 내부지각(知覺), 내부파(波).

248) 내역(內譯): 물품이나 금액 따위의 내용. 명세(明細). ¶공사비 내역. 사업 내역.

249) 내용(內容): 그릇이나 포장 따위의 안에 든 것. 사물의 속내를 이루는 것. 표현 매체 속에 들어 있는 것. 어떤 일의 내막. ¶소포의 내용. 예산의 내용과 규모. 기사의 구체적인 내용. 사건의 자세한 내용. 내용물(物), 내용미(美), 내용적(的), 내용증명(證明), 내용착오(錯誤), 내용품(品); 미적내용(美的).

)[251], 내적(內賊), 내전(內典), 내전(內殿), 내전(內電), 내전(內戰), 내접(內接), 내정(內廷), 내정(內定), 내정/간섭(內政/干涉), 내정(內庭), 내정(內情), 내제(內題), 내조(內助;내부에서 도움), 내종(內從), 내종(內腫), 내종피(內種皮), 내주(內週), 내주(內奏), 내주방(內廚房), 내주장(內主張), 내주장(內主掌), 내증(內症), 내증(內證), 내지(內地)[내지관세(關稅), 내지잡거(雜居)], 내지(內旨;임금의 은밀한 명령), 내지(內智), 내직(內職), 내진(內診), 내진연(內進宴), 내집단(內集團), 내차(內借), 내찰(內札), 내채(內債), 내척(內戚;內親↔外戚), 내천(內遷), 내청도(內聽道), 내청룡(內青龍), 내촉(內鏃), 내총(內寵;궁녀에 대한 임금의 사랑), 내출혈(內出血), 내측(內側), 내측(內厠), 내층(內層), 내치(內治↔外治), 내치(內痔;암치질), 내칙(內則;內規), 내칙(內勅;密旨), 내친(內親), 내침(內寢), 내탁(內托), 내탐(內探;남모르게 살펴봄), 내탕고(內帑庫;왕실의 재물을 넣어두던 창고), 내탕금(內帑金), 내통(內通;남몰래 관계를 가짐. 몰래 알림)[내통되다/하다, 내통자(者)], 내편(內篇), 내평[252], 내평(內評), 내폐(內嬖), 내폐성(內閉性), 내포(內包)[1,2,3][253], 내포(內浦), 내피(內皮), 내하(內下), 내합(內合), 내항(內港), 내항(內項), 내항(內航), 내항동물(內肛動物), 내해(內海)[내해문화(文化)], 내핵(內核), 내행(內行), 내행성(內行星), 내향/성(內向/性), 내허(內虛)[내허외식(外飾)], 내형제(內兄弟), 내호흡(內呼吸), 내혹성(內惑星), 내혼(內婚), 내홍(內訌), 내화(內貨), 내환(內患), 내훈(內訓); 가내(家內), 갱내(坑內), 경내(境內), 관내(官內), 관내(管內), 교내(校內), 구내(口內), 구내(區內), 구내(構內), 국내(局內), 국내(國內), 군내(郡內), 궁내(宮內), 권내(圈內), 권내(權內), 궐내(闕內), 기내(機內), 기내(畿內;서울의 주변 안), 기한내(期限內), 당내(堂內), 당내(黨內), 대내(大內), 대내(隊內), 대내(大內), 대내(對內), 댁내(宅內), 도내(道內), 동내(洞內), 등내(等內;벼슬을 살고 있는 동안), 만내(灣內), 면내(面內), 문내(門內), 방내(坊內), 방내(房內), 부내(部內), 분내(分內), 사내(寺內), 사내(社內), 산내(山內), 새내(塞內), 선내(船內), 성내(城內), 시내(市內), 실내(室內), 안내(案內), 액내(額內), 역내(域內), 역내(閾內), 연내(年內), 영내(領內), 영내(營內), 옥내(屋內), 옥내(獄內), 우내(宇內;온 세계), 원내(圓內), 원내(院內), 월내(月內), 위내(衛內), 읍내(邑內), 이내(以內), 장내(場內), 장내(掌內), 장내(牆內), 재내(在內), 전내(殿內), 절내[사내(寺內)], 정내(廷內), 제내지(堤內地), 차내(車內), 참내(參內), 청내(廳內), 체내(體內), 촌내(村內), 태내(胎內), 학내(學內), 한내(限內), 합내(閤內;남을 높이어 그의 가족을 이르는 말), 항내(港內), 해내(海內), 환내(寰內), 환내(還內) 들.

내(來) 그로부터 지금까지. '장차 오는. 다음. 오다. 부터'를 뜻하는 말. ¶십 년 내의 눈부신 발전. 내가(來駕), 내간(來簡), 내객(來客), 내거(來去), 내격(來格), 내고(來叩), 내공(來攻), 내공(來貢), 내공목(內供木), 내관(來館), 내관(來關), 내관(來觀), 내교(來校), 내구(來寇), 내기(來期), 내년(來年), 내달, 내담(來談), 내도(來到), 내도(來島), 내동(來同), 내두(來頭), 내두백사(來頭百事), 내력(來歷)[254], 내룡(來龍), 내리(來莅), 내림(來臨), 내맥(來脈), 내박(來泊), 내명(來命), 내명년(來明年), 내문(來問), 내방(來訪)[내방객(客), 내방자(者)], 내배(來拜), 내보(來報), 내복(來伏;와서 굴복함), 내복(來服), 내부(來附), 내분(來奔), 내빈(來賓;손님), 내빙(來聘;외국 사신이 찾아옴), 내사(來事), 내사(來社), 내사(來辭), 내생(來生), 내서(來書), 내성(來姓), 내세/사상(來世/思想), 내소(來蘇), 내속(來屬), 내손(來孫), 내습(來襲;습격하여 옴), 내시(來示;와서 알림), 내신(來信), 내신(來訊), 내알(來謁;와서 찾아뵘), 내연(來演), 내엽(來葉), 내영(來迎), 내예(來裔), 내왕(來往), 내원(來援), 내월(來月), 내유(來遊), 내윤(來胤), 내의(來意), 내인(來人), 내일(來日)[255], 내임(來任), 내자(來者), 내자(來玆), 내장(來場), 내전(來電), 내점(來店), 내정(來情), 내조(來朝), 내주(來週), 내주일(來週日), 내진(來診), 내착(來着), 내첩(來牒), 내청(來聽), 내추(來秋), 내춘(來春), 내침(來侵), 내투(來投), 내편(來便), 내하(來夏), 내하(來賀), 내학(來學), 내학기(來學期), 내학년(來學年), 내한(來翰), 내한(來韓), 내항(來降), 내항(來航), 내향(來享), 내헌(來獻), 내현(來現), 내회(來會), 내후년(來後年); 거래(去來), 고래(古來), 고진감래(苦盡甘來), 구래(舊來), 귀래(歸來), 근래(近來), 금래(今來), 나래(拿來;죄인을 잡아옴), 노래(老來), 당래(當來), 도래(到來), 도래(渡來), 동래(東來), 만래(晩來), 미래(未來), 박래(舶來), 보래(報來), 본래(本來), 비래(比來;요즈음), 비래(飛來), 생래(生來), 서래(西來), 솔래(率來), 습래(襲來), 신래(新來), 야래(夜來), 연래(年來), 왕래(往來), 외래(外來), 요래(邀來;맞이하여 옴), 원래(元/原來), 원래(遠來), 유래(由來), 이래(以來), 이래(移來), 이래(邇來), 장래(將來), 재래(在來), 재래(再來), 재래(齎來), 전래(傳來), 종래(從來), 중래(重來;갔다가 다시 옴), 차래(借來), 착래(捉來), 천래(天來), 청래(請來), 초래(招來), 출래(出來), 통래(通來), 하래(下來), 해래(偕來), 향래(向來;지난번), 혜래(惠來), 환래(還來), 회래(回來), 후래(後來), 흥진비래(興盡悲來) 들.

내(耐) '참다. 견디다'를 뜻하는 말. ¶내고공(耐高空), 내공(耐空), 내구(耐久;오래 견딤)[내구력(力), 내구성(性), 내구재(財)], 내기(耐飢), 내동성(耐凍性), 내량(耐量), 내력(耐力)[지내력(地)], 내로(耐勞;노동을 참고 견딤), 내번(耐煩), 내병성(耐病性), 내빈(耐貧;가난을 참고 견딤), 내산/성(耐酸/性), 내서(耐暑↔耐暑), 내성/균(耐性/菌), 내수/성(耐水/性), 내습/성(耐濕/性), 내식(耐蝕), 내알(耐謁), 내압(耐壓)[내압균(菌), 내압병(甁), 내압성(性)], 내약품성(耐藥品性), 내열(耐熱)[내열강(鋼), 내열유리(琉璃), 내열합금(合金)], 내용/재(耐用/材), 내유성(耐油性), 내진(耐震)[내진건축(建

250) 내재(內在): 안에 가지고 있음. 사물을 규정하는 원인이 외부에 초월해 있지 않고 그 사물 자체 속에 있음.↔외재(外在). ¶내재되다/하다, 내재론(論), 내재비평(批評), 내재성(性), 내재율(律↔외형률), 내재인(因), 내재적(的), 내재철학(哲學).

251) 내적(內的):내부적인 또는 그런 것. 정신이나 마음의 작용에 관한 또는 그런 것.↔외적(外的). ¶내적 변화. 내적인 갈등. 내적경험(經驗), 내적모순(矛盾), 내적생활(生活), 내적억제(抑制), 내적연관(聯關), 내적연합(聯合), 내적영력(營力), 내적요구(要求), 내적자유(自由;자유의지).

252) 내평(內): 일의 속 까닭. 내막(內幕). ¶어쨌든 그녀가 왜 돌아왔는지 그 내평이나 들어보자꾸나. 속내평/속내.

253) 내포(內包)[1]: 식용하는 짐승의 내장. 내포(內包)[2]: ①어떤 성질이나 뜻 따위를 속에 품은 것. ¶내포되다/하다. ②어떠한 개념이 포함하고 있는 성질의 전체. 개념 속에 들어 있는 속성.↔외연(外延). 내포(內包)[3]: 건물의 안쪽에 짜인 공포(栱包).↔외포(外包).

254) 내력(來歷): ①어떤 사물의 지나온 자취. ¶숭례문의 내력. 부자가 된 내력. ②=내림[1]. 부주. ¶문학을 좋아하는 것은 그 집안의 내력이다.

255) 내일(來日): 오늘의 바로 다음날에. 〈준〉낼. ¶내일 꼭 오십시오. 내일모레; 오늘내일.

築)], 내추성(耐皺性), 내탄(耐彈;防彈), 내폭(耐爆)[내폭건축(建築), 내폭성(性), 내폭제(劑)], 내핍(耐乏;물자의 부족을 참고 견딤), 내한(耐旱;가물을 견딤), 내한(耐寒)[내한성작물(作物)], 내화(耐火)[256]; 감내(堪耐), 인내(忍耐), 파내(叵耐;아주 견디기 어려움) 들.

내(乃) '이에. 곧. 너/그이'를 뜻하는 말. ¶내부(乃父;그이의 아버지), 내옹(乃翁), 내조(乃祖;그 사람의 할아버지), 내종(乃終;나중), 내지(乃至)[257], 내형(乃兄); 인내천(人乃天), 종내(終乃;끝끝내. 마침내) 들.

내(奈) '어찌'를 뜻하는 말. ¶내하(奈何;어찌함); 막무가내(莫無可奈;한번 정한 대로 고집하여 도무지 융통성이 없음), 무가내하(無可奈何;어찌할 수가 없이 됨). §'지옥'의 뜻으로는 [나]로 읽힘. 나락(奈落).

내광쓰광 서로 사이가 좋지 아니하여 만나도 모르는 체하며 냉정하게 대하는 모양. ¶절친했던 두 사람이 요즘은 무슨 일인지 만나면 내광쓰광 서로 외면하는 처지가 되었다. 내광쓰광하다.

내괘: 내가 괴이하게 생각하였던 바와 같이 과연 그렇구나. 내 그럴 줄 이미 알았다.[←나]. =상푸둥. ¶전에 왔던 양주 꺽정이의 동무로구나. 내괘! 행낙이가 아니더라.

내나 ①결국에 가서는. ¶오래 버티던 그도 내나 굴복하고 말았다. ②일껏. ¶내나 좋게 지내다가 이게 무슨 짓인가?

내(다)[1] 돈이나 물건 · 음식을 주다. 살림 · 가게 따위를 차리다. 제기하거나 제출하다. 뚫다. ¶돈을 내다. 문제를 내다. 구멍을 내다. 기운을 내다. 광고를 내다. 내기[258].

내(다)[2] 동사 어미 '-아/어-' 아래에서 '-어 내다' 구성으로 쓰여, 앞말이 뜻하는 행동이 스스로의 힘으로 끝내 이루어짐을 나타내는 말. ¶끝까지 참아 내다. 견디어 내다. 이겨 내다 들.

내다지 기둥 따위에 마주 통하게 뚫은 구멍. ¶내다지를 파다. 내다지가 뚫린 기둥.

내동 ①일삼아 이때껏. ¶내동 안 하던 짓을 하다니. ②모처럼 애써서.

내리(다)[1] ①높은 곳에서 낮은 곳을 향하여 옮다.(↔오르다). 살이 빠지다. 뿌리가 나서 땅에 박히다. 결말을 짓다. 명령 · 지시하다. ¶차에서 내리다. 짐을 내리다(부리다[2]). 이슬이 내리다. 물가가 내리다. 결론을 내리다. 판결을 내리다. 내려가다[떠내려가다], 내려긋다, 내려꽂다, 내려놓다, 내려다보다/보이다, 내려디디다/내려딛다, 내려뜨리다/트리다, 내리막/길, 내리받이(내리막), 내려보내다, 내려본각(角), 내려서다, 내려쓰다, 내려앉다, 내려오다, 내려지다, 내려쫓다, 내려찍다, 내려치다[259], 내리키다[260], 내린머리, 내린무당(선무당), 내릴톱(나무를 세로로 켜는 톱), 내림[1][261], 내림[2][262], 내림-[263], 내립떠보다(↔칩떠보다), 냇바람(산마루에서 내리 부는 바람); 끄어내리다, 끌어내리다, 끄집어내리다, 넘내리다(오르락내리락하다), 대내리다[264], 돌아내리다, 뛰어내리다, 물내리다[265], 물어내리다(웃어른께 물어서 명령이나 지시를 받다), 산내림(山;산떨음), 오르내리/다, 오르락내리락, 황내리다(黃), 흘러내리다. ②어근 '내리-'의 꼴로, 일부 동사나 몇몇 명사 앞에 붙어 '위에서 아래로. 잇달아 계속. 함부로. 사정없이 마구'의 뜻을 나타내는 말.↔치-. ¶내리[266], 내리갈기다, 내리감다, 내리걸다, 내리구르다/굴리다, 내리긋다, 내리까다(남의 허물을 몹시 공격하다), 내리깎다, 내리깔기다, 내리깔다/깔리다, 내리꽂다/꽂히다, 내리꿰다(정통하다), 내리누르다/눌리다, 내리다물다, 내리다지다, 내리닫다(아래로 향해 뛰다. 마구 달리다), 내리닫이[1,2][267], 내리덮다/덮이다, 내리뒹굴다, 내리때리다, 내리뛰다, 내리뜨다, 내리막/길, 내리매기다, 내려 · 내리먹다(강등되다)/먹이다(강등되다), 내리몰다, 내리묻다, 내리밀다, 내리박다/박히다, 내리받다/받이(내리막↔오르막), 내리밟다, 내리번다 · 뻗다, 내리부수다, 내리붓다, 내리붙다, 내리비추다, 내리비치다, 내리사격(射擊), 내리사랑, 내리쉬다, 내리심다, 내리쌓다/쌓이다, 내리쏘다, 내리쏟다/쏟아지다, 내리쏠리다, 내리쓰다, 내리쓸다, 내리엮다, 내리외다(그대로 줄줄 외다)/외우다, 내리우다, 내리읽다, 내리제기다[268], 내리조기다(냅다 두들기거나 때리다), 내리족치다(심하게 족치다), 내리지르다[1,2], 내리지지다, 내리질리다, 내리짓모다/모으다, 내리짚다, 내리쪼이다, 내리 · 내려쫓다, 내리쬐다, 내리찍다, 내리찧다, 내리치다, 내리키다[269], 내리패다(마구 때리다), 내리퍼붓다, 내리후리다, 내리훑다, 내리흐르다, 내립떠보다(↔칩떠보다), 내립뜨다 들.

---

256) 내화(耐火): 불에 타지 아니하고 잘 견딤. ¶내화 설비를 하다. 내화갑(匣), 내화건축(建築), 내화구조(構造), 내화금속(金屬), 내화도(度), 내화로(爐), 내화목재(木材), 내화물(物), 내화벽(壁), 내화벽돌(甓), 내화복(服), 내화성(性), 내화성능(性能), 내화시멘트, 내화장치(裝置), 내화재료(材料), 내화점토(粘土), 내화지(紙), 내화페인트, 내화피복(被覆).

257) 내지(乃至): ①(수량의 범위) 얼마에서 얼마까지. ¶열 명 내지 스무 명. ②=혹은. 또는. ¶이것은 산 내지 들에서만 자라는 식물이다.

258) 내기: ①물품이나 돈 따위를 일정한 조건으로 걸고 승부를 겨룸. ¶내기 바둑, 내기하다; 겨끔내기(자꾸 번갈아 하기), 꿇내기(활을 쏘는데, 못 맞힌 사람을 꿇어앉히는 일), 돈내기. ②동사의 어미 '-을' 뒤에 쓰여, '작정. 판국'을 구어체로 이르는 말. ¶정 그렇게 할 내기냐?

259) 내려치다: 선을 아래쪽에 긋다. 아래로 세차게 닥쳐오다. 값을 깎아서 흥정하다.

260) 내리키다: ①위에 있는 것을 아래로 내려지게 하다. ②낮은 데로 옮기다.

261) 내림[1]: 혈통적으로 유전되어 내려오는 특성. 내력(來歷)②. ¶키가 큰 것은 그 집 내림이다. 내림내림(여러 대를 내려온 내림), 내림바탕(유전자), 내림병(病;유전병), 내림성(性;유전성).

262) 내림[2]: 건물의 정면으로 보이는 칸 수. ¶네 칸 내림.

263) 내림-: 내림굿, 내림대, 내림받다(신내림 따위를 입다), 내림새(한 끝에 반달 모양의 혀가 붙은 암키와), 내림석(釋), 내림세(勢), 내림음(音), 내림장(醬), 내림조(調), 내림차/순(次/順), 내림표(標), 내림활.

264) 대내리다: 귀신이 내림대에 내리다.

265) 물내리다: ①기운이 빠져서 사람이 풀기가 없어지다. ②떡가루에 꿀물 또는 맹물을 쳐 가면서 성긴 체에 다시 치다.

266) 내리: ①위에서 아래로 향하여.≒잇달아. 죽. ¶내리 심어 나가다. ②계속해서.≒줄곧. 줄창. ¶하루종일 내리 퍼붓는 비. ③사정없이 마구. ¶내리 짓누르다. 내리 두들겨 패다. 내리내리.

267) 내리닫이[1]: 위아래로 오르내려서 여닫게 된 창. 내리닫이[2]: 바지와 저고리를 한데 붙이고 뒤를 터놓은 어린아이의 옷.

268) 내리제기다: ①팔꿈치나 발꿈치로 위에서 아래로 힘껏 건드리다. ②자귀 따위의 연장으로 마구 깎다.

269) 내리키다: ①위에 있는 것을 아래로 내려지게 하다. ②높은 곳에서 낮은 곳으로 옮기다.

ㄴ

내리(다)[2] 단단한 가루나 씨알 따위가 매우 작다.

내숭 겉으로는 유순하게 보이나 속으로는 엉큼함.[←내흉(內凶)]. ¶내숭을 떨다. 내숭하게 얌전을 빼는 여자. 내숭꾸러기, 내숭스럽다, 내숭쟁이, 내숭하다.

내치(다) 이미 일을 시작한 바람에 잇달아 더 하다. ¶내친 김에 끝을 내자. 내처270), 내친걸음/에, 내친김/에(이왕 시작한 김에), 내친말(이미 시작한 말), 내칠성(性;대담하게 하는 성질). ☞ '내-치다[2]'는 '나다[2]'.

내키(다)[1] ①하고 싶은 마음이 솟아나다. ¶마음이 내키지 않는다. 내켜(내킨 김에. 내처), 내킬성(性;의욕이 강하고 적극적인 성질); 마음/맘내키다. ②불이 방고래로 들지 않고, 반대로 아궁이로 나오다. ¶불이 내키다.

내키(다)[2] 바깥쪽으로 향하여 내어 놓다.↔들이키다. ¶숨을 내키다. 내켜놓다(앞으로 물려 놓다). ☞ 나다'.

냄 떠나가는 사람을 일정한 곳까지 따라 나가서 인사하여 보내는 것.=배웅. ¶역까지 나가 냄을 하고 돌아왔다.

냄비 음식을 끓이거나 삶는, 솥보다 작은 기구.[←nabe〈일〉]. ¶냄비에 찌개를 끓이다. 냄비국수, 냄비뚜껑; 모둠냄비271), 양은냄비(洋銀), 자선냄비(慈善), 전골냄비(전골틀), 전기냄비(電氣), 중탕냄비(重湯)272), 질냄비(질흙으로 구워서 만든 냄비) 들.

냅- '힘 있고 빠르게'의 뜻을 나타내는 말. ¶냅다[2]273), 냅디다(앞질러 기운차게 디디다), 냅뛰다(냅다 뛰다), 냅뜨다274).

냉(冷) ①'냉병(冷病)'의 준말. ¶냉이 심하다. ②차다. 쌀쌀하다. 식히다. 매정한. 차갑게'를 뜻하는 말.↔온(溫). 난(暖/煖). ¶냉가슴, 냉각(冷却)275), 냉각(冷覺), 냉간압연(冷間壓延), 냉감(冷疳), 냉감증(冷感症), 냉건(冷乾;열을 식혀서 말림), 냉경주물(冷硬鑄物), 냉골(찬 방고래), 냉과(冷果), 냉과(冷菓), 냉광(冷光), 냉구들(차가운 방구들), 냉국, 냉기(冷氣), 냉기류(冷氣流), 냉난방(冷煖房), 냉농양(冷膿瘍), 냉담(冷淡)276), 냉담(冷痰), 냉대(冷待;푸대접), 냉대(冷帶;亞寒帶)[냉대기후(氣候), 냉대림(林)], 냉돌(불기 없는 온돌), 냉동(冷凍)277), 냉락(冷落), 냉랭하다(冷冷;몹시 차다. 냉담하다), 냉량하다(冷凉;약간 차갑고 서늘하다), 냉리(冷痢), 냉림(冷痳), 냉막걸리, 냉매(冷媒;저온에서 고온 물체로 열을 끌어가는 매체), 냉매(冷罵;쌀쌀하게 비웃으며 꾸짖음), 냉면(冷麪), 냉받치다278), 냉방(冷房)[냉방기(機), 냉방병(病), 냉방부하(負荷), 냉방장치(裝置), 냉방차(車)], 냉배, 냉병(冷病), 냉복통(冷腹痛), 냉비(冷痺), 냉살균(冷殺菌), 냉상(冷床), 냉성(冷性), 냉소(冷笑)279), 냉수(冷水)280), 냉습/하다(冷濕), 냉시(冷視), 냉식자(冷植字), 냉신(冷神), 냉실(冷室), 냉심통(冷心痛), 냉안/시(冷眼/視), 냉암하다(冷暗), 냉약(冷藥), 냉어(冷語), 냉엄하다(冷嚴), 냉연하다(冷然), 냉연신(冷延伸), 냉열(冷熱), 냉염(冷艶), 냉온(冷溫), 냉우(冷雨), 냉육(冷肉), 냉음극(冷陰極), 냉장(冷藏)[냉장고(庫), 냉장법(法), 냉장수송(輸送), 냉장실(室), 냉장차(車)], 냉재(冷材), 냉적(冷積), 냉전(冷戰)[냉전적(的), 냉전정책(政策)], 냉절(冷節;寒食), 냉점(冷點), 냉정(冷情;태도가 정다운 맛이 없고 차가움)[냉정스럽다/하다(태도가 정다운 맛이 없고 차갑다)], 냉정(冷靜)[냉정성(性;차분한 성질), 냉정하다(침착하다)], 냉제(冷劑), 냉조(冷嘲;멸시하여 비웃음), 냉조(冷竈;매우 가난함), 냉증(冷症), 냉지(冷地), 냉찜질, 냉차(冷茶), 냉채(冷菜), 냉처(冷處), 냉처리(冷處理), 냉천(冷天;추운 날씨), 냉천(冷泉), 냉철하다(冷徹;생각이나 판단이 침착하며 사리에 밝다), 냉커피(冷coffee), 냉탕(冷湯), 냉평(冷評;냉혹하게 비평함), 냉풍(冷風), 냉피해(冷被害), 냉하다(차다), 냉한(冷汗), 냉해(冷害), 냉혈(冷血)[냉혈동물(動物), 냉혈성(性), 냉혈한(漢)], 냉혹하다(冷酷;인간다운 정이 없고 혹독하다)[냉혹성(性)], 냉회(冷灰;불이 꺼진 재), 냉훈법/품(冷燻法/品); 거냉(去冷), 공랭(空冷)[공랭관(管), 공랭식(式)], 과랭(過冷), 궐랭(厥冷;체온이 내려갈 때의 모든 병), 급랭(急冷), 미랭(未冷), 미랭(微冷), 생랭(生冷), 소랭하다(蕭冷), 수냉(水冷), 습랭(濕冷), 엄냉하다(嚴冷), 온랭(溫冷), 위랭(胃冷), 음랭(陰冷), 지랭(至冷), 촉랭(觸冷), 추랭(秋冷), 한랭(寒冷), 허랭(虛冷). §'맑고 시원하다'의 뜻으로는 [영]으로 읽힘. 영영/하다/히(泠泠;물 흐르는 소리, 바람 소리, 거문고 소리, 사람의 목소리가 맑고 시원함).

냉갈령 인정이 없고 몹시 쌀쌀한 태도.≒냉정(冷情). ¶냉갈령을 부리다(매정하고 쌀쌀한 태도를 보이다). 서릿발같이 싸늘한 그녀의 냉갈령을 대하면 대번에 얼굴이 굳어진다.

냉과리 덜 구워져서 불을 붙이면 연기와 냄새가 나는 숯. ¶냉과리를 피워 연기가 자욱하게 낀 부엌.

---

270) 내처: 하는 김에 잇달아 끝까지. ¶일을 시작한 김에 내처 끝내 버려라. 하던 김에 내처 해 버리다.

271) 모둠냄비: 국물이 많은 냄비에 해산물 · 채소 따위 여러 가지 재료를 넣고 끓이면서 먹는 일본식 요리.

272) 중탕냄비(重湯): 끓는 물 속에 음식을 담은 그릇을 넣어 익히거나 데우는 데 쓰는 냄비.

273) 냅다[2]: 몹시 세차게 빨리 하는 모양. ¶냅다 도망가다. 냅다 걷어차다. 소리를 냅다 지르다.

274) 냅뜨다: ①일에 기운차게 앞서서 나가다. ¶그는 힘든 일에는 언제나 먼저 냅뜨는 사람이다. 냅떠서다(기운차게 남을 앞질러 나서다), 냅뜰성(性), 냅뜰힘. ②참견하지 아니할 일에 불쑥 참견하여 나서다. ¶건방지게 네가 왜 냅뜨느냐?

275) 냉각(冷却): 식어서 차게 함. 애정, 정열, 흥분 따위의 기분이 가라앉음. ¶냉각곡선(曲線), 냉각과정(過程), 냉각기(器), 냉각기(期), 냉각기간(期間), 냉각도(度), 냉각되다/하다, 냉각소화(消火), 냉각수(水), 냉각시험(試驗), 냉각액(液), 냉각응력(應力), 냉각장치(裝置), 냉각재(冷却材), 냉각탑(塔), 냉각핀(pin); 과냉각(過冷却).

276) 냉담(冷淡): 태도나 마음씨가 동정심 없이 차가움. 어떤 대상에 흥미나 관심을 보이지 않음.≒쌀쌀함. ¶냉담과 무관심은 아이를 망친다. 냉담한 반응을 보이다. 냉담성(性), 냉담하다.

277) 냉동(冷凍): 생선이나 고기류 따위를 신선하게 보관하기 위한 얼림. ¶냉동 시설을 갖추다. 냉동건조(乾燥), 냉동고(庫), 냉동기(機), 냉동되다/하다, 냉동마취(痲醉), 냉동법(法), 냉동선(船), 냉동순환(循環), 냉동식품(食品), 냉동실(室), 냉동채소(菜蔬), 냉동어(魚), 냉동업(業), 냉동운반선(運搬船), 냉동육(肉), 냉동응축기(凝縮機), 냉동제(劑;冷媒), 냉동차(車), 냉동품(品).

278) 냉받치다(冷): ①속에서 냉기가 올라오다. ②논바닥의 냉기가 벼에 오르다.

279) 냉소(冷笑): 쌀쌀한 태도로 비웃음. 또는 그런 웃음.=찬웃음. ¶냉소를 머금다. 냉소벽(癖), 냉소적(的), 냉소주의(主義), 냉소하다.

280) 냉수(冷水): 차가운 물. ¶냉수를 들이켜다. 냉수괴(塊), 냉수권(圈), 냉수대(帶), 냉수마찰(摩擦), 냉수스럽다(冷水;사람됨이 싱겁고 묽어서 멋쩍다.≒맹물스럽다), 냉수역(域), 냉수욕/하다(浴), 냉수탑(塔;冷却塔).

ㄴ

냉이 십자화과의 두해살이풀. ¶냉잇국, 냉이꽃, 냉이무침, 냉이뿌리; 논냉이.

냉큼 머뭇거리지 아니하고 단번에 재빨리.≒빨리. 어서. 얼른. 〈큰〉닁큼. ¶냉큼 다녀오너라. 말이 끝나자마자 냉큼 일어섰다. [+동사].

-냐 모음으로 끝나는 형용사 및 '이다'의 어간에 붙어, 해라할 자리에 묻는 뜻을 나타내는 종결 또는 연결 어미.=-니. [받침 뒤에서는 '-으냐'로 쓰임. §'동사'어간에는 '-느냐']. ¶배가 고프냐? 그게 무엇이냐? 돈은 많으냐 살 집은 있느냐 하면서 꼬치꼬치 캐물었다. 그가 갔느냐? -(으)냐고(요), -(으)냐는/냔, -(으)냐니(까/요), -(으)냐며, -(으)냐면서.

냠냠 ①음식을 맛있게 먹는 소리나 모양. ¶냠냠 소리를 내며 맛있게 먹다. ②음식을 더 먹고 싶어 하는 모양. ¶입맛을 냠냠 다시다. 냠냠거리다/대다, 냠냠이(먹고 싶어 하는 음식), 냠냠하다(더 먹고 싶어 하거나 더 가지고 싶어 하다).

냥(兩) ①수사 밑에 쓰여 돈을 헤아리는 말. ¶돈 열 냥. ¶돈냥, 만냥(萬兩), 쇳냥. ②귀금속이나 한약재 따위의 무게를 잴 때 쓰는 단위로 37.5g. =10돈.

너 친구나 손아랫사람에게 쓰이는 이인칭 대명사.↔나.≒그대. 자네. 당신. ¶너는 누구냐. 너와 나(너나). 너나들이[281]/하다, 너나없이(모두), 너나하다, 너나할것없이/너나없이, 너도나도(서로 경쟁이라고 하듯이 모두 다. 너나할것없이), 너희/들, 네[282](너+가, 너의), 네까짓(겨우 네 따위 정도로), 네년, 네놈, 네미'(너의 어미. 남을 욕할 때 쓰는 말), 네오내오없이(너나없이). ☞ 여(汝).

너겁¹ ①괴어 있는 물 위에 떠서 한데 몰리어 있거나 물가에 밀려 나온 검불. ¶너겁이 켜켜이 앉은 연못 물. ②물가에 흙이 패어 드러난 풀이나 나무의 뿌리.

너겁² 돌이나 바위 따위가 놓여 생긴 틈. ¶바위 너겁으로 이루어진 굴.

너구리 갯과의 동물. ¶너구리같다(사람됨이 능청스럽고 매우 음흉하다), 너구리굴, 너구리상(相); 오리너구리.

너글 매우 너그럽고 시원스러운 모양. ¶속이 너글너글 펴인 사람. 신돈은 빙글빙글 웃으며 너글너글 대답했다. 너그럽다(마음이 넓고 포용성이 많다), 너그러이, 너글너글/하다(너그럽고 시원스럽다).

너널 추운 겨울에 신는, 솜을 두어 만든 커다란 덧버선. ¶털너널(털로 크게 만든 버선).

너누룩-하다 ①사납던 날씨나 떠들썩하던 상황이 잠시 수그러져 잠잠하다. ¶비바람이 너누룩해지다. 교실 안은 너누룩해졌다가 다시 북새통이 되었다. ②심하던 병세가 잠시 가라앉다. ¶조금 나은 듯하다가 다시 도지다가는 또 너누룩해지셨다. 아이의 기침이 조금 너누해졌다. ③감정이나 심리가 좀 느긋하다. ¶분하던 마음이 좀 너누룩하게 가라앉았다. 너누룩이. 〈준〉너눅하다.

너덜 '너덜겅(돌이 많이 깔린 비탈)'의 준말. ¶너덜겅을 건너가다. 기다랗게 너덜을 이룬 곳. 너덜겅을 내려와 마을에 겨우 다다랐다. '서드리'는 너덜겅의 사투리다. 너덜길, 너덜밭[283]; 돌너덜(너덜겅), 돌너덜길.

-너라 '오다'로 끝나는 동사 어간에 붙어, 명령의 뜻을 나타내는 종결 어미. ¶이리 오너라. ☞ -거라.

너름새 ①일을 멋있고 능란하게 해내는 재주. ②너그럽고 시원스럽게 말로 떠벌려 일을 주선하는 솜씨. ¶그녀는 남편 못지않게 너름새가 좋아 동네 반장을 맡아 한다.

너리 잇몸이 헐어 헤지는 병. ¶너리가 나서 밥을 제대로 먹지 못했다. 너리(가) 먹다(잇몸이 헐어 헤져 들어가다).

너비 물건의 가로만 잰 길이.[〈너븨←넙(다)+의].≒폭(幅).

너비아니 쇠고기를 얄팍하게 저미어 양념을 하여 구운 음식. ¶너비아니구이.

너새 ①지붕의 합각머리 양쪽으로 마루가 지게 기와를 덮은 부분. 당마루. ②지붕을 일 때, 기와처럼 쓰는 얇은 나뭇조각이나 돌조각.[←널/넓(다)+새[5]]. ¶너새기와(합각머리 너새에 얹는 암키와), 너새집. §'너와[284]'는 '너새'가 변한 말. ¶너새/너와집.

너설 돌이나 바위가 삐죽삐죽 내민 험한 곳(너덜). ¶산길을 가로막은 너설. 냇가나 강가 따위의 돌이 많은 곳을 '서덜'이라고 한다. 바위너설(바위가 삐죽삐죽 내민 험한 곳).

너스래미 물건에 쓸데없이 너슬너슬 붙어 있는 거스러미나 털 따위. ☞ 나슬나슬.

너스레¹ ('너스레²'를 늘어놓듯이) 수다스럽게 떠벌리어 늘어놓은 말이나 짓.≒넉살. ¶너스레를 놓다/ 떨다. 너스레웃음.

너스레² 흙구덩이나 그릇의 아가리 또는 바닥에 걸쳐 놓아서 그 위에 놓는 물건이 빠지거나 바닥에 닿지 않게 하는 막대기. ¶동이 위에 너스레를 놓고 막걸리를 거르다. 너스레뱀(물고기류의 날문부와 밸과의 경계부에 있는 막힌 주머니).

너와 ①지붕을 이는 데 쓰는, 소나무 토막을 쪼개어 만든 널빤지. [←너와(瓦)←너새←널+새]. ¶너와집(너와로 지붕을 인 집). ②'너새(돌기와)'의 변한 말. ¶너새집(돌기와집. 청석집).

너울¹ ①예전에 여자들이 얼굴을 가리기 위하여 머리에 쓰던 물건. ¶머리에 너울을 쓴 별당아씨. 너울 쓴 거지(몹시 배가 고파 체면 차릴 여지가 없게 된 처지를 비유하여 이르는 말). 너울짜리(양반의 부녀자). ②햇볕을 쬐어 시들어 늘어진 풀이나 나뭇잎.

---

281) 너나들이: 서로 너니 나니 하고 부르며 허물없이 말을 건네는 일. 또는 터놓고 지내는 사이.≒호형호제(呼兄呼弟). ¶나와 사장과는 너나들이로 지내는 처지이다.

282) 네: 주격조사 '가' 앞에서만 쓰이는 '너'의 특수형. '너의'의 준말. ¶나보다 네가 먼저 해라. 넨장맞을(네 난장(亂杖)을 맞을).

283) 너덜밭: 떨기나무, 칡덩굴 따위와 억센 잡풀이 우거지고 돌이 많이 흩어져 있는 비탈.

284) 너와: 지붕을 이는 데 쓰는, 소나무 토막을 쪼개어 남든 널빤지. 너와집(너와로 지붕을 인 집).

③'겉모습이나 거짓 모습'을 비유적으로 이르는 말. ¶그것은 도무지 사람 너울 뒤집어쓴 자의 행동이 아니다. 너울을 쓰다(겉으로 그럴듯하게 좋은 명색을 내걸다).

너울² 바다의 크고 사나운 물결. 〈준〉놀'. ¶너울가지[285], 너울·나울거리다/대다, 너울너울(팔이나 날개 따위를 천천히 움직이는 모양), 너울지다(거칠게 너울거리다), 너울질, 너울쩍거리다(너울너울 흐느적거리다), 너울춤, 너울하다/놀하다(큰 물결이 사납게 일어나다); 물너울/물놀(넓은 물에 이는 큰 물결).

너절-하다 허름하고 지저분하다. 하찮고 시시하다. 품격이 낮다. ≒더럽다. 어지럽다. ¶너절한 옷차림. 너절한 뒷골목. 너절한 이야기. 사람이 좀 너절하다. 너저분하다(너절하고 지저분하다), 너절너절[286]/하다, 너주레하다(조금 너절하다). 너즈러지다[287].

너테 얼음 위에 다시 물이 흘러서 덧얼어붙은 얼음.=보쿠. §호수, 강 따위의 얼음 위에 고인 물은 '덧물'이라고 한다.

넉넉-하다 기준에 차고도 남음이 있다. 살림이 풍족하다. 도량이 넓다.≒많다. 푸짐하다. 〈작〉낙낙하다[288]. ¶자금이 넉넉하다. 살림이 넉넉지 않다. 넉넉[289], 넉넉잡다(시간이나 수량 따위를 여유 있게 헤아려 잡다), 넉넉히, 너끈하다[290]. ☞ 유(裕).

넉더듬이 물의 면을 세게 쳐서 물고기를 뜨게 하여 잡는 일. ¶넉더듬이하다.

넉살 부끄러운 기색이 없이 비위 좋게 구는 짓이나 성미.≒덕살. 비위(脾胃). 너스레. ¶넉살 좋은 사람은 어디를 가서도 굶지 않는다. 넉살 좋은 강화년이다(염치도 체면도 없는 사람). 넉살꾼, 넉살맞다, 넉살머리, 넉살부리다, 넉살스럽다(넉살좋게 보이다), 넉살좋다, 넉적다[291].

넉시리 느릅나무에 돋는 먹는 버섯.

넉자 도장이 잘 찍히도록 종이 밑에 받치는 폭신한 사슴의 가죽.

넋 사람의 몸에 있으면서 그것을 거느리고 목숨을 붙어 있게 하며, 죽어도 영원히 남아 있다는 비물질적인 존재. 정신이나 마음.≒얼. 혼(魂). ¶넋을 달래다. 넋이야 신이야 한다. 넋건지기굿, 넋건이[292], 넋굿[위령제(慰靈祭)], 넋대(무당이 넋을 건지는 막대), 넋두리[293]/하다, 넋들임, 넋맞이, 넋반(盤), 넋받이, 넋살탕(넋이 나갈 정도의 호된 골탕), 넋없다/없이, 넋오르다(흥분하다), 넋올리기(넋올림), 넋잃다, 넋자리(죽은이의 넋이 와서 앉을 자리), 넋적(실제는 없고 이름뿐인 것), 넋전(錢), 넋타령(넋두리), 넋풀이/굿; 닫힌넋[294], 열린넋. ☞ 혼(魂).

넌더리 몹시 싫어서 진저리가 나는 생각.≒몸서리. 싫증(症). 진저리. 〈준〉넌덜. ¶넌더리가 나다. 똑같은 반찬에 넌덜을 내다. 넌더리를 대다(넌더리가 나게 굴다). 넌덜거리다/대다(자꾸 넌더리 나게 굴다), 넌덜머리.

넌덕 너털웃음을 치며 재치 있게 너스레를 늘어놓는 짓.≒재치(才致). 익살. ¶넌덕을 부리다(넌덕스럽게 행동하다). 넌덕스럽다/스레.

넌지시 ①드러나지 않게 가만히.≒슬며시. 은밀히. 몰래. ¶넌지시 충고하다. 넌지시 물어보다. 주머니에 넌지시 넣어주다. ②아무 꺼리는 기색이 없이. ¶넌지시 끼어 앉다. 〈준〉넌짓.

넌출 길게 뻗어 나가 너덜너덜하게 늘어진 식물(풀)의 줄기.≒덩굴.[〈너출]. ¶넌출이 가지런하게 잘린 정원수. 넌출들어주기, 넌출문(門;네 개의 문짝이 죽 달린 문), 넌출지다(넌출이 치렁치렁 길게 늘어지다).

널 ①판판하고 넓게 켠 나무 판대기.≒널빤지. 판(板). ②시체를 넣는 관이나 곽. ¶널을 뛰다/ 구르다. 널을 짜다. 널감[295], 널거죽(널빤지의 거죽), 널결, 널구름다리(널판으로 만든 구름다리), 널기와(지붕을 이을 때 쓰는 널조각), 널길[296], 널다리[판교(板橋)], 널담(널빤지로 만든 담), 널대문(大門), 널도듬[297], 널돋음[298], 널돌[판석(板石)], 널두께, 널뛰기/놀이, 널뛰다, 널마루, 널말뚝, 널못, 널무덤, 널문(門)[널대문, 널덧문], 널바자, 널반자, 널밥[299], 널방(房;무덤속의 방), 널배, 널벽(壁;널빤지로 만든 벽. 板壁), 널빈지[300], 널빤지, 널안, 널장[301], 너장[302], 널조각, 널지붕, 널집(판잣집), 널짝(널빤지), 널쪽[널쪽매(널쪽 이음), 널쪽문(門)], 널판(板), 널판때기, 널판자(板子), 널판장(板墻), 널평상(平床); 다릿널, 덧널, 돌널(돌로 만든 널. 돌판), 등널(의자의 등받이에 대는 널빤지), 디딤널, 밑널, 박공널(牔栱), 반널(두껍고 넓게 제재한 널빤지), 발판널(板), 산자널(檄子), 손널('도마'의 궁중말), 암중널[303], 앞널, 옆널, 쪽매널(널조각으로 여러 가지 무늬를 놓아 만든 널), 처마널, 층널(層;서랍 밑에 대는 널조각), 치마널(난간의 밑 가장자리에 돌려 붙인 널빤지). ☞ 판(板).

285) 너울가지: 남과 잘 사귀는 솜씨(사교성). 붙임성이나 포용성 따위. ¶너울가지가 있다/ 없다/ 좋다.

286) 너절너절: 천이나 옷 따위가 늘어지거나 해져서 몹시 어지럽고 지저분한 모양. ¶너절너절 찢어진 청바지가 유행이다.

287) 너즈러지다: 여기저기 너저분하게 흩어지다. ¶온 밭에 참외덩굴이 너즈러졌다.

288) 낙낙하다: ①크기·수효 따위가 조금 크거나 남음이 있다. ¶신발이/ 품이 낙낙하다. 살림이 제법 낙낙하다. 낙낙잖다, 낙낙히. ②삶이나 무엇이 만만하여 다루기가 쉽다. ¶사람이 낙낙하게 보인다.

289) 넉넉: 수량어 뒤에 쓰여, 그 수량보다 조금 더 됨을 뜻하는 말.↔빠듯. ¶5미터 넉넉. 사흘 넉넉. 서되 넉넉 된다.

290) 너끈하다: 무엇을 하는 데 있어, 그것을 해낼 힘의 여유가 있다. 모자람이 없이 넉넉하다. ¶이만한 분량이면 너끈하다. 그 정도의 일은 너끈히 해낼 수 있다.

291) 넉적다: 넉살 좋다. 민망한 것을 모르고 뻔뻔스럽다. ¶비위 좋고 넉적은 짓.

292) 넋건이: 죽은 사람의 넋을 거두어들이는 일. 또는 그런 노래.

293) 넋두리: ①원통하거나 억울한 일, 불평이 있을 때 두덜거리는 말.≒푸념. 하소연. ②무당이 죽은 사람의 넋을 대신하여 하는 말.≒넋풀이. ¶무당의 넋두리는 끝이 없었다.

294) 닫힌넋: 기성 사회 질서에 억지로 복종하는 정신.↔열린넋(창조적인 정신).

295) 널감: ①널의 재료가 될 목재. ②늙어서 죽을 때가 가까운 사람.

296) 널길: 고분의 입구에서 시체를 안치한 방까지 이르는 길.

297) 널도듬: 한쪽은 널을 대고 다른 쪽은 종이를 바른 도듬문.

298) 널돋음: 널뛰기를 할 때에 널의 가운데를 괴는 물건.

299) 널밥: 널뛰기를 할 때에 각자의 몸무게에 따라 중간의 굄으로부터 양쪽으로 각기 차지하는 널의 길이.

300) 널빈지: 한 짝씩 끼웠다 떼었다 할 수 있게 만든 문. 흔히 가게에서 문 대신 씀. 빈지문.

301) 널장: 넓고 판판하게 켠 나뭇조각의 낱장.

302) 너장: 배의 바닥에 깔아 놓은 널.

303) 암중널: 흙으로 도자기 따위를 만들 때 쓰는 널빤지.

널널-하다 사람이나 시간, 장소 따위가 복잡하지 않고 여유가 있다. 넉넉하다.=늘늘하다. ¶널널하게 날짜를 잡다. 고기 1kg이면 우리 둘이 늘늘하다. 기한을 늘늘히 잡다.

널(다)¹ 볕을 쬐거나 바람을 쐬기 위하여 펼쳐 놓다. 말을 늘어놓다.≒벌리다. 펼치다. ¶빨래를 널다. 널리다¹(많다. 늘비하다), 널방석(方席;곡식을 너는 방석), 널어놓다, 너름새304), 날아놓다305); 넘너른하다306), 덧널다, 뒤널리다(마구 널리다), 잔널다307), 짓널다(마구 흩어서 널다) 들.

널(다)² 쥐·개 따위가 이로 쏠거나 씹다.[‹너흘다]. ¶뒤주를 밤새 널어놓았다. 강아지가 구두짝을 짓널었다. 잔널다(음식을 이로 깨물어 잘게 만들다), 짓널다(마구 물어뜯거나 씹다).

넓(다) 넓이나 마음 쓰는 것이 크다. 널리 미치다.↔좁다. ¶집이 넓다. 도량이 넓다. 식견이 넓다. 넉가래, 넉걷이, 넉괭이, 나부대대/납대대·너부데데하다/넙데데/하다, 나부라308)·너부러지다, 나부랑납작309)·너부렁넓적/하다, 나부죽310)·너부죽/이/하다, 나붓·너붓하다(좀 나부죽하다), 나비311), 너럭바위, 너럭배, 너렁배미(넓은 논배미), 너렁하다(방이나 마당이 널찍하여 훤하다), 너렁청하다312), 너레313), 너르다314), 너벅선(船), 너벅지315), 너비316), 널따랗다, 널리/다², 널브러뜨리다/트리다/지다(널리 흩어지다. 널리 퍼지다), 널브리다317), 널찍하다, 널찍널찍318)/하다, 널펀펀하다(넓고 펀펀하다), 넓다듬이(↔홍두깨다듬이), 넓둥글다, 넓디넓다(매우 넓다), 넓미역, 넓삐죽하다(물체의 모양이 넓고 삐죽하다), 넓살문(門), 넓어지다, 넓은다대(편육에 쓰는 쇠고기), 넓은도랑, 넓은목(판소리 창법에서 아주 넓게 부르는 목소리), 넓은잎나무, 넓이(면적)[겉넓이, 단위넓이(單位), 밑넓이, 소리넓이, 음넓이(音)], 납작319)·넓적, 납작·넓적하다, 납작스름·넓적스름하다, 납작·넓적이, 납죽납죽, 납죽·넓죽하다, 넓적추니(얼굴이 넓적하게 생긴 사람), 넙죽·납죽, 넓죽이(길쭉하고 넓은 모양), 넙치[넙치가자미, 넙칫국, 넙치눈이, 넙치저냐, 넙치회(膾)], 넓히다; 둥글납대대·둥글넙데데하다, 둥글납작·둥글넓적하다, 드넓다, 크넓다(크고 넓다), 폭넓다(幅), 해납작·희넓적하다(얼굴이 하얗고 넓적하다), 휘넓다(탁 트인 듯이 아주 넓다). ☞ 광(廣).

넘넘지러니 여기저기 마구 되는 대로. ¶산등성이에서 넘넘지러니 쉬고 있는 등산객. 산비탈에 넘넘지러니 쌓인 바위너설.

넘늘(다) ☞ 넘다.

넘(다) 수량이나 정도가 한계를 지나다. 낮은 데서 높은 데를 지나 다른 낮은 데로 향하여 가다. 건너 지나다. 어려움을 벗어나다. 건너뛰다. 한쪽으로 쏠리게 되다. ¶쉰 살이 넘다. 사흘이 넘다. 험난한 고개를 넘다. 줄을 넘다. 산을 넘어도 또 오를 산이 있다. 위험한 고비를 여러 번 넘겼다. 넘고처지다320), 넘기[뒷넘기, 무넘기321), 부넘기322), 앞넘기, 재주넘기, 줄넘기], 넘기다¹,²323), 넘나다324), 넘나다니다(넘나들어 다니다), 넘나들다(어떤 경계를 들락날락하다. 드나들다), 넘나들이, 넘날다(넘어서 날다), 넘내리다(오르락내리락하다), 넘노닐다, 넘놀다(이곳에서 저곳으로 넘나들며 놀다. 넘노닐다), 넘늘다325), 너머326), 너무327), 넘보다

304) 너름새: ①일이나 말을 늘어놓는 태도. 또는 그 솜씨. ②판소리를 하면서 창자가 극적 내용을 형상화하는 몸짓.[←널음새]. 발림(판소리에서의 몸짓이나 발짓).

305) 날아놓다: 여러 사람이 각각 낼 돈의 액수를 정하다. ¶회비를 공평하게 날아놓다. 이사들의 분담금을 날아놓다.

306) 넘너른하다: 여기저기 마구 널려 있다. ¶운동장에 넘너른한 쓰레기.

307) 잔널다: ①음식을 이로 깨물어 잘게 만들다. ¶아이에게 고기를 잔널어 먹이다. ②잘게 널다. ¶잔널어서 말리다.

308) 나부라지다: 힘없이 나부죽이 바닥에 까부라져 늘어지다. 〈큰〉너부러지다. ¶그는 한 대 맞자 땅바닥에 나부라지고 말았다.

309) 나부랑납작/이: 평평하게 퍼진 듯이 납작하게. 〈큰〉너부렁넓적. ¶나부랑납작이 넓은 바위 위에 올라가 앉다.

310) 나부죽: ①납작하게 찬찬히 엎드리는 모양. ¶나부죽 엎드리다. ②귀엽고 얌전하게 웃는 모양. 〈큰〉너부죽. ¶나부죽·너부죽이, 나부죽·너부죽하다.

311) 나비: 피륙·종이 따위의 넓이. 폭(幅). ¶나비가 좁다. 가로나비, 걸음나비[보폭(步幅)].

312) 너렁청하다: 탁 트여서 시원스럽게 넓다.

313) 너레: 매우 넓고 큰 바위로 된 땅바닥. 암반(巖盤). 너레돌[반석(盤/磐石)].

314) 너르다: 이리저리 다 넓고 크다.↔솔다. ¶너른 대청마루. 세상은 넓다/너르다. 너럭바위, 너르디너르다, 너른바지, 널리다(너르게 하다), 널부러지다/뜨리다/트리다; 에너르다(크게 에둘리어 너르다), 혜너르다(도량이 넓다. 융통성이 있다).

315) 너벅지: 너부죽한 옹기 그릇.

316) 너비: 피륙과 같이 평면이나 넓고 긴 물체의 가로로 건너지른 폭의 거리. ¶이 강은 너비가 100m나 된다.

317) 널브리다: 너저분하게 흩다. ¶아이는 장난감을 방에 널브러 놓고 나가 버렸다.

318) 널찍널찍: 여럿이 다 또는 매우 너른 모양. ¶널찍널찍 앉아라.

319) 납작¹: ①말대답을 하거나 무엇을 받아먹을 때 입을 냉큼 벌렸다가 닫는 모양. ¶납작 받아먹다. 납작거리다/대다, 납죽납죽·넙죽넙죽. ②몸을 바닥에 대며 낮게 엎드리는 모양. ¶바닥에 납작 엎드리다. 〈큰〉넙적. 넙죽(선뜻. 서슴없이). 납작²: ①판판하고 얇으면서 좀 넓은 모양. 〈큰〉넓적. ¶납도리(모나게 만든 도리.↔굴도리), 납작감, 납작되, 납작마루, 납작못, 납작바닥, 납작발, 납작보리, 납작붓, 납작·넓적이, 납작이매듭, 납작·넓적코, 납작하다, 납작호박; 넓적괭이, 넓적다리(≒허벅지), 넓적부리, 넓적뼈, 넓적·납작스름하다, 넓적팔. ②판판하고 좀 넓은 것이 단단히 들어붙은 모양.

320) 넘고처지다: 한편으로는 기준에 넘치고 다른 한편으로는 기준에 못 미치다.

321) 무넘기: 차고 남은 물이 밑의 논으로 흘러 넘어가게 논두렁의 한 곳을 낮춘 부분.

322) 부넘기: 불길이 아궁이로부터 방고래로 넘어 들어가게 된 곳.

323) 넘기다¹: 넘게 하다. 쓰러뜨리다. 종잇장 따위를 젖히다. 권리나 책임을 남에게 주거나 맡기다. 시간을 지나가게 하다. 어려움에서 벗어나다. ¶공을 받아 넘기다. 책장을 넘기다. 소유권을 남에게 넘기다. 물건을 도매로 넘기다. 죽을 고비를 넘기다. 넘겨다보다(남의 것을 욕심내어 마음을 그리로 돌리다. 물건 위를 지나서 보다)/보이다, 넘겨듣다(예사롭게 흘려듣다. 지내듣다), 넘겨박다(넘겨뜨리면서 바닥으로 내리치다)/박히다, 넘겨받다(남으로부터 받아 맡다), 넘겨쓰다(남의 허물이나 책임을 뒤집어쓰다)/씌우다, 넘겨잡다(미리 그러하다고 알아주다. 짐작하다), 넘겨주다(건네다), 넘겨짚다(지레 짐작으로 판단하다. 미루어 헤아리다), 넘겨치다; 꾀어넘기다, 되넘기다, 떠넘기다(떠맡기다), 받아넘기다, 얼넘기다, 웃어넘기다, 팔아넘기다, 한동넘기다(끊어진 광맥을 파 들어가서 다시 광맥을 찾아내다). 넘기다²: '넘어가다'의 사동. ¶약을 가까스로 목구멍으로 넘기다.

324) 넘나다: 분수에 넘치는 짓을 하다. ¶실력도 없는 사람이 너무 자신만만해서 가끔 넘나는 것이 흠이다.

325) 넘늘다: 점잔을 지키면서도 제멋대로 흥취 있게 말이나 행동을 하다. 남의 비위를 맞추려고 용렬하게 굴다. ¶술자리에서 그 사람의 넘는 말

(탐내어 마음을 그리로 돌리다. 업신여겨서 낮추보다. 깔보다)/보이다, 넘보라살, 넘빨강살, 넘성[328], 넘성하다[329], 남실·넘실[330], 넘어가다(건너다. 지나가다), 넘어다보다(넘겨다보다. 탐내다), 넘어뜨리다/트리다(죽이다. 쓰러뜨리다.↔일으키다), 넘어박히다(심하게 넘어져 바닥에 부딪다), 넘어서다(넘어서 지나다. 능가하다), 넘어오다, 넘어지다[331], 넘치다[넘쳐흐르다; 흘러넘치다], 늠실[332]; 걸고넘어지다, 귀넘어듣다, 나가넘어지다, 되넘겨짚다, 되넘기다/되넘기(물건을 사서 즉시 넘기어 파는 일), 되넘기장사, 뒤넘다[333], 뛰어넘다, 받아넘기다, 속여넘기다, 숨넘어가다, 어깨너머/로, 어깨넘이(상대를 어깨로 져서 앞으로 넘김), 얼넘기다/넘어가다, 웃어넘기다(지나쳐 버리다. 무시하다), 재넘이(산바람), 재주넘다, 주제넘다(언행이 제 분수에 넘게 건방지다), 줄넘기, 해넘이, 허위넘다[334] 들.

넘스레 고비 같은 식물의 잎대에 난 부르르한 솜털 같은 것. ¶잎자루에 넘스레가 부르르 나 있다.

넛- '아버지의 외숙이나 외숙모와 자기와의 관계, 또는 종손(從孫)과 자기와의 관계'를 나타낼 때 쓰는 말. ¶넛손자(孫子;누이 자매의 손자), 넛할머니(아버지의 외숙모), 넛할아버지(아버지의 외숙).

넝마 낡고 해어져서 입지 못하게 된 옷가지나 천 조각 따위.≒마병. ¶넝마를 걸친 거지. 넝마장(場), 넝마장수, 넝마전(廛;넝마를 파는 가게), 넝마주이, 넝마쪽(넝마의 헝겊 조각).

넝쿨 덩굴. ¶넝쿨무늬, 넝쿨손, 넝쿨식물(植物), 넝쿨장미, 넝쿨지다(마음이 뒤틀려 비꼬이다) 들.

넣(다) 밖에 있는 것을 일정한 공간 안으로 들여보내다. 포함시키다. 받아들이다. 돈을 납부하거나 은행에 입금하다.↔빼다. 꺼내다. ¶가방에 책을 넣다. 주머니에 손을 넣다. 국에 간장을 넣다(치다), 돈을 통장에 넣다. 그러넣다(그러모아 넣다), 끌어넣다(개입하게 하다), 몰아넣다, 물어넣다[1,2][335], 불어넣다, 써넣다(적어 넣다), 알넣기(부화기에 알을 넣는 일), 앗아넣다, 앞넣다, 우겨넣다, 오비어·우비어·호비어·후비어넣다, 잡아넣다, 집어넣다(손으로 어떤 물체를 집어서 넣다), 처넣다, 틀어넣다(억지로 들이밀어 넣다) 들.

네:[1] 셋에 하나를 더한 수. 사(四). §'넷(양수사)' 또는 뒤에 오는 명사의 종류에 따라. '너. 넉'으로 쓰임. ¶네 사람이 함께 간다. 오늘은 친구 넷이 왔다. 네가지닻, 네거리, 네굽, 네굽질[336]/하다, 네눈박이, 네다리, 네다섯, 네댓(넷이나 다섯), 네둘레(사방), 네뚜리[337], 네모[338], 네발(네발걸음, 네발짐승, 네발고누), 네방망이[339], 네활개(넓게 벌린 팔다리), 넉동[넉동내기, 넉동무니], 넉/너되, 넉자바기(字), 너이(네 사람. 넷), 넉-[넉 냥/되/섬/자/잔(盞)], 넉자박이(字;네 글자로 된 말 마디), 넉장/낙장거리[340], 넉장누에(四齡蠶), 넉장뽑다(張)[341], 넉점박이(點;두 눈과 코, 입을 가졌다는 뜻으로 '사람'을 속되게 이르는 말), 넉줄고누, 넷째; 나달(나흘이나 닷새), 너넛, 너댓, 너더댓(넷이나 다섯 가량), 너더댓새, 너덧(넷 가량); 서너.

네[2] 존대할 자리에서 대답하거나 반문하는 말. 예. ¶네, 알겠습니다. 네의(길게 대답하는 소리).

-네[1] 몇몇 명사나 어근 뒤에 붙어 '여러 사람으로 이루어진 한 무리', 사람의 이름이나 칭호 뒤에 붙어 '그 집안이나 가족. 편'의 뜻을 더하는 말. ¶게네[342], 그네, 나그네, 남정네(男丁), 노인네(老人), 늙은신네, 당신네, 댁네(宅;손아랫사람의 아내), 동네(洞), 동갑네(同甲), 마을신네(神), 벗님네, 본댁네(本宅), 부인네(婦人), 분네('분'을 좀 데면데면하게 이르는 말), 소인네/쇤네(小人), 아낙네, 아우네, 안댁네, 어르신네, 에미네, 여인네(女人), 여편네(女便), 우리네, 이네(이 무리의 사람), 저네, 젊으신네; 순옥이네/아저씨네/ 아주머니네/ 자네네/ 철수네/ 친구네 들.

-네[2] 용언의 어간에 붙어, 감동[뜻밖의 일. 허탈감이나 놀라움]을 나타내거나 같은 연배나 손아랫사람에게 이를 때에 쓰는 서술이나 의문 종결 어미.≒-구나. ¶나는 자네가 부럽네. 세월 참 빠르네. 그럼 여기서도 가깝겠네. 선생님이 안 보이시네. -네-그려, -

---

솜씨는 항상 인기였다. 체면을 지키는 체하면서 제멋대로 놀아나는 것도 '넘늘다'라고 한다. 접대부를 끼고 앉아 넘늘다. 넘늘넘늘(길게 휘늘어져 흔들흔들 움직이는 모양)/하다, 넘늘거리다/대다, 넘늘어지다(제멋대로 휘늘어지다. 길게 휘늘어지다), 넘늘이, 넘늘이성(性;넘늘이하는 재주나 성질).

326) 너머: 산·담·고개 같은 가려진 물체의 저쪽, 또는 그 공간. ¶울타리 너머. 산 너머에 또 산이 있다.

327) 너무: 정도에 지나치게.[←넘(다)+우]. ¶문제가 너무 어렵다. 너무나, 너무나도, 너무하다(심하다). [+부정어].

328) 넘성: ①목을 길게 빼고 넘겨다보는 모양. ②액체가 그릇에 가득 차서 넘칠 듯 넘칠 듯한 모양. 〈작〉남상. ¶남의 집 재산을 자꾸 남상거리면 못쓴다. 남상·넘성거리다/대다(얄밉게 자꾸 넘어다보다).

329) 넘성하다: 얄미운 태도로 넘겨다보다. 〈작〉남상하다. ¶남상·넘성거리다/대다, 남상남상·넘성넘성/하다.

330) 넘실: ①남의 것이 탐이 나서 목을 빼고 슬그머니 넘어다보는 모양. ②물체가 움직이는 모양. 물결이 너울거리는 모양. 〈작〉남실. ¶넘실넘실 파도치는 동해. 남실·넘실거리다/대다, 남실남실·넘실넘실/하다, 남실·넘실바람[경풍(輕風)].

331) 넘어지다: 높이를 가진 물체가 균형을 잃고 바닥으로 쓰러지다.≒엎어지다. 자빠지다. 고꾸라지다. ¶아이가 돌에 걸려 넘어지다. 회사가 부도로 넘어지다(쓰러지다. 망하다).

332) 늠실: 속에 딴마음이 있어 슬몃슬몃 넘보다. ¶늠실늠실, 늠실거리다/대다.

333) 뒤넘다: 뒤로 넘어지거나 뒤집히어 넘어지다. ¶얼음판에 미끄러져 뒤넘다.

334) 허위넘다: 허우적거리며 몹시 애를 써서 높은 곳을 넘어가다. ¶고개를 허위넘다.

335) 물어넣다[1]: 축낸 돈이나 물건 따위를 갚아 넣다. ¶모자라는 돈을 물어넣다. 물어넣다[2]: 남을 고자질하여 잡히게 하거나 들키게 하다.

336) 네굽질: 네발짐승이 네 굽을 내젓는 짓. 팔다리를 내저으며 몸부림치는 짓.

337) 네뚜리: 새우젓 한 독을 네 몫으로 가르는 일. §비유적 의미는 '사람이나 물건을 대수롭지 않게 여김'.

338) 네모: 네 개의 모. 사각형(四角形). ¶네모기둥, 네모꼴, 네모나다(모양이 네모꼴로 되어 있다), 네모무덤, 네모반듯하다, 네모뿔/대, 네모서까래, 네모송곳, 네모얼레(모서리가 넷인 얼레), 네모지다, 네모찌(네모가 나도록 쪼갠 재목).

339) 네방망이: 앞뒤로 방망이 넷을 달고 여덟 사람이 메게 된 상여.

340) 넉장거리: 네 활개를 벌리고 뒤로 벌렁 자빠짐. ¶미치고 넉장거리할 노릇 다 보겠네.

341) 넉장뽑다(張): 투전에서 석 장 뽑을 것을 어름어름하여 넉 장을 뽑는다는 뜻으로, 일이나 행동을 할 때 태도가 분명하지 못하고 어물어물 얼버무리는 것을 이르는 말.

342) 게네: 상대자의 무리를 조금 얕잡아 이르는 복수 대명사.[←거기/게+네].

네-마는/네만(연결 어미), -네-요, -ㄴ다-네, -는다-네, -다-네, -라-네. §선어말어미 '-더-'와는 결합하지 않음.

네기 몹시 못마땅하여 욕지거리로 하는 말. ¶네기, 이 무슨 꼴이람. 넨장(네 亂杖), 넨장맞을, 넨장칠.

네뚜리 사람이나 물건을 업신여기어 대수롭지 아니하게 보는 일. ¶네뚜리로 여기다. 네뚜리로 알다. ☞ 네'(네뚜리).

네미 송아지를 부를 때 내는 소리. ☞ 네미'.

넨다-하다 아이나 아랫사람을 사랑하여 너그럽게 대하다.≒너그럽다. ¶너무 넨다하며 키우다. 아이를 넨다하며 길렀더니 버릇이 없다.

녀석 '남자'를 낮잡아 이르거나, 윗사람이 집안의 '사내아이'를 귀엽게 이르는 말.≒놈. 새끼. ¶나쁜 녀석. 고얀(고약한) 녀석, 신통한 녀석. 저 녀석이 누구냐? 잡녀석(雜;잡놈).

년 '여자'를 낮추어 이르거나, 윗사람이 '여자 아이'를 귀엽게 여기는 뜻으로 쓰는 말.≒계집.↔놈. ¶네 년이 어디다 대고 반말이냐? 요 년이 제법 공부를 잘 한다. 연놈; 계집년, 도둑년, 되년, 딸년, 뭇년(많은 여자), 미친년, 상·쌍년(常), 아이년/애년, 어린년, 언년(손아래의 계집아이를 귀엽게 부르는 말), 왜년(倭), 이·고·그·저·조·요년, 잡년(雜), 종년, 통지기년, 호년(呼), 화냥년 들.

년(年) '해'의 뜻으로 햇수를 헤아리는 데 쓰는 말. ¶이천 년. 금년(今年), 내년(來年). ☞ 연(年).

녕(濘) '진창. 수렁'을 뜻하는 말. ¶수녕(水濘;수렁), 이녕(泥濘;진창) 들.

-녘 일부 체언 뒤에 붙어 '방향·지역(쪽[5]. 편)', 명사나 용언의 관형형에 붙어 '어떠한 때의 무렵'의 뜻을 나타내는 말. ¶가녘, 강녘(江), 개울녘(개울가), 길녘[343], 남녘(南), 날샐녘, 동녘(東), 동틀녘, 들녘, 밝아올녘, 밝을녘, 북녘(北), 불녘[344], 새벽녘, 샐녘, 서녘(西), 석양녘(夕陽), 아랫녘, 아침녘, 앞녘, 어둘녘, 어슬녘, 울녘(둘러싸인 언저리. 울타리 근처), 윗녘, 이슬녘, 저물녘, 점심녘, 해뜰녘, 해질녘, 황혼녘(黃昏). ☞ 쪽. 편(便). 시(時).

노 실·삼·종이 따위를 가늘게 비비거나 꼰 줄. 노끈. ¶노를 꼬다. 노가 실이 되도록(끈질기게 조르거나 되풀이해서 말을 늘어놓는 모양). 노감투(노끈으로 짜서 만든 감투), 노갓, 노끈/노내끈(삼노끈/삼노), 놋날(돗자리 따위를 엮을 때 날로 쓰는 노끈), 노놓치다(죄인을 잡았다가 슬그머니 놓아주다), 노드리듯[345], 노망태기/노망태(網), 노뭉치(뭉쳐 놓은 노), 노벙거지(노끈으로 만든 벙거지), 노성냥(짧은 노 끝에 유황을 바른 성냥), 노엮개(노를 꼬아 엮는 일), 노오라기/노오리, 노파리[346]; 삼노, 쌈노[347], 옭노('올무'의 사투리), 외벌노, 조락노(삼껍질로 꼰 노), 지노(紙). ☞ 승(繩). 삭(索). 줄. 끈.

노(老) '늙다. 어른. 늙은·낡은. 익숙하다. 쇠하여 없어지다'를 뜻하는 말. ¶노각[348], 노각(老脚), 노객(老客), 노거수(老巨樹;수령이 많고 커다란 나무), 노건하다(老健)[349], 노경(老境), 노계(老鷄), 노고(老姑), 노고(老苦), 노골(老骨), 노공(老公), 노광(老狂), 노교수(老敎授), 노교하다(老巧), 노구(老狗), 노구(老嫗;노파)[노구쟁이(뚜쟁이 노릇을 하는 노파), 노구질/하다], 노구(老軀;늙은 몸), 노국(老菊), 노기(老妓), 노기(老氣), 노기(老驥), 노납(老衲), 노녀(老女), 노년(老年)[노년기(期), 노년학(學)], 노노(老奴), 노농(老農), 노니(老尼), 노니(老泥), 노담(老痰), 노대가(老大家), 노대국(老大國), 노대인(老大人), 노대하다(老大;점잖다), 노동(老童), 노둔하다(老鈍), 노땅, 노래(老來), 노련(老鍊)[노련가(家), 노련미(味), 노련하다], 노령(老齡)[노령선(船), 노령연금(年金), 노령함(艦), 노령화지수(化指數), 노루(老淚), 노리(老吏), 노리(老羸), 노마(老馬), 노마님, 노망하다/나다/들다(老妄), 노모(老母), 노모(老耄;늙어서 정신이 가물가물함), 노모(老謀;빈틈없이 짜인 계책), 노목(老木), 노무력(老無力), 노무용하다(老無用), 노물(老物), 노배(老輩), 노법사(老法師), 노병(老兵), 노병(老病), 노복(老僕;늙은 사내종), 노부(老父), 노부(老夫), 노부(老婦), 노부모(老父母), 노부부(老夫婦), 노부인(老婦人), 노부지둔(老腐遲鈍), 노불(老佛;노자와 석가. 늙은 중), 노비(老婢;늙은 여자종), 노사/숙유(老士/宿儒), 노사(老死), 노사(老師), 노사미(老沙彌), 노사장어른(老査丈), 노산(老産), 노상(老相), 노색(老色), 노샌님, 노생(老生), 노선생(老先生), 노성하다(老成), 노소(老少), 노송(老松), 노쇠하다(老衰), 노수(老手), 노수(老叟), 노수(老壽), 노수(老樹), 노숙(老宿), 노숙하다(老熟), 노스님, 노승(老僧), 노시(老視), 노신(老臣), 노신(老身), 노신랑(老新郎), 노신부(老新婦), 노신사(老紳士), 노실하다(老實), 노안(老顔), 노안(老眼)[노안경(鏡)], 노앵(老鶯), 노야(老爺;늙은 남자), 노약/자(老弱/者), 노양(老陽;양기가 다함), 노양(老孃;노처녀), 노역(老役;영화나 연극에서 노인 배역을 맡은 사람), 노염(老炎;늦더위), 노옥(老屋), 노온(老媼), 노옹(老翁), 노욕(老慾;늙은이가 부리는 욕심), 노우(老友), 노우(老優), 노웅(老雄), 노유(老幼), 노유(老儒), 노음(老陰), 노이불사(老而不死), 노익장(老益壯), 노인(老人)[350], 노장/파(老壯/派), 노장/사상(老莊/思想), 노장/중(老長/丈), 노장(老將)[백전노장(百戰)], 노장군(老將軍), 노재(老宰), 노전사(老戰士), 노제(老除), 노족(老足), 노존(老尊), 노졸(老卒), 노졸(老拙), 노주(老酒), 노질(老疾), 노창하다(老蒼), 노처(老妻), 노처녀(老處女), 노체(老體), 노총각(老總角), 노추(老醜), 노축(늙은이 무리), 노췌하다(老悴), 노치(老齒), 노친/시하(老親/侍下), 노탐(老貪), 노태(老態), 노퇴(老退), 노틀(늙은

---

343) 길녘: 길옆이나 길 가까운 곳. 길이 트인 쪽.

344) 불녘: 모래가 깔린 바닷가나 강가. ¶불녘에 배를 대다.

345) 노드리듯: 빗발이 노끈을 드리운 것처럼 죽죽 쏟아지는 모양. ¶소나기가 노드리듯 쏟아지다.

346) 노파리: 삼이나 짚, 종이 따위로 꼰 노로 결어 만든 신. 겨울에 집안에서 신음. ¶노파리가 나다(신이 나다).

347) 쌈노: 나뭇조각을 붙인 후 굳을 때까지 동여매는 데에 쓰는 노끈.

348) 노각(老): 늙어서 빛이 누렇게 된 오이. ¶노각나물(노각채), 노각뿔(소의 흰 은빛 뿔).

349) 노건하다(老健): ①늙었으나 몸은 건강하다. ②글이나 글씨체 따위가 노련하고 힘이 있다. 그의 수필은 세련된 맛은 없지만 노건한 맛이 있다.

350) 노인(老人): 노인경(鏡;돋보기), 노인네, 노인병(病), 노인복지(福祉), 노인성(星), 노인성치매(性癡呆), 노인잔치, 노인장(丈), 노인자제(子弟), 노인정(亭), 노인직(職)/노직(老職); 백발노인(白髮), 엄성노인(奄成;빨리 늙는 일), 월하노인(月下), 파파노인(皤皤), 환갑노인(還甲).

이[←老頭兒〈중〉], 노티(늙은 티), 노파(老派), 노파/심(老婆/心), 노패(老牌), 노폐(老廢)[노폐물(物), 노폐하다], 노포(老圃), 노포(老鋪), 노필(老筆), 노학(老瘧), 노학(老學)[노학생(生), 노학자(者)], 노한(老漢), 노형(老兄), 노혼(老昏;늙어서 정신이 흐림), 노화(老化), 노환(老患), 노활하다(老猾), 노회(老會), 노회하다(老獪;노련하고 교활하다), 노후/차(老朽/車), 노후(老後); 경로(敬老)[경로당(堂), 경로회(會)], 고로(古老), 고로(孤老), 고로(故老), 공로(空老), 국로(國老), 농로(農老), 기로(耆老), 대로(大老), 봉로(奉老), 부로(父老), 불로(不老), 상로(相老), 서로(庶老), 석로(碩老), 석로(釋老;석가와 노자), 쇠로(衰老), 숙로(宿老), 애로(艾老;쉰 살 넘은 사람), 야로(野老), 연로(年老), 우로(愚老), 원로(元老), 융로(隆老), 장로(長老), 조로(早老), 존로(尊老), 졸로(拙老), 중로(中老), 초로(初老), 촌로(村老), 퇴로(退老), 해로(偕老), 황로(黃老;황제와 노자), 후로(朽老) 들.

노(路) '길'을 뜻하는 말. ¶노독(路毒), 노류장화(路柳墻花;娼女), 노면(路面), 노문(路文), 노반/공사(路盤/工事), 노방(路傍;길가)[노방잔읍(殘邑), 노방초(草)], 노변(路邊;길가), 노불습유(路不拾遺;모든 백성이 매우 정직함), 노비(路費), 노상(路上)[노상강도(强盜), 노상안면(顔面)], 노상(路床;路盤), 노선(路線;길. 방향. 생각)[노선도(圖); 버스노선(bus), 정치노선(政治), 중간노선(中間)], 노수(路需;路資), 노용(路用), 노인(路人), 노자(路資;길비용)[노잣돈; 안팎노자(왕복여비)], 노장(路葬), 노전(路奠), 노전(路錢), 노제(路祭), 노중(路中), 노촌(路村), 노폭(路幅), 노표(路標); 가로(街路), 간로(間路;샛길, 간선로(幹線路), 강변로(江邊路), 개로(開路), 갱로(坑路), 거로(去路), 경로(經路), 경로(徑), 공로(公路), 공로(攻路), 공로(空路), 과로(過路), 광로(光路;광학 거리), 교차로(交叉路), 교통로(交通路), 구로(舊路), 귀로(歸路), 규로(逵路;큰길), 급로(汲路), 기로(岐路), 남북로(南北路), 농로(農路), 누로(淚路;눈물길), 당로(當路), 대로(大路), 대항로(對抗路), 도로(道路), 도수로(導水路), 등산로(登山路), 말로(末路), 목로(木路;나뭇가지를 꽂아 표시한 뱃길), 문로(門路), 미로(迷路;홀림길), 반로(返路), 방수로(放水路), 배수로(排水路), 범로(犯路), 벽로(僻路), 별로(別路), 보급로(補給路), 북로(北路), 분로(分路), 비행로(飛行路), 사로(仕路), 사로(死路), 사로(邪路), 사로(砂路), 사로(思路), 사로(斜路), 산로(山路;산길), 산책로(散策路), 상로(商路), 상로교(上路橋), 생로(生路), 서로(西路), 선로(船路;뱃길), 선로(線路), 세로(世路), 세로(細路), 소로(小路), 수로(水路;물길)[수로교(橋), 수로도(圖); 고수로(高), 국제수로(國際)], 수로기(修路機), 수송로(輸送路), 숙로(熟路), 순로(順路), 신작로(新作路), 실로(失路), 십자로(十字路), 애로(隘路), 약로(藥路), 양로(讓路), 어로(御路), 언로(言路), 애로(隘路), 여로(旅路), 연로(沿路), 오로(迂路), 왕로(往路), 역로(逆路), 역로(歷路), 역로(驛路), 영로(榮路), 요로(尿路), 요로(要路), 용수로(用水路), 우회로(迂廻路), 운로(運路), 원로(遠路), 유로(由路), 유로(流路), 육로(陸路), 일로(一路), 이로(泥路), 이로(理路;이야기나 이론 등의 조리), 이로동귀(異路同歸), 인수로(引水路), 자침로(磁針路), 장로(長路), 전로(錢路;돈길), 전로(電路), 정로(正路), 정로(征路), 정자로(丁字路), 주로/선(走路/線), 준로(峻路), 중로(中路), 지로(支路), 지로/꾼(指路;길잡이), 직로(直路), 진로(進路), 진입로(進入路), 차로(叉路;두 갈래로 나누인 길), 차로(車路), 차로(遮路;길을 막음), 참로(站路), 천로(天路), 철로(鐵路)[철로바탕, 철롯둑], 첩로(捷路;지름길), 초로(樵路;나뭇길), 출로(出路), 측로(側路), 침로(針路), 쾌로(快路), 탄탄대로(坦坦大路), 탈로(脫路), 통로(通路), 퇴로(退路), 판로(販路), 편로(便路), 폐로(閉路), 필로(筆路;글을 지을 때 나오는 사상), 필로(蹕路), 하로교(下路橋), 한로(旱路), 합로(合路), 후방로(後方路), 항로(航路), 항공로(航空路)[정기항공로(定期)], 해로(海路), 행로(行路), 향로(向路), 험로(險路), 혈로(血路;험하고 어려운 고비의 길), 협로(夾路), 협로(峽路), 환로(宦路;벼슬길), 활로(活路), 활주로(滑走路), 황로(荒路), 회로(回路), 횡단로(橫斷路), 횡로(橫路); 통일로(統一路)/ 중앙로(中央路)/ 세종로(世宗路) 들.

노(露) '이슬. 드러나다·드러내다'를 뜻하는 말. ¶노강즙(露薑汁), 노거(露車;포장이 없는 수레), 노격(露檄;여러 사람이 돌려가며 볼 수 있도록 봉하지 않은 글), 노계(露紒), 노골(露骨)[노골적(的), 노골파(派), 노골화/되다/하다(化)], 노관(露棺), 노광/지수(露光/指數), 노굴(露掘;露天掘), 노근(露根), 노금(露禽;학), 노대(露臺;露天舞臺. 난간뜰), 노두(露頭;괘등)[노두탄(炭)], 노둔(露臀;바지를 내려 볼기를 드러냄), 노면(露面;얼굴을 드러냄), 노명(露命;이슬과 같이 덧없는 목숨), 노반(露盤;탑의 꼭대기 층에 있는 네모난 지붕 모양의 장식), 노봉(露鋒;서예에서, 붓끝의 자취가 드러나도록 쓰는 필법), 노불(露佛;노천에 모셔둔 불상), 노상(露霜;이슬과 서리), 노석(露石;땅위로 드러난 돌), 노설(露洩;漏泄), 노숙(露宿;한뎃잠)[노숙자(者), 노숙하다; 풍찬노숙(風餐)], 노악(露惡;자신의 치부나 결점을 일부러 드러냄), 노암(露岩;땅위로 드러난 바위), 노영(露營;野營), 노옥(露玉;구슬처럼 맺혀 있는 이슬), 노와(露臥;한데에 그대로 누움), 노장(露場;百葉箱), 노적/가리(露積), 노점(露店;길가의 한데에 물건을 벌여 놓고 장사하는 곳), 노점(露點;이슬점), 노정(露井;지붕이 없는 우물), 노정(露呈;나타남. 드러남), 노졸(露拙;옹졸하고 못남을 드러내 보임), 노주(露柱), 노주(露珠;이슬방울), 노주(露酒;燒酒), 노지/재배(露地/栽培), 노차(露次;한뎃잠), 노처(露處;한데에서 지냄), 노천(露天)[351], 노체(露體), 노초(露草), 노초(露礁;염), 노출(露出)[352], 노포(露布;일반에게 널리 퍼뜨림), 노포탑(露砲塔), 노포(露布花;금종이나 은종이 따위로 만든 꽃), 노해(露骸;무덤의 뼈가 드러남), 노현(露顯/現), 노현(露顯/見), 노화(露花;이슬에 젖은 꽃); 감로/수(甘露/水), 감홍로(甘紅露), 결로(結露), 동로(凍露), 무로(霧露), 발로(發露;마음속의 것이 겉으로 드러남), 백로(白露), 상로(霜露), 송로(松露), 오로(惡露), 옥로(玉露), 우로(雨露), 유로(流露), 은로(銀露), 정로(呈露;露呈), 적로(滴露), 정로(情露), 조로(朝露), 초로(草露), 취로(取露), 탄로(綻露;비밀 따위가 드러남), 토로(吐露;속마음을 다 드러내어 말함), 폭로(暴露;부정이나 음모 따위를 죄다 드러냄), 표로(表露;거죽에 나타남), 풍로(風露), 피로(일반에게

351) 노천(露天): 한데. ¶노천 시장(市場). 노천갑판(甲板), 노천강당(講堂), 노천광(鑛), 노천굴(掘;땅바닥에서 바로 광물을 캐내는 일), 노천극장(劇場), 노천상(商), 노천수업(授業), 노천요(窯), 노천채굴(採掘).

352) 노출(露出): 겉으로 드러나거나 드러냄. 사진기에서, 렌즈로 들어오는 빛을 셔터가 열려 있는 시간만큼 필름이나 건판에 비치는 일. ¶노출이 심한 옷. 노출계(計), 노출공사(工事), 노출과다(過多), 노출되다/하다, 노출면(面), 노출성향(性向), 노출욕(慾), 노출증(症), 노출탄전(炭田); 이중노출(二重).

널리 알림)/연(披露/宴), 한로(寒露), 효로(曉露) 들.

노(爐) 가공할 원료를 넣고 열을 가하여 녹이거나 굽거나 하는 시설. 불을 피우거나 담아두는 그릇. ¶노구(爐口), 노변/담화(爐邊/談話), 노심(爐心), 노전/승(爐殿/僧;스님), 노화(爐火), 노회(爐灰); 가스로(gas), 가열로(加熱爐), 각로(脚爐), 건류로(乾溜爐), 경수로(輕水爐), 고로(高爐), 곤로(焜爐), 균질로(均質爐), 난로(煖爐)353), 내화로(耐火爐), 단공로(鍛工爐), 동력로(動力爐), 동선하로(冬扇夏爐), 반사로(反射爐), 배소로(焙燒爐), 벽로(壁爐), 불균질로(不均質爐), 소각로(燒却爐), 수로(手爐), 습식로(濕式爐), 신선로(神仙爐;상 위에 놓고 열구자탕을 끓이는 그릇), 아크로(arc爐), 야로(冶爐;풀무), 연소로(燃燒爐), 용광로(鎔鑛爐), 용선로(鎔銑爐), 용해로(鎔解爐), 원자로(原子爐), 임계로(臨界爐), 전기로(電氣爐), 전로(電爐), 전로(轉爐), 전환로(轉換爐), 정로(鼎爐), 중수로(重水爐), 증식로(增殖爐), 진공로(眞空爐), 태양로(太陽爐), 평로(平爐), 풍로(風爐)[가스풍로(gas), 고풍로(鼓), 석유풍로(石油), 약풍로(藥), 흙풍로], 하로동선(夏爐冬扇), 향로(香爐), 호광로(弧光爐), 홍로(紅爐), 화로(火爐)354), 회로(懷爐), 회전로(回轉爐) 들. ㅌ

노(勞) '힘쓰다 · 애쓰다. 수고하다. 피곤하다 · 지치다. 위로하다'를 뜻하는 말. ¶노고(勞苦), 노곤하다(勞困;노작지근하다/노자근하다), 노권(피로하여 싫증이 남)/상(勞倦/傷), 노권(勞勸;힘써 일함), 노근(勞勤;부지런히 일함), 노농/당(勞農/黨), 노동(勞動)355), 노래(勞來;수고를 치하하고 격려함), 노력(勞力)[노력이전(移轉;임금이 낮은 노동자를 고용하여 임금 지급을 줄이는 일), 노력적기계(機械), 노력하다], 노록(勞碌;쉬거나 게을리 하지 않고 꾸준히 힘을 다함), 노림(勞痲;痲症), 노무(勞務)356), 노문(勞問;신하를 위문함), 노병(勞兵;피로한 병사), 노복(勞復), 노비(勞費), 노사(勞使)357), 노사(勞思;몹시 근심함), 노사(勞辭;노고를 위로하는 말), 노상(勞傷;갖은 고초로 마음에 상처를 입음), 노신(勞神), 노심(마음으로 애를 씀)/초사(勞心/焦思), 노역(勞役;몹시 괴롭고 힘든 노동)[노역자(者), 노역장(場), 노역하다, 노역혼(婚)], 노연분비(勞燕分飛;사람이 서로 이별함), 노이무공(勞而無功), 노일(勞逸), 노임(勞賃;품삯. 노동임금)[노임기금설(基金說), 노임성(性), 노임인상(引上), 노임철칙(鐵則); 체불노임(滯拂)], 노자(勞資;노동과 자본금), 노작(勞作;힘들여 일함. 힘들여 만듦)[노작가축(家畜), 노작교육(敎育)], 노췌하다(勞瘁;몹시 고달파서 초췌함), 노해(勞解;피로하여 게을리 함); 개로(皆勞), 견마지로(犬馬之勞), 공로(功勞), 과로(過勞), 구로(劬勞), 권로(倦勞), 근로(勤勞), 대로(代勞), 도로(徒勞), 방로(房勞), 번로(煩勞), 보로금(報勞金), 부설지로(負紲之勞), 불로(不勞), 산로(産勞), 수로(酬勞), 심로(心勞), 연로(年勞), 위로(慰勞), 자로이득(自勞而得), 체로(替勞), 취로(就勞), 피로/감(疲勞/感), 필로(筆勞), 현로(賢勞), 호로(犒勞), 효로(效勞), 훈로(勳勞) 들.

노(奴) '사내종. 못된 짓을 한 놈'을 뜻하는 말. ¶노령(奴令), 노명(奴名), 노배(奴輩), 노복(奴僕), 노비(奴婢)[노비해방(解放); 공노비(公), 관노비(官), 사노비(私), 세전노비(世傳), 외거노비(外居), 원노비(元)], 노속(奴屬), 노시(奴視), 노안(奴案;종의 이름을 적은 장부), 노안비슬(奴顔婢膝;하인처럼 굽실거리는 얼굴로 비굴하게 알랑대는 태도), 노역(奴役;고용인에 의하여 일방적으로 혹사를 당하는 일), 노예(奴隷)358), 노자(奴子), 노주(奴主), 노추(奴雛;종의 새끼); 가노(家奴), 경노(京奴), 관노(官奴), 군노(軍奴), 궁노(宮奴), 남노(男奴), 노노(老奴), 농노(農奴), 매국노(賣國奴), 맥노(麥奴;보리깜부기), 묘노(墓奴), 반노(叛奴;상전을 배반한 종), 부침노(負寢奴), 사노(私奴), 상노(床奴), 수노(首奴), 수전노(守錢奴), 시노(侍奴), 시노(侍奴), 아노(衙奴), 역노(驛奴), 영노(營奴), 위노위비(爲奴爲婢), 인노(人奴), 천노(賤奴), 초노(樵奴), 충노(忠奴), 형노(刑奴), 호노한복(豪奴悍僕), 흉노(匈奴), 흑노(黑奴) 들.

노(怒) '성내다. 기세가 대단하다'를 뜻하는 말. ¶노갑이을(怒甲移乙), 노견(怒譴;화를 내며 꾸짖음), 노기(怒氣;성난 얼굴빛. 또는 그런 기색이나 기세)[노기등등(騰騰), 노기충천(衝天)], 노도(怒濤)[질풍노도(疾風)], 노매(怒罵;성내어 꾸짖음), 노랑(怒浪;怒濤), 노목(성난 눈)/시지(怒目/視之), 노발(怒髮;몹시 성이 남), 노발대발/하다(怒發大發), 노사(怒瀉), 노색(怒色), 노성(怒聲;성난 목소리), 노승발검(怒蠅拔劍), 노엽다359), 노조(怒潮), 노축암(怒蹴巖;

353) 난로(煖爐): 난롯가, 난롯불, 난로회(會); 가스난로(gas), 벽난로(壁) 석유난로(石油), 전기난로(電氣).

354) 화로(火爐): 화롯가, 화롯불; 손화로, 질화로, 청동화로(靑銅).

355) 노동(勞動): 사람이 생활에 필요한 물자를 얻기 위하여 육체적 · 정신적 노력을 들이는 행위. 막일. ¶공사장에서 노동을 하다. 노동가치설(價値說), 노동강도(强度;노동밀도), 노동강화(强化), 노동경제학(經濟學), 노동계(界), 노동계급(階級), 노동계약(契約), 노동공세(攻勢), 노동과잉(過剩), 노동과정(過程), 노동과학(科學), 노동관계(關係), 노동관료(官僚), 노동교육(敎育), 노동권(權), 노동귀족(貴族), 노동금고(金庫), 노동기본권(基本權), 노동꾼, 노동능률(能率), 노동단체(團體), 노동당(黨), 노동대상(對象), 노동량(量), 노동력(力;품)[노동력인구(人口); 유휴노동력(遊休)], 노동문제(問題), 노동법(法), 노동법규(法規), 노동법령(法令), 노동법학(法學), 노동보험(保險), 노동보호법(保護法), 노동복(服), 노동불안(不安), 노동삼권(三權), 노동삼법(三法), 노동생산력(生産力), 노동생산성(生産性), 노동수단(手段), 노동시간(時間), 노동시장(市場), 노동식민(植民), 노동요(謠), 노동운동(運動), 노동위생(衛生), 노동위원/회(委員/會), 노동의무(義務), 노동하다, 노동의학(醫學), 노동이동(移動), 노동인구(人口), 노동임금(賃金), 노동자(者), 노동쟁의(爭議), 노동절(節), 노동정책(政策), 노동조건(條件), 노동조사(調査), 노동조직(組織), 노동조합(組合)/노조(勞組), 노동주(株), 노동지대(地帶), 노동통계(統計), 노동판, 노동하다, 노동헌장(憲章), 노동협약(協約), 노동화폐(貨幣), 노동환경(環境); 가내노동(家內), 가사노동(家事), 가족노동(家族), 간접노동(間接), 강제노동(强制), 경노동(輕), 계절노동(季節;철노동), 고한노동(苦汗), 근육노동(筋肉), 노예노동(奴隷), 단순노동(單純), 독립노동(獨立), 막노동, 문필노동(文筆), 수련노동(修練), 수인노동(囚人), 숙련노동(熟練), 육체노동(肉體), 이동노동(移動), 임노동(賃勞動), 잉여노동(剩餘), 자유노동(自由), 정신노동(精神), 종속노동(從屬), 중노동(重), 직접노동(直接), 철노동, 필요노동(必要).

356) 노무(勞務): 임금을 받으려고 육체적 노력을 들여서 하는 일. ¶노무공급계약(供給契約), 노무공급청부(供給請負), 노무관리(管理), 노무대(隊), 노무배상(賠償), 노무비비율(費比率), 노무원(員), 노무자(者), 노무출자(出資).

357) 노사(勞使): 노동자와 사용자. ¶노사교섭(交涉), 노사문제(問題), 노사분규(紛糾), 노사협약(協約), 노사협의회(協議會), 노사협조(協調).

358) 노예(奴隷): 지난날, 소유주의 재산이 되어 매여 지내던 사람. 무슨 일에 마음을 빼앗겨 거기서 벗어나지 못하는 사람. ¶식민지 노예. 사상의 노예. 욕심의 노예. 노예경제(經濟), 노예근성(根性;본바탕이 남의 밑에 매여 살기를 좋아하는 성질), 노예노동(勞動), 노예무역(貿易), 노예사냥, 노예살이, 노예생활(生活), 노예시/하다(視), 노예시장(市場), 노예적(的), 노예제도(制度), 노예제사회(社會), 노예주(主), 노예해안(海岸), 노예해방(解放), 노예화/되다/하다(化); 반노예(半).

359) 노엽다: 마음에 섭섭하고 분하다.[←怒(노)+하(다)+-ㅂ다]. ¶노엽게 여기

애꿎은 분풀이로 도리어 손해를 봄), 노투(怒鬪), 노하다, 노혐(怒嫌;노여움), 노호(怒號), 노후(怒吼;성내어 으르렁거림); 격노(激怒), 견노(譴怒), 공노(共怒)[신인공노(神人), 천인공노(天人)], 대로(大怒), 발노(發怒), 분노(憤/忿怒), 불노(不怒), 성노(盛怒;몹시 성냄), 신노(宸怒), 신노(神怒), 진노(震怒), 진노(瞋/嗔怒), 촉노(觸怒), 혁노(赫怒), 혐노(嫌怒), 희로/애락(喜怒/哀樂) 들.

노(櫓) 물을 헤쳐 배를 나아가게 하는 기구. ¶노를 젓다. 노가(櫓歌;뱃노래), 놋구멍, 노군(櫓軍), 노깃(노의 밑부분), 놋대, 노도(櫓棹;노와 상앗대), 노뒤(왼쪽 뱃전), 노배기(노구멍), 노병아[360], 놋봉(놋구멍), 노뻰지(노의 넓적한 부분), 노뼈(노처럼 생긴 뼈), 노성(櫓聲), 놋소리, 노손(노의 손잡이), 노앞(오른쪽 뱃전), 노잎(노갓), 노잡이[조수(漕手)], 놋좆[361], 놋줄(노병아), 노질/하다, 노착(노의 위쪽 자루 부분), 노팔(노의 손잡이와 맞닿은 부분); 곁노(배의 옆쪽에 붙은 노), 삼판노[362] 들.

노(蘆) '갈대'를 뜻하는 말. ¶노두(蘆頭;인삼 · 도라지 따위의 뿌리에서, 싹이 나오는 대가리 부분)[삼노두(蔘)], 노렴(蘆簾;갈대로 엮은 발), 노립(蘆笠;갈삿갓), 노목(蘆木), 노안(蘆岸;갈대가 무성한 물가의 언덕), 노안도(蘆雁圖), 노장(蘆場), 노적(蘆笛), 노전(蘆田), 노화(蘆花), 노회(蘆薈); 포로(匏蘆;박), 호로(葫/壺蘆) 들.

노(鹵) '천연의 소금. 노략질하다'를 뜻하는 말. ¶노둔(鹵/魯/駑鈍;어리석고 둔함), 노부(鹵簿;임금이 거둥할 때의 행렬), 노석(鹵石;염화물 · 브롬화물 · 요오드화물의 총칭), 노획(鹵獲;싸워서 적의 군용품을 빼앗음)[노획되다/하다, 노획무기(武器), 노획물(物), 노획선(船), 노획품(品)].

노(駑) '우둔하다'를 뜻하는 말. ¶노건(駑蹇;느리고 둔한 말의 걸음걸이. 둔하고 느림), 노둔(駑鈍;어리석고 둔함), 노마(駑馬;둔한 말이나 사람), 노마십가(駑馬十駕), 노성(駑性;둔하고 어리석은 성질); 파노(罷駑;쓸모없는 둔재) 들.

노(弩) '활 · 쇠뇌'를 뜻하는 말. ¶노궁(弩弓), 노대(弩臺;쇠뇌를 장치한 높은 대), 노사(弩師), 노수(弩手;화살이 잇달아 나가도록 장치한 쇠뇌를 쏘는 사수), 노전(弩箭;쇠뇌의 화살), 노포(弩砲); 경노(勁弩), 궁노(弓弩) 들.

노(努) '힘쓰다. 있는 힘을 다하다'를 뜻하는 말. ¶노력(努力)[노력가(家), 노력파(派), 노력하다(애쓰다. 힘쓰다. 꾀하다); 분투노력(奮鬪)], 노육(努肉;궂은살) 들.

노(虜) '적(敵). 오랑캐'를 뜻하는 말. ¶노봉(虜鋒), 노획(虜獲;사로잡음); 복로(僕虜), 부로(俘虜), 북로남왜(北虜南倭), 불로(北虜), 수로(囚虜), 수로(首虜), 추로(醜虜), 포로(捕虜) 들.

노(癆) '약물(藥物)에 중독되어 아픔. 폐결핵'을 뜻하는 말. ¶노점(癆漸;폐결핵), 노채(癆瘵;말기에 이른 폐결핵); 척수로(脊髓癆), 폐로(肺癆) 들.

노(櫨) '기둥 위에 짜 놓은 구조'를 뜻하는 말. ¶목로(木櫨;선술집에서 쓰이는, 널빤지로 좁고 기다랗게 만든 상)[목로주점(酒店), 목로술집/목롯집], 소로(小櫨) 들.

노(魯) '둔하다'를 뜻하는 말. ¶노둔(魯鈍), 노박하다(魯朴); 우로(愚魯) 들.

노(撈) '물속에 들어가 잡다. 건져내다'를 뜻하는 말. ¶노채(撈採), 노해작업(撈海作業); 어로(漁撈) 들.

노(壚) '검은 흙'을 뜻하는 말. ¶노모(壚坶;석영 · 운모 따위의 가루나 수산화철 등이 혼합된 점토. 주형 제작용 흙).

노(擄) '사로잡다'를 뜻하는 말. ¶노략(擄掠)[노략질/하다, 노략하다]; 침노하다(侵擄).

노(砮) '돌 화살촉'을 뜻하는 말. ¶석노(石砮;돌로 만든 살촉).

노가리[1] ①명태의 새끼. ②허황된 거짓말. ¶노가리를 까다(명태가 많은 수의 알을 까듯이 '많은 말, 거짓말'을 하다).

노가리[2] 곡식의 씨를 흩어 뿌리는 일. 산파(散播). ¶노가리로 뿌리다. 노가리하다.

노구 놋쇠나 구리쇠로 만든 작은 솥. '노구솥'의 준말.[←놋(쇠)+구리]. ¶노구거리[363], 노구메(노구솥에 지은 밥. 제삿밥)[노구메정성(精誠;노구메를 놓고 산신령에게 비는 정성), 노구메진상(進上;노구메정성)], 노구솥, 노구쇠, 노구전, 노구질(노구쟁이 노릇); 발노구(발이 달린 노구솥), 퉁노구(품질이 낮은 놋쇠로 만든 솥).

노굿 콩이나 팥 따위의 꽃. ¶노굿이 일다(피다). 콩노굿이 일었다. 동부노굿, 콩노굿, 팥노굿.

노깨 밀가루를 뇌고(고운체로 치고) 남은 찌끼.

노느(다) 나누어야 할 물건을 여러 몫으로 나누다. 〈준〉논다. ☞ 나누다.

노다지 ①목적하는 광물이 많이 묻히어 있는 광맥. ¶노다지를 캐다. 노다지광(鑛), 노다지굴, 노다지꾼. ②필요한 물건이나 이익이 많이 나오는 곳. 또는 그 물건이나 이익. ¶그는 무슨 노다지라도 발견한 듯 싱글벙글하였다. 노다지판.≒횡재(橫財). ③언제나. ¶노다지 놀기만 한다.

노닥 조금 수다스럽게 재미있는 말을 늘어놓는 모양. ¶잡담을 노닥노닥 나누며 밤을 새운다. 노닥거리다/대다/이다(잔재미 있고 좀 수다스럽게 말을 늘어놓다), 노닥노닥/하다.

노대 바다에서 바람이 몹시 불고 물결이 크게 이는 현상. ¶앞바다에 또 노대가 일었나보다. 노대바람(몹시 강한 바람).

노덕 엿기름에 좁쌀을 삭히어 번철에 지진 떡. ¶번철에서 지글지글 익는 노덕.

다. 노여움/노염(노염을 사다. 노염을 타다), 노여워하다, 노엽히다(노엽게 하다).

360) 노병아(櫓): 배의 노에 걸어 노질하기 쉽도록 하는 줄. 놋줄.

361) 놋좆: 배 뒷전에 자그맣게 나와 있는 나무못. 노의 허리에 있는 구멍에 이것을 끼우고 노질을 함.

362) 삼판노(櫓): 노깃과 노손이 있고 놋좆에 맞추어 젓게 된 노.

363) 노구거리: 노구를 걸 수 있는 모양을 하여, 둘 다 안으로 꼬부라지고, 높낮이가 다른 쇠뿔.

노두 음력 정월 열나흗날 밤에 신수가 나쁜 자식을 위하여 어버이가 일종의 액막이로 냇물에 징검다리를 놓는 일. ¶노둣돌[364].

-노라 자기의 동작을 장중하게 선언하거나 감동의 느낌을 나타내는 문어체의 종결 어미.[(-ᄂᆞ+오+라]. ¶님을 그리노라. 목숨이 다하도록 싸우겠노라. -(이)로라[365].

-노라고 말하는이가 자신의 행동이 의도한 바나 목적에 못 미쳤음을 나타내는 연결 어미. ¶쉬지 않고 열심히 하노라고 했는데 이 꼴이오. 잘 쓰노라고 쓴 것인데.

-노라니 말하는이 자신이 하고 있는 행위나 의도가 다른 어떤 일의 원인이나 조건이 됨을 나타내는 연결 어미. ¶혼자 사노라니 외롭기 짝이 없다. 보고만 있노라니 마음이 답답하다. 가노라니 갑자기 비가 온다. -노라니-까(강조).

-노라면 '하다가 보면 언젠가는. 계속한다면'의 뜻을 나타내는 연결 어미. ¶열심히 공부하노라면 성공할 때가 오겠지. 사노라면 언젠가는 행운이 올 것이다. 여기까지 걸어오노라면 피곤도 하겠지.

노래미 쥐노래밋과의 바닷물고기. ¶노래미의 새끼를 '노래기'라고 한다.

노로 담거나 묶거나 하지 않고 흩어져 있는 채로 그냥. ¶감자를 노로 실어 가다. 배추를 노로 차에 싣다.

노루 사슴과의 짐승.[←노ᄅᆞ다(노랗다)]. ¶노루가죽, 노루걸음, 노루고기, 노루귀(미나리아재빗과의 여러해살이풀), 노루글[366], 노루꼬리, 노루뜀, 노루막이(막다른 산마루. 절정), 노루목(노루가 지나다니는 길목), 노루발[367], 노루잠, 노루종아리(소반다리의 매끈한 부분), 노루밥풀, 노루잠, 노루종아리; 궁노루, 본노루(오래 묵어서 늙고 큰 노루), 사향노루(麝香), 수노루, 암노루. ☞ 장(獐).

노르(다) 황금·놋쇠의 빛깔과 같다. 〈큰〉누르다.[←놋[유(鍮)]]. ¶들판이 노르다. 노그름·누그름하다, 노란·누른빛, 노랑[368]·누렁, 노랗·뇌랗·누렇·뉘렇다, 노래·누레지다, 노르다·누르다, 노르께·누르께하다, 노르끄레·누르끄레하다, 노르디노르다, 노르무레·누르무레하다, 노르스레·누르스레하다, 노르스름·누르스름하다, 누르퉁퉁하다, 노른자위/노른자, 노릇노릇·누릇누릇/하다, 노릇[369]·누릇하다, 놀놀·눌눌하다[370], 놀면[371]·눌면하다, 뇌랗다/뉘렇다, 뇌래·뉘레지다, 누르락붉으락, 누르락푸르락, 누르미[사슬누르미[372], 잡누르미(雜)[373], 화양누르미(華陽)[374]], 누름적(炙;黃炙), 사슬누름적, 누르퉁퉁하다, 눋다[375]; 감노랗다/검누렇다, 감노르다/검누르다, 보리누름(보리가 누렇게 익는 철), 샛노랗다/싯누렇다, 샛노래·싯누레지다, 푸르누렇다, 푸르누레지다, 푸르락누르락, 희누러니, 희누렇다, 희누르다, 희누르스레하다, 희누르스름하다, 희누른색(色), 희누름하다, 희누름. ☞ 황(黃).

노르말 용량 분석에서 용액의 농도를 나타내는 단위의 하나. 1노르말(N)은 1리터 속에 용질의 1g 당량을 포함하는 농도. ¶노르말 농도(濃度), 노르말액(液).

노르메 고기나 문어를 잡기 위하여 미끼로 그물에 넣는 작은 물고기.

노름 금품을 걸고 주사위·화투·트럼프 따위로 서로 따먹기를 내기하는 일. 도박(賭博). 돈내기.[←놀(다)'+음]. ¶노름으로 패가망신하다. 노름꾼, 노름방(房), 노름빚, 노름접주(接主), 노름질/하다, 노름채(債;노름빚), 노름판, 노름패(牌), 노름하다; 가귀노름, 도둑노름, 싸래기노름, 패노름.

노릇 구실(역할)이 되거나 직책을 낮게 이르는 말. 어떤 일의 딱한 처지나 형편. 일의 됨됨이나 형편. 하는 짓.[(노릇←놀(다)'+(으)시]. ¶선생 노릇. 귀신이 곡할 노릇이다. 딱한 노릇이다. 기가 찰 노릇이다. 자식/ 주인/ 사람 노릇. 노릇마당[극장(劇場)], 노릇바치(희극 배우); 물노릇(물을 다루는 일), 소경노릇, 입노릇[376], 좀노릇(좀스러운 일), 종노릇, 중노릇, 헛노릇(아무 보람이 없는 헛된 일. 헛일) 들.

-노리 일부 명사에 붙어, '복판 언저리(둘레의 부근)'를 뜻하는 말. ¶각시노리(가랫바닥에 군둣구멍이 난 부분), 구멍노리, 관자놀이(貫子;귀와 눈 사이), 눈썹놀이, 무릎노리(무릎의 언저리), 배꼽노리(배꼽의 주위), 어깨노리(어깨 한복판의 언저리), 콧등노리, 허리노리(허리가 있는 언저리).

노리(다)[1] ①사람이나 짐승이 어떤 대상을 차지하거나 덮치거나 없앨 목적으로 눈독을 들이다.≒겨누다. ¶남의 재물을 노리다. 독수리가 병아리를 노리다. 우승을 노리다. 노려보다(매서운 눈빛으로 쏘아보다). ②기회를 잡으려고 잔뜩 눈여겨보다.≒벼르다. ¶시기를 노리다. 공격의 기회를 노리다. 허점을 노리다. 노림수(數;기회를 노리고 쓰는 술수).

노리(다)[2] ①털이 타는 냄새나 노래기의 냄새가 나다. 기름기가

364) 노둣돌: 말에 오르거나 내릴 때에 발돋움하기 위하여 대문 앞에 놓은 큰 돌.=승맛돌(乘馬). 하마석(下馬石).

365) -(이)로라: '이다. 아니다'의 어간이나 받침 없는 체언에 붙어, 자신의 행동(존재)을 의식적으로 드러내어 말하는 끝맺지 않은 어미. ¶적들이 쳐들어오자 영웅이로라 외치던 사람들이 모두 도망갔다. 자신이 전문가이로라 하고 으스댄다. 내 잘못은 아니로라 하고 우기다.

366) 노루글: 노루가 겅중겅중 걷는 것처럼 내용을 건너뛰며 띄엄띄엄 읽는 글.

367) 노루발: 노루의 다리. 과녁에 박힌 화살을 뽑는 연장. ¶노루발장도리(한 끝이 못을 빼게 된 장도리).

368) 노랑: 노랑감투, 누렁개, 노랑나비, 노랑머리, 노랑묵(치자 물을 타서 쑨 녹말묵), 노랑물, 누렁물, 누렁우물, 노랑이·누렁이, 노랑지다(인색하다. 기름지다), 노랑참외, 노랑태(더덕북어), 노랑퉁이(얼굴이 유난히 누르고 부석부석한 사람); 샛노랑, 진노랑(津).

369) 노릇: ①군데군데 노르스름한 모양. ¶노릇노릇 봉오리가 맺힌 개나리. ②매우 노르스름한 모양. 〈큰〉누릿. 누릇. ¶노릇하다, 노릿/누릿하다.

370) 놀놀하다: 털·풀 따위가 누르스름하다. 〈큰〉눌눌하다. ¶놀놀히·눌눌히.

371) 놀면하다: 보기 좋을 만큼 알맞게 노르다. 〈큰〉눌면하다. ¶놀면히.

372) 사슬누르미: 꼬챙이에 꿰지 아니한 누르미.

373) 잡누르미(雜): 도라지·숙주·미나리·쇠고기·돼지고기·해삼·전복 따위를 잘게 썬 것에, 목이·황화채(黃花菜) 따위를 넣고 갖은양념을 하여 걸쭉한 밀가루 반죽에 부친 음식.

374) 화양누르미(華陽): 삶은 도라지를 쇠고기·버섯과 섞어 적당하게 썰어 양념하고 볶아 꼬챙이에 꿴 음식.

375) 눋다: 누른빛이 나도록 조금 타다. ¶밥이 눋다. 누룽지(솥바닥에 눌어붙은 밥), 눌어붙다, 눌은밥.

376) 입노릇: 음식을 먹는 것이나 끼니 외에 심심하지 아니하게 음식을 먹는 것을 속되게 이르는 말.

많아 메스꺼운 냄새가 나다. 〈큰〉누리다. ¶냄새는 노리지만 맛은 좋다. 노래기[377], 노린·누린내, 노린재(노린내 나는 벌레), 노린재나무, 노릿하다(냄새나 좀 노리다), 노리착지근하다[378]/노리치근하다, 누리척지근하다/누리치근하다/누척지근하다, 뉘척지근하다/뉘지근하다(누린내나 누린 맛이 나다), 누케하다(누리척지근하다), 뉘뉘하다[379]. ②남의 비위를 거스를 만큼 치사하고 인색하다. ¶그는 돈을 벌고부터 더럽고 노리다. 노린내가 나다(인색하고 이해타산이 많은 사람의 태도가 나타나다). 노린동전(銅錢)[380]. ③하는 일이 깔끔하지 못하고 지저분하다.

노리(다)³ 서 있는 것을 칼로 휘몰아서 가로 갈기어 베다. ¶말을 타고 달려가면서 목표물을 칼로 노리다.

노상 ①언제나 변함없이 한 모양으로. 습관적으로.≒늘. 언제나. 항상. 〈준〉노. ¶남편의 대답은 노상 한결같았다. 노 잠만 잔다. 노박[381]/이로, 노박히다(계속해서 한 곳에만 붙박이다), 노방[382]. ②아주 또는 전혀. ¶가기만 하면 노상 집에 없다. 〈준〉노. [←노[늘]+상(常)].

노새 암말과 수나귀 사이에서 난 튀기.[〈로새←luusa〈몽〉]. ¶청노새(靑;푸른빛을 띤 노새).

노을 해가 뜨거나 질 무렵에, 수평선이나 지평선까지의 하늘이 햇빛을 받아 벌겋게 보이는 현상. 〈준〉놀⁴. ¶놀이 붉게 타오르다. 놀구름(붉게 노을이 진 구름), 노을빛; 금노을(金), 까치놀[383], 꽃노을(붉게 물든 노을), 보랏빛노을, 불노을, 새벽노을, 아침노을, 저녁노을. ☞ 하(霞).

노전 갈잎이나 조짚, 수숫대 또는 귀룽나무 껍질 따위로 엮어서 만든 깔개.

노죽 남의 마음에 들기 위하여 말, 표정, 몸짓 따위를 일부러 지어내는 일. =알랑거림. ¶노죽을 부리다/ 떨다. 노죽스러운 얼굴을 하고 다가오다. 노죽기(氣), 노죽스럽다, 노죽쟁이.

노질 종달새가 지저귀는 소리. 또는 그 모양. 노고지리(종달새).

노총 속내를 남에게 알려서는 안 되는 일. ¶그 일은 노총이라, 일이 완성될 때까지는 보안이 필요하다. 이 일에 대해 노총을 놓았다가는 너의 목숨이 위태로워질지도 모른다. 노총을 지르다(노총을 남에게 알리다). 노총을 지키다.

노트(kt) 배의 속도를 나타내는 단위로 1노트는 1시간에 1해리 (1,853m)를 달리는 속도.

노티 좁쌀, 찹쌀, 기장, 차조 따위의 가루를 쪄서 엿기름에 삭히어 지진 떡.=노치. ¶평안도 사람들은 명절에 꼭 노티를 만들어 먹었다.

노해 바닷가에 펼쳐진 들판. ¶노햇사람(노해에서 사는 사람).

녹(錄) '기록하다. 베끼다. 문서'를 뜻하는 말. ¶녹권(錄券), 녹명(錄名), 녹문(錄問), 녹사(錄事), 녹수(錄囚), 녹음(錄音)[384], 녹지(錄紙), 녹취(錄取), 녹편(錄片), 녹화(錄畵)[385], 녹훈(錄勳); 가록(加錄), 감상록(感想錄), 강의록(講義錄), 개표록(開票錄), 견문록(見聞錄), 결의록(決議錄), 계방록(桂坊錄), 계시록(啓示錄), 고백록(告白錄), 공신록(功臣錄), 구록(具錄), 구록(舊錄), 기록(記錄), 녹취록(錄取錄), 단상록(斷想錄), 도록(圖錄), 도록(都錄), 도록(盜錄), 도강록(渡江錄), 도당록(都堂錄), 동연록(同硏錄), 등록(登錄), 등록(謄錄), 등과록(登科錄), 만록(漫錄), 명상록(冥想錄), 명의록(明義錄), 모록(冒錄), 목록(目錄), 몽유록(夢遊錄), 무재록(武才錄), 묵시록(黙示錄), 문형록(文衡), 발언록(發言錄), 방명록(芳名錄), 방문록(訪問錄), 방함록(芳銜錄), 별록(別錄), 병록(病錄), 보록(譜錄), 보록(寶錄), 부록(附錄), 부의록(賻儀錄), 비록(秘錄), 비망록(備忘錄), 비화록(秘話錄), 사록(史錄), 사록(寫錄), 산록(散錄), 상록(詳錄), 상공록(商工錄), 생명록(生命錄), 서록(書錄), 선거록(選擧錄), 선록(選錄), 선명록(船名), 소록(小錄), 속기록(速記錄), 수록(手錄), 수록(收錄), 수록(蒐錄), 수감록(隨感錄), 수상록(隨想錄), 신사록(紳士錄), 실록(實錄), 심록(審錄), 암록(暗綠), 양해록(諒解錄), 어록(語錄), 언행록(言行錄), 여록(餘錄), 연구록(硏究錄), 연행록(燕行錄), 열록(列錄), 영문록(榮問錄), 오록(誤錄;잘못된 기록), 의사록(議事錄), 이록(移錄), 인명록(人名錄), 일록(日錄), 자성록(自省錄), 잡록(雜錄), 장화록(藏花錄), 재록(再錄), 재록(載錄), 적록(摘錄;적바림), 절록(節錄), 정감록(鄭鑑錄), 제명록(題名錄), 조객록(弔客錄), 조명록(照明錄), 조문록(弔問錄), 조의록(弔意錄), 주록(週錄), 주소록(住所錄), 직원록(職員錄), 진신록(搢紳錄), 집록(輯/集錄), 징비록(懲毖錄), 찬록(纂錄), 참관록(參觀錄), 참회록(懺悔錄), 채록(採錄), 첨배록(瞻拜錄), 청금록(靑衿錄), 초록(抄錄), 초상록(初喪錄), 총록(總錄), 추록(追錄), 추측록(推測錄), 충효록(忠孝錄), 투표록(投票錄), 판결록(判決錄), 행록(行錄), 허록(虛錄), 현록(懸錄), 협록(夾錄), 협의록(協議錄), 홍문록(弘文錄), 회고록(回顧錄), 회상록(回想錄), 회의록(會議錄), 후록(後錄), 흥신록(興信錄), 한중록/ 향산록 들로 쓰임.

녹(綠) 산화 작용으로 쇠붙이의 표면에 생기는 물질.=모미. '푸르다'를 뜻하는 말. ¶녹을 닦다. 녹이 슬다. 녹갈색(綠褐色), 녹강병(綠殭病), 녹균(綠菌), 녹나다, 녹낭요(綠朗窯), 녹내, 녹내장(綠內障), 녹니(綠泥), 녹다(綠茶), 녹두(綠豆)[386], 녹렴석(綠簾石), 녹림

---

377) 노래기: 마디와 발이 많은 벌레. 고약한 노린내가 남.

378) 노리착지근하다: 노린내가 조금 나는 듯하다.

379) 뉘뉘하다: 고기 같은 것이 썩거나 변하여 냄새가 몹시 누리고 구리다. ¶뉘뉘한 생선. 바람이 불 때마다 뉘뉘한 비린내가 풍겼다.

380) 노린동전: 아주 적은 액수의 돈. ¶노린동전마저 빼앗아 가다.

381) 노박: ①계속해서 오래. ¶노박 비를 맞고 걸었더니 한기가 든다. 노박 우리 집에 오시는 손님. ②줄곧. ¶아침부터 노박 내리는 비(노박비). 노박이로(계속해서 오래 붙박이로. 줄곧 계속적으로)[←노(상)+박(다)+이+로].

382) 노방: ①언제나 늘. 또는 줄곧. ¶노방 싸돌아다니기만 하다. ②걷잡을 수 없이 계속.=노상. ¶천장에서 비가 노방으로 새다. 연구소에서 노방 살다시피 하다.

383) 까치놀: ①석양을 받아, 멀리 바다의 수평선에서 벌겋게 번득거리는 노을. ②풍랑이 일 때 솟아오르는 하얀 물거품. 백두파(白頭波).

384) 녹음(錄音): 녹음기(器), 녹음방송(放送), 녹음실(室), 녹음판(板); 가두녹음(街頭), 동시녹음(同時), 자기녹음(磁氣).

385) 녹화(錄畵): 재생을 목적으로, 텔레비전 카메라로 찍은 화상(畵像)을 필름이나 자기(磁氣) 테이프 같은 데 기록함. 또는 그 화상. 녹화되다/하다, 녹화방송(放送), 녹화중계(中繼).

386) 녹두(綠豆): 콩과의 한해살이풀. ¶녹두나물(숙주나물), 녹두누룩, 녹두다(茶), 녹두떡, 녹두묵, 녹두물, 녹두밥, 녹두방정(버릇없이 까부는 말

(綠林;푸른 숲. 도둑의 소굴)[녹림객(客;도적의 무리)], 녹막이(녹이 스는 것을 막는 일), 녹말(綠末)[387], 녹문(綠門), 녹물, 녹반(綠礬), 녹발(綠髮), 녹변(綠便), 녹병(綠病), 녹봉(綠峰), 녹비(綠肥;풋거름), 녹빈홍안(綠鬢紅顔), 녹사(綠砂), 녹사(綠絲), 녹사료(綠飼料), 녹사의(綠簑衣;도롱이), 녹새치, 녹새풍(綠塞風;높새), 녹색(綠色)[388], 녹색맹(綠色盲), 녹수(綠水;碧水), 녹수(綠樹), 녹슬다, 녹실, 녹십자(綠十字), 녹안(綠眼), 녹암(綠岩), 녹야(綠野), 녹양/방초(綠楊/芳草), 녹얼룩점, 녹연석(綠鉛石), 녹엽(綠葉), 녹옥(綠玉), 녹우(綠雨), 녹유(綠釉), 녹음(푸른 잎이 우거진 나무나 수풀)/방초(綠陰/芳草), 녹의(綠衣), 녹의(綠蟻;술구더기), 녹음방초(綠陰芳草;우거진 나무 그늘과 싱그러운 풀), 녹의홍상(綠衣紅裳), 녹이(綠耳), 녹자(綠磁/瓷), 녹자색(綠紫色), 녹조류(綠藻類), 녹주(綠酒), 녹주석(綠柱石), 녹주옥(綠柱玉), 녹죽(綠竹), 녹즙(綠汁), 녹지/대(綠地/帶), 녹지(綠池), 녹차(綠茶), 녹창(綠窓;여자가 거처하는 방의 창. 綠堂), 녹채(綠彩), 녹청(綠青;구리에 생기는 녹색의 녹), 녹초(綠草), 녹치(잘 말린 푸른색의 부드러운 찻잎), 녹태(綠苔;푸른 이끼), 녹토(綠土), 녹파(綠波), 녹풍(綠風;초여름의 싱그러운 바람), 녹화(綠化)[389], 녹황색(綠黃色), 녹회색(綠灰色); 군록(群綠;군청과 녹청을 섞어 만든 물감), 담록(淡綠), 대록(帶綠), 동록(銅綠), 빈과록(蘋科綠;도자기에 입히는 초록빛의 잿물), 상록(常綠)[상록관목(灌木), 상록교목(喬木), 상록송(松), 상록수(樹)], 석록(石綠), 쇳녹, 신록(新綠), 심록(深綠), 양록(洋綠), 엽록소(葉綠素), 엽록채(葉綠體), 유록(柳綠), 유록(黝綠), 청록(青綠), 초록/빛(草綠), 해록석(海綠石) 들.

녹(鹿) '사슴'을 뜻하는 말. ¶녹각(鹿角)[390], 녹골/고(鹿骨/膏), 녹구(鹿裘), 녹모색(鹿毛色), 녹미(鹿尾), 녹비(사슴의 가죽)[←鹿皮], 녹비혜(鹿皮鞋), 녹설(鹿舌), 녹신(鹿腎), 녹야원(鹿野苑), 녹용(鹿茸;사슴의 새로 돋은 연한 뿔), 녹원(鹿苑), 녹육(鹿肉)[녹육저냐, 녹육회(膾)], 녹정혈(鹿頂血), 녹채(鹿砦), 녹총(鹿葱;원추리), 녹탕(鹿湯), 녹태(鹿胎), 녹패(鹿牌), 녹편(鹿鞭;사슴 자지의 힘줄), 녹포(鹿脯), 녹피(鹿皮), 녹혈(鹿血); 구록피(狗鹿皮), 마록(馬鹿;고라니), 미록(麋鹿;고라니와 사슴), 백록(白鹿), 빈록(牝鹿;암사슴), 사록(麝鹿;사향노루), 수록(水鹿), 숙녹피(熟鹿皮), 순록(馴鹿), 지록위마(指鹿爲馬), 청록(青鹿), 축록(逐鹿), 해록(海鹿) 들.

녹(祿) 국가에서 관원에게 주는 봉급. 행복(幸福). ≒삯. ¶녹을 먹다. 녹과(祿科), 녹료(祿料), 녹명(祿命), 녹미(祿米), 녹봉(祿俸), 녹불첩수(祿不疊受), 녹사(祿仕;벼슬길에 오름), 녹위(祿位), 녹읍(祿邑), 녹태(祿太), 녹패(祿牌); 가록(家祿), 관록(官祿), 관록(貫祿;경력·지위에 의하여 갖추어진 위엄이나 지위), 국록(國祿), 대록(大祿), 만종록(萬鍾祿), 반록(頒祿), 복록(復祿), 복록(福祿), 봉록(俸祿), 상록(賞祿), 세록(世祿), 소록(小祿), 식록(食祿), 실직록(實職祿), 여록(餘祿), 영록(榮祿), 은록(恩祿), 작록(爵祿), 중록(重祿), 천록(天祿), 촌록(寸祿), 후록(厚祿) 들.

녹(碌) '돌 모양. 자갈땅'을 뜻하는 말. 비유적 의미로 '평범하다'를 뜻함. ¶녹록하다(碌碌/錄錄)[391]; 모록하다(耄碌).

녹(淥) '밭다(거르다). 물이 맑아지다'를 뜻하는 말. ¶녹수(淥水;맑은 물), 녹지(淥池).

녹(轆) '도르래'를 뜻하는 말. ¶녹로(轆轤;고패. 도르래. 물레), 녹로전관(轆轤轉關) 들.

녹(다) 굳은 물건이 높은 온도에서 물러지거나 액체 상태로 되다. 추워서 굳어진 몸이 풀리다. 감정이 누그러지다. ≒풀리다. ↔굳다. 얼다. ¶봄이 오니 얼음이 녹는다. 설탕이 물에 녹다. 얼었던 몸이 녹다. 그의 몸은 술에 녹았다. 노그라지다[392], 녹는점(點), 녹신'[393], 녹아나다[394], 녹아내리다, 녹아들다[395], 녹아떨어지다[396], 녹음, 녹음열(熱), 녹이다[397], 녹임가마(용해로), 녹임감(용매. 용제), 녹임물(용액), 녹임약(藥), 노작지근하다[398]/노자근하다, 녹장[399], 녹지근하다/녹작지근하다(몸을 움직일 수 없을 만큼 몹시 나른하다), 녹초[400]; 겉녹다, 무르녹다[401], 어녹다/녹이다, 어녹이치다(여기저기 널리 얼다가 녹다가 하다), 어녹음부서지기, 어녹음흩기, 얼녹다/녹이다, 얼락녹을락. ☞ 나글. 용(溶). 융(融).

이나 행동), 녹두베개, 녹두봉돌(녹두알같이 아주 작은 낚싯봉), 녹두비누, 녹두알, 녹두엿, 녹두유(乳;제물묵), 녹두응이, 녹두장군(將軍;'전봉준'을 달리 이르는 말), 녹두전(煎;빈대떡), 녹두전병(煎餠), 녹두죽(粥), 녹두지짐, 녹두차(茶).

387) 녹말(綠末): ①녹두를 갈아서 가라앉힌 앙금을 말린 가루. ②식물의 씨·열매·뿌리·줄기 따위에 들어있는 탄수화물. 전분(澱粉). ¶녹말가루, 녹말값, 녹말당(糖), 녹말묵, 녹말비지, 녹말씨, 녹말질(質), 녹말편, 녹말풀, 녹말효소(酵素); 저장녹말(貯藏). §북한에서는 '농마'라고 함. ¶농마국수, 농마묵, 농마엿.

388) 녹색(綠色): 녹색길, 녹색등(燈), 녹색말, 녹색맹(盲), 녹색식물(植物), 녹색신고(申告), 녹색조류(藻類), 녹색혁명(革命); 선녹색(鮮), 암녹색(暗), 자녹색(紫).

389) 녹화(綠化): 나무를 심어, 산이나 들을 푸르게 함. ¶녹화사업(事業), 녹화산업(産業), 녹화운동(運動); 산림녹화(山林).

390) 녹각(鹿角): 사슴뿔. ¶녹각교(膠), 녹각기(器), 녹각상(霜;사슴의 뿔을 고아서 말린 뒤 가루로 만든 약), 녹각죽(粥), 녹각채(菜).

391) 녹록하다(碌碌/錄錄): 평범하고 하잘것없거나 만만하고 호락호락하다. ¶녹록하지 않은 상태다. 누구든지 그 사람을 녹록하게 봤다간 큰코다친다. 몸은 비록 작지만 녹록하게 볼 사람이 아니다. 녹록히.

392) 노그라지다: ①몹시 지쳐서 힘없이 축 늘어지다. ¶노그라들다(자꾸 노그라지다), 노근하다(나른하다). ②어떤 일에 마음이 쏠려 정신을 못 차리게 되다.

393) 녹신': 맥이 빠져 몹시 나른한 모양. 〈큰〉눅신. ¶팔다리가 녹신녹신 노그라지다. 녹신·녹신거리다/대다, 녹신녹신·눅신눅신/하다, 녹신·눅신하다'.

394) 녹아나다: ①녹아서 우러나다. ¶아이스크림이 혀끝에서 녹아나다. ②몹시 힘이 들게 고생을 하다. ¶이삿짐을 나르느라 녹아났다. ③상대편에게 정신을 차리지 못할 정도로 빠지다. ¶여자의 손에 녹아나다.

395) 녹아들다: ①녹아서 다른 물질에 스며들거나 섞이다. ¶소금이 물에 녹아들다. ②생각이나 느낌, 문화 따위가 서로 구별할 수 없을 만큼 섞이다. ¶예로부터 유교가 우리 문화 속에 녹아들었다.

396) 녹아떨어지다: 몸이 나른하여 정신을 잃고 자다. ¶밤을 새우고 나서 지금 녹아떨어져 자고 있다.

397) 녹이다: ≒융해시키다(融解), 용해시키다(溶解), 덥히다, 호리다(매력으로 남의 정신을 어지럽게 하여 꾀다. 그럴 듯한 말로 속이다).

398) 노작지근하다: 몸에 힘이 없고 맥이 풀려 나른하다.=녹작지근하다. ¶방이 더워지자 몸이 녹작지근하면서 잠이 오기 시작했다.

399) 녹장: 녹아서 제 구실을 못하게 된 것. ¶제물에 녹장이 나다.

400) 녹초: ①맥이 풀어져 힘을 못 쓰는 상태. ¶너무 지쳐서 녹초가 되다. ②물건이 아주 망그러지어 못 쓰게 된 상태. ¶물건이 녹초가 되었다. [←초가 녹다].

401) 무르녹다: ①일이나 상태가 한창 이루어지려는 단계에 있다. ②과일이나 삶은 음식이 흐무러질 정도로 푹 익다. ③그늘이나 단풍이 매우 짙어지다.

녹밥 가죽신의 울과 바닥을 꿰맨 실. ☞ 밥[3].

논[1] 물을 가두어 주로 벼를 심어 가꾸는 땅. ¶논을 갈다. 논에 물을 대다. 논갈이, 논고랑, 논곳, 논귀(논의 귀퉁이), 논길, 논김(논에 난 잡풀), 논꼬(논의 물꼬), 논냉이, 논농사(農事), 논다랑이(작은 논배미), 논도랑, 논두렁[논두렁길, 논두렁콩, 논두렁하다[402]], 논둑/길, 논둔덕, 논뒷갈이, 논뒷그루, 논들(논으로 된 들판), 논땅, 논뙈기, 논마지기(얼마 되지 않는 면적의 논), 논매(논의 수평), 논매기, 논매다, 논머리(논배미의 한쪽 가), 논문서(文書), 논물, 논바닥, 논밭, 논밭전지(田地), 논배미[403], 논벌(논으로 이루어진 넓고 평평한 땅), 논벼, 논병아리, 논보리, 논부침, 논삶이, 논앞갈이, 논앞그루, 논우렁, 논이랑, 논일, 논임자, 논자리, 논좋다리, 논쪼이(논의 흙덩이를 연장으로 쪼던 일), 논창(물이 질척질척한 논바닥), 논틀길/논틀(논두렁 위로 난 꼬불꼬불한 길), 논틀밭틀/길[404], 논판(논을 이루고 있는 땅)[논판길, 논판시설(施設), 논판양어(養魚), 논판저수(貯水)], 논풀, 논풀다(어떤 땅을 논으로 만들다), 논풀이/하다, 논피(논에서 나는 피), 논흙; 감탕논, 갯논(개펄에 만든 논), 고논[405], 고래실논, 고지논(고지[406]로 내놓은 논), 다랑논, 도짓논(賭地), 동네논(洞), 마른논[건답(乾畓)], 마위논(馬位), 모랫논, 무논, 무자리논, 묵정논(묵은 논), 보리논, 봇논(洑), 사래논, 생논(生), 수렁논, 시루논[407], 애벌논, 어레미논, 오려논, 왕골논, 자챗벼논(紫彩), 텃논, 하늘바라기(논). ☞ 답(畓).

논[2] 서럽거나 한스러운 마음. ¶논이 나다.

논(論) 사리의 옳고 그름을 논의·단정하는 한문체. '말하다. 그것에 대한 학문, 주장 또는 이론'을 뜻하는 말. ¶논가(論家), 논가(論價), 논감(論甘), 논강(論綱), 논강(論講), 논객(論客), 논거(論據;이론이나 주장의 근거), 논결(論決;토론하여 사물의 시비를 결정함), 논결(論結;의논하여 일을 끝맺음), 논경(論警;상관이 아래 관리의 잘못을 경계함), 논계(論啓;신하가 임금에게 그 잘못을 따져 간함), 논고/되다/하다(論告), 논고(論考/攷;여러 문헌을 고증하여 논술함), 논고(論告), 논공/행상(論功/行賞), 논과(論過;잘못을 논함), 논구(論究;사물의 이치를 깊이 따져 논함), 논급(論及;어떠한 데까지 미치게 논함), 논단(論壇), 논단(論斷;논하여 단정을 내림), 논담(論談), 논란(論難;남의 잘못이나 부정을 논하여 비난함), 논리(論理)[408], 논문(論文)[논문집(集), 논문체(體); 연구논문(研究), 학위논문(學位)], 논박(論駁)[409]/되다/하다, 논법(論法)[삼단논법(三段), 양도논법(兩刀)], 논변(論辯/辨), 논보(論報), 논봉(論鋒;논설의 기세. 논박할 때의 공격 목표), 논사(論師), 논설(論說)[410], 논송(論訟), 논술(論述), 논식(論式), 논심(論心), 논어(論語), 논열(論列), 논오(論誤), 논외(論外), 논의(論意;논하는 말이나 글의 뜻), 논의(論議;어떤 문제에 대하여 서로 의견을 말하여 의논함), 논인(論人;사람의 재능을 논함), 논자(論者), 논장(論藏), 논쟁(論爭)[논쟁꾼, 논쟁자(者), 논쟁적(的), 논쟁점(點), 논쟁하다], 논저(論著), 논적(論敵;논쟁의 적수), 논전(論戰;論爭), 논점(論點;논의나 논쟁 따위의 중심이 되는 문제점), 논정(論定;論決), 논제/(論題/設定), 논조(論調;논하는 말이나 글의 투), 논죄(論罪;죄를 논하여 형의 적용을 정함), 논주(論奏;임금에게 자기 의견을 논하여 아룀), 논증(論症), 논증(論證)[논증되다/하다, 논증적(的), 논증과학(科學); 순환논증(循環), 연역적논증(演繹的)], 논지(論旨), 논지하다(論之;따져서 말하다), 논진(論盡), 논진(論陣), 논진(論陳), 논질(論質), 논집(論執), 논집(論集), 논찬(論贊), 논책(論責;論詰), 논책(論策), 논척(論斥;시비를 따져 물리침), 논총(論叢;논문을 모은 책), 논파(論破;논설이나 의론으로 남의 설을 뒤엎음), 논파(論罷;논하여 없앰), 논판(論判), 논폄(論貶;논하여 관직 따위를 깎아 내림), 논평(論評), 논하다, 논핵(論劾;허물을 탄핵함), 논훈(論訓), 논힐(論詰;허물을 따지고 힐난함); 가치론(價値論), 각론(各論), 갈래론(論), 감각론(感覺論), 감성론(感性論), 감정론(感情論), 갑론을박(甲論乙駁), 강론(講論), 강경론(强勁論), 강신론(降神論), 개론(概論), 개국론(開國論), 개념론(概念論), 개선론(改善論), 개연론(蓋然論), 개항론(開港論), 객론(客論), 거론(擧論), 격론(激論), 결론(決論), 결론(結論), 결과론(結果論), 결의론(決疑論), 결정론(決定論), 경론(經論), 경험론(經驗論), 계통론(系統論), 고담준론(高談峻論), 고론(高論), 곡론(曲論), 공론(公論)[숙덕공론], 공론(空論)[탁상공론(卓上)], 공간론(空間論), 공산론(共産論), 공시론(共時論), 과학론(科學論), 관념론(觀念論), 교육형론(教育刑論), 구론(口論), 구문론(構文論), 구원론(救援論), 구전론(口錢論), 국론(國論), 국가론(國家論), 국부론(國富論), 궤도론(軌道論), 궤변론(詭辯), 군론(群論), 규정론(規定論), 균전론(均田論), 균형론(均衡論), 극론(極論), 극론(劇論), 극단론(極端論), 금융론(金融論), 금주론(禁酒論), 기론(奇論), 기계론(機械論), 기술론(技術論), 기제론(機制論), 기체론(氣體論), 기호론(記號論), 낙관론(樂觀論), 낙천론(樂天論), 노론(老論), 다신론(多神論), 다원론(多元論), 단세론(單稅論), 단원론(單元論), 단자론(單子論), 담론(談論), 당론(黨論), 대론(大論), 대론(對論), 대론(臺論), 대상론(對象論), 대승론(大乘論), 덕론(德論), 도론(徒論), 도덕론(道德論), 독단론(獨斷論), 독아론(獨我論), 독재론(獨裁論), 독지론(獨知論), 동권론(同權論), 동기론(動機論), 동태론(動態論), 막론(莫論), 만유신론(萬有神論), 만유심론(萬有心論), 망론(妄論), 명론(名論), 명목론(名目論), 명분론(名分論), 모나드론(monad論), 목

402) 논두렁하다: 모내기에 앞서, 논두렁 안쪽을 잘 다듬고 흙을 붙여 바르다.

403) 논배미: 논두렁으로 둘러싸인 논의 하나하나의 구획. 〈준〉배미. ¶논배미가 길쭉하다. 이 논배미에서 석 섬은 먹는다네.

404) 논틀밭틀/길: 논두렁이나 밭두렁을 따라 꼬불꼬불한 좁은 길. (틀[2];논밭을 구획하는 단위).

405) 고논: ①봇도랑에서 맨 먼저 물이 들어오는 물꼬가 있는 논. ②바닥이 깊고 물길이 좋아 기름진 논. 고래실논.

406) 고지: 논 한 마지기에 대하여 얼마의 값을 정하고, 모내기로부터 마지막 김매기까지 일해 주기로 하고 미리 받아쓰는 삯.

407) 시루논: 자갈이나 모래가 많고 갈이흙이 얕아 물이 쉽게 새는 논.

408) 논리(論理): 의론이나 사고·추리 따위를 끌고 나가는 조리(條理). 사물 속에 있는 도리. 또는 사물끼리의 법칙적인 연관. ¶논리를 무시한 글. 역사 발전의 논리. 논리곱, 논리기호(記號), 논리대수(代數), 논리설계(設計), 논리성(性), 논리어(語), 논리적(的), 논리주의(主義), 논리학(學), 논리합(合), 논리해석(解釋); 흑백논리(黑白).

409) 논박(論駁): 어떤 주장이나 의견에 대하여 그 잘못된 점을 조리 있게 공격하여 말함.

410) 논설(論說): 시사적인 문제를 설명하고 그 시비에 다하여 자기의 의견을 말하는 일. 또는 그 글. ¶논설란(欄), 논설문(文), 논설위원(委員), 논설집(集), 논설체(體).

적론(目的論), 목적형론(目的刑論), 묘론(廟論), 무론(無/毋論), 무세계론(無世界論), 무신론(無神論), 무아론(無我論), 무용론(無用論), 무우주론(無宇宙論), 무인론(無因論), 문단론(文壇論), 문법론(文法論), 문장론(文章論), 문체론(文體論), 문화기호론(文化記號論), 문학론(文學論), 물론(勿論), 물론(物論), 물성론(物性論), 물활론(物活論), 미술론(美術論), 민권론(民權論), 민약론(民約論), 박론(駁論), 반론(反論), 반대론(反對論), 반영론(反映論), 반전론(反戰論), 발론(發論), 방론(放論), 방법론(方法論), 배불론(排佛論), 백마비마론(白馬非馬論), 번론(煩論), 범령론(汎靈論), 범론(汎/氾論), 범론(泛論), 범리론(汎理論), 범수론(汎水論), 범신론(汎神論), 범심론(汎心論), 범아일여론(梵我一如論), 범의론(汎意論), 범일론(汎一論), 법론(法論), 벽론(僻論), 변론(辯論), 변신론(辯神論), 병인론(病因論), 병행론(竝行論), 보편론(普遍論), 본론(本論), 본체론(本體論), 북학론(北學論), 분배론(分配論), 분자론(分子論), 불가지론(不可知論), 불신론(佛身論), 불역지론(不易之論), 비론(比論), 비관론(悲觀論), 비물질론(非物質論), 비전론(非戰論), 사론(史論), 사론(私論), 사론(邪論), 사칠론(四七論), 사회관계론(社會關契論), 사회유기체론(社會有機體論), 사회유명론(社會唯名論), 삼성론(三性論), 상론(相論), 상론(常論), 상론(詳論), 상대론(相對論), 상생상극론(相生相剋論), 색론(色論), 색력론(色力論), 생기론(生氣論), 생명론(生命論), 생체론(生體論), 서론(序/緖論), 서론(書論), 선교론(宣敎論), 선천론(先天論), 선험론(先驗論), 설론(舌論), 섭동론(攝動論), 성론(性論), 세론(世論), 세론(細論), 세균론(細菌論), 소론(小論), 소론(所論), 소론(少論), 소립자론(素粒子論), 소설론(小說論), 소성론(塑性論), 속론(俗論), 속론(續論), 속단론(速斷論), 속도론(速度論), 속죄론(贖罪論), 수성론(水成論), 수필론(隨筆論), 숙명론(宿命論), 숙죄론(宿罪論), 순리론(純理論), 순환론(循環論), 시론(詩論), 시론(時論), 시론(試論), 시계열론(時系列論), 신비론(神秘論), 신론(新論), 신의론(神義論), 신인론(神人論), 신정론(神正論), 신중론(愼重論), 실념론(實念論), 실상론(實相論), 실재론(實在論), 실증론(實證論), 실질론(實質論), 실체론(實體論), 실험론(實驗論), 심령론(心靈論), 심미론(審美論), 실증론(實證論), 실질론(實質論), 실체론(實體論), 심령론(心靈論), 심미론(審美論), 악식론(樂式論), 약론(略論), 양론(兩論), 양비론(兩非論), 양시론(兩是論), 양이론(攘夷論), 양자론(量子論), 어휘론(語彙論), 언론(言論), 에너지론(energy論), 여론(輿論), 여론(餘論), 여전론(閭田論), 연극론(演劇論), 연기론(緣起論), 연출론(演出論), 예론(禮論), 예술론(藝術論), 오성론(悟性論), 오차론(誤差論), 외론(外論), 우론(愚論), 우연론(偶然論), 우인론(偶因論), 우주론(宇宙論), 운명론(運命論), 원론(原論), 원자론(原子論), 월행론(月行論), 위기론(危機論), 위상론(位相論), 위정척사론(衛正斥邪論), 유기론(唯氣論), 유기체론(有機體論), 유령론(幽靈論), 유리론(唯理論), 유명론(唯名論), 유물론(唯物論), 유상론(唯象論), 유신론(有神論), 유실론(有實論), 유심론(唯心論), 유아론(唯我論), 유체론(類體論), 유현상론(唯現像論), 유형론(類型論), 육감론(肉感論), 음소론(音素論), 음양론(陰陽論), 음운론(音韻論), 응보형론(應報刑論), 의론(議論), 의무론(義務論), 의미론(意味論), 이론(理論), 이론(異論), 이기론(理氣論), 이상론(理想論), 이성론(理性論), 이신론(理神論), 이원론(二元論), 인격신론(人格神論), 인구론(人口論), 인론순(因循論), 인식론(認識論), 인중무과론(因中無果論), 인중유과론(因中有果論), 일반론(一般論), 일신론(一身論), 일원론(一元論), 입법론(立法論), 입지론(立志論), 자연론(自然論), 자연법론(自然法論), 자차론(磁差論), 작가론(作家論), 작용소론(作用素論), 작품론(作品論), 재론(再論), 쟁론(爭論論), 전자론(電子論), 전체론(全體論), 절대론(絕對論), 절멸론(絕滅論), 점집합론(點集合論), 정론(正論), 정론(廷論), 정론(定論), 정론(政論), 정당론(政黨論), 정도론(定道論), 정수론(整數論), 정신론(精神論), 정치론(政治論), 정태론(靜態論), 정통론(正統論), 정한론(征韓論), 제물론(齊物論), 조어론(造語論), 조직론(組織論), 존재론(存在論), 졸론(拙論), 종론(宗論), 종경론(從輕論), 종교론(宗敎論), 종말론(終末論), 종원론(種原論), 종중론(從重論), 좌론(座論), 주권론(州權論), 주기론(主氣論), 주론(主論), 주리론(主理論), 주전론(主戰論), 주화론(主和論), 준론(峻論), 중론(衆論), 중간자론(中間子論), 지론(至論), 지론(持論), 지대론(地代論), 지수론(指數論), 지식론(知識論), 진화론(進化論), 집합론(集合論), 차원론(次元論), 창작론(創作論), 척불론(斥佛論), 척사론(斥邪論), 체형론(體型論), 초월론(超越論), 총론(叢論), 총론(總論), 추론(推論), 추론(追論), 추상론(抽象論), 추정론(推定論), 충돌론(衝突論), 췌론(贅論), 치론(侈論), 치양지론(致良知論), 쾌론(快論), 탁론(卓論), 탈학교론(脫學校論), 탕평론(蕩平論), 토론(討論), 통론(通論), 통론(痛論), 통사론(統辭論), 통시론(通時論), 통정법(統整法論), 판구조론(板構造), 편론(偏論), 편재론(遍在論), 폄론(貶論), 평론(評論), 평행론(平行論), 폐론(廢論), 폐창론(廢娼論), 폭론(暴論), 폭주론(輻輳論), 표현론(表現論), 품사론(品詞論), 필연론(必然論), 학문론(學問論), 한전론(限田論), 함수론(函數論), 합리론(合理論), 항론(抗論), 햇볕론(희망적 관측론), 해석론(解釋論), 핵론(劾論), 행렬론(行列論), 향론(鄕論;시골의 여론), 허론(虛論), 허무론(虛無論), 현상론(現象論), 현실론(現實論), 협약론(協約論), 형식론(形式論), 형태론(形態論), 화론(畵論), 화성론(火成論), 화용론(話用論), 화학량론(化學量論), 확론(確論), 확률론(確率論), 환경가능론(環境可能論), 환경결정론(環境決定論), 황화론(黃禍論), 회색론(灰色論), 회의론(懷疑論), 회화론(繪畵論), 후천론(後天論), 힐론(詰論) 들.

놀[1] '바다의 사나운 큰 물결'을 뱃사람이 일컫는 말. '너울[2]'의 준말. ¶놀이 치다. 놀사공, 놀지다(큰 물결이 일어나다), 놀치다(크고 거센 물결이 사납게 일어나다), 놀하다(큰 물결이 사납게 일어나다); 까치놀②.

놀[2] 낫자루에 놀구멍을 뚫어 박는 쇠못. ¶놀구멍[411]; 낫놀.

놀[3] 벼 뿌리를 파먹는 아주 작고 흰 벌레. ¶놀들다(놀이 벼를 파먹어 누렇게 되다).

놀[4] '노을'의 준말. ¶놀이 붉게 타다. ☞ 노을.

놀놀-하다[1] 만만하며 보잘것없다. ¶행동으로 미루어 평소에 그가 친구를 얼마나 놀놀하게 보았는지 알 수 있었다.

411) 놀구멍: 낫의 슴베 끝을 꼬부려서 둥글게 낸 구멍. 이곳에 낫놀이 박혀 슴베가 빠지지 않음.

놀놀-하다[2] ☞ 노르다.

놀(다)[1] 생업이나 본분과 관련된 일에서 떠나 시간을 재미있게 보내다.(↔일하다). 방탕하게 지내다. 도박(賭博)·재산을 늘리다. 이리저리 움직이다. 헐겁다. 어떤 행동이나 작용·역할을 하다. ¶공을 차며 운동장에서 놀다. 윷을 놀다. 요즘은 직장에 나가지 않고 논다. 물고기는 물에서 놀아야 한다. 나사가 풀려 제멋대로 놀다. 훼방을 놀다. 놀고먹다, 노냥[412], 노는계집, 노닐다(놀면서 거닐다), 노라리[413], 노래[414], 노량/으로[415], 노리개[416], 노리쇠/뭉치, 논다니[417], 놀고먹다, 놀뛰다[418], 놀리다[419], 놀소리[420], 놀아나다[421], 놀아먹다[422], 놀우리(동물이 노는 우리), 놀음[423], 놀이[1][424], 놀이[2][425]; 겉놀다[426], 넘노닐다(넘나들면서 노닐다), 넘놀다(넘나들며 놀다. 넘노닐다), 늑놀다(일을 미루어 나가다. 쉬어가며 일하다), 뒤놀다[427], 뒷전놀다, 들놀다(들썩거리며 이리저리 흔들리다), 떠놀다(떠다니며 놀다), 뛰놀다, 하리놀다(윗사람에게 남을 헐뜯어 일러바치다), 흥글방망이놀다(훼방하다). ☞ 유(遊).

놀(다)[2] 돈 따위가 드물어서 귀하다. 희귀하다(稀貴). ¶아내가 아파도 돈이 놀아서 약을 못 쓰고 있다. 대장간에 식칼이 논다(어떤 물건이 마땅히 많이 있어야 할 곳에 오히려 없다).

놀라(다) 가슴이 두근거리거나 무서움을 느끼다.(≒덴겁하다(怯), 질겁하다). 매우 감동하거나 어처구니가 없거나 기가 막혀 심한 반응을 보이다. ¶깜짝 놀라다. 놀라 기절하다. 그의 해박함에 놀랐다. 놀라움, 놀라워하다, 놀라자빠지다, 놀란[놀란가슴, 놀란탈(놀라서 생긴 병), 놀란피, 놀란흙(한 번 파서 건드린 흙)], 놀람결(놀라는 겨를)/에, 놀람소리, 놀랍다(놀랄 만하다), 놀래다(놀라게 하다), 놀램 들.

놀량 선소리 산타령의 첫 번째 곡. 찌를 듯이 높은 상청(上淸)으로 노래함. ¶놀량목(목청을 떨어, 속되게 내는 소리).

놀리(다)[1] ①남의 비위가 상하도록 빈정거리다. 조롱하다. ¶키가 작다고 놀리다. 동네 아이들은 그를 오줌싸개라고 놀렸다. 놀려내다(남을 놀아나게 만들다), 놀려대다(자꾸 약을 올리다), 놀려먹다(이리저리 놀리다). ②들어 줄 듯 말 듯하면서 몹시 애를 태우다(약을 올리다). ¶돈 몇 푼으로 사람을 놀리다. ③함부로 말하다. ¶입을 마구 놀리다. 입을 함부로 놀려서는 안 된다. ④어떤 대상을 일정한 목적에 이용하거나 쓰지 않고 내버려 두다.≒묵히다. ¶밭을 오랫동안 놀려 잡초가 무성하다. ⑤돈놀이하다. ¶돈을 놀려서 이자를 받다.

놀리(다)[2] 빤 빨래를 다시 빨다. ¶놀림[3](한 번 빨았다가 다시 빠는 빨래).

놀리(다)[3] '놀다"의 사동사.

놀부 흥부전에 나오는 놀부처럼 심술이 사납고 마음씨가 고약한 사람.[←놀다]. ¶놀부심사(心思), 놀부타령(打令).

놈 남자를 낮추거나 남자 아이를 귀엽게 이르는 말.(≒녀석. 새끼. ↔년). 동물의 암수를 가리키거나 어떤 대상을 홀하게 이르는 말. ¶건방진 놈. 큰 놈으로 하나 가져라. 놈놀이(사내), 놈팡이(사내. 직업 없이 빈들빈들 노는 남자); 강놈(江), 개놈(행실이 나

---

412) 노냥: 덤비지 않고 천천히.[←놀(다)+양(樣)]. ¶노냥 걸어가거라. 밥을 노냥노냥 먹다.

413) 노라리: 건달처럼 빈둥빈둥 세월만 보내는 짓. 또는 그러한 사람. ¶밤늦도록 노라리를 부리다. 노라리를 치다. 이 바쁜 때에 너는 오늘도 노라리냐?

414) 노래: 가사에 가락을 붙여서 부르는 것. 또는 그 가사. 소리. ¶노래를 삼다(듣기에 지겹도록 같은 내용의 말을 되풀이하다). 노랫가락, 노래굿, 노래꾼, 노랫말, 노래방(房), 노래부르다, 노래비(碑), 노랫소리, 노래유희(遊戲), 노래자랑, 노래자이[가척(歌尺)], 노래잔치, 노래쟁이, 노랫조(調), 노래집(集), 노래청(노래를 부르는 목청), 노래체(體), 노래판, 노래하다; 나랏노래, 돌림노래, 들노래, 뱃노래, 일노래, 자장노래, 콧노래. ☞ 가(歌). 곡(曲). 악(樂).

415) 노량으로: 천천히. 느릿느릿.[←놀(다)+양(樣)+으로]. ¶노량으로(어정어정 놀아가면서. 느릿느릿한 행동으로).

416) 노리개: 여성의 몸치장으로 한복 저고리의 고름이나 치마허리에 다는 패물. 취미로 가지고 노는 물건. ¶노리갯감, 노리개보(褓), 노리개첩(妾; 노리개처럼 데리고 노는 첩); 가지노리개(가지 모양을 본뜬 노리개), 각향노리개(角香), 단작노리개(單作;술이 한 가닥인 노리개), 대/삼작노리개(大/三作), 불수노리개(佛手;부처 손처럼 만든 노리개), 삼작노리개(三作), 성노리개(性), 수매미노리개(繡), 장도노리개(長刀), 진주노리개(眞珠), 천도노리개(天桃), 침통노리개(針筒).

417) 논다니: 웃음과 몸을 파는 여자. 노는계집. 갈보. 아랫녘장수.[←놀(다)+ㄴ+다니].

418) 놀뛰다: 박힌 물체가 헐렁하게 움직이다.

419) 놀리다: '놀다"의 사동사. ①놀게 하다. 쉬게 하다. ¶아이들에게 장난감을 주어 놀리다. 일감이 없어 일꾼을 놀릴 형편이다. ②이리저리 움직이게 하다. ¶손발을 놀리다. 놀림[1](신체 부위나 도구 따위를 움직이는 행위. 춤동작의 기본적인 요소)[몸놀림, 발놀림, 붓놀림, 손놀림, 입놀림, 팔놀림]; 엇놀리다.

420) 놀소리: 갓난아기가 혼자 누워 놀면서 내는 군소리.≒옹알이. ¶아기가 놀소리하다(옹알이하다).

421) 놀아나다: ①이득이 없이 헛된 행동만 하다. ②이용되거나 부려지다. ¶사기꾼에게 놀아나다. ③이성과 불건전한 관계를 가지다. ④자주 또는 정도가 심하게 놀러 다니다. ⑤이리저리 움직이다.

422) 놀아먹다: 함부로 나쁜 짓이나 방탕한 짓을 하다. ¶제멋대로 놀아먹던 젊은 시절을 후회한다.

423) 놀음: 놀음놀이, 놀음바치(광대), 놀음상, 놀음쟁이, 놀음차(놀아 준 대가로 기생이나 악공에게 주는 돈 또는 물건), 놀음판; 각시놀음, 감정놀음, 광대놀음, 꼭두각시놀음, 남사당패놀음, 눈치놀음, 대놀음(기생이 풍악을 갖추어 노는 놀음), 대갈놀음, 도깨비놀음, 말놀음, 문서놀음, 문쥐놀음, 사자놀음(獅子), 술놀음, 신선놀음, 탈놀음.

424) 놀이[1]: ①노는 행위.≒오락(娛樂). 장난. 유희(遊戲). ¶놀잇감(장난감), 놀잇거리, 놀이기구(器具), 놀이꾼, 놀이동산, 놀이딱지, 놀이마당, 놀이방(房), 놀잇배, 놀이옷, 놀이집단(集團), 놀이터, 놀이판, 놀이패, 놀이하다, 놀이학습(學習); 거북놀이, 계면놀이, 관등놀이(觀燈), 굿중놀이, 꽃놀이, 널뛰기놀이, 단풍놀이(丹楓), 돈놀이(돈을 빌려 주고 받고 하여 재산을 늘리는 일), 들놀이, 마당놀이, 물놀이[1], 민속놀이(民俗), 밤놀이, 뱃놀이, 변노리(邊;돈놀이), 병정놀이(兵丁), 복놀이(伏), 불놀이, 불꽃놀이, 사랑놀이(舍廊), 사물놀이(四物), 사자놀이(獅子), 소꿉놀이, 소싸움놀이, 술래놀이, 썰매놀이, 영산놀이, 윷놀이, 자놀이(字), 전춘놀이(餞春), 쥐불놀이, 탈놀이, 풍계놀이(물건을 감추어 두고 찾아내기를 하는 놀이), 화전놀이(花煎). ②움직임. 떨림. ¶가슴놀이(가슴의 맥박 뛰는 곳), 관자놀이(貫子;귀와 눈 사이의 태양혈이 있는 곳), 맥놀이(脈;진동수가 다른 두 소리가 서로 간섭하여 주기적으로 강약을 되풀이하는 현상), 물놀이[2](잔잔한 수면에 공기의 움직임을 받아 잔물결이 이는 현상).

425) 놀이[2]: 봄날에 벌들이 떼를 지어 제집 앞에 나와 날아다니는 일. ¶놀이하다.

426) 겉놀다: ①서로 잘 어울리지 못하고 따로따로 놀다. ¶손과 발이 서로 놀다. ②못·나사 따위가 잘 맞지 아니하여 흔들리고 움직이다.

427) 뒤놀다: ①한곳에 붙어 있지 않고 이리저리 몹시 흔들리다. ¶상다리가 뒤놀다. 풍랑에 배가 뒤놀다. ②정처 없이 여기저기 돌아다니다. ¶소식도 없이 석 달이나 뒤놀다가 돌아온 아들.

쁘거나 못된 사람), 갯놈(갯사람), 난뎃놈, 네놈, 도둑놈, 도적놈(盜賊), 돌놈(버릇이 없는 사람), 되놈, 두멧놈, 막된놈, 몹쓸놈, 뭇놈(많은 남자), 미친놈, 뱃놈, 별놈(別), 사내놈, 상·쌍놈(常), 섬놈, 소도둑놈, 수놈, 아들놈, 아랫놈, 아이놈/애놈, 암놈, 어린놈, 언놈[428], 엇된놈, 연놈, 오라질·우라질놈, 오사리잡놈(雜), 왜놈(倭), 이·그·고·저·조·요놈, 작은놈, 잡놈(雜)[개잡놈, 오색잡놈(五色)], 좀놈, 종놈, 초친놈(醋), 촌놈(村), 큰놈, 판상놈(常; 아주 못된 상놈), 편놈(산대놀음을 하는 사람), 포촌놈(浦村). ☞ 자(者).

놉 식사를 제공하고 날삯으로 일을 시키는 품팔이꾼. ¶놉을 얻어 벼베기를 하였다. 놉 일꾼. 놉을 사다. 놉겪이[429], 놉살다[430]; 일놉(품삯을 받고서 일을 하는 사람).

놋 구리에 아연을 10~45%정도 가해 만든 합금. 놋쇠. ¶놋가락, 놋갓장이, 놋갓점/놋점(店), 놋갖신(놋 징을 박은 갖신), 노구솥(놋쇠와 구리의 합금으로 만든 솥), 놋그릇, 놋기명(器皿), 놋대야, 놋대접, 놋동이, 놋바리, 놋방울, 놋상(床), 놋색(色), 놋쇠, 놋쇠납(鑞), 놋수저, 놋숟가락, 놋시루, 놋양푼, 놋연적(硯滴), 놋요강, 놋자[유척(鍮尺)], 놋재떨이, 놋쟁반(錚盤), 놋점(店), 놋접시, 놋젓가락/놋젓갈, 놋주발, 놋칼, 놋타구(唾具), 놋화로(火爐), 놋활자(活字), 놋황색(黃色) 들.

농(農) '농사(여름지이)'를 뜻하는 말. ¶농가(農家), 농가(農歌), 농감(農監), 농경(農耕)[431], 농곡(農穀), 농공(農工), 농공(農功), 농과(農科), 농구(農具), 농군(農軍), 농극(農隙), 농기/맞이(農旗), 농기(農器), 농기(農機), 농기구(農器具), 농노(農奴)[농노제(制), 농노적(的), 농노화/되다/하다(化)], 농량(農糧), 농로(農路), 농리(農利), 농림(農林), 농립(農笠), 농마(農馬), 농막(農幕), 농목(農牧), 농민(農民)[농민대중(大衆), 농민문학(文學), 농민운동(運動), 농민해방(解放)], 농번기(農繁期), 농법(農法)[삼포식농법(三圃式), 유기농법(有機)], 농병(農兵), 농본(農本), 농부/가(農夫/歌), 농부(農父), 농부(農婦), 농사(農舍), 농사(農事)[432], 농산물(農産物), 농상(農桑), 농상(農商), 농시(農時), 농신(農神), 농악(農樂)[농악대(隊), 농악무(舞)], 농약(農藥), 농업(農業)[433], 농예(農藝), 농요(農謠), 농용(農用), 농우(農牛), 농원(農園), 농인(農人), 농자(農者), 농자(農資), 농작(農作), 농장(農庄/莊), 농장(農場)[농장주(主); 주말농장(週末), 집단농장(集團), 협동농장(協同)], 농절(農節), 농정(農政), 농제(農祭), 농주(農酒), 농지(農地)[농지개량(改良), 농지개혁(改革), 농지보전(保全), 농지세(稅), 농지전용(轉用); 절대농지(絕對)], 농찬(農饌), 농처(農處), 농초(農草), 농촌(農村), 농탁(農濁), 농터, 농토(農土), 농투성이, 농포(農布), 농포(農圃), 농학(農學), 농한기(農閑期), 농형(農形), 농황(農況); 감농(監農), 경농(耕農), 경농(經農), 권농(勸農), 귀농(歸農), 근농(勤農), 기업농(企業農), 나농(懶農), 낙농(酪農), 노농(老農), 노농(勞農), 답농(畓農;논농사), 대농(大農), 독농(篤農), 맥농(麥農), 반농(半農), 병작농(竝作農), 부농(富農), 분익농(分益農), 빈농(貧農), 사농공상(士農工商), 산농(山農), 세농(細農), 소농(小農), 소작농(小作農), 신농씨(神農氏), 실농(失農), 역농(力農), 영농(營農), 영세농(零細農), 유기농(有機農), 이농(離農), 임농(臨農), 자농(自農), 자작농(自作農), 작농(作農), 잠농(蠶農), 전농(轉農), 중농(中農), 채농(菜農), 철농(撤農), 타농(惰農), 태농(怠農), 토농(土農), 폐농(廢農), 혈농(穴農;구메농사), 협농(峽農), 호농(豪農) 들.

농(籠) 버들채나 싸리 따위로 함(函)같이 만들어 종이를 바른 상자. 대바구니. '장롱(欌籠)'의 준말. ¶농구(籠球), 농대석(籠臺石), 농락(籠絡)[434], 농반(籠絆;얽매어 자유를 구속함. 束縛), 농불(籠佛;채롱부처), 농성(籠城)[435], 농장(籠欌), 농장수, 농조(籠彫), 농조연운(籠鳥戀雲), 농중조(籠中鳥), 농짝; 뇌롱(牢籠), 대농(竹籠), 대농(大籠), 등롱(燈籠)[청사등롱(青紗)], 배롱(焙籠), 옴배롱(焙籠), 부담롱(負擔籠), 사롱(紗籠), 사롱(斜籠), 소농(小籠), 안롱(鞍籠), 약롱(藥籠), 어롱(魚籠), 옷농, 의롱(衣籠), 자개농, 장롱(欌籠)[자개장롱], 조롱(鳥籠;새장), 죽롱(竹籠), 중롱(中籠), 지등롱(紙燈籠)/지롱(紙籠), 채롱[채롱부채, 채롱부처], 책롱(冊籠), 철롱(鐵籠), 초롱(籠)[초롱같다(눈·귀·정신이 환하게 밝다), 초롱꽃, 초롱불; 청사초롱(青紗)], 피롱(皮籠), 함롱(函籠) 들.

농(弄) 실없는 장난. 농담. '놀다. 즐기다. 업신여기다'를 뜻하는 말. ¶농을 치다. 농을 트다. 농을 하다. 농간(간사한 꾀)/질(弄奸), 농교(弄巧), 농구(弄口;거짓으로 남을 모함하고 고해바침), 농구(弄具;노리개), 농권(弄權;권력을 마음대로 함부로 씀), 농기(弄技), 농담(弄談;우스개)[농담관계(關係), 농담조(調), 농담하다], 농말(농으로 하는 말), 농법(弄法;법을 제멋대로 악용함), 농변(弄辯), 농설(弄舌;쓸데없는 말을 자꾸 지껄임), 농성(弄聲;노래 곡조의 하나인 농의 성조), 농신(弄臣;임금의 놀이 대상이 되는 신하), 농아사(弄兒詞;어린아이를 어를 때의 소리말), 농언(弄言;弄談), 농와(弄瓦), 농와지경(弄瓦之慶;딸을 낳은 즐거움), 농완(弄玩), 농월(弄月)[소풍농월(嘯風), 음풍농월(吟風)], 농장지경(弄璋之慶; 아들을 낳은 즐거움), 농제(弄題), 농조(弄調), 농지거리/하다, 농

428) 언놈: 손아래의 사내아이를 귀엽게 부르는 말.

429) 놉겪이: 놉에게 음식을 내는 일. ¶놉겪이가 수월치 않다.

430) 놉살다: 음식을 얻어먹고 날삯으로 품팔이하여 살다. 그는 장이 서는 곳마다 옮기어 다니며 놉살았다.

431) 농경(農耕): 논밭을 갈아 농사를 지음. ¶농경기(期;농사철), 농경기(機), 농경문화(文化), 농경민족(民族), 농경생활(生活), 농경시대(時代), 농경의례(儀禮), 농경작(作,), 농경지(地).

432) 농사(農事): 농삿길, 농사꾼, 농사력(曆), 농사일, 농사짓다, 농삿집, 농사철; 구메농사(작은 규모로 짓는 농사), 논농사, 밭농사, 벼농사, 사발농사(밥을 빌어먹음), 자식농사(子息), 헛농사.

433) 농업(農業): 농업경영(經營), 농업경제(經濟), 농업계(界), 농업공동체(共同體), 농업공황(恐慌), 농업교육(教育), 농업국(國), 농업보험(保險), 농업사(史), 농업시대(時代), 농업용수(用水), 농업인구(人口), 농업자본(資本), 농업지역(地域), 농업행정(行政), 농업혁명(革命), 농업협동조합(協同組合), 농업회사(會社); 경종농업(耕種;갈이농사), 계단농업(階段), 고랭지농업(高冷地), 근교농업(近郊), 낙농업(酪), 다각농업(多角), 다포농업(多圃農業), 단작농업(單作), 목축농업(牧畜), 생력농업(省力), 원교농업(遠郊), 원예농업(園藝), 유축농업(有畜), 자수농업(自手), 자유농업(自由), 조방농업(粗放), 집약농업(集約), 한랭지농업(寒冷地), 혼합농업(混合).

434) 농락(籠絡): 남을 교묘한 꾀로 속여 제 마음대로 이용함. ¶소비자를 농락하다. 주인에게 농락당하다. 농락되다/하다, 농락물(物;농락을 당하는 대상).

435) 농성(籠城): ①적에게 둘러싸여 성문을 굳게 닫고 성을 지킴. ②어떤 목적을 이루기 위하여 한자리를 떠나지 않고 시위함. ¶농성에 들어가다/참여하다. 농성전(戰), 농성파업(罷業); 연좌농성(連坐), 집단농성(集團), 철야농성(徹夜).

치다, 농탕(弄蕩;남녀의 난잡한 짓), 농트다(스스럼없이 농을 주고받게 되다), 농판(농담이 벌어진 자리)/스럽다, 농편(弄編), 농필(弄筆), 농하다(농치다), 농화(弄火), 농화(弄花); 기롱(欺弄), 기롱(譏弄), 무롱(舞弄), 무문농필(舞文弄筆), 번롱(飜弄), 앙롱(仰弄), 언롱(言弄), 완롱(玩弄), 우롱(愚弄), 재롱(才弄), 조롱(嘲弄), 환롱(幻弄), 희롱(戱弄) 들.

농(濃) '농도가 진한.↔희(稀). 색깔이 짙은.↔담(淡)', '푹. 흠뻑'을 뜻하는 말. ¶농갈색(褐色), 농다(濃茶), 농담(濃淡), 농도(濃度)[436], 농란하다(濃爛), 농람(濃藍), 농로(濃露), 농무(濃霧;짙은 안개), 농묵(濃墨), 농밀하다(濃密), 농박(濃薄), 농산(濃酸), 농색(濃色↔淡色), 농수(濃愁), 농숙(濃熟;충분히 익음), 농액(濃液), 농연(濃煙), 농연(濃煙), 농염(濃艶), 농운(濃雲), 농음(濃音), 농음(濃陰), 농익다(무르익다)/익히다, 농인산(濃燐酸), 농자색(濃紫色), 농장(濃粧), 농장(濃醬), 농조(濃調), 농적색(濃赤色), 농즙(濃汁;걸쭉한 즙), 농질산(濃窒酸), 농차(濃茶), 농채(濃彩↔淡彩), 농축(濃縮;용액 따위의 농도를 높임), 농탁하다(濃濁;진하고 걸쭉함), 농탕(濃湯), 농향(濃香), 농홍하다(濃紅), 농홍색(濃紅色), 농화(濃化), 농화(濃和), 농화장(濃化粧), 농황산(濃黃酸), 농후하다(濃厚), 농후사료(濃厚飼料), 농회색(濃灰色) 들.

농(膿) 살이 곪아 생긴 '고름'을 뜻하는 말. ¶농이 들다. 농이 생기다. 농가진(膿痂疹), 농구(膿球), 농궤(膿潰), 농뇨(膿尿), 농독증(膿毒症), 농들다(곪아서 고름이 생기다), 농루(膿漏), 농류(膿瘤), 농병(膿病), 농소(膿巢), 농액(膿液), 농양(膿瘍)[간농양(肝)], 농이(膿耳), 농전(膿栓), 농즙(膿汁), 농포/진(膿疱/疹), 농피증(膿皮症), 농혈(膿血), 농혈리(膿血痢), 농혈증(膿血症), 농흉(膿胸); 배농(排膿), 촛농(초가 탈 때에 녹아 흐르는 기름), 축농증(蓄膿症), 혈농(血膿), 화농/균(化膿/菌) 들.

농(聾) '귀머거리. 어둡다'를 뜻하는 말. ¶농매하다(聾昧;사리에 어둡다), 농맹(聾盲;귀머거리와 장님), 농속(聾俗;귀머거리처럼 알아듣지 못하는 무지한 사람), 농아(聾兒), 농아(聾啞), 농암(聾暗), 농자(聾者); 세롱(細聾), 양롱(佯聾), 음롱(音聾), 이롱(耳聾), 전롱(全聾), 치롱(癡聾) 들.

농(壟) '언덕'을 뜻하는 말. ¶농단(壟斷;높은 언덕. 이익이나 권리를 독점함); 구롱(丘壟), 토롱(土壟) 들.

농(曨) '어스레하다(빛이 조금 어둑하다)'를 뜻하는 말. ¶농롱하다(曨曨;어둠침침하다).

농(瓏) '옥(玉) 소리. 환한 모양'을 뜻하는 말. ¶농롱하다(瓏瓏), 영롱/하다(玲瓏).

농(攏) '머리를 빗다'를 뜻하는 말. ¶농두(攏頭).

농땡이 일 따위를 하지 아니하려고 게으름을 피우며 요리조리 빠지는 짓. ¶농땡이를 부리다/치다. 농땡이꾼.

높- '북쪽'을 뜻하는 말. ¶높바람(된바람), 높새[북동풍(北東風)], 높하늬[북서풍(北西風)]; 노(뱃사람이 '북쪽'을 이르는 말).

높(다) 위로 길게 솟아 있다. 남보다 위에 있다. 뛰어나다. 널리 알려져 있다. 수치가 보통보다 크다. 소리의 진동수가 많다. 기세가 힘차다.↔낮다. ¶높은 하늘. 높은 파도. 학덕이 높다. 그는 지위가 높다. 미술품을 보는 안목이 높다. 높가지(높은 데 있는 나뭇가지), 높게더기(고원의 평평한 땅), 높나직하다(다소 높거나 낮다), 높낮이, 높높이, 높다락, 높다랗다, 높다래지다, 높드리[437], 높디높다, 높뛰다(높이 뛰다. 세게 고동치다), 높바람, 높쌘구름, 높아지다, 높으락낮으락, 높은기둥, 높은밥(고봉밥), 높은벌(고원), 높은음(音), 높은음자리표(音-標), 높은청, 높이[높이뛰기, 높이차(差); 눈높이, 키높이], 높이다, 높임말, 높지거니(꽤 높직하게), 높지막이, 높지막하다, 높직높직/하다, 높직하다/높직이, 높푸르다, 높하늬바람; 금높다(물건 값이 비싸다), 드높다, 드높이. ☞ 고(高).

놓(다)¹ 잡은 것을 잡지 않은 상태로 두다.(↔잡다). 물건을 일정한 자리에 두다. 사려는 값을 부르다. ¶잡았던 손을 놓다. 일손을 놓고 앉아 있다. 넋을 놓다. 다리를 놓다(설치하다). 주사나 침을 놓다. 방 하나를 세를 놓다. 놀금[438], 놓아가다[439], 놓아기르다(놓아먹이다), 놓아두다/놔주다, 놓아먹다[440]/먹이다, 놓아주다/놔주다, 놓여나다/나오다, 놓이다¹,²[441], 놓인소[442], 놓임새, 놓치다[443], 놔[444]; 가로놓다(가로질러놓다)/놓이다, 갈라놓다, 곱놓다(노름에서 건 돈을 곱으로 다시 걸다), 금놓다(물건 값을 부르다), 금쳐놓다(일의 결과를 미리 말하여 두다), 까놓다(숨김없이 털어놓다), 끙짜놓다(불쾌하게 생각하다), 날아놓다[445], 내놓다/놓이다, 내려놓다, 내켜놓다(앞으로 물리어 옮겨 놓다), 널어놓다, 노놓치다(죄인을 잡았다가 슬그머니 놓아주다), 눌러놓다, 늘어놓다, 다가놓다, 대놓다[446], 덧놓다/놓이다, 덮어놓고, 덮어놓다, 돌라·둘러놓다, 돌려놓다, 되놓다. 뒤놓다(뒤집어 놓다)/놓이다, 들놓다¹,²[447], 들떼놓고[448], 들여놓다, 떠놓다, 뜯어놓다, 막

---

436) 농도(濃度): 액체 따위의 짙은 정도. 어떤 성질이나 성분이 깃들어 있는 정도. 빛깔이나 명암 따위의 짙음과 옅음의 정도. ¶술의 알코올 농도. 농도가 짙다. 농도계(計); 규정농도(規定), 노르말농도(Normal), 당량농도(當量), 모랄농도(molal), 몰농도(mole), 분자농도(分子), 수소이온농도(水素ion), 혈중농도(血中).

437) 높드리: ①골짜기의 높은 부분. ②높고 메말라서 물기가 적은 곳에 있는 논밭.

438) 놀금: 물건을 팔 때 꼭 받아야 할 가장 낮은 값. 물건을 살 때 팔지 않으면 그만둘 셈으로 크게 깎아서 부른 값.[←놓(다)+ㄹ+금]. ¶놀금만 말하시오.

439) 놓아가다: 배나 말이 빨리 가다. ¶놓아가는 배. 바람을 만나 놓아가면 한 시간에 닿는다.

440) 놓아먹다: 구속이나 통제를 받거나 보살피는 사람 없이 제멋대로 자라다.

441) 놓이다¹: ①얹히어 있다. ¶책상 위에 놓여 있는 꽃병. ②안심이 되다. ¶이제야 마음이 놓이는구나. 놓이다²: 놓음을 당하다. 〈준〉뇌다. ¶다리가 놓이다. 운명의 갈림길에 놓이다.

442) 놓인소: 고삐가 풀린 소. 행동거지가 제멋대로인 사람.

443) 놓치다: 잡거나 얻은 것을 도로 잃다. ¶밧줄을 놓쳐 밑으로 떨어졌다. 잡은 고기를 놓치다니. 우물쭈물하다가 틈을 놓치고 말았다. 막차를 놓치다.

444) 놔: '놓아'의 준말로 반말체 명령형으로 쓰임. ¶거기 놔. 그대로 놔 둬.

445) 날아놓다: 여러 사람이 낼 돈의 액수를 정하다.[←날다³]. ¶곗돈을 날아놓다.

446) 대놓다: 사람이 무엇을 정면에서 마주하여 대하다. '대놓고(사람을 앞에 놓고 거리낌 없이 함부로)'의 꼴로 쓰임. ¶대놓고 욕을 하다. 대놓고 말을 못하고 뒤에 가서 험담을 늘어놓다.

447) 들놓다¹: 식사 때가 되어 논밭에서 일손을 멈추다. 들놓다²: 들었다 놓았

놓다[449], 마음놓다/맘놓다, 맞놓다(마주 놓다), 맥놓다, 먹놓다(재목을 다룰 때 치수에 맞추어 먹으로 금을 긋다), 목놓다(목소리를 크게 내다)/놓아, 방놓다(房), 번놓다(생각을 않다), 벋놓다(바로잡지 아니하고 벋가게 내버려 두다), 불놓이(총으로 사냥하는 일), 빼놓다, 뽕놓다(남의 비밀을 폭로하다), 산놓다(算), 세놓다(貰), 손놓다, 수놓다(繡), 썰레놓다[450], 어긋놓다, 업수놓다, 엎어놓다(뒤집어놓다), 올려놓다, 제쳐놓다[451], 주놓다(籌), 침놓다(鍼), 터놓다, 털어놓다[452], 피새놓다[453], 한손놓다(일이 일단 끝나다. 얕보다), 헛놓다(아무렇게나 되는 대로 놓다)/놓이다, 헛방놓다(放), 헛불놓다 들.

놓(다)² ①용언의 어미 '-아/어/여'나 조사 '(이)라' 뒤에 쓰여, 사물의 보유나 그 동작을 끝냄 또는 끝낸 상태를 지속시킴을 뜻함. ¶돈을 받아 놓다. 먹어 놓다. 미리 말하여 놓다. 편지를 써 놓다. 워낙 급하게 서두르던 참이라 놓아서 미처 인사도 못했다. 금쳐놓다(일의 결과를 미리 말하여 놓다). 털어놓다, 풀어놓다. ②앞말이 뜻하는 동작이나 상태를 강조함. ¶날씨가 이렇게 더워 놓으니 지치지 않을 수가 없다.

뇌 땅 속의 푸석돌로 이루어진 층. ¶뇌를 파내고 무덤을 쓰다.

뇌(腦) 두개골에 싸여 있으며, 신경 세포가 모여 신경계의 중심을 이루고 있는 부분. 마음·정신.≒머리. ¶뇌를 다치다. 뇌간(腦幹), 뇌감(腦疳), 뇌경색(腦哽塞), 뇌교(腦橋), 뇌농양(腦膿瘍), 뇌뉵(腦衄), 뇌동맥(腦動脈), 뇌두개골(腦頭蓋骨), 뇌량(腦梁), 뇌력(腦力), 뇌리(腦裏;머릿속. 생각), 뇌막/염(腦膜/炎), 뇌병(腦病), 뇌병원(腦病院), 뇌부종(腦浮腫), 뇌빈혈(腦貧血), 뇌사(腦死), 뇌성마비(腦性麻痺), 뇌세포(腦細胞), 뇌수(腦髓), 뇌수면(腦睡眠), 뇌수종(腦水腫), 뇌신경(腦神經), 뇌실(腦室), 뇌압(腦壓), 뇌압박증(腦壓迫症), 뇌연화증(腦軟化症), 뇌염(腦炎)[기면성뇌염(嗜眠性), 유행성뇌염(流行性)], 뇌일혈(腦溢血), 뇌장(腦漿), 뇌전도(腦電圖), 뇌전색(腦栓塞), 뇌졸중(腦卒中), 죄종양(腦腫瘍), 뇌중(腦中), 뇌증(腦症), 뇌진탕(腦震蕩), 뇌척수(腦脊髓), 뇌천(腦天;정수리), 뇌출혈(腦出血), 뇌충혈(腦充血), 뇌파/계(腦波/計), 뇌포(腦胞), 뇌풍(腦風), 뇌하수체(腦下垂體), 뇌혈관(腦血管), 뇌혈전증(腦血栓症), 뇌후(腦後), 뇌후종(腦後腫;뒤통수에 나는 부스럼); 간뇌(間腦), 단뇌(端腦), 대뇌(大腦), 두뇌(頭腦)[전자두뇌(電子)], 박하뇌(薄荷腦), 병뇌(病惱), 세뇌(洗腦), 소뇌(小腦), 수뇌(首腦), 수뇌(髓腦), 용뇌(龍腦), 우뇌(右腦), 좌뇌(左腦); 장뇌(長腦;식물이름), 장뇌(樟腦;녹나무를 증류해 얻은 고체 성분), 전뇌(前腦), 전자뇌(電子腦), 중뇌(中腦), 후뇌(後腦) 들.

뇌(雷) '우레·벼락. 큰 소리. 덩달다'를 뜻하는 말. ¶뇌건(雷巾), 뇌격/기(雷擊/機), 뇌고(雷鼓), 뇌공(雷公), 뇌관(雷管), 뇌굉(雷轟), 뇌금(雷金), 뇌동(雷同)[뇌동비평(批評;다른 사람이 말하는 대로 좇아서 하는 비평); 부화뇌동(附和)], 뇌동/매매(雷動/賣買), 뇌려풍비(雷厲風飛), 뇌명(雷名;높은 명성), 뇌명(雷鳴;천둥소리가 남), 뇌문(雷紋;돌림무늬. 번개무늬), 뇌변(雷變;벼락이 떨어지는 변고), 뇌봉전별(雷逢電別), 뇌산(雷酸), 뇌석(雷石), 뇌성(雷聲)[뇌성대명(大名), 뇌성벽력(霹靂)], 뇌수(雷獸), 뇌신(雷神), 뇌우(雷雨), 뇌운(雷雲), 뇌전(雷電), 뇌진(雷震), 뇌편(雷鞭;번개), 뇌홍(雷汞), 뇌화(雷火;번개), 뇌환(雷丸); 계뢰(界雷), 기뢰(機雷)[454], 낙뢰(落雷), 노뢰(怒雷), 도뢰(濤雷), 부화뇌동(附和雷同), 비격진천뢰(飛擊震天雷), 사막뢰(沙漠雷), 소뢰정(掃雷艇), 수뢰(水雷)[455], 신뢰(迅雷)[질풍신뢰(疾風)], 어형수뢰(魚形水雷)/어뢰(魚雷)[어뢰정(艇); 공중어뢰(空中)/공뢰(空雷)], 열계뢰(熱界雷), 열뢰(熱雷), 원뢰(遠雷), 유도뢰(誘導雷), 지뢰(地雷), 직격뢰(直擊雷), 진천뢰(震天雷), 질뢰(疾雷), 춘뢰(春雷), 폭뢰(爆雷), 피뢰/침(避雷/針), 한뢰(旱雷), 한뢰(寒雷), 화산뢰(火山雷) 들.

뇌(牢) '우리(마소나 돼지 가축을 기르는 곳)·감옥. 굳다·견고하다'를 뜻하는 말. ¶뇌각(牢却;아주 물리침), 뇌거(牢拒;딱 잘라 거절함), 뇌견하다(牢堅), 뇌고하다(牢固;튼튼하다. 견고하다), 뇌락육리(牢落陸離), 뇌롱(牢籠;籠絡), 뇌사(牢死;獄死), 뇌쇄(牢鎖;자물쇠 따위를 굳게 잠금), 뇌수(牢囚), 뇌수(牢愁;우울하게 마음을 졸임), 뇌약(牢約;굳게 약속함), 뇌옥(牢獄;監獄), 뇌자(牢子;軍牢), 뇌정(牢定;자리를 잡아서 확실하게 정함. 敦定), 뇌형(牢刑;주리를 트는 형벌), 뇌호하다(牢乎;견고하다), 뇌확하다(牢確;견고하고 확실하다); 견뢰(堅牢), 군뢰(軍牢), 권뢰(圈牢), 대뢰(大牢), 동뢰(同牢), 망양보뢰(亡羊補牢), 생뢰(牲牢), 소뢰(小牢), 파뢰(破牢), 토뢰(土牢) 들.

뇌(惱) '괴로워하다. 괴롭히다'를 뜻하는 말. ¶뇌고(惱苦;심신이 몹시 괴로움), 뇌란(惱亂), 뇌민(惱悶;몹시 괴롭게 고민함), 뇌쇄(惱殺;애가 타도록 몹시 괴롭힘), 뇌신(惱神;정신을 어지럽히고 괴롭힘); 고뇌(苦惱), 곤뇌하다(困惱), 번뇌(煩惱), 신심뇌(身心惱), 심뇌(心惱), 열뇌(熱惱), 오뇌(懊惱), 이뇌(貽惱) 들.

뇌(賴) '힘을 입다. 의지하다'를 뜻하는 말. ¶뇌덕(賴德), 뇌력(賴力); 도뢰(圖賴), 무뢰배(無賴輩), 무뢰한(無賴漢), 백뢰(白賴), 신뢰(信賴), 의뢰(依賴), 자뢰하다(資賴;밑천을 삼다), 저뢰(抵賴;변명을 하면서 캐어물음에 복종하지 아니함) 들.

뇌(賂) '뇌물(청탁을 위하여 주는 재화)을 주다'를 뜻하는 말. ¶뇌물(賂物)[뇌물받이, 뇌물성(性), 뇌물죄(罪)], 뇌사(賂謝;賂物), 뇌유(賂遺;뇌물을 보냄); 기뢰(琦賂), 납뢰(納賂), 수뢰(受賂), 증뢰(贈賂), 행뢰(行賂), 회뢰(賄賂) 들.

다 하다.

448) 들떼놓고: 사물을 꼭 집어내어 바로 말하지 아니하고. 〈본〉들떼어놓고. ¶어름어름 들떼놓고 말하지 말고 바로 말하라.

449) 막놓다: 노름에서 몇 판에 걸쳐서 잃은 돈의 액수를 합쳐 한목에 내기를 걸다.

450) 썰레놓다: 안 될 일이라도 되도록 마련하다.

451) 제쳐놓다: ①거치적거리지 않게 따로 치워 놓다. ¶차를 빼려고 굄돌을 제쳐놓다. ②일정한 기준 아래 따로 골라 놓다. ③어떤 일을 뒤에 하려고 미루어 놓다. ¶하던 일을 제쳐놓다.

452) 털어놓다: ①비밀·고민 따위를 숨김없이 다 이야기하다. ¶속마음을 훌훌 털어놓다. 직설적으로 불만을 털어놓았다. ②속에 든 물건을 모두 내놓다. ¶지갑을 손바닥에 털어놓다.

453) 피새놓다: 긴한 체하고 일에 방해를 놓다.

454) 기뢰(機雷): 기뢰원(原), 기뢰정(艇), 기뢰탐지기(探知機); 계류기뢰(繫留), 부류기뢰(浮流), 부류기뢰(浮流), 부유기뢰(浮遊), 자기기뢰(磁氣).

455) 수뢰(水雷;): 수뢰방어(防禦), 수뢰정(艇), 수뢰포함(砲艦); 기계수뢰(機械), 부표수뢰(浮漂), 시발수뢰(視發), 촉발수뢰(觸發), 표류수뢰(漂流).

뇌(磊) '돌무더기'를 뜻하는 말. ¶뇌괴(磊塊;첩첩이 쌓은 돌), 뇌락(磊落), 뇌락장렬(磊落壯烈;기상이 쾌활하고 지기(志氣)가 장대함), 뇌외(磊嵬;높고 크고 험준함) 들.

뇌(誄) '죽은 사람의 명복을 비는 말이나 글'을 뜻하는 말. ¶뇌사(誄詞), 뇌시(誄詩) 들.

뇌(酹) '술을 땅에 붓고 신에게 제사를 지내다'를 뜻하는 말. ¶뇌주(酹酒), 뇌지(酹地).

뇌꼴-스럽다 몹시 얄밉다. 보기에 아니꼽고 못마땅하다. ¶그 사람 빼기는 꼴이 뇌꼴스러워 견딜 수가 없다.

뇌(다)[1] 같은 말을 자꾸 되풀이하여 말하다. ¶입버릇처럼 같은 말을 뇌다. 주인보다 하인이 더 뇌꼴스럽다. 뇌까리다(자꾸 뇌어서 말하다), 뇌알다(뉘우치다); 되뇌다(같은 말을 되풀이하여 말하다). §어근 '뇌'는 '다시'의 옛말.

뇌(다)[2] 굵은 체에 친 가루를 더 보드랍게 하려고 고운체에 다시 한 번 치다. ¶밀가루를 뇌고 처진 찌끼를 '노깨'라 한다.

뇌집 '폐결핵(肺結核)'을 일상적으로 이르는 말.

뇌-하다 천하고 아주 더럽다.≒더럽다. 천하다. ¶뇟보(사람됨이 천하고 더러운 사람).

-뇨 '이다'의 어간, 모음으로 끝나는 형용사 어간 또는 어미 '-으시-' 뒤에 붙어, 의문을 나타내는 종결 어미. ¶절세가인이 몇 명이뇨. 하늘이 왜 이리 푸르뇨. ☞ -냐.

-누 용언의 어간 또는 어미 '-었/겠-' 뒤에 붙어, 물음이나 의문을 나타내는 종결 어미. ¶여기서 뭐하누? 누가 나를 보자누?

누(漏) 사물을 따라 마음에 생기는 번뇌. '새다. 흘리다'를 뜻하는 말. ¶누각(漏刻), 누고(漏告), 누고(漏鼓), 누기(漏氣;눅눅하고 축축한 기운)/차다, 누두(漏斗;깔때기), 누락(漏落;마땅히 기록해야 할 것을 빠뜨림), 누로(漏露), 누설(漏泄/洩)[누설자(者), 누설하다; 신기누설(神機), 천기누설(天機)], 누수(漏水;물이 샘. 또는 그 물), 누습(漏濕), 누실(漏失), 누액(漏液), 누옥(漏屋;새는 집), 누적(漏籍;호적·학적 따위에서 빠짐), 누전(漏電), 누전(漏箭), 누점(漏點), 누정(漏丁), 누정(漏精), 누진(漏盡), 누출/되다/하다(漏出;새어 나옴/나감), 누탈(漏脫), 누혈(漏穴), 누혈(漏血), 누호(漏戶), 누호(漏壺), 누화(漏話); 각루(刻漏), 결루(缺漏), 경루(更漏;물시계), 경루(經漏), 궁루(宮漏), 궐루(闕漏), 금루(禁漏;궁중의 물시계), 낙루(落漏), 농루(膿漏), 무루(無漏), 사루(砂漏;모래시계), 삼루(滲漏), 소루하다(疏漏), 옥루(玉漏), 유루(有漏), 유루(遺漏), 은루(隱漏), 이루(耳漏), 조루(早漏), 종루(鐘漏), 지루(脂漏), 치루(痔漏/瘻), 탈루(脫漏), 태루(胎漏), 파루(罷漏), 혈루(血漏) 들.

누(樓) '높은 건물·다락집'을 뜻하는 말. ¶누각(樓閣)[공중누각(空中), 사상누각(砂上)], 누고(樓鼓), 누관(樓館), 누다락, 누대(樓臺), 누마루, 누문(樓門), 누상(樓上), 누선(樓船), 누주(樓柱), 누하(樓下); 고루(高樓), 고루(鼓樓), 곡루(穀樓), 기루(妓樓), 독서루(讀書樓), 등루(登樓), 마천루(摩天樓), 망루(望樓), 문루(門樓), 백상루(百祥樓), 백옥루(白玉樓), 보루(寶樓), 봉황루(鳳凰樓), 부벽루(浮碧樓), 비루(飛樓), 서루(書樓), 선루(船樓), 선교루(船橋樓), 신기루(蜃氣樓), 선미루(船尾樓), 선수루(船首樓), 성루(城樓), 수루(水樓), 수루(戍樓), 신기루(蜃氣樓), 옥루(玉樓)[금전옥루(金殿)], 인풍루(仁風樓), 잠루(岑樓), 장루(墻樓), 조루(弔樓), 장루(墻樓), 종루(鐘樓), 주루(酒樓;술집), 죽루(竹樓), 창루(娼樓), 청루(靑樓), 층루(層樓), 홍루(紅樓), 화루(畵樓), 황루(荒樓); 경회루(慶會)/ 광한루(廣寒)/ 죽서루(竹西)/ 촉석루(矗石) 들.

누(累) ①정신적으로나 물질적으로 입는 피해나 괴로움. ¶누를 끼치다. 누가 미치다. ②수를 뜻하는 어근에 붙어 '여럿'. '자꾸. 거듭. 이어진. 포개어져 쌓이다. 폐를 끼치다'를 뜻하는 말. ¶누가(累加), 누가(累家), 누감(累減), 누거만(累巨萬), 누계(累計), 누끼치다(累), 누년(累年), 누누이(累累), 누대(累代), 누덕(累德;덕을 욕되게 함. 덕을 쌓음), 누란(累卵;몹시 위태로운 형편), 누만(아주 많은 수)/금(累萬/金), 누백년(累百年), 누범(累犯), 누산(累算), 누세(累世), 누세(累歲), 누승(累乘;거듭제곱), 누심(累心), 누일(累日), 누적(累積;쌓임)[456], 누조(累祖), 누조(累祖;대대의 조상), 누증(累增;수량 따위가 자꾸 늚), 누진(累進)[457], 누차(屢次), 누차(累差), 누책(累責), 누천(累遷), 누천/년(累千/年), 누층(累層), 누토(累土), 누퇴(累退), 누회(累回); 계루(繫/係累), 물루(物累), 번루(煩累), 세루(世累), 소루(小累;접시받침), 속루(俗累), 연루(連累), 죄루(罪累), 진루(塵累), 하루(瑕累), 흔루(釁累) 들.

누(淚) '눈물. 눈물을 흘리다'를 뜻하는 말. ¶누골(淚骨), 누관(淚管), 누기(淚器), 누낭(淚囊), 누도(淚道;눈물길), 누로(淚路;눈물길), 누망(漏網;법망이나 수사망을 피하여 달아남), 누문(漏聞), 누부(淚阜), 누선(淚腺;눈물샘), 누소관(淚小管), 누송(淚誦;눈물을 흘리며 시나 문장을 읊거나 노래를 부름), 누수(淚水;눈물), 누실(漏失;물건 따위를 빠뜨려 잃어버림)[누실되다/하다, 누실량(量)], 누안(淚眼), 누액(淚液), 누점(淚點), 누주(淚珠), 누하(淚河), 누호(淚湖), 누흔(淚痕); 감루(感淚), 공루(空淚), 낙루(落淚), 노루(老淚), 만행루(萬行淚), 별루(別淚), 비루(悲淚), 성루(聲淚), 수루(垂淚), 암루(暗淚), 용루(龍淚), 우루(雨淚), 원루(寃淚)[고신원루(孤臣)], 유루증(乳漏症), 잔루(殘淚), 체루(涕淚), 촉루(燭淚), 최루(催淚), 타루(墮淚), 풍루(風淚), 함루(含淚), 혈루(血淚), 홍루(紅淚), 회루(悔淚), 휘루(揮淚) 들.

누(壘) 야구에서 내야의 네 귀퉁이가 되는 자리. 또는 거기에 있는 방석 모양의 물건. ¶누간(壘間), 누심(壘審); 견루(堅壘), 고루(古壘), 고루(孤壘), 대루(對壘), 도루/왕(盜壘/王), 만루(滿壘), 방루(防壘), 벽루(壁壘), 변루(邊壘;국경의 요새), 보루(堡壘), 본루/타(本壘/打), 성루(城壘), 일루(一壘), 이루(二壘), 삼루(三壘)[삼루수(手), 삼루타(打)], 잔루(殘壘), 적루(敵壘), 주루(走壘), 지루(地壘), 진루(陣壘), 진루(進壘), 출루(出壘), 함루(陷壘) 들.

---

456) 누적(累積): 포개어 여러 번 쌓음. 또는 포개져 여러 번 쌓임. ¶누적도수/분포(度數/分布), 누적되다/하다, 누적들뜸(勵起), 누적모순(矛盾), 누적오차(誤差), 누적채무(債務), 누적투표(投票).

457) 누진(累進): 지위, 등급 따위가 차차 올라감. 가격, 수량 따위가 더하여 감에 따라 상대적으로 그에 대한 비율이 점점 높아지는. 또는 그런 것. ¶소득세의 누진. 누진과세(課稅), 누진교배(交配), 누진세(稅), 누진율(率). 누진적(的), 누진제(制), 누진처우(處遇), 누진하다, 누진행형(行刑).

누(陋) '좁다. 낮다 · 미천하다'를 뜻하는 말. ¶누거(陋居), 누견(陋見;좁은 소견이나 생각), 누기(陋氣), 누명(陋名), 누설(陋說), 누소하다(陋小;얼굴이 못생기고 키가 작다), 누속(陋俗;천한 풍속. 또는 풍습), 누습(陋習;陋俗), 누식(陋識;좁은 식견), 누실(陋室;더러운 방), 누심(陋心;좁거나 천한 생각), 누열하다(陋劣;천하고 더럽다), 누옥(陋屋), 누지(陋地), 누천(陋淺), 누추하다(陋醜;지저분하고 더럽다), 누택(陋宅), 누풍(陋風), 누하다, 누항(陋巷;좁고 누추한 거리); 고루(固陋), 벽루하다(僻陋), 비루하다(鄙陋), 속루(俗陋), 야루하다(野陋), 우루(愚陋), 졸루(拙陋), 천루(賤陋), 추루(醜陋), 측루(側陋), 편루(偏/褊陋) 들.

누(縷) '실 · 실의 가닥. 누더기. 자세하다'를 뜻하는 말. ¶누망(縷望;한 가닥 실낱같이 가늘게 남아 있는 희망), 누석(縷析), 누설(縷說;縷言), 누술(縷述;자세히 진술함), 누언(縷言;자세히 말함), 누역(縷繹;누더기); 남루/하다(襤縷/褸); 부절여루(不絕如縷), 일루(一縷;한 오리의 실), 천사만루(千絲萬縷) 들.

누(屢) '여러. 늘'을 뜻하는 말. ¶누공(屢空), 누년(屢年), 누누이(屢屢), 누대(屢/累代), 누도(屢度;여러 번. 누차), 누만금(累萬金), 누보(屢報), 누삭(屢朔), 누세(屢世), 누세(屢歲), 누시누험(屢試屢驗), 누월(屢月;여러 달), 누일(屢日), 누차(屢次), 누회(屢回) 들.

누(鏤) '새기다. 쇠붙이 장식'을 뜻하는 말. ¶누각(鏤刻;금속이나 나무에 글씨나 그림을 아로새김), 누공(鏤工), 누금(鏤金;금속에 무늬를 아로새김)[누금세공(細工), 누금주(珠)], 누판(鏤板); 각루(刻鏤), 조심누골(彫心鏤骨) 들.

누(瘻) '부스럼. 연주창'을 뜻하는 말. ¶누공(瘻孔;부스럼의 구멍), 누치(瘻痔); 감루(疳瘻), 장루(腸瘻), 치루(痔瘻/漏) 들.

누(僂) '구부리다. 굽히다'를 뜻하는 말. ¶구루병(佝僂病;뼈의 발육이 불충분하여 척추가 고부라지는 병).

누(髏) '살이 썩고 남은 뼈. 또는 그 머리뼈(해골)'을 뜻하는 말. ¶촉루(髑髏;해골).

누게 비바람을 피할 수 있게 간단히 얽어서 지은 자그마한 움집이나 움막. ¶누게를 짓다. 누게막(幕;초막. 원두막), 누게바위(들어가 비를 그을 수 있게 생긴 바위).

누구 가리키는 대상이 모르는 사람일 때, 의문의 뜻을 나타내는 말. 꼭 지적해서 말할 수 없는 그 어떤 사람을 두루 이르는 말. 〈준〉누. ¶너는 도대체 누구냐? 누가 왔느냐? 누가 그런 말을 하더라. 누가누가 잘하나? 그것은 누구나 할 수 있다. 그 사람은 누구든지 좋아한다. 누가('누구가'의 준말), 누구누구, 누구는/누군('누구는'의 준말), 누구를/누굴, 누구인가/누군가, 뉘[3]('누구의'의 준말).

누꿉 창문의 살 한 구획 사이에 따로 여닫도록 내어 공기를 통하게 하는 작은 창.

누(다) 생리적으로 똥오줌을 몸 밖으로 내어 보내다.≒보다④. ¶오줌을/ 똥을 누다. 어린아이가 바지나 기저귀에 실수로 볼일을 본 것은 '싸다'라고 한다. 누이다'/뉘다.[+의도적].

누덕누덕 해지고 찢어진 곳을 여기저기 깁거나 덧붙이고 한 모양. 〈작〉노닥노닥. ¶노닥노닥 기워도 비단걸레. 누더기[458], 누덕누덕 · 노닥노닥/하다, 누덕바지, 누덕이불, 누덕치마 들.

누룩 밀을 굵게 갈아 반죽하여 덩이를 지어 띄운, 술을 빚는 데 쓰는 발효제. ¶누룩곰팡이, 누룩두레(누룩덩이 같은 흙덩이), 누룩밀[국모(麴母)], 누룩방(房), 누룩약(藥), 누룩틀; 금경로누룩(金莖露), 녹두누룩(綠豆), 메밀누룩, 보리누룩, 섬누룩, 술누룩, 쌀누룩, 약누룩(藥), 양양누룩(襄陽[459]), 여뀌누룩, 연꽃누룩(蓮), 햇누룩, 흰누룩(밀가루와 찹쌀가루를 섞어서 만든 누룩). ☞ 국(麴).

누르(다) ①물체의 면을 향해 힘을 가하다. 억압하다. 막다. 이기다. ¶비상 단추를 누르다. 힘으로 사람을 누르다. 우리나라 축구가 중국을 눌렀다. 눌러넣기, 눌러놓다, 눌러쓰다(모자를 푹 내려 쓰다), 눌러찍기, 누르개, 누르기, 누름단추, 누름돌, 누름새, 누름힘(압력), 눌리다'[460], 눌림[눌림감각(感覺), 눌림끈, 눌림대, 눌림줄; 가위눌림, 억눌림]; 가위눌리다, 내리누르다, 덮누르다(덮어 누르다), 덮쳐누르다, 목누름, 부연누르개(附椽), 어깨누르기, 억누르다/눌리다, 엎어누르다/엎누르다/눌리다, 짓누르다/눌리다, 타누르기. ②'있다', '없다'와 함께 쓰이어, '계속 머물다'를 뜻하는 말. ¶고향에 눌러 있기로 하다. 눌러-[461]; 한등누르다[462]. ☞ 압(壓). 압(押).

누리' 공중에서 빗방울이 찬 기운을 만나 얼어서 떨어지는 얼음덩어리.=우박(雨雹). 무리[5].

누리² 사슴, 삵, 범 같은 것에서, 큰 종에 속하는 짐승. ¶누리가 어슬렁거리는 숲길.

누리³ 메뚜깃과의 곤충. 황충(蝗蟲). 비황(飛蝗).

누리(다) 복된 환경과 조건 속에서 기쁨이나 즐거움 따위를 상당한 시간 동안 겪으면서 맛보다.≒향유하다(享有). 즐기다. ¶권세를 누리다. 마음껏 자유를 누리며 살다. 내 뉘에 무슨 영화를 누리겠느냐. 누리/뉘[세상(世上)], 누리꾼, 누리집, 뉘뉘[대대(代代)]; 뒷뉘(앞으로 올 세상), 온누리, 한뉘(살아 있는 동안. 일평생).

누비 두 겹의 피륙 사이에 솜을 넣고 줄줄이 홈질하는 바느질. 누비어 만든 물건. ¶누비끈(누비 헝겊으로 만든 끈), 누비다[463]. 누

---

458) 누더기: 누덕누덕 기운 헌옷.[〈눕더기]].≒남루(襤褸). ¶누더기 속에서 영웅 난다. 막누더기(몹시 해진 누더기).

459) 양양누룩(襄陽): 밀가루와 찹쌀가루에 천초(川椒)를 넣고 반죽하여 만든 누룩.

460) 눌리다': 누름을 당하다. 먹은 것이 가슴 답답하게 뭉쳐 소화되지 아니하다.

461) 눌러: ①그대로 용서하는 마음으로. ¶잘못을 눌러 봐 주십시오. 눌러듣다'(너그럽게 듣다), 눌러보다'(용서하여 보다). ②계속 머물러. ¶눌러두다, 눌러듣다²(그대로 계속 듣다), 눌러먹다, 눌러보다²(그대로 계속하여 보다), 눌러앉다(그 자리에 그대로 계속 머물러 있다), 눌러자다(계속 자다).

462) 한등누르다: 벼슬의 임기가 찬 뒤에도 갈리지 않고 그 자리에 눌러 있게 하다.

463) 누비다: ①두 겹의 피륙 사이에 솜을 두고 죽죽 줄이 지게 박다. 깁다. ¶누벼가다, 누벼나가다; 깁누비다(깁고 누비다), 되누비다, 엇누비다. ②영향력을 행사하며 거리낌 없이 활동하다. ③요리조리 뚫고 지나가다. ④'찡그리다'를 비꼬는 말.

빗대, 누비두렁이, 누비민저고리, 누비바지, 누비버선, 누비솜, 누비수(縷), 누비옷, 누비이불, 누비저고리, 누비줄, 누비질/하다, 누비짜임, 누비처네, 누비치마, 누비포대기, 누비혼인(婚姻:겹혼인); 세누비(細), 손누비, 오목누비(줄을 굵게 잡아 골이 깊은 바느질. 또는 그렇게 만든 솜옷이나 이불), 잔누비[잔누비질, 잔잔누비], 줄누비, 중누비(中), 틀누비(재봉틀로 누빈 누비), 필누비(疋) 들.

누에 누에나방의 애벌레. 〈준〉뉘. ¶누에를 치다. 누에가 오르다. 누에거적, 누에고치, 누엣구더기, 누에깨기, 누에나방, 누에나비, 누에농사(農事), 누에늙은이(말라 휘늘어진 사람), 누에덕(누에시렁), 누에똥, 누에머리(누에머리 모양으로 쑥 솟은 산꼭대기), 누엣병(病), 누에섶, 누에시렁, 누에씨, 누에알, 누엣자리, 누에잠, 누엣장, 누에채반(盤), 누에치기, 누에파리, 누엣구더기; 가을누에, 개미누에(알에서 갓 깬 누에), 마디누에(병이 들어 마디가 부어오른 누에), 봄누에, 산누에(山), 여름누에, 인누에(잠이 끝나고 허물을 갓 벗은 누에), 집누에. ☞ 잠(蠶).

누이 남자가 한 부모에게서 태어난 손아래의 여자를 부르는 말. 남자가 혈족 가운데 항렬이 같은 여자를 이르는 말.[〈누위]. 〈준〉뉘.≒언니. ¶누이 좋고 매부 좋다(서로에게 다 이롭고 좋다). 누이동생(同生), 누이바꿈(누이를 처남과 혼인시킴. 겹혼인); 동복누이(同腹), 막냇누이, 맏누이, 서누이(庶), 시누이/시뉘(媤), 오누이(오라비와 누이)/오뉘[오뉘바꿈[464]], 움누이[465], 윗누이, 작은누이, 친누이(親); 누나[466], 누님('손윗누이'를 높이어 이르는 말). ☞ 매(姉). 매(妹).

누한 도자기 거죽에 눈물 자국처럼 잿물이 흘러내린 자리.[←누흔(淚痕)].

눅(다) 반죽 따위가 무르다. 습기가 많아 부드럽다. 성질이 누긋하다. 추위가 풀려 푸근하다. 값이 싸다. ¶반죽을 좀 눅게 하다. 다림질은 눅을 때 해야 잘 된다. 눅게 사다(싸게 사다). 누겁다[467], 누그러들다, 누그러뜨리다/트리다, 누그러지다/눅어지다[468], 누그럽다(마음씨가 따뜻하고 부드러우며 융통성이 있다. 날씨가 푹하다), 노그름·누그름하다[469], 노근[470], 노글노글[471], 노긋·누긋하다[472], 녹녹·눅눅하다/히[473], 녹신[2][474]·낙신[475], 녹실[476], 녹진·눅진하다[477], 녹질[478], 누그리다[479], 누근하다(부드럽다. 푸근하다), 누꿈하다[480], 눅거리[481], 눅느러지다(누긋하고 느지러지다), 눅늘어지다(누긋하게 늘어지다), 눅어지다, 눅은도리, 눅이다(눅눅하게 하다. 부드럽게 하다), 누지다[482], 눅잦다(누그러져 가라앉거나 잦아들다)/잦히다(성질을 누그러뜨리다), 눅지다[483], 눅직하다[484]; 무눅다(성질이 무르고 눅다), 어리눅다(짐짓 어리석은 체하다) 들.

눈[1] 빛의 강약과 파장을 느끼어 뇌에 시각을 전달하는 감각 기관. 시력(視力). 안목(眼目). 오목하게 들어간 자리. ¶눈을 감다/ 뜨다. 눈에 띄다. 그는 사람을 보는 눈이 있다. 눈가(눈가장), 눈가늠[485], 눈가다(보는 눈이 향하여지다), 눈가리개, 눈가림(남의 눈을 속이는 짓)/하다, 눈가물(눈을 깜짝거리는 짓), 눈가장(눈가), 눈가죽(눈두덩의 가죽), 눈가짐(눈으로 나타내는 태도), 눈감다[486], 눈겨냥/하다, 눈겨눔/하다, 눈겨룸(눈싸움)/하다, 눈결/에, 눈곱[눈곱만하다(매우 작다), 눈곱자기], 눈공(눈을 써서 일하는 품), 눈구멍', 눈구석(코 쪽으로 향한 눈의 구석), 눈귀[487], 눈기운(氣運), 눈기이다[488], 눈길[1][489], 눈길다(시선이 좌우로 꽉 차다)/길게, 눈까풀/눈꺼풀, 눈깔[490], 눈깜작이·눈끔적이·눈끔쩍이(눈

464) 오뉘바꿈: 서로 상대방의 오누이와 맺는 혼인.
465) 움누이: 시집 간 누이가 죽고, 다시 장가 든 매부의 후실.
466) 누나: 사내아이가 '손윗누이'를 부르는 말. ¶작은누나, 큰누나.
467) 누겁다: 방안에 누기가 차서 눅눅하다. ¶장마철인지라 방 안이 누거웠다.
468) 누그러지다/눅어지다: 정도가 심하던 것이 부드러워지거나 또는 덜하여지다.≒누그러들다. ¶병이 누그러지다. 쌀값이 누그러지다.
469) 누그름하다: ①약간 누글누글하다. ②좀 묽다.
470) 노근: ①메마르지 않고 녹녹해서 좀 부드러운 모양. ¶노근노근 휘어드는 양가죽 장갑. ②성질이나 태도가 딱딱하지 않고 좀 누그러지거나 부드러운 모양. ¶긴장했던 마음이 노근노근 풀리다. ③맥이 도무지 없고 풀려서 나른해진 모양. 〈큰〉누근.
471) 노글노글: ①좀 무르고 보드라운 모양. ¶몸이 노글노글 녹다. 노글노글·누글누글/하다. ②성질이나 태도가 좀 무르고 보드라운 모양. ¶마음이 노글노글 풀리다. 〈큰〉누글누글.
472) 노긋하다: ①메마르지 않고 좀 녹녹하다. 〈큰〉누긋하다. ②성미가 급하지 않고 부드럽다. ¶마음이 누긋하다. 누그러지다. ③날씨가 좀 누그러진 듯하다. ¶누긋한 날씨. 누그러지다.
473) 녹녹하다: 물기나 기름기가 섞여 딱딱하지 않고 무르며 보드랍다.≒말랑하다. 〈큰〉눅눅하다. ¶녹녹하게 반죽을 하다. 찰흙이 녹녹하게 굳었다.
474) 녹신[2]: 질기거나 차진 물체가 매우 무르고 보드라운 모양. 〈큰〉눅신. ¶녹신녹신 보드라운 가죽장갑. 녹신·눅신거리다/대다, 녹신녹신·눅신눅신/하다, 녹신·눅신하다[2].
475) 낙신낙신: 질기거나 차진 물건이 매우 무르고 보드라운 느낌.=낙실낙실. 낙진낙진. 낙질낙질. ¶낙신낙신 보드라운 고무신.
476) 녹실: 질기거나 차진 물체가 매우 무르고 말랑말랑한 모양. 〈큰〉눅실. ¶찹쌀떡이 녹실녹실/하다.
477) 녹진하다: 물건이나 성질이 부드럽고 끈끈하다. 〈큰〉눅진하다. ¶녹진한 성격. 녹진·눅진거리다/대다/하다, 녹진녹진·눅진눅진/하다.
478) 녹질: 질기거나 차진 물질이 노긋하면서 좀 무른 모양. 〈큰〉눅질. ¶녹질녹질/하다.
479) 누그리다: 딱딱한 성질을 부드러워지거나 약해지게 하다. ¶기세를 /감정을 누그리다.
480) 누꿈하다: 전염병이나 해충 따위가 한동안 부쩍 심하게 퍼지다가 좀 수그러져 뜸해지다.≒주춤하다. 숙어지다. ¶약을 뿌렸더니 잎도열병이 누꿈해졌다.
481) 눅거리: ①일반적인 값보다 싼 물건.≒싸구려. ②내용이 없고 보잘것없는 것. ③아주 헐하고 쉬운 일. ¶눅거리판(헐하고 쉬운 일이 벌어진 판)
482) 누지다: 조금 축축한 기운이 있다.≒눅눅하다. 눅다. ¶누진 방에서 자면 병이 도지기 쉽다. 성냥이 누져 불이 안 붙는다.
483) 눅지다: ①반죽 같은 것이 무름하고 부드러워지다. ②날씨나 성미 따위가 누그러지다. ¶눈이 쌓인 뒤에는 으레 날씨가 눅지게 마련이다.
484) 눅직하다: 값이 좀 눅다. ¶값을 눅직하게 부르다.
485) 눈가늠: 눈대중으로 목표를 정하는 일.
486) 눈감다: ①아래위의 눈시울을 마주 붙이다. ¶눈감으면 보이는 얼굴. 눈감으면 코 베어 먹을 세상(인심이 흉악함). ②목숨이 끊어지다. 죽다. ¶고이 눈감으소서. ③남의 잘못을 알고도 모르는 체하다. ¶눈감아주다(남의 잘못을 못 본 체하여 주다).
487) 눈귀: 몰래 사정을 살피고 조사하는 사람을 비유적으로 이르는 말.
488) 눈기이다: 남의 눈에 안 보이게 슬그머니 속이다.
489) 눈길[1]: 눈으로 보는 방향. 시선(視線). ¶따뜻한 눈길. 눈길을 끌다(관심이 가게 하다). 눈길을 모으다.
490) 눈깔: 눈깔딱부리(눈딱부리;크고 툭 불거진 눈), 눈깔망난이(호랑이), 눈깔머리동이(흰 점이 박힌 연), 눈깔바구니(가는 대오리로 구멍이 많이 나게 결은 바구니), 눈깔사탕(砂糖), 눈깔허리동이(동그란 점이 있는 연); 동태눈깔(凍太).

을 자꾸 깜작이는 사람), 눈깜쟁이(실눈처럼 눈이 매우 작은 사람), 눈꼴[눈꼴사납다[491], 눈꼴시다[492], 눈꼴틀리다(불쾌할 만큼 보기가 싫다)], 눈높다(눈이 좋은 물건을 보기에 버릇되다), 눈높이[493], 눈대답(對答;눈으로 하는 대답), 눈대중(눈어림), 눈도장(圖章), 눈독[494], 눈돌림질[495], 눈동냥, 눈동자(瞳子), 눈두덩(눈언저리의 두두룩한 곳), 눈딱부리/딱부리(크고 툭 불거진 눈), 눈딱지[496], 눈땜[497], 눈뜨다[498], 눈뜬장님(뜬소경), 눈맛(눈으로 보아 느끼는 맛), 눈망울, 눈맞다[499]/맞추다, 눈맞춤, 눈매, 눈맵시, 눈멀다, 눈물[500], 눈바래기[501], 눈발림[502], 눈밝다, 눈방울(정기가 있어 보이는 눈알), 눈버릇, 눈병(病), 눈부시다, 눈부처[503], 눈붙이다, 눈비음[504], 눈빗질(눈으로 샅샅이 살피거나 찾는 것)/하다, 눈빛, 눈빨리(재빠르게 얼른 보는 모양), 눈사부랭이(눈언저리), 눈살[1](눈썹 사이에 잡히는 주름), 눈살[2](눈총), 눈살피다(눈을 그 쪽을 돌려보다), 눈설다(↔눈익다), 눈셈, 눈속이다, 눈속임(남의 눈을 속이는 짓), 눈시울(눈언저리의 속눈썹이 난 곳), 눈신호(信號;눈으로 하는 신호), 눈심지(心), 눈싸움[1](눈겨룸)/하다, 눈썰미[505], 눈썹[506], 눈씨(쏘아보는 시선의 힘), 눈알[507], 눈앓이, 눈앞(면전. 미래), 눈약(藥), 눈약속(約束), 눈어둡다, 눈어리(두 눈썹의 사이. 눈의 언저리), 눈어리다(시력이 흐리다), 눈어림(눈대중. 눈짐작), 눈언저리(눈의 가장자리), 눈엣가시[508], 눈여겨보다, 눈여기다(주의 깊게 보다), 눈요기(療飢;눈으로 보기만 하고 얻지 못하는 일)[눈요깃감, 눈요깃거리, 눈요기하다], 눈욕(辱;눈짓으로 하는 욕), 눈웃음/짓다/치다, 눈은행(銀行), 눈익다(↔눈설다), 눈인사(人事;目禮), 눈자리[509], 눈자위(눈알의 언저리), 눈정(情), 눈정기(精氣;눈의 광채), 눈정신(精神;눈총기), 눈조리개[홍채(虹彩)], 눈조화(造化), 눈주다(눈짓하다), 눈주름, 눈지방(눈의 위아래 언저리), 눈질(눈으로 흘끔 보는 짓), 눈짐작(눈대중), 눈짓[눈짓콧짓, 눈짓하다], 눈짓물이(눈시울이 짓무른 사람), 눈찌[510], 눈창(눈알을 둘러싼 언저리), 눈초리/눈꼬리(귀쪽으로 째진 눈의 구석), 눈총[511], 눈총기(聰氣;사물을 보아서 익히는 눈의 기억력), 눈치[512], 눈치레(실속은 없고 겉만 번지르르한 치레), 눈코, 눈퉁이(눈두덩의 불룩한 곳), 눈표(標;눈에 잘 띄도록 한 표), 눈허리(두 눈 사이의 잘록한 부분.=코허리), 눈흘기다, 눈흘김, 눈흘레, 눈흘림, 눈힘(바라보는 눈길의 힘); 가는눈(실눈), 가시눈(날카롭게 쏘아보는 눈), 가자미눈(옆으로 흘겨보는 눈), 가재눈(곁눈질하는 눈), 갈고리눈, 갈퀴눈(눈시울이 모가 난 험상궂은 눈. 갈고리눈), 개구리눈(불거져 나온 눈), 거적눈, 겉눈, 게눈, 게뚜더기눈, 겹눈, 곁눈/질, 고리눈[513]/고리눈이, 군눈[514]. 까막눈[515]/이, 까치눈[516], 나비눈[517], 낚시눈[518], 남의눈[519], 넙치눈이, 네눈박이/네눈이, 도끼눈[520], 독사눈(毒蛇;표독스럽게 생긴 눈), 독수리눈(날카롭고 매서운 눈), 동태눈(凍太;흐릿하고 생기가 없는 눈), 두꺼비눈, 들창눈(窓;먼산바라기), 뒷눈질, 뙤기눈[521], 뜬눈[522],

---

491) 눈꼴사납다: 태도나 행동이 아니꼬워 보기 싫다.

492) 눈꼴시다: 하는 짓이 같잖아서 보기에 아니꼽다.

493) 눈높이: ①관측할 때 수평으로부터 관측하는 사람의 눈까지의 높이. ②어떤 사물을 보거나 상황을 인식하는 안목의 수준. ¶서로 눈높이를 맞춰 살아야 한다.

494) 눈독(毒)[-똑]: ①눈의 독기. ②욕심을 내어 눈여겨보는 기운. ¶눈독을 들이어 놓았다. 그는 그녀의 재산에 눈독을 들이고 있다. 눈독들이다.

495) 눈돌림질: 짐짓 아닌 체하며 딴전을 부리는 일.

496) 눈딱지: 보기에 험상궂고 흉한 눈이나 눈매.

497) 눈땜: 갈라진 틈이나 작은 구멍 따위를 메워 때우는 일.

498) 눈뜨다: 눈을 뜨다. 깨닫다. 깨우치다. 깨치다.

499) 눈맞다: ①두 사람의 마음이 서로 통하다. ②남남인 남녀 사이에 서로 사랑하는 마음이 생기다.

500) 눈물: 눈에서 나오는 맑은 액체 상태의 물질. 다른 사람에 대한 동정이나 자신의 처지에 대한 슬픔이나 그것을 겪는 일을 비유함. ¶눈물을 흘리다. 처참한 광경을 눈물 없이는 도저히 못 보겠다. 눈물이 핑 돌다(어떤 자극을 받아 갑자기 눈에 눈물이 괴다). 눈물겹다(눈물이 날 만큼 슬프거나 가엾다), 눈물관(管;눈물길), 눈물길, 눈물단지(울보), 눈물바다, 눈물받이(눈물이 흘러내리는 곳에 있는 사마귀), 눈물방울, 눈물범벅, 눈물비, 눈물뼈, 눈물샘, 눈물이랑(눈물이 흘러내린 자리), 눈물자국, 눈물주머니, 눈물지다(눈물이 흐르다), 눈물짓다; 속눈물, 피눈물.

501) 눈바래기: 눈으로 배웅한다는 뜻으로, 떠나는 사람을 멀리까지 바라보는 일. ¶봉순이는 남편이 골짜기 저편으로 사라지는 것만 눈바래기했을 뿐이었다.

502) 눈발림: 실속이 없이 눈으로 보기에만 그럴듯하게 발라맞추는 것. ¶입발림과 눈발림.

503) 눈부처: 눈동자에 비치어 나타난 사람의 형상. 동인(瞳人). 동자부처(瞳子).

504) 눈비음: 남의 눈에 좋게 보이도록 겉으로 꾸미는 일.≒눈가림. 눈속임.

505) 눈썰미: 한 번 본 것이라도 곧 그대로 흉내를 잘 내는 재주.[←눈+설믜(지혜. 총명)]. 목교(目巧). ¶눈썰미가 좋다. 눈썰미가 있어 무엇이든 잘 한다.

506) 눈썹: ①눈두덩 위에 가로로 난 짧은 털. ¶반달 같은 눈썹. 눈썹도 까딱하지 않다(놀라거나 겁내는 기색이 조금도 없이 태연하다). 눈썹먹(눈썹을 그리는 데 쓰는 먹), 눈썹씨름(잠을 자려고 눈을 붙이는 일), 눈썹춤(남이 하는 일을 못마땅하게 여기어 눈가를 방정맞게 씰룩거리는 짓); 겉눈썹, 꾀꼬리눈썹(노르스름한 눈썹), 반달눈썹, 버들눈썹, 범눈썹(굵고 수북하게 난 눈썹), 속눈썹, 실눈썹(실처럼 가는 눈썹), 아랫눈썹, 안개눈썹(숱이 적고 빛깔이 엷은 눈썹), 용눈썹(양쪽 끝이 치올라가는 모양의 눈썹), 윗눈썹. ②'눈썹 모양'을 뜻하는 말. ¶눈썹끈(베틀의 눈썹줄), 눈썹노리(눈썹대의 끝 부분), 눈썹달, 눈썹대(베틀의 용두머리 두 끝에서 앞으로 내뻗친 가는 막대기), 눈썹바라지(약계바라지 짝의 중턱에 가로 박힌 두 개의 작은 들창), 눈썹줄(눈썹대 끝에 잉앗대를 거는 줄), 눈썹지붕, 눈썹차양(遮陽;처마 끝에 다는 폭이 좁은 차양), 횃눈썹(눈썹 가장자리가 치켜 올려 붙은 눈썹).

507) 눈알: 안구(眼球). ¶눈알을 부라리다(화가 나서 눈을 크게 뜨고 눈알을 사납게 굴리다). 눈알이 나오다(몹시 놀라서, 눈알이 나올 듯하다).

508) 눈엣가시:[←눈+에+ㅅ+가시]. ①몹시 밉거나 싫어 늘 눈에 거슬리는 사람. 방해물. ②남편의 첩.

509) 눈자리: 뚫어지게 또는 실컷 바라본 자취. ¶눈자리가 나도록 보다.

510) 눈찌: ①눈매(눈을 뜬 모습). ¶눈찌가 단아하다. ②흘겨보거나 쏘아보는 눈길. ¶눈찌가 사납다.

511) 눈총: 눈에 독기를 올리어 쏘아 보는 기운.=눈살[2]. ¶따가운 눈총을 받다. 눈총을 주다. 눈총맞다(남의 미움을 몹시 받다), 눈총싸움, 눈총질/하다.

512) 눈치: 남의 마음을 알아챌 수 있는 힘. 속으로 생각하는 바가 겉으로 드러나는 어떤 태도.[<눈츼]. ¶눈치가 빠르다. 눈치가 이상하다. 눈치껏, 눈치꾸러기, 눈치꾼, 눈치놀음, 눈칫밥, 눈치보다, 눈치싸움, 눈치없이, 눈치작전(作戰), 눈치차림, 눈치채다, 눈치코치, 눈치하다(사람을 귀찮게 하여 싫어하다); 말눈치(말하는 중에 드러나는 어떤 태도. 말로 하는 눈치), 속눈치, 잔눈치.

513) 고리눈: ①눈동자의 둘레에 흰 테가 둘린 눈. ②모양이 동그랗게 생긴 눈.

514) 군눈: 아니 보아도 좋을 것을 보는 눈. 쓸데없는 짓. ¶군눈을 뜨다. 군눈 팔다.

515) 까막눈: 글을 깨치지 못한, 무식한 사람의 눈.

516) 까치눈: 발가락 밑의 접힌 금에 살이 터지고 갈라진 자리.

517) 나비눈: 못마땅해서 눈알을 굴려, 보고도 못 본 체하는 눈짓.

518) 낚시눈: 낚싯바늘처럼 눈초리가 꼬부라져 올라간 눈.

519) 남의눈: 여러 사람의 시선(視線). 이목(耳目). ¶남의 눈이 무서워 행동을 삼가다.

520) 도끼눈: 분하거나 미워서 매섭게 쏘아 노려보는 눈.

521) 뙤기눈: 눈시울에 흠집이 생겼거나 천성적으로 흠집이 있는 눈.

522) 뜬눈: 밤에 잠을 이루지 못한 눈.

마음눈[523], 맨눈, 맹눈(盲), 먼눈(보이지 않는 눈. 먼 곳을 바라보는 눈), 먼눈팔다[524], 메밀눈(메밀처럼 작고 세모진 눈), 모눈/종이[방안(方眼)], 모들뜨기눈(두 눈동자가 안쪽으로 치우쳐진 눈), 뭇눈(여러 사람이 보는 시선이나 눈초리), 바투보기눈[근시력(近視眼)], 밤눈[야시력(夜視力)], 발톱눈(발톱의 양쪽 구석), 밥풀눈(눈꺼풀에 밥알 같은 군살이 붙어 있는 눈), 방울눈, 뱀눈(독살스럽게 생긴 눈), 뱁새눈(작고 가늘게 옆으로 째진 눈)/이, 붕어눈(크고 툭 튀어나온 눈), 사발눈(沙鉢), 사팔눈[사시(斜視)], 삼눈(눈알이 붉어지는 병. 결막염), 샙뜨기눈[525], 샛눈(살짝 뜨고 보는 눈), 샛별눈(초롱초롱한 눈), 생눈(生), 세상눈(世上;세상 사람이 보는 눈), 속눈, 송곳눈, 쇠눈¹(소의 눈), 실눈(가늘고 긴 눈), 쌍겹눈(雙), 쌍꺼풀눈(雙), 애꾸눈, 어릿보기눈[난시안(亂視眼)], 어섯눈[526], 오목눈, 옴팡눈/움펑눈, 왕눈, 외눈, 우물눈(움펑눈), 자라눈[527], 자웅눈(雌雄;짝눈), 잔눈(잠을 자고 일어난 채로의 눈), 장사눈(장사의 잇속에 대한 안목), 족제비눈(작고 매서운 눈), 졸보기눈[근시안(近視眼)], 좁쌀눈(매우 작은 눈), 진눈(눈 가장자리가 짓무른 눈), 짝눈(한쪽은 크고 다른 한쪽은 작게 생긴 눈), 짤깍·찔꺽눈/이(눈이 짓무른 사람), 참눈(사물을 올바로 볼 줄 아는 눈), 첫눈, 칼눈[528], 퉁방울눈, 하늘눈[529], 한눈/팔다[530], 홑눈(↔겹눈), 황소눈(크고 동작이 굼뜬 눈). ☞ 안(眼). 목(目).

눈² 초목의 줄기·가지·잎겨드랑이 따위에서 새 잎이나 꽃·가지 따위의 싹이 되어 돋아 날 자리. 배아(胚芽). ¶눈이 터져 새 잎이 나다. 눈싹(눈이 터져 나오는 싹), 눈아귀(싹이 터서 나온 갈라진 자리), 눈접(椄)[아접(芽椄)], 눈트다(싹이 새로 돋아 나오다); 겨드랑눈[액아(腋芽)], 겨울눈, 겹눈, 곁눈[측아(側芽)], 껍질눈, 꼭지눈[정아(頂芽)], 꽃눈[화아(花芽)], 끝눈[정아(頂芽)], 나무눈, 덧눈, 돌려나기눈, 막눈[부정아(不定芽)], 무주나기눈, 버들눈, 비늘눈[인아(鱗芽)], 살눈[주아(珠芽)], 섞인눈[531], 숨은눈[잠복아(潛伏芽)], 쌀눈, 씨눈[배(胚)], 알눈[태아(胎芽)], 알눈[배아(胚盤)], 어긋나기눈, 여름눈, 잎눈, 접눈(椄), 제눈[정아(定芽)], 티눈(굳은살), 팥눈(팥알에 박힌 점), 홑눈. ☞ 아(芽).

눈³ 자·저울·온도계 따위에 표시한 금. ¶저울의 눈을 속이다. 눈금[눈금자, 눈금줄, 눈금차(差), 눈금판(板)]; 겉눈, 뒷눈(곱자 따위의 뒤쪽에 있는 눈금), 속눈, 잣눈, 저울눈 들.

눈⁴ 그물 따위에서의 터진 구멍. 코. ¶그물눈, 모눈, 쳇눈.

눈⁵ 대기 중의 수증기가 찬 기운을 만나 얼어서 땅 위로 떨어지는 흰 결정체. ¶눈가래(눈치개), 눈가루, 눈갈기[532], 눈경치(景致), 눈고패(눈사태), 눈구덩길, 눈구덩이, 눈구름, 눈구멍²(눈이 많이 쌓인 가운데)/길, 눈구름, 눈굴, 눈기운(눈이 내릴 기미), 눈길²(눈이 쌓인 길), 눈꽃, 눈녹이[눈녹이때, 눈녹이물], 눈놀이, 눈다리[533], 눈더미, 눈더버기(눈이 많이 달라붙은 것), 눈덩어리, 눈덩이(눈뭉치. 자꾸 불어나는 것), 눈막이[눈막이바자, 눈막이숲, 눈막이옷], 눈무지, 눈물, 눈바람, 눈발/서다(눈이 곧 올 듯하다), 눈발구, 눈밭, 눈벌판, 눈보라/길, 눈비, 눈빛, 눈사람, 눈사태/길(沙汰), 눈서리, 눈석임(눈이 속으로 녹아 스러짐)/하다, 눈석임물/눈석이, 눈석잇길(눈석이로 질척질척한 길), 눈설레(눈과 찬바람이 몰아치는 현상), 눈세계(世界), 눈송이, 눈싸움²[설전(雪戰)], 눈썰매, 눈안개, 눈얼음, 눈옷(산이나 나무 따위에 수북이 덮인 눈), 눈자(눈이 쌓인 깊이를 재는 자), 눈치개(제설기), 눈판, 눈펄(눈으로 덮인 넓은 땅); 가랑눈, 가루눈, 길눈[534], 도둑눈[535], 마른눈, 만년눈(萬年), 묵은눈, 발등눈(발등까지 빠질 정도로 내린 눈), 밤눈[야설(夜雪)], 봄눈[춘설(春雪)], 사태눈(沙汰), 살눈(얇게 내리는 눈), 소나기눈/소낙눈(갑자기 매우 많이 내리는 눈), 쇠눈²(쌓이고 다져져서 잘 녹지 않는 눈), 숫눈[536], 싸라기눈/싸락눈, 자국눈[박설(薄雪)], 잣눈[척설(尺雪)], 진눈깨비(비가 섞여 오는 눈), 첫눈, 포슬눈(가늘고 성기게 내리는 눈), 풋눈, 함박눈. ☞ 설(雪).

눈(嫩) '어리고 연약하다'를 뜻하는 말. ¶눈록(嫩綠;새로 돋아난 어린잎과 같은 연한 녹색), 눈아(嫩芽;새싹), 눈엽(嫩葉;어린잎), 눈한(嫩寒;심하지 않은 추위. 으스스 추움).

눋(다) 누른빛이 나도록 조금 타다. ¶밥이 눋는 냄새는 고소하다. 밥을 눌리면 누룽지가 된다. 눋내, 눌리다², 눌어붙다[537], 누룽지[538], 눌은밥[539]. ☞ 노르다.

눌(訥) '말을 더듬다'를 뜻하는 말. ¶눌변(訥辯), 눌삽(訥澁), 눌어(訥語), 눌언(訥言), 눌하다(분명하지 못하고 더듬다); 구눌하다(口訥;말굳다), 목눌/하다(木訥;고지식하고 느리며 말주변이 없음), 박눌하다(朴訥), 어눌하다(語訥), 졸눌(拙訥) 들.

눕(다)¹ 등이나 옆구리를 바닥에 대고 몸을 가로 놓다. 병으로 앓아 자리에서 일어나지 못하다.↔일어나다. 서다. ¶똑바로 눕다. 병으로 눕다. 누운굿(수평갱도), 누운단, 누운벼락, 누운측백(側柏;지빵나무), 누운잣나무, 누운폭포(瀑布), 누운향나무(香), 누울외(椳), 누워먹다(편안히 놀고 지내다), 누워지내다, 누이다¹[540]/뉘다, 눈자라기[541], 눕히다; 가로눕다/누이다/눕히다, 나가눕다

523) 마음눈: 사물의 참모습을 제대로 분별하는 마음의 능력. 심안(心眼).
524) 먼눈팔다: 정신을 놓고 먼 데를 바라보다.
525) 샙뜨기눈: 두 눈의 검은자위가 가운데로 몰리게 하여 뜬 눈.
526) 어섯눈: 지능이 생겨 사물의 대강을 이해하게 된 눈. ¶어섯눈뜨다.
527) 자라눈: 젖먹이의 엉덩이 양쪽으로 오목하게 들어간 자국.
528) 칼눈: 칼을 칼집에 꽂았을 때 칼이 잘 빠지지 않게 칼 손잡이에 만든 장치.
529) 하늘눈: 육안(肉眼)으로 볼 수 없는 것을 환히 볼 수 있는 도통한 마음의 눈.
530) 한눈팔다: 마땅히 보아야 할 데를 안 보고 딴 데를 보다. ¶한눈팔다가 웅덩이에 빠지다.
531) 섞인눈: 꽃이 될 눈과 잎이 될 눈이 함께 있는 싹눈. 혼아(混芽).
532) 눈갈기: 쌓인 눈이 말의 갈기처럼 흩날리는 눈보라.
533) 눈다리: 못, 빙하, 골짜기 따위의 틈 사이에 눈이 쌓이어 생긴 다리 모양의 눈 덩어리. 설교(雪橋).
534) 길눈: 한 길이나 될 만큼 많이 쌓인 눈.
535) 도둑눈: 사람이 모르게 밤사이에 내린 눈.
536) 숫눈: 아무도 지나가지 않아 쌓인 채 그대로 있는 눈. ¶숫눈길(숫눈이 쌓인 길).
537) 눌어붙다: ①뜨거운 바닥에 조금 타서 붙다. ②지루하게 한 군데 오래 있어 떠나지 아니하다.
538) 누룽지: 솥 바닥에 눌어붙은 밥. ¶엿누룽지(엿을 골 때에, 솥에 눌어붙어 누룽지같이 된 것).
539) 눌은밥: 누룽지에 물을 부어 불려서 긁은 밥.
540) 누이다¹: 사람의 몸이나 긴 물체를 가로로 놓다. ¶시신을 누이다.
541) 눈자라기: 아직 곧추 앉지 못하는 어린아이를 이르는 말.

(나가서 눕다. 체념하다), 나눕다(아무 곳에나 쓰러져 눕다), 돌아눕다, 되눕다, 뒤눕다(물체가 뒤집히듯이 몹시 흔들리다. 누워서 몸을 뒤집다), 드러눕다[542]/눕히다, 때려누이다/눕히다, 몸져눕다, 앓아눕다, 엇눕다(엇비슷이 눕다)/눕히다. ☞ 와(臥).

눕(다)² 이자(利子)는 치르고 원금은 그대로 빚으로 있다. ¶누운변(邊), 누이다²(이자를 받고 원금은 빚으로 두다).

ㄴ

눕(다)³ 무명·명주·모시 따위를 잿물에 삶아 희고 부드럽게 하다. ¶누운모시, 누운목(木;누인 무명)/눈목, 누이다³/뉘다(피륙을 잿물에 담갔다가 솥에 찌다)/누다[543], 누임[544]/뉨[누임실, 누임질/하다, 누임하다].

눙치(다) ①좋은 말로 마음을 풀어 누그러지게 하다. ¶쉽게 눙치어질 기분이 아니다. 으르고 눙치다. 조금 눙치다가 다시 나무라기 시작했다. 화가 난 친구를 농담으로 눙치었다. ②어떤 행동이나 말을 문제 삼지 않고 넘기다. ¶남의 흉을 보다가 미안한 지 농담이라고 눙치고는 자리를 피했다. 〈작〉농치다.

뉘¹ 쓿은쌀에 섞인 벼 알갱이. ¶쌀에서 뉘와 돌을 골라내다. 뉘반지기(半;뉘가 많이 섞인 쌀).

뉘² 자손에게서 받는 덕.≒안받음. ¶손자의 뉘까지 보며 장수하시다. 뉘나 보아야 할 나이가 되다. 늘그막에 뉘를 보다. 뉘보다[545]; 볕뉘(볕의 그림자. 햇볕을 은덕으로 여기며 고맙게 이르는 말).

뉘³ ①'누이'의 준말. ¶누이동생/뉘동생(同生), 오누이/오뉘. ②'누구의'의 준말. ¶뉘에게 가느냐. ③'누리(세상)'의 준말.

뉘⁴ '너울²(바다의 사나운 물결)'의 사투리. ¶뉫결('물결'의 예스러운 말), 뉘누리[546], 뉫살(고기가 떼 지어 노는 곳에서 이는 물결).

뉘엿 ①해가 조금씩 지는 모양.=너웃. ¶해가 뉘엿뉘엿 지다. 뉘엿이. [+지다. 기울다. 저물다]. ②속이 메스꺼워 토할 듯한 상태. ¶속이 뉘엿뉘엿 토할 것 같다. 뉘엿거리다/대다/하다.

뉘우치(다) 제 잘못을 스스로 깨닫고 가책을 느끼다.≒반성하다. 〈준〉뉘웇다. ¶죄를 뉘우치다. 뉘우치는 기색이 전혀 없다. 뉘우쁘다/뉘쁘다[547], 뉘우침.

뉘지(다) 성미나 태도가 검질기게 추근추근하다. ¶성격이 뉘진 사람. 뉘지게 달라붙다.

뉴똥 빛깔이 곱고 보드라우며 잘 구겨지지 아니하는 명주실로 짠 옷감. ¶아가씨는 새로 지은 뉴똥 치마를 입고 나타났다. 뉴똥치마.

뉵(衄) '피(코피)'를 뜻하는 말. ¶기뉵(肌衄;땀구멍을 통하여 피가 나오는 증상), 치뉵(齒衄).

-느- 동사나 있다·없다·계시다'의 어간에 붙어 해라체와 하게체의 어미 '-냐'와 어울려 동작성을 표시하는 직설법 선어말어미. 합쇼체의 표지 '-ㅂ-'뒤에서는 '-니-'(합니다)로 바뀌기도 함. ¶가느냐, 갔느냐, 먹느냐, 보았느냐, 하느냐, -느-냐[548]/고/는, -느-뇨. ☞ -냐.

느글 먹은 것이 내려가지 아니하여 속이 메스껍고 느끼하여 곧 게울 듯한 모양. 〈작〉나글. 〈큰〉니글[549]. ¶속이 느글느글 토할 것 같다. 나글·느글·니글거리다/대다. 느근거리다/대다/하다, 느긋[550] 들.

느긋-하다 마음에 흡족하여 여유가 있고 넉넉하다. 〈준〉늑하다². ¶느긋한 기분. 느긋한 성격. 책을 읽으면서 느긋이 기다리다. 마음을 느긋이 먹다. 늑지다(느긋하고 차분하다), 늦먹다(마음을 느긋하게 가지다).

느끄름-하다 날씨 따위가 흐리어 침침하다. 또는 표정이 어둡다. ¶궂은비가 느끄름하게 내린다.

느끼(다)¹ 서럽거나 감격에 겨워 목메어 울다. ¶서럽게 느끼는 소리가 들린다. 매우 서러워 흑흑 느끼어 울다. 느껴울다, 늘키다; 흐느끼다(매우 서러워 흑흑 느끼어 울다), 흐느낌, 흐늑(한 번 흐느끼는 모양)/거리다/대다/이다, 흐늑흐늑(자꾸 흐느끼는 꼴)/하다, 흐득[551].

느끼(다)² 감각 기관을 통하여 어떤 자극을 깨닫다. 직관적으로 인식하다. 생각하다. 직접 체험하거나 맛보다.[〈늗기다]. ¶혀로 맛을 느끼다. 기쁨을 느끼다. 빈곤을 느끼다. 돈의 필요성을 느끼다. 느껍다[552], 느끼어지다, 느끼하다[553], 느낌(감각으로 느끼는 기운이나 감정)[느낌글, 느낌꼴, 느낌말, 느낌씨, 느낌표(標)]. ☞ 감(感).

-느니¹ 동사나 '있다. 없다'의 어간, 또는 시제의 '-았/었-'의 아래에 붙어, ①진리나 으레 있는 사실 또는 의지의 뜻을 '하게'할 자리에 베풀어 말할 때 쓰이는 종결 어미. ¶먹구름이 몰려오면 비가 오느니. 내가 그 일을 하겠느니. -느니-라, -느니-만/만큼/만치(보조사). ②이러하게 하기도 하고 저러하게 하기도 함을 나타내

542) 드러눕다: ①자기 마음대로 아주 편하게 눕다. ¶피곤한 몸을 드러눕히다. ②앓아서 자리에 눕다. ¶감기 몸살로 드러눕다.

543) 누다: 피륙을 잿물에 넣어서 부드럽고 희게 하다. ¶생명주를 누이다.

544) 누임: 피륙 따위를 잿물에 담갔다가 솥에 찌는 일. 〈준〉뉨.≒마전. ¶누임질/하다, 누임하다.

545) 뉘보다: 자손의 덕을 보다. ¶뉘보려고 자식 기르는 사람은 없을 것이다.

546) 뉘누리: 물이 가운데가 움푹 파인 모양으로 빙빙 돌면서 흐르는 것.=소용돌이.

547) 뉘우쁘다: 뉘우치는 생각이 있다. ¶얼굴에 뉘우쁜 빛이 역력하다.

548) -느냐: 동사나 '있다, 없다, 계시다'의 어간이나 '았/었, 겠'에 붙어, 손아랫사람에게 물음을 나타내는 종결 어미. 〈준〉니. ¶거기서 무엇을 하느냐? 지금 어디 있느냐? -느냐-가, -느냐-고(요)/느내(요), -느냐-는, -느냐-니(까-요), -느냐-마는, -느냐-며, -느냐-면(서). ☞ -냐. -으냐. §예스러운 말투는 '-느뇨'.

549) 니글: 속이 메스꺼워서 곧 게울 것 같은 느낌. ¶속이 니글니글하다. 니글거리다/대다, 니글니글/하다, 니얼니얼/하다.

550) 느긋: 먹은 것이 내려가지 아니하여 속이 괴는 듯한 모양. ¶속이 느긋느긋 메스껍다. 느긋거리다/대다, 느긋하다(소화가 되지 않아 속이 약간 느끼하다)/늑하다¹.

551) 흐득: 숨이 막힐 듯이 이따금 흑흑 흐느끼는 모양.

552) 느껍다: 그 무엇에 대한 느낌이 가슴에 사무쳐서 마음에 겹다.[←느끼(다)+업다]. ¶나는 그의 마음 씀씀이가 느꺼워 가슴이 뭉클해졌다. 느껴이(어떤 느낌이 마음에 북받쳐서 벅차게).

553) 느끼하다: 비위에 맞지 아니할 정도로 음식물에 기름기가 많다. 맛이나 냄새 따위가 비위에 맞지 아니하다. 느긋느긋한 감이 있다.[〈늑근ᄒᆞ다]. ¶음식이 느끼하다. 그 사람은 말을 느끼하게 해서 징그럽다.

는 연결 어미. ¶맞느니 안 맞느니 옥신각신하다. 증거가 있느니 없느니 하며 끝없이 다투기만 한다. -다-느니. ③차라리 뒤에 오는 행동이 낫다고 함을 나타내는 연결 어미. ¶그 남자하고 결혼하느니 차라리 독신자가 되겠다. [(-느니←-ᄂᆞ-(현재 시제)+-니].

-느니² 동사 어간이나 형용사 '있다, 없다, 계시다'의 어간, 또는 높임의 '-시-'에 붙어, 앞의 행동(사실)보다 차라리 뒤쪽을 취함이 마땅하다는 뜻을 나타내는 종속적 연결 어미. ¶앉아서 당하느니 차라리 일어나서 싸우자. 죽느니보다야 그래도 사는 편이 낫지. -느니-보다(야).

느닷- 나타나는 모양이 아주 뜻밖이고 갑작스럽다를 뜻하는 '느닷없다'의 어근. ¶느닷없이.

-느라고 동사 어간이나 높임의 '-시-'에 붙어, 앞 말이 뒷말의 목적이나 원인·이유가 됨을 나타내는 종속적 연결 어미. 〈준〉-느라. ¶늦게까지 공부하느라고 수고가 많았구나. 먼 길을 다녀오시느라고 고생이 많으셨습니다. -느라-고-요.

느렁이 사슴이나 노루의 암컷. 암노루나 암사슴. ¶뒷산에서 느렁이가 울다.

느리 큰 종에 속하는 산짐승. 범, 노루, 사슴, 곰 따위가 이에 속함. ↔토록².

느리(다) 움직임이나 일을 해내는 속도가 더디다.(↔빠르다). 짜임새가 느슨하거나 성글다. 성미가 야무지지 못하고 누긋하다. ¶걸음이 느리다. 거북은 토끼보다 느리다. 그는 손놀림이 느리다. 느럭느럭554), 느르적, 느리광이(늘보), 느릿매555), 느리배기, 느리터분하다(느리고 굼떠 답답하다), 느림¹/보(느리광이), 나릿나릿·느릿느릿, 느린그림, 느린맥(脈), 느림물매/느릿매, 느림뱅이, 느릿느릿556)·느릿하다, 느실557), 느적558), 느지럭559), 느직560), 느질561), 느짓562), 늑놀다(늑장을 부리면서 놀다), 늑장563), 늘보(동작이 뜨고 느린 사람), 늘장(일부러 느릿댐), 늘쩍·날짝564), 늘쩡·날짱¹,²565).

느물 ①말이나 행동을 능글맞게 하는 모양. ¶느물느물 우스갯소리도 잘 한다. 느물느물/하다, 느물다566), 느물스럽다. ②물결이나 불길 따위가 가볍고 느리게 넘실거리는 모양. ¶파도가 느물느물 넘실거리다. ③종이나 피리의 소리가 여운을 남기며 은은히 사방으로 울리어가는 모양. ¶종소리가 느물느물 울려 퍼지다. ④불길이 굽이쳐 올라가거나 비치어 오는 모양. ¶불이 느물느물 피어오르다. 느물거리다/대다.

느시 느싯과의 새. 기러기와 비슷함. =능에.

느정이 밤, 메밀 따위의 꽃. '줄기'의 옛말. ¶밤느정이(밤나무의 꽃).

느치 쌀·보리·곡식 가루의 해충.

느타리 송이버섯과의 버섯. 느타리버섯.

느티-나무 느릅나뭇과에 속하는 낙엽 활엽 교목.[(누틔나무←누렇다]. ¶마을 입구에는 커다란 느티나무가 서 있다. 느티떡.

늑(勒) ①'우겨대다. 억지로·강제로'를 뜻하는 말. ¶늑굴(勒掘;남의 무덤을 강제로 팜), 늑령(勒令;억지로 시킴), 늑매(勒買), 늑매(勒賣;强賣), 늑병(勒兵;병사의 대오를 편성하고 점검하던 일), 늑봉(勒捧;돈이나 물건 따위를 억지로 받아냄), 늑사(勒死;강제로 죽임), 늑사(勒辭;억지를 쓰는 말), 늑삭(勒削), 늑약(勒約), 늑억(勒抑), 늑운(勒韻;시를 지을 때, 미리 압운을 정하는 일), 늑장(勒葬;남의 땅이나 남의 동네 근처에 억지로 장사를 지냄), 늑정(勒定;강제로 작정하게 함), 늑정(勒停;벼슬자리에서 쫓아냄), 늑주(勒住;억지로 머물러 있게 함), 늑징(勒徵;물건을 강제로 거두어들임), 늑탈(勒奪;폭력이나 위력으로 빼앗음), 늑표(勒票;강제로 받아낸 문서), 늑한(勒限;억지로 승낙한 빚을 갚을 기한), 늑혼(勒婚;억지로 혼인을 함), 늑화(勒花;추위 때문에 꽃이 피지 못하는 현상), 늑흔(勒痕;목을 졸라 죽인 흔적); 억륵(抑勒), 협륵(脅勒), 호륵(豪勒). ②'새기다. 졸라매다. 굴레'를 뜻하는 말. ¶늑명(勒銘;금석이나 비석 따위에 문자를 새김), 늑백(勒帛;허리를 둘러매는 띠), 늑석(勒石), 늑설(勒紲;말고삐), 늑인(勒印;刻印); 구륵(鉤勒), 황금륵(黃金勒;황금으로 장식한 재갈) 들.

늑(肋) '갈비'를 뜻하는 말. ¶늑간(肋間), 늑간근(肋間筋), 늑경골(肋硬骨), 늑골(肋骨;갈비뼈)[가늑골(假), 부늑골(浮), 진늑골(眞)], 늑막/염(肋膜/炎), 늑목(肋木;사다리 모양의 체조 기구), 늑연골(肋軟骨), 늑재(肋材), 늑판(肋板); 계륵(鷄肋), 산륵(山肋) 들.

늑대 갯과의 짐승. 말승냥이. ¶늑대별(시리우스); 갈기늑대.

는/은 모음으로 끝나는 체언에 붙어[받침 뒤에서는 '은'으로 쓰임], ①주로 대조·제시·보편·속성의 뜻을 나타내면서 주격·목적격·부사격으로 쓰이는 보조사. 〈준〉ㄴ. ¶벌기는 어렵고 쓰기는

---

554) 느럭: 말이나 하는 짓이 매우 느리고 게으른 모양.=느렁. ¶느럭느럭 갈지자로 걸어간다. 철수는 영희가 놀랄까 보아서 느럭느럭 말을 잇는다.

555) 느릿매: 물가의 경사가 완만한 물매.↔가팔매.

556) 느릿: ①동작이 느리고 굼뜬 모양.≒노량으로. 천천히. 더디.↔빨리. ¶느릿느릿 걷다/말하다. ②짜임새가 사이가 죄어 있지 않고 느슨하거나 성긴 모양.≒느슨히.↔꼼꼼히. ¶느릿느릿 짠 가마니. 새끼를 느릿느릿 꼬다. ③긴장한 태도가 없이. ¶느릿느릿 일하다. 느릿느릿 걸어도 황소걸음. 〈작〉나릿. [←느리(다)+ㅅ].

557) 느실: ①느릿느릿 걷거나 움직이는 모양. ¶느실느실 일하다/ 걷다. ②비 따위가 느릿느릿 내리는 모양. ¶보슬비가 느실느실 내리다. ③축 늘어어 너울거리는 모양. ¶비에 젖은 깃발이 느실느실 너울거리다. 느실거리다/대다, 느실느실/하다.

558) 느적: 동작이 몹시 굼뜬 모양. ¶느적느적 걷다. 느적느적 움직이는 긴 대열.

559) 느지럭: 몹시 굼뜨고 느리게 움직이는 모양. ¶느지럭느지럭 걷다/ 일하다.

560) 느직: 동작이 아주 굼뜨고 느린 모양. ¶느직느직 말하다. 느직느직 모여들다. 느직느직/하다, 느직하다, 느직이.

561) 느질: 느리게 움직이는 모양. ¶느질느질 비가 내리다. 느질게 말하다. 느질다(몹시 느리다).

562) 느짓: ①여럿이 다 움직임이 느린 모양. ¶느짓 걸으며 이야기를 하다. 느짓하다, 느짓이. ②줄 따위가 여럿이 다 또는 매우 느슨한 모양.

563) 늑장: 곧 해야 할 일이 있는데도 그 일을 하지 않고 느릿느릿 꾸물거리는 짓. 늦장. ¶늑장을 부리다.

564) 날짝: 나른한 동작으로 느리게 걷거나 행동하는 모양. 〈큰〉늘쩍.

565) 날짱¹: 나른한 태도로 쉬엄쉬엄 느리게 행동하는 모양. 〈큰〉늘쩡. ¶며칠을 굶은 듯 날짱날짱 걸어가는 학생. 날짱·늘쩡거리다/대다.
날짱²: 성질이나 됨됨이가 조금 느리고 야무지지 못한 모양. 〈큰〉늘쩡. ¶성질이 날짱날짱 물러 힘든 일을 못하다. 날짱·늘쩡거리다/대다.

566) 느물다: 능글맞은 태도로 끈덕지게 굴다. 말이나 행동을 음흉하게 하다.

쉽다. 말은 잘하는데 실천은 안 해. 너는 누구냐? 지구는 둥글다. 사람은 죽는다. 산은 높고 물은 깊다. 얼굴은 예쁘다. 그 집은 밥은 먹는다. ②연결 어미 뒤에 붙어 강조하는 뜻을 나타내는 보조사. 〈준〉ㄴ. ¶웃지 않고는 견딜 수가 없다. 돌아오지는 않는다. 난 가오. 눈이 많인 내리지 않았다. 가끔은 운동도 한다. 아직은 그렇게 할 수 없다. 집에는 간다. 먹어는 본다. 께서-는, 에-는, 에게-는, 에서-는, 으로서-는, 과-는. 부터-는, 까지-는, 밖에-는, 일랑-은, 치고-는, 는/은-요, 가끔/조금/다/다시/자주/빨리[부사]-(은)는; 가설랑은, 딴은, 또는, 실은(實), 하기는, 혹은(惑).

-는 동사 어간이나 '있다. 없다. 계시다'의 어간 또는 어미 '-으시-. -겠-' 뒤에 붙어, 그 동작이 현재 진행이나 일반적인 행동 · 상태 그 자체만을 나타내는 관형사형 어미. ¶흐르는 물. 밥을 먹는 사람. 산에 있는 나무. ☞ -ㄴ'. -은.

-는가 ①동사나 '있다. 없다. 계시다'의 어간 또는 '-았/었-, -겠-, -시-'의 뒤에 붙어, 의심이나 '하게'할 자리에 물음을 나타내는 종결 어미. ¶언제 가겠는가. 어디 계시는가. 시간이 좀 있는가. ②'보다. 하다. 싶다' 앞에 쓰여, 자문(自問) 또는 추측의 뜻을 나타내는 연결 어미. ¶오늘은 오는가 했지. 울고 있는가 보다. -는가-요. ③〈준〉-나④. ¶어딜 가나? 빨리 못하나? -나-요.

는개 안개처럼 보이면서 이슬비보다 가늘게 내리는 비. 는개비. 무우(霧雨). 연우(煙雨).

-는걸 동사 어간이나 형용사 '있다. 없다. 계시다'의 어간 또는 '-았/었-', 높임의 '-시-' 등의 뒤에 붙어, 어떤 동작이나 작용에 대한 자기의 느낌을 나타내는 종결 어미.[←-는+것+을]. ¶벌써 해가 뜨는걸. 시간이 생각보다 빨리 가는걸. 자리에 안 계시는 걸. -는걸-요.

-는고 동사 어간이나 형용사 '있다. 없다. 계시다'의 어간, 또는 높임의 '-시-'나 시제의 '-았/었-. -겠-' 등에 붙는 해체의 의문형 종결 어미 '-는가'의 옛 말투 또는 점잖은 말투. ¶무엇을 바라는고? 지금 어디에 계시는고.

-는바 '있다. 없다. 계시다'의 어간이나 동사 어간 또는 선어말 어미 '-았/었-. -겠-. -(으)시-'의 뒤에 붙어, 할 말을 하기 전에 거기에 관계되는 보충 설명(하는데/하였는데)을 할 때 쓰는 종속적 연결 어미.[←-는+바]. ¶집을 두 채 짓는바, 한 채는 동생에게 주려 하오. 먼 길을 떠나는바 충분한 준비가 있어야 할 것이오.

는실-난실 남녀 간 성적(性的) 충동으로 야릇하고도 잡스럽게 구는 모양. ¶몸을 는실난실 꼬며 달라붙는 계집. 는실난실하다.

-는지 동사나 '있다, 없다, 계시다'의 어간 또는 '-았/었-. -겠-. -시-'에 붙어, 막연한 의문이나 감탄을 나타내는 연결 또는 종결 어미. ¶밤이 깊었는지 사방이 고요하다. 그가 어디로 갔는지 모르겠다. 언제쯤 오시려는지. -는지-고[567], -는지-요.

-는지라 동사의 어간이나 '있다, 없다, 계시다'의 어간 또는 '-았/었-. -겠-. -시-'에 붙어, 이유나 근거를 나타내는 종속적 연결 어미. ¶그 사람이 하도 늑장을 부리는지라 저 먼저 왔습니다. 워낙 말이 많은지라 믿을 수가 없다.

늘 ①끊임이 없이 계속하여. ¶늘 가게를 지키다. 늘 노력하는 자세. ②변함이 없이 내내. ¶늘 깨끗한 마을. 늘푸르다, 늘푸른나무. ③평소에 자주. ¶늘 찾아오는 손님. 나는 늘 그 사람을 만난다.≒항시. 언제나. 항상. 만날. 노다지.↔가끔.

늘(다) 본디보다 더 크게, 더 많게, 더 길게 되다. 재주 · 솜씨 따위가 좋아지다.↔줄다[1]②. ¶소득이 늘다. 실력이 늘다. 재산이 늘어나다. 늘리다[568], 늘비하다[569], 날씬[570] · 늘씬[1]하다, 늘씬늘씬, 늘씬[2][571], 늘어나다/놓다/땡이/뜨리다/트리다/박히다/붙다/서다 · 세우다/앉다 · 앉히다/지다(길어지다. 처지다), 늘어진패(覇), 늘없디다, 늘옴치[572][늘옴치근(筋), 늘옴치래기], 늘음성[연성(延性)], 느루[573], 느리개[574], 느린목(좀 늘어지게 내는 목소리), 느림[2][575], 늘썽[576], 늘이다[577], 늘임[578], 늘잡다(기한이나 길이 따위를 넉넉히 늘려잡다), 늘줄다/줄이다(늘었다 줄었다 하다), 날찐[579] · 늘찐거리다/대다, 늘차다[580], 늘채다[581], 느침(잘 끊어지지 아니하고 길게 흘러내리는 침), 날캉[582] · 늘컹, 날큰[583] · 늘큰/하다, 늘편하다(퍼질러 앉거나 누운 모양이 펀펀하고 넓다), 늘품(品)[584], 늘휘(머리초 끝에 띠처럼 휘둘린 오색 무늬); 귀느래(귀가 늘어

567) -는지고: 동사의 어간에 붙어, 느낌을 강조하거나 감탄을 나타내는 종결 어미. ¶피리 소리가 남의 애를 끊는지고. 재담도 잘 하려니와 노래도 잘 부르는지고.

568) 늘리다: 수나 부피를 늘게 하다.↔줄이다. ¶휴가일수를 더 늘리다. 학생 수를 늘리다.

569) 늘비하다: ①여기저기 죽 늘어 놓이어 있다.≒많다. ¶가게에 상품이 늘비하다. ②죽 늘어서 있다. ¶버스 정류장에 사람들이 늘비하다.

570) 날씬: ①여럿이 다 또는 매우 몸이 가늘고 키가 좀 커서 맵시가 있는 모양. ¶날씬한 몸매. ②여럿이 다 또는 매우 매끈하게 긴 모양. 〈큰〉늘씬. ¶날씬 · 늘씬하다(↔뚱뚱하다), 날씬히, 날씬날씬 · 늘씬늘씬/하다.

571) 늘씬[2]: 몸을 가누지 못할 정도로 심하게. 늘씬하게. ¶늘씬 두들겨 맞다/패다. 늘씬하다[+때리다. 맞다].

572) 늘옴치: 늘거나 옴츠리는 상태나 성질. ¶늘옴치근(筋;괄약근), 늘옴치래기(늘었다 줄었다 하는 물건. 신축성).

573) 느루: 한꺼번에 몰아치지 아니하고 길게 늘여서. 오래도록.[←늘(다)+우]. ¶느루가다(느루먹다), 느루먹다, 느루배기(어린애를 낳은 다음 달부터 계속 월경이 되는 현상), 느루잡다(날짜를 느직하게 예정하다).

574) 느리개: 서까래 뒷목을 눌러 박는 큰 중방. ¶부연느리개(附椽).

575) 느림[2]: 장막이나 깃발 따위의 가장자리에 장식으로 늘어뜨리는 좁은 헝겊이나 줄 따위. 술.

576) 늘썽: 천, 대나무 그릇 따위의 짜임새나 엮음새가 느슨하고 살핏한 모양. 〈작〉날쌍. ¶이 천은 올이 날쌍날쌍 성긴 것 같다. 날쌍날쌍 엮은 바구니. 날쌍 · 늘썽하다, 날쌍날쌍 · 늘썽늘썽/하다.

577) 늘이다: ①아래로 길게 처지게 하다. 벌여 놓다. ¶주렴을 늘이다. 늘어놓다(줄을 지어 놓거나, 어수선하게 두거나 한꺼번에 여기저기 벌여 놓다). ②엿이나 고무줄 같은 것을 길게 하다. ¶엿가락을 늘이다.

578) 늘임: 늘임봉(棒), 늘임새(말을 길게 늘이는 태도), 늘임줄, 늘임코, 늘임표(標).

579) 날찐날찐: 고무줄 따위가 늘어났다 줄어들었다 하는 모양. 〈큰〉늘찐늘찐. ¶날찐날찐 늘어지는 고무줄.

580) 늘차다: ①늘어지게 길다. ②능란하고 재빠르다. 아주 익숙하고 재빠르다. ¶늘찬 일솜씨. 일솜씨가 늘찬 사람은 삯을 더 받는다.

581) 늘채다: 미리 생각한 수효보다 많이 늘다. ¶관중이 늘채게 모이다.

582) 날캉: 너무 물러서 조금씩 늘어지는 모양. 〈큰〉늘컹. ¶날캉날캉 늘어지게 한 반죽. 날캉 · 늘컹거리다/대다/하다.

583) 날큰: 물러서 조금씩 늘어지는 모양. 〈큰〉늘큰. ¶찰떡을 날큰날큰 늘어지게 찌다. 나물을 날큰날큰 무르게 데치다. 날큰거리다/대다/하다.

584) 늘품(品): 앞으로 좋게 발전할 품질이나 품성. 또는 그 가능성.≒발전성(發展性). 장래성(將來性). ¶늘품이 있어 보인다. 늘품성(性;앞으로 좋게 될 품성).

진 말), 넘늘다[585], 돈늘리기, 에넘느레하다(어수선하다), 줄느림(장식으로 줄을 늘여놓음), 휘늘어지다, 힘늘리기. ☞ 연(延).

늘키(다) 시원하게 울지 못하고 꿀꺽꿀꺽 참으면서 느끼어 울다. ¶두 손으로 얼굴을 감싸고 늘키기만 하다.

늙(다) 사람이나 동물, 식물 따위가 나이를 많이 먹다. 한창 때를 지나 쇠퇴하다.↔젊다. ¶늘그막/늙마(늙어 가는 무렵), 늙기[노화(老化)], 늙다리(늙은 짐승. 늙은이), 늙다리소, 늙바탕(늙어버린 판. 늙밭), 늙수그레/늙수레하다(꽤 늙어 보이다), 늙숙하다(약가 늙고 점잖은 태도가 있다), 늙숙이, 늙으신네, 늙은것, 늙은이(노인)[꼬부랑늙은이, 상늙은이(上), 애늙은이, 중늙은이(中)], 늙은축, 늙은티, 늙정이(늙은이), 늙직하다(상당히 늙어 보이다), 늙판(늙어서 기력이 점점 떨어지는 때. 늙바탕), 늙히다(늙게 하다), 늘그막/늙막(늙어가는 무렵); 겉늙다[586], 고비늙다(지나치게 늙다), 지늙다(나이에 비해 지레 늙다), 헛늙다(헛되이 늙다). ☞ 노(老).

늠(凜) '차다. 춥다. 꿋꿋하고 의젓하다'를 뜻하는 말. ¶늠렬하다(凜烈/冽;추위가 살을 엘 듯이 심하다. 늠연하다), 늠률(凜慄;추위에 떪), 늠름스럽다/하다(凜凜;생김새나 태도가 의젓하고 당당하다), 늠연하다(凜然), 늠철하다(凜綴;위태로워서 두렵다), 늠추(凜秋;쌀쌀한 가을철), 늠호하다(凜乎;사람이 위엄이 있고 당당하다) 들.

늠(廩) '물건을 저장하는 곳. 창고(倉庫)'를 뜻하는 말. ¶늠균(廩困;쌀 곳간), 늠속(廩粟;관의 창고에 있는 양식), 늠육(廩肉), 늠입(廩入;녹봉으로 받는 수입), 늠전(廩田), 늠진(廩振), 늠장(廩倉), 늠축(廩蓄); 경균도름(傾困倒廩), 미름(米廩), 월름(月廩), 월름미(月廩米) 들.

늠(懍) '위태롭다. 두려워서 떨다'를 뜻하는 말. ¶늠름하다(懍懍;위태로워 겁나며 두렵다), 늠준(懍遵;공경하여 받들고 따름); 송름(悚懍;두려워서 마음이 떨림) 들.

늠그(다) 곡식의 껍질을 벗기다. ¶낟알을 늠그다. 정미소에 가서 벼를 늠그다.

늠실 ①물결 따위가 부드럽게 움직이다. ②속에 엉큼한 마음이 있어 슬몃슬몃 넘겨다보는 모양. ¶늠실거리다/대다/하다.

늠씰 ①다른 사람의 요구나 말에 응하는 모양. ②깜짝 놀라는 모양. ¶늠씰 놀라다.

늠씰-하다 어떤 일이나 행동을 하지 않은 듯이 시치미를 떼다. ¶늠씰하고 딴청을 부리다.

늡늡-하다 성격이 구김살 없이 너그럽고 활달하다. 호방하다. ¶인물이 늡늡하고 문장도 출중하다. 늡늡하게 생긴 사나이. 늡늡히.

늦 어떤 뜻을 지니는 낱말의 가장 작은 단위. 어소(語素).

585) 넘늘다: 체면을 지키는 체하면서 제멋대로 놀아나다. 남의 비위를 맞추려고 용렬하게 굴다. ¶접대부를 끼고 앉아 넘늘다. 사장 앞에서 굽실굽실 넘느는 과장의 사람됨. 넘늘어진 능수버들. 넘늘어지다(제멋대로 아래로 길게 휘늘어지다), 넘늘거리다/대다, 넘늘넘늘/하다.

586) 겉늙다: ①나이에 비하여 더 늙은 티가 나다. ¶고생을 많이 해서 겉늙어 보인다. ②보람 있는 일을 해 놓은 것도 없이, 나이만 헛되이 많이 먹다. ¶육십 평생을 겉늙었다.

능[1] 빠듯하지 아니하고 넉넉하게 잡은 여유. ¶능을 주다. 능을 두어 옷을 짓다. 능을 두어 밥을 짓다. 능놀다[587], 능두다[588], 능준하다[589].

능[2] '능청'의 준말. ¶능구리(음흉한 짓 또는 속이 음흉한 사람), 능먹다[590].

능(能) '재주. 일을 할 수 있는 힘. 잘하다'를 뜻하는 말. ¶능간(能幹;일을 잘 해낼 만한 능력과 재주), 능견난사(能見難思), 능관(能官;유능한 관리), 능당(能當;능히 감당함), 능동(能動)[능동대리(代理), 능동적(的), 능동태(態), 능동사(能動詞)], 능란하다(能爛;익숙하고 솜씨가 있다), 능력(能力)[591], 능률(能率)[592], 능리(能吏;能官), 능명(能名;재능이 있다는 평판), 능문(能文;능숙한 글), 능변/가(能辯/家), 능불능(能不能), 능사(能士;능력이 뛰어난 사람), 능사(能事)[593], 능서(能書), 능소능대(能小能大), 능수(能手;능숙한 솜씨)[능수꾼, 능수능란/하다(能爛)], 능숙하다(能熟;능하고 익숙하다), 능신(能臣), 능언(能言), 능이(能栮;능이버섯), 능인(能仁/忍;석가모니), 능재(能才), 능전(能戰), 능정(能政), 능치(能治), 능통(能通;어떤 일에 환히 통달함), 능필(能筆;達筆), 능하다/능히, 능화(能化), 능활하다(能猾;능력이 있으면서 교활하다); 가능(可能), 간릉(幹能;재간과 지능), 감능(堪能), 공능(功能), 관능(官能), 권능(權能), 기능(技能), 기능(機能), 다능(多能), 다재다능(多才多能), 만능(萬能), 무능(無能), 방사능(放射能), 변형능(變形能), 복사능(輻射能), 본능(本能), 분해능(分解能), 불능(不能)[무소불능(無所), 재기불능(再起), 지급불능(支給)], 성능(性能), 수정능(受精能), 식능(食能), 양능(良能), 예능(藝能), 유능(有能), 응능주의(應能), 이능(異能), 일능(一能), 재능(才能), 저능(低能), 전능(全能), 지능(知能), 직능(職能), 체능(體能), 현능(衒能), 현능(賢能), 효능(效能) 들.

587) 능놀다: ①쉬어 가며 천천히 일을 하다. ②일을 자꾸 미루어 가다. ¶능놀다가 보니 일이 많이 밀렸다.

588) 능두다: 빠듯하지 않고 넉넉하게 여유를 두다. ¶할 일이 많더라도 능두어서 차근차근히 해내다. 손님이 올 것에 대비하여 밥을 능두어 준비했다.

589) 능준하다: 역량 · 수량 따위가 어떤 표준에 차고도 남아서 넉넉하다.[←능+준+하다].≒넉넉하다. 넘치다. ¶그 정도면 능준하게 합격할 수 있다. 적어도 다섯 명은 능준히 당할 수 있다.

590) 능먹다: 일을 오래 하는 과정에 속내를 알아 실속 있게 일하지 않고 요령을 부리다.

591) 능력(能力): 어떤 일을 해낼 수 있는 힘. 법률상 어떤 일에 관하여 권리를 누리거나 행사할 수 있는 자격. ¶생활 능력. 의욕은 있으나 능력이 모자라다. 능력규범(規範), 능력급(給), 능력상실자(喪失者), 능력설(說), 능력자(者), 능력장애(障碍), 능력주의(主義), 능력형(刑); 감항능력(堪航), 계선능력(繫船), 공칭능력(公稱), 관리능력(管理), 권리능력(權利), 담세능력(擔稅), 무능력(無), 번식능력(繁殖), 범죄능력(犯罪), 변론능력(辯論), 부양능력(扶養), 불법행위능력(不法行爲), 상속능력(相續), 생산능력(生産), 선별능력(選別), 사고능력(思考), 소송능력(訴訟), 수령능력(受領), 수용능력(收容), 언어능력(言語), 의무능력(義務), 의사능력(意思), 유능력(有), 잠재능력(潛在), 증거능력(證據), 책임능력(責任), 초능력(超), 판단능력(判斷), 학습능력(學習), 한정능력(限定), 행위능력(行爲).

592) 능률(能率): 일정한 시간에 해낼 수 있는 일의 분량. 또는 비율. 능률이 오르다/ 떨어지다. 능률급(給), 능률적(的), 능률증진(增進), 능률화(化).

593) 능사(能事): 자기에게 알맞아 잘해 낼 수 있는 일. 잘 하는 일. ¶대립과 파쟁만을 능사로 하다. 서두르는 것이 능사가 아니다.

능(陵) 임금 · 왕후의 무덤. '언덕'을 뜻하는 말. ¶능을 지키다. 능곡(陵谷;언덕과 골짜기), 능곡지변(陵谷之變;세상일의 극심한 변화), 능관(陵官), 능답(陵畓), 능답(陵踏), 능묘(陵墓), 능비(陵碑), 능상(陵上), 능소(陵所), 능속(陵屬;능에 딸린 하인들), 능역(陵役), 능역(陵域), 능원(陵園), 능위전(陵位田), 능이(陵夷;언덕과 평지. 차차 쇠퇴함), 능지기, 능지처참(陵遲處斬)[594], 능참봉(陵參奉), 능침(陵寢), 능파(陵波;파도를 헤침), 능행(陵幸;임금이 능에 거둥함), 능호(陵戶), 능호(陵號); 구릉(丘陵), 산릉(山陵;산과 언덕. 임금의 무덤), 수릉(壽陵), 아기능, 천산릉(遷山陵)/천릉(遷陵), 왕릉(王陵), 황릉(皇陵) 들.

능(凌) '무엇에 비교하여 그것을 훨씬 넘어서다(능가하다). 깔보다. 세차다'를 뜻하는 말. ¶능가하다(凌駕)[595], 능긍(凌兢;戰慄), 능려하다(凌厲;훌륭하다. 기세가 강해 당해 내기 어렵다), 능력(凌轢;서로 능멸하여 다투는 것), 능멸(凌/陵蔑;업신여겨 깔봄), 능모(凌/陵侮), 능범(凌/陵犯;무리하게 침범함), 능소화(凌霄花), 능욕/죄(凌/陵辱/罪), 능우(凌雨;몹시 퍼붓는 비. 猛雨), 능운(凌/陵雲;뭇사람보다 뛰어남), 능음(凌陰;얼음을 쌓아두는 곳. 凌室), 능좌(凌挫;호되게 꺾음), 능파(凌波;미인의 아름다운 걸음걸이), 능핍(凌逼;쳐들어가 핍박하는 일), 능학(凌/陵虐); 이소능장(以少凌長) 들.

능(稜) '모서리'를 뜻하는 말. ¶능각(稜角), 능릉(稜稜;성품이 모나고 날카로움. 모양이 위엄이 있음), 능위(稜威;존엄한 위세), 능선(稜線;산등성. 산등성이), 능장(稜杖;대궐문에 지르는 둥근 나무), 능장질(稜杖;사정없이 치는 매질), 능첩(稜疊;낭떠러지 같은 것이 모가 나고 중첩된 모양); 모릉(模/冒稜), 산능/선(山稜/線), 삼릉(三稜)[삼릉경(鏡), 삼릉근(筋), 삼릉석(石), 삼릉장(杖), 삼릉체(體), 삼릉침(鍼)], 척릉(脊稜;산줄기의 등성이), 측릉(側稜;옆모서리) 들.

능(綾) '비단'을 뜻하는 말. ¶능금(綾衾), 능기(綾綺;무늬 있는 비단), 능단(綾緞;綾羅), 능라(綾羅;두꺼운 비단과 얇은 비단), 능문(綾文), 능사(綾紗), 능선(綾扇;비단부채), 능속(綾屬;능붙이), 능직/물(綾織/物); 모릉(帽綾), 문능(文綾), 화릉(花綾) 들.

능(菱) '마름'을 뜻하는 말. ¶능문(菱文), 능상(菱狀;마름모꼴), 능실(菱實), 능인(菱仁;마름의 열매), 능철(菱鐵;마름쇠), 능형(菱形), 능화(菱花;마름의 꽃)[능화문(紋), 능화지(紙), 능화판(板)] 들.

능(崚) '산세가 높고 가파르다(험준하다)'를 뜻하는 말. ¶능증(崚嶒)/증릉(嶒崚;산이 몹시 높고도 험함).

능갈 얄밉도록 몹시 능청을 떪. ¶능갈 솜씨가 여간이 아니다. 주인이 짐짓 놀라는 척하며 능갈치는 소리가 들려 왔다. 능갈맞다(얄밉도록 능청스럽다)/스럽다, 능갈지다(몹시 능갈맞다), 능갈치다[596].

능그(다) 곡식 난알의 껍질을 벗기려고 물을 붓고 애벌로 찧다.=대끼다. ¶보리를 능그다. 곡식의 껍질을 마른 채로 벗기는 것은 '늠그다'라고 한다.

능글 음흉하고 능청스럽게 말하거나 웃는 모양. ¶능글거리는 웃음. 말없이 능글능글 웃기만 한다. 능글맞게 웃다. 능글거리다/대다/맞다/스럽다/스레/차다(매우 음흉하고 능청스럽다), 능글능글/하다, 능긋하다[597].

능금 능금나무의 열매. ¶능금나무, 능금밭, 능금산(酸), 능금술, 능금주(酒); 돌능금.

능소니 곰의 새끼.

능청 속으로는 엉큼한 마음을 숨기고 겉으로는 천연스럽게 행동하는 태도. 능갈치게 남을 속이는 태도. 〈준〉능². ¶능청을 떨다. 그 사람의 능청에 속았다. 능을 부리다. 능청꾸러기, 능청떨다, 능청맞다, 능청부리다, 능청스럽다, 능청이.

늦(다) 기준이 되는 때보다 뒤져 있다. 정해진 때보다 지나다.(↔이르다). 일부 명사나 동사 어간에 붙어 '때가 늦은. 늘그막에 가서 생기게 된. 급하지 않게'의 뜻을 나타내는 말. ¶학교에 10분 늦게 도착했다. 그 사람은 항상 한 발이 늦어 기회를 놓치었다. 느긋하다[598], 느지감치(↔일찌감치), 느지거니, 느지막하다/느지막이, 느직하다(좀 늦거나 느슨하다)/느직이, 늑줄주다[599], 늦가을, 늦갈이, 늦감자, 늦거름, 늦겨울, 늦공부(工夫), 늦과일, 늦김치, 늦깎이, 늦꽃, 늦달(늦게 뜨는 달), 늦닭(날이 다 밝은 후 우는 닭), 늦더위, 늦동지(冬至), 늦되다, 늦둥이, 늦들다, 늦맺이[600], 늦모, 늦모내기, 늦물, 늦바람, 늦밤, 늦밭갈이, 늦배[복(腹)], 늦번(番), 늦벼, 늦보리, 늦복(福), 늦복숭아, 늦봄, 늦부지런, 늦비료(肥料), 늦뽕, 늦뿌리다, 늦뿌림, 늦사리[601], 늦새끼, 늦서리, 늦시집(媤), 늦심기, 늦심다, 늦여름, 늦은가락, 늦은불[602], 늦은씨(만생종), 늦은저녁, 늦익다, 늦잎, 늦자라다, 늦자식(子息), 늦작물(作物), 늦잠/꾸러기, 늦잡다(시간이나 날짜를 늦추어 정하다), 늦잡도리다(늑장을 부리다. 뒤늦게 대책을 세우다), 늦잡죄다[603], 늦장(場)[604], 늦장가, 늦장마/늦마, 늦재주, 늦저녁, 늦점심(點心), 늦철, 늦체(滯), 늦추(때가 늦게. 느슨하게), 늦추다[605], 늦추위, 늦추잡다, 늦치르다(늦추어 치르다), 늦콩, 늦팥, 늦풀, 늦하늬/바람, 늦호박, 늦휴가(休暇); 남늦다(남보다 늦다), 뒤늦다(제때가 지나고도 퍽 늦다)/늦추다, 때늦다, 밤늦다 들.

594) 능지처참(陵遲處斬): 지난날, 대역죄를 저지른 경우에 머리 · 몸 · 팔 · 다리를 토막 쳐서 죽이던 극형. 〈준〉능지(陵遲).

595) 능가하다(凌駕): 능력이나 수준이 남을 앞지르다. ¶남자를 능가하는 체력을 가진 여자. 기술이나 스피드에서 상대 팀을 능가하다.

596) 능갈치다: 교묘한 수단으로 재치 있게 잘 둘러대다. 몹시 능청맞다. ¶능갈치게 말하다. 능갈치게 굴다.

597) 능긋하다: 능글맞을 정도로 능청스럽다. ¶능긋하게 웃다. 능긋이 웃다.

598) 느긋하다: 마음에 흡족하여 여유가 있고 넉넉하다. 〈준〉늑하다. ¶느긋한 기분. 책을 읽으며 느긋이 기다리다. 늑먹다(마음을 느긋하게 가지다).

599) 늑줄주다: 팽팽하던 줄을 늦추어 주다는 뜻으로, 아랫사람을 엄하게 다잡다가 조금 자유롭게 놓아 주다.↔다잡이하다.

600) 늦맺이: 곡식이나 열매 따위가 제철보다 늦게 맺는 것. ¶늦맺이 풋고추.

601) 늦사리: 철늦게 농작물을 거두는 일.=파사리.↔오사리. ¶늦사리하다.

602) 늦은불: ①빗맞거나 설맞은 총알. ②'그리 심하지 않은 곤욕'의 비유.

603) 늦잡죄다: 느지막이 다잡거나 독촉하다. ¶그 녀석을 늦잡죈 것이 어디다 내 탓이란 말이오?

604) 늦장(場): 늦게 서는 장. 늦게 보러가는 장. 끝나갈 무렵의 때.=늑장. ¶늦장/늑장을 부리다.

605) 늦추다: ①시간이나 날짜를 예정된 것보다 뒤로 잡다. ¶출발 시간을 늦추다. ②움직임이나 속도를 줄이다.

늧 미리 보이는 빌미. 앞으로 어떻게 될 것 같은 일의 근원.≒조짐. ¶늧이 사납다. 이번 일은 늧이 좋을 것 같지 않다. 그 애 하는 짓을 보니 늧이 환하다. 가난 구제는 지옥 늧이라. 말늧(말로 미리 보이는 빌미), 비늧(비가 올 징조나 조짐).

늪 땅이 우묵하게 두려빠지고 늘 물이 괴어 있는 큰 웅덩이. 빠져나오기 힘든 상태나 상황.≒오미. 습지(濕地). ¶늪에 빠지다. 늪가(늪의 둘레), 늪구덩이, 늪기슭, 늪바닥, 늪지대(地帶) 들.

닐리리 퉁소, 나발, 피리 따위 관악기의 소리를 흉내 낸 소리. ¶닐리리 소리가 흥겹다. 닐리리야, 닐리리쿵더쿵.

니 모음으로 끝나는 체언에 붙어, 사물을 열거할 때 쓰는 접속 조사. [받침 뒤에서는 '이니'로 쓰임]. ¶시골에서 사과니 배니 복숭아니 잔뜩 가져왔다. 책이니 신문이니 가릴 것 없이 마구 찢어 버렸다.

-니[1] ①모음으로 끝나는 어간에 붙어, 뒤에 오는 말의 원인이나 근거를 나타내는 연결 어미. [받침 있는 어간이나 '-았/었/겠-' 아래에서 '-으니'로 쓰임]. ¶날이 흐리니 어깨가 쑤신다. 길 닦아 놓으니 미친년이 먼저 지나간다. ②앞의 사실과 관련하여 다음 사실로 나아가게 하는 연결 어미. ¶그 산은 가장 빼어난 산이니 이름하여 금강산이라. -더-니[606]/-라; -(으)니-까[607](는)/니깐, -다-니까[608], -(으)니-라(고), -(으)니-만큼/만치, -는다-니.

-니[2] '이다'나 용언의 어간 또는 '-았/었/겠-' 아래에 붙어, 단순한 물음이나 들을이에 대한 불평·불만이나 비난의 뜻을 나타내는 의문형 종결 어미. [형용사 '같다'의 어간 아래에서는 '-으니'로 쓰임].=-냐. ¶학교에 가니? 너 울었니? 누가 더 좋으니? 내 말을 못 알아듣겠니? 그 사람을 아직도 기다리니? 바보 같으니! 내 마음도 너와 같으니. -다-니(-다고 하니), -냐-니, -자-니, -으라-니, -으니-라고.

-니[3] ①'이다'나 모음으로 끝나는 형용사의 어간에 붙어, 진리나 으레 있을 사실을 일러 줄 때 쓰이는 종결 어미. [받침 뒤에서는 '-으니'로 쓰임]. ¶성실이야말로 우리가 지켜야 할 덕목이니. 날이 무더우면 비가 오느니. 단풍은 내장산 단풍이 좋으니. ②'이다'나 모음으로 끝나는 형용사의 어간에 붙어, '이러하기도 하고 저러하기도 하다'의 뜻을 나타내는 연결 어미. [받침 뒤에서는 '-으니'로 쓰임]. ¶꽃이니 풀이니 의론이 분분하다. 주는 대로 먹지, 적으니 많으니 말도 많다. ☞ -느니.

-니[4] 용언의 어간에 붙어, 부사를 만드는 접사. ¶가느다라니, 그러니, 그러하니/하니, 기다라니, 깊다라니, 나지거니, 나직하니, 널따라니, 높다라니, 높지거니, 높직하니, 뇌라니, 답답하니(답답한 데가 있게), 덩그러니, 덩그마니, 동그라니, 동그마니, 들썽하니(어수선하고 들뜬 데가 있게), 떡하니, 멀거니, 멍청하니(멍청한 데가 있게), 멍하니, 보아하니/봐하니, 살그머니, 새파라니, 설마하니, 소보록하니, 올커니, 우두커니, 좁다라니, 찡하니, 커다라니, 파르라니, 휑하니, 후눅하니, 희번하니, 희벗하니, 희부여니, 휑하니 들.

-니- 모음으로 끝난 용언 또는 '이다'의 어간에 붙는 합쇼체를 규정하는 '-ㅂ-', '-으리-'와 어울려 현재 계속되는 동작이나 상태를 서술하는 선어말 어미. ¶이것은 책입니다. 합니다/합니까, 갑니다/갑니까, 봅니다/봅니까, -으리-니.

니나노 흔히 술집에서 젓가락 장단을 치면서 부르는 노랫가락이나 대중가요. ¶니나놋집.

니(다) '가다'의 옛말로 일부 동사 어근과 합성한 형태로 쓰임. ¶거닐다, 노닐다, 우닐다(시끄럽게 울다. 울며 다니다).

-니라 '-니'[3]①를 예스럽게 표현하는 말. ¶잊고 사는 것이 제일이니라.

니염 어떤 일이 꼬리를 물고 일어나는 모양.=니연. 니일.[←잇/닛(다)+엄]. ¶보습 날 좌우로 흙밥이 니염니염 물결쳤다. 안개가 니염니염 피어오르다.

님 바느질에 쓰려고 일정하게 자른 실오리를 세는 말. ¶한/세 님. 푼사 여섯 님.

-님 ①가족 관계의 호칭, 직위나 신분을 나타내는 일부 보통 명사에 붙어 '높임', 사람이 아닌 일부 명사 뒤에 붙어 '그 대상을 인격화하여 높임'의 뜻을 더하는 말. ¶관장님(館長), 기수님(旗手), 나라님, 낭군님(郎君), 달님, 도련님, 따님, 마나님, 마님, 며느님, 목사님(牧師), 반장님(班長), 버꾸님, 벗님, 별님, 부모님(父母), 부처님, 사모님(師母), 사장님(社長), 샌님, 생원님(生員), 서방님, 선다님[←선달(先達)], 선생님(先生), 성황님(城隍), 소장님(所長), 손님, 스님, 스승님, 시부모님(媤父母), 시아버님(媤), 시어머님(媤), 신령님(神靈), 아나서님, 아드님, 아버님, 아우님, 아주머님, 아주버님, 어머님, 영감님(令監), 영감마(令監), 예수님, 오라버님, 원님(員), 조카님, 주님(主), 주인님(主人), 징수님(手), 천님(天), 총장님(總長), 칠성님(七星), 통장님(統長), 하나님, 하느님, 한얼님, 한울님, 할아버님, 항아님(姮娥), 해님, 형님(兄), 회장님(會長). ②아범[←아버님], 어멈[←어머님], 할범, 할멈'과 같은 경우는 '낮춤'의 뜻으로 쓰임.

닢 엽전·동전·가마니·멍석 따위와 같이 잎이나 쇠붙이로 만든 납작한 물건을 낱낱으로 세는 말. ¶돈 한 닢. 가마니 세 닢. 샐닢[609].

---

606) ¶뛰어왔더니 숨이 가쁘다. 전에는 황무지더니 지금은 옥토가 됐다. 밥을 먹고 나더니 말도 없이 나가 버렸다.

607) -니까: '-니'②의 힘줌말로 '이유'를 나타냄. ¶때리니까 운다. 어려운 때니까 참자.

608) -다-니까: 받침 있는 형용사의 어간이나 '-았/었/겠-' 아래에 쓰이어, 어떠한 사실을 모르거나 의심하는 상대방을 다그쳐 깨우쳐 주는 뜻을 나타내는 종결 어미. ¶내가 한 말이 맞다니까. -다니까-는/다니깐, -다니까-요, -ㄴ-다니까, -는-다니까.

609) 샐닢: 매우 적은 액수의 돈. ¶쇠천 샐닢도 없다.

ㄷ

다¹ ①일정한 범위 안에 있는 대로. 남김없이.≒모두. 모조리. 전부. 몽땅. ¶물이 다 없어졌다. 돈을 다 써 버렸다. 다되다[1], 다됨(완성), 다이를까[2], 다하다[3], 다함없다(그지없이 크거나 많다); 못다(다하지 못함), 죄다/죄. ②어느 것이든지. ¶둘 다 좋다. 목숨 가진 것은 다 죽게 마련이다. ③틀림없이. 완전히. 끝까지. ¶일이 다 끝났다. 이 냉장고는 다 되었다. 그이가 노래를 다 불렀다. 오늘 끝내기는 다 틀렸다. 다 죽은 목숨. ④거의. 거지반. 거반. 대부분. ¶병이 다 나아간다. 다 죽어가는 목숨. 다저녁때(저녁이 다된 때). ⑤별나게. 의외로. 놀랍게도. 참으로 우습게도. ¶별 말씀 다 하십니다. 별놈 다 보겠다. 그 주제에 양복을 다 입었네. 저렇게 훌륭하신 분이 다 있군요. 별꼴 다 보겠네. ⑥두루.≒온통. ¶다 잘될 테니 걱정하지 마라. 하늘을 파랗게 다 칠하다. ⑦공연히. 쓸데없이. ¶별 걱정을 다 한다. 이렇게 누추한 곳엘 다 오시다니. ⑧부정하는 뜻을 나타내는 말. [+비관적]. ¶좋은 시절은 다 지나갔군. 비가 오니 소풍은 다 갔다.

다² 모음으로 끝나는 체언에 붙어, 사물을 열거할 때 쓰는 접속 조사. [받침 뒤에서는 '이다'로 쓰임]. ¶사과다 배다 잔뜩 사왔다. 떡이다 술이다 실컷 먹었다.

-다 ①활용어의 기본형을 나타내는 어미. ¶좋다/ 읽다/ 먹다. ②사실을 서술할 때에 쓰이는 평서형 종결 어미. ¶보았다/ 온다/ 밟는다. -나-다(직설법), -디-다[4](회상법)-요, -ㄴ-다(원칙법), -리-다(추측법), -이-다(하소서체). ③'-다가'의 준말. ¶일하다가 쓰러졌다. 하다가 말고 뭐 하니? ④'-다고'의 준말. ¶언제 온다고 하더냐? -다-고, -다-고-는, -다-나[5], -다-는(구료/군(요)/데요, -다-마다[6], -다-ㅂ시고[7], -다-지[8](-다고 하지)[걱정 · 의아심].

1) 다되다: 완전히 그릇된 상태에 있다. ¶하는 꼴을 보니 그 집도 다된 집안이더구나.

2) 다이를까: 그 말에 뒤따르는 사실이 분명하고 옳아서 자세히 다 말할 필요가 없다.[←다+이르다(말하다)]. ¶다이를까, 4 · 19는 국민 모두가 일어섰던 혁명임을! 다이를까, 행복은 작은 기쁨 속에 있다는 것을. 다이를까 행복은 마음속에 있다는 걸.

3) 다하다: ①더는 남아 있지 아니하거나 계속되지 아니하다. 있던 것이 없어지다.≒끝나다. 마치다. ②어떤 일을 위하여 필요한 것을 있는 대로 다 들이다. ¶정성을 다해 보살피다.

4) ¶그가 내일 온다고 합디다.

5) -다나(라나): 형용사의 어간이나 시제를 나타내는 선어말 어미 뒤에 붙어, 어떤 사실을 흥미가 없다거나 빈정거리는 태도로 전달할 때 반말투로 이르는 종결 어미. ¶자기는 보고 왔다나. 전에는 착한 사람이었다나. 이게 돈이라나. -다나-요. ☞ -ㄴ다나. -는다나. -라나.

6) -다마다: 사실이 틀림없음을 나타내는 말.=-고말고. ¶그럼, 오늘 기분이 좋다마다. §부정 질문에 강하게 긍정하는 경우에 씀.

7) -(ㄴ)답시고: 형용사의 어간이나 시제의 '-았/었-', '-겠-'에 붙는 종속적 연결 어미. '-다고', '-다고 하여'의 뜻으로, 스스로 그러하다고 여기는 꼴을 빈정거리며 말할 때 쓰임. ¶뭘 잘했답시고 끝끝내 말대꾸냐? 남보다 조금 더 안답시고 뻐기고 있다.

8) -다지: 용언의 어간에 붙어 ①다짐하거나 묻는 뜻을 나타내는 반말 투의 종결 어미. ¶시집갔다지. 웬 날씨가 이렇게 춥다지. ②걱정스러워하거나 의아해 하는 뜻. ¶무엇을 먹이면 좋다지? 누구를 선택한다지? ③'-다고 하지'의 준말. ¶그를 좋아한다지 그래.

-다- '-ㅂ니까', '-ㅂ니다'의 앞에 붙는, 회상 시제 선어말 어미 '-더-'의 변이 형태. ¶-다-ㅂ니까[9], -다-ㅂ니다[10].

다(多) '여러 가지. 많은'을 뜻하는 말.↔단(單). 소(小). 몰(沒). ¶다가구(多家口), 다가함수(多價函數), 다각(多角)[11], 다감(多感), 다감각(多感覺), 다겁하다(多怯), 다결정(多結晶), 다공(多孔)[다공도(度), 다공성(性), 다공질(質)], 다과(多寡;많음과 적음), 다국가(多國家), 다극/화(多極/化), 다기(多技), 다기(갈래가 많음. 여러 방면에 걸침)/망양(多岐/亡羊), 다기지다/차다(多氣), 다기능(多技能), 다기통(多汽筒), 다난(多難), 다남(多男), 다년(多年)[다년간(間), 다년생(生), 다년초(草)], 다뇨증(多尿症), 다능(多能), 다다익선(多多益善), 다단/식(多段/式), 다단(多端), 다단계(多段階), 다당류(多糖類), 다대(多大), 다독(多讀), 다득점(多得點), 다량(多量), 다력(多力), 다령관(多靈觀), 다망(多忙), 다매(多賣), 다매체(多媒體), 다면(多面)[다면성(性), 다면적(的), 다면체(體), 다면현상(現象)], 다모하다(多毛)[다모류(類), 다모작(作), 다모증(症)], 다목적(目的), 다문/박식(多聞/博識), 다문화(多文化), 다민족(多民族), 다발(多發), 다방면(多方面), 다배체(多胚體), 다번하다(多煩;번거로움이 많다), 다변하다(多辯)[다변가(家), 다변성(性), 다변증(症)], 다변(多變;변화가 많음), 다변화/되다/하다(多邊化)[다변적(的), 다변조약(條約)], 다병하다(多病), 다보여래(多寶如來), 다보탑(多寶塔), 다복스럽다/하다(多福), 다복(多福;복이 많음)[다복다남(多男), 다복스럽다/하다], 다분하다(多分;어느 정도 비율이 많다)/다분히(꽤 많이. 아마. 대개), 다분야(多分野), 다분열(多分裂), 다불과(多不過), 다비(多肥), 다사(多士), 다사스럽다(多事)[12], 다사하다(多事;일이 많아서 늘 바쁘다), 다사(多思), 다사(多謝), 다산(多産), 다상량(多商量), 다색(多色)[다색성(性), 다색판(版), 다색훈(暈)], 다생(多生), 다세(多世), 다세(多勢), 다세대(多世帶), 다세포(多細胞), 다소(多少)[다소간(間), 다소불계(不計)], 다소득(多所得), 다솔(多率), 다수(多數)[13], 다수확(多收穫), 다습(多濕), 다시증(多視症), 다식(多食), 다식(多識), 다신교(多神敎), 다심(多心)[14], 다액(多額), 다양(多樣)[다양성(性), 다양스럽다/하다, 다양체(體), 다양화/되다/하다(化)], 다언/자(多言/者), 다언어(多言語), 다예(多藝;여러 가지 재능), 다욕(多辱), 다욕(多慾), 다

9) -답니까: 형용사 어간이나 어미 '-으시-', '-었-', '-겠-' 뒤에 붙어, 어떤 사실이 주어졌다고 치고 그 사실에 대한 의문을 나타내는 합쇼체의 종결 어미. ¶입춘이 지났는데 왜 이리 춥답니까? 그이는 왜 이렇게 일찍 갔답니까.

10) -답니다: 형용사의 어간이나 어미 '-으시-', '-었-', '-겠-' 뒤에 붙어, 이미 알고 사실을 객관화하여 알려주는 합쇼체의 종결 어미. ¶저는 아주 건강하답니다. 내가 심은 채송화도 잘 피었답니다.

11) 다각(多角): 여러 모. 여러 방면이나 부분. ¶다각경영(經營), 다각기둥, 다각농(農), 다각도/로(度), 다각묘사(描寫), 다각무역(貿易), 다각뿔/각뿔(다각추), 다각영농(營農), 다각적(的)[다각적결제(決濟)], 다각점(點), 다각집, 다각추(錐;각뿔), 다각측량(測量), 다각탑(塔), 다각형(形), 다각화/되다/하다(化).

12) 다사스럽다(多事): 긴하지 아니한 일에도 간섭하기를 좋아하다.

13) 다수(多數): 수효가 많음. 또는 많은 수효. ¶다수의 횡포. 다수강화(講和), 다수결(決), 다수당(黨), 다수대표제(代表制), 다수의견(意見), 다수자(者), 다수정당제(政黨制), 다수파(派), 다수표(票), 다수하다(많다); 절대다수(絕對).

14) 다심(多心): 조그만 일에도 마음이 안 놓여 여러 가지로 생각을 하거나 걱정을 많이 함. ¶원, 그 사람 다심도 하네. 다심스럽게 참견하다. 다심다정하다(多情), 다심스럽다, 다심하다.

용(多用), 다용도(多用途), 다우/지(多雨/地), 다원(多元)[15], 다유부선(多油浮選), 다육(多肉), 다음(多淫), 다음(多飮), 다음자(多音字), 다음절(多音節), 다의(多義)[다의도형(圖形), 다의성(性), 다의어(語)], 다의(多疑;의심이 많음), 다이(多異;많이 다름), 다인수(多人數), 다인수(多因數), 다인종(多人種), 다일(多日), 다자손(多子孫), 다자엽/식물(多子葉/植物), 다장근(多漿根), 다장식물(多漿植物), 다재(多才), 다전선고(多錢善賈), 다점(多占), 다점(多點), 다점포(多店鋪), 다정(多情)[다정다감(多感), 다정다한(多恨), 다정미(味), 다정불심(佛心), 다정스럽다/하다], 다정수정(多精受精), 다조/기(多照/期), 다조성(多調性), 다족/류(多足/類), 다족(多族), 다종/다양(多種/多樣), 다종류(多種類), 다종목(多種目), 다죄(多罪), 다중(多衆;뭇사람), 다중(多重;여러 겹)[다중결합(結合), 다중방송(放送), 다중처리(處理), 다중통신(通信)], 다즙/사료(多汁/飼料), 다지(多智), 다지류(多肢類), 다지증(多指症), 다채(多彩)[다채롭다, 다채유(釉;여러 채색의 유약)], 다채널(多channel), 다처(多妻), 다축(多畜), 다취(多趣), 다취미(多趣味), 다층(多層), 다층탑(多層塔), 다탄두(多彈頭), 다태(多胎), 다포농업(多圃農業), 다포약(多胞葯), 다폿집(多包), 다품종(多品種), 다한(多恨), 다한증(多汗症), 다항식(多項式), 다핵(多核)[다핵도시(都市), 다핵세포(細胞), 다핵화/되다/하다(化), 다행(多幸)[다행다복/하다(多福), 다행스럽다/하다, 다행증(症)], 다혈(多血)[16], 다형(多形)[다형성(性), 다형화(多形花)], 다호흡(多呼吸), 다화성(多化性), 다회치기(多繪); 과다하다(過多), 과다하다(夥多), 기다(幾多;여럿), 번다(煩多), 삼다(三多), 수다하다(數多), 요다(饒多;넉넉하고 많음), 잡다하다(雜多), 중다(衆多), 최다(最多), 탐다무득(貪多務得), 태다(太多), 파다하다(頗多), 파다하다(播多), 허다하다(許多) 들.

다(茶) '차, 차나무'를 뜻하는 말. ¶다각(茶角), 다갈색(茶褐色), 다과/회(茶菓/會), 다관(茶館), 다관(茶罐), 다구(茶具), 다기(茶器), 다담/상(茶啖/床), 다도(茶道), 다례(茶禮)[별다례(別)], 다로(茶爐), 다루(茶樓), 다모(茶母), 다반(茶飯)[다반사(事), 항다반사(恒茶飯事)], 다반(茶盤), 다방(茶房), 다색(茶色), 다소(茶素;카페인), 다식(茶食)[다식과(菓), 다식판(板); 송화다식(松花)], 다실(茶室), 다연(茶煙), 다원(茶園), 다적(茶積), 다점(茶店), 다정자(茶亭子)/다정(茶亭), 다정(茶精), 다종(茶鍾), 다탁(茶卓), 다탕(茶湯), 다호(茶壺), 다화(茶話); 끽다(喫茶), 녹다(綠茶), 망다례(望茶禮), 맥다(麥茶;보리차), 백엽다(柏葉茶), 삭다례(朔茶禮), 전다(煎茶), 점다(點茶), 제다(製茶), 천리다(千里茶), 팽다(烹茶), 향다(香茶), 헌다(獻茶). ☞ 차(茶).

다가 ①처소 또는 대상을 나타내는 부사격 조사.[←다그(다)+아]. 〈준〉다. ¶어디다/가 보관할까? 여기다/가 놓아라.=에-다가. 에게/한테-다(가). -아-다가. ②'로, 으로' 따위 말 뒤에 붙어 그 뜻을 강조하는 보조사. ¶힘으로다가 밀어붙이다.

-다가 ①동사 어간 또는 높임의 '-시-'나 시제의 '-았/었-' 등에 붙어, 이어지던 동작이 일단 그치고 다른 동작으로 옮길 때, 그 그친 동작을 나타내는 종속적 연결 어미. 〈준〉-다. ¶울다가 잠이 들었다. 연필을 깎다가 손을 베었다. §일부 형용사에 붙여 쓰기도 함. ¶어허, 좋다가 말았네. ②'-다가~-다가'의 꼴로 어간에 붙어, 두 가지 이상의 사실이 번갈아 일어남을 나타내는 연결 어미. ¶왔다가 갔다가 하다. 하늘이 맑았다가 흐렸다가 한다. -다가-는/다간[강조][17], -다거-나; 가다가, 어쩌다가, 이따가[←잇() 있)+다가], 하다가. §'지속(持續)'의 뜻으로도 쓰임. ¶차를 몰고 가다가 사고를 냈다. 잠을 자다가 꿈을 꾸었다.

다가닥 작고 단단한 물건이 부딪칠 때 나는 소리. 또는 그 모양. 〈큰〉더거덕. 〈센〉따가닥. 〈큰·센〉떠거덕. ¶다가닥 말발굽소리가 나다. 구두 소리가 때가닥 나다. 다가닥·때가닥·떼거덕/거리다/대다.

-다고 ①용언의 어간이나 '-았/었-, -겠-'의 아래에 붙어, 반문 또는 잘못 인식하였음을 깨달았을 때 쓰이는 종결 어미. ¶누가 예쁘다고? 돈을 잃어버렸다고? 난 또 네가 했다고. 끝내는 그리 될 줄 난 이미 알았다고. ②종결 어미 '-다'와 인용 조사 '고'가 합친 말. ¶아주 예쁘다고 하더라. §'-답니까/답니다/답디까/답디다'는 '-다고-합니까/합니다/합디까/합디다'의 준말, -다지(-다고 하지).

다구리 패싸움(牌). 뭇매. ¶다구리를 붙다.

다그(다) ①물건 따위를 어떤 방향으로 가까이 옮기다. ¶의자를 창가에 다그다. ②시간이나 날짜를 정한 때보다 앞당기다. ¶공사 완료 날짜를 다그다. 다가가다, 다가끼다(바싹 가까이 끌어당겨서 끼다), 다가놓다, 다가들다(접근하다), 다가붙다/다붙다(사이가 뜨지 않게 바싹 붙다), 다가붙이다, 다가서다/세우다, 다부닐다(다붙어서 붙임성이 있게 하다), 다가쓰다(돈이나 물건을 기일이 되기 전에 앞당겨서 쓰다), 다가앉다/앉히다, 다가오다, 다가채기, 다가채다, 다그뜨리다/트리다, 다그치다/다긏다(바싹 다그다. 바싹 죄어치다. 재촉하다), 다잡다[18]. ☞ 닿다. 근(近).

다글 많은 잔 알 같은 것들이 널려져서 뒹구는 모양. ¶다글다글 구르는 유리구슬. 다그르르[19].

다금 ①놓인 사이가 밭은 모양.[←다그(다)+ㅁ]. ¶배추단을 다금다금 놓다. ②터울이 밭아 아이들이 조롱조롱 잇달린 모양. ¶아이를 다금다금 낳아서 세 아이를 기른다.

다급-하다¹ 끌어당겨서 자기가 차지하다. 옆에서 빼앗다. 가로채다.

다급-하다² 미처 어떻게 할 여유가 없을 만큼 일이 바싹 닥쳐서 몹시 급하다. 상황이 급하다. ¶다급한 사태가 벌어지다. 일이 다급하게 되다. 다급히 뛰어나가다. 다급스럽다(다급한 데가 있다), 다조지다(일이나 말을 다급하게 재촉하다), 다좆치다, 다좇다(다급히 좇다).

---

15) 다원(多元): 요소나 근원이 여러 갈래임. 또는 많은 근원. 수학에서, 방정식의 미지수가 여럿임을 이름. ¶다원론/적(論/的), 다원묘사(描寫), 다원방송(放送), 다원방정식(方程式), 다원수(數), 다원적(的), 다원주의(主義), 다원함수(函數), 다원화/되다/하다(化), 다원환(環).

16) 다혈(多血): ①몸 안에 피가 많음. ¶다혈구혈증(多血球血症). ②감정의 변화가 심하고 순간적 기분에 치우치기 쉬움. ¶다혈성(性;다혈질), 다혈증(症), 다혈질(質), 다혈한(漢).

17) ¶그렇게 허겁지겁 먹다간 배탈이 난다.

18) 다잡다: 다그쳐 붙들어 잡다. 다그쳐 바로잡다. ¶다잡이/하다(↔늑줄주다).

19) 다그르르: 작은 물건이 빠르게 구르는 모양. ¶콩알이 다그르르 굴러간다. 굴렁쇠를 다그르르 굴리다.

-다네 형용사의 어간 또는 시제 표현의 선어말 어미 뒤에 붙는 종결 어미. ①어떤 사실을 간단하게 이를 때 쓰임. ¶개울가의 실버들도 촉촉이 젖어서 늘어졌다네. ②'하게' 할 자리에 화자가 알고 있는 사실을 가볍게 주장할 때 쓰임. ¶이 약은 두통에 효험이 있다네. -ㄴ-다네, -는-다네, -라-네.

-다니 용언의 어간에 붙어, 이상하거나 의심스럽게 생각하면서 되짚어 물을 때 쓰는 감탄형 종결 어미. ¶그 어려운 것을 풀다니. 그이가 죽었다니. -다니-요. ☞ -라니.

ㄷ

다니(다) 어떤 곳에 근무하거나, 교육 기관에서 배우다. 드나들다. 어떤 곳에 들르다.[←닫(다)[1]+니다]. ¶직장에 다니다. 늘 다니던 책방. 딸이 다니러 왔다. 구경을 다니다. 기어 다니는 어린아이. 다녀가다/오다, 다님길; 건너다니다, 굴러다니다, 나다니다, 날아다니다, 도다녀가다/오다(갔다가 머물지 않고 돌아오다), 돌아다니다, 따라다니다, 떠다니다, 떠돌아다니다, 뛰어다니다, 몰려다니다, 밀려다니다, 바라다니다(마구 돌아다니다), 싸다니다[20]/싸대다, 쏘다니다[21]/쏘대다, 지나다니다, 좇아다니다, 찾아다니다 들.

다다 ①아무쪼록 힘 미치는 데까지. 될 수 있는 대로. ¶비싸더라도 다다 좋은 것으로 사게. 다다 시간을 내서 많이 읽어라. ②다른 일은 그만 두고. 오직. 단지. ¶너는 다다 자기 일만 잘하면 된다.

다다미 속에 짚을 두껍게 넣어 만든 일본식 돗자리.[←タタシ〈일〉].=돗짚요. ¶다다미방(房).

다다닥 구르는 바퀴의 살 따위에 무엇인가가 닿는 소리. 〈센〉따다닥. 〈거·센〉타다닥. ¶바큇살에 다다닥 부딪치는 소리가 들리며 마차가 멈추었다.

다닥다닥 자그마한 것들이 한 곳에 많이 붙어 있거나 몰려 있는 모양.=아닥아닥[22]. 〈큰〉더덕더덕. 〈센〉따닥따닥. ¶열매가 다닥다닥 열리다. 양말을 다닥다닥 기워 신다. 다다귀[23], 다다기외(눈마다 열매가 맺는 오이), 더더기[24].

다달 좀 분명하지 아니한 목소리로 말을 더듬는 모양. 〈큰〉더덜. ¶그는 겁에 질려 다달다달 더듬으면서 말을 했다. 마이크 앞에만 서면 더덜거린다. 다달·더덜거리다/대다, 더더리[25].

다대[1] 해진 옷에 덧대어 깁는 헝겊 조각. ¶바지 무릎에 다대를 대고 깁다.

다대[2] 쇠고기에서, 양지머리의 배꼽 위에 붙은 고기. 편육(片肉)으로 씀. ¶다대로 편육을 만들다. 넓은다대(걸랑에 붙은 쇠고기).

다대[3] 부스럼의 딱지. ¶다대를 떼어내다.

다독 ①무르거나 흩어지기 쉬운 물건을 살살 두드려 뭉치는 모양. ¶삶은 콩을 다독다독 두드려 메주를 반듯하게 만들었다. 화롯불을 다독다독 누르다. ②어린아이를 달래거나 재우기 위해 가볍게 손으로 두드리는 모양. 다른 사람의 마음을 달래기 위해 조심스럽게 하는 말이나 행동. 〈센〉따독. ¶어머니는 다독다독 아기를 두드리며 재웠다. 게으른 아이를 다독다독 훈계했다. 다독·따독거리다/대다/이다.

다드락 가락 맞는 소리가 밝게 울리도록 가는 막대기 따위로 가볍게 두드리는 소리. 또는 그 모양. 〈큰〉더드럭. ¶다드락다드락 방망이를 두드리다.

다듬(다) 맵시가 있게 매만지다. 필요 없는 부분을 없애 쓸모 있게 만들다. 글 따위를 짜임새 있게 고치다. 거친 바닥이나 거죽을 고르게 하다. 다듬이질을 하다.≒고르다. 매만지다. ¶머리를 다듬다. 배추를/ 재목을 다듬다. 원고를 다듬다. 도로를 다듬다. 이불감을 다듬다. 다듬가위, 다듬개(다듬는 연장), 다듬기(다듬는 일), 다듬대('홍두깨'의 함경 사투리), 다듬면(面), 다듬몸돌, 다듬이[26], 다듬재단(裁斷); 가다듬다[27][←갈다], 깃다듬다, 도드락다듬(돌을 망치로 다듬는 일), 비다듬다[28], 설다듬다, 싸다듬이[29], 쓰다듬다, 잔다듬, 잗다듬다(잘고 곱게 다듬다), 정다듬(정으로 돌을 쪼아 다듬는 일), 짓다듬다(마구 다듬다) 들.

다따가 도중에 별안간. 난데없이 갑자기.≒갑자기. 별안간. ¶잘 다니던 직장에 다따가 사표를 내다. 밥 먹으면서 다따가 웬 과자냐.

다떠위(다) 사람들이 한 곳에 많이 모여서 시끄럽게 떠들며 마구 덤비다. ¶서로 달라고 손을 내밀며 다떠위는 아이들. 구경꾼들이 다떠위는 바람에 아주 혼났다.

다라니[1] 천장 귀틀에 그린 단청(丹靑). ¶다라니를 그리다. 종다라니(다라니 중심에 그린 꽃무늬).

다라니[2] 범문(梵文)을 번역하지 아니하고 소리 그대로 외는 일.[←dhārani〈범〉]. ¶다라니주(呪); 대다라니(大;구절이 긴 다라니. 다라니가 주는 공덕), 복장다라니(伏藏), 천수다라니(千手), 육자다라니(六字).

---

20) 싸다니다: 여기저기를 채신없이 바삐 돌아다니다.[←싸(다)[a]+닫(다)+니다]. ¶온종일 일없이 싸다니다. 〈속〉싸지르다.

21) 쏘다니다: 분주하게 여기저기 마구 다니다. ¶온종일 쏘다녔더니 피곤하다. 거리를 쏘다니다.

22) 아닥아닥: 매우 작은 것들이 여기저기에 무더기로 붙어 있는 모양.=다닥다닥. ¶앵두가 아닥아닥 붙어 있다.

23) 다다귀: 꽃이나 열매 따위의 자그마한 것들이 한 곳에 많이 붙어 있는 모양. 〈준〉다닥. 〈큰〉더더귀/더덕. ¶다다귀다다귀 열린 포도송이. 다다귀다다귀 붙어 있는 광고.

24) 더더기: 어떤 물건에 더덕더덕 엉겨 붙어 있는 것. ¶때가 더더기로 붙어 있다.

25) 더더리: 말을 더덜거리며 더듬는 사람.

26) 다듬이: 다듬이가락, 다듬가위, 다듬잇감, 다듬잇돌/다듬돌 다듬잇방망이, 다듬잇방석(方席), 다듬잇살(다듬잇감에 생기는 풀기나 윤기), 다듬이소리, 다듬이질/다듬질/하다, 다듬이포대기; 넓다듬이, 밟다듬이(피륙이나 종이 따위를 발로 밟아서 구김살을 펴는 일)/하다, 살다듬이(다듬잇살이 오르도록 짓두드려 하는 다듬이질), 설다듬이(대강대강 다듬는 다듬이), 소반다듬이(小盤;소반 위에 쌀 따위의 곡식을 펴놓고 뉘·모래 따위를 골라내는 일), 싸다듬이(매나 몽둥이 따위로 함부로 때리는 짓), 애벌다듬이, 초다듬이(初), 풀다듬이(천 따위에 풀을 먹여서 하는 다듬이질), 홍두깨다듬이(↔넓다듬이).

27) 가다듬다: ①정신을 바로 차리거나 마음을 다잡다. ②풀렸던 힘을 내어 긴장되게 하다. 흐트러진 것을 바로 잡다. ¶기운을 가다듬고 다시 일을 시작했다.

28) 비다듬다: 모양을 내려고 곱게 매만져서 다듬다. 곱게 단장하다. ¶머리를 비다듬다. 예쁜 옷으로 비다듬은 젊은 부인들.

29) 싸다듬이: 매나 몽둥이로 함부로 때리는 짓. ¶죄인을 싸다듬이하여 가두다.

다라지(다) 성질이 깐질기고 야무지다. 됨됨이가 야무져 여간한 일에는 겁내지 아니하다.≒차다. 안차다. ¶자그마한 체구에 다라진 사람. 다라진 그는 그깟 일에는 꿈쩍도 않는다. 안차고 다라지다(겁 없이 깜찍하고 당돌하다). 깜찍스럽게 다라진 것을 '댕가리지다'라고 한다. 다라진살(가늘고 무거운 화살).

다락 부엌 위에 이층처럼 만들어 물건을 넣어두는 곳. 다락집.[←달(다)[2]+악]. ¶다락같이, 다락같다[30], 다락건물(建物), 다락기둥, 다랑논/다랑이[31]/다랑전(田), 다락대, 다락땅, 다락마루, 다락문(門), 다락바위, 다락방(房), 다락밭, 다락배, 다락북, 다락장지(障; 다락에 달린 미닫이문), 다락집, 다락침상(寢牀); 고미다락(고미와 보꾹 사이의 빈자리), 높다락, 누다락(樓), 쇠다락(외양간 위에 만든 다락) 들.

다락다락 ①대들어서 귀찮게 조르는 모양. 〈큰〉더럭더럭. ¶아이가 장난감을 사 달라고 다락다락 조르다. ②귀찮거나 두려움을 일으킬 정도로 바득바득 다가오는 모양. ¶시험 날이 다락다락 다가오다. ③물방울 같은 것이 많이 맺혀 매달려 있는 모양. ¶꽃잎에 이슬이 다락다락 맺혀 있다.

-다랗/따랗(다) 양(量)을 문제 삼는 공간형용사 뒤에 붙어 '그 특성이 매우 심함'의 뜻을 더하는 말. §'-다랗다'의 준말은 '-닿다/-랗다'. ¶가느다랗다, 걸다랗다, 곱다랗다, 굵다랗다, 기다랗다, 길동그랗다, 길둥그렇다, 깊다랗다, 널따랗다, 높다랗다, 동그랗다, 둥그렇다, 되다랗다, 두껍다랗다, 머다랗다, 얄따랗다, 잔다랗다, 좁다랗다, 짤따랗다, 커다랗다. ☞ -앟/엏-.

다래[1] 다래나무의 열매. ¶머루와 다래. 다래나무, 다래덩굴, 다래술, 다래즙(汁); 개다래/나무 들.

다래[2] 아직 피지 아니한 목화의 열매. ¶다래가 피다. 다래가 익으면 하얀 솜털에 달린 열매가 나온다.

다래[3] 관(棺)의 천판(天板)과 지판(地板) 사이에 끼우는 양 옆의 널. 말다래[32].

다래끼[1] 대 · 싸리 · 고리버들 따위로 결어서 만든, 아가리가 좁고 바닥이 넓은 작은 바구니. ¶고추를 따서 다래끼에 담았다. 종다래끼(작은 다래끼).

다래끼[2] 눈시울에 나는 작은 부스럼. ¶다래끼가 나다. 민다래끼.

다래다래 눈이 또릿또릿하여 열기가 있는 모양. 〈큰〉드레드레. ¶그의 눈은 열기가 다래다래 빛나고 행동이 날렵해 보인다. 다래다래 열기가 도는 눈으로 쏘아보다.

다랭이 썰매로 긴 통나무를 따위를 운반할 때, 그 통나무의 뒷부분을 얹어 끄는 데 쓰는 작은 썰매.

다로기 털이 안으로 가게 지은 긴 버선이나 가죽신. 피말(皮襪). ¶다로기를 신고 눈길을 걸어가다.

30) 다락같다: ①덩치가 당당하게 크다. ②물건 값이 매우 비싸다.
31) 다랑이: 비탈진 산골짜기에 있는 층층으로 된 좁고 작은 논배미. 다랑치(다랑논을 얕잡아 이르는 말).
32) 말다래: 말의 안장 양쪽에 늘어뜨려 놓은 물건.

다루(다) 사람을 대하다. 일이나 물건을 맡아 처리하다. 거친 물건을 매만져서 부드럽게 하다. ¶어린아이를 함부로 다루어서는 안 된다. 기계를 다루다(이용하다). 다루는이(다루는 사람), 다룸가죽(다루어 부드럽게 만든 가죽), 다룸새, 다룸(사람이나 물건을 다루는 일)/하다; 가다루다(논밭을 갈아서 다루다), 드다루다[33], 설다루다(불충분하게 처리하거나 섣불리 다루다) 들.

다르(다) 비교가 되는 두 대상이 차이가 나다. 보통의 것보다 표나는 데가 있다.≒구별되다(區別).↔같다. ¶방법이 서로 다르다. 고뇌하는 사람은 어딘가 다르다. 다른[다른꼴, 다른데, 다른잎], 다름(별다른 것), 다름아니라, 다름아닌, 다름없다/다름없이, 달라지다(변하여 전과는 다르게 되다. 바꾸다. 어긋나다), 달래(다른 까닭이 있어서. 달리), 달리(다르게), 달리하다(사정이나 조건 따위를 서로 다르게 가지다.↔같이하다); 남다르다/남달리, 드다르다[34], 배다르다, 별다르다/별달리(別), 색다르다/색달리(色), 유다르다/유달리(類), 티다르다(눈에 띄게 다르다. 판이하다). 판다르다. ☞ 따다[3].

다르르[1] ①작은 물건이 단단한 마루 위를 구르는 소리. 또는 그 모양. ¶구슬이 다르르 굴러가다. ②작은 물건이 흔들려 떨리는 소리. 또는 그 모양. ¶문풍지가 다르르 떨다. 〈큰〉더르르[35]. ③재봉틀로 얇은 천을 박는 소리. 또는 그 모양. ¶천을 다르르 박아가는 재봉틀. ④맷돌이 돌아가는 소리. ¶다르락[36]. 〈큰〉드르르[1]. 드르르르/드르릏. 〈센〉따르르[1]. 〈큰 · 센〉뜨르르. ¶다르륵[37]거리다/대다, 다륵[38], 다릉[39].

다르르[2] 어떤 일에 능통하여 막힘이 없이 잘하는 모양. 〈큰〉드르르[2]. 〈센〉따르르[2]. ¶영화 제목을 다르르 외고 있다. 어떤 어려운 문제도 드르르 푸는 수학 박사.

다리[1] 동물의 몸통 아래에 붙어서 딛고 서거나, 걸어 다니는 일을 맡은 부분. 또는 물건 아래에 붙어서 버팀 역할을 하는 부분. ¶아픈 다리를 치료하다. 다릿골(다리뼈 속에 있는 골), 다릿골독(썩 크게 만든 독), 다리놀림, 다리띠(날짐승의 다리를 동이는 띠), 다릿마디, 다리맵시(각선미. 다리매), 다릿목, 다리몽둥이, 다릿병(病), 다리뼈, 다리사위, 다릿살, 다리샅, 다리속곳, 다리쇠[40](걸쇠), 다리쉬임/하다, 다릿심, 다리씨름/하다, 다리아랫소리[41], 다리오금, 다리욕(浴), 다리운동(運動), 다릿장갱이, 다리재

33) 드다루다: 들어 올려 다루다. 아주 잘 다루다.
34) 드다르다: 전혀 다르다. ¶그는 아버지와 성격이 드다르다.
35) 더르르: 추위 따위로 몸을 한 번 크게 떠는 모양. ¶다시금 더르르 몸을 떨었다.
36) 다르락: 낟알을 탈 때 작은 맷돌이 빠르지 아니하게 돌아가는 소리. 또는 그 모양. 〈큰〉드르럭. ¶다르락다르락 돌아가는 맷돌.
37) 다르륵: ①작은 물건이 일정하게 구르다가 막 멎는 소리. ¶장난감 인형이 다르륵 굴러가다. 재봉틀로 다르륵 막다. ②미닫이문을 밀거나 잡아당기거나 무엇이 바닥을 미끄러져 내려갈 때 나는 소리. ¶문을 다르륵 열다. ③총을 연달아 쏠 때 나는 소리. ¶기관총을 드르륵 쏘다. 〈큰〉드르륵. 〈센〉따르륵. 뚜르룩. 뜨르륵.
38) 다륵다륵: 작은 바퀴 따위가 고르지 아니하게 돌아갈 때 나는 소리. 또는 그 모양. 〈큰〉드륵드륵. ¶풍구를 다륵다륵 돌리다. 창문 여닫는 소리가 다륵다륵 들리다.
39) 다릉: 작은 손수레 바퀴 따위가 단단한 바닥 위로 굴러갈 때 나는 소리.
40) 다리쇠: 화로 위에 걸치고 냄비 따위 물건을 올려놓는 쇠로 만든 기구.

간(才幹), 다리질/하다, 다릿짓/하다, 다리춤, 다리털, 다리통, 다리팔, 다리품[헛다리품], 다리힘; 가위다리(가위의 손잡이), 개다리[42], 곁다리[43], 고무다리[의족(義足)], 곱장다리(휘어진 다리), 나무다리[의족(義足)], 넓적다리, 네다리[사지(四肢)], 다목다리[44], 뒷다리, 목다리(木)[협장(脇杖)], 무쇠다리(억세고 든든한 다리), 받침다리(장롱받침), 밭장다리(↔안짱다리), 벋정·뻗정다리, 베틀다리, 봉충다리[45], 상다리(床), 쇠다리, 수중다리[←수종(水腫)], 아랫다리, 안경다리(眼境), 안짱다리, 앞다리, 양다리(兩;두 다리. 기회주의), 옥다리(↔벋정다리), 외짝다리, 작다리, 전다리(저는 다리), 전짓다리(끝이 두 갈래진 기둥), 지겟다리, 책상다리(冊床)[46], 쳇다리[47], 층층다리(層層), 팔다리, 평다리치다[48], 포다리(砲), 허벅다리, 헛다리/질/하다. ☞ 각(脚).

다리² ①강·개천 또는 언덕과 언덕 사이에 통행할 수 있게 걸쳐 놓은 시설. 교량(橋梁). ¶다리를 건너다. 다리가 끊기다. 다리굿, 다릿기둥, 다릿널, 다리높이, 다릿돌(징검돌. 디딤돌), 다리말뚝, 다릿목(다리로 들어가는 길목), 다릿몸(기둥과 기둥 사이를 이어 주는 다리 상판의 뼈대), 다리받침, 다릿발, 다리밟기[답교(踏橋)], 다리지기, 다리탑(塔), 다리턱; 강다리(江;강에 놓인 다리), 강안다리(江)[49], 공굴다리(콘크리트 다리), 구름다리[육교(陸橋)], 군함다리(軍艦), 굴다리, 나무다리[목교(木橋)], 널다리, 놋다리[인교(人橋)]/밟기, 눈다리[설교(雪橋)], 돌다리¹(도랑에 놓은 조그마한 다리), 돌다리²(돌로 만든 다리), 두껍다리[50], 떼목다리(木)/떼다리, 명다리[51], 무지개다리(아치교), 바닷다리(바다에 놓인 다리), 배다리(작은 배를 띄워 널을 깔아놓은 다리), 복찻다리[52], 불사다리(佛事)[53], 비계다리(공사를 할 때 디디는 구조물), 사닥다리[54], 색동다리(色)[55], 섬다리(섬과 뭍 사이에 놓인 다리. 널판을 걸쳐 놓은 나무다리), 섶다리(섶을 이용하여 만든 다리), 쇠다리[철교(鐵橋)], 어김다리[56], 외나무다리, 줄다리(계곡 사이를 밧줄로 엮어 만든 다리), 징검다리, 쪽다리(널조각 하나로 걸치어 놓은 다리), 철다리(鐵), 출렁다리(줄다리), 층층다리(層層), 허방다리[함정(陷穽)], 홍예다리(虹霓), 흙다리. ②중간에 거쳐야 할 단계나 과정. 지위의 등급. ¶이 물건은 우리에게 오는 데 다리를 여럿 거친 것이다. 그는 일 년 만에 벼슬이 두 다리 올랐다. 전다리(前)[57]. ☞ 교(橋).

다리³ 예전에, 여자들이 머리숱을 많아 보이게 하기 위하여 덧드리는 딴머리.=달비. ¶다리를 드린 머리. 다리를 드리다. 다리를 풀다. 다리가 짧다(흠이 있거나 지체가 낮다), 다리꼭지, 다리머리, 다리전(廛).

-다리 몇몇 명사나 용언의 어간에 붙어 '그 말을 홀하게 이르거나 그러한 속성을 지닌 사물·사람'의 뜻을 더하는 말. ¶귀양다리, 꺽다리, 꾀다리(꾀보), 늙다리(늙은 짐승. 늙은이), 멍청다리(멍청이), 모양다리(模樣;물건의 모양새), 방아다리(허수아비 같이 만든 노리개), 작다리(작은 사람이나 물건), 키다리, 키장다리 들.

다리(다) 옷이나 천의 주름살을 다리미로 문질러 펴다. ¶저고리를 다리다. 모시 치마를 다려 입다. 다리미[다리미감, 다리미대(臺), 다리미발/다림발, 다리미요, 다리미질/하다, 다리미천, 다리미판(板); 손다리미, 숯다리미, 옥다리미(玉;옥돌로 만든 다리미), 전기다리미(電氣), 증기다리미(蒸氣)]; 빨다리다(빨아서 다리다). ☞ 울(熨).

다림 수평이나 수직을 헤아려 보는 일.[←달(다)+이+ㅁ]. ¶목수가 한 눈을 지그시 감고 다림을 본다. 다림을 보다(어떠한 것을 겨냥하고 살펴보다. 이해관계를 살펴보다), 다림방(房)[58], 다림줄, 다림추(錘), 다림판(板).

다만 ①다른 것이 아니라 오로지.≒오직. 단지. ¶이것은 다만 동생의 건강을 위한 것이다. ②문장 앞의 명제에 대한 예외적인 사항이나 조건을 덧붙일 때 쓰임.≒그러나. 단. 단지. ¶이제는 퇴원해도 좋다. 다만 과격한 운동은 피해야 한다. ③오직 그뿐. 최소한. 적어도.=겨우. ¶내게 있는 것은 다만 동전 한 닢뿐이다.

-다면 형용사 어간이나 어미 '-으시/었/겠-' 뒤에 붙어, 어떠한 사실을 가정하여 조건으로 삼는 뜻을 나타내는 연결 어미. ¶내가 너처럼 건강하다면 좋겠다. -다면-서[59].

다모토리 소주를 큰 잔으로 마시는 일. 또는 소주를 큰 잔으로 파는 선술집. ¶출출해서 다모토리를 한 잔 했다. 다모토릿집.

---

41) 다리아랫소리: 궁할 때 남에게 동정을 얻으려고 비라리치는 짓.
42) 개다리: 개다리상제(喪制), 개다리소반(小盤), 개다리질, 개다리참봉(參奉), 개다리출신(出身), 개다리헌함(軒檻).
43) 곁다리: 아무 관계없이 덧붙어 딸린 사람이나 사물. ¶곁다리를 붙다. 쓸 만한 것은 없고 곁다리뿐이다.
44) 다목다리: 추위로 살갗이 검붉게 된 다리. 적각(赤脚). §'다목'은 콩과의 상록 교목으로 붉은 색의 물감 원료로 씀. ¶맨종아리라 다목다리가 되다. 혹독한 날씨 속에 다목다리를 끌면서 길을 걷는 피난민.
45) 봉충다리: 사람이나 물건의 한 쪽이 짧은 다리. ¶책상의 봉충다리 밑을 괴다. 봉충다리의 울력걸음(조금 모자라는 사람이라도 여럿이 어울려서 하는 일에는 한몫 낄 수 있음). 봉충걸음(한쪽의 짧은 다리로 절뚝거리며 걷는 걸음).
46) 책상다리(冊床): ①한쪽 다리를 오그리고 다른 다리 위에 포개고 앉는 자세. 양반다리. 북한에서는 '올방자'라 함. ②책상의 다리.
47) 쳇다리: 체에 밭을 때, 밑그릇 위에 체를 놓을 때 쓰는 물건.
48) 평다리치다: 꿇어앉지 않고 편하게 앉아 다리를 마음대로 하다.
49) 강안다리(江): 강기슭이나 바다기슭을 따라 건설하는 다리.
50) 두껍다리: 골목의 도랑이나 시궁창에 걸쳐 놓은 작은 다리.
51) 명다리: 신불(神佛)을 모신 상 앞의 천장 가까이에 발원(發願)한 사람의 생년월일을 써서 매다는 모시나 무명. 명건(命巾), 명교(命橋).
52) 복찻다리: 큰길을 가로질러 흐르는 작은 개천에 놓은 다리.
53) 불사다리(佛事): 무당이 죽은이의 넋이 극락세계에 이르도록 길을 열어 준다고 하여 찢는 무명베.
54) 사닥다리: 굵고 긴 장대 두 개를 벌여 그 사이에 일정한 간격의 가름대를 질러 높은 곳에 디디고 오를 수 있게 남든 기구. 사닥다리.[←숫[間]+악+ᄃᆞ리[橋]. 〈준〉사다리. ¶사다리꼴, 사다리차(車), 사닥다리분하(分下;물건 따위를 나눌 때, 분수에 따라 층이 지게 하는 일); 구름사닥다리/사다리, 구조사다리(救助), 굴절사다리(屈折), 돌사다리/사닥다리(돌이 많아 아주 험한 산길), 쇠사다리, 줄사다리.
55) 색동다리(色): 강의 이쪽과 저쪽에 걸쳐선 무지개를 비유적으로 이르는 말.
56) 어김다리: 두 철도나 길이 만나는 곳에 놓은 다리.
57) 전다리(前): 사람·물건·지위·처소 따위가 딴 것으로 옮겼을 경우 그 이전 것을 이르는 말.
58) 다림방(房): 조선시대에 서울에서 쇠고기를 전문으로 팔던 가게. 푸줏간.
59) -다면서: 형용사 어간이나 어미 '-으시/었/겠-' 뒤에 붙어, 해야 할 자리에 쓰여, 들어서 아는 사실을 확인하여 물을 때 쓰는 종결 어미. ¶돈이 없어 못 살겠다면서? -다면서-요.

다못 ①더불어 또는 함께. ¶자연과 다못 지내다. 평생을 다못 살아도 이해가 안 가는 남편의 버릇. ②'다만'의 사투리.

다물 옛 땅을 다시 돌이킴.[〈多勿]. §고구려 때의 말로 고국을 회복한다는 뜻. *麗語謂復舊土爲多勿-通鑑*.

다물(다) 위아래의 입술, 또는 그와 같이 된 두 쪽의 물건을 마주 꼭 대다.≒닫다. 닥치다.↔벌리다.[←닫(다)+물다]. ¶입을 꼭 다물다. 다물리다; 강다물다(입이 으스러지도록 굳게 다물다), 내리다물다(위아랫입술이 맞닿게 하다), 앙·옹다물다(입을 야무지게 꼭 다물다), 옥다물다(힘 있게 꼭 다물다), 입다물다(말을 하지 않다), 읏다물다.

다물다물 물건이 곳곳에 무더기로 쌓여 있는 모양.=다몰다몰. ¶노적가리가 다물다물 쌓여 있다.

다미 남의 책임을 맡아 짐. 안담(按擔). 〈큰〉더미②. ¶다미를 쓰다. 다미·더미씌우다. ☞ 안다미.

다박 (어두운 길이나 낙엽 또는 눈 따위가 쌓인 길을) 앞을 잘 가늠하지 못하며 걷는 모양. 힘없는 걸음으로 조금 느릿느릿 걷는 모양. 〈큰〉더벅. 〈거〉타박[2][60]. =타발 〈큰·거〉터벅.=터벌. [+걷다]. ¶어두운 밤길을 다박다박 걸어가다. 다박·타박·터벅거리다/대다, 타박타박·터벅터벅, 타발·터벌거리다/대다.

다발 꽃이나 푸성귀·돈 따위의 묶음. 또는 그것을 세는 말.≒뎅이. 묶음. ¶다발을 묶다. 배추 두 다발. 다발나무; 관다발(管), 꽃다발, 돈다발, 빛다발[광속(光束)] 들.

다복 풀이나 나무 따위가 여기저기 탐스럽게 소복한 모양. 〈큰〉더북. ¶다복다복[61]·더북더북, 다보록·더부룩이/다복이·더북이, 다복·더북하다, 다보록[62]·더부룩·터부룩하다, 더버기[63], 다박-[64], 탑소록·텁수룩하다, 터불터불하다.

다부락 작은 눈알을 굴리는 모양. 〈큰〉더부럭. 드부럭=두부럭. 뒤부럭. 〈센〉따부락[65]. 〈큰·센〉뜨부럭. ¶다부락·더부럭·따부락·떠부럭·뜨부럭거리다/대다, 다부락다부락/하다.

다부지(다) ①벅찬 일에 능히 견디어 낼 힘과 과단성이 있다. ¶아무 말 없이 일을 다부지게 해낸다. ②생김새가 보기보다 옹골차다.≒야무지다. ¶몸집은 작아도 다부져 보인다. 다부진 몸매.

다불 가늘고 보드라운 머리털 같은 것이 늘어져 흐느적흐느적하는 모양. 〈작〉다볼. 〈큰〉더불[66]. 〈거〉다팔. ¶머리가 다불다불 흩날리다. 다팔[67]·더펄/거리다/대다, 다볼다볼·다불다불/하다, 타팔[68]·터펄.

다붓-하다[1] 매우 가깝게 붙어 있다.[←다그/닿(다)+붙다]. ¶처마가 마주 닿다시피 다붓다붓한 달동네. 다붓다붓/하다.

다붓-하다[2] 조용하고 호젓하다. ¶참새 떼가 울어대던 뒤꼍은 한낮이 지나서야 다붓했다.

다비 불에 태운다는 뜻으로, 곧 시체를 화장(火葬)하는 일을 이르는 말.[←다비(茶毘)←jhāpita〈범〉]. ¶다비법(法), 다비소(所;화장터), 다비식(式;시체를 화장하여 그 유골을 거두는 의식), 다비하다.

다빡 앞뒤를 헤아리지 않고 경솔히 불쑥 함부로 행동하는 모양. 〈큰〉더뻑. ¶다빡 덤벼들다. 다빡 약속을 하고는 후회했다. 찬물에 더뻑 뛰어들다. 다빡·더뻑거리다/대다, 다빡다빡·더뻑더뻑/하다.

다뿍 분량이 다소 기준에 넘치는 모양. 〈큰〉더뿍. 드뿍. ¶바구니에 푸성귀를 다뿍 담았다. 쌀을 드뿍 퍼주다. 다뿍·드뿍하다, 다뿍다뿍·드뿍드뿍/하다.

다사-하다 알맞게 따뜻하다.[〈듯ᄒᆞ다]. 〈큰〉다스·드스하다. 〈센〉따사·따스·뜨스하다. ¶다사한 봄볕. 다사·따사롭다, 다사스럽다, 다·따·드·뜨습다(알맞게 따뜻하다), 따끈[69]·뜨끈하다, 따뜻하다[70], 뜨뜻미지근하다, 뜨겁다[71]. ☞ 온(溫).

다섯 넷에 하나를 더한 수. 오(五). §뒤에 오는 명사의 종류에 따라 '닷'으로 쓰임. ¶다섯모, 다섯무날, 다섯째, 다섯콩(공기). 닷 말/되/마지기, 닷곱(다섯 홉)[닷곱되, 닷곱방, 닷곱장님(시력이 아주 약한 사람)], 닷분(한 치의 반), 닷새(5일), 닷샛날, 대여섯/대엿(다섯이나 여섯); 네다섯, 대[72], 다습[73]들.

---

60) 타박[2]: 힘없는 걸음으로 조금 느릿느릿 걸어가는 모양.=타발·터벌. 〈큰〉터벅. [+걷다]. ¶소년은 지친 걸음으로 언덕길을 타박타박 걸어서 내려가다. 타박·터벅거리다/대다, 타박타박·터벅터벅/하다, 타불, 터벙터벙(큰 걸음으로 바삐 걸어가는 모양).

61) 다복: 풀·나무 따위가 여기저기 다보록하게 있는 모양. 〈큰〉더북. ¶다복다복, 다복솔(어린 소나무), 다북쑥.

62) 다보록하다: ①풀이나 작은 나무 또는 머리털이나 수염 따위가 짧고 배게 돋아 소담하게 많다. 〈큰〉더부룩하다. 〈준〉다복하다. ¶다보록다보록, 다보록이/다복이. ②소화가 잘 안 되어 뱃속이 시원하지 아니하다. 〈큰〉더부룩하다.=듬뿌룩하다(사투리). ¶속이 더부룩하고 답답하다.

63) 더버기: 무더기로 쌓이거나 덕지덕지 붙은 상태. 또는 그 물건. ¶옷이 먼지더버기가 되다. 검정더버기, 먹더버기, 먼지더버기, 모래더버기, 진흙/흙더버기; 중다버지(길게 자라서 더펄더펄한 아이들의 머리. 또는 그런 아이), 더벅하다(눈물 같은 것이 그득하게 많이 고여 있다).

64) 다박-: 다보록한 모양. 〈큰〉더벅-. ¶다박나룻, 다박·더벅머리, 다박수염(鬚髥).

65) 따부락: 작은 눈알을 이리저리 빨리 굴리는 모양. 〈큰〉떠부럭.=뚜부럭. ¶따부락 눈을 뜨다. 송아지가 떠부럭 눈을 뜨다.

66) 더불: 털 따위가 늘어져 더부룩한 모양. 〈작〉다불. ¶털이 더불더불 덮인 삽사리. 머리를 더불더불 풀어 헤치고 돌아다니는 미친 사람.

67) 다팔: 좀 길고 다보록한 털이나 머리칼 따위가 찰랑거리듯 흔들리는 모양. 차분하지 못하고 달떠서 경망스러운 모양. 사람이 경쾌하게 뛰어가는 모양. 〈큰〉더펄. ¶머리털이 바람에 다팔거리다. 다팔다팔 돌아다니다/뛰어가다. 다팔·더펄거리다/대다, 더펄개(온 몸에 털이 길게 나서 더펄거리는 개.=삽사리), 다팔·더펄머리(더펄더펄 날리는 더부룩한 머리털. 또는 그런 머리를 가진 사람), 더펄이(성미가 침착하지 못하고 들떠서 되는 대로 행동하는 사람), 더펄춤(기분대로 팔을 넓게 펴서 추는 춤); 다팍·더퍽(마구 걸어가는 모양).

68) 타팔: 조금 서두르며 침착하지 못하게 행동하는 모양. 〈큰〉터펄. ¶아무 일이나 타팔타팔 손을 대서는 못쓴다.

69) 따끈하다: 국물이나 방바닥 따위가 조금 따뜻한 느낌이 있다. ¶찌개를 좀 따끈하게 데워 와라. 아랫목이 따끈하다. 따끈따끈·뜨끈뜨끈/하다.

70) 따뜻하다: 기분 좋을 만큼 알맞게 덥다. 부드럽고 포근하다. 〈여〉따듯하다. 뜨듯하다. 〈큰〉뜨뜻하다. ¶따뜻이, 뜨뜻미지근하다.

71) 뜨겁다: ¶뜨거워지다/하다; 낯뜨겁다, 손뜨겁다, 어마뜨거라, 에뜨거라.

72) 대: '다섯'의 뜻을 나타내는 말. ¶그 천을 대 자만 떠 오너라. 닷새/댓새(5일 가량), 대여섯/대엿(다섯이나 여섯), 대엿새, 대엿샛날, 댓째, 대푼(아

다소곳 고개를 좀 숙이고 말없이 얌전하게. 〈큰〉다수굿. ¶다소곳 앉아 있다. 다소곳하다. ☞ 숙다.

-다손 형용사의 어간이나 선어말 어미 '-았/었-', '-겠-' 뒤에 붙는 종속적 연결 어미. '치더라도'와 함께 쓰이어 '어떠한 상태에 있더라도 · 어떠한 동작을 하더라도'의 뜻을 나타냄. ¶아무리 적다손 치더라도 그만하면 되겠지. -ㄴ(는)-다손, -더-라손.

다스(dozen) 물건 열두 개를 한 묶음으로 세는 단위.=타(打). ¶연필 한 다스. 야구공 두 다스.

다스러-지다 물건이 쓸려 닳아 없어지다. 물건의 표면이 매끈하게 닳다. 〈준〉다슬다.[←닳(다)+슬(다)+어+지다]. ¶다스러져 보풀이 인 책뚜껑.

다스리(다) ①국가나 집안 · 사회의 일을 보살피고 주제하다. 지배하다. 통치하다. ¶나라를 다스리다. ②사물이 문란해지지 않도록 바로잡다.≒고치다. ③목적에 따라 잘 다듬어 정리하거나 처리하다. ¶물을 잘 다스려야 홍수 피해를 줄일 수 있다. 목청을 다스리다. 다스름[74]. ④혼란한 상태를 수습하여 평정하다. ¶난리를 다스리다. ⑤죄에 대해 벌을 주다. ¶아이를 호되게 다스리다. 정부가 선거 사범을 엄히 다스리다. ⑥병을 고치다. ¶병은 초기에 다스려야 한다. 다스림. ☞ 치(治).

다슬기 다슬깃과의 민물 고둥.=대사리. 와라(蝸螺). ¶갯다슬기.

다시 ①했던 일이나 하던 것을 되풀이하여 또.≒거듭. 잼처. ¶다시 연습하다. 다시금, 다시없다, 다시없이; 또다시. ②방법이나 방향을 달리 고쳐서 새롭게.≒새로이. ¶다시 계산하다. ③하다가 그친 것을 잇대어. 되풀이해서.≒또. ¶다시 시작하다. 공장이 다시 돌아가기 시작했다. ④다음에 또. 있다가 또.≒재차. ¶내일 다시 합시다.

다시(다) 무엇을 좀 먹거나 또는 먹는 것처럼 입을 놀리다. ¶무엇을 좀 다셨느냐? 모처럼 오셨는데 다실 게 아무것도 없어서. 목다심(물을 조금 마시거나 기침을 하거나 하여 거친 목을 고르는 일), 입맛다시다[75], 정다시다(精), 정다심(精;정신을 차림).

다시마 갈조 식물에 딸린 한해살이 또는 두해살이 해조(海藻). ¶다시맛국, 다시마밭, 다시마숲, 다시마쌈, 다시마자반('부각'의 비표준말), 다시마장아찌, 다시마조림, 다시마차(茶), 다시마튀각; 애기다시마, 참다시마 들.

-다시피 ①지각 동사의 어간 뒤에 붙어, '-는 바와 같이' 또는 '-는 것과 다름없이'의 뜻을 나타내는 연결 어미. ¶너도 잘 알다시피 내게 무슨 힘이 있니? 느끼다시피, 보다시피, 짐작하다시피. ②동사의 어간이나 어미 '-었/겠-' 뒤에 붙어, 어떤 동작에 가까움을 나타내는 연결 어미. ¶그는 연구실에서 살다시피 했다. 기다시피, 뛰다시피, 매달리다시피, 잊다시피, 자다시피, 죽다시피.[←다+싶(다)+이].

-다오 형용사의 어간이나 선어말 어미 '-았/었-', '-ㄴ(는)-' 뒤에 붙어, 어떤 사실을 설명하되 은근히 자랑하거나 친근하게 베풀어 말하는 하오체의 종결 어미. ¶인정이 많다오. 나도 옛날에는 참 예뻤다오, 어린잎은 먹는다오.

다옥-하다 나무나 풀 따위가 잘 자라서 우거져 있다(무성하다). ¶수풀은 나무나 풀이 다옥하게 자라는 곳이다.

다움실-하다 잠깐 머츰하다. ¶안방 문을 와락 여니 그 숙설거리던 소리가 다움실하는지라.

다음 차례의 바로 뒤에. 일정한 일이나 시간이 끝난 뒤. 〈준〉담. ¶다음에 가다. 요 다음 올 때에는 꼭 가지고 오겠다. 이것은 다음에 할 일이다. 다음가다(버금가다), 다음날(내일), 다음다음, 다음달, 다음번(番), 다음주(週), 다음차례, 다음해; 그다음, 요다음, 이다음 들.

-다지 지시 관형사 '이, 그, 저' 따위의 말 뒤에 붙어서, '· · · 에 이를 정도까지'란 뜻을 나타내는 부사 형성 접미사. ¶그다지 예쁘지 않다. 그다지. 요다지, 이다지, 저다지, 조다지.

다지(다) ①무르거나 들떠 있는 것을 누르거나 밟거나 쳐서 단단하게 하다. 마음이나 뜻을 굳게 가다듬다. 굳고 튼튼하게 하다. ≒굳히다. ¶땅을 다지다. 결의를 다지다. 다죄다(다잡아 죄다. 다지어 죄다), 다지르다[76], 다지우다, 다짐[77], 다짐글, 다짐기(記;서약서), 다짐기(機), 다짐대[78], 다짐바닥, 다짐봉(棒), 다짐장(狀;다짐글), 다짐짓, 다짐하다; 강다짐[79], 거충다짐[80], 건다짐(속뜻 없이 겉으로만 하는 다짐), 군령다짐(軍令), 귓속다짐, 도상다짐(道床), 막다짐(아주 호되게 받는 다짐), 말다짐, 물다짐공법(工法), 밑다짐(밑바닥을 다지는 일), 사다듬[81]/하다, 생다지(공연한 억지), 속다짐(마음속으로 하는 다짐), 실력다짐(實力), 억지다짐, 완력다짐(腕力), 우격다짐, 울력다짐[82], 입다짐(말로 확실하게 약속함), 죄다짐(罪;죄에 대한 갚음), 주먹다짐[83], 지정다지다/지정닺다(地釘;터다지다), 초다짐(初)[84], 터다지다(무게가 있는 물건으로 터를 단단히 하다), 하냥다짐[85], 회다짐(灰), 흙다짐. ②고기

주 적은 돈. 돈 한 푼); 너더댓(넷이나 다섯 가량), 너더댓새, 네댓, 네댓새, 열댓.

73) 다습: 마소의 다섯 살.

74) 다스름: 연주에 앞서 악기의 음률을 고르기 위하여 먼저 타거나 불거나 쳐 보는 일. 또는 그 악곡. 치음(治音). 조음(調音).

75) 입맛다시다: ①무엇이 먹고 싶어서 입술을 열었다 닫았다 하다. ②무엇을 가지고 싶어서 속으로 생각하다.

76) 다지르다: 다짐받기 위하여 다지다. ¶빚을 이 달 안에 갚으라고 다지르다. 잘못을 거듭하지 않도록 단단히 다질렀다. 다질리다(다지름을 당하다).

77) 다짐: 이미 한 일이 틀림없거나 또는 앞으로 할 일을 틀림없이 할 것을 단단히 강조하거나 확인함. 마음이나 뜻을 굳게 가다듬어 정함.≒약속(約束). ¶다짐을 놓다. 다짐을 받다.

78) 다짐대: 길이나 터 따위를 다지는 데 쓰는 나무나 쇠로 된 물건.

79) 강다짐: ①밥을 먹을 때, 술적심이 없이 그냥 먹음. ②덮어놓고 억눌러 꾸짖음. 나무람. ③품삯도 주지 않고 남을 억눌러 마구 부리는 일.

80) 거충다짐: 일을 겉만 번지르르하게 대강대강 하는 것.

81) 사다듬: 단단히 다져서 확실한 대답을 받음.[←사(私)+다짐].

82) 울력다짐: 여러 사람이 힘을 합한 기세로 일을 해치우는 행동.

83) 주먹다짐: ①주먹으로 때리는 짓. ②함부로 욱대기는 짓.

84) 초다짐(初): 끼니를 먹기 전이나 큰 상(床)을 받기 전에 요기나 입가심으로 음식을 먹는 일. 또는 그 음식.↔후식(後食).

85) 하냥다짐: 일이 잘 되지 않으면 어떤 형벌이라도 받겠다는 다짐. ¶하냥다짐을 하다시피 하여 그 일을 맡게 되었다.

나 푸성귀 따위를 칼질하여 잘게 만들다. ¶쇠고기를 다지다. 마늘을 다지다. 양념을 다지다. 다지기[86], 다진고기구이.

다직-하다 기껏 많게 잡다. ¶회원을 다 합쳐 보아야 다직하면 30명이나 될까? 다직(기껏), 다직하면, 다직해서, 다직해야.

다짜-고짜 옳고 그름을 가리지 아니하고 단박에 들이덤벼서, 덮어놓고 마구. 불문곡직하고.≒무조건. 무턱대고. ¶다짜고짜로 멱살을 하다.

다치(다). 닥치(다) ☞ 닿다.

다투(다) 무엇을 차지하거나 시비·이해 관계 따위를 가리려고 말로 싸우다.(≒옥신각신하다. 시비하다). 서로 자기가 이기려고 맞서 애를 쓰다. 지체할 수 없이 급하다. 절박함이나 정확성을 요하다. ¶돈 문제로 다투다. 그들은 서로 일이 등을 다툰다. 세력을 다투다. 그들은 서로 다툰다(경쟁한다). 한 시각을 다투는 문제. 한 치를 다투다. 한두 푼을 다투어(소중하게 여기어) 가면서 살아가다. 다툼[87]; 앞다투다. ☞ 경(競). 쟁(爭).

닥¹ ①가볍게 금이나 줄을 그을 때 나는 소리. 또는 그 모양. ¶줄을 닥닥 긁다. ②작고 단단한 물건을 긁을 때 나는 소리. 또는 그 모양. ¶바람벽을 닥 긁으며 넘어지는 장대. 방문을 드윽 열다. 득득거리(머리 따위를 자꾸 득득 긁는 사람). ③적은 양의 물이 갑자기 어는 모양. ¶숭늉이 닥 얼다. 〈큰〉득/드윽.

닥² '닥나무'의 준말. 닥나무껍질. ¶닥으로 삼은 미투리. 닥굿(닥나무 껍질을 벗기기 위하여 찌는 구덩이), 닥밭(닥나무가 많은 밭), 닥종이, 닥채(껍질을 벗겨낸 닥나무의 가느다란 가지).

닥³ 자망(刺網)의 길이를 재는 단위. 한 닥은 50~150m.

닥지닥지 먼지나 때 같은 것이 두껍게 겹겹이 끼거나 묻어 있는 모양. 〈큰〉덕지덕지. ¶닥지닥지 때가 낀 손등. 닥지닥지하다, 다닥다닥·더덕더덕, 더덕이[88], 닥작닥작·덕적덕적.

닦(다) ①때를 없애거나 윤기를 내려고 거죽을 문지르다.≒씻다. 문지르다. 훔치다. ¶이를/ 방바닥을 닦다. 유리창을 닦다. 닦은 방울 같다(눈이 빛나고 아름답다. 영리하고 똑똑한 아이). 닦은둥굴이[89], 닦음대패(곱게 다듬는 대패), 닦음새[화장(化粧)], 닦음질/하다, 닦이(물건을 닦는 일)[닦이쟁이, 닦이질/하다; 구두닦이, 애잇닦이], 닦이다'. ②거죽의 물기를 훔치다. ¶수건으로 땀을 닦다. 닦아주다. ③터·길 따위를 고르고 다지다. ¶길을 닦다. 닦이다², 길닦음, 길닦이/하다; 터닦다. ④셈을 맞추어 명세를 밝히다. ¶셈을 닦다. ⑤학문이나 기술을 힘써 배우고 익히다. 수양하다. ¶학문을 닦다. 도를 닦다. 갈고닦다/갈닦다. ☞ 수(修). ⑥기초·토대를 마련하다. ¶선진 국가의 기반을 닦다. ⑦남의 약점이나 허물을 들어 몹시 나무라다. ¶닦아대다(자꾸 휘몰아 나무라다), 닦아세우다[90], 닦아주다(홀닦아 꼼짝 못하게 해 주다); 홀닦다[91]/닦이다.

닦달 ①몰아대서 나무라거나 을러댐. 단련하거나 단련됨. ¶내가 뭘 잘못했다고 닦달이냐? 선생님의 엄한 닦달을 받다. 냉혹한 현실에 닦달이 되다. 매일 닦달이다. 닦달리다, 닦달맞다, 닦달질/하다, 닦달하다(볶다); 몸닦달(견디기 어려운 것을 참으면서 받는 몸의 훈련), 주먹닦달. ②손질하고 매만져서 윤기를 내는 일. ¶놋그릇이 윤이 나도록 닦달하다. 집안닦달[92]/하다. ③음식 재료를 미리 요리하기 좋게 다듬는 일. ¶닭의 닦달은 남편이 하고 아내는 아궁이에 불을 지폈다. 이 닭을 닦달해서 푹 고아 차례 상에 올리도록 하여라.

단¹ 짚·땔나무·푸성귀 따위의 묶음. 또는 그것을 세는 단위. 뭇. ≒묶음. 다발. ¶파/ 열무 한 단. 단거리(단으로 묶은 땔나무), 단나무, 단추(단으로 묶은 푸성귀); 겨릅단(삼대를 묶은 단), 나뭇단, 날단거리, 낟단, 볏단, 보릿단, 삼단, 수숫단, 짚단, 통단(크게 묶은 단), 파단 들.

단² 옷의 끝 가장자리를 안으로 접어 붙이거나 감친 부분(옷단). ¶단접기, 단치마(단을 두른 치마); 검은단(검은빛으로 하는 단), 겹단, 기슭단, 끝단, 누운단(웃옷의 아랫단), 덧단, 딴단(다른 빛깔의 천으로 대는 단), 바짓단, 선단[93], 섶단, 스란단[94]/스란, 아랫단, 옷단, 입단(주머니를 만들 때 터진 부분에 덧대는 단), 치맛단, 허릿단, 홑단 들.

단(單) ①수(數)와 관련된 말 앞에 쓰여 '겨우. 단지'의 뜻을 나타냄. ¶단 하나밖에 없는 딸. 단 한 번. ②하나뿐인·홑. 한 덩어리. 복잡하지 아니하다. 단자(물목이나 사실을 죽 벌여 적은 종이)'를 뜻하는 말.↔복(複). ¶단가(單價)[단가표(表); 생산단가(生産), 예산단가(豫算)], 단가살이(單家), 단개(單個), 단거(單擧), 단거리[95], 단건(單件), 단걸음에, 단결정(單結晶), 단결합(單結合), 단고(單袴), 단과(單果;홑열매), 단과(單科), 단관(單官), 단관(單冠), 단관절(單關節), 단광(單光), 단교대(單交代), 단구(單球), 단구(單鉤), 단국지(單局地), 단굴절(單屈折), 단권(單卷), 단궤/철도(單軌/鐵道), 단극전위(單極電位), 단근(單根), 단금(單衾), 단급(單級), 단기(單記), 단기(單技), 단기(單機), 단기(單騎), 단기(單旗), 단기명(單記名), 단기투표(單記投票), 단기생(單寄生), 단능(單能), 단기통(單汽筒), 단당류(單糖類), 단대목/단목[섣달단대목], 단도(短刀), 단도(單刀;한 자루의 칼)[단도직입/적(直入/的)], 단도목(單都目), 단독(單獨;혼자)[96], 단동(윷놀이의 한 동)[단동나다, 단동무

---

86) 다지기: 고추, 마늘 따위를 함께 섞어 다진 양념.

87) 다툼(싸움): 다툼질/하다, 다툼하다; 권력다툼(權力), 말다툼, 말다툼질/하다, 먹이다툼, 선두다툼(先頭), 세력다툼(勢力), 아귀다툼(매우 심하게 하는 말다툼), 앞다툼, 어깨다툼, 영역다툼(領域), 자리다툼/질, 철다툼(철을 놓치지 아니하려고 서둘러 대는 일).

88) 더덕이: 어떤 물건에 더덕더덕 엉겨 붙어 있는 것. ¶때가 더덕이로 붙어 있다. 군더더기.

89) 닦은둥굴이: 옹이나 거친 것을 깎아 내고 반들반들하게 다듬은 둥굴이.

90) 닦아세우다: 남을 홀닦아 꼼짝 못하게 하다.≒다그치다. 닦달하다.

91) 홀닦다: 남의 허물을 들어 몹시 나무라다. 〈준〉닦다.

92) 집안닦달: 집 안을 깨끗이 치우는 일. ¶말끔하게 집안닦달을 하다.

93) 선단: ①홑두루마기의 앞섶이나 치마폭에 세로로 댄 단. ②문설주(門-柱).

94) 스란단: 금박 또는 금직(金織)으로 용의 무늬, 봉의 무늬, 꽃무늬를 놓아 치맛단으로 쓰는 천.

95) 단거리(單): ①다른 것은 없고 오직 그것 한가지뿐인 재료. ¶단거리서방(가장 마음에 드는 애부(愛夫). ②단벌. ¶단벌옷.

96) 단독(單獨): 혼자. 단 하나. ¶단독으로 처리하다. 단독강화(講和), 단독개념(槪念), 단독경제(經濟), 단독경영(經營), 단독기관(機關), 단독내각(內閣), 단독범(犯), 단독법원(法院), 단독상속(相續), 단독생활(生活), 단독

니, 단동불출(不出), 단동치기], 단동기관(單動機關), 단동식(單動式), 단량체(單量體), 단료(單寮), 단리/법(單利/法), 단마디, 단면(單面), 단마비(單痲痺), 단마치, 단막(單幕), 단망(單望), 단매, 단매소(한 마리의 소), 단명(單名), 단명수(單名數), 단명어음(單名), 단명하다(單明), 단모금, 단모음(單母音), 단문/고증(單文/孤證), 단물[97], 단발(單發), 단방(單方)[단방문(文), 단방약(藥)], 단방/에/치기(單放), 단방(單房), 단배(單拜), 단번/에(單番), 단벌/옷, 단변(單變), 단병(單兵), 단보(單步), 단복(單複), 단본(單本), 단본위/제(單本位/制), 단봇짐(單褓), 단봉(單峰), 단부(單付), 단분수(單分數), 단분자층(單分子層), 단비(單比), 단비례(單比例), 단사리별(單舍利別), 단사정계(單斜晶系), 단사형(單寫型), 단산(單産), 단살, 단삼(單衫;적삼), 단상교류(單相交流), 단색(單色)[단색광(光), 단색인쇄(印刷), 단색화(畵)], 단생보험(單生保險), 단석(單席), 단선/궤도(單線/軌道), 단선율(單旋律), 단설(單設), 단성(單性)[단성결실(結實), 단성생식(生殖), 단성잡종(雜種), 단성화(花)], 단성(單聲), 단세(單稅), 단세포(單細胞), 단속곳, 단손, 단수(單手), 단수(單數)[단수여권(旅券)], 단순(單純)[98], 단숨에, 단승/식(單勝/式), 단시조(單時調), 단시합(單試合), 단식(單式)[단식경기(競技), 단식부기(簿記), 단식인쇄(印刷), 단식화산(火山)], 단식구(單食口), 단식성(單食性), 단신(單身;홀몸)[단신복엽(複葉), 단신총(銃); 고독단신(孤獨), 혈혈단신(孑孑)], 단실(單室), 단심(單心), 단아(單芽), 단안(單眼), 단안경(單眼鏡), 단약하다(單弱), 단어(單語), 단여의(女衣), 단연고(單軟膏), 단열/기관(單列/機關), 단엽(單葉)[단엽기(機), 단엽함수(函數)], 단영(單營), 단용재(單用財), 단원(單元)[단원론(論), 단원학습(學習); 대단원(大), 소단원(小), 학습단원(學習)], 단원자(單原子), 단원제(單院制), 단위(單位)[99], 단음(單音)[단음문자(文字), 단음절어(單音節語)], 단음악(單音樂), 단의(單衣), 단익공(單翼工), 단일(單一)[100], 단자(單子)[사조단자(四祖), 사주단자(四柱), 택일단자(擇日)], 단자(單字), 단자방(單子房), 단자엽(單子葉), 단자예(單雌蕊), 단자음(單子音), 단작/농업(單作/農業), 단잔(單盞), 단전(單傳), 단정(單精), 단정/꽃차례/화서(單頂花序), 단조/롭다/하다(單調), 단족/국가(單族/國家), 단종선(單縱線), 단종진(單縱陣), 단좌(單坐), 단좌(單座), 단진동(單振動), 단진자(單振子), 단집합(單集合), 단짝/동무(매우 친하여 늘 함께 어울리는 사이), 단차(單差), 단참에/으로(單站), 단창(單窓), 단채유(單彩釉), 단청룡(單靑龍), 단체/분리(單體/分離), 단층/집(單層), 단칭(單稱)[단칭명제(命題), 단칭판단(判斷)], 단칸[←單間; 단칸방(房), 단칸살림, 단칸살이, 단칸집, 단칸짜리], 단칼에/로, 단타(單打), 단탁자(單卓子), 단탕건(單宕巾), 단통(그 때에 곧장. 거침없이), 단통총(單筒銃), 단틀(하나뿐인 기계), 단파의(單罷議), 단판(단 한 번에 승부를 내는 판), 단판/법(單板/法), 단판/화(單瓣/花), 단패/교군(單牌/轎軍), 단패(單覇), 단포(單胞), 단포의(單胞葯), 단포자(單胞子), 단표자(單瓢子), 단피화(單被花), 단학흉배(單鶴胸背), 단한하다(單寒), 단함(單銜), 단항(單桁), 단항/식(單項/式), 단해(한 해), 단핵(單核), 단행(單行)[단행범(犯), 단행법(法), 단행본(本)], 단행랑(單行廊), 단헌(單獻), 단현운동(單弦運動), 단형(單形), 단호흉배(單虎胸背), 단혼(單婚), 단화산(單火山), 단활차(單滑車); 간단(簡單), 고단(孤單), 명단(名單), 별단(別單), 삭단(朔單;朔茶禮), 수단(收單;단자를 거두어들임), 식단(食單), 예단(禮單), 유단(油單;기름에 결은 종이), 전단(傳單;삐라), 정단(呈單), 주단(柱單), 중단(中單), 채단(綵單) 들.

단(團) '그런 단체나 모임. 집단이나 무리. 뭉치다 · 모이다. 둥글다'를 뜻하는 말. ¶단가(團歌), 단결(團結)[101], 단광(團鑛), 단괴(團塊), 단란(團欒;썩 원만함)[단란지락(之樂), 단란하다; 일가단란(一家)], 단령(團領), 단배(團拜), 단비(團匪), 단산꽃차례(團繖), 단산화서(團繖花序), 단선(團扇), 단속(團束)[102], 단원(團員), 단원(團圓;결말)/대단원(大團圓), 단자(團子/餈)[103], 단장(團長), 단좌(團坐), 단지(團地)[104], 단체(團體)[105], 단취(團聚), 단합/심(團合/心),

---

일신(一身), 단독재판(裁判), 단독적(的), 단독점유(占有), 단독정당제(政黨制), 단독정범(正犯), 단독정부(政府), 단독제(制), 단독주택(住宅), 단독책임(責任), 단독판사(判事), 단독해손(海損), 단독행동(行動), 단독행위(行爲), 단독회견(會見).

97) 단물(單): 새로 지은 옷의, 처음 빨래할 때까지의 동안.

98) 단순(單純↔複雜): 복잡하지 않고 간단함. 외곬으로 숫됨. ¶구조가 단순하다. 꾸밈이 없는 단순한 성격. 단순가설(假說), 단순개념(槪念), 단순구조(構造), 단순노동(勞動), 단순단백질(蛋白質), 단순림(林), 단순명사(名辭), 단순명제(命題), 단순박자(拍子), 단순사건(事件), 단순사회(社會), 단순산술평균(算術平均), 단순성(性), 단순승인(承認), 단순어(語), 단순온천(溫泉), 단순유증(遺贈), 단순음(音), 단순음표(音標), 단순장(葬), 단순재생산(再生産), 단순지질(地質), 단순평균(平均), 단순화/되다/하다(化), 단순확산(擴散).

99) 단위(單位): 길이 · 넓이 · 무게 · 양 따위를 수치로 나타내기 위하여 계산의 기본으로 정해 놓은 기준.=하나치. 어떤 조직을 구성하는 데 기본이 되는 한 동아리. ¶단위계(系), 단위노동조합(勞動組合), 단위면적(面積), 단위벡터(vector), 단위부대(部隊), 단위상점(商店), 단위시간(時間), 단위원(圓), 단위원가(原價), 단위제(制), 단위조작(操作), 단위조합(組合), 단위체(體), 단위행렬(行列); 경제단위(經濟), 계량단위(計量), 과세단위(課稅), 구성단위(構成), 국제단위(國際), 기본단위(基本), 대단위(大), 무게단위, 보조단위(補助), 신경단위(神經;뉴런), 신단위(腎), 실용단위(實用), 원단위(原), 유도단위(誘導), 전략단위(戰略), 전자기단위(電磁氣), 절대단위(絶對), 질량단위(質量), 화폐단위(貨幣).

100) 단일(單一): 하나. 복잡하지 않음. 다른 것이 섞이지 아니함. ¶단일결합(結合), 단일경작(耕作), 단일경제(經濟), 단일구조(構造), 단일체계(體系), 단일국가(國家), 단일기계(機械), 단일물(物), 단일민족(民族), 단일성(性), 단일신/교(神/敎), 단일어(語), 단일정부(政府), 단일진자(振子), 단일팀(team), 단일화/되다/하다(化), 단일후보(候補).

101) 단결(團結): 한마음 한뜻으로 여러 사람이 하나로 뭉침.=단합(團合). ¶단결권(權), 단결되다/하다, 단결력(力), 단결성(性), 단결심(心); 대동단결(大同), 일치단결(一致).

102) 단속(團束): 주의를 기울여 단단히 다잡거나 보살핌. 법률 · 규칙 · 명령 따위를 어기지 않게 통제함. ¶애들 단속을 잘해야 한다. 단속을 벌이다. 업무를 단속하다. 교통 위반 차량을 단속하다. 단속강화(强化), 단속규정(規定), 단속규칙(規則), 단속되다/하다; 굿단속, 끝단속, 뒷단속, 몸단속, 문단속(門), 입단속, 집단속, 집안단속.

103) 단자(團子/餈): 찹쌀가루를 반죽하여 삶아 으깬 뒤에, 밤 · 팥 · 대추 등의 소를 넣고 둥글게 빚어 꿀을 발라 고물을 묻힌 떡.=경단. ¶감단자, 건시단자(乾柹), 백자단자(柏子;잣단자), 잣단자, 팥단자.

104) 단지(團地): 주택이나 공장 따위의 건물이나 시설을 계획적이고 집단적으로 조성한 일정 지역. ¶단지를 조성하다. 공업단지(工業), 농공단지(農工), 산업단지(産業), 연구단지(硏究), 유통단지(流通), 주산단지(主産), 주택단지(住宅), 출판단지(出版).

105) 단체(團體): 같은 목적으로 모인 두 사람 이상의 모임. ¶단체객(客), 단체경기(競技), 단체경주(競走), 단체교섭/권(交涉/權), 단체법(法), 단체보험(保險), 단체복(服), 단체상(賞), 단체연금(年金), 단체옷, 단체장(長), 단체적(的), 단체전(戰), 단체정신(精神), 단체주의(主義), 단체행동/권(行動/權), 단체협약(協約), 단체훈련(訓練); 가맹단체(加盟), 공공단체(公共), 공익단체(公益), 관변단체(官邊), 교섭단체(交涉), 교전단체(交戰), 구호단체(救護), 국제단체(國際), 기간단체(基幹), 노동단체(勞動),

단환(團環;둥근 문고리), 단회(團會;분위기가 좋은 모임); 가극단(歌劇團), 가무단(歌舞團), 간첩단(間諜團), 감사단(感謝團), 감시단(監視團), 강도단(强盜團), 개척단(開拓團), 갱단(gang團), 거류민단(居留民團)/민단(民團), 걸식단(乞食團), 견학단(見學團), 결단(結團), 경단(瓊團)[물경단, 수수경단, 오색경단(五色)], 경음악단(輕音樂團), 고문단(顧問團), 곡마단(曲馬團), 곡예단(曲藝團), 공단(工團), 공단(公團), 공명단(共鳴團), 공병단(工兵團), 공연단(公演團), 관광단(觀光團), 관현악(管絃樂), 광복단(光復團), 광정단(匡正團), 광한단(光韓團), 교단(敎團), 교수단(敎授團), 교향악단(交響樂團), 구단(球團), 구조단(救助團), 군단(軍團), 군비단(軍備團), 극단(劇團), 금융단(金融團), 기단(氣團), 기사단(騎士團), 기수단(旗手團), 기자단(記者團), 깡패단(gang牌), 내수단(內修團), 노인단(老人團), 논단(論壇), 답사단(踏査團), 대의원단(代議員團), 대표단(代表團), 동족단(同族團), 마적단(馬賊團), 마피아단(Mafia團), 무용단(舞踊團), 무장단(武裝團), 문단(文壇), 민단(民團), 민보단(民保團), 밀수단(密輸團), 반주단(伴奏團), 발광단(發光團), 발굴단(發掘團), 발레단(ballet團), 발색단(發色團), 방문단(訪問團), 백골단(白骨團), 범죄단(犯罪團), 변호인단(辯護人團), 보위단(保衛團), 봉사단(奉仕團), 분단(分團), 비적단(匪賊團), 비행단(飛行團)[전투비행단(戰鬪), 혼성비행단(混成)], 사단(社團), 사단(師團), 사기단(詐欺團), 사업단(事業團), 사열단(査閱團), 사절단(使節團), 사제단(司祭團), 사찰단(査察團), 상민단(商民團), 서커스(circus團), 선단(船團), 선거인단(選擧人團), 선수단(選手團), 성단(星團), 성운단(星雲團), 소녀단(少女團), 소년단(少年團), 소우주단(小宇宙團) 수단(水團), 수방단(水防團), 시찰단(視察團), 식단(食團), 실내악단(室內樂團), 악극단(樂劇團), 악단(樂團), 암살단(暗殺團), 야구단(野球團), 어단(魚團), 어선단(漁船團), 여단(旅團)[혼성여단(混成)], 여행단(旅行團), 연극단(演劇團), 연수단(硏修), 연주단(演奏團), 영단(營團), 예술단(藝術團), 외교단(外交團), 우승단(優勝團), 원외단(院外團), 원자단(原子團), 위문단(慰問團), 위원단(委員團), 유람단(遊覽團), 은하단(銀河團), 음악단(音樂團), 응원단(應援團), 의료단(醫療團), 의민단(義民團), 의열단(義烈團), 의용단(義勇團), 의장단(議長團), 이민단(移民團), 인수단(引受團), 일단(一團), 입단(入團), 자경단(自警團), 자문단(諮問團), 자위단(自慰團), 자치단(自治團), 작단(作壇), 장교단(將校團), 재단(財團), 쟁의단(爭議團), 전투단(戰鬪團), 절도단(竊盜團), 정상단(政商團), 조문단(弔問團), 조사단(調査團), 조색단(助色團), 종단(宗團), 주교단(主敎團), 주정단(舟艇團), 중주단(重奏團), 중창단(重唱團), 집단(集團), 차관단(借款團), 참관단(參觀團), 참관인단(參觀人團), 창단(創團), 청년단(靑年團), 축구단(蹴球團), 축하단(祝賀團), 취재단(取材團), 탐사단(探査團), 테러단(terror團), 퇴단(退團), 파견단(派遣團), 팥단자(團子), 평가단(評價團), 포단(蒲團;부들로 짜서 만든 방석), 폭력단(暴力團), 학군단(學軍團), 합주단(合奏團), 합창단(合唱團), 항의단(抗議團), 해단(解團), 해적단(海賊團), 혁신단(革新團), 협주단(協奏團), 형광단(螢光團), 호국단(護國團), 회장단(會長團), 흥사단(興士團) 들.

단(斷) '끊다. 끊어지다. 판단(判斷)'을 뜻하는 말. ¶단간(斷簡), 단견(斷見), 단결(斷決), 단결(斷結), 단경(斷經), 단곡(斷穀), 단교(斷交;교제를 끊음. 국교를 끊음), 단교(斷郊;교외를 가로질러 나감), 단교(斷橋;끊어진 다리), 단구(斷口;斷面), 단금(斷金)[106], 단금(斷琴;거문고의 줄을 끊음), 단념(斷念;품었던 생각을 아주 끊음), 단단무타(斷斷無他;오직 한 가지 신념으로, 결코 다른 마음이 없음), 단단상약(斷斷相約;서로 굳게 약속함), 단망(斷望), 단덕(斷德;번뇌를 끊어 남김이 없는 부처의 덕), 단두/대(斷頭/臺;기요틴), 단면(斷面)[107], 단멸(斷滅), 단미(斷尾), 단발(斷髮), 단방(斷房), 단불용대(斷不容貸;단연코 용서하지 아니함), 단산(斷産), 단상(斷想), 단선(斷線), 단속(斷續), 단수(斷水), 단식(斷食)[단식기도(祈禱), 단식동맹(同盟), 단식법(法), 단식재(齋), 단식투쟁(鬪爭)], 단악(斷惡), 단안(斷岸), 단안(斷案), 단애(斷崖), 단언하다(斷言), 단연(斷煙), 단연하다(斷然), 단열(斷熱)[단열변화(變化), 단열압축(壓縮), 단열장치(裝置), 단열재(材), 단열팽창(膨脹)], 단옥(斷獄), 단운(斷雲), 단음(斷音)[단음기호(記號), 단음주법(奏法)], 단음(斷飮), 단장(斷章)[단장적구(摘句), 단장취의(取義)], 단장(斷腸), 단재기(斷裁機), 단전(斷電;전기의 공급이 중단됨), 단전(斷箭;부러진 화살), 단절(斷折), 단절(斷切/截), 단절(斷絕;杜絕)[국교단절(國交), 외교단절(外交)], 단정(斷定;딱 잘라서 판단하고 결정함)[단정되다/하다, 단정적(的)], 단정(斷情), 단종/수술(斷種/手術), 단죄(斷罪), 단주(斷酒), 단주(斷奏), 단지(斷指), 단지(斷趾), 단초(斷礎), 단층(斷層)[108], 단편/적(斷片/的), 단편/잔간(斷編/殘簡), 단행(斷行;결단하여 실행함. 決行)/되다/하다, 단현(斷絃;줄이 끊어짐. 아내의 죽음), 단호하다(斷乎;딱 끊은 듯이 엄격하다), 단혼(斷魂;넋을 잃을 만큼 애통함); 간단(間斷), 감단(勘斷), 강단(剛斷), 검단(檢斷), 결단(決斷), 과단/성(果斷/性), 과단(科斷), 귀단(歸斷;일이 끝남), 금단(禁斷), 논단(論斷), 농단(壟斷), 독단(獨斷), 망단(妄斷), 망단(望斷), 명단(明斷), 무단(無斷), 무단(武斷), 부단(不斷), 분단(分斷), 성단(聖斷;임금의 판단), 세단(細斷), 속단(速斷), 속단(續斷), 신단(宸斷), 양단(兩斷), 억단(臆斷), 언어도단(言語道斷), 엄단(嚴斷), 영단(英斷), 예단(豫斷), 예단(叡斷), 오단(誤斷), 용단(勇斷), 용단(溶斷), 자단(自斷), 재단(裁斷)[재단기(機), 재단법(法), 재단사(師)], 전단(專斷), 전단(剪斷), 절단(切/截斷), 절단(絕斷), 점단(占斷), 종단(縱斷), 중단(中斷)[중단되다/하다; 시효중단(時效)], 즉단(卽斷), 직단면(直斷面), 진단(診斷), 차단(遮斷), 처단(處斷), 천단(擅斷), 청단(聽斷), 촌단

문화단체(文化), 민간단체(民間), 반도단체(叛徒), 범죄단체(犯罪), 비/영리단체(非/營利), 사사단체(私私), 사회단체(社會), 산하단체(傘下), 압력단체(壓力), 연구단체(硏究), 외곽단체(外廓), 임의단체(任意), 자선단체(慈善), 자치단체(自治), 정치단체(政治), 지방공공단체(地方公共), 지방자치단체(地方自治), 지역단체(地域), 지연단체(地緣), 직능단체(職能), 직업단체(職業), 친목단체(親睦), 학술단체(學術), 합법단체(合法), 혈연단체(血緣).

106) 단금(斷金): 쇠라도 자를 만큼 강하고 굳다는 뜻으로, 교분이 아주 두터움을 이르는 말. ¶단금우(友), 단금지계(契), 단금지교(交).

107) 단면(斷面): 물체의 잘린 면. 베어낸 면. 사물 현상의 부분적인 상태. ¶사회의 한 단면을 나타낸 사건. 소설은 인생의 단면도이다. 단면도(圖), 단면상(相), 단면선(線), 단면적(的); 수직단면(垂直).

108) 단층(斷層): 지각 변동으로 지층이 갈라져 어긋나는 현상. 또는 그런 지형. ¶단층각력(角礫), 단층곡(谷), 단층대(帶), 단층면(面), 단층분지(盆地), 단층산맥(山脈), 단층선(線), 단층애(崖), 단층운동(運動), 단층지괴(地塊), 단층지형(地形), 단층촬영(撮影;검사하고자 하는 곳의 단면만을 엑스선으로 찍은 사진), 단층해안(海岸), 단층호(湖).

(寸斷), 추단(推斷), 칙단(勅斷), 파단(破斷), 판단(判斷), 편단(偏斷), 하단(夏斷;하안거 동안 부정한 음식을 먹지 아니하는 일), 할단(割斷), 확단(確斷), 획단(劃斷), 횡단하다(橫斷) 들.

단(短) ①'짧다. 허물 · 결점'을 뜻하는 말.↔장(長). ¶단가(短歌), 단각과(短角果)/단각(短角), 단간(短簡), 단갈(短碣), 단거리(短距離)[단거리경주(競走), 단거리선수(選手)], 단검(短劍), 단견(短見;짧은 생각이나 의견), 단경(短徑;短軸), 단경(短頸;짧은 목), 단경(短檠), 단계(短計;얕은 꾀), 단고(短袴;짧은 바지), 단곡(短曲), 단골(短骨), 단공(短笻), 단과지(短果枝), 단구(短句), 단구(短晷), 단구(短軀), 단귀틀, 단기(短氣;성질이 너그럽지 못하고 조급함), 단기(短期)[109], 단기간(短期間), 단과지(短果枝), 단귀틀, 단념(短念), 단도(短刀), 단두(短頭), 단락(短絡), 단려(短慮), 단록(短麓;길지 아니한 산기슭), 단명구(短命句), 단메(短袂), 단모(短毛), 단문(短文), 단반경(短半徑), 단발(短髮), 단병(短兵;짧은 병기), 단삼도(短三度), 단삼화음(短三和音), 단상(短喪), 단섬광(短閃光), 단섬유(短纖維), 단소하다(短小), 단소(短所), 단소(短簫), 단송(短訟), 단수(短袖), 단수(短壽), 단수로(短水路), 단시(短視), 단시(短詩), 단시(短蓍), 단시간(短時間), 단시일(短時日), 단시조(短時調), 단신(短身;작은 키), 단신(短信;짤막하게 전하는 소식), 단야(短夜;여름날의 짧은 밤), 단업(短業), 단여(短欐), 단연(短椽), 단음(短音), 단음계(短音階), 단음정(短音程), 단음표(短音標), 단의(短衣), 단일/식물(短日/植物), 단자(短資)[단자시장(市場), 단자회사(會社)], 단자낭(短子囊), 단장(短長), 단장(短杖), 단장(短牆), 단장궁(短長弓), 단장술(短杖術), 단장정(短長亭), 단재(短才), 단저[←短笛], 단전(短箋), 단전(短箭), 단전타음(短前打音), 단절(短折), 단점(短點), 단정(短艇), 단조(短調), 단주(短珠), 단주기(短週期), 단죽(短竹), 단지(短枝), 단지(短智), 단지증(短指症), 단찰(短札), 단창(短槍), 단처(短處), 단척(短尺), 단첨(短檐), 단청판(短廳板), 단촉/꺾쇠(短鏃), 단촉하다(短促), 단총(短銃), 단축(短軸), 단축(短縮)[110], 단침(短針), 단타(短打), 단파(短波)[단파방송(放送), 단파요법(療法)], 단파장(短波長), 단편(短篇), 단편(短鞭), 단평(短評), 단필(短筆), 단화(短話), 단화(短靴); 기단(氣短), 수단(壽短), 장단(長短), 절장보단(絕長補短), 천단하다(淺短), 최단(最短), 훼단(毁短). ②화투에서, 정해진 띠를 석 장 갖추어 이루어지는 약. ¶청단(靑短), 홍단(紅短) 들.

단(端) '끝. 실마리. 바르다'를 뜻하는 말. ¶단경(端境), 단계석(端溪石), 단계연(端溪硯), 단뇌(端腦), 단려(端麗), 단말(端末), 단말기(端末機), 단문(端門), 단서(端緖;일의 시초. 실마리. 끄트머리), 단수(端數), 단아하다(端雅;단정하고 아담하다), 단엄(端嚴), 단엄침중(端嚴沈重), 단역(端役↔主役), 단예(端倪;일의 시초와 끝), 단오(端午)[111], 단월(端月), 단인(端人;단정한 사람), 단자(端子;전기 회로의 끝)[단자전압(電壓)], 단장(端裝), 단적/으로(端的), 단정(端正), 단정(端整;깔끔함), 단좌(端坐), 단주(端舟), 단주(端舟;작은배), 단주(端株), 단중하다(端重), 단판(端板); 골단(骨端), 극단(極端)[극단론자(論者), 극단적(的); 양극단(兩)], 남단(南端), 다단(多端), 동단(東端), 만단(萬端), 말단(末端), 무단히(無端), 발단(發端), 백단(百端), 병단(兵端), 북단(北端), 사단(四端), 사단(事端), 삼단(三端)[112], 상단(上端), 서단(西端), 선단(先端), 설단(舌端), 양단(兩端), 언단(言端), 의단(疑端), 이단(異端), 일단(一端), 쟁단(爭端), 전단(前端), 전단(戰端), 종단(終端), 지단(肢端), 천서만단(千緖萬端), 첨단(尖端), 첨단(檐端;처마 끝), 타단(他端), 폐단(弊端), 필단(筆端), 하단(下端), 후단(後端), 흔단(釁端), 흠단(欠端) 들.

단(壇) 높직한 자리. 장소. 사회. 뜰. ¶단을 쌓다. 그가 단에 오르자 우레 같은 박수 소리가 터져 나왔다. 단배(壇排), 단상(壇上), 단소(壇所), 단하(壇下), 단향목(檀香木); 강단(講壇), 계단(戒壇), 교단(校壇), 교단(敎壇), 극단(劇壇), 기단(基壇), 기단(棋壇), 기우단(祈雨壇), 논단(論壇), 돌단(돌로 쌓아 만든 제단), 등단(登壇), 문단(文壇), 배단(拜壇), 불단(佛壇), 사단(社壇), 사단(詞壇), 사직단(社稷壇), 산왕단(山王壇), 상단(上壇), 서낭단, 서단(西壇), 석단(石壇), 성단(聖壇), 수미단(須彌壇), 시단(詩壇), 신단(神壇), 신중단(神衆壇), 악단(樂壇), 야단법석(野壇法席), 언단(言壇), 연단(演壇), 영단(靈壇), 제단(祭壇), 조왕단(竈王壇), 창작단(創作壇), 충혼단(忠魂壇), 칠성단(七星壇), 토단(土壇), 평단(評壇), 하단(下壇), 행단(杏壇), 화단(花壇), 화단(畵壇), 황단(荒壇;거칠어진 뜰) 들.

단(丹) '붉다. 뜨겁다. 정성스럽다'를 뜻하는 말. ¶단각(丹殼), 단구(丹丘;신선이 산다는 곳), 단념(丹念), 단독(丹毒)[113], 단동(丹銅), 단봉조양(丹鳳朝陽), 단사(丹砂), 단사자리(丹絲;오라로 묶였던 자국), 단색(丹色;붉은색), 단서(丹書), 단성(丹誠;거짓이 없는 참된 정성), 단순/호치(丹脣/皓齒), 단심(丹心), 단악(丹堊), 단장(丹粧)[114], 단전(丹田)[단전호흡(丹田); 삼단전(三;上中下)], 단정(丹精;丹誠), 단정학(丹頂鶴), 단조(丹鳥), 단주(丹朱), 단청(丹靑)[115], 단충(丹忠), 단충(丹衷), 단칠(丹漆), 단풍(丹楓)[단풍나무, 단풍놀이, 단풍잎;꾀꼬리단풍(노란 단풍)], 단필정죄(丹筆定罪), 단하(丹霞), 단혈(丹穴); 모란(牧丹), 선단(仙丹), 연단(煉丹), 연단(鉛丹), 주단(朱丹), 철단(鐵丹) 들.

---

109) 단기(短期↔長期): 짧은 기간. ¶단기거래(去來), 단기공채(公債), 단기국채(國債), 단기금융(金融), 단기대출(貸出), 단기사채(社債), 단기시효(時效), 단기신용(信用), 단기신탁(信託), 단기어음, 단기자본(資本), 단기적(的), 단기전(戰), 단기채(債), 단기채권(債券), 단기채권거래(債券去來)/단기거래(去來).

110) 단축(短縮): 시간이나 거리 따위가 짧게 줄어듦. 또는 그렇게 줄임.↔연장(延長). ¶공사 기간 단축. 단축노동(勞動), 단축되다/하다, 단축마라톤, 단축수업(授業), 단축키(key), 단축향사(向斜;폭이 넓고 길이가 짧은 향사); 공기단축(工期), 조업단축(操業).

111) 단오(端午): 음력 5월 5일. 수릿날. ¶단오굿, 단옷날, 단오놀이, 단오떡, 단오마늘, 단오부적(符籍), 단오부채, 단오빔, 단오장(粧), 단오절(節), 단오첩(帖).

112) 삼단(三端): 군자가 피하여야 할 세 가지의 끝. 곧, 문사(文士)의 붓끝, 무사의 칼끝, 변사(辯士)의 혀끝.

113) 단독(丹毒): 헌데나 다친 곳에 연쇄상 구균이 들어가 생기는 급성 전염병.

114) 단장(丹粧): 화장을 하고 머리나 옷차림 따위를 매만져서 맵시 있게 꾸밈. 손을 대어 산뜻하게 꾸밈. ¶모처럼 단장하신 어머님의 고운 자태. 새로 단장한 집. 단장고(사냥하는 매의 몸에 꾸미는 치장), 단장되다/하다(손을 대어 산뜻하게 하다), 단장품(品); 꽃단장, 뒷단장, 몸단장, 칠보단장(七寶).

115) 단청(丹靑): 집의 벽 · 기둥 · 천장 같은 데에 여러 가지 빛깔로 그림과 무늬를 그림. 또는 그 그림이나 무늬. ¶새로 단청한 고궁. 단청집; 모루단청(머리초에만 그린 단청), 오색단청(五色), 오토단청(五土丹靑).

단(段) 인쇄물 지면(紙面)의 구획. 계단·층층대. 문장·이야기 등의 한 토막. 바둑·태권도·유도·검도의 등급. 방법. ¶단계(段階)[단계적(的); 해성단계(海成)], 단구(段丘), 단락(段落)[단락짓다(마무리하다); 일단락(一), 한단락], 단바둑, 단보(段步)[116], 단수(段數), 단지(段地); 계단(階段), 고단(高段), 다단(多段), 문단(文段), 별단(別段), 분단(分段), 상단(上段), 석단(石段), 수단(手段), 승단(昇段), 악단(樂段), 유단자(有段者), 일/ 이/ 삼단, 전단(全段), 전단(前段), 제자단(梯子段), 중단(中段), 지단(地段), 초단(礎段), 초단(初段), 특단(特段), 하단(下段), 후단(後段) 들.

단(緞) '비단(명주실로 짠 피륙)'을 뜻하는 말. ¶단자(緞子); 공단(貢緞), 꾸민단[117], 능단(綾緞), 대단/치마(大緞), 모본단(模本緞), 문단(紋緞), 비단(緋緞), 사단(絲緞), 수단(繡緞), 양단(洋緞), 양색단(兩色緞), 예단(禮緞), 우단(羽緞), 원단(原緞), 월광단(月光緞), 융단(絨緞), 주단(紬緞), 주단(綢緞), 채단(采緞), 채단(綵緞), 필단(疋緞), 한단(漢緞), 호박단(琥珀緞) 들.

단(但) ①예외나 조건이 되는 말을 인도할 때 쓰이어 '다만'의 뜻을 나타내는 접속부사. ¶무엇을 해도 좋다. 단, 담배는 피우지 마라. ②다른 것이 아니라 바로 그것만. ¶일금 만원 정. 단, 책 한 권 대금으로 영수함. 단돈(아주 적은 돈), 단서(但書), 단지(但只); 비단(非但) 들.

단(鍛) '쇠를 불리다(단련하다)'를 뜻하는 말. ¶단강(鍛鋼), 단공(鍛工)[단공로(爐), 단공장(場)],단금(鍛金), 단련(鍛鍊), 단압(鍛壓;금속 재료를 압연함), 단야(鍛冶;금속을 달구어 벼림. 대장일), 단접(鍛接), 단조(鍛造), 단철(鍛鐵;쇠를 불림); 가단성(可鍛性), 가단주철(可鍛鑄鐵), 능단(綾緞), 사라능단(紗羅綾緞), 연단(鍊鍛) 들.

단(檀) '박달나무'를 뜻하는 말. ¶단가(檀家), 단도(檀徒), 단목(檀木), 단향목(檀香木); 백단유(白檀油), 백단향(白檀香), 자단(紫檀), 전단(栴檀), 진단(震檀;우리나라), 황단(黃檀), 흑단(黑檀) 들.

단(旦) '아침. 첫날'을 뜻하는 말. ¶단모(旦暮), 단석(旦夕); 계단(戒旦;이른 아침), 명단(明旦), 세단(歲旦), 원단(元旦), 월단(月旦), 일단(一旦)[118], 정단(正旦), 조단(早旦), 효단(曉旦), 힐단(詰旦) 들.

단(蛋) '새의 알'을 뜻하는 말. ¶단백(蛋白)[단백광(光), 단백뇨(尿), 단백색(色), 단백석(石), 단백유(乳), 단백질(蛋白質)[119]], 단황(蛋黃); 지단(←鷄蛋) 들.

단(簞) '도시락'을 뜻하는 말. ¶단사(簞食)[단사두갱(豆羹), 단사표음(瓢飮), 단사호장(壺漿)], 단표/누항(簞瓢/陋巷); 표단(瓢簞) 들.

단(袒) '웃통을 벗음'을 뜻하는 말. ¶단갈(袒褐;옷을 어깨에 엇맴), 단견(袒肩); 우단(右袒), 좌단(左袒;남을 편듦) 들.

116) 단보(段步): 땅(논·밭)의 넓이 300평을 나타내는 단위. 1/10정보. ¶단보당 수확량.

117) 꾸민단: 뜨개질에서, 여러 가지 무늬를 넣어 뜬 가장자리.

118) 일단(一旦): ①한번. 우선 먼저. ¶일단 만나 보다. ②우선 잠깐. ¶하던 일을 일단 중지하고 내 말을 들어라.

119) 단백질(蛋白質): 단백질액(液); 경단백질(輕), 고단백질(高), 단순단백질(單純), 당단백질(糖), 복합단백질(複合), 비단백질(非), 유도단백질(誘導), 핵단백질(核).

단(湍) '여울. 빨리 흐르다'를 뜻하는 말. ¶단류(湍流); 격단(激湍), 급단(急湍), 비단(飛湍) 들.

단골[1] 늘 정해 놓고 거래하는 곳. 또는 그 사람. ¶저 손님은 우리 식당 단골이다. 단골가게, 단골고객(顧客), 단골말(늘 정해 놓고 하는 말), 단골무당, 단골서리(書吏), 단골섬김(무당이 단골집을 위하여 치성을 드리는 일), 단골소리(늘 정하여 놓고 하는 타령), 단골손님(↔뜨내기손님), 단골집; 안단골(巫女), 재인단골(才人) 들.

단골[2] ①기와집 지붕을 일 때에 쓰는 반 동강이 기와. ②도리에 얹힌 서까래와 서까래의 사이. ¶단골마루(아래층 지붕의 위에 있는 마루), 단골맞춤(꼭 맞아떨어짐), 단골벽(壁;서까래 사이에 바른 벽), 단골판(板;서까래와 서까래 사이 곧, 단골을 막는 널빤지).

단군(檀君) 한국 민족의 시조로 받드는 태초의 임금. ¶단군교(敎), 단군기원(紀元)/단기(檀紀), 단군신화(神話), 단군왕검(王儉), 단군조선(朝鮮).

단나 중이나 절에 물건을 바침. 시주(施主).[←檀/旦那←dāna)〈범〉].

단단-하다 ①외부의 작용에 의해서 모양이나 구조가 쉽게 변하지 않고 매우 굳다.↔무르다. ¶단단한 돌. 단단한 땅에 물이 괸다. ②속이 차서 야무지다. ¶배추가 속이 차서 단단하다. 살림이 단단하다. ③사람이 야무지고 몸이 튼튼하다.↔약하다(弱). ¶보기보다 몸이 단단하다. 단단한 체구. 매단단하다(야무지고 단단하다). ④헐겁거나 느슨하지 아니하다. 보통 정도보다 더하다. ¶단단하게 묶다. 단단히 책임을 추궁하다. 〈큰〉든든하다[120]. 〈센〉딴딴하다. 탄탄하다.

단말마(斷末魔) 숨이 끊어질 때의 모진 괴로움. 죽을 때. 임종(臨終).[←marman(急所)〈범〉]. ¶단말마의 비명을 지르다. 단말적(的).

단박(에) 그 자리에서 바로. 단번에 곧. 곧바로. ¶단박 먹어치우다. 단박에 그를 알아보다.

단장고 사냥하는 매의 몸에 꾸민 치장.

단장목 예전에, 죄인을 고문하는 데 쓰던 몽둥이.

단지 목이 짧고 배가 부른 자그마한 항아리. '항아리 모양'을 뜻하는 말. ¶단지곰[121]; 고물단지(古物), 고추장단지(醬), 골비단지(늘 병으로 골골거리는 사람), 굽단지(굽이 달린 단지), 꽃단지, 꿀단지, 눈물단지(울보), 돌단지(돌로 만든 단지), 뜸단지[122], 목단지,

120) 든든하다: ①'단단하다'보다 큰말.≒강하다. 튼튼하다(≒탄탄하다.↔약하다). 야무지다. ②마음이 허전하지 아니하고 미덥다.≒허전하다. ¶네가 옆에 있으니 든든하다. 든든수(준비를 든든히 하는 것). ③음식을 먹어 배가 부르다. ¶아침을 든든하게 먹고 떠나라. 밥을 먹었더니 속이 든든하다. ④추위 따위의 어려움을 견디기에 넉넉하다. ⑤날씨가 차니 옷을 든든하게 입고 나가거라. 〈센〉뜬뜬하다.

121) 단지곰: ①닭이나 구렁이 따위를 단지에 넣고 하는 곰. ②무고한 사람을 일정한 곳에 가둬 놓고 쉼 없이 엇갈아 들면서 핍박하여 억지로 자백을 받아내는 것. ¶단지곰하다.

122) 뜸단지: 부스럼의 고름을 빨아내려고 부항을 붙이는 데 쓰는 자그마한 단지.

ㄷ

문어단지(文魚;문어를 잡기 위한 단지), 반찬단지(飯饌), 부항단지(附缸;뜸단지), 불단지(불을 담는 단지), 뼈단지, 세존단지(世尊;할매단지), 솥단지, 신줏단지(神主), 아단단지(소이탄 같은 폭발물), 애물단지, 야발단지(야살스럽고 되바라진 사람), 약단지(藥), 얌전단지(성품이나 태도가 침착하고 단정한 사람), 오지단지, 요물단지(妖物;요사스러운 물건이나 여자), 용단지(龍;복을 비는 뜻에서, 벼를 넣어 다락에 모시는 단지), 조상단지(祖上), 할매단지 들.

ㄷ

단추 옷고름이나 맞대고 매는 끈 대신 쓰는 제구. ¶단추를 끼우다. 단춧고리/단춧고[123], 단추구멍; 갈고리단추, 개씹단추[124], 걸단추(걸어 채우게 된 단추), 겉단추, 꽈리단추(매듭단추), 누름단추(눌러서 신호를 보내는 장치), 똑딱단추, 맞단추, 매듭단추, 맺음단추, 목단추(세운 깃에 다는 단추), 받침단추(겉단추를 받쳐 주는 작은 단추), 사기단추(砂器), 속단추, 수단추, 수정단추(水晶), 암단추, 양복단추(洋服), 자개단추(자개를 박아서 만든 단추), 자물단추(똑딱단추), 잠금단추, 청동단추(青銅), 호박단추 들.

단출-하다 식구나 구성원이 많지 않아 홀가분하다. 옷차림이나 가진 물건 따위가 간편하다.≒가볍다. 홀가분하다. ¶가족이 단출하다. 단출한 옷차림. 단출히 살아가는 부부. 단출내기(식구가 없어 홀가분한 사람).

닫(다)[1] 빨리 가거나 오거나 하다. 달리다[125]. ¶닫는 말에도 채를 친다. 달아나다[126], 달아지나다(빠른 걸음으로 지나가다), 달음(달리는 일)[달음박질/달음질, 달음박질치다/하다], 다람쥐(←닫(다)+암이+쥐); 가로다지[127], 가로닫다(샛길로 질러 달리거나 빨리 걷다), 내닫다(냅다 달리다. 내리달리다), 내달리다, 내리닫다(아래로 향해 뛰다), 내리닫이[1](뒤를 터 똥오줌을 누리게 편리하게 만든 어린아이의 옷), 내리닫이[2](위아래로 오르내려서 여닫게 창), 뒤닫다/달리다, 들이닫다(몹시 빨리 달리다), 맞달리다(서로 마주 달리다), 말달리다(말을 타거나 몰고 달리다), 올리닫다(위로 향하여 달리다), 이어달리다, 잔달음(바삐 뛰는 걸음)/질, 줄달음/치다, 줄달음질/하다, 짓달리다, 치닫다, 한달음, 휘달리다(빨리 달아나다. 시달리다). ☞ 주(走).

닫(다)[2] ①열려 있는 것을 도로 제자리에 가게 하다.≒걸다.↔열다. ¶창문을 닫다. ②입을 다물다.≒닥치다[1][128]. ③경영하던 사업 따위를 하지 아니하거나 아주 그만 두다.≒폐업하다(閉業). ¶경영난으로 공장 문을 닫다. 닫아걸다(닫고 잠그다), 닫치다(힘주어 닫다), 닫히다(닫음을 당하다. 입이 굳게 다물게 되다), 닫힌-[129]; 가로닫이(가로로 여닫게 된 창문), 내리닫이, 미닫이, 반닫이(半), 벼락닫이(위짝은 고정시키고 아래짝만 여닫게 된 창), 여닫다, 여닫이, 외다지, 처닫다(함부로 거칠게 닫다. 빈틈없이 굳게 닫다). ☞ 폐(閉).

달[1] ①지구의 위성. 햇빛을 반사하여 밤에 밝은 빛을 냄. '달 모양의'를 뜻하는 말. ¶달이 뜨다. 달가림(월식), 달구경, 달그림자, 달기둥[130], 달꼴, 달나라, 달넘이(달이 막 지는 무렵↔달돋이), 달님, 달덩어리, 달덩이, 달돋이, 달동네[131], 달떡(달 모양으로 만든 흰떡), 달마중(=달맞이)/하다, 달맞이/하다, 달맞이꽃, 달무늬, 달무리[132], 달물결(달빛이 은은히 비낀 물결), 달밑(솥 밑의 둥근 부분), 달밤, 달밟이, 달붓기[월불(月拂)], 달빛, 달안개(달밤에 뜨는 안개), 달자라(달과 자라처럼 인연이 멂), 달집[133], 달차(車), 달항아리; 갈고리달[134], 그믐달, 눈썹달, 다음달, 둥근달, 반달(半)[135], 보름달, 상현달(上弦), 새벽달, 손톱달, 온달, 으스름달[136], 조각달, 지새는달[137], 초승달, 하현달(下弦). ②한 해를 12로 나눈 것의 하나. 또는 그것을 세는 단위. ¶한 달 동안 휴가를 가다. 달가시다(부정하던 달이 지나가다), 달거리, 다달이, 달돈(다달이 얼마씩 치르는 돈), 달력(曆), 달마다, 달머슴(달을 단위로 하는 머슴살이), 달물(매달 물장수에게 값을 치르고 쓰는 물), 달바기(낳은 지 1년도 채 안 된 아이), 달변(邊), 달삯[월급(月給)], 달셈, 달소수[138], 달수(數), 달장[-짜](날짜로 거의 한 달 동안), 달장근(將近;지나간 기간이 거의 한 달 가까이 됨), 달첩/질(妾), 달치기, 달포, 달품이, 달품/팔이; 남의달[139], 내달(來), 다음달, 동짓달(冬至), 둥근달, 막달(밴 아이를 낳을 달), 매달(每), 반달(半), 산달(産), 새달(다음달), 섣달, 액달(厄;운수가 사나운 달), 윤달(閏), 작은달, 전달(前), 제달, 지난달, 지지난달, 큰달, 평달(平), 해산달(解産), 훗달(後). ☞ 월(月).

달[2] 종이 연을 만드는 데 쓰는 가는 대오리.=살. ¶귓달[140], 꽁숫달, 머릿달(종이 연의 머리에 붙인 대), 반달연(半鳶), 연달(鳶), 쪽반달, 청반달(青半), 허릿달(연의 허리에 가로 붙이는 대오리) 들.

달[3] 못이나 강가에 나는 벼과의 여러해살이풀. 갈대와 비슷함. 달

123) 단춧고리: 단추를 꿰기 위하여 헝겊 따위로 만들어 단 고리.
124) 개씹단추: 헝겊 조각을 좁게 접거나 둥글게 오려서 감친 다음 쪽찐 머리 모양으로 만들어 적삼 따위에 다는 단추.
125) 달리다: 닫게 하다. 걷는 것보다 빠르게 뛰어가다. ¶말을 달리다. 달려가다/오다, 달려나가다, 달려들다(덤비다. 끼어들다. 대들다), 달려오다, 달리기; 내달리다, 치달리다.
126) 달아나다: ①빠르게 뛰어 멀어지는 상태가 되다.≒도망가다(逃亡). 뛰어가다. 내빼다. ¶쏜살같이 달아나다. 범인이 달아났다. ②본디 달려 있던 것이 떨어져 나가거나 사라져 없어지다. ¶옷고름이 달아난 저고리. ③어떠한 의욕이나 욕심 따위가 사라지다. ¶잠이 달아나다. 하고 싶은 생각이 달아나다.
127) 가로다지: ①가로로 된 방향. ②어떠한 것을 가로지른 물건.
128) 닥치다[1]: 입을 다물다. 말을 그치다. 입 닥쳐.
129) 닫힌-: 닫힌계(系), 닫힌구간(區間), 닫힌넋(↔열린넋;개방 · 창조 정신), 닫힌도덕(道德), 닫힌사회(社會), 닫힌집합(集合), 닫힌회로(回路).
130) 달기둥: 달이 물 위에 비칠 때 물결로 말미암아 길어진 달그림자.
131) 달동네: 산등성이나 산비탈 따위의 높은 곳에 가난한 사람들이 모여 사는 마을.
132) 달무리: 달 언저리에 둥그렇게 생기는 그름 같은 허연 테. 월훈(月暈). ¶달무리가 서다/ 지다.
133) 달집: 음력 정월 보름날 달맞이를 할 때, 불을 질러 밝게 하기 위하여 생솔 가지 따위를 묶어 집채처럼 쌓은 무더기.
134) 갈고리달: 초승달 · 그믐달처럼 갈고리 모양으로 몹시 이지러진 달.
135) 반달(半): 반달꼴, 반달꽂이, 반달낫, 반달눈, 반달눈썹, 반달말(녹조류 가운데 접합조류), 반달무늬, 반달문(門), 반달배미, 반달빗, 반달송곳, 반달썰기, 반달연(鳶), 반달자(반달 모양의 자), 반달칼, 반달홈; 홍반달(紅).
136) 으스름달: 으슴푸레한 빛이 비치는 달. 해가 진 다음이나 뜨기 전의 어슬녘에 뜨는 달(어스름달). ¶으스름달밤.
137) 지새는 달: 먼동이 튼 뒤 서쪽 하늘에 보이는 달. 또는 음력 보름 무렵의 달.
138) 달소수: 한 달이 조금 지나는 동안.
139) 남의달: 해산할 달의 그 다음달. ¶남의달잡다(아이를 남의달에 낳게 되다).
140) 귓달: 연의 네 귀에 x표 모양으로 얼러서 붙이는 가는 댓개비.

뿌리풀/달풀. ¶달대¹, 달바자(달풀로 엮어서 만든 울타리용 바자), 달발(달풀로 엮어서 만든 발), 달밭, 달자리, 달풀, 달품(달풀의 꽃이삭) 들.

-달 '땅. 곳(장소)'을 이르는 말. ¶난달[141], 박달(밝은 곳), 배달/겨레, 비탈(←빗ㄱ+달), 산달(山;산으로 된 지형)/밭, 아사달(단군조선 개국 때의 국도), 양달(陽), 응달(←음(陰)).

달(達) '막힘이 없이 두루 미치다. 출세하다. 이르다. 능숙하다. 올리다. 명령을 전하다'를 뜻하는 말. ¶달견(達見;사리에 밝은 견문과 학식. 達識), 달관(達官;높은 벼슬이나 관직. 達僚), 달관(達觀)[142], 달기(達氣;활달하고 명랑한 기운. 장차 귀하게 될 기세), 달덕(達德;사람이 마땅히 지녀야 할 덕), 달도(達道;도에 통달함), 달론(達論;사리에 맞는 의논), 달리(達理), 달문(達文), 달변/가(達辯/家), 달본(達本), 달사(達士;이치에 밝아서 사물에 얽매여 지내지 않는 사람)[지인달사(至人)], 달사(達師;널리 사리에 통달한 스승), 달사(達辭;명백하게 뜻이 통한 말), 달상(達相;장차 귀하고 높이 될 상), 달성(達成;뜻한 바를 이룸)[달성도(度), 달성되다/하다], 달소(達宵;達夜), 달식(達識;達見), 달야(達夜;밤을 새움), 달예(達禮;널리 통용되는 예절. 예의에 통달함), 달의(達意), 달인(어떤 분야에 통달한 사람)/대관(大觀), 달자(達者;達人), 달작(達作;뛰어난 작품. 傑作), 달재(達才), 달존(達尊;세상 사람 모두가 존경할 만한 사람), 달통(達通;사리에 정통함), 달팔십(達八十), 달필(達筆↔惡筆), 달하다(일정한 정도나 양에 이르다), 달효(達孝;지극한 효도); 겸달(兼達), 계달(啓達), 궁달(窮達), 도달(到達), 도달(導達), 득달(得達), 만달(晚達;늙은 나이에 벼슬이나 명망이 높아짐), 매달(媒達), 명달(明達), 문달(聞達)[불구문달(不求)], 미달(未達), 민달(敏達), 박달(博達), 발달(發達), 배달(配達), 배달(倍達), 사달(四達), 사통팔달(四通八達), 상달(上達), 선달(先達), 속달(速達), 송달(送達), 숙달(熟達), 시달하다(示達), 식달(識達), 엄달(嚴達), 연달(練/鍊達), 영달(令達), 영달(英達), 영달(榮達), 욕속부달(欲速不達), 용달(用達), 전달(傳達), 조달(早達), 조달(調達), 주달(奏達), 직달(直達), 진달(進達), 집달/관(執達/官), 창달(暢達), 통달하다(通達), 특달하다(特達), 품달(稟達), 하달(下達), 하달지리(下達地理), 현달(賢達), 현달(顯達), 활달(豁達)[활달대도(大度), 활달하다] 들.

달(疸) '황달(간장이 허약하여 일어나는 병)'을 뜻하는 말. ¶달병(疸病), 달증(疸症); 곡달(穀疸), 색달(色疸), 여로달(女勞疸), 우달(疣疸), 주달(酒疸), 채달(菜疸), 황달(黃疸)[황달병(病); 신생아황달(新生兒)], 흑달(黑疸) 들.

달(撻) '매질하다'를 뜻하는 말. ¶달벌(撻罰), 달욕(撻辱;종아리를 때려서 욕을 보임), 달초(撻楚)[143]/하다; 편달(鞭撻) 들.

달(獺) '수달'을 뜻하는 말. ¶달제어(獺祭魚)[144]; 산달(山獺), 수달(水獺), 해달(海獺) 들.

달(韃) '오랑캐'를 뜻하는 말. ¶달단(韃靼;몽고족의 한 갈래), 달자(韃子;오랑캐).

달(怛) '슬프다. 놀랍다'를 뜻하는 말. ¶달상하다(怛傷;슬프고 애처롭다), 달연(怛然;깜짝 놀라는 모습).

달([illegible]) '부르트다'를 뜻하는 말. 껍질이 살갗에서 벗겨져 있는 상태.

달가니 강이나 바다 같은 곳에서 갑자기 푹 빠져 깊은 곳. ¶시퍼런 달가니에서 소용돌이 하는 물.

달가닥 단단하고 작은 물건이 가볍게 부딪치거나 걸릴 때에 나는 소리. 〈준〉달각[145]. 〈큰〉덜거덕/덜걱. 〈센〉달까닥/달깍. 딸가닥/딸각. 딸까닥/딸깍. 〈큰·센〉떨거덕/떨꺽. 〈거〉탈카닥/탈칵. ¶들창 닫는 소리가 달가닥 나다. 달가닥·달까닥·딸가닥·딸까닥·덜거덕·덜꺼덕·떨거덕·떨꺼덕·달카닥/달칵·덜커덕/덜컥·탈카닥/탈칵·털커덕/털컥거리다/대다, 달가당[146], 달그락/달강[147], 달그랑[148] 들.

달구 집터 따위를 다지는 데 쓰는 연장. ¶달구꾼, 달구노래, 달구놀이, 달굿대[나무달굿대], 달구비(달구처럼 굵게 죽죽 내리는 비), 달구질[달구질소리, 달구질패, 달구질하다]; 돌달구, 목달구(木), 손달구(자그마한 달구), 쇠달구, 어허라달구야[149], 원달구(圓;둥글고 큼직한 돌에 끈을 맨 달구)/질 들.

달구리 한식 무렵에 심는 올벼의 하나. ☞ '달구리(이른 새벽의 닭이 울 때)'는 '닭' 참조.

달구지 소 한 마리가 끄는 짐수레.≒수레. ¶달구지를 타고 가던 옛 시절이 생각난다. 달구지길, 달구지꾼, 달구지바, 달구지바퀴, 달구지살, 달구지저고리, 달구지채, 달구지홈; 말달구지, 소달구지.

달:(다)¹ ①음식 따위를 지나치게 끓이어 물이 졸아들다.=닳다②. ¶국이 너무 달았다. 탕약이 달다. 달이다[150], 달치다¹(바짝 졸아들도록 끓이다); 단내¹(높은 열에 눋거나 달아서 나는 냄새); 꽃달임, 복달임¹(伏)[151]. ②어떤 물건이 열로 몹시 뜨거워지다.↔식

---

141) 난달: 길이 여러 갈래로 통한 곳.[←나(다)+ㄴ+달].

142) 달관(達觀): ①세속을 벗어난 높은 견식(見識). ②사물을 널리 통달하는 관찰. ③사소한 일에 얽매이거나 흔들리지 않는 경지에 이르는 일.

143) 달초(撻楚): 어버이나 스승이 자식이나 제자의 잘못을 징계하기 위하여 회초리로 볼기나 종아리를 때림. ②닦달하거나 문초함.

144) 달제어(獺祭魚): 수달(水獺)이 물고기를 잡아 제사 지내는 것처럼 사방에 늘어놓는다는 뜻으로, 시문(詩文)을 지을 때에 많은 참고서적을 벌여 놓음을 비유적으로 이르는 말.

145) 달각: 〈큰〉덜걱. 〈센〉달깍. 덜꺽. 딸각. 딸깍. 〈거〉달칵. 덜컥¹. 탈칵. ¶달각·덜걱거리다/대다. 덜걱·떨걱마루, 딸깍발이(가난한 선비).

146) 달가당: 단단한 물체끼리 부딪쳐 울리는 소리. 〈준〉달강. 〈큰〉덜거덩/덜겅. 〈센〉달까당. 딸가당. 딸까당. 〈거〉달카당/달캉. ¶유리 식기 부딪치는 소리가 달가당 나다. 달가당·달까당·달카당·딸가당·딸까당·덜거덩·덜커덩/덜컹·떨거덩·탈카당·털커덩거리다/대다.

147) 달그락: 작고 단단한 물건들이 서로 계속하여 가볍게 부딪칠 때 나는 소리. 〈큰〉덜그럭. 〈센〉딸그락. ¶부엌에서 달그락 소리가 나다. 달그락·덜그럭·딸그락·떨그럭거리다/대다.

148) 달그랑: 작고 얇은 쇠붙이 따위가 가볍게 무엇에 부딪칠 때 울리어 나는 소리. 〈큰〉덜그렁. 〈센〉딸그랑. ¶돼지저금통을 흔드니 달그랑 소리가 나다. 달그랑·덜그렁·딸그랑·떨그렁거리다/대다.

149) 어허라달구야: 땅을 다질 때에 여럿이 동작을 맞추거나 힘을 모으려고 노래하듯 내는 소리.

150) 달이다: ①음식을 은근한 불에 오래 끓여서 진하게 하다.≒졸이다. 달치다. ¶간장을 달이다. ②약재를 끓여서 우러나게 하다. ¶탕약을 달이다. 약은 정성껏 달여야 효과가 있다. 달임약(藥;탕약).

151) 복달임¹(伏): 복날에 그 해의 더위를 물리친다는 뜻으로 고기붙이로 국을 끓여 먹는 일.

다. ¶난로가 빨갛게 달다. 쇠뿔도 단김에 빼다. 단가마(뜨거워진 가마솥), 단결에[152], 달구다[153], 달구치다[154], 단근질[155], 단김[1](달아오른 뜨거운 김), 단김에(단결에), 단불(한창 괄게 타오르는 불), 단솥[156], 단쇠, 달아오르다[1], 단재(뜨겁게 달아오른 재), 달치다[1](몹시 뜨겁게 달다. 몹시 안타깝고 들뜨다); 복달임[2](伏;복이 들어 기후가 달차게 더운 철). ③열이 나거나 부끄러워 몸이 뜨거워지다. ¶몸이 후끈 달다. 달아오르다[2]; 부다듯하다(몸이 몹시 덥다), 운달다(운김에 따라서 하다). ④입 안이나 코 안이 마르고 뜨거워지다. ¶단내[2](몸의 열이 높을 때 입이나 코에서 나는 냄새). ⑤몹시 안타깝고 조마조마하여지다. 마음이 타다. ¶애가 달다/애달다(애달프다, 애달피). 달뜨다[157]; 건몸달다(공연히 혼자서 헛애를 쓰며 몸이 달다), 등달다[158], 맘달다, 몸달다, 붚달다[159], 속달다(마음이 안타까워지다).

달(다)[2] 물건을 일정한 곳에 매어서 걸려 있게 하다. 가설하다. 설치하다. 덧붙이거나 보태다. 정하여 붙이다.↔떼다. ¶문패를 달다. 제목을 달다. 주(註)를 달다. 꼬리를 달다. 가슴에 이름표를 달다. 옷에 단추를 달다. 다락, 다락다락③, 다람다람[160], 다랑다랑[161]/하다, 다랑구[162], 다랑귀[163], 다랑이[164], 다래다래[165], 다래미[166], 닫집[167], 달개[168]/집, 달고리(차량들을 연결하는 고리), 달라·들러붙다(↔떨어지다), 달랑[169], 달롱[170], 달름[171], 다리(덧들이는 여자의 머리), 달리다(붙어 있다. 닮을 당하다), 달목[172], 달쇠[173], 달아매다, 닫집[174]; 곁달다(덧붙이어 달다), 고달이[175], 광달다, 굽달이(굽이 달린 접시), 깃달이(옷깃을 단 솜씨), 내달다, 덧달다/달리다, 덩달다/덩달아(멋모르고 남이 하는 대로 따라 하다), 돛달다, 매달다/매달리다, 발달다[176], 볼달다(덧붙여 대다), 연달다(連), 잇달다, 줄달다 들.

달(다)[3] 저울로 물건의 무게를 헤아리다.≒재다[2]. ¶고기를 저울에 달다. 몸무게를 달다. 달아보다; 무편달이(無片;달아서 편으로 지을 수 없는 인삼).

달:(다)[4] 남에게 무엇을 주기를 청하다. 남에게 어떤 동작을 하여 줄 것을 청하다. ¶자유가 아니면 죽음을 달라. 친구에게 빌려준 책을 달라고 하였다. 달라(명령형), 달라다(달라고 하다), 달래도('달라고 하여도'의 준말), 다오[177].

달(다)[5] ①맛이 설탕이나 꿀맛과 같은 느낌을 주는 상태에 있다.↔쓰다. ¶이 수박은 매우 달다. 맛이 달금하기도 하고 시금하기도 하다. 달면 삼키고 쓰면 뱉는다. ②입맛이 당기게 좋다. ¶허기진 뒤라 밥이 달다. ③마음에 즐거운 느낌이 있다. 마음에 들다. ¶달면 삼키고 쓰면 뱉는다. 달갑다[178], 달게굴다(보채면서 조르다), 달곰·달금·달콤·달큼·들큼하다, 달곰삼삼하다, 달곰새곰·달콤새콤·달콤새큼하다. 달곰쌉쌀·달곰씁쓸하다, 달근[179], 달달하다(달콤하다), 다디달다, 달보드레(약간 달큼하다)·들부드레하다, 달짝지근/달짜근·달착지근/달차근·들쩍지근/들찌근·들

---

152) 단:결에: ①열기가 채 식지 아니하였을 판에. ②좋은 기회가 지나가기 전에. 단김에. ¶단결에/단김에 일을 끝내다.

153) 달구다: ①쇠나 돌 따위를 불에 대어 뜨겁게 하다.≒불리다. 성냥하다. ¶쇠를 달구어 연장을 만들다. 달구어빼다; 시달구다(남을 몹시 닦달하다). ②방 따위에 불을 때어 몹시 뜨겁게 하다.

154) 달구치다: 꼼짝 못하게 마구 몰아치다.≒꾸짖다. 다그치다. ¶생사람을 달구치다.

155) 단근질: 예전에, 불에 달군 쇠로 몸을 지지던 형벌. 낙형(烙刑).

156) 단솥: 음식을 끓여 내고 아직 식지 아니한 솥. 열에 달아 있는 솥.

157) 달뜨다: 마음이 달아올라 어수선한 기분이 생기다. ¶언니가 시집가는데, 왜 네가 달떠서 그러니.

158) 등달다: 일이 뜻대로 안 되어 안타까워하다.

159) 붚달다: 말과 행동을 부풀고 괄괄하게 하다. ¶그의 말투는 천성적으로 붚달다.

160) 다람다람: 물방울이나 자그마한 것이 매달려 있는 모양. 〈큰〉드럼드럼. ¶꽃잎에 다람다람 맺힌 아침 이슬. 다람다람 열린 머루. 동굴 천장에 드럼드럼 매달린 박쥐 떼.

161) 다랑다랑: 물방울 같은 것이 맺혀 떨어질 듯 말 듯 매달려 있는 모양. 〈큰〉드렁드렁. ¶눈물이 다랑다랑 맺히다. 이슬이 다랑다랑 맺히다.

162) 다랑구: 종자로 쓸 옥수수나 수수, 조의 이삭 따위를 알맞춤하게 묶어서 처마 밑이나 기둥 같은 데 달아매어 놓은 것.=두름. ¶강냉이 다랑구를 매달아 놓다.

163) 다랑귀: 두 손으로 붙잡고 매달리는 짓. 들러붙어서 몹시 졸라 댐. ¶달려들어 다랑귀를 뛰며 반가워하는 학생들. 다랑귀를 뛰다(붙잡고 매달리며 놓지 아니하다. 남에게 매달려 몹시 조르다).

164) 다랑이: 비탈진 산골짜기에 있는 층층으로 된 좁고 긴 논배미.=논다랑이. ¶다랑이논/다랑논, 다랑전(田), 다랑치(다랑이논).

165) 다래다래: 작은 물건이 많이 달려 있거나 늘어져 있는 모양. 〈큰〉드레드레. ¶머루가 다래다래 달렸다. 다래다래·드레드레/하다.

166) 다래미: 시래기나 옥수수 같은 것을 매달아 놓은 것. ¶처마 밑의 시래기 다래미.

167) 닫집: 궁전 안의 옥좌의 위나, 법당 불좌 위에 만들어 다는 집의 모형.

168) 달개: 처마 끝에 잇대어 늘이어 짓거나 차양을 달아 원채에 잇대어 지은 의지간(依支間). 달개집(달개로 된 집. 몸채의 뒤편 귀에 낮게 지은 외양간).≒까대기.

169) 달랑[1]: ①작은 방울이나 매달린 물체 따위가 한 번 흔들리는 소리. 또는 그 모양. ¶방울이 달랑 울리다. 달랑·덜렁·딸랑·떨렁거리다/대다/이다, 달라당·덜러덩/거리다/대다, 떠렁떠렁(단단한 물건이 맞부딪칠 때 거칠게 울리어 나는 소리). ②침착하지 못하고 가볍게 행동하는 모양. ¶아무데나 달랑 나서기를 잘한다. 달랑쇠·덜렁쇠(침착하지 못하고 몹시 까부는 사람), 달랑·덜렁거리다/대다/이다, 덜렁말(함부로 덜렁거리는 말), 덜렁이, 덜룽스럽다(성미가 덜렁거리는 데가 있다). ③갑자기 놀라거나 겁이 나서 가슴에 충격이 오는 느낌을 나타낸 말.≒달칵. ¶가슴이 달랑 울리다. ④딸린 것이 적거나 하나만 있는 모양. ¶혼자 달랑 남았다. 손가방 하나만 달랑 들고 나서다. 달궁, 달랑달랑하다(없어질 지경에 있다). 〈큰〉덜렁. 〈센〉딸랑.
달랑[2]: 어떤 행동을 힘들이지 않고 한꺼번에 쉽게 하는 모양.≒반짝. 〈큰〉덜렁.

170) 달롱: ①작고 가벼운 물체를 쉽게 들어 올리거나 메는 모양. ¶가방을 달롱 메다. ②옷 따위가 원래 길이보다 조금 들려 있거나 그렇게 보이는 모양. ¶달롱 들린 치마. 달롱하다. 〈큰〉덜롱.

171) 달름: ①옷 따위가 조금 들리어 보이는 모양. ¶달름 들린 윗옷. 달름한 치마. 달름하다. ②무겁지 않게 매달린 모양. ¶달름 매달려 있는 메주. 〈큰〉덜름.

172) 달목: 수평을 유지하기 위하여 천장을 보꾹에 달아맨 나무쪽.=달대[2].

173) 달쇠: 문짝 따위를 천장에 달아맬 때 쓰는 갈고리쇠.

174) 닫집: 궁전 안의 옥좌 위나 법당의 불좌 위에 만들어 다는 집 모형.=감실(龕室).

175) 고달이: 물건을 들거나 걸어 놓기 위하여 노끈 따위로 고리처럼 만들어 달아 놓은 것.

176) 발달다: 끝난 말에 말을 덧붙이다.

177) 다오: '해라'할 자리에서의 명령형. ¶내 책을 돌려 다오. 좀 보여 다오. 그것을 이리 다오.

178) 달갑다: 요구나 비판이 마음에 들어 흡족하다.(≒만족하다). 거리낌 없다. 불만이 없다.¶달갑지 않은 손님이 찾아오다. 달갑게 맞이하다. 어떤 대가라도 달갑게 받겠다. 달가워하다, 달가이(거리낌이나 불만이 없어 마음이 흡족하게), 달갑잖다.

179) 달근: 재미가 있고 마음에 드는 모양. ¶달근달근 옛날이야기를 잘하시는 할아버지. 달근달근하다.

척지근/들치근/하다, 달크무레하다. §관형사형은 '단-'(달콤한. 감칠맛이 있는). ¶단간장(醬), 단감(맛이 단 감), 단감(고구마), 단것, 단고기(개고기), 단국(맛이 단 국물), 단기(달기의 정도), 단김²(음식의 제 맛이 되는 맛이나 김), 단꿈(달콤한 꿈), 단내³(달콤한 냄새), 단맛, 단무지, 단묵, 단물(민물)[단물고기; 단물곤물], 단박(맛이 단 박), 단밤[율(栗)], 단밥, 단배180), 단비(적기에 내리는 비), 단설기(달콤한 생과자), 단수수(사탕수수), 단술(식혜), 단잠(숙면), 단재미(달콤한 재미), 단졸임(잼), 단초장(醋醬), 단춤(기분 좋게 추는 춤), 단침(군침), 단팥묵, 단팥죽(粥), 단호박. ☞ 감(甘).

달(다)⁶ 살가죽이 얼어서 갈라지고 부르트다.

달달¹ ①춥거나 두려워서 작은 몸을 떠는 모양. 〈큰〉덜덜. ¶비를 맞고 달달 떠는 영희. 달달거리다/대다¹. ②수레바퀴 따위가 단단한 바닥에 구르는 소리. ¶전동차가 궤도 위를 덜덜 굴러간다. 연자매가 덜덜 돌아가다. 달달거리다/대다². 〈큰〉덜덜. 〈센〉딸딸. 〈큰·센〉떨떨.

달달² ①먹거리를 이리저리 휘저어 볶는 모양. ¶콩을 달달 볶다. ②사람을 괴롭히는 모양. ¶사람을 달달 못살게 굴지 좀 마라. 달달·들들볶다. ③물건을 마구 들쑤시며 뒤지는 모양. ¶서랍을 달달 뒤지다. ④좀 작은 물건이 여러 겹으로 말리는 소리.=돌돌. ¶신문지를 달달 말아들다. 〈큰〉들들. 〈센〉딸딸.

달달³ 무엇을 완전히 따로 외우는 태도나 모양. ¶어린아이가 천자문을 달달 외운다.

달랑 ☞ 달다².

달래 백합과의 여러해살이풀. ¶냉이와 달래를 캐러 가다. 달래김치, 달래나물, 달래무침, 달래장/찌개(醬), 달래장아찌 들.

달래달래 단출한 몸으로 간들간들 걷거나 움직이는 모양. 〈큰〉덜레덜레181). 〈거〉탈래탈래. 〈큰·거〉털레털레. ¶달래달래 돌아다니다. 어린 오누이가 오솔길을 탈래탈래 걸어간다. 달래달래하다,

달래(다) 윗사람이 아랫사람의 정서적으로 흥분된 마음 상태를 말이나 어떤 수단을 써서 가라앉히다. 자신의 감정을 해소시키다. ≒위로하다(慰勞). 진정시키다(鎭定), 설득시키다(說得), 타이르다. 구슬리다. 삶다②.↔약올리다. ¶우는 아이를 달래다. 너무 윽박지르지 말고 잘 달래어라. 향수를 달래다. 설레는 마음을 달래다. 달램수(달래서 꾀는 수단); 얻달래다(그럴듯하게 달래다). ☞ 유(誘).

달랭이 실을 감아서 북 안에 넣는 속이 빈 막대기. 또는 그 막대기에 실을 감은 것.

달러(dollar) 미국의 화폐 단위. ¶달러돈, 달러벌이; 암달러(暗) 들.

달리(다)¹ 재물·기술·힘 따위가 모자라 뒤를 잇대기가 어렵게 되다. 나른하여 기운이 없어지다.≒힘겹다. 부치다.↔넘치다. 〈센〉딸리다². ¶능력이 달려 포기하다. 힘이 달려 더는 못 뛰겠다. 자금이 달리다. 실력이 달리다.

달리(다)² ①열매 따위가 붙어 있다. ②의지하고 있는 식구나 아이가 있다. 〈센〉딸리다². ¶삼촌에게 달려 보냈다. ☞ 달다².

달리(다)³ ☞ 닫다¹.

달마 ①자연계의 법칙과 인간의 질서. 불교에서, '법(法)·진리·본체·궤범(軌範)·교법·이법(理法)'의 뜻을 나타내는 말.[←達磨←dharma〈범〉]. ¶달마대사, 달마도(圖), 달마종(宗). ②염주의 어미구슬.

달망-이 광산에서, 돌에 폭약 구멍을 비스듬히 뚫으려고 쇠뭉치를 가로 쳐서 움직이는 짓.

달망-지다 보기보다 실하고 단단하다. ¶운동으로 단련된 달망진 어깨. 작은 짐이 달망지게 무겁다.

달팽이 달팽잇과의 연체동물. 와우(蝸牛). '달팽이 모양의'를 뜻하는 말. ¶달팽이 눈이 되다(겁이 나서 움찔하고 기운을 펴지 못하다). 달팽이걸음, 달팽이관(管), 달팽이꼴, 달팽이집; 식용달팽이(食用).

닭 꿩과의 새. 고기나 알을 먹기 위하여 집에서 기르는 두 발 짐승. ¶닭 좇던 개 지붕 쳐다보듯. 닭갈비, 달걀182), 닭고기[닭고기덮밥, 닭고기무침], 닭고집(固執:고집이 센 사람), 닭곰탕(湯), 달구리183), 닭구이, 닭국, 닭김치184), 닭깃, 닭날, 닭다리, 닭대가리, 닭둥우리/둥지, 닭똥, 닭똥집(닭의 모래주머니), 닭띠, 닭먹이, 닭발(닭의 발), 닭백숙(白熟), 닭볏, 닭볶음/탕(湯), 닭산적(散炙), 닭살(오톨도톨한 살갗. 소름), 닭생채(生菜), 닭서리185), 닭소리, 닭싸움/하다, 닭엿, 닭의어리/닭어리, 닭우리, 닭울녘, 닭의홰, 닭잡기('놀이'의 하나), 닭장(欌), 닭장차(欌車), 닭잦추다(새벽에 닭이 홰를 치며 울다), 닭저냐, 닭적(炙), 닭전골186), 닭점(占;닭을 잡아서 그 뼈나 눈을 보고 치는 점), 닭조림, 닭죽(粥), 닭지짐이, 닭찜, 닭치기(양계), 닭치다(양계하다), 닭털, 닭튀김, 닭해, 닭활개, 닭잦추다187); 구수닭188), 긴꼬리닭, 꿩닭(털빛이 꿩 같은 닭), 당닭(唐), 댓닭189), 멧닭, 묵은닭(↔햇닭), 민꼬리닭(꼬리가 없는 닭), 상닭(常), 새벽닭, 생닭(生), 수탉, 싸움닭, 씨닭, 씨암탉, 암

---

180) 단배: 음식을 달게 많이 먹을 수 있는 배. ¶단배곯리다(단배를 고프게 하다). 단배주리다(단배를 굶주리다).

181) 덜레덜레: ①단출한 몸으로 건들건들 걷거나 행동하는 모양. ¶덜레덜레 골목길을 걸어가다. ②멋없이 죽 매달려 있는 모양.

182) 달걀: 닭이 낳은 알.[←닭+의+알]. ¶달걀가루, 달걀고명, 달걀국, 달걀굴리기, 달걀귀신(鬼神), 달걀꼴(알꼴), 달걀노른자, 달걀덮밥, 달걀말이, 달걀모양(模樣), 달걀밥, 달걀버섯, 달걀부침, 달걀빵, 달걀옷(부침 재료를 달걀로 적신 것), 달걀장사, 달걀전, 달걀조림, 달걀죽(粥), 달걀찌개, 달걀찜, 달걀판(板), 달걀형(形), 달걀흰자; 곤달걀(곯은 달걀), 날달걀, 삶은달걀.

183) 달구리: 이른 새벽에 닭이 울 무렵.[←닭+울(다)+이].

184) 닭김치: 닭의 내장을 빼고 그 안에 다진 쇠고기, 채로 썬 석이, 표고, 두부와 함께 양념을 넣고 삶은 다음 뜯어, 햇김칫국을 섞은 닭국물을 넣어 간을 맞추고 얼음을 띄워 만든 음식.

185) 닭서리: 주로 농촌에서 몇몇이 짜고 남의 집 닭을 몰래 훔쳐다 잡아먹는 장난.

186) 닭전골: 삶은 닭에 무, 양파, 버섯 따위를 넣어 끓인 음식.

187) 닭잦추다: 새벽에 닭이 홰를 치며 울다. ¶닭잦추는 소리에 잠을 깨다.

188) 구수닭: 얼룩점이 박힌 닭.

189) 댓닭(大): 크고 억센 싸움닭.

틂[둘암틂, 씨암틂, 씨암틂걸음], 옻닭, 장닭, 중닭(中), 첫닭(새벽에 맨 처음 홰를 치며 우는 닭), 촌닭, 토종닭(土種), 통닭/구이, 폐닭(廢), 폐백닭(幣帛), 햇닭. ☞ 계(鷄).

닮(다) 비슷한 모습으로 생기다. 어떤 것을 본떠 그와 같아지다. ¶손자는 할아버지를 닮았다. 못된 친구를 닮다. 닮은꼴, 닮은비(比), 닮음, 닮음변환(變換); 떼닮다(꼭 같게 닮다), 빼닮다 들.

닳(다) ①어떤 물체가 다른 물체에 닿아 갈리어 조금씩 떨어져 없어지거나 줄어들다.≒해지다. 마멸되다(磨滅). ¶구두가/ 연필이 닳다. 닳고닳다[190]. 닳도록[191], 닳리다(닳게 하다). 닳아떨어지다, 닳아먹다(몹시 닳다), 닳아빠지다(몹시 약다), 단물나다(옷이 낡아 물이 빠지고 바탕이 해지게 되다), 달창(닳거나 해진 신발 밑창), 달창나다[192]. ②액체가 끓어서 부피가 줄다.=달다'.≒졸다. ¶국이 오래도록 닳아서 짜다. 약을 너무 오래 달여 물이 많이 달았다.

담[1] 집의 둘레나 일정한 공간을 막기 위하여 흙·돌 따위로 쌓아 올린 것. ¶담을 허물다. 담구멍, 담벼락, 담쌓다(담을 쌓다. 관계나 인연을 끊다), 담장(牆;담), 담장이(토담장이), 담집(토담집), 담치기(담을 뛰어넘는 행위), 담틀; 가림담(차면담), 강담[193], 겹담, 공담(空;빈담), 꽃담, 돌담, 뒷담, 맞담, 멍에담(멍에 모양으로 만든 담), 목담(광산촌에서 버력으로 쌓은 담), 반담(半), 밭담, 벽담(壁), 벽돌담(甓), 빈담[194], 사기담(沙器), 석비레담[195], 시근담[196], 엔담,[197] 장담(長), 축담[198], 쪽담(규모가 작은 담), 차면담(遮面;집안이 보이지 않도록 쌓은 담), 토담(土)[토담장이(土)/담장이, 토담집, 토담틀], 홑담, 화초담(花草;꽃담), 흙담. ☞ 벽(壁). 장(牆). 울타리.

담:[2] 머리를 빗을 때, 빗에 빗기는 머리털의 결. ¶담이 좋다.

-담 형용사 어간이나 어미 '-으시/었/겠-' 뒤에 붙어, '-단 말인가?'의 뜻으로 스스로에게 물음이나 언짢음을 나타내는 종결 어미. [모음으로 끝나는 동사 어간에 붙으면 '-ㄴ-담', 받침 있는 동사 어간에 붙으면 '-는-담'으로 쓰임]. ¶그 따위가 뭐가 좋담? 이 일을 어찌 한담. 어쩌면 그렇게 호들갑스럽게 웃는담. ☞ -람.

담(談) '이야기. 이야기하다'를 뜻하는 말. ¶담교(談交), 담론(談論), 담소(談笑)[담소자약(自若)], 담판(談判)[직접단판(直接)], 담합(談合)[199], 담화/문(談話/文); 가담(街談), 간담(懇談), 간증담(干證談), 감상담(感想談), 객담(客談), 격담(格談), 경력담(經歷談), 경험담(經驗談), 고담(古談), 고담(高談), 고생담(苦生談), 고심담(苦心談), 고충담(苦衷談), 공담(公談), 공담(空談), 공훈담(功勳談), 관담(款談), 광담(狂談), 괴담/이설(怪談/異說), 괴기담(怪奇談), 교담(交談), 구담(口談), 군담(軍談), 극담(劇談), 금기담(禁忌談), 기담(奇談), 내담(來談), 냉담하다(冷談), 노변담(爐邊談), 논담(論談), 농담(弄談), 다담(茶談), 대담(大談), 대담(對談), 덕담(德談↔악담), 득담(得談;남의 입에 오르내림), 만담(漫談), 망담(妄談), 면담(面談), 명담(名談), 목격담(目擊談), 무담(武談), 무용담(武勇談), 무훈담(武勳談), 문담(文談), 미담(美談), 밀담(密談), 방담(放談), 법담(法談), 사담(史談), 사담(私談), 사실담(史實談), 상담(相談), 상담(常談), 상담(商談), 생존담(生存), 생활담(生活談), 성공담(成功談), 세담(細談), 소담(笑談), 속담(俗談), 수담(手談), 숙담(熟談), 시국담(時局談), 시담(示談), 시사담(時事談), 신변담(身邊談), 신상담(身上談), 실담(失談), 실담(實談), 실력담(實歷談), 실수담(失手談), 실전담(實戰談), 실패담(失敗談), 아담(雅談), 악담(惡談), 야담(野談), 언담(言談), 엄담(嚴談), 여담(餘談), 여행담(旅行談), 역사담(歷史談), 연담(緣談), 연애담(戀愛談), 영웅담(英雄談), 예담(例談), 요담(要談), 용담(冗談;군말), 용담(用談), 위담훈(偉勳談), 유래담(由來談), 육담(肉談), 음담(淫談), 인상담(印象談), 입담, 잡담(雜談), 장강담(長講談), 장담(壯談)[대언장담(大言)], 재담(才談), 전투담(戰鬪談), 절담(絶談;뛰어나게 잘한 말), 정담(政談), 정담(情談), 정담(鼎談), 정치담(政治談), 좌담(座談), 주담(酒談), 진담(珍談), 진담(眞談), 차중담(車中談), 청담(淸談), 체험담(體驗談), 추담(推談), 추담(醜談), 추억담(追憶談), 추회담(追懷談), 췌담(贅談), 취담(醉談), 쾌담(快談), 투쟁담(鬪爭談), 파담(破談), 패담(悖/誖談), 필담(筆談), 한담/설화(閑談/說話), 항담(巷談), 험담(險談), 현담(玄談), 호담(豪談), 혼담(婚談), 화담(和談), 환담(歡談), 회담(會談), 회견담(會見談), 회고담(回顧談), 회고담(懷古談), 회구담(懷舊談), 회담(會談), 회상담(回想談), 횡담(橫談), 후담(後談), 후일담(後日談), 휘담(諱談), 희담(戱談) 들.

담(淡) '엷다. 묽다. 싱겁다'를 뜻하는 말. 일부 명사 앞이나 한자어 어근에 붙어 '묽거나 옅은. 싱거운. 욕심이 없고 마음이 깨끗한'의 뜻을 나타내는 말.↔농(濃). ¶담갈색(淡褐色), 담교(淡交), 담남색(淡藍色), 담녹색(淡綠色), 담담하다(淡淡)[200], 담두시(淡豆豉), 담묵(淡墨), 담미(淡味), 담박하다(淡泊), 담백하다(淡白), 담백색(淡白色), 담벽(淡碧), 담색(淡色↔濃色), 담소(淡素), 담수(淡水;민물)[201], 담식(淡食;음식을 싱겁게 먹음), 담아하다(淡雅;맑고 아담하다), 담연하다(淡然;욕심이 없고 깨끗하다), 담연(淡煙), 담염(淡鹽;얼간), 담운(淡雲;엷고 맑게 낀 구름), 담월(淡月;으스름달), 담자(淡姿;맑고 깨끗한 자태), 담자색(淡紫色), 담장/농말(淡

---

190) 닳고닳다: ①오래 써서 몹시 닳다. ¶닳고닳아 못 입게 된 옷. ②세파에 시달려서 약아빠지다. ¶닳고닳은 사람.

191) 닳도록: 사람이 어떤 말이나 행동을 수없이 되풀이하여. ¶입이 닳도록 주의를 주었으나 헛일이다. 동해물과 백두산이 마르고 닳도록.

192) 달창나다: ①닳아서 해지거나 구멍이 뚫리다.[←닳(다)+창+나다]. ¶신발이 달창나다. ②다 써서 없어지게 되다. ¶뒤주의 쌀이 달창나다.

193) 강담: 흙을 쓰지 않고 돌로만 쌓은 담. ¶제주도에는 강담으로 된 집들이 대부분이다.

194) 빈담: 빈터에 남아 있는 담. 공담(空).

195) 석비레담: 푸석돌이 많이 섞인 흙으로 쌓은 담.

196) 시근담: ①방고래에서 구들장을 걸치는 부분. ②삼굿의 어간에 건너지르는 담.

197) 엔담: 가장자리를 빙 둘러서 싼 담. 사방을 둘러친 부분.

198) 축담: 잡석을 흙과 섞어서 쌓은 담.[←축(築)].

199) 담합(談合;짬짜미): ①서로 이야기하거나 의논함. ②공사 입찰 등에서, 입찰자들이 미리 상의하여 입찰 가격을 협정함. ¶경쟁 입찰에서의 담합 행위. 담합죄(罪), 담합청부(請負), 담합하다, 담합행위(行爲).

200) 담담하다(淡淡): ①물이나 빛이 엷고 맑다. ¶담담한 호수. 담담한 달빛, ②마음에 욕심이나 꺼림이 없이 조촐하다. ¶담담한 심경. ③맛이 느끼하지 않고 산뜻하다. 아무 맛이 없이 싱겁다. ¶담담한 채식. 국이 담담하다. 〈큰〉덤덤하다.

201) 담수(淡水): 단물. 민물.↔함수(鹹水). ¶담수양식(養殖), 담수어(魚), 담수어업(漁業), 담수장(醬;무장), 담수조(藻), 담수지교(之交), 담수진주(眞珠), 담수해면(海綿), 담수호(湖), 담수화/하다(化).

粧/濃抹), 담적색(淡赤色), 담채(淡彩↔濃彩), 담채(淡菜;홍합. 섭조개), 담천황색(淡淺黃色), 담철색(淡鐵色), 담청색(淡青色), 담청옥(淡青玉), 담하다[202], 담향(淡香), 담홍색(淡紅色), 담화(淡畫), 담황빛(淡黃), 담황색(淡黃色), 담흑빛(淡黑), 담흑색(淡黑色); 고담하다(枯淡), 냉담하다(冷淡), 농담(濃淡), 아담하다(雅淡/澹), 염담(恬淡), 청담/하다(淸淡) 들.

담(膽) '쓸개. 마음'을 뜻하는 말. 사물을 두려워하지 않는 기력. ¶담이 크다. 담을 기르는 훈련. 담결석(膽結石)/담석(膽石), 담관(膽管), 담기(膽氣), 담낭(膽囊;쓸개)[담낭암(癌), 담낭염(炎)], 담대하다(膽大;겁이 없고 용기가 많다), 담대심소(膽大心小), 담덩어리, 담도(膽道), 담략(膽略;담력과 꾀), 담력(膽力), 담록소(膽綠素), 담반(膽礬), 담보[203], 담석(膽石)[담석증(症), 담석통(痛)], 담소(膽小↔膽大), 담액(膽液), 담약하다(膽弱;膽小), 담용(膽勇;담차고 용감함), 담즙(膽汁;쓸개즙)[담즙산(酸), 담즙질(質)], 담차다(겁이 없다. 용기가 많다), 담한(膽寒); 간담(肝膽), 낙담(落膽), 대담하다(大膽), 두담(斗膽), 방담하다(放膽), 배담작용(排膽作用), 복사담(蝮蛇膽), 산저담(山猪膽), 상담(象膽), 상담(嘗膽), 소담하다(小膽), 수달담(水獺膽), 심담(心膽), 와신상담(臥薪嘗膽), 우담(牛膽), 웅담(熊膽), 의담(義膽;의로운 마음), 장담(壯膽), 적담(敵膽), 충간의담(忠肝義膽), 충담(忠膽), 호담(虎膽), 호담하다(豪膽), 혼담(魂膽;넋) 들.

담(痰) ①가래[4]. ¶적담(赤痰). ②몸의 분비액이 순환하다가 어느 국부가 삐거나 접질렸을 때 거기에 응결되어 결리고 아픈 증상. ¶담이 결리다. 담결(痰結), 담괴(痰塊), 담기침, 담들다(담이 뭉쳐 결리고 아픈 병이 생기다), 담병(痰病), 담성(痰聲), 담수(痰祟), 담수(痰嗽), 담습(痰濕), 담쟁이(담을 앓는 사람), 담종(痰腫), 담증(痰症), 담천(痰喘), 담체(痰滯), 담타(痰唾), 담해(痰咳), 담화(痰火), 담훈(痰暈;담이 성하여 구역이 나고 어지러운 병); 각담(咯痰), 객담(喀痰), 거담/제(去/袪痰/劑;가래를 없애는 약), 격담(膈痰), 냉담(冷痰), 백담(白痰), 소담(消痰), 습담(濕痰), 열담(熱痰), 울담(鬱痰), 유주담(流注痰), 조담(助痰), 조담(燥痰), 주담(酒痰), 치담(治痰), 풍담(風痰), 해담(咳痰), 혈담(血痰), 화담(火痰), 후담(喉痰) 들.

담(擔) '메다. 맡다'를 뜻하는 말. ¶담가(擔架;들것), 담구(擔具;어깨에 메고 물건을 나르는 기구), 담기골(擔鰭骨), 담꾼(짐꾼), 담당(擔當;일을 맡음)[담당관(官), 담당자(者); 독담당(獨), 뒷담당], 담노(擔魯), 담륜자(擔輪子;환형동물이나 연체동물의 유충), 담보(擔保)[204], 담부(擔負;짐을 메고 지고 함), 담세(擔稅)[담세력(力), 담세율(率), 담세자(者)], 담임(擔任)[담임교사(教師); 교과담임(教科), 학급담임(學級)]; 가담(加擔), 독담(獨擔), 부담(負擔), 분담(分擔), 사담(卸擔), 안담(按擔;안다미), 자담(自擔), 전담(全擔;어떤 일의 전부를 담당함), 전담(專擔;혼자서 담당함), 하담(荷擔), 행담(行擔;길 가는 데에 가지고 다니는 작은 상자) 들.

담(潭) '못[지(池)]'을 뜻하는 말. ¶담담하다(潭潭;물이 깊고 넓다), 담수(潭水;못이나 늪의 물), 담심(潭心;깊은 못의 중심이나 바닥), 담심(潭深), 담연(潭淵;깊은 못), 담학(潭壑;깊은 골짜기); 백록담(白鹿潭), 벽담(碧潭), 심담(深潭), 징담(澄潭) 들.

담(啗) '먹이다. 머금다'를 뜻하는 말. ¶아담창(鴉啗瘡;어린아이가 태중에 모체로부터 받은 독기로 인하여 피부에 부스럼이 생기며 점차 썩어 들어가는 병).

담(曇) 구름이 끼어 날이 흐린 현상. ¶담천(曇天↔晴天); 미담(微曇), 박담(薄曇), 반담(半曇), 반청반담(半晴半曇), 청담(晴曇) 들.

담(禫) '대상(大祥)을 지낸 그 다음 다음 달에 지내는 제사'를 뜻하는 말. ¶담복(禫服), 담사(禫祀), 담제(禫祭), 담제인(禫制人); 상담(祥禫) 들.

담(儋) '두 항아리에 담을 수 있는 부피'를 뜻하는 말. ¶담석(擔石;적은 분량의 곡식. 또는 적은 금액), 담석지록(擔石之祿).

담(憺) '편안하다. 떨다'를 뜻하는 말. ¶담외(憺畏;벌벌 떨면서 두려워함); 참담하다(慘憺/澹;괴롭고 슬프다. 참혹하고 암담하다) 들.

담(啖) '먹다'를 뜻하는 말. ¶건담(健啖;먹새가 좋음), 다담(茶啖) 들.

담(毯) 짐승의 털을 물에 빨아 짓이겨 편평하고 두툼하게 만든 조각. ¶담요; 백담(白毯), 채담(彩毯) 들.

담(湛) '즐기다'를 뜻하는 말. ¶담락하다(湛樂;평화롭게 즐기다), 담음(湛飮;지나치게 술을 마심) 들.

담(澹) '담박하다. 조용하다. 막막하다'를 뜻하는 말. ¶암담(暗澹), 염담하다(恬淡/澹), 충담(沖澹), 평담(平澹/淡) 들.

담(譚) '이야기/하다'를 뜻하는 말. ¶담가(譚歌), 담시(譚詩); 민담(民譚), 영웅담(英雄譚) 들.

담그(다) ①재료를 버무리거나 물을 부어서 익거나 삭도록 그릇에 넣어 두다.[〈ᄃᆞᆷᄀᆞ다]. ¶김치를 담그다. 금방 담근 김치를 독에 담다. 담그기[김치담그기, 장담그기(醬)]; 침담그다(沈;감을 소금물에 담그다). ②액체 속에 넣다. ¶목욕물에 몸을 담그다. 물에 손을 담그다. 담금비(比), 담금질/하다[205], 담금통(桶), 담기다'(담금을 당하다).

담(다) 물건이나 물질을 일정한 그릇 안에 들어 있게 하다.(≒넣다). 어떤 내용을 그림 · 글 · 말 · 표정 속에 나타내다. 욕설 따위

---

202) 담하다(淡): ①빛깔이 연하다. ¶담한 분홍 저고리. ②음식 맛이 느끼하지 않고 산뜻하다. ③욕심이 없다. ¶담한 성격.

203) 담보(膽): 겁이 없고 용감한 마음보. ¶담보가 크다.

204) 담보(擔保): 맡아서 보증(保證)함. 대차 관계에서, 채무자가 채무를 이행하지 않을 경우에 대비하여 미리 채권자에게 제공되어 채무의 이행을 확보하는 수단이 되는 것. 장차 남에게 끼칠지도 모르는 손해의 보상이 되는 것. ¶집을 담보로 제공하다. 담보가격(價格), 담보계약(契約), 담보공탁(供託), 담보국(國), 담보권(權), 담보금(金), 담보금융(金融), 담보대출(貸出), 담보력(力), 담보물(物), 담보물권(物權), 담보액(額), 담보어음, 담보자(者), 담보자산(資産), 담보조약(條約), 담보책임(責任), 담보청구권(請求權), 담보품(品;담보물); 공동담보(共同), 근담보(根), 대물담보(對物), 대인담보(對人), 매도담보(賣渡), 무담보(無), 물상담보(物上), 물적담보(物的), 양도담보(讓渡), 예금담보(預金), 인적담보(人的), 일반담보(一般), 주택담보(住宅), 채권담보(債權), 특별담보(特別), 하자담보(瑕疵).

205) 담금질: 쇠를 불에 달구었다가 물이나 기름 속에 담가 식혀 쇠를 강하게 만듦. 끊임없이 훈련을 시킴. ¶쇠는 담금질을 하면 할수록 더 단단해진다. 선수들을 혹독하게 담금질하다. 담금질기름(철을 담금질할 때 냉각액으로 쓰는 기름).

를 입에 올리다. ¶병에 물을 담다. 농촌 풍경을 화폭에 담다. 입에 담지 못할 욕설을 마구 퍼붓다. 기쁨을 담은 얼굴. 농촌 풍경을 화폭에 담다. 담기다[2](담음을 당하다), 담뿍[206]·듬뿍, 담쏙[207]·듬쑥, 담아내다[208]; 귀담다[209], 그러담다, 몸담다(어떤 조직이나 분야에 종사하거나 그 일을 하다. 몸붙이다. 투신하다), 주워담다, 처담다(마구 잔뜩 담다) 들.

담담-하다 말할 자리에서 아무 말도 없이 잠자코 있다. 특별한 감정의 동요 없이 그저 예사롭다. 〈큰〉덤덤하다(↔나불대다). ¶담담하게 앉아 있다. 덤덤한 표정/ 맛. 무덤덤하다.

담방[1] 작고 가벼운 물건이 물에 떨어져 잠기는 소리. 또는 물에 약간 잠겼다가 뜨는 모양. 〈큰〉덤벙. 〈센〉땀방. 〈큰·센〉떰벙. 〈거〉탐방[210]. 〈큰·거〉텀벙. ¶개울에 돌을 담방 던지다. 컵이 물에 담방 떠올랐다. 담방·덤벙·탐방·텀벙거리다/대다/하다, 탐방구질(물장구질).

담방[2] 달뜬 행동으로 아무 일에나 함부로 서둘러 뛰어드는 모양. 〈큰〉덤벙. ¶신중하지 못하게 남의 일에 담방 끼어들지 마세요. 담방·덤벙거리다/대다/이다; 나덤벙이다(까불며 덤벙이다), 뒤덤벙[211], 물덤벙술덤벙/하다.

담방-지다 키가 알맞고 다부지다. ¶담방지게 생긴 사나이.

담배 가짓과의 한해살이풀로 담배의 재료. 담뱃잎을 말려서 가공하여 피우는 물건. ¶담뱃가게, 담뱃가루, 담뱃갑(匣), 담뱃값, 담뱃귀, 담배꼬투리(담뱃잎의 줄기), 담배꽁초, 담뱃낫, 담배냄새, 담배농사(農事), 담뱃대, 담배맛, 담배물부리, 담배벌레, 담뱃불, 담뱃서랍, 담배설대[간죽(竿竹)], 담배세(稅), 담뱃순(筍), 담배쌈지, 담배씨, 담배연기(煙氣), 담뱃잎, 담뱃재, 담뱃진(津), 담배질, 담배칼, 담배통(桶), 담배합(盒); 근담배(斤), 막담배, 맞담배/질, 맷담배[212], 물담배, 빼끔담배[213], 살담배(칼로 썬 담배.↔잎담배), 생담배(生), 쇠털담배(잘게 썬 담배), 순담배(筍), 쑥담배, 씹는담배, 양담배(洋), 잎담배, 줄담배, 코담배, 풋담배 들.

담불[1] 마소의 열 살.=열릅. ¶담불 소.

담불[2] 무더기. 곡식이나 나무를 쌓은 무더기. 또는 벼 백 섬을 세는 단위. ¶나무 담불. 담불담불하다; 돌담불[214], 볏담불(벼를 쌓은 무더기).

담비 족제빗과의 동물. ¶검은담비, 흰담비.

담빡 깊은 생각 없이 가볍게 행동하는 모양.≒답삭. 〈큰〉덤뻑. ¶어른한테 담빡 대들다. 담빡 뛰어들다. 일의 내용도 모르고 담빡 덤벼들다. 덤뻑 나섰다가 낭패 보다.

담숙-하다 포근하고 폭신하다.

담쟁이[1] 담쟁이덩굴/넝쿨(포도과의 낙엽 활엽의 덩굴나무).

담쟁이[2] 창병(瘡病)을 앓는 사람.

답(答) 물음이나 요구에 응하여 말하거나 어떤 태도를 보이는 것. 해답(解答). '대답하다. 갚다'를 뜻하는 말.↔문(問). ¶답을 맞히다. 답가(答歌), 답간(答簡), 답란(答欄), 답례(答禮)[답례품(品), 답례하다], 답문(答問), 답변(答辯)[답변서(書), 답변자(者), 답변하다], 답방(答訪), 답배[-빼](답장을 보냄), 답배(答盃), 답배(答拜), 답변/서(答辯/書), 답보(答報), 답사(答賜), 답사(答謝), 답사(答辭), 답새(答賽;신령이나 부처에게 보답하기 위한 제사), 답서(答書), 답수(答酬), 답신(答信), 답신(答申;대답)[답신서(書), 답신안(案)], 답안/지(答案/紙), 답언(答言), 답읍(答揖), 답장(答狀), 답전(答電), 답조(答弔), 답지(答肢), 답지(答紙), 답찰(答札), 답통(答通), 답하다; 구답(口答), 대답(對答)[눈대답(눈으로 하는 대답), 말대답, 엄대답(어음 보증), 코대답], 동문서답(東問西答), 만답(漫答), 명답(名答), 명답(明答), 무사가답(無辭可答), 무응답(無應答), 묵묵부답(默默不答), 문답(文答), 문답(問答), 보답(報答), 봉답(奉答), 부답(不答)[무언부답(無言), 묵묵부답(默默)], 비답(批答), 상답(上答), 속답(速答), 수답(酬答), 오답(誤答), 우문우답/현답(愚問愚答/賢答), 응답(應答), 일문일답(一問一答), 자답(自答)[자문자답(自問)], 정답(正答), 즉답(卽答), 증답(贈答), 직답(直答), 진답(珍答), 필답(筆答), 필문필답(筆問筆答), 하답(下答), 해답(解答), 현답(賢答)[우문현답(愚問)], 현문우답(賢問愚答), 화답(和答), 확답(確答), 회답(回答) 들.

답(畓) '논'을 뜻하는 말. ¶답결(畓結), 답곡(畓穀), 답권(畓券), 답농(畓農), 답리작(畓裏作), 답면(畓面), 답주(畓主), 답토(畓土); 개답(開畓), 건답(乾畓), 경인답(京人畓)/경답(京畓), 골답[水畓], 공답(公畓), 공동답(共同畓), 구답(舊畓), 군답(軍畓), 궁답(宮畓), 기답(起畓), 능답(陵畓), 동답(垌畓), 동답(洞畓), 둔답(屯畓), 둔전답(屯田畓), 마위답(馬位畓), 묘답(墓畓), 문전옥답(門前沃畓), 민답(民畓), 박답(薄畓), 백답(白畓), 번답(反畓), 법답(法畓), 본답(本畓), 봉답(奉畓), 봉천답(奉天畓;천둥지기), 분답(紛畓), 불양답(佛糧畓), 불향답(佛享畓), 사경답(私耕畓), 사답(私畓), 사답(寺畓), 상답(上畓), 상등답(上等畓), 세답(貰畓), 수답(水畓), 승답(僧畓), 신답(新畓), 신간답(新墾畓), 신기답(新起畓), 전답(田畓), 안전답(安全畓), 양답(良畓), 역답(驛畓), 영답(影畓), 영위답(影位畓), 옥답(沃畓), 위토답(位土畓)/위답(位畓), 작답(作畓), 잡답(雜畓), 전

---

206) 담뿍: ①어떤 곳에 가득 담기거나 들어 있는 모양. ¶짐을 담뿍 싣다. 담뿍 채우다. 듬뿍 집어 주다. 담뿍·듬뿍하다, 담뿍·듬뿍이, 담뿍담뿍·듬뿍듬뿍. ②풀이나 먹물 낙낙히 칠하거나 묻히는 모양. ¶붓에 먹물을 담뿍 묻히다. ③밝은 기색이 얼굴에 가득히. ¶웃음이 담뿍 실린 얼굴. 〈큰〉듬뿍.

207) 담쏙: 손으로 탐스럽게 쥐거나 정답게 팔로 안는 모양.=담싹. ¶담쏙 어깨를 잡다. 담쏙 껴안다. 꽃포기를 담쏙 뽑아내다. 〈큰〉담쑥. 듬쑥. ②쏙 올라오게 가득히 담은 모양. 담쏙담쏙·듬쑥듬쑥.

208) 담아내다: ①용기나 그릇 따위에 담아서 내놓다. ②어떤 내용을 글이나 그림으로 나타내다.

209) 귀담다: 마음에 단단히 새기어 두다. ¶귀담아 둘 필요도 없는 이야기다.

210) 탐방: 좀 묵직한 물건이 깊은 물에 떨어질 때 나는 소리. 또는 그 모양. 〈큰〉텀벙. 〈여〉담방. 〈본〉탐바당. ¶돌멩이가 물속으로 탐방 떨어진다.

211) 뒤덤벙: 들뜬 행동으로 아무 데나 간섭을 하며 서두르는 모양. ¶뒤덤벙뒤덤벙 부산을 떨다. 뒤덤벙거리다/대다, 뒤덤벙뒤덤벙/하다.

212) 맷담배: 조금씩 떼어서 파는 살담배.

213) 빼끔담배: 연기를 깊이 들이마시지 않고 입안까지만 넣었다 내보내며 피우는 담배.

214) 돌담불: 산이나 들에 있는 돌무더기.

답(田畓), 제수답(祭需畓)/제답(祭畓), 제위답(祭位畓), 종답(宗畓), 종중답(宗中畓), 중답(中畓), 진답(陳畓;묵은 논), 채종답(採種畓), 천수답(天水畓;천둥지기), 축답(築畓;둑), 폐답(廢畓), 하답(下畓;토질이 낮은 논), 헌답(獻畓), 황답(荒畓) 들.

답(踏) '밟다. 걷다'를 뜻하는 말. ¶답가(踏歌), 답계(踏啓), 답교(踏橋), 답구(踏臼;디딜방아), 답무(踏舞), 답보(踏步), 답사(踏査)[215], 답삭(踏索;줄타기), 답산(踏山), 답살(踏殺), 답쇄(踏碎;밟아서 부숨), 답습(踏襲)[216], 답압(踏壓), 답엽(踏葉), 답월(踏月), 답인(踏印;관인을 찍음), 답척(踏尺), 답청(踏靑;봄에 파릇하게 난 풀을 밟으며 거니는 일), 답청절(踏靑節), 답측(踏測), 답파(踏破)[217], 답품(踏品), 답험(踏驗); 고답/적(高踏/的), 능답(陵踏), 미답(未踏), 부답복철(不踏覆轍), 세답(洗踏), 습답(襲踏), 여답평지(如踏平地), 우답불파(牛踏不破), 인적미답(人跡未踏), 전인미답(前人未踏), 천답(踐踏), 편답(遍踏) 들.

답(沓) '합하다. 겹치다'를 뜻하는 말. ¶민답하다(悶沓;민망스러운 걱정으로 가슴이 답답하다), 분답하다(紛沓;잡답하다), 잡답하다(雜沓;사람들이 몰려 북적북적하고 복잡하다) 들.

답(遝) '미치다. 따라붙다'를 뜻하는 말. ¶답지/하다(遝至;한 군데로 몰려들다).

-답(다) ①일부 명사나 명사성 어근 뒤에 붙어 '성질이나 태도를 드러냄', 인성명사에 결합하여 '조건을 충분히 갖춤'의 뜻을 더하고 형용사를 만드는 말.[(-둡-]. §'-답/땁-'은 긍정적인 가치 평가와 어기의 재귀적(再歸的)인 뜻을 지닌 형태소. ¶군인답다(軍人), 귀공자답다(貴公子), 그답다, 그릇답다, 기물답다(器物;기물로서 쓸모가 있다), 꼴답다, 꽃답다, 남자답다(男子), 대장부답다(大丈夫), 덩치답다, 사나이답다, 사람답다, 시답다, 실답다(實), 아름답다, 아리땁다, 어른답다, 영웅답다(英雄), 예답다(禮), 예모답다(禮貌), 으뜸답다, 인간답다(人間), 인정답다(人情), 정답다(情), 참답다. ②어떤 특성을 갖추고 있음'을 뜻하는 말로, 자립적인 형용사처럼 쓰임. ¶어쨌든 답지 못한 사람이 지은 것이라 세상의 시비도 많을 줄 안다. 답기는 다운 사나이를 만나다. 답지 않다.

답답 애가 타고 갑갑한 것. 숨이 막힐 듯 가쁜 것. ¶아이구, 답답도 정도가 있어야지. 수학 문제가 안 풀리어 답답하다. 굴 안이 답답하다. 사람이 고지식하여 답답하다. 답답이(답답한 사람), 답답하다, 답답히; 두목답답하다(두 몫으로 답답하다. 몹시 답답하다), 안동답답이(按棟/安東;기둥을 안은 것처럼 가슴이 답답함. 몹시 답답한 안동 사람). ☞ 울(鬱).

답삭 왈칵 달려들어 냉큼 물거나 움켜잡거나 안는 모양. 〈큰〉덥석. 〈거〉탑삭. 〈큰·거〉텁석. ¶손을 답삭 잡으며 반가워하다. 사과 한 알을 답삭 받다. 솔개가 병아리를 탑삭 채 가다. 무를 한 입 덥석 베어 물었다. 답삭·덥석·탑삭·텁석거리다/대다.

답새(다) 어떤 대상을 두드려 패거나 족치다. ¶행인을 답새는 부랑배. 답새기다[218], 답새우다.

답세기 잘게 부스러진 짚 따위의 찌꺼기. ¶답세기를 긁어모아 군불을 때다.

답숙 털이나 풀 따위가 총총하고 배게 나 있는 모양.↔담숭. ¶보리가 답숙 자라다. 답숙한 머리털. 답숙하다, 탑삭·텁석나룻, 탑삭·텁석부리, 탑소록·텁수룩하다[219], 탑소록이·텁수룩이, 답실답실[220].

답작 ①아무 일에나 경망스레 냅뜨는 모양. 무슨 일에나 가리지 않고 자꾸 참견하는 모양. ¶무슨 일에나 답작 나서기를 좋아한다. ②남에게 붙임성 있게 구는 모양. 〈큰〉덥적. ¶그는 아무한테나 답작 친하게 지낸다. 답작·덥적거리다/대다/이다, 답작답작·덥적덥적/하다, 덥절덥절하다[221].

답치기 질서 없이 함부로 덤벼드는 짓. 또는 생각 없이 덮어 놓고 함. ¶답치기로 대답하는 말. 답치기를 놓다(질서 없이 함부로 덤벼들다).

당 쇠붙이, 그릇, 북, 장구 따위를 가볍게 쳤을 때 낮게 울리어 나는 소리. 〈큰〉덩[222]. 둥[223]. ¶동당[224].

당(當) ①그·바로. 그·이·지금'을 뜻하는 말. ¶당회사의 제품입니다. 당열차는 곧 출발합니다. 당가(當家), 당각(當刻), 당고(當故), 당국(當國;바로 그 나라), 당금(當今), 당기(當期), 당년(當年)[당년초(草), 당년치, 당년치기], 당대(當代;그 시대. 한평생), 당면(當面;일이 바로 눈앞에 있음), 당방(當方), 당번(當番), 당분간(當分間), 당사(當社), 당사(當寺), 당삭(當朔), 당산(當山), 당석(當席), 당세(當世), 당세(當歲), 당소(當所), 당시(當時), 당신(當身;너)[225], 당야(當夜), 당업자(當業者), 당용(當用), 당월(當月), 당인

215) 답사(踏査): 실지로 현장에 가서 보고 조사함. ¶명승지를 답사하다. 답사단(團), 답사대(隊), 답사보고/서(報告/書); 고적답사(古蹟), 실지답사(實地), 현장답사(現場), 현지답사(現地).

216) 답습(踏襲): 그때까지 해 내려온 것을 그대로 따르거나 이어나감.≒인습(因襲). ¶전례를 그대로 답습하다. 전통의 계승과 답습을 혼동해서는 안 된다.

217) 답파(踏破): 먼 길이나 험한 길을 끝까지 걸어서 감. ¶하루 만에 지리산을 답파하다.

218) 답새기다: 때리다. ¶답새겨대다/답새대다(일을 적극적으로 힘 있게 밀고 나가다. 무엇을 마구 때리다).

219) 텁수룩하다: 더부룩하게 많이 난 수염이나 머리털이 어수선하게 덮여 있다. ¶텁수룩한 수염.

220) 답실답실: 머리카락이나 수염 따위가 꽤 돋아나 있는 모양. 〈큰〉덥실덥실. ¶답실답실 돋은 수염. 답실답실 자란 머리털.

221) 덥절덥절하다: ①말이나 하는 짓이 남에게 붙임성이 있다. ¶덥절덥절한 말. ②상냥한 맛이 없이 멋쩍고 텁텁하다. ¶뚱한 얼굴로 볼멘소리를 몇 마디 덥절덥절하고 일어서다.

222) 덩: 쇠붙이로 된 그릇이나 북·장구 따위를 두드릴 때 나는 소리. 〈작〉당. 〈큰〉둥. ¶징이 덩하고 울렸다. 북소리가 덩덩 울리다. 덩기·뗑기, 덩더꿍, 덩더럭, 덩더럭꿍, 덩더쿵·뗑더쿵, 덩덩·당당·둥둥/거리다/대다.

223) 둥: 큰북을 치거나 거문고를 탈 때에 울리어 나는 묵직한 소리. 〈작〉동. 〈거〉퉁. ¶북소리가 둥 나다. 둥둥/둥개둥개, 둥기둥(거문고를 타거나 방아를 찧는 소리), 동동·둥둥거리다/대다, 두둥둥.

224) 동당: 작은 북이나 가야금 따위를 치거나 뜯어 나는 소리. 〈큰〉둥당. 〈센〉똥땅. 〈거〉통탕. ¶가야금 줄을 동당 튀기다. 동당·둥당·똥땅·뚱땅·통탕거리다/대다.

225) 당신(當身): ①'하오'할 자리에, 또는 낮잡아 '하오'할 요량으로 상대편을 일컫는, 제2인칭 대명사. ¶당신이 뭘 안다고 나서는 거요. ②그 자리에 없는 웃어른을 높여 일컫는, 제3인칭 대명사. ¶그 어른은 생전에 당신

(當人), 당일(當日), 당자(當者), 당장(當場), 당절(當節), 당점(當店), 당제(當劑;그 병에 맞는 약제), 당조(當朝), 당좌(當座)[226], 당주(當主), 당중(當中), 당지(當地), 당직(當職), 당차(當次), 당차(當差), 당처(當處), 당철(제철), (애)당초/에(當初), 당평(當坪), 당하(當下;바로 그 자리), 당해(當該;바로 그 사물에 해당하는), 당해[當年]; 종당에(從當), 해당(該當), 현당(現當;현재와 미래). ②'그 당시의 나이를 나타내는 말. ¶당25세의 신체 건강한 청년. ③'사리에 맞다. 만나다. 대하다. 맡다. 겪다. 몫'을 뜻하는 말. ¶당고(當故;부모의 상사를 당함), 당국(當局)[227], 당도하다(當到;닿다), 당두(當頭;가까이 닥침. 迫頭), 당락(當落;당선과 낙선), 당래(當來;來世), 당래지사(當來之事;마땅히 닥쳐옴), 당량(當量), 당로(當路;정권을 잡음. 중요한 지위에 있음. 要路), 당률(當律;범죄에 해당하는 형법), 당무(當務;직무를 맡음), 당백(當百;한 사람이 100명을 당해 내는 일), 당부(當否), 당사(當事)[당사국(國), 당사자(者)], 당상(當喪), 당선(當先), 당선(當選)[228], 당양하다(當陽), 당연하다(當然;마땅하다)[229], 당위(當爲)[230], 당치않다/당찮다[←당하지 아니하다], 당첨(當籤)[당첨금(金), 당첨되다/하다, 당첨자(者)], 당춘(當春), 당하다[231], 당한(當寒), 당한(當限), 당혹(當惑;생각이 막혀서 어찌할 바를 모름. 唐慌)[당혹감(感), 당혹하다], 당혼(當婚;혼인할 나이가 됨); 가당하다(可當), 감당(堪當)/뒷감당, 과당/경쟁(過當/競爭), 괴당(乖當), 난당(難當), 능당(能當), 담당(擔當), 대당하다(對當), 득당하다(得當), 면당(面當), 배당(配當)[232], 부당(不當)[부당하다; 만부당(萬), 천만부당(千萬)], 마땅하다, 면당(面當), 상당/하다(相當), 수당(手當), 순당(順當), 승당(承當), 실당(失當), 온당하다(穩當), 와당(瓦當;기와의 마구리), 응당/하다(應當), 의당(宜當)[의당사(事), 의당하다, 의당히], 인당하다(引當), 일당(日當), 저당(抵當), 적당하다(適當), 전당(典當)[233], 전당(專當), 절당(切當), 정당하다(正當), 정정당당(正正堂堂), 종당(終當), 지당하다(至當), 차당(遮當), 체당(替當), 충당(充當), 칭당(稱當), 타당(妥當), 할당/제(割當/制), 합당(合當). ④일부 명사 뒤에 붙어 '앞에 · 마다'의 뜻을 더하는 말. ¶당량(當量); 가구당(家口當), 개당(個當;낱낱에), 대당(代當), 마리당, 매인당(每人當), 매호당(每戶當), 분당(分當), 시간당(時間當), 일인당(一人當), 초당(抄當), 킬로그램당, 평당(坪當), 호당(戶當), (그림)호당(號當). ⑤'-당하다'의 꼴로, 행위를 나타내는 일부 명사 뒤에 붙어 '피동(被動)'의 뜻을 더하는 말. ¶거부당하다(拒否), 거절당하다(拒絕), 결박당하다(結縛), 공격당하다(攻擊), 구타당하다(毆打), 멸시당하다(蔑視), 무시당하다(無視), 사기당하다(詐欺), 수모당하다(受侮), 이용당하다(利用), 창피당하다(猖披), 체포당하다(逮捕), 퇴출당하다(退出), 폭행당하다(暴行), 협박당하다(脅迫), 혹사당하다(酷使) 들.

당(堂) ①'여러 사람이 모이는 건물. 모시는 집'을 뜻하는 말. ¶당구(堂狗), 당구(堂構), 당굿, 당내(堂內)', 당랑(堂郎), 당마루(너세), 당사(堂舍), 당산(堂山), 당상(堂上), 당오(堂奧), 당우(堂宇), 당장(堂長), 당전(堂前), 당주(堂主), 당지기, 당직(堂直), 당집, 당참(堂參), 당탑(堂塔), 당판(堂板;마루청의 널), 당하(堂下), 당호(堂號), 당회(堂會); 가람당(伽藍堂), 강당(講堂), 개산당(開山), 경당(扃堂), 경당(經堂), 경로당(敬老堂), 계단당(戒壇堂), 고녀당(瞽女堂), 고당(高堂), 공당(公堂), 공당(空堂), 공회당(公會堂), 관음당(觀音堂), 교당(教堂), 교회당(教會堂), 국사당(國師堂), 굿당, 권당(捲堂), 금당(金堂), 납골당(納骨堂), 내당(內堂), 내명당(內明堂), 내원당(內願堂), 노인당(老人堂), 대일당(大日堂), 도당(都堂), 독서당(讀書堂), 만당(滿堂), 만권당(萬卷堂), 명당(明堂), 명륜당(明倫堂), 묘당(廟堂), 무상당(無常), 문수당(文殊堂), 미륵당(彌勒堂), 법당(法堂), 법화당(法華堂), 별당(別堂), 복당(福堂), 본당(本堂), 본향당(本鄕堂), 봉당(封堂)[234], 부군당(府君堂), 부녀당(府女堂), 부용당(芙蓉堂), 부인당(夫人堂), 불당(佛堂), 비당(備堂), 사당(祠堂), 사리당(舍利堂), 산신당(山神堂)/산당(山堂), 산제당(山祭堂), 삼매당(三昧堂), 상행당(常行堂), 상화당(賞花堂), 서당(書堂), 서낭당, 석어당(昔御堂), 선당(禪堂), 선법당(善法堂), 선화당(宣化堂), 성당(聖堂), 성황당(城隍堂), 수당(壽堂), 숭문당(崇文堂), 승당(僧堂), 승당입실(升堂入室), 시방당(十方堂), 식당(食堂), 신당(神堂), 아당(亞堂), 아미타당(阿媚陀堂), 야학당(夜學堂), 여드래당, 여승당(女僧堂), 여인당(女人堂), 연당(蓮堂), 연경당(延慶堂), 연수당(延壽堂), 열반당(涅槃堂), 염불당(念佛堂), 영당(影堂), 예배당(禮拜堂), 오대존당(五大尊堂), 옥당(玉堂), 외당(外堂), 요당(僚堂), 용궁당(龍宮堂), 용신당(龍神堂), 원당(願堂), 위패당(位牌堂), 음악당(音樂堂), 의사당(議事堂), 인당(印堂;양 눈썹 사이), 인성당(引聲堂), 일공당(日供堂), 장군당(將軍堂), 재당(齋堂), 전당(殿堂), 전법륜당(轉法輪堂), 정당(正堂), 정당(政堂), 정사당(政事堂), 정의당(精義堂), 제당(祭堂), 제승당(制勝堂), 조당(朝堂;朝廷), 조사당(祖師堂), 종당(鐘堂), 좌선당(坐禪堂), 주당(周堂), 지당(地堂), 징원당(澄源堂), 천당(天堂), 천주당(天主堂), 초당(草

자식보다도 너를 더 귀애하셨다. ③부부간에 서로 상대편을 일컫는 말.

226) 당좌(當座): 기한을 정하지 아니하고 예금자의 청구에 따라 지급하는 예금. ¶당좌계정(計定), 당좌대월(貸越), 당좌대출(貸出), 당좌수표(手票), 당좌예금(預金), 당좌예치금(預置金), 당좌차월(借越).

227) 당국(當局): 어떤 일을 담당하여 주재함. 또는 그 기관. ¶정부 당국의 감독. 당국자(者); 관계당국(關係), 행정당국(行政).

228) 당선(當選): 선거에서 뽑힘.↔낙선(落選). ¶당선권(圈) 당선되다/하다, 당선무효(無效), 당선사례(謝禮), 당선소송(訴訟), 당선인(人), 당선자(者), 당선작(作), 당선쟁송(爭訟), 당선증서(證書).

229) 당연하다(當然): 이치로 보아 마땅하다. ¶당연상인(商人), 당연승계(承繼), 당연시/하다(視), 당연지사(當然之事).

230) 당위(當爲): 마땅히 있어야 하는 것. 반드시 해야 할 일이라고 요구되는 것. ¶당위법칙(法則), 당위성(性), 당위적(的).

231) 당하다(當): ①닿아서 만나다. 처하다(處). ¶이왕 당할 바에야 먼저 당하는 것이 낫다. ②일을 만나다. 겪다. ¶아버님 상을 당하다. 봉변을 당하다. ③능히 이겨내다. 대적하다. 해내다. 감내하다. ¶혼자서 두서너 명을 당하다. 우직한 네 용맹이 내 지혜를 당할쏘냐? 그의 재주는 당할 사람이 없다. ④사리에 맞다. 마땅하다(합당하다). ¶어버이를 버리다니, 그게 어디 자식으로서 당할 소린가. 당찮은 말을 하지 마라. 당치않다/당찮다.

232) 배당(配當): ①일정한 사물을 알맞게 벼르거나 별러서 줌. 또는 그 액(額)이나 양. ¶시간 배당. ②주식회사가 이익금을 주주에게 몫몫이 나누어 주는 일. ¶배당 소득. 배당금(金), 배당락(落), 배당률(率), 배당부(附), 배당안(案), 배당주(株).

233) 전당(典當): 물건을 담보로 돈을 꾸어 주거나 꾸어 씀. ¶금반지를 전당하다. 전당을 잡다/ 잡히다. 전당국(局, 전당포(鋪), 전당품(品).

234) 봉당(封堂): 안방과 건넌방 사이의 마루를 놓을 자리를 흙바닥 그대로 둔 곳. ¶봉당을 빌려주니 안방까지 달란다(염치없고 뻔뻔스러운 소리를 하다). 봉당마루.

堂), 칠성당(七星堂), 퇴설당(堆雪堂), 팔성당(八聖堂), 포교당(布敎堂), 학당(學堂), 해랑당(海娘堂), 해신당(海神堂), 향당(享堂), 헌당(獻堂), 회당(會堂), 횡당(黌堂), 후당(後堂). ②의젓하다. 버젓하고 정대하다'를 뜻하는 말. ¶당당하다(堂堂)[235]; 보무당당(步武堂堂), 위풍당당(威風堂堂). ③남의 어버이의 경칭. ¶북당(北堂), 양당(兩堂), 영당(令堂), 자당(慈堂), 존당(尊堂), 춘당(春/椿堂). ④친척을 뜻하는 일부 명사 앞에 붙어 '사촌 형제나 오촌 숙질의 관계임'을 나타내는 말. ¶당내(堂內)[2], 당고모(堂姑母), 당고모부(堂姑母夫), 당숙(堂叔), 당숙모(堂叔母), 당숙질(堂叔姪), 당질(堂姪), 당질녀(堂姪女), 당질부(堂姪婦), 당질서(堂姪壻), 당형제(堂兄弟) 들.

당(黨) '무리. 집단. 마을'을 뜻하는 말. ¶당을 떠나다. 당권(黨權), 당규(黨規), 당기(黨紀), 당기(黨旗), 당내(黨內), 당동벌이(黨同伐異), 당론(黨論), 당륜(黨倫), 당리당략(黨利黨略), 당명(黨名), 당명(黨命), 당무(黨務), 당배(黨輩), 당벌(黨閥), 당보(黨報), 당붕(黨朋), 당비(黨比), 당비(黨費), 당사(黨舍), 당성(黨性), 당세(黨勢), 당수(黨首), 당시(黨是), 당여(黨與), 당우(黨友), 당원(黨員), 당의(黨意), 당의(黨議), 당인(黨人), 당쟁(黨爭), 당적(黨籍), 당정(黨政), 당정(黨情), 당직(黨職), 당칙(黨則), 당파(黨派)[초당파(超)], 당폐(黨弊), 당풍(黨風), 당헌(黨憲), 당화(黨禍); 간당(奸黨), 개화당(開化黨), 거당(擧黨;당의 전체), 결당(結黨), 공당(公黨), 공산당(共産黨), 관권당(官權黨), 군당(群黨), 난당(亂黨), 노동당(勞動黨), 녹림당(綠林黨;도적의 무리), 다수당(多數黨), 도당(徒黨), 동당(同黨), 민권당(民權黨), 민당(民黨), 반당(反黨), 발당(發黨), 보수당(保守黨), 복당(復黨), 본당(本黨), 부당(夫黨), 부당(婦黨), 분당(分黨), 불한당(不汗黨), 붕당(朋黨), 비당(比黨), 사당(私黨), 사당(邪黨), 사대당(事大黨), 성당(成黨), 소당(小黨), 소수당(少數黨), 수구당(守舊黨), 숙당(肅黨), 신당(新黨), 아당(我黨), 악당(惡黨), 애당(愛黨), 야당(野黨), 여당(與黨), 여당(餘黨), 역당(逆黨), 왕당(王黨), 우당(友黨), 우당(右黨), 이당(吏黨;관료를 지지하는 당파), 이당(離黨), 일당(一黨), 입당(入黨), 자당(自黨), 작당(作黨), 잔당(殘黨), 적당(賊黨), 전당(全黨), 정당(政黨), 족당(族黨), 좌당(左黨), 주당(酒黨), 중앙당(中央黨), 지구당(地區當), 지하당(地下黨), 진보당(進步黨), 집권당(執權黨), 창당(創黨), 처당(妻黨), 척당(戚黨), 초당(超黨), 출당(黜黨), 취당(聚黨), 탈당(脫黨), 파당(派黨), 편당(偏黨), 합당(合黨), 해당(害黨), 해당(解黨), 향당(鄕黨), 혈당(血黨;생사를 같이 하는 무리), 활빈당(活貧黨), 회당(會黨), 흉당(凶黨) 들.

당(唐) ①중국에서 들어온. 중국과 관계 되는'을 뜻하는 말.↔향(鄕). ¶당가화(唐假花), 당경(唐鏡), 당금(唐錦), 당나귀[236], 당나발, 당닭, 당두루마기, 당모시, 당목면(唐木棉), 당목향(唐木香), 당문갑(唐文匣), 당물화(唐物貨), 당백사(唐白紗), 당버들, 당본(唐本), 당비상(唐砒霜), 당비파(唐琵琶), 당뽕, 당사(唐絲), 당사기(唐沙器), 당사주(唐四柱), 당사향(唐麝香), 당삼채(唐三彩), 당수복(唐壽福), 당승(唐僧), 당시(唐詩), 당아욱, 당악(唐樂), 당악기(唐樂器), 당약재(唐藥材), 당연(唐硯), 당의(唐衣), 당조협(唐皁莢), 당저고리, 당주지(唐周紙), 당주홍(唐朱紅), 당지(唐紙), 당치석(唐治石), 당채련, 당타구(唐唾具), 당탄, 당태, 당판(唐板), 당팔사(唐八絲), 당피리, 당피마자(唐蓖麻子), 당항라(亢羅), 당혜(唐鞋), 당홍(唐紅), 당화(唐畵), 당화기(唐畵器), 당화적(唐畵籍), 당황련(唐黃蓮), 당황모(唐黃毛); 성당(盛唐), 황당선(荒唐船). ② '황당하다. 공허하다'를 뜻하는 말. ¶당돌하다(唐突)[237], 당황하다(唐惶/慌)[당황망조(罔措), 당황실색(失色;당황하여 얼굴빛이 바뀜)]; 황당(荒唐)[황당객(客), 황당무계(無稽)].

당(糖) '엿. 설탕'을 뜻하는 말. ¶당과(糖菓), 당뇨/병(糖尿/病), 당단백질(糖蛋白質), 당류(糖類), 당미(糖米;수수쌀), 당밀(糖蜜), 당분(糖分), 당산(糖酸), 당속(糖屬), 당액(糖液), 당원질(糖原質), 당유(糖乳), 당의정(糖衣錠), 당장법(糖藏法), 당지질(糖脂質), 당화(糖化), 탕수육(糖水肉); 과당(果糖), 녹말당(綠末糖), 다당류(多糖類), 단당류(單糖類), 맥아당(麥芽糖), 백당(白糖), 분당(粉糖), 빙당(氷糖), 사탕[238], 설탕[←설당(雪糖)], 연당(鉛糖), 엿당, 유당(乳糖), 이당류(二糖類), 자당(蔗糖), 자양당(滋養糖), 전분당(澱粉糖), 전화당(轉化糖), 정당(精糖), 정제당(精製糖), 젖당, 제당(製糖), 조당(粗糖), 첨채당(甛菜糖), 포도당(葡萄糖), 함당률(含糖率), 혈당(血糖), 홍당(紅糖), 흑당(黑糖) 들.

당(撞) '치다'를 뜻하는 말. ¶당간(撞桿), 당구(撞球)[당구공, 당구대(臺), 당구봉(棒), 당구알, 당구장(場)], 당목(撞木;종이나 징을 치는 막대), 당봉(撞棒;당구 큐), 당착(撞着;앞뒤가 서로 맞지 않음)[모순당착(矛盾), 선후당착(撞着), 자가당착(自家)], 당파(撞破) 들.

당(瞠) '똑바로 보다'를 뜻하는 말. ¶당면하다(瞠眄;눈을 휘둥그렇게 뜨고 응시하다), 당목(瞠目), 당시/증(瞠視/症), 당연하다(瞠然) 들.

당(螳) '사마귀. 버마재비'를 뜻하는 말. ¶당랑(螳螂;사마귀), 당랑거철(螳螂拒轍), 당랑력(螳螂力;아주 미미한 힘), 당랑재후(螳螂在後)[239] 들.

당(幢) 기(旗). 당간(幢竿)에 다는 불화(佛畵)를 그린 기. ¶당간(幢竿)[240], 당극(幢戟), 당주(幢主), 당호(幢號); 건당(建幢) 들.

당(搪) '막다. 통하지 못하게 하다'를 뜻하는 말. ¶당색하다(搪塞;틈

235) 당당하다(堂堂): ①의젓하다. ②어엿하고 반듯하다. ¶당당한 거목. ③버젓하고 정대하다.≒떳떳하다. ¶당당하게 권리를 주장하다. ④형세나 위세가 대단하다. ¶위풍이 당당하다. 당당히 맞서다. 위풍당당(威風).

236) 당나귀: 말과의 짐승.[←당라구(唐騾駒)]. ¶당나귀 찬물 건너가듯(글을 거침없이 읽어 내려감을 이르는 말). 당나귀기침; 수탕나귀, 암탕나귀.

237) 당돌하다(唐突): ①꺼리거나 어려워하는 마음이 조금도 없이 올차고 다부지다. ¶당돌한 모습. 당돌한 말. ②윗사람에게 대하는 것이 버릇이 없고 주제넘다. ¶당돌하고 무례하게 어른에게 대들다. 당돌성(性;당돌한 마음이나 바탕).

238) 사탕: 설탕. 엿이나 설탕을 끓여 여러 가지 모양으로 만든 과자.[←사당(砂糖)]. ¶사탕을 빨아먹다. 사탕가루, 사탕무, 사탕밀(蜜), 사탕발림, 사탕수수, 사탕야자, 사탕옥수수, 사탕절이, 사탕초(醋); 각사탕(角), 눈깔사탕, 모사탕, 모래사탕, 밀사탕(蜜), 박하사탕, 붕어사탕(붕어 모양의 과자. 실속이 없는 사람), 새알사탕, 솜사탕, 알사탕, 얼음사탕, 적사탕(赤), 흑사탕(黑).

239) 당랑재후(螳螂在後): 매미를 노리는 사마귀가 뒤에서 저를 노리는 황작(黃雀)이 있음을 모른다는 뜻으로, '눈앞의 욕심에만 눈이 어두워 장차 닥쳐올 큰 재앙을 알지 못함'을 비유하는 말.

240) 당간(幢竿): 불교에서, 당(幢)을 달아 세우는 대를 이르는 말. 돌이나 쇠로 만듦.=짐대.

을 막다).

당(膛) '속이 비다'를 뜻하는 말. ¶흉당(胸膛;가슴의 한 복판. 복장).

당(餹) '엿'을 뜻하는 말. ¶당상(餹霜;얼음사탕을 잘게 부순 것); 이당(飴餹/餳;엿) 들.

당(鐺) '솥. 쇠사슬'을 뜻하는 말. ¶당구(鐺口;절에서 밥을 짓는 큰 솥), 당파창(鐺把槍;끝이 세 갈래로 난 창) 들.

당(儻) '멋대로. 마음대로'를 뜻하는 말. ¶척당(倜儻), 척당불기(倜儻不羈;뜻이 크고 기개가 있어 남에게 매이지 아니함).

당(攩/擋) '가로막다'를 뜻하는 말. ¶조당(阻攩/擋;어떤 행동을 막아서 가림).

당(讜) '바른말. 직언(直言)'을 뜻하는 말. ¶당론(讜論), 당언(讜言;直言), 당의(讜議;정당한 의론), 당직(讜直) 들.

당(塘) '못'을 뜻하는 말. ¶연당(蓮塘;연못), 지당(池塘) 들.

당귀(當歸) 승검초의 뿌리. ¶당귀주(酒), 당귀차(茶).

당그랑 울림이 좋고 작고 단단한 물건이 가볍게 맞부딪치는 소리. 또는 그 모양. 〈큰〉덩그렁. ¶풍경 소리가 당그랑 울리다. 당그랑거리다/대다, 당그랑당그랑/하다.

당그래 '고무래'의 사투리. ¶고랫당그래(방고래의 재를 그러내는 작은 고무래), 불당그래.

당근 ①산형과의 한해살이 또는 두해살이풀. 홍당무. ¶당근누름적(炙). ②환심을 사려고 쓰는 선심. ¶당근과 채찍.

당기(다) ①물체가 자기 쪽으로 가까이 오도록 힘을 주다.≒끌다. ↔밀다. ¶책을 앞으로 당기다. 문을 당겨 열다. 당감잇줄(당기고 감는 줄), 당길문(門;밖에서 잡아당겨 여는 문), 당길속(바라거나 가지고 싶은 마음), 당길심(心;제게로만 끌어당기려는 욕심), 당길힘(끄는 힘), 당김그물, 당김음(音), 당김줄(근육 운동을 하는 기구); 갉아·긁어당기다(긁어서 앞으로 끌다), 거머당기다(휘감아 당기다), 그러당기다, 끄어당기다/꺼당기다, 끄집어당기다, 끌어당기다, 도당기다[241], 맞당기다, 붙당기다(붙잡아서 당기다), 빨아당기다, 앞당기다¹(앞으로 당기다), 잡아당기다, 찍어당기다. ②줄을 팽팽하게 하다.↔늦추다. ¶활시위를 당기다. ③정한 기일을 줄이어 미리 하다.↔물리다. ¶공기(工期)를 당기다. 결혼식 날짜를 당기다. 당겨먹다, 당겨쓰다[242], 당겨오다; 앞당기다²(이미 정한 시간을 당겨서 미리 하다). ④어떤 방향으로 잡아끌다. ¶방아쇠를 당기다. ⑤마음이 무엇에 끌리어 움직이다. 입맛이 돋우어지다. ¶전망이 밝다니까 구미가 당기는 모양이다. 구미가 당기다. 입맛이 당기는 음식. 애당기다(마음에 끌리다). ⑥인화 물질에 불이 붙게 하거나 불을 옮겨 타게 하다.≒붙이다. ¶가스에 불을 당기다. 심지에 불을 당기다.

241) 도당기다: 사람이 다그치거나 서둘러 당기다. ¶그는 그날로 도당겨 와서 일변 서울로 편지를 부쳤다.
242) 당겨쓰다: 돈·물건 따위를 원래 쓰기로 한 때보다 미리 쓰다. ¶등록금이 없어 사글세를 당겨썼다.

당내 ①자신이 살아 있는 동안. ②벼슬을 하고 있는 동안.

당노 말의 이마나 허리에 치레로 꾸미는 물건.

당도리 바다로 다니는 큰 나무배. 당도리선(船).

당부 어찌할 것을 말로써 단단히 부탁함.[+손아랫사람]. ¶당부의 말씀. 당부하다; 신신당부(申申). §'當付(당부)'는 한자음을 빌린 말.

당수 곡식 가루에 술을 넣어서 미음같이 쑨 음식. ¶보리당수를 마시다. 메밀당수, 묵당수(제물묵거리를 묵보다 훨씬 묽게 쑤어서 먹는 음식), 밥당수(물을 붓고 끓인 밥), 조당수(좁쌀로 묽게 쑨 당수).

당신(當身) 상대편을 일컫는 제이인칭 대명사. 부부 사이에 서로 상대편을 일컫는 말.

당실 ①팔다리를 한차례 가볍고 흥겹게 놀리는 모양. ¶당실 춤을 추다. 당실·덩실거리다/대다, 당실당실·덩실덩실, 당싯[243], 다당실[244]. ②작은 물건이 귀엽게 떠 있는 모양. ¶박우물에 당실 떠 있는 쪽박. 당실·덩실하다¹[245], 당실하다²[246].

당조짐 정신을 차리도록 단단히 단속하고 조임.[←단단(하다)+조짐]. ¶그 사람이 어떤 일을 했는지 일일이 아뢰어 바치라고 당조짐을 하셨다. 당조짐하다(정신을 차리도록 호되게 말하다).

당-지다 잘 눌리어 단단하게 굳어지다. ¶흙바닥이 당져서 삽이 안 들어간다. 당진 길바닥을 파다.

당차(다) 나이·몸집에 비하여 마음가짐이나 하는 짓이 야무지다. ¶당찬 각오. 김 군은 당찬 데가 있지. 키는 작아도 아주 당차게 생겼다. 당알지다(마음이 당차고 야무지다).

당치(다) 사람이 무엇을 꼭꼭 다지다. ¶할아버지는 곰방대에 담배 가루를 당친 후 불을 붙이셨다.

당코 여자 저고리 깃에서 고름이나 단추를 다는 자리 위에 오는 부분의 뾰족하게 내민 끝.

닻 배를 한 곳에 머물게 하기 위하여, 줄을 매어 물 밑바닥으로 가라앉히는 갈고리가 달린 기구.[〈닫]. ¶닻을 내리다/ 올리다. 닻을 감다(하던 일을 걷어치우고 단념하다), 닻가지(닻에 달린 갈고리), 닻감개, 닻감다, 닻걸이, 닻고리, 닻기계(機械), 닻꼬임, 닻낚시(배를 고정하여 놓고 배에서 하는 낚시), 단니[247], 닻더느래(닻을 고정하기 위하여 이은 줄), 닻돌, 닻밭[묘지(錨地). 닻터], 닻배[248], 닻별(카시오페이아자리), 닻뿌리, 닻사슬, 닻올리다, 닻잡

243) 당싯: 어린 아기가 누운 채 귀엽게 팔다리를 놀리는 모양. 〈큰〉덩싯. ¶당싯당싯 팔다리를 놀리며 까르르 웃는 아기. 당싯·덩싯거리다/대다.
244) 다당실: 팔이나 다리 따위를 귀엽고 가볍게 흔들며 춤을 추는 모양. 가볍게 위로 떠오르는 모양. 〈큰〉더덩실. 두둥실. ¶다당실 춤을 추는 소녀. 달이 더덩실 뜨다. 두둥게둥실(가볍게 떠오르거나 떠가는 모양).
245) 당실하다¹: ①맵시 있게 덩그렇다. ②귀엽고 동그랗다.
246) 당실하다²: 건물 따위가 맵시 있게 높다. 〈큰〉덩실하다. ¶덩실하게 솟아 있는 근정전. 덩두렷하다(덩실하고 두렷하다).
247) 단니: 닻과 비슷한 모양의 낚시. 겨울에 얼음구멍을 뚫고 드리워서 잉어, 숭어 등 비교적 큰 물고기를 낚음.
248) 닻배: 우리나라 전통의 고기잡이 장치의 하나. 닻을 어장에 설치해 놓고

이, 닻장(닻채 위에 닻줄을 매도록 가로 박은 나무나 쇠막대), 닻주다, 닻줄, 닻채(닻의 자루), 닻터, 닻톱(닻가지 끝에 있는 부분), 닻혀(닻가지의 갈라진 끝 부분), 닻혹구(黑球:배가 정박한 것을 나타내기 위하여 공중에 띄우는 공); 돌닻, 물닻, 보조닻(補助), 쇠닻, 한닻(배의 가장 큰 닻) 들.

닿(다) ①사물이 서로 맞붙어 사이에 빈틈이 없게 되다.≒스치다. 만나다.↔떨어지다. ¶손에 닿는 감촉. 두 뺨이 서로 닿다. 닿치다(물건이 세차게 마주 닿다). ②목적지에 다다르다.≒이르다. 도착하다. ¶배가 항구에 닿았다. 들이닿다(막 와 닿다). ③어떤 곳·정도에 미치다. ¶따뜻한 인정의 손길이 닿다. 힘 닿는 데까지 노력해 보자. ④논리가 끊어지거나 어긋남이 없이 서로 관련이 맺어지다.≒맞다. 통하다.↔어긋나다. ¶문맥이 잘 닿지 않는다. 두 사람은 인연이 닿았다. 연락이 닿다. §'다-/대-'의 꼴로, 동사의 어간 앞에 붙어 '틈이 없이 바짝' 또는 '아주 몹시. 매우'의 뜻을 나타냄. 다굳다(매우 굳다), 다굴리다(다그쳐 굴리다), 다그다, 다다르다[249]/다닫다, 다닥뜨리다/트리다(서로 닿아서 마주치다), 다닥치다[250], 다몰다(짐승 따위를 냅다 몰다), 다몰아치다, 다밀다(다그쳐 밀다), 다바쁘다/드바쁘다(몹시 바쁘다), 드바삐, 다밭다(몹시 짧다. 썩 가깝다), 다부닐다[251], 다부르다[252], 다불러대다(마구 다그치다), 다붓하다[1], 다붙다[253]/붙이다, 다슬다[254], 다잡다[255], 다조르다(다그쳐 조르다), 다조지다[256]/다좇치다, 다좇다(다급히 좇다), 다죄다(다잡아 죄다), 다쫓다/쫓기다, 다치다[257], 닥채다(다그쳐 채다), 닥치다[2][258], 달랑말랑(닿을락말락),닿소리, 닿치다(물건이 세차게 마주 닿다), 대가다[259], 대고[260], 대끼다[1,2], 대놓고, 대다[1,2,3][261], 대들다[262], 대미처[263], 대밑[264], 댓바람에[265], 대받다(남의 말에 반항하여 들이대다), 대보다(서로 견주어 보다), 대서다[266], 대오다, 대주다[267], 대지르다(찌를 듯이 날카롭게 대들다)/질리다(대지름을 당하다), 대짝하다[268]; 가닿다(어떤 대상에 이르러 미치다. 일정한 수준에 이르다), 금닿다[269], 끝닿다(끝까지 다다르다), 동닿다, 들이닥치다, 등닿다, 막다르다[막다른골, 막다른집], 맞닥뜨리다/트리다, 맞닥치다, 맞닿다, 밀어닥치다, 부닥치다, 부닥뜨리다/트리다, 벗닿다[270], 살닿다(손해가 나다. 밑지다), 손닿다, 잇닿다, 힘닿다. ☞ 접(接). 촉(觸). 착(着).

대[1] ①식물의 줄기. 가늘고 길며 속이 빈 막대. ¶대가 실한 옥수수. 대걸레, 대낚시, 대내리다[271], 대맛(낚싯대를 통하여 전해 오는 느낌. 손맛), 댑싸리[272], 대울타리/대울, 대저울, 댓줄기; 가는대(아기살), 가로대, 가름대[273], 간색대(看色), 간짓대/간대(대나무로 된 장대), 갈대, 갈빗대, 강대[274], 갬대[275], 갯대(그물의 벼

그 사이에 그물을 쳐 놓아 밀물 때 흘러 들어간 물고기가 썰물 때 걸리도록 함.

249) 다다르다: ①목적한 장소에 이르러 닿다. ¶집 앞에 다다르다. ②일정한 수준에 이르러 닿다. ¶절정에 다다르다.[〈다-+둗다].

250) 다닥치다: ①마주쳐 닿거나 부딪치다. ¶앞차가 마주 오던 차와 다닥쳤다. ②일이나 사건 따위가 바싹 가까이 이르다. ¶그는 시험이 다닥쳐서야 밤을 새워 공부했다.

251) 다부닐다: 바싹 다붙어서 붙임성 있게 굴다.

252) 다부르다: ①무엇을 빠른 속도로 다그치다. ②몹시 조르거나 재촉하다.

253) 다붙다: 사이가 뜨지 아니하고 꼭 닿다. 바싹 다가붙다. ¶어머니에게 다붙어 서다. 다붓다붓, 다붓하다, 다붙이다.

254) 다슬다: 물건의 표면이 매끈하게 닳아지다.=다스러지다.

255) 다잡다: 다그쳐 붙들어 잡다. 단단히 잡도리하여 엄하게 다스리다. 다그쳐 바로잡다. ¶말썽을 피우는 아이들을 다잡지 않으며 안 될 것 같습니다. 다잡아먹다(단단히 마음먹다), 다잡이(늑줄 주었던 것을 바짝 잡죄는 일).

256) 다조지다: ①일이나 말을 다그쳐 조지다. ¶야무진 말로 다조지다. ②다급하게 재촉하다. ¶나는 그의 이상스러운 말에 정신을 차리고 다조져 물었다.

257) 다치다: ①맞거나 부딪치어 상하다. ¶넘어져 발목을 다치다. ②손을 대어 건드리다. ¶기념품을 다치지 마시오. ③남의 재물을 손해가 되게 건드리다.≒축내다. ¶아랫사람의 잘못으로 윗사람이 다치게 되었다. 큰코다치다. [〈다티다].

258) 닥치다[2]: 어떤 때나 사물이 가까이 다다르다. ¶눈앞에 닥친 졸업 시험. 닥치는 대로(이것저것 가릴 것 없이). 닥달리다(부딪치게 되다), 닥들여오다(어떤 일이 가까이 바싹 닥쳐오다), 닥들이다(갑자기 마주 부딪치다. 갑자기 들이 닥쳐오다), 닥뜨리다/트리다(마주 대거나 부딪다. 직면하다), 닥쳐오다(가까이 다다라 오다); 들이닥치다(갑자기 바싹 다다르다), 밀어닥치다(여러 사람이나 일이 한꺼번에 몰려 다다르다), 부닥치다.

259) 대가다: 시간에 맞게 목적지에 이르다. 〈본〉대어가다. ↔대오다. ¶약속 시간에 대가다.

260) 대고: 계속해서 자꾸. 무리하게 자꾸. 염치나 체면이 없이 아무렇게나. ¶없는 돈을 내놓으라고 대고 조른다. 아이가 대고 울기만 한다. 대고 웃다. 무턱대고(마구), 허청대고(확실한 계획이 없이 마구).

261) 대다[1]: 닿게 하다.[←닿(다)+이+다].≒붙이다.↔떼다. 늦지 않은 상태가 되게 하다. 비교하다. 부족하여 필요로 하는 것을 주다. ¶이마를 땅에 대다. 서로 키를 대어 보다. 논에 물을 대다. 학비를 대다. 대놓고(사람을 앞에 놓고 거리낌 없이 함부로), 대서다(잇대어 서다), 댐나무; 갈아대다(묵은 것 대신 새것을 가져다 대다), 기대다[←길(다)+대(다)], 기대서다, 기대앉다, 끌어대다, 내대다, 덧대다, 돌라·둘러대다(융통하다. 그럴 듯한 말로 꾸며 대다), 동대다, 뒤대다(비뚜로 말하다. 거꾸로 가르치다. 뒤를 돌보아 주다), 들이대다(바싹 가져다 대다. 마구 대들다), 등대다, 맞대다, 메지대다(한 가지 일을 끝내 치우다), 몰아대다, 미대다(일을 질질 끌다), 민주대다(귀찮고 짜증나게 굴다), 번·뻔대다(쉬이 따르지 아니하고 고집스럽게 버티다), 번장·뻔장대다(맞서서 버티다), 부르대다, 붚대다(말이나 행동을 몹시 급하게 하다), 비대다(남의 이름을 빌려 대다), 빗대다, 뻐대다(끈덕지게 굴다), 손대기, 손대다, 엇대다(빗나가게 대다), 잇대다, 줄대다, 처대다, 치대다(밑에서 위로 올려 가며 대다), 헤대다(공연히 바쁘게 왔다갔다하다), 휘어대다(안으로 억지로 우겨 넣다). 대다[2]: 알고자 하는 것을 말하여 일러주다. ¶묻는 대로 대어 말하다. 막힘없이 답을 척척 대다. 숨긴 곳을 대라. 떠대다(거짓으로 꾸미어 일컫다), 주워대다, 해대다. 대다[3]: 어미 '-아/어/여'로 끝난 동사 뒤에 쓰여, 어떤 사람이 같은 행동을 심하게 되풀이하는 뜻을 나타냄. ¶아이들이 거지를 놀려 댄다. 그 사람은 매번 같은 노래를 불러 댄다.

262) 대들다: 반항하느라고 맞서서 달려들다.

263) 대미처: 그 즉시로. 뒤미처. ¶대미처 떠나다.

264) 대밑: ①어떤 대상의 아래 기슭이나 밑단에 바싹 잇닿아 가까운 곳. ¶갑자기 대밑에서 뭔가 튀어나와 깜짝 놀랐다. 대밑둥(나무의 뿌리 쪽에 가장 가까운 부분). ②바로 앞둔 때. ¶설대밑. 추석 대밑.

265) 댓바람에: 지체하지 않고 곧. 일을 당하여 맨 처음으로.[←대/닿(다)+이+바람+에]. ¶연락하지마자 댓바람에 달려왔다.

266) 대서다: ①바짝 가까이 서거나 뒤를 잇대어 서다. ②대들어 맞서다. 대들다.

267) 대주다: ①끊이지 아니하고 잇대어 주다. ②방향이나 주소 등을 가르쳐 주다. ③물건을 넣도록 그릇 따위를 가지어다가 대다. ¶자루를 똑바로 대다.

268) 대짝하다: 나무나 그릇을 반으로 나누어서 맞추어 대다.

269) 금닿다: ①물건의 값이 적당한 선에 이르다. ②물건 값이 상당히 나가다.

270) 벗닿다: 나뭇조각이나 숯이 여럿이 한데 닿아서 불이 일어나게 되다. ¶나무를 벗닿게 하여 불을 지폈다.

271) 대내리다: 귀신이 내림대(손대)에 내리다.

272) 댑싸리: 명아줏과의 한해살이풀.[←대+ㅂ싸리]. ¶댑싸리비.

273) 가름대: 수판의 윗알과 아래알을 가르기 위하여 가로로 대는 나무.

274) 강대: 선 채로 말라서 죽은 나무. 강대나무. ¶강대밭(강대나무들이 서 있는 묵은 땅), 강대잎(강대나무에 붙어 있는 나뭇잎).

리와 활개 끝점이 엉키지 않도록 대는 나무), 걸대(물건을 걸 때 쓰는 장대), 겉대, 겨냥대, 겨릅대, 고물대, 고운대/곤대(토란대. 토란 줄기의 밑동 부분)[곤댓국, 곤댓짓[276]], 고줏대[277], 고춧대, 골대(goal), 곰봇대[278], 괴밋대[279], 구듯대[280], 굴대, 굴렁대, 굴림대, 그늘대[281], 깃대[우간(羽幹)], 깃대(旗), 꽃대, 꽂을대, 꾐대(주판알을 꿴 세로대), 나발대[282], 나좃대[283], 낚싯대, 낟가릿대, 낭성대(장대. 긴 막대기)[←낭선(狼筅)], 내림대[284], 눈썹대, 눌림대, 다올대(베의 날을 풀기 위해 도투마리를 밀어서 넘기는 막대), 달굿대(땅을 다지는 데 쓰는 몽둥이), 달대(달풀의 줄기), 덤정대(단단한 나무로 만든 지렛대), 돌대[회전축(回轉軸)], 동살대, 돛대, 둥글대, 등대(燈), 등롱대(燈籠), 마룻대, 말대[285], 메밀대, 멜대(물건을 담아 어깨에 메는 긴 대. 멜채), 명아줏대, 목대(소의 목에 대는 나무), 무듯대, 밀대, 밀치갯대(다올대), 바늘대[286], 바지랑대(빨랫줄을 받치는 장대), 받침대, 배빗대, 버팀대, 베틀신대, 별신대(別神;별신굿을 할 때 세우는 신장대), 볏가릿대[287], 보릿대, 봉홧대(烽火), 붓대, 붙임대, 빨대, 빵대[288], 뼈대, 사침대[289], 삼대[麻], 상앗대[290], 색대(色)[291], 서산대(書算)[292], 선대(禪), 세로대, 속대, 솔대[1,2][293], 솟대[294], 수각대(獸角;물소의 뿔로 만든 견지낚싯대), 수수목대, 수술대(꽃실), 수숫대, 술대[295], 신대, 신장대(神將), 심대(心)[296], 싸릿대, 쑥대, 암술대, 야거릿대(야거리의 돛대), 엄대[297], 연춧대(토담을 쌓을 때 쓰는 나무), 연춧대(輦;연의 멍에에 가로 대는 나무), 영창대(映窓), 연필대(鉛筆), 옥수숫대, 올망대(網), 외대(나무나 풀의 단 한 대), 우산대(雨傘), 운전대(運轉), 울대[1,2][298], 이물대, 잉앗대, 잣대, 장대(長)[장대높이뛰기, 장대도둑, 장대비, 장대질], 저울대, 전봇대(電報), 전짓대[299], 점대(占), 젓대(피리), 정량대(正兩;쇠로 만든 큰 화살), 졸대(좁고 가늘게 쓰는 대), 종대, 주릿대, 죽순대(竹筍), 쥘대[300], 지렛대, 지릿대(고의 심으로 쓰는 나무), 진대[301], 짐대[당간(幢竿)], 짚대, 쫄대, 참대[참댓개비, 참대못, 참대침(鍼)], 창대(槍), 철필대(鐵筆), 청대(靑;베어낸 뒤 마르지 아니하여 아직 푸른 대), 총대(銃), 측량대(測量), 콧대, 콩대, 펜대(pen), 푯대(標), 핏대(큰 혈관. 피의 줄기), 화살대/살대; 대내리다(귀신이 내림대에 내리다), 활대(돛 위에 가로 댄 나무), 횃대[302]. ②'줏대'의 준말. ¶대가 센 사람. 대차다(거세고 힘차다); 줏대(主;먹은 마음의 중심)[줏대신경(神經), 줏대잡이]. ③담배를 담는 분량이나 피는 횟수. 주사나 침을 맞는 횟수. 쥐어박거나 때리는 횟수를 세는 단위. ¶담배 두 대. 한 대 맞다/때리다.

대[2] ①볏과의 여러해살이 상록 교목. ¶대나무 끝에서도 삼 년이라. 대갓끈, 댓가지, 댓개비, 대고리(대오리로 걸어 만든 고리), 대광주리, 대구멍, 대그릇, 대기둥(대나무의 기둥), 대꼬챙이, 대나무, 대나물, 대놀음, 대농(籠;대로 엮은 농짝), 대등거리, 대뚫이, 대롱[303], 대막대기, 대말[죽마(竹馬)], 대못[죽정(竹釘)], 대물부리, 대바구니, 대바늘, 대바르다[304], 대발[죽렴(竹簾)], 대밭, 대베개, 대비, 대비녀, 대빗[죽비(竹篦)], 대사립(대나무로 엮어 만든 사립문), 대살[305]/지다, 댓살[306], 대삿갓, 대삿자리, 대상자(箱子), 대소(활을 만드는 데 쓰는 대나무 토막), 대소쿠리, 댓속(대의 속. 댓속의 부스러기), 대순[죽순(竹筍)], 대숲, 대오리(가늘게 쪼갠 댓개비), 대우리(대로 만든 우리), 대울타리/대울, 댓잎[댓잎색(色), 댓잎술], 대자[尺], 대자리(대오리를 결어 만든 자리), 대젓가락, 대젓대(대나무로 만든 피리), 댓조각(대를 쪼갠 조각), 대종이(대나무 섬유로 만든 종이), 대지팡이, 대쪽[307], 대차다[308], 대창(槍), 대청[309], 대치롱(대로 만든 치롱), 대칼(대로 만든 칼), 대테(대를 쪼개어 결어 만든 테), 대통(筒), 대통(桶;담배통), 대패랭

---

275) 갬대: 풀이나 나물 따위를 캐는 데 쓰는, 칼처럼 생긴 나뭇조각. ¶갬대로 쑥을 캐다.

276) 곤댓짓: 뽐내어 하는 고갯짓.

277) 고줏대: 연자매의 고줏구멍(고줏대를 박기 위하여 연자매의 밑돌 한가운데 뚫어 놓은 구멍)에 박아 놓은 나무나 쇠로 된 기둥.

278) 곰봇대: 뇌관을 다이너마이트 속에 넣을 때 구멍을 뚫거나 또는 다이너마이트를 남폿구멍 속으로 밀어 넣는 데 쓰는 나무 꼬챙이.

279) 괴밋대: 방앗공이를 괴어 놓는 나무토막.

280) 구듯대: 굴뚝이나 방고래의 검댕이나 재 따위를 그러내는 제구.

281) 그늘대: 빛을 가리기 위하여 장대를 세우고 짚자리나 삿자리를 덮어서 만든 물건.

282) 나발대: ①나발의 몸체. ②돼지의 입과 코가 달린 부리.

283) 나좃대: 갈대·억새를 묶어 기름을 부어 납채(納采) 때 신부 집에서 불을 켜는 물건.≒홰. ¶나좃쟁반(錚盤)/나조반(나좃대를 받치어 놓는 쟁반).

284) 내림대: 굿할 때나 경문을 읽을 때, 무당이 신을 내리게 하는 데 쓰는 소나무나 대나무의 가지.

285) 말대: 물레질할 때, 솜을 둥글고 길게 말아 내는 막대기.

286) 바늘대: 돗자리나 가마니 따위를 칠 때, 씨를 한쪽 끝에 걸어서 날 속으로 들여보내는 가늘고 길쭉한 막대기.

287) 볏가릿대: 정월 보름에 풍년을 빌기 위하여 벼나 수수의 이삭을 짚으로 싸서 세우는 장대.

288) 빵대: ①베나 무명 따위를 날아 도투마리에 감을 때에 켜마다 지르는 쑥대·대오리 따위의 제구. ②빵대쑥의 줄기.

289) 사침대: 베틀의 비경이 옆에서 날의 사이를 띄어주는 두 개의 나무나 대. 〈준〉사침.

290) 상앗대: 배를 물가에서 떼거나 물가로 댈 때, 또는 물이 얕은 곳에서 깊은 곳으로 밀어 갈 때에 쓰는 긴 막대. 〈준〉사앗대, 삿대. ¶상앗대질/삿대질(①상앗대로 배를 움직이게 하는 일. ②말다툼할 때, 주먹이나 손가락 따위로 상대의 얼굴을 향하여 푹푹 내지르는 짓.

291) 색대(色): 가마니나 섬 속에 든 곡식을 찔러서 빼보는 연장. 간색대.

292) 서산대(書算): 책을 읽을 때, 글줄이나 글자를 짚기도 하고 서산을 눌러 두기도 하는 가는 막대기. 책대.

293) 솔대[1]: 활 쏘는 데 과녁으로 쓰는 솔을 버티는 나무. 솔대[2]: 판장의 틈이나 문설주 따위에 가늘게 오려 붙인 나무오리. 솔대목(木).

294) 솟대: 마을에 높이 세워 신앙의 대상으로 삼는 긴 장대.

295) 술대: 거문고를 타는 데 쓰는 단단한 대로 만든 채.

296) 심대(心): 바퀴나 팽이 따위와 같이 회전하는 물체의 중심을 이루는 막대.

297) 엄대[-때]: 외상으로 물건을 팔 때에 물건 값을 표시하는 길고 짧은 금을 새긴 막대기.[←어음/엄+대]. ¶엄대질/하다.

298) 울대[1]: 울타리를 만드는 데 세우는 기둥 같은 대. 울대[2]: 조류(鳥類)의 발성기관.

299) 전짓대: 위 끝을 두 갈래지게 한 긴 장대. 감을 비틀어 꺾어 딸 때 씀.

300) 쥘대: 누비질할 때 피륙을 감는 짤막한 둥근 막대.

301) 진대: 밀림 속이나 깊은 산속에 넘어지거나 쓰러져 있는 통나무. 진대나무.

302) 횃대: 옷을 걸 수 있게 만든 막대.

303) 대롱: 통(筒)으로 된 가는 대의 도막.

304) 대바르다: ①주견이 똑바르고 세다. ¶대바른 소리. ②마음이나 품성이 대쪽같이 곧고 바르다. ¶대바른 청년.

305) 대살: 단단하고 야무지게 찐 살.↔푸석살. ¶대살진 사람. 여편네가 대살져서 생활력이 강하겠다. 대살지다(몸이 강파르고 강기가 있다).

306) 댓살: 대나무를 가늘게 쪼갠 오리.

307) 대쪽 같다: 성미, 절개 따위가 곧은 것을 비유적으로 이르는 말.

308) 대차다: 성미가 곧고 꿋꿋하며 세차다. ¶대차게 대들다. 그런 행동을 하다니 대차구나.

309) 대청: 대나무 줄기 속의 안벽에 붙은 아주 얇고 흰 꺼풀.

이; 굳은대(굳고 단단한 대나무), 긴대[장죽(長竹)], 겉대, 속대, 솔대, 쌍골대(雙骨), 첨대(籤;책장이나 포갠 물건 사이에, 표를 하기 위하여 끼우는 댓조각), 왕대. ②'담뱃대'의 준말. ¶대뚫이, 댓진(津), 댓집[310], 대통(桶), 대후비개; 골통대, 곰방대(짧은 담뱃대), 담뱃대, 짜른대[短竹;곰방대]. ☞ 죽(竹).

대- '큰(한). 한번에. 곧바로'를 뜻하는 말. ¶대낮, 대놀음(기생이 풍악을 갖추어 노는 놀음), 댓닭, 대돈변(邊), 대뜸(그 자리에서 곧), 대마루, 대매(단 한 번 때리는 매), 대못(큰못), 대미처, 댓바람에/으로, 대번에/대번(서슴지 아니하고 단숨에), 대처네(이불을 쌓고 그 위에 덮는 보), 대푼(돈 한 푼).

-대¹ ①형용사 어간이나 어미 '-으시/었/겠-' 뒤에 붙어, 어떤 사실을 주어진 것으로 치고 그 사실에 대한 의문을 나타내는 종결 어미.=-다지. ¶왜 이렇게 일이 많대? 신랑이 어쩜 이렇게 잘 생겼대? -대-요. ☞ -래. ②누구한테 들은 사실을 남에게 전할 때, '-다고 해'의 준말. ¶그가 오늘 떠났대. 그가 오늘 병원에서 수술을 받았대. 사람이 아주 똑똑하대.

-대² 몇몇 명사 뒤에 붙어, '방향. 지역'의 뜻을 더하는 말. ¶강대(江;강가의 마을), 뒤대(↔앞대), 아래대(아랫녘. 아래쪽에 있는 마을이나 지역), 앞대, 우대(↔아래대)[←우ㅎ+다히/닿(다)]. ☞ 닿다.

대(大) ①큼. 큰 것. ¶대를 살리고 소를 죽이다. ②일부 명사 앞이나 한자어 어근에 붙어 '큰. 위대한. 훌륭한. 범위가 넓은'의 뜻을 나타내는 말.↔소(小). ¶대가(大家)[311], 대가(大駕), 대가극(大歌劇), 대가람(大伽藍;큰절), 대가사(大家舍), 대가야(大伽倻), 대가연하다(大家然;그 방면에 뛰어난 사람인 체하다), 대가족(大家族), 대각(大角), 대각/견성(大覺/見性), 대각간(大角干), 대간(大奸/姦), 대간선(大幹線), 대간의(大簡儀), 대갈(大喝;큰소리로 꾸짖음), 대감(大監)[312], 대감(大鑑;大全), 대감독(大監督), 대강(大江), 대강(大綱), 대강당(大講堂), 대강령(大綱領), 대강설(大降雪), 대강풍(大强風), 대개(大槪), 대개(大蓋), 대개념(大概念), 대거(大擧), 대거처(大居處), 대검(大劍), 대검찰청(大檢察廳), 대겁(大劫), 대겁(大怯), 대게, 대격돌(大激突), 대겸년(大歉年), 대경(大經), 대경(大慶), 대경(大驚;몹시 놀람), 대경장(大更張), 대계(大系;叢書), 대계(大界;온 세상), 대계(大計;큰 계획), 대고(大故), 대고(大賈), 대고(大鼓;큰북), 대고모(大姑母), 대고비, 대고조(大高潮), 대고풍(大古風), 대곡(大哭), 대공(大工), 대공(大功), 대공사(大工事), 대공사(大公使), 대공세(大攻勢), 대공연(大公演), 대공원(大公園), 대공포(大恐怖), 대공황(大恐慌), 대과(大科), 대과(大過;큰 허물이나 큰 잘못), 대과거(大過去), 대과업(大課業), 대과학자(大科學者), 대관(大官), 대관(大觀;널리 관찰함), 대관절(大關節)[313], 대괄호(大括弧), 대광대, 대괴(大塊), 대괴(大斛), 대교구(大敎區), 대구(大口)[314], 대구경(大口徑), 대구분(大區分), 대구치(大臼齒), 대국(大局;대체의 판국이나 형세)[대국관(觀), 대국적(的)], 대국(大國)[대국인(人), 대국주의(主義); 강대국(强)], 대국통(大國統), 대군(大君), 대군(大軍), 대군(大群), 대군무(大群舞), 대궁궐(大宮闕), 대궁전(大宮殿), 대권(大卷), 대권(大權), 대권/항로(大圈/航路), 대궐(大闕), 대규모(大規模), 대규/환(大叫/喚), 대극(大極;임금의 지위), 대금(大金;많은 돈), 대금(大笒), 대금(大禁;전국적으로 금함), 대기(大忌;몹시 꺼림), 대기(大氣)[315], 대기(큰 그릇)/만성(大器/晩成), 대기(大朞), 대기(大期), 대기(大旗), 대기(大機;큰 기회), 대기록(大記錄), 대기업(大企業), 대기자(大記者), 대기치(大旗幟), 대기후(大氣候), 대길/일(大吉/日), 대나(大儺), 대난(大難), 대납회(大納會), 대내(大內;內殿), 대농(大農), 대농(大籠), 대뇌(大腦), 대다담(大茶啖), 대다수(大多數), 대단(大緞), 대단원(大單元), 대단원(大團圓), 댓닭(큰 닭의 품종), 대담(大談), 대담하다(大膽), 대대(大帶), 대대(大隊), 대대적(大大的), 대덕(大德), 대도(大刀), 대도(大度;도량이 큼), 대도(大都), 대도(大盜), 대도(大道;넓은 길), 대도구(大道具), 대도시(大都市), 대도회(大都會), 대독(大毒), 대동(大同)[대동단결(團結), 대동소이(小異)], 대동(大東), 대동(大洞), 대동맥(大動脈), 대동소이(大同小異), 대동패(大同牌), 대두(大斗), 대두(大豆), 대두뇌(大頭腦), 대둔근(大臀筋), 대득(大得), 대들보, 대등(大登), 대란(大亂), 대략(큰 모략. 대강의 줄거리)/적(大略/的), 대량(大量)[대향사회(社會), 대량생산(生産), 대량적(的)], 대량(大樑;대들보), 대려(大呂), 대력(大力), 대렴(大斂), 대렵(大獵), 대령(大領), 대령(大靈), 대례/복(大禮/服), 대로(大老), 대로(大怒), 대로(大路), 대록(大祿), 대론(大論), 대뢰(大牢), 대료(大僚), 대륙(大陸)[316], 대륜(大倫), 대륜/선(大輪/扇), 대리(大利), 대리석(大理石), 대마(大馬), 대마(大麻;삼)[대마사(絲), 대마인(仁), 대마초(草)], 대막리지(大莫離支), 대만원(大滿員), 대망(大望), 대망(大蟒;이무기), 대매(大罵), 대매출(大賣出), 대맥(大脈), 대맥(大麥), 대머리, 대머릿장(欌), 대명(大名), 대명(大命;임금의 명령. 勅命), 대명일(大名日), 대명제(大命題), 대명천지(大明天地), 대모(大母), 대모(大謀), 대목(大木), 대못(굵고 큰 못), 대못박이(둔하고 어리석은 사람), 대몽(大夢), 대묘(大廟), 대무(大霧), 대무지(大拇指), 대문(大文;글의 본문), 대문(大門), 대문(大紋), 대문자(大文字), 대문장(大文章), 대문호(大文豪), 대물(大物), 대미(大尾;맨 끝. 대단원), 대박(大舶), 대반(大半), 대반(大盤), 대반석(大盤石), 대반야(大般若), 대발견(大發見), 대발파(大發破), 대발회(大發會), 대방(大方), 대방(大邦), 대방상(大方狀), 대배(大杯), 대배심(大陪審), 대백로(大白鷺), 대범(大犯), 대범(大凡;무릇), 대범하다[317]/스럽다(大汎/泛), 대법(大法), 대법관(大法官), 대법원(大法院), 대법정(大法廷), 대법회(大法會), 대벽(大辟), 대변(大便), 대변(大辯), 대변(大變), 대변혁(大變革), 대별(大別;크게

310) 댓집: 담배설대에 맞추게 되어 있는 물부리와 통의 구멍.

311) 대가(大家): ①전문 분야에 조예가 깊은 사람. ¶판소리의 대가. ②대대로 번창한 집안. ③큰 집. ¶대갓집.

312) 대감(大監): 대감굿, 대감놀이, 대감상(床), 대감제(祭); 철륜대감(鐵輪;대추나무에 붙어 있다는 귀신), 터주대감(主).

313) 대관절(關節): ①일의 가장 중요한 마디. ②여러 말 할 것 없이 요점만 말하건대.

314) 대구(大口): 대구알, 대구탕(湯), 대구포(脯); 건대구(乾), 보렁대구(대구의 작은 것이나 새끼), 통대구, 황대구(黃).

315) 대기(大氣): 대기권(圈), 대기변화(變化), 대기압(壓), 대기오염(汚染), 대기요법(療法), 대기조석(潮汐), 대기차(差).

316) 대륙(大陸): 육지. 내륙(內陸). ¶대륙기단(氣團), 대륙기후(氣候), 대륙대(臺), 대륙도(島), 대륙법(法), 대륙붕(棚), 대륙성(性), 대륙연변(緣邊), 대륙적(的), 대륙정책(政策), 대륙판(板), 대륙풍(風).

317) 대범하다(大汎/泛): ①사물에 대하여 잘게 굴거나 까다롭지 않다. ¶그는 매사에 대범하다. ②애틋하지 않고 예사롭다. ¶대범한 성격.

나눔), 대병(大柄), 대병(大病), 대보름/날, 대보살(大菩薩), 대복(大福), 대복덕(大福德), 대본(大本;으뜸가는 근본), 대본산(大本山), 대본원(大本願), 대봉(大封), 대부(大夫), 대부(大父), 대부(大斧), 대부(大部), 대부(大富), 대부대(大部隊), 대부등(大不等;아름드리 나무), 대부모(大父母), 대부분(大部分), 대부인(大夫人), 대부항(大父行), 대부호(大富豪), 대분류(大分類), 대분열(大分裂), 대불(大佛), 대불경(大不敬), 대비, 대비(大比), 대비(大妃), 대비(大悲), 대사(大事), 대사(大使)[대사관(館); 전권대사(全權), 주차대사(駐箚大使), 특파대사(特派)], 대사(大師;高僧), 대사(大蛇), 대사/령(大赦/令), 대사(大寫), 대사간(大司諫), 대사공(大司空), 대사교(大司敎), 대사구(大司寇), 대사농(大司農), 대사도(大司徒), 대사마(大司馬), 대사문(大沙文), 대사읍(大舍邑), 대사전(大赦典), 대사전(大辭典), 대사제(大司祭), 대사헌(大司憲), 대사회(大社會), 대살년(大殺年), 대살판, 대삼작(大三作), 대상(大祥), 대상(大商), 대상(大喪), 대상(大賞), 대서(大暑), 대서/특필(大書/特筆), 대선(大仙), 대선(大船), 대선거구(大選擧區), 대선배(大先輩), 대선사(禪師), 대설(大雪), 대섬수(大閃袖), 대성(大成), 대성(大姓), 대성하다(大盛), 대성공(大成功), 대성당(大聖堂), 대성현(大聖賢), 대성황(大盛況), 대세(大勢), 대소(大小), 대소(大笑), 대소동(大騷動), 대솔[송(松)], 대수(大水), 대수(大綬), 대수(大數), 대수리(大修理), 대수선(大修繕), 대수술(大手術), 대숙청(大肅淸), 대순환(大循環), 대승(大乘[대승불교(佛敎), 대승적(的)], 대승(大勝;大捷), 대승리(大勝利), 대식(大食)[대식가(家), 대식한(漢)], 대신(大臣), 대신(大神), 대아(大我), 대아(大雅), 대악(大惡)[대악무도(無道)], 대악(大嶽), 대악재(大惡材), 대악절(大樂節), 대안(大安), 대액(大厄), 대약(大約), 대약진(大躍進), 대양(大洋), 대어(大魚), 대어(大語), 대어군(大魚群), 대언(大言), 대업(大業), 대여(大輿), 대여음(大餘音), 대역(大役), 대역(大逆;왕권을 침해하거나 부모를 살해하는 큰 죄)[대역부도(不道), 대역죄(罪)], 대역사(大役事), 대연(大宴), 대연습(大演習), 대열(大悅), 대열(大熱), 대열(大閱), 대염불(大念佛), 대오(大悟)[대오각성(覺醒), 대오철저(大悟)], 대옥(大獄), 대완구(大碗口), 대왕(大王), 대왕생(大往生), 대요(大要;줄거리), 대욕(大辱;큰 치욕), 대용(大用), 대용(大勇), 대용량(大容量), 대우(大愚), 대우(大憂), 대우주(大宇宙), 대운(大運), 대운하(大運河), 대원(大怨), 대원(大圓), 대원(大願), 대원근(大圓筋), 대원수(大元帥), 대원칙(大原則), 대월(大月), 대위(大位), 대위(大尉), 대위덕(大威德), 대유(大有), 대유(大儒), 대유행(大流行), 대윤도(大輪圖), 대윤선(大輪扇), 대윤차(倫次), 대은(大恩), 대음(大飮), 대음순(大陰脣), 대의(大意;줄거리. 대강의 뜻), 대의(大義;마땅히 지켜야 할 도리), 대의(大疑), 대의(大醫), 대이동(大移動), 대인(大人;어른), 대인기(大人氣), 대인물(大人物), 대일수(大一數), 대임(大任), 대자(大字), 대자(大慈), 대자보(大字報), 대자본/가(大資本/家), 대자비(大慈悲), 대자연(大自然), 대자재(大自在), 대작(大作), 대작(大爵), 대작가(大作家), 대작두, 대작전(大作戰), 대잔치, 대장(大庄), 대장(大壯), 대장(大將), 대장(大腸)[대장균(菌), 대장염(炎)], 대장(大檣), 대장경(大藏經), 대장군(大將軍), 대장부(大丈夫;사나이), 대장선(大長線), 대장정(大長程), 대장지(大壯紙), 대재(大才), 대재(大材), 대재(大災), 대재(大齋), 대재상(大宰相), 대저(大抵;대체로 보아서. 무릇), 대저(大著), 대저조(大低潮), 대저택(大邸宅), 대적(大賊), 대적(大敵), 대적멸(大寂滅), 대적정(大寂定), 대전(大全;완전히 갖추어 모자람이 없음), 대전(大典;나라의 소중하고 큰 의례나 법전), 대전(大殿), 대전(大戰), 대전제(大前提), 대전투(大戰鬪), 대전환(大轉換), 대접근(大接近), 대접전(大接戰), 대접주(大接主), 대정(大定;일을 딱 결정함), 대정(大釘;큰못), 대정맥(靜脈), 대제(大帝;皇帝), 대제(大祭), 대제사(大祭司), 대제사(大祭祀), 대제전(大祭典), 대조(大朝), 대조(大潮), 대족(大族), 대종(大宗)[318], 대종가(大宗家), 대종백(大宗伯), 대종사(大宗師), 대종손(大宗孫), 대종중(大宗中), 대죄(大罪), 대주(大洲), 대주(大柱), 대주객(大酒客), 대주교(大主教), 대주어(大主語), 대주주(大株主), 대줄거리, 대줄기, 대중(大衆)[319], 대증광(大增廣), 대지(大旨;大義), 대지(大地), 대지(大指), 대지(大智), 대지구대(大地溝帶), 대지주(大地主), 대지형(大地形), 대직(大職), 대진(大陣), 대진(大震), 대진격(大進擊), 대진공(大進攻), 대진재(大震災), 대진화(大進化), 대징창(大懲創), 대짜(큰 것), 대차(大差), 대차(大借), 대차륜(大車輪), 대차지(大次知), 대찬성(大贊成), 대찰(大札), 대찰(大刹), 대참사(大慘死), 대참패(大慘敗), 대창옷, 대책(大冊), 대책(大責), 대처(大處;도시), 대천(大川), 대천(大闡), 대첩(大捷;크게 이김. 大勝), 대청(大廳;마루), 대청소(大淸掃), 대체(大體)[대체로, 대체적(的)], 대초(크게 만든 초), 대초원(大草原), 대촌(大村), 대총(大塚), 대추(大酋), 대추격/전(大追擊/戰), 대축일(大祝日), 대축전(大祝典), 대축제(大祝祭), 대축척(大縮尺), 대취(大醉), 대취타(大吹打), 대치(大熾), 대침(大針), 대칭(大秤), 대타협(大妥協), 대탁(大卓), 대탈(大頉), 대토벌(大討伐), 대톱(큰 톱), 대통령(大統領), 대통합(大統合), 대투매(大投賣), 대틀, 대파[총(蔥)], 대파(大波), 대파(大破), 대판(크게), 대판거리(크게 벌어진 판), 대판(大板), 대판(大版), 대파공(大罷工), 대패(大敗), 대편(大篇), 대평원(大平原), 대폐(大弊), 대포(大砲)[대포알, 대포쟁이(거짓말쟁이)], 대포자(大胞子), 대폭(大幅)[320], 대폭격(大爆擊), 대폭발(大爆發), 대풍(大風), 대풍(大豊), 대풍년(大豊年), 대풍류(大風流), 대풍작(大豊作), 대피리, 대필(大筆), 대하(大河)[대하소설(小說)], 대하(大蝦), 대학(大學), 대학살(大虐殺), 대학자(大學者), 대한(大旱), 대한(大寒), 대한민국(大韓民國), 대합(大蛤), 대합창(大合唱), 대항의(大抗議), 대항쟁(大抗爭), 대항전(大抗戰), 대해(大害), 대해(大海), 대행(大行), 대행성(大行星), 대행진(大行進), 대향(大享), 대향연(大饗宴), 대헌(大憲), 대헌장(大憲章), 대

318) 대종(大宗): 사물의 주류나, 동성동본의 일가 가운데 가장 큰 종가의 계통. ¶쌀이 농산물의 대종을 이룬다. 요즘 나오는 과일은 사과가 대종을 이룬다.

319) 대중(大衆): 수많은 사람의 무리. 대량 생산·대량 소비를 특징으로 하는 현대 사회를 구성하는 대다수의 사람. ¶대중을 위한 문화 시설. 대중의 인기를 모으다. 대중가요(歌謠), 대중공양(供養), 대중과세(課稅), 대중교통(交通), 대중국가(國家), 대중노선(路線), 대중말(표준어), 대중매체(媒體), 대중목욕탕(沐浴湯), 대중문학(文學), 대중문화(文化), 대중물(物), 대중민주주의(民主主義), 대중사회(社會), 대중성(性), 대중소설(小說), 대중식당(食堂), 대중심리(心理), 대중여가(餘暇), 대중오락(娛樂), 대중운동(運動), 대중음식점(飮食店), 대중음악(音樂), 대중작가(作家), 대중잡지(雜誌), 대중적(的), 대중전달(傳達), 대중정당(政黨), 대중조작(操作), 대중조직(組織), 대중투쟁(鬪爭), 대중판(版), 대중행동(行動), 대중화/되다/하다(化); 무산대중(無産).

320) 대폭(大幅): 큰 폭이나 범위. 썩 많이. 크거나 넓게. ¶모집 인원을 대폭으로 늘리다. 내용을 대폭 수정하다. 대폭적(大幅的↔小幅的).

혁명(大革命), 대혁신(大革新), 대현(大賢;학식과 덕망이 높은 사람), 대혈투(大血鬪), 대형(大兄), 대형(大刑), 대형(大型)[대형주(株), 대형화/하다(化); 초대형(超)], 대호(大戶), 대호(大呼), 대호(大虎), 대호(大湖), 대호(大豪), 대호황(大好況), 대혹성(大惑星), 대혼(大婚;임금이나 황태자의 혼인), 대혼란(大混亂), 대혼미(大昏迷), 대홍(大紅), 대홍수(大洪水), 대화(大火), 대화(大禍), 대화(大化), 대화면(大畵面), 대화상(大和尙), 대환(大患;큰 재난), 대환영(大歡迎), 대활약(大活躍), 대황봉(大黃蜂), 대회(大會), 대효(大孝), 대효(大效), 대훈(大訓;임금이 백성에게 주는 훈시), 대훈(大勳), 대훈로(大勳勞), 대훈위(大勳位), 대흉(大凶;심한 흉년. 몹시 흉악함), 대흉근(大胸筋), 대흉년(大凶年), 대흉일(大凶日), 대흉작(大凶作), 대희(大喜); 강대하다(强大), 거대(巨大), 과대(過大), 과대/광고(誇大/廣告), 관대하다(寬大), 광대하다(廣大), 굉대하다(宏大), 극대(極大)[극댓값, 극대량(量)], 노대(老大), 다대하다(多大), 담대(膽大), 등신대(等身大), 막대하다(莫大), 무한대(無限大), 미대난도(尾大難掉), 반대하다(胖大), 방대하다(厖大), 부대(富大), 비대하다(肥大), 사대(事大), 산대(散大), 석대(碩大), 성대하다(盛大), 세대(細大), 실물대(實物大), 심대하다(甚大), 양대(兩大), 와대(瓦大;진흙으로 만든 큰 충항아리), 웅대하다(雄大), 원대(遠大), 위대하다(偉大), 이대(二大), 일대(一大), 이소성대(以小成大), 이소역대(易小易大), 자고자대(自高自大), 자대(自大), 장대(壯大), 장대(長大), 장대(張大), 장대(掌大), 저대(著大;뚜렷하게 큼), 적소성대(積小成大), 절대(絕大), 정대(正大), 조대(措大), 조대(粗大), 존대(尊大), 중대(重大)[중대성(性), 중대시(視), 중대하다], 중차대(重且大), 증대(增大), 지대하다(至大), 지대(至大), 체대(體大), 최대(最大), 침소봉대(針小棒大), 특대(特大), 팽대(膨大), 호대(戶大), 호대(浩大), 홍대(弘大), 홍대(洪/鴻大), 확대(廓大), 확대(擴大) 들.

대(帶) '띠. 띠 모양의 공간이나 일정한 범위의 부분. 신체의 부위. 띠다'를 뜻하는 말. ¶대거(帶鉅;띠톱), 대검(帶劍), 대구(帶鉤;띠고리), 대동(帶同), 대록(帶綠), 대맥(帶脈), 대문(帶紋), 대분수(帶分數), 대상(帶狀;띠 모양)[대상도시(都市), 대상평야(平野), 대상풍(風)], 대소수(帶小數), 대솔하인(帶率下人)/대솔(帶率), 대식(帶蝕), 대자(帶子), 대자(帶磁), 대적색(帶赤色), 대전(帶電), 대증식(帶證式), 대지(帶紙;띠종이), 대처(帶妻), 대처승(帶妻僧), 대하증(帶下症), 대화(帶化), 대훈(帶勳), 대흑색(帶黑色); 가격대(價格帶), 가스대(gas帶), 간만대(干滿帶), 강우대(降雨帶), 건대(巾帶), 검대(劍帶), 견대(肩帶), 겸대(兼帶), 경관대(景觀帶), 계절풍대(季節風帶), 고산대(高山帶), 곡류대(曲流帶), 공감대(共感帶), 공지대(空地帶), 관목대(灌木帶), 괴대(拐帶), 교대(絞帶), 교목대(喬木帶), 구대(球帶), 구릉대(丘陵帶), 구명대(救命帶), 군락대(群落帶), 극광대(極光帶), 금대(金帶;금띠), 기후대(氣候帶), 나선대(螺旋帶), 난대(暖帶), 남대(南帶), 남극대(南極帶), 냉대(冷帶), 냉수대(冷水帶), 노측대(路側帶), 녹지대(綠地帶), 단층대(斷層帶), 단파대(短波帶), 대대(大帶), 동원대(凍原帶), 동토대(凍土帶), 뒤대(윗녘), 등위상대(等位相帶), 만대(蔓帶), 모대(帽帶), 모화대(帽靴帶), 무역풍대(貿易風帶), 무풍대(無風帶), 박명대(薄明帶), 방사능대(放射能帶), 방사대(放射帶), 방사선대(放射線帶), 방화대(防火帶), 백대(白帶), 밴앨런대(Van Allen帶), 변성대(變成帶), 변형대(變形帶), 복대(腹帶;배띠), 부대(附帶), 부광대(富鑛帶), 북대(北帶), 북극대(北極帶), 분리대(分離帶), 분합대(分合帶;실띠), 불활동대(不活動帶), 붕대(繃帶), 비말대(飛沫帶), 빈광대(貧鑛帶), 빙설대(氷雪帶), 사막대(沙漠帶), 산록대(山麓帶), 산림대(山林帶), 산지대(山地帶), 산화대(酸化帶), 삼림대(森林帶), 상온대(常溫帶), 상지대(上肢帶), 생리대(生理帶), 생층서대(生層序帶), 생활대(生活帶), 서대(犀帶), 성대(聲帶), 성감대(性感帶), 세대/주(世帶/主), 세대대(世代帶), 소행성대(小行星帶), 속대(束帶), 쇄빙대(碎氷帶), 수림대(樹林帶), 수대(手帶), 수대(樹帶), 수대(獸帶), 수직대(垂直帶), 습곡대(褶曲帶), 시간대(時間帶), 식대(飾帶), 식수대(植樹帶), 식물대(植物帶), 심해대(深海帶), 아고산대(亞高山帶), 아마추어대(amateur帶), 안대(眼帶), 앞대(어느 지방을 기준으로 한, 그 남쪽 지방. 아랫녘↔뒤대), 야대(也帶), 에너지대(energy帶), 연대(連帶), 연안대(沿岸帶), 열대(熱帶), 오대(五帶;다섯 기후대), 오각대(烏角帶), 옥대(玉帶), 온대(溫帶), 요대(腰帶;허리띠), 용암대(鎔巖帶), 월경대(月經帶), 위도대(緯度帶), 유대(紐帶)[유대관계(關係)], 육붕대(陸棚帶), 의대(衣帶), 이행대(移行帶), 인대(靭帶;탄력이 강한 근육 조직), 일대(一帶), 자연대(自然帶), 저산대(低山帶), 저압대(低壓帶), 적도대(赤道帶), 전대(纏帶), 전단대(剪斷帶), 전선대(前線帶), 점이대(漸移帶), 접지대(接地帶), 정자대(丁字帶), 정조대(貞操帶), 제대(臍帶), 조대(照帶), 조대(調帶), 조간대(潮間帶), 조산대(造山帶), 조상대(潮上帶), 조하대(潮下帶), 종대(縱帶), 주파수대(周波數帶), 주행대(走行帶), 중파대(中波帶), 지대(地帶), 지구대(地溝帶), 지의대(地衣帶), 지진대(地震帶), 집적대(集積帶), 착륙대(着陸帶), 초단파대(超短波帶), 초본대(草本帶), 초원대(草原帶), 충만대(充滿帶), 측파대(側波帶), 치사대(致死帶), 치밀대(緻密帶), 침엽수림대(針葉樹林帶), 탄대(彈帶), 탈장대(脫腸帶), 토양대(土壤帶), 토양수대(土壤水帶), 통기대(通氣帶), 통풍대(通風帶), 투명대(透明帶), 파쇄대(破碎帶), 편서풍대(偏西風帶), 포대(布帶), 포대(袍帶), 포화대(飽和帶), 폭풍대(暴風帶), 품대(品帶), 풍화대(風化帶), 피대(皮帶), 하지대(下肢帶), 학대(鶴帶), 한대(寒帶), 한랭대(寒冷帶), 항온대(恒溫帶), 혁대(革帶), 호소대(湖沼帶), 화산대(火山帶), 화석대(化石帶), 활동대(活動帶), 활엽수대(闊葉樹帶), 황도대(黃道帶), 횡대(橫帶), 휴대(携帶), 흑대(黑帶), 흑토대(黑土帶), 흡수대(吸收帶) 들.

대(臺) ①높이 쌓은 곳. 물건을 받치거나 올려놓는 것을 두루 이르는 말. 또는 마을·관서(官署)·존칭·기초가 되는 것을 뜻하는 말. ¶대를 쌓다. 대가(臺駕), 대각(臺閣), 대간(臺諫), 대갑석(臺甲石), 대계(臺啓), 대관(臺官), 댓돌(툇돌. 섬돌), 댓뜰(댓돌 위쪽에 있는 좁고 긴 뜰), 대론(臺論), 대명(臺命;貴人의 명령), 대목(臺木), 대묵(臺墨;남의 편지에 대한 높임말), 대문(臺聞;듣는다) 대반석(臺盤石), 대보(臺輔), 대본(臺本), 대북(臺北), 대사(臺詞/臺辭), 대상(臺上), 대석(臺石;받침돌), 대수(臺數), 대시(臺侍), 대신(臺臣), 대안(臺顔), 대위(臺位), 대장(臺長), 대장(臺帳)[가옥대장(家屋), 출납대장(出納), 토지대장(土地)], 대장(臺狀), 대장준(臺狀準), 대전(臺前), 대좌(臺座), 대중석(臺中石), 대지(臺地)[해식대지(海蝕)], 대지(臺紙), 대차(臺車), 대청(臺廳), 대하(臺下); 가대(架臺), 강대(講臺), 개수대(-水臺), 거치대(据置臺), 건조대(乾燥臺), 게양대(揭揚臺), 경대(鏡臺), 경포대(鏡浦臺), 고대(高臺),

ㄷ

ㄷ

관경대(觀耕臺), 관망대(觀望臺), 관상대(觀象臺), 교수대(絞首臺), 구령대(口令臺), 기상대(氣象臺), 내민대(발코니), 노대(弩臺), 노대(露臺), 농구대(籠球臺), 누대(樓臺), 다이빙대(diving臺), 단두대(斷頭臺), 당구대(撞球臺), 도약대(跳躍臺), 독경대(讀經臺), 독서대(讀書臺), 돈대(墩臺), 등대(燈臺), 등명대(燈明臺), 마대(馬臺), 마이크대(mike臺), 망대(望臺), 명경대(明鏡臺), 무대(舞臺), 무인판매대(無人販賣臺), 미끄럼대, 받침대, 발사대(發射臺), 발언대(發言臺), 방대(方臺), 보면대(譜面臺), 봉대(烽臺), 봉수대(烽燧臺), 봉신대(封神臺), 봉화대(烽火臺), 분대(盆臺), 분수대(噴水臺), 비대(碑臺), 사격대(射擊臺), 사열대(査閱臺), 산대(山臺), 삼각대(三脚臺), 서총대(瑞葱臺) 석대(石臺), 선대(船臺), 선대(禪臺), 설치대(設置臺), 성경대(聖經臺), 성대(城臺), 성화대(聖火臺), 세면대(洗面臺), 소대(燒臺), 수술대(手術臺), 시식대(施食臺), 시험대(試驗臺), 실험대(實驗臺), 심판대(審判臺), 싱크대(sink臺), 억대(億臺;억으로 헤아릴 만함), 연대(煙臺), 연대(演臺), 연대(蓮臺)[상품연대(上品)], 연무대(鍊武臺), 연풍대(燕風臺), 연화대(蓮花臺), 옥대(玉臺)[금잔옥대(金盞)], 왕대(王臺;장수벌이 될 알을 받아 기르는 벌집), 용암대(鎔巖臺), 운전대(運轉臺), 원뿔대(圓-臺), 원추대(圓錐臺;원뿔대), 윤대(輪臺;물레), 잉크대(ink臺), 작업대(作業臺), 잔대(盞臺), 장대(杖臺), 장대(將臺), 장독대(醬-臺), 재물대(載物臺), 전망대(展望臺), 정리대(整理臺), 제대(祭臺), 제대(諸臺), 조대(釣臺), 조리대(調理臺), 조선대(造船臺), 족대(足臺), 종대(鐘臺), 좌대(座臺), 증언대(證言臺), 증인대(證人臺), 지대(址臺), 지휘대(指揮臺), 진수대(進水臺), 진열대(陳列臺), 차대(車臺), 천문대(天文臺), 천차대(遷車臺), 첨성대(瞻星臺), 청와대(靑瓦臺), 촉대(燭臺), 촛대, 축대(築臺), 층층대(層層臺), 침대(寢臺), 탁구대(卓球臺), 토대(土臺), 퇴적대(堆積帶), 파노라마대(panorama臺), 평고대(平高臺), 평균대(平均臺), 포대(砲臺), 해대(海臺), 해식대(海蝕臺), 화대(花臺), 화산대(臺), 화장대(化粧臺), 활주대(滑走臺), 희대(戲臺). ②탈것이나 기계 따위를 셀 때 쓰는 말. ¶자동차/ 윤전기/ 복사기 한 대. 버스 두 대. 대수(臺數). ③값이나 수를 나타내는 대다수 명사 또는 명사구 뒤에 붙어 '그 값 또는 수를 넘어선 대강의 범위'의 뜻을 더하는 말. ¶만 원대/ 백삼십만 원대/ 수천억대/ 억대(億臺) 들.

대(代) ①'대신 처리함'을 뜻하는 말. ¶대가(代價), 대강(代講), 대결(代決), 대곡(代哭), 대궁(代宮), 대금(代金), 대납(代納), 대녀(代女), 대독(代讀), 대등(代登;대신 등장함), 대로(代勞), 대료(代料), 대리(代理)[321], 대립(代立), 대맥(代脈), 대명(代命;횡액에 걸려 남의 죽음을 대신함), 대명사(代名詞), 대모(代母), 대무/인(代務/人), 대물/변제(代物/辨濟), 대변(代辨;남을 대신하여 변상함), 대변(代辯)[322], 대봉(代捧;꾸어준 돈이나 물건 대신에 다른 것으로 받음), 대부(代父), 대사(代射), 대살(代殺), 대상(代償)[323], 대서(代序;남을 대신하여 서문을 씀), 대서(代書)[대서소(所), 대서업(業), 대서인(人)], 대서(代署;대신하여 서명함), 대세(代洗), 대소(代訴), 대속(代贖), 대송(代送), 대송(代誦), 대수(代囚), 대수(代數), 대신(代身;바꿈. 갈음), 대안(代案), 대언(代言), 대역(代役), 대영(代詠), 대용(代用)[324], 대원(代願), 대위(代位)[325], 대유법(代喩法), 대의(代議)[대의기관(機關), 대의원(員), 대의정치(政治), 대의제도(制度)], 대인(代人), 대인(代印), 대임(代任), 대입(代入), 대자(代子), 대작(代作), 대장(代將), 대전(代錢), 대주(代走), 대지(代指), 대직(代職), 대진(代診), 대집행(代執行), 대충(代充), 대타/자(代打/者), 대토(代土), 대파(代播), 대판(代辦;남을 대신하여 일을 처리함), 대표(代表)[326], 대품(삯), 대품(代品), 대필(代筆), 대행(代行)[대행업/체(業/體); 권한대행(權限)], 대휴(代休;휴일에 일한 대신으로 얻는 휴가); 급대(給代), 차대(差代), 체대(遞代), 총대(總代). ②바꾸다. 번갈아들다. ¶대거리[327], 대번(代番), 대사(代謝)[328], 대체(代替)[329], 대치(代置;다른 것으로 바꾸어 놓음); 교대(交代), 체대(替代). ③연대나 나이의 대강. ¶70대의 할머니. 1950년대. ④가계(家系)나 가업(家業)·지위·왕조를 이어 그 자리에 있는 동안. 시대. 이어져 내려온 차례. 사람의 한 평생. ¶대를 잇다. 고종의 대. 조선 대(朝鮮 代). 대대(代代)[대대로, 대대손손(孫孫)], 대물리다(물려주다), 대물림, 대:받다(물려받다), 대승(代承), 대진(代盡); 계대(繼代), 고대(古代), 고생대(古生代), 구

---

321) 대리(代理): 남을 대신하여 일을 처리함. 또는 그런 사람. 은행이나 회사 따위의 직장에서의 직위. ¶대리공사(公使), 대리관(官), 대리권(權), 대리기명(記名), 대리대사(大使), 대리모(母), 대리상(商), 대리소송(訴訟), 대리업(業), 대리의사(意思), 대리인(人)[특별대리인(特別)], 대리자(者), 대리전쟁(戰爭), 대리점(店), 대리점유(占有), 대리출산(出産), 대리출석(出席), 대리투표(投票), 대리하다. 대리행위(行爲); 공동대리(共同), 무권대리(無權), 법정대리(法定), 복대리(複), 부장대리(部長), 상사대리(商事), 소극대리(消極), 수동대리(受動), 쌍방대리(雙方), 월권대리(越權), 위임대리(委任), 임의대리(任意), 직무대리(職務).

322) 대변(代辯): 어떤 사람이 단체를 대신하여 그의 의견이나 태도를 발표함. 또는 그런 일. 정치가는 국민의 의사를 대변할 줄 알아야 한다. 대변인(人), 대변자(者), 대변지(紙), 대변하다.

323) 대상(代償): 상대편에게 끼친 손해에 대한 보상으로, 그것에 상당하는 대가를 다른 물건으로 대신 물어 줌. 남을 대신하여 갚아 줌. ¶대상부전(不全;심장이 몸에 필요한 혈액을 제대로 공급하지 못하는 상태), 대상월경(月經), 대상자(者), 대상작용(作用), 대상청구권(請求權), 대상행동(行動), 대상하다.

324) 대용(代用): 대신하여 다른 것을 씀. 또는 그런 물건. ¶대용 식품. 책상 대용이 밥상. 대용가격(價格), 대용갈이[대파(代播)], 대용공항(空港), 대용권(權), 대용되다/하다, 대용물(物), 대용식(食), 대용유(乳), 대용작(作), 대용조사(調査), 대용증권(證券), 대용품(品), 대용혈장(血漿).

325) 대위(代位): 제삼자가 다른 사람의 법률적 지위를 대신하여 그가 가진 권리를 얻거나 행사하는 일. 대위되다/하다, 대위등기(登記), 대위변제(辨濟), 대위상속(相續;代襲相續), 대위소권(訴權); 물상대위(物上), 법정대위(法定), 임의대위(任意).

326) 대표(代表): 개인이나 단체를 대신하여 그의 의사나 성질을 외부에 나타냄. 전체를 표시할 만한 한 가지 사물. ¶민족 문화의 대표로 꼽히는 작품. 지역별로 대표를 뽑다. 대푯값, 대표권(權), 대표균주(菌株), 대표단(團), 대표민주제(民主制), 대표번호(番號), 대표부(部), 대표사원(社員), 대표성(性), 대표소송(訴訟), 대표시료(試料), 대표음(音;대표소리), 대표이사(理事), 대표자(者), 대표작(作), 대표적(的), 대표하다; 공동대표(共同), 과대표(科), 반대표(班), 부대표(副), 수석대표(首席), 회사대표(會社).

327) 대거리(代): 밤낮으로 일하는 작업에서 일꾼이 교대함을 일컫는 말. ¶대거리 시간. 낮대거리(낮교대), 밤대거리(밤교대).

328) 대사(代謝): 생물체 안에서 일어나는 모든 물질의 변화. ¶대사기능(機能), 대사산물(産物;물질대사 가운데 생성되는 물질), 대사이상(異常), 대사장애(障碍), 대사조절(調節), 대사회전(回轉); 기초대사(基礎), 물질대사(物質), 발효대사(醱酵), 신진대사(新陳), 에너지대사(energy), 지질대사(脂質), 질소대사(窒素), 철대사(鐵;철의 물질대사).

329) 대체(代替): 다른 것으로 바꿈. 대체물(物), ¶대체식량(食量), 대체에너지, 대체원칙(原則), 대체재(財), 대체집행(執行), 대체하다(갈다. 바꾸다), 대체효과(效果).

대(舊代), 근대(近代), 금대(今代), 누대(累/屢代), 당대(當代), 대대(代代)[대대로, 대대손손(孫孫)], 만대(萬代), 말대(末代), 무생대(無生代), 삼대(三代), 상대(上代), 선대(先代), 선대(禪代), 성대(聖代), 세대(世代), 소대(昭代), 시대(時代), 시원대(始原代), 신생대(新生代), 억대(億代), 역대(歷代), 연대(年代), 영대(永代), 원대(遠代), 원생대(原生代), 일대(一代), 일대기(一代記), 전대(前代), 절대(絕代), 중대(中代), 중생대(中生代), 차대(次代), 천대(遷代), 천만대(千萬代), 초대(初代), 태고대(太古代), 태평성대(太平聖代), 하대(下代), 혁대(革代), 현대(現代), 후대(後代), 희대(稀代), 희대미문(稀代未聞); 일/ 이/ 삼 대손. ⑤물건을 나타내는 일부 명사 뒤나 한자어 어근에 붙어 '물건 값으로 치르는 값'의 뜻을 나타내는 말. ¶농약대(農藥代), 도서대(圖書代), 물건대(物件代), 비료대(肥料代), 서적대(書籍代), 식대(食代), 식사대(食事代), 신문대(新聞代), 약대(藥代), 양곡대(糧穀代), 용지대(用紙代), 지대(地代), 토지대(土地代), 화대(花代;해웃값) 들.

대(對) ①같은 종류로 이루어진 짝. ¶둘은 좋은 대가 된다. ②비교하거나 대조할 때의 상대. ¶일에서는 둘은 서로 대가 된다. ③두 짝으로 한 벌이 되는 물건을 세는 말. ¶주련(柱聯) 한 대. ④사물과 사물의 대비나 대립을 나타내는 말. ¶가 팀 대 나 팀의 경기. ⑤명사나 동사 앞. 또는 한자어 어근에 붙어 '마주 대하다. 적수 · 상대', '그것에 대한, 그것에 대항하는, 반항하느라고 맞서'를 뜻하는 말. ¶대가(對價), 대각(對角), 대간첩(間諜), 대갚음[330], 대객(對客), 대거리[331]/하다, 대견(對見), 대결(對決;싸움), 대곡(對曲), 대공(對空)[332], 대공(對共), 대광반응(對光反應), 대교(對校), 대구/법(對句/法), 대국(對局)[대국자(者), 대국하다], 대국민(對國民), 대궁(對宮), 대극(對極;서로 마주 대하는 극)[대극적(的); 상반대극(相反)], 대기(對機), 대기속도(對氣速度), 대기(對鰭), 대남(對南), 대내(對內), 대담(對談), 대답(對答)[대답질/하다, 대답하다; 말대답, 엄대답, 코대답], 대당하다(對當), 대들다(대서다), 대등(對等)[대등법(法), 대등절(節), 대등조약(條約), 대등하다], 대련(對聯), 대련(對鍊;태권도나 유도에서, 두 사람이 상대하여 연습함), 대론(對論), 대루(對壘), 대류(對流)[333], 대립(對立)[334], 대마비(對痲痺), 대면(對面)[대면통행(通行); 맞대면, 첫대면, 초대면(初)], 대무(對舞), 대물(對物)[대물경(鏡), 대물담보(擔保), 대물세(稅), 대물신용(信用)], 대미(對美), 대반(對盤), 대받다, 대변(對邊), 대변(對辯), 대북(對北), 대불(對佛), 대비(對比)[335], 대비(對備)[대비책(策), 대비하다], 대상(對象)[336], 대생(對生;마주나기), 대서다(대들다. 대항하다), 대석(對石), 대석(對席), 대소(對訴;맞고소), 대소법(對消法), 대송(對訟), 대수(對手), 대수(對數), 대식(對食), 대심(對審), 대안(對岸), 대안(對案), 대안경(對眼鏡), 대양(對揚), 대어(對語), 대언(對言), 대역(對譯), 대영(對英), 대외(對外)[대외비(秘), 대외적(的), 대외주권(主權), 대외투자(投資)], 대우/법(對偶/法), 대위법(對位法)[337], 대음(對飮), 대응(對應)[338], 대인(對人)[339], 대일(對日), 대일조(對日照), 대자(對自), 대작(對酌), 대적(對敵;적이나 어떤 세력에 맞서 겨룸)/하다, 대전(對戰), 대전차(對戰車), 대점(對點), 대정부(對政府), 대조(對照)[340], 대좌(對坐), 대증(對症)[대증약(藥), 대증요법(療法)], 대증(對證), 대지(對地)[대지공격(攻擊), 대지속도(速度); 공대지(空)], 대진(對陣)[341], 대질(對質;무릎맞춤)[대질신문(訊問), 대질심문(審問), 대질하다], 대책(對策), 대처(對處), 대척(對蹠)[342], 대체(對替)[343], 대축(對軸), 대치(對峙;서로 맞서서 버팀)[대치되다/하다; 양호대치(兩虎)], 대치(對置), 대칭(對稱)[344], 대폭(對幅), 대하다[345], 대한(對韓), 대항(對抗)[346], 대향범(對向犯), 대호(對壕), 대화(對

330) 대갚음(對): 남에게 입은 은혜나 남에게 당한 원한을 잊지 않고 그대로 갚음.

331) 대거리(對): ①대갚음하는 짓. ¶대거리로 발길질하다. ②상대방에게 언짢은 기분이나 태도로 맞서서 대듦. 또는 그러한 언행. ¶어른에게 감히 대거리하다니.

332) 대공(對空): 지상에서 공중의 목표물을 상대함. ¶대공 포화가 시작되다. 대공경계(警戒), 대공미사일, 대공방어(防禦), 대공사격(射擊), 대공전(戰), 대공포(砲), 대공화기(火器); 공대공(空), 지대공(地).

333) 대류(對流): 기체나 액체에서, 열이 전달되는 현상. ¶대류구름(대류운), 대류권(圈), 대류난방(暖房), 대류냉각(冷却), 대류방열기(放熱器), 대류방전(放電), 대류전류(電流), 대류혼합(混合); 자연대류(自然).

334) 대립(對立): 의견이나 처지, 속성 따위가 서로 반대되거나 모순됨. 또는 그런 관계. ¶세대 간의 대립. 대립과 갈등. 대립각(角), 대립되다/하다, 대립물(物), 대립성(性), 대립유전자(遺傳子), 대립의무(義務), 대립인자(因子), 대립적(的), 대립절(節), 대립처(處;맞서는 곳), 대립형질(形質); 노사대립(勞使).

335) 대비(對比): 대비가격(價格), 대비되다/하다, 대비법(法), 대비색(色), 대비조화(調和), 대비착시(錯視), 대비현상(現象); 동시대비(同時), 변연대비(邊緣), 복사대비(覆紗), 색채대비(色彩).

336) 대상(對象): 어떤 일의 상대 또는 목표나 목적이 되는 것. 정신 또는 인식의 목적이 개념이나 언어에 의하여 표상이 된 것. ¶연구 대상. 관심의 대상. 대상감정(感情), 대상개념(概念), 대상관계(關係), 대상론(論), 대상물(物), 대상성(性), 대상애(愛), 대상언어(言語), 대상음(音), 대상자(者), 대상적(的), 대상지(地), 대상화/되다/하다(化).

337) 대위법(對位法): ①건축, 문학, 영화 따위에서 두 개의 대위적 양식이나 주제를 결합시켜 작품을 만드는 기법. ②둘 이상의 독립된 선율이나 성부를 동시에 결합시켜 곡을 만드는 복음악(複音樂)의 작곡법.

338) 대응(對應): 어떤 일이나 사태에 맞추어 태도나 행동을 취함. 서오 짝을 이루는 일. ¶법적 대응. 대응 관계를 이루는 어구. 대응각(角), 대응되다/하다, 대응력(力), 대응모서리, 대응변(邊), 대응사격(射擊), 대응상태(狀態), 대응설(說), 대응수출(輸出), 대응원리(原理), 대응점(點), 대응책(策).

339) 대인(對人): 대인고권(高權), 대인공포증(恐怖症), 대인관계(關係), 대인권(權), 대인담보(擔保), 대인방어(防禦), 대인신용(信用), 대인주권(主權).

340) 대조(對照): 둘 이상의 대상의 내용을 맞대어 같고 다름을 검토함. 서로 달라서 대비가 됨. ¶원문과의 대조가 필요하다. 둘의 성격이 대조가 된다. 대조되다/하다¹, 대조법(法), 대조언어학(言語學), 대조적(的), 대조표(表), 대조하다²(맞쐬다).

341) 대진(對陣): ①시합이나 경기에서, 적수로서 겨룸. ¶대진표(表), 대진하다. ②적의 진과 마주하여 진을 침.

342) 대척(對蹠): 어떤 사물이나 현상을 비교해 볼 때, 서로 정반대가 됨. ¶이 현상에 대한 두 학자의 관점은 대척적이다. 대척되다, 대척자(者), 대척적(的), 대척점(點;지구 위의 한 지점에 대하여 지구의 반대쪽에 있는 지점), 대척지(地;대척점).

343) 대체(對替): 어떤 계정을 한 계정에서 다른 계정으로 대체하는 일. 또는 그 계정. ¶대체결제(決濟), 대체계정(計定), 대체소득(所得), 대체예금(預金), 대체저금(貯金), 대체전표(傳票), 대체화폐(貨幣).

344) 대칭(對稱): 한 결정 입자를 다른 결정 입자에 반사시키거나 어떤 축을 중심으로 회전시켰을 때 다른 결정 입자와 포개지는 성질. 점 · 선 · 면 또는 그것들의 모임이 한 점 · 직선 · 평면을 사이에 두고 같은 거리에 마주 놓여 있는 일.=맞섬. ¶대칭도형/대칭형(圖形), 대칭률(律), 대칭면(面), 대칭배사(背斜), 대칭선(線), 대칭식(式), 대칭위치(位置), 대칭이동(移動), 대칭적(的), 대칭점(點), 대칭축(軸), 대칭하중(荷重), 대칭함수(函數), 대칭핵(核), 대칭행렬(行列); 면대칭(面), 방사대칭(放射), 선대칭(線), 점대칭(點), 평면대칭(平面).

345) 대하다(對): 관하여 가지다. 관계하다. 비교하다. 견주다. 소재로 삼다. 향하다. 상대하다. 마주보다. 대항하다(對抗).

346) 대항(對抗): 서로 맞서서 버팀. 서로 상대하여 승부를 가림. 상대하여

話)347); 독대(獨對), 등대(等對), 면대(面對), 반대(反對), 사대(査對), 상대(相對), 소대(召對), 안대(案對), 응대(應對), 입대(入對), 적대(敵對)[적대감(感), 적대국(國), 적대심(心), 적대적(的)] 절대(絕對), 접대(接對), 주대(奏對), 차대(次對), 차대(車對), 청대(請對), 초대(初對), 표대(表對), 필대(匹對) 들.

대(隊) 명사나 한자어 어근에 붙어, 군사들이나 군대처럼 편성된 무리. 또는 그것을 세는 단위. ¶제1대. 3열 종대. 대무(隊舞), 대상(隊商), 대열(隊列), 대오(隊伍), 대원(隊員), 대장(隊長), 대형(隊形)[산개대형(散開), 체조대형(體操)]; 건설대(建設隊), 경기대(輕騎隊), 경비대(警備隊), 계몽대(啓蒙隊), 고적대(鼓笛隊), 공격대(攻擊隊), 공병대(工兵隊), 공작대(工作隊), 군대(軍隊), 군악대(軍樂隊), 귀대(歸隊), 규찰대(糾察隊), 근위대(近衛隊), 기동대(機動隊), 기마대(騎馬隊), 기병대(騎兵隊), 농악대(農樂隊), 대대(大隊), 독전대(督戰隊), 돌격대(突擊隊), 등반대(登攀隊), 민방위대(民防衛隊), 민병대(民兵隊), 발대(發隊), 방범대(防犯隊), 방첩대(防諜隊), 별동대(別動隊), 보국대(報國隊), 보급대(補給隊), 보병대(步兵隊), 보충대(補充隊), 본대(本隊), 봉사대(奉仕隊), 부대(部隊)348), 분견대(分遣隊), 분대(分隊), 비행대(飛行隊), 선대(船隊), 선발대(先發隊), 선봉대(先鋒隊), 성가대(聖歌隊), 성화대(聖火隊), 소대(小隊), 소방대(消防隊), 수비대(守備隊), 수사대(搜査隊), 수색대(搜索隊), 순찰대(巡察隊), 습격대(襲擊隊), 승마대(乘馬隊), 시위대(侍衛隊;데모대), 시위대(示威隊), 악대(樂隊), 어대(魚隊;물고기 떼), 연대(聯隊), 예비대(豫備隊), 우대(羽隊;화살을 진 군대), 원정대(遠征隊), 유격대(遊擊隊), 음악대(音樂隊), 의장대(儀仗隊), 입대(入隊)[입대장병(將兵); 현지입대(現地)], 자대(自隊), 자위대(自衛隊), 자치대(自治隊), 작대(作隊), 잠수대(潛水隊), 저격대(狙擊隊), 전대(戰隊), 전위대(前衛隊), 정신대(挺身隊), 제대(除隊)349), 제대(梯隊), 제대(諸隊), 종대(縱隊), 주대(主隊), 중대(中隊), 지구대(地區隊), 지대(支隊), 찬양대(讚揚隊), 척후대(斥候隊), 철도대(鐵道隊), 첩보대(諜報隊), 총대(銃隊), 타격대(打擊隊), 탐정대(探偵帶), 탐험대(探險隊), 토벌대(討伐隊), 통신대(通信隊), 특경대(特警隊), 특공대(特攻隊), 특무대(特務隊), 파견대(派遣隊), 편대(編隊), 편의대(便衣隊), 포병대(砲兵隊), 함대(艦隊), 합창대(合唱隊), 항공대(航空隊), 해대(解隊), 해병대(海兵隊), 행동대(行動隊), 헌병대(憲兵隊), 호송대(護送隊), 횡대(橫隊), 후대(後隊), 후발대(後發隊), 후위대(後衛隊) 들.

대(待) '기다리다. 예로 맞이하다'를 뜻하는 말. ¶대객(待客), 대기(待機;때나 기회를 기다림)[대기명령(命令), 대기실(室), 대기자(者); 비상대기(非常)], 대년(待年), 대령(待令;윗사람의 명령이나 지시를 기다림)[대령목수(木手), 대령상궁(尙宮), 대령숙수(熟手), 대령하다], 대루원(待漏院), 대림절(待臨節), 대망(待望), 대명/휴직(待命/休職), 대변(待變), 대변중(待變中), 대사객(待使客), 대시(待時), 대우(待遇)[대우개선(改善); 차별대우(差別), 자국민대우(自國民), 최혜국대우(最惠國)], 대인(待人), 대접(待接)350), 대조(待詔), 대죄(待罪), 대추(待秋), 대춘(待春), 대피(待避)[대피선(線), 대피소(所), 대피호(壕)], 대합실(待合室), 대후(待候); 경대(敬待), 고대(苦待), 공대/말(恭待), 관대(款待), 관대(寬待), 괄대(恝待), 기대(期待), 냉대(冷待), 대대(大帶), 댁대령(宅待令), 등대(等待), 박대(薄待), 선대(善待), 소대(疏待;푸대접), 예대(禮待), 외대(外待;푸대접), 우대(優待), 응대(應待), 접대(接待), 존대(尊待), 천대(賤待), 초대(招待), 퇴대(退待), 특대(特待), 하대(下待), 하대명년(何待明年), 학대(虐待), 학수고대(鶴首苦待), 홀대(忽待), 환대(歡待), 후대(厚待) 들.

대(貸) '빌리다. 빌려 주다'를 뜻하는 말. ¶대가(貸家;셋집), 대거(貸去), 대금(貸金)[고리대금(高利), 신용대금(貸金)], 대급(貸給), 대물(貸物), 대변(貸邊), 대본(貸本), 대부(貸付)351), 대상/금(貸上/金), 대석(貸席), 대섬(貸贍), 대손(貸損), 대실(貸室), 대여(貸與)352), 대용(貸用), 대월(貸越)[대월금(金), 대월한(限); 당좌대월(當座)], 대절(貸切), 대점/포(貸店/鋪), 대주(貸主), 대주(貸株), 대지(貸地), 대차(貸借)353), 대출(貸出)354), 대하(貸下); 가대(假貸), 고리대금(高利貸金), 관대(寬貸), 나대(挪貸), 동추서대(東推西貸), 부대(浮貸), 예대(預貸), 요대(饒貸;너그러이 용서함), 임대(賃貸), 전대(轉貸), 진대(賑貸), 차대(借貸), 취용/취대(取用/取貸), 칭대(稱貸) 들.

대(袋) '주머니. 자루. 집'을 뜻하는 말. ¶대과(袋果)355);건대(중이 동냥할 때 쓰는 종이 주머니), 구조대(救助袋), 궁대(弓袋), 두타대(頭陀袋;삼의대), 마대(麻袋), 부대(負袋), 부대(浮袋), 삼의대(三衣袋), 약대(藥袋), 위문대(慰問袋), 장대(狀袋), 포대(布帶), 포대(包袋;負袋), 협대(夾袋) 들.

덤빔. ¶학교 대항 경기. 적의 대항이 점점 격렬해지기 시작했다. 대항거리(대항할 일이나 구실), 대항경기(競技), 대항군(軍), 대항력(力), 대항로(路), 대항마(馬;경마에서, 우승이 예상되는 말과 결승을 겨루는 말), 대항문화(文化), 대항연습(演習), 대항요건(要件), 대항자(者), 대항작용(作用;拮抗作用), 대항전(戰), 대항책(策), 대항하다.

347) 대화(對話): 서로 마주 대하여 이야기함. 또는 그 이야기. ¶대화를 나누다. 대화극(劇), 대화법(法), 대화자(者), 대화체(體), 대화편(篇).

348) 부대(部隊): 부대원(員); 건제부대(建制), 공수부대(空輸), 공정부대(空挺), 기갑부대(機甲), 기계화부대(機械化), 기동부대(機動), 낙하산부대(落下傘), 독립부대(獨立), 밀집부대(密集), 박수부대(拍手), 보안부대(保安), 수송부대(輸送), 외인부대(外人), 응원부대(應援), 장갑부대(裝甲), 전방부대(前方), 전투부대(戰鬪), 지원부대(支援), 직속부대(直屬), 직할부대(直轄), 파견부대(派遣), 혼성부대(混成), 후방부대(後方).

349) 제대(除隊): 제대자(者), 제대증(證); 만기제대(滿期), 불/명예제대(不/名譽), 의가사제대(依家事), 의병제대(依病).

350) 대접(待接): 마땅한 예로써 대함. 음식을 차려 접대함. ¶융숭한 대접을 받다. 대접이 소홀하다. 손님에게 식사 대접도 변변히 해 드리지 못했다. 나이대접/나대접, 다담대접(茶啖), 말대접, 받대접, 술대접, 어른대접, 칙사대접(勅使;극진하고 융숭한 대접), 푸대접.

351) 대부(貸付): 돈을 꾸어줌. 돈을 빌림. ¶대부를 받다. 대부금(金), 대부되다/하다, 대부료(料), 대부상환(償還), 대부신탁(信託), 대부어음, 대부이자(利子), 대부자본(資本); 무상대부(無償), 보증대부(保證), 유가증권대부(有價證券), 유상대부(有償), 정기대부(定期), 현지대부(現地).

352) 대여(貸與): 빌려줌. ¶학자금을 대여하다. 대여권(權), 대여금(金), 대여금고(金庫), 대여료(料), 대여물(物), 대여자(者), 대여점(店), 대여주(株), 대여하다.

353) 대차(貸借): 꾸어주거나 꾸어 옴. 부기에서, 계정계좌의 대변과 차변. ¶대차가격(價格), 대차거래(去來), 대차대조표(對照表), 대차소송(訴訟), 대차종목(種目), 대차차액(差額), 대차평준(平準); 국제대차(國際), 사용대차(使用), 소비대차(消費).

354) 대출(貸出): 대출금(金), 대출신탁(信託), 대출자본(資本), 대출초과(超過); 단기대출(短期), 당좌대출(當座), 무/담보대출(無/擔保), 신용대출(信用), 어음대출.

355) 대과(袋果): 씨방이 익어서 생기는 과실. 골돌과(蓇葖果).

대(戴) '머리에 이다. 떠받들다'를 뜻하는 말. ¶대관/식(戴冠/式), 대백(戴白), 대분망천(戴盆望天), 대성(戴星)[356][대성마(馬), 대성지행(之行;부모의 부음을 받고 밤을 새워 고향에 돌아가는 길)], 대천(戴天)[357]; 봉대(奉戴), 익대(翊/翼戴), 장관이대(張冠李戴), 추대(推戴) 들.

대(帒) '가방. 전대(纏帶)'를 뜻하는 말. ¶수대(手帒;손에 들고 다니는 주머니), 피대(皮帒;짐승의 가죽으로 만든 손가방), 피대지기(皮帒;관아의 문서 담당 하인) 들.

대(玳) '바다거북'을 뜻하는 말. ¶대모(玳瑁;바다거북)[대모갑(甲), 대모갓끈, 대모관자(貫子), 대모테(대모갑으로 만든 안경테), 대모풍잠(風簪); 흑대모(黑)].

대(黛) '눈썹을 그리는 먹. 검푸른 빛'을 뜻하는 말. ¶대미(黛眉), 대색(黛色;검푸른 색); 분대(粉黛), 청대(青黛;쪽물. 눈썹을 그리는 푸른 먹), 취대(翠黛) 들.

대(懟) '억울하고 분하게 여겨 미워하거나 지난 일을 언짢게 여겨 부르짖다(원망하다)'를 뜻하는 말. ¶원대(怨懟); 분대(忿懟), 원악대대(元惡大懟) 들.

대(擡) '들다(들어 올리다. 치켜 올리다)'를 뜻하는 말. ¶대거(擡擧;발탁함), 대두(擡頭)[358].

대(垈) '집을 지을 터'를 뜻하는 말. ¶대전(垈田), 대지(垈地); 가대(家垈), 공대(空垈), 나대지(裸垈地) 들.

대(薹) '동(꽃이 피는 줄기)'을 뜻하는 말. ¶산대(蒜薹;마늘종).

대(襨) '임금의 옷'을 뜻하는 말. ¶의대(衣襨;임금의 옷).

대가리 ①짐승의 머리. 사람의 '머리'를 속되게 이르는 말. 물건의 머리. ¶돼지 대가리를 놓고 고사를 지냈다. 여기가 어디라고 대가리를 들이미느냐? 콩나물 대가리를 따다. 대갈[359], 대갈받이(머리를 세게 부딪치는 일), 대갈빼기, 대갈장군, 대갈통, 대강이[360]; 닭대가리, 돌대가리, 말대가리, 맨대가리, 못대가리/못대갈, 요강대가리(尿鋼), 장구대가리, 중대가리; 대강이(머리), 솔잎대강이. ②몇몇 명사 뒤에 붙어 '낮춤'의 뜻을 더하는 말. '대가리'는 짐승의 머리나 사물의 앞 또는 윗부분을 가리키는 말인데, '없다'와 어울려 대상을 '낮잡음'을 의미함. ¶맛대가리, 멋대가리, 보추대가리(진취성. 냅뜰성), 재밋대가리.

대각 단단하고 작은 물건이 가볍게 서로 닿거나 부딪힐 때 나는 소리. 〈큰〉데걱. 〈센〉대깍. 데꺽, 때각. 때깍. 떼꺽. ¶바둑을 두는 소리가 대각 나다. 대각·데걱거리다/대다, 대가닥[361], 대그락[362]; 왜각대각[363].

대견-하다 ①마음에 퍽 흡족하다. 모자람이 없이 흐뭇하다. ¶말을 잘 들어 대견하다. ②아주 대단하고 소중하다. 흐뭇하고 자랑스럽다. ¶못났을망정 부모에게는 대견한 자식이다. 할머니는 나를 대견하게 여기신다. 대견스럽다, 대견히.

대공 ①식물의 줄기. ②들보 위에 세워 마룻대를 받치는 짧은 기둥. ¶대공을 세우다. 각대공(角;네모진 대공).

대굴 작은 물건이 모양 없이 가볍게 구르는 모양. 〈큰〉데굴[364]. 디굴. 〈센〉떼굴. 띠굴. ¶대구루루[365], 대그르르¹[366], 대구루·데구루[367], 대굴대굴·떼굴떼굴·때글때글·떼글떼글/하다.

대궁 먹다가 그릇 안에 남긴 밥. 대궁밥. 잔반(殘飯). §손대지 않은 밥은 '숫밥'. ¶먹던 대궁을 모아 돼지에게 주었다. 대궁상(床;먹다 남은 밥상), 대궁술(먹다 남은 술).

대근-하다 견디기 힘들고 만만하지 아니하다. ¶공사장에서 하는 일이 생각보다 대근하다.

대글대글 ①가늘거나 작은 물건들 가운데서 몇 개가 조금 굵거나 큰 모양. ¶대글대글 굵은 감자. ②밥알이 설익었거나 너무 되거나 말라서 꼬들꼬들한 모양. 〈큰〉디글디글. 〈센〉때글때글. 띠글띠글. ¶대글대글 된 밥. 대그르르²[368]. 대글대글·때글때글·디글디글·띠글띠글/하다.

대꾸-하다 남의 말을 받아 자기 의사를 나타내다. 말대꾸(대척). ¶무슨 말을 해도 대꾸하지 않는다. 어른에게 버릇없이 대꾸하지 마라. ¶대꾸질/하다; 맞대꾸/하다, 맞대꾸질/하다.

대꾼-하다 기운이 빠지어 눈이 쑥 들어가고 정기가 없다. 〈큰〉데꾼하다. 〈센〉때꾼·떼꾼하다. ¶감기를 앓더니 대꾼하구나. 때꾼때꾼 피곤해 보이는 눈. 대꾼대꾼/하다.

---

356) 대성(戴星): 별을 머리 위에 이고 있다는 뜻으로, 아침 일찍 집을 나가 밤늦게 돌아옴을 이르는 말.

357) 대천(戴天): 하늘을 머리에 이었다는 뜻으로, 세상에 살아 있음을 비유적으로 이르는 말. ¶불공대천(不共戴天)의 원수. 대천지수(戴天之讐); 불구대천(不俱;不共戴天).

358) 대두(擡頭): ①어떤 현상이 일어나거나 고개를 듦. ¶사실주의 문학의 대두. 대두되다/하다. ②여러 줄로 써나가는 글 속에서, 경의(敬意)를 나타내는 글귀는 다른 줄을 잡아 쓰되, 다른 줄보다 몇 자 올려 쓰는 일.

359) 대갈: 말굽 따위에 편자를 신기는 데 박는 징. ¶대갈마치(대갈을 박는 작은 마치. 세파를 겪어 아주 야무진 사람), 대갈못(대가리가 큰 쇠못).

360) 대강이: '머리'를 속되게 이르는 말. ¶무대강이를 잘라내다.

361) 대가닥: 작고 단단한 물건들이 서로 맞닿거나 부딪치거나 부러질 때 나는 소리. 〈큰〉데거덕. 〈센〉때가닥. 〈큰·센〉떼거덕. ¶말발굽에서 나는 대가닥 소리. 떼거덕 구둣소리가 난다. 대가닥거리다/대다.

362) 대그락: 작고 단단한 물건이 맞닿아 부딪치며 나는 소리. 〈큰〉데그럭. 〈센〉때그락. ¶대그락거리다/대다.

363) 왜각대각: 그릇 따위가 부딪거나 깨어져 요란스럽게 나는 소리. 〈센〉왜깍대깍.

364) 데굴: ①단단하고 큰 물건이 계속하여 굴러가는 모양. ¶바위가 산 아래로 데굴데굴 굴러 내려간다. ②사람이 바닥에서 함부로 구르는 모양. ③큰 눈방울을 모양 없이 마구 굴리는 모양. ¶눈알을 데굴데굴 굴리며 주위를 살펴보다. 〈작〉대굴. 〈센〉떼굴. [+구르다. 굴리다].

365) 대구루루: 작고 단단한 물건이 단단한 바닥에 떨어져 구르는 소리. 또는 그 모양. 〈큰〉데구루루. 디구루루. 〈센〉때구루루. 떼그루루. 〈큰·센〉떼구루루. 띠구루루. ¶구슬이 대구루루 굴러가다.

366) 대그르르¹: 동글동글한 물건이 거침없이 굴러가는 모양. 〈큰〉디그르르. ¶대그르르하다.

367) 데구루: 조금 크고 단단한 물건이 단단한 바닥에서 가볍게 조금 굴러가는 소리. 또는 그 모양. ¶윷가락이 데구루 구르다.

368) 대그르르²: ①가늘거나 작은 물건들 가운데서 조금 굵거나 큰 모양. ¶대그르르 고르게 굵은 싸릿가지를 골라 발채를 겯다. ②과일 따위가 그리 크지는 않으나 고르고 야무진 모양. ③밥이 설익어서 밥알이 끈기가 없이 오들오들한 모양. 〈큰〉데그르르.

대끼(다)¹ ①단련되도록 여러 가지 일에 몹시 시달리다.[←닿다]. ¶백화점에서 손님들에게 대끼다. 군대 가서 2년 동안 대끼고 오더니 사람이 달라졌다. 시험공부에 대껴 파리해진 얼굴. 보·부대끼다369). ②두렵고 마음이 불안하다. ¶나는 오늘따라 유난히 혼자 있는 것이 대껴 친구들을 불렀다.

대끼(다)² 애벌 찧어 능근 보리나 수수 따위에 물을 부어 마지막으로 깨끗이 찧다.≒능그다. ¶보리쌀을 대끼다.

대님 한복에 있어, 바짓가랑이의 발회목 부분을 매는 끈. ¶대님을 치다/ 풀다. 대님오리(대님의 낱개); 꽃대님(색대님), 색대님(色;고운 빛의 대님), 양말대님(洋襪), 중대님(中;무릎 바로 밑에 매는 대님), 풀대님370).

-대다 1음절 반복형이나 2음절 이상의 동작성 의태어 어근 및 의성어에 붙어 '그 소리나 동작이 잇따라 계속됨'의 뜻을 더하고 동사를 파생시키는 말. '-대다'와 결합한 어근 중 대부분은 '-거리다'와 결합한다. 단, 상태성만 띠는 의태어에는 제한을 받음. ☞ -거리다.

대다리 구두창에 갑피(甲皮)를 대고 맞꿰매는 가죽 테.[←대(다)/닿다].

대단-하다 ①매우 심하다. ¶추위가 대단하다. ②크고도 많다. 어마어마하다. ¶대단한 재산. ③아주 중요하다. ¶난 또 무슨 대단한 일이라고. ④뛰어나다. 훌륭하다. ¶대단한 미인. 대단치도 않다(아주 대단하다). 대단스럽다, 대단찮다, 대단히(매우. 무척).

-(으)대대·댕댕/데데·뎅뎅(하다) '감다·검다. 밝다. 붉다'의 어근과 '하다' 사이에 붙어, '인상 등이 수수하거나 품위가 없음'의 뜻을 더하는 말. ¶가무·까무대대/댕댕·거무·꺼무데데/뎅뎅하다(새뜻한 느낌이 없이 가무스름하다), 발그대대/댕댕·벌그데데/뎅뎅하다, 볼그대대/댕댕·불그데데/뎅뎅하다(좀 천격스럽게 볼그스름하다).

대동 푸줏간에서 고기를 베어 파는 사람.

대두리 큰 다툼. 큰 시비. 일이 크게 벌어진 상황. ¶대두리가 나다. 가끔 운동 경기에서 대두리가 벌어진다. 사소한 말다툼이 대두리로 번졌다. 대두리판.

대뜸 이것저것 생각할 것 없이 그 자리에서 곧.≒즉시(卽時). ¶그는 대뜸 화부터 냈다. 그는 부탁을 하자 대뜸 들어 주었다.

대려라 노를 저을 때 노를 당기라는 뜻으로 외치는 소리.

대로¹ ①앞에 오는 말에 근거하거나 달라지는 것이 없음 또는 '그처럼'의 뜻을 나타내는 보조사. ¶그대로 두시오. 곧이곧대로, 대대로371), 마음대로, 제멋대로. ②따로따로 구별됨을 나타냄. ¶작은 것은 작은 것대로 따로 골라 두세요.

대로² 용언 어간의 관형사형에 붙어, '그 모양이나 상태와 같이. 할 때마다. 그 즉시'의 뜻을 나타내는 말. ¶느낀 대로 본 대로 말하다. 보는 대로 해치워라. 날이 밝는 대로 떠난다. 낡을 대로 낡은 물건.

대롱¹ 가느다란 통대의 토막. 통대의 토막처럼 생긴 쇠붙이나 플라스틱제 따위의 가느스름한 관(管). ¶대롱꽃관상화(管狀花)/부리, 대롱솥(쇠 대롱으로 만든 증류기), 대롱옥(玉;대롱구슬); 쇠대롱 들.

대롱² 작은 물건이 달랑 매달려서 늘어져 있는 모양. 〈큰〉데룽. 디룽. 되롱. 뒤룽. [+매달리다. 흔들리다]. ¶대롱 매달려 있다. 대롱·디룽·되롱·뒤룽거리다/대다, 대롱궁372), 되롱궁373).

대림 대림끝. 곧 활의 줌통(손으로 쥐는 부분)의 아래인 '아래아귀'와 밭은오금374)의 사이.

대매 내기 따위에서, 이기고 짐을 마지막으로 결정하는 일. 결승(決勝). 판가름/판가리. ¶대매하다; 맞대매(단 두 사람이 마지막으로 승리를 결정하는 일).

대모한 대체의 줄거리가 되는 중요한. ¶대모한 것부터 말하면 다음과 같다. 대모한 내용만 간추려서 발표하다.

대목 ①가장 요긴한 고비나 경우. ¶대목밑(가장 긴요한 시기. 가장 긴요한 고비를 바로 앞둔 때); 단대목¹(單;일의 진행 과정 중에서 가장 중요한 고비). ②설·추석을 바로 앞둔 때. ¶대목땜375), 대목장(場); 단대목²/단목(單;명절이 바싹 다가온 때), 섣달대목, 세목(歲;설을 앞둔 대목), 추석대목(秋夕). ③이야기나 글 따위의 한 토막이나 단락. 대문(大文). ¶주인공이 결혼하는 대목. 네 주장에는 아무래도 석연치 않은 대목이 있다.

대미 약과, 다식과, 타래과, 만두과 따위를 통틀어 이르는 말. ¶제상에 대미를 나란히 한 줄로 차리다.

대바라기 끝물에 따지 못하여 서리를 맞고 말라 버린 고추나 목화송이. ¶일손이 모자라 밭마다 대바라기가 너즈러졌다. 대바라기 고추.

대사리 다슬기.

대수 부정문 또는 반어적 의문문에서 쓰이어 '중요한 일. 대단한 일'을 뜻하는 말.[←大事(대사)]. ¶이 판에 그게 무슨 대수냐. 싸움

---

369) 부대끼다: ①사람이나 일에 시달려 크게 괴로움을 겪다.≒시달리다. 볶이다. ¶만원 버스 안에서 이리저리 부대끼다. ②여러 사람과 만나거나 본의 아니게 여러 사람을 접촉하다. ③다른 것에 맞닿거나 자꾸 부딪치며 충돌하다. ④뱃속이 크게 불편하여 쓰리거나 울렁울렁하다. [←붙(다)+대(닿+이)+다]. 〈작〉보대끼다.

370) 풀대님: 바지나 고의를 입고서 대님을 매지 아니한 차림새. ¶풀대님으로 돌아다니다. 풀대님하다.

371) 대-대로: 형편을 따라서 되어 가는 대로. ¶무리하지 말고 대대로 하여라. 서두르지 말고 대대로 해가세.

372) 대롱궁: 작은 물건이 매달려 이리저리 천천히 흔들리는 모양. 〈큰〉대룽궁. 데룽궁. 디룽궁. ¶바자울에 매달려 대롱궁대롱궁 흔들리는 표주박.

373) 되롱궁: 작은 물건이 느슨하게 매달려 느리게 흔들리는 모양. 〈큰〉뒤룽궁. ¶처마 밑에 매단 씨오쟁이가 되롱궁되롱궁 흔들리다.

374) 밭은오금: 활의 대림끝과 한오금(먼오금과 밭은오금 사이) 사이. 먼오금: 한오금과 삼사미의 사이. 삼사미: 먼오금과 뽕끝과의 사이.

375) 대목땜: 대목을 맞거나 앞두고 날씨가 추워나 비 따위로 심술을 부림. 또는 그런 일을 겪음. ¶이번 설에는 대목땜을 하려는지 눈이 많이 온다.

잘하는 것이 대수냐. 대수롭다, 대수로이.

대야 물을 담아 세수하는 그릇. 〈준〉대. ¶대얏물; 귀대야, 놋대야, 뒷물대야, 목대야(木), 북숫대(北水), 빨랫대야, 사기대야(沙器), 세숫대야(洗手)/세숫대, 손대야(작은 대야), 양칫대야(養齒), 전대야(전이 있는 대야), 후수대야(後水;뒷물대야) 들.

대우¹ 이른 봄에 보리·밀·조 따위를 심은 밭이랑에 콩이나 팥 따위를 심는 일.≒부룩. 머드레. ¶대우를 파다. 대우깨, 대우콩, 대우팥; 조대우(조를 심은 대우), 콩대우, 팥대우.

대우² 기름을 먹이거나 칠을 하여 나는 윤기. ¶마룻바닥에 대우를 내다. 반들반들 대우가 난 장판. 대우가 잘된 장판방. 대우갈이¹(기름을 새로 칠하여 꾸미는 일); 기름대우[376], 마른대우[377].

대우³ 갓모자(갓양테 위로 우뚝 솟은 원통 모양을 한 모자). ¶대우갈이²(갓모자를 갈아 고치는 일)/하다; 총대우(말총이나 쇠꼬리의 털로 짜서 옻을 칠한 검정 갓의 모자).

대장 쇠를 달구어 연장 따위를 만드는 사람(대장장이). 야장간(冶匠間). ¶대장간(間), 대장공(工), 대장일/하다, 대장장이, 대장질/하다.

대접¹ 위가 넓적하고 운두가 낮은, 국이나 숭늉을 담는 그릇. 또는 그것을 세는 단위. '대접 모양'을 뜻하는 말. ¶국 한 대접. 대접감(둥글납작한 감), 대접돌리기(버나), 대접무늬(대접만큼 큰 무늬를 놓아 짠 비단), 대접받침[주두(柱枓)], 대접붙이(술을 대접으로 마시는 사람), 대접쇠(문둔테 구멍의 가장자리에 대는 쇠), 대접젖(대접같이 생긴 젖통); 굽대접(대접받침), 놋대접, 목대접(木), 사기대접(沙器)/사대접, 상대접(常), 약대접(藥), 연엽대접(蓮葉;연잎 모양의 대접), 주발대접(周鉢), 질대접(질흙으로 구워 만든 대접) 들.

대접² 소의 사타구니에 붙은 고기. ¶대접살, 대접자루(쇠고기의 대접에 붙은 고기).

대중 겉으로 대강 어림잡아 헤아림. 어떠한 표준이나 기준. ¶대중을 잡다. 대중삼다(기준이나 표준으로 삼다), 대중없다(드리없다)/없이, 대중치다(어림으로 셈하다), 대중하다; 겉대중, 눈대중, 발대중, 속대중(↔겉대중), 손대중, 한대중(전과 다름이 없는 같은 정도).

대창 소 따위 큰 짐승의 굵은 창자. 대장(大腸). ¶대창저냐.

대척 말대꾸. ¶아무 대척도 없이 고개만 숙이고 있다. 대척하다.

대추¹ 대추나무의 열매.[←대조(大棗)]. ¶대추씨 같다. 대추고명, 대추나무, 대추나무시집보내기[378], 대추단자(團餈), 대추미음(米飮), 대추방망이[379], 대춧빛(붉은 빛깔), 대추설기, 대추술, 대추씨, 대추옥(玉;대추 모양의 구슬), 대추인절미, 대추주악, 대추차(茶), 대추채(菜), 대추초(炒), 대추편포(片脯;쇠고기를 대추 모양으로 만든 편포); 멧대추, 폐백대추(幣帛), 풋대추 들.

대추² 남이 쓰다가 물려준 물건.≒퇴물(退物). ¶이 옷은 언니의 대추를 줄여 입은 것이다.

대충 어림잡아. 건성으로. 대강.[←대총(大總)]. ¶대충 백 명 가량. 시간이 없어 대충 치우다. 대충대충.

대컨 무릇. 헤아려 보건대. 대체로 보아서.≒대저(大抵). 무릇. ¶대컨 학생이란 공부를 제일로 여겨야 하느니. 비가 밤새도록 와서 대컨 길이 막혔을 거다.

대패 나무를 곱게 밀어 깎는 연장. ¶나무를 대패로 밀다. 대팻날, 대팻등, 대팻밥/모자(帽子), 대팻손(대패 손잡이), 대패아가리(대팻밥이 나오는 구멍), 대팻자국, 대패질/하다, 대팻집(대팻날을 박게 된 틀); 개탕대패(開鍚), 겹대패, 고운대패(마무리대패), 곧날대패(날을 90도로 세운 대패), 굴림대패, 덧날대패, 되대패(바닥과 날의 가운데가 볼록한 대패), 둥근대패(배둥근대패), 뒤대패(뒤젭/뒤집대패), 막대패, 목귀대패, 배대패(둥근대패), 배둥근대패, 부침대패(나무의 깊은 곳을 미는 대패), 비행대패(飛行), 손대패, 손밀이대패(나무를 밀어 넣어 깎는 기계 대패), 실대패, 오금대패(재목을 둥글고 우묵하게 우비어 깎는 대패), 자동대패(自動), 장대패(長), 전기대패(電氣), 접대패(接)[380], 주먹대패[381], 중대패, 퇴밀이대패, 평대패(平), 표주박면대패(瓢-面), 혹대패, 홈대패, 훑대패 들.

대포 큰 술잔. 술을 별 안주 없이 큰 잔에 따라 마시는 일. ¶대포 한잔 합시다. 대폿술, 대폿잔(盞), 대폿집; 왕대포(王).

댁(宅) ①남의 집의 높임말. ¶댁은 어디십니까. 댁내(宅內), 댁대령(待令), 댁사람, 댁하인(下人); 귀댁(貴宅), 본가댁(本家宅), 본댁/네(本宅), 시댁(媤宅), 작은댁, 주인댁(主人宅), 친정댁(親庭宅), 큰댁. ②2인칭 대명사. ¶댁은 뉘시오. 댁네. ③몇몇 명사 뒤에 붙어 '아내. 또는 그 지역에서 시집온 여자'의 뜻을 더하는 말. ¶과댁(寡宅), 과부댁(寡婦宅), 과수댁(寡守宅), 뒬뻔댁, 사돈댁, 새댁(새색씨), 소실댁(小室宅), 안댁, 오라버니댁, 오라범댁, 외삼촌댁(外三寸宅), 전실댁(前室宅), 주인댁(主人宅), 처남댁(妻男宅), 후실댁(後室宅), 후처댁(後妻宅); 안성댁/ 논산댁/ 청주댁/ 수원댁 들.

댁대구루루 작고 단단한 물건이 떨어져서 구르는 소리. 〈큰〉덱데구루루. 〈센〉땍때구루루. 떽데·떽떼구루루. ¶공기돌이 댁대구루루 굴러가다. 댁대굴[382]. [+구르다].

댓다 덮어놓고 막 또는 심하게 마구.=들입다. ¶댓다 몰아붙이다/쫓아내다.

댕 종이 울리는 소리. 또는 그릇 따위의 쇠붙이를 두드리는 소리.

---

376) 기름대우: 기름을 여러 번 발라 배들게 하여 윤기 나게 하는 것. ¶장판지에 기름대우를 하다.

377) 마른대우: 나무 그릇붙이나 마루 따위에 걸레나 행주로 반들반들하게 문질러 낸 광택.

378) 대추나무시집보내기: 그해에 대추가 많이 열리기를 기원하는 마음으로 대추나무 가지 사이에 작은 돌을 끼워 놓는 단옷날의 풍습.

379) 대추방망이: ①대추나무로 만든 방망이. ②단단하고 야무지거나 또는 표독스럽게 생긴 사람.

380) 접대패: 날 위에 덧날을 끼운 대패.

381) 주먹대패: 주먹을 쥐듯이 잡고 대패처럼 쓰던 돌연장.

382) 댁대굴: 단단하고 작은 물건이 단단한 바닥에 떨어져 부딪치며 구르는 소리. 또는 그 모양. 〈큰〉덱데굴. 〈센〉땍대굴. 떽떼굴.

〈큰〉뎅. 딩. 〈센〉땡. 뗑. ¶종을 댕댕 치다. 댕가당[383]/댕강·뎅겅·딩겅거리다/대다, 댕댕·땡땡·뎅뎅·뗑뗑거리다/대다, 댕그랑[384]·뎅그렁·땡그랑·뗑그렁거리다/대다. 딩동(초인종이 울리는 소리), 딩동댕 들.

댕가리 씨가 달린 채 말리는 장다리(무, 배추 따위의 꽃줄기). ¶댕가리지다[385].

댕갈 조금 떨어진 곳에서 나는 맑고 높은 소리. 또는 그 모양. 〈큰〉뎅걸. ¶댕갈거리다/대다, 댕갈댕갈/하다.

댕글댕글 책을 거침없이 잘 읽어 내리는 소리. 〈큰〉뎅글뎅글. ¶글 읽는 소리가 댕글댕글 들리다. 댕글댕글·뎅글뎅글/하다.

댕기 길게 땋은 머리끝에 드리는 장식용 끈. ¶댕기를 드리다. 댕기깃, 댕기꼬리, 댕기노래, 댕기망둥, 댕기물떼새, 댕기풀이[386]/하다; 갑사댕기(甲紗), 고이댕기(혼례 때 신부가 드리는 댕기), 궁초댕기(宮綃;비단), 금박댕기(金箔;금박을 찍은 비단으로 만든 댕기), 꽃댕기, 끝댕기(머리끝에 물려서 맺는 끈), 도투락댕기, 떠구지댕기, 말뚝댕기(말뚝 모양의 댕기), 매개댕기[387], 머리댕기, 목댕기(목에 두른 댕기), 비단댕기, 앞줄댕기, 외증댕기(倭繒;바탕이 얇은 비단으로 만든 댕기), 제비부리댕기, 종댕기(도투락댕기에 다는 좁고 가느다란 끈), 팥잎댕기(쪽진 머리 위에 홑댕기를 두 가닥으로 맴), 홑댕기 들.

댕기(다) 불이 옮아 붙거나 불을 옮겨 붙이다. ¶등잔 심지에 불을 댕기다. 땔나무에 불을 댕기다. 그녀의 마음에 사랑의 불이 댕겼다.

댕댕 ①살이 몹시 찌거나 붓거나 하여 팽팽한 모양. ¶살이 댕댕 찌다. ②누를 수 없을 정도로 굳고 단단한 모양. ¶댕글댕글·땡글땡글·탱글탱글(땡땡하고 둥글둥글한 모양). ③힘이나 세도 따위가 크고 단단한 모양. ¶댕댕하다, 댕돌같다[388]. ④몹시 긴장하거나 성이 나서 얼굴빛이 날카로운 모양. ¶성이 댕댕 난 얼굴. ⑤체력에 활력이 있는 모양. ¶힘이 댕댕 뻗치다. ⑥조금도 놀라거나 당황하거나 굽어드는 기색이 없이 기상이 도도한 모양. ⑦얼굴 기색이나 몸가짐이 거만하고 찬 데가 있는 모양. 〈큰〉딩딩. 팅팅. 〈센〉땡땡. 〈거〉탱탱(속이 옹골차게 차서 매우 볼록한 모양).

댕댕이 새모래덩굴과의 여러해살이 덩굴풀. ¶댕댕이덩굴, 댕댕이바구니(댕댕이덩굴의 줄기로 결어 만든 바구니).

-댕이 일부 명사의 뒤에 붙어 '친근함'의 뜻을 더하는 접미사. ¶옆댕이.

더 ☞ 더하다.

-더/러- '이다' 또는 용언의 어간 및 어미 '-으시/었/겠-'의 뒤에, 또는 어미 '-라. -냐/던. -뇨. -니[389](라/마는/만/이까/이다). -구나(먼)/-군. -구려. -라[390]-(고/도[391])/면/손/지/ㅂ니(디)까/ㅂ니(디)다. -더람. -더-래(도/요)'의 앞에 붙어, 과거에 경험하여 알게 된 사실을 객관적으로 회상하고 재인식하는 뜻을 나타내는 선어말 어미. ¶책을 읽더라/ 읽었더라/읽겠더라. 철수는 잘 있더냐? 그도 그 일을 하더라. 나는 그때 몹시 슬프더라. §'-러니-라/이까/이다[392]'는 '-더니-라/이까/이다'보다 예스러운 느낌을 주는 말. '-더-'에 '-이'가 이어지면 '-데(종결 어미)'나 합쇼체의 표지 '-ㅂ-'뒤에서는 '-디-'(합디다)로 바뀌기도 함.

더그매 한옥의 보꾹과 반자 사이의 공간. 곧 지붕 밑과 천장 사이의 빈 곳. ¶쥐들의 소굴이 된 더그매.

더기 고원(高原)의 평평한 땅. 〈준〉덕. ¶마을 뒤의 더기에서 큰 싸움이 벌어졌다. 이곳 산악에는 덕이 많다. 더기밭/덕밭(더기를 개간한 밭); 덕땅(둘레의 지형보다 높으면서 평평한 땅), 덕지대/밭(地帶), 덕판[393]; 높게더기(고원의 평평한 땅), 눈덕(눈언저리의 두두룩한 곳), 둔덕(두두룩하게 언덕진 곳)/지다, 뒤덕(주변지대보다 뒤에 있고 높이 두드러진 땅), 모래덕(모래 무더기), 산덕(山;산에 있는 더기), 언덕[←언ㅎ+덕], 큰덕(높고 평평한 땅), 팬덕[394], 펀더기(펀펀하게 넓은 들. 광야). ☞ 구(丘).

더께 ☞ 덖다'.

더넘 넘겨 맡은 걱정거리.[←더(하다)+넘(다)+ㅁ]. ¶더넘을 안겨 받다. 더넘이 생기다. 더넘바람[395], 더넘이(더넘), 더넘스럽다[396], 더넘차다[397].

383) 댕가당: 작은 쇠붙이 따위가 부러지거나 떨어지는 소리. ¶칼이 댕가당 부러지다. 풍경소리가 댕가당 울리다. 작은 물방울이 쇠붙이 따위에 떨어지는 소리. 〈큰〉뎅거덩/뎅겅. 〈센〉땡가당/땡강. 〈준〉댕강'. ¶댕가당거리다/대다/하다, 댕가당댕가당/하다.
댕강': ①작은 물체가 단번에 잘려 나가거나 가볍게 떨어지는 모양. ¶목이 댕강 떨어지다. 〈큰〉뎅겅. ②(스스로 살아갈 힘이 없는 식구가) 외롭고 쓸쓸하게 남은 모양. ¶혼자 댕강 남다. 넓은 벽에 사진틀 하나만 댕강 걸려 있다. 〈큰〉뎅겅.

384) 댕그랑: ①작은 방울이나 풍경(風磬) 따위가 흔들리거나 부딪쳐서 맑게 울리어 나는 작은 소리. ¶댕그랑 울리는 풍경소리. 댕그랑거리다/대다/하다, 댕그랑댕그랑/하다. ②작은 물건이 매달리어 흔들리는 모양. ¶가지 끝에 댕그랑 매달린 사과 하나. 〈큰〉뎅그렁. 〈센〉땡그랑.

385) 댕가리지다: 사람의 됨됨이가 깜찍하고 야무지다. ¶어린놈이 여간 댕가리지지 않다. 나이에 비해서 몹시 당돌하고 댕가리진 녀석이다.

386) 댕기풀이: 예전에, 관례를 치른 사람이 친구들에게 한턱내던 일. 성년을 기념하여 한턱내는 일.

387) 매개댕기: 어여머리나 큰머리를 할 때 어염족두리를 쓰고 다리를 얹어 고정할 때 쓰던 헝겊.

388) 댕돌같다: 물체나 몸이 돌처럼 야무지고 단단하다. ¶근육이 댕돌같이 단단하다.

389) -니: ¶잠을 설쳤더니 밥맛이 없다. 예전에는 그리도 아름답더니.

390) -더라: '이다' 또는 용언의 어간 등 뒤에 붙어, 지난 일을 회상하거나 그 회상을 감상조로 나타내는 해라체의 종결 어미. ¶덥더라. 깨고 나니 꿈이더라.

391) -더라도: '이다' 또는 용언의 어간 등 뒤에 붙어, '-어도/아도'보다 더 강한 가정(假定)이나 양보의 뜻을 나타내는 연결 어미. ¶땅이 무너지더라도 버티겠다.

392) ¶본성은 악인이 아니러니 험한 세월이 그를 망쳤구려. 행복은 부에 있음이 아니러니라. 그것이 아니러니이까/러이까? 사실이 아니러니이다/러이다.

393) 덕판: 평야보다 높은 곳에 있는 평평하고 밋밋한 땅. ¶덕판마을(덕판 위에 있는 마을).

394) 팬덕: 평탄한 지면이 침식 작용으로 패면서 생긴 덕땅.[←파이(다)+ㄴ+덕].

395) 더넘바람: 초가을에 가지가 움직일 정도로 선들선들 부는 바람.

396) 더넘스럽다: 다루기에 버거운 데가 있다. 덤턱스럽다. ¶나에게는 그 가방이 너무 커서 더넘스럽다.

397) 더넘차다: 쓰기에 거북할 정도로 덩치가 커 벅차다. ¶더넘찰 정도의 돈. 돈이 더넘차게 많다.

더느(다) 끈이나 실 따위를 두 가닥을 내어 겹으로 드리다(꼬다). ¶털실을 더느다.

더늠 판소리에서, 명창이 자신의 독특한 방식으로 다듬어 부르는 어떤 마당의 한 대목.

더덕 초롱꽃과의 여러해살이풀.=사삼(沙蔘). ¶더덕구이, 더덕나물, 더덕누름적(炙), 더덕바심(더덕을 두드려 잘게 바숨)/하다, 더덕북어(北魚), 더덕술, 더덕자반, 더덕장(醬), 더덕장아찌, 더덕정과(正果), 더덕술. 더덕죽(粥); 미더덕 들.

더덜뭇-하다 딱 잘라 결정하거나 다잡는 힘이 모자라다.=주저주저하다. 우유부단하다. ¶어려운 문제가 많은 이 때 매사에 더덜뭇한 그를 대표로 뽑을 수는 없지 않은가. 그는 더덜뭇하여 맺고 끊는 맛이 없다. 더덜뭇이.

더데 ①화살촉의 중간에 둥글고 두두룩한 부분. ¶더데를 잡다. ②살이나 살갗에 덧붙어서 굳어진 헌데의 딱지나 때 같은 것.=더뎅이. ¶더데가 앉은 상처.

더뎅이 부스럼 딱지나 때 따위가 덧붙어서 된 조각. 더께. 더데②. ¶더뎅이가 두껍게 앉다. 더뎅잇병(病).

더듬(다) 잘 보이지 않는 것을 손이나 발 또는 지팡이를 대어 짚어보며 찾다.(≒짚다. 만지다). 말이 자꾸 막히다. 희미한 일이나 생각을 애써 밝히려고 하다. ¶갑자기 불이 나가자, 방바닥을 더듬어 초를 찾았다. 말을 더듬다. 기억을 더듬다. 더더리(말을 더듬는 사람), 더덜더덜[398], 더듬감각(感覺=觸覺), 다듬[399]·더듬·따듬·떠듬거리다/대다, 다듬다듬·더듬더듬/하다, 더듬[더듬감각(感覺), 더듬뿔(촉각); 말더듬, 발더듬, 손더듬], 더듬이[더듬이질/더듬질; 말더듬이, 발더듬이, 손더듬이/질], 다듬작[400]·더듬적·따듬작·떠듬적거리다/대다, 다듬작다듬작·더듬적더듬적/하다, 더듬질/하다, 더트다(더듬어 찾다); 걸터듬다(무엇을 찾느라고 이것저것 되는 대로 마구 더듬다), 극터듬다[401], 어루더듬다[402], 얼더듬다(잘 알아들을 수 없게 말을 하다), 치더듬다, 휘더듬다(휘돌아 찾아다니다) 들.

더디(다) 어떤 움직임이나 일에 걸리는 시간이 오래다.≒느리다.↔빠르다. ¶일손이 더디다. 발걸음이 더디다. 더디(느리게. 천천히), 더디더디(몹시 느리게). ☞ 지(遲).

더러¹ ①전체 가운데 얼마만큼. 어느 정도.≒약간. ¶방과 후 학생들이 더러 남아 공부하고 있다. ②이따금 드물게. 때때로. 가끔. ¶그의 아버지는 더러 보았지만 어머니는 전혀 만나지 못했다. 더러 만나다.

더러² 사람과 관련된 체언에 붙어, '에게', '보고'의 뜻을 가지는 부사격 조사. 구어적인 표현.[〈ᄃᆞ려].≒한테. 보고. 에게. ¶친구더러 도와 달라고 했다. 누가 너더러 물어보더냐?

더럭 ①갑자기 한꺼번에 많이. ¶돈이나 더럭 생겼으면 좋겠다. 재물이 더럭 생기다. ②어떤 생각이나 감정 따위가 갑자기 생기는 모양.=왈칵. ¶더럭 겁이 났다. ③갑자기 움직이거나 소리를 내는 모양. ¶그는 기관실 덮개를 더럭 열어젖혔다. 더럭 고함을 지르다.

더럽(다) 때·먼지 따위가 묻어 지저분하다. 말이나 행실이 천하고 야비하다. 어렵고 고약하다(≒괴팍하다).[←덟다[403]].≒지저분하다. 너저분하다.↔깨끗하다. 〈작〉다랍다. ¶소매가 더럽다. 방이 매우 더럽다. 일이 더럽게 되다. 그 사람은 성질이 더러우니 조심해서 대해야 한다. 더러움/더럼, 더러워지다, 더럼(때), 더럽히다/더레다; 단·던지럽다[404], 군단·군던지럽다/군지럽다(매우 더럽고 추저분하다), 단작·던적·든적스럽다[405], 던적맞다[406], 덴덕스럽다(산뜻하지 못하고 좀 더러운 느낌이 있다), 덴덕지근하다[407]; 잔달다(하는 짓이 자고 다랍다), 치더럽다(치사하고 더럽다). ☞ 오(汚). 염(染). 덟다.

더리(다) ①격에 맞지 아니하여 마음이 좀 떠름하다. ¶기분이 더리다. 하는 짓이 더리어 못 보겠다. ②싱겁고 어리석다. ¶사람이 더리다. ③다랍고 야비하다. ¶마음이 더린 사람. 지더리다[408].

더미 ①많은 물건이 모여 쌓인 큰 덩어리.≒가리. ¶잿더미로 변하다. 더미구름[積雲;뭉게구름], 더미다(쌓아 올리다), 더미더미, 더미짐(무더기로 쌓여 있는 짐); 거름더미, 나뭇더미, 눈더미, 돈더미, 돌더미, 두엄더미, 모랫더미, 버력더미, 불더미, 빚더미, 산더미(山), 쓰레기더미, 야적더미(野積), 일더미, 장작더미(長斫), 잿더미, 조개더미[貝塚], 집더미(집채), 짚더미, 책더미(冊), 흙더미. ②'다미'보다 큰말. ☞ 다미.

더버기 한군데에 무더기로 쌓이거나 덕지덕지 붙은 상태. 또는 그런 물건.[←더벅(더부룩한 모양)+이]. ¶진흙 더버기. ☞ 다복.

더부러-지다 정신 따위가 가물가물해지다. ¶그녀는 가까스로 더부러지는 정신을 다잡았다.

더불(다) 둘 이상의 사람이 함께하다. 무엇과 같이하다. 어떤 일이 동시에 일어나다. ¶우리는 더불어 살아야 한다. 자연과 더불어

398) 더덜더덜: 분명하지 않은 목소리로 말을 자꾸 더듬는 모양.

399) 다듬: ①무엇을 찾거나 알아보려고 손으로 이리저리 좀 만지는 모양. ¶다듬다듬 성냥을 찾다. ②잘 알지 못하는 길을 이리저리 짐작하여 찾는 모양. ¶이 골목 저 골목을 다듬다듬 돌아다니다. ③기억이 뚜렷하지 아니한 일을 이리저리 좀 생각해 보는 모양. ¶옛일을 다듬다듬 이야기하다. ④말을 하거나 글을 읽을 때 순조롭게 하지 못하고 좀 막히는 모양. ¶책을 다듬다듬 읽다. 〈큰〉더듬. 〈센〉따듬. 떠듬.

400) 다듬작: ①무엇을 찾거나 알아보려고 나릿나릿하게 손으로 이리저리 만지는 모양. ¶방안을 다듬작다듬작 뒤지다. ②말을 하거나 글을 읽을 때 나릿나릿하게 더듬는 모양. ¶다듬작다듬작 이야기하다. 〈큰〉더듬적. 〈센〉따듬작.

401) 극터듬다: 간신히 붙잡고 기어오르다. ¶바위너설을 극터듬으며 산꼭대기에 오르다.

402) 어루더듬다: ①손으로 어루만지며 더듬다. ¶아기는 엄마의 젖가슴을 어루더듬고 있다. ②마음속으로 이것저것 짐작하여 헤아리다. ¶내일 회의장에서 일어날 일들을 어루더듬으면서 서류를 뒤적였다.

403) 덟다: 때가 끼어 더러워지다. ¶덟어지다(더럽게 되다), 덟이다.

404) 던지럽다: 말이나 행실이 더럽다. 〈작〉단지럽다.

405) 든적스럽다: 하는 짓 따위가 치사하고 어려운 데가 있다.

406) 던적맞다: 얄밉게 치사하고 더러운 데가 있다.

407) 덴덕지근하다: 좀 더러운 느낌이 있어 아주 개운하지 못하다. ¶솔기마다 땟국이 흐르는 이부자리를 펴고 누우니 왠지 덴덕지근하여 잠이 오질 않았다. 덴덕스럽다/스러이.

408) 지더리다: 행동이나 성질이 지나치게 더럽고 야비하다.[←짓+더리다].

지내다. 더부살이/하다, 더불어. ☞ 여(與).

더위-잡다 높은 곳에 올라가려고 무엇을 끌어 잡다. 의지가 될 수 있는 든든하고 굳은 지반을 잡다. ¶그는 나무 덩굴들을 더위잡으며 가파른 산등성이를 올라갔다. 더위잡히다. §'더위(다)'는 '잡다. 움키다'의 옛말.

더치(다) 나아가던 병세가 다시 더하여지다. 덧들이다. ¶병이 더치다. 화가 더치다. 날씨가 추워서 신경통이 더치다. 잘 자는 아이를 더쳐서 울리다. 병을 더치지 않도록 유의해라. 더침; 후더침(後;아이를 낳은 뒤에 일어나는 잡병. 거의 낫다가 다시 병세가 나빠짐).

더튼-하다 깐깐하고 알뜰하다. ¶더튼한 솜씨로 만든 옷. 살림을 더튼하게 꾸려가는 며느리.

더-하다 ①더 보태어 늘리거나 많게 하다.≒합하다.↔빼다. ¶하나에 둘을 더하면 셋이다. 더하기, 더하다¹[동사], 덧-[409]. ②비교하여 한쪽이 많거나 심하다.↔덜하다. ¶공부를 더하다. 더할 나위 없다. 더[410], 더가다[411], 더금더금[412]·더끔더끔, 더넘[더넘스럽다, 더넘차다], 더덜(과부족), 더덜기(더하기와 빼기), 더덜없이, 더덜이(더함과 덜함), 더도리[413]/하다, 더새다[414], 더하다²[형용사][415], 덤[416][←더하(다)+ㅁ]. ☞ 가(加).

덕¹ ①나뭇가지 사이나 양쪽에 버티어 놓은 나무 위에 막대기나 널을 걸치어서 맨 시렁이나 선반. ¶덕을 매다. 덕에 반짇고리를 올려놓다. 덕걸이, 덕대²[417], 덕장[418], 덕집(덕을 매어 놓은 집); 고기덕(물고기를 말리는 덕), 굴덕(굴 양식에서, 매어 주는 덕), 명태덕(明太), 호박덕(호박순이 올라가게 세우는 덕), 화덕(火;솥을 걸기 위하여 쇠나 흙으로 아궁이처럼 간단히 만든 물건). ②물 위에 앉아서 낚시할 수 있도록 발판 모양으로 만든 대(臺). ¶덕낚시.

덕² ☞ 더기.

덕(德) ①마음이 바르고 인도(人道)에 합당한 일. 은혜. 이익. 인품이나 품격.≒뉘. ¶덕을 쌓다. 덕을 보다. ②'공정하고 포용성 있는 마음이나 행위. 혜택. 복(福)'을 뜻하는 말. ¶덕교(德敎;덕으로써 가르침), 덕금(德禽;닭), 덕기(德氣;어질고 넉넉한 마음씨나 낯빛), 덕기(德器;어질고 너그러운 도량과 재능), 덕담(德談;남이 잘되기를 비는 말)[덕담노래, 덕담하다], 덕량(德量), 덕론(德論), 덕망(德望), 덕목(德目), 덕문(德門), 덕분(德分;고마움을 베풀어 준 보람.≒德澤), 덕불고(德不孤), 덕빛(성인의 덕스러운 기운), 덕색(德色)[419], 덕성(德星), 덕성/스럽다(德性), 덕스럽다(어질고 너그러운 데가 있다), 덕업(德業;어질고 착한 업적이나 사업), 덕용(德用;쓰기에 편하고 이익이 많음), 덕우(德友), 덕육(德育), 덕윤신(德潤身), 덕음(德音;도리에 맞는 지당한 말), 덕의/심(德義/心), 덕인(德人), 덕장(德將), 덕정(德政), 덕조(德操;변함없는 꿋꿋한 절조), 덕치/주의(德治/主義), 덕택(德澤;남에게 끼친 덕이나 혜택), 덕풍(德風), 덕행(德行), 덕화(德化;덕으로 교화함), 덕후(德厚); 가덕(嘉德), 감지덕지(感之德之), 겸덕(謙德), 고덕(古德), 고

---

409) 덧-: 일부 명사나 동사 앞에 붙어, '거듭. 더함. 겹쳐'의 뜻을 더하는 말. §'덧-'은 '더하다(加)'의 어근 '더-'에 'ㅅ'이 첨가된 형태소. ¶덧가지, 덧간(間), 덧감, 덧개피다, 덧거름(웃거름), 덧거리(없는 사실을 보태서 말하는 일. 과장)/질/하다, 덧걸다/걸리다(겹쳐 걸리다), 덧거리(정해지 수량 이외에 덧붙이는 물건=곁들이. 없는 사실을 덧붙여서 말함)/하다, 덧걸치다, 덧게비(이미 있는 것에 덧엎어 대는 일)/치다(다른 것 위에 덧덮어 대다), 덧고이다, 덧관식(管式), 덧구두, 덧국, 덧국수, 덧굳히다, 덧굿다/굿히다, 덧그림(그림 위에 덮어 대고 그것을 본떠 그린 그림), 덧그물, 덧글씨, 덧긋다, 덧기둥, 덧깁다, 덧깃, 덧깔다/깔리다, 덧껴입다, 덧꽂다, 덧끼다/끼이다, 덧끼우다, 덧끼이다, 덧나다¹(이미 나 있는 위에 덧붙어 나다), 덧나래, 덧나무, 덧낚시, 덧날, 덧날개, 덧내리다, 덧널, 덧널무덤, 덧널다, 덧높이, 덧놓다/놓이다, 덧눈, 덧니, 덧이빨, 덧단, 덧달다, 덧달리다, 덧대다, 덧덮다/덮이다, 덧도리, 덧돈, 덧두기다(포개다), 덧두리(정해 놓은 액수 외에 얼마만큼 더 보탬. 물건을 바꿀 때 차액으로 주는 웃돈), 덧드러나다/내다, 덧닦다, 덧마개, 덧마루, 덧마치다, 덧맞다, 덧매다, 덧머리, 덧먹이, 덧메다, 덧모, 덧모이, 덧목(덧), 덧무늬, 덧문(門), 덧묻다¹,²/묻히다, 덧물(강이나 호수 따위의 얼음 위에 괸 물), 덧물림(원래의 칸살 밖으로 낸 툇간), 덧미끼, 덧바르다, 덧바지, 덧밥, 덧방(枋;이미 있는 것 위에 덧대는 일)[덧방나무, 덧방붙이다], 덧배기, 덧버선, 덧베개, 덧보, 덧보기, 덧보이다, 덧보태다, 덧뵈기(덧보기), 덧불리다, 덧불안(不安), 덧붙다/붙이다, 덧붙이기, 덧붙임, 덧비료(肥料), 덧빗, 덧뿌리다, 덧뿌림[추파(追播)], 덧살(군더더기), 덧살창(窓), 덧새기다, 덧새벽(덧바르는 새벽), 덧생장(生長), 덧서까래, 덧세우다, 덧셈[덧셈법(法), 덧셈표(標)], 덧소금(채소나 생선 따위를 절일 때 맨 위에 더 뿌리는 소금), 덧손질, 덧손실(損失), 덧수(數), 덧수(繡), 덧신, 덧신다/신기다, 덧싣다/실리다, 덧심, 덧심다, 덧쌓다/쌓이다, 덧쓰다/씌우다, 덧앉다/앉히다, 덧양말(洋襪), 덧양판, 덧얹다/얹히다, 덧얼다, 덧얼음, 덧얽히다, 덧엎치다, 덧엮다, 덧올리다, 덧옷, 덧의족(義足), 덧인쇄(印刷), 덧입다/입히다, 덧잠, 덧잡다, 덧장벽(障壁), 덧장판(壯版), 덧장화(長靴), 덧저고리, 덧정(情;한곳에 오래 정이 들면 주변의 것까지 다 정하게 느껴지는 정), 덧조각, 덧주다, 덧주머니, 덧줄, 덧지다(짐을 진 위에 더 지다), 덧지붕, 덧짊다, 덧짐, 덧집, 덧짓다, 덧창(窓), 덧창문(窓門), 덧천(덧댄 천), 덧추렴(出斂), 덧치마, 덧칠/하다, 덧탄(炭), 덧토시, 덧판(板), 덧포개다, 덧폭(도포 뒷자락에 덧댄 딴 폭), 덧홈대(덧대는 창문틀), 덧흙(덧깔아 주는 흙); 군더더기(쓸데없이 덧붙은 것).

410) 더: ①정도가 심하게.=더욱.↔덜. [+형용사]. ¶아까보다 배가 더 아프다. 더 얇게 더 멋지게. 더군다나/더구나, 더더군다나/더더구나, 더아니, 더없다, 더없이, 더욱[더욱더, 더욱더욱, 더욱이, 더욱이나; 더더욱], 더이상, 더한층(層); 좀더. ②바로 이전 상태보다 많게. 더 보태어. ¶하나만 더 주시오. ③그 이상으로 계속하여. [+동사]. ¶더 기다려 봅시다.

411) 더가다: 더 윗길이다. 더 비싸다. 더 빠르다.

412) 더금: 어떤 것에 조금씩 더하는 모양. 〈센〉더끔. ¶더금더금 모아 둔 동전. 땅거미가 더금더금 깔린다.

413) 더도리: 절에서 음식을 여러 몫에 도르고 나서 남을 때에 다시 그것을 더 도르는 일. 또는 그 음식. 가반(加飯).

414) 더새다: 길을 가다가 해가 저물거나 하여 어디에 들어가서 밤을 지새다.

415) 더하다²: 어떤 기준보다 정도가 심하거나 또는 그 이상이다. ¶올해는 가뭄이 지난해보다 더하다. 서울이 시골보다 오염이 더하다.

416) 덤: 물건을 사고팔 때, 제 값어치 외에 조금 더 많이 주거나 받는 물건. 바둑에서의 공제(控除). ¶덤을 많이 받다. 덤거리(질이 떨어지는 물건을 덤으로 받은 것처럼 못난 사람), 덤바둑, 덤받이(전 남편에게서 배거나 낳아서 데리고 들어온 자식), 덤붙이, 덤삯, 덤짜(덤이 되는 사람), 덤통(桶;덤으로 줄 막치 젓국물을 담은 통); 남매덤(男妹). 돌덤(돌의 치수보다 좀 크게 마름하는 치수), 벼슬덤, 서방덤, 외동덤(자반고등어 뱃속에 덤으로 끼워 놓은 한 마리의 새끼 자반), 운덤(운이 좋아 덤으로 생기는 소득).

417) 덕대²: 아이의 시체를 겨우 비바람이나 면할 정도로 허술하게 묻는 일. 또는 그 무덤. 아이의 시체를 묻지 않고 덕을 매어 그 위에 올려놓고 용마름을 덮어 놓아 두는 일. 또는 그 시체나 무덤. 〈준〉덕. ¶덕대하다, 덕목(木;덕대를 메는 데 쓰는 굵은 나무).

418) 덕장[-짱]: 생선 따위를 말리기 위하여 덕을 매어 놓은 곳. ¶겨울철 덕장에는 황태가 건조되고 있다. 덕지기(덕장을 지키는 사람).

419) 덕색(德色): 남에게 조금 고마운 일을 하고 그것을 자랑하는 말이나 태도. ¶덕색을 내다. 덕색질/하다.

덕(高德), 공덕(公德), 공덕(功德), 과덕(寡德), 구덕(口德), 구덕(具德), 구덕(舊德), 군덕(君德), 기덕(耆德), 노덕(老德:늙은 중), 달덕(達德), 대덕(大德), 도덕(道德), 동덕(同德), 만덕(萬德), 무덕(武德), 무덕(無德), 문덕(文德), 미덕(美德), 민덕(民德), 박덕(薄德), 배덕(背德), 배은망덕(背恩忘德), 백덕(百德), 변덕(變德), 보덕(報德), 복덕(福德), 부덕(不德), 부덕(婦德), 비덕(菲德), 사덕(四德), 사덕(私德), 삼덕(三德), 상덕(上德), 상덕(尙德), 색덕(色德), 석덕(碩德), 선덕(先德), 선덕(善德), 선덕(禪德), 성덕(成德), 성덕(盛德), 성덕(聖德), 세덕(世德), 소덕(所德), 손덕[420], 송덕(頌德), 수덕(手德), 수덕(修德), 수덕(樹德), 숙덕(宿德), 숙덕(淑德), 숨은덕, 신덕(神德), 신덕(信德), 실덕(失德), 실덕(實德), 심덕(心德), 악덕(惡德), 약덕(藥德), 여덕(餘德), 영덕(令德), 영덕(靈德), 예덕(睿德), 예덕(穢德), 원덕(元德), 위덕(威德), 위덕(偉德), 유덕(遺德), 유덕하다(有德), 육덕(肉德), 은덕(恩德), 은덕(隱德), 음덕(陰德), 음덕(蔭德), 의덕(宜/懿德), 인덕(人德), 인덕(仁德), 일반지덕(一飯之德), 재덕(才德), 재승덕(才勝德), 적덕(積德), 정덕(貞德), 종덕(種德), 주덕(主德), 주덕(酒德), 중용지덕(中庸之德), 지덕(至德), 지덕(地德), 지덕(知德), 지덕(智德), 참덕(慙德), 창덕(彰德), 처덕(妻德), 천덕(天德), 청덕(淸德), 치덕(齒德), 칭덕(稱德), 탁덕양력(度德量力), 패덕(悖德), 패덕(敗德), 포덕(布德), 학덕(學德), 항덕(恒德), 해탈덕(解脫德), 행덕(行德), 현덕(玄德), 현덕(賢德), 현덕(顯德), 홍덕(鴻德), 환덕(宦德), 효덕(孝德), 후덕(厚德), 흉덕(凶德:흉악한 심술 또는 행실) 들.

덕대[1] 광산을 주인과 계약을 맺고 그 광산의 일부를 맡아 채광하는 사람. ¶덕대갱(坑), 덕대놀이, 덕대제(制), 덕대질/하다, 덕대판(板); 굿덕대(광산에서 한 구덩이의 작업 감독을 맡은 책임자).

덕대[2] ☞ 덕'.

덕살[-쌀] 숫기 좋게 언죽번죽 구는 짓.≒넉살.

덕석 추울 때 짐승의 등을 덮어 주기 위하여 멍석처럼 만든 것. ¶덕석이 멍석인 듯(약간 비슷함을 실물인 것처럼 자처함). 덕석말이, 덕석밤(알이 굵은 밤;大栗), 덕석잠, 덕석풀기(강강술래의 한 대목); 말덕석(말의 등을 덮어 주는 덕석), 쇠덕석 들.

덕수 곧추 떨어지는 작은 폭포. 물맞이(병을 고치려고 약수를 마시거나 약수로 몸을 씻는 일).[←더기+水(물)]. ¶산 속에 들어가 덕수를 맞으며 몸단련을 하다. 덕물, 덕수욕(浴), 덕수탕(湯).

덖(다)[1] 때가 올라서 매우 찌들거나 때가 덕지덕지 묻다. ¶작업복이 너무 덖어서 때가 잘 안 빠진다. 더께[421], 덕적덕적 · 닥작닥작[422], 덕지덕지 · 닥지닥지[423].

덖(다)[2] 물기가 조금 있는 고기나 약재, 곡식 따위를 타지 않을 정도로 볶아서 익히다. ¶찻잎을 덖다. 콩과 보리를 덖다. 채소와 쇠고기를 함께 넣어 덖었다. 덖어지다.

-던 ①'이다'나 용언의 어간 또는 어미 '-으시/었/겠-'의 뒤에 붙어, '지난 일을 돌이켜 생각하거나 일이 완결되지 못함'을 나타내는 관형사형 어미.[←더+은]. ¶같이 공부하던 친구. 하던 일을 팽개치고 어딜 가느냐? 먹던 밥. -던-가(요)[424], -던-감[425], -던-걸[것+을](요), -던-고[426], -던-데(다/요)[427], -던-들[428], -던-바[429], -던-지[430](라). [←더-+-ㄴ]. ②과거에 직접 경험하여 새로이 알게 된 사실에 대한 물음을 나타내는 종결 어미 '-더냐'보다 더 친근한 말. ¶그녀가 왔던. 친절하게 대하여 주던.

던지(다) ①물건을 잡거나 든 상태에서 팔에 힘을 주어 물건을 힘껏 내어 보내어 멀리 다다르게 하다.↔받다. ¶돌멩이를 던지다. 던져두다, 던지기[공던지기, 원반던지기(圓盤), 창던지기(槍), 포환던지기(砲丸)], 던질낚시(릴낚시), 던질칼, 던짐; 내던지다, 드던지다(마구 들어 내던지다. 크게 내두르다), 벗어던지다, 집어던지다, 흩던지다. ②자기 몸을 어떤 환경에 있게 하다. ¶연예계에 몸을 던지다. ③투표를 하다. ¶깨끗한 한 표를 던지다. ④내버리다. 아낌없이 내놓다. 영향을 미치다. ☞ 투(投).

덜께기 늙은 장끼.

덜(다) 주어진 분량에서 얼마를 적게 하거나 줄게 하다.(≒빼다.↔더하다). 어떤 상태나 행동의 정도를 적게 하다. ¶밥 한 숟가락을 덜어내다. 수고를 덜다. 이제야 겨우 짐을 덜었다. 덜[431], 덜기(빼기), 덜나다(미욱하고 덜떨어지다), 덜되다(모자라다), 덜떨어지다[432], 덜름하다[433], 덜리다, 덜어내다(얼마간 떼어내다), 덜어지다(덜게 되다), 덜이(일정한 값에서 얼마를 뺌), 덜하다(↔더하다); 더덜이(더함과 덜함). ☞ 감(減).

ㄷ

420) 손덕(德): 노름판에서, 우연히 잘 맞아 들어가는 손속. ¶손덕을 보다.

421) 더께: 몹시 찌든 물건에 앉은 거친 때.[←덖(다)+에]. ¶새카만 더께가 앉다. 더께더께; 겉더께, 구들더께(병들어 늘 방에만 있는 사람), 속더께, 쇠심떠깨/심떠깨.

422) 닥작닥작: 먼지나 때 따위가 두껍게 끼어 있는 모양.

423) 닥지닥지: ①먼지나 때 따위가 많이 끼어 더러운 모양. ¶먼지가 닥지닥지 앉은 책상. ②무엇이 여러 겹으로 쌓이거나 붙어 있는 모양. ¶산비탈에 닥지닥지 붙은 판잣집.

424) -던가: 과거의 사실에 대한 물음을 나타내거나, 과거의 사실에 대하여 스스로에게 묻는 물음이나 추측을 나타내거나, 과거 사실에 대한 의문을 나타는 종결 어미. ¶그게 사실이던가? 그때 자네도 거기 있었던가? 내가 받았던가? 그 날은 뭘 했던가 모르겠다.

425) -던감: 과거의 어떤 사실에 대하여 가볍게 반박하는 뜻을 나타내는 종결 어미. ¶그 시절에 누구는 그렇게 살지 않았던감.

426) -던고: 후회하거나 아쉬워하는 말투나 지난 일에 대해서 의심하며 묻는 뜻으로 앞뒤 말을 이어줌. ¶나는 이제까지 뭘 했던고? 그때는 어디서 살았던고 기억이 잘 안 나는데.

427) -던데: 연결 또는 종결 어미. ¶금방 보이던데 그 사이 어디 갔지? 집이 참 깨끗하던데. 지금도 정정하시던데.

428) -던들: 지난 일을 회상하되, 그 결과와 반대되는 어떤 사실을 가정하여 보는 뜻을 나타내는 종속적 연결 어미. ¶진작 대비하였던들 막을 수 있었을 것을. 공부했던들 합격했을걸.

429) -던바: 앞의 사실이 뒤의 사실의 보충 설명임을 나타내는 종속적 연결 어미. ¶지시대로 하였던바 일이 순조로이 풀려 나갔다.

430) -던지: 막연한 의심 · 추측 · 가정의 뜻이나 '어찌나'와 어울려 지난 일을 회상하되 그것이 다른 일을 일으키는 근거나 원인이 됨을 나타내는 종속적 연결 어미. ¶거기서 뭘 샀던지 생각이 안 난다. 날씨가 어찌나 춥던지 정말 혼났다. 고민이 되었던지 밤새 잠을 못 이루더라.

431) 덜: ①완전한 정도에 채 이르지 못하여. ¶잠이 덜 깼다. ②일정한 상태가 정도에 미치지 못하게. 낮거나 적은 정도로.↔더. ¶과일이 덜 익었다.

432) 덜떨어지다: 쇠딱지가 덜 떨어졌다는 뜻으로, 언행이 어리고 미련하다.

433) 덜름하다: ①아랫도리가 드러나도록 입은 옷의 길이가 짧다.[←덟다(짧다)]. 〈작〉달름하다. ¶지난해에 입던 옷이 덜름하여 입을 수가 없다. ②어울리지 않게 홀로 우뚝하다. ¶허허벌판에 덜름하게 서 있는 집.

덜덜 사람이 침착하지 못하여 함부로 떠들며 거칠게 행동하는 모양. ¶김 서방은 한시도 가만히 못 있고 덜덜 돌아치기만 한다. 덜덜거리다/대다/하다, 덜덜이, 덜덜하다, 덜룽스럽다[434], 덜먹다[435].

덜룩덜룩 조금 무겁거나 큼직한 물건이 흔들리는 모양. ¶허리에 찬 권총이 덜룩덜룩 흔들린다.

덜미¹ ①목의 뒤쪽 부분과 그 아래 근처. 몸과 아주 가까운 뒤쪽.=어늬. ¶찬바람이 불어 덜미가 시리다. 덜미를 잡히다(발각되다. 쉽게 여기고 덤빈 일이 뜻밖에 어렵게 꼬이다). 덜미걸이, 덜미꾼[436], 덜밋대문(大門:집의 큰 채 뒤쪽에 있는 대문), 덜미맞다(화살이 과녁의 윗부분에 맞다), 덜미잡이/하다; 뒷덜미(낮춤말은 '더수구니')/덜미, 등덜미(등의 윗부분), 머리덜미(목의 머리 쪽에 치우친 부분), 목덜미. ②약점. 허점. 나쁜 짓. ¶덜미잡기(나쁜 짓 잡기).

덜미² 남사당패의 여섯째 놀이로, '꼭두각시놀음'을 이르는 말. ¶덜미고리, 덜미꾼(꼭두각시놀음을 업으로 하는 사람), 덜미소리, 덜미쇠, 덜미포장(布帳), 덜미청.

덜썩¹ '달싹'보다 큰말. 〈거〉털썩. ¶덜썩 들리다. 덜썩 주저앉다. 덜썩 일어나다. 벽이 덜썩 무너지다. ☞ 들다⁴.

덜썩² ①웬만히 크거나 우람한 모양. ¶덜썩 큰 키에 어깨가 떡 벌어진 건장한 사나이. ②뜻밖에 갑자기. ¶아버지가 덜썩 몸져누우셨다.

덜컥 ①몹시 놀라거나 무서울 때 가슴이 내려앉는 듯한 느낌. ¶가슴이 덜컥 내려앉았다. 사고 소식에 놀라 병이 덜컥 났다. ②갑자기 행동을 크게 저지당하거나 억눌리는 모양. ¶겁이 덜컥 나다. 〈거〉털컥². [+내려앉다]. 덜컹[437].

덜퍼덕 힘없이 주저앉거나 눕는 모양. 〈준〉덜퍽¹. ¶덜퍼덕 주저앉다. 덜퍼덕하다.

덜퍽-지다 푸지고 탐스럽다. 어림없이 크다.≒덤턱스럽다. ¶당신에게 덜퍽진 기쁨이 깃들기를 바란다. 꽃이 어찌나 덜퍽지게 피었는지 온 마음이 이상향처럼 보였다. 눈이 덜퍽지게 오다. 덜퍽진 황소. 덜퍽²[438], 덜퍽부리다(큰 소리로 떠들며 몹시 심술을 부리다), 덜퍽스럽다[439].

덟(다) 어지럽혀지거나 때가 끼어 더러워지다. 순결성이나 순수성이 어지러워지다. §더럽혀지다. 물들다'의 옛말. ¶덟은 속옷을 깨끗이 빨다. 양심이 덟을 대로 덟다. 덟이다, 덟어지다(더럽게 되다), 덟이다; 덜기(더럽게 때가 묻은 것).

덤불¹ 가는 가지나 덩굴들이 자라 어수선하게 엉클어진 얕은 수풀. ¶나무 덤불 사이를 헤치고 지나가다. 덤불이 커야 도깨비가 난다. 덤부렁듬쑥한 저 밀림 속에는 어떠한 비밀이 들었는지도 모르겠다. 덤불길, 덤불김치[440], 덤불밭, 덤불숲, 덤불쑥(국화과의 여러해살이풀), 덤부렁듬쑥(수풀이 우거져 그윽한 모양)/하다, 덤불지다(덤불을 이루다), 덤불혼인(婚姻:인척 관계에 있는 사람끼리 하는 혼인.≒겹혼인); 가시덤불, 검불덤불(뒤섞이고 엉클어진 모양), 쑥덤불, 장미덤불(薔薇), 칡덤불, 풀덤불 들.

덤불² 고물 끝 위쪽에 댄 두꺼운 널판.

덤비(다) 마구 대들거나 달려들다. 무엇을 이루어 보려고 적극적으로 뛰어들다. 서두르다. ¶한꺼번에 세 놈이 덤비다. 그 일은 덤벼 볼 만한 가치가 있다. 덤비지 말고 문제를 천천히 풀어라. 덤벼들다, 덤벼때리다, 덤벼치다(분별없이 날뛰다); 나덤비다(까불며 함부로 덤비다), 들이덤비다(함부로 덤비다), 헤덤비다[441].

덤장 물고기떼가 다니는 길목을 막고 물고기를 한 곳에 몰아넣어 잡는 그물. 덤장그물. ¶덤장을 치다. 덤장걷기, 덤장배(덤장을 사용하는 배).

덤터기 ①남에게 넘겨씌우거나, 넘겨 맡는 허물이나 걱정거리. ②억울한 누명이나 오명. 〈작〉담타기. ¶엉뚱한 사람에게 덤터기를 쓰다(남의 허물이나 걱정거리를 넘겨받다)/ 씌우다. 험턱(험한 덤터기).

덤턱-스럽다 매우 투박스럽게 크고 푸진 데가 있다.≒덜퍽지다. ¶그 녀석 덤턱스럽게 크고 푸진 데가 있구나. 통째로 삶은 돼지가 덤턱스럽게 놓여 있다.

덥(다) 기온이 높다.(↔차다). 몸에 느끼는 기운이 따뜻하다.(↔춥다. 서늘하다). ¶여름 날씨가 덥다. 운동을 했더니 덥다. 더운-[442], 더워하다, 더위[443], 덥히다[444], 데다¹[445], 데우다[446]/데다²,

---

434) 덜룽스럽다: 성미가 찬찬하고 차분하지 않은 데가 있다.

435) 덜먹다: 하는 짓이 경솔하고 온당하지 못하여 제멋대로 함부로 행동하다. ¶겉보기와는 달리 하는 짓이 덜먹었다.

436) 덜미꾼: 꼭두각시놀음을 업으로 하는 사람.

437) 덜컹: 갑자기 놀라거나 겁에 질려서 가슴이 몹시 울렁거리는 모양. ¶가슴이 덜컹 내려앉는다.

438) 덜퍽²: 신중하지 못하게 일을 저지르는 모양. ¶덜퍽 약속을 하고 지키지 못한다. 돈을 덜퍽 주고 후회한다.

439) 덜퍽스럽다: 푸지고 탐스러운 데가 있다. ¶덜퍽스럽게 한 상 차리다. 덜퍽스레 내리는 눈. 찌개를 아주 덜퍽스럽게 끓였구나.

440) 덤불김치: 무의 잎과 줄기, 또는 배추의 지스러기로 담근 김치.

441) 헤덤비다: 헤매며 덤비다. 공연히 바쁘게 서두르다.↔차분하다. ¶헤덤비지 말고 차분히 해라.

442) 더운-: 더운갈이(가물 때에, 소나기의 빗물을 이용하여 논을 가는 일), 더운무대[난류(暖流)], 더운물, 더운밥, 더운술, 더운약(藥), 더운점심(點心), 더운죽(粥), 더운찜질, 더운철, 더운피/동물(動物).

443) 더위: 여름철의 몹시 더운 기운.↔추위. 날씨가 너무 더워 생기는 병. ¶더위가 심하다. 더위들다, 더위먹다, 더위타다(더위를 견디기 어려워하다), 더위팔다/팔기, 더위하다(더위를 견디지 못하고 앓다), 더위해(害); 가마솥더위(몹시 더운 날씨), 가뭄더위, 강더위, 내더위, 늦더위, 무더위, 복더위(伏), 불더위, 불볕더위, 삼복더위(三伏), 일더위(↔늦더위), 찜통더위, 첫더위, 한더위.

444) 덥히다: '덥다'의 사동사. 마음이나 감정 따위를 푸근하고 흐뭇하게 하다. ¶마음을 덥혀 주는 온정의 손길이 쏟아졌다.

445) 데다¹: ①뜨거운 것에 닿아 살이 상하다.[←더이다]. ¶끓는 물에 데다. 손을 데다. 덴 소 날뛰듯. 데이다, 덴둥이(불에 덴 사람), 데치다(끓는 물에 슬쩍 익히다)[데김치(나물/남새 같은 것을 살짝 데쳐서 담근 김치), 데지이(데김치), 데친회(膾:데쳐서 무친 회); 설데치다. ②심한 고통을 겪거나 놀라서 진저리가 나다.≒몸서리나다/치다. 물리다. 혼나다. ¶사람에 데다. 술에 데다. 덴가슴(일마다 겁을 내는 마음), 덴겁하다(怯:뜻밖의 일로 놀라서 허둥지둥하다).

446) 데우다: 찬 것을 덥게 하다. 〈준〉데다². ≒가열하다.↔식히다. ¶물을 데

덴겁하다(怯); 무덥다, 후덥다[447], 후터분하다[448]. ☞ 서(暑). 염(炎). 난(暖).

덥덥-스럽다 보기에 그저 무덤덤하고 한결같은 데가 있다.

덧¹ 얼마 안 되는 퍽 짧은 시간(동안).[〈덛]. ¶덧없다[449], 덧없이; 그덧(그 사이. 잠시 동안), 어느덧, 저근덧(잠깐 동안), 해덧[450].

덧² 빌미나 탈. 병(病). ¶그 말이 덧이 되어 싸우게 되었다. 상처가 덧나다. 덧거칠다[451], 덧나다²[452]/내다, 덧내놓다, 덧들다¹,²[453], 덧들이다(덧나게 하다. 남을 건드려 화나게 하다=더치다); 목덧(목에 난 병), 발덧(발에 생긴 병), 뱃덧(먹은 것이 소화가 안 되어 음식을 잘 받지 않는 상태), 입덧. ☞ '덧나다'는 '더하다'.

덧- '거듭. 더함'의 뜻을 나타내는 말. ☞ 더하다.

덩 공주나 옹주가 타던 가마.

덩굴 벋어나가 다른 물건에 감기기도 하고 땅바닥에 퍼지기도 하는 식물(나무. 풀)의 줄기. 넝쿨. ¶덩굴을 뻗다. 덩굴강낭콩, 덩굴개펄꽃, 덩거칠다[454], 덩굴걷이, 덩굴곽향(藿香), 덩굴꽃마리, 덩굴나무, 덩굴눌러주기, 덩굴닭의장풀, 덩굴덕대, 덩굴뒤집기, 덩굴들별꽃, 덩굴딸기, 덩굴말, 덩굴메밀, 덩굴며느리주머니, 덩굴무늬(만달), 덩굴민백미꽃, 덩굴박주가리, 덩굴별꽃, 덩굴사초(莎草), 덩굴성(性), 덩굴손, 덩굴수염(鬚髥;덩굴손), 덩굴시렁, 덩굴식물(植物), 덩굴여뀌, 덩굴용담(龍膽), 덩굴장미(薔薇), 덩굴줄기, 덩굴지다, 덩굴치기, 덩굴팥, 덩굴풀(만초(蔓草)); 갈퀴덩굴, 노박덩굴, 담쟁이덩굴, 댕댕이덩굴, 새박덩굴(박주가리), 원두덩굴(園頭)[455], 인동덩굴(忍冬), 종덩굴, 칡덩굴, 포도덩굴, 호박덩굴; 덩거칠다(〈덦거츨다)[456], 덩달다[457] 들.

덩그렇(다) ①높이 솟아 풍채가 좋고 의젓해 보이다. ¶언덕 위에 집 한 채가 덩그렇게 서 있다. 덩다랗다(덩그렇게 커다랗다), 덩두렷하다[458], 덩실하다[459]; 덩덩그렇다(매우 덩그렇다), 덩실하다[460]. ②큰 건물의 안이 텅 비어 쓸쓸하다. ¶집만 컸지 안에는 덩그러니 찬바람이 돈다. 덩그러니[461], 덩그렁[462], 뎅그렇다[463].

덩-달(다) ☞ 덩굴.

덩둘-하다 매우 굼뜨고 미련하다. 어리둥절하여 멍하다.≒어리석다. ¶보기와는 달리 덩둘한 데가 있다. 사람됨이 덩둘하기 그지없다. 그이는 자기를 찾아왔다는 청년을 덩둘해서 쳐다본다.

덩드럭 잘난 체하며 사뭇 거드럭거리는 모양.=덩그럭. ¶잘난 체하며 턱을 덩드럭 내밀고 앉아 있다. 덩그럭 재며 돌아다니다. 그는 일자리 하나 얻었다고 덩드럭거린다. 덩드럭거리다/대다, 덩드럭덩드럭/하다.

덩어리 ①뭉쳐서 이루어진 것. 또는 그것을 셀 때 쓰는 말. 한 뜻이 되어 뭉쳐진 집단. 〈준〉덩이. ¶떡 한 덩어리를 다 먹다. 덩어리꼴, 덩어리일감(규모가 큰 일감), 덩어리지다, 덩이(작은 덩어리), 덩이광석(鑛石), 덩이덩이(뭉쳐진 것들이 여기저기 있는 모양), 덩이율(率), 덩이배합먹이(配合), 덩이분(粉), 덩이뿌리, 덩이서슬, 덩이쇠, 덩이쇳돌(덩어리로 된 철광석), 덩이수술(여러 개가 붙어서 한 덩이를 이룬 꽃수술), 덩이주사(朱沙;덩이로 된 주사), 덩이줄기, 덩이중합(重合;塊狀重合), 덩이지다, 덩이짐, 덩이차(茶), 덩이탄[괴탄(塊炭)], 덩저리[464], 덩지('덩저리'보다 작은 것), 덩치[465]; 간덩이(肝), 고깃덩어리, 금덩이(金), 기름덩어리, 끄덩이(머리털이나 실 따위의 뭉친 끝), 납덩이, 낟덩이, 달덩이, 돌덩이, 땅덩어리/덩이, 땟덩이, 떡덩이, 똥덩어리, 맹꽁이덩이, 메주덩이, 밥덩이, 벼락덩이, 불덩어리/덩이, 비곗덩어리, 비켜덩이, 살덩어리, 세섯덩이[466], 솜덩이, 쇳덩이, 수숫잎덩이[467], 숯덩이, 얼음덩이, 풀덩이, 핏덩어리/덩이, 흙덩어리, 흙덩이. ②일부 명사 뒤에 붙어 '그러한 성질을 가지거나 그런 일을 일으키는 사람이나 사물'을 나타내는 말. ¶걱정덩어리, 골칫덩어리/덩이, 담

워 머리를 감았다. 찌개를 데우다.

447) 후덥다: 후끈하게 덥다. 느끼는 감정이 절절하고 뜨겁다. ¶후더분하다(조금 후더운 느낌이 있다), 후더분히, 후더워오르다(감격과 흥분으로 뜨거운 감정이 올라오다), 후듯하다(따뜻한 기운이 감돌고 느낌이 부드럽다).

448) 후터분하다: 불쾌할 정도로 무더운 기운이 있다. 〈여〉후더분하다. ¶후터분한 날씨. 후터분히, 후텁지근히, 후텁하다, 후틋하다(약간 후터분한 기운이 있다).

449) 덧없다: ①알지 못하는 사이에 세월이 속절없이 흐르다. ¶덧없는 세월은 빠르기도 하다. ②보람이나 쓸모가 없어 헛되고 허전하다.=우만하다. 무상하다(無常). ¶덧없는 인생. ③갈피를 잡을 수 없거나 근거가 없다. ¶덧없는 상념 속에 빠져 들어가다. 그런 덧없는 말에 마음 빼앗기지 마라. 덧없이.

450) 해덧: 해가 지는 짧은 동안. 짧아 가는 가을날의 빨리 지는 해의 동안. ¶서둘지 않으면 해덧 안으로 집에 가기 힘들 거야.

451) 덧거칠다: 일이 순조롭지 못하고 까탈이 많다.

452) 덧나다²: ①병이나 상처 따위를 잘못 다루어 상태가 더 나빠지다. ¶상처 난 손으로 물질을 하면 덧나기 십상이다. ②설건드려 노여움이 일어나다. ¶감정이 덧나서 저 야단이다. ③입맛이 없어지다. ¶비위가 덧나 밥맛을 잃었다.

453) 덧들다¹: 선잠이 깬 채 다시 잠이 잘 들지 아니하다. ¶잠이 덧들어 뜬눈으로 새다. 덧들이다. 덧들다²: 가려고 하는 길을 벗어나 다른 길로 들어서다. ¶길을 덧들어 밤새 헤매다 날이 밝은 후에야 길을 찾을 수 있었다.

454) 덩거칠다: 초목의 덩굴이 뒤엉켜 거칠다.

455) 원두덩굴(園頭): 밭에 심어 기르는 오이, 참외, 수박, 호박 따위의 덩굴.

456) 덩거칠다: 풀이나 나무의 덩굴이 뒤엉켜 거칠다.

457) 덩달다: 멋모르고 남이 하는 대로 따라 하다. ¶무슨 일인지도 모르고 덩달아 좋아한다. 덩달아(속내도 모르면서 남이 하니까 따라서). §원뜻은 '덩굴을 따라'로 보임.

458) 덩두렷하다: 매우 덩실하고 두렷하다. ¶한가위 보름달이 덩두렷하게 떠 있다.

459) 덩실하다: 건물 따위가 웅장하고 시원스럽게 높다. ¶덩실하게 쌓아 놓은 건축 자재들.

460) 덩실하다: 시원스럽게 덩그렇다. ¶산기슭마다 들어앉은 덩실한 기와집.

461) 덩그러니: 혼자서 쓸쓸하게. 〈작〉뎅그라니. ¶식탁 위에는 수저만 덩그러니 놓여 있다.

462) 덩그렁: ①홀로 우뚝 드러나 있는 모양. ¶건물이 덩그렁 높이 솟았다. ②텅 비어 있는 모양. ¶식이 끝나자 사람들은 모두 가버리고 식장은 덩그렁 비었다.

463) 뎅그렇다: ①외따로 드러나 있어 보기에 쓸쓸하다. ¶방안 전등이 뎅그렇게 비친다. ②넓은 공간에 단출하게 남아 있다. ¶부엌에 솥 하나만 뎅그렇게 걸려 있다.

464) 덩저리: ①좀 크게 뭉쳐서 쌓인 물건의 부피. ¶덩저리가 크다. ②'몸집'의 속된말.

465) 덩치: 몸집의 크기. 덩지.≒걸때. ¶덩치가 우람한 사내. 덩칫값을 하다. 덩칫값(몸집에 어울리는 말과 행동).

466) 세섯덩이: 김을 맬 때에 흙을 떠서 앞으로 엎는 덩어리.

467) 수숫잎덩이: 논에 김을 맬 때, 모 포기 사이를 호미로 길게 파서 당겨 수수의 잎과 같은 덩어리로 넘기는 흙.

덩어리(膽), 복덩이(福), 사고덩어리(事故), 심술덩어리(心術), 애꿋덩어리/덩이(愛嬌), 우환덩어리(憂患), 주첵덩어리[468]; 덩저리[469], 덩치[470], 덩케[471]. §'-뎅이/댕이'는 '덩이'의 이형태로 보임. ¶더뎅이(더데), 옆댕이. ☞ 괴(塊).

덫 ①새나 짐승을 꾀어 잡는 기구의 한 가지.=올무. 올가미. ¶덫에 걸리다. 덫놓이, 덫사냥, 덫틀(벼락틀), 덫활(덫에 장치한 활); 광주리덫, 말덫(큰 덫), 집게덫(찰코)[472], 쥐덫. ②남을 헐뜯고 모함하기 위한 교활한 꾀. 함정(陷穽). ¶덫에 걸려들다.

덮(다) 넓이를 가진 물체를 다른 물체 위에 펼쳐놓다. 펼쳐진 책 따위를 닫다. 일정한 범위나 공간 지역을 휩싸다.≒쓰다². 가리다. 감추다.↔벗기다. ¶상자의 뚜껑을 덮다. 이불을 덮다. 읽고 있던 책장을 덮다. 눈 덮인 산. 덮개[덮개돌(뚜껑돌), 덮개유리; 등덮개, 방석덮개(方席)], 덮그물(덮어씌워 물고기를 잡는 그물), 덮깃, 더껑이[473], 덮누르다, 덮대다(덮어서 대다), 덮두들기다[474], 덮밥[달걀덮밥, 오징어덮밥, 장어덮밥, 회덮밥(膾)], 덮싸다/싸이다, 덮싸쥐다, 덮쌓다/쌓이다, 답쌓이다[475], 답쌔기[476], 덮어놓고[477], 덮어놓다(덮어두다), 덮어두다[478], 덮어쓰다[479]/씌우다, 덮을것(이불), 덮이다(덮음을 당하다. 묻히다), 덮지(紙:책의 앞뒤 겉장과 안겉장 사이에 넣는 종이), 덮쳐누르다, 덮쳐들다, 덮쳐잡다, 덮쳐쥐다, 덮치기(새를 잡는 큰 그물), 덮치다(누르다. 갑자기 들이치다. 습격하다); 꽃덮이[화피(花被)], 내리덮다/덮이다, 덧덮다/덮이다, 두덮다(접어 두고 관심을 두지 아니하다), 뒤덮다[480]/덮이다, 뒤덮치다, 치덮다, 휘덮다/덮이다, 흙덮기. ☞ 복(覆).

데 용언의 관형사형 뒤에 쓰여, '무엇을 하거나 무엇이 있는 곳. 경우. 처지나 상황'의 뜻을 나타내는 말. ¶갈 데가 없다. 사람이 성공하는 데에는 꾸준한 노력이 필요하다. 힘닿는 데까지 도와 드리죠. 간데, 간데족족, 군데(낱낱의 곳), 난데[481], 먼데(뒷간을 완곡하게 이르는 말), 본데[482], 한데, 헌데(살갗이 헐어서 상한 자리).

데- ①몇몇 동사 앞에 붙어, '불완전하거나 충분하지 못함'을 더하는 말.=설-. §'끓는 물에 잠깐 넣어 슬쩍 익히다'의 동사 '데치다(←데다)'의 어근과 동일 형태소. ¶데되다[483], 데삶다/삶기다(덜 삶아지다), 데생각(어설픈 생각)/하다, 데생기다(덜 이루어지다. 못나게 생기다), 데식다(힘이나 맥이 빠지다.=데시근하다), 데식데식하다[484], 데알다[485], 데익다(설익다.↔푹익다). ②몇몇 용언 앞에 붙어, '몹시, 매우'의 뜻을 더하는 말. '데-'는 '몹시 심하거나 모질다'를 의미하는 형용사 '되다'의 어근 '되-'와 부사 '되우(아주 몹시)'의 변이형. ¶데거칠다(몹시 거칠다), 데밀다(들이밀다), 데바빠하다, 데바쁘다(몹시 바빠하다), 데바삐(몹시 바쁘게), 테울다(크게 소리 내어서 울다).

-데 ①'이다'나 용언의 어간 또는 어미 '-으시/었/겠-' 뒤에 붙어, 자신이 직접 경험하여 알게 된 사실을 그대로 옮겨 와 서 말함을 나타내는 종결 어미.=-더군. ¶그이가 말을 아주 잘 하데. 그 친구는 딸만 둘이데. 고향은 하나도 변하지 않았데. 누가 말을 걸데. 경치가 참 아름답데요. -데-요.[←-더+이+요]. §선어말어미 '-으시-', '-었-', '-겠-'이나 '-던[←-더-+-ㄴ]'은 결합이 가능하지만 '-더-'는 불가능함. ② ☞ -ㄴ데.

-데기 몇몇 명사 뒤에 붙어, 그와 관련된 일을 하거나 그런 성질을 가진 사람을 낮추어 이르는 말. ¶구박데기(驅迫), 늙은데기, 바리데기, 부엌데기, 새침데기, 소박데기(疎薄), 심술데기, 얌심데기, 천데기(賤), 푼수데기. ☞ -때기.

데꺽 (부탁이나 지시한 일 따위의 처리가) 서슴지 않고 금세 이루어지는 모양. 〈센〉떼꺽. ¶데꺽 해치우다. 결재가 데꺽 나다.

데(다) ☞ 덥다.

데데-하다 변변치 못하고 시시하여 보잘것없다. ¶데데한 물건. 하는 짓이 데데하다.

데리(다) 아랫사람이나 동물을 몸 가까이에 있게 하다. ¶동생을 데리고 가거라. 데려가다/오다, 데릴사위, 데릴사윗감, 데림사람(집안에 데리고 부리는 사람), 데림추(錘)[486]; 싸데려가다[487] 들.

데면데면 ①사람을 대하는 태도가 친밀감이 없이 예사로운 모양.

---

468) 주첵덩어리: 주체하기가 매우 어려운 일이나 물건. 또는 그런 사람.
469) 덩저리: ①좀 크게 뭉쳐서 쌓인 물건의 부피. 덩지. ¶두부 덩저리가 크다. 덩지가 작은 물건. 덩지기름, 덩지살. ②'몸집'을 낮잡아 이르는 말. ¶덩저리가 큰 씨름선수.
470) 덩치: 몸집의 크기. 덩지. ¶덩치가 크다. 덩치값(몸집에 어울리는 말과 행동).
471) 덩케: 걸쭉한 액체 따위가 덩어리로 엉겨 흐르거나 나오는 모양.[←덩(어리)+케].
472) 집게덫: 짐승이 밟으면 출렁쇠가 발목을 채우게 되는 덫.
473) 더껑이: 걸쭉한 액체의 거죽에 엉겨 굳은 꺼풀.[←덮(다)+껑이]. ¶깨죽에 더껑이가 앉아 있다. 고깃국이 식어 허옇게 더껑이가 앉았다. 겉더껑이, 웃더껑이(물건의 위를 덮어 놓는 물건).
474) 덮두들기다: 사랑스러워 어루만져 두들기다. ¶우는 아기를 덮두들겨 재우다.
475) 답-쌓이다: 한군데로 들이 덮쳐 쌓이다.[〈답사히다(첩첩이 쌓이다)]. 〈준〉답쌔다. ¶바람에 낙엽이 답쌓이다.
476) 답쌔기: 사람이나 사물이 한곳에 잔뜩 몰려 있는 것. 먼지가 많은 상태. ¶사람으로 답쌔기가 된 장터. 거미줄이나 먼지 답쌔기를 떨어내다.
477) 덮어놓고: 옳고 그름이나 형편을 헤아리지 않고.
478) 덮어두다: ①일의 내용을 따지거나 잘잘못을 따져 문제 삼지 않다. ¶이 문제는 덮어두자. ②하던 일을 그만 두다. ¶하던 일을 그만 두고 나가다. ③비밀로 하다. ¶이 건(件)은 자네만 알고 덮어두게. 덮어놓다.
479) 덮어쓰다: ①위로부터 덮을 듯이 뒤집어쓰다. ¶처네를 덮었다. ②억울한 누명을 쓰다. ¶누명을 덮어쓰다. ③속긋을 덮어서 글씨를 쓰다.
480) 뒤덮다: ①뒤집어쓰듯이 덮다. 죄다 덮다. ¶인파가 광장을 뒤덮었다. 하늘을 뒤덮은 먹구름. ②일정한 공간이나 지역을 누비거나 휩싸듯이 덮다. ¶인파가 광장을 뒤덮었다. 행락 인파로 뒤덮인 유원지. ③세력이 두루 미치거나 퍼지다. ¶세계 시장을 뒤덮을 한국 제품 들.

481) 난데: ①집의 바깥. ②다른 고장이나 지방. ¶난뎃놈, 난뎃사람, 난뎃손님, 난데없다(갑자기 불쑥 나타나다).
482) 본데: 보고 배운 예의범절 · 솜씨 · 지식. ¶본데없다(보고 배운 데가 없다), 본데없이.
483) 데되다: 됨됨이다 제대로 이루어지지 못하다. ¶데된 것은 버리다. 데된 것은 돌려주어라.
484) 데식데식하다: 사람을 대하는 것이 미적지근하고 따뜻하지 못하다. ¶데식데식한 집안 분위기.
485) 데알다: 대강대강 알다. 반쯤 알다. ¶데알아서 건방지기만 하다.
486) 데림추(錘): 줏대 없이 남에게 딸리어 다니는 사람. ¶건달인 친구 데림추로 붙어 다니는 멍청한 놈.
487) 싸데려가다: 신랑 쪽에서 모든 비용을 다 대고 가난한 신부와 혼인하다.

¶그는 누구를 만나도 데면데면 대한다. 서로 데면데면한 사이. ②성질이 꼼꼼하지 않아 행동이 신중하거나 조심스럽지 않은 모양. ¶그는 책장을 데면데면 넘긴다. 일을 데면데면 해치우다. 데면데면한 사람. 데면스럽다/스레, 데면데면하다/히.

데모 시위 운동(示威運動).[←demonstration]. ¶데모가 매우 격렬해졌다. 데모대(隊), 데모하다.

데설 성질이 털털하여 꼼꼼하지 못한 모양. 〈거〉테설. ¶데설데설 지껄이다. 꼼꼼한 김 서방과 달리 김 서방 댁은 무엇이든 데설데설 넘어가 버리니 그 집은 안팎이 바뀌어도 단단히 바뀌었다. 데설·테설궂다(성질이 털털하여 꼼꼼하지 못하다), 데설데설/하다(데설궂은 성질이 있다), 데설웃음[488], 테설이(성질이 거칠고 심술궂은 사람).

데시(deci-) 미터법의 각 단위 위에 붙어, 1/10의 뜻을 나타내는 말. 기호는 d.

데시기(다) 먹고 싶지 아니한 음식을 억지로 먹다. 도무지 맛이 없게 먹다. ¶그렇게 밥을 데시기려거든 그만 먹고 일어나라.

데시벨(dB) 소리의 세기 따위에 대한 수치 변화의 크기를 표시하는 단위.

데억-지다 정도에 지나치게 크거나 많다. ¶데억진 계획을 세우다. 데억진 요구를 하다. 데억지게 밉보이다. 음식을 데억지게 마련하다.

데카-(deca) 미터법에서, 각 단위의 앞에 붙어, 그 10배의 뜻을 나타내는 말. ¶데카그램(dag), 데카미터(dam) 들.

데퉁-하다 성질이나 언동(言動)이 조심성이 없고 미련하며 거칠다.≒용렬하다(庸劣). ¶말을 데퉁하게 하다. 데퉁맞다, 데퉁바리(데퉁스러운 사람), 데퉁스럽다(언행이 거칠고 미련한 데가 있다).

덴덕-스럽다 산뜻하지 못하고 좀 더러운 느낌이 있다. ¶덴덕스러운 환경. 덴덕지근하다(더러운 느낌이 있어 아주 개운하지 못하다).

뎅걸 문이나 벽 따위를 사이에 두고 들리는, 떠드는 소리. 〈작〉댕갈. ¶옆집에서 잔치를 하는지 뎅걸뎅걸하여 소란스럽다.

도[1] 윷놀이에서, 윷짝의 세 개는 엎어지고 한 개는 잦혀진 때의 이름. ¶돗가락, 돗밭, 도나캐나(하찮은 아무나. 무엇이나), 도찐개찐, 도캐/간, 도컬/간.

도[2] 같은 종류의 것이 더 있음을 나타내는 보조사. 체언·활용 어미·부사 뒤에 붙는데, '조용', '깨끗', '산뜻'과 같은 어근에 붙기도 함. ①이미 있는 어떤 사실이나 사례에 그것이 포함됨을 나타냄. ¶너도 가야 한다. ②첨가의 뜻을 나타냄. ¶표창에다 상금도 받았다. ③양보와 허용의 뜻을 나타냄. ¶싼 것도 좋습니다. 오늘이라도 상관없다. ④어떤 사실을 재확인하거나 강조하는 의미를 나타냄. ¶아는 길도 물어 가라. 말도 안 된다. 가도 가도 끝이 없다. 하루도 마음 편할 날이 없다. 누구도 감히 그런 말을 하지 못했다. 아무도 나를 찾지 않는다. ⑤말의 뜻을 극단화함.[+부사]. ¶나는 한번도 거짓말을 한 적이 없다. 그는 잠시도 쉬지 않고 일한다. 빨리도 쓴다. 가만히-도, 몹시-도, 아마-도, 아직-도, 자주-도, 잘-도, 천천히-도. ⑥예상 밖으로 많거나 적음을 나타냄. ¶1억 원도 넘는다. ⑦둘 이상의 사실이나 개념을 한꺼번에 열거할 때 쓰임. ¶하늘도 바다도 푸르다. ⑧감탄을 나타냄. ¶달도 참 밝구나. 참 집도 크다. §께서-도, 에서-도, 에게-도, 으로서-도, 에-도, 까지-도, 마저-도, 조차-도, -고-도, -다가-도, -면서-도, -도 하다, 도-요.

도(圖) ①'어떤 일을 이루거나 해결하려고 노력하다. 꾀하다. 계획하다'를 뜻하는 말. ¶도남(圖南;큰 사업을 계획함), 도득(圖得), 도뢰(圖賴), 도리(圖利), 도면(圖免), 도모(圖謀)[도모하다; 목숨도모(죽을 지경에서 살길을 찾음)], 도보(圖報), 도생(圖生;살기를 도모함)[각자도생(各自), 망명도생(亡命)], 도참(圖讖), 도체(圖遞), 도촉(圖囑), 도피(圖避); 기도(企圖), 기도(期圖), 기도(冀圖), 붕도(鵬圖), 시도(試圖), 영도(英圖), 의도(意圖), 장도(壯圖), 홍도(鴻圖), 후도(後圖). ②'그림. 책. 도면(圖面). 도장(圖章)'을 뜻하는 말. ¶도감(圖鑑)[곤충도감(昆蟲), 식물도감(植物)], 도경(圖景), 도경(圖經), 도공(圖工), 도근점(圖根點), 도근측량(圖根測量), 도력부(圖歷簿), 도록(圖錄), 도면(圖免;꾀를 써서 벗어남), 도면(圖面), 도법(圖法)[489], 도보(圖譜), 도본(圖本), 도북(圖北), 도상(圖上)[도상연습(演習), 도상정찰(偵察)], 도상학(圖像學), 도서(圖書)[490], 도서(圖署), 도설(圖說), 도시(圖示), 도식(圖式)[491], 도안(圖案)[492], 도위(圖緯), 도장(圖章)[493], 도적(圖籍), 도제(圖題), 도찬(圖讚), 도참(圖讖), 도첩(圖帖), 도판(圖板), 도판(圖版), 도편각(圖偏角), 도표(圖表)[모음도표(母音), 선도표(線), 점도표(點), 통계도표(統計)], 도학(圖學), 도해(圖解)[도해법(法), 도해지도(地

488) 데설웃음: 시원치 않게 약간 웃는 얼굴. ¶슬쩍 데설웃음을 치다.

489) 도법(圖法): 다면체도법(多面體), 다원추도법(多圓錐;다원뿔도법), 단열도법(斷裂), 등지도법(等地), 망해도법(望海), 메르카토르도법(Mercator), 방안도법(方眼), 방위도법(方位), 본도법(Bonne), 비투시도법(非透視), 삼각도법(三角), 상송도법(Sanson), 성형도법(星形), 심사도법(心射), 원뿔도법(圓), 원추도법(圓錐), 원통도법(圓筒), 작도법(作), 점장도법(漸長), 정각도법(正角), 정거도법(正距), 정적도법(正積), 중심도법(中心), 직각도법(直角), 직사도법(直射), 투사도법(投射), 투시도법(透視), 투영도법(投影), 평사도법(平射).

490) 도서(圖書): 도서관(館)[아동도서관(兒童), 어린이도서관, 이동도서관(移動), 순회도서관(巡廻), 전자도서관(電子), 점자도서관(點字), 학교도서관(學校)], 도서목록(目錄), 도서실(室), 도서출판(出版); 교양도서(敎養), 기증도서(寄贈), 불량도서(不良), 신간도서(新刊), 실용도서(實用), 아동도서(兒童), 우량도서(優良), 전문도서(專門), 초도서(初;쇠붙이나 돌에 새기는 글자의 초본), 희귀도서(稀貴).

491) 도식(圖式): 사물의 구조, 관계, 변화 상태 따위를 일정한 양식으로 나타낸 그림 또는 그 양식. 어떤 보편적인 형식. 도식설계(設計), 도식성(性), 도식역학(力學), 도식주의/자(主義/者), 도식적(的), 도식화/되다/하다(圖式化).

492) 도안(圖案): 미술 작품을 만들 때의 형상, 모양, 색채, 배치, 조명 따위에 관하여 생각하고 연구하여 그것을 그림으로 설계하여 나타낸 것. ¶도안가(家), 도안글씨체/도안체(體), 도안글자, 도안문자(文字), 도안색(色), 도안자(者), 도안집(集), 도안책(冊;도안집), 도안하다; 문자도안(文字), 선전도안(宣傳), 입체도안(立體), 장식도안(裝飾).

493) 도장(圖章;투서): 도장밥[인주(印朱)], 도장방(房), 도장장이, 도장주머니, 도장집, 도장칼, 도장포(鋪); 각도장(角), 거멀도장[계인(契印)], 고무도장, 나무도장, 눈도장, 뒷도장(약속 어음의 뒷보증을 설 때 찍는 도장), 막도장, 목도장(木), 불도장[낙인(烙印)], 뿔도장, 사잇도장(거멀도장;間印), 손도장, 쇠도장, 인감도장(印鑑).

圖), 도해집(集), 도해하다], 도형(圖形)[494], 도화(圖畵)[도화서(署), 도화지(紙)]; 가계도(家系圖), 가상도(假想圖), 각저도(角抵圖), 개요도(槪要圖), 검무도(劍舞圖), 검사도(檢査), 검시도(檢屍圖), 겨냥도, 견적도(見積圖), 견취도(見取圖), 결선도(結線圖), 경직도(耕織圖), 경풍도(慶豊圖), 계도(系圖), 계도(計圖), 계절도(季節圖), 계통도(系統圖), 계호도(鷄虎圖), 계획도(計劃圖), 고지리도(古地理), 고지질도(古地質圖), 곡단도(曲斷圖), 곤여도(坤輿圖), 골격도(骨格圖), 공작도(工作圖), 공정도(工程圖), 관리도(管理圖), 관북도(關北圖), 관서도(關西圖), 광구도(鑛區圖), 광산도(鑛山圖), 괘도(掛圖), 구도(構圖), 구상도(構想圖), 구성도(構成圖), 구조도(構造圖), 군락도(群落圖), 군선도(群仙圖), 궁도(宮圖), 궤적도(軌跡圖), 규격도(規格圖), 근전도(筋電圖), 기능도(技能圖), 기명도(器皿圖), 기명절지도(器皿折枝圖), 기본도(基本圖), 기상도(氣象圖), 기준도(基準圖), 기초도(基礎圖), 기후도(氣候圖), 나한도(羅漢圖), 낭구도(浪鷗圖), 내영도(來迎圖), 노선도(路線圖), 노안도(蘆雁圖), 뇌전도(腦電圖), 뇌전류도(腦電流圖), 능행도(陵行圖), 단면도(斷面圖), 달마도(達磨圖), 도성도(都城圖), 독도법(讀圖法), 동궐도(東闕圖), 동물도(動物圖), 동시조도(同時潮圖), 동인도(銅人圖), 등심도(等深圖), 등압선도(等壓線圖), 등측도(等測圖), 등치선도(等値線圖), 러셀도(Russell圖), 망상도(網狀圖), 매조도(梅鳥圖), 맹역도(盲域圖), 명도(明圖), 명부도(冥府圖), 모식도(模式圖), 모질도(耄耋圖), 모형도(模型圖), 목측도(目測圖), 묘구도(猫狗圖), 무신도(巫神圖), 묵란도(墨蘭圖), 문자도(文字圖), 미래도(未來圖), 미인도(美人圖), 밀도도(密度圖), 반차도(班次圖), 방진도(方陣圖), 배관도(配管圖), 배근도(配筋圖), 배면도(背面圖), 배선도(配線圖)[옥내배선도(屋內配線圖)], 배치도(配置圖), 백안도(百雁圖), 백자도(百子圖;사내아이들이 노는 모습을 그린 그림), 백접도(百蝶圖), 변상도(變相圖), 복도지(複圖紙), 복원도(復元圖), 본생도(本生圖), 부도(附圖), 부감도(俯瞰圖), 부분도(部分圖), 부시도(俯視圖), 부품도(部品圖), 북궐도(北闕圖), 분포도(分布圖), 비천도(飛天圖), 비희도(秘戲圖), 빗투영도(投影圖), 사계도(四季圖), 사도(寫圖)[사도공(工), 사도기(器)], 사시도(四時圖), 사신도(四神圖), 산도(山圖), 산수도(山水圖), 삼교도(三敎圖), 삽도(插圖), 상관도(相關圖), 상사도(相似圖), 상상도(想像圖), 상세도(詳細圖), 상태도(狀態圖), 상황도(狀況圖), 색도도(色度圖), 서도(書圖), 선도(線圖), 선기도(禪機圖), 선적도(船積圖), 설계도(設計圖), 설명도(說明圖), 성공도(星空圖) 성도(星圖), 성불도(成佛圖), 성신도(星辰圖), 성좌도(星座圖), 세한도(歲寒圖), 속도도(速度圖), 쇠퇴도(衰退圖), 수렵도(狩獵圖), 수로도지(水路圖誌), 수지도(樹枝圖), 수형도(樹型圖), 순교도(殉敎圖), 순서도(順序圖), 승경도(陞卿圖), 승인도(承認圖), 시계도(視界圖), 시공도(施工圖), 시금도(試金圖), 식생도(植生圖), 신선도(神仙圖), 신수도(神獸圖), 실선도(線圖), 실측도(實測圖), 실태도(實態圖), 심력도(心力圖), 심방사도(心放射圖), 심우도(尋牛圖), 심음도(心音圖), 심전도(心電圖), 심천도(深淺圖), 심탄도(心彈圖), 십계도(十界圖), 십우도(十牛圖), 십장생도(十長生圖), 악현도(樂懸圖), 안내도(案內圖), 암상도(巖相圖), 앙시도(仰視圖), 약도(略圖), 어린도(魚鱗圖), 어안도(魚眼圖), 어장도(漁場圖), 어해도(魚蟹圖), 여사잠도(女史箴圖), 여지도(輿地圖), 여행도(女行圖), 연락도(宴樂圖), 열반도(涅槃圖), 영도(影圖), 영상도(映像圖), 예보도(豫報圖), 예정도(豫定圖), 온습도(溫濕圖), 외형도(外形圖), 요도(要圖), 우량도(雨量圖), 우온도(雨溫圖), 웅도(雄圖), 원도(原圖), 원진도(圓陣圖), 원척도(原尺圖), 월면도(月面圖), 유량도(流量圖), 유선도(流線圖), 윤도(輪圖), 의장도(意匠圖), 인개도(鱗介圖), 인물도(人物圖), 인접도(隣接圖), 일기도(日氣圖), 일반도(一般圖), 일월도(日月圖), 임상도(林相圖), 임야도(林野圖), 입면도(立面圖), 자기도(磁氣圖), 작도/법(作圖/法), 작전도(作戰圖), 장생도(長生圖), 장치도(裝置圖), 전도(全圖), 전개도(展開圖), 절봉면도(切峰面圖), 점묘도(點描圖), 접형도(蝶形圖), 정면도(正面圖), 제도(製圖)[495], 제작도(製作圖), 조감도(鳥瞰圖), 조립도(組立圖), 조직도(組織圖), 종정도(從政圖), 종정도(鐘鼎圖), 주문도(注文圖), 주제도(主題圖), 죽림칠현도(竹林七賢圖), 죽매도(竹梅圖), 준공도(竣工圖), 중축척도(中縮尺圖), 지결도(指訣圖), 지도(地圖), 지도(指圖), 지모도(地貌圖), 지방도(地方圖), 지번도(地番圖), 지자기도(地磁氣圖), 지적도(地籍圖), 지진도(地震圖), 지질도(地質圖), 지질주상도(地質柱狀圖), 지형도(地形圖), 진찬도(進饌圖), 착시도(錯視圖), 찬실도(饌實圖), 책가도(冊架圖), 천마도(天馬圖), 천문도(天文圖), 천선도(天仙圖), 천이도(遷移圖), 초충도(草蟲圖), 축도(縮圖), 축사도(縮寫圖), 축소도(縮小圖), 춘의도(春意圖), 춘화도(春畵圖), 측량도(測量圖), 측면도(側面圖), 층후도(層厚圖), 칠교도(七巧圖), 탄금도(彈琴圖), 탐승도(探勝圖), 토성도(土性圖), 토양도(土壤圖), 통계도(統計圖), 투시도(透視圖), 투영도(投影圖), 판도(版圖), 팔고조도(八高祖圖), 팔도도(八道圖), 팔진도(八陣圖), 편람도(便覽圖), 편망도(編網圖), 편찬도(編纂圖), 평면도(平面圖), 평생도(平生圖), 풍배도(風配圖), 풍속도(風俗圖), 풍수도(風水圖), 하도(河圖), 항도(港圖), 항공도(航空圖), 항박도(港泊圖), 항성도(恒星圖), 항양도(航洋圖), 항해도(航海圖), 항행도(航行圖), 해도(海圖), 해로도(海路圖), 해류도(海流圖), 해부도(解剖圖), 해안도(海岸圖), 행락도(行樂圖), 행렬도(行列圖), 행정도(行政圖), 형세도(形勢圖), 호렵도(胡獵圖), 홍도(鴻圖), 화도(畵圖), 화력도(火力圖), 화식도(花式圖), 화접도(花蝶圖), 화조도(花鳥圖), 확대도(擴大圖), 회도(繪圖), 회로도(回路圖), 회절도(回折圖), 횡단도(橫斷圖), 후면도(後面圖), 흐름도 들.

도(道) ①길. 말하다. 세계(世界). 사람으로서 마땅히 해야 할 일[도리(道理)]를 뜻하는 말. ¶도를 닦다. 도가(道家), 도경(道經), 도고(道高), 도관(道冠), 도관(道觀), 도교(道敎), 도구(道具)[496], 도념(道念), 도덕(道德)[497], 도득(道得), 도락(道樂;재미나 취미로

494) 도형(圖形): 도형인식(認識); 공간도형(空間), 다의도형(多義), 대칭도형(對稱), 반전도형(反轉), 입체도형(立體), 평면도형(平面).

495) 제도(製圖): 기계 · 건축물 · 공작물 따위의 도면이나 도안을 그려 만듦. ¶제도공(工), 제도구(具), 제도기(器), 제도용지(用紙); 기계제도(機械).

496) 도구(道具): 어떤 일을 하는 데 쓰이는 연장. ¶도구시(視), 도구주의(主義), 도구함(函); 가재도구(家財), 낚시도구, 등산도구(登山), 미술도구(美術), 세면도구(洗面), 소도구(小), 청소도구(淸掃), 취사도구(炊事), 필기도구(筆記), 화장도구(化粧).

497) 도덕(道德): 인륜의 대도. 사람으로서 마땅히 지켜야 할 도리. ¶도덕가(家), 도덕감각(感覺), 도덕계(界), 도덕과학(科學), 도덕관(觀), 도덕관(官), 도덕관념(觀念), 도덕교육(敎育), 도덕군자(君子), 도덕규범(規範), 도덕률(律), 도덕성(性), 도덕심(心), 도덕원리(原理), 도덕의무(義務), 도

하는 일)[도락가(家); 식도락(食)], 도력(道力), 도로(道路)[498], 도리(道理)[무도리(無), 별도리(別)], 도방(道傍;길가), 도복(道服), 도사(道士), 도사(道師), 도상(道上), 도상(道床), 도석(道釋;도교와 불교), 도석화(道釋畵), 도속(道俗), 도술(道術)[도술소설(小說)], 도승(道僧), 도심/자(道心/者), 도의(道義)[499], 도인(道人), 도장(道場), 도정(道程), 도제(道諦), 도중(道中), 도청도설(道聽塗說), 도체(道體), 도통(道通), 도통(道統), 도파(道破), 도포(道袍), 도표(道標), 도학(道學), 도형(道兄), 도호(道號), 도화(道化); 가도(家道), 가도(街道), 가도교(架道橋), 간도(間道;샛길), 갈도(喝道), 강도(講道), 갱도(坑道), 검도(劍道), 고도(古道), 공도(公道), 공도(孔道;공자의 도), 공맹지도(孔孟之道), 교도(交道;친구와 사귀는 도리), 구도(求道), 구도(舊道), 국도(國道), 궁도(弓道), 권도(權道), 궤도(軌道), 금도(琴道), 기도(氣道), 기도(碁/棋道), 기사도(騎士道), 난행도(難行道), 내도(內道), 누도(淚道;눈물샘), 다도(茶道), 대도(大道), 동도(同道), 득도(得道), 마도(魔道), 맥도(脈道), 멸도(滅道), 무도(無道)[간악무도(奸惡), 오만무도(傲慢), 잔인무도(殘忍)], 무도(武道), 무사도(武士道), 무학도(無學道), 문도(文道), 문도(聞道), 문장도(文章道), 방도(方道/途), 배도(背道), 법도(法道), 보도(步道)[횡단보도(橫斷)], 보도/기관(報道/機關), 복도(複道), 본도(本道), 부도(婦道), 불도(佛道), 비도(非道), 빈도(貧道), 사도(士道), 사도(四道), 사도(私道), 사도(邪道), 사도(師道), 사도(斯道), 삭도(索道)[가공삭도(架空)], 산도(山道), 산도(産道), 상도(常道), 상도(商道), 생도(生道), 서도(書道), 선도(仙道), 선도(禪道), 설도(說道), 성도(成道), 성도(聖道), 세도(世道), 세도(勢道), 소도(小道), 쇄석도(碎石道), 수곡도(水穀道;창자), 수도(水道;뱃길), 수도(水道)[500], 수도(修道), 수도(隧道;굴길), 순도(殉道), 시도(詩道), 식도(食道), 신도(臣道), 신도(神道), 신사도(紳士道), 악도(惡道), 안빈낙도(安貧樂道), 양도(陽道), 양도(糧道), 어도(魚道), 역도(力道), 역도(逆道), 연도(沿道), 연도(煙道), 연도(羨道), 예도(藝道), 오도(吾道), 오도(悟道), 왕도(王道), 외도(外道), 요도(尿道), 우도(友道;벗을 사귀는 도리), 유도(有道), 유도(乳道), 유도(柔道), 유도(儒道), 음양도(陰陽道), 이도(吏道), 이도(異道), 이수도(利水道), 이행도(易行道), 인도(人道), 전도(傳道), 자도(子道), 잔도(棧道;벼랑에 선반을 매듯이 하여 만든 길), 적도(赤道), 정도(正道), 정도(定道), 정도(政道), 제도(帝道), 조도(祖道), 조도(鳥道), 주도(酒道), 중도(中道), 지방도(地方道), 지옥도(地獄道), 지하도(地下道), 직도(直道), 진도(眞道;참된 도리), 차도(車道), 창도(唱道), 천도(天道), 철도(鐵道)[501], 청도(淸道;길을 깨끗이 함), 체도(體道), 축생도(畜生道), 치도(治道), 칭도(稱道), 탄도(彈道), 태권도(跆拳道), 토사도(土砂道), 통도(通道), 패도(覇道), 편도(片道), 편도(便道), 포도(鋪道), 필도(筆道;書道), 하도(河道), 하도(夏道), 합기도(合氣道), 항도(恒道), 행도(行道), 화도(火道;불길), 황도(黃道), 황도(皇道;황제의 정도), 횡도(橫道), 효도(孝道). ②행정구역 단위. ¶도경(道警), 도계(道界), 도과(道科), 도내(道內), 도립(道立), 도민(道民), 도백(道伯), 도별(道別), 도비(道費), 도세(道稅), 도유림(道有林), 도의회(道議會), 도정(道政), 도지사(道知事), 도천(道薦), 도청(道廳); 남도(南道), 동도(同道), 북도(北道), 시도(市道), 우도(右道), 전도(全道), 좌도(左道), 타도(他道), 팔도(八道), 하도(下道), 흑도(黑道;太陰의 궤도); 강원도/경기도/ 제주도 등.

도(度) 어떠한 정도. 각도 · 술 · 온도 · 위도 · 경도 · 음정(音程) · 시력이나 안경의 강약을 나타내는 단위. 횟수. 법식. ¶도를 넘다. 도에 지나친 행동. 40도. 도량(度量)[502], 도수(度數;거듭된 횟수. 수치의 정도)[도수분포(分布), 도수제(度數制); 상대도수(相對)], 도액(度厄;액막이), 도외(度外)[도외시(視), 도외치지(置之)], 도월(度越), 도일(度日;세월을 보냄), 도첩/제(度牒/制); 각도(角度), 감광도(感光度), 감도(感度), 강도(强度), 강도(剛度), 개구도(開口度), 결정도(結晶度), 경도(傾度), 경도(輕度), 경도(硬度), 경사도(傾斜度), 경위도(經緯度), 고도(高度), 고난도(高難度), 고도(高度)[절대고도(絶對)], 곤란도(困難度), 공헌도(貢獻度), 과도하다(過度), 관인대도(寬仁大度;마음이 너그럽고 어질며 도량이 큼), 광도(光度), 규도(規度;규칙이나 법도), 극도(極度), 금도(襟度;남을 용납할 만한 도량), 기여도(寄與度), 긴장도(緊張度), 난도(難度), 난이도(難易度), 내화도(耐火度), 농도(濃度), 다공도(多孔度), 당도(糖度), 대도(大度), 도달도(到達度), 득도(得度;열반에 이름. 출가하여 중이 됨), 만족도(滿足度), 맥도(脈度), 멸도(滅度), 명도(明度), 문맹도(文盲度), 민도(民度), 밀도(密度), 방사도(放射度), 법도(法度), 보도(步度), 분산도(分散度), 비침도[照明度], 빈도(頻度), 사도(寫度), 산도(酸度), 산성도(酸性度), 산패도(酸敗度), 산포도(散布度), 상승도(上昇度), 색도(色度), 서한도(恕限度), 선광도(旋光度), 선도(鮮度), 선도기(線度器), 선택도(選擇度), 섬도(纖度), 성도(性度;성품과 도량), 성도(星度), 성숙도(成熟度), 성취도(成就度), 속도(速度), 숙도(熟度), 숙련도(熟練度), 순도(純度), 습도(濕度), 습윤도(濕潤度), 시도(示度), 시도(視度), 식도(識度), 신뢰도(信賴度), 신선도(新鮮度), 심도(深度), 안전도(安全度), 안정도(安定度), 압도(壓度), 연도(年度)[연도별(別); 과

덕의식(意識), 도덕적(的), 도덕철학(哲學); 객관적도덕(客觀的), 공중도덕(公衆), 교통도덕(交通), 권위도덕(權威), 기성도덕(旣成), 부도덕(不), 상업도덕(商業)/상도덕(商), 성도덕(性), 유교도덕(儒敎), 인습도덕(因習), 주관적도덕(主觀的).

498) 도로(道路): 사람, 차 따위가 잘 다닐 수 있도록 만들어 놓은 비교적 넓은 길. ¶도로경계/선(境界/線), 도로경주(競走), 도로공학(工學), 도로교(橋), 도로망(網), 도로밀도(密度), 도로법(法), 도로변(邊), 도로부지(敷地), 도로사(史), 도로옹벽(擁壁), 도로요인(要因), 도로용량(容量), 도로원표(元標), 도로유(油), 도로율(率), 도로점용(占用), 도로조명(照明), 도로포장(鋪裝), 도로표지(標識); 간선도로(幹線), 강변도로(江邊), 가도로(高架), 고속도로(高速), 군용도로(軍用), 비상도로(비산악도로(山岳), 산업도로(産業), 소방도로(消防), 순환도로(循環), 우회도로(迂回), 유료도로(有料), 자전거도로(自轉車), 지방도로(地方), 지하도로(地下), 포장도로(鋪裝).

499) 도의(道義): 사람이 마땅히 지키고 행하여야 할 도덕적 의리. ¶도의에 어긋나다. 그는 도의를 모르는 사람이다. 도의감(感), 도의성(性), 도의심(心), 도의적(的), 도의학(學;도덕철학).

500) 수도(水道): 수도관(管), 수도교(橋), 수도꼭지, 수도료(料), 수돗물, 수도시설(施設); 상수도(上), 자가수도(自家), 하수도(下).

501) 철도(鐵道): 가공철도(架空;고가철도), 고가철도(高架), 고속철도(高速), 단궤철도(單軌), 광궤철도(廣軌), 국유철도(國有), 국제철도(國際), 등산철도(登山), 민유철도(民有) 복궤철도(復軌), 사설철도(私設), 산악철도(山岳), 삼림철도(森林), 시가철도(市街), 지하철도(地下)/지하철(地下鐵), 현수철도(懸垂), 협궤철도(挾軌), 횡관철도(橫貫), 횡단철도(橫斷).

502) 도량(度量): ①너그러운 마음과 깊은 생각. 아량(雅量). ②일을 잘 알아서 경영할 수 있는 품성. 국량(局量). ③길이를 재는 것과 양의 재는 것. 자와 되. ¶도량형/기(度量衡/器).

년도(過)], 열도(熱度), 열전도도(熱傳導度), 염도(鹽度), 염기도(鹽基度), 영도(零度), 예도(禮度), 오염도(汚染度), 옥도(玉度;임금의 체후. 옥으로 만든 자), 온도(溫度), 온습도(溫濕度), 완성도(完成度), 용도(用度), 용도(鎔度), 용해도(溶解度), 우점도(優占度), 위도(緯度), 위험도(危險度), 음도(音度), 이온화도(ion化度), 이해도(理解度), 인지도(認知度), 입도(粒度), 자립도(自立度), 자유도(自由度), 저도(低度), 적도(適度), 전리도(電離度), 절도(節度), 정도(程度), 정도(精度), 정밀도(精密度), 정확도(正確度), 제도(制度;정해진 법규. 국가나 사회의 체계 및 형태)/화(化), 제도하다(濟度;중생을 구제함), 조도(照度), 조도(調度), 조명도(照明度), 조업도(操業度), 중합도(重合度), 지명도(知名度), 지지도(支持度), 진공도(眞空度), 진도(進度), 진도(震度), 차도(差/瘥度), 채도(彩度), 척도(尺度), 천도(薦度), 청렴도(淸廉度), 체도(剃度), 측도(測度), 친밀도(親密度), 친숙도(親熟度), 친절도(親切度), 타당도(妥當度), 탁도(濁度), 탄화도(炭化度), 태도(態度), 투명도(透明度), 편평도(扁平度), 평판도(評判度), 평활도(平滑度), 풍도(風度), 한도(限度), 해리도(解離度), 해상도(解像度), 호도(弧度), 화도(火度), 휘도(輝度), 희석도(稀釋度). §'헤아리다'의 뜻으로는 [탁]으로 읽힘. ☞ 탁(度).

도(都) ①'도시. 땅'을 뜻하는 말. ¶도농(都農), 도국(都局), 도당(都堂), 도록(都錄), 도부(都府;서울), 도비(都鄙;서울과 시골), 도성(都城;서울), 도시(都市)[503], 도심(都心)[도심지(地); 부도심(副)], 도읍/지(都邑/地), 도하(都下), 도회(都會)[도회문학(文學), 도회병(病), 도회지(地)]; 건도(建都), 경도(京都), 고도(古都), 구도(舊都), 국도(國都), 대도(大都), 만도(滿都;온 도시), 성도(聖都), 수도(水都), 수도(首都), 신도(新都), 영도(靈都), 왕도(王都), 이도(移都), 적도(赤都), 전도(全都), 전도(奠都;도읍을 정함), 정도(定都), 제도(帝都), 주도(主都), 주도(州都), 천도(遷都), 학도(學都), 환도(還都), 황도(皇都). ②계급이나 직책을 나타내는 명사 앞에 붙어, '가장 높은. 우두머리', 또는 몇몇 명사나 어근, 접사, 용언 앞에 붙어, '모두 합하여. 모두'의 뜻을 나타내는 말. ¶도가(都家)[도갓집; 술도가, 장도가], 도간수(都看守), 도감(都監), 도감고(都監考), 도감관(都監官), 도감독(都監督), 도감사(都監寺), 도강(都講;배운 글을 선생 앞에서 외우는 일), 도거리[504], 도군뢰(都軍牢), 도급(都給)[505], 도기(都妓;행수 기생), 도꼭지[506], 도단장(都團長), 도대체(都大體), 도두령(都頭領), 도떼기시장(都-市場), 도록(都錄), 도마름(여러 마름을 거느리는 우두머리), 도만호(都萬戶), 도맡다/맡기다, 도매(都賣)[도매가격(價格), 도매물가지수(物價指數), 도매상(商), 도매시장(市場)], 도목수(都木手), 도무덤, 도문둥이, 도반수(都班首), 도방(都房), 도방자(都房子), 도배(都拜), 도병마사(都兵馬使), 도봉(都封), 도사공(都沙工), 도사교(都司敎), 도사대사(都事大舍), 도사령(都使令), 도사음(都舍音), 도산주(都山主), 도산지기(都山), 도서낭, 도서원(都書員), 도설리(都薛里), 도성(都城), 도승선(都承宣), 도승지(都承旨), 도시(都是), 도십장(都什長), 도식(都食;도맡아서 혼자 먹음), 도약정(都約正), 도어사(都御使), 도영위(都領位), 도원수(都元帥), 도유사(都有司), 도장손(都長孫;宗孫), 도장수(都將帥), 도장원(都壯元), 도접주(都接主), 도제조(都提調), 도중(都中;계원의 전체. 또는 그 가운데), 도차지(도맡거나 혼자 차지함)/하다, 도첨의령(都僉議令), 도청(都請), 도체찰사(都體察使), 도총(都總), 도총관(都摠管), 도총섭(都總攝), 도총제사(都摠制使), 도집사(都執事), 도첨의(都僉義), 도체찰사(都體察使), 도총관(都摠管), 도총섭(都總攝), 도총제사(都摠制使), 도통(都統), 도틀어(都;도파니), 도편수, 도포수(都砲手), 도하기(都下記), 도합(都合;모두 합함. 都統), 도향수(都鄕首), 도회계(都會計), 도회관(都會官), 도홍정 들.

도(徒) ①'사람·무리. 제자. 쓸데없는. 헛되이. 아무것도 가지지 않은'을 뜻하는 말. ¶도가(徒歌;주악 없이 부르는 노래), 도능독(徒能讀), 도당(徒黨;떼. 무리)[도당강소(强訴;작당하여 불만을 호소함), 괴뢰도당(傀儡)], 도로(徒勞), 도론(徒論), 도류(徒流), 도명(徒命), 도배(徒配;도형에 처해 귀양을 보냄), 도배(徒輩;한데 어울려 나쁜 짓을 하는 무리), 도병(徒兵), 도보(徒步;탈것을 타지 않고 걸어감)[도보경주(競走), 도보순례(巡禮), 도보여행(旅行), 도보전(戰)], 도비(徒費;헛되이 씀), 도비심력(徒費心力), 도사(徒死), 도사(徒事;헛일), 도선(徒善;착하기만 하고 재주가 없음), 도선(徒跣;맨발), 도섭(徒涉;물을 걸어서 건넘), 도속(徒屬;뜻을 같이 하여 일을 함께 하는 무리), 도수(徒手;맨손), 도식(徒食)[낭유도식(浪遊), 무위도식(無爲)], 도어(徒御), 도언(徒言), 도역(徒役), 도연하다(徒然;일 없이 있어서 심심하다), 도위(徒爲), 도장(徒長), 도제(徒弟), 도죄(徒罪), 도취(徒取;힘들이지 않고 얻음), 도형(徒刑;중노동에 종사시키는 형벌); 간도(奸/姦徒), 광신도(狂信徒), 교도(敎徒), 구교도(舊徒敎), 국선도(國仙徒), 기독교도(基督敎徒), 단도(檀徒), 동학도(東學徒), 만학도(晩學徒), 문도(門徒;이름 난 학자 밑의 제자), 문학도(文學徒), 박도(博徒;노름꾼), 반도(叛徒), 반역도(反逆徒), 배화교도(拜火敎徒), 보살도(菩薩徒), 불교도(佛敎徒), 비도(匪徒), 사교도(邪敎徒), 사도(使徒), 상분도(嘗

503) 도시(都市): 도회지. 일정 지역의 정치·경제·문화의 중심이 되는 큰 규모의 취락. ¶도시를 건설하다. 도시경관(景觀), 도시경제(經濟), 도시계획(計劃), 도시공원(公園), 도시공학(工學), 도시공해(公害), 도시교통(交通), 도시국가(國家), 도시권(圈), 도시기후(氣候), 도시림(林), 도시미(美), 도시민(民), 도시바람, 도시병(病), 도시산업(産業), 도시인(人), 도시인구(人口), 도시적(的), 도시지역(地域), 도시집중(集中), 도시풍(風), 도시화/되다/하다(化), 도시환경(環境); 개방도시(開放), 거대도시(巨大), 계획도시(計劃), 고대도시(古代), 고지도시(高地;高山都市), 공업도시(工業), 과밀도시(過密), 관광도시(觀光), 광산도시(鑛山), 광역도시(廣域), 교역도시(交易), 교통도시(交通), 국경도시(國境), 국제도시(國際), 군사도시(軍事), 다핵도시(多核), 대도시(大), 대상도시(帶狀), 모도시(母都市), 무방비도시(無防備), 문화도시(文化), 방수도시(防守), 방사형도시(放射形), 보양도시(保養), 복합도시(複合), 비무장도시(非武裝), 산간도시(山間), 산업도시(産業), 상업도시(商業), 생산도시(生産), 성곽도시(城郭), 성장핵도시(成長核), 소비도시(消費), 신도시(新), 신흥도시(新興), 연담도시(聯擔;연합도시), 연합도시(聯合), 위성도시(衛星), 유령도시(幽靈), 자매도시(姉妹), 자유도시(自由), 중세도시(中世), 중소도시(中小), 폭포선도시(瀑布線), 학술도시(學術), 항구도시(港口), 항만도시(港灣), 해상도시(海上), 행정도시(行政), 휴양도시(休養).

504) 도거리(都): 따로따로 나누어서 하지 않고 한데 합쳐 몰아치는 일. ¶일을 도거리로 맡다. 도거리부침(모심기에서 가을걷이까지 도거리로 부치는 벼농사), 도거리홍정(도홍정).

505) 도급(都給): 일정한 기일 안에 완성해야 할 일의 양이나 비용을 미리 정하고 그 일을 도거리로 맡기는 일. ¶도급을 주다. 도급계약(契約), 도급금(金).

506) 도꼭지(都): 기술·기능이 최고인 사람.=편수. 어떤 방면에서 가장 으뜸이 되는 사람.≒일인자(一人者).

糞徒), 생도(生徒), 성도(聖徒), 성불도(成佛徒), 손도(損徒), 수도(囚徒), 승도(僧徒), 신교도(新教徒), 신도(信徒), 악도(惡徒), 여도(女徒), 역도(役徒), 역도(逆徒), 용화도(龍華徒), 의도(義徒), 이교도(異教徒), 이슬람교도(Islam徒), 잔도(殘徒), 적도(賊徒), 정교도(正教徒), 졸도(卒徒), 종도(宗徒), 주도(酒徒), 중도(衆徒), 천주교도(天主教徒), 청교도(清教徒), 폭도(暴徒), 풍월도(風月徒), 학도(學徒; 문학도, 과학도, 법학도), 형도(刑徒;형벌을 받는 무리), 화랑도(花郎徒), 학도/병(學徒/兵), 회교도(回教徒), 흉도(凶/兇徒). ②'걸어 다니다'를 뜻하는 어근. ¶도법(徒法), 도병(徒兵), 도보(徒步), 도섭(徒涉) 들.

도(刀) '한 쪽에 날이 있는 칼. 칼 모양의'를 뜻하는 말. ¶도거(刀鉅;형구의 하나), 도검(刀劍), 도공(刀工), 도규(刀圭;한방에서 가루약을 뜨는 숟가락. 醫術)[도규가(家;의사), 도규계(界), 도규술(術)], 도극(刀戟;창과 칼), 도련(刀鍊)[도련칼, 도련치다[507]]. 도면(刀麵;칼싹두기. 칼국수), 도명(刀銘), 도묵(刀墨), 도병(刀兵), 도상(刀傷), 도신(刀身), 도신단단(刀身段段;칼이 몇 번이고 꺾이는 일), 도안(刀眼), 도어(刀魚;갈치), 도연(刀煙), 도인(刀刃;칼날), 도자/전(刀子/廛), 도장(刀匠), 도조(刀俎), 도찰(刀擦), 도척(刀尺), 도첨(刀尖;칼끝), 도편(刀鞭), 도폐(刀幣), 도필(刀筆), 도화(刀火), 도흔(刀痕); 각도(刻刀), 거도(鋸刀;톱칼), 과도(果刀), 군도(軍刀), 난도(亂刀), 낭도(囊刀), 단도(短刀), 대도(大刀), 둔도(鈍刀), 면도(面刀)[면도기(機), 면도날, 면도질, 면도칼], 명도(名刀), 명도(銘刀), 목도(木刀), 발도(拔刀), 보도(寶刀), 삭도(削刀), 상도(霜刀), 서도(書刀), 석도(石刀), 설도(舌刀;날카로운 말), 소도(小刀), 소리장도(笑裏藏刀), 소중도(笑中刀), 수도(手刀), 식도(食刀), 쌍수도(雙手刀)/쌍도(雙刀), 양도(兩刀), 양도(洋刀), 언월도(偃月刀)/월도(月刀), 예도(銳刀), 와도(瓦刀;기와를 쪼개는 칼), 요도(腰刀), 우도(牛刀), 우도할계(牛刀割鷄), 이도(利刀), 일도양단(一刀兩斷), 자도(刺刀), 장광도(長廣刀), 장도(長刀), 장도(粧刀)[금장도(金), 밀화장도(蜜花), 옥장도(玉), 은장도(銀)], 작도(斫刀;작두), 장광도(長光刀), 장광도(長廣刀), 전도(剪刀), 접도(椄刀), 접도(摺刀), 조각도(彫刻刀), 죽도(竹刀), 지휘도(指揮刀), 집도(執刀), 차도살인(借刀殺人), 채도(菜刀), 청룡언월도(青龍偃月刀)/청룡도(青龍刀), 체도(剃刀), 쾌도(快刀), 쾌도난마(快刀亂麻), 패도(佩刀), 해부도(解剖刀), 협도(夾/挾刀), 협도(鋏刀), 호신도(護身刀), 화도(火刀;부시), 환도(還刀) 들.

도(島) '섬'을 뜻하는 말. ¶도감(島監), 도국(島國;섬나라), 도민(島民), 도배(島配;섬으로 귀양 보냄), 도서(島嶼), 도영(島影;섬의 그림자. 희미하게 보이는 섬의 모습), 도이(島夷;섬나라의 오랑캐), 도제(島堤;육지에서 떨어진 바다에 만든 방파제), 도주(島主); 간도(間島), 고도(孤島)[무인고도(無人), 절해고도(絕海)], 군도(群島), 낙도(落島;離島), 내도(來島), 다도해(多島海), 대륙도(大陸島)/육도(陸島), 대양도(大洋島), 무명도(無名島;알려지지 않은 섬), 무인도(無人島;알섬), 반도(半島), 배도(配島), 본도(本島), 분리도(分離島), 산호도(珊瑚島), 삼다도(三多島), 삼무도(三無島; 도둑·거지·대문이 없는 섬), 성라기도(星羅奇島)[508], 소도(小島), 속도(屬島), 양도(洋島), 열도(列島)[호상열도(弧狀), 화산열도(火山)], 열도(熱島;열섬), 원도(遠島;육지에서 멀리 떨어진 섬), 유인도(有人島), 유적도(遺跡島)[509], 육계도(陸繫島), 융기도(隆起島), 이도(離島), 전도(全島), 절도(絕島), 절해고도(絕海孤島), 제도(諸島), 주도(洲島), 중도(中島;샛섬), 퇴적도(堆積島), 해도(海島), 해안도(海岸島), 화산도(火山島); 강화도/거제도/ 대청도/ 독도/ 울릉도/ 제주도/ 홍도 들.

도(導) '이끌다. 통하다'를 뜻하는 말. ¶도관(導管), 도뇨(導尿), 도달(導達), 도등(導燈), 도류벽(導流壁), 도선(導線), 도선/사(導船/士), 도수(導水)[도수관(管), 도수로(路), 도수제(堤)], 도영(導迎), 도운(導溫), 도음(導音;이끎음), 도인(導因), 도인법(導引法;仙人이 되기 위한 양생법), 도입(導入)[도입부(部); 기술도입(技術), 외자도입(外資)], 도전/율(導電/率), 도체(導體)[감응도체(感應), 꾐도체(감응도체), 반도체(半), 부도체(不), 양도체(良)], 도출(導出; 어떤 생각이나 판단, 결론 따위를 이끌어냄), 도파관(導波管), 도폭선(導爆線), 도표(導標), 도함수(導函數), 도화/선(導火/線), 도훈(導訓); 감도(感導), 개도(開導), 계도(啓導), 교도(教導), 교도(矯導), 권도(勸導), 보도(保導), 보도(輔/補導), 봉도(奉導), 선도(先導), 선도(善導), 시도(示導), 영도(領導), 오도(誤導), 유도(誘導), 인도(引導), 전도(前導), 전도(傳導), 주도(主導), 지도(指導), 창도(唱導), 필도(弼導;돌보아 인도함), 향도(嚮導), 화도(化導), 훈도(訓導) 들.

도(盜) '훔치다. 도둑'을 뜻하는 말. ¶도강(盜講), 도견(盜見;남의 것을 몰래 엿봄), 도굴(盜掘), 도난(盜難)[도난경보기(警報器), 도난보험(保險)], 도독(盜讀), 도록(盜錄≒剽竊), 도루(盜壘;스틸), 도매(盜賣), 도명(盜名), 도물(盜物), 도벌(盜伐), 도범(盜犯), 도벽(盜癖), 도봉(盜蜂), 도살(盜殺), 도식(盜食), 도심(盜心), 도역유도(盜亦有道), 도용(盜用;남의 것을 허가 없이 씀)[명의도용(名義), 사인도용(私印), 상표도용(商標)], 도작(盜作;剽竊), 도장(盜葬), 도적(盜賊)[떼도적, 묘구도적(墓丘), 슬갑도적(膝甲;표절하는 사람)], 도전(盜電), 도죄(盜罪), 도천(盜泉), 도청(盜聽;몰래 엿들음), 도취(盜取), 도품(盜品), 도한(盜汗;몸이 허약하여 잠자는 동안에 나는 식은땀); 간도(奸/姦盜), 강도(强盜)[510], 거도(巨盜), 계명구도(鷄鳴狗盜), 공도(公盜), 괴도(怪盜), 군도(群盜), 대도(大盜), 소도(小盜), 야도(夜盜), 잔도(殘盜), 적도(賊盜), 절도(竊盜;훔치는 행위. 후무리기), 중도(重盜), 투도(偷盜), 포도(捕盜), 표도(剽盜), 협도(俠盜) 들.

도(倒) '넘어지다·넘어뜨리다. 거꾸로'를 뜻하는 말. ¶도각(倒閣; 內閣을 넘어뜨림), 도과(倒戈;자기편 군사가 반란을 일으켜 적과 내통함), 도괴/되다/하다(倒壞;倒潰), 도구(倒句), 도궤(倒潰;넘어져서 무너짐), 도란형(倒卵形), 도립(倒立;물구나무서기), 도립/상(倒立/像), 도문(倒文), 도벌(倒伐;난을 일으킴), 도산[1](倒産;破産)[도산하다; 줄도산, 흑자도산(黑字)], 도산[2](倒産;아이를 거꾸로 낳음), 도생(倒生;거꾸로 생겨남), 도시(倒屣;어쩔 줄 몰라 신을 거

507) 도련치다: 종이 따위의 가장자리를 가지런히 베어내다.

508) 성라기도(星羅奇島): 하늘에 있는 별처럼 널리 펼쳐져 있는 기이한 섬들.

509) 유적도(遺跡島): 태고의 대륙이 대부분 바다 속으로 가라앉은 후에, 그 일부가 남아서 이루어진 섬. 인도양의 마다가스카르 섬이 대표적이다.

510) 강도(强盜): 강도질/하다; 날강도, 노상강도(路上), 사후강도(事後), 살인강도(殺人), 약취강도(略取).

꾸로 신음), 도식(倒植), 도식병(倒植病), 도압(倒壓), 도어/법(倒語/法), 도영(倒影), 도장(倒葬), 도착(倒着;옷 따위를 거꾸로 입음), 도착(倒錯)[511], 도치/법(倒置/法), 도현(倒懸;거꾸로 매달림), 도혼(倒婚;동생이 먼저 혼인함. 逆婚); 경도(傾倒), 경도(驚倒), 매도(罵倒), 부도옹(不倒翁), 압도(壓倒)[압도되다, 압도적(的), 압도하다], 일변도(一邊倒), 전도(轉倒), 전도(顚倒), 절도(絕倒), 졸도하다(卒倒), 취도(醉倒), 칠전팔도(七顚八倒), 타도(打倒), 포복절도(抱腹絕倒), 혼도(昏倒) 들.

도(到) ①'다다르다. 이르다'를 뜻하는 말. ¶도달(到達)[도달점(點), 도달주의(主義)], 도래(到來), 도문(到門), 도박(到泊), 도부/꾼/장사/당수(到付), 도배(到配;유배지에 이름), 도부¹(到付;공문이 이름), 도부²(到付;떠돌아다니며 물건을 팖)[도부꾼, 도붓장사/장수], 도산(到山), 도임(到任), 도저하다(到底)[512], 도착(到着)[513], 도처(到處); 구도(口到), 내도(來到), 당도하다(當到), 만도(晩到), 미도(未到), 박도(迫到), 상도(相到), 상도(想到), 선도(先到), 쇄도(殺到), 심도(心到;마음이 그 대상에 집중하는 일), 안도(眼到), 일도(一到), 조도(早到), 치도(馳到), 흥도(興到). ②'빈틈없다'를 뜻하는 말. ¶주도/하다(周到), 주도면밀(周到綿密), 정도(精到); 용의주도(用意周到) 들.

도(陶) '질그릇. 가르치다. 바로잡다. 기뻐하다. 답답하다'를 뜻하는 말의 어근. ¶도공(陶工;옹기장이), 도관(陶棺), 도기(陶器;오지그릇)[도기사진(寫眞), 도기상(商), 도기화(畵); 경질도기(硬質), 석면도기(石綿)], 도도(陶陶)[514], 도사(陶砂), 도야(陶冶)[515], 도업(陶業), 도연(陶硯;도자기로 만든 벼루), 도연하다(陶然;술이 취하여 거나하다), 도예(陶藝), 도와(陶瓦;질기와), 도요/지(陶窯/址), 도인(陶印;질도장), 도자기(陶瓷器), 도제(陶製), 도취(陶醉)[516], 도치(陶齒), 도칠기(陶漆器), 도침(陶枕), 도토(陶土), 도편(陶片); 백도(白陶), 울도(鬱陶;마음이 궁금하고 답답함), 제도(製陶), 채도(彩陶), 청도(靑陶), 훈도(薰陶) 들.

도(桃) '복숭아'를 뜻하는 말. ¶도리(桃李), 도색(桃色)[517], 도실/주(桃實/酒), 도요시절(桃夭時節;처녀가 시집가기에 알맞은 시절), 도원/결의(桃園/結義), 도원(桃源)[도원경(境); 무릉도원(武陵)], 도인(桃仁), 도피(桃皮), 도홍(桃紅)[도홍띠, 도홍색(色)], 도화(桃花)[518]; 반도(蟠桃), 백도(白桃), 벽도(碧桃)[벽도화(花); 홍벽도(紅)], 삼색도(三色桃), 상후도(霜後桃), 선도(仙桃), 수밀도(水蜜桃), 승도(僧桃), 유도(油桃), 유엽도(柳葉桃), 유월도(六月桃), 천도(天桃), 편도(扁桃;복숭아나무와 비슷한 장미과의 낙엽 교목), 협죽도(夾竹桃;협죽도과의 상록 교목), 홍도(紅桃), 홍벽도(紅碧桃), 황도(黃桃) 들.

도(渡) '건너다·건네주다. 넘다. 나루'를 뜻하는 말. ¶도강(渡江), 도구(渡口;나루), 도두(渡頭;나루), 도래(渡來), 도래지(渡來地), 도미(渡美), 도선(渡船;나룻배)[도선업(業), 도선장(場;나루터)], 도섭(渡涉), 도양(渡洋), 도일(渡日), 도전(渡田), 도진(渡津;나루), 도천(渡天), 도하(渡河)[도하작전(作戰); 적전도하(敵前)], 도항(渡航), 도해(渡海); 가도(假渡), 공장도/가격(工場渡/價格), 과도/기(過渡/期), 매도(賣渡), 명도(明渡), 부도(不渡)[부도수표(手票), 부도어음], 선도(先渡), 수도(受渡), 시도식(始渡式), 양도(讓渡), 언도(言渡;선고), 인도(引渡), 전도(前渡), 전도금(前渡金), 진도(津渡;나루), 현장도(現場渡); 벽란도, 양화도 들.

도(塗) '바르다. 칠하여 입히다'를 뜻하는 말. ¶도광지(塗壙紙), 도료(塗料)[519], 도말[520]/연고(塗抹/軟膏), 도묵(塗墨), 도배(塗褙)[521], 도벽(塗壁), 도색(塗色), 도식(塗飾;바르고 꾸밈), 도아(塗鴉), 도약(塗藥), 도유/식(塗油/式), 도장(塗裝)[도장공(工;칠장이), 도장관(管), 도장술(術)], 도찰(塗擦;바르고 문지름)[도찰요법(療法), 도찰제(劑)], 도채장이(塗彩), 도청도설(道聽塗說;뜬소문), 도탄(塗炭)[522], 도포(塗布;약 따위를 겉에 바름)[도포기(機), 도포약(藥), 도포제(劑)]; 동도서말(東塗西抹), 소도(蘇塗), 양상도회(梁上塗灰;아름답지 못한 여자가 분을 너무 바름), 호도하다(糊塗) 들.

도(稻) '벼'를 뜻하는 말. ¶도급기(稻扱機;벼훑이), 도마죽위(稻麻竹葦;많은 물건이 모이어 엉킨 모양), 도망(稻芒), 도미(稻米), 도열병(稻熱病), 도작(稻作), 도충(稻蟲), 도화(稻花); 갱도(粳稻;메벼), 공도(公稻;관에서 수납하는 벼), 나도(糯稻), 만도(晩稻;늦벼), 수도/작(水稻/作), 신도주(新稻酒), 육도(陸稻), 조도(早稻;올벼), 한도(旱稻;밭벼) 들.

도(逃) '달아나다. 피하다'를 뜻하는 말의 어근. ¶도거(逃去), 도닉

511) 도착(倒錯): 뒤바뀌어 거꾸로 됨. 본능이나 감정 또는 덕성의 이상으로 사회나 도덕에 어그러진 행동을 나타내는, 또는 그런 것. ¶도착 증상. 감정도착 상태. 도착되다/하다, 도착적(的), 도착증(症), 도착체질(體質); 감정도착(感情), 선후도착(先後), 성도착(性).

512) 도저하다(到底): ①학식 따위가 아주 깊고 철저하다. ¶선생의 학문은 도저한 경지에 이르러 있다. ②행동·생각이 빗나가지 아니하고 곧다. ¶몸가짐이 도저하고 매사에 빈틈이 없다. 이 문제는 도저히 해결할 수 없다. 도저히(아무리 하여도. 아무리 애써도).[+없다. 못하다].

513) 도착(到着): ↔출발(出發). ¶도착가격(價格), 도착되다/하다, 도착순(順), 도착역(驛), 도착지(地), 도착항(港).

514) 도도(陶陶): 말을 달리는 모양. 매우 화락(和樂)한 모양. ¶도도하다, 도도히.

515) 도야(陶冶): ①도기를 만드는 일과 쇠를 주조하는 일. 또는 그런 일을 하는 사람. ②훌륭한 사람이 되도록 몸과 마음을 닦아 기름을 비유적으로 이르는 말. ¶품성의 도야. 학문의 도야. 도야되다/하다, 도야성(性;사람이 교육에 의하여 변화되고 계발될 수 있는 가능성); 인격도야(人格), 형식도야(形式).

516) 도취(陶醉): 술에 거나하게 취함. 어떠한 것에 마음이 쏠려 취하다시피 됨. ¶아름다움에 대한 도취는 인간의 자연스러운 감정이다. 도취경(境), 도취되다/하다, 도취적(的); 무아도취(無我), 자아도취(自我).

517) 도색(桃色): ①복숭아꽃의 빛깔과 같이 연한 분홍색. ②남녀 사이에 일어나는 색정적인 일. ¶도색사진(寫眞), 도색영화(映畵), 도색잡지(雜誌), 도색적(的).

518) 도화(桃花): 복숭아꽃. ¶도화반(飯), 도홧빛, 도화살(煞), 도화색(色), 도화석(石), 도화선(癬), 도화수(水), 도화주(酒), 도화차(茶), 도화채(菜), 도화타령(打令).

519) 도료(塗料): 물건의 겉에 칠하여 썩지 않게 하거나 채색(彩色)에 쓰는 물질. ¶내화도료(耐火), 발광도료(發光), 방화도료(防火), 수성도료(水性), 야광도료(夜光), 절연도료(絕緣), 형광도료(螢光).

520) 도말(塗抹): ①칠하여 지워 없애거나 위에 덧발라서 가림. 도포(塗布). ②어떤 사태를 임시변통으로 발라맞추거나 적당히 가리어 꾸밈.

521) 도배(塗褙): 종이로 벽이나 반자, 장지 따위를 바르는 일. ¶도배를 새로 하다. 도배공(工), 도배반자(도배와 반자), 도배장이(도배공), 도배장판(壯版;도배와 장판), 도배지(紙), 도배질/하다; 뜬도배, 회도배(灰), 흙도배.

522) 도탄(塗炭): 진구렁이나 숯불 따위에 빠졌다는 뜻으로, 생활이 몹시 곤궁하거나 비참한 경지에 이르는 말. ¶민생이 도탄에 빠지다.

(逃匿;달아나서 숨음), 도둔(逃遁;逃匿), 도망(逃亡)[도망꾼, 도망질/치다; 떼도망, 줄도망], 도명(逃命), 도산(逃散), 도신(逃身), 도열/방지(逃熱/防止), 도주(逃走)[523], 도찬(逃竄), 도타(逃躱;도망하여 몸을 피함), 도탈(逃脫), 도피(逃避)[524]; 원도(遠逃), 포도(逋逃) 들.

도(跳) '뛰다. 달아나다. 덤비다'를 뜻하는 말의 어근. ¶도개교(跳開橋), 도랑(跳踉)[도랑도랑하다; 도랑방자(跳踉放恣)], 도량/스럽다/하다(跳梁), 도마(跳馬;기계체조에서 쓰는 기구), 도분(跳奔), 도약(跳躍)[525]; 고도(高跳;높이뛰기), 봉고도(棒高跳), 삼단도(三段跳;세단뛰기), 족도(足蹈;발로 뛰는 짓) 들.

도(悼) '슬퍼하다'를 뜻하는 말. ¶도가(悼歌;애도의 노래), 도구(悼懼;애통해하고 두려워함), 도사(悼詞), 도석(悼惜), 도통(悼痛); 민도(憫悼), 비도(悲悼), 비도산고(悲悼酸苦), 상도(傷悼), 애도(哀悼), 조도(弔悼), 진도(軫悼;임금이 슬퍼하여 애도함), 진도(震悼;매우 슬퍼함), 추도/사(追悼/辭), 통도(痛悼) 들.

도(途) '길'을 뜻하는 말. ¶도상(途上), 도중(途中); 관도(官途), 궁도(窮途), 귀도(歸途), 등도(登途), 명도(冥途), 미도(迷途), 반도(半途), 방도(方途/道), 사도(仕途;벼슬길), 용도(用途;쓰이는 길), 웅도(雄途), 장도(壯途), 장도(長途), 전도(前途), 정도(征途), 중도(中途), 탄도(坦途/道), 환도(宦途;벼슬길) 들.

도(屠) '짐승을 잡다. 적을 무찌르다'를 뜻하는 말. ¶도계(屠鷄;닭을 잡아서 죽임), 도구(屠狗), 도룡지기(屠龍之技), 도륙(屠戮), 도살(屠殺)[도살되다/하다, 도살장(場); 밀도살(密)], 도소/주(屠蘇/酒), 도수(屠獸), 도우(屠牛), 도우탄(屠牛坦;백정), 도축/장(屠畜/場), 도한(屠漢); 부도(浮屠), 사도(私屠) 들.

도(搗) '찧다. 다듬이질 하다'를 뜻하는 말. ¶도구(搗臼;절구), 도련지(搗練紙), 도미(搗米), 도병(搗餠), 도약(搗藥), 도의(搗/擣衣), 도정(搗精;곡식을 찧거나 쓿는 일), 도침(搗/擣砧;피륙을 다듬잇돌에 다듬어 반드럽게 하는 일); 반도미(半搗米), 칠분도(七分搗) 들.

도(賭) '내기하다. 노름'을 뜻하는 말. ¶도구(賭具), 도기(賭技;노름), 도박(賭博;돈따먹기)[도박꾼, 도박장(場), 도박죄(罪), 도박하다], 도조(賭租;돈도지)[가도조(假), 간평도조(看坪), 잡을도조[526]], 도지(賭地)[527], 도하다[528]; 가도(加賭), 정도(定賭) 들.

도(濤) '물결'을 뜻하는 말. ¶도란(濤瀾;큰 물결), 도뢰(濤雷), 도성(濤聲); 거도(巨濤), 경도(鯨濤), 광도(狂濤), 노도(怒濤), 송도(松濤), 은도(銀濤), 파도(波濤), 풍도(風濤), 해도(海濤) 들.

도(挑) '돋우다. 집적거리다'를 뜻하는 말의 어근. ¶도등(挑燈), 도발(挑發;집적거려 일을 일으킴)[도발행위(行爲); 무력도발(武力), 전쟁도발(戰爭)], 도전(挑戰), 도출(挑出;挑發), 도화(挑禍) 들.

도(淘) '물에 흔들어 쓸 것과 못 쓸 것을 가려내다(일다). 씻다'를 뜻하는 말. ¶도금(淘金;사금을 이는 일)/하다, 도태(淘汰)[529], 도청(淘淸;흐린 물을 가라앉혀 맑게 함) 들.

도(蹈) '밟다. 따르다. 춤추다'를 뜻하는 말. ¶도습(蹈襲;그대로 본받아 따라함); 고도(高蹈), 무도(舞蹈)[무도장(場), 무도회(會)] 들.

도(韜) '감추다(갈무리하다. 싸다)'를 뜻하는 말. ¶도광(韜光;재능이나 학식을 감춤. 종적을 감춤), 도자(韜藉;神主-죽은이의 위패-를 씌우는 집), 도회(韜晦;韜光) 들.

도(堵) '담. 울타리. 막다'를 뜻하는 말. ¶도열/하다(堵列;많은 사람들이 죽 늘어서다), 도장(堵牆); 안도/감(安堵/感) 들.

도(掉) '흔들다. 상앗대/삿대'를 뜻하는 말. ¶도괴(掉拐), 도미(掉尾)[530]; 미대난도(尾大難掉) 들.

도(棹) '노(櫓;배를 젓는 기구)'를 뜻하는 말. ¶도가(棹歌;뱃노래), 도성(棹聲), 도창(棹唱); 노도(櫓棹), 회도(回棹) 들.

도(睹/覩) '보다'를 뜻하는 말. ¶도문(睹聞), 도문(覩聞), 도물(睹物); 목도(目睹), 시도(始睹), 역도(逆睹) 들.

도(擣) '짓이기다. 다듬이질하다'를 뜻하는 말. ¶도약(擣藥), 도의(擣衣), 도침(擣/搗砧); 난도(亂擣;마구 찧거나 짓이김) 들.

도(禱) '소원을 빌다'를 뜻하는 말. ¶기도(祈禱), 묵도(默禱), 복도(伏禱), 송도(頌禱), 축도(祝禱) 들.

도(鍍) '금을 다른 금속의 거죽에 올려 입히다'를 뜻하는 말. ¶도금(鍍金)[531]; 전도(電鍍) 들.

도(饕) '음식이나 재물에 욕심을 내다'를 뜻하는 말. ¶도철(饕餮;재물과 음식을 몹시 탐냄. 또는 그런 사람. 상상속의 흉악한 짐승); 탐도(貪饕).

---

523) 도주(逃走): 도주죄(罪); 망명도주(亡命), 배부도주(背夫), 새문도주(鎖門), 승야도주(乘夜), 야간도주(夜間), 야반도주(夜半), 철가도주(撤家;가족을 모두 데리고 도망함), 탈신도주(脫身)/탈주(脫走), 파옥도주(破獄).

524) 도피(逃避): 도망하여 몸을 피함. 적극적으로 나서야 할 일에에서 몸을 사려 빠져 나감. ¶도피구(口), 도피문학(文學), 도피반사(反射), 도피반응(反應), 도피사상(思想), 도피생활(生活), 도피성(性), 도피자(者), 도피적(的), 도피죄(罪), 도피주의(主義), 도피처(處), 도피하다, 도피행(行), 도피행각(行脚), 도피훈련(訓練); 솔대도피(率隊逃避), 자본도피(資本), 장면도피(場面), 해외도피(海外), 현실도피(現實).

525) 도약(跳躍): 몸을 위로 솟구쳐 뛰는 일. 더 높은 단계로 발전하는 것을 비유적으로 이르는 말. ¶개발도상국에서 선진국으로의 도약은 쉽지 않은 일이다. 도약거리(距離;송신국과 전리층에 의한 반사파가 수신되는 수신점과의 거리), 도약경기(競技), 도약단계(段階), 도약대(臺), 도약력(力), 도약운동(運動), 도약파(波;장애물 따위에 부딪혀 높이 솟아오르는 물결), 도약판(板;구름판), 도약하다, 도약회전(回轉).

526) 잡을도조(賭租): 벼의 예상 수확량의 반을 도조로 내는 소작 제도. 실제 수확량의 반이 훨씬 넘어 소작인들로부터 사람 잡는 도조로 불리었음. ↔배메기[병작(竝作)].

527) 도지(賭地): 도지논, 도짓돈, 도지밭, 도짓소; 돈도지, 선도지(先), 장도지(場), 텃도지.

528) 도하다(賭): 성패를 전제로 하여 무엇을 걸다. ¶신명(身命)을 도하다.

529) 도태(淘汰): 불필요하거나 부적당한 것을 줄여 없앰. 적자생존의 법칙에 따라 환경이나 조건에 적응하지 못한 생물이 멸망함. 경쟁에 진 사람이 밀려남. ¶도태계수(係數), 토태기(期), 도태기(機), 도태되다/시키다/하다, 도태법(法); 사회도태(社會), 인위도태(人爲), 자연도태(自然↔인위도태), 자웅도태(雌雄).

530) 도미(掉尾): 꼬리를 세차게 흔든다는 뜻으로, 끝판에 두드러지게 활약함. ¶도미를 장식하다(끝판을 멋지게 마치다).

531) 도금(鍍金): 녹을 막거나 장식을 하기 위하여 금속 표면에 금이나 은 따위의 얇은 막을 입히는 일. ¶도금액(液); 금도금(金), 아연도금(亞鉛), 은도금(銀), 전기도금(電氣), 침지도금(浸漬), 크롬도금(Chrom), 화학도금(化學).

도(滔) '물이 넘치다. 넓다'를 뜻하는 말. ¶도도(滔滔)[532],

도(綯) '새끼 · 노 따위를 꼬다'를 뜻하는 말. ¶도사(綯絲).

도가니^{1} 소의 무릎의 종지뼈와 거기에 붙은 고깃덩이. 〈본〉무릎도가니. ¶도가니탕(湯); 뼈도가니.

도가니^{2} ①쇠붙이를 녹이는 그릇.[←도간〈도관〉. 감과(坩堝). ¶도가니처럼 뜨거운 땅바닥. 도가니강(鋼), 도가니로(爐), 도가니집게; 불도가니. ②강한 감격과 흥분 등으로 열광적으로 들끓는 상태. ¶광란의 도가니. 흥분의 도가니가 되다. 불안과 공포의 도가니로 몰아넣다.

도간 공간적으로나 시간적으로 조금씩 동안. 또는 사이를 두고 이어지는 모양. 〈큰〉두간. ¶도간을 두고 찬찬히 살펴보다. 만날 바쁘다고 하더니, 요즘은 좀 도간이 나는가? 운동장에는 학생들이 도간도간 모여 있다. 밖에서 떠드는 소리가 창틈으로 도간도간 들려온다. 두간하다[533].

도개 질그릇 따위를 만들 때, 그릇의 속을 두드려 매만지는 데 쓰는 조그마한 방망이. ¶도개로 두드려 다듬다.

도갱이 짚신이나 미투리의 뒤축에서 돌기총까지 이어진 줄.[←돌(다)+감다(갱기)].

도고지 활에 시위를 맬 때 심고가 맞닿는 곳. ¶도고지가 몹시 떨리는 활.

도근 매우 놀라거나 겁이 나서 가슴이 뛰노는 모양. 〈큰〉두근. ¶도근도근 뛰는 가슴. 도근 · 두근 · 도근닥 · 두근덕거리다/대다, 도근도근/하다, 도근닥도근닥/하다.

도글도글^{1} 작고 무거운 물건이 굴러가는 모양. 〈큰〉두글두글. 〈센〉또글또글'. 〈큰 · 센〉뚜글뚜글. ¶도토리가 도글도글 굴러가다. 도그르르[534], 도글도글 · 두글두글 · 또글또글 · 뚜글뚜글/하다.

도글도글^{2} ①과일이나 곡식 따위가 여기저기 모여 있는 모양. ¶도글도글 열린 대추. ②낟알이나 열매 따위가 실속 있게 여물어 있는 모양. ¶도글도글 여문 벼알. ③별 따위가 반짝반짝 빛을 내며 떠 있는 모양. ¶별떨기가 도글도글 빛나는 밤하늘. 도글도글 · 두글두글/하다, 또골또골^{2}[535].

도깨비 동물이나 사람의 형상을 한 잡된 귀신의 하나. 망량(魍魎). 망매(魍魅). ¶뿔 달린 도깨비. 도깨비 살림. 도깨비도 숲이 있어야 모인다. 도깨비감투, 도깨비경(經), 도깨비굴(窟), 도깨비기와, 도깨비놀음, 도깨비바늘(국화과의 한해살이풀), 도깨비방망이, 도깨비불[536], 도깨비소리, 도깨비장난, 도깨비짓, 도깨비판(갈피를 잡을 수 없는 일의 판국); 낮도깨비, 오도깨비(괴상한 잡것. 온갖 잡귀신), 장승도깨비, 진득찰도깨비(찰거머리 같은 사람), 휘장도깨비(揮帳)[537] 들.

도꼬마리 국화과의 한해살이풀. ¶도꼬마리떡, 도꼬마리벌레.

도끼 나무를 찍거나 패는 연장의 하나. 쐐기 모양의 쇠날에 나무자루를 맞춤. ¶도끼로 장작을 패다. 도끼나물(절에서 고기를 일컫는 말), 도끼날, 도끼눈, 도끼머리(도끼뿔), 도낏밥, 도끼별[538], 도끼뿔(도끼날의 반대쪽), 도낏자루, 도끼질/하다, 도끼집; 금도끼(金), 돌도끼, 때림도끼, 손도끼, 쇠도끼, 옥도끼(玉), 은도끼(銀), 주먹도끼, 큰도끼.

도내기 창을 끼우거나 빼내기 위하여 창틀 위쪽의 홈통을 창짝 넓이보다 더 깊이 파낸 고랑.[←도리(다)+내다]. ¶도내기샘(깊게 판 샘), 도내기홈.

-도다 '이다'의 어간, 용언의 어간 또는 어미 '-으시/었/겠-' 뒤에 붙어, 감탄을 나타내는 종결 어미. ¶우리 학생들 훌륭하도다. -로다[539].

도다리 가자밋과의 바닷물고기. 눈은 몸의 오른쪽에 튀어나왔음.

도닥^{1} 잘 울리지 않는 물체를 가볍게 두드리는 소리. 또는 그 모양. 〈큰〉두덕. 〈센〉또닥[540]. 〈큰 · 센〉뚜덕. 〈거〉토닥. 투덕'. ¶아기를 도닥도닥 재우다. 등을 도닥거리다. 도닥 · 또닥 · 두덕 · 토닥 · 투덕거리다/대다, 도드락[541].

도닥^{2} =다닥다닥. ¶작은 나무에 열매가 도닥도닥 열렸다.

도달 남이 알아들을 수 없게 신경질적으로 불평을 늘어놓는 모양. 〈센〉또달[542]. 〈큰〉두덜[543]. 〈거〉토달[544]. ¶도달도달 불평을 늘

532) 도도(滔滔): ①물이 그득 퍼져 흘러가는 모양. ¶도도하게 흘러가는 강물. ②말을 거침없이 잘하는 모양. ¶도도하게 웅변을 토하다. 도도하다, 도도히.

533) 두간하다: 어떤 일이 일정한 동안을 두고 잦다. 드물지 않거나 잦다. ¶그는 두간하게 이곳을 찾아온다. 두간두간 서 있는 나무. 두간두간(일정한 동안을 두고 잇달리는 모양).

534) 도그르르: 작고 묵직한 것이 대번에 구르는 모양. 〈큰〉두그르르. 〈센〉또그르르. 〈큰 · 센〉뚜그르르. ¶도토리가 도그르르 굴러간다.

535) 또골또골^{2}: ①낟알이나 열매 따위가 매우 단단하게 여문 모양. ¶또골또골 여문 알밤. ②별 따위가 반짝반짝 빛을 내며 떠 있는 모양. ③무르지 않은 밥알 따위가 매우 딱딱한 모양. ¶또골또골 선 밥알. 또골또골 · 또글또글하다.

536) 도깨비불: ①인(燐)의 작용으로 번쩍이는 푸른빛의 불꽃. 귀린(鬼燐). ②까닭 모르게 일어난 화재. 신화(神火).

537) 휘장도깨비(揮帳): 휘장을 가지고 사람의 앞을 가려 정신을 잃게 한다는 도깨비.

538) 도끼별: 원목(原木)을 산판에서 도끼로 제재한 것.

539) -로다: '이다. 아니다'의 어간에 붙어, '-다'보다 더 단정적이고 '-로구나'의 뜻을 예스럽게 나타내는 종결 어미. ¶과연 명창이로다. 도리가 아니로다.

540) 또닥: 작은 물체를 가볍게 두드리는 소리. 또는 그 모양. 〈큰〉뚜덕. ¶못 박는 소리가 또닥 나다.

541) 도드락: 손가락이나 가는 막대기 따위로 작고 단단한 물건을 가볍게 두드리는 소리. 또는 그 모양. 〈센〉또드락. 〈큰 · 센〉뚜드럭. ¶도드락 손가락 장단을 치다. 젓가락으로 또드락 소리 나게 장단을 맞추다. 도드락 · 또드락거리다/대다, 도드락다듬, 도드락망치, 도드락장단, 또드락장이(금박(金箔)을 두드려서 만드는 일을 업으로 하는 사람).

542) 또달또달: 얄밉게 불평을 늘어놓는 모양. ¶또달또달 대답질하는 버릇을 고치다. 또달또달하다.

543) 두덜: 혼자 중얼거리며 불평하는 모양.=두덜렁. 도달랑. 〈센〉뚜덜. 〈거〉투덜. ¶두덜두덜 불평을 늘어놓고 있다. 두덜 · 투덜거리다/대다, 투덜렁(성이 나서 남이 알아들을 수 없게 혼잣말로 자꾸 불평하는 모양); 개 · 게두덜거리다/대다, 곰투덜(혼자서 투덜거리는 일), 구두덜거리다/대다(못마땅하여서 혼자 군소리하다), 구두덜구두덜/하다.[←군-+두덜].

544) 토달: 매우 못마땅해 하면서 불평을 늘어놓는 모양. 〈큰〉투덜. ¶그는 뭐가 불만인지 토달토달 종알거렸다. 투덜투덜 불평을 늘어놓다. 토들(주로 아이들이나 부녀자들이 무엇이 못마땅하여 혼잣말로 종알거리는

어놓는 아내. 도달·두덜·토달·투덜거리다/대다(불평하다), 도달도달/하다, 톨톨[545]·툴툴.

도담-하다 ①어린애 따위가 야무지고 탐스럽다.≒복스럽다. ¶도담하게 생긴 아이. 도담한 어깨의 부드러운 곡선이 여인의 옷맵시를 더욱 아름답게 하였다. 도담도담/하다(여럿이 모두 야무지고 탐스럽다), 도담스럽다. ②도도하고 당차다. ¶도담한 목소리. 도담한 말을 거침없이 하다.

도담도담 어린아이가 아무 탈 없이 잘 놀며 자라는 모양. ¶도담도담 커 가는 손자들. 아들은 병도 없고 탈도 없이 도담도담 잘 장성하여 벌써 스무 살에 이르렀다.

도도-하다 혼자 잘난 체하여 주제넘게 거만하다. ¶도도한 사람. 그녀는 너무 도도하다. 돈깨나 있다고 도도하게 군다. 도도히 굴다.

도둑 남의 물건을 훔치거나 빼앗거나 하는 나쁜 짓. 또는 그러한 사람. '남모르게. 몰래'를 뜻하는 말. 도적(盜賊). ¶도둑을 맞다. 도둑이 제 발이 저리다. 도둑개, 도둑게, 도둑고양이(들고양이), 도둑글[546], 도둑나무, 도둑년, 도둑노름, 도둑놈, 도둑놈의갈고리, 도둑눈[547], 도둑때(도둑이라는 누명), 도둑맞다(무엇을 잃어버리거나 빼앗기다), 도둑벌[도봉(盜蜂)], 도둑벌레, 도둑빨래, 도둑사랑(남몰래 하는 남녀 간의 사랑), 도둑살, 도둑숨, 도둑심사(心思), 도둑잠, 도둑잡기, 도둑장가, 도둑죄(罪), 도둑질/하다, 도둑패(牌), 도둑합례(合禮;어른 몰래 하는 합례); 곡지도둑[548], 날도둑(매우 악독한 도둑), 낮도둑, 떼도둑, 밥도둑, 산적도둑(散炙;시집간 딸. 맛있는 것만 골라 먹는 사람), 소도둑, 씨도둑, 요강도둑(尿鋼), 장대도둑(長), 좀도둑 들.

도드락 손가락이나 가는 막대기 따위로 가볍게 두드리는 소리. 또는 그 모양. 〈센〉또드락. ¶도드락 손가락 장단을 치다. 도드락·또드락·두드럭·뚜드럭거리다/대다, 또드락장이[549].

도드리 국악 장단의 하나. 또는 이 장단에 맞춘 악곡·춤. 6박 1장단으로 구성되는 보통 속도. §'다시 돌아서 들어간다'는 뜻.[←돌(다)+들(다)+이]. ¶도드리장단, 도드리형식(形式); 밑도드리, 삼현도드리(三絃), 염불도드리(念佛) 들.

도드미 구멍이 굵은 체. 어레미보다는 구멍이 조금 작음.

도듬¹ 화류(樺榴;紫檀) 같은 좋은 나무로 다락문이나 맹장지 따위의 가장자리를 꾸민 테두리.[←돋다]. ¶도듬문/살(門), 도듬지(紙); 널도듬(한쪽은 널을 대고 다른 쪽은 종이를 바른 도듬문).

도듬² 일을 공동으로 맡아서 함께 하는 방식. 또는 그런 단위. ¶도듬으로 일을 하다. 두 도듬으로 하다.

도-뜨다 말이나 하는 짓의 수준이 높다.[←돋(다)+뜨다¹]. ¶요즘 아이들은 나이에 비해 지나치게 도뜨다. 동생은 나보다 도떠서 은근히 미워진다. 우리가 자기들보다 도뜨기 때문에 우리 앞에선 함부로 행동하지 못한다.

도라지 초롱꽃과의 여러해살이풀. 〈준〉도랒. ¶도라지나물/도랒나물, 도라지볶음, 도라지생채(生菜), 도랒자반, 도라지장아찌, 도랒저냐, 도랒정과(正果), 도라지타령; 백도라지(白), 산도라지(山) 들.

도란 ①여럿이 함께 나지막한 목소리로 정답게 이야기하는 소리나 모양.=데련. ¶도란도란 이야기를 나누다. 도란도란 정겹게 속삭이다. 도란도란·두런두런/하다, 도란·두런거리다/대다. ②개울물 따위가 흘러가는 소리. 또는 그 모양. ¶도란도란 흐르는 개울물. 〈큰〉두런.

도랑 너비(폭)가 좁은 작은 개울.[←돌ㅎ+앙]. ¶도랑 치고 가재 잡는다. 도랑굴착기(掘鑿機), 도랑/돌다리(도랑에 놓은 조그마한 다리), 도랑둑(도랑을 내려고 쌓은 둑), 도랑못(도랑처럼 판 못. 垓字), 도랑물, 도랑선비(죽은 이의 저승길을 닦아 주는 굿판의 선비), 도랑창/돌창(지저분하고 더러운 도랑), 도랑치마(짧은 치마); 길도랑, 겉도랑, 논도랑, 뒷도랑, 묻힌도랑, 물도랑, 밭도랑/밭돌, 봇도랑/봇돌(洑), 속도랑, 실도랑(작은 도랑), 앞도랑 들.

도랑이 옴과 비슷한 개의 피부병.

도량 불도를 닦는 곳.[〈도댱〈道場←Bodhimadan〈범〉]. ¶도량교주(敎主), 도량천수(千手); 내도량(內;대궐 안에서 불도를 닦던 집), 보리도량(보살이 성도한 곳), 삼매도량(三昧) 들.

도련¹ 저고리나 두루마기 자락의 끝 둘레. ¶옛 어른들은 저고리의 도련에 서찰 등을 넣고 다녔다. 도련귀신(鬼神;몽달귀); 뒷도련, 앞도련, 조개도련[550].

도련² 종이의 가장자리를 가지런하게 베는 일.[〈도련ᄒᆞ다]. ¶도련지(紙), 도련치다, 도련칼, 도련판(板); 가도련.

도렷 여럿이 다 흐리지 않고 밝고 분명한 모양. 〈큰〉두렷[551]. 〈센〉또렷. ¶도렷도렷한 눈동자. 눈이 도렷도렷 빛나다. 도렷·두렷·또렷[552]·뚜렷하다, 또록또록(매우 또렷한 모양)/하다.

도령¹ '총각'을 대접하여 이르는 말. ¶이 도령. 도련님[553], 도련님 천량, 도령당혜(唐鞋;나이가 좀 든 사내아이들이 신는 가죽신), 도령차(車;장기에서 卒을 농으로 일컫는 말); 궁도령/도련님(宮)[554], 사돈도령.

도령² 무당이 지노귀를 할 때에 문을 세워 놓고 돌아다니며 굿하

모양).

545) 톨톨: 마음에 들지 아니하여서 조금 투덜거리는 모양. 〈큰〉툴툴. ¶그는 불만을 톨톨 털어놨다. 불평을 툴툴하다(성난 기색으로 투덜거리다). 툴툴거리다/대다/하다.

546) 도둑글: 남이 배우는 옆에서 몰래 듣고 배우는 글.

547) 도둑눈: 사람들 모르게 밤사이에 내린 눈.

548) 꼭지도둑: 예전에, 혼인 때에 신랑을 따라가는 어린 계집종.

549) 또드락장이: 금박(金箔)을 두드려서 만드는 일을 업으로 하는 사람.

550) 조개도련: 저고리 자락의 끝 둘레를 앞과 뒤가 약간 길고 옆이 짧게 하여 곡선을 완만하게 만든 도련.

551) 두렷: 눈을 굴리며 여기저기 살피는 모양. 〈센〉뚜렷.

552) 또렷: 모양, 행동, 정신 상태가 밝고 분명하게. 〈큰〉뚜렷. ¶범인의 얼굴이 또렷또렷 기억난다. 또렷·뚜렷하다, 또렷또렷/이/하다.

553) 도련님: 결혼하지 않은 시동생을 높여 이르는 말.

554) 궁도련님(宮): 거만하고 반지빠른 궁가의 사람. 부유한 집에서 태어나 세상 물정을 모르는 사람.

는 의식. ¶도령을 돌다. 도령귀신(鬼神), 도령신(神;몽달귀); 강님 도령.

-도록 ①동사 어간이나 일부 형용사 어간 또는 어미 '-으시-' 뒤에 붙어, 앞의 내용이 뒤에서 가리키는 사태의 목적이나 결과, 방식, 정도 따위가 되기를 바람을 나타내는 연결 어미. 또는 이르러 미치는 한계나 정도를 나타냄.=-게(끔). ¶나무가 잘 자라도록 거름을 주었다. 혀가 닳도록 타일렀다. 밤늦도록 공부하다. -도록-은/도/만/까지/이나. ②동사 어간 뒤에 붙어, 명령의 뜻을 나타내는 종결 어미. ¶해산했다가 열두 시까지 모이도록. ③동사의 어간에 붙어, 부사를 만드는 말. ¶되도록, 새도록, 오래도록, 이슥토록, 저물도록 들.

도롱뇽 도롱뇽과의 양서류.[←龍(용)].

도롱이 짚·띠 따위로 엮어 허리나 어깨에 걸쳐 두르는 비옷. ¶도롱이를 쓰다.

도롱태[1] ①사람이 밀거나 끌게 된 간단한 나무 수레. 사람이 밀거나 끎. ②=바퀴. ¶네 발 도롱태.

도롱태[2] ①쇠황조롱이. ②새매.

도루묵 도루묵과의 바닷물고기. ¶도루묵깍두기, 도루묵찌개, 도루묵회(膾).

도르(다)[1] 먹은 것을 게우다.=돌라버리다.[(도로다←돌다]. ¶차멀미 때문에 먹은 음식을 도르다.

도르(다)[2] 몫몫이 갈라서 따로따로 나누어 주다. ¶돌떡을 이웃에 도르다. 도르리555)/하다, 도리기556)/하다, 돌라주다; 더도리(몫몫이 나누고 남은 음식을 더 도르는 일).

도르(다)[3] ①둘레를 돌려 감다. ¶앞치마를 도르다. ②돈·물건·일 따위를 이리저리 변통하다. ¶이웃끼리 돈을 돌라 쓰다. ③그럴듯한 말로 남을 속이다. ¶거짓말로 돌라대다. 멀쩡하게 가만히 있던 나를 살살 돌라서 거금을 투자하게 만들었다. 돌려먹다(마음을 바꾸거나 다른이를 속이다), 돌리다'557). ④남의 것을 몰래 빼돌리다. ¶돌라가다(남의 물건을 슬쩍 빼돌려 가져가다. 훔치다), 돌라·돌려내다(남의 물건을 슬쩍 빼돌려 내다), 돌라방치다558). 〈큰〉두르다.

도리[1] 기둥과 기둥 위에 건너 얹어 그 위에 서까래를 받치는 나무. ¶도리를 얹다. 도릿감(도리가 될 수 있는 나무), 도리나무, 도리목(木;도리로 쓰는 재목); 곱은도리, 굴도리(둥글게 만든 도리), 납도리(모가 나게 만든 도리.↔굴도리)/집, 내목도리(內目;기둥의 안쪽), 덧도리, 들도리, 말굽도리, 민도리('납도리'의 비표준말), 빼도리559), 상투도리560), 수장도리(修粧), 주심도리(柱心), 왕지도리, 외목도리, 종도리(宗;마룻대), 주도리(柱), 중도리(中;동자기둥에 가로 얹은 중간 도리), 툇도리(退), 평도리(平;납도리) 들.

도리[2,3] ☞ 돌다.

도리(다) ①둥글게 돌려서 베어내거나 파다.≒없애다. ¶도려낸 감자씨. 사과의 꼭지 부분을 도리다. 도내기561), 도려꽂기, 도려꽂다, 도려내다, 도려버리다, 도려·두려빠지다(한 곳을 중심으로 그 부근이 도려낸 것처럼 몽땅 빠져 나가다), 도련[2], 두려빠다562), 도리낭(囊;둥그렇게 만든 주머니), 도린곁563), 도림[1](묶음표), 도림[2]564), 도림장이, 도림질565)/하다; 씨도리/배추. ②글이나 장부의 어떤 줄에 꺾자를 쳐서 지워버리다.

도리암직-하다 동글납작한 얼굴에 키가 작달막하며, 몸매가 얌전하다. 〈준〉되람직하다. ¶신부는 도리암직하고 행동이 단정해 보였다. 도리암직한 생김새로 나이보다 앳되 보이다.

도마 식칼로 요리 재료를 썰거나 다질 때에 받치는 두꺼운 나무토막. ¶도마에 오른 고기. '도마'의 궁중말은 '손널'이다. 도맛밥(도마질할 때 생기는 나무 부스러기), 도맛소리, 도마질/하다; 칼도마.

도막 짧고 작은 동강. 또는 그것을 세는 말. ¶생선을 여러 도막으로 자르다. 나무 두 도막. 도막도막, 도막말(짤막한 말); 장도막(場;장날과 장날 사이의 동안); 나무도막, 생선도막(生鮮). §'토막'은 크고 덩어리가 진 것이나 잘라진 동강을 세는 단위.

도막이 시골의 지주나 늙은이.

도무지[1] 옳고 그른 것을 다스리는 사람.

도무지[2] ①생각해 볼 바도 없이. 조금도. 전적으로.≒전혀. ¶도무지 영문을 모르겠다. 노무지 반성의 빛이 없다. ②아무리 해보아도. 아무리 하여도.≒도시(都是). 도통(都統). ¶도무지 장사가 되지 않는다. 도무지 생각이 나지 않는다.[+부정어. 부정적 확신].

도미 감성돔과의 바닷물고기. 〈준〉돔. ¶두미구이, 도밋국, 도미국수(도미를 넣고 끓인 국수), 도미백숙(白熟), 도미저냐, 도미젓, 도미찜; 갈돔(褐), 나비돔, 옥돔(玉), 점도미(點)/점돔, 참돔 들.

도비-꾼 통나무 운반을 직업으로 하는 사람.

도사리[1] 바람이나 병 따위로 말미암아 자라는 도중에 떨어진 과

---

555) 도르리: ①여러 사람이 음식을 차례로 돌려 가며 내어 함께 먹는 일. ¶오늘은 국수와 부침개 도르리를 하다. ②똑같게 나누어 주거나 고루 돌라주는 일.

556) 도리기: 여러 사람이 나누어 낸 돈(추렴한 돈)으로 음식을 마련하여 나누어 먹는 일. ¶설렁탕 도리기. 술 도리기.

557) 돌리다': 이치에 그럴듯한 일로 남의 꾀에 속다. 〈큰〉둘리다. ¶달콤한 말에 돌리다.

558) 돌라방·둘러방치다: 무엇을 슬쩍 빼돌리고 그 자리에 다른 것을 대신 넣다.=돌라치다. ¶진품을 돌라방쳐서 팔다.

559) 빼도리: 풍판(風板)이 의지하도록 박공벽의 양쪽 기둥 위에 얹어 밖으로 내밀게 한 도리.

560) 상투도리: 상투기둥에 끼워 맞추기 위하여 끝을 비스듬하게 깎고 구멍을 뚫은 도리.

561) 도내기: 창틀 위쪽의 홈통을 창짝 넓이보다 더 깊이 파낸 고랑. 중방 따위를 드릴 때 기둥 한쪽에 중방운두보다 훨씬 깊게 파낸 끌구멍.[←도려내기]. ¶도내기샘(깊게 판 샘), 도내기홈.

562) 두려빠다: ①어는 한 부분을 뭉떵 빼다. ¶산을 두려빼다. 그들은 천지를 두려빼듯 만세를 불렀다. ②성(城)이나 적진 따위를 공격하여 차지하다. ¶진주성을 두려빼다.

563) 도린곁: 사람이 별로 가지 않는 외진 곳. ¶산삼 씨를 도린곁에 뿌렸다.

564) 도림[2]: 어떤 곳을 중심으로 하여 가까운 이웃. ¶그는 도림에서 제일가는 장사(壯士)이다.

565) 도림질: 실톱으로 널빤지를 오리거나 새겨서 여러 가지 모양을 만드는 일. ¶도림장이, 도림질하다.

실. 낙과(落果). ¶간밤에 몰아치던 비바람에 떨어진 도사리들이 감나무밭 고랑마다 너절하게 뒹굴고 있었다. 채 익지 아니한 과실을 '똘기'라고 한다.

도사리² 못자리에 난 어린 잡풀. ¶도사리를 뽑다. 도사리가 많이 나다. 도사리하다(모를 낸 뒤 논을 정리하다).

도사리³ 이른 봄에 밭에서 겨울을 난 묵은 뿌리에서 자라난 채소. ¶도사리 배추. 아파도 누워 있는 성미가 아니지, 도사리같이 살아나질 않았겠소.

도섭 수선스럽고 능청맞게 변덕을 부리는 짓. 환영(幻影)이나 요술(妖術). ¶도섭을 떨다. 도섭스러운 소리 하지 말게. 그는 하도 도섭스럽게 굴어서 이리 꼬이게 되었다. 도섭부리다(변덕을 부리다. 모양을 바꾸다). 도섭스럽다(변덕스럽다), 도섭쟁이, 도섭질.

도손 겨우 알아들을 수 있는 낮은 목소리로 정답게 말을 주고받는 소리. 또는 그 모양. 〈큰〉도순. 두순. ¶도손도손 속삭이다. 도손도손·두순두순, 도손·두순거리다/대다; 오순도순(의좋게 이야기하거나 지내는 모양).

도솔 미륵보살의 정토(淨土).[←Tusita〈범〉]. ¶도솔가(兜率歌), 도솔천(兜率天).

도숙-붙다 머리털이 아래로 나서 이마가 좁게 되다. 〈준〉숙붙다. ¶머리가 도숙붙은 이마. 이마가 숙붙고 코가 납작한 것이 외모로 보아도 미련하게 생겼다.

도스르(다) 무슨 일을 하려고 마음을 긴장시켜 다잡아 가지다. ¶일을 끝까지 이루려고 마음을 도스르다. 마음을 도슬러 가지다(지어먹다). 마음을 도스르고 공부를 하다.

도시(다) 물건의 거친 면을 연장으로 자르거나 곱게 깎아 다듬다. ¶판자를 대패로 도시다. 도심질(물건의 가장자리가 굽은 곳을 말끔하도록 도려내는 일)/하다.

도시락 고리버들 따위로 결은 작은 고리짝. 밥을 담는 그릇. ¶도시락을 먹다. 도시락밥(곽밥); 나무도시락, 양은도시락(洋銀) 등.

도요 도욧과의 새를 통틀어 이르는 말. ¶도요새; 깝짝도요, 붉은발도요, 알락도요 들.

도장 아낙네가 거처하는 방. 도장방(房). 규방(閨房). ¶도장방에서 밤새도록 웃음소리다 들린다. 사내가 도장방에는 뭣하러 들어가요? 도장왈짜(아무 일에나 휘두르고 나서서 잘난 체하는 사람).

도지 여름과 가을 사이, 또는 가을에 비와 함께 일어나서 거친 파도를 일으키는 바람.

도지개 틈이 나거나 뒤틀린 활을 바로잡는 틀. ¶도지개를 틀다(얌전히 있지 못하고, 공연히 몸을 비비꼬며 움직이다).

도지기 ①논다니와 세 번째로 상관하는 일. 또는 그러한 사람. ②세 번째.

도지(다)¹ ①나았거나 나아가던 병이나 상처가 다시 덧나다.≒나빠지다. 악화되다.↔나아지다. ¶찬바람을 쐬어 감기다 도졌다. 술버릇이 도지다. ②가라앉았던 노여움이 다시 나다. ¶부아가 도지다. 말 한마디 잘못하여 그의 화를 도지게 만들었다.

도지(다)² ①무엇이 매우 심하고 호되다.≒모질다. ¶도지게 꾸짖다. 마음을 도지게 먹다. ②몸이 야무지고 단단하다. ¶몸이 쇳덩이처럼 도지다. 팔뚝이 바윗돌처럼 도지다. 그는 운동선수 못지않은 도진 체격을 가지고 있다.

도짐이 가마에서 도기를 구울 때 도기(陶器)를 놓는 받침.=도침(陶枕).

도치기 인색하고 인정이 없는 사람.=구두쇠. 고바우. ¶그 영감은 피도 눈물도 없는 도치기다.

도투락 어린 계집아이가 드리는 자줏빛 댕기. ¶도투락댕기, 도투락머리.

도토리 떡갈나무의 열매. '작다'를 뜻하는 말. ¶도토리 키 재기. 개밥에 도토리(따돌림을 받아 축에 끼지 못함), 도토리깍정이(도토리받침), 도토리나무, 도토리만두(饅頭;작게 빚은 만두), 도토리묵, 도토리바구미, 도톨밤(도토리같이 둥글고 작은 밤), 도토리밥, 도토리범벅, 도토리수제비, 도토리술, 도토리알 들.

도투마리 베를 짤 때에 날을 감는 틀. ¶도투마리 잘라 넉가래 만들기(아주 하기가 쉬운 일). 도투마리에 감긴 날실.

도틀어 =도파니.

도파니 여러 말 할 것 없이 죄다 몰아서.=도틀어. 통틀어. ¶도파니 얼마에 팔겠소? 도파니 내 잘못이다. 행상들이 도파니 쫓겨났다. 일이 잘되고 못됨은 도파니 내 탓이다.

독 운두가 높고 배가 부르며 전이 달린 큰 오지그릇이나 질그릇.≒항아리. 단지. ¶독 안에 든 쥐. 도깨그릇[566]/독그릇, 독김치(독에 담근 김치), 독동이, 독무덤[옹관묘(甕棺墓)], 독물(짙은 빛깔의 남빛), 독우물[옹정(甕井)], 독자배기, 독장사, 독장수[독장수구구(九九, 독장수셈[567])], 독장이, 독점(店), 독치마(김장독을 두르는 이엉); 간장독, 김장독, 김칫독, 나뭇독, 다릿골독[568], 된장독, 똥독, 물독, 성주독(성주로 모시는 독), 술독, 쌀독, 오줌독, 오지독, 장독(醬)[장독간(間), 장독대(臺), 장독소래기], 잿독, 젓독, 지독(紙), 채독[569], 청대독(靑黛;쪽으로 만든 검푸른 물감), 큰독 들.

독- '작고 어린'을 뜻하는 유일 형태소. ¶독솔(작고 어린 소나무).

독(毒) 건강이나 생명을 해치는 성분. '해치다. 독기가 서리다'를 뜻하는 말. ¶독이 오르다. 독을 뽑다. 독가스(gas), 독감(毒感), 독개미, 독거미, 독계(毒計), 독균(毒菌), 독극물(毒劇物), 독기(毒氣), 독나방, 독나비, 독니, 독막이, 독말풀, 독물(독이 들어 있는 물), 독물(毒物)[독물성(性), 독물학(學)], 독미나리, 독바늘, 독배(毒杯/盃), 독뱀, 독버섯, 독벌(독이 있는 벌), 독벌레, 독보리, 독봉(毒蜂), 독부(毒婦), 독사(毒死), 독사(毒砂), 독사(毒蛇)[독사뱀,

566) 도깨그릇: 독·바탱이(중두리와 비슷하나 배가 더 나오고 아가리가 좁고 작은 오지그릇)·중두리(독보다 조금 작고 배가 불룩한 오지그릇)·항아리 같은 그릇을 통틀어 이르는 말.
567) 독장수셈: 실현성이 전혀 없는 허황된 계산을 하거나 헛수고로 애만 씀.
568) 다릿골독: 썩 크고 중배가 훨씬 부르게 만든 독.
569) 채독: 싸릿개비로 독같이 만든 채그릇의 하나.

독사상(相)], 독살(毒殺), 독살(毒煞)[570], 독선(毒腺), 독설(毒舌)[571], 독성(毒性)[572], 독소(毒素;해로운 요소)[독소면역(免疫); 항독소(抗)], 독수(毒水), 독수(毒手), 독수(毒獸;사람을 해치는 악독한 짐승), 독시(毒矢), 독시(毒弑), 독심(毒心), 독아(毒牙;독니), 독아(毒蛾), 독액(毒液), 독약(毒藥), 독어(毒魚), 독염(毒焰), 독오르다/올리다, 독이(毒栮), 독인(毒刃), 독전(毒箭), 독정(毒政), 독제(毒劑), 독종(毒腫), 독종(毒種), 독주(毒酒), 독즙(毒汁), 독질(毒疾), 독질(毒質), 독창(毒瘡), 독초(毒草;독풀), 독충(毒蟲), 독침(毒針/鍼), 독풀, 독풀이(해독)/하다, 독피(독이 있는 피), 독필(毒筆), 독하다(맵다. 사납다. 모질다), 독해/물(毒害/物), 독혈(毒血), 독화(毒禍), 독화살; 간독하다(奸毒), 거독(去毒), 경련독(痙攣毒), 고독(蠱毒), 광독(鑛毒), 균독(菌毒), 극독(劇毒), 납독, 길독, 노독(路毒;길독), 눈독(욕심을 내어 눈여겨보는 기운), 단독(丹毒), 대독(大毒), 도독(荼毒;씀바귀의 독), 도독(導毒), 돈독, 두독(痘毒), 두독(蠹毒), 똥독, 매독(梅毒), 맷독(매를 맞은 상처에 나는 독기), 맹독(猛毒), 무독(無毒), 방독(防毒), 변독(便毒), 병독(病毒), 보독(報毒), 복독(복어의 독소), 분독(粉毒), 사독(邪毒), 사독(蛇毒), 사독(肆毒), 산독증(酸毒症), 삼독(三毒), 삼독(蔘毒), 서독(暑毒), 서독증(鼠毒症), 선천독(先天毒), 소독(消毒)[573], 손독, 손톱독, 쇳독, 술독[주독(酒毒)], 시독(屍毒), 악독하다/스럽다(惡毒), 암독(暗毒), 약독(弱毒), 약독(藥毒), 양독(陽毒), 여독(旅毒), 여독(餘毒), 연독(鉛毒;납독), 연독(煙毒), 열독(熱毒), 염독(炎毒), 영독(獰毒), 옻독, 용혈독(溶血毒), 원독(怨毒), 원형질독(原形質毒), 유독(有毒)[유독가스(gas), 유독균(菌), 유독식물(植物)], 유독(流毒), 유독(遺毒), 음독/하다(陰毒), 음독(飮毒), 임독(淋毒), 잔독(殘毒), 장독(杖毒), 장독(瘴毒), 장독(臟毒), 제독(制毒;해독을 미리 막음), 제독(除毒;독을 없애버림), 조독(爪毒), 종독(腫毒), 주독(酒毒;술독), 중독(中毒)[574], 지독(至毒)[지독방망이(지독한 사람), 지독스럽다/하다(심하다. 모질다)], 진균독(眞菌毒), 짐독(鴆毒), 참독(慘毒), 창독(瘡毒), 채독(菜毒), 철독(鐵毒), 촉매독(觸媒毒), 치독(治毒), 치독(置毒), 칠독(漆毒;옻독), 침독(侵毒), 침독(鍼毒), 태독(胎毒), 파독(破毒), 편독(便毒), 표독스럽다/하다(慓毒), 풍독(風毒), 한독(旱毒), 한독(悍/狠毒), 함독(含毒), 해독(害毒), 해독(解毒), 혈액독(血液毒), 혹독하다(酷毒), 화독(火毒), 화장독(化粧毒), 회독(灰毒), 후독(後毒) 들.

독(獨) '한 사람의. 혼자 사용하는. 홀로. 외롭다'를 뜻하는 말. ¶독거(獨居;혼자 삶. 홀로 지냄)[독거감방(監房), 독거노인(老人)], 독고(獨鈷;중들이 수법할 때 쓰는 도구), 독공(獨工), 독공(獨功)[575], 독과점(獨寡占), 독광(獨鑛;단독으로 경영하는 광산), 독교(獨轎), 독녀(獨女), 독단(獨斷)[576], 독담당/독담(獨擔當;혼자서 담당함), 독대(獨對), 독락(獨樂), 독력(獨力), 독립(獨立)[577], 독메[山], 독목교(獨木橋), 독목주(獨木舟), 독무대(獨舞臺), 독방(獨房), 독백(獨白), 독별나다(獨別), 독보(獨步)[578], 독부(獨夫), 독사진(獨寫眞), 독산(獨山), 독살림, 독삼탕(獨蔘湯), 독상(獨床), 독생각, 독생자(獨生子), 독서당(書堂), 독선(獨船), 독선(獨善)[579], 독선생(獨先生), 독세상(獨世上), 독수(獨修), 독숙(獨宿), 독습(獨習), 독신(獨身;혼자)[독신자(者), 독신주의(主義); 무매독신(無妹)], 독신(獨愼), 독실(獨室), 독아론(獨我論), 독안(獨眼;애꾸눈), 독야청청(獨也靑靑), 독어(獨語), 독언(獨言), 독연(獨演), 독음(獨吟), 독임(獨任), 독자(獨子)[무매독자(無妹獨子), 삼대독자(三代), 양가독자(兩家)], 독자(獨自)[독자력(力), 독자성(性), 독자적(的), 독자파(派)], 독작(獨酌), 독장치다(獨場), 독재(獨裁)[580], 독점(獨占)[581], 독정(獨政), 독존(獨存), 독존(獨尊)[유아독존(唯我)], 독좌(獨坐), 독주(獨走), 독주(獨奏)[독주곡(曲), 독주하다, 독주회(會)], 독진(獨鎭),

---

570) 독살(毒煞): 악에 받치어 생긴 모질고 사나운 기운. ¶독살나다, 독살스럽다, 독살지다(독살스러운 기운이 많다), 독살풀이/하다.

571) 독설(毒舌): 남을 해치거나 비방하는 모질고 악독스러운 말. ¶독설을 퍼붓다. 독설가(家), 독설하다.

572) 독성(毒性): 독이 있는 성분. 독한 성질. 병원균이 질병을 일으킬 수 있는 능력. ¶독성이 강한 물질. 독성시험(試驗), 독성인자(因子), 독성학(學).

573) 소독(消毒): 물건에 묻어 있는 병원균을 약품·열·빛 따위로 죽이는 일. ¶소독기(器), 소독내, 소독면(綿), 소독복(服), 소독수(水), 소독실(室), 소독약(藥), 소독의(衣), 소독저(箸), 소독제(劑), 소독차(車); 소각소독(燒却), 약물소독(藥物), 일광소독(日光), 열소독(熱), 증기소독(蒸氣).

574) 중독(中毒): 생체가 음식이나 약물의 독성에 치여서 기능 장애를 일으키는 일. ¶중독되다, 중독량(量), 중독성(性), 중독약시(弱視), 중독자(者), 중독진(疹); 가스중독(gas), 공업중독(工業), 납중독, 니코틴중독(nicotine), 마약중독(痲藥), 버섯중독, 벤젠중독(benzene), 복어중독(-魚), 비소중독(砒素), 산중독(酸), 수은중독(水銀), 승홍중독(昇汞), 식물중독(植物), 식중독(食), 식육중독(食肉), 알칼리중독(alkali), 알코올중독(alcohol), 약물중독(藥物), 이산화탄소중독(二酸化炭素), 인중독(燐), 일중독, 일산화탄소중독(一酸化炭素), 자가중독(自家), 질소중독(窒素), 탄산가스중독(炭酸gas).

575) 독공(獨功): 판소리 가객(歌客)들이 득음(得音)을 하기 위하여 토굴 또는 폭포 앞에서 하는 발성 훈련.

576) 독단(獨斷): 남과 상의하지 않고 혼자서 판단하거나 결정함. 주관적인 편견으로 판단함. ¶독단으로 일을 처리하다. 독단가(家), 독단론/자(論/者), 독단비평(批評), 독단적(的), 독단전횡(專橫), 독단주의/자/적(主義/者/的).

577) 독립(獨立): 다른 것에 예속되거나 기대지 아니하는 상태로 됨. 독자적으로 존재함. ¶독립가옥(家屋), 독립관청(官廳), 독립국(國), 독립군/가(軍/歌), 독립권(權), 독립기관(機關), 독립되다/하다, 독립등기(登記), 독립명령(命令), 독립문(門), 독립변수(變數), 독립사(史), 독립사건(事件), 독립생활(生活), 독립선언(宣言), 독립성(性), 독립성분(成分), 독립세(稅), 독립시행(施行), 독립심(心), 독립어(語), 독립영양(營養), 독립운동(運動), 독립인(人), 독립자영(自營), 독립자존(自存), 독립자활(自活), 독립재(財), 독립적(的), 독립중리(重利), 독립지사(志士), 독립채산제(採算制), 독립투사(鬪士), 독립투자(投資), 독립회계(會計); 반독립(半), 자주독립(自主).

578) 독보(獨步): 남이 감히 따를 수 없을 만큼 혼자 앞서 감. ¶그 사람은 이 분야에서 독보적인 존재로 알려졌다. 독보적(的); 고금독보(古今), 독립독보(獨立).

579) 독선(獨善): 자기 혼자만이 옳다고 믿고 행동하는 일. ¶독선에 빠지다. 그의 설명은 독선으로 흘렀다. 독선가(家), 독선적(的), 독선주의/자/적(主義/者/的).

580) 독재(獨裁): 특정한 개인이나 단체가 어떤 분야에서 모든 권력을 차지하여 모든 일을 독단으로 처리함. 민주적인 절차를 부정하고 통치자의 독단으로 행하는 정치. ¶독재국가(國家), 독재권력(權力), 독재론(論), 독재성(性), 독재자(者), 독재정체(政體), 독재정치(政治), 독재주의(主義), 독재하다; 개발독재(開發), 계급독재(階級), 질서독재(秩序), 혁명독재(革命).

581) 독점(獨占): 독차지. 개인이나 하나의 단체가 다른 경쟁자를 배제하고 생산과 시장을 지배하여 이익을 독차지함. 또는 그런 경제 현상.=외목장사. ¶독점가격(價格), 독점과세(課稅), 독점권(權), 독점금지법(禁止法), 독점기업(企業), 독점도(度), 독점되다/하다, 독점력(力), 독점물(物), 독점사업(事業), 독점영조물(營造物), 독점욕(慾), 독점이윤(利潤), 독점자(者), 독점자본(資本), 독점재벌(財閥), 독점적(的), 독점지대(地代), 독점체(體); 공급독점(供給), 단순독점(單純), 사적독점(私的), 시장독점(市場), 완전독점(完全), 자연독점(自然), 준독점(準).

독차지/하다, 독창(獨窓), 독창(獨唱), 독창(獨創)[582], 독채, 독처(獨處), 독천(獨擅;혼자서 마음대로 일을 처리함), 독천하(獨天下), 독침(獨寢), 독탕(獨湯), 독특(獨特), 독판, 독학(獨學), 독해(獨害), 독행(獨行)[독립독행(獨立)], 독호(獨戶), 독훈장(獨訓長), 독흉(獨凶), 독흉년(獨凶年); 고독(孤獨), 단독(單獨)[단독범(犯), 단독적(的), 단독제(制)], 신독(愼獨), 유독(幽獨), 유독(惟獨;오직 홀로), 자주독왕(自主獨往) 들.

독(讀) '글 · 문서를 읽다'를 뜻하는 말. ¶독경(讀經), 독극(讀劇;연극의 대본을 읽음), 독도법(讀圖法), 독료(讀了;讀破), 독법(讀法), 독본(讀本)[문예독본(文藝), 부독본(副), 인생독본(人生), 정독본(正)], 독사(讀史), 독사(讀師), 독서(讀書)[583], 독송/법(讀誦/法), 독순법(讀脣法), 독순술(讀脣術), 독순언어(言語), 독습(讀習), 독심술(讀心術), 독음(讀音), 독자(讀者)[584], 독축(讀祝), 독파(讀破;끝까지 다 읽음), 독해(讀解), 독화(讀畵), 독화술(讀話術), 독회(讀會), 독후감(讀後感); 가독성(可讀性), 강독(講讀), 갱독(更讀), 경독(耕讀), 경독(經讀), 고성대독(高聲大讀), 교독(交讀), 구독(購讀), 권독(勸讀), 난독(亂讀;濫讀), 난독(難讀;읽기 어려움), 남독(濫讀;마구 읽음), 낭독(朗讀)[낭독연설(演說), 낭독자(者), 낭독회(會); 입체낭독(立體)], 다독(多讀), 대독(代讀;대신하여 읽음), 도능독(徒能讀)[585], 도독(盜讀), 목독(目讀), 묵독(默讀), 미독(味讀), 발췌독(拔萃讀), 배독(拜讀), 배독(背讀), 범독(泛讀;정신을 기울이지 않고 데면데면하게 읽음), 병독(竝讀), 복독(復讀), 봉독(奉讀;삼가 받들어 읽음), 비독(飛讀), 석독(釋讀), 세독(細讀), 속독(速讀), 송독(誦讀), 숙독(熟讀), 습독(習讀), 실독증(失讀症), 심독(心讀), 암독(暗讀), 애독(愛讀)[애독되다/하다, 애독서(書), 애독자(者)], 야독(夜讀), 역독(譯讀), 연독(連讀), 열독(熱讀), 열독(閱讀), 염독(念讀), 오독(誤讀), 완독(玩讀), 윤독(輪讀), 음독(音讀), 일독(一讀), 재독(再讀), 전독(展讀), 전독(轉讀;띄엄띄엄 읽음), 정독(正讀;글의 참뜻을 바르게 파악함), 정독(情讀;마음을 붙여 읽음), 정독(精讀;뜻을 새겨 가며 자세히 읽음), 졸독(卒讀;다 읽음), 주독(走讀;건성으로 빨리 읽어 나감), 주경야독(晝耕夜讀), 진독(進讀;귀인 앞에 나아가 글을 읽는 것), 차독(借讀), 청경우독(晴耕雨讀), 탐독(耽讀), 통독(通讀), 판독(判讀), 편독(偏讀), 풍독(諷讀), 필독/서(必讀/書), 해독(解讀), 회독(回讀), 회독(會讀), 훈독(訓讀;한자의 뜻을 새겨서 읽음). §'구절'의 뜻으로는 [두]로 읽힘. 구두법(句讀法), 구두점(句讀點); 음두(音讀), 이두(吏讀) 들.

독(督) '살피다. 재촉하다'를 뜻하는 말. ¶독과(督過;잘못을 꾸짖음), 독납(督納), 독려(督勵;감독하고 격려함), 독맥(督脈), 독박(督迫), 독봉(督捧;돈이나 물건을 독촉하여 거두어들임), 독세(督稅), 독전/대(督戰/隊), 독책(督責), 독촉(督促;몹시 재촉함)[독촉되다/하다, 독촉장(狀), 독촉절차(節次); 빚독촉, 성화독촉(星火)], 독칙(督飭;감독하고 타이름), 독학(督學); 가독(家督), 감독(監督), 검독(檢督), 권독(勸督), 기독교(基督敎), 도독(都督), 면독(面督), 엄독(嚴督), 완독(緩督), 제독(提督;함대의 사령관), 총독(總督), 통독(統督) 들.

독(篤) '도탑다(인정이 많고 깊다). 병이 위중하다'를 뜻하는 말. ¶독경하다(篤敬;언행이 도탑고 공손하다), 독공(篤工;착실히 공부함), 독농(篤農), 독농가(篤農家), 독로시하(篤老侍下), 독민(篤敏), 독성(篤性), 독신(독실하게 믿음)/자(篤信/者), 독실하다(篤實), 독심(篤心), 독우(篤友), 독지(돈독한 마음)/가(篤志/家), 독질(篤疾), 독학(篤學;학문에 충실함), 독행(篤行;돈독한 행실), 독호(篤好), 독효(篤孝), 독후(篤厚;독실하고 극진함); 간독하다(懇篤), 돈독하다(敦篤), 순독(純/醇篤), 위독하다(危篤), 혈심고독(血心苦篤;정성을 다하여 일을 하여 감) 들.

독(禿) '털이 빠지거나 나무 등이 없는'을 뜻하는 말. ¶독두(禿頭;대머리), 독두병(禿頭病), 독목(禿木;잎이 다 떨어져 앙상하게 된 나무), 독산(禿山;민둥산), 독수(禿樹;잎이 다 떨어진 나무. 禿木), 독수리, 독창(禿瘡), 독필(禿筆;몽당붓) 들.

독(瀆) '욕되게 하다'를 뜻하는 말. ¶독성(瀆聖), 독신(瀆神;신을 모독함), 독직(瀆職;직책을 더럽히는 일); 남독(南瀆), 모독(冒瀆), 북독(北瀆), 사독(四瀆), 오독(汚瀆) 들.

독(犢) '송아지'를 뜻하는 말. ¶독우(犢牛); 금독(禽犢), 금독지행(禽犢之行;짐승과 같은 짓), 생독(牲犢), 제독(祭犢), 지독지애(舐犢之愛), 지독지정(舐犢之情) 들.

독(牘) '편지. 책. 문서(文書)'를 뜻하는 말. ¶독미(牘尾;문서의 여백. 문서의 말미), 독전(牘箋); 간독(簡牘), 서독(書牘), 안독(案牘), 연편누독(連篇累牘), 척독(尺牘) 들.

독(櫝) 나무로 짠 궤. ¶독보(櫝褓); 개독(開櫝), 외독(外櫝;신주 하나만 모신 독), 주독(主櫝;신주를 모시어 두는 나무 궤), 합독(合櫝) 들.

독(黷) '더럽히다'를 뜻하는 말. ¶독란(黷亂;정치나 인륜을 더럽히고 욕되게 함), 독화(黷貨;정당하지 아니한 수단으로 얻은 재물) 들.

돈¹ 상품의 교환 가치를 나타내며 상품 교환을 매개하고 가치 저장의 수단이 되는 물건. 금전. 화폐(貨幣). 재산. 옛날 엽전의 열 푼. 돈짝(엽전 둘레의 크기). 돈의 모양. ¶돈을 벌다. 돈을 모으다. 돈값(돈의 가치), 돈거래(去來), 돈거리[586], 돈고생(苦生), 돈고지(엽전 모양의 호박고지), 돈구멍(엽전에 뚫린 구멍. 돈이 생길 만한 방도), 돈궤(櫃), 돈길, 돈꿰미, 돈끈(엽전을 묶던 끈), 돈내기¹/하다(노름), 돈내기²(공사를 할 때, 일의 양에 따라 품삯을

582) 독창(獨創): 다른 것을 모방함이 없이 새로운 것을 처음으로 만들어 내거나 생각해 냄. ¶훈민정음은 독창적이고 과학적이다. 독창력(力), 독창미(美), 독창성(性), 독창적(的), 독창하다.

583) 독서(讀書): 책읽기. 독서당(堂), ¶독서가(家), 독서광(狂), 독서량(量), 독서력(力), 독서루(樓), 독서망양(亡羊;하는 일에는 뜻이 없고 다른 생각만 하다가 낭패를 봄), 독서반(班), 독서법(法), 독서삼도(三到;口到, 心到, 眼到), 독서삼매(三昧), 독서실(室), 독서열(熱), 독서욕(慾), 독서인(人), 독서인구(人口), 독서주간(週間), 독서회(會); 고궁독서(固窮讀書;가난함을 분수로 여기면서 글 읽기를 즐겨함), 교양독서(敎養), 실용독서(實用), 월광독서(月光).

584) 독자(讀者): 글을 읽는 사람. ¶독자와 작가의 만남. 독자란(欄), 독자망(網), 독자모임, 독자반응비평(讀者反應批評), 독자층(層); 여성독자(女性), 월정독자(月定), 정기독자(定期).

585) 도능독(徒能讀):뜻은 모르면서 무작정 읽기만 잘함. 임기응변의 재능이 없음.

586) 돈거리: 팔면 약간의 돈을 받을 수 있는 물건.

ㄷ

미리 정하고 하는 것), 돈냥(兩), 돈놀이/꾼, 돈닢, 돈다발, 돈단련(鍛鍊;돈 때문에 무시를 당하거나 푸대접을 받는 일), 돈답다(돈이 쓸모가 있을 만하다), 돈더미(얼마라고 이름을 붙인 돈의 액수), 돈도지(賭地;돈놀이에서 빌려주는 빚돈), 돈독(毒;지나치게 돈을 밝히는 경향), 돈돈[587], 돈돈쭝, 돈때[588], 돈만(萬), 돈맛(돈을 벌거나 쓰거나 모으는 재미), 돈머리(얼마라고 이름을 붙인 돈의 액수), 돈몫(몫으로 배당되는 돈), 돈문서(文書), 돈뭉치, 돈뭉텅이, 돈바리(돈을 싼 바리), 돈반(半), 돈방석(方席;돈벌이가 썩 좋은 처지), 돈백(百), 돈벌레¹,²[589], 돈벌이/하다, 돈벼락, 돈변리/돈변(邊利;이자), 돈복(福), 돈봉투(封套), 돈부정(不淨;돈에 씌운 부정), 돈빚(돈을 빌려 생긴 빚), 돈사[590], 돈사다(팔다), 돈선거(選擧;돈을 많이 써서 하는 선거), 돈세탁(洗濯;돈씻이), 돈소리, 돈시세(時勢), 돈쌈지, 돈약과(藥果;돈짝만한 약과), 돈어치(돈값에 맞먹는 분량이나 정도), 돈잔치, 돈저냐(돈짝만한 저냐), 돈전병(煎餠;엽전 모양의 전병), 돈점(占;동전으로 길흉을 점치는 일), 돈점박이(點;돈짝만한 점), 돈주머니, 돈줄, 돈지갑(紙匣), 돈지랄(분수에 맞지 않게 아무 데나 돈을 쓰는 짓)/하다, 돈질(노름판에서 건 돈을 주고받는 짓), 돈짝(엽전 둘레만큼의 크기), 돈천(千), 돈치기/하다, 돈치다, 돈타령[591], 돈팔이(돈벌이 위주로 하는 일), 돈표(票), 돈푼, 돈풀이; 가욋돈(加外), 강밋돈(講米)[592], 거스름돈, 검은돈[593], 곗돈(契), 공돈(空), 관돈(돈 열 냥), 군돈, 금돈(金), 까팡돈[594], 꾹돈(뇌물로 꾹 찔러주는 돈), 끝돈, 나랏돈, 낱돈, 노랑돈, 노잣돈(路資), 눈먼돈, 단돈[595], 대돈변(邊), 덧돈(웃돈), 도짓돈(賭地), 돌돈(돌떡 값으로 내놓는 돈), 뒷돈, 떼돈, 뜬돈[596], 맞돈, 모갯돈, 목돈(모갯돈. 뭉칫돈), 뭉칫돈, 보싯돈(布施), 변돈(邊), 부스럭돈(잔돈푼), 분핫돈(分下), 붙은돈, 빚돈, 사슬돈(잔돈), 산돈(算), 살돈(밑천), 생돈(生), 세뱃돈(歲拜), 셋돈(貰), 시겟돈, 시쟀돈(時在;쓰고 남아 있는 돈), 시줏돈(施主), 쌈짓돈[597], 안돈, 알돈(알짜가 되는 돈), 앞돈(계약금), 앞엣돈[598], 양돈(兩), 양돈사(兩), 여윳돈(餘裕), 연봇돈(捐補), 왕돈[왕전(王錢)], 용돈(用), 웃돈[599], 은돈(銀), 이잣돈(利子), 일돈(삯전), 잔돈, 잿돈(齋), 전셋돗(傳貰), 종이돈, 종자돈(種子), 주머닛돈, 준돈(돈치기할 때 맞히라고 지정된 돈), 짝돈(한 짝이 될 만한 엽전), 참돈(站)[600], 체곗돈(遞計), 쾟돈(관돈), 큰돈, 판돈, 팻돈(牌), 푼돈(↔모갯돈), 품돈(품삯으로 받는 돈), 햇돈(해마다 얼마씩 나누어 갚는 돈), 해웃돈, 헛돈(헛되게 쓰는 돈), 회삿돈(會社). ☞ 금(金). 전(錢).

돈² 귀금속이나 한약재 따위의 무게를 잴 때 쓰는 단위로 3.75g. 한 냥의 1/10. ¶금 한 돈. 돈반(半), 돈쭝.

돈³ 모스 부호 가운데 짧은 부호를 송신하는 소리. ¶돈쓰(전신기로 모스 부호를 송신하는 소리)

돈(頓) '조아리다. 갖추다. 갑자기·별안간. 그치다·멈추다'를 뜻하는 말. ¶돈교(頓敎), 돈끽(頓喫;한꺼번에 마음껏 많이 먹음), 돈단무심(頓斷無心), 돈반(頓飯), 돈복(頓服), 돈사(頓死), 돈상(頓顙), 돈성(頓成), 돈수(頓首;머리를 땅에 닿도록 숙이고 절함. 경의를 표함)[돈수재배(再拜); 면관돈수(免冠)], 돈수(頓修), 돈연하다(頓然), 돈오(頓悟;문득 깨달음), 돈절(頓絕;杜絕), 돈족(頓足), 돈좌(頓挫), 돈지(頓智), 돈진(頓進≒急進), 돈탈(頓脫;갑자기 벗어남), 돈필(頓筆;글을 죽 써내려가다가 멈춤), 돈호법(頓呼法;사람이나 사물의 이름을 불러 주의를 불러일으키는 수사법); 감돈(嵌頓), 안돈(安頓), 전돈낭패(顚頓狼狽), 정돈(停頓), 정돈(整頓), 좌돈(挫頓) 들.

돈(豚) '돼지. 자기 자식을 낮춤'을 뜻하는 말. ¶돈가스, 돈견(豚犬), 돈모(豚毛), 돈박(豚拍), 돈사(豚舍), 돈아(豚兒), 돈역(豚疫), 돈육(豚肉), 돈지(豚脂), 돈피(豚皮); 가돈(家豚), 견돈(犬豚), 계돈(鷄豚), 계돈동사(鷄豚同社;동향 사람끼리 계를 모아 친목을 도모함), 돈(迷豚), 방돈(放豚), 양돈(養豚), 자돈(仔豚), 종돈(種豚), 종모돈(種牡豚) 들.

돈(敦) '도탑다. 힘쓰다'를 뜻하는 말. ¶돈독하다(敦篤), 돈령(敦寧), 돈령부(敦寧府), 돈면(敦勉), 돈목(敦睦;정이 두텁고 화목함)/하다, 돈박(敦迫), 돈실하다(敦實), 돈유(敦諭), 돈정(敦定), 돈종(敦宗), 돈친(敦親;일가친척이 사이가 좋고 화목함. 敦睦), 돈학(敦學), 돈행(敦行;정중하게 행함), 돈화(敦化;백성을 두텁게 교화함), 돈후하다(敦厚;인정이 두텁고 후하다) 들.

돈(墩) '평지보다 높직하게 된 곳'을 뜻하는 말. ¶돈대(墩臺;조금 높직한 평지), 돈장(墩障;흙으로 쌓아 올린 성채), 돈후(墩堠;파수를 보기 위하여 흙담을 쌓아 만든 돈대).

돈(惇) '인정이 도탑다'를 뜻하는 말. ¶돈돈하다(惇惇), 돈신하다(惇信;믿음이 두텁다), 돈혜(惇惠;厚恩) 들.

돈(沌) '어둡다. 혼탁하고 어지럽다'를 뜻하는 말. ¶돈돈(沌沌), 혼돈(混/渾沌) 들.

돈-바르다 성격이 너그럽지 못하고 몹시 까다롭다. 몰인정하다. ¶그는 돈바른 성격으로 친구가 없다. 아무리 돈바른 사람일지라도 다루기에 달렸다.

돈-하다 매우 단단하고 세다. 엄청나게 무겁다. ¶짐이 돈하다.

---

587) 돈돈: 몇 돈으로 헤아릴 수 있는 적은 액수의 돈. ¶돈돈이나마 붙어 있을 날이 없다.

588) 돈때: ①돈을 자꾸 만져서 묻은 때. ②돈을 많이 다루는 데서 생기는 욕심. ¶돈때가 오르다.

589) 돈벌레¹: 돈을 지나치게 밝히는 사람. 돈벌레²: 그리마. 돈 모양으로 생긴 벌레.

590) 돈사: 예전에, 돈을 몇 냥으로 셀 때에 남은 몇 돈을 이르는 말. ¶닷냥 돈사. 양돈사(兩;한 냥에 몇 돈을 거한 금액).

591) 돈타령: 돈이 없다고 늘어놓는 푸념이나 사설. ¶돈타령하다.

592) 강밋돈(講米): 글방 선생에게 곡식 대신 내던 돈.

593) 검은돈: 뇌물의 성격을 띠거나 그 밖의 정당하지 못한 방법으로 주고받는 돈.

594) 까팡돈: 질그릇의 깨어진 조각(까팡이)으로 돈처럼 둥글납작하게 만든 아이들의 장난감.

595) 단돈: 아주 적은 돈. ¶단돈 10원이라도 아껴라.

596) 뜬돈: 어쩌다가 우연히 생긴 돈. ¶뜬돈을 헛되이 낭비하다.

597) 쌈짓돈: 쌈지에 있는 돈이라는 뜻으로, 적은 돈을 이르는 말.

598) 앞엣돈: 씨, 먹이, 거름 따위와 같이 밑천이 드는 비용.

599) 웃돈: ①본래의 값에 덧붙이는 돈. ②물건을 서로 바꿀 때에 값이 적은 쪽에서 물건 외에 더 보태어 주는 돈.

600) 참돈(站): 상여가 나가다가 참참이 쉴 때마다 상여꾼에게 술값으로 주는 돈.

돋(다) 처음으로 솟아오르거나 천천히 시간을 들여서 밀고 올라오다. 살갗이 우툴두툴하게 내밀다.≒나오다. 생기다. 솟다. ¶아침 해가 돋다. 싹이 돋다. 온몸에 소름이 돋다. 돋구다[601], 돋김불[602], 돋나다[603], 돋되기[진화(進化)], 돋들리다[604], 돋보기(볼록렌즈), 돋보다(도두보다)/보이다(도두보이다), 도독/도도록[605], 도두[606], 도돌·[607]도톨·토돌·두툴·토들[608], 도들·두들[609], 도틀·두틀·더틀[610], 오톨도톨·우툴두툴, 터들터들[611], 도도록하다/도독하다·두두룩하다/두둑하다[612], 도도록이·두두룩이/도독이·두둑이, 도드라·두드러지다[613], 돋아나다, 돋우다¹,²[614], 돋움[615], 돋을무늬, 돋을볕[616], 돋을새김/돋새김[부조(浮彫)], 돋을양지(陽地), 돋음갱이, 돋음새, 돋치다[617], 두드러기[618]; 내돋다(밖이나 겉으로 돋아 나오다)/돋치다, 들이돋다(마구 돋다), 문돋이(紋;무늬가 좀 돋아 나온 비단), 부르돋다(우뚝하고 굳세게 돋다)/돋치다, 분돋움(憤/忿), 움돋다, 움돋이, 달돋이, 해돋이 들.

돌¹ 난 뒤에 한 해씩 차서 해마다 돌아오는 그 날. 어느 시점으로부터 만 1년이 되는 날. 또는 그 반복되는 횟수를 세는 말.[←돌다.≒주년(周/週年). ¶첫아이의 돌잔치를 벌이다. 돌아가신 지가 어언 한 돌이 된다. 창업 열 돌을 맞다. 돌날, 돌돈(돌떡 값으로 내놓는 돈), 돌떡, 돌띠, 돌마나(첫돌이 될락말락한 것), 돌마낫적[619], 돌맞이/하다, 돌상(床), 돌송편, 돌잔치, 돌잡이/하다, 돌잡히다, 돌쟁이(첫돌이 된 아이); 두돌잡이(난 지 두 덜 정도 된 아이), 첫돌 들.

돌² 바위의 조각으로 모래보다 큰 광물질의 덩어리. '단단한 것. 머리가 나쁜 사람'을 비유. ¶돌을 던지다. 돌로 쌓은 성. 돌가루, 돌각담, 돌검(劍), 돌결(돌의 결), 돌경(磬), 돌계단(階段), 돌고드름, 돌곪다, 돌곰기다(종기가 겉은 딴딴하고 속으로 몹시 곪기다), 돌공이, 돌곽(槨), 돌괭이, 돌구멍, 돌구유, 돌굿(돌구덩이), 돌그릇, 돌금(돌에 난 금), 돌기둥, 돌기와, 돌길, 돌김[석태(石苔)], 돌까뀌, 돌난간(欄干), 돌날격지, 돌날떼기, 돌너덜/길, 돌널(돌로 만든 널), 돌니(뾰족하게 날이 선 돌), 돌다리/목, 돌단(壇), 돌담[돌담길, 돌담장(牆)], 돌담불[620], 돌닻, 돌대가리, 돌더미, 돌덤[621], 돌덩어리/돌덩이, 돌도끼, 돌두지[622], 돌둑, 돌등(돌의 윗면), 돌땅[623], 돌때(돌가루가 끼어 생기는 때), 돌막/집(幕), 돌망치, 돌망태(網), 돌매(맷돌), 돌머리, 돌먼지, 돌메(돌로 만든 메), 돌멩이/질/하다, 돌못(돌을 다듬어 박은 말뚝), 돌무늬, 돌무더기[624], 돌무덤, 돌무지[625], 돌문(門), 돌미륵, 돌바닥, 돌반지기(半;잔돌이나 모래가 많이 섞인 땅), 돌발[석방렴(石防簾)], 돌방(房), 돌밭, 돌방아(연자매), 돌방죽, 돌베개, 돌벼락, 돌부리, 돌부처, 돌불(돌이 부딪혀 내는 불), 돌비(碑), 돌비늘[운모(雲母)], 돌비알(가파른 돌의 언덕), 돌사닥다리[626], 돌사람[627], 돌사막(沙漠), 돌사자(獅子), 돌사태(沙汰), 돌산(山), 독살[628](돌발), 돌상(像), 돌샘, 돌서더릿길(돌이 많이 깔린 길), 돌서덜/밭, 돌섬, 돌성(城), 돌세포(細胞), 돌소금[암염(巖鹽)], 돌솜[석면(石綿)], 돌송곳, 돌솥, 돌순(筍), 돌심보(心;냉정한 사람), 돌심지, 돌싸움/돌쌈, 돌쌓기, 돌아기(돌이나 바위에서 태어난 아이), 돌알²(수정으로 만든 안경 알), 돌엄마, 돌연대(蓮臺), 돌연모, 돌연장, 돌옷(돌에 난 이끼), 돌우물, 돌이끼, 돌장승, 돌장이[석수(石手)], 돌절구, 돌조각(彫刻), 돌주먹, 돌중방(中枋), 돌지붕, 돌질(돌멩이질)/하다, 돌짐(돌로 된 짐), 돌짐승[석수(石獸)], 돌집, 돌짬(돌의 갈라진 틈. 바위 사이의 좁은 틈), 돌쪼시/돌쪼이(석수장이), 돌

---

601) 돋구다: 안경의 도수 따위를 더 높게 하다.
602) 돋김불: 옹기를 구울 때 높은 온도로 때는 불.
603) 돋나다: 인품이 두드러지게 뛰어나다. ¶동창 가운데 돋난 인물.
604) 돋들리다: 소리가 보통 때보다 더 크게 들리다.
605) 도독: 무엇이 쌓이거나 돋아난 것처럼 가운데가 좀 불룩한 모양. 〈큰〉두둑/두두룩. 〈본〉도도록. ¶두두룩 쌓인 눈 더미. 두둑 솟다. 도독도독·두둑두둑, 도독/도도록·두둑/두두룩하다(두껍다. 넉넉하다. 수북하다).
606) 도두: 위로 돋아서 높게.[←돋(다)+우].↔낮추. ¶도두 앉다. 도두들리다/돋들리다, 도두뛰다(힘껏 높이 뛰다), 도두뜨다, 도드밟다, 도두베다, 도두보다(실제보다 더 크게 또는 좋게 보다)/돋보다, 도두보이다/도두뵈다/돋보이다, 도두새기다, 돋새김, 도두앉다, 도두치다(시세보다 더 많게 값을 치다).
607) 도돌: 물건의 거죽이 들어가고 나오고 하여 매끈하지 아니한 꼴.[←돋(다)+올]. 〈큰〉두둘. 〈거〉도톨.
608) 토들: 면이 반반하지 못하고 오돌도돌하게 불거져 고르지 아니한 모양.=도톨.
609) 두들: 살갗에 돋아 있는 것이 고르지 않게 있는 모양. 〈작〉도들. ¶살갗이 두들두들 부르트다.
610) 더틀: 물건의 바탕이나 가장자리가 매끈하지 못하고 터실터실한 모양.
611) 터들터들: 물체의 표면이 매끈하게 곱지 못하고 좀 두들두들하고 꺼칠한 모양. ¶그 가구는 오래되어 터들터들 낡아서 보기 흉하다. 햇볕에 타고 바람에 시달려 터들터들 거칠어진 피부.
612) 두둑하다: ①매우 두껍다. ¶두둑한 돈 다발. 배짱이 두둑하다. ②넉넉하다. 풍부하다. ¶주머니가 두둑하다.
613) 두드러지다: 드러나다. 뚜렷하다. 뛰어나다. 빛나다. 돋보이다. 모나다. 우뚝하다. 솟다.
614) 돋우다¹: 심지, 용기, 입맛, 싸움, 화 같은 것을 위로 끌어올리다. 밑을 괴어 높아지게 하다. 도도록하게 만들다. 남을 건드려 분이 나게 하다. ≒높이다. 올리다. ¶땅을 돋우다. 화를 돋우다. 선수들의 사기를 돋우다. 북돋우다/북돋다, 심돋우개. 돋우다²: 물건 값이 좀 높거나 비싸다.
615) 돋움: 높아지도록 밑을 괴는 물건. 분이 나게 함. ¶돋움내기, 돋움요(솜을 두텁게 둔 요); 발돋움, 북돋음(북돋우어 주는 일), 분돋움(憤/忿), 종부돋음/하다(물건을 차곡차곡 쌓아 올리는 일. 키를 돋우느라고 발끝만 디디고 서거나 발밑을 굄).
616) 돋을볕: 아침에 해가 솟아오를 때의 햇볕. ¶돋을볕을 본 지도 한참이 지났으니 아침을 먹어야겠다.
617) 돋치다: ①돋아서 내밀다. ¶가시 돋친 말. 날개가 돋치다. 뿔이 돋치다. ②값이 오르다. ¶며칠 사이에 값이 곱절로 돋쳤다.
618) 두드러기: 음식·약물·온도의 변화로 인하여 생기는 피부병.[←두들+어기].
619) 돌마낫적: 첫돌이 될락말락한 어린아이 때. ¶돌마낫적에 글자를 익힌 천재.
620) 돌담불: 산이나 들에 쌓여 있는 돌무더기.
621) 돌덤: 다듬는 과정을 계산하여 원하는 돌의 치수보다 좀 크게 마름하는 치수.
622) 돌두지: 댐의 벽 따위에 작용하는 압력을 막기 위하여 일정한 나무틀에 돌을 채워서 만든 구조물.
623) 돌땅: 돌이나 망치 따위로 고기가 숨어 있을 만한 물속의 큰 돌을 세게 쳐서 그 충격으로 고기를 잡는 일. 또는 그렇게 치는 돌.
624) 돌무더기: 돌덩이가 쌓인 무더기. ¶등산로 옆으로 돌무더기가 여러 개 있다.
625) 돌무지: ①돌이 많이 깔려 있는 땅. ¶돌무지를 개간하다. 돌무지밭. ②고인돌이나 돌널무덤 둘레에 보호물로 쌓아 둔 돌더미.=적석(積石). ¶그 땅은 돌무지라 쓸모가 없다. 돌무지무덤.
626) 돌사닥다리: 돌과 바위가 많은 가파른 산길.
627) 돌사람: ①석인(石人). ②말이 없고 감정을 좀처럼 드러내지 않는 사람.
628) 독살: 해안에 돌을 쌓아 밀물이 되면 고기가 같이 들어왔다가 썰물이 되면 물이 빠지면서 돌담에 남는 고기를 잡는 전통 고기잡이 방식.

찜질, 돌차기, 돌천장(天障), 돌촉(鏃), 돌층계(層階), 돌칼, 돌탑(塔), 돌티(돌의 잔 부스러기), 돌판(板), 돌팔매/질/하다, 돌하르방, 돌함(函), 돌합(盒), 돌홈, 돌홍예(虹霓), 돌화덕(火), 돌화로(火爐), 돌화살, 돌확(돌로 된 조그만 절구), 돌흙; 감돌[629], 갓돌[630], 갯돌[631], 거품돌(속돌. 浮石), 걸림돌, 견칫돌[632], 경돌(磬), 고드랫돌, 고인돌, 곱돌[납석(蠟石)], 공깃돌, 굄돌, 구들돌, 구멍돌(구멍을 뚫은 돌), 굳은돌/굳돌, 귀틀돌[633], 귓돌(머릿돌), 금돌(金), 김칫돌, 낙수받잇돌(落水), 깐돌(집터나 무덤 바닥에 깐 돌), 노둣돌[634], 누름돌(지지름돌), 다듬잇돌('방칫돌'은 사투리), 다릿돌(징검돌), 닻돌, 댓돌(臺), 댕돌같다[635], 덮개돌(뚜껑돌), 동돌[636], 동바릿돌(동바리를 괸 돌. 밑돌), 동틀돌[637], 둔덕돌[638], 둘레돌[호석(護石)], 들돌[639], 디딤돌, 떡돌(떡을 치는 넓적한 안반 돌), 뗀돌(채석장에서 떠낸 돌), 뚜껑돌, 라이터돌, 막돌(쓸모없이 생긴 돌)[막돌기초(基礎), 막돌주추(柱)], 맷돌, 머릿돌, 멍석돌, 모랫돌, 모룻돌, 모오리돌/몽돌(모나지 아니하고 둥글둥글한 돌), 모퉁잇돌[초석(礎石)], 몸돌, 몽깃돌[640], 무른돌, 문지방돌(門地枋), 물렛돌, 뭉우리돌(모난 데가 없이 둥글둥글한 돌), 밀돌[641], 밑돌[642], 바둑돌, 바윗돌, 박힌돌, 받돌[643], 받침돌, 방돌(房;구들장), 버팀돌, 벼룻돌, 벽돌(甓)[공용벽돌(拱用), 내화벽돌(耐火), 흙벽돌], 벽장돌(甓), 별똥돌[운석(隕石)], 보받이돌[644], 봇돌[645], 봉돌[646], 부싯돌, 부춘돌[647], 불돌, 빗돌(碑), 빨랫돌, 뻘돌(진흙바위), 산판걸목돌[648], 상돌(床), 서답돌(빨랫돌), 서벅돌(단단하지 못하고 잘 부스러지는 돌), 선돌[입석(立石)], 섬돌[649], 섭돌(모양이 모질고 날카롭게 된 돌), 속돌[650], 송곳닛돌(견칫돌), 쇳돌[철광석(鐵鑛石)], 수수돌[651], 숫돌[652], 시식돌(施食), 쌤돌[653], 쐐기돌(틈에 박는 돌), 쑥돌(화강암), 아랫돌, 알돌(호박돌), 여울돌(여울 바닥에 놓인 돌), 옥돌(玉), 온돌(溫), 운돌[654], 윗돌, 이맛돌[655], 이무깃돌[656], 인방돌(창문 위에 가로 건너 댄 돌), 자갈돌, 자개돌, 잔돌, 잔돌밭, 장판돌(壯版), 적심돌(積心), 조각돌(조각난 돌), 조갯돌(조가비와 산호 조각이 뭉쳐진 돌), 조약돌, 주춧돌[주초(柱礎)], 줌돌[657], 지경돌(地境;터돌. 지역을 구분하는 돌), 지댓돌(址臺), 지지름돌(누름돌), 징검돌, 차돌[차돌모래, 차돌박이; 물차돌(다른 것이 섞이지 아니한 순수한 석영), 붉은차돌], 챗돌[658], 첨곗돌(檐階;댓돌을 이룬 돌), 청판돌(廳板), 축댓돌(築臺), 춧돌[659], 층샛돌(層)[660], 탯돌(태질에 쓰는 돌), 퇴짓돌[661], 툇돌(댓돌), 푯돌(標), 푸석돌, 헌식돌(獻食;시식돌), 호박돌, 횟돌(灰). ☞ 석(石). 암(岩).

돌- 동 · 식물을 나타내는 일부 명사 앞에 붙어, '야생(野生)의. 품질이 떨어지는. 순수하지 않은. 제구실을 못함(돌-). 거짓된'의 뜻을 더하는 말. ¶돌가시나무, 돌가자미, 돌갈매나무, 돌감/나무(저절로 나서 자라는 감나무), 돌게(가재), 돌계집, 돌고기, 돌고래, 돌곰기다[662], 돌굴, 돌김, 돌꽃, 돌나물, 돌능금, 돌놈(버릇이 없는 사람), 돌돔, 돌마늘, 돌마타리, 돌매화나무, 돌메밀, 돌무당, 돌미나리, 돌미역, 돌배, 돌벼, 돌부채, 돌복숭아, 돌붕어, 돌사과(沙果), 돌삼, 돌상놈, 돌상어, 돌씨(품질이 나쁜 씨앗), 돌아욱, 돌잡놈(雜), 돌전복(全鰒), 돌조개, 돌중, 돌콩, 돌팥, 돌피, 돌암캐, 돌암소, 돌암탉, 돌암퇘지, 돌중, 돌치, 돌팥 들.

돌(突) '부딪히다. 내밀다. 뚫다. 갑작스럽다. 굴뚝'을 뜻하는 말. ¶돌각(突角;툭 불거진 모퉁이나 끝), 돌격(突擊)[663], 돌관(突貫;단숨에 해치움. 돌진), 돌기(突起)[664], 돌발(突發;뜻밖의 일이 갑자

---

629) 감돌: 어느 정도 이상으로 유용 광물이 들어 있는 광석.↔버력.

630) 갓돌: 성벽 위나 돌담 위에 비를 맞지 아니하도록 지붕같이 덮은 돌.

631) 갯돌: ①재래종의 벌통 밑을 받치는 돌. ②개천에 있는 큼직한 돌.

632) 견칫돌: 석축(石築)을 쌓는 데 쓰는, 사각뿔 모양의 돌. 축댓돌(築臺).[←견치(犬齒;송곳니)+돌].

633) 귀틀돌: 다리 등에 길게 놓이는 돌.

634) 노둣돌: 말에 오르거나 내릴 때에 발돋움하기 위하여 대문 앞에 놓은 큰 돌.

635) 댕돌같다: 물체나 몸이 돌과 같이 매우 야무지고 단단하다.

636) 동돌: ①무거워서 한두 개밖에는 져 나를 수 없는 큰 버력. ②광물을 캐 들어가다가 갑자기 만난 굳은 모암(母巖).

637) 동틀돌: 돌다리의 바닥에 까는, 넓은 돌을 받치는 귀틀돌.

638) 둔덕돌: 인도와 차도 사이의 경계가 되는 돌. 경계석(境界石).

639) 들돌: 몸의 단련을 위하여 들었다 놓았다 하는, 돌이나 쇠로 만든 운동기구.

640) 몽깃돌: ①밀물과 썰물 때에 배가 밀려 나가지 아니하도록 고물에 다는 돌. ②=낚싯봉.

641) 밀돌: 양념이나 곡식 따위를 바스러뜨리거나 바느질거리를 문질러 반드럽게 하는 데 쓰는 납작하고 반들반들한 돌.

642) 밑돌: ①동바리 밑을 받친 돌.=동바릿돌. ②담의 밑바닥에 쌓은 돌.

643) 받돌: 어구(漁具)가 물밑으로 드리우거나 가라앉게 하기 위하여 그물 아래에 다는 납이나 돌로 만든 추.

644) 보받이돌: 보 밑에 괴는 돌. 집중 하중을 분산하기 위해서 깐다.

645) 봇돌: ①아궁이의 양쪽에 세우는 돌. ②지붕 위를 덮은 널빤지나 루핑 같은 것을 눌러 놓는 돌.

646) 봉돌: 낚싯줄에 매다는 작은 납덩이나 돌덩이. ¶갓봉돌(윗부분이 평평한 봉돌).

647) 부춘돌: 뒷간 바닥에 부출(널빤지) 대신에 놓아 발로 디디게 한 돌.

648) 산판-걸목돌: 석재를 채취할 때, 필요한 크기보다 더 크게 떠낸 돌.

649) 섬돌: 집채의 앞뒤에 오르내리기 위하여 만든 돌층계. 댓돌. ¶옥섬돌(玉;대궐 안의 섬돌).

650) 속돌: 화산의 용암이 갑자기 식어서 된 구멍 뚫린 가벼운 돌.=거품돌. 부석(浮石).

651) 수수돌: 금분(金分)이 섞인 붉은 차돌.

652) 숫돌: 숫돌바퀴; 가죽숯돌, 거칭숯돌(거센 숫돌), 금강사숯돌(金剛砂), 센숫돌(질이 거친 숫돌), 연삭숫돌(研削).

653) 쌤돌: 창이나 문 둘레에 쌓은 돌.

654) 운돌: 채굴장이나 채석장에서, 발파로 인하여 흔들리거나 변형이 생겨 금이 한 번 간 돌.

655) 이맛돌: 아궁이 위 앞에 가로 걸쳐 놓는 돌. 〈준〉이마.

656) 이무깃돌: 성문 등에 빗물이 흘러내리게 하기 위하여, 난간에 끼우는 이무기 대가리 모양을 한 물받이 돌. 석루조(石漏槽).

657) 줌돌: 돌확에 고추나 보리쌀 따위를 넣고 으깰 때 주먹에 쥐고 쓰는, 둥글고 길쭉한 돌.

658) 챗돌: 개상 위에 얹어 놓고 태질할 때 쓰는 돌.

659) 춧돌: 왕골 또는 짚 따위로 자리를 짜는 틀에 딸린 돌이나 쇠로 만든 부속품.

660) 층샛돌(層): 귀금속의 순도를 판정하는 데 쓰는 검은색의 현무암이나 규질의 암석.

661) 퇴짓돌: 처마 밑에 돌려놓은 길게 다듬은 돌. 장대석(長臺石). 툇돌. 댓돌.

662) 돌곰기다: 종기가 겉으로 딴딴하나 속으로는 몹시 곪기다. 돌곪다.

663) 돌격(突擊): 뜻하지 않은 때에 냅다 침. ¶돌격대(隊), 돌격령(令), 돌격로(路), 돌격장(將), 돌격적(的), 돌격전(戰), 돌격정(艇), 돌격조(組), 돌격하다.

664) 돌기(突起): 뾰족하게 내밀거나 도드라짐. 또는 그런 부분. 어떤 일이 갑자기 일어남. ¶해삼은 겉에 많은 돌기가 있다. 돌기물(物), 돌기하다; 가시돌기, 미상돌기(尾狀), 방적돌기(紡績), 수상돌기(樹狀), 용골돌기(龍骨), 유두돌기(乳頭), 주름돌기(융털), 축색돌기(軸索), 충양돌기(蟲樣).

기 일어남)[돌발사(死), 돌발성(性), 돌발적(的), 돌발하다], 돌변/적(突變/的), 돌비(突沸;액체가 갑자기 끓어오름), 돌비(突飛;펄쩍 뛰어 낢), 돌송(突誦;글 따위를 거침없이 줄줄 잘 욈), 돌연(突然;갑자기. 별안간)[돌연변이(變異), 돌연사(死), 돌연성(性), 돌연적(的), 돌연하다], 돌연(突燃;급속히 타오름), 돌올하다(突兀;우뚝 솟다), 돌입(突入;갑자기 뛰어듦)[돌입하다; 재돌입(再)], 돌전(突戰;돌진하여 싸움), 돌제(突堤;육지에서 강이나 바다로 길게 내밀어 만든 둑), 돌진(突進;거침없이 곧장 나아감)[돌진력(力), 돌진하다], 돌창(突槍;창으로 찌름), 돌출(突出)[665], 돌파(突破;쳐들어가 깨뜨림. 극복함. 넘어섬)[돌파구(口;구멍수), 돌파되다/하다, 돌파력(力)], 돌풍(突風;갑자기 세게 부는 바람); 격돌(激突), 당돌하다(唐突), 시돌(豕突), 연돌(煙突), 온돌(溫突), 저돌(猪突)[저돌적(的), 저돌희용(猪突豨勇)], 좌충우돌(左衝右突), 추돌(追突), 충돌(衝突) 들.

돌(咄) '놀라 지르는 소리. 꾸짖다'를 뜻하는 말. ¶돌돌(咄咄;뜻밖의 일에 놀라 지르는 소리), 돌차(咄嗟;순식간에. 꾸짖음. 한탄하는 소리), 돌차간(咄嗟間;눈 깜빡할 사이), 돌탄(咄嘆;혀를 차며 탄식함) 들.

돌(堗) '구들. 굴뚝'을 뜻하는 말. ¶난돌(煖堗), 냉돌(冷堗), 온돌(溫突/堗) 들.

돌(다) 물체가 한 점을 중심으로 원을 그리는 방향으로 나아가다. 둘레를 따라 움직이다. 가까운 길을 두고 먼 길로 가다. 차례차례 거치거나 다니다. 몸속에서 작용을 나타내다. 널리 퍼지다. 미치다. ¶지구를 돌다. 운동장을 한 바퀴 돌다. 술기운이 돌다. 생기가 도는 얼굴. 그녀는 머리가 돈 사람처럼 행동한다. 도는다리, 도는문(門), 도닐다(주위를 빙빙 돌며 거닐다), 도다녀가다/오다(왔다가 바로 돌아가다/오다), 도래[666], 도로[667], 도루메기[668], 도르다[1,2,3], 도르래[1,2][669], 도르르[670], 도르륵, 도름단(段;돌아 올라가게 된 층계의 단), 도리[2][671], 도리깨[672], 도리[3][673], 도리옥(玉), 도리질(거절. 머리를 흔드는 재롱. 도리머리), 도리반[674]/거리다/대다, 도리어[675], 도리옥(玉), 도릿도릿[676], 돌개구멍[677], 돌개바람, 돌길(돌아가는 길), 돌기[678], 돌꼇[679], 돌난대(欄臺), 돌대[회전축(回轉軸)], 돌돌[680], 돌딴죽[681], 돌띠(등 뒤로 돌려 매게 된 긴 옷고름)[돌띠저고리, 돌띠적삼], 돌레·둘레(사방을 요리조리 살피는 모양), 돌리다[2,3,4][682], 돌림[1][683], 돌림[2][업보(業報)], 돌물(소용돌

---

665) 돌출(突出): 예기치 못하게 갑자기 쑥 나오거나 불거짐. ¶돌출 발언. 돌출극(極돌), 돌출되다/하다, 돌출물(物), 돌출보(내다지보), 돌출부(部), 돌출부두(埠頭;내민부두), 돌출적(的), 돌출제/돌제(堤), 돌출행동(行動); 안구돌출(眼球), 평지돌출(平地).

666) 도래: ①문이 절로 열리지 못하도록 하는 갸름한 나무 메뚜기. ¶도래걸쇠. ②고삐가 자유롭게 돌 수 있도록 굴레나 목사리와 고삐 사이에 단, 쇠나 나무로 된 고리 비슷한 물건. ¶도래쇠; 낚시도래. ③둥근 물건의 둘레. ¶가 도래가 크다. 안개가 걷히면서 호수의 도래가 선명히 드러났다. ④몇몇 명사 앞에 붙어, '둥근. 둘러싼'의 뜻을 더하는 말.[←돌(다)+애]. ¶도래걷이, 도래걸쇠, 도래굽이/도래굽(산이나 바위를 안고 돌아가도록 되어 있는 굽이), 도래도래, 도래떡, 도래매듭, 도래멍석, 도래목정(소의 목덜미 위에 붙은 고기), 도래방석(方席), 도래뼈(팔꿈치의 둥근 뼈), 도래샘(빙 돌아서 흐르는 샘물), 도래소반(小盤), 도래솔(무덤가에 둘러선 소나무), 도래송곳(나사송곳), 도래자(줄자), 도래진(陣), 도래함지; 갓도래(갓양태의 테두리), 낚시도래.

667) 도로: 되돌아서서. 먼저대로.[←돌(다)+오].

668) 도루메기: ①그 전에 하던 방식대로 되돌아가는 것. ②제대로 되던 일이 다시 잘못 되는 것. ¶도루메기되다/하다.

669) 도르래[1]: 대를 얇게 깎고, 한가운데에 대오리로 자루를 박은 장난감. 두 손바닥으로 비벼서 공중으로 날림. 도르래[2]: 바퀴에 홈을 파고 줄을 걸어서 돌려 물건을 움직이는 장치. 활차(滑車). ¶겹도르래, 고정도르래(固定), 움직도르래, 차동도르래(差動).

670) 도르르: ①폭이 좁은 종이 따위가 탄력 있게 말리는 모양.≒돌돌. ¶달력이 도르르 말리다. ②작고 동그스름한 것이 가볍게 구르는 소리. ¶구슬이 또르르 구르다. 또르륵·뚜르륵. 〈큰〉두르르. 〈센〉또르르. 〈큰·센〉뚜르르.

671) 도리[2]: 둥근 물건의 가의 둘레. ¶도리가 넓은 등산모. 굽도리(방 안의 벽의 맨 아랫부분), 무릎도리(무릎의 바로 아래쪽), 아랫도리, 윗도리.

672) 도리깨: 곡식의 낟알을 떠는 데 쓰는 농기구. ¶도리깨꼭지, 도리깨바람, 도리깨소리, 도리깻열(도리깻장부에 달려 곡식 이삭을 후려치는 휘추리), 도리깻장부(도리깨채), 도리깨질/하다, 도리깨찜질, 도리깨채, 도리깨춤, 도리깨침(먹고 싶거나 탐이 나서 저절로 삼켜지는 침), 도리깨채(도릿깻장부); 쇠도리깨.

673) 도리[3]: 어린아이에게 도리질을 시킬 때에 하는 말. 또는 그 일. ¶도리를 치다. 도리도리, 도리머리(머리를 좌우로 흔들어 아님을 나타내는 짓)/질/하다, 도리질/하다.

674) 도리반: 어리둥절하여 이쪽저쪽을 돌아보는 모양. 〈큰〉두리번.=두레. ¶도리반도리반 휘둘러 보다. 도리반·두리번거리다/대다.

675) 도리어: ①예상이나 기대 또는 일반적인 생각과는 반대되거나 다르게. ≒오히려. ¶도움을 주려던 게 도리어 방해만 되었다. ②정상적이거나 일반적인 것과는 반대로.≒차라리. 〈준〉되레.

676) 도릿도릿: 작은 눈알을 요리조리 굴리며 살피는 모양. 〈큰〉두릿두릿. 〈센〉또릿. ¶얼굴만 내밀고 도릿도릿 밖을 살펴보다. 눈을 또릿 뜬 송아지.

677) 돌개구멍: 암반으로 이루어진 하천의 바닥에 생긴 원통형의 깊은 구멍.

678) 돌기: ①로프나 실 따위가 헝클어지지 아니하게 빙빙 둘러서 둥그렇게 포개어 감은 뭉치. 또는 그것을 세는 단위. ②회전(回轉). ③평면으로 죽 돌아가며 한 벌 깔거나 편 것을 세는 단위.

679) 돌꼇: 실을 감고 풀고 하는 데 쓰는 기구.[←돌(다)+겻/겯(다;編)]. ¶돌꼇잠(누운 채 빙빙 돌면서 자는 잠).

680) 돌돌: ①작은 물건을 가볍게 여러 겹으로 말거나 감는 모양. ¶신문지를 돌돌 말다. 똘똘 뭉치다(강하게 단결하다). 〈큰〉둘둘. 〈센〉똘똘·뚤뚤. ②시냇물이나 도랑물이 흐르는 소리나 모양. ¶바위 사이로 돌돌 흐르는 개울물. ③작고 동그란 물건이 가볍게 굴러가는 모양. ¶구슬이 마루 위를 돌돌 굴러간다. 〈센〉똘똘.

681) 돌딴죽: 씨름이나 태껸에서, 한쪽 발의 뒤축만 디디고 휙 돌아서며 다른 쪽 발로 걸어 넘어뜨리는 발 기술.

682) 돌리다[2]: 돌게 하다. 회전시키다. 나누어주다. 전하다. 방향을 바꾸다. 가동하다·운영하다. 공을 남에게 넘기다. ¶팽이를 돌리다. 음식을 돌리다. 신문을 돌리다. 공장을 돌리다. 공을 부하에게 돌리다. 뒤로 돌리다(미루다). 돌려나기, 돌려나다, 돌려놓다, 돌려보내다(돌려주다), 돌려보다, 돌려쓰다(변통하여 쓰다. 용도를 이리저리 바꾸어 쓰다), 돌려씌우다, 돌려읽기, 돌려입다, 돌려주다(갚다), 돌려짓기(윤작), 돌려차기, 돌려치기, 돌리개못; 나비돌리개, 내돌리다(물건을 내놓아 여러 사람의 손에 가게 하다), 되돌리다, 빼도리(사물의 짜임새를 고르게 하기 위하여 요리조리 변통하는 일), 빼돌리다(사람 또는 물건을 슬쩍 빼내어 다른 곳으로 보내거나 남이 모르는 곳에 감추어 두다), 조리돌리다(죄인을 끌고 다니며 망신을 주다), 휘돌리다.
돌리다[3]: ①병의 위험한 고비를 면하게 되거나 면하게 하다. ②노여움이 풀리거나 풀게 하다. ¶마음을 돌려 노여움을 풀다. ③없는 물건이 변통되거나, 그런 물건을 변통하다. ¶자금을 돌리다.
돌리다[4]: ①한 동아리에 들지 못하게 하다. ¶돌림쟁이(따돌림을 받는 사람); 따돌리다. ②소홀히 대접하다. ¶몸을 함부로 돌려서 탈이 났다.

683) 돌림: 돌림감기(感氣), 돌림구덩이, 돌림길(돌음길), 돌림노래, 돌림대(臺), 돌림띠, 돌림무늬, 돌림병(病), 돌림수(繡), 돌림자(字), 돌림잔(盞), 돌림쟁이, 돌림젖(동냥젖), 돌림차례, 돌림턱(여럿이 돌려가며 음식을 대접하는 턱), 돌림통(돌림병이 도는 시기), 돌림판(板), 돌림편지(便紙); 따돌림, 떡돌림(떡을 나누어주는 일), 망돌림(돌리어 넘어뜨리는 씨름 기술), 목돌림(목이 아픈 돌림병), 목침돌림(木枕), 산돌림(山), 한돌림(차례로 돌아가는 한 바퀴).

이치는 물), 돌물레[684], 돌보다[685], 도사리다[686], 도서다[1][687], 도서다[2][688], 돌아가다, 돌아내리다[689], 돌아눕다, 돌아다니다(놀다), 돌아다보다(뒤돌아보다. 반성하다), 돌아들다, 돌아보다, 돌아서다(등지다. 헤어지다), 돌아앉다/돌앉다[앵돌아앉다], 돌아오다, 돌아치다(나대며 여기저기 다니다), 돌이키다[690], -돌이[곰돌이(계속하여 도는 일), 떠돌이, 사흘돌이(사흘마다), 산돌이(山), 소용돌이[691], 신돌이(신의 가장자리에 댄 장식), 안돌이, 소용돌이[692], 지돌이(↔안돌이), 회돌이[693]; 삼돌이(三;감돌이[694], 베돌이[695], 악돌이[696])], 돌창자[회장(回腸)], 돌쳐나가다(들어가다가 돌아서 도로 나가다)/나오다, 돌춤(돌면서 추는 춤), 돌퇴(退;건물의 둘레에 쭉 붙여 지은 뒷간), 돌팔이[697]; 감돌다[698], 감돌아들다, 감싸고돌다, 겉돌다[699], 겉물돌다(액체의 위에 겉물이 떠서 따로 돌다), 계면돌다(무당이 돈이나 쌀을 얻으려고 집집이 돌아다니다), 곰돌다[700], 공돌다(空;헛돌다), 굽이돌다[701], 나돌다, 날아돌다(날면서 돌다), 남아돌다/돌아가다, 되돌다[702], 뒤돌다, 뒤돌리다, 뒤돌아보다/서다, 떠돌다/돌이, 떠돌아다니다, 맴돌다/돌리다, 맴돌이(맴을 도는 일), 밑돌다, 배돌다[703]/베돌다, 섬돌기, 섯돌다(섞어 돌다. 마구 돌다), 성돌기(城), 소용돌다, 숨돌리다, 싸고돌다/싸돌다[704], 앵돌아지다, 엇돌다(서로 반대 방향으로 돌다), 에돌다, 외돌다[705], 웃돌다(↔밑돌다), 장돌다[706], 장돌림(場), 장돌뱅이(場), 치돌다(위로 향하여 돌다), 통돌다[707], 풀돌다[708], 헛돌다/돌리다, 휘돌다/돌리다, 휘돌아다니다, 휘돌아보다. ☞ 회(回). 전(轉). 선(旋).

684) 돌물레: 참바나 고삐 따위를 꼴 때 새끼 한 끝에 달고 돌려 꼬게 만든 기구.
685) 돌보다: 관심을 가지고 보살피다.
686) 도사리다: 구부려 웅크리다. 몸을 사리다. 깊숙이 자리잡다.
687) 도서다[1]: 오가던 길에서 돌아서다. 방향을 바꾸다. 해산할 때 태아가 자위를 떠서 돌다. 해산 뒤 젖멍울이 풀려 젖이 다시 나기 시작하다.
688) 도서다[2]: 부스럼, 마마 따위의 진물이 꺼덕꺼덕하여지다.
689) 돌아내리다: ①마음이 있으면서도 겉으로는 사양하다. 비쌔다. ②연이나 비행기가 빙빙 돌면서 떨어지다.
690) 돌이키다: 몸이나 고개를 돌리다. 지난 일을 회상하거나 생각하다. 본디의 모습으로 돌아가다. 마음을 고쳐 달리 생각하다. ¶가는 사람을 돌이켜 세우다. 돌이킬 수 없는 실수. 생각을 돌이켜 다시 시작하다. 돌이켜 보다.
691) 소용돌이: 물이 빙빙 돌며 흐르는 것. 서로 엉키어 요란스러운 상태. ¶분쟁의 소용돌이. 소용돌이금, 소용돌이도(度), 소용돌이무늬, 소용돌이비, 소용돌이선(線), 소용돌이치다, 소용돌이테.
692) 용도리: 한 점을 중심으로 하여, 하나의 선이 주위를 돌면서 뻗어나가는 모양. 조개껍데기에서 흔히 볼 수 있음.
693) 회돌이: 바둑에서, 옥집이 되는 끊는 점에 돌을 두어서 상대의 돌을 포도송이처럼 똘똘 뭉치게 하는 수단. ¶회돌이축(逐).
694) 감돌이: 사소한 이끗을 탐내어 덤벼드는 사람. 한곳으로 감돌아드는 물에 비유됨. ¶먹을 때는 감돌이 일할 때는 베도리.
695) 베돌이: 일에 같이 어울리지 아니하고 따로 베도는 사람.
696) 악돌이: 모질게 덤비기 잘하는 사람.
697) 돌팔이: ①떠돌아다니며 점이나 기술 또는 물건을 팔아 가며 사는 사람. ¶돌팔이무당, 돌팔이장님. ②변변한 기술이나 자격(면허) 없이 전문직에 종사하는 사람. 가짜나 엉터리. ¶돌팔이글방(房), 돌팔이선생(先生), 돌팔이의사(醫師) 돌팔이의원(醫員).
698) 감돌다: ①떠나지 않고 빙빙 돌다. ¶귓가에 감도는 아름다운 운율. 감돌이. ②감돗이 빙빙 돌다. ¶산모퉁이를 감돌아 흐르는 시냇물.
699) 겉돌다: ①서로 다른 액체 · 기체 따위를 섞어도 섞이지 아니하고 따로 있다. ¶물에 기름이 겉돌다. ②친구끼리 서로 어울리지 못하고 배돌다. ≒겉놀다. ③기계 · 바퀴 따위가 제구실을 못하고 헛돌다. ¶진창에 빠진 차의 바퀴가 겉돌다.
700) 곰돌다: 사람이나 동물이 무엇의 주의를 자꾸 원을 그리며 움직이다. ¶사내는 초조했던지 분만실 앞에서 계속 곰돌며 손톱을 물어뜯었다. 곰돌이.
701) 굽이돌다: 실이나 물줄기 따위가 굽은 데를 굽이쳐 돌다. ¶산모퉁이로 굽이돌아 흐르는 강물.
702) 되돌다: 다시 돌거나 도로 돌다. ¶되돌리다, 되돌아가다, 되돌아보다, 되돌아서다, 되돌아오다, 도돌이표(標).

돌연 문틀이나 미닫이 울거미(뼈대를 짜서 맞춘 것)의 둘레를 반듯하게 한 것. ¶돌연을 한 문틀.

돌쩌귀 ①문짝을 여닫게 하기 위하여 암짝은 문설주에, 수짝은 문짝에 박아 맞추어 꽂게 된 쇠붙이.≒경첩. ¶사매돌쩌귀(볼이 넓은 돌쩌귀), 수톨쩌귀, 암톨쩌귀, 연실돌쩌귀(蓮實;연밥 모양의 돌쩌귀). ②연(鳶)의 한 종류.

돌찌 베나 무명 같은 천으로 만든 소매가 짤막한 적삼.

돔-바르다 ①매우 인색하다. ¶최영감은 씀씀이가 돔발라서 마을 사람들에게 인심을 잃었다. ②조금도 인정이 없다. ¶그는 주변 사람들에게 매우 돔바르다.

돕(다) 남을 위하여 힘쓰거나 잘 되게 하다.(≒거들다). 남을 위험이나 어려움에서 벗어나게 하다. 어떠한 상태를 증진 또는 촉진시키다. ¶어머니 일을 돕다. 이재민을 돕다. 이 음식은 아동의 발육을 돕는다. 도와주다, 도우미, 도움[도움날개, 도움닫기, 도움말/하다]; 건돕다(건성으로 남을 돕다), 밤도와[709], 손도울이(곁꾼) 들.

돕지 갑옷이나 마고자 따위의 섶. 앞을 여미지 아니하고 두 쪽이 나란히 맞닿게 된 섶. 개금(開襟). ¶돕지를 여미다.

돗 왕골이나 골풀의 줄기를 잘게 쪼개서 친 자리. ¶돗바늘, 돗자리, 돗짚요(다다미), 돗짚자리(돗짚요), 돗틀; 솜돗(솜을 얇게 펴서 솜반을 만드는 돗자리).

동[1] ①굵게 묶어서 한 덩이를 한 묶음(단). 또는 그것을 세는 말. 먹은 열 장, 붓은 열 자루, 무명과 베는 50필, 백지는 100권, 조기나 비웃(청어)은 2,000마리, 생강은 열 접, 곶감은 100접을 한 동이라고 함. ¶나무를 동으로 지어 지게에 지다. 동가리[710], 동나무[711], 동배기[712]; 깍짓동[713], 낱동. ②윷놀이에서, 말이 첫 밭에

703) 배돌다: 한데 어울리지 않고 동떨어져 행동하다. ¶일엔 배돌아도 먹는 데는 잽싸다. 친구들을 피하여 혼자서 베돈다.
704) 싸고돌다: 중심을 싸고 둘레에서 움직이다. 누구를 두둔하여 행동하다. ¶자기 자식만 싸고돌다.
705) 외돌다: 남과 어울리지 아니하고 외톨로만 행동하다. ¶가족도 친구도 없는 외톨이. 외돌토리/외토리.[외돌(다)+톨+이].
706) 장돌다: ①속이 비어 자위가 뜨다. ②풀풀 날아돌다.
707) 통돌다: 여러 사람의 뜻이 맞아 그렇게 하는 것으로 알리어지다.
708) 풀돌다: 한쪽 방향으로 돌다가 방향을 바꾸어서 돌다. 푸돌다. ¶풀돌아 어지럽다. 세탁기가 빨래를 풀돌리다.
709) 밤도와: 밤을 새워서. ¶밤도와 얘기를 나누다.
710) 동가리: 단으로 묶은 것을 동으로 쌓아 놓은 무더기.
711) 동나무: 조그맣게 단으로 묶어 땔감으로 파는 잎나무.
712) 동배기: 가을에 벼나 그 밖의 곡식을 한 동씩 여러 단을 모아 가려 놓은 더미.

서 끝 밭을 거치어 나가는 한 차례. ¶한 동이 나다. 동무니[714][단동무니(單), 외동무니].

동[2] ①사물과 사물을 잇는 마디. 관계나 논리나 조리(條理)에 맞게 이어지는 말의 도막. 외따로. ¶동이 닿지 않는 엉뚱한 소리. 동을 달다(말을 덧붙여서 시작하다). 동을 자르다(관계를 끊다. 길게 토막을 내서 끊다). 동닿다[715], 동대다, 동떠나다(관계를 끊고 떠나다), 동떨어지다(거리가 멀리 떨어지다), 동떼다(동떨어지게 하다), 동물림[716], 동살(창문에 가로지른 살), 동자르다[717]; 동아리[718], 동줄[719]; 두동지다[720], 뒷동(일의 뒷부분이나 뒤 마디), 밑동, 중동(中)[721]. ②언제부터 언제까지의 사이(동안). ¶동이 뜨다. 동끊기다[722], 동뜨다[723], 동안[724]; 보릿동[725], 햇동[726]. ③저고리 소매에 이어 대는 동강의 조각. ¶청색 동을 달다. 동달이[협수(夾袖)]; 깃동, 끝동[727]. 색동(色)[색동옷, 색동저고리], 석류동(石榴;단청에서 석류 모양의 무늬), 소맷동, 진동[728]. ④동거리[729]. ¶은동거리(銀). ⑤'작은. 짧은'을 뜻하는 말. ¶동고리(고리버들로 동글납작하게 만든 작은 고리짝), 동귀틀(짧은 귀틀), 동매[730], 동바리[731], 동방구리(동이보다 작고 배가 부른 질그릇), 동시루(옹달시루), 동집게[732], 동판(板;광산에서, 방아확 앞에 잇대어 비스듬히 깔아 놓은 널빤지); 동흘림[733]. ⑥몇몇 명사에 붙어, '큰. 굵은'을 뜻하는 말. ¶동갈치, 동돌[734], 동침(鍼;굵고 큰 침), 동횃불(큰 횃불) 들.

동[3] 무나 배추 · 상추에서 꽃이 피는 줄기.≒장다리. ¶동에서 딴 상추. 동이서다(동이 꼿꼿하게 자라다); 부룻동(상추의 줄기. '부루'는 '상추'의 옛말)/나물.

동[4] 광맥(쇳줄)에 성분 함유량이 대체로 적은 부분. 뚫는 돌의 굳은 정도. 사물의 끝장. ¶물건이 동이 나다. 동나다[735], 동먹다(광맥을 파 들어가다가 동에 이르다); 굳은동(굳은 모암), 못동[736], 생동(아직 채굴하지 않은 광맥), 탁동(광맥에서 직각으로 장벽을 향할 때에 그 모암(母巖)을 일컫는 말), 한동넘기다, 한동먹다(광맥이 끊어져서 광물을 캐낼 수 없다).

동(同) 명사 앞에 붙어 '같은'의 뜻을 나타내거나, 한자어 어근에 붙어 '함께 하다. 합치다. 무리. 모이다. 화합하다'를 뜻하는 말. ¶동 대학원 졸업. 동가(同家), 동가(同價), 동가홍상(同價紅裳), 동감/하다(同感), 동갑(同甲)[737], 동거(同居;한 집에서 같이 삶)[동거의무(義務), 동거인(人), 동거하다], 동격(同格), 동경(同庚), 동경(同慶), 동계(同系), 동고/동락(同苦/同樂), 동고선(同高線), 동공(同工), 동공(同功), 동관(同官), 동권(同權), 동귀일철(同歸一轍), 동귀일체(同歸一體), 동근(同根), 동금(同衾), 동급(同級), 동기(同期), 동기(同氣)[동기간(間); 한동기], 동년(同年), 동당(同黨), 동덕(同德), 동도(同道), 동등/권(同等/權), 동락(同樂), 동려(同侶), 동력(同力), 동렬(同列), 동령(同齡)[동령감각(感覺), 동령림(林)], 동뢰(同牢;부부가 음식을 같이 먹음), 동뢰연/과부(同牢宴/寡婦;혼인한 지 얼마 안 되어 홀로된 여자), 동료(同僚), 동류(同流), 동류(同類)[동류의식(意識), 동류항(項)], 동률(同率), 동맹(同盟)[738], 동명(同名), 동모(同謀), 동모매(同母妹), 동무(同務), 동문(同文), 동문(同門), 동문동궤(同文同軌), 동반(同伴)[동반되다/하다, 동반은하(銀河), 동반자(者)], 동반(同班), 동방(同邦), 동방(同榜), 동방급제(同榜及第), 동배(同輩), 동법(同法), 동병(同病), 동보무선(同報無線), 동복(同腹)[동복누이, 동복동생(同生), 동복아우], 동본(同本), 동봉(同封), 동부(同父), 동부(同符), 동부인(同夫人), 동분(同分), 동분리(同分利), 동분모(同分母), 동붕(同朋), 동사(同舍), 동사(同死), 동사(同事), 동사(同社), 동산소(同山所), 동상(同上), 동상이몽(同床異夢), 동색(同色), 동생(同生;함께 삶), 동서(同書), 동서(同棲), 동서(同壻), 동석(同席), 동선(同船), 동설(同說), 동성(同性), 동성(同姓), 동성(同聲), 동소(同所), 동소(同素), 동수(同數), 동숙(同宿)[동숙인(人), 동숙하다], 동승(同乘), 동시

---

713) 깍짓동: 콩이나 팥의 마른 깍지를 줄기째 많이 모아 묶은 동.
714) 동무니: 윷놀이에서, 한 개의 말에 어우른 동을 세는 단위.
715) 동닿다: ①끊임없이 차례로 이어지다. ②조리(일의 앞뒤)가 서다.
716) 동물림: 물건과 물건을 서로 잇는 짬에 대는 장식. ¶동물림으로 붙인 경첩.
717) 동자르다: ①관계를 끊다. ¶그만 술과 동자르다. ②길게 토막을 내서 끊다. ¶나뭇가지를 둘로 동자르다.
718) 동아리: 긴 물건의 한 부분. ¶가운데 동아리. 아랫동아리, 윗동아리.
719) 동줄: 물레의 바퀴와 바퀴를 얽어매는 줄. ¶동줄을 매다.
720) 두동지다: 앞뒤가 엇갈리거나 어긋나다. 모순되다(矛盾).
721) 중동(中): 사물의 중간 부분. ¶막대기의 중동을 꺾다. 중동끈, 중동무이/되다/하다, 중동바지(위는 홑으로 아래는 겹으로 만든 여자의 바지), 중동치레/하다, 중동풀다(중동치레를 잘하다).
722) 동끊기다: ①동안이 끊어지다. ②뒤가 계속 되지 아니하고 끊어지다.
723) 동뜨다: ①동안이 오래다. 동이 끊기다.≒멀다. ¶그와의 만남이 동안뜨다. 시골집들은 동안떠 있다. 작은 말소리도 분명하게 들릴 만큼 동안이 가까웠다. 마을에서 동안이 뜬 곳에 새 학교를 짓다. ②보통보다 훨씬 뛰어나다. 우수하다. 탁월하다.=도뜨다. ¶그는 우리 동기 가운데서 가장 동뜬 학생이었다. 동뜨게 일을 잘한다. 1등과 2등 사이가 동이 뚝 떴다.
724) 동안: 동의 안으로, 어느 때부터 어느 때까지의 사이.≒틈. 사이.
725) 보릿동: 햇보리가 날 때까지의 보릿고개를 넘기는 동안.
726) 햇동: 햇곡식이 나올 때까지의 동안.
727) 끝동: 옷소매의 끝에 색이 다른 천으로 이어서 댄 동. ¶끝동을 댄 저고리.
728) 진동: 소매의 겨드랑이 밑의 넓이. ¶진동이 넓다.
729) 동거리: ①물부리 끝에 싸서 물린 쇠. ②집의 기둥 일부분이 썩거나 삭았을 때, 그 부분을 잘라 버리고 성한 나무 동강으로 갈아대는 일. 또는 그 기둥. ¶동거리하다.
730) 동매: 물건을 동일 때 가로 묶는 매끼.↔장매(長).
731) 동바리: 툇마루나 좌판 밑에 받쳐 대는 짧은 기둥. 갱목(坑木). 〈준〉동발. ¶동바릿돌; 물동(광산 구덩이 안의 물이 빠져 나가지 못하게 막아 세운 동바리), 주레동(갱도가 비스듬히 땅 속으로 들어간 데에 세우는 동발), 주먹동발(가장 작게 된 동발).
732) 동집게: 주로 잔털이나 가시 따위를 뽑는 데 쓰는 조그마한 집게.
733) 동흘림: 단청에서, 초새김한 밑면에 가로로 짧게 그은 줄이나 색 띠.
734) 동돌: ①무거워서 한두 개밖에는 져 나를 수 없는 큰 버력. ②광물을 캐 들어가다가 갑자기 만난 굳은 모암(母巖).
735) 동나다: ①늘 있던 물건이 없어져 바닥이 나다. ¶식량이/ 연탄이 동났다. ②상품이 다 팔리다. ¶할인 품목은 이미 동났다.
736) 못동: 파 들어가던 구덩이에 갑자기 나타난 딴딴한 부분.
737) 동갑(同甲): 나이가 같음. ¶동갑계(契), 동갑내기, 동갑네(나이가 같은 사람의 무리), 동갑숲, 동갑짜리, 동갑풀이; 곤쇠아비동갑(나이가 많고 흉측한 사람), 띠동갑, 자치동갑(한 살 정도 차이 나는 동갑), 어깨동갑(자치동갑), 한동갑(같은 나이), 해동갑(해가 질 때까지의 동안. 어떤 일을 해질 무렵까지 계속함).
738) 동맹(同盟): 둘 이상의 개인이나 단체, 또는 국가가 서로의 이익이나 목적을 위하여 동일하게 행동하기로 맹세하여 맺는 약속이나 조직체. ¶민주 청년 동맹에 가입하여 활동하다. 동맹국(國), 동맹군(軍), 동맹원(員), 동맹자(者), 동맹조약(條約), 동맹태업(怠業), 동맹파업(罷業), 동맹하다, 동맹해고(解雇), 동맹휴업(休業), 동맹휴학(休學).

(同時)[739], 동시대(同時代), 동시(同視), 동식(同食), 동실(同室), 동심(同心)[동심결(結), 동심동력(同力), 동심원(圓); 이체동심(異體)], 동심선(同深線), 동씨(同氏), 동안(同案), 동액(同額), 동야(同夜), 동양(同樣), 동어반복(同語反覆), 동업(同業), 동연(同硯), 동연하다(同然), 동왕(同王), 동우(同友), 동우(同憂), 동운(同韻), 동월(同月), 동위(同位), 동음(同音), 동읍(同邑), 동의(同議), 동의(同意)[동의살인/조(殺人/罪), 동의서(書), 동의자(者), 동의증서(證書), 동의하다], 동인(同人), 동인(同仁), 동인(同寅), 동일(同一)[740], 동일(同日), 동자(同字), 동재(同齋), 동전(同前), 동점(同點), 동접(同接), 동정(同定), 동정(同情)[동정설(說), 동정심(心), 동정자(者), 동정적(的), 동정파업(罷業), 동정하다], 동정식(同鼎食), 동조(同祖), 동조(同調)[동조기(機), 동조자(者), 동조적(的), 동조하다, 동조회로(回路)], 동족(同族)[741], 동존(同存), 동종(同宗), 동종(同種), 동좌(同坐), 동죄(同罪), 동주(同舟), 동중(同衆), 동중체(同重體), 동지(同旨;같은 취지), 동지(同地), 동지(同志;목적이나 뜻이 같음. 또는 그런 사람)[김/이/박 동지, 동지애(愛), 동지적(的)], 동지(同知;조선 초기 종이품 관직)[맥동지(麥), 보리동지(곡식을 바치고 명목만 벼슬을 한 사람), 제갈동지[742]], 동직(同職), 동질(同質)[743], 동차(同次), 동차(同車), 동참(同參;함께 참가함)[동참불공(佛供), 동참시키다/하다, 동참재자(齋者)], 동창(同窓)[동창생(生), 동창회(會)], 동처(同處), 동철(同轍;같은 길. 同軌), 동체(同體), 동촌(同村), 동치(同値)[동치관계(關係), 동치류(類), 동치율(律)], 동치(同齒), 동침(同寢), 동포(同胞), 동표(同表), 동표(同標), 동품(同品), 동학(同學), 동행(同行)[동행영장(令狀), 동행인(人); 임의동행(任意)], 동향(同鄕), 동혈(同穴), 동형(同形), 동형(同型), 동호(同好)[동호인(人), 동호회(會)], 동화(同化)[744], 동화(同和;같이 화합함); 공동(共同), 내동(來同), 뇌동(雷同), 당동벌이(黨同伐異), 대동(大同), 대동(帶同), 대동단결(大同團結), 대동소이(大同小異), 부동(不同)[부동시(視); 유만부동(類萬), 의리부동(義理)], 부동(符同), 부화뇌동(附和雷同), 상동(上同), 상동(相同), 안동(眼同), 이동(異同), 일동(一同), 좌동(左同), 준동(準同), 찬동(贊同), 통동(通同), 합동(合同), 협동(協同), 혼동(混同), 화동(和同), 회동(會同) 들.

동(動) '움직이다. 일하다. 일어나다'를 뜻하는 말. ¶동가(動駕), 동감(同感), 동경(動徑), 동계(動悸), 동기(動機)[745], 동동무(動動舞), 동란(動亂), 동력(動力)[746], 동령(動令), 동륜(動輪), 동마찰(動摩擦), 동맥(動脈), 동명사(動名詞), 동물(動物)[747], 동병(動兵), 동부(動部), 동부동(動不動), 동사(動詞)[748], 동산(動産), 동선(動線), 동세(動勢), 동식물(動植物), 동심(動心), 동압(動壓), 동양(動陽), 동여(動輿), 동역학(動力學), 동영상(動映像), 동요(動搖)[749], 동용(動容;행동과 차림새), 동원(動員)[750], 동의(動議;회의 중에 토의할 안건을 제기함), 동인(動因), 동작(動作)[751], 동잠(動箴), 동적

---

739) 동시(同時): 같은 때나 시기. 어떤 사실을 겸함. 동시에 일어난 사건. ¶그 사람은 농부인 동시에 시인이다. 동시관리(管理), 동시녹음(錄音), 동시대비(對比), 동시묘사(描寫), 동시범(犯), 동시보험(保險), 동시선(線), 동시선거(選擧), 동시성(性), 동시적(的), 동시에, 동시조음(調音), 동시주의(主義), 동시호가(呼價).

740) 동일(同一): 다른 데나 차이가 없이 똑같음. ¶동일개념(概念), 동일률(律), 동일법(法), 동일설(說), 동일성(性), 동일시(視), 동일원리(原理), 동일철학(哲學), 동일체(體), 동일하다.

741) 동족(同族): 같은 겨레붙이. ¶동족계열(系列), 동족상잔(相殘), 동족신(神), 동족애(愛), 동족어(語), 동족원소(元素), 동족체(體), 동족회사(會社).

742) 제갈동지(同知): 나잇살이나 먹고 터수도 넉넉한데, 언행이 건방지고 지체가 낮은 사람.

743) 동질(同質): 두 개 이상의 사물 사이의 성질이 같음. 또는 같은 성질.↔이질(異質). ¶동질의 상품을 구하다. 동질감(感), 동질다형(多形), 동질사회(社會), 동질성(性), 동질요인(要因), 동질이상(異像), 동질적(的), 동질접합체(接合體), 동질집단(集團), 동질화/되다/하다(化), 동질효소(酵素).

744) 동화(同化): 성질, 양식, 사상 따위가 다르던 것이 서로 같게 됨. ¶자연과의 동화. 동화되다/하다, 동화력(力), 동화작용(同化), 동화전분(澱粉), 동화정책(政策), 동화조직(組織), 동화주의(主義), 동화현상(現象); 모음동화(母音), 상호동화(相互), 순행동화(順行), 역행동화(逆行), 음운동화(音韻), 자음동화(子音).

745) 동기(動機): 사람으로 하여금 행동을 일으키게 하는 내적인 요인. 계기(契機). ¶범행의 동기. 동기론(論), 동기부여(附與), 동기설(說), 동기성망각(-性妄覺), 동기유발(誘發), 동기조사(調査), 동기주의(主義); 구매동기(購買), 내적동기(內的), 반대동기(反對), 성취동기(成就), 외적동기(外的).

746) 동력(動力): 전기 또는 자연 에너지를 쓰기 위하여 기계적인 에너지로 바꾼 것. 어떤 일을 발전시키고 밀고 나가는 힘. ¶동력을 이용하다. 국민의 성실과 창의는 경제 발전의 동력이다. 동력계(計), 동력난(難), 동력로(爐), 동력삽, 동력선(船), 동력원(源), 동력인(因), 동력자원(資源), 동력전달장치(傳達裝置), 동력차(車), 동력측정(測定), 동력톱.

747) 동물(動物): 사람을 제외한 길짐승, 날짐승, 물짐승 따위를 통틀어 이르는 말. ¶동물 병원. 동물검역(檢疫), 동물계(界), 동물공포(恐怖), 동물도감(圖鑑), 동물무늬, 동물바위, 동물바이러스(virus), 동물보험(保險), 동물분포(分布), 동물사회(社會), 동물상(相), 동물생리학(生理學), 동물생태학(生態學), 동물섬유(纖維), 동물성(性), 동물숭배(崇拜), 동물숯, 동물실험(實驗), 동물심리학(心理學), 동물암(巖;동물바위), 동물욕(慾), 동물우화(寓話), 동물원(園), 동물유(油), 동물의장(意匠), 동물자기(磁氣), 동물적(的), 동물전기(電氣), 동물조직(組織), 동물질(質), 동물체(體), 동물최면(催眠), 동물탄(炭), 동물표본(標本), 동물학/자(學/者), 동물행동학(行動學), 동물화(畵); 강장동물(腔腸), 갯솜동물(해면동물), 고등동물(高等), 극피동물(棘皮), 난생동물(卵生), 내항동물(內肛), 냉혈동물(冷血), 다세포동물(多細胞), 다태동물(多胎), 되새김동물, 두색동물(頭塞), 등뼈동물, 등온동물(等溫), 마디발동물(절지동물), 모악동물(毛顎), 무두동물(無頭), 무척추동물(無脊椎;민등뼈동물), 물뭍동물[兩棲類], 민등뼈동물, 반추동물(反芻;되새김), 발광동물(發光), 변온동물(變溫), 복세포동물(複細胞), 사교적동물(社交的;인간), 상온동물(常溫), 선구동물(先口), 선형동물(線形), 수생동물(水生), 수서동물(水棲), 애완동물(愛玩), 야생동물(野生), 야행성동물(夜行性), 역용동물(役用), 연체동물(軟體), 연형동물(蠕形), 온혈동물(溫血), 완족동물(腕足), 원색동물(原索), 원생동물(原生), 유영동물(遊泳), 유장동물(有腸;강장동물), 육서동물(陸棲), 육식동물(肉食), 윤형동물(輪形), 잡식동물(雜食), 전항동물(前肛), 절족동물(節足), 절지동물(節肢), 정온동물(定溫), 젖먹이동물, 주행성동물(晝行性), 중생동물(中生), 착생동물(着生), 척색동물(脊索), 척추동물(脊椎;등뼈동물), 초식동물(草食), 촉수동물(觸手), 태생동물(胎生), 편형동물(扁形), 포유동물(哺乳), 하등동물(下等), 항온동물(恒溫), 해면동물(海綿), 화석동물(化石), 환절동물(環節), 환형동물(環形), 후구동물(後口), 후생동물(後生), 흡혈동물(吸血).

748) 동사(動詞;움직씨): 능동사(能), 사동사(使), 수동사(受), 자동사(自), 조동사(助), 주동사(主), 타동사(他), 피동사(被).

749) 동요(動搖): 움직이고 흔들림. 불안한 상태에 빠짐. ¶마음의 동요. 동요하는 민심을 안정시키다. 동요관절(關節), 동요되다/하다, 동요성(性).

750) 동원(動員): 전쟁과 같은 비상사태 때, 나라 안의 모든 인적 · 물적 자원을 통제 운용하는 일. 한꺼번에 군중을 끌어내는 일. ¶동원되다/하다, 동원력(力), 동원령(令), 동원연습(練習); 강제동원(强制), 물자동원(物資), 사회동원(社會), 산업동원(産業), 총동원(總).

751) 동작(動作): 몸이나 손발 따위를 움직임. 또는 그런 모양. 무술이나 춤 따위에서, 특정한 형식을 갖는 몸이나 손발의 움직임. ¶자연스러운 동작. 업어치기 동작. 동작각(角), 동작경제(經濟), 동작상(相), 동작연구(研究), 동작자(者), 동작전류(電流); 기거동작(起居)/기동(起動), 몸동작, 반향동작(反響).

(動的)[동적구조(構造), 동적위험(危險), 동적평형(平衡)], 동전기(動電氣), 동정(動靜), 동지(動止), 동지(動地), 동차(動車), 동천(動天;세력이나 사건이 커서 하늘을 움직임), 동체(動體), 동초(動哨), 동총(動塚), 동탕하다(動蕩), 동태(動胎), 동태(動態)[동태경제(經濟), 동태통계(統計); 물가동태(物價), 인구동태(人口)], 동티[←動土], 동풍(動風), 동하다, 동향(動向;움직이는 방향)[물가동향(物價), 여론동향(輿論)], 동혈(動血), 동화(動畫), 동활차(動滑車;움직도르래), 동회(動蛔); 가동(可動)[가동교(橋), 가동성(性), 가동언(可動堰)], 가동(稼動), 감동(感動), 거동(擧動), 격동(激動), 경거망동(輕擧妄動), 경동/성(傾動/性), 경동(輕動), 경동(警動), 경동(驚動), 고동(鼓動), 공동(共動), 구동(驅動), 기동(起動), 기동(機動), 난동(亂動), 노동(勞動), 능동(能動), 망동(妄動), 맥동(脈動), 맹동(萌動), 명동(鳴動), 물동(物動), 미동(微動), 박동(搏動), 반동(反動), 발동(發動), 변동(變動), 부동(不動)[부동관절(關節), 부동산(産), 부동자세(不動); 적연부동(寂然), 확고부동(確固)], 부동(浮動), 사동(使動), 상하동(上下動), 색동(色動), 생동(生動), 선동(煽動), 섭동(攝動), 소동(騷動), 송동(竦動), 수동(手動), 수동(受動), 수평동(水平動), 시동(始動), 심동(心動), 약동(躍動), 언동(言動), 역동(力動), 역동(逆動), 연동(聯/連動), 연동(蠕動), 염동(念動), 와동(渦動), 요동(搖動), 용동(聳動), 운동(運動), 원동(原動)[원동기(機), 원동력(力)], 유동(流動), 유동(遊動), 율동(律動), 이동(異動), 이동/식(移動/式), 자동(自動), 작동(作動), 장동(章動), 전동(顫動), 전동(電動)[전동기(機), 전동력(力), 전동자(子), 전동차(車)], 정동(情動), 정중동(靜中動), 제동/장치(制動/裝置), 조동(早動), 조동(躁動), 주동/자(主動/者), 준동(蠢動), 지동(地動), 지진동(地震動), 진동(振動), 진동(震動), 차동장치(差動裝置), 책동하다(策動), 천동(遷動), 천동설(天動說), 초동(初動), 출동(出動), 충동(衝動), 타동(他動), 태동(胎動), 파동(波動), 폭동(暴動), 풍동(風動), 피동(被動), 행동(行動), 활동(活動), 휘동(麾動) 들.

동(東) 해가 뜨는 쪽(동녘).↔서(西). ¶동에 번쩍 서에 번쩍. 동이 트다. 동가식서가숙(東家食西家宿), 동경(東經), 동계(東界), 동교(東郊), 동구(東歐), 동국(東國), 동군(東君;해), 동궁(東宮), 동남(東南), 동녘, 동단(東端), 동도(東道), 동도서말(東塗西抹), 동령(東嶺), 동류(東流), 동리(東籬), 동마구리, 동면(東面), 동문(東門), 동문서답(東問西答), 동반(東班), 동반구(東半球), 동방(東方)[동방박사(博士); 동방예의지국(禮義之國)], 동방(東邦), 동부새[東風], 동북(東北), 동분서주(東奔西走), 동살(동이 트면서 비치는 햇살), 동상/례(東床/禮), 동서(東西), 동서남북(東西南北), 동섬서홀(東閃西忽), 동아시아, 동안(東岸), 동양(東洋)[752], 동영(東營), 동유럽, 동이(東夷), 동점(東漸), 동정서벌(東征西伐), 동정(東庭), 동쪽, 동창(東窓), 동천(東天), 동천(東遷), 동촌(東村), 동추서대(東推西貸), 동켠, 동토(東土), 동트기, 동트다(동쪽 하늘이 밝아지다), 동틀녘, 동틀머리(동이 터올 무렵), 동패서상(東敗西喪), 동편, 동풍(東風), 동풍삭임(東風;동풍이 불다가 사라진 뒤), 동학(東學), 동해(東海), 동해안(東海岸), 동향(東向), 동헌(東軒); 개동(開東;먼동이 틈. 밝을녘), 관동(關東), 극동(極東), 근동(近東), 남동(南東), 대동(大東), 먼동(날이 밝아 올 무렵의 동쪽), 북동(北東), 성동(城東), 어동어서에(於東於西), 어동육서(魚東肉西), 영동(嶺東), 원동(遠東), 정동(正東), 정동(征東), 조동모서(朝東暮西), 조동율서(棗東栗西), 해동(海東;우리나라), 향동(向東), 홍동백서(紅東白西) 들.

동(銅) '구리. 또는 구리로 이루어진'을 뜻하는 말. ¶동갱(銅坑), 동검(銅劍), 동검구(銅鈐口), 동경(銅鏡), 동고(銅鼓;꽹과리), 동골태(銅骨胎), 동공(銅工), 동광(銅鑛), 동기(銅器)[고동기(古), 청동기(青)], 동니(銅泥), 동도(銅刀), 동두철신(銅頭鐵身), 동라(銅鑼;징), 동록(銅綠), 동메달(銅medal), 동모(銅鉾;구리창), 동반(銅盤), 동반(銅礬), 동발(銅鉢), 동발(銅鈸), 동병(銅瓶), 동봉(銅棒), 동부(銅斧), 동사(銅絲), 동산(銅山), 동산금혈(銅山金穴), 동상(銅賞), 동상(銅像), 동색(銅色), 동선(銅線), 동설(銅屑), 동손(銅損), 동신(銅神), 동액(銅液), 동연(銅硯), 동와(銅瓦), 동인(銅人), 동인(銅印), 동장(銅匠), 동장(銅章), 동전(銅錢), 동점(銅店), 동제(銅製), 동종(銅鐘), 동철(銅鐵), 동청(銅青), 동촉(銅鏃), 동취(銅臭), 동취(銅觜), 동파이프(pipe), 동판(銅版)[사진동판(寫眞)], 동패(銅牌), 동합금(銅合金), 동호(銅壺), 동혼식(銅婚式), 동활자(銅活字); 경동(鏡銅), 고동(古銅), 금동/불(金銅/佛), 무진동(황화철이 50% 이상 들어 있는 구리), 백통(←白銅), 분동(分銅), 산화동(酸化銅), 생동(生銅), 순동(純銅), 오동(烏銅)[753], 자연동(自然銅), 적동(赤銅), 전기동(電氣銅), 전해동(電解銅), 정동(精銅), 조동(粗銅), 종동(鐘銅), 청동(青銅), 황동(黃銅;놋쇠), 황산동(黃酸銅) 들.

동(童) ①족보(族譜)에서, 미혼 남자를 가리키는 말. ②'어린아이나 어린 시절. 어린 것'을 뜻하는 어근. ¶동가(童歌), 동귤(童橘), 동극(童劇), 동기(童妓), 동남(童男), 동녀(童女), 동모(銅鉾), 동몽(童蒙), 동무(童舞), 동변(童便), 동복(童僕), 동삼(童參), 동수(童竪), 동승(童僧), 동시(童詩), 동신(童身), 동심(童心), 동안(童顏), 동와(童瓦;수키와), 동요(童謠), 동유(童幼), 동자(童子;사내아이, 작은)[754], 동정(童貞)[동정남(男), 동정녀(女), 동정생식(生殖)], 동제(童帝), 동진(童眞), 동차(童車), 동창(童唱), 동척(童尺), 동첩(童妾), 동탁(童濯), 동해(童孩), 동혼(童婚), 동화(童話)[755], 동화(童畵); 관동(冠童;어른과 아이), 괴동(怪童), 교동(狡童), 교동(驕童), 귀동(貴童;귀둥이), 기동(奇童), 두건동(頭巾童), 목동(牧童), 무동(舞童), 문동(文童), 미동(美童), 사동(使童), 산동(山童), 서동(書童), 선동(仙童), 성동(成童;15세 사내아이), 소동(小童), 수동(竪童), 시동(尸童), 시동(侍童), 신동(神童), 쌍동(雙童;쌍둥이), 아동(兒童), 악동(惡童), 연동(戀童), 연전동(揀箭童), 재동(才童), 척동(尺童), 천동(天童), 초동(樵童), 초립동(草笠童), 촌동(村童), 학동(學童), 해동(孩童), 화동(花童), 황동(黃童) 들.

동(洞) ①시·구·읍을 구성하는 작은 행정 구획. 마을. ¶동계(洞

752) 동양(東洋): 동양미(美), 동양사(史), 동양식(式), 동양인(人), 동양적(的), 동양철학(哲學), 동양풍(風), 동양학(學), 동양화(畵).

753) 오동(烏銅): 검붉은 빛이 나는 구리. ¶오동딱지, 오동빛, 오동철갑.

754) 동자(童子): 동자기둥(쪼구미), 동자목(木), 동자보살, 동자부처, 동자삼(蔘), 동자석(石), 동자중; 귀동자(貴), 밀동자(꿀벌의 밀로 만든 형상), 삼척동자(三尺;철부지 어린아이); 헛동자(장롱이나 천장 따위 가구에서, 서랍과 서랍 사이에 앞만 동자처럼 세운 얇은 나무).

755) 동화(童話): 동화작가(作家), 동화책(冊); 구비동화(口碑), 구연동화(口演), 전래동화(傳來).

契), 동구(洞口), 동내(洞內), 동네[756], 동답(洞畓;동네논), 동두민(洞頭民;식견이 높은 사람), 동리(洞里), 동명(洞名), 동문(洞門), 동방(洞房), 동사(洞祠), 동사무소(洞事務所), 동소(洞訴), 동신제(洞神祭), 동장(洞長), 동중(洞中), 동폐(洞弊), 동포(洞布), 동회(洞會); 근동(近洞), 대동(大洞), 본동(本洞), 분동(分洞), 산동(山洞), 상하동(上下洞), 선동(仙洞), 인동(隣洞), 일동(一洞), 타동(他洞), 패동(敗洞), 폐동(廢洞), 홍동(澒/鴻洞), 남수동/ 교동/ 수유동. ②깊은 골짜기. 깊고 넓은 굴'을 뜻하는 말. ¶동굴(洞窟)[757], 동문(洞門), 동방(洞房), 동천(洞天), 동학(洞壑), 동혈(洞穴); 갱동(坑洞;방고래), 공동(空洞;텅 빈 굴), 상악동(上顎洞), 석회동(石灰洞), 신동(腎洞;신장 안의 빈 곳), 종유동(鐘乳洞), 풍동(風洞;터널 형의 장치), 해식동(海蝕洞), 혈동(血洞), 홍동(澒洞;구름이 솟아오르는 모양. 풍경이 끝없이 이어져 있는 모양); 구천동/ 천불동. §'통하다. 막힘이 없이 트이다'의 뜻으로는 [통]으로 읽힘. ☞ 통(洞).

동(冬) '겨울'을 뜻하는 말. ¶동계(冬季), 동규(冬葵;아욱), 동기(冬期), 동납월(冬臘月), 동등(冬等), 동면(冬眠;겨울잠), 동모(冬毛), 동모란(冬牧丹), 동백(冬柏)[동백기름, 동백꽃, 동백나무], 동백하(冬白蝦), 동복(冬服;겨울옷), 동선(冬扇), 동아(冬芽;겨울눈), 동안거(冬安居), 동야(冬夜), 동영(冬營), 동온하정(冬溫夏凊), 동우(冬雨), 동월(冬月), 동의(冬衣), 동일(冬日), 동장군(冬將軍;혹독한 겨울 추위), 동절(冬節), 동지(冬至)[758], 동천(冬天), 동철(冬鐵), 동청(冬青;사철나무), 동충하초(冬蟲夏草), 동한(冬寒), 동향대제(冬享大祭); 개동(開冬;초겨울), 객동(客冬), 거동(去冬), 계동(季冬), 과동(過冬), 구동(九冬;三冬), 구동(舊冬), 궁동(窮冬), 금동(今冬), 난동(暖冬), 만동(晩冬), 맹동(孟冬), 모동(暮冬), 방동(方冬;음력 시월), 삼동(三冬), 성동(盛冬), 심동(深冬), 어동(禦冬), 엄동설한(嚴冬雪寒), 월동(越冬;겨울나기), 융동(隆冬), 음동(陰冬), 입동(立冬), 작동(昨冬), 조동(早冬), 중동(仲冬), 초동(初冬), 춘하추동(春夏秋冬), 하동(夏冬) 들.

동(凍) '얼다'를 뜻하는 말. ¶동결(凍結)[759], 동계(凍鷄), 동금(凍噤;추위로 몸이 얼어서 말이 잘 나오지 아니함), 동대구(凍大口), 동두부(凍豆腐), 동렬(凍裂), 동렴(凍簾), 동로(凍露), 동리(凍梨), 동명태(凍明太), 동빙(凍氷)[동빙고(庫), 동빙한설(寒雪)], 동사(凍死), 동상(凍上), 동상(凍傷)[동상고(膏), 동상자(者), 동상해(害)], 동석(凍石), 동숭어, 동시(凍屍), 동아(凍餓;몸이 얼고 굶주림), 동야(凍野), 동우(凍雨), 동운(凍雲), 동원(凍原), 동저(凍猪), 동족방뇨(凍足放尿), 동창(凍瘡), 동태(凍太), 동토(凍土), 동파(凍破), 동한(凍寒), 동항(凍港), 동해(凍害); 냉동(冷凍), 냉동차(冷凍車), 해동(解凍) 들.

동(棟) ①지붕 위에 있는 마루(용마루). '큰일을 맡거나 맡을 사람'을 뜻하는 말. ¶동간(棟幹), 동량(棟梁/樑;마룻대와 들보), 동량지재(棟梁之材;한 집안이나 한 나라의 기둥이 될 만한 인물), 동마루(棟); 비동(飛棟), 재동(宰棟). ②집채를 세거나 차례를 나타내는 말. ¶비닐하우스 한 동. 3동 102호. 병동(病棟), 분동(分棟).

동(胴) 격검(擊劍)할 때, 가슴을 가리는 보호구(갑옷). '몸통. 갑옷처럼 쓰는 물건'을 뜻하는 말. ¶동간(胴間), 동고병(胴枯病), 동금(胴金;쇠로 만든 가락지), 동부(胴部), 동옷, 동의(胴衣), 동인형(胴人形), 동저고리, 동체(胴體); 경동(鏡胴), 향동(響胴) 들.

동(桐) '오동나무. 거문고'를 뜻하는 말. ¶동사(桐絲), 동유(桐油), 동유지(桐油紙); 벽오동(碧梧桐), 사동(絲桐;거문고), 오동(梧桐), 자동(刺桐;엄나무), 청동(青桐), 해동(海桐;엄나무) 들.

동(垌) 크게 쌓은 둑. 방죽. ¶동을 쌓다. 동답(垌畓), 동막이(둑을 쌓아 막는 일); 떼동(뗏목을 띄우기 위하여 물을 모아둔 둑), 보동(洑垌;봇둑), 축동(築垌) 들.

동(董) '바로잡다'를 뜻하는 말. ¶동솔(董率), 동역(董役), 동정(董正); 골동(骨董;여러 물건이 한데 섞인 것), 골동탄(骨董炭;등걸숯), 골동품(骨董品) 들.

동(瞳) '눈동자'를 뜻하는 말. ¶동공(瞳孔)[동공경직(硬直), 동공반사(反射)], 동언(瞳焉;멍하게 보는 모양), 동인(瞳人;눈부처), 동자(瞳子)[눈동자]; 산동(散瞳), 축동(縮瞳) 들.

동(憧) '그리워하다. 마음이 정하여지지 아니한 모양'을 뜻하는 말. ¶동경(憧憬), 동동하다(憧憧;걱정스러운 일로 마음이 들떠 있다) 들.

동(彤) '붉게 칠하다'를 뜻하는 말. ¶동관(彤管;붉은 칠을 한 붓대), 동관이(彤管貽), 동궁(彤弓;붉게 칠한 활), 동운(彤雲) 들.

동(疼) '아프다'를 뜻하는 말. ¶동종(疼腫), 동통(疼痛).

동(恫) '두려워하다'를 뜻하는 말. ¶동갈하다(恫喝;을러대어 위협하다. 마음속으로는 두려워하면서 위협하다).

동(僮) '아이'를 뜻하는 말. ¶가동(家僮).

동강 긴 물체가 작은 토막으로 잘라지거나 쓰다 남아 작게 된 토막. 동강이 또는 그런 모양. 짤막하게 잘라진 것을 세는 말.≒토막. ¶양초 동강. 동강을 내다. 가래떡을 동강 잘라 주다. 나무 세 동강. 동강나다(잘리다)/내다, 동강동강, 동강말(동강동강 끊어진 말), 동강이/동강, 동강치다, 동강치마 들.

동개 활과 화살을 꽂아 넣어 등에 지도록 만든 물건. ¶동개살(큰 깃을 댄 화살), 동개장(匠), 동개활; 패동개(佩;동개를 허리에 참).

동개(다) 어떤 자리에 앉을 때 다리를 겹치어 포개다. ¶그는 책상다리를 동개고 앉았다. 동개달이(경첩, 돌쩌귀 따위로 단 문), 동개벽선(壁線), 동개철(鐵;문짝의 아래 위에 싸서 대는 넓은 쇳조각); 문동개(門;대문의 아래 지도리를 꽂아 받치는 문둔테의 구멍).

---

756) 동네: 동네논, 동네매, 동네방네(洞-坊), 동네북, 동네일, 동네잔치, 동네조리(동네에서 죄진 사람을 끌고 돌아다니던 즉 조리돌리던 일), 동넷집; 꽃동네, 달동네, 뒷동네, 산동네(山), 안동네, 앞동네.

757) 동굴(洞窟): 자연적으로 생긴 깊고 넓은 굴. ¶동굴 밖으로 나가다. 동굴동물(動物), 동굴미술(美術), 동굴벽화(壁畫), 동굴유적(遺跡), 동굴주거(住居), 동굴탐사(探査); 석회동굴(石灰).

758) 동지(冬至): 동짓날, 동지받이(동짓달에 함경도 앞바다로 몰려드는 명태의 떼), 동짓달, 동지섣달, 동지점(點), 동지팥죽(粥); 오동지(五;음력 5월과 동짓달. 눈비의 양을 헤아린다는 데서 상대적으로 이르는 말).

759) 동결(凍結): 추위나 냉각으로 얼어붙음. 사업, 계획, 활동 따위를 중단함. 자산이나 자금 따위의 사용이나 이동이 금지됨. ¶동결계(計), 동결고도(高度), 동결공법(工法), 동결되다/하다, 동결선(線), 동결작용(作用), 동결점(點), 동결정액(精液); 사채동결(私債), 자산동결(資産).

동거리 ①물부리 끝에 싸서 물린 쇠.=동. ②집의 기둥 일부분이 썩거나 삭았을 때, 그 부분을 잘라 버리고 성한 나무 동강으로 갈아대는 일. 또는 그 기둥.

동고리 판굿에서, 무동이 어른의 어깨 위에 올라서서 추는 춤.

동곳 상투가 풀어지지 아니하게 꽂는 물건. ¶동곳을 빼다(잘못을 인정하고 굴복하다). 시간이 흐르자 범인은 동곳빼고 사건을 시인했다. 동곳잠(簪); 은동곳(銀:은으로 만든 동곳), 파리목동곳(꼭지가 둥글고 목이 잘록하게 생긴 동곳) 들.

동구리 대나무 줄기나 버들가지를 촘촘히 엮어서 만든 상자. 음식을 담아 나를 때 쓰며, 아래위 두 짝으로 되어 있음.

동글(다) 평면이나 입체의 중심에서 밖의 어느 곳까지든지 거리가 같다.↔모나다. 〈큰〉둥글다. ¶둥근 달. 성격이 둥글다(모가 없이 원만하다). 동구래[760], 동그라미 · 똥그라미 · 둥그러미, 동그랑땡, 동그랑쇠(굴렁쇠. 삼발이), 동그랗다[761] · 둥그렇다 · 똥그랗다 · 뚱그렇다, 동그라 · 둥그러지다[762], 동그래 · 둥그레 · 똥그래 · 뚱그레지다, 동그리다, 동그마니[763], 동그맣다, 둥구나무[764], 둥그레모춤, 동그스름하다/동긋하다 · 둥그스름하다/둥긋하다 · 똥그스름하다 · 뚱그스름하다, 당글[765], 동글[766] · 둥글 · 똥글 · 뚱글/다, 뒹굴다, 동글납대대 · 둥글넓데데하다, 동글납작 · 둥글넓적하다, 동글반반 · 둥글번번하다, 둥구미[767], 둥굴대(평미레), 둥근-[768], 동글 · 둥글리다(둥글게 하다), 둥글뭉수레하다(끝이 둥글고 뭉툭하다), 동글반반 · 둥글번번하다, 동실 · 둥실하다(둥글고 투실투실하다), 둥글뭉수레하다, 둥글부채, 둥글삐죽하다, 둥굴이[769], 동긋 · 둥긋하다, 둥덩산같다(山)[770], 둥덩이(소의 앞다리에 붙은 살), 동실'[771], 뒹굴다[772], 두룽다리[773], 두룽치마(통치마); 길동그랗다/길둥그렇다, 길동글다/길둥글다, 넓둥글다, 나가동그라/나동그라 · 나가둥그러/나둥그러지다, 뒤둥그러지다, 회동그라 · 휘둥그러지다, 회동그랗다[774] · 휘둥그렇다, 휘둥그레지다, 회동그스름 · 휘둥그스름하다. ☞ 원(圓).

동기 가야금이나 비파 따위를 뜯는 소리. 〈큰〉둥기. ¶가야금 뜯는 소리가 동기동기 들려오다.

동난지이 방게를 간장에 담근 젓.

동냥 ①중이 시주를 얻으려고 돌아다님. ②거지나 동냥아치가 돌아다니며 구걸함. 또는 그렇게 구걸한 돈이나 물건. ¶동냥은 안 주고 쪽박만 깬다. 동냥밥, 동냥보내다(한눈을 팔다. 멍청하게 있다), 동냥아치/동냥치(거지), 동냥자루, 동냥젖, 동냥주머니, 동냥중, 동냥질/하다, 동냥하다; 귀동냥(남이 하는 말을 귀로 얻어 듣는 일), 눈동냥, 목탁동냥(木鐸), 소맷동냥(먹을 것을 소매 안에 넣어 가지고 다니는 동냥), 젖동냥 들.

동댕이-치다 들어서 힘껏 내던지다. 하던 일을 딱 잘라 그만두다. ¶상대를 번쩍 들어 땅바닥에 동댕이치다. 내동댕이치다(아무렇게나 뿌리쳐 버리다. 힘껏 마구 내던지다).

동동¹ 매우 춥거나 안타까울 때 발을 자꾸 구르는 모양. ¶차 시간에 대지 못할까 봐 발을 동동 구르다. [+구르다]. 동동거리다/대다.

동동² ①어떤 물체가 물에 떠서 가볍게 움직이는 모양. ¶밥알이 동동 뜨다. 종이배가 동동 떠내려간다. 동동이[775], 동동주(酒), 동실[776]. ②작은 물건이 매달려 있는 모양. ¶감나무에 감 한 알이 동동 매달려 있다. 〈큰〉둥둥.

동띠 서로 힘이 같음. 또는 서로 같은 힘. ¶동띠의 싸움. 판이 나지 않는 동띠 씨름.

동모 남사당패에서, '광대'를 일컫는 말. 동무. ¶수동모, 암동모.

동무 늘 친하게 어울리는 사람. 함께 싸우는 사람.=벗. 친구. ¶길에서 우연히 옛 동무를 만났다. 동무 따라 강남 간다. 동무과부(寡婦:같은 처지의 과부), 동무분철(分鐵:인부끼리 채광하여 이익을 분배하는 일)/하다, 동무장사(두 사람 이상이 공동으로 하는 장사)/하다, 동무장수(동업), 동무하다(사귀다); 고향동무(故鄕), 글동무, 길동무, 단짝동무, 말동무, 새동무, 소꿉동무, 송아지동무(소꿉동무), 술동무(술벗. 술친구), 씨동무(새싹을 틔울 보리 씨앗처럼 소중한 동무), 어깨동무, 일동무(일벗), 잠동무(잠을 같

---

760) 동구래: ①깃부리를 반원형으로 둥글게 만든 옷깃. ¶동구래깃(↔목판깃). ②'동구래저고리(길이가 짧고 앞섶이 좁으며 앞도련이 둥근 여자 저고리)'의 준말.

761) 동그랗다: 아주 둥글다. 〈큰〉둥그렇다. ¶회동그레 · 휘둥그레/지다, 회동 · 휘둥그스름/하다, 길동그랗다 · 길둥그렇다, 길동글다 · 길둥글다, 회동글다 · 휘둥글다(눈이 크게 둥글다. 일이 다 끝나고 남은 일이 없다. 몸에 거리낄 것이 없다).

762) 둥그러지다: 넘어지면서 구르다. ¶가슴을 쥐어박으니 뒤로 둥그러졌다. 나가동그라지다, 나가둥그러지다.

763) 동그마니: ①홀가분하게. ②외따로 오똑하게. 둥글게 외따로 떨어져 있는 모양. ¶강가에 동그마니 앉아 있다.

764) 둥구나무: 크고 오래된 정자나무.

765) 당글: 작고 둥근 것이 단단하고 탄력 있는 모양. ¶호박이 당글당글 잘 여물었다. 당글당글 여문 탱자.

766) 동글: ①여럿이 모두 동근 모양. ¶동글동글 맺힌 이슬방울. 동글동글/하다, 동글붓. ②동그라미를 그리며 돌아가는 모양. 〈큰〉둥글. 〈센〉똥글.

767) 둥구미: 짚으로 둥글게 엮어 만든, 둥글고 울이 높은 그릇. '멱둥구미(짚으로 둥글고 울이 깊게 결어 만든, 곡식을 담는 그릇)'의 준말.

768) 둥근-: 둥근가마, 둥근걸상(床), 둥근귀, 둥근기둥(두리기둥), 둥근꼴, 둥근끌, 둥근나사(螺絲), 둥근달, 둥근대패, 둥근돌, 둥근등(둥글게 제본한 책등), 둥근모, 둥근목, 둥근못, 둥근바닥, 둥근비늘, 둥근바닥, 둥근바위, 둥근삽, 둥근상(床), 둥근언덕, 둥근잎, 둥근줄(줄칼), 둥근지붕, 둥근찌, 둥근책상(冊床), 둥근탑(塔), 둥근톱, 둥근판(둥근널빤지), 둥근함지.

769) 둥굴이: 껍데기를 벗긴 통나무.

770) 둥덩산같다: ①물건이 많이 쌓여 수북하다. ②아이를 배거나 옷을 두껍게 입어 배가 불룩하게 나오다.

771) 동실': 동그스름한 모양. 〈큰〉둥실. ¶눈을 동실 뜨고 쳐다보다. 둥실둥실한 얼굴이 복스러워 보인다. 동실동실 · 둥실둥실/하다.

772) 뒹굴다: ①누워서 몸을 이리저리 구르다. ¶잔디밭에 뒹굴다. ②한곳에 눌어붙어 편히 놀다. ③물건 따위가 함부로 버려지다. ¶쓰레기가 아무데나 뒹굴고 있다. 나뒹굴다.

773) 두룽다리: 털가죽으로 둥글고 갸름하게 만든 방한모자.

774) 회동그랗다: ①'휘둥그렇다(매우 놀라거나 몹시 두려워서 눈이 크게 둥글다)'보다 큰말. ②일이 다 끝나고 남은 것이 없이 가든하다. ③짐을 싼 모양이나 차림새가 가든하다. 몸에 거리낄 것이 없다. ¶긴치마를 회동그랗게 잘끈 매다.

775) 동동이: 신호나 표지를 위하여 물 위에 동동 뜨게 만든 물건.

776) 동실: 작은 물체가 공중이나 물 위에 가볍게 떠 있는 모양. 〈큰〉둥실². ¶연못에 동실 떠 있는 종이배. 보름달이 둥실 떴다. 동실동실/동동 · 둥실둥실/둥둥, 도동실 · 두둥실; 두리둥실.

ㄷ

이 자는 사람)/하다.

동발 ①지겟다리. ②동바리(툇마루나 좌판 밑에 받쳐 대는 짧은 기둥)'의 준말. 갱목(坑木). ¶동발감(동발로 쓰는 소재), 동발공(工), 동발꽃(동발나무에 핀 곰팡이나 버섯), 동바릿돌(동바리를 괸 돌), 동발목(木), 동발이음; 나무동발, 돌동발(돌로 된 동발), 문틀동발(門), 쇠동발, 보조동발(補助), 주먹동발(가장 작은 동바리) 들.

동방 긴 저고리에 중대님 친 바지로 이루어진 중의 평상복.

동배 사냥을 할 때, 몰이꾼과 길목을 지키는 사람이 그 구실을 갈라 맡는 일.

동부 콩과의 한해살이 덩굴성 식물(광저기). 또는 그 열매. ¶동부고물, 동부노굿, 동부녹병(病), 동부묵, 동부인절미.

동부레기 뿔이 날 만한 나이의 송아지.

동산 마을 가까이에 있는 낮은 언덕이나 산. ¶동산에 오르다. 동산마루, 동산바치(원예사); 꽃동산, 꿈동산, 내동산(內;궁궐 안에 있는 동산), 놀이동산, 뒷동산, 무궁화동산(無窮花), 앞동산 들.

동생 같은 부모에게서 태어난 사이거나 일가친척 가운데 손아랫사람을 이르는 말.=아우.↔언니. 형(兄).[←同生]. ¶동생뻘; 남동생(男), 누이동생, 동복동생(同腹), 막냇동생, 사촌동생(四寸), 시동생(媤), 여동생(女), 이복동색(異腹), 이족동생(異腹), 젖동생, 제밑동생 들.

동아 박과의 한해살이 덩굴성 식물. ¶동아 속 썩는 것은 밭 임자도 모른다(남의 마음속 깊은 걱정은 아무리 가까운 사이라도 모른다). 동앗국, 동아김치, 동아따기[777], 동아따다(떨어지다/뜨리다), 동아섞박지, 동아선(膳), 동아정과(正果), 동아차(茶) 들.

동아리[1] 크거나 긴 물건을 위아래로 나눈 한 부분. =동' ¶아랫동아리, 윗동아리.

동아리[2] 목적이 같은 사람들이 한패를 이룬 무리. ¶동아리를 짓다. 동아리방(房); 한동아리(떼를 지어 행동하는 무리, 같은 동아리).

동안 어떤 일이 계속되는 시간.(≒사이. 틈). 촌수(寸數). 거리. ☞동[2]. ¶내가 없는 동안에 집을 봐 다오. 외출하고 없는 동안. 잠깐 동안. 오랫동안, 이동안(이 한 동안), 한동안(꽤 오랫동안).

동이 몸이 둥글고 아가리가 넓으며 양 옆에 손잡이가 있는 질그릇. 부피(들이)의 단위로 물이나 술을 담아 그 양을 헤아리는 말. ¶물 한 동이. 동이대(臺), 동이물, 동이배(동이처럼 불룩하게 나온 배), 동이배지기; 귀때동이(주전자의 부리처럼 구멍이 난 동이), 놋동이, 독동이(독처럼 생긴 동이), 물동이, 수동이[778], 술동이, 양동이(洋), 오지동이(오지로 만든 동이), 옹동이(甕), 질동이 들.

동이(다) 끈이나 실 따위로 두르거나 감거나 하여 묶다. ¶나뭇단을 끈으로 동이다. 동매[779], 동바[780], 동여매다, 동이머리, 동이연(鳶;띠를 둘러 동여맨 것처럼 만든 연), 동줄[781], 동줄기[782], 동치다[783]; 머리동이[784], 붙동이다(붙들어서 동이다), 얽동이다(얽어서 동이다) 들.

동자 밥을 짓는 일. 부엌일. ¶동자박(부엌일에 쓰는 바가지), 동자손(밥 짓는 일을 하는 일손), 동자아치/동자치(가정부), 동자질(부엌에서 밥 짓는 일), 동자하다; 부엌동자(부엌에서 밥을 짓고 요리하는 일), 새벽동자(새벽에 밥을 짓는 일)/하다, 아침동자, 한동자[785].

동자개 메기와 비슷한 동자갯과의 민물고기.

동정 한복 옷깃 위에 조붓하게 덧꾸미는 흰 헝겊 오리. ¶동정을 달다. 동정감(동정을 만드는 감), 동정깃, 동정니(동정의 양 끝 모서리); 안동정(안깃에 덧댄 동정).

동채 ①=수레바퀴. ②동채싸움[차전(車戰)]에서 쓰는 기구. ¶동채꾼(동채싸움에서 동채를 메는 장정(壯丁).

동치미 소금물에 통무나 크게 썬 무에 국물을 많이 부어 심심하게 담근 무김치. ¶동치밋국.

동틀[1] 물가의 풀이 우거진 진펄. ¶동틀에 들어가 게를 잡다.

동틀[2] '형틀(刑;刑具)'의 사투리. ¶동틀개(긴 대나무 끝을 여러 방향으로 뾰족하게 만든 미역 채취 기구), 동틀돌(돌다리의 바닥에 까는, 넓은 돌을 받치는 귀틀돌).

동티 흙을 잘못 다루어서 지신(地神)을 노하게 하는 재앙. 공연히 건드려서 스스로 걱정이나 해를 입음.[←동토(動土)]. ¶동티가 나다(잘못 건드려 재앙이 일어나다)/내다. 구들동티(탓을 할 만한 아무 동티도 없이 죽은 것을 농으로 하는 말).

돛 뱃바닥에 세운 기둥인 돛대에 다는 넓은 천. ¶돛을 달다. 돛끈, 돛단배/돛배, 돛달다, 돛달이매듭, 돛대/등(燈), 돛베(돛천), 돛사공, 돛살[786], 돛새치(바닷물고기 이름), 돛씨(배에서 돛의 사방 옆에 넣은 줄), 돛자락(돛의 늘어진 부분), 돛줄임줄, 돛천, 돛폭(幅); 가로돛, 물돛[787], 반돛(半;반쯤 올린 돛), 베돛(베로 만든 돛), 삼각돛(三角), 세로돛, 허리돛(세대박이 배에서 고물 쪽에 있는 돛) 들.

돠르르 액체가 좁은 목으로 빠르게 쏟아지는 소리. 〈센〉똬르르.

---

777) 동아따기: 어린아이 놀이의 하나. 여러 아이가 앞의 아이의 허리를 잡고 줄을 지어 서면, 그 줄의 아이를 떼어내는 놀이.

778) 수동이: ①석유통(石油桶)을 광산에서 이르는 말. ②광석 무게의 단위. 37.5kg

779) 동매: 물건을 동일 때 가로로 묶는 새끼나 끈 따위를 이르는 말.

780) 동바: 지게에 짐을 얹고 눌러 매는 줄.

781) 동줄: 물레의 바퀴와 바퀴를 연결한 줄.

782) 동줄기: 마소에 실은 짐과 마소의 배를 둘러서 졸라매는 줄.

783) 동치다: 친친 휩싸서 동이다. 〈큰〉둥치다. ¶상처를 압박대로 동쳐서 지혈하다. 큰말 '둥치다'는 '너절너절한 것을 잘라 버리다'의 뜻도 있음.

784) 머리동이: ①머리를 긴 색종이로 바른 종이 연. ¶홍머리동이(紅). ②머리가 아플 때에 이마에서 머리 뒤로 둘러매는 물건.

785) 한동자: 식사를 마친 뒤에 다시 새로 밥을 짓는 일. ¶늦게 온 손님 때문에 한동자 했다.

786) 돛살: 얕은 바닷가에 돌이나 나무로 울타리처럼 쌓고, 그물을 쳐서 물을 따라 들어온 고기를 가두는 시설.

787) 물돛: 낚싯배를 오랫동안 고기 떼 위에 머물게 하기 위하여 물속에 내리는 돛. ¶물돛을 들어 올리다.

뙬뙬 먹은 것이 잘 삭지 않아 뱃속이 끓는 소리. 〈센〉뙬뙬. ¶체했는지 배 속이 뙬뙬하며 아프다.

돼지 멧돼지과의 가축.[←돝+아지]. ¶돼지를 기르다. 돼지가죽, 돼지감자, 돼지고기, 돼지곱(돼지의 기름덩이), 돼짓국, 돼지기름, 돼지꼬리, 돼지꿈, 돼지날, 돼지눈(동그랗게 불룩 나온 눈), 돼짓니, 돼지떡[788], 돼지띠, 돼지막(幕), 돼지머리, 돼지먹이, 돼지목매(멧돼지를 잡는 올가미), 돼지몰이, 돼지물(돼지에게 주는 뜨물), 돼지발, 돼지비계, 돼지우리, 돼지주둥이, 돼지죽(粥), 돼지치기, 돼지털, 돼지해; 개돼지, 꿀돼지, 돌암돼지, 똥돼지, 멧돼지, 물돼지(돌고래), 수퇘지/수톹, 씨돼지/씨톹, 암퇘지/암톹, 애돝(한 살이 된 돼지), 양돼지(洋), 집돼지, 통돼지. ☞ 돈(豚).

되 두만강 근처에 살던 미개 민족. 오랑캐. §'되'는 '뒤. 북쪽'을 가리키는 말. ¶되광대, 되놈, 되초(북부지방에 나는 잎담배).

되- 일부 동사나 몇몇 명사 앞에 붙어, '도로. 도리어. 다시. 반복하여'의 뜻을 더하는 말. ¶되가져가다, 되가지다, 되갈다/되다[4](논밭을 다시 갈다), 되감다/감기다, 되갱이[789], 되걸다/걸리다, 되골려주다, 되곱치다, 되곱쳐(도로. 다시), 되깎이[790], 되깔다/깔리다, 되나다, 되나르기, 되나오다, 되내기(눈가림으로 다시 묶은 땔나무), 되내치다(다시 내쫓다), 되넘겨짚다, 되넘다/넘기다, 되넘겨짚다, 되넘기/장사, 되놓다, 되뇌다(같은 말을 되풀이하다), 되누비다, 되눅이다(다시 마음을 가라앉히다), 되눕다, 되다녀오다, 되달려가다, 되돌다/돌리다(돌아와 있는 것을 역방향으로 다시 돌리다), 되돌아가다, 되돌아보다, 되돌아서다, 되돌아오다/되돌다, 되돌이성(性), 되/도돌이표(標), 되들다[791], 되들어가다, 되들여다보다, 되레/도리어, 되마중, 되말려들다, 되맞이하다, 되맞춤, 되매기[792], 되먹다(먹다 둔 것을 다시 먹다)/먹히다, 되먹임, 되몰다/몰리다, 되몰아치다, 되묻다[1,2,3], 되밀다/밀리다, 되밀어넣다, 되밀어놓다, 되밀치다, 되바꾸다, 되바치다, 되박다/박이다, 되박이[재판(再版)], 되받다[793], 되받아넘기다, 되받아뇌이다, 되받아치다, 되받이[794], 되밟다, 되배기[795], 되벗어지다, 되부르다, 되붙이다, 되붙이기, 되비침, 되빼앗다, 되사다, 되사정(事情), 되삭다, 되살다/살리다(갱생하다), 되살아나다(부활하다), 되살아오다, 되살이, 되살피다, 되삶다, 되삼키다, 되새기다[1,2], 되새김(반추), 되새김위, 되새김질/하다, 되생각/하다, 되세우다, 되순라잡다(巡邏), 되술래잡다[796]/잡히다, 되쌓다, 되쏘다, 되쏨[반사(反射)], 되쓰다[1,2,3], 되쓰이다, 되씌우다, 되씹다/씹히다, 되앉다/앉히다, 되알이[재인식(再認識)], 되얼음[복빙(復氷)], 되오르다, 되올라가다, 되올리다, 되외다(다시 외다), 되울리다, 되익힘[복습(復習)], 되일어나다, 되읽다/읽히다, 되자다, 되잡다/잡히다, 되잡아넣다, 되젊어지다, 되접다, 되지기(찬밥을 더운밥 위에 얹어 찌거나 데운 밥), 되지르다, 되짚다, 되짚어/가다, 되쫓다/쫓기다, 되찍기, 되찍다, 되차지하다, 되찾다, 되채다[797], 되처(또 다시. 되짚어), 되청(請), 되치기, 되치이다[798], 되퇴, 되트집, 되틀다, 되팔기, 되팔다, 되팔기, 되풀다/풀리다, 되풀이/되다/시키다/하다, 되하다(다시 하거나 도로 하다), 되허물다, 되훔치다, 되흘러들다 들.

-되 '이다'의 어간, 용언의 어간 또는 어미 '-으시-' 뒤에 붙어, ['있다. 없다'의 어간이나 어미 '-었-. -겠-' 뒤에서는 '-으되'로 쓰임]. ①대립적인 사실을 잇는 연결 어미. ¶키는 작되 마음은 크다. 돈은 있으되 쓸 시간이 없다. ②어떤 사실을 말하면서 그와 관련된 조건이나 세부 사항을 뒤에 덧붙이는 연결 어미.≒-ㄴ데. -지만. ¶표준어를 소리대로 적되 어법에 맞추어 적는다. 돈은 많되 쓸 줄을 모른다. 집에 있으되 시끄럽게 떠들지 마라. ③뒤에 오는 말이 인용하는 말임을 미리 나타내어 보일 때 인용 동사에 붙는 연결 어미. ¶그가 답하되, "나는 결백하다"라고 말했다. 옛말에 일렀으되 '착하면 복을 받는다'고 했다. §'아니다'의 어간에 붙으면 '-로되[799]'로 실현되어 좀더 정중함을 느끼게 함.

되(다)[1] ①다 만들어지다. ¶밥이 다 되다. ②어떤 시기 · 나이 · 계절 따위에 이르다. ¶점심시간이 되다. 50살이 되다. ③어떤 신분 · 위치 · 상태에 놓이다. ¶공무원이 되다. 동생뻘 되는 사람. 사랑하게 되다. ④필요한 요소를 갖추다. ¶사람이 되다. 돼먹다, 되숭대숭하다[800], 된사람, 되지못하다[801], 됨됨이(사람의 품행이나 인격), 됨새(일이 되어가는 모양새); 엇되다(조금 건방지다). ⑤일이 이루어지다. ¶취직이 되다. 되는대로, 되도록/이면, 된판(일이 되어 가는 형편), 될동말동하다[802], 될수록; 뒤되다. ⑥어떤 수량에 미치다. ¶순이익이 10만원이 되다. ⑦경과하다. ¶결혼한 지 30년이 되다. ⑧성립하다. 구성하다. ¶물은 수소와 산소로 되어 있다. ⑨합당하거나 괜찮다. ¶말도 안 되는 소리. 되잖다(옳지 않다).⑩가능하다. ¶될 수 있는 대로. 되도록(될 수 있는 대로), 될까[803], 될뻔댁(宅), 될뻔하다, 될성부르다(잘될 가능성이 있다), 됨직하다(될 성싶다. 될성부르다) 들.

되(다)[2] 말 · 되 · 홉으로 분량을 헤아리다. 승(升). ¶쌀이 몇 되인

---

788) 돼지떡: 무엇인지 모를 물건들이 이것저것 범벅이 되어 지저분함을 비유적으로 이르는 말.
789) 되갱이: 짚신이나 미투리의 총을 꿰는 끈.
790) 되깎이: 중노릇 하던 사람이 속인이 되었다가 다시 중이 되는 일. 또는 그 중.
791) 되들다: ①나가다가 도로 들다. ¶되들고 되나다(많은 사람들이 잇달아 드나들다). ②얄밉도록 얼굴을 쳐들다. ¶사내가 얼굴을 되들고 눈을 까막까막하다가 대들었다.
792) 되매기: 참빗의 헌 살을 골라 다시 맨 빗.
793) 되받다: ①도로 받다. ②잘못을 나무랄 때에 말대답을 하여 도리어 반항하다.
794) 되받이: ①얻어들은 말을 또 다시 써먹는 일. ¶어린아이들은 유행하는 말들을 되받이로 쓰곤 한다. ②남이 받은 물건을 다시 곧 넘겨받는 일.
795) 되배기: 흔히 싸움닭에서 볼 수 있는 받아치는 성질.
796) 되술래잡다: 잘못을 빌어야 할 사람이 도리어 남을 나무라다. ¶그가 오히려 나에게 되술래잡듯 소리쳤다.
797) 되채다: 혀를 제대로 순하게 놀려서 말을 분명하게 하다.
798) 되치이다: ①남에게 덮어씌우려다 도리어 자기가 당하다. ②하려던 일이 뒤집혀 반대로 되다.
799) -로되: '이다. 아니다'의 어간에 붙어, ①앞말의 사실을 인정하면서 뒷말로 조건을 덧붙여 한정하는 뜻으로 '-되'보다 좀 더 힘 있게 쓰는 말. ¶생모는 아니로되 가기를 귀여워한다. 사람은 옛사람이 아니로되, 산천은 옛 모습 그대로다. ②뒷말의 사실이 앞말의 사실에 구애되지 아니함을 나타내는 말. ¶명색은 사장이로되 실권이 없다.
800) 되숭대숭하다: 말을 종작없이 지껄이다.
801) 되지못하다: 옳지 못하거나 보잘것없다. ¶되지못한 짓.
802) 될동말동하다: 무엇이 어떤 수준이나 정도에 이를 듯 말 듯하다.
803) 될까: 어떤 것이 될 수 있는 가능성. ¶저 녀석은 뭐든 될까가 안 보여 큰일이다.

지 되어 보다. 되[804], 뒤웅박[805], 뒤웅스럽다[806].

되:(다)[3] ①물기가 적어서 빡빡하다.↔질다. 묽다. ¶되다랗다[807], 되두부(豆腐), 되디되다, 되비지, 되직하다(조금 되다). ②몹시 켕겨 팽팽하다. ¶빨랫줄을 되게 매다. 올되다'[808]. ③힘에 벅차다. ¶일이 너무 되다. ④심하다. 지나치다. 힘들다. ¶바람이 되다. 되게 나무라다. 일이 되다. 되게(아주 몹시), 되뜨다[809], 되바라지다[810], 되우(매우. 아주 몹시); 볼되다[811], 불되다[812]; 고되다, 호되다. §어근 '되-'에 관형사형 어미 '-ㄴ'이 결합한 '된-[813]'은 접두사.

되(다)[4] 논밭을 다시 갈다.=되갈다.

-되다 서술성을 가진 일부 명사 뒤에 붙어 '피동사'를 만들며, 몇몇 명사나 어근, 부사 뒤에 붙어 형용사를 만드는 말.[〈ᄃᆞ외다〈ᄃᆞᄫᆡ다. §'-되다'는 피동화(被動化) 서술 기능 이행소. ¶가결되다(可決), 간정되다, 거듭되다, 거짓되다, 건설되다(建設), 겅더리되다[814], 곱되다(사물의 수나 양이 배가 되다), 공변되다, 괴리되다(乖離), 괴멸되다(壞滅), 교호되다(交互), 그루되다[815], 그릇되다, 기록되다(記錄), 늦되다(지르되다), 다되다(제대로 다 이루어지다. 다 닳다), 덜되다, 데되다[816], 돌파되다(突破), 둘되다(미련하고 꿈뜨다. 상냥하지 못하고 둔팍하게 생기다), 막되다, 만경되다[817], 말길되다(말길이 트이다), 망령되다(妄靈), 못되다, 묵살되다(黙殺), 미화되다(美化), 반출되다(搬出), 발견되다(發見), 보동되다[818], 복되다(福), 비롯되다, 사람되다, 사용되다(使用), 삿되다(邪), 삿되다(私), 상·쌍되다(常), 상반되다(相反), 새되다[819], 생되다(生), 생각되다, 속되다(俗), 속등되다(續騰), 속화되다(俗化), 순되다(順), 순화되다(醇化), 순화되다(純化), 순화되다(馴化), 숫되다, 쌍되다, 안돈되다(安頓), 안되다, 암되다(남자의 성격이 소극적이며 수줍음을 잘 타다), 앳되다, 약되다(藥), 어중되다(於中), 엇되다(조금 건방지다), 영광되다(榮光), 오/올되다, 왕청되다, 올되다(↔늦되다), 외람되다(猥濫), 욕되다(辱), 이룩되다, 일되다, 잘되다, 잡되다(雜), 졸되다, 좀되다, 주되다(主), 주담되다(奏譚), 지르되다[820], 참되다, 편벽되다(偏僻), 풋되다(어리고 경험이나 분별이 적다), 한갓되다, 한살되다[821], 합격되다(合格), 헛되다(아무 보람이 없다. 허황하여 믿기 어렵다), 형성되다(形成), 호되다(매우 심하다), 홀로되다, 회고되다(回告), 회고되다(回顧), 회고되다(懷古), 회공되다, 회전되다(回傳), 후속되다(後續), 흠되다 들.

되똑[1] 작은 물건이나 몸이 중심을 잃고 한쪽으로 조금 기울어진 모양. 〈큰〉뒤뚝. 되뚝. ¶되똑 넘어지다. 되똑거리다/대다. 되뚱[822], 대뚝[823], 대뚱[824], 띠뚝(기울어지다가 도로 서는 모양).

되똑[2] ①코끝 따위가 오뚝 솟은 모양. 〈큰〉되뚝. ¶되똑 솟은 코. ②오뚝 쳐든 모양.≒오뚝. ¶그녀는 고개를 되똑 쳐들고 걷는다.

되록 크고 동그란 눈알이 힘 있게 움직이는 모양. 똥똥한 몸집을 둔하게 움직이는 모양. 성낸 빛을 행동에 나타내는 모양.=대록. 도록. 〈큰〉뒤룩. 되룩. 데룩. 디룩. 〈센〉뙤록. ¶깜짝 놀라 눈알을 되록 굴리다. 살이 되록되록 찌다. 도록·두룩, 되록·뒤룩·뙤록·뛰룩·또록/또락·뚜룩거리다/대다, 뒤부럭[825] 들.

되룽 잘난 체하며 거만을 떠는 모양. 〈큰〉뒤룽. ¶턱을 내밀고 되룽되룽 거만을 떨다. 되룽·뒤룽거리다/대다, 되룽되룽/하다.

되리 거웃(생식기의 둘레에 난 털. 음모)이 없는 여자.

되모시 이혼하고 처녀 행세를 하는 여자.

되알-지다 힘주는 맛이나 억짓손이 몹시 야무지다. 몹시 올차고 야무지다. 힘에 겨워 벅차다. ¶되알진 목소리. 되알지게 닦달을

804) 되: 곡식·액체의 분량을 되는 데 쓰는 그릇. 약 1.8 l 의 양. 또는 그 단위. ¶되로 주고 말로 받는다. 되가웃, 되글(조그마한 지식), 되되이, 되들이, 됫밑(곡식을 되로 되고 남는 부분), 됫박/질, 됫밥, 됫병(甁), 되사(말로 되고 남은 한 되 가량.≒말밑), 됫수(數), 되수리(되로 되고 한 되가 못 되게 남은 분량.=되밑), 됫술, 되지기[←되+짓기], 되질/하다, 되풀이; 낱되, 닷곱되(오 홉들이 되), 모되, 사삿되(私私), 쌀되, 아름되(대추·밤 따위를 많이 담기 위하여 꾹꾹 눌러 담는 되), 장되(場).

805) 뒤웅박: 박을 쪼개지 않고 꼭지 근처에 구멍만 뚫어 속을 파낸 바가지.=뒤웅.

806) 뒤웅스럽다: 생긴 꼴이 뒤웅박처럼 미련한 데가 있다. ¶생김이 뒤웅스러우니 하는 짓도 미련퉁이다.

807) 되다랗다: 풀이나 죽 따위가 물기가 적어 매우 되다. ¶풀을 되다랗게 쑤다.

808) 올되다': 피륙의 올 따위가 바짝 죄어서 되다. 〈준〉오되다.

809) 되뜨다: 무엇이 이치에 어긋난 상태에 있다. ¶제발, 되뜬 소리 좀 그만 해라.

810) 되바라지다: ①그윽한 맛이 없다. ¶되바라진 등성이. ②교양이나 예의가 없다. 너그럽지 못하고 모가 나 있다. ¶되바라진 사람. ③얄밉도록 지나치게 똑똑하다. ¶되바라진 도시 아이들. 되바라진 소리를 잘한다. ④그릇의 둘레가 낮고 위가 쩍 벌어져 있다.

811) 볼되다: ①힘에 벅차서 어렵다. ②죄어치는 힘이 억세다.

812) 불되다: 누르거나 죄는 힘이 몹시 세다. 압박이 아주 심하다. ¶상대 선수의 불된 가슴에 옴나위할 수가 없어 항복하고 말았다.

813) 된-: '물기가 아주 적은. 매우 심한. 몹시 거친. 센. 북쪽에서 온'을 뜻하는 말. ¶된걱정(무겁고 큰 걱정), 된겁하다(怯;매우 질겁하다), 된고비(매우 어려운 고비), 된고생(苦生), 된기역, 된길, 된김(압력이 높아 세게 나는 김), 된꾸중, 된똥, 된마파람/된마(동남풍), 된맛, 된매, 된목, 된몸살, 된물, 된바람(매섭게 부는 바람. 북풍), 된밥, 된방망이(된매), 된벼락, 된변(邊), 된병(病), 된불(급소를 정통으로 맞힌 총알), 된비알/비탈, 된비읍, 된빔실(꼬임이 많은 실), 된새바람/된새(북동풍), 된서리, 된서방, 된소나기, 된소리/되기, 된수(數;몹시 어렵고 나쁜 운수), 된숨(아주 어렵게 쉬는 숨), 된시기(時期), 된시름, 된시앗, 된시옷, 된시집살이, 된여울(물살이 세차게 흐르는 여울), 된욕(辱), 된장(醬)[된장국, 된장떡, 된장찌개], 된주먹, 된주인(主人), 된죽(粥), 된지읒, 된추위, 된침(鍼;정신을 차리도록 뜨끔하게 하는 일. 刺戟), 된코(아주 호되게 받는 타격), 된통(아주 몹시 어려운 지경), 된트림, 된풀(강풀), 된하늬(서북풍), 된히읗.

814) 겅더리되다: 심한 고생이나 병을 치러서 몸이 파리하고 앙상하게 되다. 〈센〉껑더리되다.

815) 그루되다: 서너 살 안짝의 아이가 늦되다.

816) 데되다: 됨됨이가 제대로 이루어지지 못하다.

817) 만경되다: 눈에 정기가 없게 되다. ¶만경하다.

818) 보동되다: ①길이가 짧고 가로 퍼지어 있다. ②키가 작달막하고 통통하다.

819) 새되다: 목소리가 높고 날카롭다. ¶남자 목소리가 너무 새되다.

820) 지르되다: 제때를 지나 더디게 자라거나 익다. 늦되다. ¶수박이 지르되다.

821) 한살되다: ①두 물건이 한데 어울려서 하나가 되다. ②남녀가 결합하여 부부가 되다.

822) 되뚱: 〈큰〉뒤뚱. 되뚱. ¶되뚱·뒤뚱거리다/대다, 되우뚱·뒤우뚱, 뒤뚱발이(뒤뚱거리며 걷는 사람).

823) 대뚝: 〈큰〉디뚝. 〈센〉때뚝. ¶항아리가 대뚝대뚝 흔들리다. 아장걸음으로 대뚝대뚝 걸어가는 배불뚝이 영감. 대뚝대뚝 걸어가다.

824) 대뚱: 〈큰〉디뚱. ¶대뚱대뚱 놀다. 낯선 땅딸보가 대뚱대뚱 지나가다.

825) 뒤부럭: 큰 눈알을 험상궂게 굴리는 모양. 〈센〉뛰부럭. ¶눈알을 뒤부럭 굴리며 대들다. 뒤부럭·뛰부럭거리다/대다.

하다. 벼이삭이 되알지게 여물어 고개를 숙였다. 조그만 보따리가 되알지게 무겁다.

되양-스럽다 하는 짓이나 말이 경솔한 데가 있다. ¶되양되양하다.

되퉁-스럽다 투미하여 엉뚱한 짓을 잘하다. 〈큰〉뒤퉁스럽다. ¶성격이 되퉁스럽다. 되퉁스러워 일을 잘 저지른다. 뒤틈바리(뒤퉁스러운 사람).

된새 한 해 동안 받는 봉급. 연봉(年俸).

된정-나다 염증이 나다. ¶된정나게 굴다.

두(頭) ①소나 말 따위의 네 발 가진 큰 짐승의 수효를 세는 단위.=마리. ¶젖소 100두. 두수(頭數). ②'머리. 가장자리. 꼭대기, 앞쪽. 우두머리'를 뜻하는 말.↔미(尾). ¶아이고 두[골치]야. 두각(頭角), 두개(頭蓋)[두개골(骨), 두개근(筋)], 두거(頭擧), 두건(頭巾), 두골(頭骨), 두구(頭垢), 두괄식(頭括式), 두국(頭局), 두뇌(頭腦)[두뇌유출(流出); 전자두뇌(電子)], 두령(頭領), 두면(頭面), 두목(頭木), 두목(頭目), 두목(頭木), 두문자(頭文字), 두미(頭眉), 두발(頭髮), 두부(頭部), 두사(頭詞), 두상(頭上), 두상(頭狀), 두상(頭像), 두색류(頭塞類), 두서(頭書;머리말), 두서(頭緖;일의 차례나 갈피)/없다/없이, 두설(頭屑;비듬), 두수(頭數;마리수), 두운(頭韻), 두음(頭音), 두전(頭錢), 두절목(頭切木), 두정골(頭頂骨), 두족/류(頭足/類), 두주(頭註), 두창(頭瘡), 두초(頭草;머리초), 두통/거리(頭痛), 두풍(頭風), 두피족(頭皮足), 두한족열(頭寒足熱), 두함(頭銜), 두해(頭骸), 두흉갑(頭胸甲); 가두(街頭), 간두(竿頭)[백척간두(百尺)], 강두(江頭), 개두(蓋頭), 거두(巨頭), 거두(擧頭), 거두절미(去頭截尾), 계두(鷄頭), 고두(叩頭), 관두(關頭;가장 중요한 지경), 과두(裹頭/肚), 과두(寡頭;적은 인원), 구두(口頭), 권두(卷頭), 귀두(鬼頭), 귀두(龜頭), 기두(起頭), 내두(來頭), 노두(路頭), 노두(蘆頭), 노두(露頭), 농두(攏頭), 단두(短頭), 단두(斷頭), 당두하다(當頭), 대두하다(擡頭), 도두(渡頭;나루), 독두(禿頭;대머리), 동두철신(銅頭鐵身), 마두(馬頭), 망두석(望頭石), 모두(毛頭), 모두(冒頭), 목두(木頭), 몰두(沒頭), 몰두몰미(沒頭沒尾), 몽두(蒙頭), 묘두현령(猫頭縣鈴), 무두귀(無頭鬼), 문두(文頭), 문두(門頭), 박두(迫頭), 박두(樸頭), 반두(飯頭), 백두(白頭), 벽두(劈頭), 변두통(邊頭痛)/변두(邊頭), 복두(幞頭), 봉두(峰頭), 봉두(鳳頭), 봉두/난발(蓬頭/亂髮), 부두(埠頭), 사두(射頭), 사두근(四頭筋), 산두(山頭), 서두(序頭), 서두(書頭), 석두(石頭), 선두(先頭), 선두(船頭), 설두(舌頭), 설두(設頭), 소두(疏頭), 소두(搔頭), 수두(首頭), 수두(樹頭), 숙두(熟頭), 순두(脣頭), 슬두(膝頭), 쌍두(雙頭), 안두(案頭), 양두(羊頭), 양두(讓頭), 어두(語頭), 어두(魚頭), 역두(驛頭), 연두(年頭), 염두(念頭), 오두(烏頭), 오두(鼇頭), 옹두(甕頭;처음 익은 술), 요두전목(搖頭轉目), 용두(龍頭蛇尾), 우두(牛頭), 원두(園頭), 원두(原頭), 유두(油頭), 유두(乳頭), 유두(流頭;음력 유월 보름), 육두문자(肉頭文字), 육두품(六頭品), 이두(螭頭), 인두(人頭), 인두(咽頭), 잠두(簪頭), 잠두(蠶頭), 장두/전(杖頭/錢), 장두(狀頭), 장두(裝頭), 장두(檣頭;돛대의 맨 꼭대기), 장두은미(藏頭隱尾), 쟁두(爭頭), 저두(低頭), 전두(前頭), 절두(截頭), 점두(店頭), 점두(點頭;머리를 끄덕여 수긍함), 종두(鐘頭), 종두지미(從頭至尾), 준두(準頭;코의 끝), 중두(中頭), 지두(池頭), 지두(枝頭), 지두(指頭)[지두문(紋), 지두서(書), 지두화(畵)], 지진두(地盡頭), 진두(津頭;나루), 진두(陳頭;일의 선두), 참두(斬頭), 철두철미(徹頭徹尾), 체두(剃頭), 초두(初頭), 초두(梢頭;나무의 잔가지 끝), 축두(軸頭), 출두(出頭), 침두(枕頭), 탄두(彈頭), 파두(波頭), 패두(牌頭), 팽두이숙(烹頭耳熟), 평두정(平頭釘), 포두서찬(抱頭鼠竄), 탄두(彈頭), 필두(筆頭), 허두(虛頭), 현두(舷頭), 호두각(虎頭閣), 화두(火頭), 화두(華頭), 화두(話頭), 회두/기(回頭/期), 효두(曉頭;먼동이 틀 무렵), 후두(後頭), 후두(喉頭), 흑두/공(黑頭/公) 들.

두(斗) ①곡식이나 액체의 분량을 되는 단위.=말. '말 모양'을 뜻하는 말. ¶두곡(斗斛), 두곡(斗穀), 두담(斗膽;아주 큰 쓸개. 담력이 매우 큼), 두락(斗落;마지기), 두량(斗量)[826], 두미(斗米), 두소하다(斗筲;녹봉이 적다. 도량이 좁다), 두수(斗數;말수), 두승(斗升), 두주(斗酒;말술), 두주불사(斗酒不辭); 각두(殼斗;깍쟁이), 개두량(改斗量;한 번 된 곡식을 다시 됨), 누두(漏斗;깔때기), 대두(大斗), 매두(每斗), 방두(方斗;모말), 소두(小斗), 오두미(五斗米), 울두(熨斗;다리미), 옥두(옥으로 만든 국자), 평두(平斗), 화두(火斗;다리미). ②별 이름. ¶두기(斗箕), 두남(斗南)[827], 두병(斗柄), 두성(斗星), 두우(斗牛), 두우(斗宇;온 세상), 두호(斗護;남을 두둔하여 보호함); 남두(南斗), 북두칠성(北斗七星), 성두(星斗), 태두(泰斗). ③갑자기. ¶두연(斗然;문득. 우뚝 솟은 모양). ④'뾰족하다'를 뜻하는 말. ¶두기(斗起;험악하게 삐쭉삐쭉 나옴), 두절하다(斗絶;벼랑처럼 매우 험준하다), 두입(斗入;산세가 유난히 바다 쪽으로 들어간 형세), 두출(斗出;만과 같은 형세.↔斗入). ⑤'작다 · 적다'를 뜻하는 말. ¶두록(斗祿), 두성(斗城), 두소하다(斗筲;녹봉이 적다. 도량이 좁다), 두실(斗室;썩 작은 방이나 집), 두옥(斗屋), 두저(斗儲;약간의 저축), 두초소인(斗筲小人;변변하지 못한 사람), 두초지재(斗筲之才;변변하지 못한 재주); 초두(鐎斗;다리가 셋 있고 긴자루가 달린 작은 솥) 들.

두(豆) '콩. 팥'을 뜻하는 말. ¶두류(豆類), 두박(豆粕;콩깻묵), 두병(豆餠;콩깻묵), 두부(豆腐)[828], 두비(豆肥), 두숙류(豆菽類;씨를 식용하는 공과의 식물), 두유(豆油;콩기름), 두유(豆乳), 두잠(豆簪), 두초류(豆草類;콩과 식물), 두태(豆太)[829]; 녹두(綠豆)[830], 담두시

---

826) 두량(斗量): ①되나 말로 곡식을 되어서 셈. 또는 그 분량. ¶양식을 두량하다. ②어떤 일을 두루 헤아리어 처리함. ¶살림을 잘 두량하다.

827) 두남(斗南): 북두칠성의 남쪽이란 뜻으로 '온 천하'를 이르는 말. ¶두남일인(一人;천하에 으뜸가는 인물), 두남재(才;천하에서 으뜸가는 재주).

828) 두부(豆腐): 콩으로 만든 식품의 한 가지. ¶두부를 지지다. 두붓국, 두부껍질, 두부모, 두붓물, 두부박(粕;비지), 두붓발(두붓물이 엉겨서 순두부가 되는 상태), 두부볶음, 두부비빔, 두부살(희고 무른 살), 두부선(膳), 두부장(醬), 두부장수, 두부저냐, 두부적(炙), 두부전골, 두부점(點), 두부조림, 두붓집, 두부찌개, 두부콩, 두부탕(湯), 두부튀김; 군두부(양념하여 구운 두부), 되두부(콩을 불려 갈아서 호박이나 호박순을 넣고 끓인 음식), 마파두부(麻婆;두부, 간고기, 고추, 된장 및 조미료를 넣고 끓인 중국 요리), 물두부, 반두부(半), 생두부(生), 손두부, 수두부(水;순두부), 순두부(눌러서 굳히지 아니한 두부[←순(純). 숨(쉬다), 물], 언두부, 연어두부(鰱魚;연어를 지지다가 익을 때 두부를 넣고 끓인 음식), 외두부(煨;양념을 하여 불에 구운 두부), 자두부(煮;지진 두부), 장두부(醬), 팔보두부(八寶).

829) 두태(豆太): ①콩과 팥을 아울러 이르는 말. ②'콩팥'을 이르는 말. ¶두태구이(소의 콩팥을 구워 만든 음식), 두태쥐(소의 콩팥 속에 병적으로 생긴 군살 덩어리).

(淡豆豉), 대두(大豆), 미두(米豆), 변두(藊豆), 소두(小豆), 연두(軟豆), 완두(豌豆), 원두(原豆;가공하기 전의 커피 열매), 작두(鵲豆;까치콩), 잠두(蠶豆), 적두(赤豆), 좌두(莝豆;여물에 콩을 섞은 마소의 사료), 태두(太豆), 파두(巴豆), 황두(黃豆), 회두(回頭), 흑두(黑豆) 들.

두(痘) '천연두. 마마'를 뜻하는 말. ¶두가(痘痂;천연두 딱지), 두독(痘毒), 두면(痘面;얽은 얼굴), 두묘(痘苗), 두병(痘病), 두역(痘疫;천연두), 두장(痘漿;천연두의 고름), 두진(痘疹), 두창(痘瘡), 두풍창(痘風瘡), 두화(痘禍), 두흔(痘痕;마맛자국); 소두(小痘), 수두(水痘), 우두(牛痘), 종두(種痘), 천연두(天然痘), 출두(出痘) 들.

ㄷ

두(杜) '막다. 닫다'를 뜻하는 말. ¶두견(杜鵑;두견새. 진달래), 두공(杜空), 두문(杜門)[831], 두색(杜塞;구멍이나 길목 따위를 틀어막는 것), 두절(杜絕)[832], 두찬(杜撰;틀린 곳이 많은 작품), 두충(杜沖;두충과의 낙엽 교목), 두폐(杜弊); 방미두점(防微杜漸) 들.

두(逗) '머무르다. 묵다'를 뜻하는 말. ¶두뇨(逗撓;적을 보고 두려워 피하고 나아가지 아니함), 두류(逗留;한 곳에 머묾), 두체(逗滯;멈추고 나아가지 아니하다).

두(蠹) '좀벌레'를 뜻하는 말. ¶두서(蠹書;좀이 슨 책), 두식(蠹蝕;좀이 슮. 좀이 슬듯이 닳거나 벗어짐)/하다, 두적(蠹賊;좀먹듯이 사물이나 일을 해침. 또는 그런 사람).

두(肚) '배. 밥통[위(胃)]'을 뜻하는 말. ¶두리(肚裏;뱃속. 마음속); 장두상련(腸肚相連).

두(荳) '콩'을 뜻하는 말. ¶두구(荳蔲), 두초류(荳草類); 백두구(白荳蔲), 육두구(肉荳蔲), 홍두(紅荳) 들.

두(陡) '험하다. 높이 솟다'를 뜻하는 말. ¶주벽(陡壁;낭떠러지), 두절(陡截;절벽처럼 험준하게 솟음. 또는 그 모양).

두(蚪) '올챙이'를 뜻하는 말. ¶과두(蝌蚪;올챙이).

두가리 나무로 만든 음식 그릇.

두간-하다 ☞ 도간.

두겁 가늘고 긴 물건의 끝에 씌우는 물건.[←덮다〈둪다〉]. ¶펜 두겁. 두겁가다(으뜸가다), 두겁돌, 두겁벽돌(甓;담이나 성벽의 위에 씌운 벽돌), 두겁조상(祖上;조상 가운데 가장 이름을 떨친 사람), 두겁주먹장이; 굴대두겁(굴대 끝에 씌우는 부속품), 붓두겁, 쇠두겁(쇠붙이로 된 두겁), 연필두겁(鉛筆;연필깍지), 인두겁(人)[833]; 투겁[834].

두구리 탕약을 달이는 데 쓰는 자루가 달린 놋그릇. ¶약두구리(藥), 은두구리(銀;은으로 만든 약두구리).

두껍(다) 넓이를 가진 물체의 두께가 보통의 정도보다 크다. 층을 이루는 사물의 높이나 집단의 규모가 보통의 정도보다 크다.↔얇다. ¶책이 두껍다. 그 후보는 지지층이 두껍다. 두껍다랗다(생각보다 꽤 두껍다), 두껍다리[835], 두껍닫이[836], 두꺼비[837], 두껍디두껍다(몹시 두껍다), 두껍창(窓), 두께, 두텁떡(시루떡의 하나), 두터이'(두꺼운 정도), 도토롬·두투룸, 도톰·두툼[838]/하다, 두트레방석(方席;두툼한 방석); 낯두껍다. ☞ 후(厚).

두께 넓이가 있는 물건의 두꺼운 정도.[〈둗긔←둗겁다〉두껍다]. ¶철판의 두께. 두께살(두껍게 찐 살).

두남 누구를 편들거나 두둔하는 일.(≒두둔. 역성). 가엽게 여기는 일. ¶귀엽다고 해서 덮어놓고 두남을 두면 버릇이 나빠진다. 두남두다[839], 두남받다(남다른 도움이나 사랑을 받다).

두(다) ①일정한 곳에 있게 하다. 저장·보관하다. 손대지 아니하고 그 상태대로 있게 하다. ¶책을 상위에 두다. 돈을 집에 두다. 두고두고(오랜 기간 여러 차례에 걸쳐서), 두덮다(접어 두고 관심을 두지 아니하다), 두어두다/둬두다(손대지 않고 그냥 두다), 두어라[840]; 가만두다, 걸쳐두다, 고만·그만두다, 내두다, 놀아두다, 던져두다, 내버려두다, 몸두다, 보두다(保), 일러두다/두기, 접어두다. ②새로 설치하다. ¶사장 밑에 비서실을 두다. ③간격·여유를 남겨 놓거나 마음속에 어떤 생각을 지니다. ¶거리를 두다. 미련을 두다. 능두다(넉넉하게 여유를 두다), 두남두다(잘못을 두둔하다. 돌보다), 뒤두다[841], 앞두다. ④바둑·장기 따위를 놀다. ¶바둑을 두다. 맞두다. ⑤사람을 부리거나 거느리다. 가지거나 데리다. ¶남매를 두다. 비서를 두다. ⑥내용물을 넣다. ¶이불에 솜을 두둑이 두다. 콩이나 팥을 두어 밥을 짓다. 징거두다(듬성듬성 꿰매어 두다). ⑦무엇을 대상으로 하다. ¶한 개인을 두고 논란을 계속하다. ⑧어떤 기간 동안 내내. ¶평생을 두고 한이 될 것이다. 두고두고 잔소리할 것이다. ⑨동사 어미 '-어/아'의 아래에 쓰이어, '그 동작의 결과를 그대로 지니다'의 뜻을 나타냄. ¶내 말을 귀담아 두어라. 사람을 잡아 두다. 양해를 얻어 두다.

---

830) 녹두(綠豆): 녹두나물, 녹두누룩, 녹두떡, 녹두묵, 녹두밤(알이 작고 동글동글한 밤), 녹두밥, 녹두방정(버릇없이 까부는 말이나 행동), 녹두새, 녹두부침, 녹두전병(煎餠), 녹두죽(粥).

831) 두문(杜門): 바깥출입을 아니 하려고 방문을 닫아 막음. ¶두문동(洞), 두문령(令), 두문벌(罰), 두문불출/하다(杜門不出), 두문사객/하다(謝客;집에만 틀어박혀 사람 만나는 것을 거절함).

832) 두절(杜絕): 교통이나 통신이 막히거나 끊어짐. ¶때 아닌 폭설로 교통이 두절되다. 연락이 두절되다. 두절되다/하다.

833) 인두겁(人): 사람의 탈이나 겉모양. ¶인두겁을 쓰다(행실이나 바탕이 사람답지 못한 사람을 욕으로 이르는 말).

834) 투겁: 뚜껑. '두겁'이 변한 말. 투겁하다: 덮어씌우듯 하다. ¶얼굴에 분을 투겁하다시피 바르고 나섰다.

835) 두껍다리: 골목의 도랑이나 시궁창에 걸쳐 놓은 작은 돌다리.

836) 두껍닫이: 미닫이를 열 때, 문짝이 옆 벽에 들어가 보이지 않도록 만든 것.=두껍창(窓).

837) 두꺼비: 두꺼빗과의 양서 동물.[〈둗거비←둗겁(다)+이]. ¶두꺼비 파리 잡아먹듯. 두꺼비기름, 두꺼비눈(툭 불거진 눈), 두꺼비메뚜기, 두꺼비씨름, 두꺼비집(安全器); 떡두꺼비같다(아기가 보기에 탐스럽고 희며 실팍하게 생기다), 업두꺼비, 옴두꺼비. ☞ 섬(蟾).

838) 두툼: 보기 좋을 정도로 꽤 두꺼운 모양. 〈작〉도톰. ¶솜을 두툼두툼 둔 핫옷. 도톰·두툼하다(좀 두껍다.↔얄팍하다. 어지간히 넉넉하다),

839) 두남두다: 잘못을 용서하고 도와주다. 애착을 가지고 돌보다. 가엽게 여겨 도와주다.≒동정하다(同情), 편들다(便). 역성들다. ¶할머니가 손자를 두남두다. 범도 새끼 둔 곳을 두남둔다.

840) 두어라: 옛 시가(詩歌)에서, 어떤 일이 필요하지 아니하거나 스스로의 마음을 달랠 때 영탄조로 하는 말.

841) 뒤두다: ①나중을 생각하여 여유를 두다. ¶뒤두고 말하다. ②다음으로 미루다. ③어떤 일 끝에 좋지 않은 감정이나 느낌을 버리지 않고 마음에 계속 품다.

두더지 두더짓과의 포유동물. 몇몇 명사에 붙어 '남에게 알리지 않고 몰래'를 뜻하는 말.[〈두디쥐←뒤지(다)=쥐]. ¶두더지꾼(도굴꾼), 두더지소금(두더지의 내장을 빼고 그 속에 넣어 불에 굽다가 꺼낸 소금), 두더지장가(丈家), 두더지혼인(婚姻) 들.

두덩 우묵하게 들어간 땅의 가장자리에 약간 두두룩한 곳. ¶옹달샘에 고인 물이 두덩을 넘어 흘러내린다. 두덩에 누운 소(아무 할 일 없이 팔자가 좋은 사람). 두덩뼈, 두덩톱(톱양은 짧고 배가 둥근 톱); 눈두덩, 밭두덩, 불두덩, 씹두덩 들.

두두 돼지 따위의 짐승을 몰아 쫓을 때 내는 소리.=뒤뒤.

두두두 총을 쏘는 소리.

두둑 밭과 밭 사이의 경계를 이루는 두두룩한 언덕. 흙을 끌어올려 논이나 밭의 가장자리를 둑처럼 쌓아 만든 두두룩한 바닥. 두렁. [〈두듥]. ¶두둑에 난 잡초. 두둑보리(두둑을 지어서 간 보리), 두둑재배(栽培); 논두둑, 밭두둑 들.

두둔 편들어 허물 따위를 감싸거나 역성을 함.[←두돈(斗頓)].≒역성. ¶외아들이라고 두둔만 하면 버릇이 나빠진다. 아이를 자꾸 두둔해 주면 버릇만 나빠진다. 두둔하다, 두호하다(斗護[842]).

두드리(다) 소리가 나게 여러 번 치거나 때리다. 자꾸 툭툭 치다. 〈센〉뚜드리다. ¶창문을/ 대문을 두드리다. 대장간에서 쇠를 두드려 연장을 만들다. 두드려 패다. 두드럭[843]; 깨두드리다(두드리어 깨뜨리다), 내두드리다, 들두드리다, 짓두드리다.

두들기(다) 손이나 다른 물체를 사용하여 함부로 쳐서 때리다. 세게 두드리다. 〈센〉뚜들기다. ¶두들겨 맞다/ 때리다. 덮두들기다(사랑스러워 어루만져 두들기다), 들두들기다, 짓두들기다, 후두들기다(함부로 막 두드리다), 휘두들기다.

두럭 ①놀이나 노름을 하기 위하여 모인 사람의 무리. ¶여름이면 주위에 먹을 것을 가지고 나선 두럭들이 흥겹게들 논다. ②여러 집이 한데 모여 이루어진 집단.

두렁 논이나 밭의 가장자리로 쌓은 작은 둑·언덕.[←두르(다)+엉]. ¶두렁에 누운 소(편하고 팔자 좋은 사람). 두렁감기(논두렁을 고르게 다듬는 일)/하다, 두렁길, 두렁밭, 두렁서리(논두렁에 난 잡초를 베는 일)/하다, 두렁섶(두렁의 기슭), 두렁쇠(풍물하는 농사꾼), 두렁치기, 두렁콩, 두렁풀, 두렁/드렁허리(두렁허릿과의 민물고기. 논두렁을 뚫는다 하여 붙여진 이름); 논두렁[논두렁길, 논두렁콩, 논두렁하다(논두렁을 튼튼히 하다)], 밭두렁 들.

두레¹ 농촌에서 농사일을 공동으로 하기 위하여 마을 단위로 둔 조직. 마을·동네.[←두르(다)(圍)+에]. ¶두레를 먹다. 두레굿, 두레기(旗), 두레길쌈/놀이, 두레꾼, 두렛날, 두렛논(두레로 일을 하는 논), 두레놀이, 두레농사(農事;두렛일), 두레먹다, 두렛물(두레로 물을 대는 일), 두레밥, 두레삼(두레를 이루어 삼베를 짜는 일), 두레소리, 두렛일/하다, 두레잡이, 두레장원(壯元;농사가 잘된 집의 머슴에게 붙여 주는 이름), 두레패(牌), 두레풀(두레를 이루어 풀을 베는 일), 두레풍장(두레패들이 치는 풍물), 두레하다(두레를 조직하다. 두렛일을 하다); 길쌈두레, 대동두레(大洞) 들.

두레² 낮은 곳에 있는 물을 언덕진 높은 곳의 논이나 밭에 퍼 올리는 데 쓰는 기구.[〈드레]. ¶두레귀(두레의 네 모퉁이에 끈을 다는 곳), 두렛물(두레로 물을 대는 일. 또는 그 물), 두레박[두레박줄, 두레박질/하다, 두레박틀; 방아두레박], 두레우물, 두렛줄(두레에 매단 줄), 두레질/하다; 맞두레, 용두레.

두레³ 둥근 켜로 된 덩이. 또는 그것을 세는 단위.[←두르다]. ¶이웃집에서 시루떡을 한 두레 반이나 주었다. 누룩두레(도자기 가마를 만들 때 쓰는, 누룩 덩이 같은 흙덩이). 떡 한 두레. 누룽지 한 두레.

두렵(다) 마음에 꺼려 겁이 나다. 염려되다. 상대방이 어려워 대하기가 힘들다.[←두리다[844](무섭게 여기다)+-업다].≒무섭다. 겁나다(怯). 걱정스럽다. ¶죽음이 두렵다. 자식의 장래가 두렵다. 엄마에게 사실을 알리기가 두렵다. 빚쟁이가 두렵다. 두려움(걱정), 두려워하다, 두렴증(症). ☞ 겁(怯). 외(畏).

두렷-하다 헝클어지거나 흐리지 아니하고 아주 분명하다. 〈작〉도렷하다. 〈작·센〉또렷하다. 〈센〉뚜렷하다. ¶보름달이 두렷이 떠오르다. 도렷이·두렷이·또렷이·뚜렷이; 덩두렷하다(덩실하고 두렷하다. 아주 뚜렷하다).

두루미 두루밋과의 새. 단정학(丹頂鶴). ¶두루미걸음(겅둥거리며 걷는 걸음), 두루미등(燈), 두루미병(瓶[845]), 두루미자리; 검은목두루미, 백두루미(白), 재두루미, 흑두루미(黑). ☞ 학(鶴).

두룽-다리 모피(毛皮)로 만들어 추위를 막기 위하여 쓰는 모자.

두르(다) ①둘레를 돌려 감거나 휘감아 싸다.≒띠다. 돌리다. 감다. ¶앞치마를 두르다. 머리에 띠를 두르다. 두렁이[846], 두렁치[847], 두루[848][두루낮춤, 두루높임, 두루딱딱이(여러모로 알맞은 모양), 두루이름씨, 두루일컬음], 두루뭉수리[849], 두루뭉술·두리뭉실하다[850], 두루빛[851], 두루이름씨, 두루주머니, 두루춘풍(春風;누구에게나 좋은 얼굴로 대하는 사람), 두루치기[1,2][852], 두루치다[853],

842) 두호하다(斗護): 돌보아 주다. 두둔하다. ¶그는 김 군을 두호하고 나섰다.
843) 두드럭: 손가락이나 가는 막대기 따위로 가락에 맞추어 두드리는 소리. 또는 그 모양.
844) 두리다: '두려워하다'의 옛말.
845) 두루미병(瓶): 두루미목처럼 생긴, 아가리가 좁고 목이 길며 몸은 단지 모양으로 배가 부른 큰 병. ¶술두루미(술을 담는 두루미).
846) 두렁이: 어린아이의 배와 아랫도리를 둘러서 가리는 치마같이 만든 옷. ¶배두렁이(배만 겨우 가리는 두렁이).
847) 두렁치: 어깨에 걸쳐서 입는 허술한 옷.
848) 두루: 빠짐없이 골고루.[←두르(다)+우].≒모두. ¶두루 알려라.
849) 두루뭉수리: ①모나지도 않고 아주 둥글지도 않고 그저 둥근 것. ②언행이나 태도·성격이 두루뭉술한 사람을 이르는 말. ¶그 사람 두루뭉수리구먼.
850) 두루뭉술·두리뭉실하다: ①말이나 행동이 이것도 저것도 아니어서 철저하지 못하다. ¶두루뭉술하게 얼버무려 변명하다. ②모나지도 않고 아주 둥글지도 않게 둥그스름하다.≒어중간하다. 어중되다. 어정쩡하다.
851) 두루빛: 어떤 모임이나 단체에서 총무의 일을 맡아보는 사람.
852) 두루치기¹: ①한 가지 물건을 여기저기 둘러쓰는 짓이나 그러한 물건. ②한 사람이 여러 방면에 능통한 일이나 그러한 사람. 두루치기²: 돼지고기·해물 따위를 데쳐서 양념을 한 음식.
853) 두루치다: ①한 가지 물건을 여기저기 두루 쓰다. ②꼭 집어 말할 수

도르르 · 또르르 · 두르르 · 뚜르르, 두루마기[854], 두루마리[주지(周紙)], 두르풍(風;방한복), 두름[855], 두름길(둘러서 가는 길.↔지름길), 두름성(性;일을 주선하고 변통하는 재주. 주변성), 두름손[856], 돌리다 · 둘리다(둘러막히다. 둘러싸이다)[휘둘리다], 둘러꺼지다[857], 둘러메다; 가두리[858], 꺼두르다[859]/둘리다, 밑두리(둘레의 밑부분), 변두리(邊)[860], 인둘리다[861], 전두리[862]. ②원을 그리듯이 둥글게 돌리다. 둥글다. ¶횃불을 두르다. 두리두리[863], 두리-[864], 두리기[865], 돌라 · 둘러놓다(여럿을 둥그렇게 벌여 놓다), 돌라 · 둘러대다[1](핑계하다. 모면하다), 돌라 · 둘러막다/막히다, 둘러말하다, 돌라 · 둘러맞추다(둘러대다), 돌라 · 둘러매다, 둘러메다/메치다, 돌라방 · 둘러방치다, 돌라 · 둘러보다(살피다), 돌라 · 둘러붙다, 도리반 · 두리번거리다/대다, 둘러빠지다, 돌라 · 둘러서다, 돌라 · 둘러싸다(막다)/싸이다, 돌라 · 둘러쌓다, 둘러쓰다(뒤집어쓰다)/씌우다, 돌라 · 둘러앉다/앉히다, 둘러업다, 둘러엎다(중단하다), 돌라 · 둘러치다, 둘레[1,2][866], 둘리다[1][867]; 꺼두르다[868]/꺼둘다, 내두르다[869]/둘리다, 선두르다[870], 에두르다(빙 둘러막다. 둘러서 말하다), 휘두르다/둘리다, 휘둘러보다. ③없는 것을 이리저리 변통하다. ¶곗돈을 급히 두르다. 돌라 · 둘러대다[2]. ④사람을 마음대로 다루다. 남을 그럴 듯하게 속이다. ¶장난감처럼 다루다. 돌라 · 둘러대다[3]. 둘리다[2](그럴 듯한 꾀에 속다). ⑤그릇에 기름을 고르게 바르다. ¶냄비에 기름을 두르다. ⑥바로 가지 아니하고 멀리 피하여 돌다. ¶쉬운 길로 둘러 가다. §'두르다'는 '돌다(회전하다)'와 동근어.

두릅 두릅나무의 애순. 데쳐서 무쳐 먹음. ¶두릅국, 두릅김치, 두릅나무, 두릅나물, 두릅장아찌, 두릅적(炙), 두릅회(膾); 개두릅(엄나무의 새순), 땅두릅, 멧두릅/나물.

두매-한짝 '다섯 손가락'을 이르는 말.

두멍 물을 길어 붓고 쓰는 큰 가마나 독. 독만한 큰 동이나 통. 물구덩이. 깊고 먼 바다.[←둠그다(둥글다)]. ¶두멍거루(짐을 많이 실을 수 있는 큰 배), 두멍솥; 땅두멍[871], 무쇠두멍, 물두멍(큰 가마. 큰 독) 들.

두메 도시에서 멀리 떨어져 사람이 많이 살지 아니하는 곳.[←두(두던)+메(산)].≒산골(山). ¶두메고장, 두멧골, 두멧구석, 두멧길, 두메내기, 두멧놈, 두메마을, 두멧사람, 두메산골(山), 두메싸립(싸리껍질로 바닥을 거칠게 삼은 미투리), 두메역(驛), 두멧집 들.

두미두미 몸이 크고 뚱뚱한 모양. ¶몸에 보기 좋게 두미두미 살이 올랐다. 두미두미하다.

두선 나지막한 목소리로 수군수군하는 소리. 또는 그 모양.=수선. ¶한쪽 구석에서 두선두선 이야기하다. 두선거리다/대다, 두선두선/하다, 두설[872].

두세두세 약간의 동안을 두고 서로 말을 띄엄띄엄 주고받는 소리나 모양.=두런두런. 술렁술렁. ¶이야기하는 소리가 두세두세 들려오다. 두세두세하다.

두수 이렇게도 하고 저렇게도 할 수 있는 두 가지 방도. 주선하거나 변통할 여지. ¶우물쭈물하지 말고 빨리 두수를 찾아봐라. 두수없다[873].

두억시니 모질고 사나운 귀신의 하나. 두억신(神).=야차(夜叉). ¶겉은 순한 양 같으나 속은 두억시니 같다. 두억시니 같던 강도는 순순히 심문에 응하기 시작했다.

두엄 짚이나 풀 따위를 썩혀서 만든 거름. 퇴비(堆肥). ¶두엄간(間), 두엄걸채, 두엄냄새, 두엄더미, 두엄물, 두엄발치(두엄을 넣어서 썩히는 구덩이), 두엄자리, 두엄터, 두엄풀; 쇠두엄 들.

없이 여럿이 해당되게 하다. ¶이것저것 두루쳐 말하다.

854) 두루마기: 갓두루마기(갓과 두루마기), 갖두루마기(모피로 안을 댄 두루마기), 까치두루마기, 깨끼두루마기, 먹두루마기, 박이두루마기(박음질하여 지은 두루마기), 빚두루마기(빚에 얽매여 헤어날 수가 없게 된 사람), 잘두루마기(검은담비의 털로 안을 대어 지은 두루마기), 차렵두루마기, 핫두루마기, 홑두루마기.

855) 두름: ①조기 · 청어 따위의 물고기 20마리를 10마리씩 두 줄로 엮은 것을 이르는 말. ¶굴비 한 두름. ②고사리 따위의 산나물을 10모숨 가량 엮은 것을 이르는 말.=갓.[←두르(다)+ㅁ].

856) 두름손: 일을 주선하거나 변통함. 일을 뛰어나게 잘하는 솜씨. 수완(手腕). 주변. ¶마음이 무던하고 두름손도 좋은 맏며느리.

857) 둘러꺼지다: 땅바닥 따위가 빙 둘러서 내려앉다.

858) 가두리: 물건 가에 둘린 언저리.

859) 꺼두르다: 움켜잡고 마구 휘두르다. 〈준〉꺼들다. ¶머리채를 꺼두르다. 꺼둘리다.

860) 변두리(邊): ①어떠한 지역의 가장자리를 이루는 곳. ②그릇 따위의 물건의 가장자리.

861) 인둘리다(人): 많은 사람의 운김에 취하여 정신이 어지러워지다.

862) 전두리: 둥근 그릇의 아가리에 둘려 있는 전의 둘레. 또는 둥근 뚜껑 같은 것의 둘레의 가장자리.

863) 두리두리: 둥글고 커서 시원하고 보기 좋은 모양. ¶두리두리 잘 생긴 청년. 눈을 두리두리 굴리다.

864) 두리-/-두리: '둥근. 둥근 그릇'을 뜻하는 말. ¶두리갈랩(둘레갈랩. 테갈랩), 두리광주리, 두리기둥, 두릿그물/배[쌍두리(雙;두 척의 배가 하나의 두릿그물로 고기를 잡는 일)], 두리넓적하다, 두리두리/하다, 두리목(木), 두리반(盤), 두리새김, 두리함지박, 두레상(床;여러 사람이 둘러앉아 먹을 수 있게 만든 큰 상); 반병두리(둥글고 바닥이 평평하여 양푼과 비슷하나 그보다 작은 놋그릇), 뱃두리(양념, 꿀 따위를 넣어 두는 아가리가 넓은 항아리), 중두리(中;독보다 좀 작고 배가 부른 오지 그릇).

865) 두리기: 크고 둥근 소반에 음식을 차려 놓고 여럿이 둘러앉아 먹는 일. ¶두리기상(床); 곁두리(농부나 일꾼이 끼니 밖에 참참이 먹는 음식. 샛밥. 새참).

866) 둘레[1]: 가의 테두리. 사물의 바깥 언저리. 사물의 가를 한 바퀴 돈 길이. [←두르(다)+에].≒가. 테두리. 언저리. ¶둘레돌, 둘레춤(꿀벌이 근처에 꿀이 있다고 알릴 때 추는 춤); 가슴둘레, 목둘레, 원둘레(圓), 허리둘레. 둘레[2]: ①이리저리 사방을 둘러보는 모양.=두리번. ¶사방을 둘레둘레 살피다. ②여럿이 여기저기 빙 둘러앉은 모양. ¶둘레둘레 앉아서 이야기꽃을 피우다. 〈작〉돌레. 도래.

867) 둘리다[1]: 둘러서 막히다. 둘러싸이다.

868) 꺼두르다: 움켜쥐고 마구 휘두르다. ¶머리채를 꺼두르다. 나는 상관도 없는 일에 꺼둘려 다녔다. 꺼둘리다.

869) 내두르다: 밖으로 향하여 휘두르다. 마구 휘두르다. 남을 자기 마음대로 이리저리 움직이게 하다. ¶응원기를 내두르다. 자기 직원을 심하게 내두르다. 내둘리다(내두름을 당하다. 정신이 아찔하여 어지러워지다)

870) 선두르다: 물건의 가장자리에 무엇을 그리거나 둘러서 꾸미다.

871) 땅두멍: 질그릇을 만드는 흙의 앙금을 가라앉히기 위하여 땅을 파서 만든 구덩이.≒귀웅(진흙을 담아 톳물을 만드는 통).

872) 두설: 낮은 목소리로 간간이 지껄이는 소리. 또는 그 모양. ¶사랑방에서 밤늦도록 두설두설 이야기하는 소리가 들리다. 두설거리다/대다, 두설두설/하다.

873) 두수없다: 달리 주선이나 변통할 여지가 없다.[←두 가지 수가 없다. ¶각방으로 힘써보았지만 이제는 두수없다. 두수없이 당하고 말다.

두타 ①속세의 번뇌를 버리고 깨끗하게 불도를 닦는 수행. ②여러 곳을 떠돌면서 온갖 괴로움을 무릅쓰고 불도를 닦는 수도승. [←頭陀〈dhuta〈범〉].

두텁(다) 사람과 사람 사이에서 인정이 많고 사랑이 깊다. 〈작〉도탑다. ¶형제간에 우애가 도탑다. 두터운 우정. 신임이 두텁다. 도타이 보살피다. 두터·토타이[2](두텁게).

두피 광주리 따위로 만들어 날짐승을 잡는 도구.[←덮다]. ¶매두피(매를 산 채로 잡는 기구).

둑[1] 홍수의 예방이나 저수를 위해 돌·흙 따위로 높이 막아 쌓은 언덕. 제방(堤防). 높은 길을 내려고 흙과 돌로 쌓아 올린 언덕. ¶둑을 쌓다. 둑이 무너지다. 둑기둥[언주(堰柱)], 둑길, 둑논(둑을 쌓고 푼 논), 둑막이/하다, 둑방(防), 둑비탈[법면(法面)]; 가로둑(물줄기의 방향에 가로 쌓은 둑), 가름둑[874], 강둑(江), 개밋둑, 개울둑, 갯둑, 공깃둑(空氣), 냇둑, 논둑, 도랑둑, 물둑, 물막잇둑, 방숫둑(防水), 밭둑, 봇둑(洑), 봉홧둑(烽火), 섬둑(섬의 둘레를 둘러쌓은 둑), 철둑/철롯둑(鐵路), 최뚝(밭두둑), 하굿둑(河口), 흙둑. ☞ 제(堤). 언(堰)

둑[2] 윷놀이에서, 두 동을 이르는 말. ¶둑이 나다. 둑가다(두 동째 가다).

둑(纛) 임금이 타고 가던 가마. 또는 군대의 대장 앞에 세우던 큰 의장기. ¶둑제(纛祭); 대둑(大纛), 소둑(小纛).

둔(鈍) '날카롭지 못하다. 힘이 모자라다. 굼뜨다(무디다)'를 뜻하는 말.↔예(銳). ¶둔각(鈍角)[둔각삼각형(三角形)], 둔감(鈍感), 둔거치(鈍鉅齒), 둔골(鈍骨;둔한 몸), 둔기(鈍器;무딘 날붙이), 둔도(鈍刀), 둔리(鈍利;무딤과 날카로움), 둔마(鈍馬), 둔미(鈍微), 둔박하다(鈍朴), 둔병(鈍兵;둔한 무기. 둔한 병사), 둔스럽다(보기에 둔한 느낌이 있다), 둔열하다(鈍劣;굼뜨고 변변하지 못하다), 둔완(鈍腕;솜씨가 둔하고 느림.↔敏腕), 둔완(鈍頑;우둔하고 고집이 셈), 둔재(鈍才), 둔조(鈍調;거래가 활발하지 못함), 둔졸(鈍拙;둔하고 서투름), 둔중하다(鈍重;굼뜨고 둔하다), 둔질(鈍質), 둔총(鈍聰;둔하고 무딘 총기), 둔탁하다(鈍濁;성질이 굼뜨고 흐리터분하다), 둔통(鈍痛;둔하고 무지근하게 느끼는 아픔), 둔팍하다(미련하고 투미하다. 둔하고 느리다)/스럽다, 둔판하다/스럽다, 둔필(鈍筆;서툰 글), 둔하다(깨우침이 늦고 재주가 무디다), 둔한(鈍漢), 둔화(鈍化;둔하게 됨. 무디어짐)/되다/하다; 구둔(口鈍), 노둔(老鈍;늙어서 둔함), 노둔(鹵/魯/駑鈍;어리석고 둔함), 암둔(闇鈍), 어둔하다(語鈍), 예둔(銳鈍), 완둔하다(頑鈍), 우둔하다(愚鈍), 이둔(利鈍), 지둔(至鈍), 지둔(遲鈍), 치둔(癡鈍), 쾌둔(快鈍) 들.

둔(遁) '숨다·숨기다'를 뜻하는 말. ¶둔갑(遁甲)[875], 둔거(遁居), 둔도(遁逃;도망쳐 달아남), 둔사(遁思;은둔하려는 생각), 둔사(遁辭;빠져 나가려고 꾸며대는 말), 둔세(遁世;속세를 피하여 은둔함)[둔세자(者), 둔세하다], 둔속(遁俗;遁世), 둔적(遁迹;종적을 감춤), 둔절(遁絕;소식이나 연락이 끊어짐)/되다/하다, 둔주(遁走;도망쳐 달아남), 둔주곡(遁走曲;fuga), 둔찬(遁竄;도망쳐 숨음), 둔퇴(遁退), 둔피/사상(遁避/思想); 도둔(逃遁), 어둔하다(語遁), 은둔(隱遁) 들.

둔(屯) 많은 사람이 떼를 지어 모이는 일. 또는 모인 곳. '진(陣). 진을 치다'를 뜻하는 말. ¶둔감(屯監), 둔괘(屯卦), 둔답(屯畓), 둔땅, 둔방(屯防), 둔박(屯泊), 둔병(屯兵), 둔영(屯營), 둔전(屯田), 둔취(屯聚;여러 사람이 한 곳에 모여 있음), 둔치다(여러 사람이 한 곳에 머무르다), 둔행(屯行;군사가 무리를 지어 나아감), 둔토(屯土); 주둔/지(駐屯/地), 토둔(土屯) 들.

둔(臀) '엉덩이. 볼기'를 뜻하는 말. ¶둔기(臀鰭;뒷지느러미), 둔부(臀部;궁둥이나 엉덩이를 아울러 이르는 말), 둔위(臀位), 둔위(臀圍;엉덩이의 둘레), 둔육(臀肉;볼깃살), 둔종(臀腫), 둔증(臀蒸); 우둔(牛臀) 들.

둔(芚) '묶다'를 뜻하는 말. ¶유둔(油芚;이어 붙인 두꺼운 기름먹인 종이. 비올 때 씀), 초둔(草芚;뜸-풀로 거적처럼 만든 물건) 들.

둔(窀) '무덤구덩이'를 뜻하는 말. ¶둔석(窀穸;무덤구덩이. 매장하는 일), 둔폄하다(窀窆;하관하여 묻다) 들.

둔덕 주위의 땅보다 두두룩하게 언덕진 곳. ¶둔덕길(둔덕 위에 난 길), 둔덕돌, 둔덕마루, 둔덕산(山;둥덩산[876]), 둔덕지다; 논둔덕, 우물둔덕, 풀둔덕(풀이 무성한 둔덕). ☞ 더기.

둔치 물가의 둔덕진 곳(언덕). 강·호수 따위의 물이 있는 곳의 가장자리. ¶한강 둔치에 조성된 쉼터.

둔테 문장부를 끼는 구멍이 뚫린 나무를 뜻하는 '문둔테(門)'의 준말. ¶멍에둔테(성문 따위에 쓰이는 큰 문둔테), 빗장둔태(빗장을 끼도록 구멍을 뚫은 긴 나무토막).

둘: 하나에 하나를 더한 수. 이(二). §명사 앞에 올 때는 '두'로 바뀜. ¶둘이 먹다가 하나가 죽어도 모른다. 두 다리를 쭉 뻗다. 쌀 두 되. 두겹지다, 두('둘'이 수관형사로 쓰일 때의 꼴), 두골밀이, 두길마보기/두길보기[877], 두눈박이, 두대박이, 두도막형식, 두돌잡이, 두동무니, 두동사니, 두동지다[878], 두마음, 두말(이러니저러니 하는말), 두말하다, 두말없다/없이, 두발당성(두 발로 차는 발길질), 두발제기, 두벌[879], 두서너/두서넛, 두세(둘이나 셋의), 두셋(둘이나 셋 가량), 두손들다(포기하다. 항복하다), 두손매무리[880], 두수[881], 두습[882], 두어[두어째, 두엇(둘쯤 되는 수)], 두이

874) 가름둑: 합류 지점에서 난류를 늦추기 위하여 세우는 둑. 가로둑.

875) 둔갑(遁甲): 술법을 써서 마음대로 자기 몸을 감추거나 다른 것으로 변하게 함. ¶둔갑되다/하다, 둔갑술/둔술(術), 둔갑장신(藏身), 둔갑축지(縮地); 팔문둔갑(八門).

876) 둥덩산-같다(山): 물건이 많이 쌓여 수북하다. 모양이 몹시 불룩하다. ¶둥덩산같이.

877) 두길보기: 일을 할 때 두 마음을 가지고 제게 유리한 쪽으로 붙으려고 살피는 것. 양다리 걸치기.

878) 두동지다: 앞뒤가 맞지 않다. 모순되다.[←둘+동+지다]. ¶행동과 말이 두동지다.

879) 두벌: 초벌 다음에 두 번째로 하는 일. 또는 두 번 하는 일. ¶두벌갈이, 두벌매기, 두벌묶음, 두벌솎음(두 번째로 솎는 일), 두벌일(처음에 한 일이 잘못되어 다시 하는 일), 두벌잠(깨었다가 다시 드는 잠), 두벌장대(長臺), 두벌주검, 두벌죽음.

레(14일), 둘이, 두인변(人邊), 둘잇단음표(標), 둘잡이, 두절개[883], 두제곱, 두짝열개, 둘째[둘째가다(버금가다), 둘째손가락, 둘쨋순(筍), 둘째아버지, 둘째어머니, 둘쨋집; 열두째, 서른두째], 두톨박이, 두해살이; 단둘/이(다만 두 사람만으로), 열두째, 한두, 한둘(하나나 둘) 들.

둘- 새끼나 알을 배지 못하는 짐승의 암컷을 나타내는 말. ¶둘진 암소. 둘소, 둘암말, 둘암소, 둘암캐, 둘암컷, 둘암탉, 둘암퇘지, 둘염소, 둘지기, 둘지다, 둘치(생리적으로 새끼를 못 낳는 암컷. 돌계집). ☞ 돌-.

ㄷ

둘-하다 둔하고 미련하다.≒우둔하다(愚鈍). ¶녀석이 약지 못하고 둘하여 눈 밖에 났다. 둘되다[884].

둥¹ 용언 어간의 관형형 뒤에 붙어, ①무슨 일을 하는 듯도 하고 아니하는 듯도 함을 나타내는 말.≒듯. ¶보는 둥 마는 둥/ 비가 올 둥 말 둥. ②이렇다거나 저렇다거나 말이 많음을 뜻하는 어근. ¶음식이 짜다는 둥 맵다는 둥 말이 많다. 자기가 옳다는 둥 남이 옳다는 둥 횡설수설한다.

둥² ①마음이 들뜬 모양. ¶마음이 둥 뜨다. ②기구, 풍선, 연 따위가 공중에 가볍게 떠오른 모양. ¶풍선이 둥 떠 있다. 둥덩실[885].

둥개 아기를 안거나 쳐들고 어를 때 내는 소리. ¶둥개둥개, 우리 아기. 우리 아기 둥둥. 둥개질/하다, 둥둥.

둥개(다) 일을 감당하지 못하고 쩔쩔매다. ¶그깟 일에 한나절을 둥개느냐. 그 일을 가지고 종일 둥갠다.

둥기둥기 다리나 팔을 흥겹게 놀리면서 춤을 추는 모양. ¶신바람이 나서 둥기둥기 춤을 추다.

둥덩이 소의 앞다리에 붙은 살.

둥둥¹ 군소리로 중얼거리는 모양. ¶이야기 소리가 둥둥 들리다.

둥둥² 아기를 어를 때에 하는 소리. ¶둥둥, 우리 아기 잘 자거라. 둥개둥개 · 둥개둥개.

둥싯 몸을 둔하게 움직이는 모양. 배 따위가 굼뜨게 떠다니는 모양. ¶잠을 이루지 못하고 몸을 둥싯둥싯 움직이고 있다. 둥싯 · 뚱싯거리다/대다, 뚱싯뚱싯/하다.

둥우리 짚이나 댑싸리로 바구니 비슷하게 엮어 만든 그릇. 둥글게 만든 새집.[←둥글(다)+우리]. ¶날이 저물면 새들도 둥우리로 찾아든다. 둥우리막대, 둥우리장수; 닭둥우리, 짚둥우리, 채둥우리(싸릿개비로 결어 둥글고 길게 만든 둥우리); 둥주리[886], 둥지[887] 들.

-둥이 일부 명사 뒤나 어근에 붙어 '그러한 성질이 있거나 그와 긴밀한 관련이 있는 사람이나 동물, 또는 신체 부위의 비하'의 뜻을 더하는 말.[←동(童)+이]. ¶검둥이, 고집둥이(固執), 귀둥이(貴), 귀염둥이, 근원둥이(根源), 금자둥이(金子), 깜둥이, 꼬마둥이, 꾀둥이, 날파람, 늦둥이, 덴둥이, 떨꺼둥이, 막둥이, 막내둥이, 바람둥이, 부랑둥이, 선둥이(先), 센둥이, 쉰둥이, 쌍둥이(雙), 약둥이, 업둥이, 옥자둥이(玉子), 외둥이, 욱둥이, 육삭둥이(六朔), 응둥이, 응석둥이, 이쁘둥이, 재간둥이(才幹), 재롱둥이(才弄), 점둥이(點), 정월둥이(正月), 질기둥이, 짓둥이, 쫄래둥이, 초립둥이(草笠), 칠삭둥이(七朔), 팔삭둥이(八朔), 해방둥이(解放), 후둥이(後), 흰둥이 들.

둥치 큰 나무의 밑동. ¶둥치가 썩다. 밑둥치(둥치의 밑 부분).

뒤뒤 벌떼가 분봉(分蜂)하려고 할 때 수봉기를 대고 몰아넣으면서 부르는 소리.=드레[a].

뒤뒤뒤 돼지를 몰거나 쫓는 소리.

뒈지(다) '죽다'를 속되게 이르는 말.

뒤 향하고 있는 방향과 반대되는 쪽이나 곳.(↔앞). 다음이나 나중. 일의 결과나 자취. 대주거나 도와주는 힘. 북쪽. 사람의 '똥'을 점잖게 이르는 말. ¶뒤를 돌아보다. 뒤에서 밀다. 뒤를 잇다(대를 잇다. 이어대다). 뒷가르마, 뒷가지, 뒷간(間;변소), 뒷갈망/하다, 뒷갈이/하다, 뒷감당/하다(堪當), 뒷갱기, 뒷거두매[888], 뒷거래(去來)[뒷거래꾼, 뒷거래되다/하다], 뒷거름, 뒷거리, 뒷거울(백미러), 뒷거조(擧措;어떤 일이 있은 다음에 취하는 행동거지), 뒷걱정/하다, 뒤건이(뒷일을 수습하고 정리하는 일), 뒷걸음/질/치다, 뒷겨드랑이, 뒷결박/되다(結縛), 뒷경과(經過), 뒷고개, 뒷고대(깃고대의 뒷부분), 뒷고삿, 뒷고생(苦生), 뒷골(뒤통수), 뒷골목, 뒷공론[889]/하다(公論), 뒤구르다[890], 뒷구멍[891], 뒷구석, 뒷귀[892], 뒷그루(뒷갈이), 뒷그림자, 뒷근심, 뒷글(꼬리말), 뒷기약(期約), 뒷길[1,2,3][893], 뒤꼍(뒤뜰), 뒤꽂이, 뒤꽁무니(꽁무니), 뒤꾸머리(발뒤

880) 두손매무리: 어떤 일을 되는 대로 거칠게 버무려 냄. ¶짬이 없이 받은 기간이긴 하지만 두손매무리는 하지 말도록. 두손매무리하다.

881) 두수: ①이리저리 할 수 있는 두 가지 방도. ¶이 일은 두수가 있을 수 없다. ②달리 변통할 여지. ¶이제는 두수가 없다. 두수없다/없이.

882) 두습: 말 · 소의 두 살.=이듭. ¶두습짜리 소.

883) 두절개: 두 가지 일을 하다가는 한 가지도 못 이룸. 두 절을 왔다갔다하는 개는 두 절에서 다 얻어먹지 못한다는 말.

884) 둘되다: 상냥하지 못하고 미련하고 굼뜨다. 둔하게 생기다. ¶사람이 둘되었으나 충직하기는 하다. 좀 둘된 사람.

885) 둥덩실: 물건이 공중이나 바다 위에 가볍게 떠 있는 모양. 〈큰〉두둥실. ¶둥덩실 떠 있는 광고 풍선.

886) 둥주리: 짚으로 크고 두껍게 엮은 둥우리. 또는 '그 모양'을 뜻하는 말. ¶둥주리감(모양이 둥근 감); 새둥주리.

887) 둥지: 새가 깃들이는 둥우리. 보금자리. ¶둥지를 틀다. 뻐꾸기 둥지. 둥지뜨기성(性), 둥지머물성(性); 개미둥지(개미집), 까치둥지, 땅벌둥지(땅벌의 둥지), 새둥지, 알둥지, 푸둥지(아직 깃이 나지 아니한 어린 새의 날갯죽지).

888) 뒷거두매: 일의 뒤끝을 거두어 마무르는 솜씨나 모양새. 〈준〉뒷거둠.

889) 뒷공론(公論): ①일이 다 끝난 뒤에 쓸데없이 새삼 말하는 일. ②나서서 하지 않고 뒤에서 쑥덕거리는 짓.

890) 뒤구르다: ①말썽이 없게 일의 뒤끝을 단단히 다지다. ②총 · 대포가 발사 후의 반동으로 움직이거나 물러나다.

891) 뒷구멍: ①뒤에 있는 구멍. ②똥구멍. ③숨겨서 넌지시 행동하는 길이나 수. ¶뒷구멍으로 취직시키다.

892) 뒷귀: 사리나 말귀를 알아채는 힘. ¶뒷귀먹다(어리석어서 사물을 잘 이해하지 못하다).

893) 뒷길¹: ①뒤에 있는 길. ②앞으로 있을 과정. ¶자식의 뒷길을 걱정하다. ③정상적이 아닌 수단 · 방법. ¶뒷길로 빼돌린 장물. 뒷길²: 남도 지방에서 서도 · 북도를 가리키는 말.↔앞길. 뒷길³: 저고리나 두루마기의 뒤쪽에 대는 길.↔앞길.

꿈치), 뒤꾼(후렴을 따라 하는 사람), 뒤꿈치, 뒤끝, 뒷나무(밑씻개로 쓰는 가늘고 짧은 나뭇가지나 나뭇잎), 뒷날(앞으로 닥쳐올 날), 뒷날개, 뒷내, 뒤내다[894], 뒤내려긋다, 뒷널, 뒤넘기치다, 뒤넘김, 뒤넘다(뒤로 넘어지다)/넘기다, 뒤넘이, 뒷논, 뒷눈질, 뒷뉘(앞으로 올 세상), 뒷다리, 뒷단속(團束), 뒷단장(丹粧), 뒤닫다(잇따르다), 뒤달리다(뒤를 따라서 달리다), 뒷담, 뒷담당(擔當), 뒤대(북쪽 지방.↔앞대), 뒤:대다[1][895], 뒷대문(大門), 뒤대패, 뒷덕(주변 지대보다 뒤에 있고 두드러진 평지), 뒷덜미, 뒷덫, 뒷도장(圖章), 뒷돈, 뒤돌다(뒤로 돌다)/돌리다, 뒤돌리다(꺼려하거나 무시하며 상대하지 않다), 뒤돌아보다, 뒤돌아서다, 뒷동(일의 뒷부분), 뒷동네, 뒷동산, 뒤되다(남보다 뒤떨어지다), 뒤두다(뒷날로 미루다), 뒷들(집이나 마을 뒤에 있는 들. 뒷벌), 뒵들이(뒤에서 거들어 도와주는 일), 뒷등, 뒤따라가다/오다, 뒤따라붙다, 뒤따르다/딸리다, 뒤딱지(시계의 뒷뚜껑), 뒤떨구다(뒤에 떨어뜨리다), 뒤떨어지다(↔앞서다), 뒤뜨다[896], 뒤뜰(뒷마당), 뒤띔[897], 뒤란(집채 뒤의 울안), 뒤로돌아, 뒤로하다(떠나다. 등지다), 뒷마감, 뒷마구리, 뒷마당, 뒷마루, 뒷마무리/하다, 뒷마무새, 뒷마을, 뒷막이, 뒷말[1](소문. 뒷소리)/하다, 뒷말[2](꼬리말), 뒷맛(여운), 뒤매(뒷모습), 뒷맵시, 뒷머리(뒤통수), 뒷면(面), 뒷모습, 뒷모양(模樣), 뒷목[1],[2][898], 뒷몸, 뒷무[899], 뒤무르다(뒷심이 약하다), 뒷무릎, 뒷문(門), 뒤묻다(뒤따라가거나 오다), 뒷물/대야, 뒤미처(그 뒤에 곧이어), 뒤미치다(뒤이어 곧 한정한 곳에 이르다), 뒷밀이/꾼, 뒤밀치기, 뒷바닥, 뒷바대(엉덩이에 덧대는 헝겊 조작), 뒷바라지/하다, 뒤바람[북풍(北風;된바람)], 뒷바퀴, 뒤받치다, 뒷받침/되다/하다, 뒷발[뒷발굽, 뒷발길/질], 뒷발막, 뒷발치(뒤쪽의 끝 부분), 뒷발톱, 뒤밟다(몰래 뒤를 따라가다)/밟히다, 뒷방(房)[뒷방마누라, 뒷방살이], 뒤방이다[900], 뒷밭, 뒷배[901], 뒷벌(뒷들), 뒤벼리[902], 뒷벽(壁), 뒤보다[1](대변보다. 뒤에서 돌보아주다), 뒷배, 뒷벽(壁), 뒷보증(保證), 뒷볼(↔앞볼), 뒷부분(部分), 뒷북치다(뒤늦게 쓸데없이 수선을 떨다), 뒷불, 뒤뿔치다[903], 뒷사람, 뒷산(山), 뒷생각, 뒤서다(뒤따르다. 뒤지다)/세우다, 뒷설거지, 뒷세상(世上), 뒷셈, 뒷소리, 뒷소문(所聞), 뒷소식(消息), 뒷손[1],[2],[3][904], 뒷수발, 뒷수쇄(收刷;일의 끝을 정리하는 것. 뒤치다꺼리), 뒷수습/하다(收拾), 뒷시비(是非), 뒷시세(時勢), 뒷시중, 뒷심[905], 뒤쓰레질/하다, 뒤안(뒤곁), 뒤안길[906], 뒤어금니, 뒤여밈, 뒷욕(辱), 뒤울(발꿈치를 싸는 뒷부분의 가죽. 집 뒤의 담이나 울타리), 뒤울림, 뒤울이(북쪽에서 불어오는 바람), 뒷이야기, 뒷일[1](어떤 일이 있은 뒤에 생기거나 일어난 일), 뒷일[2](뒤를 보는 일), 뒷일꾼[907], 뒷입맛/뒷맛, 뒤잇다/뒤이어, 뒷자락, 뒷자리, 뒷자손(子孫), 뒷장(어떤 일의 뒤 끝에 따라하는 일.↔앞장), 뒷장(張;종이의 뒷면), 뒷장난, 뒷전[908], 뒷전(殿), 뒷정리(整理), 뒷정신(精神), 뒤젖히다, 뒷조사(調査), 뒤조지/뒤조지다[909], 뒷조처(措處), 뒤좇다, 뒤좇아가다/오다, 뒷좌석(座席), 뒷주머니, 뒷죽지(등쪽의 어깻죽지), 뒷줄(배후의 세력), 뒤지(紙;밑씻개로 쓰는 종이), 뒷지느러미, 뒤:지다(뒤떨어지다. 뒤서다↔앞서다), 뒷질[910], 뒷짐[911], 뒷집, 뒤짱구, 뒤쪽, 뒤쫓다/쫓기다, 뒤쫓아가다/오다, 뒤차(車), 뒤차기, 뒤창, 뒤창(窓), 뒤창자, 뒤채, 뒤처리(處理), 뒤처지다(뒤로 처지다. 뒤지다), 뒤초리, 뒤축[발뒤축, 버선뒤축], 뒤춤(허리 뒤의 바지춤), 뒤치다꺼리[912]/하다, 뒤치송(治送), 뒤캐다(몰래 뒷조사하다), 뒤켠/길, 뒤코(바늘 뒤쪽의 뜨개코), 뒤탈(頉), 뒤태(態), 뒤태도(態度), 뒤터지다(똥이 함부로 나오다), 뒤턱[913], 뒤통수/치다, 뒤트기[창의(氅衣)], 뒤트임, 뒤파다(뒤캐다), 뒤판(어떤 일이 뒤에서 벌어진 판), 뒤편(便), 뒤폭(幅), 뒤풀이[914], 뒤품, 뒷항(項), 뒤허리(허리의 뒷부분), 뒤힘(등댈 만한 힘); 등뒤[배후(背後)], 밑뒤(배의 고물), 발뒤축, 발뒤꿈치, 밤뒤(밤에 대변을 보는 일), 새벽뒤(새벽에 누는 똥), 실뒤[915], 앞뒤, 용수뒤(밑술), 줌뒤(줌통을 쥔 주먹의 겉쪽), 흙뒤(발뒤축의 위쪽 근육). ☞ 후(後).

뒤- 일부 동사나 명사 앞에 붙어, '몹시. 마구. 온통. 뒤집어. 거꾸로'의 뜻을 더하는 말. ¶뒤굴리다, 뒤까부르다, 뒤까불다[1],[2], 뒤꼬다(함부로 마구 꼬다)/꼬이다, 뒤끓다, 뒤널리다, 뒤놀다(몹시 흔들리다. 정처 없이 돌아다니다), 뒤놓다(뒤집어 놓다)/놓이다, 뒤

894) 뒤내다: 함께 일을 하다가 중도에서 싫증을 내거나 성의 없는 태도를 보이다. ¶그 사람은 걸핏하면 뒤내기를 잘한다.

895) 뒤대다[1]: 뒤를 돌보아 주다. 밑천을 잇대어 주다.≒돌보다. 공급하다. ¶내가 책임지고 뒤대어 줄 테니 너는 공부만 열심히 해라.

896) 뒤뜨다: ①뒤틀려서 들뜨다. ②뒤받아서 버티어 대들다. 반항하다.

897) 뒤띔: 뒤에서 남몰래 귀띔하는 짓.

898) 뒷목[1]: 타작할 때에 북데기에 섞이거나 마당에 흩어져 남은 찌꺼기 곡식. 뒷목[2]: 목덜미.

899) 뒷무: 윗옷의 양쪽 겨드랑이 밑의 뒤에 댄 딴 폭.

900) 뒤방이다: 윷놀이에서, 말을 뒷밭을 거쳐 놓다.

901) 뒷배: 겉으로 드러나지 않고 뒤에서 보살펴주는 일. ¶학교 뒷배야 못 보아 주겠나.

902) 뒤벼리: 뒤로 난 벼랑. ¶집의 뒤벼리를 돌아가면 약수터로 올라가는 길이 보인다.

903) 뒤뿔치다: 남의 밑에서 그의 뒷바라지를 하며 도와주다. 시중들다. ¶영호는 김 사장을 뒤뿔치며 그에게서 사업을 배울 수 있었다. 뒤뿔치기(자립하지 못하고 남의 밑에서 고생하는 일. 뒷시중)/하다.

904) 뒷손[1]: ①뒤로 내미는 손. ②겉으로는 사양하는 체하면서 뒤로 슬그머니 내밀어 받는 손. 뒷손질/하다[1]. 뒷손[2]: ①일을 마친 뒤에 다시 하는 손질. ¶뒷손잡이(일이 끝난 뒤에 뒤끝을 정리하는 사람), 뒷손질/하다[2]. ②몰래 또는 뒤에서 손을 써서 하는 일. ¶뒷손을 쓰다(은밀히 대책을 강구하거나 뒷수습을 하다). 뒷손[3]: 판소리 장단에서, 왼손바닥으로 북의 왼편 가죽을 치는 것. ¶뒷손자리.

905) 뒷심: 남의 뒤에서 도와주는 일. 끈질기게 버티는 힘이나 뒤판에 가서 회복하는 힘. ¶뒷심이 든든하다. 뒷심이 세다.

906) 뒤안길: ①한길이 아닌 뒤곁으로 난 길. ②'어둡고 서글픈 생활이나 처지'를 비유. ¶인생의 뒤안길을 걷다.

907) 뒷일꾼: 목수나 미장이 따위의 일을 보조하거나 허드렛일을 하는 일꾼.

908) 뒷전: ①뒤쪽에 있는 자리. ¶뒷전으로 가서 앉다. ②푸대접으로 뒤로 미루게 된 순서. ¶뒷전으로 밀리다. 그런 일은 뒷전이다. ③뱃전에서 뒤쪽 부분. 곧 고물 쪽의 뱃전. ④남이 안 보거나 못 보는 곳. 배후(背後). 뒷전놀다(슬며시 딴 짓을 하다). ⑤무당굿 열두 거리 가운데의 마지막 거리. ¶뒷전놀다(무당이 뒷전풀이를 하다). 뒷전풀이/하다.

909) 뒤조지다: 일의 뒤끝을 단단히 다지다. ¶말썽이 나지 않도록 잘 뒤조져야 한다.

910) 뒷질: 물에 뜬 배가 앞뒤로 흔들리는 것. ¶배의 뒷질 때문에 멀미가 나다.

911) 뒷짐: 두 손을 허리 뒤로 잦히어 마주 잡는 일. ¶뒷짐을 지다. 뒷짐결박/되다/하다(結縛), 뒷짐지다/지우다, 뒷짐질/하다.

912) 뒤치다꺼리: 뒤에서 일을 수습하며 보살펴 주는 일. 뒷수쇄(收刷). ¶네 뒤치다꺼리만 하고 살란 말이냐? 동생들 뒤치다꺼리를 하느라 정작 내 일을 못했다.

913) 뒤턱: ①노름판에서, 남에게 붙여 돈을 태우는 짓. ②두 턱이 진 물건의 뒤쪽에 있는 턱.↔앞턱.

914) 뒤풀이: 어떤 일이나 모임을 끝낸 뒤에 서로 모여 즐겁게 놂. 또는 그런 일.

915) 실뒤: 집을 짓고 남은 뒷마당.

눕다, 뒤늦다/늦추다, 뒤대다^{2}[916], 뒤덤벙[917], 뒤덮다(뒤집어쓰듯이 덮다)/덮치다, 뒤덮이다, 뒤되다(위치나 차례가 거꾸로 바뀌다), 뒤돌리다, 뒤둥그러지다[918], 뒤떠들다, 뒤떨다(몸을 몹시 흔들며 떨다), 뒤떨치다(몹시 떨치다), 뒤뜨다(뒤받아서 대들다), 뒤말다(함부로 마구 말다)/말리다, 뒤몰다/몰리다, 뒤뭉개다, 뒤바꾸다/바뀌다, 뒤바르다(아무렇게나 마구 바르다)/발리다, 뒤 · 되받다(도리어 맞대꾸하거나 맞서다), 뒤발[919], 뒤버무리다(섞다), 뒤번지다(마구 퍼져 나가다. 마구 엎어지다), 뒤범벅[뒤범벅거리다/되다, 뒤범벅상투, 뒤범벅판], 뒤법석/거리다/대다(法席), 뒤변덕스럽다(變德), 뒤보깨다[920], 뒤보다^{2}(착각하여 잘못 보다), 뒤볶다/볶이다, 뒤부수다, 뒤부시다, 뒤뻗치다, 뒤뿌리치다, 뒤살피다, 뒤삶다, 뒤섞다/섞이다, 뒤설레(서두르며 수선스럽게 구는 일)/다, 뒤솟다/뒤솟구다[921], 뒤쓰다/씌우다, 뒤어쓰다[922], 뒤얽다/얽히다, 뒤엉기다(여럿이 마구 달라붙음), 뒤엉키다(마구 얽혀서 풀기 어렵다), 뒤엎다(뒤집어엎다)/엎어지다, 뒤엎이다, 뒤울리다, 뒤움치다(몹시 움츠리다), 뒤잡다(마구 꽉 잡다), 뒤젓다, 뒤지르다, 뒤짊어지다, 뒤집다[923], 뒤쪼다, 뒤채다(너무 흔하거나 함부로 늘어놓아 발길에 툭툭 걸리다), 뒤쳐지다[924], 뒤틀다[925]/틀리다(어긋나다), 뒤틀림, 뒤틀어지다(돌아가다. 꼬이다), 뒤헝클다, 뒤훑다, 뒤흔들다/흔들리다 들.

뒤넘-스럽다 어리석은 것이 주제넘게 행동하여 건방진 데가 있다.≒건방지다. ¶잘 알지도 못하면서 뒤넘스럽게 나서지 마라. 원래 그는 뒤넘스러운 사람이라니까.

뒤(다)^{1} 곧지 아니하고 뒤틀어지거나 구부러지다. 반듯이 누웠던 갓난아기가 엎드리다. ¶아기가 태어난 지 한 달 만에 몸을 뒤치기 시작했다. 뒤척거리다/대다/이다, 뒤치다[926], 뒤치락거리다/대다, 뒤치락엎치락.

뒤(다)^{2} '뒤지다'의 준말.

뒤듬-바리 어리석고 둔하며 거친 사람. ¶그는 정나미가 뚝 떨어질 정도의 뒤듬바리였다.

뒤숭숭-하다 ①느낌이나 마음이 어수선하고 불안한 모양.≒어지럽다. 시끄럽다. ¶민심이 뒤숭숭 들뜨다. 꿈자리가 뒤숭숭하다. ②일이나 물건이 어수선하게 뒤섞이거나 흩어진 모양. ¶뒤숭숭 어질러진 방안. 뒤숭숭/히/스럽다.

뒤스르(다) 몸을 이리저리 뒤척이다. 일 · 물건 따위를 가다듬느라고 이리저리 바꾸거나 변통하다. ¶밤낮 뒤스르기만 하고 끝을 못 맺는다. 뒤스럭/거리다/대다/스럽다[927], 뒤스럭뒤스럭/하다, 뒤스럭쟁이, 뒤스름, 뒤슬뒤슬[928].

뒤웅 뒤웅박. ☞ 되다^{2}.

뒤주 곡식을 담아두는 나무로 만든 궤(櫃). ¶뒤주의 쌀이 바닥나다. 뒤주간(間), 뒤주방천(防川;뒤주 모양의 나무틀 안에 돌로 채운 냇둑), 뒤주차(車), 뒤주창고(倉庫;낟알을 보관하기 위한 시설); 귀목뒤주(櫷木;느티나무로 짠 뒤주), 글뒤주[929], 나락뒤주, 뜸뒤주[930], 손뒤주(작은 뒤주), 쌀뒤주, 옷두지(옷을 담아 두는 세간), 팥뒤주, 한뎃뒤주(안채 귀퉁이 공간에 짜 붙인 붙박이 뒤주).

뒤죽-박죽 여럿이 마구 뒤섞여 엉망이 된 모양. 또는 그 상태.≒뒤범벅. ¶머릿속이 뒤죽박죽이어서 생각이 도무지 떠오르지 않는다. 뒤죽박죽되다.

뒤지(다) 무엇을 찾으려고 샅샅이 들추거나 헤치다.(≒톺다^{1}). 일구거나 파다. 〈준〉뒤다^{2}. ¶주머니를/ 보따리를 뒤지다. 수사 기록을 뒤져 보다. 책가방을 뒤다. 서랍을 뒤다. 밭뒤다(밭을 거듭 갈다), 뒤져내다, 뒤져놓다, 뒤져보다, 뒤적 · 되작 · 되착 · 뒤척거리다/대다/이다[931]. 뒤적뒤적/하다, 뒤적질/하다, 뒤져내다, 뒤지개[굴봉(掘棒)], 뒤짐[몸뒤짐(무엇을 찾으려고 남의 몸을 뒤지는 짓), 원뒤짐[932], 줄뒤짐(무엇을 찾으려고 하나하나 차례로 뒤지는 일)/하다, 집뒤짐(남의 집을 뒤지는 일)], 뒨장하다[933]; 그루뒤다(땅을 갈아서 뒤덮게 하다), 까막뒤짐[934], 밭뒤다(밭을 거듭 갈다) 들.

---

916) 뒤대다^{2}: ①빈정거리는 태도로 비뚜로 말하다.≒빈정거리다. ¶뒤대지만 말고 바로 말해라. ②거꾸로 가르치다.

917) 뒤덤벙: 들뜬 행동으로 아무 데나 간섭을 하며 서두르는 모양.

918) 뒤둥그러지다: ①뒤틀려서 마구 우그러지다. ②생각이나 성질이 비뚤어지다. ③아주 세게 넘어지면서 구르다.

919) 뒤발: 무엇을 온몸에 뒤집어써서 바름. ¶눈물콧물로 뒤발을 한 얼굴. 어린아이들이 흙탕물을 뒤발하며 논다. 뒤발하다(뒤집어쓰다).

920) 뒤보깨다: ①먹은 것이 소화가 되지 않아 뱃속이 몹시 거북하다. ¶밤새 술을 마셨더니 하루 종일 속이 뒤보깬다. ②사람이 뜻대로 되지 않는 일에 마음이 어수선하고 복잡하다.

921) 뒤솟구다: 눈알을 뒤집어 위로 솟게 하면서 노려보다. 〈준〉뒤솟다.

922) 뒤어쓰다: ①눈알이 위쪽으로 몰려서 흰자위만 보이게 뜨다. 홉뜨다. ②들쓰다. 뒤집어쓰다. 〈준〉뒘쓰다.

923) 뒤집다: 안과 겉이나 위와 아래, 앞과 뒤를 바꾸다. 순서를 바꾸다. 조용하던 것을 소란스럽게 만들다. 학설 · 제도 따위를 뒤엎다. 눈을 크게 홉뜨다.≒바꾸다. 망치다. 뒤엎다. ¶옷을 뒤집어 입다. 주머니를 뒤집다. 손바닥을 뒤집다. 속이 뒤집히다. 정부를 뒤집다(뒤엎다). 눈을 뒤집고 대들다. 뒤재기(뒤집어엎는 것), 뒤재비꼬다(엎친 몸을 뒤집으며 꼬다), 뒤재주치다(물건을 함부로 뒤집거나 내던져서 거꾸로 처박히게 하다), 뒤죽박죽, 뒤집개/질/하다, 뒤집기, 뒤집어쓰다(뒤발하다)/씌우다, 뒤집어엎다, 뒤집어지게(감격하여 보는 이가 나동그라질 정도로), 뒤집어지다, 뒤집히다; 까뒤집다/뒤집히다.

924) 뒤쳐지다: 뒤집혀서 젖혀지다. ¶냄비 뚜껑이 뒤쳐지다.

925) 뒤틀다: ①꼬아서 비틀다. 몹시 비틀다. ¶몸을 비틀다. 빨래를 뒤틀어 짜다. 뒤트레방석(方席;똬리처럼 새끼를 돌돌 감아서 만든 물건). ②일이 안 되도록 이리저리 반대하다. ¶다 된 홍정을 뒤틀다. 뒤틀리다, 뒤틀어지다.

926) 뒤치다: 엎어진 것을 젖히거나, 젖혀진 것을 엎어놓다. ¶자면서 몸을 뒤치다. 밤새도록 몸을 이리 뒤치고 저리 뒤치며 잠을 이루지 못했다. 뒤쳐나오다, 뒤쳐눕다, 뒤쳐서, 뒤쳐쓰다, 뒤쳐지다(물건이 뒤집혀서 젖혀지다), 뒤침(번역. 언해), 뒤침말(같은 뜻의 다른 말).

927) 뒤스럭스럽다: 말과 행동이 수선스럽고 부산한 데가 있다.=실쌈스럽다②.

928) 뒤슬뒤슬: 되지 못하게 건방진 태도를 가지는 모양. ¶젊은 놈이 뒤슬뒤슬 건방지게 군다.

929) 글뒤주: 실천과 동떨어진 글공부를 하는 사람. 많이 알고 있으나 실지로 써먹을 줄 모르는 사람.

930) 뜸뒤주: 뜸을 엮어 땅에 둘러치고 그 안에 곡식 낟알을 채워 쌓은 더미.=통가리.

931) 뒤적이다: 무엇을 이리저리 들추어 뒤지다. 〈작〉되작이다.≒찾다. 쑤시다. 들추다.

932) 원뒤짐: 도적질할 때, 주인을 시켜 뒤져내는 일.

933) 뒨장하다: 사람이나 짐승, 물건 따위를 뒤져내다. 닥치는 대로 들었다 놓았다 하다. ¶뒨장질(이것저것 뒤져내는 짓. 수색)/하다.

934) 까막뒤짐: 도둑질할 때 주인 몰래 뒤져 오는 것.

뒵들(다) 서로 덤벼들어 말다툼하다. ¶삿대질을 하며 뒵들다.

드- 일부 용언 앞에 붙어, '정도가 한층 높은. 심하게. 몹시. 아주'의 뜻을 더하는 말. §원뜻은 '들다[4]'의 어근 '들-'에서 /ㄹ/이 탈락한 형태로 '위로 높이'. '다-'는 이형태. ¶드날리다(손을 들어서 날리다. 들날리다), 드넓다, 드높다/높이다, 드높이, 드다르다(아주 다르다. 판이하다), 드던지다(물건 따위를 마구 들어 내던지다), 드덤비다, 드맑다(아주 맑다), 드밀다/밀리다, 드바쁘다/드바삐, 드밝다, 드사납다, 드설레다(몹시 설레다), 드세다[935], 드세차다, 드솟다, 드잡다(매우 세게 잡다); 다몰다, 다밀다, 다바쁘다, 다밭다 들.

드글드글 ①사람이나 동물 따위가 떼로 모여 들끓는 모양.=득시글득시글. 우글우글. ¶화장실에 구더기가 드글드글 끓는다. ②조금 크고 둥그런 물건 따위가 여기저기 많이 널려서 무질서하게 굴러다니는 모양. ¶주먹만 한 왕자갈을 드글드글 깔아놓은 산길.

드디어 무엇으로 말미암아 그 결과로. 끝에 이르러. 이제야.≒끝내. 결국. 마침내. ¶드디어 합격했다. 드디어 남북 정상이 만났다.

드럭드럭 줄 같은 것이 드리우거나 늘어진 모양. ¶거미줄이 드럭드럭 드리운 빈 집.

드렁[1] 예전에, 장사치들이 물건을 사라고 외칠 때 그 물건 뒤에 붙이던 군말. ¶배추/무 드렁 사려! 굴비나 비웃 드렁 사려.

드렁[2] ①요란하게 울리는 소리. ¶철교를 드렁드렁 울리며 지나가는 야간열차. ②짧고 요란하게 코를 고는 소리. 〈작〉다랑/다르릉. 〈큰〉드릉/드르릉. ¶코를 드렁드렁 골다. 드렁·드릉거리다/대다, 드릉드릉/하다, 다르랑[936].

드레[1] 인격적으로 점잖은 무게.[←들다[4]]. ¶나이는 어린데 사람이 드레가 있어 보이다. 사람을 앞에 앉혀 놓고 드레질을 하는 같아서, 아니꼬운 생각이 들기도 하였다. 드레지다[937], 드레질[938]/하다.

드레[2] 그물을 둘러씌운 광주리 모양의 고기잡이 도구. ¶드레삽.

드레[3] 분봉(分蜂)할 때 수봉기(受蜂器)를 대고 벌을 부르는 소리. 드레드레.=둬둬.

드레-나다 기계의 바퀴나 나사못 따위가 헐거워져서 흔들흔들하면서 돌다. ¶드레남(기계 바퀴가 헐거워져서 흔들거리는 상태).

드리(다)[1] ①'주다'의 높임말.≒올리다. 바치다'. ¶부모님께 선물을 드리다. 편히 쉬게 해 드리다. 드림'[증정(贈呈)], 드립니다, 드림말; 나드리다[939], 내드리다(윗사람에게 물건을 꺼내 주다), 보내드리다, 잔드리다(盞:잔올리다). ②신이나 부처에게 정성을 바치다. ¶기도를 드리다. 공양드리다(供養), 불공드리다(佛供). ③인사 따위를 여쭙다. ¶문안을 드리다. 축하를 드리다. ④윗사람을 위하여 '공손한 행위'의 뜻을 나타내는 말. 보조 동사 '주다'의 객체 높임말. ¶말씀드리다, 사과드리다(謝過). 보살펴 드리다. 편지를 읽어 드리다. 손님을 안내해 드리다. 역까지 모셔다 드리다.

드리(다)[2] 집을 지어서 그 안에 딸린 시설이나 구조물을 만들다. ≒설치하다(設置). ¶마루를 드리다. 가게를 새로 드리다. 전드리다(廛).

드리(다)[3] 여러 가닥의 끈이나 줄을 하나로 땋거나 꼬다. 댕기를 달다. ¶밧줄을 길게 드리다. 댕기를 드리다, 드리개[940], 드리우다①; 노드리듯, 아얌드림(아얌 뒤에 늘어뜨린 비단), 줄드리다(줄을 늘어뜨리다. 여러 가닥을 합하여 줄을 꼬다).

드리(다)[4] 물건 팔기를 그만 두고 가게의 문을 닫다. ¶가게를 드릴 시간이다. 날씨가 추우니 일찍 가게를 드리고 집에 들어오너라.

드리(다)[5] 곡식의 검불이나 티를 바람에 날려 보내거나 털다. ¶바람에 벼를 드리다.

드리-없다 대중이나 기준이 없어 일정하지 아니하다.=대중없다. ¶물건 값이 드리없다. 크고 작고 드리없이 늘어놓다.

드리우(다) ①천이나 줄 따위를 위에서 아래로 처져 늘어지게 하다.≒매달다. 늘어지다. 〈준〉드리다. ¶발을 드리워 볕을 가리다. 드리워지다(늘어지다), 드림[2](매달아 길게 늘어뜨린 물건)[드림새(막새), 드림셈(몇 번에 나누어서 주고받는 셈), 드림식(式), 드림자락, 드림장막(帳幕), 드림줄[941], 드림추(錘), 드림흥정(값을 여러 차례에 나누어 주기로 하고 하는 흥정); 기드림(旗:깃대 위에 달린 좁고 긴 띠); 아얌드림(아얌 뒤에 늘어뜨린 비단)]. ②빛, 어둠, 그늘, 그림자 따위가 깃들거나 뒤덮이다. ¶땅에 그림자가 드리우다. ③존귀한 이나 윗사람이 가르침이 되는 말을 하다. ¶'홍익인간'은 국조 단군께서 드리우신 가르침이다. ④이름이나 공적 따위를 널리 전하여 후세에 자취를 남기다. ¶충무공이 드리우신 애국 정신.

드물(다) 공간적으로 배지 아니하다. 시간적으로 잦거나 흔하지 아니하다.≒귀하다. 값지다. 뜸하다↔잦다. 많다. 흔하다. ¶드물게 심은 나무. 인적이 드물다. 그가 실수하는 경우는 드물다. 드문[←드물(다)+ㄴ]·다문·뜨문, 다문다문[942]·드문드문(가끔)·뜨문뜨문·드뭇드뭇/하다(드물다. 성기다), 드문·뜨문하다, 드뭇이[←드물(다)+ㅅ+이], 드뭇하다, 담상·듬성[943], 담숭[944]·듬숭; 겅

935) 드세다: 몹시 강하고 사납다. 집터가 무시무시하다. 세력이 만만찮게 대단하다. 거칠다. 거세다. 억세다.

936) 다르랑: 코를 고는 소리. 〈큰〉드르렁. 드르릉. ¶아기는 다르랑 소리를 내며 곤히 잠자고 있다. 다르랑·드르렁·드르릉거리다/대다, 다르랑다르랑/하다.

937) 드레지다: 사람의 됨됨이가 가볍지 아니하다. 점잖아서 무게가 있다. 물건이 보기보다 무게가 있다. ¶그 사람은 나이에 비해 드레지다. 허우대가 큼직하고 하는 짓이 드레지다. 무슨 일에나 드레지지 못하게 구는 짓을 '방정떨다'라고 한다.

938) 드레질: ①사람의 됨됨이를 떠보는 짓.≒평가(評價). ②물건의 무게를 헤아리는 짓.=마까질.

939) 나드리다: 나지막하게 쳐 드리거나 또는 그렇게 되게 하다.

940) 드리개: 매달아서 길게 늘이는 물건. 드림. ¶식장에는 드리개/드림을 단 축하 화분이 많이 놓여 있었다.

941) 드림줄: 마루에 오르내릴 때 붙잡을 수 있도록 늘어뜨린 줄.

942) 다문다문:=다목다목. ¶들국화가 다목다목 얼굴을 내민 풀숲.

943) 듬성: 촘촘하지 않고 드물고 성긴 모양. 〈작〉담상. ¶잔디밭에 잡초가 듬성듬성 나다. 건물이 듬성듬성 서 있었다. 담상담상 돋아나는 새싹. 등금/덩금(배지 않고 듬성듬성 떨어져 있는 모양).

성드뭇하다 들.

드므 크고 넓적하게 생긴 독.≒단지. ¶드므에 물을 담아 방화수로 쓰기도 한다. 나무드므(통나무독), 물드므(아가리가 넓적한 물독).

드베 속이 빈 박통에 작은 구멍을 여러 개 뚫어 씨 뿌릴 때 쓰는 그릇.

드살 남에게 쉽게 굽히지 않거나 주어진 환경에 순종하지 않고 드세게 구는 것. 사람을 휘어잡으며 못살게 구는 것. 또는 그런 성질. ¶드살이 세다. 드살을 부리는 아내. 왕드살(王;몹시 센 드살. 드살이 센 사람).

드오 종묘 제례 따위에서, 음악의 시작을 알리는 신호.↔지오.

드적 팔이나 다리를 굼뜨게 짚거나 움직이는 모양.[←들다[4]]. ¶방바닥이 뜨거워 몸을 드적드적 움직이다. 드적거리다/대다, 드적드적/하다.

드티(다) ①비키거나 밀리어 약간 틈이 생기다. 자리를 조금씩 옮기다. ¶자리를 조금 드티면 한 사람은 더 앉겠다. 드팀[945]. ②약속하거나 예정했던 날짜가 어그러져 연기되다. 또는 연기하다. ¶회의 날짜를 드터 잡다. 기일이 드티면 손해를 보게 된다.

드팀-전(廛) 예전에, 온갖 피륙을 팔던 가게.

득(得) 소득(所得)이나 이득. '얻다. 알다 · 깨닫다. 이익. 만족하다. 알맞다'를 뜻하는 말. ¶남을 헐뜯어서 득 될 게 뭐냐? 득과 실을 따지다. 득가(得暇), 득계(得計), 득공(得功;공을 이룸), 득군(得君), 득남(得男), 득녀(得女), 득달(得達;목적한 곳에 다다름), 득담(得談;남의 입에 오르내림), 득당하다(得當;이치에 맞아 아주 마땅하다), 득도(得度;깨달음의 경지에 오름), 득도(得到;다다름), 득도(得道;도를 깨달음), 득력(得力;힘을 얻음), 득롱망촉(得隴望蜀), 득률(得率), 득리(得利), 득리(得理), 득면(得免;재앙을 면함), 득명(得名;명성이 높아짐), 득문(得聞;얻어들음), 득물(得物), 득민(得民;정치를 잘하여 민심을 얻음), 득박(得薄), 득방(得謗), 득배(得配;배우자를 얻음), 득병(得病), 득상(得喪), 득세(得勢;세력을 얻음)/하다, 득소실다(得所失多), 득송(得訟), 득승(得勝), 득시(得時;좋은 때를 만남), 득신(得辛), 득신(得伸;뜻을 펴게 됨. 소송에서 이김), 득실(得失)[득실상반(相半); 새옹득실(塞翁), 이해득실(利害), 장중득실(場中)], 득심(得心), 득업(得業), 득유(得由), 득음(得音)[946], 득의(得意;바라는 대로 되어 의기가 오름)[득의만만(滿滿), 득의만면(滿面), 득의양양(揚揚), 득의연하다(然)], 득익(得益), 득인(得人), 득점(得點)[득점력(力), 득점자(者), 득점타(打), 득점표(表); 고득점(高), 무득점(無)], 득정(得情), 득제(得題), 득죄(得罪), 득중(得中;알맞다), 득지(得志), 득진(得眞), 득참(得參), 득책(得策), 득첩(得捷), 득체(得體), 득총(得寵;지극한 사랑을 받음), 득탈(得脫), 득통(得通), 득표(得票), 득하다(얻다. 받다), 득행(得幸;임금의 특별한 사랑을 받음), 득효(得效); 가득(稼得), 감득(感得), 공득(空得), 구득(求得), 기득(旣得), 난득(難得), 납득(納得), 대득(大得), 도득(道得), 도득(圖得), 매득(買得), 매득(賣得), 묘득(妙得), 문득(聞得), 미득(未得), 박득(博得), 사득(査得), 상득(相得), 생득(生得), 생득적(生得的), 설득(說得), 소득(所得)[947], 수득(收得), 수득(修得), 수득(搜得), 습득/물(拾得/物), 습득(習得), 양득(兩得), 영득(領得), 영득(贏得;남긴 이득), 오득(悟得), 이득(利得), 일거양득(一擧兩得), 일득일실(一得一失), 자득(自得)[자득지묘(之妙); 양양자득(揚揚), 자업자득(自業)], 전득(傳得), 전득(轉得), 점득(占得), 지득(知得), 차득(借得), 채득(採得), 청득(請得), 체득(體得), 취득(取得)[취득세(稅); 선의취득(善意), 즉시취득(卽時)], 터득(攄得), 투득(透得), 판득(辦得), 필득(必得), 해득(解得)[해득력(力), 해득자(者)], 핵득(覈得), 회득(會得), 획득(獲得)[획득면역(免疫), 획득형질(形質); 외화획득(外貨)], 횡득(橫得), 효득(曉得) 들

득달-같다 잠시도 미루거나 머뭇거리지 않다. 시간에 맞게 빠르다. ¶득달같이 달려오다. 득달같이(잠시도 지체함이 없이)

득돌-같다 마음먹고 있는 것과 같이 뜻에 꼭꼭 잘 맞다. ¶그 사람은 득돌같아서 일 처리가 깔끔하다. 득돌같이(뜻이 꼭꼭 잘 맞게).

득보기 아주 못난 사람. ¶삼촌은 우리 집안에서 득보기 취급을 받았다.

득시글 ①사람이나 동물 따위가 떼로 모여 어수선하게 들끓는 모양. ¶시장 바닥에 득시글득시글 들끓는 장꾼들. ②무엇이 매우 많이 널려 있는 모양. 〈준〉득실. ¶항구 바닥에는 오징어가 발에 밟힐 듯 득시글득시글 널려 있다. 득실득실 이가 많다. 득시글/득실거리다[948]/대다, 득시글득시글/득실득실/하다.

득:-하다 날씨가 갑자기 추워지다. ¶날이 득하여 채소가 몽땅 얼다. 요즘은 푹해서 그렇지 한 번 득하는 날이면 이 일대가 다 빙판이오.

든지 모음으로 끝나는 체언에 붙어, '무엇이나 가리지 않고 모두'의 뜻을 나타내는 보조사. [받침 뒤에서는 '이든지'로 쓰임].≒(이)든가[949]. 〈준〉(이)든. ¶비행기든지 기차든지 아무거나 타라. 언

---

944) 담숭: 간격이 촘촘하지 못하고 조금 드문드문한 모양.↔답숙. 〈큰〉듬숭. ¶수염이 담숭담숭 나다.

945) 드팀: 틈이 생기어 어긋나는 것. ¶그는 항상 일을 드팀없이 처리한다. 드팀새(틈이 생긴 기미나 정도), 드팀없다(틈이 생기거나 틀리는 일이 없다. 또는 조금도 흔들림이 없다), 드팀없이.

946) 득음(得音): 풍악 · 노래의 곡조나 음색(音色) · 창법(唱法) 같은 것이 썩 아름다운 지경에 이르러 있음.

947) 소득(所得): ①어떤 일의 결과로 얻는 것. 날찍. 이익. ¶이번 여행은 소득이 많았다. ②경제 활동의 주체인 개인이나 법인이 일정한 기간의 용역에 대한 보수로서 받는 재화 · 봉금 · 노임(勞賃) · 지대(地代) · 이자 · 이윤 따위. ¶소득공제(控除), 소득률(率), 소득분배(分配), 소득분포(分布), 소득세/법(稅/法), 소득수준(水準), 소득액(額), 소득증대(增大), 소득화폐(貨幣); 가계소득(家計), 가처분소득(可處分), 감면소득(減免), 개인소득(個人), 계약소득(契約), 고소득(高), 국민생산소득(國民生産), 국민소득(國民), 근로소득(勤勞), 급여소득(給與), 기업소득(企業), 명목소득(名目), 배당소득(配當), 법인소득(法人), 변경소득(變更), 본원적소득(本源的), 불로소득(不勞), 비/과세소득(非/課稅), 사업소득(事業), 순소득(純), 실소득(實), 실질소득(實質), 양도소득(讓渡), 영업소득(營業), 이자소득(利子), 이전소득(移轉), 잡소득(雜), 재산소득(財産), 저소득(低), 종합소득(綜合), 총소득(總), 파생적소득(派生的), 항상소득(恒常), 화폐소득(貨幣;명목소득).

948) 득실거리다: 끓다. 우글거리다. 복작거리다. 욱실거리다.

949) 든가: 모음으로 끝나는 체언에 붙어, 무엇이나 가리지 않음을 나타내는 보조사. [받침 뒤에서는 '이든가'로 쓰임].≒(이)든지. 〈준〉(이)든. ¶사과

제든지[라도] 오십시오. 사과든 배든 어느 것이나 먹어라. 뭐든 괜찮다. 아무데든 일단 가 봅시다. 무엇이든지 원하시는 것을 드리겠습니다. 오늘이든 내일이든 너 좋을 때 와라.

-든지 '이다'나 용언의 어간 또는 어미 '-으시-, -었-, -겠-' 뒤에 붙어, 어느 것이든 가리지 않음이나 아무런 상관이 없음을 나타내는 연결 어미. 〈준〉-든. ¶집에 가든지 학교에 가든지 해라. 어디에 살든지 고향을 잊지 마라. 싫든지 좋든지 간에 계속 다닐 수밖에 없다. 하든지 말든지 네 마음대로 해라. 아무튼, 어떻든, 어쨌든, 여하튼, 하여튼.

듣(다)¹ 액체가 방울져 떨어지다. ¶눈물이 뚝뚝 듣다. 낙숫물 듣는 소리. 듣거니맺거니(눈물이 방울방울 떨어지는 모양).

듣(다)² ①약 따위가 효험을 나타내다. ¶한방이 잘 듣는 체질. ②기계나 기구 또는 장치 따위가 제 구실대로 움직이다. ¶이발 기계가 잘 안 듣는다.

듣(다)³ 귀를 통하여 소리를 느끼다. 이르거나 시키는 말에 잘 따르다. 부탁이나 요청을 받아들이다. ¶강의를 듣다. 아이가 말을 잘 듣다. 듣도 보도 못하다. 듣건대(들은 바에 따르면), 듣고놓기, 듣고부르기, 듣고적기, 듣그럽다[950], 듣기, 듣는힘, 듣다못해, 듣닫기다(빈틈없이 닫히다), 들려오다, 들려주다, 들리다, 듣보기장사(투기상), 듣보다, 들은귀[951], 들은체만체/하다, 들은풍월(風月), 듣잘것없다, 듣잡다('듣다'의 높임말), 들어주다, 들음이, 들음힘[청력(聽力)], 들음들음, 들음직하다; 가려듣다(내용을 분간하여 알다), 강구어듣다[952], 곧이듣다/들리다, 굴러듣다(떠도는 소문을 얻어듣다), 귀넘어듣다, 곧듣다(곧이듣다), 귀담아듣다, 귀여겨듣다(주의 깊게 듣다), 넘겨듣다(지내듣다), 눌러듣다[953], 도두들리다, 번갈아듣다(番), 빗듣다(잘못 듣다), 새기어듣다/새겨듣다(주의해서 듣다), 설듣다, 알아듣다, 얻어듣다(남에게서 우연히 들어서 알다), 엇듣다(잘못 듣다), 여겨듣다(정신을 기울여 새겨듣다), 엿듣다, 주워듣다[954], 지내듣다[955], 헛듣다/들리다, 횡듣다(橫;무슨 말을 잘못 듣다), 흘려듣다[956]. ☞ 문(聞). 청(聽).

들¹ ①평평하고 넓게 트인 땅. 평원. 평야. 논밭으로 된 넓은 땅.≒벌'. ¶마을 앞에는 넓은 들이 있다. 들고장, 들곳간(庫間), 들귀신(鬼神), 들길(들에 난 길), 들나물, 들녘, 들노래, 들놀음, 들놀이, 들놓다'[957], 들대(가까운 들녘), 들머리'(들의 한쪽 옆이나 가장자리), 들모임(들놀이), 들몰(들이 끝나는 곳), 들바라지, 들바람. 들밥, 들밭(들판), 들복판, 들불[화(火)], 들사냥, 들사람, 들살이[야영(野營)], 들소년(少年;소년단), 들스럽다(야만스럽다), 들안, 들안개, 들일, 들타작(打作), 들판(들을 이룬 벌판)/길, 들풀, 들향기(香氣); 구렛들[958], 난들[959], 논들(논으로 된 들판), 뒷들, 밭들, 앞들, -드리[깊드리(바닥이 깊은 논), 높드리]. ②동 · 식물을 나타내는 일부 명사 앞에 붙어, '야생(野生)으로 자라는'의 뜻을 더하는 말. §'품질이 낮은'의 뜻으로도 쓰임.↔참-. ¶들개, 들개미나리, 들고양이, 들국화(菊花), 들기름, 들깨[들내(들깨 냄새), 들깻잎, 들깨죽(粥)], 들꽃, 들꿩, 들나물, 들내(들깨나 들기름에서 나는 냄새), 들누에, 들떡쑥, 들매화(梅花), 들모란, 들무, 들바람꽃, 들배, 들버들, 들버섯, 들비둘기, 들뽕나무, 들새, 들소, 들오리, 들완두(豌豆), 들장미(薔薇), 들쥐, 들짐승, 들타작(打作), 들하늘지기, 들현호삭(玄胡索). ☞ 야(野).

들² ①두 개 이상의 사물을 벌여 말할 때 맨 끝에 쓰여, 열거한 사물 모두를 가리키거나 또는 그밖에 같은 종류의 사물이 더 있음을 나타내는 말.≒등(等). 따위. ¶소 · 말 · 개 · 돼지 들을 가축이라고 한다. 거리에는 버스 · 택시 · 트럭 들이 달리고 있다. 김씨 · 박씨 · 이씨 들 세 분이 들어왔다. ②부사어나 명사 또는 연결 어미 뒤에 붙어, 그 문장의 주어가 복수임을 나타내는 보조사. ¶물들 떠 오너라. 공부들이 시원찮다. 울지들 말아요. 돌아들 가거라. 벌써 다들 떠났다. 빨리들 오너라. 쉬고들 가세요. 잘들 한다.

들- 일부 동사 앞에 붙어, '매우. 마구. 함부로. 몹시. 갑자기'의 뜻을 더하는 말.=들고-, 들이-. ¶들이갈기다(아주 세게 갈기다), 들갑작거리다, 들까부르다(위아래로 심하게 흔들다)/들까불다, 들까불거리다/대다, 들까불리다, 들깨우다, 들꾀다, 들끓다, 들날리다[960], 들놀다/놀리다, 들덤비다, 들두드리다, 들두들기다, 들뒤지다, 들때리다, 들떠들다, 들떼리다[961], 들뜨다/뜨이다, 들맞추다[962], 들몰다, 들볶다/볶이다, 들부딪다, 들부수다, 들부셔내다, 들붐비다, 들붓다, 들붙다(끈덕지게 붙다), 들붐비다, 들비비다, 들솟다, 들싸업다(들입다 싸서 업다), 들쑤석거리다(마구 쑤석거리다), 들쓰다/씌우다, 들엉기다, 들쫓다, 들차다[963]; 들고뛰다(달아나다), 들고치다(마구 치다), 들고파다, 들고패다(마구 패다), 들이갈기다(몹시 세게 때리다), 들이긋다'(마구 그어대다), 들이꽂다'(마구 꽂다)/꽂히다, 들이끌다'(마구 세게 끌다), 들이끼다'(함부로 마구 끼다), 들이다긋다(몹시 다그치다), 들이닥치다(갑자기 닥치다), 들이닦다(들입다 닦다), 들이닫다(몹시 빨리 달리다), 들이대다'(마구 대들다. 바싹 가져다 대다), 들이대지르다(함

든가 귤이든가 가지고 오너라. 누구든가 한 사람은 가야 한다. 어디든가 나가 보아라. 라면이든가 커피든가 가지고 오너라.

950) 듣그럽다: 소리가 귀에 거슬리다. 떠드는 소리가 듣기 싫다. ¶낮게 틀은 음악 소리가 공부할 때는 듣그럽다.

951) 들은귀: ①들은 경험. ¶들은귀가 있기에 하는 말이다. ②자기에게 이로운 말을 듣고 그 기회를 놓치지 않는 능력. ¶들은귀가 밝다.

952) 강구어듣다: 귀를 기울여 주의하여 듣다.

953) 눌러듣다: 탓하지 않고 너그럽게 듣다. 그대로 계속 듣다. ¶귀에 거슬리는 점이 있더라도 눌러들어 주시오.

954) 주워듣다: ①귓결에 한 마디씩 얻어듣다. ②제대로 배우지 않고 건성으로 들어 알다.

955) 지내듣다: 살펴 듣지 않고 예사로 흘려듣다.[←지내(다)+듣다]. ¶귓결에 지내듣다. 그것은 우연히 지내들은 말에 불과하다.

956) 흘려듣다: ①주의 깊게 듣지 아니하다. ②우연히 어떤 소식을 얻어듣다.

957) 들놓다': 식사 때가 되어 논밭에서 일손을 멈추다.

958) 구렛들: 바닥이 깊고 물이 늘 있어서 기름진 들.

959) 난들: 마을에서 멀리 떨어진 넓은 들.[←나(다)+ㄴ+들].

960) 들날리다: 세력이나 명성이 세상에 널리 떨치다. 또는 떨치게 하다. 〈준〉드날리다. ¶성악가로서의 명성이 온 세계에 들날리다.

961) 들떼리다: 남의 감정을 건드려 몹시 화나게 하다. 남을 덧들이다. ¶공연한 사람을 들떼려 울리다. 어제 나를 들떼려 놓고서 오늘 와서는 시치미를 떼니 어처구니가 없었다.

962) 들맞추다: 겉으로만 알랑거리면서 남의 비위를 맞추다. ¶들맞추는 자의 면종복배를 조심해라.

963) 들차다: ①뜻이 굳세고 몸이 튼튼하다. ¶들차게 생긴 청년. 들찬 사람. ②몹시 거세다. ¶바람이 들차게 분다.

부로 찌를 듯이 대들다), 들이덤비다/들덤비다, 들이덮치다(함부로 덮치다), 들이돋다, 들이떨다(몹시 떨다), 들이뛰다[1]/들뛰다(급하게 마구 뛰다), 들이마르다[1](몹시 갈증이 나다), 들이마시다[1](마구 마시다), 들이먹다(마구 먹다), 들이몰다[1](마구 몰다)/몰리다, 들이밀다[1](마구 밀다)/밀리다, 들이박다[1](함부로 박다)/박히다, 들이받다(함부로 받거나 부딪다), 들이배기다, 들이부수다, 들이불다[1](마구 불다), 들이붓다[1](마구 붓다), 들이비추다[1]/비치다, 들이빨다[1], 들이빼다(냅다 도망치다), 들이삼키다, 들이쌓다[1](함부로 많이 쌓다)/쌓이다, 들이쏘다[1](마구 쏘다), 들이쑤시다/들쑤시다(마구 들썩이다. 마구 찌르는 듯이 아프다), 들이울다(몹시 심하게 울다), 들이웃다(몹시 심하게 웃다), 들이쟁이다(마구 쟁이다), 들이조르다(마구 조르다), 들이족치다(마구 때리다), 들이좋다(아주 좋다), 들이지르다[1], 들쫓다, 들쪼이다(들입다 세게 쪼이다), 들이찌르다[1](마구 찌르다), 들이찧다, 들이차다[1](마구 차다), 들이치다[1](마구 세차게 때리다), 들이켜다[1](톱으로 들입다 켜다), 들이패다(마구 때리다), 들이퍼붓다.

-들 셀 수 있는 명사나 복수 대명사 뒤에 붙어, '그것이 복수임'을 나타냄. ¶그네들, 그들, 나무들, 너희들, 이네들, 자네들, 저네들(저 사람들), 저희들; 사람들/ 수많은 날들/ 우리들.

들(다)[1] ①어떤 장소나 범위 밖에서 안으로 옮기다. 생기다. ¶집안에 들다. 드는 정은 몰라도 나는 정은 안다. 들고나다964), 들그서내다965), 드나나나966), 드나들다/나들다, 드난967), 드러눕다/눕히다(편하게 눕다. 앓아서 자리에 눕다.↔일어나다), 드러쌓이다/드러쌔다, 드러장이다(차곡차곡 쌓이다), 드새다968), 든거지(↔난거지), 든난벌, 든번(番↔난번), 든벌(↔난벌), 든부자(富者↔난부자), 든손(일을 시작한 손. 일하는 김에), 든침모(針母↔난침모), 들그물, 들락날락·들랑날랑/하다, 들락·들랑거리다/대다, 들리다[1],[2]969), 들마루(방문 바로 앞의 쪽마루), 들머리[2](들어가는 맨 첫머리. 서론), 들목(어귀), 들새경(머슴살이를 시작할 때 미리 받는 새경), 들숨(↔날숨), 들어가다, 들어맞다(같다. 알맞다)/맞추다, 들어박히다, 들어서다, 들어쌓이다, 들어앉다/앉히다, 들어오다/들오다, 들어차다(많이 들어서 가득 차다), 들엎드리다970)/들엎디다, 들여가다, 들여놓다, 들여다보다/보이다, 들여대다(안쪽으로 대다), 들여디디다, 들여뜨리다, 들여마시다, 들여밀다, 들여보내다, 들여세우다, 들여쌓다/쌓이다, 들여쓰다/쓰기, 들여앉히다/들앉히다, 들여오다, 들온말(외래어), 들이곱다/굽다, 들이긋다[2](안쪽으로 긋다), 들이꽂다[2](안쪽으로 꽂다/꽂히다, 들이끌다[2](안쪽으로 끌다), 들이끼다[2](틈이나 사이에 들어가 끼다)/끼우다/끼이다, 들이다971), 들이닥치다, 들이닿다(어떤 곳에 와 닿다), 들이대다[2](물을 끌어대다. 돈이나 물건 따위를 대어주다), 들이뛰다[2](밖에서 안쪽으로 뛰다), 들이뜨리다/트리다, 들이마르다[2](종이나 옷감 따위를 밖에서 안쪽으로 마르다), 들이마시다[2](몸 안으로 빨아들여 마시다), 들이맞다(목표에 딱 들어가서 맞다)/맞추다, 들이몰다[2]/몰리다(안쪽으로 몰다), 들이밀다[2]/디밀다/데밀다, 들이밀리다, 들이박다[2](안으로 박다), 들이받다(머리를 들이대고 받다), 들이불다[2](안으로 불다), 들이붓다[2](속으로 쏟아 넣다), 들이비추다[2](안쪽으로 비추다)/비치다, 들이빨다[2](안으로 빨다), 들이세우다, 들이쉬다(↔내쉬다), 들이쌓다[2]/쌓이다, 들이쏘다[2](안을 향해 쏘다), 들이지르다[2], 들이찌르다[2](안을 향하여 찌르다), 들이차다[2](↔내차다), 들이치다[2](안으로 뿌리다), 들이켜다[2]972), 들이키다973), 들이파다, 들쭉날쭉/하다, 들차다974), 들턱(집들이를 하고 내는 턱), 듣직하다(사람됨이 묵중하다), 듬쑥하다975), 듬직하다976), 뜸직뜸직977), 듭시다('들어가다'의 아주 높임말); 갈마들다(서로 번갈아 들다)/들이다, 갈아들다/들이다, 개암들다(아이를 갓 낳은 뒤에 잡병이 생기다), 거두어들이다/거둬들이다, 걸려들다978), 걸터들이다979), 곁들다/곁들이다980), 고부라들다, 그러들이다, 기어들다, 길들다/들이다, 깃들다/들이다, 꺼들다981), 끄집어들이다, 끌려들다, 끌어들이다, 끼어들다/껴들다, 나들이, 날아들다, 넘나들다, 놀들다(벼가 누렇게 되다), 농들다(膿:곪아서 고름이 생기다), 달려들다, 담들다(痰), 대들다(반항하

964) 들고나다: ①들어왔다가 나갔다가 하다. ②남의 일에 참견하여 나서다. ¶공연히 남의 일에 들고나지 말라. ③궁하거나 난봉이 나서, 집안의 물건을 팔려고 가지고 나가다.

965) 들그서내다: 안에 든 물건을 함부로 들쑤시며 뒤져 끄집어내다.

966) 드나나나: 들어가거나 나오거나. ¶걔는 드나나나 말썽이다.

967) 드난: 종과 같이 붙박이가 아니고 자유로이 드나들 수 있다는 말로, 임시로 남의 집 행랑에 붙어 지내며 주인 집 일을 도와주는 고용살이.[←들(다)+나(다)+ㄴ]. ¶드난꾼, 드난밥(드난살이하면서 먹는 밥), 드난살다, 드난살이/하다, 드난하다; 안팎드난.

968) 드새다: 길을 가다가 쉴 만한 곳을 찾아들어 밤을 지내다. ¶날이 저물어 드샐 만한 곳을 찾다.

969) 들리다[1]: 못된 귀신 따위가 덮치거나 들러붙다. ¶신이 들리다. 걸신들리다(乞神;굶주리어 음식을 탐하는 마음이 몹시 나다), 게걸들리다(마구 먹고 싶거나 가지고 싶어 탐내는 마음이 일어나다), 귀신들리다(鬼神; 귀신이 들러붙다. 귀신이 씌다), 신들리다(神;귀신이 접하다. 매우 열중하여 뛰어난 기량을 보이다).
들리다[2]: 들음을 당하다. ¶감기에 들리다.

970) 들엎드리다: 밖에 나가 활동하지 않고 안에만 머물다.

971) 들이다: 안으로 들게 하다. 땀을 식히거나 멎게 하다. 염색하다. 비용을 대거나 힘을 쓰다. 길이 들게 하다. ¶며느리를 들이다. 땀을 들이다. 정성을 들이다. 천에 물을 들이다. 길들이다, 끌어들이다.

972) 들이켜다[2]: 물·공기·죽 따위를 세게 들이마시다. ¶냉수를 들이켜고 있다. 더운데 시원한 맥주 한 잔 들이켜라. 배가 고팠던지 죽 한 사발을 단숨에 들이켰다.

973) 들이키다: 안쪽으로 향하여 다그다.↔내키다. ¶그 책상을 들이켜 놓으시오. 책가방 좀 들이켜라.

974) 들차다: ①뜻이 굳고 몸이 튼튼하다. ¶들차게 생긴 젊은이. ②몹시 거세다. ¶들찬 바람.

975) 듬쑥하다: ①사람의 됨됨이가 가볍지 않고 속이 깊고 차 있다. ②옷, 그릇 따위가 조금 큰 듯하면서 꼭 맞다. ¶형이 입던 옷이 나에게 듬쑥하게 맞았다.

976) 듬직하다: ①사람이 행동이 침착하고 믿음성이 있다.≒점잖다. 믿음직하다. 드레지다. ②사물이 크고 묵직하여 굳건한 데가 있다.=든직하다. ¶듬직한 바위. ③나이가 지긋하게 많다. ¶듬직한 중년 남자. 뜸직근·뜸지근하다, 뜸직·뜸직이, 뜸직뜸직·뜸직뜸직/하다, 뜸직·뜸직하다(언행이 경솔하지 않고 무게가 있다).

977) 뜸직뜸직: 한결같이 언행이 겉보기보다 무게가 있는 모양. 〈큰〉뜸직뜸직. ¶뜸직뜸직 말하다.

978) 걸려들다: ①그물·낚시 따위에 잡히다. ¶그물에 걸려들다. ②꾸며 놓은 구렁에 빠지다. ¶덫에 걸려들다. 계략에 걸려들다. ③붙들리다. ¶싸움패에 걸려들다.

979) 걸터들이다: 이것저것 닥치는 대로 휘몰아 들이다.

980) 곁들이다: ①한 그릇에 여러 가지 음식을 담다. 앙구다. ②여러 일을 한꺼번에 정하여 하다. ¶노래에 춤을 곁들이다.

981) 꺼들다: ①잡아 쥐고 당겨서 추켜들다. ¶머리털을 꺼들다. ②함께 거들거나 들고 나오다.

느라고 맞서서 달려들다), 덤벼들다, 덧들다/들이다, 덮쳐들다(들이닥쳐 모여들다), 돌아들다, 드나들다/나들다, 떠들어오다, 뛰어들다/들어오다, 말려들다, 맞아들이다, 멋들다, 멋들어지다, 멍들다, 모아들이다, 모여들다, 몰려들다, 몰아들이다, 밀려들다, 밑들다982), 받아들이다, 발들여놓다, 밤들다983), 번갈아들다/들이다(番), 번들다(番), 벌어들이다, 병들다(病), 볕들다(볕이 비치어 들어오다), 불러들이다, 빨아들이다, 사들이다, 새들다(흥정을 붙이다. 중매하다), 선들다/들이다(禪), 셈들다(사물을 분별하는 판단력이 생기다), 속속들이, 스며들다, 승겁들다984), 신들리다(神), 쓸어들이다, 안틀다985), 오그라·우그러들다, 욱여들다(안쪽으로 모여들다), 은결들다986), 앞들다, 잡아들다/들이다, 잦아들다, 전드리다(廛:물건을 거두어들이고 가게 문을 닫다), 접어들다, 정들다(情), 조잡·주접들다, 졸들다987), 졸아·줄어들다, 죄어들다/좨들다, 집들이, 쳐들어가다/오다, 타들다(안이나 속으로 들어가며 타다), 파고들다, 홀라들다/들이다. 휘어들다, 흘러들다, 힘들다/들이다. ②자본이나 재료 따위가 필요하거나 쓰이게 되다. ¶많은 비용이 들다. 들음들음(돈이나 물건이 조금씩 드는 모양); 곱들다/들이다, 공들다/들이다(功). ③기분이나 마음에 꼭 맞다. 맛이 알맞게 되다. 익숙해지다. ¶마음에 들다. 걸신들리다(乞神), 길들다/들이다988), 맛들다/들이다, 뜸들다/들이다, 연들다(감이 무르익어 말랑말랑해지다). ④어느 정도 많은 나이에 이르다. ¶나이가 들어 보인다. 든직하다989), 듬직하다③; 철들다. ⑤애써 하려고 한다. ¶도망가려고만 들다. ⑥물이 옮거나 배다. 어떤 영향을 입다. ¶쪽물이 들다. 서양물이 들다. 놀들다990), 단풍들다(丹楓), 물들다/들이다. ⑦'-들이'의 꼴로, 수량을 나타내는 명사 뒤에 붙어서 '일정한 양을 담을 수 있는 그릇. 일정한 양이 들어가는'의 뜻을 더하는 말. ¶2홉들이 소줏병. 동이들이, 되들이, 리터들이(liter), 말들이, 섬들이, 홉들이; 뼘들이로(동안을 띄지 아니하고 잇달아 갈마들어서). ☞ 입(入).

들(다)² ①눈·비 따위가 그치고 날이 좋아지다. 날이 개다. ¶날이 / 해가 들다. ②흐르던 땀이 그치다(식다). ¶들이다(땀을 멈추게 하다); 땀들이다.

들(다)³ 날이 날카로워 물건이 잘 베어지다. ¶낫이 매우 잘 든다.

들(다)⁴ ①손에 가지다. 위로 쳐들거나 놓인 물건을 잡아 위로 올리다. ¶책만 들고 다니는군. 저 돌을 들어 보아라. 고개를 들다. 들것, 들고나가다(줄이 끝났을 때 얼레를 든 채로 연을 따라가다), 들고나서다, 들고일어나다991), 들그물, 들나무, 들낚시, 드나르다(들어 나르다), 드날리다992), 드내다(들어서 내놓다), 들놀다(흔들리고 들썩거리며 움직이다), 들놓다²(들었다 놓았다 하다), 드다루다(들어 올려 다루다), 드닫이993), 드던지다(들어 내던지다), 들도리, 드들다(크게 들다), 들돌994), 들뜨다995)/뜨이다, 들떠보다(고개를 들어 쳐다보다. 거들떠보다), 들떼놓고996), 들뜬상태(狀態), 드러나다997)/내다, 드르새998), 들리다, 들망(網), 달롱·덜룽999), 달름·덜름1000), 달막1001)·들먹, 달망1002)/들멍, 들머리판1003), 들배지기, 들병장사/장수(甁), 들보¹,², 들살1004), 든손1005), 들손(그릇의 손잡이), 들쇠1006), 달싸닥1007)·들써덕, 달싹1008)·들썩1009)·딸싹·뜰썩거리다/대다/이다/(하다). 달싹배지기, 들살1010), 들썽들썽1011), 들쑹하다, 들어내다1012), 들어먹다

982) 밑들다: ①무·감자 따위의 뿌리가 굵게 자라다. ¶알차게 밑든 감자. ②연이 공중에서 남의 연줄에 눌리다.
983) 밤들다: 밤이 깊어지다. ¶밤들어 기온이 내려가다.
984) 승겁들다: 힘 안들이고 저절로 이루다. 몸달아 하는 기색이 없이 천연스럽다.
985) 안틀다: 일정한 수효나 값의 한도 내에 들다.[←안ㅎ+들다].
986) 은결들다: 상처가 안에 생기다. 원통한 일로 남이 모르게 속이 상하다.
987) 졸들다: 발육이 잘 되지 아니하고 주접이 들다.
988) 길들다: 짐승을 잘 가르쳐서 부리기 좋게 되다. 물건이나 세간에 손질을 잘하여 윤이 나거나 쓰기 좋게 되다. 서투르던 솜씨가 익숙해지다.
989) 든직하다: 사람됨이 경솔하지 않고 묵중하다. ¶든직한 말씨.
990) 놀들다: 놀(벼 뿌리를 파먹는 벌레)이 벼를 파먹어서 벼가 누렇게 되다.
991) 들고일어나다: 어떤 일에 항의하거나 반대하여 궐기하고 나서다.

992) 드날리다: 손으로 들어서 날리다. ¶연을 드날리다.
993) 드닫이: 들었다 놓았다 하며 여닫게 되어 있는 문. ¶여닫이와 드닫이.
994) 들돌: 체력 단련을 위하여 들었다 놓았다 하는, 돌이나 쇠로 만든 운동기구.
995) 들뜨다: ①붙은 것이 떨어져 틈이 생기다. ¶벽지가 들뜨다. ②마음이 차분히 가라앉지 않고 들썽들썽하다. ¶마음이 들떠서 일 저지를까 겁난다. 들뜨이다.
996) 들떼놓고: 사물을 꼭 집어 바로 말하지 않고. 어물쩍하게.[←들(다)+떼(다)+놓(다)+고;들어서 떼어놓고]. ¶둘떼놓고 빈정거리다. 들떼놓고 얼버무리다. 일정한 상대자 없이 들떼놓고 하는 말을 '허텅지거리'라고 한다. 들떼어놓다.
997) 드러나다: 가려져 안 보이던 것이 나타나 눈에 띄게 되다. 알려지지 않던 것이 알려지게 되다.[←들(다)+어+나다].≒나타나다. 보이다. 터지다. 들키다. 두드러지다. 알려지다.↔사라지다. 없어지다. ¶어깨가 드러난 옷. 비밀이 드러나다. 본색을 드러내다. 드러나게 예쁜 것은 아니다. 드러내다(≒나타내다.↔감추다. 숨기다), 드러냄표(標).
998) 드르새: 처마 끝으로 나온 대가 위로 조금 들린 서까래. ¶드르새를 얹은 처마.
999) 덜룽: ①크고 무거운 물체를 쉽게 들어 올리거나 메는 모양. ¶짐을 덜룽 들어 차에 싣다. ②옷 따위가 원래 길이보다 들려 있거나 그렇게 보이는 모양. ¶치맛자락이 덜룽 쳐들려 있다. 〈작〉달롱.
1000) 덜름: 옷 따위가 들리어 보이는 모양. 〈작〉달름. ¶덜름하다(입은 옷이 몸에 비하여 짧다. 어울리지 않게 홀로 우뚝하다).
1001) 달막: ①가벼운 물체 따위가 들렸다 내려앉는 모양. ②어깨나 엉덩이 따위가 가볍게 들렸다 놓이는 모양. ③말할 듯이 입술이 자꾸 가볍게 열렸다 닫혔다 하는 모양. 〈큰〉들먹. 〈센〉딸막. ¶달막·들먹·딸막·뜰먹거리다/대다/이다, 달막달막·들먹들먹하다(흔들리다), 달막·들먹이다(들추어 이야기하다. 거론하다).
1002) 달망: 손이나 어깨, 엉덩이 따위가 천천히 가볍게 들렸다 놓였다 하는 모양. 〈큰〉들멍. ¶달망거리다/대다/이다, 달망달망/하다.
1003) 들머리판: 있는 것을 모조리 들어먹고 끝장나는 판. 〈준〉들판. ¶들머리판을 내다(들머리판이 되게 만들어 끝장을 내다). 드판나다(들머리판이 나다).
1004) 들살[쌀]: 기울어진 집을 바로 일으켜 세울 때, 괴어 바치는 지레.[←들(다)+살(막대)].
1005) 든손: ①일을 시작한 손. 일하는 김. ②망설이지 아니하고 그 자리에서 얼른.
1006) 들쇠: 곁창, 분합 따위를 떠올리기 위하여 천장에서 늘어뜨리는 쇠갈고리. 서랍이나 문짝에 다는 반달 모양의 손잡이.
1007) 달싸닥: 작은 몸집이 맥없이 주저앉는 소리. 또는 그 모양. 〈큰〉들써덕. ¶맨바닥에 달싸닥 주저앉다.
1008) 달싹: ①붙어 있던 가벼운 물건이 쉽게 떠들리는 모양. ②어깨나 엉덩이 따위가 가볍게 한 번 들리는 모양. ③마음이 좀 들떠서 움직이는 모양. 〈큰〉들썩. 〈거〉털석. 털썩. 〈센〉딸싹. ¶달싹·들썩거리다/대다, 달싹꿍·덜썩꿍·탈싹쿵·털썩쿵·들썩꿍·들썩쿵, 달싹·들썩하다, 털썩이잡다(일을 망치다).
1009) 들썩하다: 시끄럽다. 떠들썩하다. 요란하다. 왁자지껄하다.
1010) 들살: 기울어져 가는 집을 쓰러지지 않도록 괴어 바치는 지레.

(까먹다. 없애다. 탕진하다), 들어붓다(액체나 가루가 담긴 그릇을 들어서 통째로 쏟아 붓다), 들어열개(위쪽으로 들어 열게 된 문), 들어올리다, 들어주다, 들연(椽;집의 맨 끝에 걸리는 서까래), 들이손가락(엄지와 집게손가락), 드잡이[1013], 들장대(長), 들장지(障), 들재간(才幹), 들저울, 들창(窓)[들창가, 들창눈/이, 들창문(門), 들창코], 들처나다(들추어져 드러나다), 들척[1014], 들추다[1015], 들추덕들추덕[1016], 들충들충[1017], 들치기[1018], 들치다[1019], 들통(桶;들손이 달린 그릇); 가로들다, 거들떠보다[1020], 거들뜨다[1021], 걷어들다, 곧추들다, 꿰들다(꿰어서 쳐들다), 내들다(바깥쪽이나 앞쪽으로 내어서 들다), 내들이(내어 팔고 사들이고 하는 일), 되들다[1022], 떠들다(걷어 젖히거나 쳐들다)/들리다, 맞들다, 받들다[1023], 붙들다/붙들리다, 손들다(포기하다), 쳐들다, 초들다(무슨 일을 입에 올려서 말하다), 추켜들다, 판들다(재산을 함부로 다 써서 없애다), 편들다(便;어느 한쪽을 옹호하다). ②어떤 사실이나 예를 내보이거나 지적하다. ¶예를 들다. 증거를 들어 밝혔다. ③'먹다'의 높임말.≒잡수시다. §어른이나 동년배·손아랫사람에게 점잖게 이를 때 씀. ¶이것을 드십시오. 점심을 들고 가시지요. 자네도 좀 들게. 드시다[1024]. ④'들고-'의 꼴로 동사에 붙어 '열심히. 힘껏'을 뜻하는 말. ¶들고 나서다, 들고뛰다(달아나다), 들고빼다(달아나다), 들고일어나다(세차게 일어나다. 어떤 일에 항의·반대하여 궐기하고 나서다) 들고튀다(달아나다), 들고파다(열심히 연구하다). ☞ 거(擧).

들(다)[5] 앞의 명사가 나타내는 행동을 받아 하다. ¶시중을 들다. 중매를 들다. 옆들다(옆에서 도와주다), 잠들다(잠을 자게 되다. 죽다).

들들 ①바퀴 따위가 단단한 바닥을 굴러가는 소리. 또는 그 모양. 몸을 몹시 떠는 모양. ¶들들 굴러가는 마차. 무서움에 온몸을 들들 떨다. 들들거리다/대다. ②눈을 크게 부라리며 눈동자를 이리저리 움직이는 모양. 〈센〉뜰뜰[1025].

들때-밑 세력 있는 집의 오만하고 고약한 하인. ¶들때밑 노릇을 하다. 행패가 심한 들때밑.

들러리 결혼식에서 신랑이나 신부를 식장으로 인도하고, 옆에서 보살펴 거들어 주는 사람. 주된 인물 주변에서 그를 돕는 사람. ¶들러리를 서다(들러리 노릇을 하다). 들러리식(式).

들레(다)[1] ①야단스럽게 왁자지껄 떠들다. ¶옆집에서 잔치하느라 들레는 소리가 나다. ②얼었던 땅이 녹으면서 움직움직하다.

들레(다)[2] 어떤 감정과 흥분으로 가슴이 들썩거리고 고동치다. 설레다. ¶을남이는 별안간 들렌 사람 모양 꽃을 꺾기 시작했다. 들레이다.

들르(다) 지나가는 길에 잠깐 거치거나 들어가 머물다. ¶꼭 서점에 들러 오너라. 오늘은 3시에 들르시오. 들러가다(들렀다가 가다), 들러보다.

들마 가게나 상점의 문을 닫을 무렵. ¶들마에 들러 보게. 들마에 손님들이 몰려왔다.

들먹(다) 못나고도 마음이 올바르지 못하다. ¶들먹은 짓. 들먹은 사람. 똑똑한 아이가 그렇게 들먹은 행동을 하다니.

들메 신이 벗겨지지 아니하도록 끈으로 동여매는 일. ¶심마니들이 신발을 들메고 떠나다. 첫새벽에 들메를 단단히 하고 길을 나섰다. 들메끈, 들메다(신을 발에다 끈으로 동여매다), 들메하다; 신들메.

들무새 ①뒷바라지에 쓰이는 물건. 무엇을 만드는 데 쓰이는 재료나 감. ¶겉보기에는 아무 것도 아니지만 자질구레한 들무새가 많이 든다. 들무새(감. 재료)를 솥에 넣다. 들무새 상자. ②남의 막일을 힘껏 도와줌. ¶들무새하다. §'들무'는 '들다. 거들다. 도와주다'를 뜻함.

들믄 불을 많이 때어 온돌방이 매우 더운 모양. ¶방이 들믄들믄 덥다. 들믄하다.

들삐 독을 다 만들고 딴 곳에 옮겨 놓을 때 쓰는 무명줄. ¶들삐를 마주 잡고 독을 옮기다.

들입다 마구 무리하게. 들이. 〈준〉딥다. ¶사람들이 차를 먼저 타려

1011) 들썽들썽: ①몸이나 몸의 일부를 몹시 쳐들었다 놓았다 하는 모양. ¶풍물소리에 흥이 나서 들썽들썽 엉덩이춤을 추다. ②마음이 가라앉지 않고 어수선하게 들뜨는 모양. ¶들썽거리다/대다/하다, 들썽하니(어수선하고 들뜬 데가 있게), 들썽들썽/하다.

1012) 들어내다: 물건을 들어서 밖으로 내놓다.≒꺼내다. 쫓아내다.

1013) 드잡이: ①서로 머리나 멱살을 움켜잡고 싸우는 짓.≒멱씨름. 격투(激鬪). ¶드잡이질, 드잡이판, 드잡이하다. ②서로 엉겨 붙어 뒹굴면서 시끄럽게 퉁탕거리는 아이들의 거친 장난질. ③빚을 못 갚아 솥을 떼거나 그릇붙이를 거두어 가는 짓. ¶빚을 받으러 온 사람들이 몰려와서 드잡이하는 바람에 할아버지는 몸져눕고 말았다. 드잡이를 놓다(한바탕 소동을 부리다. 소란을 피우다). ④가마를 메는 사람의 어깨를 쉬게 하기 위하여 딴사람이 들장대로 가마채를 받쳐 들고 가는 일. 또는 그렇게 하는 사람. 들장대질.

1014) 들척: 처져 있거나 덮여 있는 물건이 약간 한 번 들어올려지는 모양.≒들썩. ¶들척거리다/대다/이다.

1015) 들추다: 지난 일, 숨긴 일을 끄집어 일으키다. 물건을 찾으려고 뒤지다.↔뒤덮다. 감추다. 숨기다. ¶가슴 아픈 지난 일을 들추다. 서랍을 들추다. 들추어내다/들춰내다, 추어내다; 떠들추다.

1016) 들추덕들추덕: 위아래로 느리게 들추는 모양. 〈준〉들축들축. ¶잠이 오지 않는지 이불을 들추덕들추덕 발로 차며 한숨으로 밤을 지샌다.

1017) 들충들충: 위아래로 몹시 들추는 모양. ¶차가 너무 들충들충 흔들려서 멀미가 난다.

1018) 들치기: 남의 눈을 속여 날쌔게 물건을 훔쳐 들어내 가는 좀도둑.

1019) 들치다: 물건의 한쪽 머리를 쳐들다. ¶거적문을 들치고 들어가다. 떠들치다.

1020) 거들떠보다: 눈을 치뜨며, 아는 체 하거나 관심을 가지고 보다. ¶친구들은 그를 거들떠보지도 않았다.

1021) 거들뜨다: 내리떴던 눈을 크게 치뜨다.

1022) 되들다: ①다시 들거나 도로 들다. ¶되들고 되나다. ②얼굴을 얄밉게 쳐들다. ¶얼굴을 되들고 노려보다.

1023) 받들다: ①공경하여 높이 모시다. ¶부모를 잘 받들다. ②가르침이나 명령·의도 등을 지지하고 소중히 여기다. ③밑에서 받아 올려 들다. ¶받들리다.

1024) 드시다: 잡수시다. ¶찬은 없지만 많이 드십시오.

1025) 뜰뜰: ①비탈진 곳으로 수레가 빨리 구르는 소리. 〈여〉들들. ¶언덕길에서 뜰뜰 내려오는 저 쓰레기차가 어딘지 위태로워 보인다. 경운기가 뜰뜰 굴러간다. 뜰뜰거리다/대다. ②명령이나 위세가 아주 잘 시행되는 모양. ¶말을 뜰뜰 잘 듣는다. 그까짓 일이야 사장님 한 말씀이면 뜰뜰 해치울 걸.

고 들입다 민다. 자기가 옳다고 들입다 우긴다.

들큰 언짢거나 불쾌한 말로 남의 비위를 거스르는 말을 하는 모양. ¶들큰들큰 비위 상하는 말만 골라 가며 한다. 아침부터 찾아와 들큰들큰 성가시게 구는 친구. 들큰거리다/대다.

들키(다) 몰래 숨기려던 일이 다른 사람 눈에 뜨이다.≒걸리다²②. [←들다⁴]. ¶몰래 담을 넘어가다가 들켰다.

들통 비밀이 드러나는 상태. 들머리판[1026]이 된 상태. ¶들통이 나다(숨긴 일이 드러나다). 들통내다.

들펀들펀 여기저기를 살펴보는 모양. ¶들펀들펀 사방을 살펴보다. 들펀들펀하다.

들피 굶주려서 몸이 홀쭉하게 여위고 기운이 쇠약하여지는 일.=들찌[1027]. ¶한 동안 먹지 못하여 들피가 나다. 들피지다(굶주려서 몸이 여위고 쇠약해지다).

듯 용언 어간의 관형사형 뒤에 쓰여, '그러한 것 같기도 하고 그렇지 아니한 것 같기도 하다'는 뜻을 추상적으로 나타내는 말. ¶눈이 내릴 듯 말 듯. 어디서 본 듯하다. 듯이[1028], -듯이[1029], 듯하다/싶다[+추측].

등 사람이나 동물의 가슴과 배의 반대쪽이나 사물의 불룩한 뒷부분.↔배. ¶등이 가렵다. 등이 따스우면 배부르다. 등을 벗겨 먹다(남의 것을 빼앗다). 등가죽, 등갈비, 등거리[1030], 등걸음치다[1031], 등골(등골뼈. 등 한가운데로 길게 고랑이 진 곳), 등굽잇길(등처럼 굽은 길), 등글개첩(妾), 등글기¹,²[1032], 등글자(字;책의 등에 쓴 글자), 등긁이(등을 긁는 데 쓰는 물건), 등껍질, 등꼬부리, 등날(짐승의 등줄기. 등마루의 날카롭게 선 줄), 등널(등받이), 등달다[1033], 등닿다(의지하게 되다), 등대다[1034], 등덜미(뒷등의 윗부분), 등덮개[1035], 등뒤, 등딱지, 등때기, 등마루, 등목(沐;목물), 등물/하다(등물. 등멱), 등미역/등멱, 등밀이/하다, 등바(마소의 등에 매는 줄), 등바닥, 등바대, 등받이(등이 닿는 의자의 부분), 등배운동, 등뼈, 등살[1036], 등선(線;등마루의 선), 등성마루/뼈, 등성이[1037], 등솔기/등솔, 등쇠(톱날을 메는 활등처럼 휜 쇠틀), 등심(心;소의 등골뼈에 붙은 살코기), 등심대, 등심머리(心), 등심살, 등씸(괭이 날 복판에 두두룩하게 선 줄), 등어리, 등업이(아직 걷지 못하여 등에 업고 다니는 아이), 등저리(등), 등줄기, 등지다[1038], 등지느러미, 등짐[등짐장사/장수], 등짝, 등창(瘡), 등치기, 등치다[1039], 등타다(산등성이로 가다), 등탈(頉;뒤탈)/등탈없이(별 탈 없이), 등태(짐을 질 때 짚으로 엮어 등에 걸치는 물건), 등판, 등판길(등성이의 평평하게 넓은 곳에 난 길), 등피(皮;등가죽), 등허리, 등헤엄[배영(背泳)], 등힘; 고래등같다, 곱사등, 굿등(구덩이의 둔덕), 귓등(귓바퀴의 바깥쪽), 기왓등, 긴등[1040], 뒷등, 묏등(무덤의 윗부분), 바윗등(바위의 윗부분), 발등/발등어리[발등걸이], 버선등, 산등(山), 산등성이(山), 새우등, 손등, 신등, 잔등머리/잔등이, 책등(冊), 칼등, 콧등, 활등 들.

등(等) ①그 밖에도 같은 유(類)의 것이 있는 중에서 한 예로써 보이는 뜻을 나타내는 말. 무리. 들. 따위. ¶사과·배·감 등은 과일이다. 유리조각·종이를 모으는 등 길거리를 청소했다. 등배(等輩), 등소(等訴), 등속(等屬), 등장(等狀)[1041], 등지(等地), 등패(等牌); 경등(卿等), 아등(我等), 여등(余等;우리들), 여등(汝等;너희들), 오등(吾等;우리들), 차등(此等;이것들). ②신분·값·품질 따위의 높고 낮음. 차례를 분별한 층수나 위아래를 구별한 말. '같다. 기다리다'를 뜻하는 말. ¶1 등/ 삼 등을 하다. 등 안에 끼다. 등가(等價)[1042], 등가속도(等加速度), 등각(等角), 등각(等覺), 등각류(等脚類), 등거리(等距離;같은 거리), 등고선(等高線), 등근(等根), 등급(等級)[등급개념(槪念), 등급선거(選擧); 복사등급(輻射), 절대등급(絕對), 화물등급(貨物)], 등내(等內), 등대(等待;미리 준비하고 기다림), 등대(等對), 등등(等等), 등량(等量), 등렬(等列), 등류(等類), 등면적(等面積), 등목어(等木魚), 등묘(等妙), 등물(等物), 등방(等方)[등방격자(等方格子), 등방성(性), 등방위선(等方位線), 등방체(體)], 등배수(等倍數), 등변(等邊)[등변다각형(多角形), 등변사다리꼴, 등변삼각형(三角形)], 등복선(等伏線), 등분(等分), 등비(等比)[등비급수(級數), 등비수열(數列), 등비중항(中項)], 등상(等像), 등성(等星), 등세(等勢), 등속(等速)[등속선(線), 등속운동(運動), 등속주입(注入), 등속직선운동(直線運動)], 등수(等數), 등시(等時;즉시. 똑같은 시간)[등시곡선(曲線), 등시권(圈), 등시선(線), 등시성(性), 등시처교(處絞), 등시포착(捕捉)],

1026) 들머리판: 있는 것을 모조리 들어먹고 끝장나는 판. 〈준〉들판.

1027) 들찌: 굶주려서 몸이 여위고 기운이 쇠약해 지는 일. ¶조난 사흘째가 되자 선원들은 모두 들찌가 들어 손 하나 까딱 못했다.

1028) 듯이: 어미 '-은, -는, -을' 뒤에 쓰여, 짐작이나 추측의 뜻을 나타내는 말. ¶뛸 듯이 기뻐하다. 아는 듯이 말했다.

1029) -듯이: '이다'나 용언의 어간 또는 어미 '-으시-, -었-, -겠-' 뒤에 붙어, 뒤 절의 내용이 앞 절의 내용과 '거의 같음이나 비유(比喩)'를 나타내는 연결 어미. 〈준〉-듯.('-었-', '-겠-' 다음의 '-듯이'는 '-듯'으로 생략되지 않음). ¶사람마다 생김새가 다르듯이 생각도 다르다. 돈을 물 쓰듯 한다. 고렇듯, 그렇듯, 노드리듯, 무자르듯, 물밀듯이, 박패듯, 불현듯, 악패듯, 오복조르듯. 요렇듯, 이렇듯, 저렇듯, 조렇듯.

1030) 등-거리: 들일을 할 때, 등만 덮을 만하게 지어 조끼처럼 등에 걸쳐 입는 홑옷. 등받이. ¶갓등거리(털로 만든 소매 없는 등거리), 대등거리(대로 엮어 만든 등거리), 등등거리(藤), 땀등거리, 반팔등거리(半), 배등거리, 베등거리(베적삼).

1031) 등걸음치다: ①시체를 옮겨 가다. ②등덜미를 잡아 쥐고 몰고 가다.

1032) 등글기¹: 다른 그림을 그대로 본떠서 그리는 일.[←등+그리(다)+기]. 등글기²: 궁이.

1033) 등달다: 일이 뜻대로 안 되어 안타까워지다.

1034) 등대다: 반대 입장을 취하다. 뒤로 남의 세력에 의지하다.

1035) 등덮개: 솜저고리와 같이 겨울에 덧입는 윗도리.

1036) 등살[-쌀]: 등에 있는 근육. 배근(背筋). ¶등살이 바르다(등의 힘살이 뻣뻣하여 굽혔다 폈다 하기에 거북하다). 등살이 꼿꼿하다(매우 거북하거나 고되어 꼼짝달싹할 수가 없다).

1037) 등성이: 사람이나 동물의 등마루가 되는 부분. ¶등성이길, 등성이밭; 날등성, 뒷등성이, 산등성이(山).

1038) 등지다: 서로 사이가 나빠지다. 무엇을 등 뒤에 두고 의지하다. 관계를 끊고 멀리하다.≒떠나다. 돌아서다. 배반하다. 틀어지다. 멀리하다.

1039) 등치다: ①어루만지는 태도로 남의 등을 두드리다. ②위협하여 남의 재물을 빼앗다. ¶등쳐먹다.

1040) 긴등: 길게 뻗어 나간 언덕의 등성이.

1041) 등장(等狀): 여러 사람이 이름을 잇대어 써서 관청에 올려 하소연함. 또는 그 일.=등소(等訴).

1042) 등가(等價): 같은 값이나 가치. 유가 증권을 매매할 때, 매매 가격과 액면 가격이 같은 경우. ¶등가개념(槪念), 등가계수(係數), 등가교환(交換), 등가교환(交換), 등가물(物), 등가비율(比率), 등가성(性), 등가용량(容量), 등가원리(原理), 등가자극(刺戟), 등가폭(幅), 등가회로(回路).

등식(等式)[등식화/되다/하다(化); 부등식(不), 항등식(恒)], 등신(等身)[등신대(大), 등신불(佛), 등신상(像); 팔등신(八)], 등신(等神;몹시 어리석은 사람), 등심선(等深線), 등압선(等壓線), 등어선(等語線), 등온(等溫)[등온선(線), 등온층(層)], 등외(等外), 등우량선(等雨量線), 등원(等圓), 등위(等位), 등인(等因), 등입상(等立像), 등자력선(等磁力線), 등장(等張)[1043], 등적(等積), 등전위면(等電位面), 등정각(等正覺), 등족(等族), 등진선(等震線), 등질(等質)[등질성(性), 등질집단(集團), 등질체(體)], 등차(等差)[등차급수(級數), 등차수열(數列), 등차중항(中項)], 등축(等軸), 등체적(等體積), 등측도(等測圖), 등치(等值)[등치개념(概念), 등치법(法), 등치선도(線圖)], 등편각선(等偏角線), 등표(等標), 등품(等品), 등피화(等被花), 등한시되다/하다(等閑視), 등한하다(소홀하게 여기다)/등한히(等閒), 등할(等割), 등호(等號), 등화기(等化器), 등화학계열(等化學系列), 등화회로(燈化回路), 등활(等活), 등황란(等黃卵), 등후(等候;等待); 가등(加等), 감등(減等), 강등/되다(降等), 건등(乾等), 고등(高等), 관등(官等), 균등(均等), 대등(對等), 동등(冬等), 동등(同等), 등등(等等), 등륜(等倫), 무등(無等)[무등호인(好人)], 방등(方等), 부등(不等), 분등(分等), 비등하다(比等), 상등(上等), 상등하다(相等), 선등(先等), 승등(陞等), 연등(連等;평균), 열등(劣等), 외등(外等), 우등(優等), 이등(異等), 일등(一等), 전등(全等;꼭 같음), 절등(絕等), 중등(中等), 차등(差等), 차등(次等), 체등(遞等), 초등(初等), 추등(秋等), 춘등(春等), 층등(層等), 특등(特等), 평등(平等), 품등(品等), 하등(下等), 하등(夏等), 하등(何等), 훈등(勳等) 들.

등(燈) 불을 켜서 어두운 곳을 밝히는 기구. 부처의 가르침. ¶등을 달다/ 켜다. 등가(燈架;등잔걸이), 등간(燈竿), 등갓, 등경(燈檠), 등광(燈光), 등대(燈), 등대(燈臺)[등댓불, 등대지기; 항공등대(航空)], 등롱(燈籠)[1044], 등명(燈明;신령이나 부처를 위하여 켜 놓은 등불)[등명대, 등명접시], 등불/놀이, 등석(燈夕), 등선(燈船), 등심(燈心), 등아(燈蛾), 등영(燈影), 등용(燈用), 등월(燈月), 등유(燈油), 등잔(燈盞)[등잔걸이, 등잔불; 화등잔(火;놀라거나 앓아서 퀭해진 눈)], 등전(燈前), 등절(燈節), 등종지, 등주(燈炷), 등찌(등불이 타서 앉은 재), 등촉(燈燭), 등타령(燈打令), 등탑(燈塔), 등표(燈標), 등피(燈皮), 등하(燈下), 등하불명(燈下不明), 등하색(燈下色), 등해파리, 등호(燈號), 등화(燈火)[등화가친(可親), 등화관제(管制), 등화구(具), 등화신호(信號); 풍전등화(風前)], 등화(燈花;불똥); 가등(街燈), 가로등(街路燈), 가스등(gas), 각등(角燈), 걸등(매달거나 거는 등), 경고등(警告燈), 계기등(計器燈), 고등(孤燈), 관등(觀燈), 괘등(掛燈), 구등(球燈), 깜박등, 꽃등, 남포등(←lamp), 녹색등(綠色燈), 도등(挑燈), 도등(導燈;안전 항로를 표시하는 등대), 명암등(明暗燈), 무영등(無影燈), 무진등(無盡燈;佛法), 미등(尾燈;꼬리등), 반사등(反射燈), 발등거리[1045], 방범등(防犯燈), 방전등(放電燈), 백열등(白熱燈), 법등(法燈;부처 앞에 올리는 등불), 보안등(保安燈), 보온등(保溫燈), 부표등(浮標燈), 북등(북 모양의 등), 분젠등(Bunsen), 불등(佛燈), 비상등(非常燈), 사발등(사발 모양의 등), 사방등(四方燈), 살균등(殺菌燈), 상등(常燈), 상야등(常夜燈), 서등(書燈), 석등(石燈), 석유등(石油燈), 선등(船燈), 선미등(船尾燈), 선장등(船檣燈;돛대에 높이 단 등), 섬광등(閃光燈), 소등(消燈↔點燈), 소등(燒燈), 손등, 수상등(水上燈), 수은등(水銀燈), 수중등(水中燈), 술등, 식별등(識別燈), 신등(神燈), 신호등(信號燈), 실내등(室內燈), 아세틸렌등(acetylene), 아우어등(Auer), 아크등(arc), 안전등(安全燈), 양등(洋燈;남포등), 양각등(羊角燈), 연등(燃燈)[연등절(節), 연등제(祭), 연등회(會)], 연화등(蓮花燈), 영등(影燈), 예선등(曳船燈), 옥등(玉燈), 옥외등(屋外燈), 와사등, 왕등[1046]. 외등(外燈), 유등(油燈), 유아등(誘蛾燈), 인등(引燈), 잉어등(魚燈), 작업등(作業燈), 잔등(殘燈), 장등(長燈)[장등시주(施主)], 장등(張燈), 장등(檣燈;조명등), 장명등(長明燈), 장식등(裝飾燈), 장애등(障礙燈;장애가 될 만한 물건의 높이와 존재를 나타내는 등), 전등(前燈), 전등(傳燈;佛法을 주고받는 일), 전등(電燈)[전등갓, 전등알; 손전등, 회중전등(懷中)], 전기등(電氣燈), 전조등(前照燈;머리등), 점등(點燈;불을 댕기거나 켬↔消燈), 점멸등(點滅燈;깜박등), 접등(摺燈), 접근등(接近燈), 정박등(碇泊燈), 정액등(定額燈), 정원등(庭園燈), 정지등(停止燈), 제등(提燈), 조공등(照空燈), 조명등(照明燈), 종량등(從量燈), 주등(酒燈), 주마등(走馬燈), 지등(紙燈), 집어등(集魚燈), 차등(遮燈), 착륙등(着陸燈), 청등(青燈), 탐조등(探照燈), 탐해등(探海燈), 태양등(太陽燈), 파일등(八日燈), 폐등(廢燈), 표등(標燈), 표시등(表示燈), 표지등(標識燈), 품등(品燈), 한등(寒燈), 항등(港燈), 항해등(航海燈), 해산등(解散燈), 헌등(軒燈;처마에 다는 등), 헌등(獻燈;신불에게 바치는 등), 현등(舷燈), 현등(懸燈), 형광등(螢光燈), 호등(弧燈), 호광등(弧光燈), 홍등(紅燈), 환등/기(幻燈/機), 회전등(回轉燈), 휴등(休燈) 들.

등(登) '오르다. 올리다, 기재(記載)하다. 나아가다'를 뜻하는 말. ¶등각(登閣), 등고(登高), 등과(登科), 등관(登官), 등교(登校), 등극(登極), 등기(登記)[1047], 등년(登年;여러 해가 걸림), 등단(登壇), 등도(登途), 등락(登落), 등람(登覽), 등록(登錄)[1048], 등루(登樓),

---

1043) 등장(等張): 두 용액의 삼투압이 서로 같음. ¶등장성(性), 등장액(液), 등장화제(化劑).

1044) 등롱(燈籠): 대오리나 쇠로 살을 만들고 겉에 종이나 헝겊을 씌워 안에 촛불을 넣어서 달아 두기도 하고 들고 다니기도 하는 등. ¶등롱꾼, 등롱대, 등롱불, 등롱의(衣); 석등롱(石), 지등롱(紙), 청사등롱(青紗)/청등롱(青), 홍사등롱(紅絲)/홍등롱(紅), 황사등롱(黃紗)/황등롱(黃).

1045) 발등거리: 임시로 쓰기 위하여 싸리로 대충 엮어 만든 등(燈) 바구니.

1046) 왕등: 장사(葬事) 지내러 갈 때에 메고 가는 큰 등.

1047) 등기(登記): 국가 기관이 법정 절차에 따라 등기부에 부동산에 관한 일정한 권리 관계를 적는 일. 또는 적어 놓은 것. 등기 우편. ¶등기관리(官吏), 등기료(料), 등기명의(名義), 등기법(法), 등기부(簿)[토지등기부(土地)], 등기사항(事項), 등기소(所), 등기용지(用紙), 등기우편(郵便), 등기원인(原因), 등기의무자(義務者), 등기자본(資本), 등기절차(節次), 등기필증/등기증(畢證); 가등기(假), 말소등기(抹消), 미등기(未), 보존등기(保存), 본등기(本), 부기등기(附記), 부동산등기(不動産), 상업등기(商業), 선박등기(船舶), 주등기(主), 이전등기(移轉), 직권등기(職權), 회복등기(回復).

1048) 등록(登錄): 문서에 올림. 일정한 법률 사실이나 법률 관계를 공증하기 위하여 행정관서나 공공기관에 비치한 법정(法定)의 공부(公簿)에 기재하는 일. ¶후보자 등록이 마감되다. 신입생 등록 기간. 등록공채(公債), 등록국채(國債), 등록금(金), 등록기관(機關), 등록되다/하다, 등록사채(私債), 등록상표(商標), 등록세(稅), 등록의장(意匠), 등록제(制), 등록주식(株式), 등록증(證), 등록지(地), 등록질(質), 등록협회(協會); 미등록(未), 선수등록(選手), 신규등록(新規), 신분등록(身分), 의장등록(意匠), 주민등록(住民).

등림(登臨), 등문고(登聞鼓), 등반(登攀)[등반근(根), 등반대(隊); 격시등반(隔時), 산악등반(山嶽), 암벽등반(巖壁), 연속등반(連續)], 등부(登簿), 등분(登盆), 등빙(登氷), 등산(登山)[1049], 등선(登仙), 등선(登船), 등성(登城), 등연(登筵), 등용(登用/庸), 등용문(登龍門), 등원(登院), 등위(登位), 등장/인물(登場/人物), 등재(登梓), 등재(登載;기록하여 올림), 등정(登頂;산꼭대기에 오름), 등정(登程;길을 떠남), 등제(登第;登科), 등조(登祚;登極), 등진(登進;昇進), 등척(登陟;높은 곳에 오름), 등천(登天;昇天), 등철(登徹;상주문을 임금에게 올리던 일), 등청(登廳↔退廳), 등탁(登擢;인재를 뽑아 씀), 등판(登板;투수가 마운드에 서는 일), 등풍(登豊), 등하(登遐;昇遐), 등행(登行), 등화(登花;稔性花); 대등(大登;큰 풍년이 듦), 대등(代登), 대등(代登;대신 등장함), 반등(攀登), 선등(先登), 풍등(豊登;농사를 지은 것이 아주 잘 됨) 들.

등(騰) '뛰어 오르다'를 뜻하는 말.↔낙(落). ¶등귀/세(騰貴/勢;오름세), 등등하다(騰騰)[1050], 등락(騰落;오르고 내림)[등락비율(比率), 등락주선(株線), 등락폭(幅), 등락하다], 등세(騰勢), 등약(騰躍), 등양(騰揚), 등용(騰踊), 등주(騰走); 고등(高騰), 광등하다(狂騰), 급등(急騰), 미등(微騰), 반등(反騰), 배등(倍騰), 분등(奔騰), 분기등등(憤氣騰騰), 분등(噴騰), 비등(沸騰), 비등(飛騰)[용사비등(龍蛇)], 살기등등(殺氣騰騰), 상등(上騰), 속등(續騰), 앙등(昂騰), 연등(連騰), 저등(著騰), 점등(漸騰), 폭등(暴騰) 들.

등(籐) 종려과의 덩굴나무. 야자과 등속(籐屬)의 총칭. 수공품의 재료로 쓰임. ¶등가구(籐家具), 등공예(籐工藝), 등교의(籐交椅), 등등거리(등의 줄기로 만든 등거리), 등멍석, 등상(籐床), 등석(籐席), 등세공(籐細工), 등의자(籐椅子), 등지(籐紙), 등채, 등침(籐枕), 등침대(籐寢臺), 등편(籐鞭) 들.

등(謄) '원본을 베끼다'를 뜻하는 말. ¶등기(謄記), 등사(謄寫)[등사기(機), 등사물(物), 등사지(紙), 등사판(板)], 등록(謄錄), 등본(謄本), 등초(謄抄/草), 등출(謄出); 번등(飜/飜謄), 조등(照謄) 들.

등(藤) 콩과의 낙엽 활엽 덩굴나무. '등나무'의 준말. ¶등가(藤架), 등꽃, 등나무, 등라(藤蘿), 등류(藤柳), 등리(藤梨), 등의자(藤椅子), 등칡, 등토시, 등화(藤花); 갈등(葛藤), 계뇨등(鷄尿藤), 상춘등(賞春藤), 석남등(石南藤), 조구등(釣鉤藤) 들.

등(橙) 등자(橙子) 나무의 열매. 조미료·향료 등으로 쓰임. ¶등색(橙色), 등자/나무(橙子), 등적색(橙赤色), 등피/유(橙皮/油), 등황색(橙黃色), 등황석(橙黃石) 들.

등걸 줄기를 잘라 낸 나무의 밑동. ¶등걸에 걸터앉다. 등걸나무, 등걸밭, 등걸불, 등걸숯, 등걸잠[1051]; 광대등걸[1052], 나뭇등걸, 불등걸(불이 이글이글하게 핀 숯등걸), 뿌리등걸(뿌리가 붙어 있는 등걸), 숯등걸, 옛등걸(벤 지 오래된 등걸).

등메 헝겊으로 가장자리 선을 두르고 뒤에 부들자리를 대서 만든 돗자리. ¶장판 위에는 강화 화문석 등메가 조촐하게 깔렸다.

등쌀 몹시 귀찮게 수선을 부리는 짓.=등(몹시 귀찮게 구는 짓).≒성화(成火). ¶아이들 등쌀에 집에서 쉴 틈이 없다. 등쌀대다.

등에 등엣과의 벌레. ¶꼽추등에, 꽃등에, 나나니등에, 쇠등에 들.

등자(鐙子) 말을 타고 앉아 두 발로 디디게 되어 있는 물건. 말등자. 발걸이. ¶등자치다[1053], 쇠등자(쇠로 만든 등자).

-디- 형용을 강조하기 위하여 형용사 어간을 겹쳐 합성어를 이룰 때, 앞 어간에 붙는 접사. §정도가 심하거나 사실적이고 실제적임. ¶가깝디가깝다, 가늘디가늘다, 가볍디가볍다·거볍디거볍다, 검디검다, 고요하디고요하다, 곱디곱다, 굵디굵다, 길디길다, 깊디깊다, 너르디너르다, 넓디넓다, 노랗디노랗다, 높디높다, 노르디노르다·누르디누르다, 다디달다, 덥디덥다, 되디되다, 두껍디두껍다, 따듯하디따듯하다, 떫디떫다, 뜨겁디뜨겁다, 많디많다, 맑디맑다, 맵디맵다, 멀디멀다, 무겁디무겁다, 묽디묽다, 밉디밉다, 밝디밝다, 보드랍디보드랍다, 붉디붉다, 순진하디순진하다, 순하디순하다, 시끄럽디시끄럽다, 시디시다, 쓰디쓰다, 아름답디아름답다, 어둡디어둡다, 얇디얇다, 얕디얕다, 어리디어리다, 어리석디어리석다, 엷디엷다, 예쁘디예쁘다, 자디잘다, 작디작다, 젊디젊다, 조용하디조용하다, 좁디좁다, 질기디질기다, 짙디짙다, 짜디짜다, 짧디짧다, 차디차다, 춥디춥다, 크디크다, 푸르디푸르다, 환하디환하다, 흐리디흐리다, 희디희다 들.

디디(다) 발로 어떤 것 위에 올라서서 누르거나 밟다. 밟고 서다. 어느 지점에 발길이 닿다. 〈준〉딛다. ¶바위를 디디고 서다. 고향 땅을 디디다. 얼음을 살짝 디뎌 보았다. 그는 가난을 딛고 일어섰다. 디대(계단), 디대뜰(계단 위의 뜰), 디딜개/딛개(발을 디디게 된 장치), 디딜널, 디딜방아/간(間), 디딜판, 디딜풀무, 디딤널(디딜널), 디딤단(段), 디딤대(臺), 디딤돌, 디딤말[1054], 디딤바닥, 디딤발, 디딤새(살풀이춤에서, 발을 디디는 동작), 디딤쇠, 디딤틀, 디딤판(板), 디디우다(디딤을 당하다); 겻디디다[1055], 곱디디다[1056], 괴발디딤[1057], 내디디다/내딛다, 내려디디다/내려딛다, 냅디다(기운차게 앞질러 디디다), 들여디디다, 박아디디다(발끝에 힘을 주어 디디다), 번디디다[1058]/번딛다, 빗디디다, 사르디디다[1059], 엇디디다, 재겨디디다, 헛디디다 들.

디옵터(diopter) 안경 도수를 나타내는 말. 초점 거리가 1m인 안

ㄷ

1049) 등산(登山): 운동, 놀이, 탐험 따위의 목적으로 산을 오름. ¶주말에 등산을 가다. 등산가(家), 등산객(客), 등산길, 등산광(狂), 등산모(帽), 등산복(服), 등산옷, 등산임수(臨水), 등산지팡이, 등산철도(鐵道), 등산치료(治療), 등산화(靴), 등산하다.

1050) 등등하다(騰騰): 부리는 기세가 상대의 기를 누를 만큼, 꼴사납게 높고 당차다. 서슬이 푸르다. ¶살기가 등등하다. 기세등등/하다(氣勢騰騰), 노기등등/하다(怒氣騰騰).

1051) 등걸잠: 덮개 없이 옷을 입은 채 아무 데나 쓰러져 자는 잠.

1052) 광대등걸: ①거칠고 보기 흉하게 생긴 나뭇등걸. ②살이 빠져 뼈만 남은 앙상한 얼굴.

1053) 등자치다(鐙子): 무슨 글이나 조목을 맞추어 참고할 때에 글줄의 서두에 틀림이 없거나 서로 맞는다는 뜻으로 '△'의 표를 하다.

1054) 디딤말: 말이 막힐 때, 다음 말을 잇기 위하여 뜻 없이 나오는 말.

1055) 겻디디다: 발을 가볍게 떼어서 걷다.

1056) 곱디디다: 발을 접질리게 디디다.

1057) 괴발디딤: 고양이가 발을 디디듯이, 소리 나지 않게 가만히 조심스럽게 발을 디디는 일.

1058) 번디디다: ①발에 힘을 주고 버티어 디디다. ¶발을 번디디다. ②금 밖으로 내어 디디다. 〈준〉번딛다.

1059) 사르디디다: 다리에 힘을 주지 않고 살며시 조심스럽게 디디다.

경의 도수를 1디옵터라 함.

따갑(다) ①몹시 더운 느낌이 있다. 〈큰〉뜨겁다[1060]. ¶늦가을 햇살이 아직도 따갑다. 따가워지다, 따가워하다. ②찌르듯이 아픈 느낌이 있다. ¶벌에 쏘인 자리가 따갑다. 따끔하다[1061]. ③충고나 비판 따위가 날카롭고 절실하게 마음을 찌르다. ¶귀가 따갑도록 타이르다. 귀따갑다.

따개비 절지동물 따개빗과의 동물을 통틀어 이르는 말. ¶따개비모자(帽子;조가비처럼 동글납작하게 생긴 모자); 주걱따개비, 줄따개비.

따귀 =뺨. 뺨따귀. ¶따귀를 때리다. 줄따귀(따귀를 잇달아 몇 대 때리는 일).

따니 동전을 벽에 힘껏 부딪치게 한 후, 동전이 벽에서 더 멀리 튀어나온 사람부터 돈이 떨어진 자리에 서서, 그 돈으로 다음 자리에 떨어진 돈을 맞혀서 따먹는 돈치기 놀이.

따(다)[1] ①붙어 있는 것을 잡아떼다. ¶열매를 따다. 따개질(물고기의 배를 따는 일)/하다, 따개칼(따는 데 쓰는 칼), 따기(돈이나 물건을 훔쳐내는 도둑질)/꾼, 따깜질[1062]/하다, 따내다(붙어 있는 것을 떼어내다), 따낸돌(바둑에서 따먹는 돌), 따다바리다[1063], 따먹다(따서 먹다), 따작[1064], 땀질[1065]/하다; 목따다(짐승을 잡을 때 목을 베다). ②필요한 부분을 골라 뽑아 취하다. ¶요점을 따다. 따다쓰다(인용하다), 따오다, 따옴말, 따옴월, 따옴표(標). ③진집을 내거나 찔러 터뜨리다. ¶곪은 종기를 따다. ④꽉 봉한 것을 뜯다. ¶병마개를 따다. 따개[1066]; 멱따다(목 찌르다). ⑤노름·내기에서 이겨 돈이나 물품을 손에 넣다. ¶돈을 많이 따다. 따니(돈치기). ⑥점수·자격 따위를 얻거나 받다. ¶박사 학위를 따다.

따(다)[2] 찾아온 사람을 핑계를 대고 만나 주지 않다. 밉거나 싫은 사람을 돌려내어 일에 관계되지 아니하게 하다. ¶손님을 따다. 그 사람은 따고 우리끼리만 가세. 따돌리다(관계를 멀리하다. 외면하다), 따돌림; 왕따(王;매우 심하게 따돌리는 일. 또는 그러한 따돌림을 받는 사람).

따(다)[3] 상관없이 다르다. 같지 아니하다. ¶어제 한 말과 오늘 한 말이 전혀 따다. 서로 따게 말하다. ¶따로[1067], 따름따름[1068], 딴(다른)[1069]; 궁따다[1070], 몽따다[1071], 외딴[외딴곳, 외딴길, 외딴몸, 외딴방(房), 외딴섬, 외딴집]. ☞ 다르다.

따당 ①총을 쏘는 소리. ¶총소리가 따당따당 나다. 따다닥(기관총 같은 총기를 쏘는 소리), 따쿵[1072], 딱쿵(구 소련식 장총을 쏘는 소리), 땅당. ②쇠붙이나 단단한 물건이 세게 부딪치는 소리. ¶철판을 따당따당 두드리다.

따따따 나팔을 부는 소리.

따따부따 딱딱한 말씨로 시비(是非)하는 모양. 또는 그 소리. ¶왜 남의 집안싸움에 따따부따 끼어드느냐?

따뜻-하다 ☞ 다사하다.

따라 '그날·이날·오늘' 따위 시간을 나타내는 일부 명사 뒤에 붙어, '공교롭게. 여느 때와 달리 별나게'의 뜻을 나타내는 보조사. ¶그날따라 비가 억수로 쏟아졌다. 오늘따라 고기가 안 잡힌다. [←따르(다)'+아].

따라지 ①보잘것없이 키와 몸이 작은 사람. ②노름판에서, '한 끗'을 일컫는 말. ¶삼팔(三八) 따라지(세 끗과 여덟 끗을 합하여 된 한 끗. 삼팔선 이북에서 월남한 사람). ③따분한 처지에 놓인 사람. ¶따라지목숨(남에게 매여 하찮게 사는 목숨), 따라지신세(身世).

따로 한데 섞이지 아니하게. 떨어져서. 서로 다르게. 별도로. ☞ 따다[3].

따르(다)[1] ①남의 뒤를 좇다. 앞선 것을 좇다. ¶나를 따르라. 길을 따라 걷다. 따라/따라서, 따라가다, 따라나서다, 따라다니다, 따라먹다(앞지르다), 따라붙다, 따라서다/세우다, 따라오다, 따라잡다/잡히다, 따라주다, 딸리다[1073], 딸린-[딸린무덤, 딸린마디, 딸린식구(食口)], 딸림[딸림마디, 딸림월, 딸림음(音), 딸림화음(和音)]; 겉따르다, 뒤따라가다/오다, 뒤따르다[1074], 붙따르다(가까이

1060) 뜨겁다: ①온도가 몹시 높다. 〈작〉따갑다.↔차다[4]. ¶뜨거워지다/하다. ②센 열기가 살갗을 찌르는 듯하다. ③감정이 열정적으로 달아 있다. ¶동족에 대한 뜨거운 사랑. ④무안하거나 부끄러워서 얼굴이 몹시 화끈하다. ¶낯이 뜨거워 고개를 들 수 없었다. 손뜨겁다(손부끄럽다).

1061) 따끔하다: ①찔리거나 살이 꼬집히는 듯한 아픈 느낌이 있다. ¶바늘에 찔려 따끔하다. ②정신적으로 자극되어 따가운 듯한 느낌이 있다. 〈큰〉뜨끔하다. 띠끔하다. ¶따끔한 맛을 보여주다. 따끔·뜨끔거리다/대다, 따끔따끔·때끔때끔·뜨끔뜨끔/하다, 따끔나리, 따끔령(令;따끔하게 내리는 명령), 따끔히.

1062) 따깜질: 큰 덩이에서 조금씩 뜯어내는 짓. 땀질. ¶따깜질하다.

1063) 따다바리다: ①따내어 죽 벌여놓다. ②얄밉게 이야기를 꺼내어 죽 늘어놓다. ¶부아 난 사람 앞에서 따다바리지 마라. 〈큰〉뜯어벌이다.

1064) 따작: 손톱이나 칼끝 따위로 조금씩 뜯거나 진집을 내는 모양. 〈큰〉뜯적. ¶손톱으로 공책을 따작 뜯다. 따작·따짝거리다/대다/이다, 따작하다.

1065) 땀질: 조각이나 소목 일 따위에서 칼이나 끌로 쓸데없는 부분을 떼어내는 일.

1066) 따개: 병·깡통 따위를 따는 물건. ¶병따개(甁).

1067) 따로: 한데 섞이지 아니하게. 떨어져서. 서로 다르게. 별도로. ¶따로 나가 살다. 우리만 따로 한번 만납시다. 따로국밥, 따로나다/내다(딴살림을 차려서 나가다), 따로따로, 따로서다, 따로풀이[각론(各論)]; 외따로. 외따롭다(외딴 듯하다), 외딴(외따로 있는)[외딴곳, 외딴길, 외딴몸, 외딴섬, 외딴집].

1068) 따름따름: 어떤 물체가 드문드문 널려 있는 모양. ¶집들이 따름따름 서 있다.

1069) 딴: 어떤 사물과 관계가 없는 별개의. [←다른〈다르/따(다)+ㄴ]. ¶딴 길로 가다. 딴 생각을 하다. 딴가루받이, 딴가마, 딴것, 딴그루, 딴기(氣;냅뜰 기운), 딴꽃[딴꽃가루받이/딴가루받이, 딴꽃정받이(精)], 딴눈(다른 곳을 보는 눈), 딴단(다른 빛깔의 천으로 대는 단), 딴마음, 딴말, 딴맛, 딴머리, 딴면, 딴사람, 딴살림, 딴상투, 딴생각, 딴소리, 딴솥(방고래와 상관없이 걸어 쓰는 솥), 딴이(반모음 ㅣ), 딴이름, 딴전(어떤 일과 아무 관계없는 일이나 짓. 딴청)[생딴전(生)], 딴주머니(딴 계정), 딴죽[〈딴족], 딴채, 딴청(딴전), 딴판(다른 판. 아주 다른 모양이나 판국), 딴흙[객토(客土)].

1070) 궁따다: 시치미를 떼고 딴소리를 하다. ¶궁따지 말고 털어놓아라.

1071) 몽따다: 일부러 모르는 체하다.

1072) 따쿵: 보총을 쏘아 크게 울리어 나는 소리.

1073) 딸리다: ①어떤 것에 매이거나 붙어 있다.≒붙다. 남의 밑에 들다.≒예속되다. ¶부엌에 딸린 방. 딸린 식구가 많다. 심부름꾼을 딸려 보냈다. ②'따르다'①'의 사동사.

1074) 뒤따르다: ①뒤를 따르다. ¶뒤딸리다. ②먼저사람의 뜻이나 사업 같은 것을 이어 받아 계속하다. ③어떤 일과 함께 따르거나 결과로서 생기

따르다. 붙좇다), 잇따르다. ②남을 좋아하여 가까이 붙좇다.≒추종하다. ¶친형처럼 따르다. 따름성(性;붙임성). ③어떤 것을 본떠서 그대로 하다. ¶전례에 따르다. ④아울러 이루어지거나 함께 나아가다. ¶성공은 노력을 따라서 온다. ⑤결정되거나 시키는 대로 좇아 하다. ¶지시에 따르다. ⑥어떤 것을 저마다 근거로 삼다. ¶학자에 따라 견해가 다르다. 적성에 따라 전공을 선택하다.

따르(다)² 그릇을 기울여 담긴 액체를 가는 줄기로 흐르게 하다. ≒붓다. 쏟다. ¶술잔에 술을 따르다.

따르릉 전화기나 자전거 벨이 울리는 소리. 〈여〉다르릉.

따름 동사 어간의 관형사형 어미 '-(으)ㄹ' 이 결합한 꼴 다음에 서술격조사 '이다'와 어울려 쓰여, '동작이나 상태 그것뿐'의 뜻을 나타내는 말.≒뿐. ¶나는 너만 믿을 따름이다.

따리¹ 배의 방향을 조정하는 기구(키²)로, 물속에 잠기는 부분에 달린 넓적한 나무판. ¶따리를 잡다.

따리² 남의 환심을 사거나 잘 보이려고 알랑거림[아첨(阿諂)]. ¶따리를 붙이다(아첨하다). 따리꾼(아첨꾼).

따분-하다 ①싱겁고 재미가 없어 지루하다.≒답답하다. 재미없다. ¶따분한 하루. 따분한 이야기. ②착 까부라져서 맥이 없다. 난처한 형편에 있다. ¶따분한 신세. 따라지③, 따분히.

따비 풀뿌리를 뽑거나 밭을 가는 데 쓰는 농기구. ¶따비밭(따비로 나 갈 만한 좁은 밭), 따비하다(논밭을 따비로 일구다); 솔따비(솔뿌리 따위를 캐는 따비).

따옥 따오기가 우는 소리. ¶따오기[←따옥+이], 따옥따옥, 따옥새.

따웅 호랑이가 사납게 울부짖는 소리.=어흥.

따위 ①사람이나 사물을 얕잡거나 부정적으로 일컫는 말. ¶네 따위가 뭘 안다고 나서는가. 이 따위 물건을 무엇에 쓴담. 이/ 그/ 저/ 요따위. ②종류나 정도의 뜻을 나타내는 말. ¶그런 따위/ 같은 따위의 것. ③여러 사물이나 동물이 나열된 다음에 쓰여, 그런 부류임을 나타내는 말.=등(等). 들. ¶말·소·돼지 따위의 가축.

따지기 이른 봄 얼었던 땅이 풀리려 할 무렵. 해토머리(解土). ¶따지기때(따지기의 때).

따지(다) ①옳고 그른 것을 밝혀 가리다.≒밝히다. 규명하다(糾明). ¶잘잘못을 따지다. 따져읽기, 따짐의논(議論;토론), 따짐조(調;말이나 행동 따위에 대하여 따지는 말투); 따잡다(따져서 엄하게 다잡다)/잡히다. ②계산이나 셈을 구체적으로 헤아리다.≒꼽다. ¶물건 값을 따지다. 득실(得失)을 따지다.

따통 벌목한 나무를 아래로 내려 보내기 위하여 산의 경사를 이용해 만든 길.

딱¹ 가늘고 굳은 물건이 부러질 때 나는 소리. 단단한 것이 마주치거나 부딪칠 때 나는 소리. 〈작〉똑. 〈거센〉탁. 〈큰〉뚝. 떡. ¶딱 부러지다. 손뼉을 딱 치다. 딱 소리가 나다. 딱다그르르·딱다그르르[1075], 딱따글거리다/대다, 딱따기/꾼, 딱딱, 딱딱거리다/대다¹(단단한 물건이 부러지거나 부딪치는 소리가 나다), 딱따기[딱따기꾼, 딱따기패(牌)], 딱성냥, 딱총(銃).

다. ¶무모한 계획에는 위험이 뒤따른다.

딱² ①완전히 그치거나 갑자기 멎는 모양. ¶울음을 딱 그치다. 비가 딱 멎다. 딱 마주쳤다. ②행동이나 생각이 갑자기 멈추는 모양. ¶관계를 딱 끊다. 소식을 딱 끊고 살다. 〈큰〉뚝.

딱³ ①어깨나 가슴이 다부지게 벌어진 모양. ¶입을 딱 벌리다. 딱 바라진 어깨. ②빈틈없이 맞닿거나 들어맞는 모양.≒정확히. ¶그의 예언이 딱 들어맞았다. 옷이 딱 맞다. ③갑자기 마주치는 모양. ¶우연히도 시선이 딱 마주쳤다. ④굳세게 버티는 모양. ¶딱 버티고 서다. ⑤단단히 달라붙은 모양. ¶몸에 딱 붙는 셔츠. 문고리에 손이 딱 달라붙다. ⑥태도가 여유 있고 의젓한 모양. ¶떡-하니. ⑦몹시 싫거나 언짢은 모양. ¶거짓말을 하는 사람은 딱 질색이다. [+버티다. 벌어지다. 막다]. 〈큰〉떡.

딱⁴ ①행동이나 말을 단호하게.≒단호히. ¶그의 요청을 딱 거절했다. 딱 잘라 말하다. 딱히. ②아주. ¶술이라면 딱 질색이다. ③한정해서 꼭. 그뿐. ¶딱 한 잔만 합시다. 빈자리는 딱 두 개밖에 없었다.

딱따구리 딱따구릿과의 새를 통틀어 이르는 말. 탁목조(啄木鳥). ¶딱따구리망치; 까막딱따구리, 오색딱따구리(五色), 쇠딱따구리, 청딱따구리. ☞ 딱'.

딱딱-하다 ①굳어서 단단하다. ¶딱딱한 의자. ②태도·말씨·분위기가 부드러운 맛이 없이 엄격하다. ¶딱딱한 문장. 분위기가 딱딱하다. 딱딱거리다/대다²(딱딱한 말투로 자꾸 을러대다), 딱딱히.

딱-장(狀) 닦달해서 강제로 고백을 받아 내어 쓰게 하는 각서. ¶딱장떼다(꼬치꼬치 캐어묻고 따져서 닦달질하다), 딱장받다[1076].

딱장-대[때] ①성질이 온화한 맛이 없이 딱딱한 사람. ¶딱장대 같은 사람. ②성질이 사납고 굳센 사람. 딱정쇠.

딱지 ①헌데나 상처에서 피나 진물이 나와 말라붙어 생기는 껍질.[〈덕지; 덧난 것]. ¶종기에 딱지가 앉다. 마마딱지(媽媽), 생딱지(生), 쇠딱지, 옴딱지, 코딱지, 피딱지(피가 굳어서 된 딱지). ②종이에 붙은 티. ¶종이에 딱지가 붙어 있다. 딱지붙임, 딱지치기; 겉딱지, 빨간딱지[적찰(赤札)], 소딱지(종이연), 속딱지, 우표딱지(郵票), 자맞춤딱지(字), 종이딱지. ③게·소라·거북 따위의 몸을 싸고 있는 단단한 껍데기. 뚜껑. ¶거북딱지, 게딱지(게의 등딱지. 작고 허술함), 금딱지(金), 뒤딱지, 등딱지, 배딱지, 백통딱지(白銅), 소라딱지, 아감딱지(아가미를 보호하는 뼈로 된 얇은 뚜껑), 오동딱지(烏銅), 은딱지(銀). ④어떤 일에 거절당하다. 퇴짜. ¶딱

1075) 닥다그르르: ①단단한 물건이 딱딱한 바닥에 떨어져서 도르르 굴러가는 소리. 또는 그 모양. ¶길 위로 닥다그르르 굴러가는 조약돌. ②우레가 가까운 거리에서 울리는 소리. ¶천둥소리가 닥다그르르 나다. 〈큰〉덕더그르르. 〈센〉딱다그르르/딱다글. 〈큰·센〉떡더그르르.

1076) 딱장받다: 도둑에게 온갖 형벌을 가하여 죄를 불게 하다. 낱낱이 캐묻고 따져서 잘못이나 죄를 털어놓게 하다. 문초하다(問招). ¶도둑놈 딱장받듯 을러메다.

지를 놓다/ 맞다. ⑤몇몇 명사 뒤에 붙어 '비하(卑下)'의 뜻을 더하는 말. ¶고물딱지(古物), 골딱지, 곰보딱지, 금딱지(金), 눈딱지, 눈코딱지, 소갈딱지, 심술딱지(心術), 철딱지, 피딱지(품질이 낮은 피지), 화딱지.

딱-하다 사정이나 형편이 가엽고 애처롭다. 어떻게든지 처리하기가 어렵다≒불쌍하다. 안쓰럽다. ¶딱한 사정에 놓이다. 딱히 여기다.

ㄷ

딴¹ 딴꾼(앞잡이. 말이나 하는 짓이 짓궂은 사람)'의 준말. ¶꼭지딴(딴꾼의 우두머리), 통딴(절도 죄인이 출옥한 뒤 포도청의 앞잡이가 된 사람).

딴² ①인칭 대명사와 어울려 '딴은(하기는. 과연). 딴에는. 딴으로는'의 꼴로 쓰여, '자기 나름대로의 생각이나 기준으로. 저로서는 잘한다는 생각으로'의 뜻을 나타내는 말. ¶내 딴에는 잘하노라고 했소. 제 딴은 잘 했다고 생각하겠지. 딴은 네 말에도 일리가 있다. ②자기 나름. ¶딴기(氣)[1077].

딴죽 씨름 따위에서, 상대방의 다리를 옆으로 치거나 끌어당겨 넘어뜨리는 기술.[(딴족←딴/다른+족]. ¶딴죽을 걸다(어떤 일을 하는 데 있어 훼방을 놓거나 시비를 걸다). 딴죽걸기/걸이. ☞ 따다[딴-]³.

딸 ①여자로 태어난 자식.↔아들. ¶딸을 시집보내다. 딸내미(딸을 귀엽게 이르는 말), 딸년, 따님, 딸따니[1078], 딸부자(富者), 딸세포(細胞), 딸아기, 딸아이/딸애, 딸자식(子息); 고명딸(아들 많은 사람의 외딸), 막내딸, 맏딸, 삼딸(인삼의 꽃이나 열매), 손녀딸(孫女), 수양딸(收養), 신딸(神), 쌍동딸(雙童), 아가딸(시집가지 아니한 딸), 양딸(養), 어비딸[부녀(父女)], 어이딸[모녀(母女)], 외동딸/외딸, 움딸[1079], 의붓딸, 작은딸, 조카딸, 첫딸, 친딸(親), 큰딸. ②일정한 조상에서 생겨난 여성인 사람. ¶우리는 대한의 아들딸이다.

딸기 장미과의 여러해살이풀. ¶딸기송이, 딸깃물, 딸깃빛, 딸기술, 딸기코, 딸기편, 딸기혀[莓舌(매설;발갛게 붓는 혀의 병)], 딸기화채(花菜); 가시딸기, 검은딸기, 나무딸기, 고무딸기, 멍딸기(농익어 검붉은 딸기), 멍덕딸기, 멍석딸기, 뱀딸기, 복분자딸기(覆盆子), 산딸기(山), 섬딸기, 양딸기(洋), 장딸기 들.

딸꾹 딸꾹질하는 소리.=피기. ¶딸꾹질을 딸꾹 한다. 딸꾹거리다/대다, 딸꾹질/하다. 딸꾹딸꾹/하다.

딸막 ①가벼운 물체 따위가 조금 세게 들렸다 내려앉는 모양. ②어깨나 엉덩이 따위가 조금 세게 들렸다 놓이는 모양. ¶딸막 어깻짓만 하다. 〈큰〉뜰먹.

딸-보 ①속이 좁은 사람. ¶그 사람은 딸보다. ②키도 작고 몸집도 작은 사람. 땅딸보.

땀¹ 주로 더울 때에, 사람이나 동물의 피부에 내돋는 찝찔한 액체. 노력이나 수고. ¶땀을 흘리며 일을 하다. 땀으로 이루어진 결과 피와 땀을 흘리지 않고는 성공을 할 수가 없다. 땀구멍, 땀국(흠뻑 젖은 땀), 땀기(氣), 땀나다/내다, 땀내, 땀들이다(몸을 식히다. 잠시 쉬다), 땀등거리(땀받이 옷), 땀띠(염증)/약(藥), 땀몸, 땀물, 땀바가지(땀을 몹시 흘려 후줄근한 상태), 땀받이, 땀발(땀이 흐르는 줄기), 땀방울, 땀벌창[1080], 땀범벅, 땀복(服), 땀빠지다(진땀이 나다. 애를 많이 쓰다), 땀빼다[1081], 땀샘, 땀송이(땀이 송이처럼 송글송글 내돋는 것), 땀수건(手巾), 땀얼룩, 땀자국, 땀줄기, 땀참봉(參奉;땀바가지), 땀투성이; 곁땀[액한(腋汗); 겨드랑이에서 나는 땀)], 구슬땀, 방울땀, 불땀[1082], 비지땀, 식은땀(아프거나 정신의 긴장으로 나는 땀), 이슬땀(이슬방울처럼 맺힌 땀), 좁쌀땀(작게 방울진 땀), 주먹땀(크게 방울져서 흐르는 땀), 줄땀, 진땀(津;몹시 애를 쓸 때 흐르는 땀), 찬땀, 팥죽땀(粥), 피땀, 피죽땀 들.

땀² 바느질을 할 때에 바늘을 한 번 뜬 눈. 또는 그것의 수는 세는 말. ¶바느질 솜씨가 있어 땀이 곱다. 한 땀 한 땀 정성껏 꿰매다. 땀땀이, 땀수(數); 밑땀(밑실이 박는 땀), 실땀[1083], 위땀(윗실이 박는 땀.=겉땀) 들.

땅 바다를 제외한 지구의 겉면. 육지(陸地). 영토. 지방(地方). 토지나 집터. 흙. ¶땅을 파다. 만주는 본디 우리 땅이다. 독도는 우리나라의 땅이다. 전라도 땅에는 논이 많다. 땅 짚고 헤엄치기(매우 쉽다). 땅에 떨어지다[1084]. 땅가뢰, 땅가림[1085], 땅가물, 땅가시(식물의 뿌리), 땅값, 땅강아지, 땅거미¹[1086], 땅거미²(땅거미과의 거미), 땅거죽(땅겉), 땅겉, 땅고르기, 땅고름/하다, 땅광(지하실), 땅구덩이, 땅구멍, 땅구실(땅에 대해 거두는 세금), 땅굴(窟), 땅굽성(性), 땅귀신(鬼神), 땅그네, 땅기슭, 땅기운(땅김), 땅김(당에서 올라오는 수증기), 땅까불[1087]/하다, 땅깎기, 땅껍질, 땅꽂이[지축(地軸)], 땅꾼, 땅끝, 땅내(흙냄새), 땅내맡다, 땅덩어리/덩이, 땅두멍[1088], 땅따먹기(땅뺏기. 땅따기), 땅뙈기(일정하게 나뉜 땅의 조각), 땅뚫이[시추기(試錐機)], 땅띔[1089], 땅마지기, 땅문서(文書), 땅바닥, 땅방울(죄인의 발에 채우던 쇳덩이), 땅버들(갯버들), 땅버섯, 땅벌, 땅벌레, 땅벽집(壁), 땅보탬(사람이 죽어 땅에 묻힘)/하다, 땅볼[1090], 땅볼(ball), 땅불쑥하다(특별하다), 땅뺏기, 땅사태(沙汰), 땅설법(說法), 땅세(稅), 땅속[땅속길(지하도), 땅속도랑, 땅속물(지하수), 땅속뿌리, 땅속열(熱), 땅속줄기,

---

1077) 딴기(氣): 냅뜰 기운. 세찬 기운. ¶딴기다 있다. 딴기가 적다(기력이 약하여 냅뜰 기운이 없다).
1078) 딸따니: 어린 딸을 귀엽게 이르는 말. §'-따니'는 '귀여움'을 뜻함.
1079) 움딸: 시집 간 딸이 죽은 뒤에 다시 장가든 사위의 후실.
1080) 땀벌창: 땀이 몹시 흘러서 후줄근하게 된 상태. ¶온몸의 기력이 쫙 빠져 땀벌창이 되고 말았다. '벌창'물이 넘쳐흐름.
1081) 땀빼다: 몹시 어렵거나 힘든 경우를 당하여 큰 곤란을 겪다. ¶혼자 이사하느라고 땀뺐다.
1082) 불땀: 불기운의 세고 약한 정도. ¶젖은 나무는 불땀이 좋다.
1083) 실땀: 바느질한 자리의 겉으로 드러나 보이는 실밥의 낱낱.
1084) 땅에 떨어지다(권위 · 명성 · 시세 따위가 아주 떨어지다. 쇠하다).
1085) 땅가림: 한 곳에 같은 작물을 거듭 심지 않는 일.
1086) 땅거미¹: 해가 진 뒤의 어스름.[←땅+검(다)+이]. ¶땅거미가 깔리다.
1087) 땅까불: 암탉이 혼자서 몸을 땅바닥에 대고 비비적거림. 또는 그렇게 하는 짓(흘레하는 짓).
1088) 땅두멍: 도자기를 만드는 흙의 앙금을 가라앉히기 위하여 땅을 파서 만든 구덩이.
1089) 땅띔: 무거운 것을 들어 땅에서 뜨게 하는 일. ¶땅띔도 못하다(조금도 알아내지 못하다).
1090) 땅볼(-뵐): 낫질할 때 낫의 날이 땅 쪽으로 닿는 면.

땅속호(湖)], 땅안개, 땅울림, 땅위뿌리, 땅위줄기, 땅임자, 땅자리1091), 땅재먹기(땅따먹기), 땅재주(才), 땅주낙, 땅주릅(땅 거간꾼), 땅줄기, 땅차(車;불도저), 땅켜[지층(地層)], 땅콩[땅콩강정, 땅콩기름, 땅콩엿, 땅콩죽(粥)], 땅타박, 땅테(지각의 가장 바깥 부분에 있는 층), 땅파기, 땅풀림(해토(解土)], 따-1092), 땅흔들림(지진); 개땅(바닷물이 드나드는 땅), 건땅(기름진 땅), 고향땅(故鄕), 남녘땅(南), 남의땅, 둔땅(屯), 마른땅, 마위땅(馬位), 맨땅, 모래땅, 북녘땅(北), 사패땅(賜牌;나라에서 내려준 땅), 생땅(生), 알땅1093), 언땅[동토(凍土)], 이국땅(異國), 자갈땅(자갈이 많은 땅), 자투리땅1094), 진땅, 진흙땅, 질땅(질흙으로 된 땅), 하늘땅. ☞ 뭍. 지(地). 육(陸).

땅- '키가 몹시 작거나 융통성이 없는'의 뜻을 나타내는 말. ¶땅개1095), 땅고집(固執;융통성이 없는 지나친 고집), 땅꼬마(키가 몹시 작은 사람), 땅딸막하다/땅딸하다(키가 작고 몸집이 옆으로 딱 바라지다), 땅딸보(땅딸이).

땅기(다) 몹시 켕기어지다(팽팽하게 되다). ¶상처가 자꾸 땅기다. 날씨가 추워 얼굴이 땅긴다. 장딴지가 땅기다.

땅땅[1] 헛된 장담을 쉽게 하는 모양. 위세를 부리며 기세 좋게 으르대는 모양. 〈큰〉떵떵. 〈큰·거〉텅텅. ¶놀고먹는 주제에 큰소리만 땅땅 치고 다닌다. 공연한 큰소리를 땅땅 치고 있군. 땅땅거리다/대다.

땅땅[2] 작은 쇠붙이나 단단한 물건이 세게 부딪쳐 울리는 소리. 총을 쏘는 소리.=땅당. 땅아. 〈큰〉떵떵. 〈거〉탕탕. 텅텅. ¶땅땅거리다/대다/하다.

땅땅[3] 몹시 단단하게 얼어붙거나 말라붙거나 굳어진 상태. 〈큰〉떵떵. ¶겨울 밭이 땅땅 얼었다.

땋(다) 머리털이나 실 따위를 셋 이상의 가닥으로 갈라서 서로 엇걸어 짜 엮다. ¶머리를 땋다. 딴머리, 딴상투, 딴요대(腰帶), 땋이다; 갈라땋다(머리채 따위를 가닥을 내어 땋다) 들.

때[1] 시간상의 어떤 점이나 부분. 좋은 기회나 운수. 끼니나 끼니를 먹는 시간. 경우(境遇), 시기/철·시대·연대.≒적². 까리²(때. 기회). ¶때를 알리다. 때를 잘 만나야 한다. 때를 거르다. 때에 따라 예외가 생긴다. 한창 자랄 때. 땟거리(식량), 때늦다, 때때로(때에 따라서 가끔), 때로/는, 때마침(그 때에 바로 알맞게), 때맞다1096)/맞추다, 때맞추어, 때매김[시제(時制)], 때아닌(적당한 때가 아닌. 뜻하지 않은), 때알이(시계), 때없이(수시로), 때이르다, 때타다¹1097); 간물때[간조(干潮)], 고맘때, 그때, 그맘때, 끼니때, 낮때, 몸때(월경하는 때), 물때1, 벼때(벼를 거두어들일 때), 새때(끼니와 끼니 사이의 때), 아침때, 연때(緣;인연이 맺어지는 기회), 요만·이맘때, 이때, 저녁때, 저맘·조맘때, 점심때(點心), 접때[←저+쨰], 제때, 찬물때[만조(滿潮)], 한때(같은 때. 어느 한 시기), 한창때. ☞ 시(時). 각(刻).

때[2] 몸이나 물건에 묻은 기름·먼지 따위로 된 더러운 것. 시골티나 어린 티. 까닭 없이 쓰는 더러운 이름. 오명(汚名).≒얼룩. 티끌. ¶때가 끼다. 그 사람은 아직도 과거의 때를 벗지 못하고 있다. 때 묻은 정치인은 이 모임에 들이지 말자. 때꼽재기(엉겨 붙은 때의 조각이나 그 부스러기), 땟국, 때글다(때에 절다), 땟덩이, 때묻다1098), 때물1099), 땟물(땟국. 더러운 물), 때밀이, 때벗다1100), 때벗이1101), 땟솔, 때수건(手巾), 때오르다(더러워지다), 땟자국, 때타다²(때가 묻다); 고운때, 기름때, 도둑때(도둑이라는 누명), 묵은때, 물때²(물에 섞인 때), 분때(粉), 살림때(살림에 찌드는 일), 손때, 줄때(줄줄이 낀 때), 진때1102), 퉁때(엽전에 묻은 때). ☞ 구(垢).

때군때군 말소리 따위가 또렷또렷하고 센 모양. ¶때군때군 대답하다. 때군때군하다.

-때기 일부 명사 뒤에 붙어, '그 말을 속되게 이름. 허름한 조각이나 동강'을 뜻하는 말. §문맥에 따라 '애정(愛情)'을 뜻함. '-다귀'는 이형태로 보임. ¶가마니때기, 거적때기, 귀때기, 나무때기, 널판때기(板), 등때기, 밥풀때기, 배때기, 보추때기(냅뜰성), 볼때기(볼따구니)[〈볼다기], 뺨때기, 뺨따귀, 뼈다귀(뼈의 낱개), 뿔다귀('뿔'을 속되게 이르는 말), 상판때기, 양복때기(洋服), 요때기, 잠바때기, 졸때기, 종이때기, 철때기(철딱서니), 판때기(板), 팔때기, 표때기(票); 풀떼기 들.

때깔 피륙 따위가 눈에 선뜻 드러나 비치는 맵시와 빛깔. ¶때깔이 좋은 비단. 때깔이 아주 곱다. §'태깔(態)'은 '모양과 빛깔. 교만한 태도'를 뜻하는 말이다.

때꼭 술래잡기에서, 숨었던 아이가 잡히지 아니하고 제자리로 돌아오면서 술래를 놀리는 소리.

때(다)[1] 아궁이에 불을 넣다.≒태우다. 지피다. 사르다. ¶군불을 때다. 땔감, 땔거리, 땔나무/하다, 땔나무꾼; 불땔감, 불땔꾼, 처때다(불을 요량 없이 마구 때다).

때(다)[2] 남에게 따돌림이나 배척을 당하다.[←따(다)+이].

때(다)[3] 용접하다(鎔接). '때우다'의 준말.

1091) 땅자리: 호박이나 수박 따위의 거죽이 땅에 닿아 빛이 변하고 험하게 된 부분.
1092) 따-: 일부 명사 앞에 붙어, '땅'을 뜻하는 말. [〈따ㅎ]. ¶따대감(大監;땅을 관할한다는 신), 따꽃, 따벌(땅벌), 따지기(해토 무렵)/때.
1093) 알땅: ①나무나 풀이 없는 벌거숭이 땅. ②비가 오면 토사가 마구 깎여 내려가는 땅. ③집, 건축물 따위가 없는 땅. 나대지(裸垈地).
1094) 자투리땅: 구획 정리나 도로 확장 따위에 이용하고 남은 좁은 땅.
1095) 땅개: ①키가 매우 작은 개. ②키가 작고 됨됨이가 단단하며 잘 싸다니는 사람.
1096) 때맞다: 때가 늦지도 이르지도 않아서 꼭 알맞다. ¶때맞게 내린 비로 해갈이 되다.
1097) 때타다¹: 때에 따라 시세가 나기도 하고 안 나기도 하다. ¶난로는 때타는 물건이다.
1098) 때묻다: ①때가 묻다. ②인색하게 굴어 더럽다. ③순수성을 잃거나 마음이 더러워지다.
1099) 때물: 툭 트이거나 미끈하지 못한 태깔. ¶때물을 벗다.
1100) 때벗다: ①땟물을 벗다. ②시골티가 없어지고 세련되다. ③누명이나 허물을 벗다.
1101) 때벗이: ①문명하지 못한 상태에서 벗어남. ②과일 따위가 어린 티를 벗고 숙성하는 것. ③어리거나 촌스러운 티를 벗는 것.
1102) 진때: 오랫동안 계속해서 묻어 찌든 때.

때(다)[4] 죄지은 사람이 잡히다. ¶교도소에 때어 들어갔다.

때때 알록달록하게 곱게 만든 어린아이의 옷이나 신발.≒고까/꼬까. ¶때때신, 때때옷, 때때중(나이가 어린 중).

때리(다) 손이나 손에 쥔 것으로 후려치다.(≒치다[2]. 패다[2]. 손찌검하다). 무엇으로 딱딱 치는 듯한 아픈 느낌이 들다. 세차게 와 닿거나 심한 충격을 주다. 딴 사람의 잘못을 말이나 글로 날카롭게 비판하다.(≒꼬집다. 까다). ¶종아리를 때리다. 등골이 때리다. 뱃전을 때리는 파도소리. 가슴을 때리는 슬픈 이야기. 신문에서 정부의 교육 정책을 때리다. 때려내다, 때려누이다/눕히다, 때려부수다, 때려잡다, 때려죽이다, 때려치다1103)/치우다, 때림[때림끌, 때림도끼]; 들때리다(마구 때리다), 판때리다(시비 · 선악을 가리어 결정하다), 홈쳐때리다(덤벼들어 야무지게 때리다) 들.

ㄷ

때문 서술격조사 '이다'나 처소 부사격조사 '에'와 결합하여, 앞에 오는 말이 '까닭이나 원인이 됨'을 나타내는 말.[+~기(명사형 어미), +명사]. ¶날씨가 좋기 때문에 외출을 하였다. 철수가 때린(때렸기) 때문이다. 너 때문에 일을 망쳤다. 철수 때문에 망쳤다.

때우(다)[1] ①뚫어지거나 깨지거나 해어진 자리에 딴 조각을 대어 깁다. ¶금이 간 솥을 때우다. 이를 백금으로 때웠다. 땜[1]1104). ②불충분한 대로 대강 치러 넘기다. ¶점심을 대충 때우다. 빵으로 끼니를 때우다/때다. ③작은 고생이나 괴로움으로 큰 액운을 대신하다. 〈준〉때다[3]. ¶액운을 때우다. 땜[2][꿈땜1105), 수땜(數), 액땜(厄), 팔자땜(八字)]; 액때우다, 액때움/액땜 들.

때우(다)[2] 키우던 자식을 잃다.=여의다. ¶둘째아이를 때우다.

땍땍 콧대를 세우고 으스대며 거만하게 큰 소리로 말하거나 행동하는 모양. 〈큰〉떽떽. ¶땍땍 고아대는 버릇을 고치다.

땡땡이[1] ①자루가 달린 대틀에 종이를 바르고 양쪽에 구슬을 단 실을 달아 흔들면 땡땡 소리가 나는 장난감. ②종(鐘)'을 속되게 이르는 말. ¶땡땡이중(꽹과리를 치면서 동냥을 다니는 중), 땡땡이판(끝판). ☞ 댕.

땡땡이[2] 감독자의 눈을 피하여 게으름을 피우거나 노는 일을 속되게 이르는 말. ¶땡땡이를 부리다/ 치다. 땡땡이판(끝판).

땡추 중답지 아니한 중. ¶땡추절(땡추중들만이 있는 절), 땡추중.

떠구지 예전에, 큰머리를 틀 때 머리 위에 얹던 나무로 만든 머리틀. ¶떠구지댕기, 떠구지머리(큰머리).

떠꺼-지 한지(韓紙) 백 권을 한 덩이로 하여, 그 덩이를 싸는 두꺼운 종이.

떠나(다) ①다른 곳으로 옮겨 가다.≒뜨다[3]. 출발하다.↔이르다.[←뜨(다)+어+나+다]. ¶고향을 떠나다. 열차가 부산으로 떠났다. 시위를 떠난 화살. 떠나가다(본디의 자리를 떠서 옮겨가다), 떠나보내다, 떠나오다; 일떠나다(기운차게 일어나다. 일찍이 길을 떠나다). ②어떤 일과 관계를 끊고 나가다. 그만두다. 벗어나다. ¶이미 그는 회사를 떠난 사람이다. 그 여자는 이미 나를 떠났다. ③사라지거나 없어지다. ¶그 일은 내 기억에서 이미 떠났다. 우환이 떠날 날이 없다. 떠나가게(날아갈 정도로 소리가 매우 크게. 떠나가라-하고). ④죽다. ¶아버님께서 일찍이 세상을 떠나셨다.

떠들(다) ①시끄럽게 큰 소리로 말하다.≒소리치다. 지껄이다. 고함치다(高喊). ¶교실에서 학생들이 큰 소리로 떠들다. 떠고다(큰 소리로 시끄럽게 떠들다). ②소문이나 여론이 크게 나거나 일다. ≒누설하다(漏泄). ¶이 이야기 떠들고 다니면 회사에 어려움이 생긴다. ③어떤 문제를 가지고 여러 사람이 매우 술렁거리다. ¶손해 배상을 요구하며 떠들다. 떠들썩1106)/하다', 떠들어치다(마구 떠들어대다), 떠버리1107), 떠벌(수다스럽게 떠들어대는 모양), 떠벌리다(지나치게 풍을 쳐 떠들어대다. 과장하다), 떠벌이다(일을 크게 벌이거나 차리다), 떠지껄이다/하다(떠들썩하게 큰 소리로 지껄이다); 뒤떠들다(왁자하게 떠들다), 들떠들다, 짓떠들다.

떠세 돈이나 세력 따위를 내세워 젠체하고 억지를 쓰는 짓.≒입찬소리.[←뜨(다)]. ¶떠세를 부리다. 세력을 믿고 떠세하다. 양반 떠세 좀 작작하게. 떠세하다.

떠죽 ①되지 못하게 젠체하며 지껄이는 모양. ¶밉살스레 떠죽떠죽 지껄이고 있다. ②짐짓 싫은 체하며 사양하는 모양. ¶떠죽거리지 말고 고맙다고 인사하며 받아라. 떠죽거리다/대다/이다, 떠죽떠죽/하다.

떠퀴 어떤 일이나 사물에 따라 화복이 생기는 일. ¶날떠퀴(그 날의 운수), 발떠퀴(사람이 가는 곳을 따라 생기는 운수), 손떠퀴1108).

떡[1] ①곡식 가루를 찌거나 삶아 익힌 음식의 총칭. ¶떡을 치다. 떡가래, 떡가루, 떡가위, 떡값, 떡갈비, 떡개(떡의 낱개), 떡고리(떡을 담아두는 고리), 떡고물, 떡고추장(醬), 떡구유(떡을 치는 그릇), 떡국, 떡국점(點), 떡돌, 떡돌림, 떡두레(시루떡을 통째로 엎어 놓은 덩어리), 떡메, 떡무거리, 떡방아, 떡보, 떡보(褓), 떡볶음/이, 떡비(가을에 내리는 비), 떡산적(散炙), 떡살1109)/무늬, 떡소, 떡시루, 떡쌀, 떡쑥, 떡암죽(粥), 떡을할1110), 떡장사/장수, 떡집, 떡찜, 떡충이(떡보), 떡칠(漆)1111), 떡타령, 떡판, 떡판(板), 떡팥, 떡함지; 가랍떡1112), 가래떡, 갈분개떡(葛粉), 감떡, 감자떡, 강냉

1103) 때려치다: 하던 일을 아주 그만두다.

1104) 땜[1]/땜질: 금이 가거나 뚫어진 것을 때우는 일. 잘못된 부분만을 임시로 고치는 일. ¶땜가게, 땜납(鑞) 땜인두, 땜일, 땜자갈(틈막이 자갈), 땜장이(땜질을 직업으로 하는 사람), 땜쟁이(목에 큰 흠이 있는 사람), 땜질/하다, 땜통; 납땜, 눈땜(갈라진 금이나 작은 구멍 따위를 메워 채우는 일), 맞땜, 붕사땜(硼砂), 산소땜(酸素), 제물땜(뚫어지거나 해진 물건과 같은 것으로 때우는 일), 주석땜(朱錫), 청철땜(靑鐵).

1105) 꿈땜: 꿈에서 본 좋거나 궂은 조짐을 현실로 겪어서 때우는 일. ¶접시를 깬 것은 꿈땜으로 생각해라.

1106) 떠들썩: 여러 사람이 큰 소리로 요란스럽게 떠드는 모양. ¶떠들썩 정신없는 시장 통. 떠들썩거리다/대다. 떠들썩하다(여러 사람이 마구 지껄이어 몹시 시끄럽다. 소문이 퍼져 자자하다), 떠들썩하니.

1107) 떠버리: 늘 시끄럽게 떠드는 사람을 낮잡아 이르는 말.

1108) 손떠퀴: 무슨 일에든지 손을 대기만 하면 길흉화복이 생기는 일. ¶손떠퀴가 사납다.

1109) 떡살: 떡을 눌러 무늬를 만드는 도구.

1110) 떡을할: 못마땅할 때 내뱉거나 아무 생각이 없이 하는 말. 이런 떡을 할 놈. 떡을할, 오늘은 재수가 없군.

1111) 떡칠(漆): 화장품, 풀, 페인트 따위를 덕지덕지 바르는 일.

이떡(옥수수떡), 갖은떡, 갖은색떡(色), 개떡[개떡수제비, 밀개떡, 보리개떡], 개피떡[1113], 거피팥떡/거피떡(去皮), 계면떡[1114], 고려밤떡(高麗), 고사떡(告祀), 고수레떡[1115], 골무떡(가락을 짧게 자른 흰떡), 공떡(空)[1116], 공양떡(供養), 귤병떡(橘餠), 기름떡, 깨떡, 계면떡[1117], 꼬장떡[1118], 꼽장떡, 꿀떡, 나깨떡, 나이떡, 녹두떡(綠豆), 느티떡[1119], 단오떡(端午), 달떡(달 모양으로 둥글게 만든 흰떡), 도꼬마리떡, 도래떡[1120], 돌떡, 돼지떡, 된장떡(醬), 두텁떡, 마마떡(媽媽), 망개떡[1121], 메떡[1](↔찰떡), 메떡[2](메꽃의 뿌리를 섞어서 찐 떡), 메밀떡, 무리떡[1122], 무지개떡(층마다 색깔이 다른 시루떡), 민색떡(色), 밀떡, 밤떡, 방울떡(방울 모양으로 만든 과자), 버무리떡, 벙거지떡, 보름떡(정월 보름날에 먹는 떡), 보리떡, 보풀떡[1123], 부스럼떡(부스럼에 붙이는 떡), 부추떡, 북떡, 붕어떡, 비지떡, 빈대떡, 빙떡[1124], 상화떡(霜花), 색떡(色), 석이떡(石耳), 선떡(잘 익지 아니한 떡)/부스러기[1125], 설기떡, 섬떡, 소머리떡[1126], 송기떡(松肌), 수리취떡, 수수개떡, 수수떡, 수수팥떡, 수수풀떡, 술떡(증편), 승검초떡, 시래기떡, 시루떡[감자시루떡, 갖은시루떡, 메시루떡, 무시루떡/무떡, 찰시루떡], 쑥떡, 옥수수떡, 옴자떡(부처 앞에 공양하는 넓적한 네모꼴의 흰떡), 왜떡(倭), 용떡(龍), 웃기떡, 이바지떡, 인부심떡(人)[1127], 인진떡(茵蔯), 자두치떡[1128], 장떡(醬), 재묻은떡[1129], 절구떡(절구로 찧어서 만든 떡), 조롱이떡[1130], 조차떡, 조침떡[1131], 좁쌀떡, 좁쌀풀떡, 주염떡[1132], 죽떡(粥)[1133], 찰떡, 찹쌀떡, 총떡[1134], 취떡, 칡뿌리떡, 콩떡, 콩찰떡, 토란떡(土卵), 팥떡, 풀떡/풀떼기, 호떡(胡), 호박떡, 홍두깨떡(홍두깨처럼 굵게 뺀 가래떡), 흰골무떡, 흰떡, 흰색떡(色). ②'떡처럼 뭉쳐놓은. 실한'의 뜻을 더하는 말. ¶떡갈비, 떡개구리, 떡눈(물기가 있어서 척척 붙는 눈송이), 떡니(위아래 앞니 가운데에 있는 이), 떡돌멩이, 떡두꺼비/같다, 떡메주, 떡밥(낚시 미끼), 떡심(억세고 질긴 근육. 성질이 매우 질긴 사람). ☞ 병(餠). 편.

떡[2] 인방(引枋;기둥 사이에 가로지른 나무)이 물러나거나 기둥이 벌어지는 것을 막기 위하여 겸쳐 대는 나무쪽.

떡- 일부 명사 앞에 붙어 '썩 작은. 어린'의 뜻을 더하는 말. ¶떡납줄갱이, 떡마래미(매우 작은 방어의 새끼), 떡부엉이(촌스럽고 상스러운 사람), 떡붕어, 떡잎[떡잎집; 외떡잎, 쌍떡잎(雙)], 떡조개(작은 전복), 떡줄(찌꺼기 실로 만든 연줄) 들.

떨거지 겨레붙이나 한통속으로 지내는 사람들을 낮잡아 이르는 말. ¶고향떨거지(故鄕), 동창떨거지(同窓), 집안떨거지, 처가떨거지(妻家) 들.

떨기 무더기진 풀이나 나무. 또는 꽃 따위의 수를 세는 데 쓰는 말. ¶한 떨기. 꽃떨기, 나무떨기, 별떨기, 풀떨기; 떨기나무(관목(灌木)), 떨기나무대(帶;관목대), 떨기지다(한 무더기로 자라다).

떨(다)[1] ①물체가 작은 폭으로 빠르게 거듭하여 흔들려 움직이다.(≒진동하다). 겁내거나 두려워하다.(≒무서워하다). ¶바람에 나뭇잎이 떨다. 추위로 몸을 떨다. 눈썹을 파르르 떨다. 시험을 본다고 너무 떨지 마라. 치(齒)를 떨다. 떠는소리, 떤꾸밈음(音), 떨리다[1](몸이 재게 흔들리다), 떨림소리, 떨림수(數;진동수), 떨새[1135], 떨잠/떠는잠(簪), 떨판(板;진동판); 뒤떨다(몸을 몹시 흔들 듯이 떨다), 들이떨다(몹시 떨다). ②동작이나 성질을 나타내는 명사 뒤에 쓰이어, 그런 행동을 경망스럽게 자꾸 하거나 그런 성질을 나타냄. ¶맨망떨다(요망스럽게 함부로 까불다), 방정떨다, 부산떨다, 새살·새실·시설떨다, 수떨다(수다스럽게 떠들다), 수선떨다, 아양떨다, 야지랑·이지렁떨다, 주접떨다 들.

떨(다)[2] ①달리거나 달라붙은 것을 흔들거나 충격을 주어 떨어지게 하다. 써서 없애다. 덜어내다. 〈거〉털다. ¶곡식의 낟알을 떨다. 재떨이에 담뱃재를 떨다. 천 원을 떨고 빚을 갚았다. 떨구다[1136], 떨꺼둥이[1137], 떨뜨리다[1138]/트리다, 떨리다[2](떨어짐을 당하다), 떨어내다, 떨어버리다(떨어서 없애다), 떨어지다[1139], 떨어

1112) 가랍떡: 조, 찹쌀, 좁쌀 또는 옥수수가루 따위를 넓적하게 반죽하여 떡갈나무의 잎에 싸서 가마에 찌는 떡.

1113) 개피떡: 콩소나 팥소를 넣고 반달 모양으로 빚은 떡.[←갑피병(甲皮餠)].

1114) 계면떡: 굿이 끝난 뒤에 무당이 구경꾼에게 나누어 주는 떡.

1115) 고수레떡: 멥쌀가루로 반죽한 덩이를 쪄낸 흰떡.

1116) 공떡(空): 힘들이지 아니하고 거저 얻은 이익이나 좋은 일.

1117) 계면떡: 무당이 굿을 끝내고 구경꾼들에게 돌라 주는 떡.

1118) 꼬장떡: 무르지 않고 꼬들꼬들하게 만든 떡.

1119) 느티떡: 음력 4월에 느티나무의 연한 잎을 쌀가루에 섞어서 시루에 찐 떡.

1120) 도래떡: 초례상에 놓는 큼직하고 둥글넓적한 흰떡.

1121) 망개떡: 찹쌀가루, 팥앙금 들로 빚은 후, 찐 망개잎(청미래덩굴-망개나무-의 잎사귀)에 싸서 먹는 떡.

1122) 무리떡: 쌀을 갈아 체에 밭쳐서 가라앉힌 앙금으로 만든 떡. 켜를 짓지 않고 찐 떡.=흰무리.

1123) 보풀떡: 쑥굴리(소를 넣은 쑥경단).

1124) 빙떡: 메밀가루 반죽을 번철에 얇게 펴 놓고 가운데에 양념한 무채 소를 넣고 말아서 지진 떡.

1125) 선떡부스러기: ①선떡의 부스러진 조각. ②어중이떠중이의 실속 없는 무리. ③엉성하고 덜된 일은 한 번 흩어지기만 하면 재결합이 어려움을 비유한 말.

1126) 소머리떡: 찹쌀가루에 밤, 대추, 굵은 콩, 설탕 따위를 넣고 버무려 시루에 찐 떡.

1127) 인부심떡(人): 꺼리거나 피해야 할 부정(不淨)을 막기 위하여 만든 떡.

1128) 자두치떡: 한 자 두 치나 되는 큰 떡.

1129) 재묻은떡: 굿할 때, 쓰고 남은 떡.

1130) 조롱이떡: 흰떡을 조그만 조롱박 모양으로 허리가 잘록하게 빚어 만든 떡.

1131) 조침떡: 메밀가루로 전병을 부쳐 반듯하게 썰고, 닭고기와 쇠고기, 여러 가지 채소를 각각 양념하여 볶아서 잘게 썰어 버무린 것으로 소를 넣어 한 번 말아 두 끝을 붙인 떡.

1132) 주염떡: 인절미를 송편처럼 빚어 팥소를 넣고 콩고물을 묻힌 떡.[←쥐(다)+엄+떡].

1133) 죽떡(粥): 찹쌀가루에 청둥호박을 썰어 넣어서 시루에 찐 떡.

1134) 총떡: 메밀가루 부침에 채를 쳐서 볶은 고기, 표고, 석이, 오이 따위를 넣고 말아서 초장을 찍어 먹는 음식.

1135) 떨새: 족두리나 큰 비녀 따위에 다는 장식의 하나.

1136) 떨구다: 고개나 눈길 따위를 아래로 떨어지게 하다. 흘리다.=떨어뜨리다/트리다. ¶고개를 떨구다. 시선을 떨구다. 눈물을 떨구다. 떨쿠다.

1137) 떨꺼둥이: 의지하고 지내던 곳에서 쫓겨난 사람. 떨기둥이. ¶하루아침에 떨꺼둥이 신세가 되다.

1138) 떨뜨리다: 거만하게 뽐내다.=떨뜨리다.

1139) 떨어지다: 위에서 아래로 내려지다(≒내리다. 지다[1]). 다른 것보다 못하다. 불학격하다, 명령이 내리다. 해어져 못쓰게 되다. 숨이 끊어지다(숨지다). 남아 있는 것이 없게 되다.(모자라다). ¶빗방울이/ 돌이 떨어지다. 물건 값이 떨어지다. 입사 시험에 떨어지다. 불호령이 떨어졌다. 떨어진 옷을 깁다. 술에 곯아떨어지다. 떨어뜨리다/트리다; 곯아떨어지다(곤하여 정신을 잃고 자다), 나가떨어지다, 나누어떨어짐, 동떨어지다, 뒤떨어지다(뒤에 처지다. 뒤에 남아 있다. 남만 못하다), 맞비겨

치다(세게 힘을 들여 떨어지게 하다), -떨이[1][먼지떨이, 못정떨이, 이슬떨이, 재떨이], 떨이[2][1140], 떨치다('떨다'의 힘줌말), 떨켜[이층(離層)], 떨쿠다; 낭떠러지[1141], 내떨다[1142], 먼지떨음[1143], 먼지떨이(먼지를 떠는 기구), 외딸다[1144]. ②팔다 남은 것을 몽땅 팔거나 사다. ¶이 물건은 몽땅 떨어서 얼마요? 재고품을 떨다. 떨이[3][1145].

떨떨-하다 ☞ 떫다.

떨치(다) 명성이나 위세가 널리 알려지다. 널리 또는 높이 날리다. ≒날리다. 드날리다. 빛내다. 진작하다. ¶기세를 떨치다. 용맹을 떨치다. 떨쳐나가다, 떨쳐나서다(어떤 일에 힘차게 나서다), 떨쳐나오다, 떨쳐입다(드러나게 차려입다); 뒤떨치다(마구 떨치다).

떫(다) 덜 익은 감의 맛처럼 텁텁하고 깔깔한 느낌이 있다. 하는 짓이 덜 되고 좀 천하다(못마땅하다). ¶감이 떫다. 떫디떫다, 떨떠름하다(몹시 떫은맛이다. 마음이 선뜻 내키지 않는 상태다), 떨떨하다[1146], 떨떨히, 떠름하다(맛이 조금 떫다. 마음이 썩 내키지 아니하다)[떠름히; 떨떠름하다(떫은맛이 있다. 흐리멍덩하다)], 떫은맛; 얼떨떨하다 들.

떰치 소의 길마 밑에 까는 짚방석 같은 깔개.

떳떳-하다 정당하여 굽힐 것이 없고 어그러짐이 없다. ¶언제 어디서든 떳떳하게 행동하여라. 떳떳스럽다, 떳떳이.

떼[1] 많은 수의 사람이나 동물이 어울려 목적이나 행동을 같이 하는 무리. ¶떼를 지어 다니다. 참새가 떼를 지어 날다. 떼강도(强盜), 떼거리[1][1147], 떼거지[1148], 떼과부(寡婦)[1149], 떼관음보살(觀音菩薩)[1150], 떼구름, 떼기러기, 떼꿩, 떼도둑, 떼도망(逃亡), 떼도적(盜賊), 떼돈(갑자기 많이 생긴 돈), 떼떼이(떼를 지어 모두), 떼말(떼를 지어 달리는 말), 떼무덤, 떼불(무리를 지어 일으키는 소동), 떼살이[군서(群棲)], 떼새, 떼서리(한 동아리 사람들), 떼섬[군도(群島)], 떼송장, 떼싸움(패싸움), 떼울음, 떼전[1151], 떼전(田;한 물꼬에 딸린 논배미), 떼주검(떼송장), 떼죽음, 떼춤[군무(群舞)], 떼판[군락(群落)]; 개떼, 개미떼, 고기떼, 말떼(말의 무리), 말떼[어군(語群)], 모기떼, 벌떼, 새떼, 소떼, 양떼(羊), 파리떼. ☞ 무리[1]. 군(群).

떼[2] 흙을 붙여서 뿌리째 떠낸 잔디. ¶무덤에 떼를 입히다. 뗏밥(떼에 뿌리는 흙), 떼밭(야산을 일구어 만든 밭. 떼가 자란 밭), 뗏솔(흙이 붙은 채로 뿌리를 떠낸 소나무 묘목), 뗏일[1], 떼잔디, 뗏장(떼의 낱장); 주먹떼[1152] 들.

떼[3] 나무나 대 따위의 토막을 엮어 물에 띄워서 타고 다니게 된 물건. ¶떼를 타다. 떼꼬리, 떼노(櫓;뗏목의 노), 떼동(垌;뗏목을 띄우기 위하여 물을 모아둔 둑)/가, 떼머리, 뗏목(木)[뗏목다리, 뗏목줄, 뗏목촌(村)], 떼몰이[떼몰이강(江), 떼몰이공(工), 떼몰잇길, 떼몰이꾼(떼꾼)], 떼무이(통나무로 뗏목을 묶는 일), 뗏바, 뗏바뚝, 떼배(뗏목처럼 통나무로 엮어 만든 배), 뗏일[2], 떼폭(幅;뗏목의 넓이) 들.

떼[4] 부당한 요구를 억지로 고집하는 짓. 억지. ¶떼를 쓰다(조르다). 떼거리[2]('떼'의 속된말)가 너무 심하다, 떼꾸러기, 떼꾼, 떼받이(응석받이), 떼법(法), 떼보, 떼부장(생떼깨나 쓸 만한 사람), 떼사정(事情), 떼쟁이(떼보), 떼질꾼/하다; 생떼거리/생떼[1153], 억지떼, 염병떼(染病) 들.

떼[5] 그물이 뜰 수 있도록 그물의 위 가장자리에 다는 물건. 유리, 고무, 나무로 만듦. ¶바다에 떼를 뿌리다. 떼싸개(그물 안에 든 물고기가 뜸 줄을 뛰어넘지 못하도록 뜸을 그물로 둘러싸는 것. 또는 그 그물), 뗏불, 뗏줄, 뗏통.

떼(다) ①따로 떨어지게 하다.(≒뜯다↔붙이다). 그만두다. 배우던 것을 끝내다. 발이나 걸음을 옮기어 놓다. ¶벽에 붙은 광고물을 떼다. 혹을 떼다. 아이들에게 정을 떼다. 젖을 떼다. 손을 떼다. 천자문을 떼다. 떼려야 뗄 수가 없다. 떼개(돌의 격지를 떼는 데 쓰는 기구), 떼걸다[1154], 떼닮다(꼭 같게 닮다), 떼어놓다, 떼집다[1155], 떼치다[1156], 뗀석기(石器); 개평떼다(개평을 얻어 가지다), 계걸떼다[1157], 괘괘이떼다(딱 잘라 거절하다), 깍지떼다(활시위를 놓다), 물어떼다, 볼떼기[1158], 손떼다, 잡아떼다, 젖떼다, 젖떼기, 죽떼다, 코떼다(핀잔을 맞다), 패떼다(牌). ②빌려 온 것을 돌려주지 않다. ¶꾸어준 돈을 떼다. 떼어먹다/떼먹다, 떼이다

떨어지다, 맞아떨어지다, 메떨어지다(모양·말·행동이 어울리지 아니하고 촌스럽다), 외떨어지다(외롭게 따로 떨어져 있다), 정떨어지다(情), 젖떨어지다/젖떼다(젖으로 기르기를 그치다).

1140) 떨이[2]: 나무를 깎거나 자를 때에 떨어져 나가는 조각.

1141) 낭떠러지: 깎아지른 듯한 언덕.

1142) 내떨다: ①붙은 것이 떨어지도록 밖으로 대고 냅다 떨다. ¶흙투성이의 옷을 내떨다. ②남이 붙잡지 못하도록 냅다 뿌리치다. ③몹시 몸을 떨다. ¶손을 사시나무처럼 내떨며 무서워하였다.

1143) 먼지떨음: ①어린아이를 엄포로 때리는 짓. ②오래간만에 나들이하는 일. ③노름·내기 따위를 할 때 연습 삼아 한 번 겨루어 보는 것. ¶먼지떨음하다.

1144) 외딸다: 홀로 떨어져 있다. 다른 잇닿은 것이 없다.

1145) 떨이[3]: 다 떨어서 싸게 파는 나머지 물건. 또는 그렇게 파는 일.↔마수거리. ¶떨이라 싸게 샀다. 떨이하다.

1146) 떨떨하다: ①격에 어울리지 아니하여 좀 천하다. ¶차림새가 떨떨하다. 떨떨한 옷차림. ②마음이 내키지 아니하다(떨떠름하다). ¶하기는 했지만 어쩐지 좀 떨떨하다. 떨떨한 행차. ③말이나 하는 짓이 좀 모호하고 모자라는 듯하다. ¶떨떨한 수작. ④얼떨떨하다. ¶뭐가 뭔지 정신이 떨떨하다. 어떻게 하는 일인지 떨떨하다.

1147) 떼거리[1]: '떼[1]'의 속된말. 무리. ¶시위대가 떼거리로 몰려와 항의를 했다. 떼거리로 몰려다니며 나쁜 짓을 일삼는다.

1148) 떼거지: 떼를 지은 거지. 천재지변으로 졸지에 헐벗게 된 이재민. ¶홍수로 온 마을 주민이 떼거지가 되었다.

1149) 떼과부(寡婦): 전쟁이나 재난으로 말미암아 한 집이나 한 마을에서 한꺼번에 남편을 잃은 여자.

1150) 떼관음보살(觀音菩薩): 떼를 지어 행동하는 무리.

1151) 떼전: 한 동아리가 되어 떼를 이룬 사람들. ¶떼전이 많다.

1152) 주먹떼: 떼를 입힐 때, 드문드문 심는 뗏장.

1153) 생떼: 당치도 않은 일에 생억지로 쓰는 떼거리. ¶법과 절차를 무시하고 자꾸 생떼를 부리니 답답할 노릇이다.

1154) 떼걸다: 관계하던 일에서 손을 떼다(그만두다). ¶그는 정치를 떼걸기로 하고 시골로 떠났다.

1155) 떼집다: 착 달라붙은 것을 집어서 떼다. ¶종아리에서 거머리를 떼집다.

1156) 떼치다: 달라붙은 것을 떼어 물리치다. 붙잡은 것을 뿌리치다. 딱 잘라 거절하다. 생각이나 정의(情誼) 같은 것을 딱 끊어버리다.

1157) 계걸떼다: 마음껏 먹고 싶은 대로 먹게 되거나 하고 싶은 대로 하게 되어서 탐욕이 없어지게 되다.

1158) 볼떼기: 통나무의 양면을 평평하게 깎아 만든 목재.

(꾸어준 것을 받을 수 없게 되다). ③하고서도 아니한 체하다. ¶시치미를 떼다. 딱 잡아떼다. ④'-떼기'의 꼴로 쓰여 '그 분량 몽땅'을 뜻하는 말. ¶가마떼기, 도떼기, 밭떼기, 섬떼기, 차떼기(車).

떼적 비나 바람을 막으려고 치는 거적 같은 것.≒바람막이. ¶날씨가 추워지자 행랑아범은 외양간에 떼적을 쳤다.

또 ①어떠한 행동이나 사실이 거듭 되풀이하여.≒다시. 거듭 ¶또 사고가 났다. ②양보하자면. 그래도. ¶어린애라면 또 모르겠다. ③그밖에 다시 더.≒또한(덧붙이자면. 게다가). ¶그는 사업가이자 또한 저술가다. ④그래도 혹시. ¶누가 또 알아? 그 사람이 다시 올지. ⑤놀람이나 안도의 뜻으로 쓰임. ¶이건 또 뭐야? 또-는(혹은. 그렇지 않으면), 또-다시, 또-한(역시. 마찬가지로), 또-한번(한번 더).

또가닥 ①작은 말이나 당나귀 따위가 걸어가는 소리. 또는 그 모양. ¶지친 말이 뚜거덕 걷다. ②구둣발로 단단한 바닥을 걸어가는 소리. 또는 그 모양.=또각. 〈큰〉뚜거덕. ¶구두 소리가 또가닥 나다. 뚜걱 · 뚜꺽, 두꺼덕1159).

또깡또깡 말이나 하는 짓이 흐리터분하지 않고 똑똑 자른 듯이 매우 분명한 모양.=또박또박. ¶일을 또깡또깡 야무지게 하다. 매사에 또깡또깡한 사람. 또깡또깡하다.

또라-지다 사람이 남을 대하는 데 거리낌이 없고 버릇이 없다. ¶그녀는 이 몸으로 어떻게 이사를 하느냐며 또라지게 딴청을 부렸다.

또랑또랑 말이나 행동 따위가 매우 똑똑하고 거리낌이 없이 분명한 모양.[←똘똘하다]. 〈여〉도랑도랑. ¶또랑또랑 이야기하다. 또랑또랑한 음성/ 정신. 말하는 것이 또랑또랑하다(똑똑하다).

또래 나이나 정도가 서로 비슷한 무리. ¶같은 또래끼리 어울리다. 또래모임, 또래집단(集團), 또래학습(學習); 같은또래(수준이나 나이 따위가 거의 비슷한 무리).

또르르 귀뚜라미가 우는 소리. 〈큰〉뚜르르.

또박¹ 언제나 틀림없이 꼭 그렇게.=또바기1160). ¶또박 존대해 말을 합니다. 만날 때마다 또바기 인사를 잘 한다. 또박또박1161)/하다.

또박² 발자국 소리를 또렷이 내며 점잔을 빼고 듬직이 걷는 모양. 〈큰〉뚜벅. ¶또박거리며 신랑이 입장하다. 뚜벅뚜벅 걷다. 또박 · 뚜벅거리다/대다.

또아리 갈퀫발의 다른 끝을 모아 휘감아 잡아맨 부분. ¶또아리가 풀어지면 갈퀴는 쓸모가 없게 된다. 또아리로 살 가린다(가린다고 가렸으되 요긴한 데는 덮지 못했다). §☞똬리(고리 모양의 받침)'는 별개의 뜻을 갖는 말이다.

똑¹ ①작은 물체나 물방울 따위가 가볍게 아래로 떨어지는 소리. 또는 그 모양. ¶눈물이 똑 떨어진다. ②작고 단단한 물체가 부러지거나 끊어지는 소리. 또는 그 모양. ¶바늘이 똑 부러지다. ③단단한 물체를 가볍게 한 번 두드리는 소리. ¶방문을 똑 두드리다. 똑딱 · 뚝딱1162). ④거침없이 따거나 떼는 모양. ¶감을 똑 땄다. 실을 똑 자르다. 〈큰〉뚝. 똑똑 · 뚝뚝 · 톡톡1163) · 툭툭.

똑² ①계속되던 것이 갑자기 그치는 모양. ¶소식이 뚝 끊어졌다. ②말이나 행동 따위를 단호하게 하는 모양. ③다 쓰고 없는 모양. ¶식량이 똑 떨어지다. 〈큰〉뚝.

똑³ ①조금도 틀림없이. 완벽하게 해내어. ¶쌍둥이는 모습이 똑 같다. 똑같다, 똑따다¹(꼭 맞아 떨어지게 알맞다), 똑떨어지다(맞아떨어지다. 빈틈없이 맞다), 똑똑이(똑똑한 아이), 똑똑하다(밝다. 또렷하다. 매우 영리하다), 똑똑히, 똑바로, 똑바르다(옳다. 곧다), 똑소리, 또순이(똑똑하여 일을 야무지게 처리하는 여자); 겉똑똑이, 과똑독이(過;지나치게 똑똑한 사람. 똑똑한 체 하는 사람), 윤똑똑이1164). [+바르다. 같다]. ②아주 비슷하게. ¶똑 닮았다. 똑따다²(찍어낸 것처럼 닮다). ③정확히. ¶올해로 똑 마흔이 되었다.

똑도기 살코기를 잘게 썰어 갖은 양념을 하여 볶은 뒤에 흰깨를 버무린 반찬.=똑도기자반.

똑딱 무엇을 쉽게 따 버리거나 해치우는 모양. 〈큰〉뚝딱. ¶숙제를 똑딱 해치우다.

똘기 채 익지 아니한 과실. ¶피란길에 배가 고파 똘기까지 따먹었다고 한다.

똘똘 새끼 돼지들이 지르는 소리.

똘똘-하다 똑똑하고 영리하다. 〈여〉돌돌하다. ¶어린아이가 꽤 똘똘하다. 똘똘이, 돌돌히 · 똘똘히, 똘박하다(또랑또랑하다).

똘랑 작은 물방울 따위가 떨어지는 소리. 또는 그 모양. 〈큰〉뚤렁1165). ¶낙수가 똘랑 떨어지다.

똘마니 ①불량배 무리에 딸린 '부하'의 낮은말.↔왕초. ②본데없이 막 자란 아이. ¶장바닥 똘마니. ☞ -마니

1159) 두꺼덕: 나막신과 같이 무겁고 굳은 신을 신고 느리게 내디디는 소리. 또는 그 모양. 〈준〉두꺽. 〈센〉뚜거덕. 뚜꺼덕/뚜꺽. ¶말이 널다리를 두꺼덕 밟고 가다.

1160) 또바기: 늘 한결같이 꼭 그렇게. ¶이자를 한 번도 거르지 않고 또바기 내고 있다.

1161) 또박또박: ①흐리터분하지 아니하고 똑똑히. ¶글씨를 또박또박 쓰다. ②차례를 거르지 아니하고 일일이.

1162) 똑딱: 단단한 물건을 가볍게 두드릴 때 나는 소리. 〈큰〉뚝딱. ¶똑딱 시계추 움직이는 소리. 똑딱 · 뚝딱거리다/대다, 똑딱똑딱, 똑딱단추, 똑딱망치, 똑딱선(船); 오지끈똑딱.

1163) 톡: ①작은 물건이 바닥에 떨어질 때 나는 소리. 또는 그 모양. ¶칼이 바닥에 톡 떨어졌다. ②단단하지 않은 긴 물건이 끊어지거나 부러지는 소리. 또는 그 모양. ¶연필이 톡 부러지다. ③단단하지 않은 물체를 한 번 가볍게 두드리는 소리. 또는 그 모양. ¶그릇을 톡 두드려보다. ④작은 것이 갑자기 가볍게 터지는 소리. 또는 그 모양. ¶물집이 톡 터지다. ⑤작고 탄력성 있는 것이 튀어 오르는 소리. 또는 그 모양. ¶물방울이 톡 튀다. ⑥자극을 주는 느낌. ¶입안을 톡 쏘는 맛. 〈큰〉툭. 똑딱 · 톡탁 · 툭탁/거리다/대다, 톨라당/톨랑 · 툴러덩/툴렁, 톡탁치다.

1164) 윤똑똑이: 자기만 혼자 잘나고 영악한 체하는 사람.

1165) 뚤렁: ①큰 물방울 따위가 떨어지는 소리나 모양. ¶물방울이 뚤렁 떨어진다. ②꽤 묵직한 물건이 바닥에 뚝 떨어지면서 울리는 소리나 모양. ¶알밤이 뚤렁 떨어진다. 〈거〉툴렁.

똘박-하다 단단하고 실하게 박혀 있다. ¶밤송이에 밤알이 똘박하게 박혀 있다.

똥 사람이나 동물이 먹은 음식물이 삭아서 몸 밖으로 나오는 찌끼. 찌꺼기 · 버캐. ¶똥을 누다. 똥간(間;변소), 똥감태기, 똥값(싼값. 똥금), 똥개, 똥거름, 똥고집, 똥구기, 똥구덩이, 똥구멍(밑), 똥끝, 똥내, 똥넉가래, 똥누다(뒤보다), 똥닦개, 똥덩이, 똥독, 똥독(毒), 똥되다(면목이나 체면이 형편없이 되다), 똥마렵다, 똥물, 똥바가지, 똥받기, 똥배(어울리지 않게 불룩하게 나온 배), 똥배짱(허투루 부리는 배짱), 똥싸개/질, 똥싸다(똥을 싸다. 일이 몹시 힘들다), 똥오줌, 똥요강[요관(尿罐)], 똥자루(굵고 긴 똥덩이), 똥장군(똥오줌을 나르는 오지나 나무로 만든 통), 똥재, 똥주머니, 똥줄[1166], 똥지게, 똥질/하다, 똥집, 똥차(車), 똥창(큰창자. 소의 창자 중 새창), 똥칠/하다(漆), 똥탈/나다, 똥털, 똥통/쟁이(桶), 똥파리, 똥포대기, 똥풍뎅이, 똥항아리; 강똥, 개똥, 고드름똥, 곱똥, 관똥(管;관의 안벽에 붙은 버캐), 누에똥, 닭똥, 된똥, 말똥, 먹똥(먹물이 말라붙은 검은 찌끼), 물똥, 물찌똥, 배내똥, 별똥[유성(流星)], 불똥, 산똥, 새똥, 생똥(生;산똥), 선똥, 쇠똥[1,2], 염소똥, 오줌똥, 이똥[치석(齒石)], 쥐똥, 지우개똥, 진똥, 초똥(抄농), 토끼똥, 파리똥, 푸른똥[녹변(綠便)], 피똥, 활개똥(힘차게 내깔기는 물똥). ☞ 분(糞).

똥기(다) 모르는 사실을 살며시 일러 주어 깨닫게 하다. 귀띔하다.=뙤다. 뙤치다[1][1167]. 〈큰〉뚱기다②. ¶몇 마디 똥기어 주니 알아차리다. 똥겨주다(귀띔해 주다. 깨달아 알도록 꼬투리나 암시를 주다), 퉁겨주다[1168].

똥똥 키가 작고 살이 쪄 몸이 옆으로 퍼진 모양. 물체의 한 부분이 붓거나 부풀어서 도드라져 있는 모양. 〈큰〉뚱뚱. 〈거〉통통. 〈큰 · 거〉퉁퉁. ¶똥똥한 사람. 똥기적, 똥기치다[1](몸 따위를 세차게 움직이다), 뚱깃[1169], 뚱뚱보/뚱보[1], 똥똥 · 뚱뚱이, 똥똥 · 뚱뚱 · 통통하다(↔날씬하다), 똥똥 · 뚱뚱히; 물뚱뚱이[하마(河馬)].

똬리 ①물건을 일 때에 머리 위에 얹어서 괴는 고리 모양의 물건. ¶똬리를 받치고 물동이를 이다. ②둥글게 빙빙 틀어 놓은 것. 또는 그런 모양. ¶뱀이 똬리를 틀고 앉아 있다. 똬리굴(窟), 똬리쇠(너트 밑에 받쳐 끼우는 얇은 쇠판 고리), 똬리제방(堤防), 똬리진/따바리진(陣), 똬리집(ㅁ자 꼴로 지은 집. 뙤새집['뙤새'는 '똬리'의 황해 사투리]; 또야머리(똬리처럼 트는 머리).

뙈기 ①작은 한 조각. 일정하게 구획을 지은 논밭의 구획. 또는 땅을 세는 단위. ¶가진 것이라곤, 밭 한 뙈기뿐이다. 귀뙈기(논밭의 아주 작은 구역), 논뙈기, 땅뙈기, 밭뙈기; 뙈기논, 뙈기밭. ②자리 · 요 · 이불 따위의 말에 붙여 쓰여, '하찮은 쪼가리'를 뜻하는 말. ¶요 뙈기라도 깔고 앉지.

뙤(다) ①그물코나 바느질한 자리의 올이 터지거나 끊어지다. ¶그물코가 뙤다. 양말코가 뙤다. ②도자기나 사기그릇 따위의 한 귀퉁이가 약간 깨져서 떨어지다. ¶바늘귀가 뙤다. 도자기의 주둥이가 뙤었다. 뙤치다(일부가 떨어져 나가게 하다).

뙤뙤 말을 더듬는 소리. ¶말을 뙤뙤 더듬다. 뙤뙤거리다/대다. 떼떼('말더듬이'를 조롱하여 이르는 말).

뙤약-볕 되게 내리쬐는 뜨거운 볕. 폭양(曝陽). ¶한여름에 내리쬐는 뙤약볕. 땡볕.

뚜 기적 · 고동 · 사이렌 따위가 울리는 소리.

뚜두두둑 ①소나기나 우박이 잇달아 세게 떨어지는 소리. ②나뭇가지 같은 것이 서서히 부러지는 소리. 〈준〉뚜두둑.

뚜껑 ①안에 빈 공간을 가진 그릇의 아가리를 덮어 막는 물건.=뚜께.≒덮개. 마개. ¶뚜껑을 열다. 뚜껑돌, 뚜껑밥(겉치레로 차린 음식), 뚜껑이불, 뚜께머리(층이 지게 깎은 머리), 뚜께버선(바닥은 해지고 등만 남은 버선); 가마뚜껑, 관뚜껑(棺), 꽃뚜껑[화개(花蓋)], 바리뚜껑, 병뚜껑(瓶), 솥뚜껑, 책뚜껑(冊;표지), 한림뚜에(翰林;가마뚜껑의 한 가지). ②어떤 일의 내막이나 비밀을 막은 것. ¶인사는 비밀 문제라 뚜껑을 열어 보아야 한다.

뚜벅 갑자기 말 따위를 꺼내는 모양. ¶이야기를 뚜벅 꺼내다.

뚜벙 난데없이 불쑥. 갑자기.

뚜-쟁이 남녀의 야합(野合)을 주선하는 사람. 〈준〉뚜.

뚜적 뒤집어 파거나 쑤시는 모양.[←뚜지다(땅을 파서 뒤집다)]. ¶멧돼지가 고구마밭을 뚜적뚜적 쑤셔놓다. 뚜적거리다/대다, 뚜지개/농사(農事;얼마 안 되는 농사).

뚝 ①거리가 멀리 떨어져 있는 모양. ¶도시에서 뚝 떨어진 산골에서 산다. ②어떤 수준에서 갑자기 두드러지게 떨어지는 모양. ¶성적이 뚝 떨어졌다.

뚝뚝-하다 나긋나긋하지 아니하고 거세고 단단하다. 성품이 부드러운 맛이 없이 굳기만 하다. 바탕이 거세고 단단하다.≒굳다. 〈준〉뚝하다. ¶억양이 너무 뚝뚝하다. 산골 사람이라 그런지 뚝뚝하다. 옷감이 뚝뚝하다. 뚝기(굳게 버티어내는 기운), 뚝머슴(뚝뚝하고 융통성 없는 머슴), 뚝바우(무뚝뚝하고 융통성이 없는 사람), 뚝박새(뚝바우), 뚝심[1170], 뚝쟁이(성격이 무뚝뚝한 사람); 무뚝뚝하다[1171].

뚝배기 찌개 · 지짐이 따위를 끓이거나 설렁탕을 담을 때 쓰는 오지 그릇. ¶뚝배기에 된장찌개를 끓이다. 뚝배기보다 장맛이 좋다. 뚝배기춤(춤사위가 부드럽지 못하고 뻣뻣한 춤), 알뚝배기(작은 뚝배기), 질뚝배기.

1166) 똥줄: 급히 내깔기는 똥의 줄기. ¶똥줄이 빠지다(몹시 혼이 날 만큼 힘들다. 몹시 혼이 나서 정신없이 서둘다).

1167) 뙤치다[1]: 일깨워주거나 똥겨주다. ¶잘못 읽는 글을 뙤치다.

1168) 퉁겨주다: 남이 모르는 것이나 비밀을 몰래 알려 주다. ¶이웃에게 내막을 퉁겨주다. 기름 값이 오를 거라고 친구에게 퉁겨주다.

1169) 뚱깃: ①둔한 몸집으로 기우뚱거리며 걷는 모양. ¶곰이 뚱깃 걷다. 뚱깃거리다/대다. 뚱깃걸음. ②물체가 둔하게 움직이는 모양. ¶로봇이 뚱깃 움직이다.

1170) 뚝심: ①굳세게 버티어 내는 힘. ¶뚝심으로 이기다. ②좀 미련하게 불쑥 내는 힘.

1171) 무뚝뚝하다: 말이나 짓이 상냥스럽지 못하고 아기자기한 맛이 없다. ¶무뚝뚝한 말투.

뚝별-나다 걸핏하면 불뚝불뚝 화를 잘 내는 별난 성질이 있다. ¶그는 성질이 워낙 뚝별나서 농담조차 걸기 어렵다. 뚝별난 성질. 뚝별스럽다/스레, 뚝별씨(뚝별난 성질. 또는 그런 사람).

뚫(다) 구멍을 내다. 장애나 난관 따위를 통하게 하다.↔막다. ¶하수도를 뚫다. 치열한 경쟁률을 뚫고 합격하였다. 그녀는 나를 뚫어지게 쳐다보고 있다. 뚫레(양쪽으로 구멍이 난 굴. 동굴), 뚫리다(↔터지다), 뚫린골(↔막다른 골), 뚫어뜨리다/트리다/새기다/지다, 뚫어맞히다; 꿰뚫다[1172]/뚫리다, 내뚫다(이쪽에서 저쪽까지 통하게 뚫다)/뚫리다, 대뚫이(담뱃대를 뚫는 물건), 맞뚫다, 맞뚫레(터널), 빗뚫다, 치뚫다; 쇠코뚜레/코뚜레 들.

뚬벙뚬벙 무엇을 조금 굵직굵직하게 자르는 모양. ¶묵을 뚬벙뚬벙 썰어 양푼에다 담은 뒤에 갖가지 양념을 넣어 무쳤다.

뚱기(다) ①악기의 줄 따위를 탄력성 있게 튀기어 진동하게 하다. ≒뜯다. 〈거〉퉁기다④·퉁기다. ¶거문고를 뚱기다. ②슬쩍 귀띔해 주다. ¶뚱기치다[2](깨닫지 못한 사람에게 눈치 채게 깨우쳐 주다). 〈작〉똥기다.

뚱딴지[1] 우둔하고 완고하여 무뚝뚝한 사람. 행동이나 사고가 엉뚱한 사람. ¶뚱딴지같이 제 자식을 보고도 말이 없다. 뚱딴지같은 소리를 하는군. 뚱딴지같다(행동이나 사고방식 따위가 너무나 엉뚱하다), 뚱딴짓소리(엉뚱한 소리).

뚱딴지[2] 국화과의 여러해살이풀. =돼지감자.

뚱딴지[3] 전봇대에 달아 전깃줄을 지탱하고 절연체로 쓰는 사기로 만든 기구. 애자(碍子).

뚱-하다 ①말수가 적고 묵직하여 붙임성이 없다. ¶사람이 뚱해서 남고 잘 어울리지 못한다. 뚱보[2](심술 난 것처럼 뚱해서 붙임성이 적은 사람). ②못마땅하여 시무룩하다. ¶꾸중을 들었는지 뚱한 얼굴을 하고 있다.

뛰 기적(汽笛)이 울리는 소리. ¶뛰뛰빵빵.

뛰(다) 빨리 내닫다. 힘껏 달리다. 대단한 기세를 나타내다. 값이 갑자기 오르다. 순서 따위를 거르거나 넘기다. 몹시 화를 내거나 강하게 부인하다. ¶힘껏 뛰었더니 심장이 힘차게 뛴다. 펄쩍 뛰다. 널을/ 그네를 뛰다. 뛰기[1173], 뛰놀다, 뛰는사위(춤사위), 뛰어가기, 뛰어가다. 뛰어나가다/나오다, 뛰어나다[1174], 뛰어내리다, 뛰어넘다, 뛰어놀다, 뛰어다니다, 뛰어들기, 뛰어들다(덤비다), 뛰어오다(달려오다), 뛰어오르다, 뛰엄젓(개구리로 담근 젓), 뛰쳐나가다/나오다(힘 있게 밖으로 뛰어나오다), 뛰치다[뛰쳐나가다/나오다], 뜀[1175], 뜀들다[1176]; 감뛰다[1177], 건너뛰다(맞은편까지 뛰다. 거르다. 걸러뛰다), 걸러뛰다(차례를 걸러서 건너뛰다), 날뛰다, 내뛰다, 내리뛰다, 냅뛰다(몹시 빠르고 잰 동작으로 뛰다), 널뛰다/뛰기, 놀뛰다(맥박 따위가 뛰다), 도두뛰다(힘껏 높이 뛰다), 들뛰다(들입다 뛰다), 들고뛰다, 들이뛰다(급하게 몹시 뛰다. 밖에서 안쪽으로 뛰다), 뱝뛰다(깡충깡충 뛰다), 뱝뛰어가다(깡충깡충 뛰어가다), 빗뛰다, 소습뛰다(솟구쳐 뛰다), 치뛰다. ☞ 약(躍).

-뜨기 몇몇 명사 뒤에 붙어 '지역적 특성을 가진 사람이나 행위 또는 상태를 얕잡음'의 뜻을 더하는 말. §일정한 거처가 없이 떠돌아다니는 사람을 의미하는 '뜨내기[←뜨[浮]+-내기]'와 동일어. ¶모들뜨기, 사팔뜨기, 산골뜨기(山), 서울뜨기, 시골뜨기, 얼뜨기, 지천뜨기, 천뜨기(賤), 촌뜨기(村), 칠뜨기(七)들.

뜨(다)[1] ①가라앉거나 내려앉지 아니하고 물 위나 공중에 있다. 솟아오르다.(↔가라앉다). '일정하지 아니한. 헛되거나 덧없는'의 뜻을 더하는 말. ¶배가/ 풍선이 뜨다. 비행기가 높이 떠서 빠르게 날아간다. 해가 지고 달이 뜨다. 떠가다(하늘이나 물 위를 떠서 가다), 떠-나가다(주위가 떠서 나갈 듯이 소리가 크고 요란하다), 떠내려가다, 떠놀다(떠다니며 노닐다), 떠다니다(날다. 떠돌다), 떠대다[1178], 떠돌다[1][1179], 떠받다[1](머리나 뿔로 세게 밀어 부딪치다), 떠엎다, 떠오다, 떠오르다/올리다, 떠이다[1](높이 쳐들어 이다), 떠흐르다, 뜨게부부(夫婦;뜨내기끼리 우연히 만나 함께 사는 부부), 뜨내기[1180], 뜨물(곡식을 씻어낸 물)[뜨물국, 뜨물통; 겉뜨물, 속뜨물, 쌀뜨물], 뜬것[1181], 뜬계집, 뜬공, 뜬광대, 뜬구름(떠다니는 구름. 덧없는 세상일), 뜬귀신(鬼神;뜬것), 뜬금[1182], 뜬금없다[1183], 뜬김(서려 오르는 김)/에, 뜬다리[부교(浮橋)], 뜬돈(어쩌다가 우연히 생긴 돈), 뜬마음, 뜬말(뜬소문), 뜬머슴, 뜬벌이[1184], 뜬뿌리[부근(浮根)], 뜬색시, 뜬생각, 뜬세상(世上;덧없는 세상), 뜬소리, 뜬소문(所聞;뜬소리), 뜬얼음, 뜬용(龍), 뜬자망(刺網), 뜬재물(財物)[1185], 뜬저울[부칭(浮秤)], 뜬주낙, 뜬창방(동자

1172) 꿰뚫다: ①꿰어서 뚫다. ¶표적을 꿰뚫다. ②일을 속속들이 잘 알다. ¶남의 마음을 환히 꿰뚫어 보다. 그 사람은 우리의 일을 꿰뚫고 있다.

1173) 뛰기: 가위뛰기, 거푸뛰기, 곧추뛰기, 공중뛰기, 그네뛰기, 널뛰기, 높이뛰기, 뜀뛰기, 멀리뛰기, 비껴뛰기, 삼단뛰기, 세단뛰기, 세발뛰기, 세번뛰기, 외발뛰기, 장대높이뛰기, 제자리멀리뛰기.

1174) 뛰어나다: 남보다 월등히 훌륭하거나 앞서 있다.≒낫다. 대단하다. 훌륭하다. 탁월하다. ¶뛰어난 머리/ 솜씨. 경치가 뛰어나다.

1175) 뜀: 뜀걸음, 뜀대(臺), 뜀뛰기, 뜀뛰다, 뜀바위(험한 산길에서, 틈이 갈라져 있어 뛰어넘어야 하는 바위), 뜀박질/뜀질/하다, 뜀줄, 뜀틀[뜀틀넘기, 뜀틀운동(運動)]; 개구리뜀, 모두뜀(두 발을 한데 모으고 뛰는 뜀), 살판뜀, 숭어뜀(광대가 땅에 손을 짚고 연거푸 거꾸로 뛰어넘는 재주), 토끼뜀.

1176) 뜀들다: 성난 얼굴로 서로 덤벼들어 말다툼하다. ¶너는 어째서 그 아이와 만나기만 하면 뜀들고 그러니? 그렇게들 뜀들지 말고 서로 화해해라.

1177) 감뛰다: 둘레나 언저리를 빙빙 돌며 뛰다.

1178) 떠대다: 어떤 사실의 물음에 대하여 거짓으로 꾸미어 대답하다. ¶허풍이 심한 사람이 떠대는 말을 곧이들을 수 없었다. 그럴 듯이 떠대어도 속지 않는다.

1179) 떠돌다: ①물위나 공중에 떠서 이리저리 움직이다. 떠다니다. ¶하늘에 떠도는 구름. ②떠돌아다니다[1](떠서 돌아다니다). ③분위기나 표정에 어떤 기미가 나타나다. ¶얼굴에 화색이 떠돌다. ④소문 따위가 근거도 없이 여러 사람의 입에 오르내리다. ¶소문이 떠돌다.

1180) 뜨내기: 일정한 거처가 없이 떠돌아다니는 사람. 어쩌다 간혹 있는 일. ¶뜨내기꾼, 뜨내기살림, 뜨내기손님, 뜨내기장사, 뜨내기장수, 뜨내기표(票;浮動票).

1181) 뜬것: ①떠돌아다닌다고 믿는 못된 귀신. ②우연히 관계를 맺게 된 사물.

1182) 뜬금: 일정하지 않고 시세에 따라 달라지는 값.

1183) 뜬금없다: 갑작스럽고도 엉뚱하다. ¶뜬금없는 소리. 뜬금없이 무슨 소리요.

1184) 뜬벌이: 고정된 일자리가 아닌 어쩌다 생긴 일자리에서 닥치는 대로 일을 하고 돈 따위를 버는 일. ¶뜬벌이하다.

1185) 뜬재물(財物): ①수고를 들임이 없이 뜻하지 않게 얻은 재물. ②빌려주

기둥이나 마룻대공에 끼워 얹힌 창방), 뜬판수(무식한 사람), 뜰낚(띄움낚시), 뜰성(性:뜰 수 있는 능력), 뜰힘[부력(浮力)], 뜸통(桶:부력을 크게 해주는 통), 띄우다[1], 띄움낚시, 띄움닻, 띄움저울, 띄움표(標); 걸뜨다[1186], 곧추뜨다(곧게 뜨다), 공뜨다(空:남다. 떠돌다. 들뜨다), 나뜨다[1187], 달뜨다[1188]·들뜨다/뜨이다, 도두뜨다(한껏 높이 뜨다), 도뜨다(말이나 하는 짓의 수준이 높다), 동뜨다[1](보통보다 훨씬 뛰어나다), 땅띔[1189], 물수제비뜨다[1190], 좌뜨다[1191], 줄띄기, 줄띄우다, 혼뜨다[1192]/띄다(魂), 흘리띄우다(흐르는 물에 흘리어 띄우다). ☞ 부(浮). ②착 달라붙지 아니하여 틈이 생기다. 공간적으로 사이가 벌어지다.(↔붙다). 시간적으로 공간이 오래다. ¶습기가 차서 장판이 뜨다(궁글다). 한참 뜬 뒤에야 입을 열었다. 한 칸을 띄우다/띄다. 우리 집과는 사이가 뜨다. 떠들다[1193]/들리다, 떠둥그뜨리다[1194]/트리다, 떠들썩하다[2][1195], 떠들추다(비밀을 드러내다), 떠지다[1][1196], 뜨광하다[1197], 뜨막하다[1198], 뜨음하다[1199], 뜬도배, 뜬불(너무 세지 않으면서 오래가는 불), 뜸[1][1200], 띄엄띄엄[1201], 띄우다[2]/띄다, 띄어쓰기, 뜨적뜨적[1202]; 동안뜨다/동뜨다[2](동안이 뜨다), 뒤뜨다[1203], 들뜨다(틈이 벌어지며 일어나다), 들뜬상태(狀態), 열뜨다(마음이 안정되지 못하여 우왕좌왕하다). ③인기를 얻거나 유명해지다.

뜨(다)[2] ①물기 있는 물체가 제 훈김으로 부패 또는 발효하다. ¶풀이 뜨다. 메주가 잘 뜨다. 뜬내, 뜬뽕, 뜬풀, 뜸[2][1204], 띄우기[발효(醱酵)]; 설뜨다[1205]. ②병 따위로 얼굴빛이 누르고 살갗이 부은 것처럼 되다.≒붓다. ¶병으로 얼굴이 누렇게 뜨다.

뜨(다)[3] ①자리를 비우다. ¶근무 시간에 자리를 뜨지 말라. ②다른 곳으로 가기 위하여 있던 곳을 떠나다. ¶고향을 뜨다. 범인이 서울을 뜬 뒤였다. 떠나다, 떠돌다[2], 떠돌아다니다[2][1206], 떠돌뱅이, 떠돌이(떠돌아다니는 사람), 떠돌이별(↔붙박이별), 떠돌이새(철새), 떠돌이장사, 떠들어오다(떠돌다가 들어오다). ③죽다.≒떠나다. ¶세상을 뜨다.

뜨(다)[4] ①전체에서 일정한 크기의 조각으로 떼어내다. ¶뗏장을 뜨다. 떠내다[1]; 광뜨다[1207]. ②물건을 많은 양에서 일정한 양으로 담아서 들다.≒푸다. ¶바가지로 물을 뜨다. 국솥에서 국자로 국을 뜨다. 간장을 뜨다. 떠내다[2], 떠놓다. ③수저 따위로 먹는 음식을 퍼내어 조금 먹다. ¶삽으로 흙을 뜨다. 밥을 한 술 뜨다. 떠먹다(떠서 먹다)/먹이다. ④피륙에서 필요로 하는 만큼 끊어서 사오다. ¶양복감을 뜨다. ⑤짐승의 고기를 일정한 크기로 갈라놓거나 얇게 저미다. ¶돼지의 각을 뜨다. 생선의 포를 뜨다. 각뜨다(脚). ⑥종이나 김을 틀에 펴서 낱장으로 만들어 내다. ¶한지(韓紙)를 뜨다. ⑦물 위나 물속에 있는 것을 걷어 내거나 건져 내다. ¶반두로 새우를 뜨다. 뜰채.

뜨(다)[5] ①감았던 눈을 벌리다.↔감다. ¶졸린 눈을 겨우 뜨다. 눈에 띄는 빛깔. 떠지다[2](눈을 뜨게 되다), 뜨이다[3]/띄다, 뜬눈, 뜬소경(눈뜬장님), 뜬잠(밤에 자다가 눈이 떠져서 설친 잠), 띠어보다[1208]; 가라뜨다[1209], 거들뜨다[1210], 곧추뜨다(눈을 부릅뜨다), 깔뜨다(눈을 아래쪽으로 내리뜨다), 내리뜨다(눈길을 아래로 하여 뜨다), 눈뜨다, 눈뜬장님, 모들뜨다[1211], 부릅뜨다, 빗뜨다(눈을 옆으로 흘겨 뜨다), 어섯눈뜨다[1212], 엇뜨다[1213], 지릅뜨다[1214], 짓부릅뜨다, 치뜨다(↔내리뜨다), 홉뜨다[1215]. ②귀청에

었거나 맡겨놓았다가, 받지 못하게 된 재물.

1186) 걸뜨다: 물 위에 뜨지 아니하고 중간에 뜨다. ¶찌가 가라앉지도 않고 걸뜨다.

1187) 나뜨다: ①물 위나 공중에 뜨다. ¶호수 위에 배 한 척이 나떠 있다. ②나타나거나 나와서 다니다. ¶승의 눈에 익은 농촌의 참담한 모습이 나뜬다. ③빗나가 공중에 뜨다.

1188) 달뜨다: 마음이 가라앉지 아니하고 들썽거리다. 〈큰〉들뜨다. ¶달떠서 실수를 연방하다.

1189) 땅띔: ①무거운 것을 들어 땅에서 뜨게 하는 일. ¶땅띔도 못하다(무거운 것을 조금도 들어 올리지 못하다. 조금도 알아 내지 못하다. 생각조차 못 하다).

1190) 물수제비뜨다: 둥글고 얄팍한 돌 따위를 물 위로 담방담방 튀기어 가게 던지다.

1191) 좌뜨다: 생각이 남보다 뛰어나다. ¶그는 가끔 좌뜨고 기발한 말을 한다.

1192) 혼뜨다(魂): 몹시 놀라거나 무서워 혼이 떠서 나갈 지경에 이르다.

1193) 떠-들다: 덮인 것이나 가린 것을 조금 걷어 쳐들다. ¶거적을 떠들다.[←뜨(다)+어+들다].

1194) 떠둥그뜨리다: 떠들고 밀어 엎어지게 하거나 쓰러뜨리다. 〈준〉떠둥그리다.

1195) 떠들썩하다[2]: 잘 덮이거나 가려지지 아니하여 밑이 조금 떠들리어 있다. 〈작〉따들싹하다. ¶장판 위의 귀퉁이가 떠들썩하다.

1196) 떠지다[1]: ①사이가 뜸해지다. ¶몸이 멀리 떨어져 있으니 마음도 따라서 떠지는 느낌이다. ②속도가 더디어지다. ¶기차 속도가 떠지는 것을 보니, 역에 곧 도착하겠다.

1197) 뜨광하다: 마음이 선뜻 내키지 않고 싫어서 꺼리는 생각이 있다. 뜨악하다.

1198) 뜨막하다: 사람들의 왕래나 소식 따위가 자주 있지 않다. 오랫동안 뜨음하다. ¶전에는 버스가 자주 다녔는데 요즘은 뜨막하다.

1199) 뜨음하다: 자주 있던 왕래나 소식 따위가 한 동안 머츰하다. 〈준〉뜸하다. ¶한동안 손님이 뜸하다. 소식이 뜨음하다. 눈발이 뜨음하다. 아침뜸(아침 무렵 해안 지방에서 육지 바람과 바닷바람이 교체될 때 잠시 바람이 자는 현상), 저녁뜸.

1200) 뜸[1]: 아침뜸, 저녁뜸(저녁 무렵 바람이 한 동안 자는 현상).

1201) 띄엄띄엄: ①거듭되는 일이나 물건들의 사이가 좁지 않고 벌어져 있는 모양.=드문드문. ¶나무가 띄엄띄엄 서 있다. ②말이나 행동이 잇달지 않고 자주 끊어지고 느린 모양. ¶띄엄띄엄 말을 하다/읽다.

1202) 뜨적뜨적: 말이나 행동이 매우 느린 모양.

1203) 뒤뜨다: ①뒤틀려서 들뜨다. ¶문살이 뒤뜨다. ②뒤받아서 대들다. ¶어른의 말에 함부로 뒤뜨는 법이 아니다.

1204) 뜸[2]: 발효(醱酵). ¶뜸밑(효모균), 뜸씨[효소(酵素)], 뜸팡이(효모균).

1205) 설뜨다: 균이 제대로 작용하지 못하여 덜 뜨다. ¶설뜬 누룩. 설뜬 메주를 써서 장맛이 없다.

1206) 떠돌아다니다[2]: 정처 없이 방황하며 다니다. 떠돌다. 역마살에 끼여 떠돌아다니기를 좋아하는 팔자다.

1207) 광뜨다: 연(鳶)의 중앙의 방구멍(연의 한복판에 뚫린 둥근 구멍)을 도려내다.

1208) 띠어보다: 눈에 슬쩍 뜨이는 잠깐 동안 여겨보다.

1209) 가라뜨다: 눈을 아래로 향하여 보다. ¶김 사장은 거만한 표정으로 가라뜨고 그를 내려다보았다.

1210) 거들뜨다: 내리떴던 눈을 치뜨다.≒부릅뜨다. ¶거들떠도 안 본다. 거들떠보다(눈을 치떠 아는 체하거나 관심 있게 보다).

1211) 모들뜨다: 두 눈동자를 안쪽으로 몰아 뜨다. ¶모들뜨기(두 눈동자가 안쪽으로 치우친 사람).

1212) 어섯눈뜨다: 사물의 대강을 이해하게 되다. ¶학문에 대해 겨우 어섯눈 뜨게 되다.

1213) 엇뜨다: 눈동자를 한쪽으로 몰아 빗보다.

1214) 지릅뜨다: 고개를 숙이고 눈을 치올려서 뜨다. ¶뒷전에서 조용하던 그가 눈을 지릅뜨며 뼛성 있게 말했다.

1215) 홉뜨다: 눈알을 굴리어 눈시울을 치뜨다. ¶눈을 홉뜨고 어른을 쳐다보는 것은 예의에 어긋나는 행동이다. 만경하다시피 한 홉뜬 눈으로 적

소리가 처음으로 울리다. ¶귀가 번쩍 뜨이는 이야기. 귀띔(미리 슬그머니 일깨워줌)[귀띔질, 귀띔질하다]; 뒤띔(뒤에서 남몰래 귀띔하는 짓).

뜨(다)[6] ①실 따위를 얽거나 짜서 무엇을 만들다. 바느질을 하다. ¶털실로 장갑을 뜨다. 올이 풀린 곳을 뜨다. 뜨개[1216], 뜨이다, 뜨임새[1217], 뜸³[1218]; 사뜨다[1219], 실뜨기, 코바늘뜨다. ②먹실로 살갗을 꿰어 일정한 무늬를 그려 넣다. ¶문신을 뜨다. 먹물뜨기(먹물로 살 속에 글씨 · 그림을 새겨 넣음).

뜨(다)[7] ①무거운 물건을 위로 쳐들어 올리다. ¶지렛대로 바위를 뜨다. 떠괴다(밑을 떠받쳐서 괴다), 떠넘기다, 떠들치다(위로 들어올리다), 떠맡다[1220]/맡기다, 떠메다(쳐들어서 어깨에 메다), 떠받다²(밑에서 받치다), 떠받들다[1221]/받들리다, 떠받치다, 떠벌이다(일을 크게 벌이거나 차리다), 떠보다¹(저울로 물건을 달아보다), 떠싣다(들어서 싣다. 억지로 맡기다)/실리다, 떠안다/안기다, 떠옮기다. ②씨름에서 상대를 번쩍 쳐들다. 소가 뿔로 세게 들이받거나 밀치다. ¶소가 사람을 뜨다. 떠다밀다/떠밀다[1222], 떠다박지르다(마구 떠다밀어 넘어뜨리다)/박질리다, 떠받다, 뜸베질[1223].

뜨(다)[8] 흉내 내어 그와 똑같게 하다. 도면 · 지형(紙型) · 연판을 만들다. ¶옷의 본을 뜨다. 지형을 뜨다. 모뜨다(남이 하는 짓을 그대로 흉내 내어 하다), 본뜨다(本).

뜨(다)[9] 상대의 마음을 알아보려고 어떤 말이나 행동을 넌지시 걸어 보다. ¶본질이 무엇인지 슬쩍 떠 보시오. 떠보다²[1224], 뜨께질[1225].

뜨(다)[10] 한방에서 약쑥 따위를 뜸자리에 놓고 불을 붙여 태우다. ¶뜸을 뜨다. 뜸⁴[1226], 뜸뜨다.

뜨(다)[11] ①행동이나 발육 상태가 느리고 더디다. 언행 또는 감수성이 둔하거나 말수가 적다. ¶동작이 뜨다. 원래 말이 뜬 사람이다. 뜨적뜨적[1227], 뜬발(더디게 옮기는 발걸음); 굼뜨다(동작이 몹시 느리다), 되뜨다[1228], 메뜨다[1229], 얼뜨기, 얼뜨다(다부지지 못하고 겁이 많아 어리석어 보이다). 어정뜨다(할 일을 건성으로 하는 태도가 있다). ②날이 무디다. ¶작두가 떠서 잘리지 않는다. ③쇠붙이가 불에 달구어지는 성질이 둔하다. 뜨임[1230]. ④비탈진 정도가 둔하다. ¶물매가 뜨다.

-뜨리/트리(다) 일부 동사의 '어간+-아/-어' 형에 결합하거나 어간에 직접 붙어 '강세(强勢)'의 뜻을 더하는 말.=-치-. ¶가무, 가꾸러 · 거꾸러, 고부라 · 구부러, 기울어, 깨, 꺼, 꿰, 끊어, 끼, 내, 내려, 널브러, 넘어, 늘어, 다닥, 닥, 들어, 들이, 떠둥그, 떨, 떨어, 뚫어, 망가, 맞, 무너, 뭉그러 · 뭉크러, 미어, 밀, 밀어, 바그라 · 버그러, 바스러 · 부스러, 부닥, 부딪, 부러, 비뚤어, 빠, 사그라, 소스라, 실그러 · 씰그러, 쏟, 쓰러, 어지러, 엉클어, 오그라 · 우그러, 오므라 · 우무러, 움츠러, 으그러, 으스러, 이지러, 자빠, 자지러 · 지지러, 잔지러, 잦 · 젖, 조브라, 짜그라 · 찌그러, 짜브라 · 찌부러, 쪼그라 · 쭈그러, 찢, 터, 퍼, 합(合), 해, 허물어, 헝클어, 흐트러뜨리다/트리다, 흩뜨리다/트리다 들.

뜨악-하다 ①마음에 선뜻 끌리지 않다. 썩 미덥지 못하다. ¶뜨악한 기분. 생각했던 것보다 어리기 때문인지 뜨악해 하는 눈치다. ②마음이나 분위기가 서먹하다. 또는 사귀는 사이가 서먹하다. ¶뜨악한 목소리로 중얼거리다. 뜨악한 사이.

뜯(다) 전체에서 일부분을 억지로 조각조각 떼어내다. 붙거나 닫힌 것을 떼거나 찢다. 벌레 따위가 피를 빨아 먹다. 남의 재물을 졸라서 얻거나 억지로 빼앗다. 현악기의 줄을 퉁겨서 소리를 내다. ¶소가 풀을 뜯다. 쑥을 뜯다. 편지 봉투를 뜯다. 모기가 뜯다. 불량배들이 남의 돈을 뜯어내다. 가야금을 뜯다. 뜯게[1231], 뜯기다¹,²[1232], 뜨더국(수제비), 뜨더귀[1233], 뜯어가다, 뜯어고치다(근본적으로 새롭게 고치다. 개혁하다), 뜯어내다(떼다), 뜯어놓다, 뜯어말리다, 뜯어맞추다, 뜯어맡다(책임 따위를 나누어 맡다)/맡기다, 뜯어먹다[1234], 뜯어벌이다[1235], 뜯어보다(봉한 것을

병들을 바라보았다.

1216) 뜨개: 뜨개감, 뜨갯거리, 뜨갯것, 뜨개뜨기, 뜨개모자(帽子), 뜨개바지, 뜨개수(繡), 뜨개실, 뜨개옷, 뜨개저고리, 뜨개질/하다, 뜨개질바늘/뜨개바늘, 뜨개천, 뜨개코, 뜨개틀; 기계뜨개(機械), 손뜨개.

1217) 뜨임새: 옷 따위를 한 땀 한 땀 바느질한 모양새. ¶이 목도리는 뜨임새가 너무 성기다.

1218) 뜸³: 짚 · 띠 · 부들 따위의 풀로 거적처럼 엮어 만든 물건. 비 · 바람 · 볕을 막는 데 쓰임. 초둔(草芚). ¶뜸가게, 뜸깃(뜸을 엮는 데 쓰이는 재료), 뜸뒤주(통-가리), 뜸막(幕), 뜸새끼(길마와 걸채를 얼러 매는 줄), 뜸손(뜸을 엮는 줄), 뜸지붕, 뜸집(뜸으로 지붕을 인 작은 집), 뜸집배.

1219) 사뜨다: 단춧구멍 · 수눅(꿰맨 솔기) 따위의 가장자리를 실로 감치다.

1220) 떠맡다: 남이 할 일을 온통 자기가 맡다.=떠메다. ¶공연히 일을 떠맡아 고생만 하는구나.

1221) 떠받들다: ①밑을 받치어 쳐들다. ¶주춧돌이 기둥을 떠받들다. ②공경하여 섬기거나 잘 위하다. ¶스승으로 떠받들다.

1222) 떠밀다: 힘을 주어 밀어내거나, 어떤 일이나 책임을 남에게 넘기다.=떠다밀다. '떼밀다'의 본말. ¶큰 바위를 떼밀어 굴리다.

1223) 뜸베질: 소가 뿔로 물건을 마구 들이받는 짓. ¶그 황소는 한참 뜸베질을 하다가 영각 소리를 내었다.

1224) 떠보다²: 사람의 능력이나 지식의 정도를 알아보다. 남의 속마음을 넌지시 알아보다.

1225) 뜨께질: 남의 마음속을 떠보는 짓.

1226) 뜸⁴: 병을 고치기 위하여, 약쑥을 비벼서 자질구레 빚어 살 위의 혈(穴)에 놓고 불을 붙이어 살을 뜨는 일. 구(灸). ¶뜸을 뜨다. 뜸단지(부황단지), 뜸뜨다, 뜸쑥, 뜸자리(뜸을 떠서 생긴 흉터), 뜸장(뜸보;약쑥을 비벼 만든 것), 뜸쟁이, 뜸점(點;灸點), 뜸질/하다, 뜸침(鍼), 뜸뜨다, 뜸통/뜸(桶); 부레뜸(연줄에 부레를 끓인 물을 올리는 일), 살뜸, 소금뜸, 쇠뿔뜸, 쑥뜸. ☞ 구(灸).

1227) 뜨적뜨적: 말이나 동작이 매우 느리고 굼뜬 모양.=뜨직뜨직. ¶뜨적뜨적 대답하다.

1228) 되뜨다: 이치에 어긋나다. ¶되뜬 소리 좀 그만 하게.

1229) 메뜨다: 동작이 밉살스럽도록 느리고 둔하다.

1230) 뜨임: 담금질한 강철을 알맞은 온도로 다시 가열하였다가 공기 중에서 식혀 조직을 무르게 하여 내부 응력을 없애는 조작. ¶뜨임색(色;뜨임할 때 온도에 따라 나타나는 빛깔), 뜨임하다.

1231) 뜯게: 해지고 낡아서 입지 못하게 된 옷. ¶뜯게옷, 뜯게질/하다, 뜯겡이(뜯게질하여 놓은 천이나 그것으로 지은 헌 옷).

1232) 뜯기다¹: ①뜯음을 당하다. ¶싸움을 말리다가 단추가 뜯기다. ②물것에게 물리다. ¶밤새도록 모기에게 뜯기다. ③노름을 해서 돈을 잃다. 뜯기다²: ①뜯게 하다. ②소나 염소 따위에게 풀을 뜯어먹게 하다. ③작은 돈이나 약간의 물건을 뺏기다. ¶점심값을 뺏기다.

1233) 뜨더귀: 조각조각 뜯어내거나 갈가리 찢는 짓. 또는 그 물건.[←뜯(다)+어귀]. ¶뜨더귀판, 뜨더귀하다.

1234) 뜯어먹다: ①붙어 있는 것을 떼어서 먹다. ¶갈비를 뜯어먹다. 소가 풀

뜯어서 보다. 자세히 살펴보다), 뜨덤뜨덤[1236], 뜯어읽다, 뜯이[1237], 뜯적[1238]; 검뜯다(거머잡고 쥐어뜯듯이 바득바득 조르다), 물어뜯다/무뜯다, 실뜯개(실을 뜯어내는 기구), 알뜯기[소란(掃卵)], 잡아뜯다(여지없이 뜯다), 쥐어뜯다(단단히 쥐고 뜯어내다), 짓뜯다, 티뜯다(흠절을 찾아내서 시비하다. 붙은 티를 뜯어버리다), 헐뜯다, 흠뜯다(欠;남의 흠을 꼬집어 말하다) 들.

뜰¹ 집 안의 앞뒤, 혹은 좌우로 가까이 딸리어 있는 닦이지 않은 평평한 땅.=뜨락.≒마당. ¶뜰에 꽃을 심다. 뜰모리, 뜨락, 뜰못[내지(內池)], 뜰밟기, 뜰밟이, 뜰아래[뜰아래채, 뜰아랫방(房)], 뜰층계(層階), 뜰팡[1239]; 가운뎃뜰, 구정뜰(九鼎;임금이 계신 대궐의 뜰), 난간뜰(欄干), 대뜰[1240], 뒤뜰, 바깥뜰, 안뜰, 앞뜰, 오래뜰(대문 앞에 있는 뜰[門庭]). ☞ 정(庭).

ㄷ

뜰² 거문고를 연주할 때에, 술대로 줄을 안쪽으로 떠내는 기법.

뜸¹,²,³,⁴ ☞ 뜨다.

뜸⁵ 열을 흠씬 가하여 찌거나 익힌 것을 얼마 동안 그대로 두어 속속들이 익히는 일. ¶뜸이 덜든 밥. 뜸을 오래 들이다. 뜸들다/들이다, 뜸들이기(분위기 조성); 지레뜸(밥이 뜸이 들기 전에 푸는 일. 또는 그 밥)/하다.

뜸⁶ 한 동네 안에서 몇 집씩 따로 한데 모이어 있는 구역.=각단. 오래. ¶그 사람은 작은 등성이 너머 외딴뜸에 살고 있다. 뜸마을(몇 집씩 모여 있는 작은 마을); 건너뜸(건너편에 있는 작은 마을), 바깥뜸(↔안뜸), 아래뜸(아래쪽에 위치한 마을), 안뜸(한 마을의 안쪽 구역↔바깥뜸), 외딴뜸(마을 안에서 외따로 떨어져 몇 집이 모여 있는 곳), 위뜸 들. § '땀'은 경상도 사투리.

뜸북 뜸부기가 우는 소리. ¶뜸부기(뜸부깃과의 새).

뜻 ①말이나 글 또는 무엇을 하겠다고 속으로 먹은 마음. 어떠한 일이나 행동이 지니는 가치나 중요성.≒가치. 생각. 의지. 말뜻/의미(意味). ¶뜻이 굳다. 뜻을 이루다. 말의 뜻을 알 수 없다. 뜻하지 않은 사건. 참가하는 데 뜻이 있다. 뜻글, 뜻글자, 뜻대로(마음먹은 대로), 뜻맞다, 뜻매김[정의(定義)]/하다, 뜻바꿈, 뜻밖/에(의외로), 뜻옮김, 뜻있다, 뜻적기, 뜻풀이, 뜻하다; 말뜻, 뭇뜻(같은 소리에 여러 뜻이 있는 것), 벼슬뜻(벼슬길에 나서려고 품은 뜻), 별뜻(別), 본뜻(本), 속뜻, 원뜻(元/原;본디의 뜻), 참뜻[진의(眞意)], 천만뜻밖(千萬), 큰뜻, 하늘뜻, 한뜻. ☞ 의(意).

띠¹ 활터에서 한패 중에서 몇 사람씩 나누어 이룬 무리. ¶띠대접(待接;진 편이 이긴 편을 초청하여 베푸는 잔치).

띠² 사람이 난 해의 지지(地支)를 상징하는 동물의 이름을 그 사람에게 결부시켜 이르는 말. ¶띠가 세다(태어난 해의 지지가 나쁘다). 네 띠가 무엇이냐? 띠동갑; 쥐띠, 소띠, 호랑이/범띠, 토끼띠, 용띠(龍), 뱀띠, 말띠, 양띠(羊), 원숭이띠, 닭띠, 개띠, 돼지띠.

띠³ 포아풀과의 여러해살이 풀. ¶띠밭, 띠배, 띳집[모옥(茅屋;띠로 지붕을 이은 허술한 집)] 들.

-띠 '좁쌀처럼 생긴 부스럼 따위'를 뜻하는 말. [되야기] ¶땀띠.

띠(다) ①허리에 두르다. 물건을 몸에 지니다. 띠 모양.≒매다.↔풀다. ¶혁대를 띠다. 띠[1241]를 매다/ 묶다. 품에 칼을 띠다. 띠강(鋼), 띠개(포대기), 띠고리, 띠고무, 띳과(銙), 띠구름, 띠구조(構造), 띠그림표(表), 띳돈(노리개의 장식품. 띠에 달린 쇠붙이), 띠드리개[腰佩], 띠무늬, 띠방(枋;띳장), 띠배(여러 척의 배를 띠로 연결한 배), 띠살문(門), 띠쇠¹(띠에 다는 장식), 띠쇠²(나무 구조물에 대는 좁고 긴 철판), 띳술, 띠씨름, 띠양판문(洋板門;중간막이 띠를 대고 널빤지를 끼워 넣은 문), 띠열장/띳장(길게 띠처럼 된 나무), 띠열장붙임, 띠우다, 띠잇기, 띠자(줄자), 띠지(紙), 띳장(띠 모양의 널빤지), 띠종이(띠처럼 좁고 긴 종이), 띠지(紙)[1242], 띠철근(鐵筋), 띠철판(鐵板), 띠톱, 띠허리(끈허리), 띠활자(活字); 가로띠, 가죽띠, 가슴띠(젖싸개), 각띠(角), 검은띠, 구띠(球), 구명띠(救命), 금띠(金), 기름띠, 다리띠[각대(脚帶)], 대문띠(大門), 도홍띠(桃紅), 돌띠[1243], 돌림띠(장식으로 가장자리를 돌려 댄 띠)[돌띠저고리, 돌띠적삼], 머리띠, 목줄띠/줄띠(목구멍의 힘줄), 뫼비우스의띠(Möbius), 문띠(門)[1244], 배띠, 벌레띠[1245], 복띠(服), 붉은띠, 사람띠, 서띠(犀), 세로띠, 수띠(繡), 술띠, 실띠(실로 꼬아 만든 띠), 안전띠(安全), 어깨띠, 울띠[1246], 인간띠(人間), 장삼띠(長衫), 중띠(中), 질긴띠(인대), 청띠(靑), 탄띠(彈), 허리띠[요대(腰帶)], 홍띠(紅), 흑띠(黑), 흰띠. ☞ 대(帶). ②용무·직책·사명을 가지다. ¶역사적 사명을 띠다. 중대한 임무를 띠다. ③빛깔을 조금 가지다. ¶누런빛을 띠다. 노란빛을 띠고 있다. ④감정·표정·기운 따위를 조금 나타내다. ¶미소를 띤 얼굴. 노기를 띠다. 진보 성향을 띤 정치인. 비판적 성격을 띤 발언. 이 물체가 이상한 성질을 띤다. 암띠다[1247], 열띠다(熱)[1248].

을 뜯어 먹다. ②남을 조르거나 압력을 넣어 얻어먹다. ¶노름판에서 개평을 뜯어먹고 산다.

1235) 뜯어벌이다: ①무엇을 뜯어 죽 벌여 놓다. ¶기계를 뜯어벌이다. ②밉살스럽게 이야기를 늘어놓다. 〈작〉따다바리다.

1236) 뜨덤뜨덤: ①글이 서툴러, 간신히 뜯어 읽는 모양. ¶동화책을 뜨덤뜨덤 읽는 아이. ②말을 자꾸 더듬는 모양. ¶뜨덤뜨덤 말하다.[←뜯(다)+엄].

1237) 뜯이: ①헌 옷을 빨아서 뜯어 새로 만드는 일. ¶뜯이것(뜯이하여 지은 옷), 뜯이질/하다. ②어떠한 명사에 붙어, 거기에서 뜯어내거나 그것만을 뜯어낸 물건의 뜻을 나타내는 말. ¶뼈뜯이, 알뜯이(늦가을에 알을 꺼낸 게).

1238) 뜯적: 손톱이나 칼끝 따위로 뜯거나 진집을 내는 모양. 〈작〉따짝. ¶따짝·뜯적거리다/대다, 뜯적뜯적하다.

1239) 뜰팡: 마루를 놓을 수 있는 처마 밑의 땅. 토방(土房).

1240) 대뜰: 댓돌에서 집채 쪽으로 난, 좁고 긴 벽 밖의 뜰. ¶마루 끝에서 대뜰로 내려서다.

1241) 띠: 옷 위로 허리를 둘러매는 끈. 물체나 사람 몸의 바깥에 두르는 폭이 좁고 긴 끈.

1242) 띠지(紙): 지폐나 서류 따위의 가운데를 감아 매는 종이 끈.

1243) 돌띠: 어린아이의 두루마기·저고리 따위의 등 뒤로 돌려 매게 된 긴 옷고름.

1244) 문띠(門): 널빤지로 만든 문짝 뒤에 가로 댄 좁다란 나무.

1245) 벌레띠: 벌레 따위가 붙어서 죽도록 나뭇가지에 돌려 바른 끈끈한 물질.=포살띠(捕殺).

1246) 울띠: 울타리 안팎에 가로 대고 새끼로 잡아맨 띠 모양의 나무.

1247) 암띠다: ①비밀스러운 것을 좋아하는 성질이 있다. ¶그는 성격이 암띠어 친구가 별로 없다. ②부끄러움을 잘 타는 성질이 있다. ¶암사내(암띤 사내).

1248) 열띠다(熱): 열기(熱氣)를 띠다. ¶열띤 응원을 펼치다.

띠앗 형제나 자매 사이의 정의(情誼). 띠앗머리.≒우애(友愛). ¶형제간에 띠앗머리 없이 밤낮 헐뜯고 싸운다. 남매간에 그렇게도 띠앗머리가 없어서야.

띨띨-하다 멍청하다. ¶띨띨한 놈.

띵 머리가 울리듯 아프고 정신이 흐릿한 느낌. ¶머릿골이 띵 울리다. 띵하다(머리가 울리듯 아프다. 어지럽다. 얼떨떨하다. 어질하다).

띵까 악기를 요란하고 신나게 연주해 대는 소리. ¶옆집에서 밤새도록 띵까띵까 노는 소리에 잠을 한숨도 못 잤다.

ㄹ

-ㄹ '이다' 또는 모음으로 끝나는 용언의 어간에 붙는 관형사형 어미. ['ㄹ'을 제외한 받침 뒤에서는 '-을'로 쓰임]. §'-(으)ㄹ' 뒤에는 수식을 받는 의존명사가 통합됨. ①특정한 시제의 의미가 없이, 관형사 구실을 하게 하는 어미. ¶젊을 적에 열심히 공부해라. 슬플 때는 실컷 울어라. ②추정, 예정[미래 시제], 의도, 가능성 따위 확정된 현실이 아님을 나타내는 관형사형 어미. ¶물이 깊을 것이다. 내일 갈 예정이다. §일부 비속어의 어미로 쓰임. ¶넨장맞을(넨장칠), 떡을할, 배라・빌어먹을, 씨부랄(←씹을할), 염병할, 오라질, 우라질, 제기랄, 제미붙을(←제어미붙을), 제밀할, 젠장맞을(젠장칠;제 난장을 칠) 들.

-ㄹ걸 모음으로 끝나는 어간에 붙어, 지나간 일을 후회하거나 추측을 나타내는 종결 어미. [받침 뒤에서는 '-을걸'로 쓰임]. ¶그런 줄 알았으면 진작 집에 갈걸. 내일 날씨가 흐릴걸. 가지 말라고 붙잡을걸. 집에 도착했을걸. -ㄹ(을)걸-세, -ㄹ(을)걸-요. [←ㄹ(을)+것+을].

-ㄹ게 모음으로 끝나는 동사 어간에 붙어, '하게' 할 상대에게 어떤 행동을 할 것을 약속할 때 쓰이는 종결 어미. [받침 뒤에서는 '-을게'로 쓰임]. ¶내일 다시 올게. 이따가 먹을게. -ㄹ(을)게-다, -ㄹ(을)게-요. [←ㄹ(을)+것+이+어].

-ㄹ거나 모음으로 끝나는 동사의 어간에 붙어, 영탄조로 자문하거나 남의 의견을 물어볼 때에 쓰이는 종결 어미. ['ㄹ'을 제외한 받침 뒤에서는 '-을거나'로 쓰임]. ¶어디를 갈거나. 봄이 왔으니 나무라도 심을거나.

-ㄹ까 모음으로 끝나는 어간에 붙어, 미래나 현재의 일을 추측할 때, 의문이나 의심 또는 자기의 의지를 나타내는 종결 어미. [받침 뒤에서는 '-을까'로 쓰임]. ¶낚시라도 갈까? 저게 귀신일까 사람일까? -ㄹ(을)까-마는, -ㄹ(을)까-말까, -ㄹ(을)까-보냐, -ㄹ(을)까-ㅂ쇼, -ㄹ(을)까-보다, -ㄹ(을)까-요, -ㄹ(을)깝쇼.

-ㄹ꼬 '-ㄹ까'의 예스러운 말. [받침 뒤에서는 '-을꼬'로 쓰임]. ¶얼마나 아플꼬. 그 사람은 어디로 갔을꼬. 왜 이렇게 추울꼬.

-ㄹ는지 모음으로 끝나는 어간에 붙어, 추측하는 사실이나 실현 가능성에 대하여 의문을 나타내는 종결 어미. [받침 있는 어간이나 '-았/었-' 아래에서는 '-을는지'로 쓰임]. ¶그 말이 사실일는지. 그 일이 가능할는지. 잘 잔는지. 음식이 구미에 맞을는지. 내일 비가 올는지 모르겠다. -ㄹ(을)는지-요.

-ㄹ라 모음으로 끝나는 용언의 어간 또는 어미 '-으시-' 뒤에 붙어, 그렇게 될까 봐 염려됨을 나타내는 종결 어미. ['ㄹ'을 제외한 받침 있는 어간이나 어미 '-었-' 뒤에서는 '-을라'로 쓰임]. ¶조심해라, 다칠라. 서둘러라, 학교에 늦을라. 아버지께서 깨실라. 누가 들었을라. 설마 그가 그런 일을 했을라고. -ㄹ(을)라-고(종결 어미), -ㄹ(을)라-치면(연결 어미).

-ㄹ락 모음으로 끝나는 동사 어간, 'ㄹ' 받침인 동사 어간 또는 어미 '-으시-' 뒤에 붙어, 거의 그렇게 되려는 모양을 나타내는 연결 어미. ['ㄹ'을 제외한 받침 동사 어간이나 어미 '-었-' 뒤에서는 '-을락'으로 쓰임]. ¶파도 소리가 들릴락 말락 하였다. 그는 나이 삼십이 넘을락 말락 한 사람이다.

ㄹ랑 '이(다)' 또는 모음으로 끝나는 체언이나 부사격 조사에 붙어, ①어떤 대상을 특별히 지정하거나 강조하는 보조사. 흔히 뒤에는 말림이나 권고 등 충고하는 말이 옴. [받침 뒤에서는 '을랑'으로 쓰임]. ¶널랑 꽃처럼 곱게 자라라. 서울엘랑 가지를 마오. 그런 말일랑 하지 말게. 그런 데설랑 놀지 마라. 미련일랑 두지 말자. ②조사 '서'의 뒤에 붙어서 그 뜻을 좀더 똑똑히 강조하는 보조사. ¶거기설랑 놀지 마라. ㄹ(을/일)랑-은.

-ㄹ래 모음이나 'ㄹ' 받침인 동사 어간 뒤에 붙어, 앞으로 어떤 일을 하려고 하는 의지를 나타내거나 상대편의 의사를 묻는 데 쓰이는 종결 어미. ['ㄹ'을 제외한 받침 있는 동사 어간 뒤에서는 '-을래'로 쓰임]. ¶집에 갈래. 언제 할래? 나는 여기 있을래. -ㄹ(을)래-요.

-ㄹ러니 모음으로 끝나는 동사 어간에 붙어서 '-겠더니'의 뜻을 나타내는 연결 어미. ['ㄹ' 이외의 받침 있는 동사의 어간 뒤에서는 '-을러니'로 쓰임]. ¶말뜻을 모를러니 이제 알겠군. 어제까지만 해도 참을러니, 이제는 더 못 참겠다.

-ㄹ러라 모음으로 끝나는 어간에 붙어서 '-겠더라'의 뜻을 나타내는 종결 어미. ['ㄹ' 이외의 받침 있는 동사의 어간 뒤에서는 '-을러라'로 쓰임]. ¶이틀은 걸릴러라. 참으로 착할러라. 작아서 못 입을러라.

-ㄹ런가 모음으로 끝나는 어간에 붙어서 '-겠던가'의 뜻으로 물음을 나타내는 종결 어미. ['ㄹ' 이외의 받침 있는 동사의 어간 뒤에서는 '-을런가'로 쓰임]. ¶일은 잘될런가. 이 산보다 높을런가.

-ㄹ레 모음으로 끝나는 어간에 붙어서 '-겠데'의 뜻을 나타내는 종결 어미. ['ㄹ' 이외의 받침 있는 동사의 어간 뒤에서는 '-을레'로 쓰임]. ¶그가 바둑의 명수일레. 그것이 그 집의 자랑일레. 그 말이 옳을레. -ㄹ(을)레-라=-ㄹ(을)러-라.

-ㄹ망정 모음으로 끝나는 용언의 어간에 붙어, '비록 그러하지만. '-(는)다 하더라도'의 뜻을 나타내는 연결 어미. [받침 뒤에서는 '-을망정'으로 쓰임]. ¶가난뱅이일망정 남한테 아쉬운 소리 하고 싶지 않다. 물이 깊을망정 건너고야 말겠다.

-ㄹ밖에 모음으로 끝나는 어간에 붙어서 '-ㄹ 수밖에 다른 수가 없다'는 뜻을 나타내는 종결 어미. ['ㄹ' 이외의 받침 있는 어간 뒤에서는 '-을밖에'로 쓰임]. ¶달라니 줄밖에. 임자가 내놓으라면 내놓을밖에.[←ㄹ+밖+에].

-ㄹ뿐더러 모음으로 끝나는 어간에 붙어, '그뿐만 아니라 다른 일이 더 있음'을 나타내는 연결 어미. [받침 있는 어간이나 '-았/었-' 뒤에서는 '-을뿐더러'로 쓰임]. ¶산이 거대할뿐더러 험하기도 하오. 학식이 깊을뿐더러 인품도 훌륭하다.

-ㄹ사 동사나 형용사 어간에 붙어 '명령이나 권유. 감탄'의 뜻을 나타내는 종결 어미. ['ㄹ' 이외의 받침아래에서는 '-을사'로 쓰임].

¶큰 잔치를 베풀사! 꽃다울사 청춘이여! 어여쁠사! 님의 얼굴이여. -ㄹ/을사하다[1].

-ㄹ새 모음으로 끝나는 용언의 어간에 붙어, 어떤 일의 전제나 원인을 나타내거나 진행 중인 일을 설명하는 연결 어미. [받침 뒤에서는 '-을새'로 쓰임]. ¶선정을 베풀새 백성은 태평성대를 구가하였다. 물이 맑을새 온갖 고기가 노닐더라.

-ㄹ세 '이다, 아니다'의 어간에 붙어, '하게'할 자리에 자기의 생각을 설명하거나 추정의 뜻을 나타내는 종결 어미. [받침 뒤에서는 '-을세'로 쓰임]. ¶그이가 내 형일세. 그게 아닐세. 우리 이번만 참을세. 여기는 명승지가 아닐세. -ㄹ(을)세-그려, -ㄹ(을)세-말이지, -로세[2]. §'-이네'보다 부드러운 느낌을 줌.

-ㄹ세라 모음으로 끝나는 어간에 붙어, 어떠한 일이 일어날까 걱정함을 나타내는 종결 또는 연결 어미. 〈준〉 -ㄹ사[3]. [받침 있는 어간이나 '-았/었-' 뒤에서는 '-을세라'로 쓰임]. ¶들킬세라 가슴이 조마조마하였다. 행여나 다칠세라 걱정하였다. 약속 시간에 늦을세라 택시를 잡아탔다.

-ㄹ수록 모음으로 끝나는 어간에 붙어, 어떠한 일이 더하여 감을 나타내는 연결 어미. [받침 뒤에서는 '-을수록'으로 쓰임]. ¶시간이 흐를수록 병이 더해 간다. 늙을수록 젊은 시절이 그리워진다. 갈수록.

-ㄹ시 '이다, 아니다'의 어간에 붙어, 추측하여 판단한 사실이 틀림없음을 나타내는 연결 어미. ['ㄹ'을 제외한 받침 있는 어간이나 어미 '-었-' 뒤에 서는 '-을시'로 쓰임]. ¶그것은 사실이 아닐시 분명하이. 그가 기뻐했을시 분명하다.

-ㄹ시고 '이다'의 어간, 'ㄹ' 받침이나 모음으로 끝나는 형용사의 어간 또는 어미 '-으시-'에 붙어, 감탄의 뜻을 나타내는 종결 어미. ['ㄹ'을 제외한 받침 있는 형용사의 어간 또는 어미 '-었-' 뒤에서는 '-을시고'로 쓰임]. ¶얼굴도 예쁜데 마음씨도 고울시고. 우리 강산 좋을시고.

-ㄹ쏘냐 모음으로 끝나는 어간이나 높임의 '-시-'에 붙어, '어찌 그럴 리가 있겠느냐'의 뜻으로 강한 부정을 나타내는 의문형 종결 어미. [받침 뒤에서는 '-을쏘냐'로 쓰임]. ¶내가 너에게 질쏘냐. 강물이 바다보다 깊을쏘냐.

-ㄹ쏜가 '이다'의 어간, 'ㄹ' 받침이나 모음으로 끝나는 용언의 어간 또는 어미 '-으시-' 뒤에 붙어, '어찌 그럴 리가 있겠느냐'의 뜻으로 의문의 형식을 빌려 앞의 내용을 강하게 부인할 때 쓰는 종결 어미. ['ㄹ'을 제외한 받침 있는 용언의 어간이나 어미 '-었-' 뒤에서는 '-을쏜가'로 쓰임]. ¶뉘라서 천하장사를 이길쏜가. 태산이 높다한들 하늘보다 높을쏜가.

-ㄹ작시면 모음으로 끝나는 일부 동사의 어간에 붙어, '어떠어떠한 경우에 이르게 되면'의 뜻을 나타내는 연결 어미. 보통 우습거나 언짢을 경우에 씀. [받침 뒤에서는 '-을작시면'으로 쓰임]. ¶그 태도를 볼작시면 불손하기 이를 데 없다. 그의 글을 읽을작시면 문맥이 도대체 통하지 않는다.

-ㄹ지 모음으로 끝나는 어간에 붙어, 추측에 대한 막연한 의문을 나타내는 어미. ['ㄹ'을 제외한 받침 있는 어간이나 어미 '-었-'의 뒤에서는 '-을지'로 쓰임]. ¶언제 올지 모르겠다. 내일은 날씨가 얼마나 좋을지 오늘 밤하늘에 별이 유난히 빛난다. 비가 올지 안 올지 모른다. 내일은 날씨가 좋을지?

-ㄹ지나 모음으로 끝나는 어간에 붙어, '마땅히 그러할 것이나'의 뜻을 나타내는 연결 어미. [받침 있는 어간이나 '-았/었-'의 뒤에서는 '-을지나'로 쓰임]. ¶내가 갈지나 사정이 있어서 애를 보내오. 책은 많이 읽을지나, 시간이 있어야 읽지.

-ㄹ지니 모음으로 끝나는 어간에 붙어, '마땅히 그러할 것이니'의 뜻을 나타내는 연결 어미. ['ㄹ' 이외의 받침 있는 어간이나 '-았/었-' 따위의 뒤에서는 '-을지니'로 쓰임]. ¶통일이 우리의 지상 목표일지니 힘써 국력을 배양하자. 군자는 덕을 닦을지니, 언행에 조심하라. -ㄹ(을)지니-라(종결 어미).

-ㄹ지라 모음으로 끝나는 어간에 붙어, '마땅히 그러할 것이다'의 뜻으로 단정을 나타내는 연결 또는 종결 어미. ['ㄹ' 이외의 받침 있는 어간이나 '-았/었-'의 뒤에서는 '-을지라'로 쓰임]. ¶하루라도 빨리 가는 것이 마땅할지라. 나라의 발전이 나의 발전일지라. 고난이 많을지라. -ㄹ(을)지라-도[4].

-ㄹ지로다 모음으로 끝나는 어간, 'ㄹ' 받침인 용언의 어간에 붙어, 마땅히 그러하다는 사실을 확인하거나 그렇게 할 것을 요구하는 뜻을 나타내는 종결 어미. ['ㄹ' 이외의 받침 있는 어간이나 '-았/었-'의 뒤에서는 '-을지로다'로 쓰임]. ¶학생은 오로지 공부를 열심히 할지로다. 정성이 들어갔으니 몸에 좋을지로다.

-ㄹ지며 모음으로 끝나는 어간, 'ㄹ' 받침인 용언의 어간에 붙어, '마땅히 그렇게 할 것이며'의 뜻을 나타내는 연결 어미. ['ㄹ' 이외의 받침 있는 어간이나 '-았/었-'의 뒤에서는 '-을지며'로 쓰임]. ¶성공을 원하거든 그만큼의 노력을 기울일지며 그렇게 못하겠다면 지금 당장에 포기하라. 우승을 원한다면 어떠한 시련도 참을지며 그렇게 못하겠거든 포기해라.

-ㄹ지어다 모음으로 끝나는 어간, 'ㄹ' 받침인 용언의 어간에 붙어, '마땅히 그렇게 하라'의 뜻을 나타내는 명령형 종결 어미. ['ㄹ' 이외의 받침 있는 어간이나 '-았/었-'의 뒤에서는 '-을지어다'로 쓰임].⇆-ㄹ(을)지니라. -ㄹ(을)지라. ¶너희는 오늘부터 부부가 되었으니 서로 믿고 사랑할지어다. 악인은 벌을 받을지어다.

-ㄹ지언정 모음으로 끝나는 어간, 'ㄹ' 받침인 용언의 어간에 붙어,

1) -ㄹ/을사하다: 형용사 어근에 붙어, '그 상태가 실현될 듯하다. 또는 그 상태에 가깝거나 비슷하다'를 나타내는 어미.[←ㄹ+사+하다]. ¶그럴싸하다(그럴듯하다), 붉을사하다, 익을사하다, 작을사하다, 클사하다.

2) -로세: '이다, 아니다'의 어간에 붙는, 하게체의 종결 어미. '-ㄹ세'와 같은 뜻이나, 더 객관적인 단정과 느꺼움을 나타냄. ¶모른 체한다고 넘어갈 일이 아니로세. 아름다운 마음이로세. 쉬운 일이 아니로세.

3) -ㄹ사: 앓을사 그릇될사 자식 생각에.

4) -ㄹ(을)지라-도: 모음으로 끝나는 어간에 붙어, '그렇다고 가정하더라도'의 뜻을 나타내는 연결 어미. ['ㄹ' 이외의 받침 있는 어간이나 '-았/었-'의 뒤에서는 '-을지라도'로 쓰임]. ¶실패할지라도 하고 보자. 몸을 작을지라도, 담은 크다.

서로 반대되는 일에 대해 그 중 한 가지를 양보적으로 시인하거나 부인하고, 다른 한 가지를 부인하거나 시인함을 나타내는 연결 어미. ['ㄹ' 이외의 받침 있는 어간이나 '-았/었-'의 뒤에서는 '-을지언정'으로 쓰임].≒-ㄹ(을)망정. -ㄹ(을)지라도. ¶배를 주릴지언정 구걸은 않겠소. 그때 그가 나이는 비록 어렸을지언정 생각은 어른스러웠다.

-ㄹ진대 모음으로 끝나는 어간, 'ㄹ' 받침인 용언의 어간에 붙어, '가령 그러할 터이며. -ㄹ(을) 것 같으면'의 뜻을 나타내는 연결 어미. ['ㄹ' 이외의 받침 있는 어간이나 '-았/었-'의 뒤에서는 '-을진대'로 쓰임]. ¶그대와 같이 건강할진대 무엇이 걱정되랴. 내가 볼진대 그는 사업에 성공할 사람은 아닌 것 같소. 하겠다고 나섰을진대, 끝까지 해 보게. -ㄹ(을)진대-는/-ㄹ(을)진댄.

-ㄹ진저 모음으로 끝나는 어간, 'ㄹ' 받침인 용언의 어간에 붙어, '마땅히/아마 그러할 것이다'의 뜻을 나타내는 종결 어미. ['ㄹ' 이외의 받침 있는 어간이나 '-았/었-' 따위의 뒤에서는 '-을진저'로 쓰임]. ¶정의를 위하여 싸울진저. 조국의 통일은 우리의 소원일진저. 명예와 돈이 싫은 사람은 없을진저.

-라 ①모음으로 끝나는 동사의 어간에 붙어, 명령의 뜻을 나타내는 종결 어미. [받침 뒤에서는 '-으라'로 쓰임]. ¶구덩이를 깊이 파라. 많이 먹으라. 거기 앉으라. -더-라, -리라, -(으)라-고, -(으)라-지[5]. ②'이다. 아니다'의 어간에 붙어, 서술하는 뜻을 나타내는 종결 어미. ¶여기가 바로 천국이라. 신사의 할 짓이 아니라. ③원인 · 근거나 단순 병렬을 나타내는 연결 어미. ¶뜻밖의 일이라 어리둥절했다. 사람이 아니라 짐승이다. ④감탄 종결어미.=도다. ¶애재라(哀哉), 희라(噫). ⑤'-라고. -라서'의 준말. ¶일이 급하게 되었으니 일찍 떠나라 해라. 기대했던 것이 아니라 실망했다.

라고 모음으로 끝나는 체언에 붙어[받침 뒤에서는 '이라고'로 쓰임], ①직접 인용됨을 나타내는 인용격 조사. ¶'언제 오겠니'라고 물었다. 무어라고 했느냐? 〈준〉라. ②얕잡아 보거나 특별히 지적해서 가리키는 보조사. ¶자네라고 별수 있겠나. 아이라고 그것을 못하겠나. 사장이라고 별수 있겠나. (이)라고-는[6]/(이)라곤, 래야[7][+부정어]. [←-다+고].

-라고 ①모음으로 끝난 동사 또는 일부 형용사 어간에 붙는 연결 어미. 명령 · 지시 · 소망 등의 내용을 인용하는 뜻을 나타냄. ¶빨리 가라고 일러라. 이게 다 너 좋으라고 한 일이야. 〈준〉-라. ②'아니다'의 어간에 붙어 '되물음이나 인용'의 뜻을 나타내는, 종결 또는 연결 어미. ¶뭐 이게 진짜가 아니라고? 이게 아니라고 우기다. -라고-요. -라고-하-였-자/-랬자. -라고-하면/-라면[8], -랍디까(-라고 합니다), -랍니다[9](-라고 합니다), -랍디까(-라고 합디까), -랍디다(-라고 합디다). -랍시고(-라고 하여)[10]. §'-(으)란[11]'은 '-라고 하는/한', '-란다[12]'는 '-라고 한다', '-라네[13]'는 '-라고 하네', '랄'은 '라고 할'의 준말.

-라나 '이다, 아니다'의 어간에 붙어, 어떤 사실을 무관심하거나 조금 빈정대는 태도로 전달할 때 반말투로 이르는 종결 어미. ¶자기가 부자라나. 그건 자기가 한 짓이 아니라나. -라나-요. ☞ -ㄴ다나. -는다나. -다나.

-라느니 ①'이다. 아니다'의 어간에 붙어, 이것이라 하기도 하고 저것이라 하기도 하는 뜻을 나타내는 연결 어미. [받침 뒤에서는 '-으라느니'로 쓰임]. ¶정답이 3번이라느니 4번이라느니 옥신각신한다. 똑바로 앉으라느니, 좀 웃으라느니 주문도 많다. ②모음으로 끝나는 동사의 어간에 붙어, 이리 하라 하기도 하고 저리 하라 하기도 함을 나타내는 연결 어미. ¶가라느니 오라느니 변덕도 심하다. ☞ -다느니.

라는 모음으로 끝나는 체언이나 용언의 어간에 붙어 '(이)라고 하는'의 뜻을 나타내는 보조사. [받침 뒤에서는 '이라는'으로 쓰임]. 〈준〉(이)란③. ¶철수라는 사람을 찾는데요. 조용히 하라는 말을 못 들었니? 홍진비래란 격언. 영숙이라는 사람을 찾는데요.

-라니 '이다. 아니다' 또는 모음으로 끝나는 동사의 어간에 붙어 '반문하거나 반박할 때, 또는 미심쩍거나 해괴함'을 나타낼 때 쓰이는 종결 어미. [받침 뒤에서는 '-으라니'로 쓰임]. ¶책이라니? 나보고 그 일을 하라니? 이 밤중에 나가라니? 멀쩡한 사람을 보고 어서 죽으라니. -(으)라니-까[14], -(으)라니-요. ☞ -다니. §'-라고 하니'의 준말.

라도 모음으로 끝나는 체언에 붙어 '구태여 가리지 않거나 강조함(썩 마음에 들지 않지만 그래도; 소극적 선택. 예시), 미확정이나 의지'를 나타내는 보조사. [받침 뒤에서는 '이라도'로 쓰임]. ¶너라도 가 보아라. 꿈에라도 보았으면. 잠시라도 잊을 수 없다. 이것만이라도 끝내자. 죽이라도 먹자. 한 발자국이라도 물러설 수 없다. 이 문제는 바보라도 풀겠다. 언제라도 좋으니 찾아오십시오. 누구/아무/언제-라도, 에서-라도, 에-라도, -고/-어서[어미]-라도, 조금/일부러[부사]-(이)라도.

-라도 '이다. 아니다'의 어간에 붙어서, '설사 그렇다고 가정하여도

---

5) -(으)라-지: 제삼자의 행위에 대하여, '빈정거림이나 마음을 쓰지 않음'을 뜻함. ¶갈 테면 가라지.

6) ¶돈이라고는 한 푼도 없다. 학생이라고는 단지 셋뿐이다.

7) 래야: '라고+해야'의 준말. ¶식구래야 두 식구뿐이다. 생일잔치래야 별 거 있니?

8) -라면: ①'이다. 아니다' 뒤에 붙어, 어떤 상황을 가정하여 그것이 조건이 되는 것을 나타내는 연결 어미. ¶내가 너라면 진수를 사귈 거야. ②'그러한 조건이라면'의 뜻을 나타내는 말. ¶그는 몸에 좋다는 음식이라면 뭐든지 가리지 않고 먹는다. 가져오라면 가져와. 앉으라면 앉게.

9) -랍니다: '이다. 아니다'의 어간에 붙는, 어떤 사실을 친근하게 이르는 합쇼체의 종결 어미. ¶저래 뵈도 보통내기가 아니랍니다. 어제 말씀드린 바로 그 애랍니다.

10) -랍시고: '이다. 아니다'의 어간에 붙어, 어떤 사실이나 근거를 얕잡아 말하는 뜻을 나타내는 대등적 연결 어미. ¶사장이랍시고 우쭐거리는 꼴이란... 풋내기가 아니랍시고 덤비어들더니.

11) ¶이게 아니란 말이냐. 나더러 꿇어앉으란 말이냐.

12) -란다: '이다, 아니다'의 어간에 붙어, 사실을 친근하게 서술하는 종결 어미. ¶오늘이 내 생일이란다. 사실은 그게 아니란다. -란다-네.

13) -라네: '이다, 아니다'의 어간에 붙어, ①어떤 사실을 가볍게 감탄하여 이를 때 쓰이는 종결 어미. ¶인생이란 덧없고 슬픈 것이라네. ②'하게' 할 자리에 화자가 알고 있는 사실을 가볍게 주장할 때 쓰이는 종결 어미. ¶문법이 늘 까다롭기만 한 것은 아니라네. ☞ -ㄴ다네. -는다네. -다네.

14) -라니까: 어떤 사실을 잘 모르고 있는 상대방을 가볍게 꾸짖으면서 다시 일러 주는 뜻을 나타내는 종결 어미. [받침 뒤에서는 '-으라니까'로 쓰임]. ¶그것은 반칙이라니까. 얼른 가라니까. 장난치지 말고 똑바로 앉으라니까.

상관없음'을 나타내는 연결 어미. ≒-어도. ¶네가 아니라도 좋다. 네가 유미라도 화를 내겠다.

라든지 모음으로 끝나는 말에 붙어서 여러 가지 사물 따위를 열거할 때 쓰는 보조사. [받침 뒤에서는 '이라든지'로 쓰임]. ¶지위라든지 명예라든지. 불이라든지 물이라든지 모두 생활에 필요한 것들이다.

라디안(radian) 호도법(弧度法)에 의한 각도의 단위. 원의 반지름의 길이와 같은 호의 길이가 원의 중심에서 이루는 각. 1라디안은 약 57도임.

라면 국수를 증기로 익히고 기름에 튀겨서 말린 식품.[←라멘〈일〉←拉麵(라미엔)〈중〉].

-라면 모음으로 끝나는 체언에 붙어, 이야기에서 처음으로 지적되어 떠오른 대상을 가리키는 '-라고 하면'이나 가정의 뜻을 나타내는 말. [받침 뒤에서는 '이라면'으로 쓰임]. ¶국어라면 우리 반에서 은정이가 제일 잘하지. 네가 지금 가라면 갈게. 여름이라면 역시 삼계탕을 먹어야지. 부터-라면, 까지-라면, 에서-라면, -여서-라면.

-라면서 ①'이다, 아니다'의 어간에 붙어, 들은 사실을 다짐하거나 빈정거리는 투로 물을 때 쓰이는 종결 어미. ¶그게 헛소문이라면서? 그분이 너의 어머니라면서? 여기에 가만히 있으라면서. 이제는 널 잊으라면서. ②모음으로 끝나는 동사 어간에 붙어, 명령받은 사실을 다짐하거나 빈정거리는 투로 물을 때 쓰이는 종결어미. 〈준〉-(으)라며. [받침 뒤에서는 '-으라면서'로 쓰임]. ¶이 짐을 지고 가라면서? 여기서 기다리라면서? 여기 앉으라면서? ③서술형이나 명령형의 '-(으)라고 하면서'의 준말. ¶먼저 자라면서 형은 공부를 계속하였다. 부디 잘 있으라면서 그는 떠나갔다.

라서 모음으로 끝나는 체언에 붙어 '감히·능히, 허락'의 뜻을 포함하는 주격 조사. [받침 뒤에서는 '이라서'로 쓰임]. 〈준〉(이)라.[+-시-]. ¶뉘(시)라서 그를 탓하랴. 어디라서 못 간다더냐. 어린 사람이라서 못 할 일은 아니다. 너라서 놓아둔다.

-라서 '이다, 아니다'의 어간에 붙어, '-기 때문에'의 뜻으로, 앞 말이 뒷말의 원인이나 근거가 됨을 나타내는 연결 어미. ¶수석 합격이 아니라서 좀 실망했다. 예쁜 처녀가 아니라서 실망했나? 〈준〉-라.

-라손 '이다, 아니다'의 어간에 붙어, '치다'와 함께 쓰이어 가정하는 뜻을 나타내는 연결 어미. ¶아무리 영웅이 아니라손 치더라도 그 일은 할 수 없겠지. ☞ -더라손.

라야 모음으로 끝나는 체언이나 '이다'의 뒤에 붙어, 그것이 꼭 필요하거나 별로 대수롭지 않음을 나타내는 보조사. [받침 뒤에서는 '이라야'로 쓰임]. ¶그라야 그 일을 해낼 걸. 꼭 그 사람이라야 할 수 있다. 양은 적더라도 좋은 것이라야 합니다. 옷이라야 변변한 게 뭐 있나? 에서/서-라야, 에-라야, 하고-라야, (이)라야-만.

-라야 '이다, 아니다'의 어간이나 어미 '-으시-' 뒤에 붙어, '꼭 그러해야함'을 나타내는 연결 어미. ¶겁쟁이가 아니라야 한다. 대졸자라야 한다. 20세 이상이라야 들어갈 수가 있다. -라야-만, -라야-지.

-라오 '아니다'의 어간에 붙는 하오체의 종결 어미. 어떤 사실이 아님을 완곡하게·친근하게 베풀어 말하거나 감탄의 뜻을 나타냄. ¶그는 총각이 아니라오. 그게 바로 사랑이라오.

-락 뜻이 상대되는 두 동사나 형용사의 모음으로 끝나는 어간에 붙어 각각 그 두 동작이나 상태가 바뀌어 되풀이됨을 나타내는 연결 어미. [받침 뒤에서는 '-으락'으로 쓰임]. ¶비가 오락가락한다. 누르락붉으락, 누르락푸르락. 들락날락, 보일락말락, 붉으락푸르락, 얼락녹을락, 얼락배락, 엎치락뒤치락, 오락가락, 오르락내리락, 쥐락펴락 들.

락(犖) '뛰어나다'를 뜻하는 말. ¶탁락하다(卓犖).

란 ①보조사 '는/은'을 강조한 말. 개념을 정의할 때 피정의항에 쓰임. ¶공부란 자기 스스로 하는 것이다. 인간이란 이성적인 동물이다. ②'~(이)란 ~는'의 꼴로 쓰여, '전부·모두·다'의 뜻을 나타냄. [받침 뒤에서는 '이란'으로 쓰임]. ¶택시란 택시는 영업용뿐이다. 버스의 창이란 창은 닫혀 있었다. ③보조사 '(이)라는'의 준말. ¶소탐대실이란 말을 새겨들어라.

란(襴) '치마'를 뜻하는 말. ¶난군(襴裙;치마끈); 수란(繡襴;수놓은 치마).

란(欒) '모난 데가 없이 둥글둥글하고 부드럽다'를 뜻하는 말(원만하다). ¶단란하다(團欒), 단란지락(團欒之樂).

랄(剌) '어그러지다'를 뜻하는 말. ¶발랄하다(潑剌;활발하게 약동하다).

-람 ①모음으로 끝나는 동사 및 '이다, 아니다'의 어간에 붙어, '-란 말인가'의 뜻으로 스스로에게 물음이나 언짢음을 나타내는 종결 어미. [받침 뒤에서는 '-으람'으로 쓰임]. ¶그게 무슨 사람의 짓이람. 이게 무슨 꼴이람. 네 말을 믿으람. ②'-(으)라면'의 준말. ☞ -담.

람(籃) '바구니'를 뜻하는 말. ¶어람(魚籃), 요람(搖籃)[요람기(期), 요람시대(時代), 요람지(地)] 들.

람(纜) '닻줄'을 뜻하는 말. ¶계람(繫纜), 긴람(緊纜;벌잇줄을 단단히 졸라맴), 전람(電纜;전선이나 그 다발을 절연물로 꼭 포장한 것), 해람(解纜) 들.

랑 모음으로 끝나는 체언에 붙어, [받침 뒤에서는 '이랑'으로 쓰임] ①두 개 이상의 사물을 동등 자격으로 열거할 때 쓰는 접속 조사. ¶사과랑 배랑 먹었다. 손발이랑 얼굴을 씻었다. ②행동을 함께 하거나 상대로 하는 대상임을 나타내는 부사격 조사. ¶엄마랑 음식을 만들었다. 우리랑 친하게 지냅시다. 친구들이랑 축구를 하다가 다쳤다.

랑(踉) '뛰다. 뛰는 모양'을 뜻하는 말. ¶도랑도랑하다(跳踉跳踉), 도랑방자(跳踉放恣;말이나 행동 따위가 똑똑하고 거리낌이 없는 모양).

-래 ①'이다', '아니다'의 어간이나 어미 '-으시-, -더-, -으리-' 뒤에 붙

어, 어떤 사실을 주어진 것으로 치고 그에 대한 의문을 나타내는 해라체 종결 어미. =-라지. ¶아니, 사람이 왜 저 모양이래? ②'-라고 해'가 줄어든 말. ¶그 애가 반장이래. 내일도 또 오래. ☞ -대.

-랴 ①모음으로 끝나는 어간에 붙어, '-ㄹ까 보냐. 어찌 그러할 것이냐'의 뜻으로, 반어적 의문을 나타내는 종결 어미. [받침 뒤에서는 '-으랴'로 쓰임]. ¶무엇을 더 바라랴. 어찌 기쁘지 않았으랴? 이런 기쁨이 다시 있으랴? -ㅁ(음)에랴. ②모음으로 끝난 동사 어간에 붙는, 해라체의 의문형(상대방의 의향을 묻는) 종결 어미. [받침 뒤에서는 '-으랴'로 쓰임]. ¶좀 도와주랴? 이 책은 내가 읽으랴? 감자를 삶으랴? -(으)랴-마는. [←-(으)리-아].

량(輛) 차량의 수를 세는 단위. ¶객차 다섯 량이 탈선하다. 차량/한계(車輛/限界).

량(倆) '재주. 솜씨'를 뜻하는 말. ¶기량(技/伎倆).

량(魎) '도깨비'를 뜻하는 말. ¶망량(魍魎;도깨비. 두억시니).

-러 모음으로 끝나거나 'ㄹ'받침의 동사 어간에 붙어서 가거나 오거나 하는 동작의 직접 목적을 나타내는 종속적 연결 어미. [받침 뒤에서는 '-으러'로 쓰임]. ¶돈 벌러 일터에 나간다. 고기를 잡으러 간다. 우리 집에 놀러 와.

려(慮) '생각하다. 걱정하다'를 뜻하는 말. ¶고려(考慮), 고려(苦慮), 고려(高慮), 고려하다(顧慮), 과려(過慮), 단려(短慮), 만려(萬慮), 모려(謀慮), 무려(無慮)[무려하다; 무사무려(無思)], 배려하다(配慮), 보무타려(保無他慮), 사려(思慮), 석려(釋慮), 성려(聖慮), 세려(細慮), 속려(俗慮), 숙려(熟慮), 신려(宸慮;임금의 뜻), 신려(愼慮), 심려(心慮), 심려(深慮), 염려(念慮), 용려(用慮), 원려(遠慮), 의려(疑慮), 정려(精慮), 정려(靜慮), 존려(尊慮), 중려(衆慮), 지려(智慮), 천려(千慮), 천려(天慮), 천사만려(千思萬慮), 천려(淺慮), 초려(焦慮), 타려(他慮), 현려(賢慮), 후려(後慮) 등.

려(戾) '어그러지다. 틀어지다'를 뜻하는 말. ¶괴려(乖戾;이치에 어그러져 온당하지 아니함), 반려(反/叛戾;배반하여 돌아섬), 반려(返戾;되돌려줌), 배려(背戾), 죄려(罪戾), 패려(悖戾)[패려궂다, 패려하다], 폭려(暴戾) 등.

려(呂) '음률(音律)'을 뜻하는 말. ¶대려(大呂), 육려(六呂), 율려(律呂), 음려(陰呂), 중려(仲呂) 등.

려(侶) '짝'을 뜻하는 말. ¶동려(同侶), 반려/자(伴侶/者), 법려(法侶), 선려(仙侶), 승려(僧侶), 학려(學侶) 등.

려(蠣) '굴'을 뜻하는 말. ¶모려(牡蠣;굴조개).

려(儷) '짝. 부부'를 뜻하는 말. ¶항려(伉儷;짝. 남편과 아내).

려(唳) '울다'를 뜻하는 말. ¶학려(鶴唳;학의 울음소리).

-려고 모음으로 끝난 동사 어간에 붙어, ①장차 그렇게 하려는 의도나 욕망의 뜻을 나타내는 종속적 연결 어미.≒-고자. 〈준〉-려[←-으리-+-어]. [받침 뒤에서는 '-으려고'로 쓰임]. ¶한 수 배우려고 왔소. 그 말을 누가 믿으려 할까. 눈이 내리려고 한다. 내일은 쉬련다(쉬려고 한다). ②의심과 반문을 나타내는 종결 어미. ¶설마 죽이기야 하려고. -(으)려-오(-려고 하오)[15], -(으)려고-요, -(으)려-기에, -(으)려-나/네/느냐/는/는가/는데/는지/다가/더니/더라/던/던가/도/면/서는/서야/야/오.

-려니 ①모음으로 끝난 어간에 붙어, 혼자 속으로만 추측하는 뜻[그러하겠거니]을 나타내는 어미. [받침 있는 어간이나 선어말 어미 '-았/었-' 아래에 붙어 '-으려니'로 쓰임]. (+하다. 생각하다. 믿다). ¶이것이 다 인생의 시련이려니 생각했다. 일이 잘 되려니 하고 믿고 있었다. 저 여자도 한때는 예뻤으려니 하고 생각했다. -려니-와[16]. ②'…하려고 하니'의 뜻을 나타냄. ¶막상 자려니 잠이 안 온다.

-려무나 모음으로 끝난 동사 어간에 붙어, '해라' 할 자리에 완곡한 명령이나 제 뜻대로 하려는 뜻을 나타내는 종결 어미. [받침 뒤에서는 '-으려무나'로 쓰임]. 〈준〉-(으)려마. -(으)렴. ¶공부 좀 하려무나? 갈 테면 가려무나. 더 놀다 가렴. 웃을 테면 웃으려무나. 먹고 싶으면 먹으렴.

력(櫟) '상수리나무/참나무'를 뜻하는 말. ¶저력/저력지재(樗櫟之材;참나무·가죽나무 재목이란 뜻으로 '아무 쓸모가 없는 사람'을 비유한 말).

력(靂) '벼락. 천둥'을 뜻하는 말. ¶벽력/같다(霹靂).

-련 모음으로 끝나는 동사 어간에 붙어, 자기의 어떠한 행동에 대한 상대방의 의향을 묻는 종결 어미. [받침 뒤에서는 '-으련'으로 쓰임]. ¶내가 도와주련? 이 책을 빌려 주련? 내가 마루를 닦으련? -(으)련-마는[17].

렵(鬣) '갈기(짐승의 목덜미에 난 긴 털)'를 뜻하는 말. ¶마렵(馬鬣;말갈기).

렬(蛚) '귀뚜라미'를 뜻하는 말. ¶청렬(蜻蛚;귀뚜라미).

-렷다 모음으로 끝난 어간에 붙는 어미. [받침으로 뒤에서는 '-으렷다'로 쓰임]. ①경험이나 이치로 미루어, 으레 그렇게 되거나 그러할 것임을 추정하는 뜻을 나타내는 종결어미. ¶강이 풀리면 배도 뜨렷다. ②추상되는 사실에 대해 그것을 인정하면서 더 다지는 뜻을 나타내는 종결어미. ¶정녕 거짓이 아니렷다. 두 말 없으렷다. ③해라체의 명령형 어미. ¶곧바로 시행하렷다. 당장 잡아 묶으렷다.

령(逞) '제멋대로 하다'를 뜻하는 말. ¶불령(不逞), 불령분자(不逞分子;체제에 불만을 품고 제멋대로 하는 행동하는 사람).

---

15) -려오: 모음으로 끝난 동사 어간이나 높임의 '-시-'에 붙어, 상대편의 의사를 묻는 뜻을 나타내는 의문형 종결 어미. ¶내일 오시려오? 심심하니 이거라고 읽으려오?

16) -려니와: 모음으로 끝난 어간에 붙어, 어떠한 사실을 추측하여 인정하면서 뒤의 사실에 병렬적으로 이어주는 연결 어미. [받침 뒤에서는 '-으려니와'로 쓰임]. ¶돈도 돈이려니와 시간도 문제다. 이 마을은 경치도 좋으려니와 인심도 좋다.

17) -련마는: 모음으로 끝난 어간에 붙어, 앞의 사실을 추측하여 인정하면서 이와 대립되는 내용을 말할 때 쓰이는 종속적 연결 어미. [받침 뒤에서는 '-으련마는'으로 쓰임]. 〈준〉-(으)련만. ¶벙어리도 아니련마는 왜 말을 못하는 거냐? 시간이 있으면 책도 읽으련마는 그렇지 못하여 안타깝다.

로 모음이나 'ㄹ' 받침으로 끝나는 말 뒤에 붙는 부사격 조사. ['ㄹ' 이외의 받침으로 끝나는 체언에 붙으면 '으로'로 쓰임]. ①방향이나 목표 장소를 나타냄. ¶학교로 갔다. ②수단 · 방법을 나타냄. ¶기차로 가다. ③기구 · 재료를 나타냄.≒로써. ¶칼로 자르다. 쌀로 만든 과자. ④원인 · 이유 · 탓을 나타냄. ¶감기로 고생하다. ⑤변화를 나타냄. ¶여우로 둔갑하다. 물이 수증기로 변한다. ⑥신분 · 지위 · 자격을 나타냄.≒로서. ¶농부의 아들로 태어나다. ⑦시간을 나타냄. ¶봄가을로 찾아가다. ⑧강조를 나타냄. ¶그는 점차로 자포자기적인 상태에 빠져들었다. 너 진짜로 그럴래? (으)로-까지, (으)로-는, 로-다, (으)로-다가, (으)로-도, (으)로-라야, (으)로-밖에, (으)로-부터.

-로 일부 명사나 몇몇 명사성 어근에 붙어 부사를 만드는 말. [앞말이 모음이나 'ㄹ'로 끝나면 '로', 자음으로 끝나면 '으로'의 형태를 띰]. ¶가지가지로, 각각으로(刻刻;매 시각), 건으로(乾), 건공대매로(乾空), 건물로(乾), 고래로(古來), 고로(故), 고리로, 고의로(故意), 공으로(空), 국으로(제 생긴 그대로), 그길로, (고/그/저/조/이/요)까지로, 그러므로, 그런고로, 그리로, 그빨로, 극도로(極度), 꾀꾀로, 날로(나날이. 날것으로), 달로, 내절로, 내폴로(내 마음대로), 노량으로, 노박이로, 다각도로(多角度), 다짜고짜로, 단적으로(端的), 단허리로, 대대로, 대대로(代代), 대짜배기로(大), 대체로(大體), 때로, 때때로, 막상말로, 마기말로(막상말로), 맛맛으로, 모로, 무시로(無時), 별로(別), 별도로(別途), 불시로(不時), 뽐들이로, 새로, 생으로(生), 속살로, 수시로(隨時), 스스로, 시고로(是故), 시시로(時時), 시시각각으로(時時刻刻), 시시때때로(時時), 실로(實), 실제로(實際), 실지로(實地), 아니할말로, 아닌보살로, 안다미로, 양으로(陽), 어깨너머로, 억병으로, 억수로, 억지로, 억척으로, 에멜무지로, 여러모로, 연고로(然故), 열심으로(熱心), 열십자로(十字), 예사로(例事), 온통으로, 요까지로, 요리로, 용코로, 우격으로, 의외로(意外), 은혈로(隱穴;남이 모르게 일을 해치우는 모양), 음으로(陰), 이럼으로, 이런고로(故), 임의로(任意), 자고로(自古), 자고이래로(自古以來), 자래로(自來), 자소로(自少), 자소이래로(自少以來), 자수로(自手), 자시로(自時), 자아시로(自兒時), 저 · 조리로, 저절로/절로, 절대로(絕對), 점차로(漸次), 정말로(正), 제물로, 제사날로, 제출물로, 제풀로, 조널로, 조리로, 종으로(縱), 주로(主), 죽기로, 지천으로(至賤), 진실로(眞實), 진짜로(眞), 차차로(次次), 참말로, 참으로, 켜켜로, 통으로, 통짜로, 통째로, 한마디로, 한테로, 허허실실로(虛虛實實), 홀로, 홑으로, 횡으로(橫) 들.

로(鷺) '해오라기'를 뜻하는 말. ¶대백로(大白鷺)/대로(大鷺), 백로(白鷺)[얼룩백로], 벽로(碧鷺), 오로(烏鷺), 옥로(玉鷺;해오라기 모양의 장신구), 자로(紫鷺;얼룩백로), 주로(朱鷺;따오기) 들.

로(艫) '뱃머리(이물. 고물)'를 뜻하는 말. ¶축로(舳艫;배의 고물과 이물).

로(轤) '도르래. 물레'를 뜻하는 말. ¶녹로(轆轤;고패. 물레).

로(顱) '머리뼈'를 뜻하는 말. ¶해로(解顱).

-로고 '이다. 아니다'의 어간에 붙어, '-로구나'의 뜻을 예스럽게 나타내는 종결 어미. ¶참으로 천하 일색이로고. 어허, 이거 보통 일이 아니로고. ☞ -구나.

로서 모음이나 'ㄹ' 받침으로 끝나는 체언에 붙는 부사격 조사. ['ㄹ' 이외의 받침 뒤에서는 '으로서'로 쓰임]. ①어떠한 '지위 · 신분 · 자격 따위를 가지고'의 뜻을 나타냄. ¶교사로서 그런 행동을 하다니. 의장으로서 한 마디 하겠소. ②어떠한 동작이 일어나거나 시작되는 곳을 나타내는 '으로부터'의 뜻. ¶모든 싸움은 너로서 시작되었다. 로서-가/는/만/이다.

로써 모음이나 'ㄹ' 받침으로 끝나는 체언에 붙어, 재료나 도구 또는 수단인 '…를 가지고'의 뜻을 나타내는 부사격 조사. ['ㄹ' 이외의 받침 뒤에서는 '으로써'로 쓰임].[←로+쓰(다)+어]. ¶쌀로써 밥을 짓는다. 인간은 언어로써 사고한다. 눈물로써 호소하다. 사랑으로써 아이들을 돌보다. 로서-는/도/만/이다 들.

록(麓) '산기슭'을 뜻하는 말. ¶남록(南麓), 단록(短麓), 북록(北麓), 산록(山麓)[산록대(帶), 산록빙하(氷河)], 여록(餘麓).

-롭다 일부 명사나 명사성 어근에 붙어 '어기(語基)의 속성이 풍부히 있음. 그럴 만함'의 뜻을 더하고 형용사를 만드는 말.((-릅-). §-롭-에 선행하는 명사들은 추상개념을 나타내는 형태소이며, 그 어근 끝소리가 모음임. ¶가소롭다(可笑), 감미롭다(甘味), 감미롭다(甘美), 감회롭다(感懷), 건조롭다(乾燥), 겨르롭다[←겨를+롭다], 경사롭다(慶事), 경이롭다(驚異), 고가롭다(高價), 고르롭다, 공교롭다(工巧), 공의롭다(公義), 광휘롭다(光輝), 괴롭다, 권태롭다(倦怠), 까다롭다, 날카롭다, 낭패롭다(狼狽), 다사롭다, 다사롭다(多事), 다채롭다(多彩), 단조롭다(單調), 대수롭다, 망패롭다(妄悖), 맵시롭다, 명미롭다(明媚), 명예롭다(名譽), 번거롭다, 번뇌롭다(煩惱), 번화롭다(繁華), 별미롭다(別味), 보배롭다(寶貝), 사사롭다(私私), 상가롭다, 상서롭다(祥瑞), 새롭다, 생기롭다(生氣), 수고롭다(受苦), 수나롭다, 수수롭다(愁愁), 순리롭다(順理), 순조롭다(順調), 순화롭다(順和), 슬기롭다, 신기롭다(神奇), 신기롭다(新奇), 신비롭다(神秘), 애고롭다(哀苦), 애처롭다, 양기롭다(陽氣), 영기롭다(靈氣), 영예롭다(榮譽), 영화롭다(榮華), 예사롭다(例事), 예의롭다(銳意), 예지롭다(叡智), 외롭다, 외따롭다, 우애롭다(友愛), 운치롭다(韻致), 위태롭다(危殆), 유해롭다(有害), 은혜롭다(恩惠), 의롭다(義), 의외롭다(意外), 의초롭다(誼), 이롭다(利), 이채롭다(異彩), 인자롭다(仁慈), 임의롭다(任意), 자비롭다(慈悲), 자애롭다(慈愛), 자유롭다(自由), 자혜롭다(慈惠), 재미롭다, 저주롭다(詛呪), 정가롭다[←정갈+롭다], 정교롭다(精巧), 정미롭다(情味), 정예롭다(精銳), 정의롭다(正義), 정채롭다(精彩), 조마롭다, 종요롭다, 주저롭다, 지혜롭다(智慧), 초조롭다(焦燥), 총혜롭다(聰慧), 취미롭다(趣味), 팽패롭다, 평화롭다(平和), 폐롭다(弊), 표차롭다(表), 풍아롭다(風雅), 풍요롭다(豊饒), 한가롭다(閑暇), 해롭다(害), 향기롭다(香氣), 허수롭다, 헌거롭다(軒擧), 호기(豪氣), 호화롭다(豪華), 흥미롭다(興味) 들.

롱(朧) '흐릿하다. 분명하지 아니하다'를 뜻하는 말. ¶몽롱하다(朦朧).

뢰(籟) '소리. 울림'을 뜻하는 말. ¶만뢰/구적(萬籟;자연의 만물이 내는 온갖 소리)/俱寂), 산뢰(山籟;산바람이 나뭇가지를 스쳐 울

ㄹ

리는 소리), 송뢰(松籟), 중뢰(衆籟), 지뢰(地籟), 천뢰(天籟), 풍뢰(風籟) 들.

뢰(蕾) '꽃봉오리'를 뜻하는 말. ¶미뢰(味蕾;맛을 알게 하는 세포의 모임), 염뢰(艶蕾;아름다운 꽃봉오리).

뢰(罍) '술독'을 뜻하는 말. ¶준뢰(樽罍;제향 때 술을 담는 그릇).

뢰(儡) '꼭두각시'를 뜻하는 말. ¶괴뢰(傀儡).

료(聊) '즐기다'를 뜻하는 말. ¶무료하다(無聊;지루하다. 부끄럽고 열없다), 무료히.

-루(하다) 몇몇 형용사 어근에 붙어, '대개 비슷비슷함'을 뜻하는 말. ¶고러루하다, 그러루하다(대개 정도나 형편 따위가 그러하다)[←그러(하다)+루+하다], 이러루하다, 저러루하다.

류(旒) '깃발'을 뜻하는 말. ¶장류(長旒;폭이 넓고 긴 깃발).

를/을 ①모음으로 끝나는 체언에 붙어, 그 말을 목적어로 만드는 조사. [받침 뒤에서는 '을'로 쓰임]. ¶나를 보라. 국기를 꽂다. 날 보러 와요. 동생이 밥을 먹는다. 잠을 자다. ②보조적 연결 어미 '-지'나 일부 부사 또는 용언의 연결 어미에 붙어 강조를 나타냄. 〈준〉ㄹ. ¶흥분이 가라앉지를 않았다. 그는 잠시도 가만히를 못 있어 했다. 내가 쫓아를 갈 수가 없다. 우선 먹어를 보아라. 널 좋아해. 누굴 탓하랴. 혼자서 뭘 하고 있냐? 학교엘 가요. ③형용사의 명사형 어미 '-기' 와 '하다'의 사이에 쓰여, 특별한 관심의 대상이 됨을 나타내는 말. ¶그 여자가 예쁘기를 한가 마음씨가 곱기를 한가?

-리[1] ①모음으로 끝난 어간이나 높임의 '-시-'에 붙어, 스스로에게 묻거나 반어적으로 되묻는 뜻을 나타내는 하게체의 종결 어미. ¶난들 어이하리. 그 또한 기쁨이 아니리요. -(으)리-요(오). ②'-(으)리라'의 준말. ¶영원하리(라).

-리[2] 일부 형용사 어간이나 지시 관형사에 붙어, 그 말을 부사로 만드는 말. ¶널리(←넓다), 달리[남달리], 멀리, 배불리, 빨리, 설불리, 유달리; 그리, 이리, 저리 들.

-리-[1] 모음으로 끝난 동사의 어간에 붙어, 미래 시제나 '추측', '의도'의 뜻을 나타내는 선어말 어미. ['ㄹ'을 제외한 받침이나 어미 '-었-. -겠-' 뒤에서는 '-으리-'로 쓰임. ¶내일 꼭 가리다/가오리다. 소식을 들으면 퍽 기뻐하리라. 내일은 늦으리니 빨리 대책을 세워야 할 것이다. 다시는 울지 않으리라. -(으)리-까[18], -(으)리-니(다)[19], -(으)리-다[20], -(으)리-라[21], -(으)리-니라, -렷다[22].

-리-[2] 'ㄹ'이나 'ㅀ' 또는 '르'로 끝난 동사의 어근 뒤에 붙어 '사동 또는 피동'을 만드는 말. ¶갈리다[分], 갈리다[換], 갈리다[磨], 갈리다[耕], 감빨리다, 거슬리다, 건들리다, 걸리다[掛·閉], 걸리다[步], 곁질리다, 결리다, 곯리다[膿], 곯리다[虛], 굴리다[轉], 그슬리다, 그을리다, 까불리다, 깔리다, 깨물리다, 꿇리다, 끌리다, 날리다, 널리다, 놀리다, 눌리다[壓], 늘리다, 다물리다, 다질리다, 달리다[懸], 달리다[走], 닳리다, 덜리다[減], 돌리다, 동글리다, 둘리다, 둥글리다, 뒤틀리다, 뒤흔들리다, 들까불리다, 들리다[聽], 들리다[擧], 딸리다, 떠받들리다, 떠올리다, 떨리다, 뚫리다, 말리다[乾], 막걸리다, 막질리다, 말리다[捲], 맞걸리다, 맞결리다, 매달리다, 몰리다[驅], 몽글리다, 무찔리다, 문질리다, 물리다, 무르다[退], 뭉그지르다, 밀리다, 박질리다, 발리다[塗], 발리다[瘠], 배틀리다, 버물리다, 벌리다, 불리다[呼], 부풀리다, 불리다, 붙들리다, 비틀리다, 빌리다[借], 빨리다[吸], 빨리다[洗], 뻗질리다, 살리다, 실리다, 썰리다, 쓸리다, 아물리다, 악물리다, 알리다, 어긋물리다, 어울리다, 억눌리다, 얼리다, 엇걸리다, 엇결리다, 엇돌리다, 엎눌리다, 에돌리다, 에둘리다, 여물리다, 열리다, 올리다, 옥갈리다, 울리다[鳴], 울리다[진동(震動)], 윽물리다, 이끌리다, 잇달리다, 잘리다, 잔갈리다, 졸리다[畜], 졸리다[眠], 주무르다, 질리다, 찔리다, 털리다, 틀리다[捻], 팔리다, 풀리다, 허물리다, 헐리다, 휘돌리다, 휘둘리다, 휩쓸리다, 흘리다, 흔들리다 들.

리(漓) '스며들다. 흐르는 모양'을 뜻하는 말. ¶임리(淋漓;피·땀·물 따위가 흘러 떨어지는 모양).

리(詈) '꾸짖다. 빗대어 욕하다'를 뜻하는 말. ¶매리(罵詈).

리(厘) 십진급수의 하나로, 푼(分)의 1/10. 모(毛)의 10배.

리터(ℓ) 미터법에 의한 용량의 단위로 1리터는 4℃의 물 1킬로그램에 해당하는 부피.=1,000cc.

---

18) -리까: 모음으로 끝난 동사 어간에 붙어, 손윗사람에게 앞일에 대한 의향을 물을 때 쓰는 종결 어미. [받침 뒤에서는 '-으리까'로 쓰임]. ¶당장 그리 가리까? 장치 이 일을 어찌하리까? 무엇으로 낙을 삼으리까. 오죽하였으면 달아났으리까.

19) -리니: 모음으로 끝난 어간에 붙어, '-ㄹ(을) 것이니'의 뜻을 나타내는 종속적 연결 어미. [받침 뒤에서는 '-으리니'로 쓰임]. ¶나는 가리니 너만이라도 남으렴. 광명의 날이 오리니 참고 견디라. 내가 시를 읊으리니 너는 노래를 불러라.
-리니-라: 모음으로 끝난 어간에 붙어, '-ㄹ(을) 것이니라'의 뜻을 나타내는 종결 어미. [받침 뒤에서는 '-으리니라'로 쓰임]. ¶그것은 하늘의 뜻이리니라. 세월이 가면 잊혀지리니라. 상을 받으리니라.

20) -리다: 모음으로 끝난 동사 어간에 붙어, [받침 뒤에서는 '-으리다'로 쓰임]. ①'기꺼이 그렇게 하겠소'의 뜻으로, 자기의 의사를 나타내는 종결 어미. ¶내가 다녀오리다. 뒷일은 내가 맡으리다. ②'그러할 것이오'의 뜻으로, 추측하여 조심하도록 일깨워주는 의미를 나타내는 종결 어미. ¶그렇게 마시다가 배탈나리다. 그만하고 가시는 것이 좋으리다.

21) -리라: 모음으로 끝난 동사 어간에 붙어, [받침 뒤에서는 '-(으)리라'로 쓰임]. ①추측의 뜻을 나타내는 종결 어미. ¶내일은 날씨가 쌀쌀하리라. 그는 이미 갔으리라. ②의지의 뜻을 나타내는 종결 어미. ¶꼭 이기고 돌아오리라. 어떤 벌이라도 내가 받으리라. 〈준〉-(으)리②. ③감탄조의 문어투 종결 어미는 '-(으)리로다'임. ¶멀리 가리로다. 내 참회와 기도로써 주님 앞에 이르리로다. 장차 관복을 입으리로다. 그의 문장이 으뜸이었으리로다.

22) -렷다: ①모음으로 끝난 어간에 붙어, 경험이나 이치로 미루어 어떠한 사실을 추정하거나 다짐할 때 쓰이는 종결 어미. [받침 뒤에서는 '-으렷(다)'로 쓰임]. ¶저 사람이 네 아우이렷다. 강이 풀리면 배가 뜨렷다. 정녕 거짓이 아니렷다. 내일은 날씨가 좋으렷다. 지금쯤은 도착했으렷다. ②모음을 끝난 동사의 어간에 붙는, 해라체의 명령형 또는 의문형 종결 어미. [받침 뒤에서는 '-으렷(다)'로 쓰임]. ¶지체 없이 시행하렷다. 당장 잡아묶으렷다. 철수가 밥을 먹으렸다? [←'-(으)리+엇(確認)+다].

ㅁ

-(으)ㅁ[1] 용언의 어간 뒤에 붙어 명사를 만드는 접미사. §'ㄹ' 받침 이외에는 '-음'이, 받침이 없거나 'ㄹ' 받침으로 끝나는 어간 뒤에는 '-ㅁ'이 붙음. 고어형은 '-암/-엄'. ¶가려움, 가르침, 가름, 가뭄, 가탈-걸음, 간지럼·근지럼, 갈음, 감침, 갚음, 갬, 거둠, 거리낌, 거스름, 거름[←걸다], 걸침 게으름, 겨룸, 고름[←곯다], 고마움, 괴로움, 굄[←괴다], 구김, 굴림, 굶주림, 귀여움, 그리움, 그림, 그을음, 기다림, 기림, 기쁨, 깨달음, 꺾임, 꾐, 꾸밈, 꾸짖음, 꿈, 끝막음, 끼움, 나눔, 나무람, 날림, 날어김, 낮춤, 낯가림, 노여움, 놀라움, 놀림, 높임, 뉘우침, 느낌, 다룸, 다름, 다짐[←다지다], 다스림, 다툼, 달림, 닮음, 더러움, 도움, 돋음, 돌림, 되새김, 됨, 두려움, 뒤틀림, 땜, 뜀, 뜸[←뜨다], 막음, 마음가짐, 말림, 말-막음, 맑음, 맞섬, 맞춤, 맺음, 모둠, 모임, 모자람, 몸부림, 무서움, 무침, 묶음, 묻음, 물림[책상물림(冊床), 후물림(後)], 물보낌, 물음, 뭉침, 미룸, 미쁨, 믿음, 미움, 바람, 반가움, 받침, 받힘, 발부림, 발붙임, 벌음, 밤새움, 보살핌, 보탬, 볶음, 부끄러움, 부름, 부침, 붙임, 비김, 비꼼, 비빔, 비웃음, 뿌림, 사귐, 사람됨, 삭임, 산돌림, 삶, 살림, 새김, 샘, 서글픔, 서러움, 셈, 속가름, 속삭임, 속임, 솎음, 수줍음, 쉼, 슬픔, 시침[←시치다], 심부름, 싸움, 쏠림, 쓰라림, 씻김, 아쉬움, 아픔, 앎, 앙갚음, 앞가림, 앞걸음, 어두움, 어려움, 어울림, 얼음, 엇갈림, 엉그름, 에움, 엮음, 울림, 외로움, 울림, 울음, 움직임, 웃음, 웃자람, 이음, 입가심, 입씻김, 잠, 자리-다툼, 조림, 졸음, 주림, 죽음, 죽임, 줆[←줄다], 즐거움, 짐[←지다], 지름[←지르다], 짬[←짜다], 찜[←찌다], 차림, 춤, 코-웃음, 틀림, 판박음, 함, 흐름, 흐림, 흘림 들.

-(으)ㅁ[2] '이다' 또는 모음으로 끝나거나 'ㄹ' 받침인 용언의 어간에 붙어 그 말이 명사 구실을 하게 하는 말. 관념적으로 움직임을 나타냄. ['ㄹ' 이외의 받침 뒤에서는 '-음'으로 쓰임]. ¶엄벌에 처함. 많이 베풂. 잃음. 얻음. 만듦. 옳음. 없음. -(으)ㅁ-세[1], -(으)ㅁ-에되[조사], -(으)ㅁ-에랴, -(으)ㅁ-직-스럽-, -(으)ㅁ-직-하-.

마[1] 맛과의 여러해살이 덩굴풀. 또는 그 열매[서(薯)]. ¶마어묵(魚;마를 넣어서 만든 어묵), 마즙(汁); 참마.

마[2] 뱃사람이 '남쪽'을 이르는 말. ¶마녘, 마물(남쪽에서 밀려오는 바닷물), 마쪽(남쪽), 마파람; 건들마[2], 된마파람/된마[동남풍(東南風)], 샛마파람, 시마(샛마파람).

-마[1] 물'을 뜻하는 말. ¶늦마(늦장마), 물마(비가 많이 와서 사람이 다니기 어려울 만큼 땅 위에 넘쳐흐르는 물), 장마.

-마[2] 모음으로 끝나거나 'ㄹ' 받침인 동사 어간에만 붙어 상대편에게 직접 약속하는 뜻을 나타내는 종결 어미. ['ㄹ' 이외의 받침 뒤에서는 '-으마'로 쓰임].=-음세. -겠다. ¶오후에 가마. 내가 뒤에서 밀으마. 그 일은 내가 맡으마. 이 돈은 꼭 갚으마.

마(馬) '말. 바둑에서의 말'을 뜻하는 말. ¶마각(馬脚)[3], 마갑(馬甲), 마경(馬耕), 마계(馬契), 마구(馬具), 마구(馬廏)[마구간(間), 마구발치(마구간의 뒤쪽)], 마군(馬軍), 마권/세(馬券/稅), 마대(馬臺), 마도위[4], 마두(馬頭), 마량(馬糧), 마력(馬力;힘의 단위)[마력시(時); 수마력(水), 제동마력(制動), 지상마력(地上), 지시마력(指示)], 마렵(馬鬣;말갈기), 마령(馬齡), 마록(馬鹿;고라니), 마린(馬藺;꽃창포), 마면주(馬面胄), 마모(馬毛), 마목(馬木;가마나 상여의 받침틀), 마미(馬尾)[마미군(裙;말총으로 짠 바지), 마미전(廛), 마미조(藻)], 마바리(말에 실은 짐)/꾼, 마발(馬勃;말불버섯), 마방/집(馬房), 마병(馬兵), 마보병(馬步兵), 마부(馬夫)[마부좌(座), 마부타령(打令); 곁마부, 원마부(元)], 마분(馬分;마삯), 마분(馬糞), 마분지(馬糞紙), 마비저(馬鼻疽), 마비풍(馬脾風), 마사(馬事), 마사(馬舍), 마삯, 마상(馬上)[마상재/꾼(才)], 마세(馬貰), 마수레, 마술(馬術), 마식(馬食), 마신(馬身), 마역(馬疫), 마연(馬煙), 마영(馬纓;말의 가슴걸이), 마예(馬藝), 마우전(馬牛廛), 마위논(馬位), 마유주(馬乳酒), 마육(馬肉), 마의(馬醫), 마이동풍(馬耳東風), 마인(馬印;烙印), 마장(馬場), 마장수, 마적(馬賊), 마정(馬政), 마제(馬蹄;말굽)[5], 마주(馬主), 마죽(馬粥), 마질(馬蛭), 마차(馬車), 마철(馬鐵), 마초(馬草)[마초더미, 마초무지], 마치(馬齒), 마태(馬太), 마태(馬駄;말의 짐바리), 마판(馬板), 마패(馬牌), 마편(馬鞭;말채찍), 마피(馬皮), 마필(馬匹), 마함(馬銜;재갈), 마합(馬蛤;말조개), 마황(馬黃); 거덜마[6], 거마(車馬), 거할마(巨割馬;주둥이가 흰 말), 견마(犬馬), 결따마(붉은빛에 가까운 누른빛의 말), 경마(耕馬), 경마(競馬), 경주마(競走馬), 곁마, 계마(桂馬)[대계마(大), 소계마(小)], 고마/청(雇馬/廳), 고마문령(瞽馬聞鈴), 곡마/단(曲馬/團), 곤마(困馬)[양곤마(兩)], 교마(轎馬;가마와 말), 궁마(弓馬), 과하마(果下馬;키가 몹시 작은 말), 기마(騎馬), 낙마(落馬), 낭기마(郎騎馬;신랑이 신붓집에 타고 가는 말), 노마(老馬), 노마(駑馬), 농마(農馬), 대마(大馬), 대성마(戴星馬), 만마(輓馬;수레를 끄는 말), 면마(面馬), 명마(名馬), 모마(牡馬)[종모마(種)], 목마(木馬)[7], 목마(牧馬), 무낭마(無囊馬;불깐 말), 미생마(未生馬), 반마(斑馬), 반숙마(半熟馬), 백마(白馬), 범마(犯馬), 병마(兵馬), 병마(病馬), 복마(卜馬), 복마(服馬), 부담마(負擔馬), 부마(夫馬), 부마(副馬), 부마(駙馬), 북마(北馬), 분마(奔馬), 비마(肥馬)[경의비마(輕衣), 경장비마(輕裝)], 비마(飛馬), 빈마(牝馬;암말. 피마), 사마(駟馬), 사명마(四明馬;사족발이), 사복마(司僕馬), 살주마(殺主馬), 상마(다 자란 수말.↔피마), 상마(上馬), 상마(相馬), 상사마(相思馬), 새옹지마(塞翁之馬)/새옹마(塞翁馬), 생마(生馬), 석마(石馬), 세마(洗馬), 세마(貰馬), 쇄마(刷馬), 수마(手馬), 숙마(熟

1) -ㅁ세: 모음이나 'ㄹ'로 끝난 용언 어간에 붙어, 기꺼이 그리하겠다는 뜻을 나타내는 하게체의 종결 어미. [받침 뒤에서는 '-음세'로 쓰임]. ¶그러함세. 내가 읽음세.

2) 건들마: 초가을에 남쪽에서 불어오는 선들선들한 바람. 건들바람

3) 마각(馬脚): 말의 다리. ¶마각을 드러내다(숨기고 있던 일이나 정체를 드러냄). 마각이 드러나다.

4) 마도위(馬): 말을 사고 팔 때에 홍정을 붙이는 사람.

5) 마제(馬蹄;말굽): 마제굽토시/마제토시, 마제석(石), 마제신(腎), 마제연(硯), 마제연(椽;말굽추녀), 마제은(銀), 마제자석(磁石), 마제철(鐵;말편자. 대접쇠), 마제추녀(말굽추녀), 마제형(形;말굽꼴).

6) 거덜마(馬): ①거덜(조선시대 말을 맡아보던 하인)이 타던 말. ②걸을 때 몹시 몸을 흔드는 말.

7) 목마(木馬): ①나무로 만든 장난감 말. ¶목마를 타고 놀다. 회전목마(回轉). ②집을 지을 때 발돋음으로 쓰는 나무토막.

馬), 순귀마(順歸馬), 승마(乘馬)[승마대(隊), 승마복(服), 승마술(術), 승마전(戰)], 승용마(乘用馬), 시정마(짝짓기 때 암말의 기분만 떠보는 수말), 아마(兒馬), 안구마(鞍具馬)/안마(鞍馬), 애마(愛馬), 야생마(野生馬), 양마(良馬), 어마(馭馬;말을 부림), 어승마(御乘馬), 여마(輿馬), 역마(役馬), 역마(驛馬), 연마(連馬), 예상마(豫想馬), 오명마(五明馬), 오추마(烏騅馬), 외마(畏馬), 용마(龍馬), 우마(牛馬), 유마(留馬), 유마(騮馬;갈기가 검고 배는 흰 말), 유재색마(有才色馬), 은제마(銀蹄馬;네 굽이 흰말. 사족발이), 인마(人馬), 자류마(紫騮馬), 잠불마(暫佛馬), 적각마(赤脚馬), 적부르마(赤), 적토마(赤兎馬), 전마(戰馬), 정마(征馬), 정마(停馬), 조류마(棗騮馬;배는 희고 갈기와 꼬리는 검은 말), 조마(調馬), 종마(種馬), 좌마(坐馬), 주마(走馬), 죽마(竹馬), 준마(駿馬)[천금준마(千金)], 지록위마(指鹿爲馬), 천고마비(天高馬肥), 천리마(千里馬), 천마(天馬), 철마(鐵馬;기차), 청마(靑馬), 청총마(靑驄馬), 추마(騅馬), 출마(出馬;선거 등에 입후보함), 출주마(出走馬), 치마(馳馬), 쾌마(快馬), 토산마(土産馬), 토황마(土黃馬), 파발마(擺撥馬), 표마(驃馬), 피마(다 자란 암말.↔상마), 필마(匹馬), 하마(下馬), 하마(河馬), 한마(悍馬;성질이 사나운 말), 한마지로(汗馬之勞;전쟁에 이긴 공로), 해마(海馬), 행마(行馬), 호마(胡馬), 혼마(魂馬), 홍마(紅馬), 화마(花馬;얼룩말), 회마(回馬), 흑마(黑馬) 들.

마(魔) ①일에 헤살을 부리거나 재앙을 가져오는 것으로 여기는 상상의 존재. 마귀. 악귀. 궂은 일이 자주 일어나는 장소나 때. 극복해 내기 어려운 장벽. ¶마가 씌었는지 손대는 일마다 실패로 끝난다. 마가 끼다. 마의 건널목. 마의 금요일. 마라톤에서 마의 2시간 5분 벽을 깨다. 마경(魔境), 마계(魔界), 마군(魔軍), 마굴(魔窟), 마권(魔圈), 마귀(魔鬼), 마꾼[8], 마녀(魔女)[마녀사냥, 마녀재판(裁判)], 마도(魔道), 마력(魔力), 마물(魔物), 마방진(魔方陣), 마법(魔法), 마성(魔性), 마수(魔手;음험하고 흉악한 손길. 검은손), 마술(魔術)[마술사(師), 마술쟁이], 마신(魔神), 마염(魔炎;악마가 일으키는 불꽃), 마왕(魔王;마귀의 우두머리), 마유(魔乳;鬼乳), 마장(魔障;일이 되어가던 중에 나타난 뜻밖의 탈)/스럽다(일에 헤살이 들다), 마적(魔笛), 마접(魔接;神接), 마졸(魔卒;마왕의 졸개), 마풍(魔風;무섭게 휩쓸고 지나가는 바람), 마희(魔戱;귀신의 장난. 魔障); 구마(驅魔), 백마(白魔), 번뇌마(煩惱魔), 병마(病魔), 부마(付魔), 사마(死魔), 사마(邪魔), 사마(死魔), 살인마(殺人魔), 색마(色魔), 선근마(善根魔), 수마(水魔), 수마(睡魔), 악마(惡魔), 염마(閻魔), 요마(妖魔), 적마(赤魔), 천마(天魔), 항마/검(降魔/劍), 호사다마(好事多魔), 화마(火魔), 흡혈마(吸血魔). ②'마의' 꼴로 쓰여 '궂은일이 자주 일어나는 때나 곳'을 이름. ¶마의 금요일. ③극복해 내기 어려운 장벽. ¶마의 9초 벽을 깨다.

마(麻) '삼'을 뜻하는 말. ¶마경(麻莖;삼대), 마고할미(麻姑), 마근(麻根), 마대(麻袋), 마두충(麻蠹蟲;삼벌레), 마면사(麻綿絲), 마바지, 마분(麻蕡;삼씨), 마비탕(麻沸湯), 마사(麻絲), 마승(麻繩), 마엽(麻葉;삼의 잎), 마유(麻油;삼씨기름), 마의(麻衣), 마인(麻仁;삼씨), 마자(麻子;삼씨), 마자유(麻子油), 마중지봉(麻中之蓬), 마지(麻紙), 마직물(麻織物), 마포(麻布;삼베), 마풍(麻風;마파람), 마피(麻皮), 마혜(麻鞋;미투리), 마황(麻黃); 난마(亂麻;뒤얽힌 삼 가닥처럼 어지러움), 대마(大麻), 대마초(大麻草), 면마(面麻), 백마(白麻), 비마(萆麻;아주까리), 상마(桑麻), 생마(生麻), 숙마(熟麻), 시마/친(緦麻/親), 아마(亞麻)[아마기름, 아마박(粕), 아마사(絲), 아마유(油), 아마인(仁), 아마포(布)], 저마(苧麻), 제마(製麻), 채마(菜麻;채소), 천마(天麻), 최마(衰麻), 쾌도난마(快刀亂麻), 피마자(萞麻子;아주까리), 호마(虎麻;苦蔘의 뿌리), 호마(胡麻), 황마(黃麻), 흑마포(黑麻布) 들.

마(磨) '갈다. 학문·덕행을 닦다. 맷돌'을 뜻하는 말. ¶마광(磨光;갈아서 윤기를 냄), 마도수(磨刀水), 마려(磨礪;돌이나 쇠붙이 따위를 문질러 갊), 마멸(磨滅), 마모(磨耗;닳아서 작아지거나 없어짐)[마모되다/하다, 마모시험(試驗), 마모열(熱), 마모율(率), 마모층(層)], 마묵(磨墨), 마분(磨粉), 마사(磨砂), 마석(磨石), 마석기(磨石器), 마손(磨損), 마식(磨蝕;바위가 깎이는 현상)/되다/하다, 마애(磨崖)[9], 마제(磨製), 마조장이(磨造;도자기에 맵시를 내는 이), 마탁(磨琢); 강마(講磨), 목마(木磨;매통), 백고불마(百古不磨), 삭마(削磨), 석마(石磨;맷돌), 연마(研磨), 연마(鍊磨), 절차탁마(切磋琢磨), 탁마(琢磨), 풍마(風磨) 들.

마(摩) '갈다(문지르다. 비비다). 닿다. 가까이 가다'를 뜻하는 말. ¶마권찰장(摩拳擦掌), 마무(摩撫;어루만짐), 마지(摩旨)[10], 마진(摩震), 마찰(摩擦)[11], 마천루(摩天樓;하늘에 닿을 만큼 높은 누각); 감마(減摩/磨), 견마곡격(肩摩轂擊;교통이 복잡함), 무마하다(撫摩), 안마(按摩), 호마(護摩) 들.

마(痲) '저리다. 마비되다'를 뜻하는 말. ¶마목(痲木;근육이 굳는 병), 마비(痲痹)[12], 마약(痲藥)[마약법(法), 마약분석(分析), 마약중독/자(中毒/者), 마약취급자(取扱者)], 마진(痲疹), 마취(痲醉)[13] 들.

---

8) 마꾼: 일이 잘못 되도록 헤살을 부리는 무리.

9) 마애(磨崖): 석벽(石壁)에 글자나 그림, 불상 따위를 새김. ¶마애불(佛), 마애조각(彫刻), 마애하다.

10) 마지(摩旨): 부처님께 올리는 밥. ¶마짓밥, 마지불기(佛器), 마지쇠(마지를 올릴 때에 치는 쇠종), 마지쌀.

11) 마찰(摩擦): 무엇에 대고 문지름. 물리학에서, 운동하려 하는 물체 또는 운동하고 있는 물체와 다른 물체와의 접촉면에서 그 운동을 방해하는 힘이 작용하는 현상. 둘 사이에 뜻이 맞지 않아 사이가 나빠지거나 충돌하거나 하는 일. ¶손바닥으로 피부를 마찰하다. 마찰을 피하다. 마찰각(角), 마찰계수(係數), 마찰구동(驅動), 마찰기어(gear), 마찰되다/시키다/하다, 마찰력(力), 마찰마력(馬力), 마찰바퀴, 마찰상(傷), 마찰상수(常數), 마찰손실(損失), 마찰시험(試驗), 마찰열(熱), 마찰용접(鎔接), 마찰음(音), 마찰저항(抵抗), 마찰적실업(노동 수급이 일시적으로 원활하지 못하여 생기는 실업), 마찰전기(電氣), 마찰전달(傳達), 마찰차(車;마찰기어), 마찰층(層), 마찰학(學), 마찰항력(抗力;마찰저항); 건조마찰(乾燥), 건포마찰(乾布), 구름마찰(회전마찰), 내부마찰(內部), 냉수마찰(冷水), 무역마찰(貿易), 문화마찰(文化), 미끄럼마찰, 벽면마찰(壁面), 운동마찰(運動), 유체마찰(流體), 정지마찰(靜止), 조석마찰(潮汐), 표면마찰(表面), 활마찰(活;운동마찰), 회전마찰(回轉).

12) 마비(痲痹): 신경이나 근육이 형태의 변화 없이 기능을 없애버리는 상태. 본래의 기능이 둔하여지거나 정지되는 일. ¶근육이 마비를 일으키다. 정전으로 업무가 마비 상태다. 마비되다/하다, 마비성치매(癡呆), 마비약(藥;痲醉劑); 감각마비(感覺), 경련성마비(痙攣性), 뇌성마비(腦性), 단마비(單), 대마비(對), 부전마비(不全), 소아마비(小兒), 신경마비(神經)[뇌신경마비(腦), 부신경마비(副), 안면신경마비(顔面神經), 후신경마비(嗅神經)], 심장마비(心臟), 와상마비(臥牀), 완전마비(完全), 운동마비(運動), 전신마비(全身), 주시마비(注視), 지각마비(知覺), 진행마비(進行), 척수마비(脊髓), 편측마비(片側)/편마비, 후두마비(喉頭).

13) 마취(痲醉): 약물 따위의 작용에 의하여 의식이나 감각을 일시적으로 잃

마(碼) ①천의 길이를 재는 단위.=1야드(yd). ¶광목 두 마. 마당(碼當; 매마(每碼). ②숫자. 셈하다'를 뜻하는 말. ¶전마(電碼;전신 부호와 그 글자를 대조해 보는 표).

마(麼) '잘다. 작다'를 뜻하는 말. ¶요마(幺麽;작음. 변변하지 못함).

마가리 막(幕)처럼 비바람이나 막을 수 있게 간단하게 꾸린 집. 마가리집. 오두막.

마감(磨勘) 옛날 중국에서 관리의 성적을 매기던 제도.

마고자 저고리 위에 덧입는 방한복의 하나.[←마괘자(馬褂子)]. ¶세뱃돈을 마고자 주머니에 넣다. 색동마고자(色), 솜마고자.

마고청 되질이나 말질을 하고 남은 곡식의 부스러기.

마구 ①잘 생각해 보지 않고 함부로. ¶무턱대고 마구 지껄이다. 마구 덤벼들다. 마구다지[14], 마구대고(마구 무리하게 자꾸), 마구발방[15], 마구잡이/막잡이'(닥치는 대로 마구 하는 짓). ②매우 세차게. 심하게. ¶비가 마구 쏟아지다. 마구 때리다. ③아무렇게나 되는 대로. 분별없이 함부로. 허청대고. ¶글씨를 마구 쓰다. 쓰레기를 마구 버리다. 마구설기(아무렇게나 만든 백설기). 〈준〉 막.

마구라기 벙거지. ¶마구라기춤(갓을 뒤로 젖히고 추는 춤).

마구리 물건의 양쪽 머리의 면. 길쭉한 물건의 끝에 대는 물건.[←막다]. ¶서까래 마구리. 베개의 마구리. 장구의 마구리. 마구리면(面), 마구리벽(壁), 마구리쌓기, 마구리테(장구의 마구리에 대는 쇠로 된 줄), 마구리틀, 마구리판[16], 마구리하다(기다란 물건 끝을 막다); 남마구리(南), 동마구리(東), 뒷마구리, 베개마구리, 북마구리(北), 서마구리(西), 앞마구리 들.

마기 마침내 실제에 이르러.=급기야. 실상. 막상. ¶마기 하여 보니 별 것이 아니다. 마기말로[17].

마까-질 물건의 무게를 달아보는 짓. 계량(計量). 저울질. ¶쇠고기를 마까질하다. 마까질하다(저울질하다).

마나 마소 두 마리를 부릴 때, 오른쪽의 마소를 이르는 말.=마라. ↔외나. ¶마라소(연장이 도는 안쪽을 도는 힘이 약한 소).

마나-님 나이 많은 부인(婦人)을 높여 이르는 말. ¶주인 마나님. 안방 마나님.

마냥¹ 늦모내기.[←만이앙(晩移秧)]. ¶마냥모(늦모); 중마냥(中), 퇴마냥(아주 늦게 심은 모).

마냥² ①언제까지나 계속하여 흐뭇하도록. 줄곧. 늦잡아 느릿느릿. ¶마냥 즐겁다. 마냥 걷기만 했다. 나이를 먹어도 마냥 어린 애다. 철길을 따라 마냥 걸었다. ②부족함이 없이 실컷. ¶마냥 자다. 마냥 먹어대다. 마냥 떠들다. ③한없이. 정도에 차 넘치게. ¶선생님의 칭찬에 마음이 마냥 뛰었다. ④=아주. 퍼그나. 퍽. ¶산을 오르기가 마냥 힘이 들다.[←매상(每常)].

마냥³ =처럼.

마누라 중년 이상 된 아내를 지칭 또는 호칭하는 말. 중년이 넘은 여자.[〈마노라].↔영감. 〈높〉부인(夫人). ¶우리 마누라가 요즘 살가워졌다네. 여보 마누라, 이것 좀 보오. 마누라쟁이; 뒷방마누라(房), 본마누라(本), 작은마누라, 주인마누라(主人) 들.

마는 '-다, -냐, -오, -자, -지' 따위의 종결 어미에 붙어, '앞의 말을 시인하면서(그렇지마는) 의문이나 어긋나는 상황 또는 그 일에 구애되지 않고'의 뜻을 나타내는 보조사. 〈준〉만④. ¶사고 싶다마는 돈이 없다. 고맙다마는 사양하겠네. 비가 옵니다마는 떠나야지요. 얼마 되겠느냐만 받아 두어라. 실례합니다만 말씀 좀 묻겠습니다. -ㄴ/는-다-마는[연결 어미], -지-마는/지만[18].

마늘 백합과의 여러해살이풀. 대산(大蒜). 호산(胡蒜). ¶마늘을 찧다. 마늘각시(피부가 하얀 색시), 마늘간장(醬), 마늘대, 마늘등(燈), 마늘뜸, 마늘모(마늘의 쪽처럼 세모진 모양), 마늘모눈, 마늘밭, 마늘잎, 마늘씨, 마늘잎/조림, 마늘장아찌, 마늘적(炙), 마늘종[-쫑](마늘의 꽃줄기), 마늘쪽, 마늘통; 구운마늘, 논마늘, 단오마늘(端午;단오에 캔 마늘), 돌마늘, 멀마늘(수선화), 메마늘, 밭마늘, 산마늘(山), 아들마늘, 외톨마늘, 육쪽마늘(六), 장손마늘[19], 쪽마늘, 통마늘, 풋마늘, 흑마늘(黑) 들.

-마니 '사람'을 뜻하는 말. ¶똘마니(부하), 선채마니(善採;산삼을 잘 캐는 능숙한 심마니), 심마니(산삼을 캐는 사람)[소장마니, 어인마니], 어이마니(늙은이) 들.

마니 용왕의 뇌에서 나왔다고 하는 보주(寶珠).[←魔尼←mani〈범〉]. ¶마니교(敎), 마니주(珠).

마닐마닐-하다 음식이 씹어 먹기에 알맞도록 부드럽고 말랑말랑하다. ¶입에 마닐마닐한 것은 어린아이부터 먹였다. 마닐마닐한 복숭아.

마님 ①지난날, '지체가 높은 집안의 부인'을 높여서 일컫던 말. ¶노마님(老), 안방마님(房). ②지체 높은 이에 대한 존대의 뜻을 나타내는 말. ¶나리마님, 대감마님(大監), 영감마님(令監), 주인마님(主人) 들.

마(다) 짓찧어서 못 쓰도록 오그라뜨리거나 부스러뜨리다. ¶자갈을 마면 모래가 만들어진다. 짓마다(잘게 부스러뜨리다. 흠씬 두

게 함. 몽혼(矇昏). ¶마취기능(機能), 마취되다/하다, 마취법(法), 마취성(性), 마취약(藥), 마취요법(療法), 마취용(用), 마취제(劑), 마취총(銃); 국부마취(局部), 국소마취(局所), 냉동마취(冷凍), 동면마취(冬眠), 저온마취(低溫), 전기마취(電氣), 전신마취(全身), 정맥마취(靜脈), 침술마취(鍼術), 표면마취(表面), 한랭마취(寒冷), 흡입마취(吸入).

14) 마구다지: 이것저것 가리지 않고 매우 억지스럽게 하는 것.

15) 마구발방: 분별없이 함부로 하는 말이나 행동. ¶마구발방으로 날뛴다. 위아래도 없이 마구발방을 해대다. 마구발방하다.

16) 마구리판: 나무토막의 마구리를 직각이 되도록 깎는 틀.

17) 마기말로: 실제라고 가정하고 하는 말로. 막상말로. ¶마기말로 네가 내 경우라면 어쩌겠니? 마기말로 두 사람의 처지가 바뀐다 해도 우정만은 변함이 없을 것이다.

18) -지마는: 용언 어간 또는 높임의 '-시-'나 시제의 '-았/었-, -겠-'에 붙어, 앞말을 인정하되 뒷말이 그에 매이지 아니함을 나타내는 종속적 연결 어미. ¶해 보기는 하지마는 결과는 뻔해.

19) 장손마늘: 비교적 작고 껍질이 연하며 쪽이 열 개쯤 되는 마늘. 장아찌를 담그는데 알맞음.

들기다). §'마수다/마스다'는 '마다'의 사투리.

마다 ①'낱낱이 모두 한결같이', '하나도 빠짐없이 각각 다'의 뜻을 나타내는 보조사. ¶사람마다 얼굴이 다르다. 날마다 찾아오는 손님. ②시간을 나타내는 말의 뒤에 붙어, 일정한 시간 내에 같은 동작이나 일이 반복됨을 나타냄. ¶버스는 5분마다 한 대씩 다닌다. 닷새마다 한 번씩 장이 선다. -다-마다(=-고말고), 에서-마다, 한테-마다; 마다-가/-의/-는/-야.

마당 ①집·건물에 붙이어 평평하게 닦아 놓은 땅바닥. ¶아이들이 마당에서 논다. 마당을 쓸다. 마당가, 마당과부(寡婦;혼례식 직후 시가에 가기 전에 신랑을 사별한 여자), 마당굿, 마당귀(마당의 귀퉁이), 마당극(劇), 마당길, 마당꿇림(마당에 꿇어앉힌 채 심문함), 마당놀이, 마당돌기, 마당맥질(마당을 흙으로 평평하게 바르는 일), 마당물매, 마당발(볼이 넓은 발. 활동 폭이 넓은 사람), 마당밟이, 마당비, 마당삼(蔘), 마당쇠(머슴이나 종), 마당쓰레기, 마당여[20], 마당이론(理論;場理論), 마당조개, 마당지기, 마당질(타작)/-하다, 마당출입(出入), 마당춤, 마당통(곡식을 수북하게 된 섬), 마당허리(마당의 중간 부분); 뒷마당, 말마당(말타기를 익히고 겨루는 곳), 바깥마당, 바심마당(마당맥질을 해서 닦아 놓은 마당), 배꼽마당(동네에 있는 아주 좁은 마당), 술마당, 안마당, 앞마당, 장마당(場;장터), 전기마당(電氣;電氣場), 주마당(主), 콩마당, 타작마당(打作), 텃마당. ②어떠한 일이 벌어지고 있는 자리나 판·장면. 판소리의 수를 세거나 장(章)을 세는 데 쓰는 말. ¶사람이 죽는 마당에 도대체 무슨 소리냐? 판소리 여섯 마당. 첫째 마당. 이런 마당에. 놀이마당, 소리마당, 어울마당, 열린마당, 전쟁마당(戰爭), 한마당. ☞ 장(場).

마대(다) 자꾸 싫다고 하다.

마들-가리 나무의 가지가 없는 줄기. 잔가지나 줄거리로 된 땔나무. 해어진 옷의 남은 솔기. 새끼·실이 훑이어 맺힌 마디. ¶마들가리를 꺾다. §'마들'은 '마디①', '가리'는 가지[枝]의 사투리.

마디 ①나무나 풀의 줄기에 가지나 잎이 붙은 자리. 길쭉한 물체에서 사이를 두고 고리처럼 도드라지거나 잘록한 곳. 관절(關節). ¶마디가 지다. 마디각(角), 마디누에, 마디마디, 마디막(膜), 마디발동물(절지동물), 마디벌레, 마디뼈, 마디오이, 마딧줄(보표 위에 세로 그은 줄), 마디지다¹[21], 마디충(蟲), 마디풀, 맏자라다(마디지고 옹골차게 자라다); 고리마디, 깃간마디(間), 끝마디, 넓적다리마디, 다릿마디, 뒷가슴마디, 몸마디, 무릎마디, 밑마디, 발목마디, 뼈마디, 손마디, 실마디, 아랫마디, 악마디(惡;결이 몹시 꾀어서 모질게 된 마디), 앞가슴마디, 왕마디(王;크게 두드러진 마디), 외마디/설대, 첫마디, 허릿간마디. ②노래나 말 따위의 한 도막. ¶한두 마디의 짧은 말. 갖춘마디, 단마디(單), 뒷마디, 말마디, 못갖춘마디, 소리마디, 순환마디(循環), 앞마디, 외마디/소리, 첫마디, 한마디(짧은 말). ☞ 절(節).

마디(다) ①닳거나 없어지는 동안이 오래다.↔헤프다. ¶돈이 마디다. 연필이 마디게 닳다. 마디가다[22], 마디숨(마디지게 몰아쉬는 숨), 마디지다². ②자라는 속도가 더디다. ¶마디게 자라는 나무.

마따나 '말·말씀' 뒤에만 붙어, '마찬가지로', '말한 바와 같이, 말한 대로'의 뜻을 나타내는 비교 부사격 조사.[←맞(다)+하나]. ¶네 말마따나 쉬는 게 좋겠다.

마땅새 결단하여 딱 잘라서 말할 수 있게.≒결코.

마땅-하다 대상이나 상태가 잘 어울리거나 알맞다. 정도에 알맞다. 이치로 보아 그렇게 되어야 옳다.[←맞(다)+당(當)]. ¶마땅찮다, 마땅히(꼭. 으레); 못마땅하다.

마뜩-하다 제법 마음에 들 만하다. ¶그 가운데서 가장 마뜩하지 못한 부분이다. 제품의 끝손질이 마뜩찮다. 마뜩이, 마뜩찮다(마음에 들지 않다.≒언짢다. 마땅찮다).[+부정어].

마래기 둘레가 넓고 운두가 낮아 투구와 비슷한 모자. 청나라 관리들이 쓰던 모자.[←mahala〈몽〉].

마래미 방어의 새끼. ¶떡마래미(마래미보다 작은 방어의 새끼).

마련 ①미리 헤아려서 갖춤.≒장만. 준비(準備). ¶집을 마련하다. 미리미리 이것저것 마련을 해 두어야 한다. 마련을 대다(마련하여 소용에 닿게 하다). 마련이 아니다(사정, 형편 따위가 몹시 어렵거나 딱하다). 마련이 없다(도무지 형편이 없다). 마련되다/하다(갖추다. 장만하다). ②어떤 일을 하기 위한 궁리나 속셈. ¶저도 무슨 마련이 있겠지. 마련그림(설계도). ③'이다' 앞에 쓰이어, '당연히 그러하게 되어 있거나 될 것임'의 뜻을 나타냄. ¶인간은 불완전하게 마련이다. 굶으면 배가 고프기 마련이다. 마련이 아니다(말이 아니다). 돈은 지니고 있으면 쓰게 마련이다. 비밀이란 새어 나가게 마련인 것일세. ④그런 정도나 상태로. ¶힘든 마련으로 말미를 얻다.

마렵(다) 오줌이나 똥이 나오려고 하는 느낌이 있다.[←뫌(똥·오줌)+-엽다]. ¶오줌이/ 뒤가 마렵다.

마록마록 작은 눈알이 생기 있게. 정신이 또렷하게.=말똥말똥. 〈큰〉머룩머룩. ¶마록마록 밝은 아기의 눈. 술은 마실수록 정신은 마록마록 밝아만 갔다. 머룩머룩 보기만 하다. 마록마록하다.

마롱마롱 ①생기 있게 눈을 뜨고 쳐다보는 모양. ¶마롱마롱 보고만 있다. 마롱마롱·머룽머룽/하다. ②점액질이나 액체 따위가 말갛고 약간 묽게 보이는 모양. 〈큰〉머룽머룽.

마루¹ 집채 안에 바닥과 사이를 띄우고 널빤지를 깔아 놓은 곳. ¶식구들이 마루에 앉아 밥을 먹는다. 마루광(마루를 깐 광), 마룻구멍¹, 마룻귀틀[23], 마룻널, 마루도리, 마룻바닥, 마루문(門), 마루방(房), 마루운동(運動), 마루장(마루청), 마룻전(마루의 가장자리), 마루청(廳;마룻바닥을 까는 널. 마룻널); 골마루[복도(複道)], 귀틀마루(우물마루), 난간마루(欄干), 납작마루(낮게 놓은 마루), 널마루, 누마루(樓), 다락마루, 대청마루(大廳), 덜걱·떨걱마루[24], 동마루(좁고 긴 마루에 널을 가로로 짧게 잘아 댄 마루),

20) 마당여: 바닷물에 잠겨 있는 넓고 평평하게 뻗은 바위[暗礁(암초)].

21) 마디지다¹: 마디가 있다. ¶마디가 생기다. 마디진 손.

22) 마디가다: 써서 없어지는 동안이 길다. ¶관솔은 풀나무에 비해 마디가는 땔감이다.

23) 마룻귀틀: 마루청을 끼우거나 까는 길고 튼튼한 나무.

뒷마루, 들마루(방문 바로 앞의 쪽마루), 박공마루(牔栱), 봉당마루(封堂;마루로 삼아 쓰는 봉당), 부섭마루(마루방에 붙여 놓은 좁은 마루), 안마루, 어간마루(於間;방과 방 사이에 있는 마루), 연마루(椽), 우물마루(井자 모양으로 짠 마루), 종마루(宗), 쪽마루, 쪽매널마루, 찬마루(饌), 토마루(土), 통마루(안방과 건넌방 사이에 놓인 큰 마루), 툇마루(退), 흙마루 들.

마루[2] ①등성이가 진 지붕이나 산등의 꼭대기. 신체의 불룩한 곳. ¶마룻구멍[2](서까래와 보·도리와의 사이에 있는 구멍), 마루기와, 마루높이(바닥에서 용마루까지의 높이), 마룻대, 마룻대공(臺工), 마루머리, 마룻보, 마루적심(용마루의 뒷목을 눌러 박은 적심), 마룻줄(용충줄), 마루지다, 마루터기/마루턱, 마루폭[25]; 고갯마루, 귀마루(지붕의 귀에 있는 마루), 기압마루(氣壓), 누마루(樓), 단골마루(아래층 지붕 위의 마루), 당마루(堂;너새), 대마루[26], 동마루(棟;기와로 쌓아 올린 지붕마루), 등마루(등골뼈가 있는 두두룩한 자리), 등성마루(산등성이의 가장 높은 곳), 부고마루(付高)[27], 산마루(山), 산마루터기(山), 영마루(嶺;재의 맨 꼭대기), 용마루(지붕 위의 마루. 옥척), 이슬마루(배 위에 지은 뜸집의 대들보), 정강마루[28], 종마루(宗;건물의 지붕 한복판에 있는 주요한 마루. 용마루), 지붕마루(용마루), 추녀마루(추녀 위의 마루), 콧마루, 합각마루(合閣[29];박공[30] 위에 있는 마루), 활개장마루, 황톳마루(黃土;황토가 덮인 언덕). ②파도 칠 때 치솟는 물결의 꼭대기. ¶물마루. ③일의 한창인 고비. ¶대마루판(일이 되고 못 되는 것과 이기고 지는 것이 결정되는 판. 〈준〉대마루).

마루[3] 어떤 사물의 첫째. 또는 어떤 일의 기준. ¶이 글은 서울말을 마루로 잡았노라. 마루소(결승전에서 이긴 씨름꾼이 타는 소), 마루씨름(결승전에서 등수를 가를 때 하는 마지막 씨름).

마룩 물과 건더기가 있는 음식물에서 건더기를 제외한 국물. ¶전골에 마룩을 붓다. 고기마룩, 국마룩, 김치마룩 들.

마르(다)[1] ①물기가 없어지다.(≒건조하다.↔젖다. 질다). 야위다(비리비리하다[1]↔살찌다). 갈증이 나다. 날씨가 개다. ¶젖은 옷이 마르다. 목이 마르다. 마른하늘에 번개가 친다. 말라깽이(몸이 매우 여윈 사람), 말라붙다, 말라비틀어지다, 말라빠지다[31], 말라죽다[32], 마른[33], 마름병(病), 마름새[1](마른 정도), 말랭이(가늘게 썰어서 말린 것)[가지말랭이, 고지말랭이, 무말랭이], 말리(말린 것), 말리다[1](젖은 것이나 물기를 마르게 하다), 말린꽃, 말림방(房;건조실); 간말리다[34], 강·깡마르다, 겉마르다, 곯마르다(속으로 썩어가며 마르다), 들이마르다[1](목이 몹시 마르다), 메마르다, 목마르다, 뼛마르다[35], 설마르다, 시들마르다, 애마르다(초조하거나 안타까워하다), 얼마르다(얼어 가며 차차 마르다). ②줄어 없어지다.≒고갈하다(枯渴). ¶냇물이/ 우물이 마르다. 돈이 씨가 마르다. 성마르다(도량이 좁고 성미가 급하다). ☞ 건(乾). 조(燥).

마르(다)[2] 옷감이나 재목 따위를 치수에 맞추어 베거나 자르다.=마르재다. ¶감을 말라 버선을 만들다. 마름[마름돌(다듬은 돌), 마름등글이, 마름새[2], 마름자, 마름재목(材木), 마름질/하다, 마름하다]; 들이마르다[2](종이나 옷감 따위를 밖에서 안쪽으로 마르다). ☞ 재(裁).

마름[1] 이엉을 엮어서 말아 놓은 단. 또는 그것을 세는 단위. ¶이엉 다섯 마름. 마름둥글이; 용마름(龍;초가지붕의 마루를 덮는 이엉). ☞ 말다[1].

마름[2] 마름과의 한해살이풀. '마름 모양'을 뜻하는 말. ¶마름꽃, 마름모[마름모깔기, 마름모꼴, 마름모무늬], 마름쇠[36], 마름죽(粥), 마름풀; 나사마름/나사말(螺絲), 붕어마름, 애기마름 들.

마름[3] 지주(地主)를 대리하여 소작권을 관리하는 사람.=사음(舍音). ¶마름을 부쳐 먹다. 마름집; 곁마름(마름을 도와주는 사람), 도마름(都), 중마름(中).

마리 짐승이나 물고기, 벌레 따위를 세는 말.=두(頭).≒미(尾). ¶돼지 세 마리. 물고기 두 마리. 마릿수(數); 낱마리.

마마(媽媽)[1] 열·두통이 나며 온 몸에 발진(發疹)이 생겨 잘못하면 얼굴이 얽게 되는 전염병인 천연두(天然痘). 손님. ¶마마를 앓다. 마마꽃, 마마딱지, 마마떡, 마마병(餠), 마맛자국; 별성마마(別星), 손님마마, 역신마마(疫神), 작은마마.

마마(媽媽)[2] ①임금과 그 가족들의 칭호 밑에 붙이어, 존대의 뜻을 나타내는 말. ¶마마님; 곤전마마(坤殿), 대전마마(大殿;임금), 동마마(東;황태자), 상감마마(上監), 아바마마, 어마마마, 중궁마마(中宮), 중전마마(中殿). ②벼슬아치의 첩을 높이어 부르는 말.

마목 광맥(鑛脈) 속에 섞여 있는 것 중 광석을 제외한 것.

ㅁ

---

24) 덜걱마루: 널조각으로 아무렇게나 만들어 디딜 때마다 덜걱덜걱 소리가 나는 마루. 허술한 마루. 〈센〉떨걱마루.

25) 마루폭: 바지·고의 따위의 허리에 달아 사폭을 대는 긴 헝겊.

26) 대마루: ①지붕에서 가장 높게 마루가 진 곳. ②=대마루판.

27) 부고마루(付高): 차꼬막이 위에 수키와를 옆으로 세워 쌓은 용마루.

28) 정강마루: 정강이뼈 거죽에 마루가 진 곳.

29) 합각(合閣): 맞배지붕 위쪽의 양옆에 박공으로 'ㅅ' 모양을 이룬 구조. 합각마루, 합각머리, 합각벽(壁;박공머리의 삼각형으로 된 벽).

30) 박공(牔栱): 합각머리(합각이 있는 측면)나 맞배지붕의 양쪽 끝머리에 'ㅅ' 모양으로 붙인 두꺼운 널. 또는 벽. ¶박공널, 박공벽(壁); 까치박공.

31) 말라빠지다: ①몹시 여위다. ②몹시 하찮고 보잘것없다. ¶이것이 그 말라빠진 개정안이란 말이냐.

32) 말라죽다: 아무 쓸데없다. ¶덕은 무슨 말라죽은 덕이란 말이냐?

33) 마른-(↔진-): 마른가래질, 마른가슴, 마른갈이, 마른강(江;와디), 마른거름, 마른걸레, 마른고기, 마른고추, 마른고치, 마른골짜기, 마른과자(菓子), 마른국수, 마른기침, 마른나무, 마른나무, 마른날, 마른날씨, 마른내(조금만 가물어도 물이 마르는 내), 마른논, 마른눈(비가 섞이지 않고 오는 눈), 마른대우, 마른도랑, 마른땀, 마른땅, 마른똥(된똥), 마른먹이, 마른목, 마른못자리, 마른무게(물기를 뺀 나머지 무게), 마른미역, 마른바가지, 마른마닥, 마른바람, 마른반찬(飯饌), 마른밥, 마른버짐, 마른번개, 마른벼락, 마른빨래, 마른삼(蔘), 마른세수(洗手), 마른손, 마른신, 마른써레, 마른안주(按酒), 마른여물, 마른열매, 마른오징어, 마른옴, 마른일(바느질 같이 손에 물을 묻히지 아니하고 하는 일), 마른입, 마른잎, 마른자리, 마른장(醬), 마른장마(강우량이 적거나 맑은 날이 계속 되는 장마), 마른장작, 마른재, 마른찜질, 마른찬합(饌盒), 마른천둥, 마른침, 마른타작(打作), 마른튀, 마른편포(片脯), 마른포도, 마른풀, 마른하늘, 마른행주, 마른홍두깨.

34) 간말리다: 해산물 따위를 소금기가 있게 말리다.

35) 뼛마르다: 살가죽이 말라서 쪼그라져 붙을 만큼 여위다. ¶뼛마른 팔다리.

36) 마름쇠: 도둑이나 적을 막기 위하여 땅에 흩어 두는 마름 모양의 쇠못. 능철(菱鐵). ¶마름쇠도 삼킬 놈(몹시 탐욕스러운 사람을 일컫는 말).

마무르(다) ①물건의 가장자리를 가지런하게 손질하다.≒휘갑하다. ②일의 뒤끝을 맺다.≒마감하다. ¶뒤를 잘 마무르고 나와라. 마무름, 마무리[37], 마무새; 두손매무리[38]/하다, 뒷마무새(일의 뒤끝을 맺는 솜씨나 모양새) 들.

마병 ①오래 되어 허름한 물건. ②넝마. ¶마병장수.

마뭍(다) 장마 때 물건에 곰팡이가 피다. ¶이불이 마뭍다. 벽지가 시커멓게 마뭍는 장마철.

마빚(다) 비집어 내다. ¶땅에서 뿌리를 마빚다.

마상개 농악에서, 몸을 구부려서 소고를 바닥에 끌고 뒤로 물러서는 동작.

마상이 ①거룻배처럼 노를 젓는 작은 배. ②통나무를 파서 만든 작은 배.=거루. 통나무배. 독목주(獨木舟). 구유배. 〈준〉마상.

마수 맨 처음 팔리는 것으로 미루어 예측하는 그 날 장사의 운수. ¶오늘 장사는 마수가 좋다. 한나절이 지나서야 겨우 마수했다. 마수가 언짢다. 마수걸이(첫 번째로 물건을 파는 일. 맨 처음 얻은 소득)/하다, 마수손님(맨 처음으로 물건을 산 손님), 마수없이[39], 마수하다.

마슬러-보다 빈틈없이 세밀하게 훑어보다. ¶주인이라는 여자는 위아래로 승재를 마슬러보면서 말을 걸었다.

마시(다) 액체를 목구멍으로 넘기다. 냄새 · 공기 따위의 기체를 들이쉬다.≒들이켜다↔뱉다. ¶물을/ 술을 마시다. 아침에 신선한 공기를 마셔라. 들이마시다(마구 마시다. 몸 안으로 빨아 마시다.↔내뿜다), 처마시다(욕심사납게 마시다), 퍼마시다(욕심사납게 마구 마시다). ☞ 음(飮). 끽(喫).

마안-하다 끝이 없이 아득하게 멀다. ¶마안한 바다.

마을 ①시골의 여러 집이 모여 사는 곳.≒고을. 동네(洞). ¶골짜기에 마을이 들어앉다. 마을굿, 마을금고(金庫), 마을길, 마을돌이, 마을문고(文庫), 마을버스(bus), 마을신(神), 마을오래(마을을 둘러싼 변두리)/길; 갯마을, 건넛마을, 뒷마을, 벌마을, 본마을(本), 새마을, 섬마을, 아랫마을, 앞마을, 역마을(驛), 옆마을, 윗마을, 한마을. ②이웃에 놀러 가는 일.=마실. 〈준〉말. ¶마을 가다/다니다, 마을꾼/말꾼; 밤마을. ☞ 촌(村).

마음 사람의 몸에 깃들여서 감정 · 의지 따위의 정신 활동을 하는 것. 또는 그 바탕이 되는 것. 거짓 없는 생각. 느낌. 인정이나 인심. 동정. 성의나 정성. 〈준〉맘. ¶마음이 곱고 착하다. 마음이 아프다. 마음을 접다(미련을 버리다). 마음의 양식이 되는 책. 마음을 졸이다/조이다(죄다). 공부할 마음이 생기다. 마음가다[40], 마음가짐(마음을 쓰는 태도. 결심), 마음결(마음의 바탕), 마음겹다(마음이 몹시 쓰이다), 마음고름, 마음고생(苦生), 마음공부(工夫), 마음껏, 마음내키다(하고 싶은 생각이 들다), 마음놓다(안심하다), 마음눈[심안(心眼)], 마음다툼, 마음대로, 마음대로근(筋), 마음드리다(정성을 들이다), 마음먹다(≒벼르다'), 마음밭(마음의 본바탕), 마음보(마음을 쓰는 속 바탕), 마음붙이다(전념하다. 정을 붙이다), 마음새, 마음성(性;타고난 마음의 바탕), 마음속, 마음쓰다(생각하다. 동정하다, 관심을 갖다. 신경을 쓰다), 마음씨, 마음자리(마음의 본바탕. 심지), 마음잡다(안정시키다), 마음졸이다(조마조마해지다), 마음좋다(인정이 있다. 너그럽다. 양심적이다); 겉마음, 딴마음, 뜬마음, 본마음(本), 속마음, 참마음, 큰마음, 한마음. ☞ 심(心).

마일(mile) 길이를 세는 단위로 약 1,609m.=1,760야드, 5,280피트.

마장 거리의 단위. 십 리나 오 리가 못 되는 거리를 말할 때 '리(里)' 대신으로 씀. ¶두어 마장 걸어가다. 한 마장만 더 가면 약수터다.

마저[1] ①앞에 오는 말이 '하나 남은 마지막임'을 나타내는 보조사. 부정적인 상황에 쓰임.[〈ᄆᆞ자〈ᄆᆞᄌᆞ←뭋(다)+ᄋᆡ]. ¶집마저 남의 손에 넘어갔다. 선수의 자격마저 박탈당했다. ②'어떠한 사실에 더하여'의 뜻을 나타냄. ¶추운데다가 바람마저 세차게 불었다. 에게서-마저, 에서-마저, 마저-도; 마저-를 들.

마저[2] 남아 있는 것을 모두. 마지막까지 다. 남김없이 모두.≒전부. 몽땅. 죄다.[〈ᄆᆞ자/저←맞/뭋(다)+어]. ¶그릇의 밥을 마저 먹어라. 일을 마저 끝내다.

마전 생피륙을 삶거나 빨아 볕에 말려서 희게 하는 일(바래는 일). 표백(漂白).≒누임/뉨. ¶무명을 마전하다. 마전하지 아니한 무명베를 '깃목(木)'이라고 한다. 마전가루(표백분), 마전빨래, 마전장이, 마전터, 마전하다; 삯마전(삯을 받고 하는 마전).

마지막 시간적인 순서에서 맨 끝 또는 맨 나중에 오는 것.[←맞/마치(다)+막].↔처음. ¶마지막 날. 마지막 수업. 마지막으로 부탁한다. 마지막길, 마지막날, 마지막말, 마지막숨, 마지막판, 마지막회(回).

마치[1] 못을 박거나 무엇을 두드리거나 하는 데 쓰는 연장. 망치. ¶마치로 못을 박다. 마치가 가벼우면 못이 솟는다(위엄이 없으면 아랫사람이 순종하지 않고 반항한다). 마치자루, 마치질/하다; 검차마치(檢車), 대갈마치[41], 머루마치(모루채), 세마치(대장간에서 쇠를 불릴 때에 세 사람이 돌려 가면 치는 큰 마치), 외마치(혼자 치는 마치), 장족마치(獐足;과녁에 꽂힌 화살을 뽑는 연장인 장족을 두드리는 마치) 들.

마치[2] 농악이나 무속 음악 따위에서, 장단을 이르는 말. ¶두마치/ 세마치/ 외마치/ 장단, 자진마치(무엇을 잦게 두드리는 동작) 들.

---

37) 마무리: 벌여놓은 일이나 말을 중간이나 끝 단계에서 매듭을 지음. 또는 그 일. ¶사건을 깨끗이 마무리하다. 하던 일을 마무리하고 나서 쉬었다. 마무리기와, 마무리대패, 마무리돌, 마무리되다/짓다/하다, 마무리표(標); 끝마무리, 뒷마무리.

38) 두손매무리: 어떤 일을 함부로 거칠게 얼버무려 냄.

39) 마수없이: 나타나는 모양이 아주 뜻밖이고 갑작스럽게. 난데없이. ¶넋을 놓고 우두커니 섰는데 누가 마수없이 어깨를 잡았다. 한밤중에 골목길을 가는 데 누군가 마수없이 나타나 화들짝 놀랐다.

40) 마음가다: 관심 · 주의 · 생각이 어떤 대상으로 쏠리다. ¶어디 마음가는 총각이라도 있니?

41) 대갈마치: ①대갈을 박는 작은 마치. ②온갖 어려움을 겪은, 아주 야무진 사람을 비유. ¶그 사람은 이마를 송곳으로 찔러도 피 한 방울 안 날 대갈마치다.

마치[3] (주로 '처럼 · 듯 · 듯이 · 같다 · 양과 같이 쓰여) 비유하자면. 다른 말로 알맞게 표현하자면. 거의 비슷하게. 다른 데가 없이 꼭.≒흡사(恰似). 틀림없이. ¶마치 외국에 온 것 같다. 한겨울인데 마치 봄 날씨 같다. 마찬가지[←마치 한 가지].

마치(다)[1] ①못 · 말뚝 따위를 박을 때 속이 무엇이 받치다. ¶땅 속에 돌이 있는지 무언가 딱딱한 것이 마치었다. 못을 박는데 돌이 마치다. ②몸의 어느 부분에 무엇이 부딪는 것처럼 결리다. ¶허리가 마치고 온몸에 열이 났다. 옆구리가 마치고 쑤시다.

마치(다)[2] 하던 일을 다 하거나 주어진 과정을 다 겪어 끝내다. 마무리하다.≒끝내다. 이루다. 다하다. 〈준〉맟다. ¶일을 마치고 일찍 집에 들어왔다. 회의를 마치다. 학업을 마치다. 마침꼴, 마침내(마지막에 이르러), 마침줄, 마침표(標); 끝마치다, 갖춘마침, 못갖춘마침, 반마침(半). ☞ 종(終).

마침 ①필요하던 차에. 어떤 경우나 기회에 알맞게.[〈마춤]. ¶마침 잘 만났다. ②다행히. 우연히 공교롭게도. ¶일이 마침 잘 되었다. 마침 식사 시간이었다. ③그때에 바로. ¶마침 들어왔다. 마침 시작하려고 했다. 마침가락(어떤 경우나 조건에 우연히 딱 들어맞음), 마침감(마침맞은 사물이나 일), 마침꾸밈, 마침맞다(어떤 경우나 기회에 꼭 알맞다), 마침몰라(그 때를 당하면 어찌 될지 몰라), 마침하다(무엇에 아주 알맞다); 때마침. [+긍정적인 사태].

마투리 곡식의 양을 섬이나 가마로 잴 때에, 한 섬이나 한 가마가 되지 못하고 남는 양. 말합(末合).[←말+투리]. ¶두 섬 마투리. 말마투리(말을 다하지 않은 여운).

마푸리 그해 처음 깬 병아리. ¶마푸리 몇 마리가 한가롭게 모이를 찾고 있다.

마틀마틀 촉감이 부드럽지 않고 까칠까칠한 모양.

마하[1] 주로 다른 말이나 사람 이름 위에 붙여서, '큼. 뛰어남'을 뜻하는 말.[←Mahā〈범〉]. ¶마하가섭. 마하살(薩;성인. 큰 법. 큰 보살) 들.

마하(Mach)[2] 속도의 단위. 1마하는 초속 약 340m.

마함 그물의 가장자리를 굵은 실로 튼튼하게 짜는 일.

마흔 열의 네 갑절. 사십(四十). ¶나이 마흔이 되어서 겨우 생활이 안정되었다. 흔줄(마흔 살에서 마흔 아홉 살에 이르는 나이).

막 ①바로 지금. ¶막 출발하다. ②바로 그 때. 이제 방금. ¶내가 역에 도착했을 때, 기차가 막 떠났다. 이제 막 시작되었다. 막바로.

막–[1] 일부 명사나 동사 앞에 붙어 '거친. 품질이 낮은. 닥치는 대로'의 뜻을 더하는 말. §부사 '막~마구(함부로)'와 동근어. ¶막가다(아무렇게나 행동하다), 막가루, 막가마(벼를 담는 허름한 가마), 막거간(居間), 막거르다, 막거름, 막걸다(놀음판에서, 가진 돈을 몽땅 내걸고 단판으로 내기를 하다), 막걸리다(막걺을 당하다), 막걸리(탁주)42), 막고무신, 막고춧가루, 막과자(菓子), 막구들, 막국수, 막그릇, 막김치, 막깎다, 막깎이/하다, 막낳이(아무렇게나 짠 막치 무명), 막노동(勞動;막일), 막놀다(버릇없이 행동하다), 막놓다, 막누더기, 막눈, 막다짐(아주 호되게 받는 다짐), 막담배, 막대접(마구 쓰는 대접), 막대패, 막대하다(함부로 대하다), 막도장(圖章), 막돌[막돌기초(基礎), 막돌주추(柱)], 막동이(童), 막돼먹다('막되다'의 속된 말), 막되다(거칠다), 막된놈, 막두부(豆腐), 막두부장(豆腐醬), 막떼기, 막말, 막말이(마구 말아 만든 음식), 막매기(포를 쓰지 아니하고 지은 집), 막매듭, 막바우(막돼먹은 사람), 막백토(白土;푸석돌이 많이 섞인 백토), 막벌[1](마구 입는 옷), 막벌다/벌이/꾼, 막베, 막베먹다43), 막보다(얕보아 마구 대하다), 막부림(자기 권한의 범위를 넘어섬), 막불겅이44), 막붓, 막뿌리, 막사과(沙果), 막사발(沙鉢), 막살다/살이, 막서까래, 막서다45), 막서리(남의 막일을 해 주며 사는 사람), 막설탕(雪糖), 막소금, 막소리, 막소주(燒酒), 막숫돌, 막심기(허튼모), 막쌓기(허튼층쌓기), 막옷, 막일/꾼, 막자갈, 막잡이[2](아무렇게나 허름하게 쓰는 물건), 막장(醬;허드레로 먹기 위하여 담는 된장), 막장단, 막장부촉(鏃), 막주름, 막주춧돌(柱礎), 막지르다[1](함부로 마구 냅다 지르다)/질리다, 막지밀(질이 낮은 밀), 막집기(공기놀이의 하나), 막초(草;질이 나쁜 담배), 막춤, 막치, 막토(土;막흙), 막판[1](일이 아무렇게나 마구 되는 판), 막팔기(덤핑), 막품팔이, 막필(筆), 막해야(아무리 나쁘다 하여도), 막흙 들.

막–[2] 일부 명사나 동사 앞에 붙어 '마지막 · 끝'의 뜻을 더하는 말. ¶막고비(막바지 고비), 막끝46), 막내47), 막다르다48), 막다닫다49), 막달(밴 아이를 낳을 달), 막덮장, 막동(윷놀이에서 넷째로 쓴 말), 막둥이(막내아들), 막딸, 막마침, 막물(끝물), 막물태(太;맨 끝물에 잡는 명태), 막바지(막다른 곳. 마지막 단계), 막배(마지막으로 떠나는 배), 막벌[2](여러 벌 중에서 마지막 벌), 막사리(얼기 바로 전의 조수), 막새/기와, 막손(마지막으로 쓰는 손. 마지막의 일손), 막순(巡), 막술(음식을 먹을 때에, 마지막으로 드는 숟갈↔첫술), 막잔(盞), 막잠(누에의 마지막 잠), 막장50), 막차(車), 막참(막참을 먹다), 막참(站), 막창자[맹장(盲腸)], 막판[2](마지막 무렵의 판).

–막 몇몇 동사나 형용사 어간 앞에 붙어 '그렇게 된 곳(자리). 무렵 · 때'의 뜻을 더하고 명사를 만드는 말. ¶가팔막, 가풀막, 가풀막지다, 내리막/길, 느지막/하다, 늘그막/늙마(늙어가는 무렵), 돈들막(평지보다 높직하게 두드러진 땅의 비탈진 바닥), 어슬막(어

---

42) 막걸리: 막걸리잔(盞), 막걸리집, 막걸리통(桶); 밀막걸리, 보리막걸리, 쌀막걸리, 찹쌀막걸리.

43) 막베먹다: 가지고 있는 밑천이나 물건을 함부로 잘라서 쓰다.

44) 막불겅이: ①불겅이보다 질이 낮은 살담배. ②잘 익지 아니한 고추.

45) 막서다: 어려워함이 없이 함부로 대들다. ¶조그만 녀석이 버릇없이 어른에게 막서려고 한다.

46) 막끝: 어떤 지대나 지역의 맨 끝.

47) 막내: 여러 형제 중에 맨 마지막으로 난 아이.↔맏이. ¶막냇누이, 막냇동생(同生), 막내둥이, 막내딸, 막내며느리, 막냇사위, 막냇삼촌(三寸), 막냇손자(孫子), 막내아들, 막내아우, 막냇자식(子息).

48) 막다르다: ①더 나아갈 수 없게 막혀 있거나 끊겨 있다. ¶막다른 길. 막다른골, 막다른집. ②일이 더는 어찌 할 수 없는 형편에 있다. ¶막다른 지경.

49) 막다닫다: 막다른 지경에 이르다. ¶어려운 일에 막다닫다.

50) 막장: 갱도의 막다른 곳. 갱도 끝에서 광물을 캐내는 작업. ¶막장길, 막장꾼, 막장나르기, 막장동발, 막장일, 막장판, 막장패.

슬어슬 해가 질 무렵. 어슬무렵), 오르막/길, 이슬막(이슥한 때).

-막/달막(하다) '작다. 짧다'의 어근과 '하다' 사이에 붙어, '조금'의 뜻을 더하는 말. ¶골막하다[51], 땅딸막하다, 작달막하다(키가 몸피에 비하여 자그마하다), 짤막하다(조금 짧은 듯하다), 짤막짤막하다. §'-막'은 '-찍-'과 어울려 '-쯔막/찌막(조금. 매우)-'의 꼴로, '길쯔막하다, 멀찌막하다(매우 멀찍하다)'를 파생시켰음.

막(幕) ①비바람을 가리려고 임시로 아무렇게나 지은 집. 칸을 막거나 위를 덮기도 하고 옆으로 둘러치기도 하는 천으로 된 물건. ¶막을 짓다. 막을 내리다. 막료(幕僚;중요한 계획의 입안시행 따위의 일을 보좌하는 사람), 막벽(幕壁;둑이나 수문의 물이 닿는 부분의 벽), 막부(幕府), 막비(幕裨), 막사(幕舍), 막영(幕營;막을 둘러친 진영), 막전(幕電;번개가 구름에 가려서 빛의 반사만 보이는 현상), 막중(幕中), 막집, 막차(幕次;임시로 막을 쳐서 임금이 머무르게 하던 곳), 막하(幕下;거느리고 있는 사람), 막후(幕後)[52]; 가림막, 개막/식(開幕/式), 검정막, 구조막(救助幕), 군막(軍幕), 굿막[53], 기와막, 끝막, 내막(內幕;일의 속내), 농막(農幕), 돌막(돌로 쌓아 지은 막)/집, 돼지막, 뒷막, 뜸막[54], 면막(面幕), 묘막(墓幕), 발막(조그만 오막살이집), 방풍막(防風幕), 병막(兵幕), 병막(病幕), 보초막(步哨幕), 보호막(保護幕), 산막(山幕), 살막, 삼물막(三物幕), 새막(논밭에 새를 쫓기 위하여 지은 막), 서막(序幕), 수막(首幕), 수막(繡幕), 순검막(巡檢幕), 숯막, 악막(幄幕), 암막(暗幕), 암전막(暗轉幕), 앞막, 여막(廬幕), 연막(煙幕;숨기기 위하여 피워 놓은 연기), 염막(鹽幕), 영사막(映寫幕), 오두막/집, 움막, 원두막(園頭幕), 유막(帷幕), 은막(銀幕;영화막. 영화계), 의막(依幕), 자막(字幕), 장막(帳幕), 장면막(場面幕), 점막(店幕), 제막/식(除幕/式), 종막(終幕), 주름막(무대를 가리는 천), 주막(酒幕), 차광막(遮光幕), 천막(天幕), 초막(草幕), 출막(出幕), 친막(親幕), 탄막(彈幕), 토막(土幕;움집), 파수막(把守幕), 펼침막, 폐막(閉幕), 풀막, 피막/지기(避幕), 한증막(汗蒸幕), 현수막(懸垂幕), 흑막(黑幕;검은 장막. 음흉한 내막). ②연극에서 나누어진 한 단락을 세는 말. ¶2막 3장. 막간(幕間); 단막(單幕)[단막극(劇), 단막물(物)], 장막극(長幕劇) 들.

막(膜) 생물체의 내부에서 기관(器官)을 싸거나 막거나 하는 얇은 꺼풀. 물건의 표면을 덮은 얇은 껍질. ¶우유를 끓이니 막이 생기다. 막골(膜骨), 막공(膜孔), 막꼴(막 모양), 막낭(膜囊), 막벽(膜壁;막질로 된 칸막이), 막상(膜狀;막꼴), 막성(膜性), 막시(膜翅;개미, 벌 따위 곤충의 얇은 막질 날개), 막전위(膜電位), 막질(膜質;막으로 된 성질. 膜性), 막평형(膜平衡)[55]; 가로막, 가름막, 각막(角膜), 각막(殼膜), 감광막(感光膜), 건막(腱膜), 겉막, 격막(隔膜), 격막(膈膜), 결막(結膜), 경뇌막(硬腦膜), 경막(硬膜), 고막(鼓膜), 골막(骨膜), 공막(鞏膜), 그물막, 근막(筋膜), 기저막(基底膜), 난각막(卵殼膜), 난막(卵膜), 난백막(卵白膜), 난황막(卵黃膜), 내막(內膜), 뇌막(腦膜), 뇌척수막(腦脊髓膜), 늑막(肋膜), 망막(網膜), 맥락막(脈絡膜), 박막(薄膜), 반투막(半透膜), 배막(胚膜), 백막(白膜), 법랑막(琺瑯膜), 복막(腹膜), 비막(飛膜), 섬유막(纖維膜), 세포막(細胞膜), 속막, 수렴막(垂簾膜), 수막현상(水膜現象), 수막(髓膜), 수정막(受精膜), 순막(瞬膜), 심막(心膜), 안막(眼膜), 앙금막, 양막/강(羊膜/腔), 연막(軟膜), 연골막(軟骨膜), 예막(瞖膜), 외막(外膜), 외투막(外套膜), 요막(尿膜), 원형질막(原形質膜;세포막), 위막(僞膜), 장간막(腸間膜), 장막(漿膜), 장막(腸膜), 장막(漿膜), 장점막(腸粘膜), 점막(粘膜), 점액막(粘液膜), 증투막(增透膜), 지주막(蜘蛛膜), 처녀막(處女膜), 척수막(脊髓膜), 초자막(硝子膜), 침전막(沈澱膜), 탈락막(脫落膜), 태막(胎膜), 표막(表膜), 피막(皮膜), 피막(被膜), 핵막(核膜), 활막(滑膜), 활액막(滑液膜), 횡격막(橫膈膜;가로막), 흉막(胸膜) 들.

막(莫) '아니다. 더할 수 없다. 그만두다. 대단히·매우'를 뜻하는 말. ¶막강하다(莫强), 막급하다(莫及)[서제막급(噬臍莫及), 후회막급(後悔)], 막대(莫大), 막론하다(莫論)[56], 막막강궁(莫莫强弓), 막막강병(莫莫强兵), 막무가내(莫無可奈;도무지 융통성이 없고 고집이 세어 어찌할 수가 없음), 막부득이(莫不得已), 막불감동(莫不感動), 막불탄복(莫不嘆服), 막비(莫非)[막비명야(命也), 막비왕신(王臣)], 막상(莫上), 막상막하(莫上莫下), 막설(莫說;말을 그만둠)/하다, 막심(莫甚;매우 심함)[막심하다; 무도막심(無道)], 막엄지지(莫嚴之地), 막역(莫逆;서로 허물없이 썩 친함)[막역지간(之間), 막역지교(之交), 막역지우(之友), 막역하다], 막왕막래(莫往莫來), 막중(莫重;더할 나위 없이 귀중함. 매우 중요함)[막중국사(國事), 막중대사(大事), 막중하다]; 무지막지(無知莫知), 원막치지(遠莫致之) 들.

막(漠) '사막. 넓다. 아득하다'를 뜻하는 말. ¶막막대해(漠漠大海), 막막(漠漠;너르고 아득함. 걷잡을 수 없음)[막막대해(大海), 막막하다[57]], 막연하다(漠然)[58], 막지(漠地;사막처럼 거칠고 메마른 땅); 공막(空漠), 광막하다(廣漠), 망막하다(茫漠), 묘막하다(渺漠), 사막(沙/砂漠)[사막기후(氣候), 사막뢰(雷), 사막지대(地帶)], 삭막하다(索莫/寞漠), 황막(荒漠) 들.

막(寞) '쓸쓸하다'를 뜻하는 말. ¶막막하다(寞寞)[59], 막막궁산(寞寞窮山); 삭막하다(索寞/莫/漠), 적막감(寂寞感), 적막하다(寂寞) 들.

막(瘼) '병들다. 앓다'를 뜻하는 말. ¶거막(巨瘼;고치기 어려운 병), 고막(痼瘼), 민막(民瘼), 폐막(弊瘼;없애기 어려운 폐해. 몹시 나쁜 병통) 들.

---

51) 골막하다: 그릇에 약간 차지 않은 듯하다. 〈큰〉굴먹하다.

52) 막후(幕後): 막의 뒤. 겉으로 드러나지 않은 뒷면. 특히 정치적인 면에 있어서의 이면의 상황. ¶막후에서 조종하다. 막후 거래가 이루어지다. 막후공작(工作), 막후교섭(交涉), 막후인물(人物), 막후협상(協商).

53) 굿막(幕): 광부들이 쉬거나 연장을 보관하기 위하여 구덩이 밖에 지은 작은 집. 굿(구덩이).

54) 뜸막: 띠, 부들 따위로 거적처럼 엮어 만든 움막.

55) 막평형(膜平衡): 두 전해질 용액이 용매와 일부의 이온만을 투과하는 반투막을 경계로 접해 있을 때에 이루어지는 화학 평형.

56) 막론하다(莫論): 주로 '막론하고'의 꼴로 쓰여. '따져 말할 나위도 없이. 논의할 것도 없이'의 뜻을 나타냄. ¶이유 여하를 막론하고 법에 따라 다스리다.

57) 막막하다(漠漠): ①아주 넓거나 멀어서 아득하다. ¶막막한 광야. ②아득하고 막연하다. ¶앞길이 막막하다. 살아갈 길이 막막하다.

58) 막연하다(漠然): ①갈피를 잡을 수 없게 아득하다. ¶앞으로 나아갈 길이 막연하다. ②뚜렷하지 못하고 어렴풋하다. ¶막연한 기대. 막연한 생각.

59) 막막하다(寞寞): ①고요하고 쓸쓸하다. ¶막막한 산중의 한밤중. ②의지할 데 없이 답답하고 외롭다. ¶낯선 객지에서의 막막한 처지. 막막한 심경을 토로하다.

막(邈) '멀다'를 뜻하는 말. ¶막막조(邈邈調); 면막하다(綿邈).

막(다) 못하게 하다. 통하거나 미치지 못하게 하다. 사이를 가리다.≒닫다. 폐쇄하다(閉鎖).↔열다. 트다. 뚫다. ¶길을 막다. 구멍을 막다. 칸을 막다. 범죄를 막다. 추위를 막다. 마감[60], 마개(뚜껑)[61], 막아벌리다(가로막아 두 사이를 넓게 하다), 막아서다(앞을 가로 막고 서다), 막음[끝막음, 말막음, 입막음], 막이[62], 막지르다[2][63], 막히다, 막힘없다/없이; 가로막다(행동을 제지하다)/막히다, 건너막다, 기막히다(氣), 끝막다, 돌라·둘러막다[64], 돌려막다, 밀막다[65], 숨막히다, 어금막히다(서로 엇갈리게 놓이다), 밀막다(핑계를 대고 거절하다), 틀어막다, 판막다(마지막 승리를 얻어 그 판의 끝장을 내다), 판막음. ☞ 방(防). 색(塞). 애(碍).

막대기 가늘고 긴 나무나 대의 토막. 〈준〉막대. ¶대나무 막대를 휘두르다. 막댓가지(가는 막대기), 막대겨눔, 막대그래프, 막대살, 막대자석(磁石), 막대잡이[66], 막대기질/하다, 막대찌, 막대찜, 막대채, 막대기춤(팔만 벌리거나 관절만 움직여 제멋대로 추는 춤), 막대칼; 갈고랑막대기, 궁글막대[67], 꼉거리막대, 대막대기, 둥어리막대, 똥막대기, 물추리막대(쟁기의 성에 앞 끝에 가로 박은 막대기), 방전막대(放電), 서발막대(세 발이나 되는 긴 막대), 소경막대, 쇠막대기, 약막대기(藥), 자막대기[척(尺)], 좀생이막대, 지팡막대, 탄소막대(炭素) 들.

막상 마침내 실제에 이르러. 어떤 일에 실지로 당하여.≒급기야. 실지로. 정작. 마기.=막. ¶그는 직장에 사표를 내었으나 막상 할 일이 없었다. 막상 헤어지려니 아쉽다. [+'~니. ~니까. ~면'으로 끝나는 종속절].

막자 덩어리 약을 부수어서 가루로 가는 데 쓰는, 끝이 둥근 작은 사기 또는 유리 방망이. ¶막자사발(沙鉢).

만[1] '동안이 얼마간 계속되었음'을 나타내는 말. ¶이틀 만에 깨어났다. 이게 얼마 만인가? 그 친구를 십 년 만에 만났다.

만[2] 체언뿐만 아니라 어미나 조사 뒤에도 붙어, ①어떤 사물을 단독으로 또는 한정하여 일컫는 보조사. ¶하나만 먹어라. 바라만 보고 있다. 듣고만 있었다. ②비교하여 그와 같은 정도에 미치지 못함을 나타내는 부사격 조사. ¶아우가 형만 못하다. ③강조, 의무의 뜻을 나타내는 보조사. ¶참고 기다려야만 한다. 밤은 점점 깊어만 간다. 그렇게 아쉽지만은 않다. 오랜간만/오랜만, 자꾸/잘/조금-만. ④조사 '마는'의 준말. 에게-만, 에-만, 와-만, 까지-만, 만-도/이/은/을/의.

만[3] 동사의 관형사형 어미 '-(으)ㄹ' 다음에 '하다'와 어울려 쓰여, 가치나 능력이 '그러한 정도임. 거의 그 정도에 미치어 있음'의 뜻을 나타내는 말. ¶한창 일할 만한 나이. 정말 한번 읽어 볼 만한 책이더군요. 유학 갈 만한 형편이 못 된다.

만(萬) 천의 열 곱절. '많다. 온갖·모든'을 뜻하는 말. ¶만 원짜리 지폐. 만감(萬感), 만강하다(萬康;아주 편안하다), 만겁(萬劫), 만경(萬頃)[68], 만고(萬古)[69], 만고(萬苦), 만곡(萬斛;아주 많은 분량), 만골(萬骨), 만과(萬科), 만구(萬口)[만구성비(成碑), 만구일담(一談), 만구칭송(稱頌)], 만국/기(萬國/旗), 만군(萬軍), 만권(萬卷), 만귀잠잠하다(萬鬼潛潛), 만근(萬斤), 만금(萬金), 만기(萬機/幾), 만기(萬騎), 만난(萬難), 날[70], 만년(萬年)[71], 만능(萬能;모든 일을 다 할 수 있음)[만능선수(選手), 만능열쇠, 만능인(人); 금권만능(金權), 기술만능(技術), 황금만능(黃金)], 만단(萬端;갖가지)[만단개유(開諭), 만단설화(說話), 만단수심(愁心), 만단정회(情懷)], 만대(萬代)[만대불변(不變), 만대불역(不易), 만대불후(不朽), 만대영화(榮華), 만대유전(遺傳)], 만덕(萬德), 만등/회(萬燈/會), 만려(萬慮;여러 가지 생각), 만뢰/구적(萬籟/俱寂), 만리(萬里)[72], 만만/다행(萬萬/多幸), 만만세(萬萬歲), 만망(萬望), 만명(萬明), 만목(萬目), 만무(萬無)[만무시리(是理), 만무일실(一失), 만무하다], 만물(萬物;온갖 물건)[만물상(相), 만물상(商), 만물초(肖), 만물탕(湯); 천종만물(千種)], 만민/법(萬民/法), 만반(萬般;모든 것), 만발공양(萬鉢供養), 만방(萬方;여러 방면), 만방(萬邦;萬國), 만백성(萬百姓), 만법(萬法;온갖 법률이나 규칙), 만별(萬別), 만병(萬病)[만병초(草), 만병통치(痛治)], 만복(萬福), 만부/부당(萬夫/不當), 만부당(萬不當), 만부득이(萬不得已), 만분(萬分)[만분다행

---

60) 마감: 하던 일을 마물러서 끝냄. 또는 그런 때. 정해진 기한의 끝.[←막(다)+암]. ¶마감 뉴스. 원고는 오늘이 마감이다. 마감고비(일의 중요한 마지막 단계), 마감김(마지막으로 매는 김), 마감날, 마감눈(끝눈), 마감단계(段階), 마감서리, 마감역(驛;종착역), 마감일, 마감장식(裝飾), 마감재(材), 마감하다(끝내다. 마무리하다), 마감해(어떤 일의 마지막 해); 끝마감, 뒷마감.

61) 마개: 마개뚫으개, 마개뽑이; 고무마개, 귀마개, 물마개, 병마개(瓶), 입마개, 코르크마개.

62) 막이: 사이를 가리어 막는 일. ¶막이산지, 칸막이(間), 곁마기, 고막이/돌, 골막이(도리 위의 서까래 사이를 흙으로 막는 일. 또는 그 흙), 노루막이(산의 막다른 꼭대기), 동막이(垌), 두루마기, 뒷막이, 모막이, 물막이, 바람막이, 방패막이(防牌), 보막이(洑), 상모막이(上), 수구막이(水口), 아랫마기, 아랫막이, 액막이(厄), 언막이(堰;물을 대기 위하여 막은 둑), 옆막이, 윗마기, 윗막이, 창막이(艙), 홍수막이(洪水), 횡수막이(橫數), 흙막이.

63) 막지르다[2]: 앞길을 막다. 앞질러 가로막다. ¶남의 말을 막지르다. 앞길을 막지르다. 막질리다.

64) 둘러막다: 가장자리로 돌아가며 가려서 막다. ¶울창한 숲으로 둘러막힌 마을. 둘러막히다.

65) 밀막다: ①핑계를 대어 거절하다. ¶친구의 부탁을 밀막기 어려웠다. ②밀어서 막다. ¶형을 못 들어오게 밀막았다. ③못하게 하거나 말리다. ¶처음에는 몸에 손만 못 대도록 밀막다가 달려들기에 나중에는 왈칵 떠다밀었다.

66) 막대잡이: ①길을 인도하는 길라잡이. ②앞을 못 보는 사람을 상대로 말할 때 오른쪽을 가리키는 말.

67) 궁글막대: 길마의 앞가지와 뒷가지를 꿰뚫어 맞춘 나무.

68) 만경(萬頃): 백 만 이랑. 아주 넓음. ¶만경유리(유리처럼 반반하고 아름다운 바다), 만경창파(蒼波), 만경타령(打令;요긴한 일을 소홀히 함을 비유하는 말).

69) 만고(萬古): 오랜 세월. ¶만고강산(江山), 만고불멸(不滅), 만고불변(不變), 만고불역(不易), 만고불후(不朽), 만고상청(常靑), 만고역적(逆賊), 만고절색(絶色), 만고절창(絶唱), 만고풍상(風霜).

70) 만날: 늘. 언제나. 매일같이 계속하여서. ¶그는 공부할 생각은 않고 만날 놀기만 한다.

71) 만년(萬年): 퍽 많은 세월. 늘 일정한 상태로 변화가 없는. ¶만년눈, 만년락(樂), 만년불패(不敗), 만년빙(氷), 만년설(雪;만년눈), 만년송(松), 만년얼음, 만년책(策), 만년초(醋), 만년필(筆).

72) 만리(萬里): 아주 먼 거리. ¶만리경(鏡), 만리동풍(同風), 만리변성(邊城), 만리수(愁), 만리장서(長書), 만리장설(長舌), 만리장성(長城), 만리장천(長天), 만리창파(滄波), 만리타국(他國), 만리타향(他鄕), 만리화(花), 만리후(侯); 구만리장천(九萬里長天), 이역만리(異域).

(多幸), 만분위중(危重)], 만사무석(萬死無惜), 만사(萬事)[만사무심(無心), 만사여의(如意), 만사와해(瓦解), 만사태평(太平/泰平), 만사형통(亨通)], 만상(萬狀), 만상(萬祥), 만상(萬象)[삼라만상(森羅)], 만서(萬緖), 만석(萬石)[만석꾼, 만석들이], 만선(萬善), 만성/보(萬姓/譜), 만세(萬世)[만세불망(不忘), 만세불변(不變), 만세불역(不易), 만세불후(不朽)], 만세(萬歲)[만세력(曆), 만세후(後); 산호만세(山呼), 성수만세(聖壽), 천추만세(千秋)], 만수(萬水), 만수(萬殊), 만수(萬愁), 만수/무강(萬壽/無疆), 만수꾼(萬首), 만승(萬乘)[만승지국(之國), 만승지군(之君), 만승천자(天子)], 만안하다(萬安), 만약(萬若;萬一), 만양(萬樣), 만역(萬域), 만연(萬緣), 만왕(萬王), 만왕(萬旺), 만우난회(萬牛難回), 만우절(萬愚節), 만유(萬有), 만유루없다(萬遺漏), 만인(萬人)[만인계(契), 만인교(轎), 만인산(傘), 만인적(敵)], 만인(萬仞), 만일(萬一), 만장(萬丈)[73], 만장(萬障;온갖 장애), 만전(萬全;아주 완전함), 만절필동(萬折必東), 만종록(萬鍾祿), 만중(萬重), 만첩(萬疊), 만타(萬朶), 만태(萬態;온갖 형태), 만파(萬波), 만파(萬派), 만학/천봉(萬壑/千峰), 만항아사(萬恒河沙), 만행(萬幸;아주 다행함), 만호(萬戶), 만혹(萬或), 만화(萬化;온갖 변화), 만화(萬貨), 만황씨(萬黃氏), 만휘군상(萬彙群象;세상의 온갖 사물); 감사만만(感謝萬萬), 거만(巨/鉅萬), 기만(幾萬), 누만(累萬), 소만(掃萬), 소만왕림(掃萬枉臨), 수만(數萬), 억만(億萬), 오만(五萬;매우 많은 수량)[오만가지, 오만소리, 오만일], 유만부동(類萬不同), 죄송만만(罪悚萬萬)/죄만(罪萬), 천만/에(千萬) 들.

만(滿) ①시기나 햇수가 돌이 되어 꽉 참을 이르는 말. ¶만 3년. 만으로 치면 올해 나이가 몇이냐? ②'가득하다. 차다. 넉넉하다'를 뜻하는 말. ¶만가(滿家), 만간(滿干), 만강(滿腔;마음속에 가득 참), 만개(滿開;활짝 핌. 滿發), 만건곤(滿乾坤;하늘과 땅에 가득 참), 만공산(滿空山), 만공정(滿空庭), 만관(滿貫), 만기(滿期;정해진 기한이 참)[만기병(兵), 반기어음, 만기일(日)], 만끽(滿喫)[74]/하다, 만당(滿堂;넓은 방에 사람이 가득 참)[금옥만당(金玉)], 만도(滿都), 만료(滿了)[만료되다, 만료일(日), 만료점(點),만료하다], 만루(滿壘), 만만(滿滿;넘칠 정도로 가득함)[만만하다; 자신만만(自信), 야심만만(野心)], 만면(滿面;온 얼굴)[만면수색(愁色), 만면수참(羞慚), 만면희색(喜色)], 만목(滿目;눈에 가득 참)[만목수참(愁慘), 만목황량(荒涼)], 만반진수(滿盤珍羞), 만발(滿發)[백화만발(百花)], 만범(滿帆), 만벽/서화(滿壁/書畫), 만복(滿腹;배가 잔뜩 부름)[만복감(感), 만복경륜(經綸)], 만삭(滿朔;아이를 낳을 달이 참), 만산(滿山), 만살창(萬-窓), 만선(滿船;배에 가득 실음), 만수(滿水), 만수(滿數), 만신(滿身)[만신창(瘡), 만신창이(瘡痍;온몸에 성한 데가 없이 상처투성이임)], 만실(滿室)[만실우환(憂患)], 만심(滿心)[만심환희(歡喜)], 만열(滿悅), 만원(滿員)[만원사례(謝禮); 초만원(超)], 만원(滿願), 만월(滿月), 만일(滿溢), 만작(滿酌), 만장(滿場;모인 사람들로 가득 참)[만장일치(一致), 만장중(中;만장판)], 만재(滿載), 만점(滿點;규정된 점수를 모두 맞힘), 만정(滿廷), 만정(滿庭), 만조(滿朝;온 조정), 만조/선(滿潮/線), 만족(滿足)[75], 만좌/중(滿座/中), 만즉일(滿則溢), 만지(滿地), 만지장서(滿紙長書), 만천(滿天), 만천하(滿天下), 만취(滿醉), 만탱크(tank), 만폭(滿幅), 만화(滿花), 만화방석(滿花方席); 간만(干滿), 과만(瓜滿), 과만하다(過滿), 기만득면(期滿得免), 미만(未滿), 박만(撲滿), 불만스럽다/히(不滿), 비만(肥滿), 성만(盛滿), 소만(小滿), 연만하다(年滿/晩), 영만(盈滿), 원만하다/스럽다(圓滿), 임만(任滿), 자만(自滿), 자신만만(自信滿滿), 장만(腸滿), 창만(脹滿;배가 부름), 천만(喘滿), 춘만(春滿), 충만하다(充滿), 타기만만(惰氣滿滿), 패기만만(覇氣滿滿), 팽만하다(膨滿), 편만(遍滿), 포만(飽滿), 풍만하다(豊滿), 한만(限滿) 들.

만(晩) '저녁. 때가 늦다. 늙다'를 뜻하는 말.↔조(早). ¶만각(晩覺), 만경(晩景), 만경(晩境;늙바탕. 暮境), 만계(晩計), 만교(晩交), 만기(晩期), 만년(晩年), 만달(晩達;늘그막에 지위와 명망이 높아짐), 만도(晩到), 만도(晩稻), 만동(晩冬), 만득/자(晩得/子), 만래(晩來), 만량(晩涼), 만모(晩暮), 만복(晩福), 만산(晩産), 만상(晩霜), 만생(晩生)[만생자(子), 만생종(種)], 만성(晩成;늘그막에 성공함)[대기만성(大器)], 만숙/종(晩熟/種), 만시(晩時), 만식(晩食)[만식당육(當肉)], 만식(晩植), 만앙(晩秧), 만양(晩陽), 만염(晩炎;늦더위), 만운(晩運), 만이(晩移), 만작(晩酌), 만잠(晩蠶), 만절(晩節), 만조(晩照), 만종(晩鐘), 만종(晩種), 만찬(晩餐)[만찬회會); 성만찬(聖)], 만청(晩晴), 만추(晩秋), 만춘(晩春), 만취(晩翠), 만파(晩播), 만풍(晩風), 만하(晩夏), 만하(晩霞), 만학(晩學), 만혼(晩婚), 만화(晩花); 상미만(尙未晩), 세만(歲晩), 연만하다(年晩), 완만하다(緩晩), 조만/간(早晩間), 최만(最晩) 들.

만(漫) '생각나는 대로. 한가로이. 넘치다. 제멋대로'를 뜻하는 말. ¶만담(漫談)[만담가(家), 만담꾼, 만담쟁이], 만답(漫答), 만록(漫錄;漫筆), 만만하다(漫漫;멀고 지루하다), 만매(慢罵), 만문(漫文;일정한 형식이 없이 마음이 내키는 대로 쓴 문장), 만문(漫問;생각나는 대로 아무렇게나 물음), 만보(漫步;한가롭게 거닒), 만수운환(漫垂雲鬟), 만언(漫言), 만연하다(漫然), 만유하다(漫遊), 만음(漫吟), 만취(漫醉), 만평(漫評;풍자적으로 비평함)[시사만평(時事)], 만필/화(漫筆/畵), 만한(漫汗), 만홀(漫忽;무심하고 소홀함), 만화(漫畵)[76], 만흥(漫興;저절로 일어나는 흥취); 난만(爛漫)[난만상의(相議), 난만하다; 천진난만(天眞)], 미만하다(彌漫;널리 가득 차다), 방만하다(放漫), 산만(散漫)[산만신경계(神經系), 산만하다], 용만하다(冗漫), 천진난만(天眞爛漫), 한만(汗漫), 한만하다(閑漫), 혼만(混漫) 들.

만(慢) 잘난 체하며 남을 업신여기는 데가 있음. '게으르다. 느리다 · 더디다'를 뜻하는 말. ¶만만디(慢慢的), 만매(慢罵), 만모(慢/謾侮), 만성(慢性)[77], 만심(慢心;남을 업신여기며 잘난 체하는 마

73) 만장(萬丈): 매우 높거나 깊음. ¶만장공도(公道), 만장봉(峰;높디높은 산봉우리), 만장폭포(瀑布), 만장홍진(紅塵); 기고만장(氣高), 파란만장(波瀾).

74) 만끽(滿喫): ①음식을 마음껏 먹고 마심. ②욕망을 마음껏 충족함.

75) 만족(滿足): 마음에 부족함이 없이 흐뭇함. 부족함이 없이 충분함. ¶만족한 표정을 짓다. 만족해 하는 모습. 만족감(感), 만족도(度), 만족스럽다/하다; 불만족(不), 자기만족(自己).

76) 만화(漫畵): 이야기 따위를 간결하고 익살스럽게 그린 그림. ¶만화가(家), 만홧가게, 만홧거리(만화가 될 수 있는 웃음거리나 재료), 만화물(物), 만화방(房), 만화영화(映畵), 만화집(集), 만화책(冊); 시사만화(時事), 연재만화(連載), 풍자만화(諷刺).

77) 만성(慢性): ①버릇이 되다시피 하여 쉽게 고쳐지지 아니하는 상태나 성질. ¶일찍 일어나는 게 만성이 돼서 그런지 늦게 자도 일찍 일어난다.

음), 만화(慢火;뭉근하게 타는 불); 거만하다(倨慢), 고만하다(高慢), 교만(驕慢)[교만스럽다/하다], 근만(勤慢), 모만(侮慢), 설만하다(褻慢), 소만하다(疏慢), 아만(我慢), 오만하다(傲慢), 완만하다(頑慢), 완만하다(緩慢), 자만하다(自慢), 지만하다(遲慢), 태만(怠慢), 패만(悖慢), 포만(暴慢), 해만(懈慢) 들.

만(灣) 바다의 일부가 육지로 휘어 들어가 있는 곳. 바닷가의 큰 물굽이. 후미. 구미. ¶만계(灣溪;연안에 후미진 계곡), 만구(灣口), 만내(灣內), 만두(灣頭;만의 가장자리), 만류(灣流), 만안(灣岸), 만외(灣外), 만입(灣入), 만항(灣港); 강만(江灣), 계단만(階段灣), 대양만(大洋灣), 범람만(氾濫灣), 하구만(河口灣;강어귀굽이), 하만(河灣), 함몰만(陷沒灣), 항만(港灣), 해만(海灣), 협만(峽灣), 남양만(南陽灣)/ 영일만 들.

만(蠻) '오랑캐. 거칠고 사나운·함부로 날뛰는'을 뜻하는 말. ¶만군(蠻軍), 만맥(蠻貊), 만성(蠻性), 만속(蠻俗), 만습(蠻習), 만어(蠻語), 만용(蠻勇;분별없이 함부로 날뛰는 용맹), 만이(蠻夷), 만인(蠻人), 만적(蠻狄), 만족(蠻族), 만종(蠻種), 만지(蠻地), 만촉(蠻觸;사소한 일로 서로 싸우는 일), 만풍(蠻風), 만행(蠻行;야만스러운 행위), 만황(蠻荒;먼 남쪽의 오랑캐); 남만(南蠻), 야만(野蠻), 이만(夷蠻) 들.

만(蔓) '덩굴'을 뜻하는 말. ¶만경(蔓莖), 만목(蔓木), 만삼(蔓蔘), 만생(蔓生), 만성/식물(蔓性/植物), 만연(蔓延/衍)[만연경(莖), 만연체(體)], 만청(蔓菁;순무), 만청자(蔓菁子), 만초(蔓草;덩굴풀), 만형(蔓荊), 만형자(蔓荊子); 녹만(綠蔓;푸른 풀덤불), 산만(刪蔓), 자만(滋蔓) 들.

만(彎) '굽다'를 뜻하는 말. ¶만곡(彎曲;활 모양으로 굽음)[만곡부(部), 만곡점(點), 만곡증(症)], 만굴(彎屈;彎曲), 만궁(彎弓;활을 당김), 만생배주(彎生胚珠), 만월(彎月;구붓하게 이지러진 달), 만입(彎/灣入), 만환(彎環;둥근 모양) 들.

만(輓) '수레를 끌다. 죽음을 애도하는 시가(詩歌)'를 뜻하는 말. ¶만가(輓歌), 만근(輓近;요즈음), 만근이래(輓近以來), 만마(輓馬;수레를 끄는 말), 만사(輓詞), 만시(輓詩), 만장(輓章)[78], 만파(輓把;논밭을 고르는 데 쓰는 농기구) 들.

만(娩) '아이를 낳다'를 뜻하는 말. ¶분만(分娩)[분만실(室); 겸자분만(鉗子), 무통분만(無痛), 인공분만(人工), 자연분만(自然)], 완만하다(婉娩), 의만(擬娩) 들.

만(挽) '끌어당기다. 잡아당겨 못하게 하다(말리다)'를 뜻하는 말. ¶만류/하다(挽留;붙들고 못하게 말리다), 만인(挽引;끌어당김), 만지(挽止;挽留), 만집(挽執;挽留), 만회/되다/하다(挽回;바로잡아 회복하다. 처음 상태로 돌이키다) 들.

만(瞞) '속이다'를 뜻하는 말. ¶만보(瞞報), 만착(瞞着); 기만/술(欺瞞/術) 들.

만(懣) '마음이 괴로워 가슴이 답답하다(번민하다)'를 뜻하는 말. ¶번만(煩懣), 분만하다(憤懣) 들.

만(巒) '산봉우리'를 뜻하는 말. ¶기만(奇巒), 봉만(峰巒), 중만(衆巒), 취만(翠巒), 층만(層巒) 들.

만(卍) 불교의 표지(標識). 인도에서 전하여 오는 길상(吉祥)의 표지. ¶만자(卍字).

만갑(다) 무엇을 움직이기가 가분가분하다. ¶기계를 작동하기가 만갑다. 얼마 전에 수리한 자동차는 모든 것이 탐탁하고 만가웠다.

만경-되다 눈에 정기(精氣)가 없어지다. ¶만경되다시피 한 흡뜬 눈으로 수많은 적병들을 바라보았다. 만경하다.

만나(다) ①서로 얼굴을 대하게 되다.≒마주치다.↔헤어지다. 갈라지다. 이별하다.[←맞(다)+나다]. ¶친구와 길거리에서 만나다. 만남을 주선하다. ②어떤 일을 당하거나 때가 있게 되다. ¶때만나다, 물만나다, 철만나다. ③인연으로 어떤 관계를 맺게 되다. ¶그는 좋은 부모를 만나 호강한다. 만나자 이별. ④두 물체나 선분이 닿게 되다. ¶교차로에서 길이 서로 만나다. 만난각(角), 만난점(點).

만다라 불교의 본질인 깨달음의 경지. 또는 부처가 실제로 경험한 것을 그림으로 나타낸 것.[←Mandala〈범〉]. ¶만다라화(華); 갈마만다라(羯磨), 극락만다라(極樂), 도솔만다라(兜率), 아미타만다라(阿彌陀), 정토만다라(淨土), 태장계만다라(胎藏界), 현도만다라(現圖) 들.

만달 동양화에서, 덩굴이 얽힌 모양을 나타낸 그림. 덩굴무늬. 당초회(唐草繪). ¶만달기와(덩굴무늬를 그린 기와).

만도리 벼를 심은 논의 마지막 김매기. 만물. ¶만도리하다.

만두(饅頭) 밀가루를 반죽하여 얇게 밀어 소를 넣고 둥글게 빚어서, 삶거나 찌거나 기름에 튀겨서 만든 음식. ¶만둣국, 만두소, 만두송이(낱개의 만두), 만두전골, 만두피(皮); 고기만두, 국화만두(菊花), 군만두, 굴만두[79], 김치만두, 나깨만두, 녹말만두(綠末), 도토리만두(도토리만 하게 빚은 만두), 떡만둣국, 메밀만두, 물만두, 밀만두, 변씨만두(卞氏;편수), 보찜만두/보만두(褓), 생치만두(生雉), 소만두(素), 어만두(魚), 왕만두, 재강만두, 조만두, 찐만두, 참새만두, 큰만두, 통만두(桶;찜통에 쪄서 통째 내놓는 만두) 들.

만들(다) 어떤 물건을 이루다. 어떤 상태로 이루거나 어떻게 되게 하다. 마련하거나 장만하다.≒꾸미다. 짓다. 변화시키다.↔부수다. 없애다. 허물다.[+인위적]. ¶나무로 장난감을 만들다. 친목회를 만들다. 전쟁이 도시를 폐허로 만들었다. 훌륭한 인재로 만들다. 우쭐하게 만들다. 사람을 바보로 만들다. 기가 죽도록 만들다. 손질하여 곱게 만들다. 자금을 만들다. 만듦, 만듦새, 맨드리[80]; 부어만들다[주조(鑄造)]. ☞ 제(製). 작(作).

②병이 급하거나 심하지도 아니하면서 쉽게 낫지 아니하는 성질.↔급성(急性). ¶만성간염(肝炎), 만성병(病), 만성위염(胃炎), 만성적(的), 만성전염병(傳染病), 만성중독(中毒), 만성질환(疾患), 만성피로(疲勞), 만성화/되다/하다(化).

78) 만장(輓章): 죽은이를 슬퍼하여 지은 글. 또는 그 글을 비단이나 종이에 적어 기(旗)처럼 만든 것.

79) 굴만두: 만두피로 싸지 않고, 소를 밀가루에 굴려 살짝 밀가루 옷을 입혀 만든 만두(평안도식 만두).

만만-하다 무르고 부드럽다. 손쉽게 다룰 만하다. 어렵지 아니하여 마음 놓고 대할 만하다.[←무르다¹]. 〈큰〉문문하다.≒물렁하다. ¶음식이 만만하다. 감자를 문문하게 찌었다. 실력으로는 만만한 상대다. 만만히 볼 수 없는 상대. 이 중에서 가장 문문해 보이는 사람이 누구인가. 문문히 보았다가는 큰코다친다. 만만쟁이[81], 만만찮다(만만하지 아니하다), 만문하다[82].

만무방 막되어 먹거나 염치가 없는 악한 사람.

만물 그 해의 벼농사에서 끝막음으로 하는 논매기. 만도리.

만:-벌탕 광산에서, 캐어 내려고 하는 감돌 위에 있는 버력을 전부 파내는 일.

만보 삯일하는 인부들이 짐을 져 나르거나 할 때에 한 차례에 한 장씩 주는 표. 표의 수효대로 삯을 계산함.

만새기 만새깃과의 바닷물고기.

만손 ①아무리 그러하더라도.=비록. ②'만날'의 사투리.

만수-받이 ①온갖 말과 행동으로 아주 귀찮게 구는 것을 싫증내지 않고 좋게 잘 받아 주는 일.≒받자. ②굿할 때 무당이 소리를 하면 다른 사람이 따라서 같은 소리를 받아 하는 일. ¶만수받이 하다.

만신 여자 무당을 높여 이르는 말.≒무녀(巫女).

만장 처마와 지붕 사이의 빈 곳.=고미다락(고미와 보꾹 사이의 빈 자리). ¶귀한 것을 만장에 숨겨두다. 만장방(房), 만장창(窓;지붕에 마련한 창. 만장의 채광과 환기나 출입용으로 함)

만장이 이물(배의 머리)이 삐죽한 큰 나무배.

만조-하다 얼굴이나 모습이 초라하고 채신머리없다. ¶조카 결혼식장에 만조하게 차리고 나타났으니 우리 식구들 체면이 뭐가 되겠어? 행색이 만조하다.

만지(다) 물체의 표면에 손을 대어 문지르다.(≒주무르다). 다루거나 손질하다. ¶그는 귓불을 만지는 버릇이 있다. 그 기계를 만질 줄 아느냐? 머리를 만지다. 만져보기, 만지작[83], 만질만질하다(보드라워 만지기가 좋다); 매만지다(잘 가다듬어 손질하다), 애만지다(소중히 여겨 어루만지다), 어루만지다(가볍게 쓰다듬어 만지다. 듣기 좋은 언행으로 달래거나 마음을 풀어 주다).

만큼¹ 정도가 비슷하거나 그에 아주 가까움이나 얼마 정도의 뜻을 나타내는 부사격 조사.=만치[84]. ¶하늘만큼 땅만큼. 얼마만큼 잘 사느냐가 문제입니다. 고만큼, 그만큼, 요만큼, 이만큼, 저만큼, 조만큼, 조그만큼, 에게/에게-만큼, -(으)리-만큼(그러할 정도로)[85], 만큼-은/도/만.

만큼² 용언의 관형형 다음에 쓰여, 그 말과 거의 '같은 수량이나 정도, 실컷 또는 원인이나 근거가 됨'을 뜻하는 말. ¶배운 만큼 득이 된다. 싫증이 날 만큼 먹었다. 알지 못하고 저질렀던 만큼 이번은 용서한다.

만판 ①마음껏 넉넉하고 흐뭇하게. ¶만판 먹고 마시다/ 호강이다. ②다른 것은 없이 온통 한가지로.=마냥. ¶공부는 안 하고 만판 놀기만 하니 걱정이다.

만화 지라와 이자를 아울러 이르는 말.[〈만하]. ¶소의 만화에 붙은 고기를 '토시살'이라고 한다. 만하바탕(소의 지라에 붙은 고기).

많(다) 사물의 수효나 분량이 일정한 기준을 넘다.≒흔하다. 넉넉하다.↔적다. ¶자식이 많다. 비가 많이 오다. 많아지다, 많이(↔조금); 수많다/수많이(數), 하고많다(매우 많다). ☞ 다(多).

맏 친족 관계를 나타내는 일부 명사 앞에 붙어 '같은 항렬에서 맨 먼저(맏이)' 또는 몇몇 명사 앞에 붙어 '그 해에 처음 나온. 첫째'의 뜻을 더하는 말. ¶맏간(間;배의 고물의 첫째 칸), 맏나물, 맏놈, 맏누이, 맏님(맨 윗사람), 맏동서(同壻), 맏딸, 맏뜻(처음 먹은 마음), 맏매부(妹夫), 맏며느리, 맏물[86](↔끝물), 맏배(첫배), 맏사람, 맏사위, 맏상제(喪制), 맏손녀(孫女), 맏손자(孫子), 맏시누(媤), 맏아들, 맏아이, 맏아주머니, 맏양반(兩班;남의 맏아들을 높여 이르는 말), 맏언니, 맏오빠, 맏웃방(房), 맏이, 맏자식(子息), 맏잡이(맏아들이나 맏며느리), 맏조카, 맏집(큰집), 맏파(派;맏아들의 갈래나 장손의 계통), 맏형(兄), 맏형수(兄嫂), 맏효자(孝子;으뜸이 되는 효자) 들.

말¹ 사람의 생각·느낌 따위를 목구멍을 통하여 조직적으로 나타내는 소리. 이야기. 소문이나 풍문. 말투나 말씨.≒언어(言語). ¶말을 하다. 말을 건네다, 여러 가지 말이 동네에 떠돌아다닌다. 말을 붙이다(말을 걸다). 말가리[87], 말갈(어학(語學)), 말갈망[88], 말값[89], 말갖춤, 말거리(말을 할 거리), 말겨레, 말결(말의 법칙)/에(무슨 말을 하는 결에), 말곁(참견하는 말)/에, 말공대(恭待), 말공부(工夫)[90], 말광(사전(辭典)), 말구멍(말문), 말구절(句節), 말굳다(어눌하다), 말귀[91], 말글, 말길(소통 방도. 言路), 말길되

---

80) 맨드리: ①물건의 만들어진 모양새.≒만듦새. 이미 만들어 놓은 것(기성품). ¶맨드리를 보니 공이 들었구나. 요즈음은 맞춤보다 맨드리가 더 잘 팔린다. ②옷을 입고 매만진 맵시.≒매무새. ¶몸매가 좋아서 옷 입은 맨드리가 난다.

81) 만만쟁이: 세력과 능력이 없든지 못나서 남에게 만만하게 보이는 사람.

82) 만문하다: 만만하고 무르다. 다루기가 쉽고 호락호락하다. ¶환자가 먹기 좋은 만문한 음식. 만문하게 보이는 사람.

83) 만지작: 가볍게 주무르듯이 만지는 모양. 〈준〉만작. ¶찰흙을 만지작만지작/만작만작/하다, 만지작/만작·만적거리다/대다/이다, 만작하다¹, 만작하다²(활시위를 힘껏 당기다), 만적만적/하다.

84) 만치: =만큼¹. ¶눈곱만치도 몰랐다. 고만치, 그만치, 요만치, 이만치, 저만치. 조만치.

85) -리만큼: 모음으로 끝난 용언 어간에 붙어, '그러할 정도로'의 뜻을 나타내는 종속적 연결 어미. 뒷말이 앞 말의 원인이 됨을 나타냄. [받침 뒤에서는 '-으리만큼'으로 쓰임].=-(으)리만큼. ¶모범이 되리만큼 착실하다. 알아들으리만큼 충고했다.[←ㄹ+이+만큼].

86) 맏물: 그해에 제일 먼저 거두어들인 푸성귀, 과일, 곡식, 해산물 따위.↔끝물.

87) 말가리: 말의 갈피와 조리. 말의 줄거리.

88) 말갈망: 자기가 한 말에 대한 뒷수습. ¶말을 함부로 해 놓고는 말갈망을 못해 쩔쩔맨다.

89) 말값: 말을 한 보람.≒성금. ¶말값도 못 건지다. 말값을 못하다.

90) 말공부(工夫): 어떤 문제의 해결이나 실천에 도움을 주지 못하고 부질없이 빈말을 일삼음. 또는 그 말. ¶쓸데없는 말공부. 말공부쟁이(쓸데없이 헛된 이야기만을 일삼는 사람), 말공부질/하다.

다[92], 말꼬(말할 때 처음으로 입을 여는 일), 말꼬리, 말꼬투리, 말꼭지(말의 첫마디), 말꽁무니(말꼬리), 말꾀, 말꾸러기, 말끝, 말낱(몇 마디의 말), 말놀음/질/하다, 말놀이/하다, 말눈치[93], 말느낌(어감), 말늦(말로 미리 보이는 빌미), 말다듬기, 말다짐(말로 굳게 다짐하는 일), 말다툼/질/하다, 말단위(單位;언어단위), 말대꾸(대척)/하다, 말대답/질/하다(對答), 말대접(待接), 말더듬다/이, 말더듬증(症), 말동무, 말등자(鐙子;발걸이), 말떼[어군(語群)], 말뜨다[94], 말뜻, 말롱질, 말마디(조리가 서는 말의 도막), 말마투리(말을 다하지 않은 여운), 말막음[95], 말말(이런 말 저런 말), 말말결(이런 말 저런 말 하는 사이), 말말끝/에(이런 말 저런 말을 하던 끝/에), 말맛(말의 느낌), 말맥(脈), 말맞추기, 말맵시(말의 맵시), 말머리, 말모이(사전), 말못하다, 말무리[언중(言衆)], 말문(門;말을 꺼내는 실마리. 말구멍), 말밑[어원(語源)], 말밑천, 말바꾸기, 말바꿈표(標), 말받이, 말발(말이 먹히어 들어가는 형세), 말밥'(좋지 못한 이야깃거리의 대상. 구설수), 말버르장머리, 말버릇, 말버슴새(말이나 행동의 태도), 말법(法;語法), 말벗(말동무), 말보(洑;그침이 없이 하는 말), 말본[문법(文法)], 말본새(말하는 태도나 모양새), 말부조(扶助;말을 하여 남을 도와주는 일), 말붙임(말로 새기는 솜씨), 말비침(말로 하는 암시), 말빚, 말빼(이야기에서 빠져나오는 짓), 말뿌리[어근(語根)], 말사단(事端), 말살이, 말새(말하는 태도나 모양새), 말새질(이간질), 말세(勢), 말소두래기(시비하거나 말전주하는 일 따위), 말소리/갈, 말속(말뜻), 말솜씨, 말수(手;말솜씨), 말수(數), 말수작(酬酌), 말승강이/질(昇降), 말시비(是非), 말시초(始初;말머리), 말실수(失手), 말싸움/질/하다, 말썽[96], 말씀, 말씀비(碑;말씀을 적은 세움돌), 말씨(말하는 태도나 버릇. 소문의 바탕이 된 말), 말씨름/하다, 말씹다[97], 말아니다[98], 말약속(約束), 말없음표(標), 말없이(가만히), 말이다[99], 말인사(人事), 말일키다[100], 말임자(말하는 사람), 말자루(말의 주도권), 말잔치, 말잡이(말쟁이), 말장구, 말장난, 말장단[101], 말장이(말수가 많은 사람), 말재간(才幹), 말재기[102], 말재주/꾼, 말:쟁이'(말수가 많은 사람), 말적수(敵手;말을 서로 주고받기에 맞수가 될 만한 사람), 말전주[103], 말조(調;말투), 말조심(操心), 말주머니, 말주먹/질, 말주벅[104], 말주변(말솜씨), 말주비[105], 말줄임표(標), 말중동(中;말허리), 말지도(地圖;방언지도), 말질(쓸데없이 말을 옮기는 짓. 다툼)/하다, 말짓거리, 말짓기놀이, 말참견(參見), 말참례(參禮), 말책임(責任), 말초리(말할 때에 돌려지는 말의 방향), 말추렴(남들이 말하는 데 한몫 끼는 것), 말치레/하다, 말치없이(말썽없이), 말치장(治裝), 말타박(말로 나무라거나 탓함)/하다, 말토막, 말투(套;말을 하는 버릇이나 본새), 말품, 말품앗이(말상대), 말하기, 말하다[106], 말하자면(이를테면), 말허두(虛頭), 말허리(하고 있는 말의 중간), 말허물(말을 잘못하여 생기는 허물. 말실수), 말휘갑[107]; 거센말, 거짓말, 겉말, 겨레말, 겸사말(謙辭), 겹말, 곁말[108], 고운말, 공대말(恭待), 군말, 궁중말(宮中), 귓속다짐, 귓속말, 귀엣말, 글말, 긴말(길게 늘어놓는 말. 수다), 꼬리말, 꼬부랑말, 꽃말(꽃의 상징적인 뜻), 꾸밈말, 나라말, 낮말, 낮은말, 낮춤말, 낱말, 내친말(이미 시작한 말), 노랫말, 높임말, 덜렁말, 도움말, 도튼말[109], 두말(이랬다 저랬다 하는 말)없다/없이, 뒷말, 딴말, 마기말로(실제라고 가정하고 하는 말로), 막말, 맺음말, 머리말, 밑말(미리 다짐하여 일러두는 말), 바른말, 반대말(反對), 반말(半), 반말지거리(半), 뱃사람말, 변말[은어(隱語)], 별말(別), 별말씀(別), 보기말, 비슷한말, 빈말, 산말(실감나게 표현한 말), 상 · 쌍말(常), 새말, 서울말, 센말, 소리말, 속된말, 속말, 손말(手話), 시골말, 시늉말, 시쳇말(時體;유행어), 심마니말, 쓸말, 아무말, 여린말, 예사말(例事), 옛말, 올림말, 옳은말, 왜말(倭), 요샛말, 우리말, 우스갯말, 웃음엣말, 원말(原), 이은말, 익은말[숙어(熟語)], 인사말(人事), 임자말, 입말, 입속말, 입찬말, 작은말, 잔말, 잡말(雜), 정말/로(正), 존댓말(尊待), 좀말(좀스럽게 하는 말), 준말, 쩍말없다[110], 참말, 첫말, 큰말, 토막말[111], 토박이말(土;고유어), 표준말(標準), 풀이말, 한국/중국/일본말, 할말(하고 싶은 말. 해야 될 말), 허튼말, 헛된말, 헛말, 혼잣말, 흉내말, 힘줌말. ☞ 언(言). 어(語). 사(辭).

말[2] 말과에 속하는 동물의 총칭. ¶말을 타고 달리다. 말가죽, 말간(間), 말갈기, 말걸낭(囊), 말고기, 말고삐, 말괄량이[112], 말광대,

91) 말귀: 남이 하는 말의 뜻을 알아듣는 슬기. ¶말귀가 어둡다. 말귀가 무디다.

92) 말길되다: 다른 사람을 통하여 남에게 자기를 소개하는 의논의 길이 트이다. ¶겨우 말길되어 상대편을 만났다.

93) 말눈치: 말하는 가운데 은연히 드러나는 말의 뜻.

94) 말뜨다: 말이 술술 나오지 않고 자꾸 막히거나 굼뜨다.

95) 말막음: 나무람이나 성가신 말을 하지 못하도록 미리 막는 일. ¶꾸지람을 듣지 않게 말막음을 해야겠는데 어떻게 할까?

96) 말썽: 문젯거리를 일으키는 말이나 행동.≒문제. 일. 골칫거리. ¶말썽을 일으키다. 말썽거리(문젯거리), 말썽구멍, 말썽꾸러기, 말썽꾼, 말썽스럽다, 말썽쟁이, 말썽질/하다; 군말썽(공연히 일으키는 말썽).

97) 말씹다: ①같은 음절이나 단어를 불필요하게 되풀이하다. ¶말씹는 것은 너무 빨리 말할 때 생기기 쉬운 현상이다. ②발음이 분명하지 아니하게 말하다.

98) 말아니다: ①말이 이치에 맞지 않다. ②형편이 말할 수 없게 되다.

99) 말이다: 어감을 고르게 하거나 상대방의 주의를 끌려고 할 때에 쓰는 말. ¶나 말이지. 그런데 말이다. 글쎄 말이다.

100) 말일키다: 시킨 일을 아니하거나, 하지 않아도 좋을 일을 하거나 하여 여러 말이 나오도록 하다.

101) 말장단: 말로써 상대편의 비위를 맞추거나 아첨하는 것. ¶말장단을 맞추다.

102) 말재기: 쓸데없는 말을 꾸미어 내는 사람.≒떠버리. 말쟁이. ¶그 사람은 소문난 말재기다.

103) 말전주: 이 사람 저 사람의 말을 좋지 아니하게 전하여 이간질하는 사람.≒이간질(離間). ¶공연히 말전주하지 말게. 말전주꾼, 말전주하다.

104) 말주벅: 이것저것 경위를 따지고 남을 공박하거나 자기 이론을 주장할 만한 말주변. ¶말주벅이나 하는 사람 서너 명을 불러 경위를 대강 말한 뒤 진상을 가리기로 하였다.

105) 말주비: 툭하면 경우를 따져 까다롭게 구는 사람.=시빗주비.

106) 말하다: 생각이나 느낌을 말로써 남에게 이르다. 어떠한 사실을 남에게 알리다. 어떤 일을 부탁하다. 사물의 선악이나 값어치 따위를 평하여 이르다. 어떤 사실을 드러내거나 뜻하다.≒이야기하다. 지껄이다. 발표하다. 표현하다. 청하다(請). 부탁하다. 묻다. 이르다. ¶소감을 말하다. 그에게 계획이 바뀐 사실을 말하다. 그 곳 사정을 알려 달라고 말하다. 그의 사람됨을 누구나 좋게 말하다. 옛 영화를 말해 주는 찬란한 유물들. 그녀의 표정은 그녀가 행복하다는 것을 말해 준다.

107) 말휘갑: 이리저리 말을 잘 둘러맞추는 일.

108) 곁말: 말을 바로 하지 않고 다른 말로 빗대어 하는 말.

109) 도튼말: 논문이나 저서의 첫머리에 싣는, 큰 줄거리. 총론(總論). 벼리.

110) 쩍말없다: 썩 잘 되어 더 말할 나위 없다.

111) 토막말: ①긴 내용을 한 마디로 줄여 하는 말. ②토막토막 동안을 두어 가며 하는 말.

112) 말괄량이: 행동이 얌전하지 못하고 덜렁거리며 짓궂은 장난을 좋아하는 젊은 여자.[←말+괄(다)+(양)+이].

마구간, 말구유(말먹이 그릇), 말구종(驅從;마부), 말굴레, 말굽[113], 말기름, 말길마, 말꼴[마초(馬草)], 말날, 말녹피(鹿皮;무두질한 말가죽), 말놀음질, 말눈깔, 말니(말에 생기는 이), 말다래[114], 말달리기, 말달리다, 말대가리, 말덕석, 마도위(말을 사고팔 때 흥정을 붙이는 사람), 말등, 말똥[말똥구리, 말똥굼벵이], 말띠, 말롱질[115], 말마당(말 타기를 익히고 겨루는 곳), 말말뚝, 말머리, 말머리아이(혼인한 뒤에 곧 배서 나은 아이), 말먹이, 말몰이, 말몰이꾼/말꾼, 말발구, 말무리(말떼), 말발구, 말발굽/소리, 말방울, 말뱃대끈, 말버둥/질/하다, 말버짐, 말빗, 말뼈[116], 말상(相), 마소, 말솔, 말승냥이(늑대. 이리), 망아지[망아지자리; 목매아지(목을 고삐로 맨 망아지)], 말안장(鞍裝), 말여물, 말울음, 말워낭, 말이빨, 말잔등, 마장수, 말젖, 말죽/통(粥/桶), 말채찍/말채, 말초리, 말총[117], 말코, 말타기, 말털, 말토기(土器;말 모양의 토기), 말투레질, 말파리(말이 끄는 운반 도구. 말발구), 말편자, 말해[오년(午年)], 말혁(革;말고삐); 가라말(털빛이 검은 말), 간자말(이마와 뺨이 흰 말.[←qaljan〈몽〉]), 검정말, 고라말(등에 검은 털이 난 누른 말), 고리눈말(눈동자 둘레에 흰 테가 둘린 말), 곰배말(등이 굽은 말), 공골말(털빛이 누른 말. 황부루), 구렁말(털빛이 밤색인 말), 금승말(그해에 태어난 말[←금승〈今生〉]), 대말[죽마(竹馬)], 덜렁말(함부로 덜렁이는 말), 떼말(무리를 지어 다니는 말), 마계말(馬契), 마찻말(馬車), 목말[118], 목매아지/목매지(망아지), 몽고말(蒙古), 바둑말, 백말(白), 부루말(흰말), 사기말(沙器;사기로 만든 말), 삯말, 상사말(相思), 서라말[119], 수말(↔암말), 싸리말(싸리로 결어 만든 말), 씨말, 아롱점말(아롱아롱한 점을 가진 말), 악대말, 암말, 얼룩말(워라말), 역말(驛), 워라말(털빛이 얼룩얼룩한 말)[쌍창워라(엉덩이만 흰 검은 말), 월따말(털빛이 붉고 갈기가 검은 말), 저승말, 절따말(털빛이 붉은 말), 정강말[120], 조랑말, 조랑망아지, 천재말(天才;훈련을 받지 않고도 잘 달리는 말), 총이말(驄;갈기와 꼬리가 파르스름한 말), 호말(胡), 화초말(花草), 흰말. ☞ 마(馬).

말[3] 물속에 나는 민꽃식물의 총칭. 가랫과의 여러해살이 수초(水草). ¶거머리말, 검정말(마름), 민물말, 바닷말, 붉은말, 삿갓말, 파랑말[녹조류(綠藻類)], 줄말 들.

말[4] ①톱질할 때나 먹을 그을 때, 그 밑에 받치는 나무. ②장기·고누·윷 따위의 판에서 군사로 쓰는 물건. 장기짝의 하나. ¶말밭(판에서 말이 다니는 길), 말판(말이 가는 길을 그린 판)/쓰다; 윷말.

말[5] 곡식·액체·가루 따위의 분량을 되는 데 쓰는 그릇. 부피의 단위로 10되를 이르는 말. 약 18L.=두(斗). ¶쌀 한 말. 말가웃/아웃(한 말 반 정도), 말감고(監考), 말곡식(穀), 마되(말과 되)/질/하다, 말떡, 말몫(소작인이 차지하는 곡식. 말잡이의 몫), 말밑(말로 되고 남은 것), 말밥[2], 말벗김[121], 마사니[122], 마삯, 마석먹다(石;논 한 마지기에서 두 섬의 곡식이 나다), 마세(貰), 말세(稅), 말소수[123], 마속(곡식을 되는 말의 용량), 마수(數;말의 수량), 말술, 말쌀, 말아웃/가웃(말로 되고 남은 반가량의 분량), 말잡이, 마장수, 말쟁이[2](마질하는 사람), 마전(시장에서 곡식을 마질하는 곳)[마전쟁이, 마전터], 마지기[←말+짓기], 마질(곡식을 말로 되는 일)/하다, 말치/솥, 마투리(한 섬에 차고 남은 곡식), 말풀이; 낱말, 논마지기, 땅마지기, 모말, 사기말(沙器), 통말(桶), 평말(平;平斗量). ☞ 두(斗).

말– 일부 동식물의 이름을 나타내는 명사나 몇몇 일반 명사에 붙어서 '큰'의 뜻을 더하는 말.=왕(王)-. ↔알-. §'말-'은 몸집이 큰 '말[馬]'에서 기원함. ¶말개미, 말거머리, 말거미, 말곰, 말괴불(매우 큰 괴불주머니), 말구슬우렁이, 말나리, 말냉이, 말눈깔, 말덫(큰 덫), 말매미, 말메주, 말멸구, 말박(큰 바가지), 말버짐, 말벌, 말불버섯, 말승냥이[124], 말잠자리, 말전복(全鰒), 말조개, 말조롱(↔서캐조롱), 말좆, 말쥐치, 말코 들.

말(末) ①끝. 마지막. 꼴찌. 중요하지 아니한 부분[지엽(枝葉)]. 보잘것없다'를 뜻하는 말. ¶이 달 말에 만나세. 말경(末境;늙바탕. 끝판), 말계(末計;궁하게 생각해낸 꾀), 말관(末官), 말국(末局;끝판), 말기(末技;하찮은 재주), 말기(末期), 말년(末年), 말단(末端;끄트머리)[말단가격(價格), 말단공무원(公務員), 말단행정(行政)], 말대(末代), 말도(末徒), 말로(末路;인생의 끝판), 말류(末流), 말리(末利), 말망(末望), 말미(末尾;어떤 사물의 끄트머리), 말반(末班), 말법(末法), 말보다(업신여기어 깔보다), 말복(末伏), 말분(末分;늙바탕), 말사(末寺)[손말사(孫)], 말석(末席), 말세(末世), 말속(末俗), 말손(末孫), 말언(末言), 말엽(末葉), 말예(末裔), 말예(末藝), 말운(末運), 말유하다(末由;어찌할 도리가 없다), 말음(末音), 말일(末日), 말자(末子), 말절(末節), 말제(末弟), 말좌(末座), 말증(末症), 말직(末職), 말질(末疾), 말짜[125], 말째(맨 끝의 차례), 말초(末梢)[말초신경(神經), 말초적(的)], 말패(末牌), 말학(末學), 말합(末合), 말항(末項), 말행(末行); 결말(結末), 권말(卷末), 기말(期末), 기말(記末), 단말/기(端末/機), 미말(微末), 본말(本末), 사말(四末), 석말(席末), 세말(歲末), 세기말(世紀末), 쇄말(瑣末), 수말(首末), 시말(始末), 어말(語末)[선/어말어미(先/語末語尾)], 연말(年末), 월말(月末), 인말(姻末), 전말(顚末), 종말/론(終末/論), 주말(週末), 진말(辰末), 척말(戚末), 출말(出末;일이 끝남), 편말

113) 말굽: 말굽꼴, 말굽도리, 말굽따비, 말굽쇠(편자), 말굽옹두리, 말굽은(銀), 말굽자석(磁石), 말굽추녀(↔선자추녀), 말굽토시.

114) 말다래: 말을 탄 사람의 옷에 흙이 튀지 아니하도록 가죽 같은 것을 안장 양쪽에 늘어뜨려 놓은 기구.

115) 말롱질: 말타기 놀이. 말의 교미 흉내.[←말+롱(弄)+질].

116) 말뼈: 성질이 고분고분하지 못하고 거세어 뻣뻣한 사람을 놀림조로 이르는 말.

117) 말총: 말의 갈기나 꼬리의 털. ¶말총갓, 말총공예, 말총머리, 말총오리, 말총체.

118) 목말: 남의 어깨 위에 두 다리를 벌리고 올라타는 짓. ¶목말을 타다/태우다.

119) 서라말: 흰 바탕에 거뭇한 점이 섞인 말.[←sirqa〈몽〉+말].

120) 정강말: 무엇을 타지 아니하고 제 발로 걷는 것을 놓으로 일컫는 말. ¶정강말을 타다.

121) 말벗김: 마름이 되풀이를 교묘히 하여 착취하는 일.

122) 마사니: 마름을 대신하여 곡식을 되는 사람. §'-사니'는 '가납사니'에서와 같이 '하찮은 사람'을 뜻함.

123) 말소수: 한 말 남짓. 한 말이 조금 더 되는 곡식의 양.

124) 말승냥이: ①늑대를 승냥이에 비하여 큰 종류라는 뜻으로 일컫는 말. ②키가 볼품없이 크고 성질이 사나운 사람.

125) 말짜: ①가장 나쁜 물건. ②아주 나쁜 짓. 버릇없이 구는 사람. ¶인간 말짜.

(篇末), 학기말(學期末), 학년말(學年末). ②'가루'를 뜻하는 말. ¶말다(末茶), 말약(末藥;가루약), 말제(末劑); 건강말(乾薑末), 계말(桂末), 녹말(綠末), 목말(木末;메밀가루), 분말(粉末), 세말(細末), 송말(松末;솔가루), 작말(作末), 진말(眞末;밀가루), 천초말(川椒末;조핏가루), 최말(最末), 추말(麤末;굵은 가루), 탄말(炭末), 호말(毫末) 들.

말(襪) '버선'을 뜻하는 말. ¶면말(綿襪;솜버선), 양말(洋襪)[양말대님; 긴양말, 면양말(綿), 목양말(木), 털양말], 포말(布襪) 들.

말(秣) '꼴(말먹이)'을 뜻하는 말. ¶양말(糧秣;군대가 먹을 양식과 말을 먹일 꼴).

말(抹) '바르다 · 칠하다. 지우다 · 지워 없애다. 가루. 박다'를 뜻하는 말. ¶말거(抹去;抹消), 말다(抹茶), 말살(抹殺)[말살스럽다(인정이 없이 모질고 쌀쌀하다), 말살하다(있는 사물을 부인하여 아주 없애다)], 말소(抹消;지워 없앰)[말소등기(登記). 말소되다/하다], 말장/목(抹杖/木)/말목(抹木), 말차(抹茶), 말향(抹香); 도말(塗抹;발라서 가리거나 꾸며 댐), 동도서말(東塗西抹), 삭말(削抹), 삽말(揷抹), 일말(一抹;약간. 조금) 들.

말(沫) '거품'을 뜻하는 말. ¶백말(白沫), 분말(噴沫), 비말(飛沫), 수말(水沫), 포말(泡沫) 들.

말고 '아니고. ~을 제외하고[배제(排除)]'의 뜻을 나타내는 보조사. [←말(다)[3]+고]. ¶이것말고 저것을 다오. 저말고 또 누가 오지요?

말끄러미 눈을 똑바로 뜨고 오도카니 한 곳만 바라보는 모양. [+바라보다]. 〈큰〉물끄러미. 〈준〉말끔이. ¶말끄러미 바라보다. 물끄럼[126].

말(다)[1] 얇고 넓적한 물건을 감다. 얇고 넓적한 물건에 무엇을 싸서 돌돌 감다.(↔펴다). ¶멍석을 말다. 김밥을 말다. 말기[127], 말대(물레질할 때, 솜을 둥글고 길게 말아 내는 막대기), 말리다[2](어떤 사건에 휩쓸리다. 맒을 당하다), 말려들다[128](걸리다)/들어가다, 말아감침, 말아먹다, 말아썰기, 말아접기, 말이자(도래자), 말지(紙), 말집[129]; 달걀말이, 두루마리(종이를 둥글게 만 것), 멍석말이, 안말이(머리털을 안으로 말아 놓은 머리 모양), 휘말다[1]/말리다 들.

말(다)[2] 밥이나 국수 따위를 물이나 국물에 넣어서 풀다. ¶국에 밥을 말다. 국말이(국에 만 밥이나 국수), 김치말이(김칫국에 만 밥인 국수), 물말이(물만밥. 물에 흠뻑 젖은 옷이나 물건 따위); 엎어말다[130]; 휘말다(옷 따위를 적셔 몹시 더럽히다).

말(다)[3] 하는 것이나 할 것을 그만 두다.≒그만두다. 중지하다(中止). 아니하다.↔계속하다. ¶뛰다 말고 걷기 시작했다. 밖에 나가지 말자. 싸움을 말리다. 마다다[131], 마다하다[132], 말고, 말리다[3](하고자 하는 일을 하지 못하게 하다. 붙들다. 금지하다), 말림[133], 맙소사[134], 마지못하다, 마지아니하다/마지않다(뜻하는 바를 진심으로 소망하다) 들.

말똥 ①눈빛이나 정신 따위가 맑고 생기가 있는 모양. ¶피곤한 기색이 없이 말똥말똥 하였다. ②눈만 동그랗게 뜨고 다른 생각이 없이 말끄러미 쳐다보는 모양. ¶남의 얼굴을 말똥말똥 쳐다보는 아이. 말똥 · 멀뚱거리다/대다, 말똥말똥 · 멀뚱멀뚱[1]/하다. ☞ 멀뚱.

말뚝 땅에 박기 위하여 한 쪽 끝이 뻬죽하게 만든 기둥이나 몽둥이. 금이나 은으로 만든 뒤꽂이. ¶말뚝을 박다. 말뚝기초(基礎), 말뚝댕기, 말뚝망둥이, 말뚝모, 말뚝박기, 말뚝벙거지, 말뚝비녀, 말뚝잠(앉은 채로 자는 잠), 말뚝잠(簪), 말뚝주낙, 말뚝질(말뚝을 박는 일); 군말뚝(群), 널말뚝(널 모양의 말뚝), 돌말(무덤가에 세워 놓은 돌로 만든 말), 말말뚝(말을 매어 두는 말뚝), 뱃말(배를 매어 놓는 말뚝), 팻말(牌), 푯말(標) 들.

말리(다) 남의 하는 행동을 하지 못하게 하다. ¶싸움을 말리다. 말림갓(나무나 풀을 함부로 베지 못하게 하여 가꾸는 땅이나 산); 뜯어말리다. ☞ 말리다[1,2,3].

말명 ①무당굿의 열두 거리 중 열한째 거리. ¶말명놀이(말명을 섬기며 노는 굿.=말명거리)/하다. ②무당이 섬기는 신.=만명(萬明). ¶사자말명(使者;사람을 잡아가는 저승사자), 손말명(혼기가 찬 처녀가 죽어서 된 귀신.↔몽달귀).

말미 일정한 직업이나 일에 매인 사람이 다른 일로 말미암아 얻는 겨를. 휴가(休暇). 짬.[〈말ᄆᆡ]. ¶일주일간 말미를 내어 고향으로 내려갔다. 말미를 받다(휴가를 얻다). 말미를 주다. 말미빌다(휴가를 얻다); 나무말미[135], 빨랫말미.

말미잘 분홍말미잘과의 강장동물.

말미암(다) ①까닭 · 인연이 되다.[←말미〈말ᄆᆡ]. ¶게으름으로 말미암아 실패하였다. ②일정한 곳을 거치어 오다.

말쌀-하다 모질고 쌀쌀하다. ¶세상이 어지러우니 사람도 말쌀하구나. 말쌀스럽다(매몰스럽다).

말짱-하다[1] 흠이 없고 온전하다. 정신이 또렷하다. 깨끗하다. 전

---

126) 물끄럼: 물끄러미 쳐다보는 모양. ¶옷 모양을 물끄럼물끄럼 바라보았다. 물끄럼말끄럼(말없이 서로 얼굴만 물끄러미 보다가 말끄러미 보다가 하는 모양).

127) 말기: 한복에서, 치마나 바지 따위의 맨 위 허리에 둘러서 댄 부분. ¶말기가 뜯어진 치마. 말기끈(말기에 달린 끈); 치마말기, 허리말기.

128) 말려들다: ①무엇에 차차 감기어 들어가다. ¶돌아가는 기계에 옷자락이 말려들다. ②뜻하지 않게 어떤 일에 관계되거나 끌리어 들어가다. ¶사건에 깊숙이 말려들다.

129) 말집: 추녀가 사방으로 빙 돌아가게 지은 집.

130) 엎어말다: ①국수나 떡국 · 국밥 따위를 한 그릇에 곱빼기로 말다. ¶엎어말이(국수 따위를 엎어마는 일. 또는 그 음식). ②국수 · 떡국 따위를 말 때, 고기가 보이지 않게 밑에 넣고 말다.

131) 마다다: 싫다고 거절하다. ¶자네 같은 술고래가 술을 마다니. 굳이 그것을 마달 필요가 있습니까.

132) 마다하다: 싫다고 하다. 마다고 말하다.[←말다+하다]. ¶간절히 매달리는 것을 마다하고 돌아서니 발길이 무겁다. 그는 궂은일도 마다하지 않고 했다. 돈을 마다하니 별일이다.

133) 말림: 산의 나무나 풀을 함부로 베지 못하게 하여 가꿈. 금양(禁養). ¶말림갓(나무갓과 풀갓이 있음), 말림하다.

134) 맙소사: 어처구니없는 일을 보거나 당할 때 탄식조로 내는 소리.[←말(다)+ᄋᆞᆸ+쇼셔/소서]. ¶세상에 맙소사.

135) 나무말미: 장마 기간 중에 날이 잠깐 개어 풋나무를 말릴 만한 겨를.

혀 터무니없다.[←맑(다)+짱+하다]. 〈큰〉멀쩡하다[136]. ¶말짱한 신발. 멀쩡한 옷. 멀쩡하게 딴 소리를 하다. 말짱한 거짓말. 말짱[137], 말짱구슬(여러 가지 빛깔의 유리구슬), 말짱히·멀쩡히.

말짱-하다[2] 사람의 성질이 부드럽고 만만/문문하다.[←무르(다)[軟]+짱+하다].≒무르다. 〈큰〉물쩡하다. ¶떡이 말짱말짱 무르다. 말짱말짱·물쩡물쩡/하다.

말코 베틀에 딸린 기구의 하나. 길쌈할 때 베가 짜여 나오면 피륙을 감는 대.

말코지 물건을 걸기 위하여 벽 따위에 달아 두는 나무 갈고리. ¶말코지에 옷을 걸다. 외상말코지(돈을 먼저 주지 아니하면 맞춘 물건이나 시킨 일을 얼른 해주지 아니하는 일).

맑(다) ①딴 것·더러운 것이 섞이지 아니하여 깨끗하다. 흐리지 않거나 탁하지 않다. 정신이 초롱초롱하고 또렷하다.↔흐리다. ¶맑은 물에 고 안 논다. 맑게 갠 하늘. 맑은 음성. 맑은 정신. 말갛다, 말개·멀게지다, 먈갛다, 멀거니[138], 멀겋다·밀겋다(훤하게 멀겋다. 어리둥절하여 벙벙하다), 말그스레·멀그스레하다, 말그스름·멀그스름하다, 말긋[1,2][139], 말끔[140]/하다·멀끔하다, 말쑥하다[141], 맑스그레·묽스그레하다[1](맑은 듯하다), 맑은[맑은국, 맑은소리, 맑은술, 맑은장국(鯖)], 맑음, 맑지다[142], 맑히다, 멀뚱[143]; 드맑다(아주 맑다. 맑디맑다), 샛말갛다, 싯멀겋다, 샛말개지다, 싯멀게지다, 하야말갛다·허여멀겋다, 하야말쑥하다·허여멀쑥하다, 해말갛다·헤멀겋다·희멀겋다, 헤멀거니·희멀거니, 해맑다·희맑다, 헤멀끔, 헤멀쑥, 헤번쩍. ②살림이 넉넉하지 못하고 박하다. ¶맑은 살림을 꾸려 나가다. ☞ 숙(淑). 정(淨).

맘드리 초벌, 두벌 김매기를 하고 난 다음 마지막으로 하는 김매기. =훔질.

맘마 어린아이의 말로 '밥'을 이르는 말.

맛[1] 음식 따위를 혀에 댈 때에 느끼는 감각. 어떠한 사물이나 현상에서 느껴지는 느낌이나 기분. 제격으로 느껴지는 만족스러운 느낌. ¶맛을 보다. 살림 맛을 알게 되다. 시골의 구수한 맛. 꼭 일류 대학에 가야 맛인가? 맛감각(感覺;味覺), 맛국물, 맛김, 맛깔(음식 맛의 성질)[맛깔손[144], 맛깔/나다/스럽다/지다], 맛나다/내다, 맛난이(조미료), 맛내기, 맛다르다(맛이 색다르다), 맛대가리, 맛들다/들이다(참맛을 알게 되다. 재미를 붙이다), 맛맛으로(색다른 맛으로. 마음이 켕기는 대로), 맛망울(혀의 꼭지에 있는 맛 느낌 장치), 맛바르다[145], 맛보기(맛 위주로 양을 적게 담아 차린 음식), 맛보다[146], 맛봉오리, 맛부리다[147], 맛붙이다(재미를 붙이다), 맛살[1](게 다리의 맛이 나게 만든 어묵), 맛세포(細胞), 맛소금, 맛술, 맛스럽다[148], 맛신경(神經), 맛없다, 맛있다, 맛장수[149], 맛적다[150], 맛집(맛있기고 유명한 집), 맛피우다(맛부리다); 감칠맛[151], 건입맛[152], 군맛, 귓맛[153], 글맛, 깊은맛, 깨소금맛, 꿀맛, 눈맛[154], 단맛, 담배맛, 대맛(낚싯대를 통하여 전해 오는 느낌), 돈맛, 된맛(아주 심하게 당한 고통), 뒷맛[155], 들은맛, 딴맛(색다른 맛. 달라진 맛), 떫은맛, 말맛[어감(語感)], 매맛[156], 매운맛, 몽둥이맛, 무맛(無), 물맛, 밥맛, 별맛(別), 본맛(本), 살맛[1,2], 세상맛(世上), 손맛[157], 술맛, 신맛, 쓴맛, 얕은맛, 입맛(입에서 느끼는 음식의 맛. 식욕), 잡맛(雜), 장맛(醬), 제맛, 주먹맛[158], 죽을맛, 짠맛, 참맛, 초맛(醮), 초친맛(醋;격에 어울리지 않게 싱거운 취미), 한맛[159]. ☞ 미(味).

맛[2] 가리맛과와 긴맛과의 총칭. ¶맛 조개를 캐다. 맛살[2](가리맛살), 맛살조림, 맛젓, 맛조개; 가리맛, 구신맛(狗腎;맛조개), 긴맛 들.

맛문-하다 몹시 지친 상태에 있다. ¶식솔들을 거두느라 바쁜 나날에 시달려 온 맛문한 가장의 얼굴이랄까. 하루 종일 돌아다녔더니 온몸이 맛문하구나.

망[1] 가는 새끼를 그물처럼 엮어 만든 큰 망태기. ¶망을 뜨다. 망그

---

136) 멀쩡하다: ①흠이 없이 깨끗하고도 온전하다. ②부끄러워하는 빛이 없이 뻔뻔스럽다. ¶멀쩡하게 거짓말을 하다. ③정신이 아주 맑고 또렷하다.

137) 말짱: 부정의 뜻을 나타내는 서술어와 함께 쓰여, 속속들이 모두. 조금도 남김없이 모조리.≒말끔. ¶말짱 거짓말이다. 말짱 헛일이 되었다. 말짱 도루묵(아무 소득이 없는 헛된 일이나 헛수고).

138) 멀거니: 정신이 나간 사람처럼 멍청하게.≒우두커니. 물끄러미. 망연히. 멍하니. 멍청히.[←멀겋다]. ¶멀거니 먼 산만 바라보고 있다. 멀건이(정신이 흐리멍덩한 사람.≒바보. 멍청이), 멀대(장대처럼 멀쑥하게 크기만 하고 멍청한 사람을 뜻하는 사투리).

139) 말긋[1]: ①생기 있게 밝고 환한 모양.[←맑(다)+(으)+ㅅ]. ¶말긋말긋 빛나는 별빛. ②생기 있는 눈으로 말똥말똥 쳐다보는 모양. 〈큰〉멀긋. ¶아이가 엄마를 말긋말긋 쳐다보다. 말긋말긋 눈치를 살피다. 말긋[2]: 액체 속에 덩어리가 섞여 있는 모양. ¶국에 토란이 말긋말긋 들어 있다. 말긋말긋/하다.

140) 말끔: ①조금도 남김없이 모두 다. 잘 닦거나 다듬어 단정하게. ¶그릇에 남은 밥을 말끔 몰아 먹었다. 바닥을 말끔 닦아내다. 빚을 말끔 갚다. 지난 일을 말끔 잊어 버렸다. ②=말끔히. ¶유리창을 말끔 닦다.

141) 말쑥하다: 말끔하고 깨끗하다. 세련되고 아담하다. 〈큰〉멀쑥하다[1]. ¶말쑥하게 단장된 거리. 말쑥한 신다. 말쑥하게 차려 입다. 멀쑥하다[2]: 멋없이 크고 맺힌 데가 없다.

142) 맑지다: ①마음씨나 태도에 맑은 티가 있다. ②소리가 또렷하다. ¶나팔소리가 맑지다.

143) 멀뚱: 국물 같은 것이 묽어서 어울리지 아니하는 모양.

144) 맛깔손: 맛깔을 내는 손. 요리 솜씨.

145) 맛바르다[맏빠-]: 맛있게 먹던 음식이 다 없어져 양에 차지 아니하다. ¶잡채가 맛바르다.

146) 맛보다: ①음식의 맛을 알기 위하여 시험으로 먹어 보다.≒시식하다(試食). ②몸소 겪어서 느끼어 보다.≒겪다. 경험하다.

147) 맛부리다: 맛없이 싱겁게 굴다.=맛피우다. ¶맛부리는 것이 밉살스러웠다.

148) 맛스럽다: ①맛이 있다. ¶담배 연기를 맛스럽게 들이켜다. ②반어적인 표현으로, 맛이 없거나 변변치 못하다. ¶맛스럽지만 생선국을 좀 드세요. 무슨 장난감을 그렇게 맛스럽게 만들었나요?

149) 맛장수: 아무 맛도 없이 싱거운 사람.

150) 맛적다: 재미나 흥미가 거의 없어서 싱겁다. ¶혼자 술 마시기가 맛적어 이내 일어났다. 멋쩍다(격에 어울리지 아니하다. 쑥스럽고 어색하다).

151) 감칠맛: ①음식물이 입에 당기는 맛깔스러운 맛. ②마음을 끌어당기는 힘.

152) 건입맛: 제대로 먹지 못하고 아주 적은 양으로 조금만 먹는 일. ¶그는 도무지 입맛이 없어서 그저 미음 몇 술로 건입맛만 다시었다.

153) 귓맛: 말이나 소리를 듣고 느끼는 맛.

154) 눈맛: 눈으로 보고 느끼는 맛.

155) 뒷맛: ①먹고 난 뒤 입에서 느끼는 맛. ②끝난 뒤 기분. ¶뒷맛이 씁쓸하다.

156) 매맛: 매를 맞아 아픈 느낌.

157) 손맛: ①손으로 만져 보아 느끼는 느낌. ②음식을 만들 때 손으로 이루는 솜씨에서 우러나오는 맛. ③대맛.

158) 주먹맛: 주먹으로 얻어맞는 맛.

159) 한맛: 부처의 설법은 가르침을 받는 이의 자질 곧 근기(根機)에 따라 각각 다르나 그 원뜻은 결국 같다는 말.

물(망녕그물;토끼, 꿩 따위를 잡는 그물), 망얽이(노로 그물 뜨듯이 얽은 물건), 망옷(망얽이); 뜰망(철사 따위로 얼기설기 짠 망).

망² 어린이 놀이인 사방차기에서 쓰는 작고 납작한 돌. ¶망을 차다. 망 놀이하다. ¶망돌('맷돌'의 사투리)[망돌구멍, 망돌질/하다, 망돌짝], 망밥, 망수쇠, 망자루, 망질/하다, 망짝(망돌).

망(網) ①그물처럼 만들어 가리어 두거나 치거나 하는 물건. ¶창문에 망을 치다. 망건(網巾), 망라(網羅)[160], 망락(網絡;빠짐없이 모두 한데 모음), 망리(網利), 망막(網膜)[망막세포(細胞), 망막염(炎), 망막출혈(出血)], 망사(網紗), 망사리[161], 망상(網狀), 망서랍(망으로 공간을 분리한 서랍), 망수(網綬), 망얽이, 망이(網利;이익을 독차지함), 망주하다(網周), 망침(網針), 망타(網打), 망태기/망태[162], 망판(網版); 거름망(網), 거미망, 건망(乾網), 건간망(建干網), 건착망(巾着網), 걸망/걸망태, 격자망(格子網), 계망(計網), 곤충망(昆蟲網), 관망(冠網), 그물망, 금사망(金絲網), 누망(漏網), 대잠망(對潛網), 동맥망(動脈網), 들망(후릿그물), 방잠망(防潛網), 방충망(防蟲網), 부리망, 부망(敷網;들그물), 선망(旋網), 산호망(珊瑚網), 살림망(잡은 물고기를 산 채로 넣어 두는 그물), 삼각망(三角網), 선망(旋網;두릿그물), 선예망(旋曳網), 선인망(船引網), 설망[163], 소매망, 수계망(水系網), 안강망(鮟鱇網), 안전망(安全網), 양망(揚網), 양묘망(兩錨網), 어망(漁/魚網), 어망홍리(魚網鴻離), 얼망[164], 예망(曳網), 예인망(曳引網), 올망, 위장망(僞裝網), 유자망(流刺網), 일망타진(一網打盡), 자망(刺網), 작망(繳網), 저예망(底曳網), 저인망(底引網), 정치망(定置網), 제망/기(製網/機), 조망(鳥網), 조망(罩網;반두), 주둥망(網;부리망), 주망(蛛網;거미줄), 주목망(柱木網), 지인망(地引網), 지주망(蜘蛛網;거미망), 철망(鐵網), 철조망(鐵條網), 초망착호(草網着虎), 촉망(觸網), 쾌삭망(快削網), 크롬망(chrome網), 타뢰망(打瀨網), 탈망(脫網), 투망(投網), 트롤망(trawl網), 틀망, 파망(破網), 폐망(敝網), 포망(布網), 포위망(包圍網), 포충망(捕蟲網), 호망(虎網), 호망(狐網). ②일부 명사 뒤에 붙어 '조직이나 짜임새'의 뜻을 나타내는 말. ¶가로망(街路網), 간선망(幹線網), 간첩망(間諜網), 감시망(監視網), 강연망(講演網), 거래망(去來網), 검거망(檢擧網), 검열망(檢閱網), 경계망(警戒網), 경보망(警報網), 경비망(警備網), 경위망(經緯網), 고환망(睾丸網), 공급망(供給網), 관개망(灌漑網), 관망(冠網), 교양망(教養網), 교통망(交通網), 구조망(救助網), 군사망(軍事網), 규제망(規制網), 그물망, 금융망(金融網), 기관망(機關網), 기지망(基地網), 도로망(道路網), 도매망(都賣網), 독자망(讀者網), 동맥망(動脈網), 레이더망(radar網), 매점망(賣店網), 먹이망, 무선망(無線網), 밀영망(密營網), 밀정망(密偵網), 방송망(放送網), 방어망(防禦網), 방역망(防疫網), 배관망(配管網), 배포망(配布網), 법망(法網), 보급망(補給網), 보도망(報道網), 보초망(步哨網), 봉쇄망(封鎖網), 봉사망(奉仕網), 봉쇄망(封鎖網), 봉수망(烽燧網), 분포망(分布網), 비상경계망(非常警戒網), 비상망(非常網), 삼각망(三角網), 상담망(相談網), 상업망(商業網), 선전망(宣傳網), 세포망(細胞網), 송배전망(送配電網), 송전망(送電網), 수계망(水系網), 수도망(水道網), 수비망(守備網), 수사망(搜査網), 수색망(搜索網), 수송망(輸送網), 식물망(食物網), 신경망(神經網), 신호망(信號網), 연락망(連絡網), 영업망(營業網), 운수망(運輸網), 운하망(運河網), 유통망(流通網), 의료망(醫療網), 일망타진(一網打盡), 전력망(電力網), 전산망(電算網), 전송망(電送網), 전신망(傳信網), 전위망(轉位網), 전화망(電化網), 정보망(情報網), 정탐망(偵探網), 조사망(調査網), 조직망(組織網), 중계망(中繼網), 지뢰망(地雷網), 지점망(支店網), 철도망(鐵道網), 첩보망(諜報網), 탄압망(彈壓網), 탐지망(探知網), 테러망(terror網), 통신망(通信網)[종합/정보통신망(綜合/情報通信網)], 통행망(通行網), 판매망(販賣網), 포위망(包圍網), 하천망(河川網), 향시망(鄉市網), 행정망(行政網), 화망(火網), 회로망(回路網), 흡혈망(吸血網) 들.

망(望) ①상대편의 동태를 알기 위해 멀리서 바라보아 동정을 살피는 일. '바라다. 바라보다. 이름·명성'을 뜻하는 말. ¶망을 보다. 망견(望見), 망곡(望哭), 망구(望九), 망군(望軍), 망꾼, 망궐례(望闕禮), 망기(望氣), 망기(望旗), 망꾼, 망단(望斷), 망달(望達), 망대(望臺), 망덕(望德), 망루(望樓), 망륙(望六), 망망연하다(望望然), 망문과부(望門寡婦), 망문투식(望門投食), 망배(望拜), 망백(望百), 망보다(남의 동정을 멀리서 살피다), 망부석(望夫石), 망상(望床), 망색(望色), 망양지탄(望洋之嘆), 망예(望霓;가뭄에 비를 기다린다는 뜻으로, 간절히 원함), 망오(望五), 망와(望瓦;와당이 달린 암막새), 망외(望外), 망운(望雲;객지에서 고향의 어버이를 생각함)[망운지정(之情), 망운지회(之懷)], 망원경(望遠鏡), 망정(望呈;후보자에 대한 추천서), 망정(望定;관원 후보 세 사람을 추천하던 일), 망제(望祭), 망족(望族), 망주석(望柱石), 망중하다(望重;명망이 높다), 망진(望診), 망칠(望七), 망팔(望八), 망풍(望風), 망해도법(望海圖法), 망향(望鄕), 망혜; 가망(可望), 간망(懇望), 갈망(渴望), 과망(科望), 관망(觀望), 기망(企/期望), 기망(祈望), 기망(冀望;希望), 낙망(落望), 난망(難望), 누망(縷望), 다망(多望), 단망(斷望), 대망(大望), 대망(待望), 덕망(德望), 만망(萬望), 명망(名望), 무망(務望), 무망(無望), 문망(文望), 물망(物望), 민망(民望), 복망(伏望), 본망(本望), 부망(副望), 사망(事望), 상망(相望), 상망(想望), 서기지망(庶幾之望), 석망(碩望), 선망(羨望), 성망(盛望), 세망(勢望), 소망(所望;바라는 바. 所願), 소망(素望;본디부터 늘 바라던 일), 숙망(宿望), 시망(諡望), 신망(信望), 실망(失望), 앙망(仰望)[앙망불급(不及), 앙망종신(終身)], 야망(野望), 여망(餘望), 여망(輿望), 열망(熱望), 영망(令望), 요망(要望), 요망(遙望), 요망(瞭望), 욕망(慾望), 원망(怨望), 원망(遠望), 원망(願望), 위망(位望), 위망(威望), 유망(有望), 의망(意望), 의망(擬望), 의문이망(倚門而望), 인망(人望), 일망(一望), 자망(資望), 잠망경(潛望鏡), 전망(展望), 절망(切望), 절망(絕望), 정망(定望), 정

160) 망라(網羅): ①물고기나 새를 잡는 그물. 온갖 종류의 그물. ②널리 빠짐없이 모아서 포함시킴. ¶국내외의 명작들을 망라한 문학 전집. 망라되다/하다; 총망라(總)/되다/하다.

161) 망사리: 해녀가 해물 따위를 담는 그물로 된 그릇.

162) 망태: ①새끼나 노 따위로 엮어서 만든 물건 담는 기구. ¶꿩망태, 꼴망태, 노망태기(노로 그물처럼 떠서 만든 망태), 불알망태[음낭(陰囊)], 씨망태, 씨앗망태, 오그랑망태(아가리에 돌려 꿴 줄로 오그리거나 벌리게 된 망태기). ②불건전한 사람. 그릇된 상태. ¶고주망태, 느렁망태(행동이 둔한 사람), 모주망태, 오그랑망태(형세나 판국이 형편없이 된 상태).

163) 설망: 견지낚시에서, 밑밥을 넣어 물 밑에 내리는 철망을 씌운 그릇. ¶ 설망낚시, 설망추(錘)

164) 얼망: 새끼나 노끈 따위로 두 편의 변죽을 그물처럼 얽은 물건.

망(停望;죄 있는 사람을 벼슬에서 그만두게 함), 조망(眺望), 중망(重望), 중망(衆望), 지망(志望), 창망(悵望), 책망(責望), 천망(薦望), 첨망(瞻望), 청망(淸望), 촉망(囑望), 축망(祝望), 탐망(探望), 학망(鶴望), 행망(倖望), 향망(鄕望), 후망(堠望), 희망(希望). ②지구를 중심으로 해와 달의 위치가 일직선이 되는 때. 음력 보름. ¶망간(望間;음력 보름께), 망념간(望念間;음력 보름께부터 20일경까지의 사이), 망다례(望茶禮), 망월(望月), 망일(望日), 망전(望前), 망전(望奠), 망제(望祭), 망참(望參), 망첨례(望瞻禮), 망후(望後); 기망(旣望;음력 16일), 기망(幾望;음력 14일), 삭망(朔望), 선망(先望;선보름), 순망/간(旬望/間), 오망(五望), 후망(後望) 들.

망(亡) '잃다. 죽다. 망하다. 달아나다'를 뜻하는 말. ¶망가(亡家), 망객(亡客), 망골(亡骨;언행이 못된 사람), 망국(亡國)[망국민(民), 망국배(輩), 망국사(史) 망국지탄(亡國之歎), 망국한(恨)], 망군(亡君;죽은 임금), 망녀(亡女), 망닉(亡匿;달아나서 숨음), 망덕(亡德;자기 자신과 집안을 망칠 못된 짓), 망령(亡靈), 망매(亡妹), 망명(亡命)[165], 망모(亡母), 망물(亡物), 망부(亡父), 망부(亡夫), 망부(亡婦), 망승(亡僧), 망신(亡身)[166], 망실(亡失;잃어버려 없어짐), 망실(亡室), 망아(亡兒), 망양보뢰(亡羊補牢), 망양증(亡陽症), 망양지탄(亡羊之歎), 망우(亡友), 망운(亡運), 망인(亡人), 망자(亡子), 망자(亡者), 망자집(亡字), 망제(亡弟), 망조(亡兆;망하거나 패할 징조), 망종/길(亡終), 망종(亡種), 망징패조(亡徵敗兆), 망처(亡妻), 망친(亡親), 망하다[1·2 167], 망해(亡骸), 망형(亡兄), 망혼(亡魂;죽은이의 넋), 망후(亡後;死後); 공도동망(共倒同亡), 도망(逃亡), 도망(悼亡), 멸망(滅亡), 사망(死亡)[사망률(率), 사망자(者)], 산망(散亡), 상망(喪亡), 쇠망(衰亡), 유망(流亡), 잔망(殘亡), 전망(戰亡), 존망(存亡), 진망(陣亡), 패망(敗亡), 포망(捕亡), 흥망(興亡) 들.

망(妄) '정신이 흐리어 언행이나 생각이 이치에 맞지 않다'를 뜻하는 말. ¶망각(妄覺;지각의 병적 현상. 착각과 환각), 망거(妄擧;망령된 행동), 망계(妄計), 망념(妄念;妄想)[사사망념(私思), 사사망념(邪思)], 망단(妄斷), 망담(妄談), 망동(妄動;妄擧)[망동하다; 경거망동(輕擧)], 망령(妄靈)[망령되다/이, 망령스럽다], 망론(妄論), 망물(妄物), 망발(妄發)[168], 망변(妄辯;망령된 언변), 망상(妄想)[169], 망설(妄說)[광언망설(狂言)], 망솔하다(妄率), 망신(妄信;옳지 못한 것을 그릇되게 함부로 믿음)[망신자(者), 망신하다], 망어(妄語), 망언(妄言)[망언다사(多謝)], 망자존대(妄自尊大), 망증(妄證;僞證), 망집(妄執;망령된 고집), 망탄하다(妄誕), 망패(妄悖), 망평(妄評), 망행(妄行); 경망하다/스럽다(輕妄), 광망하다(狂妄), 괴망/스럽다(怪妄), 노망(老妄), 무망(无妄), 무망(無妄), 미망(迷妄), 섬망(譫妄), 오망(迂妄), 요망하다/스럽다(妖妄), 위망(僞妄), 유망하다(謬妄), 잔망하다/스럽다(孱妄), 졸망하다(拙妄), 주망(酒妄), 탄망(誕妄), 해망(駭妄), 허망하다(虛妄) 들.

망(忘) '잊다'를 뜻하는 말. ¶망각(忘却;잊어버림)[망각곡선(曲線); 망각되다/하다], 망기(忘棄;어떤 사실을 잊어버림), 망기(忘機;속세의 일이나 욕심을 잊음), 망년/회(忘年/會), 망백초(忘百草), 망사(忘死), 망사생(忘死生), 망실(忘失), 망아(忘我)[170], 망은(忘恩), 망치(忘置); 건망/증(健忘/症), 권권불망(眷眷不忘), 난망(難忘), 미망(未忘), 백골난망(白骨難忘), 불망(不忘)[171], 비망(備忘), 삼망(三忘), 유망(遺忘), 혼망(昏忘) 들.

망(罔) '없다. 속이다'를 뜻하는 말. ¶망극(罔極)[망극하다[172]; 성은망극(聖恩), 수은망극(受恩)], 망민(罔民), 망사지죄(罔赦之罪), 망야(罔夜), 망조(罔措;어찌할 바를 모름)[경황망조(驚惶), 황황망조(遑遑)], 망지소조(罔知所措)/망조(罔措), 망측(罔測)[173][망측하다/히; 괴괴망측(怪怪), 괴상망측(怪常), 괴악망측(怪惡)]; 기망(欺罔), 무망(誣罔), 호천망극(昊天罔極) 들.

망(忙) '바쁘다'를 뜻하는 말. ¶망망하다(忙忙), 망박하다(忙迫), 망쇄(忙殺;몹시 바쁨), 망중(忙中;바쁜 가운데)[망중유한(有閑), 망중투한(偸閑), 망중한(閑)]; 다망(多忙)[공사다망(公私)], 백망(百忙), 번망(煩忙), 분망하다(奔忙), 총망(忽忙), 한망(閑忙), 한중망(閑中忙), 황망하다(惶忙) 들.

망(茫) '아득하다. 멍하다'를 뜻하는 말. ¶망막하다(茫漠;넓고 멀다), 망망/하다(茫茫), 망망대해(茫茫大海), 망매하다(茫昧), 망무두서(茫無頭緖), 망무애반(茫無涯畔), 망무제애(茫無際涯), 망양(茫洋), 망연하다(茫然)[174], 망창하다(茫蒼); 광망하다(曠茫), 묘망하다(渺茫), 창망하다(滄/蒼茫) 들.

---

165) 망명(亡命): 혁명의 실패 또는 그 밖의 사정으로 제 나라에 있지 못하고 남의 나라로 몸을 피함. ¶망명가(家), 망명객(客), 망명도생/하다(圖生), 망명도주/하다(逃走), 망명문학(文學), 망명생활(生活), 망명자(者), 망명정부(政府), 망명죄/인(罪/人), 망명지(地), 망명하다.

166) 망신(亡身): 말이나 행동을 잘못하여 자신의 체면이나 명예를 손상되게 함. ¶사람들 앞에서 망신을 당하다. 망신스러운 꼴을 당하다. 망신살(煞), 망신스럽다; 개망신, 개코망신, 짓망신/하다.

167) 망하다[1]: ①개인 · 집안 · 단체 따위가 제 구실을 하지 못하고 끝장이 나다.↔흥하다(興). ¶회사가/ 집안이 망하다. ②주로 '망할'의 꼴로 쓰여, 못마땅한 사람이나 대상을 저주하는 뜻으로 쓰는 말. ¶망할 자식들. 망할 년/놈. 망하다[2]: 아주 고약하다. 읽기가 망한 책. ¶보기가 망하다. 신발이 망해서 어디 신겠나?

168) 망발(妄發): 잘못하여 자기나 또는 조상에게 욕이 되게 말이나 행동을 함. 또는 그 말이나 행동. 망언(妄言). ¶어른에게 그 무슨 망발인가? 망발을 거두시오. 망발풀이(망발한 것을 씻기 위하여 그 말을 들은 사람에게 한턱내는 일).

169) 망상(妄想): 이치에 맞지 아니한 망령된 생각. 근거가 없는 주관적인 신념. ¶망상에 잠기다. 망상광(狂), 망상적/관념(觀念), 망상증(症), 망상지각(知覺), 망상착상(着想), 망상추상(追想), 망상치매(癡呆); 가공망상(架空), 과대망상(誇大), 관계망상(關係), 미소망상(微小), 발명망상(發明), 발양망상(發揚), 빈곤망상(貧困), 빙의망상(憑依), 상상망상(想像), 색정적/피해망상(色情的/被害), 심기망상(心氣), 유도망상(誘導), 임신망상(妊娠), 자대망상(自大), 잔유망상(殘遺), 종교망상(宗敎), 죄업망상(罪業), 주시망상(注視), 질투망상(嫉妬), 추적망상(追跡), 피애망상(被愛), 피해망상(被害), 허무망상(虛無), 화신망상(化身).

170) 망아(忘我): 어떤 대상에 마음을 빼앗기어 자신을 잊어버림. 몰아(沒我). ¶망아의 경지에 들다.

171) 불망(不忘): 불망기(記), 불망지은(之恩); 만세불망(萬世), 상사불망(相思), 연연불망(戀戀), 염염불망(念念), 영세불망(永世), 오매불망(寤寐), 주야불망(晝夜).

172) 망극하다(罔極)[1]: 어버이나 임금에게 상서롭지 못한 일이 생기게 되어 매우 슬프다. 망극하다(罔極)[2]: 임금이나 부모의 은혜가 워낙 커서 갚을 길이 없다. ¶성은이 망극하옵니다.

173) 망측(罔測): 정상적인 상태에서 벗어나 너무 어이가 없거나 차마 볼 수가 없음. ¶망측한 행실. 망측한 몰골.

174) 망연하다(茫然): ①넓고 멀어서 아득하다. ¶험준한 고개를 넘을 길이 망연하다. ②아무 생각 없이 멍하다. ¶망연히 서 있다. 망연스럽다, 망연자실(自失;넋이 나간 듯이 멍함)/하다.

망(芒) '까끄라기'를 뜻하는 말. ¶망목(芒目), 망변(芒變), 망자/증(芒刺/症), 망종(芒種), 망초(芒硝), 망혜(芒鞋;미투리); 광망(光芒;비치는 빛살), 도망(稻芒), 맥망(麥芒), 모망(茅芒), 성망(星芒;별빛), 혜망(彗芒) 들.

망(莽) '풀숲. 우거지다'를 뜻하는 말. ¶초망(草莽;풀숲. 세상일에 어두운 사람), 초망지신(草莽之臣;벼슬하지 아니하고 초야에 묻혀 사는 사람) 들.

망(惘) '멍하다'를 뜻하는 말. ¶민망하다(憫惘), 창망하다(悵惘;근심 걱정으로 경황이 없다).

망(蟒) '이무기(구렁이). 거대한 뱀'을 뜻하는 말. ¶망옷, 망의(蟒衣;용의 무늬가 그려진 관복); 대망(大蟒;이무기).

망(魍) '도깨비'를 뜻하는 말. ¶망량(魍魎;도깨비), 망매(魍魅;산도깨비와 두억시니).

망(鋩) '날카롭다'를 뜻하는 말. ¶망인(鋩刃;서슬이 날카로운 칼날).

망가-지다 쓰지 못하게 부서지거나 찌그러지다.≒깨지다. 부서지다. 망치다. ¶망가진 라디오. 망가뜨리다/트리다, 망그러지다, 망그지르다(부서뜨려 못쓰게 만들다), 망구다[175].

망고 ①연을 날릴 때에 얼레의 줄을 남김없이 다 풀어 줌. ¶망고를 해서 연을 날려 버렸다. 망곳살(망고한 줄을 잡아맨 얼레의 살), 망고하다. ②살림을 다 떨게 됨.≒파산(破産). 판셈. ¶망고하다(파산하다). ③어떤 것이 마지막 판에 이름. 일의 끝장에 이름. ¶망고에 다다랐다.

망나니 ①죄인의 목을 베던 사람. ②언동이 몹시 막된 사람. ¶망나니짓; 개망나니, 눈깔망나니(눈이 부리부리하고 사나운 짐승 '호랑이'), 불망난이(성질이나 하는 짓이 지독하게 못나고 고약한 사람), 순망나니(아주 못된 망나니), 술망나니, 주책망나니, 지각망나니(知覺;나이에 비하여 철이 덜 난 사람) 들.

망단-하다 일을 뒤탈 없이 끝맺다. 매기단하다. 단산하다(斷産). ¶누이는 아들 하나만 낳고 일찍 망단했는지라 누가 보아도 쉰셋으로는 결코 볼 수가 없었다.

망돌 곡식을 가는 데 쓰는 기구. 맷돌. ¶망짝(한 짝의 맷돌).

망둥-부리 막되게 행동하며 놀고먹는 사람.

망둥이 망둑엇과의 바닷물고기. 망둑어. ¶망둥이가 뛰면 꼴뚜기도 뛴다. 망둥이조림; 말뚝망둥이, 얼간망둥이(됨됨이가 변변하지 못한 사람. 얼간이).

망상-스럽다 요망하고 깜찍한 데가 있다. 망령되고 경솔하다. ¶하는 말이 망상스럽다. 망상스러운 짓.

망새 ①전통 건물의 용마루 양쪽 끝머리에 얹는 기와. 취와(鷲瓦). 치미(鴟尾). ②집의 합각머리나 너새 끝에 얹는 용의 머리처럼 생긴 물건. 용두(龍頭).

175) 망구다: ①망하게 하다. ¶나라를 망구다. 신세를 망구다. ②파괴하여 못 쓰게 하다. ¶장난감을 망구다.

망석-중(이) 나무로 만들어 줄로 놀리는 인형. '남이 부추기는 대로 행동하는 사람(꼭두각시)'을 비유하는 말. ¶망석중 놀리듯(사람을 자기 마음대로 부추겨 조롱함). 망석중극(劇), 망석중놀이.

망설 이리저리 생각만 하고 좀처럼 태도를 정하지 못하는 모양. ¶망설망설 고민하다. 그와 나는 가끔 길거리 같은 데서 망설망설 눈인사를 주고받기도 하였다. 망설거리다/대다/이다(머뭇거리다), 망설망설/하다(엉거주춤하다), 망설임(갈등).

망울 작고 둥글게 엉기고 뭉치어진 덩이. 상처. 임파선종(淋巴腺腫). 〈큰〉멍울. ¶귀밑에 망울이 서다. 멍울이 서다. 풀을 멍울이 지지 않게 쑤다. 망울망울·멍울멍울/하다, 망울지다(망울이 생기다), 멍털멍털[176]; 꽃망울, 눈망울, 안개망울(망울처럼 이루어진 성긴 안개), 잎망울, 젖멍울 들.

망정 주로 '-기에, -니(까), -어서' 뒤에 서 '망정이지'의 꼴로 쓰여, '괜찮거나 오히려 잘된 일'이라는 뜻을 나타내는 말. ¶때마침 네가 와서 도와주었기에 망정이지 밤늦게까지 해야 할 뻔했다.

망초 국화과의 두해살이풀. ¶망초꽃, 망초나물, 망초대.

망치 단단한 물건이나 달군 쇠를 두드리는 데 쓰는 연장. 마치. ¶망치로 못을 박다. 망치뼈[추골(槌骨)], 망치소리, 망치자루, 망치장단, 망치질/하다; 고무망치, 곰보망치(울퉁불퉁하게 이빨이 돋쳐 있는 망치), 공기망치(空氣), 끌망치, 나무망치, 날망치, 도드락망치(다듬는 망치), 돌망치, 색망치[177], 송곳망치(끝이 송곳처럼 뾰족한 망치), 쇠망치, 쌍망이[178], 외맹이, 종망치(鐘) 들.

망치(다) ①집안·나라를 망하게 하다. ¶나라를 망칠 놈. 가문을 망치다. ②일 따위를 그르치게 하다. 결딴내다. ¶계획을 망치다. 신세를 망치다. 그렇게 하다간 일 망치겠다. 홍수로 농작물을 망쳤다. 망쳐먹다, 망쳐버리다.

망탕 되는 대로 마구.=맹탕. ¶망탕 쓰지 않고 아껴 쓰다.

망패 돌팔매질을 할 때, 돌을 싸서 던지는 가죽 제구.

맞- 일부 명사나 동사 앞에 붙어 '마주 대하여 하는. 서로 엇비슷한'의 뜻을 더하는 말. ¶맞각(角), 맞갋다(맞겨루다. 맞먹다), 맞걸다/걸리다, 맞걸이, 맞겨누다, 맞겨루다(서로 우열이나 승부를 겨루다), 맞견주다(서로 마주 대어 보다), 맞겯다[179]/결리다(양쪽이 마주 결리다), 맞계약(契約;수의계약), 맞고소/하다(告訴), 맞고함(高喊), 맞교군(轎軍), 맞교대(交代), 맞교환(交換), 맞구멍, 맞그네, 맞그물질/하다, 맞깃(마주 대는 옷깃), 맞꼭지각(角), 맞끙이[180], 맞남여(藍輿), 맞놓다/놓이다(마주 놓이다), 맞다닥뜨리다, 맞다듬이, 맞다물다(입을 마주 꼭 다물다), 맞닥뜨리다[181]/트리다, 맞닥치다, 맞단추, 맞닫이, 맞달다/맞달리다(서로 마주 달

176) 멍털: 매우 거칠게 크고 작은 멍울이 한데 엉기어 덩이를 이룬 모양. ¶멍털멍털 큰 멍울이 생기다.
177) 색망치: 광산에서, 색(금분이 있고 없음)을 볼 때에 쓰는 망치.
178) 쌍망이: 광산에서 돌에 구멍을 뚫을 때 정을 때리는 쇠망치.
179) 맞겯다: 양쪽에서 서로 보고 어긋나게 짜거나 걸치다.
180) 맞끙이: 두 사람이 맞잡고 쓰는 대패.
181) 맞닥뜨리다: 갑작스레 서로 마주 부딪칠 정도로 만나다.

리다), 맞담, 맞담배/질/하다, 맞당기다, 맞당하다, 맞닿다, 맞대결(對決), 맞대꾸(맞대고 하는 말대꾸)/질/하다, 맞대다, 맞대답(對答), 맞대들다(반항하거나 대항하느라고 맞서서 달려들다), 맞대매[182], 맞대면(對面), 맞대응(對應), 맞대하다(對), 맞댄이음(맞이음), 맞덮다, 맞도끼질, 맞도리깨질, 맞돈, 맞돕다, 맞두다(바둑이나 장기를 같은 조건으로 두다), 맞두레/질, 맞뒤집다, 맞들다, 맞땜, 맞뚫다/뚫리다, 맞뚫레(터널), 맞맞다(서로 맞다), 맞맺다, 맞먹다(서로 같거나 비슷하다), 맞메다, 맞메질/하다, 맞면(面), 맞모[대각(對角)], 맞목도, 맞무역(貿易), 맞물기, 맞물다/물리다, 맞물림, 맞미닫이, 맞밀다, 맞바꾸다, 맞바느질/하다, 맞바둑(↔접바둑), 맞바라보다/보이다, 맞바람, 맞바로(마주 정면으로), 맞바리(남이 팔러 가는 나무를 중간에서 사서 시장에다 파는 일), 맞박다, 맞받다, 맞받아치다, 맞받이¹,²[183], 맞발기(記)[184], 맞방망이/질/하다, 맞방아, 맞배/지붕/집, 맞배지기, 맞버티다, 맞버팀, 맞벌이/하다, 맞벽(闢), 맞변(邊), 맞보, 맞보기(도수가 없는 안경), 맞보다, 맞보증(保證), 맞부닥뜨리다, 맞부둥키다, 맞부딪다, 맞부딪뜨리다/트리다, 맞부딪치다(서로 마주 부딪치다), 맞부딪히다(맞부딪음을 당하다), 맞부패[185], 맞불/질/하다, 맞불다(마주 불다), 맞붙다/붙이다, 맞붙들다, 맞붙이(직접 대하는 일), 맞붙임, 맞붙잡다, 맞비겨떨어지다, 맞비기다, 맞비비다, 맞비탈, 맞빨이[186], 맞사랑, 맞상(床), 맞상대(相對), 맞서다(싸우다. 버티다)/세우다, 맞선/보다(결혼할 당사자들이 만나보다), 맞선꼴(대칭 도형), 맞선말, 맞섶, 맞세우다, 맞소리(동시에 서로 응하는 소리), 맞소송(訴訟), 맞손(마주 잡은 손), 맞손질(마주 싸우는 일), 맞수(手), 맞술(서로 마주 대하여 마시는 술), 맞싸우다, 맞싸움/질, 맞쏘다, 맞쐬다[187], 맞씨름, 맞앉다, 맞엎다, 맞옮기다, 맞욕(辱;맞대고 하는 욕), 맞울림, 맞은바라기/맞바라기(과녁빼기), 맞은쪽, 맞은편(便), 맞이음, 맞잇다, 맞자라다(서로 같이 자라다), 맞잡다(협동하다)/잡히다, 맞잡이[188], 맞장구/치다(동의하다), 맞장기(將棋), 맞장단/질/치다, 맞적수(敵手), 맞절/하다, 맞접(接), 맞접다/접히다, 맞조상(弔喪;안상제와 바깥상제가 마주 조의를 표하는 것), 맞주름, 맞줄임[약분(約分)], 맞쥐다, 맞지르다/질리다[189], 맞쪼다, 맞쪼아보다(대조하다), 맞쫓다, 맞찌르다, 맞찌름, 맞찧다, 맞칼, 맞창, 맞총질/하다(銃;應射), 맞춤¹(짝춤), 맞통하다(通), 맞풀다(서로의 뜻을 털어놓고 이야기하다), 맞품(결혼할 상대자-마주 품는 이), 맞혼인(婚姻;중매 없이 당사자끼리 하는 혼인)/하다, 맞흥정(팔 사람과 살 사람이 직접 마주 대하여 하는 흥정)/하다 들.

맞(다)¹ 어긋나거나 틀리지 아니하다. 틀림이 없다. 빈틈없이 서로 닿다. 적합하다. 적당하다. 어울리다. 일치하다. 입맛·감정·마음 따위에 들다. 쏘거나 던지거나 떨어지는 것 따위가 어떤 것에 닿거나 닿음을 당하다. ¶너의 판단이 맞다. 옷이 꼭 맞다. 뜻이 맞다. 총알을/ 벼락을/ 비를 맞다. 맞갖다[190], 맞아떨어지다, 맞추다[191], 맞춤²[192], 맞춤하다(알맞다), 맞히다[193]; 걸맞다[194], 눈맞다/맞추다, 들어맞다, 때맞다, 때마침, 뜻맞다(뜻이 같다. 마음에 들다), 마침맞다(어떤 경우나 기회에 꼭 알맞다), 볼맞다/맞추다, 설맞다¹, 수지맞다(收支;이익이 돌아오다), 아구맞다/맞추다, 알·얼맞다, 알맞음, 알마추(알맞게), 알아맞히다, 어긋맞다, 짝맞다/맞추다, 쫌맞다[195], 커맞다(좀 큰 듯하나 어중간히 맞다. ↔작아맞다), 헛맞다/헛맞히다. ☞ 적(適).

맞(다)² ①오는 사람을 예로써 받아들이다. 어떤 때를 대하다. 가족이나 동료로서 받아들이다. ¶손님을 맞다/맞이하다. 새봄을 맞다. 기회를 맞다. 맞아들이다, 맞이하다(만나다. 얻다), 마주(←맞(다)+오/우)[196], 마중[197]. 맞은[198]. ☞ 영(迎). ②때림을 당하다.↔

182) 맞대매: 단 두 사람이 마지막으로 우열을 가리는 대매.

183) 맞받이¹: 맞은편에서 마주 바라보이는 곳. 맞은바라기/맞바라기. 맞받이²: 말이나 노래 따위를 곧이어 뒤따라 하는 일. 또는 그런 사람.

184) 맞발기(記): 팔고 사는 양쪽이 같은 것을 두 통 만들어, 다 같이 간수하는 문서(文書).

185) 맞부패(牌): 분광(分鑛)할 때에 두 사람이 동업하는 일. 세 사람이 동업하면 삼부패라고 함.

186) 맞빨이: 다른 옷이 없어서 입은 옷을 바로 빨아 말려 다시 입도록 하는 빨래.

187) 맞쐬다: 비교하여 서로 대어 보다.=대조하다(對照).

188) 맞잡이: ①서로 대등한 정도나 분량. ¶그때 돈 만 원을 지금 돈 십만 원 맞잡이이다. ②서로 힘이 비슷한 두 사람. 어떤 것에 대신 하는 사람이나 물건. ¶아우는 평소에 부모 맞잡이인 형님을 잘 섬긴다. 비록 딸이지만 아들 맞잡이지.

189) 맞질리다: 양쪽 사물이 서로 내뻗치어 마주 지름을 당하다.

190) 맞갖다: 마음이나 입맛 또는 취향에 꼭 맞다. 알맞고 적당하다. ¶맞갖은 음식. 마음에 맞갖지 않은 일자리라서 거절하였다. 원문에 맞갖게 번역하기란 쉽지 않다. 맞갖잖다(맞갖지 않다), 맞갖잖이.

191) 맞추다: 서로 떨어져 있는 부분을 제자리에 맞게 대어 붙이다. 둘 이상의 일정한 대상들을 나란히 놓고 비교하여 살피다. 일정한 수량이 되게 하다. 열이나 차례 따위에 똑바르게 하다. 어떤 기준에 틀리거나 어긋남이 없이 조정하다. 다른 사람의 의도나 의향 따위에 맞게 행동하다. ¶문짝을 문틀에 맞추다. 정답을 맞추어보다. 박자를 맞추다. 보조를 맞추다. 줄을 맞추다. 입을 맞추다. 양복을 맞추다, 간을 맞추다. 화투장을 맞추다. 약속 시간을 맞추다. 비위를 맞추다. 간맞추다, 겉맞추다(속마음으로는 꺼리면서 겉으로만 슬슬 발라맞추다), 꿰맞추다, 눈맞추다, 돌라·둘러맞추다, 들어맞다(틀리지 않고 꼭 맞다)/맞추다, 들맞추다(겉으로 얼렁거리어 남의 비위를 맞추다), 들이맞추다(제자리에 들이대어 꼭 맞게 하다), 발라맞추다(그럴 듯한 말로 겉만 꾸며대어 속여 넘기다), 발맞추다(걸음걸이를 맞추다. 서로 힘을 합쳐 돕다), 소리맞추기, 얼러맞추다(그럴 듯하게 남의 비위를 맞추다), 짜맞추다, 헛맞추다(잘못 맞추다).

192) 맞춤²: 맞추어서 만든 물건. 맞추기. ¶맞춤구두, 맞춤그림, 맞춤법(法), 맞춤식(式), 맞춤옷, 맞춤집(조립식 주택), 맞춤형(型): 눈맞춤, 무릎맞춤, 뼈맞춤, 사개맞춤, 십자맞춤(十字), 안성맞춤(安城), 입맞춤, 자맞춤(字), 전맞춤(廛), 주먹장맞춤, 짜맞춤, 턱맞춤, 통맞춤.

193) 맞히다: ①물음에 옳은 답을 대다. ¶답을 맞히다. 알아맞히다. ②'맞다¹,²'의 사동. 목표에 맞게 하다.≒적중하다. 눈이나 비 따위를 맞게 하다. ¶화살을 과녁에 맞히다. 아이에게 주사를 맞힌다. 비를 맞히다.

194) 걸맞다: ①두 편을 견주어 볼 때 서로 어울릴 만큼 비슷하다. ¶걸맞은 부부. 분위기에 걸맞은 옷차림. ②격에 맞다. ¶모자가 옷차림에 걸맞다.

195) 쫌맞다: 일이나 움직임이 어떤 때에 딱 들어맞다. ¶네가 쫌맞게 나서 주어서 위기를 면하였다.

196) 마주: 서로 똑바로 향하여. ¶둘이 마주 서다. 마주걸이, 마주나기[마주나기눈, 마주나기잎], 마주나다(서로 마주 붙어 나다), 마주나무(말이나 소를 매어 두는 나무), 마주놓다/놓이다, 마중대(좌우 두 문짝이 마주치는 선대), 마주뜨리다/트리다(우연히 만나다), 마주보기, 마주보다/보이다, 마주서다/세우다, 마중선(線;마중대의 틈서리를 막는 나무오리), 마주앉다/앉히다, 마주이야기, 마주잇기, 마주잡다/맞잡다, 마주잡이/맞잡이/하다, 마주치다, 마주하다(대하다).

197) 마중: 오는 사람을 나가서 맞이함.[←맞(다)+웅].↔배웅. 환송(歡送). ¶마중각[영각(迎角)], 마중객(客), 마중나오다, 마중물(펌프에서 물을 끌어올리기 위하여 위에서 붓는 물), 마중하다(배웅하다); 길마중, 달마중, 되마중(배웅한 사람을 다시 나가서 맞이하는 일), 비마중(비를 나가 맞이하는 일).

때리다. ¶매를 맞다. 넨장맞을, 물맞이¹199), 설맞다², 얻어맞다, 젠장맞을; 짓맞다(마구 두들겨 맞다). ③주사·침 따위의 놓음을 당하다. ¶침을 맞다. ④어떤 성적의 점수를 받다. ¶낙제 점수를 맞다. 높은 점수를 맞았다. ⑤어떤 좋지 아니한 일을 당하다. ¶선생님께 야단을 맞다. 퇴박맞다(退)200). ⑥'-맞이'의 꼴로, '오는 사람이나 일·날·때를 맞는 일'을 뜻하는 말. ¶꽃맞이(꽃 필 무렵에 하는 굿), 달맞이, 돌맞이, 물맞이²201), 봄맞이, 생일맞이(生日), 서방맞이, 설맞이, 손님맞이, 장맞이202)/하다, 추석맞이(秋夕), 해맞이 들.

-맞다 사람의 성격을 나타내는 일부 명사 또는 어근 뒤에 붙어 '그것을 지니고 있음'의 뜻을 더하고 형용사를 만드는 말. ¶가량맞다, 가증맞다(可憎), 간살맞다, 갱충맞다, 거령맞다, 건숭맞다, 걸맞다, 곰살맞다, 궁상맞다(窮狀), 귀꿈맞다, 극성맞다(極盛), 근천맞다, 넉살맞다, 는질맞다, 능갈맞다, 능글맞다, 능청맞다, 단작·던적맞다, 데퉁맞다, 밉살맞다, 방정맞다203), 밴덕맞다, 뱅충·빙충맞다, 뱐덕맞다, 변덕맞다(變德), 별쭝맞다, 빙충맞다, 사풍맞다(邪風), 새살맞다, 새실맞다, 새퉁맞다, 생뚱맞다, 시름맞다, 시설맞다, 쌀쌀맞다, 알맞다, 앙증맞다, 애살맞다, 얌심맞다, 어긋맞다, 얼맞다, 얼바람맞다, 용천맞다204), 음충맞다, 음침맞다(陰沈), 익살맞다, 죽맞다(둘이 서로 마음이 통하다), 증상맞다(憎狀), 지질맞다205), 징글맞다(몹시 징글징글하다), 착살맞다, 청승맞다, 칙살맞다, 칠칠맞다, 흉증맞다(凶證) 들.

맡 어떤 일이 마쳐지거나 멈추려는 바로 그때. ¶시골집에 오는 맡으로 팔을 걷어붙이고 어머니를 도왔다. 읽던 맡에 끝까지 읽자.

-맡 몇몇 명사 뒤에 붙어, '그 가까운 방향의 곳. 곁'의 뜻을 더하는 말. ¶머리맡, 베갯맡.

맡(다)¹ ①책임지고 담당하다. 어떤 물건을 받아 보관하다. ¶공장의 경영을 맡다. 짐을 맡다. 할머니가 손자를 맡아 키운다. 맡기다(위탁하다), 맡긴돈, 맡긴이, 맡아보다, 맡아팔기, 맡은이; 가로맡다206), 갈라맡다, 걸머맡다(남의 일이나 빚 따위를 안아맡다), 끊어맡다(일의 얼마를 따로 떼어서 맡다), 내맡기다207), 도맡다/맡기다, 떠맡다(떠안다)/맡기다(떠넘기다), 쓸어맡기다(여러 가지를 몰아서 맡기다), 안아맡다(남의 일을 맡아 책임지다), 처맡기다(억지로 마구 맡기다). ②면허나 증명·허가 같은 것을 얻어 받다. ¶허가를 맡다. ③자리를 차지하다. ¶자리를 맡다. ④주문 따위를 받다. ¶주문을 맡다. ☞ 임(任). 담(擔). 예(預).

맡(다)² 냄새를 코로 들이마시어 느끼다. 눈치나 낌새를 알아차리다. ¶꽃향기를 맡다. 돈 있는 냄새를 맡고 빌려달라고 조르기 시작했다. 맡이다(냄새를 맡게 하다); 땅내맡다.208)

매¹ 사람이나 짐승을 때리는 막대기, 몽둥이, 회초리를 통틀어 이르는 말. ¶매를 맞다/때리다. 맷가마리(매를 맞아 마땅한 사람), 맷감, 매꾸러기(걸핏하면 매를 맞는 아이), 매끝, 맷단(매를 묶어 놓은 단), 맷독(毒), 매맛(매를 맞아 아픈 느낌), 맷손¹(매질의 세고 여린 정도), 매싸리(종아리채로 쓰는 싸릿가지), 매질/꾼, 맷집209), 매채(매를 때리기 위한 채), 매타작(打作;매우 심한 매질), 매품/팔이; 곁매210), 공매(空), 대매(단 한 번 때리는 매), 돌림매(한 사람을 여러 사람이 돌아가며 때리는 매), 동네매(洞), 된매(아주 심하게 맞는 매), 맴매211), 모다깃매(뭇매), 모둠매(뭇매), 몰매, 무릿매(몰매), 물매(뭇매), 뭇매(몰매)/질, 사매(私), 소나기매, 쇠좆매(황소의 생식기로 만든 매) 들.

매² 소렴(小殮) 때에 시체에 수의(壽衣)를 입히고 그 위를 매는 베 헝겊.

매³ 곡식을 가는 데 쓰는 기구. 맷돌. 매통. ¶매갈이/꾼/간(間), 매갈이하다, 맷돌[맷돌구멍, 맷돌다리, 맷돌중쇠, 맷돌질/하다, 맷돌짝, 맷돌흐름(소용돌이)], 맷방석(方席), 매방앗간(間), 매소래, 맷손²212), 맷수쇠, 매암쇠(맷돌 위짝의 한 가운데 박힌 쇠.↔맷수쇠), 매조미(糙米;매갈이)[매조미간(間), 매조밋겨, 매조미쌀(벼를 매통에 갈아서 왕겨만 벗긴 쌀)], 매조이213)/꾼, 매조이다/매죄다, 매죄료장수, 맷중쇠, 맷지게214), 매통, 매틀, 매판, 매함지(맷돌을 올려놓는 함지; 고석매(蠱石; 화산석인 구멍이 뚫린 돌로 만든 맷돌), 돌매, 목매(木;나무로 만든 매통), 생석매(生石), 연자매(研子), 토매(土), 팥매, 풀매(풀쌀을 가는 작은 맷돌) 들.

매⁴ 곡식 섬이나 곡식 단 따위를 묶을 때 쓰는 새끼나 끈.=매끼. 또는 그 묶음을 세는 단위. 베 열 매끼. 맷고기215), 매끼216), 맷담배217), 매잡이'; 동매218), 두매한짝219), 장매(長)220), 지매(紙).

---

198) 맞은-: 맞은바라기/맞바라기(앞으로 마주 보이는 곳), 맞은바람, 맞은쪽(마주 보이는 쪽. 맞은편), 맞은편/짝(便).

199) 물맞이¹: 부녀들이 유두 또는 여름철에 약수나 폭포수에서 물을 맞는 일. 물맞이하다.

200) 퇴박맞다(退): 마음에 들지 아니하여 물리침을 받다. ¶결재 서류가 퇴박맞다.

201) 물맞이²: 병을 고치려고 약수(藥水)를 마시거나 약수로 몸을 씻는 일.

202) 장맞이: 길목을 지키고 기다리다가 사람을 만나려는 것.

203) 방정맞다: 몹시 방정을 떨어서 요망스럽다.

204) 용천맞다: 꽤 꺼림칙한 느낌이 있다. ¶별 용천맞은 소릴 다 하네.

205) 지질맞다: 언행이 변변하지 못하고 보잘것없다.

206) 가로맡다: ①남의 할 일을 가로채서 맡거나 대신해서 맡다. ¶남의 일을 가로맡아 어려움을 겪다. ②남의 일에 참견하다. ¶네가 왜 이 일을 가로맡고 나서느냐?

207) 내맡기다: ①아주 맡겨 버리다. ¶회사 경영을 전무에게 내맡기다. ②되는대로 내버려 두다. ¶시장 기능에 내맡기다.

208) 땅내맡다: ①옮겨 심은 식물이 새로운 땅에 뿌리를 내려 생기 있는 상태가 되다. ②동물이 그 땅에서 삶을 얻다.

209) 맷집: 매를 맞고도 견딜 만한 힘이나 정도. 때려 볼 만한 통통한 살집. ¶그 권투 선수는 맷집이 좋다.

210) 곁매: 싸움판에서, 제삼자가 곁에서 한쪽을 편들어 치는 매.

211) 맴매: 젖먹이에게 '매로 때린다'의 뜻으로 쓰는 말. ¶말 안 들으면 맴매할 거야.

212) 맷손²: 맷돌이나 매통을 돌리는 손잡이.

213) 매조이: 매통이나 맷돌의 닳은 이를 정으로 쪼아 날카롭게 하는 일. ¶매조이다.

214) 맷지게: 맷돌을 돌릴 때 맷손을 긴 막대기에 걸어서 돌리게 만든 장치. ¶맷지게/질/하다.

215) 맷고기: 조금씩 떼어서 동여맨 덩이로 파는 쇠고기.

216) 매끼: ①묶는 데 쓰는 새끼나 끈. 〈준〉매. ¶매끼를 틀어 볏단을 묶다. 매끼돈(많은 액수의 돈). ②'어긋-'과 합성하여 '서로 어긋나게 맞추는 일'을 뜻함. ¶어긋매끼다/엇매끼다(어긋나게 맞추다).

217) 맷담배: 조금씩 떼어서 파는 살담배.

218) 동매: 물건을 동일 때 가로 묶는 새끼.↔장매(長).

219) 두매한짝: 다섯 손가락을 젓가락 두 매와 한 짝에 비유한 말. ¶한창 구

§'매다[결(結)]'와 동근어.

매[5] 벽 거죽을 곱게 바르는 데 쓰는 흙.=매흙. ¶매닥질[221], 매대기[222], 매흙[223][매흙모래, 매흙물, 매흙질(맥질)/하다], 맥질판[224]; 물매(매흙을 물에 묽게 타서 벽이나 방바닥에 바른 것).

매[6] 맷과의 새. ¶매가 병아리를 낚아채다. '작은 매'를 '초고리'라고 한다. 매구럭, 매깃, 매눈, 매두피[225], 매발톱, 매밥, 매방울, 매부리[1][응사(鷹師)], 매부리[2](매의 주둥이), 매부리징(매부리 모양의 징), 매부리코(매부리 모양의 코), 매사냥/꾼, 매사촌(四寸), 매손붙이다[226]. 매잡이[2], 매찌(매의 똥), 매치(매로 잡은 새나 짐승), 매파(派↔비둘기파)[227], 매팔자(八字;놀기만 하는 좋은 팔자); 날매(공중에 날고 있는 매), 날매같다(동작이 매우 빠르다), 묵이매(한 살이 지난 매), 보라매, 뿔매, 사냥매, 새매[228], 생매(生), 송골매, 수진매(手陳.수지니;사람의 손으로 길들인 매), 참매, 흰매(두세 살이 되어서 털이 희어진 매). ☞ 응(鷹).

매[7] 젓가락의 한 쌍을 세는 단위. ¶젓가락 두 매.

매[8] 몹시 심한 정도로. 보통보다 더 공을 들여.≒매우.[←맵다]. ¶농약이 묻었을 지도 모르니 매 씻어야 한다. 매 끓이다. 매 닦다. 벼를 매 찧어서 곱게 쓿었다. 매매 씻다/ 묶다/ 빻다. 매얼음(매우 단단하게 꽁꽁 언 얼음.↔살얼음).

매[9] 양이나 염소 따위의 울음소리. ¶염소가 매매 울다.

매– 몇몇 명사 앞에 붙어, '결국 구별이 없음'의 뜻을 더하는 말. ¶매고르다[229], 매일반(一般), 매한가지.

–매[1] 모음으로 끝난 어간 또는 선어말 어미 '-으시-'에 붙어, 어떤 일에 대한 원인이나 근거를 나타내는 연결 어미. ['ㄹ' 이외의 받침 뒤에서는 '-으매'로 쓰임]. ¶내가 보매 그럴듯하더라. 내 손을 잡으매 기꺼이 흔들어 주었다. 학문이 높고 덕망이 높으시매 존경을 받는다.

–매[2] 몇몇 명사 뒤에 붙어, '맵시. 생김새'의 뜻을 더하는 말.[←매다[1]]. ¶갖추매(갖춤새), 논매(논의 수평), 눈매, 느릿매(느린 물매), 뒤매(뒷부분의 생김새), 몸매, 물매[마당물매, 지붕물매(지붕의 경사진 정도)], 손매(손의 맵시), 옷매, 이음매(이은 자리), 입매(입의 생긴 모양), 허릿매(날씬한 허리의 맵시) 들.

매(賣) '팔다'를 뜻하는 말.↔매(買). ¶매가(賣家), 매가(賣價), 매각(賣却;팔아 버림), 매관(賣官), 매관매직(賣官賣職), 매광(賣鑛), 매국(賣國)[매국노(奴), 매국적(賊)], 매끽(賣喫), 매도(賣渡)[매도인(人), 매도자(者), 매도질(質), 매도측(側)], 매득(賣得), 매매(賣買)[230], 매명(賣名), 매문/매필(賣文/賣筆), 매물(賣物), 매복(賣卜), 매상/고(賣上/高), 매색(賣色), 매석(賣惜), 매세(賣勢), 매소(賣笑), 매신(賣身), 매약(賣約), 매약(賣藥), 매음(賣淫)[매음굴(窟), 매음녀(女); 밀매음(密賣淫)], 매자(賣子), 매장이치다(賣贓), 매절(賣切), 매점(賣店)[교내매점(校內), 구내매점(構內)], 매주(賣主), 매주(賣酒), 매직(賣職), 매진(賣盡;다 팔려 동이 남), 매초(賣草), 매춘(賣春), 매출(賣出)[매출원가(原價), 매출장(帳)], 매토(賣土), 매표(賣票)[매표구(口), 매표소(所), 매표원(員)], 매필(賣筆), 매품(賣品), 매필(賣筆), 매혈(賣血); 강매(强賣), 경매(競賣), 공매(公賣), 권매(勸賣), 권매(權賣), 급매(急賣), 다매(多賣)[박리다매(薄利)], 도매(都賣)[도매상(商), 도매시장(市場); 중간도매(中間)], 도매(盜賣), 밀매(密賣), 박매(拍賣), 발매(發賣)[발매소(所), 발매처(處)], 방매(放賣)[영영방매(永永)/영매(永賣)], 변매(變賣), 분매(分賣), 불매(不賣), 산매(散賣), 석매(惜賣), 선매(先賣), 소매(小賣), 암매(暗賣), 억매(抑賣), 염매(廉賣), 예매(豫賣), 완매채(完賣債), 음매(淫賣), 입도선매(立稻先賣), 잠매(潛賣), 재매(再賣), 전매(前賣), 전매(專賣)[231], 전매(轉賣), 즉매(卽賣), 직매(直賣), 척매(斥賣), 천매(賤賣), 청매(請賣), 투매(投賣)[대투매(大); 해외투매(海外)], 투매(偸賣), 특매(特賣), 판매(販賣), 화매(和賣)[양상화매(兩相)], 환매(還賣) 들.

매(買) '사다'를 뜻하는 말.↔매(賣). ¶매가(買價), 매기(買氣), 매득(買得), 매명(買名), 매상(買上)[매상고(高), 매상금(金), 매상미(米)], 매수(買收;사들이기)[매수되다/하다, 매수공작(工作), 매수세(勢), 매수시장(市場), 매수인(人), 매수합병(合倂)], 매수(買受;물건을 사서 넘겨받음)[매수인(人), 매수인수(引受), 매수측(側)], 매식(買食), 매입(買入;사들이기)[매입되다/하다, 매입상환(償還), 매입원가(原價), 매입장(帳)], 매장이치다(買贓;샀던 물건을 관청에 빼앗기다), 매절(買切), 매점(買占), 매주(買主), 매집(買集), 매토(買土), 매판(買辦)[232], 매표(買票), 매혈(買血); 강매(强買), 경매(競買), 구매(購買), 늑매(勒買), 매매(賣買), 불매(不買), 선매(先買), 수매(收買), 암매(暗買), 억매(抑買), 염매(廉買), 예매(豫買), 이매(移買), 중매(仲買), 천매(賤買), 환매(換買), 환매(還買) 들.

뻐던 때라, 음식을 두매한짝으로 집어 먹는다.

220) 장매(長): 길쭉한 물건을 흩어지지 아니하게 세로로 묶는 줄.↔동매.

221) 매닥질: 마구 매대기를 치는 짓.=매대기. ¶얼굴을 진흙으로 매닥질을 쳤다. 매닥질하다.

222) 매대기: 진흙·똥 따위와 같이 질척한 것을 아무데나 뒤바르는 짓. 정신을 잃고 아무렇게나 하는 몸짓. ¶옷을 진흙탕으로 온통 매대기를 해놓았다. 술에 취해 길바닥에서 매대기를 치고서도 모르더라. 매대기질/매닥질(함부로 매대기를 치는 짓), 매대기치다.

223) 매흙: 초벽·재벽이 끝난 다음, 벽 거죽을 곱게 바르는 데에 쓰는 잿빛의 보드라운 흙. 〈준〉매.

224) 맥질판: 논두렁의 겉흙을 파냈다가 다시 그러모아 꼭꼭 밟고 마물러서 문지르는 판대기.

225) 매두피: 닭의 둥우리처럼 생겨 매를 산 채로 잡는 기구.[←매+둪/덮(다)+이].

226) 매손붙이다: 길들인 매가 처음으로 사냥을 나가다.

227) 매파(派): 자신들의 이념이나 주장을 관철하기 위하여 상대편과 타협하지 아니하고 사태(事態)에 강경하게 대처하려는 입장에 선 사람들.

228) 새매: 매과의 텃새 또는 떠돌이새. 수컷을 '난추니', 암컷을 '익더귀'라고 함.

229) 매고르다: 크기나 모양 따위가 모두 가지런하다. 모두 비슷하다.

230) 매매(賣買): 팔고 삼. 흥정. ¶매매결혼(結婚)/매매혼, 매매익(益), 매매장(帳), 매매하다; 간접매매(間接), 뇌동매매(雷動), 밀매매(密), 사상매매(私相), 상대매매(相對), 상사매매(商事), 성매매(性), 수탁매매(受託), 암매매(暗), 위탁매매(委託), 이중매매(二重), 인신매매(人身), 자전매매(自轉), 점두매매(店頭), 정기매매(定期), 즉시매매(卽時), 차금매매(差金), 통신매매(通信), 현금매매(現金), 현물매매(現物), 현실매매(現實), 현장매매(現場), 희망매매(希望;앞으로 이익이 될 물건을 매매하는 일).

231) 전매(專賣): 전매권(權), 전매수입(收入), 전매청(廳), 전매특허(特許), 전매품(品).

232) 매판(買辦): 사리(私利)를 위하여 외국 자본과 결탁하여 제 나라의 이익을 해치는, 또는 그런 것. ¶매판적 지식인. 매판적 자본가. 매판기업(企業), 매판성(性), 매판업체(業體), 매판자본/가(資本/家).

매(每) ①일부 명사나 한자어 어근에 붙어, '마다 · 각각, 하나하나'의 뜻을 나타내는 말. 관형사로도 쓰임. ¶매 회계 연도. 매 분기(分期), 매가(每家), 매개(每個), 매권(每卷), 매기(每期), 매끼(니), 매년(每年), 매달, 매되, 매두(每斗), 매두락(每落), 매마지기, 매매(每每;번번이), 매명/하(每名/下), 매물(每物), 매바리, 매방(每放), 매번(每番), 매보(每步), 매봉(每封), 매분(每分), 매사(每事), 매섬지기, 매시(每時), 매시간(每時間), 매월(每月), 매인(每人), 매일(每日), 매장(每張), 매장(每場), 매주(每週), 매차(每次), 매초(每秒), 매해, 매호(每戶), 매호(每號), 매회(每回). ②다름이 없이 똑같이. ¶이리 가나 저리 가나 매 한가지다. ③=매양[233]. ¶매 하는 소리가 그 소리지 들을 것 없네.

매(媒) '관계를 짓다. 중매(中媒)'를 뜻하는 말. ¶매개(媒介)[234], 매개념(媒槪念), 매달(媒達), 매명사(媒名辭), 매얼(媒孽;사물이 서로 어울려서 이루어짐), 매연/물(媒緣/物), 매염(媒染)[매염성(性), 매염제(劑)], 매용제(媒熔劑), 매자(媒子), 매작(媒妁), 매질(媒質;힘이나 파동의 물리적 변화를 전하는 매개물), 매체(媒體)[235], 매탁(媒託), 매파(媒婆;혼인을 중매하는 노파), 매합(媒合); 냉매(冷媒), 분산매(分散媒), 수매(水媒), 열매(熱媒), 영매(靈媒), 용매(溶媒), 주매(酒媒;누룩), 중매(仲媒), 촉매(觸媒), 충매/화(蟲媒/花), 풍매/화(風媒/花) 들.

매(埋) '땅에 묻다. 감추다'를 뜻하는 말. ¶매골/방자(埋骨)[236], 매귀(埋鬼), 매두몰신(埋頭沒身), 매립(埋立), 매목(埋木), 매몰(埋沒;파묻음)[매몰림(林), 매몰요법(療法)], 매복(埋伏)[237], 매비(埋秘;몰래 숨어서 감춤), 매설/되다/하다(埋設), 매안(埋安), 매옥(埋玉), 매원(埋怨), 매장(埋葬;땅에 묻음. 따돌림)[매장꾼, 매장지(地), 매장하다; 가매장(假), 생매장(生), 암매장(暗)], 매장(埋藏;묻혀 있음)[매장량(埋藏量), 매장문화재(文化財), 매장물(物)], 매적(埋積), 매축/지(埋築/地), 매향(埋香), 매혼(埋魂); 생매(生埋), 엄매(掩埋) 들.

매(昧) '새벽. 어둡다(컴컴하다. 사리에 밝지 못하다)'를 뜻하는 말. ¶매곡(昧谷;날이 저묾), 매매하다(昧昧;아는 것이 없어 세상일에 어둡다), 매사(昧事), 매상(昧爽;먼동이 틀 무렵), 매신(昧臣;어리석은 신하), 매자(昧者;사리에 어두운 사람); 농매(聾昧), 망매(茫昧), 몽매(蒙昧), 삼매(三昧)[238], 소매(素昧), 암매(暗/闇昧), 애매하다(曖昧), 애매모호하다(曖昧模糊), 완매하다(頑昧), 우매(愚昧), 전매(全昧), 초매(草昧), 토매인(土昧人), 허령불매(虛靈不昧), 혼매(昏昧) 들.

매(梅) '매화나무. 절후(節侯) 이름'을 뜻하는 말. ¶매독(梅毒), 매병(梅甁), 매실(梅實), 매실(梅室), 매우(梅雨;매화 열매가 익을 무렵의 장마), 매원(梅園), 매죽/잠(梅竹/簪), 매향(梅香), 매홍지(梅紅紙), 매화(梅花)[239]; 구매(驅梅), 낙매(落梅), 납매(臘梅), 다매(茶梅), 대명매(大明梅), 백매(白梅), 분매(盆梅), 설중매(雪中梅), 암매(巖梅), 야매(野梅), 오매(烏梅), 옥매(玉梅), 잔매(殘梅), 청매(靑梅), 춘매(春梅), 탐매(探梅), 홍매(紅梅), 황매(黃梅) 들.

매(妹) '손아래 누이'를 뜻하는 말. ¶매가(妹家), 매제(妹弟), 매형(妹兄), 매부(妹夫), 매씨(妹氏), 매제(妹弟), 매형(妹兄); 고종매(姑從妹;고모의 딸), 남매(男妹), 동모매(同母妹), 망매(亡妹), 모매(母妹), 삼종매(三從妹;팔촌 누이), 소매(小妹), 영매(令妹), 의매(義妹), 자매(姉妹)[자매결연(結緣), 자매선(船), 자매신문(新聞), 자매지(誌)], 제매(弟妹), 종매(從妹) 들.

매(枚) ①종이 같은 넓적한 조각으로 생긴 물건을 세는 데 쓰는 말.=장(張). ¶원고지 100매. 매수(枚數), 매이(枚移). ②일일이. 낱낱이 들다'를 뜻하는 말. ¶매거(枚擧;낱낱이 들어서 말함), 매진(枚陳;사실대로 낱낱이 말함). ③하무(입에 물리던 막대기). ¶함매(銜枚).

매(罵) '꾸짖다'를 뜻하는 말. ¶매도(罵倒;몹시 꾸짖음), 매리(罵詈); 구매(毆罵), 냉매(冷罵), 노매(怒罵), 대매(大罵), 만매(漫罵), 면매(面罵), 모매(侮罵), 소매(笑罵), 악매(惡罵), 열매(熱罵), 조매(嘲罵), 질매(叱罵), 취매(醉罵), 치매(嗤罵), 타매(唾罵), 통매(痛罵) 들.

매(魅) '도깨비. 홀리다'를 뜻하는 말. ¶매력(魅力;사람의 마음을 사로잡아 끄는 힘)[매력적(的); 성적매력(性的)], 매료되다/하다(魅了;호리다), 매쇄(魅殺), 매혹(매력으로 사람의 마음을 호림)/적(魅惑/的); 귀매(鬼魅), 망매(魍魅), 산매(山魅;산귀신), 이매(魑魅;도깨비), 이매망량(魑魅魍魎;온갖 도깨비) 들.

매(邁) '앞으로 나아가다. 낫다. 뛰어나다'를 뜻하는 말. ¶매덕(邁德;뛰어나게 어질고 착한 행실), 매진(邁進;힘차게 나아감)[일로매진(一路), 직왕매진(直往)]; 영매하다(英邁), 준매(俊邁), 초매하다(超邁), 호매(豪邁) 들.

매(寐) '잠을 자다'를 뜻하는 말. ¶가매(假寐), 몽매/간(夢寐/間), 숙흥야매(夙興夜寐;부지런히 일함), 오매(寤寐), 오매불망(寤寐不忘), 잠매(潛寐) 들.

매(煤) '그을음. 석탄(石炭)'을 뜻하는 말. ¶매기(煤氣), 매연(煤煙;그을음), 매전(煤田), 매탄/요(煤炭/窯); 연매(煉煤) 들.

매(玫) '붉은 옥. 때찔레(해당화)'를 뜻하는 말. ¶매괴(玫瑰;때찔레)

---

233) 매양: 번번이. 매 때마다.≒마냥. ¶매양 실패를 거듭하다. 그는 매양 바쁘기만 하다.

234) 매개(媒介): 둘 사이에서 양 편의 관계를 맺어줌. 어떤 사물이 존재한 조건이 되는 일. ¶매개가치(價値), 매개모음(母音), 매개물(物), 매개변수(變數), 매개어(語), 매개자(者), 매개자음(子音), 매개체(體), 매개하다.

235) 매체(媒體): 어떤 작용을 한쪽에서 다른 쪽으로 전달하는 물체. 또는 그런 수단. 물질과 물질 사이에서 매질(媒質)이 되는 물체. ¶광고매체(廣告), 다매체(多), 대중매체(大衆), 방송매체(放送), 언론매체(言論), 전파매체(電波), 활자매체(活字).

236) 매골방자(埋骨): 사람이나 짐승의 뼈를 묻어 남에게 재앙이 내리도록 하는 짓.

237) 매복(埋伏): 상대편의 동태를 살피거나 불시에 공격하려고 일정한 곳에 몰래 숨어 있음. ¶적의 매복에 주의하라. 매복대(隊), 매복병(兵), 매복선(線), 매복자(者), 매복전(戰), 매복조(組), 매복증(症), 매복지(地), 매복치(齒).

238) 삼매(三昧): 삼매경(境), 삼매당(堂), 삼매도량(道場), 삼매승(僧); 구두삼매(口頭;口頭禪), 독서삼매(讀書), 염불삼매(念佛), 해인삼매(海印).

239) 매화(梅花): 매화가(歌), 매홧간(間;뒷간), 매화꽃, 매화나무, 매화매듭, 매화술, 매화연(宴), 매화육궁(六宮), 매화잠(簪), 매화점(點;점으로 찍어 그린 매화 무늬), 매화주(梅花酒), 매화죽(粥), 매화차(梅花茶), 매화총(銃), 매화타령, 매화편문(片紋), 매화포(砲;종이로 만든 딱총); 황매화(黃).

[매괴유(油), 매괴화(花)].

매(呆) '어리석다'를 뜻하는 말. ¶치매(癡呆).

매(霉) '곰팡이'를 뜻하는 말. ¶매기(霉氣).

매개 일이 되어 가는 형편. ¶매개를 보다(일이 되어 가는 형편을 살피다). 그 일은 매개가 어려운지 끝내 포기하고 말았다.

매골 축이 나서 볼품없이 된 사람의 꼴. ¶영락없이 죽을 매골이 되었구나. 평생 빌어먹을 매골이로구나. 매골이 말이 아닌 거지.

매구 천 년 묵은 여우가 변하여 된다는 환상적인 짐승. ¶마을에서는 해순이가 매구 혼이 들렸다는 소문이 자자했다.

매기[1] 집을 지을 때 서까래 끝을 맞추어 가지런히 하는 일.[←매다]. ¶방구매기, 일자매기(一字).

매기[2] 수퇘지와 암소가 흘레하여 낳는다는 짐승.

ㅁ

매기(다) 사물의 가치나 차례를 평론하여 정하다. 〈준〉매다. ¶값을 비싸게 매기다. 점수를 매기다. 내리매기다, 때매[시제(時制)], 시매기다(時;시한을 제한하다), 치매기다.

매기단-하다 일의 뒤끝을 깨끗하게 아물리거나 맺다. ¶한 달 후에 회사를 그만두겠다는 금정이는 매기단하기 위하여 최선을 다하기로 다짐했다. 매기단을 잘하다.

매나니 ①일하는 데 아무 도구도 없는 맨손. ¶매나니로 일하다. 그는 매나니라도 무엇이건 만들어 낼 수 있는 능력을 가진 사람이다. ②반찬 없이 먹는 맨밥. ¶귀한 손님을 매나니로 대접하다. ③아무것도 하지 아니하고. 또는 아무 생각도 없이 그저 멍하니. ¶매나니 기다리다. 매나니로.

매(다)[1] ①끈 따위의 한쪽 끝과 다른 끝을 엇걸어서 마디를 지어 맺다. 물건을 동여서 묶다. 어떤 물건을 꾸며 만들다(다발지다). ↔풀다. ¶띠를 매다. 말뚝에 염소를 매다. 그네를 매다. 붓이나 비를 매다. 매개댕기[240], 매단단하다(야무지고 단단하다), 매달다[241]/달리다[1],[2][242], 매동그리다[243], 매듭[244], 매만지다[245], 매무새(매무시한 뒤의 모양새, 즉 옷을 입은 맵시), 매무시[246], 매어기르기, 매어달다/달리다, 매여살다, 매이다, 매인목숨, 매인이름씨, 매잡이[247], 매조지[248]/다, 맨드리[249], 맴줄(배 따위를 붙들어 매는 데 쓰는 밧줄), 맵시[250]; 갈아매다(다른 것으로 바꾸어 매다), 걷어매다[251], 꿰매다, 끌어매다, 내매다, 달아매다, 덧매다, 돌라·둘러매다(둘러 감아서 두 끝을 맞매다), 동여매다, 되매기(참빗의 헌 살을 골라 다시 맨 빗), 목매기송아지/목매기, 목매아지[252]/목매지, 목매다/매달다(목을 줄에 걸어 높은 데 메어 달다), 붙매다/매이다, 비끄러매다, 싸매다, 얼싸매다(두 팔로 싸서 감아쥐다), 얽매다·얽어매다/매이다, 옭매다/매이다, 옭아매다, 잘라·졸라매다, 잡아매다/잡매다, 징거매다(대충 꿰매다), 찍어매다(대강 꿰매다), 처매다(다친 곳에 약을 바르고 붕대 같은 것으로 친친 감아 매다), 헤매다(이리저리 돌아다니다. 갈피를 못 잡다), 홀쳐매다. ②소, 말 같은 집짐승을 기르다. ¶송아지를 말뚝에 매어 놓다. ③무엇을 해내기가 어렵거나 기가 죽어 어찌할 바를 모르고 갈팡질팡하다. ¶절절·쩔쩔매다. ☞ 결(結).

매(다)[2] 논밭의 풀을 뽑다. ¶밭에 김을 매다. 매기[김매기, 논매기, 두벌매기, 밭매기, 삯밭매기, 세벌매기, 애벌/아시매기, 초벌매기, 풀매기], 매다루다(논밭의 김을 매어 깨끗이 다루다), 매이다; 김매다 들.

매대기 ①진흙과 같이 질척한 것을 아무데나 함부로 바르는 짓.=매닥질. ¶벽에다 진흙으로 매대기를 쳤다. ②정신없이 아무렇게나 마구 하는 몸짓. ¶술에 취해 길바닥에서 매대기를 치고 있다.

매롱매롱 눈이나 정신이 또렷또렷한 모양. ¶매롱매롱 쳐다보는 당나귀.

매몰-하다 인정이나 싹싹한 맛이 없이 쌀쌀하고 독하다.≒매정하다. ¶태도가 너무나 매몰하여 말도 하지 못하였다. 매몰하게 거절하다. '영락없고 매몰하다'를 '야나치다'라고 한다. 매몰스럽다, 매몰차다(쌀쌀하다. 매섭다).

매삼 초조하거나 다급하여 안절부절못하고 돌아치는 모양. ¶매삼

---

240) 매개댕기: 어여머리나 큰머리를 할 때 머리를 고정시키는 댕기.

241) 매달다: 매어서 드리우거나 걸다. 물건의 일부를 위에 묶어 고정시키고 나머지를 공간에 늘어뜨리다. ¶마늘을 엮어 처마에 매달다. 대들보에 목을 매달다.

242) 매달리다[1]: 매닮을 당하다. ¶가지 끝에 매달린 연. 매달리다[2]: ①무엇을 붙들고 아래로 늘어지다. ¶밧줄에 매달리다. ②주되는 것에 딸리다. ¶중환자 한 사람에게 간호사 두 명이 딸리다. ③무엇에 몸과 마음을 기대다. ¶어머니에게 매달린 어린 자녀들. ④무엇에 몸과 마음이 딸려 있거나 얽매이다. ¶농사일에 매달려서 쉴 겨를이 없다.

243) 매동그리다: 매만져서 뭉치어 싸다. ¶옷가지를 보자기에 매동그리다. 보따리를 매동그리다.

244) 매듭: 노·실·끈 따위를 잡아매어 마디를 이룬 것. 어떤 일에서 순조롭지 못하게 맺히거나 막힌 부분. 결말. ¶매듭을 짓다. 매듭단추, 매듭눈, 매듭수(繡), 매듭실, 매듭자반, 매듭지다(일을 마무리하다), 매듭짓다(매듭을 만들다), 매듭체(體), 매듭춤, 매듭판(板), 매듭풀; 가락지매듭, 가지방석매듭, 개심매듭(그물코를 얽는 방법), 굼벵이매듭, 끝매듭, 나비매듭, 난간매듭(欄干), 납작이매듭, 네쪽매듭, 대차매듭(채반처럼 맺은 매듭), 덩굴무늬매듭, 도래매듭(두 번 거듭 맨 매듭)[귀도래매듭], 말씹매듭, 매화매듭(梅花), 방승매듭(方勝;끄나풀이나 꼰 실 따위로 납작하고 네모지게 맺은 매듭), 벌매듭(벌 모양의 매듭), 생쪽매듭(생강쪽처럼 생긴 매듭)[겹생쪽매듭], 석씨매듭(석류알 모양의 매듭), 시작매듭(始作), 실매듭, 연봉매듭(蓮), 옭매듭, 외벌매듭, 잠자리매듭, 장구매듭, 정자매듭(井字), 토끼풀매듭, 풀매듭(↔옭매듭), 합장매듭(合掌;두 개의 가닥이 아래위로 엇물린 모양의 매듭), 홑매듭.

245) 매만지다: 잘 다듬어 손질하다. ¶옷자락을 매만지다. 머리를 매만지다.

246) 매무시: 옷을 입을 때 매고 여미는 따위의 뒷단속.=옷매무시.[←ᄆᆡ(다)+뭇(다)+이]. ¶매무시에 신경을 쓰다. 매무시하다.

247) 매잡이: ①매듭의 단단한 정도. ¶매잡이가 아주 단단하다. ②일을 맺어 마무르는 일.≒마무리. ¶모든 일은 매잡이가 중요하다. 그는 매잡이가 분명하지 않다.

248) 매조지: ①일의 끝을 단단히 단속하여 마무리하는 일. ¶매조지다(일의 끝을 단단히 잘 마무르다). ②동여매서 단단히 매듭짓는 일.

249) 맨드리: 옷을 입고 매만진 맵시. 물건이 이루어진 모양새.[←만들다. 만지다]. ¶맨드리가 아름답다. 몸매가 좋아서 아무 옷을 입어도 맨드리가 난다. 몸맨두리.

250) 맵시: 곱게 다듬은 모양새. 보기에 좋은 모양새. 물건을 다루는 솜씨. ¶한복 차림의 맵시가 한결 돋보인다. 아무렇게나 써도 맵시 있는 글씨. 그녀의 손에서 한복이 한층 맵시 있게 만들어졌다. 눈맵시/눈매, 다리맵시[각선미(脚線美)], 뒷맵시, 몸맵시, 옷맵시, 입맵시.

251) 걷어매다: 일을 하다가 중간에서 대충 끝맺다.

252) 목매아지: 아직 굴레를 씌우지 않고 목을 고삐로 맨 망아지.

매삼 치다.

매생이[1] 녹조류 갈파랫과의 바다풀. ¶매생이국, 매생이무침.

매생이[2] 노로 젓게 된 작은 배. ¶매생이를 타고 낚시질하다.

매슥 먹은 것이 되넘어 올 것같이 속이 울렁거리는 모양. 〈큰〉메슥. ¶속이 매슥매슥 토할 것 같다. 매슥·메슥거리다/대다/하다, 매스·메스껍다(≒언짢다. 아니꼽다. 느글거리다. 울렁대다. 역하다[2]).

매시시 온몸이 힘이 없고 나른한 모양. ¶매시시 피곤이 몰려오다. 매시시하다, 매시근하다[253].

매실매실 사람이 되바라지고 반드러워 얄미운 모양. ¶매실매실 돌아다니다. 매실매실하다, 매실매실히.

매암[1] 매미의 우는 소리. 〈준〉맴[1]. ¶매암매암/맴맴, 매미[254].

매암[2] 제자리에서 몸을 뺑뺑 돌리는 장난. 〈준〉맴[2]. ¶매암을 돌다. 맴돌다/돌리다, 맴돌아(결국), 맴돌이(매암을 도는 일. 회전체. 소용돌이), 맴돌이전류(電流), 맴돌이점성(粘性;난류 상태의 유체가 나타나는 성질), 맴돌이치다, 매암쇠(맷돌중쇠), 맴체(體;살풀이춤에서, 다소곳이 한 바퀴 도는 춤사위) 들.

매오로시 한결같이. ¶그는 매오로시 부인을 사랑한다.

매정-하다 얄미울 정도로 인정이나 동정심이 없다.≒맵다. 쌀쌀맞다. 야멸치다. 〈큰〉무정하다(無情). ¶매정한 말. 매정하게 뿌리치다. 매정스럽다.

매지매지 좀 작은 물건을 여러 몫으로 따로따로 나누는 모양. 〈큰〉메지메지. ¶구호품을 매지매지 나누다. 하늘을 향해 오장육부를 매지매지 끄집어 내보이며 억울함을 호소하고 싶었다. 매지구름(비를 버금은 검은 조각구름. 먹구름).

매초롬-하다 젊고 건강하여 윤기가 돌고 아름다운 태가 있다. 〈큰〉미추룸하다. ¶얼굴이 매초롬하다. 한창때에는 매초롬한 자태로 많은 사람의 시선을 끌었다. 미추룸하게 생긴 예쁜 아가씨. 매촛·미촛[255].

매화 '똥'의 궁중말. ¶매화를 보다. 매유통, 매화틀.

맥(脈) ①기운이나 힘. ¶맥을 잃고 드러눕다. 맥이 끊기다. 맥을 놓다(긴장을 풀다). 매가리, 맥빠지다, 맥없다/없이. ②줄기. 맥박. 맥을 짚다'를 뜻하는 말. ¶맥관/계(脈管/系), 맥낚시(↔찌낚시), 맥놀이[256], 맥도(脈度), 맥도(脈道), 맥동(脈動), 맥락(脈絡)[257], 맥류(脈流;맥동전류), 맥리(脈理), 맥맥이(脈脈), 맥박(脈搏)[맥박계(計), 맥박곡선(曲線), 맥박부정(不整)], 맥보다, 맥비(脈痹), 맥석(脈石), 맥소(脈所), 맥시류(脈翅類), 맥암(脈巖), 맥압/계(脈壓/計), 맥줄(맥이 벋어 있는 줄기), 맥진(脈診), 맥진(脈盡), 맥파/계(脈波/計), 맥후(脈候); 간문맥(肝門脈), 거맥(去脈;이물질을 긁어 냄), 검맥(檢脈), 견맥(見脈), 결체맥(結滯脈), 경맥(硬脈), 계맥(系脈), 관맥(關脈), 광맥(鑛脈), 그물맥, 근맥(根脈), 근맥(筋脈), 금맥(金脈), 기구맥(氣口脈;팔목의 맥), 기맥(氣脈), 기진맥진(氣盡脈盡), 깃꼴맥, 나란히맥, 난맥/상(亂脈/相), 눈맥(눈의 정기나 기운), 대맥(大脈), 대맥(代脈), 돈맥, 동맥(動脈)[258], 망상맥(網狀脈), 명맥(命脈), 묘맥(苗脈;일의 실마리), 문맥(文脈), 문맥(門脈), 반맥(班脈), 법맥(法脈), 병맥(病脈), 병행맥(竝行脈), 본맥(本脈), 부맥(浮脈), 부정맥(不整脈), 분맥(分脈), 사맥(死脈), 사맥(事脈), 사맥(絲脈), 사출맥(射出脈), 삭맥(數脈), 산맥(山脈), 서맥(徐脈), 세맥(細脈), 소맥(小脈), 손꼴맥, 수맥(水脈), 시맥(翅脈), 시맥(詩脈), 안맥(按脈), 암맥(巖脈), 어맥(語脈), 여맥(餘脈), 연맥(軟脈), 연맥(緣脈), 엽맥(葉脈), 예맥(藝脈), 우상맥(羽狀脈), 은맥(銀脈), 인맥(人脈), 인영맥(人迎脈), 일맥상통(一脈相通), 잎맥, 자맥(自脈), 잔맥, 장상맥(掌狀脈;손꼴맥), 절맥(切脈), 절맥(絕脈), 정맥(靜脈)[259], 정맥(整脈), 주맥(主脈), 중륵맥(中肋脈), 지맥(支脈), 지맥(地脈), 지맥(遲脈), 직맥(直脈), 진맥(診脈), 집맥(執脈), 천맥(泉脈), 침맥(沈脈), 탄맥(炭脈), 태맥(胎脈), 토맥(土脈), 평맥(平脈), 평행맥(平行脈), 학맥(學脈), 허리맥(虛里脈), 허맥(虛脈), 혈맥(血脈), 화산맥(火山脈) 들.

맥(麥) '보리'를 뜻하는 말. ¶맥각(麥角)[맥각균(菌), 맥각병(病), 맥각소(素)], 맥간(麥稈), 맥고(麥藁)[맥고모자(帽子), 맥고지(紙)], 맥곡(麥穀), 맥노(麥奴;보리깜부기), 맥농(麥農), 맥동지(麥同知), 맥랑(麥浪), 맥량(麥凉;서늘한 날씨), 맥량(麥糧), 맥령(麥嶺;보릿고개), 맥류(麥類), 맥립종(麥粒腫;다래끼), 맥문동(麥門冬;백합과의 여러해살이풀), 맥반(麥飯), 맥부(麥麩;밀기울), 맥분(麥粉), 맥수지탄(麥秀之嘆), 맥아(麥芽;엿기름), 맥아당(麥芽糖;엿당), 맥우(麥雨), 맥작(麥作), 맥주/병(麥酒/甁), 맥차(麥茶), 맥추(麥秋;초여름), 맥탁(麥濁), 맥탕(麥湯;보리숭늉), 맥피(麥皮;밀기울), 맥황(麥黃); 광맥(穬麥;귀리), 교맥(蕎麥;메밀), 나맥(裸麥;쌀보리), 대맥(大麥), 모맥(牟/麰麥), 목맥(木麥;메밀), 미맥(米麥), 부맥(浮麥), 소맥(小麥)[소맥면(麵), 소백장(醬)], 숙맥(菽麥), 숙맥불변(菽麥不辨), 압맥(壓麥), 양맥(兩麥;보리와 밀), 연맥(燕麥;귀리), 외맥(外麥), 원맥(原麥), 작맥(雀麥;귀리), 정맥(精麥), 진맥(眞麥;참밀), 춘맥(春麥), 추맥(秋麥), 타맥(打麥), 피맥(皮麥;겉보리), 할맥(割

---

253) 매시근하다: 몸에 열이 오르거나 하여 기운이 없고 나른하다. ¶몸살이 났는지 매시근하니 잠이 왔다.

254) 매미: 매밋과의 곤충을 두루 일컫는 말. ¶매미관(冠), 매미목(目), 매미소리, 매미채, 매미허물; 귀매미, 기름매미, 기생매미(妓生;애매미), 깽깽매미, 꽃매미, 말매미, 번개매미, 벙어리매미(매미의 암컷), 보리매미, 뿔매미, 세모매미, 쓰름매미, 씽씽매미, 애매미, 왕매미(王), 유지매미(油脂;기름매미), 좀매미, 참매미, 털매미, 풀매미, 호좀매미. ☞ 선(蟬).

255) 미촛: 미끈하고 밋밋하게 자라거나 생긴 모양. ¶매촛매촛 자라는 나무. 나무가 미촛미촛 자라 보기에 좋다.

256) 맥놀이: 진동수가 약간 다른 두 개의 파(波)가 서로 간섭을 일으키어 진폭이 주기적으로 강약을 되풀이하는 현상.≒울림.

257) 맥락(脈絡): ①혈관의 계통. ¶맥락관통(貫通), 맥락막/염(膜/炎). ②사물의 연결. 줄거리. ¶맥락이 닿다. 맥락이 없는 이야기.

258) 동맥(動脈): 심장에서 피를 신체 각 부분에 보내는 혈관. ¶동맥경화/증(硬化/症), 동맥구(球), 동맥류(瘤), 동맥망(網), 동백벽(壁), 동맥수혈(輸血), 동맥압(壓), 동맥염(炎), 동맥주사(注射), 동맥충혈(充血), 동맥피, 동맥혈(血;동맥피), 동맥혈전증(血栓症); 간동맥(肝), 경동맥(頸)[외경동맥(外)], 고동맥(股), 관상동맥(冠狀), 대동맥(大), 복강동맥(腹腔), 소동맥(小), 쇄골하동맥(鎖骨下), 안동맥(眼), 제동맥(臍動脈), 폐동맥(肺).

259) 정맥(靜脈): 정맥노장(怒張), 정맥류(瘤), 정맥주사(注射), 정맥혈(血); 간정맥(肝), 경정맥(頸)[외경정맥(外)], 고정맥(股), 관상정맥(冠狀), 기정맥(奇;가슴 오른쪽에 있는 정맥), 대정맥(大), 문정맥(門), 소정맥(小), 쇄골하정맥(鎖骨下), 폐정맥(肺).

麥), 현맥(玄麥;슳지 아니한 보리), 호맥(胡麥) 들.

맥(陌) '밭두렁'을 뜻하는 말. 남북으로 난 것을 천(阡), 동서로 난 것을 맥(陌)이라 함. ¶천맥(阡陌;밭두둑 길).

맥(貊) 옛적의 나라 이름. 예맥(濊貊). ¶맥궁(貊弓), 예맥(濊貊).

맥(驀) '말을 타고 달리다'를 뜻하는 말. ¶맥진(驀進;똑바로 힘차게 나아감).

맥맥-하다 코가 막히어 숨쉬기가 어렵다. 생각이 잘 떠오르지 아니하여 답답하다. ¶감기로 코가 맥맥하다. 그런 일을 당하니 그저 맥맥할 뿐이다. 맥맥히.

맥-쩍다 심심하고 재미가 없다. 몹시 미안하고 쑥스럽다.≒심심하다. 멋쩍다. ¶그런 영화는 맥쩍어서 보기가 싫다. 나는 그 말이 맥쩍어 얼굴을 붉혔다. 잃고 나서 또 달라기가 맥쩍다.

맥-하다 술기운이나 약기운이 날아가 제 맛이 없고 싱겁다. 경우가 밝지 못하고 눈치가 없다.

ㅁ

맨 ①다른 것을 더하지 않은. 오로지. 모두 다. ¶맨 여자들뿐이었다. 만나면 맨 돈 이야기였다. 온 산이 맨 진달래다. 맨 장사꾼이다. 맨 책이다. 그이는 맨 흰소리만 한다. ②그보다 더할 수 없을 정도로 가장. ¶맨 끝에 오르다. 맨 꼭대기. 맨 처음. 맨 앞 줄. 맨 위. 맨마루[260].

맨- 일부 명사 앞에 붙어 '아무것도 없거나 지닌 것이 없이 다만 그것뿐인'의 뜻을 더하는 말. §'맨-(순수. 유일)'은 '맹-, 민-[261]'과 동일 형태소.[맨-/맹-~민-<민-~뮌-]. ¶맨가슴, 맨간장(醬), 맨구들, 맨꽁무니[262], 맨눈[안(眼)], 맨눈[아(芽)], 맨다리, 맨대가리, 맨등, 맨땅, 맨땅바닥, 맨뜨물, 맨머리, 맨몸, 맨몸뚱이, 맨바늘, 맨바닥, 맨발/바닥, 맨방바닥, 맨밥, 맨버선/발, 맨보리밥, 맨봉당(封堂), 맨살, 맨삶이(고기나 생선을 간하지 않고 삶은 음식)/하다, 맨상투, 맨손/바닥, 맨쌀밥, 맨연습(練習), 맨이름, 맨이밥, 맨입, 맨잎, 맨정신(情神), 맨제기[263], 맨조밥, 맨주먹, 맨지게, 맴치마(홑치마), 맨탕건(宕巾), 맨포(脯;고기나 생선을 얇게 떠서 말린 것), 맨흙; 맹맹하다/밍밍하다[264], 맹물[265]/스럽다, 맹탕(湯)[266] 들.

맨둥 산에 나무가 없어 반반한 모양. 〈큰〉민둥[267]. ¶민둥민둥 벌거숭이가 된 산. 맨둥맨둥·민둥민둥/하다.

맨드라미 비름과의 한해살이풀. 계관초(鷄冠草).

맨망 요망스럽게 까불. 또는 그런 짓. ¶맨망을 떨다. 늘 장난기 어린 주모의 맨망이 오늘따라 눈에 거슬렸다. 맨망스럽다, 맨망스레, 맨망하다(진득하지 않다.≒경망하다), 맨망히.

맨송맨송 ①몸에 털이 있어야 할 곳에 털이 없어 반반하게. ¶맨송맨송 까까머리. ②산에 나무나 풀이 우거지지 아니하여 반반하게. ¶산사태로 산등성이가 맨송맨송 대머리 같다. ③술을 마시고도 취하지 아니하여 정신이 말짱하게. ¶술을 마셔도 정신은 맨송맨송 말짱하다. ④일거리가 없거나 아무것도 생기는 것이 없어 심심하고 멋쩍게. ¶처음 만난 두 사람은 맨송맨송 쳐다보고 있었다. 맨송맨송 앉아 있다 굶어죽겠다. 맨송맨송·민숭민숭/하다. 〈큰〉민숭민숭. 맨숭맨숭.

맵(다) 혀가 알알한 맛이 있다.(≒얼큰하다. 얼얼하다) 매우 사납고 독하다(≒매정하다. 모질다), 매우 춥다. ¶고추가 맵다. 손이 맵다. 바람이 맵다. 매섭다[268], 매우[269], 매운[매운맛, 매운바람(몹시 찬바람), 매운재[270], 매운탕(湯)], 매옴·매움하다[271], 매워하다(매움을 느끼다), 매캐·메케하다, 매콤·매큼하다, 매콤짭짤하다, 매포하다(약간 매운 듯하다), 맵디맵다, 맵싸하다(고추나 겨자처럼 맵고 아린 느낌이 있다), 맵짜다[272], 맵차다(매섭게 차다. 옹골차고 야무지다); 깔맵다(일솜씨가 깔끔하고 매섭다). ☞신(辛).

맵자-하다 모양이 꼭 제격에 어울리어 맵시가 있다. ¶옷이 몸에 맵자하게 맞는다. 날아갈 듯 맵자하게 지어진 기와집. 맵자한 빨간색 여자 구두. '맵자다'는 비표준말이다.

맹(盲) '눈이 먼·막힌. 아무것도 모름. 함부로·무턱대고. 도리를 분별하지 못하다'를 뜻하는 말. ¶맹관(盲管), 맹구(盲溝), 맹귀우

260) 맨마루: 무슨 일의 진행에서 가장 고비가 되는 곳. 절정(絕頂).

261) 민-: 일부 명사 앞에 붙어 '바탕 그대로 드러난. 무늬 없는' 또는 몇몇 명사 앞에 붙어 '미리 치른. 미리 데려온'의 뜻을 더하는 말. ¶민가락지, 민값, 민갓머리, 민걷이, 민걸그물, 민걸상(床;등받이와 팔걸이가 없는 걸상), 민궁(宮;장기판에서 장만 남은 궁), 민그릇(민무늬 토기), 민그림[소묘(素描)], 민꼬리, 민꼬리닭(꼬리가 없는 닭), 민꽃(꽃이 없고 홀씨로 번식하는 식물), 민낚시/낚싯대, 민난간(欄干), 민날, 민낯, 민누에, 민다래끼, 민달팽이, 민대가리(민머리), 민댕기물떼새, 민돗자리, 민등뼈동물, 민머리, 민머리못, 민며느리, 민모습, 민무늬[민무늬근(筋), 민무늬살, 민무늬토기(土器)], 민물[민물고기, 민물낚시, 민물조개, 민물호수(湖水)], 민바랭이, 민복숭아, 민부채, 민비녀, 민비단(緋緞), 민뻔뻔이, 민사위, 민색떡(色), 민소매, 민솜방망이, 민숲개밀, 민얼굴, 민엿, 민옥잠(玉簪), 민옷, 민음표(音標), 민인쇄(印刷), 민잠(簪), 민저고리(회장을 대지 않은 저고리), 민조개풀, 민족두리(아무 장식이 없는 족두리), 민주낙, 민짜, 민족두리, 민죽절(竹節), 민줄(개미를 먹이지 아니한 줄), 민책받침, 민코, 민토기(土器), 민판(들판), 민판(版), 민패(아무런 꾸밈새가 없고 유달리 드러난 데도 없는 물건), 민푸너리, 민하늘지기, 민화투(花鬪), 민회상(會相), 민흘림/기둥, 민하다.

262) 맨꽁무니: 아무 밑천이 없이 어떤 일을 맨주먹으로 하는 일. 또는 그러한 사람.

263) 맨제기: 한 발로 한 번 차고 발을 땅에 댔다가 또 차기를 반복하는 제기차기.

264) 밍밍하다: 음식물이 제 맛이 나지 아니하고 몹시 싱겁다. 술이나 담배맛이 독하지 아니하다. 마음이 몹시 허전하고 싱겁다.

265) 맹물: ≒바보. 맹꽁이. 맹추.↔소금물. 짠물. ¶맹물단지, 맹물스럽다.

266) 맹탕: ①맹물같이 싱거운 국. ②옹골차지 못하고 싱거운 사람. ¶이제 보니 사람이 아주 맹탕이다. 맹탕으로.

267) 민둥-: '나무가 없어 산이 번번하다'를 뜻하는 말의 어근으로 '꾸미거나 딸린 것이 없는'을 뜻함. 〈작〉맨둥-. ¶민둥벌판, 민둥뼈, 민둥산(山), 민둥씨름(샅바 없이 하는 씨름), 민둥하다(산에 나무가 없어 번번하다. 겸연쩍고 어색하다), 민둥민둥/하다.

268) 매섭다: ①매우 심하게 맵고 사납다. 모질고 독하다.≒무섭다. 매몰차다.↔부드럽다. ¶매섭게 쏘아보다. ②바람이나 추위가 따가울 정도로 심하다.≒차갑다. ¶매섭게 추운 날씨. ③이치에 맞고 날카롭다. ¶매서운 비평.

269) 매우: 보통 정도보다 퍽 지나치게. 몹시. 대단히.[←맵(다)+우]. ¶매우 어렵다. 매우 짜다. 매우 열심히 고부하다. 매바쁘다(매우 바쁘다), 매얼음(매우 단단하게 꽁꽁 언 얼음).

270) 매운재: 진한 잿물을 내릴 수 있는 독한 재. 참나무 재 따위.

271) 매옴하다: 혀가 알알한 맛을 느낄 정도로 맵다.

272) 맵짜다: ①맵고 짜다. ②성깔이 매섭게 독하거나 사납다. 매섭고 빈틈이 없다. ③매섭게 독하거나 사납다. ¶한겨울에 맵짜게 부는 강바람.

목(盲龜遇木), 맹눈, 맹도견(盲導犬), 맹롱교육(盲聾敎育), 맹목(盲目;보지 못하는 눈. 분별이나 판단을 못하는 일)[맹목비행(飛行), 맹목성(性), 맹목적(的)], 맹반(盲斑), 맹사(盲射), 맹석(盲席), 맹신(盲信)[맹신자(者), 맹신적(的), 맹신하다], 맹아(盲啞), 맹아(盲兒), 맹아(盲啞)[맹아자(者), 맹아학교(學校)], 맹안(盲眼), 맹어(盲魚), 맹인(盲人)[맹인교육(敎育), 맹인학교(學校)], 맹자(盲者)[맹자단청(丹靑), 맹자정문(正門)], 맹장(盲腸;막창자)[맹장염(炎); 급성맹장(急性)], 맹장지(盲障), 맹전(盲錢), 맹점(盲點)[273], 맹종(盲從;덮어놓고 따름)[맹종자(者), 맹종하다], 맹지(盲地), 맹진(盲進), 맹청(盲廳), 맹탐(盲探), 맹폭(盲爆;정해진 목표 없이 마구 퍼붓는 폭격); 관현맹(管絃盲), 길맹(盲), 넷맹(net盲), 농맹(聾盲), 독맹(讀盲), 문맹(文盲)[문맹도(度), 문맹자(者), 문맹퇴치(退治); 무지문맹(無知)], 미맹(味盲)[274], 반맹/증(半盲/症), 색맹(色盲), 설맹(雪盲), 성하지맹(城下之盟), 안맹(眼盲), 암맹(暗盲), 야맹증(夜盲症), 절대맹(絕對盲), 정신맹(精神盲)[275], 주맹(晝盲), 준맹(準盲), 중맹(衆盲), 청맹과니(靑盲;보기에는 멀쩡하면서도 앞을 못 보는 눈), 컴맹(computer盲), 폐맹(廢盲) 들.

맹(猛) '정도가 매우 심한·매우 깊이. 날래다. 사납다·무섭다'를 뜻하는 말. ¶맹격(猛擊), 맹견(猛犬), 맹공(猛攻), 맹공격(攻擊), 맹금/류(猛禽/類), 맹독/성(猛毒/性), 맹렬하다(猛烈;기세가 세차다), 맹박(猛駁), 맹분(猛奮), 맹비난(非難), 맹사(猛射), 맹성(猛省;깊이 반성함), 맹세(猛勢), 맹속력(速力), 맹수(猛獸), 맹습(猛襲), 맹악(猛惡), 맹연습(練習), 맹렬하다(猛烈), 맹용(猛勇), 맹우(猛雨), 맹위(猛威;맹렬한 위세), 맹장(猛杖), 맹장(猛壯), 맹장(猛將), 맹전(猛箭), 맹전(猛戰), 맹졸(猛卒), 맹지(猛志), 맹진(猛進), 맹추격(追擊), 맹타(猛打), 맹투(猛鬪), 맹포(猛暴), 맹포격(砲擊), 맹포화(砲火), 맹폭(猛爆), 맹폭격(猛爆擊), 맹풍(猛風), 맹호(猛虎), 맹호복초(猛虎伏草), 맹호출림(猛虎出林), 맹화(猛火), 맹화력(猛火力), 맹활동(猛活動), 맹활약(活躍), 맹훈련(猛訓練); 영맹하다(獰猛), 용맹(勇猛), 웅맹탁특(雄猛卓特), 위맹(威猛), 효맹하다(梟猛), 흉맹(凶猛) 들.

맹(盟) '맹세. 약속'을 뜻하는 말. ¶맹방(盟邦), 맹서(盟誓), 맹세[盟誓], 맹세코, 맹약/국(盟約/國), 맹언(盟言), 맹외선(盟外船), 맹우(盟友), 맹원(盟員), 맹제(盟祭), 맹주(盟主), 맹휴(盟休); 가맹(加盟), 결맹(結盟), 동맹(同盟)[276], 연맹(聯盟), 중맹(重盟), 체맹(締盟), 혈맹(血盟), 회맹(會盟) 들.

맹(孟) '맏·처음. 맹랑하다. 사람 이름'을 뜻하는 말. ¶맹동(孟冬;초겨울), 맹랑하다(孟浪)[277], 맹모삼천(孟母三遷), 맹삭(孟朔), 맹양(孟陽), 맹월(孟月), 맹자(孟子), 맹중계(孟仲季), 맹추(孟秋), 맹춘(孟春), 맹하(孟夏); 공맹(孔孟), 사맹(四孟) 들.

맹(氓) '백성(百姓)'을 뜻하는 말. ¶우맹(愚氓), 잔맹(殘氓), 창맹(蒼氓), 촌맹/이(村氓), 포맹(逋氓), 향맹(鄕氓), 협맹(峽氓) 들.

맹(萌) '싹'을 뜻하는 말. ¶맹동(萌動)[278], 맹아/기(萌芽/期); 미맹(未萌) 들.

맹꽁 맹꽁이가 우는 소리. ¶맹꽁이[1], 맹꽁이[2](바보. 멍텅구리), 맹꽁이덩이(김 맬 때 호미로 떠서 덮는 흙덩이.≒벼락덩이. 수숫잎덩이), 맹꽁이밭(맹꽁이가 많이 모여 사는 곳), 맹꽁이배, 맹꽁이자물쇠, 맹꽁징꽁/하다, 맹꽁이타령 들.

맹맹-하다 코가 막히어 말을 할 때 코의 울림소리가 나면서 갑갑하다. ¶코맹맹이.

맹문 일의 경위나 속내. 일의 옳고 그름을 모름. ¶맹문도 모르고 참견하지 마라. 그 일에 맹문인 사람을 뽑다니 말이 아니다. 맹문이(맹문을 모르는 사람.=맹문동).

맹세 ①신불(神佛) 앞에 약속함. ②목표나 약속을 반드시 이룰 것을 굳게 다짐함.[←맹서(盟誓)]. ¶충성을 맹세하다. 맹세문(文), 맹세지거리(실답지 아니한 말로 하는 맹세. 또는 그러한 말씨), 맹세코; 허튼맹세(함부로 헤프게 하는 맹세), 헛맹세/하다.

맹이 말안장의 몸뚱이가 되는 부분. ¶맹이가 말의 몸에 맞아야 잘 달린다.

맺(다) ①얽어서 매듭지게 하다.≒매다. 잇다. 묶다.↔풀다. ¶실 끝을 맺다. 맺이관(冠); 홀맺다[279]. ②마무리하다.≒마무르다. 마치다. 끝내다. 마감하다. ¶공사의 끝을 맺다. 맺고 끊은 듯하다(사리가 분명하고 빈틈이 없다). 맺는말, 맺음말[결론(結論)], 맺음새(일을 마무르는 모양새); 끝맺다. ③관계나 인연 따위를 이루거나 짓다. ¶조약을/ 인연을 맺다. ④꽃망울·열매 따위를 이루다. 마음속에 잊히지 않고 뭉쳐 있다. ¶많은 열매를 맺다. 그들의 노력이 결실을 맺다. 이슬이 맺다/ 맺히다. 땀방울이 맺히다. 한이 맺히다. 맺히다(생기다, 열리다), 맺힌데[280]; 꽃맺이, 내맺히다[281], 줄맺히다(어떤 것들이 하나로 연결되다), 피맺히다. ☞ 결(結).

먀얄마얄 성질이나 태도가 쌀쌀하고 뻣뻣한 모양. ¶그녀는 먀얄먀얄 푸접없이 굴었다. 먀얄먀얄하다.

머거불 지붕마루의 마구리에 대는 부고(付高;지붕마루에서 차꼬막

---

273) 맹점(盲點): ①미처 생각이 미치지 못한, 모순되는 점이나 틈. ¶맹점을 찌르다. ②시세포가 없어서 빛깔이나 색을 느끼지 못하는 망막의 희고 둥근 부분.

274) 미맹(味盲): 맛을 감별하는 능력이 떨어지는 병.

275) 정신맹(精神盲): 사물도 보이고 사고 능력도 있으나 대상의 의미를 파악하지 못하는 결함.

276) 동맹(同盟): 동맹가(家), 동맹국(國), 동맹조약(條約), 동맹태업(怠業), 동맹파업(罷業), 동맹해고(解雇), 동맹휴교(休校), 동맹휴업(休業), 동맹휴학(休學); 공수동맹(攻守), 관세동맹(關稅), 기아동맹(饑餓), 단식동맹(斷食), 도량형동맹(度量衡), 방수동맹(防守), 방어동맹(防禦), 배화동맹(排貨), 불매동맹(不買), 비동맹국(非), 삼각동맹(三角), 수전동맹(守戰), 운임동맹(運賃), 전신동맹(電信), 해운동맹(海運).

277) 맹랑하다(孟浪): ①생각하던 바와 달리 허망하다. ¶맹랑한 소문. 공들인 보람도 없이 맹랑하게 끝나다. 허무맹랑/하다(虛無). ②매우 똘똘하거나 함부로 얕잡아 볼 수 없을 만큼 깜찍하다. ¶맹랑한 아이. ③처리하기가 매우 어렵고 묘하다. ¶일이 점점 맹랑하게 되어 가는군. 일이 맹랑하게 꼬이다.

278) 맹동(萌動): ①초목이 싹을 틔우기 시작함. ②어떤 조짐이 일어남. ③어떤 생각이나 일이 일어나기 시작함.

279) 홀맺다: 풀 수 없도록 단단히 옭아매다.=홀쳐매다.

280) 맺힌데: 꽁하고 한번 품은 감정이 좀처럼 풀어지지 않는 일. ¶친구 사이에 무엇인가 맺힌데가 있으면 빨리 풀어야 한다.

281) 내맺히다: 물방울 따위가 겉에서 작은 방울로 맺히다. ¶상처에 핏방울이 내맺히다.

이 위에 이중으로 얹는 수키와).

머금(다) ①입 안에 넣고, 씹거나 삼키거나 입 밖으로 내놓지 아니하다.[<머굼다.←먹다]. ¶물 한 모금을 머금었다가 훅 내뿜는다. ②생각 · 감정 따위를 품다/드러내다. ¶원한을 머금다. 입가에 미소를 머금다. 수줍음을 머금은 앳된 모습. ③눈물을 글썽이기만 하고 흘리지 아니하다. ¶눈물을 머금고 항복하다. ④나무나 꽃 따위가 물기를 받아 가지다. ¶아침 이슬을 머금은 장미. ☞ 함(含).

머드러기 무더기로 있는 과실이나 생선 중에서 가장 굵고 큰 것. 여럿 가운데서 가장 좋은 물건이나 사람.↔잔챙이. ¶머드러기만 골라 샀다.

머드레 곡식을 심은 이랑 사이에 다른 작물을 듬성듬성 심는 일.=대우. 부룩. ¶머드레를 치다. 머드레콩(밭가로 둘러 심은 콩).

ㅁ

머루 포도과의 낙엽 만목(蔓木). 머루의 열매. ¶머루 먹은 속(대강 짐작을 하고 있는 속마음). 머루눈(머루알같이 까만 눈동자), 머루덩굴, 머루송이, 머루술, 머루알, 머루정과(正果), 머루주(酒;머루술); 개머루, 까마귀머루, 산머루(山), 새머루, 왕머루(王), 청머루(靑) 들.

머름 바람을 막거나 모양을 내기 위하여 미닫이의 문지방 아래나 벽 아래 중방에 대는 널조각. ¶머름궁창(머름청판), 머름중방(中枋), 머름청판(廳板;머름 사이에 낀 널쪽); 토머름(土;널조각 대신에 흙으로 막은 머름), 통머름[합중방(合中枋)].

머리' ①사람이나 동물의 뇌가 들어 있는 부분. 생각하는 힘. 머리털. 두뇌. ¶머리가 아프다. 머리가 좋다. 머리를 숙이다. 머리가짐, 머릿결, 머리고임, 머릿골, 머리그물, 머릿기름, 머리꼬리, 머리꼭대기, 머리꼭지, 머리꾸미개, 머리끄덩이, 머리끝, 머릿내, 머릿니, 머리댕기, 머리덜미, 머리동이, 머리때, 머리띠, 머리맡(↔발치), 머릿밑(머리털의 밑동), 머리받이물[양수(羊水)], 머리방(房;미용실), 머릿병풍(屛風;머리맡에 치는 병풍), 머리빗, 머리빼기, 머리뼈, 머릿살, 머리새(머리쓰개를 쓴 모양이나 맵시), 머릿속, 머릿수(數;사람의 수. 돈머리 따위의 수), 머릿수건(手巾), 머리숱, 머리싸움, 머리쓰개(모자), 머리악[기(氣)], 머리오리(머리카락), 머릿장(欌;머리맡에 놓고 쓰는 장), 머릿줄, 머릿짓, 머리창(窓;머리맡에 있는 창), 머리채, 머리처네[282], 머리치레, 머리치장(治粧), 머리카락/칼, 머리태(길게 타래진 머리 모양새), 머리털, 머리통(머리의 둘레), 머리핀(pin), 머리하다(머리를 손질하다); 가랑머리, 갯머리, 고머리[283], 고수머리(곱슬머리)[반고수머리(半)], 골머리(머릿골. 골치), 곱슬머리, 귀밑머리, 귀엣머리(귀 뒤로 넘겨 땋은 머리), 기둥머리, 긴머리, 까까머리(빡빡머리), 껄머리[284], 꽁지머리, 낭자머리(쪽진 머리), 넌덜머리(넌더리), 노랑머리, 다박 · 더벅머리, 다팔 · 더펄머리, 단발머리(斷髮), 대머리, 더벅머리, 덧머리, 덩덕새머리[285], 도가머리[286], 도리머리[287], 도투락머리(도투락댕기를 드린 머리), 돌머리, 동의머리(어여머리), 뒷머리, 딴머리, 떠구지머리(큰머리), 떠꺼머리[288], 또야머리[289], 뚜께머리[290], 말총머리[291], 맨머리, 모두머리[292], 민머리, 밑머리, 바둑머리[293], 바람머리[294], 밤송이머리(밤송이처럼 생긴 머리털), 배냇머리[태발(胎髮)], 본머리(本), 빡빡머리(까까머리), 상고머리[295], 생머리(生), 새앙머리[296], 서초머리(西草;평안도산 담배처럼 누르고 나슬나슬한 머리털), 센머리[백발(白髮)], 쇠머리, 숯머리[297], 쑥대머리, 아랫머리, 앞머리, 애교머리(愛嬌;이마나 귀 앞에 조금 늘어뜨리는 짧은 머리), 어여머리/어염, 얹은머리, 외대머리[298], 윗머리, 장구머리, 조짐머리(머리털을 소라딱지 비슷하게 틀어 만든 머리), 종종머리, 쪽머리(쪽을 찐 머리), 체머리[299], 치마머리, 큰머리, 트레머리, 풀머리[300], 헌머리(상처로 헌데가 생긴 머리), 화초머리(花草;기생이나 창기), 활머리[301], 활새/황새머리[302], 흰머리. ☞ 두(頭). ②사물의 꼭대기 · 시초나 앞부분. 으뜸. ¶머리가지, 머리공(功), 머리글, 머리글자(字), 머릿기사(記事), 머릿단, 머릿달(종이 연에 붙인 대), 머릿돌, 머리동이, 머리말, 머릿방(房;안방 뒤에 붙은 방), 머리서방(결혼한 첫 남편), 머리소리, 머리자막(字幕), 머릿줄, 머리짓다[303], 머리초(기둥이나 들보 등의 머리 부분에 그린 단청); 갈밭머리(갈대밭 근처), 개머리, 관머리(棺), 기둥머리, 꼭두머리, 끄트머리, 끝머리, 논머리, 누에머리(누에머리 모양의 산꼭대기), 대머리(大;일의 가장 중요한 부분), 도끼머리, 두물머리, 들머리, 말머리, 문머리(門), 물머리, 밥상머리(床), 밭머리, 뱃머리, 베갯머리, 봉머리(峰), 불땀머리[304], 상머리(床), 선머리(先), 수술머리, 실마리[단서(端緖)], 암술머리, 앞머리, 우두머리(물건의 꼭대기. 윗사람), 장머리(場;장이 선 곳으로 들어가는 어귀), 책상머리(冊床), 첫머리, 합각머리

282) 머리처네: 시골 여자가 나들이할 때에 장옷처럼 머리에 쓰던 물건.
283) 고머리: 머리 땋은 것으로 머리통을 한 번 두르고, 남은 머리와 댕기를 이마 위쪽에 얹은머리 모양.
284) 껄머리: 전통 혼인 때, 신부의 머리에 크게 땋아 늘이어 대는 덧머리.
285) 덩덕새머리: 빗질을 하지 아니하여 더부룩한 머리.

286) 도가머리: ①새의 대가리에 길고 더부룩하게 난 털. 또는 그러한 새. 관모(冠毛). ②머리털이 잠자지 않고 부스스 일어난 머리.
287) 도리머리: 머리를 좌우로 흔들어 부정의 뜻을 나타내는 몸짓. ¶그는 싫다고 도리머리를 흔들었다.
288) 떠꺼머리: 혼인할 나이가 지난 총각이나 처녀의 길게 땋아 늘인 머리. ¶떠꺼머리처녀(處女), 떠꺼머리총각(總角).
289) 또야머리: 내외명부(內外命婦)가 예장(禮裝)할 때에 트는 머리.
290) 뚜께머리: 층이 지게 잘못 깎아서 뚜껑을 덮은 것처럼 된 머리.
291) 말총머리: 조금 긴 머리를 말꼬리처럼 하나로 묶은 머리 모양새.
292) 모두머리: 여자의 머리털을 외가닥으로 땋아서 쪽을 찐 머리.
293) 바둑머리: 어린아이의 머리털을 조금씩 모숨을 지어 여러 갈래로 땋은 머리.
294) 바람머리: 바람만 쐬면 머리가 아픈 병.
295) 상고머리: 앞머리만 약간 길게 남겨 두고 옆과 뒷머리를 짧게 치켜 올려 깎고 정수리 부분은 편평하게 다듬는 머리. 스포츠머리.
296) 새앙머리: 계집아이가 예장(禮裝)할 때에 머리털을 두 갈래로 갈라서 땋은 머리.
297) 숯머리: 숯내를 맡아서 아픈 머리.
298) 외대머리: 정식 혼례를 하지 아니하고 머리를 쪽 찐 여자. 기생 · 갈보를 가리키는 말.
299) 체머리: 병적으로 저절로 계속하여 흔들리는 머리. ¶체머리를 흔들다(어떤 일에 질려서 머리가 흔들리도록 싫증이 나다).
300) 풀머리: 땋거나 걷어 올리지 아니하고 풀어 헤친 머리털.
301) 활머리: 어여머리의 맨 위에 얹는 물건.
302) 활새/황새머리: 아래만 돌려 깎는 더벅머리.
303) 머리짓다: 어떤 일의 처음이나 시작이 되다. 우두머리가 되다.
304) 불땀머리: 나무가 자랄 때 남쪽으로 면하여, 햇볕을 많이 받아 불이 잘 붙는 부분.

(合閤), 합수머리(合水), 홍예머리(虹霓), 화즛머리(솟대의 꼭대기), 후머리(後). ③소의 고기 가운데 어떤 부위의 앞쪽이나 두두룩한 부분의 고기. ¶등심머리, 양지머리. ④일부 명사나 몇몇 관형어 뒤에 붙어 '처음 무렵'의 뜻을 더하는 말. ¶건잠머리, 깰머리(잠에서 깨어날 때의 정신 상태 또는 그 무렵), 낙종머리(落種; 파종할 무렵), 동짓머리(冬至), 발양머리(發陽), 생량머리(生凉), 삼복머리(三伏), 신곡머리(新穀), 애잇머리, 일머리, 잔판머리[305], 찔레꽃머리(찔레꽃이 필 무렵. 초여름), 찬바람머리[306], 파장머리(罷場), 풋머리[307], 하짓머리(夏至), 해동머리(解凍), 해질머리(해가 질 무렵), 해토머리(解土), 환절머리(換節) 들.

머리² ①덩어리를 이룬 수량의 정도를 나타내는 말. ¶기부금 가운데 가장 큰 머리는 김 노인의 것이었다. ②=돈머리[308].

-머리 일부 명사 뒤에 붙어, 본래 가진 것이 밖으로 드러난 특성을 '낮춤[비하(卑下)]'의 형식으로 표현하는 말. ¶고집통머리(固執), 골머리, 구변머리(口辯), 구살머리, 귀살머리, 귀퉁머리, 넉살머리, 넌덜머리, 대갈머리, 동의머리, 두냥머리(兩), 뒤꾸머리, 등살머리, 띠앗머리, 밉광머리, 밉살머리, 배알머리, 버르장머리, 변통머리(變通), 새퉁머리, 성깔머리(性), 성정머리(性情), 소갈머리, 소견머리(所見), 소행머리(所行), 시퉁머리, 심정머리(心情), 심통머리(心), 싹수머리, 쓰잘머리, 씨알머리, 아갈머리(입), 안달머리, 앙달머리, 얀정머리, 얌통·염통머리, 엉덩머리, 염치머리(廉恥), 인간머리(人間), 인정머리(人情), 잔등머리, 재숫머리(財數), 정신머리(精神), 조동머리, 주견(主見), 주변머리, 주책머리, 지각머리(知覺), 지정머리, 진절머리, 채신·체신머리, 행신(行身), 행실머리(行實), 화증머리(火症) 들.

머무르(다) 움직이지 아니하고 한자리에 그대로 있다.≒멎다. 멈추다. 묵다. 남다.↔떠나다. 움직이다. 〈준〉머물다[〈머믈다]. ¶기차가 간이역에 잠시 머무르다. 여관에 계속 머무르다. 머무적/머뭇[309]/거리다/대다, 머물새(한 지방에 머물러 사는 새.↔철새). ☞ 정(停). 류(留). 체(滯).

머슬머슬 탐탁스럽게 잘 어울리지 못하여 어색하게. ¶머슬머슬 혼자 겉돌다. 너무 오랜만에 만나고 보니 머슬머슬 무슨 말을 해야 할지 몰라 했다. 머슬머슬히 지내다. 머슬머슬하다[310].

머슴 농가(農家)에서 고용살이하는 사내.≒일꾼. ¶머슴 노릇을 하다. 머슴꾼, 머슴날, 머슴노릇, 머슴답(畓), 머슴밥, 머슴방(房), 머슴살이/꾼, 머슴아이/머슴애, 머슴찌(보조 낚시찌), 머슴팔자(八字); 곁머슴, 꼴머슴, 달머슴, 뚝머슴(무뚝뚝하고 융통성 없는 머슴), 뜬머슴, 반머슴/꾼(半), 상머슴(上), 선머슴, 수머슴(首;우두머리 머슴), 실머슴(實), 안머슴(여자 일꾼), 애머슴(나이 어린 머슴), 절머슴, 젖머슴(나이 어린 머슴), 중머슴(中), 철머슴(농사철만 고용하는 머슴), 풋머슴(선머슴).

머시 말하는 도중에 어떤 말이 얼른 떠오르지 아니하거나 말하기 곤란할 때 내는 군소리. ¶그 머시 말이지. 지난번에 말했던, 머시 그 영화 제목이 뭐더라.

머쓱-하다 어울리지 아니하게 키가 크다. 열없고 어색하다.≒서먹하다. ¶키만 머쓱한 사람. 머쓱하여 머리를 긁적이다. 머쓱해서 자리를 뜨다.

머위 엉거싯과의 여러해살이풀. 잎은 데치거나 삶아서 먹음. ¶머윗국, 머위나물, 머윗대, 머윗잎/쌈, 머위장아찌; 물머위.

머저리 하는 짓이나 말이 얼뜨고 투미한 사람.≒바보. 얼뜨기. 어리보기. ¶병신과 머저리. 머저리짓.

머절싸-하다 말이나 하는 짓이 어리석다.

머줍(다) 움직임이 느리고 무디다.≒둔하다(鈍). ¶초보자라서 일하는 것이 좀 머줍다. 노인네의 머줍은 행동.

머-지다 바람이 세게 불어 연줄이 저절로 끊어져서 연이 떠나가다.[←멀어지다]. ¶연은 줄이 머져 하늘 높이 날아갔다.

머흘-머흘 구름이 좀 험상궂게 흘러가는 모양.[←머흘다('험하고 사납다'의 옛말)].

먹 ①벼루에 물을 붓고 갈아서 글씨를 쓰거나 그림을 그리는 데 쓰는 검은 물감. ¶먹을 갈다. 먹그림(수묵화), 먹글씨, 먹긋기(먹놓기), 먹기름, 먹놓다[311], 먹당기(단청에서, 먹으로 그은 줄), 먹도장(圖章), 먹두루마기, 먹똥(먹물이 말라붙은 찌꺼기), 먹매김(먹칼이나 먹줄로 치수 모양을 그리는 일), 먹물[312][먹물뜨기[313]], 먹물샘, 먹물주머니(고락), 먹물통, 먹병(甁), 먹사과, 먹사진(寫眞;拓本), 먹선(線), 먹실(먹물을 묻히거나 칠한 실), 먹자[묵척(墨尺)], 먹장(먹의 조각. 낱개의 먹), 먹종이, 먹줄, 먹줄꼭지(먹줄 끝에 달린 나무쪽), 먹지(紙), 먹집게, 먹칠(漆)/하다(손상하다. 훼손하다), 먹칼[314], 먹통(桶;먹을 담는 통), 먹투성이, 먹향기(香氣); 개먹, 개명먹(開明), 기름먹, 숯먹, 시먹[315], 연지먹(臙脂), 참먹. ☞ 묵(墨). ②일부 명사 앞에 붙어 '먹빛과 같이 검은'의 뜻을 더하는 말. ¶먹가뢰, 먹갈치, 먹감[흑시(黑柿;빛을 받은 쪽이 검게 되는 감)], 먹감나무, 먹곰보, 먹구렁이, 먹구름/먹장구름, 먹꼭지, 먹나비, 먹넌출, 먹도미/먹돔, 먹두루미, 먹뒝벌, 먹딸기(무르익어 빛깔이 검붉은 딸기), 먹머리동이(머리에 검은 종이를 붙

305) 잔판머리: ①일이 끝판이 날 무렵. ②다 되어가는 판.
306) 찬바람머리: 아침, 저녁으로 찬바람이 불어오는 가을.
307) 풋머리: 곡식이나 과실 따위가 아직 무르녹지 않고 이제 겨우 맏물이나 햇것이 나올 무렵. ¶풋머리의 감자.
308) 돈머리: 얼마라고 이름을 붙인 돈의 액수. ¶돈머리를 맞추어 놓다. 돈머릿수(數).
309) 머무적: 말이나 행동 따위를 선뜻 결단하여 행하지 못하고 망설이는 모양. 〈준〉머뭇=머밋≒머밀. 조뼛. 여짓. ¶머무적머무적 꾸물거리고 있다. 머무적거리다/대다(망설이다. 주춤하다), 머무적머무적/하다.
310) 머슬머슬하다: 탐탁스럽게 사귀지 않아서 어색하다.≒서먹하다. ¶말이 친구지 아직 머슬머슬한 사이야.
311) 먹놓다: 재목을 다룰 때 치수에 맞추어 먹·연필 따위로 금을 긋다. ¶먹놓기(먹긋기).
312) 먹물: ①벼루에 먹을 갈아 까맣게 만든 물. ②먹빛같이 검은 물. ¶오징어의 먹물(고락). ③배움이 많은 사람이나 글을 잘 쓰는 사람을 비유적으로 이르는 말.
313) 먹물뜨기: 먹물로 살 속에 글씨·그림을 새겨 넣음.=입묵(入墨).
314) 먹칼: 먹을 찍어 목재나 석재 따위에 표를 하거나 글씨를 쓰는 기구.
315) 시먹: 먹으로 가는 획을 그어서 무늬의 윤곽을 그리는 일. 또는 그 줄. [←세묵(細墨)].

인 연), 먹물방개, 먹바퀴, 먹반달(半;반달같이 오린 검은 종이를 머리에 붙인 연), 먹방(房;어두운 방), 먹부전나비, 먹붕장어(長魚), 먹빛, 먹사과(沙果), 먹사마귀, 먹새[1](검거나 거무스름한 모래), 먹색(色), 먹옷(먹물을 들인 옷), 먹장삼(長衫), 먹장어(長魚), 먹조롱박먹벌, 먹중(먹장삼을 입은 중)[먹중춤, 먹중탈], 먹참외, 먹초(먹빛의 연), 먹치마(아래쪽만 검게 칠한 연), 먹탈, 먹포도(葡萄), 먹피(멍이 들어서 검게 죽은 피), 먹황새, 먹흙.

먹국 주먹 속에 쥔 물건의 수효를 알아맞히는 아이들의 놀이. ¶먹국하다.

먹(다)[1] 소리를 못 듣게 되다. 불가능하다.≒멀다[1]. 귀먹다. 〈높〉잡수다[1]. ¶귀가 먹다. 먹먹하다[316], 먹추(귀머거리), 먹통(바보); 가는귀먹다(작은 소리를 잘 듣지 못하게 하다), 귀머거리, 생먹다(生)[317], 코머거리(코가 막히는 증세가 있는 사람), 한동먹다(광맥이 끊어져서 광물을 캘 수 없다).

먹(다)[2] ①말의 효과가 있다. ¶말이 먹혀 들어가야 말이지. 먹혀들다[1](이해되거나 받아들여지다); 놀려먹다(이리저리 놀리다), 속여먹다(속이다), 시먹다[318], 씨먹다(앞뒷말이 조리가 닿다). 알아먹다, 엇먹다[1][319]. ②도구가 제 기능을 발휘하다. 이용하다. ¶대패가 잘 먹는다. 톱이 잘 먹다. 빗먹다[320], 써먹다(어떤 목적에 이용하다)/먹히다, 엇먹다[2](날이 어슷하게 먹다), 풀어먹다(써먹다), 헤먹다[321]. ③벌레·균 따위가 파들어 가거나 퍼지다. ¶벌레가 먹은 과일. 양복이 좀을 먹다. 개먹다[322], 너리먹다(잇몸이 헐어 헤지어 들어가다), 비루먹다, 수리먹다, 좀먹다, 태먹다, 파먹다[1](겉에서부터 속으로 먹어 들어가다). ④돈·물자·노력 따위가 들다. ¶비용이 훨씬 더 먹는다. 재료가 많이 먹는다. 먹은금(물건을 살 때에 든 돈), 먹은금새(먹은금의 높고 낮은 정도), 먹을알[323]; 곱먹다, 맞먹다, 애먹다(어려움을 겪다)/먹이다; 내리먹다/먹이다, 치먹다/먹이다/먹히다.

먹(다)[3] ①음식물을 입에 넣고 씹어서 삼키다.(↔뱉다). 음식물을 마시거나 빨아서 삼키다. 연기 따위를 들이마시다(피우다). 〈높〉잡수다[2]. 잡수시다. 자시다. 들다. ¶밥을 먹다. 담배를 먹다. 먹거리/먹을거리, 먹거지[324], 먹고살다, 먹는물, 먹는샘물, 먹는장사, 먹매[325], 먹보, 먹새[2][326], 먹성[327], 먹쓸일(먹고 쓰는 일), 먹어나가다, 먹어나다(먹어 버릇하다. 자꾸 먹어서 습관이 되다), 먹어대다, 먹음먹이(먹음직한 음식들), 먹음새/먹새, 먹음직스럽다/하다, 먹이[328], 먹이다(먹게 하다. 가축을 기르다), 먹자거리, 먹자골목, 먹자리[329], 먹자파(派), 먹자판[330], 먹혀들다[2](빼앗기거나 남의 차지가 되다), 먹히다(빼앗기다. 잃다); 가려먹다(편식하다), 갉아·긁어먹다, 거머먹다(이것저것 욕심스럽게 걷어 먹다), 거저먹다, 걸터먹다[331], 골라먹다, 공먹다(空;거저먹다), 구워먹다, 굴러먹다[332], 굴타리먹다[333], 까먹다, 나눠먹다, 내먹다, 놀고먹다, 놀아먹다, 놓아먹다/먹이다, 누워먹다(편하게 놀면서 지내다), 느루먹다, 덜먹다, 되먹다/먹히다, 두레먹다[334], 들이먹다(마구 먹다), 따먹다, 떠먹다, 떼어먹다[1](덩어리에서 떼어 먹다), 뜯어먹다, 말아먹다[1], 받아먹다, 발라먹다, 배워먹다('배우다'의 낮춤말), 벌어먹다, 베어먹다/베먹다, 불러먹기[335], 불어먹다, 빌어·배라먹다, 빌어먹을, 빨아먹다, 빼먹다[336], 사먹다, 삶아먹다, 얻어먹다, 얼러먹다(서로 어울려서 함께 먹다), 엎어먹다[337], 우려먹다, 잘라먹다, 잘먹다(식생활이 풍족하다), 잡아먹다, 젓먹이, 주워먹다, 질러먹다[338], 집어먹다, 짓먹다(지나치게 많이 먹다), 쪄먹다, 쪼아먹다, 처먹다/먹이다, 털어먹다[339], 파먹다[2](속에 든 것을 파내어 먹다), 퍼먹다(퍼내어 먹다. 마구 먹다), 풀어먹이다[340], 핥아먹다, 해먹다, 훑어먹다, 훔치어먹다. §높임말은 '드시다. 자시다. 잡수다. 잡수시다. 잡숫다'. ②남의 것을 제 것으로 하다. 탕진하다. 편이 되다. ¶뇌물을 먹다. 나랏돈을 먹는 공무원은 파면이다. 먹지[341]; 갈겨먹다(가로채다), 들어먹다(재물이나 밑천 따위를 헛되이 없애다), 등쳐먹다, 떼어먹다[2]/떼먹다(남의 것을 가로채다), 말아먹다[2], 면먹다[342], 물먹다, 부려먹다[343], 알겨먹다, 잘라먹다, 파먹다[3](벌지 않고 가지고 있는 것만을 써 없애다), 편먹다(便). ③꾸지람이나 욕을 듣다. 해를 입다. ¶욕을 먹다/ 먹이다. 언걸먹다[344]/걸먹다, 엿먹다(남의 꾀에 속아 골탕을 먹다)/먹

316) 먹먹하다: 소리가 귀에 잘 들리지 아니하다. ¶귀가 먹먹해질 정도의 폭음.
317) 생먹다(生): ①남이 이르는 말을 듣지 아니하다. ②모르는 체하다.
318) 시먹다: 버릇이 들어 이르는 말을 듣지 아니하다. ☞ 시다④.
319) 엇먹다[1]: 사리에 맞지 않는 말과 행동으로 비꼬다.
320) 빗먹다: 톱이 먹줄대로 나가지 아니하고 비뚜로 나가다.
321) 헤먹다: 들어 있는 것보다 구멍이 헐거워서 어울리지 아니하다.
322) 개먹다: 서로 닿아서 벗어져 몹시 닳다. ¶동아줄이 개먹다. 안장이 개먹다.
323) 먹을알: ①일정한 노력을 들인 결과, 얻어서 차지하게 되는 소득. ②금이 많이 박힌 광맥이나 광석.
324) 먹거지: 여러 사람이 모여서 벌이는 잔치.≒모꼬지 ¶사랑방에서는 거의 밤마다 먹거지가 벌어졌다.
325) 먹매: 음식을 먹는 정도나 태도.
326) 먹새[2]: 음식을 먹는 성미나 습성. 음식을 먹는 양. 먹음새. 먹성
327) 먹성(性): 음식을 먹는 성미나 분량. ¶먹성이 까다롭다/좋다.
328) 먹이: 동물이 먹고 살아가는 데 필요한 물질. ¶먹잇감, 먹이그물(그물 모양으로 복잡한 생물의 먹이 관계), 먹이다툼, 먹이사슬[연쇄(連鎖)], 먹이양(量), 먹이작물(作物), 먹이잡이, 먹이통(桶), 먹이풀(짐승에게 먹이는 풀), 먹이효율(效率); 말먹이, 먹음먹이(먹음직한 음식들), 쇠먹이(여물), 아침먹이, 저녁먹이, 점심먹이(點心).
329) 먹자리: 물고기 따위가 먹이를 먹으려고 잡은 자리.
330) 먹자판: ①만사를 제쳐 놓고 우선 먹고 보자는 향락주의적인 생각. ②여럿이 닥치는 대로 먹고 마시며 노는 자리.
331) 걸터먹다: 이것저것 닥치는 대로 휘몰아 먹다.
332) 굴러먹다: 이리저리 떠돌아다니며 온갖 이력을 다 겪다. ¶어디서 굴러먹던 놈이냐.
333) 굴타리먹다: 참외나 호박·수박 따위가 흙에 닿아 썩은 자리를 벌레가 파먹다. ¶굴타리먹은 수박.
334) 두레먹다: ①여럿이 둘러앉아 먹다. ②농부들이 음식을 장만하고 모여서 놀다.
335) 불러먹기: 협박장을 보내거나, 또는 밤중에 밖으로 불러내어 재물을 강탈하는 짓.
336) 빼먹다: ①말 또는 글의 구절 따위를 빠뜨리다. ②규칙적으로 하던 일을 안 하다. ③남의 물건을 몰래 빼내서 가지다.
337) 엎어먹다: 망하게 하거나 후리어 가지다. ¶재산을 다 엎어먹다.
338) 질러먹다: 미쳐 다 익지 않은 음식을 미리 먹다.[←지르(다)+어+먹다].
339) 털어먹다: 지닌 재산이나 돈을 함부로 써서 몽땅 없애다. ¶밑천을 털어먹다. 재산을 다 털어먹고 고향으로 돌아왔다.
340) 풀어먹이다: 음식이나 재물 따위를 여러 사람에게 나누어 주다.
341) 먹지: 투전 따위의 돈내기에서 이긴 사람.
342) 면먹다: ①여러 사람이 내기 따위를 할 때, 어떠한 두 사람 사이에는 승부 계산을 아니 하다. ②한편이 되다.
343) 부려먹다: 자기 이익을 채우기 위하여 남을 마구 부리다.
344) 언걸먹다: ①다른 사람 때문에 해를 당하여 골탕을 먹다.=걸먹다. ②큰

이다, 욕먹다(辱). ④하려는 결심을 하다. ¶마음을 먹다. 늣먹다(마음을 느긋하게 가지다), 마음먹다/맘먹다, 지어먹다[345]. ⑤생각이나 느낌 따위를 품다. ¶겁(怯)을 먹다. 그렇게 할 마음을 먹다. ⑥일정한 나이에 이르거나 나이를 더하다. ¶세 살 먹은 아이. 헛먹다(나이를 보람 없이 먹다). ⑦병에 걸리다. ¶더위를 먹다. ⑧점수를 잃다. ¶한 골을 먹다. ⑨어떤 등급을 차지하다. ¶철수가 반에서 1등을 먹었다. ⑩물 · 풀 · 화장품 따위가 잘 배거나 고르게 퍼지다. 속에 품고 있다. ¶화장이 잘 먹다. 물감이 잘 먹는다. 종이가 물을 먹다. ⑪농사를 지어 거두다. 추수하다. ¶이 논배미(논의 한 구역)에서 석 섬은 먹는다네. ⑫어떤 일이나 대상이 그렇게 되어 이미 어찌할 수 없는 상태가 되다. ¶그 일은 이미 글러먹었다. 그 사람은 성격이 틀려먹었다. ☞ 식(食). 끽(喫).

먹장-쇠 마소의 배 앞쪽에 얹는 가장 짧은 멍에. ¶먹장쇠를 얹다.

먼저 시간적으로나 순서상으로 앞서서.≒미리. 앞서. 일찍이. 우선.↔나중. ¶먼저 실례하겠습니다. 집에 왔으면 먼저 부모님께 인사를 올려야지. 먼저께, 먼젓번(番); 맨먼저. ☞ 선(先).

먼지 가늘고 보드라운 티끌.≒티. ¶먼지가 나다/일다. 먼지감염(感染), 먼지구덩이, 먼지구름(구름먼지), 먼지기둥(기둥처럼 타래쳐 오르는 먼지뭉치), 먼짓길(먼지가 많이 일어나는 길), 먼지내(먼지 냄새), 먼지떨음[346], 먼지떨이(총채), 먼지바람, 먼지발(사람이나 짐승, 차 따위가 일으키는 먼지), 먼지벌레, 먼지분(粉;분처럼 보얗게 가라앉은 먼지), 먼지잼[347]/하다, 먼지투성이, 먼지흙; 솜먼지, 핵먼지(核), 흙먼지. ☞ 진(塵).

멀기 바람이 불다가 멎거나 매우 약해질 때 나타나는 바다의 큰 물결. ¶멀기 치는 바다를 가르며 힘차게 나아가는 고깃배. 까치멀기(까치의 뱃바닥 같이 흰 물결), 잔멀기(잔잔하게 일어나는 물결).

멀(다)[1] 눈이 보이지 않게 되다. ¶눈 먼 사람. 눈멀다; 먼눈[1](시력을 잃어 보이지 않는 눈).

멀(다)[2] ①거리가 많이 떨어지다. ¶먼 길. 먼 하늘. ②동안이 오래다. ¶그것은 먼 옛날의 이야기다. 먼 훗날. ③소리가 또렷하지 아니하고 약하다. ¶전화의 감이 멀다. ④같거나 비슷하지 않다. ⑤혈연 관계가 뜨다. ¶먼 친척. ⑥친근하지 아니하다. ⑦(흔히 '아직'과 어울려 쓰여) 어떤 기준 · 정도 따위에 미치지 못하다.↔가깝다. ¶멀고멀다, 머나멀다, 머다랗다(생각보다 꽤 멀다), 머다래지다, 머닿게(생각보다 꽤 멀리), 멀리[멀리뛰기, 멀리보기/눈, 멀리하다], 멀어지다, 머지않아/머잖아(곧), 멀찌가니, 멀찌감치, 멀찌막하다, 멀찍/이, 멀찍하다(↔가직하다), 먼-; 먼가래[348], 먼가래질(가랫밥이 멀리 가게 하는 가래질), 먼가랫밥, 먼개[349], 먼눈[2][350], 먼데[먼뎃말, 먼뎃불빛, 먼뎃사람, 먼뎃손], 먼동[351], 먼말, 먼먼/머나먼[먼먼길, 먼먼벽촌(僻村)], 먼바다(↔앞바다), 먼바로(멀리 정면으로), 먼발치(먼빛[1]), 먼불, 먼빛[2]/으로, 먼산(山)[먼산나무, 먼산나물, 먼산바라기[352], 먼산배기, 먼산주름], 먼섬, 먼오금(활의 한오금과 삼사미의 사이), 먼우물/먼물[353], 먼일(먼 앞날의 일), 먼장(좀 멀찍이 떨어져 있는 곳), 먼장질(먼발치로 총이나 활 따위를 쏘는 일)/하다, 먼전(멀리 떨어져 있는 쪽), 먼촌(寸;촌수가 먼 일가), 먼촌(村). ☞ 원(遠). 하(遐).

멀떠구니 날짐승의 식도의 일부가 주머니 모양으로 되어 있는 부분. 모이주머니[소낭(嗉囊)].

멀뚱 ①눈만 멀거니 뜨고 정신없이 있는 모양. 〈큰〉말똥[2]. ¶더 할 말이 없다는 듯이 멀뚱한 표정을 짓다. 멀뚱멀뚱/하다[2], 멀뚱하다(눈빛이나 정신 따위가 생기가 없다). ②국물 같은 것이 건더기가 적어 멀건 모양. ☞ 말똥.

멀미 자동차 · 배 · 비행기 따위를 탔을 때 흔들림을 받아 일어나는 어지럽고 메스꺼운 증세. 어떤 분위기에 몰입한 느낌. 진저리가 날 정도로 싫은 느낌.≒구역(嘔逆). ¶주사라는 소리만 들어도 멀미를 내는 아이. 멀미약(藥), 멀미증(症), 멀미하다(구역질하다); 가마멀미[354], 길멀미, 꽃멀미[355], 물멀미, 뱃멀미, 비행멀미(飛行), 사람멀미, 산멀미(山;산악병. 고산병), 차멀미(車), 항공멀미(航空;비행멀미).

멋 차림새, 행동, 됨됨이 따위가 세련되고 아름다움. 고상한 품격이나 운치. ¶멋을 부리다. 멋에 치여 중 서방질한다. 네 멋대로 하라. 멋가락, 멋거리(멋들어진 모양)/지다, 멋대가리, 멋대로, 멋들다(멋이 생기다), 멋들어지다(보기에 아주 멋이 있다), 멋따다(실속은 없으면서 멋이나 부리다)/꾼, 멋모르다(영문을 잘 알지 못하다), 멋새기깨끼[356], 멋스럽다, 멋스리다(말이나 행동을 꾸미어 하다), 멋없다(≒재미없다. 싱겁다. 괘다리적다), 멋있다(보기에 썩 좋거나 훌륭하다. 잘생기다), 멋쟁이, 멋지다(매우 멋이 있거나 썩 훌륭하다), 멋질리다(방탕한 마음을 가지게 되다), 멋쩍다(격에 어울리지 아니하다. 어색하고 쑥스럽다), 멋쩍어하다; 건들멋(멋지고 부드러운 태도에서 드러나는 멋), 겉멋, 선멋(격에 어울리지 않게 낸 멋), 속멋(속에서 우러나오는 멋), 제멋/대로, 참멋 들.

멍[1] 맞거나 부딪혀서 피부 속에 퍼렇게 맺힌 피(어혈). '일의 속으로 생긴 탈'을 비유하는 말. ¶시퍼런 멍. 멍이 들다/지다. 실연당하여 가슴에 멍이 들었다. 멍들다(피맺히다); 피멍.

멍[2] 개가 짖는 소리. ¶개가 멍멍 짖다. 멍멍개, 멍멍거리다/대다,

고생을 하다.

345) 지어먹다: 마음을 도슬러 가지다. ¶지어먹은 마음이 사흘을 못 간다(作心三日).

346) 먼지떨음: ①아프지 않을 정도로 가볍게 때리는 일. ②옷의 먼지를 떠는 정도로 오랜만에 나들이하는 일.

347) 먼지잼: 겨우 먼지나 날리지 아니할 정도로 조금 오다 마는 비. ¶긴 가물에 오늘도 먼지잼이라 큰 걱정이네. 비가 먼지잼으로 겨우 몇 방울 내리다 말았다.

348) 먼가래: 객지에서 죽은 사람의 송장을 임시로 그 곳에 묻는 일.

349) 먼개: 썰물 때 멀리까지 드러나는 갯펄.

350) 먼눈[2]: 먼 곳을 바라보는 눈. ¶먼눈팔다(정신을 놓고 먼 데를 바라보다).

351) 먼동: 날이 새어서 밝아올 무렵의 먼 동쪽 하늘. ¶먼동이 트다.

352) 먼산바라기: 눈동자나 목의 생김새가 늘 먼 곳을 바라보는 것같이 보이는 사람.

353) 먼물: 먹을 수 있는 우물물.↔누렁물.

354) 가마멀미: 가마를 탔을 때에, 흔들림 때문에 일어나는 메스껍고 어지러운 증세.

355) 꽃멀미: 꽃의 아름다움이나 향기에 취하여 일어나는 어지러운 증세.

356) 멋새기-깨끼: 발을 이쪽저쪽으로 엇놓아 가며 앞으로 나가는 춤사위.

멍멍이, 멍멍이론(理論;언어의 기원을 동물의 소리를 흉내 내면서 시작되었다고 하는 주장), 왕왕(개가 크게 짖는 소리).

멍³ 그물 따위의 어구를 물속에 고정시키려고 쓰는 물건. 멍구럭(성기게 떠서 만든 구럭).

멍⁴ 멍군. 장기에서 장군을 받아 막는 일. ¶멍이야 장이야. 멍군 장군.

멍게 멍겟과의 원색동물. 우렁쉥이.

멍덕 짚으로 바가지 비슷하게 틀어 만든, 토종벌의 벌통 위를 덮는 뚜껑. ¶멍덕꿀, 멍덕딸기; 갈멍덕(갈대로 만든 삿갓의 한 가지).

멍멍 매우 큰 소리에 귀가 울리는 모양. ¶귀가 멍멍 울리다. 멍멍하다/멍하다(귀가 막힌 듯하다).

멍석 흔히 곡식을 너는 데 쓰는, 짚으로 결어 만든 큰 자리.[←망석(網席)].≒거적. ¶멍석을 깔다/말다. 멍석 구멍에 생쥐 눈 뜨듯. 멍석골뱅이, 멍석구멍, 멍석돌, 멍석딸기, 멍석말이, 멍석말이춤, 멍석자리, 멍석잠(너무 피곤하여 아무데서나 자는 잠), 멍석짝; 등멍석(藤), 콩멍석 들.

멍에¹ ①마소의 목덜미에 얹어 수레나 쟁기를 끌게 하는 둥그렇게 구부러진 막대. ¶멍에를 지우다. 멍에가(歌), 멍에끈, 멍에담(멍에 모양으로 만든 담), 멍에둔테[357], 멍에목[358], 멍엣상처(傷處), 멍엣줄[359], 멍엣집(멍에의 자리), 멍에창방(멍에 모양의 서까래를 받치는 재목), 멍에투겁; 쌍멍에(雙) ②행동에 구속을 받거나 무거운 짐을 비유하여 일컫는 말.≒짐. ¶멍에를 메다. 식민지의 멍에를 벗어나다.

멍에² 거룻배나 돛단배 따위에서 뱃전 밖으로 내린 창막이 각목의 끝부분. ¶멍에고사(告祀).

멍에³ 동바릿돌 또는 동바리(밑에 괴는 짧은 기둥) 위에 얹어 장선을 받치는 나무.

멍-하다 정신이 빠진 것처럼 멍청하다. 〈작〉맹하다[360]. ¶멍하게 서 있지 말고 자리에 앉아라. 멍멍하다[361], 멍청하다[362], 멍추[363]·맹추, 멍텅구리[364], 멍텅구리낚시, 멍하니(멍하게), 멍해지다(멍청하게 되다), 멍히(멍하게); 흐리멍덩하다.

멎(다) 비·눈·바람 따위가 그치다. 움직이던 상태·행동 따위가 멈추어지다. ¶소나기가 멎다. 엔진이/ 시계가 멎다. 버스가 멎다. 인적이 멎은 시골길. 머츰하다(잠깐그치다), 머춤하다(갑자기 잠깐 멈추다), 머츰하다[365], 멈씰하다(기가 죽어서 움츠리다), 멈추다[366], 멈춤세(勢;保合勢), 멈칫[367]거리다/대다/하다, 멈칫멈칫/하다, 무춤[368], 문치적/문칫[369]. ☞ 머무르다. 지(止).

메¹ 묵직한 나무토막이나 쇠토막에 자루를 끼어 무엇을 치거나 박는 연장. ¶메로 말뚝을 박다. 메공이(메처럼 만든 절굿공이), 메자루(쇠메나 떡메의 자루), 메잡이/꾼(메질꾼), 메질/꾼/소리, 메질하다, 메치기¹(메로 돌을 쳐서 기절한 고기를 잡는 방법), 메통(도자기를 만들 때, 흙을 치는 메); 곰방메(흙덩이를 깨는 농기구), 날메[370], 돌메(돌로 만든 메), 떡메, 목메(木), 쇠메, 쌍메/질/하다(雙), 앞메꾼, 장도리메, 틀메[371] 들.

메² ①제사 때 신위(神位) 앞에 올리는 밥. 귀신이 먹는 밥. ¶메를 올리다. 메탕(湯); 노구메, 삼신메(三神), 젯메(祭), 탕메(湯). ②'밥'의 궁중말.

메³ 메꽃(메꽃과의 여러해살이 덩굴 풀). 메꽃의 뿌리. ¶메떡, 메싹, 메설기(메의 뿌리나 줄기를 넣어서 만든 설기).

메⁴ 산(山). '야생(野生;거친). 시골티가 나는(촌스러운)'을 뜻하는 말. ¶멧갓(나무를 베지 못하도록 말리는 산), 메거느림(산고개;메를 아래에 거느림), 멧괴새끼(들고양이처럼 성질이 거친 사람), 멧굿(농악으로 하는 굿), 멧기슭, 메까치, 멧나물, 멧누에, 멧닭, 멧대추, 멧돼지, 멧두릅, 메떨어지다[372], 메뚜기¹[373], 메뜨다[374], 멧미나리, 멧발(여러 갈래로 뻗은 산의 줄기), 메밭, 멧부리(산등성이나 산봉우리의 꼭대기), 메부수수하다[375], 멧부엉이(어리석고 메부수수하게 생긴 시골 사람), 멧불(산불), 멧비둘기, 멥새/멧새, 메숲지다(산에 나무가 울창하다)/숲지다, 멥쌓기[376], 메아리[반향(反響)], 메아리치다, 멧종다리, 멧줄기(멧발), 멧짐승, 멧토끼, 메흙(진흙과 모래흙의 중간 성질의 것); 독메(獨), 두메산골, 심메(산삼을 캐러 산에 가는 일), 잔메(나지막한 산. 야산),

---

357) 멍에둔테: 성문(城門) 같은 데 쓰이는 큰 문둔테.

358) 멍에목: ①멍에가 닿는 목의 부분. ②다리를 걸친 언덕의 목이 되는 곳.

359) 멍엣줄: 인쇄물의 가를 두른 줄.

360) 맹하다: 싱겁고 흐리멍덩하여 맹추 같다. ¶약으면서도 맹한 데가 있다. 맹히.

361) 멍멍하다: 말이 없이 어리둥절하다. ¶정신이 멍멍하다. 멍멍히.

362) 멍청하다: 자극에 대하여 무디고 어리벙벙하다.≒미련하다. 어리석다. 바보스럽다.↔똑똑하다. ¶멍청히 바라보다. 멍청스럽다, 멍청이(어리석은 사람. 멍청한 사람), 멍청하니(멍청한 데가 있게), 멍청히(멍청하게).

363) 멍추: 기억력이 부족하고 흐리멍덩한 사람. 〈작〉맹추. ¶멍추 같은 소리 마라.

364) 멍텅구리: ①바보처럼 분량만 많이 들어가는 병(병의 목이 좀 두툼하게 올라와서 예쁘게 생기지 아니한 되들이 병). ②멍청이.

365) 머츰하다: 눈이나 비 따위가 잠시 그치어 뜸하다. ¶아침이 되니 빗발이 조금 머츰하다. 머츰해지다, 머츰히.

366) 멈추다: 사람이나 물체가 움직임이나 진행을 그치다.[←멈/멎(다)+추+다].≒그치다. 놓다. 서다. 쉬다. 죽다. 멎다.↔가다. 자라다. 계속하다. ¶걸음을 멈추다. 차가 갑자기 멈췄다. 바람이 멈추다.

367) 멈칫: 망설이며 하던 일이나 행동을 갑자기 멈추는 모양.≒주춤. 움찔. ¶멈칫 섰다가 다시 뛰어가다. 멈칫 주저앉다. 멈칫체(잠깐 멈추는 체함)/하다.

368) 무춤: 열없어서 하던 행동을 갑자기 멈추는 모양. ¶무춤거리다/대다, 무춤서다(놀라거나 열없어서 문뜩 서다).

369) 문치적: 일을 딱 잘라 하지 못하고 어물어물 끌어가기만 하는 모양. 〈준〉문칫. ¶문치적문치적 주저하다 혼났다. 왜 문치적문치적 일을 끄니? 문치적/문칫거리다/대다, 문치적문치적/문칫문칫/하다.

370) 날메: 한 쪽에 두툼한 날이 있어 돌의 표면에 대고 돌의 옆을 따내는 데 쓰는 망치.

371) 틀메: 메를 내리쳐서 말뚝을 박는 기계 장치.

372) 메떨어지다: 모양이나 행동이 어울리지 않다.≒어색하다. ¶메떨어진 대답을 하다. 메떨어진 행동.

373) 메뚜기¹: ①메뚜깃과의 곤충. ¶메뚜기볶음, 메뚜기장(醬); 각시메뚜기, 모메뚜기, 벼메뚜기, 송장메뚜기, 좁쌀메뚜기. ②메뚜기 모양. ¶메뚜기장(메뚜기 머리 모양으로 끝 부분은 좁고 중간이 굵으며 목은 가늘게 된 장부), 메뚜기장이음.

374) 메뜨다: 몸놀림이 밉살스럽도록 굼뜨고 둔하다.

375) 메부수수하다: 말과 하는 행동이 메떨어지고 촌티가 있다.

376) 멥쌓기: 돌, 벽돌 사이에 시멘트 몰타르를 넣지 않고 쌓는 일.

흙메[토산(土山)]. 메-: 몇몇 곡식 이름이나 몇몇 용언에 붙어 '찰기가 없는. 기름기가 없고 거친'의 뜻을 더하는 말.↔차/찰-. ¶멥겨(메벼에서 나온 겨), 메귀리, 메기장, 메떡, 메밀[377], 메밥, 메벼, 메수수, 메시루떡, 멥쌀[멥쌀가루, 멥쌀미음(米飮), 멥쌀밥, 멥쌀술], 메옥수수, 메조, 메찰떡; 메마르다[378], 메지다(끈기가 적다↔차지다) 들.

메기 메깃과의 민물고기. ¶메기를 잡다(허탕치다. 흠뻑 젖다). 메기구이, 메기수염(鬚髥), 메기입, 메기주둥이, 메기지짐이, 메기침, 메기탕(湯); 물메기, 여메기[종어(宗魚). 특별히 큰 메기], 전기메기(電氣) 들.

메기(다) ①노래를 주고받을 때, 한쪽이 먼저 부르다. ¶선창(先唱)을 메기다. 메김새(앞소리를 메기는 솜씨나 모양), 메기는소리/메김소리(선소리. 앞소리); 반메기(半;합창과 독창으로 된 염불). ②맞톱질할 때, 한 사람이 톱을 밀어 주다. ③화살을 시위에 물리다. ④윷놀이에서, 말을 날밭(윷판의 맨 끝자리)까지 옮기어 놓다.

메꽂(다) 고집이 세고 심술궂다. ¶메꽂은 성격.

메나리 농부들이 논밭에서 일하면서 부르는 농부가의 한 가지.

메(다)[1] 구멍 따위가 가득 차거나 막히다. ¶도랑이 메다. 목멘 개 겨 탐하듯. 가슴이 메어 말도 제대로 할 수 없다. 메우개(파인 구멍을 메우는 쐐기), 메우다[1]/메꾸다[379], 메이다[1](메움을 당하다); 목메다[380], 볼메다(성난 태도가 있다), 볼멘소리 들.

메(다)[2] 어깨에 걸치거나 올려놓다. 책임 · 임무 따위를 맡다. ¶가마를/ 총을 메다. 메나르다, 메대기치다, 메때리다(메었다가 내던지다), 메어꽂다/메꽂다, 메어다꽂다/메다꽂다, 메어박다/메박다, 메어붙이다/메붙이다(둘러메어 바닥으로 세차게 내던지다), 메어다붙이다/메어붙이다, 메어치다/메치다, 메우다[2](마소에게 짐을 메게 하다)/메다, 메이다[2](메어지다), 메치기[2](메어치는 유도의 기술), 멜가방, 멜꾼[381], 멜끈바지, 멜끈치마, 멜대(물건을 달아 어깨에 메는 긴 나무), 멜띠, 멜빵[382], 멜채(멜대); 걸머메다[383], 관멤(棺;補空), 둘러메다[384], 둘러메치다, 떠메다, 엇메다[385], 연메꾼(輦;연을 메는 사람), 을러메다(우격다짐으로 으르다), 추슬러메다(물건을 치켜 올려 어깨에 메다) 들.

메(다)[3] '메우다[2]'의 준말.

메뚜기[1] 메뚜깃과의 곤충. ☞ 메[3].

메뚜기[2] 탕건 · 책갑 · 활의 팔찌 따위에 달아서 물건이 벗어지지 아니하도록 하는 기구. 흔히 뿔 · 댓개비를 깎아서 만듦. ¶메뚜기팔찌(메뚜기를 달아서 꽂은 활의 팔찌).

메롱 '그럴 줄 몰랐지'하는 뜻으로 혀를 쏙 내밀며 놀리는 말. ¶메롱 하며 혀를 내밀다. 맬롱[386].

메룽메룽 눈을 멋없이 크게 뜨고 쳐다보는 모양. ¶소가 메룽메룽 쳐다보다.

메-부수수 엉성하고 어수선한 모양. ¶메부수수 지저분한 방안. 메부수수하다(말과 행동이 어울리지 않고 촌스럽다).

메사-하다 하는 행동이나 모양이 어울리지 않게 싱겁고 쑥스럽다. ¶메사한 침묵이 갑자기 드리워졌다. 머리를 긁적이며 메사해하다.

메시(mesh) 체의 눈이나 가루 입자의 크기를 나타내는 단위.

메우(다) ①통 · 체 따위에 테나 쳇불을 끼우다. ¶물통에 테를 메우다. 체메우다/메다, 테메우다, 통메우다(桶)[387]. ②장구통이나 북통 따위에 가죽을 씌워서 만들다. ¶북메우다. ③마소의 목에 멍에를 얹어서 매다. ④활에 활시위를 얹다. ¶활메우다. 〈준〉메다[3]. ⑤무치다. 국수사리에 꾸미 · 고명 같은 것을 두고 국물을 부어 먹을 수 있게 요리하다. ¶국수를 메우다.

메주 간장 따위를 담그기 위하여, 삶은 콩을 찧어 뭉쳐서 띄워 말린 것. ¶메주를 쑤다. 메줏가루, 메주균(菌), 메줏덩이, 메줏말(메주를 찍어내는 틀), 메줏물, 메줏볼(살이 쪄서 축 늘어진 볼), 메주콩; 떡메주(삶은 콩을 찧어 덩이로 만든 메주), 절메주, 집메주 들.

메지 일의 한 가지가 끝나는 마디. 단락(段落).≒끝. 매듭. ¶메지를 짓다. 메지를 내어 아퀴를 짓는 것을 '매잡이'나 '매조지'라 한다. 메지나다/내다, 메지대다(한 가지 일을 끝내 치우다), 메지메지 · 매지매지(물건을 여러 몫으로 따로 나누는 모양).

메추라기 꿩과의 작은 새. 〈준〉메추리. ¶메추리구이, 메추라기도요/메추리도요, 메추리알, 메추리저냐, 메추라기찜.

메케지근-하다 일정한 형태로 굳어져 엉기지 않고 풀어져 헤실바실하다. ¶누르기를 잘못 눌렀는지 두부가 굳지 않고 메케지근하게 풀어져 버린다.

며 모음으로 끝나는 체언에 붙어, 두 가지 이상의 사물을 열거하여 말할 때 쓰는 접속 조사. [받침 뒤에서는 '이며'로 쓰임]. ¶청자

377) 메밀: 메밀가루, 메밀국수, 메밀꽃, 메밀나깨, 메밀누룩, 메밀눈(작고 세모진 눈), 메밀당수, 메밀떡, 메밀만두, 메밀묵, 메밀밥, 메밀밭, 메밀부침, 메밀새(광석 속에 메밀 모양으로 낀 작은 알), 메밀수제비, 메밀응이, 메밀잠자리(된장잠자리).

378) 메마르다: 땅이 축축한 기가 없고 기름지지 아니하다. 윤이 나지 않고 거칠고 보송보송하다.≒거칠다. 건조하다. 황폐하다.↔기름지다. 걸다. ¶메말라지다.

379) 메우다[1]: 빈 곳을 채우다.≒막다. 보태다. 채우다. ¶구덩이를 메우다. 갈라진 틈을 메우다. 적자를 메우다. 빈자리를 메우다; 메움재(材;메움감); 관멤(棺;보공), 흙메움(구덩이를 흙으로 메우는 일). ☞ 전(塡).

380) 목메다: ①목구멍에 물건이 막히다. ¶목메지 않도록 천천히 먹어라. 맨밥을 먹으니 목멘다. ②설움이 북받쳐 목구멍이 막히는 듯하다. ¶목메어 울부짖다.

381) 멜꾼: 고싸움놀이에서, 고를 메고 싸우는 사람.

382) 멜빵: 짐을 걸어 어깨에 둘러메는 끈.=멜바.≒질빵. ¶멜빵끈, 멜빵바지, 멜빵짐, 멜빵허리(멜빵을 단 치마허리).

383) 걸머메다: 짐을 줄로 걸어서 어깨에 메다. 〈준〉걸메다. ¶걸메이다(걸메임을 당하다. 걸머메게 하다).

384) 둘러메다: 약간 가벼운 물건을 번쩍 들어서 어깨에 메다. ¶보따리를 둘러메다.

385) 엇메다: 이쪽 어깨에서 저쪽 겨드랑이 밑으로 걸어서 메다. ¶전대를 엇매다.

386) 맬롱: 어린아이가 장난삼아 혀를 내미는 모양. ¶혀를 맬롱 내밀다.

387) 통메우다(桶): ①통조각을 맞추어 테를 끼우다. ②좁은 자리에 많은 사람이 빽빽하게 들어참을 이르는 말. 〈준〉통메다.

며 백자며 골동품은 다 진열하였다. 책이며 연필이며 준비했다. §둘 이상의 체언을 열거할 때 '하며'가 쓰이기도 함. ¶과자하며 빵하며 떡을 먹었다.

-며 모음 또는 'ㄹ'로 끝난 용언의 어간 또는 '이다' 뒤에 붙어, ['ㄹ' 이외의 받침 뒤에서는 '-으며'로 쓰임]. ①두 가지 이상의 사물·동작·상태 등을 대등하게 나열할 때 쓰는 연결 어미. ¶누나는 의사이며 엄마는 약사다. 물이 얼마나 깊으며 고기는 얼마나 많은지 알아보아라.≒-고. ②대립의 뜻을 나타내는 연결 어미. ¶언니는 키가 크며 동생은 키가 작다. 파괴는 쉬웠으며 건설은 어려웠다. ③두 가지 사실·상태 등이 겸하여 있거나 동작이 동시에 일어남을 나타냄. ¶그는 시인이며 학자다. 뛰어나오며 소리쳤다. 밥을 먹으며 신문을 보다.≒-(으)면서.

며느리 ①아들의 아내. ¶며느님, 며늘아기; 막내며느리, 맏며느리, 민며느리, 손자며느리(孫子), 어이며느리[고부(姑婦)], 외며느리, 작은며느리, 조카며느리, 종가며느리(宗家), 첩며느리(妾), 큰며느리. ②며느리와 관련 있게 사물에 붙인 말. ¶며느리고금(날마다 앓는 학질), 며느리밑씻개, 며느리발톱, 며느리밥풀, 며느리배꼽, 며느리서까래[부연(附椽)], 며느리주머니(금낭화) 들.

며루 꾸정모기(각다귀)의 애벌레. 자방충(虸蚄蟲).

며리 용언의 관형사형 어미 '-을' 뒤에 쓰여 '까닭이나 필요'의 뜻을 나타내는 말. ¶내가 그 일에 간섭할 며리야 없지만, 그래도 이번 일은 네가 잘못한 것 같구나. 폐를 끼칠 며리가 없지 않은가?

멱¹ 목의 앞쪽. 목구멍. 멱이 닿는 부분의 옷깃. ¶멱이 차다. 멱따는 소리. 멱나다(말의 목구멍이 퉁퉁 부어오르다), 멱들이(멱살을 잡고 싸우는 것), 멱따다[388], 멱미레(소의 턱밑 고기), 멱부리[389], 멱살[멱살다짐, 멱살잡이/하다], 멱씨름(서로 멱살을 잡고 싸우는 짓)/하다, 며가지, 멱찌르다(목을 찌르다), 멱차다[390], 멱차오르다, 멱치기(목숨을 건 승부), 멱통(산멱통); 거멱하다(擧;멱살을 움켜잡다), 산멱통/산멱(살아 있는 동물의 목구멍).

멱² =멱서리(짚으로 날을 촘촘히 결어 만든 그릇). 목처럼 긴 물건.≒섬³. ¶멱 진 놈 섬 진 놈(형형색색의 여러 놈이라는 뜻). 멱둥구미, 멱신(멱서리처럼 결어서 만든 신), 멱자(子;멱서리).

멱³ 장기(將棋)에서 마와 상이 다닐 수 있는 길목. ¶멱을 지키다. 멱부지(不知;장기의 멱도 모르는 사람. 사리에 익숙하지 못한 사람), 멱장기(멱도 모르고 두는 장기), 멱장기수(將棋手;잘 둘 줄 모르는 장기의 수. 이치와 규정에 어긋나거나 어리석은 생각이나 수완).

멱(冪) 거듭제곱. ¶멱법(冪法), 멱수(冪數), 멱승/법(冪乘/法), 멱지수(冪指數), 멱집합(冪集合), 멱함수(冪函數); 강멱(降冪), 방멱(方冪), 승멱(昇冪), 승멱(乘冪) 들.

멱(幎) '물건을 덮는 보'를 뜻하는 말. ¶멱모(幎冒), 멱목(幎目;소렴할 때에 시체의 얼굴을 싸매는 헝겊).

멱(覓) '찾다'를 뜻하는 말. ¶멱거(覓去[391]), 멱득(覓得;찾아서 얻음), 멱래(覓來;찾아오거나 가져옴).

멱서리 짚으로 촘촘히 결어서 만든, 곡식을 담는 그릇. 〈준〉멱². ¶멱 진 놈 섬 진 놈. 멱둥구미/둥구미[392], 멱신.

면¹ 개미·쥐·게 따위가 갉아서 파 놓은 보드라운 흙.≒개밋둑. ¶면을 쌓아 놓다. 면내다[393].

면² 비역(사내끼리의 성교)의 상대자. ¶면먹다[394].

면³ 모음으로 끝나는 체언에 붙어, 그 말을 지정할 때 쓰는 조사. [받침 뒤에서는 '이면'으로 쓰임]. ¶공부면 공부, 운동이면 운동, 못하는 게 없다.

-면 ①모음 또는 'ㄹ'로 끝나는 어간에 붙어, 가정적 조건을 나타내는 종속적 연결 어미. ['ㄹ' 이외의 받침 뒤에서는 '-으면'으로 쓰임]. ¶달면 삼키고 쓰면 뱉는다. 나도 알고 보면 좋은 사람이다. 꼬리가 길면 밟히는 법이다. 바쁘지 않으면 우리 집에 놀러 오세요. 이번에는 꼭 합격했으면 한다. -(으)면-은[강조]. ②다른 말에 붙어, 부사를 만드는 말. ¶걸핏하면, 고러면, 그러면, 기왕이면(旣往), 까딱하면, 말하자면, 뻔쩍하면, 아무러면, 야다하면, 어쩌면, 언뜻하면, 왜냐하면, 이를테면, 이왕이면(已往), 적이나하면, 쩍하면, 척하면, 툭하면, 하다면[그렇다면], 하마터면, 하필이면 들.

면(面) ①지방자치단체의 하부 조직. ¶면내(面內), 면면촌촌(面面村村), 면민(面民), 면사무소(面事務所), 면서기(面書記), 면세(面勢), 면소재지(面所在地), 면임(面任), 면장(面長), 면정(面政). ②낯(얼굴)이나 체면(體面). 무엇을 향하고 있는 쪽이나 평평한 바닥. 신문의 지면. 어떤 측면이나 방면. 분야(分野). 탈이나 얼굴을 가리는 도구. ¶면이 깎이다. 면이 고르다. 면각(面角), 면강(面講), 면견(面見), 면결(面決), 면경(面鏡), 면괴하다/스럽다(面愧;面炙), 면구하다(面炙;남을 마주보기가 부끄럽다), 면급(面給;재물이나 물건을 서로 보는 앞에서 내줌), 면나다(체면이 서다. 외면이 빛나다)/내다, 면난하다/스럽다/쩍다(面赧;무안하거나 부끄러운 마음이 있다), 면달(面達;직접 뵙고 여쭘), 면담(面談), 면당(面當), 면대(面對), 면대칭(面對稱), 면도(面刀)[면도날, 면도칼, 면도질], 면독(面督), 면마(面馬), 면마(面麻), 면매(面罵), 면면/이(面面;얼굴마다), 면면상고(面面相顧), 면모(面毛), 면모(面貌;얼굴의 모양)[진면모(眞)], 면목(面目)[395], 면무인색(面無人色), 면바르

---

388) 멱따다: 칼 따위로 짐승의 멱을 찌르거나 자르다. ¶돼지를 멱따다. 멱따는 소리(듣기 싫게 꽥꽥 지르는 소리).

389) 멱부리: 턱밑에 털이 많이 난 닭. ¶멱부리 암탉('바로 눈앞의 것도 모르는 사람'을 놀릴 때 쓰는 말).

390) 멱차다: ①그 이상 더할 수 없는 한도에 이르다. ¶너무 멱차게 일을 맡지는 마라. ②일이 끝나다. ③완전히 다 되다.

391) 멱거(覓去): 어떤 장소나 사람 따위를 찾아감. 어떤 것을 가져감.

392) 둥구미: 곡식이나 채소 따위를 담는 데 쓰는, 짚으로 둥글고 울이 깊게 결어 만든 그릇.

393) 면내다: ①개미·쥐·게 따위가 구멍을 뚫으려고 보드라운 가루 흙을 파내다. ②남의 물건을 조금씩 훔쳐 축을 내다.

394) 면먹다: ①여러 사람이 내기를 할 때 둘 이상의 사람이 같은 편이 되다. ¶부부 사이에는 면먹어도 좋다. ②편이 되다. ¶고수들이 면먹으면 다른 사람들이 당해 내기 어렵다.

395) 면목(面目): 얼굴. 체면. 사물의 상태나 모양. ¶면목이 반주그레하다. 면목을 새롭게 하다. 면목부지(不知), 면목없다(부끄러워 남을 대할 낯이 없다)/없이; 본래면목(本來), 불면목(不), 생면목(生), 신면목(新), 진면

다(거죽이 반듯하다), 면바로, 면박(面駁)[396], 면박(面縛), 면배(面拜), 면벽(面壁;벽을 대하고 좌선함), 면벽돌(面甓), 면보다(체면을 차리다), 면부(面部), 면분(面分), 면빗, 면사(面謝), 면사포(面紗布), 면상(面上;얼굴), 면상(面相/像), 면새(평평한 물건의 겉모양), 면색(面色;얼굴빛), 면소(面梳;면빗), 면소(面訴), 면수(面數), 면숙(面熟), 면술(面述), 면시(面試), 면식(面識;안면)[면식범(犯); 반면식(半)], 면싸대기(낯), 면안[397], 면안(面眼), 면알(面謁;拜謁), 면약(面約), 면여토색(面如土色), 면예불충(面譽不忠), 면욕(面辱), 면우(面友), 면유(面諭;면전에서 말로 타이름), 면의(面議), 면자(面刺), 면장(面帳), 면장(面墻), 면장우피(面張牛皮;철면피), 면쟁(面爭), 면쟁기단(面爭其短), 면적(面積)[398], 면전(面前), 면전(面傳), 면절(面折), 면접(面接)[면접교섭권(交涉權), 면접법(法), 면접시험(試驗), 면접하다], 면정(面疔), 면정(面情), 면종(面腫), 면종(面從)[면종복배(腹背), 면종후언(後言)], 면주(面奏;임금을 뵙고 말씀을 아룀), 면주(面註), 면줄(장기판의 앞 끝으로부터 셋째 줄), 면지(面紙), 면진(面陳), 면질(面叱), 면질(面質), 면창(面瘡), 면책(面責), 면척(面斥), 면청(面請), 면치다[399], 면치레(겉치레), 면탁(面託), 면파하다(面破), 면판(낯), 면포(面皰), 면품(面稟;면전에서 말씀을 드림), 면피(面皮;낯가죽), 면하다(당하다. 어떤 대상이나 방향을 똑바로 향하다. 부닥치다), 면한(面汗), 면한(面寒), 면허(面許), 면화(面話), 면회(面灰), 면회(面會)[면회사절(謝絕), 면회소(所), 면회실(室)]; 가면/극(假面/劇), 거친면, 겉면, 결정면(結晶面), 경계면(境界面), 경면(鏡面), 경사면(傾斜面), 경제면(經濟面), 계면(界面), 고면(故面), 곡면(曲面)[대수곡면(代數), 원기둥곡면(圓)], 관면(慣面), 광면(廣面), 광명면(光明面), 광축면(光軸面), 교면(嬌面), 구면(舊面), 구면(球面), 국면(局面), 굴절면(屈折面), 권면(券面), 권계면(圈界面), 귀면(鬼面), 기교면(技巧面), 기둥면, 남면(南面), 내면(內面)[내면묘사(描寫), 내면세계(世界), 내면적(的)], 노면(路面), 노면(露面), 다면(多面)[400], 단면(單面), 단면(斷面), 단층면(斷層面), 당면(當面), 대면(對面), 대칭면(對稱面), 도면(圖面), 동면(東面), 두면(痘面), 두면(頭面), 뒷면, 만면(滿面)[만면희색(喜色); 득의만면(得意)], 명면(名面), 문면(文面), 문화면(文化面), 물면[수면(水面)], 밑면, 반면(反面;어디를 갔다가 돌아와서 부모님을 뵘. 다른 쪽의 면), 반면(半面;반쪽 면), 반면(盤面), 방독면(防毒面), 방면(方面), 배면(背面), 배사축면(背斜軸面), 백면서생(白面書生), 법면(法面), 벽면(壁面), 벽개면(劈開面), 보면(譜面), 복면(腹面), 복면(覆面), 부면(部面), 북면(北面), 분면(粉面), 불연속면(不連續面), 비면(碑面), 빗면, 뿔면, 사면(四面)[사면체(體), 사면초가(草家), 사면팔방(八方)], 사면(斜面), 사절면(斜截面), 사회면(社會面), 산면(山面), 삼면(三面)[삼면각(角), 삼면경(鏡), 삼면계약(契約)], 상면(上面), 상면(相面), 상칭면(相稱面), 생면(生面), 생활면(生活面), 서면(西面), 서면(書面), 설면(雪面), 성면(聖面;임금의 얼굴), 사분면(四分面), 사회면(社會面), 선면(扇面), 세면(洗面)[세면기(器), 세면대(臺), 세면장(場)], 소면(素面), 수괴무면(羞愧無面), 수면(水面), 수면(獸面), 수직면(垂直面), 수평면(水平面), 숙면(熟面), 쌍곡선면(雙曲線面), 안면[內面], 안면(顔面), 암면(巖面), 암면(暗面), 암흑면(暗黑面), 앙면(仰面), 앞면, 액면(液面), 액면(額面), 양면(兩面), 연직면(鉛直面), 옆면, 완사면(緩斜面), 외면/하다(外面), 요면(凹面), 원뿔면(圓-面), 원추면(圓錐面), 월면(月面), 윗면, 유두분면(油頭粉面), 이면(裏面)[이면공작(工作), 이면사(史)], 익면(翼面), 인면(人面), 인면수심(人面獸心), 인면(印面), 일면(一面), 입면(立面), 자른면, 자면(赭面;붉어진 얼굴), 자오면(子午面), 장면(場面), 재면(材面), 저면(底面), 적면(赤面), 전면(全面), 전면(前面), 절단면(切斷面), 정면(正面), 정신면(精神面), 정중면(正中面), 정치면(政治面), 조면(粗面;거친 면), 조면(阻面), 종단면(縱斷面), 주면(柱面), 증면(增面), 지면(地面), 지면(紙面), 지면(誌面), 지면(知面), 지평면(地平面), 직립면(直立面), 직면하다(直面), 직절면(直截面), 차면(遮面;얼굴을 가림), 철면(凸面), 철면(鐵面), 철면피(鐵面皮), 체면(體面), 초면(初面), 초점면(焦點面), 추면(錐面;뿔면), 추면(皺面), 측면(側面), 층면(層面), 층리면(層理面), 켤레면, 타면(他面), 타면(唾面), 타방면(他方面), 타원체면(橢圓體面)/타원면(橢圓面), 투영면(投影面), 파면(波面), 파단면(破斷面), 판면(板面), 판면(版面), 편면(片面), 평면(平面), 평행면(平行面), 포면(布面), 표면(表面), 하면(下面), 해면(海面), 호면(湖面), 화면(畫面), 황면(黃面;석가의 얼굴), 회전면(回轉面), 횡단면(橫斷面), 횡면(橫面), 후면(後面) 들.

면(免) '벗다 · 벗어나다. 풀어주다. 면제하다. 그만두다'를 뜻하는 말. ¶면검(免檢), 면관(免官), 면관(免冠), 면관돈수(免冠頓首), 면군역(免軍役), 면궁(免窮), 면급(免急), 면모(免侮), 면무식(免無識), 면무안(免無顔), 면문(免問), 면백두(免白頭), 면벌(免罰), 면부득(免不得), 면사(免死), 면세(免稅), 면소(免訴), 면수(免囚), 면시(免試), 면신(免新), 면신례(免新禮), 면액(免厄), 면역(免役), 면역(免疫)[401], 면요(免夭), 면욕(免辱), 면장(免狀)[수입면장(輸入), 수출면장(輸出)], 면제(免除)[402], 면조/지(免租/地), 면죄(免罪)[면죄되다/하다, 면죄부(符)], 면직(免職)[면직처분(處分); 의원면직(依願), 직권면직(職權)], 면책(免責)[403], 면천(免賤), 면추(免醜),

---

목(眞).

396) 면박(面駁): 얼굴을 마주하여 꾸짖거나 논박함. ¶면박을 주다.

397) 면안(面): 집 칸살이나 나무 그릇 따위의 넓이를 잴 때 마주 대한 양편가의 안쪽끼리의 사이.

398) 면적(面積;넓이): 면적계(計), 면적그래프(graph), 면적속도(速度); 건축면적(建築), 공유면적(共有), 밑면적, 단위면적(單位), 부대면적(附帶), 연면적(延), 익면적(翼), 전용면적(專用), 체표면적(體表), 총면적(總), 표면적(表).

399) 면치다: 나무나 돌의 면을 여러 가지 모양으로 깎다.=조각하다.

400) 다면(多面): 다면각(角), 다면성(性), 다면적(的), 다면체/도법(體/圖法).

401) 면역(免疫): 사람이나 동물의 몸 안에 들어온 항원(抗原)에 대하여 항체(抗體)가 만들어져, 같은 항원에 대해서는 발병하지 않는 현상. 같은 일이 되풀이됨에 따라 무감각해지고 습관화되는 상태. ¶면역검사(檢査), 면역결핍(缺乏), 면역계(界), 면역관용(寬容), 면역되다/하다, 면역력(力), 면역반응(反應), 면역성(性), 면역억제(抑制), 면역요법(療法), 면역원(原;抗原), 면역이론(理論), 면역질(質), 면역체(體;抗體), 면역학(學), 면역혈청(血淸), 면역화학(化學); 감염면역(感染), 경구면역(經口), 능동성면역(能動性), 병후면역(病後), 선천성면역(先天性), 영구면역(永久), 인공면역(人工), 자가면역(自家), 자동면역(自動), 자력면역(自力), 자연면역(自然), 종생면역(終生), 타동면역(他動), 피동성면역(被動性), 항체면역(抗體), 획득면역(獲得), 후천성면역(後天性).

402) 면제(免除): 책임이나 의무 따위를 면하여 줌. ¶면제년(年), 면제되다/하다, 면제세(稅); 가면제(假), 병역면제(兵役), 의무면제(義務), 징집면제(徵集), 학비면제(學費).

ㅁ

면출(免黜), 면치(免恥), 면탈(免脫;죄를 벗음), 면피(免避;면하여 피함)[면피성(性), 면피하다], 면하다[404], 면허(免許)[면허정지(停止), 면허세(稅), 면허증(證), 면허취소(取消)], 면호(免戶), 면화(免禍;화를 면함), 면환(免鰥;홀아비 신세를 면함), 면흉(免凶); 감면(減免), 관면(寬免), 규면(規免), 기만득면(期滿得免), 난면(難免)[난면하다; 재소난면(在所)], 도면(圖免), 득면(得免;재앙을 잘 피하여 면함), 모면(謀免), 방면(放免), 불면(不免), 사면(赦免), 사면(辭免), 서면(恕免), 역면(力勉), 유면(宥免), 임면(任免), 전면(轉免), 주면(奏免), 탈면(頉免), 특면(特免)[조세특면(租稅)], 파면(罷免), 해면(解免), 행면(倖免), 환면(逭免), 후면(厚免) 들.

면(綿) ①무명이나 무명실. 솜. ¶면으로 지은 옷. 면견(綿繭), 면마(綿馬), 면말(綿襪), 면모(綿毛), 면방(綿紡), 면방적(綿紡績), 면복(綿服), 면봉(綿棒), 면사(綿絲)[방적면사(紡績)], 면양(綿羊), 면양말(綿洋襪), 면업(綿業), 면의(綿衣), 면장갑(綿掌匣), 면제/품(綿製/品), 면주(綿紬), 면주전(綿紬廛), 면직물(綿織物), 면포(綿布;무명), 면포플린, 면플란넬; 개면(開綿), 견면(繭綿;고치솜), 광재면(鑛滓綿), 낙면(落綿), 목면(木棉), 붕산면(硼酸綿), 석면(石綿)[석면복(服), 석면사(絲), 석면판(板); 백금석면(白金)], 소독면(消毒綿), 수면(水綿), 순면(純綿), 실면(實綿), 연면하다(連綿), 원면(原綿), 유리면(琉璃綿), 육지면(陸地綿), 잡면(雜綿), 전면(纏綿), 정면(精綿), 정제면(精製綿), 제면(製綿), 조면(繰綿), 조면기(繰綿機), 지혈면(止血綿), 착면(着綿), 타면(打綿), 탄면(彈綿), 탈지면(脫脂綿;약솜), 합섬면(合纖綿), 해도면(海島綿), 해면(海綿)[해면동물(動物); 백금해면(白金)], 혼면(混綿), 화면(火綿;솜화약). ②'가늘고 길게 이어지다. 퍼지다. 약하다'를 뜻하는 말. ¶면력하다(綿力), 면련(綿連), 면면하다(綿綿)/히(잇고 이어서), 면밀(綿密;자세하여 빈틈이 없음)[면밀성(性), 면밀하다; 주도면밀(周到)], 면약(綿弱), 면연하다(綿延;끊임없이 이어서 늘이다), 면원하다(綿遠;세대가 이어져 내려온 시간이 오래다)), 면지(綿地); 연면(連綿) 들.

면(麵/麪) '국수. 밀가루'를 뜻하는 말. ¶면곡(麵麯), 면국(麪麴), 면류(麵類), 면발(국숫발), 면병(麪餠), 면상(麪床), 면옥(麵屋), 면자(麪子), 면장탕반(麪醬湯飯), 면주(麪酒), 면포(麵麭); 건면(乾麪), 괘면(掛麪), 군대면(裙帶麵), 기스면(鷄絲麵), 냉면(冷麪)[나박김치냉면, 물냉면, 비빔냉면, 진주냉면, 평양냉면, 함흥냉면], 노분면(蘆粉麵;갈대국수), 당면(唐麵), 도면(刀麵;칼국수), 라면(老麵), 백면(白麪), 백합면(百合麵), 사면(絲麵;실국수), 사발면(沙鉢麵), 삭면(索麵)[405], 산서면(山薯麵;마의 가루로 만든 국수), 색면(索麵), 서면(黍麪;기장으로 만든 국수), 소맥면(小麥麵), 소면(素麪), 수타면(手打麵), 온면(溫麵), 울면(←溫滷麵), 유두면(流頭麵), 자장면/짜장면[406], 제면/기(製麵/機;국수를 만드는 틀), 진주면(眞珠麵)[407], 쫄면(쫄깃한 국수), 창면[408], 천화면(天花麵;하눌타리 뿌리의 가루로 만든 국수), 초마면(炒碼麵), 초면(炒麵;짬뽕), 취루면(翠縷麵;회화나뭇잎과 녹말가루로 만든 국수), 탕면(湯麵), 한식면(寒食麵) 들.

면(眠) '잠 · 잠자다'를 뜻하는 말. ¶면기(眠期), 면식(眠食), 면잠(眠蠶); 가면(假眠), 고침안면(高枕安眠), 기면(嗜眠), 동면(冬眠), 불면(不眠), 수면(睡眠), 숙면(熟眠;잠이 깊이 듦), 안면(安眠), 영면(永眠), 장야면(長夜眠), 최면(催眠), 춘면(春眠), 취면(就眠), 취면(醉眠), 침면(沈眠), 쾌면(快眠), 하면(夏眠), 휴면/기(休眠/期) 들.

면(棉) '목화 · 솜'을 뜻하는 말.=면(綿)①. ¶면실(棉實)[면실박(粕), 면실유(油)], 면자(棉子), 면작(棉作), 면화(棉花); 목면(木棉); 명갈이(목화씨를 심는 일) 들.

면(緬) '가는 실. 멀다. 아득하다'를 뜻하는 말. ¶면례(緬禮;무덤을 옮겨 장례를 다시 지냄)/하다, 면복(緬服), 면억(緬憶;아득히 지난 일을 회상함) 들.

면(冕) '임금이 정복(正服)에 갖추어 쓰던 관'을 뜻하는 말. ¶면관(冕冠), 면류관(冕旒冠), 면복(冕服), 면자(冕者); 관면(冠冕;벼슬을 함), 헌면(軒冕) 들.

면(眄) '애꾸눈. 곁눈질하다'를 뜻하는 말. ¶면시(眄視); 고면(顧眄), 당면(瞠眄;눈을 크게 뜨고 똑바로 쳐다봄), 전면(轉眄), 좌고우면(左顧右眄) 들.

면(勉) '힘쓰다. 부지런하다. 강요하다'를 뜻하는 말. ¶면려(勉勵)[각골면려(刻骨)], 면종(勉從), 면학(勉學), 면행(勉行); 공면(共勉), 권면(勸勉), 근면(勤勉) 들.

면(湎) '술에 빠지다. 어떤 일에 지나치게 쏠리다'를 뜻하는 말. ¶면음(湎淫), 면주(湎酒); 침면(沈湎) 들.

면(俛) '구푸리다. 굽히다'를 뜻하는 말. ¶면수(俛首), 면앙(俛仰) 들.

-면서 모음 또는 'ㄹ' 로 끝나는 어간이나 '이다' 뒤에 붙는 연결 어미. ['ㄹ' 이외의 받침 뒤에서는 '-으면서'로 쓰임]. ①두 가지 이상의 사실 · 상태 · 동작이 동시적으로 겸하여 있거나, 동작이 함께 일어남을 나타냄. ¶저 사람은 화가이면서 시인이다. 신문을 보면서 밥을 먹는다. 음악을 들으면서 공부한다.〈준〉-(으)며. ②두 가지 이상의 사실 · 상태 · 동작이 맞서는 관계에 있음을 나타냄. ¶나쁜 줄 알면서 모르는 척하다. 자기는 놀면서 나만 시킨다. 읽지도 않았으면서 읽은 체한다. -(으)면서-까지, -(으)면서-도, -(으)면서-부터-는.

403) 면책(免責): 책임이나 책망을 면함. ¶면책 사유. 면책되다/하다, 면책률(率), 면책배서(背書), 면책약관(約款), 면책운송(運送), 면책조항(條項), 면책주의(主義), 면책증권(證券), 면책특권(特權), 면책행위(行爲).

404) 면하다(免): ①의무를 지지 않게 되다. ¶병역을 면하다. ②어떤 일을 당하지 않게 되다. ¶재난에서 화를 면하다. ③어떤 처지나 고비를 벗어나다. ¶셋방살이를 면하다.

405) 삭면(索麵): 밀가루를 소금물로 반죽하여 기름을 치고 얇게 밀어서 실오리처럼 썬 것을 햇볕에 말린 국수.

406) 자장/짜장면(麵): 중국식 국수 요리.[←작장면(炸醬麵)].

407) 진주면(眞珠麵): 닭이나 꿩 · 오리의 살만을 콩알만 한 크기로 썰어서 메밀가루나 녹말을 묻혀 삶아서 깻국에 넣어 여러 가지 고명을 하여 만드는 음식.

408) 창면(麵): 녹말을 끓는 물에 익힌 다음 채를 쳐서 꿀을 탄 오미자 국물에 넣어 먹는 음식.

멸(滅) '사라지다. 없어지게 하다. 죽다'를 뜻하는 말. ¶멸각(滅却), 멸공(滅共), 멸구(滅口), 멸균(滅菌), 멸도(滅度;열반), 멸도(滅道), 멸렬(滅裂), 멸망(滅亡), 멸몰(滅沒), 멸문(滅門;한 집안을 다 죽여 없앰), 멸법(滅法), 멸사/봉공(滅私/奉公), 멸살(滅殺), 멸상(滅相), 멸성(滅性), 멸열(滅裂)[지리멸렬(支離)], 멸자(滅字), 멸적(滅迹), 멸적(滅敵), 멸절(滅絕), 멸제(滅諦), 멸족(滅族), 멸종(滅種;생물의 한 종류가 아주 없어짐)/되다/하다, 멸죄(滅罪), 멸진(滅盡), 멸퇴(滅退), 멸패(滅霸), 멸하다, 멸후(滅後); 격멸(擊滅), 공멸(攻滅), 괴멸(壞滅;파괴되어 멸망함), 궤멸(潰滅;조직이나 기구 따위가 무너져서 완전히 없어짐), 근멸(根滅), 단멸(斷滅), 마멸(磨滅), 명멸(明滅), 민멸(泯滅), 박멸(撲滅), 법멸(法滅), 복멸(覆滅), 분멸(焚滅), 불멸(不滅)[영생불멸(永生), 영원불멸(永遠)], 불멸(佛滅), 사멸(死滅), 살멸(殺滅), 생멸(生滅), 섬멸(殲滅), 소멸(消滅;사라져 없어짐), 소멸(掃滅;싹 쓸어 없앰), 소멸(燒滅), 쇠멸(衰滅), 시멸(示滅), 식멸(熄滅), 신멸(燼滅), 연멸(煙滅;湮滅), 영멸(永滅), 인멸(湮滅;자취도 없이 없어지거나 없앰), 입멸(入滅), 자멸(自滅)[자멸적(的), 자멸책(策)], 잔멸(殘滅), 적멸(寂滅), 전멸(全滅), 절멸(絕滅), 점멸(漸滅), 점멸(點滅), 족멸(族滅), 존멸(存滅), 주멸(誅滅), 진멸(殄滅), 진멸(盡滅), 초멸(剿滅), 토멸(討滅), 파멸(破滅), 패멸(敗滅), 폐멸(廢滅), 필멸(必滅), 환멸(幻滅), 환멸(還滅), 회멸하다(灰滅) 들.

멸(蔑) '업신여기다'를 뜻하는 말. ¶멸기(蔑棄), 멸법(蔑法;법을 업신여김), 멸시(蔑視↔尊敬)[멸시감(感), 멸시되다/하다, 멸시적(的)], 멸이(蔑爾;크기가 작음. 멸시하는 데가 있음), 멸칭(蔑稱); 경멸(輕蔑), 능멸(凌/陵蔑), 모멸(侮蔑), 자멸(自蔑) 들.

멸구 멸굿과의 곤충. 과수와 농작물에 해를 끼침. ¶벼멸구, 애멸구 들.

멸치 멸칫과의 바닷물고기. ¶멸칫국물, 멸치들망(멸치잡이에 쓰는 들그물), 멸치수제비, 멸치잡이, 멸장(醬;멸치젓국을 달인 뒤 걸러서 만든 장), 멸치저냐, 멸치젓, 멸치조림, 멸치호박장(醬); 마른멸치 들.

명(名) '이름. 이름나다. 뛰어나다'를 뜻하는 말. 사람을 세는 단위. ¶두 명이 지나가다. 명가(名家), 명가(名歌), 명가(名價), 명가사(名歌詞), 명가수(名歌手), 명감독(名監督), 명강의(名講義), 명검(劍), 명검(名檢), 명견(名犬), 명곡(名曲), 명공(名工), 명공(名公), 명과(名菓), 명관(名官), 명교(名敎), 명교사(名敎師), 명교수(名敎授), 명구(名句), 명국(名局), 명군(名君), 명궁수(名弓手), 명기(名妓), 명기(名器), 명기자(名記者), 명단(名單), 명담(名談), 명답(名答), 명답변(名答辯), 명답안(名答案), 명대사(名臺詞), 명도(名刀), 명론(名論), 명류(名流), 명리(名利), 명마(名馬), 명망/가(名望/家), 명면(名面), 명목(名木), 명목(名目)[409], 명무(名武), 명문(名文), 명문(名門), 명문구(名文句), 명문장(名文章), 명물(名物), 명배우(名俳優), 명벌(名閥), 명보(名寶), 명복(名卜), 명부(名簿), 명분(名分)[대의명분(大義)], 명불허전(名不虛傳;명성이나 명예는 그만한 까닭이 있어야 전함), 명사(名士), 명사(名詞), 명사(名辭), 명사격(名射擊), 명사수(名射手), 명산(名山), 명산/물(名産物), 명산지(名産地), 명산품(名産品), 명상(名相), 명색(名色;허울만 좋은 이름. 겉으로 내세우는 구실), 명선수(名選手), 명성(名聲;이름. 좋은 평판), 명세(名世), 명소(名所), 명수(名手;名人), 명수(名數)[1], 명수(名數)[2][단명수(單), 복명수(複)], 명수사(名數詞), 명수죽백(名垂竹帛), 명승부(名勝負), 명승/지(名勝/地), 명승(名僧), 명시/(名詩/選), 명신(名臣), 명실(名實), 명실상부(名實相符), 명심판(名審判), 명안(名案), 명약(名藥), 명언(名言), 명역(名譯), 명연(名演), 명연기(名演技), 명연설(名演說), 명예(名譽)[410], 명왕(名王), 명유(名儒), 명의사/명의(名醫師), 명의(名義)[411], 명인(名人;達人), 명일(名日;명절이나 국영일), 명자(名字), 명자(名刺), 명작(名作), 명장(名匠;기술이 뛰어난 이름난 장인), 명장(名將), 명장면(名場面), 명재상(名宰相), 명저(名著), 명적(名籍), 명절[1](名節)[명절날, 명절놀이, 명절맞이, 명절빔], 명절[2](名節;명분과 절의), 명정언순(名正言順), 명조상(名祖上), 명족(名族), 명존실무(名存實無), 명지(名地), 명찰(名札;이름표), 명찰(名刹;이름난 절), 명창(名唱)[천하명창(天下)], 명천(名川), 명철(名哲;뛰어난 철인), 명첩(名帖;名銜), 명칭(名稱), 명콤비(名combination), 명탐정(名探偵), 명토[412], 명판(名判), 명판(名板), 명판결(名判決), 명판관(名判官), 명패(名牌), 명편(名篇), 명포수(名砲手), 명품(名品;뛰어나거나 이름난 물건), 명풍(名風), 명필(名筆), 명하(名下), 명하다(이름을 붙이다), 명하전(名下錢), 명함/판(名銜/判), 명현(名賢), 명호(名號), 명화(名花), 명화(名華), 명화(名畵), 명화폭(名畵幅), 명환(名宦), 명희(名姬); 가명(佳名), 가명(家名), 가명(假名), 각명(各名), 개명(改名), 건명(件名), 겸명(兼名), 계명(戒名), 계명/창법(階名/唱法), 고명(古名), 고명(高名), 고명사의(顧名思義), 곡명(曲名), 공명(功名), 공명(空名), 과명(科名), 관명(官名), 관명(冠名), 교명(校名), 구명(舊名), 국명(國名), 귀명(貴名), 기명(妓名), 기명/날인(記名/捺印), 낙명(落名), 녹명(錄名), 뇌명(雷名), 누명(陋名), 능명(能名), 단명(單名), 당명(唐名), 당명(黨名), 대명(大名), 동명(同名)[동명인(人), 동명이인(異人)], 동명(洞名), 득명(得名), 매명(每名), 매명(買名), 매명(賣名), 명명(命名), 모명(冒名), 무기명(無記名), 무명(武名), 무명(無名)[413], 문명(文名), 물명(物名), 미명(美名), 반명(班名), 방명(芳名), 법명(法名), 변명(變名),

---

409) 명목(名目): ①겉으로 내세우는 이름.↔실질(實質). ¶명목뿐인 사장. 명목론(論), 명목소득(所得), 명목임금(賃金), 명목자본(資本), 명목주의(主義), 명목화폐(貨幣). ②구실이나 이유. ¶무슨 명목으로 사람을 모을까. 살인은 여하한 명목이든 중죄이다. 명목이 서다.

410) 명예(名譽): 세상에서 훌륭하다고 일컬어지는 이름이나 자랑. 지위나 직명(職名)을 나타내는 말 위에 쓰여서, 그 사람에게 경의를 표하고 그 공로를 찬양하는 칭호. ¶명예를 회복하다. 가문의 명예를 더럽히다. 명예교수(敎授), 명예권(權), 명예롭다/스럽다, 명예박사(博士), 명예스럽다, 명예시민(市民), 명예시장(市長), 명예심(心), 명예영사(領事), 명예욕(慾), 명예제대(除隊), 명예직(職), 명예퇴직(退職), 명예형(刑), 명예회복(回復), 명예회장(會長), 명예훼손/죄(毁損/罪); 불명예(不).

411) 명의(名義): ①명분과 의리. ②개인이나 기관의 문서상의 이름. ¶내 명의로 계약하다. 명의개서(改書), 명의도용(盜用), 명의변경(變更), 명의인(人); 등기명의(登記).

412) 명토(名): 누구 또는 무엇이라고 구체적으로 말하는 이름이나 설명. ¶명토를 박다(누구라고 지명하다). 명토를 박아 야단치지는 않았다. 명토박이로(분명히 말하여), 명토없이.

413) 무명(無名): 무명계약(契約), 무명골(骨;궁둥이뼈), 무명석(石), 무명수(數), 무명씨(氏), 무명용사(勇士), 무명작가(作家), 무명지(指;약손가락), 무명지사(之士), 무명초(草).

ㅁ

별명(別名), 병명(病名), 본명(本名), 부명(父名), 부명(浮名), 부명(富名), 불명(佛名), 사명(社名), 사명(賜名), 상품명(商品名), 서명(書名), 서명(署名), 선명(船名), 성명(姓名), 성명(盛名), 성명(聖名), 세례명(洗禮名), 속명(俗名), 속명(屬名), 손명(損名), 승명(僧名), 시명(詩名), 실명(失名), 실명(實名), 씨명(氏名), 아명(兒名), 아명(雅名), 악명(惡名), 약명(藥名), 양명(揚名), 어명(御名), 역명(驛名), 연명(連/聯名), 열명(列名), 영명(令名), 영명(英名), 영명(榮名), 예명(藝名), 오명(汚名), 요명(要名;명예를 구함), 용명(勇名), 원명(原名), 위명(威名), 위명(偉名), 위명(僞名), 위명하다(爲名), 유명(有名), 이명(異名), 익명(匿名), 인명(人名), 일명(一名), 자명(藉名), 작명(作名), 작명(爵名), 재명(才名), 쟁명(爭名), 저명(著名), 제명(除名;명부에서 이름을 빼어 버림. 구성원의 자격을 박탈함), 제명(題名), 조명(釣名), 조명(嘲名), 존명(尊名), 죄명(罪名), 중명(重名), 지명(地名), 지명/도(知名/度), 지명(指名), 직명(職名), 차명(借名), 책명(冊名), 천명(賤名), 천명(擅名), 청명(淸名), 촌명(村名), 추명(醜名), 칭명(稱名), 통명(通名), 파일명(file名), 품명(品名), 필명(筆名), 학명(學名), 한명(漢名), 할명(割名), 합명(合名), 허명(虛名), 현명(顯名), 형명/학(刑名/學), 형명(形名), 호명(好名), 호명(呼名), 호명(糊名), 화명(花名), 화명(畵名), 환명(換名), 확장명(擴張名), 회명(會名), 훈명(勳名) 들.

명(明) '밝다 · 밝히다. 분명하다. 앞으로 올 때'를 뜻하는 말.↔암(暗). ¶명감(明鑑), 명거(明渠), 명견(明見), 명견만리(明見萬里), 명결(明決), 명경(明鏡), 명관(明官), 명광(明光), 명군(明君), 명기(明記), 명기(明氣), 명기(明器), 명년(明年), 명단(明旦), 명단(明斷), 명달(明達), 명답(明答), 명당(明堂)[414], 명덕(明德), 명도(明度), 명도(明渡), 명도(明圖), 명두(明斗), 명란(明卵;명태의 알)/젓, 명랑하다(明朗), 명량하다(明亮), 명려하다(明麗), 명료(明瞭;분명하고 똑똑하다)[명료하다; 간단명료(簡單), 불명료(不)], 명멸(明滅), 명명(明命), 명명하다(明明), 명모(明眸;미인), 명모호치(明眸皓齒;美人), 명문(明文), 명문화(明文化), 명미하다(明媚), 명민하다(明敏), 명반(明礬), 명반응(明反應), 명백하다(明白), 명법(明法), 명변(明辯), 명사(明沙), 명사(明絲), 명삼채(明三彩), 명색(明色), 명석(明夕), 명석하다(明晳;똑똑하다), 명성(明星;샛별), 명세/서(明細/書), 명순응(明順應), 명시(明示↔暗示), 명시(明視), 명암(明暗), 명야(明夜), 명약관화(明若觀火), 명언(明言), 명오(明悟), 명왕(明王), 명월(明月)[명월위촉(爲燭), 명월청풍(淸風)], 명유(明油), 명의(明衣), 명인방법(明認方法), 명일(明日), 명장(明匠;학문이나 기술이 뛰어난 사람), 명장지(明障↔맹장지), 명재(明才;현명한 재능), 명재명간(明再明間), 명전(明轉↔暗轉), 명정(明正), 명정/월색(明淨/月色), 명정하다(明淨), 명조(明條), 명조(明朝), 명주(明主), 명주(明珠), 명주(明紬), 명증(明證;명백하게 증명함), 명지(明知;분명하게 앎), 명지(明智;밝은 지혜), 명징(明徵;분명한 증거), 명징하다(明澄;밝고 맑다), 명찰(明察;사물을 똑똑히 밝힘), 명창(明窓), 명창하다(明暢), 명천(明天), 명천자(明天子), 명철(明哲)[명철보신(保身), 명철하다], 명촉(明燭), 명추(明秋), 명춘(明春), 명쾌하다(明快), 명탁(明濁), 명태(明太;대구과의 바닷물고기)[명탯국, 명태덕, 명태알, 명태조치, 명태찜], 명투(明透), 명해(明解), 명현(明賢), 명화(明火), 명화적(明火賊), 명확(明確)[불명확(不)], 명후년(明後年), 명후일(明後日), 명훈(明訓); 간명하다(簡明), 강명하다(剛明), 개명(開明), 계명성(啓明星)/계명(啓明), 고명(高明), 공명정대(公明正大), 공명(空明), 광명(光明), 구명하다(究明), 규명하다(糾明), 극명하다(克明), 금명/간(今明/間), 내명하다(內明), 노안유명(老眼猶明), 등명(燈明), 무명/세계(無明/世界), 문명(文明), 미명(未明), 미명(微明), 박명(薄明), 발명(發明), 변명(辨明), 분명(分明), 불명(不明), 상명(爽明), 상명/지통(喪明/之痛), 상명(詳明), 석명(釋明), 선견지명(先見之明), 선명(宣明), 선명하다(鮮明), 설명(說明), 성명(聖明), 성명(聲明), 소명(昭明), 소명(疏/疎明), 송명(松明;관솔불), 수명(水明), 수명(羞明), 시명(示明), 신명(神明), 신명(晨明), 실명(失明), 양명(亮明), 양명/방(陽明/方), 언명하다(言明), 엄명(嚴明), 여명(黎明), 염명(廉明), 영명하다(英明), 예명하다(叡明), 용명(溶明), 월명(月明), 유명(幽明), 인명(因明), 일명(日明), 자명하다(自明), 재생명(哉生明), 정명(正明), 정명(精明), 조명(照明), 주명(註明), 증명(證明), 창명(彰明), 천명(天明), 천명(闡明), 청명(淸明), 총명(聰明), 통명(通明), 투명(透明), 판명(判明), 평명(平明), 포명(佈明), 표명(表明), 해명(解明), 현명(賢明), 혼명(昏明), 회명(晦明) 들.

명(命) '목숨. 명령(命令). 운수 · 운명'을 뜻하는 말. ¶명이 다하다. 임금의 명을 받들다. 명과학(命課學), 명교(命橋), 명궁(命宮), 명근(命根), 명금(명을 나타낸 손금), 명기(命期), 명다리[415][명교(命橋)], 명도(命途), 명령(命令)[416], 명맥(命脈)[417], 명명/식(命名/式), 명문(命門;명치. 콩팥), 명부(命婦)[내명부(內), 외명부(外)], 명분(命分;運數), 명소(命召), 명수(命數), 명실[絲], 명야복야(命也福也), 명완하다(命頑;목숨이 모질다), 명운(命運), 명위(命位), 명자리[급소(急所)], 명재경각(命在頃刻), 명제(命題)[418], 명줄[수명(壽命)], 명중/률(命中/率), 명찬(命撰), 명초(命招), 명패(命牌), 명하다(명령하다. 임명하다), 명한(命限); 건명(乾命), 경명(傾命;늙어 쇠약해진 목숨), 경명(敬命;삼가 공경함), 계명(誡命), 고명(顧命), 고명대신(顧命大臣), 고종명(考終命), 곤명(坤命), 관명(官命), 구명(救命), 구명(軀命), 국명(國命), 군명(君命), 군명(軍命), 귀명(貴命), 귀명(歸命), 낙명(落命), 난명(亂命), 내명(內命), 노명(露命), 누명(縷命), 단명(短命)[단명구(句); 고침단명(高枕短命)], 대명(大命), 대명(代命), 대명(待命), 대명(臺命), 도명(徒命), 만명(萬命), 망명(亡命), 명명(明命), 밀명(密命), 박명(薄命), 반명(反/返命), 방명(方命), 배명(拜命), 법명(法命), 별명(別命), 보명(保

---

414) 명당(明堂): ①풍수지리에서 이르는, 좋은 묏자리나 집터. ¶명당자리, 명당자손(子孫); 파명당(破). ②마음에 꼭 들거나 썩 알맞은 터. 여름철의 야영지로는 이 계곡이 명당이지.

415) 명다리(命): 신이나 부처를 모신 상 앞의 천장 가까운 곳에, 원(願)을 드리는 사람의 생년월일을 써서 매다는 모시나 무명.

416) 명령(命令): 무엇을 하게 함. 또는 그 내용. 공법에서, 국회의 의결을 거치지 않고 행정 기관에 의하여 제정되는 국가의 법령. ¶명령권(權), 명령문(文), 명령서(書), 명령식(式), 명령융자(融資), 명령적(的), 명령조(調), 명령하다, 명령형(形).

417) 명맥(命脈): 생명. 목숨. ¶전통 문화의 명맥이 이어지다.

418) 명제(命題): ①제목을 정함. 또는 그 제목. ②논리적인 판단을 언어나 기호로 나타낸 것. ¶명제논리(論理), 명제적(的); 단순명제(單純), 합성명제(合成). ③수학에서, 정리(定理)와 작도제(作圖題)를 두루 이르는 말. ¶명제산(算), 명제함수(函數). ④지워진/맡겨진 문제. ¶우리에게 주어진 명제는 평화적 통일이다.

命), 복명(復命), 본명(本命), 봉명(奉命), 부명(父命), 분명(奔命), 비명(非命), 사명(死命), 사명(使命), 사명(社命), 사명(師命), 사명(辭命), 산명/선생(算命/先生), 상명(上命), 상명(常命), 상명(償命), 생명(生命)[419], 성명(成命), 성명(性命), 성명학(星名學), 소명(召命), 수명(受命), 수명(壽命), 수명(隨命), 숙명(宿命), 승명(承命), 시명(示命), 신명(身命), 신명(神命), 실명(失命), 안명(安命), 어명(御命), 엄명(嚴命), 여명(餘命), 역명(逆命), 연명하다(延命), 연명(捐命), 완명(頑命), 왕명(王命), 우명(優命), 운명/론(運命/論), 운명하다(殞命;죽음), 원명(原命), 유명(遺命), 은명(恩命), 의명(依命), 인명(人命), 일명(一命), 임명(任命), 입명(立命), 잔명(殘命), 장명(長命), 전명(電命), 전명(傳命), 절명(絶命), 정명(正命), 정명(定命), 제명(타고나 자기의 목숨), 제명(帝命), 조명(助命), 조명(詔命), 조명(朝命), 존명(存命), 존명(尊命), 주명(主命), 준명(峻命), 지명(知命;천명을 앎), 지명(指命;지정해서 명령함), 진명(盡命), 책명(策命), 천명(天命), 총명(寵命), 치명(治命;죽을 무렵에 맑은 정신으로 하는 유언), 치명(致命)[치명상(傷), 치명적(的), 치명타(打)], 칙명(勅命), 친명(親命), 태명(台命), 투명(投命), 특명(特命), 피명(被命), 필명(畢命), 하명(下命), 한명(限命), 항명/죄(抗命/罪), 혁명(革命), 현명(賢命), 현명(懸命), 혜명(慧命), 황명(皇命), 후명(後命), 흠명(欽命) 들.

명(鳴) '새가 울다. 소리를 내다/울리다'를 뜻하는 말. ¶명고(鳴鼓), 명관(鳴管;울대), 명금(鳴金), 명금(鳴禽), 명기(鳴器), 명낭(鳴囊), 명동(鳴動;크게 울리어 흔들림), 명란(鳴鑾;임금의 수레에 달던 방울), 명사(鳴沙), 명적(鳴鏑), 명종(鳴鐘), 명향(鳴響); 계명구도(鷄鳴狗盜), 계명축시(鷄鳴丑時)/계명(鷄鳴), 고장난명(孤掌難鳴), 공명(共鳴)[420], 뇌명(雷鳴), 복명(腹鳴), 비명(悲鳴), 백가쟁명(百家爭鳴), 이명(耳鳴), 자명(自鳴), 종명정식(鐘鳴鼎食), 주명곡(奏鳴曲;소나타), 지명(地鳴;지진), 취명(吹鳴), 폭명(爆鳴), 해명(海鳴;바다에서 들려오는 우레와 같은 소리) 들.

명(銘) 금석(金石)·기물(器物) 등에 적힌 글. '글자를 새기다. 기억하다'를 뜻하는 말. ¶명간(銘肝), 명감(銘感), 명과(銘菓;특별한 상표가 붙은 좋은 과자), 명기(銘記;銘心), 명념(銘念;銘心), 명도(銘刀), 명문(銘文), 명사(銘謝), 명심(銘心), 명정/거리(銘旌;죽은 사람의 관직과 성씨 따위를 적은 기), 명주(銘酒), 명패(銘佩); 각명(刻銘), 감명(感銘), 기명/력(記銘/力), 묘갈명(墓碣銘), 묘비명(墓碑銘)/묘명(墓銘), 비명(碑銘), 제명(題銘), 종명(鐘銘), 좌우명(座右銘) 들.

명(冥) '어둡다. 깊숙하다·그윽하다. 저승'을 뜻하는 말. ¶명계(冥界), 명관(冥官), 명귀(冥鬼), 명도(冥途;황천), 명명하다(冥冥), 명목(冥沐;가랑비), 명벌(冥罰), 명복(冥福), 명부(冥府), 명상(冥想), 명암(冥闇), 명완하다(冥頑;사리에 어둡고 완고하다), 명조(冥助), 명조(冥曹), 명토(冥土), 명호(冥護); 공명(空冥), 묘명하다(杳冥), 완명(頑冥), 유명(幽冥), 회명(晦冥) 들.

명(皿) '그릇'을 뜻하는 말. ¶명칭(皿秤;접시저울); 기명/도(器皿/圖).

명(溟) '바다'를 뜻하는 말. ¶명주(溟洲;큰 바다에 있는 섬), 명해(溟海); 남명(南冥/溟), 동명(東溟), 창명(滄溟;넓은 바다).

명(瞑) '어둡다. 밤'을 뜻하는 말. ¶명목(瞑目;눈을 감음), 명좌(瞑坐), 명현(瞑眩;어지럽고 눈앞이 캄캄함) 들.

명(螟) '마디충(벼의 줄기 속을 파먹는 해충)'을 뜻하는 말. ¶명충(螟蟲)[명충나방; 이화명충(二化)].

명(酩) '술에 취하다'를 뜻하는 말. ¶명정(酩酊;술에 몹시 취함).

명개 갯가나 흙탕물이 지나간 자리에 앉은 검고 보드라운 흙.=명개흙. ¶명개를 밟고 지나간 발자국이 선명했다.

명씨-박이다 눈병으로 말미암아 눈동자에 하얀 점이 생기어 시력을 잃다.

명아주 명아줏과의 한해살이풀. ¶명아줏대.

명치 사람 몸통의 가슴과 배의 경계인 한가운데에 우묵하게 들어간 곳. ¶명치가 아프다. 명치기(태껸에서 명치를 차는 기술), 명치끝(명치의 바로 아래쪽), 명치뼈.

몇 물건의 수효나 수. 확실하지 아니한 수효를 나타내는 말.≒얼마. ¶너는 나이가 몇이냐? 사람이 몇이냐? 친구가 몇이라도 소용이 없다. 방 안에는 몇 사람이 있느냐? 몇 마리. 몇 그루. 몇날, 몇몇(적은 수효를 막연하게 이르는 말), 며칠, 며칟날.

몌(袂) '옷소매'를 뜻하는 말. ¶몌구(袂口;소맷부리), 몌별(袂別;이별. 섭섭히 헤어짐), 몌분(袂分); 분몌(分袂), 연몌(連袂), 유몌(濡袂) 들.

모¹ 옮겨심기 위하여 가꾸어 기른 벼의 싹. 모종. ¶모를 심다. 못가새[421], 모구럭, 모기르기, 모꾼, 모나무[묘목(苗木)], 모나이(모가 자란 정도), 모내다, 모내기[422], 못논(모를 심은 논), 못단(모춤), 모도지(賭地), 모두둑, 모땜(빠진 자리에 모를 다시 심는 일), 모매듭, 못물, 모박이(모를 심은 듯이 많은 사람이 빽빽하게 들어선 상태), 못밥, 모밭, 모북(모를 심을 때 치는 북 가락), 못비, 모심다, 모심기[모심기소리], 못자리[못자리철, 못자리판(板), 모잘록병(病;立枯病); 고랑못자리, 물못자리, 책상못자리(冊狀)], 모잡이(모를 내는 일꾼), 모쟁이[423], 모종(種)[424], 못줄, 못짐, 모찌기, 모춤[425], 모밭, 모판(板)[모판거름, 모판흙; 골모판, 모풀, 모품(모내기를 하는 데 드는 품); 강모[426], 거적모, 건모(乾), 꼬창

419) 생명(生命): 생명감(感), 생명공학(工學), 생명과학(科學), 생명권(權), 생명력(力), 생명수(水).

420) 공명(共鳴): 공명강(腔), 공명관(管), 공명기(器), 공명동(胴;현의 진동에 울리는 몸체), 공명복사(輻射), 공명상자(箱子), 공명실(室), 공명에너지, 공명음(音), 공명이론(理論), 공명진동(振動), 공명판(板), 공명현(絃), 공명현상(現象), 공명회로(回路), 공명흡수(吸收).

421) 못가새: 모 한 춤의 1/3.

422) 모내기: 모내기굿, 모내기꾼/모꾼, 모내기노래, 모내기놀음, 모내기철.

423) 모쟁이: 모낼 때 모춤을 벼르는 일꾼.

424) 모종(種): 옮기어 심기 위하여 가꾼 벼 이외의 온갖 씨앗의 싹. 모. ¶모종을 옮기어 심다. 모종을 내다. 모종밭, 모종비(모종하기에 알맞은 때에 오는 비), 모종삽, 모종순, 모종판(板), 모종하다; 고추모종, 깨모종, 꽃모종.

425) 모춤: 볏모나 모종을 묶은 단. ¶가새모춤(네 움큼을 가위다리 모양으로 어긋매끼게 하여 묶은 모춤), 둥그레모춤(볏모 네 움큼을 묶은 단).

426) 강모: 가물 때 마른논에 호미나 꼬챙이로 땅을 파면서 심는 모.

모, 나무모[묘목(苗木)], 늦모, 마냥모, 말뚝모(꼬창모), 물모(물속에서 자라는 어린 볏모), 밭못자리, 벌모[427], 볏모, 삭모(논을 삭갈아 심은 모), 씨모(씨에서 싹이 터서 난 모), 온상모(溫床), 이른모[조앙(早秧)], 작대기모, 잿모, 정자모(亭子;산골 논에 듬성듬성 심은 모), 종종모, 줄모, 중모(中), 풀모(모풀로 거름한 못자리), 허튼모, 호미모 들.

모² 윷놀이에서, 윷짝의 네 개가 엎어진 때의 이름. ¶모가 나오다. 생모(生).

모³ ①거죽으로 쑥 나온 물건의 끝. 구석. 성깔이나 까탈. ¶모로 붙이다. 모난 돌이 정 맞는다. 모걷기[428], 모과(菓;모나게 만든 과자), 모기둥, 모깎기, 모끼[429], 모나다[430], 모눈, 모눈종이, 모도장(圖章), 모되, 모롱이[431], 모리[432], 모막이, 모말(곡식을 되는 네모진 말), 모무늬(네모진 무늬), 모반(盤;↔두리반), 모방(房), 모뿔, 모사탕(砂糖), 못서까래/못서, 모서다(날카롭게 모가 생기다), 모서리(귀퉁이)[모서리각(角); 빗모서리, 옆모서리], 모송곳, 모시계(時計), 모자갈, 모재비[433], 모점(點), 모지다[434], 모진기둥, 모치기(모걷기), 모퉁이[435]; 마늘모, 마름모, 세모/ 네모, 맞모/금[對角/線], 을모[436]. ☞ 각(角). ②사람이나 사물의 측면이나 각도. ¶여러 모로 살피다. 어느 모로 보나 내가 적임인 듯하오. 모걸음질, 모들뜨기'[437], 모로(비껴서. 옆으로), 모모(요모조모 · 이모저모)/모모이(이런 면 저런 면마다), 모자로(비스듬히), 모잡이걸음, 모자비헤엄, 모잽이(옆의 방향), 못서다(세로로 죽 열을 지어 늘어서다); 베갯모(베개의 양 끝에 대는 꾸밈새), 쓸모[438], 이모저모, 찾을모[439]. ③두부 · 묵 따위를 네모나게 지어놓은 것. 또는 그것을 세는 말. 젓가락이나 숟가락을 세는 말. ¶두부모가 크다. 묵 두 모. 숟가락 한 모.

모(母) 난 근원. 자본. 같은 물건 중에서 크거나 무거운 것. 어미. ↔부(父). 동물의 암컷. ¶모강(母薑), 모계(母系)[440], 모계(母鷄), 모교(母校), 모교(母敎), 모국/어(母國/語), 모권(母權)[모권설(說), 모권제(制)], 모녀(母女), 모당(母堂), 모당(母黨), 모도(母道), 모도시(母都市), 모매(母妹), 모반(母斑), 모법(母法), 모상(母喪), 모서(母書), 모선(母船), 모선(母線), 모선망(母先亡), 모성(母性)[모성보호(保護), 모성애(愛), 모성위생(衛生), 모성형(型)], 모세포(母細胞), 모수(母樹), 모수(母數), 모수림(母樹林), 모씨(母氏), 모암(母巖), 모액(母液), 모어(母語), 모유(母乳), 모음(母音)[441], 모자(母子)[모자가정(家庭), 모자간(間), 모자보건(保健), 모자복지(福祉)], 모자(母姊), 모자(母慈), 모자(母姊), 모자(母慈), 모자합(母子盒), 모재(母材), 모재(母財), 모정(母情), 모제(母弟), 모주(母主), 모주(母酒), 모질물(母質物), 모집단(母集團), 모처혼(母處婚), 모천(母川;물고기가 태어나서 바다로 내려갈 때까지 자란 하천)[모천국(國), 모천회귀(回歸)], 모체(母體)[모체공장(工場), 모체전염(傳染)], 모측(母側), 모친(母親), 모태(母胎), 모토(母土), 모함(母艦), 모항(母港), 모형(母型), 모회사(母會社), 모후(母后), 모훈(母訓); 가모(家母), 계모(季母), 계모(繼母), 고모(姑母), 국모(國母), 국모(麴母;누룩밑), 노모(老母), 다모(茶母), 대리모(代理母), 대모(大母), 대모(代母), 동모(同母), 망모(亡母), 미혼모(未婚母), 백모(伯母), 보모(保姆), 부모(父母), 분모(分母), 불모(佛母), 빙모(聘母), 사모(師母), 산모(産母), 생모(生母), 서모(庶母), 성모(聖母), 수모(手母;신부를 거드는 여자), 수모(水母;해파리), 수모시(壽母詩), 수양모(收養母), 숙모(叔母), 시모(媤母), 식모(食母), 실모(實母), 악모(岳/嶽母), 양모(養母), 왕모(王母), 운모(雲母;돌비늘)[금운모(金), 백운모(白), 흑운모(黑)], 유모(油母;석유 혈암 속의 유기물), 유모(乳母), 의모(義母), 이모(姨母), 이모(異母), 잉모(孕母), 자모(子母), 자모(字母), 자모(姊母), 자모(慈母), 장모(丈母), 적모(嫡母), 전모(前母), 정모세포(精母細胞), 제모(諸母;제부의 아내), 조모(祖母), 주모(主母), 주모(珠母;조개 이름), 주모(酒母), 차모(茶母), 찬모(饌母), 처모(妻母), 초모(醋母), 출모(出/黜母), 친모(親母), 침모(針母), 태모(胎母), 편모(偏母), 학모(瘧母), 현모(賢母), 호모(呼母), 효모균(酵母菌)/효모(酵母) 들.

모(毛) ①'동물의 몸에서 깎아낸 섬유. 터럭/털. 지극히 작거나 가벼운 것. 식물이 자라다'를 뜻하는 말. ¶모간(毛幹), 모거(毛擧), 모골(毛骨), 모공(毛孔), 모관/수(毛管/水), 모관(毛冠), 모구(毛具), 모구(毛球), 모구(毛毬), 모규(毛竅;털구멍), 모근(毛根), 모낭(毛囊), 모단(毛緞), 모두(毛頭;털끝), 모류(毛類), 모린(毛鱗;짐승과 물고기), 모립(毛笠), 모면지(毛綿紙), 모물/전(毛物/廛), 모발(毛髮), 모방기(毛紡機), 모사(毛紗), 모사(毛絲), 모색(毛色), 모생약(毛生藥), 모선(毛扇), 모세관(毛細管)[모세관수(水), 모세관현상(現象), 모세혈관(血管)], 모수자천(毛遂自薦), 모슬(毛蝨), 모시류(毛翅類), 모악동물(毛顎動物), 모양체(毛樣體), 모연(毛燕), 모영(毛穎;붓), 모용(毛茸;식물의 줄기나 잎 표면에 생기는 잔털),

---

427) 벌모: 모판 밖에 볍씨가 떨어져 자란 모. ¶벌모로(일을 겉날려서 대충).
428) 모걷기: 목재의 모를 깎아 둥글게 하는 일.=모접이.
429) 모끼: 모서리를 후리는 데 쓰는 대패. ¶모끼연(椽;부연), 모끼질/하다; 세알모끼(한꺼번에 세 줄을 치도록 이가 셋인 대패), 쌍알모끼(雙;날이 두 골로 된 대패), 지모끼(재목의 면과 평행된 금을 긋기도 하고 짜개기도 하며 따내기도 하는 연장).
430) 모나다: ①물건이 거죽에 각이 지거나 모가 나다.↔둥글다. ②사람이나 그 성격이 남달리 표가 나고 까다롭다.↔원만하다. ③돈이나 물건이 쓰이는 데 특히 유용한 데가 있다.
431) 모롱이: 산모퉁이의 휘어 둘린 곳. ¶모롱곶(곶의 끝이 휘돌아간 곳); 길모롱이, 산모롱이(山).
432) 모리: 밭의 모서리나 가운데 있는 짧은 도랑. ¶모리를 매다.
433) 모재비: 함지박처럼 통나무의 속을 파내어 만든, 길쭉하고 네모진 큰 그릇.
434) 모지다: ①형상이 둥글지 아니하고 모가 되어 있다.↔둥글다. ¶모지게 깎은 방망이. ②일이나 물건 또는 성질이나 언행이 모난 데가 있다.≒까다롭다. 모나다.
435) 모퉁이: 구부러지거나 꺾어지어 돌아간 자리. 모서리 부분의 구석진 곳. ≒구석. 모서리. ¶모퉁이에서 왼쪽으로 돌아라. 방의 한쪽 모서리에 쪼그려 앉다. 모퉁잇돌(주춧돌); 길모퉁이, 담모퉁이, 산모퉁이(山).
436) 을모: 책이나 책상의 귀같이 세모진 모. ¶을모지다.
437) 모들뜨기': 몸의 중심을 잃고 심하게 자빠지거나 나가떨어지는 일. ¶모들뜨기로 나가떨어지다.
438) 쓸모: 쓸 만한 가치. 쓰일 자리. 사용가치. ¶쓸모가 있다/ 없다.
439) 찾을모: 필요하여 남이 찾아서 쓸 만한 점. ¶찾을모가 있다/ 없다.

---

440) 모계(母系.↔父系): 모계가족(家族), 모계부화(孵化), 모계사회(社會), 모계제도(制度), 모계친(親), 모계혈족(血族).
441) 모음(母音): 모음조화(調和), 모음충돌회피(衝突回避); 개모음(開), 고모음(高), 단모음(單), 매개모음(媒介), 복모음(複), 양성모음(陽性), 원순모음(圓脣), 음성모음(陰性), 이중모음(二重), 장모음(長), 저모음(低), 중성모음(中性), 평순모음(平脣), 폐모음(閉).

모우미성(毛羽未成), 모의(毛衣), 모장(毛帳), 모전(毛廛), 모전(毛氈), 모조(毛彫), 모족(毛族), 모직/물(毛織/物), 모초/단(毛綃/緞), 모추(毛錐), 모충(毛蟲), 모포(毛布), 모피(毛皮), 모필/화(毛筆/畵), 모혈(毛血), 모휘양(안에 모피를 대서 꾸민 휘양); 감각모(感覺毛), 강모(剛毛), 개모/기(開毛/機), 견모(絹毛), 관모(冠毛;갓털), 귀배괄모(龜背刮毛), 극모(棘毛;가시털), 근모(根毛;뿌리털), 기모/기(起毛/機), 구우일모(九牛一毛), 다모(多毛), 단모(短毛), 동모(冬毛), 마모(馬毛), 면모(面毛), 면모(綿毛), 무모(無毛), 미모(尾毛), 미모(眉毛), 미모(美毛), 미모(微毛), 밀모(密毛;빽빽하게 난 털), 밀모(蜜毛), 반모(反毛), 발모(發毛), 방모(紡毛), 벽모(碧毛), 봉모(鳳毛), 불모/지(不毛/地), 비모(鼻毛), 빈모(鬢毛;살쩍), 삭모(削毛), 삭모(蒴毛), 산모(産毛;배냇머리), 상모/돌리기(象毛), 선모(旋毛;가마), 선모(腺毛), 선모(選毛), 섬모(纖毛), 세모(洗毛), 세모(細毛), 쇄모기(刷毛機), 소모(梳毛), 순모(純毛), 식모/술(植毛/術), 악모(惡毛), 액모(腋毛), 양모(羊毛), 양모제(養毛劑), 영모(翎毛), 우모(牛毛), 우모(羽毛), 원모(原毛), 융모(絨毛), 음모(陰毛;거웃), 이모(二毛), 이모작(二毛作), 인모(人毛), 인모(鱗毛), 장모(長毛), 장모(獐毛;노루의 털), 재제모(再製毛), 저모/립(豬毛/笠), 전모(旃毛), 전모(剪/翦毛), 점모(粘毛), 조모(粗毛), 종려모(棕櫚毛), 첩모(睫毛;속눈썹), 청설모(←靑鼠毛;날다람쥐의 털), 체모(體毛), 촉모(觸毛), 축모(縮毛), 탈모(脫毛), 편모(鞭毛), 피모(皮毛), 하모(夏毛), 한모(翰毛;붓의 털), 호모(豪毛), 홍모(紅毛), 홍모(鴻毛), 화산모(火山毛), 황모(黃毛;족제비 꼬리털), 흉모(胸毛), 희모(稀毛). ②십진급수의 하나로, 리(厘)의 1/10. 푼의 1/100.

모(帽) '머리에 쓰는 물건'을 뜻하는 말. ¶모대(帽帶), 모라(帽羅), 모릉(帽綾), 모사(帽紗), 모액(帽額), 모액(帽額), 모자(帽子)[442], 모장(帽章), 모착(帽着), 모표(帽標), 모화(帽花), 모화대(帽花帶); 각모(角帽), 갈모[443], 개화모(開化帽), 관모(官帽), 교모(校帽), 군모(軍帽), 균모(菌帽), 농립모(農笠帽), 대만모(臺灣帽), 대학모(大學帽), 등산모(登山帽), 맥고모(麥藁帽), 목출모(目出帽), 밀짚모, 방석모(防石帽), 방수모(防水帽), 방열모(防熱帽), 방탄모(防彈帽), 방한모(防寒帽), 법모(法帽), 베레모(beret帽), 복면모(覆面帽), 부인모(婦人帽), 비행모(飛行帽), 사각모(四角帽), 사모(紗帽), 산고모(山高帽), 석모(席帽;마음에 차지 아니한 벼슬), 선모(蘚帽), 수구모(水球帽), 수영모(水泳帽), 승모(僧帽)[승모근(筋), 승모판(瓣)], 식모(式帽), 실내모(室內帽), 악공모(樂工帽), 안전모(安全帽), 약모(略帽), 여모(女帽), 여립모(女笠帽), 예모(禮帽), 운동모(運動帽), 입모(笠帽;갈모), 위생모(衛生帽), 작업모(作業帽), 잠수모(潛水帽), 전모(氈帽), 전투모(戰鬪帽), 정모(正帽), 제모(制帽), 중산모(中山帽), 중절모(中折帽), 차양모(遮陽帽), 착모(着帽), 철모(鐵帽), 철갑모(鐵甲帽), 탈모(脫帽), 터스컨(Tuscan帽), 털모, 티롤모(Tirol帽), 파나마모(Panama帽), 학모(學帽), 학사모(學士帽), 학생모(學生帽), 항공모(航空帽), 해가림모 들.

모(謀) '꾀·꾀하다. 꾸미다'를 뜻하는 말. ¶모계(謀計;꾀), 모략(謀略)[모략극(劇), 모략선전(宣傳), 모략적(的), 모략중상(中傷)], 모려(謀慮), 모리(謀利)[모리배(輩), 모리상인(商人)], 모면(謀免;어떤 일이나 책임을 꾀를 써서 벗어남)[모면되다/하다, 모면책(策)], 모반(謀反)[444], 모반(謀叛)[445], 모사(謀士;策士), 모사(謀事;일을 꾀함)/꾼, 모산지배(謀算之輩), 모살(謀殺;미리 꾀하여 사람을 죽임), 모서/인(謀書/人), 모신(謀臣), 모역(謀逆;반역을 꾀함)/죄(罪), 모유(謀猷;원대한 꾀), 모의(謀議)[공동모의(共同), 역적모의(逆賊)], 모주(謀主), 모주(謀酒), 모책(謀策), 모충(謀忠), 모피(謀避), 모함(謀陷), 모해(謀害;모략을 써서 남을 해침); 가모(嘉謀), 간모(奸謀), 계모(計謀), 공모(共謀), 굉모(宏謀), 권모(權謀), 권모술수(權謀術數), 궤모(詭謀), 귀모(鬼謀), 기모(奇謀), 다모객(多謀客), 대모(大謀), 도모(圖謀), 동모(同謀), 밀모(密謀), 무모하다(無謀), 사모(邪謀), 사모(詐謀), 수모(首謀), 신모(神謀), 심모(深謀), 암모(暗謀), 역모(逆謀), 예모(豫謀), 원모(遠謀), 은모(隱謀), 음모(陰謀), 인모난측(人謀難測), 졸모(拙謀), 주모/자(主謀/者), 지모(智謀), 참모(參謀), 책모(策謀), 충모(忠謀), 통모(通謀), 흉모(凶謀) 들.

모(模/摸) '법·법식·규범. 본·본보기. 본뜨다·베끼다'를 뜻하는 말. ¶모각(模刻), 모뜨다(모방하다. 흉내 내다), 모릉(模/摸稜), 모방(模/摸倣)[446], 모범(模範;본보기)[모범림(林), 모범생(生), 모범수(囚), 모범적(的)], 모본(模本), 모사(模寫)[447], 모상(模相;대상을 그대로 본떠서 나타낸 것), 모상(模像;모방하여 만든 상), 모습(模襲), 모식(模式), 모양(模/貌樣), 모의(模/摸擬)[448], 모작(模作), 모조(模造)[449], 모창(模唱;남의 노래를 흉내 내는 일), 모색(摸索), 모하다(摸;그림이나 글씨 위에 얇은 종이를 대어 그대로 그리다), 모형(模型)[450], 모호(模糊)[모호하다; 애매모호(曖昧)], 모흠(模欽;부러워하며 본뜸); 규모(規模)[대규모(大), 소규모(小)], 이모(移模/摸;書畵를 본떠서 그림) 들.

442) 모자(帽子): ¶모자를 씌우다. 모자걸이, 모자챙, 모자표/모표(標;모자에 붙이는 일정한 표지); 갓모자, 대팻밥모자, 맥고모자(麥藁), 밀짚모자, 빵/빵떡모자, 사각모자(四角), 사방모자(四方), 운동모자(運動), 중절모자(中折), 총모자, 털모자, 통모자, 파나마모자(panama).

443) 갈모: 예전에, 비가 올 때 갓 위에 덮기 위해 쓰던 기름종이로 고깔과 비슷하게 만든 물건.

444) 모반(謀反): 배반을 꾀함. 국가나 군주의 전복을 꾀함. ¶모반에 가담하다. 모반인(人), 모반자(者), 모반죄(罪), 모반하다.

445) 모반(謀叛): 자기 나라를 배반하고 남의 나라를 좇기를 꾀함. ¶모반인(人), 모반자(者), 모반죄(罪), 모반하다.

446) 모방(模/摸倣): 본떠서 함. 흉내를 냄. 사회 집단의 구성원들 사이에 나타나는 의식적·무의식적 반복 행위. ¶남의 것을 모방하다. 문학은 사회상을 모방한다. 아이들은 모방을 통해 사회 규범을 익혀 나간다. 모방본능(本能), 모방색(色), 모방선반(旋盤), 모방설(說), 모방성(性), 모방예술(藝術), 모방유희(遊戲), 모방자(者), 모방작(作), 모방주의(主義), 모방하다; 자연모방(自然).

447) 모사(模寫): 사물의 형체 그대로 그림. 어떤 그림의 본을 떠서 똑같이 그림. ¶모사론(論), 모사법(法), 모사본(本), 모사설(說), 모사전송(電送), 모사품(品;가짜), 모사화(畵).

448) 모의(模擬): 실제와 비슷한 형식과 내용으로 연습 삼아 해 봄. ¶모의고사(考査), 모의국회(國會), 모의시험(試驗), 모의실험(實驗), 모의재판(裁判), 모의전(戰), 모의점(店), 모의총(銃), 모의탄(彈).

449) 모조(模造): 이미 있는 것을 그대로 따라하거나 본떠서 만듦. 또는 그런 것. ¶모조금(金;合金), 모조대리석(大理石), 모조석(石;人造石), 모조지(紙), 모조진주(眞珠), 모조품(品), 모조하다.

450) 모형(模型): 모양이 같은 물건을 만들기 위한 틀. 실물을 모방하여 만든 물건. ¶모형도(圖), 모형무대(舞臺), 모형비행기/모형기(飛行機), 모형선(船), 모형지도(地圖), 모형화/하다(化); 액적모형(液滴), 원자모형(原子), 지형모형(地形).

모(暮) '날이 저물다. 끝에 가깝다. 늙다. 늦다'를 뜻하는 말. ¶모경(暮景;저녁 경치. 晩景), 모경(暮境;늙바탕), 모년(暮年), 모동(暮冬;늦겨울), 모색(暮色;해질 무렵의 경치), 모색창연(暮色蒼然), 모설(暮雪), 모세(暮世), 모세(暮歲), 모애(暮靄), 모야(暮夜), 모야무지(暮夜無知), 모연(暮煙;저녁 무렵의 연기), 모우(暮雨), 모운(暮雲), 모천(暮天), 모추(暮秋), 모춘(暮春), 모하(暮夏); 단모(旦暮), 박모(薄暮;땅거미), 세모(歲暮), 연모(年暮), 일모(日暮), 조동모서(朝東暮西), 조령모개(朝令暮改), 조모(朝暮), 조삼모사(朝三暮四), 조왕모귀(朝往暮歸), 조체모개(朝遞暮改), 조취모산(朝聚暮散) 들.

모(貌) '얼굴. 생김새 · 모습. 형상'을 뜻하는 말. ¶모불사(貌不似;꼴이 꼴 같지 않음), 모색(貌色), 모양(貌/模樣)[모양내다, 모양다리, 모양새, 모양체(體); 겉모양, 뒷모양, 앞모양], 모용(貌容), 모침하다(貌侵/寢), 모형(貌形); 기모(氣貌), 면모(面貌), 미모(美貌), 변모(變貌), 상모(相/狀貌), 색모(色貌), 안모(顔貌), 어모(御貌), 예모/답다(禮貌), 옥모(玉貌), 외모(外貌), 용모(容貌), 자모(姿貌), 재모(才貌), 전모(全貌), 정모(情貌), 지모(地貌), 체모(體貌), 추모(醜貌), 편모(片貌), 풍모(風貌), 형모(形貌) 들.

모(某) 이름을 숨기고 밝히지 않을 때 쓰는 말. 어떤.=아무. 아무개. ¶그미는 모 회사 사장과 결혼하였다. 이/김/최 모. 모건(某件), 모관(某官), 모교(某校), 모국(某國), 모년(某年), 모모(某某), 모모제인(某某諸人), 모모한(某某;아무아무라고 손꼽을 만한), 모변(某邊), 모사(某事), 모소(某所), 모시(某時), 모씨(某氏), 모야모야(某也某也), 모야수야(某也誰也), 모월(某月), 모인(某人), 모일(某日), 모종(某種;어떠한 종류), 모지(某地), 모처(某處), 모측(某側); 모모(某某), 수모(誰某), 하모(何某) 들.

모(慕) '애틋하게 생각하고 그리워하다. 우러러 받들고 따르다'를 뜻하는 말. ¶모념(慕念), 모련(慕戀), 모심(慕心), 모애(慕愛), 모정(慕情), 모화(慕化;덕을 사모하여 거기에 감화됨), 모화(慕華)[모화관(館), 모화사상(思想)], 모효(慕效); 감모(感慕), 경모(景慕;우러러 그리워함. 景仰), 경모(傾慕;마음을 다하여 사모함), 경모(敬慕;존경하고 사모함), 복모(伏慕), 사모(思慕), 선모(羨慕), 숭모(崇慕), 앙모(仰慕), 애모(哀慕), 애모(愛慕), 연모(戀慕), 영모(永慕), 영모(榮慕), 원모(怨慕), 존모(尊慕), 추모(追慕), 회모(懷慕), 훼모(毁慕), 흠모(欽慕) 들.

모(冒) '무릅쓰다'를 뜻하는 말. ¶모경(冒耕;허락 없이 남의 땅에 농사를 지음), 모급(冒給;공문서를 불법으로 발급함), 모년(冒年;나이를 속임), 모독(冒瀆;말이나 행동으로 더럽혀 욕되게 함)[모독하다; 신성모독(神聖)], 모두(冒頭;말이나 글의 첫머리)[모두절차(節次), 모두진술(陳述)], 모람(冒濫;윗사람에게 버릇없이 덤빔), 모렴(冒廉), 모록(冒錄), 모만사(冒萬事), 모명(冒名;이름을 거짓으로 꾸며댐), 모몰(冒沒), 모몰염치(冒沒廉恥), 모범(冒犯;일부러 법을 어기는 언행을 함), 모설(冒雪;눈 오는 것을 무릅씀), 모습(冒襲;남의 집안의 대를 이음), 모영성체(冒領聖體), 모우(冒雨;비를 무릅씀), 모인(冒認;남의 것을 제 것처럼 꾸며 속임), 모진(冒進;함부로 나감), 모칭(冒稱;거짓으로 꾸며댐), 모한(冒寒), 모험(冒險)[451]; 감모(感冒), 사모(詐冒), 위모(僞冒), 충모(衝冒) 들.

모(募) '불러 모으다. 뽑다'를 뜻하는 말. ¶모군(募軍;삯을 받고 일하는 사람)[모군꾼, 모군삯, 모군일/하다], 모금(募金)[모금되다/하다, 모금액(額); 가두모금(街頭)], 모병(募兵), 모연(募緣)[452], 모연/금(募捐/金;어떤 일을 하기 위하여 모은 돈), 모재(募財), 모집(募集)[453], 모채(募債); 공모(公募)[공모전(展), 공모주(株), 공모채(債)], 급모(急募), 사모(私募), 상모(賞募), 소모(召募), 응모(應募)[응모가격(價格), 응모액(額), 응모자(者), 응모작(作)], 증모(增募), 징모(徵募), 초모(招募), 향모(向慕) 들.

모(茅) '띠(풀)'를 뜻하는 말. 제사 지낼 때에, 모사(茅沙) 그릇에 꽂는 띠의 묶음. ¶모근(茅根), 모망(茅芒;도자기의 입 전두리에 있는 흠), 모사(茅沙), 모사(茅舍), 모사기(茅沙器), 모삿그릇(茅沙), 모색하다(茅塞), 모옥(茅屋), 모자(茅茨), 모정(茅亭), 모옥(茅屋), 모즙(茅葺;이엉으로 지붕을 인 것), 모첨(茅簷;초가지붕의 처마), 모초(茅草); 백모(白茅), 초모(草茅;잔디) 들.

모(侮) '업신여기다. 깔보다'를 뜻하는 말. ¶모만(侮慢;저만 잘난 체함), 모매(侮罵), 모멸(업신여기고 깔봄)/감(侮蔑/感), 모소(侮笑), 모시(侮視), 모언(侮言), 모욕(侮辱;깔보고 욕보임)[모욕감(感), 모욕적(的), 모욕죄(罪)]; 견모(見侮), 경모(輕侮), 능모(凌/陵侮), 만모(慢侮), 면모(免侮), 수모(受侮), 어모(禦侮;모욕을 막아냄), 외모(外侮), 자모(自侮) 들.

모(耗) '줄다. 없애다. 소비하다'를 뜻하는 말. ¶모감(耗減), 모곡(耗穀), 모손(耗損;닳거나 줄거나 하여 없어짐), 모진(耗盡;해어지거나 닳아서 다 없어짐)/되다/하다; 감모(減耗), 마모(磨耗), 소모(消耗), 손모(損耗), 쇠모(衰耗), 혼모(昏耗), 환모(還耗) 들.

모(牡) '수컷. 볼록한 모양'을 뜻하는 말.↔빈(牝). ¶모려(牡蠣;굴조개의 말린 살), 모와(牡瓦), 모우(牡牛), 모치(牡痔;수치질); 빈모(牝牡).

모(眸) '보다. 바라보다'를 뜻하는 말. ¶모자(眸子;눈동자); 명모(明眸;밝은 눈동자), 명모호치(明眸皓齒), 쌍모(雙眸;두 눈), 일모(一眸) 들.

모(謨) '꾀. 꾀하다. 속이다'를 뜻하는 말. ¶모유(謨猷;원대한 꾀); 묘모(廟謨;나라를 다스리는 방략), 성모(聖謨), 수모(首謨) 들.

모(矛) '창'을 뜻하는 말. ¶모과(矛戈), 모갑(矛甲), 모순(矛盾;생청)[454]; 삼모창(三矛槍), 위모(衛矛;화살나무) 들.

---

451) 모험(冒險): 위험을 무릅쓰고 어떤 일을 함. 또는 그 일. 성공할 가망이 적은 일을 무리하게 함. ¶모험가(家), 모험기(記), 모험담(談), 모험대차(貸借), 모험사업(事業), 모험성(性), 모험소설(小說), 모험스럽다, 모험심(心), 모험적(的), 모험주의(主義), 모험하다.

452) 모연(募緣): 중이 시주에게 돈이나 물건을 기부하게 하여 좋은 인연을 맺게 함. ¶모연문(文).

453) 모집(募集): 사람이나 작품, 물품 따위를 일정한 조건 아래 널리 알려 뽑아 모음. ¶합창단원 모집. 모집공채(公債), 모집발행(發行), 모집설립(設立), 모집인(人), 모집책(募集責), 모집하다; 사원모집(社員), 원고모집(原稿), 인수모집(引受), 직원모집(職員), 학생모집(學生), 현상모집(懸賞).

454) 모순(矛盾): 말이나 행동 또는 사실의 앞뒤가 서로 맞지 않음. 서로 대립하여 양립하지 못하는 관계. ¶모순감정(感情;논리적으로 서로 어긋나는 표상의 결합에서 오는 혼란스러운 감정), 모순개념(槪念), 모순당착(撞

모(旄) '기르다. 양토(壤土)'를 뜻하는 말. ¶노모(壚坶;석양 · 운모의 가루나 수산화철 등이 혼합된 점토. 주형 제작용 흙).

모(瑁) '바다거북'을 뜻하는 말. ¶대모/갑(玳瑁/甲), 적대모(赤玳瑁).

모(摹) '베끼다. 본뜨다'를 뜻하는 말. ¶모인(摹印;옥새 글자에 쓰는 고전).

모(姆) '여스승'을 뜻하는 말. ¶보모(保姆;왕세자를 가르치고 보육하던 여자. 여자 선생).

모(旄) '깃대 장식(꾸밈)'을 뜻하는 말. ¶우모(羽旄;기에 꽂는, 새의 깃으로 꾸민 물건), 정모(旌旄) 들.

모(耄) '늙다'를 뜻하는 말. ¶모기(耄期), 모록하다(耄碌), 모질(耄耋;나이가 들어 늙음); 노모(老耄).

모(摸) '더듬어 찾다'를 뜻하는 말. ¶모색(摸索)[모색하다; 암중모색(暗中)].

모(鉾) '칼끝'을 뜻하는 말. ¶동모(銅鉾;구리로 만든, 찌르는 무기).

모(髦) '다팔머리. 빼어나다'를 뜻하는 말. ¶모준(髦俊;뛰어난 선비).

모(麰) '보리'를 뜻하는 말. ¶모맥(牟/麰麥;보리), 춘모(春麰), 황모(黃麰;병이 든 보리나 밀) 들.

모가비 막벌이꾼 · 광대와 같은 패거리의 우두머리.≒두목(頭目). 탈놀이에서 모든 책임을 맡아서 하는 사람.=꼭두쇠.[←목+아비].

모갑이 색시를 두고 영업을 하는 주인. 포주(抱主).

모과 모과나무의 열매.[←목과(木瓜)]. ¶모과수, 모과정과(正果), 모과주(酒), 모과죽(粥), 모과편(모과 가루를 섞어 만든 떡).

모금 물 · 술 따위가 입 안에 머금는 분량.[←먹(다)+음]. ¶물 한 모금 달라기에 샘물 떠 주고. 담배를 한 모금 빨다.

모기 모깃과의 곤충. ¶모기 보고 칼 빼기. 모기각다귀, 모기떼, 모기다리, 모기떼, 모기발순(發巡;모기떼가 날아다니는 일), 모깃불, 모기붙이, 모깃소리, 모기쑥, 모기약(藥), 모기장(帳), 모기풀, 모기향(香); 꾸정모기(각다귀), 뇌염모기(腦炎), 집모기, 학질모기(瘧疾), 홍모기(紅). ☞ 문(蚊).

모기작 우물쭈물하면서 굼뜨게 움직이는 모양.

모꼬지 놀이 · 잔치 따위의 일로 여러 사람이 모임.[〈몯+곶+이]. ¶국어국문학과는 주말에 강촌으로 모꼬지를 간다. 모꼬지되다(여러 사람이 놀이 따위의 일로 모여들다), 모꼬지판. ☞ 모으다.

모끼 재목의 모서리를 후리는 데 쓰는 대패. ☞ 모[3].

모니 '선인(仙人)'이라는 뜻으로 '석가(釋迦)'의 존칭.[←牟尼←Muni〈범〉]. ¶모니불(佛); 석가모니(釋迦).

모다기 ①자잘한 무더기가 있는 모양. 〈큰〉무더기[455]. 〈준〉모닥. ¶모다기모다기 · 무더기무더기/모닥모닥 · 무덕무덕, 모닥불[456], 모도록[457], 모독[458], 무두기(두두룩하게 많이), 무드기[459], 무드럭지다[460], 무덤[461], 무지[462]. ②접두사로, '많은 것이 한꺼번에 쏟아짐'을 뜻함. ¶모다기령(令;여러 명령. 뭇사람의 공격), 모다깃매/질(뭇매), 모다기욕(辱), 모다기자랑. ☞ 모으다.

모대기 괴롭거나 안타깝거나 하여 몸을 이리저리 뒤트는 일. ¶모대기를 치다. 모대기다[463], 모대김(몹시 괴로워하거나 안타까워하는 일).

모도리 빈틈없이 야무진 사람. ¶윤똑똑이나 모도리도 실수할 때가 있다. 그 사람은 모도리여서 남에게 사기당할 사람이 아니다.

모두 ①빼거나 남기지 않고 모두 다 모아서.≒온통.[〈모도←몯[集]+오]. ¶모두 모였다. 모두 찬성이다. ②일정한 수효나 수량을 다 합쳐서.≒전부. 모조리. 도합. 다. 몽땅. 도틀어. 도파니. 깡그리. 싹. 죄다. 모개로. ¶평생 모은 돈을 고아원에 모두 기부했다. 모두거리[464]/하다, 모두걸기(유도의 메치기 기술), 모두놀이(모두 함께 하는 대동놀이), 모두다, 모두뛰다, 모두뜀[465], 모두머리(외가닥으로 땋은 머리), 모두먹기, 모두모임[총회(總會)], 모두베기, 모두숨(한 번에 크게 몰아쉬는 숨), 모둠(작게 나눈 집단), 모둠꽃밭, 모둠냄비, 모둠발(두 발을 가지런히 같은 자리에 모은 발), 모둠밥, 모둠회(膾), 모듬[모듬살이(사회생활), 모듬찌개, 모듬전골], 목돈(모갯돈. 뭉칫돈); 성모둠(姓;성씨 글자를 찾는 놀이) 들.

모든 빠짐이나 남김없이 전부의. 여러 가지의.[〈모돈←몯+ᄋᆞᆫ]. ¶모든 사람.

모드레-짚다 윗몸을 조금 기울이며, 내민 팔을 끌어당기면서 헤엄을 치다.

모라기 바람 따위가 몰아쳐 부는 횟수를 세는 말. ¶한 모라기의 산뜻한 바람이 안겨 들어 살 것 같은 기분이 들었다.

着;자가당착), 모순대당(對當), 모순되다, 모순론(論), 모순명사(名辭;모순어), 모순성(性), 모순어법(語法), 모순율(矛盾律), 모순적(的), 모순점(點), 모순형용(形容); 기본모순(基本), 내적모순(內的), 누적모순(累積), 외적모순(外的), 자기모순(自己), 주요모순(主要), 형용모순(形容).

455) 무더기: 한데 쌓아 놓은 물건의 더미. 또는 그것을 세는 말. 〈준〉무덕. ¶무더기로 팔다. 감자 두 무더기. 모다기모다기/모닥모닥 · 무더기무더기/무덕무덕, 돌무더기, 사발무더기(沙鉢), 줄무더기, 흙무더기.

456) 모닥불: 잎나무와 검불 따위를 모아 놓고 피우는 불.[←몯/모으(다)+악+불].

457) 모도록: 채소나 풀의 싹이 배게 난 모양. 〈큰〉무두룩. ¶새싹이 모도록 나다. 봄풀이 모도록 하다. 모도록이, 모도록하다.

458) 모독: 무더기를 모아 쌓은 더미들이 볼록한 모양. 〈큰〉무둑. 〈센〉모똑. ¶모독모독 쌓여 있다. 무둑무둑 쌓여 있는 장작더미. 모독하다(무더기의 크기가 자그마하다).

459) 무드기: 수북하게 쌓일 정도로 많이. ¶쌀을 부대에 무드기 담다. 책상 위에 원고지가 무드기 쌓여 있다.

460) 무드럭지다: 두두룩하게 아주 많이 쌓여 있다. 〈준〉무덕지다.

461) 무덤: 사람이나 짐승, 사물들이 한군데 몰려 있는 모양. ¶광장에 사람들이 무덤무덤 몰려 있다. 논에 무덤무덤 몰려 있는 짚단들.

462) 무지: 무더기로 쌓여 있는 더미. ¶돌무지, 자갈무지, 흙무지.

463) 모대기다: ①괴롭거나 안타깝거나 하여 몸을 이리저리 뒤틀다.=뒤척이다. 시달리거나 부대끼다. ②어떤 문제나 생각이 풀리지 않아 고심하다. 애태우다. 애쓰다.

464) 모두거리: 두 다리를 한데 모으고 넘어지는 일.

465) 모두뜀: 두 발을 한데 모으고 뛰는 뜀.

모락 ①곱고 순조롭게 잘 자라는 모양. [+자라다]. ¶강아지가 모락모락 크다. 무럭무럭 자라다. ②연기나 냄새, 김 따위가 계속 조금씩 피어오르는 모양.=모록. 〈큰〉무럭. [+피어나다. 피어오르다]. ¶모락거리다, 무럭이(제법 많이 수북한 모양).

모란 작약과의 낙엽 활엽 관목.[←목단(牧丹)]. ¶모란꽃, 모란병(屛), 모란병(餠), 모란잠(簪), 모란채(菜); 동모란(冬;겨울에 피는 모란), 백모란(白), 천축모란(天竺;달리아), 추모란(秋;과꽃).

모래 자연의 힘으로 잘게 부스러진 돌.[〈몰개]. ¶모래 위에 물 붓는 격. 모래가꾸기[사경(沙耕)], 모래가마니, 모래강변(江邊), 모래곶[466], 모랫구멍, 모랫길, 모랫논, 모래덕, 모랫돌, 모랫둑, 모랫등(강의 가운데에 모래가 쌓인 땅), 모래땅, 모래막이공사(工事), 모래막잇둑, 모래막이숲, 모래무늬, 모래무지, 모랫바닥, 모래바람, 모래바위, 모래받이, 모래밭, 모래벌판, 모래벽(壁), 모래부리[467], 모래분사(噴射), 모래비, 모래사막(沙漠), 모래사장(沙場), 모래사태(沙汰), 모래산(山), 모래섬[사주(沙洲)], 모래성(城), 모래시계(時計), 모래알, 모래암(巖), 모래언덕, 모래여울, 모래자갈, 모래자루, 모래종이, 모래주머니, 모래진흙, 모래집[양막(羊膜)], 모래찜/질, 모래참흙, 모래층(層), 모래터(모래를 깔아놓은 씨름터), 모래톱[468], 모래투성이, 모래판, 모래펄, 모래흙, 모새[469]; 가는모래, 가루모래, 강모래(江), 겉모래, 굵은모래, 금모래(金), 냇모래(냇가의 모래), 매흙모래, 물모래, 바닷모래, 백모래(白), 불모래(열을 받아 뜨겁게 단 모래), 산호모래(珊瑚), 왕모래(王), 은모래(銀), 잔모래, 주물모래(鑄物;거푸집을 만드는 데 쓰는 모래), 차돌모래, 화산모래(火山), 흙모래, 흰모래. ☞ 사(沙/砂).

모레 내일의 다음날. 내일의 다음 날에.≒내일모레.↔그저께/그제. ¶모레 찾아뵙겠습니다. 그럼 모레 오시지요.

모롱이 ①웅어의 새끼. ②=모쟁이(숭어의 새끼). §'모롱이(산모퉁이의 휘어 둘린 곳)'는 ☞ '모³' 참조.

모루 대장간에서 달군 쇠를 올리어 놓고 두드릴 때 받침으로 쓰는 쇳덩이. '모루 모양'을 뜻하는 말. ¶모루구름, 모루긋기, 모루단청(丹靑;머리초에만 그린 단청), 모룻돌(받침돌), 모루떼기, 모루뼈(모루처럼 생긴 뼈. 聽骨), 모루채(쇠메), 모루판(모루의 널찍한 위 판); 금모루(錦;모루단청과 금단청을 아울러 그린 것), 받침모루, 징모루(신창에 징을 박을 때 쓰는 모루).

모르(다) 알지 못하다.≒낯설다.↔알다. ¶어쩔 줄 모르다. 몰라보다(잊어버리다. 무시하다), 몰라주다, 모르면모르되, 모르쇠[470], 모른체/하다, 몰래(가만히. 살며시), 몰카(몰래 카메라); 남모르다/남몰래, 마침몰라(그때를 당하면 어찌 될지 모르나), 멋모르다[471], 세상모르다(世上), 철모르다, 혹몰라(惑) 들.

466) 모래곶: 해안에서 바다 가운데로 내밀어 곶을 이룬 모래톱.
467) 모래부리: 바닷가에서 물결에 밀려 쌓인 좁고 긴 모래언덕. 〈준〉모래불.
468) 모래톱: 강 하류나 바닷가에 모래가 쌓여 도드라진 곳. 모래사장.
469) 모새: 아주 잘고 고운 모래. 세사(細沙). ¶모새밭, 모새흙.
470) 모르쇠: 아는 것이나 모르는 것이나 다 모른다고만 하는 일. ¶모르쇠로 일관하다. 끝까지 모르쇠를 잡다.
471) 멋모르다: 까닭이나 영문, 내막 따위를 잘 알지 못하다. ¶멋모르고 덤벼들다간 큰코다친다.

모름지기 ①사리를 따져 보건대 마땅히.=모로미.≒반드시. 응당. 당연히. 의당. ¶모름지기 정직해야 한다. [+사태에 대한 확실한 믿음. 불변의 진리. 당위]. ②모르긴 몰라도.≒아마. 당연히. 차라리. ¶모름지기 오지 않을 걸?

모름-하다 생선이 조금 타분하다(약간 상하여 신선한 맛이 적다). ¶모름한 고등어.

모숨 길고 가느다란 물건이 한 줌 안에 들 만한 수량. ¶풀을 한 모숨 뽑다. 모숨이 크다. 모숨모숨; 조모숨(조 이삭을 잘라 한 줌 될 만하게 묶은 것).

모습 사람의 생긴 모양. 사물의 겉모양.≒꼴. 생김새. ¶네 모습이 눈에 선하다. 놀이 지는 모습을 바라보다. 겉모습, 뒷모습, 민모습(아무 꾸밈이 없는 모습), 본모습(本), 앞모습, 옆모습, 옛모습, 입모습, 참모습 들.

모시 모시풀 섬유로 짠 피륙. ¶모시 적삼을 입다. 모시갈기(모시 빛깔을 띤 갈기), 모시것, 모시나비, 모싯대, 모싯물, 모시밭, 모싯빛, 모시실, 모시옷, 모시전(廛), 모시조개, 모시진솔, 모시천, 모시풀, 모시항라(亢羅;모시로 짠 항라); 당모시(唐), 생모시(生), 세모시(細), 왜모시(倭), 장작모시(長斫;장작개비처럼 굵고 성기게 짠 모시), 한산모시(韓山), 흰모시 들.

모시(다) 손윗사람이나 그와 관련되는 물건을 가까이에서 받들어 보살피다. 안내하다. 제사 따위를 지내다.≒받들다. 섬기다. 공경하다(恭敬). 〈낮〉데리다. ¶부모님을 모시다. 제사를 모신다. 뫼시다. ☞ 시(侍).

모으(다) 무엇을 한 곳에 합치다.(↔흩뜨리다. 풀다). 한 곳으로 오게 하거나 한 단체에 들게 하다. 돈을 조금씩 쌓아가거나 물건 따위를 수집하다. 〈준〉모다. ¶낙엽을 긁어모으다. 여러 사람의 지혜를 모아 어려운 일을 해결하다. 푼돈을 모아 목돈을 마련하다. 모아들다/들이다, 모개¹[472], 모도록[473], 모들뜨다[474], 모아뜨기, 모아맞춤, 모아쓰기, 모아짜다, 모여, 모여나다(뭉쳐나다), 모여들다, 모여오다('가져오다'의 궁중말), 모음[모음곡(曲), 모음집(集); 글모음], 모이다¹[475], 모이마당¹(봉분 앞의 넓은 터), 모임[모임난(欄), 모임터; 계모임, 구름모임], 모투저기다[476], 뭉구르다[477], 무이[478]; 그러모으다[479], 근사모으다(애써 공을 들이다),

472) 모개¹: 죄다 한데 묶은 수효. ¶물건을 모개로 사다. 모가쓰다(윷놀이에서 모개로 한꺼번에 쓰다), 모갯돈(액수가 많은 돈. 목돈↔푼돈), 모개로(한데 몰아서), 모개모개, 모개용(用;큰 몫으로 드는 비용), 모개지다(한데 모아져 있다), 모개흥정/하다, 목돈; 한목(한꺼번에).
473) 모도록: 채소·풀 따위의 싹이 빽빽하게 난 모양.[←몯+오+록]. ¶봄풀이 모도록하다.
474) 모들뜨다: 앞을 보려고, 두 눈동자를 안쪽으로 몰아 뜨다. ¶모들뜨기².
475) 모이다¹: 여럿이 한 곳으로 오다. 재물 따위가 들어와 쌓이다. 〈준〉뫼다. ¶광장에 군중이 모이다. 돈이 모이다.
476) 모투저기다: 돈이나 물건을 아껴서 조금씩 모으다.[←몯〈몯(다)]. ≒저축하다. §'모투다'는 '모으다'의 전남 사투리. ¶용돈을 모투저기어 학비에 보태다.
477) 뭉구르다: 멀리나 높이뛰기 위하여 두 발을 모아 힘차게 뛰다.
478) 무이: 몇 개의 원소(元素)를 차례에 관계없이 뽑아내어 한데 모은 것. 또는 그런 수나 짝. ¶쪽무이(쪽모이), 촉무이(鏃;나무 재료들을 촉살과 촉구멍을 이용하여 붙이는 일).

긁어모으다480), 불러모으다, 입모으다(같은 의견으로 말하다), 쪽모이481). §'모다기, 모두, 모든'은 '모으다(<뫼호다/모도다)'와 동근어. ☞ 집(集). 합(合).

모이¹ 집에서 기르는 날짐승의 먹이. ¶모잇그릇, 모이마당²(아주 좁은 마당), 모이작물(作物), 모이주머니, 모이통(桶); 가루모이, 닭모이. ☞ 이(餌).

모이² 물고기의 새끼. ¶용 될 고기는 모이철부터 안다.

모이(다)¹ ☞ 모으다.

모이(다)² 작고도 야무지다. ¶아이가 모이다. 몸집은 작아도 모인 사람이다. 작달막하나 똘똘하게 모인 몸매.

모쟁이 숭어의 새끼.=모롱이②. ☞ 모¹482).

모자반 모자반과의 바닷말. 연안에 많이 자라며 식용함.

모조리 하나도 빠짐없이 모두. 있는 대로. 처음부터 끝까지 다.≒다. 전부. 모두. 깡그리. 몽땅. 죄다. 남김없이. 야짓. ¶불량배를 모조리 잡다. 모조리 망쳐 놓다.

모주-망태 술을 늘 대중없이 많이 마시는 사람을 놀림조로 이르는 말. 모주꾼.

모죽 ①땀방울이나 물방울이 많이 맺힌 모양. ②흙이나 모래 같은 것이 자그마한 더미로 여럿이 모여 있는 모양.

모지라지(다) 물건의 끝이 닳아서 없어지다. 〈큰〉무지러지다. ¶책상의 네 귀가 모지라졌다. 모지라진 빗자루. 모지랑/이483), 무질다(끝이 무지러져 뭉뚝하다).

모질(다) 마음씨가 몹시 매섭고 독하다. 견디기 힘든 일을 능히 배기어 내다. 기세가 매섭고 사납다. 정도가 심하다. ¶모진 놈 옆에 있다가 벼락 맞는다. 역경을 모질게 이겨내다. 모진 학대와 수모를 견디다. 모진목숨, 모진바람, 모진사람, 모진풍파(風波), 모질음484), 모지락스럽다485) 들.

모집(다) ①남의 허물이나 과실을 명백히 들어 지적하다.≒꼬집다. 들추다. ¶친구의 허물을 모집다. 남의 허물을 모집더라도 부드럽게 하여라. ②모조리 집다. ¶닭이 모이를 모집다. 한 개만 남기고 모집어 괴춤에 넣었다.

모짝 ①모조리 있는 대로 한 번에 몰아서.[←모/몰(다)+짝]. ¶호우로 채마밭이 모짝 물에 잠겼다. 나만 남겨 둔 채 모짝 나가 버렸다. 남은 밥을 입 속에 무쩍 넣다. ②차례대로 모조리 뽑는 모양. 차차 조금씩 개먹어 들어가는 모양. 〈큰〉무쩍. ¶모를 모짝모짝 뽑다. 모짝모짝 뽕잎을 갉아먹는 누에. 모짝모짝·무쩍무쩍.

모쪼록 될 수 있는 대로. 부디.=아무쪼록. ¶모쪼록 건강하길 바란다. 모쪼록 잘 있어라. [+사태에 대한 희망].

모착-하다 아래위를 자른 듯이 짤막하고 똥똥하다. ¶내 발은 아버지를 닮아 모착하다.

모-처럼 벼르고 별러서 처음으로(가까스로). 일껏 오래간만에.(↔자주). ¶모처럼 장만한 집. 모처럼 오셨는데 며칠 묵고 가셔야지요.

모춤-하다 길이나 분량이 어떤 한도에 조금 지나치다. ¶제 치수보다 모춤하게 마르다. 모춤한 작대기.

모코 옛날에 입던 길이가 짧은 저고리. ¶모코 위에 마고자를 입다.

모코리 대, 싸리그릇, 고리버들 따위의 재료를 엮어 만든 그릇. ¶다 만든 모코리, 동고리도 있고 날개를 꾸미지 아니한 키바탕도 있다.

모탕 나무를 패거나 쪼개거나 자를 때 밑에 받치는 나무토막. 물건을 쌓을 때 밑에 괴는 나무토막. ¶모탕을 받치고 장작을 패다. 모탕고사(告祀), 모탕세(貰;장터에서 남의 곡식 따위를 보관하여 주고 그 세로 받던 돈).

모태 안반에 놓고 한 번에 쳐낼 수 있는 인절미나 흰떡 따위의 떡 덩이. ¶모태가 크다. 한 모태의 인절미. 모태끝(흰떡을 치거나 썰고 난 나머지의 떡).

모테 벼슬아치가 비 올 때 머리에 쓰던 우장(雨裝). ¶갈모테.

목¹ ①머리와 몸통을 잇는 잘록한 부분. 경부(頸部). 목안이나 목구멍. 목소리. 곡식의 이삭. ¶목을 움츠리다. 목을 조르다. 목이 아프다. 목이 잠기다/ 트이다. 목을 놓아 울다. 목이 빠지게(애타게) 기다리다. 모가지486), 목갈리다(목소리가 거칠게 쉬다), 목감기(感氣), 모개²487), 목거리(목이 붓고 아픈 병), 목걸이(목에 거는 장신구), 목곧다488), 목곧이(목곧은 사람. 억지가 센 사람), 목구멍/소리, 목구성(목소리의 구성진 맛), 목구지489), 목기침, 목깃, 목꼬리(목소리의 마지막 여운.=소리맴), 목놀림490), 목놓다, 목누름, 목다심491)/하다, 목단추, 목달개(옷의 목둘레에 길게 덧붙여진 부분), 목대492), 목대장(大將), 목대줄(목에 있는 큰 핏줄),

479) 그러모으다: 흩어져 있는 사람이나 사물 따위를 거두어 한곳에 모으다. ¶가랑잎을 그러모으다.

480) 긁어모으다: ①이리저리 부정한 방법으로 재물을 모으다. ②물건을 긁어서 한데 모으다.

481) 쪽모이: 여러 조각을 모아 큰 한 조각을 만드는 일. 또는 그 물건.

482) 모쟁이: 모낼 때 모춤을 벼르는 일꾼.

483) 모지랑이: 오래 써서 끝이 다 닳아진 물건. ¶모지랑이가 된 숟갈. 모지랑갈퀴, 모지랑낫, 모지랑붓, 모지랑비, 모지랑수염(鬚髯), 모지랑삽, 모지랑숟가락, 모지랑호미.

484) 모질음: 고통을 견디어 내려고 모질게 쓰는 힘. 단말마(斷末魔).≒안간힘. ¶소는 죽을 동안에 갖은 모질음을 다 썼다. 모질음을 쓰다(모질게 힘을 쓰다).

485) 모지락스럽다: 보기에 억세고 아주 모질다.[←모질(다)+악+-스럽다].

486) 모가지: ①'목'의 속된 말. 짐승의 목. ¶목을/ 모가지를 비틀다. 발모가지, 손모가지, 팔모가지. ②면직. 파면. ¶상사에게 대들다니 당장 모가지야. 모가지를 자르다.

487) 모개²: 곡식의 이삭이 달린 부분.=모개미.

488) 목곧다: 억지가 세어 남에게 호락호락하게 굽히지 않는 성질이 있다.≒목강하다(木强).

489) 목구지: 목소리를 높여 연해 부름. ¶어머니가 목구지하며 아이를 찾는다. 목구지하다.

490) 목놀림: 어린아이의 목구멍을 축일 만한 정도로 젖을 적게 먹임. 또는 그 정도로 적게 나는 젖의 분량.

491) 목다심: 물을 조금 마시거나 기침을 하거나 하여 거친 목구멍을 부드럽고 고르게 하는 것.

492) 목-대: 멍에 양쪽 끝의 구멍에 꿰어, 소의 목 양쪽에 대는 가는 나무.=목

목댕기, 목덜미(목의 뒤쪽), 목도리[서피목도리(鼠皮), 여우목도리, 털목도리], 목돌림(목이 아픈 돌림병), 목둘레, 목등뼈, 목마르다, 목마름/증(症), 목말[493], 목매기/목매기송아지, 목매다/매달다(죽이거나 죽으려고 끈이나 줄로 목을 매어달다), 목매아지/목매지(망아지), 목메다[494], 목무장[495], 목물[496], 목밑샘, 목뼈, 목사리[497], 목살[1](목의 근육), 목새[1][498], 목소리, 목수건(手巾;스카프), 목숨[499], 목쉬다(목이 잠겨 소리가 제대로 나오지 아니하다), 목신경(神經), 목안, 목앓이(후두염), 목운동(運動), 목울대(울대뼈나 목청), 목울음, 목움츠리(목이 움츠러진 듯 짧은 사람), 목잠[500], 목잡이, 목저패[501], 목접이(목이 접질리거나 부러짐), 목정[502]/골(骨), 목정강이(목덜미를 이루고 있는 뼈), 목젖[503], 목조르기, 목주름(목에 잡힌 주름), 목줄띠(목구멍의 힘줄), 목지름, 목찌, 목청[504]/껏/소리, 목축임, 목타다, 목탈(頉), 목털, 목테(나이에 따라 생기는 테), 목통(목구멍의 넓이), 목품(목둘레의 여유 있는 치수), 목피(목에서 흐르는 피); 갈목(갈대의 이삭), 감는목(서서히 몰아들이는 소리), 걸목(싱겁게 쓰는 목소리), 게목[505], 굳은목(굴곡이 없이 뻣뻣하게 내는 목소리), 깎는목, 끊는목, 긴목(소리를 길게 할 수 있는 창법), 너는목[506], 넓은목[507], 놀량목[508], 된목(판소리 창법에서, 윗소리로만 내는 목소리), 둥근목(원만한 목소리), 뒷목, 떡목(텁텁하고 얼어붙은 목소리), 떼는목[509], 마는목(느린 목소리를 차츰 빨리 돌려 몰아들이는 목소리), 미는목(소리를 당기다가 놓아 밀어 주는 듯한 목소리), 방울목(둥글둥글 굴려 내는 소리), 생목(生)[510], 수수목, 엮는목(멋지게 엮어 내는 목소리), 자라목(보통 사람보다 짧고 밭은 목), 줍는목[511], 짜는목(쥐어짜는 목소리), 짧은목, 찌른목(높이 질러내는 소리), 찍는목(찍는 듯이 내는 목소리), 타목[512], 튀는목, 파는목[513], 푸는목(성음을 푸는 목소리), 황새목(무엇을 애타게 기다림), 홀림목(애교를 띤 목소리), 흩는목, 흰목. ②무슨 물건에서 목과 비슷하게 생긴 잘록한 부분. ¶목구두, 목달이[514], 목살[2](부챗살을 동여서 사북을 꽂는 부분의 살), 목항아리; 발목, 버선목, 병목(甁), 뺄목[515], 상목(上;내나 강의 상류 쪽), 상사목[516], 손목, 은목감이(銀)[517], 조롱목(2932①), 지렛목(지렛대를 괸 고정된 점; 받침점), 팔목, 회목[518]. ③다른 곳으로 빠져나갈 수 없는 중요한 통로의 좁은 곳. ¶모개[3][519], 목목이(중요한 길목마다), 목새[2][520], 목섬(뭍과 잘록하게 이어진 모래섬), 목포수(砲手); 갈림목, 건널목, 골목[골목골목, 골목길, 골목대장(大將), 골목쟁이; 뒷골목, 실골목, 외골목], 구들목(방 안의 아랫목), 굴뚝목(방고래와 굴뚝이 잇닿은 곳), 굴목(굴로 들어가는 길목), 굴엿목(물살이 센 곳), 긴한목(緊)[521], 길목, 끌목[522], 나들목[523], 나룻목, 노루목(노루가 지나다니는 길목), 느지목[524], 다릿목(다리로 들어가는 어구), 멍에목[525], 물목[526], 바닷목, 밖목(목으로 들어서는 초입.↔안목), 병목현상(甁現象), 불목[527], 불목하니[528], 상목(上;내나 강의 상류 쪽), 상사목[529], 아랫목, 안목(안쪽에 있는 자리), 여울목(여울의 턱이 진 곳), 외길목/외목, 외통목(通), 요긴목(要緊;긴요한 곳이나 길목. 기회), 윗목, 잘루목[530], 장삿목(장사하기에 적당한 길목), 조롱목[531], 줄목[532], 지레목[533], 지렛목[534], 합수목(合水;

접개. ¶목대를 잡다(여러 사람을 데리고 일을 시키다), 목대잡이(일을 주도하고 지휘하는 사람. 책임자).

493) 목말: 남의 어깨 위의 목뒤로 두 다리를 벌리고 걸터앉는 일. ¶형은 목말을 태워 내게 감을 따게 했다.

494) 목메다: ①설움이 복받쳐 목구멍이 막히다. ¶부모를 잃고 목메어 우는 어린아이가 가엽다. ②음식물 따위로 목구멍이 막히다. ¶맨밥을 먹으니 목멘다.

495) 목무장: 씨름이나 싸움을 할 때, 상투와 턱을 잡아서 빙 돌려 넘기는 기술. 〈준〉무장'.

496) 목물: ①사람의 목에 찰 만한 깊이의 물. ②허리 위에서 목까지를 물로 씻는 일.=등물. 등목. ¶윗옷을 훌떡 벗고 목물을 하다. 목물하다.

497) 목사리: 소·개 따위의 짐승의 목에 두른, 가죽으로 만든 띠나 줄.

498) 목새[1]: 벼이삭이 팰 때, 줄기와 잎이 누렇게 시드는 병. ¶목새가 돌다.

499) 목숨: 목숨을 걸다(어떤 목적을 위하여 죽을 각오를 하다), 목숨도모(圖謀); 내논목숨(내놓은 목숨), 따라지목숨(남에게 매인 목숨), 모진목숨, 산목숨(살아 있는 목숨), 생목숨(生), 죽은목숨, 파리목숨, 한목숨.[+사람이나 동물].

500) 목잠: 곡식 이삭의 줄기가 말라 죽는 병.[←목+잠(자다)].

501) 목저패: 짐승의 목에 두른 끈. 또는 그 끈이 돌아간 목의 부분. ¶목저패에 단 방울 소리.

502) 목정: 소의 목덜미에 붙은 고기. ¶목정강이, 목정골(骨): 도래목정.

503) 목젖: 목구멍의 안쪽 뒤 끝에 위에서 아래로 내민 둥그스름한 살. 현옹수(懸壅垂). ¶목젖이 간질간질하다(말을 하고 싶어 조바심이 나다). 목젖이 떨어지다(매우 먹고 싶어 하다). 목젖살(쇠고기 부위의 살).

504) 목청: ①후두(喉頭)의 가운데에 있어 소리를 내는 부분. 성대(聲帶). ②목에서 울려 나오는 소리.¶목청을 가다듬다. 목청을 돋우다.

505) 게목: 거위의 목소리란 뜻으로, 매우 듣기 싫은 목소리를 뜻하는 말. ¶어디에선가 게목 지르는 소리가 들린다.

506) 너는목: 판소리 창법에서, 소리를 죽죽 뻗어 널어놓는 듯한 목소리.

507) 넓은목: 판소리 창법에서, 아주 넓게 부르는 목소리.

508) 놀량목: 목청을 떨어, 속되게 내는 소리.

509) 떼는목: 판소리의 창법에서, 소리를 하다가 한 순간 맺어서 잘라 떼는 목소리.

510) 생목(生): ①위(胃)에서 입으로 올라오는, 삭지 아니한 음식물이나 시큼한 위액. ¶생목이 올라오다. ②판소리에서, 목이 트이지 않은 소리.

511) 줍는목: 판소리에서, 차근차근 주워 담는 듯한 목소리.

512) 타목: 쉬고 째지고 탁한 목소리.[←탁(하다)+목]. ¶타목으로 애타게 외쳐대는 후보자들의 연설.

513) 파는목: 판소리 창법에서, 아래로 깊이 파 들어가는 목소리.

514) 목달이: ①버선목의 안찝 헝겊이 겉으로 넘어와 목이 된 버선. ②밑바닥은 다 해지고 발등만 덮일 정도로 된 버선.

515) 뺄목: 건축에서, 도리의 끝이 기둥을 뚫고 내민 부분.

516) 상사목: 두드러진 턱이 있고 그 다음이 잘록하게 된 골짜기.

517) 은목감이: 목을 은으로 감은 물부리 따위 물건의 총칭.

518) 회목: 손목이나 발목의 잘록한 부분. ¶발회목, 손회목, 팔회목(손회목).

519) 모개[3]: '통로의 길목'을 뜻하는 '목'의 옛말.

520) 목새[2]: 물결에 밀려 한 곳에 쌓인 보드라운 모래.[←목+모새(모래)].

521) 긴한목(緊): ①요해처(要害處). ②생명에 영향을 주기 쉬운 몸의 중요한 부분.

522) 끌목: 사냥에서, 건널목이 한 군데가 아니고 여러 지점에 잇대어 있을 때, 옮겨 다니면서 지키는 목.

523) 나들목: 나가고 들어오는 길목.

524) 느지목: 가파르지 않고 밋밋하게 된 길목. 또는 그러한 지대.

525) 멍에목: 강이나 골짜기를 건너지른 다리가 놓인 언덕의 길목.

526) 물목: ①물이 흘러내리거나 들어오는 어귀. 물의 길목. ②사금(砂金)을 씻어 가릴 때, 금이 제일 많이 모인 맨 윗부분.

527) 불목: 온돌방에서 가장 더운 자리인 아랫목,

528) 불목하니: 절에서 밥을 짓고 물 긷는 일을 맡아서 하는 사람.

529) 상사목: 두드러진 턱이 있고 그 다음이 잘록하게 된 골짜기.

530) 잘루목: 산줄기나 골짜기의 잘록하게 된 곳.

531) 조롱목: ①조롱박처럼 생긴 물건의 잘록한 부분. ②조롱박 모양으로 된 길목.

532) 줄목: 일에 관계되어 나가는 긴한 목. ¶그 회사는 사장이 혼자서 줄목을 쥐고 있다.

533) 지레목: 산줄기가 끊어진 곳. 산잘림.

아우라지), 회돌이목[535]. ④일의 진행 과정에서 가장 요긴한 대목. ¶농사철 바쁜 목엔 부지깽이도 뛴다. 목비(모낼 무렵에 한목 오는 비); 한목(한창인 때).

목² 광석을 함지질할 때 나오는 금·납·은 따위가 섞이어 있는 가루 광석. ¶목잡다(금광에서 함지질할 때 목을 따로 모으다).

목³ 화투 48장을 세는 말.=모. ¶화투 한 목.

목(木) ①'목요일'의 준말. 오행(五行)의 하나. ¶목성(木星), 목요일(木曜日). ②일부 명사나 한자어 어근에 붙어 '나무. 나무로 된'을 나타내는 말. ¶목가스(木gas), 목각(木刻)[목각화(畵), 목각활자(活字)], 목각(木脚), 목간(木竿), 목간(木幹), 목간(木簡), 목갑(木匣), 목강(木强), 목검(木劍), 목계(木枅;박공 위에 부연처럼 얹어서 기와를 받도록 한 나무), 목골(木骨), 목골통이(나무를 파서 만든 담배통), 목공(木工)[목공소(所), 목공예(藝), 목공품(品)], 목곽(木槨), 목관(木管), 목교(木橋), 목구(木毬), 목궁(木弓), 목귀[536], 목균(木菌), 목근(木根), 목근(木筋), 목근/화(木槿/花), 목그릇, 목기(木器)[목기전(廛); 칠목기(漆)], 목기러기, 목기법(木寄法), 목내이(木乃伊;그대로 보존된 인간이나 동물의 시체. mirra), 목눌하다(木訥;고지식하고 느리며 말이 적다), 목다리[脇杖], 목달구, 목대야, 목대접, 목도(木刀;나무칼. 예새), 목도장(木圖章), 목두(木頭;목둣개비[537]), 목납(木蠟), 목련(木蓮)[백목련(白), 자목련(紫)], 목렴(木廉;송장에 나무뿌리가 감기는 일), 목로(木路;나뭇가지를 꽂아 표시한 뱃길), 목로(木壚;술청)[538], 목류(木瘤), 목리/문(木理/紋), 목리(木履), 목립패(木立牌), 목마(木馬), 목마(木磨;매통), 목매(나무로 만든 매), 목메(나무망치), 목문(木門), 목문(木紋), 목물(木物), 목반(木盤), 목반자, 목발[협장(脇杖)], 목방(木房), 목배(木杯;나무잔), 목본(木本), 목봉(木棒;몽둥이), 목불(木佛), 목비(木碑), 목살(木煞), 목상(木商), 목상(木像;木偶), 목상감(木象嵌), 목상자(木箱子), 목서(木犀;물푸레나무), 목석(木石)[539], 목선(木船), 목선반(木旋盤), 목설(木屑;톱밥), 목성(木性), 목성(木聲), 목소(木梳), 목수(木手)[540], 목수(木髓;고갱인), 목식(木食), 목신(木神), 목신(木腎), 목실(木實), 목안(木雁), 목양제(洋製), 목어(木魚), 목연와(木煉瓦), 목엽/석(木葉/石), 목영(木纓), 목우(木偶), 목유경(木鍮檠), 목음(木蔭), 목이(木耳), 목인(木人), 목인(木印), 목작약(芍藥), 목잔(木棧), 목잠(木簪), 목장(木匠), 목장도(木粧刀), 목장승, 목재(木材)[목재상(商), 목재업(業); 방부목재(防腐)], 목저(木杵), 목저(木箸), 목전(木栓;코르크), 목전(木箭), 목접시(나무접시), 목정(木正), 목정(木釘), 목정(木精;메탄올), 목제(木梯;나무로 만든 사다리), 목제(木製), 목제기(木祭器), 목조(木造)[목조건물(建物), 목조건축(建築)], 목조(木彫;나무에 조각하는 일), 목조(木槽;나무로 만든 구유), 목종(木鐘), 목주(木主), 목주련(木柱聯), 목주초(木柱礎), 목죽(木竹), 목지연(木只緣), 목질(木質), 목찰(木札), 목창(木廠), 목채(木寨), 목책(木柵), 목책(木册), 목척(木尺), 목체(木體), 목초[木蠟], 목초(木草), 목초산(木醋酸), 목춧대, 목총(木銃), 목추(木杻;씨아의 가락), 목침(木枕)[목침돌림, 목침제(題), 목침찜], 목침대(木寢臺), 목타르(木tar), 목탁(木鐸)[541], 목탄(木炭)[목탄가스(gas), 목탄지(紙), 목탄차(車), 목탄화(畵)], 목탑(木塔), 목테(나무로 만든 테), 목통(木桶), 목판(木板), 목판(木版)[목판본(本;판각본), 목판인쇄(印刷), 목판화(畵)], 목패(木牌), 목편(木片), 목포도(木鋪道), 목피(木皮), 목피(木被), 목필(木筆), 목합(木盒), 목험(木杴;넉가래), 목형(木型), 목혜(木鞋;나막신), 목홀(木笏), 목홍(木紅), 목화(木靴), 목화(木畵), 목화석(木化石), 목환(木丸), 목환(木環), 목활자(木活字), 목회/유(木灰/釉); 가목(嘉木), 각목(角木), 각목(刻木), 강화목(强化木), 갱목(坑木), 거목(巨木), 건목(乾木), 경산목(京山木), 고목(古木), 고목(枯木), 공목(空木;조판 때에 활자나 행 사이에 끼우는 나무), 과목(果木), 관목(關木;문빗장), 관목/대(灌木/帶.↔喬木), 괴목(槐木;회화나무), 교목(喬木), 교목(校木), 구목(丘木;무덤가에 있는 나무), 규목(槻木;느티나무), 규화목(硅化木), 기둥목, 나목(裸木), 낙목(落木), 날목(생나무), 노목(老木), 노목(蘆木), 늑목(肋木), 단목(椴木;피나무), 단목(檀木;박달나무), 단향목(檀香木), 당목(撞木), 대목(臺木;椄本), 대량목(大樑木), 댕강목, 도리목, 독목(禿木), 동자목(童子木)[542], 두리목(둥근 재목), 두절목(頭切木), 딜목(광 구덩이의 천장을 떠받치는 나무), 뗏목, 마목(馬木), 마목(痲木), 마취목(馬醉木), 만목(蔓木), 말장목(抹杖木)/말목(抹木), 매목(埋木), 명목(名木), 묘목(苗木), 묘목(墓木), 무늬목, 박죽목(방앗공이에 가로 박혀 있는 나무), 받침목, 발목(撥木), 배목(配木), 백목(柏木), 버팀목, 벌목(伐木), 보얀목, 봉인목(封印木), 부목(負木), 부목(浮木), 부목(副木), 부목(腐木), 비계목, 비녀목, 비목(飛木;자귓밥), 산신목(山神木), 살목(살잡이할 때에 기둥을 솟구치는 지렛대), 삽목(揷木;꺾꽂이), 상목(上木), 상목(桑木), 상목(橡木), 생목(生木), 설해목(雪害木), 성목(成木), 성탄목(聖誕木), 소목(小木), 소목(燒木), 소목(蘇木), 솔대목/솔대, 송목(松木), 송충목(松蟲木), 수목(樹木), 수상목(水上木), 수장목(修粧木), 시목(柴木;땔나무), 식목/일(植木/日), 십자목(十字木;물레방아 굴대에 십자 모양으로 박은 나무), 양목(養木), 연목/구어(軟木/求魚), 연목(椽木;서까래), 오리목(가늘고 길게 켠 목재), 오시목(烏柹木;먹감나무), 완목(腕木), 원목(原木), 위패목(位牌木), 유목(幼木), 유목(流木), 유각목(有角木)[543], 유리목(楡理木), 유창목(癒瘡木), 이목(梨木), 임목(林木), 입목(立木), 자연목(自然木), 잡목(雜木), 장강목(長杠木), 장군목(將軍木;성문의 빗장처럼 가로 지른 굵고 긴 나무), 장목/전(長木/廛), 장목(樟木;녹나무), 재목(材木), 재목(宰木), 저목

534) 지렛목: 지레를 괸 고정된 점(點). 지점(支點).

535) 회돌이목: 길이나 냇물 따위가 굽이도는 좁은 목.

536) 목귀: 목재의 귀퉁이를 깎아서 면(面)을 다듬은 목재.≒모끼. ¶목귀대패(목재의 모서리를 깎는 데 쓰는 대패), 목귀질/하다.

537) 목둣개비(木頭): 나무를 다듬을 때 잘라 버린 나뭇개비. 〈준〉목두기②.

538) 목로(木壚): 술잔을 놓기 위하여 널빤지로 좁고 길게 만든 상.=술청. ¶목로술집, 목로주점(酒店), 목로청(廳), 목롯집, 목로판(板).

539) 목석(木石): ①나무와 돌. ②나무와 돌과 같이 감정이 무디고 무뚝뚝한 사람을 비유하는 말. ¶목석간장(肝腸;아무런 감정이 없는 마음씨), 목석같다/같이, 목석연하다(-然), 목석한(漢;인정이 없고 감정이 둔한 사람),

540) 목수(木手;지위): 대목수(大), 대령목수(待令;국가의 역사를 맡던 목수), 도목수(都), 말탕목수(솜씨가 별로 좋지 아니한 목수), 소목수(小).

541) 목탁(木鐸): 목탁귀(모이라는 신호로 치는 목탁 소리를 듣는 귀), 목탁귀신(鬼神;평생 목탁만 치다 죽은 중의 귀신. 목탁소리만 나면 모여든다는 귀신), 목탁동냥, 목탁석(夕;아침저녁으로 도량을 돌아다니면서 목탁을 두드리며 천수경을 외는 일); 석목탁(釋), 쌀목탁.

542) 동자목(童子木): 가구에서 서랍 따위의 사이를 칸 막아서 짜는 좁은 나무.

543) 유각목(有角木): 꼭대기 끝이 쇠뿔처럼 Y자 꼴의 갈래로 벌어진 기둥나무.

(樗木), 접목(椄木), 주목(朱木), 중방목(中枋木), 진목(珍木), 진목(眞木), 체목(體木), 초목(草木), 추목(楸木;가래나무), 취목(取木;휘묻이), 측목(厠木;뒷나무), 침단목(沈檀木), 침목(枕木), 탁목조(啄木鳥), 탕개목, 토목(土木)[토목공사(工事), 토목업(業)], 판목(板木), 판목(版木), 패목(牌木;팻말), 평목(平木;평미레), 표목(標木), 풍락목(風落木;바람에 꺾이거나 절로 죽은 나무), 합목(合木), 항철목(項鐵木;물레방아 굴대를 떠받치는 나무), 행수목(行需木), 행자목(杏子木;은행나무의 목재), 화목(火木), 화목(花木), 화목(樺木;벚나무), 황장목(黃腸木), 횡강목(橫杠木), 횡목(橫木), 효목(梟木). ③'무명. 무명으로 된'을 뜻하는 말. ¶목공단(木貢緞), 목내의(木內衣), 목메린스(木merinos), 목면(木棉)[목면사(絲), 목면직(織), 목면포(布)], 목모릉(木帽綾), 목사(木絲), 목서지(木serge), 목실, 목양말(木洋襪), 목장갑(木掌匣), 목팔사(木八絲), 목포(木布), 목화(木花)[목화다래(열매), 목화밭, 목화솜, 목화송이, 목화씨, 목화지대(地帶)], 목휘양; 결목(結木;결세로 바치던 무명), 광목(廣木)[깃광목, 생광목(生)], 깃목(바래지 않은 무명), 끈목, 난목(외올베), 내공목(內供木), 누인목(누인 무명), 당목(唐木)[깃당목(마전하지 아니한 채로의 당목)], 대동목(大同木), 백목(白木), 베목, 보병목(步兵木), 본목(本木;진짜 무명), 상목(上木), 상목(常木), 생목(生木), 세목(細木), 양목(洋木), 영목(嶺木), 옥양목(玉洋木), 왜난목(倭-木), 중목(中木), 치목(治木), 치목(穉/稚木), 칠목(漆木;옻나무), 털목(굵고 거칠게 짠 무명), 포목(布木), 필목(疋木), 하지목(下地木;품질이 낮은 무명), 행수목(行需木), 향목(香木), 현목(玄木), 황회목(黃灰木) 들.

목(目) ①예산 편성상의 구분의 하나. 항(項)의 아래이고 절(節)의 위임. 종목(種目). ¶목록(目錄)[도서목록(圖書), 상품목록(商品), 재산목록(財産)], 목차(目次); 강목(綱目), 강목(講目), 곡목(曲目), 과목(科目), 교과목(敎科目), 덕목(德目), 명목(名目), 물목(物目), 방목(榜目), 비목(費目), 사목(事目), 서목(書目), 세목(細目), 세목(稅目), 수목(數目;낱낱의 수), 요목(要目), 운목(韻目), 위목(位目), 절목(節目), 정목(政目), 제목(題目), 조목(條目), 종목(種目), 좌목(座目), 죄목(罪目), 지목(地目), 천목(薦目), 철목(綴目), 총목(總目), 품목(品目), 품목(稟目), 학과목(學科目), 항목(項目). ②생물 분류상의 한 단계. 강(綱)과 과(科)의 사이. ¶십각목(十脚目), 아목(亞目), 영장목(靈長目). ③'눈. 보다. 눈앞. 우두머리'를 뜻하는 말. ¶목격(目擊)[목격되다/하다, 목격담(談), 목격자(者)], 목견(目見;目擊), 목광(目眶;눈시울), 목교(目巧;눈썰미), 목금(目今), 목도(目睹), 목독(目讀;소리 없이 읽음), 목력(目力;視力), 목례(目禮;눈인사), 목불식정(目不識丁), 목불인견(目不忍見), 목산(目算), 목소(目笑;눈웃음), 목송(目送;떠나는 사람을 말없이 바라보면서 보냄), 목자(目子;눈), 목자(目眥;눈초리), 목적(目的)[544], 목전(目前;눈앞), 목첩(目睫;아주 가까운 때나 곳), 목측(目測;눈대중), 목표(目標)[545], 목하(目下); 관목(貫目;말린 청어), 괄목/상대(刮目/相對), 내목(內目;기둥의 안쪽), 당목(瞠目), 두목(頭目;우두머리), 만목(萬目;많은 사람의 눈), 만목(滿目;눈에 보이는 모든 것), 망목(茫目), 맹목(盲目), 면목(面目), 명목(名目), 명목(瞑目), 미목(眉目), 미목(美目), 반목(反目), 백목(白目), 사목(肆目), 상목재지(常目在之;늘 눈여겨보게 됨), 수목(鬚目;수염과 눈매), 심목(心目), 심목(深目), 안목(眼目), 양목/경(養目/鏡), 어목(魚目)[어목선(扇), 어목창(瘡)], 어목연석(魚目燕石;사이비 물건), 열목어(熱目魚), 열목이(熱目), 외목(外目), 요두전목(搖頭轉目;침착하지 못함), 우목(牛目), 우목(疣目;무사마귀), 이목(耳目), 인목(人目), 일목요연(一目瞭然), 자웅목(雌雄目), 작목(雀目), 장목(張目), 주목(注目), 중목(衆目), 지목(指目), 초목(椒目;초리나무의 씨), 촉목(矚目), 촉목상심(觸目傷心), 충목지장(衝目之杖), 측목(側目), 팔목(八目;數鬪牋), 폐목(閉目), 폐목(廢目), 품목(稟目), 피목(皮目;껍질눈), 현목(眩目) 들.

목(牧) '치다 · 기르다. 다스리다. 벼슬이름'을 뜻하는 말. ¶목가/적(牧歌/的), 목농(牧農), 목단(牧丹;모란), 목동(牧童)[목동가(歌), 목동좌(座)], 목마/장(牧馬/場), 목민/관(牧民/官;백성을 다스려 기르는 벼슬아치), 목백(牧伯), 목부(牧夫;목장에서 일하는 사람), 목사(牧使;예전의 지방 관리), 목사(牧師;예배를 인도하는 사람), 목수(牧竪)[초동목수(樵童)], 목신(牧神;숲, 사냥, 목축을 맡아보는 신)), 목야(牧野), 목양(牧羊)[목양견(犬), 목양신(神), 목양자(牧羊者)], 목양(牧養), 목우/장(牧牛/場), 목인(牧人), 목자(牧子), 목자(牧者), 목장(牧場)[종축목장(種畜), 해양목장(海洋), 해저목장(海底)], 목저(牧笛), 목지(牧地), 목초(牧草;꼴)[목초밭, 목초지(地)], 목축(牧畜;가축을 기르는 일)[목축가(家), 목축농(農), 목축문화(文化), 목축업(業)], 목회(牧會); 감목(監牧), 경목(耕牧), 계목(繫牧), 교목(校牧), 군목(軍牧), 농목(農牧), 방목(放牧), 어목(漁牧;어렵과 목축), 유목(遊牧), 이목(移牧), 인목(人牧;임금), 자목(字牧), 종목(種牧), 초동목수(樵童牧竪), 초목(樵牧), 축목(畜牧) 들.

목(睦) '뜻이 맞고 정답다(화목하다)'를 뜻하는 말. ¶목낭청(睦郎廳)[546], 목월(睦月), 목족(睦族); 돈목(敦睦;사이가 두텁고 화목함), 불목(不睦), 집목(輯睦), 친목(親睦), 화목(和睦) 들.

목(沐) '머리를 감다. 윤택하게 하다'를 뜻하는 말. ¶목간(沐間), 목간통(桶), 목발(沐髮), 목욕(沐浴)[547], 목우(沐雨), 목은(沐恩); 등목, 훈목(薰沐) 들.

목(鶩) '집오리'를 뜻하는 말. ¶계목(鷄鶩): 산계야목(山鷄夜鶩;성미가 거칠고 제 마음대로만 하여 다잡을 수 없는 사람을 비유한 말).

목강 예전에, 임시 선생을 이르던 말. ¶대학에 목강으로 나가다.

---

544) 목적(目的): 실현하려고 하는 일이나 나아가는 방향. 실현하고자 하는 목표의 관념. ¶목적격(格), 목적론(論), 목적문학(文學), 목적물(物), 목적반응(反應), 목적범(犯), 목적사회(社會), 목적성(性), 목적세(稅), 목적소설(小說), 목적시(詩), 목적어(語), 목적의식(意識), 목적재산(財産), 목적주의(主義), 목적지(地), 목적하다, 목적형(刑↔應報刑); 공동목적(共同), 다목적(多), 유목적(有), 자목적(自), 주목적(主), 타목적(他), 합목적(合目的;목적에 맞음).

545) 목표(目標): 어떤 목적을 이루려고 지향하는 실제적 대상으로 삼음. 또는 그 대상. ¶목표를 정하다. 목표를 달성하다. 목표물(物), 목표일(日), 목표치(値); 교육목표(敎育), 주목표(主), 목표하다.

546) 목낭청(睦郎廳): 자기 주견이 없이 이래도 응, 저래도 응 하는 사람을 조롱하여 이르는 말. ¶목낭청조(調;분명하지 아니한 태도나 어름어름 얼버무리는 자세). 낭청(郎廳;조선 후기에, 임시 기구에서 실무를 맡아보던 당하관 벼슬).

547) 목욕(沐浴): 온몸을 씻음. ¶목욕간(間), 목욕물, 목욕실(室), 목욕재계(齋戒), 목욕탕(湯), 목욕통(桶); 성하목욕(聖河).

목기 기름틀의 챗날과 머리틀 사이에 끼는 목침처럼 생긴 나무토막. ¶목기를 끼우다.

목대 돈치기할 때, 던진 돈(엽전)을 맞히는 납으로 둥글게 만든 물건.

목도 두 사람, 또는 그 이상의 사람이 짝이 되어 뒷덜미에 몽둥이를 얹어 밧줄로 얽은 무거운 물건을 함께 메어 나르는 일. ¶무거운 물건을 목도하는 데 쓰는 긴 나무를 '틀가락'이라고 한다. 목도꾼, 목도소리, 목돗줄, 목도질/하다, 목도채(목도할 때 쓰는 굵고 납작한 몽둥이), 목도판, 목도패(牌), 목도하다.

목두기 ①이름이 무엇인지 모르는 귀신의 이름. ¶무당질 십 년에 목두기란 귀신은 못 보았다. ②'목둣개비(木頭;재목을 다듬을 때 잘라 버린 나뭇개비)'의 준말. ③목침(木枕).

몫 ①여럿으로 나누어 가지는 각 부분. 나눈 몫을 헤아릴 때 쓰는 말. 나눗셈에서 피제수를 제수로 나누어 얻은 수. ¶내 몫은 어느 것이냐? 열 몫으로 나누다. 12를 3으로 나누면 몫은 4이다. 모가치[548], 몫몫이(한 몫 한 몫으로), 몫일(꼭 해야 할 일이나 임무. 課業), 목[549]; 노느몫, 말몫, 반몫(半;한몫의 반), 제몫, 한몫(한 사람 앞에 돌아가는 분량). ②역할(役割). 책임(責任). ¶사람마다 해야 할 몫이 있다.

몬 '물건(物件;구체적인 형체를 갖춘 물질적인 것)'의 옛말.

몬다위 ①마소의 어깻죽지. ②낙타의 등에 두두룩하게 솟은 살. [〈몬다회〈mundara〈몽〉]. ¶외몬다위(단봉낙타. 단봉약대).

몬닥 썩거나 질척질척하게 무른 물건이 작은 덩이로 똑 끊어지거나 잘라지는 모양.=몬작[550]. 〈큰〉문덕. 〈거〉몬탁. 〈큰·거〉문턱. ¶국수 가락이 몬닥 끊어지다. 고기를 문덕 베어내다. 문덕 자르다. 몬닥몬닥·문덕문덕·몬탁몬탁·문턱문턱/하다.

몬존-하다 성질이 가라앉아 있다.≒차분하다. ¶몬존한 성격. 몬존한 사람도 불의를 보면 화가 왜 안 나겠는가.

몰(沒) ①'가라앉다. 빠지다. 모조리·아주·모두. 없다'를 뜻하는 말. ¶몰각(沒却), 몰각(沒覺)[무지몰각(無知)], 몰골법(沒骨法), 몰끽(沒喫;남기지 않고 다 먹음), 몰년(沒年;죽은 해), 몰닉(沒溺;헤어날 수 없이 깊이 빠짐), 몰두/하다(沒頭;어떤 일에 지나치게 열중하다), 몰락(沒落)[몰락감(感), 몰락되다/하다, 몰락상(相)], 몰렴(沒廉;몰염치), 몰리(沒利;이익을 잃거나 이익이 전혀 없음), 몰미하다(沒味;몰취미하다), 몰방(沒放;총포를 한곳을 향해 한꺼번에 쏨), 몰사(沒死), 몰살(沒殺), 몰서(沒書), 몰선묘법(沒線描法), 몰세(沒世;죽음. 永世), 몰소(沒燒), 몰송(沒誦;책이나 글을 깡그리 욈), 몰수(沒收)[551], 몰수(沒數;수량의 전부), 몰수이(沒數;있는 수효대로 죄다), 몰식(沒食;沒喫), 몰식자벌(沒食子), 몰식자산(沒食子酸), 몰실하다(沒實), 몰아(沒我;자기를 잊고 사는 상태. 無我), 몰아애(沒我愛), 몰입(沒入;熱中), 몰자비(沒字碑;풍채는 좋으나 글을 모르는 사람), 몰자한(沒字漢), 몰착(沒捉;송두리째 다 잡음), 몰책하다(沒策;계책이 전혀 없다), 몰촉(沒鏃), 몰탄(沒呑;沒喫), 몰판(沒板;바둑에서 한 군데도 산 말이 없이 짐), 몰패(沒敗;아주 패함), 몰풍하다/스럽다(沒風); 건몰(乾沒), 골몰(汨沒), 관몰(官沒), 매몰(埋沒), 모몰염치(冒沒廉恥), 민몰(泯沒), 복몰(覆沒), 수몰(水沒), 윤몰(淪沒), 익몰(溺沒), 인몰(湮沒), 일몰(日沒), 입몰(入沒), 잠몰(潛沒), 적몰(籍沒), 조생모몰(朝生暮沒), 존물(存沒), 진몰(陣沒), 출몰(出沒), 침몰(沈沒), 표몰(漂沒), 함몰(咸沒), 함몰(陷沒), 홀현홀몰(忽顯忽沒). ②일부 명사 앞에 붙어 '그것이 전혀 없는'의 뜻을 더하는 말. ¶몰가치(沒價値), 몰개성(沒個性), 몰경계(沒境界), 몰경위(沒涇渭), 몰교섭(沒交涉), 몰분수(沒分數), 몰비판(沒批判), 몰상식(沒常識), 몰염치(沒廉恥;破廉恥)/하다(뻔뻔스럽다), 몰이상(沒理想), 몰이해(沒利害;이해를 떠남), 몰이해(沒理解;이해성이 없음), 몰인격(沒人格), 몰인식(沒認識), 몰인도(沒人道), 몰인정(沒人情), 몰지각(沒知覺;沒常識), 몰착락(沒着落), 몰체면(沒體面), 몰취미(沒趣味), 몰풍정(沒風情), 몰풍치(沒風致) 들.

몰(歿) 주로 약력(略歷)에서 '죽음'을 이르는 말.=졸(卒). 몰(沒).↔생(生). ¶1999년 몰. 몰년(沒年), 몰하다, 몰후(歿後); 구몰(俱沒;부모가 모두 돌아가심), 병몰(病沒), 생몰(生沒), 전몰(戰歿), 존몰(存沒).

몰(mole) 물질의 양을 나타내는 계량 단위. ¶몰농도(濃度), 몰분율(分率), 몰분자/수(分子/數), 몰비열(比熱), 몰증발열(蒸發熱).

몰강-스럽다 보기에 인정이 없이 억세며 성질이 악착같고 모질다.≒매정하다. 잔인하다. ¶몰강스럽기가 굶주린 짐승 같다.

몰개[1] 잉엇과의 민물고기.

몰개[2] 바닷물이 출렁이는 물결. 파도(波濤).=물고개.

몰골 볼품이 없는 얼굴 꼴이나 모양새.≒꼴. 꼬락서니. ¶몰골이 말이 아니다. 초라한 몰골. 몰골사납다(얼굴이나 모양새가 좋지 않다), 몰골스럽다(몰골이 볼품없이 흉하다).

몰(다) 바라는 방향으로 움직여 가게 하다. 차·배 따위를 부리거나 운전하다.(≒끌다). 무엇으로 인정하거나 닦아세워 그렇게 다루다. 한데 다 모으거나 합치다.[←몯(集)]. §'몰-'의 형태로, 일부 동사나 명사 앞에 붙어 '죄다·모조리. 전부. 모두 한곳으로 몰아'의 뜻을 더함. ¶소를/ 차를 몰다. 공을 몰고 다닌다. 역적으로 몰다. 바람이 비를 몰고 왔다. 모람모람[552], 몰려가다, 몰려나다, 몰려나오다, 몰려다니다, 몰려들다, 몰려서다, 몰려오다, 몰리다[1](일이 한꺼번에 밀리다), 몰리다[2](몲을 당하다), 몰막다(여럿이 한데 몰아서 막다), 몰매(뭇매), 몰몰다, 몰몰아(모두 한데 몰아서), 몰밀다(모두 한 곳으로 밀다)/밀리다, 몰밀어(모두 밀어서, 한꺼번에 모두 다), 몰밀어내다, 몰박다(촘촘히 몰아서 박다)/박히다, 몰붓다, 몰붙다, 몰사격(射擊), 몰수(數), 몰숨(한꺼번에 몰아 내쉬는 숨), 몰아가다, 몰아내다, 몰아넣다, 몰아닥치다, 몰아대다(재촉하다), 몰아들다/들이다(몰아넣다), 몰아받다, 몰아붙이다(다그치다), 몰아사다, 몰아세우다/몰아세다(마구 나무라다), 몰

548) 모가치: 몫으로 돌아오는 물건.[←몫+아치(그 값에 해당하는 분량)].
549) 목: 몫. 꿰미. ¶화투 한 목. 뒷목(되고 남은 곡식).
550) 몬작: 무르거나 연한 물건 따위가 조금씩 똑 끊어지거나 잘라지는 모양.
551) 몰수(沒收): 강제로 빼앗음. ¶몰수경기(競技), 몰수금(金), 몰수되다/하다, 몰수물(物), 몰수품(品).

552) 모람모람: 이따금씩 한데 몰아서. 조금씩 몰아서.[←몰(다)+암]. ¶사과를 따는 족족 모람모람 함지에 넣는다.

아쉬다(숨 따위를 한꺼번에 쉬다), 몰아오다, 몰아주다[553)], 몰아치다(서두르다. 재촉하다), 몰이[554)], 몰죽음, 몰표(票;무더기로 쏠리는 표), 모드레짚다[555)], 모들뜨다[556)], -모리[단모리, 뜰모리(들노래), 엇모리, 자진모리, 중모리, 중중모리, 휘모리]; 건몰다[557)], 건몰다(거듬거듬 빨리 몰아치다), 건몰이, 내몰다/몰리다, 다몰다[558)], 되몰다(다시 몰거나 도리어 몰다)/몰리다, 되몰아치다, 들이몰다/몰리다(마구 몰다. 안쪽으로 몰다.↔내몰다), 말몰이/꾼, 몰몰아(모두 몰아서), 밀몰다[559)], 양몰이/꾼, 짓몰다(마구 몰다), 치몰다/몰리다, 휘몰다/몰리다, 휘몰아치다, 휘몰이/판 들.

몰몰 연기, 냄새, 김 따위가 조금씩 약하게 피어오르는 모양.=몬몬[560)]. 〈큰〉물물. ¶거름 냄새가 몰몰 풍겨오다. 몰씬[561)].

몰큰 냄새 따위가 갑자기 풍기는 모양. 〈큰〉물큰. ¶어물전에서 비린내가 몰큰 풍겨왔다. 몰큰몰큰 · 물큰물큰/하다.

몰-하다 부피가 짐작한 것보다 적은 듯하다.=작다.

ㅁ

몸 ①사람이나 동물의 머리로부터 발까지 거기에 딸린 모든 것의 총칭.≒신체(身體). 본체(本體). 동체(胴體;몸통).↔마음. ¶몸이 건강하다. 귀하신 몸. 어린 몸으로 그런 일을 하다니! 몸에 배다(익숙하다). 몸을 바치다(헌신하다). 몸둘 바를 모르다(어찌할 바를 모르다). 몸가까이, 몸가눔, 몸가지다(아이를 배다. 월경하다), 몸가짐/새, 몸가축[562)], 몸간수, 몸값, 몸갖춤/새, 몸거둠, 몸거울, 몸것[정부(情夫)], 몸결, 몸구실(군역과 부역), 몸굿(처음으로 무당이 될 때에 하는 굿. 내림굿), 몸글(여권이나 신분증), 몸길이, 몸꼴, 몸나다[563)], 몸내(체취), 몸놀림(동작), 몸닦달[564)]/질, 몸단련(鍛鍊), 몸단속(團束;몸조심)/하다, 몸단장/하다(丹粧), 몸달다(마음이 조급하여 안타까워하다), 몸담다[565)], 몸돌, 몸동작(動作), 몸두다[566)], 몸뒤짐(몸수색)/하다, 몸때¹(몸에 생긴 때), 몸뚱어리('몸뚱이'의 속된 말), 몸뚱이, 몸마디, 몸만들기, 몸말(글의 중심이 되는 말), 몸매(몸태), 몸맨두리(몸의 모양과 태도), 몸맵시, 몸무게, 몸밑천, 몸바꾸기(變身), 몸바탕(체질), 몸밖, 몸받다[567)], 몸보신(補身), 몸부림[568)], 몸붙이, 몸붙이다(몸담다, 몸두다. 기숙하다), 몸빛, 몸빠진살(가느다란 화살), 몸사리기[보신(保身)], 몸살[569)], 몸상(床)[570)], 몸서리[571)], 몸성히(몸에 탈이 없고 건강하게), 몸소[572)], 몸소름, 몸소지(掃地), 몸속, 몸솔, 몸솟음/하다, 몸수고(몸으로 힘들이고 애씀), 몸수색(搜索), 몸시계(時計), 몸시중(가까이 있으면서 하는 시중), 몸싸움, 몸쓰다, 몸씨(몸의 맵시), 몸알리[573)], 몸약(藥;광산에서 다이너마이트를 이르는 말), 몸엣것/몸것(달거리), 몸온도(溫度), 몸자세(姿勢), 몸져눕다(병이 중하여 누워 있다), 몸조리(調理), 몸조섭(調攝;몸조리), 몸조심(操心), 몸종, 몸주(主;무당의 몸에 내린 신), 몸주체[574)], 몸줄(줄다리기에 쓰는 밧줄), 몸집(몸의 부피), 몸짓[몸짓극(劇;무언극), 몸짓언어(言語)], 몸차림(몸단장. 몸치장), 몸채(주장되는 집채), 몸체(體;물체의 몸이 되는 부분), 몸치레, 몸치장(治粧;몸치레), 몸칼, 몸태(態;몸매), 몸태질[575)]/하다, 몸털, 몸통[몸통뼈, 몸통운동(運動)], 몸틀(마네킹), 몸풀다(해산하다), 몸풀이, 몸피[576)], 몸하인(下人;몸종), 몸흙(거름 섞은 흙. 뿌리에 붙어 있는 흙); 건몸(공연히 혼자서만 애쓰며 안달하는 일), 건몸달다, 겉몸, 금몸(金), 기둥몸(기둥의 중간 부분), 뒷몸, 딴몸[암수딴몸], 맨몸, 맨몸뚱이, 산몸(↔죽은몸), 알몸, 앞몸, 온몸, 외딴몸(외로운 몸), 이내몸(나의 몸), 임자몸[숙주(宿主)], 잇몸[아랫잇몸, 윗잇몸], 잎몸(잎의 넓은 부분), 한몸[암수딴몸, 암수한몸], 홀몸, 홑몸. ②몸엣것(월경으로 나오는 피)'의 준말. ¶몸때²(달거리하는 때), 몸하다(월경을 치르다). ③잿물을 올리기 전의 도자기의 덩저리. ☞ 신(身). 체(體).

몹시 더할 수 없이 심하게. 오래. 안타깝게. 애타게.≒대단히. 극도로. 상당히. 심히. 많이. 무척. 굉장히. 아주. 되게. 퍽. 되우. 자지리. ¶날씨가 몹시 춥다. 몹시 당황하다. 몹시 가난하다. 몹시 맞아서 입원했다. 몹시굴다(학대하다).[+부정적 의미].

몹쓸 악독하고 고약한.[←못⁴+쓰(다)+ㄹ]. ¶몹쓸 사람. 몹쓸 노릇, 몹쓸 병.

---

553) 몰아주다: ①한데 모아 주다. ②마구 나무라며 핀잔을 주거나 추궁하다. ③기를 쓰지 못하게 공격하거나 따돌리다.

554) 몰이: 짐승이나 물고기를 잡기 위하여 목으로 몰아넣는 일. 또는 그 사람. 한 군데로 모아들이는 일. ¶몰잇그물, 몰이꾼, 몰잇배, 몰이사냥, 몰잇줄(닻줄), 몰이포수(砲手); 물몰이, 소몰이, 양몰이(羊), 여론몰이(輿論), 인기몰이(人氣), 토끼몰이, 판몰이(노름판의 돈을 한 사람이 모조리 따서 몰아 가짐), 표몰이(票).

555) 모드레짚다: 수영에서, 내민 팔을 끌어당기면서 헤엄을 치다.

556) 모들뜨다: 두 눈동자를 안쪽으로 몰아 뜨다. ¶모들뜨기.

557) 건몰다: 일을 정성 들이지 않고 건성건성 빨리 해 나가다. ¶일을 건몰아서 하는 태도는 빨리 고치면 고칠수록 좋다. 몇 달 걸릴 일을 건몰아서 한 달 안에 얼추 끝내었다.

558) 다몰다: 무턱대고 내몰거나 정신 차릴 수 없게 마구 몰아치다. ¶말을 다몰아 달리다. 일손을 다몰아 끝내다. 아이들을 다몰다. 다몰리다, 다몰아대다, 다몰아세우다, 다몰아치다(호되게 다그쳐 몰다).

559) 밀몰다: 한곳으로 밀어서 몰다. 차별하지 아니하고 같은 것으로 치다.

560) 몬몬: 냄새와 김 따위가 조금씩 느리게 피어오르는 모양. ¶가마솥에서는 김이 몬몬 피어오른다.

561) 몰씬: 김이나 연기, 먼지 따위가 모락모락 피어오르는 모양.〈큰〉물씬.

562) 몸가축: 몸을 매만지고 다듬음.≒몸차림. 몸치장(治粧). ¶요즘 들어서 몸가축을 더하는 마누라. 몸가축하다.

563) 몸나다: 몸에 살이 올라 뚱뚱하여지다. ¶먹고 노니 몸날 수밖에.

564) 몸닦달: 몸을 튼튼하게 단련하기 위하여 견디기 어려운 것을 참아 가며 받는 몸의 훈련. ¶몸닦달하다, 몸닦달질/하다.

565) 몸담다: 어떤 조직이나 분야에 종사하거나 그 일을 하다. ¶몸담고 있는 회사. 교직에 몸담다.

566) 몸두다: 일할 곳을 마련하고 그 곳에서 살아나가며 몸을 의지하다. 어떤 자리에 있다. ¶농촌에 몸두다. 몸둘 바를 모르다.

567) 몸받다: 윗사람의 대신으로 일을 하다. ¶그는 부친의 사업을 몸받아 하고 있다.

568) 몸부림: ①있는 힘을 다하거나 감정이 격할 때, 온몸을 흔들고 부딪는 짓. ¶빠져 나오려고 몸부림을 해 보았으나 소용이 없었다. 몸부림치다/하다. ②잠잘 때 이리저리 뒹굴며 자는 짓.

569) 몸살: 몸이 썩 피로하여 일어나는 병. ¶몸살이 나다. 몸살로 온몸이 쑤신다. 몸살감기(感氣), 몸살기(氣), 몸살나다, 몸살풀이(몸살이 낫도록 쉼); 젖몸살.

570) 몸상(床): 잔치 따위에서 큰상 앞에 차려 놓는 간단한 음식상.

571) 몸서리: 몹시 싫증이 나거나 무섭거나 하여 몸이 떨리는 일. ¶몸서리나다/치다.

572) 몸소: 제 몸으로 직접. 친히.[+높임선어말어미 '-시-'].

573) 몸알리: '매우 친한 친구'의 옛말.

574) 몸주체: 몸을 가누거나 몸가짐을 잘 하는 일. ¶술에 취하여 제 몸주체도 못한다.

575) 몸태질: 악에 받치거나 감정이 격해졌을 때, 기를 쓰면서 제 몸을 부딪거나 내던지거나 하는 짓.

576) 몸피: ①몸통의 굵기.[〈몸픠].=몸피듬. ②활의 몸의 부피.

못[1] 목재의 이음이나 고정에 쓰이는 물건. ¶나무에 못을 박다. 못걸이, 못대가리, 못바늘, 못박다[577]/박히다, 못박이, 못뽑이, 못정[578], 못주다(못을 박다), 못질/하다; 가시못, 각못(角), 갈고리못, 강철못(鋼鐵), 거멀못, 고리못(대가리가 고리로 된 못), 국화동자못(국화 모양으로 만든 장식못), 기와못(기와를 고정하는 데 쓰는 못), 나무못, 나사못(螺絲), 납작못, 대갈못(대가리가 큰 쇠못), 대못[579], 대못(大;길고 굵은 못), 대못박이[580], 돌리개못[581], 돌못[582], 동자못(童子;아주 작은 못), 두치못(길이가 두 치인 쇠못), 둥근대갈못, 둥근못, 모대갈못, 민머리못, 민짜못, 비녀못, 산지못[583], 쇠못, 십자못(十字), 안전못(安全), 양끝못(兩), 왜못(倭), 은못(隱), 은혈못(隱穴;못을 박은 흔적이 보이지 않게 박는 나무못), 이중머리못(二重), 일자못(一字), 잔못, 주름못, 짜개못(짜개진 못), 쨰못[584], 참대못[죽(竹)], 철못(鐵), 콘크리트못, 큰못, 평머리못(平;민머리못). ☞ 정(釘).

못[2] 살가죽이 무엇에 스치거나 압박으로 두껍게 된 자리. 굳은살. ¶손에 못이 박이도록 힘든 일을 했다. 못박이다(손이나 발바닥에 굳은살이 생기다).

못[3] 넓고 깊게 팬 땅에 늘 물이 괴어 있는 곳. 웅덩이보다는 크고 늪보다는 작음. ¶못가, 못고기, 못둑, 못물; 가란침못[앙금못. 침전지(沈澱池)], 구슬못(신선이 산다는 못), 도랑못[585], 뜰못[내지(內池)], 벼루못[586], 앙금못[침전지(沈澱池;가란침못)], 역조정못(逆調整), 연못(蓮;연꽃을 심어 놓은 못), 염밭못(鹽). ☞ 지(池).

못[4] 의도는 있지만 능력이 부족하거나, 또는 타의에 의해 주체의 의지대로 되지 않는 일을 나타내는 말.≒아니. [+동사. 불가능성. 능력 부정. -형용사]. ¶술을 못 마시다. 못갖춘마디, 못갖춘마침, 못나다(밉다. 어리석다. 바보스럽다), 못난이, 못내(잊지 못하고 늘. 그지없이), 못다[587], 못돼먹었다, 못되다[588], 못마땅하다(마음에 맞갖지 않다), 못미처, 못미치다, 못부정문(否定文), 못살다, 못생기다, 못쓰다, 못이기다, 못지아니하다/못지않다, 못하다[589], 못해도, 모자라다(☞자라다[2]); 듣다못해, 보다못해, 잘못[잘못짚다, 잘못하다, 잘잘못], 참다못해, 하다못해.

몽(夢) '꿈. 덧없다. 흐리멍덩하다'를 뜻하는 말. ¶몽금척(夢金尺), 몽리(夢裏;꿈속), 몽매(蒙昧)[몽매인(人), 몽매주의(主義)], 몽매/간(夢寐/間;꿈을 꾸는 동안), 몽사(夢事), 몽상(夢想;꿈속의 생각)[몽상가(家), 몽상곡(曲), 몽상하다], 몽색(夢色;몽정), 몽설(夢泄;夢精), 몽압(夢魘;자다가 가위에 눌림), 몽외(夢外;천만뜻밖), 몽유(夢遺), 몽유/병(夢遊/病), 몽정(夢精), 몽조(夢兆;꿈자리), 몽중(夢中)[몽중몽(夢), 몽중방황(彷徨), 몽중설몽(說夢)], 몽정(夢精), 몽환(夢幻)[590]; 괴몽(怪夢), 괴안몽(槐安夢), 길몽(吉夢↔악몽), 남가일몽(南柯一夢), 대몽(大夢), 몽중몽(夢中夢), 무산몽(巫山夢), 무아몽(無我夢), 미몽(迷夢), 백일몽(白日夢), 백주몽(白晝夢), 삼도몽(三刀夢), 상몽(上夢), 상몽(祥夢), 상사몽(相思夢), 서몽(瑞夢), 악몽(惡夢), 영몽(靈夢), 용몽(龍夢), 예지몽(豫知夢), 일장춘몽(一場春夢), 작몽(昨夢), 장한몽(長恨夢), 접몽(蝶夢), 주몽(晝夢), 주사야몽(晝思夜夢), 천인몽(天人夢), 초록몽(焦鹿夢), 춘몽(春夢), 취몽(醉夢), 쾌몽(快夢), 태몽(胎夢), 풍랑몽(風浪夢;고생스러운 꿈. 갈팡질팡하는 꿈), 한단지몽(邯鄲之夢), 해몽(解夢), 현몽(現夢), 호접몽(胡蝶), 한단몽(邯鄲夢), 해몽(解夢), 향몽(香夢), 향몽(鄕夢), 현몽(現夢), 환몽(幻夢), 황량몽(黃粱夢), 흉몽(凶夢); 구운몽(九雲夢)/ 옥루몽(玉樓夢) 등 소설 이름으로 쓰임.

몽(蒙) ①'어리석다 · 어둡다. 나이가 어리다. 덮어 가리다'를 뜻하는 말. ¶몽고문(蒙古文;옛 사람의 글귀를 그대로 옮겨다 씀), 몽두(蒙頭;죄인의 얼굴을 싸서 가리던 베), 몽매(蒙昧)[무지몽매(無知)], 몽방(蒙放), 몽비(蒙批), 몽사(蒙士;어리석은 선비), 몽사(蒙汜), 몽상문(蒙上文), 몽애하다(蒙騃;사리에 어둡고 철이 없다), 몽유(蒙幼;어리석은 아이), 몽이(蒙耳;귀를 막고 듣지 아니함), 몽진(蒙塵;임금이 난리를 피하여 안전한 곳으로 감), 몽치(蒙稚), 몽폐(蒙蔽;덮어 감춤), 몽학(蒙學); 경몽(警蒙), 계몽(啓蒙), 동몽(童蒙), 발몽(發蒙), 우몽(愚蒙), 유몽(幼蒙), 해몽(解蒙), 훈몽(訓蒙). ②'입다. 받다'를 뜻하는 말. ¶몽리(蒙利;이익을 얻음)[몽리구역(區域), 몽리면적(面積)], 몽복(蒙福), 몽비(蒙批), 몽상(蒙喪;상복을 입음), 몽은(蒙恩), 몽죄(蒙罪;죄를 입음), 몽피(蒙被), 몽혜(蒙惠;은혜를 입음), 몽하다(은혜나 도움 따위를 입다), 몽화(蒙禍), 몽화(蒙化) 들.

몽(濛) '가랑비가 오다'를 뜻하는 말. ¶몽몽(濛濛;비 · 안개 따위가 자옥한 모양)[몽몽하다, 몽몽히], 몽우(濛雨); 공몽하다(空濛;보얗고 자욱하다) 들.

몽(朦) '흐리다'를 뜻하는 말. ¶몽롱(朦朧)[몽롱세계(世界), 몽롱창망(蒼茫), 몽롱하다(아득하다. 희미하다)], 몽몽(朦朦).

몽(矇) '청맹과니(보지 못하는 눈이나 사람)'를 뜻하는 말. ¶몽수(矇瞍), 몽혼(矇昏)[몽혼약(藥), 몽혼제(劑)]; 발몽(發矇).

---

577) 못박다: ①물건에 못을 박다. ②남의 마음에 상처를 입히다. ¶부모 가슴에 못박는 자식. ③단정적으로 말하다. ¶꼭 이것이라고 못박아서 하는 소리는 아니지만….

578) 못정: ①못대가리를 깊숙이 박는 데 쓰는 연장. ②광석을 떼어낼 때 쓰는 끝이 뾰족한 정. ¶못정떨이/하다, 못정버력.

579) 대못: 대나무로 깎아 만든 못. 죽정(竹釘).

580) 대못박이: 큰못이 뚫지 못하는 물건이라는 뜻으로, '가르쳐도 깨닫지 못하는 둔한 사람'을 비유하여 이르는 말.

581) 돌리개못: 철길이 들뜨거나 뒤틀리는 것을 막기 위하여 레일의 턱을 침목에 붙박는 데 쓰는 큰 못.

582) 돌못: 돌을 다듬어 박은 말뚝.

583) 산지못: 재목 따위의 이음이나 맞춤 자리를 든든히 하기 위하여 박는 굵은 나무못.

584) 쨰못: 박힌 나무못이 빠지지 아니하도록 촉끝을 째고 박는 쐐기.

585) 도랑못: 도랑처럼 성 둘레에 판 못. ¶도랑못을 파다. 성 밑을 에워싼 도랑못.

586) 벼루못: 벼루 앞쪽의 오목하게 파진 부분.

587) 못다: 다하지 못함. ¶못다 먹다. 못다 쓰다.

588) 못되다: 성질이나 품행 따위가 좋지 않거나 또는 고약하다. 일이 뜻대로 되지 않은 상태로 있다.

589) 못하다: ¶달리지 못하다. 아름답지 못하다. 품질이 못하다(떨어지다). 꼼짝못하다, 부접못하다, 새수못하다(손 못대다), 안절부절못하다, 얼씬못하다, 주체못하다.

590) 몽환(夢幻): 꿈과 환상이라는 뜻으로, 허황한 생각을 이르는 말. 이 세상의 모든 사물이 덧없음. ¶몽환에 빠져 있다. 몽환가(歌), 몽환경(境), 몽환계(界), 몽환곡(曲), 몽환극(劇), 몽환상태(狀態), 몽환적(的).

몽(懞) '흐릿하다'를 뜻하는 말. ¶혼몽(昏懞).

몽(艨) '싸움배'를 뜻하는 말. ¶몽동(艨艟;兵船).

몽개 ①연기나 구름 따위가 작게 둥근 모양을 이루면서 나오는 모양. ¶굴뚝에서 연기가 몽개몽개 피어올랐다. 〈큰〉뭉게[뭉게뭉게, 뭉게구름, 뭉게연기(煙氣)]. ②생각이나 느낌이 일어나는 모양.

몽구리 ①머리털을 바싹 깎은 머리. ¶경텃절몽구리아들(머리를 빡빡 깎은 사람. 경텃절[←정토(淨土)의 절]). ②'중'을 놀림조로 이르는 말. 〈큰〉뭉구리.

몽글(다) 낟알이 까끄라기나 허섭스레기가 붙지 아니하여 깨끗하다. 겉으로 보기보다 실속이 있다. ¶이번 탈곡한 벼는 참 몽글다. 몽근겨(속겨), 몽근벼(까끄라기가 없는 벼), 몽근짐[591], 몽글몽글[592]·뭉글뭉글·몽클몽클·뭉클뭉클/하다, 몽글리다[593], 망글망글[594].

몽긋 ①살이 보기 좋게 올라 있는 모양. 〈큰〉뭉긋. ¶젖살이 몽긋몽긋 오른 애기는 그저 보기만 해도 귀엽다. ②나아가는 시늉으로 앉은 자리에서 비비대는 모양. ¶몽긋거리다/대다, 몽긋몽긋/하다.

몽니 심술궂고 욕심을 부리는 성질. 〈준〉몽. ¶너 몽니를 부리면 가만히 안 둔다. 몽니궂다(몽니가 심하다), 몽니나다, 몽니부리다. 몽니사납다(몽니가 매우 세다), 몽니쟁이.

몽달이 밤중에 나무 등이 사람 따위의 형상으로 보이는 것. ¶밤에 몽달이가 되어 서 있는 살구나무를 보고 놀랐다. 몽달귀(鬼;총각이 죽어서 되었다는 귀신).

몽당- 몇몇 명사에 붙어 '작거나 또는 닳아서 못쓰게 되거나 짧은. 몽톡한'의 뜻을 더하는 말. §'뭉치[〈몽치]'와 동근어. ¶몽당구들[595], 몽당머리, 몽당바지, 몽당발, 몽당붓, 몽당비, 몽당소나무/몽당솔¹(키가 작고 다보록한 솔), 몽당손, 몽당솔²(끝이 모지라진 솔), 몽당수염(鬚髥), 몽당숟가락, 몽당식칼, 몽당연필(鉛筆), 몽당이(끝이 닳아 거의 못 쓰게 된 물건. 실을 공 모양으로 감은 뭉치), 몽당치마, 몽당칼, 몽당팔(사고나 병으로 일부 잘려 나간 팔), 몽동발이[596]; 실몽당이 들.

몽두리 초록색 두루마기로 궁중에서 기녀가 춤을 출 때 입던 옷.

몽둥이 주로 사람을 때리기 위한 목적으로 만든 조금 굵고 기름한 막대기.≒매. 방망이. ¶몽둥이로 때리다. 몽둥이맛, 몽둥잇바람[597], 몽둥이부림, 몽둥이세례(洗禮), 몽둥이질/하다, 몽둥이찜/찜질, 몽둥이춤; 물몽둥이[598], 솜몽둥이, 쇠몽둥이, 써레몽둥이, 콩몽둥이(둥글게 비비어서 길쭉하게 자른 콩엿) 들.

몽-따다 알고 있으면서도 일부러 모르는 체하다. ¶일부러 몽따다. 그는 사실을 알면서도 몽따고 되물었다. 뭉때리다[599].

몽땅¹ 있는 대로 다.≒죄다. 온통 모두. 쫄딱. 도파니. 통틀어. 전부. 몰아. 〈큰〉뭉떵. ¶사업의 실패로 재산을 몽땅 날리다. 몽땅 삼켜도 비린내가 안 나겠다.

몽땅² 상당한 부분이 대번에 작게 잘리거나 끊어지는 모양. 〈큰〉뭉떵. 〈거〉몽탕. ¶무를 몽땅 자르다. 몽땅몽땅·뭉떵뭉떵·몽탕몽탕·뭉텅뭉텅, 몽땅[600]·뭉떵·몽탕·뭉텅하다, 몽땅몽땅·뭉떵뭉떵·몽탕몽탕·뭉텅뭉텅하다, 뭉덩[601], 뭉턱[602], 몽딱[603].

몽똑 ①가는 사물의 끝이 아주 짧고 무딘 모양. ¶몽똑 닳은 연필. 무뭉스름하다(뭉뚝하고 둥그스름하다), ②생김새가 똥똥하면서 짤막한 모양. ¶손끝이 몽똑하다. 〈큰〉뭉뚝. 〈거〉몽톡[604].

몽실 통통하게 살이 쪄서 보드랍고 야들야들한 느낌을 주는 모양. 〈큰〉뭉실. ¶아기 뺨이 몽실 부드럽다. 몽실통통, 몽실·몽실하다, 망실망실[605].

몽올몽올 ①몽키어 작게 덩어리진 물건 따위가 매우 물렁하고 매끄러운 모양. ¶닭을 잡고 보니 알집 속에 몽올몽올진 알들이 수북하다. 몽올몽올하다. ②구름이나 연기 따위가 작게 덩어리져서 가볍게 떠 움직이는 모양. ¶몽올몽올 떠도는 구름. 〈큰〉뭉울뭉울.

몽우리 망울. 꽃망울. 둥글납작하게 생긴 덩이. 〈작〉몽오리. 〈큰〉뭉우리. ¶뭉우리돌(모난 데 없이 둥글납작하게 생긴 큼지막한 돌).

몽짜 음흉하게 몽니(심술궂고 욕심을 부리는 성질)부리는 짓. 또는 그렇게 하는 사람. ¶몽짜를 치다(겉으로는 어리석은 체하면서 속으로는 딴생각을 지니다). 몽짜스럽다.

몽총-하다 융통성 없이 새침하고 냉정하다. 길이·부피가 좀 모자라다. 박력이 없고 대가 약하다. ¶그렇게 몽총한 사람에게는 친구가 많을 리 없다. 바지가 몽총하다.

591) 몽근짐: 부피에 비하여 무게가 무거운 짐.↔부픈짐. ¶몽근짐은 젊은이가 지고 간다.
592) 몽글몽글하다: 망울진 물건이 말랑말랑하고 매끄럽다.
593) 몽글리다: ①'몽글다'의 사동형(몽글리게 하다). ②옷맵시를 가뜬히 차려 모양을 내다. ③어려운 일을 당하게 하여 단련시키다. 벼리다.=몽구르다. 몽그리다.
594) 망글망글: ①뭉치어 망울이 진 것이 겉으로 물렁하고 매끄러운 모양. ¶망글망글 뭉쳐 있는 밀가루. ②살이 올라서 말랑하고 보드라운 모양. ¶망글망글 살이 오른 아기.
595) 몽당구들: 삿자리도 변변히 깔지 못해 먼지가 이는 허술한 구들.
596) 몽동발이: 딸려 붙었던 것이 다 떨어지고 몸뚱이만 남아 있는 물건.
597) 몽둥잇바람: 몽둥이로 되게 때리거나 얻어맞는 일.
598) 물몽둥이: 대장장이나 석수가 쓰는 자루가 길고 둥근 큰 쇠메.
599) 뭉때리다: ①능청맞게 시치미를 떼다. ¶다 아는 일을 뭉때리지 말고 빨리 말해라. ②할 일을 일부러 아니 하다.
600) 몽땅하다: 겉모양이 작게 삭둑 잘린 도막같이 생기다. 〈큰〉뭉떵하다. ¶몽땅한 키. 몽땅몽땅하다.
601) 뭉덩: 비교적 무른 것을 끝이 뭉툭하게 끊어 놓는 모양. ¶떡을 뭉덩 베먹다.
602) 뭉턱: 굳은 물건을 순간적으로 뭉툭하게 툭 끊거나 자르는 모양. ¶통나무를 뭉턱 자르다.
603) 몽딱: 비교적 굳은 물건이 단번에 삭둑 잘리거나 끊어지는 모양. 〈큰〉뭉떡.
604) 몽톡: 가는 사물의 끝이 아주 짧고 무딘 모양.=몽토록. 〈큰〉몽툭. 뭉툭. ¶몽톡 잘린 꼬리. 몽탁/하다, 몽투룩, 몽틀, 뭉툭코(끝이 아주 짧고 무딘 모양의 코), 몽톡하다.
605) 망실망실: 살이 올라서 귀엽도록 보드랍고 연한 모양. ¶망실망실 살이 오른 강아지. 아기가 망실망실하다.

몽치(다) 여럿이 합쳐서 한 덩어리가 되다. 엉키거나 뭉치어서 덩이를 만들다.↔헤어지다. 흩어지다. 〈큰〉뭉치다. ¶가족끼리 뭉치다. 눈을 뭉치다. 몽똥[606]·뭉뚱그리다, 몽치[607], 뭉청[608], 뭉쳐나기, 뭉쳐나다(풀이나 나무가 무더기로 더부룩하게 나다.=모여나다), 뭉치[609], 몽크리다, 몽키다(여럿이 덩이지게 되다)·뭉키다, 뭉수리(모가 나지 않음)/두루뭉수리[610], 뭉텅·몽탕하다, 뭉텅이[611].

몽클-하다 ①먹은 음식이 소화가 되지 아니하고 가슴에 뭉쳐 있다.≒답답하다. ¶가슴이 막힌 듯이 몽클하다. ②슬픔·노여움이 가슴에 맺히어 풀리지 아니하다. ¶그 때의 일만 생각하면 지금도 가슴이 몽클하다. 〈여〉몽글[612]하다. 〈큰〉뭉클하다.

몽태-치다 남의 물건을 슬그머니 훔치어 가지다.≒훔치다. ¶백화점에서 몽태치다가 들킨 시의원이 의원직에서 제명되었다. 몽태치기(≒후무리기. 절도).

뫼 사람의 무덤. 묘(墓). ¶선산에 뫼를 쓰다. 뫼는 '산(山)'의 고유어다. 뫳등(무덤의 윗부분), 뫳자리/묏자리), 뫼지기.

묘(妙) 말없이 빼어나고 훌륭함. '묘하다. 젊다. 예쁘다'를 뜻하는 말. ¶구상의 묘. 운영의 묘를 살리다. 묘각(妙覺;온갖 번뇌를 끊어버린 부처의 경지), 묘간(妙簡;잘 골라 뽑음. 妙選), 묘경(妙境;경치가 좋은 곳), 묘계(妙計;妙策), 묘곡(妙曲;이상야릇한 곡조), 묘공(妙工;妙技), 묘구(妙句;매우 뛰어난 글귀), 묘기/백출(妙技/百出), 묘기(妙妓;예쁘게 생긴 기생), 묘년(妙年;妙齡), 묘덕(妙德;매우 뛰어난 덕), 묘득(妙得;묘한 방법이나 요령), 묘략(妙略;妙策), 묘려하다(妙麗;기묘하고 아름답다), 묘령(妙齡;스무 살 안팎의 여자 나이), 묘리(妙理;묘한 이치), 묘명(妙明;부처의 신비로운 깨달음), 묘문(妙文), 묘미(妙味;미묘한 재미나 흥취), 묘방(妙方), 묘법(妙法;妙策), 묘사(妙思), 묘산(妙算), 묘선(妙選;妙簡), 묘설(妙說), 묘소(妙所), 묘소년(妙少年), 묘수/풀이(妙手), 묘수(妙數), 묘술(妙術), 묘시(妙示), 묘안(妙案;뛰어나게 좋은 생각), 묘약(妙藥), 묘예(妙譽), 묘오(妙悟;깨달음), 묘완(妙腕), 묘용(妙用), 묘음(妙音), 묘의(妙意), 묘입신(妙入神;신의 경지에 들어감), 묘재(妙才), 묘절하다(妙絕;더할 수 없이 교묘하다), 묘지(妙旨;묘한 뜻), 묘책(妙策), 묘처(妙處), 묘체(妙諦;묘한 진리), 묘취(妙趣;妙味), 묘태(妙態), 묘품(妙品), 묘품(妙稟;뛰어나게 훌륭한 품성), 묘필(妙筆;神筆), 묘하다, 묘화(妙畫;뛰어난 그림); 경묘하다(輕妙), 교묘하다(巧妙), 극묘하다(極妙), 기기묘묘/하다(奇奇妙妙), 기묘하다(奇妙), 미묘하다(美妙), 미묘하다(微妙), 선묘하다(鮮妙), 승묘(勝妙), 신묘하다(神妙), 영묘(英妙), 영묘하다(靈妙), 오묘하다(奧妙), 오묘(五妙), 우묘하다(尤妙), 자득지묘(自得之妙), 절묘하다(絕妙), 정묘하다(精妙), 중묘(衆妙), 지묘하다(至妙), 진묘(珍妙), 현묘(玄妙) 들.

묘(墓) '뫼·무덤'을 뜻하는 말. ¶묘를 쓰다. 묘갈/명(墓碣/銘), 묘계(墓界), 묘구도적(墓丘盜賊), 묘노(墓奴), 묘답(墓畓), 묘도문자(墓道文字), 묘막(墓幕), 묘목(墓木), 묘문(墓門), 묘비/명(墓碑/銘), 묘상각(墓上閣), 묘석(墓石), 묘소(墓所), 묘역(墓域), 묫자리(묏자리), 묘적(墓賊), 묘전(墓田), 묘전(墓前), 묘지(墓地)[613], 묘표(墓表), 묘표(墓標), 묘하(墓下), 묘혈(墓穴); 가묘(假墓), 고묘(古墓), 구묘(丘墓), 능묘(陵墓), 목곽묘(木槨墓), 복묘(覆墓), 봉묘(封墓), 분묘(墳墓), 상묘(相墓), 석곽묘(石槨墓), 석실묘(石室墓), 선묘(先墓), 성묘(省墓), 시묘(侍墓), 신묘(新墓), 여묘(廬墓), 참묘(參墓), 천묘(遷墓), 총묘(塚墓), 토광묘(土壙墓), 파묘(破墓) 들.

묘(廟) '사당. 조정(朝廷)'을 뜻하는 말. ¶묘계(廟啓), 묘당(廟堂), 묘당공론(廟堂公論), 묘론(廟論), 묘모(廟謨), 묘산(廟算), 묘악(廟樂), 묘우(廟宇), 묘의(廟議), 묘정배향(廟庭配享), 묘제(墓祭), 묘주(墓主), 묘지(墓地), 묘지(墓誌), 묘지기[墓直], 묘촌(墓村), 묘탑(廟塔), 묘호(廟號), 묘휘(廟諱;임금의 죽은 뒤에 지은 휘); 가묘(家廟), 고묘(古廟), 고묘(告廟), 공묘(孔廟;공자를 모신 사당), 대묘(大廟), 동관왕묘(東關王廟)/동묘(東廟), 무묘(武廟), 문묘(文廟), 별묘(別廟), 사묘(四廟), 성묘(聖廟), 신묘(神廟), 알묘(謁廟), 영묘(靈廟), 입묘(入廟), 조묘(祖廟), 종묘(宗廟), 종묘사직(宗廟社稷), 태묘(太廟) 들.

묘(苗) '싹. 모종'을 뜻하는 말. ¶묘맥(苗脈;일의 실마리), 묘목(苗木), 묘상(苗床), 묘예(苗裔;대가 먼 후손), 묘족(苗族), 묘판(苗板), 묘포(苗圃); 광묘(礦苗;잠재된 재능), 두묘(痘苗), 상묘(桑苗), 선묘(善苗), 성묘(成苗), 알묘(揠苗), 앙묘(秧苗), 유묘(幼苗), 육묘/장(育苗/場), 종묘(種苗)[종묘상(商), 종묘장(場)] 들.

묘(猫) '고양이'를 뜻하는 말. ¶묘두현령(猫頭縣鈴), 묘아(猫兒), 묘안석(猫眼石), 묘액(猫額;고양이의 이마란 뜻으로, 아주 좁은 곳); 견묘(犬猫), 반묘(斑猫), 야묘(夜猫;살쾡이), 흑묘백묘(黑猫白描) 들.

묘(錨) '닻'을 뜻하는 말. ¶묘박(錨泊), 묘삭(錨索;닻줄), 묘지(錨地); 발묘(拔錨↔投錨), 양묘(揚錨), 양묘기(揚錨機), 양묘망(兩錨網), 우현묘(右舷錨), 좌현묘(左舷錨), 투묘(投錨), 하묘(下錨) 들.

묘(描) '그리다'를 뜻하는 말. ¶묘기(描技), 묘사(描寫)[614], 묘출(描

606) 몽똥그리다: ①되는대로 뭉치어 싸다. 〈큰〉뭉뚱그리다. ¶책들을 대충 몽똥그려 놓아라. 옷가지를 뭉뚱그리다. ②여러 사실을 하나로 포괄하다. ¶동사·형용사를 뭉뚱그려 용언이라고 한다.

607) 몽치: 짤막하고 단단한 몽둥이. ¶몽치 깎자 도둑이 뛴다(모처럼 세운 대책이 때가 늦어 소용없게 됨), 몽치질/하다; 쇠몽치(쇠로 만든 짤막한 몽둥이).

608) 뭉청: ①어떤 물건의 부분이 대번에 큼직하게 잘리거나 끊어지거나 허물어지는 모양. ¶뭉청 끊어진 다리. ②말이나 생각의 흐름을 갑자기 자르는 모양. ¶놀래서 말을 뭉청 멈춘다. ③가슴이 심한 충격을 받아 대번에 내려앉는 듯한 모양. ¶가슴이 뭉청 내려앉다.=뭉텅.

609) 뭉치: ①한데 똘똘 뭉치거나 말린 덩이. ¶지폐 한 뭉치. 원고 뭉치. 뭉칫돈, 뭉치사태; 노뭉치, 노리쇠뭉치, 돈뭉치, 말뭉치, 방아틀뭉치, 사고뭉치(事故), 솜뭉치, 쇠뭉치, 시래기뭉치, 실뭉치, 종이뭉치, 흙뭉치. ②소의 볼기 아래에 붙은 살.

610) 두루뭉수리: ①뚜렷하고 확실하게 이루어지지 못하고 함부로 뭉쳐진 사물. ②말이나 행동이 변변하지 못한 사람을 조롱하는 말. ¶두루뭉술하다.

611) 뭉텅이: 한데 뭉치어 이룬 큰 덩이. ¶돈을 뭉텅이로 가져온다 해도 소용없다. 뭉텅이지다; 흙뭉텅이.

612) 몽글: ①먹은 음식이 잘 삭지 않아 가슴 속에 약간 뭉쳐 있는 듯한 모양. ¶몽글 뭉친 것이 안 내려간다. ②슬픔이나 노여움이 맺혀 복받치는 감정으로 가슴이 갑자기 꽉 차는 듯한 모양. ¶눈물을 찔끔거리며 몽글 떠오르는 생각을 가라앉히다. 몽글·몽글거리다/대다. 〈큰〉뭉글. 〈거〉몽클.

613) 묘지(墓地): 무덤이 있는 땅. 또는 그 구역. ¶묘지명(銘); 가족묘지(家族), 공동묘지(共同), 공원묘지(公園), 국립묘지(國立), 사설묘지(私設).

出;글이나 그림으로 묘사해 냄), 묘파(描破;남김없이 묘사해 냄), 묘화(描畵); 백묘(白描)[615], 선묘(線描), 소묘(素描;데생), 점묘(點描), 조묘(粗描), 촌묘(寸描;짧은 묘사) 들.

묘(卯) 넷째 지지(地支). 토끼. ¶묘년(卯年), 묘방(卯方), 묘시(卯時), 묘월(卯月), 묘유(卯酉;東西), 묘일(卯日), 묘주(卯酒); 파묘(破卯) 들.

묘(杳) '아득하다'를 뜻하는 말. ¶묘명(杳冥;아득하고 어두움), 묘묘하다(杳杳), 묘연하다(杳然)[616], 묘호하다(杳乎;깊고 넓다) 들.

묘(渺) '물이 끝없이 넓다. 아득하다'를 뜻하는 말. ¶묘막(渺漠), 묘망(渺茫), 묘소하다(渺少;작고 어리다), 묘연하다(渺然;넓고 멀어서 아득하다), 묘원하다(渺遠;까마득하게 멀다) 들.

묘(畝) '이랑'을 뜻하는 말. 땅 넓이의 단위. 1묘는 100m². ¶묘구(畝溝); 견묘(畎畝;밭의 고랑과 이랑).

묘(昴) '별자리 이름'을 뜻하는 말. ¶묘성(昴星).

무¹ 십자화과의 한해살이 또는 두해살이풀. 나복(蘿菖). ¶뭇국, 무김치, 무꽃, 무나물, 무말랭이, 무밥[617], 무밭, 무살[618], 무새우젓/무새젓, 무새젓찌개(새우젓을 넣어 끓인 무찌개), 무생채(生菜), 무순(筍;무움)[무순김치, 무순나물], 무시루떡/무떡, 무씨/기름, 무움, 무자르듯[619], 무장다리(씨받이 무에서 나온 꽃줄기), 무장아찌(장딴지), 무절이(단무지), 뭇종(무 장다리의 어린 대), 무종아리, 무죽(粥;蘿菖粥), 뭇줄거리(무청), 무즙(汁), 무지짐이, 무짠지, 무쪽/같다(생김새가 못나다. 변변치 못하다), 무찌개, 무채, 무청(무의 잎과 줄기), 무트림; 가랑무, 가을무, 갓무(갓처럼 생긴 물), 궁중무(宮重), 말랑무(무말랭이), 묻을무[620], 바리무, 사탕무(砂糖), 순무, 썰무[621], 열무[열무김치, 열무장아찌], 올무(일찍 자란 무), 왜무(倭), 장다리무, 조선무(朝鮮), 총각무(總角;'알무, 알타리무'는 비표준말), 통무(자르지 아니한 통째로의 무), 홍당무(紅糖)[622] 들.

무² 윗옷의 양쪽 겨드랑이 밑에 댄 딴 폭. ¶무자락(무의 자락), 앞무.

무(無) 없음. 일부 한자어 명사 앞이나 한자어 어근에 붙어 '그것이 없음'의 뜻을 나타내는 말.↔유(有). ¶이상 무. 무가(無價)[무가보(寶), 무가지(紙)], 무가내(無可奈), 무가당(無可糖), 무가치(無價値), 무가압(無加壓), 무각무인(無覺無認), 무각성하다(無覺醒), 무각우(無角牛), 무간하다(無間), 무간지옥(無間地獄), 무갈등(無葛藤), 무감하다(無感), 무감(無感)[무감지대(地帶), 무감지진(地震)], 무감각(無感覺), 무감동(無感動), 무감사(鑑査), 무감정(無感情), 무강하다(無疆), 무강선포(無腔線砲), 무개/차(無蓋/車), 무개성(無個性), 무거(無去), 무거하다(無據;근거나 터무니가 없다), 무거불측(無據不測), 무겁하다(無怯), 무견(無見), 무결(無缺), 무결근(無缺勤), 무결석(無缺席), 무결함(無缺陷), 무경(無梗), 무경(無莖), 무경각하다(無警覺), 무경계하다(無境界), 무경고(無警告), 무경위하다(無涇渭), 무경쟁(無競爭), 무경험(無經驗), 무계(無戒), 무계하다(無稽;無據), 무계급(無階級), 무계획(無計劃), 무고(無告), 무고(無故), 무고하다(無辜)[623], 무고지민(無故之民), 무골/호인(無骨/好人;뼈없이 좋은 사람), 무공(無孔), 무공하다(無功), 무공덕(無功德), 무공용(無功用), 무공해(無公害), 무관계(無關係), 무과실(無過失), 무관세(無關稅), 무관심(無觀心), 무관하다(無關), 무광(無光), 무괘(無卦), 무괴(無愧), 무괴하다(無怪), 무교(無敎), 무교양(無敎養), 무교육(無敎育), 무교회파(無敎會派), 무구하다(無垢), 무구호(無口湖), 무국적(無國籍), 무궁하다(無窮), 무궁화(無窮花), 무권리(無權利), 무궤도(無軌道), 무규각(無圭角), 무규범(無規範), 무규율(無規律), 무규칙(無規則), 무균(無菌), 무극(無極), 무근하다(無根;근거가 없다. 無據), 무근(無筋), 무급(無級), 무급(無給), 무기하다(無氣), 무기(無期)[624], 무기(無記), 무기(無機)[625], 무기강(無紀綱), 무기교(無技巧), 무기능(無技能), 무기력(無氣力), 무기록(無記錄), 무기명(無記名), 무기물(無機物), 무기음(無氣音), 무기탄(無忌憚), 무기한(無期限), 무난하다/스럽다(無難), 무남독녀(無男獨女), 무낭(無囊), 무내용하다(無內容), 무념/무상(無念/無想), 무노동(無勞動), 무뇌증(無腦症), 무능(無能)[무능태(胎), 무능화(化)], 무능력(無能力), 무단(無斷)[무단가출(家出), 무단결근(缺勤), 무단이탈(離脫), 무단출입(出入)], 무단히(無端;아무 까닭 없이), 무담보(無擔保), 무당(無糖), 무대가(無代價), 무대상(無代償), 무대소(無大小), 무대책(無對策), 무덕하다(無德), 무도(無道)[626], 무도덕하다(無道德), 무독하다(無毒), 무동(無動), 무동기(無動機), 무득점(無得點), 무등(無等), 무량(無量)[627], 무려(無慮;아무 염려할 것이 없음. 자그마치. 엄청나게도), 무력(無力)[무력감(感), 무력소치(所致;힘이 달리는 때문), 무력증(症), 무력화/되다/하다(化)], 무렴하다(無廉), 무례(無禮), 무록(無祿), 무론

614) 묘사(描寫): 눈으로 보거나 마음으로 느낀 것을 객관적으로 표현함. ¶성격을 잘 묘사한 작품. 묘사곡(曲), 묘사되다/하다, 묘사력(力), 묘사법(法), 묘사음악(音樂), 묘사장치(裝置), 묘사적(的), 묘사체(體); 감각묘사(感覺), 객관묘사(客觀), 관능묘사(官能), 내면묘사(內面), 다각묘사(多角), 다원묘사(多元), 대각묘사(對角), 동시묘사(同時), 배경묘사(背景), 사면묘사(斜面), 성격묘사(性格), 성욕묘사(性慾), 심리묘사(心理), 암면묘사(暗面), 외면묘사(外面), 인물묘사(人物), 일원묘사(一元), 자연묘사(自然), 측면묘사(側面), 평면묘사(平面), 행동묘사(行動).

615) 백묘(白描): 동양화에서, 모필(毛筆)에 의한 묵선(墨線)으로만 그린 그림. 또는 그러한 기법. 백묘화(白描畫).

616) 묘연하다(杳然): ①그윽하고 멀어서 눈에 아물아물하다. ¶묘연한 정상. ②오래되어 기억이 흐리다. ¶옛사랑의 기억이 묘연하다. ③소식이나 행방 따위를 알 길이 없다. ¶소식이 묘연하다. 행방이 묘연하다.

617) 무밥: 무를 채 썰어 쌀 위에 얹어 지은 밥.

618) 무살: 단단하지 못하고 물렁물렁하게 찐 살. 두부살.

619) 무자르듯(이): 딱 잘라. ¶무자르듯 잘라서 설명하기가 어렵다.

620) 묻을무: 겨울에 먹으려고 움 속에 묻어 두는 무.

621) 썰무: 지난날, 멍구럭 따위에 담아 마소의 등에 싣고 다니며 팔던 무.

622) 홍당무(紅糖): ①당근. ②꽃과 겉껍질이 붉은 무. ③수줍거나 술이 취해, 몹시 붉어진 얼굴. ¶홍당무가 되다(부끄러워서 얼굴이 붉어지다).

623) 무고하다(無辜): 아무 잘못이나 허물이 없다. ¶무고한 죄명을 씌우다. 무고한 생명.

624) 무기(無期↔有期): 무기공채(公債), 무기금고(禁錮), 무기수(囚), 무기연기(延期) 무기징역(懲役), 무기형(刑).

625) 무기(無機): 무기계(界), 무기물(物), 무기비료(肥料), 무기산(酸), 무기염류(鹽類), 무기질(質), 무기체(體), 무기화학(化學).

626) 무도(無道): 무도막심(莫甚), 무도하다; 극악무도(極惡), 대악무도(大惡), 잔악무도(殘惡), 포악무도(暴惡).

627) 무량(無量): 헤아릴 수 없이 많거나 그지없음. 한량이 없음. ¶감개가 무량하다. 무량겁(劫), 무량광(光), 무량대복(大福), 무량무변(無邊), 무량상수(上壽)/무량수(壽;한량없는 수명)[무량수경(經), 무량수불(佛)], 무량세계(世界), 무량하다; 감개무량(感慨).

(無/毋論), 무뢰(無賴)[무뢰배(輩), 무뢰한(漢)], 무료(無料)[무료봉사(奉仕), 무료우편물(郵便物), 무료입장(立場)], 무료하다(無聊), 무루(無漏), 무류(無謬), 무류하다(無類), 무륜무척(無倫無脊;일에 차례가 없음), 무리(無理)[628], 무망(無妄), 무망하다(無望), 무매개(無媒介), 무매독자(無媒獨子), 무맥하다(無脈), 무면(無麵;돈이나 곡식 따위의 물건에 부족이 생기는 일)/나다, 무면목(無面目), 무면허(無免許), 무명(無名)[무명도(島), 무명씨(氏), 무명인(人), 무명작가(作家)], 무명(無明), 무명(無銘), 무모/증(無毛/症), 무모(無帽), 무모(無謀)[무모성(性), 무모하다, 무모한(漢)], 무목적(無目的), 무문(無紋), 무물(無物), 무물불성(無物不成), 무미(無尾), 무미(無味)[무미건조(乾燥), 무미하다/스럽다(無味)], 무밀기(無蜜期), 무반동(無反動), 무반성하다(無反省), 무반응(無反應), 무반주(無伴奏), 무발생(無發生), 무방비(防備), 무방하다(無妨), 무방어(無防禦), 무방향성(無方向性), 무배당(無配當), 무배유(無胚乳), 무벌적(無罰的), 무법(無法)[무법자(者), 무법천지(天地)], 무법칙(無法則), 무변(無邊;가이없음), 무변리(無邊利), 무변제(無邊際), 무변태(無變態), 무변하다(無變), 무병(無柄), 무병/장수(無病/長壽), 무보수(無報酬), 무복친(無服親), 무복각선(無伏角線), 무본대상(無本大商), 무부(無膚), 무부모하다(無父母), 무분별(無分別), 무분전(無分廛), 무불(無佛), 무불간섭(無不干涉), 무불통지(無不通知), 무비/일색(無比/一色), 무비(無非), 무비(無備), 무비판/적(無批判/的), 무빙(無氷), 무빙(無憑), 무사(無死), 무사(無似), 무사(無似), 무사(無私), 무사(無邪), 무사(無嗣), 무사(無事)[629], 무사가답(無辭可答), 무사고(無事故), 무사귀신(無祀鬼神), 무사기하다(無邪氣), 무사독학(無師獨學), 무사무려(無思無慮), 무사분열(無絲分裂), 무사상(無思想), 무사자통(無師自通), 무사증(無查證), 무사하다(無邪), 무사하다(無事), 무사하다(無嗣), 무산(無産)[630], 무산(無算), 무산증(無酸症), 무상(無上), 무상(無狀), 무상(無相), 무상(無常;덧없음), 무상(無常;일정하지 아니함)[반복무상(反覆), 반복무상(叛服)], 무상(無想)[무상무념(無念)], 무상(無償)[631], 무상기간(無霜期間), 무상시(無常時), 무색(無色)[632], 무생(無生), 무생물(無生物), 무서명(無署名), 무석(無石), 무선(無線)[633], 무성(無性)[무성생식(生殖), 무성세대(無性), 무성아(芽)], 무성(無聲)[634], 무성의(無誠意), 무세(無稅)[무세지(地), 무세품(品)], 무세하다(無勢), 무소권(無訴權), 무소득(無所得), 무소속(無所屬), 무소식(無消息), 무소양(無素養), 무소외(無所畏), 무소용(無所容), 무소유(無所有), 무손(無孫), 무손(無損), 무수(無水), 무수(無數), 무수입(無收入), 무수정(無修正), 무수하다(無數), 무수확(無收穫), 무숙(無宿), 무순(無順), 무승부(無勝負), 무시/이래(無始/以來), 무시(無視), 무시(無時)[무시로, 무시복(服)], 무시류(無翅類), 무시무종(無始無終), 무시험(無試驗), 무식(無識)[무식꾼, 무식쟁이], 무신(無信), 무신경(無神經), 무신념(無信念), 무신론/자(無神論/者), 무실(無失), 무실점(無失點), 무실(無實), 무심(無心)[1][무심결에, 무심중(中), 무심스럽다/하다, 무심코; 태무심(殆)], 무심(無心)[2][무심재(材), 무심필(筆)], 무쌍하다(無雙), 무아(無我), 무안하다(無顔)[635], 무안인(無眼人), 무안타(無安打), 무알코올(alcohol), 무애(無涯;가이없이 넓음), 무애(無导;막힘이나 거침이 없음), 무양(無恙;몸에 탈이 없음), 무언(無言)[무언극(劇), 무언중(中), 무언증(症), 무언표(標)], 무엄하다(삼가고 어려워함이 없다)/스럽다(無嚴), 무여지(無餘地), 무업(無業), 무연(無煙), 무연(無緣), 무연고(無緣故), 무열(無熱), 무염/식(無鹽/食), 무염치(無廉恥), 무염하다(無厭), 무영/등(無影/燈), 무예고(無豫告), 무외/시(無畏/施), 무욕하다(無慾), 무용(無用)[무용론(論), 무용장물(長物), 무용지물(之物))], 무용건(無用件), 무우하다(無憂), 무우석(無隅石), 무우수(無憂樹), 무운시(無韻詩), 무원(無援), 무월경(無月經), 무위(無爲)[636], 무위하다(無違), 무음(無音), 무의(無依), 무의(無義), 무의무탁(無依無托), 무의미(無意味), 무의범(無意犯), 무의식(無意識), 무의의하다(無意義), 무의지(無意志), 무의촌(無醫村), 무의탁(無依託), 무이(無二;둘도 없이)/하다, 무이(無異;다를 것이 없이), 무이상(無理想), 무이식(無利息), 무이언(無二言), 무이자(無利子), 무이하다(無二), 무익공(無翼工), 무익하다(無益), 무인(無人)[무인기(機), 무인도(島), 무인위성(衛星), 무인지경(之境), 무인판매대(販賣臺), 무인화(化)], 무인(無因), 무인론(無因論), 무일(無逸), 무일물(無一物), 무일변(無日邊), 무일보(無日步), 무일불(無日不), 무일불위(無日不爲), 무일전(無一錢), 무일푼(無一), 무임(無任), 무임(無賃), 무임금(無賃金), 무임소(無任所), 무자(無子), 무자각(無自覺), 무자격(無資格), 무자귀신(無子鬼神), 무자력하다(無資力), 무자미하다(無滋味), 무자본(無資本), 무자비(無慈悲), 무자식(無子息), 무작(無作), 무작(無爵), 무작위(無作爲;우연히 맡겨 해보는 일), 무작정(無酌定;작정함이 없음), 무장공자(無腸公子;게), 무장무애(無障無礙), 무장하(無裝荷), 무재(無才), 무쟁의(無爭議), 무저갱(無底坑), 무저당(無抵當), 무저항/주의(無抵抗/主義), 무적/함대(無敵/艦隊), 무적(無籍), 무전(無前), 무전(無電), 무전(無錢)[무전여행(旅行), 무전유흥(遊興), 무전취식(取食)], 무절(無節), 무절제(無節制), 무절조(無節操), 무정(無情), 무정견(無定見), 무정기(無定期), 무정란(無精卵), 무정물(無情物),

628) 무리(無理): 사리에 맞지 않음. 힘겨운 일을 억지로 우겨서 함. ¶무리한 요구를 하다. 병약한 몸으로 무리해서는 안 된다. 무리난제(難題), 무리방정식(方程式), 무리수(數), 무리식(式), 무리하다, 무리함수(函數).

629) 무사(無事): 무사분주(奔走), 무사불참(不參), 무사안일(安逸), 무사주의(主義), 무사태평(泰平); 안일무사(安逸).

630) 무산(無産↔有産): 무산가(家↔資産家), 무산계급(階級), 무산대중(大衆), 무산운동(運動), 무산자(者), 무산정당(政黨), 무산층(層).

631) 무상(無償): 어떤 행위에 대하여 아무런 대가나 보상이 없음. ¶식품을 무상으로 보급하다. 무상계약(契約), 무상교육(教育), 무상대부/(貸付/貸出), 무상몰수(沒收), 무상배부(配付), 무상분배(分配), 무상상각(償却), 무상소각(消却), 무상원조(援助), 무상위임(委任), 무상주(株), 무상주의(主義), 무상증자(增資), 무상행위(行爲).

632) 무색(無色): 아무 빛깔이 없음. 부끄러워 볼 낯이 없음. 존재가 뚜렷하지 아니함. ¶무색 투명한 물체. 그가 화내는 바람에 그만 무색해졌다. 화가도 무색할 정도의 그림 솜씨. 무색하다(겸연쩍고 부끄럽다. 본래의 특색을 드러내지 못하고 보잘것없다).

633) 무선(無線↔有線): 무선방송(放送), 무선부호(符號), 무선송신(送信), 무선시보(時報), 무선전신(電信), 무선전화(電話), 무선제어(制御), 무선조종(操縱), 무선통신(通信), 무선파(波), 무선표지(標識), 무선항법(航法), 무선항해(航海), 무선회로(回路).

634) 무성(無聲): 무성방송(放送), 무성시(詩;그림), 무성영화(映畵), 무성음(音).

635) 무안(無顔): 부끄러워서 볼 낯이 없음. ¶무안을 당하다. 무안을 주다. 얼마나 무안하던지 고개를 들지 못했다. 무안스럽다/하다.

636) 무위(無爲): 아무 일도 하지 아니함. 사람의 지혜나 힘을 더하지 아니함. ¶무위도식(徒食), 무위무사(無事), 무위무책(無策), 무위법(法), 무위자연(自然), 무위지치(之治).

ㅁ

무정부/주의(無政府/主義), 무정수하다(無定數), 무정액(無精額), 무정액증(無精液症), 무정위(無定位), 무정조(無正條), 무정처하다(無定處), 무정형(無定形), 무정형(無定型), 무제(無題), 무제(無際:無涯), 무제한(無制限), 무조건(無條件)[무조건반사(反射), 무조건항복(降伏)], 무조지(無租地), 무족(無足), 무존장하다(無尊丈:어른에 대하여 버릇이 없다), 무종(無終), 무종교(無宗敎), 무죄(無罪), 무주(無主)[무주고혼(孤魂), 무주공산(空山), 무주물(物)], 무주견하다(無主見), 무주소(無住所), 무주의(無主義), 무주자(無走者), 무주택(無住宅), 무준비(無準備), 무중력(無重力), 무증거(無證據), 무증상(無症狀), 무지(無地), 무지/스럽다/하다(無知), 무지(無智), 무지각(無知覺), 무직(無職), 무직업(無職業), 무진(無盡), 무진(無瞋), 무진사(無診査), 무진통(無鎭痛), 무질서(無秩序), 무질소(無窒素), 무집수(無執受), 무집(無執), 무집착(無執着), 무차(無遮), 무차별(無差別)[637], 무착(無着), 무착륙(無着陸), 무착색(無着色), 무찰(無札), 무참하다/스럽다(無慘), 무채색(無彩色), 무책(無策), 무책임(無責任), 무척추(無脊椎), 무첨가(無添加), 무체(無體)[무체물(物), 무체재산권(財産權)], 무축단헌(無祝單獻), 무취(無臭), 무취미(無趣味), 무치하다(無恥), 무타(無他), 무탄(無憚), 무탈하다(無頉), 무테(테가 없음), 무통(無痛), 무통제(無統制), 무퇴(無退), 무투표(無投票), 무판화(無瓣花), 무패(無敗), 무편무당(無偏無黨), 무편삼(無片蔘), 무편하다(無偏), 무폐하다(無弊), 무폭력(無暴力), 무표정(無表情), 무풍(無風), 무피화(無被花), 무하기(無下記), 무학(無學), 무한(無限)[무한궤도(軌道), 무한급수(級數), 무한대(大), 무한성(性), 무한소수(小數), 무한책임(責任), 무한하다], 무한량(無限量), 무한정(無限定), 무항산(無恒産), 무항심(無恒心), 무해/무득(無害/無得), 무행(無行), 무허가(無許可), 무현(無絃), 무현관(無顯官), 무혈(無血), 무혐의(無嫌疑), 무형(無形)[638], 무형식(無形式), 무형적(無形迹), 무호흡(無呼吸), 무화과(無花果), 무환수입/수출(無換輸入/輸出), 무황란(無黃卵), 무회(無灰:미역의 오래 묵은 뿌리), 무회계(無會計), 무효(無效), 무효율(無效率), 무후(無後), 무후총(無後冢), 무훼무예(無毁無譽), 무휴(無休), 무흔하다(無痕), 무흠하다(無欠); 갱무하다(更無), 만무(萬無:전혀 없음), 백무가관(百無可觀), 백무소성(百無小成), 백무일실(百無一失), 백무일취(百無一取), 불무(不無), 불가무(不可無), 유무(有無), 일무(一無), 전무/하다(全無), 전무후무(前無後無), 절무(絶無), 태무(殆無), 판무(判無:전혀 없음), 허무(虛無), 호무(毫無:전혀 없음) 들.

무(舞) '춤. 춤추다. 격려하다'를 뜻하는 말. ¶무곡(舞曲), 무극(舞劇), 무기(舞妓), 무기(舞技), 무대(舞臺)[639], 무도(舞蹈)[640], 무동(舞童)/서다/타다, 무롱(舞弄), 무문(舞文:문서와 장부를 뜯어고침)[무문곡필(曲筆), 무문농법(弄法), 무문농필(弄筆)], 무석(舞席:춤추는 자리), 무선(舞扇), 무악(舞樂:춤풍류), 무용(舞踊)[641], 무우제(舞雩祭), 무척(舞尺), 무천(舞天), 무추(舞錐), 무태(舞態), 무폭(舞幅:춤집)[642], 무희(舞姬); 가면무(假面舞), 가무(歌舞), 검기무(劍器舞), 검무(劍舞:칼춤), 고무/적(鼓舞/的), 광수무(廣袖舞), 군무(群舞), 궁중무(宮中舞), 기무(妓舞), 기장지무(旣張之舞), 난무(亂舞), 남무(男舞), 농무(農舞), 농악무(農樂舞), 답무(踏舞), 대무(隊舞), 대무(對舞), 도무(蹈舞), 독무(獨舞), 동무(童舞), 동동무(動動舞), 무무(武舞), 문무(文舞), 방패무(防牌舞), 배무(背舞), 법무(法舞), 벽사무(辟邪舞), 변무(抃舞:기뻐서 덩실덩실 추는 춤), 봉황무(鳳凰舞), 사고무(四鼓舞), 사자무(獅子舞), 산신무(山神舞), 상대무(相對舞), 상배무(相背舞), 성택무(聖澤舞), 소고무/소구무(小鼓舞), 수무족도(手舞足蹈), 승무(僧舞), 승전무(勝戰舞), 쌍무(雙舞), 아박무(牙拍舞), 악무(樂舞), 안무(按舞), 여무(女舞), 연무(演舞), 열문무(烈文舞), 우무(右舞), 원무(圓舞), 윤무(輪舞), 일무(佾舞), 장검무(長劍舞), 장수선무(長袖善舞:재물이 넉넉하면 성공하기 쉽다), 정재무(呈才舞), 좌무(左舞), 좌무(坐舞), 즉흥무(卽興舞), 집당무(執幢舞), 처용무(處容舞), 첨수무(尖袖舞), 첩승무(疊勝舞), 춘앵무(春鶯舞), 취무(醉舞), 팔고무(八鼓舞), 팔일무(八佾舞), 학무(鶴舞), 한량무(閑良舞), 향발무(響鈸舞), 협무(挾舞)[우협무(右), 좌협무(左)], 화간접무(花間蝶舞), 회선무(回旋舞) 들.

무(務) '힘쓰다. 일'을 뜻하는 말. ¶무망(務望), 무실역행(務實力行); 가무(家務), 감무(監務), 격무(激務), 겸무(兼務), 경무(警務), 공무(工務), 공무(公務), 교무(校務), 교무(敎務), 국무(國務), 군무(軍務), 극무(劇務), 근무/지(勤務/地), 급무(急務), 기무(機務), 긴무(緊務), 내무(內務), 노무(勞務), 농무(農務), 당무(當務), 당무(黨務), 대무(代務), 번무(煩務), 법무(法務), 병무(兵務), 복무(服務), 본무(本務), 사무(寺務), 사무(私務), 사무(社務), 사무(事務)[사무관(官), 사무적(的), 사무직(職)], 산무(山務:절에 관한 사무), 상무(常務)[상무위원(委員), 상무이사(理事)], 상무/관(商務/官), 서무(庶務), 선무(先務), 세무(世務), 세무(細務), 세무(稅務), 속무(俗務), 송무(訟務), 승무원(乘務員), 시무(始務), 시무(時務), 시무(視務), 실무(實務), 쌍무(雙務), 업무(業務), 역무(役務), 외무(外務), 요무(要務), 용무(冗務), 용무(用務), 의무(義務)[의무감(感), 의무경찰(警察), 의무교육(敎育), 의무적(的)], 의무(醫務), 이무(吏務), 임무(任務), 잔무(殘務), 잡무(雜務), 재무(財務), 전무(專務), 정무/관(政務/官), 정무(停務), 종무/소(宗務/所), 종무(終務), 주무(主務), 직무(職務), 진무(塵務), 집무(執務), 채무(債務), 책무(責務), 처무(處務), 총무(總務), 특무(特務), 판무(辦務), 편무(片/偏務),

637) 무차별(無差別): 차별이 없음. 가리지 않고 마구잡이인 것. ¶무차별 대우. 양민을 무차별 학살하다. 무차별적(的).

638) 무형(無形↔有形): 무형무역(貿易), 무형무적(無迹), 무형문화재(文化財), 무형물(物), 무형인(人:法人), 무형자본(資本), 무형재산(財産).

639) 무대(舞臺): 노래 · 춤 · 연극 따위를 하기 위하여 객석 정면에 길고 높직하게 만든 단. 재주껏 활동하고 솜씨를 나타낼 수 있게 된 판. ¶무대에 서다. 정치 무대에서 활약하다. 무대감독(監督), 무대그림, 무대극(劇), 무대동작(動作), 무대미술(美術), 무대배경(背景), 무대연극(演劇), 무대연습(練習), 무대연출(演出), 무대예술(藝術), 무대의상(衣裳), 무대의장(意匠), 무대인(人), 무대장치(裝置), 무대전환(轉換), 무대조명(照明), 무대중계(中繼), 무대화장(化粧), 무대효과(效果), 무대화/되다/하다(化); 가설무대(假設), 국내무대(國內), 국제무대(國際), 궁중무용(宮中), 독무대(獨), 바닥무대, 밤무대, 본무대(本), 세계무대(世界), 야외무대(野外), 이동무대(移動), 이중무대(二重), 전환무대(轉換), 첫무대, 특설무대(特設), 평무대(平:바닥무대), 해외무대(海外), 활동무대(活動), 활무대(活), 회전무대(回轉).

640) 무도(舞蹈): 춤을 춤. 무용(舞踊). ¶무도곡(曲), 무도병(病:몸이 저절로 심하게 움직여서 늘 불안한 상태에 빠지는 신경병), 무도장(場), 무도화(靴), 무도회(會); 가면무도/회(假面-會), 가장무도(假裝), 영가무도(詠歌).

641) 무용(舞踊): 무용가(家), 무용극(劇), 무용단(團), 무용수(手); 궁중무용(宮中), 민속무용(民俗), 전통무용(傳統), 창작무용(創作).

642) 무폭(舞幅): 춤추는 동작의 폭. 춤집.

폐무(廢務), 학무(學務), 항무(港務), 형무(刑務), 회무(會務), 휴무(休務) 들.

무(武) '군사. 무기. 굳세다'를 뜻하는 말.↔문(文). ¶문은 무보다 강하다. 무가(武家), 무간하다(武幹;무예에 익숙하고 능란하다), 무경(武經;병법에 관한 책), 무공(武功)[무공포장(褒章), 무공훈장(勳章)], 무과(武科)[무과별시(別試), 무과초시(初試)], 무관(武官)[무관석(石), 무관직(職)], 무괴(武魁), 무구(武具), 무기(武技), 무기(武氣), 무기(武器)[643], 무단(武斷)[무단적(的), 무단정치(政治), 무단파(派), 무단향곡(鄕曲)], 무담(武談), 무덕(武德), 무도(武道), 무독(武督), 무략(武略;군사상의 책략), 무려(武旅;군대의 위력), 무력(武力)[무력간섭(干涉), 무력시위(示威), 무력전(戰), 무력행사(行使)], 무맹(武猛;날쌔고 사나움), 무명(武名;驍名), 무묘(武廟), 무반(武班), 무변(武弁), 무부(武夫), 무비(武備), 무사(武士), 무사(武事), 무사(武砂)[644], 무석(武石), 무석인(武石人), 무선(武選), 무술(武術), 무신(武臣), 무열(武列), 무예(武藝), 무용/담(武勇/談), 무운(武運), 무위(武威), 무인(武人), 무장(武將), 무장(武裝)[645], 무재(武才), 무정승(武政丞), 무태(武泰), 무협(武俠;무술에 뛰어난 협객), 무화(武火), 무훈(武勳;武功); 강무(講武), 명무(名武), 문무(文武), 반무(反武), 보무(步武), 상무(尙武), 신무(神武), 언무(偃武), 연무(研武), 연무(演武), 연무(鍊武), 열무(閱武;임금이 친히 열병함), 영무(英武), 용무(用武), 위무(威武), 윤무(允武), 현무(玄武) 들.

무(霧) '안개'를 뜻하는 말. ¶무로(霧露), 무로이(霧露異), 무산(霧散;안개가 걷히듯 흩어져 사라짐)/되다/하다, 무색(霧塞;안개가 끼어 막힘), 무설(霧雪), 무소(霧消;안개처럼 사라짐), 무송(霧凇;상고대), 무우(霧雨), 무적(霧笛), 무중(霧中)[무중신호(信號), 무중호각(號角)], 무집(霧集;雲集), 무포(霧砲); 경무호(警霧號), 농무(濃霧), 대무(大霧;濃霧), 박무(薄霧), 방무림(防霧林), 분무/기(噴霧/器), 분지무(盆地霧), 빙무(氷霧), 석무(夕霧), 성무(星霧), 연무(煙霧), 오리무중(五里霧中), 우무(雨霧), 운무(雲霧), 운산무소(雲散霧消), 조무(朝霧), 진무(塵霧), 해무(海霧), 활승무(滑昇霧), 효무(曉霧) 들.

무(巫) '무당'을 뜻하는 말. ¶무가(巫歌), 무격(巫覡)[무격신앙(信仰), 무격포(布)], 무고(巫瞽;무당과 판수), 무고(巫蠱), 무녀(巫女), 무복(巫卜), 무복(巫服), 무속(巫俗), 무술(巫術), 무신(巫信), 무신도(巫神圖), 무악(巫樂), 무자이(巫玆伊), 무포(巫布); 국무(國巫), 남무(男巫), 여무(女巫), 영감무(靈感巫;신의 영감을 받고 된 무당) 들.

무(撫) '어루만지다'를 뜻하는 말. ¶무림(撫臨;천하에 군림하여 백성을 어루만지듯 잘 돌보아 기름), 무마(撫摩)[646], 무수(撫綏;어루만져 편하게 함), 무양(撫養;撫育), 무위(撫慰), 무육/지은(撫育/之恩), 무진(撫鎭), 무휼(撫恤;어려운 처지에 있는 사람을 불쌍히 여겨 위로하고 물질로 도움); 선무(宣撫), 순무/사(巡撫/使), 안무(按撫), 애무(愛撫;귀여워하여 어루만짐), 위무(慰撫), 존무(存撫), 진무(鎭撫), 초무(招撫), 혜무(惠撫), 회무(懷撫) 들.

무(誣) '없는 사실을 거짓으로 꾸미다. 헐뜯다'를 뜻하는 말. ¶무고(誣告)[무고죄(罪), 무고하다], 무공(誣供;죄인이 거짓으로 꾸며대는 진술), 무기(誣欺;남을 속임), 무망(誣罔), 무보(誣報), 무언(誣言), 무옥(誣獄), 무음하다(誣淫), 무재(誣載;거짓으로 꾸미어 적음), 무함(誣陷;없는 사실을 꾸며 남을 함정에 빠뜨림); 구무(構誣), 변무(辨誣), 혹세무민(惑世誣民) 들.

무(蕪) '거칠어지다. 잡초가 우거지다'를 뜻하는 말. ¶무몰(蕪沒;잡초가 우거져 덮임), 무사(蕪辭;되는 대로 늘어놓는 난잡한 말), 무사가답(無辭可答), 무잡하다(蕪雜;사물이 뒤섞여서 어지럽고 어수선하다)/스럽다, 무천(蕪淺;학문 · 견식이 난잡하고 천박함), 무청(蕪菁;순무), 무초(蕪草;거칠게 난 풀. 자기가 쓴 초고를 겸손하게 이르는 말), 무폐하다(蕪廢;땅을 버려두어 거칠다); 황무/지(荒蕪/地) 들.

무(茂) '우거지다. 뛰어나다'를 뜻하는 말. ¶무림(茂林;우거진 숲), 무사(茂士), 무생(茂生), 무성하다(茂盛), 무음(茂蔭;우거진 나무의 짙은 그늘), 무재(茂才;秀才); 번무(繁茂), 송무백열(松茂栢悅), 영무(榮茂) 들.

무(貿) '장사하다. 바꾸다'를 뜻하는 말. ¶무곡(貿穀), 무미(貿米), 무무하다(貿貿)[647], 무역(貿易)[648], 무하다(이익을 남겨 팔려고 물건을 모개로 사들이다); 사무(私貿), 이무(移貿) 들.

무(廡) '규모가 큰 집'을 뜻하는 말. ¶동무(東廡;문묘의 동쪽 행각), 서무(西廡), 승무(陞廡;학덕이 있는 사람을 문묘에 올려 합사함) 들.

무(无) '없다'를 뜻하는 말.=무(無). ¶무구(无垢), 무망(无妄), 무애(无涯) 들.

---

643) 무기(武器): 무기고(庫), 무기상(商); 과학무기(科學), 광선무기(光線), 대잠무기(對潛), 대전차무기(對戰車), 무선통신무기(無線通信), 발연무기(發煙), 방사능무기(放射能), 살상무기(殺傷), 생물무기(生物), 세균무기(細菌), 신무기(新), 원자무기(原子), 유도무기(誘導), 이학무기(理學), 중무기(重), 통신무기(通信), 핵무기(核), 화학무기(化學).

644) 무사(武砂): 홍예문(虹蜺門)과 홍예문을 잇대어 쌓은 뒤 벌어진 사이에 처음으로 놓는 돌. ¶무사석(武砂石); 잠자리무사(청정무사), 장구무사, 청정무사(蜻蜓).

645) 무장(武裝): 전투에 필요한 장비를 갖춤. ¶무장간첩(間諜), 무장대(隊), 무장되다/하다, 무장봉기(蜂起), 무장정찰(偵察), 무장중립(中立), 무장투쟁(鬪爭), 무장평화(平和), 무장해제(解除); 비무장(非)[비무장도시(都市), 비무장지대(地帶)], 재무장(再), 중무장(重), 핵무장(核).

646) 무마(撫摩): 손으로 두루 어루만짐. 타이르고 얼러서 마음을 달램. 분쟁이나 사건 따위를 어물어물 덮어버림. ¶무마되다/하다, 무마용(用).

647) 무무하다(貿貿): 교양이 없어 말과 하는 짓이 무지하고 서투르다.

648) 무역(貿易): 지방과 지방 사이에 상품을 팔고 사거나 또는 외국 상인과 물품을 수출입하는 상행위. ¶무역계(界), 무역관리(管理;무역통제), 무역국(國), 무역권(權), 무역균형(均衡), 무역금융(金融), 무역백서(白書), 무역상(商), 무역수지(收支), 무역승수(乘數), 무역어음, 무역업(業), 무역외수지(外收支), 무역의존도(依存度), 무역자유화(自由化), 무역정책(政策), 무역차액론(差額論), 무역통계(統計), 무역품(品), 무역풍(風;恒信風), 무역항(港), 무역협정(協定); 가공무역(加工), 간접무역(間接), 공정무역(公正), 관광무역(觀光), 관리무역(管理), 구상무역(求償), 국경무역(國境), 국제무역(國際), 내국무역(內國), 노예무역(奴隸), 다각무역(多角), 동서무역(東西), 링크무역(link), 무형무역(無形), 민간무역(民間), 밀무역(密), 보세가공무역(保稅加工), 보호무역(保護), 삼각무역(三角), 역내무역(域內), 역무역(逆), 연안무역(沿岸), 연해무역(沿海), 외국무역(外國), 위탁가공무역(委託加工), 유형무역(有形), 자유무역(自由), 중개무역(仲介), 중계무역(中繼), 통과무역(通過), 특혜무역(特惠), 편무역(片), 해외무역(海外), 협정무역(協定), 호혜무역(互惠).

무(戊) 다섯째 천간(天干). ¶무시(戊時), 무야(戊夜), 무진(戊辰) 들.

무(拇) '엄지손가락'을 뜻하는 말. ¶무인(拇印), 무지(拇指) 들.

무(袤) '남북(南北)'을 뜻하는 말. ¶광무(廣袤;땅의 넓이), 연무(延袤;멀리 뻗지른 길이).

무(憮) '실의에 빠져서 멍하다'를 뜻하는 말. ¶무연하다(憮然;뜻을 얻지 못하여 크게 낙담하다).

무(繆) '묶다. 얽다'를 뜻하는 말. ¶주무(綢繆;미리 빈틈없이 자세하게 준비함).

무감 굿을 하다가 쉬는 시간에 굿하는 집의 식구나 동네 사람이 춤추고 즐기는 일.

무거리 ①곡식 따위를 빻아서 가루를 내고 남은 찌꺼기. ¶무거리고추장(醬), 무거리떡; 떡무거리(체에 쳐 내고 남은 거칠고 굵은 떡가루), 쌀무거리. ②변변치 못하여 한 축 끼이지 못하는 사람. ③어떤 일의 여파로 생긴 자취나 결과.

무겁 ①활터의 살받이. 과녁 뒤에 흙으로 둘러싼 곳. ¶무겁에 떨어진 화살을 주워오는 길을 '연전길(揀箭)'이라고 한다. 무겁한량(閑良)[649]. ②한 번에 빨 빨랫감을 나타내는 단위. ¶한 무겁으로는 많다. § 무겁은 '무더기'의 옛말.

무겁(다) 물건의 무거운 정도가 많다. 매우 신중하다. 크거나 중대하다. 기분이 가라앉다. 느리고 둔하다.↔가볍다. §중세어 동사 '므기다'의 어근 '믁'에 형용사화 접사 '-업다'가 결합한 말. ¶짐이 무겁다. 무겁디무겁다, 무겁직하다(좀 무거운 듯하다), 무게[650], 무끈하다, 목직·묵직[651]하다, 무죽하다(좀 무거운 듯하다), 무지근하다/무직하다[652], 묵직묵직하다, 묵직이. ☞ 중(重).

무꾸리 무당이나 판수에게 길흉을 점치게 하는 일.[〈묻그리←묻다']. ¶무꾸리를 다니다. 무꾸리질/하다.

무날 음력으로 한 달 동안에 무수기가 같은 두 날(아흐렛날과 스무나흗날) 을 아울러 이르는 말. ¶한무날(무수기를 볼 때 열흘과 스무닷새를 일컫는 말).

무녀리 한배의 여러 마리 중에서 맨 먼저 태어난 짐승의 새끼. 언행이 좀 모자란 사람.[←문(門)+열(다)+이].

무느(다) 쌓여 있는 것을 무너지게 하다.≒헐다. 〈준〉문대[문때]. ¶담을 무느다. 모래성을 무느다. 무너떨어지다, 무너뜨리다/트리다/지다[653], 무너앉다(무너지듯 주저앉다), 몽그라·뭉그러지다; 까무느다('까뭉개다'의 비표준말). ☞ 괴(壞). 붕(崩).

무늬 물건의 거죽에 어룽진 형상이 나타나 있는 모양. 옷감이나 장식품 등에 장식으로 표현하는 여러 가지 형상. ¶무늬가 곱다. 무늿결(나무의 켜가 이루는 무늬), 무늬기와, 문돋이(돋을무늬로 짠 비단), 무늬뜨기(무늬를 뜨는 뜨개질), 무늬목(木), 무늬버들, 무늬본(本;무늬를 찍거나 뜨는 틀), 무늬빼기, 무늬석(石), 무늬유리, 무늬종이, 무늬짜기, 무늬찍개, 무늬찍기/하다, 무늬판(版), 무늬항라; 가로무늬, 간섭무늬(干涉), 격자무늬(格子)[654], 고사리무늬, 공작무늬(孔雀), 구름무늬, 귤껍질무늬, 금무늬(錦;비단결 같은 무늬), 기하학무늬(幾何學), 길상무늬(吉祥), 깃무늬[우(羽)], 꼰무늬[승문(繩文)], 꽃무늬, 달무늬, 당초무늬(唐草), 대접무늬(대접 모양으로 둥글게 놓은 비단의 무늬), 덧무늬, 덩굴무늬(만달), 돋을무늬, 돌무늬(돌에 새긴 무늬), 동물무늬(動物), 띠무늬, 마름모무늬, 물무늬, 물방울무늬, 무지개무늬, 민무늬, 바둑무늬, 바자무늬(바자 모양으로 엇결어 이룬 무늬.=삿자리무늬), 방틀무늬, 번개무늬, 벌집무늬, 별무늬, 비늘무늬, 빗발무늬(창문 등에 빗방울이 흘러내리는 물무늬), 생선뼈무늬(生鮮), 세로무늬, 소용돌이무늬, 손가락무늬[지문(指紋)], 소용돌이무늬, 솟을무늬, 아롱무늬, 얼룩무늬, 연속무늬(連續), 오늬무늬, 용무늬(龍), 잎사귀무늬, 잔무늬, 잡무늬(雜), 줄무늬, 추상무늬(抽象), 톱니무늬, 풍운무늬(風雲), 피무늬, 해무늬, 활무늬(활등처럼 휘우듬한 무늬), 흰무늬(희게 생기거나 넣은 무늬). ☞ 문(文/紋).

무당 귀신을 섬기어 길흉을 점치고 굿을 하는 여자. 무(巫). ¶무당이 제 굿 못하고 소경이 제 죽을 날 모른다. 무당굿, 무당꽃(백정의 칼), 무당노래, 무당말, 무당벌레, 무당서방, 무당질/하다, 무당차지[655], 무당춤, 무당파리, 무당할미; 국무당(國), 나랏무당, 내린무당(풋내기 강신 무당. 선무당), 단골무당, 돌무당(떠돌이 무당), 뒷전무당, 박수무당(남자 무당), 선무당, 세습무당(世襲;미지), 수무당(首;우두머리 무당), 창부무당(倡夫) 들.

무대¹ 일정 방향을 거의 일정한 속도로 이동하는 바닷물의 흐름. 해류(海流). ¶더운무대[난류(暖流)], 찬무대[한류(寒流)].

무대² 수호지(水湖志)에 나오는 인물 무대(武大)에서 유래한 말. ①지지리 못나고 미련한 사람. ¶무대 같은 놈. ②노름에서, 합한 끗수가 열이나 스물이어서 쓸 끗수가 없이 된 경우를 이르는 말. ¶무대로 버티다.

무던-하다 ①정도가 어지간하다. ¶하루 품삯 5만 원이면 무던하다. 고집이 무던하다. ②성질이 너그럽고 수더분하다. ¶그만하면 무던하게 참았네. 무던한 사람. 무던히; 어련무던하다[656], 어리무던하다(그리 언짢을 것이 없다. 별로 흠이 없고 무던하다).

무덤덤-하다 마음에 아무 느낌이 없이 예사스럽다. ¶표정이 무덤

---

649) 무겁한량(閑良): 활터에서 활이 과녁에 맞았는가 안 맞았는가 검사하는 한량.

650) 무게: 물건의 무거운 정도. 중량(重量).[〈무긔←믁/므기+의]. ¶무게급(級), 무게분석(分析), 무게중심(中心); 마른무게(물기를 뺀 나머지 무게), 몸무게, 압축무게(壓縮), 짐무게.

651) 묵직: 다소 큰 여러 개의 물건 하나하나가 보기보다 제법 무거운 상태. ↔갭직. ¶묵직묵직 무겁기도 하다.

652) 무지근하다: ①뒤가 잘 안 나와서 기분이 무겁다. ②머리나 가슴이 무엇에 눌리는 듯이 무겁다. 〈준〉무직하다.

653) 무너지다: ①일정한 높이와 부피를 가진 물체가 외부의 힘에 의하여 넘어지다.≒허물어지다. 붕괴하다(崩壞). 쓰러지다. ¶담이 무너지다. ②돌파되다. ¶최전선이 무너지다. ③계획이나 구상 따위가 이루어지지 못하고 깨지다.≒사라지다. ¶기대가 무너지다. ④제도나 질서, 정당 따위가 유지되지 못하고 파괴되다.≒어지러워지다. 망하다. ¶사회 질서가 무너지다. 부패 정권이 무너지다.

654) 격자무늬(格子): 가로세로의 선이 직각으로 교차하는 무늬.

655) 무당차지: 굿판에 차렸던 물건이나 음식 가운데 무당이 가지고 가는 몫.

656) 어련무던하다: 성질이 까다롭지 않고 무던하다.

덤하다. 무덤덤한 어조로 말하다.

무두-질[1] 모피의 털과 기름을 뽑고 가죽을 부드럽게 다루는 일. ¶쇠가죽을 무두질하여 북을 만들었다. 무두질한 가죽을 '다룸가죽'이라고 한다. 무둣대(무두질할 때 쓰는 칼), 무두장이.

무두-질[2] 매우 시장하거나 또는 병으로 속이 쓰리고 아픔을 일컫는 말. ¶무두질이 날 정도로 아프다. 무두질하다.

무드러기 화톳불이 꺼진 뒤에 미처 다 타지 않고 남아 있는 나뭇개비. ¶난로에서 무드러기를 그러냈다.

무디(다) ①끝이나 날이 날카롭지 못하다. ¶칼날이 무디다. ②느끼어 깨닫는 힘이 모자라다. ¶신경이 무딘 사람. ③말이 무지하고 뚝뚝하다. ¶말이 무딘 걸 보니, 사람이 시원찮겠다.↔날카롭다.

무따래기 함부로 남의 일에 훼방을 놓는 사람들.

무뚝무뚝 ①덩이로 된 음식을 큼직큼직하게 이로 뚝뚝 베물어 먹는 모양. ¶무를 뽑아 무뚝무뚝 먹다. 떡을 무뚝무뚝 베어 먹다. ②말을 이따금 사리에 맞게 하는 모양. ¶무뚝무뚝 하는 말이 제법이다. 무뚝무뚝 바른 소리를 한다.

무뚝뚝-하다 인정스러운 데나 아기자기한 맛이 없다. ¶생김새부터가 무뚝뚝하게 생기다. 무뚝뚝이.

무라지 새색시가 친정에 첫나들이를 갔다가 돌아오면서 가지고 오는 음식.

무람 부끄러워하여 삼가고 조심하는 데가 있음. ¶무람없다/없이[657], 무람하다.

무랍[1] 정부나 공공 단체가 국민에게서 거두어들이는 금품.

무랍[2] =물밥(귀신에게 준다고 물에 조금 말아 던지는 밥).

-(으)무레/끄무레(하다) '푸르다, 감다·검다, 밝다, 붉다, 노르·누르다, 희다'의 어간과 '하다' 사이에 붙어, '조금 옅음'의 뜻을 더하는 말. ¶가무·까무·거무·꺼무레하다(엷게 거무스름하다), 노르무레·누르무레하다, 발그무레·벌그무레하다, 불그무레·볼그무레하다, 해끄무레·희끄무레하다.

무력- '활의 양냥고자(활 끝에 심고가 걸리는 곳)'을 뜻하는 말. ¶무력심(활의 양냥고자에 감은 물건), 무력전(氈), 무력피(皮).

무렵 명사나 관형사, 관형사형 어미 '-ㄹ/을' 뒤에 쓰여, '바로 그 때쯤, 일이 벌어질 그 즈음'을 뜻하는 말.≒때, 녘. ¶저녁 무렵. 동생이 해질 무렵에 돌아왔다.

무룡태 그저 착하기만 하고 아무 것도 해내지 못하는 사람.[←무능태(無能胎)]. ¶성격이 무룡태이다.

무르(다)[1] ①물기가 많아서 단단하지 않다.(↔단단하다). 굳은 물건이 푹 익어서 물렁물렁하게 되다. 시기나 일이 충분히 성숙되다. ¶무쇠는 강철보다 무르다. 지반이 무르다. 반죽이 너무 무르다. 감이 무르다. 분위기가 무르다. 무눅다(성질이 무르고 약하다), 무럼생선(生鮮)[658], 무르끓다, 무른납, 무르녹다[659], 무르익다, 무른납, 무른대(↔굳은대), 무른돌[연석(軟石)], 무른모(소프트웨어↔굳은모), 무른밀, 무른쇠, 무른숫돌, 무른쌀, 무름하다(적당하게 무르다), 무름병(病), 무릇하다(무른 듯하다), 말랑[660]·몰랑·물렁거리다/대다/하다, 문드러지다[661], 문적문적[662], 물러빠지다, 물러지다(누그러지다. 문드러지다), 물렁[물렁감, 물렁거리다/대다/하다, 물렁뼈, 물렁살, 물렁팥죽(粥)(마음이 무르고 약한 사람)], 물리다'(푹 익혀 무르게 하다), 무솔다[663], 말씬·몰씬·물씬[664]거리다/대다/하다/히, 말카닥(물크러질 정도로 말랑한 느낌)·멀커덕, 멀짝말짝[665], 말캉[666]·몰캉·물컹거리다/대다/이/하다, 말큰[667], 몰카당[668], 물썽하다[669], 물쿠다[670], 물크러지다/물커지다, 물크러뜨리다/트리다, 물큰·몰큰, 뭉크러뜨리다/트리다/지다, 무클하다(썩어서 물크러지는 듯한 느낌이 있다), 물감[시(柿)], 물앵두(무르익은 앵두); 짓무르다[671], 호박무름[672], 흐무러지다/흐무지다(잘 익어서 무르녹다). ②마음이나 힘이 여리고 약하다. 느리다. ¶성격이 무르다. 물썽하다[673], 뒤무르다(뒷심이 약하다), 물쩍지근하다[674], 헤무르다[675]. ☞ 연(軟).

657) 무람없다: 어른에게나 친한 사이에 스스럼없고 버릇이 없다. 어려워하는 티가 전혀 없다.=무랍없다. ¶본데없이 자라서 무람없다. 어른에게 무람없이 굴다. 무람없는 짓을 함부로 해 보이곤 했다. 아우는 형의 제안을 무람없이 거절했다. 무람없이 대하다.

658) 무럼생선(生鮮): 해파리. 몸이 허약한 사람. 줏대 없는 사람. ¶아무리 무럼생선이라지만 그렇게 줏대가 없어서야.

659) 무르녹다: ①일이나 상태가 한창 이루어지려는 단계에 있다. ②과일이나 삶은 음식이 흐무러질 정도로 푹 익다. ③그늘이나 단풍이 매우 짙어지다.

660) 말랑: ①매우 또는 여기저기가 야들야들하게 보드랍고 무른 느낌. ¶말랑말랑 쫄깃쫄깃 찹쌀떡. ②사람의 몸이나 기질이 야무지지 못하고 맺힌 데가 없어 약한 모양.=몰랑. ¶사람이 말랑말랑 줏대 없이 보이면 안 된다. 〈큰〉물렁.

661) 문드러지다: ①썩거나 물러서 힘없이 처져 떨어지다. 해져서 찢어지다 ¶살이 문드러지다. 사과가 썩어 문드러지다. ②몹시 속이 상하여 견디기 어렵게 되다. ¶그 일 때문에 오장 육부가 문드러지는 듯하였다.

662) 문적문적: 썩거나 무르고 연한 물건이 조금만 건드려도 뚝뚝 끊어져 처지거나 잘라지는 모양. 〈거〉문척문척. ¶두부를 문적 잘라내다. 연줄이 문적 끊어지다. 용마름의 짚이 썩어서 문적문적 무너지다. 문적문적·문척문척/하다.

663) 무솔다: ①땅이 너무 습하여, 푸성귀들이 물어서 썩다. 〈준〉솔다. ②장마가 오래 계속되어 땅이 질벅질벅하게 되다.

664) 물씬: 잘 익거나 물러서 연하고 물렁한 느낌. ¶말씬·몰씬·물씬하다.

665) 멀짝말짝: 겉으로는 된 듯하면서 조금 무른 모양. ¶멀짝멀짝 진 밥.

666) 말캉: 매우 잘 익거나 곯아서 물크러질 듯이 말랑하게. 〈큰〉물컹. 멀컹. ¶말캉말캉 무른 감.

667) 말큰: 연하고 부드러운 느낌이 날 정도로 매우 말랑한 상태.=말캉. ¶말큰말큰 잘 익은 과일.

668) 몰카당: 물크러질 정도로 매우 또는 여기저기가 무르고 연한 느낌. 〈큰〉물커덩.

669) 물썽하다: 몸이나 사람됨이 물러서 보기에 만만하다. ¶사람이 물썽하니까 애들까지도 가벼게 본다.

670) 물쿠다: ①날씨가 찌는 듯이 더워지다. 〈준〉물다'. ¶날씨가 물쿠고 무덥더니 비가 내리기 시작했다. 찌물쿠다. ②너무 무르거나 풀려서 본 모양이 없어지도록 헤어지게 하다.

671) 짓무르다: 살이 상하여 문드러지다. ¶습진으로 살갗이 짓무르다.

672) 호박무름: 애호박을 길이로 세 골을 째고 그 틈에 갖은 양념을 넣어 쪄낸 뒤, 버섯·알고명 따위를 썰어 얹은 음식.

673) 물썽하다: 체질이나 성질이 물러서 손쉽게 다루거나 대할 만하다.

674) 물쩍지근하다: 일을 하는 태도가 지루할 정도로 느리다. ¶물쩍지근히.

675) 헤무르다: 사람됨이 싱겁고 무르다. ¶워낙 헤물러서 늘 당하기만 한다.

무르(다)[2] ①샀거나 바꾸었던 것을 도로 주고 돈이나 물건을 찾다.(≒바꾸다. 교환하다). 이미 한 일을 전의 상태로 되돌리다. ¶산 물건을 돈으로 물러 왔다. 바둑을 한 수 무르다. 장기의 한 수를 무르다. 무를문서(文書); 물리다[2]. ②있던 자리에서 뒤로 옮기다. ¶좀더 물러앉아라. 무춤[676], 무르춤하다[677]/무춤하다, 물러가다/무르와가다[678](무롸가다), 무르와내다[679], 물러나다, 물러서다, 물러앉다, 물러오다, 물리다[3][680], 물리치다[681]. ☞ 퇴(退).

무릅–쓰다 어렵고 고된 일을 그대로 참고 견디어 내다. 위로부터 그대로 덮어 쓰다. ¶모든 어려움을 무릅쓰고 드디어 해내다.[〈무릅다(뒤집어쓰다)].

무릇[1] 백합과의 여러해살이풀. 어린잎과 비늘줄기는 먹음.

무릇[2] 대체로 헤아려 보건대. 일반적으로 보건대.≒대저. 대개. 대컨. 모름지기 ¶무릇 인간은 정직해야 한다. 무릇 하늘은 착한 사람을 돕는다. 무릇 필요는 발명의 어머니다. [+불변의 진리. 당위].

무릎 넓적다리와 정강이의 사이에 있는 관절의 앞부분. 슬두(膝頭). ¶무릎을 꿇다(무릎을 구부리다. 굴복하거나 항복하다). 무릎을 치다. 무르팍/물팍, 무릎걸음, 무릎길이(발뒤축에서 무릎마디까지의 길이), 무릎깍지, 무릎께(무릎이 있는 부분), 무릎꿇림/하다, 무릎노리(무릎의 언저리), 무릎도가니/도가니, 무릎도리(무릎의 아랫부분), 무릎마디, 무릎맞춤[682]/하다, 무릎밀이, 무릎바지, 무릎반사(反射), 무릎받이(바지 따위의 무릎에 닿는 부분이나 덧댄 천 조각), 무릎방아, 무릎베개/하다, 무릎뼈, 무릎살, 무릎쏴, 무릎앉아, 무릎잠, 무릎장단, 무릎제자(弟子;무릎을 마주하고 앉아 가르친 제자), 무릎치기[1,2]; 뒷무릎, 한무릎[683]공부(工夫;한때 착실히 하는 공부). ☞ 슬(膝).

무리[1] 어떤 관계로 한데 모인 여러 사람. 도중(徒衆). 유(類). 짐승이나 새의 떼. ¶무리를 짓다. 무리개[684], 무리기(旗), 무리도둑, 무릿돌(여러 개의 작은 돌멩이들), 무리등(燈), 무릿매[685]/물매, 무리몸[군체(群體)], 물보낌[686], 무리의식(意識;同類意識), 무리주검(한꺼번에 많이 난 시체), 무리죽음(떼죽음)/하다, 무리지다[1](무리를 이루다), 무리춤; 말무리[언중(言衆)], 뭇[←무리/물+ㅅ(사잇소리)][687], 별무리(한 무더기로 보이는 별), 비무리(한 떼의 비구름), 새무리[조류(鳥類)]. ☞ 떼[1], 군(群). 중(衆). 패(牌).

무리[2] 물에 불린 쌀을 물과 함께 매에 갈아, 체에 밭쳐 가라앉힌 앙금. 수미분(水米粉). 수분(水粉). ¶무릿가루(무리를 말린 가루), 무리떡[688]/국, 무리바닥(바닥에 쌀무리를 먹여 만든 미투리), 무리송편, 무리풀(무릿가루로 쑨 풀); 쌀무리, 콩무리(콩버무리), 흰무리(백설기).

무리[3] 생산물 따위가 한목에 많이 쏟아져 나오는 시기.≒무렵. ¶오징어 무리. 무리무리(적당한 시기에 따라 여러 차례로).

무리[4] 해와 달의 둘레에 생긴 둥근 테 모양의 빛[훈(暈)]. 대기 가운데 작은 물방울이 떠 있을 때 빛의 굴절로 생김.[←물+이]. ¶무리지다[2](무리가 생기다); 달무리, 밖무리[외훈(外暈)], 햇무리.

무리[5] 우박(雨雹). 누리[1].

무명 무명실로 짠 피륙. 목면(木棉). 명. ¶무명 고의적삼을 입다. 헌 솜으로 실을 켜서 짠 무명을 '수목'이라고 한다. 명갈이(밭을 갈아 목화씨를 심는 일); 무명것, 무명길쌈, 무명끝(쓰다가 남은 짤막한 무명), 무명낳이, 무명베, 무명수건(手巾), 무명실/명실(목실), 무명씨, 무명옷, 무명천, 무명필(疋), 무명활(목화를 타서 솜을 만드는 데 쓰는 활); 북덕무명(질이 낮은 목화나 누더기 솜 따위를 자아서 짠 무명), 색무명(色;물들인 무명). ☞ 목(木)③.

무상 =장밋. 설밋(배에서 쓰는 노의 하나).

무솔(다) ☞ 물'.

무수기 조수(潮水)의 밀물과 썰물의 차(差). ¶무수기를 보다.

무수(다) 닥치는 대로 사정없이 때리거나 부수다. ¶집을 무수다. 그는 술에 취하여 살림을 무순 일을 후회했다.

무수리 예전에 궁중에서, 나인의 세숫물 따위의 시중을 맡았던 계집종. 궁비(宮婢).

---

676) 무춤: 놀라거나 열적은 느낌이 들어 하던 짓을 갑자기 멈추는 모양. ¶그는 문을 들어서다 말고 무춤 발을 멈췄다. 길을 가다가 무춤 서다.

677) 무르춤하다: 무엇에 놀라거나 무안하여 갑자기 움직임을 멈추고 뒤로 물러서려는 자세를 취하다.

678) 무르와가다: 웃어른 앞에서 물러가다. ¶이미 밤이 깊었사오니 저는 이만 무르와가겠습니다.

679) 무르와내다: ①윗사람 앞에 놓인 것을 들어 내오다. ¶진짓상을 무르와내다. ②윗사람으로부터 무엇을 받다. 받아 가지고 가다. ¶노력한 보람이 있어 이 상을 무르와내기에 이르렀다. 〈준〉무롸내다.

680) 물리다[3]: 기한을 뒤로 미루다. 뒤로 또는 다른 데로 옮기다. 재물 · 지위 따위를 남에게 내려주다. 굿으로 귀신을 쫓아내다. ¶약속 날짜를 뒤로 물리다. 책상을 벽 쪽으로 물리다. 밥상을 물리다. 가보(家寶)를 아들에게 물리다. 잡귀(雜鬼)를 물리다. 물려받다(계승하다. 이어받다), 물려주다(남기다. 상속하다), 물림[1](정한 날짜를 뒤로 미룸), 물림[2][물림간(間); 글방물림(세상 물정에 어두운 사람), 대물림(代), 상물림(床), 상주물림(노략질할 상대를 다른 도적에게 돈을 받고 넘겨줌), 책상물림(冊床), 퇴물림(退), 후물림(後)]; 내물리다(어떤 한계 밖으로 내어서 물러나게 하다), 대물리다(代), 되물리다.

681) 물리치다: ①거절하여 받지 아니하다.≒뿌리치다. ¶뇌물을 물리치다. ②적을 쳐서 물러나게 하다.≒막다. 무찌르다. 쫓아내다. ¶십만 대군을 물리치다.

682) 무릎맞춤: 두 사람의 말이 서로 어긋날 때, 제삼자를 앞에 두고 전에 한 말을 되풀이하여 옳고 그름을 따짐. 대질(對質). 두질(頭質).

683) 한무릎: 한 번 마음을 잡고 공부를 하기 위하여 취하는 자세.

684) 무리개: ①"무리"를 낮잡아 이르는 말. ②뜨쟁이 노릇을 하는 여자.

685) 무릿매/물매: ①잔돌을 짤막한 노끈에 걸고 두 끝을 한데 잡아 휘두르다가 한끝을 놓으면서 멀리 던지는 팔매. ¶무릿매질/하다. ②나무에 달린 과실 따위를 떨어뜨리려고 던지는 몽둥이(물매). ¶물매질/하다. ③여럿이 한꺼번에 덤벼들어 때리는 매. ☞ '물'의 '물매'[1,2,3]와 다른 뜻.

686) 물보낌: 여러 사람을 모조리 매질함.[←무리/물+보끼(다)+ㅁ].

687) 뭇: 관형사나 접두어로 '수효가 매우 많음'을 뜻하는 말. ¶뭇귀신(鬼神), 뭇까마귀, 뭇꽃, 뭇년, 뭇놈, 뭇눈(여러 사람이 보는 눈), 뭇따래기/무따래기(잇대어 나타나 남의 일을 훼방 놓는 무리. 아무 데도 쓸모없는 어중이떠중이들), 뭇떡잎, 뭇뜻, 뭇매/질/하다, 뭇바리(여러 친구와 동료), 뭇발길/질/하다, 뭇방치기(주책없이 함부로 남의 일에 간섭하는 짓. 또는 그 무리)/하다, 뭇벌레, 뭇별, 뭇봉우리, 뭇사내, 뭇사람, 뭇사랑, 뭇새(여러 가지 많은 새), 뭇생각, 뭇생명(生命), 뭇섬[군도(群島)], 뭇소리, 뭇손(수많은 손), 뭇시선(視線), 뭇아귀(여러 귀신), 뭇웃음, 뭇입(여러 사람이 나무라는 말), 뭇자식, 뭇지위(여러 목수), 뭇잡종(雜種), 뭇줄(삼으로 굵게 드린 바), 뭇짐승, 뭇칼질(난도질), 뭇풀, 뭇호걸(豪傑).

688) 무리떡: 무리로 만든 떡. 켜를 짓지 않고 찐 시루떡. 백설기.

무쉬 조금의 다음 날인 음력 8, 9일과 23, 24일. 조수가 조금 붇기 시작하는 물때.

무슨 ①사물의 내용이나 본질적인 속성에 대한 의문을 나타내는 말.≒어떤. ¶무슨 일로 오셨습니까? ②사물을 꼭 집어 낼 수 없을 때 들떼놓고 하는 말. ¶무슨 수를 쓰긴 써야겠다. ③못마땅하거나 반대의 뜻을 강조하는 말. ¶무슨 사람이 그 모양이지. 무슨 여자가 저래. 대낮에 술은 무슨 술이야. 무슨짝689).

무시무시 몹시 무서운 느낌. ¶공포 영화는 무시무시 겁나는 장면이 많다. 무섭다690), 무시무시하다.

무시근-하다 성미가 느리고 야무지지 못하며 흐리터분하다. ¶무시근한 사람.

무양무양-하다 너무 고지식하여 융통성이 없다.≒답답하다. ¶무양무양한 사람이다. 무양무양히(융통성이 없이).

무엇 이름·내용 또는 직책이나 직위를 모르거나 또는 아직 정해지지 않았거나 분명치 않은 사물을 가리키는 말. 〈준〉머. 무어. 뭐. 뭣. ¶그게 무엇이냐? 직업이 무엇이냐? 여기에 무엇이 있었는데 눈에 보이지 않는다. 무엇하다691), 무얼/뭘(무엇을), 무에(무엇이), 머시('무엇이'의 준말).

무에리-수에 돌팔이장님이 점을 치라고 길거리로 다니면서 외치던 소리.[←문수에(問數)].

무연-하다 아득하게 넓다. ¶차창 밖으로는 벼이삭이 물결치는 무연한 들판이 한눈에 안겨 왔다. 무연히(무연하게).

무엿무엿 김이나 연기가 무럭무럭 나는 모양. ¶김이 무엿무엿 나는 여물(짐승먹이).

무이(다) 하는 일을 중간에서 끊어서 무지르다. 부탁 따위를 잘라서 거절하다. ¶말을 하다가 중동을 무이고 갑자기 말끝을 바꾸다. 어찌 네가 내 말을 무일 수가 있느냐? 냉정히 무이다. 중동무이(中)692).

무자리¹ ①후삼국으로부터 고려 시대에 걸쳐 일정한 거처가 없이 떠돌아다니던 족속. 양수척(揚水尺). ②조선 시대의 관비.

무-자리² 논에 물을 대어야 하는 곳. ☞ 물¹.

무작-하다 무지하고 우악하다. ¶몹시 무작한 짓. 무작하게 그들을 대문 밖으로 내몰았다. 주먹질을 무작스럽게 한다. 무작스럽다.

무장¹ '목무장(상투와 턱을 잡아서 빙 돌리는 씨름 기술)'의 준말.

무장² 갈수록 더.≒더욱. ¶날씨가 무장 더워만 간다. 사태는 무장 어려워진다. 그 울림소리가 무장 선명하게 들려오며 진규는 심한 헛구역질을 하기 시작했다.

무전 앞바퀴에는 손으로 누르는 브레이크가 있고, 뒷바퀴에는 페달을 반대 방향으로 밟아 멈추게 되어 있는 자전거.

무-죽다 야무진 맛이 없다. ¶사람이 무죽다.

무중 뜻밖에 갑자기.=무심중.

무지¹ 한 섬이 완전하게 못 차는 곡식. ¶가을 추수에 얻은 것이 겨우 보리 무지뿐이다.

무지² 무더기로 쌓여 있는 더미. 또는 그것을 세는 말. ¶석탄 한 무지. 무져놓다(무더기로 쌓아 놓다), 무지다(무더기로 모아 쌓다); 거름무지, 눈무지(눈이 많이 쌓인 곳), 돌무지, 모래무지, 불무지(모닥불을 피워 놓은 더미), 산호무지(珊瑚), 자갈무지, 재무지(재가 무더기로 쌓여 있는 더미), 조개무지(조개더미), 짚무지, 흙무지 들.

무지개 공중에 떠 있는 물방울이 햇빛을 받아 나타내는 반원 모양의 일곱 빛깔의 줄. '무지개 모양'을 뜻하는 말. ¶무지개구름, 무지개다리, 무지개떡, 무지개무늬, 무지개문(門), 무지갯발, 무지갯빛, 무지갯살, 무지개치마; 꽃무지개, 수무지개, 쌍무지개(雙), 암무지개, 옥무지개(玉), 이차무지개(二次;암무지개). ☞ 홍(虹).

무지기 치마 속에 입는 짧막한 통치마. 끝에 갖가지 빛깔의 물을 들이어서 다 입으면 무지갯빛을 이룸.[←무지개]. ¶빨강무지기(끝에만 빨간 물을 들인 무지기), 삼합무지기(三合), 연봉무지기(蓮;연꽃처럼 끝 부분만 물들인 무지기), 오합무지기(五合), 칠합무지기(七合), 파랑무지기, 흰무지기(물을 들이지 아니한 무지기) 들.

무지르(다)¹ 한 부분을 잘라버리다. 말을 중간에 끊다. 가로질러 가다.[〈무지다(끊다)]. ¶나뭇가지를 무지르다. 말을 중간에 무지르고 나서다. 모지라·무지러지다(끝이 닳아 없어지다), 무지렁이693), 무질다694), 무질러뜨리/트리다, 무질리다(무지름을 당하다).

무지르(다)² 닥치는 대로 막 밀거나 제기다. ¶무찌르다695); 짓무찌르다.

무진대 썩어서 물큰물큰하게 된 통나무.

무척 다른 것과 견줄 수가 없이 매우. 보통의 정도를 지나서. 심한 또는 높은 정도로. 대단히.≒몹시. 아주. 썩. 훨씬. 많이. 굉장히. 엄청. ¶무척 좋아하다/ 기쁘다. 무척 힘들다. 무척 크다. *무척 작다.

---

689) 무슨짝: ①무슨 몰골이나 면목. ¶그게 무슨짝이냐? ②무슨 필요. ¶그걸 무슨짝에 쓰겠니? ☞ 짝².

690) 무섭다: 상대방의 위력에 눌리어 겁이 나다. 공포감을 느껴 두렵다. 놀랄 만하다. 다부지거나 영악하다. 심하고 지독하다(사납다).[←*므시/므싀(다)+업다]. 〈작〉매섭다. ¶무서운 개. 밤길이 무섭다. 무서운 추위. 만나기가 무섭게(곧) 셈부터 따지다. 무서움/무섬, 무서워지다/하다, 무섬증(症).

691) 무엇하다: 표현하기에 알맞은 형용사를 생각해 내기 어려울 때, 암시적으로 대신 쓰는 말. 주로 '곤란하다. 난처하다. 언짢다. 싫다'의 뜻을 나타냄. 〈준〉뭐하다. 뭣하다. ¶빈손으로 가기는 무엇하다.

692) 중동무이(中): 하던 일이나 말을 끝맺지 아니하고 중간에서 흐지부지함. ¶인사말을 하다가 중동무이하다.

693) 무지렁이: ①일이나 이치에 어둡고 어리석은 사람. ¶우리 같은 무지렁이가 뭘 알겠습니까? ②무지러지거나 헐어서 못 쓰게 된 물건. ¶이런 무지렁이를 어디에 쓰려고 하나?

694) 무질다: 끝이 무지러져 뭉뚝하다.↔뾰족하다. ¶연필 끝이 닳아서 무질다. 무질뜨리다, 무질러뜨리다, 무질리다(무지름을 당하다).

695) 무찌르다: 적을 쳐서 짓부수거나 없애다. 가리지 아니하고 마구 쳐들어가다. ¶적을 무찌르다. 무찔리다.

무치(다) 나물 따위에 양념을 하여 버무리어 맛을 고르다. ¶산나물을 진간장에 무쳐서 먹다. 무침[696].

무턱 어찌할 까닭이나 재료나 또는 능력이 없음. ¶무턱 사람을 찾아 나서다. 무턱/대고(공중대고;잘 헤아려 보지도 않고 마구).

무텅이 거친 땅에 논밭을 일구어서 곡식을 심는 일.

무트로 한목에 많이. ¶조금씩 가져가지 말고 무트로 가져가거라. 이익을 무트로 차지하다.

-무트름(하다) '검다'의 어간과 '하다' 사이에 붙어 '얼굴 빛깔이 조금 짙거나 토실토실함'의 뜻을 더하는 말. ¶가마[697] · 까마 · 거머 · 꺼머무트름하다.

묵 메밀이나 녹두 · 도토리 따위의 앙금을 되게 쑤어 굳힌 음식. ¶묵을 쑤다. 묵국(청포탕), 묵나물(썰어서 무친 묵), 묵당수, 묵모(네모나게 만들어 놓은 묵), 묵무침, 묵물[묵물국, 묵물죽(粥)], 묵밥, 묵볶이, 묵비지, 묵사발(沙鉢), 묵저냐, 묵적(炙), 묵전(煎), 묵주머니[698], 묵지[699], 묵채밥, 묵철(鐵;무쇠를 녹여 만든 탄알), 묵청포(淸泡;초나물에 녹말묵을 썰어 넣고 만든 음식), 묵튀각; 노랑묵(치자를 물에 타서 쑨 녹말묵), 녹두묵(綠豆), 녹말묵(綠末;청포), 단팥묵, 도토리묵, 동부묵, 메밀묵, 밤묵, 백묵(白;녹말로 쑨 흰 묵), 생선묵(生鮮), 수숫묵, 어묵(魚), 옥수수묵, 올챙이묵, 우무묵[한천(寒天)], 제물묵(녹두를 맷돌에 갈아 짜낸 물로 쑤어 굳힌 묵), 조묵(좁쌀가루로 쑨 묵), 청포묵, 팥묵. §'깻묵[들깻묵, 참깻묵, 콩깻묵]'에서 '묵'은 '찌끼'를 뜻함.

묵(墨) ①'먹. 먹물'을 뜻하는 말. ¶묵을 갈다. 묵객(墨客), 묵대(墨帶), 묵란도(墨蘭圖), 묵립(墨笠), 묵상(墨床), 묵색(墨色)[묵색임리(淋漓), 묵색창윤(蒼潤)], 묵선(墨線), 묵수(墨守)[700], 묵자(墨字), 묵적(墨跡/迹), 묵조(墨詔;임금이 직접 쓴 조서. 墨勅), 묵죽/화(墨竹/畵), 묵즙(墨汁;먹물), 묵지(墨池), 묵지(墨紙), 묵척(尺;먹자), 묵첩(墨帖), 묵최(墨衰), 묵필(墨筆), 묵향(墨香), 묵형(墨刑;黥), 묵화(墨花), 묵화(墨畵;먹그림), 묵훈(墨暈), 묵흔(墨痕); 결묵(結墨), 고묵(古墨), 근묵자흑(近墨者黑), 농묵(濃墨), 담묵(淡墨), 대묵(臺墨;남의 편지에 대한 높임말), 도묵(刀墨;문신하는 형벌), 도묵(塗墨;먹을 칠함), 마묵(磨墨), 문묵(文墨), 방묵(芳墨), 백묵(白墨), 석묵(石墨), 세묵(細墨), 송연묵(松煙墨;솔먹. 숯먹), 수묵(水墨), 숙묵(宿墨), 승묵(繩墨;먹줄), 연지묵(臙脂墨), 유묵(流墨), 유묵(遺墨), 유연묵(油煙墨;기름먹), 이금묵(泥金墨), 입묵(入墨;먹물뜨기), 주묵(朱墨), 지묵(紙墨), 진묵(眞墨), 채묵(彩墨), 취묵(醉墨), 탄소묵(炭素), 필묵(筆墨), 희묵(戲墨). ②제자백가의 한 파인 묵자(墨子). '더러움'을 뜻하는 말. ¶묵가(墨家), 묵수(墨守=固守); 탐묵(貪墨).

묵(默) '잠잠하다. 입 다물다'를 뜻하는 말. ¶묵계(默契;默約), 묵고(默考;默想), 묵고(默稿), 묵과(默過)[701], 묵극(默劇;無言劇), 묵기도(默祈禱), 묵낙(默諾), 묵념(默念;마음속으로 빎), 묵도(默禱;마음속으로 기도함), 묵독(默讀), 묵량(默諒), 묵례(默禮), 묵묵부답(默默不答), 묵묵(默默;아무 말 없이 잠잠함)[묵묵무언(無言), 묵묵부답(不答)], 묵비(默秘;비밀로 하여 말하지 않음)[묵비권(權), 묵비의무(義務), 묵비하다], 묵살(默殺)[702], 묵상(默想;말없이 조용히 생각함)/하다, 묵시(默示)[703], 묵시(默視)[704], 묵식(默識;말없이 마음속으로 앎), 묵약(默約), 묵언(默言), 묵연양구에(默然良久), 묵연하다(默然;잠잠히 말이 없다), 묵우(默祐;말없이 도움), 묵유(默諭;말없이 가르침), 묵음(默吟;소리 없이 시를 읊음), 묵음(默音;발음되지 아니하는 소리), 묵인(默認)[묵인되다/하다, 묵인의무(義務)], 묵적하다(默寂), 묵존(默存), 묵종(默從), 묵좌(默坐), 묵주(默珠;염주처럼 줄에 꿴 구슬), 묵중하다(默重)[705], 묵허(默許;默認), 묵회(默會;말없이 깊이 생각하는 가운데 스스로 깨달음); 간묵하다(簡默), 공묵(恭默), 과묵하다(寡默), 신묵(愼默), 암묵(暗默)[암묵리(裡), 암묵적(的)], 적묵(寂默), 침묵(沈默), 함묵(含默), 함묵(緘默) 들.

묵(纆) '노(끈)'를 뜻하는 말. ¶휘묵(徽纆;죄인을 묶는 데 쓰는 두 가닥이나 세 가닥으로 꼰 노).

묵(다)¹ 많은 시간이 지난 상태가 되다(≒오래되다. 낡다. 썩다). 밭이나 논이 사용되지 않아 버려진 상태에 있다. ¶십 년 묵은 체증. 묵은 장 쓰듯. 백 년 묵은 여우. 여러 해 묵은 비탈밭. 묵나물(묵은 나물)/밥, 묵무덤/묵뫼(오랫동안 돌보지 않은 무덤), 묵밭(묵정밭), 묵삭다[706], 묵솜(묵은 솜.↔햇솜), 묵어나다, 묵은-[707], 묵이[708], 묵재[709], 묵정논, 묵정밭[710], 묵정이(오래 묵은 물건. 故物), 묵히다'(제자리에 그냥 묵게 하다. 쓰지 않고 그냥 묵

---

696) 무침: 가오리무침, 간무침, 게포무침, 골뱅이무침, 나물무침, 묵무침, 미역무침, 북어무침(北魚), 시금치무침, 오이지무침, 오징어무침, 제육무침[←저육(豬肉)], 초무침(醋), 콩나물무침, 파래무침, 회무침(膾).

697) 가마무트름하다: 가무스름하고 토실토실하다. ¶얼굴이 가마무트름하다.

698) 묵주머니: ①묵물을 짜는 데 쓰는 큰 주머니. ②뭉개고 짓이기거나 하여 못 쓰게 된 물건. ③말썽이 일어나지 않도록 잘 달래고 주무르는 일. ¶사람들 사이의 갈등은 그럭저럭 묵주머니가 되어 갔다. 묵주머니를 만들다(물건을 뭉개어 못쓰게 만들다. 싸움을 말리어 잘 조정하다).

699) 묵지[-찌]: 납을 끓여 만든 덩어리.

700) 묵수(墨守): 제 의견이나 생각, 또는 옛날 습관 따위를 굳게 지킴. 중국 춘추시대 묵자가 성을 잘 지켜 초나라의 공격을 아홉 번이나 물리쳤다는 데서 유래함.

701) 묵과(默過): 말없이 지나쳐 버림. 알고도 모르는 체 넘겨 버림. ¶부정 행위를 보고 묵과할 수는 없다. 묵과되다/하다.

702) 묵살(默殺): ①보고도 못 본 체하고 내버려 둠. ¶행패를 보고도 묵살하다. ②의견이나 제언 따위를 듣고도 못 들은 체하고 문제 삼지 않음. ¶그의 의견을 묵살하다. 묵살되다/하다.

703) 묵시(默示): 말없는 가운데 자기의 의사를 나타내 보임. ¶묵시적으로 합의를 하다. 묵시록(錄), 묵시적(的), 묵시하다.

704) 묵시(默視): ①말없이 눈여겨봄. ②간섭하지 않고 일이 되어가는 대로 가만히 보기만 함. ¶그의 횡포를 더는 묵시할 수 없다. 이제 더 이상 묵시할 수 없다.

705) 묵중하다(默重): 말이 아주 적고 몸가짐이 무겁다. ¶묵중한 태도. 몸가짐이 묵중하다.

706) 묵삭다: 오래되어 썩은 것처럼 되다. ¶묵삭은 오막살이집.

707) 묵은-: 묵은내, 묵은눈(오랫동안 녹지 않은 눈), 묵은닭, 묵은땅, 묵은때, 묵은똥, 묵은먹, 묵은물, 묵은밥, 묵은빚, 묵은세배(歲拜), 묵은셈(오래된 빚), 묵은솜, 묵은쌀, 묵은잎, 묵은장/묵장(將), 묵은장(醬), 묵은지(묵은 김치), 묵은찌끼(노폐물), 묵은해(지난해↔새해).

708) 묵이: 오래된 일이나 물건. 오랫동안 처리하지 않았던 일. ¶두 해 묵이. 묵이매(낳아서 한 해를 지난 매), 묵이배; 구년묵이(舊年;여러 해 묵은 물건. 어떤 일에 오래 종사한 사람).

709) 묵재: 불기가 없는 식은 재.

710) 묵정밭: 오래 내버려두어 거칠어진 밭. 묵밭.

게 하다); 고묵다(古;오래 묵다), 여년묵다(여러 해 동안 묵다), 케케묵다, 해묵다(물건이 한 해를 지나다)/묵히다 들.

묵(다)² 일정한 곳에 나그네로 머무르다.≒쉬다. 유숙하다(留宿). ¶하룻밤을 낯선 곳에서 묵다. 묵새기다[711], 묵어가다, 묵히다²(나그네를 집에 두어 머무르게 하다) 들.

묵사리 조기떼가 알을 슬려고 연안 가까이에 밀려들어 머무는 일. 또는 그때.

묵찌빠 '가위바위보'를 이르는 말.

묶(다) 새끼나 끄나풀 따위로 단을 지어 잡아매다. 얽어매다. 한군데로 모아 합치다.≒매다. 모으다.↔풀다. 끄르다. ¶볏단을 묶다. 손발을 꽁꽁 묶다. 묶어세우다(하나의 통일된 체계로 만들다), 묶어치밀다[712], 묶음[묶음심기, 묶음표(標); 주먹묶음], 묶이다. ☞속(束).

문(文) ①학문·문화·예술을 무(武)에 상대하여 이르는 말. ¶문은 무보다 강하다. ②일부 명사나 한자어 어근에 붙어 '글, 문체, 문장'의 뜻을 나타내는 말. ¶문갑(文匣)[외문갑], 문건(文件), 문격(文格), 문고(文庫)[문고본(本), 문고판(版); 마을문고, 이동문고(移動), 학급문고(學級)], 문고(文藁), 문과(文科), 문관(文官), 문괴(文魁), 문교(文交), 문교(文敎), 문교(文驕), 문구(文句), 문구(文具), 문권(文券), 문기(文記), 문념무희(文恬武嬉), 문단(文段), 문단(文壇), 문담(文談), 문답(文答), 문덕(文德), 문도(文道), 문동(文童), 문력(文力), 문례(文例), 문리/해석(文理/解析), 문림(文林), 문망(文望), 문맥(文脈), 문맹(文盲)[문맹도(度), 문맹률(率), 문맹자(者), 문맹타파(打破), 문맹퇴치(退治)], 문면(文面), 문명(文名), 문명(文明)[713], 문묘(文廟;공자를 모신 사당), 문무(文武)[714], 문묵/종사(文墨/從事), 문물/제도(文物/制度), 문민/정치(文民/政治), 문반(文班), 문방(文房)[문방구(具), 문방사우(四友); 옥문방(玉)], 문범(文範), 문법(文法)[715], 문부(文簿), 문빙(文憑), 문사(文士), 문사(文事), 문사(文思;글의 구상), 문사(文辭), 문서(文書)[716], 문석(文石), 문선(文選), 문세(文勢), 문수(文數), 문식(文飾;글을 꾸밈), 문식(文識), 문신(文臣), 문신(文身;살갗에 무늬 따위를 새김), 문아/풍류(文雅/風流), 문안(文案), 문야(文野;문명과 야만), 문약하다(文弱), 문양(文樣;무늬), 문어(文語)[문어문(文), 문어체(體)], 문언(文言), 문예(文藝)[717], 문우(文友), 문운(文運), 문웅(文雄), 문원(文苑), 문의(文意/義), 문인(文人)[문인극(劇), 문인석(石), 문인화(畵)], 문자(文字)[718], 문장(文狀), 문장(文章)[719], 문재(文才), 문적(文蹟), 문적(文籍), 문전(文典), 문절(文節), 문제(文題), 문조(文藻;문장의 멋), 문증(文證), 문직(文職;문관의 벼슬), 문진(文鎭), 문질(文質), 문집(文集), 문채(文彩), 문첩(文牒), 문체/론(文體/論), 문치(文治), 문투(文套), 문풍(文風), 문필(文筆)[문필가(家), 문필계(界), 문필업(業)], 문학(文學)[720], 문한/가(文翰/家),

711) 묵새기다: ①별로 하는 일 없이 한 곳에서 오래 묵으며 날을 보내다. ¶기약 없는 사람 그냥 묵새기고 앉아 기다릴 수도 없어 행구를 챙기기 시작하는데 갑자기 나타났다. ②마음의 고충이나 흥분 따위를 애써 참으며 넘겨 버리다. ¶슬픔을 묵새기다.

712) 묶어치밀다: 한데 몰려 위로 솟아오르다.

713) 문명(文明): 인지(人智)가 발달하여 인간 생활이 풍부하고 편리해진 상태. ¶문명개화(開化), 문명국(國), 문명병(病), 문명비평(批評), 문명사(史), 문명사회(社會), 문명인(人), 문명적(的), 문명하다; 고대문명(古代), 기계문명(機械), 도시문명(都市), 물질문명(物質), 정신문명(精神), 현대문명(現代).

714) 문무(文武): 문무겸전(兼全), 문무관(官), 문무백관(百官), 문무석(石), 문무석인(石人), 문무쌍전(雙全); 예성문무(叡聖).

715) 문법(文法): 문장 구성의 법칙. 말본. ¶문법가(家), 문법학자(學者): 국문법(國), 기능문법(機能), 비교문법(比較), 생성문법(生成), 이론문법(理論), 전통문법(傳統), 학교문법(學校).

716) 문서(文書): 필요한 사항을 문장으로 적어서 나타낸 글. ¶문서고(庫), 문서궤(櫃), 문서낭(囊), 문서놀음(문서질), 문서대(袋), 문서변조(變造), 문서손괴/죄(損壞/罪), 문서심사(審査), 문서위조/죄(僞造/罪), 문서은닉/죄(隱匿/罪), 문서장(狀), 문서질/하다, 문서책(冊), 문서철(綴), 문서체(體), 문서화/되다/하다(化); 가문서(假), 고문서(古), 공문서(公), 공증문서(公證), 관문서(官), 괴문서(怪), 기밀문선(機密), 논문서, 돈문서, 땅문서, 무릎문서, 밭문서. 불온문서(不穩), 비밀문서(秘密), 사문서(私), 외교문서(外交), 외줄기문서(여러 조목을 두지 아니한 계약이나 적발), 위조문서(僞造), 준문서(準), 집문서.

717) 문예(文藝): 학문과 예술. 미적 현상을 사상화(思想化)하여, 언어로 표현한 예술 작품. ¶문예가(家), 문예관(觀), 문예극(劇), 문예란(欄), 문예물(物), 문예미학(美學), 문예부흥(復興), 문예비평(批評), 문예사조(思潮), 문예열(熱), 문예영화(映畵), 문예운동(運動), 문예이론(理論), 문예작품(作品), 문예지(誌), 문예철학(哲學), 문예평론/가(評論/家), 문예학(學), 문예활동(活動); 신문예(新).

718) 문자(文字): 말의 소리와 뜻을 시각적으로 표시하는 체계적인 기호. 글자. ¶문자 그대로(조금도 과장 없이 사실 그대로). 문자도안(圖案), 문자반(盤), 문자식(式), 문자언어(言語), 문자투(套), 문자학(學), 문자해석(解釋), 문자혁명(革命); 각목문자(刻木), 갑골문자(甲骨), 결승문자(結繩), 겹문자, 과두문자(蝌蚪), 국문자(國), 그림문자, 금문자(金), 금석문자(金石), 기호문자(記號), 단어문자(單語), 단음문자(單音), 대문자(大), 도안문자(圖案), 두문자(頭), 묘도문자(墓道;묘비, 묘지 따위에 새겨 넣는 글자), 배문자(背;책표지의 등에 박은 문자), 불립문자(不立;마음으로 깨달은 불도), 붙은문자(熟語(숙어)), 사음문자(寫音), 상형문자(象形), 생문자(生), 설형문자(楔形), 소문자(小), 신성문자(神聖), 육두문자(肉頭), 은문자(銀), 음소문자(音素), 음절문자(音節), 음표문자(音標), 이체문자(異體), 초문자(草), 초해문자(稍解;글자나 겨우 풀어 볼 정도로 무식을 면함), 특수문자(特殊), 표어문자(表語), 표음문자(表音), 표의문자(表意), 회화문자(繪畵).

719) 문장(文章): 어떤 생각이나 느낌을 줄거리를 세워 글자로써 적어 나타낸 것. 글발. ¶문장가(家), 문장도(道), 문장력(力), 문장론(論), 문장미학(美學), 문장법(法), 문장부호(符號), 문장삼이(三易;보기 쉽고, 알기 쉽고, 읽기 쉬운 것), 문장성분(成分), 문장화(化); 겹문장, 난문장(難), 대문장(大), 명문장(名), 안긴문장, 안은문장, 어깨너머문장, 이어진문장, 진문장(眞), 홑문장.

720) 문학(文學): 글에 대한 학문. 인간의 사상과 감정을 언어로 표현한 예술. ¶문학가(家), 문학계(界), 문학도(徒), 문학론(論), 문학사(史), 문학상(賞), 문학인(人), 문학자(者), 문학작품(作品), 문학적(的); 강단문학(講壇), 경문학(硬), 경문학(輕), 경향문학(傾向), 계급문학(階級), 계몽문학(啓蒙), 계시문학(啓示), 고발문학(告發), 고백문학(告白), 고전문학(古典), 공리문학(功利), 구비문학(口碑), 구승문학(口承), 구전문학(口傳), 국문학(國), 국민문학(國民), 궁정문학(宮廷), 궁중문학(宮中), 규방문학(閨房), 극문학(劇), 기록문학(記錄), 기행문학(紀行), 농민문학(農民), 대중문학(大衆), 도피문학(逃避), 망명문학(亡命), 목적주의문학(目的主義), 반전문학(反戰), 반항문학(反抗), 방랑문학(放浪), 번역문학(飜譯), 보고문학(報告), 불교문학(佛敎), 비교문학(比較), 산악문학(山岳), 서간문학(書簡), 서민문학(庶民), 서생문학(書生), 서한문학(書翰), 설화문학(說話), 세계문학(世界), 속문학(俗), 순수문학(純粹)/순문학(純), 시문학(詩), 시민문학(市民), 신문학(新), 실화문학(實話), 아동문학(兒童), 어용문학(御用), 어촌문학(漁村), 에로문학(erōs), 연문학(軟), 열정문학(劣情), 염세문학(厭世), 온실문학(溫室), 외국문학(外國), 운문문학(韻文), 유탕문학(遊蕩), 이두문학(吏讀), 자서문학(自序), 저항문학(抵抗), 적층문학(積層), 전기문학(傳奇), 전기문학(傳記), 전승문학(傳承), 전원문학(田園), 전쟁문학(戰爭), 전통문학(傳統), 전향문학(轉向), 종교문학(宗敎), 지성문학(知性), 지하문학(地下), 참여문학(參與), 천민문학(賤民),

문헌(文獻)[문헌설화(說話), 문헌집(集), 문헌학/적(學/的); 고문헌(古), 참고문헌(參考)], 문형(文型), 문형(文衡), 문호(文豪), 문화(文化)[721], 문화(文火), 문화(文華), 문화(文話); 감사문(感謝文), 감상문(感想文), 감탄문(感歎文), 건의문(建議文), 게시문(揭示文), 격문(檄文), 격려문(激勵文), 결문(結文), 결의문(決意文), 결의문(決議文), 경개문(梗槪文), 경고문(警告文), 경문(經文), 경찬문(慶讚文), 계문(戒文), 계통문(契通文), 고문(古文), 고문(高文), 고불문(告佛文), 고유문(告由文), 고천문(告天文), 공문(公文), 공문(空文), 공거문(公車文), 공고문(公告文), 공덕문(功德文), 공시문(公示文), 공포문(公布文), 과문(科文), 관문(官文), 광고문(廣告文), 교독문(交讀文), 교명문(敎命文), 구문(具文), 구문(構文), 구문(歐文), 구어문(口語文), 국문(國文), 권고문(勸告文), 권도문(勸道文), 권선문(勸善文), 권왕문(勸往文), 권학문(勸學文), 규문(奎文;학문과 문물), 금문(金文), 금고문(今古文), 금석문(金石文), 긍정문(肯定文), 기문(奇文), 기고문(寄稿文), 기공문(記功文), 기도문(祈禱文), 기록문(記錄文), 기사문(記事文), 기실문(記實文), 기안문(起案文), 기청문(起請文), 기행문(紀行文), 난문(難文), 내수도문(內修道文), 노문(路文), 논문(論文), 논설문(論說文), 논술문(論述文), 능문(能文), 단문(短文), 단문(單文), 달문(達文), 담화문(談話文), 대문(大文), 대화문(對話文), 도문(倒文), 동문(同文), 만문(漫文;수필), 매문(賣文), 맹세문(盟誓文), 명문(名文), 명문(明文), 명문(銘文), 명령문(命令文), 모연문(募緣文), 무문(舞文;문어문(文語文), 문예문(文藝文), 미문(美文), 박문(博文), 박문/하다(駁文), 반교문(頒敎文), 반박문(反駁文), 반성문(反省文), 반영문(反映文), 반조문(頒詔文), 발문(跋文), 발문(發文), 발기문(發起文), 발원문(發願文), 발췌문(拔萃文), 방문(榜文), 방담문(放膽文), 배문(配文), 배해문(俳諧文), 백문(白文), 백수문(白首文), 백화문(白話文), 번안문(飜案文), 번역문(飜譯文), 범문(梵文), 법문(法文), 벽사문(辟邪文), 변려/병려문(騈儷文), 보문(補文), 보고문(報告文), 복문(複文), 복주문(伏奏文), 본문(本文), 부문(浮文), 부정문(否定文), 분황문(焚黃文), 불문(不文), 비문(碑文), 비문(秘文), 비문(非文), 비평문(批評文), 빙문(憑文), 사문(死文), 사문(赦文), 사문(斯文), 사과문(謝過文) 사생문(寫生文), 사죄문(謝罪文), 산문(散文)[산문극(劇), 산문시(詩), 산문체(體)], 상문(上文), 상문(尙文), 상량문(上樑文), 상소문(上疏文), 상업문(商業文), 상용문(商用文), 상주문(上奏文), 서문(序文), 서문(誓文), 서간문(書簡文), 서경문(敍景文), 서고문(誓告文), 서독문(書牘文), 서사문(敍事文), 서약문(誓約文), 서정문(抒情文), 서한문(書翰文), 석문(石文), 석문(釋文), 선고문(宣告文), 선서문(宣誓文), 선언문(宣言文), 설문(說文), 선전문(宣傳文), 설명문(說明文), 성문(成文), 성명문(聲明文), 성토문(聲討文), 소감문(所感文), 소품문(小品文), 속문(俗文), 속문(屬文), 송문(誦文), 송덕문(頌德文), 수렵문(狩獵文), 수상문(隨想文), 수필문(隨筆文), 숙속지문(菽粟之文), 숭문(崇文), 시문(時文), 시문(詩文), 시책문(諡册文), 실용문(實用文), 악문(惡文), 안문(案文), 안내문(案內文), 암호문(暗號文), 애책문(哀册文), 약문(約/略文), 약방문(藥方文)/방문(方文), 양문(陽文), 어문(語文), 언문(言文), 언문(諺文), 역문(譯文), 연문(衍文), 연문(戀文), 연설문(演說文), 염문(艶文), 염향문(拈香文), 영작문(英作文), 예문(例文), 예문(禮文), 예문(藝文), 예술문(藝術文), 옥문(玉文;아름다운 문자), 옥책문(玉册文), 완문(完文;官의 증명서), 용문(冗文), 용장문(冗長文), 우문(右文), 운문(韻文), 웅문(雄文), 원문(原文), 원문(願文), 위문문(慰問文), 유문/집(遺文/集), 유세문(誘說文), 윤문윤무(允文允武), 율문(律文), 음문(陰文), 음즐문(陰騭文), 의문(儀文), 의고문(擬古文), 의문문(疑問文), 인문(人文), 인용문(引用文), 일문(逸文), 자문(刺文), 작문(作文), 작자문(作者文), 잡문(雜文), 장문(長文), 전문(全文), 전문(前文), 전문(電文), 전문(箋文), 전문(錢文), 전기문(傳記文), 전보문(電報文), 정문(正文), 정오문(正誤文), 제문(祭文), 제축문(祭祝文), 조문(弔文), 조문(條文), 조의문(弔意文), 졸문(拙文), 종속문(從屬文), 종정문(鐘鼎文), 주문(主文), 주문(呪文), 주문(奏文), 주문(註文), 주원문(呪願文), 중문(重文), 증문(證文), 지문(至文), 지문(地文;바탕글), 지문(誌文), 지방문(紙榜文), 지시문(指示文), 진문(眞文), 진술문(陳述文), 진혼문(鎭魂文), 집행문(執行文), 차문(借文), 찬문(撰文;글을 지음), 참문(讖文), 참회문(懺悔文), 창의문(倡義文), 책봉문(册封文), 천자문(千字文), 천혼문(薦魂文), 청문(請文), 청유문(請由文), 초대문(招待文), 초심문(初心文), 추념문(追念文), 추도문(追悼文), 축문(祝文), 축귀문(逐鬼文), 축원문(祝願文), 축하문(祝賀文), 취지문(趣旨文), 탄원문(歎願文), 탄핵문(彈劾文), 탈문(脫文), 탑문(榻文), 통문(通文), 통고문(通告文), 통속문(通俗文), 통신문(通信文), 판결문(判決文), 팔고문(八股文), 평문(平文), 평서문(平敍文), 포고문(布告文), 포덕문(布德文), 포유문(包有文), 표백문(表白文), 표문(表文), 풍송문(諷誦文), 하문(下文), 학문(學文;시서육예를 배움), 한담문(閑談文), 합의문(合意文), 항의문(抗議文), 해설문(解說文), 해행문(蟹行文), 행문(行文), 허문(許文), 허문(虛文), 현대문(現代文), 혐문(嫌文), 협박문(脅迫文), 협정문(協定文), 호소

초인문학(超人), 치정문학(癡情), 토인문학(土人), 통속문학(通俗), 퇴폐문학(頹廢), 투쟁문학(鬪爭), 패관문학(稗官), 폭로문학(暴露), 풍자문학(諷刺), 한글문학, 한문학(漢), 해양문학(海洋), 해학문학(諧謔), 향토문학(鄕土), 혁명문학(革命), 현대문학(現代).

721) 문화(文化): 문명이 발달되어 생활이 편리하게 되는 일. 진리를 구하고 끊임없이 진보·향상을 꾀하는 인간의 정신적 활동. ¶문화를 교류하다. 문화를 창조하다. 찬란한 문화의 꽃을 피우다. 문화가치(價値), 문화경관(景觀), 문화계(界), 문화과학(科學), 문화국가(國家), 문화권(圈), 문화단체(團體), 문화도시(都市), 문화마찰(摩擦), 문화물(物), 문화민족(民族), 문화변용(變容), 문화병(病), 문화보호법(保護法), 문화복합(複合), 문화비(費), 문화사(史), 문화상(相), 문화생활(生活), 문화성(性), 문화수준(水準), 문화시설(施設), 문화양식(樣式), 문화어(語), 문화영역(領域), 문화영웅(英雄), 문화영화(映畵), 문화요소(要素), 문화유산(遺産), 문화유형(類型), 문화인(人), 문화인류학(人類學), 문화재(財)[매장문화재(埋藏), 무형문화재(無形), 유형문화재(有形), 인간문화재(人間), 지정문화재(指定)], 문화접촉(接觸), 문화정치(政治), 문화주변(周邊), 문화주의(主義), 문화주택(住宅), 문화중심(中心), 문화지역(地域), 문화지체(遲滯), 문화지표(指標), 문화촌(村), 문화층(層), 문화특질(特質), 문화포장(褒章), 문화풍토(風土), 문화혁명(革命), 문화훈장(勳章); 거석문화(巨石), 건축문화(建築), 고급문화(高級), 고유문화(固有), 공동체문화(共同體), 귀족문화(貴族), 기독교문화(基督敎), 기층문화(基層), 내해문화(內海), 농경문화(農耕), 다문화(多), 대중문화(大衆), 대항문화(對抗), 도작문화(稻作;벼농사를 하는 민족의 생활양식이나 사회 구조), 물질문화(物質), 민족문화(民族), 반문화(反), 방송문화(放送), 불교문화(佛敎), 불함문화(不咸), 생활문화(生活), 사회문화(社會), 서민문화(庶民), 선진문화(先進), 소비문화(消費), 식문화(食), 아동문화(兒童), 언어문화(言語), 외래문화(外來), 인류문화(人類), 저질문화(低質), 전통문화(傳統), 정신문화(情神), 정치문화(政治), 제도적문화(制度的), 주거문화(住居), 지리문화(地理), 출판문화(出版), 하위문화(下位), 향토문화(鄕土).

문(呼訴文), 혼문(混文), 혼성문(混成文), 환영문(歡迎文), 황문(荒文), 회문(回文), 회향문(回向文), 회화문(會話文), 횡문(橫文), 효유문(曉諭文), 희문(戲文). ③'나타남[현상(現象)]. 돈'을 뜻하는 말. ¶구문(口文;흥정을 붙이고 보수로 받는 돈), 반문(半文), 이문(利文)[722], 여재문(餘在文;셈을 해 주고 남은 돈)), 재문(在文;셈을 하고 남은 돈), 주문(注文), 천문(天文;천체의 모든 형상), 출문(出文;장부상으로 지급이 된 돈). ④신발의 크기를 나타내는 단위. 1문은 약2.4㎝. ¶문수(文數)가 커서 헐렁헐렁하다.

문(門)[1] ①동물이나 사물이 드나들 수 있도록 만든 시설. 법문(法門). ¶문을 열다/ 닫다. 문간(門間)[문간방(房), 문간채], 문감(門鑑), 문고리(손잡이)[사슬문고리], 문광(門框;문얼굴), 문구멍, 문군사(門軍士), 문궐(門闕;대궐의 문), 문극(門隙;문틈), 문금(門禁), 문기둥, 문길, 문끈(문에 손잡이로 다는 끈), 문내(門內), 문넘이[723], 무녀리, 문놀이, 문단속(團束), 문닫다, 문대령(門待令;문 열기를 기다림), 문동개(문둔테의 구멍), 문둔테(문장부를 끼는 구멍이 뚫린 나무), 문띠, 문로(門路), 문루(門樓), 문망(門望), 문맥/순환(門脈/循環), 문머리(문얼굴의 윗부분), 문미(門楣;문 위에 가고 댄 나무), 문바람, 문바위(어떤 어귀에 대문처럼 서 있는 바위), 문바퀴, 문밖[문밖놀이, 문밖출입(出入)], 문받이턱, 문발(문에 치는 발), 문병(門屛)[724], 문비(門扉), 문비(門裨), 문빗장/빗장, 문살, 문새(문의 생김새), 문선(門線), 문설주(門-柱;문의 양쪽에 세운 기둥), 문소리, 문손잡이, 문쇠, 문신(門神), 문신칙(門申飭)[725], 문안[內], 문어귀, 문얼굴[726], 문염자(門簾子;추위를 막기 위하여 문에 치는 휘장), 문외/한(門外/漢), 문인(門人), 문자새(문과 창의 총칭), 문잡다[727], 문장(門帳), 문장부, 문재(門材), 문전(門前)[문전걸식(乞食), 문전성시(成市), 문전옥답(沃畓)], 문정(門庭), 문정맥(門靜脈), 문종이, 문중방(門中枋), 문지기[수위(守衛)], 문지도리(문짝을 달고 여닫게 하는 문장부나 돌쩌귀 따위의 물건), 문지방(門地枋), 문짝, 문짬(문에 난 틈), 문창호(門窓戶), 문출(門黜), 문치(門齒;앞니), 문턱[728], 문틀(문얼굴), 문틈, 문패(門牌), 문표(門標), 문풍지(門風紙;문짝 가에 붙인 종이), 문한(門限), 문호(門戶), 문호개방(門戶開放); 각문(閣門), 갑문(閘門), 개문(開門), 개선문(凱旋門), 개폐문(開閉門), 갱문(坑門), 거적문, 겨릅문, 겹문, 곁문, 계문(啓門), 고문(高門), 고문(叩門), 고생문(苦生門), 골문(goal門), 골판문(骨板門), 과문불입(過門不入)/과문(過聞), 관문(關門)[729], 교문(校門), 교문(教門), 군문(軍門), 굿문[坑口], 궁문(宮門), 궐문(闕門), 귀문(鬼門), 귀문(貴門), 귓문[730], 금문(禁門), 금강문(金剛門), 기문(氣門;곤충류의 숨구멍), 꽃살문, 나들문, 날문(나가는 문), 남문(南門), 내문(內門), 넌출문[731], 널문/널쪽문, 녹문(綠門), 누문(樓門), 단문(端門), 당길문, 대문(大門)[732], 덧문, 도문(到門), 도듬문[733], 돌문[석문(石門)], 동문(洞門), 동문(東門), 두문불출(杜門不出), 뒷문, 등용문(登龍門), 띠살문, 말문(말을 꺼내는 실마리), 명문(命門), 물문[수문(水門)], 물박이문, 미닫당길문, 밀문(밀어서 열게 된 문), 바깥문, 바잣문(門), 반달문(半), 방문(房門), 방수문(防水門), 방화문(防火門), 배문(排門), 배사문(排沙門), 배수문(排水門), 법문(法門), 벽장문(壁欌門), 병문(兵門), 병문(屛門), 보리문(菩提門), 본문(本門), 봉영문(奉迎門), 부문(赴門), 부엌문, 북문(北門), 분문(噴門), 분문(糞門), 분합문(分閤門), 비문(鼻門;콧구멍), 비상문(非常門), 빈지문(널빈지)[734], 빗살문(門)[솟을빗살문], 사문(四門), 사문(死門), 사문(寺門), 사문(私門), 사랑문(舍廊門), 사립문, 사천왕문(四天王門), 사출문(四出門;넌출문), 산문(山門), 산문(産門), 살문(문살을 가로 세로 넣어서 짠 문)[꽃살문, 넓살문], 삼문(三門)[솟을삼문], 상문(喪門), 상문(傷門), 새문(門), 샛문, 생문(生門), 서문(西門), 석문(石門), 석문(釋門;佛家), 성문(城門), 성문(聖門), 성문(聲門), 세살문(창살을 성기게 대어 거칠게 만든 창문), 세전문(細箭門), 소문(小門), 솔문[송(松)], 솟을대문(大門), 쇄문(鎖門), 쇠문[鐵門], 수문(水門), 수문(守門), 수구문(水口門), 수구장문(水口藏門;수구막이), 숭례문(崇禮門), 승문(僧門), 시문(柴門;사립문), 신문(囟門;숫구멍. 정수리), 심문(心門;혈액이 심장으로 출입하는 문), 싸리문, 아자문(亞字門), 안문, 앞문, 앞뒷문, 어간문(於間門;방과 방 사이에 달린 문), 엄문(掩門), 여문(閭門), 여닫이문, 연창문(連窓門), 열녀문(烈女門), 열문(熱門), 영문(營門), 옆문, 옥문(玉門), 옥문(獄門), 완자문(卍字門), 외문(외짝문), 외문(外門), 원문(轅門), 용문(龍門), 유문(幽門), 은문(恩門), 음문(陰門;보지), 이문(耳門;귓문), 이문(里門), 인왕문(仁王門), 입문(入門), 자동문(自動門), 자력문(自力門), 작은문, 장문(활짝 열어 놓은 문), 장문(欌門;장에 달린 문), 장지문(障;지게문에 장지 짝을 덧들인 문), 전문(前門), 전문(廛門), 정문(正門), 정문/일침(頂門/一鍼), 정문(旌門)[절효정문(節孝)], 정자살문(丁字), 조문(照門;가늠구멍), 조역문(兆域;무덤 앞에 세운 문), 좁은문, 종문(宗門), 중문(中門), 중문(重門), 지게문, 진문(陣門), 쪽문, 차비문(差備門), 창문(窓門), 천문(天門), 천문(泉門), 천왕문(天王門), 철갑문(鐵甲門), 철문(鐵門), 출문(出門), 출입문(出入門), 측문(側門), 치문(緇門), 큰문, 통용문(通用門), 판문(板門), 편문(便門), 폐문(肺門), 폐문(閉門), 포문(胞門;産門), 포문(砲門), 필문(篳/蓽門;사립문. 가난한 사람의 주거), 필문규두(篳門圭竇), 하문(下門), 한문(捍門), 합문(閤門), 합문(闔門), 항문(港門), 항문/기(肛門/期), 해문(海門), 해탈문(解脫門;産

---

722) 이문(利文): ①이익이 남은 돈. ¶이문이 남다/ 크다. ②=이자(利子;길미).

723) 문넘이(門): 예전에, 대궐이나 감옥의 문지기가 달라던 뇌물.

724) 문병(門屛): 밖에서 안을 들여다보지 못하게 대문이나 중문 앞에 막아 놓은 널빤지.

725) 문신칙(門申飭): 대문을 드나드는 잡인을 감시하거나 막음. ¶문신칙을 일러 놓다.

726) 문얼굴(門): 문짝의 양옆과 위아래에 이어 댄 테두리 나무. 문틀. 문광(門框).

727) 문잡다: 아이를 낳을 때, 아이의 머리가 나오도록 산문(産門)이 열리다.

728) 문턱: 문짝의 밑이 닿는 문지방의 윗부분. 비유적으로도 씀. ¶정상의 문턱에서 주저앉다. 문턱이 높다(들어가기가 힘들다. 상대하기 힘들다). 문턱이 닳다(자주 찾아가거나 드나들다).

729) 관문(關門): 통로(通路). ¶취업의 어려운 관문을 통과하다.

730) 귓문: 귓구멍의 바깥으로 열린 쪽.

731) 넌출문: 문짝 넷이 죽 잇따라 달린 문.

732) 대문(大門): 대문간(間), 대문띠, 대문짝, 대문채(대문에 있는 집채), 대문턱(대문의 문턱); 덜밋대문, 솟을대문[고주(高柱)], 중대문(中); 널대문(널빤지로 만든 대문), 동/서/남/서대문(東/西/南/北), 뒷대문, 앞대문, 쪽대문, 평대문(平).

733) 도듬문: 다락문, 두껍닫이 속의 덧문에 주로 이용하는 문. 울거미에 가로 세로 살을 짜 대고 종이를 바름.

734) 빈지문: 한 짝씩 끼웠다 떼었다 하게 만들어진 문. 주로 가게에서 앞에 문 대신 씀.

門), 현관문(玄關門), 현문(玄門), 현문(懸門), 현문(舷門), 협문(夾門), 홍문(洪門), 홍살문(紅-門), 홍예문(虹霓), 화문(火門;火器의 아가리), 회전문(回轉門), 효자문(孝子門), 후문(後門), 후문(喉門; 목구멍). ②대포나 기관총 따위의 수나 동식물 분류의 한 단계로, 강(綱)의 위 계(界)의 아래. ¶야포 십 문. 아문(亞門), 척추동물문.

문(門)² ①학문이나 전문의 종류를 크게 분류하는 말. 영역. ¶문외한(門外漢); 법학문(法學門), 부문(部門), 전문(專門)[735]. ②씨족을 구별하여 그 집안을 가리키는 말. 동문(同門). ¶문객(門客;권세 있는 가문의 손), 문도(門徒;제자), 문벌(門閥)[벽파문벌(劈破)], 문운(門運), 문음(門蔭), 문인(門人), 문장(門長;한 집안에서 항렬이나 나이가 가장 위인 사람), 문제자(門弟子), 문조(門祚;한 집안의 복), 문족(門族;한 가문의 겨레붙이), 문중(門中)[문중회의(會議); 일가문중(一家)], 문중(門衆), 문지(門地;門閥), 문질(門疾;한 집안에 대대로 내려오는 병이나 폐풍), 문품(門品), 문풍(門風), 문하/생(門下/生), 문하인(門下人), 문제자(門弟子), 문회(門會); 가문(家門), 권문(權門), 귀문(貴門)[736], 규문(閨門), 덕문(德門), 동문(同門), 멸문(滅門;한 집안을 다 죽여 없앰)/되다/하다, 명문(名門), 명문거족(名門巨族), 봉문(蓬門), 분문열호(分門裂戶), 불문(佛門), 사문(沙門;출가한 중), 사문(師門;스승의 집. 스승의 문하), 상문(桑門;중), 선문(禪門), 세문(勢門), 쇠문/이(衰門), 숭조상문(崇祖尙門), 유문(儒門), 일문(一門;한집안), 재문(才門), 종문(宗門), 타문(他門), 파문(破門), 한문(寒門;가난하고 문벌이 없는 집안), 환문(宦門;관리의 가족), 훈문(薰門;권세 있는 집안); 김씨문(金氏門)/ 이씨문(李氏門) 들.

문(問) '묻다. 물음. 문제'를 뜻하는 말.↔답(答). ¶문계(問啓), 문구(問求), 문답(問答)[737], 문례(問禮), 문명(問名), 문문하다(問問). 문병(問病), 문복(問卜;점을 쳐 길흉을 물음), 문상/객(問喪/客), 문수(問數;問卜), 문안(問安)[738], 문의(問議;물어서 의논함), 문정(問情;사정을 물음), 문제(問題)[739], 문죄(問罪), 문진(問診), 문책(問責), 문초(問招), 문항(問項), 문후(問候); 갱문(更問), 검문/소(檢問/所), 고문(拷問), 고문(顧問), 광문(廣問), 구문(究問), 국문(鞫問), 궁문(窮問), 규문(糾問), 난문(難問), 노문(勞問), 녹문(錄問), 만문(漫問), 면문(免問), 반문(反問), 발문(發問), 방문(訪問), 법문(法問), 불문(不問), 불문곡직(不問曲直), 빙문(聘問), 사문(査問), 상문(詳問), 설문(設問), 세문(歲問), 수문수답(隨問隨答), 순문(詢問), 시문(試問), 신문(訊問)[740], 심문(尋問), 심문(審問)[741], 안문(按問), 역문(歷問), 염문(廉問), 예문(例問), 예문(叡問), 외문(外問), 우문(愚問), 우문우답(愚問愚答), 위문(慰問), 은문(恩問), 의문(疑問), 일문일답(一問一答), 자문(自問), 자문(諮問), 잡문(雜問), 장문(杖問), 절문(切問;간절히 물음), 접문(接問), 조문(弔問), 존문(存問), 존문(尊問), 진문(珍問), 질문(質問), 차문(借問), 차문차답(且問且答), 책문(責問), 책문(策問), 추문(推問), 탐문(探問), 평문(平問), 필문필답(筆問筆答), 하문(下問), 학문(學問), 현문(賢問), 형문(刑問), 환문(喚問), 후문(厚問), 힐문(詰問) 들.

문(聞) '듣다. 널리 알려지다. 냄새를 맡다'를 뜻하는 말. ¶문견(聞見), 문달(聞達;이름이 널리 알려짐), 문도(聞道), 문득(聞得), 문법(聞法), 문부(聞訃), 문소문(聞所聞), 문손(聞損), 문이지지(聞而知之), 문일지십(聞一知十), 문지(聞知), 문풍(聞風), 문향(聞香;향내를 맡음); 갱문(更聞), 견문/록(見聞/錄), 계문(啓聞), 과문(寡聞), 괴문(怪聞), 구문(舊聞), 국문(國聞), 기문(奇聞), 누문(漏聞), 다문(多聞), 대문(臺聞), 득문(得聞), 명문천하(名聞天下), 미문(美聞), 미문(未聞)[전대미문(前代)], 박문(博聞), 배문(拜聞), 백문(百聞), 부문(訃聞), 불인문(不忍聞), 빙문(憑聞), 상문(上聞), 선문(先聞), 성문(聖聞), 소문(所聞)[742], 소문(謏聞), 승문(承聞), 신문(新聞), 실문(實聞), 염문(艶聞), 영문(令聞), 오문(誤聞), 외문(外聞), 이문(異聞), 이문목견(耳聞目見), 일문(逸聞), 입문(入聞), 장문(狀聞), 전문(傳聞), 주문(奏聞), 진문(珍聞), 참문(慘聞), 천문(淺聞), 청문/회(聽聞/會), 초문(初聞), 추문(醜聞), 측문(仄聞), 측문(側聞), 친문(親聞;몸소 들음), 쾌문(快聞), 타문(他聞), 탐문(探聞), 편문(片聞), 포문(飽聞), 풍문(風聞), 허문(虛聞), 확문(確聞), 횡문(橫聞), 후문(後聞), 흉문(凶聞) 들.

문(紋/文) '무늬'를 뜻하는 말. ¶문고병(紋枯病), 문능(文綾), 문단(紋緞), 문돈이(紋;돋을무늬로 짠 비단). 문석(紋石), 문수(紋繡), 문수지복(紋繡之服), 문신(文身), 문양(文/紋樣), 문어(文魚), 문장(紋章), 문조(文鳥), 문직(紋織), 문채(文彩), 문편(紋片), 문항라(紋亢羅), 문형(紋形); 가문(家紋), 공문(孔紋), 구봉문(九鳳紋), 귤피문(橘皮紋;귤껍질무늬), 길상문(吉祥紋), 뇌문(雷紋/文), 능문(菱文), 능문(綾文), 능화문(菱花紋), 당초문(唐草紋), 대문(大紋), 대문(帶紋), 목문(木紋), 목리문(木理紋), 무문(無紋)[무문근(筋), 무문토기(土器), 반문(斑紋/文), 벽돌문(甓紋), 보상화문(寶相華紋), 봉황문(鳳凰紋), 사문(蛇紋), 석류문(石榴紋), 석문(石紋), 선문(旋紋), 선문(線紋), 성문(聲紋), 세문(細紋), 수문(水紋), 수문

735) 전문(專門): 전문가(家), 전문어(語), 전문의(醫), 전문적(的), 전문점(店), 전문직(職), 전문화/하다(化).

736) 귀문(貴門): ①지체가 높은 집안. ②상대편을 높이어, 그의 '집안'을 이르는 말.

737) 문답(問答): 문답법(法), 문답식(式), 문답하다; 교리문답(敎理), 난의문답(難疑), 선문답(禪), 힐문답(詰).

738) 문안(問安): 웃어른께 안부를 여쭘. 또는 그런 인사. ¶문안객(客), 문안드리다, 문안례(禮), 문안시선(視膳), 문안침(鍼), 문안패(牌), 문안편지(便紙), 문안하다; 구세문안(舊歲), 병문안(病), 새해문안, 세문안(歲), 아침문안, 저녁문안, 정조문안(正朝).

739) 문제(問題): 해답을 요구하는 물음. 논쟁, 논의, 연구 따위의 대상이 되는 것. 해결하기 어렵거나 난처한 대상. 귀찮은 일이나 말썽. 어떤 사물과 관계되는 일. ¶문제가 어렵다. 문제가 생기다. 문젯거리, 문제극(劇), 문제성(性), 문제소설(小說), 문제시/되다/하다(視), 문제아(兒), 문제없다/이, 문제의식(意識), 문제작(作), 문제점(點), 문제지(紙), 문제화/하다(化); 가정문제(家庭), 국경문제(國境), 국제문제(國際), 난문제(難)/난문(難問), 노사문제(勞使), 도시문제(都市), 법률문제(法律), 별문제(別), 본문제(本), 사회문제(社會), 선결문제(先決), 소작문제(小作), 시간문제(時間), 실업문제(失業), 연습문제(練習), 응용문제(應用), 인구문제(人口), 인종문제(人種), 정치문제(政治).

740) 신문(訊問): 알고 있는 사실을 캐어물음. 법원이나 수사기관이 어떤 사건에 관하여 증인이나 피고인을 불러다 놓고 말로 캐어물어 조사하는 일. ¶증인 신문.

741) 심문(審問): 자세히 따져서 물음. 법원이 당사자나 그 밖에 이해관계가 있는 사람에게 글이나 말로 진술할 기회를 주는 일. ¶염의 사실을 심문하다. 누구든지 법률에 의하지 아니하고는 심문을 받지 아니한다.

742) 소문(所聞): 여러 사람의 입에 오르내려 저하여 들리는 말. ¶소문 난 잔치에 먹을 것 없다. 뒷소문, 뜬소문, 문소문(聞), 바깥소문, 수소문(搜; 소문을 더듬어 찾음), 입소문, 잡소문(雜), 헛소문.

(手紋), 순문(脣紋), 약과문(藥果紋), 어골문(魚骨紋), 얼음무늬/문(紋), 연화문(蓮花紋), 와문(渦紋), 완자문(卍字紋), 용문(龍紋)[쌍용문(雙)], 운문(雲紋), 운학문(雲鶴紋), 장문(掌紋), 접시문, 종자문(種子紋), 지두문(指頭紋), 지문(指紋)[743], 채문(彩文/紋), 추문(皺紋;주름살 같은 무늬), 태문(苔紋), 토사문(兎絲紋), 파문(波紋), 파상문(波狀紋), 편문(片紋)[매화편문(梅花)], 표문(豹紋), 풍문(風紋;바람에 의하여 모래 표면에 생기는 물결 모양의 무늬), 해조문(蟹爪紋), 화문/석(花紋/席), 화조문(花鳥紋), 환상문(環狀紋), 횡문/근(橫紋/筋) 들.

문(吻) '입술'을 뜻하는 말. ¶문경지교(刎頸之交), 문합술(吻合術); 구문(口吻;입술), 접문(接吻;뽀뽀) 들.

문(紊) '어지럽다. 어지럽히다'를 뜻하는 말. ¶문란(紊亂)[국헌문란(國憲), 질서문란(紊亂), 풍기문란(風紀)].

문(蚊) '모기'를 뜻하는 말. ¶문승(蚊蠅;모기와 파리), 문장(蚊帳); 견문발검(見蚊拔劍) 들.

문둥(이) 문둥병에 걸린 사람.=나환자(癩患者). ¶문둥병(病), 문둥탈(오광대놀이에서 쓰는 탈).

문득 머릿속에 갑자기 생각이 나서. 생각이나 느낌이 급히 떠올라.≒갑자기. 언뜻. 얼핏. 불현듯이. 거연히. 건듯. 왈칵. 두연(斗然)히. 돌연히. 〈센〉문뜩. ¶문득 깨닫다. 문득 떠오르는 생각. 문득 이상한 생각이 들었다. 무뜩무뜩[744][+생각나다. 떠오르다. 깨닫다].

문문 냄새나 김 따위가 많이 느리게 피어오르는 모양. ¶김이 문문 피어오르는 찐빵.

문실문실 나무 따위가 거침새 없이 죽죽 뻗어 자라는 모양.=무럭무럭. 쑥쑥. ¶문실문실 잘 자라는 나무.

문죽문죽 앞으로 나아가지 못하고 그 자리에서 느리게 움직이는 모양.

문지르(다) 무엇을 서로 대고 이리저리 밀거나 비비다. 표면에 묻은 것을 없애거나 닳게 함. ¶손바닥을 문지르다. 등을 문지르다. 수건으로 얼굴을 문지르다. 문대다(마구 여기저기 문지르다), 문질리다; 짓문지르다. ☞ 찰(擦).

묻:(다)¹ 대답이나 설명을 구하다. 따지다. 추궁하다. 〈높〉여쭈다/여쭙다. ¶의견을 묻다. 책임을 묻다. 안부를 묻다. 물어내리다(웃어른에게 물어서 명령이나 지시를 받다), 물어보다, 물음[물음꼴, 물음표(標); 되물음], 묻잡다(윗사람에게 묻다); 되묻다¹, 캐어묻다/캐묻다(자세히 파고들어 묻다), 파묻다¹(따지면서 자세하게 묻다). ☞ 문(問).

묻(다)² 물건을 다른 물건 속에 넣어 드러나지 아니하게 하다. 일을 숨기거나 감추다. ¶구덩이에 묘목을 묻어두다. 팔에 얼굴을 묻다. 사건을 묻어 두다. 잘못을 묻어 주다. 무덤[745], 묻을무(겨울에 먹으려고 움 속에 묻어 두는 무), 묻지르다(마구 묻어버리다, 파묻다), 묻히다¹; 갈묻이[746], 그러묻다[747], 껴묻다¹[748]/묻히다, 덧묻다¹(땅속에 묻은 위에 겹쳐 묻다)/묻히다, 되묻다²/묻히다[749], 두벌묻기[세골장(洗骨葬)], 파묻다²(파고 묻다)/묻히다, 풍계묻이[750], 휘묻이. ☞ 매(埋).

묻(다)³ 가루·물·풀 따위가 다른 물건에 들러붙거나 덮인 상태에 있다.≒달라붙다. 물들다. ¶먼지가 묻다. 물 묻은 손. 옷에 기름이 묻었다. 묻어가다(따라가거나 딸려 가다), 묻어나다(옮아 묻다), 묻어오다(함께 따라오거나 딸려오다), 무치개(묻히는 가루), 묻히다²(바르다. 찍다); 겉묻다[751], 껴묻다²(무엇이 묻은 위에 또 더 묻다), 덧묻다²(묻은 것 위에 더 묻다. 가외로 끼어들어 섞이다), 되묻다³/묻히다, 때묻다 들.

물¹ ①수소와 산소의 화합물로 색이나 냄새가 없는 액체. 다른 말과 어울려 '물에서 살다. 물에 젖다'를 뜻하는 말. §합성할 때 받침이 탈락하여 '무'로도 쓰임. ¶물가, 물가난, 물가늠(물의 양이 적당한지 살펴보는 일), 물가지(물이 올라 잎이 난 가지), 물간(間), 물갈기[752], 물갈래, 물갈음(광택이 나도록 석재의 표면에 물을 뿌려가며 가는 일), 물갈이[753], 물갈퀴, 물개, 물거르개, 물거름, 물거리(距離), 물거미, 물거울(모양을 비추어 보기 위하여 거울로 삼은 물), 물거품, 물걸레/질/하다, 물견딤성(性;耐水性), 물결[754], 물겹것, 물경단(瓊團), 물고기, 물고동(수도꼭지), 물고구마, 물고문(拷問), 물고사리, 물고의(袴衣), 물골[755], 물곬[756], 물관(管)[물관부(部); 헛물관], 물관리(管理), 물교자(餃子), 물구경, 물구덩이, 물구렁텅이, 물구멍, 물구유, 물국수, 물굴젓, 물굽성(性;屈水性), 물굽이, 물귀신(鬼神), 물그릇, 물그림자, 물금(수평선), 물기, 물기둥, 물기름, 물기슭, 물긷다, 물길, 물김, 물김치, 물까마귀, 물까치, 물껍질, 물꼬[757], 물꼬리(물줄기의 끄트머리), 물꽃(하얀 거품을 일으키는 물결), 물나들[758], 물나라[759], 물나

743) 지문(指紋): 손가락 끝마디의 안쪽에 이루어진 살갗의 무늬. 또는 그것이 어떤 물건에 남긴 흔적. ¶지문 채취. 지문법(法), 지문학(學).

744) 무뜩무뜩: 생각이 갑자기. 자꾸 문뜩. ¶무뜩무뜩 떠오르다.

745) 무덤: 송장이나 유골을 땅에 묻어 놓는 곳. ¶무덤을 파다. 무덤가, 무덤곽(槨), 무덤구덩이, 무덤길; 널무덤, 덧널무덤, 도무덤(都;여럿을 한데 묻은 무덤), 독무덤, 돌널무덤, 돌덧널무덤, 돌무덤, 돌무지무덤, 떼무덤, 묵무덤, 흙무덤.

746) 갈묻이: 논밭을 갈아엎어 묵은 그루터기 따위가 묻히게 하는 일.

747) 그러묻다: 흩어진 것을 한데 모아 묻다. ¶쓰레기를 그러묻다.

748) 껴묻다¹: 다른 물건에 싸잡혀 묻어 들어가다.

749) 파묻히다: ①땅속에 묻히다. ②어떤 장소에 나오지 않다.≒숨기다. 은둔하다. ¶시골에 파묻혀 지내다. ③몰두하다. ¶요즘은 일에 파묻혀 지낸다.

750) 풍계묻이: 물건을 감추어 두고 서로 찾아내는 아이들의 놀이.

751) 겉묻다: ①남이 하는 운김에 덩달아 따르다. ¶나는 아내에게 겉묻어서 시장에 갔다. ②제대로 붙어 있지 않고 겉에만 건성으로 묻다.

752) 물갈기: 멀리서 흰 물거품을 일으키며 밀려오는 물결. ¶물갈기를 날리며 밀려오는 물결.

753) 물갈이: ①논에 물을 넣고 가는 일.↔마른갈이. ②수족관이나 수영장의 물을 가는 일. ③어떤 일에 관계된 사람들을 갈아 치우는 일. ¶이번 인사이동 때에는 대폭적인 물갈이가 예상된다.

754) 물결: 물결구름, 물결높이, 물결마루, 물결무늬, 물결바지, 물결선(線), 물결운동(運動), 물결자국, 물결치기, 물결치다, 물결털(섬유), 물결표(標); 꽃물결, 은물결/은결(銀), 잔물결, 황금물결(黃金).

755) 물골: 밀물과 썰물의 흐름이 세찬 곳. 또는 그 흐름. ¶물골에는 물고기가 많이 모인다.

756) 물곬: 물이 빠져나가는 작은 도랑. ¶장마 때는 논에 물곬을 내야 한다.

757) 물꼬: 논배미에 물이 넘어 흐르게 만들어 놓은 어귀. ¶물꼬를 트다(막혔던 관계를 트다).

팔, 물난리(亂離), 물낯[수면(水面)], 물내리다[1,2][760], 물냉면(冷麪), 물너울(큰 물결), 무넘기[761], 무넘이/구멍, 물녘(물가), 물노래(물소리), 물노릇(물을 다루는 일)/하다, 무논/갈이, 물놀이[1,2][762], 무달기(물닭), 물다짐, 물대(무자위의 관), 물대포(大砲), 무덥다(찌는 듯이 매우 덥다), 무더위, 물덤벙술덤벙[763], 물도랑, 물독, 물돌[1](강에 깔린 동글동글한 돌), 물돌[2](물도랑), 물동(물막이 둑), 물동이, 물돛(물속에 내리는 돛), 물돼지(돌고래), 물두멍[764], 물두부(豆腐), 물둑(제방), 물둘레[765], 물둥지(물구덩이), 물드무(아가리가 넓적한 물독), 물들이, 물딱총/물총(銃), 물때[1][766][간물때, 찬물때], 물때[2](물에 있는 더러운 것), 물떠러지(폭포), 물떼기/하다[단수(斷水)], 물떼새, 물똥[767], 물뚱뚱이[하마(河馬)], 무랍[768], 물마[769], 물마개, 물마루(수평선의 두두룩한 부분. 바닷물의 마루터기), 물막이[물막잇감(방습재), 물막잇골, 물막잇둑, 물막이흙; 가물막이(假)], 물만두(饅頭), 물만밥, 물말이[770], 물맛, 물맞이[771], 물매[1,2,3][772], 물머리[773], 물먹다[774], 물먹이다[775], 물멀미, 물면(面;수면), 물모[776], 물모래, 물모루[777], 물모이(젖은 모이), 물모자(帽子), 물목(물이 흘러들어오거나 나가는 어귀), 물못자리, 물무늬, 물무대(舞臺), 물문(門), 물뭍(물과 땅)[물뭍동물(動物;兩棲類)], 물미씨개[778], 물밀다[779], 물밀듯이(연달아 많이 밀려오는 모양), 물밑[780], 물바가지/물박, 물바늘(수준기), 물바다, 물바람, 물바퀴, 물받이, 물발(물이 흐르는 기세), 물밥(무랍), 물방개/방개, 물방귀, 물방아[물방앗간(間), 물방아채(방앗공이를 끼우는 물방아의 채)], 물방울, 물배(물만 마시고 부른 배), 물뱀, 물벌레, 물범, 물베개, 물벼락, 물벼룩, 물병(甁), 물보라, 물볼기, 물봉선화/봉숭화, 물부리, 물분(紛), 물불(고난이나 위험), 물붓, 물비누, 물비늘[781], 물비린내, 물빛[1], 물빨래, 물빼기[배수(排水)], 물뽕, 물뿌리개, 물뿜이, 무사마귀, 무살(물렁물렁한 살), 물살[-쌀](물이 흐르는 힘. 또는 그 속도), 무삶이, 물새, 물색(色;물의 빛깔과 같이 엷은 남색), 물샐틈없다/없이, 무서리, 물세(稅), 물세례(洗禮;물벼락), 물세탁(洗濯;물빨래), 무소(코뿔소), 무술[782], 물소[수우(水牛)], 물소독(消毒), 물소리, 물속, 물손[783], 물손받다(밭곡식이나 푸성귀가 물의 해를 입다), 무솔다[784], 물송편, 무쇠[785], 물수건(手巾), 무수기[786], 물수란(水卵), 물수레[급수차(給水車)], 무수리(물심부름을 맡았던 하인), 물수리, 물수제비[787]/뜨다, 무술[788], 물숨[789], 무쉬[790], 물시계(時計), 물시중(물심부름)/하다, 물식물(植物), 물신선(神仙)[791], 물심부름, 물싸움/하다, 물써다(↔물밀다), 물써레/질/하다, 물썽하다, 물쑥, 물쓰듯(돈이나 물자를 아낌없이 쓰는 모양), 물아래(↔물위), 물아범(물 긷는 일을 하는 사람), 물안개, 물안경(眼鏡), 물안마(按摩), 물알[1][792], 물앵두(앵두나무의 열매), 물약(藥), 물어리다(눈물이 괴다), 물어미(↔물아범), 물억새, 물얼굴(물속에 비친 얼굴), 물여우, 물여울/여울, 물연자(研子), 물열매, 물엿, 물오르다[793], 물오리(청둥오리), 물오징어, 물옥잠(玉簪), 물올림[794], 물옴[수포(水疱)], 물웅덩이, 물위,

758) 물나들: ①물이 들고 나는 곳. ②밀물 때만 배가 닿을 수 있는 나루터. 배가 와 닿는 도선목.

759) 물나라: 물이 많이 찬 곳. 물이 벌창이 된 곳.

760) 물내리다[1]: 기운이 빠지거나 뜻을 잃어 사람이 풀기가 없어지다. 물내리다[2]: 떡가루에 꿀물이나 맹물을 쳐 가면서 성긴 체에 다시 치다.

761) 무넘기: ①차서 남은 물이 저절로 아랫논으로 흘러 넘어가게 논두렁의 한 곳을 낮춘 부분. ②봇물을 대려고 도랑을 걸쳐 막은 부분. 무넘이.

762) 물놀이[1]: 물에서 노는 놀이. 물가에서 하는 놀이. 물놀이[2]: 잔잔한 수면에 공기의 움직임을 받아 잔물결이 이는 현상. ¶아침 햇살을 받아 은빛으로 반짝이는 호수의 물놀이는 내 마음과 같다.

763) 물덤벙술덤벙: 아무 일에나 대중없이 손대거나 날뛰는 모양.

764) 물두멍: 물을 길어 붓고 쓰는 큰 가마나 독.

765) 물둘레: 잔잔한 물낯(수면)에 돈을 던질 때 동그라미를 그리며 이루는 물무늬. 물동그라미.

766) 물때[1]: ①아침저녁으로 조수가 들어오고 나가는 때. ¶간물때(바다의 썰물이 가장 낮을 때;干潮), 찬물때(바다의 밀물이 가장 높을 때;滿潮). ②밀물이 들어오는 때. 물참. ¶물때썰때(밀물 때와 썰물 때. 사물의 형편이나 내용).

767) 물똥: ①튀겨서 생기는 물의 크고 작은 덩이. ¶물똥싸움(물싸움)/하다. ②'물찌똥'의 준말.

768) 무랍: 굿을 하거나 물릴 때 귀신을 위하여 물에 말아 문간에 내어두는 한술 밥.

769) 물마: 비가 많이 와서 사람이 다니기에 매우 어려울 만큼 길 위에 넘쳐흐르는 물.≒시위'. 큰물. ¶물마 위를 자동차가 달리고 있었다.

770) 물말이: ①물만밥(물에 말아서 풀어 놓은 밥). ②물에 몹시 젖은 옷 따위. ¶비에 젖어 물말이가 된 옷.

771) 물맞이: 병을 고치기 위하여 약물터에 가서 약물을 먹고 몸을 씻는 일. ¶물맞다(병을 고치려고 폭포 같은 데에 가서 물맞이를 하다).

772) 물매[1]: 지붕·낟가리 따위의 기울기 정도. 구배(句配). ¶물매가 가파르다. 물매가 싸다/되다. 물매가 뜨다. ¶물매높이, 물매잡기, 물매지다; 가로물매, 지름물매(처마 끝에서 용마루 밑까지의 경사도), 지붕물매. 물매[2]: 매흙을 물에 묽게 타서 벽이나 방바닥 등에 바른 것. ¶물매를 놓다. 물매[3]: 곡식에 물을 섞어서 갈 때의 그 맷돌.

773) 물머리: ①흘러들어오거나 나가는 물의 맨 앞부분. ②물결이 칠 때, 거품을 일으키며 솟는 물의 꼭대기. ③깊이가 있는 물의 겉 부분.

774) 물먹다: ①물기를 속에 받아들이다. ¶물먹은 솜. ②시험에서 떨어지거나 직위에서 쫓겨나다.

775) 물먹이다: ①물을 먹여 주다. ②다른 사람을 곤경에 빠뜨리거나 방해하다.

776) 물모: 물속에서 자라는 어린 볏모.

777) 물모루: 시냇물이 흘러가다가 모가 져서 굽이도는 곳.

778) 물미씨개: 장마로 떠내려 온 갯가의 나뭇가지나 솔검불.

779) 물밀다: 조수가 육지로 밀려들어오다.(↔물써다). ¶군중이 물밀듯이 몰려오다.

780) 물밑: ①물의 밑바닥. ②어떤 일이 은밀하게 이루어지는 상태. ¶물밑대화(對話), 물밑싸움, 물밑작전(作戰), 물밑접촉(接觸), 물밑협상(協商), 물밑힘겨루기.

781) 물비늘: 잔잔한 물결이 햇살 따위에 비치는 모양을 이르는 말.≒윤슬.

782) 무술: 제사 지낼 때 쓰는 맑은 찬물.[←물+술].

783) 물손: ①물이 묻은 손. ②반죽 또는 떡·밥의 질거나 된 정도. ¶물손을 가늠하다. 물손받다(수해를 입다. 밭곡식이나 푸성귀 따위가 물로 해를 입다).

784) 무솔다: 습기가 많아서 푸성귀 따위가 물러서 썩다. 장마로 땅이 질퍽질퍽하게 되다. 〈준〉솔다. ¶무솔지 않게 채소밭을 가꾸다. 늦장마로 인해 가을 채소밭이 무솔다.

785) 무쇠: ①주철(鑄鐵). ¶무쇠발굽, 무쇠붙이, 무쇠지레. ②정신적으로나 육체적으로 강하고 굳센 것을 비유함. ¶무쇠다리, 무쇠목숨.

786) 무수기: 썰물과 밀물의 차.

787) 물수제비: 얇고 둥근 돌을 물위에 빗던져서 수면을 탐방탐방 스쳐 지나가게 하는 장난. ¶물수제비뜨다.

788) 무술: 제사 지낼 때, 술 대신 쓰는 맑은 찬물. 현주(玄酒).

789) 물숨[-쑴]: 떨어지거나 내뿜는 물의 힘. ¶분수의 물숨이 세다.

790) 무쉬: 조금의 다음날인 음력 9일과 24일. 곧, 조수가 조금 붇기 시작하는 물때.

791) 물신선(神仙): 좋은 말을 듣거나 언짢은 말을 듣고도 기뻐하지도 성낼 줄도 모르는 사람.

792) 물알[1]: 기울기를 바로잡는 수준기의 속의 물방울.

793) 물오르다: ①봄에 나무에 물기가 오르다. ¶물오른 버들가지. ②성숙해지다. 한창때에 이르다. ¶물오른 나이. ③가난하게 살던 사람이 잘 살게 되다.

물윗배, 물유리, 물이끼(물때), 물이랑, 물이못나게[795], 물일, 물자[양수표(量水標)], 물자동차(自動車), 물자라, 무자리[2][796], 무자맥질[797], 무자위[798], 물잔(盞), 무잠이(잠수부. 해녀), 무잠방이, 물잠자리, 물잡다(마른논에 물을 대다), 물잡히다(물집이 생기다), 무장(醬)[799], 물장구/질/치다, 물장군(將軍), 물장난, 물장단, 물장사, 물장수, 물재배(栽培), 물젖, 무젖다[800], 물조개젓, 무좀(피부병), 물주머니, 물줄기, 물중태[801], 물쥐, 물지게/꾼, 물진디, 물질[802], 물짐승, 물집, 물찌똥/물똥①, 물찜질, 물차(車;給水車), 물찰찰이(물수제비), 물참(밀물이 들어오는 때. 만조 때), 물창(물이 고여 질퍽거리는 곳이나 물건), 물청소(淸掃), 물초[803], 물총(銃), 물침대(寢臺), 물칼(분사하는 물의 힘으로 강철이나 유리를 자르는 절단기), 물켜다(물을 한꺼번에 많이 마시다), 물코, 물타기[804], 물타작(打作), 물탄꾀(얕은꾀), 물탕(물장구)/치다(湯), 물태(바로 잡은 명태), 물탱크(tank), 물통(桶), 물투성이, 물퉁나무, 물퉁이(물이 불은 물건. 살만 찌고 힘이 없는 사람), 물튀(물에 짐승의 털을 튀하는 것), 물판(물이 얕고 넓게 퍼진 곳. 물천지), 물팔매, 물퍼붓듯, 물편(떡), 물폭탄(爆彈), 물푸기, 물푸레나무, 물풀[수초(水草)], 물풍년(豐年), 물피리, 물한식(寒食), 물할머니/할아버지(물귀신), 물행주/질, 물홈, 물후미(물가의 후미진 곳), 물휴지(休紙), 물힘; 간물(소금기가 섞인 물. 바닷물), 감물(날감의 떫은 즙), 감탕물, 강물(江), 개숫물(水), 개울물, 객물(客)[805], 갯물, 건물(건성으로 나오는 정액), 겉물[806], 고로쇠물, 고인물, 고장·구정물[807], 고지랑·구지렁물, 곡우물(穀雨), 국물, 군물[808], 길물(깊이가 한 길쯤 되는 물), 꽃물[1](곰국 등의 진한 국물), 꿀물, 나비물[809], 낙종물(落種)[810], 날물(나가는 물), 냇물, 녹물(綠), 논물, 누렁물, 눈물, 눈석임물[811]/눈석이, 단물(민물↔짠물. 센물), 달물, 더운물, 덧물[812], 도랑물, 도시물(都市;도시의 생활 풍조), 돌물(소용돌이치는 물의 흐름), 두붓물(豆腐), 뒷물, 등물(목물②), 딸깃물, 땟물[813], 똥물, 뜨물[814], 마중물[815], 매흙물[유약(釉藥)], 맹물, 먹물, 먹는물, 먼물(먼우물), 모래집물[양수(羊水)], 목물[816], 목욕물(沐浴), 못물, 묵물, 민물, 밀물, 바닷물, 발목물[817], 밤잔물(밤을 지낸 자리끼), 밥물, 밭물, 백중물(百中;백중 무렵에 많이 오는 비), 벌물[1,2][818], 벌물(罰;강제로 먹이는 물), 벼룻물, 복물/지다(伏;복날에 많이 내리는 비), 봄물[819], 봇물(洑), 붉덩물[820], 분물(粉), 비눗물, 빗물, 사깃물(沙器), 새금물(조금 흐린 물), 새앙물, 샘물, 설거지물, 설탕물, 세숫물(洗手), 센물, 소금물, 손숫물, 솥물, 쇳물, 쇠죽물(粥), 쇠지랑물[821], 수돗물(水道), 순물[822], 시냇물, 신물[823], 쌀뜨물, 썰물, 쑥물, 쓴물, 아랫물, 암물[824], 약물/터(藥), 양잿물(洋), 양칫물(養齒), 어수물(御水), 얼음물, 엎친물(엎지른 물), 여물[825], 여울물, 엿물, 엿기름물, 오짓물, 우물물[井;☞움[2]], 우숫물(雨水), 윗물, 유두물(流頭), 은물(銀), 자국물[826], 장물(醬), 잿물, 제깃물[827], 제물[828], 죽물(粥), 즙물(汁)[829], 지스락물(처마 끝에서 떨어지는 물), 지지랑물[830], 진물, 진창물, 진흙물, 짠물, 찬물, 참물(만조 때의 바닷물), 찻물(茶), 창포물(菖蒲), 초물(初), 추깃물[831], 칠석물(七夕;칠석날에 내리는 비), 콧물, 콩물, 큰물(홍수. 넓은 활동 범위), 팥물, 푼물[832], 한물[1](큰물), 햇물(장마 뒤 솟다가 그치는 물), 허드렛물, 허릿물[833], 헛물[834], 황토물(黃土;地漿), 횟물(灰), 흙물, 흙탕/물. ②몇몇 곡

794) 물올림: 집을 짓는 데 기준이 될 수평면(水平面)을 정하는 일.
795) 물이못나게: 부득부득 조르는 모양. ¶아이가 물이못나게 재촉을 하다.
796) 무자리[2]: 논에 물을 대어야 하는 곳. ¶무자리논(물이 잘 빠지지 않고 늘 고여 있는 논).
797) 무자맥질: 물속으로 들어가서 팔다리를 놀리며 떴다 잠겼다 하는 짓.[←물+잠(기다)+악+질].
798) 무자위: 물을 높은 곳으로 퍼 올리는 기계.≒양수기. 수차(水車). ¶무자윗간(間).
799) 무장(醬): 메주를 소금물에 담가 익힌 뒤에 달이지 않고 그냥 먹는 장. 담수장(淡水醬). ¶무장찌개.
800) 무젖다: ①물에 젖다. ②환경이나 상황 따위가 몸에 배다.
801) 물중태: 물에 흠뻑 젖어 볼품없이 된 상태. ¶비를 흠뻑 맞아 물중태가 되다.
802) 물질: 주로 해녀들이 바다 속에 들어가서 해산물을 따는 일. ¶물질하다; 갯물질, 뱃물질.
803) 물초: 온통 물에 젖은 상태. 또는 그 모양. ¶물벼락을 맞아 물초가 되었다. 갑자기 소나기를 만나 온몸이 물초가 되었다. 물초가 된 옷도 채 벗지 못하고 그 자리에 주저앉고 말았다. 물초하다.
804) 물타기: 평균 단가를 조정하여 손해 위험을 줄이려는 주식 거래 방법.
805) 객물(客): 뜨거운 물에 타는 찬물. 죽이나 미음 같은 것의 위에 따로 떠도는 물. 국이나 찌개 따위에 덧타는 맹물.
806) 겉물: ①액체가 잘 섞이지 못하고 위로 떠서 겉도는 물. 웃물. ②건물(乾).
807) 고장물: 무엇을 빨거나 씻어 더러워진 물.
808) 군물: ①끼니 때 이외에 마시는 물. ②뜨거운 물에 타는 맹물. ③죽이나 풀 따위의 위에 따로 떠도는 물. 객물(客). ¶군물이 돌다.
809) 나비물: 옆으로 쫙 퍼지게 끼얹는 물.
810) 낙종물(落種): 못자리할 때에 맞추어 알맞게 내리는 비.
811) 눈석임물: 눈이 녹아서 된 물. 〈준〉눈석이.
812) 덧물: 강이나 호수 등의 얼음 위에 괸 물.
813) 땟물: ①겉으로 나타나는 자태나 맵시. ¶땟물이 훤하다. ②때를 씻어낸 물.=땟국.
814) 뜨물: 곡식을 씻어 낸, 부연 물. ¶겉뜨물, 속뜨물, 쌀뜨물.
815) 마중물: 펌프에서 물이 잘 나오지 아니할 때 물을 끌어올리기 위하여 위에서 붓는 물. ¶나는 통일의 마중물이 되고 싶다.
816) 목물: ①사람의 목에 닿을 정도의 깊은 물. ②허리 위로부터 목까지를 물로 씻는 일. 또는 그 물.=등물.
817) 발목물: 겨우 발목까지 잠길 정도의 얕은 물.
818) 벌물[1]: 맛도 모르고 마구 들이켜는 물. 벌물[2]: 넘쳐흐르는 물.
819) 봄물: 봄이 되어 얼음이나 눈이 녹아 흐르는 물.
820) 붉덩물: 붉은 황토가 섞이어 탁하게 흐르는 큰 물.[←붉은 덩이+물]. ¶붉덩물지다.
821) 쇠지랑물: 외양간 뒤에 괸, 소의 오줌이 썩어서 검붉게 된 물. §'지랑. 지렁'은 '간장'의 사투리.
822) 순물: 순두부를 누를 때에 나오는 물.
823) 신물: ①먹은 것이 체하여 트림할 때 넘어오는 시척지근한 물. ②지긋지긋하고 진절머리가 나는 일. ¶이제 시험이라면 신물이 난다.
824) 암물: 보얀 빛을 띤 샘물.
825) 여물: 짠맛이 조금 있는 우물물.
826) 자국물: ①발자국에 괸 물. ②겨우 발목에나 닿을 정도의 얕은 물.
827) 제깃물: 간장을 담근 뒤 뜨기 전에 장물이 줄어드는 대로 채우는 소금물.
828) 제물: 음식을 익힐 때 처음부터 부어둔 물. 제 몸에서 우러난 물. 다른 것이 섞이지 아니한 순수한 물건. ¶제물 김칫국. 제물 젓국. 제물땜(깨진 쇠붙이 그릇에 같은 쇠붙이를 녹여 붙이는 것).
829) 즙물(汁): 도자기를 만들 때 표면에 바르는 잿물. 즙유(汁釉).
830) 지지랑물: 비가 온 뒤 지붕이 썩은 초가집 처마에서 떨어지는 검붉은 물. 지랑물.
831) 추깃물: 송장이 썩어서 흐르는 물.
832) 푼물: 이따금 한 지게씩 사는 물.
833) 허릿물: 허리까지 닿을 만한 깊이의 물.
834) 헛물: ①꼭 될 것이라고 믿고 애쓴 보람 없이 헛일로 돌아간 것. ¶헛물켜다. ②도랑 따위에 쓸데없이 흐르는 물.

식이나 채소 이름 뒤에 붙어 '여물지 않은. 젖은'을 뜻하는 말. ¶물감자, 물강냉이, 물고추, 물미나리, 물미역, 물벼, 물보리, 무삼[수삼(水蔘)], 물알[2][835], 물외(오이). ☞ 수(水).

물[2] 물건에 묻어서 드러나는 빛깔. ¶물을 들이다. 물이 바래다. 물감[836], 물들다[837]/들이다, 물명주(明紬;엷은 남빛 명주실로 짠 피륙), 물빛[2](물감의 빛깔), 무새(물감을 들인 천), 무색(色)[838], 물씨[839], 물집(염색집); 갈물[840], 감물, 꽃물[2][841], 단물[842], 독물(짙은 빛깔의 반물), 딸깃물, 때물[843], 반물[844], 자줏물(紫朱), 풀물들.

물[3] ①물고기 따위의 싱싱한 정도. 채소·과실·어물이 사이를 두고 한 목 한 목 무리로 나오는 차례. ¶물이 좋은 고등어. 물이 갔다. 물가다(싱싱함이 사라지다), 물물이[845]; 끝물(막물), 늦물, 맏물, 새물[새물수박, 새물참외, 새물청어(靑魚)], 생물(生), 중물(中;첫물과 끝물의 중간에 나오는 푸성귀나 해산물); 한물[2](한창 때)/가다/지다. ②옷을 한 번 빨래할 때마다의 동안. ¶한 물 빨다. 한 물 빤 옷. 새물(빨래하여 갓 입은 옷), 새물내; 첫물. ③알에서 갓 깐 어린누에를 잠란지에서 그러모아 다른 종이로 쓸어 놓는 차례.

물[4] 무리[1]·떼. ¶물겹것[846], 물매[1,2][847], 물보낌[848].

물(物) 인간의 감각에 의해서 느끼어 알 수 있는 사물. '일정한 형태를 갖춘 모든 물질적 대상(물건). 또는 물질. 일. 살피다'를 뜻하는 말. ¶물가(物價)[849], 물각유주(物各有主), 물건(物件), 물계[850], 물계(物界), 물고(物故)[851], 물괴(物怪), 물권(物權)[852], 물납(物納), 물동량(物動量;물자가 유동하는 양), 물량(物量;물건의 분량), 물력(物力), 물론(物論;말할 필요가 없음), 물료(物料), 물료(物療), 물루(物累;몸을 얽매는 세상의 온갖 괴로움), 물류(物流), 물리(物理)[853], 물망(物望)[854], 물명(物名), 물물/교환(物物/交換), 물법(物法), 물산(物産), 물상(物象;자연계의 사물 및 그 변화 현상), 물상(物像;물체의 상), 물상객주(物商客主), 물색(物色)[855], 물선(物膳), 물성(物性), 물세(物稅), 물신(物神)[물신성(性), 물신숭배(崇拜)], 물심(物心), 물아(物我), 물역(物役), 물외(物外), 물욕(物慾), 물의(物議)[856], 물이(物異), 물자(物資)[857], 물재(物材), 물재(物財), 물적(物的)[물적담보(擔保), 물적생산(生産), 물적유통(流通)], 물정(物情;세상의 사물이나 인심), 물종(物種), 물주(物主), 물증(物證;물적증거), 물질(物質)[858], 물체(物體), 물칭(物稱), 물표(物票), 물품(物品), 물풍(物豐), 물형(物形), 물화(物化), 물화(物貨), 물활론(物活論); 가공물(加工物), 가분물(可分物), 가설물(架設物), 가설물(假設物), 가소물(可塑物), 가연물(可燃物), 가용물(可溶物), 가장물(假裝物), 가치물(價値物), 각물(各物), 각출물(咯出物;침. 가래), 간물(奸/姦物;奸人), 간물(乾物;생선이나 육류를 말린 것), 간행물(刊行物), 개물(個物), 거물(巨物), 건물(建物), 건물(乾物), 건설물(建設物), 건어물(乾魚物), 건조물(建造物), 건축물(建築物), 걸물(傑物), 검증물(檢證物), 게시물(揭

---

835) 물알[2]: 아직 덜 여물어서 물기가 많고 말랑한 곡식알.

836) 물감: 빛깔을 물들이는 재료. ¶건염물감(建染), 그림물감, 산성물감(酸性), 염기성물감(鹽基性), 인조물감(人造), 천연물감(天然).

837) 물들다: ①빛이 옮아서 묻다. ¶단풍이 붉게 물들다. ②어떤 사상·행실을 닮아 가다. ¶악에 물들다. ③오염되다. 감염되다. 배다. 전염되다.

838) 무색(色): 물감을 들인 빛깔. ¶무색옷, 무색치마.

839) 물씨: 물체에 빛깔을 주는 성분. 색소(色素). ¶물씨가 흐리다. 물씨세포(細胞;색소세포).

840) 갈물: 떡갈나무 껍질에서 나는 검붉은 물감.

841) 꽃물: ①꽃을 물감으로 하여 들이는 물. ¶손톱에 꽃물을 들이다. ②불그레한 혈색. ¶부끄러워 귓불에 꽃물이 들다.

842) 단물: 어떤 대상이 가지고 있는 본래의 색. 단물이 다 빠진 낡은 옷. 단물나다(옷 따위가 낡아 물이 빠지고 바탕이 해지게 되다).

843) 때물: 툭 트이거나 미끈하게 잘생기지 못한 태깔. ¶때물을 벗다.

844) 반물: 검은빛을 띤 남빛. §'반'은 '꼴뚜기'를, '반물'은 꼴뚜기가 뿜어낸 먹물을 뜻함. ¶반물빛, 반물색(色), 반물저고리, 반물집(피륙이나 옷에 반물을 들여 주는 집), 반물치마.

845) 물물이: 산물(産物)이 때를 따라 한목 한목 모개로 나오는 모양. ¶참외·수박이 물물이 나오다.

846) 물겹것: 헝겊을 겹치어 성기게 꿰매 지은 겹옷. ¶물겹바지, 물겹바지저고리, 물겹저고리.

847) 물매[1]: 한꺼번에 또는 여럿이 때리는 매. 무릿매. ¶물매질/하다. 물매[2]: 나무에 달린 과실 따위를 떨어뜨리기 위하여 던지는 팔매에 쓰는 길쭉한 몽둥이.

848) 물보낌: 여러 사람을 모조리 매질함.

849) 물가(物價): 물건의 값. ¶물가가 내리다/ 오르다. 물가고(高), 물가동태(動態), 물가동향(動向), 물가등귀(騰貴), 물가상승(上昇), 물가수준(水準), 물가연동제(連動制), 물가정책(政策), 물가조절(調節), 물가지수(指數), 물가체계(體系), 물가통계(統計), 물가통제(統制), 물가파동(波動), 물가평균(平均), 물가하락(下落); 금물가(金), 도매물가(都賣), 소매물가(小賣), 소비자물가(消費者), 저물가(低).

850) 물계(物): ①물건의 시세. ②어떤 일의 속내. ¶물계를 알다. 물계가 트다.

851) 물고(物故): ①사회적으로 이름난 사람의 죽음. ②죄인의 죽음, 또는 죄인을 죽임. ¶물고가 나다/내다. 물고장(物故狀;지난날, 죄인을 죽인 것을 보고하던 글).

852) 물권(物權): 특정한 물건을 직접 지배하여 이익을 얻을 수 있는 배타적 권리. 점유권, 소유권, 지상권, 지역권, 전세권, 유치권, 질권, 저당권 따위이다. ¶물권계약(契約), 물권법(法), 물권변동(變動), 물권행위(行爲).

853) 물리(物理): 모든 사물의 이치. 사물에 대한 이해나 판단의 힘. ¶물리를 밝히다. 물리가 트이다. 물리감각(感覺), 물리계(系), 물리광학(光學), 물리량(量), 물리력(力), 물리법칙(法則), 물리변화(變化), 물리분석(分析), 물리상수(常數), 물리색(色;동물의 몸의 빛깔이 살갗의 물리적 구조에 의하여 생긴 색), 물리성학(星學), 물리야금(冶金), 물리요법(療法), 물리작용(作用), 물리적(的), 물리측광(測光), 물리치료(治療), 물리탐사(探査), 물리학/자(學/者), 물리현상(現像), 물리화학(化學), 물리흡착(吸着); 핵물리학(核).

854) 물망(物望): 여러 사람이 인정하거나 우러러보는 명망(名望). ¶물망에 오르다. 장관 물망에 오른 사람.

855) 물색(物色): ①물건의 빛깔. ¶물색이 곱다. ②생김새나 옷 색깔로 찾는다는 뜻에서, 어떤 기준에 맞는 사람이나 물건을 고름. ¶신랑감을 물색하다. ③까닭이나 형편. ¶아무 물색도 모르고 날뛴다. 물색없이 제 자랑을 늘어놓는 사람.

856) 물의(物議): 이러쿵저러쿵하는 여러 사람의 논의나 세상의 평판. ¶하찮은 일로 물의를 빚다.

857) 물자(物資): 어떤 활동에 필요한 여러 가지 물건이나 재료. ¶물자난(難), 물자동원(動員), 물자차관(借款); 구호물자(救護), 군수물자(軍需), 민생물자(民生), 원조물자(援助), 전략물자(戰略), 희소물자(稀少).

858) 물질(物質): 물체의 본바탕. 질량을 갖는 자연계의 구성요소의 하나. 감각의 원천이 되는 것. ¶물질감(感), 물질계(界), 물질과학(科學), 물질관(觀), 물질대사(代謝), 물질량(量), 물질명사(名詞), 물질문명(文明), 물질문화(文化), 물질상수(常數), 물질생활(生活), 물질성(性), 물질세계(世界), 물질시대(時代), 물질적(的), 물질주의/적(主義/的), 물질특허(特許), 물질파(波), 물질현상(現狀); 반응물질(反應), 발암물질(發癌), 방사성물질(放射性), 성간물질(星間), 성운간물질(星雲間), 손실물질(損失), 이물질(異物質), 저장물질(貯藏), 항균성물질(抗菌性), 항생물질(抗生), 형광물질(螢光).

示物), 격물(格物), 견물(絹物), 견물생심(見物生心), 견직물(絹織物), 결과물(結果物), 결실물(結實物), 경물(景物), 경락물(競落物), 경매물(競賣物), 경작물(耕作物), 계쟁물(係爭物), 고물(古/故物), 고안물(考案物), 고형물(固形物), 곡물(穀物), 골동물(骨董物), 골조물(骨組物), 공공물(公共物), 공물(公物), 공물(貢物), 공물(供物), 공공물(公共物), 공동물(共同物), 공산물(工産物), 공용물(公用物), 공용물(共用物), 공유물(公有物), 공유물(共有物), 공융물(共融物), 공작물(工作物), 공출물(空出物), 공탁물(供託物), 공포물(恐怖物), 과녁물, 과산화물(過酸化), 과제물(課題物), 관물(官物), 관유물(官有物), 광물(鑛物), 광고물(廣告物), 광산물(鑛産物), 괴기물(怪奇物), 괴물(怪物), 교양물(敎養物), 교직물(交織物), 교질물(膠質物), 구물(舊物), 구조물(構造物), 구축물(構築物), 군물(軍物), 귀물(貴物), 규화물(硅花物), 극물(劇物), 금물(禁物), 금제물(金製物), 급매물(急賣物), 기물(棄物), 기물(器物)[기물답다, 기물손괴죄(損壞罪)], 기념물(記念物), 기생물(寄生物), 기증물(寄贈物), 기진물(寄進物), 기탁물(寄託物), 기형물(奇形物), 기호물(嗜好物), 난물(難物), 낭상물(囊狀物), 낭중물(囊中物), 내분비물(內分泌物), 내용물(內容物), 내화물(耐火物), 노물(老物), 노폐물(老廢物), 노획물(鹵獲物), 녹화물(錄畫物), 농락물(籠絡物), 농산물(農産物), 농작물(農作物), 뇌물(賂物), 다황화물(多黃化物), 단막물(單幕物), 단발물(單發物), 단일물(單一物), 담보물(擔保物), 대물(大物), 대물(代物), 대물(貸物), 대물(對物), 대립물(對立物), 대상물(對象物), 대여물(貸與物), 대용물(代用物), 대작물(代作物), 대중물(大衆物), 대체물(代替物), 대형물(大型物), 도물(盜物), 도물(賭物), 독물(毒物), 독극물(毒劇物), 독점물(獨占物), 독해물(毒害物), 돌출물(突出物), 동물(動物), 동식물(動植物), 동일물(同一物), 득물(得物), 등가물(等價物), 등사물(謄寫物), 마물(魔物), 마쇄물(磨碎物), 마직물(麻織物), 막간물(幕間物), 만물(萬物), 만화물(漫畫物), 망물(亡物), 망물(妄物), 망우물(忘憂物), 매물(每物), 매물(賣物), 매개물(媒介物), 매득물(買得物), 매설물(埋設物), 매연물(媒緣物), 매잔물(賣殘物), 매장물(埋藏物), 면직물(綿織物), 명물(名物), 모물(毛物), 모직물(毛織物), 모질물(母質物), 목물(木物), 목적물(目的物), 목표물(目標物), 몰수물(沒收物), 무기물(無機物), 무대물(舞臺物), 무생물(無生物), 무수물(無水物), 무정물(無情物), 무주물(無主物), 무체물(無體物), 무협물(武俠物), 무형물(無形物), 문물(文物), 문예물(文藝物), 문화물(文化物), 미물(美物), 미물(微物), 박물(博物), 박물(舶物), 발간물(發刊物), 방물(方物), 방애물(妨礙物), 방직물(紡織物), 방편물(方便物), 방해물(妨害物), 배설물(排泄物), 백물(百物), 번각물(飜刻物), 번역물(飜譯物), 범물(凡物), 법물(法物:法師로부터 물려받은 재물), 변물(變物), 별물(別物), 보물(寶物), 보관물(保管物), 보험물(保形物), 보형물(保形物), 복제물(複製物), 본물(本物), 봉물(封物), 부가물(附加物), 부대물(附帶物), 부대체물(不代替物), 부등가물(不等價物), 부속물(附屬物), 부유물(浮游物), 부장물(副葬物), 부패물(腐敗物), 부합물(附合物), 분비물(分泌物)[내분비물(內)], 분실물(紛失物), 분출물(噴出物), 불가분물(不可分物), 불순물(不純物), 불용물(不用物), 불융통물(不融通物), 불특정물(不特定物), 붕락물(崩落物), 붕화물(硼化物), 브롬화물(Bromg化物), 비화물(砒化物), 빙물(聘物), 사물(四物), 사물(死物), 사물(私物), 사물(事物), 사물(邪物), 사물(賜物), 사냥물, 사례물(謝禮物), 사브롬화물(四Bromg化物), 사산화물(四酸化物), 사용물(私用物), 사유물(私有物), 사적물(史蹟物), 사전물(史傳物), 산물(産物), 산성물(酸性物), 산출물(産出物), 산화물(酸化物), 삼발물(三-物), 삼산화물(三酸化物), 삼출물(滲出物), 상계물(相計物), 상관물(相關物), 상용물(常用物), 상용물(喪用物), 상주물(常住物), 생물(生物), 생산물(生産物), 생성물(生成物), 서물(庶物), 서물(瑞物), 석물(石物), 석조물(石造物), 선물(先物), 선물(膳物), 선적물(船積物), 선전물(宣傳物), 성물(聖物), 성애물(性愛物), 성형물(成形物), 세공물(細工物), 세물(貰物), 세물(歲物), 세탁물(洗濯物), 셀렌화물(Selen化物), 소물(素物), 소비물(消費物), 소산물(所産物), 소송물(訴訟物), 소유물(所有物), 소품물(小品物), 속간물(續刊物), 속물(俗物), 속물(贖物), 쇄설물(瑣屑物), 수기물(受寄物), 수렵물(狩獵物), 수반물(隨伴物), 수산물(水産物), 수산화물(水酸化物), 수신물(隨身物), 수업물(手業物), 수익물(收益物), 수집물(蒐集物), 수치물(受置物), 수탁물(受託物), 수하물(手荷物:손짐), 수화물(水化物), 수화물(水和物), 수확물(收穫物), 순애물(純愛物), 스릴러물(thriller物), 습득물(拾得物), 승기물(僧祇物), 시물(施物), 시물(視物), 시대물(時代物), 시사물(時事物), 시설물(施設物), 시안화물(cyaan化物), 시여물(施與物), 식물(植物), 식물(食物), 식용물(食用物), 신물(神物), 신물(信物), 신물(新物), 신물(贐物), 신탁물(信託物), 신판물(新版物), 실물(失物), 실물(實物), 실록물(實錄物), 실험물(實驗物), 십팔물(十八物), 아도물(阿堵物), 아산화물(亞酸化物), 악물(惡物), 안출물(案出物), 암기물(暗記物), 압수물(押收物), 애물(애를 태우는 물건이나 사람), 애물(愛物), 애완물(愛玩物), 애용물(愛用物), 액션물(action物), 약물(約物), 약물(藥物), 약탈물(掠奪物), 양물(洋物), 양물(陽物:자지), 양열물(釀熱物), 어물(魚物), 어물(御物), 어획물(漁獲物), 엄폐물(掩蔽物), 여물(餘物), 역사물(歷史物), 연구물(研究物), 연상물(聯想物), 연소물(燃燒物), 연예물(演藝物), 연재물(連載物), 염색물(染色物), 염화물(鹽化物), 영물(英物), 영물(詠物), 영물(靈物), 영상물(映像物), 영양물(營養物), 영조물(營造物), 예물(禮物), 예물(穢物), 예속물(隸屬物), 오락물(娛樂物), 오물(汚物), 오염물(汚染物), 오염화물(五鹽化物), 오예물(汚穢物), 완물(玩物), 완롱물(玩弄物), 외물(外物), 외분비물(外分泌物), 외설물(猥褻物), 요물(妖物), 용성물(鎔成物), 우물(尤物), 우물(愚物), 우편물(郵便物), 원물(元物), 원물(原物), 원산물(原産物), 월간물(月刊物), 위물(僞物), 위안물(慰安物), 위장물(僞裝物), 위조물(僞造物), 위탁물(委託物), 위해물(危害物), 위험물(危險物), 유물(唯物), 유물(油物), 유물(留物), 유물(遺物), 유가물(有價物), 유기물(有機物), 유기물(遺棄物), 유년물(幼年物), 유동물(流動物), 유류물(遺留物), 유상물(瘤狀物), 유생물(有生物), 유실물(遺失物), 유인물(油印物), 유전물(油煎物), 유정물(有情物), 유주물(有主物), 유체물(有體物), 유출물(流出物), 유치물(留置物), 유해물(有害物), 유형물(有形物), 유화물(硫化物), 육산물(陸産物), 윤작물(輪作物), 융성물(融成物), 융통물(融通物), 융합물(融合物), 은물(恩物), 은폐물(隱蔽物), 음란물(淫亂物), 음식물(飮食物), 응금물(應禁物), 응축물(凝縮物), 이물(異物), 이브롬화물(二Brom化物), 이용물(利用物), 인물(人物), 인쇄물(印刷物), 인조물(人造物), 인화물(引火物), 인화물(燐火物), 일물(逸物), 임대물(賃貸物), 임산물(林産物), 임차물(賃借

物), 임치물(任置物), 자극물(刺戟物), 자극성물(刺戟性物), 자양물(滋養物), 자연물(自然物), 작물(作物), 잔류물(殘留物), 잔여물(殘餘物), 잔존물(殘存物), 잡물(雜物), 장물/아비(贓物), 장식물(裝飾物), 장애물(障碍物), 장입물(裝入物), 장주물(裝柱物), 장중물(掌中物), 장편물(長篇物), 장해물(障害物), 재물(才物), 재물(財物), 저당물(抵當物), 저작물(著作物), 저장물(貯藏物), 전물(奠物), 전물(澱物), 전매물(專賣物), 전속물(專屬物), 전시물(展示物), 전용물(專用物), 전유물(專有物), 전작물(前作物), 전쟁물(戰爭物), 전해물(電解物), 절물(節物), 절연물(絶緣物), 점유물(占有物), 접물(接物), 접종물(接種物), 정물(情物), 정물/화(靜物/畵), 정기물(定期物), 정량물(定量物), 정반대물(正反對物), 정착물(定着物), 제물(祭物), 제작물(製作物), 조물(兆物), 조물(彫物), 조물(組物), 조물(造物), 조성물(組成物), 조형물(造形物), 존재물(存在物), 종물(從物), 종속물(從屬物), 주물(主物), 주물(呪物), 주물/공(鑄物/工), 주요물(主要物), 죽물(竹物;대그릇), 준물(俊物), 준비물(準備物), 준여물(餕餘物), 중간물(中間物), 중량물(重量物), 중편물(中篇物), 증거물(證據物), 지물(地物), 지물(紙物), 지방물(地方物), 지시물(指示物), 지장물(地藏物), 지지물(支持物), 지피물(地被物), 직물(織物), 직관물(直觀物), 직조물(織造物), 진물(珍物), 주물(鑄物), 진물(眞物), 진기물(珍奇物), 진상물(進上物), 질물(質物), 질화물(窒化物), 집물(什物), 집합물(集合物), 차물(借物), 차단물(遮斷物), 차용물(借用物), 차입물(差入物), 차폐물(遮蔽物), 찬물(饌物), 창작물(創作物), 창조물(創造物), 천산물(天産物), 천연물(天然物), 철골물(鐵骨物), 철물(鐵物), 첨가물(添加物), 첨부물(添附物), 청과물(青果物), 체물(滯物), 체현물(體現物), 추리물(推理物), 추물(醜物), 추출물(抽出物), 축산물(畜産物), 축성물(築成物), 축적물(蓄積物), 축조물(築造物), 축합물(縮合物), 출력물(出力物), 출물/꾼(出物), 출판물(出版物), 충적물(沖積物), 충전물(充塡物), 취재물(取材物), 치성물(致誠物), 칠산화물(七酸化物), 침적물(沈積物), 침전물(沈澱物), 침탈물(侵奪物), 타물(他物), 탄수화물(炭水化物), 탄화물(炭化物), 탐정물(探偵物), 탑재물(搭載物), 토산물(土産物), 토하물(吐下物), 통속물(通俗物), 퇴물(退物), 퇴적물(堆積物), 특산물(特産物), 특유물(特有物), 특정물(特定物), 파물(破物), 파생물(派生物), 패물(貝物), 패물(佩物), 편물(編物), 편직물(編織物), 평직물(平織物), 폐물(幣物;선사하는 물건), 폐물(廢物;못 쓰게 된 물건), 폐기물(廢棄物), 폐설물(廢屑物), 폐잔물(廢殘物), 포함물(包含物), 포획물(捕獲物), 폭발물(爆發物), 표류물(漂流物), 표백물(漂白物), 표적물(標的物), 표정물(表情物), 표준물(標準物), 품물(品物), 풍물(風物), 풍화물(風化物), 피물(皮物;가죽), 피보험물(被保險物), 피조물(被造物), 하물(何物), 하물(荷物), 할로겐화물(Halogen化物), 함하물(頷下物), 합성물(合成物), 해물(海物), 해독물(害毒物), 해산물(海産物)/해물(海物), 헌물(獻物), 현물(現物), 현대물(現代物), 헌상물(獻上物), 현대물(現代物), 협잡물(挾雜物), 형상물(形象物), 호물(好物), 호중물(壺中物), 혼탁물(混濁物), 혼합물(混合物), 홍보물(弘報物), 화물(貨物), 화합물(化合物), 환물(換物), 활물(活物), 활동물(活動物), 활성화물(活性化物), 황화물(黃化物), 회중물(懷中物), 획득물(獲得物), 휴대물(携帶物), 흉물(凶物), 흥행물(興行物), 희생물(犧牲物) 들.

물(勿) '아니다. 없다. 말다 · 마라'를 뜻하는 말. ¶물경(勿驚)[859], 물금(勿禁), 물론(勿論)[전사물론(前事)], 물비소시(勿秘昭示), 물시(勿施), 물실호기(勿失好機), 물약자효(勿藥自效), 물입(勿入), 물침(勿侵), 물한년(勿限年); 사물(四勿), 사물잠(四勿箴) 들

물거리 싸리 등 잡목의 우죽(나무나 대의 우두머리 가지)이나 잔가지로 된 땔나무. ¶물거리를 해오다.

물계 ①찹쌀에 섞인 멥쌀 비슷한 좋지 않은 쌀알. ②찰떡을 칠 때에 이겨지지 않고 그대로 있어 씹히는 쌀알. §'물계(物)'는 '물건의 시세. 어떤 일의 속내'를 뜻함.

물구나무 두 손을 짚고 거꾸로 서는 것.≒도립(倒立). ¶물구나무서다/서기.

물(다)[1] ①'물쿠다'의 준말. ②더위나 습기로 상하다. ¶열무가 물다. 물어도 준치 썩어도 생치(본디 좋은 것은 오래되거나 변하거나 하여도 뛰어남에는 변함이 없다). 몰칵[860], 몰큰 · 물큰[861].

물(다)[2] 마땅히 갚아야 할 것을 치러 주다. 남에게 끼친 손해를 변상하거나 자신이 저지른 잘못에 대하여 그 값에 해당하는 돈을 내다.≒치르다. 갚다. 변상하다. 보상하다. ¶세금을 물다. 교통법규를 어겨 벌금을 물다. 빚을 대신 물다. 물리다[4](부과하다. 변상시키다), 물어내다[1](변상하여 주다), 물어넣다[1](축낸 돈이나 물건 따위를 갚다), 물어주다, 무리꾸럭[862]; 빚물이(남의 빚을 대신 갚아 줌. 변상).

물(다)[3] 입이나 부리를 벌리어 이 또는 입술 사이에 무엇을 넣고 누르다. 곤충이나 벌레가 주둥이 끝으로 살을 찌르다. 사람이 이권을 차지하다. ¶입에 물다. 재갈을 물리다. 빈대가 물다. 집게가 무는 힘이 강하다. 어디서 일감을 물어오다. 물개(기계 장치의 어떤 부속품을 움직이지 않게 꽉 죄거나 물고 있는 역할을 하는 부분), 물거리[863], 물것(이나 벼룩 따위), 물고늘어지다[864], 물고뜯다, 무럽다[865], 물려지내다[866]. 물리다[5](묾을 당하다. 깨물리다), 물림사개, 물림새(맞물리는 모양), 물림쇠[867], 물부리(담배를 끼워서 빠는 물건)[대물부리, 옥물부리(玉)], 물어나르다, 물어내

859) 물경(勿驚): '놀라지 마라. 놀랍게도'의 뜻으로, 엄청난 것을 말할 때 앞세워 이르는 말. ¶물경, 10만이나 되는 청중이 모였다. 물경스럽다(너무 놀랍고 갑작스럽다).

860) 몰칵: 냄새가 갑자기 코를 찌를 듯이 심하게 풍기는 모양.=몰카닥/물커덕. 〈큰〉물컥. ¶고약한 냄새가 몰칵 풍기다. 몰큰 · 물큰(냄새가 한꺼번에 확 풍기는 모양).

861) 물큰: 냄새가 한꺼번에 확 풍기는 모양. 〈작〉몰큰. ¶비린내가 물큰 풍기는 어물전.

862) 무리꾸럭: 남의 빚이나 손해를 대신 물어 주는 일.[〈물잇구럭←물다/물리다(배상하다)]. ¶무리꾸럭은 결국 그의 부모가 했다. 무리꾸럭하다(배상하다).

863) 물거리: 낚시에서, 물고기가 가장 잘 잡히는 시간.=손때.

864) 물고늘어지다: ①무엇을 입에 문 채 놓지 않고 버티다. ¶개가 옷자락을 물고늘어지다. ②어떤 대상에 악착같이 달라붙어 떨어지지 않다. ¶말꼬리를 물고늘어지다.

865) 무럽다: 빈대 · 벼룩 따위의 물것에 물려서 가렵다.[←물리(다)+-업다]. ¶물린 자리가 무럽다. 간밤에는 무러워서 한잠도 못 잤다.

866) 물려지내다: 남에게 약점이나 트집을 잡히어 귀찮으면서도 어쩔 수 없는 사정으로 그냥저냥 지내다. ¶도대체 그 사람이 무엇을 잘못했기에 그 구두쇠에게 물려지낸단 말이야,

867) 물림쇠: 여러 나무를 겹쳐 붙일 때에, 양쪽에 꼭 끼게 물려서 조이는 쇠.

다²868), 물어넣다²(남을 고자질하여 잡히게 하거나 들키게 하다), 무르와내다/무롸내다, 물어들이다, 물어떼다, 물어뜯다/무뜯다, 물어박지르다(짐승이 달려들어 물고기를 뜯으며 마구 몸부림치다), 문쥐869), 무집게(물건을 물리는 데 쓰는 집게); 가로물다/물리다, 감물다(입술을 감아 들여서 꼭 물다), 감쳐물다, 강물다870), 깡물리다, 깨물다/물리다[옥깨물다(입을 안으로 오그라지게 깨물다)], 꼬나물다871), 동물림872), 맞물다/물리다, 밥물림, 베어물다/베물다, 빗물다(비스듬히 물다), 빼물다, 사리물다873), 악·옥·윽물다/물리다, 어긋·엇물다/물리다, 힘빼물다(힘이 센 체하다). ☞ 교(咬).

물레 ①솜·털 따위의 섬유를 자아서 실을 뽑는 틀. 돌림판(板). 방차(紡車). ¶물레를 돌리다. 물레로 실을 잣다. 물렛가락(실이 감기는 쇠꼬챙이), 물레낚시, 물레노래, 물렛돌, 물레바가지(물레방아의 바가지), 물레바퀴/물바퀴, 물레방아[물레방앗간(間), 물레방아식(式)], 물레손(물레를 잣는 일손), 물레잣기, 물렛줄, 물레질/하다(길쌈하다); 돌물레(줄을 돌려 꼬는 기구). ②꼬박874)을 올려놓고 돌리며 그릇의 모양을 만드는 기구. 녹로(轆轤). 윤대(輪臺).

물리(다) 다시 대하거나 먹기 싫은 만큼 몹시 싫증이 나다.≒데다. 질리다. 신물나다. 싫증나다. ¶고기를 물리도록 먹다. 세 끼 라면만 먹었더니 물린다.

물미¹ 사물을 관찰하고 인식하는 지혜.

물미² 땅에 꽂기 위하여 깃대·장대나 지겟작대기 따위의 끝에 끼우는 끝이 뾰족한 쇠. ¶물미작대기, 물미장(杖;물미를 끼운 지팡이); 창물미(槍;창고달).

물색-없다 말이나 하는 짓이 형편에 어울리지 아니하다. ¶물색없이 제 자랑을 늘어놓는 사람. 죄인을 잡는다고 물색없이 설치다간 자칫 민폐가 되기 십상이오.

묽(다) ①죽이나 반죽 따위가 물기가 많다.↔되다. ¶물긋875)하다, 물긋물긋하다, 묽디묽다, 묽숙하다, 묽히다; 헤묽다(사람이 맺고 끊음이 확실하지 아니하여 싱겁고 무르다), 희묽다. ②술이나 액체 농도가 적다. ¶묽은염산(鹽酸), 묽은용액(溶液), 묽은황산(黃酸), 묽스그레하다²(멀그스레하다. 멀그스름하다), 묽힘법칙(法則;稀釋律), 묽힘약(藥), 묽힘한계(限界). ③사람이 체격에 비하여 올찬 데가 없이 무르다. ¶사람이 저렇게 묽어 가지고 어떻게 사회생활을 할 수 있겠는가? 헤묽다. ☞ 연(軟).

868) 물어내다²: ①집안에 있는 일이나 말을 밖에 퍼뜨리다. ②집 안의 것을 밖으로 훔쳐 내다.
869) 문쥐: 여러 마리가 꼬리를 서로 물고 줄을 지어 다니는 쥐. ¶문쥐놀이.
870) 강물다: 입을 암팡지게 꼭 다물다. ¶입을 강물고 견디다.
871) 꼬나물다: '물다'를 아니꼽게 일컫는 말. ¶담배를 꼬나물다.
872) 동물림: 가늘고 긴 물건을 잇는 마디에 대는 장식. 또는 그 장식을 댐.
873) 사리물다: 입을 꽉 다물거나 이를 악물다.[←사리(다)+물다].=사려물다. ¶절대로 실수하지 않겠다며 영호는 어금니를 사리물었다.
874) 꼬박²: 도자기를 빚는 데 쓰려고 이긴 흙덩이.
875) 물긋: 죽이나 풀 따위가 매우 묽은 듯한 모양. ¶팥죽이 물긋물긋 너무 묽다.

뭇¹ 고기잡이에 쓰는 커다란 작살. ¶고래 등을 뭇으로 찌르다. 뭇꾼(뭇으로 고기를 잡는 사람), 뭇대, 뭇대질(뭇대로 물고기를 잡는 일)/하다.

뭇² 수적으로 여럿임을 뜻하는 말. ¶뭇 사건이 연달아 일어나다. 뭇-. ☞ 무리¹.

뭇(다) ①조각을 모아서 잇다. 여러 개를 붙여서 만들다.[←묶다(〈뭇ㄱ+다)]. ¶헝겊 조각을 무어 방석을 만들다. 배를 뭇다. 무이876). ②조직이나 모임을 만들다. ¶친목계를 뭇다. ③어근 '뭇'은, 장작·채소·볏단의 묶음을 세는 단위. 생선 열 마리, 미역 열 장의 묶음을 셀 때도 씀.=속. ¶장작 세 뭇. 조기 한 뭇. 뭇가름877)/하다, 뭇갈림878), 뭇나무, 뭇줄(삼으로 굵게 들인 바); 짚뭇.

뭉개(다)¹ 모양이나 형태가 변하도록 물건을 마구 문질러 짓이기다.≒짓밟다. 으깨다. 어떤 생각을 애써 지워버리다. ¶담배꽁초를 발로 밟아 뭉개다. 그는 어두웠던 시절을 기억 속에서 뭉개버렸다. 뭉개지다, 뭉개치다; 까뭉개다(높은 부분을 파서 깎아내리다), 깔아뭉개다(눌러서 뭉개다. 상대편을 기를 못 펴게 하다, 시치미를 떼다).

뭉개(다)² 앞으로 더 나아가지 못하고 미적거리다. 일을 제대로 처리하지 못하고 우물우물하다(뭉그대다).≒머뭇거리다. ¶빨리 처리하지 뭘 그리 뭉개느냐. 뭉그대다(제자리에서 몸을 그냥 비비다), 뭉그리다, 몽그작879)/몽긋·뭉그적/뭉긋·몽기작·뭉기적거리다/대다, 뭉긋거리다/대다, 뭉싯거리다880); 짓뭉개다/뭉기다 들.

뭉근-하다 세지 않은 불기운이 끊이지 아니하고 꾸준하다. ¶사랑방은 뭉근한 화롯불로 새벽까지 뜨뜻했다. 방에 불을 뭉근히 때다. 한약을 뭉근한 불로 달이다.

뭉긋-하다 약간 기울어져 비스듬하다. 조금 굽어 휘우듬하다. ¶뭉긋한 능선. 뭉긋한 지붕. 고개가 뭉긋하다.

뭉기(다) 아래쪽으로 추어내리다. 쌓인 물건이 허물어져 주저앉다. ¶볏가리가 뭉그려졌다. 몽그라·뭉그러/뭉거·몽크라·뭉크러뜨리다/트리다/지다, 뭉그지르다(뭉그러지게 하다).

뭉뭉-하다 연기나 냄새 따위가 자욱하고 탁탁하며 답답하다.

뭍 섬이 아닌 본토(本土). 땅. ¶멀리 뭍이 보인다. 바다에서 뭍에 오르다. 뭍에서 온 사람. 뭍그림자, 뭍길(육지에 난 길), 뭍나라, 뭍농사(農事), 뭍물, 뭍바람(↔바닷바람), 뭍반구(半球), 뭍사람, 뭍살이[뭍살이하다. 뭍살이동물(動物), 뭍살이식물(植物)], 뭍섬, 뭍일, 뭍짐/질, 뭍짐승, 뭍풀; 물뭍[수륙(水陸)], 물뭍동물(動物;兩

876) 무이: 여럿이 하나로 무어진 것. 또는 여럿을 하나로 뭇는 일. ¶떼무이(뗏목을 묶는 일), 배무이(배를 만드는 일), 쪽무이/그림(모자이크), 차례무이(차례로 무어놓은 것).
877) 뭇가름: 묶음으로 된 물건의 수효를 늘리려고 더 작게 갈라 묶음. 또는 그런 일.
878) 뭇갈림: 벼를 베어 놓은 볏단을 지주와 소작인이 절반씩 갈라 가지는 일.
879) 몽그작: ①제자리에 앉아 가볍게 비비대는 모양. ¶발을 몽그작몽그작 비빈다. ②일을 제대로 하지 못하고 우물쭈물하는 모양.=몽기작. ¶숙제를 몽그작몽그작 게으름 피운다. 〈큰〉뭉그적.
880) 뭉싯거리다: 나아가는 시늉으로 제자리에서 자꾸 비비대며 움직이다.

棲類). ☞ 육(陸).

-므로 '이다'의 어간, 모음으로 끝나는 용언의 어간, 'ㄹ' 받침인 용언의 어간 또는 어미 '-으시-' 뒤에 붙어, 까닭이나 근거를 나타내는 연결 어미. ['ㄹ'을 제외한 받침 있는 용언의 어간이나 어미 '-었/겠-' 뒤에서는 '-으므로'로 쓰임]. ¶비가 오므로 외출하지 않았다. 강물이 깊으므로 배 없이는 건널 수 없다.

므스무라 무슨 까닭으로. ¶므스무라 그런 일을 했느냐?

미 '해삼(海蔘)'을 예스럽게 이르는 말.=뮈. ¶뮈쌈(마른 해삼을 불려 쇠고기와 두부를 이겨 붙이고 달걀을 씌워 지진 음식).

미(美) ①평가 기준의 하나로 우(優)의 아래 등급. ②'아름다운'의 뜻을 나타내는 말. ¶미감(美感), 미거(美擧;갸륵하고 장한 일), 미경(美景), 미경(美境), 미과(美果), 미관(美官), 미관(美觀;좋은 경치 아름다운 경관)[미관상(相), 미관지구(地區)], 미구(美句), 미기(美妓), 미기(美技;훌륭한 연기), 미남(美男), 미녀(美女), 미농지(美濃紙), 미담(美談;갸륵한 행동에 대한 이야기), 미대(美大), 미덕(美德), 미동(美童), 미려(美麗)하다, 미명하(美名/下), 미모(美貌), 미목(美目), 미묘하다(美妙;아름답고 묘하다), 미문/체(美文/體), 미문(美聞), 미물(美物), 미미(美味), 미백(美白), 미복(美服), 미사(美辭)[미사여구(麗句), 미사학(學)], 미색(美色), 미석(美石), 미성(美聲;고운 목소리), 미소년(美少年), 미속(美俗), 미송(美松), 미수(美鬚), 미술(美術)[881], 미승(美僧), 미식/가(美食/家), 미식(美飾), 미신(美愼;남의 병의 높임말), 미안(美顔), 미용(美容)[882], 미육(美育), 미음(美音), 미의식(美意識), 미인(美人)[883], 미장(美匠), 미장(美裝), 미장/원(美粧/院), 미적(美的)[884], 미점(美點), 미조/사(美爪/師), 미주(美酒), 미질(美質), 미첩(美妾), 미추(美醜), 미태(美態), 미품(美品), 미풍/양속(美風/良俗), 미학(美學)[885], 미행(美行), 미형(美形), 미화/법(美化/法), 미화(美花), 미효(美肴), 미희(美姬); 각선미(脚線美), 간결미(簡潔美), 감관미(感官美), 감미/롭다(甘美), 개성미(個性美), 건강미(健康美), 건축미(建築美), 고전미(古典美), 곡선미(曲線美), 골계미(滑稽美), 공간미(空間美), 관능미(官能美), 교양미(教養美), 구성미(構成美), 균형미(均衡美), 극미하다(極美), 기능미(機能美), 남성미(男性美), 내용미(內容美), 도시미(都市美), 동양미(東洋美), 백치미(白痴美), 불미/하다/스럽다(不美), 비애미(悲哀美), 비장미(悲壯美), 사미(四美), 산악미(山岳美), 상미(賞美), 선미(善美), 선미(線美), 선미(鮮美), 세미(細美), 소박미(素朴美), 수미(粹美), 순미(純美), 숭고미(崇高美), 숭미하다(崇美), 시간미(時間美), 심미(審美)[886], 애련미(哀憐美), 야성미(野性美), 여성미(女性美), 역사미(歷史美;전통에서 오는 미), 예술미(藝術美), 외형미(外形美), 우미하다(優美), 우아미(優雅美), 유미(唯美), 육체미(肉體美), 인공미(人工美), 인조미(人造美), 입체미(立體美), 자연미(自然美), 장미(壯美), 재료미(材料美), 전미(全美), 전통미(傳統美), 절대미(絕對美;第一美), 정미(精美), 정적미(靜寂美), 제미(濟美;조상의 유업을 이어 성취함), 조형미(造型美), 조화미(調和美), 지미하다(至美), 지성미(知性美), 직선미(直線美), 진선미(眞善美), 찬미(讚美), 천연미(天然美), 추상미(抽象美), 치졸미(稚拙美), 쾌미(快美), 탄미(歎美), 탐미(耽美), 통일미(統一美), 파격미(破格美), 평면미(平面美), 표현미(表現美), 풍미하다(豐美), 함축미(含蓄美), 형식미(形式美), 화미(華美), 환상미(幻想美) 들.

미(未) ①'아니다. 아직 하지 못하다'를 뜻하는 말. ¶미가녀(未嫁女), 미간(未刊), 미간지(未墾地), 미감(未勘), 미감(未感), 미개(未開)[미개국(國), 미개민족(民族), 미개사회(社會), 미개인(人), 미개지(地)], 미거하다(未擧;철이 없고 사리에 어둡다), 미견(未見;아직 보지 못함), 미결(未決)[미결감(監), 미결되다/하다, 미결수(囚), 미결안(案)], 미경사(未經事), 미경지(未耕地), 미과(未果;아직 결과를 짓지 못함), 미구/에(未久;얼마 오래지 아니함), 미귀(未歸;아직 돌아오지 아니함), 미급(未及;아직 미치지 못함), 미급(未急;아직 급하지 않음), 미기(未幾;동안이 얼마 오래지 아니함), 미납(未納), 미달(未達), 미답(未踏;아지 아무도 밟지 않음)[전인미답(前人)], 미득(未得), 미래(未來)[887], 미랭(未冷), 미련(未練)[888], 미료(未了)[미료안(案), 미료인(因)], 미만(未滿), 미망(未忘), 미망인(未亡人), 미맹(未萌), 미명(未明미문(未聞), 미발(未發), 미봉(未捧), 미불(未拂), 미비(未備), 미상(未詳), 미상불(未嘗不), 미상비(未嘗非), 미생마(未生馬), 미설(未設), 미성/안(未成/案), 미성취(未成娶)/미취(未娶), 미수(未遂), 미수/금(未收/金), 미숙/아(未熟/兒), 미시감(未視感), 미식(未熄), 미신(未信), 미심(未審)[미심스럽다, 미심쩍다, 미심하다], 미안(未安)[889], 미연(未然;아직 그렇게 되지 아니함), 미온(未穩), 미정(未定), 미정고(未定

881) 미술(美術): 미술가(家), 미술감독(監督), 미술계(界), 미술관(館), 미술교육(教育), 미술도안(圖案), 미술론(論), 미술사(史), 미술상(商), 미술영화(映畵), 미술적(的), 미술품(品), 미술해부/학(解剖/學); 공예미술(工藝), 광고미술(廣告), 무대미술(舞臺), 불교미술(佛教), 상업미술(商業), 선전미술(宣傳), 설치미술(設置), 원시미술(原始), 응용미술(應用), 의장미술(意匠), 전위미술(前衛), 장식미술(裝飾), 조형미술(造型), 환상미술(幻想).

882) 미용(美容): 얼굴이나 머리를 아름답게 매만짐. ¶미용사(師), 미용성형(成形), 미용술(術), 미용식(食), 미용실(室;머리방), 미용원(院), 미용의학(醫學), 미용인(人), 미용체조(體操), 미용하다.

883) 미인(美人): 용모가 아름다운 여자. 재덕이 뛰어난 사람. ¶미인계(計), 미인대회(大會), 미인도(圖), 미인박명(薄命), 미인화(畵); 경중미인(鏡中), 금발미인(金髮), 팔방미인(八方).

884) 미적(美的): ¶미적감각(感覺), 미적감정(感情), 미적거리(距離), 미적관념(觀念), 미적관찰(觀察), 미적교육(教育), 미적내용(內容), 미적범주(範疇), 미적생활(生活), 미적인상(印象), 미적직관(直觀), 미적체험(體驗), 미적태도(態度), 미적판단(判斷), 미적환경(環境).

885) 미학(美學): 자연·예술에 있어서의 아름다움의 본질과 구조를 해명하는 학문. ¶미학사(史), 미학자(者), 미학적(的); 감정미학(感情;미의식 활동의 근원에 감정에 있다고 하는 학설), 객관적미학(客觀的), 문예미학(文藝), 순수미학(純粹), 영상미학(映像), 영화미학(映畵), 주관적미학(主觀的).

886) 심미(審美): 아름다움을 살펴 찾음. ¶심미관(觀), 심미론(論), 심미비평(批評), 심미안(眼), 심미적(的), 심미주의(主義), 심미학/미학(學).

887) 미래(未來): 앞으로 올 때. 앞날. ¶미래를 설계하다. 미래기(記), 미래도(圖), 미래불(佛), 미래사(事), 미래상(像), 미래시제(時制), 미래영겁(永劫), 미래예정(豫定), 미래완료(完了), 미래원가(原價;장래에 발생하리라고 예기되는 원가), 미래제(際;미래의 끝), 미래주의(主義), 미래진행상(進行相), 미래파(派), 미래학(學), 미래형(形).

888) 미련(未練): ①생각을 딱 끊을 수 없어 남아 있는 마음. ¶아직 그 지위에 미련이 있다. 쓸데없는 미련일랑은 버려라. ②익숙하지 못함.=미숙(未熟).

889) 미안(未安): 남에게 폐를 끼쳐서 마음이 편하지 못하고 거북함. 남을 대하기가 조금 부끄럽고 겸연쩍음. ¶기다리게 해서 미안하다. 만나기가 미안해서 망설이다. 미안스럽다, 미안쩍다. 미안천만(千萬), 미안풀이, 미안하다.

稿), 미제(未濟;일의 처리가 아직 끝나지 아니함)[미제사건(事件), 미제액(額;갚지 못한 금액)], 미족(未足), 미준(未竣), 미지(未知)[미지수(數), 미지칭(稱)], 미진/처(未盡/處), 미착(未着), 미쾌(未快), 미타(未妥;온당하지 아니함), 미판(未判), 미필/자(未畢/者), 미협(未協), 미형(未瑩;똑똑하지 못하고 어리석음), 미혼(未婚)[미혼모(母), 미혼자(者)], 미황하다(未遑;미처 겨를이 없다), 미흡하다(未洽;아직 흡족하지 못하거나 만족스럽지 않다); 전대미문(前代未聞). ②명사 뒤에 붙어, '그것이 아직 아닌. 그것이 아직 되지 않은'의 뜻을 더하는 말. ¶미가동(未稼動), 미가신(未可信), 미가필(未可必), 미각성(未覺醒), 미개간(未開墾), 미개간지(未開墾地), 미개발(未開發), 미개봉(未開封), 미개척(未開拓), 미결산(未決算), 미결재(未決裁), 미결정(未決定), 미결제(未決濟), 미경험(未經驗), 미공개(未公開), 미도착(未到着), 미등기(未登記), 미등록(未登錄), 미발령(未發令), 미발표(未發表), 미발행(未發行), 미배급(未配給), 미배당(未配當), 미배정(未配定), 미부임(未赴任), 미분양(未分讓), 미분화(未分化), 미불입(未拂入), 미상환(未償還), 미설가(未挈家), 미설치(未設置), 미성년(未成年), 미성숙(未成熟), 미성인(未成人), 미성취(未成娶), 미성편(未成篇), 미성품(未成品), 미송환(未送還), 미숙련(未熟練), 미신고(未申告), 미심사(未審査), 미완료(未完了), 미완성(未完成)/미완(未完), 미응시(未應試), 미인가(未認可), 미장가(未杖家), 미정년(未丁年), 미정비(未整備), 미조정(未調整), 미조직(未組織), 미지급(未支給), 미지불(未支拂), 미지칭(未指稱), 미증유(未曾有), 미착륙(未着陸), 미착수(未着手), 미착용(未着用), 미처리(未處理), 미처분(未處分), 미취학(未就學), 미필연(未必然), 미합의(未合意), 미해결(未解決), 미해득(未解得), 미해명(未解明), 미확보(未確保), 미확인(未確認), 미확정(未確定) 들.

미(米) '쌀'을 뜻하는 말. ¶미가(米價;쌀값), 미감수(米泔水;쌀뜨물), 미곡(米穀), 미국(米麴;쌀누룩), 미두(米豆)[미두꾼, 미두장(場)], 미량어염(米糧魚鹽), 미름(米廩;쌀창고), 미림(米林;찹쌀밥과 소주·누룩을 섞어 빚어서 재강을 짜낸 술)), 미립(米粒;쌀알), 미맥(米麥), 미반(米飯), 미분(米粉), 미산(米産), 미상(米商), 미색(米色), 미속(米粟), 미수/연(米壽;88살/宴), 미식(米食), 미음(米飮)[삼합미음(三合;해삼, 홍합, 쇠고기와 찹쌀로 쑨 미음), 조율미음(棗栗), 좁쌀미음], 미작(米作), 미전(米廛), 미점(米點), 미주(米酒), 미즙(米汁), 미포(米包); 강미(講米), 강화미(强化米), 갱미(秔/粳米;멥쌀), 결미(結米), 경미(粳米;멥쌀), 경질미(硬質米), 고미(古米;묵은 쌀), 공미(供米), 공미(貢米), 공양미(供養米), 공출미(供出米), 관수미(官需米), 구미(舊米;묵은쌀), 구호미(救護米), 군량미(軍糧米), 군작미(軍作米), 군향미(軍餉米), 기도미(祈禱米), 기미(期米), 나미(糯米;찹쌀), 낙정미(落庭米), 녹미(祿米;녹봉으로 주는 쌀), 당미(糖米;수수쌀), 대미(大米), 대동미(大同米), 도미(稻米;입쌀), 매상미(買上米), 무미(貿米), 반도미(半搗米), 반미(飯米), 방출미(放出米), 배아미(胚芽米), 백량미(白粱米), 백미(白米), 兵糧米), 보유미(保有米), 불미(佛米), 비축미(備蓄米), 사미(賜米), 산미(産米), 상미(上米), 상납미(上納米), 석발미(石拔米;고른쌀), 성미(誠米), 세미(稅米), 세미(歲米), 소미(小米), 속미(粟米), 속미음(粟米飮), 신미(新米;햅쌀), 안남미(安南米), 알파선미(α線米), 앵미[←악미(惡米)], 양곡미(糧穀米), 양미(糧米), 어공미(御供米;임금에게 바치는 쌀), 어미(御米;罌粟子/앵속자), 어공미(御供米), 연질미(軟質米), 오두미(五斗米), 외국미(外國米)/외미(外米), 요미(料米), 월름미(月廩米), 인조미(人造米), 일반미(一般米), 입미(粒米;낟알), 입정미(入鼎米), 작미(作米), 재미(齋米), 저장미(貯藏米), 적미(赤米), 절미(節米), 점미(粘米), 정미(精米), 정백미(精白米), 정부미(政府米), 조미(造米;매갈이), 조미(租米), 조미(粗米), 조미(糙米), 중미(中米), 증미(拯米), 진미(陳米;묵은쌀), 청미(靑米), 청량미(靑粱米), 청정미(靑精米), 추미(麤米;잘 쓿지 아니한 궂은 쌀), 축미(縮米), 하미(下米), 청정미(靑精米), 추미(麤米;잘 쓿지 않은 궂은 쌀), 헌미(獻米), 현미(玄米), 호미(胡米), 환미(還米), 황량미(黃粱米;메조), 황변미(黃變米), 휼미(恤米), 흑미(黑米) 들.

미(微) '작다. 몰래·은밀히'를 뜻하는 말. ¶미공(微功), 미관/말직(微官/末職), 미광(微光), 미구(微軀;보잘것없이 천한 몸), 미균(黴菌), 미동(조금 흔들림)/계(微動/計), 미등(微騰), 미락(微落), 미랭하다(微冷), 미량(微量)[890], 미량하다(微凉), 미력(微力;적은 힘)/하다, 미립(微粒)[미립자(子)], 미말(微末;아주 작음), 미명(微明), 미모(微毛), 미묘(微妙)[891]/하다, 미물(微物), 미미하다(微微;보잘것없이 작다), 미백색(微白色), 미복(微服)[892], 미분(微分)[893], 미분/기(微粉/機), 미분자(微分子), 미분탄(微粉炭), 미상(微傷), 미색(微色;엷은색), 미생물/학(微生物/學), 미성(微誠), 미성(微聲), 미세(微細;매우 가늘고 작음), 미세포(微細胞), 미소(微笑;소리 없이 빙긋이 웃음)[미소정책(政策); 염화미소(拈華)], 미소망상(微小妄想), 미소하다(微小), 미소하다(微少), 미속/도(微速/度), 미쇄하다(微瑣), 미시기의(微示其意)/미시(微示), 미시(微視↔巨視)[미시경제학(經濟學), 미시적(的)], 미신(微臣), 미아(微痾), 미약하다(微弱), 미양(微恙;대수롭지 않은 병), 미열(微熱), 미온(微溫;미지근함)[미온수(水), 미온적(的), 미온탕(湯)], 미우(微雨;보슬비), 미음(微吟;시가를 작은 소리로 읊음), 미음(微音), 미음(微陰), 미음/완보(微吟/緩步), 미의(微意), 미적분(微積分), 미정(微晶), 미죄/불기소(微罪/不起訴), 미증(微增), 미지(微旨), 미지(微志), 미지형(微地形), 미진/설(微塵/說), 미진/계(微震/計), 미천하다(微賤;신분이나 지위 따위가 하찮고 천하다), 미충(微忠;변변치 못한 충성), 미충(微衷;微意), 미취(微醉), 미침(微忱;微誠), 미품(微稟), 미풍/계(微風/計), 미하(微瑕;약간의 흠), 미한(微汗), 미황색(微黃色); 경미하다(輕微), 극미하다(極微), 기미(幾/機微), 세미(細微), 쇠미하다(衰微), 은미하다(隱微), 의미하다(依微;어렴풋하다), 정미하다(精微), 지미하다(至微), 취미(翠微), 한미하다(寒微), 현미(顯微), 현미경(顯微鏡), 홀미(忽微), 희미하다(稀微) 들.

미(味) '음식의 맛이나 사물의 내용의 맛. 맛보다'를 뜻하는 말. ¶미각(味覺)[미각기관/미각기(器官), 미각세포(細胞), 미각신경(神

890) 미량(微量): 아주 적은 분량. ¶미량분석(分析), 미량영양소(營養素), 미량요소(要素), 미량원소(元素), 미량재배실험(栽培實驗), 미량적정(滴定), 미량천칭(天秤;미량저울), 미량화학(化學).

891) 미묘(微妙): ①섬세하고 묘함. ②섬세하고 야릇하여 무엇이라고 딱 잘라 말할 수 없음. ¶미묘한 정세. 감정의 미묘한 변화.

892) 미복(微服): 지위가 높은 사람이 남의 눈에 띄지 않도록 초라한 옷차림으로 변장하는 일. ¶미복잠행(微服潛行)/미행(微行).

893) 미분(微分): 어떤 함수의 미분 계수를 구하는 일. ¶미분계수(係數), 미분연산(演算), 미분음(音;반음보다 더 작은 음정), 미분기하학(幾何學), 미분방정식(方程式), 미분법(法), 미분학(學).

經), 미각유두(乳頭), 미각중추(中樞)], 미감(味感), 미관(味官), 미독(味讀), 미뢰(味蕾;맛봉오리), 미료(味料), 미림(味醂), 미맹(味盲), 미미(美味), 미신경(味神經); 가미(加味), 가미(佳/嘉味), 감미/롭다(甘味;단맛), 고미(苦味;쓴맛), 구미(口味), 기미(氣味), 긴축미(緊縮味)[894], 노련미(老鍊味), 다정미(多情味), 담미(淡味), 묘미(妙味), 무미/건조(無味/乾燥), 미미(美味), 백미(百味), 변미(變味), 별미(別味), 별미쩍다(別味), 인간미(人間味), 인정미(人情味), 사미(邪味), 산미(山味), 산미(酸味), 삽미(澁味), 상미(上味), 상미(詳味), 상미(嘗味), 상미(賞味), 성미(性味), 서정미(抒情味), 선미(禪味), 세련미(洗練味), 세미(世味), 수미(水味;물맛), 순미(純味), 순미(醇味), 신미(辛味), 신미(新味), 신산미(辛酸味), 신선미(新鮮味), 어두일미(魚頭一味), 어미(魚味), 용미봉탕(龍味鳳湯), 원미(元味;쌀을 굵게 갈아 쑨 죽), 육미(六味;쓰고, 달고, 짜고, 싱겁고, 시고 매운 여섯 가지 맛), 육미(肉味), 음미(吟味), 음미도달(吟味到達)/미도(味到), 의미(意味)[의미론(論), 의미심장(深長)], 이미(異味), 인간미(人間味), 인정미(人情味), 일미(一味), 자미(滋味), 잡미(雜味), 적적미(寂寂味), 정미(正味;純量), 정미(情味), 조미(助味), 조미/료(調味料), 지미(地味), 진미(珍味)[고량진미(膏粱), 산해진미(山海)], 진미(眞味), 착미(着味), 초미(初味), 촌미(村味), 취미(趣味), 친근미(親近味), 친절미(親切味), 쾌미(快味), 통속미(通俗味), 통쾌미(痛快味), 풍미(風味), 풍미(豐味), 함미(鹹味), 해미(海味), 향미(香味), 후미(後味;뒷맛), 후미(厚味), 흥미(興味) 들.

미(尾) ①꼬리. 뒤쪽. 끝. 흘레하다(짝짓기, 交尾)'를 뜻하는 말. ¶미골(尾骨)'·², 미기(尾鰭), 미대난도(尾大難掉), 미등(尾燈), 미련(尾聯), 미륜(尾輪), 미릉골(眉稜骨), 미모(尾毛), 미부(尾部), 미사(尾絲), 미삼(尾蔘;인삼의 잔뿌리), 미상/돌기(尾狀/突起), 미생지신(尾生之信), 미선(尾扇), 미성(尾星), 미소류(尾素類), 미우(尾羽), 미월(眉月;초승달), 미익(尾翼), 미저골(尾骶骨;꽁무니뼈), 미추/골(尾椎/骨), 미행(尾行); 거두절미(去頭截尾), 결미(結尾), 광미(鑛尾;복대기), 교미(交尾;흘레), 구미속초(狗尾續貂), 대미(大尾;마지막), 도미(掉尾), 두미(頭尾), 마미(馬尾;말의 꼬리. 말총), 말미(末尾), 발미(跋尾), 봉미(鳳尾), 사미(蛇尾), 선미(船尾), 수미(首尾), 어두육미(魚頭肉尾), 어미(語尾)[895], 연미복(燕尾服), 요미걸련(搖尾乞憐;간사하게 아첨함), 용두사미(龍頭蛇尾), 용미(龍尾), 장미(長尾), 종미(終尾), 철두철미(徹頭徹尾), 첨미(尖尾), 최미(最尾), 치미(鴟尾;망새), 편미(篇尾), 포미(砲尾), 함미(艦尾), 호미(虎尾), 호미난방(虎尾難放), 후미(後尾). ②물고기나 벌레 따위를 세는 말.=마리. ¶생선 열 미. 굴비 다섯 미.

미(迷) '길을 잃어 헤매다. 홀리다. 정신이 흐릿하다'를 뜻하는 어근. ¶미견(迷見), 미경(迷境), 미계(迷界), 미궁(迷宮), 미도(迷途), 미돈(迷豚), 미란(迷亂), 미로(迷路)[미로반응(反應), 미로실험(實驗), 미로아(兒), 미로염(炎), 미로원(園), 미로학습(學習)], 미망(迷妄), 미몽(迷夢), 미상(迷想), 미색(迷色), 미식(迷息), 미신(迷信)[미신가(家), 미신범(犯), 미신적(的)], 미실(迷失), 미아(迷兒), 미조(迷鳥), 미주신경(迷走神經), 미채(迷彩), 미현하다(迷眩;정신이 어지럽고 어수선하다), 미혹(迷惑;무엇에 홀려 정신을 차리지 못함)/되다/하다; 우미(愚迷), 저미하다(低迷;안개 · 구름 따위가 낮게 떠돌아다니다), 전미개오(轉迷開悟), 혼미(昏迷) 들.

미(眉) '눈썹'을 뜻하는 말. ¶미간(眉間), 미모(眉毛), 미목/수려(眉目/秀麗), 미부(眉斧), 미설(眉雪), 미수(眉壽), 미우(眉宇), 미월(眉月), 미첩(眉睫); 거안제미(擧案齊眉), 곡미(曲眉), 대미(黛眉), 백미(白眉;여럿 가운데 가장 뛰어난 인물이나 물건), 설미(雪眉), 수미(秀眉), 수미(愁眉), 수미(壽眉), 수미(鬚眉), 쌍미(雙眉), 아미(蛾眉), 양미(兩眉), 와잠미(臥蠶眉), 유미(柳眉), 유엽미(柳葉眉), 장미(長眉), 전미(展眉), 초미(焦眉), 초미지급(焦眉之急), 화미(畵眉) 들.

미(媚) '아양을 부리다. 아름답다'를 뜻하는 말. ¶미무(媚嫵;嬌態), 미부(媚附;아첨하여 달라붙음), 미소(媚笑;아양을 부리며 웃음), 미약(媚藥;성욕을 돋우는 약), 미태(媚態); 교미(嬌媚), 명미하다(明媚), 백미(百媚), 아미(阿媚), 유미(柔媚), 자미(姿媚), 첨미(諂媚), 호미(狐媚;아양을 떪) 들.

미(彌) '두루 · 널리. 길다 · 꿰매다. 오래 걸리다'를 뜻하는 말. ¶미구(彌久;동안이 매우 오래됨), 미년(彌年;한 해 동안 걸림), 미류(彌留;병이 오래 낫지 아니함), 미륜(彌綸;두루 다스림), 미만(彌滿/漫;널리 가득 참, 널리 퍼짐), 미망(彌望;眺望), 미보(彌補;꾸려서 보충함), 미봉(彌縫)[896] 들.

미(靡) '쓰러지다. 사치하다'를 뜻하는 말. ¶미란(靡/糜爛), 미령하다(靡寧), 미식(靡食); 여미하다(麗靡), 위미(萎靡), 음미(淫靡), 치미(侈靡), 풍미(風靡), 피미(披靡) 들.

미(薇) '고비(고빗과에 딸린 여러해살이풀)'을 뜻하는 말. ¶미궐(薇蕨;고비와 고사리), 미초(薇草); 백미꽃(白薇), 자미(紫薇;백일홍), 장미(薔薇)[덩굴장미, 백장미(白), 흑장미(黑)] 들.

미(楣) '문얼굴 위에 대는 상인방(문미). 처마. 도리'를 뜻하는 말. ¶문미(門楣;문 위에 가로 댄 나무), 주미(柱楣) 들.

미(糜) '기장. 미음 · 죽'을 뜻하는 말. ¶미식(糜食), 미죽(糜粥) 들.

미(糜) '문드러지다. 죽(粥)'을 뜻하는 말. ¶미란(糜/靡爛); 구미(口糜;입속이 허는 일), 유미(乳糜), 유미관(乳糜管) 들.

미(麋) '큰 사슴'을 뜻하는 말. ¶미록(麋鹿;고라니와 사슴), 미후(麋侯) 들.

미(謎) '수수께끼'를 뜻하는 말. ¶미어(謎語), 미제(謎題).

미(獼) '원숭이'를 뜻하는 말. ¶미원(獼猿), 미후(獼猴;원숭이).

미구 수키와의 층이 져 나와 서로 맞닿는 부분.

미끌 거친 데가 없이 부드럽고 반들반들한 모양. 〈작〉매끌. ¶미꾸라지[897], 미끄덕[898], 매끄러 · 미끄러지다, 미끄러뜨리다/트리다/

---

894) 긴축미(緊縮味): 압축된 문장 표현에서 느껴지는 깔끔한 맛.

895) 어미(語尾): 어미변화(變化); 선/어말어미(先/語末), 연결어미(連結), 종결어미(終結).

896) 미봉(彌縫): 잘못된 것을 임시변통으로 이리저리 꾸며 대어 맞춤. ¶미봉책(策;임시방편).

897) 미꾸라지: 기름종갯과의 민물고기. ¶미꾸라지곰, 미꾸라짓국, 미꾸리;

ㅁ

지다, 미끄럼[미끄럼대(臺), 미끄럼마찰(摩擦), 미끄럼틀, 미끄럼판], 매끄당·미끄덩/거리다/대다/하다, 매·미끄럽다, 매끈·미끈/거리다/대다/하다899), 매끈둥·미끈둥거리다/대다/하다, 매끌·미끌거리다/대다, 매끌매끌·미끌미끌/하다, 미끌액(液;潤滑液), 미끗하다(미끈하다), 미쭉하다900), 미춧하다(모양새가 미끈하고 밋밋하다). ☞ 활(滑).

미끼 ①낚시 바늘에 꿰어 물리는 물고기의 먹이. ¶미끼를 달다. 미끼낚시, 미끼주낙, 미끼통(桶). ②꾀기 위한 물건이나 수단. ¶미끼를 삼다. 취직을 미끼로 금품을 편취하다. 미끼치기(미끼로 남을 속여 금품을 빼앗는 짓).

미나리 미나릿과의 여러해살이풀. 어린잎과 줄기를 먹음.[←미(물)+나리]. ¶미나리 도리 듯하다. 미나리강회(膾), 미나리김치, 미나리꽝(미나리를 심는 논), 미나리나물, 미나리냉이, 미나리밭, 미나리볶음, 미나리아재비, 미나리적(炙), 미나리짠지, 미나리탕(湯), 미나리회(膾); 독미나리(毒), 돌미나리, 멧미나리, 양미나리(洋;파슬리).

미늘 ①낚시의 끝 안쪽에 있는, 가시랭이 모양의 작은 갈고리.[←미(물)+날].=민지. ¶미늘을 달다. 미늘쇠, 미늘잎, 미늘창(槍;창끝이 두 세 가닥으로 갈라진 창); 쇠미늘. ②'갑옷미늘(甲)'의 준말. ③주가 되는 것의 곁에 딸린 것. 며느리[〈며늘]. ¶며느리발톱, 며느리서까래[부연(婦椽)] 들.

미(다)[1] 살이 겉으로 드러날 만큼 털이 빠지다.[〈무의다]. ¶머리털은 미고 이가 빠져서 얼른 알아보지 못하였다.

미(다)[2] 팽팽한 가죽이나 종이 따위를 잘못 건드려 구멍을 내다. 찢어지다.[〈믜다]. ¶창문을 미다. 가슴이 미어지다. 미어뜨리다/트리다/지다901), 미어터지다902), 미이다(밈을 당하다); 긁혀미다(긁히어서 다치거나 또는 찢어지다).

미(다)[3] 어떤 사람이 다른 사람을 업신여겨 따돌리고 멀리하다.≒괄시하다(恝視). ¶미우다.

미련 어리석고 둔함. 〈작〉매련. ¶미련한 짓. 미련을 부리다. 매련·미련스럽다, 매련·미련쟁이, 매련·미련퉁이, 매련·미련하다, 민하다903); 전미련(全;아주 미련함)/하다.

미렷-하다 살이 쪄서 군턱이 져 있다. 턱이 뾰족하지 않고 두툼하다. ¶미렷하여 목이 짧게 보인다.

수수미꾸라지.

898) 미끄덕: 손이나 발이 붙지 않을 정도로 매우 미끄러운 모양. 〈작〉매끄덕. ¶매끄덕·미끄덕거리다/대다.

899) 미끈하다: 흠이나 거친 데가 없이 부드럽고 반듯하다. 생김새가 곱살하고 말쑥하다(잘생기다). 〈작〉매끈하다. ¶미끈한 다리. 미끈하게 생기다. 일을 미끈히 끝내다. 매끈·미끈거리다/대다, 미끈망둥, 미끈유월(六月), 매끈둥·미끈둥하다.

900) 미쭉하다: 미끈하고 길쭉하다. ¶무같이 미쭉한 영팔이는 욱욱 헛힘을 주어 춤을 추고 있을 것이다.

901) 미어지다: ①가슴이 찢어질 듯한 아픔이나 슬픔을 느끼다. ¶가슴이 미어지는 아픔을 느끼다. ②공간이 꽉 차서 터질 듯하다. ③해져서 구멍이 나다.

902) 미어터지다: 공간이 꽉 차 터질듯이 들어차다.

903) 민하다: 조금 미련하다. ¶민하게 굴다.

미루 밋밋하게 널리 펼쳐 있는 들이나 벌판 또는 등판. ¶확 트인 미루. 미루등(밋밋하고 너른 등판), 미루메(등성이에서 넓고 밋밋한 땅), 미루벌.

미루(다) 어떤 일을 정한 날짜보다 뒤로 물리다. 일 따위를 남에게 넘기다. 이미 안 것으로써 다른 것을 비추어 보다.[←밀(다)+우+다]. ¶게으른 사람이 오늘 할 일을 내일로 미룬다. 자신의 책임을 남에게 미루다. 한 가지로 미루어 보아 열 가지를 알 수 있다. 미루어 짐작하다. 미루적904), 미룸, 밀리다[1](미처 처리하지 못한 일이나 물건이 모여 쌓이다), 밀맡기다(미루어 맡기다); 네미룩내미룩/하다(책임을 지지 않으려고 서로 미루다), 이미룩저미룩하다(마음만 있고 이 핑계 저 핑계로 일을 미루다).

미륵(彌勒) '미륵보살(彌勒菩薩; 중생을 제도하는 보살)'의 준말. 돌부처.[←Maitreya〈범〉]. ¶미륵경(經), 미륵당(堂), 미륵반가상(半跏像), 미륵보살(菩薩), 미륵불(佛), 미륵상(像), 미륵신앙(信仰), 미륵자존(慈尊), 미륵회(會); 당래미륵(當來;미륵보살), 돌미륵 들.

미리 어떤 일이 생기기 전에 먼저. 어떤 일을 하기에 앞서.=진작. [←밀(다)+이]. ¶미리 해 놓다. 미리 의논하다. 미리미리, 미리감치(어떤 일이 생기기 훨씬 전에. 어떤 일을 하기에 훨씬 앞서), 미리막이(예방)/하다, 미리미리, 미리보기, 미리아리(미리 알아차림), 미리익힘(예습), 밀뵙기[←미리 뵙기](명절 전에 미리 찾아가 인사를 드리는 일).

미립[1] 경험에서 얻은 묘한 이치나 요령(要領).≒슬기. ¶미립을 얻다. 이제는 미립이 생겨서 일손이 빨라졌소. 미립이 트다/트이다(경험에 의하여 묘한 이치를 깨닫다/깨닫게 되다). 미립의 사투리는 '미릅'이다. 미립나다(미립이 생기다).

미립[2] 활짱을 다 만들고, 시위를 먹인 뒤에 활을 깎아 다듬고 길을 잡는 일.

미뭉-하다 그들먹하게 고여 있다.

미미-하다 보기에 좋다.

미사 천주교 최대의 예배 의식.[←missa]. ¶미사를 드리다. 미사곡(曲); 본미사(本), 예비미사(豫備), 주교미사(主敎) 들.

미사리[1] 삿갓·방갓·전모 따위의 안쪽에 대어, 머리에 쓸 때에 걸려 얹히게 된 둥근 테두리.≒접사리. ¶미사리를 단 삿갓.

미사리[2] 산 속에서 풀뿌리나 나뭇잎, 또는 열매를 먹고 사는, 몸에 털이 많이 난 자연인. ¶깊은 산중에 홀로 사는 미사리.

미세기[1] 밀물과 썰물.[←밀(다)+세〈혀(다)+기].≒조수(潮水). ¶미세기는 밀물과 썰물을 아울러 이르고, '무수기'는 밀물과 썰물의 차를 뜻하는 말이다. 미세기간격(間隔), 미세기높이, 미세기둑, 미세기차(差), 미세기표(標); 유도미세기(誘導) 들.

미세기[2] 두 짝을 한편으로 밀어 겹쳐서 여닫게 된 문이나 창.[←

904) 미루적: 해야 할 일을 미루어 시간을 끄는 모양. 〈준〉미적. ¶미루적미루적 시간만 보내다. 미루적미루적 늑장을 부리다. 미루적거리다/대다, 미루적미루적/미적미적/하다, 미미적거리다/대다.

밀(다)+세〈혀(다)+기〉]. ¶미닫이와 미세기. 미세기문(門), 미세기창(窓).

미세기[3] 광산에서, 땅 밑으로 비스듬히 파 들어가는 구덩이.≒갱도(坑道). 방틀굿.

미수 설탕물이나 꿀물에 미숫가루를 탄 여름철 음료.[〈미시]. ¶미숫가루[905], 미수차(茶); 젖미수(땅 구덩이 속에서 띄운 멥쌀가루로 만든 미수), 찹쌀미수[906].

미수-가리 삼을 잘못 삼아서 못 쓰게 된 것만 모아 묶어 놓은 삼 꼭지.

미시리 얼간이. 어딘가 모자라고 시룽시룽하는 사람. ¶미시리 같은 사람. 미시리 같이 굴다.

미식미식 끊어질 듯이 이어지는 모양. ¶송희는 미식미식 울음을 그치고 형보를 말긋말긋 올려보다가 손에 쥔 빗솔을 슬며시 입으로 가져갔다.

미얄 봉산 탈춤에서 일곱째 마당에 등장하는 인물의 하나. ¶미얄춤, 미얄탈. 미얄할미.

미역[1] 냇물이나 강물에 들어가 몸을 씻거나 노는 일. 〈준〉멱.[모욕〈沐浴(목욕)〉]. ¶미역을 감다. 등미역/등멱.

미역[2] 갈조류 곤포과의 한해살이 바닷말. ¶미역을 따다. 미역국을 먹다(직장 같은 데서 떨려나거나 시험에 떨어지다). 미역국/멱국, 미역귀(미역의 대가리)/김치, 미역모, 미역무침, 미역바위, 미역발, 미역밭, 미역볶음, 미역새, 미역숲(미역이 우거진 곳), 미역쌈, 미역자반, 미역지짐이, 미역찬국, 미역춤(한 손으로 쥘 만한 미역의 양), 미역튀각; 꼭지미역(낱 올로 된 것을 꼭지 지은 미역), 날미역, 넓미역, 돌미역, 마른미역, 물미역, 살미역(가늘고 긴 미역), 새초미역[907], 생미역(生;물미역), 참미역, 해산미역(海産). ☞ 곽(藿).

미욱-하다 하는 짓이나 됨됨이가 어리석고 둔하다. 〈작〉매욱하다. ¶미욱하기가 곰 같다. 미욱한 사람. 미욱하게 굴다. 그는 매욱스러운 탓에 늘 놀림을 받지만 마음은 착하다. 매욱·미욱스럽다, 미욱쟁이, 미욱지다(미욱한 데가 있다) 들.

미장[1] 변비가 생겼을 때 항문에 넣는 약. ¶미장질/하다.

미장[2] 건축 공사에서, 벽이나 천장, 바닥에 회, 시멘트 따위를 바름. 또는 그런 일. ¶미장이 끝난 건물 벽면은 말끔했다. 미장공(工), 미장수염(鬚髥;미장할 벽에 붙이는 수염 모양의 오라기), 미장술(術), 미장이[908], 미장일/하다, 미장주걱, 미장질/하다, 미장칼, 미장하다, 미장흙손 들.

905) 미숫가루: 찹쌀·멥쌀·보리쌀 따위를 찌거나 볶아서 가루로 만든 식품.[〈미시].

906) 찹쌀미수: 찹쌀지에밥을 말려, 노릇노릇하게 볶아 빻은 가루를 찬물에 꿀이나 설탕과 함께 탄 것.

907) 새초미역: 짧게 채를 지어 말린 미역.

908) 미장이: 건축 공사에서, 흙 따위를 바르는 일을 업으로 하는 사람.[←니(泥)+장이].

미절 국거리로 쓰는 쇠고기의 허섭스레기. 좋은 부위를 떼어내고 남은 쇠고기. ¶미절로 국을 끓이다.

미주알 똥구멍에 이르는 창자의 끝부분.[←밑]. ¶미주알고주알(사소한 것까지 속속들이 캐묻는 모양).

미지 세습 무당. ¶그 노인은 어머니도 자기 본처도 미지였다고 한다.

미지근-하다 ①따스한 기운이 좀 있는 듯하다. 〈작〉매지근하다[909]. ¶매작지근·미적지근하다, 맹근·밍근하다[910]; 뜨드미지근하다, 설·슬·실미적지근하다, 실미지근하다[911]. ②태도나 행동이 소극적이다. ¶반응이 미지근하다. 흘미지근(긴장한 맛이 없고 미지근하게)/하다.

미치(다)[1] ①정신에 이상이 생기다.≒돌다. 날뛰다. 실성하다(失性). 〈작〉매치다[912]. ¶매치·미치광이, 미친개, 미친것, 미친년, 미친놈, 미친바람(사나운 바람), 미친병(病), 미친증(症), 미친짓, 미쳐날뛰다; 반미치광이(半). ②보통 때와 다르게 몹시 흥분하여 참을 수 없는 상태가 되다. 몹시 괴로워하다. ¶지겨워 미치겠다. 아이가 말을 안 들어 미치겠다. ③어떤 일에 자기를 잃을 만큼 열중하다.≒빠지다. 몰두하다(沒頭). ¶그녀가 일에 미친 것은 작년부터였다. 그림에 미치다.

미치(다)[2] 어떤 기운이나 힘 또는 생각이나 영향이 다른 곳에 이르는 상태가 되다.(≒끼치다[2]) 어느 곳에 이르다.(≒닿다). 〈준〉및다. ¶영향이 미치다. 불기운이 여기까지 미쳤다. 그의 손은 여기까지 미치지 못한다. 미처[913], 미침, 및[914]; 대미처(그 즉시로), 뒤미처(뒤를 이어), 뒤미치다(뒤이어 곧 정하여 둔 곳이나 범주에 이르다), 못미처[915].

미터(m) 지구 자오선 길이의 4천만분의 1. 킬로미터(km;길이의 단위로 1km는 1,000m).

미투리 삼·노 따위로 삼은 신. 마혜(麻鞋). 승혜(繩鞋). ¶꽃미투리, 분미투리(粉;분을 발라 곱게 삼은 미투리), 색미투리(色), 육날미투리(六); 미투리코투리(미주알고주알).

민(民) '사람. 백성 또는 민족'을 뜻하는 말. ¶민가(民家), 민간(民間)[916], 민경(民警), 민고(民庫), 민고민지(民膏民脂), 민곤(民困),

909) 매지근하다: 더운 기운이 조금 있는 듯하다. 〈큰〉미지근하다. ¶방바닥이 매지근하다. 매작지근·미적지근하다.

910) 밍근하다: 좀 미지근하다[〈믜근]. 〈작〉맹근하다. ¶숭늉이 밍근하다. 밍근히[1](약간 미지근하게). 밍근히[2](힘을 조금씩 쓰면서 가만히 움직이는 모양).

911) 실미지근하다: ①더운 기운이 조금 있는 듯 마는 듯하다. ¶실미지근한 음식. ②철저하지 못하고 열기나 열성이 없다. ¶실미지근한 태도/ 성격.

912) 매치다: 정신에 약간 이상이 생겨 말과 행동이 보통 사람과 다르게 되거나, 상식에서 약간 벗어나는 행동을 하다. ¶어리석게도 그런 매친 짓을 하다니 한심하다.

913) 미처: 아직 거기까지 미치도록.≒아직. 채. ¶바빠서 미처 준비를 못 했다. 예전엔 미처 몰랐어요.

914) 및: 그 밖에 또. 그리고 또. 거기에 더하여.=급(及). 또. -과/와. ¶원서 교부 및 접수. 문학에는 시·소설 및 희곡 들이 있다. [+둘 이상의 단위를 같은 자격으로 이어줌].

915) 못미처: 거의 이르렀으나 아직 거기까지 미치지 못한 장소. 가까운 이쪽에. ¶우리 집은 도청 못미처에 있다. 목적지에 못미처 날이 저물다.

민구(民具), 민국(民國), 민궁(民窮), 민권(民權)[민권운동(運動), 민권주의(主義), 민권확장(擴張)], 민단(民團), 민담(民譚), 민답(民畓), 민당(民黨), 민덕(民德), 민도(民度), 민란(民亂), 민력(民力), 민력(民曆), 민렴(民斂), 민립(民立), 민막(民瘼), 민망(民望), 민박(民泊), 민방위/대(民防衛/隊), 민법(民法), 민병(民兵)[민병대(隊), 민병제(制)], 민보(民洑), 민보(民堡), 민보(民報), 민복(民僕), 민복(民福), 민본(民本;국민을 위주로 함), 민사(民事)[917], 민산(民散), 민생(民生)[민생고(苦), 민생물자(物資), 민생주의(主義)], 민선(民選), 민설(民設), 민성/함(民聲/函), 민소(民訴), 민속(民俗)[918], 민수/산업(民需/産業), 민습(民習;민간의 풍습), 민시(民是;국민들이 옳다고 생각하는 주의와 방침), 민심(民心;백성의 마음), 민아무간(民我無間), 민약설(民約說), 민업(民業), 민영(民營), 민예(民藝), 민요(民窯), 민요(民擾), 민요(民謠)[민요곡(曲), 민요조(調), 민요잔치, 민요풍(風)], 민요하다(民饒;백성의 살림이 넉넉하다), 민욕(民辱), 민우(民友), 민원(民怨), 민원(民願), 민유(民有), 민의(民意;백성의 뜻), 민자(民資), 민장(民狀), 민재(民財), 민재(民裁), 민적(民籍), 민정(民政), 민정(民情), 민족(民族)[919], 민주(民主)[920], 민중(民衆)[921], 민지(民志), 민지(民智), 민질(民疾), 민촌(民村), 민충(民衷), 민취(民娶), 민치(民治), 민폐(民弊), 민풍(民風), 민해(民害), 민호(民戶), 민혼(民婚), 민화(民話), 민화(民畵), 민회(民會); 개척민(開拓民), 거류민(居留民), 거민(居民), 거주민(居住民), 건민(健民), 공민(公民), 관민(官民), 교민(僑民), 구민(區民), 구민(救民), 구세제민(救世濟民), 국민(國民), 군민(君民;임금과 백성), 군민(軍民), 군민(郡民), 궁민(窮民), 귀국민(歸國), 귀화민(歸化民), 근민(勤民)[경천근민(敬天)], 기민(饑/飢民), 난민(難民), 난민(亂民), 내국민(內國民), 농민(農民), 농목민(農牧民), 대민(對民), 도민(島民), 도민(道民), 도국민(島國民), 도시민(都市民), 동민(洞民), 득민(得民), 만민(萬民), 망국민(亡國民), 면민(面民), 목민(牧民), 몽민(蒙民), 문민(文民), 박민(剝民), 반민(反民), 반민(叛民), 백민(白民), 범민(凡民), 변민(邊民), 부민(浮民), 부민(富民), 부락민(部落民), 부랑민(浮浪民), 부역민(賦役民), 빈민(貧民), 사민(士民), 사민(四民), 사민(私民), 사간민(私墾民), 상민(常民), 새터민, 생민(生民), 서민(庶民), 선민(先民), 선민(善民), 선민(選民), 세민(細民), 세계민(世界民), 세궁민(細窮民), 세농민(細農民), 소민(小民), 소개민(疏開民), 속민(俗民), 속민(屬民), 송민(訟民), 수복민(收復民), 수재민(水災民), 시민(市民), 식민(植民), 신민(臣民), 실향민(失鄕民), 안민(安民), 애민(愛民), 양민(良民), 어민(漁民), 억류민(抑留民), 영세민(零細民), 영주민(永住民), 예속민(隷屬民), 요민(擾民), 요민(饒民), 우민(愚民), 우민(憂民), 원주민(原住民), 위민(爲民), 유목(遊牧民), 유민(流民), 유민(遊民), 유민(遺民), 유랑민(流浪民), 유목민(遊牧民), 유식민(遊食民), 유한민(遊閑民), 읍민(邑民), 의민(義民), 의거민(義擧民), 이농민(離農民), 이민(吏民), 이민(里民), 이민(移民), 이재민(罹災民), 이주민(移住民), 인민(人民), 일민(逸民), 임민(臨民), 입주민(入住民), 자국민(自國民), 자유민(自由民), 자주민(自主民), 잔민(殘民), 재민(災民), 재류민(在留民), 적탈민(赤脫民), 전민(田民), 전재민(戰災民), 정착민(定着民), 제민(齊民;일반 백성), 제민(濟民;도탄에 빠진 백성을 건짐), 조민(兆民), 주권재민(主權在民), 주민/등록(住民/登錄), 중민(衆民), 증민(蒸民;모든 백성), 지방민(地方民), 천민(賤民), 철거민(撤去民), 촌민(村民), 치민(治民), 토민(土民), 토막민(土幕民), 토착민(土着民), 파민(罷民), 평민(平民), 폭민/화(暴民/化), 피난민(避難民), 피란민(避亂民), 포민(浦民), 피민(疲民), 피해민(避害民), 하등민(下等民), 학민(虐民), 한재민(旱災民), 향민(鄕民), 향토민(鄕土民), 호민(豪民), 화민성속(化民成俗), 화전민(火田民), 황민(荒民), 훈민정음(訓民正音), 휼민(恤民) 들.

민(敏) '재빠르고 능란하다. 총명하다'를 뜻하는 말. ¶민감성(性), 민감하다(敏感), 민달(敏達;민첩하여 온갖 일에 통달함), 민속하다(敏速), 민예(敏銳), 민완(敏腕;빠르고 능란한 솜씨), 민지(敏智), 민첩(敏捷;빠르고 날램)[민첩성(性), 민첩하다], 민혜(敏慧), 민활하다(敏活;날쌔고 활발함)[민활성(性), 민활스럽다/하다]; 과민하다(過敏), 기민하다(機敏), 독민하다(篤敏), 명민하다(明敏), 불민하다(不敏), 영민하다(英敏), 예민하다(銳敏), 예민하다(叡敏), 정민(精敏), 정민(貞敏), 준민(俊敏), 총민하다(聰敏), 혜민(慧敏) 들.

민(憫) '불쌍히 여기다. 딱하다. 근심하다'를 뜻하는 말. ¶민도(憫悼), 민련하다(憫憐), 민망하다(憫惘;보기에 딱딱하고 답답하여 안쓰럽다), 민민하다(憫憫;몹시 딱하여 안쓰럽다), 민박(憫迫), 민소(憫笑), 민연하다(憫然;딱하다), 민휼(憫恤;불쌍한 사람을 도와줌); 불민(不憫), 석민(惜憫/愍), 연민(憐憫/愍) 들.

민(悶) '마음이 번거롭고 답답하여 괴로워하다'를 뜻하는 말. ¶민울하다(悶鬱), 민절하다(悶絶); 고민스럽다/하다(苦悶), 긍민(矜悶), 뇌민(惱悶), 배민(排悶), 번민(煩悶), 수민(愁悶), 우민(憂悶), 울민하다(鬱悶), 조민(躁悶), 초민(焦悶) 들.

민(泯) '뒤섞이다. 망하다'를 뜻하는 말. ¶민란(泯亂), 민멸(泯滅;형

916) 민간(民間): 일반 백성들 사이. 관청이나 정부 기관에 속하지 않음. ¶민간에 전승되다. 민간기(機), 민간기업(企業), 민간단체(團體), 민간무역(貿易), 민간사업(事業), 민간사절(使節), 민간설화(說話), 민간신앙(信仰), 민간약(藥), 민간어원(語源), 민간외교(外交), 민간요법(療法), 민간은행(銀行), 민간의학(醫學), 민간인(人), 민간전승(傳承), 민간주도(主導), 민간질고(疾苦), 민간투자(投資), 민간항공(航空).

917) 민사(民事): 민사구류(拘留), 민사법(法), 민사소송(訴訟), 민사재판(裁判), 민사책임(責任), 민사회사(會社).

918) 민속(民俗): 민간 생활과 결부된 신앙, 습관, 풍속, 전설, 기술, 전승 문화 따위를 통틀어 이르는 말. ¶민속경기(競技), 민속공예/품(工藝/品), 민속극(劇), 민속놀이, 민속무용/민속무(舞踊), 민속박물관(博物館), 민속사회(社會), 민속소설(小說), 민속신앙(信仰), 민속악(樂), 민속예술(藝術), 민속음악(音樂), 민속자료(資料), 민속적(的), 민속제(祭), 민속주(酒), 민속촌(村), 민속춤, 민속품(品), 민속학/자/적(學/者/的), 민속화(畵).

919) 민족(民族;겨레): 민족경제(經濟), 민족국가(國家), 민족적(的), 민족문제(問題), 민족문화(文化), 민족사(史), 민족성(性), 민족아(我;민족 인식의 주체), 민족양식(樣式), 민족어(語), 민족운동(運動), 민족의식(意識), 민족자결(自決), 민족자본(資本), 민족정기(精氣), 민족정신(精神), 민족종교(宗敎), 민족주의(主義), 민족학(學), 민족혼(魂); 반민족(反), 한민족.

920) 민주(民主): 주권이 국민에게 있음. ¶민주개혁(改革), 민주공화국(共和國), 민주교육(敎育), 민주국가(國家), 민주적(的), 민주정치(政治), 민주제도(制度), 민주주의/자(主義/者), 민주혁명(革命), 민주화/되다/하다(化); 반민주(反).

921) 민중(民衆): 국가나 사회를 구성하는 일반 국민. ¶민중가요(歌謠), 민중극(劇), 민중문학(文學), 민중미술(美術), 민중예술(藝術), 민중오락(娛), 민중운동(運動), 민중재판(裁判), 민중적(的), 민중화/되다/하다(化).

적이나 모습이 아주 없어짐), 민몰(泯沒;泯滅), 민묵(泯黙), 민연하다(泯然;형적이 없다. 가뭇하다) 들.

민(愍) '걱정하다. 불쌍히 여기다'를 뜻하는 말. ¶민췌(愍悴); 애민(哀愍) 들.

민(旻) '하늘. 가을 하늘'을 뜻하는 말. ¶민천(旻天).

민들레 엉거싯과의 여러해살이풀. ¶민들레꽃; 흰민들레.

민수름-하다 산이나 언덕이 가파르지 않고 좀 밋밋하다. ¶민수름한 산.

민주 몹시 귀찮고 싫증나게 구는 일. ¶왜 민주를 대고 앉았느냐? 하도 민주대어서 몸서리가 난다. 민주대다(귀찮고 미워서 싫어하다), 민주스럽다('민망스럽다. 면구스럽다'의 비표준말).

민출-하다 모양새가 밋밋하고 훤칠하다. ¶눈앞에 멀어지는 그의 민출한 자태가 가슴속에 스며든다.

민춤-하다 미련하고 덜되다. ¶두메산골에서 올라온 민춤한 청년.

민틋-하다 울퉁불퉁한 곳이 없이 평평하고 비스듬하다. 일한 뒷자리가 깨끗하고 번번하다. ¶산마루가 민틋하다. 민틋이; 헌칠민틋하다(키가 크고 잘생기다).

믿(다) 의심하지 아니하다.(≒확신하다. 신임하다). 받들고 따르다.(≒섬기다). ¶친구의 말을 믿다. 믿는 도끼에 발등 찍힌다. 예수를 믿다. 나는 그의 실력을 믿는다. 미덥다(믿음성이 있다), 미둥거둥하다[922], 미쁘다(믿음성이 있다), 미쁨, 믿기다, 믿음[믿음성(性)/스럽다, 믿음직하다/스럽다]. ☞ 신(信).

밀¹ 포아풀과의 두해살이 재배 식물. 참밀의 열매. ¶밀가루[밀가루떡, 밀가루반죽, 밀가루빵; 강력밀가루(強力)], 밀가을, 밀개떡, 밀거적(밀짚으로 만든 거적), 밀것(밀가루로 만든 음식), 밀국수, 밀기울[밀기울밥, 밀기울장(醬)], 밀깜부기, 밀단(밀을 베어 묶은 단), 밀대', 밀떡, 밀만두(饅頭), 밀반죽/하다, 밀밥, 밀밭, 밀범벅, 밀보리/짚, 밀부꾸미, 밀소주(燒酒), 밀수제비, 밀쌀, 밀쌈[923], 밀알[924], 밀이삭, 밀장(醬), 밀전병(煎餠), 밀지짐, 밀짚[밀짚모자, 밀짚서까래(아주 가늘고 짧은 서까래)], 밀천신(薦新), 밀청대(아직 익지 않은 밀의 줄기), 밀초(醋), 밀태상[925], 밀푸러기(국에 밀가루를 풀어 만든 음식), 밀풀(밀가루로 쑨 풀); 막지밀(질이 낮은 밀), 메밀[926], 양밀/가루(洋), 참밀, 통밀, 호밀(胡) 들.

밀:² 벌집을 만들기 위하여 꿀벌이 분비하는 물질. 밀랍(蜜蠟). ¶밀갈퀴(벌통에서 밀을 따는 갈퀴), 밀골무(밀로 만든 골무), 밀기름, 밀동자(童子;밀로 만든 사내아이의 형상), 밀따기(벌통에서 밀을 떼어내는 일), 밀뚤레[927], 밀벌, 밀붓(밀을 먹여 빳빳하게 맨 붓), 미지(밀을 올린 종이), 밀초, 밀피(皮); 고래밀[경랍(鯨蠟)], 꿀밀 들.

밀:³ 광산에서, 함지질할 때 나오는 사금이나 사석.

밀(密) '숨기다. 몰래. 빽빽하다. 촘촘하다. 친하다. 꼼꼼하다'를 뜻하는 말. ¶밀갑(蜜匣), 밀거래(密去來), 밀계(密計;비밀히 꾸미는 계책), 밀계(密啓;신하가 임금에게 넌지시 아룀), 밀고/자(密告/者), 밀교(密敎)[928], 밀기(密記;비밀히 적음), 밀담(密談), 밀도(密度)[929], 밀도살(密屠殺), 밀렵(密獵)[밀렵꾼, 밀렵자(者)], 밀령(密令), 밀림/전(密林/戰), 밀립(密立;빽빽하게 들어섬), 밀매(密賣), 밀매/품(密賣/品), 밀매매(密賣買;뒷거래), 밀매음(密賣淫), 밀명(密命;密令), 밀모(密毛), 밀모(密謀), 밀무역(密貿易), 밀밀하다(密密;아주 빽빽하다), 밀반출(密搬出), 밀보(密報;몰래 알림), 밀봉/교육(密封/敎育), 밀부(密夫), 밀부(密婦), 밀부(密符), 밀사(密事), 밀사(密使;비밀히 보내는 사람), 밀살(密殺), 밀삼(密蔘), 밀상(密商), 밀생(매우 빽빽하게 남)/지(密生/枝), 밀서(密書), 밀선(密船), 밀소(密訴), 밀소(密疏;남몰래 상소함), 밀송(密送;남몰래 보냄), 밀수(密輸)[밀수꾼, 밀수단(團), 밀수범(犯), 밀수선(船), 밀수업/자(業/者), 밀수죄(罪), 밀수품(品)], 밀수(密穗;알이 다닥다닥 많이 달린 이삭), 밀수입(密輸入), 밀수출(密輸出), 밀식(密植;빽빽하게 심음), 밀신(密贐;노자 명목으로 남몰래 주는 금품), 밀실(密室), 밀약(密約), 밀어/상통(密語/相通), 밀어/선(密漁/船), 밀엽(密葉), 밀영/지(密營/地), 밀운(密雲;두껍게 낀 구름), 밀유(密諭;남몰래 타이름), 밀의(密意), 밀의(密議), 밀이(密移), 밀인(密印), 밀입국(密入國), 밀장(密葬), 밀장(密藏), 밀전(密栓;마개로 꼭 막음), 밀접하다(密接), 밀정/질(密偵), 밀조(密造), 밀조(密詔), 밀주(密奏), 밀주(密酒), 밀지(密旨;임금이 비밀리에 내리던 명령), 밀집(密集;빈틈없이 빽빽하게 모임)[밀집대형(隊形), 밀집되다/하다, 밀집부대(部隊), 밀집지역(地域), 밀집촌(村)], 밀착(密着;빈틈없이 달라붙음)[밀착되다/하다, 밀착력(力), 밀착인화(印畵); 이중밀착(二重)], 밀책(密策;密計), 밀청(密聽), 밀촉(密囑;은밀하게 부탁함), 밀출국(密出國), 밀칙(密勅;비밀히 내린 칙지), 밀탐(密探), 밀통(密通), 밀파(密派), 밀파(密播;씨를 빈틈없이 배게 뿌림), 밀폐(密閉)[밀폐되다/하다, 밀폐실(室), 밀폐압력(壓力), 밀폐음(音)], 밀포(密布;틈이 없이 매우 빽빽하게 퍼짐), 밀항/선(密航/船), 밀행(密行), 밀화(密畫;화면에 가득 차도록 그린 그림), 밀화

922) 미둥거둥하다: 확실하게 믿을 만한 것이 못되다. ¶미둥거둥한 일을 떠벌리고 다니다.

923) 밀쌈: 밀전병에 나물, 고기, 깨소금 따위로 소를 넣은 음식.

924) 밀알: ①밀의 낟알. ②어떤 일에 작은 밑거름이 되는 것을 비유하는 말. ¶밀알지다(얼굴이 포동포동하게 생기다. 얼굴이 빤빤하게 생기다).

925) 밀태상: 꿀과 밀가루를 반죽하여 상처에 바르던 고약.

926) 메밀: 메밀가루, 메밀국수, 메밀껍질, 메밀꽃(메밀의 꽃. 파도가 일었을 때의 하얗게 부서지는 물거품), 메밀나깨, 메밀나물, 메밀누룩, 메밀당수, 메밀대, 메밀떡, 메밀만두(饅頭), 메밀묵, 메밀밥, 메밀부침, 메밀새(메밀 모양의 광물질), 메밀소주(燒酒), 메밀수제비, 메밀쌀, 메밀응이, 메밀잠자리, 메밀짚, 메밀칼싹두기; 겉메밀.

927) 밀:뚤레: ① 밀을 둥글넓적하게 뭉쳐 놓은 덩어리. ②길이 들어 윤이 나거나 살져서 윤택한 물건을 비유적으로 이르는 말.

928) 밀교(密敎): ①불교에서, 해석이나 설명을 할 수 없는 가르침이나 경전(經典). 주문(呪文)·진언(眞言) 따위. ②7세기 후반에 흥했던 불교의 한 파. 비교(秘敎). ③임금이 생전에 종친이나 중신(重臣)에게 남모르게 뒷일을 부탁하여 내린 교서.

929) 밀도(密度): 빽빽이 들어선 정도. 내용의 충실한 정도. 물리학에서, 기본 단위의 체적 내에서의 일정한 물질의 질량. ¶밀도 높은 수업. 밀도계(計), 밀도고도(高度), 밀도도(圖), 밀도류(流), 밀도변조(變調); 도로밀도(道路), 부피밀도, 선밀도(線), 에너지밀도(energy), 유체밀도(流體), 인구밀도(人口), 인구최적밀도(人口最適), 임계밀도(臨界), 자속밀도(磁束密度), 전류밀도(電流), 전자밀도(電子), 전하밀도(電荷), 절대밀도(絶對), 중량밀도(重量), 최적밀도(最適;생물이 생존하는 데 가장 적당한 밀도), 출력밀도(出力), 평형밀도(平衡).

(密話;밀담), 밀회(密會); 과밀(過密), 기밀/실(氣密/室), 기밀(機密), 긴밀하다(緊密), 내밀(內密), 농밀(濃密), 면밀하다(綿密), 밀밀하다(密密), 비밀(秘密), 상밀하다(詳密), 세밀하다(細密), 소밀(疏/疎密), 수밀(水密), 신밀하다(愼密), 심밀(深密;周密), 엄밀하다(嚴密), 오밀조밀(奧密稠密), 요밀하다(要密), 울밀하다(鬱密), 은밀하다(隱密), 정밀(精密), 조밀하다(稠密), 주밀하다(周密;빈틈이 없이 매우 찬찬하다), 지밀(至密), 추밀/원(樞密/院), 치밀하다(緻密), 친밀하다(親密), 현밀(顯密) 들.

밀(蜜) '꿀. 달콤하다'를 뜻하는 말. ¶밀감(蜜柑), 밀과(蜜果), 밀구(蜜灸), 밀도(蜜刀), 밀랍(蜜蠟), 밀모(蜜毛;꿀털), 밀봉(蜜蜂;꿀벌), 밀사탕, 밀살구, 밀선(蜜腺;꿀샘)[밀선식물(植物)], 밀수(蜜水), 밀어(蜜語;달콤한 말), 밀원(蜜源;단물을 내는 꽃)[밀원식물植物), 밀원작물(作物), 밀원지(地)], 밀월/여행(蜜月/旅行), 밀제(蜜劑), 밀종이, 밀주(蜜酒;꿀과 메밀가루로 빚어 만든 술), 밀초(醋;밀랍으로 만든 초), 밀초(蜜炒), 밀층(蜜層), 밀화(蜜花;琥珀의 한 가지)[밀화갓끈, 밀화단추, 밀화불수(佛手), 밀화잠(簪), 밀화장도(粧刀), 밀화패영(貝纓)], 밀환(蜜丸); 구밀복검(口蜜腹劍), 납밀(蠟蜜), 백밀(白蜜), 봉밀(蜂蜜), 화밀(火蜜), 화밀(花蜜); 봉밀(蜂蜜), 생밀(生蜜), 사탕밀(砂糖蜜)/당밀(糖蜜), 석밀(石蜜), 소밀(巢蜜;개꿀), 야밀(野蜜), 유밀과(油蜜果), 채밀(採蜜), 청밀(淸蜜), 조밀화(造蜜花), 청밀(淸蜜) 들.

밀(謐) '고요하다'를 뜻하는 말. ¶안밀하다(安謐), 정밀하다(靜謐) 들.

밀(다) 물체에 힘을 주어 앞으로 움직이게 하거나 나아가게 하다. (↔당기다. 끌다). 문지르다. 깎다. 추천하거나 추대하다. ¶대문을/ 수염을/ 때를 밀다. 너는 누구를 대통령으로 미느냐? 일을 끝까지 밀고 나가다. 밀각질[930], 밀개[931], 밀걸레(대걸레), 밀고 나가다, 밀굽(앞으로 밀려난 말발굽. 밀린 버선 뒤꿈치), 밀긋(무거운 것을 조금씩 밀어내는 모양), 밀낫(풀을 밀어 깎는 낫), 미는끌, 미는목, 미닥질[932], 미닫이[933], 미당기다(밀었다 당겼다 하다), 미대다[934], 밀대[2], 밀돌(곡식을 부스러뜨리는 납작한 돌), 미들기[935], 밀뜨리다/트리다, 미래(못자리를 고르는 데 쓰는 농기구), 미레그물/밀그물, 미레자(먹자), 미레질[936]/하다, 밀려가다, 밀려나다/나오다, 밀려다니다, 밀려닥치다, 밀려들다, 밀려오다, 미리, 밀리다[2](밂을 당하다. 다른 사람에게 지다), 밀린임금(賃金), 밀림배, 밀막다[937], 밀맡기다(일이나 책임을 밀어 맡기다), 밀몰다[938]/몰리다, 밀문(門), 밀물[밀물때, 밀물받이, 밀물지다, 밀썰물], 미미적[939], 미적[940], 밀방망이[941], 밀방아, 밀심(꾸준하고 끈기 있게 내미는 힘), 밀어/통밀어, 밀어내기, 밀어내다, 밀어내치다, 밀어놓다, 밀어닥치다(한꺼번에 몰려 다다르다), 밀어닫다, 밀어던지다, 밀어뜨리다/트리다, 밀어붙이다(몰아붙이다. 한쪽으로 힘주어 밀다), 밀어올리다, 밀어젖히다(밀어서 열다), 밀어제치다, 밀어주다, 밀어차기, 밀음쇠[942], 밀이[짐밀이/꾼], 밀장지(障;옆으로 밀어서 여닫는 장치), 밀차(車;밀어서 움직이는 작은 짐수레), 밀창(窓), 밀쳐놓다, 밀치깃대(다올대), 밀치다(힘껏 밀다), 밀치락달치락/하다, 밀치이다, 밀판(板), 밀펌프(pump); 골밀이, 내리밀다/밀리다, 내밀다/밀리다, 내밀치다, 내밀힘, 다밀다(다몰아 밀다), 데밀다[943]/밀리다, 되밀다/밀리다, 뒷밀이, 드밀다(몹시 밀다), 들이밀다/디밀다(함부로 밀다. 안쪽으로 밀어 넣거나 들여보내다), 들이밀다(↔내밀다)/밀리다, 등밀이, 디밀다(들이밀다)/밀리다, 때밀이, 떠밀다[944]/밀리다, 떠다밀다/떼밀다, 떠밀치다, 몰밀다(한데 모두 밀다), 몰밀어, 물밀다, 물밀듯이, 배밀이[945], 살밀이(문살의 등을 밀어 장식하는 일), 살쩍밀이(살쩍을 망건 속에 밀어 넣는 물건), 상상밀이, 옥밀이(玉), 원밀이(圓), 치밀다[946], 턱밀이, 테밀이, 통밀다[947], 통밀어, 퇴밀이(문살의 등을 둥글게 밀어 만드는 일), 티밀이[948], 평미레(平)[949], 평미레질, 평미리치다. ☞ 추(推).

밀따리 늦벼의 한 가지.

밀룽 불룩하게 두드러져 있는 모양. ¶문을 들이받은 이마에서 이내 커다란 혹이 밀룽 부풀어 올랐다. 화상을 입은 부위가 밀룽밀룽하다. 살가죽이 밀룽밀룽 부어오르다. 밀룽밀룽/하다.

밀삐 지게에 매어 걸머지는 끈. ¶밀삐세장(밀삐를 매게 된 곳), 밀삐아랫도리.

---

930) 밀각질: 일을 스스로 하지 않고, 이리 밀고 저리 밀고 하는 짓. ¶밀각질로 반나절을 보내다. 제기된 과업을 주인답게 해야지 서로 밀각질을 해서는 안 된다. 밀각질하다.

931) 밀개: 밀가루 반죽 따위를 얇게 펴는 데 쓰는 기구. 밀방망이.

932) 미닥질: 밀고 당기고 하면서 복닥거리거나 승강이를 하는짓. ¶미닥질하다, 미닥치다.

933) 미닫이: 미닫이문(門), 미닫이창(窓), 미닫이틀; 맞미닫이, 쌍창미닫이(雙窓), 얼미닫이(두 짝이 엇물리게 닫히는 미닫이), 외짝미닫이.

934) 미대다: ①하기 싫은 일이나 잘못된 일의 책임을 남에게 밀어 넘기다. ¶자기 일을 남에게 미대는 것도 일종의 버릇이다. ②일을 제때에 하지 않고 오래 질질 끌다.≒미루다. ¶간단한 일을 왜 그리 미대고 있는지 모르겠다.

935) 미들기: 위쪽에 경첩이나 쇠고리를 붙여 아래쪽을 밀어내어 여닫는 문. [←밀(다)+들(다)+기].

936) 미레질: 대패를 거꾸로 쥐고 앞으로 밀어 깎는 일.[←밀(다)+에+질].

937) 밀막다: ①밀어서 막다. ②핑계를 대어 거절하다. 못하게 하거나 하지 않도록 말리다. ¶부탁을 밀막다. 왜 하고 싶은 말을 밀막는 거요?

938) 밀몰다: ①한데로 밀어서 몰다. ②차별을 두지 않고 같은 것으로 치다.

939) 미미적: 조금씩 움찔움찔 밀어 움직이는 모양. 〈준〉미적. ¶바윗덩이를 미미적미미적 밀어올리다. 미미적거리다/대다.

940) 미적: ①무거운 것을 조금씩 앞으로 미는 모양. ¶농부가 달구지를 미적미적 밀고 간다. ②'미루적'의 준말. ③꾸물대거나 망설이는 모양. ¶마감 날짜를 미적미적 미루다. 미적거리다/대다.

941) 밀방망이: 가루 반죽을 밀어서 얇고 넓게 펴는 데 쓰는 방망이. 밀개.

942) 밀음쇠: 가방이나 허리띠에 달리어 밀면 끝이 위로 들리는 쇠.

943) 데밀다: 밖에서 안으로 들어가게 밀다.=들이밀다. ¶매표 창구로 돈을 데밀다.

944) 떠밀다: 힘껏 밀어주어 앞으로 나아가게 하거나, 어떤 일이나 책임을 남에게 억지로 넘기다.=떠다밀다. 떼밀다.

945) 배밀이: ①어린아이가 엎드려서 배를 바닥에 밀며 기어 다니는 동작. ②씨름에서, 상대방을 배로 밀어 넘어뜨리는 기술.

946) 치밀다: ①아래에서 위로 미는 힘을 가하다.≒치받다. 치솟다. ¶아랫사람들이 치미는 통에 견딜 수가 없다. 불길이 치밀다. ②마음속에서 화나 욕심 따위가 일다.≒북받치다. 치받치다.↔사그라지다. 가라앉다. ¶화가 치밀다. 먹고 싶은 생각이 치밀다. 거미치밀다(부러움과 시샘으로 욕심이 치밀어 오르다).

947) 통밀다: 이것저것 가릴 것 없이 똑같이 치다. ¶통밀어(이것저것 가릴 것 없이 쳐서).

948) 티밀이: 겉창, 분합(分閤)의 창살을 겉쪽이 반원형으로 되게 밀어 만든 것.

949) 평미레(平): 말이나 되에 곡식을 담고, 그 위를 평평하게 미는 데 쓰는 방망이 모양의 기구.

밀치 마소의 꼬리 밑에 거는, 안장이나 길마에 딸린 나무 막대기. ¶밀치끈; 된밀치(안장을 얹을 때 볼기 쪽으로 연결하는 가죽 끈), 살밀치(안장을 말의 꼬리에 걸어 매는 줄).

밉(다) 생김새나 하는 짓이 마음에 들지 아니하고 싫다.↔곱다. 좋다. 예쁘다. 아리땁다. ¶미운 사람 착한 사람. 죄는 미워해도 사람은 미워하지 말라. 밉광스럽다(지나치게 밉살스럽다), 밉광머리스럽다, 밉꼴/스럽다, 밉둥[950], 밉디밉다, 밉보다/보이다, 맵살·밉살스럽다/맞다, 밉살머리궂다/스럽다, 밉상(相)[밉상머리, 밉상스럽다], 밉성(性), 밉쌀(잘못의 대가로 주는 쌀), 미운증(症), 미운털, 미움, 미움받이(미움을 받는 짐승이나 사람), 미워하다(↔사랑하다. 좋아하다); 슬밉다(싫고도 밉다), 얄밉다, 얄밉상스럽다, 잔밉다(몹시 얄밉다), 잔밉고얄밉다(몹시 잔밉다). ☞ 증(憎). 오(惡).

밋밋-하다 ①생김새가 미끈하고 거침새 없이 곧고 길다.=미츨하다. 미츳하다. 〈작〉맷맷하다. ¶그 집 아들들은 모두가 밋밋하고 훤출하다. 미츨하게 뻗어오른 전나무. ②지형이 굴곡이나 경사가 그다지 심하지 않고 평평하며 비스듬하다. ¶밋밋한 능선. ③두드러진 특징이 없이 평범하다. ¶밋밋이(밋밋하게).

밍밍-하다 음식이 제 맛이 나지 않고 몹시 싱겁다. 술이나 담배가 독하지 않고 순하다.≒싱겁다. 〈작〉맹맹하다. ¶국이 너무 밍밍하여 도저히 먹을 수가 없다. 그 술은 맛이 밍밍하다.

밑 물체의 아랫부분이나 아래쪽.(↔위. 꼭대기). 사물의 기초. 바닥. 바탕. 항문(肛門). ¶밑에서 올려다 보다. 밑 빠진 독에 물 붓기. 그 사람은 나보다 세 살 밑이다. 건물은 밑이 튼튼해야 한다. 어린아이가 밑을 씻다. 밑가지, 밑각(角), 밑간/하다, 밑감(바탕이 되는 재료), 밑갓/채, 밑거름(씨뿌리기 전에 주는 비료. 기초가 되는 요인), 밑거리(원재료. 단청할 때의 애벌칠), 밑고사(告祀), 밑구리다(떳떳하지 못하다), 밑구멍(아래에 난 구멍. 항문이나 여자의 음부), 밑굽, 밑그루, 밑그림(모양의 대충만을 초잡아 그린 그림), 밑글[951], 밑기둥, 밑깎기, 밑깔이짚, 밑꼴(본디의 꼴. 原形), 밑나라(본국), 밑나무, 밑널(밑에 댄 널빤지), 밑넓이, 밑다짐(밑바닥을 다지는 일), 밑닭개, 밑단, 밑도끝도없다(갈피를 잡을 수 없다. 갑작스럽거나 종작이 없다), 밑도드리(아악에 속하는 악곡), 밑돈[기금(基金)], 밑돌, 밑돌다(↔웃돌다), 밑동[952], 미두리[953], 밑두리(둘레의 밑 부분), 밑두리콧두리(확실히 알기 위하여 세세히 캐어묻는 근본), 밑둥치, 밑뒤(배의 고물.↔밑앞), 밑들다[954], 밑땀, 밑마구리, 밑마디, 밑막이, 밑말¹(미리 다짐하여 일러두는 일), 밑말²(어근), 밑머리(본디부터 있는 머리털), 밑면(面), 밑면적(面積), 밑모서리, 밑바닥(물건의 바닥), 밑바대, 밑바위[모암(母巖)], 밑바탕(근본을 이루고 있는 실체), 밑반찬(飯饌), 밑받침[밑받침돌, 밑받침되다/하다, 밑받침이음], 밑밥/망(網), 밑변(邊), 밑부리, 밑부분(部分), 밑불, 밑뿌리, 밑살(미주알), 밑삼(↔윗삼), 밑세장, 밑손[조수(助手)], 밑쇠[955], 밑수(數), 밑술, 밑싣개(그네에서 발을 디디거나 앉는 판), 밑실(재봉틀의 실톳에 감긴 실), 밑심, 밑쌀, 밑씨, 밑씻개(똥을 누고 똥구멍을 닦는 종이), 밑아래, 밑알[956], 밑앞(배의 이물), 밑엣사람, 밑위, 밑음(音), 밑자락, 밑자리, 밑장(醬), 밑절미[957], 밑점(點基點), 밑정[958], 밑조사/하다(調査), 밑주먹, 밑줄, 밑줄기, 밑지다(손해보다↔남다), 밑질기다[959], 밑짝(맷돌의 아래짝), 밑창[밑창널, 밑창돌], 밑천[말밑천, 본밑천(本), 한밑천], 밑층(層), 밑칠(애벌칠), 밑털(짐승의 솜털), 밑틀, 밑판(板), 밑폭(밑부분의 너비), 밑표(標), 밑힘(밑바탕에 깔린 힘); 귀밑/샘/털, 날밑[960], 다리밑, 달밑(솥 밑의 둥근 부분), 대목밑(가장 긴요한 때. 고비를 바로 앞둔 때), 됫밑(되질한 후 한 되가 못 되게 남은 곡식), 들때밑[961], 뜸밑(효모균), 말밑(어떤 분량의 곡식을 말로 되고 남는 부분), 말밑[어원(語源)], 말밑천(이야깃거리), 물밑, 발밑, 밥밑[962], 방밑(坊), 빗밑(오던 비가 그치어 날이 개기까지의 과정), 상밑(床), 설밑, 세밑(歲)[963], 술밑(지에밥), 시룻밑, 울밑, 죄밑(罪;범죄의 진상), 창밑(활의 도고지 밑), 코밑, 턱밑. ☞ 본(本). 저(低). 하(下).

950) 밉둥: 어린아이가 하는 미운 짓. ¶밉둥을 부리다. 밉둥이, 밉둥이다, 밉둥피우다.

951) 밑글: ①이미 배운 글. ②밑천이 되는 글.

952) 밑동: 긴 물건의 맨 아랫동아리나, 나무줄기에서 뿌리에 가까운 부분이나, 채소 따위 식물의 굵게 살진 뿌리 부분. ¶나무의 밑동을 톱으로 베어내다. 큰 나무의 밑동을 '둥치'라고 한다. 밑동부리; 나무밑동, 무밑동, 배추밑동, 파밑동.

953) 미두리: 원래의 밑천이나 의지할 만한 연줄. ¶미두리가 없다.

954) 밑들다: 무·감자 따위의 뿌리가 굵게 자라다.

955) 밑쇠: 쇠로 만든 깨어진 그릇이나 연장을 웃돈을 주고 새것과 바꿀 때 그 깨어진 것의 쇠.

956) 밑알: 암탉이 제자리에 바로 찾아들도록, 둥지에 넣어 두는 달걀.

957) 밑절미: 사물의 기초가 되는, 본디부터의 바탕. ¶밑절미가 튼튼하다. 그 말은 밑절미 없는 흰소리가 아닐세.

958) 밑정: 젖먹이의 똥오줌을 누는 횟수(回數).

959) 밑질기다: 어디 가서 앉으면 일어날 줄 모르다.

960) 날밑: 칼날과 칼자루 사이에 끼워서, 손을 보호하게 하는 테.

961) 들때밑: 세력 있는 집안의 오만하고 고약한 하인. ¶웃전이 시키는 대로 지악스럽게 들때밑 노릇을 해 왔다. 지난 시절 검찰은 독재 권력을 대리한 들때밑 집단이나 다름없는 기관에 지나지 않았다.

962) 밥밑: 밥을 지을 때 쌀 밑에 놓는 콩·팥·보리쌀의 잡곡류.

963) 세밑: 한 해의 마지막 무렵. 섣달그믐께.

ㅂ

-ㅂ- 모음으로 끝난 용언의 어간에 붙어, ①합쇼체를 결정짓는 겸손 즉 말하는이가 자신을 낮추는 선어말 어미. '-읍-'의 준말. ¶-ㅂ시다[1], -ㅂ시오[2]. ②합쇼체를 규정하는 말하는이의 겸양 및 청자존대 '-습-'의 준말. -ㅂ뉜다[3], -ㅂ니까[4], -ㅂ니다[5], -ㅂ디까[6], -ㅂ디다[7], -ㅂ딘다[8], -ㅂ시다, -ㅂ지요[9].

-ㅂ네 어떤 것을 내세움을 못마땅한 투로 이르는 연결 어미. ¶공부합네 하고 책만 잔뜩 벌여 놓다. 나는 모릅네 하고 뒤로 나자빠지다.

-ㅂ(다) 일부 동사 어간이나 부사성 어근에 붙어, 그것을 형용사로 만드는 접사. 또는 일부 형용사를 'ㅂ'불규칙 활용어로 만드는 접사. §-읍(다), -압/업(다), -갑/겁(다)'는 이형태. ¶구덥다[10], 군시럽다, 그립다, 냅다, 놀랍다, 누겁다(←눅다), 누그럽다, 느껍다, 다·따습다, 달갑다(마음에 들어 흡족하다), 더럽다, 따습다, 맛갑다('알맞다'의 옛말), 무겁다, 무럽다[11], 무섭다, 미덥다, 반갑다, 버겁다, 서럽다, 쓰겁다, 아깝다, 우습다, 즐겁다, 차갑다; 간·근지럽다, 군시럽다, 깔·껄끄럽다, 너그럽다, 달갑다, 더럽다, 두렵다, 매끄·미끄럽다, 매스·메스껍다, 반드·번드럽다, 반갑다, 반지·번지럽다, 버겁다, 보드·부드럽다, 빤·뻰드럽다, 서럽다, 시끄럽다, 아깝다, 어지럽다, 우습다, 즐겁다, 징그럽다, 차갑다, 헐겁다 들.

바(bar) 압력의 절대 단위. 밀리바(mb).

1) -ㅂ(읍)시다: 동사의 어간에 붙어, '하오'할 상대에게 같이 행동하기를 원할 때 쓰이는 청유형 종결 어미. ¶조용히 합시다. 손을 잡읍시다.
2) -ㅂ(읍)시오: '계시다'의 어간이나 높임의 '-시-'에 붙어, 손윗사람에게 권하거나 소망의 뜻을 나타내는 '합쇼'체의 종결 어미.〈준〉-ㅂ(읍)쇼. ¶들어오십시오. 안녕히 계십시오. 납시오. 듭시오.
3) -ㅂ(습)뉜다: 용언의 어간이나 높임 선어말 어미 '-시-'에 붙어, 듣거나 보거나 겪은 바에 따라 그것이 마땅한 사실이나 진리임을 일러주는 뜻을 나타내는 하오체의 종결 어미. ¶소나기는 여름에 많이 옵뉜다. 봄이 되면 얼음이 녹습뉜다.
4) -ㅂ(습)니까: 용언의 어간에 붙어, 상대에게 의문을 나타내는 합쇼체의 종결 어미. ¶키가 큽니까. 학교에 갑니까. 요즘 지내시기가 어떻습니까. -ㅂ(습)니까-마는/만(연결 어미).
5) -ㅂ(습)니다: 용언의 어간에 붙어, 상대에게 현재 계속되는 동작이나 상태를 서술하는 합쇼체의 평서형 종결 어미. ¶지금 갑니다. 참 시원합니다. 그는 군인입니다. -ㅂ(습)니다-그려, -ㅂ(습)니다-마는/만(연결 어미).
6) -ㅂ(습)디까: 용언의 어간에 붙어, 상대에게 상대방이 겪은 바를 묻는 데 쓰는 하오체의 종결 어미. ¶뭐라고 합디까? 상을 탄 사람은 누구입디까? 얼마나 높습디까?
7) -ㅂ(습)디다: 용언의 어간에 붙어, 상대에게 자신이 겪은 어떤 사실을 전달하여 알리는 데 쓰는 하오체의 종결 어미. ¶그런 말을 들으니까 귀가 솔깃합디다. 모두 열심히 일합디다. 참 많습디다. 잘 먹습디다.
8) -ㅂ(습)딘다: 용언의 어간에 붙어, 듣거나 보거나 겪은 사실을 돌이켜 말하는 뜻을 나타내는 하오체의 종결 어미. ¶명절이면 꼭 성묘를 하곤 합딘다. 밥은 잘 먹습딘다.
9) -ㅂ(습)지요: 용언의 어간에 붙어, '합쇼'할 자리에 확실하다고 믿는 사실을 말할 때 쓰는 서술 또는 의문형 종결 어미. 〈준〉-ㅂ(습)죠. ¶내일 갑지요. 비가 많이 왔습지요.
10) 구덥다: 굳건하고 확실하여 아주 믿을 수 있다. 미덥다.
11) 무럽다: 빈대·벼룩 등의 물것에 물려 가렵다.

바[1] 굵고 튼튼하게 만든 줄·끈. ¶바를 사리다. 밧동강(바의 동강), 바사래(사린 밧줄), 바오라기(바의 동강), 밧줄(참바로 된 줄); 결관바(結棺), 곱바[12], 동바[13], 등바(마소의 등에 걸쳐 매는 끈), 샅바(무명으로 만든 씨름띠), 짐바, 참바[14] 들.

바[2] 용언의 관형형 다음에 쓰여, '방법. 일. 그것'의 뜻을 나타내는 말. ¶기뻐서 어찌할 바를 모른다. 네가 알 바가 아니다. 위에서 말한 바와 같다. 배(생각·마음. 생각하고 있는 일)(←바+이]; 이른바[소위(所謂)]. ☞ -ㄴ바.

바가각 입이 갓 떨어진 거위나 오리, 개구리 따위가 조금 작게 지르는 소리. 〈큰〉바그극. 버거걱. ¶오리가 바가각 소리를 지르다. 바가각·바그극거리다/대다.

바가지 ☞ 박'.

-바가지 몇몇 명사 뒤에 붙어 '비하(卑下)'의 뜻을 더하는 말. ¶고생바가지(苦生), 주책바가지.

바각 작고 단단한 물건이 맞닿아 가볍게 나는 소리. 〈큰〉버걱. 〈센〉빠각. 빠걱. 빠깍. ¶바각 소리가 나는 새 돈. 바각·버걱·빠각·빠깍·빠걱거리다/대다/하다, 바가닥[15], 바그닥[16].

바구니 대나 싸리 따위로 둥글게 결어 속이 깊게 만든 그릇.≒소쿠리. ¶바구니에 담다. 바구니짜리(전업주부); 과일바구니, 꽃바구니, 나물바구니, 눈깔바구니[17], 대바구니, 댕댕이바구니(댕댕이덩굴의 줄기로 결어 만든 바구니), 손바구니, 시장바구니/장바구니(市/場) 들.

바구미 바구밋과의 곤충. 쌀·보리를 갉아 먹는 해충. ¶쇠바구미, 쌀바구미, 콩바구미 들.

바그그 ①적은 양의 액체가 비교적 넓은 범위에서 갑자기 빠르게 끓어오르는 소리. 또는 그 모양. ¶가마솥에 남은 물이 바그그 끓어오르다. ②작고 많은 거품이 갑자기 빠르게 일어나는 소리. 또는 그 모양. ¶비누 거품이 바그그 일어나다. ③아이들이 갑자기 소란스럽게 떠드는 소리. 또는 그 모양. ¶아이들 떠드는 소리가 바그그 일어나다. 〈큰〉버그그.

바근 음식 따위가 딱딱하거나 굳지 아니하고 부드럽고 아삭아삭한 모양. ¶사과가 바근바근 먹기 좋다. 바근거리다/대다, 바근바근/하다.

바글 ①적은 양의 액체가 퍼지며 끓거나 솟아오르는 소리. 또는 그 모양. ¶찌개가 바글바글 끓다. ③잔거품이 넓게 퍼지며 많이 일어나는 소리. 또는 그 모양. ¶비누 거품이 바글바글 일어나다. ④

12) 곱바: 지게의 짐을 얽는 긴 밧줄.
13) 동바: 지게에 짐을 얹고 눌러 매는 줄.
14) 참바: 볏짚이나 삼으로 세 가닥을 지어 굵다랗게 드린 줄. 〈준〉바.
15) 바가닥: 작고 단단한 물건이 맞닿아 문질리다가 그칠 때 나는 소리. 〈큰〉버거덕. 〈센〉빠가닥. 빠까닥. ¶호두를 문지르니 바가닥 소리가 나다. 발에 밟힌 자갈이 바가닥 소리를 내다. 바가닥거리다/대다/하다.
16) 바그닥: 얇고 빳빳한 물건이 부딪치거나 쓸리는 소리. 〈큰〉버그덕. ¶통조림 뚜껑을 잡아 젖히자 바그닥 소리를 내며 열렸다.
17) 눈깔바구니: 가는 대오리로 구멍이 많게 결은 바구니.

마음이 씌어 속을 태우는 모양. ¶속을 바글바글 썩이다. ⑤많은 사람이 한데 모여 야단스럽게 벅적거리는 모양이나 그 소리. 작은 벌레 따위가 한군데 많이 모여 야단스럽게 들끓는 모양. ¶광장에 사람들이 바글바글 모여 있다. ⑥별빛이나 불빛이 반짝반짝 빛을 내며 오글거리는 모양. 〈큰〉버글. 보글. 부글. 〈센〉빠글. ¶바글거리다/대다, 바그르르[18].

바꾸(다) 어떤 것을 주고 그 대신 딴 것을 받다.(≒교환하다). 피륙을 사다. 본래의 것을 다른 상태나 내용으로 만들다.(≒고치다. 개혁하다). ¶차례/ 자리를 바꾸다. 비단을 바꾸러 가다. 큰돈을 작은 돈으로 바꾸다. 제도를/ 법을 바꾸다. 바꾸이다/바뀌다(≒갈리다²), 바꿈[19], 바꿔치기로(오히려 반대로), 바꿔타기, 바뀌다[20]; 뒤바꾸다/바꾸이다/바뀌다, 맞바꾸다, 섞바꾸다/바뀌다, 엇바꾸다(서로 바꾸다)/바뀌다. ☞ 환(換). 체(替).

바냐위(다) 성질이 반지랍고도 아주 인색하다. ¶그는 성질이 바냐위다. 김 씨는 워낙 바냐위어서 동네 사람들에게 인심을 잃었다.

바늘 옷을 짓거나 꿰매는 데 쓰이는 가늘고 끝이 뾰족한 쇠. 모양 또는 용도가 바늘과 비슷한 물건. 시계나 저울 따위에서 눈금을 가리키는 뾰족한 물건. ¶바늘 가는 데 실이 간다. 바늘겨레[21], 바늘구멍, 바늘귀, 바늘꽂이, 바늘꽃, 바늘끝, 바늘나사, 바늘대(가마니를 칠 때 쓰는 가늘고 긴 막대기), 바늘도둑, 바늘두더지, 바늘땀, 바늘밥(짧은 실의 동강), 바늘방석(方席;앉아 있기에 불안한 자리. 바늘겨레), 바늘뼈(호리호리한 사람의 뼈대), 바늘쌈(바늘 한 쌈인 24개를 싼 것), 바늘잎[침엽(針葉)], 바느질[22], 바늘집, 바늘첩(帖), 바늘털, 바늘토막[23], 바늘통(筒), 바늘투구(형구의 하나), 바늘허리(바늘의 가운데 부분), 반짇고리; 가마니바늘, 가지바늘[24], 갈고리바늘, 고리바늘, 꽈배기바늘(구부러진 바늘), 낚싯바늘, 날바늘(맨바늘), 대바늘, 도깨비바늘, 독바늘(毒)[25], 돗바늘, 둘레바늘[26], 뜨개질바늘/뜨개바늘, 맨바늘(실을 꿰지 않은 바늘), 못바늘[27], 물바늘(수준기), 북바늘(베틀 북 속의 대오리), 뼈바늘, 샅바늘(샅자리를 꿰매는 데 쓰는 바늘), 쇠바늘, 시계바늘(時計), 수바늘(繡), 시침바늘, 아프간바늘(afghan)[28], 알바늘(실을 꿰지 않은 맨 바늘), 어미바늘(큰 낚싯바늘), 옥니바늘(끝이 안으로 오그라진 낚싯바늘), 잎바늘[엽침(葉針)], 작대기바늘(길고 굵은 바늘), 잔바늘, 주삿바늘(注射), 징검바늘[29], 코바늘[30], 털바늘[31], 혓바늘(혓바닥에 좁쌀처럼 돋아 오르는 붉은 것). ☞ 침(針/鍼).

바다 ①지구 위에, 짠물이 괴어 있는 넓은 곳.↔뭍. ②매우 크고 넓음을 비유. ¶바다는 메워도 사람의 욕심은 못 채운다. 바닷가, 바다가재, 바다감탕(바다 밑바닥에 있는 흙), 바닷개(물개), 바다거북, 바닷게, 바닷고기, 바다귀신(鬼神), 바닷길(뱃길), 바다깊이, 바다낚시, 바다놀, 바닷말[해조(海藻)], 바닷모래, 바닷목, 바닷물, 바닷물고기, 바다밑, 바닷바람, 바닷사람, 바다사자, 바다삵(비버), 바닷새, 바다색(色), 바다생활(生活), 바다섬, 바닷소금, 바닷소리, 바닷속, 바다오리, 바닷자갈, 바닷자락(바다에서 이는 물결), 바닷장어(長魚), 바다제비, 바닷조개, 바다짐승, 바다표범(豹; 물범), 바다풀, 바다흙; 가까운바다(근해), 갓바다(뭍에서 가까운 바다), 겨울바다, 곡식바다(穀食;넓은 벌), 구름바다, 꽃바다, 나무바다(울창한 숲), 난바다(뭍에서 멀리 떨어진 바다. 먼바다. 배래), 놀바다[32], 눈물바다, 든바다(뭍에서 멀지 않은 바다), 먼바다(난바다), 물바다, 밤바다, 벼바다, 별바다, 불바다, 산호바다(珊瑚), 숲바다, 아침바다, 안개바다, 앞바다(가까운 바다), 울음바다, 웃음바다, 이삭바다, 저녁바다, 피바다, 한바다(매우 깊고 넓은 바다), 허허바다[33]. ☞ 해(海). 양(洋).

바닥 물체가 평면을 이룬 부분. 물체의 밑이 되는 부분. 일이나 소비할 물건이 다 없어진 끝. 지역이나 장소.[←밭+악]. ¶바닥을 깔다. 식량이 바닥이 났다. 일거리가 바닥이 나다. 그 바닥에서 모르는 사람이 없다. 바닥걸기질(논바닥을 고르는 일), 바닥권(圈), 바닥글[지문(地文)], 바닥기와, 바닥끝(손바닥의 가운데 금이 끝난 곳. 꼴찌), 바닥나기(토박이), 바닥나다(다 소비하다. 해져서 구멍이 나다)/내다, 바닥보다(실패하다), 바닥세(勢), 바닥쇠[34], 바닥시세(時勢), 바닥자[35], 바닥재(材), 바닥짐[36], 바닥층(層), 바닥칠(漆); 가랫바닥, 강바닥(江), 갯바닥, 곡식바다(穀食;넓은 벌), 곧은바닥(곧게 파서 내려간 광 구덩이), 교실바닥(敎室), 구들바닥, 굽바닥(굽의 밑바닥), 길바닥, 꽃바닥(꽃받침 속의 바닥), 날바닥(맨바닥), 낯바닥(얼굴), 논바닥, 돌바닥, 뒷바닥, 등바닥(등을 이룬 바닥), 땅바닥, 마룻바닥, 맨땅바닥, 맨바닥, 모랫바닥, 무리바닥[37], 밑바닥, 발바닥, 방바닥(房), 뱃바닥¹,², 벽바닥(壁),

18) 바그르르: ①적은 양의 액체가 조금 넓게 퍼지면서 야단스럽게 끓어오르는 소리. 또는 그 모양. ¶찌개가 바그르르 끓기 시작한다. 숭늉이 바그르르 끓어오르다. ②잔거품이 넓게 퍼지면서 한꺼번에 많이 일어나는 소리. 또는 그 모양. ¶사이다 거품이 바그르르 일었다. ③참을성이 없어 조그만 일에도 곧잘 흥분하는 모양. ¶그는 속이 좁아서 사소한 일에 바그르르성질을 부린다. 〈큰〉버그르르. 〈센〉빠그르르.

19) 바꿈: 바꿈질(물건과 물건을 바꾸는 짓)/하다; 누이바꿈(겹혼인), 색바꿈(色), 손바꿈(능한 솜씨를 서로 바꾸어 일함), 자리바꿈, 조바꿈(調), 탈바꿈.

20) 바뀌다: 어떤 일이나 사람이나 물건이 이전과는 다르게 되다.≒갈리다² [←갈다¹]. ¶자리가 바뀌다. 머리 모양이 바뀌다. 물이 얼면 얼음으로 바뀐다. 신발이나 옷이 바뀌다.

21) 바늘겨레: 헝겊 속에 솜이나 머리카락을 넣어 바늘을 꽂아 두게 만든 작은 물건. 바늘방석.

22) 바느질: 바느질감, 바느질값, 바느질거리(바느질감), 바느질고리/반짇고리, 바느질법(法), 바느질삯, 바느질손, 바느질실, 바느질자, 바느질집, 바느질틀(재봉틀), 바느질품/팔이, 바느질하다; 맞바느질, 삯바느질, 손바느질, 잔바느질, 틀바느질.

23) 바늘토막: ①부러진 바늘의 동강. ②생선 따위의 가시.

24) 가지바늘: 낚싯줄의 본 줄이 아닌 줄에 묶는 낚싯바늘.

25) 독바늘(毒): ①독을 묻힌 바늘. ②뱀 · 물고기 · 벌 따위의 꼬리 · 지느러미 · 꽁무니에 독이 있는 산.

26) 둘레바늘: 대바늘뜨기에서, 소매나 목둘레 따위를 돌려 뜨는 데 쓰는 바늘.

27) 못바늘: 종이 따위를 꿰는 데 쓰는, 못처럼 대가리가 있는 바늘. 핀(pin).

28) 아프간바늘(afghan): 긴 대바늘의 한쪽 끝이 미늘 모양으로 된 뜨개바늘.

29) 징검바늘: 옷을 징그는, 대가리가 구슬로 된 바늘.=구슬핀(pin).

30) 코바늘: 한쪽 또는 양쪽 끝이 갈고리처럼 되어 있어 실을 걸 수 있도록 만든 뜨개바늘.=귀바늘. 코바늘로 털옷을 뜨다. 코바늘뜨기.

31) 털바늘: 작은 벌레 모양의 미끼를 깃털로 만들어 단 속임 낚싯바늘.

32) 놀바다: 사나운 물결이 크게 이는 험한 바다.

33) 허허바다: 끝없이 드넓고 큰 바다. 호호바다.

34) 바닥쇠: ①벼슬이 없는 양반. ②그 지방에 오래 전부터 사는 사람.

35) 바닥자: 물체의 곧고 구부러짐이나 바닥의 높낮이를 재는 자.

36) 바닥짐: 배에 실은 화물의 양이 적어 배의 균형을 유지하기 어려울 때 안전을 위하여 배의 바닥에 싣는 물이나 모래 · 자갈 따위의 짐.

37) 무리바닥: 쌀무리를 바닥에 먹인 미투리.

본바닥(本), 부엌바닥, 뾰족바닥, 산호바다(珊瑚), 손바닥, 술바닥[38], 시장바닥(市場), 신바닥, 앞바닥, 장바닥(場), 재:바닥(광맥의 아랫부분), 제바닥[39], 중바닥(中), 짠바닥, 토바닥(土), 평바닥, 한바닥(번화한 곳의 중심이 되는 땅), 혓바닥, 흙바닥. ☞ 저(底). 장(場).

바대¹ 어떤 사람의 바탕을 이루는 품성의 됨됨이. 물건의 바탕(품질).

바대² 홑적삼·고의 따위의 잘 해지는 부분에 안으로 덧대는 헝겊 조각. 바탕의 품. ¶바대를 대다. 가래바대(단속곳이나 속곳 따위의 밑을 달 때에 곁에 힘받침으로 대는 천), 가슴바대, 곁바대(홑저고리의 겨드랑이 안에 대는 천), 등바대, 밑바대, 어깻바대.

바동 ①자빠지거나 주저앉거나 매달려서 팔과 다리를 내저으며 몸을 움직이는 모양.=바독[40]. ¶땅바닥에 주저앉아 바동바동 발버둥을 치다. ②괴로운 처지에서 벗어나려고 애를 쓰는 모양. 〈큰〉바둥. 버둥. ¶어려운 생활고를 벗어 보려고 바동바동 애쓰다. 바동·바둥·버둥거리다/대다, 바동바동·바둥바둥·버둥버둥/하다, 버둥개(버둥대는 짓), 버둥질/치다/하다; 말버둥질(말이 등을 땅에 대고 누워 버둥거리는 짓), 발버둥[발버둥이치다/발버둥치다, 발버둥질/하다], 뿌등[41].

바둑 두 사람이 검은 돌과 흰 돌을 나누어 가지고 바둑판 위에 번갈아 돌을 벌이어, 집을 많이 차지함을 겨루는 놀이. '흑백 색깔을 띠는. 알록달록한'을 뜻하는 말. ¶바둑을 두다. 바둑강아지(검은 털과 흰 털이 뒤섞여 있는 강아지), 바둑꾼[기객(棋客)], 바둑돌, 바둑말[마(馬)], 바둑머리[42], 바둑무늬, 바둑쇠(마고자에 다는 바둑 모양의 단추), 바둑알, 바둑은(銀), 바둑이, 바둑장기(將棋), 바둑점(點;바둑돌처럼 둥긍둥글한 점), 바둑책(冊), 바둑통(桶), 바둑판(板)[바둑판같다, 바둑판무늬, 바둑판연(鳶)]; 내기바둑, 단바둑(段;유단자의 실력을 갖춘 바둑), 덤바둑, 맞바둑, 보리바둑, 순장바둑(順將;재래식 바둑), 운남바둑[43], 은바둑(銀)[44], 접바둑, 줄바둑, 편바둑(便), 풋바둑. ☞ 기(棋).

바드득 단단하거나 반들반들하고 질긴 물건을 마주 비비거나 갈 때에 나는 조금 야무진 소리.=보드득[45]. 〈큰〉부드득. 〈센〉빠드득. 〈큰·거〉파드득[46]. 〈준〉바득. ¶이를 바드득 갈다. 바드득거리다/대다/하다. 바드등[47].

바드락 작은 몸을 엎디거나 누워서 팔다리를 가볍게 내젓는 모양. 〈큰〉버드럭. 〈센〉빠드락.¶애기가 팔다리를 바드락바드락 내저으며 놀고 있다. 바드락거리다/대다, 바드락바드락/하다.

바드럽(다) 빠듯하게 위태하다.[〈바드랍다←*바둘+압다]. ¶암벽 등반이 바드러워 보인다.

바득바득 억지스럽게 우기거나 조르는 모양. 악착스럽게 애쓰는 모양. 〈큰〉부득부득. 〈센〉빠득빠득. 〈센·큰〉뿌득뿌득. ¶바득바득 말대꾸를 하다. 제 말이 옳다고 부득부득 우기다.

바들 ①춥거나 두려워서 몸을 떠는 모양. ¶입술을 바들바들 떨다. 바들·부들·파들·퍼들거리다/대다, 바들바들·부들부들·파들파들·퍼들퍼들·푸들푸들/하다, 바들짝[48]. ②어떤 일에 아주 인색한 모양. ③물건이 탄력 있게 흔들리는 모양. 〈큰〉버들. 부들. 〈거〉파들[49]. 퍼들. [+떨다].

바듯-하다 꼭 맞아서 빈틈이 없다. 겨우 정도에 미치다. 가득차서 벅차다. 〈큰〉부듯하다. 〈센〉빠듯하다. 〈큰·센〉뿌듯하다. ¶구두가 발에 빠듯하다. 뛰어야 출근 시간에 바듯하게 닿겠다. 기쁨으로 가슴이 부듯하다. 날짜를 바듯이 잡다. 하루 작업 일정이 빠듯하게 짜이다. 빠듯한 생활비. 바듯이·부듯이, -빠듯[50].

바등 ①이 따위를 꽤 빠르고 세게 갈 때 나는 소리. 또는 그 모양. 〈센〉빠등. ②눈을 세게 밟을 때 나는 소리. 또는 그 모양.

바디¹ 베틀·방직기·가마니틀 따위에 딸린 기구의 하나. 날을 고르며 씨를 치는 구실을 함. ¶바디구멍, 바디꿴, 바디살, 바디질/하다, 바디집, 바디집비녀(바디집 두 짝의 머리를 잡아 꿰는 쇠나 나무), 바디치기, 바디치다(바디로 씨를 치다), 바디틀(바디집); 죽바디(소의 다리 안쪽에 붙은 고기).

바디² 판소리에서, 명창이 스승으로부터 전승하여 한 마당 전부를 음악적으로 절묘하게 다듬어 놓은 소리.

바따라-지다 음식의 국물이 바특하고 맛이 있다.[←밭다¹]. ¶바따라진 된장찌개.

바라 조선 때, 큰 북을 오경(五更) 삼 점(三點)에 서른세 번 쳐서 통행 금지를 해제하던 일.[←파루(罷漏)].

바라기 음식을 담는 조그마한 사기그릇. 보시기만한데 입이 좀더 벌어졌음. ¶청동바라기(青銅).

바라(다) 생각대로 되기를 간절히 원하거나 기대하다.≒기다리다.

---

38) 술바닥: 쟁기에 보습을 대는 넓적하고 삐죽하게 생긴 부분.
39) 제바닥: 물건 자체의 본바닥. 제가 본디 살고 있는 고장.
40) 바독: 자빠지거나 주저앉거나 매달려서 팔다리를 크게 벋지르며 몸을 움직이는 모양. 〈큰〉버둑. ¶자빠져서 발만 바독바독 벋지르다.
41) 뿌등: ①매우 억지를 쓰며 우기는 모양. ②몹시 애를 쓰는 모양.
42) 바둑머리: 어린아이의 머리털을 조금씩 모숨을 지어 여러 갈래로 땋은 머리.
43) 운남바둑: 알쏭달쏭하여 분간하기 어려운 일.
44) 은바둑(銀): 은으로 방울같이 만들어 여자 옷에 다는 장식품.
45) 보드득: ①질기거나 딱딱한 물건을 되게 맞비빌 때에 나는 소리.=보드등. ¶이를 보드득 갈다. ②무른 똥을 힘들여 눌 때에 나는 소리. ③이빨 같은 것을 야무지게 갈거나 씹을 때 나는 소리. ¶이빨을 보드득 갈다. ④쌓인 눈을 밟을 때 야무지게 나는 소리.=보도독. 〈큰〉부드득. 〈센〉뽀드득. 뿌드득. 〈큰·거〉포도독. 푸드득. 〈준〉보득. ¶보드득 밟히는 눈. 보도독·보드득거리다/대다/하다, 보도독보도독/하다.
46) 파드득: ①단단하고 질기거나 반드러운 물건을 세게 맞비빌 때 나는 소리. ¶이빨을 파드득 갈며 자는 버릇이 있다. ②묽은 물질이 갇힌 상태로 있다가 갑자기 좁은 구멍으로 터져 나올 때 나는 소리. ¶똥을 파드득 누는 아이. 〈여〉바드득. 〈준〉파득.
47) 바드등: ①단단하고 질기거나 반드러운 물건을 세게 문지를 때 되알지게 울리며 나는 소리. ¶이를 바드등 갈다. ②질긴 물건이 찢어지거나 터질 때 되알지게 물리며 나는 소리. 〈큰〉부드등. 〈센〉빠드등.
48) 바들짝: 몸을 움직이며 팔다리를 세게 벌려 젓는 모양. 〈큰〉버들쩍. ¶애기가 바들짝바들짝 손발을 젓다. 바들짝거리다/대다.
49) 파들: '바들'보다 거센말. 〈큰〉푸들. 퍼들. ¶공포로 온몸을 파들파들 떨다. 체중계의 바늘이 파들파들 떨다가 70Kg에 딱 멈췄다. [+떨다. 떨리다].
50) -빠듯: 수량어의 뒤에 붙어, '조금 모자람'을 나타내는 말.↔넉넉. ¶닷 되 빠듯. 한 말빠듯.

¶나는 네가 성공하기를 바란다. 나는 그에게 바라는 것이 많다. 바라건대, 바라기[개밥바라기[51], 맞은바라기/맞바라기(앞으로 마주 바라보이는 곳), 먼산바라기(山)[52], 아우바래기(아우를 볼 아이), 천상바라기(天上;늘 얼굴을 쳐들고 있는 사람), 하늘바라기(天水畓. 천둥지기), 해바라기/꽃], 바라다보다, 바라보다/보이다(멀리서 눈에 띄다), 바라다보다(바라보다), 바라오르다[53], 바람(바라는 것. 희망. 기원), 바람만바람만(바라보일 만한 정도로 뒤에 멀찍이 떨어져 따라가는 모양), 바람직스럽다/하다[54]. ☞ 희(希). 망(望). 기(祈). 원(願).

바라밀다 불교에서, '보살의 수행(修行)'을 이르는 말.[←波羅蜜多←pāramita〈범〉]. 〈준〉바라밀.

바라지¹ 일부 명사와 함께 쓰여, 음식이나 옷을 대주는 등 여러 가지로 돌보아 주는 일. 치다꺼리. ¶바라지를 열심히 하다. 바라지하다; 남편바라지, 뒷바라지, 들바라지[55], 번바라지(番;번을 든 사람에게 먹을 것을 대어 주며 치다꺼리를 하는 일), 산후바라지(産後), 살림바라지, 삼바라지(몸을 푸는 데 시중을 드는 일), 안주바라지(按酒), 옥바라지(獄), 옷바라지, 자식바라지(子息), 하숙바라지(下宿), 해산바라지(解産) 들.

바라지² 햇빛을 받아들이기 위하여 바람벽의 위쪽에 낸 작은 창. ¶바라지창(窓); 눈썹바라지[56], 쌍바라지(雙;좌우로 열어젖히게 된 바라지), 약계바라지(藥契;약방의 들창).

바라지³ 절에서 영혼을 위하여 시식(施食)할 때에 경문(經文)을 받아 읽거나 시식을 거들어 주는 사람.

바락 성이 나서 갑자기 기를 쓰거나 소리를 지르는 모양. 〈큰〉버럭. ¶바락 소리를 지르다. 버럭 화를 내다. 바락거리다/대다, 바락바락[57]·버럭버럭/하다, 아락바락.

바람¹ ①기압의 고저에 의하여 일어나는 공기의 움직임. ¶바람이 불다. 바람간수[58], 바람갈망, 바람개비, 바람결, 바람구멍, 바람기¹(氣;바람이 불 듯한 기운), 바람기둥(공기가 수직으로 급상승하여 일으키는 바람), 바람꼭지[59], 바람꽃[60], 바람막이, 바람맞이, 바람머리¹[61], 바람바퀴[풍차(風車)], 바람받이, 바람비, 바람살(세찬 바람의 기운), 바람서리[62], 바람세(勢), 바람소리, 바람쐬다, 바람씨(바람이 불어오는 모양), 바람자다, 바람자루, 바람차다(바람이 매우 세다), 바람철, 바람총(銃;입으로 불어서 쏘는 장난감), 바람칼[63]; 가맛바람(가마를 타고 가면서 쐬는 바람), 가수알바람[서풍(西風)], 가을바람, 갈바람[서풍(西風)], 강바람(심하게 부는 바람. 태풍), 강바람(江), 강쇠바람[64], 갯바람, 건들바람, 겨울바람, 고추바람(매우 쌀쌀한 바람), 골바람, 긴파람(긴 휘파람), 깃기바람(도포의 옷깃 바람), 꽁무니바람(뒤쪽에서 불어오는 바람), 꽃바람(꽃 필 무렵에 부는 봄바람), 꽃샘바람[65], 날파람[66], 남실바람[경풍(輕風)], 노대바람(아주 강하게 부는 바람), 높새바람, 눈바람, 늦바람, 댑바람(북쪽에서 불어오는 큰 바람), 더넘바람[67], 도리깨바람(도리깨질을 할 때 나는 바람), 돌개바람, 된바람[북풍(北風)], 뒤바람[북풍(北風)], 들바람, 마칼바람[북서풍(北西風)], 마파람[68], 맞바람[69], 맞은바람, 매운바람, 명지바람[70], 모래바람, 몽둥잇바람, 묏바람(산에서 부는 바람), 문바람(門), 물바람(강이나 바다에서 불어오는 바람), 뭍바람, 미친바람[71], 바깥바람, 바닷바람, 밤바람, 박초바람(舶趠;음력 5월에 부는 바람), 뱃바람, 벌바람[72], 벼락바람, 보라바람(고원에서 갑자기 부는 바람), 봄바람, 비바람, 산들/선들바람, 산바람(山), 살바람[73], 새벽바람, 색바람[74], 샛바람(동부새), 서늘바람(첫가을에 부는 서늘한 바람), 서릿바람, 선바람쐬다(낯선 지방으로 돌아다니다), 센바람, 소소리바람, 소슬바람(蕭瑟), 손바람, 손돌바람(한겨울에 부는 몹시 차고 센 바람), 솔바람, 솔솔바람(약하게 솔솔 부는 바람), 실바람(솔솔 부는 바람), 싹쓸바람[태풍(颱風)], 아랫바람, 앞바람(마파람. 역풍), 얼바람(어중간하게 맞는 바람), 옆바람, 올바람(앞서 부는 바람), 왕바람(王), 왜바람[75], 용숫바람(龍鬚), 윗바람, 입바람, 자개바람²[76], 재넘잇바람, 짠바람(소금기가 밴 바닷바람), 찬바람, 철바람(계절풍), 칼바람, 콧바람, 큰바람, 큰센바람, 피죽바람(粥)[77], 하늬바람[서풍(西風)], 활강바람(滑降), 활승바람(滑昇), 황소바람[78], 회오리바람, 휘파람, 흔들바람, 흘레바람(비를 몰아오는 바람), 흙바람. ②한꺼번에 밀어닥치는 어수선한 분위기나 소용돌이. 남을 부추기거나 얼을 빼는 짓. 어떤 일에 열중하다. 풍병(風病). ¶민주화 바람이 불다. 바람을 넣다. 투기 바람이 불다. 바람기²(들뜬 마음), 바람끼다, 바람나다/내다,

---

51) 개밥바라기: 저녁에 서쪽 하늘에 보이는 금성(金星)을 속되게 이르는 말. 어둠별.
52) 먼산바라기(山): 눈동자가 늘 먼 곳을 바라보는 것같이 보이는 사람.
53) 바라오르다: 언덕이나 가파른 곳에 톺아오르거나 기어오르다. 또는 나무에 오르다. ¶벼랑을 바라오르다.
54) 바람직하다: 바라는 대로 된 듯한 상태다. ¶학생으로서 바람직한 행동이 아니다.
55) 들바라지: 들일하는 사람에게 음식을 가져가거나 하는 따위의 보살피는 일.
56) 눈썹바라지: 약계바라지짝의 중턱에 가로 박힌 두 개의 작은 들창.
57) 바락바락: '빨래 따위를 주무르는 모양'의 뜻도 있음.
58) 바람간수: 바람을 맞지 않게 몸을 건사하는 일.
59) 바람꼭지: 튜브의 바람을 넣는 구멍에 붙은 쇠로 만든 꼭지.
60) 바람꽃¹: 큰 바람이 일어나려고 할 때에 먼 산에 구름같이 끼는 뽀얀 기운(안개). 바람꽃²: 미나리아재비과의 여러해살이풀.
61) 바람머리¹: 방안이나 골목 또는 후미진 골짜기 같은, 바람이 불어드는 목이나 쪽.
62) 바람서리: 폭풍우로 말미암은 농업·어업이 받는 피해.
63) 바람칼: 새가 날갯짓을 하지 않고 빠른 속도로 날 때의 날개(바람을 가르는 칼).
64) 강쇠바람: 첫가을에 부는 동풍(東風).
65) 꽃샘바람: 이른봄, 꽃 필 무렵에 부는 쌀쌀한 바람.
66) 날바람: 빠르게 지나가는 서슬에 나는 바람.
67) 더넘바람: 초가을에 서늘하게 부는 바람.
68) 마파람: 남쪽에서 불어오는 바람.[←마ㅎ+바람]. ¶마파람에 게 눈 감추듯(음식을 매우 빨리 먹어 버리는 모습).
69) 맞바람: 양쪽에서 마주 불어오는 바람.
70) 명지바람: 보드랍고 화창한 바람.[명지←명주(明紬)].
71) 미친바람: 일정한 방향도 없이 마구 휘몰아쳐 부는 사나운 바람.
72) 벌바람: 벌판에서 부는 바람.
73) 살바람: ①좁은 틈으로 새어 드는 찬바람. ②봄철에 부는 찬바람.
74) 색바람: 이른 가을에 부는 선선한 바람.
75) 왜바람: 이리저리 방향 없이 마구 부는 바람.=왜풍(倭風).
76) 자개바람²: 요란한 소리를 내며 빠르게 일어나는 바람.
77) 피죽바람(粥): 모낼 무렵에 아침저녁으로 부는 동풍과 북서풍. 이 무렵에 바람이 불면 흉년이 들어 피죽도 먹기 어렵다고 함.
78) 황소바람: 좁은 틈으로 새어 드는, 매우 춥게 느껴지는 바람.

바람둥이, 바람맞다[79])/맞히다, 바람머리[2](바람만 쏘이면 머리가 아픈 병), 바람몰이, 바람잡다(선동하다), 바람잡이(선동자), 바람쟁이, 바람켜다(바람난 짓을 하다), 바람피우다(몰래 다른 이성과 관계를 가지다); 겉바람, 날파람둥이, 날파람잡다[80]), 늦바람, 속바람[81]), 얼바람둥이(실없이 허황된 짓을 하는 사람), 올바람(젊어서 피우는 바람), 자개바람[2][82]), 춤바람, 치맛바람, 헛바람. ☞ 풍(風).

바람[2] ①무슨 일의 결에 따라 일어나는 기운·서슬.(≒통[4]). ¶급히 먹는 바람에 체했다. 궁둥잇바람(신이 나서 궁둥이를 흔드는 기세), 댓바람/에/으로[83]), 소릿바람(떨치는 기세와 그 반향(反響), 손바람[84]), 식전바람(食前)[85]), 신바람, 어깻바람, 엉덩잇바람, 영바람[86]), 오랏바람(포졸의 위풍), 제바람에[87]), 호령바람(號令;큰 소리로 꾸짖는 서슬), 호통바람. ②몸에 차려야 할 것을 차리지 않고 나서는 차림. ¶속옷 바람으로 나갔다. 동저고릿바람, 맨머릿바람, 버선바람, 상툿바람, 선바람[88]), 속곳바람, 저고릿바람, 탈망바람(脫網;다급한 차림새), 탈모바람(脫帽;모자를 쓰지 않은 차림새) 들.

바람[3] 실·새끼 따위의 한 발쯤 되는 길이. ¶한 바람의 새끼. 명주실 두 바람.

바랑 '배낭(背囊)'의 변한 말. 중이 등에 지고 다니는 자루 같은 큰 주머니. ¶중바랑.

바래 싸리나 삼대, 갈대 따위를 엮어서 집 주위의 빈터를 둘러친 담.

바래(다)[1] 볕이나 습기를 받아 빛이 변하다. 빨래 등을 볕에 쬐어 희게 하다. ¶옷 색깔이 바래다. 색이 바랜 저고리. 광목을 바래다. 바래기[1][(표백(漂白)], 바래어지다/바래지다[1], 바래지다[2](어둠이 물러가고 훤하게 되다); 갈바래다[89]), 빛바래다(낡거나 오래되다), 색바램(색날기).

바래(다)[2] 가는 사람을 중도까지 배웅하다. ¶손님을 역까지 바래다 드리다. 바래기[2](배웅), 바래다주다/바래주다(배웅하다).

바랭이 포아폴과의 한해살이풀.

바르(다)[1] ①종이·헝겊 따위에 풀칠하여 딴 것에 붙이다. 다른 물체에 붙이거나 입히다. ¶벽지를 바르다. 벽에 진흙을 바르다. 벽에 발린 벽지. 약을 바르다. 바람벽(壁), 발리다[1](바름을 당하다. 바르게 하다); 게·개바르다[90]), 덧바르다, 뒤바르다(아무데나 마구 바르다)/발리다, 뒤발[91]). ②그럴 듯하게 꾸며 대다. ¶발라맞추다[92]), 발라먹다(남을 꾀거나 속여서 물건을 빼앗아 가지다), 발림[1][93]); 겉바르다 들.

바르(다)[2] 껍질을 벗기어 안의 알맹이를 집어내다. 뼈다귀의 살 따위를 걷다. ¶밤송이에서 알밤을 바르다. 콩을 바르다. 생선의 살을 발라먹다. 뼈를 발라내고 먹다. 씨를 바르고 먹다. 발라내다, 발리다[2][94])[까발리다[95]), 내발리다[96])] 들.

바르(다)[3] 도리·사리에 맞아 참되다.(≒옳다). 어그러지거나 비뚤어지지 아니하고 곧다.(↔비뚤다). 그늘이 지지 아니하고 햇볕이 정면으로 잘 비치다. 오른쪽[우(右)]. ¶바른 생각. 경우가 바르다. 예의가 바르다. 바른 자세. 양지바른 뜰. 바로(비뚤어지거나 굽은 데가 없이. 곧), 바로세우다, 바로잡다(고치다. 다스리다)/잡히다, 바루다[97]), 바르집다, 바른(오른. 옳은)[바른걸음, 바른귀[98]), 바른길, 바른대로[99]), 바른마침, 바른말, 바른발, 바른생활(生活), 바른손, 바른씨름, 바른쪽, 바른팔, 바른편], 바른고장이로(곧이곧대로); 겉바르다, 곧바로, 곧바르다, 길바로(길을 제대로 잡아들어서), 돈바르다[100]), 똑바로, 똑바르다, 면바르다(面), 손바로(손이 닿을 만한 가까운 데), 양지바르다(陽地), 예바르다(禮), 올바르다, 올바로, 입바르다(바른말을 하는 데 거침이 없다). ☞ 정(正).

바르(다)[4] ①흔하지 아니하거나 충분할 정도에 이르지 못하다. 손에 넣기 힘들다. ¶사랑채는 동향으로 앉아서 여름에는 해가 발랐다. 개똥도 약에 쓰려면 바르다. 자손이 바르다. 돈이 바르다. 맛바르다[101]), 재바르다[2](넉넉하지 못하다), 적바르다[102]). ②조급해 하다. 약삭빠르다. ¶꼼바르다, 꾀바르다, 샘바르다, 애바르다[103]), 재바르다[1](재치 있고 빠르다) 들.

바르르 ①적은 양의 액체가 가볍게 끓어오를 때 나는 소리. 또는 그 모양. ¶찻물이 바르르 끓다. ②대수롭지 않은 일에 발칵 성을 내는 모양. ¶무슨 말을 하면 바르르 화부터 낸다. ③마른 나뭇잎

79) 바람맞다: ①중풍이 들다. ②몹시 바람이 들다. ③남에게 허황된 일을 당하다. 남에게 속다.

80) 날파람잡다: 사람이 바람이 들어서 함부로 헤매고 돌아다니다. ¶나이 쉰에 날파람잡다.

81) 속바람: 몹시 지친 때 숨이 차고 몸이 떨리는 현상.

82) 자개바람[2]: 쥐가 나서 근육이 쥐가 나는 증세. 자개풍(風).

83) 댓바람에: 일이나 때를 당하여 지체하지 아니하고 단번에.

84) 손바람: 일을 잘 치러 나가는 솜씨나 기세.

85) 식전바람(食前): 아침밥을 먹기 전의 이른 때.

86) 영:바람: 뽐내는 기세. 양양(揚揚)한 의기.

87) 제바람에: 스스로의 행동에서 생긴 영향. ¶제바람에 놀라 말에서 떨어지다.

88) 선바람: 차리고 나선 그대로의 차림새. ¶선바람으로 갔다 오너라.

89) 갈바래다: 흙 속의 벌레 알을 죽이기 위하여 논밭을 갈아엎어 볕과 바람에 쬐다. ¶갈바래질.

90) 게·개바르다: 지저분하게 바르다. ¶정강이에 진탕을 게바르다. 게발리다.

91) 뒤발: 무엇을 온몸에 뒤집어써서 바름. ¶눈물콧물로 뒤발을 한 얼굴. 어린아이들이 흙탕물을 뒤발하며 논다. 뒤발하다(뒤집어쓰다).

92) 발라맞추다: 그럴듯한 말이나 행동으로 겉만 꾸며대어 속여 넘기다.

93) 발림[1]: 살살 비위를 맞추어 달래는 일. ¶발림으로 하는 말인 줄 알지만, 그래도 기뻤다. 발림소리(비위를 맞추기 위하여 하는 말), 발림수작(酬酌); 겉발림(겉만 그러듯하게 발라맞추는 일), 눈발림(눈으로 보기에만 그럴듯하게 발라맞추는 것), 사탕발림, 입발림.

94) 발리다[2]: ①겉을 싸고 있는 것을 벗겨 속에 든 알맹이를 집어내게 하다. ¶밤톨을 발리다. ②돈이나 물건을 뜯기다. 이모저모로 빼앗기다.

95) 까발리다: ①껍데기를 벌려 젖히고, 속에 든 것을 드러내다. ②비밀 따위를 속속들이 들추어내다.

96) 내발리다: 겉으로 훤히 드러나 보이다. 생각이나 태도를 겉으로 드러나게 하다. ¶자신의 공로를 내발리다. 내발린 말을 입술에 침도 바르지 않고 잘도 한다.

97) 바루다: 비뚤어지지 않도록 바르게 하다. ¶흡뜬 눈은 조금 바루어졌건만 이슬이 맺히었다. 옷깃을 바루고 엄숙하게 조문을 하였다.

98) 바른귀: 틀어지거나 비뚤어지지 않은 모서리.

99) 바른대로: 말을 사실과 틀림없이. 숨김없이 바른대로 말해라.

100) 돈바르다: 성격이 너그럽지 못하고 몹시 까다롭다.

101) 맛바르다: 맛있게 먹던 음식이 다 없어지어 양에 차지 아니하다.

102) 적바르다: 모자라지 아니할 정도로 겨우 자라다.

103) 애바르다: ①이익을 좇아 발밭게 덤비다. ¶지나치게 애발라 얄밉기까지 하다. ②안타깝게 마음을 쓰는 정도가 심하다. ¶애바른 생각.

이나 얇은 종이 따위에 불이 붙어 가볍게 타오르는 모양. ¶마른 나뭇잎이 바르르 타오르다. ④가볍게 조금 떠는 모양. ¶문풍지로 들어오는 바람에 문풍지가 바르르 떨었다. ⑤작은 동작으로 빠르게 기어가는 모양. 〈큰〉버르르. 부르르[104]. 〈센〉빠르르. 〈거〉파르르.

바르작 고통스러운 일이나 어려운 고비를 벗어나려고 팔다리를 내저으며 작은 몸을 자꾸 움직이는 모양. 〈큰〉버르적/버릇. 〈센〉빠르작/빠릇. 바르짝. 〈큰·센〉뻐르쩍/뻐릇. 〈준〉바릇. ¶몸을 바르작바르작 뒤채다. 바르작·버르적·바르짝·버르쩍거리다/대다, 바르작바르작·버르적버르적/하다.

바리¹ 놋쇠로 만든 여자의 밥그릇. 중의 밥그릇(바리때).[←발(鉢)+이←pātra〈범〉]. ¶바리꼭지(바리뚜껑의 꼭지), 바리때/바리, 바리뚜껑, 바릿밥, 바리설포(布), 바리수건(手巾;바리때를 닦는 수건), 바리시주(施主), 바리안베(한 필을 바리때 안에 담을 수 있는 베), 바리전(廛), 바리탕기(湯器); 굽다리바리, 나무바리, 놋바리, 돌바리(작은 바리), 봉바리(놋바리), 연엽바리때(蓮葉), 옴파리(사기로 만든 오목한 바리), 입큰바리, 종바리, 퉁바리(퉁-질이 낮은 놋쇠-으로 만든 바리), 퉁바리맞다/퉁맞다(무엇을 말하다가 매몰스럽게 거절을 당하다); 발기(鉢器), 발우(鉢盂), 발탕기(鉢湯器); 만발공양(萬鉢供養), 복발(覆/伏鉢), 불발(佛鉢), 사발(沙鉢), 연발(硯鉢), 연엽바리때(蓮葉), 연엽주발(蓮葉周鉢), 옴파리[105], 유발(乳鉢), 의발(衣鉢;가사와 바리때), 전의발(傳衣鉢)/전발(傳鉢), 종발(鐘鉢)[간장종발(醬), 오지종발], 주발(周鉢;놋쇠로 만든 밥그릇)[주발뚜껑; 밥주발, 연엽주발(蓮葉), 오목·우묵주발, 통주발], 중발(中鉢), 철발(鐵鉢), 탁발(托鉢) 들.

바리² ①소나 말의 등이나 달구지에 잔뜩 실은 짐. 또는 그것을 세는 단위. ¶나무 한 바리. 바리나무, 바리무, 바리바리; 곡식바리(穀食), 나뭇바리, 돈바리(돈을 싼 바리), 마바리/꾼(馬;짐을 실은 말. 또는 그 짐), 맞바리, 매바리(每), 샛바리, 소바리, 시겟바리, 장작바리(長斫), 짐바리, 찬바리(짐을 가득 실은 바리). ②윷놀이에서 '말 한 개'를 이르는 말.

-바리 몇몇 어근 뒤에 붙어 어기가 뜻하는 '그 성질이 두드러지게 있는 사람'을 뜻하는 말. ¶감바리[106], 군바리, 꼬바리(꼴찌), 꼼바리[107], 꾀바리, 데퉁바리, 뒤듬/뒤틈바리(하는 짓이 투미하고 거친 사람), 떼떼바리(말더듬이), 뭇바리(여러 친구와 동료), 벗바리(뒷배를 보아주는 사람)/좋다, 빙충바리, 새암/샘바리(샘이 많아서 안달하는 사람), 센바리, 악바리, 애바리, 약빠리(약삭빠른 사람), 어바리(어리석고 멍청한 사람), 질뚱바리, 트레바리[108], 하바리(下), 힘바리(힘이 세고 힘으로만 하려는 사람) 들.

바림 색칠할 때에 한쪽을 진하게 하고 다른 쪽으로 갈수록 차차 엷고 흐리게 하는 일.=우림. 그러데이션. ¶바림으로 배경색을 칠하다. 바림질/하다.

바릿대 논에 있는 물이 새지 않도록 논두렁에 흙을 바르는 일.

바쁘(다) ①해야 할 일이 많아서 쉴 겨를이 없다. 몹시 급하다.[←밭(다)+-브다]. ¶바쁜 나날을 보내다. 바쁜 걸음걸이. 갈 길이 바쁘다. 아이들은 놀기에 바쁘다. 갑자기 바쁜 일이 생기다. 바빠나다(몹시 바쁘게 되다)/맞다, 바빠치다, 바빠하다, 바삐; 갑바쁘다(가쁘고 바쁘다), 다바쁘다(몹시 바쁘다), 데바빠하다, 데바쁘다(몹시 바쁘다), 데바삐, 드바쁘다(몹시 바쁘다), 드바삐, 애바쁘다(시급하다), 애바삐(시급히), 하루바삐, 한시바삐(時;빨리. 얼른). ②힘에 부치거나 참기가 어렵다. ¶사흘 동안에는 좀 바쁘겠다. ③매우 딱하다. ¶말하기 바쁘다. 잘못을 변명하기에 바쁘다. 바쁜소리(몹시 급한 형편이나 딱한 사정에 처하여 하는 말). ☞망(忙).

바사기 사물에 어두워 아는 것이 없고 똑똑하지 못한 사람.[←팔삭(八朔)+이].

바상바상 성질이 좀 가볍고 성급한 모양. ¶바상바상 성급해서 한 곳에 오래 못 있다. 바상바상하다.

바소 한방에서, 곪은 데를 째는 침. 파침(破鍼). 피침(鈹鍼). ¶바소꼴(대의 잎처럼 가늘고 길며 끝이 뾰족한 모양).

바수(다) 두드리어 자디잘게 여러 조각으로 깨뜨리다. 어떤 물건을 파괴하거나 못쓰게 만들다. 〈큰〉부수다/붓다. 〈준〉밧다. ¶왕소금을 잘게 바수다. 문을 부수고 들어오다. 적의 요새를 부수다. 바삭바삭[109]·버석버석·파삭파삭[110]·퍼석퍼석/거리다/대다, 바사·부서지다[111], 바수·부수뜨리다/트리다, 바수·부수지르다(사정없이 마구 부수다), 바스라기[112]·부스러기, 부스럭돈/돌, 부수럭일, 바스러·버스러·부스러뜨리다/트리다/지다, 바슬바슬[113]/바실바실·버슬버슬·파슬파슬/파실파실·퍼슬퍼슬/하다, 바심[114], 보삭[115], 보슬보슬·포슬포슬·푸슬푸슬; 갈부수다(물

104) 부르르: '바르르, 보르르'보다 큰말. 〈작〉보르르. 〈센〉뿌르르. 〈거〉푸르르. ¶온 몸을 부르르 떨다. 종이가 부르르 타다. 찌개가 부르르 끓다. [+떨다].

105) 옴파리: 아가리가 작고 오목한 사기 바리. ¶옴파리에 담긴 술.

106) 감바리: 잇속을 노리고 약삭빠르게 달라붙는 사람.

107) 꼼바리: 도량이 좁고 지나치게 인색한 사람.[←꼼꼼하다].

108) 트레바리: 까닭 없이 남의 말에 반대하기를 좋아하는 성격. 또는 그런 성격을 지닌 사람.

109) 바삭: ①가랑잎을 밟거나 잘 마른 것이 서로 닿아서 나는 소리. ②단단하고 부스러지기 쉬운 물건을 깨물 때 나는 소리. ¶사탕을 바삭 깨물다.=바사삭. 〈큰〉버석. 〈센〉바싹. 빠삭. 〈거〉파삭.

110) 파삭: 연한 것이 메말라 부스러지기 쉽게 보송보송한 모양. 〈본〉파사삭. 〈큰〉퍼석/퍼서석. ¶잎은 마를 대로 말라 만지기만 해도 파삭 부서졌다. 파삭·퍼석하다, 바사삭·버서석·빠사삭·뻐서석.

111) 부서지다: 덩어리진 물체가 외부의 충격으로 깨어져 조각이 나다. 깨어지거나 헐어지다. 희망이나 기대 따위가 무너지다. ¶새 의자가 부서졌다. 파도가 바위에 부딪쳐 산산이 부서졌다.

112) 바스라기: 잘게 바스러진 찌끼. 〈큰〉부스러기. ¶빵부스러기, 선떡부스러기(선떡의 부스러진 조각. 어중이떠중이의 실속 없는 무리. 엉성하고 덜된 일은 한 번 흩어지기만 하면 재결합이 어려움을 비유한 말).

113) 바슬: 덩이진 가루나 나뭇잎 등이 물기가 말라 쉽게 바스러지는 모양.=바실. 〈큰〉버슬. 〈거〉파슬. 〈큰·거〉퍼슬. ¶진흙이 바슬바슬 말랐다. 바짝 마른 낙엽이 바슬바슬 바스러지다. 바슬거리다/대다.

114) 바심: ①집을 지을 재목을 연장으로 깎거나 파서 다듬는 일. ¶바심질/하다, 바심하다. ②굵은 것을 잘게 만드는 일. 타작(打作). ¶바심꾼, 바심질/하다; 더덕바심, 발바심(곡식의 이삭을 발로 짓밟아서 낟알을 떨어내는 일), 손바심(손으로 낟알을 털어 거둠), 조바심(조의 이삭을 떪. 조마조마하여 불안을 느낌), 콩바심, 풋바심, 풋벼바심.

115) 보삭: 마른 물건이 가볍게 바스러질 때 나는 소리.=보사삭. 〈큰〉부석. 〈센〉보싹. 뽀삭. 〈거〉포삭. 〈본〉보사삭. ¶나뭇잎이 보삭 바스러지다.

건을 갈아 부스러뜨리다), 까부수다, 깨부수다, 내리바수다, 들이부수다/들부수다, 짓바수다 · 짓부수다, 쳐부수다; 흐슬부슬[116]. ☞ 쇄(碎).

바숨 점토(粘土;바숨흙)로 만든 솥의 거푸집.[←바수(다)+ㅁ]. ¶바숨흙(바숨을 만들 때 쓰는 점흙).

바스락 마른 검불 · 나뭇잎 따위를 밟거나 뒤적일 때 나는 소리.=바시락. 보스락. 〈큰〉버스럭. 〈센〉빠스락. ¶바스락 소리에 아이가 잠을 깼다. 바스 · 부스대다[117], 바스락 · 바시락 · 버스럭 · 빠스락 · 보스락 · 뽀스락 · 부스럭 · 뿌스럭거리다/대다, 보스락 · 바스락장난(조심스럽게 보스락거리는 장난), 바스 · 부스대다[118], 보스닥[119], 보시닥[120] · 뽀시닥 · 부시덕 · 뿌시덕/거리다/대다, 보시락 · 뽀시락 · 부시럭 · 뿌시럭/거리다/대다 들.

바스스 ①조용히 일어나는 모양. ¶의자에서 바스스 일어나다. ②머리털이 난잡하게 일어서거나 흩어진 모양.=보스스 · 부스스. ¶바람에 머리털이 바스스 일어난다. ③바스라기 같은 것이 흩어지는 모양. ¶가을바람에 바짝 마른 낙엽이 바스스 흩어진다. ④문 따위를 조용히 여닫는 모양. 또는 그런 소리. ¶안방 문이 바스스 열린다. 〈큰〉부스스[121].

바시랑 가만히 있지 못하고 좀스럽게 움직이는 모양. ¶밤늦도록 바시랑바시랑 무엇을 챙기는지 잠을 자지 않았다. 바시랑거리다/대다, 바시랑바시랑/하다.

바싹 ①물기가 다 말라 버리거나 타들어 가는 모양.≒바짝. ¶바싹 졸은 찌개. 가뭄에 바싹 마른 논바닥. 바싹 하는 소리가 나다. ②아주 가까이 달라붙거나 죄는 모양. ¶바싹 끌어안다. 책상을 벽에 바싹 붙이다. ③갑자기 늘거나 주는 모양.≒와싹. 부썩. ¶옷을 빨았더니 품이 바싹 줄어들었다. ④몹시 우기는 모양. ¶바싹 대들다. 부썩 우기다. ⑤아주 긴장하거나 힘을 주는 모양. ¶바싹 긴장하다. ⑥몸이 매우 마른 모양.≒바짝. 부썩. ¶몸이 바싹 말랐다. ⑦무슨 일을 거침새 없이 빨리 마무르는 모양.≒바짝. ¶그 일에 바싹 매달리다. 〈큰〉버썩. 부썩. 〈여〉바삭.

바야흐로 ①이제 한창. ¶때는 바야흐로 만물이 소생하는 봄이다. 바야흐로 가을이다. 바야흐로 인생의 황혼기에 접어들다. ②이제 막. 지금 바로. ¶바야흐로 기다리던 때가 왔다. 바야흐로 해가 솟으려 한다. ③다른 것이나 장소, 때가 아니라 바로.

바위 ①부피가 매우 큰 돌. ¶바위를 차면 제 발부리만 아프다. 바윗고을(사방이 바윗돌로 둘러싸인 고을), 바윗골(바위 사이의 골짜기), 바위구멍, 바윗굴, 바위그림[암각화(巖刻畵)], 바위기둥[암주(巖柱)], 바윗길, 바위너럭, 바위너설[122], 바윗덩어리/덩이, 바윗돌, 바윗등, 바위등성이, 바윗면(바위의 겉면), 바위버럭, 바위벼랑, 바위벽(壁), 바윗부리/바윗불, 바위산(山), 바위샘, 바위서리(바위들이 많이 모여 있는 무더기), 바위섬, 바위솔, 바위식물(植物), 바위옷(바위에 낀 이끼), 바위옹두라지(울퉁불퉁하며 삐죽한 바위), 바위울[123], 바위자리(바위 모양으로 만든 불상의 대좌), 바윗장(넓적한 바위), 바위좋다리, 바위츠렁[124], 바위코숭이, 바위틈; 갯바위(갯가에 있는 바위), 검바위(거뭇거뭇한 바위), 결정질바위(結晶質), 구죽바위[125], 너럭바위, 누게바위[126], 다락바위(높다랗게 놓여 있는 바위), 뜀바위(험한 산길에서, 틈이 갈라져 있어 뛰어넘어야 하는 바위), 모자갈바위(모자갈이 뭉쳐서 된 바위), 미역바위(미역이 붙어 있는 바위), 벽바위(壁), 병풍바위(屛風), 선바위(우뚝 서 있는 바위), 숨은바위(여. 암초), 신령바위(神靈), 어펑바위(바닥에 엎어져 있는 바위), 왕바위(王), 웅퉁바위(우툴두툴하게 생긴 바위), 츠렁바위(험하게 겹쌓인 큰 바위), 칼바위(칼날처럼 날카롭고 뾰족하게 생긴 큰 바위), 통바위, 확바위[127], 흔들바위. ②가위바위보에서, 주먹을 쥐어 내민 것. ¶바위를 내다. ☞ 암(巖).

바이 다른 도리 없이 전연.≒전혀. 아주. 도무지. ¶그 일을 바이 모르고 있지는 않았다. 바이 아는 것이 없다. 딱한 처지를 바이 모르는 것은 아니다. 바이없다[128], 바이없이. [+부정어. 부정적 확신].

바이트(byte) 컴퓨터 정보량의 단위. 1바이트는 8비트.

바자 대 · 갈대 · 수수깡 · 싸리 따위로 발처럼 엮거나 결은 울타리용 물건.[〈바조]. ¶수숫대로 바자를 엮다. 바자공(工), 바자굽(바자의 아랫부분), 바자무늬, 바잣문(門), 바자울, 바자장(匠), 바자휘(단청에서, 바자모양으로 된 휘); 갈바자(갈대로 엮은 바자), 개바자(갯버들의 가지로 엮어 만든 바자), 굽바자(작은 나뭇가지로 엮어 만든 낮은 울타리), 싸리바자, 쑥바자(쑥대로 만든 바자), 울바자(바자 울타리) 들.

바자위(다) 성질이 너무 빈틈이 없어 너그럽고 부드러운 맛이 없다. ¶형수가 워낙 집안 살림을 바자위게 꾸리기 때문에 무얼 사 달라고 말하기가 어렵다. 그는 살림을 꼼꼼하고 바자위게 해 왔다.

바작바작 ①물기가 적은 물건을 씹거나 빻는 소리. 또는 그 모양.

보삭 · 보싹 · 부석 · 부썩 · 포삭 · 푸석거리다/대다, 포삭 · 푸석하다', 포삭포삭/하다. 푸석돌(단단하지 못하여 푸석푸석해진 돌), 푸석살(↔대살), 푸석이(부스러지기 쉬운 물건. 옹골차지 못한 사람), 푸슥(마른 잎사귀 같은 것이 부서지거나 불에 타는 소리).

116) 흐슬부슬: 차진 기가 없고 부스러져 헤질 듯한 모양. ¶흐슬부슬한 보리밥.

117) 바스대다: ①가만히 있지 못하고 몸을 자꾸 움죽거리다. ②=바스락거리다.

118) 바스대다: ①가만히 있지 못하고 몸을 자꾸 옴죽거리다. ¶바스대는 아이를 다독다독 잠재우다. ②마음이 설레다. ¶가슴이 바스대어 잠을 못 이루다. ③자꾸 바스락바스락 소리를 내다. 〈큰〉부스대다.

119) 보스닥: 가만히 있지 아니하고 움직움직하며 좀스럽게 부산을 피우는 모양. 〈큰〉부스덕. ¶보스닥보스닥 부산을 떨다.

120) 보시닥: 가만히 있지 않고 바스대는 소리. 또는 그런 모양. 〈큰〉부시덕. ¶아이들이 보시닥보시닥 소란을 피우다.

121) 부스스: ①머리카락이나 털 따위가 몹시 어지럽게 일어나거나 흐트러져 있는 모양. ¶털을 부스스 일으키는 것이 꼭 복슬 강아지 같다. ②누웠거나 앉았다가 느리게 슬그머니 일어나는 모양. ¶부스스 일어나다. ③부스러기 따위가 어지럽게 흩어지는 소리. 또는 그 모양. ④미닫이나 장지문 따위가 느리게 슬그머니 여닫는 소리. 또는 그 모양. ⑤물건의 사개가 힘없이 물러나는 모양. 〈작〉바스스. 〈거〉푸시시. 푸스스.

122) 바위너설: 바위가 날카롭게 삐죽삐죽 내민 험한 바위.

123) 바위울: 바닷물이나 바람에 깎여서 울타리 모양으로 된 바위.

124) 바위츠렁: 바위가 겹겹이 많이 있는 험한 곳.

125) 구죽바위: 바닷가에 쌓인 굴 껍데기[구죽]로 이루어진 바위.

126) 누게바위: 움막 대신 들어가 비를 그을 수 있게 생긴 바위.

127) 확바위: 방아확 모양으로 움푹 파인 바위.

128) 바이없다: ①방법 따위가 전혀 없다. ②정도가 매우 심하다. ¶너를 만나니 기쁘기 바이없다.

¶과자를 바작바작 씹었다. ②물기가 적은 물건이 타들어가는 소리. 또는 그 모양. ¶종이가 바작바작 타다. 바작바작 타들어가는 마른 장작. ③진땀이 나는 모양. ¶진땀을 바작바작 흘리다. ④마음이 매우 안타깝게 죄어드는 모양. ¶바작바작 애를 태우다. ⑤열이 심하거나 몹시 초조하여 입 안이나 입술이 마르는 모양. 〈큰〉버적버적. 부적부적[129]. 〈센〉빠작빠작. 뻐적뻐적.

바잡(다) ①마음에 자꾸 끌리어 참기 어렵다. ¶가을 단풍이 대단하다 하니 가보고 싶어 마음이 바잡다. ②두렵고 염려스러워 마음이 조마조마하다. ¶일을 저질러 놓고 바잡은 마음에 뜬눈으로 밤을 지새웠다. 혹시나 일이 잘못될까 하여 바잡다.

바장-이다 부질없이 가까운 거리를 오락가락 거닐다. 머뭇머뭇하다. 〈큰〉버정이다. ¶잠이 오지 않아 마당에서 바장이다. 시냇가를 버정이다. 바장 · 버정거리다/대다, 바재다, 바재이다[130].

바지 위는 통으로 되고 아래는 두 다리를 꿰는 가랑이가 있는, 아랫도리에 입는 옷.↔저고리. 치마. ¶바지를 입다. 바지의 궁중말은 '봉지'다. 바짓가랑이, 바지괴춤, 바지기슭단, 바짓단, 바지띠, 바짓말(바지의 끄트머리), 바짓부리(바짓가랑이의 끝부분), 바지저고리(바지와 저고리. 무지렁이 촌사람), 바지적삼, 바지주름, 바지춤[131], 바지치마, 바지통(바지의 품), 바지폭(幅;천을 이어대어서 만든 바지의 폭)), 바지허리; 개구멍바지(밑을 튼 어린아이의 바지), 겹바지, 고리바지(가랑이 끝에 고리가 달린 바지), 기마바지(騎馬), 깨끼바지, 나팔바지(喇叭), 너른바지, 누비바지, 덧바지, 마바지(麻), 맘보바지(mambo), 멜빵바지, 면바지(綿), 몽당바지[132], 물겹바지(헝겊을 호아서 지은 바지), 반바지(半), 백바지(白;흰색 바지), 베바지, 삼팔바지(三八紬로 만든 바지), 속바지, 솜바지, 송곳바지(홀태바지), 아랫바지, 양복바지(洋服), 옹구바지[133], 유바지(油), 일바지(몸빼), 일자바지(一字), 중동바지(中)[134], 짜개바지, 쫄바지(다리에 착 달라붙는 바지), 차렵바지(솜을 얇게 두어 만든 바지), 청바지(靑), 칠푼바지[←七分], 통바지, 풍차바지(風遮), 핫바지, 홀태바지(통이 좁은 바지), 홑바지. ☞ 고(袴).

바지락 백합과의 조개. 바지라기. 바지랑이. ¶바지락국수, 바지락저냐, 바지락젓, 바지락조개.

바지랑- '바지랑대(빨랫줄을 받치는 장대)'의 선행 어근.[←받다].

바지지 뜨거운 쇠붙이 따위에 물이나 물기가 있는 물건이 닿아서 졸아붙을 때 나는 소리. 또는 그런 모양. 〈큰〉부지지. 〈센〉빠지지. 뻐지지. ¶찌개가 바지지 졸아들다. 땀이 바지지 배어나오다.

바지직 ①=바지지. ②질긴 천 따위가 조금씩 터질 때 나는 소리. 또는 그러한 모양. 〈큰〉부지직/부직. 〈센〉빠지직/빠직. 뿌지직/뿌직. 〈준〉바직. ¶바지가 바지직 찢어지다. 바지직거리다/대다.

바질바질 ①덥거나 일이 제대로 되지 않아 땀이 나는 모양. ¶일을 해결하느라 바질바질 땀을 흘리고 있다. 비질비질[135]. ②몹시 애가 타는 모양. ¶바질바질 가슴을 태우다. 〈큰〉부질부질. 〈센〉빠질빠질. 〈큰 · 센〉뿌질뿌질.

바짝 ①물기가 매우 마르거나 졸아붙거나 타버리는 모양. ¶약이 바짝 졸다. ②매우 가까이 달라붙거나 세게 죄는 모양. ¶마감일이 바짝 다가서다. 바짝 서둘다. ③매우 거침새 없이 갑자기 늘거나 주는 모양. ¶강물이 부쩍 불었다. ④매우 긴장하거나 힘주는 모양. ¶바짝 긴장하다. ⑤몸이 매우 마른 모양. ¶바짝 말랐다. ⑥무슨 일을 매우 거침새 없이 빨리 마무르는 모양. ⑦매우 세차게 우기는 모양. 〈큰〉버쩍. 부쩍. 〈센〉빠짝.

-바치 ①몇몇 명사의 뒤에 붙어 '그 물건을 만들거나 그 직업에 종사하는 사람'을 뜻하는 말.[〈바지(匠)]. ¶갖바치, 노릇바치(배우), 독바치, 동산바치[원예사(園藝師)], 사냥바치, 성냥바치(대장간 일을 하는 사람), 옥바치(玉), 장인바치(匠人), 점바치(占), 활바치, 흥정바치(장사꾼). ☞ 공(工). 장(匠). ②몇몇 명사의 뒤에 붙어 '그러한 사람'을 뜻하는 말. ¶구석바치[136], 귀염바치, 장난바치, 주눅바치(주눅을 잘 타는 사람), 주정바치(酒酊), 호사바치(豪奢;몸치장을 호사스럽게 하는 사람), 타관바치(他官). ☞ -아치/치.

바치(다)¹ 웃어른이나 신에게 드리다. 몸과 마음을 고스란히 쏟다. 세금 · 공납금을 내다.[←받(다)+히+다]. ¶신전에 제물을 바치다. 나라를 위하여 목숨을 바치다. 세금을 바치다. 갖다 바치다. 바침; 갖다바치다, 공바치다(貢), 까바치다, 내바치다(내어서 바치다), 일러바치다 들.

바치(다)² ①이성이나 음식 따위를 지나칠 정도로 좋아하거나 즐기다. ¶색을 바치다. 음식을 너무 바치다. 술을 바치다. 밭다²⑥. 〈센〉빠치다[137]. ②무엇을 지나칠 정도로 바라거나 요구하다. ¶일을 바치다.

바퀴¹ 돌게 하려고 둥근 테 모양으로 만든 물건. 어떤 둘레를 빙 돌아서 본디 위치까지 이르는 횟수를 세는 말. ¶바퀴를 돌리다. 운동장을 한 바퀴 돌다. 바퀴다리[138], 바퀴살, 바퀴식(式), 바큇자국, 바퀴짐[139], 바퀴테, 바퀴통(筒); 고무바퀴, 관성바퀴(慣性), 귓바퀴, 기차바퀴(汽車), 나무바퀴, 날개바퀴, 달구지바퀴, 뒷바퀴, 마찰바퀴(摩擦), 물레바퀴, 물바퀴, 바람바퀴[풍차(風車)], 손바퀴, 쇠바퀴, 수레바퀴, 아들바퀴, 앞바퀴, 외바퀴, 유동바퀴(遊動), 차바퀴(車), 창호바퀴(窓戶), 쳇바퀴, 톱니바퀴, 헛바퀴. ☞

---

129) 부적부적: ①물기가 적은 물건이 마구 타들어 가는 소리. 또는 그 모양. ¶볏짚이 부적부적 타다. ②마음이 매우 안타깝게 죄이거나 타들어가는 모양. ¶가슴이 부적부적 타들어가다. ③고집스럽게 우기거나 부질없는 행동을 하는 모양. ¶부적부적 우기다. 부적부적 달라붙는 남자.

130) 바재이다: 어쩔 줄 모르고 머뭇거리다. ¶말을 선뜻 꺼내진 못하고 바재이기만 했다.

131) 바지춤: 입은 바지의 허리 부분을 접어 여민 사이. ¶바지춤을 추키다.

132) 몽당바지: 바짓부리가 해져서 짧아진 바지.

133) 옹구바지: 대님을 맨 윗부분의 바지통이 옹구의 볼처럼 축 처진 한복 바지.

134) 중동바지(中): 위는 홑으로, 아래는 겹으로 만든 여자의 바지.

135) 비질비질: 땀방울을 많이 흘리는 모양. 〈센〉삐질삐질. ¶땀을 비질비질 흘리다.

136) 구석바치: 집 안에만 들어박혀 있는 사람.

137) 빠치다: 주접스러울 정도로 즐기다. ¶노름을 빠치다. 젊어서 주색을 빠치는 사람은 성공하지 못한다.

138) 바퀴다리: 비행기가 내릴 때, 부딪히는 충격을 흡수하고 비행기의 무게를 버텨 주는 바퀴.

139) 바퀴짐: 차의 바퀴 하나가 차지하는 바닥에 더하여지는 짐의 무게.

윤(輪).

바퀴[2] 바큇과의 곤충. ¶바퀴벌레; 노랑바퀴, 먹바퀴 들.

바탕[1] 타고난 성질이나 체질 또는 재질. 무늬 · 그림 · 글씨 따위가 놓이는 물체의 바닥. 물체의 뼈대나 틀을 이루는 주요 부분. 사람이 나서 자란 환경적인 입장이나 처지.≒밑. 뿌리.¶바탕이 착한 사람. 붉은 바탕에 줄무늬. 집안으로 보아 바탕이 썩 좋은 사람이다. 바탕감(바탕이 되는 재료), 바탕말, 바탕무늬, 바탕밟기, 바탕색(色), 바탕소리, 바탕음(音), 바탕천, 바탕칠(漆), 바탕화면(畵面), 바탕흙; 가맛바탕, 고무래바탕, 굽바탕(굽의 바탕), 깁바탕[140], 날바탕(본디 그대로의 바탕), 늙바탕(늙어버린 판), 몸바탕[체질(體質)], 밑바탕, 본바탕(本), 승교바탕(乘轎), 앞바탕, 연바탕(碾), 위패바탕(位牌;위패를 받치어 놓는 나무), 철로바탕(鐵路), 흙바탕. ☞ 본(本).

바탕[2] ①활을 쏘아 살이 미치는 거리. ¶활 두 바탕. 솔바탕[141] ②무슨 일을 한 차례 끝내는 동안. ¶한바탕(일이 크게 벌어진 판)/하다.

바탱이 중두리와 비슷하나, 배가 더 나오고 아가리가 좁은 오지그릇.

박[1] 박과의 한해살이 덩굴풀. 물을 푸거나 물건을 담는 데 쓰는 그릇인 '바가지'의 준말. '머리'를 속되게 이르는 말. ¶박을 타다. 바가지[142], 박고지, 박구기[143], 박국, 박김치, 박꽃, 박나물, 박누름적(炙), 박쉬박지, 박속[144], 박쌈[145], 박씨, 박우물, 박장구(물 위에 바가지를 엎어 놓고 장구 치듯 하는 일), 박죽(粥), 박지짐이, 박치기[1][146]/하다, 박타다[147], 박타령, 박통(통째로의 박), 박패듯(마구 때리는 모양); 가달박[148], 갈이박(갈이틀로 만든 나무바가지), 고지박, 귀박(네 귀가 지게 만든 함지박), 그릇박[149], 동자박(부엌일에 쓰는 바가지), 됫박, 두레박[150], 뒤웅박[151], 말박(큰 바가지. 말 대신 곡식을 되는 바가지), 받침박[152], 밀박(큰 바가지), 살책박[153], 새박[작표(雀瓢)], 세간박(세간으로 삼고 쓰는 바가지), 수박(水)[수박단(緞), 수박빛/색(色), 수박씨, 수박화채(花菜)], 시겟박[←식기(食器)+박], 쌀책박[154], 알바가지, 여물바가지/여물박, 오그랑박, 이남박[155], 자루바가지, 잿박, 전박(전이 달린 함지박), 조롱박(호리병박으로 만든 바가지), 종굴박(조롱박. 작은 표주박), 쪼그랑 · 쭈그렁박, 쪽박[쪽박신세(身世)], 쪽술(쪽박처럼 생긴 숟가락); 간장쪽박, 소쪽박[156], 오그랑 · 우그렁쪽박, 칠박(漆), 타래박[157], 탈바가지/탈박, 파래박[158], 표주박(瓢), 함지박/함박[두리함지박(둥근 함지박)], 해골바가지/해골박(骸骨), 호리병박(葫甁), 흰골박(붉은 흙이나 다른 칠을 하지 아니한 함지박) 들.

박[2] 노름에서 여러 번 지른 판돈. ¶한 박 잡다. 한 박 떴다. 박주(主;놀음판에서 물주 노릇을 하는 사람); 대박(大), 대박나다.

박[3] 물이 새지 않도록 하기 위해 배의 널빤지에 난 틈을 메우는 데 쓰는 물건. ¶박치기[2](배의 널빤지 사이 또는 물이 스며들 만한 틈을 쇠붙이 따위로 메우는 일).

박[4] 야무지게 긁거나 문대는 소리. 또는 그 모양. 얇고 질긴 종이나 천 따위를 대번에 찢는 소리. 또는 그 모양. 바닥을 깎거나 닦거나 밀어 내는 모양. 〈큰〉복[159]. 벅. 북. 〈센〉빡. 뻑. ¶박속을 박 긁다. 천을 박 찢다. 머리털을 박박 깎다. 빡빡이(머리털을 빡빡 깎은 머리), 박박이[160], 박작박작[161].

박[5] '타박(남의 잘못이나 결함 따위를 나무라거나 탓함)'의 준말. ¶박을 주다.

박- 일부 동사 앞에 붙어 '세게. 힘차게'의 뜻을 더하는 말.[←박[4]]. ¶박지르다(힘껏 차거나 내질러 쓰러뜨리다)/박질리다, 박차다(발길로 냅다 걷어차다. 힘차게 물리치다), 박치다(집어서 냅다 던지다).

박(薄) '얇다/엷다. 적다. 가볍다. 메마르다. 다가오다. 박대하다'를

140) 깁바탕: 서화(書畵)에 쓴 깁(비단)이나 깁에 그린 그림. 또는 그 바탕이 되는 깁.

141) 솔바탕: 활 한 바탕, 곧 활터의 사정(射亭) 앞에서 솔대까지의 거리. 보통 120보.

142) 바가지: 물을 푸거나 담는 그릇. 또는 그 분량을 세는 단위. 터무니없이 많은 요금이나 물건 값. 아내가 남편에게 늘어놓는 불평이나 불만의 소리.[←박+아지]. ¶바가지를 긁다. 바가지공예(工藝), 바가지싸움, 바가지쓰다/씌우다, 바가지요금(料金;터무니없이 비싼 요금), 바가지장단(長短), 바가지차다(거지가 되다. 쪽박 차다), 바가지탈(바가지로 만든 탈); 가맛바가지(쇠죽을 푸는 데 쓰는, 자루가 달린 큰 바가지), 고생바가지(苦生), 깨진바가지, 땀바가지(땀을 몹시 흘려 후줄근한 상태), 똥바가지, 마른바가지, 물바가지/물박, 복바가지(福), 알바가지, 여물바가지, 자루바가지, 쇠죽바가지(粥), 탈바가지, 해골바가지.

143) 박구기: 쪽박으로 만든 구기. ¶박구기로 술을 뜨다.

144) 박속: 박 안의 씨가 박혀 있는 하얀 부분. ¶박속같다(피부나 이 따위가 곱고 하얗다)/같이.

145) 박쌈: 남의 집에 보내려고 음식을 담고 보자기로 싼 함지박. ¶박쌈질(음식을 박쌈으로 도르는 일).

146) 박치기[1]: 머리, 특히 이마로 사람이나 물건을 들이받는 일. ¶박치기홍정(맞홍정).

147) 박타다: ①톱 따위로 박을 두 쪽으로 가르다. ②바라던 일이 어긋나 낭패되다.

148) 가달박: ①자루가 달린 나무바가지. ②잘 굳지 않아 우그러든 쪽박.

149) 그릇박: 밥그릇을 씻어서 담아 두는 함지박.

150) 두레박: 줄을 길게 달아 우물물을 퍼 올리는 데 쓰는 기구. ¶두레박줄, 두레박질, 두레박틀; 방아두레박(지렛대를 이용하여 물을 푸게 만든 바가지).

151) 뒤웅박: 쪼개지 아니하고 구멍만 뚫어 속을 파낸 박.[←되[升]+웅(접사)+박]. ¶뒤웅박 차고 바람 잡는다(허황된 짓을 하고 돌아다닌다). 뒤웅스럽다(뒤웅박처럼 생겨 보기에 어리석고 미련한 데가 있다), 뒤웅스러이/스레; 인뒤웅이(印;관인을 넣어두는 상자).

152) 받침박: 음식 그릇 따위를 앉혀 놓거나 받쳐 놓는 데 쓰는 함지박. 이남박 따위로 이는 곡식을 따르는 바가지.

153) 살책박: 싸릿대로 엮어 만든, 쌀을 담는 그릇.

154) 쌀책박: 싸리로 엮어 만든, 쌀을 담는 그릇.

155) 이남박: 쌀 따위를 씻어 일 때 쓰는 함지박의 한 가지. 안턱을 고랑이 지게(이가 나게) 여러 줄로 돌리어 팠음.

156) 소쪽박: 나무를 깎아 파서 바가지처럼 만든 그릇.

157) 타래박: 나무와 대로 긴 자루를 만들고 그 한쪽 끝에 큰 바가지를 달아 매어 물을 푸는 기구.

158) 파래박: 배 안에 들어온 물을 퍼내는 데 쓰는 바가지.=파개.

159) 복: ①보드랍고 무른 물건의 거죽을 세게 갈거나 긁는 소리. 또는 그 모양. ¶등을 복 긁다. ②두툼한 물건이나 조금 질기고 얇은 종이, 천 따위를 세게 찢는 소리. 또는 그 모양. ¶못 쓰는 종이를 북 찢다. 〈작〉박. 〈큰〉북. 〈센〉뽁.

160) 박박이: 미래의 추측을 나타낼 때 쓰이어, 틀림없이. 〈큰〉벅벅이. 〈센〉빡빡이. ¶무슨 일이 있어도 어머니가 내일은 박박이 오실 것이다.

161) 박작박작: 손가락을 재게 놀리며 긁는 모양. 〈큰〉벅적벅적. ¶머리를 박작박작 긁어대다. 박작박작하다.

뜻하는 말. ¶박급(薄給), 박기(薄器), 박담(薄曇), 박답(薄畓), 박다(薄茶), 박담(薄曇), 박대(薄待)[문전박대(門前), 안면박대(顔面)], 박덕(薄德), 박략하다(薄略;매우 간략하다), 박력분(薄力粉), 박렴(薄斂), 박리(적은 이익)/다매(薄利/多賣), 박막(薄膜), 박명(薄命;복이 없고 팔자가 사나움. 수명이 짧음)[가인박명(佳人), 미인박명(美人), 홍안박명(紅顔)], 박명/시(薄明/視), 박모(薄暮;땅거미), 박복(薄福;복이 적거나 없음), 박봉(薄俸;많지 않은 봉급), 박부(薄夫), 박부렴(薄賦斂), 박빙(薄氷;살얼음), 박사(薄紗;얇은 사), 박사(薄謝;薄儀), 박색(薄色;아주 못생긴 얼굴), 박서(薄暑), 박석(薄石;넓적하고 얇은 돌), 박설(薄雪;자국눈), 박소하다(薄少;얼마 되지 아니하다), 박속(薄俗), 박송(薄松), 박악(薄惡), 박약(薄弱;굳세지 못하고 여림)[의지박약(意志), 정신박약(精神)], 박엽지(薄葉紙), 박우(薄遇), 박운(薄雲), 박운(薄運), 박유(薄帷), 박읍(薄邑), 박의(薄衣), 박의(薄儀), 박장(薄葬), 박재(薄才;변변하지 못한 재주), 박전(薄田), 박정하다(薄情), 박주/산채(薄酒/山菜), 박지(薄地), 박지(薄志), 박지(薄紙), 박차(薄茶), 박찬(薄饌), 박처(薄妻), 박태(薄胎;매우 얇게 만든 도자기의 몸), 박토(薄土↔沃土), 박판(薄板), 박편(薄片;얇은 조각), 박피(薄皮;얇은 껍질), 박하(薄荷;영생이)[박하뇌(腦), 박하수(水), 박하엽(葉), 박하정(精)], 박하다(너그럽지 못하고 쌀쌀하다. 이익이나 소득이 보잘것없이 적다. 인색하다), 박학(薄學;학식이 얕음), 박한(薄汗), 박행(薄行), 박행하다(薄幸), 박홍(薄紅), 박환(薄宦), 박황(薄況); 각박하다(刻薄)[162], 강박하다(强薄), 경박하다(輕薄), 기박하다(奇薄), 득박(得薄), 부박(浮薄), 비박(菲薄), 소박(疏/疎薄), 야박하다/스럽다(野薄), 양박하다(涼薄), 염박(厭薄), 육박(肉薄/迫;바싹 가까이 다가붙는 것)[육박전(戰), 육박하다], 재승덕박(才勝德薄), 정박아(精薄兒), 척박하다(瘠薄), 천박하다(淺薄), 토박하다(土薄), 폄박(貶薄), 하박(下薄), 하후상박(下厚上薄), 허박(虛薄), 협박(狹薄), 혹박(酷薄), 효박(淆薄), 후박(厚薄), 희박(稀薄 들.

박(博) ①'넓다'를 뜻하는 말. ¶박구하다(博究), 박득(博得), 박람(博覽)[박람강기(强記), 박람회(會)], 박륙(博陸), 박문(博文), 박문(博聞)[박문강기(强記)], 박물(博物)[박물관(館)[163], 박물군자(君子), 박물학(學)], 박변(博辯), 박사(博士)[만물박사(萬物), 명예박사(名譽), 척척박사], 박상(博顙;넓은 이마), 박섭(博涉)[164], 박수(博搜), 박시/제중(博施/濟衆), 박식(博識)[박식가(家), 박식하다; 다문박식(多聞)], 박아(博雅), 박애(博愛), 박이부정(博而不精), 박인/방증(博引/傍證), 박재(博載), 박채(博採;널리 찾아 모음), 박통(博通), 박학(博學↔淺學), 박흡(博洽); 광박하다(廣博), 굉박하다(宏博), 엄박하다(淹博), 엄박하다(淹博), 해박하다(該博), 호박(浩博). ②'노름 · 내기'를 뜻하는 말. ¶박구(博具), 박국(博局), 박도(博徒), 박보(博譜), 박사(博射), 박혁(博奕), 박희(博戲); 도박(賭博) 들.

박(迫) '닥치다 · 가까이 다다르다. 궁하다'를 뜻하는 말. ¶박겁(迫劫), 박격/포(迫擊/砲), 박근하다(迫近), 박도(迫到), 박두(迫頭;기일이나 시기가 가까이 닥쳐옴), 박격(迫擊),박도(迫到),박력(迫力;강하게 밀고 나가는 힘), 박부득이(迫不得已), 박세(迫歲), 박절하다(迫切), 박진(迫眞;표현 따위가 진실에 가까움)[박진감(感), 박진력(力;진실되게 보이는 표현력)], 박진/력(迫進/力;세차게 밀고 나아가는 힘), 박해(迫害;약한 처지의 사람을 괴롭히거나 해를 입힘); 강박/관념(强迫/觀念), 곤박하다(困迫), 구박(驅迫), 군박하다(窘迫), 궁박하다(窮迫), 급박(急迫), 긴박감(緊迫感), 긴박하다(緊迫), 독박(督迫), 돈박(敦迫), 망박하다(忙迫), 민박(憫迫), 압박(壓迫), 육박하다(肉迫/薄), 임박하다(臨迫), 절박하다(切迫), 착박(窄迫;답답하도록 매우 좁음), 촉박하다(促迫), 통박하다(痛迫), 핍박(逼迫), 협박(脅迫) 들.

박(泊) '배를 대다. 묵다. 떠돌아다니다. 욕심이 없다'를 뜻하는 말. 객지에서 묵는 밤의 횟수를 세는 말. ¶2박 3일 간 여행을 하다. 가박(假泊), 계박(繫泊), 내박(來泊), 담박(淡泊), 도박(到泊), 묘박(錨泊), 무박(無泊), 민박(民泊), 빙박(氷泊), 선박(船泊), 숙박(宿泊), 야박(夜泊), 외박(外泊), 일박(一泊), 정박(碇泊), 지박(止迫), 특박(特泊), 표박(漂泊), 헐박(歇泊;쉬고 묵음) 들.

박(拍) ①국악기의 하나. ②음악의 시간적 계속을 분할하는 기본적 단위. '치다. 두드리다'를 뜻하는 말. ¶박수(拍手;손뼉치기)[박수갈채/하다(喝采), 박수례(拍手禮), 박수하다; 기립박수(起立)], 박자(拍子)[165], 박장(拍掌;손바닥을 마주 침)[박장대소(大笑)], 박절/기(拍節/器), 박차(拍車)[166], 박판(拍板); 강박(强拍), 돈박(豚拍;돼지의 겨드랑이 살), 반박(半拍), 센박, 약박(弱拍), 여린박, 절박(節拍) 들.

박(駁) '치다(논박하다. 공박하다)'를 뜻하는 말. ¶박격하다(駁擊), 박론(駁論;잘못된 점을 따져 비판함), 박문(駁文;논박하는 글), 박설(駁設), 박잡(駁雜;뒤섞이어 어수선함), 박하다(비난하거나 공격하여 말하다); 갑론을박(甲論乙駁), 공박하다(攻駁), 난박(難駁;비난하고 반박함), 논박(論駁), 맹박(猛駁), 면박(面駁), 반박(反駁), 반박(斑駁), 변박(辨駁), 잡박하다(雜駁), 천박(舛駁), 탄박(彈駁), 통박하다(痛駁) 들.

박(朴) '순하고 꾸밈이 없다'를 뜻하는 말. ¶박눌하다(朴訥;됨됨이가 수수하고 말이 없다), 박둔(朴鈍), 박소(朴素), 박충하다(朴忠;순박하고 충직하다); 간박하다(簡朴/樸), 검박하다(儉朴), 고박하다(古朴/樸), 노박하다(魯朴), 둔박하다(鈍朴), 소박(素朴), 순박(淳/醇朴), 질박하다(質朴/樸), 후박하다(厚朴) 들.

박(剝) '벗기다'를 뜻하는 말. ¶박괘(剝卦), 박락(剝落;칠 따위가 벗겨짐), 박리(剝離;벗겨져 떨어짐), 박민(剝民), 박상(剝喪;벗겨져 없어짐), 박성(剝姓), 박제(剝製)[167], 박직(剝職;관직을 박탈함),

162) 각박하다(刻薄): 모질고 박정하다. ¶각박한 세상.

163) 박물관(博物館): 국립박물관(國立), 기념박물관(記念), 민속박물관(民俗), 역사박물관(歷史), 향토박물관(鄕土).

164) 박섭(博涉): ①여러 가지 책을 많이 읽음. 섭렵(涉獵). ②널리 사물을 보고 들음.

165) 박자(拍子): 박자감(感); 겹박자, 단순박자(單純), 반박자(半), 복합박자(複合), 두/ 세박자, 홑박자.

166) 박차(拍車): 말을 빨리 달리게 하기 위하여, 승마용 구두의 뒤축에 댄 쇠로 만든 톱니 모양의 물건. ¶박차를 가하다(일의 진행이 빠르도록 자극이나 힘을 가하다. 재촉하다).

167) 박제(剝製): 동물의 가죽을 곱게 벗기고 썩지 아니하도록 한 뒤에 솜이나 대팻밥 따위를 넣어 살아 있을 때와 같은 모양으로 만듦. 또는 그렇게 만든 물건. ¶박제되다/하다.

박취(剝取), 박탁(剝啄), 박탈(剝脫;벗겨짐), 박탈(剝奪)[168]/되다/하다, 박토(剝土), 박편(剝片), 박피(剝皮;겁질을 벗김), 박할(剝割); 삭박(削剝), 할박(割剝) 들.

박(粕) '찌꺼기'를 뜻하는 말. ¶박침품(粕沈品); 강박(糠粕), 녹말박(綠末粕), 대두박(大豆粕;콩깻묵), 두박(豆粕), 두부박(豆腐粕;비지), 면실박(棉實粕), 어박(魚粕), 온박(鰮粕), 유박(油粕;깻묵), 임박(荏粕;깻묵), 조박(糟粕), 주박(酒粕), 해바라기박 들.

박(搏) '잡다. 치다. 때리다. 장단에 맞춰 두드리다'를 뜻하는 말. ¶박격(搏擊), 박동(搏動;맥박이 뜀)[심박동(心)], 박살(搏殺;손으로 쳐서 죽임), 박서(搏噬;움켜쥐고 먹음), 박전(搏戰), 박투(搏鬪), 박호(搏虎;범을 맨손으로 잡음); 맥박(脈搏), 상박(相搏), 용양호박(龍攘虎搏), 용호상박(龍虎相搏) 들.

박(縛) '얽어매다'를 뜻하는 말. ¶박승(縛繩), 박지타지(縛之打之), 박철(縛鐵)[169], 박초(縛草)[170], 박타하다(縛打;몸을 묶어 놓고 마구 때림); 결박하다(結縛), 긴박(緊縛), 면박(面縛)[171], 생박(生縛), 속박(束縛;다발로 묶음. 자유를 빼앗음), 육박(肉縛;살결박), 자박(自縛)[자승자박(自繩), 자업자박(自業)], 전박(纏縛), 제박(制縛), 포박하다(捕縛) 들.

박(舶) '배'를 뜻하는 말. ¶박래/품(舶來/品), 박물(舶物), 박용(舶用)[박용기관(汽罐), 박용기관(機關), 박용기기(汽機), 박용탄(炭)], 박재(舶載); 대박(大舶), 상박(商舶), 선박(船舶), 외박(外舶) 들.

박(牔) '맞배지붕 양쪽에 '八'자 모양으로 붙인 널빤지(박공)'을 뜻하는 말. ¶박공(牔栱)[박공널, 박공마루, 박공못, 박공벽(壁), 박공지붕, 박공처마, 박공판(板)]; 부른박공(중간이 위로 휘어 오른 박공), 욱은박공(삼각형의 박공널 밑면이 곡선으로 휜 박공).

박(撲) '치다·때리다'를 뜻하는 말. ¶박만(撲滿;벙어리), 박멸(撲滅;모조리 잡아 없앰)[박멸되다/하다, 박멸책(策)], 박살(撲殺;때려죽임), 박투(搏鬪), 박필(撲筆); 상박(相撲;서로 때림), 섬박(殲撲), 타박(打撲), 타박상(打撲傷), 한열상박(寒熱相撲) 들.

박(箔) 금속을 종잇장처럼 얇게 펴서 늘인 것. ¶박을 입히다. 금박(金箔), 금속박(金屬箔), 분박(分箔), 석박(錫箔), 알루미늄박, 은박(銀箔), 잠박(蠶箔), 천금박(天金箔) 들.

박(璞) '아직 다듬지 않은 옥돌'을 뜻하는 말. ¶박옥(璞玉;아직 쪼거나 갈지 아니한 옥), 박옥혼금(璞玉渾金;질박하고 꾸밈이 없음).

박(樸) '본디대로. 성실하다. 순박하다'를 뜻하는 말. ¶박두(樸頭;촉이 나무로 된 화살), 박직하다(樸直;순박하고 정직함), 박학(樸學); 고박하다(古樸/朴), 질박하다(質樸/朴) 들.

박(雹) '우박'을 뜻하는 말. ¶박상해(雹霜害;우박이나 서리로 입는 피해), 박이(雹異), 박재(雹災), 박해(雹害;우박으로 입는 피해); 상박(霜雹), 우박(雨雹) 들.

168) 박탈(剝奪): 지위나 자격 따위를 권력이나 힘으로 빼앗음. 자유를 박탈하다. 공민권을 박탈하다. 자격이 박탈되다.
169) 박철(縛鐵): 못을 박기가 어려운 곳에 못 대신 겹쳐 대는 쇳조각.
170) 박초(縛草): 나무에 접을 붙이고 동여매 주는 볏짚 따위.
171) 면박(面縛): 두 손을 등 뒤로 묶고, 얼굴을 쳐들게 하여 사람에게 보이는 것.

박(膊) '팔'을 뜻하는 말. ¶견박/골(肩膊/骨), 비박(臂膊), 상박(上膊), 전박(前膊), 하박(下膊) 들.

박(다) ①작은 물체를 두들기거나 꽂거나 틀거나 하여 큰 물체의 속으로 들어가게 하다.(↔뽑다. 빼다). 인쇄물이나 사진을 찍다. 촘촘히 눌러 꿰매다. 어떤 일을 고정시키다. ¶말뚝을 박다. 사진을 박다. 바느질 땀을 고르게 박다. 박은이(인쇄한 사람), 박음수(繡), 박음질/하다, 박이것, 박이겹것, 박이겹바지, 박이끌[172], 박이다[173], 박이두루마기, 박이연(鳶), 박이옷(박음질하여 지은 옷. 박이것), 박이저고리, 박짓다(박음질하여 옷을 짓다), 박히다[174], 배기다²[175]; 곤두박다(높은 데서 거꾸로 떨어지다)/박이다, 구어박다/박히다(☞굽다²), 그루박다[176], 꼬라박다[177]/박히다, 내리박다(아래쪽으로 박다)/박히다, 넘겨박다/박히다, 노박이로(줄곧 한 가지에만 붙박이로), 노박히다[178], 되박다/박이다, 들어박히다[179], 들이박다(함부로 박다. 속으로 깊이 들어가도록 박다)/박히다, 메어박다/메박다, 명씨박이다, 몰박다(한 곳에 몰아 박다), 못박다/박이다/박히다, 붙박다/박이다(한 곳에 틀어박혀 나오지 않다), 붙박이[붙박이별, 붙박이장(欌), 붙박이창(窓)], 뿌리박다(터를 잡아 정착하다), 오이소박이/소박이, 알박다, 엇박다(어슷하게 박다. 서로 엇갈리게 박다), 윽박다(억지로 짓누르다), 쥐어박다[180], 처박다/박히다, 첩박다[181], 틀어박다(억지로 쑤시고 들이밀다), 집에만 있다)/박히다, 휘어박다/박히다. ②'-박이/바기'의 꼴로, 일부 명사 뒤에 붙어 '무엇이 박혀 있는 사람이나 짐승, 물건' 또는 일부 명사나 동사 어간 뒤에 붙어 '무엇이 박혀 있는 곳'이라는 뜻을 더하는 말.[←박(다)+이]. ¶고석박이(蠱石), 고추박이, 곤줄박이, 금박이(金), 금니박이(金), 금속박이(金屬), 껍질박이, 네눈박이, 단총박이, 달박이, 대못박이[182], 덧니박이, 돈점박이(點), 두눈박이, 두/세대박이, 두/세톨박이, 딴총박이, 모박이, 방초박이(防草), 별박이[183], 본토박이(本土)/토박이(土), 삼총박이,

172) 박이끌: 때려 박아서 자국만을 내는 끌.
173) 박이다: 한곳에 붙어 있거나 끼어 있다. 어떤 생각이나 오랜 버릇이 몸에 배다. 손바닥이나 발바닥에 못이 생기다. 사진이나 인쇄물을 박게 하다. ¶볼에 점이 박이다. 주말마다 등산하는 버릇이 몸에 박여 이제는 포기할 수 없다. 마디마디 못이 박인 어머니의 손. 아이에게 사진을 박이다.
174) 박히다: ①물건이 다른 물건 속으로 들어가 꽂히다. ②인쇄물이나 사진이 찍히다. ③점 같은 것이 찍히다.
175) 배기다²: 몸의 밑에서 단단한 것이 받치는 힘을 느끼게 되다.[←박(다)+이+다]. ¶등이 배기다. 궁둥이가 배기다.
176) 그루박다: 물건을 거꾸로 들어 머리를 땅바닥에 수직이 되게 하고 탁 놓다.
177) 꼬라박다: 거꾸로 내리박다. 밑천을 헛되이 날리다. 〈큰〉꾸러박다. ¶자전거를 시궁창에 꼬라박았다. 장사 밑천을 노름에 꼬라박고 빈털터리가 되었다).
178) 노박히다: ①계속해서 한 곳에만 붙박히다. ¶그는 시험 준비를 위해 도서관에 노박혀 있었다. ②줄곧 한 일에만 골몰하다.
179) 들어박히다: ①빈틈없이 촘촘히 박히다. ②한 군데만 꼭 붙어 있다. ¶도서관에 들어박혀 공부만 한다.
180) 쥐어박다: 주먹으로 함부로 내지르듯 때리다. 〈준〉쥐박다. ¶머리를 한 대 쥐어박다. 동생을 쥐어박다.
181) 첩박다: 사람이 출입하지 못하도록 대문을 닫고 나무를 가로 걸치어 박다.
182) 대못박이: 대못이 물건을 뚫지 못한다는 뜻)가르쳐도 깨닫지 못하는 어리석은 사람.
183) 별박이: ①높이 올라가 아주 조그맣게 보이는 종이 연. ②이마에 흰 점

ㅂ

쌍굴뚝박이(雙;굴뚝이 두 개 있는 기선), 쌍열박이(雙;총열이 두 개 있는 총), 쌍줄박이(雙), 엇박이[184], 옥니박이, 옹이박이, 외눈박이, 외알박이, 외쪽박이, 외톨박이, 용두박이(龍頭), 이리박이, 자개박이, 장승박이, 점박이(點), 제구멍박이, 제총박이, 차돌박이, 청심박이(淸心), 치두박이, 토박이, 판박이(版), 회총박이 들.

박다위 종이나 삼노를 꼬아서 길게 엮어 만든 멜빵. 짐짝을 메는 데 씀. ¶박다위를 메다.

박박¹ 얼굴 따위가 몹시 얽은 모양. 〈큰〉벅벅. 〈센〉빡빡. 〈큰·센〉뻑뻑. ¶박박 얽은 곰보. [+얽다].

박박² 억지를 쓰면서 몹시 우기는 모양. 〈큰〉벅벅. ¶끝까지 박박 우기다. 박박이[185].

박배 창호(窓戶)의 짝에 돌쩌귀·고리·배목을 박아서 문얼굴에 들이맞추는 일.[←박다]. ¶박배장이.

박살 산산이 부서지는 일.=박산[186]. ¶살림이 박살나다. 꽃병을 박살내다. 박살나다/내다(철저히 때려 부수다); 악살박살.

박수 남자 무당.[←박시(baksi;스승. 지혜로운 사람)〈몽〉]. ¶박수가 살풀이한다. 박수무당.

박신 사람이나 짐승 따위가 한데 많이 모여서 활발하게 움직이는 모양.=박실. 〈큰〉벅신. ¶공원에는 사람들이 늘 박신박신 들끓는다. 박신·벅신거리다/대다, 박신박신·벅신벅신/하다.

박작 많은 사람이 어수선하게 높은 소리로 떠들거나 움직이는 모양. 〈큰〉벅적. ¶마당은 애들로 박작 들끓었다. 박작·벅적·복작[187]·북적거리다/대다, 박작박작·벅적벅적/하다, 복작복작·북적북적/하다, 북덕[188] 들.

밖 ①담이나 벽 따위로 둘러서 가린 장소나 한정된 부분을 벗어난 쪽이나 곳.↔안. ¶밖에서 기다리다. 금 밖으로 나가다. ②겉으로 드러나 보이는 쪽이나 부분.↔속. ¶감정을 밖으로 드러내다. ③자기의 감정이나 자기가 딸린 데가 아닌 다른 데. ¶저녁 식사를 밖에서 하다. ④어떠한 범위나 한계를 넘어선 부분. 외(外). ¶상상 밖의 일. 바깥[189], 밖에[190], 밖여닫이(방 바깥쪽으로 열리게 된 여닫이), 밖품(밖에 나가서 하는 노동); 뜻밖/에, 문밖(門), 성밖(城), 안팎(안ㅎ+밖), 줌밖(손아귀의 밖.↔줌안), 집밖, 테밖(어떤 테두리의 밖. 판밖). ☞ 외(外).

반 얇게 펴서 만든 조각. ¶반대기[191], 반두르지(솜을 둔 짧은 두루마기), 반적(炙;고기 따위를 꼬챙이에 꿰어서 부친 음식), 반짓다[192]; 솜반, 핫반(두 겹으로 된 솜반), 홑반(한 겹으로 지은 솜반), 홑반뿌리(한 겹의 솜반을 두어 지은 옷), 횟반(灰;뭉쳐서 굳어진 석회의 조각) 들.

반(半) 둘로 똑같이 나눈 것의 한 부분이나 일·물건의 중간이 되는 부분. 일부 명사나 한자 어근에 붙어 '거의 그와 비슷한. 중간 정도. 온전치 못한'의 뜻을 나타내는 말. ¶반으로 나누다. 이제 반쯤 왔다. 반가(半價), 반가공품(半加工品), 반가부좌(半跏趺坐), 반가상(半跏像), 반가좌(半跏坐), 반각(半角), 반감/기(半減/期), 반값, 반강자성(半强磁性), 반개(半開), 반개모음(半開母音), 반거들충이[193], 반거치(半鋸齒), 반건대구(半乾大口), 반건성유(半乾性油), 반걸음, 반결구/배추(半結球), 반결음, 반경(半徑), 반계(半季), 반고체(半固體), 반고리관(管), 반골(종이·피륙 따위의 반폭), 반공(半工), 반공일(半空日), 반공전(半工錢), 반공중(半空中)/반공(半空), 반과거(半過去), 반관반민(半官半民), 반괴(半壞), 반구(半句), 반구(半球)[194], 반구두, 반구비[195], 반굽이, 반궁(半弓), 반규관(半規管), 반그늘, 반그림자, 반금(반값), 반금속(半金屬), 반기(半旗;弔旗), 반기(半期), 반기생(半寄生), 반나마(반이 조금 지나게), 반나절, 반나체(半裸體)/반나(半裸), 반날, 반납(半納), 반노예(半奴隸), 반농가(半農家), 반농담(半弄談), 반농반공(半農半工), 반농조(半弄調), 반다지[196], 반단, 반닫이, 반달[197], 반달음(거의 뛰는 정도의 걸음)[반달음박질/하다, 반달음질/하다], 반담(낮게 쌓은 담), 반담(半壘), 반덩굴성(半-性), 반도(3면이 바다인 큰 육지)/국(半島/國), 반도(半途), 반도미(半搗米), 반도체(半導體), 반독립(半獨立), 반동강, 반돛, 반두루마기, 반두부(半豆腐;되두부), 반륜(半輪), 반마침, 반만년(半萬年), 반만성(半蔓

이 박힌 말. 대성마(戴星馬). ③살치 끝에 붙은 쇠고기.

184) 엇박이: 한군데에 붙박이로 있지 못하고 갈아들거나 이리저리 움직이는 상태. 또는 그런 일이나 사물.

185) 박박이: 그러하리라고 미루어 짐작건대 틀림없이. 〈큰〉벅벅이. 〈센〉빡빡이. ¶그 사람의 형편을 살피건데 오늘은 박박이 올 것이다.

186) 박산: 깨어져서 조각조각 부서지는 일. ¶유리가 깨어져 박산이 나다. 박산가루.

187) 복작: 매우 수선스럽게 떠드는 모양. 〈큰〉북적. ¶복작거리다/대다(①좁은 곳에서 수선스럽게 들끓다. ②물 따위가 작은 그릇에서 끓어오르다), 복작복작/하다.

188) 북덕: 많은 사람이 한곳에 모여 매우 수선스럽게 뒤끓는 소리. ¶복닥·북덕거리다/대다, 북덕북덕/복닥복닥.

189) 바깥: 밖이 되는 곳. 남자. ↔안. ¶바깥공기(空氣), 바깥구경, 바깥구조(構造), 바깥귀, 바깥기척, 바깥길, 바깥나들이, 바깥날, 바깥노인(老人), 바깥눈, 바깥늙은이, 바깥담, 바깥뜰, 바깥뜸(한 마을의 바깥쪽 구역), 바깥마당, 바깥말(바깥에서 떠도는 말), 바깥목(目;기둥 같은 것의 바깥쪽), 바깥문(門), 바깥바람, 바깥반상(盤床), 바깥방(房), 바깥벽(壁), 바깥부모(父母), 바깥부엌, 바깥사돈, 바깥사람, 바깥사랑(舍廊), 바깥상제(喪制), 바깥세(勢), 바깥세상(世上), 바깥소리, 바깥소문(所聞), 바깥소식(消息), 바깥손님, 바깥식구(食口), 바깥심부름, 바깥애(여자 하인이 웃어른 앞에서 자기 남편을 이르는 말), 바깥양반(兩班), 바깥어른, 바깥어버이, 바깥옷, 바깥일, 바깥주인(主人), 바깥지름, 바깥짝, 바깥쪽, 바깥채, 바깥채비, 바깥출입(出入), 바깥층(層), 바깥치수(數), 바깥항구(港口), 바깥형편(形便), 바깥힘.

190) 밖에: 반드시 부정을 나타내는 문장에서, '그것에 한정됨'의 뜻을 나타내는 보조사.≒만. 뿐. ¶조금밖에 없다(조금만 있다). 노는 것밖에 모르는 철부지들(노는 것만 아는 철부지들). -기-밖에, 으로-밖에, 에서-밖에, 까지-밖에, 을-밖에, 밖에-는.

191) 반대기: 가루를 반죽한 것이나 삶은 푸성귀 따위를 얄팍하고 둥글넓적하게 만든 조각. ¶반대기를 짓다. 콩엿 한 반대기. 김반대기(김부각), 밀가루반대기, 솜반대기, 실반대(뽑아낸 고치실 뭉치), 알반대기(지단. 달걀을 번철에 부친 얇은 반대기), 엿반대기(엿자박), 털반대기(털로 만든 반대기).

192) 반짓다: 과자나 떡 같은 것을 둥글고 얇게 조각을 내어 반을 만들다.

193) 반거들충이(半): 무엇을 배우다가 중도에 그만두어 다 이루지 못한 사람.≒벗장이. 〈준〉반거충이.

194) 반구(半球): 남반구(南), 동반구(東), 북반구(北), 서반구(西), 수반구(水), 육반구(陸).

195) 반구비(半): 쏜 화살이 적당한 높이로 날아가는 일.

196) 반다지(半): 기둥 따위에 몸피의 반 정도로 구멍을 파는 일.

197) 반달(半): 반달꼴, 반달꽂이, 반달낫, 반달무늬, 반달썰기, 반달연(鳶), 반달칼, 반달홈통(桶).

性), 반말, 반맹/증(半盲/症), 반머리동이, 반머슴, 반메기, 반면(半面), 반면상(半面像), 반면식(半面識;조금 아는 처지), 반명함판(半名銜判), 반모음(半母音), 반무연탄(半無煙炭), 반문(半文), 반미개(半未開), 반미치광이, 반바지, 반박자(半拍子)/반박(半拍), 반반(半半), 반밤[半夜], 반방전(半方甎), 반배(半褙), 반배부르다, 반백(半白), 반백(半百), 반벙어리, 반병신(半病身), 반보기[198], 반보다, 반복자(半卜者), 반봇짐(半褓), 반봉건(半封建), 반부담(半負擔), 반분(半分), 반분대(半粉黛), 반불, 반불경이, 반비알지다, 반빙(半氷), 반사(半死), 반사막(半沙漠), 반사설시조(半辭說時調), 반삭(半朔), 반산(半産), 반상반하(半上半下), 반생(半生), 반생애(半生涯), 반섞이, 반설음(半舌音), 반성(半醒), 반성양(半成樣), 반세(半世), 반세(半歲), 반세기(半世紀), 반세상(半世上), 반소(半宵), 반소(半燒), 반소경, 반소매, 반소작(半小作), 반송장(半送葬), 반수반성(半睡半醒)/반수(半睡), 반수/성(半數/性), 반수주의(半獸主義), 반수둑이[199], 반숙(半熟), 반숙련공(半熟練工), 반승(半僧), 반승낙(半承諾), 반시(半時), 반시(半翅), 반시옷, 반식민지(半植民地), 반신(半身)[불수(半身不隨), 반신상(像), 반신욕(浴)], 반신(半信), 반신반인(半神半人), 반신욕(半身浴), 반실(半失), 반실업(半失業), 반심(半心), 반심성암(半深成巖), 반쌍(半雙), 반암부(半暗部), 반액(半額), 반야(半夜), 반양(半養), 반양식(半洋式), 반양장(半洋裝), 반어반농(半漁半農), 반어업(半漁業), 반여태혜(半女太鞋), 반영(半影), 반영구(半永久), 반영제(半嶺制), 반올림, 반외투(半外套), 반원(半圓), 반원주(半圓周), 반월(半月;반달)[반월간(刊), 반월범(帆), 반월형(形)], 반유동체(半流動體), 반음(半音), 반음계(半音階), 반음양(半陰陽;남녀추니), 반음정(半音程), 반의반, 반의식(半意識), 반일(半;한나절), 반잇소리, 반일(일의 절반), 반일(半日), 반자(半字), 반자기(半瓷器), 반자동/화(半自動/化), 반자력(半自力), 반자지명(半子之名), 반작(半作), 반장경(半長徑), 반장부, 반장화(半長靴), 반전(半錢), 반전시(半戰時), 반절[拜], 반절(半切), 반절(半折), 반점(半點), 반접이, 반제/품(半製/品), 반조(半粗), 반족(半族), 반주(半周), 반주권국(半主權國), 반주기(半週期), 반죽음, 반중간(半中間), 반지(半紙), 반지(半/斑指;가락지)[결혼반지(結婚), 꽃반지, 트레반지], 반지기[200], 반지름, 반직선(半直線), 반직업적(半職業的), 반쪽, 반찰떡, 반천(半天), 반천하수(半天河水), 반청(半晴), 반초서(半草書), 반춤, 반취(半醉), 반치기, 반치음(半齒音), 반침(半寢), 반코트(半coat), 반타다(반으로 나누다), 반타작(半打作), 반탈태(半脫胎), 반턱(반 가량의 정도), 반투과체(半透過體), 반투막(半透膜), 반투명(半透明), 반투벽(半透壁), 반투성(半透性), 반투명체(半透明體), 반파(半破), 반팔(짧은 소매), 반패부(半貝付), 반편(半偏;절반. 바보)[반편스럽다, 반편이(지능이 모자라는 사람), 반편짓], 반평면(半平面), 반평생(半平生), 반폐모음(半閉母音), 반폭(半幅), 반푼, 반품(하루 품의 절반), 반품(半品), 반풍수(半風水), 반하(半夏), 반할인(半割引), 반함수호(半鹹水湖), 반해(半楷), 반행(半行), 반향(半晌), 반허락(半許諾), 반허리, 반현(半舷), 반혓소리, 반호(半戶), 반홀소리, 반화(半靴), 반화방(半火防), 반환형(半環形), 반회장(半回裝), 반휴(半休), 반휴일(半休日), 반흘림; 거지반(居之半)/거반(居半), 과반/수(過半/數), 남반(南半), 대반(大半), 돈반(한 돈 반), 북반(北半), 분반(分半), 상반(上半), 상반(相半), 야반(夜半;밤중), 양반(兩半), 어상반(於相半)/어반(於半), 일반(一半), 전반(前半), 절반(折半), 주반(柱半), 짜개반(하나를 둘로 짜갠 그 반), 태반(太半), 태반(殆半), 하반(下半), 하반(夏半), 할반(割半), 후반(後半)[후반기(期), 후반부(部), 후반전(戰)] 들.

반(反) ①'돌이키다. 되풀이하다. 거스르다. 뒤집히다'를 뜻하는 말. ¶반간(反間), 반감(反感)[201], 반격(反擊)[202], 반곡(反曲;반대로 휨), 반골(反骨)[203], 반공(反共), 반공(反攻), 반구(反求), 반군(反軍), 반굴(反屈), 반권(反卷;식물의 잎 · 꽃잎 따위가 등 쪽으로 구부러져 말림), 반굴태세(反屈胎勢), 반기(反旗), 반당(反黨), 반대(反對)[204], 반동(反動)[205], 반등(反騰), 반락(反落), 반려(反戾), 반론(反論), 반리(反理), 반립(反立), 반면'(반대쪽의 면)/에(反面;뒤에 오는 말이 앞의 내용과 상반됨을 나타내는 말), 반면(反面;고향으로 돌아와서 부모를 뵘)[2], 반명(反/返命), 반모(反毛), 반목하다(反目;서로 미워하다), 반목질시/하다(反目嫉視), 반무(反武), 반문하다(反問;되묻다), 반민(反民), 반박(反駁), 반발(反撥)[206], 반복(反復)[207], 반복(反覆)[208], 반비(反比), 반사(反射)[209], 반상

198) 반보기(半): 서로 멀리 떨어져 사는 부인들이 두 집의 중간쯤 되는 곳에서 만나는 일. ¶아이를 업고 나와 반보는 아낙네들.

199) 반수둑이(半): 반쯤만 수둑수둑하게 마른 물건.

200) 반지기(半): 쌀이나 어떤 물건에 다른 잡것이 생긴 것. ¶겨반지기, 뉘반지기, 돌반지기, 모래반지기, 억새반지기.

201) 반감(反感): ①상대편의 말이나 태도를 불쾌하게 생각하여 반발하거나 반항하는 감정. ¶반감을 사다. ②노여워하는 감정.

202) 반격(反擊): 쳐들어오는 적의 공격을 막아서 되받아 공격함. ¶반격을 가하다. 반격력(力), 반격적(的), 반격전(戰), 반격하다; 총반격(總).

203) 반골(反骨): 권위나 권세 또는 세상의 풍조 따위에 타협하지 않고 저항하는 기골(氣骨). ¶반골 기질을 타고나다.

204) 반대(反對): 두 사물의 모양, 위치, 방향, 순서 따위에서 등지거나 서로 맞섬. 또는 그런 상태. 어떤 행동이나 견해, 제안 따위에 따르지 아니하고 맞서 거스름.(↔찬성). ¶반대 방향. 반대로 돌다. 반대 의견. 반대간섭(干涉), 반대개념(概念), 반대계약(契約), 반대그림, 반대급부(給付;어떤 일에 대응하여 얻게 되는 이익), 반대당(黨), 반대대당(對當), 반대동기(動機), 반대되다/하다, 반대론(論), 반대말, 반대명사(名辭), 반대무역풍(貿易風), 반대색(色), 반대설(說), 반대신문(訊問), 반대어(語), 반대여론(輿論), 반대운동(運動), 반대입자(粒子), 반대자(者), 반대작용(作用), 반대중력(重力), 반대쪽, 반대투표(投票), 반대파(派), 반대편(便), 반대표(票), 반대해석(解釋); 결사반대(決死), 절대반대(絕對), 정반대(正).

205) 반동(反動): 어떤 작용에 대하여 반대로 작용함. 진보적이거나 발전적인 움직임을 반대하여 강압적으로 가로막는 경향. ¶억압에 대한 반동. 반동기(期), 반동력(力), 반동분자(分子), 반동사상(思想), 반동성(性), 반동세력(勢力), 반동심(心), 반동자(者), 반동적(的), 반동정당(政黨), 반동주의(主義), 반동추진(推進), 반동키, 반동파(派), 반동형성(形成); 무반동(無)[무반동총(銃), 무반동포(砲)].

206) 반발(反撥): 탄력이 있는 물체가 되받아 퉁김. 어떤 상태나 행동 따위에 대하여 거스르고 반항함. ¶반발에 부딪히다. 반발경도계(硬度計), 반발계수(係數), 반발되다/하다(덤비다. 저항하다), 반발력(力), 반발률(率), 반발심(心), 반발적(的), 반발전동기(電動機).

207) 반복(反復): 같은 일을 되풀이함. ¶반복과정(過程), 반복되다/하다, 반복발생(發生), 반복법(法), 반복설(說), 반복수(繡), 반복연습(練習), 반복하다.

208) 반복(反覆): ①언행이나 일 따위를 이랬다저랬다 하여 자꾸 고침. ¶반복소인(小人;옹졸한 사람); 동어반복(同語;정의될 말로 정의하는 것을 되풀이하는 것에 불과함). ②생각을 엎치락뒤치락함. ¶반복무상(無常).

209) 반사(反射): 빛이나 전파 따위가 되비침. 자극에 대하여 기계적으로 일어나는 신체의 생리적인 반응. ¶빛의 반사. 반사각(角), 반사경(鏡), 반사광(光), 반사광선(光線), 반사광학(光學), 반사궁(弓), 반사능(能), 반사되다/하다(비치다), 반사등(燈), 반사로(爐), 반사망원경(望遠鏡), 반사

(反常), 반상(反想), 반서(反噬;은혜를 원수로 갚음), 반성(反省)[210], 반소(反訴), 반속(反俗), 반수(反數), 반수기앙(反受其殃), 반시(反始), 반양자(反陽子), 반어[211]/법(反語/法), 반역(反逆), 반역(反譯), 반연(反/叛衍), 반영(反映), 반영(反影), 반음(反音), 반응(反應)[212], 반의(反義), 반의(反意), 반전(反戰)[반전론(論), 반전사상(思想), 반전시위(示威), 반전운동(運動)], 반전(反轉)[213], 반절(反切), 반정(反正)[214], 반정(反情), 반제(反帝), 반좌(反坐), 반증(反證)[215], 반첩(反貼), 반추(反芻)[반추동물(動物), 반추류(類), 반추위(胃), 반추증(症); 정신반추(精神)], 반측(反側), 반칙(反則)[반칙패(敗), 반칙하다], 반포(反哺), 반하다[216], 반항(反抗)[반항기(期), 반항심(心), 반항아(兒), 반항적(的)], 반향(反響); 괴반(乖反;어그러져 틀림), 모반(謀反), 배반(背反), 삼반(三反), 상반(相反)[217], 위반(違反), 이반(離反/叛), 자반(自反), 적반하장(賊反荷杖), 족반거상(足反居上), 찬반(贊反). ②일부 명사 앞에 붙어 '반대되는'의 뜻을 나타내는 말. ¶반거치(反鋸齒), 반공격(反攻擊), 반과격주의(反過激主義), 반과격파(反過激派), 반과학주의(反科學主義), 반관맥(反關脈), 반국가(反國家), 반권위주의(反權威主義), 반기술(反技術), 반덤핑(反dumping), 반독립(反獨立), 반독재(反獨裁), 반문화적(反文化的), 반물질(反物質), 반민족/적(反民族/的), 반민주/적(反民主/的), 반봉건/적(反封建/的), 반비례(反比例), 반사회적(反社會的), 반세계(反世界), 반소설(反小說), 반심리주의(反心理主義), 반아카데미(反academy), 반양성자(反陽性子), 반외세(反外勢), 반우주(反宇宙), 반원자(反原子), 반인력(反引力), 반인륜(反人倫), 반입자(反粒子), 반자성/체(反磁性/體), 반작용(反作用), 반정립(反定立), 반정부/적(反政府/的), 반조정(反措定), 반중성자(反中性子), 반중입자(反重粒子), 반체제(反體制), 반핵(反核), 반혁명(反革命). ③'뒤집다'를 뜻하는 말로, [번]으로 읽힘. ☞ 번(反).

반(盤) '바탕. 받침. 소반(小盤). 서리다. 큰 바위'를 뜻하는 말. ¶반거(盤踞), 반거(盤據), 반결(盤結;서려서 얽힘), 반계곡경(盤溪曲徑;일을 순리를 거스르고 억지로 함), 반고(盤古), 반곡(盤曲), 반굴(盤屈), 반근(盤根;서리어 뒤얽힌 뿌리)[반근착절(錯節)], 반면(盤面), 반상(盤上), 반기반(반기를 도르는 데 쓰는 나무그릇), 반상(盤床), 반석(盤石)[대반석(大), 대반석(臺); 통반석], 반선(盤旋), 반송(盤松), 반시(盤柿), 반외(盤外), 반핵(盤覈), 반할(盤割), 반환(盤桓), 반회(盤回); 건반(鍵盤), 계기반(計器盤), 고사반(告祀盤), 골반(骨盤), 과반(果盤), 기반(基盤), 기반(碁盤), 나침반(羅針盤), 낙반(落盤), 노판(路盤), 노반(露盤), 다반(茶盤), 대반(大盤), 대반(對盤), 동반(銅盤), 두리반(↔모반), 만반진수(滿盤珍羞), 모반, 목반(木盤), 문자반(文字盤), 반깃반(반기를 도르는 데 쓰는 소반), 배반(杯盤), 배반(胚盤), 배선반(配線盤), 배전반(配電盤), 백옥반(白玉盤;둥근 보름달), 백완반(白玩盤;돌상), 병반(餠盤), 봉반(奉盤), 비자반(榧子盤), 빙반(氷盤;얼음판), 삼족반(三足盤), 삿반[218], 상반(上盤), 석반(石盤), 선반[←懸盤][219], 선반/공(旋盤/工), 성반(聖盤), 성찬반(聖餐盤), 소반(小盤)[소반다듬이[220]; 개다리소반, 솔소반(작은 소반), 칠소반(漆)], 수반(水盤), 식반(食盤), 암반(巖盤), 엄족반(掩足盤), 연마반(研磨盤), 예반[←倭盤], 옥반(玉盤), 원반(原盤), 원반(圓盤), 은반(銀盤), 음반(音盤), 자석반(磁石盤), 쟁반(錚盤)[221], 종반(終盤), 주반(酒盤), 중반(中盤), 지반(地盤), 차반(茶盤), 채반(껍질을 벗긴 싸릿가지로 엮는 채그릇), 책상반

면(面), 반사방지막(防止膜), 반사법(法), 반사법칙(法則), 반사선(線), 반사시(時), 반사압력(壓力), 반사열(熱), 반사운동(運動), 반사위성(衛星), 반사율(律), 반사율(率), 반사음(音), 반사의(衣), 반사이익(利益), 반사작용(作用), 반사재(材), 반사적(的), 반사체(體), 반사측각기(測角器), 반사파(波), 반사판(板), 반사표지(標識), 반사현미경(顯微鏡), 반사회절(回折;에돌이); 건반사(腱), 난반사(亂), 도피반사(逃避), 동공반사(瞳孔), 무/조건반사(無/條件), 무릎반사, 복벽반사(腹壁), 슬개반사(膝蓋;무릎), 식이반사(食餌), 신전반사(伸展), 연쇄반사(連鎖), 열반사(熱), 온반사, 의사반사(擬死), 이동반사(移動), 전반사(全), 정반사(正), 체위반사(體位;평형감각으로 유지되는 동물의 자세).

210) 반성(反省): 자신의 언행에 대하여 잘못이나 부족함이 없는지 돌이켜 봄. ¶과거의 잘못에 대한 반성. 깊이 반성을 하다. 반성력(力), 반성문(文), 반성심(心), 반성적(的), 반성철학(哲學), 반성하다; 자기반성(自己).

211) 반어(反語): 표현 효과를 강하게 하기 위하여, 실제와는 반대의 뜻으로 쓰는 말. '키가 작다'를 '키가 대단히 큰데'라고 하는 따위. 아이러니(irony).

212) 반응(反應): 자극에 대응하여 어떤 현상이 일어남. 또는 그 현상. 물질 사이에 일어나는 화학적 변화. ¶반응이 빠르다. 반응계(系), 반응곡선(曲線), 반응기(器), 반응도(度), 반응물질(物質), 반응법(法), 반응생성물(生成物), 반응성(性), 반응속도(速度), 반응시간(時間), 반응식(式), 반응어(語), 반응열(熱), 반응원리(原理), 반응장치(裝置), 반응전류(電流), 반응정적식(定績式), 반응차수(次數), 반응하다; 가역반응(可逆), 간단반응(簡單), 감응반응(感應), 거부반응(拒否), 경고반응(警告), 경악반응(驚愕), 계면반응(界面), 고열반응(高熱), 과민반응(過敏), 광화학반응(光化學), 교반응(交), 교환반응(交換), 기왕반응(旣往), 대광반응(對光), 도피반응(逃避), 면역반응(免疫), 명반응(明), 발광반응(發光;빛반응), 발색반응(發色), 발열반응(發熱), 변별반응(辨別), 복잡반응(複雜), 복합반응(複合), 불꽃반응, 붕산구슬반응(硼酸), 뷰렛반응(burette), 비가역반응(非可逆), 빛반응, 산성반응(酸性), 상대반응(相對), 색반응(色), 생체반응(生體), 생활반응(生活), 심인성반응(心因性), 알칼리성반응, 암반응(暗), 앙금반응, 양성반응(陽性), 역반응(逆), 연쇄반응(連鎖), 열핵반응(熱核), 요오드녹말반응(Jod綠末), 용혈반응(溶血), 원시반응(原始), 융합반응(融合), 은거울반응(銀), 음성반응(陰性), 응집반응(凝集), 이상반응(異常), 자촉반응(自觸), 재결합반응(再結合), 절대반응(絕對), 접촉반응(接觸), 정반응(正), 정색반응(呈色), 주기반응(週期), 중성반응(中性), 중화반응(中和), 첨가반응(添加), 촉매반응(觸媒), 치환반응(置換), 침강반응(沈降), 침전반응(沈澱;앙금반응), 탈리반응(脫離), 토양반응(土壤), 투베르쿨린반응(tuberculin), 폭발반응(爆發), 폭주반응(輻輳), 항원항체반응(抗原抗體), 핵반응(核)[핵분열반응, 핵융합반응], 화학반응(化學), 흡열반응(吸熱).

213) 반전(反轉): 반대 방향으로 돎. 일의 형세가 뒤바뀜. ¶톱니바퀴의 반전. 정국(政局)의 반전. 반전기류(氣流), 반전기하학(幾何學), 반전도형(圖形), 반전되다/하다, 반전성(性), 반전음(音;설전음), 반전일(日), 반전필름(film), 반전현상(現像), 반전형(形), 반전회로(回路).

214) 반정(反正): ①본래의 바른 상태로 돌아감. 난리를 바로잡음. ②지난날, 나쁜 임금을 폐하고 새 임금이 들어서던 일. ¶인조(仁祖) 반정.

215) 반증(反證): 어떤 주장에 대하여 그것을 부정할 증거를 드는 일. 또는 그 증거. ¶반증을 들다.

216) 반하다(反): 주로 '반하여'의 꼴로 쓰여, 반대가 되거나 남의 의견이나 규정 따위를 거스르거나 어기다. ¶부모님의 뜻에 반하는 짓을 하다가 꾸중을 듣는 것은 당연하다.

217) 상반(相反): 상반대극(對極), 상반되다/하다, 상반비(比), 상반수(數), 상반심(心).

218) 삿반(盤): 갈대로 채반같이 결어 만든 그릇. ¶질삿반(지게에 얹어 놓고 물건을 담아서 지는 삿반).

219) 선반: 물건을 얹어 두기 위하여 널빤지나 철판 따위를 벽에 달아 만든 것. ¶조립식 선반. 선반턱.

220) 소반다듬이(小盤): 소반 위에 쌀 등의 곡식을 펴놓고 뉘 · 모래 등을 골라내는 일.

221) 쟁반(錚盤): 과일쟁반, 나좃쟁반/나조반, 놋쟁반, 은쟁반(銀).

(冊床盤), 철반(鐵盤), 초반(初盤), 초반(礎盤), 탁반(托盤), 태반(胎盤), 파반(把盤), 평반(平盤), 평삭반(平削盤), 폐백반(幣帛盤), 하반(下盤), 행자반(杏子盤;은행나무로 만든 소반), 화류반(樺榴盤), 화반(花盤), 회전반(回轉盤), 흡반(吸盤) 들.

반(班) 일정한 목적을 위하여 조직된 작은 집단. 한 동(洞)의 통(統)을 다시 가른 구역. 지위. 위계. ¶반을 편성하다. 2통 3반. 반가(班家), 반급(班給;나누어 줌), 반대표(班代表), 반맥(班脈;양반의 자손), 반명(班名), 반반/이(班班), 반벌(班閥), 반부(班祔), 반사(班師), 반상(班常), 반상회(班常會), 반수(班首), 반열(班列), 반원(班員), 반자(班資;지위와 녹봉), 반장(班長), 반전(班田), 반족(班族), 반종(班種), 반촌(班村), 반취(班聚), 반향(班鄕), 반호(班戶), 반혼(班婚), 반회(班會); 곡반(哭班), 구호반(救護班), 내무반(內務班), 동반(同班), 동반(東班), 말반(末班), 무반(武班), 문반(文班), 분반(分班), 산반(散班), 상반(常班), 서반(西班), 수반(首班), 숭반(崇班), 아랫반, 양반(兩班)[222], 우열반(優劣班), 월반(越班), 윗반, 작업반(作業班), 잔반(殘班;보잘것없이 된 양반), 졸업반(卒業班), 종반(宗班), 참반(參班), 출반주(出班奏)/출반(出班), 토반(土班), 특활반(特活班), 품반(品班), 학반(鶴班), 합반(合班), 향반(鄕班), 호반(虎班), 혼반(婚班) 들.

반(飯) '밥. 밥을 먹다'를 뜻하는 말. ¶반감(飯監), 반갱(飯羹), 반공(飯工), 반공(飯供), 반과(飯菓), 반기(飯器;밥그릇), 반립(飯粒), 반미(飯米), 반비(飯婢;밥짓는 일을 맡은 계집종), 반빗[223], 반상(飯床)[반상기(器); 바깥반상, 안반상], 반소사(飯疏食), 반시(飯匙), 반전(飯前), 반점(飯店), 반찬(飯饌)[224], 반주/합(飯酒/盒), 반채(飯菜), 반함(飯含), 반합(飯盒); 건반(乾飯), 공차반(供次飯;飯饌), 끽반(喫飯), 다반(茶飯), 다반사(茶飯事), 도화반(桃花飯), 맥반(麥飯;보리밥), 미반(米飯), 백반(白飯)[백반총탕(蔥湯); 곁반, 꼬치백반, 불고기백반], 별반(別飯), 분반(噴飯), 상반(床飯), 생반(生飯), 석반(夕飯), 선반(宣飯), 세반(細飯), 소반(素飯), 속반(粟飯;조밥), 수반(水飯), 수화반(水和飯;물에 만 밥), 시반(侍飯), 염반(鹽飯), 옥정반(玉井飯;연뿌리와 연밥을 넣어서 지은 멥쌀밥), 자반(佐飯)[225], 잔반(殘飯), 제반(除飯), 조반(朝飯), 조반(早飯)[자릿조반, 조석반(朝夕飯)], 주반(酒飯), 죽실반(竹實飯), 중반(中飯;점심), 아귀반(餓鬼飯), 영반(靈飯), 차반(次飯), 취반(炊飯), 탕반(湯飯), 항다반(恒茶飯), 혼돈반(餛飩飯) 들.

반(斑) '얼룩무늬'를 뜻하는 말. ¶반동광(斑銅鑛), 반란(斑爛), 반마(斑馬), 반묘(斑猫), 반문(斑文/紋), 반박(斑駁), 반발(斑髮), 반백(斑白), 반베[布], 반색(斑色), 반암(斑巖), 반여암(斑糲巖), 반의/지희(斑衣/之戲), 반점/병(斑點/病), 반정(斑晶), 반주(斑酒;아랑주), 반죽/필(斑竹/筆), 반지(斑指), 반진(斑疹), 반포(斑布); 간반(肝斑), 맹반(盲斑), 모반(母斑), 몽고반(蒙古斑), 발반(發斑), 백반(白斑), 병반(病斑), 시반(屍斑), 아반(兒斑;蒙古斑), 일반(一斑), 자반(紫斑)[자반병(病), 자반열(熱)], 작란반(雀卵斑)/작반(雀斑;주근깨), 종반(縱斑), 토호반(兎毫斑), 혈반/병(血斑/病), 홍반(紅斑), 황반(黃斑), 회반(回斑), 흑반(黑斑) 들.

반(返) '돌려주다. 돌아오다'를 뜻하는 말. ¶반가(返歌;答歌), 반각(返却;보내온 물건을 되돌려 보냄), 반구(返柩), 반구배(返勾配), 반금(返金), 반납(返納;꾸거나 빌린 것을 도로 돌려줌), 반려(叛/反戾), 반례(返禮), 반로(返路), 반벽(返璧), 반상(返喪), 반상(返償), 반서(返書), 반송(返送), 반신(返信), 반우(返虞), 반장(返葬), 반전(返電), 반제(返濟), 반조(返照;빛이 되비침), 반품(返品), 반한(返翰), 반혼(返魂), 반환(返還;도로 돌려줌), 반환점(返還點;되돌아오는 지점); 왕반(往返) 들.

반(叛) '신의를 저버리고 돌아서다(배반하다)'를 뜻하는 말. ¶반군(叛軍;반란을 일으킨 군대), 반기(叛起), 반기(叛旗), 반노(叛奴;상전을 배반한 종), 반도(叛徒;反黨), 반란(叛亂)[반란군(軍), 반란죄(罪), 반란하다], 반민(叛民), 반복(叛服), 반신(叛臣), 반심(叛心), 반역(叛逆), 반의(叛意), 반장(叛將;반란을 일으킨 장수), 반적(叛賊), 반하다; 모반(謀叛), 배반(背反/叛)[배반자(者), 배반죄(罪); 이율배반(二律背反)], 이반(離叛) 들.

반(攀) '더위잡다(높은 곳에 올라가 무엇을 끌어 잡다). 매달리다. 의지하다'를 뜻하는 말. ¶반금류(攀禽類), 반등(攀登), 반련(攀戀), 반룡(攀龍;세력이 있는 사람의 도움으로 출세함), 반룡부봉(攀龍附鳳), 반연(攀緣;더위잡고 기어오름)[반연경(莖), 반연성(性), 반연식물(植物)], 반요식물(盤繞植物); 등반(登攀), 연반경(緣攀莖) 들.

반(伴) '짝. 함께'를 뜻하는 말. ¶반려/자(伴侶/者), 반성/운(伴星/雲), 반송(伴送), 반수(伴隨), 반식(伴食), 반주(伴走), 반주(伴奏), 반직(伴直), 반침(伴寢), 반행(伴行); 동반(同伴)[동반자(者), 동반작가(作家), 동반하다], 상반(相伴), 솔반(率伴), 수반(隨伴), 시반(詩伴), 작반(作伴), 접반(接伴) 들.

반(般) '돌다 · 돌리다. 즐기다'를 뜻하는 말. ¶반락(般樂;잘 놀면서 즐김); 각반(各般), 거반(去般;지난번), 과반(過般;지난번), 금반(今般;이번), 만반(萬般), 백반(百般;여러 가지), 별반(別般), 선반(先般;지난번), 일반(一般), 전반(全般), 제반/사(諸般/事), 현반(現般) 들.

반(搬) '옮기다(이사를 하다. 나르다'를 뜻하는 말. ¶반선(搬船), 반송(搬送)[반송대(臺), 반송전화(電話), 반송파(波)], 반이(搬移), 반입(搬入;운반하여 들여옴), 반출(搬出↔搬入)[반출되다/하다, 반출량(量), 반출증(證), 반출지(地), 반출품(品); 밀반출(密)]; 가반교(可搬橋), 운반(運搬) 들.

반(礬) '명반(明礬;유황을 함유한 광물)'을 뜻하는 말. ¶반사(礬沙/砂), 반수(礬水;명반을 녹인 물에 아교를 섞은 것), 반홍(礬紅); 녹반(綠礬), 담반(膽礬;황산구리의 결정), 동반(銅礬), 명반(明礬;백반), 명반석(明礬石), 백반(白礬)[고백반(枯)], 청반(靑礬), 흑반(黑礬) 들.

---

222) 양반(兩班): 양반계급(階級), 양반탈; 바깥양반, 사랑양반(舍廊;남의 남편. 그 집 남편), 암양반(暗), 책상양반(冊床), 치마양반(신분이 낮은 집에서 높은 집으로 혼인함으로써 행세하게 된 양반).

223) 반빗(飯): 반찬 만드는 일을 맡아보는 계집 하인. ¶반빗간(間), 반빗아치('반빗' 노릇을 하는 사람), 반빗하님(하인끼리 '반빗'을 높여 부르는 말).

224) 반찬(飯饌;건건이): 반찬가게, 반찬감, 반찬거리, 반찬단지, 반찬속(맛있는 반찬만을 먼저 가려 먹는 일), 반찬통; 고기반찬, 마른반찬, 밑반찬, 진반찬.

225) 자반(佐飯;소금에 절이거나 무친 반찬): 자반고등어, 자반뒤지기, 자반뒤집기; 뱃자반, 콩자반, 포자반(脯).

반(畔) '두둑(논밭의 경계). 물가'를 뜻하는 말. ¶반로(畔路); 강반(江畔), 경반(徑畔;좁은 길거리), 계반(溪畔), 소반(沼畔;늪 언저리), 수반(水畔; 물가), 양반(讓畔), 지반(池畔), 택반(澤畔), 하반(河畔), 호반(湖畔), 휴반(畦畔) 들.

반(頒) '나누다'를 뜻하는 말. ¶반교문(頒敎文), 반구(頒/斑鳩;산비둘기), 반급(頒給;나누어 줌), 반력(頒曆), 반록(頒祿), 반빙(頒氷), 반사(頒赦), 반사(頒賜;임금이 물품을 하사함), 반조문(頒詔文), 반포(頒布;세상에 널리 펴서 퍼뜨림) 들.

반(蟠) '몸을 감고 엎드려 있다(서리다). 두르다'를 뜻하는 말. ¶반거(蟠踞), 반도(蟠桃)[226], 반룡(蟠龍;아직 땅에 서리고 있는 용), 반완(蟠蜿;서리고 얽힌 모양), 반룡(蟠龍); 용반호거(龍蟠虎踞) 들.

반(泮) '학교'를 뜻하는 말. ¶반궁(泮宮;제후의 학교), 반와(泮蛙;성균관 개구리란 뜻으로, '자나깨나 글만 읽는 사람'을 말함), 반유(泮儒), 반인(泮人;館人) 들.

반(絆) '사물을 싸매는 줄. 얽어매다'를 뜻하는 말. ¶반롱(絆籠;얽어매어 가두고 자유를 속박함), 반연(絆緣;얽혀서 맺어지는 인연), 반창고(絆瘡膏); 각반(脚絆), 기반(羈絆) 들.

반(磐) '너럭바위'를 뜻하는 말. ¶반석(磐石;큰 암석. 믿음직하고 든든함); 상반(上磐), 하반(下磐) 들.

반(瘢) '흉터(상처 자국)'를 뜻하는 말. ¶반창(瘢瘡;상처의 흔적), 반흔(瘢痕); 자반(紫瘢) 들.

반(拌) '휘저어 뒤섞다'를 뜻하는 말. ¶교반(攪拌;휘저어 함께 섞음).

반(胖) '살찌다'를 뜻하는 말. ¶반대하다(胖大); 비반(肥胖) 들.

반기 잔치나 제사 후에 동네 사람에게 나누어 주려고 몫몫이 담아 놓은 음식. ¶반기를 도르다. 시루떡 반기를 받았다. 반깃반(盤), 반기살이[227]/하다, 반기하다(반기를 도르다).

반기(다) 바라던 일이 이루어지거나 뜻밖에 좋은 일을 맞다. 반가워하거나 반갑게 맞다. ¶어머니는 휴가 나온 아들을 얼싸안으면서 반기셨다. 반가움, 반가워하다, 반갑다(마음이 즐겁고 기쁘다), 반가이.

반두 양쪽 끝에 손잡이의 대가 있는, 물고기를 몰아 잡는 그물. 조망(罩網). ¶반두로 물고기를 잡다. 반두질/꾼/하다, 반디그물(반두 모양으로 된 작은 고기잡이 도구).

반둥 아무 일도 하지 아니하고 빤빤스럽게 놀기만 하는 모양. 〈큰〉번둥[228]. 빈둥. 〈센〉빤둥. 〈큰〉뻔둥. 〈거〉판둥. 〈큰·거〉펀둥. 핀둥. ¶하는 일이 없이 반둥반둥 놀기만 하였다. 반둥·빈둥·판둥·펀둥·핀둥거리다/대다, 반둥건둥/하다[229], 반둥반둥/하다.

226) 반도(蟠桃): 삼천 년마다 한 번씩 열매가 열린다는 복숭아(仙桃).

227) 반기살이: 잔치나 제사 음식을 여러 군데에 나누어 줌.

228) 번둥: 보기에 미련스럽도록 게으르게 마냥 놀기만 하는 모양. ¶날마다 번둥번둥 놀기만 한다. 번둥질(번둥거리며 지내는 일).

229) 반둥건둥하다: 일을 다 끝내지 못하고 중도에서 성의 없이 그만두다.

반득 ①작은 불빛 따위가 한 번 빛나는 모양. ¶전등불이 반득 빛난다. 판득[230]. ②물건의 바닥이나 거죽이 뒤척임에 따라 비치는 광선의 상태가 갑자기 바뀌는 모양. 〈큰〉번득. 〈센〉반뜩. 빤득. 〈큰·센〉번뜩. ¶반득·번득거리다/대다/이다, 반득반득/하다, 번드치다[231]; 나번득이다[232], 해반닥·헤번덕·희번덕거리다/대다.

반들[1] 별로 하는 일 없이 게으름만 피우며 얄밉고 빤빤스럽게 놀기만 하는 모양. 〈큰〉번들. 빈들. 〈센〉빤들. 〈거〉판들. 〈큰·거〉펀들. 핀들. ¶반들·번들·빤들·뻔들·판들·펀들거리다/대다, 뱐들·밴들거리다/대다, 반들반들·번들번들·빤들빤들/하다[1]; 해반드르르·희번드르르하다.

반들[2] ①거죽이 아주 매끄럽고 윤이 나는 모양. ②어수룩한 데가 없이 약게 구는 모양. 〈큰〉번들. 〈센〉빤들. 〈거〉판들. ¶반·번·빤·뻔드럽다, 반드레·번드레·빤드레·뻔드레하다, 반들·번들·빤들·뻔들거리다/대다, 반·번·빤·뺀·뻔드르르, 반들반들·번들번들·빤들빤들·뻔들뻔들/하다[2]; 해반들·희번들하다 들.

반듯[1] ①작은 빛이 갑자기 약하게 나타났다 없어지는 모양. 무엇이 살짝 나타났다 없어지는 모양. 〈센〉반뜻. 번뜻. ②순간적으로 정신이 약간 들거나 약간 들거나 나가는 모양.

반듯[2] 작은 물체가 여럿이 다 비뚤거나 기울거나 굽지 아니하고 바른 모양. 생김새가 매우 아담하고 말끔한 모양. 〈큰〉번듯. 〈센〉반뜻. ¶종이를 반듯반듯 펴다. 반드시(틀림없이. 꼭), 반듯·번듯이, 반듯·번듯·반뜻·번뜻하다; 네모반듯하다.

반디 반딧불잇과의 딱정벌레. ≒개똥벌레. ¶반딧불로 별을 대적하랴. 반딧불[233], 반딧불이, 반딧빛.

반반 남김없이 모두. 어김없이 몽땅. ¶반반 털어가다. 물건을 반반 팔아먹고 말았다.

반반-하다[1] ①구김살이나 울퉁불퉁한 데가 없이 고르고 반듯하다. 〈센〉빤빤하다①. 〈거〉판판하다[234]. ¶길이 반반하다. 큰물이 지면 들판이 반반히 쓸렸다. ②생김새가 얌전하거나 예쁘장하다. ≒예쁘장하다. 〈작〉뱐뱐하다. 밴밴하다. ¶반반하게 생긴 얼굴. 반주그레하다[235], 번죽(번번하게 생긴 얼굴), 번죽·뻔죽·밴죽·뺀죽거리다/하다. ③물건이 제법 쓸 만하고 보기에 괜찮다. ¶반반한 옷 한 벌 없다. ④지체가 남 못지않게 제법 높다. 〈큰〉번번하다. 변변하다. ¶반반한 집안에서 태어났다. 반반·번번히. ⑤잠

230) 판득: 물체가 순간적으로 작은 빛을 내비치거나 반사하는 모양. 〈큰〉펀득. 〈센〉판뜩. ¶칠흑 같은 밤바다에서 등대불이 판득 내비친다. 판득 빛나는 눈동자. 판득거리다/대다/이다, 판득판득/하다.

231) 번드치다: ①물건을 번득이어 뒤집다. ¶빈대떡을 번철에 번드치다. ②마음을 변하여 바꾸다.

232) 나번득이다: 잘난 체하고 함부로 덤비다.

233) 반딧불: 개똥벌레의 꽁무니에서 반짝이는 인(燐)의 물질.

234) 판판하다: 물건의 거죽에 높고 낮은 데가 없이 고르고 넓다. 〈큰〉펀펀하다. ¶땅이 판판하다. 판·펀하다(판판하고 아득하게 너르다), 판히·펀히, 판판히·펀펀히, 펀더기(펀펀하게 넓은 들); 길펀하다(펀펀하고 넓다), 질펀하다(넓게 열린 땅이 평평하다), 질펀히; 지질펀펀하다(고르게 펀펀하다. 땅이 약간 질척하고 펀펀하다).

235) 반주그레하다: 얼굴이나 모습이 보기에 반반하다. 〈큰〉번주그레하다. ¶하고 다니는 짓이나 말은 반주그레하다.

ㅂ

이 오지 아니하여 눈이 말똥말똥하다. ¶방안에 달빛이 새어 들자 영애의 눈은 더욱 반반해진다.

반반-하다[2] 다 드러나 보일 정도로 시원하다.

반-부새 말[언(言)]이 조금 거칠게 내닫는 일. ¶다혈질인 조카도 삼촌이 맡고 있는 일에 대해서만은 반부새로 거칠게 굴지는 않았다.

반살미 갓 혼인한 신랑이나 신부를 일가에서 처음으로 초대하는 일. ¶반살미하다.

반색 매우 바라던 사물이나 기다리던 사람을 보고서 몹시 반가워함. 또는 그러한 기색. ¶휴가 온 아들을 보고 반색을 한다. 손님을 반색하고 맞는다. 반색하다(반가워하다. 기뻐하다).

반송반송 잠은 오지 아니하면서 정신만 말똥말똥한 모양. ¶반송반송 눈을 뜬 채 이리저리 뒤척이다. 반송반송하다.

반식반식 집중하지 아니하고 대강 빠르게 하는 모양. 〈센〉반씩반씩. ¶경애는 웃음에 못 이겨 말을 반식반식 씹어가며 겨우 끝을 맺었다.

반야 대승 불교에서 모든 법의 참다운 이치를 아는 지혜.[←般若←Prainā〈범〉]. ¶반야경(經), 반야바라밀다/심경(心經), 반야정관(正觀), 반야탕(湯;술) 들.

반자 방이나 마루의 천장을 평평하게 만드는 시설. ¶반자가 얇다 하고 펄펄 뛰다(몹시 성이 나다). 반자널, 반잣대/받이, 반자돌림대, 반자받다[236], 반자지(紙;반자를 바르는 종이), 반자틀/받이(=반잣대받이); 구화반자[←국화(菊花)], 널반자, 목반자(木), 빗반자(바닥을 경사지게 만든 반자), 삿갓반자[237], 소란반자(小欄), 순각반자(楯桷), 우물반자, 장반자(長), 지반자(紙), 철반자(鐵), 토반자(土), 평반자(平), 필반자지(匹-紙)/필반자, 화반자(花) 들.

반자치 피륙의 쓰다 남은 부분.

반작 빛이 잠깐 나타났다가 사라지는 모양. 〈큰〉번적. 〈센〉반짝. 빤작. 빤짝. ¶어둠 속에서 불빛이 반작 빛난다. 반작·반짝·빤작·빤짝·번적·번쩍·뻔적·뻔쩍거리다/대다/이다, 반작반작·번적번적/하다, 반짝-[반짝기회(機會)], 반짝상승(上昇), 반짝사랑, 반짝시장(市場)], 뻔쩍하면[238] 들.

반죽 가루에 물을 섞어 이겨 개는 일. 또는 그 물건. ¶반죽이 되다 / 무르다. 그 여자는 참 반죽이 좋다. 반죽이 좋다(노여움이나 부끄러움을 타는 일이 없다). 반죽을 치대다. 반죽기(機), 반죽떨다[239]; 날반죽, 떡반죽, 밀가루반죽/밀반죽, 익반죽[240], 회반죽(灰) 들.

반질 물체의 거죽이 몹시 매끄럽고 윤기가 도는 모양. 〈큰〉번질. 〈센〉빤질. 〈큰·센〉뻔질. ¶바닥이 반질반질 미끄럽다. 반질반질 윤이 나는 대머리. 반조고레·반주그레·번주그레/하다, 반지랍다·번지럽다(기름기나 물기 따위가 묻어서 매끄럽고 윤이 나다), 반지레·번지레·빤지레·뻔지레/하다, 반·번·빤·뻔지르르/하다, 반지빠르다[241], 반질반질·번질번질/하다, 반질·번질·빤질·뻔질거리다/대다, 뻔질나다(주살나다); 해반·희번지르르하다, 흘번드르르(몹시 번드르르한 모양) 들.

반짝 ①물건을 아주 가볍게 들어 올리는 모양.≒달랑[3]. ¶짐을 반짝 들어 올리다. ②물건의 끝이 갑자기 높이 들리는 모양. ③몸의 한 부분을 갑자기 위로 들어 올리는 모양. 〈큰〉번쩍.

반-하다[1] 사람이나 사물에 마음이 취하여 홀리다. 마음이 끌리다. ≒녹다. 좋아하다. 홀리다. 빠지다. ¶목소리에 반하다. 미모에 반하다.

반-하다[2] ①어두운 가운데 밝은 빛이 약간 비치어 환하다. ¶등불이 반하게 비치다. 반짝[242], 번연하다[243]/번하다, 번히. ②무슨 일이 그렇게 될 것이 분명하다. ¶뒷얘기는 듣지 않아도 반하다. 뻔히 알면서 되묻는다. 번연하다[244]. ③바쁜 가운데 잠깐 겨를이 생겨 한가하다. ¶농번기가 지나서 좀 반하다. ④궂은비가 멎고 잠깐 해가 나서 맑다. ¶한낮에는 하늘이 좀 반했다. 잠깐 번하더니 또 비가 쏟아진다. ⑤늘 계속되던 걱정거리가 한동안 뜨음하다. ⑥심하던 병세가 좀 덜하고 그만하다. 〈큰〉번하다. 〈센〉빤·뻔하다.

받(다)[1] 음식이 비위에 맞아 잘 먹히다. 감정이 치밀다. ¶오늘은 술이 잘 받는다. 받치다[1][245]; 복·북받치다(감정 따위가 속에서 치밀어 오르다), 치받다/받치다(감정 따위가 세차게 북받쳐 오르다).

받(다)[2] ①주는 것을 가지다.(↔주다). 거두어들이다. 떨어지는 것을 손으로 잡다.(↔던지다). 작용이나 영향을 입다. 일을 떠맡다. 우산 따위를 펼쳐 들다. ¶월급을 받다. 공을 받다. 귀염을 받다. 인사를 받다. 주문을 받다. 화장이 잘 받지 않는다. 양산을 받치다. 받걷이[246]/하다, 받고차기, 받내다[247], 받는소리(뒷소리), 받대접(待接→푸대접), 받돌(그물 아래에 다는 추), 받들다[248], 받들

236) 반자받다: 몹시 노하여 펄펄 뛰다. 반자가 얕다 하고 펄펄 뛰다(몹시 성이 나서 반자에 닿을 정도로 펄펄 뛴다는 말).

237) 삿갓반자: 천장에 반자틀을 하지 않고 서까래에 그대로 바른 반자.

238) 뻔쩍하면: 어떤 행동을 하기만 하면. 곧 툭하면. 〈준〉쩍하면.

239) 반죽떨다: 언죽번죽한 태도를 말이나 짓으로 나타내다.

240) 익반죽: 가루에 끓는 물을 쳐 가며 하는 반죽.↔날반죽.

241) 반지빠르다: ①언행이 얄미울 정도로 약삭빠르다. ¶반지빠른 말만 해댄다. ②어중되게 모자라다. ¶천이 반지빠르게 모자라다. 반짓부리(어중되게 모자라는 상태나 그런 사물). ③얄밉게 교만하다. ④지식이나 기술 따위가 조금 모자라다. ¶반지빠른 지식.

242) 반짝: ①작은 빛이 잠깐 나타났다가 사라지는 모양. ②정신이 잠깐 맑아지는 모양. ¶정신이 반짝 들다. ③어떤 생각이 갑자기 떠오르는 모양. ④물건이나 사람, 일 따위가 빨리 없어지거나 끝나는 모양. ⑤마음이 끌려 귀가 갑자기 뜨이는 모양. ⑥무엇이 순간적으로 분명하게 보이는 모양. 〈여〉반작. 〈큰〉번쩍. 〈센〉빤짝.

243) 번연하다: '번하다(뚜렷하고 환하다)'의 본말.

244) 번연하다: 어떤 일의 결과나 상태 따위가 훤하게 들여다보이듯이 분명하다. ¶번연한 것을 캐묻다. 소용이 없다는 걸 번연히 알면서도 억지를 부린다. 번연히(뚜렷하고 환하게).

245) 받치다[1]: ①먹은 것이 소화되지 않고 위로 치밀다. ¶먹은 약이 받치어 토할 것 같다. 속이 받치다(먹은 것이 소화되지 아니하고 위로 치밀다). ②화 따위의 심리적 작용이 강하게 일어나다. ¶설움에 받쳐 말이 안 나온다. 설움이/열이 받치다.

246) 받걷이: ①여기저기에서 받을 돈이나 물건을 거두어들이는 일. ¶받걷이를 다니다. ②남의 요구나 부탁 따위를 잘 받아 주는 일.≒받자.

247) 받내다: 몸을 움직이지 못하는 사람의 똥·오줌을 받아 내다.

248) 받들다: ①공경하여 모시다. 소중히 대하다.≒모시다. 섬기다. ¶부모님

어총(銃), 받아내다, 받아넘기다, 받아들이다(수용하다. 옳다고 인정하다), 받아먹다, 받아물다(받아들이다), 받아쓰다/쓰기, 받아안다, 받아외우다, 받아잇다, 받아치다/치기, 받을빛, 받을어음, 받을장(반턱맞춤 따위에서 밑에 깔리는 재목), 받이[249], 받자[250], 받잡다('받다'를 겸손하게 이르는 말), 받줄, 받치다[2][251], 받침[252], 받히다[1](받들리다); 건네받다, 날받다(길일을 가려서 정하다), 내받다[253], 내리받다(↔치받다), 내리받이, 냉받치다(冷;냉기가 올라오다), 넘겨받다, 대받다[254], 대:받다(代;이어받다. 물려받다), 대접받다(待接), 돌려받다, 되받다(도로 받다. 반항하다), 되받어넘기다, 되받아치다, 되받이/하다, 두남받다(남다른 도움이나 사랑을 받다), 뒷받침, 딱장받다[255], 떠받다[1](밑에서 받치다), 떠받들다/받들리다, 떠받치다(받쳐 버티다. 지탱하다), 들이받다, 맞받다, 몰아받다, 물려받다, 본받다(本), 볼받다/받이(해진 바닥에 볼을 덧대어 기운 버선), 북받자[256], 북받치다, 불받다[257], 세받다(洗), 쓰레받기, 씨받다, 안받다[258]/안받음, 응받다(응석을 받다), 이어받다(계승하다), 자사받기[259], 죄받다(罪;죄입다), 주거니받거니, 주고받다, 창받다[260], 치받다[1](위로 올려서 받다.≒치밀다), 치받다[2]/받치다(감정이 위로 솟아오르다), 테받다(그와 같은 모양을 이루다), 흙받기, 힘받이. ②물건을 모개로 사들이다. ¶과일을 받아다 팔다. 받낳이(실을 사들여서 베를 짜는 일), 받히다[2][261], 받힘[262]. ③'-받다'의 형태로 일부 명사 앞에 붙어, '입다. 당하다'를 뜻함. ¶귀염받다, 물손받다[263], 버림받다(버림을 당하다), 벌받다(罰), 불받다(남으로부터 큰 곤욕이나 피해를 당하다), 사랑받다, 요구받다(要求), 의심받다(疑心), 주목받다(注目). ☞ 수(受).

받(다)[3] 머리나 뿔 따위로 세게 밀어 부딪치다. 맞서서 대들다. ¶차가 다리 난간을 받고 부서졌다. 소에게 받히다. 받고차기, 받히다[3](머리나 뿔로 떠받음을 당하다); 내받다(힘껏 받다), 내리받다, 뒤받다(말대답을 하며 반항하다), 들이받다(머리를 들이대어 박다), 떠받다[2](머리나 뿔로 세게 밀어 부딪치다)/받히다, 치고받다(싸우다), 치받다(올려 받다. 대들다)/받치다.

발[1] ①동물의 다리나 걸음. 어떤 물건의 밑에 달리어 그것을 받치는 짧은 부분. ¶발을 씻다. 발을 구르다. 발가늠(발대중), 발가락[1]/뼈, 발감개, 발개찌트리다[264], 발걸음, 발걸이, 발고무래, 발곱(발톱 밑에 끼어 있는 때), 발굽, 발그림자[265], 발기계(機械), 발기술(技術), 발기척, 발길[266], 발길다(먹을 곳에 끼게 되어 재수가 좋다.↔발짧다), 발김쟁이[267], 발끝, 발끊다, 발너르다/발넓다(사귀어 아는 사람이 많다), 발노구(발이 달린 노구솥), 발놀림/하다, 발놀이, 발달다(끝난 말에 말을 덧붙이다), 발대중(발짐작), 발더듬/이, 발덧(길을 오래 걸어서 생긴 발병), 발돋음/질/하다, 발동작(動作), 발뒤꿈치/발꿈치, 발뒤축, 발들여놓다, 발등/발등어리, 발등걸이[268]/하다, 발등눈(발등까지 빠질 정도로 내린 눈), 발디디개(페달), 발디딤, 발떠퀴[269], 발막/신(신발), 발맞추다, 발모가지, 발목[발목마디, 발목물, 발목뼈, 발목잡히다[270], 발목쟁이, 발목치기], 발묶이다, 발바닥, 발바심[271], 발바투(바짝. 발밭게. 재빠르게), 발발이[272], 발밭다[273], 발버둥[발버둥이/치다[274],

---

을 받들다. 교리를 받들다. 떠받들다, 치받들다(높이 받들다). ②물건의 밑을 받쳐 올려 들다. ¶잔을 받들다.

249) 받이: 가루받이[수분(受粉)], 개구멍받이(개구멍으로 들어와 기른 아이), 걸레받이, 고미받이, 낙수받이(落水), 덤받이, 땀받이(땀등거리), 만수받이(남이 귀찮게 굴어도 받아주는 일. 굿판에서 소리를 받는 일), 맞받이, 물받이, 바람받이, 배받이, 북풍받이(北風), 빗받이, 살받이, 샘받이, 생수받이(生水;샘물로 농사짓는 논), 섣달받이, 씨받이, 알받이, 응석받이, 이슬받이, 제꽃/정받이(精), 중쇠받이(中), 짐받이, 창받이, 총받이, 총알받이(銃), 축받이(軸;베어링), 치받이, 턱받이, 팔풍받이(八風).

250) 받자: ①남이 괴롭게 굴거나 부탁하는 것을 잘 받아 줌.≒만수받이. ¶어리다고 자꾸 받자를 해주면 버릇이 나빠진다. 받자하다. ②관아에서 환곡을 받아들이는 일.[<밧자/밧자위(外子)]. ¶조선시대에는, 환곡이라는 받자가 백성을 괴롭혔다.

251) 받치다[2]: ①'받다[1],[2]'의 힘줌말. ②어떤 물건의 속이나 안에 다른 것을 끼워 넣다. ¶저고리 안에 속적삼을 받쳐 입다. 책받침을 받치고 글씨를 쓰다. ③앉았거나 누웠을 때 바닥이 딱딱하게 배기다. ¶등이 받치어 불편하다. ④주변에서 돕다. ¶배경 음악이 그 장면을 잘 받쳐 주어서 전체적인 분위기가 훨씬 감동적이었다. ⑤비나 햇빛과 같은 것이 통하지 못하도록 우산이나 양산을 펴 들다. ¶우산을 받쳐 들고 거닐다. 양산을 받쳐 쓰다).

252) 받침: 밑을 받치어 괴는 물건. 한 음절의 끝소리가 되는 자음. ¶받침나무, 받침다리, 받침단추, 받침대, 받침돌, 받침두리, 받침모루, 받침목(木), 받침박, 받침보, 받침뿌리, 받침소리, 받침쇠(볼트를 채울 때 받치는 철판), 받침옷, 받침유리, 받침잔(盞), 받침저울, 받침점(點), 받침틀, 받침판(板); 겹받침, 꽃받침, 널받침, 대접받침[주두(柱枓)], 뒷받침/하다, 밑받침, 분받침(盆), 속받침, 쌍받침(雙), 안받침(뒷받침)/되다/하다, 잔받침(盞), 접시받침, 책받침(冊), 총받침(銃), 턱받침, 홑받침.

253) 내받다: ①뿔이나 머리로 힘차게 받다. ②남의 말에 동의하지 않고 맞서 버티다.

254) 대받다: 남의 말에 반항하여 들이대다. ¶대받아 말하다. 대받치다(강하게 들이대다).

255) 딱장받다: 도둑에게 온갖 형벌을 가하여 죄를 자백하게 하다.

256) 북받자: 곡식 따위를 말로 수북이 되어 받는 일.

257) 불받다: 남에게 큰 모욕이나 피해를 입다.

258) 안받다: ①어미 까마귀가 그 새끼에게서 먹이를 받다. ②부모가 자식에게서 안갚음을 받다.

259) 자사받기: 윷을 던져 손등으로 받은 뒤에 다시 던져 잡는 놀이. ¶자사받기하다.

260) 창받다: 신바닥에 가죽이나 고무 조각을 대다. 버선바닥에 다른 헝겊 조각을 대다. ¶창받이.

261) 받히다[2]: 물건을 도매나 모개로 팔아넘기다. ¶딸기를 따서 시장에 나가 받히다. 소매상에 물건을 받히다.

262) 받힘: 생산자나 도매상이 한꺼번에 많은 양의 물품을 상인에게 넘겨주거나 도매로 파는 일. ¶받힘술(직접 담가서 술장수에게 대어 주는 술), 받힘술집.

263) 물손받다: 밭곡식이나 푸성귀 따위가 물의 피해를 입다.

264) 발개찌트리다: 평평한 데 앉을 때 자유롭게 책상다리를 하다.

265) 발그림자: 찾아오거나 찾아가거나 하는 발걸음. 오고가는 발자취. ¶요즘 발그림자도 아니하다.

266) 발길: ①앞으로 걷어차거나 걸을 때의 '발'을 뜻하는 말. ¶발길로 내지르다. 발길을 돌리다. 발길질(발기로 걷어차는 짓)/발질/하다, 발김(발그림자), 발김쟁이(못된 짓을 하며 함부로 돌아다니는 사람). ②오고가는 것. 왕래(往來). ¶발길이 뜸하다. 발길을 돌리다. 뭇발길(많은 사람의 발길. 여러 사람의 논박이나 나무람).

267) 발김쟁이: 못된 짓을 하며 마구 돌아다니는 사람.

268) 발등걸이: ①남이 하려는 일을 앞질러 먼저 함. ¶발등걸이를 밥 먹듯이 하는 사람. ②씨름에서, 발뒤꿈치로 상대편의 발등을 밟으며 넘기는 기술. ③체조에서, 철봉이나 그네 따위에서 두 손으로 매달렸다가 두 발등을 걸치면서 두 손을 놓고 거꾸로 매달리는 기술.

269) 발떠퀴: 사람이 가는 곳을 따라서 화복(禍福)이 생기는 운수. ¶오늘은 발떠퀴가 사나워 가다가 탈이 났다.

270) 발목잡히다: ①어떤 일에 꽉 잡혀서 벗어날 수가 없다. ②남에게 어떤 약점을 잡히다.

271) 발바심: 곡식의 이삭을 발로 짓밟아서 낟알을 떨어내는 일.

272) 발발이: 행동이 가볍고 여기저기 잘 쏘다니는 사람. 잘 돌아다니는 몸집

발버둥질/치다], 발버팀, 발벗다, 발벗고나서다(무슨 일에 적극 덤벼들다), 발병(病;발에 생긴 병), 발보이다[275], 발볼(발의 넓적한 부분), 발부리(발끝), 발부림, 발붙이다[276], 발붙임(의지할 곳), 발빠지다(어떤 일에 한몫 끼었다가 관계가 끊어지게 되다), 발빼다[277], 발뺌[278], 발뻗다(다리를 쭉 펴서 쉬다), 발뼈, 발삯/전(錢), 발샅(발새), 발새(발가락 사이. 발샅), 발서슴하다(쉼없이 두루 돌아다니다), 발소리, 발솥(발이 세 개 달린 솥), 발실[279], 발싸개[거지발싸개], 발싸심[280], 발쌍스럽다[281], 발씨[282], 발씨름, 발야구(野球), 발연(鳶), 발자국(밟은 자국이나 걸음을 세는 말), 발자귀(짐승의 발자국), 발자취[283], 발잡이(발재간이 뛰어난 사람), 발장구[284]/치다, 발장단, 발재간(才幹), 발재주, 발재봉틀(裁縫), 발주저리[285], 발짐작, 발짓, 발짝[286], 발짧다[287], 발찌, 발차기, 발치[288], 발타다[289], 발탈(발에 탈을 씌워 갖가지 동작을 하는 놀이), 발탈(頉), 발톱[발톱눈(발톱의 양쪽 구석); 며느리발톱[290], 속발톱], 발틀, 발판(板), 발편잠(마음 놓고 편안히 자는 잠), 발풀무, 발품, 발품새(발품을 하는 모양새), 발허리(발 중간의 잘록한 부분), 발헤엄, 발홈[291], 발회목; 갈개발(☞갈개다), 갈퀴발, 감발(발감개), 감발저뀌/감바리(잇속을 노리고 약빠르게 달라붙는 사람), 개발, 거미발, 걸음발[292], 구듯발, 군홧발(軍靴;군화를 신은 발. 군인들의 폭력), 기러기발, 관발(管), 까치발[293], 깨금발[294], 깨끼발[295], 꽁지발[296], 납작발(마당발), 네발, 노루발, 동발/동바리[297], 두발당성[298], 두발제기, 뒷발, 디딤발, 뜬발(더디게 옮기는 발걸음), 마당발[299], 맨발, 모둠발, 목발(木), 문어발(文魚), 뭇발(수많은 사람의 발), 뭇발길/질/하다, 바른발, 버선발, 삼발이(三), 새발(새발심지(心), 새발장식(裝飾)], 생인발(발가락 끝에 나는 종기), 선발[300], 손발, 솥발[정족(鼎足)], 수리발[301], 신발, 써렛발(써레몽둥이에 박은 뾰족한 나무), 앙감발[302], 앞발, 엄지발가락/엄지발, 엄지발톱, 오른발, 오리발[303], 왼발, 육발이(六), 잔발[304], 장발(欌;장롱 밑에 괴는 물건), 절름발이, 족발(足)[305], 쥐엄발[306], 지네발, 지느러미발, 진발, 집게발, 짜개발(쪽발이), 쪽발(두 쪽으로 나누어진 짐승의 발), 쪽발이[딸깍발이], 채발[307], 첫발, 편발(扁), 한발[308], 헛발(잘못 디디거나 내찬 발)/질/하다, 흙발(흙투성이가 된 발). ②발걸음을 세는 말. ¶한 발 두 발. ☞족(足).

발² 가늘게 쪼갠 대오리나 갈대 같은 것을 엮어 무엇을 가리는 데 쓰는 물건. ¶문에 발을 치다/걷다. 발을 엮다. 발고리, 발등거리[309], 발막(幕), 발양식(養殖), 발창(窓), 발채²[310], 발향(香); 갈대발, 겨릅발(삼대로 엮은 발), 구슬발[주렴(珠簾)], 길발(발로 만든 길그물 장치), 김발(김을 양식할 때 설치하는 발), 꽃발(꽃무늬를 수놓은 발), 달발(달풀로 엮은 발), 대발[죽렴(竹簾)], 돌발[311], 문발(門), 미역발, 통발(筒;魚筌)[설통발(거꾸로 놓은 통발)]. ☞렴(簾).

이 작은 개.

273) 발밭다: 기회를 놓치지 아니하고 재빠르게 붙잡아 이용하는 소질이 있다. ¶발밭은 사람. 발밭게(발바투).

274) 발버둥이치다: ①두 발을 번갈아 버둥거리며 몸부림치다. ②어떤 일을 이루려고 갖은 애를 쓰다. ¶기우는 사업을 되살리려고 발버둥이치다.

275) 발보이다: 발끝만 보인다는 뜻으로, ①재주를 자랑하느라고 일부러 드러내 보이다.≒드러나다. ②무슨 일을 끝만 잠깐 드러내 보이다. 〈준〉발뵈다. ¶회의장에 가서 참석자들에게 나의 생각을 발뵈고 살짝 빠져나왔다.

276) 발붙이다: 의지하거나 근거로 삼다.≒의지하다. 의탁하다.

277) 발빼다: 어떤 일에서 관계를 끊고 물러나다.

278) 발뺌: 책임을 면하려고 슬슬 피하는 짓. 또는 그 변명(辨明). ¶발뺌하다; 내발뺌(제 스스로 어떤 일에 관계가 없음을 밝히는 일)/하다.

279) 발실: 조개류의 발 가운데에 있는 구멍에서 나오는 긴 실 묶음. 조개를 돌이나 바위, 해조류, 그 밖의 다른 동물에 붙게 함.

280) 발싸심: ①발과 다리를 움직이고 몸을 비틀면서 비비적대는 짓. ¶연희를 만나고 싶은 발싸심에 대문간을 서성거렸다. ②무슨 일을 하고 싶어서 애를 쓰며 들먹거리는 짓. ¶남의 일에 발싸심하다.

281) 발쌍스럽다: 어린 사람이 깜찍하고 얄밉게 약빠르다. ¶발쌍스러운 처녀.

282) 발씨: 발걸음이 길에 익은 정도. 발의 생김새. ¶발씨가 서투르다. 발씨가 익다(여러 번 다닌 길이어서 익숙하다).

283) 발자취: 발로 밟고 지나간 흔적. 지나온 과거의 역정. ¶고적을 찾아 조상들의 발자취를 더듬다. 그의 자서전에는 평생 발자취가 담겨 있다.

284) 발장구: ①헤엄을 칠 때, 두 발을 물위로 들었다 내렸다 하면서 물을 차는 짓. ②어린아이가 엎드리어 기어가려고 두 발을 들었다 내렸다 하는 짓. ¶발장구치다(두 발로 발장구를 치다. 걱정 없이 편하게 지내다).

285) 발주저리: 해어진 버선이나 양말을 신은 너절너절하고 더러운 발.

286) 발짝: 한 발 한 발 떼는 걸음의 수효를 세는 말. ¶한 발짝만 앞으로 가거라.

287) 발짧다: 무엇을 먹게 된 곳에 늦게 이르러 재수가 없다.↔발길다.

288) 발치: 누울 때 발을 뻗는 곳. 어떤 장소나 건물의 아랫부분이나 끝부분. ↔머리맡. ¶남의 발치에 드러눕다. 선산(先山) 발치에 묻어다오. 발칫께, 발칫잠(남의 발치에서 불편하게 자는 잠); 구름발치(구름과 닿아 있는 것처럼 보이는 먼 곳), 두엄발치(두엄을 넣어서 썩히는 구덩이), 뒷발치, 마구발치(馬廏;마구간의 뒤쪽), 먼발치(조금 멀리 떨어진 곳), 산발치(山), 선산발치(先山;조상의 무덤이 있는 산기슭), 시궁발치(시궁창의 근처), 옆발치(누운 사람의 옆 아래).

289) 발타다: 강아지 따위가 처음으로 걸음을 걷기 시작하다. ¶발탄강아지(걸음을 걷기 시작한 강아지. 일없이 짤짤거리고 쏘다니는 사람을 비유한 말).

290) 며느리발톱: 길짐승이나 새의 뒷발톱.

291) 발홈: 발로 디디는 데 편리하게 파 놓은 홈.

292) 걸음발: 걸음을 걷는 발. 걸음걸이. ¶걸음발타다(어린아이가 처음으로 걸음을 익히기 시작하다).

293) 까치발: 선반·탁자 따위의 널빤지를 받치는 직각삼각형으로 된 나무나 쇠.

294) 깨금발: 발뒤꿈치를 들어 올림. 또는 그 발. 앙감질. §'깨금'은 '앙감질'의 전라 사투리. ¶소년은 깨금발을 딛고서야 창밖을 내다볼 수 있었다. 깨금다리(태껸에서 쓰는, 다리 기술의 하나).

295) 깨끼발: 한 발을 들고 한 발로 선 자세.[←깨끼리/춤].

296) 꽁지발: 뒤꿈치를 들고 서 있는 발. ¶꽁지발로 몰래 빠져나가다.

297) 동바리: 툇마루나 좌판 밑에 받쳐 대는 짧은 기둥. 〈준〉동발. ¶동바릿돌.

298) 두발당성: 두 발로 차는 발길질.=두발당사니.

299) 마당발: ①볼이 넓은 발. ②인간관계가 넓어서 폭넓게 활동하는 사람.

300) 선발: 집안에서 종일 일하느라 서서 돌아다니는 발.

301) 수리발: 발가락이 독수리처럼 안으로 오그라져 있는 발.

302) 앙감발: 앙감질(한 발은 들고 한 발로만 뛰는 짓)하기 위하여 한 발로만 선 자세.=깨끼발.

303) 오리발: ①물갈퀴. ②엉뚱하게 딴전을 부림. ¶오리발을 내밀다.

304) 잔발: 무나 인삼 따위의 식물의 굵은 뿌리에 덧붙은 잘고 가는 뿌리.

305) 족발(足): 각을 뜬 돼지의 발. ¶족발구이; 돼지족발.

306) 쥐엄발: 발끝이 오그라져 디뎌도 잘 펴지지 않는 발.

307) 채발: 볼이 좁고 맵시 있게 생긴 발.↔마당발.

308) 한발: 어떤 동작이나 행동이 약간의 간격을 두고. ¶한발 앞서다/ 뒤지다. 한발 늦었다.

309) 발등거리: 임시로 쓰기 위하여 거칠게 만든 허름한 초롱. 흔히 초상집에서 썼음. ¶누가 죽었는지 동네 어귀의 대문 앞에 발등거리가 걸려 있다.

310) 발:채²: 지게에 얹어서 짐을 싣는 기구. 겉챗불의 바닥에 까는 거적자리. ¶바지게(발채를 얹은 지게. 못 접게 만든 발채).

311) 돌발: 돌담으로 만든 개막이. 해안에 돌을 쌓아 밀물 때 들어왔다가 썰물 때 물이 빠지면서 갇힌 고기를 잡는 고기잡이 방식.=독살[←돌+살]. 석방렴(石防簾).

발[3] 두 팔을 양 옆으로 펴서 벌렸을 때의 길이의 단위. ¶잠깐 사이에 새끼 발이나 꼬았다. 두 발 둘레의 고목. 바리장대(長)[312].

발[4] 나무 나이테의 굵기. ¶나이테의 발이 일정하게 자랐다.

발[5] 새로 생긴 나쁜 버릇이나 예(例). ¶잔소리가 아주 발이 되겠다. 그러다가는 군것질이 발이 되겠다. 자꾸 다리를 흔들다가 그것이 발이 되면 고치기가 힘드니 조심해라.

발[6] 실이나 국수 따위의 가늘고 긴 물체의 가락. 피륙의 날과 씨의 굵고 가는 정도. ¶국수의 발이 가늘다. 삼베가 발이 아주 고와서 모시와 진배없다. 발가락[2][왕둥발가락(王;올이 굵고 성긴 피륙)]; 국숫발, 면발(麵), 수염발(鬚髥), 천발 들.

발[7] 잇달리어 벋어나간 줄기. ¶산의 발을 타다.

발[8] '발쇠(남의 비밀을 알아내어 타인에게 알려주는 짓)'의 준말.

-발 일부 명사 뒤에 붙어서 '죽죽 내뻗는 줄 · 기세 · 힘', '효과 · 흔적'의 뜻을 더하는 말. ¶거름발(거름 기운), 구름발, 글발[313], 깃발(旗), 끗발, 눈발, 땀발(땀이 흐르는 줄기), 말발[314], 면돗발(面刀), 물발[315], 붉은발(부스럼 언저리의 붉은빛의 핏줄), 빗발/치다, 산발(山;여러 갈래로 뻗은 산의 줄기), 삼발, 서릿발, 설레발(부산하게 구는 짓), 술발, 싯발(詩;한시를 지을 때 다는 운자), 안갯발(길게 뻗어 있거나 퍼져 있는 안개), 약발(藥), 어둑발[316], 오줌발, 인발(印), 일발[317], 풀발, 핏발, 햇발, 화장발(化粧) 들.

발(發) ①탄환이나 발동기의 수효를 나타내는 말. ¶공포를 두 발 쏘다. 4발 비행기. ②'피다. 쏘다. 일어나다. 나타나다. 들어내다'를 뜻하는 말. ¶발각(發覺), 발간(發柬), 발간(發刊), 발간적복(發奸摘伏), 발견(發見)[발견되다/하다, 발견자(者), 발견학습(學習); 자기발견(自己), 재발견(再)], 발관(發關), 발광(發光)[318], 발광(發狂)[발광상(相), 발광적(的); 오두발광(몹시 방정맞게 날뛰는 짓)], 발군(發軍), 발굴(發掘)[발굴되다/하다, 발굴자(者), 발굴지(地)], 발권(發券)[발권력(力), 발권은행(銀行), 발권제도(制度)], 발근(發根;뿌리가 나옴), 발금(發禁), 발급(發給), 발기(發起)[발기문(文), 발기설립(設立), 발기인(人), 발기자(者), 발기주(株), 발기회(會)], 발노(發怒), 발단(發端;시작. 처음. 실마리), 발달(發達)[319], 발당(發黨), 발대/식(發隊/式)[선발대(先), 후발대(後)], 발동(發動;동력을 일으킴. 움직이기 시작함)[발동기(機), 발동력(力), 발동선(船), 발동하다; 강권발동(强權)], 발련하다(發輦), 발령(發令)[발령일(日), 발령장(狀); 인사발령(人事)], 발로(發露;겉으로 드러남), 발론(發論;먼저 말이나 의논 따위를 꺼냄), 발매(發賣)[발매금지(禁止), 발매소(所)], 발명(發明)[1],[2][320], 발모(發毛), 발문(發文), 발문(發問), 발반(發斑), 발배(發配), 발병(發兵), 발병(發病), 발복(發福), 발부(發付), 발분(發憤/奮)[발분망식(忘食), 발분흥기(興起)], 발사(發射)[321], 발산(發散)[발산기류(氣流), 발산류(流), 발산작용(作用)], 발상/지(發祥/地;어떤 일이 처음으로 일어난 곳), 발상(發喪), 발상(發想)[322], 발색(發色), 발생(發生)[323], 발선(發船), 발설(發說;말을 입 밖에 냄), 발성(發聲)[발성기(器), 발성법(法)], 발송(發送), 발수(發穗;이삭이 팸), 발신(發身), 발신(發信)[발신국(局), 발신기(機), 발신인(人), 발신자(者), 발신주의(主義), 발신지(地)], 발심(發心), 발아(發芽;싹이 틈)[발아공(孔), 발아기(期), 발아력(力), 발아시험(試驗), 발아율(率)], 발악(發惡)[발악상(相), 발악스럽다[324], 발악적(的); 관정발악(官庭), 최후발악(最後), 헛발악], 발안(發案)[발안권(權), 발안자(者); 국민발안(國民)], 발암(發癌)[발암물질(物質), 발암성(性), 발암실험(實驗)], 발양(發揚;떨쳐 일으킴)[발양망상(妄想), 발양머리, 발양상태(狀態)], 발양(發陽), 발어(發語), 발언(發言;의견을 말함), 발연(發煙)[발연제(劑), 발연체(體), 발연탄(彈)], 발열(發熱)[발열량(量), 발열성(性), 발열요법(療法), 발열인자(因子), 발열제(劑), 발열체(體)], 발욕(發慾), 발원/지(發源/地), 발원(發願)[발원문(文); 극락발원(極樂), 재수발원(財數)], 발월하다(發越), 발육(發育)[325], 발음(發音)[326], 발음(發蔭;조상의 덕을 입음), 발의(發意), 발의(發議)[발의권(權), 발의하다], 발인(發靷)[327], 발작(發作)[발작되다/하다, 발작성(性), 발작증(症)], 발적(發赤), 발전(發展)[328], 발전(發電), 발정(發情;성적 충동을 일으킴)[발정간기(間期), 발정기(期)], 발정(發程), 발조(發條), 발족(發足;모임이 만들어져 활동을 시작함), 발종지시(發蹤指示), 발주(發走), 발주(發注↔受注), 발진(發疹), 발진(發進), 발진/기(發振/器), 발진시(發震時), 발차(發車), 발차(發差), 발착(發着)[발착역(驛), 발착지(地)], 발천(發闡;열리어 드러남), 발총(發塚), 발출(發出), 발태(發兌), 발통(發通), 발파(發破), 발포(發布),

312) 바리장대(長): 길이가 한 발이 넘는 굵은 장대.

313) 글발: ①적어놓은 글. ¶한 장의 글발. ②글자의 생김이나 형식. ¶글발이 고르다. ③문맥. ¶글발이 서다.

314) 말발: 말이 먹히어 들어가는 형세. ¶말발이 서다(말하는 대로 시행이 잘되다). 말발이 약하다.

315) 물발: 물이 흐르는 기세. ¶장마철에 강물이 불어 물발이 세다.

316) 어둑발: 사물을 뚜렷이 분간할 수 없을 만큼 어두운 빛살.

317) 일발: 일이 되어가는 기운. ¶왕성하더니 일발이 시들해졌다.

318) 발광(發光): 발광기(器), 발광단(團), 발광도료(塗料), 발광반응(反應), 발광샘, 발광생물(生物), 발광성운(星雲), 발광소(素;루시페린), 발광식물(植物), 발광신호(信號), 발광안료(顔料), 발광지(紙), 발광체(體), 발광충(蟲), 발광현상(現象), 발광효소(酵素); 생물발광(生物), 화학발광(化學).

319) 발달(發達): 발달과업(課業), 발달과정(過程), 발달과제(課題), 발달단계(段階), 발달되다/하다, 발달사(史), 발달심리학(心理學), 발달연령(年齡), 발달지수(指數), 발달하다.

320) 발명(發明)[1]: 없던 것을 만들어 냄. ¶발명가(家), 발명권(權), 발명망상(妄想), 발명왕(王), 발명인(人), 발명자(者), 발명특허(特許), 발명품(品); 신발명(新), 특허발명(特許;특허권이 있는 발명). 발명(發明)[2]: ①경사(經史)의 뜻을 스스로 깨달아 밝힘. ②죄가 없음을 변명(辨明)하여 밝힘. ¶혐의가 없음을 발명하다. 발명무로(無路); 축조발명(逐條;무죄임을 낱낱이 변명함).

321) 발사(發射): 발사각(角), 발사관(管), 발사대(臺), 발사약(藥), 발사장(場), 발사지점(地點).

322) 발상(發想): ①궁리하여 새로운 생각을 내어 놓는 일. 또는 그 새로운 생각. ¶기발한 발상. 발상의 전환. ②사상이나 감정 따위를 표현하는 일. ¶시적(詩的) 발상.

323) 발생(發生): 발생예찰(豫察), 발생적(的)[발생적방법(方法), 발생적연구(研究), 발생적정의(定義)], 발생학(學); 개체발생(個體), 계통발생(系統).

324) 발악스럽다(發惡): 어떠한 일에나 견디어내는 힘이 다부지다.

325) 발육(發育): 발육기(期), 발육기관(器官), 발육부전(不全), 발육지(枝), 발육지수(指數).

326) 발음(發音): 발음기(器), 발음기관(器官), 발음기호(記號), 발음부호(符號), 발음체(體), 발음학(學); 오발음(誤), 표준발음(標準).

327) 발인(發靷): 장사를 지낼 때, 상여가 집에서 떠나는 일. ¶발인제(祭).

328) 발전(發展): 발전단계설(段階說), 발전도상국(途上國), 발전되다/하다, 발전력(力), 발전상(相), 발전성(性); 경제발전(經濟), 생생발전(生生).

발포(發泡), 발포(發疱), 발포(發砲), 발표(發表)[329], 발하다, 발한(發汗), 발함(發艦), 발항(發航), 발항(發港), 발해(發解), 발행(發行)¹·²[330], 발향(發向), 발현(發現/顯;속에 있는 것이 밖에 나타남), 발화(發火)[331], 발화(發話), 발화(發花), 발회(發會)[대발회(大)], 발효/되다/하다(發效), 발훈(發訓), 발휘(發揮), 발흥(發興;일어나 흥함); 감발(感發), 개발(開發), 갱발(更發), 격발(激發), 격발(擊發), 계발(啓發), 고발(告發), 구발(俱發), 기발(旣發), 기발하다(起發), 난발(亂發), 난발(爛發), 남발(濫發), 내발(內發), 노발대발(怒發大發), 다발(多發)[동시다발(同時)], 단발(單發)[단발기(機), 단발성(性), 단발장치(裝置), 단발총(銃)] 도발(挑發), 돌발(突發), 만발(滿發)[백화만발(百花)], 만발(晩發), 망발(妄發), 미발(未發), 발발하다(勃發), 범발(汎發), 병발(竝/倂發), 복발(復發), 분발(奮發), 불발(不發), 빈발(頻發), 산발(散發), 선발(先發), 선발대(先發隊), 속발(速發), 속발(續發), 순발력(瞬發力), 승발(承發), 시발(始發), 쌍발(雙發), 연발(延發), 연발/총(連發/銃), 영발하다(英發), 영발(映發), 우발(偶發), 유발하다(誘發), 자발(自發), 작발(炸發), 재발(再發), 적발(摘發), 조발(早發), 종발(終發), 즉발(卽發), 증발(蒸發)[증발계(計), 증발량(量), 증발열(熱), 증발접시], 지발(遲發), 진발(進發), 징발(徵發), 착발(着發), 천발(闡發), 초발(初發), 촉발(觸發), 출발(出發), 통발작용(通發作用), 특발(特發), 폭발(暴發), 폭발(爆發), 필발(觱發;바람이 쌀쌀한 모양), 허발(虛發), 향발(向發), 환발(渙發;임금의 명령을 천하에 알림), 후발(後發)[후발대(隊), 후발열(熱)], 휘발(揮發). ③지명이나 시간을 나타내는 대다수 명사 또는 명사구 뒤나 한자에 붙어 '그 곳에서 떠남' 또는 '발신(發信)'의 뜻을 나타내는 말. ¶발차(發車), 발착(發着), 선발(先發), 시발(始發), 종발(終發), 출발(出發), 후발(後發); 발선(發船), 발차(發車), 발함(發艦), 발항(發航), 발항(發港), 서울발/ 대전발/ 9월 12일발/ 열 시발/ 런던발 통신 따위로 쓰임.

발(髮) '머리카락'을 이르는 말. ¶발부(髮膚), 발원(髮怨;작은 원한), 발처(髮妻;시집와서 같이 늙는 아내), 발피(髮髲); 가발(假髮), 간발(間髮), 간불용발(間不容髮;사태가 위급함. 빈틈이 없음), 결발(結髮), 괄발(括髮), 금발(金髮), 나발(螺髮), 낙발(落髮), 난발(亂髮)[봉두난발(蓬頭)], 노발(怒髮), 녹발(綠髮), 단발(短髮), 단발(斷髮)[단발령(令), 단발머리, 단발소녀(少女)], 두발(頭髮), 모발(毛髮), 반발(斑髮), 백발(白髮), 변발(辮髮), 봉발(蓬髮), 삭발(削髮)[332], 산발(散髮), 상발(霜髮), 세발(洗髮), 소발(燒髮), 속발(束髮), 수발(垂髮), 수발(鬚髮), 염발(染髮), 염발(斂髮), 운발(雲髮), 위기일발(危機一髮), 위여일발(危如一髮), 유발(遺髮), 은발(銀髮), 이발(理髮), 장발(長髮)[장발승(僧), 장발족(族)], 전발(電髮), 정발(淨髮), 조발(調髮), 진발(鬒髮), 체발(剃髮), 체발염의(剃髮染衣), 축발(蓄髮), 치발(薙髮), 치발부장(齒髮不長), 치발불급(齒髮不及), 탈발(脫髮), 태발(胎髮), 토포악발(吐哺握髮), 편발(編髮), 피발(被/披髮), 학발(鶴髮), 호발(毫髮), 흑발(黑髮) 들.

발(拔) '여럿 중에서 가려 뽑다. 빼다. 빼어나다'를 뜻하는 말. ¶발거(拔去), 발검(拔劍)[백주발검(白晝)], 발군(拔群), 발근(拔根;뿌리를 뽑음), 발도(拔刀), 발묘(拔錨), 발본(拔本;사물의 근본 원인을 뽑아 없앰), 발본색원(拔本塞源), 발산(拔山), 발수(拔穗), 발염/제(拔染/劑), 발초(拔抄), 발출(拔出), 발췌(拔萃;필요하거나 중요한 대목만을 가려 뽑음)[발췌곡(曲), 발췌안(案); 출류발췌(出類)], 발취(拔取), 발치/술(拔齒/術), 발탁(拔擢;특별히 사람을 뽑아 씀)[발탁되다/하다], 발해(拔解); 간발(簡拔), 견인불발(堅忍不拔), 경발(警拔), 기발하다(奇拔), 불발(不拔;든든하여 꺾이지 아니함)[견인불발(堅忍), 확고불발(確固), 확호불발(確乎)], 선발(選拔), 수발(秀拔), 여발통치(如拔痛齒), 장발(獎拔), 준발(俊拔), 진발(振拔), 천발(薦拔), 탁발(卓拔), 탁발(擢拔), 택발(擇拔), 해발/고도(海拔/高度) 들.

발(撥) '다스리다. 현악기를 타다. 일으키다'를 뜻하는 말. ¶발군(撥軍;역마를 급히 몰아 공문서를 변방에 돌리는 군졸), 발란(撥亂), 발마(撥馬;발군이 타던 말), 발목(撥木;술대), 발소(撥所;驛站), 발장(撥長;발군의 우두머리), 발졸(撥卒), 발편(撥便), 발현악기(撥弦樂器); 기발(騎撥), 반발/력(反撥/力), 분발(分撥), 파발/마(擺撥/馬) 들.

발(勃) '우쩍 일어나다. 갑자기'를 뜻하는 말. ¶발기(勃起;갑자기 불끈 일어남)[발기부전(不全), 발기신경(神經)], 발발하다(勃勃;터지다), 발발하다(勃發;생기다. 일어나다), 발연/하다(勃然)[발연대로(大怒), 발연변색(變色)], 발울하다(勃鬱;가슴이 답답하게 막히다), 발흥(勃興;갑자기 기운을 얻어 성해짐); 우수마발(牛溲馬勃), 패기발발(覇氣勃勃) 들.

발(跋) ①책의 끝에 본문의 내용의 대강이나 간행에 관계된 사항을 간략하게 적은 글. 의견서. ¶발을 적다. 발문(跋文), 발미(跋尾), 발사(跋辭), 발섭(跋涉); 서기발(序記跋), 서발(序跋), 제발(題跋). ②'넘다. 날뛰다'를 뜻하는 말. ¶발섭(跋涉), 발호(跋扈;함부로 세력을 휘두르거나 제멋대로 날뜀) 들.

발(醱) '술이 괴다'를 뜻하는 말. ¶발효(醱酵;효소작용으로 유기물이 분해되는 현상)[발효공업(工業), 발효균(菌), 발효대사(代謝), 발효도(度), 발효먹이, 발효법(法), 발효소(素), 발효열(熱), 발효유(乳), 발효제(劑), 발효주(酒), 발효차(茶); 액중발효(液中), 젖산발효(酸), 주정발효(酒精), 초산발효(醋酸)] 들.

발(潑) '물을 뿌리다. 물을 튀기다. 활발하다'를 뜻하는 말. ¶발랄하다(潑剌)[생기발랄(生氣), 재기발랄(才氣)], 발묵(潑墨;수묵화를 그리거나 붓글씨를 쓸 때, 먹물이 번지어 퍼짐), 발피(潑皮;건달); 활발하다(活潑) 들.

329) 발표(發表): 어떤 사실이나 결과를 세상에 널리 드러내어 알림. ¶당선자 발표. 성명 발표. 발표되다/하다, 발표력(力), 발표법(法), 발표욕(慾), 발표회(會); 공동발표(共同), 미발표(未), 정견발표(政見), 중간발표(中間), 최종발표(最終).

330) 발행(發行)¹: 출판물이나 인쇄물을 찍어서 세상에 펴냄. 화폐, 증권, 증명서 따위를 만들어 세상에 내놓아 널리 쓰도록 함. ¶잡지의 발행. 화폐 발행. ¶발행가격/발행가(價格), 발행고(高), 발행권(權), 발행금지(禁止), 발행되다/하다, 발행세(稅), 발행소(所) 발행시장(市場), 발행인(人), 발행일(日), 발행자(者), 발행자본(資本), 발행정지(停止), 발행조건(條件), 발행주식(株式), 발행지(地), 발행처(處); 시가발행(市價), 중간발행(中間), 평가발행(平價), 한외발행(限外), 할인발행(割引), 할증발행(割增). 발행(發行)²: 길을 떠나감. ¶발행이 늦어지다.

331) 발화(發火): 발화성(性), 발화장치(裝置), 발화전(栓) 발화점(點), 발화합금(合金); 자연발화(自然).

332) 삭발(削髮): 삭발날, 삭발례(禮), 삭발염의(染衣), 삭발위승(爲僧); 자수삭발(自手).

ㅂ

발(渤) '바다 이름. 물소리'를 뜻하는 말. ¶붕발(滯渤;물결이 서로 부딪치는 소리) 들.

발(鈸) '방울'을 뜻하는 말. ¶동발(銅鈸), 솔발(釒率鈸;놋쇠로 만든 종 모양의 큰 방울), 향발(響鈸), 향발무(響鈸舞) 들.

발(魃) '가뭄'을 뜻하는 말. ¶염발(炎魃), 한발(旱魃) 들.

발(浡) '샘이 솟다'를 뜻하는 말. ¶발휼(浡潏;물이 콸콸 솟음)/하다.

발각: 종잇장이나 책장 같은 것을 넘길 때 나는 소리. 또는 그런 모양. 〈큰〉벌걱. 〈센〉발깍. 〈큰·거〉벌컥. ¶책장을 발각 넘기다. 발가닥[333].

발괄 자기편을 들어 달라고 남에게 부탁하거나 하소연함. 또는 그런 말. 억울한 사정을 글이나 말로 하소연함. 신령이나 부처에게 구원을 빎. ¶상전에게 발괄을 드리다. 백성의 발괄에 귀를 기울이다. 관아에 억울함을 발괄하다. 신령에게 발괄하다. 발괄꾼, 발괄하다; 비대발괄(딱한 사정을 하소연하며 간절히 청하여 빎).

발구 산에서 마소가 끄는 썰매. ¶소가 지쳤는지 발구도 제대로 끌지 못하고 헉헉거린다. 발구길, 발구꾼; 눈발구, 말발구, 쇠발구, 손발구, 쌍발구(雙), 쪽발구(사람이 끄는 작은 발구).

발-기(記) 사람이나 물건의 이름을 죽 적은 글발. ¶발기를 잡다. 맞발기(물건을 사고파는 양쪽이 함께 간수하는 문서. 계약서).

발깍[1] ①어떤 일이나 상태가 갑자기 딴판으로 바뀌는 모양.=발까닥[334]. ¶집안이 발깍 뒤집히다. ②갑작스레 기운을 내는 모양. ¶몸을 발깍 일으켜 세우다. ③갑자기 심하게 성을 내는 모양. ¶발깍 화를 내다. 〈큰〉벌꺽. 〈센〉빨깍. 〈큰·센〉뻘꺽. 〈거〉벌컥. 발칵[335], 발깍·벌꺽거리다/대다[1].

발깍[2] ①빚어 놓은 술이 보각보각 괴어오르는 소리. 또는 그 모양. ¶발깍거리다/대다. ②진흙이나 밀가루 따위의 반죽을 주무르거나 밟는 소리. 또는 그 모양. ③빨래를 삶을 때 빨래가 끓어서 부풀어 오르는 소리. 또는 그 모양. ④음료나 술 따위를 시원스럽게 들이켜는 소리. 또는 그 모양. 〈큰〉벌꺽. 〈센〉빨깍. 〈거〉발칵. ¶발깍·벌꺽·빨깍·뻘꺽·발칵·벌컥거리다/대다[2].

발끈 ①참을성 없이 갑자기 성을 내는 모양.≒벌컥. 분연히. 발연히. ¶발끈 울화가 치민다. 발끈하다(성내다). ②갑자기 일어나거나 치밀거나 하는 모양. ③어떤 일이나 상태가 갑자기 딴판으로 바뀌는 모양.≒발칵. 〈큰〉벌끈. 볼끈. 불끈. 〈센〉빨끈. ¶화재로 시내가 발끈 뒤집혔다. 발끈·벌끈·볼끈·빨끈·뺄끈거리다/대다.

발딱 ①누워 있거나 앉아 있다가 갑자기 일어나는 모양. 갑자기 뒤로 반듯하게 드러눕거나 자빠지는 모양. 〈큰〉벌떡. 〈센〉빨딱. ¶발딱 일어서지 못하겠니? 발딱·벌떡·빨딱·뻘떡거리다/대다. ②맥이 힘차게 자꾸 뛰다. 심장의 고동으로 가슴이 두근거리다. ¶깜짝 놀라 가슴이 발딱발딱 뛰다. 발딱·벌떡·빨딱거리다/대다/이다, 벌떡증(症); 헤벌떡(모양새 없이 벌어져서 넓적한 모양).

발라당 ①발이나 팔을 활짝 벌린 상태로 맥없이 뒤로 가볍게 자빠지거나 눕는 모양. ¶발라당 넘어지다. ②순박하거나 순진한 맛이 없이 약삭빠르고 똘똘한 모양. ¶요즘 어린애들은 하나같이 발라당 까져서 어른 뺨친다. 〈큰〉벌러덩. 〈준〉발랑[336].

발락발락 걸쭉한 액체가 작은 방울을 튀기며 끓는 소리. 또는 그 모양. 〈큰〉벌럭벌럭. 〈센〉빨락빨락②. ¶팥죽이 발락발락 끓다. 발락발락 감자탕 끓는 소리.

발록 하는 일이 없이 놀면서 여기저기 돌아다니는 모양. 〈큰〉벌룩. ¶막내는 공부도 않고 발록발록 쏘다니기만 한다. 발록·벌룩거리다/대다[1], 발록구니[337]/발록꾼.

발롱 약한 불에서 적은 양의 국물 따위가 끓을락말락 하는 상태로 천천히 뒤섞이는 모양. 〈큰〉발룽. 벌룽. ¶이제 발롱발롱 움직이고 있으니 금방 펄펄 끓겠다. 발롱거리다/대다.

발림 판소리에서 창자(唱者)가 소리의 극적인 전개를 위하여 하는 몸짓. ☞ '발림'[←바르다]'.

발막 예전에, 노인이 신었던 마른신.=발막신.

발막-하다 염치없고 뻔뻔스럽다. ¶그 녀석은 발막하기가 그지없어 도무지 예의를 모른다.

발만-스럽다 두려워하거나 삼가는 태도가 없이 꽤 버릇없다. ¶요즘 행실이 꽤 발만스럽습니다.

발매[1] 산판의 나무를 한목 베어내는 일. ¶발매를 넣다(발매를 시작하다). 발매를 놓다(한꺼번에 베어 없애다). 발매나무(발매한 땔나무), 발매치[338], 발매터, 발매하다, 발매허가(許可).

발매[2] 굿을 할 때에 무당이 음식을 여기저기에 끼얹는 일. ¶발매 놀다(음식을 여기저기 끼얹다).

발발[1] ①추위, 두려움, 흥분 따위로 몸이나 몸의 일부분을 가늘게 떠는 모양.=불불.≒오들. 와들. ¶추워서 발발 떨다. 겁을 먹은 철수가 발발 떨고 있다. 발발성(聲;떨림음). ②재물 따위를 아끼거나 중요하게 생각하는 모양. ¶돈 몇 푼 가지고 발발 떨다. 〈큰〉벌벌. [+떨다].

---

333) 발가닥: 얇고 빳빳한 물건이 서로 닿아 가볍게 스치는 소리. 또는 그 모양.

334) 발까닥: ①갑작스럽게 힘을 써서 몸이나 물건을 순간적으로 뒤집는 모양. ¶바람에 나뭇잎들이 발까닥 뒤집힌다. ②속마음을 고스란히 드러내 보이는 모양. ¶사람들 앞에서 속을 발까닥 뒤집어 보이다. 〈큰〉벌꺼덕. 〈센〉벌커덕.

335) 발칵: ①어떤 일이나 상태가 갑자기 딴판으로 바뀌는 모양.=발카닥. ¶집안이 발칵 뒤집히다. ②갑작스레 기운을 내는 모양. ¶발칵 문을 열다. ③갑자기 심하게 성을 내는 모양. ¶발칵 성을 내다. 〈큰〉벌컥.

336) 발랑: ①뒤로 가볍게 발딱 자빠지거나 눕거나 하는 모양. 〈큰〉벌렁. 벌러덩. ¶방 가운데 발랑 눕다. ②아주 가볍고도 재빠르게 행동하는 모양. 〈큰〉벌렁. 〈센〉빨랑. 〈거〉팔랑. ¶한 시도 서 있지 못하고 벌렁벌렁 돌아다니다. 발랑·벌렁·팔랑·펄렁거리다/대다/이다, 팔랑개비, 팔랑팔랑·펄렁펄렁/하다, 팔락·펄럭/거리다/대다/이다.

337) 발록구니: 하는 일이 없이 공연히 놀면서 돌아다니는 사람.=실직자(失職者).

338) 발매치: 베어 낸 큰 나무에서 쳐낸 굵고 긴 가지의 땔나무.

발발² ①몸을 바닥 가까이 대고 작은 동작으로 기는 모양. ¶가파른 산을 발발 기어오르다. 발바리339). ②자신을 낮추어 비굴하게 행동하는 모양을 비유적으로 이르는 말. ¶발발 기면서 죽는 시늉을 한다. 〈큰〉벌벌. [+기다].

발발³ 몹시 바쁘게 여기저기 돌아다니는 모양. 〈큰〉벌벌. 〈센〉빨빨. ¶발발 온 동네를 돌아다니다. 발발거리다/대다.

발발⁴ 삭아 빠진 종이나 헝겊이 손대기가 무섭게 째어지는 모양. 〈큰〉벌벌. ¶묵은 천이 발발 터지다. 무덤에서 발견된 옷가지들은 매우 오래된 것이라서 손을 대자마자 발발 떨어져 나갔다.

발발-하다 =발랄하다(潑剌).

발비 서까래 위에 산자를 얹고, 알매(산자 위에 받는 흙)가 새지 못하게 그 위에 덧까는 잡살뱅이 나뭇조각.

발쇠 남의 비밀을 캐내어 다른 사람에게 넌지시 알리어 주는 짓. 〈준〉발⁸. ¶발쇠를 서다(발쇠를 하다). 발거리340), 발쇠꾼(발쇠를 서는 사람).

발쌍-스럽다 어린 사람이 지나치게 영악하여 밉살스럽게 요령이 좋다. ¶어린애가 너무 발쌍스러우니 보기에 안 좋다. 발쌍스러운 처녀.

발자-하다 성미가 급하다. ¶발자하게 날뛰면 될 일도 안 된다. 발자하게 새새거리며 날뛰다.

발짝¹ 일어나려고 애를 쓰며 조금씩 움직이는 모양. ¶모두 발짝발짝 일어섰다. 일어서려고 팔다리를 발짝발짝 놀리다.

발짝² 적은 물에서 빨래를 조금씩 비벼 빠는 모양. 〈큰〉벌쩍. 불쩍. ¶행주를 발짝발짝 주물러 빨았다. 발짝·빨짝·불쩍거리다/대다.

발찌 목의 뒷덜미에 난 부스럼.[←발제(髮際)].

발채 소의 배에 붙어 있는 기름. ¶짐승의 뱃가죽 안쪽에 낀 기름덩이는 '발기름'이라고 한다. ☞ 발². 발:채².

발칙-하다 몹시 버릇이 없다. 하는 짓이 아주 괘씸하다.≒무례하다(無禮). ¶발칙한 아이. 귀엽게 자라서인지 발칙한 짓을 곧잘 한다. 하는 짓이 발칙스럽다.

발해(渤海) 고구려의 장수 대조영(大祚榮)이 고구려의 옛 영토에 세운 나라.

밝(다) ①날이 새다. ¶날이 밝는구나. 갓밝이(날이 막 밝을 무렵. 여명). ②불빛 따위가 흐리지 아니하고 분명하다. 어둡지 아니하다.≒환하다.↔어둡다. ¶밝기(밝은 정도), 밝을녘, 밝음도(度), 밝혀내다, 밝혀지다341), 밝히(밝게), 밝히다; 드밝다(아주 밝다), 해밝다(희고 밝다). ③빛깔이 산뜻하고 경쾌하다. ④청력이나 시력이 좋다. ⑤막힌데 없이 잘 알다. ¶이치에 밝다. ⑥분위기나 표정이 유쾌하고 명랑하다. ⑦공명(公明)하다. ¶밝은 정치.

발(다) ①두 팔을 펴서 길이를 재다. ¶팔을 벌리어 한 발씩 밟아 나아간다. ②걸음으로 거리를 헤아리다. ③어린애가 걷기 시작하다. ④차차 앞으로 나아가다. ¶선진국의 대열로 밟아 가다. 발맘발맘342). ⑤두 팔을 벌려서 마주 잡아 당기다. ¶활시위를 밟다.

밟(다) ①발로 디디거나 누르다. ¶땅을 밟다. 발바심343), 발밤발밤344), 밟개345), 밟다듬이346)/하다, 밟히다; 그림자밟기, 내리밟다(위에서 아래로 힘주어 밟다), 내밟다(발을 앞으로 옮겨 디디다), 놋다리밟기, 도드밟다347), 되밟다, 보리밟기, 잔다리밟다, 그림자밟기, 지신밟기(地神), 짓밟다/밟히다. ②발자국을 따라서 몰래 좇다. ¶용의자의 뒤를 밟다. 뒤밟다. ③차례나 절차를 그대로 거치다. ¶출국 수속을 밟다. 잔다리밟다(지위가 낮은 데서부터 한 계급씩 차차 오르다). ④앞사람이 겪은 것을 그대로 되풀이하다. ¶전철(前轍)을 밟다. ⑤어떠한 일을 경험하다. ¶무대를 밟다.

밤¹ 해가 져서 어두운 상태. 해가 진 뒤부터 밝아지기 전까지의 동안.↔낮. ¶밤과 낮을 잊다. 밤거리, 밤경치(景致), 밤공기(空氣), 밤공부(工夫), 밤교대(交代↔낮교대), 밤근무(勤務), 밤글(밤에 읽거나 배우는 글), 밤기운, 밤기침, 밤길, 밤꾀꼬리, 밤나방, 밤낚시, 밤낮, 밤놀이, 밤눈¹(밤에 무엇을 보는 시력), 밤눈²(밤에 내린 눈), 밤늦다, 밤다듬이(밤에 하는 다듬이질), 밤대거리(↔낮대거리), 밤도둑, 밤도망(逃亡), 밤도와348), 밤뒤(밤에 대변을 보는 일), 밤들다(밤이 깊어가다. 으슥하여지다), 밤똥, 밤마다(매일 밤), 밤마을(밤에 이웃에 놀러 다니는 일), 밤무대(舞臺), 밤물(밤에 긷는 물. 밤에 들어오는 밀물), 밤물결, 밤물잡이(밤에 물고기를 잡는 일), 밤바다, 밤바람, 밤밥¹[야식(夜食)], 밤배, 밤불(밤에 피워놓은 불), 밤비, 밤빛¹, 밤사이/밤새, 밤새[야금(夜禽)], 밤새껏, 밤새우다/새다, 밤새움/밤샘, 밤소경(밤눈이 어두운 사람), 밤소일(消日), 밤손(밤에 찾아오는 손), 밤손님(도둑), 밤안개, 밤업소(業所), 밤이슬, 밤일, 밤잔물(밤을 지낸 자리끼), 밤잔치, 밤잔침(밤잠에서 갓 깨어난 입에 들어있는 침), 밤잠, 밤장(場;야시장), 밤재우다349), 밤저녁, 밤중(中), 밤차(車), 밤참(站;밤에 먹는 군음식), 밤출입(出入), 밤털이(밤도둑), 밤하늘; 간밤, 건밤350),

339) 발바리: ①몸이 작고 다리가 짧은 개의 한 종류. ②볼일 없이 경망스럽게 여기저기 돌아다니는 사람.

340) 발거리: 간사한 꾀로 남을 은근히 해롭게 하는 짓. 남이 못된 일을 꾀하는 것을, 다른 사람에게 알리는 짓. ¶발거리를 놓다.

341) 밝혀지다: ①어두운 것이 밝아지다. ②일의 옳고 그름을 가려 분명해지다. ③모르고 있던 것을 알게 되다.

342) 발맘발맘: ①팔을 벌려 한 발씩, 또는 다리를 벌려 한 걸음씩 재어나가는 모양. ②남의 뒤를 살피며 한 발씩 한 발씩 쫓아가는 모양.=발면발면.≒바람만바람만. ¶범죄 용의자 뒤를 발맘발맘 쫓다. 애를 보내놓고 마음이 놓이지 않아 발맘발맘 따라 나섰다.[←밟(다)+암].

343) 발바심: 곡식의 이삭을 발로 밟아서 알을 떨어내는 일.

344) 발밤발밤: 목표를 정하지 않고, 발길이 향하는 대로 한 걸음씩 천천히 걷는 모양.=발볌발볌. ¶할머니는 우는 아기를 달래 업고 발밤발밤 동구 밖까지 나아섰다. 정처 없이 발밤발밤 걷다. 발밤발밤 나선 것이 예까지 왔네. 발밤발밤하다.[←밟(다)+암].

345) 밟개: 논밭이 얼어 부풀어 올랐을 때 눌러 주는 농기구.

346) 밟다듬이: 피륙·종이 따위를 밟아서 구김살이 펴지게 다듬는 일.

347) 도드밟다: 오르막길 따위를 오를 때 발끝에 힘을 주어 밟다.

348) 밤도와: 밤을 이용하여. 밤을 새워서.[←밤+도와(새도록)]. ¶밤도와 부대를 이동하였다.

349) 밤재우다: 하룻밤이 지날 동안 잘 두다. ¶이스트를 넣은 밀가루 반죽을 밤재워 부풀린다.

350) 건밤: 잠을 자지 않고 뜬눈으로 새는 밤. ¶건밤을 새우고 새벽같이 길을

그믐밤, 그저껫밤, 긴밤/새다(뜬눈으로 밤을 새우다), 긴긴밤, 날밤(부질없이 새우는 밤), 달밤[어스름달밤], 반밤(半), 봄밤, 야밤(夜), 어스름밤, 어젯밤, 오늘밤, 온밤, 저지난밤(이삼 일 전의 밤), 줄밤(연이은 밤), 지난밤, 지지난밤(그저께의 밤), 첫날밤, 하룻밤, 한밤(깊은 밤), 한밤중(깊은 밤중). ☞ 야(夜).

밤:² 밤나무의 열매. '밤 모양이나 크기'를 뜻하는 말. ¶밤을 줍다. 밤가시, 밤게, 밤경단(瓊團), 밤고구마(밤처럼 팍팍하고 단맛이 나는 고구마), 밤고명, 밤고물, 밤껍질, 밤꽃, 밤나무[밤나무밭; 나도밤나무], 밤나방(밤나방과의 곤충), 밤느정이/밤늦(밤꽃), 밤다식(茶食), 밤단자(團餈), 밤떡, 밤바구미, 밤밥²(밤을 섞어 지은 밥), 밤밭, 밤버섯, 밤벌레, 밤볼(밤을 문 것처럼 볼록하게 살이 찐 볼), 밤빛², 밤색(色), 밤설기, 밤소(삶은 밤을 송편에 넣는 소), 밤송이[불밤송이(채 익기 전에 말라 떨어진 밤송이), 쭈그렁밤송이], 밤싸라기, 밤쌀, 밤아람, 밤알, 밤암죽(粥)351), 밤얽이(짐을 동일 때 곱걸어 매는 매듭), 밤엿(밤톨만 하게 만든 엿), 밤우리(밤을 보관하는 우리), 밤윷(밤을 쪼갠 조각처럼 잘고 몽톡하게 만든 윷), 밤자갈(밤톨만한 자갈), 밤주악(☞주악), 밤죽(粥), 밤즙(汁), 밤청대352), 밤초(炒), 밤콩, 밤편, 밤톨(밤의 낱알), 밤편353); 겉밤(껍질을 벗기지 않은 밤), 구운밤/군밤, 굴밤354), 꿀밤355), 날밤, 녹두밤(綠豆;알이 잘고 동글동글한 밤), 단밤, 덕석밤(크고 넓적한 밤), 도톨밤(도토리같이 둥글고 작은 밤), 불밤송이, 빈대밤356), 산밤(山), 생밤(生), 소득밤357), 속밤, 송이밤(까지 않은 밤↔알밤), 쌍동밤(雙童;쪽밤), 알밤, 올밤, 왕밤, 외톨밤, 짜개황밤(黃), 쭈그렁밤, 쭉정밤, 풋밤, 황밤(黃), 회오리밤(밤송이 속에 외톨로 들어 있는 둥근밤). ☞ 율(栗).

밤³ 놋쇠 물을 부어 놋그릇을 만들어 내는 거푸집.

밤⁴ 송치(소 뱃속에 들어 있는 새끼)가 어미 뱃속에서 먹고 자라는 물질.

밤눈 말의 앞다리 무릎 안쪽에 붙은 군살. 현제(懸蹄).

밥¹ ①곡식을 씻어서 솥 따위에 안친 후 물을 부어 낟알이 풀어지지 아니하게 끓여 익힌 음식. 〈높〉진지. 수라. ¶밥을 먹다. 밥가마, 밥감주(甘酒), 밥거리, 밥고리, 밥공기, 밥공장(工場), 밥곽(도시락), 밥구럭, 밥그릇, 밥길[식도(食道)], 밥내, 밥덩어리, 밥도둑, 밥말이, 밥맛/없다, 밥물, 밥물림(밥을 씹어서 아기에게 되먹이는 일), 밥밑콩(밥에 두어 먹는 콩), 밥벌레, 밥보/바보358), 밥보자(褓子), 밥보자기, 밥빼기359), 밥사발(沙鉢), 밥살, 밥상/머리(床), 밥소라(큰 놋그릇), 밥솥, 밥쇠(절에서 밥 때를 알릴 때 치는 종), 밥숟가락, 밥술360), 밥시중, 밥쌀, 밥알, 밥자루, 밥자리, 밥자배기, 밥잔치361), 밥장(醬;메주를 많이 넣어 되직하게 담근 간장), 밥장사/하다, 밥장수, 밥주걱, 밥주머니, 밥줄362), 밥지랄, 밥지이, 밥집(밥을 파는 집), 밥찌꺼기/밥찌끼, 밥충이(蟲), 밥통(桶), 밥투정, 밥풀363), 밥하다(밥을 짓다), 밥함지; 가맛밥(가마솥에 지은 밥), 가첨밥(加添;덧밥), 감자밥, 감투밥, 강밥, 개밥바라기[금성(金星)], 객짓밥(客地), 고깔밥364), 고두밥(아주 된밥), 고봉밥(高捧;수북이 담은 밥), 공깃밥(空器), 공밥(空), 곽밥(도시락밥), 구메밥365), 국밥, 국수원밥숭이366), 군밥367), 굴밥, 기승밥368), 기장밥, 김밥, 김치밥, 까치밥369), 꼬들밥, 꽁보리밥, 꿀밥, 나물밥, 내전밥370), 녹두밥(綠豆), 눈칫밥371), 눌은밥, 달걀밥, 대궁(밥), 대통밥(筒), 더운밥, 덧밥, 덮밥[고기덮밥, 달걀덮밥, 장어덮밥(長魚), 튀김덮밥], 도시락밥, 돌솥밥, 동냥밥, 된밥(↔진밥), 됫밥, 드난밥372), 들밥(들일을 하다가 들에서 먹는 밥), 떡밥, 뚜껑밥, 마른밥, 마짓밥(摩旨;부처에게 올리는 밥), 말밥¹(한 말 정도의 쌀로 지은 밥), 맨밥(매나니;반찬 없는 밥), 메밀밥, 모둠밥373), 뭇밥, 무밥, 묵밥, 물밥, 물만밥, 밤밥[야식(夜食)], 밤:밥[율(栗)], 별밥(別), 보리밥, 볶음밥, 부픈밥(흰쌀과 잡곡을 쪄서 다시 물을 부어 끓인 밥), 불공밥(佛供), 비빔밥, 비지밥, 사발밥(沙鉢), 사잣밥(使者), 산젯밥(山祭), 삼층밥(三層), 상수리밥, 새벽밥, 샛밥(곁두리·새참), 서속밥(黍粟), 선밥, 소금엣밥/소금밥, 소나기밥374), 소밥(素)375), 송이밥(松栮), 수수밥, 술국밥, 술밥(지에밥), 숫밥(손대지 아니한 밥), 쉰밥, 시간밥(時間), 시곗밥(時計), 식은밥, 식혯밥(食醯), 쌀밥, 쑥밥, 약밥(藥), 언덕밥376), 여동밥377), 엿밥, 오곡밥(五穀), 옥수수밥, 원밥수기378), 율무밥, 이밥(입쌀밥), 자장/짜장밥, 잔밥(殘), 잡곡밥(雜穀), 잡채밥(雜菜), 잡탕밥(雜湯), 장국밥(醬), 잿밥(齋), 제삿밥(祭祀)/젯밥(祭), 조밥[메조밥, 차조밥], 조개밥, 주먹밥, 죽밥간(粥間), 죽순밥(竹筍), 중등밥(重)379),

---

떠난다. 건밤새우다(뜬눈으로 밤을 새우다).

351) 암죽(粥): 낟알 가루나 밤 가루로 묽게 쑨 죽.[←밤(栗)].

352) 밤청대: 밤을 송이째 구워서 까먹는 일. ¶밤청대하다.

353) 밤편: 날밤을 갈아낸 즙에 녹말과 꿀을 넣고 조려서 굳힌 떡.

354) 굴밤: ①졸참나무의 열매. ②다 익어 쏟아진 밤알.

355) 꿀밤: 주먹 끝으로 가볍게 머리를 때리는 짓.

356) 빈대밤: 알이 잘고 납작하게 생긴 밤.

357) 소득밤: 겉껍질을 벗기지 아니한 채로 소득소득하게 반쯤 말린 밤.

358) 바보: 바보스럽다, 바보온달(溫達), 바보짓; 까막바보(아무것도 모르는 어리석은 사람).

359) 밥빼기: 아우를 타느라고 밥을 많이 먹는 아이.

360) 밥술: ①몇 술 정도의 적은 밥. ¶밥술이나 뜨고 일해야지. ②밥을 떠먹는 숟가락.

361) 밥잔치: 국수나 떡, 과자 같은 것은 없이 밥과 몇 가지의 반찬만으로 차려서 벌이는 간단한 잔치.

362) 밥줄: ①식도(食道). ②먹고 살아가는 줄이란 뜻으로, '직업'을 조롱하여 이르는 말. ¶밥줄이 끊어지다(직업을 잃다). 밥줄이 붙어 있다.

363) 밥풀: 밥풀강정, 밥풀과자(菓子), 밥풀나무, 밥풀눈, 밥풀눈이, 밥풀질, 밥풀칠; 산자밥풀.

364) 고깔밥: 밑에는 다른 밥을 담고 위에 쌀밥을 담은 밥.=뚜껑밥.

365) 구메밥: 옥에 갇힌 죄수에게 벽구멍으로 몰래 들여보내는 밥.

366) 국수원밥숭이: 흰밥과 국수를 넣고 끓인 떡국.

367) 군밥: 군식구에게 먹이는 밥. 남아도는 밥.

368) 기승밥: 논밭에서 일할 때 집에서 가져다 먹는 밥.

369) 까치밥: 까치 따위의 날짐승이 먹으라고 따지 않고 몇 개 남겨두는 감.

370) 내전밥: 무속(巫俗)에서, 머리가 아플 때 접시에 담아 머리맡에 두는 밥. 자고 일어나서 내다 버리면 아픈 머리가 낫는다고 함.

371) 눈칫밥: 눈치를 보아 가며 얻어먹는 밥.

372) 드난밥: 남의 집에 드나드는 고용살이를 하며 먹는 밥.

373) 모둠밥: 여러 사람이 모두 먹기 위하여 함께 담은 밥.

374) 소나기밥: 보통 때는 조금 먹다가 어떤 때는 갑자기 많이 먹는 밥.

375) 소밥: 고기나 생선 반찬을 갖추지 아니한 밥. 소반(素飯).

376) 언덕밥: 솥 안에 있는 쌀을 언덕이 지게 하여 한쪽은 질게, 한쪽은 되게 지은 밥.

377) 여동밥: 중이 귀신에게 주기 위하여 밥을 먹기 전에 여동대에 한 술씩 떠 놓는 밥.

378) 원밥-수기: 떡국에 밥을 넣어 끓인 음식.

지에밥[380], 진밥, 찬밥, 찰밥, 참밥(站), 찹쌀밥, 초밥(醋), 콩나물밥, 콩밥, 탁자밥(卓子), 탄밥, 퇴식밥(退食), 튀밥, 팥밥, 피밥, 한밥[381], 한솥밥/한솥엣밥, 햅쌀밥, 햇밥, 헛제삿밥, 현미밥(玄米), 회덮밥(膾), 흰밥. ☞ 반(飯). ②사람의 끼니나 동물의 먹이·미끼. 차지하는 몫. 이용되거나 희생되는 대상. ¶밥을 굶다. 제 밥도 못 찾아 먹는다. 권력의 밥이 되다. 밥값, 밥걱정, 밥벌이, 밥시간(時間;끼니때), 밥시중, 밥줄(먹고 살아가는 길. 직업); 개밥, 귓밥(귓불의 두께), 기름밥, 낚싯밥, 널밥[382], 떡밥, 말:밥[2](좋지 못한 이야깃거리의 대상), 밑밥[383], 아침밥, 저녁밥, 점심밥(點心), 졸밥[384], 줄밥[385], 첫밥. ③식물의 열매나 잎을 뜻하는 말. ¶고사리밥(새로 돋아난 고사리에서 주먹 모양으로 돌돌 말려 뭉쳐져 있는 잎), 꽃밥[386], 연밥(蓮;연꽃의 열매) 들.

밥[2] 죄인에게 고통을 주어 저지른 죄를 사실대로 말하게 하는 일. ¶밥을 내다(형벌을 가하여 죄상을 자백하게 하다), 밥받이(고문. 딱장. 죄인의 자백을 받는 일)/하다.

밥[3] 연장으로 물건을 베거나 깎을 때 나온 부스러기. ¶가랫밥, 가윗밥, 갈퀫밥, 까뀟밥, 깎음밥, 꽃밥, 끌밥, 녹밥[387], 대팻밥, 도낏밥, 도맛밥, 뗏밥[388], 망밥[389], 먼가랫밥, 바늘밥[390], 방아밥(방아를 찧거나 볶을 때 안에서 튀어나오는 것), 뱃밥[391], 볏밥[392], 사태밥(沙汰)[393], 쇳밥(쇠의 부스러기), 실밥, 연필밥(鉛筆), 자귓밥, 쟁깃밥, 절삭밥(切削)[394], 줄밥(줄질할 때 떨어지는 부스러기), 톱밥, 호밋밥(적은 분량의 흙), 흙밥[395] 들.

방 윷판의 한가운데에 있는 밭. '가운데'를 뜻하는 말.=방혀. ¶방을 따다(말을 방에서 꺾인 첫 밭에 놓다). 방구멍(연의 한복판에 뚫린 둥근 구멍), 방나다[396]/내다, 방이다.

방(房) ①사람이 거처하기 위하여 집 안에 만든 칸. 구들. 집. 침실. 송이. 꽃이나 열매 같은 것의 한 덩이. ¶방이 넓다. 방고래, 방구들, 방구석, 방기휘(房忌諱)[397], 방내(房內), 방놓다, 방돌(구들장), 방로(房勞), 방머리, 방문(房門), 방문차(房門次)[398], 방바닥, 방방이, 방부(房付), 방사(房舍), 방사(房事), 방세(房貰), 방세간(房), 방실판(房室瓣), 방옥(房屋), 방외(房外), 방외범색(房外犯色), 방자(房子), 방장(房長), 방중(房中), 방중술(房中術), 방친영(房親迎), 방합례(房合禮); 가방(假房), 각방(各房), 각시방, 감방(監房), 개방(開房), 객방(客房), 건넌방(안방의 맞은편에 있는 방), 건넛방(특정하지 않고 그냥 건너편에 있는 방), 곁방[399], 고방(庫房), 골방[400], 공물방(貢物房), 공방(空房), 공부방(工夫房), 과방(果房), 과방(過房;일갓집 사람으로 양자를 삼는 일), 관방(官房), 구들방, 구석방, 궁방(宮房), 규방(閨房), 글방, 난방(煖/暖房), 내방(內房), 내민방, 냉방(冷房), 널방[현실(玄室)], 노름방, 다락방, 단방(單房), 단방(斷房), 단칸방(單間房), 대방(大房), 대화방(對話房), 도장방[401], 독방(獨房), 돌방[석실(石室)], 동방(洞房), 독수공방(獨守空房), 뒷방, 뜰아랫방, 마루방, 마방(馬房), 머릿방(안방 뒤에 붙은 방), 모방(안방구석에 붙어 있는 작은 방), 문간방(門間房), 문방(文房), 바깥방, 배방(陪房), 번방(番房), 벌방(罰房), 범방(犯房), 별방(別房;첩의 집), 병방(兵房), 복덕방(福德房), 본방(本房;임금의 장인댁), 봉놋방[402], 봉방(蜂房), 분방(分房), 빈방, 사글셋방(貰房), 사당방(祠堂房), 사랑방(舍廊房), 사우방(祠宇房), 사첫방[←下處房], 산방(山房), 산방(産房), 살림방, 상방(上房), 선방(禪房), 셋방(貰房), 손청방(廳房), 수방(守房), 수청방(守廳房), 숙수방(熟手房), 순방(巡房;여러 방을 돌아다니며 살핌), 승방(僧房), 신방(新房), 신방(神房), 심방(心房)[우심방, 좌심방], 씨방, 아랫방, 아자방(亞字房), 안방, 여관방(旅館房), 여승방(女僧房), 연방(蓮房;연밥이 들어 있는 송이), 옆방(옆에 있는 방), 옥방(玉房;아름다운 방), 옥방(獄房), 옥탑방(屋塔房), 온돌방(溫), 온방(溫房), 웃방, 외딴방, 외방/출입(外房/出入), 월방(越房;건넌방), 월세방(月貰房), 윗방, 유방(乳房;젖), 자방(子房;씨방), 자취방(自炊房), 작은방, 장군방(將軍房), 장판방(壯版房), 전방(專房), 전방지총(專房之寵), 전방(廛房), 전세방(傳貰房), 점방(店房), 정방(正房;몸채), 정방(政房), 조방(朝房), 주막방(酒幕房), 주방(廚房), 지대방[403], 징벌방(懲罰房), 쪽방, 찬방(饌房), 찻방(茶房), 침방(針房), 침방(寢房), 큰방, 탕방[404], 토방(土房;마루를 놓게 된 처마 밑의 땅. 흙마루. 뜰방), 토론방(討論房), 통방(通房), 투전방(鬪牋房), 판도방(判道房), 폐방(廢房), 하숙방(下宿房), 학방(學

379) 중둥밥(重): ①팥을 달인 물에 흰쌀을 안쳐 지은 밥. ②찬밥에 물을 조금 치고 다시 무르게 끓인 밥.

380) 지에밥: 약밥·인절미를 만들거나 술밑으로 쓰려고 찹쌀 또는 멥쌀을 시루에 쪄서 만든 밥. ¶찹쌀지에밥.

381) 한밥: 끼니때가 지난 뒤에 차리는 밥. 한동자. ¶밤중에 한밥을 급히 차렸다.

382) 널밥: 널뛰기를 할 때에 중간의 굄으로부터 양쪽으로 각기 차지하는 널의 길이.

383) 밑밥: 낚시할 때, 물고기가 일정한 곳에 모여들도록 미끼로 던져 놓는 먹이. ¶밑밥질.

384) 졸밥: 꿩을 잡고 싶은 생각이 나도록 사냥매에게 먹이는 꿩고기 미끼.

385) 줄밥: 갓 잡은 매를 길들일 때 줄의 한 끝에 매어서 주는 밥. ¶줄밥에 매로구나(재물을 탐하다가 남에게 이용당하게 된 처지를 비유적으로 이르는 말).

386) 꽃밥: 꽃실 끝에 붙어서 꽃가루를 만드는 주머니 모양의 기관.

387) 녹밥: 가죽신의 울과 바닥을 꿰맨 실.

388) 뗏밥: 한식 때에, 떼가 잘 살라고 무덤에 뿌려 주는 흙. ¶뗏밥을 주다.

389) 망밥: 맷돌이 돌아갈 때 조금씩 집어넣는 곡식의 낟알. §'망'은 맷돌을 뜻함.

390) 바늘밥: 바느질할 때, 더 쓸 수 없을 만큼 짧게 된 실동강.

391) 뱃밥: 배의 틈으로 물이 새어들지 못하도록 틈을 메우는 물건.

392) 볏밥: 논밭을 보습으로 갈 때, 볏으로 받아 넘기는 흙덩이.

393) 사태밥(沙汰): 사태가 져서 밀려 쌓인 흙. 사태흙.

394) 절삭밥(切削): 톱밥. 쇠나 나무 같은 것을 깎을 때 나오는 부스러기.

395) 흙밥: 가래, 괭이, 호미 따위로 한 번에 떠 올리는 흙. 또는 쟁기나 극젱이 따위에 걸려서 넘어가는 흙.

396) 방나다: 집안의 재물이 죄다 없어지다. ¶방내다.

397) 방기휘(房忌諱): 해산한 집에서 부정을 막기 어려울 경우에, 산실(産室)만이라도 부정과 통하지 않게 하는 일.

398) 방문차(房門次): 지게문의 덧문·다락문 따위에 붙이는 그림이나 글을 쓴 종이.

399) 곁방: 안방에 딸린 작은 방이나, 남의 집 한 부분을 빌려 사는 방. ¶곁방살림, 곁방살이/하다.

400) 골방: 안방이나 건넌방 같은 큰방 뒤쪽에 붙은 작은방.

401) 도장방: 아낙네가 거처하는 방. 규방(閨房).

402) 봉놋방: 여러 나그네가 한데 모이어 자는, 주막집의 가장 큰 방.

403) 지대방: 절의 큰 방 머리에 있는 작은 방. 이부자리·옷 등의 물건을 넣어 둠.

404) 탕방(房): 장대석(長臺大;길게 다듬은 돌)으로 방고래를 이루고, 넓고 큰 구들장을 놓아 만든 방.

房), 한방(같은 방), 함실방(함실구들로 된 방), 함짓방[405], 합방(合房), 행랑방(行廊房), 행방(行房), 헛방, 현관방(玄關房), 협방(夾房;곁방), 호텔방, 화초방(花草房), 환방(換房), 후방(後房), 흙방. ②명사 뒤에 붙어 '가게'를 뜻하는 말. ¶가겟방, 갈이방(갈이틀을 놓고 나무 그릇을 만드는 집), 갓방, 공방(工房), 구둣방, 궁방(弓房), 금은방(金銀房), 기방(妓房), 기생방(妓生房), 꽃방, 노래방, 놀이방, 다림방(푸줏간. 고급음식점), 다방(茶房), 대서방(代書房), 도장방(圖章房), 만화방(漫畵房), 머리방, 목방(木房;목수들이 일하는 곳), 보석방(寶石房), 복덕방(福德房), 비디오방, 빨래방, 소주방(燒酒房), 아가방, 약방(藥房), 여관방(旅館房), 옥방(玉房;옥으로 물건을 만드는 곳), 은방(銀房), 전방(廛房), 찜질방, 책방(冊房), 충전방(充電房), 판도방(判道房), 피시방(PC), 필방(筆房), 한약방(韓藥房), 화방(花房), 화방(畵房), 황화방(荒貨房) 들.

방(方**)** '곳. 쪽[방향(方向)]. 모[각(角)]·네모지다. 길·수단. 이제. 바야흐로. 방법. 처방(處方). 지방(地方)'을 뜻하는 말. ¶방가위지(方可謂之;과연 그렇다고 이를 만하게), 방각탑(方角塔), 방감(方酣;바야흐로 한창임), 방갓, 방건기[406], 방경(方磬), 방골(方骨), 방금(方今), 방대(方臺), 방도(方途/道;어떤 일을 치러나갈 길이나 방법), 방동(方冬), 방두(方斗), 방략(方略), 방리(方里), 방립(方笠), 방멱(方冪), 방면(方面;방향이나 생각하는 분야)[다방면(多)], 방명(方命;명령을 어김), 방문(方文)[단방문(單)/단방(單方)], 방문주(方文酒), 방물(方物), 방백(方伯), 방법(方法)[407], 방분(方墳), 방사(方士), 방색(方色), 방서(方書), 방석(方席), 방소(方所), 방수(方手), 방술(方術), 방승(方勝;金箋紙), 방식(方式)[기술방식(記述), 사고방식(方式), 생활방식(生活), 전개방식(展開)], 방안(方案), 방안지(方眼紙;모눈종이)[방안지도(地圖), 방안칠판(漆板)], 방약(方藥), 방언(方言)[408], 방연(方椽), 방연광(方鉛鑛), 방예원조(方枘圓鑿), 방외(方外)[방외사(士), 방외인(人), 방외학(學)], 방원(方圓), 방위(方位)[방위각(角), 방위도법(圖法), 방위선(線); 나침방위(羅針), 사방위(四)], 방장(方丈), 방장(方長), 방장부절(方長不折), 방장(方張), 방장(方將;이제 곧), 방재(方在), 방저원개(方底圓蓋;사물이 서로 맞지 아니함), 방전(方田), 방전(方甎;네모반듯한 벽돌), 방정하다(方正;언행이 바르고 의젓하고 점잖다), 방정식(方程式), 방제(方劑), 방주(方舟;네모난 배), 방주(方柱), 방직하다(方直;바르고 곧다), 방진(方陣;사각형으로 친 진), 방창(方暢;바야흐로 화창함), 방책(方策;방법과 꾀), 방첨탑(方尖塔), 방초석(方礎石), 방촌(方寸;좁은 땅. 마음), 방추(方錘), 방춘화시(方春和時), 방침(方枕), 방침(方針;계획과 방향)[경영방침(經營), 시정방침(施政)], 방토(方土), 방틀, 방판(方板), 방편(方便;수단과 방법), 방포(方袍), 방향(方向)[409], 방향(方響;타악기의 하나)[석방향(石), 철방향(鐵)], 방형(方形), 방환(方環); 각방(各方), 간방(間方), 개방(開方), 건방(乾方), 경험방(經驗方), 계방(季方;사내 아우), 고방(古方;지난날 행하던 방법), 공방(孔方), 구급방(救急方), 근방(近方), 금방(今方)[410], 금방(禁方), 남방(南方), 단방(單方), 당방(當方), 대방(大方), 대방가(大方家), 동방(東方), 만방(萬方;여러 방면), 백방(百方), 묘방(妙方), 변방(邊方), 복방(複方), 본방(本方), 부방(趺方;네모 받침), 북방(北方), 비방(比方), 비방(秘方), 사방(四方), 삭방(朔方), 삼살방(三煞方), 상문방(傷門方;불길한 쪽), 상방(上方), 상대방(相對方), 생왕방(生旺方), 서방(西方), 선방(仙方), 시방[十方], 시방(時方;지금), 신방(神方), 십방(十方), 쌍방(雙方), 아방(我方), 약국방(藥局方), 양방(良方), 양명방(陽明方), 양방(兩方), 염방(炎方), 외방(外方), 우방(右方), 원방(遠方), 이방(異方), 일방(一方), 입방(立方)[입방근(根), 입방체(體)], 자방(子方), 잡방(雜方), 전방(前方), 전방(傳方), 전후방(前後方), 정방(正方), 좌방(左方), 지방(地方), 직방체(直方體), 진방(辰方), 진방(震方), 처방(處方), 천방(千方), 타방(他方), 태방(兌方), 팔방(八方), 평방(平方), 하방(下方), 한방(韓方), 행방(行方), 향방(向方), 후방(後方) 들.

방(防**)** '둑. 막다'를 뜻하는 말. ¶방간(防奸), 방강(防江;둑), 방건(防乾), 방결(防結), 방곡(防穀;곡식을 다른 곳으로 실어내지 못하게 막음), 방공(防共), 방공(防空)[방공호(壕), 방공훈련(訓練)], 방금(防禁), 방납(防納), 방독(防毒)[방독면(面), 방독의(衣), 방독전(戰)], 방루(防壘), 방무림(防霧林), 방미두점(防微杜漸), 방범(防犯)[방범대(隊), 방범등(燈)], 방벽(防壁), 방보(防報), 방부(防腐;썩지 못하게 막음)[방부성(性), 방부재(材), 방부제(劑)], 방비(防備)[방비전(戰), 방비책(策), 방비하다(지키다); 무방비(無)], 방사림(防沙林), 방색(防塞;막아서 들어오지 못하게 함), 방선(防船), 방설/림(防雪/林), 방수(防守;막아서 지킴), 방수(防水)[411], 방수(防戍), 방습(防濕)[방습재(材), 방습제(劑)], 방어(防禦)[412], 방역(防役), 방역/진(防疫/陣), 방연림(防煙林), 방염가공(防炎加工), 방오가공(防污加工), 방우구(防雨具), 방위(防圍), 방위(防衛)[413], 방음(防音)[방음벽(壁), 방음유리, 방음장치(裝置), 방음재(材)], 방잠

---

405) 함지방(房): 한번 들어가면 나올 수 없게 된 방.

406) 방걷기: 재목의 끝을 깎아서 둥글게 한 것.

407) 방법(方法): 방법론(論); 선험적방법(先驗的), 치료방법(治療).

408) 방언(方言): 한 언어에서, 사용 지역 또는 사용 계층에 따라 분화된 말의 체계. 사투리. ¶방언경계선(境界線), 방언구역(區域), 방언구획(區劃), 방언권(圈), 방언문법(文法), 방언문학(文學), 방언사(史), 방언섬(고립된 언어 지역), 방언예술(藝術), 방언음(音), 방언음운(音韻), 방언의식(意識), 방언지도(地圖), 방언학(學); 강원방언(江原), 경기방언(京畿), 경상방언(慶尙), 전라방언(全羅), 제주방언(濟州), 충청방언(忠淸), 평안방언(平安), 함경방언(咸鏡).

409) 방향(方向): 방향각(角), 방향감각(感覺), 방향계수(係數), 방향부(符), 방향비(比), 방향전환(轉換), 방향키, 방향타(舵), 방향탐지기(探知機), 방향표(標); 순방향(順), 역방향(逆).

410) 금방: 이제 곧. 방금(方今). ¶금방금방(今方今方; 잇달아 빨리).

411) 방수(防水): 물이 새거나 스며들거나 넘쳐흐르는 것을 막음. ¶방수가공(加工), 방수모(帽), 방수벽(壁), 방수복(服), 방수제(劑), 방수지(紙), 방수층(層), 방수포(布), 방수화(靴).

412) 방어(防禦): 적이 쳐들어오는 것을 막음.↔공격(攻擊). ¶방어 태세를 하다. 방어기제(機制), 방어동맹(同盟), 방어력(力), 방어망(網), 방어선(線), 방어수뢰(水雷), 방어율(率), 방어적(的), 방어전(戰), 방어주(株), 방어지역(地域), 방어진(陣), 방어진지(陣地), 방어책(策), 방어포화(砲火), 방어하다, 방어해면(海面), 방어해역(海域); 공세방어(攻勢), 대공방어(對空), 대인방어(對人), 소극방어(消極), 적극방어(積極), 정당방어(正當), 지역방어(地域), 집단방위(集團).

413) 방위(防衛): 적이 쳐들어오는 것을 막아서 지킴. ¶철통같은 방위. 방위기제(機制), 방위력(力), 방위비(費), 방위산업/체(産業/體), 방위생산(生産), 방위선(線), 방위성금(誠金), 방위세(稅), 방위소집(召集), 방위조약(條約), 방위주(株), 방위포장(褒章), 방위효소(酵素); 공동방위(共同), 과잉방위(過剩), 국토방위(國土), 민방위(民), 오상방위(誤想), 정당방위(正當), 착각방위(錯覺).

(防潛), 방재(防材), 방재(防災)[방재설비(設備); 재난방재(災難), 방전(防戰), 방제/학(防除/學)], 방조림(防潮林), 방조제(防潮堤), 방죽[414], 방지(防止)[방지책(策); 도열방지(逃熱), 화재방지(火災)], 방진(防塵:먼지가 들어오는 것을 막음), 방차(防遮), 방책(防柵:적을 막기 위한 울타리), 방천(防川;냇둑)[방천길, 방천숲], 방첩(防諜), 방추(防皺), 방축/가공(防縮/加工), 방충(防蟲)[방충망(網), 방충제(劑)], 방취/제(防臭/劑), 방탄(防彈)[415], 방토(防土), 방파제(防波堤), 방패(防牌)[방패막이, 방패벌레, 방패비늘, 방패연(鳶), 방패춤], 방폐(防弊;폐단을 막음), 방풍(防風)[방풍림(林), 방풍원(垣), 방풍중방(中枋), 방풍판(板)], 방한(防寒;추위를 막음)[방한구(具), 방한모(帽), 방한벽(壁), 방한복(服), 방한화(靴)], 방험병(防險餠), 방호(防護;위험을 막아 보호함), 방화(防火)[416]; 경방(警防), 공방(攻防), 관방(關防), 국방(國防), 변방(邊防), 부방(赴防), 사방(砂防)[사방공사(工事), 사방댐(dam), 사방림(林)], 선방(善防), 소방(消防), 수방(水防), 신방(信防;일각문 등의 기둥 밑 좌우 양쪽에 받친 베갯목), 예방(豫防), 예방(禮防), 제방(堤防;둑), 중구난방(衆口難防), 측방(側防), 해방(海防), 화방(火防) 들.

방(放) ①놓다. 놓아주다. 발산하다(發散). 버리다. 멋대로 굴다'를 뜻하는 말. ¶방가(放暇), 방가(放歌), 방곡(放哭), 방곡(放穀), 방과(放課), 방광(放光), 방광(放曠), 방교(放校), 방귀(放歸), 방금(放禽), 방기(放氣;방귀), 방기(放棄), 방념(放念), 방뇨(放尿), 방담(放談), 방담(放膽), 방돈(放豚), 방랑(放浪)[417], 방량(放良), 방론(放論), 방류(放流)[418], 방만하다(放漫)[419], 방매(放賣)[방매가(家); 자신방매(自身)], 방면(放免)[방면하다; 훈계방면(訓戒)/훈방(訓放)], 방목(放牧)[방목장(場), 방목지(地)], 방방(放榜), 방벌(放伐), 방벽(放辟), 방보(放步), 방분(放奔), 방사(放飼;가축을 놓아 먹임), 방사(放肆;하는 짓이 거리낌이 없이 제멋대로임. 방자함), 방사(放射)[방사광(光), 방사상(狀), 방사선(線), 방사성(性), 방사진(塵), 방사하다, 방사형(形)], 방산(放散;널리 흩어짐)[적응방산(適應)], 방생(放生)[420], 방선(放禪), 방선균(放線菌), 방성(放聲)[방성대곡(大哭), 방성통곡(痛哭)], 방소(放笑), 방솔하다(放率), 방송(放送)[421], 방수/로(放水/路), 방수(放囚), 방심(放;마음을 놓아버림), 방양(放養), 방어(放語), 방언(放言), 방언고론(放言高論), 방열/기(放熱/器), 방영(放映), 방일(放逸), 방임(放任)[방임범(犯), 방임주의(主義), 방임행위(行爲), 방임형(形); 자유방임(自由)], 방자(放恣)[방자스럽다, 방자하다; 도랑방자(跳踉;똑똑하게 굴어서 아무 거리낌이 없음)], 방자(放資), 방전(放電)[422], 방종(放縱), 방질(放秩), 방채(放債), 방척(放擲), 방축(放逐;자리에서 쫓아냄), 방출(放出)[423], 방치(放置;그대로 버려 둠)[방치하다(버려두다); 자기방치(自己)], 방탄하다(放誕;턱없이 허튼소리만 하다), 방탕(放蕩)[방탕아(放蕩兒)/방탕하다; 허랑방탕/스럽다/하다(虛浪)], 방하다(죄인을 놓아주다), 방학(放學)[겨울방학, 봄방학, 여름방학], 방화(放:火)[방화광(狂), 방화범(犯), 방화자(者), 방화하다], 방환(放還); 개방(開放), 몽방(蒙放;죄인을 석방함), 백방(白放;죄가 없음이 드러나 놓아줌), 분방하다(奔放), 석방(釋放), 소방(疏放), 음방(淫放), 자방(恣放), 조방(粗放;거칠고 면밀하지 아니함), 주방(逎放), 추방(追放), 해방(解放), 호방하다(豪放), 훈방(訓放). ②내쏘다. 총포를 쏘는 횟수를 세는 말. ¶총을 한 방 쏘다. 방광(放光), 방렬(放列), 방사(放射)[424], 방포(放砲); 단방(單放), 몰방(沒放), 연방(連放), 일방(一放), 직방(直放), 포방(砲放), 헛방 들.

방(榜) 여러 사람에게 널리 알리기 위하여 길거리나 사람이 많이 모이는 곳에 써 붙이는 글. 과거에 급제한 사람의 이름. ¶방을 붙이다. 방이 나붙다. 방군(榜軍), 방꾼, 방목(榜目), 방문(榜文), 방성(榜聲), 방시(榜示), 방안(榜眼;2등으로 합격한 사람), 방화(榜花); 게방(揭榜), 과방(科榜), 괘방(掛榜), 괴방(魁榜), 궐방(闕榜), 금방(金榜), 금단방(禁斷榜), 낙방(落榜), 동방(同榜), 방방(放榜), 분홍방(粉紅榜), 솔방(率榜), 신방(新榜), 연방(蓮榜), 용호방(龍虎榜), 입춘방(立春榜), 전방(傳榜), 주방(酒榜), 지방/문(紙榜/文;종이로 만든 신주), 참방(參榜), 춘방(春榜), 탁방/나다(坼榜), 파방(罷榜), 표방(標榜;어떤 명목을 세워 자기 주장을 내세움), 회방(回榜) 들.

방(邦) '나라. 자기 나라'를 뜻하는 말. ¶방가(邦家), 방강(邦疆), 방경(邦境), 방경(邦慶;나라의 경사), 방교(邦交), 방국(邦國), 방례(邦禮), 방속(邦俗), 방어(邦語), 방역(邦域), 방역(邦譯), 방원(邦媛), 방위(邦威), 방인(邦人), 방치(邦治), 방토(邦土), 방헌(邦憲), 방형(邦刑), 방화(邦貨), 방화(邦畵); 가방(家邦), 귀방(貴邦), 대방(大邦), 동방(東邦), 만방(萬邦), 맹방(盟邦), 번방(藩邦), 본방(本邦), 속방(屬邦), 수방(殊邦;다른 나라), 아방(我邦), 연방(聯邦),

---

414) 방죽(防): 물을 막고자 쌓은 둑.[←방축(防築)]. ¶방죽이 무너지다. 방죽골, 방죽머리, 방죽배미, 방죽안; 돌방죽(돌로 쌓아 만든 방죽).

415) 방탄(防彈): 탄알을 막음. ¶방탄구(具), 방탄벽(壁), 방탄복(服), 방탄유리, 방탄장치(裝置), 방탄조끼, 방탄차(車).

416) 방화(防火): 화재를 미리 막음. ¶방화 훈련을 하다. 방화 대책을 마련하다. 방화가공(加工), 방화도료(塗料), 방화림(林), 방화문(門), 방화벽(壁), 방화사(沙), 방화선(線), 방화수(水), 방화용(用), 방화전(栓), 방화제(劑), 방화지역(地域).

417) 방랑(放浪): 정처 없이 이곳저곳을 떠돌아다님. 떠돌이. ¶이역(異域)에서 방랑하다. 방랑기(記), 방랑문학(文學), 방랑벽(癖), 방랑시(詩), 방랑자(者), 방랑하다.

418) 방류(放流): ①가두어 놓은 물을 터서 흘려보냄. ¶댐의 물을 방류하다. 무단방류(無斷). ②기르기 위하여 어린 물고기를 물에 놓아 줌. ¶한강에 잉어 새끼를 방류하다.

419) 방만하다(放漫): 하는 일이나 생각이 야무지지 못하고 엉성하다. ¶방만한 경영으로 회사가 부도났다.

420) 방생(放生): 불교에서, 사람에게 잡혀 죽게 된 생물(生物)을 놓아 주는 일.

421) 방송(放送): 방송교육(敎育), 방송국(局), 방송권(權), 방송극/본(劇/本3), 방송망(網), 방송문화(文化), 방송법(法), 방송파(波); 가두방송(街頭), 공개방송(公開), 공공방송(公共), 공영방송(公營), 광고방송(廣告), 교육방송(敎育), 국영방송(國營), 국제방송(國際), 녹음방송(錄音), 녹화방송(錄畵), 다원방송(多元), 다중방송(多重), 단파방송(短波), 라디오방송(radio), 민간방송(民間), 민영방송(民營), 상업방송(商業), 생방송(生), 선무방송(宣撫), 수화방송(手話), 실황방송(實況), 위성방송(衛星), 유선방송(有線), 음성다중방송(陰聲多重), 이동방송(移動), 이중방송(二重), 입체방송(立體), 중계방송(中繼), 중앙방송(中央), 중파방송(中波), 지역방송(地域), 특별방송(特別), 학교방송(學校), 해외방송(海外), 현지방송(現地).

422) 방전(放電↔充電): 방전관(管), 방전광(光), 방전등(燈), 방전막대, 방전전류(電流), 방전차(叉), 방전함(函); 공중방전(空中), 대류방전(對流), 무성방전(無聲), 불꽃방전, 섬화방전(閃花), 자체방전(自體), 전도방전(傳導), 진공방전(眞空), 첨단방전(尖端).

423) 방출(放出): ①비축해 두었던 물품이나 자금 따위를 내놓음. ¶쌀값 안정을 위해 정부미를 방출하다. 방출미(米). ②입자나 전자기파의 형태로 에너지를 내보냄. ¶전자방출(電子).

424) 방사(放射): 방사능(能), 방사도(度), 방사상(狀), 방사선(線), 방사성(性), 방사열(熱), 방사학(學).

ㅂ

외방(外邦), 우방(友邦), 원방(遠邦), 위방(危邦), 이방(異邦), 이방인(異邦人), 인방(隣邦), 제방(諸邦), 타방(他邦), 합방(合邦) 들.

방(傍) '곁 · 주위(周圍)'를 뜻하는 말. ¶방각(傍刻;인쇄면 밖에 새긴 글씨), 방계(傍系)[방계친(親), 방계혈족(血族), 방계회사(會社)], 방관(傍觀)[425], 방백(傍白)[426], 방생(傍生;畜生), 방선(傍線), 방손(傍孫), 방수(傍受), 방심(傍心;방접원의 중심), 방약무인(傍若無人), 방열형음극(傍熱型陰極), 방인(傍人), 방점(傍點), 방접(傍接), 방조(傍助;곁에서 도와줌), 방조(傍祖), 방조(傍照), 방종(傍腫), 방주(傍註), 방증(傍證;간접적으로 증명함), 방참(傍參;傍觀), 방청(傍聽)[방청객(客), 방청권(券), 방청석(席), 방청인(人)], 방친(傍親;방계의 친척), 방회(傍灰;관 언저리를 메우는 석회); 근방(近傍), 노방(路傍), 도방(道傍), 측방(側傍) 들.

방(芳) '향기롭다. 꽃답다. 명성이 높다'를 뜻하는 말. ¶방기(芳紀), 방년(芳年;이십 세 안팎의 꽃다운 나이), 방란(芳蘭), 방렬(芳烈;향기가 몹시 짙음. 義烈), 방령(芳齡;芳年), 방명/록(芳名/錄), 방묵(芳墨;향기가 좋은 먹), 방서(芳書;편지), 방수(芳樹), 방순(芳醇), 방심(芳心;아름다운 마음), 방영(芳詠), 방용(芳容), 방유(芳油), 방자(芳姿), 방정(芳情), 방준(芳樽), 방지(芳志), 방초(芳草), 방춘(芳春), 방한(芳翰;芳書), 방함(芳銜), 방향(芳香)[방향유(油), 방향제(劑)], 방혼(芳魂), 방훈(芳薰;꽃다운 향기. 향기로운 냄새); 여방(餘芳), 유방(流芳), 유방백세(流芳百世), 유방(遺芳) 들.

방(枋) '다목(활엽교목). 문지방/틀(門地枋)'을 뜻하는 말. ¶방두산지(枋頭;뚫어 나온 장부촉 끝에 박는 나무못), 방밑(벽이 땅에 닿은 부분), 방저(枋底); 가지방/가방(加地枋), 덧방(덧대는 나무)[덧방나무, 덧방붙이다; 아래덧방, 위덧방], 문지방/틀(門地枋), 산방(散枋), 인방(引枋)[427][상인방(上引枋)/상방(上枋), 중인방(中引枋)/중방(中枋)[428], 초방(初枋), 하인방(下引枋)/하방(下枋)], 지방(地枋), 평방(平枋) 들.

방(訪) '남을 찾아보다. 두루 찾다'를 뜻하는 말. ¶방구(訪求), 방구(訪歐), 방문(訪問)[방문객(客), 방문기(記); 가정방문(家庭)], 방화(訪花), 방한(訪韓)/ 방미(訪美)/ 방불(訪佛) 등; 내방(來訪), 답방(答訪), 수방(搜訪), 순방(巡訪), 신방(訊訪), 심방(尋訪), 역방(歷訪), 예방(禮訪), 왕방(往訪), 채방(採訪), 탐방(探訪) 들.

방(紡) '잣다(실을 뽑다). 실. 걸다. 달아매다'를 뜻하는 말. ¶방거(紡車;물레), 방모(紡毛), 방사(紡絲), 방적(紡績)[429], 방직(紡織;실로 피륙을 짜는 일)[방직기(機), 방직물(物), 방직업(業)], 방추(紡錘)[430]; 견방(絹紡), 백방사주(白紡絲紬), 정방(精紡), 혼방(混紡) 들.

방(坊) '동네. 마을. 거처하는 방'을 뜻하는 말. ¶방간(坊間;길거리), 방곡(坊曲;마을), 방내(坊內;마을 안), 방방곡곡(坊坊曲曲), 방보(坊報), 방사(坊舍;절), 방임(坊任), 방장(坊長); 교방(敎坊), 상화방(賞花坊) 들.

방(妨) '헤살을 놓다. 거리끼다'를 뜻하는 말. ¶방공해사(妨工害事;남의 일에 헤살을 놓아 해롭게 함), 방소항변(妨訴抗辯), 방애(妨礙)[방애되다/하다, 방애물(物)], 방전(妨電), 방해(妨害)[431]; 무방하다(無妨), 상방하다(相妨) 들.

방(旁) '널리. 두루'를 뜻하는 말. ¶방구(旁求;널리 구함), 방록(旁錄;두루 베껴 기록함), 방사백(旁死魄;음력 초이튿날), 방오(旁午;왕래가 빈번함), 방제(旁題), 방지(旁支), 방통(旁通;자세하고 간곡함); 축원방(祝願旁), 편방(偏旁) 들.

방(倣) '본뜨다. 흉내 내다'를 뜻하는 말. ¶방각(倣刻;본새를 본떠서 새김), 방고(옛것을 본뜸)/주의(倣古/主義), 방사(倣似;아주 비슷함), 방차(倣此), 방하다(그림, 글씨 따위의 본을 뜨다), 방효(倣效;그대로 본받음); 모방(模倣), 의방(依倣;흉내를 냄) 들.

방(蚌) '방합과에 속하는 민물 조개'를 뜻하는 말. ¶방주(蚌珠), 방합(蚌蛤), 방해(蚄蟹;게), 방휼(蚌鷸;방합과 도요새)[방휼지세(之勢;물러섬이 없이 맞서서 다투는 형세), 방휼지쟁(之爭)[432]] 들.

방(謗) '헐뜯다. 떠들어 비방하다'를 뜻하는 말. ¶방산(謗訕), 방원(謗怨), 방의(謗議), 방저(謗沮); 득방(得謗), 비방(誹謗), 산방(訕謗), 자방(訾謗), 훼방(毁謗) 들.

방(尨) '삽살개. 크다'를 뜻하는 말. ¶방견(尨犬); 방대하다(尨大;규모나 양이 크거나 많다), 방연하다(尨然;두툼하고 크다) 들.

방(彷) '거닐다. 어정거리다. 비슷하다'를 뜻하는 말. ¶방불하다(彷/髣佛;거의 비슷하다), 방황하다(彷徨)[433] 들.

방(舫) '배'를 뜻하는 말. ¶방옥(舫屋;배의 지붕); 화방(畵舫;그림을 그려서 장식한 놀잇배) 들.

방(瓬) '옹기그릇을 굽는 사람'을 뜻하는 말. ¶방인(瓬人;옹기장이).

방(幇/幫) '돕다. 보좌하다'를 뜻하는 말. ¶방조(幇助)[434], 방판(幇判), 조방(助幇) 들.

방(滂) '비를 퍼붓다'를 뜻하는 말. ¶방타(滂沱;비가 좍좍 쏟아지는 것. 눈물이 뚝뚝 떨어지는 것), 방패(滂沛).

---

425) 방관(傍觀): 그 일에 상관하지 않고 곁에서 보기만 함. 방참(傍參). ¶사태를 방관하다. 방관시(視), 방관인(人), 방관자(者), 방관적(的), 방관하다; 수수방관(袖手傍觀).

426) 방백(傍白): 연극에서 연기자가, 청중에게는 들리나 무대 위의 상대편에게는 들리지 않는 것으로 약속하고 말하는 대사.

427) 인방(引枋): 기둥과 기둥 사이. 문이나 창의 아래위로 가로지른 나무.

428) 중방(中枋): 벽 한가운데에 가로지르는 인방. ¶중방구멍, 중방목(木), 중방벽(壁); 문중방(門), 방풍중방(防風), 아랫중방, 윗중방, 합중방(合;통머름).

429) 방적(紡績): 동식물의 섬유를 가공하여 실을 만듦. ¶방적견사(絹絲), 방적공업(工業)/방적업(業), 방적기(機), 방적돌기(突起), 방적면사(綿絲), 방적사(絲), 방적회사(會社); 소모방적(梳毛).

430) 방추(紡錘): 물레의 가락. 북. ¶방추근(根), 방추사(絲), 방추체(體), 방추충(蟲), 방추형(型).

431) 방해(妨害): 남의 일에 헤살을 놓아 못하게 함. ¶안면(安眠) 방해. 방해를 놀다(방해하다). 방해공작(工作), 방해꾼, 방해되다/하다, 방해물(物), 방해예방청구권(豫防請求權), 방해자(者), 방해전파(電波), 방해죄(罪); 공전방해(空電), 안면방해(安眠), 의사방해(議事), 전파방해(電波), 진로방해(進路), 치안방해(治安).

432) 방휼지쟁(蚌鷸之爭): 제삼자만 이롭게 하는 다툼.

433) 방황하다(彷徨): ①정처 없이 헤매며 돌아다니다. ¶거리를 방황하다. ②할 바를 모르고 갈팡질팡하다. ¶방황하는 마음.

434) 방조(幇助): 남의 범죄나 자살을 도와줌. ¶자살을 방조하다. 범행 방조. 방조범(犯), 방조죄(罪); 특수방조(特殊).

방(膀) '오줌통'을 뜻하는 말. ¶방광(膀胱;오줌통)[방광결석(結石), 방광암(癌), 방광염(炎), 방광종양(腫瘍)].

방(魴) '전갱잇과의 바닷물고기'를 뜻하는 말. ¶방어(魴魚)[방어구이, 방어저냐, 방어전(煎), 방어지짐이, 방어회(膾) 들.

방(肪) '기름. 비계'를 뜻하는 말. ¶송방(松肪;송진).

방구 북처럼 생긴 농악기.

방구리 주로 물을 긷거나 술을 담는 데 쓰는 질그릇. 모양이 동이와 비슷함. ¶방구리에 동동주를 담아 쪽박을 띄워 내오다. 꿀방구리, 대방구리, 동방구리435), 술방구리, 알방구리(작은 방구리), 옹방구리(물동이 모양의 아주 작은 질그릇), 질방구리 들.

방구-매기 양쪽 추녀 끝보다 처마의 중간을 조금 배부르게 하기 위하여 추녀로부터 가운데로 올수록 서까래 끝을 차차 조금씩 길게 하는 일.↔일자매기(一字). ¶방구매기하다.

방귀 창자 속의 음식물이 발효하여 똥구멍으로 나오는 구린내 나는 기체. ¶방귀를 뀌다. 방귀가 잦으면 똥 싸기 쉽다. 방귓길(방귀가 나가는 길), 방귀대장(大將), 방귀벌레, 방귀쟁이; 개방귀(쓸모없는 하찮은 것), 물방귀436), 시들방귀(시들한 사물을 우습게 여기는 말), 알랑방귀(알랑거리는 짓), 입방귀, 잔방귀, 잦은방귀, 줄방귀(잇따라 뀌는 방귀), 콧방귀, 헛방귀 들.

방긋[1] 입을 예쁘게 벌리며 소리 없이 가볍게 한 번 웃는 모양. 〈큰〉벙긋. 〈센〉방끗. [+웃다]. ¶방긋, 뱅긋·빙긋·뱅끗·빵긋·빵끗·빵긋·빵끗/거리다/대다/하다/이; 방그레437)·벙그레·빙그레, 방글·벙글438), 방시레·벙시레·뱅시레·빙시레·빵시레·빵시레, 방실·벙실·빙실·빵실·뺑실·뻥실/거리다/대다, 방싯439) 들.

방긋[2] 닫혀 있던 입이나 문 따위가 소리 없이 살그머니 열리는 모양. 〈큰〉벙긋. 〈센〉방끗. 빵긋/빵끗. ¶방긋하다440).

방-나다 집안의 재물이 다 없어지다. ¶큰 도적의 잇단 출현으로 방나버린 집이 많다. 방내다(살림을 죄다 없애다. 탕진하다).

방동사니 사초과의 한해살이풀. =건골(乾).

방둥이 길짐승의 엉덩이. ¶방둥이가 마른 소가 일을 잘한다. 방둥구부렁이(방둥이가 구부러진 길짐승).

방망이[1] 둥글고 길게 깎아 만들어, 무엇을 치거나 두드리거나 다듬는 데에 쓰는 도구. ¶방망이를 들다(남의 일에 헤살을 놓다). 방망이꾼, 방망이질441)/하다, 방망이찜질/하다; 꼴방망이, 꽃방망이, 끌방망이, 나무방망이, 네방망이, 다듬잇방망이, 대추방망이(대추나무로 만든 방망이. 야무지거나 표독스러운 사람), 도깨비방망이, 된방망이(몹시 세게 때리는 매), 맞방망이, 밀방망이(가루 반죽을 밀어서 얇게 펴는 방망이), 벼락방망이(갑자기 얻어맞는 매. 호된 매), 부기방망이(簿記), 부닥방망이442), 빨랫방망이, 솜방망이, 신골방망이, 쑥방망이, 야구방망이(野球), 얼러방망이(때리려고 어르는 짓), 열방망이(熱;마음속에서 치밀어 오르는 화), 엿죽방망이, 요술방망이(妖術), 용방망이(龍;용을 새긴 형구), 육모방망이(六), 육방망이(六;방망이 여섯 개를 가로 꿰어 열두 사람이 메게 된 상여), 을러방망이(때리려고 으르는 짓), 주릿방망이, 팔방망이(八) 들.

방망이[2] 참고할 만한 사항을 간단히 추려 적은 책. 시험을 치를 때 부정행위를 하려고 만든 쪽지.

방물 여자에게 쓰이는 화장품·바느질 기구·패물 따위의 물건. ¶방물가(歌), 방물장사/하다, 방물장수, 방물판(방물을 파는 장사판).

방발 광산에서, 굿(구덩이)을 꾸리는 데 양쪽에 세우는 기둥. 주방(柱房). ¶방발법(法).

방보라 ①벽을 만들 곳이 좁을 때에 욋가지 대신 세로 지르는 나무 막대기. ②설외(벽 속에 세워서 얽은 나뭇가지)를 얽으려고 벽선과 벽선 사이를 버티는 막대기. ¶방보라치다.

방아 곡식을 찧거나 빻는 기구. '둥근 모양. 상하좌우 왕복움직임'을 뜻하는 말. ¶방아를 찧다. 방앗간(間), 방아게, 방앗공이, 방아굴대, 방아깨비(메뚜깃과의 곤충), 방아꾼, 방아다리443), 방아두레박(지렛대로 물을 푸는 두레박), 방아머리(디딜방아의 공이가 있는 부분), 방아밥444), 방아벌레, 방앗삯, 방아살(쇠고기의 등심 복판에 있는 고기), 방앗소리, 방아쇠(손가락으로 잡아당겨서 총을 쏘게 되어 있는 굽은 쇠)/울, 방아질, 방아채(방앗공이를 낀 긴 나무), 방아촉(鏃), 방아타령, 방아틀뭉치(방아쇠가 달려 있는 쇠뭉치), 방아품, 방아허리(방아채의 중간 부분), 방아확; 고갯방아445), 공중방아(空中), 구유방아446), 궁둥방아(엉덩방아), 궁치방아(방아채의 끝에 물통이 달린 방아), 기계방아(機械), 금방아(金;금광에서 찧는 방아), 남방아447), 돌방아(연자매), 두다리방아448), 디딜방아, 떡방아, 맞방아(두 사람이 번갈아 찧는 절구질), 매방아(맷돌), 무릎방아, 물방아, 물레방아, 밀방아(물살이 바퀴를 밀듯이 하는 물레방아), 붓방아449), 삯방아, 쌍방아(雙), 안물방

435) 동방구리: 동이보다 작고 배가 더 부른 질그릇.

436) 물방귀: 공기가 물 밑에서 물 위로 떠오를 때에 꾸르륵꾸르륵하며 나는 소리.

437) 방그레: 입만 방긋이 벌리며 소리 없이 부드럽게 웃는 모양. 〈큰〉벙그레. 〈센〉빵그레. ¶그녀가 방그레 웃음 짓다. 뱅그레·빙그레·뺑그레.

438) 방글: 입을 조금 벌리고 소리 없이 귀엽게 웃는 모양. 〈큰〉벙글. 〈센〉빵글. ¶방글거리다/대다, 벙글다(소리 없이 입만 약간 벌려 웃다); 생글뱅글·싱글벙글·씽글뻥글.

439) 방싯: 입을 귀엽게 벌리며 소리 없이 한 번 가볍게 웃는 모양.=봉싯. 〈큰〉벙싯. 〈센〉빵싯. ¶소리 없이 방싯 웃어 보이다. 방싯·뱅싯·빙싯·빵싯·뺑싯·뻥싯/거리다/대다.

440) 방긋하다: 조금 열려 있다. ¶방문을 방긋이 열고 내다보다.

441) 방망이질: ①방망이로 두드리는 짓. ②가슴이 매우 두근거리는 일.

442) 부닥방망이: 도깨비들이 가지고 노는 신통한 방망이.[←부딪(다)+악+방망이].

443) 방아다리: 금, 은, 옥 따위로 만든 허수아비 모양의 노리개.

444) 방아밥: 방아를 찧거나 볶을 때 안에서 튀어나오는 것.

445) 고갯방아: 졸거나 긍정하거나 사례할 때, 방아를 찧듯이 고개를 끄덕끄덕함을 비유적으로 이르는 말.

446) 구유방아: 구유를 이용하여 곡식을 찧는 방아. 방앗대의 공이 반대쪽에 파 놓은 구유에 물이 가득차면 공이 쪽이 들리게 되고, 이어서 구유의 물이 쏟아지면 공이가 제자리로 내려가며 방아를 찧음.=통방아.

447) 남방아: 제주도에서 볼 수 있는 함지박 모양의 나무 방아통.

448) 두다리방아: 다리가 둘이어서 두 사람이 함께 찧을 수 있는 방아.

449) 붓방아: 글을 쓸 때 생각이 미쳐 나지 아니하여 붓대만 놀리고 있는 짓.

아[450], 앉은방아[451], 애벌방아, 어깨방아(어깨 숨을 세게 쉬는 것), 엉덩방아, 연자방아(研子), 외다리방아(발 디딤판이 나나인 디딜방아), 이마방아, 입방아[452], 코방아(엎어져 코를 바닥에 부딪치는 일)/찧다, 탁탁방아[정미기(精米機)], 통방아(구유방아), 품방아(계집을 품에 안고 노는 짓), 회방아(석회는 짓찧는 일)/질/하다(灰) 들.

방울 쇠붙이로 둥글게 만들고 그 속에 단단한 물건을 넣어 흔들면 소리가 나게 된 물건. 둥글게 맺힌 액체의 덩이나 그것을 세는 말. '방울 모양'을 뜻하는 말. ¶방울을 달다/ 흔들다. 참기름 두 방울만 넣어라. 방울강정(둥글게 만든 강정), 방울꽃, 방울나귀(몸은 작으면서 걸음을 빨리 걷는 나귀), 방울나무, 방울낚시, 방울눈, 방울등(燈), 방울땀, 방울떡, 방울뜨기, 방울띠, 방울목, 방울무, 방울뱀, 방울벌레, 방울병(瓶), 방울북(탬버린), 방울새, 방울소리, 방울손잡이(방울처럼 생긴 손잡이), 방울알, 방울줄, 방울지다, 방울집게(못을 뽑는 연장), 방울춤(방울을 흔들며 추는 춤); 구름방울, 구슬방울, 기름방울, 꿀방울, 눈물방울, 눈방울(눈알), 당방울(堂), 땀방울, 말방울, 매방울, 물방울, 비눗방울, 빗방울, 솔방울, 쇠방울, 왕방울(王), 은방울(銀), 이슬방울, 종방울(鐘), 죽방울[453], 줄방울(줄을 지어 달아맨 여러 개의 방울), 쥐방울, 쥐방울만하다(몸피가 작고 앙증스럽다), 콧방울, 청동방울(青銅), 침방울, 통방울(품질이 낮은 놋쇠로 만든 방울), 핏방울. ☞ 영(鈴). 적(滴).

방이(다) ①윷놀이에서 말을 방(윷판의 한가운데 밭)에 놓다. ¶뒤방이다. ②목표한 자리를 힘 있게 후려치다. ¶한 대 냅다 방이다. ③대비하다. ¶알아방이다(무슨 일의 낌새를 알고 미리 손을 쓰다).

방자 남이 못되기를 신에게 빌어 재앙을 내리게 하는 짓. ¶매골[454] 방자를 하였나(궁한 처지에 있는 사람을 일컫는 말). 방자질/하다, 방자하다.

방:자-고기 얇게 저며 양념을 하지 않고 소금만 뿌려서 구운 짐승의 고기.

방정 찬찬하지 못하고 몹시 가볍고 괴상하게 하는 말이나 행동. ¶방정을 떨다. 방정꾸러기, 방정꾼(=새줄랑이), 방정맞다(호들갑스럽다), 방정스럽다; 녹두방정(綠豆;버릇없이 까부는 말이나 행동), 오두방정(매우 방정맞은 행동), 입방정, 좁쌀방정(좀스럽고 경망스러운 짓) 들.

방짜 품질이 썩 좋은 놋쇠를 녹여 거푸집에 부은 다음, 다시 두드려서 만든 그릇. ¶방짜대야, 방짜유기(鍮器).

방통이 내기할 때 쏘거나 참새 따위를 잡는 데 쓰이는 작은 화살.

방퉁이 '바보'를 낮잡아 이르는 말.

밭[1] 물을 대지 아니하고 작물을 심어 가꾸는 땅. 무엇이 많이 들어찬 평지. ¶밭에서 일을 하다. 밭갈이, 밭걷이, 밭고누, 밭고랑/밭골, 밭곡식(穀)/밭곡(穀), 밭구실(밭을 부치고 내는 소작료), 밭귀(밭의 한쪽 귀퉁이), 밭길, 밭김[풀], 밭날갈이(며칠 동안 걸려서 갈 만큼 큰 밭), 밭농사(農事), 밭담, 밭도랑/밭돌, 밭도지(賭地), 밭두둑, 밭두렁, 밭둑[밭둑가, 밭둑길], 밭둔덕/길, 밭뒤다(밭을 거듭 갈다), 밭들(밭으로 된 들판), 밭떼기(밭에 있는 그대로 농작물을 거래하는 흥정), 밭뙈기(얼마 안 되는 보잘것없는 밭), 밭막(幕), 밭매기, 밭머리[밭머릿길, 밭머리쉼], 밭모, 밭모퉁이, 밭못자리, 밭문서(文書), 밭벼, 밭보리, 밭부침, 밭섶(밭의 가장자리), 밭알곡(穀), 밭이랑, 밭일, 밭작물(作物), 밭쟁이(채소 농사를 업으로 하는 사람), 밭주인(主人), 밭지대(地帶), 밭집, 밭들/길, 밭틀/길(밭이 있는 구획이나 지역), 밭팔다(여자가 정조를 팔다), 밭풀; 가시밭, 갈대밭, 갈치밭(갈치가 많이 잡히는 어장), 감탕밭(곤죽 같은 진흙 땅), 개밭(개흙이 많이 섞인 밭), 갯밭(갯가의 개흙밭), 개똥밭(땅이 건 밭), 계단밭(階段), 과수밭(果樹), 그루밭[455], 구름밭[456], 꽃밭, 꿀밭[밀원(蜜園)], 난밭(지정한 범위 밖의 바닥), 너덜밭(돌이 많이 흩어져 있는 비탈), 녹두밭(綠豆), 논밭, 눈밭[설원(雪原)], 대밭, 더기밭[457], 도짓밭(賭地), 돌밭, 돌서덜밭, 뒷밭, 디기밭(고원의 평지에 있는 밭), 따비밭(따비로 갈 수 있는 좁은 밭), 딸기밭, 떼밭, 띠밭, 마음밭[심전(心田)], 말밭[458], 메밀밭, 모래밭, 모밭[묘포(苗圃)], 목화밭(木花), 묵정밭/묵밭, 미역밭, 밀밭, 버섯밭, 보리밭, 부대밭[부대기. 화전(火田)], 뻘밭, 뽕밭, 사과밭(沙果), 사래밭, 삼밭, 새밭/억새밭(억새가 우거진 곳), 서덜밭[459], 소금밭, 솔밭[다복솔밭; 잔솔밭], 수박밭, 수수밭, 쑥대밭/쑥밭, 앞밭, 애솔밭, 약밭(藥), 염밭(鹽), 외밭, 원두밭(園頭), 인삼밭(人蔘), 자갈밭, 자드락밭, 잔돌밭, 잔디밭, 장찬밭(이랑이 매우 긴 밭), 조약밭(조약돌이 많은 밭이나 그러한 땅), 지뢰밭(地雷), 채마밭(菜麻), 채소밭(菜蔬), 채종밭(採種), 콩밭, 터앝(텃밭), 텃밭, 파밭, 포도밭(葡萄), 표밭(票), 풀밭, 화초밭(花草), 황토밭(黃土). ☞ 전(田).

밭[2] 윷이나 고누와 같은 것에서 말을 놓는 자리. ¶한 번에 세 밭을 가다. 말밭, 윷밭, 풋밭(도에서 윷밭까지의 밭) 들.

밭- 일부 명사 앞에 붙어 '바깥. 사내'의 뜻을 더하는 말.[←밖+앝]. ↔안-. ¶밭각(角), 밭걸이(↔안걸이), 밭깃털, 밭다리, 밭둘렛간(↔안둘렛간), 밭마당(바깥마당), 밭번지기(↔안번지기), 밭벽(壁), 밭부모(父母↔안부모), 밭사돈, 밭상제(喪制), 밭어버이(바깥어버이), 밭장다리, 밭재[외성(外城)], 밭주인(主人), 밭지밀(至密;임금이 거처하는 곳↔안지밀), 밭쪽(바깥쪽) 들.

¶붓방아 찧다. 붓방아질.

450) 안물방아: 물레바퀴의 가운데쯤에 물이 떨어지게 된 물레방아.

451) 앉은방아: 앉은 채로 궁둥이를 들썩이는 짓.

452) 입방아: 어떤 사실을 화제로 삼아 이러쿵저러쿵 자꾸 놀리는 일. ¶입방아를 찧다.

453) 죽방울: ①장구 모양의 작은 나무 도막에 실을 걸어 공중으로 올렸다 받았다 하며 노는 장난감. ¶죽방울 받다. ②주머니끈을 치는 데 쓰는 제구.

454) 매골방자(埋骨): 죽은 사람이나 짐승의 뼈를 묻어서 남이 못되기를 귀신에게 비는 짓.

455) 그루밭: 밀이나 보리를 베어 내고 다른 작물을 심은 밭.

456) 구름밭: 산등성이에 있는 뙈기밭.

457) 더기밭: 고원(高原)의 평평한 땅을 개간한 밭.

458) 말밭: 윷놀이나 고누 · 장기 따위에서 말이 다니는 길.

459) 서덜밭: 냇가나 강가에 돌이 많이 깔린 땅에 있는 밭. ¶온통 서덜밭으로 되다.

밭(다)[1] 액체가 바짝 줄어들어 말라붙다. ¶너무 가물어 냇물조차 밭아 버렸다. 바투[1]460), 밭이다[1], 바특하다461).

밭(다)[2] 건더기와 액체가 섞인 것을 체 같은 데에 부어서 국물만 받아 내다. ¶술을 체에 밭다(걸러내다). 잘 익은 술을 밭아 손님을 대접하였다. 콩국을 체에 밭다. 밭이다[2]('밭다'의 피동형), 밭치다('밭다'의 힘줌말), 바침술집(술을 많이 만들어 술장수에게 파는 것을 업으로 삼는 집).

밭(다)[3] ①너무 아껴서 인색하게 보이다. ¶돈에 밭으면 돈을 벌 기회가 멀어진다. 재물에 밭다. 강밭다462). ②시간·공간이 매우 가깝다. ¶떠날 날짜가 밭다. 밭은 일정. 천장이 밭아 머리에 닿을 듯하다. 거리가 너무 밭은 아파트의 숲. 바투[2]463), 밭은걸음, 밭은기침, 밭은소리, 밭은오금, 밭은자리; 발밭다(발바투, 발밭게), 살밭다(가족이나 친척 관계가 매우 가깝다), 피밭다(혈연 관계가 가깝다). ③길이가 짧다. ¶목이 매우 밭다. 밭은 키. 밭은 다리로 따라가느라 진땀을 뺐다. 다밭다464), 손밭다(손에 잡고 쓰기에 짧다), 앙밭다(매우 짧다). ④숨결이 가쁘고 급하다. ¶급히 뛰어오더니 밭은 숨을 몰아쉬었다. ⑤입이 지나치게 짧다. ¶입이 밭다. 음식에 밭다. ⑥어떤 사물에 열중하거나 즐기는 정도가 심하다. 탐닉이나 중독되다. ¶여자에 밭다. 술에 밭다. 재물에 밭다. 도박에 밭으면 패가망신이다. 바치다[2].

배[1] 척추동물의 위장 따위가 들어 있는 가슴과 골반 사이의 부분[복(腹)]. 짐승이 새끼를 낳는 횟수. '배처럼 불룩한'을 뜻하는 말. ¶배가 배고프다. 돼지가 한 배에 열 마리를 낳았다. 배가리개, 뱃가죽, 배고프다(출출하다), 배곯다, 뱃구레, 배껏(배의 양껏), 배꼽465), 배내-466), 배다[3][잉(孕)]467), 배다르다468), 뱃대/끈, 뱃덧[체증(滯症)], 배돛대469), 배두렁이470), 뱃두리(불룩하게 생긴 항아리)/합뱃두리, 배둥근끌, 배둥근대패, 배따다(생선의 배를 가르다), 배딱지, 배때기/배때, 배때벗다471), 배띠, 배래기/배래472), 배맞다(떳떳하지 못한 관계를 맺다), 배밀이(어린애가 배로 기어다니는 짓), 뱃바닥, 뱃병(病), 배부르다/배불리, 배부장나리(배가 불룩하게 나온 사람), 배불뚝이, 배붙이기473), 배붙이다(씨름에서, 서로 배를 대다), 배사림474), 배살하다(배를 앓다), 뱃살, 뱃속, 뱃숨(배에 힘을 주어 쉬는 숨), 배숨쉬기, 배슬다(아기를 배다)/슬리다, 뱃심475), 배아파하다(남이 잘되는 것을 언짢게 여기다), 배알(창자)476), 배앓이, 배어루러기477), 배재기(아이를 밴 여자), 배지, 배지기, 배지느러미, 뱃집(사람 배의 부피), 배탈(頉), 배퉁기다(몹시 우쭐해서 거만하게 행동하다), 배퉁이, 배허리(배와 허리), 배호흡(呼吸), 배흘림478), 배흡반(吸盤), 배힘(배에 주는 힘), 발기름479), 발채480); 각배(各), 갈치배(날씬한 배), 거위배[회통(蛔痛)], 꾀배, 냉배(冷), 늦배, 단배481), 동이배(동이처럼 불룩하게 나온 배), 뒷배482), 똥배, 맏배, 맹꽁이배, 물배, 복의배483), 북통배(筒;불룩한 배), 생배앓다(生), 아랫배, 올챙이배(똥똥하게 내민 배), 윗배, 자라배[복학(腹瘧)], 장구통배(장구통처럼 몹시 부른 배), 젖배(젖먹이의 배), 종배(終↔첫배), 중배(中), 첫배, 한배484), 헛배, 횟배(蛔). ☞ 복(腹).

배[2] 사람·물건을 싣고 물 위로 떠다니는 물건. 선박(船舶). ¶배를 물에 띄우다. 뱃간(間), 뱃강(江), 뱃고동, 뱃고물, 뱃고사(告祀), 배구멍, 뱃길, 배꼴(배 모양), 배나루, 배낚시, 뱃노래, 뱃놀이, 뱃놈, 배다리(부교(浮橋)), 배다릿집, 뱃도랑[선거(船渠)], 뱃마루, 뱃말/배말뚝(배를 매어 놓는 말뚝), 배매기, 배맬터, 뱃머리, 뱃머슴, 뱃멀미, 배무이(배를 뭇는 일), 뱃바닥, 뱃바람, 뱃밥485), 배붙이다(배를 나루턱이나 선창에 대다), 뱃사공/질/하다, 뱃사람, 뱃삯, 뱃삼(배의 바닥에 댄 널. 삼[3]), 뱃소리, 배승강기(昇降機), 배쌈486), 뱃일/하다, 뱃자반, 뱃장(나무배의 안쪽 바닥), 뱃장사/하

460) 바투[1]: 물이 많지 않고 적게. 바특하게.

461) 바특하다: 음식의 국물이 흥건하지 않고 톡톡하다. ¶국물이 바특이 졸다. 바특이(바특하게).

462) 강밭다: 몹시 야박하고 인색하다. ¶동네에서 강밭기로 이름난 사람이 무슨 마음을 먹었는지 거액의 장학금을 내놓았다.

463) 바투[2]: ①두 물체의 사이가 썩 가깝게.≒가까이. ¶좀더 옆으로 바투 앉아라. 바투보기, 바투보기눈(근시안); 발바투. ②시간이나 길이가 아주 짧게. ¶결혼 날짜를 너무 바투 잡다. 이마가 너무 바투 생기다. [←밭(다)[近]+우].

464) 다밭다: 길이가 몹시 짧다. ¶자라처럼 다밭은 목. 털이 다밭은 강아지.

465) 배꼽: 배 한가운데에 있는, 탯줄을 끊은 자리. 식물이 열매에서 꽃받침이 떨어진 자리. ¶배꼽노리(배꼽이 있는 언저리나 그 부위), 배꼽마당(아주 좁은 마당), 배꼽시계(時計;배가 고픈 느낌으로 끼니 때 따위를 헤아리는 일), 배꼽쟁이, 배꼽점(占), 배꼽점(點), 배꼽참외, 배꼽춤, 배꼽티(T).

466) 배내-(어머니의 배 안에 있을 때부터의 것): 배냇교인(敎人), 배냇냄새, 배냇니(젖니), 배내똥, 배냇머리, 배냇물, 배냇버릇, 배냇병신(病身), 배냇불행(不幸;타고난 불행), 배냇손톱, 배내옷(깃저고리), 배내웃음(배냇짓), 배냇저고리, 배냇적, 배냇짓/하다, 배내털.

467) 배다[3]: ①뱃속에 아이나 새끼 또는 알을 가지다.≒잉태하다. 임신하다. ¶새끼를 배다. 물고기가 알을 배다. 배슬리다(여자가 아이를 배게 하다); 알배기. ②식물이 줄기 속에 이삭을 가지다. ¶알배다(알을 가지다. 곡식의 알이 들다).

468) 배다르다: 아버지는 같으나 어머니가 다르다. ¶배다른 동생.

469) 배돛대: 살판(땅재주)에서 손을 짚어 땅에 배를 수평으로 한 자세에서 팔의 힘만으로 일어나는 동작.

470) 배두렁이: 어린아이의 배만 겨우 가리는 작은 두렁이.

471) 배때벗다: 말씨나 행동이 아주 거만하고 반지빠르다(교만스러워서 밉살스럽다).[←배의 때를 벗다]. ¶돈푼깨나 벌었다고 배때벗게 구는 졸부를 보자니 속이 뒤집히는군.

472) 배래기: ①물고기의 배의 부분. ¶붕어배래기. ②한복의 옷소매 아래쪽에 물고기의 배처럼 불룩하게 둥글린 부분. 〈준〉배래. ¶배래선(線); 소맷배래기.

473) 배붙이기: 명주 올이 거죽으로 나오고 무명 올이 안으로 가게 짠 피륙.

474) 배사림: 땅재주에서, 팔을 짚고 다리를 뻗고 배를 살짝 땅에 대는 동작.

475) 뱃심: ①조금도 굽히지 않고 소신대로 밀고 나가거나 고집대로 버티어 내는 힘. ②마음속으로 다지는 속셈. ③배에서 우러나오는 힘.

476) 배알: 곧은배알, 돌배알, 작은배알, 큰배알.

477) 배어우러기: 배에 난 털의 빛깔이 얼룩얼룩한 짐승.

478) 배흘림: 기둥의 중간이 배가 부르고 아래위로 가면서 점점 가늘어지게 만드는 방법. 배흘림기둥.

479) 발기름: 짐승의 배에 붙어 있는 기름.

480) 발채: 소의 배에 붙어 있는 기름. §'발:채'는 지게에 얹어 짐을 담는 기구.

481) 단배: 음식을 달게 많이 먹을 수 있는 배. ¶단배를 곯리다. 단배를 주리다.

482) 뒷배: 겉으로 나서지 아니하고 뒤에서 보살펴 주는 일. ¶고아들의 뒷배를 보아 주다.

483) 복의배: 복의 배같이 부르다는 뜻으로, 배가 똥똥한 사람. 재산이 많은 사람을 놀리는 말.

484) 한배: 한 태(胎)에서 태어나거나 동시에 여러 알에서 깬 새끼.

485) 뱃밥: 배에 물이 새어들지 못하게 틈을 메우는 물건.

486) 배쌈: 뱃바닥의 가장자리에 빙 둘러싸서 붙여 올린, 배의 벽을 이루는 부분.[←배+싸(다)+ㅁ]. ¶파도가 거치니 배쌈을 꽉 잡아라.

다, 뱃장수, 뱃장작(長斫), 뱃전, 뱃줄, 뱃증(症), 뱃지게(뱃짐을 지는 지게), 배질/하다[487], 뱃짐, 배창(窓), 배치성(致誠), 배코숭이(배의 앞머리 부분), 배터, 배편(便;배가 오고가는 편), 배폭(幅), 배표(票), 배허리(배의 한가운데 부분), 배흘림낚시; 가죽배(골조 위에 짐승 가죽을 붙인 배), 갈대배, 강배(江;강에서 다니는 배), 거룻배(돛이 없는 작은 배), 고기잡이배/고깃배, 고무배, 골배질, 구유배(통나무를 파서 구유처럼 만든 배), 그림배, 기름배, 꽁댕이배, 꽃배, 끌배(예인선), 나룻배[488], 나무배, 낙지배, 낚싯배, 널배[489], 놀잇배, 닻배(고기잡이 장치의 하나), 돛단배/돛배, 떼배(뗏목처럼 만든 배), 뜸집배[490], 띠배(바다에서 나는 띠로 엮은 배), 머구리배[491], 몰잇배(고기잡이에서 몰이를 맡은 배), 물윗배(강에서 다니는 뱃전이 낮고 바닥이 평평한 배), 밤배, 뾰족배, 싸움배, 장도릿배, 조각배, 조깃배, 조운배(漕運), 종이배, 주낙배, 짐배, 쪽배(통나무를 쪼개어 속을 파서 만든 작은 배), 찻배(車;차를 실어 나르는 배), 통통배(똑딱선), 흙배[토선(土船)]. ☞ 주(舟). 선(船).

배³ 배나무의 열매. ¶배 먹고 이 닦기(좋은 일이 거듭해서 생기게 되는 경우). 배꽃, 배나무, 배숙(熟)[492], 배술, 배씨, 배정과(正果), 배즙(汁), 배화채(花菜)[493]; 꿀배, 단배, 돌배, 돌배나무, 똘배, 묵이배(따서 오래 묵힐수록 맛이 좋아지는 배), 문배(문배나무의 열매)[문뱃내[494], 문배주(酒)], 아그배[495], 병배(瓶), 열배(덜 익은 풋배), 참배, 팥배(팥배나무의 열매), 풋배. ☞ 이(梨).

배- 형용사 앞에 붙어, '몹시. 아주'의 뜻을 나타내는 말. ¶배젊다(나이가 아주 젊다), 배·비좁다(자리가 몹시 좁다) 들.

배(配) '짝. 짝짓다. 나누다. 귀양 보내다'를 뜻하는 말. ¶배관(配管;관을 배치함), 배광(配光;조명하기 위하여 어떤 물체에 빛을 보냄), 배구(配球;공을 조절하여 던지는 일), 배근(配筋;철근을 설계대로 배열함), 배급(配給)[496], 배달(配達)[497], 배당(配當)[498], 배도(配島), 배려(配慮)[499], 배료(配料), 배목(配木), 배문(配文), 배병(配兵), 배본(配本), 배부(配付)[배부처(處), 배부하다; 무상배부(無償)], 배부(配賦), 배분(配分)[배분법칙(法則), 배분적정의(正義); 비례배분(比例)], 배비(配備), 배색(配色), 배선(配船), 배선(配線)[500], 배소(配所), 배속(配屬), 배송(配送), 배수(配水), 배수(配囚), 배식(配食;음식을 몫몫이 줌), 배여(配與), 배역(配役), 배열(配/排列), 배우(配偶)[501], 배위(配位)[배위결합(結合), 배위설(說), 배위수(數)], 배의(配意), 배적(配謫), 배전(配電;전력이나 전류를 공급함), 배점(配點;점수를 배정함), 배정/되다/하다(配定;나누어서 몫을 정하다), 배제(配劑), 배진(配陣), 배차(配車), 배책(配冊), 배치(配置)[502], 배포(配布), 배필(配匹)[천생배필(天生)], 배합(配合)[503], 배향(配享)[504]; 감배(減配), 계배(繼配;後室), 교배/종(交配/種), 구배(勾配;물매), 균배(均排), 도배(到配), 도배(島配), 도배(徒配), 도배(道配), 득배(得配), 무배(無配), 발배(發配), 분배(分配), 사배(四配), 상배(喪配), 송배(送配), 수배(手配), 수배(受配)[수배령(令), 수배자(者); 지명수배(指名)], 안배(按配/排), 원배(元配;죽거나 이별한 첫 아내), 원배(遠配), 유배(有配), 유배(流配), 이배(移配), 작배(作配), 장배(杖配), 전배(前配), 정배(正配;嫡妻), 정배(定配)[감사정배(減死)], 증배(增配), 지배(支配)[505], 지배(遲配), 직배(直配), 집배(集配), 초배(初配), 택배(宅配), 특배(特配), 편배(編配), 해배(解配), 형배(刑配), 후배(後配) 들.

배(輩) '어떤 일로 무리(떼)·동아리를 이룬 사람'을 뜻하는 말. ¶배출(輩出)[506], 배행(輩行); 간녕배(奸佞輩), 간상배(奸商輩), 간세배(奸細輩), 간신말배(奸臣末輩), 간신배(奸臣輩), 강도배(强盜輩), 강탈배(强奪輩), 곤두배, 관료배(官僚輩), 관리배(官吏輩), 관원배(官員輩), 괴뢰배(傀儡輩), 군소배(群小輩), 궁교배(窮交輩), 노배(奴輩), 노배(老輩), 당배(黨輩), 도배(徒輩), 도박배(賭博輩), 독점배(獨占輩), 동배(輩同), 동년배(同年輩), 동접배(同接輩), 마주배(馬主輩), 망국배(亡國輩), 모리배(謀利輩), 모산지배(謀算之輩), 무뢰배(無賴輩), 무치배(無恥輩), 부랑배(浮浪輩), 불량배(不良輩), 붕배(朋輩), 사기배(詐欺輩), 상고배(商賈輩), 상로배(商路輩), 상한배(常漢輩), 서배(鼠輩), 선배(先輩), 소배(少輩), 소년배(少年

---

487) 배질: ①노를 저어 배를 가게 함. 또는 그 일. ¶골배질(나루의 얼음을 깨어 뱃길을 만들고 배를 건너게 하는 일). ②앉아서 끄덕끄덕 조는 것을 놀리는 말.

488) 나룻배: 나루와 나루 사이를 오가며 사람이나 짐 따위를 실어 나르는 작은 배.

489) 널배: 널빤지로 만든 배. 벌에서 작업할 때 사용함.

490) 뜸집배: 띠나 부들 따위로 엮어 배 위의 방을 덮은 배.

491) 머구리배: 해녀가 해물을 따는 데 쓰는 배. 잠수선.

492) 배숙(熟): 배의 껍질을 벗기고 통으로 삶은 뒤, 통후추를 드문드문 박고 끓인 꿀물에 담근 음식.

493) 배화채(花菜): 배를 얇게 썰어 꿀이나 설탕에 재었다가, 꿀을 탄 오미자국에 넣고 실백(實柏;잣)을 띄운 화채.

494) 문뱃내: 술 취한 사람의 입에서 나는 냄새. 문배의 냄새와 비슷하여 이르는 말.

495) 아그배: 아그배나무의 열매. 배와 비슷하나 아주 작고 맛이 시며 떫음. [←아그/아기+배].

496) 배급(配給): 나누어 줌. 물자의 분배. ¶배급소(所), 배급제(制), 배급처(處), 배급표(票), 배급품(品); 미배급(未), 특별배급(特別).

497) 배달(配達): 물품을 가져다가 돌라줌. ¶배달부(夫), 배달하다(돌리다); 신문배달(新聞), 우유배달(牛乳), 우편배달(郵便).

498) 배당(配當): 일정한 사물을 알맞게 벼르거나 별러서 줌. 주식회사가 이익금을 주주에게 몫몫이 나누어 주는 일. ¶배당금(金)[거치배당금(据置), 이익배당금(利益)], 배당락(落), 배당률(率), 배당변제(辨濟), 배당보증(保證), 배당부(附), 배당소득(所得), 배당안(案), 배당요구(要求), 배당주(株); 무배당(無配當), 미배당(未), 이익배당(利益), 재배당(再), 주권배당(株券), 주식배당(株式), 차등배당(差等), 특별배당(特別)/특배(特配).

499) 배려(配慮): 여러모로 자상하게 마음을 씀. 염려해 줌. 배의(配意). ¶불편함이 없도록 각별히 배려하다.

500) 배선(配線): 전선(電線)을 끌어다 닮. ¶배선공사(工事), 배선도(圖), 배선반(盤), 배선손료(損料), 배선함(函); 인쇄배선(印刷).

501) 배우(配偶): 부부로서의 짝. 배필(配匹). ¶배우상속인(相續人), 배우생식(生殖), 배우자(子)[배우자접합(接合); 동형배우자(同形), 웅성배우자(雄性), 이형배우자(異形)], 배우자(者), 배우체(體).

502) 배치(配置): ①사람을 알맞은 자리에 나누어 앉힘. ¶적재적소로 배치되다. ②물건을 알맞은 자리에 나누어 둠. ¶책상의 배치. 배치도(圖); 기압배치(氣壓), 재배치(再).

503) 배합(配合): 이것저것을 일정한 비율로 알맞게 섞어 합침. ¶배합금기(禁忌), 배합되다/하다, 배합률(率), 배합비료(肥料), 배합사료(飼料), 배합토(土); 부배합(富), 빈배합(貧), 음양배합(陰陽).

504) 배향(配享): 지난날, 신주를 종묘(宗廟)에 모시던 일. 학덕이 있는 사람의 신주를 문묘나 서원 따위에 모시던 일. ¶배향하다/되다; 묘정배향(廟庭).

505) 지배(支配): 지배계급(階級), 지배권(權), 지배인(人), 지배자(者), 지배적(的), 지배층(層); 피지배(被).

506) 배출(輩出): 인재가 잇달아 나옴. ¶뛰어난 인재가 배출되다. 배출되다/하다.

輩), 소소배(宵小輩), 소인배(小人輩), 속배(俗輩), 속류배(俗流輩), 속학배(俗學輩), 시배(時輩), 시정배(市井輩), 시정잡배(市井雜輩), 아배(兒輩), 아배(我輩;우리들), 약소배(弱小輩), 여배(汝輩;너희들), 여배(余輩;우리들), 연배(年輩), 연소배(年少輩), 엽관배(獵官輩), 요배(僚輩), 우배(友輩), 이배(吏輩), 잠채배(潛採輩), 잡배(雜輩), 잡류배(雜類輩), 장사배, 적배(賊輩), 전배(前輩), 정례배(丁隸輩), 정상배(政商輩), 정치배(政治輩), 중년배(中年輩), 제배(儕輩), 중로배(中老輩), 중로배(中路輩), 치기배, 침략배(侵掠輩), 탐오배(貪汚輩), 탐욕배(貪慾輩), 탐정배(探偵輩), 토호배(土豪輩), 평교배(平交輩), 폭력배(暴力輩), 하례배(下隸輩), 하속배(下屬輩), 하인배(下人輩), 하천배(下賤輩), 학구배(學究輩), 협잡배(挾雜輩), 호서배(狐鼠輩;간사하고 못된 무리), 후배(後輩) 들.

배(拜) '절 · 절하다. 공손히 무엇을 하다'를 뜻하는 말. ¶배견(拜見), 배계(拜啓), 배계절(拜階節)[507], 배관(拜觀), 배궤(拜跪;절하고 꿇어앉음), 배금(拜金), 배기(排氣), 배단(拜壇), 배독(拜讀), 배람(拜覽), 배령(拜領), 배례(拜禮), 배문(拜聞), 배물(拜物教), 배백(拜白), 배별(拜別;공경하는 사람과의 작별), 배복(拜伏), 배복(拜覆/復), 배사(拜賜), 배사(拜謝), 배사(拜辭), 배상(拜上), 배상(拜相), 배석(拜席;절하는 데 까는 자리), 배소(拜掃), 배송(拜送;공손히 보냄), 배송(拜誦), 배수(拜手), 배수(拜受), 배승(拜承;삼가 받거나 듣는 것), 배안(拜顔), 배알(拜謁), 배외(拜外), 배정(拜呈), 배제절(拜除切), 배진(拜診), 배진(拜塵), 배찰(拜察), 배청(拜聽), 배품(拜稟), 배피(拜披), 배하(拜賀), 배하다, 배화교(拜火教); 각배(各拜), 경배(敬拜), 곡배(曲拜), 교배(交拜), 궤배(跪拜), 근배(謹拜), 나배(羅拜), 납배(納拜), 단배(單拜), 단배(團拜), 답배(答拜), 대배(大拜), 도배(都拜), 망배(望拜), 면배(面拜), 묵배(黙拜), 백배(百拜), 복배(伏拜)), 사배(四拜), 삼배(三拜), 세배(歲拜)[508], 세일배(歲一拜), 숙배(肅拜)[사은숙배(謝恩)], 숭배(崇拜), 예배(禮拜), 요배(遙拜), 재배(再拜)[계상재배(稽顙), 계수재배(稽首), 돈수재배(頓首), 황공재배(惶恐)], 전배(展拜), 진배(進拜), 참배(參拜), 첨배(瞻拜), 청상배(廳上拜), 초배(超拜), 추배(趨拜), 하배(下拜), 하정배(下庭拜), 향배(向拜), 허배/일(虛拜/日) 들.

배(背) '등. 뒤[후(後)]. 어기다'를 뜻하는 말. ¶배강(背講;돌아앉아서 욈), 배경(背景;뒤쪽의 경치. 주위의 정경)[배경음악(音樂), 배경조명(照明)], 배광(背光;後光), 배광성(背光性), 배교(背教), 배근(背筋), 배낭(背囊), 배덕(背德;도덕에 어그러짐), 배도(背道), 배독(背讀), 배려(背戾;배반되고 어그러짐), 배륜(背倫), 배리(背理;도리에 어긋남), 배면(背面;뒷쪽), 배무(背舞), 배문자(背文字), 배반(背反;모순)[배반하다; 이율배반(二律)], 배반(背反/叛;믿음과 의리를 저버리고 돌아섬)[배반되다/하다, 배반자(者), 배반죄(罪)], 배부(背部;등 부분), 배사(背斜)[509], 배산임수(背山臨水), 배서(背書;뒷보증), 배송(背誦), 배수진(背水陣;물을 등지고 치는 진), 배신(背信)[배신감(感), 배신자(者), 배신하다, 배신행위(行爲)], 배심(背心), 배압(背壓), 배약(背約), 배역(背逆), 배영(背泳), 배은/망덕(背恩/忘德), 배음(背音;배경음악), 배일성(背日性), 배임/죄(背任/罪), 배점(背點), 배제(背題), 배종(背腫), 배지성(背地性), 배진(背進), 배창(背瘡;등창), 배척(背脊), 배치(背馳)[510], 배통(背痛), 배판(背板;등널), 배풍(背風), 배한(背汗), 배한(背寒), 배혁(背革), 배후(背後)[배후관계(關係), 배후세력(勢力)], 배훼(背毁); 광배(光背), 면종복배(面從腹背), 복배(腹背), 비배(碑背), 산배(山背), 수배(手背;손등), 위배(違背), 지배(紙背), 향배(向背), 흉배(胸背) 들.

배(排) '물리치다. 밀다/밀어내다. 벌여 놓다'를 뜻하는 말. ¶배각(排却), 배격(排擊), 배구(排球), 배균/자(排菌/者), 배기(排氣)[511], 배농(排膿), 배뇨(排尿), 배란(排卵), 배립(排立), 배문(排門), 배변(排便;똥을 눔), 배불(排佛), 배비(排比), 배사문(排沙門), 배삭(排朔), 배설(排泄), 배설(排設), 배설(排雪), 배수(排水)[512], 배연(排煙;연기를 뽑아내는 것), 배열(排列;죽 벌여 놓음), 배외(排外;꺼리어 물리침), 배월(排月), 배율(排律), 배일(排日), 배자(排字), 배정(排定;여러 군데로 나누어 벌여 놓음), 배제(排除;장애가 되는 것을 없앰), 배중(排中), 배차(排次), 배참(排站), 배척(排斥;반대하여 물리침), 배출(排出)[513], 배치(排置;갈라 나누어 늘어놓음), 배타(排他)[514], 배포(排布/鋪)[515], 배풍(排風), 배해처분(排害處分), 배화(排貨), 배회(徘徊); 고배(高排;과일 · 음식을 그릇에 높이 굄), 공배(空排), 균배(均排), 단배(壇排), 상배(床排), 안배(按排/配), 위배(圍排), 입배(入排), 진배(進排), 철배(撤排), 호배(戶排) 들.

배(盃/杯) 술 · 음료수의 잔 수를 세는 말. '잔. 잔 모양'을 뜻하는 말. ¶술 일 배. 배반(杯盤), 배주(杯酒); 각배(角杯), 건배(乾杯), 경배(傾杯), 계배(計杯), 계영배(戒盈杯;절주배), 고배(高杯), 고배(苦杯), 권배(勸盃/杯), 금배(金杯), 나배(螺杯;소라껍데기로 만든 술잔), 납배(納杯), 답배(答盃), 대배(大杯/盃), 독배(毒杯/盃), 말배(末杯), 목배(木杯), 백옥배(白玉杯), 벌배(罰杯), 별배(別杯;이별할 때 나누는 술잔), 사배(賜杯), 상배(賞杯/盃), 성배(聖杯), 수삼배(數三杯/盃), 순배(巡杯), 쌍도배(雙桃杯), 안배(眼杯), 압수배(壓手杯;전두리가 밖으로 벌어진 잔), 앵무배(鸚鵡杯), 옥배(玉杯), 우승배(優勝盃/杯), 은도배(銀桃杯), 은배(銀杯), 일배주(一杯酒), 전배(前杯), 절주배(節酒杯), 종배(終杯), 주령배(酒令杯), 주

---

507) 배계절(拜階節): 계절(階節;무덤 앞의 평평한 땅)보다 한 층을 낮추어, 절하기 위해서 만든 무덤 앞의 평평한 자리.

508) 세배(歲拜): 세배꾼, 세뱃돈, 세배상(床); 기세배(旗), 묵은세배.

509) 배사(背斜): 물결 모양으로 습곡(褶曲)이 진 지층의 봉우리 부분.↔향사(向斜). ¶배사곡(谷), 배사구조(構造), 배사축(軸).

510) 배치(背馳): 서로 반대가 되어 어긋남. 이론과 실제가 배치되다. 배치되다/하다.

511) 배기(排氣): 속에 든 공기, 가스, 증기 따위를 밖으로 뽑아 버림. ¶실내 배기 장치. 배기가스(gas), 배기갱(坑), 배기관(管), 배기구(口), 배기기(機;배기펌프), 배기량(量), 배기밸브(valve), 배기속도(速度), 배기종(鐘), 배기터빈(turbine), 배기통(筒), 배기판(瓣), 배기행정(行程).

512) 배수(排水): 안에 있거나 고여 있는 물을 밖으로 퍼내거나 다른 곳으로 내보냄. 물 빼기. ¶배수고(물꼬), 배수관(管), 배수구(口), 배수구(溝), 배수기준(基準), 배수량(量), 배수성(性), 배수세포(細胞), 배수장(場), 배수장치(裝置), 배수조직(組織), 배수지(池), 배수통(筒), 배수현상(現象).

513) 배출(排出): 불필요한 물질을 밀어서 밖으로 내보냄. ¶공해 배출 업소를 적발하다. 배출구(口), 배출형(型).

514) 배타(排他): 남이나 다른 생각 따위를 배척함. ¶배타 사상. 배타성(性), 배타심(心), 배타적(的), 배타주의(主義).

515) 배포(排布/鋪): 궁리를 하여 일을 이리저리 조리 있게 계획하는 것. 또는 그 마음. 배짱이나 담력. ¶사태가 불리해지자 슬며시 딴 배포를 차리게 되었다. 배포가 유(柔)하다(조급하게 굴지 않고 성미가 유들유들하다). 배포가 두둑하다. 배포가 크다(도량과 담력이 크다).

배(酒杯), 집배(執杯), 첨배(添杯), 축배(祝杯), 파배(杷杯), 폭배(暴/杯盃), 필배(畢杯), 헌배(獻杯) 들.

배(胚) 발생의 초기 생물체. 씨눈. ¶배공(胚孔), 배구(胚球), 배기(胚期), 배낭/세포(胚囊/細胞), 배막(胚膜), 배반(胚盤), 배병(胚柄), 배세포(胚細胞), 배아/미(胚芽/米), 배엽(胚葉)[내배엽(內), 외배엽(外)], 배유(胚乳)[내배유(內), 외배유(外)], 배잉(胚孕), 배자(胚子), 배젖(씨젖), 배주(胚珠;밑씨), 배축(胚軸), 배태(胚胎); 낭배(囊胚), 상실배(桑實胚), 신경배(神經胚), 전배(前胚), 포배(胞胚) 들.

배(陪) '모시다'를 뜻하는 말. ¶배객(陪客), 배관(陪觀), 배리(陪吏), 배방(陪房), 배빈(陪賓;陪客), 배석(陪席;웃어른을 모시고 자리를 함께함), 배성(陪星), 배수(陪隨), 배승(陪乘), 배시(陪侍), 배식(陪食;웃어른을 모시고 함께 음식을 먹음), 배신(陪臣), 배심(陪審)[배심원(員), 배심재판(裁判), 배심제도(制度)], 배위(陪衛), 배장품(陪葬品), 배종(陪從), 배준(陪罇), 배하인(陪下人), 배행(陪行;윗사람을 모시고 따라감. 배웅), 배호(陪扈); 별배(別陪), 부련배(副輦陪), 수배(隨陪), 시배(侍陪), 인배(引陪), 전배(前陪), 정련배(正輦陪), 향배(香陪), 후배(後陪) 들.

배:(倍) 갑절 또는 곱절. 곱하다. 같은 수량을 나타내는 단위. ¶값이 배나 비싸다. 힘이 두 배는 든다. 배가(倍加), 배구(倍舊), 배도겸행(倍道兼行), 배등(倍騰), 배량(倍量), 배사(倍徙), 배수(倍數), 배승(倍勝), 배액(倍額), 배율(倍率), 배음(倍音), 배입(倍入), 배잦다(보통보다 배 이상 잦다), 배전(倍前;전보다 더욱 더함), 배증(倍增;갑절로 늚), 배진(倍振), 배징(倍徵), 배출(倍出), 배판(倍判); 백배(百倍) 들.

배(褙) '속적삼'을 뜻하는 말. ¶배자(褙子)[양피배자(羊皮), 잘배자, 털배자], 배접하다(褙接;종이나 헝겊 따위를 여러 겹 포개어 붙이다), 배판(褙板), 배포(褙布;배악비); 도배(塗褙)[도배공(工), 도배지(紙), 도배하다], 반배(半褙), 초배(初褙) 들.

배(坏) '아직 굽지 않은 질그릇이나 기와'를 뜻하는 말. ¶배야(坏冶), 배차(坏車;녹로), 배토(坏土); 납배(拉坏;손물레로 도자기를 빚는 일), 주배(做坏;도자기의 몸을 만드는 일) 들.

배(培) '북돋우다. 가꾸다. 기르다(양성하다)'를 뜻하는 말. ¶배근(培根), 배식(培植;식물을 심어 가꿈), 배양(培養)[516], 배지(培地), 배토(培土); 비배/관리(肥培/管理), 재배(栽培) 들.

배(俳) '광대(연극이나 판소리·줄타기 등을 하는 사람). 배우'를 뜻하는 말. ¶배우(俳優)[517], 배창(俳倡;광대) 들.

배(湃) '물결이 이는 모양'을 뜻하는 말. ¶팽배하다(澎/彭湃;큰 물결이 서로 부딪쳐 솟구침. 맹렬한 기세로 일어남).

516) 배양(培養): 식물을 북돋아 기름. 인격, 역량, 사상 따위가 발전하도록 가르치고 키움. 미생물 따위를 가꾸어 기름. ¶농작물 배양. 국력 배양. 미생물 배양 실험. 배양되다/하다, 배양기(基;미생물을 배양하는 데 쓰는 영양물), 배양기(器), 배양세포(細胞), 배양액(液), 배양지(地), 배양처(處), 배양토(土); 사배양(沙), 순수배양(純粹), 액체배양(液體), 조직배양(組織).

517) 배우(俳優): 가극배우(歌劇), 남배우(男), 단역배우(端役), 명배우(名), 성격배우(性格), 아역배우(兒役), 여배우(女), 연극배우(演劇), 영화배우(映畵), 조연배우(助演), 주연배우(主演).

배(焙) '불에 쬐다. 말리다'를 뜻하는 말. ¶배건(焙乾), 배다(焙茶), 배롱/질(焙籠), 배소(焙燒) 들.

배(徘) '노닐다. 어정거리다'를 뜻하는 말. ¶배회(徘徊;목적 없이 이리저리 거닒).

배(賠) '물어 주다'를 뜻하는 말. ¶배상(賠償)[518].

배가닥 작고 단단한 물건이 서로 닿아서 갈릴 때 나는 소리. 〈큰〉 비거덕[519]/비걱. 〈센〉 빼까닥. 〈준〉 배각. ¶배가닥/배각·비거덕/비걱·빼각·빼깍·삐걱·삐꺽거리다/대다. 빼가닥[520].

배갈 수수를 원료로 빚은 중국식 소주. 고량주(高粱酒).

-배기/빼기 몇몇 명사 뒤에 붙어 '그것이 들어 있거나 차 있음·그런 물건. 그런 특성이 있는 사람이나 물건·속됨·꼭대기' 또는 '그 나이를 먹은 아이'의 뜻을 더하는 말. '-박이'와 동근어.[←박히(다)]. ¶가짜배기(假), 고정배기(孤貞), 공짜배기, 굳짜배기, 귀퉁배기(귀퉁머리), 꽈배기, 나이배기, 날배기, 느루배기, 늦배기, 달배기, 대짜배기(大), 댓살배기, 바우배기, 서낭당배기, 알배기, 알짜배기, 양코배기(洋), 언덕배기, 0살배기, 육자배기(六字)',², 익살배기, 잔돌배기, 장승배기, 주정배기(酒酊), 진짜배기(眞), 차돌배기, 코배기(코가 큰 사람), 포배기, 혀짤배기, 화주배기, 황토배기(黃土); 고들빼기, 곱빼기, 과녁빼기, 구석빼기, 그루빼기, 깔빼기, 낮빼기, 대갈빼기, 머리빼기, 밥빼기, 아갈빼기, 악착빼기(齷齪), 얽둑·얽둑빼기, 얽작빼기, 억척빼기, 얼룩빼기, 얽적빼기, 옮족빼기, 얽죽빼기, 외줄빼기, 이마빼기, 잔등빼기, 재빼기(재의 꼭대기), 정빼기(頂), 코빼기(코를 낮잡아 이르는 말), 키빼기 들.

배기(다)¹ ①어려운 일을 잘 참고 견디다. ¶남의 말을 하지 않고는 못 배기는 성미. 혹독한 훈련을 배겨낸 선수들은 경기마다 이겼다. 배겨나다/내다; 포배기다(한 것을 자꾸 되풀이하다). ②어떤 동작을 꼭 하고야 맒을 이르는 말. ¶하루라도 너를 보지 않고는 배길 수 없어.[+부정어].

배기(다)² ☞ 박다.

배내 남의 가축을 길러 다 자라거나 번식된 뒤에 주인과 나누어 가지는 일. 반양(半養). ¶배냇닭, 배냇돼지, 배냇소. ☞ '배내-(어머니의 배 안에 있을 때부터의 것)'는 '배'.

배내리 시집간 색시가 친정에 가서 어른들을 뵘. ¶그녀는 어제 신혼여행에서 돌아와 오늘 아침 큰댁에 배내리를 하러 갔다.

배(다)¹ ①어떤 물체가 액체나 냄새와 같은 것을 가지다.≒스미다.

518) 배상(賠償): 권리를 침해에 대한 손해를 물어 주는 일. ¶배상국(國), 배상권리자(權利者), 배상금(金), 배상명령(命令), 배상시설(施設), 배상액(額), 배상의무/자(義務/者), 배상주의(主義), 배상청구권(請求權), 배상하다(무리꾸럭하다); 가공배상(加工), 국가배상(國家), 노무배상(勞務), 손해배상(損害), 역무배상(役務).

519) 비거걱: 나무나 딱딱한 물건이 서로 닿으면서 쓸릴 때 거칠고 조금 느리게 나는 소리. 〈센〉삐거걱/삐걱. 〈준〉비걱. ¶대문이 비거걱 열리다. 비거걱거리다/대다/하다.

520) 빼가닥: 나무나 딱딱한 물건이 서로 닿으면서 쏠릴 때 조금 거칠고 작게 나는 소리.=빼궁. 빼그극. 〈준〉빼각. 〈큰〉삐거덕.

¶종이에 기름이 배다. 배어나다[521], 배어들다(스며들다); 내배다(속에서 스미어 젖어 나오다), 습배다(조금씩 안으로 스미어 배다)/배이다. ②버릇이 되어 익숙해지다. ¶몸에 밴 버릇.

배(다)² ①사이가 좁고 촘촘하다.↔성기다. ¶모를 배게 심다. 배·비좁다(자리가 매우 좁다); 톡배다(피륙의 톡톡한 맛이 있게 촘촘하다). ②속이나 안이 꽉 들어차다. ③소견이 좁다.

배(다)³ 동물이 배 속에 새끼를 가지다. ☞ 배¹. 잉(孕).

배달 옛날 우리나라의 이름.[←밝(다)+달(땅)]. ¶배달겨레, 배달나라, 배달말, 배달민족(民族).

배-돌다 한데 어울리지 아니하고 동떨어져 행동하다. 탐탁하지 않아 가까이하기를 조금 꺼려하다. 〈큰〉베돌다. ¶모두 배돌기만 하니 모임이 잘될 리가 없다. 베돌던 닭도 때가 되면 홰 안에 찾아 든다. 배·베돌이(베도는 사람).

배동 곡식이 알을 배어 이삭이 패려고 대가 불룩하여지는 현상.[←배다³]. ¶배동이 서다. 배동바지(벼의 이삭이 나오려고 대가 불룩해질 무렵).

배뚜리 주로 부엌에서 쓰는, 밑이 좁고 아가리가 넓은 항아리. ¶'바텡이'는 배뚜리의 사투리이다. 합배뚜리(盒;덮개가 딸린 배뚜리).

배뚤(다) '비뚤다'보다 작은 말. ☞ 빗-.

배래 ①육지에서 멀리 떨어져 있는 바다 위.=난바다. 먼바다. ¶고깃배가 태풍을 만나 배래에서 표류하고 있다. ②'배래기'의 준말. ☞ 배¹.

배럴(barrel) 부피의 단위. 1배럴은 42갤런.

배리배리 배틀어지게 야위고 연약한 모양. 〈큰〉비리비리. ¶배리배리 야윈 몸. 겉으로 보기에는 비리비리해도 당찬 데가 있다. 아이가 입이 짧아서 비리비리 약하다. 배리배리·비리비리/하다'(≒마르다. 여위다).

배메기 소작인이 농사를 지어 그 수확물을 땅주인과 똑같이 나누어 갖는 제도. 병작(竝作). 반타작(半). ¶배메기를 주다. 배메깃논, 배메기농사(農事), 배메기하다.

배목 문고리를 걸거나 자물쇠를 채우기 위하여 둥글게 구부려 만든 고리 걸쇠. ¶배목걸쇠; 삼배목(三), 쌍배목(雙).

배미 한 구역. '논배미'의 준말. ¶마을 앞 큰 배미. 논 한 배미. 고랑배미[522], 구렁배미(구렁논;움푹 팬 곳에 있는 논), 깊드리배미(바닥이 깊은 논배미), 너렁배미(넓은 논배미), 논배미, 반달배미(半;반달처럼 생긴 배미), 방죽배미[523], 삿갓배미(삿갓처럼 생긴 논배미), 수렁배미(수렁처럼 묽은 개흙으로 된 논배미), 우묵배미, 윗배미(위쪽에 있는 논배미), 장구배미(장구 모양의 밭;腰鼓田), 찬물배미(늘 찬물이 괴여 있는 논. 찬물받이) 들.

배배 몸이 아주 마른 모양. 〈센〉빼빼[524]. [+마르다]. ¶배싹[525], 배짝[526].

배상-부리다 거만한 태도로 몸을 아끼고 꾀만 부리다. ¶배상꾼(배상부리는 사람).

배슥 무슨 일을 탐탁하게 여기지 않으며 하기 싫어하는 모양.≒배슬/배실/비슬/비쓸[527]. 〈큰〉베슥. 비슥. 〈센〉배쓱[528]. ¶아이가 배슥배슥 낯을 가린다. 그는 늘 베슥베슥 멀리서 베돌고 있다. 배슥·베슥·비슥거리다/대다, 배슥배슥·비슥비슥/하다.

배시근-하다 몹시 지쳐서 살이 빠개지는 듯하고 거북살스럽다. ¶몸은 배시근하고 열로 인하여 입이 바싹바싹 탄다.

배시시 다소곳한 모습으로 소리 없이 가볍게 웃는 모양.=배식. 〈큰〉비시시. ¶부끄러운 듯 배시시 미소를 짓다. 작은 애가 배식배식 웃었다.

배악비 가죽신의 창이나 울 속에 두껍게 대는, 여러 겹으로 겹친 헝겊 조각. 배포(褙布). 〈준〉백비.

배알 '창자. 마음'을 뜻하는 말. 〈준〉밸. ¶배알이 꼴리다(아니꼽다). 밸을 부리다(배짱을 부리다. 성미를 부리다). 밸이 나다(노엽거나 부아가 나다). 울뚝밸(화를 벌컥 내어 언행을 함부로 우악스럽게 하는 성미. 또는 그런 짓). 밸따기, 밸젓(생선의 창자로 담근 젓), 밸통(심통), 밸풀이(분풀이)/하다.

배우(다) 다른 사람에게 일을 하는 방법이나 지식을 알게 되다. 가르침을 받다. 학문을 닦다. 〈준〉배다. ¶글을/ 피아노를/ 기술을 배우다. 배우는이, 배움[배움길, 배움배움[529]), 배움술(갓 마시기 시작하여 배우는 술), 배움아들(제자), 배움책(冊), 배움터], 배워먹다, 뱀뱀이[530]; 헛배우다. ☞ 학(學).

배웅 떠나가는 손님을 잠시 따라 나가 작별하여 보냄.=냄.[←바래(다)+웅]. 배행(陪行).↔마중. ¶손님을 배웅하러 나가다. 배웅하다.

배주룩 여러 개의 끝이 다 쏙 내밀려 있는 모양. 〈큰〉비주룩. 〈센〉빼주룩. 빼쭈룩. 〈준〉배죽[531]. ¶나무의 순이 배주룩배주룩 나왔다. 배주룩하다, 뱐미주룩하다[532]), 비죽(싸 놓은 물건이 여기저

521) 배어나다: ①액체 따위가 스미어 나오다. ②느낌, 생각 따위가 슬며시 나타나다. ¶그의 풍채에서 학자의 기품이 배어난다.

522) 고랑배미: ①물길이나 고랑이 있는 논. ②밭고랑이나 논배미를 세는 말.

523) 방죽배미: 눈이나 빗물을 모았다가 모낼 때 물을 터서 아래쪽 논들에 모를 심게 하도록 만든 논.

524) 빼빼: 배틀리도록 여윈 모양. 〈큰〉삐삐. ¶빼빼마르다, 빼빼하다(마르다).

525) 배싹: 살가죽이 쪼그라질 정도로 야윈 모양. 〈큰〉비썩.

526) 배짝: 몸이 여윈 모양. 〈큰〉비쩍.

527) 배슬: 어떤 일을 슬슬 피하며 배도는 모양.≒배슥. 배실. 〈큰〉베슬. 〈센〉빼쓸. 비쓸/비씰. ¶집에 있지 않고 배슬배슬 돌아다닌다. 배슬·베슬·배실·베실거리다/대다, 배슬배슬/하다.

528) 배쓱: ①대수롭지 아니한 일에 틀어져서 돌아서는 모양. ¶그만한 일에 배쓱 틀어지다. ②경솔하게 돌아서는 모양.

529) 배움배움: 배워서 아는 지식의 정도.

530) 뱀뱀이: 예의 범절 및 도덕에 대한 교양.

531) 배죽: ①물건이나 모습의 형체가 잠깐 나타나거나, 또는 나타나는 모양. ¶얼굴을 배죽 내밀다. ②무슨 일이 못마땅하거나 남을 비웃거나 할 때, 입을 쏙 내미는 모양. 〈큰〉비죽. 〈센〉배쭉. 빼죽. 빼쭉. 삐죽. ¶배죽·배쭉·빼족·빼죽·빼쭉·비죽·삐쭉거리다/대다/하다, 배줄(입술을 한쪽으로 몹시 샐그러뜨리며 보기 사납게 우는 모양).

기서 비어져 나오는 모양), 비적비적[533], 뾰족[534] 들.

배질배질 물기가 적어 보송보송하고 메마른 모양.

배짝 살가죽이 쪼그라질 정도로 마르거나 야윈 모양. 〈큰〉비쩍. 〈큰·센〉삐쩍. ¶몸이 멸치처럼 배짝 말랐다. 배짝배짝.

배짱 마음속으로 다져 먹은 생각이나 태도. 조금도 굽히지 아니하고 버티어 나가는 힘. ¶배짱을 내밀다. 배짱을 퉁기다. 배짱이 맞다. 배짱부리다, 배짱파(派); 똥배짱.

배쫑 산새가 우는 소리.

배참 윗사람에게 꾸지람을 듣고 그 화풀이를 다른 데다 하는 일. 또는 그 화풀이. ¶배참하다.

배채 어떤 일을 하기 위한 꾀. ¶이렇게 되면 나도 다른 배채를 차리지 않을 수 없다.

배척 쇠로 만든 지레의 한 끝을 노루발장도리처럼 만든 연장. 굵고 큰 못을 뽑을 때에 씀. ¶배척을 휘두르며 인부들은 처우개선을 요구하는 항의를 했다.

배추 겨잣과의 두해살이풀.[←백채(白菜)]. ¶배추고갱이, 배춧국, 배추김치, 배추꼬랑이(배추의 뿌리), 배추꽃, 배추떡잎, 배추벌레, 배춧속, 배추속대, 배추시래기, 배추쌈, 배추씨/기름, 배추잎, 배추저냐, 배추절임, 배추찜, 배추통, 배추흰나비; 결구배추(結球), 김장배추, 반결구배추(半結球), 봄배추, 솎음배추, 씨도리배추, 양배추(洋), 얼갈이배추, 지부배추(芝罘;결구배추의 하나), 포도련배추(包頭連), 통배추, 호배추(胡) 들.

배코 상투를 앉히려고 머리털을 깎아낸 자리. 머리 꼭대기. ¶배코를 치다(상투 밑의 머리털을 돌려 깎다. 머리를 면도 따위로 밀다). 배콧자리, 배코질, 배코칼(배코를 치는 칼).

백(白) ①'희다. 흰빛, 깨끗하다. 밝다. 정확하다. (벼슬·갑옷·무기 따위가) 없다'를 뜻하는 말.↔흑(黑). ¶흑과 백의 대비. 백가지(흰색 가지), 백각(흰 빛깔의 석영), 백간(白簡), 백강병(白殭病), 백강홍(白降汞), 백개자(白芥子), 백건(白鍵), 백견(白犬), 백견병(白絹病), 백경(白鏡), 백계(白鷄), 백곡(白麯), 백골(白骨)[백골난망(難忘), 백골징포(徵布)], 백곰, 백과(白瓜), 백과(白果), 백광(白光), 백구(白狗), 백구/과극(白駒/過隙), 백구(白鷗;갈매기), 백구(白球), 백구두, 백국(白菊), 백국(白麴), 백군(白軍), 백금(白金)[백금사진(寫眞), 백금석면(石綿), 백금해면(海綿), 백금흑(黑)], 백기(白氣), 백기(白旗), 백김치, 백납, 백내장(白內障), 백단(白椴;자작나무), 백단유(白檀油), 백담(白毯), 백담(白痰), 백답(白畓;아무것도 심지 못한 논), 백당(白糖), 백대(白帶), 백도(白徒;과거를 거치지 아니하고 벼슬아치가 된 사람), 백도(白桃), 백도(白道), 백도라지, 백동(白銅), 백두/옹(白頭/翁), 백두루미, 백등(白藤), 백등유(白燈油), 백따마(하얀 빛깔의 말), 백때털기(바지의 때를 털어 내던 일), 백란(白卵), 백란(白蘭), 백람(白藍), 백랍(白蠟;백랍벌레의 집), 백량미(白粱米), 백련(白蓮), 백렴(白蘞), 백로(白露), 백로(白鷺), 백록(白鹿), 백뢰(白賴), 백료(白醪), 백룡(白龍), 백리(白狸), 백리(白痢), 백린(白燐), 백립(白笠), 백마(白馬), 백마(白麻), 백마(白魔), 백막(白幕), 백막(白膜), 백말, 백말(白沫), 백매(白梅), 백면(白麪;메밀국수), 백면서생(白面書生;풋내기), 백면(白綿), 백모(白茅), 백목(白木), 백목(白目;흰자위), 백모란(白牧丹), 백목련(白木蓮), 백묘/화(白描/畵), 백묵(녹말로 쑨 묵), 백묵(白墨), 백문(白文), 백미(白米;흰쌀), 백미(白眉;여러 사람 중에서 가장 뛰어난 사람), 백미(白薇), 백민(白民;庶民), 백반(白斑)[각막백반(角膜)], 백반(白飯), 백반(白礬), 백발(白髮)[535], 백방(白放), 백범(白帆), 백벽(白壁), 백변(白邊;나무의 심에서 바깥쪽의 흰 부분), 백변(白變;하얗게 바뀜), 백병/전(白兵/戰), 백병(白餠;흰떡), 백복령(白茯苓), 백복신(白茯神), 백부자(白附子), 백분(白粉), 백비탕(白沸湯), 백빈(白鬢), 백사/지(白沙/地), 백사(白蛇;흰 뱀), 백사(白絲), 백사과, 백사기(白沙器), 백사탕(白砂糖), 백산호(白珊瑚), 백삼(白衫), 백삼(白蔘), 백상(白象), 백색(白色)[백색공포(恐怖), 백색광(光), 백색체(體)], 백서(白書)[536], 백서(白鼠;흰쥐), 백석(白石), 백석(白晳), 백석영(白石英), 백선(白線), 백선(白鮮), 백선(白癬), 백설(白雪), 백설고(白雪糕), 백설기, 백설총이(白雪驄), 백설풍(白屑風), 백소주(白燒酒), 백손(白損), 백송(白松), 백송골(白松鶻), 백수(白手;맨손), 백수(白水), 백수(白首;허옇게 센 머리), 백수(白叟;늙은이), 백수(白壽), 백수(白鬚), 백수건달(白手乾達), 백숙(白熟;양념하지 않고 맹물에 푹 삶아 익힘)[닭백숙, 영계백숙(鷄)], 백시(白柹;곶감), 백실(白失), 백아(白鵝;거위), 백악/계(白堊/系), 백안(白雁), 백안시(白眼視), 백야(白夜), 백양(白羊), 백양(白楊), 백어(白魚), 백여우, 백연(白鉛), 백열(白熱)[백열등(燈), 백열선(線), 백열전(戰)], 백염(白鹽), 백엽고병(白葉枯病), 백영사(白靈砂), 백영산(白映山), 백옥(白玉)[백옥반(盤), 백옥유(釉)], 백옥(白屋;가난한 사람의 초라한 집), 백우(白雨), 백운(白雲), 백운모(白雲母), 백월(白月), 백응(白鷹;흰매), 백의(白衣)[백의민족(民族), 백의재상(宰相), 백의종군(從軍), 백의천사(天使)], 백인(白人), 백인(白刃;서슬이 시퍼런 칼날), 백일(白日;맑은 날의 밝은 해. 대낮)/몽(夢;空想), 백자(白子), 백자(白磁), 백자기(瓷器), 백작약(白芍藥), 백장미(白薔薇), 백저(白苧), 백전(白錢), 백전(白戰), 백점토(白粘土), 백접(白蝶), 백조(白鳥), 백주(白酒), 백주(白晝;대낮)[백주발검(拔劍), 백주에, 백주창탈(搶奪), 백주현상(現像), 백주혜성(彗星)], 백죽(白粥), 백중력(白中曆), 백지(바둑돌의 흰 알), 백지(白地;사실이 없음. 농사가 안 되어 거둘 것이 없는 땅), 백지(白紙)[537], 백지도(白地圖), 백질(白質), 백징(白徵),

532) 뱐미주룩하다: 물건의 끝이 비어져 나오려고 조금 내밀어 있다. 〈큰〉빈미주룩하다. ¶주머니의 손수건이 뱐미주룩하다. 뱐미주룩 나온 꽃봉오리. 뱐미주룩·빈미주룩이.

533) 비적비적: 무엇에 싸인 물건이 자꾸 비어져 나오는 모양. ¶내용물이 너무 많은지 보따리 안의 물건들이 비적비적 비어져 나왔다.

534) 뾰족: 물체의 끝이 점차 가늘어져서 날카로운 모양. 〈큰〉쀼죽. 삐죽. 〈센〉뾰쪽. ¶뾰족 내민 주걱턱. 뾰조록·뾰주룩·쀼주룩·빼주룩·삐주룩/하다/이, 빼족·삐죽·빼쪽·빼쭉·삐쭉거리다/대다/하다, 뾰조롬하다, 뾰족·뾰쪽·쀼죽·쀼쭉하다, 뾰족·쀼죽이, 뾰족뾰족, 뾰족구두, 뾰족배, 뾰족신, 뾰족집, 뾰족코, 뾰족탑(塔), 뾰주름하다, 뾰주리감, 뾰루지/뾰두라지.

535) 백발(白髮;흰머리): 백발가(歌), 백발노인(老人), 백발증(症), 백발환흑(白髮還黑); 호호백발(皜皜), 홍안백발(紅顔)

536) 백서(白書): 경제백서(經濟), 국방백서(國防), 노동백서(勞動), 무역백서(貿易), 통상백서(通商).

백차(白車), 백차일(白遮日), 백창포(白菖蒲), 백철(白鐵), 백청(白淸;흰 꿀), 백체(白體), 백출(白朮), 백충(白蟲), 백치(白雉;흰 꿩), 백치(白痴), 백탁(白濁), 백탄(白炭), 백탈(白脫), 백탈(白頉), 백탕(白湯), 백태(白苔), 백태청기(白胎靑器), 백토(白土), 백토(白兎), 백통538), 백파(白波;흰 물결), 백파(白播;거름을 주지 않은 맨땅에 씨를 뿌림), 백판(白板)¹,²539), 백패(白牌), 백포(白布), 백포(白泡;흰 거품), 백포(白袍), 백포도주(白葡萄酒), 백포장(白布帳), 백표(白票), 백하(白蝦), 백학(白鶴;두루미), 백한(白鷴), 백합(白蛤), 백합(白鴿), 백해삼(白海蔘), 백혈(白衁), 백혈구(白血球), 백호(白虎), 백호(白狐), 백호(白毫)540), 백호마(白胡麻), 백호주의(白濠主義), 백화(白花), 백화(白話;중국의 회화체 언어), 백화(白禍), 백화(白樺), 백화등(白花藤), 백화자기(白畫瓷器), 백화현상(白化現象), 백회(白灰), 백흑(白黑); 거백(去白), 결백(潔白), 공백(空白), 난백(卵白)[난백막(膜), 난백분(粉), 난백소(素), 난백수(水)], 납백(納白), 담백(淡白), 대백(戴白), 면백(免白;늙어서 처음으로 변변치 못한 벼슬을 하는 것)), 명백하다(明白;분명하고 뚜렷하다), 명명백백(明明白白), 미백(美白), 반백(半白), 반백(斑白), 분백(粉白), 삼백(三白;음력 정월에 사흘 동안 내리는 눈), 설백(雪白), 섭백(鑷白), 쇠백(衰白), 순백(純白), 여백(餘白), 연백(鉛白), 염백하다(廉白), 예백(曳白), 정백(淨白), 정백(精白), 정정백백(正正白白), 왕백(王白), 조백(皁白;잘잘못. 흑백), 조백(早白;머리털이 일찍 셈), 집백(執白), 창백하다(蒼白), 청백(淸白), 총백(葱白), 포백(曝白), 표백(漂白;바래거나 약품을 써서 희게 함), 해백하다(楷白;정확하고 명백하다), 홍백(紅白), 황백(黃白;돈), 흑백(黑白). ②사뢰·알림. 흘겨보다'를 뜻하는 말. ¶주인 백. 관리인 백. 백상(白狀;스스로 자기의 죄상을 말함), 백안시(白眼視); 건백(建白;관청이나 윗사람에게 의견을 말함), 경백(敬白;공경하여 사뢴다), 계백(啓白), 고백(告白), 근백(謹白), 납백(納白;자빡-결정적인 거절), 독백(獨白), 방백(傍白), 배백(拜白), 변백(辨白), 복백(伏白;엎드려 사뢰나이다), 사백(卸白;요점만 씀), 신백(申白;사실을 자세히 사룀), 자백하다(自白;고백하다. 불다. 털어놓다), 추백(追白;追伸), 취백(就白), 취복백(就伏白), 탄백(坦白), 폭백(暴白), 표백(表白;드러내어 밝힘. 나타내어 말함), 화백(和白), 주인 백/ 관리소장 백/ 경찰서장 백.

백(百) '10의 열 배. 여러 번. 온갖·모든'을 가리키는 말. ¶백가(百家;여러 학자)[백가서(書;여러 학자들의 저서), 백가쟁명(爭鳴); 제자백가(諸子)], 백겁(百劫;매우 오랜 세월), 백계(百計;온갖 꾀), 백곡(百穀;온갖 곡식), 백공(百工), 백과(百果;온갖 과일), 백과(百科;모든 분야)[백과사전(事典), 백과전서(全書), 백과총서(叢書)], 백관(百官;모든 벼슬아치), 백구(百口), 백귀(百鬼;온갖 귀신), 백규(百揆;百官), 백금(百金;많은 돈), 백난(百難), 백년(百年;한평생)[백년가약(佳約), 백년대계(大計), 백년하청(河淸), 백년행락(行樂)], 백단(百端;온갖 일의 실마리), 백령백리(百怜百俐), 백료(百僚), 백리향(百里香), 백만(百萬), 백망중(百忙中), 백문(百聞), 백물(百物), 백미(百味), 백미(百媚;사람을 홀리는 온갖 아양), 백방(百方;온갖 방법), 백배(百拜;거듭거듭 절을 함)[백배사례(謝禮), 백배사죄(謝罪), 백배치사(致謝)], 백변(百變), 백병(百病), 백복(百福;온갖 복), 백분(百分)[백분비(比), 백분율(率)], 백사(百事), 백선(百選), 백성(百姓)[만백성(萬), 촌백성(村)], 백세(百世;오랜 세대), 백수(百獸;뭇짐승), 백악(百惡), 백약(온갖 약)/무효(百藥/無效), 백양(百樣;여러 가지 모양), 백연(百緣), 백엽상(百葉箱), 백우(百憂), 백일(百日), 백전노장(百戰老將), 백절(百折)[백절불굴(不屈), 백절불요(不撓)], 백종(百種), 백척간두(百尺竿頭), 백초(百草), 백출(百出), 백태(百態), 백폐(百弊), 백해/무익(百害/無益), 백해(百骸), 백행(百行;온갖 행동), 백화(百花)[백화난만(爛漫), 백화제방(齊放), 백화주(酒), 백화춘(春)], 백화점(百貨店), 백회혈(百會穴), 백훼(百卉;온갖 초목), 백희(百戲;온갖 연희); 돈백, 망백(望百), 범백(凡百), 수백(數百), 일당백(一當百), 전백(錢百) 들.

백(伯) '맏. 맏형. 큰아버지. 백작(伯爵). 우두머리'를 뜻하는 말. ¶백부(伯父), 백씨(伯氏), 백자(伯姉;맏누이), 백중(伯仲;맏이와 둘째), 백형(伯兄); 가백(家伯), 도백(道伯), 방백(方伯;관찰사), 사백(舍伯), 사백(詞伯;시문에 능한 사람), 수백(水伯;물귀신), 시백(詩伯), 신백(新伯), 종백(從伯), 풍백(風伯;바람의 신), 하백(河伯;강의 신), 화백(畵伯;畵家) 들.

백(魄) '넋. 달빛'을 뜻하는 말. ¶백산(魄散); 기백(氣魄), 낙백(落魄;넋을 잃음), 사백(死魄;음력 초하루), 재생백(哉生魄), 정백(精魄), 체백(體魄), 촉백(蜀魄;두견이), 충혼의백(忠魂義魄), 칠백(七魄;죽은이의 일곱 가지 정령), 혼백(魂魄;넋), 혼비백산(魂飛魄散) 들.

백(帛) '비단'을 뜻하는 말. ¶백사(帛絲), 금백(金帛), 속백(束帛), 신백(神帛), 옥백(玉帛), 재백(財帛), 죽백(竹帛;역사를 기록한 책), 폐백(幣帛), 포백(布帛), 필백(疋帛), 혼백(魂帛) 들.

백(柏) '잣. 잣나무. 측백나무. 노송나무'를 뜻하는 말. ¶백목(柏木), 백엽다(柏葉茶), 백엽주(柏葉酒), 백자(柏子)[백자인(仁), 백자판(板)]; 동백(冬柏), 송백(松柏), 송백조(松柏操), 실백(實柏), 측백(側柏), 편백(扁柏;노송나무), 황백(黃柏) 들.

백발[-빨] 몹시 괴로운 일이나 원수같이 미운 사람. ¶내 나이 쉰 되도록 너 같은 백발을 만나기는 처음이다.

백장 ①짐승을 잡는 일을 업으로 삼는 사람.[←백정(白丁)]. ¶백정질/하다; 개백장(개를 잡는 사람. 말과 행동이 막된 사람), 고리백장(고리장이), 쇠백장. ②버들고리를 겯는 일을 업으로 하던 사람.

백통 구리·아연·니켈의 합금.[←백동(白銅)]. ¶백통 비녀. 백통 숟가락. 백통대(백통죽), 백통돈, 백통시계(時計), 백통전(錢), 백통죽(竹), 배통화(貨) 들.

밴대 '밴대보지(털이 나지 아니한 어른의 보지)'의 준말. ¶밴대질(여자끼리 성교를 흉내 내는 짓.↔비역질)/치다/하다.

밴댕이 청어과의 바닷물고기. ¶밴댕이 소갈머리(아주 좁고 얕은 심지). 밴댕이구이, 밴댕이수제비, 밴댕이저냐, 밴댕이젓, 밴댕이

537) 백지(白紙): 백지동맹(同盟), 백지상태(狀態), 백지위임장(委任狀), 백지장(張), 백지주의(主義), 백지화(化).

538) 백통(白): 구리와 니켈의 합금.[←백동(白銅)]. ¶백통대, 백통돈, 백통죽(竹), 백통화(貨).

539) 백판¹: 흰 널조각. 백판²: 아무것도 없는 형편이나 모르는 상태.

540) 백호(白毫): 부처의 두 눈썹 사이에 있는 희고 빛나는 가는 터럭. 이 광명이 무량세계를 비춤.

ㅂ

찌개, 밴댕이회(膾).

밴들 하는 일 없이 빤빤스럽고 얄밉게 게으름만 부리는 모양.=밴둥[541]. 〈큰〉빈들. 〈센〉빼들. 〈거〉팬들. 〈큰·거〉핀들. ¶빈들빈들 놀다. 밴들·빈들거리다/대다, 밴들밴들/하다.

밸밸 ①영양이 모자라거나 병들어 몹시 여위고 시들어빠진 모양. ¶몸이 밸밸 여위다. ②철없는 아이가 못나게 울고 다니는 모양. ¶늘 엄마를 따라다니며 밸밸 울기만 하는 딸. 세월은 흘러 만날 빌빌 울던 그는 어엿한 대학생으로 자라났다. 밸밸·빼빼·빌빌·삘삘거리다/대다/하다.

뱀 파충류의 뱀목(目)에 속하는 동물을 두루 일컫는 말. ¶뱀강(綱; 파충류), 뱀고사리, 뱀날, 뱀눈, 뱀도랒, 뱀독(毒), 뱀딸기, 뱀띠, 뱀밥, 뱀살, 뱀자리(별자리 이름), 뱀잠자리, 뱀장어(長魚), 뱀탕(湯), 뱀해, 뱀혀; 굿뱀(흙구덩이 속에 무리를 지어 사는 뱀), 꽃뱀, 도마뱀, 물뱀, 바다뱀, 방울뱀, 비단뱀(緋緞), 산무애뱀(山)[542], 상사뱀(相思)[543], 실뱀, 실뱀장어, 왕뱀(王), 장지뱀. ☞ 사(巳/蛇).

뱁-댕이 베를 짤 때, 날이 서로 붙지 못하도록 사이사이에 지르는 막대. 〈준〉뱁대/빼대.

뱅¹ ①일정한 범위를 한 바퀴 도는 모양. 요리조리 돌아다니는 모양. ¶집을 한 바퀴 뱅 돌다. 뱅글·뺑글·팽글·빙글[544], 뱅그르[545], 뺑뺑이[546]. ②둘레를 둘러싸는 모양. ③갑자기 정신이 아찔해지는 모양. ¶정신이 뱅 돈다. 빙하다[547]. ④갑자기 눈물이 글썽해지는 모양. 〈큰〉빙. 〈센〉뺑. 〈거〉팽[548].

뱅² 어린 병아리 따위의 울음소리.

뱅니 무당의 넋두리에서, 죽은 이의 넋이 그 배우자(配偶者)를 부르는 말.

-뱅이 일부 명사 뒤에 붙어 '그것의 특성을 지속적이고 습관적으로 지닌 사람. 또는 물건을 비하함'의 뜻을 더하는 말. ¶가난뱅이, 건달뱅이(乾達), 게으름뱅이/게름뱅이, 너털뱅이, 누운뱅이, 느림뱅이, 돌림뱅이, 떠돌뱅이, 배랑뱅이, 번뇌뱅이(煩惱;마음이 번거로운 사람), 비렁뱅이, 속달뱅이(아주 작은 규모), 안달뱅이, 앉은뱅이, 알금·얼금뱅이, 알랑뱅이, 양코뱅이(洋), 어정뱅이, 얼금뱅이, 잘라뱅이, 잘름뱅이(잘름발이), 잡살뱅이, 장돌뱅이, 절뚝뱅이, 졸뱅이, 좁쌀뱅이, 주정뱅이(酒酊), 짤라뱅이, 허튼뱅이, 헌털뱅이('헌것'을 천하게 이르는 말).

뱅충-맞다 약간 똘똘하지 못하고 어리석으며 수줍음을 타는 데가 있다. 〈큰〉빙충맞다. ¶뱅충맞은 사람. 하는 짓이 빙충맞다. 뱅·빙충이(멍청이).

뱉(다) ①입 속에 든 것을 입 밖으로 내보내다.↔삼키다. ¶침을 뱉다. 곤두뱉다[549], 내뱉다[550], 씹어뱉다(말을 아무렇게나 되는 대로 지껄이다). ②차지했던 것을 도로 내놓다. ¶착복한 돈을 뱉어내다. ③말이나 신음 따위를 함부로 하다.≒지껄이다. 떠벌리다. ¶그는 하고 싶은 말은 마구 뱉는 성미다.

뱌슬 착 덤벼들지 않고 슬슬 피하는 모양. ¶그 애는 엄마를 뱌슬뱌슬 피한다. 뱌슬거리다/대다.

뱐죽 반반하게 생긴 사람이 이죽이죽하면서 느물거리는 모양. 〈큰〉번죽[551]. 〈큰·센〉뻔죽. 〈센〉빤죽. ¶새로 산 물건을 뱐죽뱐죽 내보이며 자랑하다. 뱐죽·밴죽·번죽·빈죽·빤죽·뻔죽거리다/대다.

버겁(다) 물건이나 세력 따위가 다루기에 힘에 좀 겹거나 거추장스럽다. ¶버거운 상대를 만나 승리를 장담할 수가 없다. §어근 '벅-'은 '벅-차다'와 동근어.

버근-하다 맞붙은 곳이 꼭 달라붙지 않고 틈이 벌다. ☞ 벌다¹.

버금 서열이나 차례에서 으뜸의 바로 아래. 둘째. ¶그는 선거를 했다하면 늘 버금이었다. 그는 천하장사와 버금하는 힘이 있다. 버금가다, 버금딸림음(音), 버금딸림화음(和音), 버금상(賞), 버금차다(분수에 넘치다. 뒤지지 않다), 버금청(알토), 버금하다(버금가다). ☞ 아(亞).

버꾸 자루가 달린 작은 북처럼 생긴 농악기.[←법고(法鼓)]. ¶버꾸놀음/놀이, 버꾸님, 버꾸재비(버꾸를 치는 사람), 버꾸춤.

버나 남사당놀이에서, 사발이나 대접 따위를 돌리는 묘기. ¶버나돌리기, 버나쇠(버나의 우두머리), 버나재비.

버덩 높고 평평하며 나무는 없이 잡풀만 많이 우거진 거친 들. ¶산골에서 벗어나 넓은 버덩으로 나가다. 버덩농사(農事); 강버덩(江;강기슭에 난 버덩), 돌버덩(돌이 많은 버덩)/논, 솔버덩(소나무가 무성하게 들어선 버덩).

버러지 벌레.

버렁¹ 매사냥에서 매를 받을 때에 끼는 두꺼운 장갑.[〈버러〈begelei〈몽〉]. ¶버렁에 매를 앉히다.

버렁² 물건이 차지한 둘레. 일이 차지하는 범위나 책임, 권한의 범

---

541) 밴둥: 하는 일 없이 얄밉게 게으름만 부리는 모양. 〈큰〉빈둥. 〈센〉빼둥. 〈거〉팬둥. 〈큰·거〉핀둥. ¶밴둥밴둥 놀기만 하다. 밴둥·빈둥거리다/대다, 밴둥밴둥/하다.

542) 산무애뱀(山): 뱀과의 독이 없는 뱀. 목에서 꼬리까지 흰 줄이 양쪽에 있음. 백화사(白花蛇).

543) 상사뱀(相思): 상사병으로 죽은 남자의 혼이 변하여 사랑하던 여자의 몸에 붙어 다닌다고 하는 뱀.

544) 빙글: 미끄럽게 도는 모양. 〈센〉뼁글. 〈거〉평글. 핑글. ¶회전 목마가 빙글빙글 돌다. 빙판 위를 빙그르르 돌다. 빙그르르·뺑그르르·팽그르르·핑그르르.[+돌다].

545) 뱅그르: 몸이나 물건 따위가 좁게 그대로 한 바퀴 도는 모양. 〈큰〉빙그르. 〈센〉뺑그르. 〈거〉팽그르. ¶뱅그르르·뺑그르르·빙그르르·삥그르르·팽그르르·핑그르르.

546) 뺑뺑이: 숫자가 적힌 둥근판이 돌아가는 동안에 화살로 맞혀 그 등급을 정하는 기구. 또는 그 놀음.

547) 빙하다: 술이 취해 정신이 흐리멍덩하고 어질어질하다.

548) 팽: ①작은 것이 매우 빠르게 한 바퀴 도는 모양. ②갑자기 정신이 아찔해지는 모양. ¶머리가 팽 돌다. 〈큰〉핑.

549) 곤두뱉다: 가래침 따위를 솟구어 멀리 내뱉다.

550) 내뱉다: ①밖으로 뱉어내다. ②내키지 않거나 못마땅한 태도로 말을 불쑥 해 버리다. ¶험한 말을 함부로 내뱉다.

551) 번죽: 번번하게 생긴 사람이 매우 얄밉게 이죽이죽하면서 느물거리는 모양. 〈작〉뱐죽. 〈센〉뻔죽. ¶번죽번죽 느물스럽게 구는 사나이.

위.=울어리. ¶일의 버렁이 너무 넓어 힘들 것 같다.

버력[1] 사람의 죄악을 징계하느라고 하늘이나 신령이 내린다는 벌. ¶버력을 입다(벌을 당하다). 버력이 내리다.

버력[2] 광석이나 탄을 캘 때 나오는, 광물이 섞이지 아니한 잡돌. (↔감돌). 물속의 밑바닥에 구조물을 만들기 위하여 집어넣는 돌. ¶광산촌에서 버력으로 쌓은 담을 '목담'이라 일컫는다. 버력더미, 버력돌, 버력산(山), 버력탕(버력을 버리는 곳), 버력흙; 겉버력, 곡괭이버력(곡괭이만으로 파낼 수 있는 버력), 기초버력(基礎다리 공사 때 물속에 넣는 돌), 근고버력(根固;수중 구조물을 방호하기 위해 물속에 넣는 돌), 말똥버력(부스러지기 쉬운 버력), 못정버력, 보호버력(保護[552]), 썩버력(갱 안에 버린 버력), 줄버력(광맥과 나란하게 뻗어 마치 광맥처럼 된 암석), 지질버력(질이 가장 낮은 버력), 진죽버력(粥;모래흙이 물과 뒤섞여 곤죽처럼 된 버력) 들.

버릇 여러 번 거듭하는 사이에 저절로 굳고 몸에 밴 행동이나 성질이나 짓. 한쪽으로 치우쳐서 고치기 어렵게 된 경향이나 습성. 마땅히 지켜야 할 예의.[←배우다]. ¶좋지 못한 버릇이 생기다. 버릇을 고치다. 피곤할 때면 으레 기지개를 켜는 버릇이 있다. 버릇이 없는 아이. 버릇되다(굳다. 배다. 박이다), 버릇소리(습관음), 버릇없다, 버르장머리/버르장이('버릇'을 얕잡아 이르는 말), 버릇하다[553]; 군버릇[554], 난버릇[555], 말버릇, 배냇버릇, 손버릇(손에 익은 버릇. 손으로 하는 나쁜 짓), 술버릇, 입버릇, 잠버릇, 지랄버릇 들.

버리(다)[1] 쓰지 못할 것을 내던지다.(↔줍다). 없애다. 그만두다. 못쓰게 만들다. 돌보지 아니하다. ¶휴지를 버리다. 생각을 버리다. 옷을 버리다(더럽히다. 휘지르다). 버려두다(방치하다), 버림[버림뜨기, 버림물(버리는 물), 버림받다(버림을 당하다), 버림실, 버림치[556], 버림터]; 내버리다[557], 베어버리다, 쓸어버리다, 잃어버리다, 잊어버리다, 저버리다[558], 찢어버리다, 치워버리다, 흘려버리다(주의 깊게 듣지 아니하고 넘겨버리다).

버리(다)[2] 동사의 어미 '-아/어, -여' 아래에 붙어, 그 동사가 나타내는 행동을 끝내어 치움을 나타내는 말. ¶가 버리다. 떠나 버리다. 먹어 버리다. 빼어 버리다. 풀어 버리다.

버마재비 사마귀[2].

버무리(다) 여러 가지를 골고루 한데 뒤섞다. ¶모래와 시멘트를 삽으로 버무리다. 버물리다, 버무리[559], 범벅[560]; 뒤버무리다(뒤섞어 함부로 버무리다), 얼버무리다 들.

버물(다) 못된 일이나 범죄 따위에 관계하다. 연루되다(連累).[〈버믈다].

버벅-거리다 말을 매끄럽게 하지 못하고 자꾸 더듬거나 말실수를 하다. 횡설수설하다. 떠듬적떠듬적하다. ¶사람들 앞에서 긴장해서 버벅거렸다.

버빠깨 추울 때 귀와 볼을 덮는 부분을 내려서, 그 끝에 달린 두 줄을 턱 밑으로 맞매어 쓰도록 만든 털모자.

버새 ①암탕나귀와 수말 사이에서 난 튀기. 결제(駃騠). ②암노새와 수말 사이에서 난 튀기.

버선 무명·광목 따위로 만들어 맨발에 꿰어 신는 물건. ¶버선을 신다. 버선등, 버선목(버선의 발목에 닿는 부분), 버선발(버선만 신은 발), 버선본(本), 버선볼(버선의 너비. 버선 바닥에 덧대는 헝겊 조각), 버선장(欌), 버선코; 겉버선, 겹버선, 길목버선(먼 길을 갈 때 신는 허름한 버선), 깃버선(무명이나 광목으로 지은 버선), 꽃버선, 누비버선, 덧버선, 뚜께버선[561], 목달이버선(목이 긴 버선), 속버선, 솜버선, 수버선(繡), 수눅버선(누비어 수를 놓은 어린아이의 버선), 외씨버선(오이씨처럼 볼이 조붓하고 갸름하여 맵시가 있는 버선), 짜개버선, 짝버선, 타래버선, 털버선, 통버선(목이 무릎 밑까지 올라오게 만든 버선), 홀태버선(볼이 좁은 버선), 홑버선 들.

버섯 고등 균류의 총칭. '버섯 모양'을 이르는 말. ¶버섯갓, 버섯고리, 버섯구름, 버섯국, 버섯기둥(버섯의 줄기), 버섯나물, 버섯누름적, 버섯머리비녀, 버섯밭, 버섯벌레, 버섯볶음, 버섯속산호(珊瑚), 버섯자루, 버섯저냐, 버섯전골, 버섯주름, 버섯중독(中毒), 버섯찌개, 버섯채, 버섯채(菜;버섯나물); 갓버섯, 검버섯[562], 고습도치버섯, 곰보버섯, 꾀꼬리버섯, 나팔버섯(喇叭), 느타리버섯, 능이버섯(能栮), 독버섯(毒), 들버섯, 땅버섯, 말뚝버섯, 말불버섯, 목이버섯(木耳/栮; 돌버섯), 밤버섯, 뽕나무버섯, 삿갓버섯, 상황버섯(桑黃), 석이버섯(石耳/栮), 솔방울버섯, 송이버섯(松栮), 싸리버섯, 아카시아버섯, 알버섯, 약버섯(藥), 콩버섯, 팽나무/팽이버섯, 표고버섯, 학버섯 들.

버슷-하다 두 사람의 사이가 서로 잘 어울리지 않다. ¶동업자와

ㅂ

552) 보호버력(保護): 물 속 밑바닥에 기초를 만들거나 수중 구조물의 토대를 보호하기 위하여 집어넣는 허드레.

553) 버릇하다: 동사 어미 '-아/어/여' 아래 쓰이어, 앞의 동작을 자주 되풀이함을 나타냄. ¶공부를 해 버릇하다. 싫은 음식도 자꾸 먹어 버릇해야 한다. 손가락을 물어 버릇하다.

554) 군버릇: 군더더기 버릇이나 쓸데없는 버릇. 나쁜 버릇.

555) 난버릇: 고쳐지거나 없어진 버릇.(↔든버릇). ¶난버릇이 도지다.

556) 버림치: 못쓰게 되어 버려 둔 물건. 폐품(廢品).

557) 내버리다: ①필요 없게 된 것을 아주 버리다. ②상관하지 않거나 돌보지 아니하다. ¶내버려두다(그대로 두다. 보살피지 아니하다).

558) 저버리다: 마음에 새겨두어야 할 것을 잊거나 어기다. 당연히 지켜야 할 원칙이나 의리를 어기다.[〈져/지여ᄇᆞ리다]. ¶은혜를 저버리다. 조국을 저버리다.

559) 버무리: 여러 가지를 한데 뒤섞어서 만든 음식. ¶버무리떡; 감자버무리, 쑥버무리, 콩버무리.

560) 범벅: ①곡식 가루에 호박 따위를 섞어 된풀처럼 쑨 음식. ¶범벅에 꽂은 저(箸)라. 범벅덩이, 범벅이, 범벅이말, 범벅이밥, 범벅타령; 겨범벅, 꿀범벅, 나물범벅, 달떡범벅, 도토리범벅, 밀범벅, 송기범벅(松肌), 수리취범벅, 오가리범벅(박·호박의 살을 길게 오리어 말린 것을 넣은 범벅), 호박범벅. ②여러 가지 사물이 뒤섞이어 갈피를 잡을 수 없게 된 상태. 어겹. ¶일이 범벅이 되다. 한데 뒤범벅이 되는 것을 '어겹'이라고 한다. 범벅되다, 범벅이, 범벅이말; 뒤범벅(어겹. 엉망진창. 뒤죽박죽)/되다, 뒤범벅상투(아무렇게나 뭉뚱그려 맨 상투), 뒤범벅판(마구 뒤섞여 어지러운 자리나 장면). ③몸에 질척질척한 것이 마구 묻은 상태. ¶진흙이 묻어 몸이 범벅이 되다. 눈물범벅, 땀범벅, 먼지범벅, 살범벅, 피범벅.

561) 뚜께버선: 바닥은 다 해지고 등 부분만 남은 버선.

562) 검버섯: 늙은이의 살갗에 생기는 거무스름한 점. ¶검버섯이 피다.

버슷해서 함께 일하기가 어렵다. 버슷버슷하다.

버젓-하다 의젓하고 번듯하다. 잘못이나 굽힐 만한 일이 없어 떳떳하고 의젓하다. 〈센〉 뻐젓하다. ¶외모가 버젓하다. 할 말이 있으면 버젓이 하여라. 이제는 어디든 버젓이 나설 수 있다.

버짐 백선균(白癬菌)에 의하여 일어나는 피부병. ¶버짐을 먹다. 버짐 먹은 강아지. 버짐병(病), 버짐약(藥); 마른버짐, 말버짐(살갗에 흰점이 생기고 가려운 병), 쇠버짐[백선(白癬)], 진버짐. ☞ 선(癬).

버치 자배기보다 조금 깊고 아가리가 벌어진 큰 그릇. ¶어머니는 버치에 김치를 담아 오셨다. 버치굽; 옹버치(작은 버치).

버캐 액체 속에 섞이었던 소금기가 엉기어 생긴 찌끼. 엉겨서 굳어진 감정. ¶버캐가 끼다. 변기에 오줌버캐가 끼었다. 간장버캐(醬), 사탕버캐(砂糖), 소금버캐, 얼음버캐, 오줌버캐, 침버캐(침이 허옇게 말라붙은 찌끼) 들.

버커리 늙고 병들거나 또는 고생살이하여 쭈그러진 여자를 이르는 말. ¶곱던 사람이 홀로 아이들을 기르느라 버커리가 되었다.

버티(다) 외부의 힘이나 압력에 끌려가거나 쓰러지지 않다. 어려운 일을 참아 내거나 견디어 배기다.(≒견디다). 맞서서 겨루다(≒저항하다). 물건이 쓰러지지 못하게 다른 물건으로 받치다. 일정한 장소에서 꿈쩍 않고 있다. ¶온갖 어려움에도 잘 버티어 왔다. 항복을 하지 않고 끝까지 버티다. 기둥으로 지붕을 버티다. 버티개, 버티기, 버팀기둥, 버팀나무, 버팀대, 버팀목(木), 버팀벽(壁), 버팀새(버티어 놓은 모양새), 버팀줄(벌이줄), 버팀툇보(退), 벋대다[563], 벋·뻗서다(버티어 맞서서 겨루다), 벋장대다[564]; 내버티다(끝까지 맞서서 힘껏 버티다), 맞버티다/버팀, 앉아버티다, 앙·엉버티다(끝내 대항하다. 끝까지 고집하다) 들.

벅수 기다란 통나무 두 개에 각각 남녀의 얼굴 모양과 글자를 새기고 마을 어귀에 세워 수호신상으로 삼던 표목(標木). 돌을 이용한 것도 있음. 돌장승. ¶어리석거나 바보스러운 사람을 가리켜 '벅수'라고 한다. 벅수머리(돌하르방). ☞ 박수.

벅-차다 감당하기가 어렵다. 힘에 겨워 다루기 어렵다. 넘칠 듯이 가득하다. ¶가슴이 벅차서 말을 못한다. 벅찬 감동을 주는 소설. 벅차오르다(큰 감격이나 기쁨으로 가슴이 몹시 뿌듯하다).

번 시루를 솥에 안칠 때 그 틈에서 김이 새지 아니하도록 바르는 반죽. ¶번가루[565]; 시룻번.

번(番) 차례를 갈마드는 일. 차례로 숙직이나 당직을 하는 일. 차례나 횟수를 나타내는 말. ¶다음 번은 너다. 한/ 두 번. 번갈다[번갈아, 번갈아듣다, 번갈아들다/들이다], 번견(番犬), 번기수(番旗手), 번나다, 번들다/번들기, 번바라지(번든 사람의 치다꺼리), 번방(番房), 번번이(番番;매 때마다), 번살이, 번상(番上), 번상(番床), 번서다, -번선(番線), 번소(番所), 번수(番數), 번수(番手), 번외(番外)[566], 번지(番地), 번째, 번차(番次), 번차례(番次例), 번포(番布), 번호(番號)[567], 번휴(番休); 거번(去番), 결번(缺番), 교번(交番), 군번(軍番), 금번(今番), 기번(幾番;몇 번), 난번(당직을 마치고 나오는 번), 단번/에(單番), 당번(當番), 대번(代番), 든번, 등번, 매번(每番), 배번(背番), 백번(百番)[골백번], 벌번(罰番), 불침번(不寢番), 비번(非番), 상번(上番), 선번(先番), 선번(線番), 수번(首番;상여꾼의 우두머리), 순번(順番), 십팔번(十八番), 야번(夜番), 연번(連番), 월번(月番), 윤번(輪番), 이/그/저번, 저번(這番), 전번(前番), 제번(除番), 주번(主番), 주번(週番), 지난번, 지번(地番), 지지난번, 천만번(千萬番), 청번(請番), 체번(替番), 초번(初番), 출번(出番), 하번(下番), 학번(學番), 후번(後番) 들.

번(煩) '어순선하고 복잡하다. 신열이 나고 가슴이 답답하다'를 뜻하는 말. ¶번가(煩苛), 번간(煩簡), 번갈(煩渴), 번고(煩告), 번고(煩苦), 번극(煩劇), 번급(煩急), 번뇌(煩惱)[번뇌마(魔), 번뇌장(障), 번뇌탁(濁); 백팔번뇌(百八)], 번다(煩多;번거롭게 많음), 번독하다(煩瀆), 번라하다(煩羅), 번란(煩亂;마음이 괴롭고 어지러움), 번려(煩慮), 번례(煩禮), 번로(煩勞), 번론(煩論), 번루(煩累), 번만(煩懣), 번망(煩忙), 번무(煩務;어수선하고 번거로운 일), 번민(煩悶;마음이 번거롭고 답답하여 괴로워함), 번비(煩費), 번삭하다(煩數;번거롭게 잦다), 번설(煩屑), 번설(煩說;잔말. 마구 떠들어 소문을 냄), 번설하다(煩褻;번잡스럽고 더럽다), 번쇄하다(煩瑣/碎;번거롭고 자질구레하다), 번열(煩熱), 번요(煩擾), 번용(煩冗), 번우(煩憂;번거롭고 요란스러움), 번울(煩鬱), 번잡(煩雜;번거롭고 뒤섞여 어수선함)/스럽다/하다, 번제(煩提), 번조(煩燥), 번추하다(煩醜;번잡하고 더럽다), 번폐/스럽다(煩弊), 번품(煩稟); 내번(耐煩), 다번(多煩), 사번하다(事煩), 식소사번(食少事煩), 예번하다(禮煩), 용번(冗煩), 제번(除煩), 지번(支煩), 허번(虛煩) 들.

번(燔) '굽다(익히다). 사르다'를 뜻하는 말. ¶번겁(燔劫), 번사(燔師), 번옥(燔玉), 번육(燔肉;구운 고기), 번은(燔銀;품질이 아주 낮은 은), 번작(燔灼), 번제(燔祭), 번조(燔造;질그릇 따위를 구워서 만들어 냄), 번주홍(燔朱紅), 번철(燔鐵;전을 부치는 그릇), 번토(燔土;질그릇을 만드는 흙); 재번(再燔). §'반'으로도 읽힘. 연반(延燔;장사 지내러 갈 때에 등을 들고 감), 연반꾼(延燔).

번(繁) '번성하다. 많다. 번거롭다'를 뜻하는 말. ¶번가(繁柯), 번극(繁劇), 번다하다(繁多), 번무(繁茂), 번문욕례(繁文縟禮), 번분수(繁分數), 번상(繁霜), 번성(繁盛), 번식(繁殖)[568], 번영(繁榮), 번욕(繁縟), 번음(繁陰), 번잡(繁雜), 번족(繁族;자손이 번성함), 번창(繁昌;繁盛), 번화(繁華)[번화가(街), 번화롭다/스럽다]; 빈번(頻繁/煩), 호번(浩繁) 들.

번(蕃) ①'우거지다'를 뜻하는 말. ¶번성(蕃盛;자손이 늘어서 퍼짐.

---

563) 벋대다: 쉬이 따르지 아니하고 고집스럽게 버티다. 〈센〉 뻗대다. ¶주장을 내세우며 벋대다.

564) 벋장대다: 순종하지 아니하고 맞서서 버티다. 〈센〉 뻗장대다. ¶밥을 안 먹겠다고 벋장대다.

565) 번가루: 곡식 가루를 반죽할 때에 물손을 맞추어 가며 덧치는 가루. ¶번가루를 많이 친 국수는 국물이 걸어서 맛이 덜하다.

566) 번외(番外): 계획에 들어 있지 않음. 번외 경기. ¶번외로 치다.

567) 번호(番號): 차례를 나타내는 호수. ¶번호기(器), 번호부(簿), 번호순(順), 번호패(牌), 번호표(票); 국번호(局), 등번호, 반번호(班), 방번호(房), 어깨번호, 우편번호(郵便), 원자번호(原子), 일련번호(一連)/연번(連番), 전화번호(電話), 주민등록번호(住民登錄), 차량번호(車輛).

568) 번식(繁殖): 번식기(期), 번식기관(器官), 번식력(力), 번식률(率), 번식성염(繁殖性炎); 무성번식(無性), 유성번식(有性).

초목이 우거짐), 번숙(蕃熟), 번식(蕃殖), 번육(蕃育;길러 키우는 것), 번족(蕃族), 번초(蕃椒;고추). ②'오랑캐'를 뜻하는 말. ¶번계(蕃界), 번국(蕃國), 번민(蕃民), 번인(蕃人), 번지(蕃地), 번추(蕃酋); 생번(生蕃), 숙번(熟蕃), 토번(土蕃), 토번(吐藩) 들.

번(飜/翻) '뒤집다. 번역하다. 나부끼다'를 뜻하는 말. ¶번각(飜刻), 번권(飜券), 번등(飜/翻謄), 번롱(飜弄;이리저리 마음대로 놀림), 번복(飜/翻覆;뒤집음. 이리저리 뒤쳐 고침), 번상(飜翔), 번신(飜/翻身), 번안(飜案)[569], 번역(飜/翻譯)[570], 번연하다(飜然), 번의(飜/翻意;먹었던 마음을 뒤집어 돌림), 번지다[2][571]; 비번(飛飜), 편번(翩翻) 들.

번(反) '뒤집다'를 뜻하는 말. ¶번경(反耕;논을 여러 번 갈아 뒤집음), 번고(反庫;창고의 물건을 뒤적거려 조사함), 번답(反畓), 번순(反脣;입술을 비쭉거리며 비웃음), 번위(反胃), 번작(反作), 번전(反田;논을 밭으로 만듦). ☞ 반(反)

번(幡) '마음을 고쳐먹다'를 뜻하는 말. ¶번연하다(幡/飜然;선뜻 태도를 바꾸다), 번연개오(幡然開悟) 들.

번(藩) '울타리. 지키다. 왕후의 영토'를 뜻하는 말. ¶번국(藩國;제후의 나라), 번병(藩屛); 외번(外藩) 들.

번(膰) '제사 고기'를 뜻하는 말. ¶번육(膰肉), 번조(膰俎).

번개 대기 중의 전기가 방전될 때 생기는 번쩍이는 빛. 동작이 아주 빠르고 날랜 사람이나 사물의 비유. ¶번개가 치다. 번개같다(아주 빠르다), 번개곤두, 번개매미, 번개무늬, 번개발(번갯불의 줄기), 번갯불, 번갯빛, 번개손(날래게 놀리는 손), 번개시장(市場), 번개재주(才); 마른번개, 줄번개(잇따라 계속되는 번개), 천둥번개 들.

번거-하다 조용하지 못하고 자리가 몹시 어수선하다. ¶번거롭다[572].

번데기 곤충의 유충으로부터 성충으로 되는 과정의 고치 속에 있는 몸. 누에의 번데기.

번드-치다 물건을 한 번에 뒤집다. 마음 따위를 변하게 하여 바꾸다. ¶씨름 선수가 상대편을 번드치다. 그는 상대편의 마음을 번드치는 데 남다른 재주가 있다.

번위 음식을 먹으면 구역질이 심하게 나며 먹은 것을 토해 내는 위병.

569) 번안(翻案): ①안건(案件)을 뒤집어놓음. ②남의 작품을 그 구상이나 줄거리는 바꾸지 아니하고 다른 표현의 양식을 써서 새로운 작품으로 고쳐 짓는 일. ¶번안소설(小說).

570) 번역(飜譯): 한 나라의 말로 된 글의 내용을 다른 나라의 말로 바꿔 옮김. ¶번역가(家), 번역권(權), 번역극(劇), 번역기계(機械)/번역기(機), 번역문(文), 번역문학(文學), 번역물(物), 번역본(本), 번역자(者), 번역조(調;번역투의 문장), 번역투(套), 번역판(版); 개똥번역(엉터리 번역), 기계번역(機械), 이중번역(二重), 자동번역(自動).

571) 번지다[2]: 종잇장을 한 장씩 넘기다. 번역하다. 엎어지거나 뒤집히다. ¶책장을 번지다. 어린아이가 말을 번지기 시작하다. 번지개(씨름꾼).

572) 번거롭다: ①일의 갈피가 어수선하고 복잡하다. ¶번거로운 제례 의식. ②조용하지 못하고 자리가 어수선하다. ③귀찮고 짜증스럽다. ¶번거롭게 올 것 없다.

번지[1] 논밭의 흙을 고르거나 탈곡한 곡식을 긁어모으는 데 쓰는 농기구. ¶번지를 치다. 번지질/하다; 돌번지(땅을 고르게 하는 둥근꼴의 돌).

번지[2] 번번하게 비탈진 곳. ¶번지에 밭을 일구다.

번지기 몸을 바로 잡고 힘을 써서 상대방의 공격을 막는 씨름의 자세.

번지(다)[1] 액체나 독기(毒氣)가 묻어서 차차 넓게 퍼지다. 차차 넓게 옮아가다. 빛이 차차 바탕에 넓게 퍼지다. ¶물감이/ 잉크가 번지다. 전염병이 번지다. 불길이 산 전체로 번졌다. 소문이 번지다. 내번지다(밖으로 스미어 나와 번지다), 뒤번지다(마구 번지다).

번지(다)[2] ☞ 번(飜).

벋(다) ①나뭇가지·덩굴 따위가 길게 자라나다. 길 따위가 길게 놓여 있다. 힘이 미치다. 바깥으로 잦혀 있다. 펴다. 끝이 바깥쪽으로 향하여 있다.↔옥다. 〈센〉뻗다. ¶칡넝쿨이/ 가지가 벋다. 도움의 손길이 벋다. 앞니가 벋다. 정성이 뻗치다. 벋나다'(끝이 바깥쪽으로 향하여 나다), 벋니, 벋다리, 뻗두룩[573]/하다, 벋·뻗디디다/벋·뻗딛다[574], 벋버듬하다[575], 벋버스름하다[576], 벋새[577], 벋·뻗서다(버티어 맞서다), 벋음새[578], 벋장대다[579]/이다, 밭장다리(↔안짱다리), 벋정다리·뻗정다리, 벋치다·뻗치다, 벋쳐·뻗쳐오르다, 벋지르·뻗지르다[580], 뻗침대[581], 뻗팔이(굽혀지지 않는 팔), 뻗히다, 바드름[582]/바듬·빠드름/빠듬·버드름/버듬·뻐드름/뻐듬하다, 버드러·뻐드러·퍼드러지다[583], 버들[584], 뻐드렁니, 뻐드렁이, 뻐쭈하다[585], 퍼더버리다[586], 퍼더앉다[587]; 내

573) 뻗두룩: 물건 따위가 풀기가 세거나 굳고 꼿꼿한 모양. 〈작〉빤두룩. ¶머리카락이 뻗두룩 일어섰다.

574) 벋·뻗디디다/벋·뻗딛다: ①발에 힘을 주어 버티어 디디다. ②금 밖으로 내어 디디다.

575) 벋버듬하다: ①두 끝이 버드러져 나가 사이가 뜨다. ②말이나 행동이 좀 거만하다. ③사이가 틀려 버성기다.

576) 벋버스름하다: 마음이 맞지 아니하여 사이가 벌어져 있다.

577) 벋새: 경사지지 아니하고 거의 평면으로 된 지붕의 기와.

578) 벋음새: 나뭇가지나 덩굴 따위가 벋은 모양이나 상태.

579) 벋장대다: 순종하지 않고 자꾸 버티다. 〈센〉뻗장대다. ¶벋장·뻗장이다.

580) 뻗지르다: 이 끝에서 저 끝까지 뻗쳐서 내지르다. ¶빗장을 뻗지르다. 뻗질리다.

581) 뻗침대: 함이나 궤에서, 자물쇠를 걸 수 있도록 된 기름한 쇠 장식.

582) 바드름하다: 밖으로 약간 벋은 듯하다. 〈큰〉버드름하다. 〈센〉빠드름하다. 〈준〉바듬하다. ¶송곳니가 바드름하다.

583) 퍼드러지다: 아무렇게나 쭉 뻗고 앉거나 눕다.

584) 버들: 버드나뭇과의 낙엽 활엽 교목.=버드나무.[벋(다)+(으)ㄹ]. ¶버들가지, 버들강아지/버들개지, 버들개, 버들고리, 버드나무[버드나무벌레, 버드나무하늘소], 버들낫, 버들눈(버드나무의 싹), 버들눈썹, 버들막(幕), 버들밭, 버들상자(箱子), 버들옷, 버들잎, 버들채(껍질을 벗긴 버들가지), 버들채반, 버들피리; 갯버들, 고리버들, 고수버들(가지가 고수머리처럼 꼬불꼬불한 버들), 냇버들, 능수버들, 당버들(唐), 땅버들, 멧버들, 무늬버들, 선버들, 세버들(細), 수양버들(垂楊), 실버들(수양버들), 양버들(洋), 왕버들, 움버들(움이 돋아난 버들), 줄버들, 호랑버들(虎狼).

585) 뻐쭈하다: 불쑥 내밀어 있다. 뻐쭉하다.

586) 퍼더버리다: 아무렇게나 앉아 팔다리를 편히 뻗어 버리다.=퍼지르다. ¶마당에 퍼더버리고 앉다.
퍼지르다: ①아무렇게 앉아 팔다리를 편안하게 뻗어 버리다.=퍼더버리

리벋다, 내리뻗다, 내뻗다/뻗치다, 뒤뻗치다(마구 세게 뻗치다), 발뻗다, 치벋다(나뭇가지나 덩굴 따위가 위쪽으로 향하여 길게 자라다), 치뻗다/뻗치다. ☞ 신(伸). ②어근 '벋-'은, 동사 앞에 붙어 '정도(正道)에서 벗어난'을 뜻함. ¶벋가다[588]/나가다, 벋나다²(못된 길로 나가다), 벋놀다(따로 벗어나서 행동하다), 벋놓다(바로잡지 아니하고 제멋대로 벋가게 내버려 두다)/놓이다, 벋디디다②[〈벋드딛다(금 밖으로 내디디다)].

벌¹ 아주 넓고 평평하게 생긴 땅.=들'. 평야(平野). 〈거〉펄. ¶깊은 산속에 있는 벌판. 벌귀신(鬼神;벌판에 있다는 귀신), 벌길(벌에 난 길), 벌낫, 벌논(벌에 있는 논), 벌농사(農事), 벌땅, 벌마을/벌말(벌판에 있는 마을), 벌물'[589], 벌바람(벌판에서 부는 바람), 벌방[590], 벌술'[591], 벌치[592], 벌판(넓은 들판)[벌판길; 모래벌판, 허허벌판], 벌흙[593]; 감탕벌(곤죽 같은 진흙 벌), 감풀[594], 강펄(江)/강변벌(江邊;강가의 벌판), 개펄(갯가의 진흙땅), 갯벌(바닷물이 드나드는 모래톱), 논벌, 높은벌, 모래펄, 진펄(진창으로 된 벌)[진펄논, 진펄식물(植物)], 풀벌[초원(草原)]; 펄꾼(외양을 도무지 꾸미지 않는 사람), 펄내(개펄에서 나는 냄새) 들.

벌² 옷이나 그릇 따위가 짝을 이루거나 여러 가지가 모여서 갖추어진 한 덩이나 그것을 세는 단위. ¶옷 세 벌을 사다. 수저 한 벌. 옷벌이나 장만하다. 옷 한 벌. 겉벌, 나들잇벌, 난벌, 난든벌, 낱벌, 단벌(單), 든난벌, 든벌, 속벌, 아랫벌, 안팎벌, 여벌(餘;여분의 물건), 옷벌(몇 벌의 옷), 윗벌, 홑벌(한 겹으로 된 물건. 단벌), 홑벌사람/홑사람(소견이 좁은 사람) 들.

벌³ 막시류(膜翅類)·벌목과의 곤충. ¶벌에 쏘이다. 벌개[595], 벌구멍(벌통의 구멍), 벌꿀, 벌독(毒), 벌둥지(벌집), 벌떼, 벌매듭(벌 모양의 매듭), 벌목(目;막시류), 벌뭉치, 벌비, 벌새, 벌쐬다[596], 벌집[벌집구름, 벌집뜨기, 벌집무늬, 벌집수(繡), 벌집위(胃), 벌집틀], 벌치기(양봉)/하다, 벌침(針), 벌통(桶); 가위벌, 개미벌, 기생벌(寄生), 꿀벌, 나나니벌, 노루벌, 더부살이벌(개생벌), 도둑벌(도봉(盜蜂)), 독벌(毒), 뒤영벌/뒝벌[먹뒝벌, 어리노랑뒝벌], 땅말벌, 땅벌(=바더리), 떡벌, 말벌, 말총벌, 맵시벌, 물벌, 밀벌, 뾰족벌, 뿔가위벌, 산벌(山), 석벌(石;바위틈에 집을 짓고 사는 꿀벌), 섭벌(재래종 벌의 하나), 송곳벌, 수벌, 암벌, 어리호박벌/박벌, 어리혹벌, 여왕벌(女王), 왕벌(王), 왕청벌, 일벌, 장수벌(將帥), 조롱벌, 조롱박벌, 참벌(꿀벌), 창벌(槍), 청벌(靑), 토종벌(土種), 파랑벌, 풀벌, 호리병벌(葫-甁), 호박벌/박벌. ☞ 봉(蜂).

-벌 '같은 일을 거듭해서 할 때에 그 일을 세는 단위. 횟수(回數). 번(番)'을 뜻하는 말. ¶두벌[두벌갈이, 두벌김, 두벌논, 두벌농사(農事), 두벌묻기, 두벌솎음, 두벌일, 두벌잠, 두벌장대(長臺), 두벌주검, 두벌죽음], 막벌(여러 벌 중에서 마지막 벌), 애벌[597], 재벌질(再;이미 한 일을 완전하게 하기 위하여 한 번 더하는 일), 재벌칠(再漆), 초벌(初).

벌(罰) 잘못하거나 죄를 지은 사람에게 괴로움을 주어 징계하고 억누르는 일.↔상(賞). ¶벌을 받다. 죄와 벌. 벌과금(罰科金), 벌금/형(罰金/刑), 벌례연(罰禮宴), 벌물²[벌수(罰水)], 벌방(罰房), 벌받다, 벌배(罰杯), 벌번(罰番), 벌봉(罰俸), 벌서다[598], 벌수(罰水), 벌술²(벌로 억지로 먹이는 술), 벌쓰다[599], 벌전(罰錢), 벌점/제(罰點/制), 벌주(罰酒;벌술), 벌주다, 벌직(罰直), 벌책/처분(罰責/處分), 벌칙(罰則), 벌하다(벌을 주다); 강제벌(强制罰), 경벌(輕罰), 남벌(濫罰), 내벌(內罰), 내벌적(內罰的), 달벌(撻罰), 두문벌(杜門罰), 면벌(免罰), 명벌(冥罰), 불벌(佛罰), 상벌(賞罰), 수벌(受罰), 신벌(神罰), 신상필벌(信賞必罰), 엄벌(嚴罰), 역벌(逆罰), 영벌(永罰), 외벌적(外罰的), 일벌백계(一罰百戒), 자벌적(自罰的), 잠벌(暫罰), 죄벌(罪罰), 주벌(誅罰), 중벌(重罰), 지벌[600], 질서벌(秩序罰), 집행벌(執行罰), 징계벌(懲戒罰), 징벌(懲罰), 책벌(責罰), 처벌(處罰)[가중처벌(加重)], 천벌(天罰), 체벌(體罰), 태벌(笞罰), 통제벌(統制罰), 피벌(被罰), 필벌(必罰), 해벌(解罰), 행정벌(行政罰), 현벌(懸罰), 형벌(刑罰) 들.

벌(伐) '치다. 무찌르다. 베다. 뽐내다. 자랑하다'를 뜻하는 말. ¶벌목(伐木)[벌목꾼, 벌목작업(作業)], 벌빙(伐氷), 벌상(伐喪), 벌선(伐善;자기의 선행을 뽐냄), 벌성지부(伐性之斧), 벌제위명(伐齊爲名;겉으로는 하는 체하면서 속으로는 딴전을 부림), 벌채(伐採), 벌초/사래(伐草); 간벌(間伐), 개벌(皆伐), 공벌(攻伐), 금벌(禁伐), 남벌(濫伐), 남정북벌(南征北伐), 도벌(盜伐), 방벌(放伐), 북벌(北伐), 산벌(山伐), 살벌하다(殺伐), 선벌(選伐), 수광벌(受光伐)[601], 윤벌(輪伐), 자벌(自伐), 작벌(斫伐), 정벌(征伐), 제벌(除伐), 주벌(主伐), 주벌(誅伐), 채벌(採伐), 천벌(天伐), 침벌(侵伐), 택벌(擇伐), 토벌(討伐), 획벌(劃伐) 들.

벌(閥) '집단성을 지니는 특정 권력의 무리'를 나타내는 말. ¶벌열(閥閱), 벌족(閥族); 가벌(家閥), 관벌(官閥), 군벌(軍閥), 규벌(閨閥;처의 친척을 중심으로 이루어진 파벌)/정치, 당벌(黨閥), 명벌(名閥), 문벌(門閥), 반벌(班閥), 세벌(世閥), 재벌(財閥), 족벌(族閥), 지벌(地閥;지위와 문벌), 파벌(派閥), 학벌(學閥), 화벌(華閥),

---

다. ¶퍼질러 앉다. ②나쁜 말이나 욕설 따위를 함부로 하다. 마구 먹어 대다. 매우 많이 낳거나 싸다. ③아이를 낳거나 배설물 따위를 싸다. ¶며느리는 딸만 내리 퍼질러 낳았다고 구박을 받았다.

587) 퍼더앉다: 팔다리를 아무렇게나 하고 편히 앉다. ¶방바닥에 퍼더앉다.

588) 벋가다: 올바른 길에서 벗어나게 행동하다. 〈센〉뻗가다. ¶벋가기 쉬운 청소년들.

589) 벌물': 맛도 모르고 마구 들이켜는 물. ¶벌물 켜듯 한다(젖이나 술 따위를 마구 들이켬을 이르는 말).

590) 벌방: 들이 넓고 논밭이 많은 고장. ¶벌방논, 벌방사람, 벌방지대(地帶).

591) 벌술': 맛도 모르면서 무턱대고 마시는 술.

592) 벌치: 벌판에 심어 놓고 돌보지 아니한 참외. 크기만 하고 맛이 덜함.

593) 벌흙: 광산(鑛山) 구덩이에 아직 광물(鑛物)이 나기 전의 흙.

594) 감풀: 썰물 때에만 드러나 보이는 비교적 넓고 편편한 모래벌판.[←감+벌/펄]. ¶썰물 때가 되면 감풀에 나가서 게도 잡고 해초도 주을 수 있다.

595) 벌개: 꿀벌이 밀랍에 붙여 지은 벌집. ¶벌개꿀, 벌개틀, 벌개판.

596) 벌쐬다: ①벌에 쏘이다. ②밤이 익기도 전에 밤송이가 터져 벌어지다.

597) 애벌: 같은 일을 되풀이할 때에 그 첫 번째 차례. 초벌(初). ¶애벌갈이, 애벌구이, 애벌김, 애벌논, 애벌방아, 애벌빨래.

598) 벌서다: 벌을 받아 일정한 곳에 서다. ¶복도에 나가 벌서고 있다. 벌세우다.

599) 벌쓰다: 잘못한 일이 있어 벌을 받다. ¶벌씌우다.

600) 지벌(罰): 민속에서, '신불(神佛)에게 거슬리는 일을 저질러 당하는 벌'을 이르는 말. ¶지벌을 입다.

601) 수광벌(受光伐): 생장이 좋은 나무를 더욱 잘 키우기 위하여 주위의 나무를 간벌하여 생장 구역을 넓혀 주는 일.

훈벌(勳閥) 들.

벌(筏) '뗏목'을 뜻하는 말. ¶벌교(筏橋), 벌류(筏流), 벌부(筏夫); 유벌(流筏) 들.

벌(다)[1] ①틈이 나서 사이가 뜨다. 맞닿은 자리가 벌어지다. ¶줌이 벌도록 덥석 움켜잡았다. 버그러·빼그러·바그라·빠그라뜨리다/트리다/지다. 버근[602]하다, 버긋하다[603], 버럭[604]/질, 바록[605], 바름[606]/하다, 버름하다/히, 버름버름·바름바름/하다, 버릊다[607], 버르적·버릊거리다/대다, 버르적버르적·버릊버릊, 버르·바르집다[608], 버릊다, 버성기다[609], 버스름하다, 버슷하다[610], 발기다[611]·벌기다, 발록발록·발룩발룩[612]·벌룩벌룩, 발록[613]·벌룩거리다/대다/하다, 발롱발롱[614]·발룽발룽·벌룽벌룽, 발룽·벌룽거리다/대다/하다, 발름발름[615]·벌름벌름, 발름·벌름거리다/대다/하다, 발리다·벌리다[1](넓히다. 열다. 드러내다), 발씬[616], 발쪽[617], 발씸·벌씸[618], 바라지다[1][619]·벌어지다[떡벌어지다[620], 해바라지다[621]], 바라지다[2][622], 벌림새, 벌어지다[623], 벌음[624], 벌이다[625], 벌인춤[626], 벙글다[627], 벙긋하다; 떠버리(수다스럽게 떠드는 사람), 떠벌리다(이야기를 과장하여 늘어놓다), 떠벌이다(굉장한 규모로 차리다), 뜯어벌이다, 막아벌리다(가로막아 두 사이를 넓게 하다), 엉벌리다(다리를 엉거주춤하게 벌리다. 엉거벌리다), 입벌리다, 지지벌개다[628]. ②'벌-'의 꼴로, 일부 명사 앞에 붙어 '일정한 테두리를 벗어난. 벌어진[열(列)]'의 뜻을 더하는 말. ¶벌모[629], 벌물[2][630], 벌불[631]/지다, 벌사양[632], 벌윷, 벌이줄[633], 벌타령[634], 벌터질[635]. ☞ 개(開). 열(列).

벌(다)[2] 일을 하여 돈이 생기게 하다. 없었거나 적었던 것이 더 있거나 생기게 하다.≒얻다. ¶돈을 벌다. 시간을 벌다. 거짓말을 하여 매를 벌다. 벌리다[2](돈벌이가 되다), 벌어들이다, 벌어먹다, 벌이(직업. 생화)[벌잇거리, 벌잇길(벌잇줄), 벌잇속(벌이하는 속내나 실속), 벌잇자리, 벌잇줄(돈벌이하는 길. 밥줄), 벌이터(일터), 벌이하다; 겹벌이(두 개의 직업을 가진 사람), 돈벌이, 뜬벌이[636], 막벌다(아무 일이든지 닥치는 대로 해서 돈을 벌다), 막벌이[막벌이꾼, 막벌이판]/하다, 맞벌이, 밥벌이, 삯벌이(삯팔이), 앵벌

602) 버근: 물건의 사개가 버그러져 흔들리는 모양. 〈큰〉비근. ¶궤짝의 네 귀가 버근버근 버그러졌다. 옷장이 비근비근 버그러져 새로 장만해야겠다. 버근·비근거리다/대다, 버근버근/하다, 버근하다(맞붙은 곳이 꼭 달라붙지 않고 틈이 벌다).

603) 버긋하다: 맞붙인 틈이 조금 벌어져 있다. ¶석류가 익어서 버긋하다. 버긋이.

604) 버럭: 벌려 놓고 치다꺼리를 하는 일이나 그 일판.

605) 바록: 작은 입을 조금 벌리고 귀엽게 웃는 모양. 밖으로 벌어진 모양. 〈큰〉바룩. 바륵. 버룩. ¶곱살한 처녀는 나를 보더니 바록바록 웃고 있었다. 두 귀가 바룩한 강아지. 바록·버룩하다, 바륵바륵하다.

606) 바름: ①물건의 사이가 꼭 맞지 아니하여 여러 군데 틈이 조금씩 벌어져 있는 모양. ¶틈이 바름바름 바라지기 시작했다. 바름·버름하다. ②조금 바라진 틈으로 조심스레 살피거나 더듬는 모양. ¶그는 울타리 판자들 사이로 바름바름 살피었다. 〈큰〉버름.

607) 버릊다: 파서 헤집어 놓다. ¶닭이 모이를 발로 버릊다. 쓰레기통을 버릊다. 버르적·버릊거리다/대다, 버르적버르적·버릊버릊, 버르·바르집다(헤집어 펴다. 숨은 일을 들추어내다. 작은 일을 크게 떠벌리다).

608) 버르집다: ①오므라진 것을 벌려 펴다. 헤집어 펴다. ¶꽃망울을 바르집다. 흙을 버르집다. ②지나간 일이나 숨은 일을 들추어내다. ¶비밀을 버르집다. ③사소한 일을 크게 떠벌리다. ¶아무것도 아닌 일을 버르집어 집안을 시끄럽게 했다. 괜히 바르집어 얘기하지 마. 〈작〉바르집다.

609) 버성기다: ①벌어져서 틈이 있다. ②두 사람의 사이가 탐탁하지 아니하다. ③분위기 따위가 어색하거나 거북하다.[←벌(다)+성기다].

610) 버슷하다: 두 사람의 사이가 벌어져 어울리지 않다.

611) 발기다: 속에 있는 것이 드러나게 헤치어 발리다. 〈큰〉벌기다. ¶옥수수 껍질을 발기다. 밤송이를 발기어 밤톨을 꺼내다.
발기발기: ①여러 조각으로 마구 찢는 모양. ¶종이를 발기발기 찢다. 종이를 찢어발기다. ②마음을 몹시 아프게 자극하는 모양. ¶엄마 가슴을 발기발기 찢어 놓는 누나. [+찢다].

612) 발록: 탄력 있는 물체가 저절로 바라졌다 오므라졌다 하는 모양. 〈큰〉벌룩. ¶작은 손을 발록 쥐었다 폈다 하다. 발록·벌룩거리다/대다[2], 발록발록/하다.

613) 발록하다: 틈이 조금 바라져 있다. 〈큰〉벌룩하다. ¶발록한 귀.

614) 발롱: 탄력 있는 물체가 벌어졌다 오므라들었다 하는 모양. 〈큰〉발룽. 벌룽. ¶입술을 발롱발롱 움직이다. 꽃망울이 발롱발롱 피어나다. 발룽거리다/대다, 발룽발룽/하다.

615) 발름: 탄력 있는 물체가 부드럽고 조금 넓게 바라졌다 오므라졌다 하는 모양. 〈큰〉벌름. ¶발름거리다/대다, 발름·벌름하다(틈이 바라져 있다), 발름발름/하다.

616) 발씬: 입을 벌려 한번 흠씬 웃는 모양. 〈큰〉벌씬. 〈센〉빨씬. ¶칭찬을 했더니 발씬 웃는다.

617) 발쪽: ①속에 든 것이 보일락말락하게 조금 바라졌다 닫히는 모양. ②입을 조금 벌리면서 소리 없이 웃는 모양. 〈큰〉벌쭉. 〈센〉빨쪽. 〈큰·센〉뻘쭉. ¶발쪽·벌쭉거리다/대다/하다; 해발쪽·헤벌쭉하다.

618) 벌씸: 코 따위 탄력 있는 물체가 크게 벌어졌다 우므러졌다 하는 모양. 〈작〉발씸.

619) 바라지다[1]: ①잇닿아 있거나 오므라져 있던 것이 갈라져서 틈이 생기다. ¶밤송이가 갈라지다. ②사람의 사이가 버성기게 되다. ③사람의 몸이나 식물의 가지 따위가 옆으로 퍼지거나 벋게 되다. ¶키는 크지 않고 옆으로만 바라지다. 가지가 바라지다. 〈큰〉벌어지다.

620) 떡벌어지다: ①넓게 퍼지다. ②잔치가 크게 열리다. ③틈이 크게 나다.

621) 해-바라지다: 모양새 없이 넓게 바라지다. 〈큰〉헤벌어지다. ¶해바라진 그릇. 해발딱, 해발짝, 해발쪽.

622) 바라지다[2]: ①가슴이나 어깨, 등 따위가 옆으로 퍼지다. ¶딱 바라진 어깨. ②그릇이 속은 얕고 위가 납작하여 바드름하다. ¶바라진 대접. 바룩·버룩하다. ③도량이 좁고 포용력이 적다. ¶속이 바라진 사람. 되바라지다. ④말이나 행동이 나이에 비하여 지나치게 야무지다. ¶어린 녀석이 좀 바라진 데가 있다. 바라진 아이. 되바라지다.

623) 벌어지다: ≒뜨다. 벌다. 생기다. 열리다.↔오므라지다. ¶입이 벌어지다. 싸움이 벌어지다. 사이가 벌어지다(멀어지다).

624) 벌음: 건물의 한 면에서 보이는 몇 칸살의 죽 벌어져 있는 길이. ¶삼 칸 벌음. 여섯 칸 벌음.

625) 벌이다: 일을 시작하거나 물건을 죽 늘어놓거나 시설을 차리다.≒늘어놓다. 진열하다(陳列).↔거두다. 치우다. ¶사업을 크게 벌였다. 논쟁을 벌이다.

626) 벌인춤: 이미 손에 댄 일을 도중에서 그만 둘 수 없음. 이미 시작한 일. ≒내친걸음. ¶벌인춤이니 끝까지 해보지 않을 수 없다.

627) 벙글다: 사이가 틀려서 벌어지다.

628) 지지벌개다: 단정하지 못하게 아무 데서나 떡 벌리고 앉다.

629) 벌모: 모판 밖에 볍씨가 떨어져 자란 모. ¶벌모로(일을 겉날려서 대충).

630) 벌물[2]: ①물을 논에 대거나 그릇 따위에 담을 때에 딴 데로 나가는 물. ②넘쳐흐르는 말.

631) 벌불: 등잔불·촛불 따위의 심지 옆으로 번져 퍼지는 불.

632) 벌사양: 혼례식 때 신부의 큰머리 밑에 쪽지는 머리. 〈준〉벌생.

633) 벌이줄: ①물건이 버티도록 이리저리 얽어매는 줄. ¶천막의 벌이줄. ②과녁의 솔대를 켕겨 매는 줄. ③종이연에 벌여 매는 줄.

634) 벌타령: 무슨 일에 정신을 들이지 않아서 조리에 맞지 아니함. 일에 규율이 없고 난잡함. ¶벌타령만 부리고 공부를 안 하는 놈.

635) 벌터질: 활터에 들 형편이 못되는 활량이 마주 보이는 등성이에 활을 쏘아 연습하는 일.

636) 뜬벌이: 일정한 벌이가 아닌, 어쩌다 생긴 일자리에서 닥치는 대로 일을 하고 돈 따위를 버는 일. ¶기술도 없는데 그 사람 어디에서 뜬벌이라도 하며 먹고사는지 모르겠다. 뜬벌이하다.

이[637], 입벌이(입에 풀칠이나 할 정도의 벌이)]; 막벌다[638] 들.

벌(다)³ 몸피가 한 주먹이나 한 아름에 들 정도보다 조금 더 크다. ¶아름에 벌다. 줌벌다(한 줌으로 쥐기에 지나치다).

벌레 ①곤충을 비롯하여 기생충과 같은 하등 동물을 두루 이르는 말.=버러지. ¶벌레 먹은 사과. 벌레그물[포충망(捕蟲網)], 벌레떼, 벌레띠[639], 벌레소리, 벌레잡이[벌레잡이식물(植物;식충식물), 벌레잡이잎, 벌레잡이주머니(포충낭)], 벌레집, 벌레퉁이(재목에 벌레가 먹어서 생긴 흠), 벌레해(害), 벌레혹; 개똥벌레, 거위벌레, 길벌레(↔날벌레), 나팔벌레(喇叭), 날벌레, 도꼬마리벌레, 도둑벌레, 독벌레(毒), 돈벌레(그리마. 돈을 지나치게 밝히는 사람), 딱정벌레, 땅벌레(땅풍뎅이의 유충), 무당벌레, 물벌레, 밤벌레, 방울벌레, 방패벌레(防牌), 배추벌레, 버섯벌레, 비단벌레(緋緞), 사슴벌레, 삽주벌레, 새끼벌레, 솜벌레, 송장벌레, 쇠똥벌레, 쌀벌레, 애벌레, 어른/어미벌레, 엄지벌레(어른벌레), 연두벌레(軟豆), 옴벌레, 인버러지(人;은혜를 모르는 사람), 잎벌레, 자벌레(자벌레나방의 유충), 장구벌레, 좀벌레, 종벌레(鐘), 집게벌레, 짚신벌레, 철벌레[후충(候蟲)], 털벌레, 표본벌레(標本), 풀벌레. ②명사에 붙어 '그 일을 열심히 하는'을 뜻하는 말. ¶공붓벌레(工夫), 밥벌레[640], 연습벌레(練習), 일벌레, 책벌레(冊). ☞ 충(蟲).

벌써 ①예상한 시간보다 이전에. 오래 전에.≒이미. ¶그를 나는 벌써 알고 있었다. 그런 일은 벌써 옛날이야기다. 철수가 벌써 왔다. ②예상보다 빠르게. 어느새. ¶벌써 갈 시간이 되었다. 나이가 벌써 마흔이다. [+완료상. 과거시제. 긍정문].

벌창 ①물이 많아 넘쳐흐르는 상태. ¶큰물이 져 개울물이 벌창을 한다. 홍수가 벌창한 논들. 벌창하다. 땀벌창(땀범벅. 땀투성이). ②가게나 시장에 물건이 매우 많이 나와 퍼져 있음. ¶여기저기 가게마다 햇과일이 벌창을 한다.

벌충 손실을 입거나 모자라는 것을 다른 것으로 대신 보태어 채움. ¶며칠 논 것을 벌충하려고 밤낮으로 일하다. 결손을 벌충하다. 벌충되다/하다.

벌컬 밀물 때 밀려온 물고기가 썰물 때 물과 함께 나가지 못하게 막아 잡는 그물.

범 고양잇과의 맹수. 호랑이. 호랑이 무늬. ¶범에게 물리어 가도 정신만 차리면 산다. 갈범(葛;'칡범'의 비표준말), 범가죽, 범고래, 범굴(窟), 범나방, 범나비(호랑나비), 범날, 범눈썹(수북이 난 눈썹), 범돔, 범띠, 범발톱, 범부채, 범서기(태권도에서 앞서기 자세), 범수염(수북하게 난 수염), 범의귀, 범탈, 범탈굿, 범털; 물범, 수범, 쑥범(쑥으로 만든 범 모양의 노리개), 암범, 칡범, 표범(豹)[표범나비, 표범장지뱀; 바다표범]. ☞ 호(虎).

범(犯) '죄. 죄 지은 사람. 어기다. 침범하다'를 뜻하는 말. 형벌을 받은 횟수를 세는 단위. ¶전과 3범. 범계(犯戒), 범계(犯界), 범과(犯科), 범과(犯過), 범궐(犯闕), 범금(犯禁), 범령(犯令), 범로(犯路), 범마(犯馬), 범방(犯房), 범법/자(犯法/者), 범분(犯分), 범상(犯上)[641], 범상(犯狀), 범색(犯色), 범소(犯所), 범수(犯手), 범안(犯顔), 범야(犯夜), 범염(犯染), 범용(犯用), 범월/죄인(犯越/罪人), 범의(犯意), 범인(犯人)[범인은닉죄(隱匿罪)], 범입(犯入), 범작(犯斫), 범장(犯葬), 범장(犯贓), 범재(犯齋), 범적(犯跡/迹), 범접(犯接), 범정(犯情), 범죄(犯罪)[642], 범칙(犯則)[범칙금(金), 범칙물자(物資)], 범타(犯打;윗사람을 때림), 범포(犯逋), 범필(犯蹕), 범하다, 범한(犯限), 범행/자(犯行/者), 범혼(犯昏;날이 저물어 땅거미가 짐), 범휘(犯諱;웃어른의 이름을 함부로 부름. 남의 비밀을 들추어냄); 가담범(加擔犯), 가중범(加重犯), 간범(干犯;간섭하여 남의 권리를 침범함), 간격범(間隔犯), 간음범(姦淫犯), 간접범(間接犯), 강간범(强姦犯), 강도범(强盜犯), 강력범(强力犯), 거동범(擧動犯), 격리범(隔離犯), 격시범(隔時犯), 격지범(隔地犯), 견련범(牽連犯), 결과범(結果犯), 결합범(結合犯), 경범(輕犯), 경제범(經濟犯), 경찰범(警察犯), 경합범(競合犯), 경향범(傾向犯), 계속범(繼續犯), 고범(故犯), 고의범(故意犯), 공범(共犯)[643], 공동범(共同犯), 공모범(共謀犯), 과실범(過失犯), 관세범(關稅犯), 관행범(慣行犯), 교사범(教唆犯), 교사범(教事犯), 국내범(國內犯), 국사범(國事犯), 국세범(國稅犯), 국외범(國外犯), 기수범(旣遂犯), 기회범(機會犯), 난폭범(亂暴犯), 납치범(拉致犯), 누범(累犯), 단독범(單獨犯), 단행범(單行犯), 대범(大犯), 대향범(對向犯), 도범(盜犯), 도굴범(盜掘犯), 도박범(賭博犯), 동시범(同時犯), 면식범(面識犯), 모범(冒犯), 모살미수범(謀殺未遂犯), 목적범(目的犯;내란죄 · 무고죄 · 위조죄 따위), 무범(無犯), 무의범(無意犯), 미수범(未遂犯), 미신범(迷信犯), 민사범(民事犯), 밀수범(密輸犯), 방범(防犯), 방임범(放任犯), 방조범(幇助犯), 방화범(放火), 법정범(法定犯), 본범(本犯), 봉쇄범(封鎖犯), 부대범(附帶犯), 부작위범(不作爲犯), 불범(不犯), 불납부범(不納付犯), 불능범(不能犯), 불행범(不行犯), 사범(事犯)[경제사범(經濟), 정치사범(政治), 풍속사범(風俗)], 사기범(詐欺犯), 사상범(思想犯), 살인범(殺人犯), 살해범(殺害犯), 상사범(常事犯), 상습범(常習犯), 상태(常態犯), 소범(所犯), 소극범(消極犯), 소년범(少年犯), 수범(首犯), 신분범(身分犯), 실범(實犯), 실력범(實力犯), 실질범(實質犯), 실해범(實害犯), 암범(暗犯), 암살범(暗殺犯), 양심범(良心犯), 여범(女犯), 연속범(連續犯), 영업범(營業犯), 예비범(豫備犯), 오상범(誤想犯), 우범(虞犯), 우발범(偶發犯), 원범(原犯), 위범(違犯), 위조범(僞造犯),

637) 앵벌이: 불량배의 부림을 받는 어린이가 구걸이나 도둑질 따위로 돈벌이하는 짓. 또는 그 아이.

638) 막벌다: 어떤 일이든지 닥치는 대로 해서 돈을 벌다. ¶막벌어 먹고 산다. 막벌이/꾼.

639) 벌레띠: 벌레 따위가 붙어서 죽도록 나뭇가지에 돌려 바른 끈끈한 물질.=포살띠.

640) 밥벌레: 일은 하지 않고 밥이나 축내는 사람.

641) 범상(犯上): ①신하가 임금에게 하여서는 안 될 짓을 함. ②아랫사람이 윗사람에게 하여서는 안 될 짓을 함.

642) 범죄(犯罪): 죄를 지음 또는 지은 죄. 법률에 따라 형벌을 받아야 할 위법 행위. ¶범죄감식(鑑識), 범죄과학(科學), 범죄구성요건(構成要件), 범죄꾼, 범죄능력(能力), 범죄단체(團體), 범죄사회학(社會學), 범죄생물학(生物學), 범죄성(性), 범죄소설(小說), 범죄시/되다/하다(視), 범죄심리학(心理學), 범죄예측(豫測), 범죄유형(類型), 범죄윤리학(倫理學), 범죄율(率), 범죄인(人), 범죄자(者), 범죄적(的), 범죄지(地), 범죄학/자(學/者), 범죄행위(行爲); 국제범죄(國際), 성범죄(性), 소년범죄(少年), 완전범죄(完全), 전쟁범죄(戰爭), 직무범죄(職務), 청소년범죄(靑少年).

643) 공범(共犯): 공범자(者), 공범죄(罪); 공모공범(共謀)/공모범, 필요적공범(必要的).

위태범(危殆犯), 위험범(危險犯), 유괴범(誘拐犯), 유의범(有意犯), 은닉범(隱匿犯), 인질범(人質犯), 자수범(自手犯), 자연범(自然犯), 작위범(作爲犯), 잡범(雜犯), 재범(再犯), 재산범(財産犯), 재정범(財政犯), 저격범(狙擊犯), 적극범(積極犯), 전과범(前科犯), 전범(戰犯), 전쟁범(戰爭犯), 절도범(竊盜犯), 접속범(接續犯), 정범(正犯)[단독정범(單獨)/단독범, 공동정범(共同)/공동범, 직접정범(直接)], 정사범(政事犯), 정치범(政治犯), 조세범(租稅犯), 종범(從犯), 종속범(從屬犯), 죄범(罪犯), 주범(主犯), 중범(重犯), 중죄범(重罪犯), 중지범(中止犯), 중합범(衆合犯), 즉성범(卽成犯), 즉시범(卽時犯), 지능범(知能犯), 직무범(職務犯), 진범인(眞犯人)/진범(眞犯), 질서범(秩序犯), 집단범(集團犯), 집합범(集合犯), 착각범(錯覺犯), 착수미수범(着手未遂犯), 착수중지범(着手中止犯), 초범(初犯), 촉범(觸犯), 침범(侵犯), 침해범(侵害犯), 타태범(墮胎犯), 탈주범(脫走犯), 테러범(terror), 파렴치범(破廉恥犯), 포탈범(逋脫犯), 폭력범(暴力犯), 풍속범(風俗犯), 하담범(荷擔犯), 합동범(合同犯), 행정범(行政犯), 현행범(現行犯), 협박범(脅迫犯), 형사범(刑事犯), 형식범(形式犯), 확신범(確信犯), 환각범(幻覺犯), 황실범(皇室犯), 회합범(會合犯), 흉범(凶犯), 흉악범(凶惡犯), 흡수범(吸收犯) 들.

범(汎) '넓다. 널리 전체에 걸쳐 모두 아우르는'을 뜻하는 말. ¶범골수로(骨髓痨), 범국민/적(國民/的), 범논리주의(論理主義), 범란(汎瀾;물결이나 사물이 널리 퍼짐), 범령론(汎靈論), 범론(汎論;개괄적인 언론), 범리론(汎理論), 범미주의(汎美主義), 범민족(汎民族), 범발(汎發), 범사회적(社會的), 범생명관(汎生命觀), 범설(汎說), 범성설(汎性說), 범세계적(世界的), 범시민적(市民的), 범신교(汎神敎), 범신론(汎神論), 범심론(汎心論), 범아랍주의(Arab), 범아시아주의(Asia), 범애(汎愛), 범애/주의(汎愛/主義;博愛主義), 범야(汎野), 범여(汎與), 범용/기관(汎用/機關), 범유(汎游), 범의(汎意), 범의론(汎意論), 범의어(汎義語), 범이론(汎理論), 범종교적(宗敎的), 범천후(天候), 범칭(汎/泛稱;넓은 범위로 두루 일컬음 또는 그 이름), 범태평양(太平洋), 범함수(汎函數), 범화(汎化); 대범하다(大汎/泛)[644] 들.

범(凡) '뛰어난 점이 없이 보통임. 무릇'을 나타내는 말. ¶범경(凡境), 범골(凡骨;평범한 사람. 凡人), 범례(凡例;일러두기), 범류(凡類), 범물(凡物;萬物), 범민(凡民), 범백/사(凡百/事), 범부(凡夫), 범부지(凡夫地;보통 사람의 경지), 범사(凡事), 범상하다(凡常), 범서(凡書), 범성(凡聖), 범소하다(凡小;인물이 평범하고 작다), 범속/성(凡俗/性), 범수(凡手), 범승(凡僧), 범실(凡失;하찮은 실수), 범안(凡眼), 범어사(凡於事), 범용(凡庸;평범하고 용렬함), 범우(凡愚), 범인(凡人), 범작(凡作), 범재(凡才;평범한 재주), 범재(凡材;평번한 인재), 범재(凡宰), 범절(凡節;법도에 맞는 절차나 질서)[예의범절(禮儀), 인사범절(人事), 초종범절(初終)], 범책(凡策), 범타(凡打;안타가되지 못한 타격), 범태육신(凡胎肉身), 범퇴(凡退;야구에서, 타자가 아무 소득 없이 물러감), 범품(凡品); 대범(大凡;무릇), 불범(不凡), 비범(非凡), 선범(仙凡), 성범(聖凡;성인과 범인), 초범(超凡), 평범하다(平凡) 들.

범(梵) 인도 바라문교에서 이르는, 우주의 최고의 원리 또는 신. 중(僧). ¶범각(梵閣;梵宮), 범게(梵偈;불경의 詩), 범경(梵境;절의 경내), 범궁(梵宮;법이나 불당), 범납(梵衲;중), 범망경(梵網經), 범문(梵文), 범서(梵書), 범승(梵僧), 범아일여(梵我一如), 범어(梵語;산스크리트), 범왕(梵王), 범음(梵音;범자의 음. 불경을 읽는 소리), 범자(梵字;인도의 옛글자), 범전(梵殿;佛堂), 범종(梵鐘), 범찬(梵讚;불덕을 찬미한 글), 범찰(梵刹;절), 범처(梵妻;중의 아내), 범천왕(梵天王), 범패(梵唄;여래의 공덕을 찬미하는 노래), 범학(梵學), 범행(梵行;맑고 깨끗한 행실. 불도의 수행); 석범(釋梵) 들.

범(範) '본보기. 법식. 한계(限界)'를 뜻하는 말. ¶범례(範例), 범본(範本;본보기), 범식(範式;본보기로 삼을 만한 양식), 범어법(範語法), 범위(範圍;한정된 구역의 언저리. 테두리)[광범위(廣), 활동범위(活動)], 범주(範疇)[구성적범주(構成的), 미적범주(美的), 반성적범주(反省的)], 범창(範唱), 범형(範型); 광범하다(廣範), 교범(敎範), 궤범(軌範), 규범(規範), 모범/생(模範/生), 문범(文範), 사범(師範), 세범(世範), 솔선수범(率先垂範), 수범(垂範), 시범(示範), 의범(儀範), 전범(典範), 준범(遵範), 의범(儀範), 홍범(弘範), 홍범구주(洪範九疇) 들.

범(帆) '돛. 돛단배'를 뜻하는 말. ¶범선(帆船;돛단배), 범영(帆影;돛의 그림자), 범장(帆檣;돛대), 범주(帆柱), 범주(帆走), 범창고(帆倉庫), 범포(帆布); 고범(孤帆), 괘범(掛帆), 귀범(歸帆), 낙범(落帆), 만범(滿帆;돛에 바람을 한껏 받음), 반월범(半月帆), 백범(白帆), 본범(本帆), 양범(揚帆), 원범(遠帆), 주범(主帆), 출범(出帆;배가 떠남. 일의 시작), 편범(片帆), 포범(布帆), 풍범선(風帆船) 들.

범(泛) '꼼꼼하지 않아 조심성이 없다. 데면데면하다'를 뜻하는 말. ¶범간(泛看), 범과(泛過), 범독(泛讀;글을 데면데면하게 읽음), 범론(泛論), 범범하다(泛泛;데면데면하다), 범연하다(泛然;차근차근한 맛이 없이 데면데면하다), 범주(泛舟), 범청(泛聽), 범칭(泛/汎稱), 범홀하다(泛忽) 들.

범(氾) '물이 넘치다'를 뜻하는 말. ¶범람(氾/汎濫;큰물이 흘러넘침)[범람만(灣), 범람원(源), 범람해(海), 범람하다, 범람호(湖)], 범연하다(氾然;속박을 받지 아니하다. 대범스럽다), 범일(氾/汎溢) 들.

범(范) '거푸집'을 뜻하는 말. ¶범강장달이(范疆張達), 범용(范鎔).

법(法)¹ ①용언의 관형형 다음에 쓰여, '으레 그렇게 됨. 도리나 이치'를 뜻하는 말. ¶그럴 법도 하다. ②수직(垂直)'을 뜻하는 말. ¶법령'(法令;양쪽 광대뼈와 코 사이를 지나 입가로 내려오는 굵은 선), 법면(法面), 법선(法線)[법선력(力), 법선축(軸)], 법평면(法平面). ③불교에서 삼보(三寶)의 하나. 불교의 진리. ¶법검(法劍), 법계(法界), 법계(法階), 법고(法鼓), 법공양(法供養), 법권(法眷), 법기(法器)[645], 법난(法難)[646], 법담(法談), 법답(法畓), 법당(法堂), 법도(法道;佛道), 법등(法燈), 법랍(法臘;중이 된 뒤로부터 치

644) 대범하다(大汎/泛): ①사물에 대한 태도가 까다롭거나 잘지 않고 심상하다. ¶성격이 대범하다. ②감정을 드러내는 태도가 애틋하지 않고 예사롭다. ¶남 앞에서만 대범한 체한다. 대범스럽다.

645) 법기(法器): 불법을 능히 수행할 수 있는 소질이 있는 사람.
646) 법난(法難): 불교의 교단이나 포교하는 사람이 받는 박해.

ㅂ

는 나이), 법려(法侶), 법력[1](法力;불법의 위력), 법론(法論), 법류(法類), 법륜(法輪;부처의 교화와 설법), 법리[1](法理;불법의 진리), 법맥(法脈), 법멸(法滅), 법무(法舞), 법명(法名;僧名), 법명(法命), 법문(法文;불경의 글), 법문(法門), 법문(法問), 법물(法物), 법보(法寶;佛經), 법사(法事), 법사(法師)[노법사(老)], 법사(法嗣;법통을 이어받은 후계자), 법상(法床), 법상(法相), 법서(法誓), 법석(法席)[647], 법성(法性;우주 만물의 본체), 법성(法聲), 법수(法水), 법시(法施), 법식(法式), 법신(法身)[법신덕(德), 법신불(佛)], 법악(法樂), 법안(法眼), 법약(法藥), 법어(法語), 법언(法言), 법업(法業), 법연(法筵), 법열(法悅), 법옹사(法翁師), 법왕(法王), 법요(法要), 법우(法友), 법우(法雨), 법유(法油;들기름), 법의(法衣), 법의(法義), 법인(法印), 법장(法藏), 법적(法跡), 법전(法殿;法堂), 법제자(法弟子), 법주(法主;부처), 법체(法體), 법통(法統)[648], 법풍(法風), 법해(法海), 법험(法驗), 법형(法兄), 법호(法號), 법화(法話), 법화경(法華經), 법화회(法華會), 법회(法會)[개산법회(開山)]; 경법(經法), 관법[1](觀法;불법의 진리를잘 살피고 생각하는 일), 교법(敎法), 구법(求法), 귀의법(歸依法), 대법(大法;부처의 뛰어난 가르침), 말법(末法), 멸법(滅法), 묘법(妙法;신기하고 묘한 법문), 무위법(無爲法), 문법(聞法), 병법(秉法), 불법(佛法), 사법(嗣法), 상법(像法), 석가법(釋迦法), 설법(說法), 유법(遺法), 율법(律法), 일승법(一乘法), 정법/시(正法/時;바른 교법), 좌법(坐法), 진법(眞法), 참법(懺法), 청우법(請雨法), 행법(行法), 홍법(弘法). ④법률·법령·조례 따위의 구속력을 갖는 온갖 규칙. ¶법의 존엄성. 법대로 처리하다. 법은 멀고 주먹은 가깝다. 법 없이 살다. 법가(法家), 법강(法綱), 법계(法系), 법계(法戒), 법계(法界), 법과(法科), 법관(法官)[대법관(大), 수명법관(受命)], 법권(法圈), 법권(法權)[치외법권(治外)], 법규(法規)[649], 법규범(法規範), 법금(法禁), 법기(法紀), 법도(法度)[650], 법도(法道;법률을 지켜야 할 도리), 법력[2](法力;법률의 효력), 법령(法令)[법령심사권(審査權), 법령집(集)], 법례(法例), 법례(法禮), 법률(法律)[651], 법리(法吏), 법리[2](法理;법률의 원리. 법적인 논리), 법망(法網;범죄자에 대한 법률의 제재), 법모(法帽), 법무(法務)[법무관(官), 법무부(部), 법무사(士), 법무행정(行政)], 법문/화(法文/化), 법복(法服), 법사상(法思想), 법사학(法史學), 법사회학(法社會學), 법서(法書), 법안(法案), 법언(法諺), 법역(法域), 법외(法外), 법원(法院)[652], 법원(法源), 법의(法意), 법의식(法意識), 법의학(法醫學), 법익/설(法益/說), 법인(法人)[653], 법인격(法人格), 법적(法的), 법전(法典), 법정(法定)[654], 법정(法廷)[법정경찰(警察), 법정모욕죄(侮辱罪), 법정투쟁(鬪爭); 소법정(小)], 법정(法政), 법제(法制), 법조(法曹)[법조계(界), 법조인(人)], 법조/경합(法條/競合), 법주권(法主權), 법지법(法之法), 법질서(法秩序), 법철학(法哲學), 법치(法治)[법치국(國), 법치주의(主義)], 법칙(法則;지켜야 할 규범), 법통(法統), 법폐(法幣), 법학(法學)[법학도(徒), 법학자(者); 해석법학(解釋)], 법화(法貨); 가법(苛法), 가법(家法), 가족법(家族法), 강행법(强行法), 갱생보호법(更生保護法), 거행지법(擧行地法), 건축법(建築法), 경과법(經過法), 경제법(經濟法), 계법(戒法), 계수법(繼受法), 고법(古法), 고유법(固有法↔繼受法), 곡법(曲法;법을 왜곡함), 공무원법(公務員法), 공법(公法)[국제공법(國際), 전시공법(戰時), 평시공법(平時)], 공법(空法), 공연법(公演法), 공장법(工場法), 관례법(慣例法), 관리법(管理法), 관습법(慣習法), 교육법(敎育法), 구법(舊法), 국가공무원법(國家公務員법), 국가배상법(國家賠償法), 국법(國法), 국내법(國內法), 국제법(國際法), 국회법(國會法), 군법(軍法), 근로기준법(勤勞基準法), 근본법(根本法), 금법(禁法), 금지법(禁止法), 기국법(旗國法), 기본법(基本法), 나랏법, 남법(濫法), 내국법(內國法), 노동법(勞動法), 노동쟁의조정법(勞動爭議調停法), 노동조합법(勞動組合法), 단체법(團體法), 단행법(單行法), 대동법(大同法), 대법(大法;가장 중요한 법규), 대법원(大法院), 대륙법(大陸法), 도로교통법(道路交通法), 도선법(導船法), 마약법(痲藥法), 만법(萬法), 말법, 맞춤법, 멸법(蔑法), 명법(明法), 모법(母法), 모자보건법(母子保健法), 무법천지(無法天地), 문법(文法), 문화보호법(文化保護法), 문화재보호법(文化財保護法), 물법(物法), 물권법(物權法), 미성년자보호법(未成年者保護法), 민법(民法), 방송법(放送法), 범법(犯法), 변법(變法), 병역법(兵役法), 보건법(保健法), 보안법(保安法), 보통법(普通法), 본국법(本國法),

647) 법석(法席): 소리를 내어 시끌시끌하게 떠드는 일. 사람이 많이 모여서 소란스럽게 떠들어 대는 모양.≒야단. 부산. 수선. 소란(騷亂), 북새통. ¶법석을 떨다. 법석거리다/대다/이다/하다, 법석구니, 법석대다, 법석판; 뒤법석(여럿이 몹시 소란스럽게 떠듦)/거리다/대다, 야단법석(惹端).

648) 법통(法統): ①불법(佛法)의 전통. 법문의 계통. ②참된 계통이나 전통. ¶삼백 년 이어온 판소리의 법통.

649) 법규(法規): 규정·규칙·규범. 활동을 제한하는 법률이나 규정. ¶법규명령(命令), 법규재량(裁量), 법규정비(整備), 법규집(集); 공전법규(空戰), 교육법규(敎育), 교전범규(交戰), 교통법규(交通), 윤리적법규(倫理的), 해석법규(解釋), 행정법규(行政), 허용법규(許容).

650) 법도(法度): 법률과 제도. 생활상의 예법이나 제도. ¶법도 있는 집안.

651) 법률(法律): 사회 생활을 유지하기 위한 강제적인 규범. ¶법률가(家), 법률가치(價値), 법률고문(顧問), 법률관계(關係), 법률구조(構造), 법률규범(規範), 법률만능사상(萬能思想), 법률문제(問題), 법률발안권(發案權), 법률비(費), 법률사실(事實), 법률사항(事項), 법률서(書), 법률심(審), 법률심사권(審査權), 법률안(案)[법률안거부권(拒否權)], 법률요건(要件), 법률적용(適用), 법률제도(制度), 법률질서(秩序), 법률학(學), 법률행위(行爲), 법률혼(婚), 법률효과(效果).

652) 법원(法院): 법원장(長), 법원행정(行政): 가정법원(家庭), 고등법원(高等), 관할법원(管轄), 군사법원(軍事)[고등군사법원(高等), 보통군사법원(普通)], 단독법원(單獨), 대법원(大), 상급법원(上級), 상소법원(上訴)[상고법원(上告), 항고법원(抗告), 항소법원(抗訴) 따위로 나눔], 수소법원(受訴), 수탁법원(受託), 지방법원(地方), 최고법원(最高), 특별법원(特別), 파산법원(破産), 하급법원(下級), 합의제법원(合議制), 행정법원(行政).

653) 법인(法人): 자연인이 아니고 법률상으로 인격이 주어진 권리 의무의 주체.↔자연인(自然人). ¶법인세(稅), 법인소득(所得), 법인체(體); 공개법인(公開)/비공개법인, 공법인(公), 공익법인(公益;비영리법인), 내국법인(內國), 비영리법인(非營利), 사법인(私), 사단법인(社團), 사회복지법인(社會福祉), 영리법인(營利), 외국법인(外國), 의료법인(醫療), 재단법인(財團), 특수법인(特殊), 학교법인(學校), 현지법인(現地;우리나라의 자본만으로 외국법에 따라 외국에 세운, 외국 국적의 회사 법인), 휴면법인(休眠).

654) 법정(法定): 법률로 규정함. ¶법정가격(價格), 법정갱신(更新), 법정공고(公告), 법정과실(果實), 법정금리(金利), 법정기간(期間), 법정대리/인(代理/人), 법정대위(代位), 법정범(犯), 법정비가(法定比價), 법정상속/주의(相續/主義), 법정서열주의(序列主義), 법정선거비용(選擧費用), 법정수(數), 법정의무(義務), 법정이율(利率), 법정이자(利子), 법정재산제(財産制), 법정전염병(傳染病), 법정조건(條件), 법정준비금(準備金), 법정증거주의(證據主義), 법정통화(通貨), 법정평가(評價), 법정혈족(血族), 법정형(刑), 법정화폐(貨幣), 법정후견인(後見人); 죄형법정주의(罪刑-主義).

본법(本法), 부정법(不正法), 부패방지법(腐敗防止), 불문법(不文法), 불법(不法), 비법(非法), 사법(司法)[655], 사법(私法)[국제사법(國際), 사법(死法), 사회법(社會法), 사회안전법(社會安全法), 산림법(山林法), 상관습법(商慣習法), 상법(商法), 상법(常法), 상속법(相續法), 생활보호법(生活保護法), 서법(敍法), 선거법(選擧法), 성문법(成文法), 성법(聖法), 세법(稅法), 소년법(少年法), 소득세법(所得稅法), 소송법(訴訟法)[민사소송법(民事), 행정소송법(行政), 형사소송법(刑事)], 속인법(屬人法), 속지법(屬地法), 수법(守法), 수권법(授權法), 시민법(市民法), 시장법(市場法), 시제법(時際法;경과법), 식품위생법(食品衛生法), 신분법(身分法), 신법(新法), 실정법(實定法), 실질법(實質法), 실체법(實體法), 악법(惡法), 약법(約法), 약사법(藥事法), 양곡관리법(糧穀管理法), 양법(良法), 어법(語法), 언론법(言論法), 엄법(嚴法), 여권법(旅券法), 연금법(年金法), 영미법(英美法), 예법(禮法), 예외법(例外法), 왕법(王法), 왕법(枉法;법을 왜곡함)[왕법장(贓); 불왕법(不)], 외국법(外國法), 외국환관리법(外國換管理法), 원법(原法), 원칙법(原則法), 위법(違法)[위법성(性), 위법처분(處分), 위법행위(行爲)], 위생법(衛生法), 율법(律法), 의법(依法), 의료법(醫療法), 이법(理法), 이법종사(以法從事), 인법(人法), 인위법(人爲法), 인정법(人定法), 일반법(一般法), 임금법(賃金法), 임의법(任意法), 입법(立法)[656], 자법(子法), 자연법(自然法), 자주법(自主法), 장법(章法;典章과 法度), 장법(臟法), 재산법(財産法), 재정법(財政法), 저작권법(著作權法), 적법(適法), 절차법(節次法), 정법(正法;바른 법칙), 정서법(正書法), 제법(諸法), 제정법(制定法), 조법(助法;節次法), 조세법(租稅法), 조정법(調停法), 조직법(組織法), 종법(宗法), 종법(從法), 종교법(宗敎法), 주법(主法), 준거법(準據法), 준법(準法), 준법(遵法)[준법성(性), 준법정신(精神), 준법자(者), 준법투쟁(鬪爭)], 지방자치법(地方自治法), 직전법(職田法), 집법(執法;법령을 굳게 지킴), 집시법(集示法), 징계법(懲戒法), 징발법(徵發法), 채권법(債權法), 철자법(綴字法), 축산법(畜産法), 출판법(出版法), 친족법(親族法), 탈법(脫法), 토지법(土地法), 통법(通法), 통제법(統制法), 특례법(特例法), 특별법(特別法)[민사특별법(民事), 형사특별법(刑事)], 특허법(特許法), 파산법(破産法), 판례법(判例法), 하천법(河川法), 합법(合法), 항공법(航空法), 항만법(港灣法), 해상법(海上法)/해법(海法)[국제해법(國際)], 해상법(海商法), 행위법(行爲法), 행정법(行政法), 허법(虛法), 헌법(憲法)[657], 현행법(現行法), 형법(刑法)[국제형법(國際, 백지형법(白地), 특별형법(特別)], 형사법(刑事法), 형사보상법(刑事補償法), 형식법(形式法), 호법(護法), 호적법(戶籍法), 혹법(酷法) 들.

법(法)² '방법 · 방식 · 기술. 길. 모범. 본보기'를 뜻하는 말. ¶인사하는 법. 법가(法駕), 법강(法講), 법도(法度), 법서(法書), 법수(法手;방법과 수단), 법술(法術), 법식(法式;方式), 법전(法煎), 법제(法製), 법주(法酒), 법첩(法帖), 법칙(法則)[658]; 가법(加法), 가감법(加減法), 가공법(加工法), 가루라법(迦樓羅法), 가림법, 가색법(加色法), 가식법(假植法), 가일배법(加一倍法), 가정법(假定法), 가창법(歌唱法), 간호법(看護法), 감감법(減感法), 감도법(減度法), 감력법(減力法), 감상법(鑑賞法), 감색법(減色法), 강의법(講義法), 강조법(强調法), 강화법(講話法), 개방법(開方法), 개전법(開展法), 개흙법, 객관법(客觀法), 거례법(擧例法), 거자법(巨刺法), 건강법(健康法), 건식법(乾式法), 건염법(乾鹽法), 건조법(乾燥法), 검법(劍法), 검영법(檢影法), 격리법(隔離法), 격막법(隔膜法), 견종법(畎種法), 결삭법(結索法), 결정법(結晶法), 결체법(結體法), 결합법(結合法), 겸양법(謙讓法), 경구법(警句法), 경니법(硬泥法), 경안법(輕按法), 경어법(敬語法), 경종법(耕種法), 경화수월법(鏡花水月法), 계산법(計算法), 계차법(階差法), 곡언법(曲言法), 곱셈법, 공법(工法), 공동법(共同法), 공변법(共變法), 공손법(恭遜法), 공진법(共振法), 과장법(誇張法), 관리법(管理法), 관법²(觀法;인상을 보는 법), 관수법(灌水法), 관현악법(管絃樂法), 관형법(冠形法), 광석법(鑛石法), 교법(教法), 교련법(攪鍊法), 교수법(敎授法), 교차법(交叉法), 구법(句法), 구거법(九去法), 구고법(勾股法), 구구법(九九法), 구궁법(九宮法), 구급법(救急法), 구두법(口頭法), 구두법(句讀法), 구륵법(鉤勒法), 구별법(區別法), 구술법(口述法), 구워엉금법, 구연법(口演法), 구적법(求積法), 구제법(救濟法), 구제법(驅除法), 구조법(救助法), 구호법(救護法), 구화법(口話法), 군다리법(軍荼利法), 군말법, 굴절법(屈折法), 권법(拳法), 귀납법(歸納法), 귀류법(歸謬法), 귀일법(歸一法), 귀자르는법, 귀화법(貴化法), 규구법(規矩法), 극성위도법(極星緯度法), 극작법(劇作法), 극지법(極地法), 극지항법(極地航法), 극한법(極限法), 근삽법(根揷法), 급수법(級數法), 기법(技法), 기경법(起耕法), 기금법(基金法), 기년법(紀年法), 기보법(記譜法), 기본법(基本法), 기사법(記事法), 기수법(記數法), 기호법(記號法), 꺾꽂이법, 끊는점법(點法), 나눗셈법, 나열법(羅列法), 낙법(落法), 난방법(煖房法), 내관법(內觀法), 내삽법(內揷法), 내성법(內省法), 내탁법(內托法), 냉동법(冷凍法), 냉엄법(冷罨法), 냉장법(冷藏法), 냉조법(冷嘲法), 냉찜질법(冷法), 냉훈법(冷燻法), 논법(論法), 농사법(農事法)/농법(農法), 농종법(壟種法), 농축법(濃縮法), 높임법, 누층법(累層法), 다분법(多分法), 다분법(多分法), 단광법(團鑛法), 단구법(單鉤法), 단리법(單利法), 단변리법(單邊利法), 단서법(斷敍法), 단식법(斷食法), 단신법(單信法), 단위법(單位法), 단주법(斷奏法), 단측파대법(單側派帶法), 단타법(短打法), 단판법(單板法), 답험

655) 사법(司法): 어떤 문제에 대하여 법을 적용하여 그 적법성과 위법성, 권리관계 따위를 확정하여 선언하는 행위. ¶사법경찰(警察), 사법관(官), 사법관청(官廳), 사법권(權), 사법기관(機關), 사법대서(代書), 사법법(法), 사법부(府), 사법시험(試驗), 사법재판(裁判), 사법절차(節次), 사법제도(制度), 사법처분(處分), 사법학(學), 사법해부(解剖), 사법해석(解釋), 사법행정(行政).

656) 입법(立法): 법률을 제정함. ¶입법 회의. 입법국가(國家), 입법권(權), 입법기관(機關), 입법례(例), 입법론(論), 입법부(府), 입법비평(批評;작품을 이미 세워진 기준에 따라 평가함), 입법사항(事項), 입법안(案), 입법의회(議會), 입법정책(政策), 입법학(學), 입법해석(解釋), 입법화/되다/하다(化); 사회입법(社會), 위임입법(委任).

657) 헌법(憲法): 헌법기관(機關), 헌법사항(事項), 헌법재판소(裁判所); 경성헌법(硬性), 민약헌법(民約), 민정헌법(民政), 불문헌법(不文), 성문헌법(成文), 연방헌법(聯邦), 연성헌법(軟性), 의정헌법(議定), 협약헌법(協約), 협정헌법(協定), 흠정헌법(欽定).

658) 법칙(法則): 사물 사이에 일반적으로 성립하는 보편적 · 필연적인 관계. ¶법칙과학(科學); 가치법칙(價值), 결합법칙(結合), 교환법칙(交換), 당위법칙(當爲), 대수법칙(大數), 반사법칙(反射), 배분법칙(配分), 배수비례법칙(倍數比例), 분배법칙(分配), 사회법칙(社會), 역사법칙(歷史), 연음법칙(連音), 유전법칙(遺傳), 인과법칙(因果), 자연법칙(自然), 절음법칙(絕音), 지수법칙(指數).

법(踏驗法), 당장법(糖藏法), 대구법(對句法), 대등법(對等法), 대면법(對面法), 대비법(對比法), 대소법(對消法), 대우법(待遇法), 대우법(對偶法), 대위법(對位法), 대유법(代喩法), 대입법(代入法), 대조법(對照法), 대치성광법(大熾盛光法), 대칭법(對稱法), 대화법(對話法), 덧셈법, 도법(圖法), 도구법(倒句法), 도시법(圖示法), 도인법(導引法), 도치법(倒置法), 도태법(淘汰法), 도해법(圖解法), 독법(讀法), 독도법(讀圖法), 독서법(讀書法), 독송법(讀誦法), 독순법(讀脣法), 돈강법(頓强法), 돈호법(頓呼法), 동법(同法), 동건법(凍乾法), 동일법(同一法), 되풀잇법, 두음법(頭音法), 둔갑법(遁甲法), 등고선법(等高線法), 등치법(等値法), 라디안법(radian法), 라마즈법(Lamaze法), 마법(魔法), 마른간법, 마취법(痲醉法), 말바꿈법, 맞춤법, 매거법(枚擧法), 맹검법(盲檢法), 멱승법(冪乘法), 면적법(面積法), 면접법(面接法), 멸균법(滅菌法), 멸충법(滅蟲法), 명령법(命令法), 명명법(命名法), 명수법(命數法), 명암법(明暗法), 모사법(模寫法), 목격법(目擊法), 목기법(木寄法), 목록법(目錄法), 목이법(目耳法), 목측법(目測法), 몰골법(沒骨法), 묘법(妙法), 묘법(描法), 묘사법(描寫法), 무균법(無菌法), 무루법(無漏法), 무통법(無痛法), 묵언법(默言法), 문답법(問答法), 문장법(文章法), 물간법, 물다짐법, 물담그기법, 미분법(微分法), 미터법(meter法), 미화법(美化法), 밀식법(密植法), 바느질법, 바이어법(Bayer法), 박테리아법(bacteria法), 반규강법(半窺强法), 반규법(半窺法), 반규약법(半窺弱法), 반복법(反復法), 반사법(反射法), 반어법(反語法), 반응법(反應法), 발성법(發聲法), 발아법(發芽法), 발표법(發表法), 발한법(發汗法), 발효법(醱酵法), 방법(方法), 방격법(方格法), 방발법(기둥을 세워 굿을 만드는 방법), 방사법(放射法), 방사법(紡絲法), 방사구법(放射溝法), 방수법(防水法), 방식법(防蝕法), 방울수법(數法), 배건법(焙乾法), 배농법(排膿法), 배리법(背理法), 배합법(配合法), 백묘법(白描法), 백분법(百分法), 백선법(白線法), 백철법(白鐵法), 밴슬라이크법(Van Slyke法), 번식법(繁殖法), 번짐법, 범어법(範語法), 베르뇌유법(Verneuil法), 베서머법(Bessemer法), 변격법(變格法), 변분법(變分法), 변위법(變位法), 변증법(辨證法), 별법(別法), 별존법(別尊法), 병법(兵法), 보법(步法), 보법(譜法), 보사법(補瀉法), 보상법(補償法), 보외법(補外法), 보존법(保存法), 복법(伏法), 복리법(複利法), 복선법(複選法), 복신법(複信法), 복창법(複窓法), 복토법(覆土法), 부각법(腐刻法), 부기법(簿記法), 부동법(不動法), 부습법(部習法), 부유법(浮游法), 북두법(北斗法), 분군법(分軍法), 분동법(分銅法), 분류법(分類法), 분산법(分散法), 분소법(焚燒法), 분생법(分生法), 분수법(分水法), 분습법(分習法), 분열법(分裂法), 불안법(佛眼法), 불임법(不姙法), 불판법(不板法), 붓질법, 붕대법(繃帶法), 비법(秘法), 비교법(比較法), 비네법(Binet法), 비례법(比例法), 비색법(比色法), 비약법(飛躍法), 비유법(譬喩法), 비율법(比率法), 비점법(沸點法), 비탁법(比濁法), 빙점법(氷點法), 뺄셈법, 사법(四法), 사법(史法), 사법(邪法), 사법(師法), 사법(射法), 사경법(沙耕法), 사동법(使動法), 사리법(舍利法), 사분법(四分法), 사비법(闍毘法), 사양법(飼養法), 사용법(使用法), 사유법(闍惟法), 사육법(飼育法), 산법(算法), 산유법(散油法), 산정법(算定法), 산취법(傘取法), 산파법(産婆法), 살균법(殺菌法), 살비법(撒肥法), 살용법(殺蛹法), 삼각법(三角法), 삼건법(三件法), 삼명법(三名法), 삼변법(三邊法), 삼분법(三分法), 삼사법(三斜法), 삼시기법(三時期法), 삼재법(三災法), 삼출법(滲出法), 삼침법(三針法), 삽관법(揷管法), 삽목법(揷木法), 삽입법(揷入法), 상법(相法), 상감법(象嵌法), 상사법(相似法), 상실법(詳悉法), 상제법(商除法), 상징법(象徵法), 색법(色法), 색성법(索星法), 생기법(生氣法), 생략법(省略法), 서법(書法), 서법(敍法), 서차법(序次法), 선법(旋法)[단선법(短), 장선법(長)], 선법(善法), 선법(禪法), 선광법(選鑛法), 선속도법(線束圖法), 선염법(渲染法), 선율법(旋律法), 선종법(選種法), 선택법(選擇法), 설의법(設疑法), 섬광법(閃光法), 섬프법(sump法), 섭동법(攝動法), 섭생법(攝生法), 성관음법(聖觀音法), 성유법(聲喩法), 셈법[算法], 소거법(消去法), 소건법(燒乾法), 소견법(消遣法), 소결법(燒結法), 소독법(消毒法)[자비소독법(煮沸)], 소생법(蘇生法), 소성법(燒成法), 소토법(燒土法), 소화법(燒火法), 속공법(速攻法), 속기법(速記法), 속성법(速成法), 손익법(損益法), 수법(手法), 수법(繡法), 수법(數法), 수경법(水耕法), 수금법(水金法), 수돌법(水突法), 수료법(水療法), 수비법(水飛法), 수사법(修辭法), 수선법(手選法), 수시법(數示法), 수업법(授業法), 수은법(水銀法), 수조법(手造法), 수지법(水漬法), 수화법(手話法), 술법(術法), 슈퍼포즈법(superpose法), 슐리렌법(Schlieren法), 습법(濕法), 습식법(濕式法), 습열법(濕熱法), 승법(乘法), 승제법(乘除), 시법(諡法), 시가법(時價法), 시공법(施工法), 시금법(試金法), 시두법(時頭法), 시비법(施肥法), 시안화법(cyaan化法), 시자법(示姿法), 시제법(時制法), 시험법(試驗法), 시화법(視話法), 식각법(蝕刻法), 식사법(食事法), 식수조림법(植樹造林法), 식양법(食養法), 실사법(實査法), 실생법(實生法), 심법(心法), 심경법(深耕法), 심방사도법(心房射圖法), 십육진법(十六進法), 십이진법(十二進法), 십진법(十進法), 십진분류법)十進分類法), 쌍관법(雙關法), 쌍구법(雙鉤法), 쌍생아법(雙生兒法), 아말감법(amalgam法), 아밀로법(amylo法), 아생법(芽生法), 아세테이트법(acetate法), 악관법(握管法), 안공법(按孔法), 안명법(安命法), 안무법(按舞法), 안진법(安鎭法), 암시법(暗示法), 압시법(壓視法), 압입법(壓入法), 압접법(壓接法), 압조법(壓條法), 압존법(壓尊法), 압착법(壓搾法), 압출법(壓出法), 애염법(愛染法), 액침법(液浸法), 액훈법(液燻法), 약염법(弱鹽法), 양건법(陽乾法), 양계법(兩界法), 양생법(養生法), 양육법(養育法), 양접법(陽接法), 양조법(釀造法), 어법(漁法), 어탁법(魚拓法), 억양법(抑揚法), 얼간법, 엄법(罨法), 엄제법(掩臍法), 에너지법(energy法), 여환법(戾換法), 역법(曆法), 역삼투법(逆滲透法), 역설법(逆說法), 역안법(力按法), 연구법(研究法), 연니법(軟泥法), 연두법(年頭法), 연마법(煉魔法), 연명법(延命法), 연산법자(演算子法), 연설법(演說法), 연쇄법(連鎖法), 연시법(演試法), 연실법(鉛室法), 연역법(演繹法), 연제법(連除法), 연주법(演奏法), 연화법(軟化法), 열거법(列擧法), 열분해법(熱分解法), 열훈법(熱燻法), 염색법(染色法), 염장법(鹽藏法), 영법(泳法), 영농법(營農法), 영상법(映像法), 영위법(零位法), 영탄법(詠歎法), 예방법(豫防法), 예지법(豫知法), 오비밀법(五秘密法), 온엄법(溫罨法), 온욕법(溫浴法), 온탕침법(溫湯浸法), 온훈법(溫燻法), 완곡법(婉曲法), 완급법(緩急法), 완충법(緩衝法), 외래어표기법(外來語表記法), 외삽법(外挿法), 외치법(外治法), 요법(療法), 요리법(料理法), 용법(用法), 용병법(用兵法), 용어법(冗語法), 용자법(用字法), 용출법

ㅂ

(溶出法), 운궁법(運弓法), 운문법(韻文法), 운산법(運算法), 운시법(運匙法), 운전법(運轉法), 운지법(運指法), 울타릿법, 원가법(原價法), 원경법(遠景法), 원근법(遠近法), 원단위법(原單位法), 월건법(月建法), 유동법(類同法), 육십분법(六十分法), 육십진법(六十進法), 육아법(育兒法), 육안법(肉眼法), 육종법(育種法), 육화진법(六花陳法), 윤작법(輪作法), 윤적법(輪積法), 윤채법(輪採法), 율동법(律動法), 은신법(隱身法), 은유법(隱喩法), 은형법(隱形法), 음건법(陰乾法), 음영법(陰影法), 응력법(應力法), 응집법(凝集法), 의상법(擬狀法), 의성법(擬聲法), 의인법(擬人法), 의태법(擬態法), 의향법(意向法), 이건법(二件法), 이명법(二名法), 이보법(耳報法), 이분법(二分法), 이세법(移勢法), 이앙법(移秧法), 이용법(利用法), 이재법(理財法), 이진법(二進法), 이침법(耳鍼法), 이탑법(泥塔法), 인공피임법(人工避姙法), 인공호흡법(人工呼吸法), 인사법(人事法), 인상법(印象法), 인용법(引用法), 인유법(引喩法), 인화법(印畵法), 일부법(一夫法), 일승법(一乘法), 일진법(日辰法), 일치법(一致法), 잉여법(剩餘法), 잎따깃법, 자격법(資格法), 자견법(煮繭法), 자다법(煮茶法), 자동법(自動法), 자동기술법(自動記述法), 자유연상법(自由聯想法), 자침법(刺鍼法), 작법(作法), 작곡법(作曲法), 작도법(作圖法), 작동법(作動法), 작문법(作文法), 작성법(作成法), 작시법(作詩法), 잔류법(殘留法), 잔여법(殘餘法), 잠란법(蠶卵法), 잡종법(雜種法), 장법(葬法), 장문법(杖問法), 장타법(長打法), 재단법(裁斷法), 재배법(栽培法), 재생법(再生法), 재인법(再認法), 저장법(貯藏法), 저체온법(低體溫法), 저취법(低取法), 저항법(抵抗法), 적륜법(積輪法), 적분법(積分法), 적산법(積算法), 적하법(滴下法), 전법(傳法), 전법(戰法), 전로법(轉爐法), 전사법(轉寫法), 전서법(錢筮法), 전습법(全習法), 전자법(轉字法), 전환법(轉換法), 전훈법(電燻法), 절대다수법(絕對多數法), 절삭법(切削法), 절이법(絕耳法), 점강법(漸降法), 점묘법(點描法), 점엽법(點葉法), 점추법(漸墜法), 점층법(漸層法), 점화법(點火法), 접목법(接木法), 접서법(接敍法), 접속법(接續法), 접종법(接種法), 접촉법(接觸法), 정공법(正攻法), 정률법(定率法), 정수법(淨水法), 정액법(定額法), 정용법(整容法), 정제법(精製法), 정좌법(靜坐法), 정차법(定差法), 정치법(定置法), 정투영법(正投影法), 정화법(淨化法), 제법(除法), 제법(製法), 제강법(製鋼法), 제삼각법(第三角法), 제삽법(提揷法), 제유법(提喩法), 제작법(製作法), 제조법(製造法), 제지법(製紙法), 제철법(製鐵法), 제탄법(製炭法), 조건법(條件法), 조리법(調理法), 조립법(組立法), 조복법(調伏法), 조사법(措辭法), 조어법(造語法), 조영법(照影法), 조작법(操作法), 조적법(組積法), 조정법(調整法), 조제법(調劑法), 존비법(尊卑法), 종두법(種痘法), 좌표법(座標法), 주법(走法), 주법(呪法), 주법(奏法), 주법(酒法), 주방법(柱房法), 주조법(鑄造法), 준법(皴法), 중리법(重利法), 중의법(重義法), 중치법(重置法), 중합법(重合法), 증감법(增感法), 증기법(蒸氣法), 증명법(證明法), 증살법(蒸殺法), 증익법(增益法), 지공법(遲攻法), 지도법(指導法), 지문법(指紋法), 지압법(指壓法), 지촌법(指寸法), 지침법(持鍼法), 지혈법(止血法), 지화법(指話法), 지휘법(指揮法), 직선법(直線法), 직설법(直說法), 직유법(直喩法), 직접법(直接法), 직파법(直播法), 진법(陣法), 진위법(眞僞法), 진전법(振顫法), 진행법(進行法), 질문법(質問法), 질문지법(質問紙法), 질산법(窒酸法), 질화법(窒化法) 집시법(執匙法), 집점법(集点法), 차단법(遮斷法), 차분법(差分法), 차이법(差異法), 착공법(鑿空法), 창법(唱法), 창법(槍法), 창작법(創作法), 채광법(採鑛法), 채점법(採點法), 채탄법(採炭法), 척관법(尺貫法), 천측법(天測法), 철조법(徹照法), 첩음법(疊音法), 청경법(淸耕法), 청유법(請誘法), 청징법(淸澄法), 청화법(靑化法), 체법(體法), 체가름법, 초생법(草生法), 촉매법(觸媒法), 촉침법(觸針法), 최량법(最良法), 최아법(催芽法), 최청법(催靑法), 최토법(催吐法), 추배법(推排法), 추세법(趨勢法), 축도법(縮圖法), 축성법(築城法), 축지법(縮地法), 출아법(出芽法), 충수법(衝水法), 취기법(吹氣法), 취비법(吹鼻法), 취혈법(取穴法), 측면법(測面法), 측쇄법(測鎖法), 측천법(測天法), 치료법(治療法), 치윤법(置閏法), 치환법(置換法), 칠괘법(七棵法), 침수법(浸水法), 침완법(枕腕法), 카리우스법(Carius法), 카르보닐법(carbonyl法), 쿼드랫법(quadrat法), 코킹법(coking法), 콩클린법(Conklin法), 쿠멘법(cumene法), 쿼드랫법(quadrat法), 크롤법(Kroll法), 클로드법(Claude法), 타법(打法), 타절법(打節法), 타조법(打租法), 타청법(打淸法), 탄소강화법(炭素鋼化法), 탄화법(炭化法), 탈산법(脫酸法), 탈색법(脫色法), 탈수법(脫水法), 탈황법(脫黃法), 탐심법(探心法), 탑식법(塔式法), 태식법(胎息法), 테르밋법(thermit法), 토경법(土耕法), 토둔법(土遁法), 토머스법(Thomas法), 토의법(討議法), 통기법(通氣法), 퇴치법(退治法), 투구법(投球法), 투농법(透膿法), 투다법(投茶法), 투명법(透明法), 투사법(投射法), 투시법(透視法), 투영법(投影法), 투척법(投擲法), 투침법(透針法), 투혈법(投血法), 투화법(投火法), 파생법(派生法), 파종법(播種法), 판법(判法), 판화법(版畵法), 패들법(paddle法), 패틴슨법(Pattinson法), 편법(便法), 편법(篇法), 평균법(平均法), 평로법(平爐法), 평애법(平刈法), 평정법(評定法), 평조법(平糶法), 평준법(平準法), 포자법(胞子法), 포태법(胞胎法), 폴하르트법(Volhard法), 표결법(表決法), 표기법(表記法), 표본법(標本法), 표시법(表示法), 표시법(標示法), 표집법(標集法), 표출법(表出法), 표현법(表現法), 풀잇법, 품등법(品等法), 풍유법(諷諭法), 풍자법(諷刺法), 퓨렉스법(Purex法), 프로젝트법(project法), 피동법(被動法), 피셔법(Fisher法), 피임법(避姙法), 피항법(避航法), 하버·보슈법(Haber·Bosch法), 학습법(學習法), 한때심기법, 합사법(合絲法), 합성법(合成法), 합치법(合致法), 항법/사(航法/士), 항상법(恒常法), 항삼세법(降三世法), 해법(解法), 해석법(解釋法), 행마법(行馬法), 행수법(行守法), 현사법(現寫法), 현색법(顯色法), 현수법(懸垂法), 현재법(現在法), 호도법(弧度法), 호신법(護身法), 호제법(互除法), 혼홍법(混汞法), 혼화법(混和法), 홀씨법, 화법(話法), 화법(畵法), 화교법(和較法), 화성법(和聲法), 화우법(火牛法), 화장법(化粧法), 확대법(擴大法), 환산법(換算法), 환언법(換言法), 환원법(還元法), 환위법(換位法), 환유법(換喩法), 환질법(換質法), 환치법(換置法), 환희천법(歡喜天法), 활법(活法), 활용법(活用法), 활유법(活喩法), 황산염법(黃酸鹽法), 회건법(灰乾法), 회완법(回腕法), 회종법(回種法), 회취법(灰吹法), 획법(畫法), 훈연법(燻煙法), 훈증법(熏蒸法), 휘묻잇법, 희석법(稀釋法), 희언법(戲言法) 들.

법(琺) '법랑(유리질의 유약)'을 뜻하는 말. ¶법랑(琺瑯)[법랑막(膜), 법랑유(釉), 법랑질(質), 법랑철기(鐵器)], 법청(琺/法靑) 들.

법석 여럿이 시끄럽게 떠드는 일 또는 그 소리나 모양.[〈法席]. ¶법석을 떨다. 왜 그리 법석이냐. 법석을 피우다. 사람들이 모여 법석 떠드는 자리. 법석거리다/대다/이다/하다, 법석구니, 법석판; 뒤법석/거리다/대다, 야단법석(惹端).

법-하다 과거 또는 현재의 일을 '그러한 듯싶다' 또는 '그러할 듯싶다'는 뜻으로 써서 추측이나 가능성을 나타내는 말. ¶그럴 법한 일이다. 그게 어디 될 법한 일인가? 듣고 보니, 그럴 법하다.

벗¹ 마음이 서로 통하여 가깝게 사귀는 사람. 동무. 친구(親舊). ¶벗을 삼다. 벗 따라 강남 간다. 좋은 벗을 만나는 것도 인생의 큰 행복이다. 벗나인(한 방에 거쳐하는 또래 나인), 벗님, 벗바리[659], 벗삼다(벗으로 생각하고 가까이 대하다), 벗줄(가야금이나 거문고를 탈 때 실제로 타는 줄의 옆줄), 벗트다[660], 벗하다[661]; 가시버시[부부(夫婦)], 길벗(길동무), 글벗[문우(文友)], 길벗, 말벗, 술벗, 일벗(同僚). ☞ 우(友). 붕(朋). 반(伴).

벗² 염밭에 걸어 놓고 소금을 굽는 가마. ¶벗걸다(염밭에 소금 을 굽는 가마를 설치하다), 벗집(벗을 걸어 놓고 소금을 굽는 집).

벗³ 불을 피울 때 불씨에서 불이 옮기어 붙는 숯이나 장작. ¶벗이 닿아 장작불이 잘 핀다. 불쏘시개에 불이 벗닿다. 벗닿다(나뭇조각이나 숯이 여럿이 한데 닿아서 불이 일어나게 되다).

벗(다) ①옷 · 모자 · 신 따위를 몸에서 떼어내다.↔입다. 쓰다. 신다. ¶옷을 벗다. ②짐을 내려놓다. 의무 · 책임 · 누명 따위에서 헤어나거나 용서받다. ¶나뭇짐을 벗다. 억울한 누명을 벗다. ③빚을 다 갚다. ¶은행 빚을 벗고 나니 한시름 놓인다. ④어떠한 동물이 껍질이나 허물을 갈아 내다. ¶누에가 허물을 벗다. ⑤어떠한 티나 태도가 가시어 없어지다. 물리치다. 빠져나오다. ¶촌티를 벗다. 벗개다(안개나 구름이 벗어지고 날이 개다), 벗기다[662], 벗기어지다/벗겨지다, 벗나가다/벗가다(테두리 밖으로 벗어져 나가다), 버스러지다[663], 벗어나다(일정한 범위 밖으로 빠져 나오다), 벗어던지다(낡은 틀이나 체면 · 방법 따위를 단호히 벗어 내치다), 벗어부치다(힘차게 대들 기세로 벗다), 벗어젖히다, 벗어지다[664]; 관디벗김, 길복벗김(吉服), 되벗어지다, 때벗다, 말벗김[665], 발가 · 빨가 · 벌거 · 뻘거벗다/벗기다, 발벗다[666], 복벗다(服), 헐벗다. ☞ 탈(脫).

벗-장이 익숙하지 못한 장인(匠人)이나 무엇을 배우다 그만둔 사람.[←벗(어나다)+장이]. ≒반거들충이. ¶'장인'의 테두리 밖을 벗어났다 해서 생긴 말이 '벗장이'다. 목수벗장이(木手), 미장이벗장이, 용접벗장이(鎔接), 활량벗장이 들.

벙거지 검고 두껍게 만든 모자. ¶벙거지 시울 만지는 소리(모호하게 요령 없이 하는 말). 벙거짓골[667], 벙거지떡, 벙거지해파리, 벙테기(벙거지의 낮은 말); 갓벙거지(갓모자의 위가 벙거지 모양으로 둥글게 생긴 갓), 노벙거지(노끈으로 만든 벙거지), 말뚝벙거지[전립(戰笠)], 벌벙거지[668], 산수털벙거지(山獸), 쇠털벙거지, 오그랑벙거지(주름이 잡혀 오글쪼글한 벙거지), 털벙거지 들.

벙긋 번개나 불빛 따위가 순간적으로 약하게 비쳤다 사라지는 모양. 〈센〉벙끗. ¶벙긋거리다/대다, 벙긋벙긋/하다.

벙벙-하다 어쩔 줄 몰라 아무 말 없이 어리둥절하다. 물이 빠져나가지 못하고 가득 차 있다.≒괴다'. 〈준〉벙하다. 〈센〉뻥뻥하다. ¶어안이 벙벙하다(뜻밖에 놀랍거나 기막힌 일을 당하여 어리둥절하다. 기가 막혀서 말이 안 나오다). 부엌 바닥에 물이 벙벙하다. 벙벙히/벙히; 어리벙벙 · 어리뻥뻥 · 어리삥삥하다, 어벙벙하다.

벙어리 언어 장애로 말을 못하는 사람. 말없이 하는 행동.[〈버워리]. ¶벙어리 냉가슴 앓듯(답답한 사정이 있어도 남에게 말하지 못하고 혼자 애태우는 경우). 벙어리 노릇. 굴 먹은 벙어리(마음속의 생각을 말하지 못하는 사람). 벙어리매미(매미의 암컷), 벙어리보(洑;개울 바닥을 파 물이 괴게 한 보), 벙어리삼채(三;첫 박자에 쇠가락을 치지 않고 넘어가는 삼채의 변주 가락), 벙어리손님(말이 없는 사람), 벙어리인사(人事;몸동작만으로 하는 인사), 벙어리장갑(掌匣), 벙어리저금통(貯金筒;잔돈을 넣어서 모으는 조그만 통); 반벙어리(半) 들.

벚 벚나무의 열매. 버찌[669]. ¶벚꽃, 벚나무; 면벚(面;활 도고지의 거죽을 가로 싼 벚나무의 껍질), 용벚(온 몸을 벚나무 껍질로 싼 활).

베 삼실 · 무명실 · 명주실로 짠 피륙. ¶베를 짜다. 베감투(두건), 베날기, 베낳이(베를 짜는 일), 베돌찌[670], 베돛, 베두루마기, 베망건(網巾), 베매기, 베목(木;베나 삼으로 짠 옷감), 베보(褓)/베보자기, 베보퉁이, 베붙이, 베수건(手巾), 베실[베실곱박이(베미투리), 베실톳], 베올, 베옷, 베자(베로 만든 자), 베자루, 베잠방이, 베장삼(長衫), 베저고리, 베적삼, 베전(廛), 베주머니, 베줄, 베짜기, 베천(베붙이의 천), 베치마, 베틀[베틀가(歌)], 베틀다리, 베틀신, 베틀신끈, 베틀신대, 베틀앞기둥; 가는베(↔굵은베), 거름베[여포(濾布)], 거베(발이 아주 굵은 베), 굵은베, 껄끄렁베, 막베(거칠게

---

659) 벗바리: 뒷배를 보아주는 사람. 곁에서 도와주는 사람. 후원자(後援者). ¶벗바리가 좋다.
660) 벗트다: 서로 쓰던 경어를 그만두고 스스럼없이 터놓고 지내기 시작하다.
661) 벗하다: ①벗으로 삼다. ¶자연을 벗하다. ②벗을 트고 허물없이 지내다.
662) 벗기다: ①옷 따위를 벗게 하다.↔입히다. ¶아기의 옷을 벗기다. ②물체를 감싸고 있는 부드러운 껍질을 제거하여 속이 드러나게 하다.(≒까다²). ¶귤껍질을 벗기다.
663) 버스러지다: 겉에 있는 것이 뭉그러지거나 벗겨져서 헤어지다. 어떤 범위 안에 들지 못하고 벗어나다. ¶이마가 버스러지다. 버스름하다(버스러져서 사이가 버름하다), 버슷하다(두 사람 사이가 서로 버스러져 잘 어울리지 아니하다).
664) 벗어지다: ①옷 · 모자 · 신 따위가 저절로 흘러내리거나 몸에서 떨어져 나가다. ¶신발이 헐렁헐렁해서 잘 벗어진다. ②대머리가 되다. ¶이마가 벗어지다. 머리가 홀랑 벗어지다. ③무엇에 스쳐서 거죽 면이 깎이다. ¶넘어져 무릎이 벗어지다.
665) 말벗김: 마름이 소작인에게 벼를 받을 때는 후하게 되어서 주고, 지주에게 줄 때에는 말을 박하게 되어서 주어 나머지를 자기가 가지는 짓.
666) 발벗다: ①버선 · 양말 따위를 신지 아니하다. ②있는 재주나 힘을 다하다. ¶남의 일에 발벗고 나서다.
667) 벙거짓골: 벙거지 모양의 전골 지지는 그릇. ¶벙거짓골에다 궁중전골을 끓여 먹었다.
668) 벌벙거지: 편쌈할 때에 쌈꾼들이 쓰는 벙거지.
669) 버찌: 벚나무의 열매.=앵실(櫻實). 〈준〉벚. ¶버찌떡, 버찌소주(燒酒), 버찌편.
670) 베돌찌: 베로 지은 소매가 짤막한 재래식 적삼.

짠 베), 무명베(무명실로 짠 베), 바리안베[671], 반베(斑), 삼베, 생베(生), 서총대베(瑞葱臺), 석새삼베/석새베/석새(굵은 베), 열새베/열새(고운 베), 외올베, 칡베[갈포(葛布)]. ☞ 포(布).

베갈기(다) 당연히 오거나 가야 하는데도 그리하지 아니하다. ¶모임을 베갈기고 전화도 하지 않는다.

베거리 꾀를 써서 남의 속마음을 슬쩍 떠보는 짓.≒연사질. ¶베거리를 하려고 든다. 네가 아무리 나를 베거리하려 해도 쉽지는 않을 게다. 베거리질/하다, 베거리하다.

베끼(다) 글을 원본 그대로 옮기어 쓰다. 모사하다(模寫).[〈벗기다]. ¶공책에 시를 베끼다. 제자의 글을 베낀 교수의 논문.

베(다)[1] 누울 때 베개 따위로 머리를 받치다. ¶목침(木枕)을 베다. 베개[베개나무(침목), 베갯동서(同壻)[672], 베갯머리, 베갯모, 베갯밑공사(公事))/송사(訟事)[673], 베개보[674], 베갯속, 베개용암(鎔巖), 베개이음(가로놓인 버팀목 위에서 잇는 것), 베갯잇; 공기베개(空氣), 꽃베개, 녹두베개(綠豆), 대베개[죽침(竹枕)], 덧베개, 돌베개, 두동베개[675], 무릎베개, 물베개, 수베개(繡), 얼음베개, 팔베개], 베우다(베게 하다), 베이다[1]; 도두베다(베개 따위를 높게 베다). ☞ 침(枕).

베(다)[2] 날이 있는 연장으로 무엇을 끊거나 자르거나 가르다. 실수로 살갗에 상처를 내다.[〈버히다]. ¶낫으로 벼를 베다. 풀을 베다(깎다). 칼로 연필을 깎다가 손을 베다. 베물다(이로 물어서 자르다), 베어내다/베내다, 베버리다, 베어먹다/베먹다, 베어물다/베물다, 베이다[2](베어지다), 버지다[676]; 봄베기(봄에 벤 나무), 솎아베기[간벌(間伐)], 엇베다(비스듬하게 베다)/베이다. ☞ 단(斷). 참(斬).

베다 인도 바라문교의 경전(經典). 인도의 종교·철학·문학의 근원을 이루는 것으로, 신과 자연 현상을 찬양하여 노래하고 있음.[←吠陀←Veda〈범〉].

베정적 폭행이나 위협을 당하였을 때 울부짖고 마구 떠들면서 대드는 짓.≒시위(示威). ¶단호한 베정적으로 위기를 면하다. 베정적하다.

베짱 베짱이가 우는 소리. ¶베짱베짱, 베짱이; 등불베짱이(燈).

베테랑 어떤 방면의 기술이나 기능에 뛰어난 사람. 노련한 사람.[←vétéran〈프〉].

베풀(다) ①일을 차리어 벌이다.≒차리다. 열다. ¶환갑잔치를 베풀다. 주연을 베풀다. ②은혜나 자선 따위를 받아 누리게 하다.≒주다. 입히다. ¶호의를/ 은혜를/ 선정(善政)을 베풀다.

벼 포아폴과의 한해살이풀. 그 열매를 찧어 놓은 것이 쌀임. ¶볏가리(볏단을 쌓은 더미), 볏가릿대, 볏가을(타작하는 일), 벼곰팡이병(病), 벼까라기/벼까락, 벼꽃, 벼난가리, 볏논, 벼농사(農事), 볏단, 볏담불(벼를 쌓은 무더기), 볏동가리, 벼때(벼를 거두어들이는 시기), 벼메뚜기, 볏모, 볏모개/볏목(벼의 이삭이 달린 부분), 벼바심(벼타작), 벼벌레, 볏섬, 볏술(외상으로 마시는 술), 벼아지(벼포기에서 자라는 아지), 볍쌀, 볍씨, 벼이삭, 볏짐, 볏짚, 벼쭉정이, 벼팔이/꾼, 벼포기, 벼훑이; 그루벼[677], 까라기벼, 겉벼, 깔끄랑·껄끄렁벼, 날벼(갓 베어 내어 마르지 아니한 벼), 늦벼, 대추벼(늦벼의 한 가지), 메벼, 몽근벼, 물벼(채 말리지 아니한 벼), 밭벼, 섬벼, 씨벼, 올벼(↔늦벼), 움벼(그루벼②), 유두벼(流頭), 자채벼(紫彩;올벼의 하나), 장릿벼(長利), 찰벼(↔찰벼), 통일벼(統一), 풋벼, 햇벼. ☞ 도(稻).

벼락 ①공중의 전기와 땅 위의 물체에 흐르는 전기와의 사이에 방전(放電)으로 일어나는 현상.[←벽력(霹靂)]. ¶벼락이 떨어지다. 벼락맞다(벼락에 감전되다. 천벌을 받다), 벼락치다; 땅벼락(땅에 내리치는 벼락), 마른벼락(맑게 갠 하늘에서 치는 벼락), 산벼락[678], 천벼락(天;벼락을 강조한 말). ②몹시 심하게 하는 나무람이나 꾸지람. 전혀 예상하지 못한 재난(災難). '갑작스럽게 이루어지는 것'의 비유. ¶할아버지로부터 벼락이 떨어졌다. 벼락감투, 벼락같다[679]/같이(빨리), 벼락공부(工夫), 벼락김치, 벼락닫이[680], 벼락대신(大臣)[681], 벼락대접(待接), 벼락덩이[682], 벼락돈, 벼락령(令), 벼락바람(벼락같은 위풍의 기세), 벼락방망이(갑자기 얻어맞는 매. 호된 매), 벼락봉변(逢變), 벼락부자(富者), 벼락부처(갑자기 온순하여진 사람), 벼락불(번갯불. 매우 엄한 명령), 벼락빨래, 벼락사고(事故), 벼락술(소나기술), 벼락이사(移徙), 벼락잔치, 벼락장(醬), 벼락장아찌, 벼락죽음, 벼락질[683], 벼락출세(出世), 벼락치기(갑자기 서둘러 하는 일. 날림), 벼락틀(덫의 하나), 벼락화; 감벼락[684], 날벼락, 누운벼락(뜻밖에 갑자기 당하는 불행), 돈벼락, 돌벼락(돌사태), 된벼락(큰 타격), 물벼락/맞다, 불벼락[685], 생벼락(生;날벼락), 앉은벼락(뜻밖에 갑자기 당하는 불행), 칼벼락(몹시 호된 벼락) 들.

ㅂ

671) 바리안베: 한 필을 접어서 바리때 안에 담을 수 있는 베라는 뜻으로, 매우 곱게 짠 베.

672) 베갯동서(同壻): 옛날에 두 여자가 한 남자와 관계를 맺고 사는 사이를 이르던 말.

673) 베갯밑공사(公事)/송사(訟事): 잠자리에서 아내가 남편에게 말하는 바를 속삭이며 청하는 일.

674) 베개보: 층보 또는 지붕보를 가로로 받치는 보.

675) 두동베개: 부부가 함께 베는 긴 베게. 두동달이베개.

676) 버지다: ①베어지거나 조금 긁히다. ¶면도날에 버지다. ②가장자리가 닳아서 찢어지게 되다. ¶종이를 접었던 자리가 버지다. 소맷부리가 버져서 입지 못하게 되었다.

677) 그루벼: ①보리를 베어 낸 논에 심은 벼. ②베어 낸 벼의 그루에서 다시 움이 터 자란 벼. 움벼.

678) 산벼락: 죽지 아니할 정도로 맞은 벼락. 곧 호되게 당하는 재난을 비유하는 말.

679) 벼락같다: ①일이나 행동 따위가 몹시 빠르다. ¶벼락같은 주먹이 날아가다. ②소리가 크고 요란하다. ¶모소리가 벼락같다.

680) 벼락닫이: 위짝은 붙박이로 아래짝만 위아래로 여닫게 된 창.

681) 벼락대신(大臣): ①성질이 여무지고 독해서 아무리 어려운 일이라도 견뎌 나가는 사람. ②지나치게 똑똑하여 누구에게든지 바락바락 말대답을 하는 사람.

682) 벼락덩이: 밭을 맬 때 크게 떠엎는 흙덩이.≒맹꽁이덩이.

683) 벼락질: 매 따위가 공중으로 치솟다가 목표물을 향하여 매우 빨리 내려가는 움직임.

684) 감벼락: 뜻밖에 만난 재난. ¶사기를 당하다니, 무슨 감벼락 같은 소리야. 주가지수의 갑작스런 하락으로 감벼락을 맞았다.

685) 불벼락: 불같이 사나운 꾸짖음이나 명령. ¶아버지의 불벼락이 떨어지다.

벼랑 낭떠러지의 험하고 가파른 언덕. 아래에서 위를 쳐다보았을 때를 일컫는 말.[←별+앙].=벼루². ¶벼랑에 핀 꽃. 벼랑가, 벼랑골, 벼랑굽이, 벼랑길, 벼랑머리(벼랑의 꼭대기), 벼랑목(벼랑에 들어서는 길목), 벼랑바위, 벼랑부처(벼랑에 새겨진 부처), 벼랑지다, 벼랑코숭이, 벼랑턱, 벼랑톱, 벼랑허리; 강벼랑(江), 돌벼랑(돌만이 드러난 벼랑), 산벼랑(山), 칼벼랑(칼로 깎아지른 듯이 험한 벼랑).

벼루¹ 먹을 가는 문방구. ¶벼룻돌, 벼루면(面), 벼루못(벼루 앞쪽에 파인 곳), 벼룻물, 벼룻집[686]; 돌벼루, 손벼루(작은 벼루), 자석벼루(紫石), 옥벼루(玉), 토기벼루(土器). ☞ 연(硯).

벼루² 절벽의 밑이 강물이나 바닷물로 통하는 낭떠러지(벼랑). ¶벼룻길(강가나 바닷가의 낭떠러지로 통하는 비탈길).

벼룩 벼룩과의 곤충. ¶벼룩도 낯짝이 있다. 벼룩의 간을 내먹는다. 벼룩시장(市場), 벼룩잠(자꾸 자다 깨는 잠); 개벼룩, 꽃벼룩, 물벼룩, 불벼룩(굶어서 몹시 무는 납작한 벼룩), 새벼룩, 쥐벼룩 들.

벼르(다)¹ 어떤 일을 하려고 미리부터 마음속으로 준비를 단단히 하다. 기회를 엿보다(노리다). ¶잔뜩 벼르기만 하다가 때를 놓쳤다. 벼르고 벼르던 기회. 벼름벼름[687]/하다; 옥벼르다[688].

벼르(다)² 일정한 비례에 따라 여러 몫으로 고르게 나누다.≒배당하다(配當). ¶몫대로 벼르다. 적은 돈이지만 잘 별러 쓰기로 했다. 벼름(고르게 나누어줌. 분배), 벼름질[689]/하다, 별러주다[690]; 사색벼름(四色;사색 당파에 같은 수로 적당히 별러 벼슬을 시키던 일), 색벼름(관아의 부서를 갈라 나누는 일).

벼리 ①그물의 위쪽 코를 꿰어 오므렸다 폈다 하는 밧줄. ¶벼리를 당기다. 벼리가 끊어진 그물. 그물이 삼 천 코라도 벼리가 으뜸. 벼릿줄(걸채의 앞뒤 마구리에서 내려진 줄); 웃벼리. ②일이나 글의 뼈대가 되는 줄거리. 책의 내용을 추려 찾기 쉽게 벌여 놓은 것. 요강(要綱).

벼리(다) ①날이 무딘 연장을 불에 달구어 두드려 날카롭게 만들다.≒갈다. ¶부엌칼을 벼리다. 벼림질[벼림질간(間), 벼림질하다]. ②마음을 긴장시키거나 가다듬어 가지다. ¶투지를 벼리다.

벼슬 관청에 나가서 나라 일을 맡아 다스리는 자리. 또는 그일. '구실'보다 높음.≒관직(官職). 감투. ¶벼슬을 지내다. 벼슬감투, 벼슬길, 벼슬덤(벼슬 덕분에 얻는 이득), 벼슬뜻, 벼슬살이/하다, 벼슬아치[삯벼슬아치], 벼슬양반(兩班), 벼슬자리, 벼슬하다[691]; 빠꿈벼슬[692] 들.

벽(壁) 집이나 방의 둘레를 막은 부분. 바람벽. 장벽. 장애물. 낭떠러지. ¶벽을 쌓다. 벽에 부딪치다. 벽간(壁間), 벽감(壁龕), 벽걸이, 벽경(壁經), 벽글(벽이나 절벽에 새겨 넣은 글), 벽난로(壁煖爐), 벽담, 벽로(壁爐), 벽루(壁壘), 벽립하다(壁立), 벽면(壁面), 벽바닥, 벽보(벽의 두 기둥에 가로지른 들보), 벽보(壁報), 벽보판(壁報板), 벽빙하(壁氷河), 벽상(壁上), 벽상(壁像), 벽서(壁書;널리 알릴 일을 벽에 쓰거나 써 붙임), 벽석(壁石), 벽선(壁線), 벽성(壁星), 벽소설(壁小說), 벽스위치, 벽시계(壁時計), 벽신문(壁新聞), 벽심(壁心), 벽안(壁岸), 벽장/문(壁欌/門), 벽지(壁紙), 벽채(壁彩), 벽천(壁泉), 벽체(壁體), 벽치다[693], 벽토(壁土), 벽화(壁畵); 가림벽(바깥에서 보이지 않도록 가리기 위하여 세운 벽), 겉벽, 격벽(隔壁), 격수벽(隔水壁), 경계벽(境界壁), 내력벽(耐力壁), 내벽(內壁), 널벽(널빤지로 만든 벽. 板壁), 단골벽(서까래와 서까래 사이에 바른 벽), 담벼락, 담벽, 도벽(塗壁), 도류벽(導流壁), 돌벽, 뒷벽, 막벽(膜壁;칸막이), 막벽(幕壁;둑이나 수문의 정면에 있는 벽), 만벽(滿壁;그림 · 글씨가 벽에 가득함), 맞벽, 맞벽질, 면벽(面壁), 물막이벽, 바깥벽/밭벽, 바람벽(壁), 반투벽(半透壁), 박공벽(牔栱), 방벽(防壁), 방어벽(防禦壁), 방음벽(防音壁), 방진벽(防塵壁), 방천벽(防川壁), 방호벽(防護壁), 방화벽(防火壁), 백벽(白壁), 복벽(腹壁), 복벽(複壁), 부벽(付壁), 분벽(粉壁), 빙벽(氷壁), 사벽(四壁), 사벽(砂壁), 샛벽[694], 석벽(石壁), 섬유벽(纖維壁), 성벽(城壁), 세포벽(細胞壁), 손뼉, 심벽(心壁), 안벽[內], 안벽(岸壁), 안팎벽, 암벽(巖壁), 앙벽(仰壁), 온벽(창이나 문이 나지 아니한 벽), 옹벽(擁壁), 외벽(外壁), 위벽(胃壁), 익벽(翼壁), 자궁벽(子宮壁), 장벽, 장벽(長壁), 장벽(腸壁), 장벽(障壁)[관세장벽(關稅), 언어장벽(言語)], 장벽(牆壁), 재벽(再壁), 전벽(全壁), 전벽(前壁), 전벽(磚壁), 절벽(絕壁)[기암절벽(奇巖), 깜깜 · 캄캄절벽(말이 전혀 통하지 않는 상대. 아무 것도 모름)], 제벽(題壁), 주벽(主壁), 중공벽(中空壁), 중방벽(中枋壁), 지벽(紙壁), 차벽(遮壁), 채벽(採壁), 철벽/수비(鐵壁/守備), 초벽(初壁), 초벽(峭壁), 충전벽(充塡壁), 취벽(翠壁), 측벽(側壁), 콧벽(壁), 토벽(土壁), 퇴벽(頹壁), 파벽(破壁)[풍창파벽(風窓)], 판벽(板壁;널벽), 합벽(合壁), 향벽(向壁), 홑벽(한 쪽만 흙을 바른 얇은 벽), 화구벽(火口壁), 황토벽(黃土壁), 회벽(灰壁), 회사벽(灰沙壁), 후벽(後壁), 흉벽(胸壁), 흙벽 들.

벽(癖) 고치기 어렵게 굳어진 버릇. '무엇을 치우치게 즐기는 병'을 뜻하는 말. ¶그 사람은 화가 나면 무엇이든지 집어던지는 벽이 있다. 벽성(癖性;편벽한 성질), 벽음(癖飮), 벽적(癖積), 벽호(癖好;인이 박힐 정도로 좋아함); 간벽(癎癖), 간서벽(看書癖), 감상벽(感傷癖), 강벽(强癖), 고벽(痼癖), 괴벽(怪癖), 구벽(口癖;입버릇), 기벽(奇癖;이상야릇한 버릇), 기벽(氣癖;남에게 지거나 굽히지 않으려는 성질), 낭비벽(浪費癖), 냉소벽(冷笑癖), 도벽(盜癖), 등산벽(登山癖), 방랑벽(放浪癖), 병벽(病癖), 사색벽(思索癖), 사치벽(奢侈癖), 서벽(書癖), 성벽(性癖), 수집벽(蒐集癖), 습벽(習

---

686) 벼룻집: 연상(硯箱). 연상(硯床).

687) 벼름벼름: 마음먹은 일을 이루려고 벼르는 모양. ¶이번 설에는 고향을 꼭 가겠다고 벼름벼름 기다렸다.

688) 옥벼르다: ①입술을 사려물고 벼르다. 〈큰〉욱벼르다. ¶옥벼르며 달려들던 개. ②단단히 벼르다. ¶옥벼른 기회.

689) 벼름질: 별러서 고루 나누는 일. ¶너무 적어서 벼름질을 할 것도 없다. 고사떡을 벼름질로 나눠먹다. 벼름질하다.

690) 별러주다: 몫으로 나누어 주다. ¶그가 돌아오자 사람들이 일어나서 아랫목으로 그의 자리를 별러주었다.

691) 벼슬하다: ①벼슬아치가 되다. 벼슬길에 오르다. ②아이가 홍역 같은 전염병에 걸리다.

692) 빠꿈벼슬: 뇌물로 공명장(空名帳)을 사서 한 벼슬.≒벼락감투.

693) 벽치다(壁): 욋가지를 엮어서 외를 엮고 그 위에 진흙을 이겨 발라 벽을 만들다.

694) 샛벽: 방의 칸과 칸 사이를 막는 벽.[←사이+벽]. ¶샛벽을 내다.

癖), 승벽(勝癖), 시벽(詩癖), 악벽(惡癖), 여벽(旅癖), 완전벽(完全癖), 음주벽(飮酒癖), 자승지벽(自勝之癖)[695], 자시지벽(自是之癖)[696], 장벽(腸癖;피똥이 나오는 병), 전벽(錢癖), 주벽(酒癖), 해찰벽[697], 호기벽(好奇癖), 호승지벽(好勝之癖) 들.

벽(僻) '후미지다 · 외지다. 치우치다'를 뜻하는 말. ¶벽거(僻居;외진 곳에서 삶), 벽견(僻見;한쪽으로만 치우쳐 도리에 맞지 않는 말), 벽경(僻境), 벽로(僻路), 벽론(僻論), 벽루(僻陋;두멧구석), 벽루하다(僻陋;성질이 괴팍하고 고루하다), 벽서(僻書)[698], 벽설(僻說;한쪽으로 치우친 견해), 벽성(僻姓;썩 드문 성. 稀姓), 벽언(僻言;편벽된 말), 벽우(僻隅;후미진 구석), 벽원하다(僻遠), 벽유(僻幽), 벽유(僻儒), 벽읍(僻邑), 벽인향(僻人香), 벽자(僻字;흔히 쓰이지 않는 낯선 글자), 벽자(僻者;뜻이 바르지 못한 사람), 벽재/일우(僻在/一隅), 벽재(僻材;매우 드물게 쓰이는 약재), 벽재일우(僻在一隅), 벽지(僻地;두메)[산간벽지(山間)], 벽지다(외지다), 벽처(僻處), 벽촌(僻村)[산간벽촌(山間)], 벽파(僻派↔時派), 벽하다, 벽항(僻巷;외진 동네), 벽향(僻鄕); 괴벽하다/스럽다(乖僻), 궁벽하다(窮僻), 비벽(鄙僻), 유벽(幽僻), 은벽하다(隱僻), 정벽처(靜僻處), 지벽(地僻), 파벽(破僻), 편벽되다/하다(偏僻;공정하지 못하고 한쪽으로 치우치다), 황벽(荒僻) 들.

벽(碧) '파랗다. 푸르다. 옥돌'을 뜻하는 말. ¶벽계(碧溪), 벽공(碧空), 벽담(碧潭), 벽도(碧桃), 벽로(碧鷺), 벽류(碧流), 벽모(碧毛), 벽산(碧山), 벽산호(碧珊瑚), 벽색(碧色), 벽수(碧水), 벽안(碧眼;눈동자가 파란 눈. 서양사람), 벽오동(碧梧桐), 벽옥(碧玉), 벽와(碧瓦), 벽운(碧雲), 벽천(碧天), 벽청(碧青), 벽태(碧苔;푸른 이끼), 벽파(碧波), 벽해(碧海), 벽혈(碧血;지극한 정성); 금벽산수(金碧山水), 남벽(藍碧;짙은 푸른빛), 담벽/색(淡碧/色), 상전벽해(桑田碧海), 촌벽(寸碧;구름 사이로 보이는 푸른 하늘) 들.

벽(辟) '물리치다. 피하다'를 뜻하는 말. ¶벽곡(辟穀), 벽사(辟邪;사악한 귀신을 물리침)[벽사가면(假面), 벽사무(舞), 벽사문(文), 벽사색(色)], 벽제(辟除), 벽제소리(辟除), 벽좌우(辟左右); 대벽(大辟;목을 베는 형벌)[상복대벽(祥覆)], 방벽(放辟), 복벽(復辟), 사벽(邪辟), 소벽(召辟), 양벽부(禳辟符), 자벽(自辟), 징벽(徵辟), 초벽(招辟), 편벽(便辟) 들.

벽(劈) 쪼개다. 가르다'를 뜻하는 말. ¶벽개(劈開;쪼개져서 갈라짐), 벽개면/선(劈開面/線), 벽두(劈頭)[699], 벽련(劈鍊), 벽파(劈破;쪼개어 깨뜨림. 찢어발김), 벽파문벌(劈破門閥) 들.

벽(霹) '벼락'을 뜻하는 말. ¶벽력(霹靂;벼락)[벽력같다(목소리가 매우 크고 우렁차다); 뇌성벽력(雷聲), 청천벽력(青天)], 벽조목(霹棗木;벼락 맞은 대추나무) 들.

벽(甓) '벽돌'을 뜻하는 말. ¶벽돌[700], 벽탑(甓塔;塼塔); 개벽(蓋甓), 이벽(耳甓), 청벽(青甓), 파벽(破甓), 홍벽(紅甓), 홍예벽(虹霓甓) 들.

벽(擘) '엄지손가락'을 뜻하는 말. ¶벽지(擘指;엄지손가락); 거벽/스럽다(巨擘), 수벽(手擘;손바닥).

벽(璧) '구슬. 둥근 옥'을 뜻하는 말. ¶반벽(返璧), 쌍벽(雙璧), 연벽(聯/連璧), 완벽하다(完璧) 들.

벽(襞) '주름. 접다'를 뜻하는 말. ¶벽적(襞積;옷의 주름); 습벽(褶襞).

벽(闢) '열다. 개간하다'를 뜻하는 말. ¶벽이단(闢異端), 벽토(闢土), 벽토척지(闢土拓地); 개벽(開闢) 들.

벽(擗) '손으로 가슴을 치며 슬퍼하다'를 뜻하는 말. ¶벽용(擗踊).

벽손 장롱(欌籠)의 아래층 군쇠(문쇠[701] 옆에 세로로 댄 나무) 옆에 끼우는 넉 장의 널조각.

벽창호 미련하고 고집이 센 사람.[←벽창우(碧昌牛)].

벽채 광산에서 광석을 긁어모으거나 파내는 데 사용하는 연장. 호미와 비슷하나 훨씬 큼. ¶벽채질/하다.

변 남들이 모르게 저희끼리만 암호처럼 쓰는 말. ¶변을 써서 이야기하다. 변말(변으로 쓰는 말. 은어), 변쓰다(남이 모르게 암호로 말하다); 장사치변, 판수변.

변(變) 갑자기 생긴 재앙이나 괴이한 일. '변으로'로 쓰이어 별난 데가 있음. '바꾸다'를 뜻하는 말. ¶변이 생기다. 변을 당하다. 올여름은 변으로 기온이 높았다. 변개(變改), 변격(變格), 변경(變更)[명의변경(名義), 불변경(不), 지목변경(地目); 유역변경(流域)], 변고(變故), 변곡점(變曲點), 변광성(變光星), 변괴(變怪), 변국(變局), 변기호(變記號), 변덕(變德)[702], 변동(變動)[703], 변란(變亂), 변량(變量), 변류기(變流機), 변매(變賣), 변명(變名;딴 이름을 씀), 변모/되다/시키다/하다(變貌), 변모음(變母音), 변물(變物), 변미(變味), 변법(變法;법률을 고침. 변칙적인 방법이나 방식), 변보(變報;변고를 알리는 보고), 변복(變服;남이 알아보지 못하도록 옷을 바꿔서 차려 입음), 변분법(變分法), 변분학(變分學), 변사/자(變死/者), 변사(變事), 변사(變辭), 변사/스럽다(變詐;요리조리 속임), 변상(變狀), 변상(變相;모습을 바꿈), 변상(變喪;변사로 말미암은 상사. 자손이 그 조상보다 먼저 죽는 일), 변색/병(變色/病), 변설(變說), 변성(變成)[704], 변성(變性), 변성(變姓), 변성/기

695) 자승지벽(自勝之癖): 스스로 자기가 남보다 나은 줄로 여기는 버릇.

696) 자시지벽(自是之癖): 자신의 의견만 옳은 줄로 여기는 버릇.

697) 해찰벽(癖): 어떤 일에 정신을 집중하지 않고 다른 일이나 쓸데없는 짓을 하는 버릇.

698) 벽서(僻書): ①편벽된 내용을 기록한 책. ②세상에 흔하지 않은 기이한 책.

699) 벽두(劈頭): ①글이나 말의 첫머리. ②일의 첫머리. 일의 시작. ¶신년(新年) 벽두. 회의 벽두부터 장내가 소란하다.

700) 벽돌: 벽돌공(工), 벽돌담, 벽돌문(紋), 벽돌집; 공동벽돌(空洞), 공용벽돌(拱用甓), 귀벽돌, 내화벽돌(耐火), 면벽돌(面;건물의 표면을 쌓는 질이 좋은 벽돌), 오지벽돌, 적벽돌(赤), 종벽돌(마루벽돌;홍예의 가운데에 끼우는 쐐기 모양의 벽돌), 흙벽돌.

701) 문쇠(門): 농이나 장 따위의 문짝 바로 옆에 댄 나무토막.

702) 변덕(變德): 이랬다저랬다 변하기 잘하는 성질. 〈작〉뱐덕. 밴덕. ¶변덕을 부리다(변덕스러운 짓이나 말을 잘하다). 변덕이 죽 끓듯 한다(걷잡을 없을 만큼 자주 변덕을 부리다). 변덕 · 뱐덕꾸러기, 뱐덕 · 변덕 · 밴덕맞다, 뱐덕 · 변덕 · 밴덕스럽다, 뱐덕 · 변덕 · 뱐덕쟁이; 뒤변덕스럽다(야단스럽게 번잡하고 변덕스럽다), 요변덕(妖).

703) 변동(變動): 상태가 변하여 움직임. ¶주가의 변동이 심하다. 변동계수(係數), 변동금리제(金利制), 변동되다/하다, 변동비(費), 변동성(性), 변동소득(所得), 변동예산(豫算), 변동자본(資本), 변동환율/제(換率/制); 경기변동(景氣), 경제변동(經濟), 물가변동(物價), 사회변동(社會), 순환변동(循環), 지각변동(地殼).

ㅂ

(變聲/期), 변성명(變姓名), 변속(變速)[변속기(機), 변속장치(裝置)] 변송(變送), 변쇠(變衰), 변수(變數↔常數. 변화요인)[독립변수(獨立), 종속변수(從屬), 확률변수(確率)], 변스럽다, 변시증(變視症), 변시체(變屍體), 변신/술(變身/術), 변심(變心;마음이 변함), 변압(變壓;압력을 바꿈)[변압기(機), 변압소(所)], 변양(變樣), 변역(變易), 변역(變域), 변온(變溫)[변온동물(動物)], 변용(變容;變貌), 변위(變位;물체가 위치를 바꿈)[변위기호(記號), 변위전류(電流); 분변위(分)], 변음(變音), 변이(變移;變遷), 변이(變異)[705], 변인(變因), 변작(變作), 변장(變裝;본디 모습을 감추려고 다르게 꾸밈), 변재(變災), 변전(變轉), 변전소(變電所), 변절/기(變節/期), 변절(變節;절개를 저버림)[변절자(者), 변절한(漢)], 변제(變除), 변조(變造;형태나 내용을 다르게 고침)[변조어음, 변조화폐(貨幣); 문서변조(文書)], 변조(變調)[706], 변조(變潮), 변종(變種), 변주/곡(變奏/曲), 변증(變症), 변질(變質)[변질암(巖), 변질자(者); 압력변질(壓力), 화학변질(化學)], 변채(變彩), 변천(變天;북동쪽의 하늘), 변천(變遷)[변천되다/하다, 변천설(說)], 변체(變體), 변출불의(變出不意), 변치(變置;바꾸어 놓음), 변칙/적(變則/的), 변칭(變稱), 변탈(變脫), 변태(變態)[707], 변통(變通)[변통성(性), 변통수(數); 수시변통(隨時)], 변풍(變風), 변하다, 변한말, 변함없다, 변항(變項), 변혁(變革;사회나 제도가 근본적으로 바뀜/바꿈)[사회변혁(社會)], 변형(變形)[변형균(菌), 변형능(能), 변형력(力), 변형엽(葉)], 변화(變化)[708], 변환(變幻;갑자기 나타났다 사라졌다 하는 일), 변환(變換;바뀜/바꿈)[변환기(機); 역변환(逆), 합동변환(合同), 핵변환(核)]; 가변(可變)[가변자본(資本), 가변적(的)], 가변(家變), 갈변(褐變), 개변(改變), 격변(激變), 고변(告變), 국변(國變), 괴변(怪變), 굴변(掘變), 권변(權變), 극변(劇變), 급변(急變), 기변(奇變), 기변(機變), 내변(內變), 뇌변(雷變), 다변(多變), 대변(大變), 대변(待變), 돌변(突變), 망변(芒變), 무변(無變), 반변(叛/反變), 백변(白變), 백변(百變), 봉변(逢變), 불변(不變), 비변(丕變), 사변(事變), 상변(喪變), 생변사변(生變死變), 선변(善變), 성변(星變), 세변(世變), 소변(小變), 신변(神變), 어변성룡(魚變成龍), 열변(熱變), 요변(妖變), 이변(異變), 일변(一變), 임기응변(臨機應變)/응변(應變), 작변(作變), 재변(災變), 전변(轉變), 접변(接變), 정변(政變), 조변(早變), 조변석개(朝變夕改), 지변(地變), 참변(慘變), 처변(處變), 천변(千變), 천변(天變), 천재지변(天災地變), 표변(豹變), 호변(虎變), 화변(禍變), 황변(黃變)[황변미(米), 황변증(症)], 흉변(凶變) 들.

변(邊) ①물건의 가장자리. 변두리. 국경(國境). 다각형의 변두리 선분. ¶한/두 변. 변강(邊疆), 변경(邊境), 변계(邊戒), 변계(邊界), 변공(邊功), 변구(邊寇), 변관(邊關;국경에 설치한 관문), 변극(邊隙;국경 지역의 경비가 소홀한 틈), 변두(邊頭), 변두리(외진 곳. 가장자리), 변두통(邊頭痛), 변루(邊壘), 변민(邊民), 변방(邊方;邊境), 변방(邊防;변경의 방비), 변보(邊報), 변비(邊備), 변비(邊鄙;외딴 시골), 변상중지(邊上重地), 변새(邊塞;변경에 있는 요새), 변성(邊城;邊境地域), 변수(邊戍), 변심거리(邊心距離), 변역(邊域), 변연대비(邊緣對比), 변읍(邊邑), 변장(邊將), 변재(邊材), 변자(邊子), 변정(邊情), 변제(邊際;가. 끝), 변족(邊族), 변죽[709], 변지(邊地), 변진(邊鎭), 변탕/질(邊鐋;목재의 가장자리를 곧게 밀어 내거나 모서리를 턱지게 깎아 내는 대패), 변토(邊土), 변파(邊波), 변폭(邊幅), 변해(邊海), 변환(邊患); 가로변(街路邊), 강변(江邊), 극변(極邊;아주 먼 변경), 근변(近邊), 남변(南邊), 노변(路邊), 노변(爐邊), 대변(對邊;맞변), 대응변(對應邊), 등변(等邊), 맞변, 모변(某邊;아무 쪽의 곳), 무변(無邊;가이없음)[무변광야(曠野), 무변대해(大海), 무변세계(世界)], 밑변, 백변/재(白邊;↔黃腸)/材, 북변(北邊), 부등변(不等邊), 비변(鄙邊), 빗변(邊), 사변(四邊), 사변(斜邊;빗변), 서변(西邊), 수변(水邊), 시변(市邊), 신변(身邊), 아랫변, 양변(兩邊), 연변(沿邊), 연변(緣邊), 연해변(沿海邊), 외변(外邊), 우변(右邊), 윗변, 일변(一邊), 장변(長邊), 저변(底邊), 좌변(左邊), 주변(周邊), 지변(池邊), 짝진변, 천변(川邊), 천변(天邊), 침변(枕邊;베갯머리), 포변(浦邊), 피변(彼邊;저쪽), 하변(河邊;하천가), 해변(海邊), 화변(花邊). ②'이자. 변리(邊利)'의 준말. ¶연 3할 변. 변놀이, 변돈, 변리(邊利), 변문(邊文), 변전(邊錢); 갑변(甲邊;곱쳐서 받는 이자), 계변(計邊;이자를 계산함), 날변[日], 누운변, 달변, 달러변, 대돈변(邊)[710], 대변(貸邊), 돈변, 돈변리, 된변(몹시 높은 이자), 무변리(無邊利)/무변(無邊), 무변전(無邊錢), 본변(本邊), 선변, 선변(先邊), 연변(年邊), 월변(月邊), 일변(日邊), 장변리(長邊利)/장변(長邊), 저변(低邊;헐변), 차변(借邊), 헐변(歇邊) 들.

변(辯) 자기의 행동을 설명하는 말. '말 잘하다. 따지다'를 뜻하는 말. ¶사퇴의 변을 피력하다. 변구(辯口), 변난(辯難), 변론(辯論)[711], 변설(辯舌), 변사(辯士), 변석(辯析;시비를 따져 가림), 변설(辯舌), 변재(辯才), 변해(辯解), 변호(辯護)[712]; 강변(强辯), 곡

---

704) 변성(變成): 변하여 다르게 됨. ¶변성광상(鑛床), 변성기(器), 변성되다/하다, 변성상(相), 변성암(巖), 변성작용(作用).

705) 변이(變異): ①매우 괴이한 일. 이변(異變). ②같은 종류의 생물의 개체가 어떤 사정으로 전혀 다른 성질이나 형상을 나타내는 일. ¶변이계수(係數), 변이곡선(曲線); 개체변이(個體), 계속변이(繼續), 돌연변이(突然), 방황변이(彷徨), 영속변이(永續), 인공돌연변이(人工突然變異), 환경변이(環境).

706) 변조(變調): 보통과 다른 상태가 됨. 고주파 지속 전류의 진폭이나 주파수 · 위상(位相) 따위를 신호로 변환시킴. ¶변조관(管), 변조기(機), 변조요법(變調), 변조파(波); 시배분변조(時配分), 주파수변조(周波數), 진폭변조(振幅).

707) 변태(變態): 모습이 변하는 일. 식물의 줄기 · 잎 · 뿌리 따위가 아주 다른 형태로 변하는 일. 동물의 탈바꿈. 변태성욕(變態性慾). ¶변태경(莖), 변태근(根), 변태설립(設立), 변태성욕(性慾), 변태심리/학(心理/學), 변태엽(葉), 변태적(的), 변태조절(調節), 변태하다; 무변태(無), 불/완전변태(不/完全).

708) 변화(變化): 사물의 모양 · 성질 · 상태가 달라짐. ¶시대적 변화에 대응하다. 변화구(球), 변화난측(難測), 변화되다/하다, 변화무궁(無窮), 변화무쌍(無雙), 변화법(法), 변화신(身), 변화토(土), 변화표(表), 변화표(標); 강변화(强), 기후변화(氣候), 단열변화(斷熱), 등온변화(等溫), 생태변화(生態), 약변화(弱), 영년변화(永年), 위도변화(緯度), 화학변화(化學).

709) 변죽: 그릇 · 세간이나 과녁 따위의 가장자리. ¶변죽을 울리다(바로 집어 말하지 않고 에둘러서 말을 하다). 변죽울림(간접적으로 주는 암시); 북변죽(북의 가장자리).

710) 대돈변(邊): 돈 한 냥에 대하여 매달 한 돈씩 느는 변리 돈.

711) 변론(辯論): 사리의 옳고 그름을 따짐. 소송 당사자나 변호인이 법정에서 주장하거나 진술함. ¶변론을 맡다. 변론가(家), 변론능력(能力), 변론자유(自由), 변론주의(主義); 구두변론(口頭), 구술변론(口述).

712) 변호(辯護): ①그 사람에게 유리하도록 주장하여 도와줌. ¶친구를 변호하다. ②법정에서 변호인이 검사의 공격으로부터 피고인의 처지를 해명하고 옹호함. ¶변호권(權), 변호사(士), 변호인(人)[국선변호인(國選),

변(曲辯), 교변(巧辯), 구변(口辯), 궤변(詭辯), 논변(論辯/辨), 농변(弄辯), 눌변(訥辯), 능변(能辯), 다변(多辯), 달변(達辯), 답변/서(答辯/書), 대변(大辯), 대변(代辯)[대변인(人), 대변자(者), 대변지(紙)], 대변(對辯), 망변(妄辯), 명변(明辯), 송변(訟辯), 언변(言辯), 열변(熱辯), 영변(佞辯), 웅변(雄辯)[웅변가(家), 웅변술(術), 웅변조(調)], 재변(才辯), 진변(陳辯), 쾌변(快辯), 통변(通辯), 항변/권(抗辯/權), 호변(好辯) 들.

변(便) 똥·오줌. 대소변(大小便). ¶변을 보다. 변기(便器)[양변기(洋), 좌변기(坐)], 변독(便毒), 변동일실(便同一室), 변비(便秘), 변소(便所;뒷간. 화장실)[공동변소(共同), 공중변소(公衆)], 변시(便是;다른 것이 아니라 바로 이것), 변옹(便癰), 변의(便意), 변통(便通), 변통(便通), 변폐(便閉), 변향부(便香附), 변혈(便血); 검변(檢便), 경변(硬便), 금변(禁便), 녹변(젖먹이가 눈 푸른똥), 대변(大便), 대소변(大小便), 동변(童便), 배변(排便), 소변(小便), 숙변(宿便), 양변기(洋便器), 용변(用便), 즉변(卽便;곧), 채변(採便), 쾌편(快便), 태변(胎便), 혈변(血便;피똥), 활변(滑便;물찌똥) 들.

변(辨) '서로 구별을 지어 가르다(분별하다. 가리다)'를 뜻하는 말. ¶변리(辨理;일을 판별하여 처리하는 일), 변리사(辨理士)[713], 변명(辨明)[714], 변무(辨誣;사리를 따져 억울함을 밝힘), 변박(辨/辯駁;시비를 분별하여 논박함), 변백(辨白;辨明), 변별(辨別)[715], 변병(辨柄), 변상(辨償;빚을 갚음)[변상하다; 실비변상(實費)], 변색(辨色), 변석(辨釋), 변설(辨/辯說), 변제(辨濟;갚음. 辨償)[변제기(期), 변제하다; 대물변제(代物), 대위변제(代位), 배당변제(配當)], 변증/법(辨證/法)[716], 변핵(辨覈); 대변(代辨), 분변(分辨), 불변(不辨)[동서불변(東西); 지척불변(咫尺)], 사변(思辨)[사변적(的), 사변철학(哲學)], 자변(自辨), 조변(調辨), 지변(支辨), 질변(質辨), 징변(懲辨), 핵변(覈辨;사실에 근거를 두어 변명함) 들.

변(抃) '기뻐하며 손뼉을 치다'를 뜻하는 말. ¶변무(抃舞;기뻐서 덩실덩실 추는 춤), 변열(抃悅;손뼉을 치며 좋아하는 것), 변용(抃踊) 들.

변(卞) '조급하다. 분별하다'를 뜻하는 말. ¶변급하다(卞急;침착하지 못하다); 항변(抗卞;抗議).

변(辮) '머리를 땋다'를 뜻하는 말. ¶변발(辮/編髮;뒤로 길게 땋아 늘인 머리).

변(甂) 몸체는 조그마한 반면에 아가리는 큰 항아리. ¶변구(甂甌;아가

변모-없다 ①고지식하고 무뚝뚝하여 변통성이 없다. ¶변모없는 위인. ②남의 사정은 아랑곳하지 않고 주변성 없이 데퉁스럽다. ¶변모없이 그런 말을 하면 어찌 하느냐. 안사돈 앞인데도 변모없게 군다.

변변-하다 ①됨됨이나 생김새가 별다른 흠이 없고 어지간하다. ¶인물만은 변변하게 생겼군. 변변하지 못한 사람. ②제대로 갖추어져 충분하다(넉넉하다). ¶대접도 변변하게 못해 드렸다. 변변한 가구 하나 없다. 변변히 저항도 못하고 항복하다. ③지체나 살림살이가 남보다 떨어지지 아니하다. 격에 어울리게 의젓하다. ¶남편 노릇 한 번 변변히 못해 주었다. 변변한 집안. 변변찮다(변변하지 아니하다), 변변히[+부정어]. 〈작〉반반하다.

별 밤하늘에 점 모양으로 반짝이는 천체. '별 모양의'를 뜻하는 말. ¶별이 총총한 밤하늘. 별 겯듯 하다(별이 총총 박히듯 빽빽하다), 별꼭지(썩 작게 만들어 붙인 종이연의 꼭지), 별꼴(별 모양), 별꽃[717], 별나라, 별떼, 별똥[별똥돌, 별똥별, 별똥재], 별무늬, 별무리, 별바다, 별박이[718], 별밤, 별밭, 별보라, 별불가사리, 별빛, 별사탕, 별시계(時計), 별자리, 별점(占), 별찌(별똥별), 별찌돌(운석), 별표(標), 별하늘; 길쓸별(살별), 까막별(빛을 내지 않는 별), 꼬리별(살별), 늑대별(시리우스), 달별[위성(衛星)], 닻별(카시오페이아자리), 떠돌이별[행성(行星)], 뭇별(많은 별), 별똥별, 붙박이별(위치를 바꾸지 아니하는 별. 항성. 북극성), 살별[혜성(彗星)], 삼형제별(三兄弟), 샛별[719], 성근별, 쌍둥이별, 아기별(작은 별을 귀엽게 이르는 말), 어둠별[금성(金星). 개밥바라기], 여우별(궂은 날에 잠깐 나타났다가 구름 속에 숨는 별), 잔별, 전파별(電波). ☞ 성(星).

별(別) ①'보통과 달리 별난'을 뜻하는 말. ¶별 이상한 소리를 다 한다. ②'다르다. 헤어지다. 나누다·구분하다. 따로. 딴'을 뜻하는 말. ¶별가(別家), 별가락(보통 것과 다른 곡조의 가락), 별가화(別假花), 별간(別間), 별간장(別-醬), 별간장(別肝腸), 별간죽(別簡竹), 별감(別監), 별강(別講), 별개(別個), 별거(別居), 별걱정(공연한 걱정), 별건(別件), 별건곤(別乾坤), 별건화(別建花), 별것, 별게(別揭;따로 게시함), 별격(別格;별다른 격식), 별고(別故;특별한 사고. 다른 까닭), 별고(別庫), 별곡(別曲), 별곤(別棍), 별공(別貢), 별관(別館), 별구경(보기 드문 구경), 별구청(別求請), 별군(別軍), 별궁(別宮), 별궁리(別窮理;다른 궁리), 별기(別岐), 별기(別記), 별기은(別祈恩), 별꼴(별나게 눈에 거슬리는 아니꼬운 모습), 별나다(됨됨이가 보통 것과 매우 다르다), 별나하다, 별납(別納), 별노릇, 별놈(별난 놈), 별다례(別茶禮), 별다르다/별달리, 별단(別單), 별단(別段), 별단예금(別段預金), 별당(別堂), 별대(別隊), 별도(別途), 별도리(別道理;별다른 방법), 별돈, 별동(別棟), 별동대(別動隊), 별뜨기(별순검), 별뜻, 별로(그다지. 별반), 별로(別路;이별하는 길. 다른 길), 별록(別錄), 별루(別淚), 별류(別類), 별리(別離;離別), 별말(별다른 말), 별말씽, 별말씀, 별맛, 별명(別

사선변호인(私選), 특별변호인(特別)]; 강제변호(强制), 재량변호(裁量), 필요적변호(必要的).

713) 변리사(辨理士): 특허·의장·실용신안(實用新案)·상표 따위의 신청이나 출원 따위의 대행을 업으로 하는 사람.

714) 변명(辨明): ①사리를 가려내어 똑똑히 밝힘. 변백(辨白). ②자신의 언행 따위에 대하여 남이 납득할 수 있도록 설명함. 발명(發明)[2]. ¶구구한 변명을 잔뜩 늘어놓다.

715) 변별(辨別): 사물의 옳고 그름이나 좋고 나쁨 또는 차이를 가림. 세상에 대한 경험이나 식견에서 나오는 생각이나 판단. ¶변별되다/하다, 변별력(力), 변별반응(反應), 변별역(閾), 변별적자질(的資質), 변별학습(學習).

716) 변증법(辨證法): 헤겔 철학에서, 유동 변화하는 현실을 동적(動的)으로 파악하여 그 모순·대립의 의의를 인정하려는 사고법(思考法).

717) 별꽃: 머리를 갑자기 세게 부딪치거나 어지럼증이 나거나 할 때 눈에 불꽃같은 것이 어른거리는 현상.

718) 별박이: ①높이 올라가 아주 조그맣게 보이는 종이 연. ②이마에 흰점이 박힌 말[대성마(戴星馬)]. ③살치 끝에 붙은 쇠고기.

719) 샛별: 새벽에 동쪽 하늘에서 반짝이는 별. 금성(金星).[←ᄉᆡ(동쪽)+ㅅ+별].

名), 별명(別命), 별묘(別廟), 별무가관(別無可觀), 별무반(別武班), 별무신통(別無神通), 별문서(別文書), 별문석(別紋石), 별문제(別問題), 별물(別物), 별미(別味), 별미쩍다(別味)[720], 별반(別般), 별반(別飯;별밥), 별밥, 별방(別房), 별배(別杯), 별배(別陪), 별배달(別配達), 별배종(別陪從), 별백지(白紙), 별법(別法), 별별/일(別別;아주 이상한 일. 별의별), 별보(別報), 별복정(別卜定), 별본(別本), 별봉(別封), 별부(別付), 별부(別賦;이별을 주제로 한 시가), 별부료(別付料), 별비(別備;특별한 준비), 별사(別使), 별사(別事;별일), 별사(別辭;이별의 인사), 별사건(別事件), 별사람, 별산제(別産制), 별생각, 별서(別墅), 별석(別席), 별선(別扇), 별선(別選;특별히 따로 뽑음), 별선(別膳), 별설(別設), 별성(別星), 별세(別世;윗사람이 세상을 떠남), 별세계(別世界), 별세초(別歲抄), 별소리, 별송(別送), 별수(別數;특별히 좋은 운수), 별수단(別手段), 별순(別巡), 별순검(巡檢), 별스럽다(보기에 별다르다), 별시(別時;이별한 때), 별시(別試), 별식(別式), 별식(別食), 별신굿(別神), 별실(別室), 별양(別樣), 별어장(別魚醬), 별연(別宴), 별연죽(別煙竹), 별염불(別念佛), 별영(別營), 별욕(別辱), 별원(別院), 별원(別願), 별유(別諭), 별은(別銀), 별은전(別恩典), 별의(別意;딴 뜻), 별의별/별별(보통과 다른 갖가지), 별인(別人), 별인물(別人物), 별일, 별입시(別入侍;신하가 임금을 사사로이 뵙던 일), 별자(別子;庶子), 별작전(別作錢), 별장(別章), 별장(別莊), 별장난, 별재(別才), 별저(別邸), 별전(別電), 별전(別奠), 별전(別傳), 별전(別殿), 별전(別錢), 별정(別定), 별정(別情), 별제(別製), 별제/권(別除/權), 별조식(別早食), 별종(別種;딴 종자), 별좌(別坐), 별좌(別座), 별주(別酒), 별중승(別衆僧), 별증(別症), 별지(別紙;덧붙인 종이쪽), 별지랄, 별지장(別支障;별다른 지장), 별진상(別進上), 별집(別集), 별짓, 별짜(별스럽게 생긴 물건이나 사람), 별차(別差;별다른 차별이나 차이), 별찬(別饌;별다른 반찬), 별채(딴채), 별책(別冊;따로 나누어 엮어 만든 책), 별책(別策), 별천지(別天地), 별첨(別添;서류를 따로 덧붙임), 별체(別體), 별초(別抄), 별취(別趣), 별치(別置), 별치부(別致賻), 별칙(別勅), 별칭(別稱), 별탈, 별택(別宅), 별택(別擇), 별파(別派), 별판(딴판. 뜻밖의 좋은 기회), 별판부(別判付), 별편(別便), 별표(別表), 별품(別品), 별하다(보통 것과 다르게 별나다), 별항(別項;다른 조항), 별행(別行;글을 써 내려가다가 따로 잡아 쓰는 줄)), 별호(別號;딴 이름), 별후(別後;헤어진 뒤); 각별하다(恪別), 각인별(各人別), 갈래별, 감별(鑑別), 개별(個別), 개인별(個人別), 견별(甄別;뚜렷하게 나눔), 결별(訣別), 경력별(經歷別), 계급별(階級別), 계층별(階層別), 계파별(系派別), 고별(告別), 과목별(科目別), 교과별(教科別), 구별(區別), 구역별(區域別), 국가별(國家別), 군별(軍別), 굵기별, 권역별(圈域別), 급별(級別), 기관별(機關別), 기별(奇/寄別), 기업별(企業別), 나라별, 나이별, 남녀별(男女別), 내용별(內容別), 능력별(能力別), 단계별(段階別), 단원별(單元別), 도별(道別), 독별나다(獨別), 등급별(等級別), 마을별, 만별(萬別)[천차만별(千差)], 메별(袂別), 모둠별, 무게별, 반별(班別), 배별(拜別), 변별(辨別;옳고 그름이나 좋고 나쁨을 가림), 봉별(奉別;윗사람과 헤어짐), 봉별(逢別;만남과 헤어짐), 부별(部別), 부별(賦別), 부서별(部署別), 분별(分別;구별. 판단)[분별없다/없이, 분별용해(溶解), 분별증류(蒸溜), 분별하다], 분기별(分期別), 분야별(分野別), 사별(死別)[생리사별(生離)], 사업별(事業別), 산업별(產業別), 색별(色別), 생별(生別), 석별(惜別;애틋한 이별), 선별(選別), 성격별(性格別), 성별(性別), 성별(聖別), 성적별(成績別), 세별(細別), 소별(小別), 소재별(素材別), 송별(送別), 수준별(水準別), 시대별(時代別), 식별(識別)[식별등(燈), 식별력(力), 식별역(閾)], 애별(哀別), 애별(愛別), 업종별(業種別), 연도별(年度別)/연별(年別), 연령별(年齡別), 영별(永別), 용도별(用途別), 원별(遠別), 원인별(原因別), 월별(月別), 위치별(位置別), 유별나다/스럽다/하다(有別), 유별(留別), 유별(類別), 유형별(類型別), 이별(離別)[721], 일별(一別)[종수일별(終須)], 일별(日別), 자별하다(自別), 작별(作別)[작별인사(人事); 분수작별(分手)], 잠별(暫別), 장르별(Genre別), 전별(餞別), 전공별(專攻別), 조별(組別), 종별(種別), 종교별(宗教別), 종류별(種類別), 종목별(種目別), 주거별(住居別), 주제별(主題別), 준별(峻別), 증별(贈別), 지역별(地域別), 직급별(職級別), 직능별(職能別), 직업별(職業別), 직종별(職種別), 집단별(集團別), 차별(差別), 체급별(體級別), 체질별(體質別), 층별(層別), 크기별, 키별, 테마별(Thema別), 특별(特別), 팀별(team別), 파별(派別), 파트별(part別), 판별(判別), 평수별(坪數別), 품별(品別), 품목별(品目別), 품종별(品種別), 학과별(學科別), 학교별(學校別), 학급별(學級別), 학기별(學期別), 학년별(學年別), 학력별(學歷別), 항목별(項目別), 형별(迥別), 형태별(形態別), 호별(戶別), 활별(闊別;오랫동안 헤어져 만나지 못함) 들.

별(瞥) '언뜻 보다'를 뜻하는 말. ¶별견(瞥見;흘끗 보다), 별관(瞥觀); 일별(一瞥) 들.

별(鼈) '자라'를 뜻하는 말. ¶별갑(鱉甲); 어별(魚鼈) 들.

별쭝-나다 말이나 하는 짓이 아주 별스럽다. ¶별쭝나게 떠드는 아이들. 별쭝맞다(별쭝나고 방정맞다), 별쭝스럽다.

별화 단청(丹靑)한 뒤에, 공간에 사람·꽃·새 들을 그리는 일.

볌 반지나 병마개 따위가 헐거워 잘 맞지 아니할 때에 꼭 맞도록 사이에 끼우는 헝겊·종이. ¶종이 대신 헝겊으로 볌을 했더니 꼭 맞았다.

볏¹ 닭·꿩 따위의 머리에 세로로 붙은 살 조각. 계관(鷄冠). 변두. ¶볏끝(볏의 맨 윗부분); 겹볏, 닭볏, 석장볏(석 장으로 된 닭의 볏), 아랫볏(턱 밑에 있는 볏), 털볏[모관(毛冠)], 호두볏(호두처럼 생긴 닭의 볏 모양), 홑볏.

볏² 보습 위에 비스듬히 얹히는 둥그런 쇳조각. 흙을 한쪽으로 떨어지게 함. ¶볏귀(쟁기의 뒤쪽 바닥에 오똑 내민 세모꼴 부분), 볏대가리, 볏밥(볏으로 갈아 넘긴 흙덩이. 볏덩이), 볏자리, 볏지게(쟁기 덧방에 대는 널조각), 볏칼(볏에 붙은 흙을 긁어내는 칼); 보습볏 들.

병 사냥에서, 매를 세는 단위. ¶매 한 병.

---

720) 별미쩍다(別味): 말이나 행동이 상황에 어울리지 않게 멋없다. ¶난처한 질문에 별미쩍게 씩 웃고 말았다.

721) 이별(離別): 이별가(歌), 이별주(酒); 갑이별(서로 사랑하던 중, 갑자기 하는 이별), 생이별(生), 영이별(永).

ㅂ

병:(病) 생물체의 전신 또는 일부분에 생활 기능의 장애로 변화가 생겨 고통을 느끼는 상태. 또는 '결점 · 단점 · 흠. 버릇'을 나타내는 말. ¶병을 앓다. 아는 것이 병이다. 병가(病家), 병가(病暇;병으로 말미암은 휴가), 병간(病間), 병간호/병간(病看護), 병감(病監), 병객(病客), 병결(病缺), 병고(病苦), 병고(病故), 병골(病骨), 병구(病軀), 병구완[간병(看病)], 병굿, 병균(病菌), 병근(病根), 병기(病期), 병난(病難), 병나다/내다, 병난(病難), 병뇌(病惱), 병다리(늘 앓고 있는 사람), 병독(病毒), 병동(病棟), 병들다, 병력(病歷)[병력서(書), 병력조사(照査)], 병록(病錄), 병리(病理)[병리학/자(學/者), 병리해부/학(解剖/學), 병리화학(化學)], 병마(病馬), 병마(病魔), 병맥(病脈), 병명(病名), 병몰(病沒), 병문(病文), 병반(病斑), 병벽(病癖), 병보석(病保釋), 병부(病父), 병부(病夫), 병부(病婦), 병불공(病佛供), 병사/자(病死/者), 병사(病邪), 병사(病舍), 병상(病床), 병상(病狀), 병상병(病傷兵), 병색(病色), 병석(病席), 병성(病性), 병세(病勢), 병소(病巢)[722], 병쇠(病衰), 병수발, 병시중/하다, 병신(病身)[723], 병실(病室), 병심(病心), 병아(病兒), 병안(病眼), 병약/자(病弱/者), 병와(病臥), 병욕(病褥), 병우(病友), 병원(病源/原)[병원균(菌), 병원체(體), 병원충(蟲)], 병원(病院)[724], 병인(病人), 병인/론(病因/論), 병입고황(病入膏肓), 병입골수(病入骨髓), 병자(病者), 병자성사(病者聖事), 병장(病狀), 병저체(病抵體), 병적(病的)[병적도벽(盜癖), 병적반사(反射), 병적성장(成長)], 병적학(病跡學), 병점(病占), 병졸(病卒), 병주머니(온갖 병이 많은 사람), 병줄[725], 병중(病中), 병증(病症), 병질(病質), 병집(病)[726], 병처(病妻), 병처(病處), 병체(病體), 병추기[727], 병축(病畜), 병충/해(病蟲/害), 병치레, 병탈(病頉), 병태(病態), 병통, 병폐(病敗), 병폐(病弊), 병폐(病廢), 병폐(病斃), 병풍상서(病風傷暑), 병풍상성(病風喪性), 병해/목(病害/木), 병화(病禍), 병환(病患), 병후(病後); 각기병(脚氣病), 각반병(角斑病), 간병(看病;병시중), 간질병(癎疾病), 갈강병(褐殭病), 갈반병(褐斑病), 갈병(暍病;日射病), 감병(疳病), 갑작병(갑자기 앓는 병), 건부병(乾腐病), 결핵병(結核病), 경화병(硬化病;굳음병), 계절병(季節病), 고공병(高空病), 고도병(高度病), 고산병(高山病), 고질병(痼疾病), 골병, 곱삿병, 공병(共病), 공수병(恐水病), 공주병(公主病), 공해병(公害病), 광병(狂病), 광견병(狂犬病), 광우병(狂牛病), 괴병(怪病), 괴혈병(壞血病), 교원병(膠原病), 구루병(佝僂病), 구병(久病), 구병(救病), 굳음병, 귓병, 균핵병(菌核病), 급병(急病), 기병(奇病), 기병(氣病), 기상병(氣象病), 긴병(오랜 병), 긴장병(緊張病), 깜부기병, 꾀병, 나병(癩病;문둥병), 난병(難病), 난치병(難治病), 내림병(유전병), 내장병(內臟病), 냉방병(冷房病), 냉병(冷病), 노균병(露菌病), 노병(老病), 노인병(老人病), 녹병(綠病), 녹강병(綠殭病), 농병(膿病), 뇌병(腦病), 눈병, 다병(多病), 달병(疸病), 담병(痰病), 당뇨병(糖尿病), 대병(大病), 도시병(都市病), 도식병(倒植病;사물이 뒤죽박죽 보이는 병), 도열병(稻熱病), 도회병(都會病), 독두병(禿頭病), 돌림병, 동병(同病), 동고병(胴枯病), 된병(몹시 심하게 앓는 병), 두병(痘病), 득병(得病), 라이덴병, 만병/통치/약(萬病/通治/藥), 만성병(慢性病), 매병(煤病), 매니저병(manager病), 맥각병(麥角病), 모원병(母原病), 모자이크병(mosaic病), 목병, 무도병(舞蹈病), 무백혈병(無白血病), 무병(無病), 무병장수(無病長壽), 문병(問病), 문고병(紋枯病), 문둥병, 문명병(文明病), 문화병(文化病), 미립자병(微粒子病), 바일병(Weil病), 미친병, 바제도병(Basedow病), 반점병(斑點病), 발병[足], 발병(發病), 방선균병(放線菌病), 백강병(白殭病), 백미병(白米病), 백반병(白斑病), 백병(百病), 백분병(白粉病), 백혈병(白血病), 뱃병[腹], 벼곰팡이병, 변색병(變色病), 본병(本病), 부란병(腐爛病;물컹병), 부인병(婦人病), 부패병(腐敗病), 분병(忿病), 분자병(分子病), 불치병(不治病), 사병(死病), 사병(詐病;꾀병), 사교병(社交病), 사상병(私傷病), 사상병(蛇狀病), 산병(疝病), 산성병(酸性病), 산악병(山岳病), 상병(傷病), 상사병(相思病), 상피병(象皮病), 생병(生病), 선병(腺病), 선천병(先天病), 설병(說病), 성병(成病), 성병(性病), 성인병(成人病), 세기병(世紀病), 소병(笑病), 소아병(小兒病), 쇠병(衰病), 수면병(睡眠病), 수병(受病), 수병(銹病;녹병), 속병, 숙병(宿病), 술병[酒], 시병(侍病), 시병(時病), 시대병(時代病), 시들병, 시듦병, 신병(身病), 신경병(神經病), 신장병(腎臟病), 심기병(心氣病), 심병(心病), 심장병(心臟病), 심화병(心火病), 아귀병(餓鬼病), 아동병(兒童病), 악병(惡病), 안병(眼病), 앵무병(鸚鵡病), 야제병(夜啼病), 양병(佯病;꾀병), 양병(養病), 어질병, 여병(餘病), 역병(疫病), 연부병(軟腐病), 연화병(軟化病), 열대병(熱帶病), 열병(熱病), 열사병(熱射病), 염병(染病), 염병할(染病)[728], 엽고병(葉枯病), 엽삽병(葉澁病), 오갈병, 와병(臥病), 요병(療病), 우울병(憂鬱病), 우주병(宇宙病), 울병(鬱病), 울화병(鬱火病), 원자병(原子病), 월요병(月曜病), 위병(胃病), 위병(萎病), 위장병(胃腸病), 위축병(萎縮病), 위황병(萎黃病)유병(有病), 유전병(遺傳病;내림병), 유행병(流行病), 윤문병(輪紋病), 융병(癃病), 의병제대(依病除隊), 이타이이타이병, 인후병(咽喉病), 일사병(日射病), 입병, 잎마름병, 잎말이병, 자궁병(子宮病), 자반병(紫斑病), 잔병[잔병꾸러기, 잔병치레], 작은병, 잠병(蠶病), 잠수병(潛水病), 잡병(雜病), 장병(長病), 장승병[729], 적병(積病), 적성병(赤星病), 전염병(傳染病), 정신병(精神病), 젖병, 조반병(條斑病), 조울병(躁鬱病), 조춤 · 주춤병[730], 죽을병, 중병(中病), 중병(重病), 지랄병,

---

722) 병소(病巢): 병원균이 모여 있어 조직에 병적 변화를 일으키는 자리.

723) 병신(病身): 신체가 기형인 상태. 모자라는 행동을 하는 사람. 어느 부분을 갖추지 못한 물건. ¶교통사고로 다리가 병신되었다. 병신이 육갑(六甲)한다(되지못한 사람이 엉뚱한 짓을 한다). 병신구실(보기에 병신이나 다름없는 못난 짓)/하다, 병신노릇(병신구실. 병신굿), 병신성스럽다(病身性), 병신자식(子息), 병신춤; 반병신(半), 배냇병신, 팔병신.

724) 병원(病院): 병원선(船); 개인병원(個人) 경찰병원(警察), 대학병원(大學), 부속병원(附屬), 산과병원(產科), 순회병원(巡廻), 야간병원(夜間), 야전병원(野戰), 위수병원(衛戍), 이동병원(移動), 자선병원(慈善), 정신병원(精神), 종합병원(綜合), 철도병원(鐵道).

725) 병줄(病): 오래 앓아 온 병이나 큰 병. ¶병줄을 놓다(오래 앓던 병이나 큰 병에서 벗어나 몸이 회복되다).

726) 병집(病): ①깊이 뿌리박힌 잘못이나 결점. ②탈이 생기는 원인. ③병소(病巢).

727) 병추기: 병이 들어서 늘 성하지 못한 사람이나 걸핏하면 잘 앓는 사람. ≒약골(弱骨).

728) 염병할(染病): '염병을 앓을'의 뜻으로, 욕으로 하는 말. ¶염병할, 날씨도 지독히 덥네.

729) 장승병: 기생충 때문에 갑자기 잎 · 줄기가 시들고 말라서 죽는 농작물의 병.

730) 주춤병: 무슨 일에나 결단성이 없고 잘 머뭇거리는 버릇. 〈작〉조촘병.

지방병(地方病), 지랄병, 지병(持病), 직업병(職業病), 질병(疾病), 창병(瘡病), 창가병(瘡痂病), 천형병(天刑病;문둥병), 첨병(添病), 체병(滯病), 첫병(거짓으로 꾸며서 그럴듯하게 보이려는 병집), 치병(治病), 칭병(稱病), 케이슨병(caisson;潛函), 콧병, 큰병, 탄저병(炭疽病), 토유병(吐乳病), 투병(鬪病), 파과병(破瓜病), 편집병(偏執病), 폐병(肺病), 포병(抱病), 풍병(風病), 풍토병(風土病), 피병(避病), 피부병(皮膚病), 피부선병(皮膚腺病), 학교병(學校病), 항공병(航空病), 해수병(咳嗽病), 행려병(行旅病), 향수병(鄕愁病), 현병(懸病), 혈반병(血斑病), 혈액병(血液病), 혈우병(血友病), 화병(火病), 화류병(花柳病), 회향병(懷鄕病), 후천병(後天病), 흑두병(黑痘病), 흑반병(黑斑病), 흑사병(黑死病), 흑성병(黑星病), 흑수병(黑穗病;깜부기병) 들.

병(兵) 일부 명사나 한자어 어근에 붙어 '군인(軍人)·군사. 무기'의 뜻을 나타내는 말. ¶병가(兵家), 병가상사(兵家常事;흔히 있는 일), 병가자류(兵家者流), 병갑(兵甲), 병거(兵車), 병과(兵戈), 병과(兵科), 병구(兵具), 병권(兵權), 병기(兵棋), 병기(兵器)[731], 병기(兵機;전쟁의 기회. 전쟁의 기략), 병난(兵難), 병단(兵端), 병란(兵亂), 병략(兵略), 병량/미(兵糧/米), 병력(兵力), 병마(兵馬), 병마지권(兵馬之權)/병권(兵權), 병막(兵幕), 병무/청(兵務/廳), 병문(兵門), 병력(兵力), 병막(兵幕), 병방(兵房), 병법(兵法), 병변(兵變), 병부(兵部), 병부(兵符), 병부(兵簿), 병불염사(兵不厭詐), 병비(兵批), 병비(兵備), 병사(兵士), 병사(兵舍), 병사(兵事), 병서(兵書), 병선(兵船), 병선(兵燹), 병액(兵厄), 병액(兵額), 병역(兵役)[병역법(法), 병역의무(義務), 병역제도(制度)], 병영(兵營), 병원(兵員), 병위(兵威), 병인(兵刃), 병장/기(兵仗/器), 병장(兵長), 병적(兵籍), 병전(兵典), 병정(兵丁)[병정개미, 병정놀이/하다, 병정타령], 병제/사(兵制/史), 병조(兵曹), 병조선(兵漕船), 병졸(兵卒), 병종(兵種), 병진(兵塵), 병참/선(兵站/船), 병학(兵學), 병혁(兵革;무기. 전쟁), 병화(兵火), 병화(兵禍); 간호병(看護兵), 갑병(甲兵;갑옷 입은 병사), 강병(剛兵), 강병(强兵)[막막강병(莫莫;다시없이 강한 군사), 개병(皆兵), 객병(客兵), 거병(擧兵), 경비병(警備兵), 경위병(警衛兵), 고병(古兵), 고병(雇兵), 공병(工兵), 관병(官兵), 관병/식(觀兵/式), 교병(交兵;交戰), 구원병(救援兵)/구병(救兵), 군병(軍兵), 귀휴병(歸休兵), 근왕병(勤王兵), 근위병(近衛兵), 기간병(基幹兵), 기마병(騎馬兵), 기병(奇兵), 기병(起兵), 기병/대(騎兵/隊), 기술병(技術兵), 노병(老兵), 노병(勞兵), 농병(農兵), 늑병(勒兵), 단병(短兵;가까운 거리에서 사용하는 무기.↔長兵), 대병(大兵), 대기병(待機兵), 도병(刀兵), 동병(動兵), 둔병(屯兵), 둔전병(屯田兵), 마병(馬兵), 마보병(馬步兵), 모병(募兵), 무전병(無電兵), 민병/대(民兵/隊), 발병(發兵), 방위병(防衛兵), 배병(配兵), 백병/전(白兵/戰), 병상병(病傷兵), 보병(步兵), 보수병(堡守兵), 보초병(步哨兵), 보충병(補充兵), 복병(伏兵), 부국강병(富國强兵), 부병(富兵), 부상병(負傷兵), 사병(士兵), 사병(私兵), 사상병(死傷兵), 사역병(使役兵), 산병(散兵), 상병(傷兵), 상비병(常備兵), 선병(選兵), 선임병(先任兵), 선진병(先進兵), 소병(小兵), 솔병(率兵), 수병(水兵), 수병(手兵), 수병(守兵), 수비병(守備兵), 승병(僧兵), 신병(神兵), 신병(新兵), 양병(養兵), 연락병(聯絡兵), 연병/장(練兵/場), 열병(閱兵), 예비병(豫備兵), 예병(銳兵), 용병(冗兵), 용병(用兵), 용병(勇兵), 용병(傭兵), 운전병(運轉兵), 원병(援兵), 위병(衛兵), 위생병(衛生兵), 위수병(衛戍兵), 유격병(遊擊兵), 융병(戎兵), 의병(義兵), 의병(疑兵), 의용병(義勇兵), 의장병(儀仗兵), 일등병(一等兵), 자원병(自願兵), 잔류병(殘留兵), 장병(長兵), 장병(將兵;군사를 거느림. 장교와 사병), 저격병(狙擊兵), 적병(賊兵), 적병(敵兵), 전병(前兵), 전령병(傳令兵), 전상병(戰傷兵), 전초병(前哨兵), 전투병(戰鬪兵), 정병(正兵), 정병(廷兵), 정찰병(偵察兵), 조병(造兵;병기를 만듦)[조병창(廠), 조병학(學)], 조병(操兵), 졸병(卒兵), 주번병(週番兵), 주병/권(駐兵/權), 증병(增兵), 지원병(志願兵), 진병(進兵), 징병(徵兵), 차출병(差出兵), 척탄병(擲彈兵), 척후병(斥候兵), 철병(撤兵), 첨병(尖兵), 청병(請兵), 초년병(初年兵), 초병(哨兵), 추병(追兵), 출병(出兵), 취사병(炊事兵), 치병(治兵), 친병(親兵), 탈영병(脫營兵), 탈주병(脫走兵), 탈출병(脫出兵), 토병(土兵), 통신병(通信兵), 투병(投兵), 파병(派兵), 파수병(把守兵), 패병(敗兵), 패잔병(敗殘兵)/잔병(殘兵), 폐병(廢兵), 포로병(捕虜兵), 포병(砲兵), 학도병(學徒兵)/학병(學兵), 합병(合兵), 항공병(航空兵), 항병(降兵), 해병(海兵), 행정병(行政兵), 향병(鄕兵), 헌병(憲兵), 현역병(現役兵), 호병(虎兵), 호송병(護送兵), 호위병(護衛兵), 화병(火兵), 후비병(後備兵), 후임병(後任兵), 훈련병(訓練兵), 휴가병(休暇兵), 휴병(休兵), 휼병(恤兵) 들.

병(甁) 액체 등을 담는 그릇 또는 그것에 담긴 것을 세는 말. ¶병이 깨지다. 음료수 두 병. 병나발, 병따개, 병뚜껑, 병마개, 병맥주(甁麥酒), 병목(병의 잘록한 부분)/현상(現象;병목처럼 좁아져 일어나는 교통 체증), 병배(목이 잘록한 병 모양으로 생긴 배), 병사리(병을 두루 이르는 말), 병술, 병아구리(병주둥이), 병조림/하다, 병화(甁花); 각면병(角面甁), 간장병(醬甁), 공병(空甁), 굽병(굽이 달린 병), 귀때병(부리가 가느다란 병), 금병(金甁), 기름병, 꽃병, 내압병(內壓甁), 됫병, 마호병, 매병(梅甁), 맥주병(麥酒甁), 먹병[墨], 목기리병(목이 긴 병), 물병, 보병(寶甁), 보온병(保溫甁), 부리병(甁), 북수병(北水甁), 분수병(噴水甁), 비중병(比重甁), 빈병, 빨병[732], 사기병(沙器甁), 사육병(飼育甁), 석유병(石油甁), 소병(小甁), 소주병(燒酒甁), 수구여병(守口如甁;비밀을 잘 지킴), 술병, 시약병(試藥甁), 약병(藥甁), 양병(洋甁), 오지병, 옥병(玉甁), 옹기병(甕器甁), 우유병(牛乳甁), 유리병(琉璃甁), 은병(銀甁), 음료수병(飮料水甁), 잉크병(ink甁), 자기병(磁器甁), 자라병[편병(扁甁)], 점적병(點滴甁;방울병), 정병(淨甁), 젖병, 질병(질흙으로 만든 병), 집기병(集氣甁), 초병(醋甁), 칭량병(秤量甁), 콜라병, 토유병(吐乳病), 포유병(哺乳甁;젖병), 플라스틱병(plastic), 해류병(海流甁), 호리병[←호로병(葫蘆甁;허리가 잘록하게 들어간 병)], 화병(花甁), 화병(畵甁), 화염병(火焰甁) 들.

병(餠) '떡'을 뜻하는 말. ¶병반(餠盤), 병점(餠店); 갑피병(甲皮餠), 계화병(桂花餠), 귤병(橘餠;꿀이나 설탕에 조린 귤), 노랄병(老辣餠), 도병(搗餠), 마마병(媽媽餠), 면병(麪餠), 모란병(牧丹餠), 무교병(無酵餠), 방험병(防險餠)[733], 백병(白餠;흰떡), 백합병(百合

731) 병기(兵器): 병기고(庫), 병기창(廠), 병기학(學); 핵병기(核), 화학병기(化學).

732) 빨병: 먹는 물을 넣어 가지고 다니는 병같이 생긴 그릇.

ㅂ

餠), 복희병(福喜餠;소를 넣고 고물을 묻힌 인절미), 사병(梭餠;북떡), 산병(散餠)[734], 산삼병(山蔘餠), 상자병(橡子餠), 상화병(霜花餠), 색병(色餠), 석탄병(惜呑餠)[735], 소유병(素油餠), 송병(松餠;송편), 송기병(松肌餠), 송자병(松子餠), 송풍병(松風餠), 수밀병(酥蜜餠), 시병(柿餠;감편), 앵도병(櫻桃餠), 양수집병(兩手執餠), 옹산화병(甕算畵餠;실속이 없음), 원소병(元宵餠), 월병(月餠;달떡), 잡과병(雜果餠), 적구지병(適口之餠;입에 맞는 떡), 전병(煎餠;부꾸미)[차전병], 절병(切餠), 제병(祭餠), 주병(酒餠), 진감병(眞甘餠;찰수수로 만든 떡의 하나), 차산병(散餠), 차전병(煎餠), 창포병(菖蒲餠), 초염병(椒鹽餠), 타락병(駝酪餠), 태병(苔餠), 토련병(土蓮餠;토란가루로 빚은 송편), 풍소병(風消餠), 함밀병(餡蜜餠;시루떡의 한 가지), 혈병(血餠;응고된 피), 혼돈병(餛飩餠), 화병(火餠), 화병(畵餠), 황정병(黃精餠) 들.

병(竝/倂) '아우르다. 나란히 하다. 함께 하다'를 뜻하는 말. ¶병거(竝居), 병거(竝擧), 병견(竝肩), 병결(倂結), 병겸(倂兼),병과(倂科;동시에 둘 이상의 형벌에 처하는 일)/주의(主義), 병기(竝起;한꺼번에 일어남), 병기(倂記;함께 적음), 병독(倂讀), 병력(竝力), 병렬(竝列;여럿이 나란히 벌여 섬), 병료(倂料), 병립(竝立;나란히 섬), 병발(竝/倂發;두 가지 이상의 일이 한꺼번에 일어남), 병서(竝書)[각자병서(各字), 합용병서(合用)], 병류(竝流), 병립(竝立), 병발(竝/倂發), 병살/타(倂殺/打), 병설(倂/竝設;함께 설치함), 병수(竝垂), 병용(竝/倂用;아울러 같이 씀), 병유(竝有), 병작(竝作;배메기)[병작농(農), 병작인(人)], 병제(竝製;보통으로 만든 물품), 병존(竝存), 병진(竝進;함께 나란히 나아감), 병창(竝唱;가야금 따위를 연주하면서 노래하는 일), 병치(竝/倂置;둘 이상의 것을 같은 자리에 두거나 나란히 설치함), 병칭(竝稱;나란히 일컬음), 병탄(竝/倂呑;남의 주권이나 영토를 강제로 아울러서 제 것으로 삼음), 병합(倂合)[병합설(說); 경합적병합(競合的), 선택적병합(選擇的)], 병행(竝行)[736], 병흥(竝興); 겸병(兼倂), 합병증(合倂症), 합병하다(合倂) 들.

병(屛) ①'가리다 · 가림막[병풍(屛風)]'을 뜻하는 말. ¶병간(屛間), 병면(屛面), 병문(屛門), 병장(屛帳), 병풍(屛風)[병풍바위, 병풍석(石), 병풍차(次;병풍을 꾸밀 그림이나 글씨), 병풍틀; 머릿병풍, 불병풍(화로에 바람을 막기 위해 치는 병풍)]; 곡병(曲屛;머릿병풍. 가리개), 모란병(牧丹屛), 문병(門屛), 산수병(山水屛), 소병(素屛), 수병(繡屛), 연병(硯屛), 옥병(玉屛), 운모병(雲母屛), 제병(祭屛), 채병(彩屛), 취병(翠屛), 침병(枕屛), 허병(虛屛), 화병(畵屛). ②'숨죽이다. 물리치다. 물러나다'를 뜻하는 말. ¶병거(屛去;물리쳐 버림), 병거(屛居;사회에 나가지 아니하고 집에만 들어앉아 있음), 병기(屛氣), 병복(屛伏;세상을 피하여 숨어서 삶), 병식(屛息), 병어(屛語;소곤대는 말), 병적(屛迹), 병출(屛黜) 들.

병(柄) '자루. 손잡이'를 뜻하는 말. ¶과병(果柄), 권병(權柄), 대병(大柄;큰 권력), 두병(斗柄), 무병(無柄), 배병(胚柄), 신병(身柄), 엽병(葉柄), 유병(有柄), 장병엽(長柄葉), 정병(政柄;政權), 파병(欛柄), 화병(花柄;꽃자루) 들.

병(丙) 십간(十干)의 셋째. 세 번째. ¶병과(丙科), 병방(丙方), 병자년(丙子年), 병야(丙夜) 들.

병(秉) '잡다'를 뜻하는 말. ¶병권(秉權;권력을 잡음), 병법(秉法), 병촉(秉燭), 병축(秉軸), 병필지임(秉筆之任) 들.

병(迸) '달아나다'를 뜻하는 말. ¶병산(迸散), 병출(迸出), 병출암(迸出巖); 분병(奔迸).

병아리 ①아직 다 자라지 못한 어린 닭.[〈비육(병아리소리)]. ¶병아리 우장(雨裝) 쓰다. 병아리 눈물만큼(매우 적은 양). 병아리기르기, 병아리오줌(정신이 희미하고 고리타분한 사람), 병아리우리, 병아리장; 가린병아리[감별추(鑑別雛)], 갓병아리(이제 막 깬 병아리), 논병아리(되강오리), 서리병아리[737], 솜병아리(갓병아리), 수평아리, 암평아리, 약병아리(藥), 중병아리(中), 풋병아리, 햇병아리. ②신체나 재능, 학문, 기술 따위가 충분히 발달하지 못한 사람을 비유적으로 이르는 말. ¶병아리 기자. 병아리 배우.

병어 병엇과의 바닷물고기. ¶병어젓, 병어조림, 병어주둥이(입이 매우 작은 사람), 병어지짐이.

병창 선박의 칸막이 나무.

볕 해가 내리쬐는 뜨거운 기운. 햇볕(태양열). ¶볕이 잘 들다. '볕'은 따뜻하고 '빛'은 밝으며, '볕'은 쬐고 '빛'은 쐬는 것이다. 볕기(氣;햇볕의 기운), 볕내(볕이 풍기는 냄새), 볕뉘[738], 볕들다(볕이 비치어 들어오다), 볕말림, 볕바라기(양달에서 볕을 쬐는 일), 볕바램, 볕바르게(변변하게. 거리낌 없이 드러내 놓고), 볕바르다(볕이 바로 비치어 밝고 따뜻하다), 볕받이(양달), 볕발, 볕살, 볕색(色), 볕소금(천일염)/밭; 가을볕, 낮볕(대낮에 쬐는 햇볕), 돋을볕[739], 뙤약볕[740]/땡볕, 봄볕, 불볕/더위, 석양볕(夕陽), 여우볕[741], 저녁볕, 하룻볕, 햇볕 들.

보¹ 칸과 칸 사이의 두 기둥을 건너지르는 나무. ¶보를 얹다/ 올리다. 보도리, 보목(대들보가 기둥에 얹히는 부분), 보받이돌(보 밑에 되는 돌), 보뺄목(기둥을 뚫고 나온 들보 머리 끝), 보아지[742], 봇장(들보)[원봇장(原)], 봇줄[743]; 공보(空;벽을 치지 않은 곳에 얹

---

733) 방험병(防險餠): 밤 · 대추 · 호두 · 곶감의 살을 짓찧어서 두껍게 조각을 내어 볕에 말린 음식. 피난 때나 구황(救荒)에 씀.

734) 산병(散餠): 흰떡을 개피떡 비슷이 반달 모양으로 빚어 소를 넣되, 썩 잘게 만들고 각색 물감을 들여 서너 개씩을 붙인 떡. ¶차산병(찹쌀가루로 만든 산병).

735) 석탄병(惜呑餠): 단단한 감을 저며 말려서 쌀가루, 잣가루, 계핏가루, 대추 따위를 넣고 버무려 켜마다 팥을 뿌려 찐 떡.

736) 병행(竝行): 둘 이상의 사물이 나란히 감. 둘 이상의 일을 한꺼번에 함. ¶병행되다/하다, 병행론(論), 병행맥(脈;나란히맥), 병행본위제(本位制), 병행불패(不悖), 병행적(的), 병행조(調), 병행편집(編輯); 은위병행(恩威;은혜와 위엄을 아울러 베풂).

737) 서리병아리: ①이른 가을에 깬 병아리. ②힘없이 추레한 것을 이르는 말.

738) 볕뉘: ①구름 사이를 뚫고 비치는 약한 햇볕. ②그늘진 곳에 미치는 햇볕의 기운. ③다른 사람으로부터 받는 보살핌이나 보호. ¶조상의 볕뉘. 구름 낀 볕뉘도 쬔 적이 없건마는.

739) 돋을볕: 아침에 해가 솟아오를 때의 햇볕. ¶돋을볕을 맞이하기 위하여 아침 일찍 일어나 토함산을 부지런히 올랐다.

740) 뙤약볕: 되게 내리쬐는 뜨거운 볕. ¶한여름에 내리쬐는 뙤약볕.

741) 여우볕: 궂은 날 잠깐 들었다 사라지는 볕.

742) 보아지: ①작은 집에서 들보 구실을 하는 나무. ②기둥머리에 끼워 보의 짜임새를 보강하는 짧은 부재(部材).[←보+아지(작은 것)].

743) 봇줄: 마소에 써레, 쟁기 따위를 매는 줄.

는 들보), 꼬리보(한쪽 끝이 휘어서 도리에 닿는 보), 내다지보(내민보. 돌출보), 들보[대들보(大;큰 들보. 집안이나 나라를 이끌어 가는 주요한 사람)], 떠릿보(대청 위의 큰 보), 마룻보, 맞보, 받침보, 베개보[744], 벽보(壁), 보강보(補强;덧대어서 더 든든하게 하는 보), 연속보(連續;세 곳 이상에서 버틴 보), 오량보(五梁), 월간보(越間;칸과 칸 사이에 얹는 보), 장보(長), 정자보(丁字), 중종보(中宗;대들보 위에 이중으로 놓은 보), 지붕보, 툇보(退), 홍예보(虹霓) 들.

보² 웅담(熊膽)이나 저담(猪膽;돼지쓸개) 따위를 세는 단위. ¶웅담 한 보.

-보 몇몇 명사나 용언의 어간/어근 뒤에 붙어 '그 특성을 지나치게 지니거나 몹시 즐기는 사람'을 뜻하는 말. ¶간살보[745], 겁보(怯), 고림보[746], 곰보, 꾀보, 놋보[747], 느림보, 늘보, 담보(膽), 딸보[748], 땅딸보, 떡보, 떼보, 뚱보, 뚱뚱보, 마음보, 말보, 먹보, 술보, 심술보(心術), 약보, 억보(억지가 센 사람), 얽보, 욕심보(慾心), 울보, 잠보, 잡보(雜), 졸보, 째보, 쫄딱보, 천보(賤;비천한 본새나 버릇), 코보, 탁보(濁)[749], 털보 들.

보(報) '갚다. 알리다'를 뜻하는 말. ¶보고(報告)[750], 보과(報果;한 일의 보람 또는 한 일에 대한 결과), 보구(報仇;앙갚음), 보국(報國;나라의 은혜에 보답함)[진충보국(盡忠)], 보답(報答;남의 은혜나 호의를 갚음), 보덕(報德;남의 은덕을 갚음), 보도(報道)[751], 보독(報毒), 보로금(報勞金)[752], 보복(報服), 보복(報復;앙갚음)[보복관세(關稅), 보복능력(能力), 보복책(策)], 보본(報本;追遠報本), 보빙(報聘;답례로 외국을 방문하는 일), 보사(報謝;은혜를 갚고 사례함), 보상(報償)[753], 보수(報酬;품삯)[754], 보수(報讐/讎;앙갚음), 보시(報時), 보신(報身), 보영(報營), 보원(報怨), 보은(報恩;은혜를 갚음), 보응(報應;선악이 인과에 따라 대갚음을 받음), 보장(報狀), 보장금(報奬金), 보지(報知), 보채(報債), 보하다, 보환(報還), 보훈(報勳); 경보(警報), 계보(季報), 공보(公報)[공보원(院), 공보처(處)], 과보(果報), 관보(官報), 교보(郊報), 국보(局報), 귀보(鬼報), 귀보(貴報), 급보(急報), 기보(旣報), 길보(吉報), 낭보(朗報), 내보(內報), 내보(來報), 논보(論報), 누보(屢報), 답보(答報), 당보(塘報), 당보(黨報), 대자보(大字報), 만보(瞞報), 무보(誣報), 민보(民報), 밀보(密報), 방보(防報), 벽보(壁報), 변보(變報), 변보(邊報), 별보(別報), 본보(本報), 부보(訃報), 비보(飛報), 비보(秘報), 비보(悲報), 사보(私報), 사보(社報), 사내보(社內報), 삼보(三報)[순현보(順現報), 순생보(順生報), 순후보(順後報)], 상보(商報), 상보(詳報), 선보(善報), 세보(細報), 속보(速報), 속보(續報), 순보(旬報), 숭보(崇報), 승보(勝報), 승전보(勝戰報), 시보(時報), 신보(申報), 신보(新報), 악보(惡報), 약보(略報), 업보(業報), 연보(年報), 예보(豫報), 오보(誤報), 외보(外報), 월보(月報), 응보(應報), 인과응보(因果應報), 일반지보(一飯之報), 일보(日報), 작보(昨報), 잡보(雜報), 재보(再報), 적보(的報), 전보(電報), 전보(戰報), 전보(轉報), 정보(正報), 정보(情報), 제보(提報), 죄보(罪報;죄업에 대한 응보), 주보(週報), 주의보(注意報)[기상주의보(氣象)], 첩보(捷報), 첩보(牒報), 첩보(諜報), 치보(馳報), 쾌보(快報), 타보(打報), 탈보(頉報), 탐보(探報), 통과보(通過報), 통보(通報)[기상통보(氣象), 합격통보(合格)], 특보(特報)[기상특보(氣象), 뉴스특보], 패보(敗報), 학보(學報), 허보(虛報), 현보(現報), 홍보(弘報), 화보(畵報), 확보(確報), 회보(回報), 회보(會報), 후보(後報), 휘보(彙報), 흉보(凶報) 들.

보(補) ①'보태다. 메우다. 돕다. 깁다. 관직에 임명함'을 뜻하는 말. ¶보 서무과장. 보가(補家), 보각(補角), 보각본(補刻本), 보간법(補間法), 보강/하다(補强), 보강(補講), 보결(補缺)[보결생(生), 보결선거(選擧)], 보계(補階;대청 앞에 잇대어 만든 자리), 보고(補考), 보공(補空;빈 곳을 채워서 메움), 보과습유(補過拾遺), 보교판(補橋板), 보궐(補闕), 보극(補極), 보급(補給)[755], 보기(補氣;기를 돋움), 보도(補/輔導), 보력(補力), 보본(補本), 보부족(補不足), 보비(덧거름)/력(補肥/力), 보비(補備), 보비(補裨;보태어 도움), 보비위(補脾胃;남의 비위를 잘 맞추어 줌), 보사(補瀉), 보살(補殺), 보상(補償)[756], 보색(補色)[보색대비(對比), 보색잔상(殘像), 보색적응(適應)], 보선(補選), 보선(補繕;보충하여 고침), 보속(補贖), 보수(補修;손질하여 고침)[보수공사(工事), 보수교육(敎育), 보수비

744) 베개보: 충보 또는 지붕보를 가로로 받치는 보.

745) 간살보: 간사스럽게 아양을 잘 떠는 사람.

746) 고림보: ①늘 앓는 사람. ②마음이 옹졸하고 하는 짓이 고린 사람.

747) 놋보: 사람됨이 천하고 더러운 사람.

748) 딸보: ①속이 좁고 너그럽지 못한 사람. ②키도 작고 몸집도 작은 사람.

749) 탁보(濁): ①성격이 흐리터분한 사람. ②분수를 모르는 사람. ③막걸리를 몹시 좋아하는 사람.

750) 보고(報告): 일에 관한 내용이나 결과를 말이나 글로 알림. ¶보고를 드리다/ 받다. 경과를 보고하다. 보고대회(大會), 보고되다/하다, 보고문(文), 보고문학(文學), 보고서(書), 보고증서(證書), 보고회(會); 결과보고(結果), 결산보고(決算), 구두보고(口頭), 긴급보고(緊急), 상황보고(狀況), 서면보고(書面), 실태보고(實態), 조사보고(調査), 학사보고(學事), 학술보고(學術), 현지보고(現地), 현황보고(現況).

751) 보도(報道): 대중 전달 매체를 통하여 일반 사람들에게 새로운 소식을 알림. 또는 그 소식. ¶신문 보도를 읽다. 보도관제(官制), 보도기관(機關), 보도기사(記事), 보도되다/하다, 보도망(網), 보도사진(寫眞), 보도성(性), 보도원(員), 보도진(陣); 현지보도(現地).

752) 보로금(報勞金): 남의 물건을 주워 주인에게 돌려 준 사람이, 그 물건의 주인에게 청구할 수 있는 보수.

753) 보상(報償): ①남에게 진 빚 또는 받은 물건을 갚음. ¶빌린 돈의 보상이 어렵게 되었다. ②어떤 것에 대한 대가로 갚음. ¶노고에 대한 보상을 받다. 나는 보상을 바라고 당신을 도와준 것이 아니다. 그는 사건을 묵인하는 보상으로 거액을 받았다. 어머니에게는 아들의 성공이 그동안 겪은 고생에 대한 보상이었다. 보상계약(契約), 보상되다/하다, 보상금(金), 보상비(比;어떤 장치나 체계의 연가 보수비를 그 가격으로 나눈 비), 보상제(制).

754) 보수(報酬): ①고마움에 보답함. ②노동이나 노력의 대가로 주는 돈이나 물품. 삯. 임금(賃金). ¶사람은 누구나 일한 만큼의 정당한 보수를 받아야 한다. 일당치고는 보수가 괜찮다. 보수금(金); 무보수(無).

755) 보급(補給): 물자나 자금 따위를 계속 대어줌. ¶식량 보급. 보급계(係), 보급관(官), 보급기지(基地), 보급되다/하다, 보급량(量), 보급로(路), 보급망(網), 보급선(線), 보급소(所), 보급수(水), 보급자(者), 보급창(廠), 보급품(品); 공중보급(空中).

756) 보상(補償): ①남에게 끼친 손해를 갚음. 국가나 단체가 적법한 행위에 의하여 국민이나 주민에게 가한 재산상의 손실을 갚아주기 위하여 제공하는 대상(代償). ¶피해 보상. 경제적 손실을 보상하다. 보상가격(價格), 보상관계(關係), 보상금(金), 보상되다/하다, 보상반도체(半導體), 보상법(法), 보상성비대(性肥大), 보상액(額), 보상책임(責任), 보상청구권(請求權), 보상회로(回路); 국가보상(國家), 요양보상(療養), 재해보상(災害), 형사보상/법(刑事-法). ②신체적으로나 정신적으로 열등함을 의식할 때, 다른 측면의 일을 잘 해냄으로써 그것을 보충하려는 마음의 작용. 대상(代償). ¶보상심리(心理), 보상작용(作用), 보상행동(行動),

(費)], 보습(補習), 보식(補植), 보신(補身), 보신(補腎), 보약(補藥), 보양(補陽), 보어(補語), 보완(補完)[[보완관계(關係), 보완되다/하다, 보완세(稅), 보완재(材)], 보외(補外), 보용(補用), 보원(補元), 보유(補遺), 보음(補陰), 보익(補益), 보임(補任), 보재(補材), 보전(補塡;부족한 부분을 보태어 채움)[보전이자(利子), 보전투자(投資)], 보전(補箋), 보정/예산(補正/豫算), 보정/진자(補整/振子), 보제(補劑), 보조(補助)[757], 보족(補足), 보좌(補佐)[보좌관(官), 보좌인(人)], 보주(補註), 보직(補職), 보집합(補集合), 보처(補處), 보처자(補妻子), 보철(補綴), 보첨(補添), 보청기(補聽器), 보체(補體), 보총(補聰), 보충(補充)[758], 보칙(補則), 보탄(補綻;터진 곳을 기움), 보태(補胎), 보토(補土), 보파(補播), 보판(補板), 보폐(補弊), 보필(補筆), 보하다1,2[759], 보해(補害), 보허탕(補虛湯), 보혈(補血), 보회(補回), 보후(補後); 겸보(兼補), 미보(彌補;꾸려서 보충함), 비보(裨補), 산보(刪補), 상보(相補)[상보관계(關係), 상보성(性), 상보적(的); 공죄상보(功罪)], 선보(繕補;고치고 기움), 수보(修補), 시보(試補), 식보(食補), 쌍보(雙補), 약보(藥補), 연보/금(捐補/金), 완보(完補), 육보(肉補), 욱보[760], 음보(蔭補), 전보(塡補), 전보(轉補), 증보(增補), 첨보(添補), 특보(特補), 환보(還補), 후보(候補)[후보생(生), 후보자(者), 후보작(作), 후보지(地)]. ②관직 또는 직급을 나타내는 일부 명사 뒤에 붙어 '그 직의 보좌관'의 뜻을 더하는 말. ¶기능사보(技能士補), 검사보(檢事補), 서기보(書記補), 연구사보(研究士補), 주사보(主事補), 차관보(次官補), 촬영보(撮影補), 학장보(學長補) 들.

보(步) '걷다'를 뜻하는 말. 걸음을 세는 말. ¶1보 후퇴 2보 전진. 다섯 보를 걷다. 보교(步轎), 보군(步軍), 보기(步騎), 보도(步度), 보도(步道), 보무(步武), 보발(步撥), 보법(步法), 보병(步兵), 보사(步射), 보삼(步衫), 보석(步石;디딤돌), 보섭(步涉;길을 걷고 물을 건넘), 보수(步數)1,2, 보수계(步數計), 보요(步搖;떨잠), 보일보(步一步), 보조(步調)[공동보조(共同], 보졸(步卒), 보종(步從), 보첩(步屧;내치어 걷는 걸음), 보초(步哨)[보초막(幕), 보초망(網), 보초병(兵), 보초선(線)], 보측(步測), 보태(步態), 보폭(步幅), 보합(步合;어떤 수량의 다른 수량에 대한 비율)[보합고(高), 보합산(算)], 보행(步行)[보행기(器), 보행인(人), 보행자(者); 직립보행(直立)]; 거보(巨步), 건보(健步), 경보(競步), 경보(頃步), 계보기(計步器), 곤보(困步), 구보(驅步), 국보(國步;나라의 운명), 규보(跬步;반 걸음 정도의 가까운 거리), 급보(急步), 답보(踏步), 도보(徒步), 독보(獨步), 만보(漫步), 반보(半步), 방보(放步), 산보(散步), 상보(相補)[상보성(性), 상보적(的)], 서보(徐步), 속보(速步), 습보(習步), 습보(襲步), 신보(神步), 아보(雅步), 양보(讓步), 연보(蓮步), 옥보(玉步), 완보(緩步), 우보(牛步), 웅보(雄步), 음보(音步), 이보(移步), 일보(一步)[진일보(進)], 정보(町步), 지보(地步), 진보(進步), 진일보(進一步), 질보(疾步), 척보(隻步), 천보(天步), 초보(初步), 촌보(寸步), 추보(推步), 측보/기(測步/器), 취보(醉步), 칠보재(七步才), 퇴보(退步), 평보(平步), 한보(閒步), 행보(行步), 활보하다(闊步), 회보(回步), 횡보(橫步) 들.

보(寶) '보배. 돈. 임금이나 부처에 관한 사물'을 뜻하는 말. ¶보감(寶鑑), 보개(寶蓋), 보검(寶劍), 보경(寶鏡), 보고(寶庫), 보관(寶冠), 보기(寶器), 보도(寶刀), 보란(寶欄), 보람유(寶藍釉), 보력(寶歷), 보련(寶輦), 보령(寶齡;임금의 나이를 높여 부르는 말. 寶算), 보록(寶錄), 보록(寶籙), 보루(寶樓), 보륜(寶輪), 보물(寶物)[보물섬, 보물찾기], 보병(寶甁), 보사(寶砂/沙), 보산(寶算;寶齡), 보상화(寶相華), 보새(寶璽), 보생불(寶生佛), 보석(寶石)[보석반지(斑指), 보석상(商); 홍보석(紅;루비)], 보안(寶案), 보여(寶輿), 보옥(寶玉)[장중보옥(掌中)], 보위(寶位), 보은(寶銀), 보장(寶藏), 보재(寶財;寶物), 보전(寶典), 보조(寶祚), 보좌(寶座), 보주(寶珠;보배로운 구슬. 여의주), 보천(寶釧), 보체(寶體;귀중한 몸), 보타(寶唾), 보탑(寶塔), 보탑(寶榻), 보혈(寶血), 보화(寶貨;寶物), 보화(寶華;보옥으로 장식한 존귀한 꽃); 가보(家寶), 경보(輕寶), 곤보(袞寶), 구보(狗寶), 국보(國寶), 귀보(貴寶), 금보(金寶), 금은보패(金銀寶貝), 대보(大寶), 명보(名寶), 무가보(無價寶), 법보(法寶), 불보(佛寶), 비보(秘寶), 사보(四寶;붓·먹·종이·벼루), 사보(私寶), 삼보(三寶), 상보(象寶), 새보(璽寶), 승보(僧寶), 시보(諡寶), 안보(安寶), 어보(御寶), 여보(女寶), 여의주보(如意珠寶), 영보(靈寶), 오보(五寶;금·은·진주·산호·호박), 옥보(玉寶), 위보(偉寶), 윤보(輪寶), 중보(重寶), 지보(至寶), 책보(冊寶), 칠보(七寶), 통보(通寶) 들.

보(保) '지키다. 맡다·책임지다'를 뜻하는 말. ¶보가(保家), 보갱(保坑), 보건(保健)[761], 보고(保辜), 보관(保管)[762], 보국(保國), 보균/자(保菌/者), 보두다(보증인이 되다. 보증인을 세우다), 보류(保留;뒤로 미루어 둠)[보류하다; 공소보류(公訴)], 보린/사업(保隣/事業), 보명(保命), 보명주(保命酒), 보모(保姆;보육에 종사하는 여자 직원), 보무타려(保無他慮), 보비력(保肥力), 보서다(보증을 서다), 보석(保釋)[763], 보선/공(保線/工), 보세(保稅;관세의 부과를 이루는 일)/품(品), 보속음(保續音), 보수(保囚), 보수(保守)[764], 보수(保授), 보승지(保勝地), 보신(保身)[보신술(術), 보신책(策)], 보안(保安)[765], 보안/경(保眼/鏡), 보양(保養)[보양도시(都市), 보

757) 보조(補助): 보태어 도움. 주되는 것에 상대하여 거들거나 도움. ¶국가에서 보조를 받다. 보조 수단. 보조개념(概念), 보조관념(觀念), 보조광선(光線), 보조금(金), 보조기관(汽罐), 보조기관(機關), 보조비(費), 보조역(役), 보조원(員), 보조익(翼), 보조인(人), 보조재(材), 보조적(的), 보조하다, 보조항(港), 보조화폐(貨幣), 보조효소(酵素).

758) 보충(補充): 모자라게 된 것을 채움. 보전(補塡). ¶결원을 보충하다. 보충권(權), 보충대(隊), 보충병(兵), 보충수업(授業), 보충신문(訊問), 보충역(役), 보충적(的), 보충판결(判決), 보충하다(보태다. 채우다).

759) 보하다1: 어떤 직무를 맡아보게 하다. ¶기획 부장에 보하다. 보하다2: 영양분이 많은 음식이나 보약을 먹어서 원기(元氣)를 돕다.

760) 욱보(補): 약을 먹여 몸을 우쩍 보함.

761) 보건(保健): 건강을 온전하게 잘 지킴. ¶보건경찰(警察), 보건교육(教育), 보건림(林), 보건비(費), 보건소(所), 보건식량(食糧), 보건원(員), 보건지대(地帶), 보건체조(體操), 보건행정(行政); 공중보건(公衆), 모자보건(母子), 정신보건(精神).

762) 보관(保管): 물건을 맡아서 간직하고 관리함. ¶보관이 편리하다. 보관에 주의하다. 보관되다/하다, 보관계약(契約), 보관공탁(供託), 보관료(料), 보관림(林), 보관물(物), 보관비(費), 보관소(所), 보관신탁(信託), 보관인(人), 보관자(者), 보관증(證), 보관창고(倉庫), 보관처(處), 보관청(廳), 보관함(函); 공동보관(共同), 냉동보관(冷凍), 영구보관(永久).

763) 보석(保釋): 일정한 보증금을 내게 하고 구류중인 미결수를 석방하는 일. ¶보석보증금/보석금(保證金); 직권보석(職權), 청구보석(請求).

764) 보수(保守): 오랜 습관·제도·방법 들을 소중히 여겨 그대로 지킴.↔진보(進步). 혁신(革新). ¶보수당(黨), 보수적(的), 보수주의(主義), 보수파(派).

765) 보안(保安): 안전을 유지함. ¶비밀 정보의 보안. 보안거리(距離), 보안경

양식(食), 보양지(地)], 보온(保溫)[보온병(甁), 보온성(性), 보온재(材)], 보우(保佑), 보위(保衛), 보유(保有)[보유고(高), 보유량(量), 보유수(水)], 보유(保維;보존하여 유지함), 보유(補遺;빠진 것을 보태어 채움), 보육(保育)[보육기(器), 보육원(院)], 보자력(保磁力), 보장(保障)[766], 보전(保全)[767], 보존(保存)[768], 보중하다(保重)[769], 보증(保證)[770], 보지(保持), 보체(保體), 보판(保版), 보포(保布), 보하다, 보합(保合;시세가 변동 없이 그대로 계속되는 일)[보합세(勢); 강보합(强), 약보합(弱)], 보험(保險)[771], 보호(保護)[772]; 군보/포(軍保/布), 난보(難保), 담보(擔保), 사보(師保), 안보(安保), 엇보(맞보증), 유보(留保), 인보(隣保), 입보(立保), 지보(支保), 현보(懸保), 확보(確保) 들.

보(譜) '차례를 지어 계통 있게 적다'를 뜻하는 말. ¶보곡(譜曲), 보록(譜錄), 보면(譜面), 보법(譜法), 보소(譜所), 보적(譜籍), 보첩(譜牒), 보청(譜廳), 보표(譜表)[큰보표], 보학(譜學); 가보(家譜), 건설보(建設譜), 계보(系譜), 곡보(曲譜), 금보(琴譜), 기보(棋/碁譜), 대동보(大同譜), 도보(圖譜), 만성보(萬姓譜), 무보(舞譜), 무용보(舞踊譜), 물보(物譜), 박보(博譜;장기 두는 법을 풀이한 책), 본보(本譜), 부보(部譜), 세보(世譜), 승보(僧譜), 신보(新譜), 씨보(氏譜), 아악보(雅樂譜), 악보(樂譜), 암보(暗譜), 약보(略譜), 양악보(洋樂譜), 어보(魚譜), 연보(年譜), 오선보(五線譜), 원보(原譜), 육보(肉譜), 음보(音譜), 인보(印譜), 자보(字譜), 재보(財寶), 재물보(才物譜), 정간보(井間譜), 족보(族譜), 채보(採譜), 총보(總譜), 파보(波譜), 팔세보(八世譜), 표보(標譜), 할보(割譜), 합자보(合字譜), 향악보(鄕樂譜), 호보(號譜), 화보(花譜), 화보(畵譜), 황족보(皇族譜;황족의 족보) 들.

보(褓) ①물건을 싸거나 씌워 덮기 위해 네모지게 만든 천. ¶책상을 흰 보로 덮다. 보그물, 보따리[773], 보찜만두/보만두(褓饅頭), 보부상(褓負商), 보상(褓商;봇짐장수), 보쌈[1,2], 보쌈김치/쌈김치, 보쌈질[774], 보자(褓子), 보자기(물건을 싸는 보)[밥보자기, 책보자기(冊)], 봇짐(등에 지기 위하여 보자기에 싸서 꾸린 짐)[봇짐장사, 봇짐장수; 길봇짐, 괴나리봇짐, 단봇짐(單)], 보찜만두(饅頭), 보퉁이(물건을 보자기에 싼 덩어리); 강보(襁褓), 독보(櫝褓), 들보[775], 떡보, 밥보, 베보, 벽장보(壁欌褓), 비단보(緋緞褓), 사성보(四星褓), 상보(床褓), 식탁보(食卓褓), 신주보(神主褓), 약보(藥褓), 옷보, 울음보, 웃음보, 유보(油褓), 이불보, 인문보(印紋褓), 조각보, 책보(冊褓), 책상보(冊床褓), 청보(靑褓), 탁보(卓褓), 함보(函褓), 합보(合褓), 혼서지보(婚書紙褓), 홍보(洪褓), 횃댓보(횃대에 걸어 놓은 옷을 덮는 보자기). ②가위바위보에서 손을 펴서 내민 것. ¶보를 내다.

보(輔) '돕다'를 뜻하는 말. ¶보거상의(輔車相依), 보국(輔國)[보국대(隊), 보국안민(安民)], 보군(輔君), 보도(輔/補導)[직업보도(職業)], 보상(輔相), 보익(輔翊/輔翼), 보인(輔仁), 보조(輔助), 보좌(輔佐), 보필(輔弼;모심. 도움)/하다; 공보(公輔), 공보지기(公輔之器;재상이 될 만한 인물), 광보(匡輔), 내보(內輔), 사보(四輔), 익보(翼輔), 현보(賢輔), 협보(挾輔;붙들어 보좌함) 들.

보(洑) 논에 물을 대기 위하여 둑을 쌓고 냇물을 가두어 두는 곳. ¶보가 터지다. 보꼬리(↔봇머리), 보내기, 봇논(봇물을 대고 농사를 짓는 논), 봇도랑/봇돌, 봇둑/길, 보동(洑垌;봇둑), 봇둑, 보막

찰(警察), 보안관(官), 보안규정(規程), 보안등(燈), 보안림(林), 보안명령(命令), 보안법(法), 보안부대(部隊), 보안장치(裝置), 보안처분(處分).

766) 보장(保障): 잘못되는 일이 없도록 보증함. ¶인권 보장. 보장구(具), 보장국(國), 보장급(給), 보장되다/하다, 보장자(者), 보장점령(占領), 보장조약(條約), 보장조처(措處), 보장책(策); 사회보장(社會), 신분보장(保障), 안전보장(安全), 의료보장(醫療), 집단안전보장(集團安全).

767) 보전(保全): 온전하도록 보호함. ¶보전에 힘쓰다. 국토 개발과 보전. 보전되다/하다, 보전명령(命令), 보전소(素), 보전소송(訴訟), 보전집행(執行), 보전처분(處分), 보전회사(會社); 농지보전(農地), 영토보전(領土), 자리보전(병석에 누움).

768) 보존(保存): 원상을 잘 유지함. ¶보존과학(科學), 보존되다/하다, 보존등기(登記), 보존력(力), 보존료(料), 보존림(林), 보존법(法), 보존비(費), 보존수역(水域), 보존식품(食品), 보존재산(財産), 보존적(的), 보존제(劑), 보존함(函), 보존행위(行爲), 보존혈액(血液); 자가보존(自家), 자기보존(自己), 자연보존(自然), 종족보존본능(種族保存本能).

769) 보중하다(保重): 건강이나 안전을 위하여 몸을 아끼다. ¶옥체(玉體)를 보중하소서. 보체(寶體;귀중한 몸) 더욱 보중하옵소서.

770) 보증(保證): 어떤 사물이나 사람에 대하여 책임지고 틀림이 없음을 증명함. ¶보증계약(契約), 보증금(金), 보증기간(期間), 보증대부(貸付), 보증되다/하다, 보증보험(保險), 보증사채(社債), 보증서(書), 보증수표(手票), 보증인(人), 보증인도(引渡), 보증인수(引受), 보증주(株), 보증준비(準備), 보증채권(債權), 보증채무(債務), 보증책임(責任); 공동보증(共同), 뒷보증[양도뒷보증(讓渡)], 맞보증, 배당보증(配當), 빚보증, 상사보증(商事), 신용보증(信用), 신원보증(身元), 연대보증(連帶), 재정보증/인(財政/人), 지급보증(支給).

771) 보험(保險): 사망 · 화재 등 뜻하지 않은 사고에 대비하여, 미리 일정한 보험료를 내게 하고 사고가 일어났을 때 일정한 보험금을 주어 그 손해를 보상하는 제도. ¶보험을 들다. 보험가격(價格), 보험감독원(監督院), 보험계약/자(契約/者), 보험금(金), 보험기간(期間), 보험단체(團體), 보험대차(貸借), 보험료(料), 보험법(法), 보험부(附;보험에 들어 있음), 보험사고(事故), 보험사업(事業)/보험업, 보험신탁(信託), 보험액(額), 보험약관(約款), 보험원가(原價), 보험원리(原理), 보험의(醫), 보험자(者), 보험중개인(仲介人), 보험증권(證券), 보험증서(證書), 보험학(學), 보험회사(會社); 가계보험(加計), 가정복지보험(家庭福祉), 강제보험(强制), 건강보험(健康), 공영보험(公營), 교육보험(教育), 노동보험(勞動), 단체보험(團體), 도난보험(盜難), 물적보험(物的)/물보험(物), 배당부보험(配當附), 보증보험(保險), 부동산보험(不動産), 부/정액보험(不/定額), 사보험(私), 사망보험(死亡), 사업보험(事業), 사회보험(社會), 산업재해보상보험/산재보험(産災), 상해보험(傷害), 상호보험(相互), 생명보험(生命), 생존보험(生存), 선박보험(船舶), 손해보험(損害), 신용보험(信用), 실업보험(失業), 약체보험(弱體), 양로보험(養老), 연금보험(年金), 연불보험(年拂), 예금보험(預金), 운송보험(運送), 원보험(原), 의료보험(醫療), 인보험(人), 임의보험(任意), 자가보험(自家), 자금보험(資金), 자동차보험(自動車), 잡종보험(雜種), 재보험(再), 재해보험(災害), 저축보험(貯蓄), 적화보험(積貨), 종신보험(終身), 질병보험(疾病), 피보험(被)[피보험물(物), 피보험자(者)], 학자보험(學資), 항공보험(航空), 항해보험(航海), 해상보험(海上), 화물보험(貨物), 화재보험(火災)[삼림화재보험(山林火災)].

772) 보호(保護): 위험 따위로부터 약한 것을 잘 돌보아 지킴. ¶어린이 보호구역. 보호감호/소(監護/所), 보호계전기(繼電器), 보호관(管), 보호관세/율(關稅/率), 보호구(區), 보호구속(拘束), 보호구역(區域), 보호국(國), 보호근로자/노동자(勤勞者/勞動者), 보호금(金), 보호금품(金品), 보호기관(器官), 보호대(帶), 보호되다/하다, 보호령(領), 보호림(林), 보호무역(貿易), 보호색(色), 보호석(席), 보호수(樹), 보호수면(水面), 보호자(者), 보호정치(政治), 보호조(鳥), 보호조약(條約), 보호조치(措置), 보호주의(主義), 보호책(策), 보호처분(處分); 갱생보호/법(更生保護/法), 과잉보호(過剩)/과보호(過), 교정보호(矯正), 산림보호(山林), 신변보호(身邊), 아동보호(兒童), 의료보호(醫療), 자연보호(自然).

773) 보따리: 물건을 보자기에 싼 뭉치. 또는 그것을 세는 말. ¶보따리를 싸다. 보따리장사/꾼, 보따리장수; 고생보따리(苦生), 돈보따리, 옷보따리, 울음보따리, 웃음보따리, 짐보따리.

774) 보쌈질(褓): 다림질할 옷을 물에 축인 보에 싸서 눅눅하게 하는 일.

775) 들보: 남자의 자지나 똥구멍에 병이 생겼을 때 샅에 차는 헝겊.

이, 봇머리(봇물이 흘러나오는 어귀), 봇목(보의 물목), 봇물(보에서 흘러나오는 물), 봇살(봇물의 물살), 보수세(洑水稅), 보싸움, 봇일, 보주(洑主); 말보[776], 민보(民洑) 들.

보(堡) 적을 막기 위하여 돌 · 흙 · 콘크리트 따위로 튼튼하게 쌓은 구축물. 가장 튼튼한 발판. ¶보를 쌓다. 자유 세계의 보. 보루(堡壘;진지. 어떤 일을 하기 위한 튼튼한 발판), 보빙(堡氷), 보수병(堡守兵), 보채(堡砦), 보초(堡礁); 교두보(橋頭堡), 민보(民堡), 석보(石堡), 성보(城堡), 엄보(掩堡), 진보(鎭堡), 해보(海堡) 들.

보(普) '넓다. 널리 · 두루'를 뜻하는 말. ¶보급(普及)[777], 보동공양(普同供養), 보세(普世), 보시(普施;은혜를 널리 베풂), 보천(普天), 보청(普請), 보통(普通)[778], 보편(普遍)[779], 보현(普現), 보현(普賢) 들.

보(甫) 지난날 평교간이나 손아랫사람을 부를 때 성 또는 이름 밑에 쓰던 말. ¶김 보.

보(黼) '흰 실과 검은 실로 도끼 모양의 무늬를 수(繡)놓은 임금의 예복'을 뜻하는 말. ¶보불(黼黻).

보각 ①술 따위가 괼 때에 거품이 생기면서 나는 소리. 〈큰〉부걱. ¶보각 물거품이 올라오는 소리가 나다. 보각 · 부걱거리다/대다. 보각보각/하다. ②속이 상하거나 증오심과 같은 격한 마음이 끓어오르는 모양.

보개 돌을 다듬는 데 쓰는 마치 모양의 연장.

보고 주로 사람과 관련된 체언에 붙어, 그 말이 작용의 대상이 됨을 나타내는 보조사. §구어적인 표현으로 '보러'로도 쓰임.≒더러. 에게. ¶나보고/보러 가란 말이냐? 너보고 그런 참견하라더냐? 누구보고 하는 소린지 모르겠다.[←보(다)+고].

보구치 민어과의 바닷물고기.

보굿 ①굵은 나무의 두껍고 비늘같이 생긴 껍데기. ¶보굿 속에는 벌레 알이 가득하였다. 보굿딱지(보굿의 조각), 보굿질(質;보굿을 이루는 물질), 보굿켜(겉껍질 안쪽의 껍질); 솔보굿(소나무의 껍질), 보껍질[780]. ②그물의 벼릿줄에 듬성듬성 매달아 그물이 뜨게 하는 참나무 껍질이나 가벼운 물건. 뜸. 부표(浮漂). §'보굿'이 물에 잘 뜨기 때문에 부표로 쓰임.

보글 ①적은 양의 액체가 작은 그릇 속에서 세게 끓는 소리나 모양. ¶찌개가 보글보글 끓다. 보그그[781], 보그르르[782]. ②거품이 한꺼번에 일어나는 모양이나 소리. 보글보글 거품을 뿜어 올리다. ③안타까운 마음이 가슴 속에서 뒤설레는 모양. ¶가슴이 보글보글 끓다. 보글 · 부글 · 뽀글 · 뿌글거리다/대다, 보글보글/하다. 〈큰〉부글.

보금-자리 새가 알을 낳거나 깃들이는 둥지. 지내기가 매우 포근하고 아늑한 곳.[〈보곰자리]. ¶보금자리를 치다. 행복과 사랑의 보금자리.

보깨(다) ①먹은 것이 소화가 잘 안 되어 뱃속이 답답하고 거북하게 느껴지다. ¶급히 먹었더니 속이 보깬다. 뒤보깨다(몹시 보깨다). ②일이 되지 아니하여 마음이 번거롭게 자꾸 쓰이다.[←볶(다)+애+다]. ¶일이 보깨어 정신이 없다.

보꾸 사금판에서, 물목을 거친 물을 흘려보내기 위하여 친 도랑. ¶요동보꾸(搖動;철광석을 흔들어 씻는 홈통).

보꾹¹ 지붕의 안쪽의 겉면, 곧 더그매(지붕 밑과 천장 사이의 빈 공간)의 천장. ¶서까래가 갈빗대처럼 드러난 보꾹. 보꾹에 주줄이 매달린 약봉지.

보꾹² 물레의 위쪽에 중심대가 닿아서 생기는 마찰을 줄이려고 씌우는 사기그릇.

보내(다) ①사람이나 물건을 다른 곳으로 가게 하다. 결혼하게 하다. 시간이나 세월을 지나가게 하다. 자기 뜻을 전하기 위하여 어떤 동작이나 표정을 짓다. ¶소포를 보내다. 물을 흘려보내다. 장가를 보내다, 추파를 보내다. 날려보내다, 내려보내다, 내보내다, 돌려보내다, 들여보내다, 떠나보내다, 흘려보내다. ②일부 동사의 어미 '-아/어' 아래 쓰이어, '시간이나 세월을 지나가게 하다. 그런 상태가 되게 하다'의 뜻을 나타내는 말. ¶한여름을 내내 놀고 보내다.

보늬 밤이나 도토리 따위의 속에 있는 얇은 껍질. ¶밤의 보늬를 벗기다.

보(다) ①시각으로 사물의 모양을 알거나 감상하다. 치르거나 겪다. 판단하거나 평가하다. ¶하늘을 보다. 시험을 보다. 잔치를 보다. 값을 반도 안 보다. 만만히 보다. 결말을 보다. 여보게, 나 좀 보세. 보기[보기글, 보기표(表); 겉보기, 돋보기, 돌보기, 돌아보기, 듣보기장사, 맛보기, 맞보기, 멀리보기, 바로보기, 바투보기, 반보기, 본보기(本), 손보기, 수평보기, 숫보기[783], 어릿보기, 자리보기, 찾아보기, 풀보기, 흑보기[784]], 보나마나(보지 않더라도 틀림없이), 보니다(자세히 보다), 보다못해(더 참을 수가 없어서),

776) 말보: 평소에 말이 없던 사람이 그침 없이 하는 말.

777) 보급(普及): 널리 펴서 많은 사람들에게 골고루 미치게 하여 누리게 함. ¶휴대폰이 널리 보급되다. 기술 개발과 보급. 보급되다/하다, 보급소(所), 보급자(者), 보급판(版).

778) 보통(普通): 보통개념(槪念), 보통거래(去來), 보통경찰(警察), 보통교육(教育), 보통내기, 보통명사(名詞), 보통법(法), 보통선거(選擧), 보통세(稅), 보통예금(預金), 보통우편(郵便), 보통은행(銀行), 보통작물(作物), 보통재산(財産), 보통주(株).

779) 보편(普遍↔特殊): 두루 널리 미침. 모든 것에 공통되거나 들어맞음. ¶보편으로 쓰는 말. 보편개념(槪念;일반개념), 보편논쟁(論爭), 보편론(論), 보편문법(文法), 보편상수(常數), 보편성(性), 보편의지(意志), 보편적(的), 보편종(種), 보편주의(主義), 보편타당/성(妥當/性), 보편학(學), 보편화/되다/하다(化).

780) 보껍질: 활의 고자 따위를 꾸밀 때에 쓰는 벚나무 껍질.

781) 보그그: ①적은 양의 액체가 비교적 좁은 범위에서 갑자기 빠르게 끓어오를 때 나는 소리. 또는 그 모양. ¶주전자의 물이 보그그 끓다. ②작은 거품이 갑자기 빠르게 일어날 때 나는 소리. 또는 그 모양. ¶거품이 보그그 일어나다. 〈큰〉부그그.

782) 보그르르: ①적은 양의 물 따위가 끓어오르는 모양. 또는 그 소리. ②잔 거품이 한꺼번에 일어나는 모양. 또는 그 소리.=보그르. 〈큰〉부그르르. 〈센〉뽀그르르. 〈큰 · 센〉뿌그르르.

783) 숫보기: ①순진하고 어수룩한 사람. ¶그 사람은 보기보다 숫보기더군. ②숫총각이나 숫색시.

784) 흑보기: 눈동자가 한쪽으로만 몰려 늘 흘기어 보는 사람.

보라장기(將棋)[785], 보매(언뜻 보기에. 겉으로 보기에), 보배우다(보고 배우다), 보살피다[786], 보아란듯이, 보아주다(원조하다. 후원하다), 보아하니/봐하니, 보아한들(살펴본다고 한들), 보암보암[787], 보이다(보게 하다. 눈에 뜨이다)/뵈다, 보암직하다(볼 만하다), 보일락말락, 보임말[제시어(提示語)], 보임새, 보잘것없다[788], 본데[789]/있다/없다, 본숭만숭[790]/하다, 본척만척·본체만체/하다, 본치[791], 볼꼴[792], 볼꾼(구경꾼), 볼눈(무엇을 바라보거나 쳐다보는 눈), 볼땀스럽다[793], 볼만장만[794]/하다, 볼만하다[795], 볼맛(볼멋), 볼모양(模樣;겉으로 드러나 보이는 형태), 볼수록, 볼썽[796], 볼일(하여야 하는 일. 하고자 하는 바), 볼장(치러야 할 일), 볼장다보다(일이 다 틀려 버리다. 일이 아주 끝장이 나다), 보임새[외관(外觀)], 볼작시면(본다고 할 것 같으면), 볼장(해야 할 일이나 하고자 하는 바), 볼품[797], 봄, 봄봄이[798], 뵈다[799], 뵈옵다/뵙다[800]; 가늠보다, 가려보다(무엇을 분간하여 알아보다)/보이다, 간보다, 갈겨보다(아니꼽고 미운 마음으로 쏘아보다), 갈마보다(양쪽을 번갈아 보다), 거들떠보다(아는 체하거나 관심 있게 보다. 치뜨고 바라보다), 거들보다(눈을 치뜨다), 거봐라/거봐[←그것보아/라], 건너다보다/건너보다, 겉보기, 겉보매(겉으로 드러나는 모양새), 교정보다(校正), 굽어보다, 깐보다[801], 깔보다[802], 끝장보다(끝장이 나는 것을 보다), 나지리보다, 낮보다, 낮추보다, 내다보다/보이다, 내려다보다/보이다, 내립떠보다, 내보다, 넘보다, 넘겨다보다, 넘어다보다, 노려보다, 눈여겨보다, 눈치보다, 눌러보다[803], 덧보이다, 도두보다/보이다/뵈다, 돋보기, 돋보다/보이다, 돌라·둘러보다, 돌려보다, 돌아보다, 돌이켜보다, 두길마보기[804]/두길보기, 듣보다, 둘러보다, 뒤보다¹,²[805], 들여다보다/보이다, 떠보다[806], 뜯어보다(자세히 살피다), 띠어보다(눈에 슬쩍 뜨이는 잠깐 동안 여겨보다), 마주보다, 말보다(업신여기어 깔보다), 맛보다, 망보다(望), 맞바라보다, 맞보다, 맥보다(脈), 면보다(面;체면을 차리다), 몰라보다, 바라다보다, 바라보다/보이다, 반보다(半), 발보이다/뵈다, 본보다/보기(本), 빗보다(잘못 보다), 살펴보다, 상보다/보이다/뵈다(相), 새보다, 생기보다(生氣), 선보다/보이다, 솟보다[807], 수보다(數), 스쳐보다, 쏘아보다, 알아보다, 얕보다, 어릿보기/눈, 얼보다/보이다, 엎쳐뵈다(구차하게 남에게 머리를 숙이다), 여겨보다(눈에 익혀 자세히 보다), 여보, 여보게, 여보세요, 여보시게, 여보시오, 여보십시오/여봅시오, 여봐라, 여봐란듯이, 염보다(簾), 엿보다/보이다, 올려다보다, 욕보다/보이다(辱), 우러러보다, 졸보기/눈[근시/안(近視/眼)], 준보다(準;교정 보다), 지나쳐보다, 지르보다(치올려 보다), 지켜보다, 찾아보기, 찾아보다, 쳐다보다, 치보다(올려보다), 칩떠보다, 톺아보다, 패보다(敗), 풀보기[808], 헛보다/보이다, 횡보다(橫;잘못 보다), 훑어보다, 훔쳐보다, 흘겨보다, 흘러보다(남의 속을 슬그머니 떠보다), 흉보다. ☞ 시(視). 시(示). 람(覽). ②맡아서 보살피거나 다루다. ¶아이를 보다. 집을 보다. 돌보다[809], 맡아보다, 손보다, 일보다. ③자손을 낳거나 며느리·사위를 들이다(≒얻다). 어떤 결과나 관계를 맺다. ¶손자를 보다. 며느리를 보다. 결말을 보다. 합의를 보다. 뉘보다(자손의 덕을 보다). ④똥·오줌을 누다. ¶대변보다(大便), 뒤보다²(대변보다), 소마보다, 소변보다(小便), 소피보다(所避). ⑤음식상을 차리다. ¶밥상을 보다. 상보다(床). ⑥사거나 팔려고 장에 가다. ¶장을 보다. 영보다(令;약령을 보다), 장보다(場;물건을 사거나 팔다). ⑦동사의 어미 '-아/어, -고' 아래 쓰이어, '시험 삼아 함. 어떤 행동을 스스로 겪음'을 나타냄. ¶두드려 보다. 생각해 보다. 들어 보다. 겪어 보다. 일단 가고 보다. 섬에 가 보다. ⑧'짐작이나 막연한 자기 의향'을 나타내는 보조 용언. ¶다리를 저는가 보다. 오늘이 더 더운가 보다. 사람이 많았나 보다. 여기서 살까 보다. 추운가 보다.

785) 보라장기: 들여다보기만 하고 빨리 두지 아니하는 장기.
786) 보살피다: 정성을 기울여 보호하며 돕다. 돌보아 주다. 이리저리 보아서 살피다.≒가꾸다. 돌보다. 거추하다. 〈높〉모시다. ¶보살핌(감독. 뒷바라지).
787) 보암: 이모저모 살펴보아 짐작할 만한 겉모양. ¶그 사람에 관해서 보암보암 말해 보시오. 보암직하다(볼만하다).
788) 보잘것없다: 볼 만한 값어치가 없다. 하찮다. 보잘것(볼만한 가치).
789) 본데: 보고 배운 예의 범절·솜씨·지식.≒교양(敎養). 됨됨이. ¶본데가 있는 사람이다. 본데없이 자라서 예절을 모른다. 본데없다(보아서 배운 범절이나 지식이 없다)/없이.
790) 본숭만숭: 관심이 없이 건성으로 대하는 모양. ¶보고도 본숭만숭하다.
791) 본치: 남의 눈에 뜨이는 태도나 겉모양.
792) 볼꼴: 남의 눈에 비치는 겉모양. ¶볼꼴이 말이 아니다. 볼꼴사납다. 볼꼴 좋다(꼴이 보기에 흉하다).
793) 볼땀스럽다: 보기에 탐스럽고 시원시원하다. ¶바구니에는 부추며 열무가 볼땀스럽게 담겨 있다.
794) 볼만장만: 보기만 하고 간섭하지 아니하는 모양. ¶볼만장만 듣고만 있다. 볼만장만하다.
795) 볼만하다: ①보기만 하고 시비를 가리거나 참견하지 아니하다. ②구경거리가 될 만하다. ¶볼만한 풍경. ③보고 얻을 것이 많거나 또는 볼 가치가 있다. ¶학생들에게 볼만한 책을 추천해 주었다.
796) 볼썽: 남에게 보이는 체면이나 예모.[←보(다)+ㄹ+상(相)]. ¶볼썽사납다, 볼썽없다/없이; 남볼썽.
797) 볼품: 겉으로 드러나 보이는 볼 만한 모습. ¶볼품사납다. 볼품없다/없이.
798) 봄봄이: 눈에 보이는 겉 차림새. ¶그는 봄봄이부터가 별나 사람들의 시선을 끈다.
799) 뵈다: ①'보이다'의 준말. ②웃어른을 대하여 보다.
800) 뵙다: 웃어른을 대하다.[←보+이+옵+다]. 공손한 말은 '뵈옵다'이고 낮춤말은 '뵙잡다'. ¶아버님을 뵙다.
801) 깐보다: 어떤 형편이나 기회에 대하여 속을 떠보다(마음속으로 가늠하다). ¶깐보아 사람을 대하다.
802) 깔보다: 남을 업신여겨 우습게 보다. 얕잡아 보다.
803) 눌러보다: 탓하지 않고 너그럽게 보다. ¶아직 서툴지만 눌러보아 주십시오.

보다 ①체언 아래에 붙어, 둘을 비교할 때 쓰는 부사격 조사. ¶돌보다 쇠가 더 단단하다. 에게-보다, 에서-보다, 으로서-보다, 으로써-보다. §용언의 활용형에 결합하기도 함. ¶피곤해서(라기)보다 귀찮아서 안 간다. 강의가 재미없기보다 너무 어렵다. ②한층 더. ¶보다 높은 이상. 보다 잘살기 위한 노력.

보데기 몸에 털이 많이 난 사람. ¶보데기 영감.

보도 건축에서, 동그란 구멍을 뚫는 연장.

804) 두길마보기: 일을 할 때, 두 군데에 마음을 두고 유리한 쪽을 살피는 짓.
805) 뒤보다¹: 착각으로 잘못 보다. ¶내가 사람을 뒤보는 모양이다. 뒤보다²: 뒤에서 돌보아 주다. 남의 뒤를 보호하다. ¶고아들을 뒤보아주다.
806) 떠보다: ①저울로 무게를 달아 보다. ②사람의 능력이다 지식의 정도를 은근한 방법으로 알아보다. ③남의 속마음을 넌지시 알아보다. ¶마음을 떠보다.
807) 솟보다: 물건을 잘못 보고 비싸게 사다.
808) 풀보기: 신부(新婦)가 혼인한 며칠 뒤에 시부모를 뵈러 가는 예식.
809) 돌보다: 관심을 가지고 보살피다. 뒤를 보살펴 주다. 도와주다. ¶아기를 돌보다. 어려운 학생을 돌보다. 살림을 돌보다.

보독 물기가 있는 물건의 거죽이 거의 말라 약간 뻣뻣하게 굳어진 모양. 〈큰〉부둑. 〈센〉뽀독/보도독. 〈큰·센〉뿌둑/뿌드득. ¶빨래가 보독보독 마르다. 보독·뽀독·부둑·뿌둑하다, 보독보독/하다.

보동 통통하게 살이 찌고 보드라운 모양. 〈큰〉부동. 〈거〉포동[810]. ¶살이 보동보동 오른 아이. 보동되다(길이가 짧고 가로 퍼지어 있다. 키가 작달막하고 통통하다), 보동·부둥하다(퉁퉁하게 살이 찌고 부드럽다), 보동보동·부둥부둥·포동포동·푸둥푸둥·비둥비둥/하다(≒통통하다.↔홀쭉하다), 부둥깃[811], 부둥팥(여물기는 하였으나 덜 마른 팥).

보드기 크게 자라지 못하고 마디가 많은 어린 나무. ¶보득솔/보드기솔(어린 소나무).

보드등 ①단단하고 매끄럽거나 반드러운 작은 물건을 세게 문지를 때 가볍게 울리며 나는 소리. ②피륙 따위의 질긴 물건이 찢어지거나 터질 때 가볍게 울리며 나는 소리. 〈큰〉부드등. 〈센〉뽀드등.

보들 살갗에 닿는 느낌이 매우 보드라운 모양. 〈큰〉부들. ¶보들보들 잘 다듬어진 살결. 보드랍다·부드럽다[812], 보드레·부드레하다, 보들보들·부들부들/하다, 보들녹진·부들눅진하다(촉감이 부드러우며 누긋하고도 끈끈하다), 부들솜(매우 잘고 부드러운 솜), 부들털(융털돌기); 달보드레·들부드레하다(약간 달큼하다), 살보드랍다(태도가 매우 보드랍다), 숙부드럽다[813], 후부드럽다(성질이 매우 부드럽다), 홀·훌보드르르하다/홀·훌보들하다, 훌부들하다[814]. ☞ 유(柔). 연(軟).

보듬(다) 사람이나 동물을 가슴에 붙도록 안다. ¶어머니가 아기를 보듬어 안고 젖을 먹인다. 오랜만에 만나 보듬고 눈물을 흘렸다.

보라¹ 남빛과 자줏빛이 섞인 빛(보랏빛).[←boro〈몽〉]. ¶보라매(그해에 난 새끼를 길들여서 사냥에 쓰는 매), 보라머리동이(머리에 보랏빛의 종이를 붙여서 만든 연), 보랏빛, 보라색(色), 보라섬게, 보라인(燐), 보라초(꼭지 외에 전체가 보랏빛으로 된 연), 보라치마, 보라탈(보랏빛의 탈), 보라털(홍조류의 바닷말); 넘보라/살, 양보라(洋), 연보라(軟), 열보라(비교적 흰빛을 띤 보라매), 지치보라(도라지꽃의 빛깔과 같은 보라), 진보라(津) 들.

보라² 쇠로 쐐기처럼 크게 만든 연장. 장작 따위를 팰 때에, 도끼로 찍어 벌어진 자리에 박고서 내리치어 나무를 쉽게 쪼개는 데 씀. ¶보라를 박으며 통나무를 패다.

보라³ 잘게 부스러지거나 한꺼번에 많이 가루처럼 흩어지는 것이나 그 상태. ¶세차게 흘러내리던 물이 바위에 부딪치면서 무지갯빛의 보라를 만들었다. 꽃이 바람에 날려 보라를 이룬다. 보라바람[815]; 꽃보라[816], 눈보라, 물보라, 별보라(밤하늘에 많은 별들이 깔려 있음), 불보라(흩날리는 불꽃), 비보라, 빛보라[광선(光線)], 은보라(銀:은빛처럼 반짝이는 물보라 따위를 이르는 말).

보람 ①한 일에 대하여 돌아오는 좋은 결과. 그로 인한 만족감.≒자랑. 긍지(矜持). 성금①. ¶보람을 느끼다. 보람되다, 보람차다, 보랏지다[817]. ②조금 드러나 보이는 표적. ¶보람이 뵈다. 보람이 남아 있다. ③잊지 않기 위하여, 또는 구별이 되게 하기 위하여 해 두는 표. ¶보람을 두어 잊지 않게 하다. 보람줄[818], 보람판(板:看板), 보람표(標:옷의 크기나 값을 적어 매단 쪽지), 보람하다(표시하다).

보래 통나무를 베어 넘기는 데 쓰는 쐐기 모양의 기구.

보료 솜이나 짐승의 털 따위로 속을 두껍게 넣고 천으로 겉을 싸서 선을 두르고 곱게 꾸며, 앉는 자리에 늘 깔아두는 요. ¶보료를 깔다. 보료방석(方席).

보르르 ①몸집이 작은 것이 가볍게 떠는 모양. ¶강아지가 몸을 보르르 떨다. ②좁은 그릇에서 물이 끓어오르는 모양. 또는 그 소리. ¶주전자의 물이 보르르 끓다. ③얇고 잘 마른 것이 타오르는 모양. ¶낙엽이 보르르 타오르다. 불이 보르르 붙다. 보르륵[819]. ④털이 가늘고 보드라운 모양. ¶털이 보르르 나다. 보르르하다. 〈큰〉부르르. 〈거〉포르르.

보름 열다섯 날 동안. ¶보름게, 보름께, 보름나물, 보름날, 보름달, 보름떡, 보름밤, 보름사리(음력 보름날의 사리. 보름 무렵에 잡힌 조기), 보름새(피륙의 날의 15새), 보름새기, 보름차례(茶禮), 보름치[820]; 대보름/날(大), 선보름(先), 정월보름(正月), 후보름(後). ☞ 망(望).

보리¹ 볏과의 한해살이 또는 두해살이의 재배 식물. 대맥(大麥). ¶보릿가루, 보릿가리, 보릿가을(보리때), 보리감주(甘酒), 보리개떡, 보릿거름(보리밭에 넣을 거름), 보릿겨, 보릿고개[821], 보리고추장(醬), 보리곱삶이(보리밥), 보릿국(보리 순으로 끓인 된장국), 보리굴비, 보리까락(보리의 낟알 겉껍질에 붙은 수염 또는 동강), 보리깜부기, 보리논, 보리농사(農事), 보리누룩, 보리누름(보리가 누렇게 익는 철), 보릿대/춤, 보릿동(보릿고개를 넘기는 동안), 보리동지(同知)[822], 보리된장(醬), 보리등겨, 보리떡, 보리막걸리, 보리밟기, 보리밥, 보리방아, 보리밭, 보리범벅, 보리붙이, 보리뿌리점(占), 보리소주(燒酒), 보리수단(水團), 보리수제비, 보리술, 보리숭늉, 보리싹, 보리쌀, 보리알, 보리이삭, 보릿자루(보리를

810) 포동: 통통하게 살이 올라 있는 모양. 〈큰〉푸둥. ¶포동포동 젖살이 쪘다. 포동포동/하다, 옴포동하다(어린아이가 살이 올라 보드랍고 통통하다), 옴포동이같다(←옴/오목+포/포동+이+같다).

811) 부둥깃: 갓난 날짐승 새끼의 다 자라지 못한 약한 깃.

812) 부드럽다: ①거칠거나 딱딱하지 않고 무르고 매끈매끈하다.≒매끄럽다. ¶살결이 부드럽다. 밀가루가 아주 부드럽다(곱다). ②사람 됨됨이나 마음씨가 곱고 순하며 붙임성이 있다. ¶마음씨가 부드럽다.

813) 숙부드럽다: ①몸가짐이나 마음씨가 얌전하고 부드럽다.≒곱다. 점잖다. 참하다. ¶숙부드러운 태도. ②물건이 노글노글하고 부드럽다. ¶숙부드러운 가죽 구두.

814) 훌부들하다: 몹시 피곤해서 축 처지다.

815) 보라바람: 높은 고원에서 갑자기 산 밑으로 불어 내리는 차갑고 센 바람.

816) 꽃보라: 축하할 때 뿌리는 작은 색종이.

817) 보랏지다: 보람이 많다. ¶힘들기는 했어도 참 보랏진 한 해였다.

818) 보람줄: 읽던 곳을 표시해 두기 위하여 책갈피에 장치해 둔 줄(끈).

819) 보르륵: 얇은 종이나 나뭇가지 따위가 빠르게 타 버리는 모양. 〈큰〉부르륵. ¶종이가 보르륵 타오르다. 지푸라기가 부르륵 타다.

820) 보름치: ①음력 보름께 비나 눈이 오는 날씨. ②보름 동안 충당할 분량.

821) 보릿고개: 농촌의 식량 사정이 어려운 때.

822) 보리동지: ①곡식을 바치고 벼슬을 얻은 사람을 조롱하여 이르는 말. ②조금 둔하고 숫된 사람.

넣은 자루), 보리장(醬), 보릿재(보리밭에 낼 재거름), 보리저녁(해가 지기 전의 이른 저녁-저녁 보리를 불릴 무렵), 보리죽(粥), 보릿짚/모자(帽子), 보리차(茶), 보리타작/하다(打作), 보리풀, 보리피리; 가을보리, 겉보리, 깔끄랑·껄끄렁보리, 날보리, 납작보리, 논보리, 늘보리823), 늦보리, 독보리(毒), 물퉁보리824), 밀보리, 밭보리, 봄보리, 쇠보리, 쌀보리, 올보리, 통보리, 풋보리, 햇보리. §'보리'는 '법식도 없이 아무렇게나 하는. 서투른'을 뜻하는 접두어. ¶보리바둑, 보리수(手), 보리윷, 보리장기(將棋). ☞ 맥(麥).

보리² 불교 최고의 이상인 불타 정각(正覺)의 지혜. 정각의 지혜를 얻기 위하여 닦는 도.[←菩提←Bodhi〈범〉]. ¶보리강(講), 보리도량(道場), 보리문(門), 보리사(寺), 보리살타/보살(菩薩), 보리성(聲;염불하는 소리), 보리수(樹), 보리심(心), 보리자(子;보리수의 열매)/염주(念珠); 상구보리(上求;보살이 스스로를 위하여 보리의 지혜를 구하고 닦는 일.↔下化衆生) 들.

보무라지 종이·헝겊·실 따위의 잔 부스러기. 〈준〉보물. ¶실보무라지(실의 부스러기).

보미¹ 입쌀이나 좁쌀에 물을 충분히 붓고 푹 끓여 체에 걸러 낸 걸쭉한 음식.=미음(米飮).

보미² 금속의 표면에 생긴 산화물. 녹(綠).[〈보믜다(녹슬다)]. ¶보미 끼었던 것이 확 벗어지다.

보배 아주 귀하고 소중한 물건. 아주 귀중한 사람.[←보패(寶貝)]. ¶어린이는 나라의 보배다. 가훈을 보배로 여기다. 보배롭다, 보배로이, 보배손(손재간이 좋아 매우 익숙한 일솜씨), 보배스럽다.

보법 품격과 법도(法度).

보비리 아주 아니꼽게 느껴질 정도로 다랍게 인색한 사람.

보비유 =추임새. ☞ 추다¹.

보사삭 마른 물건이 가볍게 부스러지는 소리.=바사삭825). 〈준〉보삭. 〈큰〉부서석. 〈센〉뽀사삭. ¶보사삭/보삭·부서석/부석거리다/대다, 보삭보삭·부석부석·포삭포삭·푸석푸석/하다1, 보삭·포삭·푸석하다826), 푸석돌, 푸석이827).

보살(菩薩) 위로 부처를 따르고 아래로 중생을 제도하는, 부처에 버금가는 성인. 나이 많은 여신도를 대접하여 이르는 말. 점쟁이. ¶보살감투828), 보살거사(居士), 보살계(戒), 보살도(道), 보살상(像), 보살승(乘), 보살승(僧), 보살신(身), 보살탑(塔), 보살할미(머리털을 깎지 않은 채 승복을 입고 절에서 불도를 닦는 늙은 여신도), 보살행(行), 보살형(形;보살처럼 온화한 얼굴); 가무보살(歌舞), 관세음보살/관음보살, 관자재보살(觀自在), 내전보살(內殿;알고도 모르는 체하고 가만히 있는 사람), 대보살(大;지덕이 뛰어난 보살), 동자보살(童子)829), 문수보살(文殊), 미륵보살, 보현보살(普賢), 불보살(佛), 산보살(보살처럼 덕이 높은 중), 아기보살(아기처럼 작은 보살), 월광보살(月光), 자씨보살(慈氏), 지장보살 들.

보송 ①잘 말라서 물기가 없는 모양. ¶수건이 보송보송 잘 말랐다. 보송하다830), 보송보송하다. ②얼굴이나 살결이 곱고 보드라운 모양. ¶얼굴은 보송보송 말끔하다. ③살이 부어오른 모양. ¶얼굴에 보송보송 부황기가 있다. 〈큰〉부숭부숭. 〈센〉뽀송뽀송.

보숭이 시루떡의 켜 사이에 넣거나 찰떡에 묻히거나 떡소에 쓰는 재료.=고물. ¶깨보숭이, 떡보숭이, 얼음보숭이, 차조기보숭이831), 콩보숭이(콩가루), 팥보숭이 들.

보슬보슬¹ 덩이를 이룬 가루 따위가 물기가 적어서 잘 엉기지 못하는 모양. 〈큰〉부슬부슬.=부실부실. 〈거〉포슬포슬. 푸슬푸슬.=푸슴푸슴832). ¶보슬보슬 마른 팥고물. 보실보실¹833).

보슬보슬² 눈이나 비가 가늘고 성기게 조용히 내리는 모양. 〈큰〉부슬부슬834).=부실부실. [+내리다]. ¶봄비가 보슬보슬 내린다. 보슬보슬·부슬부슬·포슬포슬·푸슬푸슬, 보슬비·부슬비, 푸설835), 보실보실²836) 들.

보습 쟁기의 술바닥에 맞추어 땅을 갈아 흙덩이를 일으키는 데에 쓰는, 삽 모양의 쇳조각. 〈옛〉보. ¶보습고지837)(보습귀퉁이. 거리의 모퉁이), 보습날, 보습밥(보습날에서 올라오는 흙밥), 보밭(보습으로 갈 수 있는 경사가 급하지 않은 밭), 보습뼈(콧마루를 이루는 뼈), 보습살(소의 볼기에 보습 모양으로 붙은 고기), 보잡이(쟁기질을 하는 사람), 보습장(모습 모양의 세모로 된 암키와), 보쟁기(보습을 낀 쟁기), 봇줄(마소에 쟁기 따위를 매는 줄), 보탑(쟁기의 손잡이); 돌보습(돌로 만든 보습) 들.

보시 자비심으로 남에게 조건 없이 베풂. 신도들이 절에 올리는 돈이나 물품.[←포시(布施)]. ¶보싯돈, 보시섭(攝), 보시쌀, 보시하다(베풀다); 살보시, 재보시(財;중이나 가난한 사람에게 재물을 주는 일), 재보시(齋).

---

823) 늘보리: 이삭의 모양이 네모진 보리.=네모보리.

824) 물퉁보리: 채 여물지 않았거나 마르지 않아 물기가 많은 보리.

825) 바사삭: 〈준〉바삭. ¶바사삭·빠사삭·버서석·파사삭거리다/대다/하다, 바사삭바사삭/하다, 바삭바삭/하다 들.

826) 포삭하다: 부피만 있고 바탕이 거칠어서 부스러지기 쉽다.

827) 푸석이: ①부스러지기 쉬운 물건. ②옹골차지 못하고 아주 무르게 생긴 사람.

828) 보살감투: ①돼지통집에 붙은 고기 조각의 한 부위. ②잣의 속껍질 안에 있어 대가리에 씌워져 있는, 꺼풀의 한 부분.

829) 동자보살(童子): ①사내아이의 죽은 귀신. ②사람의 두 어깨에 있다는 귀신. 동자부처.

830) 보송하다: 물기가 없고 보드랍다. 솜털과 같이 작고 보드라운 것이 돋아 있다. 〈센〉뽀송하다.

831) 차조기보숭이: 덜 여문 차조기 열매의 송이를 찹쌀 풀을 묻혀 말려서, 기름에 튀겨 만든 반찬.

832) 푸슴푸슴: 가루 따위가 물기가 적어서 잘 부서지는 모양. ¶눈발은 여전히 푸슴푸슴 빗겨 내리고 있었다.

833) 보실보실¹: 물건이 바짝 말라서 잘게 바스러지기가 쉽거나 잘 엉기지 아니하는 모양. 〈센〉뽀실뽀실. 〈거〉포실포실. 〈큰·거〉푸실푸실. ¶보실보실 흩어져 있는 팥고물. 땅이 가뭄으로 포실포실 마르다.

834) 부슬부슬: ①=보슬보슬. ②몇 줄기 연기가 성기게 피어오르는 모양. ¶굴뚝에서 연기가 부슬부슬 피어오르다. ③제각각 일어나거나 앉거나 가거나 하는 모양. ¶어깨를 늘어뜨리고 부슬부슬 걷다. ④흩어져 제멋대로 흔들리는 모양. ¶나뭇잎이 부슬부슬 흔들린다.

835) 푸설푸설: 눈 따위가 조금씩 흩날리듯이 내리는 모양. ¶푸설푸설.

836) 보실보실²: 눈이나 비가 가늘게 조금씩 내리는 모양.=보슬. 〈큰〉부실부실. 〈센〉뽀실뽀실. ¶봄비가 보실보실 내리다.

837) 보습고지: ①보습처럼 삐죽하게 생긴 논밭의 한 부분. ②거리의 모퉁이.

보시기 김치·깍두기 같은 반찬을 담는 작은 그릇. 〈준〉보. ¶보시기에 예쁘게 담은 여러 종류의 김치. 김칫보, 조칫보(김칫보보다 조금 크고 운두가 낮은, 조치를 담는 그릇); 차보시기(茶), 합보시기(盒:뚜껑이 있는 작은 사발) 들.

보시시 ①=살포시. ②가는 털, 솜털 따위가 짧고 보드랍게 나거나 꽤 흐트러져 있는 모양. 〈큰〉부시시. ¶솜털이 보시시 일어나다. 보시시하다.

보얗(다) 연기나 안개가 낀 것같이 선명하지 아니하고 희끄무레하다. 〈큰〉부옇다. 〈센〉뽀얗다.[〈보ᄒᆞㅣ다]. ¶책에 먼지가 보얗게 앉다. 보얘·부예·뽀얘·뿌예지다, 보유스레하다, 보유스름·부유스름·뽀유스름·뿌유스름하다, 보윳하다(좀 보유스름한 듯하다)·부윳하다, 부영이[838]; 새뽀얗다, 새뽀얘지다, 시뿌옇다, 시뿌예지다, 희부옇다 들.

보자기 바다 속에 들어가서 조개·미역 따위의 해물(海物)을 따는 일을 하는 사람. 해인(海人). 해녀(海女).

보쟁이(다) 부부가 아닌 남녀가 몰래 친밀한 관계를 계속 맺다. ¶그날 저녁에도 그 쪽에서 한사코 보쟁이려고 하였다.

보지 여자의 음부(陰部). 여근(女根).↔자지. ¶백보지(白), 밴대보지, 알보지, 어지자지(자웅 생식기를 겸해 가진 사람이나 동물).

보지락 비가 온 분량을 헤아리는 단위. 즉 빗물이 땅속에 스며들어간 깊이가 보습이 들어갈 만큼 된 정도. ¶오랜 가뭄 끝에 봄비가 한 보지락 내렸다.

보지지 ①물기 있는 물건이 뜨거운 열에 닿아 조금 급히 타거나 졸아붙는 소리. ¶풋고추를 보지지 졸이다. ②자디잔 땀 따위가 조금씩 살갗으로 매어 나오는 모양.=보지직/보직. ¶이마에 좁쌀알 같은 땀이 보지지 앉기 시작했다. 보질보질[839]. 〈큰〉부지지. 〈센〉뽀지지. 뽀지직/뽀직.

보짱 마음속에 품은 꿋꿋한 생각이나 요량(料量).≒배짱. ¶보짱이 세다. 보짱이 크다. 보짱이 다르다. 웅보(雄:웅대한 보짱).

보채(다) ①어린아이가 무엇을 해 달라고 울거나 심하게 조르다.≒떼쓰다. 칭얼거리다. ¶한참 보채던 아이가 엄마 품에서 잠이 들었다. 아기가 젖을 달라고 보채다. ②무엇을 해 달라고 성가시게 조르다.≒재촉하다. ¶허락을 해 달라고 보채다. 인형을 사 달라고 보채다. 보채이다.

보추 제힘으로 일을 해내겠다는 성질, 곧 진취성(進就性)이나 냅뜨는 성질.[+없다]. ¶보추 대가리는 한 푼도 없는 놈이로군. 보추때기, 보추없다(진취성이 없다).

보태(다) 모자라는 것을 더하여 채우다. 이미 있는 것에 더하여 더 많아지게 하다.≒더하다. 거들다. ¶학자금을 보태어 쓰다. 하나에 둘을 보태면 셋이다. 보태기(더하기. 덧셈), 보탬(보태어 주는 도움)/되다/하다, 보탬표(標:덧셈표); 덧보태다, 덧보탬/하다, 땅보탬 들.

복 참복과의 바닷물고기의 총칭. 하돈(河豚). 복(鰒). ¶복의 이 갈듯 한다. 복국, 복독(毒), 복어(魚)[복어알, 복어탕(湯), 복어튀김], 복의배[840], 복저냐, 복지리, 복찜, 복포(脯); 가시복, 검복, 메리복, 참복, 청복(靑), 황복(黃) 들.

복(服) ①'옷. 옷을 입다'를 뜻하는 말. ¶복띠(상복의 베띠), 복벗다, 복불재강(服不再降), 복상(服喪), 복색(服色), 복식(服飾), 복식(服食), 복인(服人;복재기), 복입다(복제를 입다), 복자리, 복장(服裝;옷차림), 복재기, 복제(服制), 복중(服中), 복지(服地), 복착(服着), 복치마(상복으로 입는 치마); 가정복(家庭服), 간색복(間色服), 간편복(簡便服), 강복(降服), 개량복(改良服), 개복(開服), 검도복(劍道服), 결혼복(結婚服), 경복(輕服), 경관복(警官服), 경복(輕服), 경찰복(警察服), 곤복(袞服), 공복(公服), 공복(功服), 관복(官服), 교복(校服), 교련복(敎鍊服), 구명복(救命服), 구장복(九章服), 군복(軍服), 국민복(國民服), 굿복(광부의 작업복), 궁전복(宮殿服), 궁중복(宮中服), 기년복(朞年服), 기밀복(氣密服), 기복(忌服), 기복(朞服), 기성복(旣成服), 길복(吉服), 나들이복, 나장복(羅將服), 남복(男服), 남성복(男性服), 내복(內服;속옷), 내화복(耐火服), 노동복(勞動服), 단문복(袒免服), 단체복(團體服), 담복(禫服), 대공복(大功服), 대례복(大禮服), 도복(道服), 동복(冬服), 등산복(登山服), 땀복(땀옷), 면복(冕服), 면복(綿服), 면복(緬服), 명복(命服), 무균복(無菌服), 무복(巫服), 무용복(舞踊服), 문수지복(紋繡之服), 미복(美服), 미복(微服;남루한 옷), 미복잠행(微服潛行), 민족복(民族服), 방독복(防毒服), 방설복(防雪服), 방수복(防水服), 방열복(放熱服), 방진복(防塵服), 방충복(防蟲服), 방탄복(防彈服), 방한복(防寒服), 방호복(防護服), 법복(法服), 변복(變服), 보복(報服), 부인복(婦人服), 비행복(飛行服), 사복(私服), 사복(嗣服), 사곤복(紗袞服), 사교복(社交服), 사무복(事務服), 상복(常服), 상복(喪服), 상복(殤服), 색복(色服), 석면복(石綿服), 성복(成服), 성복(盛服), 세일러복(sailor服), 소복(素服), 소독복(消毒服), 소례복(小禮服), 소방복(消防服), 소아복(小兒服), 속복(俗服), 수도복(修道服), 수병복(水兵服), 수술복(手術服), 수영복(水泳服), 숙녀복(淑女服), 스키복(ski服), 승복(僧服), 승마복(乘馬服), 승무복(僧舞服), 시마복(緦麻服), 시복(時服), 시사복(視事服), 신부복(神父服), 신사복(紳士服), 실내복(室內服), 실험복(實驗服), 아동복(兒童服), 야전복(野戰服), 야회복(夜會服), 약복(略服), 양복(洋服)[841], 어복(御服), 여복(女服), 여성복(女性服), 여아복(女兒服), 여압복(與壓服), 역복(易服), 연복(練服), 연미복(燕尾服), 연설복(燕褻服), 연제복(練祭服), 엽복(獵服), 예복(禮服), 예비군복(豫備軍服), 오복(五服), 온복(溫服), 외출복(外出服), 우주복(宇宙服), 운동복(運動服), 위생복(衛生服), 위장복(僞裝), 유도복(柔道服), 유복지친(有服之親), 유아복(乳兒服), 유행복(流行服), 육자복(六字服), 융복

838) 부영이: ①선명하지 아니한 부연 빛. ②털 빛깔이 부연 짐승. 또는 부연 빛깔의 물건.

839) 보질보질: ①작은 그릇에서 찌개 따위가 끓는 모양. ¶찌개가 보질보질 끓다. ②덥거나 일이 제대로 되지 않아 자디잔 땀이 나는 모양. ¶땀이 보질보질 솟다. 〈큰〉부질부질. 〈센〉뽀질뽀질. 〈큰·센〉뿌질뿌질.

840) 복의배: 복의 배같이 부르다는 뜻으로, '배가 똥똥한 사람'이나 '재산이 많은 사람'을 놀리는 말.

841) 양복(洋服): 양복감, 양복바지, 양복장(欌), 양복장이, 양복쟁이, 양복점(店), 양복지(地), 양복짜리.

(戎服), 의복(衣服), 의복(義服), 의례복(儀禮服), 인민복(人民服), 일복(작업복), 임신복(姙娠服), 작업복(作業服), 잠수복(潛水服), 재건복(再建服), 전복(戰服), 전투복(戰鬪服), 정복(正服), 제복(制服), 제복(祭服), 제대복(除隊服), 제식복(制式服), 조복(粗服), 조복(朝服), 죄수복(罪囚服), 주문복(注文服), 주복(珠服), 중복(重服), 지정복(指定服), 직복(職服), 직업복(職業服), 천담복(淺淡服), 철복(철에 맞는 옷), 체육복(體育服), 체조복(體操服), 최복(衰服), 추동복(秋冬服), 춘복(春服), 춘추복(春秋服), 출입복(出入服;나들이옷), 취사복(炊事服), 카키복(khaki服), 탁아복(託兒服), 탈복(脫服), 통상복(通常服), 특별복(特別服), 특수복(特殊服), 편복(便服), 평복(平服), 평상복(平常服), 피복(被服), 하복(夏服), 학생복(學生服), 한복(韓服), 호복(胡服), 혼례복(婚禮服), 화복(華服), 환자복(患者服), 활동복(活動服), 훈련복(訓練服), 휴양복(休養服), 흉복(凶服). ②'일하다. 따르다. 남의 것을 제 것으로 하다'를 뜻하는 말. ¶복마(服馬), 복무(服務)[842], 복사(服事), 복속(服屬), 복업(服業), 복역(服役), 복응(服膺;가르침 따위를 마음속에 깊이 간직함), 복종(服從)[복종심(心); 불복종(不), 절대복종(絶對)], 복죄(服/伏罪), 복행(服行); 감복하다(感服), 경복(敬服), 굴복(屈服), 극복하다(克服), 반복(叛服), 불복(不服), 사복(思服;늘 잊지 아니하고 마음에 둠), 설복(說服/伏), 섭복(慴服), 속복(屬服), 솔복(率服), 순복(順服), 순복(馴服), 승복(承服), 신복(臣服), 신복(信服), 심복(心服), 압복(壓服/伏), 열복(悅服), 외복(畏服), 위복(威服), 자복(自服), 정복(征服), 진복(震服), 착복(着服), 탄복하다(歎服), 추복(追服), 흠복(欽服). ③'약을 먹다'를 뜻하는 말. ¶복독(服毒), 복량(服量), 복식(服食), 복약/자리(服藥), 복용(服用), 복후(服後); 공복(空服), 공심복(空心服↔식후복), 내복(內服;약을 먹음), 내복약(內服藥), 돈복(頓服;한꺼번에 먹음), 무시복(無時服), 분복(分服), 식원복(食遠服), 식후복(食後服), 온복(溫服), 장복(長服;오랫동안 계속하여 먹음), 조복(調服;어떤 약에 다른 약을 타서 먹음) 들.

복(福) 편안하고 만족한 상태와 그에 따른 기쁨. 좋은 운수. 좋은 운수로 얻게 되는 기회나 몫. 제사에 쓰는 고기와 술. ¶복을 빌다. 먹을 복을 타고 나다. 복이 터지다. 복가(福家), 복가마(뜻하지 않은 행복), 복과(福裹;복쌈), 복구렁이, 복권(福券), 복금(福金), 복기미, 복당(福堂;獄), 복덕(福德)[복덕방(房), 복덕성(星), 복덕일(日)], 복덩어리/덩이, 복되다, 복둥이, 복딸, 복락(福樂), 복력(福力), 복례(福禮), 복록(福祿), 복리(福利)[복리비(費), 복리사업(事業), 복리시설(施設)], 복바가지, 복받이, 복분(福分), 복부인(福夫人), 복불복(福不福), 복비, 복사마귀, 복상(福相), 복선화음(福善禍淫), 복수(福壽), 복수(福數;복을 누릴 운수), 복스럽다, 복승(福僧), 복신(福神), 복쌈, 복운(福運), 복음(福音;반가운 소식)[복음서(書), 복음주의(主義), 복음회(會)], 복인(福人), 복인/복과(福因/福果), 복자(福者), 복장(福將), 복전(福田), 복제비, 복조(福祚), 복조리(福笊籬), 복주머니, 복지(福地;행복하게 잘 살만한 땅), 복지(福祉)[843], 복채(福債;福券), 복처리[844], 복첨(福籤), 복타다(본디부터 복을 타고나다), 복토(福土;복된 땅), 복표(福票), 복흙, 복희병(福喜餠); 강복(降福), 강복(康福), 개복(남의 먹을 복을 놀림조로 이르는 말), 건복(乾福;거저 얻은 복), 경복(景福), 경복(慶福), 관복(官福), 기복(祈福), 길흉화복(吉凶禍福), 내복하다(內福), 늦복, 다복(多福), 대복(大福), 돈복, 만복(晩福), 만복(萬福), 먹을복, 명복(冥福;죽은 뒤 저승에서 받는 복), 민복(民福)[국리민복(國利)], 박복하다(薄福), 발복(發福), 백복(百福), 봉복(逢福;복을 얻게 됨), 분복(分福), 사람복, 상복(賞福), 상복(祥福), 석복(惜福;검소하게 생활하여 복을 오래 누림), 소복(小福), 손복(損福), 수복(壽福), 수복강녕(壽福康寧), 시복(施福), 시복(諡福), 식복(食福), 양화구복(禳禍求福), 여복(女福), 염복(艶福), 영복(永福), 영복(榮福), 영복(營福), 오복(五福), 원화소복(遠禍召福), 유복하다(有福), 유복하다(裕福), 위복(威福), 음복(飮福), 이복(利福), 인복(人福;사람 복), 일복(늘 일이 많은 복), 입을복, 자식복(子息福)/자복(子福), 재복(財福), 전화위복(轉禍爲福), 정복(淨福), 조롱복[845], 진복(眞福), 집복(集福), 처복(妻福), 청복(淸福), 축복(祝福), 칠복(七福), 행복(幸福), 향복(享福), 헐복(歇福), 호복(胡福;큰 복), 화복(禍福)[길흉화복(吉凶)], 홍복(洪福), 화복(禍福), 환복(宦福) 들.

복(伏) ①24절기에서 '복'이 되는 날. ¶복날, 복놀이, 복달임[846], 복더위, 복랍(伏臘;삼복과 납일), 복물[847]/지다, 복백(伏白), 복서/증(伏暑/症), 복열(伏熱), 복염(伏炎), 복일(伏日), 복절(伏節;삼복이 든 철), 복중(伏中), 복초(伏醋); 말복(末伏), 삼복(三伏), 월복(越伏), 중복(中伏), 초복(初伏), 복허리(복중의 가장 무더운 고비). ②'엎드리다. 숨다 · 감추다. 따르다'를 뜻하는 말. ¶복각/계(伏角/計), 복걸(伏乞), 복도(伏禱), 복룡(伏龍;숨은 인물), 복룡간(伏龍肝;아궁이 바닥에서 오랫동안 불기운을 받아 누렇게 된 흙), 복류/수(伏流/水), 복마전(伏魔殿), 복망(伏望), 복모(伏慕)[복모구구(區區), 복모불임(不任)], 복배(伏拜), 복백(伏白), 복법(伏法), 복병(伏兵), 복송(伏頌), 복사(伏射), 복선(伏線), 복수(伏受), 복심(伏審), 복알(伏謁), 복원(伏願), 복유(伏惟), 복은(伏隱), 복익(伏翼;박쥐), 복자(伏字), 복장(伏藏)[복장다라니, 복장주머니], 복재(伏在), 복절(伏節;절개를 굳게 지킴), 복주(伏奏), 복주(伏誅), 복창(伏悵), 복처/복차(伏處), 복초(伏醋), 복축(伏祝), 복치(엎드리거나 앉아 있는 사냥감), 복합(伏閤), 복행(伏幸), 복호(伏虎); 굴복(屈伏), 궤복(跪伏), 기복량(起伏/量), 귀복(歸伏), 내복(來伏), 매복(埋伏), 배복(拜伏), 병복(屛伏), 부복(俯伏), 설복(說伏/服), 습복(慴伏), 압복(壓伏), 외복(畏伏), 은복(隱伏), 자복(雌伏↔雄飛), 잠복(潛伏), 조복(調伏), 주복야행(晝伏夜行), 진복(進伏), 칩복(蟄伏), 파복(罷伏), 포복(怖伏), 항복(降伏/服). §'알을 안다'의 뜻으로는 [부]로 읽힘. 부계(伏鷄;알을 품은 닭), 부란(伏卵).

842) 복무(服務): 어떤 직무를 맡아 일하거나 임무에 힘씀. ¶복무규정(規定), 복무연한(年限); 군복무(軍), 재복무(再).

843) 복지(福祉): 행복한 삶. ¶복지공학(工學), 복지국가(國家), 복지사업(事業), 복지사회(社會), 복지시설(施設), 복지연금(年金), 복지지표(指標); 공공복지(公共), 국민복지(國民), 노인복지(老人), 모자복지(母子), 사회복지(社會), 선별복지(選別), 아동복지(兒童), 지역복지(地域).

844) 복처리(福): 복을 타고나지 못한 사람. 복이 없어 무슨 일이든 실패만 하는 사람.

845) 조롱복: 아주 짧게 타고난 복력(福力).

846) 복달임(伏): ①복이 들이 기후가 지나치게 달아서 더운 철. ②복날에 그 해의 더위를 물리치는 뜻으로 고기로 국을 끓여 먹음. ¶복달임하다.

847) 복물: 복날 또는 그 무렵에 많이 내리는 비. ¶복물지다(伏;복날 또는 그 무렵에 비가 많이 오다).

복(復) ①'돌이키다. 돌아가다 · 돌아오다. 되풀이하다. 아뢰다. 갚다. 면제하다'를 뜻하는 말. ¶복각(復刻/覆刻), 복간(復刊), 복계(復啓), 복고(復古)[848], 복과(復科), 복괘(復卦), 복교(復校), 복구(復仇), 복구(復舊), 복구례(復舊例), 복권(復權), 복귀/전(復歸/戰), 복기(復碁), 복당(復黨), 복독(復讀), 복례(復禮), 복록(復祿), 복명(復命)[849], 복발(復發), 복벽(復辟), 복보수(復報讎;앙갚음), 복빙(復氷), 복선(復膳), 복선기(復線器), 복설(復設), 복성(復姓), 복성설(復性說), 복속(復屬), 복송(復誦), 복수(復水), 복수(復讐)[복수심(心), 복수전(戰), 복수책(策)], 복습(復習), 복식(復飾), 복업(復業), 복연(復緣), 복운(復運), 복원(復原)[복원력(力), 복원성(性)], 복원/령(復員/令), 복원(復圓), 복위(復位), 복의(復衣), 복임(復任), 복장(復葬), 복적(復籍), 복제(復除), 복조(復租), 복조(複調), 복좌(復座), 복직(復職), 복창(復唱), 복학(復學), 복항(復航), 복호(復戶); 고복(皐復), 고복(顧復;어버이가 자식을 기름), 광복(光復), 노복(勞復), 반복(反復)[반복법(法), 반복설(說)], 보복(報復), 삼복(三復), 상복(償復), 소복(蘇復), 수복(修復), 수복(收復), 수복민(收復民), 식복(食復), 왕복(往復)[850], 추복위(追復位)/추복(追復), 쾌복(快復), 평복(平復;平癒), 회복(回復), 회복/기(恢復/期), 흥복(興復). ②초혼(招魂)할 때 부르는 소리. ¶복부르다(초혼하다). §'다시'의 뜻으로는 [부]로 읽힘. 부생(復生), 부활(復活)[부활기(期), 부활되다/하다, 부활절(節), 부활제(祭)], 부흥(復興)[부흥기(期), 부흥되다/하다, 부흥상(相), 부흥회(會)].

복(複) 일부 명사 앞이나 한자어 어근에 붙어 '단일하지 아니하고 겹침. 거듭됨'을 뜻하는 말.↔단(單). ¶복과(複果;겹열매), 복관절(複關節), 복광(複光), 복굴절(複屈折), 복궤(複軌), 복근(複根), 복근(複筋), 복대리/인(複代理/人), 복도(複道), 복도지(複圖紙;모사하는 데 쓰는 얇은 종이), 복리(複利)[복리법(法), 복리표(表)], 복명수(複名數), 복모음(複母音), 복문(複文), 복방(複方), 복벽(複壁), 복변리(複邊利), 복보수(複報讎), 복복선(複複線), 복본(複本), 복본위(複本位), 복본적(複本籍), 복부국(複部國), 복부호(複符號), 복분수(複分數), 복분해(複分解), 복비(複比), 복비례(複比例), 복사(複絲;겹실), 복사(複寫)[851], 복상(複像), 복색/광(複色/光), 복선(複線), 복선법(複選法), 복성(複姓), 복성(複星), 복성(複成)[복성암(巖), 복성종(種), 복성화산(火山)], 복세(複稅), 복세포(複細胞), 복소수(素數), 복수(複數), 복승(複勝), 복시(複視), 복식(複式)[복식경기(競技), 복식부기(簿記), 복식수업(授業)], 복십자(複十字), 복아(複芽), 복악(複萼), 복안(複眼), 복염(複鹽), 복엽(複葉), 복음(複音), 복의(複衣), 복이온(複ion), 복임권(複任權), 복자방(複子房), 복자엽(複子葉), 복자음(複子音), 복작식(複作式), 복잡(複雜)[복잡기괴(奇怪), 복잡다단(多端), 복잡반응(反應)], 복점(複占), 복제(複製)[복제권(權), 복제판(版), 복제품(品), 복제화(畵); 불법복제(不法), 불허복제(不許)], 복족국가(複族國家), 복좌(複座), 복진자(複振子), 복창(複窓), 복칭(複稱), 복합(複合)[852], 복호(復號), 복혼(複婚), 복화(複花), 복화산(複火山), 복활차(複滑車); 신복(申複), 중복(重複) 들.

복(腹) '배. 창자. 마음속에 품고 있는. 가운데. 앞'을 뜻하는 말. ¶복강(腹腔), 복견(腹堅), 복고(腹稿;시문의 초고를 마음속으로 짬), 복고여산(腹高如山), 복공증(腹空症;헛헛증), 복근(腹筋), 복기(腹鰭;배지느러미), 복대(腹帶), 복린(腹鱗;파충류의 배에 있는 비늘), 복막/염(腹膜/炎), 복면(腹面), 복명(腹鳴), 복배(腹背), 복벽(腹壁)[복벽반사(反射)], 복부(腹部), 복비(腹誹;마음속으로 꾸짖음), 복상(腹上)[복상사(死), 복상시(屍)], 복수(腹水), 복심(腹心), 복심지질(腹心之疾), 복안(腹案;마음속으로 품고 있는 계획. 속셈), 복장(腹臟), 복절(腹節), 복중(腹中), 복창증(腹脹症), 복통(腹痛), 복학(腹瘧), 복화술(腹話術); 개복(開腹), 고복격양(鼓腹擊壤), 공복(空腹), 구복(口腹), 근복(筋腹), 동복(同腹), 만복(滿腹)[음하만복(飮河)], 사복(私腹), 산복(山腹;산허리), 선복(船腹), 소복(小腹;아랫배), 심복(心腹), 어복(於腹). 어복(魚腹), 이복(異腹), 중복(中腹), 충복(充腹), 파복(波腹), 포복(抱腹), 포복절도(抱腹絶倒), 포복(飽腹), 하복(下腹;아랫배), 할복(割腹), 함포고복(含哺鼓腹), 해복(解腹;解産), 흉복(胸腹) 들.

복(覆) '덮다. 가리다. 엎어지다'를 뜻하는 말. ¶복각(復/覆刻), 복개(覆蓋), 복거지계(覆車之戒), 복검(覆檢), 복계(覆啓), 복고(覆考), 복련좌(覆蓮座), 복면(覆面)[복면강도(强盜), 복면객(客), 복면광고(廣告), 복면모(帽), 복면하다], 복멸(覆滅), 복몰(覆沒), 복묘(覆墓), 복발(覆/伏鉢), 복분자(覆盆子), 복사(覆沙), 복사대비(覆紗對比), 복선(覆船), 복배지수(覆盃之水)/복수(覆水;엎지른 물), 복시(覆試), 복심(覆審), 복자(覆字), 복철(覆轍)[853], 복토(覆土); 개복(蓋覆), 경복(敬覆), 경복(傾覆), 반복(反覆), 반복(反覆), 배복(拜覆/復), 번복(飜/翻覆), 부답복철(不踏覆轍), 사복(射覆), 삼복(三覆), 상복대벽(詳覆大辟), 전복(顚覆), 조복(照覆;조회에 답함), 피복(被覆); 부재(覆載;만물을 하늘이 덮어 싸고, 땅이 받쳐 실음) 들.

복(卜) ①'점 · 점치다'를 뜻하는 말. ¶복거(卜居;좋은 땅을 찾아서 살 곳을 정함), 복길(卜吉), 복년(卜年), 복사(卜師), 복상(卜相), 복서하다(卜筮;점치다), 복성(卜姓), 복술(卜術), 복일(卜日), 복자(卜者), 복정(卜定;길흉을 점쳐서 정함), 복지(卜地), 복차(卜叉), 복찰(卜察), 복채/복차(卜債;점을 쳐 준 값으로 내는 돈), 복첩(卜妾), 복축(卜築), 복학(卜學); 가복(加卜), 매복/자(賣卜/者), 명복(名卜), 무복(巫卜), 문복(問卜), 사복(私卜), 어복(御卜), 여복(女卜), 점복(占卜), 향복(響卜). ②'짐바리'를 뜻하는 말. ¶복꾼(짐꾼), 복마(卜馬;짐을 싣는 말)/실복마(實卜馬), 복역(卜役), 복정(卜定;

848) 복고(復古): 옛날 상태로 돌아감. ¶복고되다/하다, 복고사상(思想), 복고적(的), 복고조(調), 복고주의/적(主義/的), 복고풍(風); 왕정복고(王政).

849) 복명(復命): 명령에 따라 처리한 일의 결과를 보고함. ¶복명서(書), 복명복창(復唱).

850) 왕복(往復): 왕복권(券), 왕복달리기, 왕복엽서(葉書), 왕복운동(運動), 왕복표(票).

851) 복사(複寫): 복사기(機), 복사잉크(ink), 복사지(紙), 복사판(版), 복사필(筆).

852) 복합(複合): 두 가지 이상이 하나로 합쳐짐. ¶복합가설(假設), 복합가족(家族), 복합개념(概念), 복합건물(建物), 복합경기(競技), 복합경제(經濟), 복합관(管), 복합국가(國家), 복합기업(企業), 복합되다/하다, 복합란(卵), 복합명사(名詞), 복합명제(命題), 복합사회(社會), 복합산업(産業), 복합삼각주(三角洲), 복합상품(商品), 복합설(說), 복합섬유(纖維), 복합세(稅), 복합소유(所有), 복합어(語), 복합영농(營農), 복합오염(汚染), 복합음(音), 복합재료(材料), 복합적(的), 복합체(體), 복합판단(判斷), 복합핵(核), 복합형(形), 복합화산(火山), 복합화서(花序), 복합효소(酵素); 문화복합(文化).

853) 복철(覆轍): 앞서 가던 수레의 엎어진 자취라는 뜻으로, 앞 사람이나 남의 실패의 전례(前例). 전철(前轍). ¶복철을 밟다.

강제로 물품을 거두어들임. 실행을 강요함), 복태(卜馱); 선복(船卜), 집복(執卜) 들.

복(僕) '남자 종. 일꾼'을 뜻하는 말. ¶복로(僕虜), 복부(僕夫), 복비(僕婢), 복역(僕役), 복종(僕從); 가복(家僕), 공복(公僕), 노복(奴僕), 노복(老僕), 동복(童僕), 민복(民僕), 비복(婢僕), 사복(司僕), 사복(私僕), 소복(小僕), 수복(守僕), 신복(臣僕), 예복(隷僕), 의복(義僕), 종복(從僕), 주복(主僕), 충복(忠僕), 학복(學僕), 호노한복(豪奴悍僕) 들.

복(輻) ①'바퀴살. 모여들다'를 뜻하는 말. §[폭]으로도 읽힘. ¶복사(輻射)[854], 폭주(輻湊/輳)[폭주반응(反應), 폭주병진(幷臻), 폭주하다. ②불가사리 등의 극피동물(棘皮動物)에서 팔처럼 쑥 내민 부분.

복(茯) '소나무 뿌리에 기생하는 버섯. 복령'을 뜻하는 말. ¶복령(茯苓)[복령피(皮); 백복령(白)], 복신(茯神), 백복신(白茯神) 들.

복(扑) '치다. 때리다. 매'를 뜻하는 말. ¶복격(扑擊), 복달(扑撻;매로 때림); 편복(鞭扑) 들.

복(匐) '기다. 엎드려서 기어가다'를 뜻하는 말. ¶복지(匐枝); 포복(匍匐;배를 땅에 대고 김), 포복경(匍匐莖;기는줄기) 들.

복(袱) '보. 보자기'를 뜻하는 말. ¶복사(袱沙), 약복지(藥袱紙)/복지(袱紙;약첩을 싸는 종이); 과복(裹袱) 들.

복(馥) '좋은 냄새. 향기가 풍기다'를 뜻하는 말. ¶복기(馥氣), 복욱(馥郁;풍기는 향기가 그윽함) 들.

복(鰒) '전복(全鰒). 오분자기'를 뜻하는 말. ¶복란(鰒卵); 무혈복(無穴鰒)[855], 생복(生鰒), 숙복(熟鰒), 전복(全鰒)[856] 들.

복(濮) 중국의 황하로 흘러들어가는 강 이름. ¶복상지음(濮上之音; 음란한 음악. 망국의 음악).

복(愊) '정성'을 뜻하는 말. ¶곤복(悃愊;진실하고 정성스러움).

복(幞) '수건(手巾)'를 뜻하는 말. ¶복두(幞頭), 복건(幞巾).

복(蝠) '박쥐'를 뜻하는 말. ¶편복(蝙蝠;박쥐).

복(蹼) 동물의 물갈퀴.

복닥 많은 사람이 좁은 곳에 모여 수선스럽게 뒤끓는 모양.=복작[857]. 복대기. 〈큰〉북덕. ¶장터에는 많은 사람들이 복닥복닥 붐비고 있다. 복닥거리다/대다, 복닥복닥/하다, 복닥불[858], 복닥소동(騷動), 복닥질, 복닥판(떠들썩하고 복잡하여 정신을 차릴 수 없는 판국) 들.

복닥복닥 먼지 따위가 폴싹 일어날 정도로 많이 쌓여 있는 모양. 〈큰〉북덕북덕. ¶들길은 복닥복닥 먼지만이 일었다. 창틀에 복닥복닥 쌓인 먼지.

복대기 광석을 찧어 금을 잡고 난 뒤에 남은 광석 가루. 광미(鑛尾). ¶복대기를 삭히다. 복대깃간(間), 복대기금(金), 복대기탕(복대기 삭히는 데 쓰는 큰 통. 복새통).

복대기(다) ①많은 사람이 복잡하게 떠들어대거나 부산하게 움직이다. ¶사람들이 복대기는 장터. 아이들이 문 앞에서 복대기를 치고 있다. 복대기를 치다(세차게 복대기다). ②정신이 얼떨떨할 정도로 서둘러 죄어치거나 심히 몰아치다.

복성-스럽다 생김새가 모난 데가 없이 둥그스름하고 도톰하여 복이 있는 듯하다.[←복(福)].=푼더분하다. ¶복성스러운 인상.

복숭아 복숭아나무의 열매. '복숭아 모양'을 뜻하는 말. 〈준〉복사. ¶복숭아꽃/복사꽃, 복숭아나무/복사나무, 복숭아밭, 복숭아벌레, 복사뼈, 복숭앗빛, 복숭아술, 복숭아씨, 복사앵두, 복사장아찌, 복숭아정과(正果), 복숭아털, 복숭아화채(花菜); 가쪽복사[859], 감복숭아, 개복숭아, 물복숭아(수밀도), 승도복숭아(僧桃), 올복숭아, 좀복숭아(열매가 잘게 열리는 복숭아), 찰복숭아, 털복숭아[860]/털복사 들.

복슬복슬 살이 찌고 털이 많아서 귀엽고 탐스러운 모양.=복실. 〈큰〉북슬북슬.=북실북실. ¶털이 복슬복슬 자란 강아지. 살이 북실북실 찐 돼지. 북슬개; 털북숭이.

복자 ①기름 따위를 되는 데 쓰는 그릇. 기름복자. ②복자망건(網巾).

복작 간지러워서 조금씩 재게 긁어대는 모양. 〈큰〉북적.

복작-거리다/대다 ☞ 박작.

복장 ①가슴의 한복판.=앙가슴. ¶복장이 터질 노릇이다. 복을 치고 한탄하다. 떼인 돈 때문에 복장이 타다. 복장거리, 복장주머니. ②속으로 품고 있는 생각. ¶복장이 검다.

복차ㅅ다리 큰길을 가로질러 흐르는 작은 개천에 놓은 다리.

복판 ①편편한 물건이나 바닥의 한가운데. ¶과녁 복판에 명중시키다. ②어떤 지역이나 공간의 한가운데. ¶마당 복판. 한복판; 도시 한복판(都市). ③소의 갈비나 대접, 또는 도가니의 중간에 붙은 고기.

볶(다) ①물기 없이 약간 눋도록 익히다. 기름을 두르고 양념을 하여 익히다. ¶콩을 볶다. 나물을 볶다. 볶은고추장(醬), 볶은장(醬), 볶음[861], 볶이[떡볶이, 묵볶이, 수볶이(數)[862], 양볶이, 족볶

854) 복사(輻射): 복사계(計), 복사고온계(高溫計), 복사난방(煖房), 복사능(能), 복사등급(等級), 복사선(線), 복사시대(時代), 복사에너지(energy), 복사열(熱), 복사전열(傳熱), 복사체(體); 제동복사(制動).

855) 무혈복(無穴鰒): ①꼬챙이에 꿰지 아니하고 말린 큰 전복. ②엄중히 감시하여 과거(科擧)에서 협잡을 못 하게 함을 비유하는 말.

856) 전복(全鰒): 전복꼬치, 전복젓, 전복죽(粥), 전복찜.

857) 복작: 많은 사람이 좁은 곳에 모여 수선스럽게 들끓는 모양. 〈큰〉북적. ¶시장판에 사람들이 북적 떠들다. 복작·북적거리다/대다.

858) 복닥불: 정신을 차릴 수 없게 볶아 쳐서 복잡하게 된 상태. ¶복닥불이 일어나다.

859) 가쪽복사: 발회목 바깥쪽의 복사뼈.

860) 털복숭아: ①껍질에 털이 많이 난 복숭아. 유월도(六月桃). ②나이가 어리고 아직 철이 들지 않은 아이. ¶아직 코 흘리는 털복숭아가 어찌 어른들 일마다 말참견이냐?

861) 볶음: 볶음밥, 볶음수란(水卵), 볶음판(板); 감자볶음, 고기볶음, 나물볶음, 낙지볶음, 닭볶음, 멸치볶음, 미역볶음, 버섯볶음, 새우볶음, 오리볶음, 오징어볶음, 제육볶음(豬肉).

이(足), 쥐볶이], 볶이다(볶음을 당하다); 달달 · 들들볶다, 콩볶은이(불에 볶은 콩). ②못 견디도록 재촉하거나 성가시게 굴다.≒시달리다. 닦달하다. ¶왜 그렇게 사람을 달달 볶니? 볶아대다, 볶아때리다(몹시 볶아치다), 볶아치다(서두르다. 들볶다), 볶이다(재촉에 시달리다); 뒤볶다(함부로 마구 볶다)/볶이다, 들볶다/볶이다; 달달 · 들들볶다, 물보낌(여러 사람을 모조리 매질함), 짓볶이다. ☞ 초(炒).

본(本)[1] ①모범이 될 만한 일. ¶본을 받다/보이다. 본받다, 본새[863]. ②본보기. 귀감(龜鑑). 견본(見本). ¶본보기, 본보다(무엇을 모범으로 삼아 따라 하다); 모본(模本), 범본(範本). ③본보기로 삼기 위해 오려 만든 종이. 형지(型紙). ¶종이에 바지의 본을 뜨다. 본그림, 본따기, 본뜨다; 견본(見本), 그림본, 글씨본, 버선본, 수본(繡本), 표본(標本), 탁본(拓本). ④관향(貫鄕). ¶본이 어디십니까? 성은 같으나 본이 다르다. 본관(本貫), 본적(本籍), 본종(本宗); 동성동본(同姓同本), 안태본(安胎本;선조 때부터의 고향). ⑤본전(本錢). 밑천. ¶잃지도 않고 따지도 않고 딱 본이다. 본금새, 본리(本利), 본밑천, 본변(本邊), 본살(노름 밑천으로 가졌던 돈의 액수); 고본(股本;공동으로 하는 사업에 각각 내는 밑천), 낙본(落本;본전에서 밑짐), 보본(補本), 입본(立本;이익을 얻을 밑천을 세우는 일), 자본(資本), 존본취리(存本取利) 들.

본(本)[2] ①영화 필름의 한 편(篇)을 세는 단위. ②초목 따위를 세는 단위. ¶들국화 3본.

본(本)[3] 지금 말하고 있는 '이'의 뜻. ¶본 사건의 해결은 시간 문제다. 본건(本件), 본년(本年), 본령(本令), 본법(本法), 본보(本報), 본서(本書), 본서(本署), 본원(本院), 본월(本月), 본인(本人), 본조(本朝), 본지(本地), 본지(本誌), 본지(本紙), 본처(本處), 본회(本會), 본조합, 본협회 들.

본(本)[4] 일부 명사 앞이나 어근에 붙어 '바탕. 바탕이 되는. 본디. 애초부터'의 뜻을 나타내는 말. ¶본가(本家), 본가(本價), 본각(本覺), 본간(本幹), 본값, 본갱(本坑), 본거/지(本據/地), 본격(本格)[본격소설(小說), 본격적(的), 본격화/하다(化)], 본견(本絹), 본곁(妃嬪의 친정), 본계약(本契約), 본계집, 본고사(本考査), 본고장, 본곶, 본고향(本故鄕), 본과(本科), 본관(本館), 본관(本管), 본교(本校), 본구(本具), 본국(本局), 본국(本國), 본군(本郡), 본권(本權), 본궤도(本軌道), 본그늘, 본그림자, 본근(本根), 본금(本金), 본금새, 본급(本給), 본기(本紀), 본기도(本祈禱), 본기둥, 본길, 본남편(本男便), 본능(本能)[864], 본답(本畓), 본당(本堂), 본당(本黨), 본대(本隊), 본댁/네(本宅), 본도(本島), 본도(本道), 본돈, 본동(本洞), 본동(本棟), 본동사(本動詞), 본등기(本登記), 본디[865], 본뜻(애당초 품은 생각. 근본적인 뜻), 본래(本來)[866], 본령(本領), 본론(本論), 본루(本壘), 본류(本流↔支流), 본마누라, 본마음, 본말(本末;일의 주가 되는 것), 본맛, 본망(本望), 본맥(本脈↔支脈), 본머리, 본명(本名), 본명(本命), 본모(本貌), 본모양(本模樣), 본목(本木), 본무대(本舞臺), 본문(本文), 본문(本門), 본문제(本問題), 본물(本物), 본미사, 본바닥, 본바탕, 본반(本半), 본방(本方), 본방(本邦), 본방(本房), 본범(本犯), 본범(本帆), 본병(本兵), 본병(本病), 본보(本譜), 본봉(本俸), 본부(本夫), 본부(本府), 본부(本部)[867], 본부대(本部隊), 본부인(本婦人), 본분(本分), 본불(本佛), 본비아물(本非我物), 본비아토(本非我土), 본사(本寺↔末寺), 본사(本社↔支社), 본사(本事), 본사(本師), 본사내(본남편), 본산(本山), 본산지(本産地), 본상(本像), 본색(本色;본디의 특색), 본생(本生), 본서방, 본선(本船), 본선(本選), 본선(本線), 본설계도(本設計圖), 본성(本姓), 본성(本性), 본성명(本姓名), 본세(本稅), 본소(本所), 본소(本訴), 본소송(本訴訟), 본수입(本收入), 본습(本習), 본시(本是;본디. 본래), 본시험(本試驗), 본식(本式), 본신(本身), 본실(本室), 본심(本心), 본안(本案), 본액(本額), 본업(本業), 본연(本然), 본염(本鹽), 본엽(本葉), 본영(本影), 본영(本營), 본예산(本豫算), 본용언(本用言), 본원/적(本源/的), 본원/력(本願/力), 본위(本位)[868], 본유(本有)[본유관념(觀念;생득관념), 본유적(的)], 본의(本衣), 본의(本意), 본의(本義), 본이름, 본인쇄(本印刷), 본임자, 본잎, 본저장(本貯藏), 본전(本傳), 본전(本殿), 본점(本店↔支店), 본정(本情), 본정신(本精神), 본제/입납(本第;본집/入納), 본제(本題), 본존(本尊;부처)[본존불(佛), 본존상(像); 대원본존(大願)], 본종(本種), 본죄(本罪), 본주(本主), 본줄기, 본증(本症), 본증(本證), 본지(本旨;근본이 되는 취지), 본지(本地), 본직(本職), 본진(本陣), 본진(本震), 본질(本疾), 본질(本質)[869], 본짐, 본집, 본채, 본처(本妻), 본청(本廳↔支廳), 본체(本體), 본초(本初), 본초(本哨), 본초/가(本草/家), 본촌(本村), 본칙(本則), 본태(本態), 본토(本土), 본틀, 본풀이, 본판(本板), 본포(本圃;모종이나 묘목을 옮겨 심을 밭), 본포(本鋪;本店), 본풀이, 본향(本鄕), 본허울(사물의 근본이 되는 보임새), 본형(本刑), 본형(本形), 본회(本懷), 본회담(本會談), 본회의(本會議); 국본(國本), 귀본(歸本;승려의 죽음), 근본(根本), 기본(基本), 농본(農本), 대본(大本), 목본(木本), 민본/주의(民本/主義), 발본/색원(拔本/塞源), 보본(報本), 사본(事本), 상본(像本), 선본(善本;선의 근원), 소본(小本), 인본주의(人本主義), 장본/인(張本/人), 접본(椄本), 정본(政本), 중본

862) 수볶이(數): 여러 부위(部位)의 쇠고기를 조금씩 베어내어 양념을 한 뒤에 볶은 음식.

863) 본새: ①생김생김. 생긴 모양새. ¶원숭이는 본새 사람과 비슷하다. ②동작이나 버릇의 됨됨이. ¶말하는 본새. 일하는 본새.

864) 본능(本能): 생물이 선천적으로 갖고 있는 동작이나 운동. 동물이 후천적 경험이나 교육에 의하지 않고 외부의 변화에 따라서 나타내는 통일적인 심신의 반응 형식. ¶보호 본능이 발동하다. 본능을 자극하다. 본능설(說), 본능적(的), 본능주의(主義); 귀소본능(歸巢), 모방본능(模倣), 방어본능(防禦), 보호본능(保護), 사회본능(社會), 유희본능(遊戲), 자아본능(自我), 종족보존본능(種族保存), 집단본능(集團), 회귀본능(回歸).

865) 본디: 처음부터. 처음에. 근본에 있어. 타고난 성질상.≒본래. 본시. 원래. ¶본디 착한 사람이다. 본디 알던 사이였다. 본디 남을 도와주기를 좋아한다.

866) 본래(本來): 처음부터. 처음에. 날 때부터. 타고나기를.≒원래. 본디. 본시. ¶본래 이곳은 황무지였다. 본래 타고난 소질. 본래 말이 없는 사람이다. 본래공(空), 본래면목(面目), 본래성불(成佛), 본래유(有).

867) 본부(本部): 본부사령(司令), 본부석(席); 공군본부(空軍), 육군본부(陸軍), 지휘본부(指揮), 총본부(總), 치안본부(治安).

868) 본위(本位): 본위제도(制度), 본위화폐(貨幣); 교대본위(交代), 금본위(金), 능력본위(能力), 복본위(複), 신용본위(信用), 자가본위(自家), 자기본위(自己), 화폐본위(貨幣).

869) 본질(本質): 본디부터 갖고 있는 사물 스스로의 성질이나 모습. ¶생명의 본질. 이성적 존재로서의 인간의 본질. 본질속성(屬性), 본질의지(意志), 본질적(的), 본질직관(直觀), 본질파(派), 본질학(學).

(中本), 초본(草本)[초본경(莖), 초본대(帶)], 추본(推本), 치본(治本), 환본(還本) 들.

본(本)[5] '책(冊). 서류'를 뜻하는 말. ¶가각본(家刻本), 가본(假本), 가숙본(家塾), 가철본(假綴本), 각본(刻本), 각본(脚本), 각판본(刻版本), 간행본(刊行本)/간본(刊本), 개정본(改訂本), 건상본(巾箱本), 견본(絹本), 결본(缺本), 경본(京本), 경본(經本), 경인본(景印本), 경판본(京板本), 고본(古本), 고본(稿本), 고본(藁本), 고판본(古版本), 골계본(滑稽本), 관본(官本), 관각본(官刻本), 교본(校本; 교정을 끝낸 책), 교본(敎本; 교과서), 교서관본(校書館本), 교열본(校閱本)/교본(校本), 교정본(校訂本), 교칙본(敎則本), 구본(舊本), 국역본(國譯本), 권자본(卷子本), 궐본(闕本), 귀중본(貴重本), 극본(劇本), 글씨본, 기증본(寄贈本), 극본(劇本), 낙본(落本), 낙장본(落張本), 낙질본(落帙本), 난판본(亂版本), 납본(納本), 내각본(內閣本), 내사본(內賜本), 단행본(單行本), 달본(達本), 대본(貸本), 대본(臺本)[영화대본(映畵), 촬영대본(撮影)], 도본(圖本), 독본(讀本), 등본(謄本), 등사본(謄寫本), 딱지본(-紙本), 모각본(模刻本), 모사본(模寫本), 목판본(木版本), 무영전본(武英殿本), 문고본(文庫本), 미려본(美麗本), 미장본(美裝本), 발취본(拔取本), 방각본(坊刻本), 방간본(坊刊本), 배본(配本), 번본(飜本), 번각본(飜刻本), 번간본(飜刊本), 번역본(飜譯本), 별본(別本), 별쇄본(別刷本), 보각본(補刻本), 복본(複本), 복각본(復刻本), 복간본(復刊本), 복사본(複寫本), 봉합본(縫合本), 부본(副本), 비본(秘本), 사본(私本), 사본(査本), 사본(寫本)[고사본(古)], 사각본(私刻本), 사간본(私刊本), 사역원본(司譯院本), 사원본(祠院本), 사찰본(寺刹本), 산질본(散帙本), 서원본(書院本), 석인본(石印本), 선본(善本; 희귀한 책), 소본(疏本), 소장본(所藏本), 속본(俗本), 수본(手本), 수사본(手寫本), 수진본(袖珍本), 수택본(手澤本), 식자본(植字本), 신본(申本), 실본(失本), 안본(贋本), 어필본(御筆本), 양장본(洋裝本), 언해본(諺解本), 역본(譯本), 영본(影本), 영무전본(英武殿本), 영사본(影寫本), 영인본(影印本), 영조본(影照本), 완질본(完帙本)/완본(完本), 완판본(完板本), 원본(原本), 원간본(原刊本), 위본(僞本), 유포본(流布本), 이본(異本), 이사본(移寫本), 인본(印本), 임사본(臨寫本), 자필본(自筆本), 잔결본(殘缺本), 장본(藏本), 전본(傳本), 전본(殿本), 전사본(轉寫本), 절첩본(折帖本), 접첩본(摺帖本), 정본(正本), 정본(定本), 정선본(精選本), 제본(製本), 주본(奏本; 임금님께 올리는 글월), 중각본(重刻本), 중간본(重刊本), 중역본(重譯本), 중판본(重版本), 증본(證本), 증정본(增訂本), 증정본(贈呈本), 지본(紙本), 지방관본(地方官本), 진본(珍本), 진본(眞本), 첩장본(帖裝本), 초본(抄本), 초본(初/草本), 초간본(初刊本), 초쇄본(初刷本), 초인본(初印本), 초판본(初版本), 축본(縮本), 축조본(縮照本), 탁본(拓本), 탑본(榻本), 토판본(土版本), 통행본(通行本; 널리 일반에게 통해지는 책), 투사본(透寫本), 판본(板本), 판각본(板刻本), 필사본(筆寫本), 하사본(下賜本), 학부간본(學部刊本), 한문본(漢文本), 한정본(限定本), 헌본(獻本), 호접본(胡蝶本), 합본(合本), 화본(畵本), 활인본(活印本), 활자본(活字本), 활판본(活版本), 후쇄본(後刷本), 후열본(後閱本), 후인본(後印本), 훈련도감본(訓練都監本), 희구본(稀覯本), 희귀본(稀貴本) 들.

본때 본보기가 될 만한 사물의 됨됨이. 또는 맵시나 모양새. ¶일을 본때 있게 해치우다. 본때가 있다(본보기로 삼을 만한 데가 있다. 멋이 있다). 본때를 보이다(다시는 되풀이되지 않게 엄하게 다스리다). 본때없다(본보기로 할 만한 데가 없거나, 멋이 없다).

볼[1] 사람의 얼굴에서 광대뼈가 있는 부분과 그 아래 어금니가 있는 부분의 살. 뺨의 가운데를 이루고 있는 살집. ¶볼을 붉히다. 볼이 통통하다. 볼가심[870], 볼거리(유행성 이하선염), 볼끼[871], 볼따구니, 볼때기(볼따구니), 볼먹다(볼메다), 볼메다(성난 태도가 있다), 볼멘소리(서운하거나 성이 나서 퉁명스럽게 하는 말투), 볼물다[872], 볼비빔, 볼살, 볼수염(鬚髥; 볼에 난 수염), 볼연지(臙脂), 볼우물(보조개), 볼웃음, 보조개(볼우물), 볼접기(모난 재목을 깎아내는 일.=뺨접기), 볼접이모(모난 재목의 옆면을 비스듬히 깎아 내는 일.=뺨접이모), 볼주머니, 볼쥐어지르다(볼을 냅다 주먹으로 내지르다. 뺨치다), 볼퉁이, 볼편(볼을 이룬 부분)/살, 볼호령(號令)[873]; 메줏볼(살이 쪄서 축 늘어진 볼), 밤볼[874], 아랫볼, 연지볼(臙脂), 옥볼(玉; 아름답고 고운 여인의 볼), 조개볼(조가비처럼 가운데가 도드라진 볼) 들.

볼[2] ①신이나 구두, 버선과 같이 좁고 기름한 물건의 너비[폭(幅)]. ¶볼이 넓은 발. 볼이 좁은 구두. 볼떼기(통나무의 양면을 평평하게 깎아 만든 목재), 볼맞다[875]/맞추다; 발볼, 신볼. ②버선 밑바닥의 앞뒤에 대는 헝겊 조각. ¶볼받다[876], 볼받이(바닥에 볼을 댄 버선); 뒷볼, 버선볼, 앞볼 들.

볼[3] 무딘 연장의 날을 벼릴 때에 덧대는 쇳조각. ¶볼달다[877].

볼– '볼처럼 볼록하게 툭 비어져 나온 상태'를 뜻하는 말. ¶볼가지다[878]·불거지다, 볼각[879]·불걱거리다/대다, 볼강[880]·불겅거리다/대다, 볼근[881]·볼끈·불근·불끈거리다/대다, 볼똑[882]·불뚝

---

870) 볼가심: 아주 적은 음식으로 시장기를 면하는 일. 입요기(療飢).

871) 볼끼: 가죽이나 헝겊 조각에 솜을 두어 기름하게 접어 만든 것으로 두 뺨을 얼러 싸매는 방한 기구.

872) 볼물다: 못마땅하여 골이 나다. ¶그의 아내는 잔뜩 볼물어서 쏘아붙였다.

873) 볼호령(號令): 볼멘소리로 거만하게 하는 꾸지람.=불호령. ¶귀가가 늦자 아버지의 볼호령이 떨어졌다. 볼호령하다.

874) 밤볼: 볼록하게 살이 찐 볼. ¶밤볼이 지다(입안에 밤을 문 것처럼 볼록하게 볼의 살이 찌다).

875) 볼맞다: ①일 따위가 함께 하는 데 의견이나 수단, 방법이 서로 손이 맞다. ¶복잡한 일도 서로 볼맞으면 빨리 끝낼 수 있다. ②둘 이상의 대상이 낫고 못함이 없이 비슷하여 서로 걸맞다.

876) 볼받다: 해진 버선의 앞뒤 바닥에 헝겊을 덧대어서 깁다.

877) 볼달다: 무디어진 연장의 날에 쇳조각을 덧붙이어 벼리다.

878) 볼가지다: ①물체의 거죽으로 톡 비어져 나오다. ¶종기가 볼가지다. ②어떠한 일이 두드러지게 커지거나 갑자기 생겨나다. ¶문제는 불거져 걷잡을 수 없게 되었다. 〈큰〉불거지다.

879) 볼각: ①질긴 물건을 입을 작게 움직이며 씹는 모양. ②빨래 따위를 물에 담가 힘주어 주물러 빠는 모양. 〈큰〉불걱. ¶볼각거리다/대다.

880) 볼강: 단단하고 오돌오돌한 물건이 잘 씹히지 아니하고 입 안에서 요리조리 볼가지는 모양. 〈큰〉불겅. ¶볼강거리다/대다.

881) 볼근: 질기고 단단한 물건을 입에 넣고 씹는 모양. 〈큰〉불근. ¶꽈리를 볼근볼근 씹었다. 볼근·불근거리다/대다.

882) 볼똑: ①갑자기 볼가진 모양으로 볼록 솟는 모양. ¶벌에 쏘인 자리가 볼똑 솟았다. 불뚝심지(불뚝 솟은 심지). ②갑자기 경망스럽게 성을 내는 모양. ¶별일도 아닌데 볼똑 성을 내다. 그는 성질이 좀 불뚝하다. 불뚝거리다/대다/하다, 불뚝불뚝/하다, 불뚝성(갑자기 불끈하고 내는 성). 〈큰〉불뚝. 〈센〉뽈똑.

ㅂ

거리다/대다, 볼똥[883]·불뚱거리다/대다, 볼록[884], 보로통하다[885], 볼쏙[886]·불쑥거리다/대다/하다, 불씸[887], 볼쭉[888], 볼톡·불툭, 볼통볼통[889]·불퉁불퉁/하다; 올근볼근·울근불근 들.

볼강-스럽다 어른 앞에서 불경스러운 태도가 있다.[←불경(不敬)].

볼기 궁둥이의 살이 두두룩한 부분. ¶볼기를 맞다/치다. 볼기긴살(소의 볼깃살에 붙은 길쭉한 살덩이), 볼깃살(볼기에 붙은 살. 궁중말은 '도가시'), 볼기지느러미(뒷지느러미), 볼기짝, 볼기짝얼레(기둥 두 개만으로 된 납작한 얼레), 볼기채(채찍); 공상볼기[890], 동네볼기, 물볼기[891], 손뼉볼기(손바닥으로 치는 볼기), 자볼기(자막대기로 때리는 볼기) 들.

볼락 볼락과의 바닷물고기.

볼모 약속 이행의 담보로 상대방에 잡혀 두는 물건이나 사람. 인질(人質). ¶볼모가 되다. 볼모공채(公債;담보부 공채), 볼모드리다('전당을 잡히다. 볼모로 잡히다'의 옛말), 볼모잡다/ 잡히다.

볼씨 디딜방아나 물레방아의 쌀개(방아 걸개 막대기)를 받치기 위하여 기둥처럼 박아 놓은 나무나 돌.

볼칵 진흙을 밟거나 묽은 반죽 따위를 이기거나 할 때 나는 소리. 〈큰〉불컥. ¶볼칵·불컥거리다/대다, 볼칵볼칵·불컥불컥/하다.

봄 한 해 가운데, 네 철의 하나(3월에서 5월 사이의 동안). 한창때. ¶꽃 피는 봄. 인생의 봄을 맞다. 봄가물, 봄가을, 봄갈이, 봄기운, 봄김치, 봄꽃, 봄꿈[892], 봄나들이, 봄나물, 봄날(봄철의 날/날씨), 봄날씨, 봄낳이(봄에 짠 무명), 봄내[1](봄에 대한 느낌), 봄내[2](봄철 동안 계속하여), 봄놀이, 봄누에, 봄눈[봄눈석이/물], 봄단장(丹粧), 봄뜻(봄의 화창한 멋), 봄맛, 봄맞이/꽃, 봄무, 봄물, 몸물결, 봄바람, 봄밤(봄철의 밤), 봄방학(放學), 봄밭, 봄배추, 봄버들, 봄베기, 봄볕, 봄보리, 봄비, 봄빛, 봄살이[893], 봄새(봄철이 계속되는 동안), 봄소식(消息), 봄시위(봄철에 강물이 넘쳐서 뭍으로 흐르는 물), 봄씨, 봄여름, 봄옷, 봄잠(봄날에 노근하게 자는 잠), 봄장마, 봄장작(長斫;봄철에 벤 장작), 봄채마(菜麻;봄에 심어서 먹는 채소), 봄처녀나비(處女), 봄철, 봄추위, 봄타다, 봄풀; 늦봄, 새봄, 이른봄, 지난봄, 첫봄, 초봄(初). ☞ 춘(春).

봇 자작나무의 껍질. 봇결. ¶봇나무(자작나무), 봇떼(봇으로 만든 물건으로 그물을 뜨게 함), 봇막(幕;봇으로 지붕을 한 막집), 봇이엉(봇으로 만든 이엉).

봇극 질그릇을 만드는 물레의 윗구멍에 사기로 만들어 끼우는 고리. ☞ 갓모.

봉[1] 그릇 따위의 뚫어진 구멍이나 이[치(齒)]의 썩은 부분에 박아서 메우는 다른 조각. ¶절구에 봉을 박다. 이에 봉을 해 넣었다. 봉박다(때우다), 봉박이(치아에 봉을 박는 합금. 봉을 박는 일), 봉·뽕빠지다(밑천을 온통 다 잃다); 금봉(金), 은봉(銀).

봉[2] 낚싯줄에 매다는 작은 납덩이나 돌덩이. ¶봉돌, 봉찌(던질 때 무게를 주기 위하여 납덩이를 박은 낚시찌); 구멍봉돌/구멍봉, 낚싯봉(봉돌).

봉[3] 옷의 어깨 따위에 덧대어 넣는 심(어깨심).

봉[4] 허랑방탕한 짓. 또는 그런 짓을 하는 사람. ¶봉이 난 외삼촌 때문에 어머니는 골치를 앓는다.

봉[5] 갇혀 있던 공기나 가스 따위가 좁은 통로로 맥없이 빠져 나올 때에 나는 소리. 〈큰〉붕. 〈센〉뽕[894]. 〈거〉퐁[895]. 풍. 〈큰·센〉뿡. ②벌 따위가 날 때 나는 소리.

봉(封) ①종이로 싼 물건의 덩이. ②물건 속에 따로 싸서 넣은 물건. ¶봉을 박다. ③신랑 집에서 선채(先綵) 외에 따로 신부 집에 주는 돈. ④물건을 봉지(封紙)에 담아 그 분량을 세는 단위. ¶과자 한 봉지. ④제후로 삼다. 붙이거나 싸서 막다. 흙을 쌓아 올리다'를 뜻하는 말. ¶봉강(封疆), 봉건(封建)[896], 봉경(封境), 봉고파직(封庫罷職), 봉과(封裹), 봉군(封君), 봉당(封堂)[897], 봉랍/인(封

---

883) 볼똥: 걸핏하면 성이 나서 얼굴이 볼록해지는 모양. 〈큰〉불뚱. ¶아무 때나 볼똥볼똥 성을 내는 철없는 아이. 불뚱가지(걸핏하면 화를 잘 내는 성질), 불뚱거리다/대다, 볼똥이·불뚱이(잘 불뚱거리는 성질이나 그런 사람), 볼똥볼똥/하다.

884) 볼록: 물체의 거죽이 작게 쏙 내밀려 있는 모양.↔오목. 〈큰〉불룩. 볼룩. 〈센〉뽈록. ¶볼록 내민 젖가슴. 항아리의 배가 볼록하다. 볼록볼록·불룩불룩/하다, 볼록·뽈록·불룩·뿔룩거리다/대다/하다, 볼록거울, 볼록다각형(多角形), 볼록렌즈(lens), 볼록판(版), 부루퉁이(불룩하게 불거져 나온 물건), 불꼬리(원뿔모양으로 된 그물); 올록볼록·울룩불룩.

885) 보로통하다: 부풀거나 부어서 볼록하다. 얼굴에 불만스러운 빛이 나타나 있다.[←볼록]. 〈큰〉부루퉁하다. 〈센〉뽀로통하다. 〈큰·센〉뿌루퉁하다. ¶발등이 보로통하게 부어올랐다. 저를 따돌린다고 보로통하게 토라지다. 보로통히·부루퉁히, 부루퉁이(불룩하게 내밀거나 솟은 물건), 뽀로통·뿌루퉁하다.

886) 볼쏙: 갑자기 쏙 내미는 모양. 없던 것이 갑작스레 나타나는 모양. 〈큰〉불쑥. 〈거〉폴속. 폴쏙(조금 불룩하게 솟은 모양). 풀쑥. ¶주먹을 볼쏙 내밀다. 볼쏙 말을 꺼내다. 물쑥 앞으로 내밀다. 볼쏙·불쑥거리다/대다/하다/히, 볼쏙볼쏙·불쑥불쑥/하다.

887) 불씸: 음식이 입안에서 이리저리 불거지는 모양.

888) 볼쭉: 군데군데 겉으로 솟아 나온 모양. ¶잠방이의 가랑이가 찢어져 흙 묻은 엉덩이가 불쭉불쭉 내다보인다.

889) 볼통볼통: 걸핏하면 퉁명스러운 말을 함부로 볼쏙볼쏙하는 모양. ¶볼통볼통 불평을 늘어놓다. 볼통·불퉁거리다/대다/스럽다/하다, 불퉁그러지다

890) 공상볼기: 동무들끼리 모여 있을 때에 장난삼아 치는 볼기.

891) 물볼기: 여자에게 곤장을 칠 때, 속옷만 남기고 그 위로 물을 끼얹어 살에 달라붙게 한 뒤에 매질을 하던 일. ¶물볼기를 맞다.

892) 봄꿈: ①봄날에 꾸는 꿈. ②한 때의 덧없는 일이나 공상.

893) 봄살이: 춘궁기인 봄철에 먹고 입고 지낼 양식이나 옷가지들을 통틀어 이르는 말. ¶봄살이를 장만하다. 봄살이 걱정을 하던 시절은 이제 먼 옛날이 되었다.

894) 뽕: ¶뽕·빵나다(비밀이 드러나다), 뽕놓다(남의 비밀을 폭로하다), 뽕짝(트롯풍의 우리 대중가요 또는 그 리듬을 흉내를 낸 말).

895) 퐁: ①'봉'보다 거센말. ②작은 구멍이 환히 뚫어지는 소리. 〈큰〉풍. ¶구멍이 퐁 뚫리다. 퐁퐁거리다/대다. ③액체 따위가 좁은 구멍으로 거세게 쏟아져 나오는 소리. 또는 그 모양. 〈큰〉풍풍. ¶옹달샘에서 물이 퐁퐁 솟구치다.

896) 봉건(封建): 천자(天子)가 나라의 토지를 나누어 주고 제후를 봉하여 나라를 세우게 하던 일. 세력이 있는 사람이 중앙 정부의 통제에서 벗어나 토지와 백성을 사유하던 일. ¶봉건국가(國家), 봉건귀족(貴族), 봉건법(法), 봉건사상(思想), 봉건사회(社會), 봉건성(性), 봉건세력(勢力), 봉건시대(時代), 봉건영주(領主), 봉건유물(遺物), 봉건유제(遺制), 봉건잔재(殘滓), 봉건적(的), 봉건제도(制度), 봉건주의(主義), 봉건지대(地代); 반봉건(半).

897) 봉당(封堂): 안방과 건넌방 사이의 마루를 놓을 자리에 마루를 놓지 아니하고 흙바닥 그대로 둔 곳. ¶봉당을 빌려 주니 안방까지 달란다. 봉당

蠟/印), 봉묘(封墓), 봉물(封物)[봉물짐; 진상봉물(進上)], 봉미(封彌), 봉부동(封不動), 봉분/제(封墳/祭), 봉비(封妃), 봉사(封事), 봉산(封山), 봉살(封殺), 봉상(封上), 봉서(封書), 봉선(封禪), 봉송(封送), 봉쇄(封鎖)[898], 봉수(封手), 봉시장사(封豕長蛇), 봉신(封臣), 봉신/대(封神/臺), 봉역(封域), 봉읍(封邑), 봉인(封印)[봉인파훼죄(破毁罪)], 봉입(封入), 봉작(封爵), 봉장(封狀), 봉장(封章), 봉재(封齋), 봉지(封紙)[899], 봉지(封地), 봉창(封窓), 봉책(封冊), 봉축(封築)[개봉축(改)], 봉치[封采], 봉치(封置), 봉토(封土), 봉투(封套)[겉봉투, 꽃봉투, 안봉투, 양봉투(洋), 쪽봉투, 편지봉투(便紙)], 봉표(封標), 봉피(封皮), 봉하다¹(열지 못하게 꼭 붙이거나 싸서 막다), 봉하다²(임금이 작위나 작품을 내려 주다), 봉함(封函), 봉함/엽서(封緘/葉書), 봉함(封緘;편지를 봉투에 넣고 봉함)[봉함엽서], 봉합(封合), 봉항(封港), 봉혈(封穴), 봉호(封號), 봉환(封還), 봉후(封侯); 각봉(各封), 개봉(改封), 개봉(開封), 검봉(檢封), 겉봉, 고봉(庫封), 관봉(官封), 근봉(謹封), 금일봉(金一封), 납봉(鑞封), 대봉(大封), 도봉(都封), 동봉(同封), 매봉(每封), 미봉(彌封), 밀봉(密封), 반봉(半封), 별봉(別封), 분봉(分封), 비봉(秘封), 비옥가봉(比屋加封), 엄봉(嚴封), 영봉(零封), 완봉(完封), 외봉(外封), 육봉(陸封;바닷물고기가 지형이나 환경의 변화로 뭍의 물에 격리되어 사는 현상), 의봉(蟻封;개밋둑), 인봉(印封), 인봉(因封), 일봉(一封), 작봉(作封), 작봉(爵封), 진봉(進封), 책봉(冊封), 탁봉(坼封), 태봉(胎封), 피봉(皮封;겉봉), 함봉(緘封), 환봉(還封) 들.

봉(奉) '받들다. 바치다 · 드리다'를 뜻하는 말. ¶봉견(奉見), 봉고(奉告), 봉공(奉公)[멸사봉공(滅私)], 봉교/서(奉敎/書), 봉노(奉老), 봉답(奉畓), 봉답(奉答), 봉대(奉戴), 봉도/소리(奉導), 봉독(奉讀), 봉로(奉老), 봉명(奉命;임금이나 윗사람의 명령을 받듦), 봉반(奉盤), 봉별(奉別;윗사람과 헤어짐), 봉사(奉仕)[900], 봉사(奉事;웃어른을 받들어 섬김), 봉사(奉祀)[봉사손(孫); 생양가봉사(生養家), 외손봉사(外孫奉祀)], 봉솔(奉率), 봉송(奉送), 봉수(奉受), 봉승(奉承;웃어른의 뜻을 이어받음), 봉시(奉侍), 봉심(奉審), 봉안하다(奉安), 봉양(奉養), 봉영/문(奉迎/門), 봉요(奉邀), 봉정(奉呈;삼가 드림), 봉지(奉旨), 봉지(奉持), 봉직(奉職), 봉창(奉唱)[901], 봉천답(奉天畓), 봉축(奉祝;공경하는 마음으로 축하함), 봉칙(奉勅), 봉친(奉親), 봉행(奉行;시키는 대로 받들어 행함), 봉헌(奉獻;물건을 받들어 바침), 봉환(奉還); 공봉(貢奉), 상봉하솔(上奉下率), 숭봉(崇奉), 승봉(承奉), 시봉(侍奉;부모를 모셔 받듦), 신봉(信奉), 자봉(自奉), 존봉(尊奉), 준봉(遵奉), 참봉(參奉), 환봉(還奉), 흠봉(欽奉) 들.

봉(棒) 둘레가 둥근 막대기. 몽둥이. 장대높이뛰기 경기에 쓰이는 긴 대. 폴(pole). ¶봉강(棒鋼), 봉고도(棒高跳), 봉비(棒肥), 봉상(棒狀), 봉술(棒術), 봉자석(棒磁石), 봉장(棒杖), 봉체조(棒體操), 봉형(棒形), 봉희(棒戲); 간봉(杆棒;몽둥이), 경찰봉(警察棒), 계량봉(計量棒), 곤봉(棍棒), 낭아봉(狼牙棒;쇠못을 많이 박은 창), 당구봉(撞球棒), 늘임봉[902], 당봉(撞棒), 도립봉(倒立棒), 동봉(銅棒), 면봉(綿棒), 면봉(麵棒;밀대), 목봉(木棒), 수평봉(水平棒), 안전봉(安全棒), 여의봉(如意棒), 연료봉(燃料棒), 연접봉(連接棒), 용접봉(鎔接棒), 유봉(乳棒), 육봉(肉棒), 의사봉(議事棒), 일봉(一棒), 장봉(杖棒), 접지봉(接地棒), 접합봉(接合棒), 제어봉(制御棒), 지시봉(指示棒), 지휘봉(指揮棒), 철봉(鐵棒), 침소봉대(針小棒大), 타검봉(打檢棒), 타봉(打棒), 탄소봉(炭素棒), 탐침봉(探針棒), 통봉(痛棒), 평행봉(平行棒) 들.

봉(鳳) ①'봉황(鳳凰)'의 준말. '임금'을 비유하는 말. ¶봉이 날다. 봉가(鳳駕), 봉두(鳳頭), 봉련(鳳輦), 봉린지란(鳳麟芝蘭), 봉모(鳳毛;뛰어난 재주), 봉미(鳳尾), 봉선(鳳扇), 봉선화(鳳仙花), 봉소(鳳簫), 봉안(鳳眼), 봉여(鳳輿), 봉잠(鳳簪), 봉장(鳳欌), 봉적(鳳炙), 봉접(鳳蝶;호랑나비), 봉조(鳳鳥), 봉채(鳳釵), 봉추(鳳雛)[903], 봉충, 봉침(鳳枕), 봉탕(鳳湯), 봉황(鳳凰)[봉황루(樓), 봉황무(舞), 봉화문(紋), 봉황의(衣)]; 금봉채(金鳳釵), 난봉(鸞鳳), 반룡부봉(攀龍附鳳), 용봉탕(龍鳳湯). ②어수룩하여 무엇이나 빼앗아 먹기 좋은 사람. ¶봉을 데리고 왔으니 술값은 걱정 말게. 너는 나를 봉으로 보는가. §황(凰)은 '어떤 일을 이루는 데 맞떨어지지 않는 사물'을 뜻함.

봉(峰/峯) '메. 산'을 뜻하는 말. ¶봉거(峰岠), 봉두(峰頭;봉머리), 봉만(峰巒;뾰족뾰족하게 솟은 산봉우리), 봉머리, 봉상(峰上), 봉세(峰勢), 봉운(峰雲), 봉정(峰頂); 고봉(孤峰), 고봉/준령(高峰/峻嶺), 군소봉(群小峰), 기봉(奇峰), 기봉(起峰), 녹봉(綠峰), 만이천봉(萬二千峰), 만장봉(萬丈峰), 산봉(山峰), 삼봉(三峰), 상봉(上峰), 상상봉(上上峰), 설봉(雪峰), 성인봉(聖人峰), 수봉(秀峰)[기만수봉(奇巒)], 쌍봉(雙峰), 연봉(連峰), 영봉(靈峰), 육봉(肉峰), 운봉(雲峰), 절봉(絕峰), 절재봉(切裁峯), 주봉(主峰), 주인봉(主人峰), 준봉(峻峰), 중봉(中峰), 첨봉(尖峰), 최고봉(最高峰), 침봉(針峰), 타봉(駝峰), 화봉(花峰;꽃봉오리), 회오리봉 들.

봉(捧) '받들다. 들어 올리다. 받다. 바치다'를 뜻하는 말. ¶봉납(捧納), 봉류(捧留), 봉복절도(捧腹絕倒), 봉상(捧上), 봉수(捧手), 봉수(捧受), 봉입(捧入), 봉초(捧招); 가봉(加捧), 가봉녀(加捧女;의붓딸), 가봉자(加捧子;의붓아들), 고봉(高捧;수북이 담음), 고봉밥(高俸), 난봉(難捧), 남봉(濫捧), 늑봉(勒捧), 대봉(代捧), 독봉(督捧), 미봉(未捧), 수봉(收捧), 실봉(實捧), 일봉(日捧), 정봉(停捧), 정봉(精捧), 증봉(增捧), 징봉(徵捧), 추봉(秋捧;가을에 세를 거두

마루, 봉당바다, 봉당집(봉당이 있는 살림집).

898) 봉쇄(封鎖): 굳게 막아버리거나 잠금. ¶봉쇄경제(經濟), 봉쇄되다/하다, 봉쇄망(網), 봉쇄범(犯), 봉쇄선(線), 봉쇄적(的), 봉쇄정책(政策), 봉쇄체계(體系), 봉쇄침파(侵破), 봉쇄탄전(炭田), 봉쇄함대(艦隊), 봉쇄화폐(貨幣); 경제봉쇄(經濟), 군사봉쇄(軍事), 상사봉쇄(商事), 원천봉쇄(源泉), 전시봉쇄(戰時), 평시봉쇄(平時), 항만봉쇄(港灣), 해상봉쇄(海上), 해양봉쇄(海洋).

899) 봉지(封紙): 종이로 큰 봉투 비슷하게 만든 주머니. 또는 그것에 담은 것을 셀 때 쓰는 말. ¶과자봉지(菓子), 비닐봉지, 사탕봉지, 약봉지(藥); 과자 세 봉지.

900) 봉사(奉仕): 국가나 사회 또는 남을 위하여 자신을 돌보지 아니하고 힘을 바쳐 애씀. ¶봉사 활동. 봉가가격(價格), 봉사대(隊), 봉사료(料), 봉사심(心), 봉사자(者), 봉사정신(精神), 봉사하다; 근로봉사(勤勞), 사회봉사(社會), 사후봉사(事後), 의료봉사(醫療), 자원봉사(自願), 해외봉사(海外).

901) 봉창(奉唱): 경건한 마음으로 노래를 부름. ¶애국가 봉창. 봉창하다.

902) 늘임봉: 타고 올라갈 수 있게 만든 틀에다 철봉 따위를 세운 운동 기구.

903) 봉추(鳳雛): 봉황의 새끼란 뜻으로, 재주와 지략이 뛰어난 소년. 아직 세상에 알려지지 않은 영웅을 비유하는 말.

어들임), 추봉(推捧;돈과 곡식을 물리어서 거두어들임), 친봉(親捧), 필봉(畢捧) 들.

봉(逢) '만나다. 당하다. 맞다'를 뜻하는 말. ¶봉군(逢君), 봉년(逢年), 봉변(逢變;뜻밖의 변이나 망신스러운 일을 당함. 큰코다치다), 봉별(逢別;만남과 헤어짐), 봉복(逢福;복을 만남), 봉수/표(逢受/票), 봉수(逢授), 봉시(逢時;때를 만남), 봉영(逢迎), 봉욕(逢辱;욕된 일을 당함), 봉우(逢遇;우연히 만남), 봉인첩설(逢人輒說), 봉장풍월(逢場風月), 봉적(逢賊), 봉착(逢着)[904], 봉패(逢敗), 봉풍(逢豐), 봉화(逢禍;불행한 변고를 당함); 갱봉(更逢), 뇌봉전별(雷逢電別), 상봉(相逢), 연봉(延逢), 운봉(運逢), 잠봉(暫逢), 재봉(再逢), 조봉(遭逢;遭遇) 들.

봉(蜂) '벌. 벌떼 같이'를 뜻하는 말. ¶봉군(蜂群), 봉기(蜂起)[905], 봉밀(蜂蜜;꿀), 봉방(蜂房), 봉성(蜂聲), 봉소(蜂巢), 봉와(蜂窩;蜂房), 봉왕(蜂王;여왕벌), 봉요(蜂腰;잘록한 허리), 봉의군신(蜂蟻君臣), 봉접(蜂蝶)[탐화봉접(探花)], 봉추(蜂箒;벌을 통에 쓸어 넣는 비), 봉침(蜂針), 봉왕(蜂王); 군봉(群蜂), 도봉(盜蜂), 독봉(毒蜂), 밀봉(蜜蜂), 분봉(分蜂), 양봉(養蜂), 여왕봉(女王蜂), 왕봉(王蜂), 웅봉(雄蜂), 자봉(雌蜂;암벌), 호봉(胡蜂;말벌) 들.

봉(俸) '벼슬아치에게 봉급으로 주던 쌀·보리·명주·돈 따위의 총칭. 녹봉(祿俸). ¶봉급(俸給)[봉급날, 봉급생활/자(生活/者)/봉급자, 봉급일(日), 봉급쟁이], 봉록(俸祿), 봉리(俸利;원금을 나누어 갚는 경우 일정한 비율로 지급하는 이자); 가봉(加俸)[연공가봉(年功)], 감봉(減俸), 고봉(高俸), 관봉(官俸), 녹봉(祿俸), 박봉(薄俸), 벌봉(罰俸), 본봉(本俸), 연봉(年俸), 월봉(月俸), 증봉(增俸), 직봉(職俸), 초봉(初俸), 현봉(現俸), 호봉(號俸) 들.

봉(蓬) '쑥. 텁수룩하다.'를 뜻하는 말. ¶봉두(蓬頭;쑥대강이)[봉두구면(垢面), 봉두난발(蓬頭亂髮)/하다, 봉두역치(歷齒;노인의 용모)], 봉문(蓬門;가난한 사람이나 숨어사는 사람의 집), 봉발(蓬髮), 봉수(蓬首), 봉수구면(蓬首垢面), 봉실(蓬室;가난한 사람의 집. 자기집), 봉애(蓬艾), 봉정(蓬征;정처 없이 떠돌아다님), 봉퉁이[906], 봉필(蓬蓽;蓬室), 봉필생휘(蓬蓽生輝), 봉호(蓬蒿;다북쑥); 마중지봉(麻中之蓬), 비봉(飛蓬;불안정한 모양. 나그네의 외로움), 상봉(霜蓬), 전봉(轉蓬) 들.

봉(縫) '꿰매다'를 뜻하는 말. ¶봉공(縫工), 봉공근(縫工筋), 봉액지의(縫掖之衣), 봉제(縫製;재봉틀 따위로 박아서 만듦)[봉제공(工), 봉제공장(工場), 봉제업(業), 봉제완구(玩具), 봉제품(品)], 봉침(縫針;바늘) 봉합(縫合;꿰매어 붙임)[봉합본(本), 봉합사(絲), 봉합선(線), 봉합침(針), 봉합하다]; 가봉(假縫), 미봉/책(彌縫/策), 재봉(裁縫), 천의무봉(天衣無縫) 들.

봉(鋒) '날카롭다'를 뜻하는 말. ¶봉예하다(鋒銳), 봉인(鋒刃), 봉적(鋒鏑); 검봉(劍鋒), 교봉(交鋒;交戰), 군봉(軍鋒), 기봉(機鋒), 노봉(虜鋒), 노봉(露鋒), 논봉(論鋒), 삼봉낚시(三鋒), 선봉(先鋒), 설봉(舌鋒), 예봉(銳鋒), 은봉(隱鋒), 필봉(筆鋒) 들.

봉(烽) '밤에 올리는 봉화(烽火)'를 뜻하는 말. ¶봉경(烽警), 봉대(烽臺), 봉보(烽堡), 봉소(烽所), 봉수(烽燧)[봉수군(軍), 봉수대(臺), 봉수제(制)], 봉화(烽火)[봉홧대(臺), 봉홧둑, 봉홧불] 들 등.

봉(葑) '줄뿌리'를 뜻하는 말. ¶봉전(葑田;물위에 줄뿌리가 모이고 쌓여서 진흙이 되어 그 곳에 농작물을 가꿀 수 있게 된 논밭).

봉(篷) '뜸(짚·띠·부들 따위의 풀로 거적처럼 엮어 만든 물건). 거룻배'를 뜻하는 말. ¶봉창(篷窓;뜸을 단 배의 창문).

봉(髼) '더벅머리. 머리털이 헝클어진 모양'을 뜻하는 말. ¶봉송하다(髼鬆)[907].

봉곳 약간 소복하게. 약간 높게. 조금 들떠 있게. 〈큰〉봉긋. ¶주발에 담긴 밥이 봉곳 솟아올라 있다. 방바닥 장판이 봉곳하다. 봉곳·봉긋·붕긋하다.

봉노 여러 나그네가 한데 모여 자는 주막집의 가장 큰 방.=봉놋방(房).

봉봉 ①머리나 수염을 제때에 깎지 아니하여 더부룩한 모양. ②벼, 보리, 밀 따위의 이삭이 패어 털이 부실부실한 모양.

봉사 맹인(盲人;시각장애인). ¶봉사 개천 나무란다. 봉사춤(소경 흉내를 내는 병신춤); 당달봉사(청맹과니), 줄봉사(앞 못 보는 이가 잇따라 생기는 일).

봉숭아 봉선화(鳳仙花;봉선화과의 한해살이풀). ¶물봉숭아.

봉오리 ①'꽃봉오리'의 준말. ¶연봉(蓮;연꽃봉오리). ②돋아난 것. ¶맛봉오리(맛을 알아보는 감각기. 미뢰).

봉우리 '산봉우리'의 준말. ¶봉우리에 걸린 구름. 문단의 봉우리에 우뚝 선 시인.

봉죽 일을 꾸리어 나가는 사람을 곁에서 거들어 도와줌.[〈봉죡←봉족(奉足)]. ¶봉죽을 들다(거들어 도와주다). 봉죽꾼, 봉죽하다.

봉지 '바지'의 궁중말. ¶단봉지(임금이나 왕비의 홑바지).

봉창-고지 삯만 받고 음식은 제 것으로 먹으며 일하는 고지.=생먹이(生).

봉창-하다 ①물건을 몰래 모아서 감추어 두다. ¶훔쳐온 물건을 봉창하다. 봉창질/하다. ②손해를 본 것을 벌충하다. ¶전번에 밑진 것을 봉창하다. 빚봉창(빚을 다 갚고 하는 벌충).

봉치 혼인 전에 신랑 집에서 신부 집으로 채단(采緞)과 예장(禮狀)을 보내는 일. 또는 그 물건.[←봉채(封采)]. ¶봉치를 보내다. 봉치는 지금 와서 말했자 소용없지만 첫날밤은 치러야 하네. 봉칫날, 봉칫시루(봉치로 보내는 떡시루), 봉치함(函).

뵘 틈이 생긴 데를 메우거나 받치는 일.=빔' ¶샛바람이 스며드는 문틈을 신문지로 뵘을 하다.

뵤뵤 새 따위가 둥글게 원을 그리며 천천히 도는 모양.

---

904) 봉착(逢着): 맞닥뜨림. 당면함. ¶새로운 국면에 봉착하다. 난관에 봉착하다.

905) 봉기(蜂起): 벌떼처럼 많은 사람이 한꺼번에 들고일어남. ¶봉기하다; 무장봉기(武裝), 군중봉기(群衆), 민중봉기(民衆).

906) 봉퉁이: 쑥에 난 흠집. ¶봉퉁이가 난 쑥.

907) 봉송하다(髼鬆): 머리털이 흩어져 더부룩하고 부수수하다. 〈변〉붕숭하다.

ㅂ

부 기선이나 공장 등에서 내는 굵고 낮은 기적 소리. ¶고동소리를 부 울리며 떠나는 여객선.

부(部) ①사물을 여러 갈래로 나누었을 때의 하나. ¶행사의 제 1부 순서. ②책이나 신문 따위를 세는 데 쓰는 말. ¶5,000부 한정판. 부수(部數), 일 부(一部). ③중앙 행정 부서(部署). 전체 중의 일부'를 뜻하는 말. ¶부국(部局), 부내(部內), 부대(部隊), 부락(部落)[부락공동체(共同體); 산간부락(山間), 자연부락(自然)], 부령(部令), 부류(部類), 부면(部面), 부문(部門;갈라놓은 부류나 영역), 부별(部別), 부보(部譜), 부분(部分)[908], 부서(部署), 부속(部屬), 부수(部首), 부수(部數), 부오(部伍), 부외(部外), 부원(部員), 부위(部位), 부장(部長), 부재(部材), 부족(部族), 부처(部處), 부천(部薦), 부품(部品), 부하(部下;남의 아래에서 그의 명령에 따라 움직이는 사람.↔上官), 부회(部會); 각부(各部), 각부(脚部), 간부(幹部), 견부(肩部), 경부(經部), 경부(頸部), 고정부(固定部), 국부(局部), 군부(軍部), 근부(根部), 근간부(根幹部), 기부(基部), 기단부(基壇部), 남부(南部), 남단부(南端部), 내부(內部), 다육부(多肉部), 대부(大部), 대퇴부(大腿部), 대표부(代表部), 도심부(都心部), 도입부(導入部), 돌출부(突出部), 동부(東部), 동부(胴部), 동부(動部), 두부(頭部), 둔부(臀部), 만곡부(彎曲部), 면부(面部), 목질부(木質部), 물관부(管部), 미부(尾部), 발전부(發展部), 배부(背部), 복부(腹部), 본부(本部), 북부(北部), 북단부(北端部), 사부(篩部), 사령부(司令部), 삼부(三部), 삽입부(揷入部), 상부(上部), 상반부(上半部), 상악부(上顎部), 상층부(上層部), 서부(西部), 서술부(敍述部), 성부(聲部), 세부/적(細部/的), 수뇌부(首腦部), 술부(述部), 심부(深部), 심장부(心臟部), 심층부(深層部), 안부(眼部), 안부(鞍部), 암부(暗部), 연결부(連結部), 엽초부(葉鞘部), 영업부(營業部), 완부(腕部), 외부(外部), 요부(要部), 요부(腰部), 융기부(隆起部), 음부(音部), 음부(陰部), 의미부(意味部), 인후부(咽喉部), 일부(一部), 재판부(裁判部), 저부(低部;낮은 부분), 저압부(低壓部), 전개부(展開部), 전부(全部), 전부(前部), 전반부(前半部), 정부(頂部), 정수부(整數部), 조음부(調音部), 족부(足部), 주무부(主務部), 주변부(周邊部), 주부(主部), 주어부(主語部), 주행부(走行部), 중부(中部), 중간부(中間部), 중심부(中心部), 중앙부(中央部), 중추부(中樞部), 지부(支部), 지도부(指導部), 지핵부(地核部), 지휘부(指揮部), 집행부(執行部), 최심부(最深部), 치부(恥部), 타부(他部), 팽창부(膨脹部), 평원부(平原部), 평탄부(平坦部), 표음부(表音部), 표의부(表意部), 표층부(表層部), 하부(下部), 하반부(下半部), 하복부(下腹部), 하악부(下顎部), 하층부(下層部), 학부(學部), 학예부(學藝部), 환부(患部), 후두부(後頭部), 후반부(後半部), 후부(後部), 흉부(胸部); 광고부/ 정치부/ 출판부/ 교무부 따위의 업무 부서; 교육과학기술부/ 국방부/ 행정자치부 따위의 행정 부처.

908) 부분(部分↔全體): 전체를 이루는 작은 범위. 또는 전체를 몇 개로 나눈 것의 하나. ¶썩은 부분을 잘라내다. 부분감정(鑑定), 부분건망(健忘), 부분그늘, 부분도(圖), 부분부정(否定), 부분사회(社會), 부분색맹(色盲), 부분식(蝕), 부분압력(壓力), 부분월식(月蝕), 부분일식(日蝕), 부분적(的), 부분집합(集合), 부분파업(罷業), 부분품/부품(品), 부분할(割); 대부분(大), 일부분(一).

부(副) '그 직위에 버금가는' 또는 '부차적으로, 덧붙다, 알맞다'를 뜻하는 말.↔주(主), 정(正). ¶부감(副監), 부감각(副感覺), 부감독(副監督), 부감목(副監牧), 부갑상선(副甲狀腺), 부거(副車), 부건(副件), 부고환(副睾丸), 부곡선(副曲線), 부과(副果;헛열매), 부관(副官), 부광물(副鑛物), 부교(副校), 부교감신경(副交感神經), 부교수(副敎授), 부교육감(副敎育監), 부교장(副校長), 부교재(副敎材), 부국장(副局長), 부군(副軍), 부기장(副機長), 부기체(副基體), 부껍질, 부난소(副卵巢), 부단장(副團長), 부도심(副都心), 부독본(副讀本), 부동사(副動詞), 부련(副輦), 부령(副領), 부마(副馬), 부망(副望), 부면장(副面長), 부목(副木), 부반장(副班長), 부방어(副防禦), 부버꾸, 부본(副本), 부비강(副鼻腔), 부사(副詞), 부사(副使), 부사령관(副司令官), 부사수(副射手), 부사장(副社長), 부산물(副産物), 부상(副賞), 부서(副書), 부서(副署), 부성분(副成分), 부소장(副所長), 부수(副守), 부수(副帥), 부수상(副首相), 부수입(副收入), 부수종(副樹種), 부시장(副市長), 부식(副食), 부식물(副食物), 부신(副腎), 부신경(副神經), 부실(副室), 부심(副審), 부아(副芽), 부악(副萼), 부업(副業), 부영사(副領事), 부예산(副豫算), 부원기(副原器), 부원료(副原料), 부원수(副元帥), 부원자가(副原子價), 부원장(副院長), 부위원장(副委員長), 부읍장(副邑長), 부응(副應), 부의식(副意識), 부의장(副議長), 부이사관(副理事官), 부인(副因), 부임무(副任務), 부자재(副資材), 부작용(副作用), 부잠(副蠶), 부장(副長), 부장/품(副葬/品), 부장(副章), 부장(副將), 부저기압(副低氣壓), 부전(副殿), 부전공(副專攻), 부정령(副正領), 부제(副祭), 부제목(副題目)/부제(副題), 부제품(副製品), 부제학(副提學), 부조정실(副調整室), 부조종사(副操縱士), 부주교(副主敎), 부주제(副主題), 부지사(副知事), 부직(副職), 부차(副次;二次)[부차시(視), 부차적(的)], 부척(副尺), 부총리(副總理), 부총장(副總長), 부총재(副總裁), 부통령(副統領), 부포(副砲), 부표제(副標題), 부프로그램(副program), 부항(副港), 부회장(副會長); 정부(正副;으뜸과 버금) 들.

부(夫) 혼인 관계에 있는 남자.↔부(婦). 일부 명사 뒤나 한자어 어근에 붙어 '그러한 일을 하는 남자, 지아비, 사내'임을 나타내는 말. ¶부군(夫君;상대편의 남편), 부권(夫權), 부당(夫黨), 부마(夫馬), 부부(夫婦)[909], 부서(夫壻;남편), 부와(夫瓦;수키와), 부인(夫人)[910], 부일(夫日;부모의 제삿날), 부자(夫子), 부창부수(夫唱婦隨), 부처(夫妻); 가부(家夫), 간병부(看病夫), 간부(姦夫), 간부(間夫;샛서방), 갱내부(坑內夫), 갱부(坑夫), 갱외부(坑外夫), 겁부(怯夫), 고모부(姑母夫), 공부(工夫), 광부(狂夫), 광부(曠夫), 광부(鑛夫), 교부(轎夫;교군꾼), 기부(妓夫;기둥서방), 나부(懦夫;겁이 많은 사내), 노부(老夫), 농부(農夫), 대부(大夫)[공경대부(公卿), 사

909) 부부(夫婦;가시버시): 부부성(星), 부부싸움, 부부애(愛), 부부유별(有別), 부부재산제(財産制), 부부지정(之情); 결발부부(結髮), 노부부(老), 늙은부부, 뜨게부부(정식으로 결혼을 하지 않고, 오다가다 우연히 만나 함께 사는 남녀[←뜨다[8]]), 미혼부부(未婚), 신혼부부(新婚), 젊은부부.

910) 부인(夫人;남의 아내): 공작부인(孔雀), 귀부인(貴), 대부인(大;남의 어머니), 동부인(同夫人), 복부인(福夫人), 부부인(府), 사부인(사돈댁), 신부인(愼), 압채부인(壓寨;도둑의 아내), 영부인(令), 유한부인(有閑), 정경부인(貞敬), 정렬부인(貞烈), 정부인(貞), 정절부인(貞節), 합부인(閤), 현부인(賢).

ㅂ

대부(士), 숭정대부(崇政)], 대장부(大丈夫), 독부(獨夫), 마부(馬夫), 만부(萬夫), 망부(亡夫), 망부석(望夫石), 매부(妹夫), 목부(牧夫), 무부(武夫), 밀부(密夫), 박부(薄夫), 배달부(配達夫), 벌목부(伐木夫), 벌부(筏夫), 범부(凡夫), 병부(病夫), 복부(僕夫), 본부(本夫), 비부(婢夫), 비부(鄙夫), 빙부(氷夫), 사부(私夫), 살수부(撒水夫), 상부/살(喪夫/煞), 선부(先夫), 선부(船夫;뱃사공), 수부(水夫), 안부(雁夫), 애부(愛夫), 야부(野夫), 어부(漁夫), 여필종부(女必從夫), 역부(役夫), 역부(驛夫), 열부(烈夫), 염부(廉夫), 엽부(獵夫), 완부(頑夫), 용부(勇夫), 용부(庸夫), 용부(傭夫), 우부(愚夫), 우체부(郵遞夫), 원예부(園藝夫), 유부(有夫), 인부(人夫), 인력거부(人力車夫), 일부(一夫), 자부(姊夫), 잠수부(潛水夫), 잡부(雜夫), 잡역부(雜役夫), 장부(丈夫), 전부(前夫), 정부(征夫), 정부(情夫), 제부(弟夫), 제탄부(製炭夫), 졸부(拙夫), 졸장부(拙丈夫), 종부(從夫), 차부(車夫), 창부(倡夫), 채탄부(採炭夫)/탄부(炭夫), 천부(賤夫), 철부(哲夫), 청부(廳夫), 청소부(淸掃夫), 체신부(遞信夫), 초부(樵夫), 촌부(村夫), 취사부(炊事夫), 충전부(充塡夫), 필부(匹夫), 하역부(荷役夫), 하조부(荷造夫), 형부(兄夫), 화부(火夫), 환부(鰥夫;홀아비), 후부(後夫) 들.

부(婦) ①혼인 관계에 있는 여자. 곧, 남편의 배우자. 처(妻).↔부(夫). ②일부 명사 뒤나 한자어 어근에 붙어 '그러한 일을 하는(한) 여자. 지어미. 아내. 계집. 며느리'를 나타내는 말. ¶부공(婦功), 부권(婦權), 부녀(婦女), 부당(婦黨), 부덕(婦德), 부도(婦道), 부언(婦言), 부업(婦業), 부옹(婦翁), 부요(婦謠), 부용(婦容), 부유(婦幼), 부인(婦人)[911], 부제(婦弟); 가정부(家庭婦), 간병부(看病婦), 간부(奸婦), 간부(姦婦), 경산부(經産婦), 고부(姑婦), 과부(寡婦)[912], 기부(機婦;베 짜는 여자), 나부(裸婦), 노부(老婦), 농부(農婦), 독부(毒婦), 마랑부(馬郎婦), 매음부(賣淫婦), 매춘부(賣春婦), 명부(命婦), 밀부(密婦), 병부(病婦), 부부(夫婦), 불효부(不孝婦), 산부(産婦), 산욕부(産褥婦), 상부(桑婦), 상부(孀婦), 생질부(甥姪婦), 세탁부(洗濯婦), 소부(少婦), 손부(孫婦), 신부(新婦), 악부(惡婦), 열부(烈婦), 요부(妖婦), 욕부(褥婦), 용부(傭婦), 우부(愚婦), 원부(怨婦), 위안부(慰安婦), 유부(有婦), 유부(幼婦), 의부(義婦), 임부(姙婦), 임산부(姙産婦), 잉부(孕婦), 자부(子婦;며느리), 자부(慈婦), 작부(酌婦), 잠부(蠶婦), 잡역부(雜役婦), 재초부(再醮婦), 전부(田婦), 전부(前婦), 절부(節婦), 접객부(接客婦), 접대부(接待婦), 정부(貞婦), 정부(情婦), 제부(弟婦), 종부(宗婦), 주부(主婦), 주부(酒婦), 증손부(曾孫婦), 직부(織婦), 질부(姪婦), 창부(娼婦), 천부(賤婦), 천업부(賤業婦), 철부(哲婦;어질고 현명한 부인), 청소부(淸掃婦), 초동급부(樵童汲婦), 초부(樵婦), 촌부(村婦), 추업부(醜業婦), 취사부(炊事婦), 탕부(蕩婦), 투부(妬婦), 파출부(派出婦), 필부(匹婦), 필부필부(匹夫匹婦), 한부(悍婦;사나운 여자), 현부(賢婦), 효부(孝婦) 들.

부(附) ①'붙다 · 붙이다. 매이다. 더하다. 의지하다. 주다'를 뜻하는 말. ¶부가(附加;덧붙임)[913], 부과(附過), 부관(附款), 부근(附近;가. 근처. 언저리), 부기(附記), 부기(附驥;후배가 선배 뒤에 붙어 명성을 얻음), 부대(附帶)[914], 부도(附圖), 부록(附錄), 부리(附利), 부서(附書), 부설(附設;딸리어 설치함), 부속(附屬)[915], 부수(附隨)[부수비용(費用), 부수서류(書類), 부수적(的)], 부언(附言;添言), 부여(附與)[부여하다; 동기부여(動機)], 부역(附逆;국가에 반역하는 일에 가담함)[부역자(者), 부역행위(行爲)], 부연(附椽)[916], 부용(附庸), 부용국(附庸國), 부의(附議), 부이어(附耳語), 부익(附益), 부자(附子;바곳의 뿌리), 부적(附籍), 부전(附箋), 부점(附點), 부접(附接)[917], 부족(附族), 부종계약(附從契約), 부착(附/付着;달라붙음)[부착근(根), 부착되다/하다, 부착력(力), 부착어(語), 부착점(點)], 부칙(附則), 부판(附板), 부표(附表), 부표(附標;찌지), 부하다, 부합(附合;주견 없이 경솔하게 남의 의견에 따름), 부항(附缸)[부항단지, 부항항아리], 부화(附和)[918], 부회(附/傅會); 귀부(歸附), 기부(寄附), 내부(內附), 내부(來附), 미부(媚附;아첨하여 달라붙음), 반부(返附), 보험부(保險附), 아부/하다(阿附;남의 비위를 맞추고 알랑거림), 의부(倚/依附), 의부(蟻附), 일부(日附), 첨부(添附), 추부(趨附;남을 붙좇아 따름), 회부(回附). ②날짜를 나타내는 명사 또는 명구 뒤에 붙어 '그 날짜에 효력이 발생함', 일부 명사 뒤에 붙어 '거기에 딸려 있음'을 나타내는 말. ¶권리부(權利附), 금일부(今日附), 기한부(期限附), 며칠부, 배당부(配當附), 보험부(保險附), 시한부(時限附), 신주부(新株附), 오늘부, 이식부(利息附), 이자부(利子附), 조건부(條件附), 추첨부(抽籤附).

부(父) '아버지. 임금. 우두머리'를 뜻하는 말.↔모(母). ¶부계(父系)[919], 부교(父敎), 부군(父君), 부권(父權), 부녀(父女), 부로(父老), 부명(父名), 부명(父命), 부모(父母)[920], 부사(父師), 부상(父喪), 부서(父書), 부선망(父先亡), 부성(父性), 부성애(父性愛), 부업(父業), 부왕(父王), 부음(父音;子音), 부자(父子), 부전자전(父傳子傳), 부제(父帝), 부조(父祖), 부주(父主), 부집존장(父執尊

---

911) 부인(婦人): 부인과(科), 부인모(帽), 부인복(服), 부인용(用), 부인회(會); 귀부인(貴), 안부인(남의 부인), 양부인(洋).

912) 과부(寡婦): 과부댁(宅); 까막과부(남편이 죽은 후, 재혼도 못하고 숫처녀인 채로 있는 여자), 동뢰연과부(同牢宴;혼인한 지 얼마 안 되어 홀로 된 여자), 떼과부, 마당과부, 망문과부(望門;까막과부), 생과부(生), 청상과부(靑孀).

913) 부가(附加): 부가가치/세(價値/稅), 부가금(金), 부가기간(期間), 부가되다/하다, 부가물(物), 부가보험료(保險料), 부가세(稅), 부가원가(原價), 부가자본(資本), 부가적(的), 부가형(刑).

914) 부대(附帶): 주된 일에 곁달아서 붙임. ¶부대면적(面積), 부대범(犯), 부대비(費;딸린 비용), 부대사건(事件), 부대사소(私訴), 부대사업(事業), 부대상고(上告), 부대상소(上訴), 부대설비(設備), 부대세(稅), 부대시설(施設), 부대장비(裝備), 부대조건(條件), 부대청구(請求), 부대항소(抗訴).

915) 부속(附屬): 부속기(器), 부속되다/하다, 부속물(物), 부속병원(病院), 부속서류(書類), 부속성분(成分), 부속실(室), 부속시설(施設), 부속영업(營業), 附屬的), 부속품(品), 부속해(海).

916) 부연(附椽): 들연 끝에 덧얹는 짧고 네모진 서까래. 며느리서까래. ¶부연간판(間板), 부연개판(蓋板), 부연누르개, 부연뱃바닥(단청하는 부연의 밑면), 부연추녀.

917) 부접(附接): 남에게 의지하거나 사귀려고 가까이 다가감. 다른 사람이 따를 만한 성질이나 태도.=붙임성. 부쩝. ¶워낙 성미가 까다로워 아랫사람이 부접을 못하게 한다네. 부접을 못하다(감히 가까이 사귀거나 다가들지 못하다. 한 곳에 붙어 배기지 못하다). 부접되다/하다.

918) 부화(附和): 자기 주견이 없이 남의 의견에 따름. ¶부화뇌동(雷同).

919) 부계(父系): 부계가족(家族), 부계제도(制度), 부계친(親), 부계혈족(血族).

920) 부모(父母): 부모구몰(俱沒), 부모구존(俱存), 부모국(國), 부모상(喪); 계부모(繼), 대부모(大), 바깥부모, 본생부모(本生)/생부모(生), 수양부모(收養), 시부모(媤), 실부모(實), 앙사부모(仰事父母), 양부모(養), 왕부모(王;조부모), 위부모(爲), 장형부모(長兄;맏형의 지위는 부모와 같다는 뜻), 조부모(祖), 처부모(妻), 친부모(親), 학부모(學).

長)/부집(父執), 부처혼(父處婚), 부측(父側), 부친(父親), 부풍모습(父風母習), 부형(父兄)[부형자제(子弟); 거부형(擧), 학부형(學), 현부형(賢)], 부형(父型;아비부 자 모양의 펀치); 계부(季父), 계부(繼父), 교부(敎父), 국부(國父), 군부(君父), 내부(乃父), 노부(老父), 농부(農父), 대부(大父)[증대부(曾)], 대부(代父), 망부(亡父), 백부(伯父), 병부(病父), 빙부(聘父), 사부(師父;스승), 상보(尙父/甫), 생부(生父), 선부(先父), 성부(聖父), 세부(世父), 수양부(收養父), 숙부(叔父), 승어부(勝於父), 시부(媤父), 신부(神父), 악부(岳父), 양부(養父), 어부(漁父), 엄부(嚴父), 엄부(嚴父), 왕부(王父), 유부(猶父;삼촌), 의부(義父), 자부(慈父), 전부(田夫/父), 전부(佃夫), 전부(前夫), 제부(諸父), 조부(祖父), 조부(釣父;낚시질하는 노인), 족부(族父;씨족·부족의 우두머리), 중부(仲父), 친부(親父), 호부(呼父), 호부견자(虎父犬子), 호부호모(呼父呼母), 환부역조(換父易祖) 들.

부(簿) ①'장부(帳簿;금품의 수입과 지출을 기록하는 일 또는 그 책)'을 뜻하는 말. ¶부기(簿記)[921], 부록(簿錄;장부에 기록함), 부외채무(簿外債務), 부적(簿籍), 부책(簿冊), 부첩(簿牒). ②일부 명사나 한자어 어근 뒤에 붙어 '그러한 내용의 장부(帳簿)임'을 나타내는 말. ¶가계부(家計簿), 건명부(件名簿), 계산부(計算簿), 공부(公簿), 공좌부(公座簿), 광업부(鑛業簿), 교적부(敎籍簿), 금란부(金蘭簿), 기록부(記錄簿), 노부(鹵簿), 대출부(貸出簿), 도력부(圖曆簿), 동적부(洞籍), 등기부(登記簿), 등록부(登錄簿), 등부(登簿), 명부(名簿), 묘적부(墓籍簿), 문부(文簿), 번호부(番號簿), 병부(兵簿), 병적부(兵籍簿), 보조장부(補助帳簿), 살생부(殺生簿), 수납부(收納簿), 수발부(受發簿), 수입부(收入簿), 숙박부(宿泊簿), 영명부(靈明簿), 외출부(外出簿), 원부(原簿), 의발부(衣鉢簿), 인감부(印鑑簿), 인명부(人名簿), 인발부(印-簿), 장부(帳簿), 전과부(前科簿), 점귀부(點鬼簿), 접수부(接受簿), 제적부(除籍簿), 지적부(地籍簿), 지출부(支出簿), 진료부(診療簿), 차계부(車計簿), 출근부(出勤簿), 출납부(出納簿), 출석부(出席簿), 치부(置簿)[치부장(帳), 치부책(冊); 원수치부(怨讐置簿)], 침기부(砧基簿), 통신부(通信簿), 필적부(筆跡簿), 학령부(學齡簿), 학적부(學籍簿), 호적부(戶籍簿) 들.

부(浮) '물이나 공기 중에 뜨다. 떠돌아다니다. 헛되다'를 뜻하는 말. ¶부각하다/되다(浮刻), 부객(浮客), 부경하다(浮輕), 부광(浮鑛), 부교(浮橋), 부구(浮漚), 부근(浮根), 부기(浮氣)[922], 부낭(浮囊), 부늑골(浮肋骨), 부대(浮袋), 부대(浮貸), 부도(浮屠/圖), 부동(浮動)[부동성(性), 부동주(株), 부동표(票;뜨내기표)], 부랑(浮浪)[923], 부력(浮力;뜰힘), 부류(浮流), 부말(浮沫), 부맥(浮麥), 부맥(浮脈), 부명(浮名), 부목(浮木), 부문(浮文), 부민(浮民), 부박하다(浮薄), 부방파제(浮防波堤), 부빙(浮氷), 부삽하다(浮澁;반죽 같은 것이 단단하지 아니하고 부슬부슬하다), 부상하다(浮上), 부생(浮生;덧없는 인생), 부석(浮石), 부선(浮選), 부설(浮說), 부세(浮世), 부심(浮心), 부유(浮游), 부조(浮彫), 부침(浮沈), 부양(浮揚;가라앉은 것이 떠오름), 부어(浮魚), 부언(浮言), 부엽(浮葉), 부영(浮榮), 부운(浮雲), 부유(浮遊/游)[924], 부잔교(浮棧橋), 부잡하다(浮雜), 부조(浮彫;돋을새김), 부조(浮躁), 부조(浮藻), 부종(浮腫), 부증(浮症), 부지(浮紙), 부척(浮尺), 부체(浮體), 부침(浮沈)[925], 부칭(浮秤), 부탄(浮誕;들떠서 잡되고 허황함), 부판(浮板), 부평초(浮萍草), 부포대(浮砲臺), 부표(浮漂)[926], 부표(浮標)[927], 부행신(浮行神), 부허(浮虛), 부화(浮華), 부황(浮黃)[928]; 경부하다(輕浮) 들.

부(富) ①많은 재화. 특정한 경제 주체에 속하는 재화(財貨)의 총체. ¶부의 창출. 부를 축적하다. ②'넉넉하다·넉넉하게 하다'를 뜻하는 말.↔빈(貧). ¶부가(富家), 부가옹(富家翁), 부강(富强), 부고(富賈), 부골(富骨), 부광(富鑛)[부광대(帶), 부광체(體)], 부교(富驕;재산을 믿고 부리는 교만), 부국(富局), 부국/강병(富國/强兵), 부귀(富貴)[929], 부농/가(富農/家), 부대(富大;몸집이 뚱뚱하고 큼), 부력(富力), 부명(富名), 부민(富民), 부배합(富配合), 부병(富兵), 부상(富商), 부섬하다(富贍), 부성하다(富盛), 부세(富歲), 부식(富殖), 부연하다(富衍), 부영양호(富營養湖), 부영양화(富營養化), 부옹(富翁), 부요(富饒), 부원(富源), 부유천하(富有天下), 부유하다(富裕), 부유(富有), 부윤(富潤), 부윤옥(富潤屋), 부익부(富益富), 부자(富者)[930], 부촌(富村), 부티(부유하게 보이는 모습이나 태도), 부하다, 부호(富豪;부자), 부호(富戶), 부화(富華), 부화(富化); 갑부(甲富), 거부(巨富), 국부(國富), 대부(大富), 빈부(貧富), 섬부(贍富), 소부(小富), 수부(首富), 수부다남자(壽富多男子), 외부내빈(外富內貧), 요부(饒富), 은부(殷富), 졸부(猝富), 치부(致富), 폭부(暴富), 풍부하다(豊富), 호부(豪富) 들.

부(符) '들어맞다. 부호(符號). 부적(符籍)·증서(證書)'를 뜻하는 말. ¶부동(符同), 부새(符璽), 부서(符書), 부신(符信), 부응(符應), 부적(符籍)[931], 부절(符節)[932], 부참(符讖), 부패(符牌), 부합(符

---

921) 부기(簿記): 부기방망이, 부기법(法), 부기장(帳), 부기학(學); 공업부기(工業), 농업부기(農業), 단식부기(單式), 복식부기(複式), 사개부기(四介), 상업부기(商業), 은행부기(銀行).

922) 부기(浮氣): 부증(浮症;붓는 병)으로 부은 상태. ¶부기가 내리다. 부기가 빠지다.

923) 부랑(浮浪): 일정한 살 곳이나 직업이 없이 떠돌아다님. ¶부랑무식하다(無識), 부랑배(輩), 부랑아(兒), 부랑자(者), 부랑자제(子弟), 부랑패(牌), 부랑패류(悖類), 부랑하다.

924) 부유(浮游/遊): 공중이나 물 위에 떠다님. 여기저기 놀며 다님. 갈 곳을 정하지 않고 떠돌아다님. ¶부유기관(器官), 부유기뢰(機雷), 부유물(物), 부유생물(生物), 부유선광(選鑛), 부유식물(植物).

925) 부침(浮沈): ①물위에 떠올랐다 잠겼다함. ②성(盛)하고 쇠(衰)함. 인생의 기복이나 세상의 변천을 뜻하는 말. ¶부침이 심한 인생.

926) 부표(浮漂): 물 위에 떠서 이리저리 마구 떠돌아다님. ¶부표수뢰(水雷), 부표생물(生物), 부표식물(植物).

927) 부표(浮標): 물위에 띄워 어떤 표적으로 삼는 물건. 배의 안전 항해를 위하여 설치하는 항로 표지(띄움표). ¶부표갈고리, 부표등(燈); 계류부표(繫留), 계선부표(繫船), 구난부표(救難), 구명부표(救命), 전용부표(專用).

928) 부황(浮黃): 오래 굶주려 살가죽이 들떠서 붓고 누렇게 되는 병. ¶부황이 들다. 보릿고개라 하도 못 먹어 부황이 나고 굶주림에 지쳐 흙을 파먹는 사람들도 있었다. 부황나다, 부황병(病), 부황증(症).

929) 부귀(富貴): 부귀가(家), 부귀공명(功名), 부귀영달(榮達), 부귀영화(榮華), 부귀재천(在天), 부귀하다, 부귀화(花;모란꽃); 안향부귀(安享;부귀를 평안하게 누림), 장명부귀(長命), 졸부귀(猝).

930) 부자(富者): 돈이나 재산이 많은 사람. ¶그는 우리 마을에서 손꼽히는 부자다. 부잣집, 부자촌(村); 갑작부자, 난부자든거지, 든부자(겉으로는 거지같아 보이지만 부자인 사람), 딸부자(딸이 많은 집), 벼락부자(갑작부자), 알부자.

931) 부적(符籍): 악귀(惡鬼)나 잡신을 쫓기 위하여 붉은색으로 야릇한 글자나 모양을 그린 종이. 집에 붙이거나 몸에 지니고 다니거나 함. ¶단오부

ㅂ

合), 부험(符驗), 부호(符號)[933]; 각부(刻符), 감탄부(感歎符), 결자부(缺字符), 괄호부(括弧符;묶음표), 귀결부(歸結符), 단오부(端午符), 동부(同符), 면죄부(免罪符), 명실상부(名實相符), 발음부(發音符), 방향부(方向符), 백분부(百分符), 병부(兵符), 삽입부(挿入符), 상부(相符), 생략부(省略符), 소수부(小數符), 소어부(小語符), 수호부(守護符), 신부(神符), 양벽부(禳辟符), 연결부(連結符), 연음부(連音符), 은자부(隱字符), 은중부(恩重符), 음부(音符), 의문부(疑問符), 이유부(理由符), 인속부(引續符), 인용부(引用符), 잠재부(潛在符), 장음부(長音符), 접합부(接合符), 정류부(停留符), 종지부(終止符), 중지부(中止符), 천부인(天符印), 통부(通符), 패부(佩符), 현재부(顯在符), 호부(護符), 호신부(護身符), 휴식부(休息符), 휴지부(休止符), 휴부(休符;쉼표) 들.

부(賦) '구실[조세(租稅)]. 주다. 받다 · 천생으로 태어나다. 매기다. 읊다. 한시체의 하나'를 뜻하는 말. ¶부객(賦客), 부공(賦貢), 부과(賦課)[부과금(金), 부과하다], 부금(賦金), 부납(賦納), 부렴(賦斂)[박부렴(薄;조세를 적게 거둠), 부명(賦命), 부불(賦拂), 부서(賦序), 부세(賦稅), 부여(賦與), 부역(賦役), 부존(賦存;천부적으로 존재하는 일)[부존자원(賦存資源), 부존하다], 부질(賦質;天質), 부채(賦/傅彩), 부형약(賦形藥), 부활(賦活); 공부(貢賦), 배부(配賦), 분부(分賦), 사부(詞賦), 삼부(三賦;租 · 庸 · 調), 세부(稅賦), 시부(詩賦), 연부/금(年賦/金), 월부(月賦), 율부(律賦), 일부(日賦), ∞부[대춘부(待春賦), 별부(別賦;이별의 노래), 적벽부(赤壁賦)], 주부(注賦;부어 넣어줌), 천부(天賦), 품부(稟賦), 할부(割賦) 들.

부(付) '주다 · 건네다. 부탁하다. 부치다'를 뜻하는 말. ¶부마(付魔;귀신이 들림), 부벽(付壁;벽에 붙이는 그림이나 글씨), 부상(付上;윗사람에게 편지나 물건을 부쳐 드림), 부서(付書;편지를 부침), 부송(付送), 부종(付種), 부지(付紙), 부직(付職;직업을 가지게 됨), 부탁(付託)[신신부탁(申申)], 부표(付票), 부황(付黃); 결부(結付), 교부(交付/附;내어 줌. 물건의 인도), 급부(給付), 납부(納付/附), 단부(單付), 대부(貸付), 대부금(貸付金), 도부(到付)[도부꾼, 도붓장사, 도붓장수], 반대급부(反對給付), 발부하다(發付), 방부(房付), 배부(配付), 별부(別付), 분부(分付), 송부(送付), 수부종(水付種), 순부(順付), 식부(植付), 압부(押付), 영부(領付), 위부(委付), 이부(利付/附), 작부(作付), 첨부(貼付), 판부(判付), 하부(下付), 환부(還付) 들.

부(否) '아님'을 나타내는 말. 의안 표결에서 불찬성을 표시.↔가(可). 시(是). ¶부결(否決), 부인(否認), 부정(否定)[934], 부편(否便), 부표(否票); 가부(可否), 거부(拒否), 낙부(諾否), 당부(當否), 선부(善否), 성부(成否), 신부(信否), 실부(實否), 안부(安否), 양부(良否), 여부(與否), 연부(然否), 적부(的否), 적부(適否), 정부(正否), 존부(存否), 진부(眞否), 찬부(贊否), 채부(採否), 허부(許否), 현부(顯否;나타남과 나타나지 아니함), 호부(好否). §'나쁘다. 막히다'의 뜻으로 쓰일 때는 [비]로 읽힘. ¶비운(否運;나쁜 운수), 비색(否塞;운수가 꽉 막힘).

부(府) '곳집. 관청(官廳). 고을. 가슴'을 뜻하는 말. ¶부군(府君), 부군당(府君堂), 부사(府使), 부중(府中), 부처(府處), 부하(府下); 관부(官府), 군부(軍府), 권부(權府), 도부(都府), 막부(幕府), 명부(冥府;저승), 본부(本府), 비부(秘府), 삼부(三府;행정부, 사법부, 입법부), 상부(上府), 성부(城府), 수부(水府), 수부(首府), 어부(御府;임금의 물건을 넣어두는 곳집), 운부(韻府;韻目을 모아 놓은 책), 원부(怨府;원한이 쏠리는 기관), 음부(陰府;저승), 정부(政府), 영부(靈府;마음), 천부(天府), 하부(下俯), 학부(學府)[최고학부(最高)], 흉부(胸府) 들.

부(負) '(짐을) 지다. 떠맡다. 빚을 지다. 전쟁에서 지다. 믿다'를 뜻하는 말. ¶부급(負笈;타향으로 공부하러 감), 부담(負擔)[935], 부대(負袋;큰 자루), 부목(負木;절에서 땔나무를 공급하는 사람), 부상(負商), 부상(負傷), 부설지로(負絏之勞), 부압(負壓), 부약(負約), 부역(負役), 부채(負債;빚을 짐)[부채감사(監査), 부채비율(比率), 부채액(額), 부채자(者)], 부촉매(負觸媒), 부판(負板), 부판(負版), 부판(負販), 부하(負荷)[936]; 긍부(矜負), 담부(擔負), 보부상(褓負商), 석부(釋負), 소부(所負), 승부(勝負), 인부(人負), 자부하다(自負), 자부심(自負心), 정부(正負;청부(請負), 포부(抱負) 들.

부(腐) '썩다'를 뜻하는 말. ¶부각(腐刻), 부골(腐骨), 부니/암(腐泥/岩), 부란(腐爛), 부목(腐木), 부생(腐生), 부식(腐植)[937], 부식(腐蝕)[938], 부식(腐食)[부식성/동물(腐食性/動物)], 부심(腐心)[절치부심(切齒)], 부엽토(腐葉土), 부유(腐儒), 부육(腐肉), 부패(腐敗)[939]; 두부(豆腐), 방부(防腐), 방부제(防腐劑), 유부(油腐), 진부하다(陳腐), 초목동부(草木同腐), 환부작신(換腐作新) 들.

부(扶) '돕다. 붙들다'를 뜻하는 말. ¶부로(扶老), 부상/국(扶桑/國;해가 뜨는 동쪽 바다/나라), 부시(扶侍), 부식(扶植)[940], 부액(扶

적(端午).

932) 부절(符節): 돌이나 대나무쪽으로 만든 부신(符信). 신표(信標). ¶여합부절(如合).

933) 부호(符號): 문장부호(文章), 발음부호(發音), 복부호(復), 양부호(陽), 음부호(陰), 전신부호(電信), 주음부호(主音), 호출부호(呼出), 화학부호(化學).

934) 부정(否定.↔肯定): 부정명제(命題), 부정문(文), 부정어(語), 부정적/개념(的/槪念), 부정판단(判斷); 부분부정(部分), 자기부정(自己).

935) 부담(負擔): 어떤 의무나 책임을 짐. ¶부담을 덜다. 정신적인 부담이 크다. 부담감(感), 부담금(金), 부담농(籠;말에 실어 운반하는 농짝), 부담되다/스럽다/하다, 부담마(馬), 부담부분(部分), 부담부유증(負擔附遺贈), 부담부증여(負擔附贈與), 부담액(額), 부담자(者), 부담틀(부담농을 말 잔등에 매는 틀); 공용부담(公用), 수익자부담(受益者), 자부담(自).

936) 부하(負荷): 짐을 짐. 일을 맡김. 임금의 맡은 직책. 원동기에서 나오는 에너지를 소비하는 것. 전자회로에서 출력을 내기 위한 장치. ¶부하가 걸리다. 부하곡선(曲線), 부하되다/하다, 부하시(時), 부하시험(試驗), 부하율(率), 부하저항(抵抗), 부하차단기(遮斷器); 과부하(過).

937) 부식(腐植): 동식물이 흙속에서 썩어, 불완전하게 분해하여 이루어진 흑갈색의 물질. ¶부식니(泥), 부식영양호(營養湖), 부식질(質;부식바탕), 부식토(土), 부식화/되다/하다(化).

938) 부식(腐蝕): 썩어서 문드러지는 것. 금속이 외부로부터의 화학 작용에 의해서 금속이 아닌 상태로 되어 소모되어 가는 현상. 암석이 물과 공기의 작용으로 화학적 변화를 일으키는 현상. ¶동판(銅版)을 부식하다. 부식기(機), 부식동판(銅版;etching), 부식되다/하다, 부식성(性), 부식억제제(抑制劑), 부식요법(療法), 부식작용(作用), 부식제(劑); 자연부식(自然), 전해부식(電解).

939) 부패(腐敗): 미생물이 작용하여 질소를 품고 있는 단백질이나 지방 따위의 유기물이 분해되는 과정. 또는 그런 현상. 정치, 사상, 의식 따위가 타락함. ¶음식물이 부패되다. 정치적 부패. 부패를 척결하다. 부패균(菌), 부패되다/하다, 부패물(物), 부패병(病), 부패상(相), 부패성(性), 부패열(熱), 부패지수(指數).

ㅂ

腋), 부양(扶養)[941], 부육(扶育), 부조(扶助)[942], 부지(扶支/持), 부호(扶護); 상부상조(相扶相助), 협부(挾扶;곁에서 힘을 모아 도와줌) 들.

부(俯) '굽어보다'를 뜻하는 말. ¶부각(俯角), 부감(俯瞰;높은 곳에서 내려다봄), 부감도(俯瞰圖), 부관(俯觀), 부복(俯伏), 부수청령(俯首聽令), 부시(俯視), 부앙(俯仰;굽어보고 우러러봄), 부찰(俯察), 부청(俯聽;공손한 태도로 주의 깊게 들음), 부항(俯項); 앙부(仰俯), 앙천부지(仰天俯地) 들.

부(斧) '도끼'를 뜻하는 말. ¶부근(斧斤), 부석(斧石), 부월(斧鉞), 부족류(斧足類); 귀부(鬼斧;신기한 연장이나 훌륭한 솜씨), 대부(大斧), 미부(眉斧;미인의 눈썹), 석부(石斧;돌도끼), 악부(握斧;주먹도끼), 전부(戰斧), 투부(鬪斧) 들.

부(膚) '살갗. 겉껍질. 지식이 천박하다'를 뜻하는 말. ¶부견(膚見), 부수지소(膚受之愬), 부천(膚淺), 부학(膚學); 기부(肌膚), 빙부(氷膚), 설부(雪膚), 설부화용(雪膚花容), 신체발부(身體髮膚), 옥부(玉膚), 완부(完膚), 절부(切膚), 피부(皮膚) 들.

부(訃) '죽음을 알리는 통지[부고(訃告)]'를 뜻하는 말. ¶부고(訃告), 부문(訃聞), 부보(訃報), 부음(訃音); 고부(告訃), 승부(承訃), 통부(通訃) 들.

부(釜) '솥 · 가마'를 뜻하는 말. ¶부정지속(釜鼎之屬), 부중어(釜中魚), 부중생어(釜中生魚), 부호수(釜戶手); 앙부일영(仰釜日影), 염부(鹽釜), 와부(瓦釜), 파부침선(破釜沈船) 들.

부(剖) '쪼개다. 가르다'를 뜻하는 말. ¶부검(剖檢), 부결(剖決), 부관참시(剖棺斬屍), 부석(剖析;쪼개어 가름. 해결함), 부판(剖判); 해부(解剖)[해부도(圖), 해부학(學)] 들.

부(祔) '합사하다(合祀;둘 이상의 죽은이의 혼을 한 곳에 모아 제사함)'를 뜻하는 말. ¶부우(祔右), 부제(祔祭), 부좌(祔左); 반부(班祔), 합부(合祔;合葬) 들.

부(掊) '그러모으다(가렴주구하다)'를 뜻하는 말. ¶부극(掊克;권세를 믿고 함부로 금품을 거둠. 부당한 징수로 백성을 착취함).

부(趺) '책상다리하다. 받침돌'을 뜻하는 말. ¶부방(趺方), 부좌(趺坐;부처의 앉음새); 석부(石趺); 가부좌(跏趺坐), 귀부(龜趺;거북 모양으로 만든 받침돌) 들.

부(傅) '스승. 시중들다'를 뜻하는 말. ¶부생지론(傅生之論), 부어(傅御); 대부(大傅), 사부(師傅), 세자부(世子傅), 왕손교부(王孫敎傅), 태부(太傅) 들.

부(跗) '발등(발의 위쪽). 받침'을 뜻하는 말. ¶부골(跗骨), 부전골(跗前骨), 부절(跗節;발목마디), 부좌(跗坐;그릇을 올려놓는 받침), 부척(跗蹠) 들.

부(麩) '밀기울(밀을 빻아 밀가루를 빼고 남은 찌끼)'를 뜻하는 말. ¶부시(麩豉;밀기울로 만든 된장), 부질(麩質), 부초(麩炒;약재를 밀기울과 함께 볶는 일); 맥부(麥麩;밀기울) 들.

부(敷) '펴다. 두루 · 널리'를 뜻하는 말. ¶부망(敷網), 부설(敷設)[943], 부연(敷衍), 부지(敷地;터. 대지)[부지선정(選定); 건축부지(建築), 고수부지(高水)], 부토(敷土) 들.

부(駙) '곁마(예비로 함께 몰고 다니는 말)'을 뜻하는 말. ¶부마로 삼다. 부마(駙馬;임금의 사위)[부마국(國), 부마도위(都尉)].

부(仆) '넘어지다'를 뜻하는 말. ¶부도(仆倒;서 있던 것이 넘어짐), 부송(付送); 전부(顚仆) 들.

부(缶) '장군(액체를 담는 그릇)'을 뜻하는 말. ¶부기(缶器); 수부(水缶;물장군), 토부(土缶).

부(芙) '연꽃. 미인(美人)'을 뜻하는 말. ¶부용(芙蓉)[부용자(姿), 부용장(帳), 부용향(香), 부용화(花); 목부용(木)] 들.

부(阜) '돋아난 곳. 돌기'를 뜻하는 말. ¶고부(高阜;높은 언덕), 누부(淚阜), 음부(陰阜;불두덩) 들.

부(俘) '적을 산 채로 잡다(사로잡다)'를 뜻하는 말. ¶부로(俘虜), 부수(俘囚), 부획(俘獲;捕虜) 들.

부(罘) '그물. 덮치다'를 뜻하는 말. ¶부망(罘網), 부시(罘罳;새가 앉지 못하게 전각의 처마에 치는 철망) 들.

부(赴) '다다르다. 나아가다'를 뜻하는 말. ¶부거(赴擧), 부소(赴召), 부역(赴役), 부임(赴任) 들.

부(埠) '배를 대는 바닷가'를 뜻하는 말. ¶부두(埠頭≒船艙), 부둣가, 부두꾼.

부(鳧) '오리. 오리 모양'을 뜻하는 말. ¶부옹(鳧翁), 부준(鳧樽;물오리 모양의 술잔), 부추작약(鳧趨雀躍) 들.

부(腑) '내장(오장육부). 마음'을 뜻하는 말. ¶부장(腑臟); 오장육부(五臟六腑)/장부(臟腑), 위부(胃腑), 폐부(肺腑) 들.

부(蔀) '거적. 볕가리개'를 뜻하는 말. ¶부옥(蔀屋;풀로 지붕을 인 오막살이집).

부(蜉) '하루살이'를 뜻하는 말. ¶부유(蜉蝣;하루살이), 부유인생(蜉蝣人生) 들.

부(孵) '알을 까다'를 뜻하는 말. ¶부란/기(孵卵/器), 부화(孵化)[944].

부(賻) '초상집에 보내는 돈이나 물품(부의)'를 뜻하는 말. ¶부의/금(賻儀/金); 조부(弔賻) 들.

940) 부식(扶植): 뿌리를 박아 심는다는 뜻으로, 어떠한 곳에 영향력이나 힘의 기틀을 마련함. 도와서 서게 함. ¶당내(黨內)에 세력을 부식하다. 부식강상(扶植綱常;인륜의 길을 바로 세움)/하다.

941) 부양(扶養): 생활 능력이 없는 사람의 생활을 돌봄. ¶가족을 부양하다. 부양가족(家族), 부양료(料), 부양비(費), 부양의무(義務), 부양책(策).

942) 부조(扶助): 부조금(金), 부좃돈, 부좃술, 부좃일/꾼; 공적부조(公的), 국가부조(國家), 말부조(말로 남을 도와줌).

943) 부설(敷設): 철도 · 해저 전선 · 기뢰 따위를 설치함. ¶철도를 부설하다. 부설권(權), 부설함(艦).

944) 부화(孵化): 동물의 알 속에서 새끼가 껍질을 깨고 밖으로 나옴.=알까기. ¶부화기(器), 부화되다/하다, 부화방류/하다(放流), 부화실(室), 부화율(率), 부화장(場), 부화지(池), 부화효소(酵素); 모계부화(母系), 인공부화(人工), 전기부화(電氣).

부각 다시마에 찹쌀 풀을 발라 말렸다가 기름에 튀긴 반찬. ¶부각을 '다시마자반(비표준말)'이라고 한다. '튀각'은 '부각'과 달리 아무 것도 바르지 않고 튀긴 것이다. 감자부각[945], 김부각.

부개비-잡히다 하도 졸라서 하기 싫은 일을 마지못해 하게 되다. ¶내가 하고 싶어서 하는 게 아니라 부개비잡혀서 이 고생을 하고 있다. § '부개(비)'는 짚으로 만들어 물건을 담는 도구.

부검지 짚의 잔 부스러기.≒지푸라기. ¶부검지여물(흙과 섞어서 미장 재료로 쓰는 부검지).

부구 차꼬막이(용마루의 양쪽으로 끼우는 수키왓장) 위에 이중으로 얹는 기와. ¶부구를 얹은 지붕. 방화수류정은 지붕이 부구로 덮여져서 매우 웅장하다.

부기 세상일에 어둡고 사람의 마음을 알아차리지 못하는 어리석은 사람.=북숭이.≒바보. ¶저런 부기한테 심부름을 시키다니.

부꾸미 찹쌀가루 · 밀가루 · 수수가루 따위를 반죽하여 넓고 둥글게 번철에 지진 떡. 전병(煎餠). ¶꽃부꾸미[화전(花煎)], 수수부꾸미, 찰부꾸미 들.

부끄럽(다) 자기의 결점이나 양심에 거리낌이 있어 떳떳하지 못하다. 스스러움을 느끼어 수줍다.≒창피하다. 수치스럽다(羞恥). 〈작〉바끄럽다.[←부끌+-업다]. ¶내가 그런 짓을 했다니 부끄러운 일이다. 남 앞에 나서기를 부끄러워하다. 부끄러움/부끄럼 · 바끄러움/바끄럼, 부끄럼성/스럽다(性), 부끄리(부끄러운 곳 즉 '생식기'를 일컫는 말), 바끄러워 · 부끄러워하다, 부끄러이; 남부끄럽다, 낯부끄럽다, 손부끄럽다, 잔부끄러움/잔부끄림(사소한 일에도 잘 부끄러워하는 일). ☞ 치(恥). 괴(愧).

부대끼(다) 무엇에 시달려서 괴로움을 당하다. ☞ 대끼다[←닿다].

부드드-하다 인색하여 잔뜩 움켜쥐고 내놓지 않으려는 태도가 있다. 〈센〉뿌드드하다. ¶부드드하게 돈에 집착하다.

부들[1] 부들과의 여러해살이풀. ¶부들김치(부들의 어린 싹으로 담근 김치), 부들방석(方席), 부들부채, 부들자리.

부들[2] 명주실이나 무명실로 꼬아서 매듭지어 놓은 줄. 가야금이나 거문고의 현을 잇는 데 씀.=부들고.

부들기 잇댄 부분의 뿌리 쪽. ¶어깻부들기(어깨의 뿌리 또는 언저리. 팔의 어깨에 닿은 부분), 젓부들기(짐승 젖가슴의 살코기).

부들이 서까래의 끝 부분을 위로 휘어 오른 듯하게 깎은 부분. ¶부들이를 뽑다.

부듯-하다 ①기쁨이나 감격이 마음에 가득차서 벅차다. 〈센〉뿌듯하다. ¶가슴 부듯한 이야기. ②불룩하다. ¶부듯한 돈 봉투.

부디[1] 인사나 권유할 때 간곡한 바람을 나타내는 말. 바라건대 꼭. ≒기어이. 꼭. 아무쪼록. 제발. ¶부디 건강하시기 바랍니다. 부디부디. [+사태에 대한 희망].

945) 감자부각: 감자를 얇게 저며 끓는 소금물에 데쳐, 식혀 말려 두었다가 기름에 튀긴 반찬.

부디[2] 하필. 구태여. ¶부디 이런 날 일할 건 뭐람.

부디기 삶은 국수 따위를 가마에서 건져내는 기구.

부딪(다) 물체와 물체가 세게 마주 닿다. 또는 힘 있게 마주 대다. ≒충돌하다. ¶벽에 몸을 부딪다. 부딪뜨리다/트리다, 부딪치다('부딪다'의 힘줌말)/치이다('부딪치다'의 피동사), 부딪히다('부딪다'의 피동사. 예상 못한 상황에 직면하다), 부닥뜨리다/트리다, 부닥치다[946]; 내부딪다, 내부딪뜨리다/트리다, 내부딪치다, 내부딪히다, 들부딪다, 맞부딪다, 맞부딪뜨리다/트리다, 맞부딪치다, 맞부딪히다 들.

부뚜 타작마당에서 티끌을 날리기 위하여 바람을 일으키는 데 쓰는 돗자리.[〈붓돗←붗/부치(다)+돗(자리)]. ¶부뚜로 나락을 일다. 부뚜손(부뚜의 양 끝에 덧댄 짧고 둥근 막대), 부뚜질/하다.

부뚜막 솥을 걸어 놓는 아궁이 위의 펀펀한 언저리. ¶부뚜막의 소금도 집어넣어야 짜다. 부뚜막장단, 부뚜막신(神), 붇걸이[947], 햇부뚜막(한뎃부뚜막).

부라 대장간에서 풀무질을 할 때 '불을 불어라'하고 시키는 소리. ¶부라부라, 부라질(젖먹이 겨드랑이를 잡고 좌우로 흔드는 운동. 몸을 좌우로 흔드는 짓)/하다.

부라리(다) 눈을 크게 뜨고 눈망울을 사납게 굴리다. 〈작〉보라리다. ¶눈을 부라리며 소리를 치다. 눈알을 부라리다(화가 나서 눈을 크게 뜨고 눈알을 사납게 굴리다).

부라퀴 ①몹시 야물고도 암팡스러운 사람. ¶그 부라퀴는 그 많은 일을 혼자 힘으로 해냈다. ②자신에게 이로운 일이면 기를 쓰고 덤벼드는 사람(경우가 없거나 버릇이 없는 사람). ¶그는 돈이 되는 일에는 부라퀴가 된다. [←불+악귀(惡鬼)]

부러 실없는 거짓으로. 짐짓.≒우정[948]. 우야. ¶부러 유쾌한 표정을 짓다. 부러 화를 내다. 일부러[949].

부러-지다 길이를 가진 단단한 물체가 꺾이어서 둘로 겹쳐지거나 잘라지다.≒동강나다. 깨지다. ¶나무가 부러지다. 부러진 칼자루에 옻칠하기. 기둥에 부딪혀 이빨을 부러뜨렸다. 연필심을 부러뜨리다. 허리가 부러질 정도로 열심히 일했다. 부러뜨리다/트리다(분지르다/부지르다).

부럭 ①어떤 감정이나 기운이 끓어오르는 모양. ②착잡하거나 언짢은 감정이 뒤섞여 들볶이는 모양.

부럼 음력 정월 보름날 새벽에 까먹는 땅콩 · 호두 · 잣 · 밤 따위. ¶부럼을 딱하고 깨물다. 부럼먹기.

부럽(다) 남의 잘 되는 것이나 좋은 것을 보고 자기도 그렇게 되

946) 부닥치다: 몸에 부딪히어 닥치다. 문제나 반대에 직면하다. ¶머리가 벽에 부닥치다. 일이 난관에 부닥치다.
947) 붇걸이: 솥이 부뚜막에 걸리도록 받침으로 대는 길쭉한 쇠붙이나 돌.
948) 우정: '일부러'의 경기 사투리. ¶그는 나를 우정 외면하는 듯했다.
949) 일부러: ①마음먹고 일삼아서. ¶일부러 만나자고 한다. 일부러 오시다니. ②알면서도 굳이.=고의로. ¶일부로 한 짓이다. ③꾸며서 거짓으로.=짐짓. ¶일부러 모른 척한다.

ㅂ

고 싶고 가지고 싶은 생각이 많다.[←부러/브러(ᄒᆞ다)+업다]. ≒탐나다. 욕심나다. ¶부러움, 부러워하다; 남부럽다, 남부럽잖다.

부레 물고기의 뱃속에 있는 공기 주머니. ¶부레끓다/끓이다(몹시 성이 나다), 부레뜸[950], 부레옥잠(玉簪), 부레저냐, 부레질(부레풀로 물건을 붙이는 일)/하다, 부레찜, 부레풀[어교(魚膠)]; 구명부레(救命) 들.

부루¹ '상추'의 옛말. ¶부룻동(상추의 줄기), 부룻동나물.

부루² 한꺼번에 없애버리지 않고 오래 가도록.[←붇(다)+우]. ¶식량을 절약하여 부루 먹다. 용돈을 부루 쓰다. 부루나가다(써서 없어질 때가 된 물건이 조금 남아 있게 되다).

부룩 곡식이나 채소를 심은 밭두둑 사이나 빈틈에 다른 농작물을 듬성듬성 심는 일. ≒대우. 간종(間種). 머드레. ¶부룩을 박다(부룩치다).

부룩- '길들지 않은'을 뜻하는 말. ¶부룩소(작은 수소), 부룩송아지(아직 길들지 아니한 송아지. 부루기); 엇부루기(아직 큰 소가 되지 못한 수송아지).

부룩부룩 어떤 기세가 줄지 않고 일어나는 모양. ¶화가 부룩부룩 나다.

부릇 무더기로 놓인 물건의 부피. ¶쌀가마의 부릇이 엄청나게 크다.

부르- 용언에 붙어 '힘차게. 거칠게. 굳세게'를 뜻하는 말. ¶부르감다(눈을 힘주어 감다), 부르걷다[951], 부르대다(떠들다)[952], 부르돋다(우뚝하고 굳세게 돋다)/돋치다, 바르 · 부르쥐다(힘을 들여 쥐다), 부르짖다[953], 부르짖음, 부릅뜨다[954] 들.

부르(다)¹ 말이나 행동으로 남을 오라고 하다. 만나자고 찾다. 물건 값을 말하다. 곡조에 맞추어 입으로 소리를 내다. 소리 내어 외치다. 일컫다(~라고 말하다). ¶소리쳐 사람을 부르다. 비싸게 부르다. 노래를 부르다. 만세를 부르다. 착한 일이 복을 부른다. 저 산을 개골산이라 부릅니다. 불러내다, 불러들이다, 불러먹기[955]/하다, 불러모으다, 불러세우다, 불러오다, 불러올리다, 불러일으키다, 불려가다, 불리다¹(부르게 하다), 불리다²[956], 부름¹[부름말(호칭어), 부름소리, 부름자리], 부름²[957], 불림[958]/하다; 되부르다, 복부르다(復;초혼하다). ☞ 호(呼).

부르(다)² 먹은 것이 많아 더 먹고 싶은 것이 없을 정도로 든든하다. 속이 차서 불룩하게 부풀어 있다.↔고프다. ¶배가 부른 단지. 부른기둥(가운데 기둥이 굵고 위아래로 가면서 점차 가늘게 된 기둥. 흘림기둥), 부른박공(牔栱), 부른지붕, 불리다³(배를 부르게 하다); 배불뚝이, 배부르다[반배부르다(半)], 헛배부르다, 배불리다, 배불리, 선부르다(솜씨가 설고 어설프다), 섣불리. ☞ 포(飽).

부르릉 자동차나 비행기 따위가 발동할 때 나는 소리. 〈준〉부릉. ¶차가 부르릉 떠나다. 부르릉거리다/대다, 푸르릉(발동기가 움직이는 소리).

부르-트다 ☞ 붇다.

부리¹ ①새나 짐승의 주둥이. ¶물총새는 부리가 길다. 부리망(網;소의 주둥이에 씌우는 물건); 넓적부리, 매부리[매부리징, 매부리코], 멱부리(턱밑에 털이 많이 난 닭), 새부리¹(새의 주둥이), 입부리, 제비부리¹, 조잔 · 주전부리[959]. ②물건의 끝이 뾰족한 부분. ¶부리잡히다[960]; 가막부리(선을 그을 때 사용하는 제도용구), 깃부리, 꽁지부리(뱃고물), 꽃부리[961], 끝동부리(통나무의 가는 쪽 마구리), 낫부리(낫의 뾰족한 끝 부분), 돌부리, 말부리(말문), 멧부리, 모래부리, 밑동부리(통나무의 굵은 쪽 마구리), 물부리[962], 발부리, 빨부리(물부리), 산부리(山;쑥 내민 산의 부분), 새부리²(드로잉펜), 앞부리, 오망부리(어느 부분이 전체에 비하여 볼품없이 작게 된 모양), 윗부리(물건의 위쪽 부분), 젖부리(젖꼭지의 뾰족한 부분), 제비부리²(오라기의 끝이 뾰족한 것), 좆부리, 촉새부리(끝이 뾰족한 물건), 콧부리, 탑삭 · 텁석부리, 혹부리, 홀태부리(홀쭉하게 생긴 물건의 앞부분). ③속이 빈 물건의 한 끝이 터진 부분. ¶부리병(甁); 바짓부리(바짓가랑이의 끝부분), 소맷부리, 총부리(銃) 들.

부리² 한 집안의 혼령이나, 그 집에서 선대(先代)로부터 위해 오는 귀신을 무당이 일컫는 말. ¶부리가 세다(그 집의 귀신이 드세다). 부릿단지, 부릿독, 부릿섬(부릿단지).

부리(다)¹ ①마소나 다른 사람을 몰아서 일을 시키다. 조종하다. ¶당나귀를/배를 부리다. 부려먹다(남을 마구 부리다), 부리이다(남에게 부림을 받다), 부림[부림꾼, 부림말(목적어), 부림소(일소), 부림자리, 부림짐승; 황소부림(크게 치는 몸부림. 황소를 부리는 일)]; 매부리[응사(鷹師)], 심부름. ②재주 · 꾀 따위를 드러내어 유용하게 쓰다. 행동 · 성질 따위를 일부러 자꾸 나타내다. ≒피우다. ¶수단을 부리다. 어리광을/ 말썽을 부리다(피우다). 재주를 부리다. 부려쓰다[963]; 골부림(함부로 골을 부리는 짓), 기승부리다(氣勝), 꾀부리다, 맛부리다(맛없이 싱겁게 굴다. 맛피우다), 몸부림[964], 발부림[965], 배상부리다(거드름을 피우며 몸을 아끼고

---

950) 부레뜸: 연줄을 빳빳하고 세게 하려고 부레끓인 물을 먹이는 일. ¶연줄에 부레뜸을 골고루 먹이다.

951) 부르걷다: 옷의 소매나 바짓가랑이를 굳세고 활발하게 걷어올리다.

952) 부르대다: 거친 말로 남을 나무라다시피 성낸 것처럼 야단스럽게 떠들어대다.

953) 부르짖다: ①아주 위급하거나 고통스러운 상황 속에서 다른 사람의 주의를 끌기 위하여 큰 소리를 내다. ≒외치다. 소리치다. 울부짖다. ②사람이 어떤 주의나 주장을 힘있게 말하는 상태가 되게 하다. ¶남녀 평등을 부르짖다. 자유를 부르짖다.

954) 부릅뜨다: 무섭고 사납게 눈을 크게 뜨다. ¶부릅떠빨다(눈을 부릅뜨며 흘기다).

955) 불러먹기: 협박장을 보내거나, 또는 밤중에 밖으로 불러내어 재물을 강탈하는 짓.

956) 불리다²: 과거에 급제한 사람을 선배가 찾아와서 괴롭히다.

957) 부름²: 어떤 일을 위하여 불러들임. 소명(召命). ¶조국의 부름에 따라 투쟁에 앞장선 독립군.

958) 불림¹: 노름판에서 무엇이라고 불러서 남에게 알리는 짓.

959) 주전부리: 군음식을 때 없이 자꾸 먹는 짓. 군것질.

960) 부리잡히다: 종기(腫氣)가 곪느라고 한가운데가 뾰족해지다.

961) 꽃부리: 꽃 한 송이의 꽃잎 전체를 이르는 말.

962) 물부리: 담배를 끼워서 빠는 물건.=빨부리.

963) 부려쓰다: 사람이 무엇을 실제로 다루어 쓰다. ¶사람들은 제 나라말을 창조적으로 부려쓴다.

964) 몸부림: ①힘을 쓰거나 격할 때, 온 몸을 흔들고 부딪는 짓. ②잠잘 때에

꾀만 부리다), 심술부리다, 야지랑·이지렁부리다, 용심부리다[966], 칼부림(남을 해치려고 칼을 함부로 내젓는 짓), 총부림(銃:금방이라도 쏠듯이 총구멍을 함부로 내젓는 짓), 통명부리다(괜히 불쾌한 말을 하거나 태도를 취하다) 들.

부리(다)[2] ①화물차나 기차 따위에 실린 짐을 풀어내려놓다.≒내리다'. 하역하다(荷役). ¶나뭇짐을 부리다. 부리이다. ②활시위를 벗기다. ¶얹었던 활시위를 부리다. 활부리다; 부린활.

부리부리 눈망울이 억실억실하게 크고 열기가 있는 모양. ¶눈을 부리부리 굴리며 둘러보다. 부리부리하다(눈망울이 무섭고 크며 열기가 있다), 부리하다.

부사리 머리로 잘 받는 버릇이 있는 황소. ¶사나운 부사리를 힘들게 길들이다. 부사리에게 받히다.

부산 급하게 서두르거나 시끄럽게 떠들어 어수선함.≒법석. ¶이사 준비에 부산하다. 부산히 돌아다니다. 몹시 서두르며 부산하게 구는 행동을 '설레발'이라고 한다. 부산떨다(행동을 부산하게 하다), 부산스럽다, 부산통에, 부산피우다, 부산하다(시끄럽다. 분주하다. 어수선하다), 부산히.

부석 살이 핏기가 없이 좀 부어오른 모양. 〈작〉보삭. 〈거〉포삭. 푸석.[←붓(다)+억]. ¶보삭·부석·포삭·푸석하다[967], 보삭보삭·부석부석·포삭포삭·푸석푸석/하다[2].

부수(다) ☞ 바수다.

부시 부싯돌을 쳐서 불이 일어나게 하는 쇳조각.[〈부쇠←불+쇠]. 화도(火刀). ¶부싯깃, 부싯돌, 부싯불, 부시쌈지, 부시치다(부시로 불을 일으키다), 부시통(桶); 일방부시(一放:한방에 붙는 부시. 또는 그렇게 하는 솜씨) 들.

부시(다)[1] 그릇 따위를 깨끗이 씻다.≒가시다. 설거지하다. ¶먹고 난 밥그릇을 부시다. 개부심[968], 뒤부시다(물로 마구 부시다), 들부셔내다(지저분하고 너절한 것을 말끔히 치워내다), 씻부시다(씻어 깨끗이 하다), 인부심(人)[969], 훌부시다[970].

부시(다)[2] 센 빛이 쏘아 마주 보기가 어렵도록 눈이 어리어리하다.≒시다. 어리어리하다. ¶햇빛에 눈이 부시다. 가을 하늘이 눈이 부시도록 파랗다. 눈부신 미래가 우리를 기다린다. 눈부시다.

부시리 전갱잇과의 바닷물고기.

부아 ①폐(肺). 노엽거나 분한 마음. ¶부아가 치밀어 한바탕 싸웠다. 부아를 돋우다. 공연히 치미는 부아에 얼굴만 붉혔다. 부앗가심(화를 누그러뜨리는 일), 부앗김(부아가 나는 김)/에, 부아나다/내다, 부아통. ②허파나 목줄띠에 붙은 고기. ¶부아초(炒:소의 부아에 쇠고기와 파를 섞고 기름·깨소금·후춧가루 따위 양념을 쳐서 주무른 뒤에 끓인 음식).

부얼부얼 살이 쪄서 탐스럽고 복스러운 모양. ¶부얼부얼 살찐 얼굴. 부얼부얼 복스러운 강아지. 부얼부얼하다.

부엉 부엉이가 우는 소리. ¶부엉부엉, 부엉새, 부엉이, 부엉이살림[971], 부엉이셈[972]; 떡부엉이[973], 멧부엉이[974], 솔부엉이, 수리부엉이, 칡부엉이/칡점부엉이(點) 들.

부엌 음식을 만드는 곳. ¶부엌에서 밥을 짓다. 부엌간(間), 부엌거두매(부엌을 거두는 일)/질, 부엌것(부엌일을 하는 사람), 부엌고양이, 부엌데기, 부엌동자(밥을 짓고 음식을 만드는 일), 부엌문(門), 부엌바닥, 부엌방(房), 부엌방석(方席), 부엌비, 부엌사람, 부엌살림, 부엌살이, 부엌설거지, 부엌세간, 부엌신(神), 부엌심부름, 부엌아궁, 부엌어멈, 부엌일/하다, 부엌출입(出入), 부엌치레, 부엌칼; 맞춤부엌, 한뎃부엌, 헛부엌. ☞ 주(廚).

부웅 뱃고동이나 문풍지 따위가 울리는 소리. ¶밤바람에 문풍지가 부웅부웅 운다. 선창에서 부웅부웅 들려오는 뱃고동소리.

부전 ①장구의 줄을 고를 때에 늦추었다 죄었다 하는 가죽 고리. 조이개. ②색 헝겊으로 만들거나 수를 놓아 만든, 끈을 매어 차는 계집아이의 노리개. ¶부전나비, 부전조개(노리개의 한 가지).

부전부전 남의 사정은 돌보지 아니하고 자기가 하고 싶은 일에만 서두르는 모양. ¶자기 일만 부전부전 돌보다. 상대방이 싫어하는데 부전부전 쫓아 들어갈 것까지 없지 않은가? 부전스럽다, 부전부전하다.

부주 그 집의 자손에게 전하여 내려오는 소질.[←부조(父祖)]. 내력(來歷). ¶방랑벽이 그 집안의 부주이다. 부줏술(조상의 내림으로 잘 마시는 술).

부지-꾼 실없는 짓을 잘하는 심술궂은 사람.≒심술꾸러기(心術).

부지런 수고를 아끼지 않고 꾸준하고 열심히 일하는 태도.↔게으름. 〈작〉바지런. ¶부지런을 떨다. 바지런·부지런/하다/스럽다, 바지런·부지런히; 곰바지런·꼼바지런하다, 늦부지런(늘그막이나 뒤늦게 서두르는 부지런).

부진부진 하라고 시키지도 아니한 일을 부득부득 우기거나 조르는 모양. ¶하지 말라는 일에 부진부진 끼어들다. 부진부진하다.

부질 속이 매우 상하거나 안타까워서 몹시 애가 타는 모양. 〈작〉

이리저리 몸을 뒤치는 짓. ¶몸부림치다.

965) 발부림: 발을 동동 구르며 어리광을 부리는 짓.

966) 용심부리다: 괜히 남을 미워하여 심술을 부리다.

967) 푸석하다: ①살이 핏기가 없이 조금 부어 오른 듯하다. 〈여〉부석하다. 〈작〉포삭하다[2]. ¶잠을 못 잤더니 얼굴이 푸석하다. 푸석살(↔대살). ②부피가 크고 메말라서 바스러지기 쉽다. 〈작〉포삭하다[1][←바삭].

968) 개부심: 장마 끝에 얼마 동안 쉬었다가 다시 비가 와서 명개(개흙)를 부시어 냄. 또는 그 비. 명개부심.

969) 인부심(人): 아이를 낳은 집에서, 인부정(人不淨)을 막는다는 뜻으로 2년마다 수수떡을 만들어 앞뒷문에 놓고 지나가는 사람에게 나누어 먹이던 일.

970) 훌부시다: ①그릇 따위를 깨끗이 씻어내다. ②음식을 남기지 아니하고 부신 듯이 시원스레 죄다 먹다. ¶떡 한 접시를 순식간에 훌부시다.

971) 부엉이살림: 자기도 모르는 사이에 부쩍부쩍 느는 살림.

972) 부엉이셈: 제 먹이도 제대로 찾아 먹지 못한다는 데서, 이해 관계에 어두운 셈. 어리석어 셈이 분명하지 못한 사람.

973) 떡부엉이: 촌스럽고 상스러운 사람.

974) 멧부엉이: 깊은 산속의 부엉이처럼 모양이나 행동이 어울리지 않고 어리석고 메부수수하게 생긴 시골 사람.

ㅂ

바질. 보질. 〈센〉뿌질. 〈작·센〉빠질. ¶애가 부질부질 타다. 부질부질 땀을 흘리다. 기름이 부질부질 끓어오르는 튀김 솥. 뿌질뿌질 울화가 치밀었다. 부질·뿌질거리다/대다, 부질부질/하다.

부집 사정없이 말을 퍼부어 싸움. 화를 돋우어 말다툼함.[←불+집/지피다]. ¶부집을 퍼부으며 싸우는 여편네들. 부집하는 말을 퍼붓다. 부집달듯, 부집죄듯/죄이듯, 부집하다.

부채[1] ☞ 부치다[5]. 선(扇).

부채[2] 도자기의 몸을 늘릴 때 쓰는 방망이.

부처 불교의 교조인 석가모니.[〈부텨←佛陀←buddha〈범〉]. ¶해탈하여 부처가 되다. 부처꽃, 부처나비, 부처님, 부처손; 나무부처, 금부처(金), 눈부처[975], 돌부처, 동자부처(童子:동자보살), 동자부처(瞳子:눈부처), 벼랑부처(벼랑에 새겨진 부처), 산부처(도를 통하여 부처처럼 된 중), 오지부처, 외눈부처[976], 채롱부처(籠), 큰부처, 통부처, 흙부처 들.

부추 백합과의 여러해살이 풀. ¶부추김치, 부추나물, 부추떡, 부추잡채(雜菜), 부추장아찌, 부추전(煎), 부추죽(粥), 부추짠지, 부추초대(데친 부추를 달걀과 밀가루를 섞어 푼 것에 적시어 기름에 지져낸 음식); 산부추(山) 들.

부추기(다) 남을 이리저리 들쑤시어 어떤 일을 하게 만들다. 감정이나 상황 따위가 더 심해지도록 영향을 미치다.≒꾀어내다. 북돋우다. 추키다.[〈부치다←부치다[5]+추다[1]]. ¶싸움을 걸도록 자꾸 부추기다. 경쟁심을 부추기다. 부추김(선동).

부축 겨드랑이를 붙들어 걸음을 돕는 일. 곁에서 말이나 일을 거들어 줌. ¶노인을 부축하여 차에 오르다. 부축되다, 부축빼기(술 취한 사람을 부축해 주는 척하면서 소매치기하는 수법), 부축하다(겨드랑이를 껴붙들다. 거들어 주다); 곁부축(남의 겨드랑이를 붙들어 걸음을 도움), 곁에서 일을 도와줌)/하다.

부출 ①양복장 따위의 네 귀의 나무 기둥. ②디디고 뒤를 보는 뒷간 바닥의 널빤지. ¶부출각시(뒷간을 지킨다는 여자 귀신), 부춛돌(뒷간 바닥에 부출 대신 놓인 돌).

부치(다)[1] 힘이나 실력이 모자라거나 미치지 못하다.≒힘겹다. 벅차다. 겹다. 달리다[1]. ¶나에게는 힘에 부치는 일이다. 힘부치다(힘에 겹다), 힘부친일.

부치(다)[2] 논밭을 이용하여 농사를 짓다. ¶남의 논을 부치다. 얻어 부치다(소작하다). 부침땅(경작지), 부침하다(논밭을 다루어 농사일을 하다); 가을부침(가을에 씨를 뿌리는 일).

부치(다)[3] 기름 친 번철에 빈대떡·저냐·전병 따위의 음식을 익혀 만들다.≒지지다. ¶빈대떡을 부치다. 부침가루, 부침개/부치개, 부침개질/하다, 부침질/하다; 감자부침, 녹두부침(綠豆), 달걀부침, 메밀부침 들.

부치(다)[4] ①편지나 물건을 보내다. ②회부하다(回附). ¶재판에 부치다. ③어떠한 취급을 하기로 하다. ¶불문(不問)에 부치다. ④심정을 의탁하다. ¶기러기에 부처 이로움을 노래하다. ⑤잠이나 식사를 어떤 곳에 정하여 두고 하다. 기대다.=붙다③. ¶하숙을 부치다. 늙은 몸을 친척집에 부치어 지내다. 부쳐살다(남에게 기대어 살다), 부쳐지내다[977].

부치(다)[5] 부채 따위를 흔들어서 바람을 일으키다. ¶부채[978], 부치이다(부침을 당하다); 내부치다(바람이 밖으로 나가게 부치다).

부터 어떤 일이나 상태 따위의 '시작(말미암음, 비롯함)'을 나타내는 보조사. ¶처음부터 끝까지. 너부터가 틀렸다. 이 글은 제목부터 어렵다. 로-부터. 에서-부터. -고-부터, -(에)서-부터, 부터-가/를/는/도/만/야. '으로부터'는 지금을 기점으로 하여 과거로 거슬러 올라갈 때에 쓰임. ¶지금으로부터 300년 전에 있었던 이야기다.[←붙/븥(다)+-어].

부티 베를 짤 때에, 베틀의 말코 두 끝에 끈을 매어 허리에 두르는 넓은 띠.[←붙다]. ¶부티를 맨 허리. 부티끈.

부패(牌) 광업(鑛業)을 함께 경영하는 사람. ¶맞부패(두 사람이 동업하는 조직), 삼부패(三).

부풀(다) ①부푸러기가 일어나다. ②살가죽이 붓거나 부르터 오르다. ③희망이나 기대로 마음이 벅차다. ¶기대에 부풀다. 희망으로 부푼 가슴. ④물체의 부피가 커지다.≒늘어나다. 팽창하다.↔쭈그러들다. 〈작〉보풀다. ¶밀가루 반죽이 부풀다. 부푸러기(부풀의 낱개)·보푸라기, 부풀·보풀[979], 부풀리다·보풀리다, 부풀부풀·보풀보풀/하다, 부풀어오르다, 부픗부픗, 붚달다[980], 붚대다[981]; 얼부풀다(얼어서 부풀어 오르다) 들.

부프(다) ①물건의 부피는 크나 무게는 가볍다. ¶부픈밥[982], 부픈살(굵은 화살), 부픈짐(↔몽근짐), 부픈흙, 부픗하다[983], 부품하다(부피가 어지간히 크다), 부피[984]. ②성질이나 말씨가 매우 급하다.≒성급하다. ¶성미가 부프다. ③좁은 곳에 많은 사람이 꽉 들

975) 눈부처: 눈동자에 비쳐 나타난 사람의 형상.
976) 외눈부처: 하나밖에 없는 눈동자('매우 소중한 것'을 비유).

977) 부쳐지내다: 한집에 기거하면서 밥을 먹고 살다. 남에게 기대어 살다. ¶늙은 몸을 친척집에 부쳐지내다.
978) 부채: 손으로 흔들어 바람을 일으키는 제구. '부채 모양'을 뜻하는 말.[←붗+애]. ¶부채게, 부채고리, 부채그림, 부채꼭지, 부채꼴, 부채도끼(날이 부채 모양인 도끼), 부채땅, 부채모양(模樣), 부채빗, 부챗살, 부채식(式), 부채잡이(왼쪽), 부채장부(부채꼴로 된 장부), 부채종이, 부채질/하다, 부채춤; 가을부채(철이 지나 쓸모없게 된 물건), 까치부채(여덟모나 둥근 바닥을 x자형으로 나누어 색을 칠한 부채), 꼽장부채(사북 근처에 굽은 뼈를 붙여 만든 쥘부채), 꽃부채, 단오부채(端午), 둥글부채, 부들부채, 불부채, 비단부채(緋緞), 삿부채, 세살부채(細), 손부채(손바닥을 펴서 부채로 삼아 부치는 일), 쥘부채, 채롱부채(籠).
979) 보풀: 종이나 헝겊 따위의 거죽에 보풀어 일어나는 잔털. 〈큰〉부풀. ¶보풀떡(쑥굴리), 보풀명주(明紬), 보풀실, 보풀털(융털).
980) 붚달다: 말과 행동이 부풀고 괄괄하게 하다.≒허풍스럽다(虛風). ¶그의 말투는 천성적으로 붚달다.
981) 붚대다: 말이나 행동을 몹시 급하게 하다. 붚달게 굴다. ¶저렇게 말을 붚대니 알아들을 수가 없지.
982) 부픈밥: 흰쌀과 잡곡을 쪄서 다시 물을 부어 끓인 밥.
983) 부픗하다: 무게는 가벼우나 부피는 좀 크다. 실속은 없이 엉성하게 크다. 언행이 과장되다. ¶이불보따리가 부픗하다. 부픗부픗하다.
984) 부피: 물건의 공간에서 차지하는 크기. 체적(體積).[〈부픠←부프(다)+이]. ¶부리를 재다/ 줄이다. 부피밀도(密度), 부피분석(分析), 부피팽창(膨脹); 가리부피, 알부피(물건 그 자체의 부피), 침강부피(沈降).

어차서 움직이기가 거북하다. ¶장터에 사람이 부프다.

북[1] 둥근 나무통의 양쪽 마구리에 가죽을 팽팽하게 매고 두드리는 타악기의 하나. '북 모양의'를 뜻하는 말.[〈붚]. ¶북을 울리다. 북 치듯 하다. 북가락, 북강정[985], 북껍질, 북놀이, 북돌(북 모양의 돌), 북등(燈;북 모양으로 만든 등), 북메우다(북통에 가죽을 씌우다), 북바닥(북을 메워 놓은 가죽의 바닥), 북변죽(邊), 북상투(아무렇게나 튼 상투. 함부로 끌어 올려 뭉쳐 놓은 여자의 머리), 북석(石;북 모양의 돌), 북소리, 북수(手;북재비), 북자루(북채), 북장구, 북장단, 북장지(障;안팎을 다 종이로 바른 장지문), 북재비(고수), 북채, 북춤, 북치[1][986], 북통(筒;북의 몸이 되는 둥근 나무통)[북통같다(배가 몹시 불러 둥그렇다), 북통배(불룩한 배)], 북틀(북을 올려놓는 틀), 북편/치기(便;손으로 쳐서 소리는 내는 편), 북향(香;몸에 차고 다니는 복통 모양의 향); 굿북(굿할 때 쓰는 북), 금북(金), 기와북[와고(瓦鼓)], 동네북(洞), 뒷북치다[987], 손북(손잡이가 달린 작은 북), 쇠북[종(鐘)], 쌀북, 작은북, 지게북[988], 큰북. ☞ 고(鼓).

북[2] 초목의 뿌리를 싸고 있는 흙. '불룩하게 솟은'을 뜻하는 말. ¶북을 주다. 북받자[989], 복·북받치다[990], 북주기[991]/하다, 북주다(흙으로 식물의 뿌리를 덮어주다).

북[3] 날의 틈으로 오가며 씨실을 풀어주면서 피륙을 짜는 베틀에 딸린 기구. 방추(紡錘). 밑실을 감은 실톳을 넣어두는 재봉틀의 부속품. ¶북이 나들듯. 북길(북이 드나드는 공간), 북꾸리(재봉틀의 북 안에 들어 있는 실), 북떡[사병(梭餠)], 북바늘[992], 북실토리(실이 감긴 북. 북에 감을 실톳), 북씨(북이 드나드는 씨실), 북집(북을 넣는 집), 북치기; 실북(실꾸리를 넣는 북).

북(北) '북쪽'을 뜻하는 말.↔남(南). ¶북으로 가다. 북계(北界), 북교(北郊), 북구(北歐), 북국(北國), 북군(北軍), 북극(北極)[993], 북꿩, 북녘, 북단(北端), 북당(北堂), 북대(北帶), 북도(北道), 북동쪽(北東), 북두(北斗)[북두갈고리, 북두성(星), 북두주(呪), 북두칠성(七星)], 북로(北路), 북로(北虜), 북록(北麓), 북류(北流), 북마구리, 북망산(北邙山), 북면(北面), 북문(北門), 북미(北美), 북반구(北半球), 북반부(北半部), 북방(北方), 북벌(北伐), 북변(北邊), 북부(北部), 북비(北鄙), 북삼(北蔘), 북상(北上), 북새(北塞), 북새풍(北塞風), 북서쪽(北西), 북송(北送), 북수(北水), 북신(北辰), 북안(北岸), 북양(北洋), 북어(北魚)(북엇국, 북어찜, 북어쾌], 북용(北茸), 북위(北緯), 북유럽(Europe), 북인(北人), 북장(北醬), 북적(北狄), 북정(北征), 북정(北庭), 북종화(北宗畵), 북지(北至), 북진(北進), 북쪽, 북창(北窓), 북측(北側), 북치[2](북쪽 지방의 물건), 북칠(北漆), 북침(北侵), 북켠, 북편(北便), 북포(北布), 북표(北標), 북풍(北風), 북학(北學), 북한(北韓), 북해(北海), 북행(北行), 북향(北向), 북호(北胡), 북홍(北紅), 북회귀선(北回歸線); 강북(江北), 극북(極北), 남북(南北), 납북(拉北), 대북(對北), 도북(圖北), 동북(東北), 삭북(朔北), 성북(城北), 월북(越北), 이북(以北), 자북(磁北), 정북(正北), 진북(眞北), 탈북(脫北). §'달아나다'의 뜻으로는 [배]로 읽힘. 패배(敗北).

북데기 짚·풀·잡물이 엉클어진 뭉텅이. ¶돼지우리에 북데기를 깔아주다. 북덕거리다/대다[2], 북더기/북세기(둘 다 '비표준어'임), 북데기농사(農事), 북덕명주(明紬;질이 좋지 않은 명주), 북덕무명, 북덕북덕, 북덕불(북데기에 피운 불), 북덕장(醬), 북덕지(紙); 짚북데기, 콩북데기 들.

북두 마소의 등에 실린 짐을 배와 한데 얼러 매는 긴 줄.=북두끈. ¶북두갈고리 같다(막일을 많이 하여 험상궂게 된 손가락). 북두갈고리(북두 끝에 매단 갈고리), 북두질/하다.

북새 여러 사람이 한곳에 모여 야단스럽게 법석이는 일.≒야단법석(惹端). 소란(騷亂). ¶한바탕 북새를 떨다. 아이들 북새통에 정신을 차릴 수가 없다. 북새놓다. 북새떨다, 북새질(북새를 놓는 짓)/치다/하다, 북새치르다, 북새통/에(북새놓는 바람), 북새틈(북새통), 북새판; 짓북새(심한 북새) 들.

북숭이 ①세상일에 어둡고 사람의 마음을 모르는 어리석은 사람.=부기. ②'털북숭이'의 준말.

북전 활의 줌(줌통) 잡는 데 엄지손가락이 닿는 곳이나 엄지손가락의 첫째와 둘째 마디.

분 사람을 가리킬 때 높이어 쓰는 말. 또는 높이어 세는 말. ¶저기 오시는 분이 선생님이시다. 세 분이 오셨다. 저 분네가 새로 온 이오? 분네[994]; 내외분(內外;'부부'의 높임말), 양위분(兩位;부모 또는 부모처럼 받드는 사람의 내외를 높이어 일컫는 말), 여러분, 윗분, 이/그/분, 자녀분(子女), 형제분(兄弟) 들.

분(分) ①한 시간을 60으로 나눈 하나. 각도·경위도 등을 1도를 60으로 나눈 하나. ¶2시 30분. 27도 5분. 분도기(分度器), 분속(分速), 분초(分秒), 분침(分針), 분칭(分秤); 촌분(寸分). ②'나누다·구별하다. 몇다. 뜻[대의(大義)]. 신분·직분·분수. 몫이 되는 분량. 성분'을 뜻하는 말. ¶3분의 2. 백 명 분(百名)/ 불고기 3인분. 분에 맞는 생활을 하다. 분가(分家), 분간(分揀), 분개(分介), 분개(分槪), 분거(分居), 분견(分遣), 분경(分境), 분계(分界), 분곡(分穀), 분공장(分工場), 분과(分科), 분과(分課), 분관(分管), 분관(分館), 분광(分光)[분광계(計), 분광기(器), 분광학(學)], 분광(分鑛), 분교(分校), 분구(分區), 분국(分局), 분권(分權↔集權)[분권되다/하다, 분권적(的), 분권주의(主義), 분권화(化)], 분극(分極)[분극전류(電流), 분극화/연상(化/現象)], 분근(分根), 분금(分金), 분급(分

985) 북강정: 꿀을 끓이다가 계피와 말린 생강의 가루를 쳐서 강정 속에 바른 뒤에 콩가루를 많이 묻혀서 만든 강정.

986) 북치[1]: 그루갈이로 열린 북 모양의 작은 오이.

987) 뒷북치다: 뒤늦게 쓸데없이 수선을 떨다.

988) 지게북: 농악에서, 오른발 왼발 순으로 작은북을 치면서 회전하는 춤사위.

989) 북받자: 곡식 따위를 말로 수북이 되어 받아들이는 일. 고봉(高捧).

990) 북받치다: ①안이나 밑에서 솟거나 치밀다.≒솟아오르다. ¶눈물이 북받치다. ②어떤 감정이 치밀어 오르다.≒끓어오르다. ¶북받치는 설움. 〈작〉복받치다.

991) 북주기: 식물이 잘 자라고 넘어지지 아니하게 뿌리나 밑줄기를 흙으로 두두룩하게 덮어주는 일.≒배토(培土).

992) 북바늘: 북 속에 넣은 실꾸리가 솟아 나오지 못하도록 눌러 놓는 막대기.

993) 북극(北極): 북극거리(距離), 북극계(界), 북극곰, 북극광(光), 북극권(圈), 북극성(星), 북극여우, 북극지방(地方), 북극해(海).

994) 분네: '분'을 좀 데면데면하게 이르는 말. ¶저 분네가 새로 온 이오?

給), 분급(分級), 분기/별(分期/別), 분기(分岐)[분기선(線), 분기점(點)], 분깃(유산을 한 몫 나누어 줌), 분납(分納), 분내/사(分內/事), 분단(分段)[분단생사(生死), 분단신(身), 분단윤회(輪廻)], 분단(分團), 분단/국가(分斷/國家), 분담/금(分擔/金), 분당(分黨), 분대(分隊), 분도기(分度器), 분동(分洞), 분동(分銅), 분동(分棟), 분등(分等), 분량(分量), 분력(分力), 분로(分路), 분류(分流), 분류(分溜), 분류(分類)[분류소득세(所得稅), 분류학(學); 계통분류(系統), 인위분류(人爲)], 분리(分利), 분리(分離)[분리기(器), 분리도(島), 분리음(音), 분리파(派), 분립(分立)[삼권분립(三權)], 분만(分娩), 분매(分賣), 분맥(分脈), 분명(分明)[분명하다; 불분명(不), 재상분명(財上)], 분몌(分袂), 분모(分母)[공분모(公), 공통분모(共通), 동분모(同), 이분모(異分母)], 분박(分箔), 분반(分半), 분반(分班), 분발(分撥), 분방(分房), 분배(分配)[1,2][995], 분변(分辨), 분변위(分變位), 분별(分別;분류. 의식. 철. 판가름)[분별력(力), 분별없다/없이, 분별증류(蒸溜), 분별침전(沈澱), 분별하다; 무분별(無)], 분복(分服), 분복(分福;각자 타고난 복), 분봉(分封), 분봉(分蜂), 분부(分付;윗사람이 아랫사람에게 명령이나 지시를 내림)[분부하다; 엄분부(嚴)], 분부(分賦), 분비(分泌)[996], 분사(分社), 분사(分詞), 분산(分散)[분산도(度), 분산매(媒), 분산상(相), 분산질(質)], 분산(分産), 분서(分棲), 분서(分署), 분석(分石), 분석(分析)[997], 분선(分線), 분설(分設), 분성(分性), 분세(分稅), 분소(分所), 분손(分損), 분수(分水)[분수계(界), 분수령(嶺), 분수선(線)], 분수(分手), 분수(分受), 분수(分數)[998], 분숙(分宿), 분승(分乘), 분식(分食), 분식(分蝕), 분신(分身), 분실(分室), 분심(分心), 분압(分壓), 분야(分野)[다분야(多)], 분양(分讓)[분양주택(住宅), 분양지(地)], 분얼(分蘖), 분업(分業)[999], 분여(分與), 분열/식(分列/式), 분열(分裂)[1000], 분외(分外), 분운(分韻), 분원(分院), 분유(分有), 분육(分肉), 분음(分陰), 분의(分義), 분익(分益)[분익소작(小作)], 분일제(分日制), 분임(分任), 분자(分子)[1001], 분작(分作), 분장(分掌)[분장사무(事務)], 분장(分贓), 분재(分財), 분쟁(分爭), 분전(分傳), 분절(分節)[분절되다/하다, 분절언어(言語), 분절운동(運動), 분절음(音)], 분점(分店), 분점(分點), 분좌(分座), 분지(分地), 분지(分枝), 분징(分徵), 분책(分冊), 분철(分綴), 분철(分鐵), 분체(分體), 분촌(分寸), 분취(分取), 분치(分置), 분파(分派)[분파적(的), 분파주의/적(主義/的), 분파하다, 분파활동(活動)], 분파(分破), 분포(分布)[1002], 분표(分俵), 분필(分筆), 분하(分下), 분하다, 분한(分限), 분할(分割)[1003], 분할(分轄;나누어서 관할함), 분합(分合), 분합(分閤), 분해(分解)[1004], 분호(分戶), 분호(分毫), 분화(分化)[분화되다/하다; 미분화(未), 배표분화(胚表), 사회분화(社會)], 분화(分火), 분회(分會), 분획(分劃); 가분(可分), 각분(各分), 감소분(減少分), 검분(檢分), 계분(契分), 공분(共分), 공급분(供給分), 과분하다(過分), 광분(鑛分), 교분(交分), 교분(膠分), 구분(區分)[시대구분(時代)], 규산분(硅酸分), 균분(均分), 금분(金分), 기분(氣分), 기름분, 남분(濫分;분수에 넘치다), 내분(內分), 다분하다(多分), 당분(糖分), 당분간(當分間), 덕분(德分), 도착분(到着分), 동분(同分), 등분(等分), 마분(馬分;마삯), 만분(萬分), 말분(末分;늙바탕), 면분

995) 분배(分配;나눔. 벼름): 분배국민소득(國民所得), 분배금(金), 분배론(論), 분배법칙(法則), 분배비(比), 분배세(稅), 분배액(額), 분배율(律), 분배준비금(準備金), 분배평형(平衡), 분배하다; 소득분배(所得), 재분배(再), 평균분배(平均).

996) 분비(分泌): 샘세포의 작용에 의하여 특수한 액즙을 만들어 배출함. 또는 그런 기능. ¶분비되다/하다, 분비물(物), 분비샘, 분비선(腺), 분비세포(細胞), 분비신경(神經), 분비액(液), 분비작용(作用), 분비조직(組織), 분비주머니; 내분비(內), 외분비(外).

997) 분석(分析): 복합된 사물을 그 요소나 성질에 따라서 가르는 일(↔종합). 화학적 또는 물리적 방법으로 물질의 원소를 분해하는 일.(↔合成)]. ¶원인의 분석. 분석가(家), 분석기(器), 분석되다/하다, 분석력(力), 분석비평(批評), 분석시약(試藥), 분석심리학(心理學), 분석적(的), 분석철학(哲學), 분석판단(判斷), 분석표(表), 분석화학(化學); 가치분석(價値), 간접분석(間接), 개성분석(個性), 경영분석(經營), 공업분석(工業), 기기분석(機器), 기능분석(機能), 미량분석(微量), 분광분석(分光), 비교분석(比較), 상관분석(相關), 성분분석(成分), 시성분석(示性), 시장분석(市場), 심리분석(心理), 용량분석(容量), 원소분석(元素), 유전자분석(遺傳子), 음운분석(音韻), 자동분석(自動), 재무분석(財務), 전기분석(電氣), 정량분석(定量), 정밀분석(精密), 정성분석(定性), 정신분석(精神), 중량분석(重量), 취관분석(吹管), 통계분석(統計), 평가분석(評價), 형태분석(形態), 화학분석(化學), 회귀분석(回歸).

998) 분수(分數)[1]: 사물을 분별하는 슬기. 제 신분에 알맞은 정도. 사람으로서 일정하게 이룰 수 있는 한계. ¶분수에 맞게 살다. 분수없다/없이; 몰분수(沒), 유분수(有分數).

분수(分數)[2]: 정수(整數)를 0이 아닌 정수로 나눈 결과를 가로줄을 그어 나타낸 수. ¶분수식(式); 가분수(假), 기약분수(旣約), 단분수(單), 단위분수(單位), 대분수(帶), 번분수(繁), 복분수(複), 진분수(眞).

999) 분업(分業): 분업화/하다(化); 국제분업(國際), 생리적분업(生理的), 의료분업(醫療), 직업적분업(職業的).

1000) 분열(分裂): 하나가 여럿으로 갈라짐. ¶당내에서 분열이 일어나다. 세포의 분열. 분열강(腔), 분열되다/하다, 분열법(法), 분열상(相), 분열성(性), 분열식(式), 분열장치(裝置), 분열조직(組織), 분열증(症), 분열질(質), 분열핵(核); 간접분열(間接), 감수분열(減數), 내부분열(內部), 동형분열(同形), 무사분열(無絲), 세포분열(細胞), 유사분열(有絲), 이형분열(異形), 인격분열(人格), 정신분열증(分裂症), 핵분열(核分裂), 횡분열(橫).

1001) 분자(分子): ①분수나 분수식에서 가로 줄 위에 있는 수식.↔분모(分母). ②물질의 기본적 성질을 잃지 아니한 채 나눌 수 있는 가장 작은 입자. ¶분자간힘(-間), 분자강하(降下), 분자결정(結晶), 분자구조(構造), 분자궤도(軌道), 분자농도(濃度), 분자량(量), 분자력(力), 분자모형(模型), 분자물리학(物理學), 분자병(病), 분자부피, 분자살, 분자설(說), 분자식(式), 분자열(熱), 분자운(雲), 분자운동(運動), 분자증류(蒸溜), 분자진화(進化), 분자체(體), 분자화합/물(化合/物), 분자회합(會合); 거대분자(巨大), 고분자(高), 극성분자(極性), 무극분자(無極), 미분자(微). ③일부 명사와 함께 쓰이어 그 말의 특성을 가진 사람을 나타내는 말. ¶골수분자(骨髓), 과격분자(過激), 극렬분자(極烈), 극성분자(極性), 반동분자(反動), 불령분자(不逞), 불순분자(不純), 불평분자(不平), 악분자(惡), 악질분자(惡質), 열성분자(熱誠), 완고분자(頑固), 의식분자(意識), 이색분자(異色)/이분자(異分子), 적색분자(赤色), 전위분자(前衛), 정예분자(精銳), 정수분자(精粹), 종파분자(宗派), 지식분자(知識), 첨예분자(尖銳), 해당분자(害黨), 회색분자(灰色).

1002) 분포(分布): 일정한 범위에 흩어져 있음. ¶분포계(界), 분포곡선(曲線), 분포구(區), 분포도(圖), 분포되다/하다, 분포망(網), 분포용적(容積), 분포율(率), 분포하중(荷重), 분포학(學), 분포함수(函數); 도수분포(度數), 수륙분포(水陸), 수직분포(垂直), 수평분포(水平), 이항분포(移項), 정규분포(正規).

1003) 분할(分割): 나누어 쪼갬. ¶분할되다/하다, 분할불(拂), 분할상속(相續), 분할상환(償還), 분할소유권(所有權), 분할인도(引渡), 분할지급(支給), 분할지도(地圖), 분할통치(統治); 불분할(不), 재분할(再), 황금분할(黃金;약 1.618:1).

1004) 분해(分解): 결합되어 있는 것이 따로따로 갈라짐. 화합물이 간단한 분자식을 가진, 둘 이상의 서로 다른 물질로 나뉨.(↔합성(合成). ¶분해기(器), 분해능(能), 분해되다/하다, 분해반응(反應), 분해연소(燃燒), 분해열(熱), 분해자(者), 분해전압(電壓), 분해증류(蒸溜); 가수분해(加水), 공중분해(空中), 광분해(光), 복분해(複分解), 삼색분해(三色), 소/인수분해(素/因數), 전기분해(電氣), 접촉분해(接觸).

(面分), 명분(名分), 명분(命分), 미분(微分), 미적분(微積分), 반분(半分), 배당분(配當分), 배분(配分), 백분/율(百分/率), 범분(犯分), 보유분(保有分), 복분(福分), 본분(本分), 부분(部分)[부분식(蝕), 부분적(的), 부분품(品)], 부족분(不足), 비분(非分), 비료분(肥料分), 비축분(備蓄分), 사분(四分)[사분기(期), 사분면(面), 사분음(音)], 산분(酸分), 삼분/법(三分/法), 상속분(相續分), 석회분(石灰分), 선분(線分), 선분(選分), 성분(成分), 성분(性分), 세분(細分), 소분(小分), 수분(水分), 수분(守分), 순분(純分), 식분(蝕分), 신분(身分), 십분(十分;아주 충분하게), 안분(安分), 안분(按分), 약분(約分), 양분(養分), 양분(兩分), 여분(餘分;나머지), 연분(年分), 연분(緣分), 염분(鹽分), 영양분(營養分), 외분(外分), 유류분(遺留分), 유통분(流通分), 음분(陰分), 응분(應分), 이분/법(二分/法), 인상분(引上分), 인하분(引下分), 잉여분(剩餘分), 자양분(滋養分), 잔여분(殘餘分), 재분(才分), 적분(積分), 정분(情分), 주정분(酒酊分), 중분(中分), 증가분(增加分), 지분(知分), 지분(持分), 지방분(脂肪分), 직분(職分), 질소분(窒素分), 차분(差分), 처분(處分), 척분(戚分), 천분(天分), 철분(鐵分), 초분(初分), 초과분(超過分), 추가분(追加分), 추록분(追錄分), 추분(秋分), 춘분(春分), 충분하다(充分), 친분(親分), 칼슘분(calcium), 통분(通分), 할당분(割當分), 혈분(血分), 회분(灰分), 후분(後分) 들.

분(粉) ①흰 빛을 내는 채색. 희다. '백분(白粉)'의 준말. ¶얼굴에 분을 바르다. 분이 잘 생긴 곶감. 분가루, 분가시[1005], 분갑(粉匣), 분결(분의 곱고 부드러운 결), 분골쇄신(粉骨碎身), 분내(분의 냄새), 분단장(粉丹粧), 분대(粉黛;분을 바른 얼굴과 먹으로 그린 눈썹. 화장한 미인), 분독(粉毒), 분면(粉面), 분물, 분미투리, 분백(粉白), 분벽(粉壁), 분세수(粉洗手), 분식(粉飾)[1006], 분접(粉蝶;흰나비), 분주지(粉周紙), 분지(粉脂), 분첩(粉貼), 분통(粉桶), 분합(粉盒), 분항아리, 분홍(粉紅)[1007]; 가루분, 물분[수분(水粉)], 백분(白粉), 연지분(臙脂粉). ②'가루'를 뜻하는 말. ¶분골(粉骨), 분골보효(粉骨報效), 분골쇄신(粉骨碎身), 분광(粉鑛), 분궤(粉潰), 분당(粉糖), 분말(粉末;가공하여 만든 작은 입자)[분말기(機), 분말약(藥)], 분물[분수(粉水)], 분상(粉狀), 분설(粉雪), 분성적(粉成赤), 분세수(粉洗手), 분쇄(粉碎)[분쇄기(機), 분쇄능(能), 분쇄되다/하다], 분쇠, 분식(粉食), 분식(粉飾;내용이 없이 거죽만을 좋게 꾸밈)[분식되다/하다, 분식결산(決算), 분식예금(預金)], 분유(粉乳)[탈지분유(脫脂)], 분이(粉餌), 분접(粉蝶), 분접시, 분제(粉劑), 분진(粉塵;티끌. 티), 분첩(粉堞), 분청사기(粉青沙器), 분체(粉體), 분탄(粉炭), 분탕(粉湯), 분토(粉土), 분판(粉板), 분필(粉筆), 분합(粉盒), 분항아리, 분홍(粉紅)[연분홍(軟), 진분홍(眞)], 분회(粉灰); 각분(角粉), 갈분(葛粉), 강분(薑粉), 강력분(强力粉), 경분(輕粉), 곡분(穀粉), 골분(骨粉), 금분(金粉), 금속분(金屬粉), 난백분(卵白粉), 난분(卵粉), 난황분(卵黃粉), 맥분(麥粉), 모려분(牡蠣粉;굴조개껍데기 가루), 무연분(無鉛粉), 미분(米粉), 미분(微粉), 박력분(薄力粉), 백분(白粉), 석분(石粉), 섬광분(閃光粉), 성적분(成赤粉), 세분(洗粉), 속미분(粟米粉), 수분(水粉), 수분(受粉), 수분(授粉), 어분(魚粉), 연분(鉛粉), 연화분(鉛華粉;합석꽃), 염분(染粉), 예분(蕊粉;꽃가루), 은분(銀粉), 인분(鱗粉), 잡분(雜粉), 전분(澱粉;녹말), 제분/기(製粉/機), 지분(脂粉), 천화분(天花粉;하늘타리 뿌리의 가루), 철분(鐵粉), 치마분(齒磨粉), 치분(齒粉), 탄분(炭粉), 토분(土粉), 패분(貝粉), 표백분(漂白粉), 해분(海粉), 해합분(海蛤粉;바닷조개의 가루), 혈분(血粉), 호분(胡粉), 홍분(汞粉), 화분(花粉;꽃가루) 들.

분(憤) '분하다. 성내다'를 뜻하는 말. ¶분을 참다. 분을 이기지 못하다. 분개(憤慨)[분개심(心), 분개하다], 분격(憤激;激怒), 분결(憤;분한 마음이 왈칵 일어난 바람), 분김/에, 분괴(憤愧), 분기(憤/忿氣;원통해 일어나는 분한 기운)[분기등등(騰騰), 분기충천(衝天), 분기탱천(撐天)], 분김에(憤/忿), 분노(憤/忿怒), 분노함(憤怒喊), 분대(憤懟;성을 내어 원망함), 분돋움(憤/忿), 분만(憤懣), 분사(憤死), 분심(憤/忿心), 분연하다(憤/忿然), 분울(憤鬱), 분탄(憤嘆), 분통(憤痛)[1008], 분패(憤敗;이길 수 있는 것을 분하게 짐), 분풀이(분한 마음을 풀어버리는 일), 분하다(억울하고 원통하다. 서운하고 아깝다); 격분(激憤), 공분(公憤), 발분(發憤/奮), 분분(忿憤), 비분(悲憤), 비분강개(悲憤慷慨), 사분(私憤), 상분(傷憤), 설분(雪憤), 앙분(怏憤), 여분(餘憤), 우분(憂憤), 울분(鬱憤), 의분(義憤), 충분(忠憤), 통분(痛憤/忿), 함분(含憤) 들.

분(紛) '어지럽다 · 엉클어지다. 번거롭다 · 복잡하다'를 뜻하는 말. ¶분경(紛競;紛爭), 분규(紛糾)[노사분규(勞使)], 분기(紛起;말썽이 어지럽게 생김), 분답(紛沓;雜沓), 분란(紛亂;어수선하고 소란스러움), 분분설(紛紛雪;풀풀 날리는 눈), 분분하다(紛紛;떠들썩하다), 분실(紛失↔拾得)[분실되다/하다, 분실물(物), 분실신고(申告), 분실자(者)], 분요(紛擾;紛亂), 분운(紛紜), 분의(紛議;분분한 의론), 분잡(紛雜;북적거려 어수선함), 분쟁(紛爭;말썽을 일으키어 시끄럽고 복잡하게 다툼)[분쟁가족(家族), 분쟁하다; 경계분쟁(境界), 국경분쟁(國境), 국제분쟁(國際)], 분화(紛華;분잡하고 화려함); 난분분하다(亂紛紛), 내분(內紛), 빈분(繽紛), 소분(小紛), 해분(解紛) 들.

분(噴) '내뿜다'를 뜻하는 말. ¶분기(噴氣;증기나 가스 따위를 뿜어냄), 분기공(噴氣孔), 분등(噴騰;기운차게 뿜어 오름), 분등천(噴騰泉), 분말(噴沫;거품을 내뿜음), 분무(噴霧;안개처럼 내뿜음)[분무기(器), 분무식(式), 분무염(染), 분무윤활(潤滑), 분무탑(塔); 항공분무(航空)], 분문(噴門), 분반(噴飯), 분사(噴射;세차게 내뿜음)[분사구(口), 분사기(機), 분사식(式), 분사제(劑), 분사펌프(pump)], 분석구(噴石丘), 분수(噴水)[분수기(器), 분수병(瓶), 분수지(池), 분수탑(塔)], 분유/정(噴油/井), 분일(噴溢), 분천(噴泉), 분출/구(噴出/口), 분포(噴泡), 분화/구(噴火;불을 내뿜음)/구(口); 자분정(自噴井), 자분채유(自噴採油) 들.

분(奔) '달리다. 달려가다. 달아나다'를 뜻하는 말. ¶분경(奔競;지지 않으려고 몹시 다툼)[동서분경(東西)], 분고(奔告), 분등(奔騰), 분락(奔落), 분류(奔流), 분마(奔馬), 분망하다(奔忙), 분명(奔命), 분방하다(奔放), 분산(奔散), 분상(奔喪), 분일(奔逸), 분주(奔走)[1009],

1005) 분가시(粉): 분의 중독으로 얼굴에 생기는 여드름 같은 것.

1006) 분식(粉飾): 남에게 잘 보이기 위하여 겉모양을 꾸밈. ¶분식된 결과 보고. 분식결산(決算), 분식예금(預金).

1007) 분홍(粉紅): 분홍머리동이, 분홍방(榜), 분홍빛, 분홍색(色), 분홍치마; 연분홍(軟), 진분홍.

1008) 분통(憤痛): 몹시 분하여 마음이 쓰리고 아픔. ¶참으로 분통한 일이다. 분통터지다/하다.

ㅂ

분추(奔趨;빨리 달려감), 분치(奔馳;빨리 달림); 경분(驚奔), 경분(競奔), 광분(狂奔), 동분서주(東奔西走), 음분(淫奔), 조분(鳥糞), 출분(出奔), 쾌분(快奔) 들.

분(盆) 흙을 담아 화초나 나무를 심는 그릇. 동이. ¶분에 심어 놓으면 풀도 화초라 한다. 분갈이/하다, 분대(盆臺), 분매(盆梅), 분받침, 분재(盆栽), 분종(盆種), 분지(盆地;함지땅), 분화(盆花); 고분(鼓盆;아내의 죽음), 관분(盥盆), 꽃분, 등분(登盆), 수분(水盆), 전기분(電氣盆), 퇴분(退盆), 해분(海盆;바다 밑 오목한 곳), 화분(花盆), 화초분(花草盆) 들.

분(糞) '똥'을 뜻하는 말. ¶분뇨(糞尿), 분루(糞瘻), 분문(糞門), 분석(糞石), 분양(糞壤), 분지(糞;똥오줌), 분지(糞池), 분토(糞土); 계분(鷄糞), 구인분(蚯蚓糞), 마분(馬糞), 방분(放糞), 비료분(肥料糞), 상분/지도(嘗糞/之徒), 석분(石糞), 우분(牛糞), 인분(人糞), 잠분(蠶糞), 조분(鳥糞), 토분(兎糞), 해조분(海鳥糞) 들.

분(焚) '불사르다. 타다'를 뜻하는 말. ¶분략(焚掠), 분멸(焚滅), 분사(焚死), 분살(焚殺), 분서(焚書), 분소(焚燒), 분신(焚身;燒身)[분신자살(自殺)], 분탕(焚蕩)1010), 분향(焚香), 분형(焚刑;火刑), 분화(焚火;불을 사름); 옥석구분(玉石俱焚;선악의 구별 없이 함께 멸망함), 지분혜탄(芝焚蕙嘆), 혜분난비(蕙焚蘭悲;벗의 불행을 슬퍼함) 들.

분(墳) '무덤'을 뜻하는 말. ¶분묘(墳墓)[분묘기지권(基地權); 무연분묘(無緣)], 분산(墳山), 분상(墳上), 분토(墳土); 고분(古墳), 방분(方墳), 봉분(封墳), 상하분(上下墳), 석곽분(石槨墳), 석실분(石室墳), 성분(成墳), 소분(掃墳), 쌍분(雙墳), 연분(連墳), 영분(榮墳), 원분(圓墳), 토분(土墳) 들.

분(奮) '떨치다. 힘쓰다'를 뜻하는 말. ¶분격(奮激), 분격(奮擊), 분기(奮起), 분려(奮勵), 분력(奮力), 분발/심(奮發/心), 분비(奮臂), 분신(奮迅), 분연하다(奮然), 분전(奮戰), 분진(奮進), 분투(奮鬪)1011), 분휘(奮揮;기운을 떨쳐 널리 드러냄); 감분(感奮), 격분(激奮), 맹분(猛奮), 앙분(昂奮), 의분(義奮), 충분(忠奮), 흥분/제(興奮/劑) 들.

분(忿) '성내다'를 뜻하는 말. ¶분결에(忿/憤), 분김에, 분노(忿/憤怒), 분대(忿懟), 분병(忿病), 분분(忿憤), 분원(忿怨), 분쟁(忿爭), 분하다, 분한(忿/憤恨); 격분(激忿), 소분(小忿), 앙분(怏忿), 적분(積忿), 절분(切忿), 중분(衆忿) 들.

분(扮) '꾸미다. 아우르다'를 뜻하는 말. ¶분식(扮飾;몸치장), 분연(扮演), 분장(扮裝;몸이나 옷차림을 매만져 꾸밈. 배우를 꾸밈)[분장사(師), 분장실(室), 분장하다/분하다] 들.

분(坌) '먼지. 모여들다'를 뜻하는 말. ¶분발(坌勃;먼지가 일); 분집(坌集;떼 지어 모여듦).

분(芬) '풀이 싹이 터서 향기롭다'를 뜻하는 말. ¶분방(芬芳), 분분하다(芬芬;향기롭다), 분향(芬香) 들.

분(僨) '난감한 처지가 되다(낭패하다)'를 뜻하는 말. ¶분사(僨事;잡쳐 틀려 버린 일), 분패(僨敗;일을 잡쳐서 실패함) 들.

분(雰) '안개. 기운'을 뜻하는 말. ¶분위기(雰圍氣;어떤 환경이나 어떤 자리에서 저절로 만들어져서 감도는 느낌).

분(氛) '조짐. 재앙'을 뜻하는 말. ¶요분(妖氛;불길한 기운).

분(蕡) '삼[麻]. 열매'를 뜻하는 말. ¶마분(麻蕡;삼씨).

분대 수선스러운 짓으로 말썽을 일으켜 남을 괴롭힘. ¶분대질을 치다(말썽을 부리다). 분대꾼, 분대질/하다.

분지르(다) 꺾어서 부러지게 하다(부러뜨리다). ¶연필을 분지르다. 분질리다.

붇(다) 물체가 물기를 먹어 부피가 커지다. 분량이나 수효가 많아지다.≒늘다. 증가하다. 커지다. 퍼지다. ¶떡쌀이 붇다. 재산이 붇다. 라면이 불어 맛이 없다. 퉁퉁 불은 국수. 장마로 강물이 불었다. 몸무게가/ 재산이 붇다. 강물이 붇다. 불림(불이. 생식)/하다(번식하다), 불어나다(본디보다 커지거나 많아지다), 부어터지다(부풀어서 터지다), 불어터지다(국수 따위가 못 먹을 정도로 붇다), 부르트다1012)/부릏다, 부름켜, 불리다[4],[5]1013), 부루[2](한꺼번에 없애버리지 않고 오래 가도록) 들.

불' ①빛과 열을 내면서 타는 현상. 또는 그 물질. 불같이 빛나는 물체. 거세게 타오르는 감정. 사냥하는 총질. ¶불가래(부삽), 불가마, 불갈고리, 불갈기(타래쳐 흩날리는 불길), 불개1014), 불고기, 불구경/하다, 불구덩이, 불구멍, 불귀(화승총에 불을 대는 구멍), 불귀신(鬼神), 불그림자, 불기(氣), 불기둥, 불기운(氣運)/불기, 불길, 불김, 불깃1015), 불꼬리(타거나 붙는 불의 끝머리), 불꼬챙이, 불꽃1016), 불꾸러미1017), 불끄다, 불나다, 부나방, 불난리(亂離), 불내(숯내), 부넘기1018), 불놀이, 불놓다, 불놓이(총으로 사냥

1009) 분주(奔走): 몹시 바쁘게 뛰어다님. ¶분주를 떨다. 분주히 출근하는 사람. 분주다사/스럽다/하다(多事), 분주불가(不假), 분주살스럽다(매우 분주하다), 분주스럽다, 분주하다; 무사분주(無事), 사산분주(四散).

1010) 분탕(焚蕩): ①집안의 재산을 다 없애버림. ②아주 야단스럽고 부산하게 소동을 일으킴. ¶아이들이 분탕을 치다. ③남의 물건 따위를 약탈하거나 노략질함. ¶이미 적군은 수도를 점령하고 도처에서 분탕과 약탈을 감행하고 있었다. 분탕질/하다, 분탕하다.

1011) 분투(奮鬪): 있는 힘을 다하여 싸우거나 노력함. ¶분투를 다짐하다. 분투노력/하다(努力), 분투쟁선/하다(爭先), 분투하다; 고군분투(孤軍).

1012) 부르트다: ①살가죽이 들뜨고 속에 물이 괴다. ¶발바닥이 부르트다. ②물것에 물려 살이 도톨도톨하게 부어오르다.

1013) 불리다[4]: 물체(곡물)를 물기에 축여서 붇게 하다. 재물을 늘리다(키우다). ¶녹두를 물에 넣어 불리다. 재산을 조금씩 불리다. 불림[2](생식에 의한 개체수의 증가), 덧불리다(더 많아지게 하다).
불리다[5]: 쇠를 불에 달구어 단련하다.≒달구다. 몸이나 마음을 굳세게 하다. ¶불린 쇠를 망치로 두들기다. 학창 시절에 불린 굳센 정신. 불림[3](쇠를 불에 달구어 불리는 일).

1014) 불개: 전설에서 일식이나 월식 때에 해나 달을 먹는다고 하는 상상의 짐승.

1015) 불깃: ①산불을 막으려고 산의 언저리를 미리 태우는 일. ¶불깃을 달다. ②불쏘시개.

1016) 불꽃: 묽게 타오르는 불. 화염(火焰). ¶불꽃이 튀다(다툼이나 경쟁이 치열하다). 불꽃같다(일어나는 형세가 대단하다)/같이, 불꽃놀이, 불꽃무늬, 불꽃반응(反應), 불꽃방전(放電), 불꽃세포(細胞), 불꽃송이, 불꽃신호(信號), 불꽃심(心), 불꽃절단(切斷), 불꽃점화(點火), 불꽃조각, 불꽃청소(淸掃); 겉불꽃, 속불꽃, 전기불꽃(電氣).

1017) 불꾸러미: 불씨를 옮기기 위하여 짚 뭉치 따위에 붙인 불.

하는 일), 부다듯하다[1019], 불단지, 불당그래, 부대[1020], 불더미(불이 타고 있는 큰 덩어리), 불덕(화독), 불덩어리/덩이, 불도가니, 불도두개, 불도장(圖章;烙印), 불독(毒;불에 덴 자리의 독기), 불돌, 부드레[1021], 부등가리[1022], 불등걸, 불땀[1023], 불땀머리[1024], 불땔감, 불땔꾼, 불똥(불티)/앉다, 부리나케(몹시 급하게), 불머리(불길의 윗부분, 불목(온돌방의 아랫목), 불목지기(절의 땔나무꾼), 불목하니[1025], 불무지(불무더기), 불물(쇳물), 불뭉치, 불바다, 불바람(불길에 싸인 바람), 불받이[1026], 불방망이[1027], 불배[화선(火船)], 불배롱(焙籠)[1028], 불벌(무서운 기세로 불이 타 가는 벌판), 불벌레, 불벼락¹, 불벽돌(壁;내화벽돌), 불병풍(屛風), 불병풍(屛風), 불보라[1029], 불부채, 불붙다/붙이다, 불비(비가 퍼붓듯이 쏟아지는 불덩어리. 불벼락), 불빛, 불사르다(불태우다), 불살[화전(火箭)], 부삽(鍤), 불새[불사조(不死鳥)], 불세례(洗禮), 불속(불구덩이), 부손[1030], 불솜, 불송이, 불시계(時計), 불시울[1031], 불심지(心)[1032], 불싸라기(싸라기처럼 날리는 불티), 불쏘다[1033], 불쏘시개, 불씨[불씨가심, 불씨나누기], 불아궁, 불어리[1034], 부랴사랴[1035], 불이랑(불을 나란히 켜거나 붙여서 이룬 띠), 불이야불이야/부랴부랴, 불일다, 불일듯하다, 불잉걸[1036], 불자동차(自動車), 부자리(살림터), 불장난, 부젓가락/부저, 불조심(操心), 불종(鐘), 불줄기¹, 불지르다, 부지깽이[1037], 불지옥(地獄), 불지피다, 불질/하다, 부질간(間), 부질없다[1038], 불집[1039], 부집게, 불쩍[1040], 불꾀다, 불찌(불티나 불똥), 불차(車), 불창(窓), 불천지(天地), 불춤, 불치[1041], 불침(鍼), 불켜다, 불타다/태우다, 불타오르다, 불티[불티나다/나게, 불티같다/같이], 불판, 불풍나게[1042], 불피우다, 불혀(날름거리며 타오르는 불길), 불현듯(이), 불화살, 불후리[1043]; 각불때다(各;각살림을 하다), 개똥불(반딧불), 검부잿불(검불이 타고 난 뒤의 잿불), 겨릅불[1044], 겻불(겨를 태우는 불), 곁불, 고콜불, 관솔불, 군불[군불솥, 군불아궁이], 귓불[1045], 기름불(기름으로 켜는 등불), 깜박불[1046], 깜부기불[1047], 꽃불[1048], 난로불(煖爐), 남폿불, 늦은불(빗맞거나 설맞은 총알), 단불(한창 괄게 타오르는 불), 담뱃불, 도깨비불[1049], 돋김불[1050], 돌불(돌이 맞부딪쳐서 나는 불), 된불, 뒷불[1051], 들불, 등걸불, 등불(燈)[등불놀이; 꼬임등불, 벌레꾐등불], 등댓불(燈臺), 등롱불(燈籠), 등잔불(燈盞), 뜬불(너무 세지 않으면서 오래가는 불. 센 불길로부터 떨어진 불의 열), 맞불, 모깃불, 모닥불, 물불(물과 불), 밑불(불씨가 되는 불), 반딧불, 반불(半), 밤불, 번갯불, 벌불[1052], 벼락불, 봉홧불(烽火), 부싯불, 북덕불, 빨간불[적신호(赤信號)], 삭정불(삭정이를 태우는 불), 산불(山), 삼불[1053], 삼불[삼독(蔘毒)], 선불(설맞은 총알 ↔된불), 석탄불(石炭), 성냥불, 소줏불(燒酒), 솔불(관솔불), 쇠죽불(쇠죽을 끓이는 불), 숯불, 신홋불(信號), 쌍불(雙), 쑥불, 쑥댓불, 알불[1054], 연탄불(煉炭), 열불(熱)[1055], 우등불(모닥불. 화톳불), 우죽불[1056], 우죽불(牛粥;쇠죽불), 움불(움 안에서 피우는 불), 유황불(硫黃), 잉걸불[1057], 잔불(화력이 약한 총알), 잔불(殘;꺼져가는 불. 뒷불), 잣불, 장작불(長斫), 잿불, 전깃불(電氣), 전등불(電燈), 전짓불(電池), 접싯불, 조름불[1058], 종짓불(종지에 기름을 붓고 심지를 박아 붙인 불), 줄불(줄에다 죽 달아 놓은 불놀이 불. 잇단 불), 쥐불, 쥐불놓이, 짚불, 참숯불, 창불(窓;가마의 창구멍에 때는 불), 천불(天), 촛불, 초롱불(籠), 큰불, 탄불(炭), 파란불[청신호(靑信號)], 풍롯불(風爐), 향불(香), 헛불, 호롱불(등잔

ㅂ

1018) 부넘기: 불길이 아궁이로부터 방고래로 넘어 들어가게 된 곳.
1019) 부다듯하다: 신열(身熱)이 나서 불이 달듯 몸이 매우 덥다.[←불+달(다)¹②+듯+하+다]. ¶감기가 들어서 몸이 부다듯하고 여기저기 쑤신다.
1020) 부대: 땅 없는 농민이 산속에 들어가 풀이나 나무를 불사르고 그 자리를 일구어 농사를 짓는 일. 화전(火田). 부대기(불을 그어 대기)[←불+대(다)+기]. ¶부대긁이(부대농사), 부대기농사(農事), 부대바꿈(이미 일군 화전에서 농사를 짓다가 새 화전으로 옮김), 부대밭/부대기밭, 부대기백성(百姓;화전민); 감자부대(감자를 심어 가꾸는 부대밭).
1021) 부드레: 큰 그릇을 만들 때에 안쪽을 말리기 위하여 숯불을 담아 드리우는 그릇.[←불+드레].
1022) 부등가리: 오지그릇이나 질그릇의 깨진 조각. 또는 함석조각 따위로 만들어 아궁이의 불을 담아낼 때 부삽 대신 쓰는 도구.
1023) 불땀: 불기운의 세고 약한 정도.≒화력(火力). ¶젖은 나무는 불땀이 적다.
1024) 불땀머리: 나무가 자랄 때 남쪽으로 면하여, 햇볕을 많이 받아 불땀이 좋은 부분.
1025) 불목하니: 절에서 밥 짓고 물 긷는 일을 맡아서 하는 사람.[←불+목(아랫목)+한+이].
1026) 불받이: 전쟁 따위의 화를 입는 지역이나 사람. ¶불받다(남으로부터 큰 곤욕이나 피해를 당하다).
1027) 불방망이: ①불이 붙어 있는 방망이. ②야구에서, 높은 타격.
1028) 불배롱(焙籠): 쇠로 결은 바구니에 관솔 따위를 넣어 태우는 홰.
1029) 불보라: 흩날리는 불꽃.
1030) 부손: 화로에 꽂아 두고 쓰는 작은 부삽.[←불+손].
1031) 불시울: 꺼지지 않게 오랫동안 화로 따위에 갈무리하는 불씨. ¶화로에 불시울이 남아 있다.
1032) 불심지(心): 분할 때나 흥분할 때에 격하게 일어나는 마음이나 감정. ¶그는 그 말을 듣고 자신도 모르게 불심지가 올랐던 모양이다.
1033) 불쏘다: ①과녁을 맞히지 못하다. ②목적 따위를 이루지 못하다.
1034) 불어리: 불티가 바람에 날리는 것을 막으려고 화로에 들씌우는 기구.
1035) 부랴사랴: 몹시 급하고 부산하게 서두르는 모양.
1036) 불잉걸: 불이 이글이글하게 핀 숯덩이.
1037) 부지깽이: 아궁이 따위에 불을 땔 때에, 불을 헤치거나 끌어내거나 거두어 넣거나 하는 데 쓰는 가느다란 막대기.[←불+지르(다)/부지(부엌)+깽이(막대)].
1038) 부질없다: 대수롭지 아니하거나 쓸모가 없다. ¶부질없이.
1039) 불집[-찝]: ①장명등 따위의 불을 켜 넣는 부분. ②말썽이 되거나 위험성이 있는 사물이나 요소.≒화근(禍根). ¶불집을 만들다. 불집을 건드리다.
1040) 불쩍: 쉽게 꺼지지 않도록 묻어 놓은 불씨. ¶삭아드는 화롯불의 불쩍을 가르고 그 위에 검은 숯을 넣어 피우다.
1041) 불치: 총으로 잡은 짐승이나 새.↔매치(매로 잡은 새).
1042) 불풍나게: 매우 바쁘게 들락날락하는 모양. ¶불풍나게 드나들다.
1043) 불후리: 촛불의 한쪽을 가리도록 부채처럼 해 다는 물건.
1044) 겨릅불: 겨릅대(껍질을 벗긴 삼대)를 태우는 불.
1045) 귓불: 총에 화승을 대는 신관(信管).
1046) 깜박불: 숯불 따위를 피울 때 꺼질 듯 깜박거리는 불.
1047) 깜부기불: 외롭게 살아 있기는 하나, 불꽃이 없이 거의 꺼져 가는 불.
1048) 꽃불: ①이글이글 타오르는 불. ②화포(火砲).
1049) 도깨비불: ①인(燐)의 작용으로 번쩍이는 푸른 불꽃. ②까닭 없이 저절로 일어나는 불.
1050) 돋김불: 옹기를 구울 때 높은 온도로 때는 불.
1051) 뒷불: 산불이 꺼진 뒤에, 타다 남은 불이 다시 붙어 일어난 산불.
1052) 벌불: 등잔불·촛불 따위의 심지 옆으로 뻗치어 퍼지는 불. 아궁이에 불을 땔 때 밖으로 내뻗치는 불. ¶벌불지다.
1053) 삼불: 해산 후에 태를 태우는 불.
1054) 알불: 재 속에 묻히거나 무엇에 싸이거나 담기거나 하지 않은 불등걸.
1055) 열불(熱): 매우 흥분하거나 화가 난 감정.
1056) 우죽불: 나무·대의 우듬지를 땐 불.
1057) 잉걸불: 활짝 피어 이글이글 타는 숯불이나 장작불.
1058) 조름불: 맨 처음에 가마에 독을 넣고 조금씩 때는 불.

불), 혼불(魂;도깨비불. 영혼), 화롯불(火爐), 화톳불[1059], 횃불[횃불놀이, 횃불시위(示威隊), 횃불춤; 동횃불(큰 횃불)], 후림불[1060] ☞ 화(火). ②일부 명사 앞이나 몇몇 어간에 붙어 '몹시 심한(불같은 상태나 성질을 띤). 붉은 빛깔을 띤'의 뜻을 더하는 말. ¶불가물(아주 심한 가물), 불같다[1061], 불갑사(甲紗;빛깔이 몹시 붉은 갑사), 불강도(强盜), 불강아지[1062], 불개미[불개미떼, 불개미집], 불걸음(매우 빨리 걷는 걸음), 불곰, 불구슬(불빛처럼 붉은 구슬), 불깍쟁이, 불고양이, 불고집(固執), 불나방/불나비, 불노랭이, 불노을, 불단풍(丹楓), 불더위, 볼·불되다[1063], 불망나니, 불모래, 불받다[1064], 불밤송이[1065], 불벼락[2](호된 꾸짖음), 불벼룩(몹시 심하게 무는 벼룩), 불볕/더위, 불상년(常), 불상놈(常), 불서럽다(몹시 서럽다), 불소나기, 불악귀(惡鬼), 불악당(惡黨), 불암소(털빛이 누르스름하고 붉은 암소), 불여우[1066], 불주다[1067], 불콩(꼬투리는 희고 열매는 붉은 콩), 불호령(號令;꾸지람. 날벼락), 불호박(琥珀), 불흉년(凶年) 들.

불[2] 불알을 싸고 있는 살로 된 주머니. 음낭(陰囊). ¶불알을 떼다. 불치인 중놈 달아나듯(불알 차인 중놈 달아나듯;아픈 곳도 모르면서 쩔쩔매며 날뛰는 사람). 불거웃/불것, 불까기, 불까다(동물의 불알을 발라내다. 거세하다), 불깐소, 불꺼름(불두덩. 오줌통 윗부분), 불두덩(생식기 언저리에 있는 불룩한 부분), 불두덩뼈[치골(恥骨)], 불바르다(불까다), 부샅[1068], 불씹장이[1069], 불알[1070], 불이[생식(生殖)], 부자지(불알과 자지), 불주머니, 불줄기[2]/불줄(불알 밑의 힘줄), 불치기, 불치다(불까다), 불친소[1071], 불친짐승; 쇠불알(소의 불알).

불[3] 늘어진 것. 도포의 큰 소매 또는 걸채나 옹구에서 아래로 늘어져 물건을 넣게 된 부분. ¶걸챗불(걸채에 옹구처럼 달린 물건), 귓불(귓바퀴의 아래쪽으로 늘어진 살), 쳇불(쳇바퀴에 메우는 그물 모양의 물건).

불~부(不) '아님, 아니함, 어울리지 않거나 어긋남'을 뜻하는 말. '不(불)'은 /ㄷ/과 /ㅈ/ 앞에서는 [부]로 읽힘. ¶부단하다(不斷), 부단공(不但空), 부달시의(不達時宜), 부답(不答), 부답복철(不踏覆轍), 부당(不當)[1072], 부대불소(不大不小), 부대접(不待接), 부대체물(不代替物), 부덕(不德), 부도(不渡), 부도덕(不道德), 부도옹(不倒翁), 부동(不同), 부동(不動)[부동산(産), 부동심(心), 부동초(哨); 요지부동(搖之)], 부동액(不凍液), 부동항(不凍港), 부득기소(不得其所), 부득기위(不得其位), 부득불(不得不), 부득요령(不得要領), 부득의(不得意), 부득지(不得志), 부득책(不得策), 부등(不等)[1073], 부실(不實)[1074], 부자연(不自然), 부자유(不自由), 부작용(不作用), 부작위(不作爲), 부재(不才), 부재(不在;그 곳에 있지 아니함)[부재자/투표(者/投票), 부재중(中), 부재증명(證明), 부재지주(地主)], 부적격(不適格), 부적당하다(不適當), 부적응(不適應), 부적임(不適任), 부적절하다(不適切), 부적합(不適合), 부전(不全)[심부전(心)], 부전/승(不戰/勝), 부절제(不節制), 부점결탄(不粘結炭), 부정(不正)[1075], 부정(不定)[1076], 부정당하다(不正當), 부정맥(不整脈), 부정부패(不淨腐敗), 부정사(不定詞), 부정의(不正義), 부정직하다(不正直), 부정취(不情趣), 부정하다(不精), 부정합(不整合), 부정확(不正確), 부제하다(不悌), 부제하다(不齊), 부조리/극(不條理/劇), 부조화(不調和), 부족(不足;모자람), 부종(不從), 부주연(不周延), 부주의(不注意), 부지(不知)[부지기수(其數); 안면부지(顔面)], 부진(不振), 부진(不進), 부진(不盡); 불가(不可), 불가결(不可缺), 불가근(不可近), 불가능(不可能), 불가당(不可當), 불가분(不可分), 불가사의(不可思議)[1077], 불가설(不可說;말로 설명할 수 없는 일), 불가시선(不可視線), 불가역(不可逆), 불가지(不可知), 불가침/권(不可侵/權), 불가피(不可避), 불가항력(不可抗力), 불가해(不可解), 불가형언(不可形言), 불각(不覺), 불간(不干), 불간섭(不干涉), 불감(不堪;견디어 내지 못함), 불감/증(不感/症), 불감(不敢;감히 할 수 없음)[불감당(當;당해 내기가 어려움), 불감청(請)], 불감당(不勘當;감당할 수 없음), 불개입(不介入), 불건하다(不虔), 불건전/하다(不健全), 불견실하다(不堅實), 불결하다(不潔), 불결실(不結實), 불경(不敬)[1078], 불경기(不景氣), 불경제(不經濟), 불계(不計), 불고(不告), 불고(不辜), 불고(不顧)[불고염치(廉恥)], 불고지죄(不告知罪), 불공(不攻), 불공(不恐), 불공대천(不共戴天), 불공스럽다(不恭), 불공상(不共相), 불공업(不共業), 불공정(不公正), 불공평(不公平), 불과하다(不過), 불과시(不過是), 불관(不關), 불궤(不軌;법을 지키지 않음), 불구(不具)[불구자(者),

---

1059) 화톳불: 장작을 한군데에 모아 질러 놓는 불.≒황덕불. ¶화톳불을 놓다.

1060) 후림불: ①불똥이 튀어 새로 번지는 불. 비화(飛火). ②급작스럽게 정신 차릴 사이조차 없이 갑자기 휩쓸리는 서슬. ③남의 옆에 있다가 아무 까닭 없이 걸려드는 일을 일컫는 말.

1061) 불같다: ①정열·심정 따위가 뜨겁고 강렬하다. ¶불같은 투지. ②성격이 급하고 격렬하다. ¶성미가 불같다. 불같이.

1062) 불강아지: 몸이 바싹 여윈 강아지.

1063) 불되다: ①힘에 벅차서 어렵다.≒억세다. 힘겹다. ¶네게는 그 일이 볼되어 보인다. ②강하게 내리누르거나 죄는 힘이 아주 세다. 구박이 심하다. ¶시집살이가 불되다. 볼된 망치질에 견디다 못에 못이 휘어지다.

1064) 불받다: 남에게 욕된 일을 당하거나 해로움을 입다.↔불주다.

1065) 불밤송이: 채 익기 전에 말라 떨어진 밤송이.

1066) 불여우: 몹시 변덕스럽고 못된, 꾀가 많은 여자를 비유적으로 이르는 말. ¶불여우의 꾐에 넘어가다.

1067) 불주다: 남에게 큰 곤욕이나 해를 입히다.↔불받다.

1068) 부샅: 생식기가 달려 있는 사타구니. ¶부샅이 가렵다.

1069) 불씹장이: 사내와 계집의 두 생식기를 모두 가진 사람.=남녀추니(男女).

1070) 불알: 불알동무, 불알망태, 불알시계(時計), 불알주머니, 불알친구(親舊); 개불알, 개불알꽃, 쇠불알, 시계불알(時計), 토산불알(←㿉疝).

1071) 불친소: 주로 고기를 얻기 위하여 불알을 까서 기른 소.=악대소.

1072) 부당(不當): 이치에 맞지 아니함. ¶부당 해고를 당하다. 부당하게 번 돈. 부당가정(假定), 부당노동행위(勞動行爲), 부당성(性), 부당이득(利得), 부당판결(判決), 부당표시(表示), 부당하다.

1073) 부등(不等): 서로 같지 않음. 층이 져서 고르지 않음. ¶부등가(價), 부등변(邊), 부등식(式), 부등엽(葉), 부등할(割), 부등호(號).

1074) 부실(不實): ①믿음성이 적거나 내용이 충실하지 못함. ¶부실 경영. ②몸이 튼튼하지 못함. ¶몸이 부실하다. ③곡식이 잘 여물지 못함. ¶벼이삭이 부실하다.

1075) 부정(不正): 부정경쟁(競爭), 부정명색(名色), 부정법(法), 부정선거(選擧), 부정처분(處分), 부정투표(投票), 부정품(品).

1076) 부정(不定): 부정근(根), 부정기(不定期)[부정기선(船), 부정기형(刑)], 부정방정식(方程式), 부정사(詞), 부정수소(愁訴), 부정아(芽), 부정액(額), 부정적분(積分), 부정지(枝), 부정풍(風), 부정형(形).

1077) 불가사의(不可思議): ①말로 나타낼 수도 없고 마음으로 헤아릴 수도 없는 오묘한 이치 또는 가르침. ¶불가사의한 자연의 신비. ②상식으로는 생각할 수 없는 이상야릇한 일. ¶불가사의한 사건.

1078) 불경(不敬): 마땅히 경의를 표해야 할 사람에게 무람없이 굴어 예를 잃음. ¶불경스럽다/하다, 불경심(心), 불경죄(罪); 대불경(大).

불구화(化)], 불구(不久), 불구하다(不拘)[1079], 불구속(不拘束), 불군(不群), 불굴(不屈), 불귀(不歸;죽음), 불규율(不規律), 불규칙/적(不規則/的), 불균등(不均等), 불균일하다(不均一), 불균형(不均衡), 불근(不近), 불근(不勤), 불근신(不勤愼), 불금(不禁), 불급(不及)[과불급(過)], 불급(不急), 불긍(不肯), 불기(不起), 불기(不羈;행동이 자유로움), 불기소(不起訴), 불긴하다(不緊), 불길(不吉), 불납(不納), 불녕(不佞;'재주가 없다'는 뜻으로 '자기'를 낮추어 일컫는 말), 불노(不怒), 불능(不能), 불량하다(不良), 불란(不亂), 불량(不良)[1080], 불렴(不廉), 불령(不逞)[1081], 불로(不勞), 불로(不老), 불륜(不倫), 불리(不利), 불립문자(不立文字), 불만(不滿)[불만감(感), 불만분자(分子), 분만스럽다/하다, 불만투성이; 욕구불만(欲求)], 불만족(不滿足), 불망(不忘), 불매(不買)[불매동맹(同盟), 불매운동(運動)], 불매매(不賣買), 불면(不免), 불면/증(不眠/症), 불면목(不面目), 불멸(不滅), 불명(不明), 불명료(不明瞭), 불명예(不名譽), 불명확(不明確), 불모(不毛)[불모지(地), 불모지대(地帶), 불모화(化)], 불목하다(不睦), 불문(不文)[불문법(法), 불문율(律)], 불문(不問)[불문가지(可知), 불문곡절(曲折), 불문곡직(曲直)], 불미하다/스럽다(不美), 불민(不敏), 불민(不憫), 불발(不拔), 불발(不發), 불범(不凡), 불범(不犯), 불법(不法)[1082], 불변(不變), 불변경(不變更), 불변태(不變態), 불복(不服), 불복종(不服從), 불본의(不本意), 불분(不分), 불분명하다(不分明), 불분할(不分割), 불비(不備), 불비례(不比例), 불사(不仕), 불사(不死)[불사신(身), 불사약(藥), 불사조(鳥)], 불사(不辭), 불사하다(不似), 불살(不殺), 불살생(不殺生), 불상객(不相客), 불상견(不相見), 불상능(不相能), 불상당(不相當), 불상동(不相同), 불상득(不相得), 불상응(不相應), 불상정(不上程), 불상하다(不祥), 불상(不상), 불상합(不相合), 불상화(不相和), 불생(不生), 불석(不惜), 불선(不宣), 불선(不善), 불선명(不鮮明), 불설(不屑), 불섬하다(不贍), 불섭생(不攝生), 불성(不成), 불성(不誠), 불성공(不成功), 불성립(不成立), 불성문(不成文), 불성설(不成說), 불성실(不誠實), 불세출(世出), 불소급(不遡及), 불소하다(不少), 불소화(不消化), 불속하다(不俗), 불손하다(不遜), 불수의(不隨意), 불수일(不數日), 불수하다(不隨), 불숙하다(不熟), 불순종(不順從), 불순하다(不純), 불순하다(不順), 불승인(不承認), 불시(不時), 불식(不食), 불식(不息), 불신(不信), 불신실(不信實), 불신앙(不信仰), 불신용(不信用), 불신임(不信任), 불실(不失), 불실(不實)[1083], 불심(不審), 불안(不安)[1084], 불안전(不安全), 불안정(不安定), 불어(不漁), 불언(不言), 불여의(不如意), 불여튼튼(不如), 불역하다(不易), 불연(不燃), 불연속(不連續), 불연즉(不然則), 불연하다(不然), 불예(不豫), 불온하다(不穩), 불온하다(不溫), 불완전(不完全), 불왕법(不枉法), 불요/불굴(不撓/不屈), 불요/불급(不要/不急), 불요인(不要因), 불용(不用), 불용/성(不容/性), 불우하다(不遇), 불우(不虞;미처 생각하지 못한 일), 불우시(不遇時), 불운(不運), 불원간(不遠)[불원간(間), 불원천리(千里)], 불원(不願), 불유쾌하다(不愉快), 불육식(不肉食), 불윤(不允), 불융통(不融通), 불음(不飮), 불음주(不飮酒), 불응하다(不應), 불의(不意;뜻밖), 불의(不義), 불이익(不利益), 불인(不人), 불인(不仁), 불인(不忍), 불인가(不認可), 불인망(不人望), 불일(不一)[구구불일(區區)], 불일치(不一致), 불임(不姙), 불임(不稔), 불자(不字), 불차탁용(不次擢用), 불착(不着), 불찬성(不贊成), 불찰(不察), 불참(不參), 불채용(不採用), 불처사(不處士), 불천노(不遷怒), 불철저(不徹底), 불철주야(不撤晝夜), 불청(不聽), 불청객(不請客), 불청불탁(不淸不濁), 불초(不肖)[1085], 불촉(不觸), 불총명(不聰明), 불출(不出), 불출마(不出馬), 불출석(不出席), 불출세(不出世), 불충(不忠), 불충분(不充分), 불충실(不充實), 불취(不就), 불측(不測), 불치/병(不治/病), 불친절(不親切), 불친화(不親和), 불침(不侵), 불침략(不侵略), 불침번(不寢番), 불쾌(不快)[불쾌감(感), 불쾌도(度), 불쾌스럽다/하다, 불쾌지수(指數)], 불통(不通), 불통과(不通過), 불통일(不統一), 불퇴(不退), 불퇴전(不退轉), 불퇴진(不退陣), 불투도(不偸盜), 불투명(不透明), 불특정(不特定), 불패(不敗)[불패성(性), 불패자(者)], 불패(不牌), 불편하다(不便), 불편/부당(不偏/不黨), 불편리(不便利), 불평(不平)[불평객(客), 불평분자(分子), 불평불만(不滿), 불평조(調), 불평하다(투덜거리다)], 불평균(不平均), 불평등/조약(不平等/條約), 불포화(不飽和), 불필요(不必要), 불하(不下), 불합격(不合格), 불합당하다(不合當), 불합리(不合理), 불합의(不合意), 불합하다(不合), 불행(不幸), 불행위(不行爲), 불허(不許), 불허가(不許可), 불협화(不協和), 불호(不好), 불혹(不惑), 불화(不和), 불확대(不擴大), 불확실(不確實), 불확정(不確定), 불활발하다(不活潑), 불활성(不活性), 불황(不況), 불효(不孝), 불후(不朽)[1086], 불휘(不諱), 불휴(不休); 미상불(未嘗不), 부득불(不得不), 불가불(不可不), 수불석권(手不釋卷), 인불(人不) 들.

불(佛) '부처. 불교'를 뜻하는 말. ¶불가(佛家), 불가(佛歌), 불각(佛閣), 불경(佛經), 불계(佛戒), 불계(佛界), 불골(佛骨), 불공(佛工), 불공(佛供)[1087], 불과(佛果), 불교(佛敎)[1088], 불구(佛具), 불국(佛國), 불기(佛紀), 불기(佛器), 불단(佛壇), 불당(佛堂), 불도(佛徒), 불도/수행(佛道/修行), 불두화(佛頭花), 불등(佛燈), 불량(佛糧), 불력(佛力), 불멸(佛滅), 불명(佛名), 불문(佛門), 불미(佛米), 불반(佛盤), 불발(佛鉢), 불벌(佛罰), 불법(佛法), 불보(佛寶), 불부(佛

1079) 불구하다(不拘): '불구하고'의 꼴로 쓰여, '거리끼지 않고. 얽매지 않고'의 뜻으로 쓰이는 말. 우천에도 불구하고 외출하다. 그렇게 말렸는데도 불구하고 말을 듣지 않아 일이 터지고 말았다.

1080) 불량(不良↔優良): 불량기(氣), 불량대출(貸出), 불량률(率), 불량미(米), 불량배(輩), 불량분자(分子), 불량소녀(少女), 불량소년(少年), 불량스럽다, 불량아(兒), 불량자(者), 불량증(症), 불량투성이, 불량품(品).

1081) 불령(不逞): 원한, 불만, 불평 따위를 품고서 어떠한 구속도 받지 아니하고 제 마음대로 행동함. 또는 그런 사람.

1082) 불법(不法): 불법감금(監禁), 불법성(性), 불법영득(領得), 불법적(的), 불법점거(占據), 불법점유(占有), 불법조건(條件), 불법체류(滯留), 불법체포/죄(逮捕/罪), 불법행위(行爲), 불법화/되다/하다(化).

1083) 불실(不實): 착실하지 못함. 실답지 아니함. ¶근무태도가 불실하다. ☞ 부실(不實).

1084) 불안(不安): 불안감(感), 불안기(期), 불안심(心), 불안심리(心理); 심신불안(心身).

1085) 불초(不肖): 어버이의 덕망이나 유업을 이어받지 못함. 또는 그렇게 못나고 어리석은 사람. ¶불초고(孤), 불초손(孫), 불초자(子), 불초자식(子息), 불초자제(子弟), 불초하다.

1086) 불후(不朽): 썩지 아니함. 곧 영원히 없어지지 아니함. ¶불후의 명작. 불후공적(功績), 불후작(作), 불후하다.

1087) 불공(佛供): 부처 앞에 공양을 드림. ¶불공드리다, 불공밥, 불공쌀; 동참불공(同參), 생일불공(生日), 재수불공(財數).

1088) 불교(佛敎): 불교가(家), 불교도(徒), 불교문학(文學), 불교문화(文化), 불교미술(美術), 불교음악(音樂), 불교회화(繪畫); 대승불교(大乘), 소승불교(小乘), 원불교(圓).

ㅂ

部), 불사(佛寺;절), 불사(佛事)[불사다리[1089], 불사상(床); 가사불사(袈裟)], 불사(佛師), 불상(佛相), 불상(佛像), 불서(佛書), 불설(佛說), 불성(佛性)[행불성(行)], 불성(佛聖), 불승(佛僧), 불식(佛式), 불신(佛身), 불신(佛神), 불심(佛心), 불안(佛眼), 불안(佛顔), 불양답(佛糧畓), 불어(佛語), 불언(佛言), 불연(佛緣), 불우(佛宇), 불은(佛恩), 불의(佛儀), 불자(佛子), 불자(佛者), 불장(佛葬), 불장(佛藏), 불적(佛跡), 불전(佛典), 불전(佛前), 불전(佛錢), 불전(佛殿), 불조(佛祖), 불종(佛鐘), 불좌(佛座), 불지(佛智), 불찰(佛刹), 불천(佛天), 불체(佛體), 불타(佛陀←Buddha), 불탁(佛卓), 불탄일(佛誕日), 불탑(佛塔), 불토(佛土), 불학(佛學), 불향(佛享), 불향답(佛享畓), 불호(佛號), 불화(佛畵); 견불(見佛), 고불(古佛)[암하고불(巖下古佛)], 관불/회(灌佛/會), 괘불(掛佛), 구원불(久遠佛;아미타불), 귀의불(歸依佛), 금불(金佛), 금동불(金銅佛), 내불(內佛), 노불(老佛), 노불(露佛), 농불(籠佛;채롱부처), 대불/개안(大佛/開眼), 등신불(等身佛), 마애불(磨崖佛), 목불(木佛), 무량수불(無量壽佛), 무칭광불(無稱光佛), 미래불(未來佛), 미륵불(彌勒佛), 배불(排佛), 법계불(法界佛), 보생불(寶生佛), 보신불(報身佛), 본존불(本尊佛), 삼신불(三神佛)[1090], 삼천불(三千佛), 상주불(上住佛)[1091], 생불(生佛), 석가모니불, 석굴불(石窟佛), 석불(石佛), 선불(仙佛), 성불(成佛)[성불도(道); 견성성불(見性), 본래성불(本來), 즉신성불(卽身)], 소불(小佛), 숭불(崇佛), 신불(神佛), 심불(心佛), 아미타불, 억불(抑佛), 연등불(練燈佛), 염불(念佛), 예불(禮佛), 와불(臥佛), 욕불(浴佛), 원불(願佛), 유불(儒佛), 유불(濡佛), 응신불(應身佛), 이불(泥佛), 일불(一佛), 자불(瓷/磁佛), 조불(造佛), 주세불(主世佛)/주불(主佛), 즉심시불(卽心是佛), 찬불/가(讚佛/歌), 천불(千佛), 태내불(胎內佛), 토불(土佛), 판불(板佛), 현신불(現身佛), 현재불(現在佛), 호신불(護身佛), 활불(活佛), 황금불(黃金佛), 후불(後佛) 들.

불(拂) '떨치다. 떨다. 값을 치르다'를 뜻하는 말. ¶불거(拂去), 불서(拂曙), 불식(拂拭), 불입(拂入)[미불입(未)], 불진(拂塵), 불출(拂出), 불하(拂下), 불효(拂曉;날이 막 밝을 무렵); 가불(假拂), 과불(過拂), 국대불(局待拂), 기불(旣拂), 미불(未拂), 부불(賦拂), 분액불(分額拂), 분할불(分割拂), 선불(先拂), 수불(受拂), 연부불(年賦拂), 연불(年拂), 연불(延拂), 염불(鹽拂)[1092], 완불(完拂), 월불(月拂), 월부불(月賦拂), 일람불(一覽拂), 일부불(日賦拂), 일시불(一時拂), 전불(前拂), 정기불(定期拂), 즉시불(卽時拂), 지불하다(支拂;갚다. 내다. 치르다), 지시인불(指示人拂), 체불(滯拂), 현금불(現金拂), 환불(換拂), 환불(還拂), 후불(後拂) 들.

불(弗) ①=달러(미국의 화폐 단위). ¶불화(弗貨); 군납불(軍納弗), 미불(美弗), 본토불(本土弗), 수출불(輸出弗), 용역불(用役弗), 정부불(政府弗), 종교불(宗敎弗). ②부정어 '아니다'를 뜻하는 말. ¶불야(弗也).

불(祓) '푸닥거리하다. 부정을 없애다'를 뜻하는 말. ¶불계(祓禊), 불양(祓禳), 불제(祓除;신에게 빌어서, 상서롭지 못한 것을 떨쳐 버림) 들.

불(怫) '발끈 화를 내다. 답답하다'를 뜻하는 말. ¶불연(怫然), 불울하다(怫鬱); 울불하다(鬱怫) 들.

불(黻) '수(繡)를 놓다'를 뜻하는 말. ¶불삽(黻翣)[1093]; 보불(黼黻)/

불(彿) '비슷하다'를 뜻하는 말. ¶방불하다(彷彿/髴).

불가사리[1] 쇠를 먹고 악몽과 사기(邪氣)를 쫓는다는 상상의 동물.

불가사리[2] 극피(棘皮)동물의 하나. 몸은 별모양으로 바다에 삶.

불(다) ①바람이 어느 방향으로 움직이다.(≒일다). 입을 오므리고 날숨을 세게 내어 보내다. 관악기를 입에 대고 숨을 내쉬어 소리를 내다(연주하다). ¶시원한 바람이 불다. 풍선을 불다. 피리를 불다. 불리다[6]('불다'의 피동형), 불어넣다[1094], 불어먹다[1095], 불어세우다/불어세다(남을 따돌려 보내다), 불어오다, 불어제치다(바람이 세차게 불다), 불어치다(휘몰아치다); 내불다, 들이불다(바람이 몹시 세차게 불다. 안쪽으로 불다), 맞불다(양쪽에서 바람이 마주 불다), 치불다, 휘불다/불리다. ②숨기었던 사실 따위를 모두 털어놓고 말하다. ¶잡히더라도 절대 불어서는 안 돼. 부르터나다[1096], 불리다[7](사실을 모두 털어놓고 말하게 하다), 불림[4][1097]; 곧은불림[1098] 들.

불발기 문 한가운데에 교창(交窓)이나 완자창을 짜 넣고 창호지를 붙여 채광이 되게 만든 문.[←불+밝(다)+이].

불쌍-하다 고통스러운 꼴이 가엾고 애처롭다. ¶불쌍한 이웃을 돕다. 그의 처지가 불쌍하다. 불쌍히 여기다.

불씬불씬 담배를 탐스럽게 빨며 피울 때 나는 연기의 모양. ¶담배를 불씬불씬 피우다.

불역 큰 강이나 바닷가의 모래벌판. 또는 그 언저리.≒갯가. ¶불역에 매 놓은 돛배.

불이 생물의 종족 유지의 목적으로 자기와 같은 종류를 새로 생산하는 일.[←붇(다)+이].≒불림. 생식(生殖). ¶불이마디, 불이모세포(母細胞), 불이불능(不能), 불이빨판(생식 흡반), 불이샘(불이세포가 일정한 데에 모여서 된 알집 따위), 불이세포(細胞), 불이집, 불이행동(行動;생식행동) 들.

불타 바른 진리를 깨달은 사람. 부처.[←佛陀←Buddha〈범〉].

1089) 불사다리(佛事): 무당이 죽은이의 넋이 극락세계에 이르도록 길을 열어 준다고 하여 찢는 무명베.

1090) 삼신불(三神佛): 법신불(法身佛)·보신불(報身佛)·응신불(應身佛)의 세 부처.

1091) 상주불(上住佛): 염주(念珠) 가운데에 꿴 가장 큰 구슬.

1092) 염불(鹽拂): 장례 뒤에 소금을 몸에 뿌려 부정을 씻는 일.

1093) 불삽(黻翣): 발인(發靷) 때, 상여의 앞뒤에 세우고 가는 제구. '亞'자가 서로 등진 모양을 그린 널조각에 긴 자루를 대었음.

1094) 불어넣다: ①바람이나 입김 따위를 불어서 넣다.≒주입하다(注入). ②목적하는 바 정신이나 생각을 갖도록 자극이나 영향을 주다. ¶청소년에게 애향심을 불어넣다.

1095) 불어먹다: 돈이나 재물을 헛되이 다 써서 없애다. ¶그는 사기꾼에게 모든 재산을 몽땅 불어먹고 말았다.

1096) 부르터나다: 숨겨져 묻혀 있던 일이 드러나다. ¶묵은 병폐가 부르터나다.

1097) 불림[4]: 죄인이 공범자(共犯者)를 일러바치는 짓. 남에게 알리는 짓.

1098) 곧은불림: 지은 죄를 사실대로 말함. 직초(直招). ¶볼기를 몇 대 맞고 곧은불림을 하였다.

붉(다) 빛깔이 핏빛. 또는 익은 고추의 빛과 같다.[←불]. ¶단풍이 붉게 물든 가을산. 붉은 고추. 불겅이[1099], 붉누르다(붉은 빛깔을 띠면서 누르다), 붉덩물[1100], 붉돔, 붉디붉다, 붉어지다, 붉으락푸르락, 붉은거북, 붉은말[홍조(紅藻)], 붉은발[1101], 붉은보라, 붉은빛, 붉은색(色), 붉은인(燐), 붉은차돌, 붉은팥, 붉은피톨, 불콰하다, 붉히다[1102], 발갛다[1103], 발가야드르르하다, 발가우리/하다, 발그대대 · 빨그대대 · 뻘그데데 · 볼그대대 · 불그데데 · 불그뎅뎅하다, 발그댕댕 · 벌그뎅뎅 · 볼그댕댕 · 빨그댕댕 · 뻘그뎅뎅하다, 발그레 · 발그무레 · 벌그레 · 벌그무레하다, 볼그레 · 불그레 · 빨그레 · 뻘그레 · 뽈그레 · 뿔그레/하다, 발그속속 · 벌그숙숙 · 볼그속속 · 불그숙숙하다, 볼그스레 · 뿔그스레하다, 발그스름/발그름 · 벌그스름/벌그름 · 볼그스름/볼그름 · 불그스름/불그름 · 빨그스름 · 뻘그스름 · 뿔그스름하다, 발그족족 · 빨그족족 · 벌그죽죽 · 뻘그죽죽 · 볼그족족 · 뽈그족족 · 불그죽죽 · 뿔그죽죽하다, 발긋 · 벌긋 · 볼긋 · 불긋 · 빨긋 · 뻘긋 · 뽈긋 · 뿔긋 · 불깃/하다, 발깃 · 벌깃 · 빨깃 · 뻘깃/하다. 불콰하다[1104], 빩다; 검붉다, 낮붉히다, 반불겅이(半), 연붉다(軟), 엷붉다(엷게 붉다), 올긋볼긋 · 울긋불긋, 짙붉다(짙게 붉다), 푸르락붉으락, 희불그레하다, 희붉다. ☞ 적(赤).

붐비(다) ①많은 사람들이 일정한 장소에 들어차서 혼잡하다.≒들끓다. 북적거리다.↔뜸하다. ¶붐비는 역 대합실. 거리에는 자동차가 붐빈다. 들붐비다(몹시 붐비다). ②많은 사물이 한데 엉클어져 매우 복잡하다. ¶창고가 물건으로 붐비다. 일이 붐비다.

붐빠 여러 나팔 소리가 한꺼번에 어울려 나는 소리. 〈센〉뿜빠. ¶붐빠거리다/대다.

붓 그림 · 글씨 또는 칠할 때 쓰는 기구. 연필 · 철필 따위의 글씨나 그림을 그리는 데 쓰이는 도구의 총칭. 글을 쓰는 일이나 생활. ¶붓을 놓다/ 들다. 붓을 꺾다. 붓걸이[필가(筆架)], 붓그림, 붓글, 붓글씨/붓글, 붓글씨체(體), 붓꼬리, 붓꽂이, 붓끝, 붓날다[1105]/날리다, 붓놀림[1106], 붓대, 붓두껍/무늬, 붓방아[1107], 붓빨이, 붓셈, 붓심[필력(筆力)], 붓자리[1](붓이 지나간 자리), 붓장난/하다, 붓질/법(法)/하다, 붓초리, 붓촉(鏃;붓털), 붓타박, 붓털, 붓하다(글을 쓰다); 군붓/질, 그림붓, 납작붓(납작하게 만든 털붓), 동글 · 둥글붓, 모지랑붓(끝이 다 닳은 붓), 몽당붓(끝이 모지라진 붓), 밀붓[1108], 쇠붓[철필(鐵筆)], 칠붓(漆), 털붓. ☞ 필(筆).

붓(다)[1] 살가죽이나 어떤 기관이 부풀어 오르다.≒뜨다[2].↔가라앉다. ¶다리가 붓는 병. 밤새 울었는지 눈이 잔뜩 부어 있다. 붓기, 부석부석/하다[←붓(다)+억], 부숭하다[1109], 부스럼(피부에 나는 종기)[부스럼딱지, 부스럼떡(부스럼에 붙이는 떡)], 붓는병(病;浮腫); 쥐부스럼[우달(疣疸)], 부어오르다, 부어터지다(부풀어서 터지다), 부이[1110], 북돋우다[1111].

붓(다)[2] ①액체나 가루 따위를 용기(그릇)를 기울여 다른 곳에 떨어지도록 하다.≒담다. 쏟다. 따르다. ¶물을 독에 붓다. 부어내리다[1112], 부어넣다, 부어만들다[1113], 붓자리[2][1114]; 내리붓다, 내리퍼붓다, 들어붓다[1115], 들이붓다/들붓다(마구 붓다. 속으로 쏟아 넣다), 들이퍼붓다(마구 쏟아지다), 지어붓다(쇠를 녹이어 붓다), 퍼붓다, 물퍼붓듯. ②씨앗을 배게 뿌리다. ¶무씨를 붓다. ③곗돈 · 불입금 따위를 기한마다 치르다. ¶적금을 매달 붓다.

붕 가볍게 공중에 떠오르는 모양. ¶벌이 붕 날다. [+떠오르다. 뜨다. 날다].

붕(崩) '무너지다. 임금이 죽다'를 뜻하는 말. ¶붕괴(崩壞)[1116], 붕궤(崩潰), 붕락(崩落), 붕성지통(崩城之痛), 붕어(崩御;천자나 황제가 죽음), 붕적토(崩積土), 붕조(崩殂), 붕탑(崩塌), 붕퇴(崩頹); 궤붕(潰崩), 산붕(山崩;산사태), 설붕(雪崩), 요붕증(尿崩症), 천붕지통(天崩之痛), 토붕/와해(土崩/瓦解), 혈붕(血崩) 들.

붕(朋) '벗. 떼 · 무리'를 뜻하는 말. ¶붕당(朋黨), 붕배(朋輩), 붕비(朋比), 붕우(朋友)[붕우유신(有信), 부우책선(責善)]; 교붕(交朋), 당붕(黨朋), 빈붕(賓朋), 시붕(詩朋), 양붕(良朋), 주붕(酒朋) 들.

붕(硼) '붕산나트륨의 백색 결정체(붕사)'를 뜻하는 말. ¶붕사(硼砂)[붕사구슬반응(反應), 붕사땜], 붕산(硼酸)[붕산면(綿), 붕산수(水), 붕산연고(軟膏), 붕산염(鹽)], 붕소(硼素)[붕소강(鋼), 붕소비료(肥料), 붕소철(鐵)] 들.

붕(棚) '시렁이나 선반과 같은 모양을 한 것'을 뜻하는 말. ¶대륙붕(大陸棚), 육붕(陸棚), 해식붕(海蝕棚), 화붕(火棚;火山臺) 들.

1099) 불겅이: 붉은 빛깔의 살담배. ¶반불겅이(半;빛깔이나 맛이 제법 좋은 중질의 담배. 반쯤 익은 고추).

1100) 붉덩물: 붉은 황토가 섞이어 탁하게 흐르는 물. ¶붉덩물 지다(붉덩물이 되어 흐르다).

1101) 붉은발: 부스럼 언저리의 붉은 빛의 핏줄. ¶붉은발이 서다.

1102) 붉히다: 성이 나거나 부끄러워 안색을 붉게 하다. ¶낯을 붉히다.

1103) 발갛다: 연하고도 곱고 붉다. 〈큰〉벌겋다. 〈센〉빨갛다. 〈센〉빨갛다. 〈큰 · 센〉뻘겋다. ¶발가 · 벌거 · 빨가 · 뻘거벗다/벗기다, 발가 · 벌거 · 빨가 · 뻘거숭이[천둥벌거숭이(철없이 함부로 덤벙거리는 사람)], 발강 · 벌겅 · 빨강 · 뻘겅/이, 발개 · 벌개 · 빨개 · 뻘개지다, 빨간[빨간딱지, 빨간불, 빨간양태], 빨강[빨강무지기, 빨강이], 빨갱이; 새빨갛다, 새빨개지다, 시뻘겋다, 시뻘개지다, 지지벌겋다(보기에 아름답지 아니하게 벌겋다), 피빨강이[혈색소(血色素)].

1104) 불콰하다: 술기운을 띠거나 혈기가 좋아서 얼굴빛이 보기 좋게 불그레하다.

1105) 붓날다: 말이나 하는 짓이 붓이 나는 것처럼 가볍게 들뜨다. ¶그는 언행이 붓나는 사람이다.

1106) 붓놀림: 글씨를 쓰거나 또는 그림을 그릴 때 붓을 놀리는 동작.

1107) 붓방아: 글을 쓸 때 생각이 미처 나지 아니하여 붓대만 놀리고 있는 짓. ¶붓방아질/하다.

1108) 밀붓: 붓털에 밀을 먹여 빳빳하게 맨 붓.

1109) 부숭하다: 얼굴이 부어오른 듯한 느낌이 있다. ¶부숭한 눈두덩. 부숭한 얼굴.

1110) 부이: 탈이 나서 부어오르는 증세. ¶발등에 부이가 나다. 부이가 가라앉다.

1111) 북돋우다: 기운이나 정신 따위를 더욱 높여주다.[〈붓도도다]. 〈준〉북돋다. ¶사기를 북돋우다. 생기를 북돋다. 애국심을 북돋우다. 북돋움(북돋우어 주는 일).

1112) 부어내리다: 비나 물 따위가 쏟아 붓듯이 한꺼번에 많이 내리다.

1113) 부어만들다: 쇠붙이를 녹여 틀에 부어서 물건을 만들다.

1114) 붓자리[2]: 은어가 알을 낳는 곳.

1115) 들어붓다: 액체나 가루가 담긴 그릇을 들어서 통째로 쏟아 붓다. 퍼붓다. ¶물을 들어붓듯이 비가 쏟아지다.

1116) 붕괴(崩壞): 붕괴곡선(曲線), 붕괴기(期), 붕괴되다/하다, 붕괴상수(常數), 붕괴열(熱); 알파붕괴(α), 베타붕괴(β), 원자핵붕괴(原子核).

붕(鵬) '대붕새(상상의 큰 새)'를 뜻하는 말. ¶붕도(鵬圖), 붕비(鵬飛), 붕새, 붕익(鵬翼), 붕정(鵬程;아득히 먼 길), 붕정만리(鵬程萬里); 대붕(大鵬) 들.

붕(繃) '묶다. 포대기'를 뜻하는 말. ¶붕대(繃帶;헝겊띠)[구급붕대(救急), 깁스붕대(Gips), 압박붕대(壓迫;죔띠)].

붕(淜) '물결이 서로 부딪는 소리'를 뜻하는 말. ¶붕발(淜渤).

붕빠 악대의 악기가 울리는 소리.

붕어 잉엇과의 민물고기. '붕어 모양의'를 뜻하는 말.[←부어(鮒魚). ¶붕어과자(菓子), 붕어구이, 붕어낚시, 붕어눈, 붕어떡, 붕어마름, 붕어빵, 붕어사탕(砂糖), 붕어소매, 붕어연적(硯滴), 붕어자물쇠, 붕어저냐, 붕어조림, 붕어죽(粥), 붕어찜, 붕어톱(등이 둥근 톱), 붕어회(膾); 금붕어(金), 떡붕어, 버들붕어, 참붕어 들.

붙(다) ①서로 떨어지지 않게 되다.↔떼다. 떨어지다. ¶머리에 검불이 붙다. 부닐다[1117], 붙당기다(붙잡아서 당기다), 부대끼다(☞대끼다), 붙동이다(붙들어서 동이어 매다), 붙들다[1118]/들리다(붙듦을 당하다), 붙들어매다, 붙매이다(어떤 일에 붙어 매이다), 붙박다/박이다, 붙박아놓다(한곳에 꽉 박아두다), 붙박이[1119], 붙박이다, 붙안다(두 팔로 부둥켜안다), 부둥켜안다, 부둥키다[←붙움키다], 부여안다(두 팔로 부둥켜안다), 부여잡다[1120], 붙은돈(한 장으로 된 돈), 붙은문자(文字;숙어), 붙이다[1121][내붙이다], 붙임[1122], 붙잡다[1123]/잡히다, 붙잡아주다, 붙장(欌), 붙접(남과 쉽게 사귀는 성질), 붙죄다[1124]; 갈붙이다[1125], 갈라붙이다, 갈아붙이다, 걷어붙이다[1126], 곁붙다/붙이다, 곁붙이, 고붙치다[1127], 끈붙다[1128]/붙이다, 나붙다[1129], 내리붙다(↔치붙다), 내붙이다, 눌어붙다[1130], 다가붙다, 다부닐다[1131], 다붙다[1132], 달라·돌라·들러붙다[1133]/붙이다, 덧붙다/붙이다, 덧붙임, 도숙붙다/숙붙다(머리털이 아래로 나서 이마가 좁게 되다), 둘러붙다[1134], 들붙다(들러붙다), 따라붙다(바싹 뒤따르다), 말라붙다, 맛붙이다(재미를 붙이다), 맞붙다',[1135], 맞붙들다(마주 붙들다), 맞붙이[1136], 맞붙이다(마주 붙이다. 대면시키다), 맞붙잡다(서로 마주 붙잡다), 메어붙이다/메붙이다, 몰아붙이다, 밀어붙이다[1137], 배붙이다(배를 선창에 대다), 불붙다/붙이다, 생청붙이다(억지스럽게 모순되는 말을 하다), 알붙이기, 얼러붙다(여럿이 어우러져 한데 붙다), 얼어붙다, 얼빰붙이다, 엇붙다(비스듬하게 맞닿다)/붙이다, 올라붙다, 올려붙이다[1138], 이간붙이다(離間;이간질을 하다), 정붙이다(情), 졸아붙다, 치붙다/붙이다. ②서로 가까이 마주 닿다. 딸리다. ¶벽에 붙어 있는 침대. ③남에게 의지하거나 근거로 삼다. ¶매형한테 붙어산다. 붙어먹다'(의지하여 도움을 얻다), 붙어살다(남에게 얹혀살거나 기생하다), 붙접[1139]; 다붓다붓, 다붓하다, 다붙다/붙이다, 돌려붙다(몸을 돌리어 엉겨 붙다), 둘러붙다[1140], 몸붙이다(기숙하다. 몸담다), 발붙이다, 발붙임(의지할 곳), 빌붙다. ④좇아서 따르다. 추종하다. ¶반대파에 붙다. 부닐다[1141], 붙따르다(붙좇다), 붙좇다[1142]; 착착부닐다[1143]. ⑤아주 가까이 사귀다. ¶늘 붙어 다니는 두 사람. ⑥본디 없던 것이 새로이 생기다. ¶나쁜 습관이 붙다. ⑦불이 옮아서 당기다. ¶옆집에 불이 붙었다. ⑧시험 따위에 뽑히다. ¶취직 시험에 붙다. ⑨더 늘다. 보

1117) 부닐다: ①가까이 따르며 붙임성 있게 굴다. ¶며느리가 시어머니에게 부니는 모습이 보기 좋았다. ②남을 도와 고분고분 움직이다. ¶윗사람을 도와 부닐다.

1118) 붙들다: ①놓치지 않게 꽉 쥐다. ¶바위너설을 붙들고 올라가다. ②달아나는 것을 잡다. ¶달아나는 도둑을 잡다. ③가지 못하게 말리다. ¶손님을 붙들다. ④도와주다. ¶실의에 빠진 사람을 붙들어 주다. 비틀거리는 사람을 붙들어 주다.

1119) 붙박이: ①한곳에 꽉 들어박혀 움직이지 아니하거나 움직일 수 없는 것. ¶붙박이로 된 옷장. 붙박이별[항성(恒星)], 붙박이장/붙장(欌), 붙박이창(窓). ②정해져 있어 변하지 아니하는 일. ¶그 회사에만 붙박이로 다닌다.

1120) 부여잡다: 손으로 붙들어 잡다. ¶손목을 부여잡다. 두 손을 부여잡고 이별을 아쉬워하다.

1121) 붙이다: 말을 걸다. 기대 따위를 걸다. 뺨을 손바닥으로 때리다. 내놓고 토론하게 하다. 비밀이나 의문을 그런 상태로 있게 하다. 잠을 자다[+눈]. 붙게 하다. 불을 당기다.

1122) 붙임: 붙임대, 붙임붙이(친척 관계에 있는 사람), 붙임붙임(남과 붙임성 있게 잘 지내는 모양), 붙임뿌리, 붙임새, 붙임성(性;너울가지), 붙임소리, 붙임수(남을 잘 사귀는 수단. 붙임성), 붙임줄(이음줄), 붙임질/하다, 붙임쪽지, 붙임책(冊), 붙임틀, 붙임판(板), 붙임표(表), 붙임표(標), 붙임풀, 붙임혀; 나비장붙임, 쪽붙임, 쪽매붙임, 탕개붙임.

1123) 붙잡다: 사람이나 동물이 손이나 팔로 다른 사람이나 물건을 힘있게 잡아 몸에서 떨어지지 않는 상태가 되게 하다.≒잡다. 붙들다.↔놓다.

1124) 붙죄다: 꼭 붙들어 답답하게 조이다. ¶애가 달아 가슴을 붙죄는 듯하였다.

1125) 갈붙이다: 남을 헐뜯어 이간 붙이다. ¶그 사람은 갈붙이는 나쁜 버릇이 있다.

1126) 걷어붙이다: 소매나 바짓가랑이를 걷어올리다.

1127) 고붙치다: 고부탕이가 지도록 접거나 꺾어 겹치다.

1128) 끈붙다: 살아 나갈 길이 마련되다. 의지할 곳이 생기다.↔끈떨어지다.

1129) 나붙다: 밖으로 눈에 띄는 곳에 붙다. ¶게시판에 공고문이 나붙다. 벽보가 여기저기 나붙다.

1130) 눌어붙다: ①조금 타서 바닥에 붙다. ②한곳에 오래 있으면서 떠나지 않다.

1131) 다부닐다: 바싹 붙어서 붙임성 있게 굴다. ¶아무래도 딸이 아들과 달라 부모에게 더 다부니는 경향이 있다.

1132) 다붙다: 사이가 뜨지 않게 바싹 다가붙다. ¶좀더 다붙어 앉아라. 다붙이다.

1133) 달라붙다: ①어떤 물건이 끈기 있게 바짝 붙다. ¶껌이 옷에 달라붙어 안 떨어지다. ②붙좇아 따르다. ③가까이 대들다. ④한 군데에만 꼭 붙어 있다. ¶책상에 달라붙어 공부만 한다. 〈큰〉들러붙다.

1134) 둘러붙다: 헤아려 보아서 이로운 쪽으로 슬그머니 붙좇다.

1135) 맞붙다': ①서로 마주 닿다. ¶하늘과 땅이 맞붙은 지평선. ②서로 떨어지지 않고 함께하다. ¶저 두 사람은 늘 맞붙어 다닌다.

1136) 맞붙이: ①다른 사람을 통하지 않고 직접 대면하여 일을 처리함. ②솜옷을 입어야 할 때에 입는 겹옷.

1137) 밀어붙이다: ①밀어서 한쪽 구석에 붙어 있게 하다. ¶망가진 책상들을 구석으로 모두 밀어붙였다. ②한쪽으로 힘주어 밀다. ¶불도저가 흙을 밀다. ③고삐를 늦추지 않고 계속 밀다. ¶상대편을 계속 밀어붙여 승리를 거두다.

1138) 올려붙이다: 손바닥으로 뺨을 세게 때리다.

1139) 붙접: ①가까이하거나 붙따라 기대는 일. ¶붙접을 못하게 하다. 붙접좋다(붙임성이 있다). ②=붙임성.

1140) 둘러붙다: ①기회나 형편을 두루 살피어 이로운 쪽으로 붙어 따르다. ②둘레나 가장자리를 따라가며 붙다.

1141) 부닐다: 붙임성 있게 굴며 잘 따르다. 일을 도우며 고분고분하게 굴다. ¶며느리가 시어머니에게 부니는 모습이 보기 좋았다. 다부닐다(바싹 다붙어서 꽤나 붙임성 있게 행동하다).

1142) 붙좇다: 존경하는 마음으로 섬기며 따르다.≒따르다. 뒤따르다. 추종하다.

1143) 착착부닐다: 남에게 가까이 달라붙어서 고분고분 굴다.

태어지다. ¶실력이 붙다. 가족 수당이 붙다; 덧방붙이다, 덧붙다/붙이/붙이기/붙이다. ⑩새로운 상태나 현상 또는 감정이 생기다. ¶살이 붙다. 정이 붙다. ⑪설비가 되어 있다. ¶침대차가 붙어 있는 열차. ⑫어떤 자리에 오래 머물다. ¶집에 붙어 있을 새가 없다. 붙견디다(붙어서 견디다). ⑬별러서 속하게 하다. ¶다리 공사에는 인부 열 명이 붙다. ⑭암수가 교미하다. 접목하다(椄木). ¶붙어먹다²(간통하다); 되붙이기, 상피붙다(相避;친척 사이인 남녀가 정을 통하다), 쌍붙다(雙;교미하다), 접붙이/접붙이기/접붙이다(椄), 흘레붙다/붙이다. ⑮겨루다. ¶한판 붙어보자. 맞붙다²(겨루다)/붙이다. ⑯부터. ⑰'가까운 사람의 겨레. 어떤 것에 속한 같은 종류'를 뜻하는 말의 어근. ¶붙이[1144].

-브(다) 동사 어간에 붙어 형용사를 만드는 말. ¶가냘프다, 가쁘다(숨가쁘다), 고달프다, 고프다, 구쁘다[1145], 구슬프다, 기쁘다, 나쁘다, 미쁘다(믿음성이 있다), 바쁘다, 서글프다(←섧다), 슬프다, 아프다 들.

비¹ 수증기가 찬 기운을 만나 엉겨 맺혀 하늘에서 땅 위로 떨어지는 물방울. ¶비 온 뒤에 땅이 굳어진다. 비갈망(비를 맞지 아니하도록 하는 것), 비거스렁/이[1146], 비구름, 비그이[1147]/하다, 비긋다[1148], 비기(비가 내릴 기운), 빗길, 비꽃[1149], 비늦[1150], 비덮개, 비마중(비를 나가 맞이하는 일), 빗맛, 비머리하다(온몸이 흠뻑 젖다), 비무리(한 떼의 비구름), 비묻어오다[1151], 빗물/관, 빗밑[1152], 비바람, 비받이(우산), 빗발(빗발무늬, 빗발치다), 빗방울, 비보라(거센 바람에 흩어지는 비), 비빌이(비오기를 바라고 비는 일), 비살치다, 비설거지[1153], 빗소리, 빗속, 비신(비가 내릴 때 신는 신), 비아무리[1154], 비안개, 비얼음, 비오듯, 비옷, 빗자국, 빗줄기, 비흘림[1155]; 가랑비[세우(細雨)], 가을비, 겨울비, 구름비(구름과 비), 궂은비, 금비(金;농사에 매우 요긴한 비), 꽃비, 꿀비, 날비(노드리듯 오는 비), 눈비(눈과 비), 단비[1156], 떡비[1157], 뚝비(장대처럼 쏟아지는 비), 모종비[1158], 목비[1159], 못비[1160], 무더기비, 바람비(바람에 날려 흩뿌리는 비), 발비[1161], 밤비, 방사능비(放射能), 보슬·부슬비[미우(微雨)], 복비(福), 봄비, 불비[1162], 산비(山), 산성비(酸性), 색시비, 소낙비, 소용돌이비, 실비(가늘게 내리는 비), 안개비, 약비(藥;꼭 필요한 때 내리는 비), 얼음비, 여우비, 와달비(갈수록 거세게 내리는 비), 우레비[뇌우(雷雨)], 웃비[1163], 이슬비, 작달비[1164], 작살비(줄기차게 쏟아지는 비), 잠비(여름철에 내리는 비), 장대비(작달비), 장맛비, 주먹비[1165], 찬비[한우(寒雨)], 창대비(槍), 채찍비(채찍처럼 굵은 줄기로 쏟아져 내리는 비), 큰비(장마), 한맛비[1166], 해비(한쪽으로 해가 나면서 내리는 비), 횃대비(장대비), 흙비[토우(土雨)]. ☞ 우(雨).

비² 먼지나 쓰레기 따위를 쓸어 내는 기구. ¶비로 쓸다. 빗자루, 비질/하다(쓸다); 갈목비/갈비(갈대의 이삭을 매어서 만든 비), 대비(댓가지로 묶어서 만든 비), 대비(大;큰 비), 댑싸리비, 마당비, 모지랑비(끝이 다 닳은 비), 몽당비(끝이 모지라진 비), 방비(房), 벌비, 부엌비, 선비(자루가 길어, 서서 쓸게 된 비), 솔비(솔가지로 만든 비), 수수비, 싸리비, 여우꼬리비(좁은 곳을 쓰는, 자루가 짧은 솔), 잇비(잇짚으로 만든 비), 장목비[1167], 종려비(棕櫚), 풀비, 흙비(흙칠을 할 때 쓰는 비) 들.

비(費) 일부 명사나 한자어 어근에 붙어 '돈을 쓰다. 돈'의 뜻을 나타내는 말. ¶비목(費目;비용을 지출하는 명목), 비심(費心;마음을 쓰는 일), 비용(費用;비발)[1168], 비전(費錢); 가계비(家計費), 가공비(加工費), 가변비(可變費), 가분비(可分費), 가설비(架設費), 가입비(加入費), 간접비(間接費), 개량비(改良費), 개발비(開發費), 개업비(開業費), 개축비(改築費), 객비(客費), 거비(巨費), 거간비(居間費), 거마비(車馬費), 건설비(建設費), 건축비(建築費), 경비(經費), 경리비(經理費), 경상비(經常費), 경제비(經濟費), 계속비(繼續費), 고정비(固定費), 공비(工費), 공비(公費), 공비(空費), 공사비(工事費), 공익비(共益費), 공작비(工作費), 공채비(公債費),

1144) 붙이: 같은 겨레·그 물건과 같은 종류임을 나타내는 말.[(브티←붙+이]. ¶붙이 마을에는 강씨의 붙이들이 모여 살고 있다. 붙이사랑; 가루붙이(가루음식), 가족붙이(家族), 개미붙이, 겨붙이, 겨레붙이, 곁붙이(촌수가 먼 일가붙이), 계집붙이, 고기붙이, 곰팡붙이, 그릇붙이, 금붙이(金), 금은붙이(金銀), 꽃붙이, 난전붙이(亂廛), 날붙이, 남새붙이, 능붙이(綾), 대접붙이, 덤붙이, 도마뱀붙이, 벌레붙이, 맞붙이, 명주붙이(明紬), 모기붙이, 몸붙이, 밀잠자리붙이, 배붙이기(명주 올이 겉으로, 무명 올이 안으로 가게 짠 피륙), 베붙이, 보리붙이, 붙임붙이(친척관계에 있는 사람), 비단붙이(緋緞), 빈대붙이, 뼈붙이, 사붙이(紗), 살붙이, 살림붙이, 세간붙이, 셋붙이. 솜붙이, 쇠붙이, 실붙이, 양단붙이(洋緞), 옷붙이, 육미붙이(肉味), 육붙이(肉), 은붙이(銀), 읍붙이(邑), 일가붙이(一家), 잎벌레붙이, 자장붙이(資粧), 젓갈붙이, 제살/제붙이, 조개붙이, 처가붙이(妻家), 철붙이(鐵), 친정붙이(親庭), 털붙이, 피붙이, 행랑붙이(行廊).

1145) 구쁘다: 뱃속이 허전하여 자꾸 먹고 싶다.[←궂다]. ≒궁금하다²

1146) 비거스렁/이: 비 갠 뒤에 바람이 불고 기온이 낮아져 시원해짐. 또는 그런 현상. ¶몸이 쇠약해져서 비거스렁이에도 한기를 느꼈다.

1147) 비그이: 비를 잠시 피하여 그치기를 기다리는 일.[←비+긋(다)+이].

1148) 비긋다: 비를 잠시 피하여 그치기를 기다리다.

1149) 비꽃: 비가 오기 시작할 때 성글게 떨어지는 빗방울.

1150) 비늦: 비가 올 징조나 조짐. ¶우중충한 하늘이 비늦을 보이더니 기어이 비를 뿌렸다.

1151) 비묻어오다: 많지 않은 비가 멀리서부터 다가오다.

1152) 빗밑: 내리던 비가 그치어 날이 개기까지의 동안이나 속도. 비그이를 할 만한 곳. ¶빗밑이 가볍다(오던 비가 그치고 날이 개는 속도가 빠르다.↔빗밑이 무겁다). 빗밑이 재다.

1153) 비설거지: 비가 오려 하거나 올 때에 비를 맞혀서는 안 될 물건을 거두거나 덮는 일. ¶비설거지하다.

1154) 비아무리: 빗물이 건물 안으로 스며들지 아니하게 하는 꾸밈새.

1155) 비흘림: 빗물을 건물 밖으로 흘러내리게 하는 경사면.

1156) 단비: 꼭 필요할 때에 알맞게 오는 비. ¶가뭄 끝에 단비가 촉촉이 내리다.

1157) 떡비: 가을에 내리는 비. 가을에 비가 오4면 떡을 해 먹음.

1158) 모종비: 모종할 때 알맞게 오는 비.

1159) 목비: 모낼 무렵에 한목에 오는 비.

1160) 못비: 모를 다 낼 만큼 흡족하게 오는 비.

1161) 발비: 빗방울의 발이 보이도록 굵게 내리는 비.

1162) 불비: ①몹시 내려쬐는 뙤약볕. ②비가 오듯이 심하게 떨어지는 불덩어리.

1163) 웃비: 우기(雨氣)는 가시지 아니하였으나, 좍좍 내리다가 한 때 그친 비. ¶웃비가 걷다(비가 오다가 잠시 날이 들다). 웃비가 걷자 해가 반짝하고 비쳤다.

1164) 작달비: 굵고 거세게 내리는 비.[←작대기].=장대비, 작살비.

1165) 주먹비: 쏟아지는 비 같은 매우 심한 주먹질.

1166) 한맛비: 부처의 설법이 모든 중생에게 고루 끼쳐 주는 것이 마치 비가 온갖 초목을 골고루 적시어 아름답게 하는 것과 같다는 뜻.

1167) 장목비: ①꿩의 꽁지깃을 묶어 만든 비. ②장목수수의 이삭으로 맨 비.

1168) 비용(費用;비발): 비용가격(價格), 비용비(費), 비용설(說), 비용잔류(殘留), 비용파괴(破壞); 가변비용(可變), 고정비용(固定), 기회비용(機會), 부수비용(部數), 불변비용(不變), 사회비용(社會), 시간비용(時間), 영업비용(營業), 투자비용(投資), 현금비용(現金), 혼잡비용(混雜).

관비(官費), 관리비(管理費), 광고비(廣告費), 광열비(光熱費), 교비/생(校費/生), 교육비(教育費), 교재비(教材費), 교제비(交際費), 교통비(交通費), 구입비(購入費), 구제비(救濟費), 구조비(救助費), 국비(國費), 국방비(國防費), 국채비(國債費), 군사비(軍事費)/군비(軍費), 급비(給費), 급식비(給食費), 급양비(給養費), 기밀비(機密費), 기본비(基本費), 기정비(旣定費), 남비(濫費), 낭비(浪費), 냉방비(冷房費), 노비(勞費), 노비(路費), 당비(黨費), 도비(道費), 도비(徒費), 도서비(圖書費), 등록비(登錄費), 마케팅비(marketing費), 매장비(埋葬費), 문화비(文化費), 물건비(物件費), 물동비(物動費), 물류비(物流費), 물자비(物資費), 방위비(防衛費), 배급비(配給費), 배상비(賠償費), 번비(煩費), 법률비(法律費), 변동비(變動費), 병사비(兵事費), 보건비(保健費), 보관비(保管費), 보상비(補償費), 보수비(補修費), 보조비(補助費), 보존비(保存費), 보충비(補充費), 복비(福費), 복구비(復舊費), 복리비(福利費), 복업비(復業費), 복지비(福祉費), 복합비(複合費), 부대비(附帶費), 부동비(不動費), 부식비(副食費), 부양비(扶養費), 불항비(不恒費), 비례비(比例費), 비약비(飛躍費), 사비(私費), 사비(社費), 사교육비(私教育費), 사무비(事務費), 사법비(司法費), 사업비(事業費), 사육비(飼育費), 사치비(奢侈費), 산업비(産業費), 상비(喪費), 상품비(賞品費), 생비(省費), 생계비(生計費)[표준생계비(標準)], 생산비(生産費), 생존비(生存費), 생활비(生活費), 선비(船費), 설비비(設備費), 섭외비(涉外費), 성층비(成層費), 세비(歲費), 세탁비(洗濯費), 소비(所費), 소비(消費), 소개비(紹介費), 소모비(消耗費), 소모품비(消耗品費), 소송비(訴訟費), 손해비(損害費), 수고비, 수렵비(狩獵費), 수리비(修理費), 수선비(修繕費), 수속비(手續費), 수송비(輸送費), 수술비(手術費), 수용비(需用費), 숙박비(宿泊費), 습득비(習得費), 시비(市費), 시설비(施設費), 시정비(施政費), 식비(食費), 식거비(食居費), 식료품(食料品費), 신수비(薪水費), 신탄비(薪炭費), 실비(實費), 심사비(審査費), 양육비(養育費), 업무추진비(業務推進費), 여비(旅費), 여관비(旅館費), 여행비(旅行費), 연비(燃費), 연구비(研究費), 연구개발비(研究開發費), 연료비(燃料費), 연수비(研修費), 연회비(宴會費), 영농비(營農費), 영선비(營繕費), 영업비(營業費), 예비비(豫備費), 오락비(娛樂費), 왕진비(往診費), 외교비(外交費), 용비(冗費), 용비(用費), 용역비(用役費), 운동비(運動費), 운반비(運搬費), 운송비(運送費), 운영비(運營費), 운용비(運用費), 운전비(運轉費), 원료비(原料費), 원조비(援助費), 원호비(援護費), 월비(月費), 월동비(越冬費), 위생비(衛生費), 유련비(留連費), 유익비(有益費), 유지비(維持費), 유통비(流通費), 유흥비(遊興費), 육아비(育兒費), 음식비(飮食費), 의료비(醫療費), 의무비(義務費), 의정비(議定費), 이사비(移徙費), 이전비(移轉費), 인건비(人件費), 인쇄비(印刷費), 일비(日費), 임시비(臨時費), 임의비(任意費), 입비(入費), 입원비(入院費), 자비(自費), 자유비(自由費), 잡비(雜費), 장비(葬費), 장례비(葬禮費), 장사비(葬死費), 장제비(葬祭費), 재료비(材料費), 재무비(財務費), 전비(戰費), 전력비(電力費), 접대비(接待費), 정비(情費), 정무비(政務費), 정보비(情報費), 제작비(製作費), 제조비(製造費), 조사비(調査費), 조합비(組合費), 주거비(住居費), 주식비(主食費), 주택비(住宅費), 중비(中費), 중앙비(中央費), 증답비(贈答費), 지방비(地方費), 지원비(支援費), 직접비(直接費), 진료비(診療費), 진찰비(診察費), 징세비(徵稅費), 차비(車費), 차량비(車輛費), 참가비(參加費), 창업비(創業費), 청비(廳費), 체류비(滯留費), 체송비(遞送費), 체재비(滯在費), 출비(出費), 출장비(出張費), 출판비(出版費), 취로비(就勞費), 치료비(治療費), 치안비(治安費), 통신비(通信費), 특별비(特別費), 판공비(辦公費), 판매비(販賣費), 포장비(包裝費), 피복비(被服費), 필요비(必要費), 하숙비(下宿費), 학교비(學校費), 학급비(學級費), 학비(學費), 학급비(學級費), 학원비(學院費), 해방비(海防費), 행비(行費), 행사비(行事費), 행정비(行政費), 허비(虛費), 헌법비(憲法費), 혼비(婚費), 홍보비(弘報費), 확정비(確定費), 환비(換費), 활동비(活動費), 황실비(皇室費), 회비(會費), 후생비(厚生費), 휴가비(休暇費) 들.

비(非) '아니다. 그르다. 나무라다. 없다'를 뜻하는 말. ¶비가시광선(非可視光線), 비가역(非可逆), 비감동성(非感動性), 비감쇠파(非減衰派), 비거주자(非居住者), 비건성유(非乾性油), 비격식체(格式體), 비결정론(非決定論), 비결정(非結晶)[비결정상(相), 비결정성(性), 비결정질(質), 비결정체(體)], 비경구적(非經口的), 비경력직(非經歷職), 비경제적(非經濟的), 비계량적(非計量的), 비공개(非公開), 비공개적(非公開的), 비공식(非公式), 비과세(非課稅), 비과학적(非科學的), 비교인(非教人), 비교전국(非交戰國), 비교전자(非交戰者), 비구상(非具象), 비국교도(非國教徒), 비국민(非國民), 비국사범(非國事犯), 비군사적(非軍事的), 비군사화(非軍事化), 비규범적(非規範的), 비극영화(非劇映畫), 비금속(非金屬), 비난(非難), 비내구재(非耐久財), 비논리적(非論理的), 비농가(非農家), 비능률(非能率), 비단(非但), 비단백질(非蛋白質), 비대칭(非對稱), 비도(非道), 비도덕(非道德的), 비도덕주의(非道德主義), 비독립국(非獨立國), 비동기(非同期), 비동맹국(非同盟國), 비등기선(非登記船), 비등방/성(非等方/性), 비례(非禮;예의에 어긋나는 일), 비류(非類;같지 아니한 종류), 비리(非理;이치나 도리에 어그러지는 일), 비매품(非賣品)[1169], 비명(非命)[1170], 비몽사몽(非夢似夢), 비무장/화(非武裝/化), 비문화적(非文化的), 비민주적(非民主的), 비방수호(非放水湖), 비배우자체(非配偶者體), 비배출형(非排出型), 비백불란(非帛不煖), 비번(非番), 비범하다(非凡;뛰어나다), 비법(非法), 비보호(非保護), 비본적인(非本籍人), 비본질적(非本質的), 비분(非分), 비분리(非分離), 비불능(非不能), 비불이라(非不;아닌게아니라), 비사량(非思量), 비상(非常)[1171], 비상근(非常勤), 비생산성(非生産性), 비생산적(非生産的), 비선형(非線型), 비세(非勢), 비소비물(消費物), 비소설(非小說), 비소수(非素數), 비수용액(非水溶液), 비숙련공(非熟練工), 비승비속(非

1169) 비매품(非賣品): 일반에게는 팔지 아니하는 물건. 견본 또는 특정한 사람에게만 배부하는 물건 따위.

1170) 비명(非命): 병사(病死)나 자연사(自然死)에 비하여 재해나 사고 따위로 죽는 일.↔천명(天命). ¶비명에 가다. 비명횡사(橫死).

1171) 비상(非常): 정상적인 상태가 아닌 일. 긴급 사태. 보통이 아님. 정도가 심함. ¶비상이 걸리다. 재주가 비상하다. 비상한 관심을 모으다. 비상경계(警戒), 비상경보(警報), 비상계단(階段), 비상계엄(戒嚴), 비상구(口), 비상구제절차(救濟節次), 비상금(金), 비상대권(大權), 비상대기(待機), 비상등(燈), 비상망(網), 비상문(門), 비상비(費), 비상사건(事件), 비상사태(事態), 비상상고(上告), 비상선(線), 비상세례(洗禮), 비상소집(召集), 비상수단(手段), 비상시(時), 비상시국(時局), 비상식(食), 비상약(藥), 비상용(用), 비상조치(措置), 비상종(鐘), 비상착륙(着陸); 초비상(超).

僧非俗), 비시(非時), 비시식(非時食), 비신사적(非紳士的), 비신자(非信者), 비실용적(非實用的), 비아(非我), 비압축성(非壓縮性), 비양심적(非良心的), 비업무용(業務用), 비열복사(非熱輻射), 비염색질(非染色質), 비우호적(非友好的), 비운(非運), 비위(非違;법에 어긋나는 일), 비위생적(非衛生的), 비유(非有), 비육불포(非肉不飽), 비윤리적(非倫理的), 비의(非義), 비이성(非理性), 비이성주의(非理性主義), 비인(非人), 비인간(非人間)[비인간적(的), 비인간화(化)], 비인격자(非人格者), 비인도적(非人道的), 비인정(非人情), 비일비재(非一非再), 비자치(非自治), 비재(非/菲才), 비적성(非敵性), 비적출자(非嫡出者), 비전론(非戰論), 비전문가(非專門家), 비전문적(非專門的), 비전투원(非戰鬪員), 비전해도금(非電解鍍金), 비전해질(非電解質), 비전향(非轉向), 비점결탄(非粘結炭), 비정(非情), 비정규(非正規)[비정규군(軍), 비정규병(兵), 비정규전(戰), 비정규직(職)], 비정명론(非定命論), 비정상/적(非正常/的), 비정질(非晶質), 비정의(非正義), 비정합(非整合), 비정형(非定型), 비정형파(非定型派), 비조직적(非組織的), 비조즉석(非朝則夕), 비존재(非存在), 비주류(非主流), 비중심력(非中心力), 비징계주의(非懲戒主義), 비차(非次), 비철(非鐵), 비취약성(非脆弱性), 비타협성(非妥協性), 비타협적(非妥協的), 비탄성(非彈性), 비탄성체(非彈性體), 비평준화(非平準化), 비포장도로(非鋪裝道路), 비폭력/주의(非暴力/主義), 비표준어(非標準語), 비풍증(非風症), 비학자(非學者), 비합리(非合理)[비합리성(性), 비합리적(的), 비합리주의(主義)], 비합법(非合法)[비합법적(的), 비합법주의(主義)], 비합헌성(非合憲性), 비항구적(非恒久的), 비핵무장(非核武裝), 비행(非行;왼일), 비현실성(非現實性), 비현실적(非現實的), 비현업(非現業), 비현정질(非顯晶質), 비현행범(非現行犯), 비협조(非協調), 비화선(非畵線), 비화성음(非和聲音), 비화합물(非化合物), 비환원당(非還元糖), 비활성(非活性), 비회원(非會員), 비효용(非效用), 비효율/적(非效率/的), 비흑체(非黑體); 막비(莫非), 무비(無非), 사이비(似而非), 시비(是非), 시시비비(是是非非), 이비(理非), 전비(前非), 회비(悔非) 들.

비(比) '견주다. 무리. 나란하다'를 뜻하는 말. ¶비가(比價), 비견(比肩), 비교(比較)[1172], 비구(比丘)[비구니(尼), 비구승(僧)], 비년(比年), 비당(比黨), 비등하다(比等;견주어 보아 서로 비슷하다), 비래(比來;요사이), 비량(比量;비교. 미루어 앎), 비례(比例)[1173], 비론(比論), 비류(比類), 비륜하다(比倫), 비린(比隣), 비방/하다(比方), 비부피, 비비(比比), 비비개연(比比皆然), 비사(比辭), 비색(比色), 비습(比濕), 비열(比熱)[1174], 비옥가봉(比屋可封), 비용(比容), 비유(比/譬喩), 비율(比率), 비익(比翼)[비익연리(連理), 비익조(鳥)], 비저항(比抵抗), 비전압(比電壓), 비전하(比電荷), 비죽(比竹), 비준(比準;比較), 비중(比重)[1175], 비체중(比體重), 비컨대, 비하다(다른 것에 비교하거나 견주다), 비흉위(比胸圍); 감속비(減速比), 공비(公比), 광비(光比), 구경비(口徑比), 구성비(構成比), 내분비(內分比), 단비(單比), 닮은비, 당비(黨比;같은 무리끼리 의를 두텁게 함), 대비(大比;科擧), 대비(對比), 등비(等比), 무비(無比), 반비(反比), 방향비(方向比), 배비(排比), 복비(複比), 붕비(朋比;붕당을 이루어 자기편을 두둔함), 삼각비(三角比), 상반비(相反比), 상승비(相乘比), 성분비(成分比), 성비(性比), 역비(逆比), 연비(連比), 열비(劣比), 외분비(外分比), 외중비(外中比), 우비(優比), 유비(類比), 정비(正比), 제곱비, 중말비(中末比), 즐비하다(櫛比), 질량비(質量比), 축소비(縮小比), 탄성비(彈性比), 통비(通比), 행비(行比), 혼합비(混合比), 확대비(擴大比), 황금비(黃金比;1.618:1) 들.

비(飛) '날다. 빠르다. 근거 없이 떠돌다'를 뜻하는 말. ¶비거(飛去), 비거(飛車), 비거리(飛距離), 비격(飛檄), 비교(飛橋;매우 높은 다리), 비금(飛禽;날짐승), 비기(飛騎), 비단(飛湍), 비독(飛讀), 비동(飛棟), 비등(飛騰;높이 날아오름), 비래(飛來), 비렴(飛/蜚廉), 비렴급제(飛簾及第), 비룡(飛龍), 비루(飛樓), 비류(飛流), 비마(飛馬), 비막(飛膜), 비말(飛沫;잘게 튀어 퍼지는 물방울), 비목(飛木;자귓밥), 비백서(飛白書), 비보(飛報), 비봉(飛蓬)[1176], 비산(飛散), 비상(飛上), 비상(飛翔;새 따위가 하늘을 낢), 비서(飛絮), 비서(飛鼠), 비선(飛仙;하늘을 날아다니는 신선), 비설(飛雪), 비성(飛星), 비시(飛矢), 비약(飛躍)[1177], 비양(飛揚), 비어(飛魚;날치), 비어(飛/蜚語), 비언(飛言), 비연(飛鳶;연날리기), 비우(飛宇), 비인(飛人), 비잠주복(飛潛走伏), 비적(飛跡), 비전(飛電), 비전(飛箭), 비조(飛鳥), 비조불입(飛鳥不入;방비가 아주 튼튼함), 비주(飛走), 비지(飛地), 비찰(飛札), 비천(飛天;하늘을 나는 신선), 비천(飛泉), 비첨(飛檐), 비충(飛蟲), 비탄(飛彈), 비폭(飛瀑)[비폭징류(澄流)], 비필(飛筆), 비폭(飛瀑), 비필(飛筆), 비행(飛行)[1178], 비호/같다(飛

1172) 비교(比較;장두): 둘 이상의 사물을 서로 견주어 봄. 어떤 사물들 사이의 비슷한 점을 찾음. ¶품질을 비교하다. 비교계산(計算), 비교광고(廣告), 비교급(級), 비교되다/하다(장두하다), 비교문법(文法), 비교문학(文學), 비교법(法), 비교연구(研究), 비교적(的), 비교철학(哲學), 비교판단(判斷), 비교표(表), 비교형(形).

1173) 비례(比例): 예를 들어 견주어 봄. 어떤 수나 양이 변화함에 따라 다른 수나 양도 그렇게 되는 일. 물체의 각 부분 사이의 비율. ¶수입에 비례하는 지출. 인체의 비례를 무시한 작품. 비례계수(係數), 비례관계(關係), 비례대표/제(代表/制), 비례량(量), 비례배분(配分), 비례부분(部分), 비례상수(常數), 비례선거(選擧), 비례세(稅), 비례식(式), 비례적(的), 비례주(株), 비례하다, 비례항(項); 단비례(單比例), 반비례(反), 복비례(複比例), 상수비례(常數), 연비례(連), 정비례(正), 정비례(定), 제곱비례.

1174) 비열(比熱): 어떤 물질 1g의 온도를 섭씨 1도 높이는 데 필요한 열량.

1175) 비중(比重): ①어떤 물질의 질량과 그것과 같은 체적의 표준 물질의 질량과의 비. 고체나 액체의 경우 표준 물질로서 보통의 증류수를 사용함. ¶비중계(計), 비중병(甁), 비중선광(選鑛), 비중천칭(天秤), 비중표(表). ②다른 사물과 비교하였을 때의 중요성의 정도. ¶국제 사회에서 비중이 높아지고 있다.

1176) 비봉(飛蓬): 바람에 날리는 쑥잎이란 뜻으로, '흔들려서 안정되지 못한 모양. 나그네 또는 나그네의 외로움'을 비유하여 이르는 말.

1177) 비약(飛躍): 높이 뛰어오름. 급격히 발전하거나 향상됨. 이론이나 말 따위가 밟아야 할 단계나 순서를 거치지 않고 앞으로 나아감. 선진국으로 비약하다. 논리의 비약. ¶비약법(法), 비약상고(上告), 비약적(的), 비약하다; 암중비약(暗中飛躍)/암약(暗躍).

1178) 비행(飛行): 공중으로 날아가거나 날아다님. ¶그 새는 공중을 향해 수직 비행으로 날아오르기 시작했다. 비행가(家), 비행각(角), 비행경로(經路), 비행계기(計器), 비행고도(高度), 비행기(機)[비행기구름; 경비행기(輕), 낙엽비행(落葉), 단엽비행기(單葉), 모형비행기(模型), 무인비행기(無人), 복엽비행기(複葉), 수상비행기(水上), 잠자리비행기, 종이비행기], 비행단(團), 비행대(隊), 비행로(路), 비행모(帽), 비행복(服), 비행사(士), 비행선(船), 비행술(術), 비행시간(時間), 비행시험(試驗), 비행예보(豫報), 비행운(雲), 비행자세(姿勢), 비행접시, 비행정(艇), 비행지도(地圖), 비행폭탄(爆彈), 비행하다, 비행회전(回轉); 결혼비행(結婚;꿀벌·개미 따위의 수컷과 여왕이 공중으로 날아올라서 짝짓기하

ㅂ

虎;매우 용맹스럽고 날쌔다), 비화(飛火), 비화(飛花), 비화(飛禍), 비환(飛丸); 고비(高飛), 난비(亂飛), 노연분비(勞燕分飛;이별함), 붕비(鵬飛), 수비(水飛), 양봉제비(兩鳳齊飛), 언비천리(言飛千里), 오비이락(烏飛梨落), 오비일색(烏飛一色), 웅비(雄飛), 풍비(風飛), 풍비박산(風飛雹散)/풍산(風散), 혼비백산(魂飛魄散) 들.

비(備) '갖추다. 준비하다'를 뜻하는 말. ¶비거(備擧), 비고(備考)[1179], 비급(備急), 비기(飛騎), 비례(備禮;예의를 갖춤), 비망(備忘)[비망기(記), 비망록(錄)], 비수(備數), 비실(備悉), 비어(備禦), 비원(備員), 비의(備擬), 비장(備藏), 비종(備種), 비진(備盡), 비천(備薦), 비축(備蓄;만일에 대비하여 미리 모아 둠)[비축되다/하다, 비축미(米), 비축수입(輸入), 비축자산(資産)], 비치(備置;갖추어 둠), 비품(備品;업무용으로 갖추어 두는 물건), 비황(備荒)[비황식물(植物), 비황저곡(貯穀)]; 개비(改備), 겸비(兼備), 경비(警備), 구비(具備), 군비(軍備), 대비(對備), 무비(武備), 문비(文備), 미비(未備), 방비(防備), 배비(配備), 변비(邊備), 별비(別備), 병비(兵備), 무방비(無防備), 무비(武備), 미비(未備), 보비(補備), 불비(不備), 불우비(不虞備), 사비(私備), 상비(常備)[상비군(軍), 상비약(藥)], 설비(設備)[설비비(費), 설비자금(資金), 설비자본(資本), 설비투자(投資)], 수비(守備), 약비(略備), 예비(豫備), 완비(完備), 외비(外備), 우비(雨備), 유비/무환(有備/無患), 자비(自備), 장비(裝備), 전비(全備), 전비(戰備), 정비(整備)[정비공(工), 정비사(士)], 주비(籌備)[1180], 준비(準備), 증비(增備), 차비/채비(差備;갖추어 차림), 책비(責備), 충비(充備), 판비(辦備), 풍비(豐備), 해비하다(賅/該備;넉넉히 갖추다), 후비(後備)[후비군(軍), 후비병(兵)] 들.

비(肥) '살지다/살찌다. 땅이 기름지다(걸다). 거름'을 뜻하는 말. ¶비기윤신(肥己潤身), 비기지욕(肥己之慾), 비대하다(肥大;뚱뚱하거나 권한·조직이 일정 범위를 넘다), 비둔하다(肥鈍), 비료(肥料)[1181], 비마(肥馬), 비만(肥滿;뚱뚱함), 비반하다(肥胖), 비배(肥培), 비선(肥鮮), 비습하다(肥濕), 비옥(肥沃)[비옥토(土); 비옥하다(≒걸다.↔메마르다)], 비요(肥饒), 비육(肥肉), 비육(肥育), 비척(肥瘠), 비토(肥土), 비한(肥漢), 비효/율(肥效/率), 비후하다(肥厚); 경비(輕肥), 계비(鷄肥), 골비(骨肥), 구비(廏肥;쇠두엄), 근비(根肥), 금비(金肥), 기비(基肥;밑거름), 녹비/작물(綠肥/作物), 다비(多肥), 두비(豆肥), 보비(補肥), 봉비(棒肥), 살비(撒肥), 수비(水肥), 시비(施肥)[시비법(法); 엽면시비(葉面), 전층시비(全層)], 액비(液肥), 어비(魚肥), 어장비(魚腸肥), 엽비(葉肥), 원비(元肥;밑거름), 유비(油肥), 인비(燐肥), 잡비(雜肥), 종비(種肥), 초비(草肥), 추비(追肥;덧거름), 퇴비(堆肥;거름. 두엄), 한비(寒肥), 황비(荒肥) 들.

비(秘/祕) '숨기다. 신묘하여 헤아리기 어렵다. 몰래'를 뜻하는 말. ¶비각(秘閣;궁중의 서고), 비결(秘訣;세상에 알려지지 않고 자기만의 묘한 방법), 비결(秘結), 비경(秘境;신비스러운 곳), 비계(秘計;신묘한 계책), 비계(秘啓), 비고(秘庫), 비곡(秘曲;특별한 악곡), 비관(秘關), 비교(秘敎), 비궁(秘宮), 비기(秘記;비밀의 기록), 비기(秘器), 비기(秘機), 비닉(秘匿;몰래 감춤), 비록(秘錄), 비문(秘文), 비밀(秘密)[1182], 비방(秘方;비밀히 전해오는 약방문. 秘法)[가전비방(家傳)], 비법(秘法), 비보(秘報), 비보(秘寶), 비본(秘本), 비봉(秘封), 비부(秘府), 비불발설(秘不發說), 비사(秘史), 비사(秘事), 비서(秘書)[1183], 비설(秘說), 비술(秘術), 비약(秘藥), 비약(秘鑰), 비어(秘語), 비요(秘要), 비원(秘苑), 비자금(秘資金), 비장(秘藏), 비전(秘傳), 비책(秘策), 비통(秘通), 비표(秘標;비밀한 표지), 비품(秘稟), 비화(秘話), 비훈(秘訓), 비희(秘戲); 극비(極秘), 금비(禁秘), 대외비(對外秘), 매비(埋秘), 묵비(默秘), 변비(便秘), 신비(神秘), 엄비(嚴秘), 인비(人秘), 천장지비(天藏地秘), 휘비(諱秘) 들.

비(碑) 사적을 기념하기 위해 돌·쇠붙이·나무 따위에 글을 새기어 놓은 물건. 돌기둥. 비석(碑石). ¶비를 세워 공덕을 기리다. 비각(碑閣;안에 비를 세워 놓은 집), 비갈(碑碣), 비개석(碑蓋石), 비대(碑臺), 빗돌(비석), 비면(碑面), 비명(碑銘), 비목(碑木), 비문(碑文), 비배(碑背), 비석(碑石), 비신(碑身), 비음(碑陰), 비지(碑誌), 비첩(碑帖), 비표(碑表); 각비(刻碑), 건비(建碑), 고비(古碑), 구비(口碑), 기공비(記功碑), 기념비(紀念碑), 노래비, 능비(陵碑), 돌비[석비(石碑)], 목비(木碑), 몰자비(沒字碑)[1184], 묘비(墓碑), 묘정비(廟庭碑), 문학비(文學碑), 사적비(寺蹟碑), 석비(石碑), 선덕비(善德碑), 선정비(善政碑), 송덕비(頌德碑), 순수비(巡狩碑), 시비(詩碑), 승전비(勝戰碑), 신도비(神道碑), 애비(崖碑), 열녀비(烈女碑), 열사비(烈士碑), 유허비(遺墟碑), 입비(立碑), 잔비(殘碑), 전공비(戰功碑), 정계비(定界碑), 철비(鐵碑), 청덕비(淸德碑), 추모비(追慕碑), 충혼비(忠魂碑), 탑비(塔碑), 태비(苔碑), 하마비(下馬碑), 효자비(孝子碑) 들.

비(悲) '슬프다. 가엾이 여기는 마음'을 뜻하는 말. ¶비가(悲歌), 비감(悲感), 비개(悲慨), 비경(悲境), 비곡(悲曲), 비관(悲觀↔樂觀)[비관론(論), 비관적(的)], 비극(悲劇↔喜劇)[비극영화(映畫), 비극

는 일), 계기비행(計器), 고공비행(高空), 고등비행(高等), 곡예비행(曲藝), 맹목비행(盲目), 시계비행(視界), 야간비행(夜間), 우주비행(宇宙), 자유비행(自由), 저공비행(低空), 정찰비행(偵察), 처녀비행(處女), 체공비행(滯空), 초계비행(哨戒), 탄도비행(彈道), 특수비행(特殊), 혼인배행(婚姻), 횡단비행(橫斷).

1179) 비고(備考): ①참고하기 위해 갖추어 둠. ②어떤 내용에 참고가 될 만한 사항을 덧붙여 적음. 또는 덧붙인 그 사항. ¶비고란(備考欄;비고를 적어 두는 난).

1180) 주비(籌備): 어떤 일을 하려고 미리 마련하여 갖춤. ¶창당 주비 위원회.

1181) 비료(肥料): 비료값, 비료분(糞), 비료학(學); 간접비료(間接), 건조비료(乾燥), 광물성비료(鑛物性), 무기비료(無機), 배합비료(配合), 보조비료(補助), 복합비료(複合), 산성비료(酸性), 석회비료(石灰), 속효성비료(速效性), 수산비료(水産), 알칼리성비료, 완전비료(完全), 유기비료(有機), 인산비료(燐酸), 자극비료(刺戟), 자급비료(自給), 잡비료(雜), 중성비료(中性), 지효성비료(遲效性), 직접비료(直接), 질소비료(窒素), 해산비료(海産), 혼합비료(混合), 화성비료(化成), 화학비료(化學).

1182) 비밀(秘密;노총): 남에게 보이거나 알려서는 안 되는 일의 내용. 아직 밝혀지지 않은 사실이나 속내. ¶군사상의 비밀. 비밀이 누설되다. 우주의 비밀을 탐구하다. 비밀결사(結社), 비밀경찰(警察), 비밀공작(工作), 비밀누설죄(漏泄罪), 비밀동맹(同盟), 비밀리/에(裏), 비밀문서(文書), 비밀선거(選擧), 비밀스럽다, 비밀외교(外交), 비밀재판(裁判), 비밀출판(出版), 비밀침해죄(侵害罪), 비밀통신(通信), 비밀투표(投票), 비밀특허(特許), 비밀하다/히, 비밀회(會), 비밀회의(會議); 극비밀(極)/극비, 인사비밀(人事), 통신비밀(通信).

1183) 비서(秘書): ①요직에 있는 사람에 직속하여 기밀(機密) 사무를 맡아보는 직위. 또는 그 사람. ¶비서관(官), 비서실(室), 비서직(職). ②남에게 공개하지 않고 비밀히 간직하고 있는 증서.

1184) 몰자비(沒字碑): 글자가 씌어 있지 않은 비라는 뜻으로, 겉모습은 그럴듯한데 글을 모르는 사람을 놀림조로 이르는 말.

적(的)], 비도(悲悼), 비련(悲戀), 비루(悲淚), 비명(悲鳴)[1185], 비보(悲報), 비분(悲憤;슬프고 분함), 비분강개(悲憤慷慨), 비산(悲酸), 비상하다(悲傷), 비수(悲愁), 비애(悲哀), 비운(悲運), 비원(悲願), 비읍(悲泣), 비의(悲意), 비장(悲壯)[비장하다, 비장미(美)], 비조(悲調), 비참(悲慘), 비창(悲愴), 비추(悲秋), 비탄(悲嘆/歎), 비통(悲痛), 비풍(悲風), 비풍참우(悲風慘雨), 비한(悲恨), 비화(悲話), 비환(悲歡), 비회(悲懷), 비후(悲吼), 비희(悲喜); 대비(大悲)[1186], 상비(傷悲), 일희일비(一喜一悲), 자비(慈悲)[자비롭다, 자비심(心), 자비원], 일비일희(一悲一喜), 희비(喜悲) 들.

비(鼻) '코. 처음'을 뜻하는 말. ¶비강(鼻腔;콧구멍 안의 빈 곳), 비거도선(鼻居刀船), 비경(鼻鏡), 비골(鼻骨), 비공(鼻孔;콧구멍), 비근(鼻根), 비량(鼻梁;콧마루), 비루관(鼻淚管), 비모(鼻毛), 비문(鼻門), 비사증(鼻皻症), 비색증(鼻塞症), 비소(鼻笑;코웃음), 비식(鼻息), 비염(鼻炎), 비음(鼻音;콧소리), 비익(鼻翼), 비조(鼻祖)[1187], 비창(鼻瘡), 비통(鼻痛), 비하정사(鼻下政事;겨우 먹고 살아가는 일), 비훈(鼻燻); 검비(劍鼻), 산비하다(酸鼻), 숙호충비(宿虎衝鼻), 아비규환(阿鼻叫喚), 안비막개(眼鼻莫開), 오비삼척(吾鼻三尺), 융비(隆鼻;우뚝한 코), 이비인후(耳鼻咽喉), 촉비(觸鼻), 피비저(皮鼻疽), 항비(亢鼻;높은 코) 들.

비(卑) '낮다. 천하다. 가깝다'를 뜻하는 말. ¶비겁하다(卑怯), 비굴하다(卑屈;용기가 없고 비겁하다), 비근하다(卑近;가깝다. 흔하다), 비미(卑微), 비사(卑辭), 비소하다(卑小;보잘것없이 작다), 비속(卑俗;격이 낮고 속됨), 비속(卑屬↔尊屬)[방계비속(傍系), 직계비속(直系)], 비습하다(卑濕;땅이 낮고 습기가 많다), 비어(卑/鄙語;상스럽고 천한 말), 비열(卑劣;성품이나 하는 짓이 천하고 용렬함), 비유(卑幼), 비인(卑/鄙人), 비천하다(卑賤), 비칭(卑稱), 비하(卑下), 비항(卑行); 겸비(謙卑), 계고직비(階高職卑), 계비직고(階卑職高), 고비(高卑), 관존민비(官尊民卑), 등고자비(登高自卑), 야비(野卑/鄙), 남존여비(男尊女卑), 위비(位卑), 위비(委卑), 자비(自卑), 존비(尊卑), 질비하다(秩卑) 들.

비(鄙) '천하다. 품위가 낮다. 자기를 낮추다'를 뜻하는 말. ¶비견(鄙見), 비루하다(鄙陋), 비리하다(鄙俚;언어나 풍속 따위가 속되고 촌스러움), 비린하다(鄙吝), 비벽하다(鄙僻;성질이 못나고 편벽되다), 비변(鄙邊), 비부(鄙夫), 비사(鄙舍), 비야(鄙野), 비어(鄙/卑語), 비언(鄙言), 비언(鄙諺;상스러운 말), 비열(鄙/卑劣), 비원(鄙願), 비인(鄙/卑人), 비장(鄙庄), 비제(鄙第), 비족(鄙族), 비지(鄙地), 비처(鄙處), 비천하다(鄙淺), 비패하다(鄙悖), 비회(鄙懷); 도비(都鄙;서울과 시골), 변비(邊鄙), 북비(北鄙), 야비하다(野鄙/卑), 탐비(貪鄙) 들.

비(婢) '여자 종/일꾼'을 뜻하는 말. ¶비녀(婢女), 비복(婢僕), 비부(婢夫), 비자(婢子), 비첩(婢妾); 곡비(哭婢), 관비(官婢), 관비(館婢), 교전비(轎前婢), 노비(奴婢), 노비(老婢), 반비(飯婢), 복비(僕婢), 수급비(水汲婢), 시비(侍婢), 아비(衙婢), 애비(愛婢), 역비(驛婢), 종비(從婢), 찬비(饌婢;반빗아치), 천비(賤婢), 충비(忠婢), 하비(下婢) 들.

비(妃) '임금의 아내'를 뜻하는 말. ¶비빈(妃嬪), 비씨(妃氏), 비전하(妃殿下); 계비(繼妃), 구비(貴妃), 귀비(貴妃), 대비(大妃)[대왕대비(大王)], 봉비(封妃), 왕비(王妃), 원비(元妃), 정비(正妃), 태자비(太子妃), 폐비(廢妃), 현비(顯妃), 황비(皇妃), 황태자비(皇太子妃), 후비(后妃) 들.

비(批) '시비를 평가하여 가치를 판단하다(비평하다)'를 뜻하는 말. ¶비답(批答), 비점(批點)[1188], 비정(批正;비평하여 잘못된 점을 고침), 비지(批旨), 비준(批准)[1189], 비지(批旨), 비토(肥土), 비판(批判)[1190], 비평(批評)[1191]; 고비(高批), 몽비(蒙批), 병비(兵批), 소비(疏批), 엄비(嚴批), 예비(例批), 중비(中批) 들.

비(匪) '도둑'을 뜻하는 말. ¶비괴(匪魁;비적의 괴수), 비궁(匪躬), 비도(匪徒), 비류(匪類), 비요(匪擾), 비적(匪賊); 공비(共匪), 단비(團匪), 잔비(殘匪), 적비(赤匪), 적비(賊匪), 토비(土匪), 토비(討匪) 들.

비(菲) '보잘것없다. 변변하지 못하다'를 뜻하는 말. ¶비덕(菲德;부족한 덕), 비례(菲禮), 비박하다(菲薄;가진 것이 적다. 재주나 덕망이 변변하지 못하다), 비식(菲食;변변하지 못한 음식), 비재(菲才)[천학비재(淺學)]; 승비(繩菲) 들.

비(扉) '문짝'을 뜻하는 말. ¶비지(扉紙;안겉장); 갑문비(閘門扉;물문), 고비하다(叩扉;문을 두드리다. 방문하다), 문비(門扉), 시비(柴扉;사립문), 죽비(竹扉), 철비(鐵扉;쇠로 만든 문짝) 들.

비(蜚) '날다. 바퀴벌레'를 뜻하는 말. ¶비렴(蜚/飛廉;바람을 맡은 신), 비렴(蜚蠊;바퀴벌레), 비어(蜚/飛語;터무니없이 떠도는 말); 삼년불비(三年不蜚;기회를 기다림), 유언비어(流言蜚語) 들.

비(臂) '팔. 팔뚝'을 뜻하는 말. ¶비력(臂力;팔심), 비박(臂膊), 비장(臂章), 비통(臂痛); 견비/통(肩臂/痛), 반비(半臂), 분비(奮臂), 서간충비(鼠肝蟲臂;쓸모없는 사람이나 물건), 양비대언(攘臂大言),

1185) 비명(悲鳴): 몹시 놀라거나 괴롭거나 다급하거나 할 때에 지르는 외마디 소리. ¶자다가 별안간 비명을 지르다.

1186) 대비(大悲): 중생의 고통을 가엾게 여겨 구제하려는 부처의 큰 자비. 관세음보살. ¶대비각(閣), 대비관음(觀音), 대비보살, 대비자(者); 대자대비(大慈大悲).

1187) 비조(鼻祖): 어떤 일을 가장 먼저 시작한 사람. 처음. 원조(元祖). ¶우리나라 유학(儒學)의 비조.

1188) 비점(批點): 과거 등에서, 시관(試官)이 응시자가 지은 시나 문장을 평가할 때, 특히 잘 지은 대목에 찍던 둥근 점.

1189) 비준(批准): 조약의 체결에 대하여, 국가가 최종적으로 확인하고 동의함. 또는 그 절차. ¶한·중 조약을 비준하다. 비준교환(交換).

1190) 비판(批判): 비평하여 판단함. 좋고 나쁨, 옳고 그름을 따져 말함. ¶엄정하게 비판하다. 신랄하게 비판하다. 비판되다/하다, 비판력(力), 비판적(的), 비판주의(主義), 비판철학(哲學); 몰비판(沒), 자가비판(自家), 자기비판(自己), 자아비판(自我).

1191) 비평(批評): ①사물의 아름다움과 추함 선악·장단·시비를 평가하여 가치를 평가함. ¶날카로운 비평. 비평가(家), 비평각도(角度), 비평되다/하다, 비평문학(文學), 비평사(史), 비평안(眼), 비평예술(藝術), 비평주의(主義), 비평태도(態度); 감상비평(鑑賞), 객관적비평(客觀的), 내재비평(內在↔외재비평), 독단비평(獨斷), 독자반응비평(讀者反應), 문명비평(文明), 문예비평(文藝), 본문비평(本文), 분석비평(分析), 신비평(新), 신간비평(新刊), 실천비평(實踐), 심미비평(審美), 외재비평(外在), 원전비평(原典), 원형비평(原型), 이론비평(理論), 익명비평(匿名), 인상비평(印象), 입법비평(立法), 재단비평(裁斷), 정실비평(情實), 종합비평(綜合). ②남의 결점을 드러내어 퍼뜨림.

연비(聯臂), 연비연비(聯臂聯臂), 원비(猿臂) 들.

비(畀) '남에게 넘기다(주다)'를 뜻하는 말. ¶위비(委畀;국가의 대사를 신하에게 맡김), 투비(投畀;임금의 명으로 죄인을 지정한 곳에 귀양 보내던 일) 들.

비(庇) '덮다. 감싸다. 의지하다'를 뜻하는 말. ¶비닉(庇匿), 비음(庇蔭), 비호(庇護;감싸서 보호함)[비호권(權), 비호죄(罪); 고비(高庇), 곡비(曲庇), 권비(眷庇), 보비(補庇), 은비(隱庇) 등.

비(泌) '샘물. 세포에서 물질을 만들어 내보내는 일'을 뜻하는 말. ¶비뇨기(泌尿器); 분비(分泌)[분비물(物), 분비액(液); 내분비(內), 외분비(外)] 들.

비(妣) '죽은 어미'를 뜻하는 말. ¶비위(妣位); 고비(考妣), 선비(先妣), 전비(前妣), 조비(祖妣;돌아가신 할머니), 현비(顯妣), 황비(皇妣) 들.

비(沸) '끓다'를 뜻하는 말. ¶비등(沸騰)[1192], 비석(沸石), 비점(沸點), 비탕(沸湯); 공비/점(共沸/點), 마비탕(麻沸湯), 백비탕(白沸湯), 자비(煮沸), 정비(鼎沸), 탕비(湯沸), 포비(泡沸) 들.

비(砒) '비소(화학 원소의 하나)'를 뜻하는 말. ¶비산(砒酸), 비상(砒霜;독약), 비석(砒石), 비소(砒素)[비소요법(療法), 비소제(劑), 비소중독(中毒), 비소진(疹)], 비황(砒黃) 들.

비(粃/秕) '쭉정이'를 뜻하는 말. ¶비강(粃糠;쭉정이와 겨), 비강진(粃糠疹), 비정(秕政;국민을 괴롭히는 나쁜 정치); 강비(糠粃) 들.

비(痹) '저리다. 류머티즘'을 뜻하는 말. ¶비감(痺疳;음식을 안 먹어도 늘 배가 부르고 소화가 안 되는 병); 냉비(冷痺), 통비(痛痺), 풍비(風痹), 피비(皮痹) 들.

비(裨) '돕다'를 뜻하는 말. ¶비보(裨補), 비익(裨益), 비조(裨助), 비장(裨將); 기여보비(寄與補裨), 문비(門裨), 보비(補裨), 영비(營裨) 들.

비(脾) '지라(오장의 하나)'를 뜻하는 말. ¶비석(脾析;가축의 밥통), 비설(脾泄), 비수(脾髓), 비열(脾熱), 비위(脾胃)[1193][보비위(補)], 비장(脾臟;지라), 비탈저(脾脫疽), 비허(脾虛) 들.

비(痺) '저리다'를 뜻하는 말. ¶근비(筋痺), 냉비(冷痺), 마비(痲痺/痹), 맥비(脈痹), 습비(濕痺), 주비(周痺), 통비(痛痺), 포비(脬痺), 풍비(風痺/痹), 피비(皮痺) 들.

비(誹) '헐뜯다. 비방하다'를 뜻하는 말. ¶비방(誹謗)[비방자(者), 비방질, 비방하다], 비산(誹訕), 비소(誹笑), 비예(誹譽), 비훼(誹毁); 복비(腹誹), 훼비(毁誹) 들.

비(憊) '고달프다. 피곤하다'를 뜻하는 말. ¶비곤(憊困;지쳐서 고단함), 비쇠(憊衰), 비현하다(憊眩); 곤비하다(困憊), 쇠비(衰憊), 피로곤비(疲勞困憊), 허비(虛憊) 들.

비(匕) '비수[단검(短劍)], 숟가락'을 뜻하는 말. ¶비수(匕首), 비저(匕箸;숟가락과 젓가락) 들.

비(丕) '크다. 으뜸. 처음'을 뜻하는 말. ¶비기(丕基), 비변(丕變), 비업(丕業;큰 사업), 비자(丕子) 들.

비(痞) '뱃속이 결리다. 가슴이 답답하다'를 뜻하는 말. ¶비결(痞結); 흉비(胸痞;가슴이 답답한 병).

비(腓) '장딴지'를 뜻하는 말. ¶비골(腓骨;종아리뼈), 비복근(腓腹筋), 비장(腓腸;장딴지)[비장근(筋), 비장근경련(痙攣)] 들.

비(琵) '비파(동양 현악기의 하나)'를 뜻하는 말. ¶비파(琵琶)[비파나무, 비파엽(葉)] 들.

비(睥) '흘겨보다. 곁눈질하다'를 뜻하는 말. ¶비예하다(睥睨;눈을 흘겨보다).

비(緋) '붉은빛. 붉은빛의 누인 무명'을 뜻하는 말. ¶비단(緋緞)[1194], 비옥(緋玉) 들.

비(榧) '비자나무(상록 교목)'를 뜻하는 말. ¶비자(榧子)[비자강정, 비자나무, 비자판(板)].

비(翡) '물총새(수컷). 비색(翡色;파르스름한 옥색)'을 뜻하는 말. ¶비색(翡色), 비옥(翡玉), 비취(翡翠)[1195] 들.

비(篦) '빗치개. 참빗'을 뜻하는 말. ¶비자(篦子;참빗); 죽비(竹篦;대빗) 들.

비(髀) '넓적다리'를 뜻하는 말. ¶비골(髀骨), 비구(髀臼), 비육지탄(髀肉之嘆); 관비(髖髀;궁둥이뼈) 들.

비(譬) '다른 사물을 빗대어 설명하다(비유하다)'를 뜻하는 말. ¶비유(譬/比喩).

비(圮) '무너지다. 허물어지다'를 뜻하는 말. ¶퇴비(頹圮).

비(枇) '비파나무(상록 교목)'를 뜻하는 말. ¶비파(枇杷).

비(痱) '중풍. 풍병(風病)'을 뜻하는 말. ¶풍비(風痱).

비가비 조선 후기에, 학식 있는 상민으로서 판소리를 배우던 사람.=한량광대(閑良).

비각 물과 불처럼 두 물건이나 일이 서로 용납되지 못하는 일.=상극(相剋). ¶숙지황이 든 약을 먹을 때 날무를 먹는 것은 비각이다. 그와 나는 성격이 비각이다.

비게 씨름판에서 예선을 통과한 장사.

비게-질 말이나 소가 가려운 곳을 긁느라고 다른 물건에 몸을 대

1192) 비등(沸騰): ①액체가 끓어오름. ¶비등점(沸騰;끓는점). ②물 끓듯 세차게 일어남. ¶여론이 비등하다. 국론비등(國論).

1193) 비위(脾胃): ①지라와 위. ②음식 맛이나 어떤 사물에 대하여 좋고 언짢음을 느끼는 기분. ¶비위가 사납다. 비위가 상하다. ③아니꼽거나 언짢은 일을 잘 견디어 내는 힘. ¶비위가 좋다. 겉으로만 알랑거리면서 남의 비위를 맞추는 것을 '들맞추다'라고 한다. 비윗덩어리, 비윗살(비위를 부리는 배짱), 비위짱.

1194) 비단(緋緞): 명주실로 두껍고 광택이 나게 짠 피륙. ¶비단결, 비단구렁이(비단뱀), 비단길, 비단보(褓), 비단실, 비단옷, 비단치마.

1195) 비취(翡翠): 비취금(衾), 비취반지(半指), 비췻빛, 비취색(色), 비취옥(玉), 비취유(釉), 비취잠(簪).

고 비비는 짓. ¶소가 밤나무 밑동에다 비계질하는 통에 이슬이 빗발처럼 쏟아진다. 비계질하다.

비겨미 봇줄이 소 뒷다리에 닿지 아니하도록, 두 끝이 턱이 지게 하여 봇줄(쟁기 따위를 매는 줄)에 꿰는 막대.

비경이 베틀의 잉아 뒤와 사침대 앞 사이에 날실을 걸치도록 가는 나무 세 개를 얼레 비슷하게 벌리어 만든 것.=삼각(三脚;삼발이).

비계[1] 돼지 따위의 가죽 안쪽에 붙은 두꺼운 기름조각. 몹시 살이 쪄 뚱뚱한 사람. ¶비곗덩어리/덩이, 비곗살, 비계지다; 돼지 비계 들.

비계[2] 고층 건물을 지을 때 디디고 서도록 긴 나무나 쇠파이프로 얽어서 널을 걸쳐 놓은 시설. ¶비계공(工), 비계기둥, 비계다리, 비계띳장(비계기둥에 수평으로 건너지른 가로재), 비계목(木), 비계발판(板), 비계장선1196); 그네비계, 달비계(위에서 달아 내린 비계.=그네비계).

비구 출가하여 구족계(具足戒)를 받은 남자 중.↔비구니(比丘尼).[〈Bhiksunī〈범〉]. ¶비구승(僧); 누진비구(漏盡;번뇌를 끊어버린 비구. 아라한), 대비구(大;나이가 많고 덕이 높은 비구).

비기(다)[1] 서로 견주어 보다(비교하다). 빗대어 말하다. 무엇을 의지해 비스듬하게 기대다. ¶어버이 사랑은 무엇과도 비길 수가 없다. 인생을 나그넷길에 비기다. 난간에 비겨 서다. 비겨대다(비스름하게 기대다), 비금비금/하다1197), 비김[1].

비기(다)[2] ①승부를 내지 못하다. ¶일승일패로 비기다. 비김[2], 비김수/빅수(手), 빅씨름(비기게 된 씨름), 빅장(將;장기에서 비기게 된 장군); 맞비기다(서로 비기다). ②서로 셈할 것을 마주 에끼다.

비기(다)[3] 뚫어진 구멍을 다른 조각을 붙이어 때우다. 벌어진 틈에 다른 물건을 박아 넣어 틈을 없애다.≒메우다. ¶양말 구멍에 헝겊을 대고 비겨 꿰매다. 이사할 때는 그릇 사이에 종이를 비겨 넣고 싸야 깨지지 않는다.

비끼(다) ☞ 빗-.

비녀 여자의 쪽진 머리가 풀어지지 아니하도록 가로질러 꽂는 장신구. ¶머리에 비녀를 꽂다. 비녀매듭, 비녀목(木;줄다리기에서 암·수줄 사이에 끼는 나무), 비녀못(문고리를 걸고 꽂는 못), 비녀잇기(나무부재들을 잇는 일), 비녀장1198), 비녀함(函); 가랑비녀(나란히 두 가랑이가 진 비녀), 곁비녀, 금비녀(金), 낭잣비녀(낭자/쪽에 지르는 긴 비녀), 대비녀[竹], 민비녀(아무 장식이 없는 비녀), 바디집비녀, 버섯머리비녀, 봉황비녀(鳳凰)/봉비녀, 옥비녀(玉), 용봉비녀(龍鳳), 은비녀(銀), 죽절비녀(竹節), 창포비녀(菖蒲), 콩머리비녀, 큰비녀, 흑각비녀(黑角). ☞ 잠(簪).

비누 때를 씻어 내는 데 쓰는 물건. ¶비눗갑(匣), 비누거품, 비눗기(비눗물의 기운), 비눗물, 비눗기, 비눗물, 비눗방울, 비누질/하다, 비누칠/하다(漆), 비누통(桶), 비누합(盒), 비누화(化); 가루비누, 금속비누(金屬;알루미늄비누, 칼슘비누 따위), 녹두비누(綠豆), 물비누, 빨랫비누, 세숫비누(洗手), 세탁비누(洗濯), 소다비누(soda), 수지비누(樹脂), 약용비누(藥用), 역성비누(逆性;양성비누), 왜비누(倭), 중성비누(中性), 투명비누(透明), 팥비누, 해수비누(海水) 들.

비늘 물고기, 뱀, 새 같은 동물의 몸 표면을 덮고 있는 단단하고 작은 조각. 비늘 모양의 물건.≒각린(角鱗). ¶생선의 비늘을 벗기다. 비늘결[인륜(鱗淪)], 비늘고사리, 비늘구름, 비늘긁기, 비늘김치(비늘깍두기), 비늘껍질, 비늘꼴, 비늘눈, 비늘돔, 비늘무늬, 비늘붙이, 비늘살/문(門), 비늘잎, 비늘조각, 비늘줄기, 비늘창(窓), 비늘층(層), 비늘턱(비늘 모양으로 깎아낸 턱), 비늘털, 비늘판(板), 비늘휘(비늘 모양으로 된 단청 무늬의 휘); 거꿀비늘[역린(逆鱗)], 검은돌비늘[흑운모(黑雲母)], 고기비늘, 굳비늘[철갑상어 따위의 굳건한 비늘][경린(硬鱗)], 금빛돌비늘, 돌비늘[운모(雲母)], 둥근비늘(붕어, 잉어 따위의 비늘), 물비늘1199), 방패비늘(防牌;방패 모양을 한 물고기 비늘. 상어의 비늘 따위), 빗비늘[즐린(櫛鱗)], 인비늘(人;살가죽의 각질), 잔비늘, 흰돌비늘[백운모(白雲母)] 들. ☞ 인(鱗).

비(다) ①속에 든 것이 없는 상태가 되다.↔차다. ¶주머니가 텅 비었다. 비우다, 빈-[←비(다)+ㄴ]1200); 텅비다. ②가진 것이 없는 상태가 되다. ③사람이 없는 상태가 되다. ④그 자리를 차지하고 있는 것이 없는 상태가 되다. ⑤아는 것이 없는 상태가 되다. 무식하다. ¶머리가 비다. 골비다(어리석다). ⑥수량이나 액수가 모자라는 상태가 되다.↔남다. ¶한 사람이 비다. 거스름돈에서 100원이 비다. ☞ 허(虛).

비단 명주실로 광택이 나게 짠 피륙을 통틀어 이르는 말.[비단(緋緞)〈필단(疋段)]. ¶비단 저고리. 그녀의 말씨가 비단같이 부드럽다. 비단개구리(무당개구리), 비단결, 비단구렁이, 비단구름, 비단길, 비단댕기, 비단두루마기, 비단뱀, 비단벌레, 비단보(褓), 비단부채, 비단술, 비단신, 비단실, 비단안개, 비단옷, 비단이불, 비단잉어, 비단장(欌), 비단천, 비단팥, 비단풀 들.

비둘기 비둘기목의 새의 총칭. ¶비둘기살림(단란하고 화목한 살

1196) 비계장선: 비계띳장 사이에 옆으로 나란히 걸쳐 대어 비계발판을 받는 가로재.

1197) 비금비금하다: 서로 견주어 보아서 비슷비슷하다. 큰 차이가 없다. 어금지금하다. ¶실력이 비금비금하다.

1198) 비녀장: ①바퀴가 벗어나지 못하게 굴대 머리 구멍에 끼는 큰 못.=비녀못. ②인방(引枋) 따위가 물러나지 않도록 기둥과 인방 대가리를 얼러서 구멍을 내뚫고 꽂는 나무못.

1199) 물비늘: 햇빛을 받아 수면이 반짝이며 잔잔하게 이는 물결.=윤슬. ¶파란 물비늘이 아름다운 호수. 그녀는 호수의 물위에 곱게 이는 물비늘을 바라보았다.

1200) 빈-: ¶빈가슴, 빈가지, 빈구멍, 빈구석, 빈구슬(속이 비어 있는 구슬), 빈구역질, 빈그릇, 빈깍지, 빈깡통, 빈껍데기, 빈낚시, 빈달구지, 빈담, 빈땅, 빈도시락, 빈말(실속이 없는 말), 빈메질, 빈방(房), 빈밭, 빈배, 빈병(瓶), 빈봉투(封套), 빈사과(果), 빈산(山;사람이 없는 산), 빈삼각(三角), 빈소문(所聞;뜬소문), 빈속(시장한 뱃속), 빈손(맨손), 빈솥, 빈수레, 빈술잔(盞), 빈숲(낙엽진 수풀), 빈알, 빈이름, 빈인사(人事), 빈입(아무것도 먹지 않은 입), 빈자리, 빈절(텅빈 절), 빈주머니, 빈주먹, 빈집, 빈차(車), 빈창자(배고픔), 빈총(銃;탄알을 재지 않은 총), 빈치사(致辭;공치사), 빈칸, 빈코, 빈탈타리·털터리(가난뱅이. 실속이 없이 떠벌리는 사람), 빈탕(속이 빈 물건), 빈터, 빈통, 빈틈/없다/없이. ☞ 공(空).

림), 비둘기시계(時計), 비둘기장(欌), 비둘기집, 비둘기파(派↔매파), 비둘기형제(兄弟); 공작비둘기(孔雀), 들비둘기, 집비둘기, 산비둘기(山), 수비둘기, 암비둘기, 염주비둘기(念珠), 참비둘기, 후림비둘기(다른 비둘기를 꾀어 들이는 비둘기), 흑비둘기(黑) 들.

비듬 머리의 살갗에 생기는 허연 잔비늘. ¶비듬이 앉다. 머리에 비듬이 생기다. 비듬약(藥); 살비듬[인설(鱗屑)].

비록 아무리 그렇다고 하더라도 사실대로 인정하여.≒설령. 설사. 만손. ¶비록 그것이 사실이라 하더라도 믿어지지 않는다. [+양보를 나타내는 연결어미. 사태에 대한 의심. 가설(가정)].

비롯 시작. 어떠한 일이 있게 하는 사단(事端). ¶비롯되다, 비로소(처음으로)[←비롯+오], 비롯하다[1201]. ☞ 시(始).

비루 개·나귀·말 따위 짐승의 피부가 헐고 털이 빠지는 병. ¶비루 오르다. 비루먹다(비루에 걸리다).

비름 비름과의 한해살이풀. ¶비름나물; 개비름, 눈비름, 쇠비름, 참비름 들.

비릊(다) 임부가 진통을 일으키며 아이를 낳으려는 기미를 보이다. ¶밤이 새도록 그의 아내는 비릊기만 하고 아이를 낳지 못하여 의사를 불렀다. 산비릊(産).

비리(다) ①날콩을 씹을 때와 같은 맛이나 물고기·피 들에서 나는 냄새와 같다. 〈작〉배리다. ¶배린/비린 음식. 바닷바람에 비린 냄새가 묻어오다. 비리비리하다[2], 비린것(생선), 비린내[갯비린내, 물비린내, 생선비린내(生鮮), 쇠비린내[1202], 젖비린내[1203], 피비린내], 배릿배릿·비릿비릿, 비릿이, 배리짝·비리쩍하다, 배리착지근/배리치근/배착지근/배채근·비리척지근/비리치근/비치근/비척지근하다, 배릿[1204]·비릿하다, 배틀·비틀하다[1205]. ☞ 성(腥). ②너무 적어서 마음에 차지 아니하다. ③하는 짓이 잗달아서 아니꼽다.≒째째하다. ¶남에게 너무 비리게 굴지 말아라.

비바리[1] 곡식이나 천 따위를 많은 사람에게서 조금씩 빌려 모아, 그것으로 제물을 만들어 귀신에게 바치는 일.=비라리②[☞빌다].

비바리[2] ①바다에서 해산물을 채취하는 처녀. ②시집 안 간 여자. 아가씨. 〈준〉비발.

비발 물건을 사거나 어떤 일을 하는 데 드는 돈.=비용(費用). ¶비발이 들다.

비비(다) ①두 물체를 서로 이리저리 움직이는 상태가 되다.≒문지르다. 〈작〉뱌비다. ¶손바닥을 싹싹 비비다. 비비[1206], 비비거리다/대다, 비비닥[1207], 비비대기/치다[1208], 뱌비·비비대다/치다(마구 버무리다. 마구 문지르다), 비빗거리다/대다, 뱌빗뱌빗·비빗비빗[1209], 뱌비작뱌비작[1210]/뱌빗뱌빗·비비적비비적/비빗비빗/하다. 부비적[1211], 비벼대다, 비비적/비빗거리다/대다, 빔[3]; 들비비다(들입다 비비다), 맞비비다, 볼비빔[1212], 조비비다[1213]. ②송곳 따위로 구멍을 뚫으려고 이리저리 돌리다. ¶비비송곳; 활비비[1214]. ③가루 따위가 뭉쳐지도록 사이에 넣고 문질러 돌리다. ④어떤 재료에 다른 재료를 넣고 섞이도록 버무리다. 〈작〉뱌비다. ¶밥을 고추장과 나물에 비벼 먹다. 비빔[비빔국수, 비빔냉면(冷麪), 비빔밥/저냐, 비빔채(菜); 건비빔(乾), 두부비빔(豆腐)].

비비배배 종달새 따위가 우는 모양. ¶종달새가 비비배배 노래한다.

비비추 백합과의 여러해살이풀.

비사리 벗겨 놓은 싸리나무의 껍질. 노를 꼬거나 미투리 바닥을 삼는 데 씀. ¶비사리춤(댑싸리비 모양으로 거칠고 뭉뚝해진 것).

비사-치기 납작한 돌을 가지고 노는 아이들 장난.=비석치기(碑石).

비사-치다 똑바로 말하지 않고, 에둘러 말하여 은근히 깨우치다.=암시하다(暗示). ¶소크라테스는 비사치기 기법으로 제자들을 가르쳤다.

비수리 콩과의 여러해살이풀.

비슷-하다[1] 비교되는 두 대상이 거의 같다. 닮은 점이 많다.≒유사하다(類似).↔다르다. ¶말소리가 그의 아버지와 비슷하다. 비슷이 생긴 물건. 비슷도 하다. 배스름·비스름하다(거의 비슷하다)/히, 비슷비슷하다(고만고만하다), 비슷한말; 어슷비슷하다, 엇비슷하다[1](어지간하게 비슷하다)/히 들.

비슷-하다[2] 한쪽으로 조금 기울다. 〈작〉배슷하다. ¶비슷이 기울다. 비스듬하다; 엇비슷하다[2](조금 비스듬하다). ☞ 빗-.

비식 빈정거리며 비웃는 모양. ¶비식비식 웃으며 빈정대다. 비식거리다/대다, 비식비식/하다, 피식 들.

1201) 비롯하다: 여럿 가운데서 첫 번을 삼아 시작하다. 사물이 처음으로 시작되다. ¶도둑질을 비롯한 많은 죄.

1202) 쇠비린내: 쇳녹이 우러난 물에서 나는 것과 같은 비린내. ¶애가 타서 목에서 쇠비린내가 확 풍겼다.

1203) 젖비린내: ①젖에서 풍기는 비린내. ②유치한 느낌.

1204) 배릿: ①냄새나 맛이 매우 배린 듯한 모양. ¶생선 냄새가 배릿배릿 곳곳에 배어 있다. ②남에게 무엇을 청구할 때 스스로 더럽고 아니꼽게 느끼는 모양. ③남이 주는 물건이 인색하게 적은 모양. 〈큰〉비릿.

1205) 비틀하다: 감칠맛이 있게 조금 비릿하다. 〈작〉배틀하다(약간 배릿하다). ¶아기의 몸에는 아직도 비틀한 젖내가 배어 있다.

1206) 비비: 비비듯이 여러 번 꼬이거나 뒤틀린 모양. 〈작〉배배. ¶비비꼬다. 비비 틀다.

1207) 비비닥: ①비좁은 곳에서 여러 사람이 서로 몸을 대고 움직이는 모양. ¶만원 버스에서 비비닥비비닥 움직이는 사람들. ②복잡한 일을 치르느라고 부산하게 서두르거나 억지로 일을 처리하는 모양. ¶비비닥비비닥 서류를 꺼내다.

1208) 비비대기치다: ①좁은 곳에서 여러 사람이 서로 몸을 맞대어 비비적거리다. ¶많은 사람이 비비대기치는 지하철. ②바쁜 일을 처리하기 위하여 부산하게 행동하다.

1209) 비빗비빗: 비비는 모양. ¶담뱃대에 담배를 비빗비빗 다져 넣었다. 비빗거리다/대다.

1210) 뱌비작: 무엇을 맞대어 서로 문지르는 모양. 〈준〉뱌빗. 〈큰〉비비적. ¶두 손만 뱌비작뱌비작 문대다. 뱌비작거리다/대다, 뱌비치다(함부로 뱌비작거리다).

1211) 부비적: 조금 둔하게 비비는 모양.=비비적. ¶사람 사이를 부비적부비적 뚫고 나가다.

1212) 볼비빔: 사랑스러워 볼을 대고 비비는 일.

1213) 조비비다: 마음을 몹시 졸이거나 조바심을 내다. 조비비듯.

1214) 활비비: 활같이 굽은 나무에 시위를 메고, 그 시위에 송곳 자루를 걸어 구멍을 뚫는 송곳의 일종.

비싸(다) 상품의 값이 너무 많다.↔싸다[4]. ¶비싼 옷. 비싸게 굴다. 비싼흥정/하다; 값비싸다.

비쌔(다) ①마음은 있으면서도 겉으로는 안 그런 체하다. ¶같이 놀고 싶으면서 비쌔다. ②수더분한 맛이 적어 무슨 일에나 어울리기를 싫어하다. ¶사람은 좋지만 비쌔는 점이 있다.

비아냥 얄미운 태도로 빈정거리며 놀리는 일. 비양. ¶신비주의자라는 비아냥까지 들어야 했다. 비아냥거리다/대다/스럽다/하다, 비아냥조/비양조(調), 비양청(빈정거리는 투), 비양치다(빈정거리다. 비꼬아 조소하고 비판하다), 비양하다[1215].

비악 병아리가 우는 소리. 〈센〉삐악/빽. 〈준〉뱍.

비어-지다 ①속에서 겉으로 쑥 내밀다. ¶베갯속이 비어지다. 입이 비어지도록 먹다. 속옷이 겉으로 비어져 나와 있었다. 비적비적[1216]. ②숨기거나 참는 일이 드러나다.≒불거지다. ¶쉬쉬하던 일이 비어지다. 좋지 못한 버릇이 비어지다.

비역 사내끼리 성교하듯이 하는 짓.↔밴대질. 〈준〉벽. ¶비역질의 상대를 '살친구'라고 한다. 비역살(궁둥이 안쪽의 사타구니 살), 비역하다, 비역질/하다.

비영 병으로 파리하여 몸을 가눌 만한 힘이 없는 모양. §'병:(病)'에서 온 말. ¶비영비영 살아도 오래 사는 게 복이다. 비영거리다/대다, 비영비영/하다.

비오 솔개가 우는 소리.

비우 뱃머리 부분의 바닥에 붙인 두꺼운 널빤지.

비웃 '청어(靑魚)'를 식료품으로 이르는 말. ¶비웃 두름 엮듯. 비웃구이, 비웃백숙(白熟), 비웃알, 비웃저냐, 비웃젓, 비웃조림, 비웃죽(粥), 비웃지짐이, 비웃찜; 얼간비웃, 자반비웃.

비잡이 쟁기의 성에와 물추리막대를 연결하는 끈.

비접 앓는 사람이 다른 곳으로 자리를 옮겨서 요양함.[←피접(避接)]. ¶비접을 나가다. 비접을 보내다.

비지[1] 두부를 만들고 남은 찌꺼기. ¶비지 먹은 배 연약과도 싫다 한다. 비짓국, 비지껍질(살가죽의 겉껍질), 비지땀, 비지떡, 비지밥, 비지장(醬), 비지죽(粥), 비지찌개, 비지탕(湯); 간장비지(醬), 녹말비지(綠末;녹말의 찌꺼기), 되비지, 묵비지[1217], 술비지(재강; 술을 거르고 남은 찌끼. 술찌끼), 장비지(醬;장을 걸러 내고 남은 찌끼), 콩비지 들.

비지[2] 단층 때문에 광맥과 모암(母巖)이 마찰하여 그 사이에 광석과 모암의 가루가 섞이어 된 물질.

비집(다) ①맞붙은 곳을 벌리어 틈을 내다. ¶바지 솔기를 비집다. 문을 비집어 열다. ②좁은 틈을 헤쳐서 넓히다.≒뚫다. ¶밀림 속을 비집고 들어서다. ③눈을 비벼서 뜨다. ¶눈을 비집고 보아도 찾을 수 없다.

비추(다) ①빛을 보내어 무엇을 밝게 하거나 나타나게 하다. ¶전등으로 지하실을 비추다. 비추개, 비추이다/비취다; 내리비추다, 내비추다, 들이비추다(마구 비추다. 안쪽으로 비추다). ②거울이나 수면 등에 모습이 나타나게 하다. ¶거울에 얼굴을 비추다. ③견주어 보다. 참고하다. ¶현 정세에 비추어 보다. 내 경험에 비추어 볼 때, 그런 일은 피해야 한다. 지난 일을 비추어 보면, 그는 선량한 사람이다.

비치(다) ①빛이 나서 환하게 되다. ¶불이 비치다. 비추이다; 내리비치다, 내비치다[1218], 되비침[반사(反射)], 들이비치다(마구 비치다. 안쪽으로 비치다). ②빛을 받아 그림자가 나타나다. ¶달빛에 그림자가 비치다. 나비치다(나타나서 비치다. 나타나거나 참여하다). ③가리어진 것을 통하여 물체가 드러나 보이다. ¶속살이 다 비치다. 비침무늬; 꿰비치다[1219], 얼비치다. ④뜻이나 마음이 밖으로 드러나 보이다. 넌지시 깨우쳐 주거나 알게 하다.≒암시하다. 시사하다(示唆). ¶사임할 뜻을 비치다. ☞ 조(照).

비키(다) 있던 곳에서 약간 자리를 옮기다. 방향을 좀 바꾸다.≒피하다(避). ¶구석으로 비키다. 태풍이 한반도를 비켜 가다. 비켜나다(몸을 옮겨 물러서다), 비켜덩이[1220], 비켜서다(물러서다. 비켜서다②), 비켜앉다.

비탈 =비알. ¶비탈길, 비탈땅, 비탈지다; 돌비알(깎아 세운 듯한 돌의 언덕), 된비알. ☞ 빗-.

비통 품질이 아주 나쁜 백통(구리와 니켈의 합금).

비트(bit) 데이터를 나타내는 최소 단위. 0 또는 1이 하나의 비트가 됨. 수학이나 컴퓨터 분야에서 2진수 1자리를 말함.

비틈-하다 말뜻이 바로 드러나지 아니하고 짐작해서 알 정도로 그럴듯하다. ¶답을 손짓으로 비틈하게 말해 주다. 비틈히.

비파(琵琶) 타원형의 몸통에 곧고 짧은 자루가 달린 현악기의 하나. 4줄의 당비파와 5줄의 향비파가 있음.

빈(貧) '가난하다. 모자라다'를 뜻하는 말.↔부(富). ¶빈가(貧家), 빈고(貧苦), 빈곤층(貧困)[빈곤가족(家族), 빈곤감(感), 빈곤국(國), 빈곤망상(妄想), 빈곤층(層)], 빈광/대(貧鑛/帶), 빈국(貧局), 빈국(貧國), 빈궁/하가(貧窮;가난), 빈농(貧農), 빈도(貧道), 빈민(貧民)[빈민가(街), 빈민굴(窟)], 빈배합(貧配合), 빈부(貧富), 빈상(貧相), 빈소하다(貧素), 빈승(貧僧), 빈약(貧弱), 빈읍(貧邑), 빈익빈(貧益貧), 빈자(貧者), 빈자일등(貧者一燈), 빈주(貧廚), 빈즉다사(貧則多事), 빈처(貧妻), 빈천(貧賤), 빈천지교(貧賤之交), 빈촌(貧村), 빈타(貧打), 빈티(가난하게 보이는 모습이나 태도), 빈핍(貧乏),

1215) 비양하다: 남을 약오르게 조롱하다.
1216) 비적비적: 싸 놓은 물건이 여기저기서 비어져 나오는 모양. ¶보따리에 싼 물건들이 비적비적 비어져 나오다.
1217) 묵비지: 묵을 쑬 적에 녹두를 갈아 거른 찌꺼기.

1218) 내비치다: 빛이 밖으로 비침. 내용의 일부를 말하다. 감정이나 생각을 밖으로 나타내다. ¶문틈으로 불빛이 내비쳤다. 자신의 심정을 조금 내비쳤다. 괴로운 심정을 내비치다.
1219) 꿰비치다: 저 편에 있거나 속에 있는 물체가 잘 보이다. ¶살이 훤히 꿰비치는 옷.
1220) 비켜덩이: 김맬 때 흙덩이를 옆으로 빼내는 일. 또는 그 흙덩이.

빈한(貧寒;살림이 몹시 가난하여 집안이 쓸쓸함), 빈혈/증(貧血/症), 빈호(貧戶); 가빈(家貧), 구빈/사업(救貧/事業), 극빈(極貧), 내빈(耐貧), 불빈(不貧), 상빈(傷貧), 설빈(說貧), 적빈(赤貧), 안빈(安貧), 안빈낙도(安貧樂道), 외부내빈(外富內貧), 적빈(赤貧), 제빈(濟貧), 지빈(至貧), 철빈(鐵貧;아주 심하게 가난함), 청빈(淸貧; 성정이 청렴하여 살림이 구차함), 한빈(寒貧), 활빈당(活貧黨) 들.

빈(賓) '손님. 접대하다. 복종하다'를 뜻하는 말. ¶빈개념(賓槪念), 빈객(賓客;귀한 손), 빈격(賓格;목적격), 빈계사신(牝鷄司晨), 빈공(賓貢)[1221], 빈대(賓待), 빈려(賓旅), 빈례(賓禮;예의를 갖추어 손님으로 대접함), 빈복(賓服), 빈붕(賓朋), 빈사(賓辭↔主辭), 빈실(賓室), 빈연(賓筵), 빈우(賓友), 빈위(賓位), 빈주(賓主), 빈청(賓廳); 국빈(國賓), 귀빈(貴賓), 내빈(內賓), 내빈(來賓), 대빈(大賓), 배빈(陪賓), 사빈(社賓), 상빈(上賓), 영빈(迎賓), 외빈(外賓), 의빈(儀賓), 접빈(接賓), 정빈(正賓), 주빈(主賓), 중빈(衆賓), 청빈(請賓; 잔치 따위에 손님을 청함), 초빈(招賓), 회빈작주(回賓作主) 들.

빈(頻) '잦다. 자주'를 뜻하는 말. ¶빈년(頻年), 빈뇨증(頻尿症), 빈발(頻發), 빈도/수(頻度/數), 빈발하다(頻發;사건 따위가 자주 일어나다), 빈번하다(頻繁/煩), 빈빈하다(頻頻;썩 잦다), 빈삭(頻數)[빈삭하다; 요의빈삭(尿意頻數)], 빈출(頻出;자주 나타남) 들.

빈(殯) 죽은 이의 몸을 씻은 다음에 수의를 입히고 염포를 묶는 일을 뜻하는 말.=염(殮). ¶빈궁(殯宮), 빈례(殯禮), 빈소(殯所;발인 때까지 관을 놓아두는 발), 빈전(殯殿), 빈함옥(殯含玉); 계빈(啓殯), 산빈(山殯), 성빈(成殯), 초빈(草殯), 출빈(出殯), 토빈(土殯), 파빈(破殯) 들.

빈(鬢) '관자놀이와 귀 사이에 난 털(귀밑털 · 살쩍)'을 뜻하는 말. ¶빈모(鬢毛), 빈발(鬢髮), 빈상(鬢霜), 빈설(鬢雪), 빈종(鬢腫), 빈창(鬢瘡); 녹빈홍안(綠鬢紅顔), 백빈(白鬢), 상빈(霜鬢), 설빈(雪鬢), 수빈(鬚鬢). 운빈(雲鬢), 운빈화용(雲鬢花容) 들.

빈(牝) '암컷. 오목한 모양'을 뜻하는 말.↔모(牡). ¶빈계(牝鷄), 빈록(牝鹿), 빈마(牝馬), 빈모(牝牡;암수), 빈사자(牝獅子), 빈양(牝羊), 빈와(牝瓦), 빈우(牝牛), 빈조(牝鳥), 빈축(牝畜) 들.

빈(嬪) '아내. 여관(女官). 임금의 소실. 왕세자의 정부인'을 뜻하는 말. ¶빈궁(嬪宮;왕세자의 비), 빈씨(嬪氏), 빈어(嬪御), 빈첩(嬪妾); 궁빈(宮嬪), 비빈(妃嬪), 세자빈(世子嬪).

빈(濱) '물가. 끝. 임박하다'를 뜻하는 말. ¶빈사(瀕死;죽음에 가까워 오는 것); 사빈(沙濱), 해빈(海濱), 솔토지빈(率土之濱)/솔빈(率濱;온 나라의 영토 안) 들.

빈(蘋) '네가래(물풀). 개구리밥. 부평(浮萍)'을 뜻하는 말. ¶빈과록(蘋科綠;도자기에 입히는 잿물의 하나), 빈번(蘋蘩), 빈조(蘋藻), 빈풍(蘋風); 녹빈(綠蘋;푸른 부평초).

빈(彬) '빛나다'를 뜻하는 말. ¶빈빈하다(彬彬;문장의 멋과 바탕이 갖추어져 훌륭하다. 문물이 모두 성하다).

1221) 빈공(賓貢): 고려 때 외국인으로서 과거의 1차 시험에 급제한 사람을 일컫던 말. 주로 송나라 사람들이었음.

빈(擯) '물리치다'를 뜻하는 말.≒빈(賓). ¶빈공(擯公), 빈불여언(擯不與言), 빈척(擯斥), 배빈(排擯) 들.

빈(瀕) '물가. 잇닿다. 다가오다'를 뜻하는 말. ¶빈사(瀕死;거의 죽을 지경에 이름), 빈해(瀕海;지역이 바닷가에 가까움).

빈(嚬) '찡그리다. 눈살을 찌푸리다'를 뜻하는 말. ¶빈소(嚬笑), 빈신(嚬呻), 빈축(嚬/顰蹙)[1222]; 일빈일소(一嚬一笑).

빈(顰) '찡그리다'를 뜻하는 말. ¶빈미(顰眉), 빈축(顰蹙/嚬蹙), 효빈(效顰;함부로 남의 흉내를 냄).

빈(繽) '어지럽다'를 뜻하는 말. ¶빈분하다(繽紛).

빈대 빈댓과의 곤충. ¶빈대 붙다(수고하지 아니하고 거저 한몫 끼다). 빈대밤(알이 잘고 납작하게 생긴 밤), 빈대붙이, 빈대코(빈대같이 납작한 코); 그루빈대(번성기가 지나 늦게 생긴 빈대), 물빈대 들.

빈대-떡 물에 불린 녹두를 맷돌에 갈아 번철에 부쳐 만든 전(煎). 녹두전병(綠豆煎餠).

빈정 남을 비웃으며 은근히 놀리는 모양. ¶저렇게 빈정빈정 놀려대다가는 언젠가 큰코다친다. 빈정거리다/대다. 빈정빈정하다.

빈지 한 짝씩 끼웠다 떼었다 하게 만들어진 문. ¶함석 빈지. 빈지를 닫다. 빈지문(門); 널빈지(가게의 앞에 대는 널문).

빌(다) ①남의 물건을 거저 달라고 사정하다.≒동냥하다. 구걸하다(求乞). ¶밥을 빌다. 빌붙다(남의 환심을 사려고 들러붙어서 알랑거리다), 배라 · 빌어먹다, 빌어먹을, 비나리¹[1223], 비난수[1224], 비대발괄[1225], 비라리[1226], 배랑 · 비렁뱅이(거지), 비럭질(남에게 구걸하는 짓)/하다(빌어먹다); 젖빌다. ☞ 걸(乞). ②소원대로 되도록 간절히 청하다.≒바라다. ¶비는 데는 무쇠도 녹는다. 아들의 합격을 부처님께 빌다. 비나리²[1227], 비손(소원을 비는 일)/하다, 비손이(조그만 축원을 드려 주는 무당), 비숙원(宿願;비손), 빌며빌며(사정사정하며), 빌붙다[1228], 빎. ③잘못을 용서하여 달라고 소원하다. ¶용서를 빌다. 비는 데는 무쇠도 녹는다. 개개빌다(잘못을 용서해 달라고 간절히 빌다). ☞ 주(呪). 기(祈).

빌리(다) 남의 물건을 돌려주기로 하고 쓰다. 도로 받기로 하고 한

1222) 빈축(嚬/顰蹙): 눈살을 찌푸리고 얼굴을 찡그림. ¶주위의 빈축을 사다.

1223) 비나리¹: ①걸립을 업으로 삼는 사람. ¶비나리쇠, 비나리패(牌). ②아첨을 해 가며 남의 비위를 맞추는 짓. ¶비나리치다(아첨하다).

1224) 비난수: 무당이 푸닥거리를 할 때 귀신에게 빌면서 하는 지껄임. ¶비난수하다.

1225) 비대발괄: 딱한 사정을 말하여 가며 간절히 청하고 빎.[←빌다(빌어서 대다)+발괄].≒간청(懇請). 하소연. ¶비대발괄하여 겨우 얻다. 못 보낸다는 것을 비대발괄하여 가까스로 허락을 받았다. 비대발괄하다.

1226) 비라리: ①구구한 말을 하여 가며 남에게 무엇을 청하는 짓. ¶곧 죽어도 비라리치지는 않는다. 비라리청/하다(請), 비라리치다/하다(사정하다). ②곡식이나 천 따위를 많이 가진 사람으로부터 조금씩 얻어 모아 그것으로 제물을 만들어서 귀신에게 비는 일.=비바리¹.

1227) 비나리²: 앞길의 행복을 비는 말. ¶물 한 대접을 받쳐놓고 비나리를 하는 이씨 부인. 비나리하다; 갯비나리(바다를 향하여 무사 안녕을 비는 일).

1228) 빌붙다: 남의 호감이나 환심을 사기 위하여 곁에서 아첨하고 알랑거리다.

동안 쓰게 하다. 남의 도움을 입다. ¶도서관에서 책을 빌리다. 빌린 책을 돌려주다. 미안하지만, 연필 좀 빌립시다. 친구의 힘을 빌려서 일을 끝마쳤다. 비대다[1229], 빌려가다, 빌려오다, 빌려주다.

빌미 재앙이나 탈 따위가 생기는 원인.≒진티, 화근(禍根). 구실(口實). 꼬투리. 탓. ¶빌미가 되다. 늦게 온 것을 빌미로 삼아 꾸짖다. 그것으로 빌미하여 헤어지게 되다. 빌미잡다(불행의 원인으로 삼다), 빌미하다.

빌밋-하다 얼추 비슷하다. ¶아버님의 높으신 뜻을 이제야 빌밋하게라도 알아들을 수 있었다.

빌빌 ①느릿느릿하게 움직이는 모양. ¶낡은 기계가 빌빌 돌아가다. ②기운 없이 느리게 행동하는 모양. ¶빌빌 눈치나 보고 살다. 기계가 고장인지 빌빌하면서 돌아간다. 빌빌거리다/대다/하다

빔¹ 촉(鏃)이나 장부 등의 구멍이 헐거울 때 종이나 헝겊, 가죽 조각 따위를 감아서 끼우는 일. ¶빔을 끼워 구멍을 메우다. 빔하다.

빔² 명절날이나 잔치 때에 새 옷을 차려 입는 일. 또는 그 옷. 겉으로 꾸미는 일. ¶눈비음[1230]/눈빔. 단오빔(端午), 동지빔(冬至), 명절빔(名節), 생일빔(生日), 설빔[설빔하다(설날에 설빔을 입다); 까치설빔], 옷빔/빔, 입빔[1231], 추석빔(秋夕) 들.

빔³ 섬유나 실의 꼬임.[←비비(다)+ㅁ]. ¶빔을 먹이다. 빔먹임, 빔수(數;1m당 실의 꼬임수), 빔실, 빔실틀, 빔지(紙)[1232]; 보통빔(普通;수를 놓을 때에 보통으로 주는 빔), 오른빔, 왼빔(실의 왼쪽 아래에서 오른쪽 위로 돌리어 꼰 빔).

빕더-서다 약속을 어기고 돌아서다. 바로 서지 않고 몸을 옮기어 물러서다(비켜서다). ¶옆으로 빕더서서 눈치만 보고 있다.

빗¹ ①머리털을 가지런히 고르는 데 쓰는 기구. ¶빗기다/기우다, 빗다, 빗등, 빗비늘[즐린(櫛鱗)], 빗살[즐치(櫛齒)], 빗솔, 빗쓸다[1233], 빗접[1234], 빗질[빗질하다; 군빗질], 빗치개[1235]/꼴; 대빗, 덧빗, 도끼빗, 면빗(面), 부채빗(부채모양의 빗), 상투빗, 손가락빗, 솔빗(솔처럼 생긴 빗), 얼레빗, 참빗, 화각빗(畵角), 화류빗(樺榴). ②'비-'의 꼴로 '곱게'를 뜻하는 말.[〈빗다]. ¶비다듬다(곱게 매만져 다듬다). ☞ 소(梳).

빗² 지난 날, 사무 조직의 한 부서나 그 부서를 맡은 사람을 뜻하던 말. ¶빗아치(관아의 어떤 빗에서 일을 하는 사람); 대동빗(大同), 도창빗(都倉;곡물 창고를 관리하던 벼슬아치), 반빗/아치(飯;반찬을 만드는 일을 하는 사람), 받자빗(조세를 받아들이는 사람), 사창빗(社倉), 승전빗(承傳;내시의 한 직책) 들.

빗- 일부 동사 앞에 붙어 '비뚜로. 잘못', 일부 명사 앞에 붙어 '비스듬하게 기울어진'의 뜻을 더하는 말. §'빗-'은 중세어 '빗기다[횡(橫)]'의 어근 '빗~빗기〉빗/비'. ¶빗가다, 빗각(角), 빗금, 빗꺾다, 빗꽂이, 빗나가다/빗나다, 빗넘기다, 빗넘어가다, 빗놓다/놓이다, 빗눕다, 빗대다, 빗더서다/빗서다(방향을 조금 틀어서 서다), 빗되다, 빗듣다(잘못 듣다), 빗들다, 빗디디다, 빗뚫다/뚫리다, 빗뛰다, 빗뜨다(눈을 흘겨 뜨다), 빗말(잘못된 말), 빗맞다/맞히다, 빗먹다[1236], 빗면(面), 빗모서리, 빗못치기, 빗물다(옆으로 조금 비뚤어지게 물다), 빗반자(바닥을 기울어지게 만든 반자), 빗변(邊), 빗보다(잘못 보다)/보이다, 빗비늘, 빗빠지다[1237], 빗살[빗살무늬/토기, 빗살문(門), 빗살창(窓), 빗살켜(빗살무늬를 이룬 낱낱의 층)], 빗서다/세우다, 빗쏠리다, 빗쓸다, 빗원뿔(圓), 비웃다[1238], 빗이음, 빗점(點)[1239], 빗줄[사선(斜線)], 빗쪽매[1240], 빗천장(天障), 비탈/비알[1241], 빗턱끼움(목재를 비스듬히 따낸 턱에 다른 목재를 끼우는 일), 빗투영(投影), 빗판(板;경사판), 비꼬다[1242]/꼬이다, 비꾸러지다[1243], 비끄러매다[1244], 비끼다[1245], 비뚝[1246], 비뚜적[1247], 비뚤다[1248], 비스듬하다[1249], 비슥하다[1250], 비슷하다

1229) 비대다: 남의 이름을 빌려 대다. ¶친구를 비대어 부탁하다.

1230) 눈비음: 남의 눈에 들기 위하여 겉으로만 꾸미는 일.

1231) 입빔: 입을 꾸미는 일. 즉 입막음이나 입씻이로 주는 돈이나 물건.

1232) 빔지(紙): 종이를 비벼 꼬아서 만든 끈.≒지노(紙). 지승(紙繩). ¶빔지로 책을 묶다.

1233) 빗쓸다: 손으로 머리카락을 빗는 것처럼 어루만지며 쓸다. ¶머리를 빗쓸어 올리다.

1234) 빗접: 빗, 빗솔, 빗치개와 같이 머리를 빗는 데 쓰는 물건을 넣어 두는 상자. ¶빗접고비(빗접을 꽂아 걸어 두는 물건).

1235) 빗치개: 빗살 틈에 낀 때를 빼고 가르마를 타는 데 쓰는 도구.

1236) 빗먹다: 톱이 마음먹은 대로 가지 않고 비뚜로 나가다.

1237) 빗빠지다: 발을 잘못 디디어 구멍 따위에 빠지다.

1238) 비웃다: 업신여기는 태도로 웃다. ¶비웃음, 비웃적거리다/대다(남을 비웃는 태도로 자꾸 빈정거리다).

1239) 빗점(點): 여러 비탈의 밑자락이 한 군데로 모이는 곳.

1240) 빗쪽매: 얇은 나무쪽의 옆을 비스듬하게 깎아 옆으로 대어 붙이는 것.

1241) 비탈/비알: 산 · 언덕 · 길 따위의 한쪽으로 기울어진 상태나 정도. ¶비탈이 가파르다. 비탈갈이, 비탈길, 비탈면(面), 비탈밭, 비탈식(式), 비탈지다; 강비탈(江;강가의 비탈), 낭비알(낭떠러지처럼 가파른 비탈), 돌비알(깎아 세운 듯한 돌의 언덕), 된비알, 반비알지다(半), 산비탈(山).

1242) 비꼬다: ①노끈이나 몸을 비틀어서 꼬다. ②남의 비위를 상할 만큼 빈정거리다. 〈작〉배꼬다.

1243) 비꾸러지다: 몹시 비뚤어지다. 그릇된 방향으로 벗어나다. 〈센〉삐꾸러지다. ¶썰매가 비꾸러져 얼음 구덩이에 빠졌다. 자꾸만 비꾸러지려는 일을 바로잡기에 온 힘을 기울였다.

1244) 비끄러매다: 서로 떨어지지 않게 붙잡아 매다. ¶고삐를 기둥에 비끄러매다.

1245) 비끼다: ①빛이 비스듬히 비치다. ¶달빛 비낀 뒤란. 석양이 산마루에 비끼다. ②비스듬하게 놓이거나 늘어지다. ¶큰 칼을 빗기(비스듬히) 차다. 비껴가기, 비껴가다(스쳐 지나가다), 비껴들다, 비껴뛰기, 비껴쓰다; 엇비끼다. ③어떤 표정이 얼굴에 잠깐 나타나다. ¶얼굴에 어두운 그늘이 비끼다.

1246) 비뚝: ①물체가 비스듬히 한쪽으로 기울어지며 흔들리는 모양. ¶수레가 덜겅거릴 때마다 실은 짐이 비뚝비뚝 기울어지다. ②다리를 가볍게 비틀거리며 걷는 모양. ¶술에 취하여 비뚝비뚝 걸어가다. 〈작〉배뚝. 〈센〉삐뚝.

1247) 비뚜적: ①물체가 이쪽저쪽으로 느리게 비스듬히 기울어지며 흔들거리는 모양. ¶배가 비뚜적비뚜적 흔들린다. ②다리를 느리게 비틀거리는 모양. ¶비뚜적비뚜적 걷다. 〈작〉배뚜적. 〈센〉삐뚜적.

1248) 비뚤다: 바르지 못하고 한쪽으로 기울어지거나 쏠려 있다. 〈작〉배뚤다. 〈센〉삐뚤다. ¶배딱 · 비딱 · 빼딱 · 삐딱거리다/대다/하다, 배뚜로 · 비뚜로 · 빼뚜로 · 삐뚜로, 빼뚜룩 · 삐뚜룩, 배뚜름 · 비뚜름 · 빼뚜름 · 삐뚜름하다, 배뚝 · 비뚝 · 빼뚝 · 삐뚝거리다/대다, 배뚤 · 비뚤 · 배뚤 · 삐뚤거리다/대다, 배뚤어 · 비뚤어 · 삐뚤어지다(몹시 기울어지다. 그릇된 방향으로 벗어져 나가다), 비뚤이 · 빼뚤이 · 삐뚤이, 비뚤이다, 삐뚜룩. 삐뚤사/빼뚤사(조금 빼뚤게); 엇비뚜름하다.

1249) 비스듬하다: 수평이나 수직이 되지 아니하고 한쪽으로 기운 듯하다. ¶책들이 비스듬하게 꽂혀 있다. 비스듬히/비듬히; 엇비스듬하다/히.

1250) 비슥하다: 한쪽으로 약간 기울어져 있다. 〈작〉배슥하다. ¶그는 모자를

²1251), 비쓱거리다1252), 비웃다1253), 비탈1254), 비틀다1255), 바드름/바듬하다, 버드름/버듬하다, 배끗1256), 배딱 · 빼딱 · 비딱 · 삐딱거리다/대다/하다, 배들배들1257), 배배1258) · 비비, 배스듬/배듬 · 비스듬/비듬하다, 배스름 · 비스름하다, 비스러지다1259), 배슥 · 배쓱 · 비슥 · 비쓱/거리다/대다/하다, 배슬1260) · 배실 · 비슬 · 비쓸 · 비실1261)거리다/대다/하다, 배슷 · 비슷하다(한쪽으로 조금 기울어져 있다), 배창1262), 배척/배치작1263), 빼써1264), 빙퉁그러지다(하는 짓이 꼭 비뚜로만 나가다). ☞ 횡(橫). 사(斜).

빗장 ①문을 닫고 가로질러 잠그는 막대기나 쇠장대를 뜻하는 '문빗장(門)'의 준말.[<빗댱]. 관건(關鍵). ¶대문에 빗장을 지르다. 빗장을 풀다. 빗장나무[관목(關木)], 빗장나인, 빗장둔테(빗장을 끼도록 구멍을 뚫은 긴 나무토막), 빗장쇠(쇠로 만든 빗장); 거북빗장. ②빗장을 지른 것처럼 한 '十'자 모양의 엇갈림. ¶빗장거리1265)/하다, 빗장걸이[빗장걸이뒤집기, 빗장걸이잦히기, 빗장걸이치기], 빗장고름(맵시 있게 맨 옷고름), 빗장뼈[쇄골(鎖骨)] 들.

빗찌르르 산새 따위가 우는 소리.

비슥하게 썼다. 벽에 배슥하게 걸린 달력. 배슥배슥 · 비비슥비슥/하다, 비슥 · 배슥거리다/대다(어떤 일을 힘들여 하지 않다. 앞으로 가까이 하지 않다).

1251) 비슷하다²: 한 쪽으로 조금 기울어지다. 〈작〉배슷하다. ¶비슷이 기울다. 비스름길(비탈진 길).

1252) 비쓱거리다: 이쪽저쪽으로 쓰러질 듯이 몸을 자꾸 흔들거나 비스듬히 나가다. 〈작〉배쓱거리다. ¶비쓱거리다/대다, 비쓱비쓱/하다.

1253) 비웃다: 흉을 보듯이 빈정거리며 웃다. 업신여기는 태도로 웃다. ¶비웃음/하다, 비웃적거리다(자꾸 비웃으며 빈정거리다).

1254) 비탈(비알): 산이나 언덕의 비스듬하게 기울어진 곳.[←빗ㄱ+달(땅)]. ¶비탈길; 돌비알(깎아 세운 듯한 돌의 언덕), 된비알.

1255) 비틀다: ①힘 있게 꼬면서 틀다. ②일이 어그러지게 하다. 〈작〉배틀다. ¶배치락 · 비치럭, 배치작/배착 · 비치적/비척/거리다/대다, 배칠 · 비칠, 배트락 · 비트럭, 배트작 · 비트작 · 빼트작, 배틀 · 비틀 · 빼틀 · 삐틀/거리다/대다, 배틀 · 비틀걸음. 배틀 · 비틀리다, 배틀어 · 비틀어지다; 왜틀비틀(몸을 몹시 흔들고 비틀거리며 걸어가는 모양).

1256) 배끗: 물건의 사개가 잘 들어맞지 않고 어긋나는 모양. 〈큰〉비끗. 〈센〉빼끗. ¶틀이 배끗 어긋나다. 배끗 · 비끗 · 빼끗 · 삐끗거리다/대다.

1257) 배들배들: 앓거나 허약해져서 몸을 잘 움직이지 못하는 모양. 〈큰〉비들비들. ¶배들배들 힘들어 하다.

1258) 배배: ①여러 번 꼬거나 뒤틀린 모양. ¶몸을 배배 꼬다. ②말이나 감정 따위를 바르지 않고 비꼬아서 표현하여. ¶왜 그렇게 말을 배배 꼬느냐? 배배 · 비비꼬다/꼬이다, 배배 · 비비틀다/틀리다. [+꼬다/꼬이다. 틀다].

1259) 비스러지다: 둥글거나 네모반듯하지 못하고 비뚤어지다.

1260) 배슬: 힘없이 쓰러질 듯 하면서 배스듬한 모양. 〈큰〉비슬. 비실. ¶기운이 빠져 배슬배슬 걷는 모습이 처량하다. 배슬거리다/대다.

1261) 비실: ①흐느적거리며 힘없이 비틀거리는 모양.=비슬. 배실. 비틀. ¶비실비실 일어나다. ②비겁하게 슬슬 눈치를 보는 모양. ¶비실비실 도망가다. ③실없이 웃는 모양.

1262) 배창: 몸을 바로 가누지 못하고 맥없는 걸음으로 허둥거리며 앙증스럽게 걷는 모양. 〈큰〉비청. ¶조카가 배창배창 걸어오다.

1263) 배척: 다리에 힘이 없어 쓰러질 것같이 걷는 모양. 〈큰〉비척/비치적. ¶지친 몸을 이끌고 배척배척 걸어오다. 배척 · 배치작 · 비척 · 비치적 · 배칠 · 비칠거리다/대다.
배치작: 한쪽으로 약간 비틀거리거나 가볍게 절룩거리는 모양. 〈준〉배착. 〈큰〉비치적/비척. ¶배치작/배착 · 비치적/비척거리다/대다.

1264) 빼써: ①한쪽으로 좀 기울어질 듯하게. ¶맨 뒤에 앉은 영희는 고개를 빼써 칠판을 보았다. ②문이 조용히 조금 열리게. ¶창문을 빼써 열다. 〈큰〉삐써.

1265) 빗장거리: 남녀가 십자 모양으로 눕거나 기대어 서서 하는 성행위.

빙(氷) '얼음. 얼다'를 뜻하는 말. ¶빙결(氷結), 빙결하다(氷潔), 빙경(氷鏡), 빙고(氷庫), 빙과(氷菓), 빙괴(氷塊), 빙구(氷丘), 빙구(氷球;아이스하키), 빙기(氷肌;氷膚), 빙기(氷技;스케이팅), 빙기(氷期), 빙기옥골(氷肌玉骨), 빙낭(氷囊;얼음주머니), 빙당(氷糖), 빙렬(氷裂), 빙렴(氷廉), 빙륜(氷輪), 빙무(氷霧), 빙박(氷泊;항해 중의 배가 물에 얼어붙음), 빙반(氷盤), 빙벽/타기(氷壁), 빙부(氷夫), 빙부(氷膚;얼음처럼 맑고 깨끗한 피부), 빙빙과거(氷氷過去), 빙부(氷膚), 빙산(氷山), 빙상/경기(氷上/競技), 빙석(氷釋;얼음판 녹듯이 의혹이 풀림), 빙설/기후(氷雪/氣候), 빙수(氷水), 빙식(氷蝕)1266), 빙실(氷室), 빙심옥호(氷心玉壺;깨끗한 마음), 빙압(氷壓), 빙야(氷野), 빙예(氷瞖;잘 보이지 않는 눈병), 빙옥(氷玉;아무 티가 없음), 빙원(氷原;氷野), 빙인(氷人), 빙자옥질(氷姿玉質), 빙장(氷藏), 빙전(氷田), 빙점(氷點), 빙정(氷程;얼음이 언 길), 빙정(氷晶;얼음의 결정)[빙정점(點), 빙정핵(核)], 빙주(氷柱), 빙주(氷酒), 빙주석(氷洲石), 빙주/석(氷柱/石), 빙질(氷質), 빙초산(氷醋酸), 빙층(氷層), 빙침(氷枕), 빙탄/간(氷炭/間;얼음과 숯처럼 서로 조화될 수 없는 사이), 빙판/길(氷板), 빙편(氷片), 빙하(氷河)1267), 빙해(氷海), 빙해(氷解), 빙호(氷壺), 빙호(氷縞), 빙환(氷紈), 빙활(氷滑); 간빙기(間氷期), 개빙/제(開氷/祭), 결빙(結氷), 남빙양(南氷洋), 동빙(凍氷), 등빙(登氷), 만년빙(萬年氷), 무빙(霧氷), 박빙(薄氷;살얼음), 반빙(半氷), 반빙(頒氷), 벌빙(伐氷), 보빙(堡氷), 복빙(復氷), 부빙(浮氷), 석빙고(石氷庫), 설빙(雪氷), 세빙(細氷), 쇄빙(碎氷), 수빙(水氷), 수빙(樹氷), 식빙(食氷), 우빙(雨氷), 월하빙인(月下氷人), 유빙(流氷;성엣장), 의빙(疑氷), 이빙(履氷), 인조빙(人造氷), 자연빙(自然氷), 장빙(藏氷), 제빙/기(製氷/機), 착빙(着氷), 채빙(採氷), 천연빙(天然氷), 초빙(初氷), 총빙(叢氷), 합빙(合氷), 해빙(海氷), 해빙(解氷↔結氷), 활빙(滑氷;얼음지치기) 들.

빙(聘) '찾아가 안부를 묻다. 부르다. 장가들다'를 뜻하는 말. ¶빙례(聘禮), 빙모(聘母;丈母), 빙문(聘問), 빙물(聘物), 빙부(聘父;丈人), 빙용(聘用;예를 갖추어 사람을 맞이하여 씀), 빙장(聘丈;'장인'의 높임말), 빙처(聘妻), 빙초(聘招), 빙택(聘宅), 빙폐(聘幣); 고빙(雇聘), 교빙(交聘;나라 간에 사신을 보내는 일), 내빙(來聘), 보빙(報聘), 속빙(續聘), 연빙(延聘), 영빙(迎聘), 예빙(禮聘), 용빙(傭聘), 조빙(朝聘), 중빙(重聘), 징빙(徵聘), 초빙(招聘), 치빙(馳騁), 통빙(通聘), 폐빙(幣聘) 들.

빙(憑) '기대다. 의지하다'를 뜻하는 말. ¶빙거(憑據;사실을 입증할 만한 증거를 댐), 빙고(憑考;사실 여부를 상세히 검토함), 빙공영사(憑公營私)1268), 빙문(憑文;여행 허가증), 빙문(憑聞;간접적으로 들음), 빙시(憑恃;남에게 기대어 의지함), 빙신(憑信;남을 믿고 의지함), 빙의(憑依;다른 것에 몸이나 마음을 기댐. 영혼이 옮겨 붙음), 빙자(憑藉)1269), 빙준(憑準;여러 근거에 의해 표준을 삼거나

1266) 빙식(氷蝕): 빙하의 이동으로 생긴 침식. ¶빙식곡(谷), 빙식단구(段丘), 빙식윤회(輪廻), 빙식작용(作用), 빙식평야(平野), 빙식호(湖).

1267) 빙하(氷河): 빙하계류(溪流), 빙하곡(谷), 빙하기(期), 빙하성층(成層), 빙하수(水), 빙하시대(時代), 빙하원공(圓孔), 빙하유적(遺蹟), 빙하작용(作用), 빙하지형(地形), 빙하탁(卓), 빙하토(土), 빙하풍(風), 빙하학(學), 빙하호(湖), 빙하흔(痕); 곡빙하(谷), 대륙빙하(大陸), 벽빙하(壁), 산록빙하(山麓), 산악빙하(山岳).

1268) 빙공영사(憑公營私): 공적인 일을 빙자하여 개인의 이익을 꾀함.

일을 해 나감), 빙증(憑證), 빙표(憑票/標;憑文); 문빙(文憑), 신빙/성(信憑/性), 의빙(依憑), 증빙/서류(證憑/書類), 징빙(徵憑) 들.

빙(騁) '말을 달리다'를 뜻하는 말. ¶치빙(馳騁;말을 타고 달림. 이곳저곳 바삐 돌아다님).

빚 남에게 갚아야 할 돈. 부채(負債). 갚아야 할 은혜나 마음의 부담.≒신세. ¶빚 주고 뺨 맞기. 빚을 갚다. 빚을 물다(남의 빚을 대신 갚다). 빚값, 빚갚음/하다, 빚거간(빚지시)/하다(居間), 빚구덩이, 빚구럭[1270], 빚구멍, 빚꼬리(갚지 못한 나머지 빚), 빚꾸러기, 빚내다(빚을 얻다. 빚지다), 빚놀이, 빚놓다(남에게 빚을 주다), 빚놓이(돈놀이), 빚단련(鍛鍊), 빚더미, 빚독촉(督促), 빚돈, 빚두루마기[1271], 빚막이(진 빚을 무는 것), 빚멍에, 빚문서(文書), 빚물이(남의 빚을 대신 갚아줌)/하다, 빚바라지, 빚받이(빚추심)/하다, 빚보따리, 빚보증(保證), 빚봉수(逢受;남의 빚을 보증해 주는 일), 빚봉창(빚을 다 갚는 벌충), 빚셈/하다, 빚올가미, 빚잔치[1272], 빚쟁이, 빚주다, 빚주머니(빚구럭), 빚지다, 빚지시[1273], 빚추심(推尋;빚받이)/하다, 빚타령; 가계빚(家計), 나랏빚, 노름빚, 달러빚, 돈빚(돈을 빌려 생긴 빚), 묵은빚, 생빚(生;공연히 얻게 된 빚), 술빚, 왼빚(외상), 저승빚(저승에서 이승으로 올 때 지고 온다는 빚). ☞ 채(債).

빚(다) ①지에밥과 누룩을 버무려 술을 담그다. ¶술을 빚다. 쥐빚다(술 따위를 손으로 주물러서 빚다). ②만들어 내다. 손으로 재료를 이겨서 어떤 형태를 만들다. ¶송편을 빚다. 흙을 빚어 도자기를 만들다. 빚기, 빚어내다. 빚어놓다, 빚어지다(만들어지다), 빚은조각. ③어떤 원인이나 일이 어떤 결과를 가져오는 상태가 되다. 주로 부정적인 결과를 만들어 내다.≒일으키다. 낳다. ¶그의 오랜 노력이 좋은 결과를 빚다. 물의를 빚다. 불륜의 사랑이 엄청난 사건을 빚고야 말았다.

빛 시신경을 자극하여 물체를 볼 수 있게 하는 일종의 전자기파. 기색(氣色). 희망이나 영광을 비유하는 말. ¶빛이 밝다. 빛 좋은 개살구(보기에는 그럴 듯하나 실속이 없는 것). 빛을 보다(세상에 알려져 제 가치를 인정받다). 빛가림, 빛기둥(좁은 틈으로 뻗치는 빛살), 빛깔, 빛나다[1274]/내다, 빛나리(대머리), 빛너울[광배(光背)], 빛다르다(색다르다), 빛다발(빛묶음), 빛동물(動物;발광동물), 빛띠, 빛무리지다[1275], 빛바래다(퇴색하다), 빛받이, 빛발(빛의 줄기), 빛보라[광선(光線)], 빛살(빛의 가닥. 광선), 빛색(色), 빛샘(발광샘), 빛실(광섬유), 빛없다[1276], 빛있다(곱거나 아름답다), 빛접다[1277], 빛종이(발광지), 빛줄기(빛발), 빛층(層); 가을빛, 갈매빛(녹색의 물감이나 빛깔), 감빛, 검은빛, 구릿빛, 금빛(金), 꼭두서니빛(빨간 물감 또는 빛깔), 날빛(햇빛), 남빛(藍), 납빛(鑞;푸르스름한 잿빛), 낯빛(얼굴빛), 노란·누런·노른·누른빛, 눈빛, 눈:빛, 달빛, 도홍빛(桃紅), 도홧빛(桃花), 먹빛[흑색(墨色)], 모싯빛(모시의 빛. 엷은 노랑), 무지갯빛, 물빛(물감의 빛깔. 물의 빛깔), 밤빛[율(栗)], 별빛, 보랏빛, 복숭앗빛, 봄빛, 분홍빛(粉紅), 불빛, 붉은빛, 산홋빛(珊瑚), 살빛, 새벽빛, 석양빛(夕陽), 아청빛(鴉靑;검푸른 빛), 얼굴빛, 연둣빛(軟豆), 오동빛(烏銅;검붉은 구릿빛), 우윳빛(牛乳), 웃음빛, 은빛(銀), 이빛(二)[1278], 이슬빛(이슬의 반짝거리는 빛. 반짝거리는 눈물), 잇빛(붉은 물감이나 빛깔), 자줏빛(紫朱), 장밋빛(薔薇), 잿빛, 젖빛, 잼빛[1279], 쪽빛, 초록빛(草綠), 초빛(初;단청을 칠할 때 애벌로 하는 채색), 태양빛(太陽), 털빛, 파란빛, 포돗빛(葡萄), 푸른빛, 풀빛, 핏빛, 하늘빛, 햇빛, 흙빛, 흰빛. ☞ 광(光). 색(色).

빠개(다) 단단한 물체에 힘을 가하여 두 쪽으로 갈라서 조각을 내다.(≒쪼개다). 넓게 벌리다. 틀어지게 하다(그르치다). 〈큰〉뻐개다. ¶장작을 빠개다. 좁은 틈을 조금 빠개고 들어갔다. 다 된 일을 빠개 놓다. 빠개·뻐개지다, 바그라·버그러·빠그라·뻐그러지다, 빠·뻐그리다.

빠그닥 얇고 빳빳한 물건이 세게 부딪치거나 쓸릴 때 나는 소리.=빠그락[1280]. 〈큰〉뻐그덕. ¶빠드닥거리다/대다.

빠근-하다 몸 놀리기가 조금 거북하고 무지근하다. 어떤 일이 힘에 좀 벅차다. 〈큰〉뻐근하다. ¶어깨가 빠근하다. 여자가 경운기 운전을 하기엔 너무 빠근하다. 벅적지근·빡작지근/빡지근·뻑적지근/뻑지근하다, 파근하다[1281].

빠기(다) 우쭐거리며 자랑하다. 얄밉게 으쓱거리며 젠체하다.=뽐내다. 〈큰〉뻐기다. ¶회장이라고 빠기다. 젠체하며 빠기다. 공부 좀 잘 한다고 뻐기지 마라.

빠끔[1] 작은 구멍이나 틈 따위가 깊고 또렷하게 나 있는 모양. 〈큰〉뻐끔. ¶창문이 빠끔 열려 있다. 빠끔한 창문 구멍으로 밖을 내다보았다. 포탄 자국이 빠끔하게 나 있다. 빠금·빠끔·뻐끔거리다/대다/하다, 빠금빠금·빠끔빠끔·뻐끔뻐끔/하다[1].

빠끔[2] ①입을 벌렸다 오므리며 담배를 빠는 모양. ②물고기 따위가 입을 벌렸다 오므리며 물이나 공기를 들이마시는 모양. 〈큰〉뻐끔. ¶빠끔·뻐끔거리다/대다, 빠끔담배, 빠금빠금·빠끔빠끔·뻐끔뻐끔/하다[2].

1269) 빙자(憑藉): ①남의 힘을 빌려 그것에 의지함. ¶권력을 빙자하여 큰소리치다. 공권력을 빙자한 보복은 막아야 한다. ②말막음으로 내세워 핑계를 댐. ¶신병을 빙자하여 결석하다.

1270) 빚구럭: 빚이 많아서 헤어나지 못하는 어려운 상태. ¶쪼들리는 살림은 결국 빚구럭에 들게 했다.

1271) 빚두루마기: 많은 빚에 얽매여 헤어날 수가 없게 된 사람.

1272) 빚잔치: ①빚쟁이들이 몰려와서 빚진 사람의 물건을 빚돈 대신 가져가는 일. ②빚을 진 상태에서 흥청망청 마구 써대는 일.

1273) 빚지시: 빚을 주고 쓰는 데 중간에서 소개하는 일. 빚거간. ¶빚지시 좀 하겠는가?

1274) 빛나다: ①빛이 환하게 비치다. 윤이 나다. ②영광스럽고 자랑스러우며 아주 훌륭하게 보이다. ¶빛나는 전통 문화.

1275) 빛무리지다: 불빛의 둘레에 둥근 테 모양의 기운이 나타나다.

1276) 빛없다: ①생색이나 면목이 없다. ②보람이 없다. ¶그 동안의 고생이 빛없이 되고 말았다.

1277) 빛접다: 조금도 굽죄이는 데가 없이 어연번듯하고 떳떳하다. ¶집안을 이 정도로 일으켜 세운 것이 빛접다.

1278) 이빛(二): 단청(丹靑)할 때 채색의 심도(深度)의 하나. 초(初)빛보다 진하고 삼(三)빛보다 엷은 빛깔.

1279) 잼빛: ①진채화(眞彩畵)에서, 묽거나 엷은 빛깔 위에 덧칠하는 짙은 빛깔. ②두 빛깔을 조화시키느라고 더 칠하는 빛깔.

1280) 빠그락: 빳빳한 종이나 셀로판지 따위가 서로 닿아서 문질릴 때 나는 소리. 또는 그 모양.

1281) 파근하다: 다리에 힘이 지치어 노작지근하고 무겁다.

빠당빠당 건드리면 소리가 날 정도로 몹시 팽팽한 모양. ¶빠당빠당 켕긴 거문고줄.

빠-대다 아무 할 일 없이 이리저리 쏘다니다. 배회하다. ¶일정한 직업 없이 허구한 날 빠대는 짓도 못할 노릇이다. 빠대 봐야 허탈과 피로뿐이다. 짓빠대다(마구 이리저리 쏘다니다).

빠드락 작은 팔다리나 몸을 몹시 재게 내젓는 모양. 〈큰〉뻐드럭. ¶빠드락거리다/대다/하다. 빠드락빠드락/하다.

빠득빠득-하다 ①하는 짓이나 말이 고분고분하지 아니하다. ②눈이 부드럽지 못하고 뻑뻑하다. ③입 안에 떫은맛이 있다. 〈큰〉뻐득뻐득하다.

빠듯-하다 '바듯하다'보다 센말.

빠르(다) 어떤 동작을 하거나 변화하는 데 걸리는 시간이 짧다. 기준보다 이르다. 어떤 일을 알아차리는 데 날래다.≒잽싸다. 신속하다(迅速).↔더디다. 느리다. ¶발걸음이 빠르다. 일의 진척이 빠르다. 이해가 빠르다. 빠르기[빠르기말, 빠르기표(標)], 빠른우편(郵便), 빨리(≒곧. 어서. 금방)[빨리빨리; 눈빨리(눈으로 재빠르게), 재빨리], 빠릿, 빠릿하다(빠르게 행동하다), 빨리빨리, 빨리하다, 빨랑[1282]; 반지빠르다[1283], 약·역빠르다, 약빠리(약삭빠른 사람), 약빨리, 약삭빠르다, 약살빨리, 어지빠르다[1284]/엇빠르다, 입빠르다(입이 가볍다), 재바르다·재빠르다[1285], 재빨리, 촉빠르다[1286]. ☞ 속(速). 민(敏).

빠삭-하다 어떤 일을 낱낱이 잘 알고 있어서 그 일에 환하다. ¶소문이 온 동네에 빠삭하게 났다. 그는 컴퓨터에 빠삭하다. 소문이 빠삭히 돌다.

빠장-하다 얼굴 따위가 좀 뾰족하다.

빠지(다) ①깊은 곳에 떨어지거나 잠기다.(≒떨어지다.↔나오다). 어려운 처지에 놓이다. 들어 있어야 할 것이 들어 있지 아니하다. 들어 있던 것이 밖으로 나가거나 없어지다. 모임이나 조직에서 떠나다. §'빼다'와 동근어. ¶구덩이에 빠지다. 이가 빠지다. 때가 빠지다. 살이 빠지다. 밑 빠진 독. 풍선에 구멍이 나서 공기가 다 빠졌다. 빠져나가다/나오다(벗어나다. 새다), 빠진골[익곡(溺谷)], 빠진옹이. 빠짐없다/없이, 빠짐표(標), 빠뜨리다/트리다[1287]; 계빠지다(契;횡재를 하다), 김빠지다, 도려·두려빠지다[1288], 땀빠지다, 맥빠지다(脈), 발빠지다, 빗빠지다(발을 잘못 디디어 빠지다), 뼈빠지다, 뽕빠지다(밑천을 온통 다 잃다), 수빠지다[1289], 얼빠지다(정신이 없어지다), 잘빠지다(미끈하게 잘생기다), 정신빠지다(精神;얼빠지다), 충빠지다(화살이 떨며 나가다). ②미치다'. 열중하다. 도취하다. 몰입하다. 탐닉하다. ¶사랑에 빠지다. 공상에 빠지다. ③형용사 뒤에서 '-아/어' 와 어울려, '앞말의 성질이나 상태가 아주 심한 것을 못마땅하게 여김'을 뜻함.≒터지다'. ¶음식이 쉬어 빠져서 못 먹겠다. 게을러빠지다(게을러터지다), 낡아빠지다, 느려빠지다, 늙어빠지다, 닳아빠지다, 말라빠지다(몹시 여위다), 삭아빠지다(삭을 대로 삭다), 새퉁빠지다[1290], 썩어빠지다, 약아빠지다, 흔해빠지다.

빡[1] 담배를 피울 때 세게 소리를 내어 빠는 모양. 〈큰〉뻑. ¶애꿎은 담배만 빡빡 피워 대다.

빡[2] 오리 따위가 시끄럽게 우는 소리.

빡빡-하다 ①윤기가 적어서 보드라운 맛이 적다. ¶미닫이문이 빡빡하다. ②국물이 적고 건더기가 가들막하게 많다. ¶밥을 빡빡하게 말다. ③여유가 없이 꼭 맞아 빠듯하다. ¶빡빡한 일정. 돈 사정이 빡빡하다. ④두름성이 적고 고지식하다. ¶사람이 너무 빡빡해서 통하지 않는다. ⑤기계·수레바퀴가 잘 돌아가지 아니하다. 〈큰〉뻑뻑하다.

빤빤-하다 ①'반반하다①'보다 센말. ②부끄러워할 만한 일에도 부끄러워할 줄을 모른다. 〈큰〉뻔뻔하다. ¶빤빤한 낯짝. 빤빤·뻔뻔스럽다, 빤빤히·뻔뻔히.

빨 일이 되어 가는 형편이나 꼴. ¶그가 하는 빨로 내버려 둬라. 그 빨로는 아무 것도 될 수 없다. 그빨로[1291].

빨(다)[1] 입 속으로 당겨 들어오게 하다. 속으로 배거나 스며들게 하다.≒흡입하다(吸入). 마시다. ¶아기가 젖을 빨다. 빨기, 빨대(빠는 대롱), 빨리다'(빪을 당하다. 빨게 하다), 빨병(甁;먹는 물을 담아 가지고 다니는 그릇), 빨부리(물부리), 빨아내다, 빨아당기다, 빨아들이다, 빨아먹다, 빨아올리다(잣다. 자아올리다), 빨종이, 빨판[흡반(吸盤)], 빨펌프(pump); 감빨다[1292]/빨리다, 들이빨다(힘차게 마구 빨다. 안쪽으로 빨다), 흠빨다(입으로 깊이 물고 흠씬 빨다).

빨(다)[2] 섬유로 만든 옷 따위를 물에 넣고 주물러서 때를 빼다.≒세탁하다(洗濯). ¶옷을 물에 빨다. 빨다리다(빨아서 다리다), 빨래[1293], 빨리다²(옷을 빨게 하다); 맞빨이[1294] 들.

1282) 빨랑: 어서 빨리. 서둘러서.≒빨리. 〈큰〉뻘렁. 〈거〉팔랑. ¶굼벵이처럼 꾸물거리지 말고 빨랑빨랑 움직여라. 빨랑거리다/대다, 빨랑빨랑/하다.

1283) 반지빠르다: ①말이나 행동 따위가 얄미울 정도로 민첩하고 약삭빠르다. 얄밉게 교만하다. ¶반지빠른 행동. 반지빠르기는 제일이라. ②어중간하여 알맞지 아니하다. ¶옷감이 반지빨라 아이 저고리를 만들자니 남고 치마를 짓자니 모자란다. 반지빠른 자투리 땅. ③지식이나 기술 따위가 조금 모자라다.

1284) 어지빠르다: 정도가 넘고 처져서 어느 한쪽에도 맞지 아니하다. 〈준〉엇빠르다.

1285) 재빠르다: 손이나 발 또는 몸의 움직임이 매우 빠르다. 어떤 일을 처리하는 속도가 빠르다.↔굼뜨다. ¶요리사의 재빠른 손놀림. 재빨리 손을 쓰다.

1286) 촉빠르다: 생기가 있고 재치가 빠르다. ¶촉빠르면 위기 상황을 쉽게 벗어날 수 있다.

1287) 빠뜨리다: ①빠지게 하다.¶함정에 빠뜨리다. 곤경에 빠뜨리다. ②갖추어야 할 것을 잘못하여 빼놓다. ¶명부에서 빠뜨리다. ③지녔던 것을 잃어버리다. ¶수첩을 빠뜨리다. '빠치다'는 비표준말이다.

1288) 도려빠지다: 한 곳을 중심으로 그 부근이 뭉떵 빠져 나가다. 〈작〉도려빠지다. ¶중요한 서류가 두려빠지고 없다.

1289) 수빠지다: 말이나 행동을 실수하여 남에게 약점을 잡히다.

1290) 새퉁빠지다: 매우 어처구니없이 새삼스럽다.

1291) 그빨로: 못된 버릇을 버리지 아니하고 그대로. ¶그빨로 놀다가는 신세 망칠 줄 알아라.

1292) 감빨다: ①감칠맛 있게 입으로 야무지게 빨다. ¶숟가락을 감빨다. ②이익을 탐내다. ¶재물을 감빨다.

1293) 빨래(세탁): 빨랫간(間), 빨랫감, 빨래꾼, 빨래대야, 빨랫돌, 빨랫말미

빨(다)[3] 끝이 차차 가늘어져 뾰족하다. ¶턱이 빨다. 턱이 빠니 얼굴이 길어 보인다. 끝이 빨게 하다. 쌍둥이인데 형의 턱이 좀 빠오. 빠름1295), 빼치다(끝을 뾰족하게 하다); 끝빨다1296).

빨락 ①종이 따위가 빳빳하면서도 부드럽고 탄력 있게 쓸려 나는 것과 같은 소리. 또는 그런 모양. ¶새 지폐를 셀 때마다 빨락 소리가 난다. 빨락거리다/대다, 빨락종이(셀로판), 빨락빨락/하다. ②걸쭉한 액체가 방울을 튀기며 끓는 모양. 또는 그 소리. 〈큰〉 뻘럭.

빨롱 탄력 있는 물체가 세게 벌어졌다 오므라들었다 하는 모양.

빨빨 ①작은 몸집으로 바쁘게 쏘다니는 모양. 〈큰〉뻘뻘. ¶온종일 빨빨 쏘다니다. 빨빨거리다/대다. ②땀을 많이 흘리는 모양. 〈큰〉뻘뻘. ¶땀을 빨빨 흘리다.

빨치산 적의 배후에서 인명을 살상하는 비정규군. (유격대).[←파르티잔;partizan〈러〉].

빳빳-하다 단단하고 꼿꼿하거나 풀기가 세다. 〈큰〉뻣뻣하다. ¶빳빳한 종이. 빳빳이 고개를 들다. 빠닥빠닥하다1297), 뻐덩1298), 뻐세다(물건이 뻣뻣하고 거세다), 뻔두룩1299), 뻣세다/뻐세다(뻣뻣하고 억세다).

빵[1] ①밀가루에 소금·설탕 따위를 섞어 반죽해서 불에 굽거나 찐 음식. 양식.[←pão〈포〉]. ¶빵을 굽다. 빵 문제를 해결하다. 빵가게, 빵가루, 빵떡/모자(帽子), 빵집, 빵틀, 빵효모(酵母); 가다빵1300), 건빵(乾), 계란빵(鷄卵), 곰보빵(소보로빵), 국화빵(菊花), 단팥빵, 롤빵(roll), 모카빵, 맘모스빵, 바나나빵, 붕어빵, 식빵(食), 옥수수빵, 찐빵, 크림빵, 팥빵, 풀빵, 현미빵(玄米), 호빵, 호두빵[←胡桃], 호박빵, 흑빵(黑;메밀가루로 만든 빛깔이 검은 빵). ②'영(零)'이나 둥근 모양'을 뜻하는 말. ¶빵떡모자/빵모자(帽子), 빵점(點)1301).

빵[2] ①갑자기 무엇이 요란하게 터지는 소리. ¶뻥튀기. ②공을 세게 차는 소리. 또는 그 모양. ③구멍이 또렷이 뚫어진 모양. 〈큰〉뻥. 〈거〉팡. ¶빵따냄, 빵때림. ④자동차가 경적을 울리는 소리. 〈큰〉뿡. ¶뛰뛰빵빵(자동차가 잇달아 경적을 울리는 소리).

-빵 용언의 관형사형이나 몇몇 명사에 붙어, '줄, 띠'를 뜻하는 말. ¶걸빵, 뜰빵('질빵'의 사투리), 띠빵('밀삐'의 사투리), 멜빵, 외질빵, 질빵(짐을 짊어지는 데 쓰는 줄), 허리빵('허리띠'의 경북, 충청 사투리).

빵빵-하다 ①속이 가득히 차 있다. ②배경과 힘이 있어 영향력이 크다.

빻(다) 짓찧어서 가루로 만들다.[+마른 것].≒찧다. 갈다. 다지다. ¶절구에 고추를 빻다. 떡쌀을 빻다.

빼 ①어린아이가 듣기 싫게 우는 소리. ¶아무 때나 빼 우는 아이. 빼빼, 삐빼, 삐삐. ②피리, 호드기 따위를 불 때 나는 소리. 〈큰〉삐.

빼곡 사람이나 물건이 어떤 공간에 빈틈없이 꽉 찬 모양.=빼곡히. 〈센〉빼꼭. ¶사랑방에 빼곡 들어 찬 사람들. 빼곡하다. 삐꾹.

빼궁 노가 뱃전에 닿아 쓸리면서 높고 날카롭게 나는 소리. ¶빼궁 빼궁 울려오는 노 젓는 소리.

빼(다) 다른 물건 속에 들어있는 것을 밖으로 나오게 하다.(≒뽑다.↔넣다). 덜어 내다(↔더하다). 필요 없는 것을 없애다. 짐짓 행동이나 태도를 꾸미다. 책임을 회피하다. 차려입다. ¶칼집에서 칼을 빼다. 셋에서 하나를 빼다. 옷의 얼룩을 빼다. 살을 빼다. 점잔을 빼다. 꽁무니를 빼다. 빼도 박도 못하다. 쓸데없는 일로 힘을 빼다. 빼기, 빼깃1302), 빼내다(뽑아내다. 골라내다), 빼놓다(한데 끼일 것을 못 끼게 하다. 뽑아놓다. 골라놓다), 빼닮다1303), 빼도리[1,2]1304), 빼돌리다(슬쩍 빼내어 다른 곳으로 돌리거나 감추다), 빼들다, 빼뜨리다1305), 빼뜰다(빼앗다), 빼먹다(뽑아먹다. 빠뜨리다), 뺄목(도리의 끝이 기둥을 뚫고 내민 부분), 빼물다1306), 빼박다, 뺄셈/표(標), 빼쏘다(아무의 얼굴을 꼭 닮다. 빼박다), 빼앗다/뺏다, 빼앗기다/뺏기다, 빼어나다1307), 빼입다(옷을 미끈하게 잘 차려 입다), 빼치다1308), 뺀질1309), 뺄구멍(배출구), 뺄목1310), 빼코(코가 큰 서양 사람); 내빼다, 되빼앗다/되뺏다, 두려빼다, 들고빼다(달아나다), 들이빼다(갑자기 내빼다), 땀빼다, 발빼다, 발뺌[내발뺌/하다], 외오빼다(반대쪽으로 돌리어 빼다), 용

(장마에 날이 잠깐 들어서 옷을 빨아 말릴 만한 겨를), 빨래방(房), 빨랫방망이, 빨랫보(褓), 빨랫비누, 빨랫솔, 빨랫줄, 빨래질/하다, 빨래집게, 빨래터, 빨래판(板), 빨래품, 빨래하다; 도둑빨래(남의 눈에 띄지 않게 몰래 하는 빨래), 마른빨래, 물빨래, 삯빨래, 손빨래, 애벌빨래/애빨래, 흙빨래(옷에 온통 흙물이 묻음).

1294) 맞빨이: 다른 옷이 없어서 입은 옷을 바로 빨아 말려 다시 입도록 하는 빨래.

1295) 빠름: 기둥을 아래에서 위로 차차 가늘게 하는 양식.[←빨(다)+음].

1296) 끝빨다: ①끝이 차차 가늘어져 뾰족하다. ②어떤 일시적인 좋은 상태가 그 뒤로 내려오면서 쇠퇴하여 보잘것없다.

1297) 빠닥빠닥하다: ①물기가 모자라 보드랍지 못하고 매우 빡빡하다. 〈큰〉뻐덕뻐덕/하다. ¶풀을 먹여 빠닥빠닥 말린 빨래. ②종이 따위가 구김살 없이 빳빳하다. ¶빠닥빠닥한 지폐.

1298) 뻐덩: 물기가 적어 미끄럽지 못하거나 부드럽지 못하고 뻣뻣하게 마른 모양. ¶뻐덩뻐덩 굳은 찬밥을 물에 말아 먹었다.

1299) 뻔두룩: 물건이 풀기가 세거나 굳고 꿋꿋한 모양. 〈작〉빤두룩. ¶뻔두룩 언 동태. 뻔두룩 널브러진 개구리.

1300) 가다빵: 둥글넓적하게 구운 작고 단단한 빵.[←gata〈일〉].

1301) 빵점: '영점(零點)'을 속되게 이르는 말.

1302) 빼깃: 매의 꽁지 위에 덧꽂아 맨 새의 깃.

1303) 빼닮다: 생김새나 성품 따위를 그대로 닮다. 빼어닮다.

1304) 빼도리[1]: 사물의 짜임새를 고르게 하기 위하여 요리조리 변통하는 일. ¶빼도리하다. 빼도리[2]: 건축에서, 풍판(風板;비바람을 막기 위하여 박공 아래에 길이로 연이어 댄 널빤지)이 의지하도록 박공벽의 양쪽 기둥 위에 얹어 밖으로 길게 내밀게 한 도리.

1305) 빼뜨리다: 반지르르하게 차려 입다.

1306) 빼물다: ①아랫니와 윗니 사이에 혀나 입술을 넣고 꼭 누르다. ②거만한 태도로 노기를 품고 입을 부루퉁하게 내밀다. ¶힘빼물다(힘이 센 체하다).

1307) 빼어나다: 여럿 가운데서 두드러지게 뛰어나다. 아름답다. 〈준〉빼나다. ¶인물이 빼어나다.

1308) 빼치다: ①억지로 빠져 나오게 하다. ¶악의 소굴에서 빼치다. 빼치우다(빼어서 없애버리다). ②끝이 빨게(뾰족하게) 하다.

1309) 뺀질: 몸을 빼면서 일을 열심히 하지 아니하는 모양. ¶뺀질거리다/대다, 뺀질이, 뺀질뺀질/하다.

1310) 뺄목: 도리의 끝이 기둥을 뚫고 내민 부분.

ㅂ

빼다(큰 힘을 쓰거나 큰 재주를 부리다), 조빼다(操;조촐한 태도를 짓다), 치빼다(냅다 달아나다) 들.

빽¹ 새, 사람 또는 기적 따위가 갑자기 높고 날카롭게 지르거나 내는 소리. 〈큰〉삑¹. ¶기적이 빽 울리다. 빽·삑지르다(갑자기 새된 소리를 지르다).

빽² ①여럿이 좁은 곳에 촘촘히 들어 있는 모양. ¶모닥불 가에 빽 둘러앉은 아이들. 빽빽·삑삑하다(울창하다. 치밀하다. 배다), 빽빽이. ②갑자기 빠르게 돌아서거나 돌리는 모양. 〈큰〉삑².

뺑당-그리다 고개를 틀면서 싫다는 뜻을 보이다. 〈큰〉뺑둥·삥둥그리다.

뺑소니 몸을 빼쳐서 급히 달아나는 짓.≒도망(逃亡). 줄행랑(行廊). ¶뺑소니 사고. 사람을 치고 뺑소니를 치다. 뺑소니차(車), 뺑소니치다.

뺑이 연자매의 윗돌이 벗어나지 아니하도록 줏대와 방틀(井자 모양으로 짠 틀)을 의지하여 윗돌 양 가운데 박는 나무.

뺑줄 남이 날리는 연줄을 긴 장대나 돌멩이를 맨 실로 걸어 당겨 빼앗는 짓. 남의 일을 가로채는 짓. ¶뺑줄을 맞다. 뺑줄을 치다(뺑줄을 던져 남의 연을 낚다. 사물을 중간에서 가로채다).

뺘드득 어떤 틈에 빠듯하게 끼인 물체가 들어가거나 빠져 나올 때 세게 마찰하여 나는 소리. 〈큰〉삐드득. ¶뺘드득 대못을 빼내는 소리.

뺨 ①얼굴의 양옆 관자놀이에서 턱 위까지의 바깥쪽으로 살이 두둑한 부분.≒볼. 따귀. ¶뺨을 때리다. 뺨가죽(뺨의 살가죽), 뺨따귀, 뺨맞다, 뺨뼈(광대뼈), 뺨살[1311], 뺨치다[1312]; 곁뺨, 얼뺨(얼떨결에 때리거나 맞는 뺨), 얼뺨붙이다, 오른뺨, 왼뺨, 주먹뺨(주먹으로 세게 때리는 뺨). ②좁고 기름한 물건의 두 쪽 볼의 넓이. ¶뺨이 좁다.

뻐꾹 뻐꾸기가 우는 소리. ¶뻐꾸기, 뻐꾹새, 뻐꾹종(鐘).

뻔 관형사형 어미 '-(으)ㄹ' 뒤에 쓰여, '어떤 일이 자칫 일어날 수 있었으나 그렇게 되지 않았음'을 뜻하는 말. ¶폭설을 만나 길을 잃어버려 얼어 죽을 뻔도 했고, 얼어붙은 강바닥에 빠질 뻔도 하였다. 차에 치일 뻔하였다. ¶될뻔댁(宅). 뻔하다[1313].

뻔질 어떤 행동이 매우 자주 일어나는 모양. 〈센〉뻔찔. ¶네가 아무리 뻔질 드나들어도 소용없다. 뻔질나게 드나들다. 뻔질나다(주살나다).

뻘 갯가의 진흙이 더러운 물속에서 검게 변하여 미끈미끈하게 된 것. ¶뻘돌[이암(泥巖)], 뻘땅, 뻘밭(뻘이 덮인 땅).

-뻘 겨레붙이끼리 촌수와 항렬을 나타내는 말. 사람들 사이의 관계를 나타내는 명사 뒤에 붙어 '나이나 촌수(寸數)·항렬(行列)로 따지는 관계'의 뜻을 더하는 말. ¶그 사람은 자네한테 무슨 뻘이 되나? 누님뻘, 동생뻘, 삼촌뻘(三寸), 손아래뻘, 손자뻘(孫子), 아래뻘, 아버지뻘, 아저씨뻘, 외가뻘(外家;외가 쪽으로 친척이 되는 사이), 일가뻘(一家), 자식뻘(子息), 조카뻘, 친척뻘(親戚), 할아버지뻘, 형님뻘(兄) 들.

뻘때-추니 어려워함이 없이 제멋대로 짤짤거리며 쏘다니는 계집아이.

뻥/뽕 ①'뻥짜[1314]'의 준말. ②거짓. 거짓말'의 속어. ¶뻥까다, 뻥·뽕나다(비밀이 드러나다), 뻥놓다(과장하여 말하다), 뻥쟁이, 뻥치다, 뽕놓다(남의 비밀을 들추어내다), 뽕빠지다/빼다(밑천이 다 드러나다).

뼈 척추동물의 살 속에 있어, 몸을 지탱하고 보호하는 단단한 물질. 어떤 일의 중심·핵심. 속뜻. 골(骨). ¶뼈가 튼튼하다. 뼈만 간추려 요약하다. 뼈에 사무치다(원한이나 고통 따위가 깊고 강렬하다). 뼛가루, 뼈고도리(뼈로 만든 화살촉), 뼛골(뼈의 골수), 뼈공예(工藝), 뼛국, 뼈끝, 뼈낚시, 뼈다귀(뼈의 낱개)[뼈다귓국/뼛국; 개뼈다귀], 뼈단지, 뼈대[1315], 뼈도가니(소의 무릎 종지뼈에 붙은 질긴 고기), 뼈도끼, 뼈들다①, 뼈뜯이(뼈에서 뜯어낸 질긴 고기), 뼈마디, 뼈맞춤, 뼈몸, 뼈물다③, 뼈바늘, 뼈붙이(여러 가지의 뼈), 뼈빠지다[1316], 뼛살, 뼈살촉(뼈고도리), 뼛성[1317], 뼈세포(細胞), 뼛속(골수), 뼛속들이(뼛속깊이까지 온통), 뼈송곳, 뼛심, 뼈아프다[1318], 뼈어김, 뼈오징어, 뼈인두[1319], 뼈작살, 뼈저리다(뼈아프다. 사무치다), 뼈제품(製品), 뼛조각, 뼈지다[1320], 뼈질(뼈를 이루고 있는 물질), 뼈짬(뼈마디), 뼈창(槍;뼈로 만든 창), 뼈판(板), 뼈품(뼈가 휠 만큼 들이는 품); 가슴뼈, 갈비뼈, 거란지뼈/거란지(소의 꽁무니뼈), 고두리뼈, 관절뼈(關節), 광대뼈, 군뼈, 궁둥이뼈, 귓속뼈, 긴뼈, 꼬리뼈, 꽁무니뼈, 나비뼈, 넓적다리뼈, 넓적뼈, 노뼈(배의 노처럼 생긴 뼈), 다리뼈, 도래뼈(팔꿈치의 둥근 뼈), 두덩뼈[치골(恥骨)], 등뼈, 등골뼈, 마디뼈, 말뼈[馬], 망치뼈[추골(槌骨)], 머리뼈, 명치뼈, 모루뼈[침골(砧骨)], 목뼈, 목등뼈, 몸통뼈, 무릎뼈, 물렁뼈, 발뼈, 발가락뼈, 발목뼈, 보습뼈(콧등의 뼈), 복사/복숭아뼈, 불두덩뼈, 빗장뼈[쇄골(鎖骨)], 손뼈, 손가락뼈, 손목뼈, 손바닥뼈, 쇠뼈, 아가미/아감뼈, 앞머리뼈, 양지머리뼈, 어깨뼈, 엉덩이뼈, 여린뼈[연골(軟骨)], 옆머리뼈, 오도독뼈,

1311) 뺨살: ①소의 뺨에 붙은 고기. ②소의 뭉치의 거죽에 붙은 고기.

1312) 뺨치다: ①남의 뺨을 때리다. ②다른 것보다 못하지 않다. 훨씬 낫다. ¶조조 뺨칠 정도의 꾀.

1313) 뻔하다: ①가능성이 있거나 확신이 서다. ¶독차지했을 게 뻔하다. ②과거기회를 뜻하는 보조 형용사. ¶죽을 뻔했다.

1314) 뻥짜: ①아주 틀려 버려 소망이 없게 된 일. ¶그 계획은 그만 뻥짜가 되고 말았다. ②똑똑하지 못한 사람을 얕잡아 일컫는 말.

1315) 뼈대: 사람이나 동물의 몸을 이루는 비교적 큰 줄거리. 일정한 구조물의 골격(骨格). ¶뼈대 있는 집안. 건물의 뼈대가 완성되다. 뼈대그림, 뼈대근(筋), 뼈대살; 속뼈대.

1316) 뼈빠지다: 뼈가 빠질 정도로 고통이 사무치다. 일이 힘에 겹다. 한번 잘살아 보려고 뼈빠지게 일하였다.

1317) 뼛성: 갑자기 발칵 일어나는 짜증. ¶뼛성내다

1318) 뼈아프다: 살 속의 뼈가 아플 정도로 슬픔·뉘우침·울분 따위가 마음속 깊이 사무치다. 뼈저리다. 뼈아프게 후회하다.

1319) 뼈인두: 바느질할 때에, 인견 따위의 옷감에 표를 내는 기구. ¶뼈인두를 달구다. 뼈인두로 무늬를 만들다.

1320) 뼈지다: ①겉으로는 무른 듯하나 속이 옹골차고 단단하다. ¶몸이 겉보기보다는 여간 뼈지지 않다. ②하는 말이 매우 야무지다. ¶행동이 당돌하고 말을 뼈지게 하였다. 어린 것이 당돌하고 뼈진 말을 곧잘 한다. 뼈지게(뼈가 빠지게. 매우 야무지게).

옹두리뼈[1321], 울대뼈, 자뼈[척골(尺骨)], 잔뼈, 정강이뼈, 종아리뼈, 종지뼈, 주걱뼈[1322], 주사위뼈(작은 뼈), 죽지뼈, 지느러미뼈, 코뼈, 턱뼈[아래턱뼈, 위턱뼈], 통뼈, 팔뼈[아래팔뼈, 위팔뼈], 허리뼈, 허리등뼈(요추), 환도뼈(還刀). ☞ 뼈(骨). 해(骸).

뼈들(다) ①힘만 들고 끝이 나지 아니하여 오래 끌다. ¶뼈들게 설득했지만 가출한 학생은 집으로 돌아가려 하지 않았다. ②연장을 가지고 손장난하다. ¶저렇게 뼈들다가는 또 다치겠다.

뼈들어-지다 칼이나 낫 같은 연장의 날이 무디어지다. ¶뼈들어진 부엌칼.

뼈물(다) ①옷치장을 하다. ¶그렇게 뼈물고 어딜 가니? ②자꾸 성을 내다. ¶뭐가 못마땅해서 잔뜩 뼈물고 있나? ③무슨 일을 하려고 단단히 벼르다. ¶이번에는 반드시 그를 이기고야 말겠다고 속으로 뼈물었다.

뼘¹ 마개나 가락지 같은 것이 헐거울 때에 꼭 맞도록 틈에 끼우는 종이나 헝겊 따위. ¶뼘이 맞다. 뼘을 끼워 마개를 조이다.

뼘² 엄지손가락과 다른 손가락을 완전히 펴서 벌렸을 때에 두 끝 사이의 거리. ¶뼘이 크다. 저 연필은 한 뼘이 넘는다. 뼘가웃, 뼘내기/하다, 뼘다[1323], 뼘들이/로[1324], 뼘어보다(뼘어서 길이를 재어 보다), 뼘창(槍;길이가 짧은 창), 뼘치(한 뼘쯤 되는 물건이나 물고기); 장뼘(長;엄지손가락과 가운뎃손가락을 다 벌린 길이), 쥐뼘[1325], 지뼘(엄지와 검지를 한껏 벌린 거리), 집게뼘/집뼘(엄지손가락과 집게손가락을 벌린 길이).

뽀르르 작은 사람이 성급히 부리나케 좇아가거나 달려가는 모양. 〈큰〉뿌르르. ¶아이가 뽀르르 달려가서 들어오는 엄마에게 매달린다. 뽀르르 좇아가다. 뽀로로(종종걸음으로 재게 움직이는 모양).

뽀르릉 작은 새 따위가 갑자기 가볍게 날아가는 모양. 〈큰〉뿌르릉. 〈거〉포르릉.

뽀뽀 '입맞춤'을 귀엽게 이르는 어린아이의 말. ¶뽀뽀하다.

뽐 젠 체하며 으스대는 모양새. 빼어난 것. ¶잔뜩 뽐을 내고 다닌다. 미모를 뽐내다(의기가 양양하여 우쭐거리다). 뽐내다(≒뻐기다. 으스대다. 재다. 자랑하다).

뽑(다) 다른 물건 속에 꽂혀 있거나 박힌 것을 잡아당기어 밖으로 나오게 하다(↔박다). 길게 늘이어 내거나 빼다. 골라내다(선발하다). 도로 찾아내다. ¶뿔을 뽑다. 칼집에 든 칼을 뽑다. 장학생을/ 국회의원을 뽑다. 본전을 뽑다. 노래를 한 곡조 뽑다. -뽑이[마개뽑이, 못뽑이(못을 뽑는 연장)], 뽑개[추출기(抽出器)], 뽑아내다, 뽑스림목[1326], 뽑히다[1327]; 내뽑다, 뿌리뽑다[1328], 속뽑다(남의 마음속을 알아내다), 제비뽑다, 줄통뽑다[1329], 희짜뽑다(짐짓 희떱게 굴다).

뽕¹ 뽕나뭇과의 활엽 교목. ¶뽕을 따다. 뽕도 따고 임도 본다(두 가지 일을 한꺼번에 이룸). 뽕나무, 뽕나무겨우살이, 뽕나무버섯, 뽕누에, 뽕모판(板), 뽕밭, 뽕순(筍), 뽕씨(오디에서 뽑아낸 씨), 뽕잎, 뽕자지(뽕나무의 해충), 뽕칼, 뽕파리; 가새뽕, 꾸지뽕/나무, 물뽕(비를 맞아 젖은 뽕잎), 산뽕(山), 순뽕(筍), 울뽕, 움뽕. ☞ 상(桑).

뽕² 그네뛰기에서, 그네를 타고 올라 발끝으로 차도록 높이 달아 놓은 방울. ¶뽕을 차다.

뽕-나다 ①비밀이 드러나다. ¶뽕놓다(남의 비밀을 들추어내다). ②뽕빠지다(남의 비밀을 폭로하다).

뽕짝 트롯풍(foxtrot風)의 우리나라 대중가요를 이르는 말. 또는 그 리듬을 흉내 낸 말.

뾰롱뾰롱 성질이 순하지 못하여 남을 대하는 것이 걸핏하면 톡톡 쏘기를 잘 하는 모양. 〈큰〉쀼룽쀼룽. ¶뾰롱뾰롱 틀어져 있다. 남이 가까이 할 수 없도록 성미가 뾰롱뾰롱한 사람을 '생파리'라고 한다. 뾰롱뾰롱/하다.

뾰족 물체의 끝이 점차 가늘어져서 날카로운 모양. 〈큰〉쀼죽. 쀼죽. 〈센〉뾰쪽. ¶뾰족구두, 뾰족벌, 뾰족지붕, 뾰족집, 뾰족탑(塔), 뾰족하다, 뾰주리감; 뾰두라지/뾰루지(뾰족하게 부어오른 작은 부스럼). ☞ 배주룩.

뿅 ①병아리가 우는 소리. ②총알 따위가 날아가는 소리. ③어떤 것을 치거나 때릴 때 나는 소리.

뿌덕뿌덕 떫은맛이 있어 입안이 텁텁한 느낌. 눈꺼풀 같은 살갗이 거북살스럽게 뻣뻣한 모양. ¶뿌덕뿌덕 떫은 감. 뿌덕뿌덕하다[1330].

뿌락지 길들이지 않은 작은 수소.

뿌리 땅속에 묻히거나 다른 물체에 박혀 식물체를 떠받치고 수분·양분을 빨아올리는 식물의 한 기관. 물건의 밑동이나 일의 근본. 조상(祖上), 파나 인삼의 뿌리를 세는 말. ¶뿌리가 깊다. 뿌리 깊은 병(病). 나의 뿌리를 알다. 대파 한 뿌리. 뿌리골무, 뿌리그루(그루터기), 뿌리깊다, 뿌리껍질, 뿌리내리다, 뿌리돌리기, 뿌리등걸, 뿌리목, 뿌리박다(고착하다)/박히다, 뿌리뽑다(발본색원하다), 뿌리압(壓), 뿌리액(液), 뿌리움, 뿌리잎, 뿌리접(椄), 뿌리줄기, 뿌리채소(菜蔬), 뿌리털(실뿌리), 뿌리혹, 뿌리흔들기(근

1321) 옹두리뼈: 짐승의 정강이에 불퉁하게 나온 뼈.
1322) 주걱뼈: 마소의 주걱처럼 생긴 어깻죽지의 뼈.
1323) 뼘다: 뼘으로 길이를 재다. ¶종이의 크기를 뼘어 보다.
1324) 뼘들이로: 동안을 별로 띄지 아니하고 잇따라 서로 번갈아 들어서. ¶뼘들이로 달래다.
1325) 쥐뼘: '짧은 뼘'을 비유적으로 일컫는 말. 엄지와 새끼손가락을 한껏 펴서 벌렸을 때의 길이.
1326) 뽑스림목: 판소리 창법에서, 평탄하게 나가다가 휘어잡아 뽑아 올리는 목소리.
1327) 뽑히다: 뽑아지다. 붙다. 빠지다. 당선되다. 당첨되다. 발탁되다. 선발되다. 입선되다.
1328) 뿌리뽑다: 폐단이나 해(害)의 근원을 말끔히 없애 버리다. ¶사회적 악폐를 뿌리뽑다.
1329) 줄통뽑다: 호기가 나서 객기를 부릴 때, 옷깃을 헤치는 기세로 목 아래의 속 옷깃을 뽑아 올리다.
1330) 뿌덕뿌덕하다: 맛이 떫어서 텁텁하다. 부드럽지 못하고 조금 뻑뻑하다. ¶피곤하여 눈이 뿌덕뿌덕하다.

본 파괴); 곁뿌리, 곧은뿌리, 공기뿌리(空氣;땅위뿌리), 굵은뿌리, 귀뿌리(귀가 뺨에 붙은 부분), 기둥뿌리, 기생뿌리(寄生), 나무뿌리, 덩이뿌리, 땅속뿌리, 땅위뿌리, 막뿌리, 물뿌리, 받침뿌리, 새박뿌리(하수오), 솔뿌리, 수염뿌리(鬚髥), 실뿌리, 씨뿌리, 알뿌리, 애기뿌리, 어린뿌리, 엇뿌리, 연뿌리(蓮), 원뿌리(元), 잔뿌리, 저장뿌리(貯藏), 제뿌리, 줄뿌리, 칡뿌리, 털뿌리(털이 털구멍에 박혀 있는 부분), 파뿌리, 풀뿌리, 헛뿌리, 혀뿌리[설근(舌根)], 홑반뿌리(한 겹으로 넓게 지은 솜반을 두어 지은 옷). ☞ 근(根).

뿌리(다) 눈이나 비 따위가 날리어 떨어지다. 손이나 어떤 기구를 이용하여 가루나 액체 또는 작은 알맹이나 종이를 흩어지게 던지거나 끼얹다. 흔들다. 흩뜨리다. 붓다. 심다. ¶마당에 물을 뿌리다. 바람과 함께 눈이 뿌린다. 밭에 씨를 뿌리다. 전단지를 뿌리다. 뿌리개, 뿌리치다[1331], 뿌림¹[골뿌림, 점뿌림(點), 줄뿌림, 흩어뿌림(노가리. 산파(散播)], 뿌림²[1332]; 내뿌리다(나가떨어지도록 힘차게 뿌리다), 늦뿌리다, 덧뿌리다, 물뿌리개, 물뿜이, 쥐어뿌리다[1333], 훌뿌리다[1334], 흩뿌리다. ☞ 파(播). 산(散).

뿐¹ ①체언에 붙어 '그것만이고 더는 없다', '오직 그러함'의 뜻을 나타내는 보조사.≒만. ¶둘뿐이다. 급한 것은 너뿐 아니야. 어둠과 바람 소리뿐 어디에도 불빛 하나 없었다. 뿐만 아니라, 뿐더러, 뿐만/이/이다. ②'-다 뿐이지' 구성으로 쓰여, 오직 그렇게 하거나 그러하다는 것을 나타내는 어근. ¶시간만 보냈다 뿐이지 한 일은 없다. [+한정].

뿐² 관형사형 어미 '-(으)ㄹ'이 결합한 꼴 다음에 서술격조가 '이다'와 어울려 쓰여, '다만 어떠하거나 어찌할 따름'이라는 뜻을 나타내는 말. ¶그저 보고플 뿐이다. 소문으로만 들었을 뿐이네.

뿔 ①동물의 머리에 솟아 단단하고 뾰족한 물질. 물건의 머리 부분이나 표면에 불쑥 나온 부분. ¶뿔난 짐승. 뿔 뺀 쇠 상(相). 뿔고리(뿔테), 뿔공예(工藝), 뿔관자(貫子), 뿔꼴, 뿔끝, 뿔나비, 뿌다구니[1335], 뿔다귀(뿔), 뿔도장(圖章), 뿔돌, 뿔매, 뿔매미, 뿔면(面), 뿔벌레, 뿔빛, 뿔뿔이[1336], 뿔송곳, 뿔송아지, 뿔싸움/하다, 뿔자, 뿔잔(盞), 뿔잠자리, 뿌장귀[1337], 뿔종다리, 뿔질(뿔로 들이받는 짓)/하다, 뿔체(體), 뿔테¹,²[1338], 뿔피리, 뿔활; 각뿔(角), 개뿔(있으나 마나 한 것을 비유), 고추뿔(둘이 다 곧게 선 쇠뿔), 다각뿔(多角), 사각뿔(四角), 사모뿔(紗帽), 사슴뿔, 삼각뿔(三角), 생강뿔(生薑)/새앙뿔, 세모뿔, 소뿔/쇠뿔, 송낙뿔[1339], 오각뿔(五角), 우걱뿔, 원뿔(圓), 자빡뿔[1340], 중뿔나다(中;주제넘다. 엉뚱하고 부당하다), 쥐뿔[1341], 홰뿔[1342]. ②성(분노)'을 속되게 이르는 말. ¶뿔이 솟다. 달라는 안 주었더니 동생이 잔뜩 뿔나 있다. 뿔나다(화가 나다. 골나다)/내다, 뿔다귀[1343]. ☞ 각(角).

뿜(다) 속에 있는 기체·액체를 밖으로 불어 내보내거나 세차게 밀어 내보내다. 세차게 풍기다. 솟다. ¶대포에서 불을 뿜다. 종이에 물을 뿜어 축이다. 고래가 물을 뿜다. 향기를 뿜는 꽃. 뿌무질(입이나 분무기 따위로 뿜어내는 일), 뿜솟다(뿜어나와 치솟다), 뿜어나다/내다, 뿜은바위, 뿜이개/뿌무개(분무기)[안개뿜이[1344]], 뿜이구멍; 내뿜다(밖으로 세게 뿜다), 치뿜다 들.

삐 ①어린아이의 높고 가느다란 울음소리. ¶삐빼. ②피리나 호드기 따위를 불 때 나는 소리. ¶삐삐. 삘릴리(버들피리를 흥겹게 부는 소리).

-삐 '줄. 바'를 뜻하는 말. ¶고삐(마소의 재갈에 잡아매어, 몰거나 부릴 때에 끄는 줄), 밀삐('멜빵'의 사투리).

삐(다)¹ ①괸 물이 잦아지거나 빠져서 줄어들다. ¶마당에 괴었던 물이 삐기 시작했다. ②모였던 사람들이 차츰 줄어들거나 흩어져 없어지다.

삐(다)² ①뼈가 퉁기어지다. 뼈마디가 어긋나게 겹질리다.≒접질리다. ¶손목을 삐다. ②'어떤 일에 정신이 팔리다'를 속되게 이르는 말. ¶내가 눈이 삐었는지 그런 사람을 친구로 사귀다니.

삐-대다 한 군데에 끈덕지게 눌어붙어 괴롭게 굴다. ¶선배에게 삐대다. 이제 그만 삐대고 돌아가시오. 남의 집에 달포나 삐대고 있으면서 미안해하는 기색도 없다.

삐라 선전·광고를 위하여 사람들에게 돌리거나 눈에 잘 띄는 곳에 붙이거나 하는 종이. 전단(傳單).[←bill〈영〉].

삐리 남사당패에서, '신출내기(아직 재주를 배우고 있는 초보 광대)'를 이르는 말.

삐리삐리 로봇이 움직이는 소리.

삐유 물새나 밤새가 우는 소리.

삐쪼르를 산새가 우는 소리.

삐지(다)¹ 칼 따위로 물건을 얇고 비스듬하게 잘라 내다. ¶김칫국에 무를 삐져 넣다.

삐지(다)² 무엇이 속에서 겉 또는 밖으로 밀려나오다. 숨기던 일이 드러나다. 〈본〉삐어지다. ¶보따리에 싼 것이 삐져나온다. 삐져나오다.

1331) 뿌리치다: 붙잡힌 것을 홱 빼내어 놓치게 하다. 거절하여 물리치다. ¶잡은 손을 뿌리치다. 간절한 권고를 뿌리치다. 뒤뿌리치다(붙잡는 것을 마구 힘껏 채어 붙잡지 못하게 하다).

1332) 뿌림²: 무당춤의 걸치기 다음 동작으로, 걸친 것을 뿌리는 동작. ¶뿌림새.

1333) 쥐어뿌리다: ①아무 데나 흘리거나 뿌리다. ②일 따위를 되는 대로 팽개치다.

1334) 훌뿌리다: ①눈·비 따위가 마구 날리어 뿌리다. ②함부로 마구 뿌리다. ③업신여겨 냉정하게 뿌리치다.

1335) 뿌다구니: 물건의 삐쭉하게 내민 부분. 쑥 내밀어 구부러지거나 꺾어져 돌아간 자리. 〈준〉뿌다귀. ¶돌 뿌다구니에 걸려 넘어졌다.

1336) 뿔뿔이: 뿔이 난 모양대로. 제각기 따로따로 흩어지는 모양.↔함께. ¶전쟁 중에 가족이 뿔뿔이 흩어졌다.

1337) 뿌장귀: 뿔처럼 길쭉하게 내민 가장귀(나뭇가지의 갈라진 곳).[←뿔+가장귀]. ¶고목(古木)의 뿌장귀.

1338) 뿔테¹: 암소가 새끼를 낳을 때마다 그 뿔에 하나씩 생기는 테. 뿔테²: 짐승의 뿔로 만든 안경테.

1339) 송낙뿔: 둘이 다 옆으로 꼬부라진 쇠뿔.

1340) 자빡뿔: 뒤로 젖혀지고 끝이 뒤틀린 쇠뿔.

1341) 쥐뿔: 아무 보잘것없는 것을 이르는 말. ¶쥐뿔도 모른다. 쥐뿔같다.

1342) 홰뿔: 두 뿔이 다 밖으로 가로 뻗쳐 '一'자 모양을 이룬 짐승의 뿔.

1343) 뿔다귀: 화를 내거나 성을 내는 일. 뿔따구.

1344) 안개뿜이: 물이나 약품 따위를 안개 모양으로 뿜어내는 기구.

삐지(다)[3] '삐치다[2]'의 여린말.

삐치(다)[1] 일에 시달리어 피곤하게 되다. 느른하여 기운이 없어지다. ¶여러 날 삐쳐서 몸살이 났다.

삐치(다)[2] 노여움을 타서 마음이 비틀어져 토라지다. 〈여〉삐지다[3](성이 나서 뒤틀어지다). ¶그녀는 조그마한 일에도 잘 삐친다.

삐치(다)[3] 글씨의 삐침 획을 긋다. ¶삐침(글자의 획을 비스듬히 내려씀 '╱'); 올리삐치다(삐침 획을 위로 향하여 긋다).

삘기 볏과의 여러해살이풀. 띠의 어린 새순. ¶삘기를 뽑다. 삘기뽑기, 삘기살(죽바디나 쥐머리에 붙은 쇠고기).

삥땅 다른 사람에게 넘겨주어야 할 돈의 일부를 중간에서 가로채는 일. ¶남의 돈을 삥땅을 치다.

삘리리 피리 따위를 흥겹게 부는 소리.

ㅅ

사[1] 올이 풀리지 아니하도록 단춧구멍이나 수눅(꿰맨 솔기)의 가장자리를 실로 감치는 일. ¶단춧구멍의 사가 풀어지다. 사뜨기, 사뜨다(사를 놓다), 사하다(휘갑쳐서 뜨다).

사[2] 액체나 씨앗의 용량(容量)을 재는 말.[←작(勺)].

-사 높임 선어말 어미 '-시-'와 어미 '-어'가 줄어서 된 말. ¶돌아오사(돌아오시어), 보우하사(保佑;보우하시어).

사(事) ①'일 · 사건'을 뜻하는 말. ¶사건(事件)[1], 사계(事戒), 사고(事故)[2], 사국(事局;일이 되어 가는 형편), 사귀신속(事貴神速), 사근(事根), 사기(事記), 사기(事機), 사단(事端;일의 실마리. 사건의 실마리)[잔사단(쓸데없이 늘어놓는 말)], 사력(事歷), 사례(事例), 사리(事理), 사망(事望), 사맥(事脈), 사목(事目), 사무(事務)[3], 사무한신(事無閑身), 사물(事物), 사번스럽다/하다(事煩), 사범(事犯), 사변(事變)[사변무궁(無窮), 사변주서(注書)], 사본(事本), 사불여의(事不如意), 사사(事事)[사사건건(件件), 사사물물(物物), 사사불성(不成), 사사언청(言聽), 사사여의(如意)], 사상(事象)[4], 사상(事狀/相), 사세(事勢)[사세고연(固然), 사세난처(難處), 사세부득이(不得已)], 사실(事實)[5], 사안(事案), 사업(事業)[6], 사연(事緣), 사유(事由)[사유서(書); 결격사유(缺格), 귀책사유(歸責)], 사의(事宜;일의 마땅함), 사의(事意), 사적(事蹟), 사적(事跡/迹), 사전(事前), 사전(事典), 사정(事情)[사정없다; 되사정[7]/하다, 통사정], 사지곡직(事之曲直), 사참(事懺), 사태(事態)[긴급사태(緊急); 비상사태(非常)], 사판(事判), 사폐(事弊), 사필귀정(事必歸正), 사항(事項), 사후(事後)[사후강도(强盜), 사후승락(承諾), 사후심(審)]; 가사(家事), 가사(稼事), 가간사(家間事), 가내사(家內事), 가소사(可笑事), 가정사(家庭事), 간사(幹事), 거사(巨事), 거사(擧事), 거세사(巨細事), 감사(監事), 거행사(擧行事), 검사(檢事), 경사(慶事), 계사(啓事), 고사(古事), 고사(故事), 공사(工事), 공사(公事), 공사(空事;헛일), 과거사(過去事), 관심사(關心事), 괴사(怪事), 국사(國事), 군사(軍事), 근심사, 급사(急事), 기사(奇事), 기사(記事), 기사(機事), 기왕사(旣往事), 긴간사(緊幹), 긴관사(緊關事), 길사(吉事), 끽긴사(喫緊事), 낙사(樂事), 난사(難事), 내두사(來頭事), 내사(內事), 농사(農事), 능사(能事), 다사(多事), 다반사(茶飯事), 당사(當事)[당사국(國), 당사자(者)], 대사(大事)[인륜대사(人倫)], 대소사(大小事), 도사(徒事;헛일), 동사(同事), 마사(馬事), 만사(萬事)[만사형통(亨通); 제만사(除)], 매사(每事), 매사(昧事), 매사가감(每事可堪), 모사(某事), 모사(謀事), 몽사(夢事), 무사(武事), 무사(無事), 문사(文事), 미경사(未經事), 미래사(未來事), 민망사(憫惘事), 민사(民事), 밀사(密事), 방사(房事), 백집사(百執事), 백천만사(百千萬事), 범백사(凡百事), 범사(凡事), 범어사(凡於事), 법사(法事), 변사(變事), 별사(別事), 병사(兵事), 본사(本事), 봉사(封事), 분내사(分內事), 분사(僨事), 불사(佛事), 불상사(不詳事), 불행사(不幸事), 비사(秘事), 사사(私事), 사사(師事), 사말사(些末事), 상사(商事), 상사(常事), 상사(祥事), 상사(喪事), 색사(色事), 서사(敍事), 선사(善事), 선천사(先天事), 성사(成事), 성사(盛事), 성사(聖事), 성덕사(盛德事), 세사(世事), 세사(細事), 세간사(世間事), 세말사(世末事), 세상사(世上事), 소사(小事), 소간사(所幹), 소경사(所經事), 소관사(所關事), 소영사(所營事), 속사(俗事), 송사(訟事), 쇄사(瑣事), 승사(勝事), 시사(時事), 시사(視事), 식사(食事), 신변사(身邊事), 신후사(身後事), 실사(實事), 실사구시(實事求是), 심사(心事), 아사(雅事), 악사(惡事), 앙사부모(仰事父母), 애사(哀事), 애경사(哀慶事), 야사(夜事), 약사(藥事), 양사(陽事), 언언사사(言言事事), 여사(餘事), 역사(役事), 연사(年事), 영사(領事)[영사관(館), 영사재판권(裁判權)], 예사/로/롭다(例事), 예상사(例常事), 옥사(獄事), 왕사(王事), 왕사(往事), 외사(外事), 요사(要事), 위선사(爲先事), 유사(遺事), 유사(有事), 은사(隱事), 의당사(宜當事), 의사(醫事), 의사(議事), 이사(理事), 이사(異事), 인간사(人間事), 인사(人事)[8], 일사(一事), 일대사(一大事), 일상사(日常事), 일상다반사(日常茶飯), 임사(臨事), 의당사(宜當事), 잡사(雜事), 장사(將事), 장사(葬事), 장래사(將來事), 전사(前事), 전사(戰事), 전두사(前頭事), 전반사(全般事), 전일사(前日事), 전후사(前後事), 정사(政事), 정사(情事), 제반사(諸般事), 종사하다(從事), 주사(主事;사무를 주장하는 사람), 주사(奏事), 주사(做事;일을 꾸려 나감), 준사(竣事), 중사(中事), 중대사(重大事), 지사(指事), 직사(職事), 진사(珍事), 진사(塵事), 집사(執事), 차등사(此等事), 참사(參事), 참사(慘事), 처사(處事), 천만사(千萬事), 천하사(天下事), 청사(廳事;마루), 춘사(椿事;뜻밖에 일어나는 불행한 일), 취사(炊事), 치사(恥事), 쾌사(快事), 쾌심사(快心事), 타사(他事), 통사(通事), 통한사(痛恨事), 파사(破事), 판사(判事), 판결사(判決事), 패사(敗事), 하사(何事), 학사/보고(學事/報告), 한사(恨

1) 사건(事件): 사건시(時); 가사사건(家事), 독립사건(獨立), 미제사건(未濟), 민사사건(民事), 배반사건(排反;수학의 확률론에서, 한 사건이 일어나면 다른 사건은 절대로 일어나지 않을 경우), 부대사건(附帶), 비상사건(非常), 비송사건(非訟), 소송사건(訴訟), 종속사건(從屬), 중대사건(重大), 진사건(珍), 피고사건(被告), 행정사건(行政), 형사사건(刑事).

2) 사고(事故): 뜻밖에 일어난 불행한 일. ¶사고결(缺), 사고경성(傾性), 사고뭉치, 사고사(死); 교통사고(交通), 무사고(無), 안전사고(安全), 열차사고(列車), 우발사고(偶發), 진사고(珍), 화재사고(火災).

3) 사무(事務): 사무가(家), 사무관(官), 사무관리(管理), 사무복(服), 사무소(所), 사무원(員), 사무자동화(自動化), 사무장(長), 사무적(的), 사무직(職); 행정사무(行政).

4) 사상(事象): 관찰할 수 있는 형태를 취하여 나타나는 여러 가지 일. 사실과 현상.

5) 사실(事實): 사실관계(關係), 사실무근(無根), 사실문제(問題), 사실상(上), 사실성(性), 사실심(審), 사실오인(誤認), 사실인정(認定), 사실적(的), 사실주의/자/적(主義/者/的), 사실행위(行爲), 사실혼(婚), 사실확정(確定); 법률사실(法律).

6) 사업(事業): 사업가(家), 사업공채(公債), 사업보험(保險), 사업소득(所得), 사업연도(年度), 사업열(熱), 사업자본(資本), 사업주(主), 사업채(債), 사업체(體), 사업회계(會計), 사업회사(會社); 공공사업(公共), 공익사업(公益), 교육사업(教育), 구빈사업(救貧事業), 구제사업(救濟), 구호사업(救護), 국영사업(國營), 독점사업(獨占), 문화사업(文化), 보린사업(保隣), 보험사업(保險), 복리사업(福利), 복지사업(福祉), 부대사업(附帶), 사회사업(社會), 생산사업(生産), 소비사업(消費), 신규사업(新規), 신탁사업(信託), 영리사업(營利), 육영사업(育英), 인보사업(隣保), 자선사업(慈善), 전매사업(專賣), 취로사업(就勞), 통신사업(通信), 투기사업(投機), 후생사업(厚生).

7) 되사정(事情): 사정하는 사람에게 도리어 사정함. 또는 그렇게 하는 사람.

8) 인사(人事): 인사말, 인사성(性), 인사조(調); 눈인사, 수인사(修), 첫인사.

事), 항사(恒事), 항다반사(恒茶飯事), 해사(海事), 해사(解事), 행사(行事), 허사(虛事), 형사(刑事), 호사(好事), 혼사(婚事), 후사(後事), 후천사(後天事), 훼사(毁事), 흉사(凶事), 흠사(欠事), 희사(喜事). ②'섬기다'를 뜻하는 말. ¶사군/이충(事君/以忠), 사대(事大)[사대교린(交隣), 사대당(黨), 사대사상(思想), 사대주의(主義)], 사상지도(事上之道), 사육(事育;어버이를 섬기고 자식을 낳아 기름), 사인여천(事人如天), 사친(事親); 복사(服事;복종하여 섬김), 봉사(奉事), 숭사(崇事), 신사(臣事), 앙사부모(仰事父母), 역사(歷事/仕;여러 대의 임금을 내리 섬김), 형사지(兄事之). ③용언의 관형사형 뒤에 쓰여. '일·것'의 뜻을 나타내는 말. ¶정시에 귀가할 사. 앓을 사 그릇될 사.

사(私) 개인에게 관계되는 사사로운 것. '사사로이하다. 남 몰래'를 뜻하는 말.↔공(公). 관(官). ¶공과 사. 사가 없는 일. 사가(私家;사삿집), 사감(私感;사사로운 감정), 사감(私憾)[9], 사견(私見), 사경(私耕)[사경답(畓), 사경전(田)], 사경(私徑), 사경제(私經濟), 사계(私計), 사고(私考), 사고(私稿), 사고기[私肉], 사곡(私曲), 사곡(私穀), 사관(私館), 사교(私交), 사교육(私敎育), 사굴(私掘), 사권(私權), 사극(私隙;개인 간의 불화), 사금(私金), 사기(私記), 사기업(私企業), 사노비(私奴婢)/사노(私奴), 사담(私談), 사답(私畓), 사당(私黨), 사대(私貸), 사덕(私德), 사도(私屠), 사도(私道), 사도목(私都目), 삿되다, 사력(私力), 사령(死靈), 사례(私禮), 사론(私論), 사리(私利)[사리사복(私腹), 사리사욕(私慾)], 사립(私立)[사립학교(學校)], 사매/질, 사모(私募), 사무(私務), 사무(私貿), 사문/결박(私門/結縛), 사문서(私文書)[사문서위조죄(僞造罪), 사문서훼기죄(毁棄罪)], 사물(私物), 사민(私民), 사법(私法), 사법인(私法人), 사병(私兵), 사보(私報), 사복(私服), 사복(私腹), 사부(私夫), 사분(私憤), 사비/생(私費/生), 사비(私備), 사사(私事), 사사(私私)[사사롭다, 사삿사람, 사삿일, 사삿집], 사사망념(私思妄念), 사산(私山), 사산(私産), 사삼(私蔘), 사상(私商), 사상(私傷), 사상(私償), 사상병(私傷病), 사생(私生)[사생아(兒), 사생자(子)], 사생애(私生涯), 사생활(私生活), 사서(私書), 사서(私署), 사석(私席), 사선(私船), 사선(私線), 사선(私選), 사설(私設)[사설기업체(企業體), 사설묘지(墓地), 사설철도(鐵道), 사설탐정(探偵)], 사설(私說), 사셈, 사소하다(私消), 사소(私訴), 사소설(私小說), 사수(私讎), 사숙(私淑)[10], 사숙(私塾), 사습(私習), 사승(私乘;개인이 쓴 역사), 사시(私諡), 사식(私食), 사신(私信), 사실(私室), 사심(私心), 사심판(私審判), 사안(私案), 사알(私謁), 사애(私愛), 사약(私約), 사어(私語), 사영(私營), 사욕(私慾), 사용(私用), 사용(私傭), 사원(私怨), 사유(私有)[11], 사육(私肉), 사은(私恩), 사의(私意), 사의(私誼), 사의(私議), 사의무(私義務), 사익(私益), 사인/소추(私人/訴追), 사인(私印)[사인도용(盜用), 사인위조(僞造)], 사자(私資), 사재(私財), 사장(私莊), 사장(私藏), 사재(私財), 사저(私邸), 사적(私的)[12], 사전(私田), 사전(私電), 사전(私錢), 사전(私戰), 사정(私情;사폐), 사제(私第), 사제(私製)[사제엽서(葉書), 사제폭탄(爆彈)], 사조(私租), 사좌(私座), 사죄(私罪), 사주(私鑄), 사주인(私主人), 사증권(私證券), 사지(私地), 사지(私智), 사집(私集), 사찬(私撰), 사찰(私札), 사창/굴(私娼/屈), 사채(私債), 사채무(私債務), 사처(私處), 사천(私賤), 사철(私鐵↔國鐵), 사초(私草), 사축(私蓄), 사친(私親), 사탁(私橐;개인이 사사로이 모은 돈. 또는 그 돈주머니), 사택(私宅), 사토(私土), 사통(私通), 사투(私鬪), 사특(私慝;숨기고 있는 비행), 사판(私版), 사학(私學), 사한(私恨), 사한(私翰), 사함(私函), 사행(私行), 사혐(私嫌), 사형/벌(私刑/罰), 사혼(私混), 사화(私和), 사홧술(私和述); 공사(公私), 공중유사(公中有私), 공평무사(公平無私), 무사하다(無私), 빙공영사(憑公營私), 선공후사(先公後私), 안사(顔私), 용사(用私), 은사(隱私), 정사(情私), 편사(便私), 편사(偏私), 협사(挾私) 들.

사(死) '죽다. 없어지다. 죽음. 죽음을 무릅쓰다'를 뜻하는 말.↔생(生). 활(活). ¶생과 사의 갈림길. 사가(死街), 사각(死角), 사각(死殼), 사간(死諫), 사거(死去), 사고(死苦), 사골(死骨), 사교(死交), 사구(死句), 사구(死球), 사기(死期), 사난(死難), 사력(死力), 사령(死靈), 사로(死路), 사마(死魔), 사망(死亡)[13], 사맥(死脈), 사멸(死滅), 사명(死命), 사무여한(死無餘恨), 사문/화(死文/化), 사문(死門), 사물/기생(死物/寄生), 사백(死魄), 사법(死法), 사별(死別), 사병(死病), 사불명목(死不瞑目), 사사(死士), 사산/아(死産/兒), 사상(死狀), 사상(死相), 사상(死傷;죽거나 다침)[사상병(兵), 사상자(者)], 사색(死色), 사생(死生)[14], 사석(死石), 사선(死線), 사소(死所), 사수(死水), 사수(死囚), 사수(死守), 사수현상(死水現象), 사승습장(死僧習杖), 사시(死時), 사심(死心), 사아(死兒), 사약(死藥), 사어(死語), 사왕(死王), 사욕(死辱), 사우(死友), 사유(死有), 사육신(死六臣), 사의(死義)[수절사의(守節)], 사인(死人), 사인(死因), 사자(死者), 사장(死藏), 사전(死戰), 사절(死絶), 사절(死節), 사점(死點), 사죄(死罪), 사중(死中), 사지(死地), 사차손(死差損), 사차액(死差額), 사체(死體)[15], 사태(死胎), 사토(死土), 사투(死鬪), 사표(死票), 사학(死學), 사해(死骸), 사혈(死血), 사형(死刑), 사화(死貨), 사화(死火), 사화산(死火山), 사활(死活), 사회(死灰), 사후(死後)[사후강직(强直), 사후경직(硬直), 사후공명(功名), 사후명장(名將)]; 가사(假死), 간사(諫死), 갈사(暍死), 감사(甘死), 감사(敢死), 감사(減死), 감전사(感電死), 객사(客死), 결사(決死), 고사(枯死), 과로사(過勞死), 괴사(壞死), 교사(絞死)[교사범(犯), 교사죄(罪)], 구사일생(九死一生), 급사(急死), 기사(起死), 기사(幾死;거의 다 죽게 됨), 기사(饑/飢死), 낭사(浪死), 노사(老死), 뇌사(牢死), 뇌사(腦死), 늑사(勒死), 도사(徒死;개죽음), 독사(毒死), 돈사(頓死), 돌발사(突發死), 돌연사(突然死), 동사(同死),

9) 사감(私憾): 사사로운 일로 품은 유감(遺憾). ¶공적인 일을 사감으로 처리하다니…….

10) 사숙(私淑): 존경하는 사람에게, 직접 가르침을 받을 수는 없으나 그 사람의 인격이나 학문을 본으로 삼고 배움. ¶율곡을 사숙하다. 제가 사숙하는 분.

11) 사유(私有): 사유권(權), 사유림(林), 사유물(物), 사유재산(財産), 사유지(地).

12) 사적(私的): 사적고찰(考察), 사적독점(獨占), 사전현재(現在), 사적유물론(唯物論), 사적자치(自治), 사적제제(制裁), 사적연구(研究).

13) 사망(死亡): 사망률(率), 사망보험(保險), 사망신고/서(申告/書), 사망자(者), 사망진단서(診斷書), 사망표(表); 인정사망(認定).

14) 사생(死生): 사생가판(可判), 사생결단(決斷), 사생관두(關頭), 사생동고(同苦), 사생유명(有名), 사생존망(存亡), 사생존몰(存沒), 사생출몰(出沒).

15) 사체(死體): 사람 또는 동물 따위의 죽은 몸뚱이. ¶사체와 달리 시체(屍體;송장)는 '사람의 죽은 몸'을 뜻하는 말이다. 사체검안(檢案), 사체유기/죄(遺棄/罪).

동사(凍死), 동생공사(同生共死), 망사(忘死), 면사(免死), 몰사(沒死), 무사(無死), 반사(半死), 변사(變死:뜻밖의 사고로 죽음), 병사(病死), 복상사(腹上死), 분사(焚死), 분사(憤死), 불사(不死)[16], 빈사(瀕死:거의 죽을 지경에 이름), 사고사(事故死), 사사(賜死), 상사(殤死), 생사(生死), 소사(燒死), 속사(贖死), 수사(殊死), 순사(殉死), 아사(餓死), 안락사(安樂死)/안사(安死), 압사(壓死), 액사(縊死), 역사(轢死), 오사(誤死:형벌이나 재난을 당하여 비명에 죽음), 옥사(獄死), 왕사(枉死), 요사(夭死), 우연사(偶然死), 원사(寃死), 유사(瘐死), 의사(義死), 의사(擬死), 익사(溺死), 의문사(疑問死), 일사(一死), 일사(逸死), 임사(臨死), 자연사(自然死), 장사(杖死), 저사위한(抵死爲限), 전격사(電擊死:感電死), 전사(戰死), 전병사(戰病死), 전상사(戰傷死), 절사(折死), 절사(節死), 정사(情死), 조사(早死), 존엄사(尊嚴死), 졸사(猝死), 종사(從死), 즉사(卽死), 직사(直死), 진사(震死), 질식사(窒息死), 참사(慘死), 추락사(墜落死), 충사(忠死), 충격사(衝擊死:쇼크), 치사(致死)[17], 패사(敗死), 폭사(暴死), 폭사(爆死), 필사/적(必死/的), 필사내이(必死乃已), 한사(限死), 한사(恨死), 형사(刑死), 횡사(橫死:變死)[비명횡사(非命)] 들.

사(史) ①'역사(기록된 문서). 또는 그 학문. 문필에 종사하는 사람'을 뜻하는 말. ¶사가(史家), 사각(史閣), 사고(史庫), 사관(史官), 사관(史館), 사관(史觀)[18], 사극(史劇), 사기(史記), 사담(史談), 사략(史略), 사록(史錄), 사론(史論), 사료(史料), 사림(史林:역사에 관한 책), 사법(史法), 사상(史上), 사서(史書), 사승(史乘), 사시(史詩), 사신(史臣), 사실(史實), 사옥(史獄), 사요(史要), 사재(史才), 사재(史材), 사적(史的), 사적(史蹟), 사적(史籍), 사책(史/冊策), 사체(史體), 사초(史草), 사필(史筆), 사학(史學), 사화(史畵), 사화(史禍), 사화(史話), 사흥(史興); 가족사(家族史), 개척사(開拓史), 개화사(開化史), 건설사(建設史), 건축사(建築史), 경제사(經濟史), 고사(古史), 고대사(古代史), 공황사(恐慌史), 과학사(科學史), 교류사(交流史), 교육사(敎育史), 교회사(敎會史), 구세사(救世史), 구속사(救贖史), 구제사(救濟史), 국사(國史), 국어사(國語史), 국어학사(國語學史)/ 경제학사/ 언어학사, 군사(軍史), 근고사(近古史), 근대사(近代史), 근세사(近世史), 농업사(農業史), 단대사(斷代史), 도로사(道路史), 독사(讀史), 독립사(獨立史), 동사(東史), 동양사(東洋史), 만국사(萬國史), 망국사(亡國史), 무용사(舞踊史), 문명사(文明史), 문예사(文藝史), 문자사(文字史), 문제사(問題史), 문화사(文化史), 문학사(文學史), 문화사(文化史), 미술사(美術史), 미학사(美學史), 민족사(民族史), 발달사(發達史), 발전사(發展史), 방언사(方言史), 법제사(法制史), 병제사(兵制史), 복식사(服飾史), 분단사(分斷史), 비사(秘史), 비평사(批評史), 사회사(社會史), 상고사(上古史), 생활사(生活史), 서사(書史), 서양사(西洋史), 선사(先史), 세계사(世界史), 소사(小史), 소설사(小說史), 수사(修史), 수난사(受難史), 시사(侍史), 시사(詩史), 시대사(時代史), 식민사(植民史), 애사(哀史), 야사(野史), 약사(略史), 양식사(樣式史), 역사(歷史), 연극사(演劇史), 영화사(映畵史), 예술사(藝術史), 왕조사(王朝史), 외교사(外交史), 외사(外史), 운동사(運動史), 위사(僞史), 위조사(僞造史), 유사(有史), 음악사(音樂史), 이면사(裏面史), 이민사(移民史), 인류사(人類史), 일사(逸史), 자연사(自然史), 잡사(雜史), 전사(前史), 전사(戰史), 전승사(戰勝史), 정사(正史), 정당사(政黨史), 정신사(精神史), 정치사(政治史), 종교사(宗敎史), 죄악사(罪惡史), 중고사(中古史), 중세사(中世史), 지방사(地方史), 지사(地史), 지역사(地域史), 참사(慘史), 철학사(哲學史), 청사(靑史:역사상의 기록), 체육사(體育史), 침략사(侵掠史), 태고사(太古史), 통사(通史), 투쟁사(鬪爭史), 패사(稗史), 패망사(敗亡史), 한국사(韓國史), 향토사(鄕土史), 헌정사(憲政史), 혁명사(革命史), 현대사(現代史), 화폐사(貨幣史), 회화사(繪畵史), 흥망사(興亡史). ②'관리(官吏)'를 뜻하는 말. ¶암행어사(暗行御史)/어사(御史), 어사또(御史道). ③'꾸밈이 없이 아름답다'를 뜻하는 말. ¶소사(召史), 여사(女史) 들.

사(師) '그것을 직업으로 하는 사람. 선생·스승. 스님. 군사(軍事)'를 뜻하는 말. 주로 소중한 인명을 다루는 사람을 뜻함. ¶사가(師家), 사군(師君), 사단(師團), 사도(師徒), 사명(師命), 사모/님(師母), 사문(師門), 사범(師範), 사법(師法)[19], 사보(師保), 사부(師父), 사부(師傅)[왕자사부(王子)], 사사(師事)[20], 사수(師授), 사숙(師叔), 사술(師術), 사승(師承:스승에게 가르침을 받음), 사승(師僧), 사우(師友), 사유(師儒), 사자(師子:스승과 제자 중), 사자/상승(師資/相承), 사장(師丈), 사장(師匠), 사장(師長), 사전(師傳), 사제(師弟)[사제간(間), 사제동행(同行), 사제삼세(三世)], 사종(師宗), 사좌(師佐), 사주(師主:스님), 사친(師親), 사표(師表)[21], 사형(師兄), 사훈(師訓); 간호사(看護師), 갈마사(羯磨師), 감별사(鑑別師), 강사(講師), 강도사(講道師), 검술사(劍術師), 경사(經師:경스승), 계사(戒師), 곡마사(曲馬師), 곡예사(曲藝師), 교사(敎師), 구사(舊師), 국사(國師), 국악사(國樂師), 군사(軍師), 궁사(弓師), 궁술사(弓術師), 기계사(機械師), 기사(技師), 기술사(奇術師), 노사(老師), 논사(論師), 대사(大師), 대도구사(大道具師), 도사(道師), 도사(導師), 도박사(賭博師), 도벽사(塗壁師), 도화사(道化師), 동기사(童妓師), 마법사(魔法師), 마술사(魔術師), 목사(牧師), 미용사(美容師), 미조사(美爪師), 반사(班師), 번사(燔師), 법사(法師)[노법사(老)], 법옹사(法翁師), 보철사(補綴師), 복사(卜師:점쟁이), 본사(本師:석가여래), 부사(父師), 분장사(扮裝師), 불사(佛師), 사진사(寫眞師), 상문사(詳文師), 서사(書師), 선사(先師), 선사(旋師:싸움에서 이기고 군사를 돌림), 선사(禪師), 선교사(宣敎師), 선도사(宣導師), 설계사(設戒師), 설교사(說敎師), 성명사(聲明師), 세공사(細工師), 세자사(世子師), 수사(水師), 수계사(授戒師), 숙사(塾師), 시사(侍師), 시계사(時計師), 신사(神師), 악사(樂師), 안경사(眼鏡師), 약사(藥師), 약제사(藥劑師), 양재사(洋裁師), 엄사(嚴

---

16) 불사(不死): 불사불멸(不滅), 불사신(身), 불사약(藥), 불사영생(永生), 불사조(鳥), 불사초(草); 불생불사(不生).

17) 치사(致死): 죽음에 이르게 함. 치폐(致斃). ¶치사대(帶), 치사량(量), 치사반경(半徑), 치사온도(溫度), 치사율(率), 치사인자(因子), 치사하다; 고문치사(拷問), 과실치사(過失), 반성치사(伴性:성염색체 속에 있는 유전자에 의하여 죽게 되는 현상), 상해치사/죄(傷害-罪), 인병치사(因病).

18) 사관(史觀): 경제사관(經濟), 민족사관(民族), 민중사관(民衆), 식민사관(植民), 실증사관(實證), 유물사관(唯物), 유심사관(唯心).

19) 사법(師法): ①스승으로 삼아 따라야 할 모범. ②스승에게서 물려받은 방식.

20) 사사(師事): 스승으로 섬김. 스승으로 섬기며 그의 가르침을 받음. ¶추강 성생에게 사사하다.

21) 사표(師表): 학식과 덕행이 높아 남의 모범이 될 만한 인물. ¶사표로 삼다. 그 선생님이야말로 우리의 사표가 될 만한 인물이다.

師), 여리사(如理師), 연금사(鍊金師), 연금술사(鍊金術師), 염색사(染色師), 엽사(獵師;사냥꾼), 왕사(王師), 왕자사(王者師), 요리사(料理師), 우사(雨師;비를 맡고 있다는 신), 원예사(園藝師), 위의사(威儀師), 유가사(瑜伽師), 율사(律師), 은사(恩師), 음양사(陰陽師), 의사(醫師), 의음사(擬音師), 의지사(依止師), 이발사(理髮師), 이용사(理容師), 작명사(作名師), 재단사(裁斷師), 재봉사(裁縫師), 전계사(傳戒師), 전교사(傳敎師), 전도사(傳道師), 전법사(傳法師), 점성술사(占星術師), 접골사(接骨師), 정원사(庭園師), 제사(帝師), 제약사(製藥師), 조각사(彫刻師), 조교사(調敎師), 조련사(調練師), 조마사(調馬師), 조명사(照明師), 조물사(彫物師), 조사(祖師)[조사당(堂); 개산조사(開山)], 조사(釣師;낚시꾼), 조산사(助産師), 조상사(彫像師), 조율사(調律師), 조향사(調香師), 종사(宗師), 주금사(呪噤師), 주물사(鑄物師), 주술사(呪術師), 주원사(呪願師), 증사(證師), 지사(地師;地官), 진언사(眞言師), 창도사(唱導師), 천인사(天人師), 출사/표(出師/表), 침구사(鍼灸師), 침술사(鍼術師), 태사(太師), 태자사(太子師), 포교사(布敎師), 포덕사(布德師), 표구사(表具師), 풍사(風師;풍신), 한약사(韓藥師), 화사(畵師), 회불사(繪佛師), 흥사(興師), 흥행사(興行師) 들.

사(士) '선비. 사내. 병사 · 군인'을 뜻하는 말. 일부 명사나 한자어 어근 뒤에 붙어 '전문적인 지식을 가지고 다른 사람의 업무를 보조하는 직업. 사람'의 뜻을 더하는 말. ¶사관/학교(士官/學校), 사군자(士君子), 사기(士氣;굽힐 줄 모르는 씩씩한 기세)[사기왕성(旺盛), 사기충천(衝天)], 사녀(士女), 사농공상(士農工商), 사대부(士大夫), 사도(士道), 사류(士類), 사림/파(士林/派), 사민(士民), 사병(士兵), 사부향(士夫鄕), 사서인(士庶人), 사습(士習), 사인(士人), 사자(士子), 사적(士籍), 사절(士節), 사족(士族), 사졸(士卒), 사풍(士風), 사화(士禍); 감정사(鑑定士), 강사(講士), 개사(開士;보살), 거사(居士), 건축사(建築士), 걸사(乞士), 걸사(傑士), 검사(劍士), 경매사(競賣士), 경영사(經營士), 계리사(計理士), 고사(高士), 관세사(關稅士), 국사(國士), 국악사(國樂士), 국역사(國譯士), 군사(軍士), 기사(技士), 기사(奇士), 기사(棋士), 기사/도(騎士/道), 기관사(汽管士), 기관사(機關士), 기능사(技能士), 기술사(技術士), 길사(吉士), 노무사(勞務士), 노사(老士), 능사(能士), 다사(多士;많은 인재), 달사(達士), 대사(大士), 대서사(代書士), 도사(道士), 도선사(導船士), 명사(名士), 명하사(名下士), 모사(謀士), 무명지사(無名之士), 무사(武士), 문사(文士), 박사(博士), 방사(方士), 방사선사(放射線士), 방술사(方術士), 방외사(方外士), 법무사(法務士), 법술사(法術士), 변사(辯士), 변리사(辨理士), 변호사(辯護士), 병사(兵士), 비행사(飛行士), 사사(死士), 서사(書士), 석사(碩士), 설계사(設計士), 세무사(稅務士), 소방사(消防士), 속사(俗士), 속기사(速記士), 수사(秀士), 수사(修士), 술사(術士), 신사(信士), 신사(紳士), 아사(雅士), 악사(樂士), 안마사(按摩士), 여사(女士), 역사(力士), 연사(演士), 연구사(研究士), 열사(烈士)[22], 염사(廉士), 영사(令士), 영양사(營養士), 운사(韻士), 의사(義士), 용사(勇士), 운전사(運轉士), 위사(衛士), 위생사(衛生士), 은사(隱士), 의사(義士)[23], 일사(逸士), 장사(壯士), 장사(將士), 장학사(奬學士), 재사(才士), 전사(戰士), 정비사(整備士), 제도사(製圖士), 조리사(調理士), 조사(朝士), 조어사(調御士), 조종사(操縱士), 조타사(操舵士), 종사(從士), 주조사(酒造士), 준사(俊士), 중개사(仲介士), 지사(志士), 진사(進士), 차력술사(借力術士), 채약사(採藥士), 책사(策士), 처사(處士), 철사(哲士), 측량사(測量士), 침구사(鍼灸士), 통사(通士), 통신사(通信士), 통역사(通譯士), 투사(鬪士), 투우사(鬪牛士), 판매사(販賣士), 표재사(表才士), 필경사(筆耕士), 하사/관(下士/官), 학사(學士)[문학사(文學), 이학사(理學)], 한사(寒士)[포의한사(布衣)], 항공사(航空士), 항법사(航法士), 항해사(航海士), 해결사(解決士), 해기사(海技士), 향사(鄕士), 현사(賢士), 협사(俠士;협객), 협사(脇士;보살의 상), 호사(豪士), 활공사(滑空士), 회계사(會計士) 들.

사(辭) 사상을 말이나 글로 나타낸 것. '말 · 말씀'을 뜻하는 말. ¶사거(辭去;작별하고 떠나감), 사관(辭官), 사기(辭氣), 사령(辭令)[24], 사림(辭林;辭典), 사면(辭免;그만두고 물러남. 辭任), 사색(辭色), 사서(辭書), 사설(辭說)[군사설, 긴사설(수다스럽게 길게 늘어놓는 말)], 사세(辭世), 사수(辭受;사양함과 받음), 사양(辭讓)[25], 사연(辭緣)[26], 사의(辭意;사임 또는 사퇴할 뜻. 말의 뜻), 사임(辭任;맡고 있던 일자리를 스스로 내놓고 물러남), 사장(辭狀;辭表), 사전(辭典)[27], 사절(辭絕), 사조(辭朝;관리가 부임에 앞서 임금께 하직하는 일), 사종(辭宗;시문의 대가), 사증(辭證), 사직(辭職)[사직원(願); 권고사직(勸告), 총사직(總)], 사취(辭趣), 사퇴(辭退), 사폐(辭陛;하직 인사), 사표(辭表;사직의 뜻으로 적어서 내는 문서), 사휘(辭彙); 가사(歌辭), 개막사(開幕辭), 개식사(開式辭), 개회사(開會辭), 격려사(激勵辭), 결사(訣辭), 결별사(訣別辭), 겸사(謙辭), 경축사(慶祝辭), 계사(啓辭), 계사(繫辭), 고사(告辭), 고사(固辭;굳이 사양하는 것), 고별사(告別辭), 공치사(功致辭), 공치사(空致辭), 괘사(卦辭), 권두사(卷頭辭), 기념사(記念辭), 달사(達辭), 답사(答辭), 대사(對辭), 둔사(遁辭), 무사(蕪辭), 명사(名辭), 문사(文辭), 미사/여구(美辭/麗句), 발사(跋辭), 발간사(發刊辭), 변사(變辭), 별사(別辭), 봉정사(奉呈辭), 부임사(赴任辭), 불사(不辭), 비사(比辭), 비사(卑辭), 빈사(賓辭↔主辭), 사사(謝辭), 사임사(辭任辭), 서사(書辭), 소사(小辭), 송사(送辭), 송사(頌辭), 송년사(送年辭), 송별사(送別辭), 수사(修辭), 식사(式辭), 식사(飾辭), 신년사(新年辭), 실사(實辭), 애도사(哀悼辭), 어사(語辭;말), 어조사(語助辭), 언사(言辭), 여사(麗辭), 역사(歷辭), 연사(連辭), 연두사(年頭辭), 영결사(永訣辭), 원사(怨辭), 위사(僞辭), 유사(諛辭), 음사(淫辭), 이임사(離任辭), 장사(狀辭), 전별사(餞別辭), 전아사(餞迓辭), 절명사(絕命辭), 점사(占辭), 접두사(接頭辭), 접미사(接

22) 열사(烈士): 나라와 겨레를 위하여 절의를 굳게 지켜 스스로 목숨을 끊고 죽은 사람. ¶순국 열사. 이준(李儁) 열사.

23) 의사(義士): 나라와 겨레를 위해 의로운 활동을 하다가 남에 의해 죽임을 당한 사람. 의리와 지조를 굳게 지키는 사람. ¶안중근/ 강우규 의사.

24) 사령(辭令): ①남에게 응대하는 말. ②관직이나 공직의 임면에 대한 공식적인 발령. ¶사령장(狀); 선사령(善;말솜씨).

25) 사양(辭讓): 겸손하여 받지 않거나 응하지 아니함. ¶자리를 사양하다. 극구 사양하다. 사양지심(辭讓之心).

26) 사연(辭緣): 하고자 하는 말이나 편지의 내용. ¶편지의 사연. 사연이 많다.

27) 사전(辭典): 고어사전(古語), 관용어사전(慣用語), 국어사전(國語), 동사사전(動詞), 발음사전(發音), 방언사전(方言), 부사사전(副詞), 속담사전(俗談), 어원사전(語源), 용어사전(用語), 이두사전(吏讀), 파생어사전(派生語), 형용사사전(形容詞), 형태소사전(形態素).

尾辭), 접요사(接腰辭), 정사(呈辭), 제사(題辭), 조사(弔辭/詞), 조사(助辭), 조사(措辭), 주례사(主禮辭), 주사(主辭), 주사(呪辭), 찬사(讚辭), 찬탄사(讚歎辭), 창간사(創刊辭), 첨사(籤辭), 추념사(追念辭), 추대사(推戴辭), 추도사(追悼辭), 축사(祝辭), 췌사(贅辭), 취임사(就任辭), 치사(致辭), 칭사(稱辭), 탁사(託辭), 탄사(歎/嘆辭), 폄사(貶辭), 폐막사(閉幕辭), 폐식사(閉式辭), 폐회사(閉會辭), 하사(嘏辭:제사 지낼 때 신이 내려주는 축복의 말), 허사(虛辭), 헌사(獻詞/辭), 헌정사(獻呈辭), 환송사(歡送辭), 환영(歡迎辭), 회고사(回顧辭), 회고사(誨告辭), 훈사(訓辭) 들.

사(四) '넷. 여러 곳·온갖'을 뜻하는 말. ¶사각(四角)[사각건(巾), 사각기둥, 사각모(帽), 사각봉투(封套), 사각뿔, 사각형(形)], 사거리(四), 사겁(四劫), 사경(四更), 사경(四經), 사경(四境), 사계(四界), 사계(四計), 사계(四季)[사계절(節), 사계화(花), 사계회(會), 사계삭(朔)], 사고(四苦), 사고(四顧:사방을 둘러봄), 사골(四骨), 사공(四空), 사과(四科), 사과탕(四-湯), 사관(四關), 사괴석(四塊石), 사구(四球), 사구체(四丘體), 사구팔가(四衢八街), 사군자(四君子), 사궁(四窮), 사극(四極), 사근(四近:사방의 가까운 곳), 사기(四氣), 사기통(四汽筒), 사단(四端:仁義禮智), 사대문(四大門), 사동치마(네 등분하여 각각 다른 빛으로 꾸민 연), 사령(四齡), 사령(四靈), 사륙문(四六文), 사륙판(四六版), 사륜/차(四輪/車), 사린(四隣), 사말(四末), 사면(四面)[사면각(角), 사면체(體), 사면초가(楚歌), 사면팔방(八方)], 사명마(四明馬;사족발이), 사명절(四名節), 사모정(亭), 사묘(四廟), 사물/놀이(四物;꽹과리·징·북·장구), 사물잠(四勿箴; 動箴, 視箴, 言箴, 聽箴), 사물탕(四物湯), 사미(四美;좋은 시절, 아름다운 경치, 구경하는 마음, 유쾌한 일), 사민/평등(四民;士農工商/平等), 사박자(四拍子), 사방(四方), 사발허통(四八虛通), 사방(四方)[28], 사배(四拜), 사배(四配), 사배체(四倍體), 사법(四法), 사벽(四壁), 사변/형(四邊/形), 사보(四輔), 사보(四寶), 사부(四部)[사부중(衆), 사부합주(合奏), 사부합창(合唱)], 사분(四分)[사분기(分期), 사분면(面), 사분원(圓), 사분음(音), 사분오열(五裂)], 사분합(四分閤), 사사분기(四四分期), 사사오입(四死五入), 사사조(四四調), 사산(四山), 사산(四散), 사상의(四象醫), 사서(四序), 사서삼경(四書三經), 사선(四禪), 사성(四聖), 사성(四聲), 사술(四術;詩書禮樂), 사시(四時)[29], 사신(四神), 사인교(四人轎;사린교), 사족(四足)[사족발이, 사족수(獸)], 사주(四柱)[30], 사지(四肢), 사차원(四次元), 사철, 사촌(四寸)[31], 사칙(四則), 사통팔달(四通八達), 사해(四海;온 세상)[사해동포(同胞), 사해형제(兄弟)], 사행시(四行詩), 사행정기관(四行程機關), 사향(四向), 사화(四華), 사환(四患); 조삼모사(朝三暮四) 들.

사(絲) '실·줄. 현악기. 극히 적다'를 뜻하는 말. ¶사곡(絲穀), 사견(絲繭), 사과(絲瓜), 사관(絲管), 사구체(絲球體), 사동(絲桐;거문고), 사류(絲柳;수양버들), 사류(絲類), 사리(絲履), 사립(絲笠), 사맥(絲脈), 사면(絲麵;실국수), 사상(絲狀)[사상체(體), 사상충(蟲)], 사설(絲屑;실보무라지), 사우(絲雨;가랑비), 사죽(絲竹), 사호(絲毫); 가공사(加工絲), 강연사(强撚絲), 견사(絹絲), 견사(繭絲;고치실), 경사(經絲;날실), 괘사(絓絲), 균사(菌絲), 금사(金絲), 기계사(機械絲), 나사(螺絲), 단사(單絲;홑실), 단사자리(丹絲;오라로 묶였던 자리), 당팔사(唐八絲), 대마사(大麻絲), 도사(綯絲;몇 가닥을 함께 꼰 실), 동사(銅絲), 등사(縢絲), 마사(麻絲), 마면사(麻綿絲), 면사(綿絲), 명사(明絲), 모사(毛絲), 목사(木絲;무명실), 목면사(木綿絲), 미사(尾絲;尾狀突起), 방사(紡絲), 방적사(紡績絲), 방추사(紡錘絲), 백사(白絲), 백사(帛絲), 복사(複絲;겹실), 봉합사(縫合絲), 사사(四絲), 상백사(명주실로 된 연줄), 색사(色絲), 생사(生絲), 석면사(石綿絲), 소모사(梳毛絲), 소사거(繅絲車), 야견사(野繭絲), 약사(約絲;책을 매는 실), 양사(洋絲), 연사(軟絲), 연사(鉛絲), 연사(鳶絲), 연사(蓮絲), 염색사(染色絲), 원사(原絲), 위사(緯絲;씨실), 유사(遊絲), 은사(銀絲), 은사(銀絲), 인견사(人絹絲), 일사(一絲), 일사불란(一絲不亂), 임사(淋絲), 입사(入絲), 자미사(비단 옷감의 하나), 잠사(蠶絲)[야잠사(野), 천잠사(天)], 제사(製絲), 조사(釣絲), 조사(繰絲), 종사(綜絲;잉아), 주란사, 주사(紬絲;명주실), 주사(蛛絲;거미줄), 죽사(竹絲), 중사(中絲), 진사(眞絲;명주실), 철사(鐵絲), 청사(靑絲), 탄성사(彈性絲), 토사(吐絲), 팔사(八絲), 편사(編絲), 포사(布絲;베실), 푼사, 합사(合絲), 핵사(核絲), 향사(鄕絲), 혼방사(混紡絲), 화사(花絲), 화섬사(化纖絲), 황사(黃絲), 횡사(橫絲) 들.

사(社) '회사(會社). 단체. 토지의 신'을 뜻하는 말. ¶사고(社告), 사교(社交)[32], 사규(社規), 사기(社基), 사기(社旗), 사내(社內)[사내보(報), 사내시험(試驗), 사내주(株)], 사단/법인(社團/法人), 사력(社歷), 사보(社報), 사비(社費), 사빈(社賓), 사서(社鼠;어떤 기관이나 세력가에 의지하여 간사한 짓을 하는 사람), 사선(社船), 사선(社線), 사세(社勢), 사시(社是), 사업(社業), 사옥(社屋), 사외(社外), 사용(社用), 사용족(社用族), 사우(社友), 사운(社運;회사의 운명이나 운수), 사원(社員)[무/유한책임사원(無/有限責任); 대표사원(代表), 수습사원(修習), 평사원(平)], 사장(社長)[바지사장, 부사장(副), 여사장(女)], 사장(社章), 사장(社葬), 사재(社財), 사직(社稷;나라. 조정), 사직(社稷)[사직단(壇), 사직위허(爲墟), 사직지신(之臣), 사직지신(之神); 종묘사직(宗廟)], 사채(社債)[사채권(券), 사채시장(市場), 사채청약서(請約書); 단기사채(短期), 무/보증사채(無/保證), 전환사채(轉換)], 사칙(社則), 사택(社宅), 사호(社號), 사회(社會)[33], 사훈(社訓); 개사(開社), 결사(結社), 경쟁

28) 사방(四方): 사방등(燈), 사방모자(帽子), 사방위(位), 사방제기, 사방침(枕), 사방탁자(卓子), 사방팔방(八方), 사방향응(響應;사방에서 모두 궐기하여 행동을 같이함), 사방형(形); 산지사방(散之).

29) 사시(四時;네 계절): 사시가절(佳節), 사시사철(四), 사시장철(長), 사시춘풍(春風), 사시풍류(風流).

30) 사주(四柱): 사람이 태어난 연월일시(年月日時)의 간지(干支). ¶사주가 좋다. 사주단자(單子), 사주쟁이, 사주점(占), 사주팔자(八字); 겉사주, 당사주(唐), 속사주, 합사주(合).

31) 사촌(四寸): 사촌간(間); 고종사촌(姑從), 내종사촌(內從), 외종사촌(外從)/외사촌(外), 이웃사촌, 이종사촌(姨從).

32) 사교(社交): 사회생활에서의 사람끼리의 사귐. 사회 생활상의 교제. ¶사교가(家), 사교계(界), 사교병(病), 사교성(性), 사교술(術), 사교실(社交室), 사교적(的), 사교춤, 사교하다(사귀다. 교제하다).

33) 사회(社會): 공동생활을 영위하는 인간의 조직화된 집단. 같은 부류나 생활 역역. ¶사회개발(開發), 사회개조(改造), 사회경제(經濟), 사회계약(契約), 사회계층(階層), 사회공학(工學), 사회과정(過程), 사회과학(科學), 사회관(觀), 사회관계(關係), 사회광고(廣告), 사회교육(敎育), 사회구조(構造), 사회국가(國家), 사회권(權), 사회규범(規範), 사회극(劇), 사회기사(記事), 사회단체(團體), 사회도태(淘汰), 사회동원(動員), 사회력(力), 사회문제(問題), 사회문화(文化), 사회법(法), 사회법칙(法則), 사회변동

ㅅ

사(競爭社), 계열사(系列社), 공사(公社), 국극사(國劇社), 귀사(貴社), 내사(來社), 당사(當社), 동사(同社), 묘사(廟社;종묘와 사직), 방송사(放送社), 본사(本社), 분사(分社), 상사(商社), 상무사(商務社), 상장사(上場社), 소속사(所屬社), 시사(詩社), 신문사(新聞社), 애사(愛社), 언론사(言論社), 에이전트사(agent社), 여행사(旅行社), 연흥사(延興社), 영화사(映畵社), 용달사(用達社), 입사(入社), 자사(自社), 잡지사(雜誌社), 장의사(葬儀社), 재벌사(財閥社), 적십자사(赤十字社), 전업사(電業社), 전파사(電波社), 정유사(精油社), 종사(宗社), 증권사(證券社), 지사(支社), 지업사(紙業社), 출판사(出版社), 타사(他社), 통신사(通信社), 퇴사(退社), 투신사(投信社), 폐사(弊/敝社), 표구사(表具社), 학보사(學報社), 합작사(合作社), 항공사(航空社), 협률사(協律社), 형평사(衡平社), 회사(會社) 들.

사(沙/砂) '모래'를 뜻하는 말. ¶사개(砂疥), 사경(砂耕), 사계(沙界), 사광(砂鑛), 사구(砂丘), 사금(砂金), 사력(沙礫;자갈)[사력단구(段丘), 사력지(地)], 사기(沙器)[34]; 사낭(砂囊), 사력(沙礫;자갈), 사루(砂漏;모래시계), 사막(沙漠)[35], 사문(沙門;출가한 중), 사반상(沙飯床), 사발(沙鉢), 사방(砂防), 사벽(砂壁), 사삼(沙蔘;더덕), 사상누각(砂上樓閣), 사서(沙書), 사석(沙石), 사석(砂錫), 사손(沙噀), 사수(沙水), 사시(沙匙), 사암(砂巖), 사어(沙魚;모래무지), 사욕(沙浴), 사원(砂原), 사인(砂仁), 사장(沙場), 사장구(통이 사기로 된 장구), 사저(沙渚), 사저(沙/砂底), 사전(沙田), 사접시, 사정(沙汀), 사주(沙柱), 사주(砂洲), 사중(沙中), 사증(沙蒸;모래찜질), 사지/식물(沙地/植物), 사지(砂紙), 사진(沙塵), 사질토(砂質土), 사천(沙川), 사취(砂嘴), 사탄(沙灘), 사탕(砂湯), 사탕(砂糖)[36], 사태(沙汰)[37], 사토(沙土), 사포(砂布), 사합(沙盒), 사회(沙灰); 강사(江沙), 거사(擧沙), 광사(鑛砂), 교사(膠沙), 규사(硅砂), 금사(金砂), 금강사(金剛砂), 녹사(綠砂), 단사(丹砂), 도사(陶砂), 독사(毒砂), 마사(磨砂), 만항하사(萬恒河沙), 망사(硭砂), 명사(鳴砂), 모사(茅沙), 방화사(防火沙), 백사(白沙), 보사(寶砂), 복사(覆沙), 붕사(硼砂), 세사(細沙), 소사(素沙), 연마사(研磨砂), 연옥사(研玉沙), 열사(熱砂), 완월사(玩月砂;兎糞), 왕사(王沙), 유사(流砂), 은사(銀沙), 잠사(蠶砂), 주사(朱砂), 진사(辰砂), 철사(鐵砂), 침사(鍼砂), 태사(汰沙), 토사(土砂), 평사(平沙;모래펄), 표사(漂砂), 합사(合沙), 항하사(恒河沙;무수히 많은 사람), 해사(海沙), 화산사(火山砂), 황사/현상(黃砂/現象), 흑사(黑砂) 들.

사(射) '총·활 따위를 쏘다'를 뜻하는 말. ¶사각(射角), 사거리(射距離)[유효사거리(有效), 최대사거리(最大)], 사격(射擊)[38], 사계(射界), 사계(射稧), 사광(射光), 사구(射球), 사기(射技), 사기(射騎), 사두(射頭;활터를 관리하는 우두머리), 사렵(射獵), 사리(射利;수단 방법을 가리지 않고 이끗을 노림), 사법(射法), 사살(射殺), 사석(射席), 사선(射線), 사수(射手)[사수자리; 명사수(名), 특등사수(特等)], 사술(射術), 사어(射御), 사영(射影), 사예(射藝), 사원(射員), 사장(射場;활터), 사적(과녁. 과녁을 맞힘)/장(射的/場), 사정/편사(射亭/便射), 사정(射程;탄환이 나가는 최대거리)[사정거리(距離); 유효사정(有效), 최대사정(最大)], 사정/관(射精/管), 사출(射出)[사출기(機), 사출맥(脈), 사출수(髓)], 사탄(射彈), 사행(射倖;요행을 노림)[사행계약(契約), 사행심(心)], 사후(射侯); 경사(競射), 고사(高射), 곡사/포(曲射/砲), 난사(亂射), 대사(代射), 맹사(盲射), 맹사(猛射), 반사(反射), 발사(發射)[39], 방사(放射)[40], 보사(步射), 복사(伏射), 복사(輻射), 분사(噴射), 선사(善射), 소사(掃射)[기총소사(機銃)], 속사(速射), 습사(習射), 시사(侍射), 시사(試射), 앙사(仰射), 어사(御射), 열사병(熱射病), 영사(映射), 원사(遠射), 응사(應射), 일사(日射), 입사(立射), 점사(點射),

---

(變動), 사회변혁(變革), 사회병리(病理), 사회보장(保障), 사회보험(保險), 사회복지(福祉), 사회본능(本能), 사회봉사(奉仕), 사회분화(分化), 사회사상(思想), 사회사업(事業), 사회상(相), 사회생활(生活), 사회성(性), 사회소설(小說), 사회심(心), 사회아(我), 사회악(惡), 사회역학(力學), 사회연대(連帶), 사회운동(運動), 사회위압(危壓), 사회유기체설(有機體說), 사회유대(紐帶), 사회유명론(唯名論), 사회유형(類型), 사회윤리(倫理), 사회의식(意識), 사회의지(意志), 사회이동(移動), 사회인(人), 사회입법(立法), 사회자(者), 사회자본(資本), 사회자원(資源), 사회장(葬), 사회적(的)[사회적감정(感情), 사회적거리(距離), 사회적고통(苦痛), 사회적구속(拘束), 사회적긴장(緊張), 사회적성격(性格), 사회적압력(壓力), 사회적지위(地位), 사회적풍토(風土), 사회적환경(環境)], 사회정신(精神), 사회정의(正義), 사회정책(政策), 사회제도(制度), 사회조사(調査), 사회조직(組織), 사회주의/적(主義/的), 사회질서(秩序), 사회집단(集團), 사회참여(參與), 사회철학(哲學), 사회체제(體制), 사회통계(統計), 사회통념(通念), 사회통제(統制), 사회학(學), 사회혁명(革命), 사회현상(現象), 사회형(型), 사회형상(形象), 사회형태(形態), 사회화/되다/하다(化), 사회회계(會計); 개방사회(開放), 경제사회(經濟), 고대사회(古代), 공동사회(共同), 국제사회(國際), 근대사회(近代), 근린사회(近隣), 기능사회(機能), 농경사회(農耕), 단순사회(單純), 닫힌사회, 대중사회(大衆), 모계사회(母系), 목적사회(目的), 미개사회(未開), 민속사회(民俗), 복지사회(福祉), 복합사회(複合), 봉건사회(封建), 부계사회(父系), 부분사회(部分), 부족사회(部族), 산업사회(産業), 상류사회(上流), 상층사회(上層), 선진사회(先進), 성숙사회(成熟), 시민사회(市民), 실사회(實), 씨족사회(氏族), 암흑사회(暗黑), 열린사회, 영상화사회(映像化), 원시사회(原始), 이익사회(利益), 인공사회(人工), 인위사회(人爲), 자연사회(自然), 정보화사회(情報化), 정치사회(政治), 조성사회(組成), 중류사회(中流), 지역사회(地域), 탈공업사회(脫工業), 파생사회(派生), 폐쇄사회(閉鎖), 하류사회(下流), 하층사회(下層), 현대사회(現代), 혈연사회(血緣), 후진사회(後進).

34) 사기(砂/沙器): 사깃개미, 사기그릇, 사기그림, 사기단지, 사기단추, 사기담(깨어진 사기 조각들을 모아 둔 곳), 사기대야, 사기대접, 사기도가니, 사기막(膜), 사기말(사기로 만든 말), 사깃물, 사기병(甁), 사기옷(금속 따위에 입힌 유리질의 얇은 막), 사기요강(尿), 사기잔(盞), 사기장(匠), 사기장사, 사기전(廛), 사기점(店), 사기질(質;법랑질), 사기흙; 고족사기(高足;굽이 높은 사기그릇), 백사기(白), 분청사기(粉靑), 상사기(常), 파사기(破).

35) 사막(沙漠): 사막기후(氣候), 사막꿩, 사막뢰(雷), 사막바람, 사막식물(植物), 사막전(戰), 사막지대(地帶), 사막토(土), 사막평원(平原), 사막화(化); 돌사막, 반사막(半), 해안사막(海岸).

36) 사탕[←砂糖)]: 눈깔사탕, 박하사탕(薄荷), 솜사탕, 알사탕, 왕사탕(王).

37) 사태(沙汰): ①높은 언덕이나 산비탈 또는 쌓인 눈 따위가 무너져 내려앉는 일. ¶사태눈, 사태막이/둑, 사태막이숲, 사태밥(사태가 져서 밀려 쌓인 흙); 눈사태, 돌사태, 땅사태(沙汰), 모래사태, 물사태, 불사태(세게 타던 불이 무너져 내리는 모양. 불바다), 산사태(山), 전자사태(電子), 흙사태. ②사람이나 물건이 한꺼번에 많이 쏟아져 나오는 일의 비유. ¶수박사태. 사람사태, 인사태(人;사람사태).

38) 사격(射擊): 사격권(圈), 사격속도(速度), 사격수(手), 사격술(術), 사격장(場), 사격호(壕); 간접사격(間接), 대공사격(對空), 실탄사격(實彈), 엄호사격(掩護), 영거리사격(零距離), 영점사격(零點), 예상사격(豫想), 위협사격(威脅), 일제사격(一齊), 지원사격(支援), 직접사격(直接), 집중사격(集中), 차단사격(遮斷).

39) 발사(發射): 총포나 로켓 따위를 쏨. ¶발사각(角), 발사관(管), 발사대(臺), 발사약(藥), 발사장(場).

40) 방사(放射): 물체가 빛이나 열 같은 에너지를 내뿜음. 중앙의 한 점에서 바퀴살 모양으로 내뻗침. ¶방사계(計), 방사기(器), 방사능(能), 방사대칭(對稱), 방사도(度), 방사상(狀), 방사선(線), 방사열(熱), 방사진(塵), 방사체(體), 방사학(學), 방사형(形).

정사(正射), 조사(照射), 주사(注射), 직사(直射), 측사(側射), 탄사(彈射), 투사(投射), 편사(便射)[사정편사(射亭), 터편사], 평사/포(平射/砲), 향사(鄕射) 들.

사(使) '시키다. 부리다. 하여금. 심부름꾼. 가령'을 뜻하는 말. ¶사군(使君), 사기(使氣;기세를 부림), 사도(使徒;고귀한 일을 헌신적으로 하는 사람), 사동(使童), 사동/사(使動/詞), 사령/방(使令/房), 사명(맡겨진 임무)/감(使命/感), 사무송(使無訟;타협하여 시비가 없도록 함), 사손(使孫), 사승(使僧), 사신(使臣), 사역(使役), 사용(使用)[41], 사인대참(使人大慚;하는 짓이 부끄럽게 여길 만함), 사자[1](使者;심부름꾼), 사자[2](使者;저승의 귀신)[사자채반(盤), 사잣밥, 사잣짚신; 저승사자], 사절(使節)[42], 사정(使丁), 사주(使酒), 사주(使嗾)[43], 사지문지(使之聞之), 사환(使喚); 가사(假使;가령), 공사(公使)[44], 공사(貢使), 관찰사(觀察使), 구사하다(驅使), 국사(國使), 군사(軍使;적군에 파견되는 사람), 급사(急使), 노사(勞使), 대사(大使)[45], 목사(牧使), 밀사(密使), 별사(別使), 부사(府使), 부사(副使), 설사(設使;가령), 소사(小使), 수사(水使), 어사(御使), 외사(外使), 전령사(傳令使), 전사(專使), 절도사(節度使), 정사(正使), 조사(朝使), 주청사(奏請使), 지사(指使;지휘하여 부림), 차사(差使)[공상차사(貢上), 함흥차사(咸興)], 책봉사(冊封使), 천사(天使), 칙사(勅使), 특사(特使), 필야사무송(必也使無訟), 학사(虐使), 행사(行使)[무력행사(武力), 실력행사(實力)], 혹사/시키다(酷使), 화조사(花鳥使;남녀 사이의 사랑의 심부름을 하는 사람) 들.

사(邪) '간사하다. 바르지 못하다'를 뜻하는 말.↔정(正). ¶사견(邪見;요사스런 생각이나 바르지 못한 의견), 사계(邪計;간사한 꾀), 사곡(邪曲;마음이 요사스럽고 바르지 못함), 사교/도(邪教/徒), 사귀(邪鬼;요사스러운 잡귀), 사기(邪氣), 사념(邪念), 사녕(邪佞), 사당(邪黨), 사도(邪道↔正道), 사독(邪毒), 삿되다, 사련(邪戀), 사로(邪路), 사론(邪論), 사리(邪理), 사마(邪魔), 사모(邪謀), 사물(邪物), 사미(邪味), 사법(邪法;그릇된 길), 사벽(邪辟;마음이 비뚤고 편벽됨), 사불범정(邪不犯正), 사사(邪思;못된 생각)[사사망념(妄念)], 사사스럽다(邪邪;도리에 어긋나고 떳떳하지 못하다), 사설(邪說;이단적인 설), 사수(邪祟), 사술(邪術), 사신(邪臣), 사신(邪神;요사한 귀신), 사심(邪心;도리에 어긋난 못된 마음), 사악하다(邪惡;慝惡), 사안(邪眼), 사욕(邪慾), 사음(邪淫;마음이 사악하고 음란함), 사의(邪意), 사인(邪人), 사접(邪接), 사정(邪正), 사종(邪宗), 사증(邪症), 사지(邪智), 사질(邪疾), 사첨(邪諂), 사추(邪推), 사특(邪慝;못되고 악함), 사풍/맞다(邪風;말과 행동을 함부로 하여 경솔하다)/스럽다, 사하다(간사하다), 사학(邪學), 사행(邪行); 간사/스럽다/하다(奸邪), 무사(無邪), 벽사(辟邪), 병사(病邪), 사무사(思無邪), 요사/꾼/하다/스럽다(妖邪), 정사(正邪), 주사(酒邪), 축사(逐邪), 충사(忠邪), 파사현정(破邪顯正), 흉사(凶邪) 들.

사(寫) '베끼다. 그리다. 본떠 그리다'를 뜻하는 말. ¶사각(寫角), 사경(寫經), 사도(寫度), 사도(寫圖), 사도(寫圖)[사도공(工), 사도기(器)], 사록(寫錄), 사본(寫本), 사상(寫像), 사생(寫生)[사생문(文), 사생화(畵)], 사서(寫書), 사수(寫手), 사식(寫植), 사실(寫實)[사실소설(小說), 사실적(的), 사실주의(主義), 사실파(派)], 사영(寫映), 사영(寫影), 사음/문자(寫音/文字), 사의(寫意), 사자(寫字), 사장(寫場), 사정(寫情), 사조(寫照), 사진(寫眞)[46], 사체(寫體); 기사(記寫), 대사(大寫;클로즈업), 돈사(頓寫), 등사(謄寫), 모사(模寫), 묘사(描寫), 복사(複寫), 서사(書寫), 속사(速寫), 수사(手寫), 실사(實寫), 영사(映寫), 영사(影寫), 오사(誤寫), 원사(遠寫), 전사(電寫), 전사(轉寫)[전사본(本), 전사지(紙)], 접사(接寫), 정사(正寫), 정사(淨寫), 직사(直寫), 축사(縮寫), 출사(出寫), 투사(透寫), 필사/체(筆寫/體), 형사(形寫) 들.

사(思) '생각하다. 그리워하다'를 뜻하는 말. ¶사고(思考)[47], 사념(思念), 사량(思量), 사려/증(思慮/症), 사련(思戀), 사로(思路), 사료(思料), 사모(思慕), 사무사(思無邪), 사변(思辨)[사변적(的), 사변철학(哲學)], 사복(司僕), 사복(思服), 사상(思想)[48], 사색(思索), 사서(思緖), 사유(思惟), 사조(思潮)[문예사조(文藝), 문학사조(文

41) 사용(使用): 물건이나 도구를 그 본디의 용도에 맞게 쓰는 일. ¶사용가치(價値), 사용권(權), 사용대차(貸借), 사용되다/하다, 사용량(量), 사용료(料), 사용물(物), 사용법(法), 사용세(稅), 사용수(水), 사용인(人), 사용자(者), 사용절도(竊盜), 사용주(主), 사용증명서(證明書), 사용흔(痕); 공동사용(共同).

42) 사절(使節): 나라를 대표하여 외국에 파견되는 사람. ¶사절단(團); 경제사절(經濟), 문화사절(文化), 민간사절(民間), 외교사절(外交), 외국사절(外國), 친선사절(親善).

43) 사주(使嗾): 어떤 일을 하거나 마음이 움직이도록 남을 부추김. ¶배후에서 사주하다.

44) 공사(公使): 조약국에 주재하면서, 자기 나라를 대표하여 외교를 맡아보는 공무원. 특명전권공사(特命全權公使). ¶공사관(館); 대리공사(代理), 변리공사(辨理), 전권공사(全權).

45) 대사(大使): '전권대사(全權大使;국가를 대표하는 외교사절 중 제1급에 속하는 외교관)'의 준말. ¶대사관(館); , 순회대사(巡廻), 이동대사(移動) 전권대사.

46) 사진(寫眞): 물체를 찍어 인화지에 나타낸 화상(畵像). ¶사진결혼(結婚), 사진관(館), 사진기(機), 사진기자(記者), 사진동판(銅版), 사진술(術), 사진식자(植字), 사진작가(作家), 사진전송(電送), 사진첩(帖), 사진측량(測量), 사진틀, 사진판(版), 사진판독(判讀); 고속사진(高速), 기념사진(記念), 기록사진(記錄), 독사진(獨), 돌사진, 망원사진(望遠), 몽타주사진(montage), 방사선사진(放射線), 백금사진(白金), 보도사진(報道), 분광사진(分光), 불변색사진(不變色), 스냅사진(snap), 실체사진(實體), 어안사진(魚眼), 예술사진(藝術), 원사진(原), 위성사진(衛星), 인물사진(人物), 입체사진(立體), 자외선사진(紫外線), 적외선사진(赤外線), 전송사진(電送), 전자사진(電子), 조감사진(鳥瞰), 증명사진(證明), 천체사진(天體), 청색사진(靑色)/청사진(靑), 현미경사진(顯微鏡), 합성사진(合成), 항공사진(航空), 활동사진(活動;영화), 흑백사진(黑白).

47) 사고(思考): 생각하고 궁리함. 심상이나 지식을 사용하는 마음의 작용. ¶논리적 사고. 사고력(力), 사고방식(方式), 사고실험(實驗), 사고억제(抑制), 사고장애(障碍), 사고하다: 논리적사고(論理的), 산란성사고(散亂性), 수직사고(垂直), 수평사고(水平), 역사고(逆思考;반대로 생각함), 직관적사고(直觀的), 집단사고(集團).

48) 사상(思想): 어떠한 사물에 대하여 가지고 있는 구체적인 사고나 생각. 판단, 추리를 거쳐서 생긴 의식 내용. ¶사상가(家), 사상계(界), 사상극(劇), 사상범(犯), 사상성(性), 사상시(詩), 사상적(的), 사상전(戰), 사상투쟁(鬪爭); 개화사상(開化), 경제사상(經濟), 경천사상(敬天), 계몽사상(啓蒙), 구사상(舊), 근대사상(近代), 기독교사상(基督教), 내세사상(來世), 노장사상(老莊), 도참사상(圖讖), 도피사상(逃避), 둔피사상(遁避), 모화사상(慕華), 반동사상(反動), 법률만능사상(法律萬能), 법사상(法), 봉건사상(封建), 불교사상(佛教), 사대사상(事大), 사회사상(社會), 시대사상(時代), 신사상(新), 외래사상(外來), 위험사상(危險), 유교사상(儒教), 유물사상(唯物), 유일사상(唯一), 은둔사상(隱遁), 자유사상(自由), 적화사상(赤化), 전통사상(傳統), 정치사상(政治), 주체사상(主體), 중용사상(中庸), 천명사상(天命), 평등사상(平等), 화이사상(華夷).

學), 시대사조(時代)], 사춘기(思春期), 사친(思親), 사탁(思度;생각하고 헤아림), 사향(思鄕); 객사(客思), 교사(翹思;마음속에 간직하고 생각함), 기사(奇思), 다사(多思), 묘사(妙思), 문사(文思), 분사난(忿思難), 사사망념(邪思妄念), 삼사(三思), 상사(相思), 상사(想思), 소사(所思), 수사(愁思), 숙사(熟思), 시사(詩思), 신사(愼思), 심사(心思), 심사(深思), 애사(哀思), 야사(夜思), 의사(意思), 잠사(潛思), 재사(再思), 정사(情思), 정사(靜思), 초사(焦思)[노심초사(勞心)], 추사(追思;追念), 추사(秋思), 춘사(春思), 침사(沈思), 퇴사(退思), 향사(鄕思), 혜사(惠思) 들.

사(詞) '말. 언어. 문체의 하나'를 뜻하는 말. ¶사객(詞客), 사단(詞壇), 사림(詞林;詩文을 모아 엮은 책), 사명(詞/辭命), 사백(詞伯;시문에 능한 사람), 사연(詞筵;문인들이 모인 자리), 사장(詞章), 사조(詞藻;시가나 문장), 사종(詞宗), 사채(詞彩), 사해(詞海), 사형(詞兄;학자나 문인끼리 서로 높이는 말), 사화(詞華;뛰어난 시문); 가사(佳詞), 가사(歌詞), 감탄사(感歎詞), 고사(告詞/辭), 관사(冠詞), 관형사(冠形詞), 농아사(聾兒詞), 대명사(代名詞), 동사(動詞), 동명사(動名詞), 두사(頭詞), 만사(輓詞), 명사(名詞), 부사(副詞), 부정사(不定詞), 분사(分詞), 상사(賞詞), 서사(序詞), 서사(誓詞), 수사(數詞), 수사(壽詞), 애사(哀詞), 역사(譯詞), 의문사(疑問詞), 작사(作詞), 전치사(前置詞), 접속사(接續詞), 제사(題詞), 조사(弔詞/辭), 조사(助詞), 종결사(終結詞), 지정사(指定詞), 창사(唱詞), 치사(致詞/辭), 품사/론(品詞/論), 헌사(獻詞/辭), 형용사(形容詞), 화사(花詞;꽃말), 후치사(後置詞) 들.

사(謝) '언행으로나 물품으로나 상대방에게 고마운 뜻을 나타내다(사례하다). 잘못을 빌다. 거절하다. 없어지다'를 뜻하는 말. ¶사객(謝客;찾아온 손님을 만나기를 거절함), 사과(謝過;잘못에 대하여 용서를 빎)[사과드리다/하다, 사과장(狀)], 사금(謝金), 사례(謝禮)[사례금(金), 사례물(物); 당선사례(當選), 백배사례(百拜)], 사사(謝辭), 사은(謝恩;입은 은혜에 대하여 감사함)[사은숙배(肅拜), 사은회(會)], 사의(謝意;감사하게 여기거나 잘못을 비는 마음), 사의(謝儀;감사의 뜻으로 보내는 물품), 사장(謝狀;사례나 사과하는 편지), 사절(謝絶;요구나 제안을 받아들이지 않고 사양하여 물리침. 거절)[사절하다; 면회사절(面會), 외상사절], 사죄(謝罪)[백배사죄(百拜)], 사표(謝表)[49], 사하다(감사의 뜻을 전하다); 감사(感謝), 고사(叩謝), 다사(多謝), 대사(代謝)[50], 면사(面謝), 명사(銘謝), 박사(薄謝), 배사(拜謝), 보사(報謝), 심사(深謝), 사례(謝禮), 숙사(肅謝), 예사(禮謝), 진사(陳謝;까닭을 밝히며 사과의 말을 함), 최사(摧謝), 치사(致謝;고맙다는 뜻을 나타냄), 회사(回謝), 회사(悔謝;잘못을 뉘우쳐서 사과함), 후사(厚謝) 들.

사(斜) '비끼다. 비스듬하다. 기울다'를 뜻하는 말. ¶사각(斜脚), 사각근(斜角筋), 사갱(斜坑), 사경(斜徑;비탈길), 사경(斜傾), 사경(斜頸), 사고(斜高), 사광(斜光), 사교(斜交), 사교(斜橋), 사로(斜路), 사롱(斜籠), 사면(斜面)[경사면(傾); 내사면(內), 대륙사면(大陸)], 사문직(斜紋織), 사방휘석(斜方輝石), 사삼각형(斜三角形), 사삽(斜揷), 사선(斜線), 사시/안(斜視/眼), 사안(斜眼), 사양(斜陽)[51], 사영(斜映), 사영(斜影), 사우(斜雨;바람에 날리어 뿌리는 비), 사월(斜月;지는 달), 사위(斜位), 사일(斜日;夕陽), 사절/면(斜截/面), 사조(斜照;夕陽), 사주체(斜柱體), 사체(斜體), 사층리(斜層理), 사탑(斜塔), 사투영(斜投影), 사평면(斜平面), 사폭(斜幅), 사풍(斜風), 사피(斜皮), 사항(斜巷), 사항곡선(斜航曲線), 사항술(斜航術); 경사/면(傾斜/面), 급사(急斜), 배사(背斜)[52], 예사(禮斜), 완사/면(緩斜/面), 향사(向斜), 횡사(橫斜) 들.

사(舍) '집·건물'을 뜻하는 말. ¶사감(舍監), 사관(舍館), 사랑(舍廊)[53], 사백(舍伯;家伯), 사음(舍音;마름), 사정(舍亭;亭子), 사제(舍弟;아우), 사형(舍兄); 객사(客舍), 갱사(坑舍;굿막), 계사(鷄舍), 고사(庫舍), 공사(公舍), 관사(官舍), 관사(館舍), 광사(鑛舍), 교사(校舍), 구사(廏舍;마구간), 기숙사(寄宿舍), 내사(內舍), 농사(農舍), 당사(堂舍), 당사(黨舍), 돈사(豚舍), 막사(幕舍), 모사(茅舍), 방사(坊舍), 방사(房舍), 병사(兵舍), 병사(病舍), 비사(鄙舍;자기 집), 서사(書舍), 숙사(宿舍), 숙사(塾舍), 승사(僧舍;절), 양사(羊舍), 여사(旅舍), 역사(驛舍), 영사(營舍), 옥사(獄舍), 우사(牛舍), 우사(寓舍), 입사(入舍), 정사(亭舍), 정사(精舍), 청사(廳舍), 초사(哨舍), 축사(畜舍), 퇴사(退舍), 폐사(弊/敝舍), 학사(學舍) 들.

사(査) '사물의 내용을 정확히 살펴보다(조사하다)'를 뜻하는 말. ¶사구(査究), 사대(査對), 사득(査得), 사문(査問), 사수(査受/收), 사실(査實;사실을 조사함), 사안(査案), 사열(査閱)[54], 사정(査正), 사정(査定)[55], 사조(査照), 사증(査證), 사찰(査察;조사하여 살핌)[사찰원(員); 공중사찰(空中), 세무사찰(稅務)], 사출(査出), 사핵(査覈/核); 감사(監査), 감사(鑑査), 검사(檢査), 고사(考査), 내사(內査), 답사(踏査), 세사(細査), 수사(搜査), 순사(巡査), 실사(實査), 심사(審査), 엄사(嚴査), 정사(精査), 조사(照査), 조사(調査), 주사(走査;화면의 점을 전기 신호로 바꾸어 보내는 조작), 탐사(探査), 핵사(覈査) 들.

사(寺) '절'을 뜻하는 말. ¶사격(寺格), 사규(寺規), 사기(寺基;절터), 사내(寺內), 사답(寺畓), 사령(寺領), 사무(寺務), 사문(寺門), 사승(寺僧), 사역(寺役), 사원(寺院), 사위토(寺位土;절에 딸린 논밭), 사임(寺任;절의 소임), 사중(寺中), 사지(寺址;절터), 사찰(寺刹)[재궁사찰(齋宮)], 사참(寺站), 사첩(寺牒), 사탑(寺塔); 감사(監寺), 고사/거찰(古寺/巨刹), 구사(舊寺), 당사(當寺), 대사(大寺), 말사

---

49) 사표(謝表): 벼슬을 제수(除授)받은 벼슬아치가, 임금의 은혜에 감사하다는 뜻으로 올리는 글. 사장(謝章).

50) 대사(代謝): '물질대사(생명을 유지하기 위하여 생물체가 필요한 것을 섭취하고 불필요한 것을 배설하는 일)'의 준말. ¶대사량(量); 기초대사(基礎), 물질대사(代謝), 신진대사(新陳).

51) 사양(斜陽): ①저녁때 서쪽으로 기울어진 해. 또는 그 햇빛. 석양(夕陽). ②시세의 변화에 따라 점점 쇠퇴하여 가는 일의 비유, ¶그것은 이미 사양 기술이 되었다. 사양길, 사양산업(産業), 사양족(族).

52) 배사(背斜.↔向斜): 배사곡(谷), 배사구조(構造), 배사축/면(軸/面); 대칭배사(對稱).

53) 사랑(舍廊): 사랑놀이, 사랑다락, 사랑문(門), 사랑방(房), 사랑살이, 사랑손님, 사랑양반(兩班), 사랑지기, 사랑채, 사랑축; 나라사랑, 아랫사랑, 안사랑, 윗사랑, 이웃사랑, 작은사랑, 큰사랑.

54) 사열(査閱): ①검열이나 조사를 위하여, 실지로 하나하나 살펴봄. ②군에서, 사열관이나 지휘관이 장병을 정렬시켜 놓고 군사교육의 성과 및 장비 유지 상태를 실지로 살펴봄. ¶부대를 사열하다. 사열대(臺), 사열식(式); 내무사열(內務).

55) 사정(査定): 조사하거나 심사하여 결정함. ¶사정가격(價格), 사정안(案); 성적사정(成績), 예산사정(豫算), 졸업사정(卒業), 특허사정(特許).

(末寺)[산내말사(山內), 산외말사(山外), 손말사(孫), 직말사(直)], 본사(本寺)[총본사(總)], 불사(佛寺), 산사(山寺), 선사(禪寺), 수사(首寺), 파사(破寺), 폐사(廢寺), 회하사(會下寺); 고란사/ 불국사/ 송광사/ 수덕사/ 용주사/ 월정사/ 유점사/ 해인사 들로 쓰임.

사(蛇) '뱀'을 뜻하는 말. ¶사갈/시(蛇蝎/視;남을 나쁘게 여겨 몹시 싫어함), 사관(蛇管), 사굴(蛇窟), 사독(蛇毒), 사룡(蛇龍), 사문(蛇紋)[사문석(石), 사문암(巖)], 사미(蛇尾), 사상병(蛇狀病), 사상자(蛇床子), 사선(蛇線), 사신(蛇身), 사심(蛇心), 사주(蛇酒), 사퇴(蛇退;뱀의 허물), 사피(蛇皮), 사행/천(蛇行/川), 사황(蛇黃), 사회암(蛇灰巖); 대사(大蛇), 독사(毒蛇), 백사(白蛇), 백화사(白花蛇), 복사(蝮蛇;살무사), 봉시장사(封豕長蛇;먹기를 탐내는 사람), 살무사(←殺母蛇), 생사탕(生蛇湯), 양두사(兩頭蛇), 오사(烏蛇;먹구렁이), 용두사미(龍頭蛇尾), 용사비등(龍蛇飛騰), 장사(長蛇), 장사진(長蛇陣), 해사(海蛇), 화사/주(花蛇/酒), 화사첨족(畵蛇添足)/사족(蛇足) 들.

사(賜) '윗사람이 아랫사람에게 금품을 내려주다'를 뜻하는 말. ¶사가(賜暇;휴가를 줌), 사개(賜蓋), 사궤장(賜几杖), 사금(賜金), 사급(賜給;물품 따위를 나라에서 내려줌), 사명(賜名;임금이 내린 이름), 사물(賜物), 사미(賜米), 사배(賜杯;임금이 신하에게 술잔을 내림), 사사(賜死)[56], 사성(賜姓), 사송/선(賜送/扇), 사악(賜樂), 사안(賜顔), 사알(賜謁), 사액/서원(賜額/書院), 사약(賜藥), 사여(賜與), 사연(賜宴), 사전(賜田), 사제(賜弟), 사찬(賜饌), 사패/땅(賜牌), 사하다(하사하다), 사호(賜號); 내사(內賜), 반사(頒賜), 배사(拜賜), 상사(賞賜), 서사(敍賜), 선사(膳賜), 어사(御賜)[어사검(劍), 어사화(花)], 은사(恩賜), 특사(特賜), 하사(下賜)[하사금(金), 하사품(品)], 혜사(惠賜), 후사(厚賜) 들.

사(紗) '깁(엷고 가는 견직물)'을 뜻하는 말. ¶사등롱(紗燈籠), 사라(紗羅), 사롱(紗籠), 사모(紗帽)[사모관대(冠帶), 사모뿔, 사모턱, 사모패(牌)], 사붙이, 사선(紗扇), 사속(紗屬), 사창(紗窓), 사초롱; 갑사(甲紗)[갑사댕기; 불갑사(빛깔이 매우 붉은 갑사), 숙갑사(熟甲紗)], 견사(絹紗), 고사(庫紗)[생고사(生), 숙고사(熟)], 나사(羅紗←raxa), 능사(綾紗), 망사(網紗), 면사포(面紗布), 모사(毛紗), 모사(帽紗), 박사(薄紗), 불란사[57], 서양사(西洋紗)/양사(洋紗), 숙사(熟絲), 은조사(銀造紗), 청사등롱(青紗燈籠), 황사등롱(黃紗燈籠) 들.

사(嗣) '뒤를 잇다. 계승하다'를 뜻하는 말. ¶사군(嗣君), 사법(嗣法;불법을 이어받음), 사산(嗣産;양자가 물려받는 재산), 사속(嗣續;대를 이음), 사손(嗣孫;대를 이을 손자), 사왕(嗣王;嗣君), 사위(嗣位;왕위를 이음), 사자(嗣子;맏아들); 계사(繼嗣), 구사(求嗣), 국사(國嗣), 명사(螟嗣;양아들), 무사(無嗣), 법사(法嗣), 세사(世嗣), 승사(承嗣), 양사(養嗣), 양사자(養嗣子), 영사(令嗣), 입사(立嗣), 적사(嫡嗣), 절사(絕嗣), 종사(宗嗣), 천사(天嗣), 혈사(血嗣;혈통을 이어온 자손), 황사(皇嗣), 후사(後嗣) 들.

사(仕) '벼슬. 섬기다'를 뜻하는 말. ¶사관(仕官), 사도(仕途;벼슬길), 사로(仕路), 사일(仕日), 사진(仕進), 사진기(仕進記)/사기(仕記), 사퇴(仕退), 사판(仕版), 사환(仕宦); 궐사(闕仕), 구사(求仕), 근사(勤仕;맡은 일에 힘씀), 급사(給仕), 기복출사(起復出仕), 봉사(奉仕), 불사(不仕), 시사(時仕), 입사(入仕), 적사(積仕), 적사구근(積仕久勤), 조사(朝仕), 초사(初仕), 출사(出仕)[기복출사(起復)], 치사(致仕), 퇴사(退仕), 파사(罷仕) 들.

사(祀) '제사. 제사 지내다'를 뜻하는 말. ¶사천(祀天); 고사(告祀)[고삿고기, 고사떡, 고사반(盤); 텃고사], 교사(郊祀), 궐사(闕祀), 담사(禫祀), 대사(大祀), 봉사(奉祀)[누대봉사(累代)], 선사(先祀), 섭사(攝祀), 세사(世祀), 숭사(崇祀), 시사(時祀), 연사(練祀), 영사(影祀), 절사(節祀), 제사(祭祀), 종사(從祀), 주사(主祀), 중사(中祀), 참사(參祀), 철사(撤祀;제사를 마침), 총사(冢祀), 파사(罷祀), 합사(合祀), 행사(行祀), 향사(享祀) 들.

사(詐) '속이다'를 뜻하는 말. ¶사계(詐計), 사교(詐巧), 사기(詐欺)[58], 사모(詐冒;거짓으로 속임), 사모(詐謀;속여넘기려는 꾀), 사병(詐病;꾀병), 사선(詐善), 사수(詐數;속임수), 사술(詐術;남을 속이는 못된 꾀), 사위(詐僞;거짓), 사충(詐忠), 사취(詐取;속여 남의 것을 빼앗음), 사칭(詐稱), 사해/행위(詐害/行爲); 간사/스럽다/하다(奸詐), 교사(驕詐), 교사/스럽다(巧詐), 궤사(詭詐), 기사하다(欺詐), 기사(機詐), 변사(變詐), 병불염사(兵不厭詐), 식사(飾詐), 행사(行詐), 협사(挾詐)[천진협사(天眞)], 휼사(譎詐) 들.

사(司) '맡다. 벼슬 · 관직'을 뜻하는 말. ¶사계(司計), 사령(司令)[사령관(官)[59], 사령부(部), 사령선(船), 사령탑(塔)], 사마(司馬), 사법(司法)[60], 사서(司書), 사세(司稅), 사신(司晨), 사정(司正), 사제(司祭), 사직(司直), 사첨(司籤), 사회(司會), 사회자(司會者); 군사(郡司), 상사(上司), 서사(書司), 속사(屬司), 유사(有司), 직사(職司), 하사(下司) 들.

사(捨) '버리다. 베풀다'를 뜻하는 말. ¶사계(捨戒), 사교입선(捨敎入禪), 사근취원(捨近取遠), 사상(捨象)[61], 사생취의(捨生取義), 사석(捨石), 사석공(捨石工), 사소취대(捨小取大), 사시(捨施), 사신(捨身;속세를 버리고 불문에 들어감. 出家)[사신성도(成道), 사신행(行)]; 고사하고(姑捨;말할 것도 없고), 용사(用捨), 취사(取捨), 취사선택(取捨選擇), 희사하다(喜捨) 들.

사(赦) '놓다. 풀어주다'를 뜻하는 말. ¶사내리다, 사놓다(죄인을 용서하여 주다), 사령(赦令), 사례(赦例), 사면(赦免)[62], 사문(赦文),

---

56) 사사(賜死): 지난날, 죽일 죄인을 대우하여 사약(死藥)을 내려 스스로 목숨을 끊게 하던 일. ¶그는 유배지에서 사사되었다.

57) 불란사: 몹시 얇고 하르르하면서도 질긴 비단 직물.

58) 사기(詐欺): 못된 목적으로 남을 속임. 남을 속여 착오에 빠지도록 하는 범죄 행위. ¶사기죄로 구속되다. 사기꾼, 사기술(術), 사기죄(罪), 사시취재/죄(取材/罪), 사기파산(破産), 사기한(漢), 사기횡령(橫領).

59) 사령관(司令官): 군대 · 함대 따위를 지휘 · 통솔하는 사람. 또는 그 직책. ¶계엄사령관(戒嚴), 총사령관(總).

60) 사법(司法): 국가가 법률을 실체의 사실에 적용하는 행위. 법률에 따른 민사 · 형사상의 재판. ¶사법경찰(警察), 사법고시(考試), 사법관(官), 사법권(權), 사법기관(機關), 사법부(府), 사법재판(裁判), 사법절차(節次), 사법제도(制度), 사법처분(處分), 사법학(學), 사법해석(解釋), 사법행정(行政).

61) 사상(捨象): 공통의 성질을 뽑아내기 위하여, 낱낱의 특수한 성질을 고려의 대상에서 제외하는 일.

62) 사면(赦免): 죄를 용서하여 형벌을 면제함. ¶사면령(令), 사면복권(復權), 사면장(狀); 일반사면(一般), 특별사면(特別)/특사(特赦).

사원(赦原;죄인의 정상을 참작하여 용서함. 사면함), 사유(赦宥;죄를 용서함), 사전(赦典), 사죄(赦罪)[사죄드리다/하다], 사하다(용서하다); 대사(大赦;一般赦免), 망사지죄(罔赦之罪), 용사(容赦), 은사(恩赦), 특사(特赦), 혜사(惠赦) 들.

사(奢) '제 분수에 지나치게 차리다(사치하다)'를 뜻하는 말. ¶사려하다(奢麗), 사일하다(奢佚;사치스럽고 방탕하게 놀다), 사참(奢僭;분수에 넘치게 사치하고 방자스러움), 사치(奢侈)[63]; 교사하다(驕奢), 궁사(窮奢), 유사입검(由奢入儉), 참사하다(僭奢), 호사(豪奢)[잔풀호사(허영에 들떠 옷치장을 잘하는 일)], 화사(華奢) 들.

사(肆) '멋대로 하다. 가게. 저자(시장)'를 뜻하는 말. ¶사기(肆氣;함부로 방자한 성미를 부리고 행동함), 사독(肆毒;독한 성미를 함부로 부림), 사목(肆目), 사악(肆惡), 사종(肆縱;제멋대로 방자한 행동을 함); 교사하다(驕肆), 방사(放肆), 서사(書肆), 시사(市肆), 자사(恣肆), 주사(酒肆), 책사(冊肆;서점), 포사(庖肆;푸주), 횡사(橫肆) 들.

사(飼) '먹이. 기르다. 치다'를 뜻하는 말. ¶사량(飼糧), 사료(飼料)[64], 사순(飼馴), 사양(飼養)[사양표준(標準); 전지사양(轉地)], 사우(飼牛), 사육(飼育)[사육비(費), 사육사(士), 사육상자(箱子), 사육장(場); 청량사육(淸凉), 케이지사육(cage)], 사조(飼鳥), 사주(飼主), 사초(飼草), 사축(飼畜); 방사(放飼) 들.

사(瀉) '물을 쏟아 붓다. 물이 흐르다. 게우다. 토하다'를 뜻하는 말. ¶사리(瀉痢;설사), 사리염(瀉利鹽;황산마그네슘), 사제(瀉劑), 사출(瀉出;내쏟음), 사하다(설사하다), 사혈(瀉血;치료를 목적으로 환자의 피를 얼마간 뽑아냄); 경사(傾瀉), 설사(泄瀉), 일사천리(一瀉千里), 지사제(止瀉劑), 토사(吐瀉), 토사곽란(吐瀉癨亂) 들.

사(似) '같다. 비슷하다'를 뜻하는 말. ¶사이비(似而非), 사형(似形); 모불사(貌不似;꼴이 꼴 같지 아니함), 무사(無似), 방사(倣似), 불사(不似), 비몽사몽(非夢似夢), 상사(相似), 상사도(相似圖), 유사(類似), 의사(擬似), 혹사(酷似), 흡사(恰似) 들.

사(祠) '제사지내다'를 뜻하는 말. ¶사당(祠堂)[65], 사우(祠宇), 사전(祀典;제사의 의식), 사판(祠版/板;神主); 고사(古祠), 동사(洞祠), 묘사(廟祠), 신사(神祠), 음사(陰祠), 총사(叢祠), 충렬사(忠烈祠), 현충사(顯忠祠) 들.

사(斯) '이. 이것'을 뜻하는 말. ¶사계(斯界;지금 말하고 있는 이 분야), 사도(斯道), 사문(斯文;유교의 도의), 사문난적(斯文亂賊), 사업(斯業), 사종(斯螽;메뚜기), 사학(斯學); 여사하다/히/여사여사/히(如斯), 종사(螽斯) 들.

사(莎) '사초(莎草). 잔디'를 뜻하는 말. ¶사대석(莎臺石;병풍석 대신으로 쓰는 돌), 사성(莎城;묏자리를 에워싼 두둑), 사초하다(莎草;무덤에 떼를 입히다); 우각사(牛角莎;무덤의 좌우 및 뒤를 흙으로 돋우고 떼를 입힌 곳) 들.

사(伺) '엿보다. 기회를 노리다'를 뜻하는 말. ¶사극(伺隙;기회나 틈을 엿봄), 사찰(伺察), 사후(伺候), 사후선(伺候船), 사흔(伺釁); 규사(窺伺;기회를 엿봄) 들.

사(些) '적다. 조금. 약간'을 뜻하는 말. ¶사략(些略), 사말(些末;자질구레하고 중요하지 않은 것), 사세(些細), 사소하다(些少) 들.

사(卸) '풀다(옷을 벗다)'를 뜻하는 말. ¶사갑(卸甲), 사담(卸擔;진 짐을 내려놓음. 책임을 벗음), 사백(卸白;요점만 적음); 적사(積卸;짐을 싣거나 부리거나 함) 들.

사(梭) 피륙을 짤 때에 씨올의 실꾸리를 넣는 베틀의 부속품인 '북'을 뜻하는 말. ¶사병(梭餠;북떡), 사전(梭田); 기사(機梭), 척사(擲梭), 투사(投梭) 들.

사(獅) '사자'를 뜻하는 말. ¶사손(獅孫), 사자(獅子)[사자자리, 사자좌(座), 사자춤, 사자탈, 사자후(吼); 빈사자(牝), 수사자, 암사자] 들.

사(鯊) '망둥어. 상어. 모래무지'를 뜻하는 말. ¶사시(鯊翅;상어의 지느러미를 껍질을 벗기어 버리고 말린 식료품), 사어(鯊魚;모래무지) 들.

사(麝) '사향노루'를 뜻하는 말. ¶사록(麝鹿), 사서(麝鼠;사향뒤쥐), 사향(麝香)[사향낭(囊), 사향내, 사향노루, 사향소, 사향수(水)] 들.

사(徙) '옮기다'를 뜻하는 말. ¶사가망처(徙家忘妻), 사시(徙市); 이사(移徙)[이삿짐, 이사철, 이사하다], 천사(遷徙) 들.

사(姒) '동서(남편 형제의 아내)'를 뜻하는 말. ¶제사(娣姒;형제의 아내 중 손아랫동서와 손윗동서).

사(裟) 가사(승려의 옷)'의 음을 빌린 말. ¶가사(袈裟←kasaya〈범〉)], 파사(婆裟).

사(篩) '체(치거나 고르는 데 쓰는 기구)'를 뜻하는 말. ¶사골(篩骨), 사관(篩管;체관), 사부(篩部) 들.

사(蓑/簑) '도롱이(띠풀을 엮어 만든 비옷)'을 뜻하는 말. ¶사립(簑笠), 사의(蓑衣), 녹사의(綠簑衣) 들.

사(榭) '정자(亭子)'를 뜻하는 말. ¶대사(臺榭;높고 큰 누각이나 정자).

사(駟) '한 수레에 메우는 네 마리의 말'을 뜻하는 말. ¶사마(駟馬;네 필이 끄는 마차).

사(巳) '뱀. 여섯째 지지(地支)'를 뜻하는 말. ¶사년(巳年;뱀해).

사(汜) '물가. 웅덩이'를 뜻하는 말. ¶몽사(蒙汜;서쪽. 해가 지는 곳).

사(唆) '부추기다. 꾀다'를 뜻하는 말. ¶사촉(唆囑;使嗾); 교사(敎唆), 시사(示唆;미리 암시하여 알려 줌) 들.

사(槎) '뗏목'을 뜻하는 말. ¶부사(浮槎), 선사(仙槎;신선이 타는 배).

사(乍) '잠깐'을 뜻하는 말. ¶사청(乍晴); 졸사간(猝乍間).

---

63) 사치(奢侈): 분수에 넘치게 의식주 따위를 치레함. 분수에 넘치게 호사스러움. ¶사치하지 않는 생활 자세. 옷이 너무 사치스럽다. 사치관세(關稅), 사치비(費), 사치세(稅), 사치스럽다, 사치품(品), 사치풍조(風潮), 사치하다(=하리다'); 옷사치.

64) 사료(飼料): 가축의 먹이. ¶사료작물(作物), 사료학(學); 고형사료(固形), 녹사료(綠;풋먹이), 농후사료(濃厚), 다즙사료(多汁), 배합사료(配合), 생산사료(生産), 유지사료(維持), 조사료(粗飼料).

65) 사당(祠堂): 신주(神主)를 모셔 놓은 집. ¶사당에 위패를 모셔 놓다. 사당방(房), 사당양자(養子), 사당치레; 고사당(告), 생사당(生), 현사당(見).

사(泗) '새다. 설사하다'를 뜻하는 말. ¶체사(涕泗).

사(柶) '윷'을 뜻하는 말. ¶척사(擲柶;윷놀이).

사(渣) '찌꺼기'를 뜻하는 말. ¶사재(渣滓).

사가품 입으로 내뿜는 침방울.[←거품]. ¶입가에 사가품이 일다.

사각 ①벼, 보리, 밀 따위를 벨 때 나는 소리. ②눈이 내리거나 눈 따위를 밟을 때 나는 소리. ③연한 과자나 배, 사과 따위를 씹을 때 나는 소리. ④갈대나 풀 먹인 천 따위를 얇고 빳빳한 물체가 스칠 때 나는 소리. 〈큰〉서걱. 〈센〉싸각. 사각·서걱·싸각·써걱거리다/대다/하다, 사각사각/하다.

사갈 산에 오를 때나, 눈길 또는 얼음 위에서 미끄러지지 않도록 신바닥에 못을 박아 신던 나막신. 굵은 철사로 뾰족하게 만들어 신바닥에 대는 것. ¶사갈을 독일말로 '아이젠'이라 한다. 신바닥에 미끄럼 방지로 덧대는 징은 '재리'라고 한다.

사개 ①상자 따위의 네 귀퉁이를 어긋맞도록 들쭉날쭉하게 파내어 맞춘 짜임새. ¶사개를 맞추다. ②건축에서, 도리나 장여를 박기 위해 기둥머리를 네 갈래로 오려 낸 부분. 또는 그 짜임새. ¶사개를 물리다. 사개가 맞다(말이나 사리의 앞뒤 관계가 딱 들어맞다). 사개맞춤(화통맞춤), 사개연귀, 사개짜기, 사개촉(鏃;화통가지), 사개통[66].

ㅅ

사공 주로 노를 젓는 배를 부리는 사람. §'沙工(사공)'은 한자음을 빌린 말. ¶사공이 많으면 배가 산으로 올라간다. 도사공(都), 뱃사공, 처녀사공(處女).

사과(沙果) 사과나무의 열매. ¶사과나무, 사과산(酸), 사과술, 사과주(酒), 사과즙(汁), 사과참외; 먹사과, 쭈그렁사과, 풋사과 들.

-사귀 '낱낱의 잎이나 조각'을 뜻하는 접미사. ¶잎사귀(낱낱의 잎).

사귀(다) ①남남끼리 서로 얼굴을 익히고 사이좋게 지내다.≒가까이하다. 어울리다. 교제하다(交際). ¶친구를 사귀다. 이웃과 사귀다. 사귐, 사귐성(性;사교성); 섞사귀다[67]. ②서로 엇갈리어 지나가다. ¶평행이 아닌 두 직선은 어디선가 사귀게 마련이다. 사귐각(角;交角), 사귐길(교차로), 사귐점(點;交點).

사근사근 ①생김새나 성품이 상냥하고 보드라운 모양. 〈센〉싸근싸근. ¶사근사근 상냥한 새댁. ②사과나 배 따위가 씹히는 것과 같이 매우 부드럽고 연하게. ¶사근사근 씹히는 사과. 사근사근·서근서근하다/히. 〈큰〉서근서근.

사글사글 성질이나 생김새가 부드럽고 상냥한 모양. 〈큰〉서글서글. 〈센〉싸글싸글. 〈큰·센〉써글써글. ¶사글사글한 눈매가 보기 좋다. 사글사글 상냥한 여자. 사글사글·서글서글/하다. 서그러지다(너그럽고 서글서글하다), 서그럽다[68].

사글-세(貰) 집이나 방을 빌려 쓰고 다달이 내는 세.[←삭월세(朔月貰)]. ¶사글셋방(房).

66) 사개통: 사개를 맞추기 위하여 오려 낸 기둥머리의 자리.=화통.
67) 섞사귀다: 지위와 환경이 다른 사람들끼리 서로 가깝게 사귀다. ¶아이들은 쉽게 섞사귄다. 섞사귐(지위나 처지가 다른 사람끼리 사귀는 일).
68) 서그럽다: 성질이 너그럽고 서글서글하다.

사금-파리 사기그릇의 깨어진 작은 조각. ¶그녀는 사금파리를 밟아 발바닥에 상처를 입었다.

사나이 남자 중에서도 특히 당당하고 떳떳한 남자다운 남자를 이르는 말.≒남자.↔계집. 여자. 〈준〉사내(남자 또는 남편을 범속하게 이르는 말). ¶사내아이를 낳았다. 사내들이 씨름을 한다. 너는 과연 사나이다. 처녀가 사내를 얻다. 사냇값(남자로서 걸맞은 행동), 사내구실, 사내꼽재기(같잖은 사내), 사내녀석, 사내놈, 사나이답다/사내답다, 사내대장부(大丈夫), 사내동생, 사내번지기[69], 사내새끼, 사내싸다[70], 사내아이/사내애, 사내자식(子息), 사내종, 사내칫것(하잘것없는 사내), 사내티; 본사내(本), 암사내(암띤 사내). 들.

사날 ①거리낌 없이 제멋대로 하는 태도나 성미. ¶사날 좋게 남의 방에서 자고 있다. 제사날로(제 생각으로). ②비위 좋게 남의 일에 잘 참견하는 일. ¶남의 종교까지 간섭하는 걸 보면 사날이 대단한 사람인 모양이지? 사날이 좋아서 아무 일에나 간섭이다. 사날없다(붙임성이 없이 무뚝뚝하다)/없이.

사납(다) ①하는 짓이나 몸가짐 따위가 억세고 거칠다.≒무섭다. 모질다.↔부드럽다. 온순하다(溫順). ¶성질이 사납다. 사남[71]; 감사납다[72], 감때사납다[73], 눈꼴사납다(태도나 행동이 아니꼬워 보기 싫다), 볼썽사납다[74], 소증사납다[75], 심술사납다, 입정사납다(말투가 점잖지 못하다. 거칠게 탐식하다), 정신사납다(精神;정신이 어지럽다). ②생김새가 험상궂다. ¶사나운 얼굴로 노려보다. 꼴사납다(꼴이 흉하다). 목자사납다[76], 볼꼴사납다(꼴이 보기에 망측하거나 흉하다), 주제사납다(겉모습이 남 보기에 흉하다). ③비바람 따위가 몹시 세차다.↔잔잔하다. ¶비바람이 사납게 몰아치다. 날씨가 사납다. ④인정이 메마르고 거칠다. ¶동네 인심이 사납다. ⑤운수(運數)와 같은 것이 순탄하지 않고 나쁜 일이 생기다. ¶팔자가 사납다. 수사납다(數;운수가 나쁘다), 채신·처신·치신사납다(處身;몸가짐이 경망스러워 볼꼴이 사납다).

사내끼 ①물고기를 잡을 때 물에 뜬 고기를 건져내는, 철사나 끈으로 망처럼 얽은 기구. ②'새끼²'의 사투리.

사냥 총이나 그 밖의 도구로 산이나 들의 짐승을 잡는 일.[←산행(山行)]. 수렵(狩獵). ¶사냥을 나가다. 사냥감, 사냥개, 사냥개자리, 사냥구(具), 사냥구럭, 사냥그림, 사냥꾼, 사냥돌(팔맷돌), 사

69) 사내번지기: 성질이 사내처럼 괄괄한 여자. 말괄량이.
70) 사내싸다: 씩씩하여 사내라고 할 만하다. 사나이답다.
71) 사남: 사납게 행패를 부리는 일. ¶사남을 부리다.
72) 감사납다: ①생김새나 성질이 휘어잡기 힘들게 억세고 사납다. ¶일꾼이 너무 감사나워 부리기가 힘들다. ②손을 대기가 힘들도록 바닥이 거칠고 험하다. ¶잡초가 우거진 감사나운 밭.
73) 감때사납다: 매우 억세고 사납다. ¶그 사람은 말 붙이기도 어려울 만큼 감때사납다.
74) 볼썽사납다: 체면이나 예모를 차리지 않아 보기에 언짢다. ¶행락철만 되면 볼썽사나운 춤판이 여기저기서 벌어진다.
75) 소증사납다: 하는 짓의 동기가 곱지 못하다. ¶소증사납게 그게 무슨 꼴이냐. 일이 소증사납게 되다.
76) 목자사납다: 눈매가 심술사납게 생기다.

냥막(幕), 사냥매, 사냥물(物), 사냥바치, 사냥새, 사냥질/하다, 사냥철, 사냥총(銃), 사냥춤, 사냥칼, 사냥터, 사냥하다(잡다); 개사냥, 고래사냥, 그물사냥, 꿩사냥, 난사냥(멀리 다니면서 하는 매사냥), 덫사냥, 들사냥, 마녀사냥(魔女), 매사냥, 몰이사냥, 섶사냥[77], 총사냥(銃), 틀사냥, 활사냥 들.

사늑-하다 아늑한 느낌이 있다.

사(다) ①값을 치르고 제 것으로 만들다. 가진 것을 팔아 돈으로 바꾸다.≒구입하다(購入).↔팔다. ¶문구점에서 연필을 사다. 사람을 사서 부리다. 할머니가 광에서 곡식을 내서 돈을 사다. 사고팔다, 사들이다, 사려(물건을 사라고 외치는 소리), 사이다(사게 하다), 사재기[78]/하다, 사재다, 살힘(구매력); 되사다, 몰아사다(한꺼번에 사다). ②자기의 잘못으로 고생·욕·병 따위를 얻다. ¶남의 비웃음을 사다. 고생을 사서 하다. ③상대로 하여금 자기에게 어떤 감정을 가지게 하다.≒받다. 얻다. ¶원한을 사다. 다른 사람에게 의심을 살 만한 일을 하지 마라. 감정사다[79]. ④가치를 인정하다.≒평가하다. 받아들이다. ¶그의 능력을 높이 사다. ☞ 매(買).

사닥-다리 ☞ 다리².

사달 사고나 탈. ¶사달이 나다(사고가 일어나다. 대단찮은 탈이 나다). 사람만 믿고 돈을 빌려 주었다가 사달이 났다.

사당 떼를 지어 떠돌아다니면서 노래와 춤을 파는 여자. 또는 그들의 무리. §'寺黨(사당)'은 한자음을 빌린 말. ¶사당춤, 사당패(牌); 남사당(男)[남사당놀음/놀이, 남사당패(牌)] 들.

사대 투전이나 골패 따위에서 같은 짝을 모으는 일.

사돈 자녀의 혼인으로 맺어진 두 집안의 어른끼리 또는 그 두 집안의 같은 항렬이 되는 친족끼리 쓰는 호칭어. §査頓(사돈)은 만주어 sadun의 빌린 소리. ¶사돈댁(宅)/사댁, 사돈도령, 사돈아가씨, 사돈어른, 사돈집, 사돈처녀(處女), 사돈총각; 겹사돈(겹혼인을 하여 맺어진 사돈), 곁사돈[80], 바깥사돈, 수사돈(사위 쪽의 사돈), 안사돈, 암사돈(며느리 쪽의 사돈), 연사돈(連), 친사돈(親) 들.

사돌 작은 배를 타고 창경(窓鏡)으로 물밑을 내려다보면서 창이나 작살로 찌르거나 걸어서 수산물을 얻는 일. ¶낚시도 하고 사돌도 하여 고기를 잡는다. 사돌공(工), 사돌낚시, 사돌배, 사돌어구(漁具), 사돌어업(漁業), 사돌하다.

사둘 손잡이가 길고 모양이 국자처럼 생긴, 물고기를 잡는 용수 모양의 그물. ¶사둘로 고기를 잡다. 사둘질/하다.

사득 디디면 푹푹 빠지는 진펄. ¶사득에서 빠져나오다. 사득물(사득판에 고여 있는 물), 사득판(늪. 소).

사득다리 삭은 나뭇가지. ¶사득다리는 바람에 힘없이 부러졌다.

77) 섶사냥: 연기가 많이 나는 나무 따위에 불을 붙여 그 연기로 굴속의 짐승을 나오게 하여 잡는 일.
78) 사재기: 값이 크게 오를 것을 내다보고 막 몰아 사들여 쟁이는 일.[←사(다)+재(다)+기].
79) 감정사다(感情): 남으로 하여금 감정이 나게 하다.
80) 곁사돈: 직접 사돈이 아니고 같은 항렬의 방계간의 사돈.

사등이 등골뼈 또는 등골뼈가 있는 두두룩한 자리. 사등이뼈. 등성마루(등마루의 거죽 쪽). ¶사등이가 휘다. 사등이에 오르다.

사또 부하인 장졸(將卒)이 그들의 우두머리를 높이어 일컫던 말. [←사도(使道)]. ¶사또 덕분에 나팔 분다. 수사또(水), 순사또(巡). §'어사또'는 '어사도(御史道)'의 변말.

사뜻-하다 모양이나 마음씨가 깨끗하고 말쑥하다.≒산뜻하다. ¶오늘따라 유난히 옷맵시가 사뜻해 보인다. 사뜻한 차림. 사뜻이.

사라지 쌈지의 담배가 마르지 않도록 종이를 기름에 결어서 두루주머니같이 만든 담배쌈지. ¶겹사라지.

사라지(다) ①형체나 현상이 자취가 없어지다. 〈큰〉스러지다/슬다.↔나타나다. 출현하다. ¶해가 구름 속으로 사라지다. 얼굴에는 불안한 기색이 사라졌다. 사라뜨리다/트리다. ②어떤 생각·감정 따위가 없어지다.↔생기다. ¶슬픔이 사라지다. ③죽다. ¶단두대의 이슬로 사라지다.

사락 ①어떤 물체가 가볍게 쓸리거나 맞닿는 소리. ¶사락사락 치맛자락 쓸리는 소리. 사락거리다/대다, 사락사락, 사락사락하다, 사르륵[81], 싸라락[82], 사르락·스르럭·싸르락[83], 사오락[84]. ②눈 따위가 가볍게 내리는 소리. ¶눈이 사락사락 내리는 밤이었다. 〈센〉싸락싸락.

사람 생각이나 말을 할 줄 아는, 지구상에서 가장 발달한 동물. 사람의 됨됨이. 도리·자격을 갖춘 사람.≒인재(人材).[←살(다)+암]. ¶거리에는 사람이 많다. 사람다운 사람을 찾아보기 어렵다. 사람이 되다. 사람값, 사람구실, 사람기척, 사람노릇, 사람답다, 사람대접(待接), 사람됨/새, 사람됨됨이, 사람떼, 사람띠(사람사슬), 사람멀미, 사람백장, 사람사태(沙汰), 사람살이, 사람새(사람의 됨됨이), 사람스럽다[85]; 가욋사람(加外), 곁사람, 군사람[86], 난사람(잘난 사람), 난뎃사람, 눈사람, 댁사람(宅), 돈사람, 돌사람, 된사람, 두멧사람, 뒷사람, 든사람, 들사람(들에서 일하거나 사는 사람), 딴사람, 뭇사람(여러 사람), 뭍사람, 뱃사람, 별사람(別), 사삿사람(私私), 산사람, 상사람(常), 새사람, 생사람(生)[87], 섬사람, 손아랫사람, 손윗사람, 숫사람[88], 시골사람, 아랫사람, 아랫대사람, 안사람, 앞사람, 옛사람, 우댓사람, 윗사람, 집사람, 집안사람, 참사람, 촌사람(村), 큰사람, 홑벌사람/홑사람(속이 아주 얕

81) 사르륵: 물건이 쓸리면서 가볍게 나는 소리. 또는 그 모양.=사라락·싸라락. 사르락·스르럭. 사르랑·스르렁. 사르릉/사릉·스르릉/스릉. 〈여〉사르륵. 〈준〉사륵. 〈센〉싸르륵/싸륵. 〈큰〉스르륵/스륵. 〈큰·센〉쓰르륵/쓰륵. ¶파도에 모래가 사르륵 쓸리다. 톱니바퀴 소리가 스르릉 나다. 사르륵거리다/대다.
82) 싸라락: 가벼운 물체가 조금 느리게 한 번 한쪽으로 쓸리거나 맞부딪칠 때 나는 소리. 〈여〉사라락. 〈준〉싸락. ¶싸라락 밀알 부딪치는 소리.
83) 싸르락: 키로 곡식을 까부를 때 낟알끼리 부딪치면서 나는 소리.
84) 사오락: 비단 치맛자락이 서로 스칠 때 나는 소리. ¶비단옷 소리가 사오락사오락 들린다.
85) 사람스럽다: 사람됨이나 하는 짓이 사람다운 맛이 있다.
86) 군사람: 정원 외의 사람. 필요 없는 사람.
87) 생사람(生): ①아무 잘못이 없는 사람. ②아무 관계가 없는 사람. ③생때같은 사람.
88) 숫사람: 거짓이 없고 순진하여 어수룩한 사람.

은 사람), 훗사람(後). ☞ 인(人).

사랑 아끼고 위하여 정성과 힘을 다하는 마음. 이성에 끌리어 몹시 그리워하는 마음. 일정한 사물을 즐기거나 좋아하는 마음.≒생각. 그리움. 굄. 애정(愛情).↔미움. 증오(憎惡). ¶어버이의 사랑. 사랑에 빠지다. 문학에 대한 사랑과 열정. 사랑하는 나의 조국. 자연을 사랑하다. 사랑겹다(몹시 사랑스럽다), 사랑노래, 사랑니, 사랑땜[89], 사랑스럽다(↔밉다), 사랑싸움/사랑쌈, 사랑앓이, 사랑옵다[90], 사랑하다, 사랑홉다(≒귀엽다. 사랑스럽다); 갑작사랑(갑작스럽게 느끼는 사랑), 겉사랑, 나라사랑, 내리사랑↔치사랑), 맞사랑(서로 주고받는 사랑), 뭇사랑(여러 사람과 하는 사랑), 반짝사랑, 부모사랑(父母), 불나비사랑[91], 붙이사랑[92], 속사랑(겉으로 드러내지 않고 마음속에 담은 사랑), 아랫사랑, 옛사랑, 올리사랑(치사랑), 윗사랑, 자식사랑(子息), 짝사랑, 참사랑, 첫사랑, 치사랑, 큰사랑, 풋사랑. ☞ 애(愛).

사래[1] 묘지기나 마름이 수고의 대가(對價)로 얻어서 부쳐 먹는 논밭. 사경(私耕). ¶사래를 갈다. 사랫길, 사래논, 사래밭, 사래쌀; 벌초사래(伐草) 들.

사래[2] 추녀 끝에 잇댄 네모지고 짧은 서까래. ¶사래끝장식(裝飾), 사래볼철(鐵;사래의 볼때기에 박는 쇠붙이).

사래[3] 이랑의 길이.=이랑. ¶사래가 긴 밭. 사랫길(논이나 밭 사이로 난 좁은 길).

사레 잘못 삼킨 음식물이 숨구멍 쪽으로 들어갈 때 갑자기 재채기처럼 뿜어 나오게 하는 현상. ¶물을 급히 마시다가 사레가 들려 재치기를 했다. 동생이 사레가 걸리다. 사레들다/들리다, 사레질/하다.

사뢰(다) 웃어른께 삼가 말씀을 드리다.[<ᄉᆞ로다←ᄉᆞᆲ다].≒여쭙다. ¶할아버지께 집안 형편을 사뢰다. 상사리(上;편지에서 '사뢰어 올림'의 뜻으로 쓰는 말). ☞ 백(白;아룀).

사르(다)[1] ①불에 태워 없애다.≒태우다. ¶낙엽을 사르다. 묵은 편지를 불에 사르다. ②불을 일으키어 붙이다.≒때다. 지피다. ¶불사르다(불에 사르다). 아궁이에 불을 사르다. 향을 사르다. ③힘이나 정열을 있는 대로 쓰다. ¶청춘을 불사르다. 젊은이가 사업에 정열을 사르다. ☞ 소(燒).

사르(다)[2] ①키 따위로 곡식을 담고 까불러 못 쓸 것을 떨어 버리다. ¶피를 사르다. 사래질[93]/하다. ②곡식을 까분 뒤에 싸라기를 따로 흔들어 떨어뜨리다.

사르르 ①얽히거나 뭉쳤던 것이 저절로 살살 풀리는 모양. ¶옷고름이 사르르 풀리다. 화가 난 마음이 사르르 풀렸다. ②눈이나 얼음 따위가 저절로 살살 녹는 모양. ¶입 안에서 설탕이 사르르 녹다. ③졸음이 살며시 오는 모양. ¶어느새 아기는 사르르 잠이 들었다. 사르르 졸음이 온다. ④눈을 살며시 감거나 뜨는 모양.=스르시. ⑤미끄러지듯 살며시 움직이는 모양. ¶배가 잔잔한 물 위를 사르르 미끄러지듯 나아갔다. ⑥가볍게 떨리는 모양. ¶눈을 사르르 떨다. ⑦배 따위의 통증이 조금씩 전하여 오는 느낌. 〈큰〉스르르[94].

사름 모낸 지 4, 5일 후에 모가 완전히 뿌리를 내리어 푸른빛을 생생하게 띠게 된 상태.

사릅 말·소·개 따위의 나이의 세 살. ¶사릅잡이(세 살 된 말이나 소 따위의 새끼).

사리(舍利) 석가모니나 성자의 유골(遺骨).[←śarīra〈범〉]. ¶사리골(骨), 사리기(器), 사리병(甁), 사리탑(塔), 사리함(函); 불사리(佛), 불사리회(會) 들.

사리[1] ①국수, 새끼, 노끈, 실, 칡 따위를 동그랗게 감아 놓은 뭉치. 또는 그것을 세는 단위. 가죽으로 만든 띠나 줄. 윷놀이에서 모나 윷. ¶국수 한 사리. 윷 두 사리를 치다. 사릿길(구불구불한 길), 사리다[95]·서리다[2], 사리사리하다(식물의 줄기나 뿌리가 얽혀 있다), 사리지다(사리를 이루며 타래지다); 거사리다[96], 고사리, 늦사리[97], 도사리다[98], 목사리[99], 사사리다(무엇을 노리면서 몸을 사리다), 오사리③. ②어떠한 감정이 복잡하게 사리어져 얽힌 모양. 〈큰〉서리. ③연기가 가늘게 올라가는 모양. 긴 물건이 자꾸 사리어진 모양. ¶사리사리[100].

사리[2] 음력 매달 보름과 그믐날, 조수(潮水)가 가장 높이 들어오는 때. 한사리.↔조금. ¶사리고기(한사리 때 잡힌 고기), 사리차(差); 곡우사리(穀雨;곡우 무렵에 잡히는 조기), 그믐사리(그믐에 잡힌 조기), 막사리(얼기 바로 전의 조수), 백중사리(百中;음력 칠월 보름 백중날의 사리), 보름사리, 오사리[2][101].

사리[3] 윷놀이에서 '모'나 '윷'을 이르는 말. 또는 모나 윷을 던지 횟

---

89) 사랑땜: 새로 가지게 된 것에 얼마 동안 사랑을 쏟는 일. 사랑할 때에 일어나는 여러 가지 일을 미리 겪어 보는 것.

90) 사랑옵다: 생김새나 행동이 사랑을 느낄 정도로 마음에 꼭 들어 귀엽다.

91) 불나비사랑: 감정에 따라 무조건적이고 맹목적으로 하는 열렬한 사랑.

92) 붙이사랑: ①동족이나 가까운 피붙이에 대한 사랑. ②한 번 인연을 맺으면 의리를 지키고 서로 감싸는 사랑.

93) 사래질: 키 따위에 곡식을 담고 흔들어서 굵은 것과 잔 것을 따로 가려내는 일.≒키질.

94) 스르르: ≒술술. 살살. ¶매듭이 스르르 풀리다. 구렁이 한 마리가 스르르 담을 넘다. 영화를 보는데 눈이 스르르 감기다. 마음에 맺혔던 응어리가 스르르 풀리다. 현관문이 스르르 열리다. 〈준〉슬.

95) 사리다: ①포개어 감다. 꼬부려 붙이다. 꼬리를 뒷다리 사이로 끼다. 정신을 바짝 죄어 가다듬다. ¶새끼줄을 사리다. 마음을 사려 먹다. 꼬리를 사리다(겁이 나서 슬슬 피하거나 움츠러들다), 사려넣다, 사리/사려물다(이를 악물다. 결심하다), 사려쥐다; 서린꼭지(소라 껍데기 모양으로 만든 뚜껑 꼭지), 서린무늬(고사리무늬), 서린잡이(소라 껍데기처럼 빙빙 돌아간 모양의 손잡이). ②일에 적극적으로 달라붙지 않고 살살 피하며 몸을 빼거나 아끼다. ¶뒤를 사리다. 몸을 사리지 않고 적진에 뛰어들다.

96) 거사리다: 긴 것을 힘 있게 빙빙 돌려서 포개어지게 하다. ¶밧줄을 거사리다. 거사려잡다.

97) 늦사리: 철 늦게 농작물을 거두어들이는 일. 또는 그 농작물.

98) 도사리다: ①팔다리를 모으고 몸을 웅크리다. ②긴 물건을 사리다. ③들뜬 마음을 가라앉히어 다잡다. ④일이나 말의 뒤끝을 조심하여 감추다. [←돌(다)+사리다].

99) 목사리: 개나 소 따위 짐승의 목에 두르는 굴레.

100) 사리사리: ①연기가 가늘게 올라가는 모양. ②어떠한 감정이 복잡하게 사리어져 얽힌 모양. 〈큰〉서리서리.

101) 오사리[2]: ①이른 철의 사리에 잡힌 해산물. 여름철의 사리에 잡힌 새우. ¶오사리젓. ②이른 철에 농작물을 거두는 일. 또는 그 농작물.

수를 세는 단위. ¶모 세 사리를 치다.

-사리 몇몇 형용사 어근에 붙어, 부사를 만드는 접미사.[←살(ᄒᆞ다)+이]. ¶두립사리('두렵게'의 옛말), 쉽사리(별 어려움이 없이 수월하게), 어렵사리.

사립 나뭇가지로 엮어 만든 문. 시비(柴扉). ¶사립문(門), 사립짝/삽짝; 대사립(대로 엮어서 만든 사립문) 들.

사마귀¹ 피부 위에 도도록하게 생기는 군살. ¶손등에 사마귀가 나다. 무사마귀[우목(疣目)], 복사마귀(福).

사마귀² 사마귓과의 곤충. 버마재비. ¶사마귀꼬리좀벌, 사마귀붙이.

사마치 예전에 말을 탈 때에 두 다리를 가리던 아랫도리옷.

사막-하다 몹시 악하다. 가혹하여 조금도 용서함이 없다. 〈큰〉심악하다(甚惡). ¶네가 나에게 어찌 이토록 사막스럽게 대하느냐? 사막·심악스럽다(甚惡; 냉정하다).

사망 장사에서 이익을 많이 보는 운수. ¶사망이 많다. 그는 오늘 운수에 사망이 없다 하며 일찍 가게 문을 닫았다. 개사망(남이 뜻밖에 이득을 보거나 재수가 좋음을 욕하여 이르는 말), 개사망하다.

사무리(다) 눈이 부실 때 눈을 찌푸리고 가늘게 뜨다. ¶햇빛이 강렬해 눈을 사무렸다. 눈을 사무리고 멀리 내다본다.

사무치(다) 속까지 깊이 미치어 닿다.[〈ᄉᆞᄆᆞᆺ다]. ≒통하다(通). 미치다. 뼈저리다. 스미다. ¶가슴에 사무치는 애절한 사연. 그리움이 사무치다. 병이 골수에 사무치다.

사물¹ 살갗에 작은 벌레가 기어가는 것처럼 간질간질한 느낌. 〈큰〉스멀[102]. 〈센〉싸물. ¶사물사물 가렵다. 사물·스멀거리다/대다¹, 사물사물·스멀스멀/하다.

사물² 아리송한 것이 눈앞에 떠올라 아른거리는 모양. 〈큰〉서물. ¶사물·서물거리다/대다², 사물사물/하다.

사물³ 물이 조금 일렁이면서 끓어오르는 모양. 〈큰〉서물. ¶사물·서물거리다/대다³.

사뭇 ①거리낌 없이 마구. 마음대로.≒마냥. 마음껏. ¶사뭇 울기만 한다. 사뭇 시부렁거리다. ②내내 끝까지.≒여전히. 늘. ¶사뭇 말이 없다. ③아주 딴판으로.≒영. 전혀. 전연. ¶사뭇 달라진 인심. 순희는 듣기와는 사뭇 다르다. ④마음에 사무치도록 매우. ¶사뭇 그립다. 사뭇 기쁘다. 철수는 감정이 사뭇 북받쳤다. ⑤중간에서 지체함이 없이 곧장. 늘 계속하여. ¶한 달 동안 사뭇 바빴다. 대전에서 내리지 말고 사뭇 부산까지 가거라.

사미(沙彌) 수행(修行)을 쌓지 아니한 어린 남자 중.[←srāmanera〈범〉]. ¶사미갈식(喝食), 사미계(戒), 사미과(科), 사미니(尼;어린 여자 중), 사미승(僧), 사미율의(律儀); 구오사미(驅烏;7-13세), 노사미(老), 명자사미(名字;20세 이상), 삼사미(三), 소사미(少;젊은 사미), 응법사미(應法;14-19세).

사바 석가세존이 교화하는 경토(境土). 곧 괴로움이 많은 인간 세계. 속세계(俗世界).[←sahā〈범〉]. ¶사바고(娑婆苦), 사바세계(娑婆世界), 사바하(娑婆訶;원만한 성취).

사바사바 어떤 목적을 위하여 떳떳하지 못한 방법으로 은밀히 일을 조작하는 짓. 짬짜미. ¶사바사바하여 일을 처리하다. 사바사바하다.

사박 ①배나 사과, 바람이 든 무 따위를 가볍게 씹는 소리. 또는 그 모양. ¶사박사박 사과를 먹다. ②모래나 눈을 가볍게 밟는 소리. 또는 그 모양. ¶사박사박 해변을 걷다. 사박사박 눈을 밟다. ③바람이 나뭇잎을 스치며 부는 소리. ¶사박사박 바람이 불다. 〈큰〉서벅. 〈센〉사빡. 사박·서벅거리다/대다. ④가볍게 부스러질 만큼 무르고 부드러운 모양. ¶서벅돌(단단하지 못하여 잘 부서지는 돌), 서벅서벅/하다.

사박-하다 보기에 표독하고 당돌하여 인정이 없다. ¶성품이 사박하다. 아내는 남편을 사박스럽게 몰아붙였다. 사박스럽다(성질이 보기에 독살스럽고 야멸친 데가 있다).

사발 사기로 만든 밥그릇이나 국그릇. 아래는 좁고 위는 넓은 모양임. 국이나 밥을 담는 사발에 담아 그 분량을 세는 단위. §'사발(沙鉢)'은 한자음을 빌린 말. ¶밥을 사발에 수북이 담다. 소주 열 사발을 한 고리라 한다. 사발고의(袴衣;가랑이가 짧은 홑바지), 사발농사(農事;일을 하지 아니하고 밥을 빌어먹는 일), 사발눈(사발처럼 크고 둥근 눈), 사발막걸릿집, 사발머리, 사발무더기(사발 가득히 담은 음식의 부피), 사발무지, 사발묶음(실을 매는 방법), 사발밥, 사발색[103], 사발시계(時計), 사발시근(試根), 사발옷(가랑이가 짧은 여자옷), 사발잠방이(가랑이가 짧은 잠방이), 사발전, 사발젓, 사발지석(誌石), 사발춤, 사발턱, 사발통문(通文)[104]; 국사발, 막사발, 막자사발[105], 묵사발, 벌떡사발(운두[106]가 벌어진 사발), 색사발(色), 약사발(藥), 죽사발(粥), 합사발(盒; 뚜껑이 있는 사발) 들.

사부랑¹ 주책없이 쓸데없는 말을 함부로 지껄이거나 실없이 까부는 모양. 〈큰〉시부렁. 〈센〉싸부랑. 〈큰·센〉씨부렁. ¶사부랑사부랑 지껄이는 아이들. 사부랑사부랑/하다, 사부랑·싸부랑·새부랑·쌔부랑·시부렁·씨부렁거리다/대다, 씨불[107] 들.

사부랑² 묶거나 쌓은 물건이 다 바짝바짝 다가붙지 않고 좀 느슨하게 틈이 벌어져 있는 모양. 〈큰〉서부렁. ¶배추를 사부랑사부랑 묶다. 사부랑사부랑/하다, 사부랑·서부렁하다(느슨하다), 사분하다[108].

102) 스멀: 살갗에 벌레가 기어가는 것처럼 근질근질한 느낌. 〈센〉쓰멀. ¶등에 스멀스멀 벌레가 기어가는 것 같다.

103) 사발색: 감돌, 감흙, 복대기 따위를 사발에 넣고 물에 일어 금의 유무(有無)를 시험하는 일. 사발시금(試金).

104) 사발통문(通文): 주동자가 누구인지 모르도록 발기인(發起人)의 이름을 둥글게 빙 둘러 적은 통문.

105) 막자사발: 약을 갈아서 가루로 만드는 데 쓰는 사기나 유리로 만든 그릇.

106) 운두: 그릇이나 신 따위의 둘레의 높이.

107) 씨불: 주책없이 함부로 실없이 말하는 모양.=씨벌. ¶저놈이 뭐라고 씨불씨불 지껄이니? 씨불거리다/대다/이다, 씨부리다(실없는 말을 자꾸 지껄이다), 씨불씨불/하다.

ㅅ

사부작 살짝 움직이는 모양. 〈큰〉서부적. 시부적. ¶병이 나으니 사부작사부작 걷기도 한다. 사부자기[109], 사부작거리다/대다, 사부작사부작/하다, 사부랑삽작[110].

사부주 격식이나 규칙을 갖추는 데 필요한 주어진 조건이나 정해진 규칙. ¶사부주가 꼭 짜이다. 사부주가 잘 맞는다.

사북 ①부챗살·가위다리의 교차된 부분에 박는, 못과 같은 물건. ¶두 다리에 사북을 만드니 집게가 되었다. 부채 사북. ②'일이나 물건의 가장 중요한 부분'의 비유.≒요점(要點). 생명(生命). ¶사북 노릇을 하다.

사분¹ 일의 갈래. ¶사분이 이만저만하니 조사를 해보아라.

사분² ①살짝살짝 우스운 소리를 해 가면서 성가시게 구는 모양. ¶짓궂은 친구는 사분사분 나를 괴롭힌다. ②이야기를 하는 것이 조용하고 부드러운 모양. 〈큰〉서분. ¶사분사분 말하다/설명하다. 사분·서분거리다/대다, 사분사분·서분서분/하다(성질이나 마음씨가 부드럽고 친절하다).

사빡 연한 물건을 베는 소리. 또는 그 모양. 〈큰〉서빡. ¶잡초를 사빡사빡 베다. 사빡거리다/대다, 사빡사빡/하다.

사뿐 소리가 나지 않을 정도로 가만가만 행동하는 모양. 〈큰〉서뿐. 〈거〉서푼. ¶함박눈이 지붕 위에 사뿐사뿐 내려앉는다. 사뿐사뿐 걷다. 사불[111], 사붓[112], 사뿐거리다/대다/하다 들.

사삭-스럽다 보기에 언행이 자잘하고 밉살스러운 데가 있다.

사살 잔소리를 늘어놓는 말.[←사설(辭說)]. 〈큰〉사설. ¶끝없이 늘어놓는 사살. 사살낱[113], 사살부리다(잔소리를 하다), 사살사살·사설사설(辭說辭說)/하다.

사삼-버무레 이삭과 수염이 길고 열매가 약간 푸른 조.

사스락 가는 꼬챙이 따위가 종이 위를 가볍게 쓸리는 소리. ¶사스락 연필 소리를 내며 글씨를 쓰다.

사슬¹ 고리를 여러 개 걸어 이은 줄. '사슬 모양. 꼬챙이에 꿰지 아니한'을 뜻하는 말. ¶사슬에 묶이다. 사슬가게(연쇄점), 사슬고리, 사슬극(劇;키노드라마), 사슬낫, 사슬누르미(꼬챙이에 꿰지 아니한 누르미), 사슬누름적(炙), 사슬담, 사슬돈(잔돈), 사슬뜨기, 사슬문고리(門), 사슬바퀴, 사슬반응(反應;연쇄반응), 사슬산적/사슬적(散炙), 사슬수(繡), 사슬식(式), 사슬코(사슬뜨기), 사슬톱; 먹이사슬, 쇠사슬; 곁사슬, 닻사슬, 사람사슬(인간띠), 쇠사슬, 천사슬(天)[114] 들.

사슬² 강경과(講經科;경서에 정통한 사람을 뽑던 시험)의 등급을 표시하던 대나무쪽.

사슴 사슴과의 포유동물. ¶사슴벌레, 사슴뿔, 사슴코, 사슴풍뎅이; 개발사슴(발이 개의 발처럼 생긴 큰 고라니), 꽃사슴. ☞ 록(鹿).

사시랑이 ①가늘고 약한 물건이나 가냘픈 사람.≒약골(弱骨). ¶가뜩이나 사시랑이인 육신이 더 형편없이 돼 버렸다. ②간사한 사람이나 물건. ¶사시랑이들이 들끓는 세상.

-사오이다 자음으로 끝난 어간이나 시제의 '-았/었-, -겠-' 등에 붙어, '으오이다'의 뜻을 정중하게 나타내는 합쇼체의 종결 어미. 〈준〉사외다. 소이다/쇠다. ¶그 일은 제가 맡겠사오이다. 좋소이다.

-사옵-/삽 자음으로 끝난 어간이나 시제의 '-았/었-, -겠-' 등에 붙어, '-으옵-'을 더 공손하게 나타내는 선어말 어미. 〈준〉-삽-. ¶앉사옵나이다/ 앉삽나이다. 글을 읽사옵다가/ 읽삽다가.... 재물이 많삽더니. -사옵-니까/니다/디까/디다, -사오-[115]. ☞ -옵-.

사위¹ 딸의 남편. ¶사위로 삼다. 사윗감; 가르친사위, 데릴사위[데릴사윗감, 데릴사위제(制)], 막냇사위, 맏사위, 작은사위, 조카사위, 큰사위¹(맏사위). ☞ 서(壻).

사위² 좋지 않은 일이 생길까 두려워 어떤 사물이나 언행을 꺼림. ≒금기(禁忌). 기피(忌避). ¶사위스러운 짓. 그 물건은 이 집에서 사위하니까 들이지 마라. 사위스럽다[116], 사위하다(불길한 말을 듣기 싫어하다).

사위³ 윷이나 주사위를 놀 때의 목적한 끗수. ¶사위가 오르다. 주사위 둘을 던져 나오는 사위대로 말을 써서 먼저 궁에 들여보내는 내기. 갱생사위(更生;죽을 고비를 넘기고 다시 살아날 운명), 고빗사위(중요한 고비 가운데서도 가장 아슬아슬한 순간), 단백사위([←단박;단박에 이기게 될 때 쓰는 말), 만사위(滿)[117], 앗사위[118], 짝사위, 큰사위²(윷놀이에서 모나 윷), 풋사위(풋윷으로 나오는 큰사위).

사위⁴ 민속춤에서, 손이나 발의 일정한 기본 동작. 춤사위(춤 동작의 기본이 되는 낱낱의 움직임). ¶사위돌리기; 간사위[119], 걸음사위, 겹머리사위, 겹사위, 곱사위, 날개사위[120], 다리사위(남사당패에의 다리 사이로 대접 돌리는 동작), 돌사위, 돌림사위, 만사

---

108) 사분하다: 묶거나 쌓은 물건이 꼭 붙지 않고 약간 느슨한 데가 있다. 조금 사부랑하다. 〈큰〉서분하다.≒느슨하다. ¶네가 싼 짐이 너무 서분해서 내가 다시 쌌다. 사분·서분히.

109) 사부자기: 특별히 힘들이지 아니하고 살짝. 〈큰〉시부저기. ¶담을 사부자기 뛰어넘다. 시부저기 시작한 일인데도 결과가 조았다.

110) 사부랑삽작: 쉽게 살짝 뛰어 건너거나 올라서는 모양. 〈큰〉서부렁섭적.

111) 사불: 좀스럽고 짓궂은 행동으로 가볍게 움직이는 모양. ¶사불사불 날아가는 나비.

112) 사붓: 발을 가볍고 부드럽게 얼른 내디디는 모양이나 소리. 〈큰〉서붓. 〈센〉사뿟. 〈거〉사풋. 〈큰·거〉서풋. ¶사붓 걷다. 사붓사붓·서붓서붓·사뿟사뿟·사풋사풋/하다, 사붓이.

113) 사살낱: 필요 이상으로 쓸데없이 늘어놓는 말.[←사설(辭說)+낱].≒잔소리.

114) 천사슬(天): 잔꾀를 부리지 아니하고 저절로 되어 가는 대로 내맡겨 두는 일. ¶천사슬에 맡기다.

115) -사오-: '-사옵-'의 'ㅂ'이, '-면, -니, -아도, -ㄹ지' 등의 어말 어미 앞에서 줄어진 것. ¶있사오면, 먹사오니, 읽사와도, 있사올지. -사오-이다/사외다/소이다.

116) 사위스럽다: 마음에 불길한 느낌이 들고 꺼림칙하다. ¶사위스러운 소리. 사위스러운 예감이 들다. 사위스레.

117) 만사위(滿): 윷놀이에서, 어떠한 말로도 상대편의 말을 잡을 수 있는 곳.

118) 앗사위: 쌍륙이나 골패에서, 이기고 짐이 결정되는 한 판.

119) 간사위: 주도면밀하며 융통성 있는 수단. 개인의 이익을 위해 쓰는 교묘한 솜씨. ¶간사위가 있다. 간사위가 좋다.

120) 날개사위: 학이 날개를 펼치듯 두 팔로 곡선을 그리면서 옆으로 펴며 벌리는 춤사위.

위, 무지개사위(대접을 가랑이 사이로 던진 다음 다시 받아 돌리는 동작), 손사위(남사당패의 대접 돌리기 재주), 앉은사위, 양사위(兩), 직선사위(直線), 차는사위(양옆으로 발을 차서 내미는 동작), 춤사위 들.

사위(다) 불이 다 타서 재가 되다.≒삭다. 꺼지다. ¶바람이 심해 숯불이 쉬 사위다. 사위어 가는 불꽃.

사이 시간적인 동안이나, 한 곳에서 다른 곳까지의 거리.(≒동안. 틈). 사람과 사람과의 관계나 서로 사귀는 정분. 〈준〉새. ¶눈 깜짝할 사이/새. 잠시 앉아 쉴 사이도 없다. 두 점 사이를 지나는 선분. 부부 사이가 좋다. 친구들 사이에 인기가 대단하다. 사잇가락(사이사이에 낀 장단), 사이갈이(농작물이 자라는 도중에 겉흙을 부드럽게 하는 일), 사잇골목, 사잇기둥, 사잇도장(圖章), 사잇문(門)/샛문, 사잇빛, 사이사이/새새, 사잇소리, 사이시옷, 사이음(音), 사이장지(障), 사이좋다, 사이짓기[간작(間作)]/하다, 사이참(站), 사이하다, 서리[121], 샛강(江), 새고자리, 샛골목, 샛길, 샛눈, 새다[설(漏)], 새들다[122], 새때[123], 새막이[124], 새머리[125], 샛밥(곁두리), 샛방(房), 샛벽(壁), 새새틈틈(모든 사이와 모든 틈), 샛서방, 새:잡다'[126], 샛장지(障), 새중간(中間;중간의 힘줌말), 샛짚(신날 사이에 끼워 넣고 죄는 데 사용하는 짚), 새짬[127], 새참(站)[128], 새치기; 굽새(마소의 굽의 갈라진 사이), 그새, 네댓새, 댓새(닷새 가량), 발새(발샅), 밤사이/밤새, 봄새, 어느새, 열닷새(보름), 요새, 잇새, 틈새. ☞ 간(間).

-사이다 '하소서'할 자리에서, 모음으로 끝난 동사 어간에 붙어, 청유(請誘)함을 나타내는 종결 어미. ['ㄹ' 이외의 받침 뒤에서는 '-으사이다'로 쓰임]. ¶저것을 보사이다. 사연을 읽으사이다.

사장 달구지 틀 사이에 대어 까는 널빤지. 짐을 싣는 바닥이 됨.

사장간 옥졸(獄卒)이 모여 있는 방.[←쇄장간(鎖匠間)].

사지' 제사나 잔치에 쓰는, 누름적·산적을 꽂은 꼬챙이 끝에 감아 늘어뜨린 좁고 가늘게 오린 종이. ¶색사지(色;잔치 때 누름적 꼬챙이 끝에 휘감는 오색 종잇조각).

사지² 배의 멍에(뱃전 밖으로 내민 창막이 각목의 끝 부분) 두 끝에 세우는 짤막한 나무.

사처 고귀한 손님이 길을 가다가 묵음. 또는 묵고 있는 그 집.[←하처(下處)]. ¶사처를 정하다. 사첫방(房), 사처하다.

사축 품삯을 대신하여 농군에게 떼어 주는 논이나 밭.

사춤 ①갈라지거나 벌어진 틈. ¶사춤으로 바람이 들어온다. ②담이나 벽 따위의 갈라진 틈을 메우는 일. 벽돌을 쌓은 틈서리를 메우는 일.=뒤채움. ¶사춤을 치다(사춤을 진흙 따위로 메우다). 사춤돌(쐐기돌), 사춤쌓기, 사춤치기(틈에 잡석이나 모래, 모르타르를 채워 다지는 일).

사치기 아이들 여럿이 둘러앉아 '사치기 사치기 사뽀뽀'하면서 우스운 몸짓을 흉내 내는 소리.

사침 =사침대(베틀의 비경이 옆에서 날의 사이를 띄어 주는 두 개의 나무나 대).[←사춤①]. ¶사침에도 용수가 있다(아무리 바빠도 틈을 내려면 낼 수 있음을 비유적으로 이르는 말).

사태 ☞ 샅.

사투리 일정한 범위의 지역에서만 쓰이는 표준이 아닌 말. 방언(方言).[←샅+우리].↔표준어.

사팔-눈 사시(斜視). 사팔뜨기.

사폐 개인의 사사로운 정. 사정(私情).

사품' 어떤 동작이나 일이 진행되는 동안(겨를)이나 기회. 또는 붐비는 통. ¶모두 잠든 사품에 집을 빠져 나왔다. 감시원이 잠시 눈을 돌리는 사품에 슬쩍 빠져 나가다. 사람들이 붐비는 사품에 아이를 잃어버렸다.

사품² 여울목 같은 데서 세차게 흐르는 물살. 물사품. ¶사품질(물이 소용돌이치는 것), 사품치다[129].

사흘 '세 날(3일)'을 뜻하는 말. ¶그는 사흘 동안 일을 했다. 사흘갈이(넓은 논이나 밭), 사흗날, 사흘거리(사흘 건너 한 번씩), 사흘길(사흘 걸려 가는 길), 사흘돌이(사흘마다. 자주), 사나나달(사나흘이나 너댓새), 사나흘/사날(사흘이나 나흘); 초사흘(初) 들.

삭 ①종이나 헝겊 따위를 칼이나 가위로 단번에 베는 소리. 또는 그 모양.≒단번에. ¶칼로 종이를 삭 베다. 삭둑[130]. ②거침없이 밀거나 쓸어 나가는 소리. 또는 그 모양. ¶낙엽을 삭 쓸어 모아 태우다. ③조금도 남김없이 모두. 흔적도 없이 아주.≒죄다. 모두. 모조리. 몽땅. 전부. 〈큰〉석. 〈센〉싹. ¶물에 삭 쓸려갔다. 삭치워 버리다. 삭갈다[131], 삭까다(모조리 까다), 삭베다, 삭베먹다, 싹쓸바람, 싹쓸이[132]. ④완전히 정반대로. ¶마음이 싹 변하다. ⑤무엇을 맞대어 가볍게 비비는 모양 또는 그 소리. ¶옷에 묻은 흙

---

121) 서리: 무엇이 많이 모여 있는 무더기의 가운데. ¶사람 서리에서 간신히 빠져 나오다. 나무 서리에 숨다. 틈서리(틈이 난 부분의 가장자리), 푸나무서리(풀과 나무가 우거진 사이).

122) 새들다: ①물건을 사는 사람과 파는 사람 사이에 흥정을 붙이다. ②혼인을 중매하다.

123) 새때: 끼니와 끼니 사이의 중간 때.

124) 새막이: ①돌담을 쌓을 때, 돌과 돌 사이의 흙을 회나 백토로 덧바르는 일. ②두 물체의 사이를 막아 버리는 일. 또는 막는 데 쓰는 물건.

125) 새머리: 소의 갈비와 관절 사이에 붙은 고기. 흔히 찜의 재료로 씀.

126) 새:잡다': 남의 비밀 이야기를 엿듣다.

127) 새짬: ①새에 생긴 짬. ②어떤 일을 마치고 다른 일을 시작하기 전의 짧은 겨를.

128) 새참(站): 아침과 점심 또는 점심과 저녁 사이에 먹는 음식.

129) 사품치다: ①물살이 한데 합쳐 세차게 흐르다. ②어떤 생각이나 감정으로 가슴속이 세차게 설레다. ¶감격에 사무친 사람들의 가슴은 사품치며 설레었다.

130) 삭둑: 작고 연한 물건을 단번에 썰거나 베는 소리. 또는 그 모양. 〈큰〉석둑. 〈센〉싹둑. 〈큰·센〉썩둑. ¶무를 삭둑 자르다. 삭둑·석둑·싹둑·썩둑거리다/대다. 삭둑삭둑·싹둑싹둑하다(글의 뜻이 토막토막 끊어져서 문맥이 통하지 아니하다); 칼싹두기(밀가루 따위를 반죽하여 굵직굵직하고 조각지게 썰어서 물에 끓인 음식).

131) 삭갈다: 논을 미리 갈지 못하고 모낼 때에 이르러 한 번만 갈다. ¶삭갈이, 삭모, 삭심다(삭갈아서 모를 심다).

132) 싹쓸이: 남김없이 차지하거나 없애 버리는 일. ¶싹쓸이하다.

을 삭삭 비벼 떨다. 삭삭·석석·싹싹·썩썩/거리다/대다, 사악사악[133].

삭(朔) ①'초하루. 처음·시초. 달[月], 북녘'을 뜻하는 말. ¶삭고(朔鼓), 삭다례(朔茶禮), 삭단(朔單), 삭망(朔望;음력 초하루와 보름), 삭방(朔方), 삭북(朔北), 삭서(朔書), 삭설(朔雪;북쪽 땅의 눈), 삭여(朔餘;한 달이 넘음), 삭역(朔易), 삭월(朔月;음력으로 매달 초하룻날의 달), 삭일(朔日), 삭월(朔月), 삭전(朔奠;음력 매달 초하룻날 아침에 지내는 제사), 삭제(朔祭), 삭지(朔地), 삭참(朔參;음력 초하루마다 사당에 참배하는 일), 삭풍(朔風;북풍), 삭회(朔晦;음력 초하루와 그믐); 간삭(間朔), 계삭(計朔;달), 누삭(屢朔), 당삭(當朔;그달), 만삭(滿朔), 매삭(每朔), 반삭(半朔), 배삭(排朔), 산삭(産朔;해산달), 수삭(數朔), 순삭(旬朔), 양삭(陽朔;음력 10월 초하루), 월삭(月朔), 월삭(越朔), 임삭(臨朔), 전삭(前朔;지난달), 정삭(正朔), 종삭(終朔;섣달), 준삭(準朔), 중삭(仲朔), 축삭(逐朔;다달이. 달마다), 팔삭(八朔), 팔삭/칠삭/육삭둥이(八/七/六朔), 합삭(合朔), 회삭(晦朔;그믐과 초하루). ②달의 수를 나타내는 말. ¶사오 삭 가량. 칠팔 삭.

삭(索) ①'밧줄·줄처럼 길게 생긴 것'을 뜻하는 말. ¶삭구(索具), 삭도(索道)[가공삭도(架空)], 삭면(索麵), 삭조(索條); 갈삭(葛索), 강삭(鋼索), 강선삭(鋼線索), 건삭(腱索;심장의 판막에 붙어 있는 섬유 결합 조직), 견삭(羂索;새나 짐승을 잡는 밧줄), 결관삭(結棺索), 계삭(繫索), 구명삭(救命索), 정삭(精索), 철구삭(鐵鉤索), 철삭(鐵索), 후삭(朽索). ②'비다. 공허하다. 흩어지다'를 뜻하는 말. ¶삭거(索居), 삭거독서/하다(索居讀書), 삭막(索莫/寞/漠;황폐하여 쓸쓸함)[삭막하다; 추풍삭막(秋風)], 삭연하다(索然); 쇠삭(衰索;쇠하여 흩어짐. 영성하여짐). §'찾다. 더듬다'의 뜻으로는 [색]으로 읽힘. ☞ 색(索).

삭(削) '깎다·깎이다. 빼앗다'를 뜻하는 말. ¶삭감(削減;깎아서 줄임), 삭거(削去), 삭과(削科), 삭관(削官), 삭도(削刀), 삭마(削磨), 삭말(削抹), 삭모(削毛), 삭박(削剝;닿아서 벌어짐), 삭발(削髮), 삭아접(削芽接), 삭적(削籍), 삭제(削除), 삭지(削地), 삭직(削職), 삭출(削黜), 삭치다[134], 삭탈/관직(削奪/官職); 감삭(減削), 늑삭(勒削), 산삭(刪削), 선삭(旋削), 신삭(新削), 절삭(切削), 중삭(重削), 증삭(增削), 첨삭(添削), 추삭(追削), 침삭(侵削), 편삭(編削;차례에 따라 책을 맴), 필삭(筆削), 환삭(還削;되깎기) 들.

삭(數) ①'자주. 빠름'을 뜻하는 말. ¶삭뇨증(數尿症), 삭맥(數脈;정상보다 뛰는 횟수가 잦은 맥), 삭변증(數便症), 삭비(數飛), 삭삭(數數;자주자주), 삭삭왕래(數數往來), 삭체(數遞;벼슬아치를 자주 갊); 번삭하다(煩數;번거롭게 잦다), 빈삭하다(頻數), 소삭(疏數). ②국악에서, 곡조나 장단이 매우 빠름을 나타내는 말. ¶삭엽(數葉), 삭대엽(數大葉)[135], 삭요(數搖), 삭조(數調). §'촘촘히'의 뜻으로는 [촉]으로 읽힘. 촉고(數罟;촘촘하게 엮은 그물).

삭(鑠) '녹이다'를 뜻하는 말. ¶연삭(鍊鑠); 중구삭금(衆口鑠金), 확삭(矍鑠) 들.

삭(蒴) 선태류(蘚苔類)의 포자낭(胞子囊). ¶삭과(蒴果), 삭모(蒴毛) 들.

삭(다) 어떤 물건이 오래 되거나 다른 물질의 작용으로 본바탕의 싱싱한 기운이 없어져 약해지다(≒썩다. 낡다). 걸쭉하던 것이 묽어지다. 소화되다. 담가 놓은 음식물이 발효하여 맛이 들다(≒익다). 긴장이나 화가 풀리다(≒누다. 가라앉다). ¶기둥이 오랜 세월에 삭다. 옷이 삭다. 젓갈이 삭다. 울분이 삭다. 사그라뜨리다/트리다, 사그라지다(삭아서 없어지다), 사그랑이(다 삭아서 못 쓰게 된 물건), 사그랑주머니(속이 다 삭은 물건), 사그리다(사그라지게 만들다), 삭두엄(다 삭은 두엄), 삭아빠지다, 삭아앉다, 삭은니, 삭은다리, 삭은코, 삭이다¹[136], 삭이다²[137], 삭전(田;오래 경작하여 땅이 메마른 땅), 삭정이[138], 삭히다[139]; 결삭다[140], 고리삭다[141], 고삭다(곯고 삭다), 고삭부리[142], 곰삭다[143], 동풍삭임(東風)[144], 되새기다, 되새김질/하다, 묵삭다(오래되어 썩은 것처럼 되다), 섞삭다[145], 익삭이다[146]. ☞ 소(消). 후(朽).

삭신 몸의 힘살과 뼈마디. ¶몸살로 온 삭신이 저리고 쑤신다. 사대삭신(四大;두 팔과 다리, 머리, 몸뚱이라는 뜻으로, 온몸을 이르는 말).

삯 일을 해 주고 그 대가로 받는 돈이나 물건.(≒보수). 물건이나 시설을 빌려 쓰고 내는 돈.(≒세. 요금). ¶삯도 제대로 못 받고 일을 해주었다. 배를 빌린 삯을 치르다. 이곳은 방 삯이 비싸다. 삯가게, 삯가공(加工), 삯가을, 삯김, 삯꾼, 삯돈, 삯마(馬)/삯말(세를 주고 빌려 쓰는 말), 삯메기[147], 삯바느질, 삯방아, 삯밭매기, 삯벌이, 삯빨래/하다, 삯소, 삯일/하다, 삯전(錢), 삯지게꾼, 삯짐, 삯팔다, 삯팔이/꾼, 삯품/팔이; 기갈삯(飢渴), 기찻삯(汽車),

133) 사악사악: 단단하거나 빳빳한 물건이 다른 물체에 스칠 때 나는 소리. 또는 그 모양. 〈큰〉서억서억. ¶연필로 사악사악 줄을 긋다. 사악사악/하다.

134) 삭치다(削): ①지우거나 뭉개어 없애다. ¶바둑을 한 수 무르는 것을 '도로 삭치다'라고 한다. ②셈할 것을 서로 맞비기다. 탕감(蕩減). ¶빚을 삭쳐 주다.

135) 삭대엽(數大葉): 국악 가곡의 원형 가운데에 가장 빠른 곡.

136) 삭이다¹: ①가라앉혀 풀리도록 하다.≒견디다. 참다. 가라앉히다. ¶분을 삭이지 못해 법석을 떨었다. 익삭이다(분한 마음을 꾹 눌러 참다). ②소화되게 하다. ¶삭임[삭임관(管), 삭임기관(器官), 삭임물, 삭임샘, 삭임통(桶), 삭임틀(소화기)]. ③쓰거나 닳게 하여 없어지는 상태가 되게 하다. ¶초가지붕이 다 삭았다. ④기침이나 가래 따위가 잠잠해지거나 가라앉게 하다. ¶가래를 삭이는 약을 먹다.

137) 삭이다²: ①돈, 시간, 물건, 힘 따위를 소비하다. ¶괜히 엉뚱한 것에 힘을 삭이지 말고 들어가서 잠이나 자라.

138) 삭정이: 살아 있는 나무에 붙은 채 말라 죽은 작은 가지. ¶삭정이를 꺾어 불을 피우다. 삭정이 꺾듯(힘들이지 않고 단순하고 쉽게). 삭정가지, 삭정불(삭정이를 태우는 불).

139) 삭히다: 김치나 젓갈 따위의 음식을 익혀서 맛이 들게 하다. ¶김치는 삭혀 먹어야 제 맛이 난다. 밥을 삭혀서 식혜를 만든다.

140) 결삭다: 거센 기운이 누그러져 부드럽게 되다.

141) 고리삭다: 젊은이가 마치 늙은이처럼 성미가 삭고 맥이 없다.

142) 고삭부리: ①음식을 많이 먹지 못하는 사람. ②몸이 약하여서 늘 병치레를 하는 사람.

143) 곰삭다: ①옷 따위가 오래 되어 올이 삭고 결이 약해지다. ②젓갈 따위가 오래 되어 소금 결이 푹 삭다.

144) 동풍삭임(東風): 동풍이 불다가 잔 뒤. ¶동풍삭임에 돌아온 제비.

145) 섞삭다: 서슬에 불쑥 일어난 감정이 풀어지다. 의심이 풀리다. ¶원한이 섞삭았다.

146) 익삭이다: 분한 마음을 꾹 눌러 참다.

147) 삯메기: 끼니는 제공받지 아니하고 품삯만 받고 하는 농사일. ¶삯메기 일.

길품삯, 날삯/꾼, 덤삯[148], 달삯[월급(月給)], 마삯(馬), 모군삯(募軍), 바느질삯, 방앗삯, 뱃삯, 비행기삯(飛行機), 선삯(先;일을 해 주기로 하고 먼저 받는 삯), 짐삯, 짐바릿삯, 찻삯(車), 품삯 들.

산(山) ①둘레보다 우뚝하게 높이 솟아 있는 땅.(≒동산. 언덕). '무덤. 절[사(寺)]'을 뜻하는 말. ¶산이 높다. 일이 산처럼 쌓였다. 산의 순수 우리말은 '뫼'다. 산가(山家), 산각(山角;산의 봉우리), 산각(山脚;산기슭), 산간(山間), 산간수(山澗水), 산감독(監督), 산객(山客), 산거(山居), 산견(山繭), 산경(山徑), 산경(山景), 산계(山系), 산곡(山谷)[산곡간(間), 산곡풍(風)], 산골[산골길, 산골내기, 산골뜨기, 산골바람, 산골짜기/산골짝], 산과(山果), 산곽(山郭), 산괴(山塊;산줄기에서 따로 떨어져 있는 산의 덩어리), 산군(山君), 산군(山群), 산굴, 산굼부리(분화구), 산굽이, 산궁수진(山窮水盡), 산그늘, 산금(山金), 산금(山禽), 산기(山氣), 산기슭, 산길, 산꼬대[149], 산꼭대기, 산꽃, 산내(山內), 산내림[150], 산농(山農), 산다랑이(산기슭의 다랑이논), 산달(산이 있는 곳. 산으로 된 땅), 산대(山臺)[산대극(劇), 산대놀음, 산대도감(都監), 산대탈, 산대판], 산더미, 산덩이, 산도(山道), 산도(山圖), 산돌림[151], 산돌이[152] 산동네(山洞), 산동(山童), 산둘레, 산등성이/산등/산등성, 산떨음(산내림), 산령(山嶺), 산령(山靈), 산록(山麓)[산록대(帶), 산록빙하(氷河)], 산뢰(山籟), 산류(山流), 산릉(山陵), 산릉/선(山稜/線), 산리(山里), 산리(山梨;돌배), 산리(山理), 산림(山林)[153], 산마누라(산신령), 산마루, 산막(山幕), 산매(山魅;요사스러운 산귀신)/들리다(귀신이 몸에 붙다), 산맥(山脈)[154], 산머리(산꼭대기), 산멀미(고산병), 산명(山鳴;산이 울리는 일), 산명수려(山明水麗), 산모롱이(산모퉁이의 빙 둘린 곳), 산모퉁이(산기슭의 쑥 내민 귀퉁이), 산문(山門;산의 어귀. 절), 산미(山味), 산바람, 산발(여러 갈래로 뻗은 산줄기), 산발치(산의 아랫부분이 되는 곳), 산방(山房), 산배(山背), 산벌(山伐), 산복(山腹), 산봉우리, 산부리, 산불, 산붕(山崩), 산비탈, 산빈(山殯), 산사(山寺), 산사람, 산사태(山沙汰), 산상(山上), 산상(山相), 산색(山色), 산석(山石), 산설(山雪), 산성(山城)[산성촌락(村落), 산성취락(聚落)], 산세(山勢), 산소(山所), 산송(山訟), 산수(山水)[산수도(圖), 산수미(美), 산수화(畵); 미법산수(米法;수묵산수화법의 하나), 청록산수(靑綠)], 산승(山僧), 산신(山神)[산신각(閣), 산신나무, 산신당(堂), 산신제(祭), 산신탱화], 산악(山岳/嶽)[155], 산안(山眼), 산안개, 산야(山野), 산양(山陽), 산양(山養), 산언덕, 산언저리, 산역(山役), 산염(山鹽), 산영(山影), 산옹(山翁), 산요(山腰), 산욕(山慾), 산용(山容)[산용수상(水相), 산용수태(水態)], 산우(山雨), 산운(山雲), 산운(山運;묏자리의 좋고 나쁨에 따라 생긴다는 운수), 산울림(메아리), 산유화(山有花), 산음(山陰), 산음(山蔭;산운에 따라 그 자손이 받는다는 복), 산읍(山邑), 산이마(산꼭대기), 산인(山人), 산일(산에서 하는 일), 산일(山日;산속에서 보내는 날), 산자락, 산잘림[156], 산장(山莊), 산쟁이, 산적(山賊), 산적하다(山積), 산전(山田), 산전/수전(山戰/水戰), 산전(山巓;산꼭대기), 산정(山亭;산속에 지은 정자), 산정(山頂;山巓), 산정/무한(山情/無限), 산제(山祭), 산조(山鳥), 산주(山主), 산죽(山竹), 산준수급(山峻水急), 산줄기(산발), 산중(山中)[산중귀물(貴物), 산중재상(宰相), 산중호걸(豪傑); 첩첩산중(疊疊)], 산지(山地;산달)[산지대(帶), 산지촌(村); 곡릉산지(曲隆), 단층산지(斷層), 지괴산지(地塊)], 산지기, 산지니[157], 산지대(山地帶), 산짐승, 산창(山窓), 산채(山砦;산에 돌이나 목책을 둘러서 만든 城砦), 산처(山處), 산척(山尺), 산척(山脊;산등성마루), 산천(山川), 산체(山體), 산촌(山村), 산치(산에서 잡은 꿩이나 새 같은 것), 산치성(山致誠), 산코숭이, 산태(山汰), 산택(山澤), 산턱, 산포수(山砲手), 산풍(山風), 산하(山下), 산하(山河;산과 강), 산학(山學), 산해(山害), 산해(山海), 산해진미(山海珍味;산과 바다의 온갖 산물로 차린 음식), 산행(山行;산길을 감), 산허리(산 둘레의 중턱), 산협(山峽;산속의 골짜기), 산형(山形), 산호(山戶), 산화(山火;산불), 산화(山花;산에 피는 꽃); 가산(家山), 가산(假山), 간산(看山)[주마간산(走馬)], 강산(江山)[금수강산(錦繡)], 개산(開山), 거산(巨山), 건넛산, 겹산(여러 겹으로 된 산), 경산(京山), 고산(故山), 고산(高山)[고산대(帶), 고산병(病)], 골산(骨山), 공산(空山)[만공산(滿)], 광산(鑛山), 구산(九山), 구산(丘山), 구산(求山), 구산(舊山), 귀산(歸山), 금산(金山), 금산(禁山), 나사산(螺絲山), 낙산(落山), 난산(亂山), 내륜산(內輪山), 내산(內山), 답산(踏山), 당산(堂山), 당산(當山), 도산(到山), 독산(禿山), 독산(獨山), 돌산[석산(石山)], 동산(銅山), 뒷산, 등산(登山), 막막궁산(莫莫窮山;적막하도록 깊고깊은 산), 만산(滿山), 먼산[먼산나무, 먼산나물, 먼산바라기, 먼산주름(山)[158]], 명산(名山), 무주공산(無主空山), 민둥산, 발산(拔山), 벽산(碧山), 복고여산(腹高如山), 본산(本山)[총본산(總)], 봉산(封山), 북망산(北邙山), 분산(墳山), 분화산(噴火山), 빙산(氷山), 사산(四山), 사산(寺山), 사산(私山), 삼산(三山), 서산(西山), 석산(石山), 석가산(石假山), 선산(先山), 설산(雪山), 수미산(須彌山), 수식산(水蝕山), 순산(巡山), 시산혈해(屍山血海), 신산(神山), 신산(新山), 심산(深山), 악산(惡山), 안산(案山), 암산(巖山), 앞산, 야산(野山), 연산(連山), 영산(靈山), 왕산(王山), 옥산(玉山)[천첩옥산(千疊)], 외륜산(外輪山), 요산요수(樂山樂水), 운산(雲山), 원산(遠山), 유산(遊山), 은산(銀山), 이산(離山), 인산(人山), 인산인해(人山人海), 인

148) 덤삯: 봉급 밖에 따로 주는 일정한 보수. 특근, 가족 따위의 명목으로 주는 돈.

149) 산꼬대(山): 밤중에 산 위에서 바람이 몹시 불어 추워짐. 또는 그런 현상. ¶산꼬대로 발이 시리다. 산꼬대하다.

150) 산내림(山): 산에서 벤 나무를 산기슭이나 평지까지 끌어내리는 작업. 산떨음.

151) 산돌림: ①산기슭으로 내리는 소나기. ②여기저기 돌아다니며 한 줄기씩 쏟아지는 소나기.

152) 산돌이: ①다른 산에서 온 호랑이. ②산에 익숙한 사람.

153) 산림(山林): 산림간수(看守), 산림계(契), 산림녹화(綠化), 산림대(帶), 산림문하(門下), 산림법(法), 산림보호(保護), 산림업(業), 산림조합(組合), 산림지대(地帶), 산림처사(處士), 산림천택(川澤), 산림청(廳), 산림학(學), 산림학파(學派).

154) 산맥(山脈): 단층산맥(斷層), 분수산맥(分水;分水嶺), 습곡산맥(褶曲), 지괴산맥(地塊), 지루산맥(地壘), 척량산맥(脊梁), 해저산맥(海底); 습곡산맥(褶曲;주름줄기), 태백산맥(太白).

155) 산악(山岳): 산악경관(景觀), 산악국(國), 산악기상(氣象), 산악기후(氣候), 산악림(林), 산악문학(文學), 산악병(病), 산악빙하(氷河), 산악숭배(崇拜), 산악인(人), 산악전(戰), 산악지대(地帶), 산악철도(鐵道), 산악파(波), 산악학(學), 산악회(會), 산악효과(效果;지형이 전파를 전파하는 데 미치는 효과), 산악훈련(訓練).

156) 산잘림: 산줄기가 끊어진 곳.=지레목².

157) 산지니(山): 산에서 자라 여러 해가 묵은 매나 새매.

158) 먼산주름(山): 주름을 잡은 듯이 보이는 멀리 있는 산들의 첩첩한 능선.

산(因山), 인자요산(仁者樂山), 입산(入山), 잔산(殘山), 장산(壯山), 전산(全山), 전산(前山), 조산(造山), 족산(族山), 종산(宗山), 종주산(宗主山), 종중산(宗中山), 주산(主山), 준산(峻山), 진산(晉山), 진산(鎭山), 채산(採山), 처산(妻山), 천산(天山), 철산(鐵山), 청산(青山), 출산(出山), 치산(治山), 친산(親山;부모의 무덤), 침식산(浸蝕山), 칼산(칼처럼 뾰족뾰족한 산), 타산(他山), 타산지석(他山之石), 탄산(炭山), 태산(泰山)[은중태산(恩重), 진합태산(塵合)], 토산(土山), 퇴적산(堆積山), 하산(下山), 해산(海山), 해저산(海底山), 험산(險山), 화산(火山), 후산(後山); 금강산/ 백두산/ 설악산/ 한라산. ②산이나 들에 절로 나는 것'을 뜻하는 말. ¶산개구리, 산계(山鷄), 산국화(山菊花), 산나리, 산나물, 산난초(山蘭蕉), 산누에, 산닥나무, 산달(山獺), 산돌배/나무, 산돼지, 산딸기, 산박쥐, 산밤나무, 산벌, 산벚나무, 산비둘기, 산뽕나무, 산삼(山蔘), 산새, 산석류(山石榴), 산수유(山茱萸), 산쑥, 산앵두, 산약(山藥), 산양(山羊)[산양유(乳), 산양좌(座), 산양털, 산양피(皮)], 산우렁이, 산이스랏, 산저(山猪), 산짐승, 산채(山菜), 산철쭉, 산초(山草), 산치자(山梔子), 산칠(山漆), 산토(山兎), 산토끼, 산포도(山葡萄), 산피(皮;산짐승의 가죽), 산해박 들.

산(産) '낳다. 자라다 · 나다. 재산(財産). 생산(生産)'을 뜻하는 말. ¶산가(産家), 산가(産暇), 산고(産苦), 산고(産故), 산곡(産穀), 산과(産科), 산곽(産藿), 산구(産具), 산기(産氣), 산기(産期), 산달[月], 산도(産道), 산때(산티), 산란(産卵)[산란관(管), 산란기(期), 산란회유(回遊)], 산로(産勞), 산류(産瘤), 산모(産毛), 산모(産母), 산문(産門), 산물(産物), 산미(産米), 산방(産房), 산부(産婦)[경산부(經), 초산부(初)], 산비릇(산통이 오는 것), 산삭(産朔;해산달), 산식(産殖), 산신(産神), 산실(産室), 산아(産兒)[산아제한(制限), 산아조절(調節)], 산액(産額), 산업(産業)[159], 산욕(産褥)[산욕기(期), 산욕부(婦), 산욕열(熱)], 산육(産育), 산의(産衣;깃저고리), 산의(産醫), 산재(産災), 산전(産前), 산지(産地), 산출(産出)[160], 산통(産痛), 산파(産婆), 산학(産學), 산혈(産血), 산후(産後), 산휴(産休); 가산(家産), 각산(各産;각살림), 감산(減産), 공산(共産), 광산(鑛産), 국산(國産), 국내산(國內産), 난산(難産), 노산(老産), 다산(多産), 단산(單産;단일조합), 단산(斷産), 도산(倒産), 동산(動産), 만산(晩産), 명산(名産), 무산(無産), 물산(物産), 미산(米産), 반산(半産), 부동산(不動産), 사산(死産), 사산(嗣産), 상산(傷産), 생산(生産), 소산(小産), 소산(所産), 수산(水産), 수산(授産), 순산(順産), 식산(殖産), 안산(安産), 애산(礙産), 역산(逆産)¹,², 연산(年産), 열대산(熱帶産), 외국산(外國産), 원산(原産), 월산(月産), 유산(有産), 유산(流産)[습관유산(習慣), 인공유산(人工)], 유산(遺産), 육산/물(陸産/物), 일산(日産), 임산(妊/姙産), 임산(林産), 임산(臨産), 임산부(姙産婦), 자산(資産), 재산(財産), 적산(敵産), 정산(正産), 제산(製産), 조산(早産), 조산(助産), 좌산(坐産), 증산(增産), 천산(天産), 초산(初産), 촉산(促産), 최산(催産), 축산(畜産), 출산(出産), 치산(治産), 탕진가산(蕩盡家産), 토산(土産), 특산(特産), 파산(破産), 편산(偏産), 풍산(豐産), 항산(恒産), 해산/물(海産/物), 해산(解産), 횡산(橫産), 후산(後産), 흥산(興産) 들.

산(散) '흩어지다. 헤어지다. 가루약(藥)'을 뜻하는 말. ¶산개(散開)[산개대형(隊形), 산개성단(星團), 산개전(戰), 산개진(陣)], 산견(散見), 산계(散階), 산곡(散穀), 산관(散官), 산광(散光), 산답(散畓), 산대(散大), 산동(散瞳), 산란(散亂)[161], 산록(散錄), 산륜(散輪), 산만하다(散漫), 산망(散亡), 산매(散賣)[산매상(商), 산매업(業), 산매점(店)], 산문(散文)[162], 산반(散班), 산발(散發)[163], 산발(散髮), 산방(散枋), 산병(散兵)[산병선(線), 산병전(戰), 산병호(壕)], 산병(散餠), 산보(散步), 산사(散史), 산산이, 산산조각, 산숙(散宿), 산식(散植;허튼모), 산실(散失), 산심(散心), 산약(散藥;가루약), 산열(散熱), 산울(散鬱;우울한 기분을 떨쳐버림), 산인(散人), 산일(散佚/帙/逸)[164], 산잡(散雜), 산장(散杖), 산재(散在;흩어져 있음), 산재(散材), 산재(散財), 산재(散齋), 산적(散炙)[165], 산전(散田), 산전(散錢), 산정(散政), 산제(散劑;가루로 된 약), 산조(散調), 산졸(散卒), 산지사방(散之四方), 산직(散職), 산질(散帙), 산책(散策;散步)[산책객(客), 산책길, 산책로(路), 산책자(者), 산책하다], 산초(散草), 산촌(散村), 산치(散置), 산탄(散/霰彈), 산파(散播), 산편(散片), 산포(散布), 산포(散脯), 산포도(散布度), 산표(散票), 산현(散見), 산화(散花), 산화(散華), 산회(散會); 각산/진비(各散/盡飛), 거산(擧散), 궤산(潰散), 도산(逃散), 무산(霧散), 민산(民散), 발산(發散), 방산(放散), 병산(迸散), 분산(分散), 분산(奔散), 비산(飛散), 사산(四散), 선산(善散), 성산(星散), 소산(消散), 소산(疏散), 소산(燒散), 소요산(逍遙散), 심산하다(心散), 운산(雲散), 위산(胃散), 음산하다(陰散), 이산(離散), 이합집산(離合集散), 조취모산(朝聚暮散), 증산(蒸散), 집산(集散), 취산(聚散), 탕산(蕩散), 퇴산(退散), 파산(罷散), 패독산(敗毒散), 패산(敗散), 편산(遍散), 풍비박산(風飛雹散)/풍산(風散), 한산하다(閑散), 해산(解散), 해탈영산(解脫靈散), 확산(擴散), 환산(渙散) 들.

산(算) '셈 · 세다. 나이 · 연령. 슬기 · 꾀'를 뜻하는 말. ¶산이 틀리다. 산가지, 산놓다, 산돈, 산명(算命), 산법(算法), 산서(算書), 산수(算數), 산술(算術)[산술급수(級數), 산술평균(平均)], 산식(算

159) 산업(産業): 사람이 생활하기 위하여 하는 일이나 생산을 목적으로 하는 사업. ¶산업가(家), 산업계(界), 산업공해(公害), 산업광고(廣告), 산업구조(構造), 산업도시(都市), 산업디자인(design), 산업박람회(博覽會), 산업선(線), 산업스파이(spy), 산업자본(資本), 산업재해(災害), 산업체(體), 산업폐기물(廢棄物), 산업혁명(革命), 산업화/되다/하다(化), 산업훈장(勳章); 공해산업(公害), 관광산업(觀光), 광산업(光), 군수산업(軍需), 근대산업(近代), 기간산업(基幹), 도시형산업(都市型), 문화산업(文化), 민수산업(民需), 방위산업(防衛), 복합첨단산업(複合尖端), 사양산업(斜陽), 석유산업(石油), 용역산업(用役), 우주산업(宇宙), 원시산업(原始), 원자력산업(原子力), 유통산업(流通), 장치산업(裝置), 전략산업(戰略), 정보산업(情報), 지식산업(知識), 첨단산업(尖端), 평화산업(平和).

160) 산출(産出): 물건이 생산되어 나오거나 물건을 생산해 냄. ¶산출가(價), 산출고(高;産出額), 산출량(量), 산출물(物), 산출액(額), 산출지(地)/산지(産地).

161) 산란(散亂): 산란무통(無統), 산란성사고(思考), 산란음파(音波), 산란파(波); 심신산란(心神), 핵산란(核).

162) 산문(散文): 글자의 수나 운율 따위에 구애됨이 없이, 자유롭게 쓴 보통의 문장.↔운문(韻文). ¶산문극(劇), 산문시(詩), 산문작가(作家), 산문적(的), 산문정신(精神), 산문체(體).

163) 산발(散發): 일이 한꺼번에 일어나지 아니하고 여기저기서 동안을 두고 일어남. ¶지진이 산발적으로 일어나다. 산발성(性), 산발적(的).

164) 산일(散佚/帙/逸): 한데 모은 책이나 서류 따위가 더러 흩어져서 빠져 없어짐. ¶자료가 산일되다.

165) 산적(散炙): 쇠고기 따위를 길쭉길쭉하게 썰어 양념을 하여 꼬챙이에 꿰어서 구운 적. ¶산적꽂이, 산적도둑; 사슬산적, 섭산적.

式), 산입(算入), 산정(算定;셈하여 정함)[산정가격(價格), 산정하다], 산주(算珠), 산출(算出)[산출가격(價格)], 산통(算筒), 산통계(算筒契), 산판(算板), 산학(算學); 가산(加算), 감산(減算), 개산(概算;어림셈), 검산(檢算), 결산(決算), 계산(計算), 공산(公算;확실성의 정도), 귀일산(歸一算), 기산(起算), 누산(累算), 모산지배(謀算之輩), 목산(目算), 묘산(妙算), 묘산(廟算), 백분산(百分算), 보산(寶算), 보합산(步合算), 사칙산(四則算), 서산(書算), 성산(成算), 속산(速算), 승산(乘算;곱셈), 승산(勝算), 시산(試算), 신산(神算), 심산(心算), 암산(暗算), 억산(臆算), 역산(逆算), 역산(曆算), 연금산(年金算), 연산(演算), 영산(影算), 예산(叡算), 예산(豫算)[예산안(案), 예산편성(編成)], 오산(誤算), 옹산(甕算;독장수셈), 운산(運算), 웅산(雄算), 이식산(利息算), 이자산(利子算), 일산(日算), 적산(積算), 전산기(電算機), 정산(定算), 정산(精算), 제산(除算;나눗셈), 주산(珠/籌算), 채산(採算), 첨산(添算), 청산(淸算), 추산(推算), 측산(測算), 타산(打算), 통산(通算), 파산(破算), 필산(筆算), 합산(合算), 합자산(合資算), 험산(驗算), 호산(胡算), 환산(換算)[환산법(法), 환산표(表)], 흉산(胸算) 들.

산(酸) 물에 용해되면 수소 이온을 생성하고, 염기와 중화하여 열을 만드는 물질. 푸른 리트머스 종이를 붉게 변화시키고 신맛이 있음. '초. 신맛·시다. 괴롭다·고통스럽다'를 뜻하는 말. ¶산가(酸價), 산근(酸根), 산기(酸氣), 산기(酸基), 산도/검정(酸度/檢定), 산독증(酸毒症), 산류(酸類), 산모(酸模), 산미(酸味;신맛), 산분(酸分), 산비(酸鼻;몹시 슬프거나 참혹하여 콧마루가 시큰시큰함), 산성(酸性)[166], 산세척(酸洗滌), 산소(酸素)[167], 산수소(酸水素), 산식물(酸植物), 산유(酸乳), 산장(酸漿;꽈리), 산적정(酸滴定), 산조(酸棗;멧대추), 산조인(酸棗仁), 산중독(酸中毒), 산패(酸敗;음식물이 부패하여 맛이 시어짐)[산패도(度), 산패액(液), 산패유(乳)], 산화(酸化)[168]; 감산(甘酸), 강산(强酸), 개미산, 경지산(硬脂酸), 계피산(桂皮酸), 구연산(枸櫞酸), 규산(硅/珪酸), 낙산(酪酸), 내산(耐酸), 뇌산(雷酸), 능금산, 다산성(多酸性), 다염기산(多鹽基酸), 당산(糖酸), 레몬산, 마뇨산(馬尿酸), 무기산(無機酸), 무수산(無水酸), 방산(芳酸), 벤조산(benzo酸), 붕산(硼酸), 비산(砒酸), 비도산고(悲悼酸苦), 비산(悲酸), 빌산(bile酸), 사과산(沙果酸), 산소산(酸素酸), 생맥산(生脈散), 석탄산(石炭酸;페놀), 수산기(水酸基), 수산(蓚酸), 술폰산(sulfone酸), 시트르산(citric酸), 식물산(植物酸), 신산(辛酸), 신남산(cinnamic酸), 심산하다(心酸), 아세트산(acetic酸), 아황산(亞黃酸), 알긴산(alginic酸), 약산(弱酸), 염산(鹽酸)[발연염산(發煙)], 염소산(鹽素酸), 엽산(葉酸), 옥살산(oxalic酸), 요산(尿酸), 위산(胃酸), 유기산(有機酸), 유산(乳酸), 유산(油酸), 유산(硫酸), 의산(蟻酸;포름산), 인산(燐酸), 정산(正酸), 젖산, 지방산(脂肪酸), 질산(窒酸)[발연질산(發煙)], 청산(靑酸), 초산(硝酸), 초산(醋酸), 카르복시산(carboxy酸), 탄산(炭酸), 탈산(脫酸), 포름산, 피루브산(pyruvic酸), 한산(寒酸), 핵산(核酸), 호박산(琥珀酸), 황산(黃酸)[황산나트륨; 발연황산(發煙), 희황산(稀)] 들.

산(刪) '깎다(덜어 버리다. 삭제하다)'를 뜻하는 말. ¶산감(刪減), 산개(刪改;글의 잘못된 곳을 지우고 고쳐서 바로잡음), 산략(刪略;문구를 깎아서 줄임), 산만(刪蔓), 산보(刪補), 산삭(刪削), 산수(刪修), 산정(刪定), 산제(刪除); 개산(改刪), 증산(增刪) 들.

산(橵) 지붕 서까래 위나 고물 위에 흙이 떨어지지 아니하도록 나뭇개비 또는 수수깡을 가로 펴서 엮은 것을 뜻하는 말. ¶산자(橵子)[산잣감(산자를 엮는 데 쓰는 재료), 산자널, 산자발, 산자벽(壁), 산자판(板)].

산(疝) '허리 또는 아랫배가 아픔'을 뜻하는 말. ¶산기(疝氣), 산병(疝病), 산증(疝症), 산통(疝痛); 분돈산(奔豚疝), 수산(水疝), 퇴산/불알(㿗/癩疝), 한산(寒疝), 혈산(血疝) 들.

산(傘) '머리에 받쳐 쓰는 것'을 뜻하는 말. ¶산하(傘下)[169]; 균산(菌傘), 낙하산(落下傘), 만인산(萬人傘), 보산개(寶傘蓋), 양산(洋傘), 양산(陽傘), 우산(雨傘)[170], 일산(日傘) 들.

산(蒜) '마늘'을 뜻하는 말. ¶산대(蒜薹;마늘종); 대산(大蒜), 석산(石蒜;수선과의 여러해살이풀), 야산(野蒜), 장산(醬蒜;마늘장아찌), 호산(葫蒜) 들.

산(饊/糤) 찹쌀가루를 반죽하여 납작하게 떼어 기름에 지지고, 튀긴 밥알이나 깨 따위를 꿀과 함께 묻힌 유밀과. ¶산자(饊/糤子), 산자밥풀(말려서 기름에 튀긴 지에밥); 박산(薄饊), 튀각산자.

산(訕) '헐뜯다'를 뜻하는 말. ¶산방(訕謗), 산소(訕笑); 기산(譏訕), 방산(謗訕), 비산(誹訕), 흥와주산(興訛做訕) 들.

산(繖) '우산 모양의'를 뜻하는 말. ¶산방꽃차례(繖房), 산방화서(繖房花序).

산(珊) '산호'를 뜻하는 말.=호(瑚). ¶산호(珊瑚)[171].

산(跚) '비틀거리다'를 뜻하는 말. ¶만산(蹣跚;걸음걸이가 비틀거림).

---

166) 산성(酸性): 산성도(度), 산성물감[染料], 산성반응(反應), 산성병(病), 산성비, 산성비료(肥料), 산성산화물(酸化物), 산성식물(植物), 산성식품(食品), 산성암(巖), 산성염(性鹽), 산성천(泉), 산성토(土).

167) 산소(酸素): 산소땜, 산소마스크(mask), 산소산(酸), 산소요법(療法), 산소용접(鎔接;땜), 산소호흡(呼吸), 산소화합물(化合物), 산소흡입(吸入); 압축산소(壓縮), 액체산소(液體).

168) 산화(酸化): 어떤 물질이 산소와 화합함. 또는 어떤 물질에서 수소를 제거함.↔환원(還元). ¶산화구리, 산화대(帶), 산화동(銅), 산화물(物), 산화수(數), 산화수소(水素), 산화수은(水銀), 산화아연(亞鉛), 산화염(焰), 산화염료(染料), 산화은(銀), 산화제(劑), 산화질소(窒素), 산화철(鐵), 산화탄소(炭素), 산화표백(漂白), 산화환원반응(還元反應), 산화효소(酵素); 과산화(過), 생체산화(生體).

169) 산하(傘下): 어떤 인물이나 기구·조직 따위의 세력 밑. ¶산하에 들다. 산하기관(機關), 산하단체(團體).

170) 우산(雨傘): 우산걸음, 우산나물, 우산대, 우산뱀, 우산살, 우산이끼; 박쥐우산(자루가 달린 금속제의 뼈대에 헝겊을 씌운 우산. 박쥐의 날개처럼 생겼음), 비닐우산, 식량우산(食糧), 접이우산, 종이우산, 지우산(紙;종이우산), 핵우산(核).

171) 산호(珊瑚): 산호과의 강장동물. 산호충. 산호의 군체(群體)가 죽은 뼈. ¶산호 기둥에 호박 주추다. 산홋가지, 산호구(鉤), 산호꽃, 산호니(泥), 산호도(島), 산호망(網), 산호모래, 산호무지, 산호바다, 산홋빛, 산호색(色), 산호섬, 산호수(樹), 산호영(纓), 산호유(釉), 산호잠(簪), 산호주(珠), 산호지(枝;산홋가지), 산호초(礁), 산호충(蟲), 산호편(鞭), 산호해(海), 산호호(湖), 산호혼식(婚式;결혼 35주년이 되는 날을 축하하여 기념하는 의식); 갯산호, 백산호(白), 벽산호(碧), 버섯속산호, 석회산호(石灰), 수산호(水), 연분홍산호(軟粉紅), 적산호(赤), 조산호(造;인공으로 만든 산호), 청산호(靑), 흑산호(黑).

산골 구리가 나는 곳에서 나는 청백색 · 황색의 쇠붙이. 황화 철강. 자연동(自然銅).

산다리 열매가 작고 흰 팥.

산대[때] 물고기를 뜨거나 하는 데 쓰는, 장대에 그물주머니를 단 기구.

산드러-지다 ①태도가 맵시 있고 경쾌하다. ¶산들방글(산드러지게 방글거리는 모양). ②간드러지다. ¶산드러지게 웃다. 〈큰〉선드러지다.

산득 갑자기 찬 느낌이나 놀라는 느낌을 받는 모양. 〈큰〉선득. 〈센〉싼득[172]. 산뜩. ¶이가 산득 시리다. 산득 · 선득 · 선뜩거리다/대다/하다, 산득산득/하다.

산들 사늘한 바람이 가볍고 보드랍게 부는 모양. 〈큰〉선들. ¶바람이 산들 분다. 산들거리다/대다, 산들 · 선들바람, 산들산들/하다, 산드럽다[173].

산들(다) 바라던 일이나 소망이 틀어지다. ¶비가 오는 바람에 소풍갈 계획도 산들고 말았다.

산디 길가나 빈터에 높은 대를 쌓아 놓고 연극 따위를 하는 일. 또는 그 임시 무대.[←산대(山臺)]. ¶산디놀음, 산디탈, 산디판.

산따다기 겉이 붉고 질이 떨어지는 쌀.

산뜻 동작이 가볍고 시원스럽게 빠른 모양(≒얼른. 선선히). 기분이나 느낌이 깨끗하고 시원한 모양. 〈큰〉선뜻. ¶산뜻한 아침 공기. 모시옷 차림이 산뜻하다. 산뜻거리다/대다, 산뜻산뜻/하다, 산뜻 · 선뜻하다(곱다. 깨끗하다)/이.

산망 하는 짓이 까불까불하고 좀스러움. ¶산망을 피우다. 하는 짓이 산망스럽기만 하다. 산망스럽다.

산승 찹쌀가루를 반죽하여 얇게 밀어 모지거나 둥글게 만들어 기름에 지진 웃기떡.

산지 재목 따위의 이에짬을 튼튼하게 하려고 박는 굵은 나무못. ¶산지구멍(비녀장구멍), 산지못; 막이산지[174], 방두산지(枋頭;뚫어 나온 장부촉 끝에 막는 나무못) 들.

산치 '열목이(연어과의 민물고기)'의 큰 것.↔팽팽이(열목이의 어린 새끼).

살¹ ①사람이나 짐승의 몸에서 뼈를 싸고 있는 부드러운 물질. 조개나 게 따위의 뼈나 과실 따위의 껍질 속에 든 물질. 친족(親族). 아직 덜 갖추어진 내용이나 형식. ¶몸에 살이 찌다/ 빠지다. 살을 붙이다. 수박은 살이 빨갛다. 개요(槪要)를 작성한 후 살을 붙이면 한 편의 글이 완성된다. 살가림(옷을 입어 맨살을 가리는 일), 살가죽, 살갗, 살갗숨, 살거리[175], 살결, 살결박(結縛;죄인을 알몸뚱이로 묶음), 살기(몸에 살이 붙은 정도), 살김(살의 훈훈한 기운), 살깊다(살이 두껍다), 살내/살내음(몸에서 나는 냄새), 살내리다(살이 빠져 여위어지다.↔살오르다), 살눈(변태한 곁눈), 살덩어리/덩이, 살뜸, 살맛¹(살이 맞닿아서 느끼는 느낌), 살몽혼(矇昏;국부 마취), 살밭다[176], 살범벅[177], 살보시(布施), 살붙이(피붙이), 살비듬(살갗의 잔 비늘), 살빛, 살색(色), 살성(性;살갗의 성질), 살소매(팔과 소매 사이의 빈틈), 살손[178], 살수청(守廳;몸으로 드는 수청), 살쐐기(여름철에 생기는 피부병의 한 가지), 살앓이(배를 앓는 병), 살언치, 살오르다, 살올실[근섬유(筋纖維)], 살웃음(볼살을 움직이며 웃는 웃음), 살잎(살찐잎. 多肉葉), 살점(點), 살조각, 살조개(꼬막), 살주머니(살덩어리가 주머니처럼 드리운 것), 살지다[179], 살집(살의 부피), 살찌다[180]/찌우다, 살친구(親舊), 살코기, 살팍/지다[181], 살푸둥이[182], 살품[183], 살피듬[184], 살흙; 가리맛살/맛살, 가슴살, 갈매기살[185], 겉살, 견짓살[186], 구녕살[187], 군살, 굳은살, 궂은살, 눈살, 다리살, 닫는살[188], 달기살(소의 다리 안쪽에 붙은 고기), 닭살[189], 대살(단단하고 야무지게 찐 살.↔푸석살)/지다, 대접살[190], 두부살(豆腐)[191], 등살, 뙤살[192], 뚝살(굳은살), 머릿살, 멱살(사람의 멱 부분의 살. 멱이 닿는 부분의 옷깃), 목살, 목젖살, 무살[193], 물렁살, 밑살, 방아살[194], 뱀살[195], 뱃살, 보습살(소 볼기에 붙은 고기), 볼기긴살, 볼깃살, 비지살, 삼(三)/세겹살, 뺨살, 뻘기살(다리 안쪽이나 갈비를 싸고 있는 쇠고기), 새살, 생살(生), 소머릿살, 속살, 술살(술을 마시어 오른 살), 실살(實)[196], 아늠살, 안창살, 알살, 여념/연엽살(소의 도가니에 붙은 살), 잎살[엽육(葉肉)], 젖살, 제복살(쇠갈

172) 싼득: 갑자기 몹시 싸늘한 느낌이 드는 모양. ¶찬 기운이 싼득 느껴지는 뺨.
173) 산드럽다: 산들산들한 듯하다. ¶바람이 산드럽다.
174) 막이산지: '十' 자 모양으로 끼워 맞춘 재목에 빠지거나 흔들리지 아니하도록 박는 나무못.

175) 살거리: 몸에 붙은 살의 정도와 모양. ¶살거리가 좋은 남자.
176) 살밭다: 가족이나 친척 관계가 매우 가깝다. ¶살밭은 친척.
177) 살범벅: 살이 터지거나 찢어져서 피투성이가 된 상태.
178) 살손: ①무슨 일을 할 때에 연장 따위를 쓰지 아니하고 바로 대서 만지는 손. ¶살손으로 김치를 버무리다. ②일을 정성껏 하는 손. ¶살손을 붙이다(일을 정성껏 다잡아 하다).
179) 살지다: 형용사로서 ①살이 많고 튼실하다. ¶암살지다(거무스름한 빛깔의 살이 많고 기름지다). ②땅이 기름지다. ③과실이나 식물의 뿌리 따위에 살이 많다. ¶살진 복숭아.
180) 살찌다: 동사로서, 몸에 살이 많아지다. 살오르다. ¶살찌우다, 살찐뿌리, 살찐열매, 살찐잎, 살찐줄기.
181) 살팍: 살이 있는 쪽.[←살+팍]. ¶나이에 비해 살팍지게 생겼다. 살팍지다(힘살이 살지고 단단하다).
182) 살푸둥이: 몸에 살이 많고 적은 정도.≒살피듬. 살거리.
183) 살품: 옷과 가슴 사이에 생기는 빈틈. ¶어머니의 살품에 손을 넣고 젖을 빠는 아기.
184) 살피듬: 몸에 살이 피둥피둥한 정도. ¶그는 살피듬이 여전히 좋아 보였다.
185) 갈매기살: 돼지 갈비 양쪽의 기름이 없는 고기.
186) 견짓살: 닭의 겨드랑이에 붙어 있는 흰 살.
187) 구녕살: 소의 볼기에 붙은 기름기 많은 살.
188) 닫는살: 두 짝의 조가비를 닫게 하는 살.
189) 닭살: ①닭의 껍질처럼 오톨도톨한 살갗. ②소름이 돋을 정도로 보기에 언짢아 함. ¶닭살 돋는 짓은 하지 마.
190) 대접살: 소의 사타구니에 붙은 고기.
191) 두부살(豆腐): 피부가 희고 무른 살. 또는 그런 체질을 가진 사람.
192) 뙤살: 한 덩어리로 뭉쳐 있는 알짜 살. ¶뼈와 비계가 없는 뙤살.
193) 무살: 단단하지 못하고 물렁물렁하게 찐 살. 두부살.
194) 방아살: 쇠고기의 등심 복판에 있는 고기.
195) 뱀살: 뱀의 허물처럼 흰 비늘이 일어나는 살.
196) 실살(實): 겉으로 드러나지 아니한 실이익. ¶실살스럽다(겉으로 드러남이 없이 내용이 충실하다).

비에 붙은 고기), 조갯살, 쥐살(소의 앞다리에 붙은 고기), 참살(건강하게 포동포동 찐 살), 청승살[197], 초맛살[198], 콧살, 턱살, 푸석살(↔대살), 한살되다[199], 허벅살, 힘살(근육). ☞ 기(肌). 육(肉). ②씨앗을 심는 부드러운 흙. ¶살이 굳기 전에 씨를 뿌려야 한다. 살거름(씨앗을 뿌릴 때, 씨와 섞어 쓰는 거름), 살흙(돌멩이나 모래가 섞이지 않은 순수한 흙).

살[2] ①창문·얼레·부채·빗·갓모·연 따위의 뼈대가 되는 나무오리나 대오리. ¶살대[1][200], 살마루(댓가지나 널쪽 따위로 사이를 띄어서 만든 마루), 살목(木;집을 살잡이할 때, 기둥을 솟구는 지렛대), 살문(門), 살밀이(문살을 장식하는 일)/하다, 살바람[201], 살써레, 살없는창(窓), 살잡다[202], 살장[목책(木柵)], 살줄, 살줄치다[203], 살지르다(칸살을 지르다), 살창[204], 살창/문(窓/門), 살채(바큇살의 대), 살책박(싸릿대로 엮어 만든 그릇), 살치다[205], 살통(살대를 받친 채로 자리를 옮기는 도구), 살판(板;집을 살잡이할 때에 기둥을 솟구는 데 쓰는 널), 살평상(平床), 살홍(紅); 간살(間), 갈빗살(갈비뼈처럼 여러 가닥으로 갈라진 살), 겉살, 동살(창문에 가로지른 살), 들살[206], 망곳살[207], 문살(門), 바디살, 바퀴살, 부챗살, 비늘살, 빗살[1][208], 빗살/문(門;가는 살을 엇비슷하게 짜서 만든 문), 세살(細), 속살, 심살(心), 얼레살, 연살(鳶), 우산살(雨傘), 장살(長;세로 문살), 장피살[209], 창살(窓), 창피살[←창포(菖蒲)], 홍살/문(紅-門). ②옷 따위의 구김이나 줄. ¶살다듬이/하다; 고김·꼬김·구김·꾸김살, 눈살, 다듬잇살, 이맛살(이마에 잡힌 주름살), 주름살, 콧살; 살다듬이/하다, 살잡히다[210]. ③떡살로 찍은 무늬. ¶떡살이 곱다. ④벌의 꽁무니에 있는 침. ¶벌의 살에 쏘이다. 살차다. ⑤'어살'이나 '화살'의 준말. '살처럼 긴 것. 바늘처럼 뾰족한'을 뜻하는 말. ¶살같이(쏜살같이), 살걸음[211], 살길[1](화살이 날아가는 길), 살깃(화살깃), 살담배, 살대[2](화살대)/같다(매우 빠르다), 살막(幕;어살을 쳐놓은 움막), 살미역(가늘고 긴 미역), 살밑(화살촉), 살받이(화살이 날아와 떨어지는 자리), 살방석(方席;화살 닦는 방석 모양의 물건), 살별[혜성(彗星);꼬리별], 살수건(手巾), 살수세미, 살여울[212], 살찌[213], 살차다[1](화살을 옆구리에 차다), 살촉(鏃), 살터[1](활터. 어살을 쳐 놓은 곳), 살통[214], 살판[215], 살현(활터에서 사용하는 연장의 하나); 거푸살(연거푸 쏘는 화살), 고두리살(새잡는 화살), 공중살(空中), 다라진살(가늘고 긴 화살), 동개살(깃을 크게 댄 화살), 몸빠진살(가는 살), 버들살(버드나무로 만든 살), 부픈살(굵은 화살), 불살[1](불화살), 사수리살(옛날 화살), 서푼한살(굵고도 가벼운 화살), 쏜살같다/같이, 아기살(가는대), 어살(魚), 우는살[216], 은살대(銀), 작살, 점심살[217], 주살[218], 투호살(投壺), 화살, 흐른살(과녁이나 목표에서 빗나간 살). ⑥해·별·불 또는 흐르는 물 따위의 내뻗치는 기운(힘). ¶살차다[2][219]; 금살(金;금빛으로 반짝이는 빛살), 동살[220], 무지갯살, 물살(물이 흘러 내뿜는 힘), 바람살(세차게 부는 바람의 기운), 분자살(分子), 불살[2], 빗살[2](빗줄기), 빛살(비쳐 나가는 빛의 가닥), 어둠살(어두운 빛살), 원자살(原子), 햇살 들.

살[3] ①노름판에서, 걸어 놓은 돈에 더 태우는 돈. ¶살이 들어가다. 살지르다(걸어 놓은 돈에 더해 놓다). ②밑천. ¶살닿다[221], 살돈(밑천이 되는 돈); 본살(本;밑천으로 가졌던 본디의 돈).

살[4] 나이를 세는 말. ¶일곱 살. 나잇살[222].

-살- 몇몇 형용사의 어간과 '-스럽다. 하다'에 붙어, '그런 성질이 더 있음. 몹시'의 뜻을 더하는 말.[←ᄉᆞ(의존명사)+ㄹ)]. ¶거북살스럽다(몹시 거북스럽다), 곱살하다/스럽다, 밉살맞다/스럽다, 밉살머리궂다/스럽다, 쉽사리[223][←쉽(다)+살(ᄉᆞ+ㄹ)+ᄒᆞ(다)+이], 아니꼽살스럽다(몹시 아니꼬운 데가 있다), 어렵사리[224][←어렵(다)+살(ᄉᆞ+ㄹ)+ᄒᆞ(다)+이], 우악살스럽다(愚惡;매우 우악스럽다) 들.

살(殺) '죽이다. 무시하다. 지우다. 험악하다'를 뜻하는 말. ¶살균(殺菌), 살기(殺氣)[살기등등(騰騰), 살기충천(衝天)], 살년(殺年;크게 흉년이 든 해), 살략(殺掠/略), 살멸(殺滅), 살모사(殺母蛇), 살벌(殺伐)[225], 살부지수(殺父之讐), 살상(殺傷), 살생(殺生)[살생계(戒), 살생금단(禁斷), 살생유택(有擇), 살생죄(罪)]; 불살생(不)], 살서제(殺鼠劑), 살성(殺星), 살수(殺手), 살신성인(殺身成仁), 살옥(殺獄), 살육(殺戮)[살륙전(戰), 살육지변(殺戮之變)], 살의(殺

---

197) 청승살: 팔자가 사나운 늙은이가 청승스럽게 찐 살.
198) 초맛살: 소의 대접살에 붙은 살코기.
199) 한살되다: ①두 물건이 한데 붙어 한 물건처럼 되다. ②남녀가 결합해 부부가 되다.
200) 살대[1][-때]: 기둥이나 벽 따위가 넘어지는 것을 막기 위해 버티는 나무.
201) 살바람: ①좁은 틈으로 새어 들어오는 찬바람. ②초봄에 부는 찬바람.
202) 살잡다: 쓰러져 가는 벽이나 기둥을 살대 같은 것으로 버티어 바로 일으켜 세우다. ¶아버지와 나는 찔그러진 기둥을 살잡느라 다른 일을 도울 새가 없었다. 살잡이/하다.
203) 살줄치다: 연을 얼리다가 섰던 자리를 바꾸거나 얼레를 이리저리 넘기어서 다시 풀리게 하다. ¶동네 아이들이 살줄치며 연 놀이를 한다.
204) 살창[-짱]: 광산 구덩이 속에서 동발과 띳장 사이에 끼워서 흙과 돌 따위가 떨어지지 않게 하는 나무나 널.
205) 살치다: 못 쓰게 된 글에 X 모양의 줄을 그어 못쓴다는 뜻을 나타내다. ¶이 원고는 살친 곳이 많아 지저분하다.
206) 들살: 기울어진 집을 바로 일으켜 세울 때, 괴어 받치는 지레.
207) 망곳살: 연을 날릴 때 실이 다 풀리어 드러난 줄을 잡아맨 얼레의 살.
208) 빗살[1]: 빗의 잘게 갈라진 낱낱의 살. 즐치(櫛齒). ¶빗살무늬/토기(土器).
209) 장피살: 창포의 줄기같이 중간이 약간 배가 부른 문살.[←창포(菖蒲)].
210) 살잡히다: ①구김살이 생기다. 구겨지다. ②살얼음이 얇게 얼다.
211) 살걸음: 화살이 날아가는 속도.
212) 살여울: 물살이 급하고 화살이 날아가는 것처럼 빠른 여울.
213) 살찌: 쏜 화살이 날아가는 모양새.[←살+찌(맵시)]. ¶살찌가 곱다. 평찌(나지막하고 평평하게 날아가는 화살).
214) 살통: 어떤 물건을 살대를 받친 채로 자리를 옮기어 움직이는 기구.
215) 살판: 활을 열 순(巡) 곧 50대를 쏘아 20대를 과녁에 맞히는 일. ¶대살판(大;50대에서 25대를 맞힘), 소살판(小).
216) 우는살: 끝에 속이 빈 깍지를 달아 붙인 것으로, 쏘면 공기에 부딪혀 소리가 나는 화살.=효시(嚆矢;처음), 향전(響箭).
217) 점심살: 화살이 과녁에 못 미쳐 떨어졌다가 다시 튀어 올라 과녁에 맞는 일. 또는 그 화살.
218) 주살: 오늬에 줄을 매어 쏘는 화살. ¶주살나다(뻔질나다), 주살질/하다.
219) 살차다[2]: ①흐르는 살별(혜성) 꼬리의 빛이 세차다. ②성질이 붙임성이 없이 차고 매섭다. ¶그녀는 성질이 살차서 친구가 없다.
220) 동살: 새벽에 동이 트면서 훤히 비치는 햇살.
221) 살닿다: 이해득실이 왔다 갔다 하다가 본밑천에 손해가 나다. ¶상인들은 남는 장사인데도 살닿는다고 죽는 소리를 한다.
222) 나잇살: '지긋한 나이'를 얕잡아 이르는 말. (준)낫살.
223) 쉽살다/쉽사ᄒᆞ다: '매우 쉽다'를 뜻하는 옛말.
224) 어렵살ᄒᆞ다: '매우 어렵다'를 뜻하는 옛말.
225) 살벌(殺伐): 분위기나 풍경, 또는 인간 관계 따위가 거칠고 서먹서먹함. ¶살벌한 분위기.

意), 살인(殺人)[226], 살저제(殺蛆劑), 살점제(殺粘劑), 살정제(殺精劑), 살주마(殺主馬), 살지무석(殺之無惜), 살초제(殺草劑), 살충(殺蟲)[살충력(力), 살충제(劑)], 살풍경/스럽다/하다(殺風景), 살해(殺害)[살해범(犯), 살해자(者); 존속살해(尊屬)], 살활(殺活), 살획(殺獲;죽이거나 사로잡음); 갱살(坑殺), 격살(擊殺), 고살(故殺), 공살(攻殺), 교살(絞殺), 구살(構殺;없는 죄는 뒤집어씌워서 죽임), 구살(毆殺), 낙살(烙殺), 남살(濫殺), 답살(踏殺), 대살(代殺), 도살(屠殺)[밀도살(密)], 도살(盜殺), 독살(毒殺), 독살나다/스럽다/지다/풀이(毒殺), 말살/스럽다(抹殺), 멸살(滅殺), 모살(謀殺), 몰살(沒殺), 묵살(默殺), 밀살(密殺), 박살(搏殺), 박살(撲殺), 병살(倂殺), 보살(補殺), 봉살(封殺), 분살(焚殺), 불살(不殺)[항자불살(降者)], 사살(射殺), 삼중살(三重殺), 생살(生殺), 소살(笑殺), 소살(燒殺), 수살(水殺), 수살(愁殺), 시살(弑殺), 아살(餓殺), 암살(暗殺), 압살(壓殺), 액살(縊殺), 엄살(掩殺), 역살(轢殺), 오살(誤殺), 오살(鏖殺;모조리 무찔러 죽임), 유살(誘殺), 의살(縊殺), 자살(自殺)[227], 자살(刺殺), 장살(杖殺), 장살(戕殺), 주살(誅殺), 즉살(卽殺), 참살(斬殺), 참살(慘殺), 책살(磔殺), 척살(刺殺), 척살(擲殺), 천살(擅殺), 총살(銃殺), 타살(他殺), 타살(打殺), 포살(砲殺), 폭살(爆殺), 피살(被殺), 필살(必殺), 학살(虐殺), 협살(挾殺), 형살(刑殺), 활살(活殺), 희살(戱殺). §'덜다 · 감하다. 매우 · 심하다'의 뜻으로는 [쇄]로 읽음. 쇄도(殺到), 쇄점제(殺粘劑), 쇄하(殺下); 감쇄(減殺), 강쇄(降殺), 뇌쇄(惱殺;애가 타도록 몹시 괴롭힘), 망쇄하다(忙殺;몹시 바쁘다), 매쇄(魅殺), 상쇄(相殺).

살(煞) 사람이나 물건 등을 해치는 독하고 모진 기운이나 운수. 곧 악귀의 짓. 친족 간에 좋지 않은 띠앗. ¶그의 형제는 살이 세다. 살이 끼다. 살가다, 살나가다[228], 살내리다(↔살오르다), 살막이, 살맞다[229], 살스럽다(≒나쁘다. 사납다. 모질다), 살오르다(사나운 띠앗머리가 들러붙다. 악귀의 짓이 들러붙다), 살풀이[살풀이굿, 살풀이춤, 살풀이판]; 겁살(劫煞), 공방살(空房煞), 급살(急煞)[230], 도화살(桃花煞), 망신살(亡身煞), 목살(木煞), 삼살방(三煞方), 상문살(喪門煞), 상부살(喪夫煞), 세살(歲煞), 역마살(驛馬煞)[231], 원진살(元嗔煞;궁합에서 서로 꺼리는 살), 재살(災煞), 제살(制煞), 족살(族煞), 주당살(周堂煞;혼인 때 꺼리는 귀신을 덧들여 받는 액운), 주작살(朱雀), 중북살(煞)[232], 지살(地煞), 직살(直煞), 천살(天煞), 축살(蹴殺), 패수살(敗數煞), 패운살(敗運煞), 해살(解煞;살풀이), 흉살(凶煞) 들.

살(撒) '흩어 뿌리다'를 뜻하는 말. ¶살비(撒肥;비료를 뿌림), 살수(撒水;물을 뿌림)[살수기(器), 살수차(車)], 살초기(撒草機), 살파(撒播;씨를 골고루 뿌림), 살포(撒布;일대에 흩어 뿌림)[살포기(器), 살포약(藥), 살포제(劑)] 들.

살(薩) 보살. §범어(梵語) 'sat'의 음역(音譯)으로 '보리살타(菩提薩埵)'의 준말. ¶마하살(摩訶薩), 보살(菩薩)[233].

살갑(다) ①마음이 상냥하고 부드럽다.≒너그럽다. 다정하다. 〈큰〉슬겁다. ¶살갑게 구니 정이 붙는다. 살갑기는 평양 나막신(미덥고 사근사근한 사람). 마음 씀씀이가 슬겁다. 곰살갑다 · 굼슬겁다(성질이 보기보다 너그럽고 부드럽다). ②집이나 세간 따위가 겉으로 보기보다는 속이 너르다.≒넓다. ¶장롱을 슬겁게 쓰는 방법을 터득하다.

살강[1] 그릇 따위를 얹어 놓기 위하여 부엌 벽에 드린 선반. ¶그릇을 씻어 살강에 올려놓았다.

살강[2] 설익은 곡식이나 열매 따위가 자꾸 가볍게 씹히는 소리. 또는 그 느낌. 〈큰〉설겅. 〈센〉쌀강. 〈거〉살캉. 쌀캉. ¶감자가 살강살강 씹힌다. 살강 · 설겅 · 쌀강 · 썰겅 · 살캉 · 설컹 · 쌀캉 · 썰컹거리다/대다, 살강살강/하다, 살강스럽다.

살구 살구나무의 열매. ¶살구꽃, 살구나무(장미과의 낙엽 활엽 교목), 살구떡, 살구색(色), 살구씨, 살구정과(正果), 살구편(살구떡); 개살구, 밀살구(蜜) 들.

살그락 옷이나 풀 따위가 가볍게 미끄러지면서 쓸리는 소리. ¶살그락 옷자락 스치는 소리. 살그락거리다/대다, 살그락살그락/하다, 살그랑[234].

살(다) ①목숨을 이어나가다. '살아 있는'을 뜻하는 말.↔죽다. ¶살구멍(살아나갈 길), 산기둥[235], 살기다툼(생존경쟁), 살길[2](살아가기 위한 방도), 살날, 산똥, 살려내다, 사로자다[236], 사로잠, 사로잠그다(자물쇠나 빗장 따위를 반쯤 걸다), 사로잡다[237]/잡히다, 살리다[1],[238], 살리다[2](죽게 된 것을 살게 하다. 돌보다), 살림[1][239],

226) 살인(殺人): 살인강도(强盜), 살인검(劍), 살인광(狂), 살인광선(光線), 살인귀(鬼), 살인극(劇), 살인나다/내다, 살인마(魔), 살인미수(未遂), 살인범(犯), 살인자(者), 살인적(的;사람의 목숨에 관계될 정도로 몹시 심한), 살인죄(罪); 승낙살인(承諾), 연쇄살인(連鎖), 차도살인(借刀;음험한 수단), 청부살인(請負), 촉탁살인(囑託), 촌철살인(寸鐵;한 치의 쇠붙이로도 살인한다는 뜻으로, 간단한 경구(警句)로도 남을 감동시키거나 남의 약점을 찌를 수 있다는 비유의 말).

227) 자살(自殺): 자살관여죄(關與罪), 자살교사죄(敎唆罪), 자살방조죄(幇助罪), 자살자(者); 분신자살(焚身), 음독자살(飮毒), 투신자살(投身), 할복자살(割腹).

228) 살나가다(煞): 사람을 해치거나 물건을 깨는 독살궂은 기운이나 악한 귀신의 짓이 떨어져나가다.

229) 살맞다(煞): 어떤 불길한 힘이 작용하여 갑자기 탈이 나다.

230) 급살(急煞): ①운수가 사나운 별. ②갑자기 닥치는 재액. ¶급살맞다(별안간 죽다).

231) 역마살(驛馬煞): 늘 분주하게 여행을 하고 다니도록 된 기운.

232) 중북살(煞): 초상집에서 일을 보다가 나쁜 귀신에게서 입는다는 재액. ¶중북살풀이.

233) 보살(菩薩): 부처에 버금가는 성인. 나이 많은 여신도. 고승(高僧). 여자 점쟁이. ¶보살감투, 보살계(戒), 보살도(道), 보살승(僧), 보살할미, 보살형(形); 산보살.

234) 살그랑: 쇠줄 따위가 가볍게 쓸리면서 울리어 나는 소리. ¶살그랑 쇠사슬 끌리는 소리. 살그랑거리다/대다/하다, 살그랑살그랑/하다.

235) 산기둥: 벽 따위에 붙어 있지 아니하고 따로 서 있는 기둥.

236) 사로자다: 염려가 되어 마음을 놓지 못하고 조바심하며 자다.

237) 사로잡다: ①산 채로 잡다.≒생포하다(生捕). ¶토끼를 사로잡다. ②마음이 쏠리도록 만들다.≒매료되다(魅了). ¶공포에 사로잡히다. 한국 노래가 세계인을 사로잡다.

238) 살리다[1]: 어떤 부분을 없애지 않고 있는 그대로 남겨 두거나 좀 보태거나 하다. 활용하다. ¶모서리를 살리다. 경험을 살리다.

239) 살림[1]: 한 집안을 이루어 살라가는 일. 살아가는 상태나 형편. ¶살림을 꾸리다. 살림에는 눈이 보배라. 살림꾼, 살림나다, 살림때(살림을 하면서 찌드는 일), 살림망(網;낚시질하여 잡은 물고기를 넣어 두는 그물), 살림방(房), 살림살이, 살림세간, 살림솜씨, 살림집, 살림채, 살림터, 살림통(桶), 살림푼수(한집안을 이루어 살아가는 형편); 각살림(各), 겹살림, 나라살림, 난봉살림(허랑방탕한 살림살이), 단칸살림, 독살림(獨),

산말(실감 나도록 꼭 알맞게 표현한 말), 살맛²(세상을 사는 재미), 산멱통/산멱, 산목숨, 산벼락(호되게 당한 재난), 산보살(덕이 높은 중), 산부처(생불), 산소리[240], 살속(세상을 살아가는 맛. 살맛), 산송장, 산영장(永葬), 살아가다, 살아나다(≒벗어나다. 살다. 일어나다), 살아남다(생존하다), 살아생이별(生離別), 살아생전(生前), 살아오다, 살아오르다, 살암직하다(살아가기에 좋음직하다), 산올벼, 산울타리, 살이, 산자전(字典), 산장(葬), 산재목(材木), 살죽다(살고 죽고 하다), 살줄치다[241], 산지식(知識), 산지옥(地獄), 살터²(생활의 터전), 살판나다[242], 살판치다, 산후취(後娶), 살터³(살아 나갈 밑바탕이 되는 터전. 대자연), 삶; 되살다/살리다, 되살아나다, 되살아오다, 드난살다(남의 집에서 드난으로 살다), 막살다, 못살다, 붙어살다, 속살다[243], 얹혀살다(남에게 부쳐 살다), 윽살리다(남을 마구 놀려 주거나 집적거리다), 잘살다, 죽살이/치다, 치살리다(지나치게 치켜세우다), 헛살다. ②기준이나 표준에 조금 크거나 많다. ¶근수를 좀 살게 달아 주시오. 살림²(원래 정한 치수보다 조금 크게 함). ③'-살이'의 꼴로, '어떤 일에 종사하거나 어디에 사는 생활'의 뜻을 더하는 말.[←살(다)+-이]. ¶각살이(各), 각방살이(各房), 개살이(改;改嫁), 감옥살이(監獄)/옥살이(獄), 객지살이(客地), 거간살이(居間), 겨우살이, 곁방살이(房), 고공살이(雇工), 고생살이(苦生), 고역살이(苦役), 고용살이(雇傭), 고을/골살이, 공방살이(空房), 구실살이, 귀살이(바둑을 둘 때 귀에서 사는 일), 귀양살이, 남의집살이, 노예살이(奴隷), 농군살이(農軍), 농막살이(農幕), 단가살이(單家), 단칸살이, 담살이[244], 더부살이, 드난살이, 딴집살이, 떼살이[군서(群棲)], 막간살이(幕間), 막살이, 머슴살이, 무리살이, 물살이, 번살이(番), 벌방살이(罰房), 벼슬살이, 별가살이(別家), 부엌살이, 붙살이, 사랑살이(舍廊), 살림살이, 세간살이, 세상살이(世上), 셋방살이(貰房), 소작살이(小作), 시묘살이(侍墓), 시집살이(媤), 식모살이(食母), 신접살이(新接), 애옥살이, 여러해살이, 여름살이, 오막살이, 옮겨살이, 외방살이(外方), 움막살이, 원살이(員), 원옥살이(冤獄), 월급살이(月給), 유경살이(留京), 유모살이(乳母), 유형살이(流刑), 이역살이(異域), 인생살이(人生), 잔살이[미생물(微生物)], 전세살이(傳貰), 정배살이(定配), 제살이, 종살이, 지옥살이(地獄), 징역살이(懲役), 처가살이(妻家), 천대살이(賤待), 첩살이(妾), 친정살이(親庭), 타관살이(他官), 타향살이(他鄕), 피난살이(避難), 피란살이(避亂), 하루살이, 한해살이, 행랑살이(行廊), 호강살이, 후살이(後). ☞ 생(生). 활(活). 거(居). 존(存).

살똥-스럽다 말이나 행동이 독살스럽고 당돌하다. ¶살똥스런 살인범이 경찰에 잡혔다. 살똥스럽게 굴다. 살뚱맞다(당돌하고 생뚱맞다).

살뜰-하다 ①매우 알뜰하다. 규모가 있고 착실하다. ¶살뜰한 살림 솜씨. ②사랑하고 위하는 마음이 깊고 세밀하다. ¶살뜰한 아내. 살뜰히; 알뜰살뜰.

살랑¹ 바람이 가볍게 부는 모양. 〈큰〉설렁. ¶살랑 불어오는 봄바람. 집안이 썰렁하다(집안이 어딘가 빈 듯한 느낌이 있다). 살랑 · 설렁 · 쌀랑 · 썰렁거리다/대다, 살랑살랑 · 설렁설렁/하다.

살랑² ①떠들거나 심하게 굴지 않고 가만히 행동하는 모양. ¶살랑 다가가다. ②천천히 표 나지 않게. 주눅 좋게 슬그머니. 〈큰〉설렁. 슬렁[245]. ¶일을 살랑살랑 해치운다. 살랑살랑 농을 치다.

살름 다리를 알 듯 말 듯 조금씩 저는 모양.

살망 행동이 까불까불하고 얄망스럽게 구는 짓.=산망. ¶살망을 피우다/ 떨다/ 부리다.

살망-하다 아랫도리가 어울리지 않게 가늘고 길다(=상큼하다¹). 옷이 몸에 어울리지 않게 짧다. 〈큰〉설멍하다. ¶한 뼘쯤의 살망한 종아리가 보인다. 치마가 살망하여 보기가 싫다. 살망살망 걷다. 살망살망 · 설멍설멍(살망한 다리로 걷는 모양).

살매¹ 사람의 의지와 관계없이 초인간적인 위력에 의하여 지배된다고 생각되는 길흉화복. 운명(運命). ¶제 살매를 제가 추스를 생각일랑은 통 않는 것이다.

살매² 사람이나 물건을 해치는 독하고 모진 귀신의 독기. ¶살매들린 바람은 논밭 간의 나무들을 뒤흔들며 미쳐 날뛰었다.

살무사 살무삿과의 뱀.[←살모사(殺母蛇)].

살미 궁궐이나 성문의 누각 같은 건물의 기둥 위 도리 사이를 꾸미는, 촛가지를 짜서 만든 물건. ¶살미살창(窓); 포살미(包) 들.

살살¹ ①넓은 그릇의 물 따위가 천천히 고루 끓는 모양. ¶물이 살살 끓어 넘치다. 설렁설렁. ②온돌방이 뭉근하게 고루 더운 모양.≒잘잘. ¶방이 살살 끓는다. ③작은 벌레 따위가 가볍게 기어가는 모양. ¶개미가 살살 기어간다. ④조심스럽게 가는 모양. ¶살살 발자국을 떼어놓다. ⑤머리를 천천히 살래살래 흔드는 모양. ¶머리를 살살 흔들다. 살살 · 설설거리다/대다. ⑥두려워서 기를 펴지 못하는 모양. ¶살살 기다. 〈큰〉설설. 〈센〉쌀쌀.

살살² ①남이 모르게 살그머니 행동하는 모양. ¶살살(살금살금) 뒤를 밟다. 사알/살(조용히 가만히), 살근[246], 살금[247], 살그머

딴살림, 바깥살림, 부엉이살림(자기도 모르는 사이에 느는 살림), 부엌살림, 새살림, 신접살림(新接), 안살림, 안팎살림, 잔살림, 집안살림, 큰살림, 협호살림(夾戶), 홀아비살림, 홀앗이살림(식구가 단출하여 홋홋한 살림).

살림²: 원래 정한 치수보다 조금 크게 하는 일.(↔죽임).

240) 산소리: 어려운 가운데서도 속이 살아 남에게 굽죄이지 않으려고 하는 큰소리. 산소리하다.

241) 살줄치다: 연을 얼리다가 섰던 자리를 바꾸거나, 얼레를 이리저리 넘기어서 다시 풀리게 하다.

242) 살판나다: ①좋은 일이나 재물이 생기어 썩 살기 좋아지다. ¶무슨 살판날 일이라고 법석을 떠는가. ②기를 펴고 살아갈 수 있게 되다. ¶방학이 되어 살판난 아이들.

243) 속살다: 겉으로 수그러진 듯하나, 마음속은 버티려는 뜻이 살아 있다.

244) 담살이: 어린아이가 부잣집에 들어가 밥이나 얻어먹고 잠이나 자면서 잔심부름을 하는 것. ¶꼴담살이, 정지담살이.

245) 슬렁: 서두르지 않고 느릿느릿 굼뜨게 행동하는 모양. ¶시간이 없는데도 사람들은 슬렁슬렁 움직였다. 슬렁슬렁 걸어서 심부름을 다녀오다. 아슬랑 · 어슬렁.

246) 살근: 물체가 서로 맞닿아 매우 가볍게 스치며 비벼지는 모양. 힘을 들이지 않고 살그머니 가볍게 행동하는 모양. 〈큰〉슬근. ¶살근살근 톱질을 한다. 다치지 않게 살근살근 문지른다. 소가 밤새도록 살근살근 새김질을 한다. 살근살근 들어오다. 살근한 말투. 문이 살근하게 열리다. 살근살근하다, 살근 · 슬근거리다/대다/하다, 살근살짝(남이 전혀 모르

ㅅ

니[248], 살몃살몃[249], 살짝[250]. ②눈이나 설탕 따위가 모르는 사이에 사르르 녹아버리는 모양. ¶사탕이 입안에서 살살 녹는다. ③심하지 않게 가만가만 가볍게 만지거나 문지르는 모양. ¶살살 문지르다. ④남을 살그머니 달래거나 꾀는 모양. ¶살살 꾀어 데려오다. ⑤바람이 보드랍게 살랑살랑 부는 모양. ⑥가볍게 눈웃음을 치는 모양. ¶눈웃음을 살살 치다. ⑦엉킨 실 따위가 순조롭게 잘 풀리는 모양. 〈큰〉슬슬(슬금슬금). 살살거리다/대다.

살살[3] 배가 조금씩 아픈 모양. ¶아랫배가 살살 아프다. 배가 갑자기 살 아프기 시작했다. 〈센〉쌀쌀.

살살-하다 ①교활하고 간사하다. ¶살살이(간사스럽게 알랑거리며 다니는 사람). ②가늘고 약하다. ③가냘프고 곱다. ④아슬아슬한 고비를 겨우 면하는 상태에 있다.

살육 많은 사람을 마구 죽임.[←살륙(殺戮)].

살쩍 관자놀이와 귀 사이에 난 털(귀밑털)을 뜻하는 말.=귀밑털. 빈(鬢). 자분치. ¶살쩍은 그린 것 같았고 머리는 삼단 같았다. 긴 살쩍이 보기 싫다. 살쩍밀이/질.

살쭈 장에서 소를 팔고 사는 것을 흥정 붙이는 사람.=쇠살쭈.

살천-스럽다 쌀쌀하고 매섭다. ¶살천스럽게 돌아앉다. 언론은 정부를 살천스레 비난했다. 그 독재자는 권력을 살천스레 휘둘렀다.

살치 소의 갈비 윗머리에 붙은 고기. ¶살치 끝에 붙은 고기를 '별박이'라고 한다.

살판 남사당패의 땅재주 광대가 두 손으로 땅을 짚고 공중제비를 넘는 일. ¶살판/뜀(광대가 몸을 날리어 넘는 땅재주), 살판쇠; 칼살판(손에 칼을 들고 하는 땅재주).

살포 논의 물꼬를 트거나 막을 때에 쓰는 네모진 삽. ¶건살포(일은 하지도 아니하면서 건으로 살포만 짚고 다니는 사람).

살풋-하다 드러나지 않게 포근하다. 〈큰〉슬픗하다. ¶마음씨가 살풋하다. 살포시[251].

살피[1] ①두 땅의 맞닿은 경계선을 나타낸 표나 표지판.≒전곡. ¶수원시와 용인시의 살피가 되는 산등성이. 살피꽃밭[252], 살피박다, 살피싸움(땅의 경계선을 놓고 싸우는 일), 살피짓다(경계를 긋다. 경계표를 지르다); 손살피(손가락과 손가락 사이). ②물건과 물건 사이를 구별한 표.[〈살피]. ¶책꽂이에 살피를 끼워 시집과 소설책을 구분하여 놓았다. 살피살피[253].

살피[2] '숟가락'의 변한말.

살피(다)[1] 조심하여 두루두루 자세히 보다. 돌보아 주다. 어떤 현상을 주의하여 관찰하거나 미루어 헤아리다. ¶눈치를 살피다. 국제 정세를 살피다. 살펴보다; 굽어살피다(자세히 살펴보다), 눈살피다(눈을 돌리어 살피다), 되살피다, 뒤살피다(이모저모 두루 자세히 보다), 보살피다(돌보다. 감독하여 두루 살피다), 엿살피다, 휘살피다(휘휘 둘러 살피다) 들.

살피(다)[2] 짜거나 엮은 물건이 거칠고 성기다. 〈큰〉설피다. ¶피륙이 살피다. 이 무명은 너무 설피다. 설피창이(올이 거칠고 성기게 짠 피륙), 살핏·설핏[254]/이(정도가 심하지 않고 약하게), 살핏·설핏하다[255] 들.

삵 고양잇과의 산 짐승. 야묘(夜猫). ¶살쾡이, 삵피(皮); 바다삵.

삶(다) ①날음식이나 빨래를 물에 넣고 끓이다.≒고다. ¶달걀을 삶아먹다. 빨래를 삶아 깨끗이 빨다. 삶기다(삶아지다), 삶은김치; 곱삶다, 곱삶이, 데삶다[256]/삶기다, 뒤삶다(다시 삶다. 몹시 삶다), 맨삶이(간을 하지 않고 삶는 음식), 설삶다/삶기다. ☞ 팽(烹). ②달래거나 꾀어서 고분고분하게 만들다.≒달래다.↔욱박지르다. ¶누나를 삶아 용돈을 얻다. 구워삶다(구슬리어 말을 듣게 하다); 얼어삶다(그럴듯한 말로 남을 속이다). ③논밭의 흙을 써레로 썰고 나래를 골라 부드럽게 만들다. ¶논을 삶다. 삶이[257].

삼[1] 태아를 싸고 있는 막과 태반(胎盤). ¶해산 후에 삼을 가르다. 삼바라지(몸을 푸는 데 시중을 드는 일), 삼불(해산 뒤에 태를 사르는 불), 삼줄(탯줄), 삼할미(조산사의 일을 하는 노파).

삼[2] 병으로 눈동자에 좁쌀만 하게 생기는 희거나 붉은 점. ¶삼이 서다(눈에 삼이 생기다). 삼꽃[1][258], 삼눈(결막염), 삼발(눈에 삼이

게), 살근살근·슬근슬근/하다, 살근살짝·슬근슬쩍.

247) 살금: 남이 알아차리지 못하도록 눈치를 살펴 가면서 살며시 행동하는 모양. 〈큰〉슬금. ¶살금살금 곁에 다가가다/기어가다. 안개가 살금살금 피어오르다. 살금살금/살살·슬금슬금/슬슬, 살그래, 살큼(잠깐 살며시 잠이 든 모양).

248) 살그머니: ①남이 모르게 살짝.=살그래.≒살며시. 몰래. 가만히. 꾀꾀로. 넌지시. ¶살그머니 들어오다. ②힘을 들이지 않고 천천히 살짝. ¶담을 살그머니 넘어가다. 〈준〉살그니/살그미. 〈큰〉슬그머니/슬그미.

249) 살몃살몃: ①남의 눈에 띄지 않게 살며시 행동하는 모양. ¶살몃살몃 걸음을 옮기다. 살며시·슬며시. ②행동이나 사태 따위가 가벼우면서도 은근하고 천천히 일어나는 모양. ③감정 따위가 속으로 천천히 은밀하게 일어나는 모양. 〈큰〉슬몃슬몃.

250) 살짝: ①남의 눈을 피하여 재빠르게.≒살며시. 몰래. ¶살짝 빠져나가다. 슬쩍궁(슬쩍), 슬쩍하다(몰래 재빨리 가로채거나 훔치다). ②힘들이지 아니하고 가볍게.≒수월히. ¶살짝 뛰어내리다. ③심하지 아니하게 아주 약간. ¶살짝 못질을 하다. 살짝곰보(조금 얽은 곰보). ④표 나지 아니하게 가만히.≒몰래. ¶살짝꿍, 살짝웃음, 사리살짝·스리슬쩍. 〈큰〉슬쩍.

251) 살포시: ①매우 보드랍고 가볍게. ¶나비가 살포시 날개를 접다. 살포시 눈을 감다. ②크거나 많지 않고 조금. ③잠깐 동안 조금. ¶그는 새벽 살포시 든 잠에서 꿈을 꾸다 깨어났다. 〈준〉살풋. 〈큰〉슬풋.

252) 살피꽃밭: 건물·담장 밑·도로를 따라 좁고 길게 만든 꽃밭.

253) 살피살피: 틈의 살피마다 모두. 구석구석마다.=고샅고샅. 구석구석.

254) 설핏: ①짜거나 엮은 것이 좀 얇고 성긴 듯하게. ¶설핏 짜인 천. ②해의 밝은 빛이 약해진 모양. ¶가을해가 설핏 기울어지다. 설핏이. ③풋잠이나 얕은 잠에 빠져드는 모양. ¶책을 읽다가 설핏 잠이 들었다. ④잠깐 나타나거나 떠오르는 모양.≒언뜻. ¶머릿속을 설핏 스치는 생각이 하나 있었다.

255) 설핏하다: ①짜거나 엮은 것이 거칠고 성긴 듯하다. ¶설핏한 베. ②해가 져서 밝은 빛이 약하다. ¶해가 설핏할 무렵에 산에서 내려오다. 해설피(해가 져 빛이 약해질 무렵에).

256) 데삶다: 충분히 삶지 아니하고 살짝 익도록 잠깐 삶다. ¶시금치를 데삶아서 무치다. 콩이 푹 삶기지 않고 데삶겼다. 데삶기다.

257) 삶이: ①논을 삶는 일. ¶삶이하다; 건삶이, 무삶이, 헛삶이. ②못자리를 따로 마련하지 아니하고 처음 삶은 논에 바로 볍씨를 뿌리는 일.

258) 삼꽃[1]: 어린아이의 살갗에 열기로 인하여 생기는 불긋불긋한 점.

설 때에 생기는 붉은 핏발), 삼잡이(삼눈을 앓을 때 미신적으로 예방하는 일).

삼³ 배의 바닥에 댄 널.=뱃삼. 삼판(板). ¶밑삼, 바삼(배의 삼과 삼이 맞닿은 곳), 윗삼(뱃바닥의 위쪽으로 댄 옆면의 널).

삼⁴ 삼과의 한해살이풀[마(麻)]. ¶삼의 껍질은 섬유의 원료가 된다. 삼거웃, 삼검불(삼거웃), 삼굿259), 삼꽃², 삼끈, 삼낳이, 삼노끈/삼노[마승(麻繩)], 삼단(삼을 묶은 단), 삼대(삼의 줄기), 삼밧줄, 삼밭, 삼벌레, 삼베[석세삼베(성글고 굵은 베)], 삼베길쌈, 삼베옷, 삼신(생삼으로 거칠게 삼은 신), 삼실(삼베), 삼심(삼실로 꼬아 만든 심지), 삼씨/기름, 삼여물(잘게 썬 삼 껍질을 흙 따위에 섞어 쓰는 미장 재료), 삼잎수(繡), 삼칼, 삼하늘소[마천우(麻天牛)]; 농삼장260), 돌삼, 마닐라삼(Manila), 생삼(生), 수삼, 암삼 들.

삼(三/參) 셋. 세. ¶삼 년이나 걸린 공사. 삼각(三角)261), 삼각(三脚)[삼각가(架;삼발이), 삼각대(臺), 삼각의자(椅子)], 삼각(三覺), 삼간(三竿), 삼간두옥(三間斗屋), 삼간택(三揀擇), 삼강(三綱)[삼강오륜(五倫), 삼강오상(五常)], 삼거리, 삼걸(三傑), 삼겹살, 삼겹실, 삼겹창(窓), 삼경(三更), 삼경(三經), 삼경(三敬;敬天. 敬人. 敬物), 삼계(三戒), 삼계(三界), 삼고(三苦), 삼고/초려(三顧/草廬), 삼과(三過), 삼과(三寡), 삼관왕(三冠王), 삼광(三光;해와 달과 별), 삼구(三仇), 삼구(三懼), 삼국(三國), 삼군(三軍), 삼권/분립(三權/分立), 삼극(三極), 삼남(三男), 삼다(三多), 삼단(三段)[삼단논법(論法), 삼단뛰기, 삼단전법(戰法)], 삼단(三端), 삼대(三代)[삼대독자(獨子), 삼대추증(追增)], 삼도(三道), 삼돌이(감돌이. 베돌이. 악돌이), 삼동(三冬), 삼두근(三頭筋), 삼등(三等), 삼락(三樂), 삼량(三樑), 삼루(三壘)[삼루수(手), 삼루타(打)], 삼류(三流), 삼륜(三輪), 삼릉(三稜;세모), 삼마누라(무당굿 중의 셋째 거리), 삼망(三忘), 삼망(三望), 삼매(三昧)262), 삼면(三面)[삼면각(角), 삼면경(鏡), 삼면계약(契約), 삼면소송(訴訟)], 삼모작(三毛作), 삼무(三務;세 철의 농사일), 삼문(三門), 삼문문학(三文文學;서푼짜리 문학), 삼박자(三拍子), 삼발이(발이 세 개 달린 받침대), 삼반(三反), 삼배(三拜), 삼백(三白), 삼백예순날(三百), 삼법인(三法印), 삼변(三變), 삼보(三報), 삼보(三寶), 삼복(三伏)[삼복더위, 삼복비(복날에 내리는 비), 삼복중(中)], 삼봉(三峰), 삼봉낚시(三鋒), 삼부(三府), 삼부(三部), 삼부(三賦), 삼부자(三父子), 삼분(三分), 삼불혹(三不惑;술, 계집, 재물), 삼불효(三不孝)263), 삼불후(三不朽;德, 功, 言語), 삼빛, 삼사(三思), 삼삼(三三), 삼삼오오(三三五五), 삼색(三色), 삼성(三性), 삼성(三省), 삼성(參星), 삼세(三世), 삼세번(三番;삼세판), 삼속(三屬;친가·외가·처가의 삼족), 삼수(三修), 삼수(三壽;장수를 셋으로 구분한 것. 100세 이상은 상수, 80세 이상은 중수, 60세 이상은 하수), 삼순/구식(三旬/九食), 삼시(三施;財施, 法施, 無畏施), 삼시(三時), 삼시울264), 삼식(三食), 삼신(三神)265), 삼심제도(三審制度), 삼악성(三惡聲), 삼엄(三嚴;엄한 사람 곧 임금과 아버지와 스승), 삼업(三業;몸·마음·입으로 짓는 죄업), 삼여(三餘), 삼역성(三易姓), 삼오야(三五夜), 삼외(三畏), 삼욕(三欲;식욕, 수면욕, 음욕), 삼원(三元), 삼원(三怨), 삼원(三遠), 삼원색(三原色), 삼위(三位), 삼이웃(가까운 이웃), 삼인칭(三人稱), 삼일(三一), 삼일(三日)[삼일곡(哭), 삼일신행(新行), 삼일우(雨;흡족한 비), 삼일장(葬), 삼일주(酒), 삼일천하(天下)], 삼자(三者), 삼잡이(장구, 피리, 저를 부는 사람), 삼장(三長), 삼장(三藏), 삼재(三才;天·地·人), 삼재(三災;전란·질병·기근. 火·水·風災), 삼족(三族;아버지와 아들과 손자. 친족·외족·처족), 삼절(三絕;세 가지 뛰어난 것), 삼정(三政;田制·軍政·還穀), 삼족반(三足盤), 삼족오(三足烏), 삼존(三尊;임금·아버지·스승), 삼종(三從;팔촌 형제), 삼중(三重)[삼중고(苦), 삼중주(奏), 삼중창(唱)], 삼지니(삼 년 된 매), 삼지창(三枝槍), 삼진(三振;야구에서, 스트라이크 아웃), 삼진(三陣), 삼차(三叉), 삼차(三次)[삼차색(色), 삼차원(元)], 삼척동자(三尺童子), 삼천(三遷;세 번 옮김), 삼촌(三寸)[외삼촌(外), 처삼촌(妻), 친삼촌(親)], 삼층(三層)[삼층밥, 삼층장(欌), 상층집, 삼층탑(塔)], 삼친(三親;부자·부부·형제), 삼칠일(三七日;세이레), 삼칠제(三七制), 삼토(三吐;손님을 극진하게 맞이함), 삼파전(三巴戰), 삼한사온(三寒四溫), 삼함(三緘;몸·입·뜻을 삼감) 삼합(三合), 삼헌(三獻), 삼현(三絃;거문고·가야금·당비파), 삼혹(三惑), 삼화음(和音), 삼효(三孝), 삼휘(세 가지 빛깔로 된 단청 그림의 휘), 삼희성(三喜聲;다듬이질 소리. 글 읽는 소리. 갓난아이의 우는 소리); 수삼(數三), 장삼이사(張三李四), 재삼(再三;거듭), 중삼(重三); 위편삼절(韋編三絕) 들.

삼(蔘) 두릅나뭇과의 여러해살이풀. 인삼(人蔘). ¶삼을 캐다. 삼계탕(蔘鷄湯), 삼노두(蔘蘆頭)266), 삼농(蔘農), 삼도둑, 삼독(蔘毒), 삼딸267), 삼밭, 삼부(蔘附), 삼불[삼독(蔘毒)], 삼삿반(盤), 삼상(蔘商), 삼업(蔘業), 삼열(蔘熱), 삼용(蔘茸), 삼장(蔘場), 삼적(蔘賊), 삼정(蔘精), 삼칼[刀], 삼토(蔘土), 삼포(蔘圃); 가삼(家蔘), 건삼(乾蔘), 경삼(慶蔘), 경삼(驚蔘), 계삼탕(鷄蔘湯), 고려삼(高麗蔘), 곡삼(曲蔘), 도삼(都蔘;여자의 몸처럼 생긴 삼), 동자삼(童子蔘)/동삼(童參), 마당삼268), 무편삼(無片蔘;한 근에 백 뿌리가 넘는 아주 작은 인삼), 미삼/차(尾蔘/茶), 밀삼(密蔘), 백삼(白蔘), 북삼(北蔘), 사삼(沙蔘;더덕), 사삼(私蔘), 산삼(山蔘), 생삼(生蔘), 수삼(↔암삼), 수삼(水蔘), 암삼, 열삼269), 원삼(元蔘), 인삼(人蔘),

---

259) 삼굿: 삼의 껍질을 벗기기 위하여 찌는 구덩이나 큰 솥. ¶삼굿에 삼을 넣고 찌다. 삼굿하다(삼굿에 삼을 넣고 찌다).

260) 농삼장: 상자를 넣으려고 삼노를 엮어 만든 망태. 〈준〉농삼.

261) 삼각(三角): 삼각가(架;도가니를 걸쳐놓는 데 쓰는 기구), 삼각강(江), 삼각건(巾), 삼각관계(關係), 삼각근(筋), 삼각기둥, 삼각대(臺), 삼각동맹(同盟), 삼각망(網), 삼각무역(貿易), 삼각법(法), 삼각비(比), 삼각뿔, 삼각수(鬚), 삼각자, 삼각점(點), 삼각주(洲)[개석삼각주(開析), 복합삼각주(複合)], 삼각측량(測量), 삼각파(波), 삼각함수(函數), 삼각형(形)[구면삼각형(球面), 둔각삼각형(鈍角), 예각삼각형(銳角), 이등변삼각형(二等邊), 정삼각형(正), 직각삼각형(直角), 평면삼각형(平面)]; 빈삼각.

262) 삼매(三昧): 삼매경(境), 삼매당(堂), 삼매승(僧); 독서삼매(讀書), 법화삼매(法華), 상행삼매(常行), 입정삼매(入定), 자유삼매(自由;자기가 하고 싶은 대로 행동하는 태도), 한삼매(한 가지 일에 마음을 쏟아 수행함).

263) 삼불효(三不孝): 세 가지 불효. 부모를 불의(不義)에 빠지게 하는 일. 부모가 늙고 집안이 가난하여도 벼슬을 하지 아니하는 일. 자식이 없어 제사를 끊어지게 하는 일.

264) 삼시울(三): 세 가닥으로 꼰 노끈이나 실.

265) 삼신(三神): 민속 신앙에서 이르는, 아기를 점지한다는 신령. ¶삼신상(床), 삼신풀이(삼신에게 비는 일)/하다, 삼신할머니/할미.

266) 삼노두(蔘蘆頭): 인삼 대가리에 붙은 줄기의 밑동.

267) 삼딸: 인삼의 꽃이나 열매.

268) 마당삼(蔘): 한 곳에 뭉쳐 나 있는 산삼.

269) 열삼: 씨를 받기 위하여 기르는 삼.

잠삼(潛蔘), 종삼(種蔘), 직삼(直蔘), 채삼(採蔘), 포삼(包蔘), 포삼(圃蔘), 해삼(海蔘), 현삼(玄蔘), 홍삼(紅蔘) 들.

삼(衫) '적삼(윗도리에 입는 홑옷)'을 뜻하는 말. ¶건삼(巾衫), 경삼(輕衫), 금삼(錦衫), 나삼(羅衫), 난삼(幱衫), 단삼(單衫;적삼), 백삼(白衫), 보삼(步衫;비옷), 앵삼(鶯衫), 원삼(圓衫), 유삼(油衫), 장삼(長衫)[장삼띠, 장삼춤], 청삼(靑衫), 춘삼(春衫), 편삼(偏/褊衫), 한삼(汗衫)[오색한삼(五色)], 홍삼(紅衫), 흑삼(黑衫) 들.

삼(森) '나무가 빽빽하다. 많고 성하다. 엄숙하다'를 뜻하는 말. ¶삼라(森羅;늘어서 있는 것이 많음), 삼라만상(森羅萬象), 삼렬(森列), 삼림(森林)[270], 삼립(森立;빽빽이 들어섬), 삼삼하다(森森;나무가 우거져 무성하다), 삼엄하다(森嚴)[271], 삼연(森然;나무가 배게 들어서서 무성함. 엄숙함); 소삼(蕭森) 들.

삼(滲) '스며들다'를 뜻하는 말. ¶삼루(滲漏), 삼수(滲水), 삼입(滲入), 삼출(滲出)[삼출물(物), 삼출법(法), 삼출액(液)], 삼탄(滲炭), 삼투(滲透)[272] 들.

삼(杉) '삼나무(소나뭇과의 상록교목)'를 뜻하는 말. ¶삼목(杉木), 삼송(杉松), 삼판(杉板) 들.

삼(芟) '베다. 베어 없애다'를 뜻하는 말. ¶삼제(芟除), 삼황(芟荒;거친 풀을 베어버림).

삼가(다) 무엇을 꺼려서 몸가짐 따위를 경계하다.≒조심하다. 참다. ¶어른 앞에서 담배를 삼가다. 삼가[273], 삼가롭다(삼가는 태도가 있다). ☞ 근(謹).

삼남이 지난날 하인이 쓰던, 대로 결어 만든 모자.

삼(다)[1] ①남과 인연을 맺어 관계 있는 사람이 되게 하다.≒만들다. ¶며느리로 삼다. 고아를 양자로 삼다. 강아지를 친구로 삼다. 벗삼다(벗으로 생각하고 가까이 대하다). ②어떤 것을 무엇으로 되게 하거나 여기다. ¶심심풀이 삼아 새끼를 꼬다. 농담 삼아 이야기를 하다. 거울삼다, 대중삼다(기준이나 표준으로 삼다), 소식삼다(消息), 일삼다[274], 자랑삼다(자랑거리로 하다), 장난삼아/서, 주장삼다(主張;무엇을 위주로 하다), 참고삼다(參考)[275] 들.

270) 삼림(森林): 나무가 많이 우거진 숲. ¶삼림경계(境界), 삼림공원(公園), 삼림계획(計劃), 삼림대(帶), 삼림법(法), 삼림삭도(索道), 삼림욕(浴), 삼림재해(災害), 삼림조합(組合), 삼림지대(地帶), 삼림철도(鐵道), 삼림풍(風), 삼림측후소(測候所), 삼림학(學), 삼림행정(行政), 삼림한계선(限界線), 삼림화재보험(火災保險).

271) 삼엄하다(森嚴): 분위기 따위가 무서우리만큼 엄숙하다. ¶삼엄한 경계. 삼엄한 분위기.

272) 삼투(滲透): 농도가 다른 두 액체를 반투막으로 막아 놓았을 때에, 농도가 높은 쪽에서 농도가 낮은 쪽으로 용매가 옮겨 가는 현상. 액체 따위가 밖에서 안으로 스며듦. ¶삼투되다/하다, 삼투살충제(殺蟲劑), 삼투수(水), 삼투압(壓), 삼투작용(作用), 삼투제(劑), 삼투조절(調節), 삼투탐상법(探傷法); 전기삼투(電氣).

273) 삼가: 겸손하고 조심성 있는 마음으로. 정중하게.≒고이. ¶삼가 명복을 빕니다. 삼가 글월을 올립니다.

274) 일삼다: ①어떤 일을 자기의 일처럼 여기어 자주 하다. ②오로지 그 짓만을 계속하여 하다. 종사하다.

275) 참고삼다(參考): 도움이 될 만한 재료가 되게 하다. ¶참고삼을 만한 이야기. 참고삼아 한 말씀 더 드리겠습니다.

삼(다)[2] ①짚신·미투리 따위를 만들다. ¶짚신을 삼다. ②삼이나 모시풀 같은 섬유를 찢어 그 끝을 비비어 꼬아 잇다. ¶삼을 삼다. 모시나 삼을 삼을 때 그 끝을 긁어 훑는 데 쓰는 기구를 '톱'이라 한다.

삼박[1] 작고 연한 물건이 잘 드는 칼에 쉽게 베어지는 소리. 또는 그 모양. 〈큰〉섬벅. 〈센〉삼빡. 쌈박. 쌈빡. 〈큰·센〉썸뻑. [+잘리다]. ¶잘 드는 칼에 호박이 삼박 잘렸다. 삼박·쌈박·쌈빡·섬벅·섬뻑·썸뻑거리다/대다/하다.

삼박[2] 눈꺼풀을 움직이며 눈을 한 번 감았다 뜨는 모양. 〈큰〉섬벅. 슴벅[276]. 〈센〉쌈박. 쌈빡. ¶삼박 눈꺼풀을 움직이다. 삼박·섬뻑·쌈박·슴벅·씀벅거리다/대다/이다.

삼부리 포교(捕校)의 우두머리.

삼사미 ①세거리. 또는 세 갈래로 갈라진 곳. ②활의 먼오금과 뽕끝과의 사이. 곧 대와 뽕나무가 서로 닿은 부분.

삼삼-하다 잊히지 않고 눈앞에 떠올라 또렷하다.[+눈]. ¶그의 모습이 아직도 눈에 삼삼하다. 삼삼히; 아삼삼하다[277].

삼성-들리다 음식을 욕심껏 먹다. 굿할 때 무당이 음식을 욕심껏 넣다.

삼치 고등엇과의 바닷물고기. ¶삼치구이; 줄삼치.

삼키(다) 입에 넣어 목구멍으로 넘기다(↔뱉다. 토하다). 남의 것을 자기 것으로 만들다. 큰 것이 작은 것을 휩싸서 흔적도 없이 하다. 나오는 눈물·웃음 따위를 억지로 참다. ¶음식을/ 침을 삼키다. 동전을 삼킨 아이. 남의 재산을 삼키다. 사나운 파도가 고깃배를 삼켰다. 울분을 삼키다. 삼키우다; 거머삼키다(욕심스럽게 마구 휘몰아 삼키다), 되삼키다, 집어삼키다 들.

삼태기 대오리나 싸리로 엮어 만든, 흙·쓰레기·거름 따위를 담아 나르는 데 쓰는 기구. ¶삼태그물(삼태기처럼 대를 결어 만든 그물).

삼태-불 콩나물이나 숙주나물 따위에 지저분하게 많이 나 있는 잔뿌리.

삼:-하다 어린아이의 성질이 순하지 아니하고 사납다.[←삼/사나움+하다]. ¶삼한 막내아들.

삽 땅을 파고 흙을 뜨는 데 쓰는 연장. 삽에 담긴 모래를 세는 단위.[〈삷/삽(鍤)]. ¶삽으로 땅을 파다. 모래 한 삽. 삽가래, 삽괭이(볼이 좁고 자루가 긴 괭이), 삽날, 삽자루, 삽자리, 삽질꾼, 삽질/하다, 삽차(車;포클레인); 각삽(角;네모지게 생긴 삽), 공병삽(工兵;야전삽), 굴착삽(掘鑿), 꽃삽, 눈삽[雪], 동력삽(動力), 둥근삽, 드레삽, 모종삽, 밥삽, 부삽, 야전삽(野戰), 염삽(鹽), 전기삽(電氣), 쪽삽(작은 삽), 화삽(火鍤;부삽) 들.

276) 슴벅: ①눈꺼풀을 움직이며 눈을 한 번 감았다 뜨는 모양. ②눈이나 살속이 찌르듯이 시근한 모양. 〈작〉삼박[2]. 〈센〉슴뻑. 씀벅. 씀뻑.

277) 아삼삼하다: 생김새나 됨됨이가 마음이 끌리게 묘하고 그럴듯한 데가 있다.

삽(澁) '떫다. 떠듬거리다. 매끄럽지 못하다'를 뜻하는 말. ¶삽고하다(澁苦;맛이 떫고 쓰다), 삽뇨증(澁尿症), 삽미(澁味;떫은맛), 삽삽하다(澁澁)[278], 삽어(澁語), 삽제(澁劑), 삽체(澁滯); 고삽하다(苦澁), 난삽하다(難澁), 눌삽하다(訥澁), 부삽하다(浮澁), 삽삽하다(澁澁), 소변삽(小便澁;오줌이 잘 나오지 아니하는 병), 수삽하다(羞澁), 어삽(語澁), 엽삽병(葉澁病), 조삽하다(燥澁), 탈삽(脫澁) 들.

삽(揷) '끼다 · 끼우다. 꽂다'를 뜻하는 말. ¶삽구(揷句), 삽도(揷圖; 揷畵), 삽말(揷;말뚝을 박음), 삽목(揷木)[삽목묘(苗), 삽목법(法), 삽목조림(造林)], 삽수(揷樹;꺾꽂이), 삽수(揷穗;꺾꽂이모), 삽시(揷匙;제사 지낼 때 숟가락을 메에 꽂음), 삽앙(揷秧), 삽요사(揷腰辭), 삽입(揷入)[279], 삽지(揷枝;꺾꽂이), 삽지(揷紙), 삽취(揷嘴), 삽탄(揷彈), 삽화(揷花;꽃꽂이), 삽화(揷話), 삽화/가(揷畵/家); 사삽(斜揷) 들.

삽(翣) '운삽(雲翣;발인할 때에 영구의 앞뒤에 세우고 가는 제구)'을 뜻하는 말. ¶삽설(翣舌;혀가 갑자기 붓는 병); 불삽(黻翣), 운불삽(雲黻翣), 운삽(雲翣) 들.

삽(颯) '바람소리'를 뜻하는 말. ¶삽삽하다(颯颯;불어오는 바람이 쌀쌀하고 쓸쓸하다), 삽상하다(颯爽)[280], 삽연하다(颯然); 소삽하다(蕭颯) 들.

삽(歃) '(맹세를 다짐하여 희생의 피를) 마시다'를 뜻하는 말. ¶삽혈(歃血).

삽(霎) '아주 짧은 동안'을 뜻하는 말. ¶삽시간(霎時間).

삽사리 털이 복슬복슬하게 많이 난 개 품종의 하나. ¶삽살개; 청삽사리(靑;검은색의 삽살개).

삽삽-하다 태도나 마음씨가 마음에 들게 상냥하면서 부드럽다. 〈큰〉 습습하다[281]. ¶그는 매우 부드러운 표정인데 말씨까지 삽삽하였다. 그 청년은 얼굴도 번듯하고 삽삽스럽게 말도 잘하였다. 삽삽스럽다/스레.

삽주 엉거싯과의 여러해살이풀. ¶삽주나물, 삽주벌레.

삿 갈대. 갈대로 결어 만든 자리(삿자리). ¶삿갓[282], 삿무늬, 삿바늘, 삿반(盤)[삼삿반(蔘), 질삿반[283]], 삿부채, 삿자리/삿(갈대로 결어 만든 자리)[삿자리깔음, 삿자리장(欌)].

상(上) ①차례나 등급의 앞부분. 또는 잘하거나 훌륭한 등급.↔하(下). '위. 첫째. 앞. 높다. 훌륭하다. 임금(상감(上監)). 손윗사람. 오르다 · 올리다'를 뜻하는 말. ¶이 사과는 등급이 상에 속한다. 상께서 위중하시니. 지구상에는 많은 생물이 살고 있다. 상감(上監), 상갑판(上甲板), 상객(上客), 상거지, 상건(上件), 상게(上揭), 상견(上繭), 상경(上京), 상경(上卿), 상계(上界), 상계(上計), 상고(上古), 상고(上告)[상고심(審), 상고장(狀); 부대상고(附帶), 비상상고(非常)], 상고(上考), 상공(上工), 상공(上空), 상관(上官), 상괘(上卦), 상교(上敎), 상구(上矩), 상국(上國), 상권(上卷), 상근(上根), 상금(上金), 상급(上級)[상급생(生), 상급심(審), 상급자(者)], 상기(上記), 상기(上氣), 상기도(上氣道), 상기둥, 상길, 상납(품질이 좋은 납), 상납(上納)[상납금(金), 상납미(米), 상납전(錢)], 상년(上年), 상노인(上老人), 상농(上農), 상단(上段), 상단(上壇), 상단(上端), 상달[月], 상달(上達), 상답(上畓), 상답(上答), 상대(上代), 상덕(上德), 상동(上同), 상동(上冬), 상등(上等)[상등답(畓), 상등석(席), 상등전(田)], 상등(上騰), 상란(上欄), 상람(上覽), 상략(上略), 상량(上樑)[상량도리, 상량식(式), 상량쪼구미)], 상례(上例), 상로교(上路橋), 상류(上流)[284], 상륙(上陸)[상륙군(軍), 상륙세(稅), 상륙작전(作戰)], 상리(上里), 상마(上馬), 상머슴, 상면(上面), 상목, 상목(上木), 상문(上文), 상문(上聞), 상미(上米), 상미(上味), 상박(上膊)[상박골(骨), 상박근(筋)], 상반(上半), 상반(上磐), 상방(上方), 상방(上房), 상백시(上白是), 상번(上番), 상병(上兵), 상봉(上峰), 상봉하솔(上奉下率), 상부(上府), 상부(上部), 상빈(上賓), 상사(上士), 상사(上巳), 상사(上司), 상사(上舍), 상사(上使), 상사리, 상산상(上山床), 상상(上上)[상상건(件), 상상봉(峰), 상상치, 상상품(品)], 상상(上相), 상상(上殤), 상서(上書), 상석(上席), 상선(上仙), 상선(上船), 상선(上善), 상성(上聲), 상세(上世), 상소(上訴)[상소권(權), 상소법원(法院), 상소심(審); 부대상소(附帶)], 상소(上疏), 상쇠[285], 상수(上水), 상수(上手), 상수(上壽), 상수(上數), 상순(上旬), 상순(上脣), 상술(上述), 상승(上昇)[286], 상시(上試), 상식(上食), 상신(上申), 상씨름, 상악(上顎)[상악골(骨), 상악동(洞)], 상약(上藥), 상언(上言), 상연(上椽), 상연(上演), 상영(上映), 상옥(上屋), 상완(上浣), 상완(上腕), 상왕(上王), 상우(上愚), 상원(上元), 상원(上院), 상원산(광맥의 면에서 위편짝), 상원수(上元帥), 상위(上位)[상위개념(槪念), 상위권(圈), 상위층(層)], 상유(上諭;임금의 말씀), 상음(上音), 상음(上淫), 상의(上衣), 상의(上意), 상의(上醫), 상의(上議), 상의하달(上意下達), 상유(上論), 상익(上翼), 상인(上人), 상인방(上引

---

278) 삽삽하다(澁澁): ①매끄럽지 아니하고 껄껄하다. ②말이나 글이 분명하지 못하여 이해하기 어렵다. ③맛이 매우 떫다.

279) 삽입(揷入): 틈이나 구멍 사이에 다른 물체를 끼워 넣음. 글 따위에 다른 내용을 끼워 넣음. ¶삽입가요(歌謠), 삽입곡(曲), 삽입구(句), 삽입되다/하다, 삽입모음(母音), 삽입법(法), 삽입어(語), 삽입음(音), 삽입자음(子音), 삽입표(標;끼움표), 삽입화면(畵面).

280) 삽상하다(颯爽): ①바람이 시원하게 불어 상쾌하다. ¶삽상한 봄바람. ②태도나 행동이 가든가든하고 날렵하다.

281) 습습하다: 마음이나 하는 짓이 활발하고 너그럽다. ¶사장은 성격이 습습해서 사원들이 잘 따른다. 습습하고 상냥하고 원 그런 사람이 천하에 있겠는가?

282) 삿갓: 비나 햇볕을 막기 위하여 대오리나 갈대로 거칠게 엮어서 만든 갓. 삿갓 모양. ¶삿갓가마, 삿갓구름, 삿갓나물, 삿갓반자, 삿갓들이(논에 듬성듬성 심은 모), 삿갓말, 삿갓반자(반자틀을 하지 않고 서까래에 그냥 바른 반자), 삿갓배미(삿갓처럼 생긴 논배미), 삿갓버섯, 삿갓서까래, 삿갓연(椽;서까래), 삿갓장이, 삿갓쟁이, 삿갓조개, 삿갓지붕, 삿갓집; 갈삿갓, 늘삿갓(부들로 엮어 만든 삿갓), 달삿갓, 대삿갓(竹), 세대삿갓, 지삿갓(紙).

283) 질삿반: 지게에 얹어놓고 물건을 담아서 지는 삿반.

284) 상류(上流): 수준 · 정도가 높은 지위나 생활. ¶상류가정(家庭), 상류계급(階級), 상류사회(社會), 상류층(層).

285) 상쇠(上): 농악에서, 무리의 맨 앞에서 전체를 이끌어가며 꽹과리를 치는 사람.

286) 상승(上昇↔下降): 낮은 데서 위로 올라감. ¶물가가 상승하다. 신분이 상승하다. 상승각(角), 상승경(莖), 상승기류(氣流), 상승도(度), 상승력(力), 상승세(勢;어떤 현상의 상승하는 기세), 상승하다, 상승한도(限度); 물가상승(物價), 분자상승(分子), 인기상승(人氣).

ㅅ

枋), 상작(上作), 상장(上長), 상장(上狀), 상장(上場)[상장주(株), 상장회사(會社)], 상재(上才), 상재(上梓), 상재(上裁), 상저음(上低音), 상전/옥답(上田/沃畓), 상전(上典)[겸노상전(兼奴)], 상전(上殿), 상정(上程)[상정되다/하다; 불상정(不)], 상제(上帝), 상제(上第), 상제(上製), 상족(上簇), 상존호(上尊號), 상종가(上終價), 상좌(上佐), 상좌(上座)[상좌(僧), 상좌탈], 상주(上主), 상주(上奏)[상주서(書), 상주안(案)], 상주(上酒), 상준(上尊), 상지(上旨), 상지(上枝), 상지(上肢;팔)[상지골(骨), 상지근(筋), 상지대(帶)], 상지(上智), 상직(上直), 상직(上職), 상진동(上振動), 상질(上秩), 상질(上質), 상차(上車), 상찬(上饌), 상창(上唱), 상책(上策), 상천(上天), 상첨(上籤), 상청(上請), 상청(上廳), 상체(上體), 상초(上草), 상초(上焦), 상총(上寵), 상추(上秋), 상춘(上春), 상충(上衝), 상층(上層)[287], 상치, 상치(上齒), 상치은(上齒齦;윗잇몸), 상침(上針), 상탕(上湯), 상토(上土), 상토권(上土權), 상토하다(上吐下瀉), 상통(上通), 상퇴(上腿), 상판(첫판. 윗목), 상팔자(上八字), 상패(上牌), 상편(上篇), 상평성(上平聲), 상표(上表;임금님께 표를 올림), 상품(上品), 상피(上皮)[상피세포(細胞), 상피소체(小體), 상피조직(組織)], 상하(上下)[288], 상학(上學), 상한(上限), 상한(上澣), 상합(上合), 상항(上項), 상행(上行)[상행선(線), 상행차(車)], 상향(上向), 상현(上玄), 상현(上弦), 상혈(上血), 상호(上戶), 상화(上靴), 상황(上皇), 상회(上廻), 상후(上候), 상후하박(上厚下薄); 가상(街上), 강상(江上), 격상(格上), 계상(計上), 계상(啓上), 계상(階上), 공상(供上), 공상(貢上), 군상(君上), 궤상(机上), 극상(極上), 근상(謹上), 금상(今上;왕위에 있는 임금), 금상첨화(錦上添花), 기상(機上), 난상(難上), 납상(納上), 노상(路上), 누상(樓上), 능상(陵上), 단상(壇上), 당상(堂上), 대상/금(貸上/金), 대상(臺上), 도상(途上), 도상(道上), 도상(圖上), 동상(同上), 동상(凍上), 두상(頭上), 마상(馬上), 막상막하(莫上莫下), 매상(買上), 매상(賣上), 면상(面上), 무상(無上), 반상(盤上), 배상(拜上), 범상(犯上;윗사람을 범함), 벽상(壁上), 봉상(封上), 봉상(峰上), 봉상(捧上), 부상(付上), 부상(浮上), 북상(北上), 분상(墳上), 비상(飛上), 빙상(氷上), 산상(山上), 상상(床上), 석상(席上), 선상(船上), 선상(先上), 선상(線上), 선상(選上), 설상(雪上), 설상가상(雪上加霜), 성상(城上), 성상(聖上), 세상(世上)[세상맛, 세상사(事), 세상살이], 수상(水上), 수상(手上), 수상(樹上), 승상접하(承上接下), 신상(身上), 안상(案上), 안상(鞍上), 여상(如上;위와 같음), 연상(年上), 영상(零上), 옥상(屋上), 용상(聳上), 운상기품(雲上氣稟), 육상(陸上), 이상(以上), 인상(引上), 장상(長上), 절상(切上), 정상(呈上), 정상(頂上), 조상(祖上), 좌상(座上), 주상(主上;왕위에 있는 임금), 주상(奏上), 정상(呈上), 정상(頂上), 지상(地上), 지상(至上), 직상(直上), 진상(進上), 차상(次上), 차상차하(差上差下), 천상(天上), 청상(廳上), 최상(最上), 추상(推上), 침상(枕上), 탁상(卓上), 태상(太上), 태상(胎上), 특상(特上), 판상, 하상(河上), 함상(艦上), 해상(海上), 향상/심(向上/心), 허상(許上), 헌상(獻上), 호상(湖上), 환상(還上), 황상(皇上), 회상(會上;대중이 모인 법회), 흡상(吸上). ②일부 명사 뒤나 한자어 어근에 붙어 '그것에 관한 입장. 그것에 있어서', '구체적인 또는 추상적인 공간에서의 한 위치'의 뜻을 나타내는 접미사. ¶경험상(經驗上), 과정상(過程上), 관계상(關係上), 교육상(教育上), 군사상(軍事上), 기아선상(飢餓線上), 내용상(內容上), 도리상(道理上), 도의상(道義上), 명목상(名目上), 명분상(名分上), 무상상(無常上), 문맥상(文脈上), 문서상(文書上), 미관상(美觀上), 민사상(民事上), 법률상(法律上), 사상(史上), 사실상(事實上), 사업상(事業上), 사정상(事情上), 서류상(書類上), 성격상(性格上), 순서상(順序上), 시간상(時間上), 신상(身上), 신분상(身分上), 아사선상(餓死線上), 어법상(語法上), 업무상(業務上), 여건상(與件上), 역사상(歷史上), 연장선(延長線上), 예의상(禮義上), 외견상(外見上), 외관상(外觀上), 외형상(外形上), 운영상(運營上), 의리상(義理上), 의전상(儀典上), 이론상(理論上), 인사상(人事上), 인정상(人情上), 인터넷(internet上), 일신상(一身上), 일직선상(一直線上), 작전상(作戰上), 전략상(戰略上), 절차상(節次上), 지상(紙上), 지상(誌上), 직무상(職務上), 직업상(職業上), 직책상(職責上), 체면상(體面上), 통념상(通念上), 통신상(通信上), 통치상(統治上), 특성상(特性上), 편의상(便宜上), 표면상(表面上), 행정상(行政上), 형사상(刑事上), 형식상(形式上), 형이상(形而上), 형편상(形便上), 회계상(會計上) 들.

상(相) ①'서로. 살피다. 사물의 상태나 형세. 모습·모양'을 뜻하는 말. ¶상간(相姦), 상거(相距), 상격(相隔), 상격(相激), 상견(相見;서로 봄)[상견례(禮); 불상견(不)], 상경(相敬), 상계(相計;채권과 채무를 같은 액수로 소멸시키는 일), 상고(相考;서로 견주어 고찰함), 상고(相顧), 상관(相關)[289], 상관(相觀), 상교(相教), 상극(相剋)[상극되다, 상극면(面), 상극상(相), 상극하다], 상기(相忌), 상담(相談)[상담소(所), 상담역(役), 상담원(員)], 상당(相當)[290], 상대(相對)[291], 상도(相到), 상동(相同)[상동기관(器官), 상동염색체(染色體); 형영상동(形影)], 상득(相得), 상등(相等), 상련(相連), 상련(相憐), 상례(相禮), 상로(相老), 상론(相論), 상륜/탑(相輪/塔), 상리(相離), 상리공생(相利共生), 상린관계(相隣關係), 상린자(相隣者), 상망(相望), 상면(相面), 상묘(相墓), 상박(相搏;서로

287) 상층(上層): 상층계급(上層), 상층구조(構造), 상층기단(氣團), 상층기류(氣流), 상층류(流), 상층사회(社會), 상층운(雲).

288) 상하(上下): 상하관계(關係), 상하권(卷), 상하노소(老少), 상하대(映窓에 끼는 긴 나무), 상하동(洞), 상하동(動), 상하분(墳), 상하수도(水道), 상하장(葬), 상하탱석(撐石), 상하현(弦), 상화화목(和睦), 상하화순(和順).

289) 상관(相關): 서로 관련을 맺음. 남의 일에 간섭함. ¶상관개념(概念), 상관계수(係數), 상관관계(關係), 상관도(圖), 상관되다/하다, 상관띠, 상관분석(分析), 상관설(說), 상관성(性), 상관속(束;상관띠), 상관없다/없이, 상관율(率), 상관있다, 상관작용(作用), 상관적(的), 상관주의(主義), 상관체(體), 상관표(表); 불심상관(不甚), 심신상관(心身), 통양상관(痛痒;서로 매우 가까이 지내는 사이).

290) 상당(相當): 무엇이 그것에 해당하거나 알맞음. 정도가 대단함. ¶작업량에 상당하는 보수. 오만 원 상당의 상품. 상당한 실력. 상당수(數;어지간히 많은 수), 상당액(額), 상당온도(溫度), 상당직(職), 상당하다(알맞다. 어느 정도에 가깝다. 어지간하게 많다. 꽤 대단하다).

291) 상대(相對↔絕對): 서로 마주 대함. 서로 겨룸, 서로 대비함. 다른 것과 관계가 있어서 떨어져 존재할 수 없는 것. ¶상대가격(價格), 상대개념(概念), 상대국(國), 상대권(權), 상대농지(農地), 상대높임법(法), 상대도수(度數), 상대력(力), 상대론적역학(相對論的力學), 상대류(相對流), 상대말, 상대매매(賣買), 상대반응(反應), 상대방(方), 상대성(性)[상대성원리(原理), 상대성이론(理論)], 상대속도(速度), 상대습도(濕度), 상대식(式), 상대어(語), 상대역(役), 상대연대(年代), 상대연령(年齡), 상대오차(誤差), 상대운동(運動), 상대음감(音感), 상대의무(義務), 상대임금(賃金), 상대임야(林野), 상대자(者), 상대적(的), 상대주의(主義), 상대편(便), 상대평가(評價), 상대하다(겨루다. 맞서다); 괄목상대(刮目), 맞상대.

마주 때림. 씨름)[음양상박(陰陽), 용호상박(龍虎)], 상반(相反;서로 어긋남)[상반비(比), 상반수(數), 상반심(心), 이해상반(利害)], 상반(相半;반반으로 맞섬)[공과상반(功過), 선악상반(善惡), 이해상반(利害)], 상반(相伴;서로 짝이 됨), 상방(相妨;서로 방해함), 상보(相補), 상봉(相逢;서로 만남), 상부(相扶)[상부상조(相助)], 상부(相符), 상사(相似;서로 비슷함. 닮음)[상사기관(器官), 상사도(圖), 상사형(形;닮은꼴)], 상사(相思)[292], 상생(相生), 상선(相先;맞바둑), 상속(相續)[293], 상송(相送), 상쇄(相殺;셈을 서로 비김)[상쇄계약(契約), 상쇄되다/하다], 상승(相承), 상승(相乘)[상승비(比), 상승작용(作用), 상승적(積)], 상식(相識), 상신(相信), 상애(相哀), 상애(相愛), 상약(相約), 상양(相讓), 상욕(相辱), 상우/례(相遇/禮), 상위(相違), 상응(相應)[동성상응(同聲), 표리상응(表裏); 불상응(不), 수미상응(首尾)], 상의(相議), 상이(相異)[상이점(點), 상이하다], 상잔(相殘)[동족상잔(同族), 민족상잔(民族)], 상쟁(相爭), 상적(相適), 상적(相敵), 상전(相傳), 상전(相戰), 상전이(相轉移), 상접(相接)[피골상접(皮骨)], 상제/설(相制/說), 상조(相助), 상조(相照), 상종(相從), 상지(相地), 상지(相知), 상지(相持), 상차가(相借家), 상차운송(相次運送), 상척(相斥), 상체(相替), 상충(相沖;어울리지 않고 서로 마주침)/하다, 상충(相衝맞지 않고 서로 어긋남)/되다/하다, 상치(相値), 상치(相馳;일이나 뜻이 어그러짐), 상친/간(相親/間), 상칭(相稱), 상통(相通;서로 통함)[밀어상통(密語), 성기상통(聲氣), 일맥상통(一脈), 혈맥상통(血脈)], 상투(相鬪), 상피(相避), 상합(相合)[지기상합(志氣)], 상호(相呼), 상호(相好)[1], 상호(相互)[294], 상화(相和), 상확(相確), 상환(相換), 상회(相會), 상힐(相詰;서로 트집잡아 비난함); 가상(假相;이승), 고상(固相), 고체상(固體相), 공상(空相;모든 법이 빈 모양), 극상(極相;생태적 조건에 가장 적합한 식물군을 이룬 상태), 기체상(氣體相), 난맥상(亂脈相), 단면상(斷面相), 동물상(動物相), 동작상(動作相), 만물상(萬物相), 멸상(滅相), 모상(模相), 무상(無相), 발전상(發展相), 변상(變相), 부패상(腐敗相), 부흥상(復興相), 분산상(分散相), 분열상(分裂相), 사상(四相), 사회상(社會相), 상극상(相剋相), 색상(色相), 생활상(生活相), 서상(瑞相), 성상(性相), 세상(世相), 쇠상(衰相), 시상(時相), 시대상(時代相), 식물상(植物相), 실상(實相), 심상(心相), 아상(我相), 암흑상(暗黑相), 액체상(液體相)/액상(液相), 약진상(躍進相), 양상(樣相), 예정상(豫定相), 완료상(完了相), 왕상(往相), 위상(位相), 유상(有相), 음상(音相), 이상(異相), 정상(晶相), 죄악상(罪惡相), 지상(地相), 지역상(地域相), 진상(眞相), 진행상(進行相), 타락상(墮落相), 퇴적상(堆積相피상/적(皮相/的), 포악상(暴惡相), 피폐상(疲弊相), 필상학(筆相學), 현상(現相), 형상(形相), 호상(互相), 혼란상(混亂相), 활약상(活躍相). ②'벼슬아치'를 뜻하는 말. ¶상공(相公), 상국(相國), 상기(相器), 상신(相臣), 상위(相位): 경상(卿相), 공상(公相;대신과 재상), 내상(內相), 명상(名相), 배상(拜相), 보상(輔相), 복상(卜相), 수상(首相), 승상(丞相), 양상(良相), 영상(領相), 요상(僚相), 원상(院相), 외상(外相), 우상(右相), 우상(愚相), 재상(宰相), 좌상(左相), 현상(賢相). ③'얼굴·머리나 체격의 됨됨이. 생김새'를 뜻하는 말. ¶저 아이는 장차 크게 될 상이다. 죽을상을 하다. 오만상을 찌푸리다. 상을 보다(길흉이나 운명을 판단하다). 상격(相格), 상마(相馬), 상모(相貌), 상법(相法), 상보다/보이다/뵈다, 상서(相書), 상술(相術), 상자(相者;관상쟁이), 상쟁이, 상통(얼굴), 상판, 상판떼기, 상학(相學), 상형(相形), 상호(相好;얼굴)[2]; 골상(骨相), 곱상, 관상(觀相)[관상가(家), 관상쟁이], 궁상(窮相), 귀상(貴相), 귀인상(貴人相), 기상(氣相;氣色), 길상(吉相), 나티상[295], 남상/남상지르다(男相;여자가 사내 얼굴처럼 되어버리다), 달상(達相;귀한 인물이 될 얼굴), 독사상(毒蛇相;표독스럽게 생긴 모습), 말상[馬], 면상(面相), 밉상, 복상(福相), 불상(佛相), 빈상(貧相↔福相), 사상(死相), 산상(山相), 성상학(性相學), 수상(手相), 아귀상(相), 악상(惡相), 여상(女相), 오만상(五萬相;얼굴을 잔뜩 찌푸린 모양), 우거지상, 울상, 인상(人相), 임상(林相), 점상(占相), 주걱상, 죽을상, 채반상(盤相;둥글넓적한 얼굴), 택상(宅相), 항마상(降魔相), 험상(險相), 혈상(血相), 호상(互相), 환상(幻相), 흉상(凶相) 들.

상(商) ①'장사·장사를 하다. 장수'를 뜻하는 말. ¶상가(商家), 상가(商街)[상가아파트(apart); 지하상가(地下)], 상객(商客), 상거래(商去來), 상계(商界), 상계(商計), 상고(商賈;장수)[상고배(輩;장사치), 상고선(扇), 상고선(船)], 상공업(商工業), 상과(商科), 상관(商館), 상관습/법(商慣習/法), 상군(商群), 상권(商圈;상업상의 중심지나 세력권), 상권(商權;상업상의 권리), 상기(商機), 상단(商團), 상담(商談), 상도(商道), 상도덕(商道德), 상략(商略), 상려(商旅), 상로(商路;장삿길), 상리(商利), 상리(商理), 상무(商務), 상박(商舶), 상법/전(商法/典), 상보(商報), 상사(商社)[종합상사(綜合)], 상사(商事)[상사매매(賣買), 상사보증(保證), 상사봉쇄(封鎖), 상사회사(會社)], 상선(商船)[상선기(旗), 상선호송(護送), 상선회사(會社)], 상성(商性), 상세(商稅), 상술(商術), 상업(商業)[296], 상용(商用), 상운(商運), 상인(商人)[297], 상재(商材), 상적(商敵), 상전(商戰), 상점(商店)[단위상점(單位)], 상책(商策), 상행위(商行爲), 상포(商布), 상포(商鋪), 상표(商標;브랜드brand)[상표등록(登錄); 등록상표(登錄)], 상품(商品)[298], 상학(商學), 상항(商港), 상행위

---

292) 상사(相思): 서로 생각함. 남녀가 서로 그리워함. ¶상사곡(曲), 상사노래, 상사말[馬], 상사몽(夢), 상사뱀, 상사병(病), 상사불견(不見), 상사불망(不忘), 상사일념(一念), 상사화(花), 상사화(畵;春畵圖).

293) 상속(相續): 다음 차례에 이어 주거나 이어받음. ¶상속을 받다. 상속결격(缺格), 상속권(權), 상속능력(能力), 상속되다/하다, 상속법(法), 상속분(分), 상속세(稅), 상속순위(順位), 상속인(人), 상속자(者), 상속재산(財産), 상속쟁의(爭議), 상속채권자(債權者); 공동상속(共同), 균분상속(均分), 대습상속(代襲), 분할상속(分割), 신분상속(身分), 역상속(逆), 유산상속(遺産), 장자상속(長子), 재산상속(財産), 피/상속인(被), 호주상속(戶主).

294) 상호(相互): 서로. 호상(互相). ¶상호 견제하다. 상호간(間), 상호감응(感應), 상호계약(契約), 상호관계(關係), 상호동화(同化), 상호방위조약(防衛條約), 상호보험(保險), 상호부금(賦金), 상호부조(扶助), 상호유도(誘導), 상호작용(作用), 상호조약(條約), 상호조합(組合), 상호주의(主義), 상호회사(會社).

295) 나티상(相): 귀신같이 망측하고 무시무시한 얼굴.

296) 상업(商業): 상업국(國), 상업금융(金融), 상업기관(機關), 상업도덕(道德), 상업등기(登記), 상업문(文), 상업방송(放送), 상업부기(簿記), 상업어음, 상업이윤(利潤), 상업자본(資本), 상업증권(證券), 상업지역(地域), 상업학(學), 상업혁명(革命).

297) 상인(商人): 상인계급(階級); 소매상인(小賣), 악덕상인(惡德), 암상인(暗), 잡상인(雜), 중간상인(中間), 중개상인(仲介).

298) 상품(商品): 사고파는 물품. 상거래를 목적으로 생산된 유형 무형의 재화(財貨). ¶상품관리(管理), 상품광고(廣告), 상품권(券), 상품명(名), 상품목록(目錄), 상품생산(生産), 상품성(性), 상품신탁(信託), 상품유통(流

(商行爲), 상호(商戶), 상호(商號), 상혼(商魂), 상황(商況), 상회(商會); 가구상(家具商), 가축상(家畜商), 간상/배(奸商/輩), 객상(客商), 거상(巨商), 건재상(建材商), 경강상(京江商), 고물상(古物商), 고철상(古鐵商), 고본상(古本商), 곡물상(穀物商)/곡상(穀商), 골동품상(骨董品商), 골재상(骨材商), 공상(工商), 금은상(金銀商), 노점상(露店商), 노천상(露天商), 농상(農商), 대상(大商), 대상(隊商;캐러밴), 대리상(代理商), 도기상(陶器商), 도매상(都賣商), 마약상(痲藥商), 만물상(萬物商), 매약상(賣藥商), 매집상(買集商), 모피상(毛皮商), 목재상(木材商), 무곡상(貿穀商), 무역상(貿易商), 물상객주(物商客主), 미술상(美術商), 미상(米商), 밀상(密商), 보상(褓商), 보따리상(褓), 보부상(褓負商), 보석상(寶石商), 복지상(服地商), 부상(負商), 부상(富商), 산매상(散賣商), 서적상(書籍商), 서화상(書畵商), 선상(船商), 소매상(小賣商), 송상(松商;개성상인), 수입상(輸入商), 수집상(蒐集商), 수출상(輸出商), 시계상(時計商), 시탄상(柴炭商), 식료품상(食料品商), 식육상(食肉商), 신상(紳商), 신탄상(薪炭商), 아편상(阿片商), 암달러상(暗dollar), 야상(夜商), 약재상(藥材商), 약종상(藥種商), 양복상(洋服商), 어물상(魚物商), 어상(魚商;생선장수), 어상[299], 여상(旅商), 연상(鉛商), 염상(鹽商), 오퍼상(offer商), 와상(瓦商), 자료상(資料商), 잠상(潛商), 잡상(雜商), 잡곡상(雜穀商), 잡화상(雜貨商), 재목상(材木商), 전기상(電氣商), 정상배(政商輩), 조미상(造米商), 종묘상(種苗商), 좌상(坐商;앉은장사), 주류상(酒類商), 주상(酒商), 중상(中商), 중개상(仲介商), 중매상(仲買商), 지물상(紙物商), 채과상(菜果商), 철물상(鐵物商), 초상(鞘商), 총포상(銃砲商), 통상(通商), 투기상(投機商), 포상(布商), 포목상(布木商), 표구상(表具商), 피복상(被服商), 피혁상(皮革商), 해상(海商), 해산물상(海産物商), 행상(行商), 현물상(現物商), 협상(協商), 호상(豪商), 화상(華商), 화상(畵商), 화구상(畵具商), 환전상(換錢商). ②'생각하다'를 뜻하는 말. ¶상량(商量;헤아려 생각함)[한상량(閑;천천히 생각함)], 상탁(商度); 난상(爛商)[난상공론(公論), 난상토의(討議)], 다상량(多商量), 주상(籌商;헤아려 생각함), 타상(妥商), 회상(會商;모여서 상의함). ③동양 음악에서, 오음(五音)의 하나. ¶상조(商調).

상(常) '늘 · 항상. 보통. 떳떳하다. 마땅히 지켜야 할 도. 품질이 낮은'을 뜻하는 말. ¶상객(常客), 상견(常見), 상경(常經), 상공(常貢), 상관(常關), 상궤(常軌), 상규(常規;널리 적용되는 규칙이나 규정. 늘 변하지 아니하는 규칙), 상근(常勤), 쌍내[300], 상년, 상놈, 상닭, 상도(常度), 상도(常道), 상동증(常同症), 상되다(언행이 막되어 천하다), 상등(常燈), 상락(常樂), 상례(常例), 상례(常禮), 상록(常綠)[상록송(松), 상록수(樹), 상록엽(葉)], 상론(常論), 상률(常律), 상리(常理), 상말, 상명(常命), 상목(常木), 상무(常務), 상민(常民;상사람), 상반(常班), 상법(常法), 상보(常步), 상복(常服), 상비하다(常備), 상사(常事)[상사범(犯); 병가상사(兵家)], 상사기(常沙器;막사기), 상사람, 상사발(常沙鉢;막사발), 상사범(常事犯), 상사향(常麝香), 상설(常設)[상설관(館), 상설의원(議員)], 상세(常稅), 상세(常勢), 상/쌍소리, 상소반(常小盤), 상수(常數;정해진 수량. 일정한 수)[상수비례(比例), 상수항(項)], 상수(常隨;늘 수행함), 상스럽다, 상습(常習)[301], 상승(常勝;항상 이김), 상시(常時)[무상시(無)], 상식(常食), 상식(常識)[상식가(家), 상식적(的), 상식화(化); 몰상식(沒)], 상압(常壓), 상야등(常夜燈), 상약(常藥), 상없다[302], 상염색체(常染色體), 상온(常溫)[상온동물(動物), 상온층(層)], 상용(常用)[303], 상용(常傭), 상원(常願), 상의(常衣;평상복), 상인/계급(常人/階級), 상일/꾼, 상일(常日;보통의 날), 상임(常任)[상임위원(委員), 상임이사(理事)], 상자성(常磁性), 상적광토(常寂光土), 상정(常情;누구나 가지고 있는 보통의 인정), 상제(常制), 상존(常存;언제나 존재함), 상주(常主;정해진 주인), 상주(常住;한 곳에서 늘 살고 있음), 상주(常駐;늘 주둔함), 상지(常紙), 상직(常直), 상직(常職;일정한 직무나 직업), 상집(常執), 상착(常着), 상찬(常餐), 상찬(常饌), 상참(常參), 상천(常賤;상인과 천인), 상천(常川;늘. 항상), 상청(常靑), 상춘(常春), 상치/원(常置/員), 상칙(常則), 상태(常態), 상투(常套)[상투수단(手段), 상투어(語), 상투적(的)], 상포(常布), 상풍(常風), 상하(常夏), 상한(常漢), 상행(常行), 상형(常形), 상호(常戶), 상황(常況), 상회(常會); 강상(綱常), 거상(居常), 경상(經常), 괴상하다(怪常)[괴상망측(怪常), 괴상야릇하다], 괴상(乖常), 매상(每常), 무상(無常;덧없음)[무상관(觀); 인생무상(人生), 제행무상(諸行)], 무상(無常;일정하지 아니함)[304], 반상(反常), 반상(班常), 범상(凡常), 비상(非常), 수상하다/스럽다/쩍다(殊常), 심상하다(尋常), 십상(十常), 십상팔구(十常八九), 여상(如常), 예상사(例常事), 오상(五常), 용상하다(庸常), 윤상(倫常), 이상(異常), 일상(日常), 잡상스럽다(雜常), 정상(正常[정상가격(價格), 정상아(兒), 정상화(化)], 정상(定常), 통상/적(通常/的), 평상시(平常時)/평사(平常), 항상(恒常) 들.

상(狀) '모양 · 꼴. 형상. 상황(狀況)'을 뜻하는 말. ¶상모(狀貌), 상세(狀勢), 상태(狀態)[305], 상황(狀況)[306]; 각상(角狀), 갑상(甲狀), 강모상(剛毛狀), 거치상(鋸齒狀), 계단상(階段狀), 고상(苦狀), 공상(功狀), 관상(管狀;대롱과 같은 모양), 괴상(怪狀), 괴상(塊狀), 교상(膠狀), 구상(臼狀), 구상(球狀), 구상(鉤狀), 궁상(弓狀), 궁상(窮狀), 근상(近狀;요즈음의 형편), 기상(鰭狀), 기근상(氣根狀),

---

通), 상품자본(資本), 상품작물(作物), 상품주식(株式), 상품학(學), 상품화/되다/하다(化), 상품화폐(貨幣), 상품회계(會計), 상품회전율(回轉率).

299) 어상(商): 소를 사서 장에 갖다 파는 사람.

300) 쌍내: 쌍스러운 느낌. ¶그 사람 말투는 왜 그리 쌍내가 나는지 모르겠다.

301) 상습(常習): 늘 하는 버릇. ¶상습 도박. 상습강도(强盜), 상습도박죄(賭博罪), 상습범(犯), 상습자(者), 상습적(的), 상습절도(竊盜), 상습화/되다/하다(化).

302) 상없다(常): 보통의 이치에서 벗어나 막되고 상스럽다. ¶상없는 말버릇. 상없이 굴다.

303) 상용(常用): 늘 씀. 일상적으로 사용함. ¶학생들 사이에 상용되는 말. 상용대수(對數), 상용되다/하다, 상용문(文), 상용시(時), 상용어(語), 상용자(者), 상용한자(漢字).

304) 무상(無常): 일정한 때가 없음. 덧없음. ¶밤낮없이 무상으로 드나들다. 인생은 무상한 것이다. 무상관(觀), 무상시(時), 무상왕래(往來), 무상출입(出入); 반복무상(反覆), 반복무상(叛服), 변화무상(變化), 인생무상(人生).

305) 상태(狀態): 상태감정(感情), 상태량(量); 긴장상태(緊張), 들뜬상태, 무정부상태(無政府), 무중력상태(無重力), 발양상태(發揚), 백지상태(白紙), 비교전상태(非交戰), 수면상태(睡眠), 심리상태(心理), 임계상태(臨界), 정상상태(定常), 착란상태(錯亂), 평형상태(平衡), 포화상태(飽和), 표준상태(標準), 혼돈상태(混沌), 혼수상태(昏睡), 휴면상태(休眠).

306) 상황(狀況): 일이 되어 가는 과정이나 형편. ¶상황이 유리하다. 절박한 상황에 놓이다. 상황도(圖), 상황보고(報告), 상황실(室), 상황증거(證據), 상황판(板), 상황판단(判斷); 극한상황(極限), 위기상황(危機), 한계상황(限界).

나상(螺狀), 나선상(螺旋狀), 난상(卵狀), 낭상(囊狀), 누두상(漏斗狀), 능상(菱狀), 다핵상(多核狀), 대상(帶狀)[대상도시(都市), 대상포진(疱疹)], 두상(頭狀)[두상꽃차례(화서(花序), 두상화(花)], 등립상(等粒狀), 막상(膜狀), 만상(萬狀), 망상(網狀), 무상(無狀), 문란상(紊亂狀), 미상(尾狀), 미립상(米粒狀), 방사상(放射狀), 백상(白狀;스스로 자기의 죄상을 말함), 범상(犯狀;범죄의 상황), 변상(變狀), 병상(病狀), 복사상(輻射狀), 복와상(覆瓦狀), 봉상(棒狀), 분상(粉狀), 분출상(噴出狀), 불행상(不幸狀), 배상(杯狀), 사상(死狀), 사상(事狀/사상(事狀/相), 사상(絲狀)[사상체(體), 사상충(蟲)], 선상(扇狀), 선상(線狀), 설상(舌狀), 설상(楔狀), 섬유상(纖維狀), 성상(性狀), 성상(星狀), 쇄상(鎖狀), 수상(樹狀), 수상(穗狀), 수상(殊狀), 수지상(樹枝狀), 순상(楯狀), 시상(時狀), 실상(實狀), 심상(心狀), 앉을상, 액체상(液體狀)/액상(液狀), 연쇄상(連鎖狀), 엽상(葉狀), 와상(渦狀), 와우각상(蝸牛角狀), 용상(龍狀), 원상(原狀), 우상(羽狀), 원반상(圓盤狀), 유상(油狀), 윤상(輪狀), 이상(異狀), 인상(鱗狀), 인편상(鱗片狀), 입상(粒狀), 장상(掌狀), 장미상(薔薇狀), 전상(戰狀), 점상(點狀), 정상(情狀), 종상(鐘狀), 죄상(罪狀;범죄의 실상), 주상(柱狀), 즐치상(櫛齒狀), 증상(症狀), 증상스럽다(憎狀), 지방상(脂肪狀), 직절상(直截狀), 징상(徵狀), 참상(慘狀), 책상(柵狀), 초상(鞘狀), 총상(總狀), 층상(層狀), 치상(齒狀), 치아상(齒牙狀), 침상(針狀), 통상(筒狀), 파상(波狀), 파문상(波紋狀), 판상(板狀), 판막상(瓣膜狀), 패각상(貝殼狀), 포도상(葡萄狀), 해면상(海綿狀), 행상(行狀), 험상/궂다/하다/스럽다(險狀), 현상(現狀), 호상(弧狀), 호상(壺狀), 환상(環狀), 흉상(凶狀). §편지 · 문서의 뜻으로는 [장]으로 읽힘. ¶상장(賞狀), 서장(書狀), 소장(訴狀), 안내장(案內狀), 위임장(委任狀), 임명장(任命狀), 초대장(招待狀), 초청장(招請狀), 표창장(表彰狀) 들.

상(床) 소반 · 책상 · 평상 · 마루. 지반(地盤) 따위를 두루 이르는 말. ¶상을 보다(음식상을 차리다). 상을 푸짐하게 차리다. 상개(床蓋), 상건(床巾), 상노(床奴), 상다리, 상돌, 상머리, 상물림, 상반(床飯), 상밥/집, 상배(床排), 상보(床褓), 상보다, 상상(床上), 상석(床石), 성전(床廛), 상차례, 상술[酒], 상탁(床卓), 상토(床土), 상파(床播), 상화(床花); 각상(各床), 감상(監床), 강도상(講道床), 개상[307], 객상(客床), 거상(擧床), 걸상[돋을걸상(다리가 긴 걸상), 쪽걸상], 걸립상(乞粒床), 겸상(兼床), 곁상, 고족상(高足床), 공상(空床;등널과 팔걸이가 없는 걸상), 과상(果床), 광상(鑛床), 교자상(交子床), 교족상(交足床), 굿상, 기상(起床), 낱상, 냉상(冷床), 다담상(茶啖床), 대감상(大監床), 도상(道床), 독상(獨床;외상), 독좌상(獨坐床), 돌상, 동상(東床), 동상이몽(同床異夢), 두레상, 두리기상, 둥근상, 등상(凳床/牀), 망상(望床), 몸상[308], 묘상(苗床), 묵상(墨床), 반상(盤床)[은반상(銀)], 밥상, 백일상(百日床), 번상(番床), 병상(病床), 불사상(佛事床), 사선상(四仙床), 사찬상(賜饌床), 상문상(喪門床), 상산상(上山床), 생일상(生日床), 서낭상, 석상(石床), 석상(席床), 선상(禪床), 선수상(膳羞床), 성줏상, 세배상(歲拜床), 손님상, 수라상, 술상, 승상(繩床), 시상(視床), 시상판(屍床板), 아침상, 암상(巖床), 약주상(藥酒床), 어상(御床), 어사상(御史床;남을 업신여기어 초라하게 차려 내는 음식상), 얼교자상(交子床), 연상(硯床;벼룻집), 영산상(靈山床), 예불상(禮佛床), 온상(溫床), 와간상(臥看床), 외상(독상), 요리상(料理床), 요전상(澆奠床), 음식상(飮食床), 임상(臨床)[임상강의(講義), 임상신문(訊問), 임상실험(實驗)], 입맷상[309], 자릿상, 잔칫상, 저녁상, 전물상(奠物床), 전안상(奠雁床), 점상(占床), 점심상(點心床), 제상(祭床), 제물상(祭物床), 조반상(朝飯床), 조상상(祖上床), 주물상(晝物床), 주안상(酒案床), 준상(樽床), 쥐코밥상[310], 지상(地床), 진짓상, 차례상(茶禮床), 착상(着床), 찻상(茶床), 책상(冊床)[311], 철상(撤床), 초상(草床), 총상(銃床;총대), 침상(寢床), 큰상/물림, 탄상(炭床), 터주상(主床), 퇴상(退床), 평상(平床)[널평상, 살평상, 용평상(龍)/용상(龍床)], 하상(河床;하천의 바닥), 해상(海床), 향상(香床), 화상(火床), 화상(花床;꽃받침) 들.

상(喪) 부모, 승중(承重)의 조부모 · 증조부모 · 고조부모와 맏아들의 상사에 대한 의례. 거상(居喪). '복을 입다. 죽다. 잃다 · 없어지다'를 뜻하는 말. ¶조부 상. 상을 당하다. 상가(喪家)[날상가(아직 장사를 치르지 아니한 초상집)], 상고(喪故), 상구(喪具), 상국(喪國;나라를 잃어버림), 상기(喪氣;기운이 꺾임), 상기(喪期), 상도꾼(喪徒), 상두(喪;상여)[상두꾼, 상두받잇집, 상두복색(服色), 상두쌀, 상둣술], 상란(喪亂), 상례(喪禮), 상립(喪笠), 상망(喪亡;잃어버림), 상명(喪明), 상문(喪門)[상문살(煞), 상문상(床), 상문풀이], 상배(喪配), 상변(喪變), 상복(喪服), 상부(喪夫), 상부살(喪夫煞), 상비(喪費), 상사(喪事), 상성(喪性)[312], 상수(喪需), 상신(喪神;정신을 잃음), 상실(喪失)[313], 상심/하다(喪心), 상여(喪輿)[314], 상우(喪偶), 상인(喪人), 상장(喪章), 상장(喪杖), 상장(喪葬), 상제(喪制)[315], 상제(喪祭), 상주(喪主), 상중(喪中), 상채(喪債), 상처(喪妻), 상청(喪廳), 상측(喪側), 상포(喪布), 상행(喪行), 상혼(喪魂;얼이 빠짐); 거상(居喪), 국상(國喪), 내간상(內艱喪), 내상(內喪), 단상(短喪), 당상(當喪), 대상(大喪), 동패서상(東敗西喪), 득상(得喪), 모친상(母親喪)/모상(母喪), 문상(問喪), 박상(剝喪), 반상(返喪), 발상(發喪), 벌상(伐喪), 변상(變喪), 복상(服喪), 부모상(父母喪), 부친상(父親喪)/부상(父喪), 분상(奔喪), 삼년상(三年喪), 소상(小喪), 수상(隨喪), 순상(順喪), 승중상(承重喪)[316],

307) 개상(床): 볏단 · 보릿단 따위를 메어쳐서 이삭을 떨어뜨리는 데 쓰는 재래식 농기구. ¶개상질.

308) 몸상(床): 환갑잔치 같은 때에 큰상 앞에 놓는 간단한 음식상.

309) 입맷상: 잔치 때에 큰상을 드리기 전에 간단히 차려 대접하는 음식상.

310) 쥐코밥상: 밥 한 그릇과 반찬 한 가지만으로 아주 간단히 차린 밥상.

311) 책상(冊床): 책상다리/하다, 책상머리, 책상물림(물정에 어두운 사람), 책상반(盤), 책상보(褓), 책상서랍, 책상양반(兩班;평민으로서 학문과 덕행으로 양반이 된 사람), 책상퇴물(退物;책상물림); 앉은뱅이책상, 양소매책상(兩), 쪽소매책상(冊床;한쪽만 밑까지 서랍이 달린 책상).

312) 상성(喪性): ①본래의 성질을 잃어버리고 전혀 다른 사람처럼 됨. ¶상성이 나다. 상성하다. ②몹시 보챔.

313) 상실(喪失): 어떤 사람과 관계가 끊어지거나 헤어지게 됨. 어떤 것이 아주 없어지거나 사라짐. ¶가치관 상실. 모든 의욕을 상실하다. 상실감(感), 상실되다/하다, 상실자(者); 감각상실(感覺), 국권상실(國權), 국적상실(國籍), 기억상실(記憶), 시야상실(視野;白視), 의식상실(意識), 자격상실(資格), 주권상실(主權).

314) 상여(喪輿): 사람의 시체를 실어서 묘지까지 나르는 도구. ¶상여간(間), 상여계(契), 상여꾼, 상여놀음, 상여다룸, 상여막(幕), 상엿소리(상여메김소리), 상엿집; 꽃상여.

315) 상제(喪制): 개다리상제(예절에 어긋나는 행동을 하는 상제를 욕하는 말), 날상제, 맏상제, 바깥상제, 안상제.

ㅅ

심상(心喪), 악상(惡喪), 애상(哀喪), 연상(連喪), 외간상(外艱喪), 운상(運喪), 재상(在喪), 저상/되다/하다(沮喪;기운을 잃음), 제상(除喪), 조상(弔喪), 종상(終喪), 주상(主喪), 중상(重喪), 집상(執喪), 참상(慘喪), 처상(妻喪), 초상(初喪)[317], 출상(出喪), 치상(治喪), 친상(親喪), 탈상(脫喪), 패상(敗喪), 해상(解喪), 행상(行喪), 호상(好喪), 혼상(婚喪) 들.

상(像) 형체를 조각하거나 그린 것. 가장 바람직한 모습. 형상. 꼴. ¶상을 맺다. 상법시(像法時)/상법(像法), 상본(像本); 가상(假像), 거울상, 거인상(巨人像), 거짓상, 결상(結像), 겹상, 경상(鏡像), 고상(苦像), 관음상(觀音像), 교사상(敎師像), 군상(群像), 기념상(記念像), 나상(裸像), 나신상(裸身像), 나체상(裸體像), 나한상(羅漢像), 군상(群像), 군인상(軍人像), 금상(金像), 기상(氣像;사람의 타고난 기개나 마음씨), 나상(裸像), 남상(男像), 단군상(檀君像), 도립상(倒立像), 도상(圖像), 도상(倒像), 독립상(獨立像), 동상(銅像), 등신상(等身像), 면상(面像), 모자상(母子像), 목상(木像), 물상(物像), 미래상(未來像), 미륵상(彌勒像), 반가상(半跏像), 반신상(半身像), 보살상(菩薩像), 복상(複像;겹상), 본상(本像), 본존상(本尊像), 불상(佛像), 비천상(飛天像), 사상(寫像), 상상(想像)[상상력(力); 상상화(畵)], 석고상(石膏像), 석상(石像), 선수상(船首像), 성모상(聖母像), 성상(聖像), 세계상(世界像), 소상(素像), 소상(塑像), 송상(送像), 수상/기(受像/機), 수상(繡像), 스승상, 식상(蝕像), 신상(神像)[십이지신상(十二支)], 실상(實像), 심상(心像), 안면상(顔面像), 어머니상, 여성상(女性像), 여신상(女神像), 여인상(女人像)/여상(女像), 영상(映像), 영상(影像), 우상(偶像)[우상숭배(崇拜), 우상시(視), 우상화(化)], 월상(月像;달의 모양), 유상(遺像), 이중상(二重像), 인간상(人間像), 인물상(人物像), 입상(立像), 입체상(立體像), 잔상(殘像)[보색잔상(補色), 운동잔상(運動)], 잠상(潛像), 잡상(雜像), 전신상(全身像), 정립상(正立像), 조각상(彫刻像), 조상(彫像), 존상(尊像), 좌상(坐像), 지도자상(指導者像), 직관상(直觀像), 철상(鐵像), 초상(肖像), 해상(解像), 허상(虛像;거짓상), 허영상(虛影像), 현상(現像), 호기상(呼氣像), 화상(畵像), 환상(幻像), 흉상(胸像) 들.

상(傷) '다치다. 해치다. 애태우다·몹시'를 뜻하는 말. ¶상궁지조(傷弓之鳥), 상도(傷悼), 상명(傷命), 상문/방(傷門/方), 상병(傷兵), 상병(傷病), 상분(傷憤), 상비(傷悲;통탄하고 슬퍼함), 상빈(傷貧;가난에 쪼들려 마음이 상함), 상산(傷産;과로로 해산이 힘들게 됨), 상심(傷心), 상신(傷神), 상심(傷心;마음 아파함), 상우다[318], 상은(傷恩;은정을 상하게 함), 상이(傷痍;몸에 입은 상처), 상이군(傷痍軍), 상인해물(傷人害物), 상정(傷情), 상창(傷創), 상처(傷處), 상췌(傷悴;마음이 상하여 얼굴이 파리하고 몸이 축남), 상탄(傷嘆/歎), 상통하다(傷痛), 상표(傷表), 상풍/증(傷風/症), 상풍패속(傷風敗俗), 상하다[319], 상한(傷寒;추위나 과도한 성행위 또는 금욕으로 생기는 병)[320], 상해(傷害)[상해보상(補償), 상해보험(保險), 상해죄(罪), 상해치사(致死)], 상혼(傷魂), 상회(傷懷;마음속으로 애통히 여김), 상흔(傷痕;상처의 흔적. 흉터); 감상(感傷)[감상적(的), 감상주의(主義), 감상화기(和氣)], 경상(輕傷), 골절상(骨折傷), 공상(公傷), 관통상(貫通傷), 교상(咬傷), 구상(毆傷), 낙상(落傷)[평지낙상(平地)], 내상(內傷), 노권상(勞倦傷), 노상(勞傷), 도상(刀傷), 동상(凍傷), 미상(微傷), 부상(負傷), 비상(悲傷), 사상(死傷), 사상(私傷), 살상(殺傷), 색상(色傷), 서상(暑傷;더위를 먹음), 손상(損傷), 수상(受傷), 수상(愁傷), 식상/하다(食傷), 안상(鞍傷), 애상(哀傷), 역상(轢傷), 열상(裂傷), 열상(熱傷), 외상(外傷), 자상(自傷), 자상(刺傷), 장상(杖傷), 재상(災傷), 적상(積傷), 전상(戰傷), 절상(折傷), 절질상(折跌傷), 조상(爪傷), 조상(凋傷), 좌상(挫傷), 주상(酒傷), 중상(中傷), 중상모략(中傷謀略), 중상/자(重傷/者), 중경상(重輕傷), 자상(自傷)[자상행위(行爲)], 자상(刺傷), 전상(戰傷)[전상병(兵), 전상자(者)], 주상(酒傷), 찰상(擦傷), 찰과상(擦過傷), 창상(創傷), 촉상(觸傷), 총상(銃傷), 치명상(致命傷), 타박상(打撲傷)/타상(打傷), 탄상(嘆傷), 탕상(湯傷), 통상(痛傷), 파상(破傷), 화상(火傷)[중화상(重)], 훼상(毁傷) 들.

상(賞) 잘한 일을 칭찬하기 위하여 주는 표적. 칭찬하다. 구경하다·즐기다.↔벌(罰). ¶상을 타다. 상감(賞鑑), 상격(賞格), 상국(賞菊), 상금(賞金), 상급(賞給), 상록(賞祿), 상모(賞募), 상미(賞味), 상미(賞美), 상벌(賞罰), 상복(賞福), 상사(賞詞), 상사(賞賜), 상양(賞揚), 상여/금(賞與/金), 상예(賞譽;높이어 칭찬함. 기림), 상완(賞玩), 상용(賞用;즐겨 씀), 상우(賞遇), 상장(賞狀), 상전(賞典), 상주(賞酒), 상찬(賞讚), 상춘(賞春), 상탄(賞歎), 상패(賞牌), 상품(賞品), 상형(賞刑), 상화방(賞花坊;기생집), 상훈(賞勳); 가상(嘉/佳賞), 감상(感賞), 감상(鑑賞), 개근상(皆勤賞), 개인상(個人賞), 격상(激賞), 공로상(功勞賞), 관상(觀賞), 권상(勸賞), 금상(金賞), 노벨상(Nobel), 논공행상(論功行賞), 단체상(團體賞), 대상(大賞), 동상(銅賞), 등외상(等外賞), 문학상(文學賞), 미기상(美妓賞), 버금상, 부상(副賞), 수상(受賞), 수상(授賞), 시상(施賞), 신상필벌(信賞必罰), 아차상, 애상(愛賞), 완상(玩賞), 우등상(優等賞), 우수상(優秀賞), 으뜸상, 은상(恩賞), 은상(銀賞), 인기상(人氣賞), 입상(入賞)[입상권(圈), 입상자(者), 입상품(品)], 장려상(獎勵賞), 주연상(主演賞), 찬상(讚賞), 탁상(擢賞), 탄상(歎賞), 탐상(探賞), 특별상(特別賞)/특상(特賞), 포상(褒賞), 행상(行賞), 현상(懸賞)[현상공모(公募), 현상금(金), 현상광고(廣告), 현상모집(募集)], 후상(厚賞), 훈상(勳賞) 들.

상(想) 작품을 만드는 사람의 생각. '생각/하다. 뜻하다'를 뜻하는 말. ¶좋은 상이 떠오르다. 상견(想見), 상기(想起;지난 일을 생각해 냄)/하다, 상념(想念;마음속에 떠오르는 생각), 상도(想到;생각이 미침), 상망(想望;생각하며 바라봄), 상사(想思;곰곰이 생각함), 상상(想像)[321], 상온(想蘊), 상정(想定), 상찰(想察), 상필(想

316) 승중상(承重喪): 아버지를 여읜 맏아들이 당한 조부모의 초상.

317) 초상(初喪): 초상계(契), 초상록(錄), 초상집; 생초상(生), 줄초상.

318) 상우다: 상하게 하다. ¶마음을 상우면 몸도 상하게 된다.

319) 상하다(傷): 물건이 깨지거나 헐거나, 음식이 썩거나, 몸이 여위어 축이 나거나, 몸을 다쳐 상처를 입거나, 근심·슬픔·노여움 따위로 마음이 언짢다. ¶음식이 상하다(썩다). 긁어서 피부가 상했다(헐었다). 며칠 앓더니 몸이 상했다(축나다).

320) 상한(傷寒): 상한동계(動悸), 상한동기(動氣), 상한번조(煩燥), 상한양증(陽症), 상한음증(陰症), 상한이증(裏症), 상한전율(戰慄), 상한표증(表症).

321) 상상(想像): 실제로 경험하지 않은 현상이나 사물에 대하여 마음속으로 그려 봄. 외부 자극에 의하지 않고 기억된 생각이나 새로운 심상을 떠올리는 일. ¶상상을 뛰어넘다. 상상되다/하다, 상상력(力), 상상망상(妄想), 상상외(外;예상 밖), 상상임신(姙娠), 상상적(的), 상상화(畵).

必), 상화(想華;수필); 가상(假想)[가상극(劇), 가상적(的), 가상적국(敵國)], 가상계(可想界), 감상(感想), 곡상(曲想), 공상/가(空想/家), 관상(觀想), 구상(構想), 기상/곡(奇想/曲), 단상(斷想), 망상(妄想), 명상(冥/瞑想), 몽상(夢想), 무상(無想)[무념무상(無念)], 묵상(黙想), 미상(迷想), 반상(反想), 발상(發想), 사상(思想), 수상(隨想), 시상(詩想), 심상(心想), 악상(惡想), 악상(樂想), 애상(哀想), 억상(臆想), 연상(聯想), 영상(靈想), 예상(豫想), 오상(誤想;착각으로 인한 그릇된 생각), 의상(意想), 이상(理想), 정상(情想), 지상(至想), 착상(着想), 첨상(瞻想), 추상/(追想), 추상(推想), 허상(虛想), 현상(現想), 호사난상(胡思亂想), 환상/곡(幻想/曲), 환상(喚想), 회상/록(回想/錄) 들.

상(象) ①'코끼리'를 뜻하는 말. ¶상골(象骨), 상담(象膽), 상모(象毛)[322], 상석(象石), 상아(象牙)[323], 상안(象眼), 상준(象樽), 상피/병(象皮/病), 상한/점(象限/點), 상형/문자(象形/文字), 상홀(象笏); 백상(白象). ②'형상. 모양. 본뜨다'를 뜻하는 말. ¶상감(象嵌)[324], 상감청자(象嵌靑瓷), 상징(象徵)[325], 상형(象形); 가상(假象)[가상감정(感情), 가상적(的)], 관상(觀象;천문이나 기상을 관측함), 기상/관측(氣象/觀測), 건상(乾象;하늘의 형상), 구상(具象), 대상(對象), 만상(萬象)[삼라만상(森羅萬象), 천태만상(千態)], 만휘군상(萬彙群象), 물상(物象), 사상(四象), 사상(事象), 사상(捨象), 수상(水象), 심상(心象/像), 역상(易象), 역상(曆象), 용상(龍象), 원상(原象), 유상무상(有象無象), 인상(印象), 지상(地象), 천상(天象), 추상(抽象), 표상(表象), 해상(海象), 현상(現象↔本質), 형상(形象)[형상예술(藝術), 형상화(化)], 환상(環象) 들.

상(霜) '서리. 희다. 백발(白髮). 세월'을 뜻하는 말. ¶상강(霜降), 상국(霜菊), 상기(霜氣), 상도(霜刀), 상로(霜露), 상림(霜林), 상미(霜眉), 상박(霜雹), 상발(霜髮), 상봉(霜蓬), 상빈(霜鬢), 상설(霜雪), 상신(霜信), 상야(霜夜), 상야(霜野), 상엽(霜葉), 상월(霜月), 상위(霜威), 상이(霜異), 상인(霜刃), 상재(霜災), 상제(霜蹄), 상천(霜天), 상초(霜草), 상풍(霜楓), 상하걸(霜下傑;국화), 상해(霜害), 상혜(霜蹊), 상화(霜花), 상효(霜曉), 상후도(霜後桃); 강상(降霜), 노상(露霜;이슬과 서리), 만상(晩霜), 무상기간(無霜期間), 박상해(雹霜害), 번상(繁霜), 비상(砒霜), 설상(雪霜), 설상가상(雪上加霜), 성상(星霜;일 년 동안의 세월), 수상(樹霜), 숙상(肅霜;된서리), 시상(柿霜), 엄상(嚴霜), 오상고절(傲霜孤節), 은상(銀霜), 조상(早霜;올서리), 초상(初霜), 추상(秋霜), 풍상(風霜), 풍상지임(風霜之任), 퇴상(退霜), 하상(下霜;첫서리가 내림), 효상(曉霜) 들.

상(桑) '뽕나무'를 뜻하는 말. ¶상가(桑稼), 상과(桑果), 상기생(桑寄生), 상년(桑年), 상두충(桑蠹蟲), 상마(桑麻), 상마지교(桑麻之交), 상목(桑木), 상묘(桑苗), 상문(桑門), 상백피(桑白皮), 상부(桑婦), 상상기생(桑上寄生), 상실(桑實;오디), 상야(桑野), 상엽(桑葉), 상원(桑園), 상이(桑栮), 상이죽(桑耳粥), 상자(桑梓), 상자지향(桑梓之鄕), 상전벽해(桑田碧海), 상중(桑中;남녀 간의 불의의 즐거움), 상호(桑戶;가난한 집), 상황(桑黃), 상회수(桑灰水); 농상(農桑), 병상(病桑), 부상(扶桑), 잠상(蠶桑), 종상(種桑), 창상(滄桑) 들.

상(詳) '속속들이 자세하다'를 뜻하는 말. ¶상계(詳計;차근차근 세운 계획), 상고(詳考;자세히 참고하거나 검토함), 상기(詳記;자세히 기록함), 상람(詳覽;상세히 봄), 상략(詳略;자세함과 간략함), 상록(詳錄), 상론(詳論;상세히 논함), 상명(詳明;자세하고 분명함), 상문(詳問;상세히 물음), 상미(詳味;吟味), 상밀하다(詳密;자상하고 세밀하다), 상보(詳報), 상설(詳說), 상세(詳細)[상세도(圖), 상세하다], 상술(詳述;자세히 진술함. 잔풀이), 상실/법(詳悉/法), 상심(詳審), 상아하다(詳雅), 상의하다(詳議), 상전(詳傳), 상정(詳定), 상주(詳註), 상준(詳準), 상찰(詳察), 상탐(詳探), 상해(詳解), 상확하다(詳確); 만상(萬祥), 미상(未詳;모름), 불상(不詳), 소상하다(昭詳), 안상하다(安詳), 위상(委詳), 자상하다(仔詳), 정상하다(精詳), 종상(綜詳;치밀하고 자세함) 들.

상(尙) '오히려. 아직. 높이다. 맡다'를 뜻하는 말. ¶상고(尙古;옛 문물을 소중히 여김), 상금(尙今;아직까지), 상농(尙農), 상덕(尙德), 상무(尙武), 상문(尙文;문예를 숭상함), 상미만하다(尙未晩), 상부(尙夫), 상식(尙食), 상유양심(尙有良心), 상조(尙早), 상존(尙存), 상지(尙志), 상치(尙齒), 상하다[326], 상향(尙饗); 가상하다/스럽다(嘉尙), 고상하다(高尙), 소상(素尙), 숭상(崇尙), 습상(習尙), 시기상조(時機尙早), 지상(志尙), 화상(和尙) 들.

상(祥) '복되고 좋은 일이 있을 조짐이 있다(상서롭다). 제사 이름'을 뜻하는 말. ¶상경(祥慶;경사스러운 일), 상광(祥光), 상기(祥氣), 상년(祥年), 상몽(祥夢), 상복(祥福), 상복대벽(祥覆大辟;중죄를 심판함), 상사(祥事), 상서/롭다(祥瑞;복스럽고 길한 일이 있을 듯하다), 상운(祥雲), 상운(祥運), 상월(祥月), 상일(祥日), 상지(祥祉); 가상(嘉祥), 길상(吉祥), 대상(大祥), 대소상(大小祥), 발상(發祥), 발상지(發祥地), 불상(不祥), 서상(瑞祥/相), 소상(小祥), 수상(殊祥), 연상(練祥) 들.

상(償) '갚다. 보답하다. 값'을 뜻하는 말. ¶상각(償却)[감가상각(減價), 감모상각(減耗)], 상금(償金), 상명(償命), 상복(償復;갚아 줌), 상채(償債), 상환(償還)[327]; 구상/권(求償/權), 대상(代償), 무상(無償↔有償)[328], 반상(返/反償), 배상(賠償), 변상(辨償), 보상(報

---

322) 상모(象毛): ①농악무에 쓰는 전립 꼭지에 흰 새털이나 종이 오리로 꾸며 돌리게 된 것. ¶상모돌리기(상모를 돌리면서 추는 춤). ②타래버선의 코끝에 다는 붉은 술.

323) 상아(象牙): 코끼리의 어금니. ¶상앗빛, 상아색(色), 상아영(纓), 상아저¹(상아로 만든 젓가락), 상아저²(상아로 만든 피리), 상아질(質), 상아탑(塔), 상아패(牌), 상아홀(笏).

324) 상감(象嵌): 금속이나 도자기, 목재 따위의 표면에 여러 가지 무늬를 새겨서 그 속에 같은 모양의 금, 은, 보석, 뼈, 자개 따위를 박아 넣는 공예 기법.

325) 상징(象徵): 추상적인 개념이나 사물을 구체적인 사물로 나타냄. ¶상징극(劇), 상징되다/하다, 상징법(法), 상징성(性), 상징숭배(崇拜), 상징시(詩), 상징어(語), 상징적(的), 상징조작(操作), 상징주의(主義), 상징체계(體系), 상징파(派), 상징화/되다/하다(化); 색채상징(色彩), 음성상징(音聲).

326) 상하다(尙): 공주나 옹주를 결혼시키다.

327) 상환(償還): 빚을 갚음. 다른 것을 대신하여 돌려줌. ¶상환공채(公債), 상환권(權), 상환기금(基金), 상환되다/하다, 상환액(額), 상환우선주(優先株), 상환적립금(積立金), 상환주식(株式), 상환차익(差益), 상환청구권(請求權); 매입상환(買入), 미상환(未), 분할상환(分割), 액면상환(額面), 정기상환(定期), 할부상환(割賦).

328) 무상(無償): 한 일에 대하여 보상이 없음. 값이나 삯을 받거나 주지 않음. ¶무상 원조. 무상으로 배포하다. 무상계약(契約), 무상대부(貸付),

ㅅ

償), 보상(補償), 사상(私償), 요상/권(要償/權), 유상(有償), 추상(追償), 판상(辦償) 들.

상(爽) '서늘하다. 시원하다'를 뜻하는 말. ¶상기(爽氣), 상량(爽凉;날씨가 상쾌하고 시원함), 상명(爽明), 상연하다(爽然), 상추(爽秋), 상쾌하다(爽快); 매상(昧爽;먼동이 틀 무렵), 삽상하다(颯爽), 청상(淸爽), 호상(豪爽) 들.

상(嘗) '맛보다. 일찍이. 시험하다'를 뜻하는 말. ¶상담(嘗膽), 상미(嘗味), 상분(嘗糞), 상시지계(嘗試之計), 상약(嘗藥); 미상불(未嘗不), 미상불연(未嘗不然), 미상비(未嘗非), 하상(何嘗;따지고 보면) 들.

상(翔) '날다'를 뜻하는 말. ¶상공(翔空), 상귀(翔貴), 상집(翔集), 상파(翔破); 고상(高翔), 고상(翺翔), 비상(飛翔), 운상(雲翔), 활상(滑翔), 회상(回翔) 들.

상(裳) '치마'를 뜻하는 말. ¶나상(羅裳;비단치마), 동가홍상(同價紅裳), 수상(繡裳), 의상(衣裳), 청상(靑裳), 호의현상(縞衣玄裳), 홍상(紅裳) 들.

상(牀) '평상. 마루'를 뜻하는 말. ¶상탑(牀榻); 광상(匡牀), 등상(籐牀), 와상(臥牀), 자릿상, 침상(寢牀), 탑상(榻牀), 평상(平牀), 호상(胡牀) 들.

상(殤) '일찍 죽다'를 뜻하는 말. ¶상복(殤服;아직 성년이 되지 않고 죽은 자녀에 관한 복제), 상사(殤死); 상상(上殤), 장상(長殤), 중상(中殤), 하상(下殤;8~13세의 나이에 죽음).

상(觴) '술잔'을 뜻하는 말. ¶곡수유상(曲水流觴), 남상(濫觴), 옥상(玉觴), 유상곡수(流觴曲水), 칭상(稱觴), 호상(壺觴) 들.

상(孀) '과부. 홀어미'를 뜻하는 말. ¶상규(孀閨;과부가 거처하는 방), 상부(孀婦); 청상과부(靑孀寡婦) 들.

상(廂) '행랑(대문간에 붙어 있는 방)'을 뜻하는 말. ¶상군(廂軍;호위병), 상랑(廂廊;몸채에 딸린 방); 후상(後廂;廂軍) 들.

상(箱) '물건을 담는 그릇'을 뜻하는 말. ¶상자(箱子)[329]; 백엽상(百葉箱), 연상(硯箱;벼룻집), 피상(皮箱) 들.

상(橡) '상수리 · 도토리'를 뜻하는 말. ¶상실(橡實), 상실유(橡實乳;도토리묵), 상자(橡子), 상자주(橡子酒) 들.

상(孀) '달 속에 있다는 전설의 선녀'를 뜻하는 말. ¶상아(孀娥;姮娥).

상(庠) '학교(學校)'를 뜻하는 말. ¶상사례(庠謝禮;자녀의 스승에게 드리는 예물), 상서(庠序;중국 고대의 지방 학교) 들.

상(晌) '대낮'을 뜻하는 말. ¶상오(晌午; 正午); 반상(半晌) 들.

상(徜) '노닐다. 어정거리다'를 뜻하는 말. ¶상양(徜徉).

상(顙) '이마'를 뜻하는 말. ¶계상(稽顙), 박상(博顙).

상가-롭다 태도가 서글서글하다. 조심하거나 경계하지 않고 평온스럽다. ¶상가롭게 말을 건네다. "어디서 왔소"하고 상가롭게 물었다.

상고대 나무나 풀에 내려 눈처럼 된 서리. 무송(霧淞).[〈산고ᄃᆡ(花霜)]. ¶상고대가 끼다(서리가 나무에 내려 눈과 같이 되다).

상괭이 돌고랫과의 포유동물.

상글 눈과 입을 가볍게 움직이며 소리 없이 정답게 웃는 모양. 〈큰〉성글. 〈센〉쌍글. [+웃다]. ¶상그레[330], 상글 · 성글 · 쌍글거리다/대다, 상글방글 · 성글벙글, 상긋[331], 생글[332], 생긋[333] 들.

상깃-하다¹ ☞ 성기다.

상깃-하다² 기분이 좋을 정도로 약간 시원하다. 산뜻하게 향기롭다. ¶상깃한 바람이 분다. 상깃한 풀내음.

상냥-하다 성질이 사근사근하고 부드럽다.≒친절하다. ¶아가씨가 상냥하고 재치가 있다. 그녀는 언제나 상냥스럽게 웃으며 인사했다. 상냥스럽다, 상냥히.

상답 자녀의 혼인에 쓰거나 뒷날 좋은 일에 쓰기 위하여 마련해 둔 옷감.

상동 작고 연한 물건을 단번에 가볍게 베거나 자르는 모양. 〈큰〉성둥. 〈센〉쌍동. ¶고구마의 썩은 부분을 상동 잘라 버렸다. 상동거리다/대다.

상략-하다 사람의 성격이 막힌 데가 없고 싹싹하다. ¶며느리가 상략하다. 그는 누구에게나 친절하고 상략하게 대하여 평판이 좋다.

상막-하다 기억이 분명하지 않고 아리송하다.[←삭막(索莫)]. ≒희미하다. 알쏭달쏭하다. ¶지난 일이 상막하게 얼른 나타나지 않는다.

상사 ①기둥이나 창문틀, 책상 또는 나무그릇의 모서리를 조금 한 쪽으로 오목한 홈처럼 파낸 줄(쇠시리). 또는 그 모양. ¶상사를 치다(오목한 줄이 지게 파내다). 상사목[334]. ②상사대패, 상사밀

무상주(株), 무상증자(增資), 무상행위(行爲).

329) 상자(箱子): 갓상자(갓집), 거품상자, 공명상자(共鳴), 과일상자, 구급상자(救急), 깜깜상자, 나무상자, 나전상자(螺鈿), 대상자[죽(竹)], 목상자(木), 버들상자(고리버들로 만든 상자), 사과상자(沙果), 사육상자(飼育), 색상자(色), 생선상자(生鮮), 암상자(暗), 어둠상자, 옷상자, 울림상자, 이온화상자(ion化), 장애상자(障礙;유기체의 요구나 동인의 강도를 측정하는 장치), 종이상자, 주름상자, 죽상자(竹), 지상자(紙), 판도라상자(Pandora), 피죽상자(皮竹), 혼백상자(魂帛).

330) 상그레: 눈과 입을 귀엽게 움직이며 소리 없이 부드럽게 웃음 짓는 모양.[←상글+에]. 〈큰〉성그레. 〈센〉쌍그레. ¶상그레 웃으면서 인사를 대신하다.

331) 상긋: 상냥한 표정으로 소리 없이 가볍게 웃는 모양. 〈큰〉성긋. 〈센〉상끗. 쌍긋. 쌍끗. 상긋거리다/대다, 상긋방긋.

332) 생글: 눈과 입을 살며시 움직이며 소리 없이 정답게 웃는 모양.=상글. 〈큰〉싱글. 〈센〉쌩글. 〈큰 · 센〉씽글. ¶생그레 · 상그레 · 싱그레 · 쌩그레 · 씽그레, 생글 · 쌩글거리다/대다. 생글뱅글 · 상글방글 · 싱글벙글 · 쌩글뺑글 · 썽글뺑글.

333) 생긋: 상냥하게 눈으로 가볍게 한번 웃어 보이는 모양.=상긋. 〈큰〉싱긋. 〈센〉생끗. 쌩긋. 쌩끗. ¶생긋 · 싱긋거리다/대다, 생긋뱅긋 · 상긋방긋 · 싱긋벙긋 · 싱긋빙긋 · 씽긋삥긋 · 싱끗빙끗 · 씽끗빵끗 · 씽끗삥끗 · 쌩긋뺑긋.

334) 상사목: 두드러진 턱이 있고 그 다음이 잘록하게 된 골짜기나 회목(손목이나 발목의 잘록하게 들어간 부분).

이(문살 따위에 골을 치는 대패)'의 준말. ③화살대 아래를 대통으로 싼 부분.

상사뒤야 노래의 후렴구의 한 가지. ¶에헤야 얼럴럴 상사뒤야. 상사뒤요, 상사디야.

상수리 상수리나무의 열매. 상실(橡實). ¶상수리나무, 상수리밥, 상수리쌀.

상서리 ①일을 숨기고 바른 대로 말하지 아니함. 또는 일이 드러나지 아니하도록 함. ②낚시터.

상앗-대 물가에서 배를 떼거나 댈 때나 물이 얕은 곳에서 배를 밀어갈 때에 쓰는 긴 막대. 〈준〉사앗대/삿대. ¶상앗대질/삿대질(상앗대로 배를 움직이게 하는 일. 말다툼할 때, 손가락 따위로 상대의 얼굴을 향하여 푹푹 내지르는 짓).

상애 보통 때. 평소에.=늘.[←상시(常時)+애].

상어 광구덩이의 천판과 좌우에서 돌이나 흙이 떨어지지 못하게 막는 나무.

상장 광산에서 광구덩이의 갱목과 띳장 사이에 돌이나 흙이 떨어지지 못하게 끼우는 가느다란 나무.

상추 국화과의 한해살이 또는 두해살이풀. 잎은 먹음. 부루'. ¶상추쌈; 갬상추[335], 꽃상추, 양상추(洋), 쥐악상추[336], 치마상추 들.

상치(다) 맺히고 뒤엉켜 있다. ¶내 마음이 그물같이 상치어만 가네.

상큼 짧은 다리를 가볍게 높이 들어 걷는 모양. 〈큰〉성큼[337]. ¶상큼상큼 · 성큼성큼, 상큼 · 성큼하다'(아랫도리가 윗도리보다 안어울리게 길쭉하다).

상큼-하다 냄새나 맛 따위가 향기롭고 시원하다. 보기에 시원스럽고 길쭉하며 좋다. 〈큰〉성큼하다². ¶상큼한 과일. 키가 상큼한 사람. 목은 상큼하고 등은 부드럽고 어깨는 흐르는 듯 나긋했다. 상큼한 다리로 휘청거리며 걷다. 상크름하다[338], 상클하다(보기에 시원스럽다).

상투 예전에, 성인 남자의 머리털을 끌어올리어 정수리 위에 틀어 감아 맨 것. 상투 모양. 꼭대기. ¶상투를 틀어 올리다. 상투 위에 올라앉다. 상툿고(상투를 틀어 감아 맨 부분), 상투관(冠), 상투기둥, 상투도리, 상투밑(배코), 상툿바람(상투 머리에 아무것도 쓰지 아니한 차림새), 상투빗, 상투이음, 상투잡이/하다, 상투쟁이, 상투제침(판소리를 잘 부르는 어린 소년), 상투찌; 감이상투(밑에서 감아올린 상투), 고추상투, 꼭뒤상투(뒤통수 한가운데 튼 상투), 네벌상투, 뒤범벅상투, 딴상투, 맨상투, 북상투[339], 세벌상투, 솔잎상투[340], 신상투(新), 쌍상투(雙), 언월도상투(偃月刀), 외자상투[341], 주먹상투, 치마상투, 푸상투(풀어 제친 상투) 들.

상푸둥 ①모르면 몰라도. 생각한 대로. 과연. 필시. ¶그 아씨와 죽자 살자 하고 지내던 놈이 상푸둥 최치운이란 게지. ②=내괘(내가 벌써 그럴 줄 알았다).

샅 ①두 다리의 사이. 갈라지는 곳. ¶샅이 가렵다. 사타구니가 근질근질하다. 샅걸이, 샅고랑(다리와 배 사이에 난 홈), 샅깃(기저귀), 샅바[342], 샅추리(샅), 샅타래(샅바), 샅털, 샅폭(幅)[343], 사타구니/사타귀('샅'의 낮춤말), 사태[344]; 고샅[345], 다리샅(넓적다리의 안쪽), 발샅, 손샅(손가락 사이), 잇샅(잇몸의 틈). ②두 물체 사이에 우묵하게 파인 곳이나 벌어진 틈. ¶샅샅이(틈이라는 틈은 다. 빈틈없이 모조리)[골골샅샅이, 알알샅샅/이], 샅짬(샅의 짬 사이).

새:[1] 날짐승을 두루 이르는 말. ¶새가 날다. 새가슴, 새고기, 새그물, 새꽁지, 새눈(낮에만 잘 보이는 눈), 새다리, 새대가리(연의 꼭지. 우둔한 사람), 새덫, 새둥주리, 새둥지, 새떼, 새똥, 새막(幕;새를 쫓기 위하여 논이나 밭가에 세운 막), 새매, 새무리[조류(鳥類)], 새박(박주가리 열매의 씨)[새박덩굴, 새박뿌리], 새발(새의 발이나 모양)[새발심지(心), 새발장식(裝飾)], 새발톱/표(標), 새벼룩, 새보다[346], 새부리(새의 주둥이. 드로잉펜), 새소리, 새알(새의 알. 작은 것)[새알꼽재기[347], 새알사탕(砂糖), 새알심(心), 새알콩, 새알팥], 새잡이, 새장(欌), 새점(占), 새종치[348], 새집(새의 보금자리), 새총(銃), 새코(새를 잡는 올가미), 새타령(打令), 새털[새털구름, 새털수(繡)], 새호루기(새처럼 얼른 하는 성교), 새호리기; 겨울새, 골락새(크낙새), 공작새(孔雀), 굴뚝새, 귀곡새(鬼哭), 굴뚝새, 귀곡새(鬼哭;부엉이), 나그네새(철새), 녹두새(綠豆;파랗고 작은 새), 도요새, 동박새, 되새, 되우새(가창오리), 두견새(杜鵑), 들새, 딱새, 떠돌이새(철새), 떨새(새 모양의 비녀), 떼새, 뜸북새, 멧새, 무당새, 물떼새, 물레새, 물새, 물총새(銃), 바다새, 박새, 방울새, 뱁새, 벌새, 부엉새, 붕새(鵬), 뻐꾹새, 사냥새, 사다새, 산새(山), 소쩍새, 솔새, 수새, 승새, 시조새(始祖), 쏙독새, 암새, 앵무새(鸚鵡), 여름새, 오디새, 울음큰새[349], 원앙새(鴛鴦), 이론새(利)[익조(益鳥)], 잘새(밤이 되어 깃을 찾아드는

335) 갬상추: 쌈을 싸 먹을 수 있게 잎이 다 자란 상추. ¶갬상추를 뜯다. 텃밭의 갬상추.

336) 쥐악상추: 잎이 아직 덜 자란 상추.

337) 성큼: ①다리를 높이 들어 크게 데어 놓는 모양. ¶마루턱을 성큼 뛰어오르다. ②동작이 망설임 없이 매우 시원스럽고 빠른 모양. ③어떤 때가 갑자기 가까워진 모양. ¶가을이 성큼 다가왔다. 〈작〉상큼.

338) 상크름하다: 서늘한 바람기가 있어 좀 선선하다. 〈큰〉성크름하다'. ¶상크름한 날씨.

339) 북상투: ①아무렇게나 짠 상투. ②함부로 틀어 올려 뭉뚱그린 여자의 머리.

340) 솔잎상투: 짧은 머리털을 끌어올려서 뭉뚱그려 짠 상투.

341) 외자상투: 정혼하지 아니하고 상투만 짜서 올리는 일.

342) 샅바: 씨름을 할 때 허리와 다리에 걸어 상대편의 손잡이로 쓰는 무명으로 만든 띠. ¶샅바씨름, 샅바잡이, 샅바지르다/채우다(다리를 샅바로 묶다); 다리샅바.

343) 샅폭: 바지 따위의 샅에 대는 좁다란 헝겊.

344) 사태: 소의 오금에 붙은 고깃덩이.[←샅+애]. ¶사태고기, 사태저냐, 사태회(膾); 뭉치사태, 아롱사태(소의 다리 사이에 붙은 고깃덩이).

345) 고샅: 마을의 좁은 골목길. 좁은 골짜기의 사이.[←고을/골짜기+샅]. ¶고샅고샅(고샅마다), 고샅길.

346) 새보다: 논밭의 곡식이나 우케 멍석에 날아드는 새를 쫓기 위하여 지키다.

347) 새알꼽재기: 보잘것없이 아주 작거나 적은 물건. ¶새알꼽재기만큼 가져오다.

348) 새종치: '새의 종아리'란 뜻으로, '가늘고 연약한 다리'를 빗대어 이름.

349) 울음큰새: 모양보다는 우는 소리가 크다는 뜻으로, 실제보다 명성이 높음을 비유하는 말.

ㅅ

새), 잣새, 장박새, 저어새, 접동새(소쩍새), 조상새(祖上), 종달새, 짐새(鴆), 참새, 철새, 촉새[350], 크낙새, 텃새, 티티새(지빠귀), 파랑새, 피리새, 피죽새, 할미새, 해론새(害), 호반새(湖畔), 황금새(黃金), 황새[황새걸음, 황새괭이, 황새낫(재래식 큰 낫), 황새목[351], 황새병(甁); 먹황새, 참황새], 휘파람새, 홍뚱새, 흰물떼새. ☞ 조(鳥).

새² '새로운(지금까지 있은 적이 없는)'을 뜻하는 말. ¶새 집으로 이사를 가다. 새 출발. 새가을, 새것, 새날, 새내기(학교나 회사 따위에 갓 들어온 사람), 새달(다음달), 새댁(宅), 새뜻하다[352], 새라새(새롭고도 새로운)[새라새것, 새라새롭다(새롭고 새롭다)], 새록[353], 새롭다[354], 새마을, 새말, 새문(門), 새물[355], 새봄, 새사람, 새살, 새살림/하다, 새색시, 새서방, 새순(筍), 새신, 새신랑(新郎), 새싹, 새아가, 새아기, 새아기씨, 새아씨, 새아주머니, 새어머니, 새언니, 새얼굴, 새엄마, 새임(새로 사귀는 사랑하는 사람), 새잎, 새장가, 새잡이[356], 새집, 새차비로[357], 새참하다[358], 새판, 새해. ☞ 신(新).

새³ 피륙의 날을 세는 단위. 새가 높을수록 올이 가늘고 곱다. ¶석새 삼베. 샛수(數;피륙 날의 수); 보름새(날실을 열다섯 새로 짠 천), 석새(예순 올의 날실. 석새삼베), 승새(升)[359], 올새(피륙의 올의 새. 피륙의 발) 들.

새⁴ 금분(金分)을 함유한 광물질의 잔 알갱이. ¶새잡다²(새를 골라 내다); 구새¹; 먹새(검거나 거무스름한 모래), 메밀새(광석에 낀 메밀 모양의 작은 알), 목새(물에 밀려 모인 부드러운 모래), 시새(잘고 부드러운 모래), 파리똥새(파리똥같이 새까맣고 자잘한 광석 속의 알갱이).

새⁵ 띠나 억새(풀). 이엉. 기와. ¶샛검불(새나무의 검불), 새꽤기[360], 새꾼(나뭇꾼), 새나무(띠나 억새 따위의 땔감), 샛바리, 새밭(띠나 억새가 우거진 곳), 새품[361]; 가시새, 감새[362], 건새[363]/지붕(乾), 곱새, 군새[364], 나무새(땔나무. 나무숲), 남새/밭, 내림새(반달 모양의 혀가 붙은 암키와), 너새(너와)[너새기와, 너새집], 드림새, 디룸새(처마 맨 끝에 나간 기와), 막새[365], 망새[치미(鴟尾)], 번새[366], 속새, 솔새, 승새(升;피륙의 올), 썩은새, 어새[367], 억새[368], 옥새(잘못 구워져서 오그라든 기와), 왕새기(王), 잣새[369], 적새[370], 푸새[371]. ☞ 모(茅). 초(草).

새-¹ '동쪽(東)'을 뜻하는 말.[←ᄉᆡ]. ¶샛바람[동풍(東風)], 새벽¹, 샛별(금성).

새-² 어두음이 된소리나 거센소리 또는 /ㅎ/이고, 첫 음절의 모음이 양성인 색채를 나타내는 일부 형용사 앞에 붙어 '매우 짙고 선명하게'의 뜻을 더하는 말. §어두음이 울림소리이고 첫음절의 모음이 /ㅏ, ㅗ/이면 '샛-'. ¶새까맣다, 새까매지다, 샛노랗다, 샛노래지다, 샛말갛다, 새맑다(아주 맑다), 새붉다, 새빨갛다, 새빨개지다, 새뽀얗다, 새뽀얘지다. 새카맣다, 새카매지다, 새캄[372], 새파랗다, 새포름, 새하얗다, 새하얘지다; 시-/싯-[373] 들.

새-³ '새되다. 새청'의 어근으로 '날카롭다'를 뜻하는 말. ¶새되다(목소리가 높고 날카롭다), 새청(날카로운 목소리), 새청맞다(목소리가 날카롭다).

-새 일부 일반명사나 용언의 파생명사형 '-음' 뒤에 붙어 '됨됨이. 모양. 상태. 정도'의 뜻을 더하는 말. ¶가꿈새, 가리새[374], 가림새[375], 가짐새, 간새, 갖춤새, 개킴새, 거둠새, 거드름새, 거침새, 걸림새(매끄럽거나 잘 다듬어지지 않은 모양), 걸음새(걸음걸이), 검밝음새, 고름새, 고임새/굄새, 구김 · 꾸김새, 구멍새, 굳음새, 굴림새, 금새(물건의 값), 길새, 꺾음새, 꺾임새, 꼬임새, 꾸림새,

---

350) 촉새: 멧새과에 딸린 새. ¶촉새같이 나서다(제가 나설 자리도 아닌데, 경망하게 촐랑거리며 참견하다). 촉새부리(끝이 뾰족하게 생긴 물건).
351) 황새목: 등롱대의 꼭대기에 맞추어 등롱을 거는 황새목처럼 생긴 쇠.
352) 새뜻: 새롭고 산뜻하거나 깨끗하고 말쑥한 모양. ¶새 옷을 새뜻 차려입다. 새뜻한 얼굴. 새뜻하게 차려 입다. 새뜻하다, 새뜻이.
353) 새록:[←새+로+ㄱ]. ①새로운 사물이 생겨나는 모양. ¶새록새록 기상천외의 사태가 벌어지고 있다. 이곳에도 새록새록 큰 집들이 들어서고 있다. ②생각이나 느낌이 분명하게 떠오르는 모양. ¶옛 추억이 새록새록 떠오르다. ③어떤 현상이 끊임없이 일어나거나 떠오르는 모양. ¶검은 밤 그림자가 새록새록 밀려온다. ④잠든 어린아이가 숨 쉴 때 나는 소리. ¶아이가 새록새록 잠이 들다.
354) 새롭다: ①지금까지 있은 적이 없다. ¶새로운 기계. 새로, 새로이. ②전과 다르게 느껴지거나 더 생생하게 느껴지는 맛이 있다. ¶옛 추억이 새롭다. 봄빛이 새롭다. ③아주 절실하게 필요하거나 아쉽다. ¶단돈 100원이 새롭다. 한 시간이 새롭다.
355) 새물: ①새로운 사상이나 조류. ②새로 갓 나온 과실 · 생선 따위의 총칭. ¶새물갈치. 새물수박, 새물청어(靑魚;갓 나온 청어. 새로 와서 경험이 없는 사람). ③빨래하여 갓 입은 옷. ¶새물내(새물에서 나는 냄새).
356) 새잡이: ①어떤 일을 처음 시작하는 사람. ②어떤 일을 다시 새로 시작하는 일.
357) 새차비로: 새삼스럽게 또 다시.[←새+차비(差備)+로].
358) 새참하다: 새롭고 산뜻하며 참하다. ¶그는 나들이옷을 쏙 빼고 분홍 신발을 새참하게 신었다. 새참한 옷차림.
359) 승새(升): 천의 올. 세로 난 올과 올 사이. ¶승새가 풀리다.
360) 새꽤기: 억새 · 갈대 · 짚 · 띠 따위의 껍질을 벗긴 가는 줄기. 〈준〉꽤기. ¶새꽤기에 손 베었다(하찮은 것으로부터 뜻밖의 손해를 입었다). 섬섬옥수로 새꽤기 같은 붓대를 들고 책장을 넘기다.
361) 새품: 억새의 꽃. ¶새품이 하얗게 덮인 산등성이.
362) 감새: 박공 끝을 감싸는 면이 있는 걸침기와. 감새마루.
363) 건새(乾): 지붕의 산자(橵子) 밑에 젖은 흙을 바르지 않고 마른 재료를 얹은 새. ¶건새를 얹은 초막.
364) 군새: 초가지붕의 썩은 곳을 파내고 덧끼워 질러 넣는 짚.
365) 막새: ①한쪽 끝에 둥근 모양 또는 반달 모양의 혀가 달린 수키와.↔내림새. ②처마 끝에 나온 보통의 수키와와 암키와. 막새기와. ¶수막새, 암막새.
366) 번새: 경사지지 아니하고 거의 평면으로 된 지붕의 기와.[←번(다)+새].
367) 어새: 비스듬히 깎아 지붕귀, 지붕의 처마에 쓰는 암키와.
368) 억새: 포아폴과의 여러해살이풀. ¶억새꽃, 억새반지기(억새가 많이 섞인 땔나무/풋장), 억새풀; 물억새, 참억새.
369) 잣새: 허리가 뒤로 기운 기와.
370) 적새: ①기와집의 지붕마루를 포개어 덮어 쌓은 암키와. ②초가집의 지붕마루에 이엉을 물매지게 틀어 덮은 이엉.
371) 푸새: 저절로 나서 자라는 풀을 두루 일컫는 말.
372) 새캄: 매우 시커멓게. 〈큰〉시컴. ¶벽은 새캄새캄 그을렸다.
373) 시-: 어두음이 된소리나 거센소리 또는 /ㅎ/이고, 첫 음절의 모음이 음성인 색채를 나타내는 일부 형용사 앞에 붙어 '매우 짙고 선명하게'의 뜻을 더하는 말. 어두음이 울림소리이고 첫 음절의 모음이 /ㅓ, ㅜ/이면 '싯-'. ¶시꺼멓다, 시꺼메지다, 시끄무레하다, 싯누렇다, 싯멀겋다, 싯멀게지다, 싯벌게지다, 시붉다, 시뻘겋다, 시뻘게지다, 시뿌옇다, 시뿌예지다, 시서느렇다, 시커멓다, 시커메지다, 시퍼렇다, 시퍼레지다, 시푸르다, 시푸르뎅뎅하다, 시푸르죽죽하다, 시허옇다, 시허예지다.
374) 가리새: 일의 갈피나 조리(條理).
375) 가림새: 가리거나 감추는 태도.

꾸밈새, 낌새, 나무새, 너름새[376], 널음새[377], 놓임새, 누름새, 늘임새, 다룸새, 닦음새, 돋음새, 됨새, 뒤거둠새, 트림새(틈이 생긴 정도나 기미), 디딤새(발을 디디는 동작), 뜨임새, 마름새¹·², 마무새, 마음새, 만듦새, 말본새(本), 말새, 맞춤새, 매무새, 맺음새, 맺힘새, 머리새, 먹음새/먹새, 메김새, 면새(面), 모양새(模樣), 몸가짐새, 몸갖춤새, 몸거둠새, 문새(門;문의 생김새), 물새(物), 물림새, 바늘뜸새, 바닥새, 바람새, 번음새, 벌임새, 변새(變;달라지는 모양), 보임새, 본새(本;본디의 생김새), 부침새, 비낌새, 뿌림새, 사람됨새, 생김새, 소문새(所聞), 숨김새, 시김새, 쓰임새, 안음새, 알새(열매의 크기), 앉음새, 어름새(관중 등을 어르는 춤사위), 어림새, 얽음새, 엮음새, 열림새, 올새, 옷매무새, 옷차림새, 움직임새[378], 웃음새, 이음새, 일새(일솜씨), 일차비새(差備), 입새, 입음새, 자람새, 조임새, 짙음새, 짜임새, 짬새, 차림새, 추렴새[←出斂(출렴)], 추임새[379], 팔림새, 푸새(풀)¹[380], 풀림새¹·², 풀음새, 품새, 한본새(本), 휨새, 흐름새 들.

새(塞) '변방(邊方). 요새(要塞)'를 뜻하는 말. ¶새관(塞關), 새내(塞內), 새안(塞雁), 새옹(塞翁)[새옹득실(塞翁得失), 새옹지마(塞翁之馬), 새옹화복(塞翁禍福)], 새외(塞外); 견새(堅塞), 변새(邊塞), 북새풍(北塞風), 성새(城塞), 요새(要塞), 절새(絕塞), 조새(阻塞), 험새(險塞) 들.

새(璽) 그 나라를 대표하는 도장. 임금의 인(印). ¶새보(璽寶), 새서(璽書;옥새가 찍힌 문서), 새서표리(璽書表裏); 검새(鈐璽), 국새(國璽), 보새(寶璽), 부새(符璽), 어새(御璽), 영새(靈璽), 옥새(玉璽), 인새(印璽) 들.

새(賽) '굿하다. 신불의 은혜에 감사하여 지내는 제사'를 뜻하는 말. ¶새신(賽神;굿 또는 푸닥거리를 하는 일)/하다, 새신만명(賽神萬明;무당. 경솔하고 방정맞은 사람), 새전(賽錢); 답새(答賽), 보새(報賽) 들.

새(鰓) '물고기의 아가미'를 뜻하는 말. ¶새개(鰓蓋;아감딱지), 새골(鰓骨;아감뼈), 새공(鰓孔), 새궁(鰓弓;활모양의 아가미뼈), 새소엽(鰓小葉;조름), 새열(鰓裂;아감구멍); 내새(內鰓), 외새(外鰓), 측새(側鰓), 판새류(板鰓類) 들.

새(顋) '뺨. 볼'을 뜻하는 말. ¶우각새(牛角顋;쇠뿔 속에 든 골), 시협(顋頰;뺨).

새경 머슴이 주인에게 한 해 동안 일한 대가로 받는 돈이나 물건. [←사경(私耕)]. ¶새경으로 한 해에 쌀 한 가마니를 받았다. 날새경(머슴살이를 마치고 가을에 받는 새경), 들새경(머슴살이를 시작할 때 미리 받는 새경).

새근 작은 숨소리를 한 번 가쁘게 내는 소리. 또는 그 모양. 〈센〉 쌔근. ¶숨을 새근 쉬다. 새근새근·시근시근·쌔근쌔근·씨근씨근/하다, 새근·쌔근·시근·씨근거리다/대다, 새근덕·쌔근덕·시근덕·씨근덕거리다/대다, 새근발딱·쌔근발딱·쌔근팔딱·시근벌떡·씨근벌떡·씨근펄떡거리다/대다/하다.

새기(다)¹ 단단한 물체의 바탕에 끝이 날카로운 연장으로 글씨나 그림 따위를 파거나 쪼다. 조각하다(彫刻). 잊히지 아니하게 깊이 기억하다(≒간직하다. 명심하다).[〈삭이다]. ¶돌에 이름을 새기다(파다). 아버님 말씀을 마음에 새기다. 새겨넣다, 새기어듣다/새겨듣다, 새겨보다(주의 깊게 보다), 새기개(조각하는 연장), 새긴돌(기념비), 새긴잎[381], 새긴장(欌), 새김¹[382]; 곱새기다[383], 덧새기다, 도두새기다, 되새기다¹[384], 뚫어새기다, 묵새기다[385], 섭새기다[386][섭새김/질/하다], 아로새기다[387]. ☞ 각(刻).

새기(다)² 글이나 말의 뜻을 알기 쉽게 풀이하다. 설명하다. 번역(뒤침)하다.≒해석하다. ¶뜻을 새기다. 새겨읽다(깊이 따져서 읽다), 새김²(글의 뜻을 풀이함)/질. ☞ 석(釋).

새기(다)³ 소·양·염소의 반추동물이 먹은 것을 입 안에 내어 다시 씹다.≒되씹다. 반추하다(反芻).[←삭(다)+이+다]. ¶소가 한가로이 들판에 앉아 먹은 것을 새기고 있다. 새김³[새김밥통, 새김위(胃), 새김질/하다, 새김질동물; 되새김/질]; 되새기다²[388] 들.

새김 윷놀이에서 모나 윷을 치거나 상대방의 말을 잡았을 때 거푸 한 번 더 윷을 던지는 일.

새끼¹ ①짐승의 어린것. '자식(子息)'의 속된 말.↔어미. ¶어미가 새끼를 까다/ 낳다. 제 자식 예쁘지 않은 사람은 없다. 새끼벌레, 새끼집(짐승의 아기집), 새끼치기, 새끼치다(번식하다); 개새끼, 늦새끼, 멧괴새끼[389], 사내새끼, 생마새끼(生馬;길들이지 아니한 망아지. 예의범절을 모르는 사람), 손자새끼(孫子), 애새끼, 어이새끼(어미와 새끼), 자식새끼(子息), 중새끼(中), 쥐새끼. ②여럿 중에 '작은 것'을 뜻하는 말. ¶새끼가락(새끼손가락과 새끼발가락), 새끼꼴(물건의 원형대로 줄여서 만든 본), 새끼낮(정오가 채 되지 아니한 낮), 새끼똥구멍[390], 새끼발가락/새끼발, 새끼발톱, 새끼손가락/새끼손, 새끼손톱, 새끼칼 들.

새끼² 짚으로 꼬아 만든 줄. ¶새끼를 꼬다. 새끼발(새끼를 늘여 만

376) 너름새: ①떠벌리어 주선하는 솜씨. ②발림(판소리에서의 몸짓).

377) 널음새: 일이나 말을 늘어놓는 태도. 또는 그 솜씨.

378) 움직임새: ①사람들의 사고, 사상, 활동이나 일의 형세 따위가 움직여 가는 방향. ②어떤 특정한 사람이나 사물의 낱낱의 움직임. ③=동세(動勢;그림이나 조각에서 나타나는 운동감).

379) 추임새: 판소리에서, 창(唱)의 사이사이에 고수(鼓手)나 관객이 흥을 돋우기 위하여 삽입하는 소리. '좋지. 얼씨구. 흥' 따위.

380) 푸새: 옷 따위에 풀을 먹이는 일.

381) 새긴잎: 가장자리가 깊이 패어 들어간 잎.

382) 새김¹: 새김글, 새김무늬, 새김문(門), 새김붓, 새김장식(裝飾), 새김장이, 새김질/하다, 새김창(窓), 새김칼; 겹새김, 돋을새김, 섭새김(돋을새김), 솟을새김, 오목새김.

383) 곱새기다: ①되풀이하여 곰곰이 생각하다. 거듭 생각하다. ②남의 말이나 행동 따위를 그 본뜻과는 달리 좋지 않게 해석하거나 잘못 생각하다. 곡해하다(曲解).

384) 되새기다¹: 다시 새기다. 골똘하게 자꾸 생각하다. 되씹다. ¶지난 일을 되새기다. 새김거리(추억거리).

385) 묵새기다: ①별로 하는 일 없이 한 곳에 오래 머물러 날을 보내다. ②마음이 고충이나 흥분 따위를 애써 참으며 넘겨 버리다. ¶슬픔을 묵새기다.

386) 섭새기다: 조각에서, 가운데는 도도록하게 하고 가장자리를 파내거나 뚫어지게 새기다. §'섭-'은 옛말 '섭ᄒᆞ다(아로새기다)'의 어근.

387) 아로새기다: ①또렷하고 교묘하게 파서 새기다. ②마음속에 또렷이 기억하여 두다.

388) 되새기다²: 음식을 자꾸 내씹다. ¶되새김/질.

389) 멧괴새끼: 들고양이처럼 성질이 거친 사람을 얕잡아 이르는 말.

390) 새끼똥구멍: 항문 위의 조금 옴폭 들어간 부분.

든 발), 새끼사리, 새끼시계(時計), 새끼장(감옥 안에 망나니가 있던 집), 새끼줄, 새끼틀; 가는새끼, 겹새끼, 고사새끼[391], 군두새끼[392], 뜸새끼[393], 오른새끼, 왼새끼 들.

새-나(다) 정도가 지나쳐서 진저리가 날 만큼 싫증이 나다.=약비나다. ¶새난 음식. 콩나물에 새가 나다. 새떨어지다('새나다'를 강조한 말), 새떨음(약비나는 일을 억지로 물리침)/하다.

새(다)[1] 밀폐된 공간이나 박힌 상태의 공간에서 액체나 기체, 가루 또는 재물, 비밀이나 사람 따위가 틈·구멍으로 빠져 나가거나 나오다. 남이 모르게 이루어지다. ¶물이/ 바람이/ 가루가 새다. 지붕이 새다. 회사의 공금이 줄줄이 새고 있다. 비밀이 새지 않도록 각자 조심하시오. 새나다(비밀이 드러나다), 샘[394]; 가로새다[395], 김새다(맥이 빠져서 힘겹게 되다), 물샐틈없다/이. ☞ 루(漏). 설(泄).

새(다)[2] 날이 밝아 오다. §'새'는 '동쪽. 밝다'를 뜻함. ¶날이 새다. 밤이 새고 날이 밝는다. 새녘(동쪽), 샐녘(날이 샐 무렵), 시마(동남풍), 샐빛(날이 샐 무렵의 빛), 샛바람[동풍(東風)], 샛별[396], 새쪽(동쪽), 새우다[397]; 된새바람/된새[북동풍(北東風)], 드새다/더새다[398], 밤새다/새우다/새움/샘, 지나새나 들.

새들 마음이 들떠서 경솔하게 자꾸 까부는 모양. ¶새들거리다/대다, 새들새들/하다.

새로에 보조사 '는', '은'에 붙어, '고사하고', '커녕'의 뜻을 나타내는 보조사. 〈준〉새로. ¶공부하기는새로에 싸움만 한다. 나아지기는 새로에 더 나빠지다.

새롱 ①경솔하고 방정맞게 까불며 지껄이는 모양. 〈큰〉시룽. ¶새롱새롱 우스갯소리를 하며 까분다. 시룽시룽 접근하는 꼴이 왠지 수상쩍다. 새롱·시룽거리다/대다, 새롱새롱·시룽시룽하다. ②남녀가 점잖지 못한 말로 서로 희롱하는 모양.

새리새리 알쏭달쏭하거나 흐릿한 모양. ¶새리새리 아리송한 기억. 새리새리하다(기억에 알쏭달쏭하거나 흐리마리하다).

새망 경솔하고 얄밉게 구는 짓.=산망. ¶새망을 부리다/ 떨다. 새망스럽다(방정맞고 경솔한 데가 있다).

새무룩 ①마음에 못마땅하여 꽤 새침하고 언짢은 기색이 있는 모양. 〈큰〉시무룩. ¶새무룩 앉아 있는 소녀. 새무룩한 표정. 새무룩·쌔무룩·시무룩·씨무룩/하다(불만스럽다)/이. ②날이 흐리고 습하다. ¶곧 비가 올 것 같은 새무룩한 날씨.

새무죽 얼굴에 어떤 표정을 살며시 드러내고 있는 모양. ¶기쁜 빛이 새무죽 나타나는 얼굴.

새물 ①입술을 조금 샐그러뜨리며 소리 없이 웃는 모양.=새뭇/시뭇. ¶할아버지께서 선물을 받고 어린아이처럼 새물새물 좋아하신다. 쌔물 웃고는 달아나는 소녀. 새물·쌔물·시물·씨물거리다/대다, 새물새물/하다, 새뭇·시뭇[399]. ②한데 어울리지 아니하고 자꾸 능청스럽게 구는 모양. 〈큰〉시물. 〈센〉쌔물.

새물새물-하다 눈이 부시게 아물거리다. ¶눈이 새하얗게 와서 눈이 새물새물하오.

새미[1] 잉엇과의 민물고기. ¶새미갈이(새미가 산란기에 몸을 뒤틀며 휘돌아치는 것)/하다.

새미[2] 남사당놀이 따위에서, 어른의 어깨 위에서 춤추는 여장(女裝)한 사내아이.

새벽[1] 날이 밝을 무렵. 먼동이 트기 전.[←새(동쪽)+밝(다)]. ¶새벽 호랑이. 새벽같이, 새벽길, 새벽까치(날이 샐 무렵에 우는 까치), 새벽꿈, 새벽녘, 새벽노을, 새벽달, 새벽닭, 새벽동자[400], 새벽뒤(새벽에 누는 똥), 새벽드리(새벽바람에 일찍이), 새벽바람, 새벽밥/하다, 새벽별(샛별), 새벽불(이른 새벽에 때는 불), 새벽빛, 새벽안개, 새벽어둠, 새벽이슬, 새벽일, 새벽잠, 새벽조반(朝飯), 새벽종(鐘), 새벽차(車), 새벽하늘, 새벽협심증(狹心症); 꼭두새벽, 신새벽(新;아주 이른 새벽). 어둑새벽, 어슴새벽(조금 어둑하고 희미한 새벽), 진새벽(채 날이 밝지 않은 어둑어둑한 이른 새벽), 첫새벽(꼭두새벽). ☞ 효(曉). 새다[2].

새벽[2] 누른 빛깔의 차지고 고운 흙. 이것을 덧바르는 일. ¶새벽을 바르다. 벽이나 방바닥에 새벽을 바를 때에 섞는 물감을 '개두지'라고 한다. 새벽질/하다, 새벽하다; 덧새벽(못 쓰게 된 새벽 위에 덧바르는 새벽).

새빠지(다) 말 또는 생각이나 행동이 가볍고 실없거나 주책없다. 경우나 기대에 마땅하지 않다. ¶새빠진 소리.

새살 점잖지 아니하게 까불며 웃는 모양.=새슬. 상글상글 웃으면

391) 고사새끼: 초가의 지붕을 일 때 먼저 지붕 위에 잡는 벌이줄.

392) 군두새끼: 군둣구멍(가랫바닥의 양쪽 위에 있는 구멍)에 꿰어서 가랫줄을 얼러 매는 가는 새끼.

393) 뜸새끼: 길마와 걸채를 얼러 매는 새끼.

394) 샘: 물이 나오는 곳. 선(腺). ¶샘가, 샘고(샘의 근원), 샘구멍, 샘굿(샘물이 잘 나오도록 치성을 드리는 일), 샘논(샘가에 있는 논), 샘늪, 샘물[샘물가, 샘물곬, 샘물받이, 샘물줄기, 샘물터]. 샘밑(샘솟는 근원), 샘받이(샘이 나는 논. 샘물을 끌어대는 논), 샘솟다, 샘제(祭;샘굿), 샘주머니, 샘창자(십이지장), 샘치(샘물이 나오는 자리)/바위, 샘터, 샘터지다, 샘턱(샘물을 둘러막고 있는 턱), 샘털, 샘틀, 샘틀논(샘이 있는 논), 샘풀이(우물 지신풀이); 가슴샘, 견사샘, 골밑샘, 구강샘, 굳기름샘, 귀밑샘, 기름샘, 꿀샘, 난각샘(卵殼), 내분비샘, 눈물샘, 다세포샘, 도내기샘(깊게 판 샘), 도래샘(빙 돌아서 흐르는 샘물), 독샘(毒), 돌샘[석간수(石間水)], 땀샘, 림프샘(lymph), 마이봄샘, 먹물샘, 사향샘, 생식샘(生殖), 선샘(땅속에 스몄던 빗물이 다시 솟아나오는 샘), 소화샘(消化), 순샘(脣), 식도샘, 실샘[견사선(絹絲腺)], 알칼리샘(alkali), 앞가슴샘, 약샘(藥), 양성샘, 옹달샘, 외분비샘, 위샘(胃), 입천장샘, 장샘(腸), 장액샘, 전분비샘, 젖샘, 조가비샘, 지방샘, 창자샘, 침샘, 탈피샘, 턱밑샘, 핏줄샘, 항문샘, 혀밑샘.

395) 가로새다: ①중도에서 다른 곳으로 빠져 나가다. ②비밀 따위가 밖으로 알려지다. ③이야기 따위가 본디 줄거리에서 딴 방향으로 빗나가다.

396) 샛별: 새벽에 동쪽 하늘에서 반짝이는 별.

397) 새우다: 온 밤을 자지 않고 뜬눈으로 밝히다. 〈준〉새다. ¶숙제를 하느라 밤을 새우다. 건밤새우다(뜬눈으로 밤을 새우다); 지새우다/지새다(달이 지며 밤이 새다).

398) 드새다/더새다: 길을 가다가 집이나 쉴 만한 곳에 들어가 밤을 지내다. ¶빈 절에서 하룻밤을 드새다. 그 날은 산장에서 밤을 더샜다.

399) 시뭇: 입술을 실그러뜨리며 가볍게 소리 없이 웃는 모양. 〈작〉새뭇. ¶말도 없이 시뭇시뭇 웃기만 한다.

400) 새벽동자: 새벽에 밥을 짓는 일. ¶새벽동자를 하기 전에 머리를 단정하게 빗다. 새벽동자하다.

서 재미있게 지껄이는 모양. ¶새살새살 지껄여 대는 계집애. 친구와 몇 마디 새살새살 웃으며 농지거리를 주고받다. 〈큰〉새실/샐[401]. 시설. [+웃다]. 새살·새실·시설거리다/굿다[402]/대다/떨다[403]/맞다/스럽다[404], 새새[405], 시시닥[406], 시설시실·새실새실/하다, 새실·시실거리다/대다.

새삼 ①'새삼스럽다[407]'의 어근. ②다시금 새롭게. 하지 않던 일을 새로 하여 갑작스러운 느낌이 들게.=새삼스레. ¶지난날이 새삼 그립다.

새수-나다 갑자기 좋은 수가 생기다. 뜻밖에 재물이 생기다.[←새+수(운수)+나다]. ¶새수못하다(손을 대지 못하다), 새수빠지다[408].

새앙 ①새앙과에 딸린 여러해살이풀. 생강(生薑). ¶새앙가루, 새앙나무(생강나무), 새앙물, 새앙술, 새앙엿, 새앙장아찌, 새앙즙(汁), 새앙차(茶), 새앙초(醋), 새앙편. ②작고 뭉툭한 새앙 모양'을 뜻하는 말. ¶새앙각시(새앙머리를 땋은 각시), 새앙머리[409], 새앙뿔(두 개가 다 짧은 쇠뿔), 새앙손/이(손가락이 새앙처럼 뭉뚝하게 된 사람), 생쥐(작은 쥐) 들.

새옹 바닥이 평평하게 놋쇠로 만든 작은 솥. ¶냇가에 새옹을 걸고 밥을 짓기 시작했다. 새옹밥(새옹에 지은 밥).

새우[1] 절지동물 중, 다섯 쌍의 다리를 가진 갑각류(甲殼類)를 통틀어 이르는 말. ¶새우구이, 새우그물, 새우등, 새우등지다(등이 새우처럼 구부러지다), 새우무침, 새우볶음, 새우잠, 새우저냐, 새우전(煎), 새우전(廛), 새우젓[새우젓국, 새우젓찌개], 새우지짐이, 새우찌개, 새우탕(湯), 새우튀김, 새우포(脯), 새열둑(새벽에 잡은 새우), 생이; 꽃새우, 도화새우(桃花), 마른새우, 민새우, 민물새우, 밀새우, 보리새우, 생새우(生), 쌀새우, 조개새우, 징거미새우, 참새우, 왕새우(王). ☞ 하(蝦).

새우[2] 지붕의 기와와 산자 사이에 까는 흙.

---

401) 샐샐: 소리 없이 실없게 살며시 웃는 모양. 〈큰〉실실. 〈본〉새실새실. ¶얄밉게 샐샐 웃다.

402) 시설굿다: 싱글싱글 웃으면서 수다스럽게 자꾸 지껄이다. ¶남들 앞에서 시설굿게 행동하다가는 실없는 사람이 된다.

403) 새살떨다: 성질이 차분하지 못하고 가벼워 실없이 수선을 부리다. ¶네가 새살떠는 것을 보니 기분이 좋기는 좋은 모양이구나.

404) 시설스럽다: 보기에 실없이 싱글싱글 웃으면서 수다스럽게 자꾸 지껄이다. ¶나이에 비해 좀 시설스럽다.

405) 새새: 실없이 웃으며 가볍게 자꾸 지껄이는 모양. 실없이 까불며 소리 없이 자꾸 웃는 모양.=새실새실. 〈큰〉시시. ¶새새·시시거리다/대다. 새새덕·시시덕/거리다/대다.

406) 시시닥: 실없이 웃으면서 조금 작은 소리로 계속 이야기하는 모양. 〈큰〉시시덕. 〈준〉시시. ¶시시닥·시시덕/거리다/대다/이다, 시시닥시시닥/하다.

407) 새삼스럽다: ①이미 알고 있는 일인데도 새로운 일인 것처럼 생생한 느낌이 있다.≒새롭다. 생뚱맞다. ¶그 날의 감격이 새삼스럽다. ②지난 일을 이제 와서 공연히 들추어내는 느낌이 있다. ¶새삼스럽게 말할 필요가 없다.

408) 새수빠지다: 행동이나 말이 이치에 맞지 않고 소갈머리가 없다. ¶그 사람은 새수빠진 소리를 퍽도 잘 한다.

409) 새앙머리: 머리를 두 갈래로 달라 땋아서 접어 올리거나 또는 비녀로 감아올리던 머리 모양. 〈준〉생머리. ¶새앙각시(새앙머리를 땋은 어린 궁녀).

새줄랑이 생각과 행동이 방정맞고 경솔한 사람. ¶그 사람은 오지랖이 넓지만 덤벙거리고 다니는 새줄랑이는 아니었다.

새참-하다 ☞ 새[2].

새초[1] 좁고 짧게 채를 지어 말린 미역. 새초미역.

새초[2] 작게 만든 엽전.

새치[1] 녹새치·백새치·청새치·황새치 따위의 바닷물고기.

새치[2] 젊은 사람의 검은 머리에 섞여 난 흰 머리카락.

새치[3] 사양하는 체함. ¶욕심이 없는 듯 짐짓 새치부리고 앉아 있다. 새치부리다(몹시 사양하는 체하다). ☞ 시치미.

새침-하다 ☞ 시치미.

새퉁 어처구니없을 정도로 새삼스러운 짓. 밉살스럽고 경망한 짓. ¶새퉁을 부리다. 새퉁스러운 장난. 새퉁맞다, 새퉁빠지다(매우 새퉁스럽다), 새퉁·시퉁스럽다(어이없을 만큼 새삼스럽다), 새퉁이[410], 새퉁머리적다, 새퉁적다(방정맞고 얄망궂다).

색[1] 감돌·복대기·감흙 따위를 조금 빻고 갈아서 사발에 넣고 물에 일어서, 금분이 있고 없음을 시험하는 일. ¶색을 보다. 색망치, 색보다, 색사발(沙鉢;색을 보기 위하여 정해 놓고 쓰는 사발); 곱색[411], 사발색(沙鉢) 들.

색[2] ①숨을 고르고 가늘게 쉬는 소리. ¶숨이 차서 색색/식식거리다. 아기가 색색 잠자다. ②좁은 틈 사이로 김이나 바람이 세차게 새어 나오는 소리. 또는 그 모양. 〈큰〉식. 〈센〉쌕. ¶문틈으로 바람이 색 들어왔다. 식 웃다. 색바람(이른 가을에 부는 신선한 바람), 색색·식식[412]·쌕쌕·씩씩거리다/대다, 쌕쌔기/쌕쌕이(jet機).

색(色) 빛깔. 같은 부류. 색정(色情). 경치. 그러한 특성. 낯·용모. 물질세계. 어떤 기미가 엿보임. ¶색이 바래다. 색을 밝히다. 색각(色覺), 색갈다/색갈이[413], 색감(色感), 색계(色界), 색골(色骨), 색광(色光), 색광/증(色狂/症), 색구(色驅;벼슬아치를 따라다니는 하인배의 두목), 색깔, 색난(色難), 색노끈, 색다르다, 색달(色疸), 색대[414], 색대님, 색대리석(色大理石), 색대자(色帶子), 색덕(色德;여자의 미모와 미덕), 색도(色度), 색도(色圖), 색동[415], 색등(色燈), 색떡, 색량계(色量計), 색론(色論), 색리(色吏), 색마(色魔;色狂), 색맹(色盲)[416], 색모(色貌), 색목(色目), 색무명, 색미투리, 색

---

410) 새퉁이: 야살스럽고 경망한 짓. 또는 그런 짓을 하는 사람. ¶새퉁이 부리다.

411) 곱색: 황화 광물이 산화하여 덩어리나 가루 모양으로 된 붉은 광맥. ¶곱색줄(곱색 광맥이 길게 뻗치어 박힌 줄).

412) 식식: ①잠을 잘 때에 조용히 숨을 쉬는 소리. 또는 그 모양. ②숨을 매우 가쁘고 거칠게 쉬는 소리. ¶숨을 식식 쉬다. 〈작〉색색. 〈센〉씩씩.

413) 색갈이: 봄에 곡식을 꾸어주었다가 가을에 비싼 길미를 붙여 햇곡식으로 바꾸어 받는 일. ¶색갈이하다.

414) 색대(色)[-때]: 섬이나 가마니 속에 든 곡식 따위를 찔러서 빼내어 보는 연장. 간색대(看色). ¶색대질/하다.

415) 색동(色): ¶색동다리(강의 이쪽과 저쪽에 걸쳐선 무지개), 색동달이(색동을 단 옷이나 천), 색동두루마기, 색동마고자, 색동모자(帽子), 색동옷, 색동저고리, 색동천(무지개처럼 여러 색깔로 짠 천). ☞ 동[2]③.

416) 색맹(色盲): 색맹검사(檢査), 색맹유전자(遺傳子); 녹색맹(綠), 부분색맹

ㅅ

바꿈[417]/하다, 색반응(色反應), 색법(色法↔心法), 색벼름(관아의 부서를 갈라 나누는 일), 색별(色別), 색병(色餠), 색병(色病), 색복(色服), 색분필(粉筆), 색비름, 색빼기[탈색(脫色)], 색사(色事), 색사(色絲), 색사지[418], 색상(色相), 색상(色傷), 색상자(色箱子), 색상환(色相環), 색색(色色)[색색이; 종종색색(種種)], 색선(色扇), 색소(色素)[419], 색소경[색맹(色盲)], 색쇠애이(色衰愛弛), 색수차(色收差), 색순응(色順應), 색스럽다[420], 색시(色視), 색신(色神), 색신(色身), 색실, 색심(色心;색정이 깃든 마음), 색쓰다(성적인 교태를 부리다), 색안경(色眼鏡), 색약(色弱), 색연필(色鉛筆), 색온(色蘊), 색온도/계(色溫度/計), 색옷, 색원판(原版;색팽이), 색욕(色慾), 색유리(色琉璃), 색의(色衣), 색절편(色切), 색정(色情)[색정광(狂), 색정적(的); 자기색정(自己)], 색조(色租), 색조(色調), 색종이, 색주(色紬), 색주가(色酒家;색줏집), 색줏집(色酒), 색즉시공(色卽是空), 색지(色紙;색종이), 색지수(色指數), 색차지(色次知), 색채(色彩)[색채감(感), 색채설(說), 색채조절(調節); 안전색채(安全)], 색채움/색챔, 색청(色聽), 색체(色滯;얼굴에 화색이 없음), 색칠(色漆), 색탐(色貪), 색태(色態;여자의 곱고 아름다운 태도), 색택(色澤), 색판(色板), 색판(色版), 색표준(色標準), 색한(色漢), 색향(色香), 색향(色鄕;미인이 많이 나는 고장), 색환(色環), 색황(色荒;여색에 흠뻑 빠지는 일); 가색(假色), 가지각색(各色), 각색(各色), 각색(脚色), 각양각색(各樣各色), 간색(看色), 간색(間色), 간섭색(干涉色), 갈색(褐色), 감색(紺色), 감색(減色), 감색(監色), 감람색(橄欖色), 강청색(鋼青色), 개색(改色), 건색(乾色), 검정색, 경국지색(傾國之色), 경색(景色), 경성지색(傾城之色), 경계색(警戒色), 계색(戒色), 고동색(古銅色), 고색/창연(古色/蒼然), 고색(苦色), 광색(光色), 괴색(愧色), 교색(驕色), 구색(具色), 구혼색(求婚色), 국방색(國防色;카키색), 국색(國色), 국제색(國際色;다국적 분위기), 군청색(群青色), 궁색(窮色), 금색(金色), 금색(禁色), 금향색(錦香色), 기색(基色), 기색(氣色), 기색(起色), 기색(饑/飢色), 낙엽색(落葉色), 낙타색(駱駝色), 난색(暖色), 난색(難色), 남색(男色;비역), 남색(藍色), 남자색(藍紫色), 내색[421], 노란색, 노색(老色), 노색(怒色), 녹모색(鹿毛色), 녹색(綠色)[청록색(青), 황록색(黃)], 농색(濃色), 다색(多色), 다색(茶色), 단백색(蛋白色), 단색(丹色), 단색(單色), 담벽색(淡碧色), 담색(淡色), 대자색(代赭色), 대적색(帶赤色), 대흑색(帶黑色), 덕색/질(德色), 도색(桃色), 도색(塗色;색칠), 도홍색(桃紅色), 도화색(桃花色), 동색(同色), 동색(銅色), 등색(橙色), 등자색(橙子色), 등적색(橙赤色), 등하색(燈下色), 등황색(橙黃色), 망색(望色), 매색(賣色), 면색(面色), 명색(名色), 명색(瞑色), 모색(毛色), 모색(暮色), 모방색(模倣色), 무색(물감을 들인 빛깔), 무색(無色), 무채색(無彩色), 묵색(墨色;먹빛), 물색(物色), 물색없다, 물색없이, 미색(米色), 미색(美色), 미색(迷色), 미색(微色), 바탕색, 박색(薄色), 반대색(反對色), 반색(斑色), 발색(發色), 밤색[栗], 방색(方色)[방색기(旗); 오방색(五)], 배색(配色), 백색(白色), 범색(犯色;함부로 색을 씀), 벽색(碧色), 변색(變色), 병색(病色), 보라색, 보색(補色), 보호색(保護色), 복색(服色), 복색(複色), 본색(本色), 분홍색(粉紅色), 불변색(不變色), 비색(比色), 비색(翡色), 비취색(翡翠色), 빨간색, 사색(死色), 사색(四色), 사색(辭色), 산색(山色), 산호색(珊瑚色), 살색, 삼색(三色), 삼차색(三次色), 상아색(象牙色), 생색(生色;낯이 나도록 하는 일), 서색(瑞色), 서색(鼠色), 서색(曙色), 석고색(石膏色), 석죽색(石竹色);분홍색), 선색(鮮色), 설색(雪色), 성색(聲色), 소색(消色;색지움), 손색(遜色), 송화색(松花色), 수묵색(水墨色), 수색(水色), 수색(秀色), 수색(羞色), 수색(愁色), 수홍색(水紅色), 순백색(純白色), 순색(純色), 순청색(純青色), 순홍색(純紅色), 순황색(純黃色), 순흑색(純黑色), 시색(柹色), 시색(時色), 식색(食色), 신색(神色), 신색(愼色), 실색(失色)[대경실색(大驚)], 쑥색, 안색(顔色), 암색(暗色), 야색(夜色), 야색(野色), 양색(兩色), 어색(漁色), 언색(言色), 엄색(嚴色), 여색(女色), 여색(餘色), 여색(麗色), 연두색(軟豆色), 염색(染色)[염색사(絲), 염색질(質), 염색체(體)], 염색(艶色), 엽색(獵色), 영색(令色), 예전색(禮典色), 오색(五色), 오색(汚色), 옥색(玉色)[옥색치마; 은옥색(銀), 은옥색(隱)], 온색(慍色), 온색(溫色), 왜색(倭色), 용색(用色), 용색(容色), 우색(憂色), 울금색(鬱金色;橙色), 원색(怨色), 원색(原色), 원색(遠色), 월색(月色), 위협색(威脅色;동물의 보호색), 유색(有色), 유록색(柳綠色), 유채색(有彩色), 윤색(潤色)[422], 은백색(銀白色), 은색(銀色), 은홍색(殷紅色), 음색(音色), 이색(異色), 인식색(認識色), 일색(一色;뛰어난 미인)[무비일색(無比), 천하일색(天下)], 자색(自色), 자색(姿色), 자색(紫色)[담자색(淡)], 자색(赭色), 자주색(紫朱色), 자홍색(紫紅色), 자황색(紫黃色), 자흑색(紫黑色), 작색(作色;불쾌한 안색을 드러냄), 잡색(雜色), 장미색(薔薇色), 장색(匠色;匠人), 재색(才色), 재색(財色), 저색(沮色), 적색(赤色)[농적색(濃)], 적갈색(赤褐色), 적황색(赤黃色), 적흑색(赤黑色), 절색(絕色), 정색/하다(正色), 정색(正色↔間色), 정색/반응(呈色/反應), 조색(皁色), 조색(調色), 주색(主色), 조흔색(條痕色;조흔에 나타나는 광물의 빛깔), 주색(朱色), 주색(酒色), 주요색(主要色(적·황·녹·청색), 주황색(朱黃色), 쥐색, 지방색(地方色;향토색), 진홍색(眞紅色), 착색(着色), 찰색(察色;얼굴빛을 살피어 봄), 참색(慙色), 채색(采色), 채색(彩色), 채색(菜色), 천색(天色), 철색(鐵色), 청색(青色)[녹청색(綠), 천청색(淺)], 체색(體色), 초록색(草綠色), 초색(草色;풀빛), 추색(秋色), 춘색(春色), 취색(取色), 취색(翠色), 치자색(梔子色), 칠색(七色), 칠색(漆色), 카키색(khaki色), 타색(他色), 탁색(濁色), 탈색(脫色), 탈색(奪色), 탐색(貪/耽色), 토색(土色), 퇴색(退/頹色), 투명색(透明色), 투색(渝色), 특색(特色), 파색(破色), 패색(敗色), 포도색(葡萄色), 표지색(標識色), 풍색(風色), 풍토색(風土色), 피부색(皮膚色), 한색(寒色), 해색(海色;바다의 경치), 행색(行色), 향토색(鄕土色), 혈색(血色), 혈홍색(血紅色), 호박색(琥珀色), 호색(好色), 혼색(混色), 혼인색(婚姻色), 홍색(紅色)[농홍색(濃), 담

(部分), 적록색맹(赤綠), 적색맹(赤), 전색맹(全), 청황색맹(青黃), 홍록색맹(紅綠).

417) 색바꿈(色): 같은 데 쓰는 물건 가운데서, 마음에 맞는 것으로 바꿈.

418) 색사지(色): 잔치 때 누름적 꼬챙이 끝에 감는 오색 종잇조각.

419) 색소(色素): 색소세포(細胞), 색소체(體); 광물성색소(鑛物性), 생체색소(生體), 식용색소(食用), 천연색소(天然), 호흡색소(呼吸).

420) 색스럽다(色): 색다른 느낌을 주거나 새로운 맛이 있다. ¶색스럽게 차려입다.

421) 내색(色): 마음에 느낀 것을 얼굴에 드러냄.[←내(다)[出]+색(色)]. ¶싫어하는 내색을 하다. 내색하다. ☞ 나다[出].

422) 윤색(潤色): ①색채나 광택을 가하여 꾸밈. ②작품이나 이야기에 살을 붙이어 꾸미는 일.

홍색(淡), 암홍색(暗), 천홍색(淺)], 화색(和色), 화색(禍色), 화색(樺色), 환색(換色), 황금색(黃金色), 황색(黃色)[담황색(淡), 천황색(淺)], 황토색(黃土色), 회갈색(灰褐色), 회백색(灰白色), 회색(灰色)[농회색(濃)], 회색(悔色), 회색(懷色), 회흑색(灰黑色), 효색(曉色), 후엽색(朽葉色), 훈색(暈色), 흑색(黑色)[담흑색(淡), 암흑색(暗), 천흑색(淺)], 희누른색(色), 희색(喜色), 흰색. ☞ 빛.

색(塞) '막다 · 가리다. 없애다'를 뜻하는 말. ¶색원(塞源;근원을 아주 없애버림), 색전/증(塞栓/症), 색책(塞責;책임을 벗기 위하여 겉만 둘러 대어 꾸밈); 격색(隔塞), 경색(哽塞;지나치게 울어 목이 막힘), 경색/되다(梗塞), 곤색하다(困塞), 군색하다(窘塞), 궁색하다(窮塞), 기색(氣塞), 기색(枳塞), 모색(茅塞), 발본색원(拔本塞源), 비색(否塞), 비색증(鼻塞症), 사색(四塞), 액색(阨塞), 어색하다(語塞), 억색(臆塞), 언색(堰塞), 옹색하다(壅塞), 전색(栓塞), 전색(塡塞), 조색(阻塞), 질색(窒塞), 충색(充塞), 토색(討索), 통색(通塞), 폐색(閉塞), 핍색(逼塞), 화다색(樺茶色), 활색(活塞), 회색(晦塞;캄캄하게 아주 꽉 막힘). ☞ 새(塞).

색(索) ①'찾다. 더듬다'를 뜻하는 말. ¶색인(索引;찾아보기)[색인목록(目錄); 부수색인(部首), 총색인(總)], 색책(塞責), 색출(索出); 검색(檢索), 구색(求索), 구색(究索), 구색(鉤索), 모색(摸索), 사색(思索), 사색가(思索家), 수색(搜索)[수색대(隊), 수색영장(令狀), 수색원(願)], 암중모색(暗中摸索)/암색(暗索), 탐색(探索), 토색(討索). ②'동아줄. 쓸쓸하다'의 뜻으로는 [삭]으로 읽힘. ¶삭거(索居), 삭도(索道), 삭막(索莫/寞/漠); 철삭(鐵索). ☞ 삭(索).

색(嗇) '아끼다. 소중히 여기다'를 뜻하는 말. ¶인색하다(吝嗇), 절색(節嗇;검소하고 인색함) 들.

색(穡) '거두다. 다 익은 곡식'을 하는 말. ¶가색(稼穡;곡식 농사).

색시 ①시집을 가지 아니한 처녀.[〈새악시←새+각시].≒아내. 신부. 아가씨. 새색시. ¶참하고 얌전한 색시. 색싯감, 색시걸음, 색시꼴, 색시장가, 색시절(얌전하게 하는 절), 색싯집¹(결혼한 여자의 친정); 뜬색시(바람난 계집), 새색시, 숫색시, 촌색시(村). ②술집 등의 접대부. ¶색싯집²(접대부를 두고 술을 파는 집).

샌님 얌전하고 고루한 사람.[←생원(生員)+님]. ¶평소에 샌님처럼 조용하던 사람도 화가 나면 무섭다. 샌님탈; 골샌님, 남산골샌님(南山), 안방샌님(房), 촌샌님(村) 들.

샐긋 ☞ 실긋.

샐샐 자질구레하게 지껄이는 모양.

샐쭉 ①살짝 소리 없이 잠깐 웃는 모양.=새쭉. ¶샐쭉/새쭉 웃다. 샐쭉경(鏡). ②불만스러워 눈이나 입을 한 쪽으로 살짝 일그러뜨리는 모양. 〈큰〉실쭉[←싫(다)+쭉]. 〈센〉쌜쭉. ¶샐쭉 돌아서다/토라지다. 샐쭉 · 쌜쭉 · 실쭉 · 씰죽거리다/대다/하다. 새뜩새뜩 · 시뜩시뜩[423].

샘¹ 남의 일이나 물건을 탐내거나, 자기보다 나은 처지에 있는 사람이나 적수를 미워하고 속을 태움. 또는 그런 마음. ¶샘을 부리다. 샘이 불같다. 샘이 많은 아이. 샘바른 여자. 새우다(샘을 내다), 샘기(샘하는 기운이나 기색), 샘나다/내다, 샘바르다(샘이 심하다), 샘바리(샘이 많아서 안달하는 성질이 강한 사람); 강샘(이성이 다른 이성을 좋아할 경우에 지나치게 시기함), 꽃샘[꽃샘바람, 꽃샘추위(이른 봄 꽃 필 무렵의 추위)], 시새우다[424]/시새다, 시새움/시샘, 잎샘(봄에 잎이 나올 무렵에 갑자기 추워지는 일. 또는 그 추위). ☞ 시(猜).

샘² ①물이 땅에서 솟아나오는 곳. ②힘이나 기운이 솟아나게 하는 원천. ③생물체 몸속의 액체 물질의 분비, 배설하는 기능을 하는 상피 조직성의 기관. ☞ 사이.

샙-뜨다 두 눈의 검은자위를 다 가운데로 몰리게 눈을 뜨다. ¶두 눈을 샙뜨고 들여다보다. 샙뜨기눈.

생(生) ①성(姓) 뒤에 붙여 젊은 사람. 또는 간지(干支)나 연수 아래에 붙여 그 해에 태어남을 뜻하는 말. ¶이생(李生), 6년생 홍삼. ②'살다. 생명(삶)'을 뜻하는 말.↔사(死). 자기를 낮추어 일컫는 말. 명사나 한자어 어근에 붙어 '원래 그대로인 상태(살아 있는. 익지 아니한. 길들이지 않은 · 야생의. 직접적인 혈연관계인. 태어난 · 낳은. 엉뚱한. 지독한 · 혹독한)'을 뜻함.=날-. ¶생을 누리다. 생에 대한 회의. 생가(生家), 생가슴, 생가시버시, 생가죽, 생가지, 생각(生角), 생간(生間;되돌아온 간첩), 생갈이, 생감, 생감자, 생강(生薑)[생강가루, 생강엿, 생강차(茶), 생강편], 생강짜, 생거름, 생거짓말, 생걱정, 생건지황(生乾地黃), 생겁(生怯;대수롭지 않은 일로 내는 겁), 생것, 생견(生絹), 생견(生繭), 생경(生梗;두 사람 사이에 생긴 불화), 생경하다(生硬;사리에 어둡고 완고하다. 익지 않아 딱딱하다), 생계(生計;살아갈 방도), 생고(生苦), 생고구마, 생고기, 생고무, 생고사(生庫紗), 생고생(生苦生), 생고집(生固執), 생고치, 생곡(生穀), 생과(生果), 생과부(生寡婦), 생과실(生果實), 생과일, 생과자(生菓子), 생광/스럽다(生光;낯이 난 듯하다. 아쉬울 때에 요긴하게 쓰게 되어 보람이 있다), 생광목(生廣木), 생구멍, 생구실(生口實), 생굴(날굴), 생귀신(生鬼神), 생금(生金), 생금(生擒), 생급살(生急煞), 생기(生起;생겨남), 생기(生氣)[425], 생기사귀(生寄死歸), 생기침, 생길, 생김, 생김치, 생꾼(속무지), 생꿀, 생나무, 생나물, 생난리(生亂離), 생남(生男), 생남새, 생낮, 생녀(生女), 생년(生年), 생념(生念), 생노방주(生蘆坊紬), 생로병사(生老病死), 생논, 생눈, 생눈깔, 생눈판, 생니, 생다지(공연한 억지), 생닭, 생담배, 생당목(生唐木), 생당포(生唐布), 생도(生道), 생도둑, 생도라지, 생돈, 생동(生銅), 생동(生動)[생동감(感); 기운생동(氣韻)], 생되다, 생된장, 생둥이(날것), 생득(生得;타고남. 날 때부터 지님)[생득관념(觀念), 생득설(說), 생득적(的)], 생등심, 생딱지, 생딴전, 생땅, 생떡국, 생떼/거리(당치도 않은 일에 억지로 쓰는 떼), 생똥, 생래(生來), 생랭(生冷), 생량(生

423) 시뜩시뜩: 토라져서 말대꾸도 잘 안 하는 모양. ¶시뜩시뜩 토라져 하루 종일 말 한 마디 하지 않았다.

424) 시새우다: ①자기보다 나은 사람을 공연히 미워하고 싫어하다. ¶친구가 잘 되는 것을 시새우다. 시샘/하다. ②남보다 낫기 위하여 서로 다투다. ¶시새워 연구하다.

425) 생기(生氣): 활발하고 생생한 기운. ¶생기가 넘치다. 생기가 돌다. 생기론(論), 생기롭다, 생기발랄/하다(潑剌), 생기법(法), 생기보다(생기법으로 그날의 운수를 보다), 생기설(說), 생기일(日), 생기짚다(생기법에 의하여 일진과 나이를 팔괘에 맞춰 따지다).

ㅅ

凉), 생력꾼(生力), 생령(生靈), 생로(生路), 생로병사(生老病死), 생률(生栗), 생리(生利), 생리(生理)[426], 생마(生馬), 생마(生麻), 생말, 생매, 생매장(生埋葬), 생맥(生脈), 생맥아(生麥芽), 생맥주(生麥酒), 생머리/새앙머리, 생먹다[427], 생먹이, 생멧소, 생면(生面)[생면강산(江山), 생면대책(大責), 생면부지(不知)], 생면목(生面目), 생면주(生綿紬), 생멸(生滅), 생명(生命)[428], 생명주/실(生明紬), 생모(윷놀이에서 말을 새로 달아야 할 모), 생모(生毛), 생모(生母), 생모시, 생목[429], 생목[←서양목(西洋木)], 생목숨, 생몰(生沒), 생무덤, 생무명, 생무지[430], 생문자(生文字), 생물(生物)[431], 생미사(生missa), 생미역, 생민(生民), 생밀(生蜜), 생박(生縛;사로잡아 묶음), 생박파(生拍破), 생반(生飯), 생밤, 생방송(生放送), 생배앓다, 생백신(生vaccine), 생범벅, 생베, 생벼락, 생별(生別), 생병(生病), 생병신(生病身), 생병탕(生餠湯), 생복(生鰒), 생부(生父), 생부모(生父母), 생분해성(生分解性), 생불(生佛), 생빚, 생빛, 생사(生死)[432], 생사(生絲), 생사가판(生死可判), 생사당(生祠堂), 생사람, 생사요민(生事擾民), 생삭대엽(生數大葉), 생산(生産)[433], 생살, 생살(生殺), 생삼(生蔘), 생삼팔(生三八;생실로 짠 삼팔주), 생새우, 생색(生色)[434], 생생하다(生生), 생석탄(生石炭), 생석회(生石灰), 생선(生鮮)[생선국, 생선묵, 생선전(廛), 생선젓, 생선회(膾); 무럼생선[435]], 생성(生成)[생성문법(文法), 생성물(物), 생성열(熱)], 생소나무, 생소리(이치에 맞지 않는 소리), 생소박(生疎薄), 생소산(燒散), 생소주(生燒酒), 생소하다(生疎), 생손, 생손톱, 생솔, 생송진(生松津), 생수(生手), 생수(生水), 생수절(生守節), 생수철(生水鐵), 생숙(生熟), 생술, 생숯, 생시(生時), 생시치미, 생시침, 생식(生食), 생식(生殖)[436], 생식품(生食品), 생신(生辰), 생신(生新), 생신하다(生新), 생실, 생실과(生實果), 생심(生心), 생쌀, 생아버지, 생아편(生阿片), 생애(生涯)[공생애(公), 사생애(私), 전생애(全)], 생야단(生惹端;공연히 야단스럽게 구는 짓), 생약(生藥), 생양(生養), 생양목(生洋木), 생어(生魚), 생어머니, 생억지(생판으로 쓰는 억지), 생업(生業), 생여진(生女眞), 생열녀문(生烈女門), 생영(生榮), 생오이, 생옥양목(生玉洋木), 생옹이, 생왕(生旺), 생외가(生外家), 생욕(生辱), 생욕(生慾), 생우유(生牛乳), 생울타리, 생원(生員)[437], 생원소(生元素), 생월(生月), 생위패(生位牌), 생유(生有), 생유(生乳), 생육(生肉), 생육(生育), 생육신(生六臣), 생윷, 생으로, 생의(生意), 생이별(生離別), 생이지지(生而知之), 생이탄(生泥炭), 생인(生人), 생인(生因), 생일(生日)[438], 생일(억지로 하는 서투른 일), 생입(쓸데없이 놀리는 입), 생잎, 생자(生子), 생자/필멸(生者/必滅), 생자리, 생자식(子息), 생잡다[439], 생잡이[초보자(初步者)], 생장(生長)[440], 생장(生葬), 생장작(生長斫), 생재(生財), 생재기[441], 생저(生苧), 생전(生前)[생전계약(契約), 생전처분(處分), 생전행위(行爲); 살아생전], 생전복(全鰒), 생절이, 생정(生庭), 생정문(生旌門), 생젖, 생존(生存)[442], 생주(生紬), 생죽음, 생중(生中), 생중계(生中繼), 생즙(生

426) 생리(生理): 생물체의 생물학적 기능과 작용. 또는 그 원리. 생활하는 습성이나 본능. ¶생리에 맞다. 생리대(帶), 생리생태학(生態學), 생리식염수(食鹽水), 생리위생(衛生), 생리일(日), 생리작용(作用), 생리적(的)[생리적분업(分業), 생리적식염수(食鹽水), 생리적영도(零度;28.9℃)], 생리통(痛), 생리학(學)[생리학자(者), 생리학적(的)], 생리현상(現象), 생리휴가(休暇).

427) 생먹다: ①남의 말을 듣지 아니하다. ¶남의 말을 생먹다가 후회하다. ②모르는 체하다. ¶자네만 그 일을 생먹긴가?

428) 생명(生命): 살아가는 현상 자체를 이르는 말. 목숨. 사물을 유지하는 기간. 사물의 핵심. 어떤 사회적 존재로서의 특질. ¶생명의 은인. 기계의 생명이 길다. 책의 생명은 내용이다. 학자로서의 생명을 잃다. 생명감(感), 생명감정(感情), 생명공학(工學), 생명과학(科學), 생명권(權), 생명나무, 생명력(力), 생명령(靈), 생명록(錄), 생명론(論), 생명보험(保險), 생명선(線), 생명소(素), 생명수(水), 생명수(樹), 생명연금(年金), 생명점(點), 생명줄, 생명철학(哲學), 생명체(體), 생명표(表), 생명현상(現象), 생명형(刑;死刑), 생명혼(魂); 새생명, 신생명(新).

429) 생목(生): 입까지 치밀어 오르는, 뱃속의 삭지 아니한 음식물. ¶생목이 오르다.

430) 생무지: 어떤 일에 익숙하지 못한 사람.

431) 생물(生物): 생물가(價), 생물계(界), 생물계절(季節), 생물공학(工學), 생물과학(科學), 생물구계(區系), 생물권(圈), 생물기상학(氣象學), 생물농축(濃縮), 생물떼(같은 환경에 사는 생물의 무리. 생물사이클), 생물량(量), 생물력(力), 생물무기(武器), 생물발광(發光), 생물발음(發音), 생물발전(發電), 생물분류(分類), 생물상(相), 생물시대(時代), 생물암(巖), 생물요법(療法), 생물자원(資源), 생물장애(障碍), 생물적(的), 생물전(戰), 생물전기(電氣), 생물지리학(地理學), 생물지표(指標), 생물체(生物體), 생물편년학(編年學), 생물학(學), 생물항공(航空;조류의 회귀 현상), 생물화학(化學); 고생물(古), 기수생물(汽水), 다세포생물(多細胞), 단세포생물(單細胞), 미생물(微), 발광생물(發光), 부유생물(浮遊), 원생생물(原生), 원핵생물(原核), 저생생물(底生), 진핵생물(眞核), 호압성생물(好壓性).

432) 생사(生死;죽고 삶): 생사가판(加判), 생사경(境), 생사관두(關頭), 생사대해(大海), 생사입판(立判), 생사존망(存亡); 분단생사(分段), 애착생사(愛着).

433) 생산(生産): 인간이 생활하는 데 필요한 각종 물건을 만들어 냄. ¶생산가격(價格)/생산가(價), 생산가축(家畜), 생산계급(階級), 생산고(高), 생산공정(工程), 생산공채(公債), 생산과잉(過剩), 생산과정(過程), 생산관계(關係), 생산관리(管理), 생산구조(構造), 생산금융(金融), 생산기간(期間), 생산기관(機關), 생산기술(技術), 생산기준(基準), 생산능력(能力), 생산단계(段階), 생산도구(道具), 생산도시(都市), 생산되다/하다, 생산량(量), 생산력(力), 생산물(物)[잉여생산물(剩餘)], 생산비(費), 생산사업(事業), 생산성(性), 생산수단(手段), 생산수준(水準), 생산액(額), 생산양식(樣式), 생산업(業), 생산연령(年齡), 생산요소(要素), 생산자(者), 생산재(財), 생산적(的), 생산제한(制限), 생산조직(組織), 생산조합(組合), 생산지(地), 생산지도(指導), 생산지수(指數), 생산지표(指標), 생산품(品), 생산함수(函數); 가공생산(加工), 경사생산(傾斜), 과잉생산(過剩), 대량생산(大量)/양산(量産), 물적생산(物的), 상품생산(商品), 소재생산(素材), 소품생산(小品), 시장생산(市場), 우회생산(迂廻), 재생산(再), 주문생산(注文), 집중생산(集中), 초과생산(超過), 총생산(總).

434) 생색(生色): 남에게 어떤 도움을 준 일로 말미암아 떳떳해지는 체면. ¶그는 일은 하지 않고 생색만 낸다. 생색나다/내다, 생색쓰다(생색을 내는 행동을 하다); 헛생색(해 준 일도 없이 부리는 생색).

435) 무럼생선(生鮮): 해파리. 몸이 허약한 사람. 줏대 없는 사람.

436) 생식(生殖): 낳아서 불림. 생물이 자기와 닮은 개체를 만들어 종족을 유지함. 또는 그런 현상. ¶생식기(期), 생식기관/생식기(器官), 생식기능(機能), 생식깃, 생식력(力), 생식샘, 생식세포(細胞), 생식소(素), 생식수관(輸管), 생식욕(慾), 생식질(質), 생식핵(核), 생식흡반(吸盤); 무성생식(無性), 유성생식(有性).

437) 생원(生員): 조선 시대에 생원과에 급제한 사람. 나이 많은 선비를 대접하여 그 성 밑에 붙여 부르던 말. ¶생원님/샌님; 골생원, 궁생원(窮), 꽁생원, 남산골샌님(南山;오기만 남아 있는 가난한 샌님), 옹생원, 좀생원; 김생원/ 이생원.

438) 생일(生日): 생일날, 생일맞이, 생일불공(佛供), 생일빔, 생일빠낙(생일잔치를 베푸는 때), 생일상(床), 생일잔치, 생일풀이.

439) 생잡다(生): 없는 것을 만들어서 트집을 잡다. ¶생잡는 버릇을 고치다.

440) 생장(生長): 생장곡선(曲線), 생장기(期), 생장률(率), 생장선(線), 생장성(性), 생장소(素), 생장운동(運動), 생장점(點), 생장조절(調節), 생장하다, 생장호르몬.

441) 생재기(生): 종이나 피륙 따위의 흠집이 없는 성한 부분. ¶생재기가 미다.

442) 생존(生存): 살아 있음. 또는 살아남음. ¶생존을 위하여 싸우다. 기적으

汁), 생지(生地), 생지(生知), 생지(生紙), 생지옥(生地獄), 생지황(生地黃), 생진헌(生進獻), 생징(生徵), 생질녀(生姪女), 생질부(生姪婦), 생질색(生窒塞), 생짜, 생채(生彩;생생한 빛이나 기운), 생채(生菜), 생천, 생철(生鐵), 생청(生淸;꿀), 생체(生體)[443], 생초(生草), 생초목(生草木), 생초(生綃), 생초상(生初喪), 생축(生祝), 생축산물(生畜産物), 생치, 생치(生雉), 생칠(生漆;정제되지 아니한 옻진), 생칠하다(생선이 물이 좋다), 생침, 생침(生鍼), 생코, 생콩, 생크림, 생탄(生誕), 생탈(生頉), 생태(生態)[444], 생태(生太), 생토끼, 생트집, 생파, 생파리/같다(남이 조금도 가까이할 수 없게 쌀쌀하고 까다로운 사람), 생판, 생폐(生弊), 생포(生捕), 생포(生布), 생풀, 생풀[草], 생피(生皮), 생피[혈(血)], 생핀잔, 생필름(生film), 생하수(生下水), 생합(生蛤), 생합성(生合成), 생항라(生亢羅), 생해(生骸), 생호령(生號令), 생혼/나다(生魂), 생홀아비, 생화산(生火山), 생해(生骸), 생혼(生魂), 생화(生化), 생화(生花), 생화장(生火葬), 생화학(生化學), 생환(生還), 생활(生活)[445], 생회(生灰), 생후(生後), 생흔(生痕), 생흙, 생힘; 각생(各生), 강생(降生), 갱생(更生), 거생(居生), 고생(苦生), 고생계(古生界), 공생(共生), 구명도생(苟命徒生), 구생(苟生;구차하게 삶), 군생(群生), 기사근생(幾死僅生), 기생(妓生), 기생(寄生)[기생근(根), 기생동물(動物), 기생충(蟲)], 난생(卵生), 난생처음(生), 난생후(生後), 내생(內生), 내생(來生), 노생(老生), 다년생(多年生), 다생(多生), 대생(對生;마주나기), 도생(倒生), 도생(圖生), 동생(同生), 만생(晩生)[만생자(子), 만생종(種)], 만생(蔓生), 무생(無生), 무생(茂生), 미생(未生), 민생(民生), 밀생(密生), 반생(半生), 발생(發生), 방생(放生), 방생(傍生), 부생(浮生), 부생(復生), 부생(腐生), 부생식물(腐生植物), 불생(不生), 사생(四生), 사생(死生), 사생(私生), 사생(寫生), 살생(殺生), 삼생(三生;前生, 現生, 後生), 상생(相生)[오행상생(五行)], 서생(書生), 서생(庶生), 선생(先生), 섭생(攝生), 소생(小生), 소생(所生), 소생(疏生), 소생(蘇生), 속생(續生), 수생(水生), 습생(濕生), 시생(侍生), 시생대(始生代), 식생(植生), 신생(新生), 실생(實生), 쌍생(雙生), 아생(芽生), 안생(安生), 액생(腋生), 야생(野生), 양생(養生), 여생(餘生)[화가여생(禍家)], 연생(緣生), 연년생(年年生), 영생(永生)[영생불멸(不滅); 불사영생(不死)], 왕생(往生)[극락왕생(極樂), 본원왕생(本願)], 욕생(欲生), 우생(寓生), 우생(愚生), 우생(優生), 원생(原生), 위생(衛生), 유생(幼生), 유생(有生), 윤생(輪生;돌려나기), 의생(醫生), 이생(이 세상에 살아 있는 동안), 이생(利生), 인생(人生), 일년생(一年生), 일생(一生), 자생/력(自生/力), 자생(資生), 자연생(自然生), 잔생(殘生), 장생(長生)[불로장생(不老)], 재생(再生), 전생(全生), 전생(前生), 전생(轉生), 정생(頂生), 제생(濟生), 조생(早生), 족생(簇生), 종생(終生), 종하생(宗下生), 중생(重生), 중생(衆生), 차생(此生), 창생(蒼生), 천생(天生), 초생(初生), 총생(叢生;뭉쳐나기), 축생(畜生), 출생(出生), 층생첩출(層生疊出), 치생(治生), 타생(他生), 탁생(托/託生), 탄생(誕生), 태생(胎生), 투생(偸生), 파생(派生), 평생(平生), 필생(筆生), 필생(畢生;한 평생 동안), 항생제(抗生劑), 현생(現生), 호생(互生;어긋나기), 호생오사(互生惡死), 화생(火生), 화생(化生), 환생(幻生), 환생(還生), 회생(回生), 후생(厚生), 후생(後生). ③일부 명사나 한자어 어근에 붙어 '배우는 사람(학생)'의 뜻을 나타내는 말. ¶생도(生徒), 생원(生員)[생원님; 꽁생원)]; 강경생(講經生)/강생(講生), 견습생(見習生), 결석생(缺席生), 고학생(苦學生), 관비생(官費生), 교생(校生;향교나 서원에 다니던 생도), 교생(敎生;교육 실습생), 교비생(校費生), 교외생(校外生), 국비생(國費生), 급문생(及門生), 급비생(給費生), 기생(妓生), 기숙생(寄宿生), 낙제생(落第生), 대비생(貸費生), 독루생(禿屢生), 독학생(獨學生), 동급생(同級生), 동기생(同期生), 동문생(同門生), 동숙생(同宿生), 동창생(同窓生), 모범생(模範生), 문하생(門下生), 보결생(補缺生), 복교생(復校生), 복학생(復學生), 본과생(本科生), 본교생(本校生), 분교생(分校生), 사자생(寫字生), 상급생(上級生), 서생(書生), 선과생(選科生), 선발생(選拔生), 수강생(受講生), 수련생(修練生), 수료생(修了生), 수습생(修習生), 수험생(受驗生), 숙생(塾生), 습작생(習作生), 시하생(侍下生), 신입생(新入生), 실습생(實習生), 약국생(藥局生), 어학생(語學生), 연구생(硏究生), 연수생(硏修生), 열등생(劣等生), 우대생(優待生), 우등생(優等生), 원생(院生), 위탁생(委託生), 유생(儒生), 유급생(留級生), 유치원생(幼稚園生), 유학생(留學生), 유학생(遊學生), 입학생(入學生), 자비생(自費生), 자취생(自炊生), 잔류생(殘留生), 장학생(奬學生), 재생(齋生), 재적생(在籍生), 재학생(在學生), 전교생(全校生), 전입생(轉入生), 전출생(轉出生), 제생(諸生), 제적생(除籍生), 졸업생(卒業生), 주번생(週番生), 지각생(遲刻生), 지망생(志望生), 청강생(聽講生), 초년생(初年生), 타교생(他校生), 태학생(太學生), 통학생(通學生), 퇴학생(退學生), 특대생(特待生), 편입생(編入生), 하생(下生), 하급생(下級生), 하숙생(下宿生), 학생(學生; 초등/중/고등/대), 후보생(候補生), 훈련생(訓練生), 휴학생(休學生) 들.

생(省) '줄이다. 덜다'를 뜻하는 말. ¶생기(省記), 생략(省略)[생략되

로 생존한 사람. 생존경쟁(競爭), 생존권(權), 생존보험(保險), 생존비/설(費/說), 생존자(者), 생존하다; 적자생존(適者); 적자생존(適者).

443) 생체(生體): 생물의 몸. 또는 살아 있는 몸. ¶생체 해부. 생체를 조사하다. 생체검사(檢査), 생체계측(計測), 생체고분자(高分子), 생체공학(工學), 생체량(量), 생체리듬, 생체막(膜), 생체반응(反應), 생체분해(分解), 생체산화(酸化), 생체색소(色素), 생체염색(染色), 생체전기(電氣), 생체제어(制御), 생체주의(主義), 생체학(學).

444) 생태(生態): 생물이 살아가는 모양이나 상태. ¶식물의 생태를 조사하다. 생태계(系), 생태기후(氣候), 생태변화(變化), 생태분포(分布), 생태조건(條件), 생태조사(調査), 생태지리학(地理學), 생태학(學), 생태형(型).

445) 생활(生活): 생명을 가지고 활동함. 구성원으로 활동함. 어떤 행동이나 활동을 하며 살아가는 상태. ¶생활의 방편. 생활감(感), 생활감정(感情), 생활개선(改善), 생활경제학(經濟學), 생활고(苦), 생활공간(空間), 생활공동체(共同體), 생활관(館), 생활교육(敎育), 생활권(圈), 생활권(權), 생활기능(機能), 생활기록부(記錄簿), 생활난(難), 생활력(力), 생활면(面), 생활반응(反應), 생활방식(方式), 생활보호(保護), 생활비(費), 생활사(史), 생활상(相), 생활수준(水準), 생활양식(樣式), 생활연령(年齡), 생활예술(藝術), 생활온도(溫度), 생활욕(慾), 생활용수(用水), 생활의지(意志), 생활인(人), 생활적(的), 생활정보(情報), 생활지도(指導), 생활지표(指標), 생활철학(哲學), 생활필수품(必需品), 생활하수(下水), 생활현상(現象), 생활형(形), 생활화/되다/하다(化), 생활환경(環境); 가정생활(家庭), 감옥생활(監獄), 개인생활(個人), 경제생활(經濟), 공동생활(共同), 공직생활(公職), 내적생활(內的), 단체생활(團體), 도피생활(逃避), 독립생활(獨立), 망명생활(亡命), 문화생활(文化), 미적생활(美的), 사생활(私), 사회생활(社會), 성생활(性), 속생활(俗), 시골생활, 식생활(食), 신생활(新), 신앙생활(信仰), 신혼생활(新婚), 실생활(實), 연관생활(聯關), 외적생활(外的), 원시생활(原始), 유랑생활(流浪), 유목생활(遊牧), 유배생활(流配), 은둔생활(隱遁), 의생활(衣), 이중생활(二重), 일상생활(日常), 전원생활(田園), 정신생활(精神), 정착생활(定着), 주생활(住), 집단생활(集團), 철창생활(鐵窓;감옥살이), 학창생활(學窓), 혐기생활(嫌氣), 협동생활(協同).

다/하다, 생략법(法), 생략표(標)], 생력(省力;힘을 덞. 노동력을 줄임)[생력농업(農業), 생력투자(投資), 생력화(化)], 생례(省禮), 생문(省文), 생비(省費), 생식(省式), 생화(省畵), 생획(省劃); 감생(減省), 관생(冠省;인사말을 생략함), 파생(罷省) 들.

생(牲) '희생. 통째로 제사에 쓰는 소'를 뜻하는 말. ¶생독(牲犢;제물로 쓰는 송아지), 생뢰(牲牢), 생살(牲殺), 생폐(牲幣); 오생(五牲;제물로 쓰는 다섯 가지 짐승-사슴, 고라니, 본노루, 이리, 토끼), 특생(特牲), 헌생(獻牲), 희생(犧牲) 들.

생(眚) '잘못. 허물'을 뜻하는 말. ¶생재(眚災;과실이나 우연한 일로 허물을 저지름. 또는 그로 말미암아 생긴 재앙); 일생(一眚;작은 잘못. 한때의 잘못).

생(甥) '자매의 아들. 사위'를 뜻하는 말. ¶생질(甥姪)[생질녀(女), 생질부(婦), 생질서(壻)]; 구생(舅甥;외삼촌과 생질. 장인과 사위), 외생(外甥;사위가 장인에게 대한 자칭) 들.

생(笙) '생황(笙簧;아악에 쓰는 관악기의 한 가지)'을 뜻하는 말. ¶생고(笙鼓), 생황(笙簧); 호로생(葫蘆笙) 들.

생각 마음에 느끼는 의견. 사람의 머리에서 일어나는 정신 작용. 관념. 사상. 각오. 상상. 사려(思慮). ¶보수적인 생각. 좋은 방법을 생각하다. 생각건대(생각하건대), 생각나다, 생각하다/생각다, 생각다못해; 데생각[446]/하다, 되생각하다, 뒷생각, 딴생각, 뜬생각(헛되거나 들뜬 생각), 뭇생각(잡다하게 많은 생각), 속생각(마음속으로 가만히 헤아려 봄), 앞생각(앞으로 닥쳐올 일에 대한 생각), 어림생각[가상(假想)], 옥생각(옹졸한 생각. 그릇된 생각), 외쪽생각[447], 잡생각(雜), 토막생각(순간순간 떠오르는 짧은 생각), 풀쳐생각[448], 헛생각(헛되이 생각함). ☞ 념(念).

생게망게-하다 하는 짓이나 말이 갑작스럽고 터무니없다. ¶그는 결코 생게망게한 짓은 하지 않는다.

생글 ☞ 상그레.

생급-스럽다 ①하는 짓이 엉뚱하고 갑작스럽다. ¶가만히 앉아 있다가 생급스럽게 뛰어나갔다. ②하는 말이 터무니없다.=새삼스럽다. ¶생급스러이.

생기(다) ①전에는 없던 것이 새로 있게 되다.(≒나다. 나타나다. 일다.↔없어지다). 어떤 것이 자기의 소유가 되다. 어떤 일이 일어나다. ¶걱정거리가 생기다. 깜짝 놀랄 일이 생기다. 돈이 생기다. 탈이 생기다. 집에 가고 싶은 마음이 생기다. 생겨나다(나오다. 돋아나다). 생김새, 생김생김, 생김수(數;좋은 일이나 재물이 생길 운수); 데생기다[449], 못생기다, 잘생기다. ②어미 '-게'나 '-이/히. 처럼. 같이' 따위의 부사(어) 아래 쓰이어, '생김새가 어떠한 모양으로 되어 있다. 보이다. 어떤 지경에 이르다'의 뜻으로 쓰이는 말.[<삼기다. ¶예쁘게 생겼다. 동양적으로 생겼다. 산적처럼 생기다. 얼마나 맞았던지 죽게 생겼다.

생동¹ 아직 채굴하지 아니한 광맥(鑛脈).[←생(生)+동⁴].

생동² 본디의 기운이 그대로 남아 있어 생생한 모양. 〈큰〉싱둥¹. 〈센〉쌩동. ¶생동생동 활기가 느껴지다. 생동생동·싱둥싱둥·[450]쌩동쌩동/하다, 생동쌀, 생동찰, 생동팥.

생동³ 부끄럼을 타지 아니하고 뻔뻔하고 시큰둥한 모양. 〈큰〉싱둥²[451].

생때-같다 몸이 튼튼하고 아무 병이 없다.[←생(生)+대(나무)]. ¶생때같은 자식을 잃고 어떻게 살라는 말이냐? 생때같은 사람이 하루아침에 죽다니.

생뚱 장면이나 정황에 맞지 아니하게 새롭고 엉뚱한 모양. ¶생뚱 터무니없는 말만 한다. 안건과는 달리 생뚱 제기된 문제. 생뚱같다[452], 생뚱맞다, 생뚱스럽다, 생뚱하다(얼토당토않게 엉뚱하다).

생란 매운맛을 우려낸 다진 생강에 꿀을 넣어 조린 후에 대추만 하게 뭉쳐 조청과 잣가루를 묻힌 것.

생생이 노름판 등에서 속임수를 써서 남의 돈을 빼앗는 짓. ¶생생이판에 걸리다.

생이 새뱅잇과의 민물 새우. ¶생이 벼락 맞던 이야기를 한다(쓸데없는 잔소리. 까맣게 잊어버린 옛일을 새삼스럽게 이야기하다). 생이적(炙), 생이젓[토하(土蝦)], 생이지짐이.

생인 '생인손(손가락 끝에 종기가 나서 곪는 병)'의 준말.[←생(生)+앓(다)+ㄴ+손]. ¶생인발.

생재기 종이나 피륙 따위의 성한 곳.[←生(생)]. ¶생재기가 미다(생재기가 뚫어지거나 찢어져 구멍이 나다).

생채기 손톱 따위로 할퀴어 생긴 작은 상처. ¶생채기가 나다. 남의 얼굴에 생채기를 내다.

생청 시치미를 떼고 하는 억지나 떼. 앞뒤가 맞지 않는 말.=생떼. 모순(矛盾). ¶저렇게 생청붙이니, 말에 씨가 먹지 않는다. 생청스레 굴다. 생청붙이다(억지스럽게 모순되는 말을 하다), 생청스럽다

생화 먹고 살아가는 데 도움이 되는 벌이나 직업. 장사하는 일. ¶저 사람은 언제나 빈들거리는데 생화가 무엇인지 통 알 수가 없어. 생활이 쪼들리면 무슨 생화라도 해야지. 막노동을 생화로 삼다.

서¹ '혀[설(舌)]'가 변한 말. ¶섯밑(소의 혀 밑에 붙은 살코기); 쇠서(소의 혀), 쇠서받침 들.

---

446) 데생각: 찬찬히 규모 있게 하지 아니하고 얼치기로 어설프게 하는 생각. ¶이번 일을 데생각하면 큰코다친다.

447) 외쪽생각: 상대방 속은 알지 못하고 한쪽에서만 하는 생각.

448) 풀쳐생각: 맺혔던 생각을 풀어버리고 스스로 위로함. ¶풀쳐생각하다.

449) 데생기다: 생김새나 됨됨이가 덜 이루어져 못나게 생기다. ¶날씨가 좋지 않아 감자알이 자잘하고 데생긴 것뿐이다.

450) 싱둥하다¹: 싱싱하고 생기가 있다. 생동생동·싱둥싱둥하다, 싱둥겅둥하다. ¶싱둥한 배추.

451) 싱둥²: ①말이나 행동이 부끄러움을 타지 않고 뻔뻔하고 싱겁게 하는 모양. ¶남자들과 싱둥싱둥 노는 꼴을 보고 싶지 않구나. 싱둥하다². ②멋없이 싱겁게 구는 모양. ¶너는 왜 나만 유독 싱둥싱둥 대하느냐.

452) 생뚱같다: 말이나 하는 짓이 앞뒤가 맞지 아니하고 엉뚱하다. ¶무슨 생뚱같은 말이냐?

서[2] ①혼자, 둘이, 셋이, 넷이'처럼 사람의 수를 나타내는 체언에 붙어, '해당 인원으로'의 뜻을 나타내는 주격 조사. ¶둘이서 청소를 하다. 혼자서 산다. ②어미 '-고'에 붙어 쓰여, 까닭이나 시간의 선후 관계를 분명하게 나타내는 보조사. ¶돈을 벌고서 쓸 생각을 해라. ③부사격/주격 조사 '에서'의 준말. ¶여기서 저기까지. 부산서 왔습니다. 서-나, 서-나마, 서-는, 서-도, 서-라도, 설랑[453], 서-만, 서-밖에, 서-커녕; 치고-서(는/도/야). ④어조를 고르게 하기 위하여 부사 '이어'에 덧붙인 보조사. ¶이어서.

서(書) '글 · 책. 글씨, 문서 · 편지. 글씨를 쓰다'를 뜻하는 말. ¶서가(書架), 서가(書家), 서각(書閣), 서간(書簡)[서간문(文), 서간집(集), 서간체(體)], 서경(書痙), 서경(書經), 서계(書契), 서계(書啓), 서고(書庫), 서공(書工), 서관(書館), 서권(書卷), 서궤(書几), 서궤(書櫃), 서기(書記)[서기관(官), 서기국(局), 서기장(長); 상임서기(常任)], 서당(書堂)[독서당(獨)], 서도(書刀), 서도(書道), 서도(書圖), 서독(書牘), 서동(書童), 서두(書頭), 서등(書燈), 서례(書例), 서록(書錄), 서론(書論), 서루(書樓), 서류(書類)[454], 서리(書吏), 서림(書林), 서면(書面)[455], 서명(書名), 서목(書目), 서법(書法), 서벽(書癖;글쓰기를 좋아하는 성벽), 서부진언(書不盡言), 서사(書士)[행정서사(行政)], 서사(書史), 서사(書司), 서사(書舍), 서사(書師;붓글씨에 능한 사람), 서사(書寫;글씨를 베껴 씀), 서사(書辭;편지의 글), 서사(書肆), 서산/대(書算), 서상학(書相學), 서생(書生)[서생문학(文學;습작시기의 작품); 백면서생(白面;글만 읽고 세상 물정에 어두운 사람)], 서소(書疏), 서수(書手), 서숙(書塾;글방), 서식(書式), 서신(書信), 서실(書室), 서안(書案), 서역(書役), 서연(書筵), 서예/가(書藝/家), 서옥(書屋;글방), 서외(書外), 서원(書院)[사액서원(賜額)], 서원(書員), 서음(書淫), 서의(書意), 서장(書狀), 서재(書齋), 서적(書籍)[서적상(商); 고서적(古), 교양서적(敎養), 신서적(新), 전문서적(專門)], 서전(書典), 서전(書傳), 서점(書店), 서죄(書罪), 서중(書中), 서증(書證), 서증(書贈), 서지(書旨), 서지(書誌), 서진(書鎭), 서질(書帙), 서찰(書札), 서창(書窓), 서책(書冊), 서척(書尺), 서첨(書籤), 서첩(書帖), 서체(書體), 서축(書軸), 서치(書癡), 서쾌(書儈), 서통(書通), 서통(書筒), 서판(書板), 서평(書評), 서포(書鋪), 서폭(書幅), 서표(書標), 서풍(書風), 서피(書皮), 서하(書下), 서한(書翰), 서함(書函), 서화(書畵)[서화가(家), 서화상(商), 서화첩(帖), 서화포(鋪)]; 가서(家書), 각서(覺書), 간서(簡書), 간서(刊書), 간서(看書), 간서(簡書), 감정서(鑑定書), 강서(講書), 개서(改書)[명의개서(名義)], 개서(開書), 개론서(概論書), 개설서(概說書), 건의서(建議書), 검안서(檢案書), 격서(檄書), 견적서(見積書), 결산서(決算書), 경서(經書), 계산서(計算書), 계약서(契約書), 계획서(計劃書), 고서(古書), 고서(高書;남의 편지나 저서), 공문서(公文書), 공탁서(供託書), 교과서(敎科書), 교서(校書), 교서(敎書), 고지서(告知書), 괘서(掛書), 구서(口書), 구서(具書), 구서(購書), 국서(國書), 군서(軍書), 군서(群書), 궁서체(宮書體), 권서(拳書), 권서(勸書), 권리서(權利書), 귀서(貴書), 금서(禁書), 급서(急書), 기문벽서(奇文僻書), 기서(奇書), 기서(寄書), 낙서(落書), 내서(內書), 내서(來書), 농서(農書), 능서(能書), 단서(丹書), 단서(但書), 답변서(答辯書), 답서(答書), 답신서(答申書), 대서(大書), 대서(代書)[대서사(士), 대서소(所), 대서업(業), 대서인(人)], 도서(圖書), 독서(讀書), 두서(頭書), 명령서(命令書), 명세서(明細書), 모서(母書), 모서(謀書), 몰서(沒書), 문서(文書)[공문서(公)/공서(公書), 공용문서(公用), 비밀문서(秘密)], 밀서(密書), 반서(返書), 방서(方書), 방서(芳書), 배서(背書)[배서금지(禁止), 배서인(人)], 백서(白書)[456], 범서(凡書), 범서(梵書), 법률서(法律書), 법서(法書), 벽서(僻書), 벽서(壁書), 병서(兵書), 병서(竝書), 보고서(報告書), 보증서(保證書), 복명서(復命書), 복음서(福音書), 본서(本書), 봉교서(奉敎書), 봉서(封書), 부서(父書), 부서(付書), 부서(附書), 부서(符書), 부서(副書), 부서(簿書), 부벽서(付壁書), 분서(焚書), 분서갱유(焚書坑儒), 불사서(佛家書)/불서(佛書), 비서(秘書), 비백서(飛白書), 사서(史書), 사서(司書), 사서(四書), 사서(私書), 사서(寫書), 사서(沙書), 사서(辭書), 사령서(辭令書), 사문서(私文書), 사유서(事由書), 사직서(辭職書), 산서(算書), 상서(上書), 상게서(上揭書), 상서(上書), 상주서(上奏書), 새서(璽書), 서서(筮書), 서서(誓書), 서약서(誓約書), 선서(善書), 선언서(宣言書), 설계서(設計書), 설명서(說明書), 성명서(聲明書), 성서(聖書), 세서(細書), 소개서(紹介書), 속서(俗書), 송서(誦書), 쇄서(曬書), 수서(手書), 수서(殳書), 술서(術書), 승낙서(承諾書), 시말서(始末書), 시방서(示方書;순서를 적은 문서), 시서(詩書), 시주서(施主書), 신서(信書), 신서(新書), 신청서(申請書), 악서(惡書), 악서(樂書), 안내서(案內書), 안서(雁書), 애독서(愛讀書), 애서광(愛書狂), 약정서(約定書), 양서(良書), 양서(洋書), 어서(御書), 언서(諺書), 역서(易書), 역서(曆書), 역서(譯書), 연서(連書), 연서(戀書), 염서(艶書), 엽서(葉書), 영서(令書), 예산서(豫算書), 예서(禮書), 예서(隸書), 오서(誤書), 오지서(五指書), 옥서(玉書), 외서(外書), 외서(猥書), 요서(妖書), 우서(羽書), 우서(郵書), 원서(爰書), 원서(原書), 원서(願書), 위서(僞書), 유서(遺書), 유서(諭書), 유서(類書), 육서(六書), 율서(律書), 음서(淫書), 의서(醫書), 의견서(意見書), 의정서(議定書), 이력서(履歷書), 이서(異書), 이서(裏書), 인용서(引用書), 인증서(認證書), 일서(逸書), 입문서(入門書), 자백서(自白書), 자서(字書), 자서(自書), 자술서(自述書), 자습서(自習書), 잡서(雜書), 장서(長書), 장서(藏書), 저서(著書), 전게서(前揭書), 전도서(傳道書), 전말서(顚末書), 전서(全書), 전서(前書), 전서(傳書), 전서(塡書), 전서(篆書), 전서(戰書), 전서(轉書), 점서(占書), 정서(正書), 정서(淨書), 정서(精書), 제서(題書;題字), 제안서(提案書), 조서(弔書), 조서(詔書), 조서(調書), 조충서(鳥蟲書), 존서(尊書), 종서(縱書), 좌서(左書), 주문서(注文書), 주서(朱書), 중서(重書), 증명서(證明書), 증서(證書), 지도서(指導書), 지두서(指頭書), 지원서(志願

453) 설랑: 조사 '서'에 'ㄹ랑'이 겹친 보조사. ¶여기설랑 담배를 피우지 마시오. 설랑은.

454) 서류(書類): 사무에 관한 어떤 내용을 적은 문서. ¶서류를 작성하다. 서류를 정리하다. 서류꽂이, 서류뭉치, 서류장(欌), 서류철(綴), 서류함(函): 민원서류(民願), 부속서류(附屬), 부수서류(附隨), 비밀서류(秘密), 선적서류(船積), 소송서류(訴訟), 송달서류(送達), 업무용서류(業務用), 증빙서류(證憑), 첨부서류(添附;붙임).

455) 서면(書面): 글씨를 쓴 지면. 서류(書類). ¶서면으로 제출하다. 서면결의(決議), 서면계약(契約), 서면답변(答辯), 서면보고(報告), 서면심리(心理), 서면위임(委任), 서면주의(主義), 서면투표제(投票制); 준비서면(準備).

456) 백서(白書): 정부가 정치 · 외교 · 경제에 관한 실정(實情)이나 시책을 발표하는 보고서. ¶국방(國防) 백서, 교육 백서(敎育).

書), 지침서(指針書), 진단서(診斷書), 진서(珍書), 진서(眞書), 진술서(陳述書), 진정서(陳情書), 질문서(質問書), 참고서(參考書), 참서(讖書), 참위서(讖緯書), 책서(冊書), 첨서(添書), 첩서(捷書), 첩서(疊書), 청구서(請求書), 청서(青書), 청서(淸書), 청취서(聽取書), 초서(草書), 총서(叢書), 충서(蟲書), 칙서(勅書), 친서(親書), 칠서(七書), 칠서(漆書), 타서(他書), 탄원서(歎願書), 통고서(通告書), 통지서(通知書), 투서(投書), 판서(板書), 판서(判書;벼슬 이름), 판결서(判決書), 편서(便書), 평서(平書;平信), 폭서(曝書), 표서(表書), 품의서(稟議書), 필지어서(筆之於書), 하서(下書), 하서(賀書), 학습서(學習書), 합의서(合意書), 항서(降書), 항의서(抗議書), 해서(楷書), 행서(行書), 향서(鄕書), 헌서(獻書), 혈서(血書), 협서(挾書), 협서(夾書;글줄과 글줄 사이에 글을 적음), 혜서(惠書), 혼서(婚書), 확인서(確認書), 황서(黃書), 회서(回書), 횡서(橫書), 희구서(稀觀書;후세에 전하는 것이 매우 드믄 책), 희서(稀書) 들.

서(西) 서녘. 서양(西洋).↔동(東). ¶서로 가다. 서경(西經), 서광(西光), 서교(西郊), 서교(西敎), 서구(西歐), 서궐(西闕), 서기(西紀), 서남(西南), 서녘, 서단(西端), 서도(西道), 서래(西來), 서력(西曆), 서로(西路), 서류(西流), 서마구리, 서면(西面), 서문(西門), 서반(西班), 서방(西方)[457], 서변(西邊), 서부(西部), 서북(西北), 서빙고(西氷庫), 서산(西山), 서속(西俗), 서안(西岸), 서양(西洋)[458], 서유(西遊), 서유럽, 서융(西戎), 서인(西人), 서점(西漸), 서정(西征), 서정(西庭), 서진(西進), 서쪽, 서창(西窓), 서천(西天), 서철(西哲), 서촌(西村), 서켠, 서토(西土), 서편(西便), 서편(西偏), 서풍(西風), 서학(西學), 서해(西海), 서행(西行), 서향(西向), 서협문(西夾門); 관서(關西), 남서(南西), 동서(東西)[동서고금(古今), 동서남북(南北), 동서맥(脈) 등], 동정서벌(東征西伐), 북서(北西), 영서(嶺西), 정남(正南), 정서(正西), 태서(泰西;서양), 편서풍(偏西風), 향서(向西), 호서(湖西) 들.

서(庶) ①'여러·일반적인·온갖. 거의. 벼슬이 없는 사람'을 뜻하는 말. ¶서기(庶幾;거의)[서기지망(庶幾之望)], 서로(庶老), 서료(庶僚), 서류(庶類;보통의 종류), 서무(庶務;일반적이고 잡다한 사무), 서물(庶物), 서민(庶民)[459], 서신(庶神), 서인(庶人), 서정(庶政), 서정쇄신(庶政刷新); 사서(士庶), 신서(臣庶), 중서(衆庶). ② 아버지의 첩이나 본처 아닌 몸에서 난 사람임을 나타내는 말.↔적(嫡). ¶서가(庶家), 서계(庶系), 서남(庶男), 서녀(庶女), 서누이, 서동생, 서류(庶流;서자의 계통), 서모(庶母), 서삼촌(三寸), 서생(庶生;첩의 소생), 서손(庶孫;서자의 아들), 서숙(庶叔), 서아들, 서얼(庶孼), 서인(庶人), 서자(庶子), 서자녀(子女), 서제(庶弟), 서조모(祖母), 서족(庶族), 서출(庶出), 서파(庶派), 서형(庶兄); 사서(士庶), 적서(嫡庶), 중서(中庶), 지서(支庶) 들.

서(鼠) '쥐. 다람쥐'를 뜻하는 말. ¶서간충비(鼠肝蟲臂), 서교증(鼠咬症), 서독증(鼠毒症), 서리/피(鼠李/皮;갈매나무/열매), 서목태(鼠目太;쥐눈이콩), 서배(鼠輩), 서색(鼠色), 서생원(鼠生員;쥐), 서수필(鼠鬚筆), 서적(鼠賊;좀도둑), 서절(鼠竊), 서절구투(鼠竊狗偸;좀도둑), 서축(鼠縮), 서파(鼠破), 서피(鼠皮), 서혜(鼠蹊;두 다리가 갈라지는 곳. 샅)[서혜관(管), 서혜부(部), 서혜선(腺)]; 구서(驅鼠), 궁서(窮鼠), 백서(白鼠), 분서(鼢鼠), 비서(飛鼠;박쥐), 사서(社鼠), 사서(麝鼠;사향뒤쥐), 석서(鼫鼠), 수서(水鼠), 야서(野鼠;들쥐), 유서(鼬鼠;족제비), 적서(赤鼠), 전서(田鼠;두더지), 청서(靑鼠;날다람쥐), 초서(貂鼠;노랑가슴담비), 측서(厠鼠;뒷간의 쥐라는 뜻으로, 지위를 얻지 못한 사람), 호서배(狐鼠輩) 들.

서(序) '차례·순서. 실마리. 처음'을 뜻하는 말. ¶서곡(序曲), 서기발(序記跋), 서두(序頭), 서론(序論), 서막(序幕), 서문(序文), 서발(序跋), 서사(序詞), 서설(序說), 서수(序數), 서수사(序數詞), 서승(序陞), 서시(序詩), 서악(序樂), 서언(序言), 서열(序列;일정한 순서)[서열화(化); 논공서열(論功), 연공서열(年功), 항해서열(航海)], 서제(序題), 서주(序奏), 서차(序次), 서치(序齒), 서품(序品); 계서(繼序), 공서양속(公序良俗), 과서(果序), 대서(代序), 부서(賦序), 사서(四序), 세서(歲序), 소서(小序), 순서(順序), 시서(時序), 엽서(葉序), 윤서(倫序), 자서(自序), 절서(節序), 질서(秩序), 차서(次序;次例), 층서학(層序學), 치서(齒序), 화서(花序;꽃차례), 후서(後序) 들.

서(暑) '덥다·더위. 여름철'을 뜻하는 말. ¶서감(暑感), 서고(暑苦), 서곽(暑癨), 서기(暑氣), 서독(暑毒), 서리(暑痢), 서설(暑泄), 서열(暑熱), 서염(暑炎), 서우(暑雨), 서월(暑月), 서위(暑威), 서절(暑節), 서중(暑中), 서증(暑症), 서천(暑天), 서체(暑滯), 서퇴(暑退), 서하(暑夏), 서학(暑瘧), 서한(暑寒), ; 구서(九暑), 극서(極/劇暑), 내서(耐暑), 대서(大暑), 맹서(猛暑), 박서(薄暑), 병풍상서(病風傷暑;세파에 시달림), 복서(伏暑), 성서(盛暑), 소서(小暑), 소서(消暑), 염서(炎暑), 융서(隆暑), 잔서(殘暑), 중서(中暑), 처서(處暑), 척서(滌暑), 퇴서(退暑), 폭서(暴暑), 피서(避暑), 한서(寒暑), 향서(向暑), 혹서(酷暑) 들.

서(敍) '펴다·펼치다. 베풀다. 진술하다'를 뜻하는 말. ¶서경(敍景)[서경문(文), 서경시(詩)], 서법(敍法), 서사(敍事)[460], 서사(敍賜), 서설(敍說;차례대로 설명함), 서술(敍述;어떤 사실을 차례를 좇아 말하거나 적음)[서술격(格), 서술어(語), 서술절(節), 서술형(形/型)], 서용(敍用), 서위(敍位), 서임(敍任), 서작(敍爵), 서창(敍唱), 서척(敍戚)[461], 서품(敍品), 서회(敍/舒懷), 서훈(敍勳); 가서(加敍;계급이 오름), 기서결(起敍結), 단서법(斷敍法), 승서(陞敍), 약서(略敍), 음서(蔭敍), 자서/전(自敍/傳), 직서(直敍), 창서(暢敍), 추서/하다/되다(追敍), 평서(平敍), 평서문(平敍文) 들.

서(署) ①'임명하다. 관할하다. 마을·관청'을 뜻하는 말. ¶서에 출두하다. 서경(署經), 서리(署理), 서원(署員), 서장(署長); 경찰서(警察署), 공서(公署), 관서(官署), 관공서(官公署), 본서(本署), 부

457) 서방(西方): 서방국가(國家), 서방극락(極樂), 서방세계(世界), 서방정토(淨土), 서방주(主), 서방측(側).

458) 서양(西洋): 서양사(史), 서양식(式), 서양적(的), 서양철학(哲學), 서양풍(風), 서양화(畵).

459) 서민(庶民): 일반 국민. ¶서민계급(階級), 서민금융(金融), 서민문학(文學), 서민적(的), 서민층(層).

460) 서사(敍事): 사건이나 사실 따위를 있는 그대로 적는 일. ¶서사극(劇), 서사무가(巫歌), 서사문(文), 서사문학(文學), 서사민요(民謠), 서사시/적(詩/的), 서사연극(演劇), 서사장르, 서사적(的), 서사체(體).

461) 서척(敍戚): 후대에 오면서 멀어진 딴 성의 겨레붙이끼리 척분(戚分) 관계를 서로 말하는 일.

서(部署), 부서(副署), 분서(分署), 세무서(稅務署), 소방서(消防署), 영림서(營林署), 지서(支署). ②'쓰다'를 뜻하는 말. ¶서명(署名)[462], 서압(署押); 대서(代署), 도서(圖署), 사서(私署), 수서(手署), 연서(連署), 친서(親署), 화서(花署) 들.

서(緖) '실마리. 첫머리'를 뜻하는 말. ¶서론(緖論), 서언(緖言), 서전(緖戰); 단서(端緖:일의 시초. 어떤 일의 실마리), 두서(頭緖:일의 차례나 갈피), 만서(萬緖), 사서(思緖), 승서(承緖), 식서(飾緖:피륙의 올이 풀리지 아니하게 짠 가장자리 부분), 유서(由緖), 유서(遺緖), 정서/적(情緖/的), 제서(臍緖:탯줄), 천서만단(千緖萬端), 통서(統緖) 들.

서(瑞) '상서롭다. 조짐'을 뜻하는 말. ¶서광(瑞光), 서기(瑞氣), 서몽(瑞夢), 서물(瑞物), 서상(瑞相), 서색(瑞色), 서설(瑞雪), 서성(瑞星), 서세(瑞世), 서우(瑞雨), 서운(瑞運), 서운(瑞雲), 서응(瑞應), 서조(瑞兆), 서화(瑞花:雪); 경서(慶瑞), 길서(吉瑞), 상서/롭다(祥瑞), 영서(靈瑞), 징서(徵瑞), 천서(天瑞) 들.

서(壻/婿) '사위'를 뜻하는 말. ¶서랑(壻郎), 서양자(壻養子:사위를 양자로 삼음. 또는 그러한 양자); 가서(家壻), 국서(國婿), 동서(同壻)[동서간(間); 맏동서], 부서(夫壻:남편), 생질서(甥姪壻), 손서(孫壻), 애서(愛壻), 여서(女壻), 영서(令婿), 예서(豫壻:데릴사위), 옹서(翁壻), 증손서(曾孫壻), 질서(姪壻), 초서(招婿), 췌서(贅壻), 쾌서(快胥), 택서(擇壻) 들.

서(棲) '깃들이다'를 뜻하는 말. ¶서설(棲屑:떠돌아다님), 서숙(棲宿), 서식(棲息:동물이 깃들여 삶), 서혈(棲穴); 공서(共棲), 군서(群棲), 동서(同棲), 분서(分棲), 수서/동물(水棲/動物), 쌍서(雙棲), 암서(巖棲:巖居), 양서(兩棲), 양서류(兩棲類), 육서/동물(陸棲/動物), 은서(隱棲) 들.

서(恕) '어질다. 용서하다'를 뜻하는 말. ¶서량(恕諒), 서면(恕免), 서용(恕容), 서유(恕宥), 서죄(恕罪); 관서(寬恕), 용서(容恕), 원서(原恕), 유서(宥恕), 인서(仁恕), 참서(參恕), 충서(忠恕) 들.

서(誓) '맹세하다'를 뜻하는 말. ¶서문(誓文), 서사(誓詞), 서서(誓書), 서약(誓約:맹세하고 약속함)[서약문(文), 서약서(書)], 서언(誓言), 서원(誓願), 서의(誓意), 서장(誓狀); 기서(起誓), 맹서(盟誓), 법서(法誓), 선서(宣誓), 해서산맹(海誓山盟:굳은 맹세) 들.

서(黍) '기장'을 뜻하는 말. ¶서곡(黍穀), 서리지탄(黍離之嘆), 서면(黍麪), 서속(黍粟), 서직(黍稷); 나서(糯黍), 적서(赤黍), 촉서(蜀黍:수수), 화서(禾黍), 흑서(黑黍:옻기장) 들.

서(逝) '가다. 돌아가다(죽다)'를 뜻하는 말. ¶서거(逝去:別世), 서세(逝世), 서자(逝者); 급서(急逝), 영서(永逝), 요서(夭逝), 장서(長逝), 졸서(卒逝), 훙서(薨逝) 들.

서(絮) '풀솜. 장황하다'를 뜻하는 말. ¶서설(絮說:지루하게 이야기함), 서어(絮語:너절하게 긴 말), 서화(絮花:목화꽃; 비서(飛絮), 유서(柳絮:버들개지), 풍서(風絮) 들.

462) 서명(署名): 서명날인(捺印), 서명대리(代理), 서명운동(運動), 서명인(人), 서명자(者), 서명하다; 무서명(無), 연대서명(連帶).

서(胥) 어조(語調)를 고르게 하는 말. ¶서동부언(胥動浮言:유언비어를 퍼뜨리어 인심을 소란하게 함), 화서지몽(華胥之夢:낮잠).

서(薯) '마과의 여러해살이 덩굴풀의 열매(참마)'를 뜻하는 말. ¶서시(薯豉:감자로 담근 된장), 서여(薯蕷); 마령서(馬鈴薯:감자).

서(鋤) '호미. 김을 매다'를 뜻하는 말. ¶서골(鋤骨:척추동물의 콧마루를 이루는 한 개의 뼈), 서려(鋤犁:호미와 쟁기), 서발(鋤拔:김을 맴) 들.

서(犀) '무소(코뿔소)'를 뜻하는 말. ¶서각(犀角), 서대(犀帶), 서띠, 서리(犀利), 서피(犀皮); 호서(瓠犀:박의 속과 씨) 들.

서(抒) '펴다'를 뜻하는 말. ¶서정(抒情)[서정문(文), 서정미(味), 서정민요(民謠), 서정성(性), 서정적(的)[서정적자아(自我)], 서정시(詩)].

서(徐) '천천히'를 뜻하는 말. ¶서맥(徐脈), 서보(徐步), 서서히(徐徐), 서완(徐緩), 서행(徐行); 완서(緩徐) 들.

서(舒) '펴다. 펼치다'를 뜻하는 말. ¶서창(舒暢), 서회(舒懷); 진서(振舒); 평심서기(平心舒氣) 들.

서(筮) '점대로 점을 치다'를 뜻하는 말. ¶서복(筮卜); 괘서(挂筮), 복서(卜筮), 서서(筮書), 점서(占筮) 들.

서(曙) '새벽'을 뜻하는 말. ¶서광(瑞光), 서색(曙色), 서운(曙雲), 서천(曙天); 불서(拂曙) 들.

서(嶼) '섬(작은 섬)'을 뜻하는 말. ¶도서(島嶼), 암서(巖嶼:바위로 이루어진 섬), 주서(洲嶼) 들.

서(墅) '논밭의 수확물을 넣어 두는 집(농막). 별장'을 뜻하는 말. ¶서비(墅扉:농막의 사립문); 별서(別墅), 산서(山墅) 들.

서(噬) '씹다(깨물다. 뜯어먹다)'를 뜻하는 말. ¶서제막급(噬臍莫及); 반서(反噬), 확서(攫噬:움켜다가 뜯어 먹음) 들.

서겁(다) 마음에 섭섭한 느낌이 있다. 쓸쓸하다. ¶떠나는 친구가 서겁다. 가을이라 마음이 서겁다. 서거프다(서거운 느낌이 있다).

서귀(다) ①물건을 서로 바꾸다. ¶책을 서귀어 읽다. ②의견이나 방향을 서로 달리하다. ¶자리를 서귀어 잡다.

서까래 마룻대에서 도리 또는 도리 또는 보에 걸치어 지른 나무. 그 위에 산자를 얹음.[<섯가래←혀/셔+ㅅ+가래]. 연목(椽木). 〈준〉서. ¶서까랫감 아끼다가 용마루 썩히다. 서까랫감, 서까래받이, 서까래편수; 덧서까래, 막서까래(대강 다듬은 서까래), 며느리서까래[부연(附/婦椽)], 못서까래/못서(네모진 서까래), 밀짚서까래(몹시 가늘고 짧은 서까래), 삿갓서까래, 선자서까래(扇子), 치장서까래(治粧). ☞ 연(椽).

서껀 ①'여럿 중에 섞여 있음. 함께'를 나타내는 보조사. ¶마당에는 창윤이, 동규서껀 놀고 있었다. 동생서껀 함께 왔다. ②여럿을 나란히 벌려놓음.≒과/와. ¶동물원에는 곰서껀, 범서껀, 사자서껀 많은 짐승들이 있더라.[←섞(다)+어+ㄴ].

서나서나 조금씩 서서히.=시나브로. ¶땅거미가 서나서나 온 누리

ㅅ

를 덮는다. 설악산 단풍이 서나서나 붉게 타 오른다.

서낙-하다 장난이 심하고 하는 짓이 극성맞다.≒극성스럽다(極盛). 〈준〉선하다'. ¶서낙했던 어린이도 자라면 아주 의젓한 어른이 될 수 있다. 네 애비는 어렸을 때 무척이나 서낙했단다. 아이가 서낙히 까불다. 서낙히.

서낭 한 마을의 터를 지켜주는 신이 붙어 있다는 나무.[〈성황(城隍)]. ¶서낭에 가서 빌다. 서낭굿, 서낭기(旗), 서낭단(壇), 서낭당(堂;신을 모신 집), 서낭대, 서낭상(床), 서낭신(神)/서낭, 서낭제(祭).

서늘-하다 날씨 또는 어떤 공간의 온도가 꽤 찬 느낌이 있다.(↔덥다). 사람의 성격이나 태도 따위가 차가운 데가 있다. 눈 따위가 시원스런 느낌이 있다. 갑자기 놀라거나 무서워 찬 기운이 느껴지다. 〈작〉사늘하다. 〈센〉써늘·싸늘하다. ¶바람이 서늘하다. 불을 때지 않아 방 안이 서늘하다. 말씨가 사늘하다. 사늘한 표정. 간담(肝膽)이 서늘하다. 사느래지다(사느렇게 되다), 사느·싸느랗다, 서느·써느렇다, 사늘쩍하다, 서느럽다, 서느러이, 서늘맞이[납량(納凉)], 서늘바람(첫가을에 부는 사늘한 바람), 서늘지다(서늘하게 되다), 서늘히; 시서늘하다[463], 살랑[464]·쌀랑·설렁·썰렁하다.

서(다) 바닥에서 위를 향하여 곧은 상태에 있다(↔앉다. 눕다). 멈추다(↔가다). 칼날 같은 것이 날카롭게 되다. 나타나거나 생기다. 어떤 구실을 맡아서 하다. ¶길을 가다가 서다. 빌딩이 서다. 칼날이 서다. 위신이 서다. 말에 논리가 서다. 뱃속에 아이가 서다. 보증을 서다. 서돌다(서서 돌아치다), 서성[465], 선걸음[466], 선굿(서서하는 무당의 굿), 선단(두루마기의 앞섶이나 치마폭에 세로로 댄 단), 선대, 선돌, 선바람[467]/쐬다, 선바위, 선발[468], 선방아(한 자리에서 앉았다 일어섰다 하는 동작), 선변(邊;빌려 쓴 돈에 대하여 다달이 갚는 변리.↔누운변), 선비(서서 쓸게 된 비), 선샘[469], 선소리(한 사람이 서서 먼저 메기면 여러 사람이 따라서 부르는 노래.↔앉은소리), 선술집[470], 선외(楔), 선일(서서 하는 일.↔앉은일), 선자귀(서서 나무를 깎는데 쓰는 자귀), 선절(서서 하는 절), 선줄(세로로 박혀 있는 광맥), 선키(↔앉은키), 선헤엄, 설-[←서(다)+ㄹ][471], 섰다[472], 세우다[473](↔부수다. 쓰러뜨리다), 세운알[건옥(建玉)], 세워총(銃); 가로서다[474], 갈라서다/세우다, 갈서다[475], 갈아서다/세우다, 건너서다, 기대서다, 곤두서다/세우다, 나서다, 날서다/세우다, 내려서다, 넵떠서다, 넘어서다, 늘어서다, 다가서다/세우다, 대서다[476], 도서다'[,²477], 돌라·둘러서다(여럿이 둥글게 서다), 돌려세우다(방향이나 생각을 바꾸게 하다), 돌아서다, 뒤서거니, 뒤서다(남의 뒤를 따르다. 남보다 뒤떨어지다), 들어서다, 따라서다/세우다, 따로서다, 막서다[478], 막아서다, 맞서다, 모서다(날카롭게 모가 생기다), 몰려서다(한군데로 모여 서다), 못서다(세로로 죽 열을 지어 늘어서다. 모로 서다), 무춤서다[479], 문설주(門-柱), 물구나무서다/서기, 물러서다, 번서다(番;번들다), 벋서다[480], 벌서다/세우다(罰), 보서다(保;보증서다), 붙어세우다(사람을 따돌리다), 비켜서다, 빕더서다[481], 빗더서다/빗서다(방향을 조금 틀어서 서다), 쌍심지서다(雙心), 앞서, 앞서가다, 앞서거니, 앞서다/세우다, 앞서서, 엇서다/세우다, 영서다(令;약령이 서다), 올라서다, 외어서다[482], 위서다, 일떠서다/세우다, 일어서다, 일어서다, 장서다(場), 추켜세우다, 치세우다, 홀로서다. ☞ 입(立).

서답 빨래. 생리대(生理帶;개짐).

서대 ①소의 앞다리에 붙은 고기. ②서대. 서대기(참서댓과의 바닷물고기).

서덜 ①돌이나 자갈이 많이 깔린 냇가·강가나 바닷가. ¶서덜을 지나 한참 내려가니 모래톱이 나타났다. 서덜길/서더릿길, 서덜밭; 돌서덜. §돌이 많이 흩어져 있는 비탈은 '너덜/겅'이라 하고, 바위가 삐죽삐죽 내민 험한 너덜은 '너설'이라고 한다. ②생선의 살을 발라내고 난 나머지의 뼈·대가리·껍질을 통틀어 이르는 말. ¶서덜탕(湯).

서돌 집 짓는 데 쓰이는 중요한 목재인 서까래·도리·보·기둥 따위

---

463) 시서늘하다: 음식 따위가 식어서 차다.=시서느렇다. ¶음식은 익혀서 바로 먹어야 제 맛이지 시서늘해지면 맛이 없게 마련이다. 살아서 처음으로 시서늘한 외로움을 느꼈다.

464) 살랑하다: ①날씨가 조금 차가운 듯하다. 추운 듯하다. ¶불을 안 때니 방 안이 살랑하다. ②갑자기 놀라, 가슴속에 찬바람이 도는 것 같다. 텅 빈 듯이 휑뎅그렁하다. ¶가슴이 살랑하다. 〈큰〉설렁하다. 〈센〉쌀랑하다. 썰렁하다.

465) 서성: 어떤 일을 결단하지 못하거나 불안하여 한곳에 서 있지 못하고 왔다갔다하는 모양.[←서(다)+엉]. ¶서성서성 왔다갔다하다. 서성서성, 서성거리다/대다/이다.

466) 선걸음: 이미 내디뎌 걷고 있는 그대로의 걸음. 이왕 내디딘 걸음. ¶선걸음에 다녀오다.

467) 선바람: 지금 차리고 나선 그대로의 차림새. ¶선바람쐬다(낯선 지방의 바람을 쏘이다. 곧 낯선 지방으로 돌아다니다.

468) 선발: 집 안에서 종일 일하느라고 서서 돌아다니는 발. ¶선발로(서서 있는 상태로).

469) 선샘: 장마철에 땅 속으로 스며들었던 빗물이 되솟아 나오는 샘.

470) 선술집: 선채로 술을 마시게 된 간단한 술집.

471) 설-: ¶설꼭지(질그릇 따위의 넓죽한 꼭지), 설대, 설망(網), 설망낚시, 설망추(網錘), 설외(楔), 설자리(응당 차지해야 할 자리), 설주(柱), 설통발/설통(筒); 문설주(門-柱).

472) 섰다: 화투장을 두 장씩 나누어 가지고 끗수를 겨루는 노름의 한 가지.

473) 세우다[←서(다)+ㅣ+우+다]: 갈아세우다, 곤두세우다, 곧추세우다, 날세우다, 내세우다, 닦아세우다(휼닦아 꼼짝 못하게 하다), 덧세우다, 되세우다, 들여세우다, 들이세우다, 몰아세우다, 붙어세우다(사람을 따돌리다), 앞세우다, 엇세우다, 일떠세우다, 추켜세우다, 치세우다.

474) 가로서다: ①가로 방향으로 나란히 서다. ②몹시 놀라거나 화가 나서 눈동자가 한쪽으로 쏠리다.

475) 갈서다: ①둘 이상의 사람이 나란히 서다.[←갈(나란히)+서다]. ¶사람들이 좁은 등산로를 갈서서 올라간다. ②세 사람이 어떤 점을 기준으로 하여 삼각의 위치에 마주 서다.

476) 대서다: ①줄을 잇대어 서거나 바싹 가까이 서다. ②대들어서 항거하다. ¶뉘 앞이라고 함부로 대서는 거냐.

477) 도서다': ①오가던 길에서 돌아서다. ②바람이 방향을 바꾸다. ③해산할 때 태아가 자위를 떠서 돌다. ④해산 뒤 젖이 나기 시작하다. ¶젖이 도서다.
도서다²: 마마의 고름이 꺼덕꺼덕하여지다.

478) 막서다: 어려워함이 없이 함부로 대들다. ¶조그만 녀석이 버릇없이 어른에게 막서려고 한다.

479) 무춤서다: 놀라거나 열없어서 문득 서다.

480) 벋서다: 버티어 맞서서 겨루다. 〈센〉뻗서다. ¶부모에게 벋서지 마라.

481) 빕더서다: ①약속을 어기고 돌아서다. ②비켜서다. ¶옆으로 빕더서서 눈치만 보고 있다.

482) 외어서다: ①길을 비키어 서다. ②방향을 다른 쪽으로 바꾸어 서다.

를 두루 일컫는 말.

서두르(다) 일을 급히 해치우려고 바삐 움직이다. 어떤 일을 예정보다 앞당겨 처리하려고 하다. 〈준〉서둘다. ¶일손을 바삐 서두르다. 출발을 서두르다. 서둘러 일을 하다. 너무 서둘지 마라. 서두리[483]; 일서두르다(일찍 서두르다).

서듦 돌이 많이 쌓여 있는 곳. 서드리(=너덜경;돌이 많이 깔린 비탈). ¶청서듦(靑;푸른 돌이 많이 쌓여 있는 곳).

서떰벌-하다 마음을 다잡지 못하고 들떠 있다. ¶여행을 떠날 생각에 서떰벌하다.

서랍 책상·장롱·경대 따위에 달린, 빼었다 끼웠다 하는 뚜껑 없는 상자. 빼다지.[←설합(舌盒)]. ¶서랍식밥솥(式); 담뱃서랍/담배합(盒) 들.

서렁 나무가 우거지거나 쓰러지고 돌이 쌓여 얽혀 다니기 힘든 곳. ¶서렁이 가로 놓인 산길.

서로 ①상대되는 두 쪽의 상대. ¶서로를 아끼다. ②어떤 관계를 이루는 둘 이상의 대상 사이에서 각기 그 상대에 대하여 경쟁적으로.=각자. ¶일을 서로 밀다. 서로 먼저 가려고 했다. 그들은 서로 자기가 이기리라고 생각했다. ③다 같이.=함께. ¶사람과 개가 서로 사귄 역사는 꽤 오래다. 그들은 서로 돈을 모아 수재 의연금을 냈다. ④둘을 비교하면. ¶서로 비슷하다. ⑤차례로. 번갈아. ¶그들은 자전거 한 대를 가지고 서로 한 시간씩 탔다. 서로서로, 서로끔(서로서로 저마다), 서로소(素), 서로치기(같은 일을 서로 바꾸어 하여 주기). ☞ 상(相). 호(互).

서름-하다 남과 가깝지 못하여 사이가 좀 서먹하다. 사물에 익숙하지 못하다. ¶서름서름하다(서먹서먹하다). ☞ 설다.

서릊(다) ①좋지 못한 것을 쓸어 없애다.[〈설엊다〈설겆다]. ¶설거지/하다. ②그대로 두지 않고 뒤섞어 버릊어 놓거나 헤쳐 놓다. ¶멍석 위에 넌 낟알을 서릊어 놓았다.

서리 여럿이 주인 몰래 남의 물건을 훔치어 먹는 장난. ¶서리를 하다/ 맞다. 서리꾼, 서리하다(훔치다); 닭서리, 수박서리, 참외서리, 첫서리, 콩서리 들.

서리(다)¹ ①수증기가 찬 기운을 받아 물방울을 지어 엉기다. ¶유리창에 김이 서려 물방울이 흘러내린다. 서리[484]; 감서리다(무엇에 칭칭 감듯이 잔뜩 끼다). ②어떤 기운이 어리어 나타나다. ¶얼굴에는 분노가 서리다. 국화 향기 서린 뜰. ③어떤 생각이 마음속 깊이 자리 잡아 간직되어 어리어 나타나다. ¶한이 서리다. 가슴에 서리는 한. 서리서리 얽힌 원한. 그리움이 가득 서린 눈망울.

서리(다)² 어떤 가느다란 것이 한 곳에 많이 얼크러지다. 뱀 따위가 몸을 똬리처럼 감다. ¶거미줄이 서리다. 서리담다(동그랗게 포개어 감아서 담다); 서리서리/하다. ☞ 사리¹.

서머-하다 미안하여 볼 낯(면목)이 없다. ¶시간도 없고 서머하기도 해서 나는 그 모임에 가지 않겠네. 서머서머하다(매우 서머하다).

서먹 낯이 설거나 스스러워 어색한 느낌.=서름. ¶첫 대면이라 서먹서먹 낯설다. 서먹임(서먹거리는 태도), 서먹하다(익숙하지 아니하여 어색하다. 낯설다), 서먹서먹/하다.

서무(날) 음력 열이틀과 스무이레의 썰물과 밀물.=서물.

서방 남편. 관직이 없는 사람을 부를 때, 성 밑에 붙이는 말. §'서방(書/西房)'은 빌린 한자음. ¶서방님, 서방덤[485], 서방맞이, 서방질(화냥질)/하다; 개구멍서방(남몰래 드나들며 남편 행세를 하는 남자), 기둥서방, 깎은새서방, 단거리서방(單;노는계집이 가장 마음에 두고 있는 단 한 사람의 남자), 된서방(몹시 까다롭고 가혹한 남편), 무당서방(무당의 남편), 새서방(신랑), 샛서방[간부(間夫)], 전서방(前), 후서방(後)[후부(後夫)]; 김/이/박 서방 들.

서슬¹ 쇠붙이 연장이나 유리 조각 따위의 날카로운 부분. 강하고 날카로운 기세. ¶서슬이 서다. 식칼의 서슬. 미친 듯이 대드는 서슬에 겁을 먹고 달아났다. 서슬이 시퍼렇다(권세나 기세가 등등하다). 서슬이 푸르다. 서슬스럽다(기세가 등등하고 세차다), 서슬차다(날카로운 기세가 있다).

서슬² =간수(水;소금이 습기에 녹아 저절로 흐르는 물). ¶서슬내(간수에서 나는 냄새).

서슴(다) 결단을 내리지 못하고 언행을 머뭇거리며 망설이다. ¶서슴지 말고 네 생각을 말해 보아라. 서슴없는 태도로 말하다. 서슴(머뭇거리거나 망설임), 서슴거리다/대다, 서슴서슴[486]/하다, 서슴없다/없이(망설임이나 거침이 없이).

서어-하다 [←저어(齟齬;어긋남)]. ①의견이 맞지 아니하여 서먹하다. ¶서어한 사이. ②서름서름하여 탐탁하지 못하다. ¶무과 출신인데 어찌 무예에 서어하리오.

서운-하다 마음에 모자라 섭섭함을 느끼다.≒섭섭하다③. 아쉽다. 허전하다. ¶그가 한 말이 몹시 서운하다. 서운한 느낌이 들다. 너무 서운히 생각지 말게. 서운감(感).

---

483) 서두리: 일을 거들어 주는 사람. 또는 그러한 일. ¶서두리꾼[중매인(仲買人)].

484) 서리: 공기 중의 수증기가 얼어 지표면 또는 그 가까운 물체들에 하얗게 엉겨 붙는 가루 모양의 얼음. 심한 피해나 타격을 비유함. ¶서리를 맞다. 서릿가을(늦가을), 서리기둥(서릿발), 서릿김(서리가 내린 찬 기운), 서리꽃(서리무늬), 서릿바람(서리 내린 아침의 쌀쌀한 바람), 서릿발, 서리병아리(힘이 없고 추레한 사람), 서리아침, 서리유리(젖빛이 나는 반투명 유리), 서릿점[상점(霜點)], 서리죽다(힘을 잃고 풀이 죽다), 서리차다(서리가 내려 몹시 차다), 서리추위, 서리태(서리를 맞은 뒤에야 거두는 검정콩), 서리털(서리가 내린 듯 하얗게 센 털), 서리피해(被害), 서리학(學); 결정서리(結晶), 끝서리, 늦서리, 된서리, 떼서리(아주 심하게 내리는 서리), 마감서리(봄철에 가장 늦게 내리는 서리), 몸서리(몹시 싫증이 나거나 무섭거나 하여 몸이 떨리는 일)/나다/치다, 무서리, 올서리, 찬서리, 첫서리, 흰서리(늙어서 하얗게 센 머리카락을 비유적으로 이르는 말). ☞ 상(霜).

485) 서방덤: 자반, 고등어 따위의 배때기에 끼워 넣는 덤으로, 꽤 큰 것을 이르는 말.

486) 서슴: 말이나 행동을 딱 잘라 결정하지 못하고 머뭇거리는 모양. ¶서슴서슴 말하다. 크고 작은 일에 서슴서슴 망설이기만 하는 것은 그의 성격이 우유부단한 탓이다.

ㅅ

서울 한 나라의 중앙 정부가 있는 곳. 우리나라의 수도. ¶모로 가도 서울만 가면 된다. 서울까투리(수줍어하는 기색이 없는 사람), 서울깍쟁이, 서울내기, 서울뜨기, 서울말. ☞ 경(京).

서천 목수의 품삯. ¶서천이 하루에 십 만원이다.

서캐 이[슬(蝨)]의 알. ¶서캐 훑듯 한다(하나도 빠뜨리지 않고 샅샅이 조사하다). 서캐조롱[487], 서캐훑이(참빗).

서털 언행이 침착하거나 단정하지 못하여 어설프고 서투른 모양. ¶서털서털한 덜렁꾼. 갈피를 잡을 수 없게 서털서털 지껄인다. 서털서털/하다, 서털구털/하다.

서투르(다) 일에 익숙하지 못하여 다루기가 설다. 낯이 익지 않아서 어색하고 서먹하다. 앞뒤를 재지 못하고 섣부르다. 〈준〉서툴다.↔능숙하다. 익숙하다. ¶바느질 솜씨가 서투르다. 서투른 분위기. 서투른 무당이 장구만 나무란다(능력이 부족한 사람이 자신의 능력은 모르고 도구만 나무란다). 일이 서툴러서 탈이다. 서툴리(서투르게).

서풀 어떤 환경에서 조성된 날카로운 기세나 분위기. ¶회원들이 들고 일어나는 서풀에 회장은 자기가 한 발언을 취소하였다.

석(石)¹ '돌. 암석. 쓸모가 없는. 굳은 · 단단한'을 뜻하는 말. ¶석가(石瘕), 석가산(石假山), 석각(石角), 석각/화(石刻/畫), 석간(石間)[석간수(水), 석간송(松)], 석간/수(石澗/水), 석감(石龕)[488], 석감(石鹼;비누), 석감청(石紺青), 석갱(石坑), 석검(石劍), 석경(石經), 석경(石磬), 석경(石鏡), 석계(石階), 석고(石膏)[489], 석공/업(石工/業), 석곽/분(石槨/墳), 석관(石棺), 석광(石鑛), 석괴(石塊), 석교(石交), 석교(石橋), 석구(石臼), 석굴(石窟), 석궁(石弓), 석궐(石闕), 석귀(石龜), 석기(石基), 석기(石器)[490], 석녀(石女), 석노(石砮), 석단(石段), 석단(石壇), 석대(石臺), 석도(石刀), 석두(石頭), 석등(石燈), 석란(石欄), 석란(石蘭), 석랍(石蠟), 석력(石礫), 석리(石理;암석의 겉모습), 석림(石淋/痳), 석마(石磨), 석면(石綿)[491], 석묵(石墨), 석문(石文), 석문(石門), 석문(石紋), 석물(石物), 석밀(石蜜), 석반(石盤), 석벌[蜂], 석벽(石壁), 석보(石堡), 석부(石斧), 석부(石趺), 석부(石部), 석분(石糞), 석분(石粉), 석불(石佛), 석비(石碑), 석비레[492], 석빙고(石氷庫), 석산(石山), 석상(石床), 석상(石像), 석선(石船), 석성(石聖), 석세포(石細胞), 석수(石手), 석수(石獸), 석성(石城), 석순(石筍), 석신(石神), 석실/분(石室/墳), 석안(石案), 석약(石藥), 석양(石羊), 석어(石魚;조기), 석역(石役), 석연(石硯), 석염(石鹽), 석영(石英)[석영유리; 장미석영(薔薇)], 석영(石癭), 석유(石油), 석인(石人), 석장승, 석재(石材), 석저(石疽), 석전(石田), 석전(石殿), 석전(石戰), 석정(石井), 석정(石鼎), 석제(石梯;섬돌), 석조(石槽), 석조/전(石造/殿), 석조(石彫), 석종유(石鐘乳), 석주(石柱), 석지(石地), 석지(石池;함지 모양의 돌그릇), 석질(石質), 석창(石槍), 석천(石泉), 석청(石淸), 석촉(石鏃), 석총(石塚;돌무덤), 석축(石築), 석탄(石炭)[493], 석탑(石塔), 석탑(石搭), 석탑(石榻), 석태(石苔;돌김), 석태(石胎), 석투(石投), 석판/석(石板/石), 석판(石版)[494], 석편(石片), 석폐(石肺), 석필(石筆)[석필석(石)], 석함(石函), 석핵석기(石核石器), 석혈(石穴), 석호(石虎), 석혹[(石癭)], 석화(石火)[전광석화(電光); 석화광음(光陰)], 석화(石花;굴조개), 석화작용(石化作用), 석회(石灰)[495]; 가첨석(加檐石), 각석(角石), 각석(刻石), 각섬석(角閃石), 간석(竿石), 간지석(間知石), 감람석(橄欖石), 갑석[496], 강옥석(鋼玉石), 개석(蓋石), 거석(巨石), 걸방석[497], 결석(結石), 경계석(境界石), 경석(輕石), 경석(磬石), 계관석(鷄冠石), 계단석(階段席), 계석(界石), 계체석(階砌石;무덤 앞의 층겟돌), 고령석(高靈石)[498], 고석(古石), 고석(鼓石), 고석/매(蠱石;속돌/로 만든 매), 고려석(高麗石), 공작석(孔雀石), 관석(罐石;관물때), 광석(鑛石), 괴석(塊石), 괴석(怪石), 국화석(菊花石), 귀석(貴石), 규석(硅石), 규선석(硅線石), 규조석(硅藻石), 규회석(硅灰石), 금석(金石), 금강석(金剛石), 기단석(基壇石), 기석(奇石), 기석(棋/碁石), 낙석(落石), 남섬석(藍閃石), 남정석(藍晶石), 납석(蠟石), 노감석(爐甘石), 노석(鹵石), 녹니석(綠泥石), 녹렴석(綠簾石), 녹연석(綠鉛石), 녹옥석(綠玉石), 녹주석(綠柱石), 농대석(籠臺石), 뇌석(雷石), 능철석(菱鐵石), 단계석(端溪石), 단백석(蛋白石), 담석(膽石)[담석증(症), 담석통(痛)], 대석(臺石;받침돌), 대리석(大理石), 대자석(代赭石), 대중석(臺中石), 덮개석, 동석(凍石), 동자석(童子石), 등황석(橙黃石), 마석(磨石), 마간석(馬肝石), 마제석(馬蹄石), 망두석(望頭石), 망부석(望夫石)[499], 망주석(望柱石), 맥석(脈石), 맥반석(麥飯石), 명반석(明礬石), 모나즈석(monaz石), 모조석(模造石), 목석(木石), 목엽석(木葉石), 묘석(墓石), 묘안석(猫眼石), 무석(無石), 무관석(武官石), 무늬석, 무명석(無名石), 무우석(無隅石), 무인석(武人石), 문인석(文人石), 미석(美石), 박석(薄石), 반석(盤/磐石), 발파석(發破石), 방해석(方解石), 백류석(白榴石), 벽석(壁石), 병풍석

---

487) 서캐조롱: 서캐처럼 아주 작은 조롱.↔말조롱.

488) 석감(石龕): 돌로 만든, 불상을 봉안하는 감실(龕室;사당 안에 신주를 모셔두는 장).

489) 석고(石膏): 황산칼슘의 이수화물(二水化物)로 이루어진 석회질 광물. 열을 가하여 소석고(燒石膏)를 만들어 도자기 제조용 원형으로 쓰거나 분필, 조각, 시멘트 따위의 재료로 씀. ¶석고끌, 석고모델(model), 석고보드(board), 석고본뜨기(本), 석고붕대(繃帶), 석고상(像), 석고천(泉), 석고판(板), 석고형(型;석고모델).

490) 석기(石器): 석기시대(時代); 간석기, 구석기(舊), 뗀석기, 마제석기(磨製;간석기), 박편석기(剝片), 석핵석기(石核), 세석기(細), 신석기(新), 원석기(原), 잔석기, 타제석기(打製)/타석기(打).

491) 석면(石綿): 석면도기(陶器), 석면복(服), 석면사(絲), 석면슬레이트(slate), 석면판(板), 석면펠트(felt).

492) 석비레: 돌이 풍화되어 생긴 흙. 푸석돌이 많이 섞인 흙. ¶벼랑 밑에 쌓인 석비레.

493) 석탄(石炭): 석탄가스(gas), 석탄갱(坑), 석탄건류(乾溜), 석탄계(系), 석탄고(庫), 석탄광(鑛), 석탄기(紀), 석탄산(酸)[석탄산수(水), 석탄산액(液)], 석탄액화(液化), 석탄재, 석탄층(層).

494) 석판(石版): 석판석(石), 석판술(術), 석판인쇄(印刷), 석판전사지(轉寫紙), 석판화(畫).

495) 석회(石灰): 석회가마, 석회각(殼), 석회동(洞), 석회동굴(洞窟), 석회분(分), 석회비료(肥料), 석회산호(珊瑚), 석회석(石), 석회암(巖), 석회유(乳), 석회정(穽), 석회질(質), 석회질소(窒素), 석회층(層), 석회토(土), 석회화(華); 과인산석회(過燐酸), 생석회(生), 소석회(消), 초산석회(醋酸), 탄산석회(炭酸), 탄화석회(炭化), 풍화석회(風化).

496) 갑석(石): 돌 위에 포개어 올려놓는 납작한 돌.

497) 걸방석: 무덤의 상석(床石) 뒤를 괴는 긴 돌.

498) 고령석(高靈石): 무속 신앙의 대상이 되는, 신령이 내린 바위.

499) 망부석(望夫石): 정조를 굳게 지키던 아내가 멀리 떠난 남편을 기다리다 그대로 죽어 화석이 되었다는 전설적인 돌.

(屛風石), 보석(步石), 보석(寶石), 부석(斧石;돌도끼), 부석(浮石;거품돌), 북석[500], 분석(分石), 분석(糞石), 분석구(噴石丘), 비상석(砒霜石), 비석(沸石), 비석(碑石), 비석(砒石), 빙정석(氷晶石), 빙주석(氷柱石;돌고드름), 빙주석(氷州石), 빙퇴석(氷堆石), 사석(死石), 사석(沙石), 사석(捨石), 사괴석(四塊石), 사금석(沙金石), 사대석(莎臺石), 사문석(蛇紋石), 사암석(砂巖石), 산석(山石). 삼릉석(三稜石), 상석(床石), 상석(象石), 생석(生石), 석석(錫石), 석류석(石榴石), 석반석(石盤石), 석판석(石板石), 석판석(石版石), 석필석(石筆石), 석회석(石灰石), 선단석(扇單石;홍예문 등의 맨 밑을 괴는 코고 모난 돌), 성석(成石), 성석(聖石), 세석(細石), 소석(小石), 쇄석(碎石), 수마석(水磨石), 수석(水石), 수석(壽石), 수석(燧石;부싯돌), 수포석(水泡石), 숙석(熟石;인공으로 다듬은 돌), 시금석(試金石), 시석(矢石), 아관석(鵝管石), 아연철석(亞鉛鐵石), 암석(巖石), 애석(艾石;쑥돌), 약석(藥石), 약석지언(藥石之言), 양기석(陽起石), 양석(羊石), 양마석(羊馬石), 어안석(魚眼石), 역석(礫石;자갈), 역청석(瀝青石), 연석(硯石), 연석(緣石), 오석(烏石), 옥개석(屋蓋石), 옥석(玉石), 옥신석(屋身石), 옥적석(玉滴石), 와석(瓦石), 요석(尿石), 용석(熔/鎔石), 운석(隕石)[석질운석(石質), 석철운석(石鐵], 원석(原石), 월석(月石), 응회석(凝灰石), 이석(耳石), 이주석(螭柱石;짐승을 새긴 돌기둥), 인석(人石), 인조석(人造石), 인회석(燐灰石), 입석(立石;선돌), 자석(紫石), 자석(磁石), 자석(赭石), 자연석(自然石), 잡석(雜石), 장군석(將軍石;武石人), 장대석(長臺石), 장석(長石), 장석(張石), 장석(腸石), 적심석(積心石), 전석(磚石;벽돌), 전석(轉石), 전기석(電氣石), 전자석(電磁石), 점석(苫席;상제가 있는 거적자리), 정석(定石), 정원석(庭園石), 조분석(鳥糞石), 종유석(鐘乳石;돌고드름), 주사석(朱砂石), 주석(柱石), 주석(酒石), 주석석(朱錫石), 주자석(朱子石), 죽석(竹石), 준석(樽石), 중석(重石;텅스텐), 지남석(指南石), 지대석(址臺石), 지석(支石;받침돌), 지석(砥石;숫돌), 지석(誌石), 직섬석(直閃石), 차일석(遮日石), 찬석(鑽石;금강석), 채석(採石), 천석(泉石), 천석고황(泉石膏肓), 천연석(天然石), 철광석(鐵鑛石), 철석(鐵石; 쇠와 돌. 굳고 단단함), 첨계석(檐階石), 청강석(青剛石), 청석(青石), 초석(硝石;질산칼륨), 초석(礁石), 초석(礎石), 층석(層石), 치석(治石), 치석(齒石), 침석(砧石;다듬잇돌), 타산지석(他山之石), 탄생석(誕生石), 탐석(探石), 탑신석(塔身石), 태석(苔石), 토석(土石), 토주석(吐酒石), 퇴석(堆石), 투석(投石), 파석(破石), 패석(貝石), 폐석(廢石), 포도석(葡萄石), 포석(布石), 포석(鋪石), 표석(表石), 표석(漂石), 표석(標石), 품계석(品階石), 품석(品石), 필석/류(筆石/類), 하마석(下馬石;노둣돌), 하박석(下薄石), 하석상대(下石上臺), 한수석(寒水石), 할률석(割栗石), 해록석(海綠石), 해석(海石;속돌), 해포석(海泡石), 해화석(海花石), 향로석(香爐石), 향안석(香案石), 현정석(玄精石), 형석(螢石), 호석(虎石), 호석(虎石), 호반석(虎斑石), 호안석(虎眼石), 혼유석(魂遊石), 홍렴석(紅簾石), 홍예석(虹霓石), 홍주석(紅柱石), 화금석(火金石), 화반석(花斑石), 화석(火石;부싯돌), 화석(化石)[501], 화예석(花蕊石), 화유석(花乳石), 환석(丸石;파도에 갈려 둥글고 매끄럽게 된 돌), 활석(滑石), 황석(黃石), 황옥석(黃玉石), 회석(灰石), 휘석(輝石), 흑요석(黑曜石), 흑자석(黑赭石), 흑석(黑石) 들.

석(石)[2] =섬. ¶공양미 300석. 계석(計石), 공석(空石), 대석(對石), 만석꾼(萬石); 매석(每石), 불완석(不完石), 작석(作石;곡식을 한 섬씩 만듦), 전석(全石) 들.

석(席) ①'자리. 자리를 깔다. 돗자리'를 뜻하는 말. ¶석고대죄(席藁待罪), 석권하다(席卷/捲;이기다. 휩쓸다), 석권지세(席卷之勢), 석말(席末), 석모(席帽), 석상(席上), 석상(席床), 석불가난(席不暇暖), 석상휘호(席上揮毫), 석순(席順), 석자(席子;돗자리), 석장(席長), 석차(席次;자리의 차례), 석화(席畫); 가족석(家族席), 강석(講席), 객석(客席), 결석(缺席), 경로석(敬老席), 계단석(階段席), 공석(公席), 공석(空席), 공청석(公廳席), 관객석(觀客席), 관람석(觀覽席), 관전석(觀戰席), 관중석(觀衆席), 교배석(交拜席), 궐석(闕席), 귀빈석(貴賓席), 그늘석, 금연석(禁煙席), 내빈석(來賓席), 내야석(內野席), 노약석(老弱席), 단석(單席), 당석(當席), 대석(貸席), 대석(對席), 동석(同席), 등석(藤席), 로얄석, 만화석(滿花席), 말석(末席), 맹석(盲席;무늬 없는 돗자리), 발코니석(balcony席), 방석(方席)[502], 방청석(傍聽席), 배석(拜席), 배석(陪席), 법석(法席), 별석(別席), 별문석(別紋席), 병석(病席), 보조석(補助席), 보통석(普通), 보호석(保護席), 본부석(本部席), 부인석(婦人席), 사석(私席), 사석(射席), 상석(上席), 상등석(上等席), 세석(細席;올이 가는 돗자리), 수석(首席), 수석(繡席), 습석(襲席), 승석(昇席), 심사석(審査席), 심판석(審判席), 안석(安席), 안석(案席), 연회석(宴會席)/연석(宴席), 연석(連席), 연석(筵席), 연사석(演士席), 연주석(演奏席), 연회석(宴會席), 열석(列席), 열람석(閱覽席), 예석(禮席), 예약석(豫約席), 옥과석(玉果席), 와석(臥席), 완의석(完議席), 외야석(外野席), 용문석(龍紋席), 용수석(龍鬚席;골풀로 결어 만든 돗자리), 운전석(運轉席), 원고석(原告席), 원의석(圓議席), 응원석(應援席), 의석(議席), 인석(茵席), 일반석(一般席), 임석(臨席), 임검석(臨檢席), 임관석(臨官席), 입석(立席), 장석(丈席), 장석(長席), 장보석(長步席), 재석(在席), 정석(定席), 정석(鼎席), 제석(祭席), 조수석(助手席), 조종석(操縱席), 좌석(座/坐席), 좌불안석(坐不安席), 주석(主席), 주석(酒席), 죽석(竹席), 중계석(中繼席), 즉석(卽席)[즉석식품(食品), 즉석연설(演說)], 증인석(證人席), 지정석(指定席), 직석(直席;卽席), 차석(次席), 차장석(車掌席), 착석(着席), 참석(參席), 채화석(彩畵席), 청중석(聽衆席), 초석(草席), 초대석(招待席), 출석(出席), 침불안석(寢不安席), 침석(枕席), 침석(寢席), 타석(他席), 타석(打席), 퇴석(退席), 특석(特席), 특별석(特別席), 포석(蒲席), 품석(品席), 풍석(風席;돗자리. 거적), 피석(避席), 피고석(被告席), 합석(合席), 행보석(行步席), 혼례석(婚禮

500) 북석(石): 무덤 앞의 상석(床石)을 괴는 북 모양의 둥근 돌.

501) 화석(化石): 화석식물(植物), 화석어류(魚類), 화석연료(燃料), 화석인류(人類), 화석학(學); 동물화석(動物), 목화석(木), 시준화석(示準), 식물화석(植物), 체화석(體;동물체의 전부나 일부를 지니고 있는 화석), 표준화석(標準).

502) 방석(方席): 밑이 배기거나 바닥이 찰 때 깔고 앉는 작은 자리. ¶방석을 깔고 앉다. 방석니, 방석덮개, 방석머리초(草;방성머리), 방석집(술집); 가시방석, 결방석, 꽃방석, 널방석, 도래방석, 돈방석, 두트레방석(짚으로 엮은 둥글고 두툼한 방석), 뒤트레방석(똬리처럼 새끼를 둘둘 감아서 만든 방석), 만화방석(滿花), 맷방석, 바늘방석, 부들방석, 송곳방석, 수방석(繡), 시룻방석, 왕골방석, 전방석(氈), 죽피방석(竹皮), 줄방석, 짚방석, 초방석(草), 털방석, 트레방석.

席), 화문석(花紋席;꽃자리), 회석(會席), 회의석(會議席), 흡연석(吸煙席). ②'자리'의 수를 나타내는 말. ¶500석이나 되는 강의실.

석(釋) 부처 앞에서 예불하는 일. '풀다. 풀리다. 벗다. 석가모니 · 불가(佛家)'를 뜻하는 말. ¶석가(釋迦;석가모니), 석갈(釋褐), 석갑(釋甲), 석교(釋敎), 석려(釋慮), 석로(釋老), 석명(釋名;제목의 뜻을 풀이함), 석명(釋明)[503], 석목탁(釋木鐸), 석문(釋文), 석문(釋門), 석방(釋放)[가석방(假)], 석범(釋梵), 석부(釋負;크고 무거운 책임을 면함), 석쇠[鐪], 석씨(釋氏;석가. 승려), 석언(釋言), 석연하다(釋然)[504], 석의(釋義;글의 뜻을 풀이함), 석자(釋子), 석전(釋典), 석전/제(釋奠/祭), 석존(釋尊), 석치다(절에서 아침저녁으로 예불할 때 종을 치다), 석탄일(釋誕日), 석하다(아침저녁으로 부처 앞에 예불을 드리다); 강석(講釋), 공석(孔釋;공자와 석가), 내림석(來臨釋), 도석(道釋), 변석(辨釋), 보석(保釋)[505], 빙석(氷釋), 신석(新釋), 융석(融釋), 자석(字釋), 자훈석(字訓釋), 주석(註/注釋), 통석(通釋), 평석(評釋), 해석(解釋), 회석(會釋), 희석(稀釋) 들.

석(夕) '저녁. 해질녘'을 뜻하는 말.↔조(朝). ¶석각(夕刻), 석간/지(夕刊/紙), 석강(夕講), 석경(夕景), 석곡(夕哭), 석려(夕麗), 석무(夕霧), 석반(夕飯), 석상식(夕上食), 석식(夕食), 석양(夕陽)[석양녘, 석양볕, 석양빛, 석양천(天)], 석연(夕煙), 석월(夕月), 석음(夕陰), 석일(夕日), 석전(夕奠), 석조(夕照), 석조(夕潮), 석찬(夕餐), 석하(夕霞), 석후(夕後), 석훈(夕曛), 석휘(夕暉); 금석(今夕), 단석(旦夕), 등석(燈夕), 명석(明夕), 목탁석(木鐸夕), 비조즉석(非朝卽夕), 승석(僧夕), 신석(晨夕), 원석(元夕;음력 정월 보름날 밤), 월석(月夕), 일석(一夕), 일석(日夕), 작석(昨夕), 제석(除夕), 조석(朝夕), 추석(秋夕), 칠석/날(七夕) 들.

석(惜) '아끼다. 아깝다 · 아까워하다. 가엾다'를 뜻하는 말. ¶석매(惜賣), 석민(惜愍/閔;애석하고 슬퍼함), 석별(惜別;애틋하게 이별함)[석별가(歌), 석별연(宴), 석별하다], 석복(惜福;검소하게 생활하여 복을 길이 누리도록 함), 석신명(惜身命), 석음(惜陰;시간을 아낌), 석춘(惜春), 석패(惜敗;아깝게 지는 일); 가석하다(可惜), 도석(悼惜), 만사무석(萬死無惜), 매석(賣惜;상품을 팔지 않으려고 하는 일), 매점매석(買占賣惜), 불석(不惜)[불석신명(身命), 불석천금(千金)], 애석(愛惜), 애석(哀惜), 연석(憐惜), 인석(吝惜), 차석(嗟惜), 통석하다(痛惜) 들.

석(碩) '크다. 높다'를 뜻하는 말. ¶석과불식(碩果不食), 석대하다(碩大;몸피가 굵고 크다), 석덕(碩德;높은 덕. 덕이 높은 중), 석량(碩量;큰 도량), 석로(碩老), 석망(碩望;크고 높은 명망), 석무하다(碩茂;크게 성하다), 석사(碩士), 석유(碩儒), 석인(碩人), 석재(碩才;뛰어난 재능), 석좌/교수(碩座/敎授), 석학(碩學) 들.

석(錫) ①금속 원소의 하나인 '주석(朱錫)'을 뜻하는 말. ¶석광(錫鑛), 석박(錫箔), 석석(錫石), 석혼식(錫婚式), 석화(錫花); 사석(沙錫), 주석(朱錫)[주석땜, 주석석(石), 주석쇠; 염화주석(鹽化)]. ②도사 · 승려의 지팡이. ¶석장(錫杖;중이 들고 다니는 지팡이); 순석(巡錫;중이 각지를 돌아다니며 수행 · 교도하는 일) 들.

석(昔) '옛날 · 옛적'을 뜻하는 말. ¶석년(昔年), 석시(昔時), 석인(昔人), 석일(昔日), 석자(昔者), 석현(昔賢;옛날의 현인); 고석(古昔), 금석(今昔), 숙석(夙昔), 숙석(宿昔), 숭석(崇昔), 왕석(往昔), 재석(在昔) 들.

석(析) '가르다. 쪼개다 · 풀다'를 뜻하는 말. ¶석출(析出;분리하거나 분석하여 냄); 개석(開析), 공석(共析), 변석(辯析), 부석(剖析), 분석(分析), 염석(鹽析), 정석(晶析), 투석(透析), 해석(解析) 들.

석(汐) '조수(潮水)'를 뜻하는 말. ¶석수(汐水;저녁때에 밀려왔다가 밀려가는 바닷물); 조석수(潮汐水;밀물과 썰물. 조수와 석수) 들.

석(腊) '포(말린 고기)'를 뜻하는 말. ¶석어(腊魚;자반), 석엽(腊葉;종이나 책갈피에 넣어서 말린 식물의 잎사귀 · 가지 등의 표본).

석(潟) '개펄. 소금밭'을 뜻하는 말. ¶석호(潟湖); 간석지(干潟地) 들.

석(炻) '오지그릇. 도자기'를 뜻하는 말. ¶석기(炻器).

석(晳) '밝다. 분명하다'를 뜻하는 말. ¶명석하다(明晳).

석(蜥) '도마뱀'을 뜻하는 말. ¶석척(蜥蜴;도마뱀).

석가 불교의 개조(開祖)인 '석가모니'의 준말.[←釋迦←SāKyamuni〈범〉]. ¶석가모니(釋迦牟尼), 석가모니불, 석가모니여래/석가여래(如來), 석가법(釋迦法), 석가삼존(三尊), 석가세존(世尊), 석가탑(塔), 석가탱화(幢畵), 석가행적(行蹟).

석(다) ①쌓인 눈이 속으로 녹다. ¶석삭다[506], 석얼음[507], 석이다(눈을 속으로 녹게 하다); 눈석임, 눈석임물/눈석이(눈이 녹아서 된 물). ②술 · 식혜 따위가 익을 때 괴는 물방울이 속으로 사라지다. ¶석이다(괴는 술을 가라앉히다), 석임(빚어 담근 술이나 식혜가 부글부글 괴면서 방울이 속으로 석음)/하다.

석다-치다 말에 재갈을 물리고 채찍으로 때리며 달리게 하다. ¶말을 석다치며 달려갔다.

석류(石榴) 석류나무의 열매. '석류 열매 모양을 한'을 뜻하는 말. ¶석류꽃, 석류나무, 석류동(단청에서, 석류 모양의 무늬), 석류문(紋), 석류석(石), 석류잠(簪), 석류풀, 석류피(皮).

석쇠 고기 따위를 굽는 기구. 적철(炙鐵).[←적쇠(炙)]. ¶석쇠구이, 석쇠무늬(격자 모양의 무늬).

석자 철사를 그물처럼 엮어서 바가지 모양을 만들어 긴 손잡이를 단 조리 기구. 튀김 따위를 건져내는데 쓰임.[〈섯쟈].

섞(다) 두 가지 이상이 한데 합치다.(≒혼합하다. 타다³). 어떤 말이나 행동에 다른 말이나 행동을 함께 나타내다. ¶흙과 모래를 섞다. 우스갯소리를 섞어 가며 흉내를 곧잘 낸다. 섞갈리다[508],

503) 석명(釋明;釋辯): 사실을 설명하여 내용을 밝힘. ¶석명권(權), 석명되다/하다, 석명의무(義務), 석명처분(處分).

504) 석연하다(釋然): 미심쩍거나 꺼림칙한 일들이 완전히 풀려 마음이 개운하다. ¶그의 말에는 아무래도 석연하지 못한 데가 있다. 석연히 풀리지 않는 마음.

505) 보석(保釋): 보석보증금(保證金)/보석금(金), 보석원(願); 병보석(病), 청구보석(請求), 필요적보석(必要的).

506) 석삭다: 속으로 녹으며 삭아 없어지다. ¶원한이 석삭았다.

507) 석얼음: ①물 위에 떠 있는 얼음. ②유리창 같은 데 붙어 있다가 녹는 얼음. ③수정 속에 보이는 잔 줄.

섞바꾸다/바뀌다(섞이다), 섞박지, 섞붙이기[교감(交感)], 섞사귀다(서로 어울려 사귀다), 섞사귐509), 섞어작으로(이렇게 저렇게 마구 섞어서), 섞어짓기/하다, 섞어찌개, 섞음쇠[합금(合金)], 섞이다, 섞임, 섯돌다(섞어 돌다. 마구 돌다), 섞흐름[교잡(交雜)], 서껀[←섞(다)+어+ㄴ]; 뒤섞다(물건을 한데 모아 마구 섞다)/섞이다, 얼섞다(한데 섞다. 한데 어울리게 하다)/섞이다, 엇섞다/섞이다 들.

섟[1] 물가에 배를 매어 두기 알맞은 곳.≒선창(船艙). ¶저물녘에 섟에 들어 닻을 내렸다.

섟[2] 서슬에 불끈 일어나는 감정. 기계 따위의 성능이나 성질. ¶말 한 마디에 섟이 풀리다. 섟 김에 주먹을 휘두르다. 섟이 삭다(불끈 일어났던 노여움 따위 감정이 풀어지다. 의심이 풀리다). 아이의 섟을 죽이지 마오.

섟[3] ①용언의 관형사형 아래에 조사 '에'와 함께 쓰이어 '그러하지 못할망정 도리어'의 뜻을 나타내는 말. ¶도와줄 섟에 이렇게 훼방을 놓다니! 잘못을 빌어야 할 섟에 큰 소리를 친다. ②처지. ¶자신의 섟을 모르고 까불다.

선:[1] ①사람의 됨됨이와, 마땅하고 마땅하지 아니함을 가려 보는 일. ¶결혼하기 위하여 선을 보다. 선보다/보이다/뵈다; 간선(看; 선을 봄), 맞선, 첫선(처음 세상에 내놓음). ②물건의 좋고 나쁨을 가려보는 일.

선[2] 옷이나 방석 따위의 가장자리에 덧대는 좁은 헝겊. §'선(縇;가선을 두르다)'은 우리나라에서 만든 한자. ¶선을 두르다. 선단, 선두르기, 선두름; 가선(옷 따위의 가장자리를 싸서 돌린 선. 쌍꺼풀이 진 눈시울의 주름진 금).

선(線) ①어떤 인물이나 단체와 맺고 있는 관계. ¶선을 대다. ②그어 놓은 줄이나 금. 일부 명사 뒤나 한자어 어근에 붙어 '줄의 재료나 상태 또는 기준이 되는 한도나 범위'의 뜻을 나타내는 말. ¶선을 긋다. 선이 굵다. 선간(線間), 선도(線圖), 선대칭(線對稱), 선도기(線度器), 선도표(線圖表), 선량(線量), 선로(線路)[선로공(工), 선로부설(敷設), 선로이탈(離脫)], 선륜(線輪), 선묘(線描), 선문(線紋), 선미(線美), 선밀도(線密度), 선번(線番), 선분(線分), 선상(線上), 선상(線狀), 선색(線索), 선스펙트럼(線spectrum), 선시력(線視力), 선심(線審), 선심판(線審判), 선조(線條), 선충류(線蟲類), 선팽창(線膨脹), 선향(線香), 선형(線形), 선화(線畫); 가공선(架空線), 가름선, 가상선(假想線), 가선(加線), 가선(架線), 간점선(間點線), 간조선(干潮線), 감마선, 강선(腔線), 강선(鋼線), 강철선(鋼鐵線), 건축선(建築線), 결승선(決勝線), 결합선(結合線:붙임줄), 경계선(境界線)[군사경계선(軍事)], 경계선(警戒線), 경도선(經度線)/경선(經線), 경비선(警備線), 계선(界線), 고압선(高壓線), 고조선(高潮線), 곡선(曲線), 공동선(共同線), 공중선(空中線:안테나), 괄선(括線), 광선(光線), 괘선(罫線), 구조선(構造線), 국경선(國境線), 굽은선, 권선(捲線), 규동선(硅銅線), 극선(極線), 금지선(禁止線), 급선전(給電線), 기선(基線), 기선(岐線), 기준선(基準線), 꺾은선, 나선(裸線), 나선(螺線), 나사선(螺絲線), 난선(亂線), 날짜변경선(變更線), 남위선(南緯線), 내분선(內分線), 내선(內線), 능선(稜線), 단선(單線), 단선(斷線), 대각선(對角線), 도선(導線), 도입선(導入線), 도전선(導電線), 도폭선(導爆線), 도화선(導火線), 동고선(同高線), 동력선(動力線), 동복각선(同伏角線), 동선(銅線), 동선(動線), 등선(등마루의 선), 등고선(等高線), 등방위각선(等方位角線), 등방위선(等方位線), 등변선(等變線), 등복각선(等伏角線), 등복선(等伏線), 등심선(等深線), 등암선(等巖線), 등압선(等壓線), 등어선(等語線), 등염분선(等鹽分), 등온선(等溫線), 등우량선(等雨量線), 등자력선(等磁力線), 등진선(等震線), 등치선(等値線), 등편각선(等偏角線), 마지노선(Maginot線), 만재흘수선(滿載吃水線), 만조선(滿潮線), 모선(母線), 묘유선(卯酉線), 무선(無線), 묵선(墨線), 방선(傍線), 방비선(防備線), 방사선(放射線), 방어선(防禦線), 방위선(方位線), 방위선(防衛線), 방화선(防火線), 배선(配線)[배선도(圖), 배선반(盤), 배선함(函)], 배전선(配電線), 백선(白線), 백열선(白熱線), 법선(法線), 베타선, 벽선(壁線), 보선(保線), 보초선(步哨線), 보호선(保護線), 복사선(輻射線), 복선(伏線), 복선(複線), 북위선(北緯線), 북회귀선(北回歸線), 분선(分線), 분계선(分界線), 분수선(分水線), 분자선(分子線), 불연속선(不連續線), 비상선(非常線), 사선(死線:죽을 고비), 사선(斜線:빗금), 사선(射線), 사선(蛇線:구불구불한 줄), 산릉선(山稜線), 산병선(散兵線), 삼팔선(三八線:북위 38도선), 상한선(上限線→下限線), 생명선(生命線), 설선(雪線), 세선(細線), 세계선(世界線), 송전선(送電線), 쇄선(鎖線), 쇄사선(鎖絲線), 수곡(垂曲線), 수렴선(收斂線), 수로선(水路線), 수저선(水底線) 수직선(垂直線)/수선(垂線), 수평선(水平線), 숨은선, 시선(視線), 시스선(sheath線), 시준선(視準線), 시초선(始初線), 실선(實線), 심해선(深海線), 쌍곡선(雙曲線), 알파선, 암선(暗線), 압력선(壓力線), 양극선(陽極線), 어깨선(어깨의 곡선), 에나멜선(enamel線), 엑스선(X線), 연속선(連續線), 연장선(延長線), 연직선(鉛直線), 연해선(沿海線), 열선(列線), 열선(裂線), 열선(熱線), 오선/지(五線/紙), 오색선(五色線), 외대선(外帶線:바깥줄), 외봉선(外縫線), 외선(外線), 요선(腰線), 우주선(宇宙線), 운명선(運命線), 월리스선(Wallace線), 위도선(緯度線)/위선(緯線), 유선(有線), 유선(流線), 음극선(陰極線), 이등분선(二等分線), 일선(一線),입선(入線), 자기력선(磁氣力線), 자력선(磁力線), 자오선(子午線), 자외선(紫外線), 자폐선(自閉線), 작용선(作用線), 장선(長線), 장선(腸線), 저압선(低壓線), 저조선(低潮線), 저지선(沮止線), 저항선(抵抗線), 적외선(赤外線), 전선(前線)510), 전선(電線), 전선(戰線), 전기선(電氣線), 전기력선(電氣力線), 전등선(電燈線), 전력선(電力線), 전압선(電壓線), 전열선(電熱線), 전자선(電子線), 전투선(戰鬪線), 전화선(電話線), 절선(折線), 절연선(絶緣線), 절취선(截取線), 점선(點線), 점근선(漸近線), 접선(接線), 접지선(接地線), 정선(汀線), 정중선(正中線), 제일선(第一線), 종선(縱線), 주사선(走査線), 주위선(周圍線), 준선(準線), 줄점선(點線), 중선(中線), 중심선(中心線), 중앙선(中央線), 지력선(指力線), 지시선(指示線), 지중선(地中線), 지평선(地

508) 섞갈리다: 갈피를 잡기 어렵도록 한데 뒤섞이다.≒헷갈리다. ¶이야기가 / 정신이/ 기억이 섞갈리다.

509) 섞사귐: 지위나 처지가 다른 사람끼리 사귀는 일.

510) 전선(前線): 온난전선(溫暖), 장마전선, 적도전선(赤道), 정체전선(停滯), 한대전선(寒帶), 한랭전선(寒冷).

ㅅ

平線), 지하선(地下線), 점선(點線), 준선(準線), 직선(直線)[511], 차선(車線), 철선(鐵線), 철책선(鐵柵線), 촉선(觸線), 출발선(出發線), 측선(側線;옆줄), 측지선(測地線), 침선(針線;바늘과 실. 바느질), 켤레선, 타선(打線), 탄소선(炭素線), 탈선(脫線), 투사선(投射線), 투영선(投影線), 파선(波線), 파선(破線), 파단선(破斷線), 평행선(平行線), 포물선(拋物線), 포위선(包圍線), 폭포선(瀑布線), 피복선(被覆線), 하지선(夏至線), 하한선(下限線), 한계선(限界線), 할선(割線), 합선(合線), 항설선(恒雪線), 해안선(海岸線), 현선(絃線), 현수선(懸垂線), 호선(弧線), 혼선(混線), 화선(火線), 화학선(化學線;紫外線), 회귀선(回歸線)[남회귀선(南), 북회귀선(北)], 회선(回線), 횡선(橫線), 휘선(輝線), 휴전선(休戰線), 흑선(黑線), 흘수선(吃水線), 흡수선(吸收線). ③노선(路線). 철도'를 뜻하는 말. ¶선로(線路); 가은선(加恩線), 간선(幹線), 강경선(江景線), 개천선(价川線), 경부선(京釜線), 경북선(慶北線), 경원선(京元線), 경의선(京義線), 경인선(京仁線), 경전선(慶全線), 경춘선(京春線), 계중대선(計重臺線), 고한선(古汗線), 관선(官線), 광궤선(廣軌線), 괴동선(槐東線), 교외선(郊外線), 구내선(構內線), 국내선(國內線), 국제선(國際線), 군산선(群山線), 길회선(吉會線), 남포선(藍浦線), 노선/도(路線/圖), 능의선(陵議線), 다사도선(多獅島線), 단선(單線), 단풍선(端豊線), 대구선(大邱線), 대피선(待避線), 도문선(圖們線), 동해남부선(東海南部線), 동해북부선(東海北部線), 동해중부선(東海中部線), 루프선(loop線), 만포선(滿浦線), 망우선(忘憂線), 무산선(茂山線), 묵호항선(墨湖港線), 문경선(聞慶線), 문현선(門峴線), 박천선(博川線), 백무선(白茂線), 병참선(兵站線), 보선(保線), 보급선(補給線), 복선(複線), 복복선(複複線), 본선(本線), 부전선(釜田線), 북청선(北靑線), 북평선(北坪線), 분기선(分岐線), 분당선(盆堂線), 사선(私線), 사선(社線), 산업선(産業線), 삼각선(三角線), 삼척선(三陟線), 상동선(上東線), 상행선(上行線), 송림선(松林線), 수차선(修車線), 순환선(循環線), 스파이럴선(spiral線), 시외선(市外線), 신흥선(新興線), 안성선(安城線), 여천선(麗川線), 연선(沿線), 영동선(嶺東線), 영암선(榮巖線), 영월선(寧越線), 예비선(豫備線), 옥구선(沃溝線), 온산선(溫山線), 용등선(龍登線), 용산선(龍山線), 우암선(牛巖線), 우회선(迂廻線), 울산항선(蔚山港線), 웅라선(雄羅線), 유치선(留置線), 인입선(引入線), 임항선(臨港線), 장연선(長淵線), 장진선(長津線), 장항선(長項線), 전선(全線), 전라선(全羅線), 전용선(專用線), 정지선(停止線), 주인선(朱仁線), 주행선(走行線), 중앙선(中央線)',², 지선(支線), 직통선(直通線), 진삼선(晋三線), 진주선(晋州線), 진해선(鎭海線), 차선(車線), 차호선(遮湖線), 철도선(鐵道線), 철산선(鐵山線), 철암선(鐵巖線), 청진선(淸津線), 추월선(追越線), 충북선(忠北線), 측선(側線;본선 이외의 선로), 태백선(太白線), 토해선(土海線), 평남선(平南線), 평덕선(平德線), 평북선(平北線), 평안선(平安線), 평원선(平元線), 폐색선(閉塞線), 하성선(下聖線), 하행선(下行線), 함경선(咸鏡線), 함백선(咸白線), 함북선(咸北線), 함평선(咸平線), 협궤선(挾軌線), 호남선(湖南線), 환상선(環狀線), 황해선(黃海線), 혜산선(惠山線), 흥남선(興南線) 들.

511) 직선(直線): 직선거리(距離), 직선미(美), 직선적(的), 직선형(形); 무한직선(無限), 반직선(半直線), 수직선(數), 일직선(一).

선(船) '배. 비행 물체'를 뜻하는 말. ¶선가(船架), 선가(船價), 선객(船客), 선거(船車), 선거(船渠), 선격(船格), 선계(船契), 선고(船庫), 선골(船骨), 선공(船工), 선교(船橋), 선구(船具), 선급(船級), 선기(船旗), 선난(船難), 선내(船內), 선단(船團), 선대(船隊), 선대(船臺), 선두(船頭), 선등(船燈), 선령(船齡), 선로(船路), 선로(船艫), 선루(船樓), 선명(船名), 선미(船尾)[선미등(燈), 선미루(樓), 선미재(材)], 선박(船舶)[512], 선복(船卜), 선복(船腹), 선비(船費), 선상(船上), 선수(船首;이물), 선실(船室), 선연(船緣), 선열(船列), 선외활동(船外活動), 선용/품(船用/品), 선운(船運), 선원(船員), 선위(船位), 선유(船遊), 선의(船醫), 선인(船人), 선장(船長), 선장(船匠), 선장(船裝), 선장(船檣;돛대), 선장등(船檣燈), 선재(船材), 선저(船底), 선적(船積)[선적서류(書類), 선적항(港)], 선적(船籍), 선제(船梯), 선주(船主), 선주인(船主人), 선중(船中), 선지증(船之證), 선착장(船着場), 선창(船窓), 선창(船廠), 선창(船艙), 선척(船隻), 선체(船體), 선취(船醉;뱃멀미), 선측(船側), 선폭(船幅), 선편(船便), 선폭(船幅), 선표(船票), 선하/주(船荷/主), 선현(船舷), 선형(船形/型), 선호(船號), 선화(船貨), 선훈(船暈;뱃멀미); 가공선(加工船), 간첩선(間諜船), 감시선(監視船), 강선(鋼船), 개저선(開低船), 객선(客船), 객화선(客貨船), 갤리선(galley船), 갤리언선(galleon船), 거선(巨船), 거도선(居刀船), 거북선, 건조선(建造船), 건착선(巾着船), 검사선(檢査船), 검역선(檢疫船), 견당선(遣唐船), 견인선(牽引船), 결선(結船), 겸용선(兼用船), 경강선(京江船), 경비선(警備船), 경운선(耕耘船), 계선(繫船), 계류선(繫留船), 고속도선(高速度船), 공선(工船), 공선(公船), 공선(空船;빈 배), 공작선(工作船), 관선(官船), 관측선(觀測船), 광석선(鑛石船), 교관선(交關船), 교환선(交換船), 구급선(救急船), 구조선(救助船), 구호선(救護船), 군선(軍船), 군량선(軍糧船), 군용선(軍用船), 굴착선(掘鑿船), 귀선(龜船;거북선), 귀국선(歸國船), 급수선(給水船), 급유선(給油船), 기선(汽船), 기선(機船), 기계선(機械船), 기관선(機關船), 기범선(機帆船), 기중기선(起重機船), 기화선(機貨船), 나포선(拿捕船), 난선(難船), 난파선(難破船), 내국선(內國船), 내빙선(耐氷船), 내수선(內水船), 내항선(內航船), 냉동선(冷凍船), 냉장선(冷藏船), 너벅선(너비가 넓은 배), 노도선(櫓棹船), 노령선(老齡船), 노쇠선(老衰船), 노획선(鹵獲船), 누선(樓船), 단속선(團束船), 당도리선, 대선(大船), 대동선(大同船), 대변선(待變船), 대위선(代位船), 대형선(大形船), 도선(渡船), 도선(導船), 도강선(渡江船), 도하선(渡河船), 독선(獨船), 독목선(獨木船), 독항선(獨航船), 동선(同船), 동력선(動力船), 등선(登船), 등선(燈船), 등기선(登記船), 등대선(燈臺船), 등명선(燈明船), 등부선(登簿船), 똑딱선, 리버티선(Liberty船), 만선(滿船) 맹외선(盟外船), 모선(母船), 모형선(模型船), 목선(木船), 목조선(木造船), 무역선(貿易船), 무장선(武裝船), 무정기선(無定期船), 미중선(尾中船), 밀선(密船), 밀수선(密輸船), 밀어선(密漁船), 밀항선(密航船), 바지선(barge船), 반야선(般若船), 발선(發船), 발동선(發動船), 발동기선(發動機船), 발전선(發電船), 방패선(防牌船), 배선(配船), 버킷선

512) 선박(船舶): 선박공학(工學), 선박국(局), 선박등기(登記), 선박보험(保險), 선박신호(信號), 선박압류(押留), 선박억류(抑留), 선박원부(原簿), 선박직원(職員); 자유선박(自由).

(bucket船), 벌크선, 범선(帆船), 병선(兵船), 병원선(病院船), 병조선(兵漕船), 보급선(補給船), 보물선(寶物船), 보호선(保護船), 복선(覆船), 본선(本船), 본부선(本部船), 봉사선(奉仕船), 봉황선(鳳凰船), 부등부선(不登簿船), 부속선(附屬船), 부정기(不定期), 불침선(不沈船), 비거도선(鼻居刀船), 비행선(飛行船), 사나포선(私拿捕船), 사선(私船), 사선(社船), 사돌선, 사략선(私掠船), 사령선(司令船), 사송선(使送船), 사행선(使行船), 사후선(伺候船), 살물선(撒物船), 삼대선(三-船), 삼도선(三島船), 삼루형(三樓型船), 삼범선(三帆船), 삼복선(三卜船), 삼장선(三檣船), 삼판선(三板船), 상선(上船), 상선(商船船), 상고선(商賈船), 상류선(上流船), 석선(石船), 석수선(石數船), 선급선(船級船), 설표선(設標船), 세견선(歲遣船), 세약선(歲約船), 소선(小船), 소방선(消防船), 소해선(掃海船), 소형선(小型船), 쇄빙선(碎氷船), 쇄암선(碎巖船), 수상선(水上船), 수상함선(水上艦船), 수색선(搜索船), 수송선(輸送船), 수조선(水槽船), 수중익선(水中翼船), 수참선(水站船), 수호선(守護船), 순라선(巡邏船), 순시선(巡視船), 순작선(巡綽船), 순찰선(巡察船), 순항선(巡航船), 순해선(巡海船), 순회선(巡廻船), 승선(乘船), 시추선(試錐船), 시험선(試驗船), 실습선(實習船), 쌍대선(雙-船), 쌍동선(雙胴船), 암륜선(暗輪船), 양선(洋船), 어선(漁船; 고깃배), 어렵선(漁獵船), 어로선(漁撈船), 어망선(漁網船), 어용선(御用船), 어탐선(魚探船), 여객선(旅客船), 연락선(連絡船), 연습선(練習船), 연예선(演藝船), 예선(曳船船), 예인선(曳引船), 외국선(外國船)/외선(外船), 외륜선(外輪船), 외차선(外車船), 외항선(外航船)/외선(外船), 요선(僚船), 용선(傭船), 용선(龍船), 우선(郵船), 우주선(宇宙船), 우편선(郵便船), 운선(運船), 운반선(運搬船), 운송선(運送船), 원양선(遠洋船), 원자력선(原子力船), 위성선(衛星船), 유선(遊船), 유람선(遊覽船), 유령선(幽靈船), 유송선(油送船), 유조선(油槽船), 윤선(輪船), 의무선(義務船), 의무선(醫務船), 이선(離船; 배에서 내림), 이민선(移民船), 이국선(異國船), 이양선(異樣船), 입선(入船), 잉박선(芿朴船), 자망선(刺網船), 자매선(姉妹船), 자모선(子母船), 잡역선(雜役船), 장선(將船), 장선(裝船), 재운선(再運船), 저선미루선(底船尾樓船), 저탄선(貯炭船), 적선(賊船), 적선(敵船), 전선(戰船), 전마선(傳馬船), 전용선(專用船), 전투선(戰鬪船), 정선(停船), 정기선(定期船), 정박선(碇泊船), 정찰선(偵察船), 제삼급선(第三級船), 제이급선(第二級船), 조선(造船), 조선(釣船), 조선(漕船), 조난선(遭難船), 조운선(漕運船), 종선(從船), 주교선(舟橋船), 주유선(周遊船), 준설선(浚渫船), 중선(中船), 증기선(蒸氣船), 지로선(指路船), 지토선(地土船), 지휘선(指揮船), 진선(津船; 나룻배), 차양선(遮陽船), 착선(着船), 착암선(鑿巖船), 창선(槍船), 채선(彩船), 채금선(採金船), 천주선(川舟船), 철선(鐵船), 철갑선(鐵甲船), 철부선(鐵浮船), 철조선(鐵造船), 초선(哨船), 추왜선(追倭船), 추월선(追越船), 추포선(追捕船), 출선(出船), 측량선(測量船), 침몰선(沈沒船), 침선(沈船)[파부침선(破釜沈船)], 침파선(沈波船), 카르텔선(carter船), 컨테이너선(container船), 쾌속선(快速船), 쾌주선(快走船), 탈선(脫船), 탐경선(探鯨船), 탐색선(探索船), 터빈선(turbine船), 토선(土船), 토운선(土運船), 통선(通船), 통운선(通運船), 통통선, 트롤선(trawl船), 특수선(特殊船), 파선(破船), 판목선(板木船), 판옥선(板屋船), 펌프선(pump船), 편선(便船), 폐색선(閉塞船), 폐선(廢船), 포경선(捕鯨船)/경선(鯨船), 포작선(鮑作船), 표선(漂船), 표류선(漂流船), 표적선(標的船), 풍범선(風帆船), 풍선(風船), 피복선(被覆船), 피항선(避港船), 하선(下船), 하선(荷船), 함선(艦船), 합판선(合板船), 항공선(航空船), 항로선(航路船), 항해선(航海), 해골선(海鶻船), 해랑선(海浪船), 해적선(海賊船), 행선(行船), 호송선(護送船), 호위선(護衛船), 호화선(豪華船), 혼용선(混用船), 화선(火船), 화선(畵船), 화객선(貨客船), 화륜선(火輪船), 화물선(貨物船), 황당선(荒唐船), 회선(回船), 회유선(回遊船), 회조선(回漕船), 훈국선(訓局船), 흥판선(興販船) 들.

선(先) 바둑·장기 따위를 시작할 때 상대편보다 먼저 두는 일. 또는 그 사람. '먼저·앞. 앞서다. 옛. 이미 죽은[전대(前代)]'을 뜻하는 말. ¶선을 잡다. 선을 정하다. 선각(先覺), 선객(先客), 선견(先見)[선견자(者), 선견지명(之明)], 선견(先遣), 선결(先決), 선고(先姑), 선고(先考), 선공(先攻), 선공후사(先公後私), 선구(先驅)[선구생물(生物), 선구자/적(者/的), 선구적(的), 선구주(株), 선구차(車)], 선군(先君), 선규(先規), 선금(先金), 선급(先給)[선급금(金), 선급하다], 선기(先期), 선납(先納), 선네고(先negotiation), 선년(先年), 선단(先端), 선대거리, 선걸음, 선년(先年), 선단(先端), 선대(先代), 선대(先貸), 선대금(先貸金), 선대부인(先大夫人), 선대왕(先大王), 선대인(先大人), 선덕(先德), 선도(先到), 선도(先渡), 선도(先導)[선도기(機), 선도자(者), 선도적(的), 선도주(株), 선도창(唱)], 선도지(先賭地), 선두(先頭)[선두권(圈), 선두기(機)], 선둥이, 선등(先登), 선등(先等), 선래(先來), 선려(先慮), 선령(先靈), 선례(先例), 선례후학(先禮後學), 선리(先利), 선망(先望; 선보름), 선망후실(先望後失), 선매/권(先賣/權), 선머리(맨 처음), 선묘(先墓), 선무(先務), 선문(先文), 선문(先聞), 선물(先物; 만물), 선물(先物; 거래종목)[선물거래(去來), 선물환/시세(先物換/時勢)], 선민(先民), 선반(先般), 선발(先發)[선발대(隊), 선발제인(制人), 선발투수(投手)], 선배(先輩), 선백모(先伯母), 선백부(先伯父), 선번(先番), 선변(先邊), 선병자(先病者), 선보기, 선보름, 선봉(先鋒)[선봉군(軍), 선봉대(隊), 선봉대장(大將)/선봉장(將), 선봉적(的)], 선부(先父), 선부(先夫), 선부군(先父君), 선부형(先父兄), 선부후빈(先富後貧), 선불(先拂), 선비(先妣), 선빈후부(先貧後富), 선사(先史), 선사(先祀), 선사(先師), 선산(先山), 선상(先上), 선상대장(先廂大將), 선상진(先廂陣), 선상선(先相先), 선생(先生)[513], 선성(先聖), 선성/탈인(先聲/奪人), 선세(先世), 선세(先貰), 선셈(先; 물건을 받기 전이나 기한 전에 치르는 셈), 선소리/치다, 선손[514], 선수(先手)[선수쓰다/치다], 선숙모(先叔母), 선숙부(先叔父), 선순위(先順位), 선승(先勝), 선실기도(先失基道), 선시에(先是; 이에 앞서), 선야(先夜; 전날 밤), 선약(先約), 선업(先業), 선열(先烈)[순국선열(殉國), 애국선열(愛國)], 선영(先塋), 선완장(先阮丈), 선왕(先王), 선외가(先外家), 선용(先用), 선월(先月), 선유(先儒), 선음(先蔭), 선이자(先利子), 선인(先人), 선일(先日), 선임(先任), 선입

---

513) 선생(先生): 선생님, 선생질/하다; 남선생(男), 도학선생(道學), 독선생(獨), 동홍선생(冬烘; 세상물정에 어두운 사람), 여선생(女), 오유선생(烏有先生; 세상에 존재하지 아니하는 것처럼 꾸며낸 인물), 주역선생(周易; 점쟁이), 폐호선생(閉戶), 향선생(鄕).

514) 선손(先): 남이 하기 전에 앞질러 하는 행동. ¶선손걸다, 선손질(먼저 손찌검하는 짓).

ㅅ

감(先入感), 선입견(先入見), 선입관(先入觀), 선자(先子), 선자(先資), 선자(先慈), 선잠(先蠶), 선장(先丈), 선재(先在), 선적(先蹟), 선점(先占), 선접(先接), 선정(先正), 선제(先制), 선제(先帝), 선제(先除), 선조(先祖), 선조(先朝), 선조모(先祖母), 선조부(先祖父), 선주(先主), 선주민(先主民), 선주후나(先奏後拿), 선지(先志), 선지(先知), 선진(先陣), 선진(先進)[선진국(國), 선진병(兵), 선진적(的)], 선진배(先進排), 선차(先次), 선착(先着)[선착순(順), 선착편(鞭)], 선착수(先着手), 선참(先站), 선창(先唱;선소리), 선채(先債), 선채(先綵), 선천(先天)[515)], 선철(先哲), 선축(先蹴), 선출(先出;맏물), 선취(先取)[선취권(權), 선취점(先取點), 선취특권(特權)], 선취득(先取得), 선친(先親), 선통(先通), 선패(先牌), 선편(先鞭), 선하(先下), 선하다, 선학(先學), 선한(先限), 선해리(先解離), 선행(先行), 선향(先鄕), 선험(先驗)[516)], 선현(先賢), 선형(先兄), 선황(先皇), 선황제(先皇帝). 선후(先後), 선후배(先後輩), 선후천(先後天), 선후획(先後劃); 경선하다(輕/徑先), 기선(機先), 모선망(母先亡), 부선망(父先亡), 상선(相先;맞바둑), 솔선(率先), 솔선수범(率先垂範), 양선(讓先), 우선(于先), 우선(優先), 우선권(優先權), 위선(爲先), 쟁선(爭先), 정선(定先), 조선(祖先), 차선차후(差先差後), 첨선(忝先), 치선(置先), 행선/지(行先/地), 호선(互先) 들.

선(善) 착하고 올바름. 도덕적 생활의 최고 이상. '착하다. 좋아하다. 잘하다'를 뜻하는 말.↔악(惡). ¶선은 악을 이긴다. 선가(善價), 선감(善感), 선계(善計), 선과(善果), 선교(善巧), 선교(善交), 선교(善敎), 선귀신(善鬼神), 선근(善根), 선남(善男), 선녀(善女), 선대(善待), 선덕(善德), 선도(善導), 선도(善導), 선량(善良), 선리(善吏), 선린(善隣)[선린외교(外交), 선린정책(政策)], 선묘(善苗), 선미(善美), 선민(善民), 선방(善防), 선법(善法), 선변(善變), 선보(善報), 선본(善本)[1,2], 선부(善否), 선불선(善不善), 선사(善事), 선사(善射), 선사령(善辭令), 선산(善散), 선서(善書), 선수(善手;솜씨가 아주 좋은 사람), 선시선종(善始善終), 선신(善神), 선심(善心), 선악(善惡)[선악과(果), 선악관(觀); 시비선악(是非)], 선어(善語), 선업(善業), 선연(善緣), 선왕제(善往齋), 선용(善用), 선우(善友), 선우(善遇), 선유(善柔), 선음(善飮), 선의(善意)[선의점유(占有), 선의취득(取得)], 선인(善人), 선인(善因), 선전(善戰), 선정(善政), 선종(善終), 선지식(善知識), 선채마니(善菜), 선책(善策), 선처(善處), 선치(善治), 선투(善投), 선하다(착하다), 선행(善行), 선형용(善形容), 선화(善化), 선후(善後), 선후책(善後策); 개선(改善), 계선(戒善), 공공선(公共善), 권선(勸善)[권선문(文), 권선시주(施主), 권선징악(懲惡), 권선책(冊)], 극선(極善), 다다익선(多多益善), 단악수선(斷惡修善), 도선(徒善), 독선(獨善), 만선(萬善), 벌선(伐善;선행을 뽐냄), 복선화음(福善禍淫), 불선(不善), 사선(四善;德行, 淸愼, 公平, 勤勉), 사선(詐善), 상선(上善), 성선(成善), 성선설(性善說), 소선(小善), 양선(良善), 위선(僞善), 인선(仁善), 자선(慈善), 적불선(積不善), 적선(積善), 정선(正善), 지선(至善), 진선(進善), 진선미(眞善美), 차선(次善), 창선(彰善), 책선(責善), 천선(遷善), 촌선/척마(寸善/斥魔), 최고선(善), 최상선(最上善), 최선(最善), 추선(追善), 친선(親善), 칭선(稱善), 택선(擇善) 들.

선(選) ①시험이나 심사에 든 사람을 뽑는 일. '가리다. 뽑다'를 뜻하는 말. ¶선에 들다. 선가(選歌), 선거(選擧)[517)], 선고(選考), 선곡(選曲), 선과(選科), 선과(選果), 선과(選科), 선광(選鑛), 선교(選校), 선구/안(選球/眼), 선국(選局), 선다형(選多型), 선량(選良;선출된 인재), 선록(選錄), 선모(選毛), 선문(選文), 선민(選民;선택 받은 백성), 선발(選拔)[선발경기(競技), 선발대회(大會), 선발되다/하다, 선발시험(試驗), 선발전(戰), 선발팀(team)], 선벌(選伐↔濫伐), 선별(選別)[선별금리(金利), 선별금융(金融), 선별능력(能力), 선별저울], 선병(選兵), 선분(選分), 선상(選上), 선수(選手)[518)], 선수(選授), 선언율(選言律), 선언적(選言的), 선외(選外), 선용(選用), 선인(選人), 선임(選任;선출하여 임명함), 선입(選入), 선자(選者), 선장(選奬), 선점(選點), 선정(選定;여럿 중에서 골라서 정함), 선종(選種;씨앗을 고름), 선집(選集), 선출(選出), 선탄(選炭), 선택(選擇)[519)], 선평(選評), 선호(選好), 선후평(選後評); 간선(揀選), 간선(間選), 간선(簡選), 개선(改選), 갱선(更選), 결선(決選), 경선(競選), 고선(考選), 공선(公選), 관선(官選), 국선(國選), 근선(謹選), 낙선(落選), 당선(當選)[520)], 대선(大選), 민선(民選), 백선(百選), 별선(別選), 보선(普選), 보선(補選), 본선(本選), 부선(浮選), 사선(私選), 수선(手選), 시선(詩選), 시선(試選), 신선(新選), 엄선(嚴選), 염수선(鹽水選), 예선(豫選), 인선(人選), 입선(入選), 자선(自選), 재선(再選), 전선(銓選), 정선(精選), 중선(重選), 직선(直選), 천하선(天下選;천재), 초선(初選), 총선(總選), 추선(推選), 칙선(勅選), 특선(特選), 풍선(風選;바람으로 낟알을 가림), 피선(被選), 호선(互選). ②일부 명사 뒤에 붙어 '그것을 가려 뽑아 모은 것'의 뜻을 나타내는 말. ¶걸작선(傑作選), 당시선(唐

---

515) 선천(先天↔後天): 선천독(毒), 선천론(論), 선천병(病), 선천부족(不足), 선천사(事), 선천성(性)[선천성기형(畸形), 선천성면역(免疫), 선천성기형(畸形)], 선천적(的), 선천주의(主義).

516) 선험(先驗): 경험에 앞서 선천적으로 가능한 인식 능력. ¶선험론(論), 선험적(的)[선험적관념론(觀念論), 선험적방법(方法), 선험적실재론(實在論)], 선험주의(主義), 선험철학(哲學).

517) 선거(選擧): 많은 사람 가운데서 적당한 사람을 뽑아냄. 선거권을 가진 사람이 의원 등 공직을 맡을 사람을 투표에 의하여 선정하는 행위. ¶선거간섭(干涉), 선거공보(公報), 선거공약(公約), 선거공영(公營), 선거구(區)[대선거구(大), 소선거구(小)], 선거권(權)[피선거권(被)], 선거기간(期間), 선거되다/하다, 선거무효(無效), 선거방해/죄(妨害/罪), 선거법(法), 선거보복(報復), 선거비용(費用), 선거사범(事犯), 선거소송(訴訟), 선거운동(運動), 선거위반(違反), 선거인(人), 선거일(日), 선거자(者), 선거자격(資格), 선거장(場, 선거재판(裁判), 선거전(戰), 선거제도(制度), 선거지반(地盤), 선거철, 선거투표(投票); 간접선거(間接), 공개선거(公開), 공명선거(公明), 공영선거(公營), 등급선거(等級), 보결선거(補缺), 보궐선거(補闕), 보충선거(補充), 보통선거(普通), 부정선거(不正), 비밀선거(秘密), 비례선거(比例), 예비선거(豫備), 이상선거(理想), 자유선거(自由), 재선거(再), 정기선거(定期), 제한선거(制限), 중간선거(中間), 직접선거(直接), 차등선거(差等), 총선거(總), 통상선거(通常), 특별선거(特別), 합병선거(合併).

518) 선수(選手): 선수교체(交替): 선수권(權), 선수단(團), 선수촌(村), 선수층(層); 단/장거리선수(短/長距離), 만능선수(萬能), 운동선수(運動), 육상선수(陸上), 직업선수(職業), 축구(蹴球)/ 야구(野球) 선수.

519) 선택(選擇): 선택권(權), 선택도(度), 선택반사(反射), 선택반응(反應), 선택배양/법(培養/法), 선택배지(培地), 선택법(法), 선택상속(相續), 선택설(說), 선택성(性), 선택의지(意志), 선택이론(理論), 선택제약(制約), 선택조항(條項), 선택주의(主義), 선택중합(重合), 선택지(肢), 선택채권(債權), 선택채무(債務), 선택형(刑), 성택형(型), 선택흡수(吸收); 인위선택(人爲), 자연선택(自然), 취사선택(取捨).

520) 당선(當選): 당선권(圈), 당선무효(無效), 당선사례(謝禮), 당선소송(訴訟), 당선자(者), 당선작(作), 당선작가(作家).

詩選), 동문선(東文選), 명곡선(名曲選), 명시선(名詩選), 명작선(名作選), 문선(文選), 문학선(文學選), 소설선(小說選), 시선(詩選), 원곡선(元曲選), 원시선(元詩選), 천하선(天下選), 한시선(漢詩選) 들.

선(腺) '생물체의 몸속에서 어떤 물질을 내보내는 샘'을 뜻하는 말. ¶선모(腺毛), 선병/질(腺病/質), 선세포(腺細胞), 선암(腺癌), 선역(腺疫), 선열(腺熱), 선종(腺腫), 선페스트(腺pest); 갑상선(甲狀腺), 견사선(絹絲腺), 경선(頸腺), 구강선(口腔腺), 구개선(口蓋腺), 기절선(基節腺), 난각선(卵殼腺), 난황선(卵黃腺), 내분비선(內分泌腺), 누선(淚腺), 눈물선, 대전정선(大前庭腺), 독선(毒腺), 동면선(冬眠腺), 림프선(lymph腺), 먹물선, 미선(尾腺), 밀선(蜜腺), 멜리스선(Mehlis腺), 바르톨린선(Bartholin腺), 방적선(紡績腺), 부속선(附屬腺), 복합선(複合腺), 분비선(分泌腺)[내분비선(內), 외분비선(外)], 사향선(麝香腺), 생식선(生殖腺), 서혜선(鼠蹊腺), 설하선(舌下腺), 섭호선(攝護腺), 성선(性腺), 소화선(消化腺), 송과선(松果腺), 순선(脣腺), 시누스선(sinus), 식도선(食道腺), 십이지장선(十二指腸腺), 악하선(顎下腺), 양성선(兩性腺), 외분비선(外分泌腺), 위선(胃腺), 위저선(胃低腺), 유선(乳腺), 유선(油腺), 유혹선(誘惑腺), 이도선(耳道腺), 이하선(耳下腺), 자폐선(自閉腺), 장선(腸腺), 장액선(漿液腺), 전립선(前立腺), 전분비선(全分泌腺), 전위선(前位腺), 전흉선(前胸腺), 점액선(粘液腺), 지선(脂腺), 지방선(脂肪腺), 직장선(直腸腺), 촉각선(觸角腺), 취선(臭腺), 취액선(臭液腺), 침선, 타선(唾腺), 타액선(唾液腺)/타선(唾腺), 탈피선(脫皮腺), 토사선(吐絲腺), 패각선(貝殼腺), 편도선(扁桃腺), 피선(皮腺), 피부선(皮膚腺)/피선(皮腺), 피지선(皮脂腺), 하르더선(Harder腺), 한선(汗腺;땀샘), 항문선(肛門腺), 혈선(血腺), 혈관선(血管腺), 호르몬선(hormone腺), 흉선(胸線;가슴샘) 들.

선(扇) '부채, 부채꼴'을 뜻하는 말. ¶선골(扇骨;부챗살), 선단석(扇單石), 선면(扇面), 선상(扇狀;부채꼴), 선상지(扇狀地), 선자/지(扇子/紙), 선초(扇貂), 선추(扇錘), 선풍기(扇風機), 선형(扇形); 곡두선(曲頭扇), 공작선(孔雀扇), 궁선(宮扇;단오에 임금이 하사하는 부채), 까치선, 꼽장선(곡두선), 나선(羅扇;비단으로 만든 부채), 능선(綾扇), 단선(團扇), 당선(唐扇), 대륜선(大輪扇), 딱선(살이 몇 개 안되는 쥘부채), 모선(毛扇), 무선(舞扇;춤출 때 사용하는 부채), 미선(尾扇), 백우선(白羽扇), 별선(別扇), 봉미선(鳳尾扇), 봉작선(奉雀扇), 사선(紗扇), 사송선(賜送扇), 상고선(商賈扇), 색선(色扇), 세미선(細尾扇), 소선(素扇;깁부채), 수선(繡扇), 승두선(僧頭扇), 어목선(魚目扇), 영선(嶺扇), 오엽선(梧葉扇), 오접선(烏摺扇), 요선(搖扇), 우선(羽扇), 원선(圓扇), 작선(雀扇), 절선(節扇), 접선(摺扇;쥘부채), 종려선(棕櫚扇), 죽선(竹扇), 청선(靑扇), 종려선(棕櫚扇;종려잎으로 만든 부채), 죽선(竹扇), 진주선(眞珠扇), 청선(靑扇), 추풍선(秋風扇)/추선(秋扇;철이 지나 쓸모없게 된 물건), 취선(翠扇), 치미선(雉尾扇), 태극선(太極扇), 파초선(芭蕉扇), 포선(布扇)[521], 표정선(杓庭扇), 풍선(風扇), 하로동선(夏爐冬扇), 하선동력(夏扇冬曆;선물이 철에 맞음), 학선(鶴扇), 합죽선(合竹扇), 해선(海扇;가리비), 허풍선(虛風扇), 혼선(婚扇), 화선(火扇), 환선(紈扇) 들.

521) 포선(布扇): 상제가 외출할 때에 얼굴을 가리기 위하여 가지고 다니던 네모난 베 조각의 물건.=상선(喪扇).

선(仙) '도를 닦아서 신통력을 얻은 사람. 어떤 분야에서 뛰어난 사람'을 뜻하는 말. ¶선가(仙家), 선가(仙駕), 선객(仙客), 선경(仙境), 선계(仙界↔俗界), 선골(仙骨;세속을 초월한 신선 같은 풍모), 선관(仙官), 선관(仙館), 선교(仙敎), 선군(先君), 선굴(仙窟), 선궁(仙宮), 선금(仙禽;두루미), 선녀/춤(仙女), 선단(仙丹;仙藥), 선도(仙桃;선경에 있다는 복숭아), 선도(仙道), 선동(仙洞), 선동(仙童;아이 신선), 선려(仙侶), 선방(仙方), 선범(仙凡), 선불(仙佛), 선사(仙槎), 선성(仙聖), 선술(仙術), 선아(仙娥;仙女. 달), 선악(仙樂;신선의 풍악), 선약(仙藥), 선어(仙馭;학), 선연(仙緣;신선과의 인연), 선옹(仙翁), 선용(仙容;선인의 용모. 두루미), 선유(仙遊), 선인(仙人)[선인장(仙人掌), 선인죽(仙人粥)], 선자(仙子), 선자(仙者), 선재(仙才), 선조(仙鳥), 선침(仙寢), 선풍(仙風)[선풍도골(道骨); 옥골선풍(玉骨)], 선필(仙筆;매우 뛰어난 시문), 선필(仙蹕;임금의 거둥), 선학(仙鶴;두루미), 선향(仙鄕), 선화(仙化;늙어서 병이나 고통 없이 곱게 죽음), 선화지(仙花紙); 검선(劍仙;검술에 능한 사람), 금선(金仙), 대선(大仙), 등선(登仙), 비선(飛仙), 상선(上仙), 수선(水仙; 신선. 부처), 시선(詩仙), 신선(神仙)[신선놀음; 지상신선(地上), 화중신선(花中)], 오선주(五仙酒), 이선주(二仙酒), 적선(謫仙), 주선(酒仙), 천선(天仙), 팔월선(八月仙), 호선(狐仙), 화중신선(花中神仙)/화선(花仙;해당화), 화선(畵仙) 들.

선(禪) ①마음을 가다듬고 정신을 통일하여 무아 정적(無我靜寂)의 경지에 몰입하는 일. ¶선가(禪家), 선객(禪客), 선과(禪科), 선교(禪敎), 선궁(禪宮;절), 선나다/선내다, 선니(禪尼), 선당(禪堂), 선대(참선할 때 치는 도구), 선대(禪代), 선대(禪臺), 선덕(禪德), 선도(禪道), 선들다(선방에 참선하러 들어가다.↔선나다)/들이다, 선림(禪林), 선문(禪門), 선문답(禪問答), 선미(禪味), 선방(禪房), 선법(禪法), 선사(禪寺), 선사(禪師)[대선사(大)], 선상(禪床), 선승(禪僧), 선승당(禪僧堂), 선실(禪室), 선암(禪庵), 선열(禪悅), 선원(禪院), 선율(禪律), 선의(禪衣), 선장(禪杖), 선정(禪定), 선종(禪宗), 선찰(禪刹), 선탑(禪榻), 선학(禪學), 선학원(禪學院), 선화(禪話), 선회(禪會); 구두선(口頭禪), 대선(大禪), 봉선(封禪), 사선(四禪), 삼시선(三時禪), 수선(受禪), 일미선(一味禪), 입선(入禪), 좌선(坐禪), 참선(參禪), 행선(行禪). ②'물려주다'를 뜻하는 말. ¶선양(禪讓), 선위(禪位); 수선(受禪;임금의 자리를 물려받는 일) 들.

선(旋) '돌다 · 돌리다. 돌아오다'를 뜻하는 말. ¶선개교(旋開橋), 선광(旋光)[선광도(度), 선광성(性)], 선군(旋軍), 선모(旋毛;가마)[쌍선모(雙)], 선모충(旋毛蟲), 선륜차(旋輪車;물레), 선문(旋紋), 선반(旋盤)[522], 선법(旋法), 선사(旋師;싸움에서 이기고 군사를 돌림), 선삭(旋削), 선율(旋律;가락), 선율학(旋律學), 선전(旋轉;빙빙 돌아감), 선조총(旋條銃), 선종(旋踵), 선차(旋車), 선풍/적(旋風/的), 선행(旋行), 선화(旋花;메꽃), 선환(旋環), 선회(旋回;빙빙 돎)[선회되다/하다, 선회성(性), 선회점(點); 급선회(急)]; 개선(凱旋)[개선가(歌), 개선문(門), 개선장군(將軍)], 나선/형(螺旋/形), 반선(盤旋), 알선하다(斡旋), 우선(右旋), 윤선(輪旋), 전선(轉旋), 정선율

522) 선반(旋盤): 금속 소재를 회전시켜 갈거나 파내거나 도려내는 금속 공작 기계. ¶선반공(工); 목공선반(木工), 목선반(木), 자동선반(自動).

ㅅ

(定旋律), 좌선/룡(左旋/龍), 주선하다(周旋), 천선지전(天旋地轉; 세상 일이 크게 변함), 회선(回/廻旋) 들.

선(宣) '펴다. 널리 알리다. 베풀다'를 뜻하는 말. ¶선고(宣告)[523], 선교(宣敎), 선덕(宣德), 선력(宣力;힘을 주선함), 선마(宣麻), 선명하다(宣明;어떤 사실을 분명히 밝혀 선언하다), 선무(宣撫;민심을 안정시키는 일)[선무공작(工作), 선무방송(放送)], 선반(宣飯)[524], 선서(宣誓;여러 사람 앞에서 공개하여 맹세하는 일)[선서문(文), 선서식(式)], 선시(宣示;널리 선포하여 알림), 선양(宣揚; 널리 떨침), 선언(宣言)[525], 선온(宣醞), 선위사(宣慰使), 선유(宣諭), 선전(宣傳)[526], 선전(宣戰;다른 나라에 전쟁 개시를 선언함)[선전포고(布告)], 선지(宣旨), 선지(宣紙), 선탁(宣託), 선패(宣牌), 선포(宣布), 선혜청(宣惠廳), 선화당(宣化堂); 불선(不宣), 승선(承宣), 탁선(託宣) 들.

선(鮮) '산뜻하다. 새로운 · 생생한. 적은'을 뜻하는 말. ¶선녹색(鮮綠色), 선도(鮮度) 선려(鮮麗), 선명(鮮明;산뜻하고 밝음. 뚜렷함)[불선명(不)], 선묘하다(鮮妙), 선미(鮮美), 선색(鮮色), 선소(鮮少; 아주 적음), 선신세(鮮新世), 선어(鮮魚;생선), 선연하다(鮮妍), 선육(鮮肉), 선의(鮮衣), 선채(鮮菜), 선태(鮮太), 선혈(鮮血), 선홍색(紅色), 선회(鮮膾); 비선(肥鮮), 생선(生鮮)[생선국, 생선묵, 생선전(廛), 생선회(膾)], 신선하다(新鮮), 조선(朝鮮) 들.

선(膳) '반찬 · 음식. 드리다'를 뜻하는 말. 채소, 두부 따위를 잘게 썰거나 다져서 만든 음식. ¶선물(膳物)[생일선물(生日), 약혼선물(約婚)], 선사(膳賜)[527]; 가지선, 감선(減膳), 감선(監膳), 겨자선, 계란선(鷄卵膳), 고추선, 동아선[동과선(冬瓜膳)], 두부선(豆腐膳), 물선(物膳;음식을 만드는 재료), 복선(復膳), 소선(素膳), 어선(御膳), 제퇴선(祭退膳)/퇴선(退膳), 주선(主膳), 진선(珍膳), 찬선(饌膳) 들.

선(羨) '부러워하다'를 뜻하는 말. ¶선망(羨望;부러워함), 선모(羨慕;부러워하며 사모함); 건선(健羨), 염선(艶羨), 영선(嬴羨), 흠선(欽羨). §'묘도(墓道;고분의 입구에서 현실에 이르는 길)'의 뜻으로는 [연]으로 읽힘. 연도(羨道;널길).

선(癬) '버짐'을 뜻하는 말. ¶선창(癬瘡;버짐); 개선(疥癬), 건선(乾癬), 두부백선(頭部)/백선(白癬;쇠버짐), 습선(濕癬), 어린선(魚鱗癬), 완선(頑癬), 우선(牛癬), 태선(苔癬), 풍선(風癬;마른버짐) 들.

선(蟬) '매미'를 뜻하는 말. ¶선관(蟬冠), 선우월(蟬羽月;6월), 선익지(蟬翼紙), 선탈(蟬脫), 선퇴(蟬退), 한선(寒蟬;쓰르라미. 가을 매미) 들.

선(蘚) '이끼(습기 많은 곳에서 자라는 선태식물)'를 뜻하는 말. ¶선류(蘚類), 선모(蘚帽), 선태(蘚苔)[선태류(類), 선태식물(植物)]; 태선(苔蘚;이끼) 들.

선(煽) '부추기다'를 뜻하는 말. ¶선동(煽動;부추김)[528], 선란(煽亂), 선양(煽揚), 선정/주의(煽情/主義), 선정적(煽情的), 선혹(煽惑;사람을 부추기어 홀리게 함).

선(繕) 옷이나 자리(방석) 따위의 가장자리를 딴 헝겊으로 가늘게 싸서 두르는 일. '깁다. 고치다'를 뜻하는 말. ¶선보(繕補;고치고 기움), 선사(繕寫); 보선(補繕), 수선(修繕), 영선(營繕) 들.

선(燹) '들불(들을 태우는 불)'을 뜻하는 말. ¶병선(兵燹;전쟁으로 일어난 화재.=兵火).

선(渲) '바림(색채를 차차 엷게 하여 흐리게 하는 그리기법)'을 뜻하는 말. ¶선염(渲染;바림), 선염법(渲染法).

선(璇) '아름다운 옥(玉)'을 뜻하는 말. ¶선기옥형(璇璣玉衡), 선실(璇室); 천선(天璇/璿;북두칠성의 둘째 별) 들.

선(銑) '무쇠(강철보다 연한 쇠)'를 뜻하는 말. ¶선강(銑鋼;선철과 강철), 선철(銑鐵); 백선(白銑), 용선/로(鎔銑/爐) 들.

선(跣) '맨발'을 뜻하는 말. ¶선족(跣足;맨발), 선행(跣行); 나선(裸跣), 피발도선(被髮徒跣) 들.

선(嬋) '곱다(예쁘다. 아름답다)'를 뜻하는 말. ¶선연하다(嬋妍), 선연하다(嬋娟) 들.

선(磰) '흰 흙'을 뜻하는 말. ¶백선(白磰).

선겁(다) ①신기하거나 뜻밖이어서 놀랄 만하다.=놀랍다. ¶그 애가 저렇게 예뻐지다니 선거운 사실이다. 선거운 사건/ 재난. ②재미가 없다. ¶선거운 일.

선달 살판[529]이나 살목(기둥을 솟구는 지렛대) 위에 세우는 나무.

선반 물건을 얹어 두기 위하여 까치발을 받쳐서 벽에 달아 놓은 긴 널빤지.[〈션반〈懸盤]. ¶부엌 선반. 선반 위에 올려놓다. 선반턱(선반 가장자리에 따로 붙인 나무).

선비 학식은 있으나 벼슬하지 아니한 사람. 학문을 닦는 사람. 어질고 순한 사람. ¶그는 선비 집안 출신이다. 선비 논 데 용 나고 학이 논 데 비늘이 쏟아진다. 선비손(연약한 손), 선비양반(兩班); 골선비(판박이의 선비), 깎은선비(말쑥하고 단정하게 차린 선비), 도랑선비(죽은 이의 저승길을 닦아 주는 굿판의 선비), 큰선비(학식과 덕행이 뛰어난 사람) 들.

선선-하다 ①시원한 느낌이 들 만큼 서늘하다.≒시원하다. 〈작〉산

523) 선고(宣告): 선고문(文), 선고유예(猶豫), 선고형(刑); 사형선고(死刑), 실종선고(失踪), 파산선고(破産).

524) 선반(宣飯): 관아에서 관원에게 끼니때 제공하던 식사. ¶선반을 놓다(공사장이나 부역장에서 일꾼에게 식사 시간을 주다). 아침선반.

525) 선언(宣言): 선언문(文), 선언서(書), 선언하다; 공동선언(共同), 권리선언(權利), 독립선언(獨立), 양심선언(良心), 폭탄선언(爆彈).

526) 선전(宣傳): 선전공세(攻勢), 선전광고업(廣告業), 선전기구(氣球), 선전대(隊), 선전도안(圖案), 선전망(網), 선전문(文), 선전물(物), 선전삐라, 선전술(術), 선전용(用), 선전원(員), 선전장(場), 선전전(戰), 선전차(車), 선전책(責), 선전탑(塔); 가두선전(街頭), 자가선전(自家), 자기선전(自己), 악선전(惡), 역선전(逆), 회색선전(灰色), 흑색선전(黑色).

527) 선사(膳賜): 존경 · 애정 · 친근의 뜻으로 남에게 물품을 줌. ¶자필로 된 액자를 친지에게 선사하다.

528) 선동(煽動): 남을 부추겨 어떤 일이나 행동에 나서도록 함. ¶선동가(家), 선동대(隊), 선동되다/하다, 선동성(性), 선동원(員), 선동자(者), 선동적(的), 선동정치가(政治家), 선동죄(罪).

529) 살판: 살잡이할 때 기둥을 드는 데 쓰는 두꺼운 널.

산하다. ¶선선한 가을바람. 선기(氣;선선한 기운). ②성미가 시원스럽고 쾌활하다. ¶선선한 대답. 돈을 선선히 내놓다. 부탁을 선선히 들어 주다.

선지 짐승, 특히 소를 잡아서 받은 피. ¶선지를 넣고 해장국을 끓이다. 선짓국, 선짓덩이, 선지저냐, 선지찌개, 선지피/선지.

선-하다¹ 장난이 심하고 극성스럽다. 서낙하다.

선:-하다² 잊히지 않고 눈앞에 선명히 보이는 듯하다. ¶그녀의 뒷모습이 아직도 눈에 선하다. 생전에 아버지 모습이 눈에 선하다. 그 때 일이 선히 떠오른다.

설 새해의 첫머리. 정초(正初). ¶설을 지내다. 설날, 섣달[섣달그믐, 섣달받이; 동지섣달(冬至), 윤섣달(閏;섣달에 드는 윤달)], 설대목, 설뒤(설이 지나간 다음), 설떡, 설맞이/하다, 설밑(연말. 세밑), 설밥(설날에 오는 눈), 설빔, 설쇠다, 설술(설에 쓰는 술), 설음식(飮食), 설인사(人事), 설차림, 설흥정(설을 쇠기 위하여 물건을 사는 일)/하다; 까치설날(설날의 전날). ☞ 세(歲).

설(說) 견해·주의·학설을 이르는 말. '말하다. 견해, 이야기. 풀다'를 뜻하는 말. ¶학자마다 설이 다르다. 설경(說經), 설계(說戒), 설교(說教), 설궁(說窮), 설도(說道), 설득(說得)[설득력(力), 설득요법(療法), 설득하다], 설명(說明)[530], 설문(說文), 설법(說法)[설법상(床), 설법하다; 땅설법(땅 위에서 하는 중의 여흥(餘興)], 설병(說病), 설복(說伏/服), 설빈(說貧), 설왕설래(說往說來), 설유(說諭), 설토(說吐), 설파(說破), 설판(設辦), 설폐(說幣;폐단을 말함), 설폐구폐(說幣救弊), 설하다, 설화(說話)[531]; 가설(假說)[가설검정(假說); 양자가설(量子)], 가족설(家族說), 각설/이(却說), 간섭설(干涉說), 감언이설(甘言利說), 감여설(堪輿說), 강설(講說), 강압설(强壓說), 개설(概說), 객설(客說), 객관설(客觀說), 게놈설(Genom說), 격리설(隔離說), 격변설(激變說), 결과설(結果說), 겸애설(兼愛說), 계약설(契約說), 고설(古說), 고설(高說), 고의설(故意說), 곡설(曲說), 공명설(共鳴說), 공생설(共生說), 공역주권설(空域主權說), 과립설(顆粒說), 관념력설(觀念力說), 광양자설(光量子說), 광전자설(光電子說), 괴설(怪說), 교설(教說), 교잡설(交雜說), 교통학설(交通學說), 국가법인설(國家法人說), 국가주권설(國家主權說), 국민주권설(國民主權說), 국재설(局在說), 군주주권설(君主主權說), 권력설(權力說), 권위설(權威說), 균형설(均衡說), 극이동설(極移動說), 금속설(金屬說), 기계설(機械說), 기형설(基型說), 기호설(記號說), 낙천설(樂天說), 난원설(卵原說), 날조설(捏造說), 낭설(浪說), 논설(論說), 누설(陋說), 능력설(能力說), 다윈설(Darwin), 대응설(對應說), 대인설(待忍說), 대폭발설(大爆發說), 도설(圖說), 도덕관설(道德觀說), 도참설(圖讖說), 독단설(獨斷說), 돌연변이설(突然變異說), 동설(同說), 동기설(動機說), 동위설(同位說), 동일설(同一說), 동정설(同情說), 동정설(童貞說), 동형설(同型說), 딩동설(dingdong說), 라마르크설(Lamarck說), 막설(莫說;말을 그만둠), 망설(妄說), 맥동설(脈動說), 모권설(母權說), 모방설(模倣說), 모사설(模寫說), 문화권설(文化圈說), 문화단계설(文化段階說), 문화주권설(文化主權說), 미망설(迷妄說), 미진설(微塵說), 미행성설(微行星說), 민간어원설(民間語源說), 민약설(民約說), 박설(駁說), 반대설(反對說), 반복설(反復說), 발설(發說), 배설(排說), 배엽설(胚葉說), 배위설(配位說), 백지설(白紙說), 번설(煩說), 범설(汎說), 범성설(汎性說), 범의설(汎意說), 법익설(法益說), 벽설(僻說), 변설(辨說), 변설(變說), 변천설(變遷說), 병합설(倂合說), 복성설(復性說), 복합설(複合說), 복합제약설(複合制約說), 본설(本說), 본능설(本能說), 본생설(本生說), 부설(浮說), 분자설(分子說), 분출설(分出說), 불설(佛說), 불가설(不可說), 불비례설(不比例說), 비설(秘說), 비례설(比例說), 비용설(費用說), 빅뱅설(Big-Bang說), 빙정설(氷晶說), 사설(社說), 사설(辭說), 사설(私說), 사설(邪說), 사면체설(四面體說), 사상설(絲狀說), 사색설(四色說), 사회계약설(社會契約說), 사회유기체설(社會有機體說), 삼색설(三色說), 삼해리설(三海里), 삼환설(三丸說), 상관설(相關), 상기설(想起說), 상설(詳說), 상제설(相除說), 상징설(象徵說), 상형설(象形說), 색채설(色彩說), 생기설(生氣說), 생득설(生得說), 생산력설(生産力說), 생산비설(生産費說), 생존비설(生存費說), 서설(序說), 서설(敍說), 서설(絮說), 선야설(宣夜說), 선천설(先天說), 선택설(選擇說), 성설(性說), 성선설(性善說), 성악설(性惡說), 성운설(星雲說), 세설(世說), 세설(細說), 세포설(細胞說), 소설(小說), 소설(所說), 소설(騷說), 속설(俗說), 송설(誦說), 수상설(樹狀說), 수지설(樹枝說), 수축설(收縮說), 순계설(純系說), 시상설(視床說), 시차설(時差說), 신설(新說), 신권설(神權說), 신비설(神秘說), 신선설(神仙說), 신수설(神授說)[왕권신수설(王權)], 신의설(神意說), 실력설(實力說), 실재설(實在說), 실체설(實體說), 심리설(心理說), 악설(惡說), 암유전자설(癌遺傳子說), 애매설(曖昧說), 애타설(愛他說), 약설(略說), 약속설(約束說), 양작용설(量作用說), 억설(臆說), 언설(言說), 역동설(力動說), 역본설(力本說), 역설(力說), 역설(逆說), 연설(演說), 연설(筵說), 연속창조설(連續創造說), 연합설(聯合說), 열소설(熱素說), 영공설(領空說), 영액편재설(靈液遍在說), 영혼불멸설(靈魂不滅說), 영혼설(靈魂說), 예설(禮說), 예정설(豫定說), 오행설(五行說), 와설(訛說), 완전설(完全說), 요설(妖說), 요약설(要約說), 욕설(辱說), 용불용설(用不用說), 우설(愚說), 우상설(偶像說), 원자설(原子說), 원죄설(原罪說), 위하설(威嚇說), 유설(流說), 유설(謬說) 유기체설(有機體說), 유익설(有益說), 유자설(猶子說), 유전설(遺傳說), 유출설(流出說), 육교설(陸橋說), 윤회설(輪廻說), 음양설(陰陽說), 음양지리설(陰陽地理說), 음양오행설(陰陽五行說), 음의설(音義說), 응집력설(凝集力說), 의성어설(擬聲語說), 이설(異說), 이기설(利己說), 이기설(理氣說), 이도설(二道說), 이면설(二面說), 이온설(ion說), 이온화설(ion化說), 이익설(利益說), 이해설(利害說), 인간중심설(人間中心說), 인과설(因果說), 인연설(因緣說), 인지설(認知說), 일설(一說), 일음일의설(一音一義說), 자설(自說), 자

530) 설명(說明): 어떤 일의 내용이나 이유 따위를 상대편이 잘 알 수 있도록 밝혀 말함. 또는 그 말. ¶설명 방식. 설명이 어렵다. 설명개념(概念), 설명되다/하다, 설명력(力), 설명문(文), 설명법(法), 설명서(書), 설명어(語), 설명자(者), 설명적(的), 설명회(會).

531) 설화(說話): 어느 민족이나 집단에 전승되어 오는 이야기. 실제 있었던 일이나 만들어 낸 내용을 재미있게 꾸며서 하는 말. ¶설화도(圖), 설화문학(文學), 설화소설(小說), 설화요(謠), 설화적(的), 설화집(集), 설화체(體), 설화형(形), 설화화(畵); 거인설화(巨人), 난생설화(卵生), 민간설화(民間), 만단설화(萬端;온갖 이야기), 신혼설화(神婚), 영웅설화(英雄), 일월설화(日月).

ㅅ

생설(自生說), 자아실현설(自我實現說), 자연도태설(自然淘汰說), 자연발생설(自然發生說), 자연선택설(自然選擇說), 잡설(雜說), 잡종설(雜種說), 장황설(張皇說), 재설(再說), 적극설(積極說), 적취설(積聚說), 전설(前說), 전설(傳說)[전설적(的), 전설화(化)], 전개설(展開說), 전리설(電離說), 전변설(轉變說), 전성설(前成說), 전자설(電子說), 전자설(電磁說), 전파설(傳播說), 절대설(絕對說), 절욕설(節慾說), 절충설(折衷說), 정설(定說), 정령설(精靈說), 정원설(精原說), 정합설(整合說), 제설(諸說), 제왕주권설(帝王主權說), 제욕설(制慾說), 조명설(照明說), 조석설(潮汐說), 조우설(遭遇說), 주력설(呪力說), 주의설(主意說), 주정설(主情說), 주지설(主知說), 주천원설(周天圓說), 주화설(主和說), 중설(重說), 중설(衆說), 지설(持說), 지각설(知覺說), 지각수축설(地殼收縮說), 지각평형설(地殼平衡說), 지동설(地動說), 지전설(地轉說), 지행합일설(知行合一說), 지향설(志向說), 직설(直說), 직각설(直覺說), 직관설(直觀說), 직진설(直進說), 진설(珍說), 진동수설(振動數說), 진화설(進化說), 차설(且說), 참위설(讖緯說), 천동설(天動說), 천변지이설(天變地異說), 천부설(天賦說), 천원지방설(天圓地方說), 총설(總說), 총설(叢說), 추설(醜說), 충돌설(衝突說), 칼로릭설(Caloric說), 쾌락설(快樂說)[공중쾌락설(公衆)], 탁설(卓說), 토설(吐說), 통설(通說), 파설(播說), 파동설(波動說), 팔우설(八隅說), 패설(悖說), 패설(稗說), 평설(評說), 포상설(泡狀說), 폭설(暴說), 표설(漂說), 표상설(表象說), 풍설(風說;風聞), 풍수설(風水說), 플로지스톤설(phlogiston說), 학설(學說), 학습설(學習說), 한전설(限田說), 합리설(合理說), 항설(巷說), 해설(解說), 행복설(幸福說), 향락설(享樂說), 허설(虛說), 현실설(現實說), 호설(胡說), 혹설(或說), 혹설(惑說), 화설(話說), 화체설(化體說), 확설(確說), 환상설(幻想說), 활력설(活力說), 황설(荒說), 횡설수설(橫說竪說), 효용설(效用說), 후생설(後生說), 후성설(後成說), 흉설(凶說). §'달래다'의 뜻으로는 [세]로 읽힘. '세객(說客), 유세(遊說), 유세(誘說), 치세(馳說)'. '기쁘다'의 뜻으로는 [열]로 읽힘. 열락(說樂), 열희(說喜).

설(雪) '눈. 눈같이 흰. 씻어 없애다'를 뜻하는 말. ¶설경(雪徑), 설경(雪景), 설계(雪溪), 설공이, 설광(雪光), 설괴(雪塊), 설교(雪橋;눈다리), 설국(雪國), 설굴(雪窟), 설기(雪肌), 설니(雪泥;눈과 진흙), 설니홍조(雪泥鴻爪;삶의 덧없음), 설량(雪量), 설령(雪嶺;눈 쌓인 산봉우리), 설로(雪路), 설리고(雪梨膏), 설맹(雪盲), 설면(雪面), 설면자(雪綿子;풀솜), 설미(雪眉), 설백하다(雪白), 설봉(雪峰), 설부(雪膚), 설부화용(雪膚花容), 설분(雪憤), 설산(雪山), 설상(雪上)[설상가상(加霜;어려운 일이 연거푸 일어남), 설상차(車)], 설상(雪霜), 설색(雪色;눈빛. 雪景), 설선(雪線), 설수(雪水;눈석임물), 설안경(雪眼鏡), 설안염(雪眼炎), 설야(雪夜), 설야(雪野), 설욕(雪辱)[532], 설운(雪雲), 설원(雪原), 설원(雪冤), 설월(雪月), 설의(雪意), 설이(雪異), 설인(雪人), 설전(雪田), 설전(雪戰), 설점(雪點), 설정(雪程), 설제(雪堤), 설죽(雪竹), 설중(雪中)[설중매(梅), 설중사우(四友), 설중송백(松柏)], 설창(雪窓), 설척(雪滌;원한 따위를 깨끗이 씻음), 설천(雪天), 설치(雪恥;부끄러움을 씻음), 설탕(雪糖)[533], 설편(雪片), 설풍(雪風), 설피(雪皮;눈에 빠지지 않게 신바닥에 대는 덧신), 설한(雪恨), 설한/풍(雪寒/風), 설해(雪害), 설화(雪花/華), 설화지(雪花紙), 설화(雪禍), 설후(雪後); 강설(降雪), 강설(强雪)[강설량(量); 인공강설(人工)], 광설(狂雪), 납설(臘雪), 대설(大雪), 동빙한설(凍氷寒雪), 만년설(萬年雪), 모설(暮雪), 미설(眉雪;눈같이 흰 눈썹), 박설(薄雪), 방설(防雪), 배설(排雪), 백설(白雪), 분설(粉雪;가랑눈), 분분설(紛紛雪), 비설(飛雪), 빙설(氷雪), 산설(山雪), 상설(霜雪), 서설(瑞雪), 소설(小雪), 소설(昭雪), 소설(掃雪), 시설(柹雪;곶감 겉면에 생기는 흰 가루), 신설(伸雪), 심설(深雪), 야설(夜雪), 옥설(玉雪), 우설(雨雪), 잔설(殘雪), 장설(丈雪), 장설(壯雪), 적설(赤雪), 적설(積雪), 제설(除雪), 조설(早雪), 척설(尺雪), 청설(淸雪), 초설(初雪), 춘설(春雪), 취설(吹雪;눈보라), 쾌설(快雪)[534], 폭설(暴雪), 폭풍설(暴風雪), 풍설(風雪), 한설(寒雪), 해설(海雪), 해설(解雪), 향설(香雪), 형설(螢雪) 들.

설(設) '베풀다. 만들다. 세우다. 가령'을 뜻하는 말. ¶설강(設講), 설계(設計)[535], 설계(設契;계를 만듦), 설국(設局), 설두(設頭;앞장을 서서 일을 주선함), 설령(設令)[536], 설립(設立)[537], 설문(設問;문제나 질문을 만들어 냄), 설비(設備)[538], 설사(設使;設令), 설시(設始), 설시(設施), 설심주의(設心做意), 설약(設若), 설연(設宴), 설연(設筵), 설영(設營), 설위(設位), 설의(設疑), 설정(設定)[설정되다/하다, 설정행위(行爲)], 설제(設題), 설진(設陣), 설채(設彩), 설치(設置)[설치대(臺), 설치되다/하다, 설치미술(美術)], 설포장(設布帳), 설혹(設或); 가설(加設), 가설(架設), 가설(假設)[가설인(人)], 각설(各設), 개설(改設), 개설(開設), 건설(建設), 고설삼문(高設三門), 공설(公設), 관설(官設), 급설(急設), 기설(旣設), 단설(單設), 매설(埋設), 미설(未設), 민설(民設), 배설(排設), 별설(別設), 병설(竝/倂設), 복설(復設), 부설(附設), 부설(敷設)[부설권(權), 부설수뢰(水雷), 부설함(艦)], 분설(分設), 사설(私設), 상설(常設), 성설(盛設), 숙설(熟設), 시설/물(施設/物), 신설(新設), 약설(略設), 이설(移設), 장설/간(帳設/間), 조설(造設), 증설(增設), 진설(陳設), 창설(創設), 첨설(添設), 첩설(疊設), 추설(追設), 침설(沈設), 특설(特設), 포설(鋪設), 합설(合設), 향설(饗設) 들.

---

532) 설욕(雪辱): 승부 따위에 이김으로써 전에 패배했던 부끄러움을 씻어내고 명예를 되찾음. 설치(雪恥). ¶이번 경기에서는 기어코 설욕하겠다. 설욕전(戰), 설욕하다.

533) 설탕: 설탕물, 각설탕(角), 막설탕, 백설탕(白), 흑설탕(黑).

534) 쾌설(快雪): 욕되고 부끄러운 일을 시원스럽게 다 씻어 버림.

535) 설계(設計): 계획을 세움. 건축·토목·기계 제작 따위에서, 그 목적에 따라 실제적인 계획을 세워 도면 따위로 명시하는 일. ¶생활 설계. 설계가(家), 설계대(臺), 설계도(圖), 설계되다/하다, 설계사(士), 설계서(書), 설계응력(應力), 설계자(者), 설계진(陣), 설계표준(標準), 설계하중(荷重); 건축설계, 기계설계(機械), 토목설계(土木).

536) 설령(設令): 가정적으로 긍정하면서도 부정할 때 쓰이어, 그러하다고 하더라도. 설사(設使), 설약(設若), 설혹(設或).

537) 설립(設立): 기관이나 조직체 따위를 새로 만들어 세움. ¶정당의 설립은 자유다. 설립강제(强制), 설립되다/하다, 설립등기(登記), 설립비용(費用), 설립위원(委員), 설립자(者), 설립행위(行爲); 모집설립(募集), 발기설립(發起), 변태설립(變態).

538) 설비(設備): 특정한 목적에 따라 필요한 기물이나 장치 따위를 갖춤. 또는 그렇게 갖춘 물건. ¶설비관리(管理), 설비동결(凍結), 설비되다/하다, 설비분산(分散), 설비비(費), 설비수입(輸入), 설비수출(輸出), 설비예산(豫算), 설비용량(容量), 설비자금(資金↔운전자금), 설비자본(資本↔경영자본), 설비재산(財産), 설비투자(投資), 설비폐기(廢棄;설비동결), 설비품(品); 건축설비(建築), 기계설비(機械), 방재설비(防災).

설(舌) '혀. 혀 모양의. 말[言]'을 뜻하는 말. ¶설강/증(舌强/症), 설강하다(舌强), 설경(舌耕), 설골(舌骨), 설권(舌卷), 설근(舌根), 설근(舌筋), 설단(舌端;혀끝), 설단음(舌端音), 설단증(舌短症), 설대(舌代), 설도(舌刀), 설두(舌頭;혀끝), 설론(舌論;말다툼), 설면(舌面), 설봉(舌鋒), 설상(舌狀), 설상화(舌狀花), 설신경(舌神經), 설암(舌癌), 설염(舌炎), 설유두(舌乳頭), 설음(舌音), 설인신경(舌咽神經), 설저(舌疽), 설전(舌戰), 설전음(舌顫音), 설접(舌接), 설진(舌診), 설첨(舌尖;혀끝), 설측음(舌側音), 설태(舌苔), 설하선(舌下腺), 설화(舌禍;말로 인하여 화를 당함); 격설(鴃舌;알아들을 수 없이 지껄이는 말), 구설/수(口舌/數), 녹설(鹿舌), 독설(毒舌), 변설(辯舌;말솜씨), 삼촌설(三寸舌), 순설(脣舌), 악설(惡舌/說), 양설(兩舌;이간질하여 싸움을 붙이는 일), 요설(饒舌), 우설(牛舌), 작설차(雀舌茶), 장광설(長廣舌;장황하게 늘어놓는 말.), 장설(長舌;말이 많음), 전설(前舌), 중설(中舌), 참설(讒舌), 필설(筆舌), 후설(後舌), 후설(後舌) 들.

설(屑) '부스러기 · 가루'를 뜻하는 말. ¶설견(屑繭), 설탕(屑糖), 설철(屑鐵), 설화(屑話;자질구레한 이야기); 거설(鋸屑;톱밥), 금설(金屑), 낙설(落屑), 동설(銅屑), 두설(頭屑;비듬), 목설(木屑;톱밥), 번설(煩屑), 불설(不屑), 사설(絲屑;실보무라지), 서설(棲屑;한 곳에 머무르지 아니하고 떠돌아다님), 쇄설(瑣屑), 암설(巖屑), 옥설(玉屑), 은설(銀屑), 적동설(赤銅屑), 죽두목설(竹頭木屑), 철설(鐵屑), 포설(鉋屑), 풍설(風屑;비듬) 들.

설(泄) '액체나 비밀 등이 새다. 싸다(누다. 설사하다)'를 뜻하는 말. ¶설기(泄氣), 설사(泄瀉), 설증(泄症); 구설(久泄), 누설(漏泄), 몽설(夢泄), 배설(排泄), 비설(脾泄), 서설(暑泄), 손설(飱泄), 수설(水泄;물찌똥), 수설불통(水泄不通), 습설(濕泄), 열설(熱泄), 유설(濡泄), 주설(酒泄), 체설(滯泄), 통설(洞泄), 폭설(暴泄), 풍설(風泄), 허설(虛泄), 활설(滑泄) 들.

설(渫) '물밑을 쳐내다'를 뜻하는 말. ¶준설(浚渫;못 · 개울의 멘 곳을 파내거나 하천 · 항만 따위의 물 밑바닥의 모래나 암석을 파 건져내는 일)[준설기(機), 준설선(船)].

설(褻) '더럽다/더럽히다. 업신여기다'를 뜻하는 말. ¶설만하다(褻慢;행동이 무례하고 방자하다); 번설하다(煩褻), 압설하다(狎褻), 오설(汚褻), 외설/물(猥褻/物) 들.

설(挈) '거느리다. 이끌다. 손에 들다'를 뜻하는 말. ¶설가(挈家;온 가족을 이끌고 가거나 옴), 설권(挈眷) 들.

설(紲) '매다. 묶다. 고삐'를 뜻하는 말. ¶부설지로(負紲之勞;귀양 가는 사람을 데리고 다니는 수고).

설(媟) '깔보다. 얕보다'를 뜻하는 말. ¶희설(戲媟;사람을 데리고 희롱하며 놂).

설(楔) '쐐기 모양'을 뜻하는 말. ¶설상(楔狀), 설상골(楔狀骨), 설치(楔齒), 설형(楔形), 설형문자(楔形文字) 들.

설(齧) '물다(깨물다. 물어뜯다)'를 뜻하는 말. ¶설살(楔殺), 설치류(齧齒類) 들.

설거지 ①먹고 난 뒤의 그릇을 씻어 치우는 일.[←설겆(다)+이]. ¶설거지물, 설거지손, 설거지통(桶); 뒷설거지. ②'비설거지[539]'의 준말. ☞ 서릊다①.

설기¹ ①쌀가루에 계핏가루나 잣가루로 켜를 지어 찐 떡. ¶설기과자(菓子), 설기떡; 꿀설기(꿀떡), 단설기, 대추설기, 마구설기[540], 메설기(매의 뿌리나 줄기를 넣어서 만든 설기), 무설기, 밤설기, 백설기(白), 수수설기, 쑥설기, 콩설기, 호박설기, 흰설기. ②여러 줄기들이 어울려 엉클어진 모양. ¶칡덩굴이 설기설기 엉키다. 얼기설기.

설기² 싸리채나 버들채 따위로 엮어서 만든 네모 모양의 상자. 아래위 두 짝으로 되어 있음. ¶설기에 이바지 음식을 담아 보내다. 설깃옷(설기에 넣어둔 옷).

설깃 소의 볼기에 붙은 고기의 한 가지. 구이나 회 따위로 씀. ¶설깃에 붙은 고기를 '보습살'이라고 한다.

설(다) ①익숙하지 못하여 서먹하거나 어색하다[미숙(未熟)]. ¶아직 손이 설다. 설가다[541], 설둥하다[542], 서름하다[543], 설어지다(설게 되다. 익숙하지 못하게 되다), 설퉁하다[544]; 귀설다, 낯설다, 눈설다, 땅설다, 물설다, 산설다(山), 판설다; 어설프다. 설~살-[545]. ②잠이 넉넉하지 않거나 깊지 않다. ¶잠자리가 바뀌니 잠이 설다. ③열매, 밥, 술 따위가 제대로 익지 아니하다.↔익다. ¶밥이 설다.

설대 담배통과 물부리 사이에 끼워 맞추는 가는 대. 간죽(竿竹). ¶담배설대/대설대, 오목설대(烏木), 외마디설대.

설뚱-하다 마음이나 분위기가 들뜨고 어수선하다. ¶내일 고향을 떠난다는 생각에 마음이 설뚱하다. 사무실은 설뚱해서 불안한 공기가 떠돌고 있었다.

---

539) 비설거지: 비가 오려 하거나 올 때에 비를 맞혀서는 안 될 물건을 거두거나 덮는 일.

540) 마구설기: 고명을 제대로 넣지 아니하고 되는대로 아무렇게나 만든 백설기.

541) 설가다: 광맥이 탐탁하지 않고 금분(金分)이 적다.

542) 설둥하다: 좀 덜 익은 느낌이 있다. ¶설둥한 김치/ 깍두기.

543) 서름하다: 남과 가깝지 못하여 사이가 좀 서먹하다. 사물에 익숙하지 못하다.[←설(다)+음]. ¶몇 해를 두고 서름하게 지내는 사이. 나는 아직도 이 기계에 서름하다. 서름서름하다(매우 서름하다.=설뚱멀뚱하다).

544) 설퉁하다: 마음이 내키지 않는 태도가 있다. ¶설퉁한 어조로 대답하다.

545) 설~살-: 일부 명사나 동사 앞에 붙어 '충분하지 못하게. 덜된. 서툰'의 뜻을 더하는 말. '서-, 선-, 섣-, -살'은 '설다[미숙(未熟)]'의 어근 '설-'의 이형태. ¶살눈, 살어둠(매우 약하게 깃들기 시작한 어둠), 살얼음(얇게 살짝 언 얼음); 서투르다; 선떡/부스러기, 선똥, 선머슴, 선멋(격에 어울리지 않게 낸 멋), 선무당, 선불(질), 선소리(이치에 맞지 않는 덜된 소리)/하다, 선웃음, 선잠, 선하품; 섣부르다, 섣불리, 섣빠르다; 설가다(광맥이 단단하지 않고 금분이 적다), 설건드리다, 설구이(↔마침구이), 설굳다, 설굽다, 설깨다, 설늙은이, 설다듬이(대강대강 다듬는 다듬이), 설다루다, 설데치다, 설되다, 설듣다, 설디디다, 설때리다, 설때우다, 설떠름하다(분명하지 않고 떨떠름하다), 설뜨다(덜 뜨다), 설마르다/말리다, 설맞다/맞히다, 설먹다, 설미지근 · 실미지근하다/히, 설보다, 설빠름(졸속), 설삶다/삶기다, 설어둠(어둑어둑한 상태), 설익다/익히다, 설자다, 설잠그다, 설잡다/잡히다, 설잡죄다, 설죽다/죽이다, 설찌르다, 설차다, 설취하다(醉), 설치다¹(마구 날뛰다. 조급하게 행동하다), 설치다²(필요한 정도에 미치지 못한 채로 그만두다. 잠을 설치다).

ㅅ

설렁 처마 끝 같은 곳에 달아 놓아, 사람을 부를 때 줄을 잡아당기면 소리를 내는 방울.[←현령(懸鈴)]. ¶팔순 노모는 일이 있을 때마다 설렁줄을 당겨 자식의 시중을 받았다. 설렁줄.

설렁설렁 많은 물이 끓어오르며 이리저리 자꾸 움직이는 모양. ¶가마솥의 물이 설렁설렁 끓기 시작했다.

설렁-탕(湯) 소의 뼈나 머리, 내장 따위를 푹 삶은 국.[←수라. 설렁. 선농단(先農壇)].

설레(다) ①마음이 들떠서 가라앉지 않고 두근거리다. ¶수학여행이 내일로 닥치니 가슴이 설렌다. 설레꾼(야바위꾼. 타짜꾼), 설렘; 뒤설레다(몹시 설레다). ②가만히 있지 못하고 자구 이리저리 움직이다.≒들먹거리다. ¶그가 등장하는 순간, 나도 모르게 마음이 설레기 시작하였다. 설레[546], 설레기[547], 살래살래[548] · 설레설레. ③물 따위가 설설 끓거나 일렁거리다.

설마 아무리 그러하기로. 걱정이 되기는 하였지만 그래도.≒아무리. ¶설마 그럴 리가 있겠느냐. 설마 거짓말을 했겠냐. 설마가 사람 잡는다/죽인다(설마 그럴 리야 없겠지 하는 마음이나 방심의 결과로 크게 낭패를 본다). 설마하니(아무리 그러하다 하더라도), 설마한들, 설마설마하다. [+전제된 추측에 대한 부정적 추측. 또는 반대되는 사실의 희망. 사태에 대한 의심].

설면-하다 자주 만나지 못하여 낯이 좀 설다. 사이가 정답지 아니하다.[←설-+면(面)+하다].≒낯설다. 설다. 소원하다(疏遠). ¶낯이 설면하다. 다른 사람들이 나에게 대하여 설면하게 하는 것이 분하였다. 설면설면[549]/하다.

설미 일의 갈래가 구별되는 어름.≒갈피.

설설 아이가 오줌을 거침없이 쉽게 싸는 모양.

설설-하다 성격이나 행동이 활달하고 시원시원하다. ¶젊은이의 성미가 설설해서 좋다. 그는 본 대로를 설설히 아뢰었다.

설체-하다 흔하게 쓰다. 마음껏 먹다(포식하다). ¶돈을 설체하고 다닌다. 잔칫집에서 배 터지게 설체했다.

설축 야무지고 굳센 놈.

설치 ①괴도라치의 새끼. 이것을 말린 것이 뱅어포임. ②황어(黃魚).

설피 눈이 깊은 곳을 다닐 때 신바닥에 대는, 칡이나 노 따위로 넓적하게 만든 물건.≒사갈.

섧(다) 분하고 억울하거나 애석하여 울고 싶은 느낌이 솟아나다.≒슬프다. ¶설워 말고 힘을 내라. 섧게/서럽게 울다. 밥도 제대로 못 먹어 서럽다. 서겁다[550], 서글프다[551][〈서그프다←서긇다], 서러움/설움, 서러워하다/설워하다, 서러이(서럽게), 서럽다; 불서럽다(몹시 서럽다), 애섧다(애달프고 서럽다).

섬¹ 사면이 물로 둘러싸인 작은 육지.↔뭍[육지(陸地)]. ¶섬에 살다. 바윗돌로 된 작은 섬을 '염'이라고 한다. 섬굽이, 섬기슭, 섬나라, 섬놈, 섬돌기(추석 때 섬을 돌며 하는 뱃놀이), 섬둑, 섬땅(섬 지방), 섬마을, 섬멧새, 섬목(섬에 드나드는 길목), 섬버들, 섬벚나무, 섬부두(埠頭), 섬부리(섬의 비쭉 나온 귀퉁이), 섬뽕나무, 섬사람, 섬새, 섬색시, 섬엄나무, 섬주민(住民), 섬지역(地域); 갓섬, 강섬(江;강에 있는 섬), 고깔섬, 교통섬(交通), 노들섬, 대륙도(大陸島;뭍섬, 육지섬), 대양섬(大洋), 돌섬, 등대섬(燈臺;등대가 있는 작은 섬), 떼섬[군도(群島)], 뚝섬, 모래섬, 목섬[552], 물뚝섬[553], 뭇섬[제도(諸島)], 뭍섬, 바다섬, 바위섬[암서(巖嶼)], 보물섬(寶物), 부속섬(附屬), 비단섬, 산호섬(珊瑚), 샛섬[중도(中島)], 숲섬, 안전섬(安全;조금도 위험성이 없는 안전지대), 알섬, 열섬(熱;주변보다 기온이 높은 도시 지역), 외딴섬, 인공섬(人工), 자라섬, 장구섬, 줄섬[열도(列島)], 충적섬(沖積), 화산섬(火山). ☞ 도(島).

섬² 마당에서 대뜰로 오르는 돌층계. 섬돌. ¶우리 시골집은 섬이 유난히 높았다.

섬³ 곡식 따위를 담기 위하여 짚으로 엮어 만든 멱서리. 곡식 10 말을 이르는 단위. ¶쌀 한 섬. 섬거적, 섬곡식(穀), 섬누룩, 섬떡, 섬멍구럭(섬을 묶어서 친 얽이), 섬밥, 섬벼, 섬지기[←섬+짓기], 섬통(곡식을 담은 섬의 부피), 섬틀(섬을 치는 틀), 섬피(皮;곡식 섬의 겉껍데기. 멱서리); 겻섬(겨를 담은 섬), 낱섬, 매섬(每), 볏섬(벼를 담은 섬) 들.

섬(纖) '가늘다'를 뜻하는 말. ¶섬개(纖芥;검부러기), 섬경(纖莖;가늘고 약한 식물의 줄기), 섬교하다(纖巧), 섬도(纖度), 섬려하다(纖麗), 섬모(纖毛)[섬모상피(上皮), 섬모운동(運動), 섬모충(蟲)], 섬복지(纖匐枝), 섬섬(纖纖;연약하고 가냘픈 모양)[섬섬약질(弱質), 섬섬옥수(玉手), 섬섬하다], 섬세하다(纖細), 섬세성(性), 섬소하다(纖疏), 섬수(纖手;가냘픈 손), 섬약하다(纖弱), 섬연하다(纖姸), 섬월(纖月), 섬유하다(纖柔), 섬유(纖維)[554], 섬조(纖條),

---

546) 설레: 몹시 서두르며 부산하게 구는 짓이나 현상. 설레는 행동. ¶아이들 설레에 일을 할 수 없다. 아이들 설레에 넋이 다 나갔다. 설레발(몹시 서두르며 부산하게 구는 행동)[설레발놓다, 설레발치다(몹시 서두르며 부산하게 놀다)], 설레통; 뒤설레(서두르며 수선스럽게 구는 일).

547) 설레기: 낚싯봉을 달지 아니하거나 가벼운 것을 달아서, 낚시가 물살에 떠밀리어 가게 하여 낚시하는 방법.

548) 살래살래: 작은 동작으로 몸의 한 부분을 가볍게 가로 흔드는 모양.=살레. 〈큰〉설레설레. 〈센〉쌀래쌀래. 〈준〉살살. ¶머리를 살래살래/살살 젓다. 꼬리를 살래살래 흔들다. 살래살래/살살 · 설레설레/설설 · 쌀래쌀래/쌀쌀 · 썰레썰레/썰썰.

549) 설면설면: 사이가 정답지 아니하고 서먹서먹하거나 어색한 모양. ¶낯선 사람이 나에게 설면설면 다가왔다. 설면설면히 지내다. 설면설면/하다.

550) 서겁다: 마음에 섭섭한 느낌이 있다. 쓸쓸하다. ¶서거운 웃음.

551) 서글프다: 슬프고도 허전하다. 섭섭하고 언짢다.≒슬프다. 서럽다. 눈물겹다. ¶서글픈 계절. 서글픈 신세. 손자를 보내는 할머니의 표정은 못내 서글퍼 보였다. 서글피 우는 밤. 서글퍼지다, 서글픔, 서글피(서글프게).

552) 목섬: 뭍과 잘록하게 이어진 모래섬. 항도(項島). 육계도(陸繫島;모래톱으로 육지와 이어져 있는 섬).

553) 물뚝섬: 강물에 밀린 모래가 쌓여 이루어진 삼각주나 섬.

554) 섬유(纖維): 섬유공업(工業), 섬유근(根;수염뿌리), 섬유기계(機械), 섬유막(膜), 섬유벽(壁), 섬유상(狀), 섬유소(素), 섬유식물(植物), 섬유작물(作物), 섬유제품(製品), 섬유조직(組織), 섬유종(腫), 섬유질(質), 섬유판(板); 광물성섬유(鑛物性), 광섬유(光), 근섬유(筋), 금속섬유(金屬), 동물성섬유(動物性), 무기질섬유(無機質), 반합성섬유(反合性), 비닐섬유(vlnyl), 산모섬유(散毛), 식물성섬유(植物性), 신경섬유(神經), 암석섬유(巖石), 유리섬유, 인조섬유(人造), 인피섬유(靭皮), 자연섬유(自然), 재

섬지(纖指), 섬진(纖塵;미세한 티끌), 섬호(纖毫); 소섬(梳纖), 홍섬(洪纖), 합섬(合纖), 화섬(化纖) 들.

섬(閃) '번쩍이다(깜박거리다. 어른거리다)'를 뜻하는 말. ¶섬광(閃光)[555], 섬도지(閃刀紙), 섬록암(閃綠岩), 섬삭(閃爍;번쩍 하고 빛나는 모양), 섬섬하다(閃閃), 섬아연광(閃亞鉛鑛), 섬영(閃影), 섬요(閃搖), 섬전(閃電), 섬화(閃火), 섬화(閃花); 남섬편암(藍閃片巖), 동섬서홀(東閃西忽), 좌섬(挫閃), 직섬석(直閃石) 들.

섬(蟾) '두꺼비'를 뜻하는 말. ¶섬광(蟾光), 섬백(蟾魄;달), 섬소(蟾穌), 섬여(蟾蜍), 섬주(蟾注), 섬토(蟾兎), 섬회(蟾灰); 소섬(素蟾;달), 옥섬(玉蟾;달) 들.

섬(贍) '넉넉하다'를 뜻하는 말. ¶섬부하다(贍富;가멸고 풍부하다), 섬족하다(贍足); 부섬하다(富贍), 불섬하다(不贍), 화섬하다(華贍) 들.

섬(譫) '헛소리. 수다스럽다'를 뜻하는 말. ¶섬망(譫妄;의식이 흐리고 망상을 일으키는 병), 섬어(譫語;헛소리, 잠꼬대) 들.

섬(殲) '모조리 죽이다'를 뜻하는 말. ¶섬멸(殲滅)[섬멸전(戰), 섬멸하다], 섬박(殲撲;때려 부숨), 섬상(殲傷); 진섬(殄殲) 들.

섬기(다) ①윗사람을 잘 모시어 받들다. 사회적으로 보람 있는 일이 이루어지도록 힘이나 정성을 기울이다. 남을 아끼다.≒돕다. 모시다. 받들다. 떠받들다. 봉양하다. ¶부모를 섬기다. 아내가 남편을 섬긴다. 하늘을 섬기다. ②어떤 말이나 이름 따위를 잇달아 말하는 상태가 되다. ¶주워섬기다(들은 대로 본 대로 사실들을 죽 들어서 이야기하다).

섬뜩 갑자기 소름이 끼치도록 무섭고 끔찍한 느낌이 드는 모양. ¶섬뜩 소름이 끼치다. 불길한 예감이 섬뜩 지나갔다. 가슴이 섬뜩하다. 섬뜩섬뜩/하다, 섬쩍지근하다[556], 섬찍/하다.

섬마섬마 어린아이에게 따로서기를 가르칠 때, 일으켜 잡았던 손을 떼려 하면서 하는 말(따로따로 따따로).

섬뻑 어떤 일이 행하여진 후 곧바로. ¶동생은 아버지 말씀이 떨어지기가 무섭게 섬뻑 달려갔다. 내가 말을 너무 까다롭게 내기 때문에 섬뻑 대답이 나오지 않았다.

섬서-하다 지내는 사이가 썩 어울리지 아니하고 서먹서먹하다. 친절하지 아니하다. 〈작〉삼사하다. ¶그는 예전과 달리 섬서해진 구석은 없었다. 이웃끼리 섬서하게 지내는 사이라 자세히는 모르겠네. 대접이 섬서했다.

섬질 널빤지의 옆을 대패로 밀어 깎는 일. ¶마루널을 섬질하다. 합판을 쌓아 놓고 섬질을 오래 했더니 목과 어깨가 결린다.

섭 홍합과의 바닷조개(섭조개). ¶섭소왜(섭조개를 뜯는 데 쓰는 기구), 섭쓰레[557], 섭조개밥, 섭조개죽/섭죽, 섭집게(섭조개를 잡는 데 쓰는 집게). ☞ 수풀②.

섭- 옛말 '섭ᄒᆞ다(아로새기다)'의 어근으로 '새기다'와 어울려 쓰이는 말. ¶기둥머리에 섭새긴 구름무늬. 섭새기다[558], 섭새김/질, 섭새김질하다, 섭장(금은세공으로 섭새김을 하는 장인바치).

섭(攝) '끌어 잡다'를 뜻하는 말. ¶섭동(攝動)[섭동력(力), 섭동론(論); 장년섭동(長年)], 섭리(攝理), 섭사(攝祀), 섭생(攝生;養生)[섭생가(家), 섭생법(攝生法); 불섭생(不)], 섭수(攝受), 섭식(攝食), 섭심(攝心), 섭씨(攝氏), 섭양(攝養), 섭정(攝政;임금을 대신하여 정치함), 섭주(攝奏), 섭중(攝衆), 섭취(攝取;양분을 빨아들임. 사물을 자기 것으로 받아들임), 섭행(攝行;남의 일을 대신 함), 섭호선(攝護腺;前立腺), 섭화(攝化); 겸섭(兼攝), 관섭(管攝), 권섭(權攝), 불섭생(不攝生), 신섭(愼攝), 실섭(失攝), 조섭(調攝), 통섭(通攝), 퇴섭(退攝), 포섭(包攝) 들.

섭(涉) '물을 건너다. 겪다. 관계하다'를 뜻하는 말. ¶섭금류(涉禽類), 섭력(涉歷;갖가지 일을 두루 경험함), 섭렵(涉獵;널리 다니면서 찾음. 온갖 책을 널리 읽음), 섭세(涉世;세상을 살아감), 섭수(涉水;물을 건넘), 섭수금(涉水禽), 섭외(涉外;외부와 연락·교섭하는 일), 섭의하다(涉疑), 섭험(涉險); 간섭/하다(干涉), 관섭(關涉), 교섭(交涉), 도섭(徒涉), 도섭(渡涉), 박섭(博涉), 발섭(跋涉), 보섭(步涉), 역섭(歷涉), 잠섭(潛涉), 참섭(參涉), 통섭(通涉), 횡섭(橫涉) 들.

섭(鑷) '족집게. 뽑다'를 뜻하는 말. ¶섭발(鑷髮), 섭백(鑷白;흰머리를 뽑아 버림), 섭옥잠/섭옥(鑷玉簪)[금섭옥(金玉), 은섭옥(銀)].

섭(燮) '온화하다'를 뜻하는 말. ¶섭리(燮理;음양을 고르게 다스림), 섭화(燮和;부드럽게 다스리는 일) 들.

섭(囁) '소곤거리다. 속삭이다'를 뜻하는 말. ¶섭유(囁嚅); 첩섭(呫囁).

섭(顳) '관자놀이(귀와 눈 사이 부분)'를 뜻하는 말. ¶섭유(顳顬)[섭유골(骨), 섭유근(筋)].

섭(懾) '두려워하다'를 뜻하는 말. ¶섭복(懾服), 섭포(懾怖).

섭섭-하다 ①마음에 끌리어 서로 헤어지기가 어렵다.≒서운하다. ¶헤어지자니 정말 섭섭하다. 정담도 못 나누고 섭섭하게 헤어지다. ②없어지는 것이 아깝다.≒아쉽다. ¶그의 죽음은 참으로 섭섭한 일이다. ③기대에 어그러져 마음에 서운하고 불만스럽다.≒못마땅하다. 서운하다. ¶섭섭한 말을 듣다. 섭섭히 여기다. 네가 나에게 그리하다니 참 섭섭하다. 섭섭히 생각지 마라. '애운하다'는 '섭섭하다'의 비표준말이다. 시원섭섭하다.

섭수 '수단(手段)'의 평북 사투리.

섭슬리(다) 함께 섞여 휩쓸리다. ¶그 불량한 친구들과는 섭슬려

생섬유(再生), 천연섬유(天然), 탄력섬유(彈力), 표피섬유(表皮), 합성섬유(合成), 화학섬유(化學).

555) 섬광(閃光): 빛. 번개. 불꽃. ¶섬광등(燈), 섬광방전등(放電燈), 섬광법(法), 섬광분(粉), 섬광성(星), 섬광신호(信號), 섬광실명(失明), 섬광암점(暗點), 섬광전구(電球), 섬광측정(測定), 섬광화상(火傷).

556) 섬쩍지근하다: 무섭고 꺼림칙한 느낌이 오래도록 남아 있다. ¶그날 밤에 들은 이야기가 어쩐지 섬쩍지근하다.

557) 섭쓰레: 바닷물 밑의 섭조개를 따는 데 쓰는 가래 모양의 기구. ¶섭쓰레로 바다 밑을 긁다.

558) 섭새기다: 조각에서, 가운데는 도도록하게 하고 가장자리를 파내거나 뚫어지게 새기다.

다니지 말라.

섭치 여러 가지 물건 중 변변하지 못하고 너절한 것.↔알천. ¶쓸만한 것은 다 가져가고 섭치만 남았다. 허섭스레기/허접쓰레기.

섭풍 수심이 얕을 때에 통나무가 흐르는 방향을 조절하기 위하여 설치한 임시 시설.

섯등 소금밭에서 염분을 거르기 위하여 바닥을 다지고 가장자리를 둘러막은 시루 같은 장치.

섰다 화투 두 장씩으로 하는 노름의 한 가지. ¶섰다판.

성¹ 노엽거나 언짢게 여겨 일어나는 불쾌한 감정. 〈높〉역정(逆情)[559]. ¶성이 나서 펄펄 뛰다. 성이 머리끝까지 나다(성이 몹시 치밀다). 성나다[560]/내다, 성풀다, 성풀이(성난 마음을 푸는 일)/하다; 불뚝성(불뚝하고 내는 성), 뺏성[561], 애성이(분하고 성이 나는 감정).

성² 관형사형 어미 '-은/는/을' 뒤에 쓰여, '추측 및 가능성 또는 셈이나 요량'의 뜻을 나타내는 말.=듯. ¶다섯이면 되겠으나 든든할 성으로 두 사람을 더 보냈다. 비가 올 성싶다. 좋을 성싶어서 가져왔다. 잠이 올 성싶지 않다. 또 한 번 장난치면 내가 가만히 있을 성부르냐? 성싶다; 될성부르다, 성부르다(성싶다).

성(性) 사람 · 사물의 본바탕이나 암수의 구별. 이성을 욕구하는 느낌이나 행위. 성질 · 성향. 성과의 뜻을 나타내는 말. ¶성에 차다(마음에 흐뭇하다). 성에 눈을 뜨다. 성감(性感)[성감대(帶); 자기성감(自己)], 성격(性格)[562], 성결(性;성품의 곱고 사나운 성질이나 상태), 성공(性空), 성관계(性關係), 성교(性交), 성교육(性敎育), 성급하다(性急), 성기(性器), 성기능(性機能), 성깔(못된 성질을 부리는 태도나 버릇)[성깔머리, 성깔지다/차다, 성칼지다[563]], 성노리개, 성능(性能)[성능검사(檢査); 고성능(高)], 성도(性度), 성도덕(性道德), 성도착/자(性倒錯/者), 성령(性靈), 성론(性論), 성리/학(性理/學), 성마르다[564], 성매매(性賣買), 성명(性命)[구전성명(苟全)], 성미(性味;성질과 비위), 성벽(性癖;심신에 밴 습관), 성별(性別), 성병(性病), 성불구(性不具), 성비(性比), 성상(性狀), 성상/학(性相/學), 성생활(性生活), 성선(性腺), 성선설(性善說), 성설(性說), 성세포(性細胞), 성소(性巢), 성악설(性惡說), 성선설(性善說), 성악하다(性惡), 성애(性愛), 성염색체(性染色體), 성욕(性慾)[성욕묘사(描寫), 성욕이상(異常); 변태성욕(變態)], 성적(性的)[성적매력(魅力), 성적충동(衝動)], 성전(性典), 성전환(性轉換), 성정(性情), 성조하다(性燥), 성졸하다(性拙), 성주기(性週期), 성즉리(性卽理), 성지(性智), 성질/나다/내다/부리다(性質), 성징(性徵), 성차별(性差別), 성추행(性醜行), 성폭행(性暴行), 성품(性品), 성품(性稟), 성해(性海), 성행(性行), 성행위(性行爲), 성향(性向)[보수성향(保守), 소비성향(消費), 수입성향(輸入), 저축성향(貯蓄)], 성호르몬, 성희롱(性戲弄); 가성(苛性), 가성(假性), 가능성(可能性), 가단성(加鍛性), 가독성(可讀性), 가동성(可動性), 가망성(可望性), 가방성(可紡性), 가변성(可變性), 가분성(可分性), 가사성(家使性), 가성(苛性), 가성(假性)[가성근시(近視), 가성빈혈(貧血)], 가성성(加成性), 가소성(可塑性), 가역성(可逆性), 가연성(可燃性), 가열성(加熱性), 가요성(可撓性), 가용성(可溶性), 가용성(可鎔性), 가융성(可融性), 가인식성(可認識性), 가전성(加展性), 가제어성(可制御性), 가축성(可縮性), 가취성(可取性), 가치성(價値性), 가학성(加虐性), 가항성(可航性), 가혹성(苛酷性), 가환성(可換性), 간결성(簡潔性), 간고성(艱苦性), 간교성(奸巧性), 간대성(間帶性), 간명성(簡明性), 간사성(幹事性), 간섭성(干涉性), 간성(間性), 간악성(奸惡性), 간주관성(間主觀性), 간질성(間質性), 감성(感性), 감각성(感覺性), 감격성(感激性), 감광성(感光性), 감동성(感動性), 감상성(感傷性), 감색성(感色性), 감수성(減數性), 감수성(感受性), 감열성(感熱性), 감온성(感溫性), 감촉성(感觸性), 강성(剛性), 강성(强性), 강내림성, 강단성(剛斷性), 강대성(强大性), 강도성(强盜性), 강의성(剛毅性), 강인성(强靭性), 강제성(强制性), 강직성(强直性), 강하성(江下性), 개성(個性), 개방성(開放性), 개별성(個別性), 개시성(開示性), 개연성(蓋然性), 개인성(個人性), 개장성(開場性), 객관성(客觀性), 객체성(客體性), 거성(拒性), 거대성(巨大性), 거르기성, 거만성(倨慢性), 거주성(居住性), 거품성, 건성(乾性), 건강성(健康性), 건망성(健忘性), 건실성(健實性), 건전성(健全性), 건조성(乾燥性), 게릴라성(guerilla性), 게으름성, 격렬성(激烈性), 견성(見性), 견결성(堅決性), 견고성(堅固性), 견딜성, 견딤성, 견실성(堅實性), 견인성(堅忍性), 견인불발성(堅忍不拔性), 결단성(決斷性), 결백성(潔白性), 결벽성(潔癖性), 결실성(結實性), 결정성(結晶性), 결합성(結合性), 겸손성(謙遜性), 경성(硬性), 경성(傾性), 경각성(警覺性), 경광성(傾光性), 경동성(傾動性), 경동성(驚動性), 경박성(輕薄性), 경압성(傾壓性), 경열성(傾熱性), 경영성(經營性), 경제성(經濟性), 경직성(硬直性), 경진성(傾震性), 경촉성(傾觸性), 경향성(傾向性), 경화성(傾化性), 계급성(階級性), 계단성(階段性), 계속성(繼續性), 계승성(繼承性), 계절성(季節性), 계통성(系統性), 계획성(計劃性), 고결성(固結性), 고결성(高潔性), 고귀성(高貴性), 고기능성(高技能性), 고루물듦성, 고립성(孤立性), 고매성(高邁性), 고미성(苦味性), 고산성(高山性), 고식성(姑息性), 고원성(高原性), 고유성(固有性), 고의성(故意性), 고임성, 고정성(固定性), 곱슬성, 공간성(空間性), 공격성(攻擊性), 공고성(鞏固性), 공공성(公共性), 공극성(空隙性), 공기꺼림성, 공동성(空洞性), 공리성(功利性), 공성(空性), 공융성(共融性), 공의성(公義性), 공익성(公益性), 공정성(公正性), 공통성(共通性), 과감성(果敢性), 과격성(過激性), 과단성(果斷性), 과민성(過敏性), 과산성(寡産性), 과염색성(過染色性), 과학성(科學性), 관념성(觀念性), 관대성(寬大性), 관성(慣性), 관련성(關聯性), 관료성(官僚性), 광물성(鑛物性), 광분해성(光分解性), 광식성(廣

559) 역정(逆情): 역정이 나다/내다(성이 나다/내다). 역정스럽다. 역정풀이(닥치는 대로 함부로 성을 내는 일).

560) 성나다: 몹시 노엽다. 종기 따위가 덧나다.

561) 뺏성: 갑자기 발칵 일어나는 짜증. ¶뺏성을 내다.

562) 성격(性格): 개인이 가지고 있는 고유의 성질이나 품성. 어떤 사물이나 현상의 본질이나 본성. 개인의 독특한 심리적 체계. ¶성격이 쾌활하다. 성격검사(檢査), 성격극(劇), 성격묘사(描寫), 성격배우(俳優), 성격비극(悲劇), 성격유형(類型), 성격이상(異常), 성격장애(障碍), 성격적(的), 성격책임(責任), 성격화/되다/하다(化); 구순성격(口脣;수동적이고 의존적인 성격), 사회적성격(社會的), 이중성격(二重).

563) 성칼지다: 성깔이 매섭게 칼칼하다.

564) 성마르다(性): 참을성이 없고 성질이 급하다.≒성급하다.↔너그럽다. 느긋하다. ¶성마른 성격. 성마른 외침.

食性), 광염성(廣鹽性), 광온성(廣溫性), 공탄성(光彈性), 광학성(光學性), 광합성(光合性), 굄성, 교감성(交感性), 교대성(交代性), 교액성(絞扼性), 교치성(巧緻性), 교활성(狡猾性), 교훈성(教訓性), 구상성(具象性), 구심성(求心性), 구용성(枸溶性), 구원성(久遠性), 구조성(構造性), 구체성(具體性), 국민성(國民性), 국소성(局所性), 국제성(國際性), 국지성(局地性), 국한성(局限性), 군거성(群居性), 굴성(屈性), 굴광성(屈光性), 굴기성(屈氣性), 굴농성(屈濃性), 굴류성(屈流性), 굴상성(屈傷性), 굴수성(屈水性), 굴신성(屈伸性), 굴열성(屈熱性), 굴전성(屈電性), 굴절성(屈折性), 굴지성(屈地性), 굴창성(屈瘡性), 굴촉성(屈觸性), 굴토성(掘土性), 굴한성(屈寒性), 굴화성(屈化性), 굽성(굽어지는 식물의 성질), 굽혀폄성, 권축성(捲縮性), 귀가성(歸家性), 귀소성(歸巢性), 귀염성, 귀원성(歸原性), 귀인성(貴人性), 귀일성(歸一性), 규범성(規範性), 규정성(規定性), 규칙성(規則性), 균염성(均鹽性), 균일성(均一性), 균질성(均質性), 균형성(均衡性), 극성(劇性), 극성(極性), 극명성(克明性), 근성(根性), 근대성(近代性), 근로성(勤勞性), 근면성(勤勉性), 근사성(近似性), 근실성(勤實性), 금속성(金屬性), 급성(急性), 긍정성(肯定性), 기경성(氣硬性), 기광성(嗜光性), 기능성(機能性), 기동성(機動性), 기립성(起立性), 기만성(欺瞞性), 기민성(機敏性), 기생성(寄生性), 기우성(奇偶性), 기포성(起泡性), 기형성(畸形性), 긴밀성(緊密性), 꼼꼼성, 나약성(懦弱性), 나이성, 나태성(懶怠性), 낙엽성(落葉性), 낙후성(落後性), 난대성(暖帶性), 난류성(暖流性), 난연성(難燃性), 난용성(難溶性), 난용성(難鎔性), 난치성(難治性), 난폭성(亂暴性), 난해성(暖海性), 난해성(難解性), 남성(男性), 남볼성, 낭만성, 낭비성(浪費性), 낭패성(狼狽性), 내성(耐性), 내건성(耐乾性), 내광성(耐光性), 내구성(耐久性), 내기성(耐氣性), 내동성(耐凍性), 내뛸성, 내륙성(內陸性), 내림성, 내마모성(耐磨耗性), 내밀성, 내발성(內發性), 내병성(耐病性), 내비성(耐肥性), 내산성(耐酸性), 내수성(耐水性), 내습성(耐濕性), 내식성(耐蝕性), 내압성(耐壓性), 내약품성(耐藥品性), 내열성(耐熱性), 내염성(耐鹽性), 내유성(耐油性), 내음성(耐陰性), 내인성(內因性), 내자성(耐磁性), 내재성(內在性), 내추성(耐皺性), 내충성(耐蟲性), 내칠성(기백), 내킬성[565], 내파성(耐波性), 내폐성(內閉性), 내폭성(耐爆性), 내한성(耐寒性), 내한발성(耐旱魃性), 내항성(耐港性), 내향성(內向性), 내화성(耐火性), 내후성(耐朽性), 냉성(冷性), 냅뛸성, 냅뜰성, 냉담성(冷淡性), 냉정성(冷情性), 냉혈성(冷血性), 냉혹성(冷酷性), 넘늘이성, 노인성(老人性), 노임성(勞賃性), 노퇴성(老退性), 논리성(論理性), 뇌물성(賂物性), 늘림성, 늘품성(品), 능동성(能動性), 다감성(多感性), 다공성(多孔性), 다급성(多急性), 다기성(多寄性), 다기성(多技性), 다면성(多面性), 다발성(多發性), 다변성(多辯性), 다분산성(多分散性), 다비성(多肥性), 다산성(多産性), 다산성(多酸性), 다색성(多色性), 다식성(多食性), 다양성(多樣性), 다육성(多肉性), 다의성(多義性), 다조성(多調性), 다종다양성(多種多樣性), 다지성(多脂性), 다태성(多胎性), 다혈성(多血性), 다형성(多形性), 다형태성(多形態性), 다혼성(多婚性), 다화성(多化性), 단성(單性), 단결성(團結性), 단계성(段階性), 단기성(短期性), 단발성(單發性), 단백성(蛋白性), 단순성(單純性), 단식성(單食性), 단의성(單義性), 단일성(單一性), 단일성(短日性), 단조성(單調性), 단핵구성(單核球性), 당성(黨性), 당길성, 당길마음성, 당뇨병성(糖尿病性), 당돌성(唐突性), 당위성(當爲性), 당파성(黨派性), 대담성(大膽性), 대륙성(大陸性), 대립성(對立性), 대사성(代謝性), 대상성(對象性), 대엽성(大葉性), 대중성(大衆性), 대표성(代表性), 대향성(對向性), 더하기성, 덕성(德性), 덩굴성, 도고성(道高性), 도덕성(道德性), 도박성(賭博性), 도발성(挑發性), 도벽성(盜癖性), 도서성(島嶼性), 도식성(圖式性), 도야성(陶冶性), 도의성(道義性), 도피성(逃避性), 독성(毒性), 독성(篤性), 독립성(獨立性), 독물성(毒物性), 독자성(獨自性), 독재성(獨裁性), 독창성(獨創性), 독특성(獨特性), 돌림성, 돌발성(突發性), 돌연성(突然性), 돌연변이원성(突然變異原性), 동등성(同等性), 동물성(動物性), 동색성(等色性), 동성/애(同性/愛), 동소성(同所性), 동시성(同時性), 동심성(同心性), 동요성(動搖性), 동일성(同一性), 동조성(同調性), 동질성(同質性), 동치성(同齒性), 되돌이성, 될성, 두름성[566], 등가성(等價性), 등방성(等方性), 등색성(等色性), 등시성(等時性), 등장성(等張性), 등질성(等質性), 땅굽성, 뜰성[부(浮)], 루머성(rumor性), 마성(魔性), 마음성, 만성(蔓性), 만성(慢性), 만성(蠻性), 만성성(晩成性), 만숙성(晩熟性), 매염성(媒染性), 매판성(買辦性), 맹독성(猛毒性), 맹목성(盲目性), 머물성, 먹성, 메짐성, 면밀성(綿密性), 면역성(免疫性), 면역원성(免疫原性), 면피성(免避性), 멸균성(滅菌性), 명랑성(明朗性), 명료성(明瞭性), 명백성(明白性), 명시성(明視性), 명확성(明確性), 모성(母性), 모방성(模倣性), 모순성(矛盾性), 모음성(母音性), 모험성(冒險性), 모호성(模糊性), 목성(木性;나뭇결), 목적성(目的性), 몰가치성(沒價値性), 무성(無性), 무계급성(無階級性), 무계획성(無計劃性), 무관심성(無關心性), 무규율(無規律性), 무기력성(無氣力性), 무극성(無極性), 무기성(無記性), 무름성, 무모성(無謀性), 무모순성(無矛盾性), 무방향성(無方向性), 무사상성(無思想性), 무알코올성(無alchol性), 무원칙성(無原則性), 무익성(無益性), 무자비성(無慈悲性), 무책임성(無責任性), 무체성(無體性), 무한성(無限性), 문제성(問題性), 문학성(文學性), 문화성(文化性), 물성(物性), 물가짐성, 물굽성, 물스밈성, 물신성(物神性), 물질성(物質性), 미만성(瀰漫性), 미숙성(未熟性), 민감성(敏感性), 민족성(民族性), 민첩성(敏捷性), 민활성(敏活性), 믿음성, 밉성, 바꿈성, 바끄럼·부끄럼성, 바로물듦성, 반국가성(反國家性), 반동성(反動性), 반수성(半水性), 반수성(半數性), 반연성(攀緣性), 반응성(反應性), 반전성(反轉性), 반체제성(反體制性), 반취성(半脆性), 반투성(半透性), 반항성(反抗性), 발랄성(潑剌性), 발수성(撥水性), 발암성(發癌性), 발열성(發熱性), 발작성(發作性), 발전성(發展性), 발화성(發火性), 방광성(膀胱性), 방부성(防腐性), 방사성(放射性), 방수성(防水性), 방향성(方向性), 방향성(芳香性), 배광성(背光性), 배수성(排水性), 배수성(倍數性), 배수성(排水性), 배일성(背日性), 배지성(背地性), 배타성(排他性), 배태성(胚胎性), 벌칙성(罰則性), 범속성(凡俗性), 범죄성(犯罪性), 법칙성(法則性), 변성(變性), 변동성(變動性), 변온성(變溫性), 변이성(變異性), 변통성(變通性), 병성(病性), 병립성(竝立性), 병원성(病原性), 병치성(竝置性), 보도성(報道性), 보

565) 내킬성: 일을 하려는 의욕이 강하고 적극적으로 밀고 나가는 성질. ¶내킬성을 가지고 일을 하다.

566) 두름성(性): 일을 주선하고 변통하는 재주. 주변성, 융통성(融通性).

수성(保守性), 보온성(保溫性), 보임성, 보편성(普遍性), 보편타당성(普遍妥當性), 복원성(復元性), 복잡성(複雜性), 본성(本性), 볼성, 봉건성(封建性), 부성(父性), 부당성(不當性), 부도덕성(不道德性), 부동성(浮動性), 부식성(腐食性), 부식성(腐蝕性), 부역성(部域性), 부유성(浮遊性), 부자연성(不自然性), 부정성(否定性), 부정직성(不正直性), 부종성(附從性), 부진성(不振性), 부패성(腐敗性), 분성(分性), 분산성(分散性), 분열성(分裂性), 분지성(分枝性), 불성(佛性), 불가능성(不可能性), 불가분리성(不可分離性), 불가분성(不可分性), 불가상성(不可想性), 불가역성(不可逆性), 불가입성(不可入性), 불가측성(不可測性), 불가침성(不可侵性), 불가피성(不可避性), 불견실성(不堅實性), 불공정성(不公正性), 불굴성(不屈性), 불규칙성(不規則性), 불균등성(不均等性), 불균형성(不均衡性), 불멸성(不滅性), 불명확성(不明確性), 불법성(不法性), 불변성(不變性), 불순성(不純性), 불안전성(不安全性), 불안정성(不安定性), 불연성(不燃性), 불연속성(不連續性), 불용성(不溶性), 불의성(不意性), 불임성(不姙性), 불임성(不捻性), 불종성(佛種性), 불철저성(不徹底性), 불충실성(不充實性), 불친화성(不親和性), 불침몰성(不沈沒性), 불투명성(不透明性), 불투수성(不透水性), 불패성(不敗性), 불합리성(不合理性), 불화합성(不和合性), 불확고성(不確固性), 불확실성(不確實性), 불확정성(不確定性), 불휘발성(不揮發性), 붙임성(너울가지), 비가역성(非可逆性), 비극성(悲劇性), 비금속성(非金屬性), 비껴나기성, 비난성(非難性), 비범성(非凡性), 비열성(卑劣性), 비위성(脾胃性), 비육성(肥育性), 비적성(非敵性), 비종성(脾腫性), 비합리성(非合理性), 비합법성(非合法性), 빈약성(貧弱性), 빈혈성(貧血性), 빛견딜성, 빛굽힘성, 빛돌림성, 빛질성, 빛튐성, 뻗음성, 뼈성, 사성(斜性), 사계성(四季性), 사교성(社交性), 사귐성, 사막성(沙漠性), 사상성(思想性), 사식성(死食性), 사실성(寫實性), 사업성(事業性), 사치성(奢侈性), 사행성(邪行性), 사향성(斜向性), 사회성(社會性), 삭임성, 산란성(産卵性), 산만성(散漫性), 산발성(散發性), 산성(酸性), 살균성(殺菌性), 살성, 살질성, 삼출성(滲出性), 상성(商性), 상성(喪性), 상관성(相關性), 상대성(相對性), 상등성(相等性), 상보성(相補性), 상업성(商業性), 상징성(象徵性), 상품성(商品性), 상피성(上皮性), 생동성(生動性), 생산성(生産性), 생신성(生新性), 생장성(生長性), 서사성(敍事性), 서술성(敍述性), 서정성(抒情性), 선광성(旋光性), 선동성(煽動性), 선별성(選別性), 선심성(善心性), 선재성(先在性), 선정성(煽情性), 선조성(線條性), 선차성(先次性), 선천성(先天性), 선택성(選擇性), 선형성(線型性), 선회성(旋回性), 섬세성(纖細性), 성관성(誠款性), 성실성(誠實性), 세균성(細菌性), 세련성(洗練性), 세밀성(細密性), 소성(素性), 소성(塑性), 소극성(消極性), 소낙성, 소모성(消耗性), 소박성(素朴性), 소수성(疏水性), 소시민성(小市民性), 소실성(消失性), 소심성(小心性), 소액체성(疏液體性), 소양성(搔癢性), 소여성(所與性), 소존성(燒存性), 소중성(所重性), 소하성(遡河性), 소화성(消化性), 속건성(速乾性), 속발성(續發性), 속사성(速射性), 속성(屬性), 속습성(屬濕性), 솔성(率性), 송성(鬆性), 수성(水性), 수성(獸性), 수경성(水硬性), 수동성(受動性), 수용성(水溶性), 수용성(受容性), 수월성(秀越性), 수유성(授乳性), 수익성(收益性), 수인성(水因性), 수지성(樹脂性), 수축성(收縮性), 수포성(水疱性), 수확성(收穫性), 숙성(淑性), 순성(馴性), 순결성(純潔性), 순박성(淳朴性), 순수성(純粹性), 순응성(順應性), 습성(習性), 습성(濕性), 습관성(習慣性), 습윤성(濕潤性), 습종성(習種性), 시간성(時間性), 시성(詩性), 시강성(示强性), 시급성(時急性), 시기성(時氣性), 시대성(時代性), 시사성(時事性), 시성식(示性式), 시장성(市場性), 식성(食性), 식물성(植物性), 식육성(食肉性), 식이성(食餌性), 식중독성(食中毒性), 신성(神性), 신기성(新奇性), 신경성(神經性), 신령성(神靈性), 신뢰성(信賴性), 신비성(神秘性), 신빙성(信憑性), 신속성(迅速性), 신장성(伸長性), 신중성(愼重性), 신축성(伸縮性), 실성(失性), 실성(實性), 실용성(實用性), 실재성(實在性), 실증성(實證性), 실천성(實踐性), 실현성(實現性), 실혈성(失血性), 실효성(實效性), 심성(心性), 심각성(深刻性), 심근성(深根性), 심상성(尋常性), 심인성(心因性), 심장성(心臟性), 심중성(深重性), 아담성(雅淡性), 아열대성(亞熱帶性), 악성(惡性), 악랄성(惡辣性), 악착성(齷齪性), 안길성, 안일성(安逸性), 안전성(安全性), 안정성(安定性), 알레르기성(Allergie性), 알칼리성(alkali性), 알코올성(alcohol性), 암성, 암시성(暗示性), 압전성(壓電性), 압축성(壓縮性), 애국성(愛國性), 애매성(曖昧性), 애연성(曖然性), 애찬성(礙竄性), 야성(野性), 야광성(夜光性), 야만성(野蠻性), 야생성(野生性), 야수성(野獸性), 야행성(夜行性), 약성(藥性), 양성(兩性), 양성(陽性), 양성(養性), 양극성(兩極性), 양면성(兩面性), 양쪽성(兩), 양태성(樣態性), 어렴성, 억압성(抑壓性), 억울성(抑鬱性), 억지성, 엄격성(嚴格性), 엄밀성(嚴密性), 엄숙성(嚴肅性), 엄정성(嚴正性), 엄포성, 여성(女性), 여과성(濾過性), 여래성(如來性), 여러색성(色性), 여러태성(胎性), 여포성(濾胞性), 역사성(歷史性), 연성(軟性), 연성(延性), 연계성(連繫性), 연골성(軟骨性), 연관성(聯關性), 연대성(連帶性), 연색성(演色性), 연속성(連續性), 연약성(軟弱性), 연자성(軟磁性), 연장성(延長性), 연효성(延效性), 열성(劣性), 열성(熱性), 열경화성(熱硬化性), 열관성(熱慣性), 열대성(熱帶性), 열심성(熱心性), 염성(鹽性), 염기성(鹽基性), 염류성(鹽類性), 염색성(染色性), 염착성(染着性), 영성(靈性), 영구성(永久性), 영리성(營利性), 영세성(零細性), 영속성(永續性), 영웅성(英雄性), 영원성(永遠性), 영재성(英才性), 영향성(影響性), 예리성(銳利性), 예속성(隸屬性), 예술성(藝術性), 오락성(娛樂性), 오성(五性), 오성(悟性), 오락성(娛樂性), 오염성(汚染性), 온대성(溫帶性), 완결성(完結性), 완고성(頑固性), 완만성(頑慢性), 완만성(緩慢性), 완벽성(完璧性), 완충성(緩衝性), 완효성(緩效性), 왜성(矮性), 외교성(外交性), 외상성(外傷性), 외인성(外因性), 외재성(外在性), 외향성(外向性), 요구성(要求性), 요변성(搖變性), 용감성(勇敢性), 용공성(容共性), 용단성(勇斷性), 용맹성(勇猛性), 용서성(容恕性), 용혈성(溶血性), 용이성(容易性), 우성(優性), 우성(偶性), 우기성(偶奇性), 우김성, 우매성(愚昧性), 우선성(右旋性), 우수성(優秀性), 우아성(優雅性), 우연성(偶然性), 우울성(憂鬱性), 우월성(優越性), 우위성(優位性), 우유성(偶有性), 우회전성(右回轉性), 운동성(運動性), 울혈성(鬱血性), 울뚝성, 웅성(雄性), 원성(原性), 원만성(圓滿性), 원심성(遠心性), 원인성(原因性), 원칙성(原則性), 월년성(越年性), 월동성(越冬性), 위대성(偉大性), 위법성(違法性), 위엄성(威嚴性), 위헌성(違憲性), 위험성(危險性), 유성(有性), 유성(油性), 유공성(有孔性), 유극성(有極性), 유기성(有機性), 유념성(留念性), 유독성

(有毒性), 유동성(流動性), 유사성(類似性), 유소성(留巢性.↔이소성), 유수성(流水性), 유연선(有緣性), 유연성(柔軟性), 유용성(有用性), 유용성(油溶性), 유인성(柔靭性), 유전성(遺傳性), 유체성(有體性), 유해성(有害性), 유행성(流行性), 유형성(類型性), 육식성(肉食性), 윤리성(倫理性), 윤활성(潤滑性), 율동성(律動性), 융통성(融通性), 은밀성(隱密性), 음성(陰性), 음란성(淫亂性), 음악성(音樂性), 음탕성(淫蕩性), 음해성(陰害性), 음흉성(陰凶性), 응고성(凝固性), 의사성(擬似性), 의존성(依存性), 이성(理性), 이성(異性), 이끌음성, 이동성(移動性), 이방성(異方性), 이상성(理想性), 이소성(二所性), 유소성(留巢性), 이소성(離巢性), 이수성(異數性), 이완성(弛緩性), 이용성(利用性), 이융성(易融性), 이익성(利益性), 이적성(利敵性), 이조성(移調性), 이중성(二重性), 이질성(異質性), 이축성(二軸性), 이치성(異齒性), 이해성(理解性), 이형성(異形性), 이화성(二化性), 익명성(匿名性), 인성(人性), 인성(引性), 인성(靭性), 인간성(人間性), 인격성(人格性), 인과성(因果性), 인광성(燐光性), 인내성(忍耐性), 인사성(人事性), 인화성(引火性), 일가성(一價性), 일과성(一過性), 일관성(一貫性), 일면성(一面性), 일반성(一般性), 일배성(一倍性), 일시성(一時性), 일의성(一意性), 일주기성(日週期性), 일주성(日週性), 일체성(一體性), 일축성(一軸性), 일상성(日常性), 일체성(一體性), 일치성(一致性), 일핵성(一核性), 일화성(一化性), 일환성(一換性), 일회성(一回性), 입성, 자성(自性), 자성(資性), 자성(磁性), 자성(雌性), 자각성(自覺性), 자극성(刺戟性), 자기중심성(自己中心性), 자동성(自動性), 자립성(自立性), 자명성(自明性), 자발성(自發性), 자신성(自信性), 자아동일성(自我同一性), 자연성(自然性), 자웅성(雌雄性), 자위성(自慰性), 자율성(自律性), 자의성(恣意性), 자족성(自足性), 자존성(自存性), 자주성(自主性), 자폐성(自閉性), 작품성(作品性), 잔악성(殘惡性), 잔인성(殘忍性), 잔학성(殘虐性), 잔혹성(殘酷性), 잠성(潛性), 잠재성(潛在性), 잡식성(雜食性), 장기성(長期性), 장래성(將來性), 장식성(裝飾性), 장일성(長日性), 장진성(將進性), 장취성(將就性), 재생성(再生性), 저기압성(低氣壓性), 저산성(低酸性), 저색소성(低色素性), 저속성(低俗性), 저장성(貯藏性), 저항성(抵抗性), 적성(適性), 적성(敵性), 적감성(赤感性), 적격성(適格性), 적극성(積極性;내칠성), 적대성(敵對性), 적법성(適法性), 적응성(適應性), 적정성(適正性), 적지성(適地性), 적합성(適合性), 전성(展性), 전근대성(前近代性), 전도성(傳導性), 전망성(展望性), 전문성(專門性), 전암성(轉癌性), 전염성(傳染性), 전요성(纏繞性), 전의성(轉義性), 전이성(轉移性), 전일성(全一性), 전지성(全知性), 전체성(全體性), 전충성(塡充性), 전형성(典型性), 절대성(絕對性), 절박성(切迫性), 절연성(絕緣性), 점성(粘性), 점결성(粘結性), 점액성(粘液性), 점이성(漸移性), 점조성(粘稠性), 점착성(粘着性), 접근성(接近性), 접착성(接着性), 정당성(正當性), 정밀성(精密性), 정색성(整色性), 정성(定性), 정성(情性), 정온성(定溫性), 정일성(定日性), 정직성(正直性), 정착성(定着性), 정체성(正體性), 정체성(停滯性), 정치성(政治性), 정통성(正統性), 정합성(整合性), 정확성(正確性), 제약성(制約性), 제일성(齊一性), 제한성(制限性), 제행성(蹄行性), 조급성(躁急性), 조밀성(稠密性), 조성성(早成性), 조숙성(早熟性), 조심성(操心性), 조잡성(粗雜性), 조종성(操縱性), 조해성(潮解性), 조형성(造形性), 조화성(調和性), 존귀성(尊貴性), 존엄성(尊嚴性), 존재성(存在性), 졸속성(拙速性), 졸열성(拙劣性), 종교성(宗敎性), 좌선성(左旋性), 좌회전성(左回轉性), 죄악성(罪惡性), 죄임성, 주성(走性), 주성(酒性), 주고성(走固性), 주관성(主觀性), 주광성(走光性), 주기성(主氣性), 주기성(週期性), 주농성(走濃性), 주도성(主導性), 주류성(走流性), 주목성(注目性), 주밀성(周密性), 주변성(일을 주선하거나 변통하는 솜씨), 주선성(周旋性), 주수성(走水性), 주습성(走濕性), 주압성(走壓性), 주열성(走熱性), 주요성(主要性), 주전성(走電性), 주조성(鑄造性), 주지성(走地性), 주체성(主體性), 주촉성(走觸性), 주풍성(走風性), 주행성(晝行性), 주향성(走向性)/走性), 주화성(走化性), 준법성(遵法性), 준비성(準備性), 준엄성(峻嚴性), 준열성(峻烈性), 중성(中性), 중간성(中間性), 중대성(重大性), 중독성(中毒性), 중립성(中立性), 중산성(中山性), 중요성(重要性), 중일성(中日性), 즉효성(卽效性), 증수성(增數性), 증식성(增殖性), 지성(至性), 지성(知性), 지구성(持久性), 지닐성[567], 지도성(指導性), 지방성(地方性), 지방성(脂肪性), 지북성(指北性), 지선성(至善性), 지속성(持續性), 지역성(地域性), 지연성(支燃性), 지용성(脂溶性), 지행성(趾行性), 지향성(志向性), 지향성(指向性)[미래지향성(未來)], 지형성(地形性), 지효성(遲效性), 직립성(直立性), 직염성(直染性), 직접성(直接性), 진성(眞性), 진리성(眞理性), 진보성(進步性), 진실성(眞實性), 진정성(眞正性), 진지성(眞摯性), 진취성(進取性), 진취성(進就性), 진행성(進行性), 질김성, 질성[負], 질식성(窒息性), 차광성(遮光性), 차단성(遮斷性), 차별성(差別性), 차이성(差異性), 착화성(着火性), 참신성(斬新性), 참을성, 창의성(創意性), 창작성(創作性), 창조성(創造性), 채산성(採算性), 책무성(責務性), 처녀성(處女性), 처짐성, 천성(天性), 천박성(淺薄性), 천식성(喘息性), 천재성(天才性), 천주성(天主性), 천해성(淺海性), 청결성(淸潔性), 청이성(聽易性), 체계성(體系性), 초식성(草食性), 초월성(超越性), 총괄성(總括性), 총명성(聰明性), 최기형성(催畸形性), 최루성(催淚性), 최소성(最小性), 추성(趨性), 추고성(趨固性), 추광성(趨光性), 추기성(趨氣性), 추류성(趨流性), 추상성(抽象性), 추수성(趨水性), 추열성(趨熱性), 추온성(趨溫性), 추잡성(醜雜性), 추전성(趨電性), 추지성(趨地性), 추파성(秋播性), 추풍성(趨風性), 추하성(趨下性), 추향성(趨向性), 추화성(趨化性), 축융성(縮絨性), 춘파성(春播性), 출혈성(出血性), 충격성(衝激性), 충격성(衝擊性), 충실성(充實性), 충직성(忠直性), 취소성(就巢性), 취약성(脆弱性), 치밀성(緻密性), 친근성(親近性), 친밀성(親密性), 친수성(親水性), 친액성(親液性), 친화성(親和性), 침략성(侵略性), 침윤성(浸潤性), 침착성(沈着性), 침체성(沈滯性), 코믹성(comic性), 쾌적성(快適性), 쾌주성(快走性), 타성(惰性), 타당성(妥當性), 타동성(他動性), 타율성(他律性), 탁월성(卓越性), 탄성(彈性), 탄력성(彈力性), 탄소성(彈塑性), 탈락성(脫落性), 탈립성(脫粒性), 탐식성(貪食性), 터질성, 토성(土性), 통성(通性), 통기성(通氣性), 통속성(通俗性), 통유성(通有性), 통일성(統一性), 통합성(統合性), 퇴행성(退行性), 투과성(透過性), 투기성(投機性), 투기성(透氣性), 투명성(透明性), 투수성(透水性), 투열성(透熱性), 투윤성(透潤性), 투자성(投資性), 투쟁성(鬪爭性), 튐성, 특성(特性), 특발성(特發性), 특수성(特殊

567) 지닐성: 아는 것이나 가진 것을 오래 지니는 성질. ¶지닐성이 없다/ 좋다.

性), 특유성(特有性), 특이성(特異性), 파당성(破黨性), 파동성(波動性), 파산성(破産性), 파동성(波動性), 파행성(跛行性), 패륜성(悖倫性), 패혈성(敗血性), 팽윤성(膨潤性), 팽창성(膨脹性), 퍅성(愎性), 퍼짐성, 편성(偏性), 편리성(便利性), 편의성(便宜性), 편집성(偏執性), 편파성(偏頗性), 편향성(偏向性), 편협성(偏狹性), 평등성(平等性), 평이성(平易性), 폐쇄성(閉鎖性), 포복성(匍匐性), 포악성(暴惡性), 포용성(包容性), 폭력성(暴力性), 폭발성(爆發性), 품성(品性), 품성(稟性), 풍자성(諷刺性), 풍토성(風土性), 피빨성, 피자극성(被刺戟性), 피복성(被覆性), 필연성(必然性), 필요성(必要性), 한계성(限界性), 한류성(寒流性), 한번까기성, 한해성(寒海性), 함기성(緘氣性), 함력성(含礫性), 함수성(含水性), 함축성(含蓄性), 합리성(合理性), 합목적성(合目的性), 합법성(合法性), 합헌성(合憲性), 항성(恒性), 항구성(恒久性), 항균성(抗菌性), 항렬성(抗裂性), 항상성(恒常性), 항온성(恒溫性), 항의성(抗議性), 항자성(抗磁性), 항주성(恒住性), 해굽성, 해넘성, 해독성(害毒性), 해따름성, 해바라기성, 해양성(海洋性), 해양회유성(海洋回遊性), 해질성, 해학성(諧謔性), 행동성(行動性), 향성(向性), 향광성(向光性), 향기성(向氣性), 향류성(向流性), 향배성(向背性), 향상성(向上性), 향성(向性)[내향성(內), 외향성(外)], 향수성(向水性), 향습성(向濕性), 향일성(向日性), 향전성(向電性), 향지성(向地性), 향촉성(向觸性), 향화성(向化性), 허구성(虛構性), 허위성(虛僞性), 헌신성(獻身性), 혁명성(革命性), 현대성(現代性), 현실성(現實性), 현지성(現地性), 혈성(血性), 혐기성(嫌氣性), 협동성(協同性), 협박성(脅迫性), 협선성(協線性), 협식성(挾食性), 협애성(狹隘性), 협염성(狹鹽性), 협온성(狹溫性), 형상성(形象性), 형태성(形態性), 형평성(衡平性), 혜성(慧性), 호기성(好氣性), 호당성(好糖性), 호산성(好酸性), 호소성(號召性), 호습성(好濕性), 호양성(好陽性), 호열성(好熱性), 호염기성(好鹽基性), 호염성(好鹽性), 호온성(好溫性), 호음성(好陰性), 호재성(好材性), 호중성(好中性), 호환성(互換性), 혼수성(混數性), 혼온성(混溫性), 혼화성(混和性), 홀짝성, 홍반성(紅斑性), 홀축성(軸), 화농성(化膿性), 확신성(確信性), 확실성(確實性), 확연성(確然性), 확증성(確證性), 환금성(換金性), 환원성(還元性), 활성(活性), 활동성(活動性), 회귀성(回歸性), 회피성(回避性), 회화성(繪畫性), 획득성(獲得性), 횡광성(橫光性), 횡굴성(橫屈性), 횡일성(橫日性), 횡지성(橫地性), 후진성(後進性), 후차성(後次性), 후천성(後天性), 휘발성(揮發性), 휴면성(休眠性), 흉악성(凶惡性), 흉포성(凶暴性), 흡수성(吸收性), 흡습성(吸濕性), 흡착성(吸着性), 흡혈성(吸血性), 흥분성(興奮性), 희생성(犧牲性), 희소성(稀少性) 들.

성(星) '별. 세월(歲月)'을 뜻하는 말. ¶성간가스(星間gas), 성간물질(星間物質), 성광(星光), 성군(星群), 성단(星團)[구상성단(球狀), 산개성단(散開)], 성도(星度), 성도(星圖)[사진성도(寫眞)], 성성두(星斗), 성라기포(星羅碁布), 성류(星流), 성망(星芒), 성명학(星命學), 성무(星霧), 성변(星變), 성산(星散), 성상(星霜), 성상/체(星狀/體), 성성하다(星星)[568], 성수(星宿), 성수(星數;운수), 성신(星辰), 성야(星夜), 성우(星雨), 성운(星雲)[성운군(群), 성운단(團), 성운설(說); 게성운, 반성운(伴), 와상성운(渦狀)], 성월(星月), 성위(星位), 성장(星章), 성점(星占), 성조기(星條旗), 성좌(星座), 성차(星次), 성체(星體), 성충(星蟲), 성치(星馳), 성하(星河), 성학(星學), 성형(星形), 성화(星火)[569]; 각성(角星), 객성(客星), 거성(巨星)[초거성(超)], 견성(犬星), 견우성(牽牛星), 경성(景星), 구성(九星), 구요성(九曜星), 군성(群星), 극성(極星), 금성(金星;개밥바라기), 기라성(綺羅星)[570], 기성(箕星), 길성(吉星), 남극성(南極星), 남극노인성(南極老人星), 남십자성(南十字星), 노인성(老人星), 녹존성(祿存星), 누성(婁星), 대성(戴星), 대웅성(大熊星), 두성(斗星), 명성(明星;샛별), 명왕성(冥王星), 목성(木星), 무곡성(武曲星), 문곡성(文曲星), 문창성(文昌星), 미성(尾星), 반성(伴星), 방성(房星), 배성(陪星), 베타성, 벽성(壁星), 변광성(變光星), 복덕성(福德星)/복성(福星), 복성(複星), 부부성(夫婦星), 북극성(北極星), 북두칠성(北斗七星), 북십자성(北十字星), 비성(飛星), 사성(四星;四柱), 사성(使星), 사자성(獅子星), 살성(殺星), 삼중성(三重星), 상태성(上台星), 서성(瑞星), 섬광성(閃光星), 세성(歲星), 소성(小星), 수성(水星), 수성(首星), 수성(壽星), 신성(辰星), 신성(晨星;샛별), 신성(新星), 실각성(失脚星;전에는 있었던 별), 실성(室星), 심성(心星), 십자성(十字星), 쌍성(雙星)[분광쌍성(分光), 실시쌍성(實視)], 알파성(α星), 연성(連星), 염정성(廉貞星), 영성하다(零星), 암성(暗星), 여성(女星), 연성(連/聯星), 오성(五星), 오중성(五重星), 왜성(矮星), 요광성(搖光星), 요성(妖星), 우성(牛星), 운성(隕星), 유성(柳星), 유성(流星), 유성(遊星), 육안성(肉眼星), 위성(危星), 위성(胃星), 위성(衛星)[인공위성(人工), 정지위성(靜止), 지구위성(地球), 측지위성(測地), 탐지위성(探知), 파괴위성(破壞)], 이중성(二重星), 익성(翼星), 일등성(一等星), 일시성(一時星), 자성(觜星), 잔성(殘星;새벽녘에 보이는 별), 장경성(長庚星), 장성(張星), 장성(將星), 저성(氐星), 점성/술(占星/術), 정성(井星), 조성(照星;가늠쇠), 주극성(週極星), 주성(主星), 주성(周星), 준성(準星), 중성(中星), 중성(重星), 중성(衆星), 지극성(指極星), 직성(直星), 직녀성(織女星), 진성(辰星), 진성(軫星), 진성(鎭星), 천왕성(天王星), 추성(樞星), 추성(箒星), 태백성(太白星), 태성(台星), 태을성(太乙星), 토성(土星), 파군성(破軍星), 필성(畢星), 항성(亢星), 항성(恒星;붙박이별)[571], 해성(海星;불가사리), 해왕성(海王星), 행성(行星;떠돌이별)[대행성(大), 소행성(小), 외행성(外), 지구형행성(地球型)], 허성(虛星), 혜성(彗星), 호시성(弧矢星), 혹성(惑星), 혼중성(昏中星), 화성(火星), 효성(曉星)[잔월효성(殘月)], 흉성(凶星) 들.

성(聖) 지덕이 가장 뛰어나 천하가 우러러 사표로 삼음. 또는 그 사람. 임금. 그 방면에 가장 걸출한 인물. 기독교에서 '거룩한'의 뜻으로 쓰이는 말. ¶성가(聖架), 성가(聖家), 성가/대(聖歌/隊), 성가(聖駕), 성감(聖鑑;임금의 감식), 성결(聖潔;거룩하고 깨끗함), 성경(聖經), 성골(聖骨), 성공(聖功), 성공(聖供), 성관세음(聖觀世

568) 성성하다(星星): 머리털이 세어서 희끗희끗하다. ¶백발이 성성한 노인.

569) 성화(星火): ①별똥별. 별똥별이 떨어질 때의 불빛. ②불티. ③매우 다급하게 굴거나 조르는 짓. ¶옆에서 성화같이 재촉하는 바람에 한눈 팔 틈도 없다. 성화같다(매우 심하고 다급하다)/같이, 성화독촉(督促).

570) 기라성(綺羅星): 밤하늘에 반짝이는 수많은 별이라는 뜻의 일본 한자 조어로, 위세 있는 훌륭한 사람들이나 그들이 많이 모인 모양을 비유하여 이르는 말. ¶기라성 같은 인기 배우.

571) 항성(恒星): 항성광도(光度), 항성기(期), 항성년(年), 항성도(圖), 항성시(時), 항성월(月), 항성일(日), 항성주기(週期), 항성표(表); 표준항성(標準).

音), 성광(聖光), 성교(聖教), 성교회(聖教會), 성구(聖句), 성군(聖君), 성궁(聖躬;임금의 몸), 성극(聖劇), 성금요일(聖金曜日), 성낭(聖囊), 성녀(聖女), 성년(聖年), 성단(聖壇), 성단(聖斷), 성담곡(聖譚曲), 성당(聖堂), 성대(聖代), 성대(聖帶), 성덕(聖德), 성도(聖徒), 성도(聖都), 성도(聖道), 성람(聖覽), 성랍(聖蠟), 성려(聖慮), 성력(聖歷), 성령(聖靈), 성례(聖禮), 성로(聖路), 성만찬(聖晩餐), 성면(聖面), 성면(聖麪), 성명(聖名), 성명(聖明), 성모(聖母), 성모(聖謨), 성목요일(聖木曜日), 성묘(聖廟), 성문(聖門), 성물(聖物), 성반(聖盤), 성배(聖杯), 성범(聖凡), 성법(聖法), 성변화(聖變化), 성별(聖別), 성부(聖父), 성사(聖事), 성사극(聖史劇), 성사(聖師), 성삼위(聖三位), 성상(聖上), 성상(聖像), 성서(聖書)[구약성서(舊約), 신약성서(新約)], 성석(聖石), 성성(聖性), 성세(聖世), 성세(聖洗), 성소(聖召), 성소(聖所), 성수(聖水), 성수(聖壽;임금의 나이), 성스럽다, 성시(聖屍), 성신(聖臣), 성신(聖神), 성심(聖心), 성악(聖樂), 성안(聖顔), 성야(聖夜), 성약(聖藥), 성언(聖言), 성업(聖業), 성역(聖域), 성영(聖詠), 성영(聖嬰), 성왕(聖王), 성용(聖容), 성우(聖佑), 성운(聖運), 성웅(聖雄), 성월(聖月), 성유(聖油), 성은(聖恩), 성의(聖意), 성의(聖衣), 성의(聖意), 성인/군자(聖人/君子), 성일(聖日), 성자(聖子), 성자(聖者), 성자신손(聖子神孫), 성작(聖爵), 성재(聖裁), 성적(聖蹟), 성전(聖典), 성전(聖殿), 성전(聖傳), 성전(聖戰), 성절(聖節), 성제(聖帝), 성제(聖祭), 성조(聖祚), 성조(聖祖), 성조(聖詔), 성조(聖朝), 성종(聖鐘), 성좌(聖座), 성주(聖主), 성주간(聖週間), 성중(聖衆), 성지(聖地), 성지(聖旨), 성지(聖枝), 성지(聖智), 성직/자(聖職/者), 성찬(聖餐)[성찬반(盤), 성찬식(式)], 성천자(聖天子), 성철(聖哲), 성체(聖體), 성촉(聖燭), 성총(聖聰), 성총(聖寵), 성축(聖祝), 성충(聖衷), 성칙(聖勅), 성탄(聖誕)[성탄목(木), 성탄일(日), 성탄절(節)], 성택(聖澤), 성택무(聖澤舞), 성판(聖板), 성품(聖品), 성하(聖下), 성하목욕(聖河沐浴), 성학(聖學), 성합(聖盒), 성해(聖骸), 성현(聖賢), 성혈(聖血), 성호(聖號), 성화(聖火)[성화대(隊), 성화대(臺)], 성화(聖化), 성화(聖花), 성화(聖畵), 성회(聖灰), 성회(聖會), 성후(聖候), 성훈(聖訓), 성휘(聖諱); 고성(古聖), 기성(棋/碁聖), 대성(大聖), 독성(瀆聖), 범성/일여(凡聖/一如), 불성(佛聖), 사성(四聖), 석성(石聖), 선성(仙聖), 선성(先聖), 시성(詩聖), 시성(諡聖), 신성하다(神聖), 아성(亞聖), 악성(樂聖), 알성(謁聖), 열성(列聖), 영성하다(英聖), 예성(叡聖), 의성(醫聖), 자성(慈聖;임금의 어머니), 지성(至聖), 초성(草聖), 축성(祝聖), 현성(玄聖), 현성(賢聖), 현성(顯聖), 혜성(慧聖), 화성(畵聖), 후성(後聖) 들.

성(成) '이루다 · 이루어지다. 다 자라다. 되다'를 뜻하는 말. ¶성가(成家), 성겁(成劫), 성격(成格), 성견(成犬), 성계(成鷄), 성공(成功)[성공리에(裏), 성공적(的), 성공하다; 대성공(大), 불성공(不)], 성과(成果)[성과계산(計算), 성과급(給), 성과작(作), 성과품(品)], 성관(成冠), 성광(成狂), 성구(成句), 성국(成局), 성군(떼를 지음)/작당(成群/作黨), 성규(成規), 성기(成器), 성년(成年)[성년기(期), 성년식(式); 미성년(未)], 성당(成黨), 성덕(成德), 성도(成道), 성동(成童;15살 된 사내아이), 성례(成禮), 성림(成林), 성립(成立)[불성립(不)], 성명(成命), 성목(成木), 성묘(成苗), 성무(成務), 성문(成文)[성문계약(契約), 성문법(法), 성문율(律), 성문헌법(憲法), 성문화(化)], 성병(成病), 성복(成服), 성부(成否), 성분(成分)[572], 성분(成墳), 성불(成佛), 성불성/간/에(成不成/間), 성빈(成殯), 성사/후(成事/後), 성산(成算), 성석(成石), 성선(成善), 성세(成勢), 성속(成俗)[화민성속(化民)], 성수(成遂), 성수(成數), 성수(成獸), 성숙(成熟)[573], 성습(成習), 성시(成市), 성실(成實), 성안(成案), 성약(成約), 성양(成樣), 성어(成魚), 성어(成語), 성업(成業), 성옥(成獄), 성우(成牛), 성원(成員), 성육(成育), 성인(成人)[성인교육(教育), 성인병(病); 미성인(未)], 성인(成仁), 성인(成因), 성장(成長)[574], 성재(成才), 성적/분(成赤/粉), 성적(成績)[성적표(表); 내신성적(內申), 학업성적(學業)], 성전(成典), 성정(成丁;사내의 나이가 열여섯 살이 됨), 성조(成鳥), 성종(成宗), 성종(成腫), 성죽(成竹;미리 마음속에 세운 계획), 성책(成冊), 성천(成川), 성천포락(成川浦落), 성첩(成貼), 성청(成廳), 성체(成體), 성축(成軸), 성축(成築), 성충(成蟲↔幼蟲), 성취(成娶)[미성취(未)], 성취(成就)[성취감(感), 성취동기(動機), 성취지수(指數); 소원성취(所願)], 성층(成層)[성층권(圈), 성층암(巖), 성층화산(火山)], 성패(成貝), 성패(成敗), 성편(成篇)[미성편(未)], 성표(成標), 성형(成形)[성형수술(手術), 성형외과(外科)], 성형(成型), 성혼(成婚), 성화(成火)[575], 성회(成會); 견성(見成), 결성(結成), 공성(功成), 구성(九成), 구성(久成), 구성(構成), 기성(旣成), 기성(期成), 낙성(落成), 낙성계약(諾成契約), 노성하다(老成), 달성(達成), 대기만성(大器晩成), 대성(大成), 만성(晩成), 미성(未成), 미완성(未完成), 불성(不成), 변성(變成), 생성(生成), 성불성(成不成), 소성(小成), 소성(燒成), 속성(速成)[속성과(科), 속성법(法), 속성속패(速敗)], 수성(守成), 수성(垂成), 수성(修成), 수성(遂成), 숙성(熟成), 숙성하다(夙成), 순성(順成), 양성(養成), 양성(釀成), 연성(緣聲), 연성(練成), 완성(完成), 우성(偶成), 육성(育成), 익성(翊成), 작성(作成)[작성법(法), 작성자(者)], 장성하다(長成), 재성(再成), 전성(轉成), 조성(早成), 조성(造成), 조성/식(組成/式), 즉성(卽成), 집대성(集大成), 집성(集成), 찬성(贊成), 창성(創成), 책성(責成), 촉성(促成), 추성(秋成), 편성(編成), 풍성암(風成巖), 필성(弼成), 합성(合成), 해성층(海成層), 현성(現成), 협성(協成), 형성(形成), 혼성(混成), 화성(化成) 들.

성(聲) '소리. 노래 · 가락. 명성(名聲). 펴다 · 밝히다'를 뜻하는 말. ¶성가(聲價;좋은 평가), 성교(聲教;제왕이 백성을 교화하는 덕), 성기(聲氣), 성대(聲帶)[성대모사(模寫), 성대음(音); 가성대(假), 진성대(眞)], 성동격서(聲東擊西), 성량(聲量), 성루(聲淚), 성률(聲律), 성망(聲望), 성명(聲名), 성명(聲明)[성명서(書); 공동성명

---

572) 성분(成分): 화합물 · 혼합물 따위를 이루고 있는 물질. 전체를 구성하고 있는 부분. ¶비료의 성분. 문장의 성분. 성분력(力), 성분부사(副詞), 성분분석(分析), 성분비(比); 경성분(硬), 독립성분(獨立), 문장성분(文章), 부성분(副), 부속성분(附屬), 연성분(軟), 종속성분(從屬), 주성분(主).

573) 성숙(成熟): 성숙기(期), 성숙도(度), 성숙란(卵), 성숙림(林), 성숙사회(社會), 성숙아(兒), 성숙토(土); 미성숙(未).

574) 성장(成長): 생물이 자라남. 사물의 규모가 커짐. ¶아이들의 성장을 지켜보다. 고도의 경제 성장. 성장거점(據點;지역 개발의 근거가 되는 중요한 지점), 성장곡선(曲線), 성장기(期), 성장되다/하다, 성장률(率), 성장산업(産業), 성장선(線), 성장세(勢), 성장소(素;성장호르몬), 성장점(點), 성장주(株), 성장통화(通貨), 성장판(板), 성장호르몬(hormone); 경제성장(經濟), 균형성장(均衡), 급성장(急), 제로성장(zero).

575) 성화(成火): 일이 뜻대로 되지 아니하여 답답하고 애가 탐. 매우 귀찮게 하는 일. ¶성화가 나다. 성화를 부리다. 쌍성화(雙).

ㅅ

(共同)], 성문(聲門)[성문음(音); 가성문(假)], 성문(聲紋), 성문/승(聲聞/乘), 성부(聲部), 성색(聲色), 성세(聲勢;명성과 위세), 성시/증(聲嘶/症), 성식(聲息), 성악(聲樂), 성역(聲域), 성예(聲譽), 성우(聲優;목소리만으로 연기하는 배우), 성원(聲援;소리쳐 격려하고 힘을 북돋아줌), 성위(聲威), 성유법(聲喩法), 성음(聲音), 성적(聲績;명성과 공적), 성점(聲點), 성조(聲調), 성토(聲討)[성토대회(大會), 성토문(文), 성토장(場)], 성향(聲響), 성화(聲華); 가성(家聲), 가성(假聲), 가성(歌聲), 강성(講聲;글을 외는 소리), 거성(去聲), 격성(激聲), 계성(鷄聲), 고성(高聲), 고성(鼓聲), 곡성(哭聲), 괴성(怪聲), 교성(嬌聲), 군성(軍聲), 귀곡성(鬼哭聲), 규성(叫聲), 금성(金聲), 금속성(金屬聲), 금옥성(金玉聲;훌륭한 시문), 기성(奇聲), 남성(男聲), 노성(怒聲), 농성(弄聲), 뇌성(雷聲), 단성(單聲), 담성(痰聲), 대성(大聲), 대성통곡(大聲痛哭), 도성(濤聲), 동성(同聲)[이구동성(異口)], 명성(名聲), 목성(木聲), 무성(無聲), 미성(美聲), 미성(微聲), 민성/함(民聲/函), 발성(發聲), 방성(放聲), 방성(榜聲), 법성(法聲), 변성(變聲), 보리성(菩提聲), 사성(四聲), 삼악성(三惡聲;招魂하는 소리, 불이 나서 외치는 소리. 도둑을 튀기는 소리), 삼희성(三喜聲;다듬이 소리. 글 읽는 소리. 갓난아기 우는 소리), 상성(上聲), 선성(先聲), 소성(小聲), 소성(笑聲), 송성(頌聲), 수성(水聲), 수성(愁聲), 순성(脣聲), 아귀성(餓鬼聲), 아성(兒聲), 아우성, 악성(惡聲), 애내성(欸乃聲), 애원성(哀怨聲), 양성(陽聲), 어성(御聲), 어성(語聲;말소리), 언성(言聲), 여성(女聲), 연성(連聲), 예성(譽聲), 예리성(曳履聲), 오계성(午鷄聲), 오성(五聲), 우성(羽聲), 우성(雨聲), 원성(怨聲), 유성(有聲), 육성(肉聲), 음성(吟聲), 음성(音聲), 음성(淫聲), 음성(陰聲), 응성(應聲), 의성(義聲), 의성/어(擬聲/語), 인성(人聲), 일성(一聲), 입성(入聲), 자웅성(雌雄聲), 저성(低聲), 적성(笛聲), 전성(顫聲), 정성(正聲), 정성(政聲), 조성(鳥聲), 조성(調聲), 조탁성(鳥啄聲)[576], 종성(終聲), 종성(鐘聲), 중성(中聲), 철성(鐵聲), 초발성(初發聲), 초성(初聲), 총성(銃聲), 추성(秋聲), 추성(醜聲), 충성(蟲聲), 측성(仄聲), 침성(砧聲;다듬이질하는 소리), 탁성(濁聲), 탄성(歎/嘆聲), 탄성(灘聲), 통성(痛聲), 평성(平聲), 포곡성(布穀聲;뻐꾸기의 울음소리), 포성(砲聲), 폭성(爆聲), 풍성(風聲), 함성(喊聲), 해성(諧聲), 허성(虛聲), 형성(形聲), 호곡성(號哭聲), 혼성(混聲), 화성(和聲), 확성기(擴聲器), 환성(喚聲), 환성(歡聲), 환호성(歡呼聲), 후성(喉聲;목소리), 흉성(胸聲) 들.

성(城) 적을 막기 위하여 흙이나 돌 따위로 높이 쌓아 만든 담. '나라 · 도읍'을 뜻하는 말. ¶성을 쌓다. 성가퀴[577], 성각(城閣), 성곽/도시(城郭/都市), 성굽(성이 굽어 돌아간 모서리)/길, 성내(城內), 성두(城頭), 성랑(城廊), 성루(城樓), 성루(城壘), 성문(城門), 성밖, 성벽(城壁), 성병(城兵), 성보(城堡), 성부(城府), 성북(城北), 성상(城上), 성새(城塞), 성세(城勢), 성시(城市), 성안, 성역(城役), 성외(城外), 성읍(城邑), 성자(城子), 성장(城將), 성적(城跡;성터), 성주(城主), 성중(城中), 성지(城池), 성지(城址), 성채(城砦), 성책(城柵), 성첩(城堞;성가퀴), 성터, 성하(城下), 성하지맹(城下之盟), 성황당(城隍堂), 성호(城壕); 가시성[578], 간성(干城;나라를 지키는 군인), 개성(開城), 경성(京城), 경성(傾城), 고성(古城), 고성(孤城;외딴 성. 고립된 성), 곱은성, 곡성(曲城;곱은성), 공성(攻城), 공성(空城;사람이 살지 않는 빈 성), 궁성(宮城), 금성(金城), 금성(禁城), 나성(羅城), 낙성(落城), 내성(內城), 농성(籠城), 도성(都城), 모래성, 법성(法城), 변성(邊城;변경의 성), 본성(本城), 불야성(不夜城), 사성(莎城), 산성(山城), 석성(石城), 수성(守城), 순성(巡城), 아성(牙城), 어깨성, 옹성(甕城), 왕성(王城), 왕검성(王儉城), 외성(外城), 월성(越城), 읍성(邑城), 입성(入城), 장성(長城), 재성(在城), 제성(帝城), 철옹성(鐵甕城), 축성(築城), 출성(出城), 토성(土城), 포성(布城), 함성(陷城), 화성(華城), 황성(皇城), 황성(荒城), 흙성 들.

성(盛) '기운이나 세력이 왕성하다'를 뜻하는 말. ¶나라가 크게 성하다. 성개(盛開), 성거(盛擧), 성관(盛觀), 성기(盛期), 성년(盛年), 성노(盛怒), 성당(盛唐), 성대하다(盛大), 성덕(盛德), 성동(盛冬), 성만(盛滿), 성망(盛望), 성명(盛名), 성복(盛服), 성사(盛事), 성서(盛暑), 성설(盛設), 성세(盛世), 성쇠(盛衰)[영고성쇠(榮枯), 흥망성쇠(興亡)], 성수기(盛需期), 성시(盛市), 성시(盛時), 성식(盛飾)[응장성식(凝粧)], 성어기(盛魚期), 성업(盛業), 성연(盛宴), 성열(盛熱), 성염(盛炎), 성예(盛譽), 성왕(盛旺), 성운(盛運), 성은(盛恩), 성의(盛儀), 성자(盛者), 성장(盛粧), 성장(盛裝), 성전(盛典), 성족(盛族), 성찬(盛饌), 성창하다(盛昌), 성총(盛寵), 성추(盛秋), 성칭(盛稱), 성토(盛土), 성풍하다(盛豊), 성하(盛夏), 성하다, 성행(盛行), 성화(盛火), 성황(盛況)[성황리(裡); 대성황(大)], 성회(盛會); 강성하다(强盛), 극성(極盛)[극성기(期), 극성맞다, 극성스럽다], 기성(氣盛), 대성(大盛), 무성/하다(茂盛), 번성(蕃盛), 번성/하다(繁盛), 부성하다(富盛), 영성하다(盈盛), 왕성/하다(旺盛), 융성(隆盛), 융성기(隆盛期), 은성(殷盛), 장성하다(壯盛), 전성(全盛), 창성(昌盛), 최성기(最盛期), 치성(熾盛), 풍성하다(豊盛), 흥성(興盛) 들.

성(姓) 한 혈통을 잇는 겨레붙이의 칭호. ¶이름도 성도 모른다. 성계/제도(姓系/制度), 성명(姓名)[579], 성모둠, 성바지[580], 성부동남(姓不同;썩 가까운 사람), 성보(姓譜), 성부동/남(姓不同), 성손(姓孫), 성씨(姓氏), 성자(姓字), 성함(姓銜), 성향(姓鄕); 각성(各姓), 각성바지(各姓), 각인각성(各人各姓), 개성(改姓), 거성(巨姓), 거성(去姓), 귀성(貴姓), 금성(金姓), 대성(大姓), 동성(同姓)[동성동명(同名), 동성동본(同本), 동성불혼(不婚)], 만성(萬姓), 목성(木姓), 백성(百姓)[만백성(萬), 숫백성], 벽성(僻姓;썩 드문 성), 변성(變姓), 복성(卜姓), 복성(復姓), 복성(複姓), 본성(本姓), 사성(賜姓), 속성(俗姓), 수성(水姓), 역성(易姓), 역성혁명(易姓革命), 외성(外姓), 이성(二姓), 이성(異姓), 족성(族姓), 존성/대명(尊姓/大名), 종성(宗姓), 진성(珍姓), 집성촌(集姓村), 타성(他姓), 타성바지(他姓), 토성(土姓), 통성(通姓), 호성(豪姓), 화성(火姓), 희성

576) 조탁성(鳥啄聲): 사실이 아닌 말을 듣고 잘못 옮기는 헛소문. 새 까먹은 소리.

577) 성가퀴(城): 몸을 숨겨 적을 공격할 수 있도록 하기 위하여, 성 위에 낮게 쌓은 담.

578) 가시성(城): 탱자나무나 장미의 가시나무로 한 울타리.

579) 성명(姓名;성과 이름): 성명부지(不知), 성명없다(姓名), 성명철학(哲學), 성명판단(判斷); 구성명(具), 기성명(記), 동성명(同), 변성명(變), 통성명(通).

580) 성바지: 성의 종류. 같은 성을 가진 사람들. ¶여러 성바지. 각성바지(各姓), 타성바지(他姓).

(稀姓) 들.

성(誠) '거짓이 없이 참되고 바르다(진실하다)'를 뜻하는 말. ¶성감(誠感), 성경(誠敬), 성관(誠款), 성근하다/지다(誠勤), 성금(誠金), 성력(誠力), 성미(誠米), 성시의외(誠是意外), 성신(誠信), 성실(誠實)[성실감(感); 불성실(不)], 성심/껏(誠心), 성의(誠意)[성의껏; 무성의(無)], 성일(誠一), 성직(誠直), 성충(誠忠), 성효(誠孝); 간성(懇誠), 건성(虔誠), 경성(敬誠), 관성(款誠), 근성(芹誠), 단성(丹誠), 미성(微誠), 불성(不誠), 수성(遂誠), 열성(熱誠), 적성(赤誠), 적성(積誠), 정성/껏(精誠), 졸성(拙誠), 지성(至誠)[지성감천(感天), 지성껏, 지성스럽다, 지성심(心)], 진성(眞誠), 진성(盡誠), 촌성(寸誠), 충성(忠誠), 충성(衷誠), 치성(致誠), 탄성(殫誠), 하성(下誠), 헌성(獻誠), 혈성(血誠), 효성(孝誠) 들.

성(省) '살피다'를 뜻하는 말. ¶성묘(省墓), 성오(省悟), 성자(省字; 省자를 새긴 도장), 성찰(省察); 경성(警省), 귀성(歸省), 내성(內省), 맹성(猛省), 반성(反省), 삼성(三省), 숙성(熟省), 신성(晨省), 심성(心省), 심성(深省), 일성(日省), 일일삼성(一日三省), 자성(自省), 혼정신성(昏定晨省). ☞ 생(省).

성(醒) '깨다(술이 깨다. 잠이 깨다)'를 뜻하는 말. ¶성주탕(醒酒湯; 해장국), 성취(醒醉); 각성(覺醒), 경성(警醒), 반성(半醒), 작취미성(昨醉未醒), 장취불성(長醉不醒), 환성(喚醒; 잠자는 사람을 깨움) 들.

성(猩) '성성이. 개 짖는 소리'를 뜻하는 말. ¶성성(猩猩; 개 짖는 소리), 성성이(猩猩), 성성전(猩猩氈), 성홍(猩紅; 약간 검고 짙은 다홍색), 성홍열(猩紅熱) 들.

성(腥) '비린내'를 뜻하는 말. ¶성예지기(腥穢之氣), 성조(腥臊), 성진(腥塵), 성취(腥臭), 성풍(腥風), 성혈(腥血); 혈성(血腥) 들.

성(筬) '바디(베틀이나 자리틀 따위에 딸린 기구)'를 뜻하는 말. ¶성구(筬簆; 바디).

성가시(다) 자꾸 들볶거나 번거롭게 굴어 괴롭고 귀찮다.[←성'+가시다]. ¶자꾸 반복해서 말하기가 성가시다. 몸이 아프니까 만사가 귀찮고 성가시다. 사람을 만나기가 성가시다. 성가심(성가시게 구는 일).

성글(다) =성기다(≒뜨다. 거칠다↔배다). ¶성글성글[581].

성금 ①말한 보람이나 일한 것의 보람.≒말값. 효력(效力). ¶그의 말은 언제나 성금이 섰다. 자네 말이 성금이 섰는지 일이 잘 풀렸네. 먹은 것이 성금에 안 간다. ②꼭 지켜야 할 명령. ¶성금을 세우다(명령을 꼭 지키게 하다).

성기(다) 물건의 사이가 뜨다. 관계가 깊지 아니하다. 성글다.↔배다. 〈작〉상기다. ¶오랫동안 알고 지낸 사이지만 그 사람에게는 상긴 느낌이 든다. 상그럽다(보기에 성긴 듯하다), 상깃상깃 · 성깃성깃/하다, 상깃[582] · 성깃하다, 성크름하다[2][583], 성긴털(아주 가늘고 긴 털); 버성기다[584].

성냥[1] 마찰에 의하여 불을 일으키는 물건.[←석유황(石硫黃)]. ¶성냥을 켜다. 성냥갑(匣), 성냥개비, 성냥골(인으로 씌운 성냥개비의 대가리), 성냥곽, 성냥딱총(銃), 성냥똡, 성냥불/놀이; 노성냥(종이로 꼰 노의 끝에 황을 바른 성냥), 딱성냥, 안전성냥(安全), 유황성냥(硫黃), 잎성냥 들.

성냥[2] 무딘 쇠 연장을 불에 불리어 재생하거나 연장을 만듦. 손으로 물건 만드는 것을 업으로 삼는 사람. 장색(匠色). 장인(匠人). ¶성냥노리[585], 성냥일(대장일), 성냥하다(쇠를 불에 불리다. 달구다).

성애 ①물건을 사고팔 때에 흥정이 다 된 증거로 옆에 있는 사람들에게 한턱내는 일. ¶성애를 내다/ 먹다. 성애술. ②물건을 살 때 값어치 이외의 다른 물건을 더 얻어 받는 일. ¶성애를 주다.

성에[1] ①추운 겨울에 유리나 벽 따위에 수증기가 허옇게 얼어붙은 것.≒석얼음(石). ¶유리창에 성에가 끼다. 성엣가시, 성에꽃. ②'성엣장[586]'의 준말.

성에[2] 쟁기의 술의 윗머리에서 앞으로 길게 벋은 나무. ¶성에가 부러진 쟁기. 굽배성에(구멍 언저리가 불끈 솟아 끝까지 숙어 나간 성에).

성에[3] 고기가 모여드는 바닷물 밑에 있는 돌 또는 고기가 모여드는 섶과 풀.

성주 민간에서, 집을 지키고 보호한다는 신령. ¶성주를 받다. 성줏굿, 성줏대, 성주대감(大監), 성주독, 성주받이/굿, 성주받이하다, 성줏상(床), 성주신(神), 성주제(祭), 성주풀이.

성-하다 본디 모습대로 멀쩡하다. 병이나 탈이 없다. ¶성한 물건이 없다. 몸 성히 공부하다. 몸이 성성한 사람. 성성하다(꽤 성하다).

섶[1] 덩굴지거나 줄기가 가냘픈 식물을 받쳐 주기 위하여 곁들여 꽂는 막대기. ¶섶을 세워 주다.

섶[2] 두루마기나 저고리 따위의 깃 아래에 달린 긴 헝겊 조각. 웃옷 앞자락의 옷깃 아랫부분. ¶저고리에 섶을 달다. 섶을 여미다. 섶감, 섶귀, 섶끝, 섶단, 섶머리, 섶선(線)[587], 섶코(옷섶 끝의 뾰족한 부분), 섶폭(幅; 섶의 넓이); 겉섶, 맞섶, 안섶, 앞섶, 어김섶(서로 마주치게 댄 섶), 옷섶, 잣섶[588] 들.

섶[3] ①잎나무, 풋나무, 물거리 따위를 통틀어 이르는 '섶나무(땔감으로 쓸 덤불)'의 준말. ¶섶을 지고 불로 들어가려 한다. 섶가리(섶나무 더미), 섶가랑잎, 섶나무, 섶다리(섶을 이용하여 만들어 놓은 다리), 섶단/무지(섶나무 단을 쌓은 무지), 섶비빔질[589], 섶

581) 성글성글: 꽤 사이가 뜨게. ¶뜨개를 성글성글 뜨다.
582) 상깃: 여러 군데가 모두 사이나 간격이 조금 뜬 모양. 〈큰〉성깃. ¶흰머리가 상깃상깃 나다.
583) 성크름하다[2]: 피륙의 발이 가늘고 성글다. ¶성크름한 삼베 치마.
584) 버성기다: ①벌어져서 틈이 있다. ②사귀어 지내는 사이가 탐탁하지 않다. ③분위기가 자연스럽지 못하고 서먹서먹하다. ¶사이가 너무 버성기다.
585) 성냥노리: 섣달에 대장장이가 외상으로 일하여 준 값을 농가로 다니며 거두는 일.
586) 성엣장: 물 위에 떠서 흘러가는 얼음덩이. 유빙(流氷). 석얼음.
587) 섶선: 옷섶의 가장자리를 이루는 선.
588) 잣섶: 색동저고리의 깃 아래에 잣처럼 올록볼록하게 꾸며서 단 헝겊.

사냥(섶을 태운 연기로 굴속의 짐승을 잡음), 섭수(數;볏짚 · 잎나무 따위의 수량), 섶청올치[590]; 가시섶, 울섶, 풀섶. ②누에가 올라가 고치를 짓도록 마련한 짚이나 잎나무. 잠족(蠶蔟). ¶섶그물, 섶뒤지기, 섶자리고치. ③몇몇 명사에 붙어 '가장자리. 옆'을 뜻하는 말. ¶섶장그물[591]; 강섶(江;강기슭이나 강줄기의 옆), 개울섶(개울의 가장자리), 고섶(바로 옆), 곬섶[592], 길섶, 두렁섶(두렁의 기슭), 밭섶.

섶⁴ 물고기가 그 곳에 모이도록 또는 김이 잘 자라도록 물속에 쌓아놓은 나무. ¶거섶①[593].

-세 모음으로 끝나는 동사 어간에 붙어, 자기와 동등 또는 손아랫사람에게 함께 하자는 뜻을 나타내는 하게체의 종결 어미. ['ㄹ'을 제외한 받침 뒤에서는 '-으세'로 쓰임]. ¶집으로 가세. 이제 그만 일어나세. 그 일 우리가 맡으세. 좀 쉬세나. -(으)세-그려/나, -ㅁ(음)세. [-시제 선어말 어미].

세(稅) 국가나 지방 공공 단체가 필요한 경비를 위하여 국민으로부터 강제로 거두어들이는 수입. ¶세를 징수하다. 세 부담이 크다. 세곡(稅穀), 세관(稅關)[세관공항(空港), 세관면장(免狀), 세관보세무역(保稅貿易), 세관원(員)], 세권(稅權;과세할 수 있는 권리), 세금(稅金), 세납자(稅納者), 세리(稅吏), 세목(稅目), 세무(稅務)[594], 세법(稅法), 세수입(稅收入), 세액(稅額), 세원(稅源), 세율(稅率)[특혜세율(特惠)], 세은(稅銀), 세입(稅入), 세전(稅錢), 세정(稅政), 세제(稅制), 세칙(稅則); 가산세(加算稅), 가세(苛稅), 가세(嫁稅), 가옥세(家屋稅), 간세(間稅), 간접세(間接稅), 감세(減稅), 갑근세(甲勤稅), 개인세(個人稅), 결세(結稅), 공세(公稅), 공세(貢稅), 공한지세(空閑地稅), 과세(課稅)[595], 관람세(觀覽稅), 관세(關稅)[596], 광고세(廣告稅), 교부세(交付稅), 교육세(敎育稅), 교통세(交通稅), 국세(國稅), 궁세(宮稅), 금지세(禁止稅), 납세(納稅), 내국세(內國稅), 농지세(農地稅), 누감세(累減稅), 누진세(累進稅), 단세(單稅), 담세(擔稅), 대물세(對物稅), 대인세(對人稅), 도세(道稅), 독세(督稅), 등록세(登錄稅), 마권세(馬券稅), 면세(免稅)[597], 면세(面稅), 면제세(免除稅), 면허세(免許稅), 목적세(目的稅), 무세(無稅), 물세(物稅), 물납세(物納稅), 물품세(物品稅), 방위세(防衛稅), 배부세(配賦稅), 법인세(法人稅), 보세(保稅)[598], 보수세/보세/수세(洑水稅), 보완세(補完稅), 보통세(普通稅), 보호세(保護稅), 복세(複稅), 복합세(複合稅), 본세(本稅), 부동산투기억제세(投機抑制稅), 부세(賦稅), 부가가치세(附加價値稅), 부가세(附加稅), 부대세(附帶稅), 부동산세(不動産稅), 분세(分稅), 분배세(分配稅), 분여세(分與稅), 비례세(比例稅), 사세(司稅), 사용세(使用稅), 사치세(奢侈稅), 상세(常稅), 상세(商稅), 상륙세(上陸稅), 상속세(相續稅), 소득세(所得稅)[근로소득세(勤勞), 분류소득세(分類), 양도소득세(讓渡), 종합소득세(綜合)], 소비세(消費稅), 수세(收稅), 수갑세(水閘稅), 수득세(收得稅), 수렵세(狩獵稅), 수세(收稅), 수세(水稅), 수익세(收益稅), 수입세(輸入稅), 수출세(輸出稅), 시장세(市場稅), 실물세(實物稅), 양도세(讓渡稅), 어업세(漁業稅)/어세(漁稅), 역진세(逆進稅), 염세(鹽稅), 영업세(營業稅), 우세(郵稅), 운반세(運搬稅), 유세(有稅), 유류세(油類稅), 유명세(有名稅)[599], 유통세(流通稅), 인두세(人頭稅), 인세(人稅), 인세(印稅), 인지세(印紙稅), 일반세(一般稅), 임야세(林野稅), 입장세(入場稅), 자동차세(自動車稅), 자릿세, 자본이자세(資本利子稅), 자산세(資産稅), 잡세(雜稅), 잡종세(雜種稅), 장세(場稅), 재산세(財産稅), 전세(田稅), 전시세(戰時稅), 절세(節稅), 정세(正稅), 정액세(定額稅), 제세(諸稅), 조세(租稅)[조세범(犯), 조세법(法), 조세전가(轉嫁), 조세협정(協定)], 종가세(從價稅), 종량세(從量稅), 종률세(從率稅), 종부세(綜不稅), 주세(酒稅), 주민세(住民稅), 중세(重稅), 증세(增稅), 증여세(贈與稅), 지세(地稅), 지방교부세(地方交付稅), 지방세(地方稅), 직접세(直接稅)/직세(直稅), 징세(徵稅), 차량세(車輛稅), 추세(抽稅), 추세(秋稅), 춘세(春稅), 출세(出稅), 출항세(出港稅), 취득세(取得稅)[부동산취득세(不動産)], 탈세(脫稅), 톤세(ton稅), 통과세(通過稅), 통행세(通行稅), 특별세(特別稅), 평형세(平衡稅), 포세(逋稅), 학세(學稅;講米), 행위세(行爲稅), 현물세(現物稅), 혈세(血稅), 혹세(酷稅), 환세(還稅) 들.

세(世) '모든 사람이 살고 있는 사회(세상). 세대(世代). 맏. 지질시대의 한 구분. 가계(家系)의 대수(代數)'를 뜻하는 말. ¶세가(世家), 세간(世間), 세거(世居), 세계(世系), 세계(世界)[600], 세고(世故), 세교(世交), 세교(世敎), 세규(世規), 세기(世紀)[세기말/적(末

---

589) 섶비빔질: 풀숲이 바람 따위에 어긋비벼지는 것.

590) 섶청올치: 꼬지 아니한 채로 얽는 청올치(칡덩굴의 속껍질).

591) 섶장그물: 물고기가 옆으로 빠져 달아나는 것을 막기 위하여 치는 그물.

592) 곬섶: 물곬의 가장자리. ¶곬섶에 어살을 놓다.

593) 거섶: 냇물이 둑에 바로 스치어 개개지 못하도록 냇둑의 가에 말뚝을 늘여 놓고 결은 나뭇가지.

594) 세무(稅務): 세금을 매기고 거두어들이는 일에 관한 사무. ¶세무 비리. 세무감사(監査), 세무관(官), 세무사(士), 세무사찰(査察), 세무서(署), 세무소송(訴訟), 세무조사(調査), 세무조정(調整), 세무회계(會計).

595) 과세(課稅): 과세권(權), 과세단위(單位), 과세소득(所得), 과세율(率), 과세표준(標準)/과표(課標); 분리과세(分離), 신고과세(申告), 실질과세(實質), 원천과세(源泉), 이자과세(利子), 이중과세(二重), 인정과세(認定), 종합과세(綜合), 평균과세(平均).

596) 관세(關稅): 관세경찰(警察), 관세동맹(同盟), 관세무역일반협정(貿易一般協定), 관세장벽(障壁), 관세전쟁(戰爭), 관제정률(定率), 관세정책(政策), 관세청(廳); 국경관세(國境), 국내관세(國內), 금지관세(禁止;禁止稅), 내국관세(內國), 내지관세(內地), 덤핑방지관세(dumping防止), 보복관세(報復), 보호관세(保護), 복수관세(複數), 사치관세(奢侈), 상계관세(相計), 수출관세(輸出), 신축관세(伸縮), 재정관세(財政), 종량관세(從量), 차별관세(差別), 특혜관세(特惠), 편익관세(便益), 할인관세(割引), 협정관세(協定), 호혜관세(互惠).

597) 면세(免稅): 면세점(店), 면세점(點), 면세지(地), 면세품(品).

598) 보세(保稅): 보세가공(加工), 보세가공무역(加工貿易), 보세공장(工場), 보세구역(區域), 보세수입(輸入), 보세전시장(展示場), 보세제도(制度), 보세창고(倉庫), 보세품(品), 보세화물(貨物).

599) 유명세(有名稅): 세상에 이름이 널리 알려진 탓에 당하는 불편이나 곤욕. ¶유명세를 치르다.

600) 세계(世界): 세계고(苦), 세계공황(恐慌), 세계관(觀), 세계기록(記錄), 세계무대(舞臺), 세계문학(文學), 세계사(史), 세계상(像), 세계선(線), 세계시장(市場), 세계어(語), 세계열강(列强), 서계은행(銀行), 세계인(人), 세계정세(政勢), 세계정신(精神), 세계종교(宗敎), 세계주의(主義), 세계지도(地圖), 세계항(港), 세계화폐(貨幣); 고차원세계(高次元), 구세계(舊), 극락세계(極樂), 내면세계(內面), 몽롱세계(朦朧), 무변세계(無邊), 무불세계(無佛), 무/의식세계(無/意識), 반세계(反), 별세계(別), 속세계(俗), 승평세계(昇平;태평한 세상), 시공세계(時空), 신세계(新), 암흑세계(暗黑), 외부세계(外部), 우주세계(宇宙), 은세계(銀;눈이 쌓인 곳), 이상세계(理想), 인간세계(人間), 자유세계(世界), 작품세계(作品), 제삼세계(第三), 청평세계(淸平), 통세계(通), 티끌세계, 태평세계(太平), 풍진세계(風塵), 현실세계(現實), 혼돈세계(混沌), 홍진세계(紅塵).

/的), 세기병(病), 세기적(的); 금세기(今), 반세기(半), 신세기(新)], 세념(世念), 세대(世代)[601], 세대(世帶)[세대수(數), 세대주(主); 다세대(多)], 세덕(世德), 세도(世道), 세로(世路), 세록(世祿), 세론(世論), 세루(世累), 세무(世務), 세미(世味), 세벌(世閥), 세변(世變), 세보(世譜), 세부(世父), 세사(世事), 세사(世祀), 세사(世嗣), 세상(世上)[602], 세상(世相), 세설(世說), 세세(世世), 세속적(世俗)[세속오계(五戒), 세속적(的), 세속화/되다/하다(化)], 세손(世孫), 세수(世守), 세수(世數), 세습(世習), 세습(世襲)[603], 세신(世臣), 세실(世室), 세언(世諺), 세업(世業), 세연(世緣), 세염(世染), 세외(世外), 세운(世運), 세의(世誼), 세의(世醫), 세인(世人), 세자(世子)[세자궁(宮), 세자부(傅), 세자빈(嬪)], 세장(世丈), 세재(世才), 세전(世傳), 세정(世情), 세제(世弟), 세제(世諦), 세족(世族), 세존(世尊), 세지(世智), 세칭(世稱), 세태(世態)[세태소설(小說), 세태학(學), 세태화(畫); 염량세태(炎凉), 인정세태(人情)], 세파(世波), 세파(世派), 세평(世評), 세혐(世嫌), 세환(世患); 간세(間世), 강세(降世), 개세(蓋世), 개세(慨世), 거세(擧世), 격세지감(隔世之感), 경세(經世), 경세(警世), 계세(季世), 과거세(過去世;前世), 광세(曠世), 교세(矯世), 구세주(救世主), 근세(近世), 금세(今世), 기세(棄世), 기세(欺世), 난세(亂世), 내세(來世), 누세(累/屢世), 다세(多世), 당세(當世), 둔세(遁世), 만세(萬世), 말세(末世), 명세(名世), 몰세(沒世), 무궁세(無窮世), 미래세(未來世), 반세/기(半世/期), 백세(百世), 별세(別世), 보세(普世), 부세(浮世), 부세(富世), 사세(斯世), 사세(辭世), 삼세(三世), 상세(上世), 서세(逝世), 서세(瑞世), 선세(先世), 섭세(涉世), 성세(盛世), 성세(聖世), 속세(俗世), 손세(孫世), 쇠세(衰世), 숙세(宿世;前生), 시세(時世), 시신세(始新世), 신세(身世), 아세(阿世)[곡학아세(曲學)], 역세(歷世), 연세(捐世), 염세(厭世), 영세(永世), 오세(汚世), 완신세(完新世), 우세(憂世), 이세(二世), 일세(一世), 재세(在世), 전세(前世), 전세(傳世), 절세(絕世), 제세(濟世)[경국제세(經國)], 조세(早世), 중세(中世), 즉세(卽世), 진세(塵世), 차세(此世), 창세(創世), 처세(處世), 천만세(千萬世), 초세(超世), 출세(出世), 충적세(沖積世), 치세(治世) 타세(他世), 탁세(濁世), 피세(避世), 하세(下世), 행세(行世), 혁세(革世), 현세(現世), 혹세(惑世), 환세(幻世), 효신세(曉新世), 후세(後世), 희세(稀世) 들.

세(勢) 권력이나 기세의 힘. 힘이나 기운. ¶세를 부리다. 세가 약하다. 세가(勢家), 세객(勢客), 세교(勢交), 세궁역진(勢窮力盡), 세도(勢道)[604], 세력(勢力)[605], 세리(勢利), 세망(勢望), 세문(勢門), 세부득이(勢不得已), 세불양립(勢不兩立), 세여파죽(勢如破竹), 세염(勢焰), 세위(勢位), 세위(勢威), 세족(勢族), 셋줄(세력이 있는 사람과 닿는 연줄); 가세(加勢), 가세(家勢), 감세(減勢), 감소세(減少勢), 강세(强勢), 거세(去勢), 고속세(高速勢), 공세(攻勢), 관세(觀勢), 관망세(觀望勢), 교세(敎勢), 국세(局勢), 국세(國勢), 군세(軍勢), 군세(郡勢), 궁세(窮勢), 권세(權勢), 균세(均勢), 급등세(急騰勢), 급락세(急落勢), 급성장세(急成長勢), 급신장세(急伸張勢), 기세(氣勢), 낙세(落勢), 내림세, 다세(多勢), 당세(黨勢), 대세(大勢)[천하대세(天下)], 동세(動勢), 득세(得勢), 등세(騰勢), 등귀세(騰貴勢), 말세[馬], 매세(賣勢), 매수세(買收勢), 맹세(猛勢), 멈춤세, 면세(面勢), 무세(無勢), 문세(文勢), 바닥세, 바람세, 반등세(反騰勢), 방휼지세(蚌鷸之勢), 백중세(伯仲勢), 변동세(變動勢), 병세(兵勢), 병세(病勢), 보합세(保合勢), 봉세(峰勢), 비세(非勢), 사세(社勢), 사세(事勢), 산세(山勢), 상세(狀勢), 상세(常勢), 상세(商勢), 상승세(上昇勢), 성세(成勢), 성세(城勢), 성세(聲勢)[허장성세(虛張)], 성장세(成長勢), 소세(小勢), 쇠세(衰勢), 수세(守勢), 수세(水勢), 수세(樹勢), 수세(隨勢), 승세(乘勢), 승세(勝勢), 시세(市勢), 시세(時勢), 신장세(伸張勢), 실세(實勢), 실세(失勢), 안정세(安定勢), 약세(弱勢), 어세(語勢), 여세(餘勢), 열세(劣勢), 오름세, 외세(外勢), 우세(雨勢), 우세(優勢), 운세(運勢), 위세(威勢), 유세(有勢), 유어상탄세(遊魚上灘勢), 음세(音勢), 의세(倚勢), 이세(理勢), 자세(姿勢), 자세(藉勢), 잠세(潛勢), 장세(場勢), 적세(賊勢), 적세(敵勢), 전세(戰勢), 정세(政勢), 정세(情勢), 조세(助勢), 조세(潮勢), 주춤세, 증가세(增加勢), 증세(症勢), 지세(地勢), 진세(陣勢), 진정세(鎭靜勢), 총세(總勢), 추세(趨勢), 태세(胎勢), 태세(態勢), 텃세, 통세(痛勢), 퇴세(頹勢), 특세(特勢), 판세, 팔림세, 패세(敗勢), 폭등세(暴騰勢), 폭락세(暴落勢), 풍세(風勢), 필세(筆勢), 하락세(下落勢), 하향세(下向勢), 학무경풍세(鶴舞經風勢), 합세(合勢), 행세(行勢), 허세(虛勢), 현세(現勢), 협세(挾勢;남의 위세를 믿고 의지함), 협접투화세(蛺蝶偸花勢), 형세(形勢), 호세(豪勢), 호세(怙勢), 호각세(互角勢), 호응세(呼應勢), 호조세(好調勢), 화세(火勢), 확장세(擴張勢), 활황세(活況勢), 회복세(回復勢), 흐름세 들.

세(細) '가늘다. (규모가) 자그마하다'를 뜻하는 말. ¶세경(細徑), 세경(細莖), 세고(細故), 세공(細工), 세공(細孔), 세관(細管), 세괘(細罫), 세궁/민(細窮/民), 세균(細菌)[세균전(戰), 세균학(學)], 세근(細根), 세농/가(細農/家), 세뇨관(細尿管), 세누비(고운 누비), 세단(細斷), 세대(가늘게 짠 대오리), 세대(細大), 세독(細讀), 세량(細涼), 세려(細廬), 세렴(細簾;가는 대로 촘촘히 엮은 발), 세로(細路), 세론(細論), 세롱(細聾), 세류(細柳), 세류(細流), 세린(細鱗), 세립(細粒;자디잔 알갱이), 세말(細末), 세맥(細脈), 세모/필(細毛/筆), 세모시(細), 세목(細木;고운 무명), 세목(細目), 세무(細務), 세묵(細墨), 세문(細紋), 세미(細美), 세미(細微), 세민(細民), 세밀하다(細密)[세밀성(性), 세밀화(畫)], 세반/강정(細飯), 세별(細別;세밀하게 구별함), 세보(細報), 세부(細部)[세부균형(均衡), 세

601) 세대(世代): 세대교번(交番), 세대교체(交替), 세대윤회(輪廻;세대교번), 세대적(的), 세대차(差); 구세대(舊), 기성세대(旣成), 무성세대(無性), 반수세대(半數), 배수세대(倍數), 신세대(新), 유성세대(有性), 젊은세대.

602) 세상(世上): 세상길, 세상눈, 세상만사(萬事), 세상맛, 세상모르다, 세상사(事), 세상살이, 세상설움, 세상시름, 세상없는/없어도/없이/에, 세상영문(세상의 형편), 세상인심(人心), 세상일, 세상천지(天地), 세상푸념; 뜬세상(덧없는 세상), 반세상(半), 시방세계(十方;온 세계), 인간세상(人間), 풍진세상(風塵), 한세상.

603) 세습(世襲): 한 집안의 재산·신분·업무 따위를 자자손손 물려받는 일. ¶왕위의 세습. 세습군주제(君主制), 세습되다/하다, 세습무(巫), 세습연금(年金), 세습재산(財産), 세습적(的).

604) 세도(勢道): 세도가(家), 세도꾼, 세도재상(宰相), 세도정치(政治); 행세도(行)/행세(行勢).

605) 세력(勢力): 세력가(家), 세력권(圈), 세력균형(均衡), 세력범위(範圍), 세력투쟁행위(鬪爭行爲), 세력화/되다/하다(化); 구세력(舊), 기성세력(旣成), 보수세력(保守), 안정세력(安定), 제삼세력(第三), 진보세력(進步), 혁신세력(革新).

ㅅ

부적(的), 세부탐색(探索)], 세분(細分)[세분도표(圖表), 세분되다/하다, 세분화/되다/하다(化)], 세빙(細氷), 세사(細沙), 세사(細事;자질구레한 일), 세사(細査), 세사토(細沙土), 세살부채(細), 세살창(細-窓), 세서(細書), 세석(細石;잔돌), 세석(細席), 세석기(細石器), 세선(細線), 세설(細雪), 세설(細說;잔말), 세세하다(細細;가늘다. 자세하다. 잘다), 세소(細小), 세실(가는 실), 세실과(細實果), 세심(細心), 세악(細樂), 세안(細案), 세열(細裂), 세요(細腰), 세우(細雨), 세인(細人), 세자(細字), 세자(細疵), 세장(細長;가늘고 깊), 세저(細苧), 세전/문(細箭/門), 세절목(細節目), 세정(細情), 세주(細註;자세한 주석), 세진계(細塵計), 세찰(細察), 세첨하다(細尖;끝이 가늘고 뾰족하다), 세치(細緻), 세칙(細則;자세한 규칙), 세침(細針), 세톱(이가 잘고 작은 톱), 세파(細波;잔물결), 세편(細片), 세평(細評;자세하게 비평함), 세포(細布), 세포(細胞)[세포막(膜), 세포벽(壁), 세포조직(組織), 세포질(質), 세포핵(核)], 세풍(細風), 세피리, 세필(細筆), 세화(細畵); 간세(奸細), 간세(簡細), 거세(巨細), 극세(極細), 명세하다(明細), 명세서(明細書), 모세혈관(毛細血管), 미세(微細), 사세(些細), 상세하다(詳細), 섬세하다(纖細), 쇄세(瑣細), 영세(零細), 위세(委細), 자세하다(仔細), 정세(精細), 지세(至細) 들.

세(歲) '해[年]. 세월'을 뜻하는 말. ¶세객(歲客;세배꾼), 세계(歲計), 세공(歲功), 세공(歲貢), 세과(歲過), 세구(歲久), 세단(歲旦), 세만(歲晩), 세말(歲末), 세모(歲暮), 세목(설을 앞둔 대목), 세문(歲問), 세문안(歲問安), 세미(歲米), 세밑(섣달그믐께), 세배(歲拜)[세배꾼, 세뱃돈, 세배상(床)], 세비(歲費), 세살(歲煞), 세서(歲序), 세성(歲星), 세수(歲首), 세수천(歲首薦), 세세(歲歲;해마다), 세시(歲時)[세시기(記), 세시증(甑), 세시풍속(風俗)], 세안[606], 세알(歲謁), 세양(歲陽), 세여(歲餘), 세용(歲用), 세월(歲月)[607], 세육(歲肉), 세음(歲陰), 세의(歲儀), 세일배(歲一拜), 세입(歲入)[기정세입(旣定)], 세저(歲底), 세전(歲前), 세제(歲除), 세종(歲終;세밑), 세주(歲酒), 세차(歲次), 세차/운동(歲差/運動), 세찬(歲饌), 세초(歲抄), 세초(歲初), 세출(歲出)[기정세출(旣定)], 세치(歲雉), 세투(歲鬪), 세파(歲破), 세풍(歲豊), 세한(歲寒), 세한삼우(歲寒三友), 세화(歲畵), 세황(歲況), 세후(歲後); 객세(客歲;지난해), 거세(去歲;지난해), 격세(隔歲), 과세(過歲), 구세(舊歲), 금세(今歲), 기세(幾歲), 기세(饑歲), 누세(累/屢歲), 당세(當歲), 만세(萬歲), 모세(暮歲), 박세(迫歲), 반세(半歲), 백세(百歲), 세세(歲歲), 수세(守歲), 신세(新歲), 신구세(新舊歲), 연세(年歲;나이), 연연세세(年年歲歲), 영세(迎歲), 왕세(往歲), 졸세(卒歲), 종세(終歲), 차세(此歲), 천세(千歲), 천만세(千萬歲), 태세(太歲), 풍세(豐歲) 환세(換歲), 황세(荒歲;흉년), 흉세(凶歲) 들.

세(洗) '씻다. 빨다. 깨끗하게 하다'를 뜻하는 말. ¶세거우(洗車雨), 세광(洗鑛), 세뇌(洗腦)[세뇌공작(工作), 세뇌교육(敎育)], 세답족백(洗踏足白), 세련(洗練/鍊)[608], 세례(洗禮)[609], 세류(洗流), 세마(洗馬), 세면(洗面)[세면기(器), 세면대(臺), 세면도구(道具), 세면소(所), 세면장(場)], 세모(洗毛), 세받다, 세발(洗髮), 세분(洗粉), 세수(洗手)[610], 세심(洗心), 세안(洗眼), 세안(洗顔), 세언(洗堰), 세자(洗者), 세장(洗腸), 세정(洗淨;깨끗하게 씻음), 세정제(洗淨劑), 세제(洗劑)[합성세제(合成)], 세족(洗足), 세주다(세례를 주다), 세차(洗車), 세척(洗滌)[611], 세초연(洗草宴), 세탁(洗濯)[612], 세탄(洗炭); 대세(代洗), 성세(聖洗), 소세(梳洗), 수세/식(水洗/式), 수세(受洗), 열세(熱洗), 영세(領洗), 참세(懺洗), 필세(筆洗), 화세(火洗), 화세(花洗) 들.

세(貰) 남의 것을 빌려 쓰고 그 값으로 내는 돈. ¶세를 받다. 세 들어 살다. 세가(貰家), 세금(貰金), 세기(貰器), 세내다, 세놓다, 세답(貰畓), 셋돈, 세마(貰馬), 세물(貰物), 세물전(貰物廛), 셋방(貰房), 세우(貰牛), 세전(貰錢), 세주다, 셋집, 세차(貰車), 세책(貰冊); 가겟세, 가세(家貰;집세), 고세(庫貰), 마세, 마세(馬貰;마삯), 모탕세, 방세(房), 사글세[613], 선세(先貰), 월세(月貰), 전세(專貰), 전세(傳貰;고이-평북 사투리-), 지세(地貰), 집세, 책세(冊貰), 텃세 들.

세간 집안 살림에 쓰는 온갖 물건.≒가구(家具). 살림. ¶세간이라곤 냄비 하나에 숟가락 두 개뿐이다. 세간나다(분가하다)/내다, 세간놀이(소꿉놀이)/하다, 세간박(세간으로 삼고 쓰는 바가지), 세간붙이, 세간살이/하다, 세간짐, 세간차지(次知;일정한 삯을 받고 남의 집 세간을 맡아보는 사람), 세간치레, 세간치장/하다(治粧); 방세간(房), 쪽박세간(하찮은 세간) 들.

세-나다[1] 질병 · 상처 · 부스럼 따위가 덧나다.=쇠나다②. ¶감기가 세나다. 상처에 물이 묻으면 세날 염려가 있다. 세난 상처가 저리고 아프다.

세:-나다[2] 찾는 사람이 많아서 물건이 잘 팔려 나가다.≒천세나다. 동나다. ¶한여름이라 얼음이 세나지.

세(다)[1] ①머리털이 희어지다.≒성성하다(星星). ¶머리가 허옇게 세다. 센개(센둥이), 센둥이(털빛이 흰 개), 센머리, 센털[1](흰털); 새치. ②얼굴의 핏기가 없어지다. ¶얼굴은 세었어도 눈은 빛난다.

세(다)[2] ①사물의 수를 계산하다.≒헤아리다. 꼽다. ¶돈을 세다. 셈을 세다. 셈이 빠르다. 세기[1](수를 세는 일), 셈[614], 셈값[수치

606) 세안(歲): 한 해가 끝나기 이전. 설아래. 세밑.

607) 세월(歲月): 세월여류(如流); 구연세월(苟延), 무정세월(無情), 소견세월(消遣), 태평세월(太平), 한세월, 허송세월(虛送), 헛세월(보람 없이 보낸 세월).

608) 세련(洗練/鍊): 씻어서 불림. 글이나 교양 · 인품 따위를 갈고 다듬어 우아하고 고상하게 함. ¶세련된 솜씨. 세련된 옷차림. 세련되다, 세련미(洗練味), 세련성(性).

609) 세례(洗禮): 입교하는 사람에게 모든 죄악을 씻는 표시로 베푸는 의식. 어떤 사건이나 현상으로 받는 영향이나 단련 또는 타격. ¶세례명(名), 세례식(式), 세례자(者); 몽둥이세례, 물세례, 불세례, 영아세례(嬰兒), 주먹세례.

610) 세수(洗手): 세숫대야, 세숫물, 세숫비누; 분세수/하다(粉).

611) 세척(洗滌): 세척기(器), 세척되다/하다, 세척력(力), 세척장(場), 세척제(劑), 세척하다(씻다. 빨다); 가성세척(苛性;알칼리 세척), 산세척(酸), 위세척(胃), 장세척(腸), 침지세척(浸漬).

612) 세탁(洗濯): 빨래. ¶세탁기(機), 세탁력(力), 세탁비누, 세탁물(物), 세탁부(婦), 세탁비누, 세탁소(所), 세탁실(室), 세탁업(業), 세탁제(劑), 세탁하다; 돈세탁, 물세탁.

613) 사글세: 집이나 방을 빌려 쓰고 다달이 내는 세.[←삭월세(朔月貰)].

614) 셈: 수효를 세는 일. 액수와 수량을 따져 밝히는 일. 속셈. 사물을 분별하는 슬기. 생활의 형편.

(數値)], 셈끌다[615], 셈나다[616], 셈대(산가지), 셈들다[617], 셈때(형편), 셈법(法), 셈본(셈하는 방식), 셈속(일의 속 내용. 속내. 이해타산), 셈수(數;셈평), 셈자(계산자), 셈제기(한 번에 많이 찬 사람이 이기는 제기 놀이), 셈조(條;셈하는 조건), 셈질기다[618], 셈차리다[619], 셈치다(계산하다). 셈판(板;사실의 형편. 까닭), 셈평[620], 셈하다; 간편셈(簡便), 곱셈, 구구셈(九九), 꿍꿍이셈, 나눗셈, 낱셈, 눈셈(말없이 눈으로 셈함), 덧셈, 독장수셈, 뒷셈(어떤 일이 끝난 다음에 하는 셈), 드림셈[621], 묵은셈(오래된 빚), 부엉이셈[622], 붓셈[필산(筆算)], 뺄셈, 사셈(私), 선셈(先), 속셈, 손가락셈, 수판셈(數板), 안셈(안에 지니고 있는 마음), 암셈(暗), 어림셈, 엇셈[623], 옥셈[624], 잔셈(자질구레한 셈), 전표셈(傳票), 주먹셈, 판셈[625], 품셈[626], 홑셈. ☞ 산(算). ②들어 말하다. 여기다. 간주하다. ¶형으로 세다. 그런 것쯤은 애로로 세지도 않는다.

세(다)[3] ①힘이 많다.(↔약하다). 거칠다.(↔부드럽다). ¶기운이 세다. 팔심이 세다. 살결이 세다(거칠다). 세괃다[627], 세굳다(세고 굳다), 세기[2](센 정도. 강도), 세차다(힘 있고 억세다)[거세차다/거차다], 센내기(↔여린내기), 센말, 센물(↔단물), 센박(拍), 센소리, 센숫돌(거친 돌로 만든 숫돌), 센입천장소리, 센여림표(標); 거세다(거칠고 세다. 매우 세차다), 걱세다[628], 굳세다, 드세다(힘이나 기세가 강하고 사납다), 살세다(무엇이 매우 세다), 앙세다[629], 울세다(떨거지가 많다), 장력세다(壯力)[630], 힘세다. ②능력이나 수준이 정도 이상이다. ¶술이 세다. ③밀고 나가는 기세가 강하다. ¶고집이 세다. 세차다(뻗는 힘이 강하다); 가시세다(앙칼스럽고 고집이 세다), 검세다, 뻐세다[631], 악·억세다. ④바람·물살·불길이 세차다. ¶바람이/ 불길이 세다. 센바람, 센불. ⑤딱딱하고 뻣뻣하다. ¶가시가 세다. 머리털이 세다. 풀기가 세다. 센털[2][강모(剛毛)]; 뻣세다(뻣뻣하고 억세다). ⑥궂은일이 자주 생기어 좋지 아니하다. ¶집터가 세다. 팔자가 세다/ 드세다. 텃세다(그 터나 집에서 좋지 않은 일이 많이 일어나다). ☞ 장(壯). 강(强).

615) 셈끌다: 셈을 쳐서 갚을 돈을 갚지 않고 뒷날로 미루다.
616) 셈나다: 사물을 잘 분별하는 슬기가 생겨나다.
617) 셈들다: 사물을 분별하는 판단력이 생기다. ¶스무 살이면 셈들 나이도 되었다.
618) 셈질기다: 셈해 주어야 할 돈이나 물건 따위를 좀처럼 주지 않다. ¶셈질긴 사람하고는 거래를 하지 마라.
619) 셈차리다: 앞뒷일을 잘 생각하여 점잖게 행동하다.
620) 셈평: ①이익을 따져 셈을 쳐 보는 생각. ¶셈평이 있는 사람 같이 보인다. ②생활의 형편. ¶셈평이 펴다. 셈평이 좋다(태도가 넉살스럽고 태평하다).
621) 드림셈: 값을 몇 번에 나누어 내기로 하는 셈. 할부(割賦).
622) 부엉이셈: 어리석어 이해 타산이 분명하지 못한 셈.
623) 엇셈: 서로 주고받을 것을 빼고 하는 셈.
624) 옥셈: 생각을 잘못하여 저에게 불리하게 하는 셈.
625) 판셈[-셈]: 빚진 사람이 빚 준 사람들 앞에 자기의 재산 전부를 내놓고 자기들끼리 나누어 셈하도록 하는 일.≒망고②.
626) 품셈: 품이 드는 수효와 값을 계산하는 일.
627) 세괃다: 성질이나 기세가 세고 괄괄하다. ¶일을 세괃게 하다.
628) 걱세다: ①몸이 튼튼하고 힘이 세다. 〈센〉꺽세다①. ¶아버지는 걱세고 착한 분이셨다. ②성질이 굳고 뚝뚝하다. ¶걱세게 말투로 대답하다.
629) 앙세다: 몸은 약하게 보이나 다부지다. 알심이 세다.
630) 장력세다(壯力): 씩씩하고 굳세어 무서움을 타지 아니하다.
631) 뻐세다: 뻣뻣하고 거세다. ¶성격이 뻐세다.

세로 위에서 아래로 나가는 방향. 또는 그 길이(로).↔가로. ¶세로의 길이. 글씨를 세로쓰지 말고 가로써라. 세로글씨, 세로금, 세로길이, 세로대, 세로뜨기, 세로띠, 세로로(좋으로), 세로무늬, 세로선(線), 세로쓰기, 세로줄, 세로지(종이나 피륙 따위의 세로로 길게 된 조각), 세로지다(세로로 되어 있다), 세로짜기, 세로축(軸), 세로톱, 세로피리, 세로홈, 세로획(劃); 가로세로. ☞ 종(縱).

세봉 좋지 않은 일. 큰 탈이 날 일.≒탈(頉). ¶한데서 자다가 감기나 걸리면 세봉인데.

세장 지게나 걸채 따위의 두 짝이 짜이어 있도록 가로질러 박은 나무. ¶밀삐세장, 밑세장, 아랫세장, 윗세장, 허리세장.

셋 둘에 하나를 더한 수. 삼(三). §뒤에 오는 명사의 종류에 따라 '세, 서, 석'으로 바뀜. ¶세 살 버릇 여든 살까지 간다. 이제 네 나이도 서른이 되었구나. 서너, 서너너덧, 서넛, 서너때, 서른(열의 세 곱절), 서 돈/말/푼, 석 냥/달/동/섬/자/잔, 서이[632], 석삼년(三年), 석장볏(張;석 장으로 된 닭의 볏), 서푼(아주 보잘것없는 것); 세가락, 셋갖춤[633], 세거리, 셋겸상(兼床), 세겹살, 세겹실, 세골접이(세 겹이 되도록 접는 것), 세께끼(한 팔을 꺾으면서 추는 춤 동작), 세끼, 세나라[삼국(三國)], 세나절(잠깐이면 할 일이 늦어지는 동안), 세단뛰기(段), 세뚜리[634], 세대박이, 세마치/장단(長短), 세모[635], 세발솥, 세발자전거(自轉車), 세벌이, 세벌장대(長臺;세 층으로 포개어 놓은 긴 댓돌), 셋붙이, 세살문(門;창살을 성기게 댄 창문), 세습(마소의 세 살), 세쌍둥이, 세알모끼[636], 세이레(스무하루째 되는 날), 셋잇단음표(音標), 세제곱/근(根), 셋째, 세치각목(角木), 세코짚신, 세톨박이(세 톨의 알이 든 밤송이); 두세, 두셋, 삼세번(三-番) 들.

셍기(다) ①이 말 저 말을 잇달아 주워대다.=주워섬기다. ¶그는 혼자 방안에 앉아 하루 종일 무엇인가를 셍겼다. 순이도 제법 몇 마디 셍깁디다. 내셍기다(내리 이 말 저 말 자꾸 주워대다). ②곁에서 일거리를 잇따라 대어 주다. ¶옆에서 셍기는 짐을 받아 창고 안에 차곡차곡 쌓았다. 볏단을 추려 벼훑이하는 아저씨에게 한 줌씩 셍기어 주었다.

소[1] 몸집이 크고 뿔이 있으며 초식성으로 되새김하는 소과의 동물. ¶소 잃고 외양간 고친다. 소 닭 보듯(서로 무심하게 쳐다보는 모양), 소갈이, 소거간/꾼(居間), 소걸이(상으로 소를 걸고 하는 씨름), 소겨리/하다, 소구유, 소길마, 소달구지, 소달깃날[637], 소덕석, 소도둑/놈, 소띠, 소목(目), 소몰이/하다, 소몰꾼, 소바리/짐, 소발구(소가 끄는 발구), 소수레, 소싸움, 송아지[금송아지(金), 목매기송아지, 부룩송아지[638], 애송아지, 어스럭송아지/어석송아지(큰 송아지), 얼룩송아지, 엇송아지, 중송아지(中), 하릅송아지],

632) 서이: ①세 사람. ¶서이만 살아났다. ②세 사람이 함께. ¶서이 들고 왔다.
633) 셋갖춤: 저고리·바지·조끼를 다 갖춘 한 벌의 양복. 셋붙이.
634) 세뚜리: 한 상에서 세 사람이 같이 음식을 먹는 일. 세 몫으로 가르는 일.
635) 세모: 세모기둥, 세모꼴, 세모끌, 세모눈, 세모뿔, 세모송곳, 세모자, 세모줄, 세모지다, 세모창(槍).
636) 세알모끼: 한꺼번에 줄을 셋씩 치도록 이가 셋 있는 대패.
637) 소달깃날: 음력 정월 첫 축일(丑日). 이 날은 마소를 부리지 않고 쉬게 함.
638) 부룩송아지: 아직 길들이지 않은 송아지.

소영각, 소이[우슬(牛蝨)], 소품(소를 빌려 쓰는 대가로 일해 주는 품); 겨릿소[639], 고깃소, 놓인소[640], 도짓소(賭地), 돈메소[641], 둘소[642], 들소, 마라소[643], 마소(말과 소), 물소, 부룩소(작은 수소), 부림소(일소), 불친소(불알을 까서 기르는 소), 사향소(麝香), 생멧소(生)[644], 수소, 수냇소[645], 싸움소, 실소(實), 씨소, 악대소(불친소), 안소(외나소.↔마라소), 암소, 애둥소(어린 소), 어석소[646], 얼룩소, 윤두소[647], 일소, 젖소, 중소(中), 차붓소(車夫;달구지를 끄는 큰 소), 찌룽소[648], 차부소(車夫;달구지를 끄는 큰 소), 칡소, 코뚤소, 푿소, 황소[649], 흑소(黑). §'쇠-'는 '소[牛]+의'의 준꼴. ¶쇠가죽, 쇠간(肝), 쇠갈비/소갈비, 쇠고기, 쇠고집(固執), 쇠골, 쇠귀, 쇠귀신(鬼神;소가 죽어서 된다는 귀신. 성질이 몹시 검질긴 사람), 쇠기름, 쇠꼬리, 쇠꼴, 쇠다리, 쇠두엄, 쇠등에, 쇠딱지[650], 쇠똥[쇠똥구리, 쇠똥벌레, 쇠똥찜], 쇠마굿간(馬廏間), 쇠머리[쇠머리편육(片肉), 쇠머릿살], 쇠먹이, 쇠발개발[651], 쇠백장, 쇠버짐[652], 쇠불알, 쇠뼈, 쇠뿔[쇠뿔고추, 쇠뿔참외], 쇠살쭈[653], 쇠서(고기로서의 소의 혀)[쇠서받침(쇠서처럼 생긴 장식), 쇠서저냐], 쇠심(소의 심줄)[쇠심떠깨[654], 쇠심회(膾)], 쇠여물, 쇠옹두리(소의 정강이뼈), 쇠장(場), 쇠전(廛), 쇠젖, 쇠죽(粥), 쇠지랑물(외양간 뒤에 괸 검붉은 쇠오줌), 쇠지랑탕, 쇠짚신, 쇠침, 쇠코, 쇠코뚜레, 쇠털, 쇠파리, 쇠풍경(風磬;소의 턱밑에 다는 방울). ☞ 우(牛).

소² 송편 · 만두 따위를 만들 때, 익히기 전에 속에 넣는 여러 가지 재료. 통김치 · 오이소박이 속에 넣는 여러 가지 고명. ¶소를 적게 넣은 만두. 소를 많이 넣어서인지 김치 맛이 좋다. 솟거리, 솟국, 소박이[소박이김치; 오이소박이]; 고기소[655], 김칫소, 깨소, 꿀소, 떡소, 만두소(饅頭), 못소[656], 밤소, 양념소(배추김치에 넣는 양념), 잣소, 콩소, 팥소 들.

---

639) 겨릿소: 겨리(소 두 마리가 끄는 쟁기)를 끄는 소. §겨릿소 두 마리 가운데 왼쪽을 '외나소', 오른쪽을 '마라소(마나)'라 한다.

640) 놓인소: 고삐가 풀려 나대는 소라는 뜻으로 행동거지가 제멋대로인 사람을 비유적으로 이르는 말.

641) 돈메소: 삯을 받기로 하고 빌려 주는 소.

642) 둘소: 새끼를 낳지 못하는 소. 둘암소.

643) 마라소: 두 마리의 소를 결어 밭을 갈 때 오른쪽에 맨 소.↔외나소(안소).

644) 생멧소(生): 지난날, 소 한 마리 값의 돈을 빌려 쓰고 갚을 때까지 도조(賭租)를 이자로 물던 일.

645) 수냇소: 송아지를 주고 그것을 기른 뒤에 송아지 값을 빼고 나누는 소. [←수나이+ㅅ+소].

646) 어석소: 중소가 될 만큼 자란 큰 송아지. 어스럭송아지.

647) 윤두소: 지주, 부농, 부유 중농 들이 빈농민에게 빌려 주고 값을 받아내는 소.

648) 찌룽소: 사람을 받는 매우 사나운 소.

649) 황소: 황소개구리, 황소걸음, 황소고집(固執), 황소눈(크고 동작이 굼뜬 눈), 황소등, 황소바람(좁은 틈으로 세차게 불어 드는 바람), 황소부림(크게 치는 몸부림. 황소를 부리는 일), 황소뿔, 황소숨(크게 쉬는 숨), 황소울음, 황소자리, 황소힘.

650) 쇠딱지: 쇠똥같이 어린아이의 머리에 눌어붙은 때.

651) 쇠발개발: 아주 더러운 발을 비유하여 일컫는 말. ¶쇠발개발로 방을 더럽혀 놓다.

652) 쇠버짐: 피부가 몹시 가렵고 쇠가죽처럼 두껍고 단단하게 번지는 버짐.

653) 쇠/소살쭈: 소를 팔고 사는 것을 흥정붙이는 사람.

654) 쇠심떠깨: 힘줄이 섞여 있어서 아주 질긴 쇠고기. 〈준〉심떠깨.

655) 고기소: 고기를 넣어 양념과 함께 다진 소.

656) 못소: 해삼의 뱃속에 고기소를 넣고 밀가루와 달걀을 묻혀서 기름에 지진 음식.=뮈쌈. 해삼전.

-소 용언의 어간 또는 어미 '-았/었-, -겠-' 뒤에 붙어, 하오할 자리에서 평서 · 의문 · 명령의 뜻을 나타내는 종결 어미. §'-(으)오'보다 현실적이며 친절하고 공손한 맛이 있음. ¶수고가 많았소. 날 좀 보소. 식사 좀 드소. 먼저 가소. 어찌하면 좋소? 건강은 괜찮소? ☞ -오.

소(小) '작은' 또는 '자기의 겸칭'을 뜻하는 말.↔대(大). ¶소가(小家), 소가(小駕), 소가족(小家族), 소각(小角), 소간(小簡), 소감각체(小感覺體), 소강(小康)[소강상태(狀態)], 소강당(小講堂), 소개념(小概念), 소건축(小建築), 소검(小劍), 소게(小憩), 소결흉(小結胸), 소경(小徑), 소경(小莖), 소경(小景), 소계(小計), 소고(小考), 소고(小故), 소고(小鼓), 소곡(小曲), 소곤(小棍), 소골반(小骨盤), 소공(小功), 소공연(小公演), 소공원(小公園), 소과(小科), 소과(小過), 소관(小官), 소관목(小灌木), 소괄호(小括弧), 소괴(小塊), 소교목(小喬木), 소교세포(小膠細胞), 소구(小球), 소구경(小口徑), 소구분(小區分), 소국(小局), 소국(小國), 소군(小君), 소권(小圈), 소규모(小規模), 소극장(小劇場), 소금(小金), 소금(小笒), 소금(小禽;작은새), 소금정(小金井), 소기(小技), 소기(小朞), 소기(小器), 소기(小妓), 소기관(小器官), 소기업(小企業), 소기후(小氣候), 소내상(小內喪), 소녀(小女), 소농가(小農家), 소농지(農地), 소뇌(小腦), 소단원(小單元), 소단위(小單位), 소대(小隊), 소대기(小大朞), 소대상(小大祥), 소대장(小隊長), 소대한(小大寒), 소도(小刀), 소도(小島), 소도(小盜), 소도(小道), 소도구(小道具), 소도시(小都市), 소도회(小都會), 소동(小童), 소동맥(小動脈), 소동패(小同牌), 소두(小斗), 소두(小豆;팥), 소두(小痘;작은마마), 소라(小鑼;바라), 소란(小欄), 소랑(小娘), 소량(小量), 소렴(小殮), 소례(小禮), 소로(小路), 소로(小爐), 소록(小祿), 소록(小錄), 소론(小論), 소루(小累), 소류(小流), 소리(小吏), 소리(小利), 소립(小粒), 소망일(小望日), 소매(小妹), 소매(小梅), 소매(小賣), 소매체(小媒體), 소맥(小脈), 소맥(小麥), 소맹선(小猛船), 소명사(小名辭), 소목장(小木匠), 소목환(小木丸), 소무당(小巫堂), 소문(小門), 소문자(小文字), 소미(小米), 소미사(小missa), 소민(小民), 소반(小盤), 소발작(小發作), 소방상(小方牀), 소방전(小方甎), 소배심(小陪審), 소백의(小白衣), 소법정(小法廷), 소변(小便), 소변(小變), 소별(小別), 소병(小甁), 소복(小腹;아랫배), 소복(小福), 소부(小富), 소별지(小別紙), 소보름, 소부대(小部隊), 소부등(小不等), 소부락(小部落), 소부르주아(bourgeois), 소부분(小部分), 소북, 소분(小分), 소분(小忿), 소분(小紛), 소분청음(小分淸飮), 소사(小史), 소사(小使), 소사(小事), 소사(小辭), 소사랑(小舍廊), 소사전(小辭典), 소산(小産), 소산화(小繖花), 소삼관(小三關), 소삼작(三作), 소상(小祥), 소상공업자(小商工業者), 소상인(小商人), 소생(小生), 소생산(小生産), 소서(小序), 소서(小暑), 소석(小石), 소선(小善), 소선(小船), 소선거구(小選擧區), 소선근(小善根), 소선생(小先生), 소설(小說)[657], 소설(小雪), 소성(小成), 소성(小星), 소성(小聲), 소

---

657) 소설(小說): 현실적 인생을 작가의 상상에 의하여 구성적으로 서술한 창조적 이야기. ¶소설가(家), 소설사(史), 소설책(冊); 소설가(家), 소설사(史), 소설책(冊), 소설화(化); 가전체소설(假傳體), 가정소설(家庭), 경향소설(傾向), 계몽소설(啓蒙), 고소설(古), 고전소설(古典), 공상/과학소설(空想/科學), 공안소설(公案), 관념소설(觀念), 괴기소설(怪奇), 교양소설(教養), 구소설(舊), 군담소설(軍談), 궁중소설(宮中), 근대소설

세(小勢), 소세계(小世界), 소소하다(小小), 소소하다(小少), 소속명탕(小續命湯), 소수(小數), 소수술(小手術), 소순판(小楯板), 소순환(小循環), 소승(小僧), 소승(小乘↔大乘)[소승불교(佛敎), 소승적(的)], 소승기탕(小承氣湯), 소시(小市), 소시(小柿;고욤), 소시민(小市民), 소시호탕(小柴胡湯), 소식(小食), 소실(小室), 소심(小心), 소아(小兒)[소아마비(痲痹), 소아병(病)], 소아(小我), 소아사리(小阿闍梨), 소악(小惡), 소악부(小樂府), 소악절(小樂節), 소안(小安), 소암(小巖), 소약(小弱), 소약과(小藥果), 소양(小恙), 소어(小魚), 소여(小輿), 소역(小驛), 소연(小宴), 소연지봉(小臙脂峯), 소엽(小葉), 소예참(小禮懺), 소옥(小屋), 소옥교(小玉轎), 소옥타브(octave), 소완구(小碗口), 소왕국(小王國), 소욕(小/少慾), 소용(小勇), 소우(小雨), 소우주(小宇宙), 소원(小圓), 소월(小月), 소위원회(小委員會), 소음순(小陰脣), 소읍(小邑), 소이(小異), 소인(小人)[소인국(國), 소인스럽다(小人;간사하고 올곧지 못한 듯하다), 소인물(小人物), 소인네/쇤네, 소인배(小人輩); 두초소인(斗筲;변변하지 못한 사람)], 소인(小引), 소일(小一;아주 작음), 소자(小子), 소자(小字), 소자(小疵), 소자(小者), 소자본(小資本), 소자산가(小資産家), 소작(小作), 소작(小斫), 소작(小酌), 소장(小腸), 소장부(小丈夫), 소재(小才), 소재(小齋), 소저(小姐;아가씨), 소저(小著), 소적(小敵), 소적(小賊), 소전(小傳), 소전(小篆), 소전음(小全音), 소전제(小前提), 소전투(小戰鬪), 소절수(小切手), 소점(小店), 소정(小正), 소정(小亭), 소정(小政), 소정(小艇), 소정맥(小靜脈), 소정월(小正月), 소정자(小正字), 소정천(小淨天), 소제목(小題目), 소조(小朝), 소조(小照), 소조(小潮), 소졸(小卒), 소종(小宗), 소죄(小罪), 소주(小舟), 소주(小註), 소주어(小主語), 소주주(小株主), 소증기선(小蒸氣船), 소지(小志), 소지(小枝), 소지(小指), 소지(小誌), 소지주(小地主), 소직(小職), 소진화(小進化), 소질려포(小蒺藜砲), 소집단(小集團), 소집회(小集會), 소차(小次), 소차(小借), 소차(小差), 소참(小參), 소창(小瘡), 소창옷(小氅), 소책(小策), 소책자(小冊子), 소천(小川), 소천문(小泉門), 소천어(小川魚), 소천지(小天地), 소첩(小妾), 소체(小體), 소초(小草), 소초(小哨), 소촉각(小觸角), 소촌(小村), 소총(小塚), 소총(小銃), 소총명(小聰明), 소총회(小總會), 소추(小秋), 소축(小畜), 소축도(小縮圖), 소축척(小縮尺), 소충(小蟲), 소취(小醉), 소취타(小吹打), 소친시(小親侍), 소침(小針), 소칭(小秤), 소톱(작은톱), 소통(小桶), 소통로(小通路), 소틀, 소파(小派), 소파(小波), 소파(小破), 소파산(小破産), 소편(小片), 소편(小篇), 소포(小布), 소포(小包), 소포엽(小苞葉), 소포자(小胞子), 소포체(小胞體), 소폭(小幅), 소품(小品)[소품곡(曲), 소품문(文), 소품물(物)], 소하(小蝦), 소하물(小荷物), 소하천(小河川), 소학교(小學校), 소학생(小學生), 소한(小寒), 소한(小閑), 소항(小巷), 소항(小港), 소항구(小港口), 소해금(小奚琴), 소해손(小害損), 소행리(小行李), 소행성(小行星), 소협상(小協商), 소협주곡(小協奏曲), 소형(小形), 소형(小型)[소형기(機), 소형면허(免許), 소형주(株)], 소형(小荊), 소호(小戶), 소호(小毫), 소화(小火), 소화(小話), 소화기(小火器), 소화물(小貨物), 소화자(小火者), 소환입(小還入), 소황충(小蝗蟲), 소회(小會), 소회계기(小會計期), 소회향(小茴香), 소휴식(小休息); 경소(輕小), 과소(過小), 군소(群小), 극소(極小), 능소능대(能小能大), 단소(短小), 담소(膽小), 대소(大小), 무한소(無限小), 미소(微小), 범소(凡小), 비소(卑小), 사소취대(捨小取大), 세소(細小), 약소(弱小), 왜소(矮小), 적소성대(積小成大), 중소(中小), 집소성대(集小成大), 착소(窄小), 체소(體小), 최소(最小), 축소(縮小), 침소봉대(針小棒大), 편소(褊小), 협소(狹小) 들.

소(所**)** '일이나 방법 · ~한 바. 장소, 기관. 부위(部位)'를 뜻하는 말. ¶소간(所幹;볼일), 소간사(所幹事), 소감(所感;느낀 바), 소견(所見)[658], 소경사(所經事), 소관(所管), 소관(所關)[659], 소기(所期), 소념(所念), 소당(所當), 소덕(所德), 소득(所得), 소론(所論), 소료(所料), 소리(所利;날찍-일에서 생기는 이익), 소망(所望), 소문(所聞), 소범(所犯), 소부(所負), 소비(所費), 소사(所思), 소산(所産), 소생(所生), 소설(所說), 소속(所屬)[소속감(感), 소속되다/하다; 무소속(無)], 소솔(所率;딸린 식구), 소수(所祟;귀신이 준 재앙), 소술(所述), 소시(所視), 소식(所食), 소신/껏(所信;굳게 믿거나 생각하는 바), 소실(所失;허물. 노름을 하여 돈을 잃음), 소업(所業), 소여(所與;주어진 바), 소요(所要;필요한 바)[소요되다/하다, 소요량(量), 소요시간(時間), 소요액(額)], 소욕(所欲), 소용(所用)[소용없다; 무소용(無)], 소원(所員), 소원(所願)[소원성취(成就); 고소원(固); 평생소원(平生)], 소위(所爲;하는 일), 소위(所謂)[진소위(眞)], 소유(所有)[660], 소의(所依;의거하는 바), 소이(所以;까닭), 소이연(所以然;그러하게 된 까닭), 소임(所任;맡은 바 직책), 소입(所入), 소자출(所自出), 소장(所長), 소장(所掌), 소장(所藏), 소재(所在), 소재(所載), 소전(所傳), 소정(所定;정한 바), 소조(所遭), 소존(所存), 소중하다(所重;매우 귀중하다), 소지(所持;가지고 있는 일이나 물건)[소지금(金), 소지인(人), 소지자(者), 소지죄(罪), 소지품(品), 소지하다], 소천(所天), 소청(所請), 소출(所出), 소치

(近代), 기봉소설(奇逢), 단편소설(短篇), 대중소설(大衆), 대하소설(大河), 명작소설(名作), 모험소설(冒險), 문제소설(問題), 민속소설(民俗), 반소설(反), 번안소설(飜案), 범죄소설(犯罪), 본격소설(本格), 비소설(非), 사소설(私), 사실소설(寫實), 사회소설(社會), 삼문소설(三文;서푼짜리, 변변하지 아니한 저속한 소설), 삼인칭소설(三人稱), 서간체소설(書簡體), 설화소설(說話), 성장소설(成長), 세태소설(世態), 순수소설(純粹), 시대소설(時代), 시정소설(市井), 신소설(新), 신문소설(新聞), 신변소설(身邊), 실험소설(實驗), 심경소설(心境), 심리소설(心理), 애정소설(愛情), 액자소설(額子), 에로소설(erōs), 역사소설(歷史), 연애소설(戀愛), 연의소설(演義;역사상의 사실을 재구성하여 쓴 소설), 연작소설(連作), 연재소설(連載), 염정소설(艶情), 엽기소설(獵奇), 영웅소설(英雄), 영화소설(映畵), 우의소설(寓意), 우화소설(寓話), 육전소설(六錢), 인정소설(人情), 일인칭소설(一人稱), 자전소설(自傳), 장편소설(長篇), 장편소설(掌篇), 장회소설(章回), 전기소설(傳奇), 전기소설(傳記), 전재소설(全載), 전쟁소설(戰爭), 정치소설(政治), 주제소설(主題), 중간소설(中間), 중편소설(中篇), 참회소설(懺悔), 추리소설(推理), 탐정소설(探偵), 탐험소설(探險), 테마소설, 통속소설(通俗), 패관소설(小說), 폭로소설(暴露), 풍속소설(風俗), 풍자소설(諷刺), 해양소설(海洋), 해학소설(諧謔), 현대소설(現代).

658) 소견(所見): 어떤 일이나 사물을 살펴보고 가지게 되는 생각이나 의견. ¶짧은 소견. 그는 소견이 좁다. 소견머리, 소견스럽다, 소견표(表).

659) 소관(所關): 소관사(事); 비아소관(非我), 운수소관(運數), 인심소관(人心), 팔자소관(八字).

660) 소유(所有): 가지고 있음. 또는 그 물건. 물건을 전면적 · 일반적으로 지배하는 일. ¶소유냐 존재냐. 소유격(格), 소유관계(關係), 소유권/자(權/者), 소유되다/하다, 소유물(物), 소유욕(慾), 소유인(人), 소유자(者), 소유주(主), 소유지(地), 소유품(品), 소유하다(어떤 것을 자기의 것으로 만들다); 개인소유(個人), 공동소유(共同), 구분소유(區分), 무소유(無;가진 것이 없음).

(所致;탓)[무력소치(無力)], 소친(所親), 소칭(所稱), 소피(所避;오줌을 누는 일)/보다, 소할(所轄), 소행(所行;所爲), 소향(所向), 소회(所懷); 각소(各所), 감시소(監視所), 감식소(鑑識所), 감옥소(監獄所), 강습소(講習所), 강의소(講義所), 개소/식(開所/式), 개소(個所), 개표소(改票所), 거소(居所), 거래소(去來所), 거주소(居住所), 검문소(檢問所), 검사소(檢査所), 검역소(檢疫所), 검조소(檢潮所), 경재소(京在所), 고소(高所), 고훤소(考喧所), 공급소(供給所), 공무소(工務所), 공무소(公務所), 공소(公所), 공탁소(供託所), 관리소(管理所), 관상소(觀象所), 관제고(管制所), 관측소(觀測所), 광업소(鑛業所), 교도소(矯導所), 교습소(敎習所), 교환소(交換所), 구소(灸所;뜸자리), 구치소(拘置所), 구호소(救護所), 국소(局所), 권화소(勸化所), 귀의소(歸依所), 급소(急所), 급식소(給食所), 급유소(給油所), 기로소(耆老所), 기상소(氣象所), 기업소(企業所), 난소(難所), 냉암소(冷暗所), 능소(陵所), 다비소(荼毘所), 단소(短所), 단소(壇所), 당소(當所), 대기소(待機所), 대본소(貸本所), 대서소(代書所), 대피소(待避所), 도기소(陶器所), 동소(同所), 등기소(登記所), 등록소(登錄所), 매표소(賣票所), 맥소(脈所), 면회소(面會所), 명소(名所), 모소(某所), 목공소(木工所), 목재소(木材所), 묘소(妙所), 묘소(墓所), 문회소(文會所), 밀회소(密會所), 발매소(發賣所), 발신소(發信所), 발전소(發電所), 발행소(發行所), 방소(方所), 배소(配所), 배급소(配給所), 배달소(配達所), 배전소(配電所), 번소(番所), 범소(犯所), 변소(便所), 변전소(變電所), 보소(譜所), 보건소(保健所), 보관소(保管所), 보급소(普及所), 보급소(補給所), 본소(本所), 봉소(烽所), 분소(分所), 분배소(分配所), 비치소(備置所), 빈소(殯所), 사소(死所), 사마소(司馬所), 사무소(事務所), 사업소(事業所), 사음소(舍音所), 산소(山所), 상담소(相談所), 성소(聖所), 성세소(聖洗所), 세면소(洗面所), 세척소(洗滌所), 세탁소(洗濯所), 소개소(紹介所), 소변소(小便所), 송신소(送信所), 수리소(修理所), 수신소(受信所), 수용소(收容所), 수집소(收集所), 숙소(宿所), 숙박소(宿泊所), 숙설소(熟設所), 시소(試所), 신호소(信號所), 안내소(案內所), 안식소(安息所), 안치소(安置所), 양성소(養成所), 양잠소(養蠶所), 어소(御所), 업소(業所), 역소(役所), 연구소(硏究所), 연락소(連絡所), 연성소(練成所), 연화소(緣化所), 염색소(染色所), 영소(領所), 영소(營所), 영업소(營業所), 요소(要所), 요양소(療養所) 원소(園所), 원주소(原住所), 위병소(衛兵所), 유향소(留鄕所), 유흥업소(遊興業所), 은폐소(隱蔽所), 응접소(應接所), 이발소(理髮所), 이용소(理容所), 인쇄소(印刷所), 입소(入所), 입문소(入門所), 자기소(瓷器所), 장소(場所), 장소(葬所), 재소(齋所), 재소(在所), 재봉소(裁縫所), 재판소(裁判所), 저유소(貯油所), 저장소(貯藏所), 저탄소(貯炭所), 적소(謫所), 적소(適所), 전운소(轉運所), 접객업소(接客業所), 접대소(接待所), 접수소(接受所), 정련소(精鍊所), 정류소(停留所), 정미소(精米所), 정비소(整備所), 정양소(靜養所), 정유소(精油所), 정재소(淨齋所), 제강소(製鋼所), 제공소(祭供所), 제독소(除毒所), 제련소(製鍊所), 제본소(製本所), 제분소(製粉所), 제빙소(製氷所), 제약소(製藥所), 제염소(製鹽所), 제작소(製作所), 제재소(製材所), 제조소(製造所), 제철소(製鐵所), 조선소(造船所), 조지소(造紙所), 조포소(造泡所), 종두소(種痘所), 종람소(縱覽所), 종마소(種馬所), 종무소(宗務所), 종약소(宗約所), 주소(住所), 주유소(注油所), 주자소(鑄字所), 주재소(駐在所), 주전소(鑄錢所), 주조소(鑄造所), 주종소(鑄鐘所), 주철소(鑄鐵所), 중계소(中繼), 증포소(蒸包所), 지소(支所), 지숙소(止宿所), 지휘소(指揮所), 직소(直所), 직소(職所), 직매소(直賣所), 직조소(織造所), 진료소(診療所), 집강소(執綱所), 집결소(集結所), 집적소(集積所), 집유소(集乳所), 집합소(集合所), 집회소(集會所), 찬집소(纂輯所), 처소(處所), 철공소(鐵工所), 초소(哨所), 촬영소(撮影所), 출소(出所), 출장소(出張所), 충전소(充塡所), 취급소(取扱所), 취련소(吹鍊所), 측후소(測候所), 치료소(治療所), 침소(寢所), 타소(他所), 탁아소(託兒所), 탁의소(託衣所), 탄약소(彈藥所), 통신소(通信所), 투표소(投票所), 파견소(派遣所), 파출소(派出所), 판매소(販賣所), 편찬소(編纂所), 피병소(避病所), 하련소(下輦所), 합숙소(合宿所), 해우소(解憂所), 행재소(行在所), 행차소(行次所), 호상소(護喪所), 환전소(換錢所), 회소(會所), 회의소(會議所), 회합소(會合所), 훈련소(訓練所), 휴게소(休憩所), 휴식소(休息所), 휴양소(休養所), 흥신소(興信所) 들.

소(素) ①고기나 생선 따위를 쓰지 아니하고 채소류만으로 만든 음식. ¶솟국(고기를 넣지 않고 끓인 국), 소깍두기, 소만두(素饅頭), 소면(素麪), 소반(素飯), 소밥(고기반찬이 없는 밥), 소찬(素饌), 소탕(素湯), 소하다[661]. ②그 물질을 이루는 본디의 바탕이나 성질. 흰빛. 순수하다. 평상시'를 뜻하는 말. ¶소광(素光), 소교(素轎), 소교의(素交椅), 소금(素琴), 소기(素氣), 소량(素量)[662], 소련(素輦), 소립자(素粒子), 소망(素望), 소매(素昧;견문이 좁고 사리에 어두움), 소면(素面), 소묘(素描)[663], 소물(素物), 소박하다(素朴;꾸밈이나 거짓이 없고 수수하다)[소박미(美), 소박성(性)], 소병(素屏), 소복/단장(素服/丹粧), 소사(素沙), 소상(素尙), 소상(素像), 소선(素扇), 소선(素膳), 소섬(素蟾;달), 소성(素性), 소수(素數), 소식(素食), 소신(素信), 소심(素心;평소의 마음), 소악(素惡;대수롭지 않은 나쁜 짓), 소안(素顔;흰 얼굴), 소양(素養), 소업(素業), 소연(素鳶), 소왕(素王;왕의 덕을 갖춘 사람), 소원(素願;본래의 소원), 소월(素月), 소의(素衣), 소인(素人), 소인(素因), 소인자(素因子), 소인극/소극(素人劇;연극 애호가가 하는 극), 소인수(素因數), 소자(素子;전자 기기의 단위 부품)[반도체소자(半導體), 회로소자(回路)], 소장(素帳), 소장(素粧), 소재(素材), 소적(素炙), 소절(素節), 소증(素症), 소지(素地), 소지의(素地衣), 소질(素質;본디부터 가지고 있는 성질), 소추(素秋), 소탕(素湯;고기와 생선을 넣지 아니한 국), 소태(素胎;잿물을 들이기 전의 도자기의 흰 몸), 소행(素行;평소의 행실), 소향탁(素香卓), 소형(素馨), 소화(素花), 소회(素懷); 각소(角素;케라틴), 각피소(角皮素;큐틴), 간소하다(簡素), 갈조소(褐藻素), 갑각소(甲殼素), 건낙소(乾酪素), 검소(儉素), 고양이소[664], 광소(光素), 구성소(構成素), 규소(硅素), 기능소(機能素), 근육소(筋肉素), 낙소(酪素), 난백소(卵白素), 난정소(卵精素), 남조소(藍藻), 남청소(藍靑素), 다소(茶素), 담소(淡素), 담록소(膽綠素), 담적소(膽赤素), 당화소(糖化素), 독소(毒素), 동소/체(同素/體), 맥각소(麥角素), 명시소(明示素), 미

661) 소하다: 고기붙이[육류(肉類)]와 생선을 먹지 아니하고 채식만 하다.
662) 소량(素量): 어떤 물리적 양에서, 존재할 수 있는 최소 단위.
663) 소묘(素描): 형태나 명암을 위주로 하여 단색으로 그린 그림. 데생.
664) 고양이소: 욕심쟁이가 청백한 체하거나, 포악한 자가 착한 체함을 비유하는 말.

미소(글루탐산나트륨의 흰빛 가루), 박소하다(朴素), 발광소(發光素), 발효소(醱酵素), 보문소(補文素), 보전소(保全素), 부정소(否定素), 부활소(賦活素), 불소(弗素), 붕소(硼素), 산소(酸素), 살균소(殺菌素), 색소(色素), 생명소(生命素), 생식기소(生殖器素), 생식소(生殖素), 생장소(生長素), 생활소(生活素), 서로소[665], 섬유소(纖維素), 성운소(星雲素), 성장소(成長素), 수소(水素), 수정소(受精素), 시홍소(視紅素), 심소(心素), 양태소(樣態素), 어소(語素), 언형소(言形素), 연결소(連結素), 염소(鹽素), 엽록소(葉綠素), 엽황소(葉黃素), 영양소(營養素), 옥소(沃素;요오드), 요소(要素), 요소(尿素), 용균소(溶菌素), 용해소(溶解素), 용혈소(溶血素), 원소(元素), 음소(音素), 응집소(凝集素), 응착소(凝着素), 의미소(意味素), 의의소(意義素), 일치소(一致素), 자극소(刺戟素), 자단소(紫檀素), 작용소(作用素), 점액소(粘液素), 조갈소(藻褐素), 조람소(藻藍素), 조음소(調音素), 조청소(藻靑素), 조홍소(藻紅素), 질소하다(質素), 척소(尺素), 청소(靑素), 청조소(靑藻素), 취소(臭素;브롬), 치소(緇素), 침강소(沈降素), 탄소(炭素), 평소(平素), 한소(寒素), 항독소(抗毒素), 항수정소(抗受精素), 항응집소(抗凝集素), 해혈소(解血素), 혈구소(血球素), 혈록소(血綠素), 혈색소(血色素), 혈액소(血液素), 혈적소(血赤素), 혈철소(血鐵素), 혈청소(血靑素), 혈홍소(血紅素), 형성소(形成素), 형태소(形態素), 호소(縞素), 홍조소(紅藻素), 화성소(花成素), 화소(話素), 화소(畵素), 화황소(花黃素), 활력소(活力素), 효소(酵素) 들.

소(疏/疎) 임금에게 올리는 글. '트이다. 거칠다. 드물다. 성기다. 적다(기록하다)'를 뜻하는 말. ¶소개(疏開)[666], 소격/감(疏隔/感;사이가 벌어진 느낌), 소결(疏決;죄수를 너그럽게 처결함), 소경(疏耕), 소광(疏狂), 소대(疏待), 소도(疏導), 소두(疏頭), 소략하다(疏略;꼼꼼하지 못하고 엉성하다), 소렴(疏簾;성기게 엮은 발), 소루(疏漏;꼼꼼하지 못하고 얼뜨고 거칢), 소리(疏履), 소림(疏林), 소만(疏慢), 소망(疏網), 소명(疏明)[667], 소문(疏文)[668], 소밀(疏/疎密), 소박(疏/疎薄;처나 첩을 박대함)[소박데기, 소박맞다; 내소박(內), 외소박(外)], 소방(疏/疎放), 소본(疏本;상소문의 원본), 소사(疏食;거친 음식), 소삭(疏數), 소산(疏散), 소생(疏生), 소소하다(疎疎/疏疏), 소수(疏水), 소외(疎/疏外)[669], 소우(疏雨), 소우(疏虞), 소원하다(疎/疏遠)[670], 소의(疎意), 소장(疏章), 소정(疎情), 소족(疏/疎族), 소졸(疎/疏拙), 소주(疏註/注), 소차(疏箚), 소착(疏鑿), 소척(疏/疎斥;버성기게 하여 물리침), 소청(疏請), 소체(疏遞), 소탈하다(疎/疏脫)[671], 소탕하다(疏宕;성격이 수더분하고 호탕하다), 소통(疏通)[의사소통/하다(意思)], 소폐(疏廢), 소혐(疏嫌), 소홀하다(疎忽), 소활(疏闊;사귀던 정분이 버성기고 서먹함); 간소(諫疏), 공소하다(空疎), 과소(過疎), 논핵소(論劾疏), 밀소(密疏), 상소(上疏), 생소하다(生疎), 외첨내소(外諂內疎), 유소(儒疏), 자명소(自明疏), 자인소(自引疏), 자핵소(自劾疏), 정소(情疏), 주소(奏疏), 주소(註/注疏), 진소(陳疏), 친소(親疎), 항소극론(抗疏極論), 희소하다(稀疎) 들.

소(訴) 법원에 대하여 사실상의 권리·법률관계의 존부(存否)에 대한 심판을 청구하는 행위(소송하다). '아뢰다. 하소연하다'를 뜻하는 말. ¶소를 제기하다. 소건(訴件), 소구(訴求), 소권(訴權)[대위소권(代位); 간접소권(間接), 무소권(無)], 소송(訴訟)[672], 소액(訴額), 소원(訴冤), 소원/장(訴願/狀), 소인(訴因), 소장(訴狀), 소진(訴陳), 소첩(訴牒), 소청(訴請), 소추(訴追)[사인소추(私人), 탄핵소추권(彈劾-權), 형사소추(刑事)]; 고소(告訴)[673], 공소(公訴)[674], 공소(控訴;'항소'의 구칭), 기소(起訴)[675], 남소(濫訴), 대소(代訴), 대소(對訴), 동소(洞訴), 등소(等訴), 면소(免訴), 면소(面訴), 민소(民訴), 밀소(密訴), 반소(反訴), 방소항변(妨訴抗辯), 본소(本訴), 부정수소(不定愁訴;막연하게 병적 증세를 호소하는 일), 사소(私訴), 상소(上訴), 송소(訟訴), 수소(受訴), 수소(愁訴), 승소(勝訴), 앙소(仰訴), 애소(哀訴), 여읍여소(如泣如訴), 원소(冤訴), 월소(越訴), 읍소(泣訴), 응소(應訴), 자소(自訴), 잡소(雜訴), 재소(再訴), 쟁소(爭訴), 정소(呈訴), 제소(提訴), 직소(直訴), 참소(讒訴), 청소(聽訴), 추소(追訴), 출소(出訴), 탄소(嘆/歎訴), 패소(敗訴), 피소(被訴), 항소(抗訴)[676], 해소(解訴), 행소(行訴), 형소(刑訴), 호소(呼訴) 들.

소(消) '끄다. 사라지다. 없애다. 삭이다. 삭히다. 거닐다. 약해지

---

665) 서로소(素): 여러 개의 수들 사이에 1 이외의 공약수가 없음을 이르는 말. ¶11과 37은 서로소이다.

666) 소개(疏開): ①흩어져 벌림. 산개(散開). ②적의 공습이나 화재 따위에 의한 손해를 적게 하기 위하여 집중되어 있는 사람이나 시설 따위를 분산시킴.

667) 소명(疏明): ①변명함. ②재판에서, 당사자가 주장하는 사실이 확실한 것 같다는 생각을 법관으로 하여금 가지게 함. 또는 그만한 증거를 제시함. ¶소명 자료를 제출하다.

668) 소문(疏文): 부처나 명부전(冥府殿) 앞에, 죽은이의 죄복(罪福)을 아뢰는 글.

669) 소외(疏/疎外): 주위에서 꺼리며 따돌림. 꺼리며 멀리 함. ¶소외된 존재. 가족으로부터 소외되다. 소외감(感), 소외되다/하다, 소외시/되다/하다(視); 인간소외(人間), 자기소외(自己).

670) 소원하다(疎/疏遠): 친분이 가깝지 못하고 멀다. 소식이나 왕래가 끊긴 상태에 있다. ¶친구와의 사이가 소원해지다.

671) 소탈하다(疎/疏脫): 예절·형식에 얽매이지 않고 언행이 수수하다. ¶소탈한 성격.

672) 소송(訴訟): 법률상의 판결을 법원에 요구하는 일. 또는 그 절차. ¶소송을 걸다. 변호사에게 소송을 의뢰하다. 소송가격(價格), 소송경제(經濟), 소송계속(繫屬;특정의 사건이 법원에 의해 심리되고 있는 상태), 소송관계/인(關係/人), 소송고지(告知), 소송기록(記錄), 소송능력(能力), 소송당사자(當事者), 소송대리/인(代理/人), 소송물(物), 소송법(法), 소송비용(費用), 소송사건(事件), 소송상태(狀態), 소송서류(書類), 소송요건(要件), 소송위임(委任), 소송인(人), 소송인수(引受), 소송자료(資料), 소송장/소장(狀), 소송장애(障碍), 소송절차(節次), 소송주의(主義), 소송주체(主體), 소송지휘(指揮), 소송참가(參加), 소송탈퇴(脫退), 소송판결(判決), 소송행위(行爲); 공동소송(共同), 당선소송(當選), 대리소송(代理), 민사소송(民事), 보전소송(保全), 삼면소송(三面), 선거소송(選擧), 집단소송(集團), 행정소송(行政), 형사소송(刑事), 확인소송(確認).

673) 고소(告訴): 피해자 또는 고소권자가 수사 기관에 구두나 서면으로 피해 사실을 신고하여 범인의 법적 처리를 요구함. ¶고소·고발 사건이 줄고 있다. 피해자가 가해자를 경찰에 고소했다. 고소권자(權者), 고소인(人), 고소장(狀); 맞고소.

674) 공소(公訴): 검사가 특정 형사 사건에 대하여 법원에 그 재판을 청구하는 행위. ¶공소권(權), 공소기각(棄却), 공소보류(保留), 공소사실(事實), 공소시효(時效), 공소장(狀), 공소주의(主義).

675) 기소(起訴): 검사가 공소(公訴)를 제기함. ¶살인 혐의로 기소하다. 공무원이 수뢰죄로 기소되었다.

676) 항소(抗訴): 하급 법원에서 받은 제일심의 판결에 불복할 때, 직접 상급 법원에 그 판결의 취소·변경을 위하여 법률상 또는 사실상의 복심(覆審)을 청구하는 일. ¶고등 법원에 항소하다. 항소를 기각하다. 항소권(權), 항소기각(棄却), 항소법원(法院), 항소심(審), 항소인(人), 항소장(狀).

다'를 뜻하는 말. ¶소각(消/銷却;지워버림. 갚아 버림)[매입소각(買入)], 소갈(消渴), 소거(消去)[소거되다/하다, 소거법(法)], 소견(消遣), 소견세월(消遣歲月), 소극(消極)[677], 소담(消痰), 소독(消毒)[678], 소등(消燈), 소롱하다[679], 소마세월(消磨歲月), 소망(消亡;사라져 없어짐), 소멸(消滅;사라져 없어짐), 소모(消耗)[680], 소방(消防)[681], 소비(消費)[682], 소산(消散), 소색(消色), 소서(消暑), 소석회(消石灰), 소수(消愁;시름을 없애버림), 소식(消息)[683], 소실/점(消失/點), 소염제(消炎劑), 소염화약(消焰火藥), 소융(消融), 소음(消音), 소인(消印;우표에 찍는 도장), 소일(消日)[684], 소자(消磁), 소잔(消殘), 소장(消長), 소적(消寂;심심풀이), 소중(消中), 소진(消盡;사라져 다 없어짐)[소진되다/시키다/하다], 소창(消暢;갑갑한 마음을 풀어 후련하게 함), 소체(消滯), 소침(消/銷沈;의기나 기세 따위가 사그라지고 까라짐), 소풍(消風), 소하(消夏), 소한(消閑), 소한(消寒), 소혼(消魂), 소화(消火;불을 끔)[소화기(器), 소화전(栓); 냉각소화(冷却), 질식소화(窒息), 파괴소화(破壞)], 소화(消化)[685], 소화(消和;생석회에 물을 부어 소석회로 변화시킴); 말소(抹消;기록되어 있는 사실을 지워 없앰), 비소(費消), 사소(私消), 취소(取消), 하소(下消), 해소(解消;어떤 일이나 관계를 풀어서 없애 버림) 들.

소(少) '적은 · 모자란. 젊은'을 뜻하는 말.↔다(多). ¶소경(少頃), 소녀(少女)[소녀취미(趣味), 소녀티, 소녀풍(風)], 소년(少年)[686], 소량(少量)[극소량(極), 최소량(最)], 소령(少領), 소배(少輩), 소부(少婦), 소불여의(少不如意), 소불하(少不下), 소사미(小沙彌), 소수(少數)[소수당(黨), 소수민족(民族), 소수의견(意見), 소수집단(集團), 소수파(派); 극소수(極)], 소승(少僧), 소시(少時), 소액(少額)[소액지폐(紙幣), 소액환(換)], 소언(少焉), 소위(少尉), 소의(少義), 소자(少者), 소장(少壯), 소장(少長), 소제(少弟), 소장(少將), 소첩(少妾), 소허(少許); 감소(減少), 과소(過少), 과소(寡少), 근소(僅少), 노소(老少), 다소(多少), 득소실다(得少失多), 미소(微少), 박소하다(薄少), 불소(不少), 사소하다(些少), 선소(鮮少), 소소하다(小少), 식소사번(食少事煩), 약소하다(略少), 연소(年少), 유소(幼少), 청소년(青少年), 최소(最少), 핍소(乏少), 희소(稀少) 들.

소(笑) '웃다. 웃음'을 뜻하는 말. ¶소극(笑劇), 소기(笑氣), 소납(笑納)[687], 소담(笑談), 소람(笑覽), 소류(笑留), 소리장도(笑裏藏刀), 소매(笑罵), 소병(笑病), 소성(笑聲), 소안(笑顔), 소어(笑語), 소언(笑言), 소용(笑容), 소작(笑酌), 소중도(笑中刀), 소태(笑態), 소화(笑話), 소희(笑戱;웃으며 장난치는 일); 가소(假笑), 가소롭다(可笑), 고소(苦笑), 교소(巧笑), 교소(嬌笑), 기소(欺笑), 기소(譏笑), 냉소(冷笑), 담소(談笑), 대소(大笑)[688], 매소(賣笑), 모소(侮笑), 목소(目笑), 미소(微笑), 미소(媚笑), 민소(憫笑), 방소(放笑), 비소(鼻笑), 비소(誹笑;비웃음), 빈소(嚬笑), 산소(訕笑), 실소(失笑), 암소(暗笑), 언소(言笑), 여읍여소(如泣如笑), 이소(貽笑), 일소(一笑), 절소(絕笑), 조소(嘲笑), 첨소(諂笑), 취소(取笑), 치소(嗤笑), 치소(癡笑), 쾌소(快笑), 파안대소(破顔大笑), 폭소(爆笑), 함소(含笑), 협견첨소(脅肩諂笑), 홍소(哄笑), 회소(詼笑), 희소(喜笑), 희소(嬉笑) 들.

소(燒) '불사르다. 타다 · 태우다. 익히다'를 뜻하는 말. ¶소각(燒却;태워 버림)[소각소독(消毒), 소각로(爐), 소각장(場)], 소결(燒結), 소대(燒臺), 소멸(燒滅;태워 없앰), 소목(燒木), 소발(燒髮), 소병(燒餠), 소사(燒死), 소산(燒散), 소살(燒殺), 소석고(燒石膏), 소성(燒成;도자기를 구워 만듦), 소성인비(燒成燐肥), 소손(燒損;타서 못쓰게 됨), 소송(燒送;불살라 버림), 소신/공양(燒身/供養), 소신(燒燼;모두 다 타 버림/태워 버림), 소실(燒失;불에 타서 없어짐), 소요호(燒窯戶), 소이(燒夷;태워 버림)/탄(彈), 소인(燒印;불도장), 소존성(燒存性), 소주(燒酒)[689], 소지(燒紙), 소진(燒盡;다 타서 없어짐), 소치(燒薙), 소토(燒土), 소향(燒香), 소화(燒火;불을 태움), 소화(燒化;태워서 질을 변화시킴), 소훼(燒燬;불에 타서 없어짐),

---

677) 소극(消極↔積極): 소극개념(概念), 소극대리(代理), 소극명사(名辭), 소극명제(命題), 소극방공(防空), 소극방어(防禦), 소극성(性), 소극신탁(信託), 소극의무(義務), 소극재산(財産), 소극적(的)[소극적개념(概念), 소극적명령(命令), 소극적의지(意志), 소극적판단(判斷)], 소극주의(主義), 소극책(策), 소극행위(行爲).

678) 소독(消毒): 소독기(器), 소독내, 소독복(服), 소독수(水), 소독실(室), 소독약(藥), 소독저, 소독차(車); 소각소독(燒却), 약물소독(藥物), 열소독(熱).

679) 소롱하다(消): 재물을 되는 대로 그렁저렁 써서 없애다. ¶그 많은 재산을 1년도 안 돼서 소롱해 버리다니. 조상으로부터 물려받은 재산을 소롱해 버렸다.

680) 소모(消耗): 써서 없어짐. 또는 써서 없앰. ¶체력의 소모. 연료를 소모해 버리다. 소모되다/하다, 소모량(量), 소모비(費), 소모율(率), 소모전(戰), 소모증(症), 소모품(品).

681) 소방(消防): 소방관(官), 소방대(隊), 소방망루(望樓), 소방복(服), 소방서(署), 소방선(船), 소방설비(設備), 소방수(手), 소방차(車); 수상소방(水上).

682) 소비(消費↔生産): 소비경기(景氣), 소비경제(經濟), 소비고(高), 소비구조(構造), 소비금융(金融), 소비대차(貸借), 소비도시(都市), 소비되다/하다, 소비량(量), 소비력(力), 소비문화(文化), 소비물(物), 소비사업(事業), 소비사회(社會), 소비생활(生活), 소비성향(性向), 소비세(稅), 소비수량(水量), 소비수준(水準), 소비승수(乘數), 소비액(額), 소비자(者)[소비자가격(價格), 소비자단체(團體), 소비자금융(金融), 소비자잉여(剩餘), 소비자파산(破産)], 소비자본(資本), 소비재(財), 소비조합(組合), 소비지(地), 소비혁명(革命), 소비효과(效果); 과소비(過), 대량소비(大量), 선별소비(選別), 자가소비(自家).

683) 소식(消息): 안부 따위에 대한 기별이나 편지. 어떤 상황이나 동정 따위에 대한 사정. ¶소식을 전하다. 소식이 깡통(소식을 전혀 모르고 있음). 금융계 소식. 소식란(欄), 소식불통(不通), 소식줄(소식통), 소식통(通); 감감 · 깜깜소식; 감감소식, 궂긴소식, 무소식(無)[감감/깜깜무소식], 바깥소식, 새소식, 희소식(喜).

684) 소일(消日): 별로 하는 일 없이 세월을 보냄. 어떤 일에 마음을 붙여 세월을 보냄. ¶집안에서 소일하다. 바둑으로 소일하다. 소일거리, 소일놀이, 소일터, 소일하다; 날소일.

685) 소화(消化): ①섭취한 음식물을 분해하여 영양분을 흡수하기 쉬운 상태로 변화시키는 작용. ¶소화가 잘 되는 음식. 소화계(系), 소화관(管), 소화기(器), 소화력(力), 소화불량(不良), 소화샘, 소화선(腺), 소화성(性), 소화액(液), 소화율(率), 소화작용(作用), 소화제(劑), 소화효소(酵素), 소화흡수율(吸收率). ②배운 지식이나 기술 따위를 자기 것으로 만듦. 채권 · 상품 따위를 팔아 없앰. 일 따위를 처리함.

686) 소년(少年): 소년공(工), 소년기(期), 소년단(團), 소년당상(堂上;소년 등과하여 대번에 높은 벼슬을 하던 일. 내기나 놀음에서 대번에 이길 수 있는 자리를 차지하는 일), 소년등과(登科), 소년문학(文學), 소년배(輩), 소년범/죄(犯/罪), 소년법(法), 소년원(院), 소년티; 개소년(改), 갱소년(更), 묘소년(妙), 미소년(美), 우범소년(虞犯), 유소년(幼), 청소년(青).

687) 소납(笑納): 변변하지 못한 물건이지만 웃고 받아 달라는 겸사의 말. 주로 편지에 씀.

688) 대소(大笑): 가가대소(呵呵), 간간대소(衎衎大笑), 박장대소(拍掌), 앙천대소(仰天), 홍연대소(哄然).

689) 소주(燒酒): 곡식을 발효시켜 증류한 술. ¶소주를 내리다. 소주를 고다. 소줏고리, 소줏불.

소흔(燒痕;불탄 흔적); 급소(急燒), 몰소(沒燒), 반소(半燒), 배소(焙燒), 분소(焚燒), 연소(延燒), 연소(燃燒), 유소(類燒), 전소(全燒), 하소(煆燒)[690] 등.

소(巢) '둥우리. 소굴'을 뜻하는 말. ¶소굴(巢窟), 소란(巢卵), 소밀(巢蜜), 소혈(巢穴); 고소(古巢), 구소(舊巢), 귀소(歸巢)[귀소본능(本能), 귀소성(性)], 난소(卵巢), 농소(膿巢), 병소(病巢), 봉소(蜂巢), 생식소(生殖巢), 성소(性巢), 연소(燕巢), 유소성(留巢性), 이소/성(離巢/性), 적소(賊巢), 정소(精巢), 취소(就巢), 화소(火巢), 환소(還巢) 등.

소(掃) '쓸다 · 청소하다. 제거하다'를 뜻하는 말. ¶소뢰정(掃雷艇), 소만(掃萬), 소멸(掃滅;싹 쓸어 없앰), 소분(掃墳), 소사(掃射;쓸듯이 연달아 총을 쏘는 일), 소설(掃雪), 소설기(掃雪機), 소쇄(掃灑;비로 먼지를 쓸고 물을 뿌림), 소식(掃拭;쓸고 닦음. 掃除), 소양(掃攘), 소여하다(掃如;쓸어낸 것처럼, 남아 있는 것이 아무것도 없다), 소잠(掃蠶;누에떨기), 소제(掃除;淸掃), 소지/무여(掃地/無餘), 소탕(掃蕩;휩쓸어 죄다 없애 버림)[소탕되다/하다, 소탕전(戰)], 소해(掃海), 소해정(掃海艇); 배소(拜掃), 쇄소(刷掃), 쇄소(灑掃), 일소(一掃), 청소(淸掃) 등.

소(騷) '떠들다. 시끄럽다'를 뜻하는 말. ¶소객(騷客), 소기(騷氣;멋있고 아담한 기질), 소동(騷動;여럿이 떠들어 댐)[대소동(大), 헛소동], 소란(騷亂)[소란스럽다/하다], 소설(騷說), 소소하다(騷騷), 소연하다(騷然;떠들썩하다), 소요/죄(騷擾/罪), 소음(騷音)[소음감소율(減少率), 소음계(計), 소음평가수(評價數); 층간소음(層間)], 소인(騷人), 소인묵객(騷人墨客), 소잡(騷雜); 한소(旱騷), 훤소(喧騷) 등.

소(宵) '밤. 검다'를 뜻하는 말. ¶소의(宵衣), 소의한식(宵衣旰食)/소한(宵旰, 소행(宵行); 금소(今宵), 반소(半宵), 원소(元宵), 작소(昨宵), 전소(前宵), 종소(終宵), 주소(晝宵), 중소(中宵), 철소(徹宵), 청소(淸宵), 추소(秋宵), 춘소(春宵), 통소불매(通宵不寐) 등.

소(遡/溯) '거슬러 올라가다'를 뜻하는 말. ¶소강(溯江), 소고(溯考;옛일을 거슬러 올라가서 상고함), 소구(遡求;변상을 청구하는 일), 소급(遡及)[691], 소류(遡流;물이 거슬러 흐름), 소원(溯源), 소풍(遡風), 소하(溯河)[소하성(性), 소하어(魚;연어, 송어 따위)], 소항(溯航;강을 거슬러 항해함), 소행(溯行), 소회(遡洄;배를 저어 물살을 거슬러 올라감); 추소(追遡) 등.

소(昭) '밝다. 밝히다'를 뜻하는 말. ¶소광(昭光), 소대(昭代), 소명(昭明;사물에 밝음), 소목(昭穆), 소상(昭詳), 소설(昭雪), 소소하다(昭昭), 소소(昭蘇;되살아남. 蘇生), 소소응감(昭昭應感), 소시(昭示), 소연하다(昭然;일이나 이치가 밝고 뚜렷하다), 소응(昭應), 소저(昭著) 등.

소(蘇) '깨어나다. 회생하다(回生). 차조기'를 뜻하는 말. ¶소도(蘇塗), 소목(蘇木), 소복(蘇復), 소생(蘇生), 소소(昭蘇; 삼한 시대에 천신에게 제사 지내던 곳), 소식(蘇息;거의 끊어질 듯이 막히었던 숨이 되살아남), 소엽(蘇葉), 소행죽(蘇杏粥), 소활(蘇活); 회소(回蘇); 백소(白蘇;들깨), 자소(紫蘇) 등.

소(召) '부르다. 불러들이다'를 뜻하는 말. ¶소견(召見), 소명(召命)[692], 소모(召募), 소벽(召辟), 소사(召史), 소접(召接), 소집(召集)[693], 소치(召致), 소환/장(召喚;법원이 피고인 · 증인 등에 대하여 어디로 오라고 명령하는 일)/장(狀), 소환(불러들임)/제(召還/制); 명소(命召), 부소(赴召), 성소(聖召), 승소(承召), 응소(應召) 등.

소(沼) '늪 · 수렁'을 뜻하는 말. ¶소기(沼氣), 소반(沼畔), 소시(沼氣), 소지(沼池), 소지(沼地), 소택(沼澤)[소택식물(植物), 소택지(地)], 소호(沼湖); 가마소(큰 웅덩이), 능소(폭포수에 바닥이 파인 소), 용소(龍沼), 이소(泥沼), 호소(湖沼) 등.

소(梳) '빗'을 뜻하는 말. ¶소모(梳毛), 소모사(梳毛絲), 소섬(梳纖), 소세(梳洗;빗고 씻음), 소장(梳匠); 면소(面梳), 목소(木梳), 승소(僧梳;필요 없는 물건), 월소(月梳;얼레빗), 음양소(陰陽梳), 죽소(竹梳), 진소(眞梳;참빗) 등.

소(塑) '흙을 이겨서 물건의 형체를 만들다'를 뜻하는 말. ¶소상(塑像), 소성(塑性)[소성가공(加工), 소성시멘트(cement), 소성지수(指數); 가소성(可塑性)], 소소(塑塐;彫塑), 소우(塑偶), 소조(塑造); 가소물(可塑物), 조소(彫塑) 등.

소(蕭) '쓸쓸하다. 고요하다'를 뜻하는 말. ¶소랭(蕭冷), 소삼(蕭森), 소삽하다(蕭颯), 소슬(蕭瑟)[소슬바람, 소슬비, 소슬하다/히], 소소하다(蕭蕭), 소슬하다(蕭瑟), 소연하다(蕭然;쓸쓸하다), 소조하다(蕭條;고요하고 쓸쓸하다) 등.

소(紹) '잇다. 알리다. 느슨하다'를 뜻하는 말. ¶소개(紹介)[소개되다/하다, 소개소(所), 소개업(業), 소개장(狀)], 소절(紹絕;혈통상의 끊어진 대를 이음), 소회(紹恢) 등.

소(搔) '긁다. 긁어내다'를 뜻하는 말. ¶소두(搔頭), 소양(搔痒/癢)[소양감(感), 소양증(症), 소양진(疹)], 소파/수술(搔爬/手術) 등.

소(愬) '억울하고 딱한 사정을 호소함(하소연하다)'을 뜻하는 말. ¶부수지소(膚受之愬;살을 찌르는 듯이 간절히 하는 하소연).

소(銷) '녹다 · 녹이다. 없어지다'를 뜻하는 말. ¶소금(銷金)[694]; 작소(繳銷;흔적을 없애버림), 지폐소각(紙幣銷却), 혼소(魂銷) 등.

소(嘯) '휘파람을 불다. 읊조리다. 울부짖다'를 뜻하는 말. ¶소풍농월(嘯風弄月), 소흉(嘯兇;악한 무리); 장소(長嘯), 해소(海嘯), 호소(虎嘯) 등.

---

690) 하소(煆燒): 어떤 물질을 높은 열로 가열하여 그 물질 속에 들어 있는 수분이나 황 · 비소 따위의 휘발 성분을 없앰.

691) 소급(遡及): 지나간 일에까지 거슬러 올라가서 미치게 함. ¶형벌 법규는 소급하여 적용할 수 없다. 소급력(力), 소급보험(保險), 소급입법(立法), 소급하다, 소급효(效); 불소급(不).

692) 소명(召命): ①임금이 신하를 부르는 명령. ¶소명을 받다. ②하느님의 부르심.

693) 소집(召集): 단체나 구성원을 불러서 모음. ¶회의를 소집하다. 소집되다/하다, 소집령(令), 소집영장(令狀), 소집일(日); 간열소집(簡閱), 교육소집(敎育), 근무소집(勤務), 방위소집(防衛), 병무소집(兵務), 비상소집(非常), 예비소집(豫備), 충원소집(充員).

694) 소금(銷金): 인물화를 그릴 때, 그 옷에 금박으로 비단 무늬를 그리는 일. 또는 그 그림.

소(簫) '퉁소(대로 만든 악기)'를 뜻하는 말. ¶단소(短簫), 대평소(大平簫), 봉소(鳳簫), 옥소(玉簫), 태평소(太平簫;날라리), 퉁소(洞簫) 들.

소(瀟) '물이 맑고 깊다. 비바람이 사나운 모양'을 뜻하는 말. ¶소소하다(瀟瀟), 소쇄하다(瀟灑;기운이 맑고 깨끗하다), 소적(瀟寂).

소(逍) '거닐다. 노닐다'를 뜻하는 말. ¶소요(逍遙), 소요산(逍遙散), 소요음영(逍遙吟詠).

소(韶) '풍류 이름. 아름답다·예쁘다'를 뜻하는 말. ¶소광(韶光), 소안(韶顔), 소화(韶和), 소화(韶華) 들.

소(蔬) '푸성귀. 채소'를 뜻하는 말. ¶소과(蔬果), 소사(蔬食), 소채(蔬菜), 소포(蔬圃); 채소(菜蔬), 춘소(春蔬) 들.

소(繅) '고치를 켜다'를 뜻하는 말. ¶소거(繅車), 소사거(繅絲車), 소사탕(繅絲湯) 들.

소(甦) '다시 살아나다'를 뜻하는 말. ¶소생(甦/蘇生).

소(嗉) '멀떠구니(새의 모이주머니)'를 뜻하는 말. ¶소낭(嗉囊).

소(謏) '적다(小)'를 뜻하는 말. ¶소문(謏聞; 명성이 조금 퍼짐).

소경 눈이 멀어 못 보는 사람.=장님. 맹인(盲人). 사물이나 글에 아주 어두운 사람. ¶소경 개천 나무란다. 소경낚시(미늘이 없는 낚시)/질, 소경노릇/하다, 소경놀이, 소경막대/질/하다, 소경수수(껍질이 두껍고 씨가 잔 수수); 반소경(半), 밤소경(밤눈이 어두운 사람), 색소경[색맹(色盲)]. ☞ 맹(盲).

소곤 남이 알아듣지 못하도록 작은 목소리로 가만가만 이야기하는 소리. 또는 그 모양.=소근. 〈큰〉수군. 〈센〉쏘곤. ¶소곤·수군·쏘곤·쑤군거리다/대다, 소곤닥[695], 소곤소곤/하다, 수근숙덕/거리다/대다/하다, 수성거리다(수군거리며 떠들다)/대다, 수성수성/하다.

소구 국악기에 딸린 작은 북.[←소고(小鼓)]. ¶소구무(舞;소구춤), 소구잡이, 소구춤.

소금 짠맛이 나는 흰색의 결정체. 참신자(信者)의 사명. ¶소금 먹은 놈이 물켠다. 빛과 소금이 되라. 소금가게, 소금가마[염부(鹽釜)], 소금구이, 소금국, 소금기(氣), 소금깍두기, 소금꽃[696], 소금땅, 소금떡[697], 소금뜸, 소금막(幕;벗집), 소금물, 소금물고르기, 소금바람(바닷바람), 소금발, 소금밥, 소금밭, 소금버캐(엉겨 말라붙은 소금 덩이), 소금분(分), 소금엣밥, 소금장사, 소금장수, 소금쟁이(물에 사는 곤충), 소금절이, 소금죽(粥;몹시 짠 것), 소금쩍[698], 소금토리(소금을 넣은 가마니), 소금판(板), 소금편포(片脯), 소김치(소금으로만 담근 김치), 소깍두기; 가는소금, 가루소금, 곤소금(고아서 깨끗하게 만든 소금), 굵은소금, 깨소금/맛, 꽃소금[699], 덧소금[700], 돌소금[암염(巖鹽)], 두더지소금[701], 막소금(가공하지 아니한 소금), 맛내기소금, 맛소금, 바다소금, 볕소금, 알소금, 약소금(藥), 양칫소금(養齒), 왕소금(王), 웃소금(된장, 간장 따위를 담근 다음 그 위에 뿌리는 소금). ☞ 염(鹽).

소꿉 아이들이 살림살이하는 흉내를 내며 놀 때 쓰는, 자질구레한 그릇 따위의 장난감. ¶소꿉놀이/하다, 소꿉놀이불, 소꿉동무, 소꿉무렵/시절(時節;(어릴 때), 소꿉장난/하다, 소꿉질/하다, 소꿉친구(親舊).

소끔 액체나 국물이 있는 음식물이 끓어오르는 모양. ¶국을 한소끔 더 끓이다. 한소끔(한번 부르르 끓어오르는 모양).

소나기 ①갑자기 세차게 쏟아지다 곧 그치는 비. 취우(驟雨). 〈준〉소낙. ¶소나기를 피하다. 소나기구름, 소낙비/구름; 기단성소나기(氣團性), 된소나기(억수로 퍼붓는 소나기), 불소나기(몹시 퍼붓는 비. 마구 쏟아지는 불꽃이나 탄알). ②갑자기 들이 퍼붓는 형세. 매우 급한 행동'을 뜻하는 말. ¶소나기골(goal), 소나기눈/소낙눈[폭설(暴雪)], 소나기매, 소나기밥(갑자기 많이 먹는 밥), 소낙성(性)[702], 소나기술(벼락술), 소나기슛(shot), 소나기음식(飮食), 소나기펀치(punch) 들.

소납 어떤 일을 하는 데에 쓸모 있게 쓰이는 물건이나 재료. ¶소납도 없이 무슨 일을 하느냐.

소닥소닥 앉아서 꾸벅꾸벅 조는 모양.

소담-하다 생김새가 보기 좋게 탐스럽다. 음식이 넉넉하여 보기에도 먹음직하다. ¶소담한 꽃송이. 소담하게 차린 상. 소담하게 피어 있는 함박꽃. 소담히 열린 포도송이. 소담스럽다/스레, 소담히.

소댕 솥뚜껑. ¶낯이 소댕처럼 두껍다. 소댕꼭지(소댕의 손잡이); 쇠소댕.

소도록-하다 분량이 제법 많아서 소복하다. 〈큰〉수두룩하다(많다. 흔하다). ¶밥을 그릇에 소도록하게 담다. '수둑하다'는 비표준말이다. 소도록·수두룩이.

소두 혼인한 지 얼마 되지 아니하였을 때, 안팎 사돈집끼리 생일날 등에 서로 보내는 선물. ¶사돈집에 소두를 보내다. 시부모님께 소두를 드리다.

소드락 좀스럽게 남의 물건을 야금야금 빼앗는 모양. ¶쓸 만한 물건을 소드락소드락 가져가는 딸년. 소드락질(남의 재물을 마구 빼앗아가는 짓. 약탈. 노략질)/하다, 소드락소드락/하다.

소들-하다 분량이 생각보다 적어서 마음에 덜 차다. ¶소들하게 담아놓은 밥그릇. 소들히.

소들소들 풀이나 뿌리, 열매 따위가 시들고 말라서 생기가 조금

---

695) 소곤닥: 남이 알아듣지 못하도록 작은 목소리로 어수선하게 이야기하는 소리. 또는 그 모양. 〈큰〉수군덕. 〈센〉쏘곤닥. ¶소곤닥거리다/대다/이다, 소곤닥소곤닥/하다, 수군덕질/하다.

696) 소금꽃: 땀에 옷이 젖어 소금기가 하얗게 내돋는 것.

697) 소금떡: 물건 거죽에 소금기가 내솟아 엉긴 조각. ¶수영복을 꺼내보니 소금떡투성이다.

698) 소금쩍: 어떤 물건의 거죽에 소금기가 배거나 내솟아서 허옇게 엉긴 것.

699) 꽃소금: 간장을 담글 때에, 위로 뜬 메주에 뿌리는 소금.

700) 덧소금: 소금으로 절일 때 맨 위에 소복이 얹어 놓은 소금.

701) 두더지소금: 두더지의 내장을 빼고 그 속에 소금을 넣어 불에 구웠다가 꺼낸 소금.

702) 소낙성(性): 비나 눈이 갑자기 내리기 시작하여 갑자기 멎는 특성.

없는 모양.=소득소득[703]. 〈큰〉수들수들. ¶소들소들 마른 무말랭이. 그늘에서 소들소들 말린 약초. 소들소들/하다.

소라[1] 소랏과의 고둥. ¶소라게, 소라고둥, 소라구이, 소라껍데기, 소라딱지, 소라잔(盞), 소라젓, 소라진(陣); 뿔소라 들.

소라[2] 돌돔 따위의 낚시 미끼로 쓰는 조개 무리.

소락 ①말이나 행동을 요량 없이 가볍게 하는 모양. ¶언제나 소락소락 지껄이다. 어른 이름을 소락소락 불러도 좋을 줄 알았단 말이냐? 소락소락한 몸가짐. 소락소락·수럭수럭/하다. 수럭스럽다[704]. ②좀스럽고 염치없이 행동하는 모양. ¶소락소락 남의 지갑을 뒤지다. 〈큰〉수럭.

소래기 굽 없는 접시 모양의 넓은 질그릇. 독 뚜껑이나 그릇으로 쓰임. 〈준〉소래. 옛말은 '소라'. ¶매소래(매우 큰 소래기), 밥소라(밥, 떡국, 국수 따위를 담는 큰 놋그릇), 장독소래기(醬).

소록소록 ①아기가 곱게 자는 모양. ¶엄마 품에서 소록소록 잠든 아기. ②비가 보슬보슬 내리는 모양. ¶싸락눈이 소록소록 내리다. ③마음에 기분 좋게 조용히 파고드는 모양.

소롯-하다 조금도 축나거나 상함이 없이 그대로 온전하다. ¶어릴 적 듣던 아버님의 구성진 노랫가락이 아직도 귀에 소롯하다. 소롯이[705].

소르르 ①뭉치거나 얽힌 것이 순하게 조금씩 풀리는 모양. ¶엉킨 실이 소르르 풀리다. 〈큰〉수르르. ②졸음이 슬그머니 오거나 슬며시 잠드는 모양. ¶그는 삼경이 넘어서야 소르르 잠이 들었다. 소릇이. ③물이나 가루 같은 것이 부드럽게 새어 나오는 모양. ¶물이 소르르 새었다.

소름 춥거나 무섭거나 징그러울 때에 살갗이 좁쌀같이 돋아난 것.[〈소홈←솟/돋(다)+옴]. ¶소름이 돋다/ 끼치다. 몸소름.

소리 물체가 진동했을 때, 청각으로 느끼게 되는 것. 판소리·잡가·민요 같은 성악곡. 사람의 목소리. 항간의 여론이나 호소. 소식. ¶소리를 지르다. 국민의 소리. 소리 없이 찾아가다. 소릿값[음가(音價)], 소릿결, 소리관(管), 소리광대, 소릿구멍, 소리굽쇠, 소리굿, 소릿귀[706], 소리글, 소리글자, 소리길이, 소릿길(판소리의 분야나 방면), 소리꾼, 소리내기, 소리넓이, 소리높이, 소리돌림(차례대로 돌아가면서 소리를 함), 소리마당, 소리마디, 소리맞추기, 소리맴(소리의 마지막 여운), 소리맵시[음색(音色)], 소릿바람[707], 소리북, 소리세기, 소리소리, 소리소문(所聞), 소리시늉, 소리쟁이, 소리적기, 소리주머니, 소리지르다, 소리청[음반(音盤)], 소리치다, 소리크기, 소리틀(발음기관), 소리판(음반), 소리패(牌), 소리풀이; 가운뎃소리, 가위소리, 갈이소리[마찰음(摩擦音)], 감창소리(성교할 때 내는 소리), 갖은소리(온갖 말/소리), 개소리[708], 객소리(客;客說. 군소리), 거센소리, 겹소리, 경소리(經), 고동소리(鼓動), 고름소리[조음소(調音素)], 곡소리(哭), 괴소리, 구령소리(口令), 군소리, 객소리, 굴림소리, 궂은소리[709], 기적소리(汽笛), 기차소리(汽車), 기침소리, 긴소리, 깩·끽소리(반항하는 태도나 소리), 끝소리, 나팔소리, 낱소리, 노랫소리, 놀소리[710], 놋소리(櫓), 다리아랫소리(비라리치는 말), 닭소리, 도리깨소리, 도맛소리, 된소리, 뒷소리(뒷말), 딴소리, 떠는소리, 똑소리, 막소리(막말), 말소리, 맑은소리, 망치소리, 맞소리, 머리소리[두음(頭音)], 메김소리(메기는 소리), 모깃소리, 목소리, 목구멍소리, 목도소리, 목청소리, 목탁소리(木鐸), 문소리(門), 물소리, 뭇소리(여러 사람이 이러니저러니 하는 말), 바깥소리, 바람소리, 발소리, 방울소리, 뱃소리, 벌레소리, 벽제소리(辟除)[711], 별소리(別), 별옴둑가지소리(別;별의별 괴상한 소리), 볼멘소리, 북소리, 불림소리[712], 빗소리, 사이렌소리, 사잇소리, 산:소리[713], 상·쌍소리(常), 상엿소리(喪輿), 새소리, 생소리(生), 선:소리[714], 선소리[입창(立唱)], 선소리/치다(先;메기는 소리), 센입천장소리(天障), 속소리, 쇳소리, 숨소리, 신발/신소리[1](신발을 끌면서 걸을 때에 나는 발자국 소리), 신소리[2][715], 신음소리(呻吟), 싫은소리, 쓴소리, 아쉰소리, 악기소리(樂器), 안소리, 안울림소리, 앉은소리, 앓는소리, 앞짧은 소리[716], 애먼소리(억울하게 듣는 말이나 꾸중), 어금닛소리, 억보소리, 억지소리, 여린입천장소리(天障), 열소리[717], 예사소리(例事), 오만소리(五萬;수다하게 지껄이는 구구한 소리), 외마디소리, 왼소리[718], 우는소리[719], 우렛소리[1](천둥소리), 우렛소리[2](동물의 수컷이 암컷을 부르는 소리), 우스갯소리, 울림소리, 울음소리, 웃음소리, 웃음엣소리, 워낭소리, 음악소리(音樂), 익은소리[속음(俗音)], 입술소리, 입찬소리(입찬말), 입천장소리(天障), 잇소리, 잔소리/꾼, 잡소리(雜), 잠소리, 젓소리(저를 부는 소리), 제소리[1](글자의 바른 음), 제소리[2](본마음에서 나오는 말), 종소리(鐘), 죽는소리, 진소리(쓸데없이 지질하게 하는 말), 짓소리[720],

703) 소득소득: 〈큰〉수득수득. ¶소득소득 마른 상추. 소득밤((껍데기를 벗기지 않은 채로 소득소득하게 반쯤 말린 밤), 소득소득하다. 반수둑이(半; 바짝 마르지 못하고 반쯤만 수득수득하게 마른 물건.

704) 수럭스럽다: 사람이나 그 언행이 보기에 씩씩하고 시원시원한 데가 있다. ¶갑수가 수럭스레 목청을 높였다.

705) 소롯이: 잔잔하고 또렷하게. 모습이 변하지 않고 그대로(고스란히). ¶횡재를 소롯이 포기하고 말았다.

706) 소릿귀: 남의 노래를 제대로 알아듣는 총기.

707) 소릿바람: 소리가 나간 뒤에 그 결과로 일어나는 바람이란 뜻으로, 말소리의 크게 떨치는 기세(氣勢)와 그 반향(反響).

708) 개소리: 아무렇게나 지껄여 대는, 당치않은 소리나 쓸데없는 말. ¶개소리괴소리(조리 없이 아무렇게나 지껄여 대는 말).

709) 궂은소리: 사람이 죽었다는 소리.

710) 놀소리: 젖먹이가 누워 놀면서 입으로 내는 군소리. 옹알이.

711) 벽제소리(辟除): 지위가 높은 사람이 행차할 때에 '에라 게 섯거라', '물렀거라' 따위로 외치는 소리.

712) 불림소리: 허튼춤 따위에서, 서로 흥을 돋우려고 외치는 '좋지. 좋아. 얼씨구' 따위의 소리.

713) 산:소리: 어려운 가운데서도 남에게 굽죄이지 아니하려고 하는 큰소리. [←살다].

714) 선:소리: 이치에 맞지 아니하는 덜된 소리.[←설다]. ¶선소리 그만 해라.

715) 신소리[2]: 상대방의 말을 다른 말로 슬쩍 받아 엉뚱한 말로 받아넘기는 말. ¶그는 장난기가 심해 신소리를 잘한다. 구경꾼들은 신소리를 해대며 웃었다.

716) 앞짧은소리: ①장래성이 별로 없거나 불행을 뜻하게 된 말마디. ②하지도 못할 일을 하겠다고 장담하는 말. ¶앞짧은 소리 그만 하지.

717) 열소리: 멋모르는 어린 소리.[←열-(어린)+소리]. ¶아이는 중학생인데도 여전히 열소리를 한다.

718) 왼소리: 사람이 죽었다는 소리.

719) 우는소리: 엄살을 부리어 어려운 사정을 늘어놓는 말. ¶남들보다 더 잘 살면서 왜 우는소리를 하느냐? 우는소리 좀 작작 해라.

징소리, 짖는소리, 짧은소리, 짹 · 찍소리, 천둥소리, 첫소리, 총소리(銃), 콧소리, 큰소리[721], 토막소리(온 바탕이 못 되는 판소리의 부분), 통곡소리(痛哭), 파도소리(波濤), 판소리, 포소리(砲), 피리소리, 허튼소리, 헌소리(조리에 맞지 않는 말), 헛소리/꾼, 혀끝소리, 혀짤배기소리, 혓소리, 혼잣소리, 홑소리, 휘파람소리, 흐름소리, 흐린소리, 흰소리[722]. ☞ 성(聲). 음(音).

소리개 =솔개.

소마 '오줌'을 점잖게 이르는 말. ¶소마간(間), 소마보다(소변보다), 소매구덩이(거름통), 소매구시(오줌을 받아 모아 두는 그릇), 소마구유(거름으로 쓸 오줌을 모아 두는 나무그릇), 소마항아리(오줌독).

소마소마 겁이 나서 마음이 초조한 모양.=조마조마. ¶소마소마 가슴을 졸이다. 긴장이 되어 소마소마하다.

소말소말 얼굴에 마마 자국이 점점이 얕게 얽어 있는 모양. ¶소말소말 얽은 얼굴. 소말소말한 얼굴. 소말소말하다.

소매 웃옷의 좌우에 있어 두 팔을 꿰는 부분. ¶소매로 눈물을 닦다. 소매를 걷다(모든 일을 제쳐 놓고 일을 하다). 소매 긴 김에 춤춘다(생각이 없던 일이라도 일할 조건이 갖추어졌기 때문에 하게 됨). 소맷귀(소맷부리의 구석 부분), 소매기슭, 소맷길(소매를 이루는 조각), 소매길이, 소매끝동, 소매단추, 소맷동(옷소매의 끝을 이은 동아리), 소맷동냥, 소맷등, 소매망(網), 소맷배래기, 소맷부리, 소매산(山), 소맷자락, 소매죽지, 소매춤, 소매치기/꾼/하다, 소매통(소매의 넓이), 소매품; 겉소매, 긴소매, 민소매, 박쥐소매, 반소매(半), 붕어소매(붕어의 불룩한 배처럼 만든 소매), 살소매[723], 안소매, 연장소매(延長)[724], 옷소매, 옹구소매, 윗소매, 쪽소매책상(冊床)[725], 초롱소매[726], 큰소매, 통소매(위아래로 통이 고른 소매), 팔소매, 홀태소매(통이 홀쭉하게 생긴 소매). ☞ 수(袖).

소복 ①쌓이거나 담긴 물건이 여럿이 다 볼록하게 많은 모양.=소북. ②식물이나 털 따위가 여기저기 촘촘하고 길게 나 있는 모양. ③살이 찌거나 부어 여럿이 다 볼록하게 도드라져 있는 모양. 〈큰〉수북. ¶손등이 소복하다. 소보록하다, 소복소복 · 수북수북/하다, 소복이 · 수북이, 소복 · 수북하다. 소붓하다(물건이 불룩하게 많다), 수뿍[727].

소사-스럽다 보기에 행동이 좀스럽고 간사한 데가 있다. ¶사내대장부가 그처럼 소사스러워서야 되겠느냐?

720) 짓소리: 부처에게 재를 올릴 때, 게송을 썩 길게 읊는 소리.
721) 큰소리: 크게 내는 소리. 야단치는 소리. 뱃심 좋게 장담하는 말. 호언장담(豪言壯談). ¶큰소리치다(희떱게 장담하다); 코큰소리(잘난 체하는 소리).
722) 흰소리: 터무니없이 자랑으로 떠벌리거나 거들먹거리며 허풍을 떠는 말.=흰말. ¶흰소리를 치다(기세당당하게 흰소리를 내뱉다). 조금 전에 떠나야 한다는 말은 흰소리였어.
723) 살소매: 팔과 옷소매 사이의 빈 틈.
724) 연장소매(延長): 어깨선이 없이 깃으로부터 죽 이어 달아 만든 소매.
725) 쪽소매책상(冊床): 한쪽만 밑까지 서랍이 달린 책상.
726) 초롱소매: 잔주름을 많이 놓아 소매 끝이 부풀게 지은 소매.
727) 수뿍: 매우 수북하게. ¶수뿍 들어선 나무는 마을의 인총보다도 많다.

-소서 모음으로 끝나는 동사 어간이나 'ㄹ' 받침인 용언의 어간 뒤에 붙어, 합쇼할 자리에 쓰여 정중한 부탁이나 기원을 나타내는 종결 어미. ['ㄹ'을 제외한 받침 뒤에서는 '-으소서'로 쓰임]. ¶용서하소서. 만복을 누리소서. 맙소사.

소솜 소나기가 한번 지나가는 동안이라는 뜻으로, 매우 짧은 시간을 이르는 말.

소수 몇 냥, 몇 말, 몇 달에 조금 넘음 · 남짓함.=-포. ¶한 말 소수. 석 달 소수는 걸렸다. 달소수(한 달이 조금 지나는 동안), 말소수(한 말 남짓), 해소수(한 해가 좀 지나는 동안); 소수나다[728]/솟나다.

소시락 풀잎이나 나뭇가지 따위가 가볍게 설레면서 나는 소리. 또는 그런 모양. ¶소시락거리다/대다.

소양배양-하다 아직 어려서 날뛰기만 하고 분수나 철이 없다.(=쇠양배양하다). 요량이 적고 아둔하다. ¶나는 소양배양해서 항상 일이 닥치면 허둥지둥하기 때문에 걱정이다. 쇠양배양 돌아치다.

소옴소옴 김이나 냄새 따위가 가늘게 피어오르는 모양. ¶저녁 짓는 연기가 소옴소옴 피어오르다. 국솥에서 소옴소옴 피어오르는 김.

소용 갸름하고 자그마하게 생긴 병. 예전에 기름병으로 쓰였음. ¶저 소용에 든 것은 머릿기름입니다.

소용-돌이 바닥이 두려빠져서 물이 빙빙 돌며 흐르는 것. 또는 그러한 곳. 서로 엉키어 요란스럽게 움직이다. ¶소용돌이금, 소용돌이도(度), 소용돌이무늬, 소용돌이치다, 소용돌이테.

소증 하는 짓의 동기. ¶소증사납다[729].

소짝소짝 간사하게 머리를 자꾸 갑삭거리는 모양. ¶머리를 소짝소짝 흔들며 앉아 있다.

소쩍 소쩍새가 우는 소리. ¶소쩍새.

소창 무명실로 성글게 짠 천. 이불 따위의 안감으로 씀.

소쿠리 얇고 가늘게 쪼갠 대로 테가 있게 결어 만든 그릇. ¶대소쿠리, 바소쿠리[730], 흙소쿠리(흙을 담아 나르는 데 쓰는 소쿠리).

소태 '소태나무[고목(苦木)]. 소태껍질'의 준말. ¶입안이 소태를 문 듯 쓰다. 소태 같다(맛이 몹시 쓰다). 소태껍질, 소태나무, 소태맛.

속 일정하게 둘러싸인 부피를 가진 물체의 안.(↔겉). 안에 들어 있는 중심이 되는 유형 · 무형의 사물. 영향을 받는 범위. 철이 난 생각. 이해하는 정도. ¶책상 속에 넣다. 주어진 여건 속에서 열심히 공부를 하다. 속을 태우다. 속가량(假量↔겉가량), 속가루, 속가름[731], 속가마, 속가슴(마음속), 속가죽, 소가지[심성(心性)],

728) 소수나다/솟나다: 논밭에서 곡식이 많이 나다. 그 땅의 농산물 소출이 증가하다. ¶그 밭에서는 해마다 참외가 솟난다.
729) 소증사납다: 하는 짓의 동기가 곱지 못하다. ¶소증사납게 그게 무슨 꼴이냐. 일이 소증사납게 되다.
730) 바소쿠리: 지게에 얹어 짐을 싣는 싸리로 만든 삼태기. 발채.
731) 속가름: 돈이나 물품의 총액을 적고 그것을 작게 잘라서 낱낱이 밝힘.

소갈머리(마음이나 속생각), 속갈이[732], 속감, 속감각(感覺), 속감침, 속겨, 속고갱이, 속고삿(↔겉고삿), 속고의(袴衣), 속곡식(穀食), 속골(머릿속), 속곳[733], 속궁글다[734], 속궁리(窮理), 속궁합(宮合), 속귀, 속긋[735], 속기름, 속길(이면도로), 속깊이, 속꺼풀, 속껍데기, 속껍질, 속꽂이(다이빙), 속끓이다(속을 태우다), 속나깨, 속나무, 속내, 속내다[736], 속내의(內衣;속내복), 속내막, 속내평[737]/속내, 속눈(감은 듯 만 듯한 눈), 속눈물, 속눈썹, 속눈치, 속니(어금니), 속다짐(마음속으로 하는 다짐. 속셈)/하다, 속단추, 속달다(마음이 안타까워지다), 속대[1,2,3][738], 속대중(속어림), 속더께[739], 속도랑, 속돌[부석(浮石)], 속들이(속부피), 속등겨(쌀겨), 속떠보다(남의 속마음을 넘겨짚어 알아보려 하다), 속뜨물, 속뜻, 속마음, 속막(膜), 속말/하다, 속머리, 속멋(속에서 우러나오는 멋), 속목(목안에서 내는 소리), 속바람[740], 속바지, 속받침, 속발톱, 속밤(밤톨), 속배포(排布;마음속에 품고 있는 계획)), 속버선, 속벌(속에 입는 옷의 한 벌), 속병(病), 속보이다(속마음을 드러내 보이다), 속부피, 속불꽃, 속비밀(秘密), 속뼈, 속뼈대, 속뽑다/뽑히다, 속뽑이(남의 마음속을 알아내는 일), 속사람(사람의 됨됨이), 속사랑, 속사정(事情;꿍꿍이속), 속사주(四柱), 속살(옷에 가려진 피부), 속살다[741], 속상하다(傷), 속새로[742], 속생각, 속셈, 속셔츠(shirt), 속소리, 속속곳, 속속들이(겉에서 속까지 온통. 깊은 속까지 샅샅이), 속손톱, 속숨, 속시원하다, 속싸개(↔겉싸개), 속쌀뜨물, 속썩다/썩이다, 속씨/식물(植物), 속씨름(마음속으로 이런저런 생각을 하는 일), 속아가미, 소갈딱지/머리[←속+알], 속안, 속앓이, 속어림(속짐작)/하다, 속언약(言約), 속없다(줏대가 없다. 악의가 없다), 속여[743], 속여의(속속곳), 속열매껍질, 속옷(↔겉옷), 속요량(料量)/속량, 속울음, 속웃음, 속윷, 속일, 속잎, 속자락, 속잠(깊이 든 잠), 속잠방이, 속장(張), 속재목(材木), 속재미, 속저고리, 속적삼, 속젓(조기의 내장만으로 담근 젓), 속정(情), 속정신(精神), 속족건(足件;속버선), 속종[744], 속주름, 속증(症;속병), 속지르다[745], 속짐작/되다, 속차리다(실속을 차리다), 속창(구두 속에 덧까는 창), 속청[746], 속치(↔겉치), 속치레, 속치마, 속치장(治裝), 속치질(痔疾;암치질), 속타다/태우다, 속타점(打點;마음속으로 어떤 것을 정하여 둠), 속탈(본디의 속성), 속탈(頉), 속판[747], 속폭(봉투 속에 들어 있는 물건), 속표지(表紙), 속풀이, 속흙, 속힘(실력); 가슴속, 골속(골풀의 속. 머릿골의 속), 굴속(窟), 귓속, 글속(학문을 이해하는 정도), 길속(일의 속내), 꿈속, 꿍꿍이속, 나무속, 댓속(대의 속, 그 속의 부스러기), 땅속, 마속(말로 된 용량), 마음속, 말속(말의 깊은 속뜻), 머릿속, 물속, 박속, 뱃속, 베갯속, 불속, 빈속, 빗속[우중(雨中)], 뼛속, 산속(山), 살속(세상을 살아가는 맛), 셈속, 손속, 숲속, 실속(實), 안갯속[오리무중(五里霧中)], 알속[748], 욧속[749], 우렁잇속(헤아리기 어려운 일), 이불속, 일속[750], 잇속(이의 중심부), 잇속(利;이익이 있는 실속), 잔속[751], 잠속(잠자는 가운데), 장삿속, 조홧속(造化;신통한 속내), 책속(冊), 켯속[752], 콧속, 통속[753], 품속, 핏속(피의 속. 혈기), 호두속(호두껍데기의 안쪽 부분. 사물이 복잡하게 뒤섞여 있음). ☞ 내(內). 리(裏). 안.

속(俗) '평범하다. 속되다. 풍속. 인간 세상'을 뜻하는 말. ¶속가(俗家), 속가(俗歌), 속간(俗間), 속객(俗客;불가에 찾아온 사람. 풍류를 모르는 사람), 속격(俗格), 속견(俗見;시시한 생각), 속계(俗戒;불교에 귀의한 사람이 지켜야 할 계율), 속계(俗界↔仙界), 속곡(俗曲), 속골(俗骨), 속교(俗交), 속구(俗句), 속기(俗忌), 속기(俗氣), 속념(俗念;세속에 얽매인 생각), 속담(俗談;格言), 속되다[754], 속려(俗慮), 속례(俗例), 속례(俗禮), 속론(俗論), 속루하다(俗陋), 속루(俗累), 속류(俗流;俗輩), 속리(俗吏;무능한 관리), 속명(俗名), 속무(俗務;세속적인 잡무), 속문(俗文), 속문학(俗文學), 속물(俗物)[속물근성(根性), 속물적(的), 속물주의(主義)], 속민(俗民), 속배(俗輩), 속본(俗本), 속사(俗士), 속사(俗事), 속생활(俗生活), 속서(俗書), 속설(俗說;속담. 민간에 내려오는 설), 속성(俗性;저속한 품성), 속성(俗姓), 속세(俗世)[속세간(間, 속세계], 속소위(俗所謂;세간에서 이르는 바), 속습(俗習), 속승(俗僧), 속시(俗詩), 속신(俗信), 속심(俗心;세속의 욕망에 끌리는 힘), 속악(俗樂), 속악하다/스럽다(俗惡), 속안(俗眼), 속어(俗語), 속언(俗言), 속언(俗諺;세상의 상스러운 말), 속연(俗緣;속세와의 인연), 속요(俗謠), 속용(俗用), 속운(俗韻), 속유(俗儒), 속음(俗音), 속의(俗意), 속의(俗議), 속인(俗人), 속자(俗字), 속장(俗腸), 속재(俗才), 속전(俗傳;민간에 전함), 속절(俗節), 속정(俗情), 속제(俗諦), 속조(俗調),

또는 그렇게 적은 것. 명세(明細). ¶속가름하다.

732) 속갈이: 어떤 부품의 속을 바꾸는 일.

733) 속곳: 여자의 아랫도리 맨 속에 입은 속옷.[←속[內]+옷]. ¶속곳 바람으로 황급히 뛰어나오다. 속곳바람(치마는 입지 않고 속곳만 입은 차림새); 가래단속곳(두 가랑이로 된 단속곳), 다리속곳(가장 안쪽에 받쳐 입던 속옷으로 치마끈에 기저귀를 달아 샅을 가리게 한 것), 단속곳(單), 속속곳(속여의).

734) 속궁글다: ①속이 텅 비다. ②내용이 없거나 실속이 없다.

735) 속긋: 글씨·그림을 처음 배우는 이에게 덮어 쓰게 하기 위하여 먼저 가늘게 그어 주는 선이나 획.

736) 속내다: 대패나 끌 따위의 닳은 날을 갈아 새로 날카로운 날이 서게 하다.≒갈다.

737) 속내평(內): 겉으로 드러나지 아니한 일의 사정 내막. 〈준〉속내. ¶말을 안 하니 속내평을 알 수가 없다. 속내를 모르면서 그런 말을 함부로 하다니.

738) 속대[1]: 푸성귀의 겉대 속에 있는 줄기나 잎. ¶속댓국, 속대쌈.
속대[2]: 댓개비의 속살인 무른 부분. 속대[3]: 마음의 줏대.

739) 속더께: 물건의 속에 찌들어 낀 때.

740) 속바람: 몸살이 심하여 숨이 가빠지고 몸이 몹시 떨리는 증세.

741) 속살다: 겉으로는 수그러진 듯하나, 마음속은 버티려는 뜻이 살아 있다.

742) 속새로: 겉으로 드러내지 않고 은밀히. ¶그런 일은 속새로 덮어두는 것이 좋겠다.

743) 속여: 물속에 있으면서 썰물 때에도 드러나지 아니하는 바위.

744) 속종: 마음속에 품은 느낌이나 생각. ¶속종으로 지목할 놈은 여럿이지만 이렇다 할 증거가 없다. 그의 속종에 의하면 이제는 아들을 장가보낼 때가 된 것이다.

745) 속지르다: 남의 속을 까닭 없이 태우다.

746) 속청: 대·갈대의 속에 있는 얇은 꺼풀.

747) 속판: 내용의 목차. 속마음. 일의 순서.

748) 알속: ①비밀히 알린 내용. ¶알속하다(몰래 내용을 알리다). ②핵심(核心). ③겉으로 보기보다 실제로 충실한 내용. 실속.

749) 욧속: 요(이불) 안에 넣는 솜·털 따위의 총칭.

750) 일속: 일의 속내나 실속.

751) 잔속: ①자세한 내용. ¶그 사건의 잔속이나 알고 말해라. ②자잘하게 썩이는 속. ¶그녀는 아이들 때문에 잔속을 많이 썩는다.

752) 켯속: 일의 갈피.

753) 통속: ①비밀한 동아리. ②모르게 한 약속.

754) 속되다(俗): 품위가 없고 고상하지 못하다. 세속적이다. ¶속된 표현.

속중(俗衆), 속지(俗知/智), 속진(俗塵), 속창(俗唱), 속체(俗體), 속취(俗臭), 속취(俗趣), 속칭(俗稱), 속태(俗態), 속투(俗套), 속티[속태(俗態)], 속풍(俗風), 속필(俗筆), 속학(俗學), 속해(俗解), 속화(俗化), 속화(俗畵), 속화(俗話), 속환이(俗還), 속회(俗懷); 고속(古俗), 구속(舊俗), 구염오속(舊染汚俗), 국속(國俗), 군속(群俗), 난속(亂俗), 누속(陋俗), 도속(道俗), 둔속(遁俗), 만속(蠻俗), 말속(末俗), 무속(巫俗), 미속(美俗), 미풍양속(美風良俗), 민속(民俗), 박속(薄俗), 반속(反俗), 방속(邦俗), 번속(蕃俗), 범속(凡俗), 비속(卑俗), 서속(西俗), 성속(成俗), 세속(世俗), 수속(殊俗), 수속(隨俗), 순속(淳俗), 습속(習俗), 승속(僧俗;승려와 속인), 시속(時俗), 아속(雅俗), 악속(惡俗), 야속하다(野俗), 양속(良俗)[공서양속(公序), 미풍양속(美風)], 염속(染俗), 예속(禮俗), 오속(五俗), 용속하다(庸俗), 유속(流俗), 유속(遺俗), 읍속(邑俗), 이속(夷俗), 이속(異俗), 재속(在俗), 저속(低俗)[저속열악/하다(低俗劣惡), 저속하다, 저속화(化)], 절속(絶俗), 정속(正俗), 조속(粗俗), 종속(從俗), 진속(眞俗), 진속(塵俗), 천속(賤俗), 초속(超俗), 촌속(村俗), 추속(醜俗), 탈속(脫俗), 토속(土俗), 통속(通俗), 퇴속(退俗), 퇴속(頹俗), 패속(敗俗)[상풍패속(傷風)], 풍속(風俗)[풍속도(圖), 풍속소설(小說), 풍속화(畵)], 해속(駭俗), 화속(化俗), 환속(還俗) 들.

속(屬) ①'무리. 무엇에 관계되어 딸리다. 엮다'를 뜻하는 말. ¶속격(屬格), 속공(屬公), 속관(屬官), 속국(屬國), 속도(屬島), 속령(屬領;어떤 나라에 딸린 영토), 속료(屬僚), 속리(屬吏;지위가 낮은 관리), 속명(屬名;생물 분류학상의 속), 속문(屬文), 속민(屬民), 속방(屬邦), 속복(屬服), 속사(屬司), 속성(屬性)[속성개념(槪念), 본질적속성(本質的), 우유적속성(偶有的)], 속료(屬僚), 속음(屬音), 속읍(屬邑), 속자(屬者), 속장(屬長), 속지(屬地)[속지법(法), 속지주의(主義)], 속토(屬土), 속하다(관계되어 딸리다), 속회(屬會); 가속(家屬), 계속(繫/係屬), 관속(官屬), 군속(軍屬), 궁속(宮屬), 권속(眷屬), 귀속(歸屬), 금속(金屬), 귀속(歸屬), 계속(繫屬), 낭속(廊屬;下人輩의 총칭), 내속(內屬), 노속(奴屬), 능속(陵屬), 당속(糖屬), 등속(等屬), 배속(配屬), 복속(服屬), 복속(復屬), 부속(附屬), 부속(部屬), 부정지속(釜鼎之屬), 분속(分屬), 비속(卑屬), 삼속(三屬), 소속(所屬), 신속(臣屬), 양속(洋屬), 영속(營屬), 예속(隸屬), 요속(僚屬), 육속(肉屬;고기붙이), 의속(依屬), 이속(吏屬), 전속(專屬), 전속(轉屬), 정속(定屬), 족속(族屬), 존속(尊屬), 종속(從屬), 주속(紬屬;명주붙이), 지속(紙屬), 직속(直屬), 처가속(妻家屬), 척속(戚屬), 친속(親屬), 포속(布屬), 하속(下屬), 항속(降屬), 혈속(血屬), 환속(還屬). ②동식물 분류상의 한 단계로, 과(科)와 종(種)의 사이. 이속(異屬), 종속(種屬). §'연속하다. 부탁하다. 접근하다. 조심하다'의 뜻으로는 [촉]으로 읽힘. ¶촉대(屬對), 촉망(屬/囑望), 촉의(屬意), 촉탁(屬託) 들.

속(速) '빠르다. 부르다'를 뜻하는 말.↔지(遲). ¶속거천리(速去千里), 속결(速決), 속공(速攻), 속구(速球)[강속구(江)], 속기(速記)[속기록(錄), 속기법(法), 속기사(士), 속기술(術)], 속기(速棋), 속단(速斷)[속단하다, 속단론/자(論/者), 속단불허(不許)], 속달/우편(速達/郵便), 속답(速答), 속도(速度)[755], 속독/법(速讀/法), 속력(速力)[경제속력(經濟), 전속력(全), 최대속력(最大), 평균속력(平均)], 속맥(速脈), 속발(速發), 속보(速步), 속보/판(速報/板), 속사(速寫), 속사(速射)[속사권총(拳銃)], 속산(速算), 속성(速成), 속속/히(速速;매우 빨리), 속전/속결(速戰/速決), 속진(速進), 속필(速筆), 속하다(꽤 빠르다), 속행(速行), 속화(速禍), 속효(速效), 속하다/속히; 가속(加速)[가속기(器), 가속운동(運動), 가속장치(裝置), 가속페달(pedal)], 감속(減速), 과속(過速), 광속(光速), 구속(球速), 급속(急速), 등속(等速), 미속(微速), 민속(敏速), 변속(變速), 분속(分速), 선속(船速), 시속(時速), 신속(迅速), 실속(失速), 실속(實速), 욕속부달(欲速不達), 유속(流速), 음속(音速), 전속(全速), 조속하다(早速), 졸속(拙速;설빠름), 종속히(從速), 즉속(卽速), 증속(增速), 지속(遲速), 질속(疾速), 첩속(捷速), 초속(秒速), 초속(超速), 쾌속(快速), 풍속(風速), 항속(恒速), 항속(航速), 혈속(血速), 화속(火速) 들.

속(續) '잇다. 계속하다'를 뜻하는 말. ¶속간(續刊), 속강(續講), 속개/되다/하다(續開), 속고(續稿), 속근근(續筋根), 속대장경(大藏經), 속등(續騰), 속락(續落), 속론(續論), 속미인곡(美人曲), 속발(續發), 속발진(續發疹), 속보(續報), 속빙(續聘), 속생(續生), 속속(續續;자꾸 잇따라서), 속연(續演), 속영(續映), 속음(續音), 속재(續載), 속전(續田), 속집(續集), 속초(續貂), 속출(續出), 속판(續版), 속편(續編), 속편(續篇), 속하다(무엇을 계승하다), 속항(續航), 속행(續行), 속현(續絃), 속회(續會); 계속(繼續), 근속(勤續), 단속(斷續), 상속(相續), 수속/금(手續/金), 연속(連續), 영속(永續), 육속(陸續), 접속(接續), 존속(存續), 지속(持續), 항속(航續), 후속(後續) 들.

속(束) ①'묶다. 단속하다. 약속하다'를 뜻하는 말. ¶속대(束帶), 속박(束縛), 속발(束髮), 속백(束帛), 속수(束手), 속수(束修), 속수(束脩), 속수(束手;손을 묶음), 속수무책(束手無策), 속수(束脩), 속수지례(束脩之禮), 속신(束身), 속장(束裝); 검속(檢束), 결속(結束), 계속(繫束), 관속(管束), 광선속(光線束), 광속(光束;빛다발), 구속(拘束), 군속하다(窘束), 기속(羈束), 단속(團束)[756], 상관속(相關束), 선속(線束), 수속(收束), 약속(約束), 자력선속(磁力線束)/자속(磁束), 장속(裝束), 조속(操束), 중성자속(中性子束), 집속(執束). ②'묶음 · 다발 · 뭇 · 톳'의 단위로 100장을 이르는 말. ¶김 1속. 속수(束數); 파속(把束).

속(贖) 죄에 대한 벌 대신 대갚음으로 재물이나 노력을 바치는 일.

---

755) 속도(速度): 빠른 정도. 운동 물체가 단위 시간에 이동하는 거리. ¶속도를 빨리하다. 속도감(感), 속도경기(競技), 속도계(計), 속도곡선(曲線), 속도광(光), 속도상수(常數), 속도선(線), 속도원(圓), 속도위반(違反), 속도제한(制限); 가속도(加)[중력가속도(重力)], 각속도(角), 결정속도(結晶), 경제속도(經濟), 계기속도(計器), 고속도(高)/고속, 공간속도(空間), 광속도(光)/광속, 궤도속도(軌道), 급속도(急), 낙하속도(落下), 대기속도(對氣), 대지속도(對地), 면적속도(面積), 반응속도(反應), 배기속도(排氣), 비행속도(飛行), 상대속도(相對), 수선속도(垂線), 순항속도(巡航), 시선속도(視線), 실속도(實), 우주속도(宇宙), 위성속도(衛星), 이반속도(離反), 이탈속도(離脫), 저속도(低)/저속(低速), 전파속도(電波), 절대속도(絶對), 정격속도(正格), 제한속도(速度), 주행속도(走行), 증발속도(蒸發), 증식속도(增殖), 초고속도(超高), 침강속도(沈降), 침식속도(浸蝕), 쾌속도(快), 탈출속도(脫出), 통화유통속도(通貨流通), 평균속도(平均), 폭발속도(爆發), 한계속도(限界), 합속도(合), 항해속도(航海), 화폐유통속도(貨幣流通), 회전속도(回轉).

756) 단속(團束): 단속하다; 굿단속, 궁단속(宮), 문단속(門), 집단속.

¶속을 바치다(속전을 내다). 속금(贖金), 속량(贖良), 속물(贖物), 속사(贖死), 속신(贖身), 속전(贖錢), 속죄(贖罪)[속죄금(金), 속죄론(論)], 속죄양(贖罪羊), 속하다, 속형(贖刑); 구속(救贖), 납속(納贖), 대속(代贖)[757], 보속(補贖), 수속(收贖), 응속(應贖), 장속(杖贖), 주속(酒贖), 태속(笞贖), 화속(火贖) 들.

속(粟) '조·좁쌀. 극히 작은'을 뜻하는 말. ¶속각(粟殼), 속노(粟奴;조의 깜부기), 속립(粟粒), 속미(粟米;좁쌀), 속미음(粟米飮), 속반(粟飯;조밥), 속전(粟田); 나속(糯粟), 납속가자(納粟加資), 미속(米粟), 서속(黍粟), 앵속(罌粟;양귀비), 창해일속(滄海一粟), 한속(寒粟;소름) 들.

속(다) 남의 거짓이나 꾀에 넘어가다. 어떤 것을 다른 것으로 잘못 알다(≒홀리다). ¶친구들 말에 속아 넘어가다. 속여넘기다, 속여먹다, 속이다[758], 속임[속임낚시/질, 속임수(數), 속임술(術), 속임질/하다; 눈속임/하다]; 눈속이다.

속닥 남이 알아듣지 못하도록 작은 목소리로 은밀하게 이야기하는 소리. 또는 그 모양. 종이나 천 따위를 조금 작게 베는 소리. 또는 그 모양. 〈큰〉숙덕. 〈센〉쏙닥. 〈거·큰〉쑥덕. ¶속닥속닥 말을 주고받다. 비밀 문서를 가위로 속닥속닥 잘라버리다. 속닥·숙덕·쏙닥·쑥덕거리다/대다/이다, 숙덕·쑥덕공론(公論), 속닥속닥·숙덕숙덕/하다, 속닥질·숙덕질/하다, 속달[759] 들.

속달 몹시 작은 규모.=속달뱅이. ¶우물 안의 개구리처럼 속달뱅이로 세상을 보지 말고 시야를 넓혀라.

속삭 남이 알아듣지 못하도록 나지막한 목소리로 가만가만 이야기하는 소리. 또는 그 꼴. 물건이 가볍게 스치는 소리. 또는 그 꼴. ¶귀에 입을 대고 속삭속삭 무엇이라고 이야기를 하였다. 가랑잎이 속삭속삭 소리를 내며 구르다. 속삭거리다/대다/이다, 속삭임(귓속말), 속살[760].

속새 속샛과의 상록 여러해살이풀. 줄기는 규산이 들어 있어 뿔·목재로 만든 기구를 닦는 데 씀. ¶속새질(물건을 반드럽게 하려고 속새로 문지르는 짓)/하다.

속소그레-하다 조금 작은 여러 개의 물건이 크기가 거의 고르다.=고만고만하다. 〈큰〉숙수그레하다. ¶고구마를 숙수그레한 것으로 골라 바구니에 담다. 속소그레·숙수그레·쏙소그레·쑥수그레하다.

-(으)속속/숙숙(하다) '감다·검다. 밝다. 붉다'의 어근과 '하다' 사이에 붙어, '인상이 수수함'의 뜻을 더하는 말. ¶가무·까무속속·거무·꺼무숙숙하다(수수하고 걸맞게 가무스름하다), 발그속속·벌그숙숙·볼그속속·불그숙숙하다.

속절-없다 아무리 하여도 단념할 수밖에 어찌할 도리가 없다. ¶속절없는 일. 속절없이 마음만 썩이고 있다.

솎(다) 배게 나 있는 채소·풀·모종 따위를 군데군데 뽑아 성기게 하다. ¶배추를/ 무를 솎다. 솎아베기[간벌(間伐)]/하다, 솎음[솎음남새, 솎음배추, 솎음배춧국/솎음국, 솎음질/하다; 두벌솎음] 들.

손¹ 사람의 팔목에 달린 손가락과 손바닥이 달린 부분. '손으로 하는·작은. 손잡이. 솜씨·재주'를 뜻하는 말. ¶손을 펴다. 손을 끊다. 손이 크다. 손가늠, 손가다(노력이 들다), 손가락[손가락뼈, 손가락질/하다[761]; 들이손가락(엄지와 집게손가락), 새끼손가락], 손가래(종가래)/질, 손가마, 손가방, 손가위, 손가짐, 손간수, 손갈퀴[762], 손갓[763], 손거울, 손거스러미, 손거칠다(손버릇이 나쁘다), 손결(손의 살결), 손고깔(두 손을 입에 대고 고깔 모양을 만든 것), 손고동, 손곱(손때), 손공(功), 손괭이, 손구구(九九), 손국수, 손굽(주먹을 쥔 손), 손궤(櫃), 손그릇(가까이 두고 쓰는 잔세간), 손그림자, 손금[손금보다, 손금쟁이; 잔손금], 손금고(金庫), 손기(旗), 손기계(機械), 손기술(技術), 손기척, 손길, 손까불다(재산을 날리다), 손깍지, 손꼴[손꼴겹잎, 손꼴맥(脈)], 손꼽다/꼽히다, 손꼽이, 손꼽이치다(손가락을 꼽아 셀 정도로 이름난 축에 들다), 손꽁치(손으로 잡은 꽁치), 손끊다(관계나 인연 따위를 끊다), 손끌, 손끝(손을 놀려 일하는 솜씨)[손끝맵다, 손끝여물다], 손나발, 손널(도마), 손넘기다[764], 손놀림, 손놓다, 손누비, 손다리미, 손달구, 손닿다, 손대기[765], 손대다(때리다. 만지다. 훔치다. 시작하다), 손대야, 손대중/하다, 손대패, 손더듬이/하다, 손덕(德), 손도끼, 손도울이(결꾼), 손도장(圖章), 손독(毒), 손동작(動作), 손두레박, 손뒤주, 손뒤짐/하다, 손들다(항복하다. 도중에 그만두다), 손등(↔손바닥), 손때(손길. 흔적. 손끝), 손떠퀴[766], 손떨림, 손떼다[767], 손뜨개/질, 손뜨겁다(손부끄럽다), 손뜨다(동작이 매우 굼뜨다), 손띠[768], 손마디(손가락의 마디. 손목의 뼈마디), 손마무리(손일에 쓰는 공구로 마무리하는 일), 손마치, 손맑다[769], 손맛, 손맞다(서로 뜻이 맞다), 손매, 손매듭, 손맥(脈;손의 힘), 손모(손으로 내는 모), 손모가지, 손목, 손무늬, 손물레, 손바구니, 손바꿈[770], 손바느질, 손바닥/뼈, 손바람[771], 손바로(손이

757) 대속(代贖): ①예수가 십자가의 보혈로 만민의 죄를 대신 씻어 구원한 일. ②남의 죄나 고통을 대신하여 자기가 당함. ③남의 죄를 대신 갚음.
758) 속이다: 꾸미다. 거짓말하다. 숨기다. 꾀다. 호리다.
759) 속달: 남이 알아듣지 못하도록 작은 목소리로 조금 수선스럽게 이야기하는 소리. 또는 그 모양. 〈큰〉숙덜. 〈센〉쏙달. 〈센·큰〉쑥덜. ¶속달속달 수선을 피우더니 갑자기 조용해졌다. 속달·숙덜·쏙달·쑥덜거리다/대다.
760) 속살: ①남이 알아듣지 못하도록 작은 목소리로 자질구레하게 이야기하는 소리. 또는 그 모양. ¶귀엣말로 속살속살 이야기하는 아이들. ②풀벌레 따위가 우는 소리. 또는 그 모양. ¶귀뚜라미가 속살속살 우는 달밤. ③시냇물이 정답게 흘러가는 소리. 또는 그 모양. 〈큰〉숙설. 〈센〉쏙살. 〈센·큰〉쑥설. ¶시냇물이 속살속살 흐른다. 속살·숙설·쏙살·쑥설거리다/대다.
761) 손가락질하다: ①손으로 가리키다. ②좋지 못한 일로 남을 깔보거나 흉보다.
762) 손갈퀴: 손가락을 갈퀴 모양으로 짓는 것.
763) 손갓: 햇살의 눈부심을 막고 멀리 보기 위하여 손을 이맛전에 붙이는 짓.
764) 손넘기다: ①물건을 셀 때에 손을 넘기는 번수를 잘못하다. ②때를 놓치다.
765) 손대기: 잔심부름을 할 만한 아이.
766) 손떠퀴: 무슨 일에든지 손만 대면 좋거나 궂은 일이 따라 생기는 운수. ¶손떠퀴가 사납다.
767) 손떼다: ①하던 일을 마치어 끝을 맺다. ②남과 같이 하던 일을 중간에서 관계를 끊다.
768) 손띠: 잔 따위에 뚜껑이 놓이도록 두른 띠 모양의 턱.
769) 손맑다: ①재수가 없어서 생기는 것이 없다. ②후하지 않고 다랍다.
770) 손바꿈: ①능한 솜씨를 서로 바꾸어서 일함. ¶그 정도면 손바꿈을 해도 괜찮을 듯하다. ②그 날 일에 서로 사람을 바꾸어 일함.
771) 손바람: 일을 잘 치러 나가는 솜씨나 기세.

닿을 만한 가까운 데), 손바심, 손바퀴(손으로 돌리는 바퀴), 손바투(손바로), 손발, 손발구, 손발역(役), 손발톱, 손밭다[772)], 손버릇, 손벼루, 손보기[1](손질), 손보다[1](손질하여 보살피다), 손부끄럽다[773)], 손부채, 손북, 손빨래, 손뻗치다(달라고 하다. 세력을 넓히다), 손뼈, 손뼉[손뼉볼기(손바닥으로 치는 볼기), 손뼉치기; 외손뼉], 손사래[774)], 손샅(손가락 사이. 손살피), 손서툴다, 손설다, 손세(손짓), 손세간, 손세탁(洗濯), 손속[775)], 손수[776)], 손수건(手巾), 손수레, 손숫물(손을 씻는 물), 손쉽다, 손시늉, 손신호(信號), 손심부름(잔심부름), 손싸다[777)], 손쓰다[778)], 솜씨[779)], 손씻다(청상하다. 손을 떼다), 손씻이[780)], 손아귀(손탁), 손안[수중(手中)], 손앓[781)], 손아기(작은 아기), 손어림/하다, 손오가리(목소리가 멀리 들리도록 손을 오그려 입에 대는 것. 손나발), 손익다(물건이나 기구 따위를 다루는 품이 익숙하다), 손일, 손자국, 손자귀, 손작다(↔손크다), 손작두, 손작업(作業), 손잔등, 손잡다(같이 일하다. 짬짜미를 하다), 손잡기(제휴), 손잡이, 손장난, 손장단, 손재간(才幹), 손재봉틀(裁縫), 손재주(才), 손저울, 손전등(電燈), 손전화(電話), 손절구, 손정(자그마한 정), 손지갑(紙匣), 손질[782)], 손짐(수하물), 손짐작, 손짓(손의 움직임. 유혹. 신호)[손짓말, 손짓발짓, 손짓춤], 손짭손(좀스럽고 얄망궂은 손장난), 손찌검(손으로 남을 때리는 일)/하다, 손차양(遮陽;손갓), 손춤, 손치[783)], 손치다[1][784)], 손치레, 손칼국수, 손크다[785)], 손타다[786)], 손탁[787)], 손털다(하던 일을 마치다), 손톱[788)], 손틀, 손티(조금 곱게 얽은 얼굴의 마맛자국), 손표(標;손가락표), 손풀무, 손풍금(風琴), 손함(函), 손화로(火爐), 손회목(손목의 잘록하게 들어간 곳), 손훅치기, 손힘; 가위손[789)], 갈퀴손, 거미손, 검은손[790)], 검질손[791)], 고사리손[792)], 깍짓손[793)], 꺽짓손[794)], 내밀손[795)], 노손(櫓;노의 손잡이), 단손(單;단지 한 번 쓰는 손. 혼잣손), 당길손, 대팻손, 덩굴손, 동자손(밥 짓는 일을 하는 일손), 두름손[796)], 뒷손[797)], 든손[798)]/에/으로, 들손[799)], 뜸손[800)], 맨손, 맷손[1, 2][801)], 문손잡이(門), 물손[802)], 밑손(일하는 사람의 밑에서 돕는 일), 바른손, 부뚜손(부뚜의 양 끝에 댄 막대), 부손[803)], 비손[804)]/비손이/비손하다, 빈손, 살손[805)], 생인손(손가락 끝에 나는 종기), 선손/질/쓰다(先), 씨아손(씨아의 손잡이), 아금손, 악짓손 · 억짓손[806)], 약손(藥), 양손(兩), 엄지손가락, 엄지손톱, 엉너릿손[807)], 오른손, 외손[808)], 왼손, 육손/이(六), 일손, 잔손[잔손불림(잔손질이 드는 일), 잔손질/하다], 잡을손[809)], 잡힐손[810)], 제낄손[811)], 조막손[812)], 주먹손(주먹을 쥔 손), 줌손, 쥘손[813)], 집게손, 첫손가락/첫손, 큰손, 탁잣손(卓子;까치발), 탑손[814)], 톱손, 한손놓다[815)], 한손접

772) 손밭다: 손에 잡고 쓰기에 길이가 매우 짧다. ¶손밭은 부지깽이. 손밭은 호미로 김을 매다.

773) 손부끄럽다: 무엇을 받으려고 손을 내밀었다가 못 받게 되어 남 보기에 부끄럽다.=손뜨겁다.

774) 손사래: 조용히 하라거나 어떤 일을 부인하려 할 때에 손을 펴서 휘젓는 짓. 〈준〉손살. ¶손사래를 치다. 손사랫짓.

775) 손속: 노름할 때에, 패가 손대는 대로 잘 맞아 나오는 운수. ¶오늘은 손속이 좋다.

776) 손수: 직접. 남의 힘을 빌리지 않고 제 손으로.[+높임선어말어미 '-시-']. ↔대신(代身).

777) 손싸다: ①일솜씨가 잽싸다(빠르다). ②손으로 다루기 편리하거나 쓰기에 알맞다.

778) 손쓰다: 시기를 놓치면 안 될 일에 필요한 조치를 취하다. ¶피를 너무 많이 흘려 빨리 손쓰지 않으면 위험하오.

779) 솜씨: 손을 놀려서 무엇을 만드는 재주. 일을 처리해 나가는 수단.[←손+쓰(다)+이].≒너름새. ¶요리 솜씨. 솜씨꾼; 글솜씨, 말솜씨, 일솜씨, 첫솜씨, 풋솜씨.

780) 손씻이: 남의 수고를 갚는 뜻의 예로 적은 물건을 주는 일. 또는 그 물건.≒선물. ¶손씻이를 못해 미안해서 어쩌나. 손씻이하다(선물하다).

781) 손앓: 경험이 많아 손에 익은 일. 전문(專門).

782) 손질: 손질하다(고치다. 만지다. 다듬다); 군손질, 뒷손질, 끝손질, 선손질(先;먼저 손댐), 언손질, 외손질(한 손질), 잔손질, 잡손질(雜), 헛손질.

783) 손치: 손이 닿을 만큼 가까운 곳.

784) 손치다[1]: ①물건을 매만지어 정리하다. ②정돈된 물건의 일부가 없어지거나 흐트러지다.

785) 손크다: 재물을 다루는 품이 깐깐하지 않고 푼푼하다. ¶손큰 며느리.

786) 손타다: 모르는 사이에 가져가는 사람이 있어 물건의 일부가 없어지다. ¶값지고 예쁘장한 물건이라서 손타기가 쉽다.

787) 손탁: 틀어쥔 손아귀. 어떤 세력이나 영향이 미치는 범위. ¶손탁에서 벗어나다. 손탁이 세다(사람들을 호락호락 휘어잡는 능력이 있다). 손탁에 넣다(손아귀에 넣다), 일손탁(일을 처리하는 본새. 또는 일을 틀어쥐는 모양새).

788) 손톱: 손톱깎이, 손톱눈(손톱의 양쪽 구석), 손톱독(毒), 손톱무늬, 손톱묶음(소괄호), 손톱물, 손톱여물(손톱을 이로 잘근잘근 씹는 짓), 손톱자국, 손톱제기다(손톱으로 자국을 내다), 손톱칠(漆); 생손톱(生), 속손톱.

789) 가위손: ①삿자리 따위의 둘레에 천 같은 것을 빙 둘러 댄 부분. 또는 그 천. ②그릇이나 냄비 따위의 손잡이.

790) 검은손: 남을 속이거나 해치는 음흉한 손길. 마수(魔手).

791) 검질손: 논밭을 맨 뒤에 마지막으로 풀만 뜯어내는 일을 하는 손질.

792) 고사리손: 어린아이의 귀엽고 탐스러운 손.

793) 깍짓손: 열 손가락을 서로 엇갈리게 낀 손. 깍지를 낀 손. ¶그는 깍짓손에 온 힘을 모았다.

794) 꺽짓손: 억세어서 호락호락하지 아니한 수단. ¶그 사람은 꺽짓손이 세어서 웬만한 사람은 능히 휘어잡을 수 있다.

795) 내밀손: 일을 강력하게 추진하는 솜씨. ¶내밀손이 있다. 내밀손이 뛰어난 집행부.

796) 두름손: 일을 뛰어나게 잘 처리하는 솜씨. 수완(手腕). 주변. ¶두름손 좋은 며느리.

797) 뒷손: ①겉으로는 사양하는 체하면서 뒤로 슬그머니 내밀어 무엇을 받는 손. ②뒷수쇄(뒤치다꺼리).

798) 든손: ①일을 시작한 손. 일하는 김. ②망설이지 아니하고 그 자리에서 얼른.

799) 들손: 그릇 따위의 옆에 달린, 반달 모양의 손잡이.

800) 뜸손; 뜸(풀로 거적처럼 엮어 만든 물건)을 엮는 줄.

801) 맷손[1]: 맷돌이나 매통을 돌리는 손잡이. 맷손[2]: 매질의 세고 여린 정도. ¶다 같은 손인데도 계모의 맷손은 유난히 맵다.

802) 물손: 물이 묻은 손. 반죽, 밥, 떡 따위의 질거나 된 정도.

803) 부손: 화로에 꽂아 두고 쓰는 작은 부삽.[←불+손].

804) 비손: 두 손을 비비면서 신에게 병이 낫거나 소원을 이루게 해 달라고 비는 일.=비숙원(宿願).

805) 살손: ①무슨 일을 할 때에 연장 따위를 쓰지 아니하고 바로 대서 만지는 손. ¶살손으로 나무를 꺾었다. ②일을 정성껏 하는 손. ¶건들거리지 말고 살손 붙여 일 좀 해라. 살손을 붙인다.

806) 억짓손: 억지를 써서 무리하게 해내는 솜씨. ¶그렇게 억짓손이 되알진 사람은 처음 보았다.

807) 엉너릿손: 남의 환심을 사려고 어벌쩡하게 서두르는 짓(엉너리)으로 사람을 후리는 솜씨.

808) 외손: 한쪽 손. ¶외손지다(물체가 치우치어 있어서 한쪽 손밖에 쓸 수 없어 불편하다).

809) 잡을손: 일을 다잡아 해내는 솜씨. ¶잡을손이 뜨다(매우 굼뜨게 하는 것).

810) 잡힐손: 무슨 일에든지 쓸모가 있는 재간(才幹). ¶잡힐손이 있는 사람은 어디를 가나 제 구실을 한다.

811) 제낄손: 일을 해제끼는(해낼) 솜씨나 능력.

812) 조막손: 손가락이 없거나 오그라져서 펴지 못하는 손. 조막손이.

813) 쥘손: 어떤 물건을 들 때의 손잡이 부분.

다[816], 혼잣손(도움 없이 혼자서 일하는 손. 단손), 휫손[817], 흙손. ☞ 수(手).

손[2] 남의 집에 임시로 와서 묵는 사람(나그네 · 객). 주인이나 영업집에 찾아온 사람. 마마. ¶사랑에 손이 들다. 손을 대접하다. 손이 많은 가게. 손겪다/손겪이(손을 대접하는 일. 일결)/하다, 손굿, 손님[1][818], 손님[2](천연두)[손님마마, 손님풀이, 손티[819]; 마마손님, 항아리손님], 손뜨다[820], 손맞이, 손보기[2](매춘), 손보다[2](찾아온 손님을 만나보다), 손청방(廳房;몸채에서 떨어져 있는 사랑방), 손치다[2](돈을 받고 손님을 머무르게 하다); 길손(나그네), 내미손[821], 백년손(百年;사위), 술손/님(술을 마시려고 오는 사람). ☞ 객(客). 빈(賓).

손[3] 날수를 따라 네 방위(方位)로 돌아다니면서 사람의 활동을 방해한다는 귀신. ¶손이 없는 날에 이사하다. 손각시(손말명), 손대(내림대), 손떠퀴[822], 손말명[823].

손[4] 손아랫사람을 일컬을 때 '사람'보다는 낮추고 '자'보다는 좀 대접하여 쓰는 말. ¶이 손이 자넬 찾네. 젊은 손. 손겪이(손님을 대접하여 치르는 일); 손아래[손아랫뻘, 손아랫사람], 손위(선배. 연상), 손윗사람; 그손, 이손, 저손, 젊은손.

손[5] 물건을 한 손에 잡을 만한 분량을 세는 단위. 조기 · 고등어 따위는 두 마리, 배추는 두 통, 미나리 · 파 따위는 한 줌씩을 이름. ¶고등어 한 손.

손[6] '셈'과 같은 뜻의 말. ¶갈 손 치다. 입을 손 치다.

손[7] 어미 '-다'의 뒤에 붙고, '치더라도', '치자' 따위의 말과 어울려 '양보'의 뜻을 나타내는 보조사. ¶내가 잘못을 했다손 치자. 그렇다고 의절할 것까지야 없지. 아무리 재주가 있다손 치더라도 항상 겸손해야 한다. -ㄴ/는/은다-손.

손(孫) 여러 대(代)가 지난 자손. ¶손이 귀한 집안. 손말사(孫末寺), 손녀(孫女)[맏손녀, 장손녀, 증손녀(曾)], 손부(孫婦), 손서(孫壻), 손세(孫世), 손자(孫子;손주)[824], 손제자(弟子;제자의 제자), 손증(孫曾), 손지(孫枝), 손항(孫行); 계손(系孫), 고손(高孫), 곤손(昆孫;6대 손), 공손(公孫), 내손(來孫;5대 손), 대대손손(代代孫孫), 말손(末孫), 무손(無孫), 봉사손(奉祀孫), 불초손(不肖孫), 사손(使孫), 사손(祀孫), 사손(嗣孫), 사손(獅孫), 서손(庶孫), 세손(世孫), 승중손(承重孫), 아손(兒孫), 애손(哀孫), 양손(養孫), 양손녀(養孫女), 양손자(養孫子), 얼손(孼孫), 여손(女孫), 영손(令孫), 예손(裔孫), 왕손(王孫), 외손(外孫)[외손봉사(奉祀)], 운손(雲孫), 원손(元孫;왕세자의 맏아들), 원손(遠孫), 육대손(六代孫), 잉손(仍孫;7대 손), 자여손(子與孫)/자손(子孫), 자자손손(子子孫孫), 잔손(孱孫), 장손(長孫)[황장손(皇;황제의 맏손자)], 적손(嫡孫), 절손(絕孫), 조손(祖孫), 족손(族孫), 종손(宗孫), 종손(從孫), 주손(胄孫;맏손자), 중손(衆孫), 증손(曾孫), 지손(支孫), 직손(直孫), 질손(姪孫), 천손(天孫), 치손(穉孫), 친손(親孫), 태손(太孫), 포손(抱孫), 현손(玄孫;4대 손), 혈손(血孫), 황손(皇孫), 황태손(皇太孫), 효손(孝孫), 후손(後孫) 들.

손(損) '덜다. 감하다. 잃다. 상하다'를 뜻하는 말.↔익(益). ¶손괘(損卦;64괘의 하나), 손괴(損壞)[문서손괴(文書)], 손금(損金), 손기(損氣), 손도(損徒), 손료(損料), 손명(損名), 손모(損耗), 손복(損福), 손상(損傷), 손상박하(損上剝下), 손상익하(損上益下), 손실(損失)[손실금(金), 손실률(率), 손실물질(物質); 마찰손실(摩擦)], 손액(損額), 손우(損友), 손익(損益)[손익계산/서(計算/書), 손익계정(計定), 손익분기점(分岐點), 손익표(表)], 손자삼요(損者三樂), 손자삼우(損者三友), 손재(損財), 손재수(損財數), 손전(損田), 손제(損弟), 손하익상(損下益上), 손해(損害)[손해금(金), 손해나다/되다, 손해배상(損害), 손해보전(補塡), 손해보험(保險); 비재산적손해(非財産的), 순손해(純)]; 감손(減損), 결손(缺損), 대손(貸損), 동손(銅損), 마손(磨損), 모손(耗損), 무손(無損), 문손(聞損), 백손(白損), 분손(分損), 소손(燒損), 열손(熱損), 저항손(抵抗損), 전손(全損), 증손(增損), 차손(差損), 충손(蟲損), 침손(侵損), 파손(破損), 풍손(風損), 해손(海損;해난으로 생긴 손해)[공동해손(共同), 단독해손(單獨)], 허손하다(虛損), 황손(荒損), 후손(朽損), 훼손(毁損), 흑손(黑損) 들.

손(遜) '겸손하다. 양보하다. 못하다'를 뜻하는 말. ¶손색(遜色;비교하여 좀 못한 점), 손양(遜讓), 손위(遜位;자리를 물려줌), 손피(遜避;겸손하여 피함); 겸손(謙遜), 공손하다(恭遜), 불손(不遜)[불공불손(不恭)] 들.

손(飧/飱) '밥'을 뜻하는 말. ¶손설(飧泄;소화가 안 되어 음식이 먹은 그대로 다 나와 버리는 설사), 옹손(饔飧;아침밥과 저녁밥) 들.

손:방 도무지 할 줄 모르는 솜씨. ¶바둑은 손방이다. 나는 집안일에는 영 손방이다.

손:포 일할 사람 수. 또는 일할 양. ¶손포가 모자라다. 우리 연구원에는 손포가 부족하다. 품앗이로 손포를 덜다.

솔[1] 소나무. ¶솔 심어 정자 되랴. 소나무[소나무기름, 소나무밭, 소나무숲], 솔가루, 솔가리[825], 솔가지[청솔가지(靑)], 솔강나무(솔가

---

814) 탑손: 쟁기나 보습 윗머리에 달린 손잡이. ¶탑손을 잡고 일을 하다. 탑손을 쥐다.
815) 한손놓다: 일이 일단 끝나다. 일단락되다.
816) 한손접다: 나은 편이 실력을 낮추어 평등하게 하다.
817) 휫손: 남을 휘어잡아 잘 부리는 솜씨. 일을 잘 처리하는 솜씨.=휠손. 수완(手腕). 통솔력(統率力). ¶사람 부리는 휫손이 여간 아니다.
818) 손님[1]: 손님격(格), 손님겪이/하다, 손님굿, 손님대접(待接), 손님맞이, 손님박대(薄待), 손님상(床), 손님용(用), 손님자리, 손님장(醬), 손님치레/손치레, 손님허울, 손님환대(歡待); 난뎃손님, 단골손님, 뜨내기손님(어쩌다가 하나 둘 찾아오는 손님), 바깥손님, 밤손님(도둑), 백년손님(百年;사위), 사랑손님(舍廊), 술손심, 안손님, 잡손님(雜), 첫손님, 큰손님, 후행손님(後行).
819) 손티: 조금 곱게 얽은 얼굴의 마맛자국.
820) 손뜨다: 물건이 잘 팔리지 않다.↔세나다.
821) 내미손: 물건을 흥정하러 온, 만만하고 어수룩하게 생긴 사람.
822) 손떠퀴: 무슨 일이나 손을 대기만 하면 나타나는 길흉화복. ¶손떠퀴가 사납다.
823) 손말명: 무당이 일컫는, 처녀가 죽어서 된 귀신.
824) 손자(孫子/손주): 손자/손주며느리, 손자뻘, 손자새끼; 넛손자, 맏손자, 외손자(外), 증손자(曾), 친손자(親).
825) 솔가리: ①말라서 땅에 떨어진 솔잎. ¶갈퀴로 솔가리를 긁다. ②소나무 가지를 꺾어서 묶은 땔나무.

지), 솔기름, 솔나리, 솔나물, 솔대, 솔대목(木), 솔따비, 솔먹(숯먹), 솔모루(소나무가 많이 있는 모퉁이), 솔문(門), 솔바람, 솔방울, 솔밭, 솔버덩(소나무가 무성하게 들어선 버덩), 솔보굿(소나무의 껍질), 솔불(관솔불), 솔비, 솔뿌리, 솔섬(소나무가 많은 섬), 솔송나무, 솔수펑이(솔숲이 있는 곳), 솔숲, 솔옹이, 솔이끼, 솔잎[솔잎대강이[826], 솔잎상투, 솔잎수(繡), 솔잎차(茶)], 솔장수, 솔찜질/솔찜, 솔통(소나무로 만든 장구통), 솔포기/솔폭; 곰솔[해송(海松)], 관솔[827], 다복솔, 대솔(大), 도래솔(무덤가에 죽 둘러선 소나무), 독솔(작고 어린 솔), 뗏솔[828], 면솔(面), 몽당솔[왜송(倭松)], 보득솔, 생솔/소나무(生), 애솔, 잔솔(어린 소나무)[잔솔가지, 잔솔밭, 잔솔잎, 잔솔포기], 청솔(靑). ☞ 송(松).

솔² 물건에 낀 때나 먼지를 쓸어 깨끗이 하기 위하여 짐승의 털이나 합성수지·가는 철사 따위를 곧추세워 만든 기구. ¶옷에 묻은 먼지를 솔로 털다. 솔빗(솔처럼 생긴 빗), 솔장이, 솔질/하다; 가마솔, 구둣솔, 땟솔, 말솔, 면솔(面;수염이나 머리털을 손질할 때 쓰는 작은 솔), 몸솔, 몽당솔, 밤송이솔[829], 빗솔, 빨랫솔, 솥솔, 옷솔, 잇솔(칫솔), 철솔(鐵), 칫솔(齒), 큰솔 들.

솔³ 무명으로 만든 과녁. 사포(射布). 소포(小布). ¶솔대를 세우다. 솔대'[830], 솔바탕(활터에서 솔대가 있는 곳까지의 거리. 보통 120 걸음).

솔⁴ 처음에는 좁쌀만 한 것이 피부 표면에 돋아나다가 나중에 그 속에 물이 생기는 피부병.

ㅅ

솔(率) '거느리다. 따르다. 꾸밈이 없다. 가볍다'를 뜻하는 말. ¶솔가(率家), 솔거(率去), 솔권(率眷), 솔대도피(率隊逃避), 솔래(率來), 솔반(率伴;거느리고 함께 감), 솔방(率榜), 솔병(率兵), 솔복(率服), 솔빈(率濱), 솔선(率先)[솔선수범/하다(垂範), 솔선자(者), 솔선하다], 솔성(率性), 솔악(率樂), 솔양(率養), 솔연(率然), 솔이(率易;언행이 솔직하고 까다롭지 않음), 솔이(率爾), 솔정(率丁;거느려 부리는 장정), 솔직(率直;바르고 곧음), 솔창(率倡), 솔축(率蓄), 솔토(率土), 솔하(率下;거느리고 있는 부하); 가솔(家率), 간솔하다(簡率), 경솔하다(輕率), 권솔(眷率), 기솔(騎率), 다솔(多率), 대솔(帶率), 동솔(董率), 망솔하다(妄率), 봉솔(奉率), 소솔(所率), 시솔(侍率), 식솔(食率), 영솔(領率), 인솔(引率), 진솔(眞率), 천솔(賤率), 친솔(親率), 탄솔(坦率), 통솔(統率), 하솔(下率), 합솔(合率). §'비율'의 뜻으로는 [률], '우두머리'의 뜻으로는 [수]로 읽힘. 거수(渠率). ☞ 율/률(率).

솔(蟀) '귀뚜라미'를 뜻하는 말. ¶실솔(蟋蟀;귀뚜라미).

솔개 수릿과의 새. ='소리개'는 비표준말. ¶솔개그늘(아주 작게 지는 그늘), 솔개미(솔개).

솔곤-하다 고단하여 잠이 소르르 들게 몸이 나른하다.[←소르르②+곤하다(困)]. ¶밤새 책을 읽었더니 솔곤하다.

솔금솔금 ①물건을 매우 조금씩 쓰거나 나누어 주는 모양.=솔락솔락. ¶참기름을 솔금솔금 쓰다. ②조금씩 움직이는 모양. ¶굼벵이가 솔금솔금 기어가다. ③액체가 매우 조금씩 새어 흐르거나 쏟아지거나 하는 모양. ¶기름이 솔금솔금 새다. ④남의 눈치를 보아 가며 살그머니 행동하는 모양. ¶솔금솔금 서랍을 뒤지다.

솔기 옷이나 이부자리의 두 폭을 맞대어 박거나 꿰매어 생긴 줄. 〈준〉솔. ¶옷 솔기가 틀어졌다. 솔기솔기/솔솔이(솔기마다); 가름솔[831], 곧은솔기(곧게 난 솔기), 곱솔[832], 곱쌈솔[833], 꺾음솔(시접한 쪽으로 꺾는 솔기. 홑솔), 등솔기/등솔(옷의 등 가운데 부분을 맞붙여 꿰맨 솔기), 바지솔기, 쌈솔[834], 어깨솔기/어깨솔, 어슨솔기(조금 비뚤어지게 난 솔기), 통솔[835], 혼솔[836], 홑솔[837].

솔깃-하다 그럴듯해 보여 마음이 쏠리다. ¶귀가 솔깃하다. 귀가 솔깃해서 따라 나섰다. 감언이설에 귀가 솔깃하다. 솔깃이 귀를 기울이다. 솔깃이.

솔(다)¹ ①물기가 있던 것이나 상처 따위가 말라서 굳거나 죄어들다. ¶상처가 솔아 진물이 나지 않는다. 그 약을 발랐더니 상처가 곧 솔았다. ②흐르는 물이 세차게 굽이쳐 용솟음치다.=소쿠라지다.

솔(다)² ①넓이나 폭이 좁다. 솖다.↔너르다. ¶바지의 통이 너무 솔다. 버선볼이 솔아서 발이 아프다. 품이 손 저고리. 솔골짝(작은 골짜기), 솔길, 손돌(바다의 좁아진 물목), 솔소반(小盤;작은 소반); 오솔길. ②옹색하고 긴장하다. ¶마음이 솔아 견딜 수가 없다.

솔(다)³ 시끄럽거나 귀찮은 말을 너무 많이 들어서 귀가 아프다. ¶그 말은 귀가 솔도록 들었다. 하도 떠들어서 귀가 솔 지경이다.

솔(다)⁴ 긁으면 아프고 그냥 두자니 가렵다.≒근지럽다. ¶모기에 물린 곳이 자꾸 솔아 신경이 쓰인다. 헌데가 솔다. 솔갑다[838].

솔(다)⁵ 물기가 많아서 푸성귀 따위가 물러서 썩다. 〈큰〉술다[839].

솔-대² 널판장의 틈이나 문설주 따위에 가늘게 오려 붙인 나무오리.=솔대목(木). '솔대'"는 ☞ 솔³.

솔랑솔랑 ①매우 약한 바람이 가볍게 불어오는 모양. ¶얼굴을 솔랑솔랑 스쳐가는 봄바람. ②물결 따위가 조용하고 조심스레 움직이는 모양. ¶모래알을 솔랑솔랑 굴리는 강물. ③살그머니 새거나 빠져 나가는 모양. ¶솔랑솔랑 빵소니를 치는 아이들.

솔봉이 나이가 어리고 촌스러운 티를 벗지 못한 사람.

---

826) 솔잎대강이: 짧게 깎아 빳빳하게 일어선 머리.
827) 관솔: 송진이 많이 엉긴 소나무의 가지나 옹이.[←괄(다)②+ㄴ+솔]. ¶관솔에 불을 붙이다. 관솔불(솔불).
828) 뗏솔: 흙이 묻은 채로 뿌리를 떠낸 소나무 묘목.
829) 밤송이솔: 그릇 따위를 씻는 데 쓰는 밤송이 모양의 솔.
830) 솔대': 활을 쏠 때, 솔(과녁)의 버티는 장대.

831) 가름솔: 솔기를 중심으로 하여 시접을 좌우 양쪽으로 갈라붙인 솔기.
832) 곱솔: 꺾어 박은 솔기를 다시 한 번 더 꺾어서 호고 접어서 박는 일.
833) 곱쌈솔: 시접이 나오지 않도록 솔기를 싸는 일. 또는 그렇게 싼 솔기.
834) 쌈솔: 넓은 시접으로 좁은 시접을 싸서 납작하게 눌러 박은 솔기.
835) 통솔: 두 겹을 겹쳐 먼저 겉쪽에서 얇게 박은 다음 뒤집어 안쪽에서 다시 박는 바느질 방법.
836) 혼솔/혼솔기: 홈질로 꿰맨 옷의 솔기.
837) 홑솔: 속으로 접혀 들어간 시접을 한쪽으로 꺾은 솔기.=꺾음솔.
838) 솔갑다: 살가죽이 좀 켕기면서 아픈 느낌이 있다. ¶손끝이 솔가울 지경이다. 모기에 물린 자리가 솔갑다.
839) 술다: 땅이 쑥쑥 빠질 정도로 질고 무르다. ¶땅이 술다.

솔솔 ①물이나 가루 따위가 틈이나 구멍으로 조금씩 가볍게 새어 나오는 모양. ¶물통의 물이 솔솔 새고 있었다. ②바람이 보드랍게 부는 모양. ¶솔솔 부는 봄바람. ③가는 비나 눈이 잇따라 가볍게 내리는 모양. ¶보슬비가 솔솔 내리는 밤이었다. ④말이나 글이 막힘없이 잘 나오거나 써지는 모양. ¶거짓말이 술술 나오다. ⑤엉킨 실이나 끈 따위가 쉽게 잘 풀려 나오는 모양. ⑥얽히거나 쌓이었던 일들이 쉽게 잘 풀리는 모양. ¶어렵던 문제가 솔솔 풀리기 시작했다. ⑦냄새나 가는 연기 따위가 가볍게 풍기거나 피어오르는 모양. ⑧재미가 은근히 나는 모양. ⑨남이 모르게 아주 살그머니 빠져 나가는 모양.≒소르르. 솔래솔래[840]. 〈큰〉술술. 〈센〉쏠쏠. 〈큰·센〉쑬쑬.

솔종당 솔종새(소쩍새)가 우는 소리. ¶뒷산에서 솔종새가 솔종당 솔종당 구슬프게 운다.

솔찬-하다 나이가 꽤 들어 보이다. 적지 않다. ¶나이도 솔찬한 사람이 실수를 하다니.

솜 목화 열매에서 뽑아 낸 섬유질의 물건. ¶솜뭉치로 가슴을 칠 일이다. 솜을 타다(솜을 부풀게 만들다). 솜것(솜붙이), 솜고치, 솜구름, 솜깃(새의 보드라운 털), 솜꽃[841], 솜나물, 솜눈, 솜대, 솜덧저고리, 솜덩이, 솜돗(솜반을 짓는 데 쓰는 돗자리), 솜두루마기, 솜등거리, 솜마고자, 솜먼지, 솜몽둥이, 솜무명, 솜무지, 솜뭉치, 솜바지, 솜반[842], 솜발, 솜밥, 솜방망이, 솜버들(꽃버들), 솜버선, 솜벌레, 솜병아리(갓 깬 병아리), 솜붙이, 솜사탕(砂糖), 솜싸개, 솜옷, 솜이불, 솜저고리(핫저고리), 솜채(펴 놓은 솜을 잠자도록 치는 대로 만든 채), 솜치마, 솜털[솜털실, 솜털씨앗, 솜틀/집, 솜판(板), 솜화약(火藥), 솜활(무명활); 갯솜[해면(海綿)], 고치솜[견면(繭綿)], 꽃솜(꽃씨의 둘레에 붙은 잔털), 날솜, 누비솜, 돌솜[석면(石綿)], 목화솜(木花), 묵솜(묵은 솜), 부들솜(매우 잘고 부드러운 솜), 약솜(藥), 왜솜(倭), 푸솜(타지 아니한 날솜), 풀솜[843], 햇솜, 헌솜. ☞ 면(綿).

솜솜 얼굴에 마마자국이 좀 곱고 듬성듬성 있는 모양. 〈큰〉숨숨. ¶얼굴이 솜솜 얽었다. 솜솜·숨숨하다.

솟(다) 어떤 물질이나 기운이 제 힘으로 밑에서 위로, 또는 속에서 겉으로 세차게 밀고 나오다. 우뚝 서다. 떠오르다.≒오르다. 돋다. 뜨다. 용솟음치다. ¶해가 솟는다. 샘물이 솟다. 산이 높이 솟다. 우뚝 솟은 코. 기운이 솟다. 솟고라지다[844], 솟구다(솟아오르게 하다), 솟구치다(세차게 솟다), 솟대[845], 솟보다[846], 소소리[847], 소소리높다[848], 소소리바람[849], 소소리패(牌;나이 어리고 경망한 무리), 소스라지다(불룩 솟아나다), 소스라치다[850]/뜨리다/트리다, 소스락[851], 소스치다[852], 소승기다[853], 솟치다, 소습뛰다(솟구쳐 뛰다), 솝뜨다[854], 솟구막질하다(용솟음치다), 솟보다[855], 솟아나다, 솟아오르다, 솟을각(합각머리의 윗부분), 솟을나무, 솟을꽃살창(窓), 솟을대문(大門), 솟을동자(童子), 솟을무늬(피륙 따위에 도드라지게 놓인 무늬), 솟을빗살문(門), 솟을삼문(三門), 솟을지붕, 솟음돌, 솟증[856], 솟치다(느낌 따위가 세차게 일어나다. 위로 높게 올리다), 소쿠라지다[857]; 날솟다[858], 내솟다, 덧솟다, 드솟다(기운차게 솟다), 들솟다(마구 솟다), 샘솟다, 어그솟다[859], 용솟다, 용솟음/치다(湧), 치솟다. ☞ 용(聳). 용(涌).

송(送) '보내다. 이별하다'를 뜻하는 말. ¶송객(送客), 송고(送稿), 송구(送球), 송구(送舊), 송구영신(送舊迎新)/송영(送迎), 송금(送金), 송기(送氣), 송년(送年)[송년사(辭), 송년호(號)], 송달(送達;보냄)[송달리(吏), 송달서류(書類); 공시송달(公示)], 송료(送料), 송배(送配), 송별(送別)[송별사(辭), 송별식(式), 송별연(宴), 송별회(會)], 송병(送兵), 송부(送付), 송사(送辭), 송상(送像), 송수/관(送水/管), 송수(送受), 송신(送信)[송신관(管), 송신기(機), 송신소(所); 무선송신(無線)], 송신(送神), 송액(送厄), 송연(送宴), 송유관(送油管), 송인(送人), 송의(送意), 송장(送狀)[수출송장(輸出), 영사송장(領事)], 송적(送籍), 송전(送傳), 송전(送電), 송정(送呈;보내어 드림), 송종(送終;葬事를 끝마침), 송증(送證), 송채(送綵), 송청(送廳), 송춘(送春), 송출(送出), 송치(送致), 송품(送品), 송풍/기(送風/機), 송하인(送荷人), 송화(送貨), 송화(送話), 송환(送還;돌려보냄)[강제송환(强制), 미송환(未), 포로송환(捕虜)]; 강송(强送), 급송(急送), 기송(起送), 기송(寄送), 대송(代送), 목송(目送), 밀송(密送), 반송(伴送), 반송(返送), 반송(搬送), 발송(發送), 방송(放送), 배송(拜送), 배송(配送), 번송(變送), 별송(別送), 봉송(奉送), 봉송(封送), 부송(付送), 사송(賜送), 상송(相送), 수송(輸送), 압송(押送), 영송(迎送), 예송(例送), 우송(郵送), 운송(運送), 육송(陸送), 의송(議送), 이송(移送), 입송(入送), 작송(繳送), 장송(葬

840) 솔래솔래: 조금씩 가만히 빠져 나가거나 나오는 모양. ¶연설이 길어지자 다들 솔래솔래 빠져 나갔다. 선반 위의 곶감을 누가 솔래솔래 빼 먹었다. 〈준〉솔솔.
841) 솜꽃: 흰 솜처럼 생긴 꽃. 갈대꽃 따위가 있음.
842) 솜반(-빤): 솜돗에 펴서 잠재운 번번한 솜의 조각.
843) 풀솜: 실을 켤 수 없는 고치를 삶아서 늘여 만든 솜. ¶풀솜으로 이불을 짓다. 풀솜명주, 풀솜천, 풀솜할머니(외할머니).
844) 솟고라지다: ①용솟음치며 끓어오르다. ②솟구쳐 오르다.
845) 솟대: 마을에 높이 세워 신앙의 대상으로 삼는 긴 장대. 솟대 위의 새 형상은 주로 오리나 기러기다. ¶솟대쟁이(탈을 쓰고 솟대 꼭대기에 올라가 재주를 부리던 사람).
846) 솟보다: 물건을 잘 살피지 않고 비싸게 사다. ¶찬찬히 뜯어보는 성격이 아니어서 솟보는 일이 가끔 있다.
847) 소소리: 허공에 높이 우뚝 솟는 모양.[←솟(다)+오르(다)]. ¶소소리 뻗은 나무숲. 소소리 높은 산봉우리. 소소리 솟은 벼랑.
848) 소소리높다: 하늘로 솟은 모양이 우뚝하게 높다. ¶소소리높은 나무숲.
849) 소소리바람: ①이른 봄에 살 속으로 스며드는 듯한 차고 매운 바람. ②회오리바람.
850) 소스라치다: 깜짝 놀라 몸을 떠는 듯이 움직이다. ¶소스라치게 놀라다.
851) 소스락: 살갗에 좁쌀 알 같은 것이 많이 돋아 있는 모양. ¶소름이 소스락소스락 돋다.
852) 소스치다: 사람이 몸을 위로 높게 올리다. ¶몸을 소스쳐 농구공을 던졌다. 몸을 소스쳐 담장을 뛰어넘다.
853) 소승기다: 조금 올리면서 움츠러뜨리다. ¶목덜미를 파고드는 밤바람에 어깨를 소승겼다.
854) 솝뜨다: 아래에서 위로 솟아서 떠오르다. ¶물속에 들어갔던 해녀들이 하나 둘씩 솝뜨기 시작하였다.
855) 솟보다: 물건의 실속을 세밀히 살펴보지도 않고 값을 많이 주고 사다. ¶찬찬히 뜯어보는 성격이 아니어서 솟보는 일이 가끔 있다.
856) 솟증: 울화통이 터지는 마음 상태.
857) 소쿠라지다: ①급한 물결이 굽이쳐 용솟음치다. 솔다'②. ¶수문을 열자 물이 소쿠라지며 쏟아져 나왔다. ②물이 세찬 기세로 솟아오른 채로 얼다.
858) 날솟다: 날거나 아주 빨리 위로 솟다.
859) 어그솟다: 차례나 자리를 서로 엇갈리게 하다.

送), 재송(再送), 재송(載送), 적송(積送), 전송(電送), 전송(傳送), 전송(餞送), 전송(轉送), 정송(呈送), 즉송(卽送), 지송(祗送), 직송(直送), 차송(借送), 차송(差送), 착송(捉送), 체송(替送), 추송(追送), 축송(逐送), 출송(出送), 치송(治送), 탁송(託送), 퇴송(退送), 파송(派送), 하송(下送)[환하송(還)], 항송(航送), 허송(虛送), 허송세월(虛送歲月), 현송(現送), 혜송(惠送), 호송(互送), 호송(護送;보호하여 보냄. 죄인을 감시하면서 데려감), 환송(還送), 환송(歡送), 회송(回送), 후송(後送;후방으로 보냄. 나중에 보냄) 들.

송(松) '소나무. 솔'을 뜻하는 말. ¶송간(松間), 송거(松炬), 송과선(松科腺), 송근(松根), 송금(松禁), 송기(松肌;소나무의 속껍질)[송기떡, 송기범벅, 송기정과(正果), 송기죽(粥)], 송도(松濤), 송라(松蘿), 송로(松露;솔잎에 맺힌 이슬), 송뢰(松籟), 송린(松鱗;소나무의 겉껍질), 송림(松林), 송말(松末;솔가루), 송명(松明;관솔), 송목(松木), 송무백열(松茂栢悅), 송방(松肪), 송백/조(松柏/操), 송수(松樹), 송순(松荀), 송실(松實), 송심(松蕈), 송액(松液), 송연(松烟/煙), 송엽(松葉)[송엽액(液), 송엽주(酒), 송엽죽(粥)], 송운(松韻;맑은 솔바람 소리), 송유(松油), 송이(松栮)[송잇국, 송이밥, 송이버섯, 송이저냐, 송이전골, 송이채(菜); 양송이(洋)], 송자(松子)[송자송(松), 송자주(酒)], 송전(松田), 송절(松節), 송정유(松精油), 송죽(松竹), 송죽지절(松竹之節), 송죽(松粥), 송지(松脂), 송진(松津)[송진내, 송진덩이, 송진류(類)], 송추(松楸), 송충/이(松蟲), 송취(松翠), 송판(松板), 송편[송편소; 무리송편], 송풍(松風), 송화(松花)[송홧가루, 송화다식(茶食), 송화색(色), 송화주(酒)]; 고송(古松), 고송(孤松), 고송(枯松), 금송(禁松), 낙엽송(落葉松), 노송(老松), 대송(大松), 만년송(萬年松), 미송(美松), 박송(薄松), 반송(盤松), 백송(白松), 상록송(常綠松), 석간송(石間松), 악송(惡松), 애송[애솔], 오엽송(五葉松;잣나무), 왜송(矮松), 유송(油松;잣나무), 육송(陸松), 자부송(自仆松;저절로 쓰러진 소나무), 장송(長松)[낙락장송(落落)], 적송(赤松), 창송(蒼松), 청송(青松), 취송(翠松), 치송(穉松), 표송(標松), 해송(海松), 해안송(海岸松), 홍송(紅松), 황송(黃松), 흑송(黑松) 들.

송(訟) '분쟁을 호소하여 판결을 구하다(송사하다)'를 뜻하는 말. ¶송관(訟官), 송괘(訟卦), 송리(訟理), 송무(訟務), 송민(訟民), 송변(訟辯), 송사(訟事)[베갯머리송사[860]], 송소(訟訴), 송안(訟案), 송정(訟廷/庭), 송척(訟隻); 건송(健訟), 결송(決訟), 기송(起訟), 낙송(落訟), 논송(論訟), 대송(對訟), 득송(得訟), 사무송(使無訟;타협하여 시비가 없도록 함), 사송(詞訟), 산송(山訟), 소송(訴訟), 식송(息訟), 예송(禮訟), 옥송(獄訟), 응송(應訟), 쟁송(爭訟), 정송(停訟), 청송(聽訟), 취송(就訟), 퇴송(退訟), 해송(解訟) 들.

송(誦) '글을 읽다. 읊다. 외다'를 뜻하는 말.¶송경(誦經)[염불송경(念佛)], 송독(誦讀), 송문(誦文), 송서(誦書), 송설(誦說), 송시(誦詩), 송영(誦詠), 송주(誦呪), 송주(誦奏); 강송(講誦), 구송/체(口誦/體), 기송(記誦), 낭송(朗誦)[시낭송(詩)], 누송(淚誦), 대송(代誦), 독송(讀誦), 몰송(沒誦), 배송(拜誦), 배송(背誦), 복송(復誦), 암송(暗誦), 애송/시(愛誦/詩), 연송(連誦), 염송(念誦), 영송(詠誦), 음송(吟誦), 전송(傳誦), 주송(呪誦), 청송(請誦), 풍송(諷誦), 현송(絃誦) 들.

송(頌) '기리다. 칭송하다. 공덕을 찬양하는 글월'을 뜻하는 말. ¶송가(頌歌), 송공(頌功), 송덕(頌德;공덕을 기림)[송덕문(文), 송덕비(碑)], 송도(頌禱), 송사(頌辭), 송성(頌聲), 송시(頌詩), 송축(頌祝), 송춘(頌春); 게송(偈頌), 복송(伏頌), 여송(輿頌), 연두송(年頭頌), 찬송(贊頌), 찬송(讚頌), 추송(追頌), 칭송(稱頌), 우덕송(牛德頌)/ 주덕송(酒德頌) 들.

송(悚/竦) '두려워하다. 당황하다'를 뜻하는 말. ¶송괴하다(悚愧), 송구하다(悚懼), 송동(竦動), 송름하다(悚懍), 송신(竦身), 송연하다(竦/悚然), 송축(悚縮/蹙), 송한(悚汗), 송황하다(悚惶); 죄송하다(罪悚), 죄송만만/하다(罪悚萬萬), 황송하다(惶悚) 들.

송(宋) 중국의 옛 나라 이름. ¶송유(宋儒), 송자(宋磁), 송조체(宋朝體), 송판(宋板/版), 송학(宋學).

송(鬆) '헝클어진 머리털. 느슨하다'를 뜻하는 말. ¶송성(鬆性), 송처(鬆處); 봉송하다(鬔鬆).

송골¹ 매. [←松鶻←šonqor〈몽〉]. ¶송골매. 송고리('송골매'를 사냥꾼이 일컫는 말).

송골² 땀이나 물방울이 작게 많이 맺힌 모양.=송알. ¶이마에 식은 땀이 송골송골 맺히다. [+맺히다].

송곳 작은 구멍을 뚫는 데 쓰는 연장. '송곳처럼 뾰족한'을 뜻하는 말. §'곳'은 '곶(串)←꽂다'에서 온 말. ¶송곳도 끝부터 들어간다. 송곳날, 송곳눈, 송곳니, 송곳닛돌(견칫돌), 송곳망치, 송곳바지, 송곳방석(方席;바늘방석), 송곳벌, 송곳자리[861], 송곳질/하다, 송곳집, 송곳창(槍), 송곳추궁(追窮;날카로운 추궁), 송곳치기(송곳을 나무에 던져 꽂으며 노는 놀이), 송곳칼; 공기송곳(空氣), 나사송곳(螺絲), 네모송곳, 도래송곳, 돌보송곳, 돌송곳, 동곳, 모송곳, 바곳[862], 반달송곳(半), 비비송곳, 뼈송곳, 세모송곳, 씨송곳[863], 중심송곳(中心;끝이 세 개의 날로 된 송곳), 책송곳(冊), 타래송곳, 통송곳, 활송곳. ☞ 추(錐).

송그리(다) 몸을 작게 오그리다. ¶아이는 몸을 송그리고 앉아 엄마를 기다린다. 옹송그리다.

송낙 예전에, 여승이 쓰던 모자. 송라(松蘿;소나무겨우살이)로 만들었음. ¶송낙뿔(둘 다 옆으로 꼬부라진 쇠뿔).

송당 ①물건을 조금 잘게 써는 모양. ②바느질에서, 담상담상 거칠게 호는 모양. 〈큰〉숭덩. 〈센〉쏭당. ¶송당거리다/대다, 송당송당/하다.

송두리 있는 것의 전부. ¶한 번에 송두리를 빼다. 노름으로 재산을 송두리째 날리다. 송두리째(모두. 깡그리. 몽땅. 온통).

860) 베갯머리송사(訟事): 잠자리에서 아내가 남편에게 여러 가지 말을 하여 남편의 마음을 제 뜻대로 움직이려 하는 일.

861) 송곳자리: 매우 불편하고 불안스러운 자리.
862) 바곳: 옆에 접었다 폈다 할 수 있는 쇠자루가 달린 길쭉한 송곳.
863) 씨송곳: 씨를 뿌릴 때, 참깨·인삼 따위의 씨가 들어갈 구멍을 만드는 팽이 모양의 돌기(송곳)를 나무판이나 토막에 일정한 간격을 두어 만든 농기구.

송사리 송사릿과의 민물고기. 권력이 없는 약한 사람(잔챙이. 소인배). ¶송사리 끓듯(수없이 많이 모여 있는 모양). 굵고 큰 송사리를 '추라치'라고 한다. 송사리떼.

송송 ①연한 물건을 조금 잘게 빨리 써는 모양. ¶파를 송송 썰다. 송당[864]. ②작은 구멍이나 자국이 많이 나 있는 모양. ¶양말에 구멍이 송송 났다. ③살갗에 아주 작은 땀방울이나 잔털이 나 있는 모양. ¶수염이 송송 났다. 땀이 송송 맺히다. 얼금숭숭(굵고 얕게 얽은 자국이 밴 모양), ④바느질을 매우 촘촘하게 하는 모양. ¶송송 뜨다. 〈큰〉숭숭.

송아리 꽃이나 열매 따위가 잘게 한데 모이어 달린 덩어리. 또는 그것을 세는 단위.≒송이. 〈큰〉숭어리. ¶포도 송아리. 꽃 세 송아리.

송알[1] ①땀방울이나 물방울, 열매 따위가 잘게 많이 맺힌 모양. ¶얼굴에 땀방울이 송알송알 맺혔다. ②피부에 빨간 피가 내배인 모양. ¶피가 송알송알 나다. ③술이나 고추장 따위가 괴어서 거품이 이는 모양. 〈큰〉숭얼.

송알[2] 마음에 들지 않아 남이 잘 알아듣지 못할 정도의 작은 목소리로 자꾸 가볍게 혼잣말을 하는 모양. 〈큰〉숭얼. ¶송알송알 중얼거리다.

송이 ①꽃·눈 같은 것이 따로 된 덩어리. 또는 그것을 세는 단위. ¶꽃 한 송이. 송이구름, 송이꽃, 송이눈, 송이밤, 송이송이, 송이술, 구름송이(구름이 작게 뭉쳐서 이루어진 덩이), 깻송이(깨의 이삭), 꽃송이, 눈송이, 딸기송이, 만두송이(饅頭;낱개의 만두), 목화송이(木花), 밤송이, 불송이(불덩이를 꽃송이에 비유한 말), 잣송이, 젖송이(젖 속에 엉긴 부분), 포도송이(葡萄), 함박송이. ②'순수한'을 뜻하는 말. ¶송이술(익은 술독에서 전국으로 떠낸 술), 송이재강(전국만 떠내고 남은 술찌끼); 애송이[865] 들.

송장 사람의 죽은 몸. 주검. 시체(屍體). ¶송장 때리고 살인났다. 송장개구리, 송장꽃(검버섯), 송장메뚜기, 송장벌레, 송장통(桶), 송장하늘소, 송장헤엄, 송장헤엄치개; 거릿송장(길거리에서 죽은 송장), 거적송장, 길송장(길에서 죽은 사람의 시체), 날송장, 떼송장, 반송장(半), 산송장(죽은 것과 다른 것이 없는 사람), 전체송장(傳遞), 칠홉송장(七;정신이 흐리멍덩하고 행동이 똑똑하지 못한 사람) 들.

송치 암소의 뱃속에 든 새끼.[←송(아지)+치].

솥 쇠붙이나 오지 따위로 만들어, 밥을 짓거나 음식을 끓이는 데 쓰는 그릇. ¶솥은 검어도 밥은 희다. 솥을 걸다. 솥가마, 솥검정(솥 밑에 붙은 그을음), 솥귀[866], 솥긁개, 솥단지, 소댕[867], 솥땜장이, 솥뚜껑, 솥물(새 솥에서 우러나는 쇳물), 솥바가지, 솥발[정족(鼎足)], 솥발내기[868], 솥발이[869], 솥붙이, 솥솔, 솥언저리, 솥이맛전, 솥전[870], 솥전(廛), 솥점(店), 솥젖[871], 솥지기[872], 솥훑이(누룽지); 가마솥, 고압솥(高壓), 곱돌솥, 국솥, 군불솥, 노구솥, 다갈솥[873], 단솥[874], 대롱솥(쇠 대롱으로 만든 증류기), 돌솥, 두멍솥, 발솥[875], 밥솥[전기밥솥(電氣)], 세발솥, 쇠솥, 쇠죽솥, 압력솥(壓力), 양은솥(洋銀), 오가리솥(아가리가 옥은 옹솥), 옹솥(甕), 옹달솥, 왜솥(倭), 자루솥(자루가 달린 솥), 전기솥(電氣), 중솥(中), 질솥(질흙으로 구워 만든 솥), 탕솥(湯;탕을 끓이는 솥), 한뎃솥, 헛솥(헛부엌에 걸고 쓰는 솥), 화솥[876], 회전솥(回轉). ☞ 정(鼎).

솨 ①나무나 물건을 스치며 지나는 바람 소리. ¶숲을 스쳐 부는 바람소리가 솨 나다. ②비바람 소리. ¶비바람이 솨 들이친다. ③액체가 세차게 흐르거나 쏟아지는 소리. ¶바닷물이 솨 밀려오다. 〈센〉쏴.

솨르르 조금 잘고 많은 물체나 액체 따위가 쏟아져 내리는 소리. 또는 그 모양. 〈센〉쏴르르.

솰 ①물이 세차게 흐르는 모양이나 소리. ②가루 따위가 쳇구멍으로 거침없이 흘러 빠지는 모양. ③머리털이나 짐승의 털을 솔로 빗거나 솔질하는 소리나 모양. ④큰 가마의 물이 몹시 일렁이며 끓어 번지는 소리. 또는 그 모양.

솰랑 물이 몹시 끓어 번지는 소리. 또는 그 모양. ¶국솥이 솰랑솰랑 끓다.

쇄 ①나뭇가지나 물건의 틈 사이로 몰아쳐 부는 바람 소리. ¶마른 나뭇가지를 스쳐 부는 바람 소리가 쇄 하며 들리다. ②소나기가 쏟아지는 소리.¶비 묻어오는 소리가 쇄 들리다. ③액체가 급히 나오거나 흐르는 소리. 〈센〉쐐.

쇄(碎) '부수다'를 뜻하는 말. ¶쇄골분신(碎骨粉身), 쇄광(碎鑛), 쇄극(碎劇), 쇄금(碎金), 쇄빙(碎氷), 쇄석(碎石)[쇄석기(機), 쇄석도(道)], 쇄설(碎屑), 쇄소맥(碎小麥), 쇄신(碎身)[분골쇄신(粉骨)], 쇄열(碎裂), 쇄토기(碎土機), 쇄파(碎破), 쇄편(碎片), 쇄호맥(碎胡麥); 번쇄(煩碎), 분쇄(粉碎), 압쇄기(壓碎機), 영영쇄쇄(零零碎碎)/영쇄(零碎), 옥쇄(玉碎), 타쇄(打碎), 파쇄(破碎), 훼쇄(毁碎) 들.

쇄(鎖) '사슬. 자물쇠. 잠그다·닫아걸다'를 뜻하는 말. ¶쇄골(鎖骨; 빗장뼈), 쇄국(鎖國)[쇄국정책(政策), 쇄국주의(主義)], 쇄금(鎖金; 자물쇠), 쇄문(鎖門), 쇄상(鎖狀), 쇄약(鎖鑰;자물쇠), 쇄원(鎖院), 쇄장(鎖匠), 쇄직(鎖直), 쇄창(鎖窓), 쇄폐(鎖閉), 쇄항(鎖港); 가쇄(枷鎖), 뇌쇄(牢鎖), 봉쇄(封鎖), 연쇄(連鎖), 족쇄(足鎖), 철쇄(鐵

ㅅ

864) 송당: 연한 물건을 조금 작고 거칠게 빨리 한번 써는 모양. 바느질할 때 거칠게 호는 모양. 〈큰〉숭덩. 〈센〉쏭당. 쑹덩. ¶무를 송당송당 썰다. 송당송당 꿰매어 입다.

865) 애송이: 애티가 있어 어려 보이는 사람이나 물건.

866) 솥귀: 솥의 운두 위로 두 귀처럼 뾰족하게 돋친 것.

867) 소댕: 솥을 덮는 뚜껑. 솥뚜껑.[←솥+앵]. ¶소댕꼭지(소댕의 손잡이); 쇠소댕.

868) 솥발내기: 꼼짝할 수 없어 아무 일도 못함. ¶강압적인 분위기에 솥발내기로 앉아 아무 말도 못하고 있었다.

869) 솥발이: 한 배에 난 세 마리의 강아지. §솥발이 셋인 데서 나온 말.

870) 솥전: 솥이 부뚜막에 걸리도록 솥 몸의 바깥 중턱에 둘러 댄 전.

871) 솥젖: 솥전이 없는 솥의 몸 바깥 중턱에 붙인 서너 개의 좁은 쇳조각.

872) 솥지기: 밥을 한 솥 짓는 동안. ¶어머니는 밥 한 솥지기 동안 국과 반찬을 뚝딱 만드셨다.

873) 다갈솥: 전이 있는 작고 오목한 솥.

874) 단솥: 음식을 끓여 내고 아직 식지 아니한 솥.[←달(다)+ㄴ+솥].

875) 발솥: 발이 세 개 달린 솥.

876) 화솥: 허리의 주위에 돌아가며 전이 달려 있어서 갓과 모양이 비슷한 솥.

鎖), 측쇄(測鎖), 폐쇄(閉鎖); 옥쇄장(獄鎖匠) 들.

쇄(刷) ①'쓸다. 닦다. 씻다'를 뜻하는 말. ¶쇄마(刷馬), 쇄모기(刷毛機), 쇄세(刷洗), 쇄소(刷掃), 쇄신(刷新), 쇄자(刷子;솔), 쇄환(刷還); 수쇄(收刷), 추쇄(推刷). ②'박다. 인쇄하다'를 뜻하는 말. ¶쇄지(刷紙), 쇄행(刷行); 가쇄(假刷), 견본쇄(見本刷), 교정쇄(校正刷), 별쇄(別刷), 수쇄(手刷), 인쇄(印刷), 중쇄(重刷), 증쇄(增刷), 축쇄(縮刷), 필쇄(畢刷) 들.

쇄(瑣) '잘다. 자질구레하다. 지치고 쇠약해지다'를 뜻하는 말. ¶쇄납(瑣呐;날라리), 쇄말(瑣末), 쇄사(瑣事), 쇄설(瑣屑), 쇄세(瑣細), 쇄쇄(瑣瑣); 미쇄(微瑣), 번쇄하다(煩瑣), 영영쇄쇄(零零瑣瑣)/영쇄(零瑣) 들.

쇄(灑) '뿌리다. 맑고 깨끗하다. 씻다'를 뜻하는 말. ¶쇄락하다(灑/洒落;기분이나 몸이 상쾌하고 깨끗하다), 쇄소(灑掃), 쇄진(灑塵), 쇄탈하다(灑/洒脫); 소쇄(掃灑), 소쇄(瀟灑), 정쇄하다(精灑), 탈쇄(脫灑), 휘쇄(揮灑) 들.

쇄(洒) '물을 뿌리다'를 뜻하는 말. §'쇄(灑)'와 같은 뜻. ¶쇄탈(洒脫).

쇄(曬) '햇볕에 쬐어 말리다'를 뜻하는 말. ¶쇄량(曬凉;햇볕을 쬐고 바람을 쐼), 쇄서(曬書), 쇄풍(曬風); 포쇄(曝曬).

쇅 목이 갈리거나 쉬어 조금 새되게 나는 소리. 〈센〉쇅. 〈큰〉쇡.

쇠 ①철(鐵). 쇠붙이. 또는 '돈. 단단함'을 비유적으로 이르는 말. ¶쇠를 달구다/ 녹이다. 쇠가락지, 쇠가래, 쇳가루, 쇠가마, 쇠갈고리, 쇠갈퀴, 쇠거울, 쇠겁(쇠로 만든 거푸집), 쇠고랑, 쇠고리, 쇠골무, 쇠공, 쇠공이, 쇠구슬, 쇠굳다[877], 쇳기(氣), 쇠기둥, 쇠꼬챙이, 쇠끄트러기(부스러기 쇠붙이), 쇠끝(화살. 창 따위의 날 끝), 쇠나다[878], 쇳내, 쇳냥(兩;돈냥), 쇳녹(綠), 쇠다리(철교), 쇠달구, 쇠닻, 쇳덩어리/덩이, 쇠도끼, 쇠도리깨, 쇳독(毒), 쇳돌(쇠붙이의 성분이 들어 있는 돌), 쇠두겁(쇠로 만든 두겁), 쇠등자(鐙子), 쇠딸딸이(쇠로 된 도르래), 쇠똥[철설(鐵屑)], 쇠뚜껑, 쇠마치, 쇠막대기, 쇠말뚝, 쇠망치, 쇠메/질, 쇳몸(쇠로 만든 물건의 몸통), 쇠못, 쇠몽둥이, 쇠몽치(쇠로 된 짤막한 몽둥이), 쇠문(門), 쇳물, 쇠뭉치(뭉쳐진 쇳덩어리), 쇠바가지, 쇠바퀴, 쇠발고무래, 쇳밥, 쇠북(종), 쇠붓[철필(鐵筆)], 쇠붙이, 쇠붙잇감(금속 재료), 쇠비린내, 쇠빗, 쇳빛, 쇠사다리, 쇠사슬, 쇠살(쇠로 만든 화살), 쇠살문(門), 쇠살창(窓), 쇠서받침, 쇠소댕, 쇳소리, 쇳송(頌;쇠종을 치며 법문을 외는 일), 쇠솥, 쇠숟가락/쇠술, 쇠시위(쇠로 된 활시위), 쇠쐐기, 쇠울짱(쇠말뚝을 박은 울타리), 쇠자, 쇠자루/칼, 쇠잡이[879], 쇳조각, 쇠주먹(쇠처럼 단단한 주먹), 쇠줄, 쇳줄[광맥(鑛脈)], 쇠지레, 쇠차돌, 쇠창살(窓), 쇠채(현악기를 타는 데 쓰는 쇠로 만든 채), 쇠청(백동으로 만든 피리), 쇠총(銃), 쇠침(針), 쇠침/쟁이(鍼), 쇠칼, 쇠테, 쇠토막, 쇠톱, 쇠통(광맥의 넓이), 쇠통(桶), 쇠틀, 쇠티(쇠붙이의 잔 부스러기), 쇠판(板), 쇠팔, 쇠푼(얼마 안 되는 돈), 쇠풍경(風磬), 쇠화덕(火), 쇠활, 쇠흙손; 가늠쇠, 가막쇠[880], 갈고랑쇠, 갈고리쇠(용두쇠), 걸쇠(빗장쇠), 걸껭쇠[881], 걸음쇠(컴퍼스), 경쇠(磬), 곁쇠[882], 고두쇠[883], 광쇠(염불할 때 치는 쇠), 광쇠(光;쇠붙이에 광을 내는 데 쓰는 연장), 광친쇠(光;빛이 나게 만든 쇠), 국화쇠(菊花)/꽃쇠(꽃무늬를 새겨 만든 장식 철판), 군두쇠(재목에 박는 쇠고리), 군쇠, 굴렁쇠, 굽쇠/소리굽쇠, 귓쇠, 그림쇠[규거(規矩)], 금쇠(금을 긋는 쇠), 기침쇠(起寢), 꺾쇠, 꼭지쇠, 날름쇠[884], 노리쇠[885], 놋쇠, 다리쇠(화로 위에 걸치는 쇠), 단쇠(높은 열에 갈구어진 쇠), 달쇠(문짝을 천장에 달아맬 때 쓰는 갈고리쇠), 대접쇠(문장부에 대는 말굽 모양의 쇠), 동그랑쇠, 들쇠[886], 등쇠(톱날을 메는 둥근 쇠틀), 떡쇠(아주 무른 쇠), 똬리쇠[887], 뜬쇠(무쇠), 띠쇠¹(허리띠에 다는 쇠 장식), 띠쇠²(감잡이), 마름쇠[888], 무쇠, 문쇠(門), 물림쇠[889], 밀음쇠(밀면 끝이 위로 들리는 쇠), 밑쇠, 바둑쇠(바둑돌과 비슷한 단추), 방아쇠, 분쇠(粉)[890], 뽕쇠(단련을 거듭한 쇠), 석쇠[891][←炙(적)], 수쇠[매수쇠], 시우쇠[892], 신쇠(말뚝이나 지팡이의 밑동에 대는 쇠), 쌍금쇠(雙), 암쇠[매암쇠], 어깨쇠(전봇대의 가로막대기), 어루쇠[893], 열쇠, 용두쇠(龍頭)[894], 자물쇠, 장부쇠, 장판쇠(壯版), 적쇠/가락(炙), 좀쇠, 주석쇠(朱錫), 주자쇠(鑄字), 중쇠(中;맷돌의 한가운데에 박는 쇠로 수쇠와 암쇠가 있음), 찰쇠[895], 출렁쇠(용수철), 타래쇠(둥글게 서린 가는 쇠고리), 파쇠(破;쇳조각. 헌쇠), 판쇠, 허리띠쇠, 헌쇠[고철(古鐵)], 확쇠[896], 휘갑쇠[897]. ☞ 금(金). 철(鐵). 강(鋼). ②일부 명사 뒤에 붙어 '특징적인 성질이나 습성을 가진 사람. 지체가 낮은 사람'을 이르는 말. ¶개똥쇠, 곤쇠[898], 곰뱅이쇠, 관쇠(館), 구두쇠, 껄떡쇠, 꼭두쇠, 나귀쇠, 난장쇠(亂場), 논달쇠, 달랑·덜렁쇠, 덜미쇠, 덧보기쇠, 덧뵈기쇠, 돌쇠, 두렁쇠[899], 딱쇠, 딱정쇠, 뜬쇠, 마당쇠, 마른쇠, 마빡쇠, 마지쇠(摩旨), 마판쇠, 먹쇠, 모르쇠, 목탁쇠, 바닥쇠[900], 받침쇠, 밥쇠[901],

877) 쇠굳다: 쇠처럼 변하지 않고 단단하다.
878) 쇠나다: ①솥에 녹슨 녹물이 음식에 물들다. ②부스럼이 덧나다.=세나다.
879) 쇠잡이: 농악에서 꽹과리나 징을 잡고 치는 사람.
880) 가막쇠: 한끝을 감아 고리못을 달고, 반대쪽 끝을 갈고리 모양으로 꺾어 배목에 걸도록 만든 쇠.
881) 걸껭쇠: 보습의 쇠코 위로 둘러 대어, 두 끝이 앞면에 검치는 좁고 긴 쇠.
882) 곁쇠: 제짝이 아니면서 자물쇠에 맞는 대용 열쇠. ¶곁쇠질.
883) 고두쇠: 작두 따위의 머리에 꽂는 끝이 굽은 쇠.
884) 날름쇠: ①총의 방아쇠를 걸었다가 떨어뜨리는 쇠. ②무자위의 아래위 부분에 있는 판(瓣;밸브). ③물건을 튕겨지게 하려고 걸어 놓은 쇠.
885) 노리쇠: 탄약을 약실에 넣고 탄피를 약실에서 빼내는 구실을 하는 소총의 부속품. 노리쇠뭉치.
886) 들쇠: ①분합(分閤)이나 겉창을 들어 올려 거는, 보꾹에 매달린 긴 갈고리. ②서랍·문짝 따위에 박힌 반달 모양의 쇠붙이로 된 손잡이.
887) 똬리쇠: 볼트를 죌 때, 고정시키려고 너트 밑에 받쳐 끼우는 얇은 쇠판고리.
888) 마름쇠: 도둑이나 적을 막기 위하여 땅에 흩어 두었던 쇠못. 능철(菱鐵). ¶마름쇠도 삼킬 놈.
889) 물림쇠: 여러 나무를 겹쳐 붙일 때에, 양쪽에 꼭 끼게 물려서 조이는 쇠.
890) 분쇠(粉): 납에 식초를 부어 푸석푸석하게 만든, 분을 만드는 재료.
891) 석쇠: 철사를 그물처럼 엮어 고기나 굳은 떡 따위를 굽는 기구.
892) 시우쇠: 무쇠를 불려서 만든 쇠붙이. 숙철(熟鐵). ¶시우쇠로 만든 도끼.
893) 어루쇠: 구리 따위의 쇠붙이를 갈고 닦아서 만든 거울.
894) 용두쇠(龍頭): 장구의 양쪽에 있는 쇠로 만든 고리.
895) 찰쇠: 문장부 옆에 박아서 대접쇠와 맞비비게 된 쇳조각.
896) 확쇠: 문지도리의 장부에 들어가는 데 끼는 쇠.
897) 휘갑쇠: 물건의 가장자리나 끝을 보강하기 위하여 휘갑쳐 싼 쇠.
898) 곤쇠: 나이는 많지만 실없고 보잘것없는 사람.
899) 두렁쇠: 농사꾼으로서 풍물을 잡아 연주하는 사람.
900) 바닥쇠: ①벼슬이 없는 사람. ②그 지방에 오래 전부터 사는 사람.
901) 밥쇠: 절에서 밥 먹을 때를 알리기 위하여 다섯 번 치는 종.

버나쇠, 비나리쇠, 살판쇠, 상쇠(上), 실지쇠, 알랑쇠, 얼렁쇠, 얼른쇠, 옆쇠, 외딴쇠, 웃는쇠, 중쇠(中), 중년쇠, 지네쇠. 텡쇠[902], 하바닥쇠(下) 들.

쇠- ①일부 동식물 이름 앞에 붙어, '작은 종류임'을 나타내는 말. ¶쇠갈매기, 쇠개개비, 쇠고도리, 쇠고래, 쇠기러기, 쇠돌피, 쇠등에, 쇠딱따구리, 쇠바구미, 쇠버마재비, 쇠부엉이, 쇠새(물총새), 쇠솔딱새, 쇠오리, 쇠오리새, 쇠잠자리, 쇠황조롱이. ②몇몇 명사 앞에 붙어, '매우 딱딱한 껍질'의 뜻을 더하는 말. ¶쇠구들[903], 쇠팥, 쇠호두(껍질이 두꺼운 호두).

쇠(衰) '약해지다'를 뜻하는 말. ¶쇠감(衰減), 쇠경(衰境;늙바탕), 쇠곤(衰困;쇠약하고 피곤함), 쇠골(衰骨;가냘프게 생긴 골격), 쇠년(衰年), 쇠락(衰落), 쇠령(衰齡), 쇠로(衰老), 쇠망(衰亡), 쇠멸(衰滅), 쇠모(衰耗), 쇠문(衰門;쇠퇴하여 가는 집안), 쇠미(衰微;쇠잔하고 미약함), 쇠백(衰白), 쇠병(衰病), 쇠비(衰憊), 쇠사(衰死), 쇠삭(衰索), 쇠상(衰相;쇠약해진 모습), 쇠세(衰世), 쇠세(衰勢), 쇠안(衰眼), 쇠안(衰顏), 쇠약(衰弱)[쇠약하다; 신경쇠약(神經)], 쇠용(衰容;여윈 얼굴), 쇠운(衰運), 쇠잔(衰殘), 쇠증(衰症), 쇠진(衰盡), 쇠체(衰替), 쇠태(衰態), 쇠퇴(衰退/頹↔進步), 쇠패(衰敗;쇠하여 패망함. 늙어서 쇠약해짐), 쇠폐(衰弊;쇠하여 피폐해짐), 쇠폐(衰廢;힘이나 세력이 점점 줄어서 없어짐), 쇠하다[904], 쇠후(衰朽); 감쇠하다(減衰), 강쇠(降衰), 노쇠(老衰), 변쇠(變衰), 병쇠(病衰), 비쇠(憊衰), 색쇠애이(色衰愛弛), 성쇠(盛衰), 성자필쇠(盛者必衰), 조쇠(早衰), 중쇠(中衰), 지쇠(地衰), 패쇠(敗衰), 폭쇠(暴衰). §'상복(喪服)'의 뜻으로 쓰일 때는 [최]로 읽음. 최복(衰服), 재최(再衰).

쇠뇌 여러 개의 화살을 잇달아 쏘게 된 활의 한 가지. 노(弩).

쇠(다)[1] ①채소 따위가 너무 자라 연하지 아니하고 억세다. ¶고사리가 쇠다. 지쇠다[905]. ②한도를 지나쳐 점점 더 심해지다.≒더하다. 도지다. 덧나다. ¶병세가 쇠다. 찬 데 돌아다니다가 감기가 쇠었다. 쇠기침(오래도록 낫지 않아 고질이 되어 쉰 기침), 쇠지다(목소리 따위가 쉬어서 새되다); 꺽쇠다[906].

쇠(다)[2] 명절, 생일이나 기념일 같은 날을 맞이하여 지내다. ¶추석을 쇠다. 설을 쇠고 나면 이제 팔순이 된다. 설쇤무(때를 지나 볼 것이 없게 된 것).

쇠뜨기 속샛과의 여러해살이 양치식물.

쇠목 장롱의 앞쪽 두 기둥 사이에 가로지르는 나무.

쇠스랑 땅을 파헤쳐 고르거나 두엄, 풀 따위를 쳐내는 데 쓰는 갈퀴 모양의 농기구.[〈쇼시랑].

쇠시리 기둥 모서리나 문살의 표면을 모양 있게 하기 위하여 모를 접어 두 골이 나게 하는 일.

쇠첩 단청(丹靑)에서 휘 끝에 돌려 그린 무늬의 한 부분.

쇰직-하다 어떤 명사와 함께 쓰이어, 다른 것보다도 크기나 정도가 조금 더하거나 비슷하다. ¶그는 늦게 일어나서 점심 쇰직한 아침을 먹었다. 난쟁이 쇰직하게 키가 작은 사람.

수[1] 용언의 관형사형 '-(으)ㄹ' 뒤와 서술어 '있다/없다'와 어울려 쓰여, '어떤 일을 해결하거나 처리하는 좋은 방안. 어떤 일을 할 만한 힘'을 뜻하는 말. ¶뾰족한 수가 없다. 지쳐서 달릴 수 없다. 누구나 할 수 있는 일이다. 수가 익다[907]. 꼼수(쩨쩨한 수단이나 방법), 별수(別;달리 어떻게 할 방법), 알랑수 · 얼렁수(얼렁뚱땅 남을 속여 넘기는 수단).

수[2] ①생물에서, 열매를 맺지 않거나 새끼 · 알을 배지 못하는 성(性).↔암. ¶암과 수를 감별하다. 수가난[908], 수개미, 수거미, 수게, 수고라니, 수고래, 수고양이/수괭이, 수곰, 수구렁이, 수글, 숫기(氣)[909], 숫기없다, 수까마귀, 수꽃, 수꽃술, 수꿈(낮에 꾸는 꿈. 想像), 수꿩(장끼), 수나귀, 수나무, 수나방, 수나비, 수노루, 수놈, 수동모(서방 노릇을 하는 광대.↔암동모), 수말, 수맛(사내와 사귀는 재미), 수벌, 수범, 수비둘기, 수사돈, 수사슴, 수새, 수소(황소), 수술[수술대, 수술머리; 헛수술], 수여우, 수은행나무(銀杏), 수잉어, 수치[910], 수캉아지, 수캐, 수컷, 수탉, 수탕나귀, 수토끼, 수퇘지, 수평아리, 수포기(↔암포기), 수피라미; 암수. §'양. 염소. 쥐'는 '숫-'으로 씀. ¶숫양(羊), 숫염소, 숫쥐. ②쌍을 이루는 명사 앞에 붙어, '볼록한'의 뜻을 나타내는 말. ¶수짱과리, 수나사(螺絲), 수단추, 수막새, 수무지개, 수쇠, 수줄, 수쪽[911], 수치질(痔疾), 수키와, 수톨쩌귀, 수틀.

수(水) ①오행(五行)의 하나. ②'수요일'의 준말. ③일부 명사 뒤나 한자어 어근에 붙어, '물. 물을 이용한'을 뜻하는 말. ¶수각/집(水閣), 수갑/세(水閘/稅), 수거(水渠), 수격작용(水擊作用), 수경(水莖), 수경/법(水耕/法), 수경(水鏡), 수경성(水硬性), 수계(水系)[수계감염(感染), 수계망(網)], 수계(水界), 수계(水鷄), 수고(水鼓;물장구), 수공(水孔), 수공(水攻), 수공학(水工學), 수과(水瓜), 수곽(水廓), 수관/계(水管/系), 수괴(水槐), 수구(水口)[수구막이, 수구문(門)], 수구(水狗), 수구(水球), 수국(水國), 수국(水菊), 수군(水軍), 수궁(水宮), 수권/학(水圈/學), 수귀(水鬼), 수귀(水龜;남생이), 수근(水芹;미나리), 수근(水根), 수금(水金), 수금(水禽;물새), 수급비(水汲婢), 수기(水氣), 수난(水難), 수낭(水囊;물주머니), 수랭식(水冷式), 수단(水團), 수달(水獺)[수달담(膽), 수달피(皮)], 수답(水畓), 수도(水都), 수도(水道)[912], 수도(水稻), 수두(水痘), 수두부

902) 텡쇠: 겉으로 보기에는 튼튼한 것 같으나 속이 허약한 사람. 속이 텅 빈 사람.=텡보. ¶몰랐더니 그 사람 아주 텡쇠더군.
903) 쇠구들: 고래가 막히어, 불을 때도 더워지지 않는 구들. ¶쇠구들을 뜯어 고치다.
904) 쇠하다(衰): 힘이나 세력 따위가 점점 줄어서 약해지다. ¶근력이 쇠하다. 형세가 쇠해 가고 있다.
905) 지쇠다: 채소나 나물 따위가 철이 지나 너무 쇠거나 뻣뻣하여지다. ¶풀이 되게 지쇠다.
906) 꺽쇠다/쉬다: 목청이 탈이 나서 목소리가 거칠거나 잘 나오지 않다.
907) 수가 익다: 일 따위가 손에 익거나 익수해지다.
908) 수가난: 남자의 팔자가 사나워서 당하게 되는 가난. ¶가난에도 암가난 수가난이 있다.
909) 숫기(氣): 활발하여 부끄러워하지 아니하는 기운.
910) 수치: 배를 갈라 소금에 절여 말린 민어의 수컷.↔암치.
911) 수쪽: 채권자(債權者)가 가지던, 어음의 오른쪽 조각.↔암쪽.
912) 수도(水道): 수도관(管), 수도교(橋), 수도꼭지, 수도료(料), 수돗물, 수도전(栓); 공동수도(共同), 상수도(上), 자가수도(自家), 하수도(下).

(水豆腐), 수락석출(水落石出), 수란(水卵)[물수란], 수랭식(水冷式), 수량(水梁), 수량(水量)[수량계(計); 평수량(平)], 수력(水力)[913], 수련천(水連天), 수렴(水廉), 수로(水路)[914], 수뢰/정(水雷/艇), 수룡(水龍), 수루(水樓), 수류(水流), 수륙(水陸)[수륙양용(兩用), 수륙재(齋), 수륙전(戰)], 수륜(水輪), 수리/권(水利/權), 수리(水理), 수마(水魔), 수마력(水馬力), 수마석(水磨石), 수말(水沫), 수매/화(水媒/花), 수맥(水脈), 수면(水面)[평균수면(平均)], 수면(水綿), 수명(水明), 수모(水母;해파리), 수몰(水沒), 수묵(水墨;빛이 엷은 먹물)[수묵산수(山水), 수묵색(色), 수묵치다[915], 수묵화(畵)], 수문(水紋), 수문/지기(水門), 수문학(水文學), 수미(水味), 수밀/격벽(水密/隔壁), 수박[수박깍두기, 수박정과(正果), 수박화채(花菜)], 수반(水畔), 수반(水飯), 수반(水盤), 수반구(水半球), 수방/림(水防/林), 수백(水伯;물귀신), 수변(水邊), 수병(水兵), 수부(水夫), 수부(水缶;물장구), 수부(水府), 수부종(水付種), 수분(水分), 수분(水盆), 수분(水粉), 수비(水肥), 수비(水飛), 수빙(水氷), 수사(水使), 수사(水師), 수사또, 수산(水疝), 수산(水産)[수산물(物), 수산업(業), 수산학(學)], 수산(水酸), 수산기(水酸基), 수산호(水珊瑚), 수살(水殺), 수삼(水蔘), 수상(水上), 수색(水色), 수생(水生)[수생균(菌), 수생동물(動物), 수생식물(植物)], 수서(水棲), 수서(水鼠), 수석(水石), 수선(水仙), 수설(水泄;물찌똥), 수성(水性)[수성가스(gas), 수성도료(塗料)], 수성(水星), 수성(水聲), 수성암(水成岩), 수세/식(水洗/式), 수세(水稅), 수세(水勢), 수소(水素)[916], 수시(水柿), 水時計(수시계), 수식(水蝕)[수식곡(谷), 수식산(山)], 수신(水神), 수심(水心), 수심(水深), 수안(水眼), 수압(水壓)[수압계(計), 수압관(管), 수압기(機), 수압력(力), 수압시험(試驗), 수압식(式)], 수애(水涯), 수액(水厄), 수액(水液), 수양액(水樣液), 수역(水域)[917], 수연/통(水煙/筒), 수연(水鉛), 수영(水泳), 수영(水營), 수온(水溫)[수온약층(躍層)], 수욕(水浴), 수용(水茸), 수용산출(水湧山出), 수용성(水溶性), 수용액(水溶液), 수우(水牛), 수원(水源)[수원지(池), 수원지(地)], 수월(水月), 수위(水位)[918], 수은(水銀)[수은중독(中毒); 유기수은(有機)], 수인성(水因性), 수자원(水資源), 수장(水葬), 수재(水災), 수저(水底), 수적(水賊), 수적(水滴), 수적(水積), 수전(水田), 수전(水戰), 수정(水亭), 수정(水程;물길), 수정(水晶)[919], 수정(水精), 수정과(水正果), 수조(水鳥), 수조(水槽), 수조(水操), 수조(水藻), 수족(水族), 수종(水宗), 수종(水腫), 수주(水柱;물기둥), 수주(水紬), 수준(水準)[920], 수중(水中)[921], 수증기/압(水蒸氣/壓), 수질(水疾;뱃멀미), 수질(水蛭), 수질(水質)[수질검사(檢査), 수질오염(汚染)], 수차(水車), 수찰(水察), 수참(水站), 수창(水脹), 수창포(水菖蒲), 수책(水柵), 수척(水尺;무자리), 수천(水天), 수천(水喘), 수철(水鐵), 수초(水草), 수초자(水硝子), 수침(水沈), 수침(水枕), 수침(水浸), 수칭(水秤), 수태(水苔), 수택(水澤), 수토(水土), 수통(水桶), 수통(水筒), 수통(水筩), 수투(水套), 수파/련(水波/蓮), 수파충(水爬蟲), 수패(水敗), 수평(水平)[922], 수평(水萍), 수포/석(水泡/石), 수포/진(水疱/疹), 수필(水筆), 수하(水下), 수한(水旱), 수해(水害), 수향(水鄕), 수형(水刑), 수혜자(水鞋子), 수홍색(水紅色), 수홍화(水紅花), 수화/불통(水火/不通), 수화/물(水化/物), 수화/반(水和/飯), 수화(水禍), 수화주(水禾紬), 수확(水廓;눈동자), 수환(水患), 수황증(水荒症); 간극수(間隙水), 간수, 간수(澗水), 갈수(渴水), 감수(甘水), 감수(減水), 감로수(甘露水), 강수(江水), 강수(降水), 강심수(江心水), 개수(개숫물), 객수(客水;쓸데없는 비), 거자수[923], 건수(乾水), 건령수(建瓴水), 검수(檢水), 겁수(劫水), 결정수(結晶水), 결합수(結合水), 경수(硬水), 경수(經水), 경수(輕水), 계수(溪水), 계엽수(桂葉水), 계피수(桂皮水), 곡수(曲水), 곡수(谷水), 곡정수(穀精水), 골육수(骨肉水), 공극수(空隙水;간극수), 공수(公水), 공수(供水), 관수(盥水), 관수(灌水), 광수(鑛水), 광천수(鑛泉水), 급수(給水), 급수(汲水), 기수(汽水), 낙수(落水), 난백수(卵白水), 납설수(臘雪水), 내수(內水), 내수(耐水), 냉수(冷水)[냉수마찰(摩擦), 냉수스럽다, 냉수욕(浴)], 냉각수(冷却水), 노수(滷水), 녹수/청산(綠水/青山), 누수(淚水;눈물), 누수(漏水), 단수(斷水), 담수(淡水), 담수(潭水), 대수(大水), 도수(導水), 도화수(桃花水), 독수(毒水), 등산임수(登山臨水), 마그마수(magma), 마도수(摩刀水), 만수(萬水), 만수(滿水), 매우수(梅雨水), 명경지수(明鏡止水), 명반수(明礬水), 모관수(毛管水), 무수(無水), 미감수(米泔水;쌀뜨물), 미안수(美顔水), 미온수(微溫水), 밀수(蜜水;꿀물), 박하수(薄荷水), 반수(礬水), 방수(防水)[924], 방수(放水), 방화수(防火水), 배수/진(背水/陣), 배수(配水)[배수관(管), 배수지(池), 배수탑(塔)], 배수(排水)[925], 백수(白水), 법수(法水), 벽수(碧水), 벽계수(碧溪水), 복류

---

913) 수력(水力): 수력공학(工學), 수력기계(機械), 수력기관(機關), 수력발전/소(發電/所), 수력전기(電氣), 수력지점(地點), 수력채탄(採炭), 수력충전(充塡), 수력터빈(turbine); 포장수력(包藏).

914) 수로(水路): 수로교(橋), 수로도지(圖誌), 수로만리(萬里), 수로선(線), 수로측량(測量), 수로학(學); 저수로(低), 첩수로(捷).

915) 수묵치다(水墨): 잘못된 곳에 수묵을 슬쩍 발라 감추다. 잘못을 발라 감추다. ¶수묵치듯이 거짓말을 하다.

916) 수소(水素): 모든 물질 가운데 가장 가벼운 기체 원소. 원자 기호는 H. ¶수소값, 수소결합(結合), 수소산(酸), 수소이온, 수소처리(處理), 수소취성(脆性), 수소폭탄(爆彈)/수소탄, 수소화(化); 경수소(輕), 과산화수소(過酸化), 비화수소(砒化), 산화수소(酸化), 삼중수소(三重), 액체수소(液體), 염화수소(鹽化), 이산화수소(二酸化), 이중수소(二重), 인화수소(燐火), 중수소(重), 탄화수소(炭化), 황화수소(黃化).

917) 수역(水域): 경제수역(經濟), 공동규제수역(共同規制), 공해수역(公海), 보존수역(保存), 보호수역(保護), 어로수역(漁撈), 어업전관수역(漁業專管), 위험수역(危險), 인접수역(隣接), 전관수역(專管), 접속수역(接續).

918) 수위(水位): 수위조절(調節); 경계수위(警戒), 고수위(高), 위험수위(危險), 저수위(低), 평수위(平).

919) 수정(水晶): 수정고드름, 수정궁(宮), 수정영(瓔), 수정체(體); 연수정(煙), 자수정(紫), 침수정(沈), 황수정(黃), 흑수정(黑).

920) 수준(水準): 사물의 가치 · 등급 · 품질 따위의 일정한 표준이나 정도. ¶교육수준이 높다. 수준거표(據標), 수준급(級), 수준기(器;水平器), 수준면(面), 수준선(線), 수준원점(原點), 수준의(儀), 수준작(作), 수준점(點), 수준측량(測量); 교육수준(教育), 문화수준(文化), 생산수준(生産), 생활수준(生活), 소비수준(消費), 유의수준(有意), 의식수준(意識), 적정수준(適正), 지식수준(知識), 지적수준(知的), 평균수준(平均).

921) 수중(水中): 수중경(莖), 수중고혼(孤魂), 수중안경(眼鏡), 수중익선(翼船), 수중청음기(聽音器), 수중혼(魂).

922) 수평(水平↔垂直): 수평각(角), 수평감염(感染), 수평갱도(坑道), 수평거리(距離), 수평곡선(曲線;等高線), 수평관계(關係), 수평기(器), 수평동(動), 수평면(面), 수평미익(尾翼), 수평보기, 수평봉(棒), 수평분포(分布), 수평비행(飛行), 수평사고(思考), 수평선(線), 수평실[絲], 수평암층(巖層), 수평의(儀), 수평자력(磁力), 수평지느러미, 수평진자(振子), 수평체(體), 수평축(軸), 수평통합(統合), 수평파(波).

923) 거자수: 자작나무 줄기에서 나오는 들척지근한 물. 거자('자작나무'의 사투리).

924) 방수(防水): 방수모(帽), 방수제(劑), 방수지(紙), 방수층(層), 방수포(布), 방수화(靴).

수(伏流水), 복수(復水), 복수(腹水), 복수(覆水), 북수(北水;뒷물)[북숫대, 북수병(甁)], 분수(分水), 분수(噴水)[분수지(池), 분수탑(塔)], 붕산수(硼酸水), 브롬수(Brom水), 빙수(氷水), 사수(死水), 사수(沙水), 사용수(使用水), 사향수(麝香水), 산간수(山澗水), 산수(山水)[산수도(圖), 산수병(屛)], 산간수(山澗水), 살수(撒水)[살수기(器), 살수차(車)], 삼수(滲水), 상수(上水), 상회수(桑灰水), 생수(生水), 생명수(生命水), 석수(汐水), 석간수(石間水), 석산수(石澗水), 석회수(石灰水), 설수(雪水;눈석임물), 섭수(涉水), 성수(聖水), 성세수(聖洗水), 세안수(洗眼水), 소수(疏水), 소다수(soda), 소독수(消毒水), 송수(送水), 송수관(送水管), 수간수(樹間水), 숙수(菽水), 순환수(循環水), 승홍수(昇汞水), 시수(屍水;추긴물), 시수(柴水), 식수(食水), 식염수(食鹽水), 식정수(食精水), 신수(腎水), 신수(薪水), 심수(深水), 심층수(深層水), 아전인수(我田引水), 알칼리수(alkali水), 암모니아수(ammonia水), 약수(藥水), 양수(羊水), 양수(揚水), 어수(御水), 여수(餘水), 여수(濾水), 역수(逆水), 연수(軟水), 연수(硯水), 열분수(熱粉水), 열수(熱水), 염수(鹽水), 염소수(鹽素水), 영수(領水), 영수(靈水), 오수(汚水), 옥수(玉水), 옥정수(玉井水), 온수(溫水), 왕수(王水), 요산요수(樂山樂水), 요수(潦水), 용수(用水)[공업용수(工業), 농업용수(農業)], 용수(湧水), 용용수(溶溶水;질펀히 흐르는 물), 우수(雨水), 운수(雲水), 월경수(月經水;몸엣것), 월수(月水), 유상곡수(流觴曲水), 유수(流水)[고산유수(高山), 낙화유수(落花)], 유수정책(誘水政策), 유수지(遊水池), 육수(肉水), 육수(陸水), 육각수(六角水), 은하수(銀河水), 음수(陰水), 음수(飮水), 음료수(飮料水), 음양수(陰陽水), 음용수(飮用水), 응수(凝水), 이수(利水), 이수(泥水), 인수(引水), 입수(入水), 자연수(自然水), 자정수(子正水), 잠수(潛水), 장류수(長流水), 장미수(薔薇水), 저수(貯水), 절수(節水), 점수(點水), 점안수(點眼水), 정수/기(淨水/器), 정수(渟水), 정수(精水), 정수(靜水), 정화수(井華水), 조석수(潮汐水), 조수(潮水), 중수(重水), 중력수(重力水), 중토수(重土水), 증수(增水), 증류수(蒸溜水), 지수(止水), 지수(地水), 지장수(地漿水), 지층수(地層水), 지표수(地表水), 지하수(地下水), 진수(進水), 징수(澄水), 착수(着水), 처녀수(處女水), 천수(泉水), 천락수(天落水;빗물), 천리수(千里水), 천상수/천수(天上水;빗물), 천연수(天然水), 철액수(鐵液水), 청강수(青剛水;염산), 청수(淸水), 청정수(淸淨水), 초생수(初生水), 추수(秋水), 추수(追水), 추로수(秋露水), 춘우수(春雨水), 취수탑(取水塔), 측수(測水), 치수(治水), 침수(沈水), 침수(浸水), 침출수(浸出水), 크레졸수(cresol水), 탁수(濁水), 탄수(炭水), 탄산수(炭酸水), 탈수(脫水), 탕수(湯水), 탕수(蕩水), 통수(通水), 투수(透水), 파수(破水), 폐수(廢水)[공업폐수(工業), 공장폐수(工場)], 포수(泡水), 포의수(胞衣水), 폭포수(瀑布水), 풍수(風水), 풍수(豊水), 하수(下水), 하수(河水), 한수(漢水), 함수(鹹水), 합수(合水), 해수(海水)[해수면(面), 해수욕(浴)], 향수(香水), 향수성(向水性), 호수(湖水), 홍수(洪水), 화로수(花露水), 화방수[926], 화장수(化粧水), 활수(活水), 활수(滑水), 황수증(黃水症), 황토수(黃土水), 흉수(胸水), 흘수(吃水), 흡수관(吸水管), 흡착수(吸着水) 들.

수(手) ①바둑 · 장기 따위를 두는 솜씨나 번갈아 두는 횟수 또는 '손'이나 '손으로 한(만든)'의 뜻을 나타내는 말. ¶수를 읽다. 수가 세다[927]. 몇 수 앞을 내다보다. 수각황망(手脚慌忙), 수간(手簡), 수갑(手匣), 수거(手車), 수건(手巾)[928], 수격(手格;주먹으로 침), 수결(手決), 수경증(手硬症), 수고(手鼓), 수골(手骨), 수공(手工)[수공구(具), 수공업(業), 수공품(品)], 수공(手功), 수공예(手工藝), 수공후(手箜篌), 수교(手巧), 수교(手交), 수교(手敎), 수구(手具), 수굴(手掘), 수기(手技), 수기(手記), 수기(手旗), 수단(手段)[929], 수담(手談), 수당(手當)[930], 수대(手帒), 수덕(手德;손속), 수도(手刀), 수동식(手動↔自動)[수동식(式), 수동적(的)], 수례(手例), 수로(手爐), 수록(手錄), 수류탄(手榴彈), 수마/잡이(手馬), 수모(手母), 수무족도(手舞足蹈), 수문(手紋), 수박(手搏), 수배(手背;손등), 수배(手配;범인을 잡으려고 수사망을 폄)[수배되다/하다, 수배령(令), 수배자(者); 지명수배(指名)], 수법(手法), 수벽(手擘), 수병(手兵), 수본(手本), 수부(手斧), 수불석권(手不釋卷), 수빠지다[931], 수사(手寫), 수상(手上), 수상/술(手相/術), 수서(手書), 수서(手署), 수선/법(手選/法), 수세공(手細工), 수세다[932], 수소(手疏), 수속(手續), 수쇄(手刷), 수수료(手數料), 수숙하다(手熟), 수순(手順), 수술(手術)[933], 수신호(手信號), 수쓰다(수단이나 방법을 쓰다. 손쓰다), 수압(手押), 수연증(手軟症), 수예/품(手藝/品), 수완(手腕;솜씨. 휫손)[수완가(家); 외교수완(外交)], 수음(手淫), 수익다(손에 아주 익다), 수읽기, 수장/열(手掌/熱), 수재(手才), 수전증(手顫症), 수제/품(手製/品), 수조(手爪), 수족(手足)[수족한(汗); 조수족(措;자기 힘으로 겨우 살아감)], 수주(手珠), 수중(手中), 수지(手指), 수지니[934], 수직/기(手織/機), 수진/매(手陳;수지니), 수찰(手札), 수첩(手帖)[선원수첩(船員)], 수초(手抄), 수촉(手燭), 수촌(手寸), 수총(手銃), 수타(手打), 수탁(手拓), 수택(手

925) 배수(排水): 배수갱(坑), 배수고, 배수공(孔), 배수관(管), 배수구(口), 배수구(溝), 배수권(權), 배수기준(基準), 배수량(量), 배수로(路), 배수성(性), 배수세포(細胞), 배수시설(施設), 배수장(場), 배수장치(裝置), 배수조직(組織), 배수펌프(pump), 배수털, 배수통(筒), 배수현상(現象).

926) 화방수(水): 소용돌이치며 흐르는 물. ¶화방수에 빠져 허우적거리다.

927) 수가 세다: 남을 휘어잡거나 다루는 힘이 매우 세차다.

928) 수건(手巾): 수건돌리기/하다, 수건머리, 수건춤; 땀수건, 때수건, 머릿수건, 먹수건, 물수건, 바리수건, 발수건, 살수건, 손수건, 약수건(藥), 털수건.

929) 수단(手段): 수단가(家), 수단꾼, 수단시/하다(視); 강제수단(强制), 교통수단(交通), 노동수단(勞動), 도피수단(逃避), 별수단(別), 비상수단(非常), 상투수단(常套), 생산수단(生産), 생존수단(生存), 생활수단(生活), 소통수단(疏通), 숙수단(熟), 운송수단(運送), 유통수단(流通), 응급수단(應急), 이동수단(移動), 전달수단(傳達), 졸수단(拙), 지급수단(支給), 최후수단(最後), 통신수단(通信), 표현수단(表現).

930) 수당(手當): 가족수당(家族), 교직수당(敎職), 근무수당(勤務), 기술수당(技術), 생명수당(生命), 실업수당(失業), 예고수당(豫告), 위험수당(危險), 잔업수당(殘業), 잡수당(雜), 정근수당(精勤), 직책수당(職責), 퇴직수당(退職), 특근수당(特勤), 특별수당(特別), 해고수당(解雇), 휴업수당(休業).

931) 수빠지다: 말이나 행동을 실수하여 남에게 약점을 잡히다.

932) 수세다(手): ①아주 세차다. ②바둑이나 장기 따위의 두는 솜씨가 높다.

933) 수술(手術): 피부나 점막, 기타의 조직을 의료 기계를 사용하여 자르거나 째거나 조작을 가하여 병을 고치는 일. ¶수술대(臺), 수술비(費), 수술실(室), 수술의(醫); 개복수술(開腹), 개안수술(開眼), 관혈적수술(觀血的), 단종수술(斷種), 대수술(大), 무혈적수술(無血的), 성형수술(成形), 소수술(小), 소파수술(搔爬), 외과수술(外科), 우생수술(優生), 재수술(再), 정형수술(整形), 포경수술(包莖).

934) 수지니(手): 사람의 손으로 길들인 매나 새매.↔날찐(야생의 매). 산지니(山;산속에서 자라 오랜 해를 묵은 매).

ㅅ

澤)[935], 수표(手標), 수표(手票), 수필(手筆), 수하물(手荷物;손짐), 수하(手下)[수하친병(親兵)], 수한(手翰), 수함(手函), 수화/법(手話/法), 수활하다(手滑), 수황증(手荒症); 거수(擧手)[거수가결(可決), 거수경례(敬禮), 거수기(機)], 고수(高手;달인.↔풋내기), 공수(空手;빈손), 공수(拱手), 교수(巧手), 군수(쓸데없이 놓는 수), 까딱수(요행을 바라는 얕은 수), 꼼수[936], 노수(老手;익숙한 솜씨), 누수(壘手), 능수(能手), 단수(單手), 대수(對手), 도수(徒手;맨손), 독수(毒手), 마수(魔手;검은손), 맞수, 명수(名手), 묘수(妙手), 박수(拍手), 방수(方手), 배수(拜手), 백수(白手), 백수건달(白手乾達), 번수(番手)[937], 범수(犯手), 법수(法手), 봉수(封手), 분수(分手;헤어짐), 비김수/빅수, 상수(上手;윗수), 선수(先手)[치중선수(置中)], 섬수(纖手), 섬섬옥수(纖纖玉手), 세수(洗手), 속수(束手), 속수무책(束手無策), 신수(身手), 신수(信手), 실수(失手), 쌍수(雙手), 아뜩수[938], 악수(握手), 악수(幄手), 속임수, 선수(先手), 선수(善手), 승부수(勝負手), 아뜩수, 아랫수, 악수(惡手), 안수(按手), 암수(暗手), 양수(兩手), 어수(御手), 여수(與手;손을 써서 죽임), 염수(斂手), 옥수(玉手), 용수(用手), 우수(右手), 윗수, 유수(遊手), 응수(應手), 의수(義手), 일수(一手), 입수/하다(入手), 자수(自手), 자충수(自充手), 적수(赤手;맨손), 정수(正手), 좌수(左手), 집수(執手), 차수(叉手), 차수(借手), 착수(着手), 척수(隻手), 천수경(千手經), 천수관음(千手觀音), 첫수(바둑·장기에서 처음의 수), 촉수(觸手), 축수(祝手), 타수(打手), 타수(唾手), 타수가득(唾手可得), 편수(片手;외팔), 하수(下手;아랫수), 헛수(군수), 호수(好手), 활수/하다(滑手), 횡수(橫手), 후수(後手), 훈수(訓手), 휘수(揮手), 휴수(携手), 흉수(凶/兇手), 흑수(黑手). ②일부 명사나 한자어 어근에 붙어 '그 일에 종사하는 사람. 선수(選手)'의 뜻을 나타내는 말. ¶가수(歌手), 각수(刻手), 감적수(監的手), 갑판수(甲板手), 고수(鼓手), 곡호수(曲號手), 공격수(攻擊手), 국수(國手), 군견수(軍犬手), 군악수(軍樂手), 궁수(弓手), 궁노수(弓弩手), 궁전수(弓箭), 기수(旗手), 기수(騎手), 나팔수(喇叭手), 내야수(內野手), 농악수(農樂手), 단청수(丹靑手), 당보수(塘報手), 도부수(刀斧手), 등대수(燈臺手), 명수(名手), 목수(木手)[도목수(都), 도끼목수], 무용수(舞踊手), 문기수(門旗手), 부호수(符號手), 사수(射手), 사수(寫手), 사격수(射擊手), 살수(殺手), 삼루수(三壘手), 생수(生手;생무지), 서수(書手), 석수(石手), 선수(選手), 세악수(細樂手), 소방수(消防手), 소총수(小銃手), 손풍금수(風琴手), 수비수(守備手), 수양수(垂揚手), 숙수(熟手), 신호수(信號手), 실탄수(薪炭手), 악수(樂手), 암호수(暗號手), 야수(野手)[내야수(內), 외야수(外)], 외야수(外野手), 우익수(右翼手), 운전수(運轉手), 월도수(月刀手), 유격수(遊擊手), 익수(익숙한 사람), 장거수(掌擧手), 장탄수(裝彈手), 저격수(狙擊手), 적수(笛手), 적수(敵手)[맞적수, 호적수(好)], 전신수(電信手), 전철수(轉轍手), 점자수(點子手), 정원수(庭園手), 정조수(整調手), 조수(助手), 조기수(躁機手), 조타수(操舵手;키잡이)/타수(舵手), 좌익수(左翼手), 중견수(中堅手), 징수, 착수(着手), 창수(槍手), 천공수(穿孔手), 총수(銃手), 취고수(吹鼓手), 취악수(吹樂手), 취타수(吹打手), 측량수(測量手), 타자수(打字手), 탄약수(彈藥手), 탄피수(彈皮手), 통신수(通信手), 투수(投手), 포수(砲手), 포수(捕手), 폭격수(爆擊手), 폭파수(爆破手), 해금수(奚琴手), 호적수(胡笛手), 회자수(劊子手) 들.

수(數) ①셀 수 있는 물건의 많고 적음. ¶우리 편 수가 부족하다. 관중의 수가 많다. ②자연수·실수·허수·정수의 총칭. 단위어 앞에 쓰여, '몇·여러·약간'의 뜻을 나타냄. ¶수 톤에 이르는 밀수품. 수간(數間)[수간두옥(斗屋), 수간모옥(茅屋)], 수개월(數個月), 수계수(數係數), 수관형사(數冠形詞), 수년(數年), 수년래(數年來), 수다(數多)[수다식구(食口), 수다식솔(食率)], 숫대집[939], 수량(數量)[940], 수리(數理), 수만(數萬), 수만금(數萬金), 수많다, 수목(數目;낱낱의 수), 수배(數倍), 수백/만(數百/萬), 수볶이[941], 수사(數詞)[서수사(序), 양수사(量)], 수삭(數朔), 수삼(數三), 수수(數數;아주 여러), 수식(數式), 수열(數列), 수액(數額), 수어(數語), 수억(數億), 수없다, 수열(數列)[942], 수월(數月), 수인(數人), 수일(數日), 숫자(數字)[숫자암호(暗號), 숫자적(的), 숫자풀이; 로마숫자(Roma), 산용숫자(算用), 아라비아숫자(Arabia), 유효숫자(有效)], 수적(數的), 수종(數種), 수죄(數罪), 수죄구발(數罪俱發), 수차(數次), 수차례(數次例), 수채움/수챔(數), 수처(數處), 수천/만(數千/萬), 수체(數體), 수초(數炒), 수치(數値), 수투전(數鬪牋), 수판(數板)[수판셈, 수판알, 수판질], 수표(數表), 수학(數學)[943], 수회(數回), 수효(數爻); 가수(加數), 가수(假數), 가수(價數), 가분수(假分數), 가짓수, 각수(角數), 감수(減數), 개수(個數), 개수(概數;어림수), 건수(件數), 검수(檢數), 계수(計數), 계수(係數)[944], 고른수, 곱수, 공배수(公倍數), 과수(過數), 과수(夥數), 과반수(過半數), 과잉수(過剩數), 권수(卷數), 극수(極數), 근수(斤數), 근수(根數), 급수(級數), 기수(忌數), 기수(奇數;홀수), 기수(期數), 기수(基數), 기수채다(幾數;낌새채다), 기지수(旣知數), 까닭수(까닭으로 삼을 만한 근거), 끗수, 끝수, 나눗수, 나뉨수, 날수[日數], 다수(多數), 단수(段數), 단수(單數), 단수(端數), 대다수(大多數), 대분수(帶分數), 대수(大數;큰 수), 대수(代數;대수학. 세대의 수효), 대수(對數;로갈리즘), 대수(臺數), 덧수[가수(加數)], 도수(度數), 동수(同數), 됫수, 두수(斗數;됫수), 두수(頭數;마릿수), 등배수(等倍數), 등수(等數), 따름수, 땀수(바느질 땀의 수), 마릿수, 마수(곡식을 된 말의 수량), 마하수(Mach), 만수(滿數), 말수[斗數], 말수(數;말의 수효), 매수(枚數), 맥박수(脈搏數), 머릿수, 멱수(冪

---

935) 수택(手澤): ①책이나 그릇 따위에, 자주 손이 닿아서 남아 있는 손때나 윤택. ②옛사람이 가까이 두고 애용하던 그릇(기구)에 남아 있는 손때.

936) 꼼수: 쩨쩨한 수단이나 방법. ¶꼼수를 쓰다.

937) 번수(番手): 실의 굵기의 단위. 450g 약 768m가 되는 실을 1번수로 함. 숫자가 커질수록 실은 가늘게 됨.

938) 아뜩수: 장기에서, 별안간 장기짝을 움직이는 짓.

939) 숫대집(數): 여러 사람이 산가지를 가지고 하는 놀이.

940) 수량(數量): 수량경기(景氣), 수량분류학(分類學), 수량적(的), 수량조서(調書), 수량지수(指數), 수량형용사(形容詞), 수량화/되다/하다(化).

941) 수볶이(數): 여러 부위의 쇠고기를 조금씩 베어내어 양념을 한 뒤에 볶은 음식.

942) 수열(數列): 감소수열(減少), 등비수열(等比), 등차수열(等差), 무한수열(無限), 발산수열(發散), 유한수열(有限), 조화수열(調和), 등가수열(增加).

943) 수학(數學): 수학공식(公式), 수학교육(敎育), 수학기호(記號), 수학식(式), 수학자(者), 수학적(的); 고등수학(高等), 대수학(代), 위상수학(位相), 응용수학(應用), 초등수학(初等).

944) 계수(係數): 감응계수(感應), 마찰계수(摩擦), 반발계수(反撥), 방향계수(方向), 변이계수(變異), 비례계수(比例), 산성계수(酸性), 상관계수(相關), 수계수(數), 영업계수(營業), 이항계수(移項), 자본계수(資本), 점성계수(黏性), 팽창계수(膨脹).

ㅅ

數), 면수(面數), 명수(名數), 모수(母數), 몰수/이(沒數), 무리수(無理數), 무명수(無名數), 무수하다(無數), 무정수(無定數), 문수(文數;신의 치수), 미지수(未知數), 반수(反數), 반수(半數), 배수(倍數)[배수성(性), 배수세대(世代), 배수체(體); 공배수(公)], 배위수(配位數), 번수(番數), 번지수(番地數), 법수(法數), 법정수(法定數), 변수(變數)[독립변수(獨立), 종속변수(從屬)], 보수(步數)[945], 보수(補數), 복명수(複命數), 복수(複數), 복합수(複合數), 부수(負數), 부수(部數), 부족수(不足數), 부진수(不盡數), 분수(分數), 불명수(不名數), 불완전수(不完全數), 비수(備數), 빈도수(頻度數), 산수(算數), 산화수(酸化數), 상수(上數), 상수(常數)[946], 상당수(相當數), 상반수(相反數), 상반수(相反數), 서수(序數)/순서수(順序數), 석수(石數;곡식의 섬의 수효), 성수(成數), 세수(世數), 셈수, 소수(小數)[947], 소수(少數), 소수(素數)[948], 소인수(素因數), 속수(束數), 속임수, 술수(術數), 승수(乘數), 시수(矢數), 실물수(失物數), 실수(實數), 십진수(十進數), 아홉수, 액수(額數), 약수(約數)[공약수(公)], 양수(陽數), 어림수, 에프수(f數), 여수(餘數), 역대수(逆對數), 역수(曆數), 역수(逆數), 연수(年數), 영수(零數), 완전수(完全數), 외수(外數), 우수(偶數;짝수), 우수(優數), 원수(元數), 원수(員數), 월수(越數), 위수(位數), 유수(有數), 유리수(有理數), 음수(陰數), 음수율(音數率), 의수(依數), 의석수(議席數), 이수(理數), 인구수(人口數), 인수(人數), 인수(因數)[인수분해(分解); 공통인수(共通), 소인수(素)], 일수(日數), 일반수(一般數), 잉수(剩數;남은 수), 자수(字數), 자릿수, 자연수(自然數), 작은수, 장수(張數), 저수(低數), 적수(積數), 전수(全數)[949], 점수(點數), 정수(正數), 정수(定數), 정수(整數), 정족수(定足數)[의결정족수(議決), 의사정족수(議事)], 제수(除數), 제곱수, 제등수(諸等數), 제수(除數), 조수(照數), 주파수(周波數), 준수(準數), 중수(中數), 중수(重數), 지수(指數)[950], 지수(紙數), 진수(眞數), 진동수(振動數), 진분수(眞分數), 질량수(質量數), 짝수, 쪽수, 차수(次數), 차수(差數), 참수(站數), 초월수(超越數), 촉수(燭數), 촌수(寸數), 총수(總數), 최빈수(最頻數), 충수(充數), 층수(層數), 치수(길이에 대한 몇 자 몇 치의 수), 큰수, 타격수(打擊數), 타석수(打席數)/타수(打數), 태다수(太多數), 톤수(ton數), 평균수(平均數), 평수(坪數), 품수(品數), 피가수(被加數), 피감수(被減數), 피승수(被乘數), 피제수(被除數), 함수(函數), 합성수(合成數), 항수(恒數), 햇수[연수(年數)], 행수(行數), 허수(虛數), 현수(現數), 호수(戶數), 호수(號數), 호흡수(呼吸數), 홀수, 홑수[단수(單數)], 획수(劃數), 횟수(回數). ③좋은 운수. '운수(運數)'의 준말. 꾀. 방법 · 수단. ¶수가 나다/사납다. 수궁하다(數窮), 수기하다(數奇;운수가 기이하다), 수때우다[951], 수보다(운수를 알아보다), 수사납다(운수가 나쁘다). 수액(數厄), 수치레(좋은 운수를 누리는 일), 수틀리다; 관재수(官災數), 구궁수(九宮數), 구설수(口舌數), 궁수(窮數), 권모술수(權謀術數), 기수(氣數), 기수법(記數法), 노림수(기회를 노리고 쓰는 술수), 대수(大數;큰 운수), 된수(몹시 어렵고 나쁜 운수), 명수(命數), 묘수(妙數), 문수(問數), 변통수(變通數;변통하는 방법), 별수(別數), 복수(卜數), 복수(福數), 사수(詐數), 상수(上數), 생김수(數;좋은 일이나 재물이 생길 운수), 성수(星數), 손재수(損財數), 술수(術數), 식수(食數;먹을 복), 신수(身數), 암수(暗數;속임수), 역수(易數), 역수(曆數), 외수(外數), 요행수(僥倖數), 운수(運數), 유수존언(有數存焉), 재수(財數), 천수(天數), 추수(推數), 통천지수(通天之數), 패수(敗數), 행년신수(行年身數;그 해의 좋고 나쁜 신수), 환수(宦數), 횡수(橫數), 횡재수(橫財數). ☞ 삭/촉(數).

수(樹) '살아 있는 나무. 수목(樹木). 세우다'를 뜻하는 말. ¶수간(樹幹), 수간/수(樹間/水), 수고(樹高), 수공(樹功), 수과(樹果), 수관(樹冠), 수괘(樹卦), 수근(樹根), 수대(水碓), 수덕(樹德), 수두(樹頭), 수령(樹齡), 수림(樹林), 수립(樹立)[자수립(自)], 수목(樹木), 수병학(樹病學), 수빙(樹氷), 수상(樹上), 수상(樹相), 수상(樹狀), 수상(樹狀), 수상(樹霜), 수석(樹石), 수세(樹勢), 수식(樹植), 수심(樹心), 수액(樹液), 수엽(樹葉), 수영(樹影), 수예(樹藝), 수음(樹陰), 수장(樹葬), 수재식(樹栽式), 수종(樹種), 수중(樹中), 수지/상(樹枝/狀), 수지(樹脂)[952], 수초(樹杪), 수태(樹苔), 수태(樹態), 수피(樹皮), 수하(樹下), 수해(樹海), 수혈(樹穴), 수형(樹形), 수훈(樹勳); 가로수(街路樹), 감람수(橄欖樹), 감자수(柑子樹), 거수(巨樹), 건다수(乾陀樹), 검수(劍樹), 결과수(結果樹), 결실수(結實樹), 경엽수(硬葉樹), 계수(桂樹), 계통수(系統樹), 공손수(公孫樹;은행나무), 공원수(公園樹), 과수(果樹), 과실수(果實樹), 관상수(觀賞樹), 규나수(規那樹), 기나수(幾那樹), 나가수(那伽樹), 낙엽수(落葉樹), 내장수(內裝樹), 노거수(老巨樹), 노수(老樹), 녹수(綠樹), 다라수(多羅樹), 담팔수(膽八樹), 대풍수(大風樹), 도량수(道場樹), 도로수(道路樹), 동유수(桐油樹), 모수(母樹), 무우수(無憂樹), 방수(芳樹), 방화수(防火樹), 번과수(蕃瓜樹), 보리수(菩提樹), 보호수(保護樹), 봉리수(鳳梨樹), 비란수(毘蘭樹), 비음수(庇蔭樹), 사라수(紗羅樹), 사유수(思惟樹), 산과수(山果樹), 산호수(珊瑚樹), 상록수(常綠樹;늘푸른나무), 상사수(相思樹), 생명수(生命樹), 선악수(善惡樹), 세계수(世界樹), 속성수(速成樹), 송수(松樹), 수분수(授粉樹), 식수(植樹), 신단수(神檀樹), 안산수(安産

---

945) 보수(步數): ①장기나 바둑의 어려운 수를 푸는 방법. ②걸음의 수.

946) 상수(常數): 상수비례(比例), 상수함수(函數), 상수항(項); 기체상수(氣體), 마찰상수(摩擦), 만유인력상수(萬有引力), 적분상수(積分), 태양상수(太陽).

947) 소수(小數): 소수점(點); 대소수(帶), 무한소수(無限), 순환소수(循環), 유한소수(有限).

948) 소수(素數): 1과 그 자신 이외의 자연수로는 뚝 떨어지게 나눌 수 없는 수. 2, 3, 5, 7, 11 따위.

949) 전수(全數): ①전체의 수. ¶전수 가결(可決). 전수 조사(調査). ②몽땅. 모두. ¶있는 대로 전수 가져오너라.

950) 지수(指數): 지수방정식(方程式), 지수법칙(法則); 가격지수(價格), 감성지수(感性), 경기지수(景氣), 고용지수(雇傭), 교육지수(教育), 근지수(根), 기후지수(氣候), 노광지수(露光), 멱지수(冪), 물가지수(物價)[도매물가지수(都賣物價), 소매물가지수(小賣物價), 평균물가지수(平均物價)], 미가지수(米價), 발달지수(發達), 발육지수(發育), 불쾌지수(不快), 색지수(色), 생계비지수(生計費), 생산지수(生產), 소비자가격지수(消費者價格), 소성지수(塑性), 수량지수(數量), 수소이온지수(水素ion), 시장지수(市場), 신체지수(身體), 악력지수(握力), 엥겔지수, 영양지수(營養), 온량지수(溫量), 운임지수(運賃), 인구지수(人口), 임금지수(賃金), 작황지수(作況), 잡음지수(雜音), 종합/주가지수(綜合/株價指數), 지능지수(知能), 패리티지수(parity), 한랭지수(寒冷).

951) 수때우다(數): 닥쳐올 불길한 수를 미리 다른 고난을 겪어 대신하다. ¶수땜(수를 때우는 일)/되다/하다.

952) 수지(樹脂): 나무의 진. ¶수지가공(加工), 수지비누, 수지유(油); 요소수지(尿素), 우레탄수지(urethane), 천연수지(天然), 투명수지(透明), 합성수지(合成).

樹), 압각수(鴨脚樹), 야자수(椰子樹), 양수(陽樹), 염부수(閻浮樹), 온실수(溫室樹), 용뇌수(龍腦樹) 용혈수(龍血樹), 용화수(龍華樹), 월계수(月桂樹), 유실수(有實樹), 음수(陰樹), 일수백확(一樹百穫), 잡수(雜樹), 장뇌수(樟腦樹), 적장수(寂場樹), 정영수(精英樹), 정원수(庭園樹), 조경수(造景樹), 종수(種樹), 청강수(靑剛樹), 총수(叢樹), 침엽수(針葉樹), 케이폭수(kapok樹), 파양(怕癢), 패왕수(覇王樹), 호모수(護謨樹), 호흡수(呼吸), 홍수(紅樹), 화수(花樹), 활엽수(闊葉樹) 들.

수(受) '받다'를 뜻하는 말.↔수(授;주다). ¶수가(受呵), 수강(受講), 수검(受檢), 수계(受戒), 수계(受繼), 수고(受膏), 수관(受灌), 수광벌(受光伐), 수교(受敎), 수권(受權;정권을 이어받음), 수끽(受喫), 수급(受給), 수난(受難)[수난극(劇), 수난기(期), 수난사(史)], 수납(受納), 수도(受渡), 수동(受動)[수동면역(免疫), 수동성(性), 수동자(者), 수동적(的), 수동태(態)], 수락(受諾), 수령(受領)[수령인(人), 수령증(證)], 수뢰(受賂), 수리(受理), 수명(受命)[수명법관(法官), 수명어천(於天)], 수모(受侮;창피를 당함), 수발(受發), 수배(受配), 수벌(受罰), 수병(受病), 수분(受粉;가루받이)[953], 수불(受拂), 수상(受傷), 수상(受賞), 수상(受像)[수상관(管), 수상기(機)], 수선(受禪), 수세(受洗), 수소(受訴), 수수(授受), 수신(受信)[수신관(管), 수신기(機), 수신소(所), 수신인(人), 수신함(函)], 수업(受業), 수욕(受辱), 수용(受用), 수용(受容)[954], 수용기(受容器), 수원(受援), 수유(受由;말미를 받음), 수유(受遺;유언으로 남긴 유물)/자(者), 수은(受恩), 수익(受益)[수익권(權), 수익자/부담(者/負擔), 수익증권(證券)], 수임/자(受任/者), 수장(受章), 수점(受點), 수정(受精)[955], 수주하다(受注), 수증(受贈), 수지(受持), 수진(受診), 수채(受采), 수취(受取)[수취어음, 수취인(人)], 수침(受鍼), 수탁(受託)[956], 수태(受胎), 수하인(受荷人), 수학(受學), 수항(受降), 수해(受害), 수험(受驗)[수험료(料), 수험번호(番號), 수험생(生), 수험표(票)], 수형/자(受刑/者), 수혜(受惠)[수혜균등(均等), 수혜자(者)], 수화/기(受話/器), 수화인(受貨人), 수훈(受勳); 가수(假受), 감수(甘受), 감수/성(感受/性), 계수(繼受), 구수(口受), 매수(買受), 방수(傍受), 배수(拜受), 복수(伏受), 봉수(奉受), 봉수(捧受), 분수(分受), 사수(査受/收), 사수(辭受), 섭수(攝受), 송수(送受), 수수(收受), 수수(授受), 승수(承受), 심수(心受), 양수(讓受), 여수(與受), 영수(領受), 예수(豫受), 응수(膺受), 인수(引受), 전수(傳受), 접수(接受)[957], 지수(祇受), 친수(親受), 향수(享受) 들.

953) 수분(受粉): 가루받이. ¶인공수분(人工), 자가수분(自家), 자연수분(自然), 자화수분(自花), 타가수분(他家), 타화수분(他花).

954) 수용(受容): 어떠한 것을 받아들임. 감상의 기초를 이루는 작용으로, 예술 작품 따위를 감성으로 받아들여 즐김. ¶근대 문명 수용. 수용미학(美學), 수용성(性), 수용세포(細胞), 수용장(場), 수용체(體).

955) 수정(受精): 수정능(能), 수정란(卵), 수정막(膜); 다정수정(多精), 인공수정(受精), 자가수정(自家), 자화수정(自花), 체내수정(體內), 체외수정(體外), 타가수정(他家), 타화수정(他花).

956) 수탁(受託): 다른 사람의 의뢰나 부탁을 받음. 또는 그런 일. 남의 물건 따위를 맡음. ¶중소기업의 수탁을 받아 연구 개발 사업을 수행하다. 수탁능력(能力), 수탁매매(賣買), 수탁물(物), 수탁법원(法院), 수탁인(人), 수탁자(者), 수탁판매(販賣), 수탁판사(判事), 수탁하다, 수탁회사(會社).

957) 접수(接受): 문서류를 처리하기 위해 받아들임. 기부금을 받음. ¶입학원서를 접수시키다. 고소장이 검찰에 접수되다. 접수구(口), 접수국(國), 접수되다/시키다, 접수부(簿), 접수증(證) 접수처(處).

수(首) ①새를 세는 단위.=마리. ¶닭 10수를 친다. ②시(詩)나 노래 작품을 세는 단위. ¶시조 한 수를 읊다. ③'머리. 우두머리. 앞. 자백하다'를 뜻하는 말. ¶수간호사(首看護師), 수공(首功), 수괴(首魁), 수교(首校), 수구(首句), 수구초심(首丘初心), 수권(首卷), 수규(首揆), 수급(首級;싸움터에서 벤 적군의 목), 수긍/하다(首肯;옳다고 인정하다), 수노(首奴), 수뇌(首腦)[958], 수도(首都), 수두자(首頭者)/수두(首頭), 수련(首聯), 수령(首領;한 당파나 무리의 우두머리), 수로(首虜), 수말(首末;시작과 끝), 수망(首望), 수머슴, 수모(首謨), 수무당, 수미(首尾)[수미상관(相關), 수미상응(相應), 수미상접(相接)], 수반(首班), 수번(首番;상여꾼의 우두머리), 수범(首犯), 수부(首府), 수부(首富), 수사(首寺), 수상(首相), 수서양단(首鼠兩端;어찌할 바를 모름), 수석(首席)[수석대표(代表)], 수승(首僧), 수식(首飾), 수악(首惡), 수위(首位), 수자(首字), 수장(首長), 수종불분(首從不分), 수제(首題), 수제자(首弟子), 수종(首從), 수좌(首座), 수죄(首罪), 수직(首職), 수질(首絰), 수찰(首刹), 수창(首唱), 수하(首夏), 수훈(首勳); 거수(居首), 검수(黔首), 계수(稽首), 괴수(魁首), 괵수(馘首;斬首), 교수(絞首), 구수(丘首), 구수(鳩首), 권수(卷首), 기수(機首), 당수(黨首), 돈수(頓首), 돈수재배(頓首再拜), 면수(俛首), 반수(班首), 백수(白首), 법수(法首), 부수(部首), 부호수(釜戶首), 비수(匕首), 선수(船首;이물), 세수(歲首), 연수(年首;설), 원수(元首), 이수(螭首), 자수(自首), 저수(低首), 적수(賊首), 정수(艇首), 질수(疾首), 참수(斬首), 축수(縮首), 토수(吐首), 통수(統首), 편수(篇首;책의 첫머리), 학수고대(鶴首苦待), 함수(艦首), 행수(行首), 현수(絃首), 현수(賢首), 효수(梟首) 들.

수(修) '닦다. 고치다. 편찬하다'를 뜻하는 말. ¶수개(修改), 수교(修交), 수기(修己), 수녀/원(修女/院), 수덕(修德), 수도(修道)[수도승(僧), 수도원(院), 수도자(者); 설산수도(雪山), 입산수도(入山)], 수득(修得), 수련(修鍊)[수련기(期), 수련노동(勞動), 수련의(醫), 수련자(者)], 수료(修了)[959], 수리(修理;고장이 난 것을 고침), 수보(修補), 수사(修士), 수사(修史), 수사가(修史家), 수사(修辭)[수사법(法), 수사학(學)], 수선(修繕;손보아 고침)[수선공(工), 수선비(費)], 수선거(修船渠), 수선장(修船場), 수성(修成), 수습(修習;배워 익힘)[수습공(工), 수습기자(記者), 수습사원(社員)], 수식(修飾;꾸밈)[수식어(語), 수식언(言)], 수신(修身), 수신사(修信使), 수신제가(修身齊家), 수양(修養), 수업(修業)[수업연한(年限), 수업증서(證書)], 수인(修因), 수인사(修人事), 수장(修粧;집이나 가구 따위를 수리하고 단장함)[수장기둥, 수장도리, 수장목(木), 수장주(柱), 수장판(板)], 수정(修正;바로 잡아 고침)[수정되다/하다, 수정안(案), 수정주의(主義)], 수정(修訂), 수정(修整), 수즙(修葺), 수찬(修撰), 수축(修築), 수학(修學)[수학기(期), 수학여행(旅行), 수학증서(證書); 동문수학(同門)], 수행(修行)[수행자(者); 불도수행(佛道)], 수호(修好)[수호조약(條約), 수호하다]; 감수(監修), 개수(改修), 겸수(兼修), 관수(官修), 독수(獨修), 보수(補修)[보수공사(工

958) 수뇌(首腦): 어떤 조직 · 단체의 가장 핵심이 되는 자리를 차지한 사람. ¶각국 수뇌들이 모여 회의를 열다. 수뇌부(部), 수뇌회담(會談).

959) 수료(修了): 일정한 학과를 다 배워 마침. ¶박사 과정을 수료하다. 수료생(生), 수료식(式), 수료자(者), 수료증(證), 수료하다(떼다. 마치다).

事), 보수교육(教育), 보수비(費)], 산수(刪修), 엄수(嚴修), 역수(逆修), 연수(研修), 예수(豫修), 이수(履修), 재수(再修), 자수(自修), 잡수(雜修), 전수(專修), 정수(精修), 정수(靜修), 중수(重修), 증수(增修), 찬수(撰修), 찬수(纂修), 편수/관(編修/官), 필수(必修), 학수(學修), 훈수(薰修) 들.

수(收) '거두다 · 거두어들이다. 빼앗다'를 뜻하는 말. ¶수가(收家), 수감(收監;감방에 가둠)[수감되다/하다, 수감자(者)], 수거(收去;거두어 감), 수견(收繭), 수계(收繫), 수골(收骨), 수금(收金), 수급(收給;수입과 지급), 수납(收納)[수납기관(機關), 수납장(帳), 수납전표(傳票)], 수단(收單), 수득/세(收得/稅), 수람(收攬;사람의 마음을 끌어 모음. 사태를 수습함), 수량(收量), 수렴(收斂)[960], 수록(收錄), 수매(收買), 수복(收復), 수복민(收復民), 수봉(收捧), 수세(收稅), 수속(收束), 수속(收贖), 수쇄(收刷)[수쇄하다; 뒷수쇄], 수수(收受), 수습(收拾)[961], 수시(收屍), 수양(收養)[962], 수엽량(收葉量), 수용(收用;거두어들여 사용함)[수용되다/하다; 공용수용(公用), 토지수용(土地)], 수용(收容)[963], 수율(收率), 수익(收益)[964], 수입(收入)[965], 수장(收藏), 수재(收載), 수전(收錢), 수조안(收租案), 수지(收支)[966], 수집(收集), 수차(收差)[광수차(光), 색수차(色)], 수채(收採), 수축(收縮)[967], 수취(收取), 수취(收聚), 수탈(收奪;강제로 빼앗음)[수탈계급(階級), 수탈되다/하다, 수탈자(者)], 수합(收合), 수확(收穫)[968], 수회(收賄); 감수(減收), 매수(買收), 몰수(沒收)[몰수경기(競技); 유상몰수(有償)], 미수(未收), 사수(查收/受), 세수(稅收), 실수(實收), 압수(押收), 연수(年收), 영수(領收), 월수(月收), 일수(日收)[일수놀이, 일수쟁이], 절수(折收), 접수(接收), 좌수(坐收), 증수(增收), 징수(徵收), 철수(撤收), 추수(秋收), 파수(波收), 현수(現收), 환수(還收), 회수(回收), 흡수(吸收) 들.

960) 수렴(收斂): 수학에서, 변수(變數)가 어떤 일정한 값에 한없이 가까워지는 일. 광선 따위가 한 점으로 모이는 일. ¶수렴선(線), 수렴전(錢), 수렴제(劑); 각수렴하다(各;기부금을 모으다), 조건수렴(條件).

961) 수습(收拾): 어수선하게 흩어진 물건들을 거두어들임. 어지러운 마음이나 사태를 거두어 바로잡음. ¶민심을 수습하다. 사태 수습에 나서다. 수습책(策); 뒷수습, 재수습(再).

962) 수양(收養): 수양딸, 수양모(母), 수양부모(父母), 수양아들, 수양아버지, 수양어머니.

963) 수용(收容): 범법자, 포로, 난민을 일정한 장소나 시설에 모아 넣음. ¶포로 수용 시설. 수용되다/하다, 수용력(力), 수용소(所), 수용인원(人員), 수용진지(陣地); 강제수용(强制), 격리수용(隔離), 포로수용(捕虜).

964) 수익(收益): 이익을 거두어들임. ¶수익가치(價値), 수익권(權), 수익금(金), 수익률(率), 수익설(說), 수익성(性), 수익세(稅), 수익자(者), 수익자산(資産), 수익재(財), 수익증권(證券), 수익질(質), 수익체감(收益); 실수익(實).

965) 수입(收入↔支出): 수입금(金), 수입되다/하다, 수입액(額), 수입예산(豫算), 수입원(源), 수입인지(印紙), 수입품(品); 경상수입(經常), 부수입(副), 세수입(稅), 실수입(實), 연수입(年), 월수입(月), 잡수입(雜), 조수입(粗), 총수입(總收入).

966) 수지(收支): 수입과 지출. 거래 관계에서 얻는 이익. ¶수지가 맞다(이익을 보다. 이익이 되다. 뜻하지 않게 좋은 일이 생기다). 수지결산(決算), 수지계산(計算), 수지타산(打算); 경상수지(經常), 국제수지(國際), 무역수지(貿易), 무역외수지(貿易外).

967) 수축(收縮): 줄거나 오그라듦.↔이완(弛緩). 팽창(膨脹). ¶근육이 수축하다. 수축색(色), 수축포(胞;담수에서 사는 원생동물의 체내에 있는 작은 세포), 수축하다; 근수축(筋).

968) 수확(收穫): 수확고(高), 수확기(期), 수확량(量), 수확체감(遞減); 다수확(多).

수(守) '지키다. 벼슬 이름'을 뜻하는 말.↔공(攻). ¶수각(守閣), 수계(守誡), 수구(守口;비밀을 지킴. 말을 삼감), 수구(守舊)[수구가(家), 수구당(黨), 수구파(派)], 수궁(守宮), 수랑(守廊), 수령(守令), 수릉관(守陵官), 수문(守門)[수문군(軍), 수문장(將)], 수방(守房), 수법(守法), 수병(守兵), 수복(守僕), 수분(守分), 수비(守備)[969], 수성(守成), 수성/군(守城/軍), 수세/적(守勢/的), 수세(守歲), 수어(守禦), 수위(守衛), 수자(守者), 수전/동맹(守戰/同盟), 수전노(守錢奴), 수절(守節)[수절사의(死義), 수절원사(寃死)], 수정(守貞), 수조(守操), 수졸(守拙), 수지(守志), 수직(守直), 수직(守職), 수청(守廳), 수칙(守則), 수토(守土), 수포군(守鋪軍), 수호(守護)[수호되다/하다, 수호부(符;몸을 지키는 부적), 수호선(船), 수호신(神), 수호자(者), 수호천사(天使)]; 간수(看守), 감수(監守), 거수(據守), 견수(堅守), 고수(固守), 공수(共守), 공수(攻守), 과수(寡守;과부), 관수(管守), 군수(郡守;군의 으뜸 관직), 독수공방(獨守空房), 묵수(墨守), 묵수(墨守), 방수(防守), 범수(凡守), 보수(保守)[970], 사수(死守), 세수(世守), 엄수(嚴守), 완수(頑守), 유수(留守), 자수(自守), 장수(藏守), 조수(操守), 주수(株守), 준수(遵守), 직수(直守), 직수(職守), 진수(鎭守), 태수(太守), 퇴수(退守), 파수(把守), 호수(好守), 확수(確守) 들.

수(囚) 일부 명사 뒤나 어근에 붙어 '가두다. 죄를 짓고 갇힌 사람. 포로(捕虜)'의 뜻을 나타내는 말. ¶수가동법(囚家僮法), 수계(囚繫), 수금(囚禁), 수도(囚徒), 수도기(囚徒記), 수로(囚虜), 수부(囚俘), 수역(囚役), 수옥(囚獄), 수의(囚衣), 수인(囚人)[수인노동(勞動)]; 가수(枷囚), 겁수(劫囚), 경수(輕囚), 계수(繫囚), 계하수(階下), 구수(拘囚), 기결수(旣決囚), 나수(拿囚), 남수(男囚), 녹수(錄囚), 뇌수(牢囚), 대수(代囚), 대시수(待時囚), 도형수(徒刑囚), 면수(免囚), 모범수(模範囚), 무기수(無期囚), 미결수(未決囚), 방수(放囚), 배수(配囚), 보수(保囚), 복역수(服役囚), 부수(俘囚), 부대시수(不待時囚), 사수(死囚), 사죄수(死罪囚), 사형수(死刑囚), 소년수(少年囚), 양심수(良心囚), 엄수(嚴囚), 여수(女囚), 옥수(獄囚), 우수(憂囚), 유기수(有期囚), 유년수(幼年囚), 유치수(留置囚), 유형수(流刑囚), 이수(移囚), 장수(杖囚), 장기수(長期囚), 재수(在囚), 종수(縱囚), 죄수(罪囚), 중수(重囚), 징역수(懲役囚), 착수(捉囚), 체수(滯囚), 초수(楚囚), 탈옥수(脫獄囚), 피수(被囚), 화형수(火刑囚) 들.

수(壽) 오래 사는 일. '목숨. 나이. 장수를 축하하다'를 뜻하는 말. ¶수를 누리다. 수를 다하다. 칠십/팔십 수. 수고(壽考;오래 삶), 수골(壽骨), 수구(壽具), 수궁(壽宮), 수기(壽器), 수단(壽短), 수당(壽堂), 수릉(壽陵), 수명(壽命)[수명장수(長壽); 평균수명(平均)], 수모시(壽母詩), 수문(壽門), 수미(壽眉;노인의 눈썹 가운데 가장 긴 털), 수복(壽福)[은수복(銀)], 수부다남자(壽富多男子), 수사(壽死), 수사(壽詞), 수석(壽石), 수성(壽星), 수실(壽室), 수역(壽域),

969) 수비(守備): 외부의 침략이나 공격을 막아 지킴.↔공격(攻擊). ¶국경 수비. 수비가 허술하다. 수비군(軍), 수비대(隊), 수비력(力), 수비망(網), 수비법(法), 수비벽(壁), 수비병(兵), 수비수(手), 수비율(率), 수비의무(義務;묵비 의무), 수비자(者), 수비적(的), 수비점령(占領), 수비진(陣); 철벽수비(鐵壁).

970) 보수(保守): 보수당(黨), 보수세력(勢力), 보수적(的), 보수정당(政黨), 보수주의(主義), 보수파(派).

ㅅ

수연(壽宴), 수요(壽夭), 수요장단(壽夭長短), 수의(壽衣), 수장(壽藏), 수주(壽酒), 수직(壽職), 수징(壽徵;오래살 징조), 수창(壽昌;오래 살고 하는 일이 번창함), 수판(壽板), 수하다(壽), 수한(壽限), 수혈(壽穴); 감수(減壽), 고수(高壽), 기이지수(期頤之壽;백 살이 되는 노인), 남산수(南山壽), 단수(短壽), 대수(大壽), 만수무강(萬壽無疆), 무량수(無量壽), 미수(米壽;88세), 미수(眉壽), 백수(白壽;99세), 복수(福壽), 상수(上壽;100세), 상수(桑壽;48세), 성수(聖壽), 연년익수(延年益壽), 영수(永壽), 인수(仁壽), 장수(長壽), 중수(中壽;80세), 천수(天壽), 촉수(促壽), 축수(祝壽), 하수(下壽;60세), 하수(遐壽), 학수(鶴壽), 향수(享壽), 헌수(獻壽), 황수(皇壽), 희수(喜壽;77세), 희수(稀壽;70세) 들.

수(繡) 헝겊에 색실로 그림·글자 따위를 떠서 놓는 일. 또는 그 그림이나 글자. ¶수를 놓다. 숫결(수를 놓은 모양), 수금(繡衾), 수낭(繡囊), 수단(繡緞), 수띠, 수란(繡襴), 수바늘, 수방석(繡方席), 수버선, 수법(繡法), 수베개, 수병(繡屛), 수본(繡本), 수상(繡裳), 수상(繡像), 수선(繡扇), 수신[수혜(繡鞋)], 수실(수를 놓는 데 쓰는 실), 수의(繡衣)[수의사또, 수의야행(夜行); 당상수의(堂上), 당하수의(堂下)], 수장(繡帳), 수주머니, 수착(繡錯;여러 가지 색실로 알록달록하게 짠 자수), 수치마, 수침(繡枕), 수틀, 수혜(繡鞋), 수화(繡花), 수화(繡畵;수를 놓아서 만든 그림); 감개수(감는 수), 건넘수, 그물수(繡;벌집수), 금수(錦繡), 금수강산(錦繡江山), 꽃수, 누비수, 덧수, 돌림수(가장자리를 돌려가며 수를 놓는 방법), 만수가사(滿繡袈裟), 매듭수, 문수(紋繡), 문수지복(紋繡之服), 벌집수(벌집무늬가 되게 놓는 수), 삼잎수(繡;삼의 잎 모양의 자수), 솔잎수, 십자수(十字繡), 새털수[971], 이음수(잇는수), 자수(刺繡), 재봉수(裁縫繡), 징금수 들.

수(獸) '짐승'을 뜻하는 말. ¶수간(獸姦), 수권(獸圈;짐승이 서식하고 있는 권역), 수대(獸帶;黃道帶), 수류(獸類), 수면(獸面), 수성(獸性), 수신(獸身), 수심(獸心)[인면수심(人面)], 수역(獸疫), 수욕(獸慾), 수욕주의(獸慾主義), 수육(獸肉), 수의(獸醫), 수의사(獸醫師), 수지(獸脂), 수탄(獸炭), 수패(獸牌), 수피(獸皮), 수함(獸檻;짐승을 넣어 기르는 우리), 수행(獸行), 수환(獸患); 괴수(怪獸), 금수(禽獸), 뇌수(雷獸), 도수/장(屠獸/場), 맹수(猛獸), 목화수(木火獸;포문이 범의 아가리처럼 된 대포), 백수(百獸;온갖 짐승), 비금주수(飛禽走獸), 사수(四獸;범, 표범, 곰, 큰곰), 사족수(四足獸;짐승), 석수(石獸), 성수(成獸), 악수(惡獸), 야수(野獸)[야수성(性), 야수적(的), 야수파(派)], 영수(靈獸), 육식수(肉食獸), 인면수심(人面獸心), 일각수(一角獸), 조수(鳥獸), 주수(走獸;길짐승), 칩수(蟄獸), 해수(海獸) 들.

수(隨) '따르다. 따라가다'를 뜻하는 말. ¶수가(隨駕), 수감(隨感), 수괘(隨卦), 수기응변(隨機應變)/수기(隨機), 수기력(隨其力), 수명(隨命), 수반(隨伴), 수배(隨陪), 수사두호(隨事斗護), 수상(隨喪), 수상(隨想)[972], 수세(隨勢), 수속(隨俗), 수시(隨時)[수시로, 수시변통(變通), 수시순응(順應), 수시응변(應辯)], 수의(隨意;자기 뜻대로 함)[수의계약(契約), 수의근(筋), 수의적(的)], 수종(隨從;높은 사람을 따름), 수편(隨便), 수필(隨筆)[수필가(家), 수필집(集); 경수필(輕), 중수필(重)], 수행/원(隨行/員), 수훼수보(隨毁隨補), 수희(隨喜); 반수(伴隨), 배수(陪隨), 부수(附隨), 부창부수(夫唱婦隨), 불수(不隨)[반신불수(半身)], 상수(常隨), 추수(追隨) 들.

수(秀) ①성적이나 등급의 최고 평점. ②'빼어나다. 아름답다'를 뜻하는 말. ¶수걸(秀傑), 수결(秀潔), 수구(秀句), 수란(秀卵;숭어알로 만든 어란), 수려강산(秀麗)[수려하다; 미목수려(眉目)], 수령(秀靈), 수미(秀眉), 수미하다(秀美), 수민(秀敏), 수발하다(秀拔), 수봉(秀峰), 수사(秀士), 수색(秀色), 수어(秀魚;숭어), 수영(秀穎), 수위하다(秀偉), 수음(秀吟), 수일하다(秀逸), 수작(秀作), 수재(秀才), 수절하다(秀絕); 규수(閨秀;남의 집 처녀), 맥수지탄(麥秀之嘆), 숭수(崇秀), 우수(優秀), 절수(絕秀), 정수(精秀), 준수(俊秀), 진수하다(珍秀), 청수(淸秀), 탁수(擢秀), 특수(特秀) 들.

수(垂) '드리우다'를 뜻하는 말. ¶수곡선(垂曲線), 수교(垂教), 수년(垂年), 수두상기(垂頭喪氣), 수련(垂憐;가련히 여기어 돌봄), 수렴(垂簾), 수렴청정(垂簾聽政), 수렴막(垂簾膜), 수루(垂淚), 수류(垂柳;수양버들), 수륜(垂綸), 수범(垂範), 수사류(垂絲柳;능수버들), 수선(垂線), 수성(垂成), 수시(垂示), 수심(垂心), 수양(垂楊), 수연(垂涎), 수적(垂迹), 수조(垂釣), 수직(垂直)[973], 수하다(가사 따위를 걸쳐 입다), 수훈(垂訓); 병수(竝垂), 위하수/증(胃下垂/症), 이수(耳垂;귓불), 충수(蟲垂), 하수(下垂), 현수(懸垂)[현수교(橋), 현수막(幕;펼침막), 현수선(線), 현수철도(鐵道)], 현옹수(懸壅垂;목젖) 들.

수(愁) '근심·시름'을 뜻하는 말. ¶수고(愁苦), 수란하다/스럽다(愁亂), 수미(愁眉), 수민(愁悶), 수사(愁思), 수살(愁殺), 수상(愁傷), 수색(愁色)[만면수색(滿面)], 수성(愁聲), 수소(愁訴), 수수롭다(愁愁)[974], 수심/가(愁心/歌), 수연하다(愁然), 수요(愁擾), 수용(愁容), 수운(愁雲), 수의(愁意), 수참(愁慘), 수탄(愁嘆), 수태(愁態), 수회(愁懷); 객수(客愁), 궁수(窮愁), 만수(萬愁), 만리수(萬里愁), 비수(悲愁), 소수(消愁), 심수(深愁), 애수(哀愁), 여수(旅愁), 우수(憂愁), 이수(離愁), 향수(鄕愁) 들.

수(殊) '다르다·뛰어나다. 특별하다. 죽이다'를 뜻하는 말. ¶수공(殊功), 수괴하다(殊怪), 수기(殊技), 수력(殊力), 수방(殊邦;다른 나라), 수사(殊死), 수사전(殊死戰), 수상(殊狀), 수상(殊常)[975], 수상(殊祥), 수색(殊色), 수속(殊俗), 수승(殊勝), 수역(殊域), 수우하다(殊尤;매우 훌륭하다), 수우(殊遇), 수은(殊恩), 수음(殊音), 수이(殊異), 수재(殊才), 수절(殊節), 수훈(殊勳); 만수(萬殊), 특수하다(特殊), 현수(懸殊) 들.

수(授) '주다'를 뜻하는 말. ¶수경(授經), 수계(授戒), 수권(授權)[수

---

971) 새털수(繡): 아주 가는 실로 새털이 난 것처럼 수를 놓는 법.

972) 수상(隨想): 사물을 대할 때의 느낌이나 그때그때 떠오르는 생각. ¶수상록(錄), 수상문(文).

973) 수직(垂直): 반듯하게 드리움. 직선과 직선, 직선과 평면, 평면과 평면이 직각을 이루고 있는 상태. ¶수직갱도(坑道), 수직거리(距離), 수직권(圈), 수직기(鰭), 수직단면(斷面), 수직면(面), 수직미익(尾翼), 수직분포(分布), 수직사고(思考), 수직선(線), 수직적(的), 수직전위(轉位), 수직투영도(投影圖), 수직항력(抗力).

974) 수수롭다(愁愁): 마음이 서글프고 산란하다. ¶나그네의 마음이 암연히 수수롭다. 낙엽 쌓인 길을 수수로이 거닐다.

975) 수상(殊常): 언행이나 차림새 따위가 보통과 달라 이상함. ¶거동이 수상하다. 수상히 여겨 조사하다. 수상그르다(좀 수상쩍다), 수상쩍다.

권법(法), 수권자본(資本), 수권행위(行爲)], 수분(授粉), 수분수(授粉樹), 수산장(授産場), 수산(授産), 수수(授受), 수업(授業)[976], 수여(授與)[수여되다/하다, 수여식(式)], 수유(授乳), 수작(授爵), 수장(授章), 수정(授精); 교수(敎授), 구수(口授), 보수(保授), 사수(師授), 선수(選授), 신수(神授), 심수(心授), 전수(傳授), 점수(點授), 제수(除授), 천수(天授), 친수(親授) 들.

수(需) '구하다. 바라다'를 뜻하는 말. ¶수괘(需卦), 수구(需求), 수급(需給), 수기(需期), 수요(需要)[977], 수용(需用;사물을 꼭 써야 할 곳에 씀)[수용가(家), 수용률(率), 수용비(費), 수용자(者), 수용품(品)]; 가수(假需), 공수(公需), 공수(供需), 관수(官需), 군수(軍需), 내수(內需), 노수(路需;路資), 민수(民需), 상수(喪需), 실수(實需), 연수(宴需), 외수(外需), 응수(應需), 전체수(全體需)[978], 제수(祭需), 찬수(饌需), 특수(特需), 필수(必需), 필수품(必需品), 혼수(婚需) 들.

수(髓) '뼈의 내강(內腔)을 채우고 있는 연한 조직'을 뜻하는 말. ¶수강(髓腔), 수뇌(髓腦), 수막(髓膜), 수액(髓液), 수질(髓質), 수초(髓鞘); 경수(頸髓), 골수(骨髓)[골수분자(骨髓分子), 골수염(炎)], 뇌수(腦髓), 목수(木髓;고갱이), 비수(脾髓), 사출수(射出髓), 심수(心髓), 연수(延髓;숨골), 우수(牛髓), 정수(精髓), 진수(眞髓;사물의 가장 중요한 본질적인 골자), 척수(脊髓)[척수로(癆), 척수막(膜)], 치수(齒髓), 혈수(血髓) 들.

수(酬) '갚다. 보답하다'를 뜻하는 말. ¶수가(酬價;의료 행위 따위의 보수로 주는 돈), 수로(酬勞), 수답(酬答), 수보(酬報), 수은(酬恩), 수응(酬應;남의 요구에 응함), 수작(酬酌)[979], 수접(酬接), 수창(酬唱;시가를 서로 주고받으며 읊음); 권수(勸酬), 보수(報酬), 응수하다(應酬), 창수(唱酬), 화수(和酬), 후수(厚酬) 들.

수(鬚) 입가·턱·뺨에 나는 털인 '수염'을 뜻하는 말. ¶수근(鬚根), 수목(鬚目), 수미(鬚眉), 수발(鬚髮), 수발황락(鬚髮黃落), 수빈(鬚鬢), 수염(鬚髥)[980]; 경수(鯨鬚), 권수(卷鬚;덩굴손), 미수(美鬚), 백수(白鬚), 불좌수(佛座鬚), 삼각수(三角鬚), 서수필(鼠鬚筆), 촉수(觸鬚), 용수(龍鬚), 용수철(龍鬚鐵), 자수(髭鬚), 적수(赤鬚), 호수(虎鬚), 화수(花鬚) 들.

수(羞) '부끄럽다. 음식'을 뜻하는 말. ¶수괴(羞愧;부끄럽고 창피함)[수괴무면(羞愧無面), 수괴하다], 수기(羞氣), 수명(羞明), 수삽(羞澀), 수색(羞色), 수욕(羞辱), 수참(羞慚)[만면수참(滿面)], 수치/심(羞恥/心), 수통(羞痛); 진수(珍羞), 진수성찬(珍羞盛饌), 한수(寒羞), 함수(含羞) 들.

수(睡) '잠. 자다. 졸다'를 뜻하는 말. ¶수련(睡蓮;수련과의 여러해살이풀), 수마(睡魔;심한 졸음), 수면(睡眠)[981], 수중(睡中), 수중유행(睡中遊行; 가수(假睡), 감수(酣睡), 곤수(困睡), 미수(微睡), 반수(半睡), 사수(四睡), 숙수(熟睡), 오수(午睡), 좌수(坐睡), 침수(寢睡), 한수(鼾睡), 혼수(昏睡), 혼수상태(昏睡狀態) 들.

수(輸) '나르다. 보내다. 짐'을 뜻하는 말. ¶수납(輸納), 수뇨관(輸尿管), 수담관(輸膽管), 수란관(輸卵管), 수송(輸送)[982], 수운(輸運), 수이(輸移), 수입(輸入)[983], 수정관(輸精管), 수출(輸出)[984], 수혈(輸血); 공수(空輸), 금수(禁輸), 밀수(密輸), 운수(運輸) 들.

수(袖) '소매'를 뜻하는 말. ¶수납(袖納), 수수방관(袖手傍觀), 수장(袖章), 수전(袖傳), 수진본/수진(袖珍本;소매 속에 넣고 다닐 만한 작은 책), 수차(袖箚); 광수(廣袖), 단수(短袖), 영수(領袖), 장수(長袖), 착수(窄袖), 첨수(尖袖), 협수(夾袖), 활수(闊袖), 홍수(紅袖) 들.

수(瘦) '마르다'를 뜻하는 말. ¶수객(瘦客), 수경하다(瘦勁/硬;글자의 획이나 그림의 선이 가늘고도 힘이 있다), 수과(瘦果), 수구

---

976) 수업(授業): 수업료(料), 수업일수(日數), 수업하다; 공개수업(公開), 과외수업(課外), 야외수업(野外), 연구수업(授業), 참관수업(參觀), 탐구수업(探究), 토론수업(討論).

977) 수요(需要): 필요해서 얻고자 하는 일. 구매력이 있는 사람이나 기업이 상품을 사들이려고 하는 욕망. 또는 그 총량. ¶수요와 공급. 수요가 늘다. 수요공급(供給), 수요량(量), 수요자(者), 수요탄력성(彈力性), 수요함수(函數); 가수요(假), 보충수요(補充), 실수요(實), 유효수요(有效), 잠재수요(潛在), 파생수요(派生).

978) 전체수(全體需): ①통째로 삶거나 구워서 익힌 음식. ②닭·꿩·물고기 따위를 통째로 양념하여 구운 적(炙).

979) 수작(酬酌): 서로 술잔을 주고받는다는 뜻으로 ①서로 말을 주고받음. ¶수작을 걸다. 함훤수작(喊喧). ②남의 말이나 행동을 업신여겨 이르는 말. 음흉한 계교나 행동. ¶허튼 수작. 그 따위 수작에 넘어가지 않는다. 수작질/하다, 수작하다; 개수작, 겉수작, 귀수작(남의 귀에 대고 소곤소곤하는 말), 꿍꿍이수작(엉큼한 수작), 발림수작(비위를 맞추어 달래는 수작), 함훤수작(喊喧;떠들썩한 수작), 후림대수작(남을 꾀어 후리느라고 늘어놓는 말이나 짓), 흰수작.

980) 수염(鬚髥): 성숙한 남자나 동물의 입언저리에 난 털(≒나룻). 벼·보리·옥수수 따위의 낟알 끝이나 사이에 가늘게 난 까끄라기 또는 털 모양의 것. ¶수염을 기르다. 수염이 석 자라도 먹어야 산다. 옥수수수염. 수염덩굴(덩굴손), 수염발(길게 늘어뜨린 수염의 치렁치렁한 채), 수염뿌리, 수염수세(수염의 숱), 수염자리(수염터. 수염이 나는 자리); 가재수염(윗수염이 양옆으로 뻗은 수염), 고래수염, 괴수염(고양이의 수염), 나비수염(양쪽으로 갈라져 위로 꼬부라진 코밑수염), 다박수염, 덩굴수염(덩굴손), 메기수염, 몽당수염, 물개수염(빳빳하고 듬성듬성 난 수염), 미꾸라지수염(듬성듬성하게 난 수염), 볼수염(볼에 난 수염), 아랫수염, 염소수염, 옥수수수염(옥수수의 가는 실), 윗수염, 자개수염(양쪽으로 빳빳하게 가른 콧수염. 민물고기 자개의 수염), 종이수염, 쪼막수염(코밑에만 조금 남긴 채 짧게 자른 수염), 채수염(숱이 적으나 긴 수염), 코밑수염/콧수염, 턱수염, 팔자수염(八字), 풋수염.

981) 수면(睡眠): 잠을 잠. 잠. ¶수면병(病), 수면부족(不足), 수면상태(狀態), 수면요법(療法), 수면운동(運動), 수면제(劑), 수면학습(學習); 뇌수면(腦), 체수면(體;잠이 깊이 든 상태).

982) 수송(輸送): 수송관(管), 수송기(機), 수송량(量), 수송력(力), 수송로(路), 수송비(費), 수송선(船), 수송업(業), 수송자(者), 수송차(車), 수송현상(現象;유체 속의 열전도, 점성, 확산 따위의 현상을 통틀어 이르는 말); 공중수송(空中), 냉장수송(冷藏), 역수송(逆), 전력수송(電力), 피스톤수송(piston).

983) 수입(輸入): 수입관리(管理), 수입금제품(禁制品), 수입면장(免狀), 수입상(商), 수입성향(性向), 수입세(稅), 수입신용장(信用狀), 수입의존도(依存度), 수입초과(超過), 수입할당제도(割當制度), 수입환(換); 대상수입(代償), 무환수입(無換), 밀수입(密), 보세수입(保稅), 역수입(逆), 재수입(再), 조세수입(租稅), 직수입(直), 총수입(總), 플랜트수입(plant).

984) 수출(輸出↔輸入): 수출검사(檢査), 수출고(高), 수출관세(關稅), 수출구조(構造), 수출국(國), 수출규제(規制), 수출금융(金融), 수출되다/하다, 수출률(率), 수출면세(免稅), 수출면장(免狀), 수출불(弗), 수출상(商), 수출송장(送狀), 수출신용장(信用狀), 수출액(額), 수출어음, 수출원가(原價), 수출의존도(依存度), 수출인증(認證), 수출장려금(奬勵金), 수출조합(組合), 수출초과(超過), 수출품(品), 수출환(換); 기근수출(饑饉), 기술수출(技術), 기아수출(飢餓), 대응수출(對應), 무환수출(無換), 밀수출(密), 역수출(逆), 용역수출(用役), 위장수출(僞裝), 인력수출(人力), 자본수출(資本), 재수출(再), 직수출(直), 출혈수출(出血), 플랜트수출(plant).

ㅅ

(瘦軀;여윈 몸), 수삭(瘦削), 수신(瘦身), 수용(瘦容;수축한 얼굴), 수척(瘦瘠), 수폐(瘦斃;옥중에서 야위어 죽음), 수학(瘦鶴;여윈 학) 들.

수(讎/讐) '한이 맺힌 사람. 갚다'를 뜻하는 말. ¶수구(讎仇), 수일(讎日), 수적(讎敵), 수혐(讎嫌); 구수(仇讎), 구수(寇讎), 국수(國讎), 보수(報讎/讐;앙갚음), 복보수(復報讎)/복수(復讎), 사수(私讎), 살부지수(殺父之讐), 원수(怨讎/讐), 은수(恩讎), 적수(敵讎), 혈수(血讎) 들.

수(帥) '우두머리'를 뜻하는 말. ¶수신(帥臣), 수장(帥長); 군수(軍帥), 부수(副帥), 원수(元帥)[대원수(大)], 장수(將帥), 총수(總帥), 통수(統帥). §'거느리다. 좇다'의 뜻으로는 [솔]로 읽힘.≒솔(率). 솔시(帥示), 솔지(帥志).

수(豎/竪) '더벅머리. 서다. 세우다'를 뜻하는 말. ¶수갱(竪坑), 수공후(豎箜篌), 수관(竪罐), 수금(竪琴;harp), 수기관(豎機關), 수동(豎童;더벅머리 아이), 수립(豎/竪立), 수자(豎子), 수혈(豎穴);목수(牧豎), 횡설수설(橫說竪說), 횡수(橫豎) 들.

수(粹) '다른 것이 조금도 섞이지 않다'를 뜻하는 말. ¶수미(粹美), 수연하다(粹然), 수집(粹集); 국수[985]/주의(國粹/主義), 순수(純粹)[순수문학(文學), 순수시(詩), 순수이성(理性), 순수하다], 정수(精粹) 들.

수(嗽) '기침'을 뜻하는 말. ¶수해(嗽咳), 수혈(嗽血); 건수(乾嗽;마른기침), 노수(勞嗽), 담수(痰嗽), 야수(夜嗽), 열수(熱嗽), 주수(酒嗽), 풍수(風嗽), 한수(寒嗽), 해수(咳嗽), 혈수(血嗽), 화수(火嗽) 들.

수(穗) '이삭'을 뜻하는 말. ¶수상(穗狀)[수상화(花), 수상화서(花序)]; 낙수(落穗), 발수(拔穗), 발수(發穗), 삽수(插穗), 접수(接穗;접가지), 출수(出穗), 편수(鞭穗;챗열), 형개수(荊芥穗), 화수(禾穗), 화수(花穗), 흑수(黑穗;깜부기) 들.

수(戍) '지키다. 수자리'를 뜻하는 말. ¶수루(戍樓), 수자리, 수장(戍將), 수졸(戍卒); 방수(防戍), 변수(邊戍), 위수(衛戍), 진수(鎭戍) 들.

수(狩) '사냥'을 뜻하는 말. ¶수렵(狩獵)[수렵기(期), 수렵면허(免許), 수렵시대(時代), 수렵장(場), 수렵조(鳥), 수렵지(地)], 수어(狩漁), 수장(狩場); 순수(巡狩), 순수비(巡狩碑), 약수(藥狩) 들.

수(祟) '빌미(불행이 생기는 원인)'를 뜻하는 말. ¶귀수(鬼祟), 사수(邪祟), 소수(所祟), 여수(餘祟), 첨수(添祟), 체수(滯祟), 화수(禍祟) 들.

수(搜) '찾다'를 뜻하는 말. ¶수검(搜檢), 수고(搜攷), 수득(搜得), 수방(搜訪), 수사(搜查)[986], 수색(搜索)[987], 수소문/하다(搜所聞), 수탐(搜探;搜討); 박수(博搜) 들.

수(脩) '가늘고 길다. 포(고기를 저미어 만든 반찬)'를 뜻하는 말. ¶수죽(脩竹), 수포(脩脯); 속수(束脩), 속수지례(束脩之禮) 들.

수(須) '모름지기. 잠깐'을 뜻하는 말. ¶수녀(須女), 수요(須要), 수유(須臾;잠시), 수지(須知); 종수일별(終須一別), 필수(必須) 들.

수(遂) '이루다. 이루어 내다'를 뜻하는 말. ¶수성(遂成), 수의(遂意), 수하다(생각한 대로 일을 이루어 내다), 수행하다(遂行); 기수(旣遂), 미수(未遂)[988], 성수(成遂), 완수(完遂) 들.

수(銹) '녹슬다(쇠붙이가 산화하여 빛이 변하다)'를 뜻하는 말. ¶수병(銹病;녹병); 방수제(防銹劑), 전수(轉銹), 철수(鐵銹;쇠에 스는 녹) 들.

수(燧) '부싯돌. 횃불'을 뜻하는 말. ¶수금(燧金;부시), 수석(燧石;부싯돌), 수화(燧火); 봉수(烽燧)[봉수군(軍), 봉수대(臺), 봉수제(制)] 들.

수(蒐) '모으다'를 뜻하는 말. ¶수집(蒐集)[989], 수집(蒐輯;여러 가지 자료를 찾아 모아서 책을 편집함), 수토(蒐討;모아서 조사함).

수(嫂) '형의 아내(형수)'를 뜻하는 말. ¶수숙(嫂叔), 수씨(嫂氏;형제의 아내); 계수(季嫂), 삼종수(三從嫂), 제수(弟嫂), 종수(從嫂), 형수(兄嫂) 들.

수(叟) '늙은이'를 뜻하는 말. ¶노수(老叟), 백수(白叟), 전수(田叟), 조수(釣叟) 들.

수(漱) '양치질하다'를 뜻하는 말. ¶수석침류(漱石枕流); 함수(含漱;양치질을 함), 함수제(含漱劑) 들.

수(溲) '오줌(尿)'을 뜻하는 말. ¶수기(溲器); 우수마발(牛溲馬勃;가치 없는 말이나 글) 들.

수(晬) '돌(일 주년)'을 뜻하는 말. ¶수시(晬時), 수신(晬辰), 수연(晬宴), 수일(晬日) 들.

수(瞍) '소경(눈이 먼 사람)'을 뜻하는 말. ¶수용(瞍容), 몽수(矇瞍) 들.

수(銖) '가벼운 무게'를 뜻하는 말. ¶수량(銖量), 수촌(銖寸); 치수(錙銖;아주 가벼운 무게) 들.

수(綬) 패옥(佩玉)의 끈. 훈장 · 포장 · 기장을 띠는 데 쓰는 끈. ¶대수(大綬), 망수(網綬), 소수(小綬), 인수(印綬), 후수(後綬).

수(隧) '길. 통로(通路)'를 뜻하는 말. ¶수거(隧渠), 수도(隧道;터

---

985) 국수(國粹): 그 나라의 고유한 역사 · 문화 · 국민성의 장점. ¶국수주의(主義;제 나라의 국민적 특수성만을 가장 우수한 것으로 믿고 유지 · 보존하며 남의 나라 것을 배척하는 주의).

986) 수사(搜查): 찾아서 조사함. ¶수사계(系), 수사관(官), 수사권(權), 수사기관(機關), 수사대(隊), 수사력(力), 수사망(網), 수사본부(本部), 수사진(陣), 수사하다, 수사학(學); 가택수사(家宅), 강제수사(强制), 공개수사(公開), 공조수사(共助), 광역수사(廣域;공개수사), 임의수사(任意), 초동수사(初動), 표적수사(標的), 함정수사(陷穽).

987) 수색(搜索;뒨장질): 구석구석 뒤지어 찾음. ¶수색경(鏡), 수색권(權), 수색대(隊), 수색선(船), 수색영장(令狀), 수색원(願), 수색작전(作戰), 수색조(組), 수색하다; 가택수색(家宅), 몸수색, 탐문수색(探問).

988) 미수(未遂): 목적을 이루지 못함. 범죄에 착수하여 그 목적을 이루지 못하는 일. ¶미수에 그치다. 미수범(犯), 미수죄(罪); 살인미수(殺人), 실행미수(實行), 장애미수(障碍), 중지미수(中止), 착수미수(着手).

989) 수집(蒐集): 취미나 연구를 위하여 여러 가지 물건이나 재료를 찾아 모음. ¶우표를/ 자료를 수집하다. 수집가(家), 수집광(狂), 수집기관(機關), 수집되다/하다, 수집물(物), 수집벽(癖), 수집본능(本能), 수집상(商), 수집원(員), 수집자(者), 수집증(症); 고서수집(古書), 골동품수집(骨董品), 우표수집(郵票).

널) 들.

수(誰) '누구'를 뜻하는 말. ¶수득수실(誰得誰失), 수모(誰某;아무개), 수왈불가(誰曰不可), 수하(誰何) 들.

수(雖) '비록'을 뜻하는 말. ¶수연이나(雖然;비록 그러하나), 수왈미학(雖曰未學).

수(藪) '늪. 숲 · 덤불'을 뜻하는 말. ¶포도수(捕盜藪;죄를 짓고 도망간 사람들이 숨어 있는 곳).

수(邃) '깊다. 시간이 오래다(멀다)'를 뜻하는 말. ¶수고(邃古); 심수(深邃), 유수(幽邃) 들.

수(睟) '바로 보다. 눈이 맑고 밝다'을 뜻하는 말. ¶수용(睟容;임금의 화상. 御眞).

수고 일을 하느라고 힘을 들이고 애를 씀.[〈슈고〈受苦]. ¶수고 많으십니다. 수고롭다, 수고로이, 수고비(費), 수고스럽다, 수고하다(고생하다. 힘들이다); 몸수고/하다, 헛수고 들.

수-교위 밀가루 반죽을 얇게 빚은 후, 잘게 썬 고기와 오이 따위로 소를 넣고 만두 모양으로 찐 음식.

수구 소나 염소의 젖을 졸여서 한약재에 발라 젖이 다 스며들 때까지 볶거나 굽는 한약 가공 방법.

수구레[1] 쇠가죽 안에서 벗겨낸 질긴 고기. ¶수구레 두껍다(부끄러운 것을 모르도록 염치가 없다), 수구레편(수구레를 고아서 굳힌 음식).

수구레[2] 지형이나 장소 관계로 몸을 구부리고 망치질을 해야 하는 남폿구멍.[←수그리다].

-수구레(하다) '늙다. 맑다'의 어근과 '하다' 사이에 붙어, '꽤, 조금'의 뜻을 더하는 말. ¶늙수그레하다(꽤 늙어 보이다), 맑스그레 · 묽수그레하다(조금 맑은 듯하다).

수굴수굴 ①물건이 부드럽게 늘어져 있는 모양. ②성질이 부드럽고 좀 늘어지게 유순한 모양. ¶배만 부르면 수굴수굴 울지 않고 잘 노는 아기. 수굴수굴하니(수굴수굴한 데가 있게), 수굴수굴하다.

수꿀-하다 무서워서 몸이 으쓱하다.≒오싹하다. ¶밤길을 혼자 걷던 승환이는 섬뜩한 기운에 수꿀했다.

수나-롭다 ①무엇을 하는 데 어려움이 없이 순조롭다. ¶일이 수나롭게 풀리다. 머리를 쓰면 쓸수록 수나롭게 돌아간다. ②어떤 일이 정상적인 상태로 순탄하다. ¶말이 수나롭게 나오다.

수나이 피륙 두 필을 짤 감을 주어 한 필만 짜서 받고 한 필 감은 삯으로 주는 일.[←수+낳(다)[2]+이]. 〈준〉수내. ¶수나이를 해 감을 얻다. 수나이하다. 수냇소[990].

수눅 버선 따위의 꿰맨 솔기. ¶수눅버선(누벼서 수를 놓은 어린아이의 버선); 겉수눅(바깥쪽 솔기), 안수눅.

수다 쓸데없이 말수가 많음.≒긴말. ¶수다를 늘어놓다. 수다를 떨다. 수다꾼, 수다부리다(수다한 행동을 하다), 수다스럽다/스레, 수다쟁이(떠버리), 수다하다, 수다히, 수떨다(사람이 수다스럽게 떠들다), 수떨하다[991]/스럽다(보기에 수떨하다).

수더구 부피나 수량 또는 양. ¶수더구가 많다.

수더분-하다 성질이 까다롭지 아니하여 순하고 소박하다. ¶사람이 텁텁하고 수더분한 맛이 있어야지. 수더분하게 생긴 젊은이.

수라 임금께 올리는 진지.[←水剌←šüle(n)〈몽〉]. ¶수라간(間), 수라상(床), 수라상궁(尙宮); 낮곁수라(곁두리), 낮수라(임금의 점심), 오곡수라(五穀;오곡밥), 팥수라(팥밥), 흰수라(흰밥).

수런 여러 사람이 한데 모여 수선스럽게 지껄이는 소리. 또는 그 모양. ¶수런수런 이야기하는 소리에 잠을 깨다. 수런거리다/대다, 수런수런/하다.

수렁 곤죽이 된 진흙과 개흙이 많이 괸 곳. 수녕(水濘). 헤어나기 힘든 처지.≒늪. 진창. ¶발이 수렁에 빠지다. 수렁논, 수렁배미, 수렁지다(수렁이 되다), 수렁창/길, 수렁탕(수렁으로 된 진창), 수렁판(수렁으로 된 진창), 수렁피해(被害;濕害); 진수렁 들.

수레 바퀴를 달아 굴러가게 만든 기구.[〈술위].≒달구지. ¶수레를 끌다. 수렛길, 수레꾼, 수레바퀴, 수레싸움[차전(車戰)], 수레토기(土器), 수레홈; 꽃수레, 물수레, 빈수레, 소수레, 손수레/꾼, 짐수레. ☞ 거(車).

수련-하다 몸가짐이 자연스럽고 마음씨가 곱고 순하다.≒착하다. ¶천성이 수련하다. 수련히.

수리[1] 밤이나 도토리, 개암 따위의 일부분이 상하여 퍼슬퍼슬하게 된 것. ¶수리먹다.

수리[2] 수릿과의 독수리. ¶수리발, 수리부엉이, 수리성(聲); 독수리(禿), 검독수리, 무수리(황샛과의 물새), 물수리, 저광수리, 참수리, 흰꼬리수리, 흰죽지참수리 들.

수리[3] 단오(端午). ¶수릿날.

수리수리 열이 떠서 눈에 보이는 것이 희미하고 어렴풋한 모양. ¶수리수리 흐려 보이는 눈. 눈물이 나고 수리수리 흐리더니 이제는 눈이 시기까지 한다.

수머즛-하다 잦거나 심하던 것이 좀 덜하다. ¶억수로 퍼붓던 비가 새벽에는 좀 수머즛해졌다.

수멍 논에 물을 대거나 빼기 위하여, 둑이나 방축 따위의 밑으로 뚫어 놓은 물구멍. 도수거(導水渠).[←숨(은)+구멍. 수(水)+구멍]. ¶수멍대(석축에 물구멍을 내는 데 쓰는 대통), 수멍물빼기; 자갈수멍(물이 잘 빠지도록 조약돌을 바닥에 묻은 도랑).

수목 헌솜으로 실을 켜서 짠 무명.

수발 신변 가까이에서 여러 가지 시중을 듦.≒바라지. 시중. ¶늙으

---

990) 수냇소: 송아지를 주고 그것을 기른 뒤에 송아지 값을 빼고 나누는 소.[←수나이+ㅅ+소].

991) 수떨하다: 장소가 수선스럽고 떠들썩하다. ¶수떨한 잔칫집 풍경.

ㅅ

신 아버지의 음식 수발을 들다. 수발들다. 수발하다; 뒷수발[992], 병수발(病).

수선 사람의 정신을 어지럽히는 부산한 말이나 짓. 또는 그 모양. ≒야단(惹端). 북새통. 설레발. ¶웬 수선이냐? 수선을 떨다. 수선수선 떠들다. 영화가 끝나자 사람들이 수선수선 자리를 뜨다. 수선거리다/대다, 수선수선/하다, 수선스럽다(시끄럽다), 수선쟁이, 수선하다(까불다. 방정맞다. 부산하다); 어수선산란하다(散亂), 어수선하다[993]; 수설수설[994], 수성거리다/대다(수군거리며 시끄럽게 떠들다), 수성수성하다.

수세 남자가 여자에게 주던 이혼 증서.[←휴서(休書)]. ¶수세 베어 주다(아내와 갈라지다).

수세미 ①짚이나 수세미외의 열매 속 따위로 만들어 설거지할 때 그릇을 씻는 물건. ¶수세미외(박과의 한해살이 덩굴풀); 물수세미, 살수세미, 짚수세미, 철수세미(鐵). ②심하게 구겨지거나 더러워진 물건. ¶수세미가 다 된 헌옷.

수수 포아풀과의 한해살이 재배 식물.[<슈슈]. ¶수수개떡, 수숫겨, 수수경단(瓊團), 수수깡(수숫대), 수수깽이, 수숫단, 수숫대, 수수돌(금분이 섞인 붉은 차돌), 수수떡, 수수모감/모개(수수 이삭), 수수목/대, 수숫묵, 수수미음(米飮), 수수밥, 수수밭, 수수범벅, 수수부꾸미, 수수비, 수숫빛, 수수살미떡, 수수설기, 수수소주(燒酒:고량주), 수수쌀, 수수알, 수수엿, 수수응이, 수숫잎[수숫잎괭이, 수숫잎덩이], 수수전병(煎餠), 수수죽(粥), 수숫짚, 수수찰밥, 수수팥떡, 수수풀떡; 겉수수, 맹간수수(까끄라기가 길고 알이 붉은 수수), 무응애수수(알이 붉고 가시랭이가 없는 수수), 사탕수수(砂糖), 소경수수, 쌀수수, 옥수수(玉)[995], 장목수수(품질이 낮은 수수), 찰수수, 통수수 들.

수수께끼 어떤 사물을 빗대어 말하여 알아맞히는 놀이. 사물이 복잡하고 이상하여 알 수 없는 것. ¶수수께끼를 풀다. 수수께끼 같은 살인 사건.

수수-꾸다 장난으로 실없는 말을 하여 남을 부끄럽게 만들다. ¶어린 신랑을 수수꾸다.

수수러-지다 돛 같은 것이 바람에 부풀어 둥글게 되다.[←*수술(다)+어+지다].

수수미-틀 김맬 때 흙덩이를 떠서 들다가 반을 꺾어 누이는 일.

수수-하다¹ ①옷차림이나 성격·태도 따위가 꾸밈이나 거짓이 없고 무던하다.≒검소하다. 소박하다. ¶그렇게 돈이 많아도 옷차림은 수수하다. 수수끔하다(수수한 데가 있다), 수수히(털털히); 어푸수수하다¹(성미가 순하고 무던하다). ②물건이 썩 좋지도 나쁘지도 않고 쓸 만하다.≒괜찮다.

수수-하다² 떠들썩하여 정신이 어지럽다.≒시끄럽다. ¶아이들 북새통에 마음이 수수해서 일이 손에 잡히지 않는다. 어푸수수하다²(사람의 머리 모양이 약간 어수선하고 엉성하다).

수스럭 살가죽에 쌀알 같은 것이 많이 돋아 있어 매우 거칠게. ¶땀띠가 수스럭수스럭 돋다.

수슬수슬 천연두나 헌데 따위가 딱지가 앉을 정도로 마른 모양. ¶종기 자리에 딱지가 수슬수슬 앉았다. 수슬수슬 마른 얼굴. 수슬수슬하다.

수여리 꿀벌의 암컷.

수염 벽에 발라 놓은 회반죽이 떨어지는 것을 막기 위하여 목조 졸대 바탕 위에 박아 재는 줄.

수염(鬚髥) ☞ 수(鬚).

수월¹ 어떤 일에 힘을 들이지 않고 아주 쉽게 하는 모양. ¶일을 수월수월 잘 풀어나가다. 수월내기(업신여길 수 있는 사람. 다루기 쉬운 사람), 수월수월/하다, 수월스럽다/스레, 수월찮다(수월하지 아니하다)/찮이, 수월하다(≒쉽다.↔까다롭다), 수월히.

수월² 알아들을 수 없는 말로 조금 소란스럽게 이야기하는 소리. 또는 그 모양.≒수얼①[996]. ¶수월수월 지껄이다.

수육 삶아 익힌 쇠고기.[←숙육(熟肉)].

수자리 나라와 변방을 지키던 일. 또는 그런 병사.[←수(戍)]. ¶수자리 살다.

수저 '숟가락'을 점잖게 이르는 말. 숟가락과 젓가락. ¶수저질/하다, 수젓집, 수저통(筒); 나무수저, 놋수저, 은수저(銀) 들.

수제비 밀가루를 반죽하여 맑은장국이나 미역국 등에 적당한 크기로 떼어 내어 익힌 음식. '수제비 같은 모양의'를 뜻하는 말. ¶수제비를 뜨다(반죽한 밀가루를 뜯어 끓는 장국에 넣다). 수제비떡, 수제비태견[997]; 개떡수제비(노깨[998]로 만든 수제비), 나깨수제비(메밀의 속껍질로 만든 수제비), 도토리수제비, 메밀수제비, 물수제비뜨다[999], 밀수제비, 밴댕이수제비, 보리수제비, 칼제비(칼싹두기와 칼국수) 들.

수줍(다) 숫기가 없어서 부끄러워하는 태도가 있다.[-잘못]. ¶바위틈에 수줍게 핀 진달래. 수줍게 웃다. 시골 처녀의 수줍은 표정. 수줍은 듯 얼굴을 붉히다. 수줍어하다, 수줍음.

수채 집안에서 버린 허드렛물이나 빗물이 흘러나가도록 만든 시설. ¶수챗구멍, 수채통(筒); 곬수채(지붕면의 물을 받아 처마까지

992) 뒷수발: 뒤에서 표나지 않게 보살펴 돕는 일.

993) 어수선하다: ①사물이 얽히고 뒤섞이어 어지럽고 수선스럽다. ②마음이 뒤숭숭하고 산란하다.

994) 수설수설: 어수선하게 말하는 모양. ¶수설수설 이야기하다. 수설수설하다.

995) 옥수수(강냉이): 볏과의 한해살이 풀(옥수수나무)의 열매. 강냉이.[←옥촉서(玉蜀黍)]. ¶옥수수기름, 옥수수나무, 옥수수숫대, 옥수수떡, 옥수수묵, 옥수수밥, 옥수수수염(鬚髥), 옥수수술, 옥수수쌀, 옥수수엿, 옥수수자반, 옥수수숫자루, 옥수수튀김; 메옥수수, 사탕옥수수(砂糖), 찰옥수수.

996) 수얼: ①낮은 목소리로 혼잣말을 하는 모양. ¶수얼수얼 떠들다. 〈센〉쑤얼쑤얼. ②강물이나 바람 따위가 속삭이듯이 가볍게 내는 소리. ¶수얼수얼 흐르는 시냇물. 수얼거리다/대다, 수얼수얼/하다.

997) 수제비태껸: 어른에게 버릇없이 덤벼드는 말다툼. 수제비태/하다.

998) 노깨: 밀가루를 뇌고 남은 찌꺼기.

999) 물수제비뜨다: 둥글고 얄팍한 돌 따위를 물 위로 담방담방 튀기어 가게 던지다. 수제비뜨다.

흐르게 하는 수채) 들.

수풀 ①나무가 무성하게 꽉 들어찬 곳. 풀·나무·덩굴이 한데 엉킨 곳. 〈준〉숲. ¶수풀이 우거지다. 수풀을 헤치고 나아가다. 수풀가/숲가, 숲가꾸기, 숲갓(숲이 우거진 산판), 숲그늘, 숲길, 숲나무, 숲나이(삼림이 생겨서 자란 기간), 숲덤불, 수풀땅/숲땅, 수풀띠, 숲머리(숲의 꼭대기), 수풀바다/숲바다, 숲사랑, 숲섬, 숲속/길, 숲언덕, 숲정이[1000], 숲지도(地圖); 갈대숲, 그늘숲, 나무숲, 대숲, 동갑숲(同甲), 메숲지다/숲지다(산에 나무가 우거지다), 미역숲(미역이 우거진 곳), 방천숲(防川), 솔수펑, 솔숲(솔수펑이), 안개숲(안개가 자옥하게 낀 숲), 인공숲(人工), 풀숲. ☞ 림(林). ②'섭'의 형태로 '털'을 뜻함. ¶섭조개(털격판담치. 홍합); 눈썹 들.

수할-치 매를 부리면서 매사냥을 지휘하는 사람.

수해 재래식 안강망의 아가리 윗부분에 대는 가름대.

숙(熟) '익다·익히다. 익숙하다. 충분하다'를 뜻하는 말. ¶숙갑사(熟甲紗), 숙객(熟客), 숙고(熟考)[심사숙고(深思)], 숙고사(熟庫紗), 숙과(熟果), 숙김치, 숙깍두기, 숙녹피(熟鹿皮), 숙달(熟達;익숙하게 통달함), 숙담(熟談), 숙도(熟度), 숙독(熟讀), 숙두(熟頭), 숙란(熟卵), 숙람(熟覽), 숙랭(熟冷;숭늉), 숙려(熟慮;곰곰이 생각하거나 궁리함)[숙려단행(斷行)/하다, 숙려하다], 숙련(熟練)[1001], 숙로(熟路), 숙률(熟栗), 숙마(熟馬), 숙마(熟麻), 숙면(熟面;낯이 익다), 숙면(熟眠), 숙면(熟麪), 숙복(熟鰒), 숙부드럽다, 숙불환생(熟不還生), 숙사(熟思), 숙사(熟絲), 숙석(熟石), 숙설/간/소(熟設/間/所), 숙성(熟省), 숙소갑사(熟素甲紗), 숙송(熟誦;정성들여 읽음), 숙수(熟手;솜씨가 좋은 사람. 큰일에 음식을 만드는 사람), 숙수(熟睡;熟眠), 숙수단(熟手段), 숙습(熟習;몸에 밴 습관), 숙시/주의(熟柿/主義), 숙시(熟視;눈여겨봄), 숙식(熟息), 숙실(熟悉;어떤 사정이나 의사 따위를 충분히 앎), 숙실과(熟實果), 숙어(熟語;익은말), 수육(熟肉), 숙의(熟議;충분히 의논함), 숙자(熟字), 숙잠(熟蠶), 숙전(熟田), 숙족(熟足), 숙주(熟紬), 숙지하다(熟知;충분히 잘 앎), 숙지황(熟地黃), 숙찰(熟察), 숙채(熟菜), 숙철(熟鐵), 숙청(熟淸), 숙초(熟綃), 숙친(熟親;정분이 매우 두터움), 숙피(熟皮), 숙하(熟芐), 숙황(熟荒), 숙황장(熟荒醬), 숙회(熟膾;생선을 얇게 떠서 녹말을 묻혀 끓는 물에 데치거나 솥에 쪄서 만드는 요리); 과숙(過熟), 관숙(慣熟), 난숙하다(爛熟), 노숙하다(老熟), 농숙(濃熟), 능숙하다(能熟), 만숙(晩熟), 면숙(面熟), 미숙(未熟;서투름), 반숙(半熟), 배숙[1002], 백숙(白熟), 불숙(不熟), 생숙(生熟), 성숙(成熟), 수숙(手熟), 앵두숙[1003], 완숙(完熟), 원숙하다(圓熟), 익숙하다, 정숙(情熟;정겹고 친숙함), 정숙(精熟;사물에 정통하고 능숙함), 조숙(早熟), 추숙(追熟), 친숙하다(親熟), 팽두이숙(烹頭耳熟), 황숙(黃熟)[황숙기(期), 황숙향(香)] 들.

숙(宿) '잠·자다·묵다. 오래 되다. 머무르다. 주막. 여관. 번들다'를 뜻하는 말. ¶숙감(宿憾), 숙객(宿客), 숙공(宿工), 숙근(宿根), 숙금(宿芩), 숙기(宿耆), 숙노(宿老), 숙덕(宿德), 숙로(宿老), 숙망(宿望), 숙명(宿命)[1004], 숙묵(宿墨), 숙박(宿泊)[숙박료(料), 숙박부(簿), 숙박업(業)], 숙변(宿便), 숙병(宿病), 숙사(宿舍), 숙석(宿昔), 숙세(宿世), 숙소(宿所), 숙습(宿習), 숙식(宿食), 숙아(宿痾/痾), 숙악(宿惡), 숙악(宿萼), 숙안(宿案), 숙약(宿約), 숙업(宿業), 숙연(宿緣), 숙영(宿營), 숙우(宿雨), 숙운(宿運), 숙원(宿怨), 숙원(宿願), 숙유(宿儒), 숙인(宿因), 숙장(宿將), 숙적(宿敵), 숙제(宿題), 숙조(宿鳥), 숙죄(宿罪), 숙주(宿主)[1005], 숙지(宿/夙志), 숙직(宿直)[숙직실(室), 숙직원(員)], 숙질(宿疾), 숙채(宿債), 숙체(宿滯), 숙취(宿醉;이튿날까지 깨지 않는 취기), 숙폐(宿弊), 숙혐(宿嫌), 숙호충비(宿虎衝鼻), 숙환(宿患); 경숙(經宿), 기숙(耆宿), 기숙(寄宿), 노숙(老宿), 노숙(露宿), 독숙(獨宿), 동가식서가숙(東家食西家宿), 동숙(同宿), 무숙(無宿), 분숙(分宿), 산숙(散宿), 서숙(棲宿), 앙숙(怏宿), 야숙(野宿), 여인숙(旅人宿), 유숙(留宿), 일숙(一宿), 전숙(轉宿), 지숙(止宿), 투숙(投宿), 하숙(下宿)[하숙방(房), 하숙비(費), 하숙집], 합숙/소(合宿/所), 헐숙(歇宿), 혼숙(混宿). §'별자리'의 뜻으로는 [수]로 읽힘. 성수(星宿), 진수(辰宿) 들.

숙(肅) '엄숙하다. 엄하다. 삼가다'를 뜻하는 말. ¶숙경(肅敬;삼가 존경함), 숙계(肅啓), 숙군(肅軍), 숙당(肅黨), 숙배(肅拜), 숙사(肅謝), 숙상(肅霜), 숙숙하다(肅肅;엄숙하고 고요하다), 숙연하다(肅然;고요하고 엄숙하다), 숙은(肅恩;은혜를 공경하여 정중하게 사례함), 숙정(肅正;엄하게 다스려 바로잡음)[숙정하다; 강기숙정(綱紀), 관기숙정(官紀)], 숙정(肅靜;엄숙하고 고요함), 숙지(肅志;뜻을 삼감)/하다, 숙청(肅淸)[1006], 숙청(肅聽;삼가 엄숙하게 들음); 건숙하다(乾肅), 엄숙하다(嚴肅), 자숙하다(自肅), 정숙하다(整肅), 정숙하다(靜肅), 진숙하다(振肅) 들.

숙(叔) '아저씨. 형제 중의 셋째. 남편의 아우'를 뜻하는 말. ¶숙모(叔母), 숙부(叔父), 숙씨(叔氏), 숙질(叔姪), 숙항(叔行); 당숙(堂叔), 백숙(伯叔), 백중숙계(伯仲叔季), 사숙(私叔), 사숙(師叔), 서숙(庶叔), 수숙(嫂叔), 시숙(媤叔), 외숙(外叔), 인숙(姻叔), 족숙(族叔), 종숙(從叔), 처숙(妻叔) 들.

숙(淑) '착하다. 맑다. 사모하다'를 뜻하는 말. ¶숙경(淑景), 숙기(淑氣), 숙녀(淑女), 숙덕(淑德), 숙부인(淑夫人), 숙성(淑性), 숙용(淑容), 숙원(淑媛), 숙의(淑儀), 숙인(淑人), 숙자(淑姿), 숙청하다(淑淸); 말쑥하다, 사숙하다(私淑), 정숙하다(靜淑), 현숙하다(賢淑) 들.

숙(塾) '글방. 서당'을 뜻하는 말. ¶숙사(塾舍), 숙사(塾師), 숙생(塾生), 숙아(塾兒;사숙에서 배우는 어린 학생), 숙장(塾長); 가숙(家塾), 문숙(門塾), 사숙(私塾;글방), 삼종숙(三從叔), 서숙(書塾;글방), 의숙(義塾), 향숙(鄕塾) 들.

1000) 숲정이: 마을 근처에 있는 숲.

1001) 숙련(熟練): 연습을 많이 하여 능숙하게 익힘. ¶숙련을 요하는 직업. 숙련이 부족하다. 숙련가(家), 숙련공(工), 숙련노동(勞動), 숙련도(度), 숙련되다/하다, 숙련자(者).

1002) 배숙(熟): 배를 껍질을 벗겨 삶은 뒤에, 끓인 꿀 속에 담근 음식.

1003) 앵두숙(熟): 약간 삶은 앵두를 끓인 꿀에 담근 음식.

1004) 숙명(宿命): 날 때부터 타고난 정해진 운명. 또는 피할 수 없는 운명. ¶숙명의 대결. 그는 자신의 가난을 숙명으로 여겼다. 숙명관(觀), 숙명력(力), 숙명론(論)[숙명론적(的), 숙명론자(者)], 숙명설(說), 숙명적(的), 숙명통(通).

1005) 숙주(宿主): 기생 생물에게 영양을 공급하는 생물. ¶숙주범위(範圍), 숙주선택(選擇), 숙주세포(細胞), 숙주식물(植物); 중간숙주(中間).

1006) 숙청(肅淸): 어지러운 세상을 바로잡음. 반대파를 모두 제거하는 일. ¶숙청되다/하다.

ㅅ

숙(夙) '이르다. 일찍'을 뜻하는 말. ¶숙기(夙起;아침에 일찍 일어남. 夙興), 숙석(夙昔), 숙성하다(夙成;早熟), 숙야(夙夜;이른 아침과 깊은 밤), 숙오하다(夙悟;어릴 때부터 영리하다), 숙흥야매(夙興夜寐;부지런히 일함) 들.

숙(菽) '콩'을 뜻하는 말. ¶숙맥(菽麥;어리석은 사람), 숙백불변(菽麥不辨;어리석고 못난 사람), 숙속지문(菽粟之文), 숙수(菽水;변변하지 못한 음식), 숙수지공(菽水之供) 들.

숙(孰) '누구. 어느. 무엇'을 뜻하는 말. ¶숙시숙비(孰是孰非).

숙(다) 앞으로 비스듬한 상태가 되게 기울어지다. 기운이 줄다. ¶익은 벼이삭은 절로 숙는다. 당당하던 기세가 숙다. 숙보다(실제보다 낮추어 보다)/보이다, 숙부드럽다(얌전하고 점잖다), 숙어들다, 숙어지다[1007], 숙이다(↔펴다), 숙지근하다(맹렬했던 형세가 줄어져서 약하다), 숙지다[1008], 숙치다(숙어지게 하다), 수걱수걱[1009], 수그러들다, 수그러지다(↔젖혀지다), 수그리다(깊이 숙이다. 굽히다. 숙어지다), 소곳[1010]·수긋하다; 끄숙이다(끌어당겨 아래로 박다), 다소곳하다[1011], 다소곳이, 다숙이다(머리를 얌전하게 숙이다), 직수굿하다[1012], 직수굿이, 지르숙다/숙이다(고개를 돌려서 숙이다), 짓수그리다, 짓숙이다 들.

숙수 날실에는 생명주실, 씨실에는 이긴 명주실을 써서 무늬 없이 평짜임[평직(平織)]으로 짠 천. ¶숙수천.

숙주 녹두를 시루 같은 그릇에 담아 물을 주어서 싹을 낸 나물. ¶숙주나물/국, 숙주채(菜) 들.

순 주로 좋지 않은 성질을 나타내는 말 앞에 쓰여 '몹시' 또는 '아주'의 뜻을 나타내는 말. ¶그 사람은 순 도둑놈이다. 네 녀석은 순 몹쓸 놈이구나. 순 나쁜 녀석. 순 엉터리. 순망나니, 순불상놈.

순(順) ①'성질이나 태도가 부드럽다'를 뜻하는 말의 어근. 또는 한자어 어근에 붙어 '온순하다. 거스르지 아니하다. 도리를 따르다'를 나타내는 말. ¶순강하다(順降), 순강(順講), 순경(順境), 순교(順教), 순권(順權), 순귀(順歸)[순귀마(馬), 순귀편(便)], 순금사(順禽舍), 순기(順氣), 순당하다(順當), 순덕(順德), 순도(順刀), 순도(順道), 순되다, 순둥이, 순량하다(順良), 순례(順禮), 순로(順路), 순론(順論), 순류(順流), 순리(順利), 순리/적(順理/的), 순만(順娩), 순명(順命), 순민(順民), 순방향(順方向), 순번(順番), 순복(順服), 순봉(順奉), 순부(順付), 순사(順事), 순산(順産), 순상(順喪), 순생보(順生報), 순생업(順生業), 순성(順成) 순성(順性), 순세(順勢), 순속(順俗), 순손(順孫), 순수(順守), 순수(順受), 순수(順修), 순순하다(順順;고분고분하다. 음식 맛이 순하다), 순심(順心), 순압(順壓), 순어(順魚), 순역(順逆), 순연(順延), 순연(順緣), 순응(順應)[1013], 순인(順忍), 순이윤(順利潤), 순일보(順日步), 순적(順適), 순접(順接), 순정하다(順正), 순조(順潮), 순조/롭다(順調), 순종(順從)[불순종(不)], 순죄업(順罪業), 순주(順走), 순증(順症), 순직하다(順直), 순천명(順天命), 순체(順遞), 순탄하다(順坦), 순탄(順誕), 순통(順通), 순편하다(順便), 순평하다(順平), 순풍(順風), 순필(順筆), 순하다/순히, 순합(順合), 순항(順航), 순행(順行↔逆行)[순행동화(同化), 순행운동(運動)], 순현보(順現報), 순현업(順現業), 순화하다/롭다(順和), 순활하다(順滑), 순획(順畫); 공순(恭順), 귀순(歸順), 불순하다(不順), 승순(承順), 양순(良順), 온순하다(溫順), 완순(婉順), 유순하다(柔順), 이순(耳順;예순 살), 평순(平順), 정순하다(貞順), 지순하다(至順), 청순(聽順), 충순하다(忠順), 화순(和順), 효순(孝順). ②'차례'를 뜻하는 말. ¶순서(順序)[순서도(圖), 순서수(順序數), 순서쌍(雙), 순서집합(集合)], 순수(順數;차례로 셈함), 순열(順列)[짝순열, 우순열(偶;짝순열), 원순열(圓), 전순열(全), 짝순열, 홀순열], 순위/권(順位/圈), 순진(順進), 순차(順次)[순차식(式), 순차적(的)], 순차(順差), 순차보(順次報); 가나다순, 강멱순(降冪順), 건제순(建制順), 경력순(經歷順), 기역니은디귿순, 나이순, 내림차순(次順), 도착순(到着順), 득점순(得點順), 등록순(登錄順), 무순(無順), 발생순(發生順), 발표순(發表順), 번호순(番號順), 석순(席順), 석차순(席次順), 선착순(先着順), 성적순(成績順), 수순(手順), 승멱순(昇冪順), 시대순(時代順), 식순(式順), 신장순(身長順), 알파벳순(alphabet順), 어순(語順), 역순(逆順), 연대순(年代順), 연령순(年齡順), 오름차순(次順), 우선순(優先順), 음절순(音節順), 이름순, 자모순(字母順), 접수순(接受順), 착순(着順), 착석순(着席順), 키순, 타순(打順), 타격순(打擊順), 필순(筆順), 회순(會順), 획순(畫順). ③일부 명사 앞에 붙어, '본래 의도한 대로 작용하는'의 뜻을 더하는 말.↔역(逆)-. ¶순기능(順機能), 순민심(順民心), 순방향(順方向).

순(純) ①다른 것이 섞이지 아니하여 순수하고 온전한. 틀림없는. ¶순 한국식/ 순 살코기/ 순 우리말. ②일부 명사나 한자어 어근에 붙어, '잡물이 섞이지 않은·순수한'의 뜻을 나타내는 말. ¶순견(純絹), 순결(純潔)[순결교육(教育), 순결무구(無垢)], 순계(純系)[순계분리(分離), 순계설(說)], 순계(純計), 순고하다(純固), 순공익사업(純公益事業), 순군락(純群落), 순근하다(純謹), 순금/량(純金/量), 순금속(純金屬), 순꽃눈, 순농군(純農軍), 순덕(純德), 순도(純度), 순독하다(純篤), 순동(純銅), 순란하다(純爛), 순량(純良), 순량(純量), 순려하다(純麗), 순렬하다(純烈), 순령(純靈), 순리/론(純理/論), 순린(純鱗), 순림(純林), 순매도(純賣渡), 순맥반(純麥飯), 순면(純綿), 순면직물(純綿織物), 순명하다(純明), 순모

1007) 숙어지다: 고개나 머리 따위가 앞으로 기울어지거나, 어떤 현상이나 기세 따위가 점차로 약해지다.

1008) 숙지다: 어떤 현상이나 기세 따위가 점차로 누그러지다.≒가라앉다. ¶늦더위가 숙지는 초가을. 추위가 숙지다.

1009) 수걱수걱: ①말없이 꾸준하게 일하거나 순종하는 모양. ¶그저 수걱수걱 일에만 정성을 모았다. ②수굿하고 말없이 걷는 모양. ¶무거운 짐을 지고 수걱수걱 걸어가다. 〈센〉쑤걱쑤걱.[←숙(다)+억].

1010) 소곳: 고개를 귀엽게 조금 숙인 듯한 모양. 〈큰〉수긋. ¶새싹이 소곳소곳 머리를 들고 나오다. 소곳소곳·수긋수긋/하다, 소곳·수긋이, 소곳·수긋하다(조금 숙은 듯하다. 흥분이 꽤 가라앉은 듯하다).

1011) 다소곳: 고개를 좀 숙이고 얌전하게. 성질이나 태도가 얌전하고 온순하게. 〈큰〉다수굿. ¶다소곳 따르다. 새색시처럼 다소곳이 앉아 있다. 다소곳한 몸가짐. 다소곳이, 다소곳·다수굿하다.

1012) 직수굿하다: 풀기가 꺾여 대들지 아니하고 다소곳이 있다. ¶모든 것을 포기한 듯이 직수굿하다.

1013) 순응(順應): 환경이나 변화에 적응하여 익숙하여지거나 체계, 명령 따위에 적응하여 따름. 환경의 변화에 따라 유기체의 형태, 구조, 기능이 환경 조건에 가장 알맞은 상태로 변하는 현상. ¶지금은 새로운 체계에 순응이 필요하다. 순응력(力), 순응성(性), 순응하다, 순응하천(河川); 명순응(明), 색순응(色), 암순응(暗), 수시순응(隨時).

(純毛), 순문학(純文學), 순물질(純物質), 순미(純味;순수한 맛), 순미(純美;순수한 아름다움), 순방실(純紡績), 순배양(純培養), 순백/색(純白/色), 순백자(純白瓷), 순보험료(純保險料), 순분(純分), 순색(純色), 순생산물(純生産物), 순생산액(純生産額), 순성(純誠), 순소득(純所得), 순속반(純粟飯), 순손실(純損失), 순손해(純損害), 순쇠돌, 순수(純水), 순수(純粹)[1014], 순수익(純收益), 순수입(純收入), 순실(純實), 순애(純愛), 순양(純陽), 순연(純然), 순유통비(純流通費), 순은(純銀), 순음(純陰), 순음악(純音樂), 순이론(純理論), 순이익(純利益)/순리(純利), 순이자(純利子), 순익(純益), 순일(純一), 순적량(純積量), 순전/하다(純全), 순점프(純jump), 순정(純正)[순정미술(美術), 순정철학(哲學), 순정화학(化學)], 순정/적(純情/的), 순젓, 순종(純種), 순죄업(純罪業), 순주정(純酒精), 순증가(純增加), 순직(純織), 순진/스럽다/하다(純眞), 순철(純鐵), 순청빛(純靑), 순청색(純靑色), 순청자(純靑瓷), 순충(純忠), 순톤수(純tone數), 순통(純通), 순허수(純虛數), 순혈(純血), 순홍빛(純紅), 순홍색(純紅色), 순화(純化), 순황빛(純黃), 순황색(純黃色), 순효(純孝), 순흑빛(純黑), 순흑색(純黑色); 단순하다(單純), 불순하다(不純), 온순하다(溫純), 지순하다(至純), 질순(質純;어리석고 둔함. 행동이 굼뜸), 청순하다(淸純), 충순하다(忠純) 들.

순(巡) '돌다 · 돌아보다. 돌리다'를 뜻하는 말. ¶순을 돌다. 순강(巡講), 순검/막(巡檢/幕), 순경/꾼(巡更), 순경(巡警), 순군(巡軍), 순라(巡邏)[순라군(軍), 순라선(船)], 순람(巡覽), 순력(巡歷), 순례(巡禮)[1015], 순무(巡撫), 순방(巡房), 순방(巡訪), 순배(巡杯), 순사(巡使), 순사(巡査), 순사또, 순산(巡山), 순석(巡錫), 순성(巡城), 순수/비(巡狩/碑), 순시(巡視)[순시하다; 초도순시(初度)], 순안(巡按), 순양(巡洋), 순업(巡業), 순연(巡演), 순열(巡閱), 순유(巡遊), 순찰(巡察)[1016], 순청(巡廳), 순초(巡哨), 순포(巡捕), 순항(巡航)[순항미사일(missile), 순항속도(速度)], 순해선(巡海船), 순행(巡行), 순행(巡幸), 순회(巡廻)[순회도서관(圖書館), 순회병원(病院), 순회재판(裁判)]; 별순(別巡), 삼순(三巡), 야순(夜巡), 역순(歷巡), 일순(一巡), 재순(再巡), 정순(正巡), 주순(酒巡), 준순(浚巡), 초순(初巡), 한순(한 차례에 화살 다섯 개를 쏘는 일) 들.

순(脣) '입술'을 뜻하는 말. ¶순경음(脣輕音), 순두(脣頭), 순망치한(脣亡齒寒), 순문(脣紋), 순선(脣腺), 순설(脣舌), 순성(脣聲), 순음(脣音), 순종(脣腫), 순지(脣脂), 순창(脣瘡), 순치(脣齒)[순치보거(輔車), 순치음(音), 순형(脣形); 건순(乾脣), 건순노치(乾脣露齒), 견순(繭脣), 결순(缺脣;언청이), 구순/기(口脣/期), 권순노치(卷脣露齒), 긴순(緊脣), 단순(丹脣), 독순술(讀脣術), 번순(反脣), 상순(上脣), 양순음(兩脣音), 옥순(玉脣), 원순모음(圓脣母音), 음순(陰脣)[대음순(大), 소음순(小)], 접순(接脣), 주순(朱脣), 주순호치(朱脣皓齒), 초순(焦脣;애를 태움), 평순모음(平脣母音), 하순(下脣), 홍순(紅脣), 화순(花脣;꽃잎) 들.

순(旬) '열흘(十日)'을 뜻하는 말. ¶순간(旬刊), 순간(旬間;음력 초열흘께), 순년(旬年;10년), 순망/간(旬望/間), 순보(旬報), 순여(旬餘;열흘 남짓한 동안), 순월(旬月), 순일(旬日), 순장(旬葬), 순전(旬前), 순제(旬製), 순후(旬後); 겸순(兼旬), 삼순(三旬), 삼순구식(三旬九食), 상순(上旬), 정순(呈旬), 중순(中旬), 초순(初旬), 사/육/칠/팔순(四/六/七/八旬), 하순(下旬) 들.

순(筍) 나뭇가지나 풀의 줄기가 될, 길게 돋은 싹. '싹 모양을 한'을 뜻하는 말. ¶순을 지르다. 순이 돋다. 순뽕, 순잎, 순지르기/지름(순따주기), 순지르다, 순치다, 순피(筍皮); 곁순/치기, 담뱃순, 대순[죽순(竹筍)], 돌순[석순(石筍)], 모종순, 무순, 뽕순, 새순, 석순(石筍), 송순(松筍), 애순(어린순), 어린순, 죽순(竹筍), 참죽순, 호박순 들.

순(殉) '따라 죽다. 목숨을 바치다'를 뜻하는 말. ¶순공(殉公), 순교/자(殉敎/者), 순국/선열(殉國/先烈), 순도(殉道;정의 · 도의를 위하여 목숨을 바침), 순리(殉利;이익만을 좇다가 몸을 망침), 순사(殉死), 순애(殉愛), 순열(殉烈), 순의(殉義;의를 위하여 죽음), 순장(殉葬), 순절(殉節;殉死), 순직(殉職), 순하다(죽다) 들.

순(馴) '길들이다'를 뜻하는 말. ¶순량(馴良), 순록(馴鹿), 순복(馴服;길들어서 잘 복종함), 순성(馴性), 순양(馴養), 순육(馴育), 순치(馴致;짐승을 길들임), 순행(馴行;善行), 순화(馴化;생물이 새로운 환경에 적응하여 유전적으로 변하여 감)[순화되다/하다; 기후순화(氣候), 풍토순화(風土)]; 사순(飼馴), 아순/하다(雅馴) 들.

순(循) '좇다. 따르다. 빙빙 돌다'를 뜻하는 말. ¶순량(循良;어진 다스림), 순례(循例;관례를 따름), 순리(循吏;열심히 근무하는 관리), 순차(循次;차례를 좇음), 순행(循行;여러 곳으로 돌아다님), 순환(循環)[1017]; 인순(因循)[1018] 들.

순(醇) '잡것이 섞이지 아니하다. 순수하다'를 뜻하는 말. ¶순근(醇謹), 순미(醇味;지닌 그대로의 순수하고 진한 맛), 순박하다(醇朴), 순정(醇正), 순주(醇酒), 순후(淳/醇厚), 순화(醇化;)[국어순화(國語), 언어순화(言語)]; 방순(芳醇) 들.

ㅅ

1014) 순수(純粹): 전혀 다른 것이 섞이지 아니함. 사사로운 욕심이나 못된 생각이 없음. 순수 농축액. 그는 어린아이와 같은 순수를 지녔다. ¶순수감정(感情), 순수개념(槪念), 순수경쟁(競爭), 순수경험(經驗), 순수경제학(經濟學), 순수경험(經驗), 순수관심(觀心), 순수교배(交配), 순수논리학(論理學), 순수대상(對象), 순수도(度), 순수독점(獨占), 순수문학(文學), 순수물질(物質), 순수배양(培養), 순수법학(法學), 순수사유(思惟), 순수성(性), 순수소설(小說), 순수시(詩), 순수아(我), 순수영화(映畵), 순수예술(藝術), 순수의식(意識), 순수의지(意志), 순수이성(理性), 순수주의(主義), 순수지속(持續), 순수직관(直觀), 순수철학(哲學), 순수체조(體操), 순수통각(統覺), 순수하다, 순수화/하다(化); 비순수(非).

1015) 순례(巡禮): 순례기(記), 순례자(者); 국토순례(國土), 도보순례(徒步), 성지순례(聖地), 회국순례(回國).

1016) 순찰(巡察): 순찰대(隊), 순찰병(兵), 순찰사(使), 순찰차(車), 순찰함(函); 방범순찰(防犯).

1017) 순환(循環): 한차례 돌아서 다시 먼저의 자리로 돌아옴. 또는 그것을 되풀이함. ¶순환계(系), 순환계통(系統), 순환과정(過程), 순환급수(級數), 순환기(器), 순환기(期), 순환논법(論法), 순환논증(論證), 순환도로(道路), 순환론(論), 순환마디, 순환매매(賣買), 순환변동(變動), 순환선(線), 순환소수(小數), 순환수(水), 순환장애(障碍), 순환적정의(定義), 순환절(節); 경제순환(經濟), 냉동순환(冷凍), 대순환(大), 문맥순환(門脈), 경기순환(景氣), 소순환(小), 악순환(惡), 역순환(逆), 주순환(主), 질소순환(窒素), 체순환(體), 체외순환(體外;인공순환), 탄소순환(炭素), 폐순환(肺), 피순환, 혈액순환(血液).

1018) 인순(因循): ①내키지 않아 머뭇거림. ②낡은 인습을 고집하고 고치지 않음.

순(瞬) '눈 깜작할 사이'를 뜻하는 말. ¶순간(瞬間)[순간온수기(溫水器), 순간풍속(風速), 순간적(的); 일순간(一)/일순(一瞬), 한순간], 순막(瞬膜), 순발력(瞬發力), 순발신관(信管)], 순시(瞬時), 순시(瞬視), 순식간(瞬息間) 들.

순(淳) '순박하다. 인정이 도탑다'를 뜻하는 말. ¶순고(淳古), 순량(淳良), 순박(淳朴), 순속(淳俗;순박한 풍속), 순실(淳實), 순풍(淳風;淳俗), 순풍미속(淳風美俗), 순후(淳/醇厚) 들.

순(盾) '방패'를 뜻하는 말. ¶갑순(甲盾), 극순(戟盾), 모순(矛盾), 원순(圓盾).

순(楯) '방패'를 뜻하는 말. ¶순각/반자(楯桷), 순상(楯狀)[순상엽(葉), 순상지(地), 순상화산(火山)], 순형(楯形) 들.

순(詢) '묻다. 물어보다'를 뜻하는 말. ¶순문(詢問); 광순(廣詢), 순문(詢問); 광순(廣詢), 자순(諮詢), 하순(下詢) 들.

순(諄) '타이르다'를 뜻하는 말. ¶순순하다(諄諄), 순순히.

순대 돼지의 창자 속에 쌀·두부·파·숙주나물 따위를 넣고 삶아 익힌 음식. 골집. ¶순댓국, 순대찜; 가지순대, 고기순대(소시지), 동태순대(凍太), 명태순대(明太), 양순대(洋;소시지), 오징어순대 들.

순장 바둑판의 네 변으로부터 각 넷째 줄을 6등분한 5개의 점. 모두 16점인데 먼저 양편의 돌을 같은 모양으로 섞바꾸어 벌여 놓고 둠. ¶순장바둑(우리나라 고유의 재래식 바둑. 16개의 화점에 각각 8개씩 놓고 중앙의 화점에 판마다 흑백이 번갈아 가며 두기 시작하는 바둑)

술¹ 알코올 성분이 있어서 마시면 취하는 음료의 총칭. ¶술을 담그다/마시다. 술값, 술고래, 술구기(술을 푸는 도구), 술구더기(걸러 놓은 술에 뜬 밥알), 술국/밥, 술기(氣), 술기운, 술김, 술꾼, 술난리(亂離), 술난봉, 술내, 술놀음, 술대접(待接), 술덤벙물덤벙/하다, 술덧(술밑), 술도가(都家), 술도깨비, 술독, 술독(毒), 술동무, 술동이, 술두루미(술을 담는 두루미병), 술등(燈), 술떡(증편), 술마당(술자리가 벌어진 자리), 술망나니(술주정이 심한 사람), 술미치광이, 술밑, 술밥, 술방구리, 술버릇, 술벗, 술병(病), 술병(甁), 술비지(재강), 술빚, 술사발, 술살, 술상(床), 술생각, 술손/술손님, 술시중, 술심부름, 술쌀, 술안주(按酒), 술어미, 술자리, 술잔(盞), 술잔거리(盞), 술잔치, 술장사, 술장수, 술좌석(座席), 술주자(酒榨), 술주정/꾼/뱅이/하다, 술지게미, 술집, 술찌끼(재강), 술청[1019], 술추렴, 술친구(親舊), 술타령, 술탈(頉), 술탐(貪), 술턱[1020], 술통(桶), 술트림, 술틀, 술파리, 술판, 술푸념(술을 마시면서 한탄하는 일), 술푼주, 술풍(風), 술항아리, 술화주(火酒); 강술(안주 없이 마시는 술), 곗술(契), 고구마술, 공술(空), 귀밝이술, 낮술, 단술, 대렛술(大禮), 대폿술, 도갓술(都家), 됫술, 딸기술, 말술, 맑은술, 멥쌀술, 명술(命), 무술[1021], 밑술[모주(母酒)], 받힘술[1022], 벌술[1023], 벌술(罰;벌로 먹이는 술), 볏술[1024], 병술(甁), 보리술, 부조술(扶助), 부줏술[1025], 사발술(沙鉢), 사홧술(私和), 상술(床), 소나기술, 송이술[1026], 쓴술, 아침술, 약술(藥), 외상술, 잔술/집(盞), 전술(全;전내기의 술), 조라술[1027], 죽술(粥), 찌끼술, 찹쌀술, 통술(桶), 풋술(맛도 모르고 마시는 술), 해장술, 홀짝술(아주 적은 주량), 화해술(和解). ☞ 주(酒).

술² 쟁깃술. 숟가락/숟갈/술. 밥 따위의 음식물을 숟가락으로 떠 그 분량을 세는 단위. ¶첫 술에 배부르랴. 밥술이나 먹다. 숟가락/숟갈[숟가락질, 숟가락총(숟가락의 자루), 술꼭지, 술때(밥 먹는 시간), 술목(숟가락 자루와 뜨는 부분이 이어진 부분), 술바닥[1028], 수저(숟가락과 젓가락. 숟가락의 높임말)[수젓집; 은수저(銀)], 술적심[1029], 술질[1030]; 간자숟가락[1031], 객숟가락(客), 꼭지숟가락, 남술(男), 놋숟가락, 밥숟가락, 사시숟가락(沙匙), 쇠숟가락/쇠술, 양숟가락(洋), 어석술[1032], 여술(女), 잎숟가락, 찻숟가락(茶)]; 곰방술(자루가 짧은 숟가락), 밥술, 쟁깃술[1033], 죽술(몇 숟갈의 죽. 곧 적은 양의 죽), 쪽술¹,²[1034], 첫술(첫 번으로 떠먹는 밥술), 한술(한 숟가락), 화술[1035] 들.

술³ 가마·띠·끈·옷 따위의 끝에 달린 여러 가닥의 실. ¶모자에 술을 달다. 술을 단 책상보, 술대[1036], 술띠(술끈); 금술(金), 꽃술, 끈술(매듭의 실로 늘어뜨린 것), 낙지발술(끈술), 띳술, 매듭술, 봉술[1037], 비단술(緋緞), 수술[수술대(꽃실), 수술머리; 덩이수술, 헛수술], 쌍술(雙;두 가닥의 술을 한데 묶은 술), 암술[암술대, 암술머리], 팻술(牌) 들.

술⁴ 책, 종이나 피륙 따위의 포갠 부피. ¶책술(책의 두껍고 얇은 정도).

술(術) '기술. 재주'의 뜻을 나타내는 말. ¶술가(術家), 술객(術客), 술계(術計), 술법(術法), 술사(術士), 술서(術書), 술수(術數;점치는 방법. 術策), 술어(術語;학술어), 술업(術業), 술책(術策); 간지술(干支術), 강신술(降神術), 건축술(建築術), 검술(劍術), 격면술(擊面術), 경술(經術), 곡마술(曲馬術), 곡예술(曲藝術), 관상술(觀相術), 관장술(觀掌術), 광고술(廣告術), 교정술(矯正術), 교제술

1019) 술청: 선술집에서 술잔을 놓기 위하여 쓰는, 널빤지로 좁고 기다랗게 만든 상.=목로(木壚). ¶술청에서 술꾼들이 떠드는 소리가 들린다.
1020) 술턱: 좋은 일이 있을 때에 남에게 베푸는 술대접.
1021) 무술: 제사 때 술 대신에 쓰는 맑은 찬물.
1022) 받힘술: 직접 담가서 술장수에게 대어 주는 술.
1023) 벌술: 맛도 모르면서 무턱대고 마시는 술.
1024) 볏술: 가을에 벼로 갚기로 하고 외상으로 마시는 술.
1025) 부줏술: 조상의 내림으로 잘 마시는 술.
1026) 송이술: 익은 술독에서 전국으로 떠낸 술.
1027) 조라술: 산신제나 용왕제에 쓰는 술. 빚어서 제단 옆에 묻었다가 씀. 〈준〉조라.
1028) 술바닥: ①술잎의 앞면. ②쟁기에 보습을 대는 넓적하고 삐죽하게 생긴 부분.
1029) 술적심: 밥을 먹을 숟가락을 적신다는 뜻으로, 국·찌개의 국물이 있는 음식.
1030) 술질: 음식을 먹을 때에 숟가락을 쥐고 놀리는 일.
1031) 간자숟가락: 곱고 두껍게 만든 숟가락.↔잎숟가락(얇고 거칠게 만든 숟가락).
1032) 어석술: 한쪽이 닳아진 숟가락.
1033) 쟁깃술: 쟁기의 몸 아래, 보습 위로 비스듬히 벋어 나간 나무.
1034) 쪽술¹: 쪽박 모양으로 생긴 숟가락. 쪽술²: 쟁기의 술이 비스듬하게 내려가다가 곧게 벋은 부분.
1035) 화술: 활처럼 휘우듬하게 생긴 쟁기의 술.
1036) 술대: 거문고를 타는 데 쓰는 단단한 대로 만든 채.
1037) 봉술: 머리 부분에 종이나 실, 헝겊, 쇳조각 따위로 원기둥꼴로 동인 술.

(交際術), 군술(軍術), 궁술(弓術), 궤술(詭術), 궤변술(詭辯術), 극작술(劇作術), 기술(奇術), 기술(技術), 기계술(機械術), 기마술(騎馬術), 기만술(欺瞞術), 기억술(記憶術), 기합술(氣合術), 단각술(斷角術), 단장술(短杖術), 도술(道術), 도장술(塗裝術), 독순술(讀脣術), 독심술(讀心術), 독화술(讀話術), 둔갑술(遁甲術), 마술(魔術), 마술(馬術), 묘술(妙術), 무술(巫術), 무술(武術), 문합술(吻合術), 미술(美術), 미안술(美顔術), 미용술(美容術), 미장술(美匠術), 미조술(美爪術), 방술(方術), 방어술(防禦術), 방중술(房中術), 법술(法術), 변신술(變身術), 변장술(變裝術), 변환술(變幻術), 보신술(保身術), 복술(卜術), 복화술(腹話術), 분신술(分身術), 붕대술(繃帶術), 비술(秘術), 비행술(飛行術), 사술(四術), 사술(邪術), 사술(射術), 사술(師術), 사술(詐術), 사격술(射擊術), 사교술(社交術), 사기술(詐欺術), 사항술(斜航術), 산술(算術), 산파술(産婆術), 상술(相術), 상술(商術), 석판술(石板術), 선전술(宣傳術), 성형술(成形術), 세공술(細工術), 속기술(速記術), 쇄석술(碎石術), 수술(手術), 수상술(手相術), 승마술(乘馬術), 시술(施術), 식모술(植毛術), 식치술(植齒術), 식피술(植皮術), 신술(神術), 심술(心術)[1038], 심령술(心靈術), 안마술(按摩術), 안사술(安死術), 야금술(冶金術), 양감술(鑲嵌術), 어뢰술(魚雷術), 어인술(御人術), 언술(言術), 연금술(鍊金術), 염색술(染色術), 영매술(靈媒術), 예술(藝術), 외교술(外交術), 요술(妖術), 용병술(用兵術), 운용술(運用術), 운전술(運轉術), 운조술(運操術), 웅변술(雄辯術), 원경술(園景術), 원예술(園藝術), 유영술(游泳術), 융비술(隆鼻術), 위장술(僞裝術), 의술(醫術), 이술(異術), 인술(仁術), 인술(仁術), 인쇄술(印刷術), 자강술(自强術), 작전술(作戰術), 잡술(雜術), 쟁론술(爭論術), 저격술(狙擊術), 전술(戰術), 전도술(電鍍術), 전주술(銓注術), 절제술(切除術), 점술(占術), 점몽술(占夢術), 점성술(占星術), 제지술(製紙術), 조각술(彫刻術), 조산술(助産術), 조선술(造船術), 조원술(造園術), 조종술(操縱術), 조함술(造艦術), 조함술(操艦術), 지술(地術), 지압술(指壓術), 진술(眞術), 차력술(借力術), 창술(槍術), 처세술(處世術), 처신술(處身術), 천자술(穿刺術), 총검술(銃劍術), 총창술(銃槍術), 최면술(催眠術), 축성술(築城術), 측량술(測量術), 치술(治術), 치부술(致富術), 치장술(治粧術), 침술(鍼術), 침구술(鍼灸術), 포술(砲術), 포승술(捕繩術), 폭격술(爆擊術), 표정술(表情術), 표현술(表現術), 풍흉술(豊胸術), 학술(學術), 항공술(航空術), 항해술(航海術), 해부술(解剖術), 행술(行術), 협잡술(挾雜術), 호신술(護身術), 혹술(惑術), 화술(話術), 화장술(化粧術), 환술(幻術), 활판술(活版術), 황금술(黃金術) 들.

술(述) '짓다. 책을 쓰다. 펴다. 말하다'를 뜻하는 말. ¶술어/절(述語/節), 술자지능(述者之能), 술작(述作), 술회(述懷); 강술(講述), 계술(繼述), 공술/인(供述/人), 교술(敎述), 구술(口述), 기술(記述), 기술(旣述), 논술(論述), 면술(面述), 상술(上述), 상술(詳述), 서술(敍述), 소술(所述;말하는 바), 약술(略述), 역술(譯述), 연술(演述), 자술서(自述書), 저술(著述), 전술(前述), 제술(製述), 조술(祖述), 진술(陳述), 찬술(撰述), 찬술(纂述), 편술(編述), 후술(後述) 들.

술(戌) 지지(地支)의 열한째. ¶술시(戌時), 술월(戌月), 술일(戌日), 술정(戌正) 들.

술가리 가장자리. 언저리. 여가리(강원 사투리).

술(다) 땅이 쑥쑥 빠질 정도로 질고 무르다. ¶땅이 술다. 순 논판(진 논바닥).

술래 술래잡기에서 숨은 아이들을 찾아내는 일.[←순라(巡邏)]. ¶술래놀이, 술래잡기/하다; 강강술래, 장님술래; 회술레(回;사람을 끌고 다니며 부끄러움을 주는 일).

술렁 ①사람들이 많이 몰려 수군거리며 어수선한 꼴. ¶패전 소식을 들은 병사들은 술렁술렁 동요하기 시작했다. 술렁거리다/대다/이다(떠들다. 떠들썩하다. 웅성거리다). ②물결이 내는 소리나 모양. ¶물결이 술렁술렁 움직이는 강물.

술명-하다 차림새 따위가 수수하고 걸맞다. ¶술명하게 차린 백일잔치. 술명한 차림새. 술명히 차려입고 외출하다.

숨(다) 다른 사람의 눈에 띄지 아니하게 몸을 감추다.≒파묻히다. 은둔하다(隱遁).↔찾다. 나타나다. ¶숨은 인재. 지하실에 숨다. 숨기다[1039], 숨긴죄(罪;隱匿罪), 숨김없다/이, 숨김표(標), 숨바꼭질/숨박질, 숨어다니다, 숨어들다(몰래 기어들다), 숨어살다, 숨은고장식(裝飾), 숨은그림찾기, 숨은눈[잠아(潛芽)], 숨은덕(德), 숨은바위/여[암초(暗礁)], 숨은상침(上針), 숨은선(線), 숨은싸움[암투(暗鬪)], 숨은열(熱), 숨은장[1040], 숨은침/숨침질(바늘뜸이 보이지 않게 하는 바느질), 숨음터(숨어사는 곳이나 지역), 숨은홈. ☞ 은(隱).

숫- 일부 명사나 동사 어간 또는 접사에 붙어 '다른 것이 섞이거나 더럽혀지지 않은. 본디 그대로의. 세상 물정을 모르는. 처음'의 뜻을 더하는 말. ¶숫각시, 숫감(맨 처음으로 딴 감), 숫것[1041], 숫국[1042], 숫길, 숫난이(숫총각), 숫내기(숫처녀), 숫눈[1043]/길, 숫되다(순진하고 어수룩하다), 숫되배기(숫보기), 숫밥(손대지 않은 밥), 숫배기(숫된 사람) 숫백성(百姓;순진한 백성), 숫보기(순진하고 어수룩한 사람. 숫총각이나 숫처녀), 숫보다/보이다, 숫사람(숫보기), 숫색시(숫처녀), 숫스럽다(순진하고 어수룩한 듯하다), 숫음식(飮食;만든 채 고스란히 있는 음식), 숫잠(선잠. 깊이 들지 않은 잠), 숫젊은이, 숫접다[1044], 숫제[1045], 숫지다(인정이 후하고

1038) 심술(心術): 온당하지 아니하게 고집을 부리는 마음. 남을 골리기 좋아하거나 남이 잘못되는 것을 좋아하는 마음보. ¶공연한 심술로 남을 괴롭히다. 심술이 많다. 심술이 나다. 심술궂다, 심술꾸러기, 심술딱지, 심술쟁이, 심술퉁이, 심술패기.

1039) 숨기다: 드러나지 않거나 남의 눈에 띄지 않게 하다.≒감추다. 은닉하다(隱匿). ¶신분을 숨기다. 자신의 잘못을 숨기다. 쫓기는 사람을 숨겨주다.

1040) 숨은장: 속 구멍을 파고 겉으로 보이지 아니하게 쐐기를 지른 못.

1041) 숫것: 손을 대거나 변하지 아니한 본디의 순수한 것.

1042) 숫국: 숫보기로 있는 사람이나 진솔대로 있는 물건.

1043) 숫눈: 아무도 지나가지 않아 쌓인 채 그대로 있는 눈.

1044) 숫접다: 순박하고 수줍어하는 티가 있다. 순박하고 진실하다.[←숫지(다)+업다].≒수줍다. ¶숫저운 표정. 숫저운 투로 말하다. 숫접게(숫제).

1045) 숫제: ①거짓이 아니라 참말로. 순박하고 진실하게. 숫접게. ¶숫제 굶겠다지 뭐야. 숫제좋다(부끄럼타지 않고 활발하다). ②무엇을 하기 전에 차라리. 아예 전적으로.≒애당초. ¶그렇게 할 바에야 숫제 그만둬라. ③있는 대로 모두. ¶숫제 다 가져가라. ④오로지 또는 전혀. ¶숫제 쳐다보지도 않다.

ㅅ

순박하다), 숫처녀(處女), 숫총각(總角), 숫티, 숫판, 숫하다(순박하고 어수룩하다) 들.

숭(崇) '높다 · 높이다. 공경하다'를 뜻하는 말. ¶숭경(崇敬), 숭고(崇古), 숭고하다(崇高), 숭려(崇麗), 숭례문(崇禮門), 숭모(崇慕;우러러 사모함), 숭문(崇文), 숭미(崇美), 숭반(崇班;높은 지위나 벼슬), 숭배(崇拜)[1046], 숭보(崇報;은덕을 갚음), 숭봉(崇奉;우러러 공경하여 받듦), 숭사(崇事), 숭사(崇祀), 숭상(崇尙), 숭석(崇昔;上古), 숭수(崇秀), 숭숭(崇崇;높은 모양), 숭신(崇信), 숭신(崇神), 숭암(崇巖;높은 바위), 숭앙(崇仰;공경하여 우러러봄), 숭엄하다(崇嚴;높고 고상하며 범할 수 없을 정도로 엄숙하다), 숭위(崇位;崇班), 숭유(崇儒), 숭장(崇奬;널리 권장함), 숭정(崇情), 숭조/상문(崇祖/尙門), 숭준하다(崇峻), 숭중하다(崇重), 숭하(崇廈;높고 큰 집), 숭해(崇垓;높은 낭떠러지), 융숭하다(隆崇), 존숭(尊崇), 추숭(追崇), 흠숭(欽崇) 들.

숭(崧) '우뚝 솟다'를 뜻하는 말. ¶숭고(崧高;산이 높고 웅장한 모양), 숭람(崧藍;십자화과의 두해살이풀) 들.

숭(菘) '배추'를 뜻하는 말. ¶송람(菘藍), 송채(菘菜;배추) 들.

숭굴숭굴[1] ①얼굴 생김새가 귀염성이 있고 너그럽게 생긴 모양. ¶얼굴이 숭굴숭굴 생겼다. 숭굴숭굴하다. ②성질이 까다롭지 않고 수더분하며 원만한 모양. ¶마음이 숭굴숭굴 너그럽다. 숭굴숭굴하다. ③크게 탈이 없이 수수하게 잘 자라는 모양. ¶아기는 숭굴숭굴 잘 자란다.

숭굴숭굴[2] ①얽은 자국이나 구멍 따위가 꽤 큼직큼직한 모양. ¶잘생긴 얼굴이지만 숭굴숭굴 얽은 것이 흠이다. ②빽빽하지 않고 드문드문한 모양. ¶수염이 숭굴숭굴 자라다. ③땀이나 소름, 물방울 따위가 살갗이나 표면에 조금 크게 많이 돋아나 있는 모양. ¶이마에 숭굴숭굴 구슬땀이 솟다.

숭늉 밥을 푼 솥에 물을 붓고 데운 물.[←熟冷(숙랭)]. ¶숭늉이 구수하다. 숭늉에 물 탄 격(사람이 매우 싱거움. 밍밍함). 숭냉(제사상에 올리는 물); 보리숭늉.

-숭이 몇몇 용언의 어간과 명사에 붙어 '사람'의 뜻을 더하는 말. ¶발가 · 벌거숭이, 애송이, 업숭이, 허릅숭이(일을 실답게 하지 못하는 사람).

숯 나무를 숯가마에 넣어서 구워 낸 검은 덩어리. 목탄(木炭). ¶숯을 굽다. 숯이 검정 나무란다. 숯가루, 숯가마, 숯감(숯의 재료), 숯검정(숯에서 묻은 그을음), 숯구이(숯을 만드는 일), 숯그림, 숯꾼, 숯내, 숯다리미, 숯덩어리/덩이, 숯등걸(숯이 타다 남은 굵은 토막), 숯막/골(幕), 숯머리(숯내를 맡아서 아픈 머리), 숯먹, 숯불, 숯섬, 숯장수, 숯쟁이; 깜부기숯[1047], 동물숯(動物), 등걸숯, 뜬숯[1048], 참숯[강참숯], 왕겨숯(王). ☞ 탄(炭).

숱 머리털 따위의 부피나 분량. ¶숱이 많다. 숱지다(숱이 많다), 숱하다(분량이 썩 많다. 흔하다), 숱해/수태[1049]; 머리숱, 수염수세(鬚髥;수염의 숱).

쉬 닭이나 참새 따위를 쫓는 소리. 쉬이.

쉑 목이 갈리거나 쉬어 조금 거칠게 한 번 나는 소리.

쉬[1] 파리의 알. ¶파리의 알을 '쉬'라 하고 이의 알은 '서캐'라 한다. 파리가 쉬를 슬었다. 쉬슬다(파리가 쉬를 깔겨 놓다), 쉬파리.

쉬[2] 떠들거나 큰소리를 내지 말라고 할 때 내는 소리. ¶쉬, 조용히 해. 쉬쉬거리다/대다, 쉬쉬하다[1050], 쉿.

쉬[3] 어린아이에게 오줌을 누일 때 하는 소리. ¶쉬야, 쉬야하다, 쉬하다, 쉬야하다.

쉬(다)[1] 음식에 균이 번식하여 본래의 맛이나 냄새를 잃고 시금하게 변하다.≒상하다(傷). ¶반찬이 쉬다. 쉬쉬하다(음식 따위가 약간 쉰듯하다), 쉬지근하다[1](조금 쉰 듯한 냄새가 나다), 쉬척지근 · 새척지근 · 시척지근하다/시치근하다, 쉰내(음식 따위가 쉬어서 나는 시금한 냄새. 입던 옷 따위가 땀에 절어서 나는 시금한 냄새), 쉰밥, 쉬우다, 쉰젖[산유(酸乳)].[-육류. 생선].

쉬(다)[2] 목청이 탈이 생겨 목소리가 거칠고 흐리게 되다.≒갈리다. ¶목이 쉬다. 쉬지근하다[2]; 거쉬다[1051], 목쉬다, 석쉬다[1052].

쉬(다)[3] 일을 하다가 피로를 풀려고 몸을 편안히 두다. 하던 일을 잠시 멈추다(↔일하다). 잠시 머무르다(↔계속하다). ¶안락의자에 앉아 쉬다. 잠시 쉬었다 하렴. 어제는 직장을 쉬었다. 쉬엄쉬엄[1053], 쉴막(幕), 쉴새없이(끊임없이. 바쁘게), 쉴짬, 쉴참(일을 하다가 쉬는 동안), 쉼[쉼칸(휴게실), 쉼터, 쉼표(標); 밭머리쉼, 허리쉬임/허리쉼], 다리쉬임(오랫동안 길을 걷거나 서서 일을 하다가 잠깐 다리를 쉬는 일), 열중쉬어(列中). ☞ 휴(休).

쉬(다)[4] 입이나 코로 공기를 호흡하다. 한숨을 짓다. ¶숨을 쉬다. 긴 한숨을 짓다. 내쉬다, 들이쉬다, 몰아쉬다, 치쉬다(숨을 크게 들이마시다); 숨[1054] 들.

1046) 숭배(崇拜;받듦): 숭배되다/하다, 숭배자(者); 거석숭배(巨石), 남근숭배(男根), 동물숭배(動物), 두개숭배(頭蓋), 물신숭배(物神), 사령숭배(死靈), 산악숭배(山岳), 상징숭배(象徵), 생식기숭배(生殖器;음양숭배), 성숭배(性), 성신숭배(星辰), 성우숭배(聖牛), 성자숭배(聖者), 수목숭배(樹木), 신우숭배(神牛), 암석숭배(巖石), 영웅숭배(英雄), 우상숭배(偶像), 위령숭배(偉靈), 유물숭배(遺物), 유체숭배(遺體), 음양숭배(陰陽), 인간숭배(人間), 자연숭배(自然), 정령숭배(精靈), 조상숭배(祖上), 조선숭배(祖先), 주물숭배(呪物崇拜;물신숭배), 촉루숭배(髑髏;해골), 태양숭배(太陽).

1047) 깜부기숯: 줄거리 나무를 때고 난 뒤에 꺼서 만든 뜬 숯.

1048) 뜬숯: 장작을 때고 난 뒤에 꺼서 만든 숯. 또는 피었던 참숯을 다시 꺼 놓은 숯.

1049) 수태: 양적으로 굉장히. 아주 많이. ¶수태 많다.

1050) 쉬쉬하다: 남이 알까 두려워 드러내지 않고 뒤에서 은밀하게 말하다. ≒감추다. 숨기다. ¶문제를 쉬쉬하다.

1051) 거쉬다: 목소리가 쉰 듯하면서 갈려 좀 거칠다.=걸쉬다.

1052) 석쉬다: 목소리가 조금 갈린 듯하게 쉬다. ¶석쉼하다(목소리가 웅성깊게 좀 쉰 듯하다).

1053) 쉬엄: ①쉬어 가며 천천히 하는 모양. ¶바쁘지 않으니 일을 쉬엄쉬엄 해도 된다. ②그쳤다 계속되었다 하는 모양. ¶비가 쉬엄쉬엄 내리고 있다.

1054) 숨: ①사람이나 동물이 코 · 입으로 공기를 들이마시고 내쉬는 기운.≒호흡(呼吸). ¶숨을 거두다(죽다). 숨을 돌리다. 숨을 고다(숨막히다). 숨가쁘다/가삐, 숨거두다, 숨결, 숨겹다/숨겨이, 숨골, 숨관(管), 숨구멍(숨을 쉬는 구멍), 숫구멍(갓난아이 정수리의 발딱발딱 뛰는 곳), 숨근(筋;호흡근), 숨기(氣;숨을 쉬는 기운), 숨기운, 숨기척, 술길, 숨끊다

쉬(다)[5] 모시·삼베 따위 피륙의 빛을 곱게 하려고 뜨물에 담가 두다. ¶쉰 모시.

쉬리 잉엇과의 민물고기.

쉬쿵 큰 기계 따위가 돌아갈 때 나는 소리.

쉭 공기나 입김 따위가 좁은 구멍으로 새어 나오는 소리. ¶쉭 김빠지는 소리.

쉰 '열'의 다섯 곱절. 오십(五十). ¶쉰 살. 쉰둥이(나이가 쉰 줄에 들어선 부모에게서 태어난 아이).

쉽(다) ①힘들지 아니하다. 가능성이 많다.≒수월하다. 용이하다(容易).↔힘들다. 어렵다. ¶하기 쉬운 일. 틀리기 쉬운 문제. 쉽게 여기다(쉽게 생각하다. 깔보다). 쉬워하다, 쉬이/쉬[쉬이보다, 쉬이여기다(깔보다)], 쉬이다, 쉴손1055), 쉽사리[←쉽(다)+살(ᄉ+ㄹ)+ᄒ(다)+이]; 손쉽다. ②부정이나 의문을 나타내는 표현과 함께 쓰여, '예사롭다. 흔하다'를 뜻하는 말. ¶좋은 사람을 만나는 것이 쉽지 않다.

쉿 조용히 하라고 입에 손가락을 대고 내는 소리.

스님 중이 그 스승을 부르는 말. 중을 높이어 부르는 말. ¶남스님(男), 노스님(老), 노전스님(爐殿;법당에서 아침저녁으로 향불을 받드는 스님), 여스님(女), 참회스님(懺悔), 큰스님 들.

스라소니 고양잇과의 짐승.[〈시라손].

스란 치맛단에 금박을 박아 선을 두른 것. ¶스란단(금박으로 무늬를 놓아 치맛단으로 쓰는 천), 스란치마(스란을 단 긴 치마).

-스럽(다) 일부 명사나 상태성 어근 뒤에 붙어 '그러한 성질이 있음. 격에 어울리지 않음'의 뜻을 더하고 형용사를 만드는 말.[+말하는 사람의 주관. +근접성]. §동사 어간 뒤에 붙는 '-음직스럽-'은 '그렇게 할 만한 가치가 있음'의 뜻을 더하는 접미사. ¶가공(可恐), 가관(可觀), 가긍(可矜), 가년, 가량, 가린(-吝), 가살, 가상(嘉尙), 가증(可憎), 가탄(可歎), 가탈, 간고(艱苦), 간교(奸巧), 간능(幹能), 간단(簡單), 간릉(←幹能), 간린(慳吝), 간사(奸邪), 간사(奸詐), 간살, 간악(奸惡), 간특(姦慝/奸慝), 감격(感激), 감탄(感歎), 갑작, 강렬(强烈), 개감, 개염, 개탄(慨歎), 객설(客說), 객스럽다(客), 객심(客甚), 거년, 거드름, 거령, 거만(倨慢), 거방, 거벽(巨擘), 거북살, 거북, 거엽, 거오(倨傲), 거창(巨創/巨刱), 거추장, 거쿨, 거폐(去弊), 걱정, 걸신(乞神), 걸쌈, 걸쌍, 걸탐, 검측, 겁스럽다(怯), 게걸, 게검, 게염, 게접, 게정, 겸손(謙遜), 겸연(慊然), 경망(輕妄), 경박(輕薄), 경사(慶事), 경악(驚愕), 경하(慶賀), 고급(高級), 고난(苦難), 고뇌(苦惱), 고만(高慢), 고민(苦悶), 고생(苦生), 고심(苦心), 고약(←怪惡), 고정(孤貞), 고집(固執), 고통(苦痛), 고풍(古風), 곤경(困境), 곤궁(困窮), 곤란(困難), 곤욕(困辱), 곤혹(困惑), 곰상, 곰팡, 곱살, 공교(工巧), 공손(恭遜), 공연(空然), 공칙, 과감(果敢), 과장(誇張), 괘꽝, 괘사, 괘씸, 괜스럽다, 괴까닥, 괴덕, 괴망(怪妄), 괴벽(乖僻), 괴상(怪狀), 괴악(怪惡), 괴팍(乖愎), 굉장(宏壯), 교만(驕慢), 교사(巧詐), 구경, 구구(區區), 구접, 구질, 구차(苟且), 군색(窘塞), 군숨, 굴침, 궁극(窮極), 궁벽(窮僻), 궁상(窮狀), 궁색(窮塞), 궁흉(窮凶), 귀꿈, 귀물(貴物), 귀살머리, 귀살, 귀성[1,2], 귀염성(性), 귀인상(貴人相), 귀인성(貴人性), 귀접, 그악, 극성(極盛), 극심(極甚), 근심, 급(急), 급작, 기걸(奇傑), 기겁(氣怯), 기승(氣勝), 까탈, 깜찍, 깨끔, 꼬잘, 꾀까닭, 끔찍, 난잡(亂雜), 난중(難重), 날파람, 남스럽다, 남세, 남우세, 내숭(←內凶), 냉수(冷水), 냉정(冷情/冷靜), 넉살, 넌덕, 뇌꼴, 느물, 늠름(凜凜), 능글, 능청, 다급(多急), 다변(多辯), 다복(多福), 다사(多事)1056), 다심(多心), 다정(多情), 다행(多幸), 단작·, 대견, 대담(大膽), 대범(大汎), 더넘, 덕스럽다(德), 덕성(德性), 덜퍽, 덤턱, 데면, 데퉁, 덴덕, 도담, 도량(跳梁), 도섭, 독살(毒煞), 돌변(突變), 돌쩍, 되양, 되퉁·뒤퉁, 둔스럽다(鈍), 둔팍(鈍), 둔판(鈍), 뒤넘, 뒤변덕(-變德), 뒤숭숭, 뒤스럭, 뒤웅, 떳떳, 뚝별, 마장(魔障), 만족(滿足), 말쌀, 말썽, 맛깔, 망령(妄靈), 망상, 망신(亡身), 망측(罔測), 매련·미련, 매몰, 매욱, 맨망, 맵살, 맹랑(孟浪), 맹물, 먹음직, 멋스럽다, 면괴(面愧), 면구(面灸), 면난(面赧), 명랑(明朗), 명예(名譽), 모지락, 몰강, 몰골, 몰풍(沒風), 몽짜, 무난(無難), 무미(無味), 무식(無識), 무안(無顔), 무엄(無嚴), 무작, 무잡(蕪雜), 무정(無情), 무지막지(無知莫知), 무지(無知), 무참(無慘), 무참(無慚), 물경(勿驚), 미심(未審), 미안(未安), 미욱, 미타(未妥), 민망(憫惘), 민조(憫燥), 민주, 민활(敏活), 믿음성, 믿음직, 밉광/머리, 밉살, 밉살머리, 밉상(-相), 바끄럽성, 바람직, 바보, 바지런·부지런, 박정(薄情), 반편(半偏), 발만, 발쌍, 발악(發惡), 발칙, 방분(放奔), 방자(放恣), 방정, 밴덕, 뱐덕, 번뇌(煩惱), 번다(煩多), 번잡(煩雜), 번폐(煩弊), 번화(繁華), 변괴(變怪), 변덕(變德), 변사(變詐), 변(變), 별, 별쭝, 병신성(病身性), 보배[←寶貝], 복성(福星), 복(福), 복잡(複雜), 볼강, 볼통, 부골(富骨), 부담(負擔), 부자연(不自然), 부자유(不自由), 부잡(浮雜), 부전, 분주다사(奔走多事), 분주(奔走), 분통(憤痛), 불경(不敬), 불공(不恭), 불만(不滿), 불만족(不滿足), 불명예(不名譽), 불미(不美), 불손(不遜), 불안(不安), 불퉁, 불편(不便), 불평(不平), 비겁(卑怯), 비굴(卑屈), 비밀(秘密), 비아냥, 빤빤·뻔뻔, 사람, 사랑, 사막, 사박, 사번(事煩), 사사(邪邪), 사삭, 사위, 사치(奢侈), 사풍(邪風), 산망, 살똥, 살천, 살풍경(殺風景), 삽삽, 상냥, 상서(祥瑞), 상(常)·쌍스럽다, 상패(常悖), 새살, 새삼, 새실, 새침, 새퉁·시퉁, 색스럽다(色), 생광(生光), 생급, 생뚱, 생청, 서슬, 성스럽다(聖), 성화

(목숨을 끊다), 숨넘어가다(죽다), 숨돌리다, 숨막히다, 숨붙다(생명이 유지되어 살아가다), 숨비소리(해녀가 참던 숨을 휘파람같이 내쉬는 소리), 숨뿌리, 숨소리, 숨쉬기/하다, 숨쉬다, 숨운동(運動), 숨주머니, 숨죽다, 숨죽이다(숨을 잠시 멈추다. 채소 따위에 소금을 쳐서 싱싱한 기운을 없애다), 숨줄[기관(氣管)], 숨지다(숨이 다하여 죽다), 숨진옷(죽을 당시에 입고 있던 옷), 숨차다(헐떡이다), 숨탄것(동물), 숨통[기관(氣管). 활기], 숨틀[호흡기(呼吸器)], 숨표(標); 깊은숨(深呼吸), 날숨, 단숨에(單), 도둑숨(창법에서 숨을 쉴 곳이 아닌 곳에서 잠깐 몰래 쉬는 숨), 들숨, 마디숨(마디지게 몰아쉬는 숨), 모두숨(한 번에 크게 몰아쉬는 숨), 목숨, 물숨, 뱃숨, 속숨[내호흡(內呼吸)], 어깻숨(어깨를 들먹이면서 가쁘게 쉬는 숨), 콧숨, 한숨(탄식)[한숨에(단결에), 한숨짓다(한탄하다)], 헛숨, 황소숨(크게 쉬는 숨). ②푸성귀 따위의 생생하고 빳빳한 기운. ¶배추의 숨을 죽여서 겉절이를 담그다.

1055) 쉴손: 흔히. 그렇게 되기가 쉽게. 필경(畢竟). ¶한눈을 팔다가는 쉴손 넘어지지.

1056) 다사스럽다(多事): 긴하지 아니한 일에도 간섭하기를 좋아하다.

(成火), 섬평, 소견(所見), 소담, 소란(騷亂), 소망(所望), 소사, 소심(小心), 소요(騷擾), 소인(小人), 속악(俗惡), 송구(悚懼), 송름(悚懍), 수고(受苦), 수괴(殊怪), 수괴(羞愧), 수다, 수떨, 수란(愁亂), 수럭, 수삽(羞澀), 수상(殊常), 수선, 수월, 수치(羞恥), 수통(羞痛), 순진(純眞), 순편(順便), 숫스럽다, 스산, 시들, 시름. 시망, 시쁘장, 시설, 시원, 시퉁머리, 신검, 신고(辛苦), 신령(神靈), 신비(神秘), 신산(辛酸), 신세(身世), 신통(神通), 실살(實), 실망(失望), 실쌈, 심술(心術), 심악(甚惡), 심통(心痛), 쌀쌀, 쑥스럽다, 아기자기, 아니꼽살, 아담(雅澹/雅淡), 아른·어른, 아망, 아양, 악독(惡毒), 악물(惡物), 악스럽다(惡), 악지·억지, 악착·억척(齷齪), 안달, 알량, 암상, 암팡·엄펑, 앙달머리, 앙살, 앙상·엉성, 앙증, 앙칼, 앙큼·엉큼, 애교(愛嬌), 애발, 애백, 애살, 애상(哀傷), 애연(哀然), 야경(夜警), 야단(惹端), 야당, 야만(野蠻), 야멸, 야박(野薄), 야발, 야살, 야속(野俗), 야심(偌甚), 야지랑·이지렁, 약스럽다, 약략(略略), 약삭, 얄망, 얄밉상, 얄팍, 얌심, 얌전, 양광, 어리광, 어줍살, 어험, 억대, 억살, 언구럭, 엄살, 엄전(嚴全), 엄청, 엉뚱, 여상(如常), 역스럽다(逆), 역정(逆情), 연민(憐愍/憐憫), 열성(熱誠), 염려(念慮), 엽렵(獵獵), 영걸(英傑), 영검(←靈驗), 영광(榮光), 영매, 영맹(英猛), 영악(靈惡), 영예(榮譽), 영절, 영화(榮華), 예스럽다, 예쁘장·이쁘장, 예사(例事), 오감, 오도깝, 오만(傲慢), 오망[←迂妄], 오묘(奧妙), 온화(溫和), 옹색(壅塞), 왁살, 완고(頑固), 완만(頑慢), 왈왈, 왈패(曰牌), 왕청, 왜골, 왜퉁, 외람(猥濫), 외잡(猥雜), 요괴(妖怪), 요기(妖氣), 요란(搖亂/擾亂), 요망(妖妄), 요변(妖變), 요사(妖邪), 요악(妖惡), 욕스럽다(辱), 용감(勇敢), 용렬(庸劣), 용맹(勇猛), 우둔(愚鈍), 우람, 우려(憂慮), 우세, 우스꽝, 우아(優雅), 우악살(愚惡), 우악(愚惡), 우연(偶然), 우자(愚者), 우직(愚直), 우치(愚癡), 울상(相), 원만(圓滿), 원망(怨望), 위구(危懼), 위엄(威嚴), 위험(危險), 유감(遺憾), 유난, 유별(有別), 유착, 유체, 유쾌(愉快), 유표(有表), 육중(肉重), 은밀(隱密), 을씨년, 음충, 음침(陰沈), 음탕(淫蕩), 음흉(陰凶), 응석, 의문(疑問), 의뭉, 의사(意思), 의심(疑心), 의심쩍(疑心), 의아(疑訝), 의이(疑異), 의젓, 이물(異物), 이상(異常), 이심(已甚), 이악, 이어중(異於衆), 익살, 인자(仁慈), 인정(人情), 일부러, 자깝, 자냥, 자닝, 자랑, 자비(慈悲), 자상(仔詳), 자연(自然), 자유(自由), 잔망(孱妄), 잔인(殘忍), 잔혹(殘酷), 잡상(雜常), 잡스럽다(雜), 장난, 장황(張皇), 재롱(才弄), 재미, 재사(才思), 저주(詛呪), 저질(低質), 적막(寂寞), 전율(戰慄), 절망(絶望), 절통(切痛), 점직, 정갈, 정결(精潔), 정결(淨潔), 정성(精誠), 조급(躁急), 조마, 조심성(操心性), 조심(操心), 조쌀, 조야(粗野), 조잡, 좀스럽다, 좀상, 죄만(罪萬), 죄민(罪憫), 죄송(罪悚), 죄스럽다(罪), 주접, 주체, 준걸(俊傑), 중뿔, 증상(憎狀), 증오(憎惡), 지궁(至窮), 지독(至毒), 지리감(支離), 지성(至誠), 지악(至惡), 직심(直心), 질중(質重), 질탐(-貪), 질탕(跌宕), 짐스럽다, 징상, 짜증, 착살, 찬연, 찬찬, 참람(僭濫), 창피(猖披), 천격(賤格), 천덕(賤), 천연(天然), 천연덕(天然), 천진(天眞), 천착(舛錯), 청승, 초조(憔燥), 촌(村), 추물(醜物), 추잡(醜雜), 추잡(麤雜), 추접, 축축, 충성(忠誠), 츱츱, 치사(恥事), 치욕(恥辱), 칙살, 친근(親近), 친절(親切), 쾌심(快心), 타끈, 탄명, 탐스럽다, 탐욕(貪慾), 탐탁, 태깔(態), 태연(泰然), 털털, 토심(吐心), 투깔, 투미, 투박, 투상, 툽상, 퉁명, 틀스럽다, 평화(平和), 폐스럽다(弊), 포달, 포악(暴惡), 표독(慓毒), 푸접, 풍아(風雅), 핀잔, 한가(閑暇), 한스럽다(恨), 한심(寒心), 한아(閑雅), 한악(悍惡), 해독(害毒), 해찰, 행복(幸福), 허겁(虛怯), 허랑방탕, 허망(虛妄), 허접, 허풍(虛風), 헌걸, 험상(險狀), 험악(險惡), 혐의(嫌疑), 호강, 호걸(豪傑), 호기(豪氣), 호도깝, 호들갑·흐들갑스럽다, 호사(豪奢), 호세(豪勢), 호화(豪華), 혼란(混亂), 혼란(焜爛), 혼잡(混雜), 효성(孝誠), 후회(後悔), 흉스럽다(凶), 흉기(兇氣), 흉물(凶物), 흉악(凶惡), 흉악망측(凶惡罔測), 흉증(凶證), 흉측(凶測), 흔연스럽다(欣然), 흥감스럽다(興感), 희한스럽다(稀罕), 히살스럽다 들.

스루다 =슬다[3].

스름스름 눈에 뜨이지 않게 은근히 움직이거나 변하는 모양. ¶해가 나자 스름스름 쌓인 눈이 녹다.

-(으)스름(하다) 빛깔이나 형상을 나타내는 어간과 '하다' 사이에 붙어 '빛깔이 옅거나 그 형상과 비슷함. 좀. 약간'의 뜻을 더하는 말.=-스레(하다). ¶가느스름하다, 가무·까무·거무·꺼무스름하다, 갸우스름하다, 검불그스름하다, 기르스름하다, 까무스름하다, 납작스름하다, 납죽스름하다, 넓적스름하다, 넓죽스름하다, 노르·누르스름하다, 동그·똥그·둥그·뚱그스름하다, 말그·멀그·물그스름하다, 발그·빨그·벌그·뻘그스름하다, 보유·뽀유·뽀야·부유·뿌유스름하다, 볼그·뽈그·불그·뿔그스름하다, 파르·퍼르·푸르스름하다, 희읍스름하다 들.

스리 음식을 씹다가 볼을 깨물어 난 상처. ¶맵고 짠 것을 먹으면 스리 부위가 알알했다.

스물 열의 갑절. 이십(二十). §명사 앞에서는 '스무'의 꼴로 관형사로 쓰임. ¶그 사람 나이가 스물이다. 공이 스물여덟 개 있다. 스무 밤만 자면 온다고 엄마가 약속하셨다. 스무 사람. 스무고개, 스무날, 스무날비, 스무 말/되/마지기/마리, 스물/째.

스미(다) ①물이나 기름 같은 액체가 배어들다. 기체·바람 따위가 속으로 흘러들다. ¶창호지에 빗물이 스미다. 찬바람이 창문을 통해 스미는 것 같다. 스며나오다, 스며들다(≒배다. 파고들다. 침투하다), 스밈, 스밈압력(삼투압), 슬맺다/맺히다(스며나와서 맺히다), 슴배다(조금씩 안으로 스미어 배다)/배이다, 슴새다(조금씩 밖으로 스미어 나가다). ②마음에 사무치다. 마음이나 정 따위가 담겨 있다. ¶사랑이 담뿍 스민 선물. 가슴속에 스미는 외로움. ☞ 삼(滲).

스산-하다 ①쓸쓸하고 어수선하다. ¶추수가 끝난 가을 들판의 스산한 풍경. ②날씨가 흐리고 으스스하다. ¶유난히 스산한 겨울 날씨. 스산하게 부는 가을바람. ③기분이나 마음이 가라앉지 아니하고 뒤숭숭하다. ¶기분이 스산하다. 스산스럽다.

스스럽(다) ①서로 사귀는 정분이 두텁지 않아 조심스럽다≒어색하다. ¶서로 스스럽게 지내다. ②수줍고 부끄러운 느낌이 있다. ¶스스러워서 대하기가 어렵다. 새삼스레 인사를 하기가 스스럽다. 처녀가 그런 일을 하자니 스스럽기야 하겠지. 스스럼[1057]/없다.

1057) 스스럼: 조심하거나 어려워하는 마음이나 태도. ¶스스럼없는 사이. 스

스스로 ①자기 자신. ¶그는 스스로를 속이고 있다. ②제 힘으로. 자진하여. 혼자. ¶남의 손을 빌리지 말고 네 스스로 해라. 누가 시키기 전에 스스로 하다.

스스리 물레방아가 돌아가는 소리.

스승 자기를 가르쳐 이끌어 주는 사람.≒사부(師傅). 선생(先生).↔제자(弟子). ¶스승의 은혜를 잊지 않다. 스승님, 스승항아님(姮娥;늙은 상궁); 경스승(經), 노스승(老) 들.

스적[1] ①물건이 서로 맞닿아 비벼지는 소리. 또는 그 모양. 〈센〉쓰적. 싸작. ¶소가 등을 벽에 대고 스적스적 비벼대다. 스적거리다/대다/이다. ②쓰레질을 대강대강 하는 모양.

스적[2] ①힘들이지 않고 슬슬 행동하는 모양. ¶스적스적 밭일을 하다. ②좀 느릿느릿 움직이거나 슬슬 걸어가는 모양. ¶논 가운데로 스적스적 발을 옮기기 시작했다. 〈큰〉시적. 〈센〉쓰적.

스치(다) ①서로 살짝 닿으면서 지나가다.≒거치다. ¶어깨를 스치고 지나가다. 옷깃만 스쳐도 인연이다. ②어떤 느낌 · 생각 · 표정 따위가 퍼뜩 떠올랐다가 이내 사라지다. ¶입가에 미소가 스치다. ③시선이 훑어 지나가다.≒곁눈질하다. ¶스쳐보다(곁눈질을 하여 슬쩍 보다), 스쳐지나다, 스치우다, 스치적(스치는 모양), 스침견지낚시, 스침소리.

슬(膝) '무릎'을 뜻하는 말. ¶슬갑(膝甲)/도적[1058], 슬개건(膝蓋腱), 슬개골(膝蓋骨), 슬개반사(膝蓋反射), 슬관절(膝關節), 슬두(膝頭;무릎), 슬명(膝皿;종지뼈), 슬상(膝上;무릎 위), 슬하(膝下)[1059], 슬한증(膝寒症), 슬행(膝行;무릎을 꿇고 걸음); 굴슬(屈膝), 내반슬(內反膝), 노안비슬(奴顔婢膝;알랑거리는 비굴한 태도), 압슬(壓膝), 염슬단좌(斂膝端坐), 옹슬(擁膝;무릎을 안고 깊이 생각함), 외반슬(外反膝), 용슬(容膝), 외반슬(外反膝), 자슬(慈膝), 접슬(接膝), 촉슬(促膝), 폐슬(蔽膝) 들.

슬(蝨/虱) '이(이과의 곤충)'를 뜻하는 말. ¶슬보(蝨甫;머릿니); 모슬(毛蝨), 어슬(魚蝨), 우슬(牛蝨;진드기), 음슬(陰蝨;사면발이), 학슬초/학슬(鶴蝨草) 들.

슬(瑟) 중국 고대 아악기의 하나. 비파(琵琶). ¶슬인(瑟人); 금슬(琴瑟), 소슬하다(蕭瑟), 소슬바람(蕭瑟) 들.

슬걱슬걱 힘들이지 아니하고 느릿느릿 움직이는 모양. ¶슬걱슬걱 맷돌이 돌아가다. 슬걱슬걱하다.

슬기 사물의 이치를 빨리 깨닫고 사물을 정확하게 처리할 방도를 생각해 내는 재능.≒지혜(智慧). 미립'. ¶슬기가 뛰어나다. 슬기구멍(슬기가 생겨나는 원천), 슬기로이(지혜로이), 슬기롭다(↔어리석다), 슬기주머니(남다른 재능을 가진 사람); 슬금하다[1060].

슬(다)[1] ①푸성귀 따위가 진딧물 따위에 못 견디어 시들어 가다. ¶배추가 장맛비에 슬다. ②몸에 돋았던 부스럼이나 소름의 자국이 없어지다.=스러지다. ¶부스럼이 슬다. ☞ 사라지다.

슬(다)[2] ①아이를 배다. 벌레나 물고기 따위가 알을 갈기어 놓다. ¶서캐가 하얗게 슨 노숙자의 머리털. 파리가 쉬를 슬다. 슬치[1061], 배슬다[1062], 쉬슬다. ②쇠붙이에 녹이 생기다. ¶칼에 녹이 슬다. 녹슬다(綠). ③곰팡이가 생기다. ¶식빵에 곰팡이가 슬다.

슬(다)[3] ①풀이 센 빨래를 손질하여 녹녹하고 보들보들하게 하다. ¶풀 먹인 이불 홑청을 슬다. ②쇠붙이를 불에 달구어 센 기운을 덜다.=스루다[1063]. ¶대장간에서 무쇠를 슬다.

슬프(다) 불행을 당하거나 몹시 외롭거나 하여, 울고 싶어지도록 마음이 아프다.[←슳(다)+-브다].≒서럽다/섧다. 서글프다. 애통하다(哀痛).↔기쁘다. 즐겁다. ¶그는 슬픈 운명을 타고났다. 슬픈 이야기. 슬퍼하다. 슬픔(비극. 설움), 슬피. ☞ 애(哀). 비(悲).

슴베 칼 · 호미 · 낫 따위의 자루 속에 박히는 뾰족한 부분. ¶슴베를 불에 달구어 자루에 박았다.

-습- 받침으로 끝난 어간 뒤에서 객체에 대한 존대를 나타내는 선어말 어미.[(-숩-]. [모음으로 끝나는 어간 뒤에서는 '-ㅂ-'로 쓰임]. ¶먹습니다. 받습니다. 있습니다. -(ㅂ)습닌다, -(ㅂ)습니까, -(ㅂ)습니다, -(ㅂ)습디까, -(ㅂ)습디다, -(ㅂ)습딘다, -(ㅂ)습지요. ☞ -ㅂ-②.

습(習) '익히다. 버릇'을 뜻하는 말. ¶습관(習慣)[습관법(法), 습관성(性), 습관음(音), 습관적(的), 습관화/되다/하다(化)], 습독(習讀), 습득(習得;배워 터득함)[습득관념(觀念), 습득되다/하다], 습례(習禮), 습벽(習癖), 습보(習步), 습사/원(習射/員), 습상(習尙), 습성/화(習性/化), 습속/규범(習俗/規範), 습숙/견문(習熟/見聞), 습습하다(習習;바람이 산들산들하다), 습악(習樂), 습업(習業), 습여성성(習與性成), 습연(襲沿), 습염(習染), 습의(習儀), 습자(習字), 습작(習作), 습진(習陣); 강습(講習), 견습(見習), 고습(故習), 관습/법(慣習/法), 교습(敎習), 구습(口習), 구습(舊習), 기습(氣習), 기습(奇習), 누습(陋習), 독습(獨習), 독습(讀習), 만습(蠻習), 민습(民習), 보습(補習), 복습(復習), 분습(分習), 사습(士習), 사습(私習), 상습(常習), 세습(世習), 속습(俗習), 수습(修習), 숙습(宿習), 숙습(熟習), 습습하다(習習)[1064], 시습(時習), 실습(實習), 악습(惡習), 야습(夜習), 언습(言習;말버릇), 여습(餘習), 연습(演習), 연습(練/鍊習), 예습(豫習), 온습(溫習), 완습(頑習), 유습(遺習), 유습(謬習), 음습(淫習), 인습(因習), 자습(自習), 적습(賊習), 적습(積習), 전습(傳習), 조습(調習), 징습(懲習), 체습(體習), 추습(醜習), 추습(麤習), 탈습(脫習), 투습(套習), 패습(悖習), 폐습(弊習), 풍습

ㅅ

스럽없다/없이.

1058) 슬갑도적(膝甲盜賊): 남의 글을 제 것으로 하는 사람. 표절(剽竊)하는 사람.

1059) 슬하(膝下): ①어버이의 곁. ¶부모의 슬하를 떠나다. 편모슬하(偏母). ②자식을 두어 대를 이어야 할 처지. ¶슬하에 일점혈육도 없는 노부부.

1060) 슬금하다: 겉보기에는 어리석은 듯하나 속으로는 슬기롭고 너그럽다. ¶그녀는 꽤 슬금한 여자여서 따르는 남자들이 많았다.

1061) 슬치: 알을 낳고 나서 뱃속에 알이 없는 뱅어.↔알치.

1062) 배슬다: 아이를 배다. ¶열 달 배슬어 낳은 자식이라고 다 그럴까. 배슬리다

1063) 스루다: ①녹녹하고 보들보들하게 하다. ②풀이 센 다듬잇감을 잡아당기어 풀기를 죽이다. ¶풀이 센 홑이불을 잡아당기어 스룬다. ③쇠붙이를 불에 달구어 무르게 하다. ¶스룬 쇠붙이를 두드리다. ④마음이나 속을 태우다.[←슬(다)+우+다].

1064) 습습하다(習習): 바람이 산들산들하다. ¶습습한 바람. 습습히.

(風習), 하습(下習), 학습(學習), 항습(恒習), 행습(行習), 효습(曉習;깨달아 익숙하게 됨), 훈습(薰習) 들.

습(濕) '축축하다'를 뜻하는 말.↔건(乾). ¶습개(濕疥;진옴), 습구(濕球), 습기(濕氣), 습난(濕爛), 습담(濕痰), 습도(濕度)[습도계(計), 습도표(表); 상대습도(相對), 절대습도(絕對)], 습독(dock), 습란(濕爛), 습랭(濕冷), 습량(濕量), 습법(濕法), 습비(濕痺), 습생(濕生), 습선(濕癬;진버짐), 습선거(濕船渠), 습설(濕泄), 습성(濕性)[습성늑막염(肋膜炎), 습성천이(遷移)], 습식(濕式)[습식정련(精鍊), 습식집진(集塵), 습식폭탄(爆彈)], 습열/법(濕熱/法), 습윤/기후(濕潤/氣候), 습장(濕葬), 습전지(濕電池), 습종(濕腫), 습증(濕症), 습지(濕地)[습지식물(植物), 습지이끼, 습지초원(草原); 배후습지(背後)], 습지(濕紙), 습진(濕疹), 습창(濕瘡), 습처(濕處), 습초(濕草), 습토(濕土), 습판(濕板), 습포(濕布), 습하다(축축하다); 가습(加濕), 건습(乾濕), 건습계(乾濕計), 고습(高濕), 골습(骨濕), 낭습증(囊濕症), 내습(耐濕), 냉습/하다(冷濕), 누습(漏濕), 다습(多濕), 담습(痰濕), 방습(防濕)[방습재(材), 방습제(劑)], 보습(補濕), 비습(比濕), 비습하다(肥濕), 비습하다(卑濕), 우습(雨濕), 음습(陰濕), 임습(霖濕), 저습(低濕), 제습(除濕), 조습(燥濕), 증습(蒸濕), 첨습(沾濕), 치습(治濕), 침습(浸濕), 풍습(風濕), 하습(下濕), 한습(寒濕) 들.

습(襲) '덮치다. 물려받다. 입다. 잇다'를 뜻하는 말. ¶습격(襲擊)[습격기(機), 습격대(隊), 습격하다], 습기(襲器), 습답(襲踏), 습래(襲來), 습보(襲步;말이 모둠발로 달림), 습석(襲席), 습신(염할 때 시신에게 신기는 신), 습업(襲業;가업을 이어나감), 습연(襲沿;전부터 행해져 오는 일을 맡아함), 습용(襲用;이어받아 그대로 사용함), 습의(襲衣;壽衣), 습자배기(시신을 씻기 위한 향탕을 담는 질그릇), 습작(襲爵), 습조복(襲朝服), 습직(襲職), 습하다(시신을 씻기고 옷을 갈아입히다); 강습(强襲), 계습(繼襲), 공습(攻襲), 공습(空襲), 급습(急襲), 기습(奇襲)[기습적(的), 기습전(戰), 기습하다], 내습(來襲), 답습(踏襲), 대습상속(代襲相續), 도습(蹈襲), 맹습(猛襲), 모습(模/摸襲), 세습(世襲), 승습(承襲), 야습(夜襲), 엄습(掩襲), 역습(逆襲), 연습(沿襲), 염습(殮襲), 윤습(輪襲), 인습(因襲), 일습(一襲;옷·그릇·기구 따위의 한 벌), 적습(敵襲), 전습(傳襲), 초습(剿襲;남의 것을 슬그머니 자기 것으로 함), 피습(被襲) 들.

습(拾) '줍다'를 뜻하는 말. ¶습개(拾芥;티끌을 줍는 일이라는 뜻으로, 명예나 부귀를 쉽게 얻음), 습득(拾得↔紛失), 습득물(拾得物), 습유(拾遺)[노불습유(路不)], 습집(拾集), 습철(拾掇), 습취(拾取); 수습/책(收拾/策), 철습(掇拾;주워 모음). §'십(十)'의 갖은자로 쓰일 경우에는 [십]으로 읽음. 삼십(參拾).

습(褶) '주름'을 뜻하는 말. ¶습곡(褶曲)[1065], 습벽(褶襞); 균습(菌褶) 들.

습(慴) '두렵다'를 뜻하는 말. ¶습복(慴伏/服).

습습-하다 마음이나 하는 짓이 사나이답게 활발하고 너그럽다.≒씩씩하다. ¶장군은 성격이 습습해서 부하들이 잘 따른다. 습습하고 상냥하고 원 그런 사람이 천하에 어디 또 있겠느냐.

승(勝) ①겨루기에서 이기는 일. 또는 그것을 세는 단위.↔패(敗). ¶첫 승을 거두다. 5승 3패. 승공(勝共), 승과(勝果), 승과(僧科), 승국(勝國;前朝), 승기(勝機;이길 수 있는 기회), 승기자(勝己者), 승률(勝率), 승리(勝利)[승리감(感), 승리자(者), 승리투수(投手), 승리하다; 대승리(大)], 승벽(勝癖)[승벽내기, 승벽심(心)], 승보(勝報), 승부(勝負)[승부수(手), 승부차기, 승부처(處); 무승부(無), 불분승부(不分)], 승산(勝算;이길 가망), 승세(勝勢), 승소(勝訴), 승어부(勝於父), 승운(勝運), 승인(勝因), 승자(勝者), 승자총(勝字銃), 승인(勝因;승리의 원인), 승자총(勝字銃), 승전(勝戰), 승점(勝點), 승접(勝接), 승차(勝差), 승첩(勝捷;勝戰), 승패(勝敗), 승하다, 승회(勝會;성대한 모임); 각승(角勝;승부를 겨룸), 건승(健勝), 결승(決勝;대매)[결승선(線), 결승전(戰), 결승점(點)], 겸승(兼勝), 계계승승(繼繼承承), 기권승(棄權勝), 기승(奇勝;기묘하고 뛰어난 경치. 뜻밖에 얻은 승리), 기승(氣勝)[1066], 낙승(樂勝;힘들이지 않고 쉽게 이김), 단승식(單勝式), 대승(大勝), 명승(名勝), 배승(倍勝), 백전백승(百戰百勝), 복승식(複勝式), 부전승(不戰勝), 불계승(不計勝), 상승(常勝), 선승(先勝), 수승(殊勝), 승승장구(乘勝長驅), 신승(辛勝), 압승(壓勝), 역전승(逆轉勝), 연승(連勝), 완승(完勝), 우승(優勝), 우세승(優勢勝), 자승(自勝), 재승덕(才勝德), 재승박덕(才勝薄德), 전승(全勝), 전승(戰勝), 제승(制勝), 차승/치승하다(差勝), 축승(祝勝), 치승(差勝;조금 나음), 쾌승(快勝), 판정승(判定勝), 필승(必勝), 한판승, 호승(好勝). '뛰어나다. 빼어나다. 지나치다'를 뜻하는 말. ¶승경(勝景), 승구(勝區), 승묘하다(勝妙), 승사(勝事), 승연(勝緣;훌륭하고 좋은 인연), 승유(勝遊), 승지(勝地), 승치(勝致); 경승(景勝), 득승(得勝), 명승(名勝), 방승(方勝;金箋紙), 보승지(保勝地), 예승즉이(禮勝則離), 절승(絕勝), 제승(濟勝), 초승(稍勝;조금 나음), 최승(最勝;가장 나음), 탐승(探勝), 형승(形勝) 들.

승(僧) 교법(敎法)대로 수행하는 자. '스님·중'을 뜻하는 말. ¶승가(僧伽;중), 승가(僧家;절), 승가람(僧伽藍), 승과(僧科), 승군(僧軍), 승규(僧規), 승니(僧尼), 승답(僧畓), 승당(僧堂), 승도(僧徒), 승도(僧桃), 승두선(僧頭扇), 승랍(僧臘), 승려(僧侶), 승률(僧律), 승림(僧林;큰 절), 승명(僧名), 승모(僧帽), 승모근(僧帽筋), 승모판(僧帽瓣), 승무(僧舞), 승문(僧門), 승방(僧房), 승병(僧兵), 승보(僧譜), 승보(僧寶), 승복(僧服), 승사(僧舍;절), 승석(僧夕), 승소(僧梳), 승속(僧俗), 승원(僧院/園), 승의(僧衣), 승장(僧將), 승적(僧籍), 승중, 승중(僧衆), 승직(僧職), 승통(僧統); 강호승(江湖僧), 객승(客僧), 거승(巨僧), 걸승(傑僧), 고승(高僧), 공부승(工夫僧), 구법승(求法僧), 군승(軍僧), 귀의승(歸依僧), 낙승(落僧), 남승(男

1065) 습곡(褶曲): 지각의 변동으로 평범한 지층이 물결 모양으로 주름이 져서 산이나 골짜기가 되는 일. ¶습곡각(角), 습곡곡(谷), 습곡구조(構造), 습곡기반(基盤), 습곡대(帶), 습곡산맥(山脈), 습곡산지(山地), 습곡운동(運動), 습곡축(軸); 경사습곡(傾斜), 동형습곡(同形), 등사습곡(等斜), 배사습곡(背斜), 재습곡(再), 전단습곡(剪斷), 정습곡(正), 층내습곡(層內), 횡와습곡(橫臥).

1066) 기승(氣勝): 성미가 억척스럽고 굳세어 좀처럼 굽히지 않음. 또는 그런 성미. 기운이나 힘 따위가 누그러지지 않음. 또는 그 기운이나 힘. ¶비가 내려서 무더위의 기승을 누그러뜨렸다. 기승떨다/부리다, 기승스럽다, 기승하다.

ㅅ

僧), 노승(老僧), 노전승(爐殿僧), 대처승(帶妻僧), 도승(道僧), 동승(童僧), 동자승(童子僧), 망승(亡僧), 매승(賣僧), 명승(名僧), 미승(美僧), 밀타승(密陀僧), 반승반속(半僧半俗), 범부승(凡夫僧), 범승(凡僧), 범승(梵僧), 별중승(別衆僧), 보살승(菩薩僧), 복승(福僧), 비구승(比丘僧), 비승비속(非僧非俗), 빈승(貧僧), 사승(寺僧), 사승(使僧), 사승(師僧), 사미승(沙彌僧), 사판승(事判僧), 산승(山僧), 삼매승(三昧僧), 상좌승(上座僧), 선승(禪僧), 소승(小僧), 소승(少僧), 속승(俗僧), 수승(首僧), 수도승(修道僧), 시승(詩僧), 시주승(施主僧), 신승(神僧), 아양승(啞羊僧), 악승(惡僧), 야승(野僧), 여승(女僧), 역승(役僧), 요승(妖僧;요사스러운 중), 운수승(雲水僧), 유발승(有髮僧), 이승(尼僧;비구니), 자미승(粢米僧), 장발승(長髮僧), 재가승(在家僧), 주승(主僧;주지승), 주승(住僧;절에 있는 중), 죽반승(粥飯僧;무능한 사람), 지로승(指路僧;지로꾼), 진실승(眞實僧), 진승(眞僧), 청승(淸僧), 탁발승(托鉢僧), 파계승(破戒僧), 평승(平僧), 학승(學僧), 행각승(行脚僧), 화주승(化主僧), 화택승(火宅僧), 회하승(會下僧) 들.

승(乘) ①타다. 이용하다'를 뜻하는 말. 수레 따위를 세는 단위. ¶승강/구(乘降/口), 승객(乘客), 승교(乘轎;가마)/바탕, 승극(乘隙), 승기(乘機;적당한 때를 탐), 승마(乘馬), 승망풍지(乘望風旨;남의 비위를 잘 맞추어 줌), 승무원(乘務員), 승선(乘船), 승세(乘勢;세력을 믿고 대듦), 승승장구/하다(乘勝長驅), 승시(乘時;乘機), 승야(乘夜;밤을 이용함), 승여(乘輿), 승용/차(乘用/車), 승운(乘運), 승위섭험(乘危涉險), 승일(乘馹), 승차(乘車)[승차감(感); 무임승차(無賃)], 승취(乘醉), 승풍파랑(乘風破浪), 승하선(乘下船), 승학(乘鶴), 승한(乘閒), 승함(乘艦), 승합(乘合), 승혼(乘昏), 승흥(乘興); 대승/적(大乘/的), 동승(同乘), 만승(萬乘), 멱승(冪乘), 무임승(無賃乘), 배승(陪乘), 보살승(菩薩乘), 분승(分乘), 사승(私乘), 소승/적(小乘/的), 시승(試乘), 이승(二乘;제곱), 이승(移乘), 일불승(一佛乘), 전승(轉乘), 졸승(卒乘), 탑승(搭乘), 편승(便乘), 합승(合乘), 일/이/삼인승. ②곱하다. 제곱'을 뜻하는 말. ¶승귀제(乘歸除), 승근(乘根), 승멱(乘冪), 승법(乘法), 승산(乘算), 승수(乘數;어떤 수에 곱하는 수)[승수원리(原理), 승수이론(理論), 승수효과(效果)], 승자(乘子), 승적(乘積), 승제(乘除), 승제법(乘除法), 승표(乘標), 승하다, 승호(乘號); 가감승제(加減乘除), 계승(階乘), 상승(相乘), 연승(連乘), 자승(自乘), 전승(轉乘), 차승(叉乘). ③'역사의 기록'을 뜻하는 말. ¶승지(乘志); 가승(家乘;족보나 문집), 국승(國乘), 사승(史乘), 야승(野乘) 들.

승(承) '받들다. 잇다'를 뜻하는 말. ¶승계(承繼)[1067], 승구(承句), 승낙(承諾)[승낙되다/하다, 승낙살인(殺人), 승낙서(書); 반승낙(半), 사후승낙(事後)], 승당(承當), 승명(承命), 승문(承聞), 승발(承發), 승복(承服;알아서 따름), 승복(承服;죄를 고백함)[개개승복(箇箇)], 승봉(承奉), 승부(承訃), 승사(承嗣), 승상접하(承上接下), 승서(承緖), 승선(承宣), 승소(承召), 승수(承受), 승순(承順), 승습(承襲), 승안(承顔), 승역국(承役國), 승역지(承役地), 승윤(承允), 승은(承恩), 승인(承認)[1068], 승적(承嫡), 승전(承前), 승전(承傳), 승접(承接), 승종(承從), 승중(承重)[1069], 승지(承旨), 승진(承塵), 승통(承統;종가의 계통을 이음), 승패(承牌), 승평(承/昇平), 승핍(承乏), 승행(承行), 승후(承候); 계승/자(繼承/者), 구승(口承), 기승전결(起承轉結), 대승(代承), 배승(拜承;삼가 받거나 들음), 봉승(奉承), 사자상승(師資相承), 사승(師承), 상승(相承), 적적상승(嫡嫡相承), 전승(傳承), 후승(後承) 들.

승(繩) '줄 · 끈'을 뜻하는 말. ¶승구(繩矩), 승도(繩渡;줄타기), 승묵(繩墨;먹줄), 승문(繩紋), 승비(繩菲;상복을 입을 때 신는 짚신), 승삭(繩索), 승상(繩床;노를 엮어서 만든 안락의자), 승승(繩繩), 승제(繩梯), 승척(繩尺;먹줄과 자. 일정한 규칙), 승파(繩播), 승혜(繩鞋;미투리), 승희(繩戲;줄타기); 간승(間繩;일정한 간격으로 표를 한 노끈), 결승(結繩), 결승문자(結繩文字), 규구준승(規矩準繩), 마승(麻繩;삼노끈), 박승(縛繩), 엄승(嚴繩), 연승(延繩;주낙), 월로승(月老繩), 자승자박(自繩自縛), 적승(赤繩;인연을 맺은 끈. 부부의 인연), 적승계족(赤繩繫足), 적승자(赤繩子;중매인), 준승(準繩;먹줄. 일정한 법식), 지승(紙繩), 축승(縮繩), 포승(捕繩), 화승(火繩;화약심지) 들.

승(昇) '오르다. 올리다'를 뜻하는 말. ¶승강(昇降)[1070], 승개교(昇開橋), 승격/되다/하다(昇格), 승계(昇/陞階), 승교점(昇交點), 승급(昇/陞級), 승급(昇給), 승단(昇段), 승등(昇騰), 승멱(昇冪), 승석(昇席), 승압(昇壓), 승직(昇職), 승진(昇/陞進), 승천(昇天↔降臨), 승천입지(昇天入地;자취를 감춤), 승침(昇沈), 승평(昇/承平;나라가 태평함), 승하(昇遐;임금이 세상을 떠남), 승호(昇弧), 승홍(昇汞), 승홍수(昇汞水), 승화(昇華)[1071]; 상승(上昇/升), 용승(湧昇), 이승(離昇), 층승(層昇), 활승(滑昇) 들.

승(升) ①'오르다'를 뜻하는 말. ¶승감(升鑑), 승계(升啓), 승괘(升卦), 승당입실(升堂入室;학문이 점점 깊어짐), 승마(升麻); 상승(上升/昇). ②'되'를 뜻하는 말. ¶승두지리(升斗/蠅頭之利); 관승(官升), 구승(舊升), 매승(每升), 시승(市升), 식승(食升;식되), 신승(新升) ③피륙의 짜인 날을 세는 단위. ¶승새[1072].

승(陞) '올리다'를 뜻하는 말. ¶승경도(陞卿圖), 승계(陞/昇階), 승등(陞等), 승무(陞廡), 승배(陞拜;벼슬을 높여줌), 승보시(陞補試), 승서(陞敍;벼슬이 올라감), 승임(陞任), 승자(陞資), 승직(陞職), 승진(陞進), 승차(陞差), 승천(陞遷), 승품(陞品), 승헌(陞獻); 서승(序陞), 예승(例陞) 들.

승(蠅) '파리'를 뜻하는 말. ¶승두(蠅頭;작은 것); 노승발검(怒蠅拔劍), 문승(蚊蠅), 우승(牛蠅;쇠파리), 창승(蒼蠅;쉬파리) 들.

1067) 승계(承繼): 승계인(人), 승계자(者), 승계취득(取得); 특정승계(特定), 포괄승계(包括).

1068) 승인(承認): 국가승인(國家), 단순승인(單純), 미승인(未), 불승인(不), 정부승인(政府), 한정승인(限定), 형식승인(型式).

1069) 승중(承重): 장손(長孫)으로 아버지와 할아버지를 대신하여 조상의 제사를 받듦. ¶승중상(喪;아버지를 여읜 맏아들이 당한 조부모의 초상)

1070) 승강(昇降): 오르고 내림. ¶승강교(橋), 승강구(口), 승강기(機), 승강내기, 승강대(臺), 승강이(서로 자기 주장을 고집하며 옥신각신하는 일. ≒말다툼. 실랑이질. 옥신각신)/질/하다, 승강장(場), 승강키, 승강타(舵;승강키).

1071) 승화(昇華): ①고체가 액체 상태를 거치지 않고 기체로 변하는 일. 승화기(器), 승화압(壓), 승화열(熱), 승화작용(作用), 승화핵(核). ②사물이 보다 더 높은 수준으로 발전하는 일. ¶세속적 고뇌를 고귀한 신앙으로 승화시키다. 승화되다/하다.

1072) 승새: 천의 올. 세로 난 올과 올 사이. ¶승새가 풀리다.

승(丞) '돕는 사람'을 뜻하는 말. ¶승상(丞相;정승. 재상)[당시승상(當時)]; 정승(政丞) 들.

승겁-들다 ①사람이 어떤 일을 힘 안 들이고 저절로 이루다.≒천연하다(天然). ②조금도 몸달아하는 기색이 없고 천연스럽다. ¶승겁들게(천연스럽게) 차례를 기다리다.

승냥이 갯과의 짐승. 이리와 비슷함. ¶승냥이떼; 개승냥이, 말승냥이(늑대. 키가 크고 성질이 사나운 사람).

승창 접어서 들고 다닐 수 있게 만든 등받이 없이 걸상처럼 만든 물건. 승상(繩床). ¶승창에 앉아 낚시를 하다. 승창을 딛고 말에 오르다.

승치 원수로 여기는 악한 마음. ¶승치를 갚다. 그들이 나한테 승치를 먹고 있어서 이렇게 골탕을 먹이려 하는가?

시 시쁘게 여겨질 때(마음에 차지 않을 때) 하는 말. ¶시, 제까짓게 뭔데 나서는 거야.

-시-¹ 모음으로 끝나는 용언이나 '이다'의 어간에 붙어, 말하는이가 행동·상태 및 기타의 주체를 존경함을 나타내는 선어말 어미. ['ㄹ'을 제외한 받침 뒤에서는 '-으시-'로 쓰임]. ¶할머니께서 오시었다. 우리 선생님은 훌륭하시다. 이분은 목사님이시다. -(으)시-라, -(으)시-어요/셔요, -(으/이)시-여[호격 조사].

-시-² 합쇼체의 공동법 표지를 나타내는 선어말어미. 또는 해라·하게체의 간접명령법 어미. ¶(저와 함께) 가십시다, (빨리) 가시라, 합시다[하(다)+-ㅂ-+-시-+-다]-요.

-시-³ 동사 '짓다'의 어간 뒤에 붙어 '사동(使動)'의 뜻을 더하는 유일(특이) 형태소. ¶적시다.[←젖다]; 휘적시다.

시(時) '때. 계절(철). 시간의 단위'를 뜻하는 말. ¶한 시 오 분. 시가/발행(時價/發行), 시각(時角), 시각(時刻;시간의 어느 한 시점이나 짧은 시간)[시각대변(待變), 시각표(表)], 시간(時間)[1073], 시감(時感;돌림감기), 시계(時計)[1074], 시공(時空)[시공세계(世界)], 시과(時果), 시국(時局;나라나 사회의 안팎 사정)[시국관(觀), 시국담(談); 비상시국(非常)], 시권(時圈), 시급하다(時急), 시급(時給), 시기(時期)[시기성(性), 시기적절/하다(適切); 호시기(好)], 시기(時機)[시기상조(尙早), 시기순숙(純熟)], 시대(時代)[1075], 시령(時令), 시론(時論;시사에 관한 평론), 시류(時流;그 시대의 풍조), 시매기다[1076], 시무(時務), 시문(時文), 시방(時方;지금), 시배(時輩), 시병(時病), 시보(時報), 시복(時服), 시사(時仕), 시사(時祀), 시사(時事)[1077], 시상(時狀), 시상(時相), 시색(時色), 시서(時序), 시세(時世), 시세(時勢)[1078], 시속(時俗), 시속(時速), 시습(時習), 시시/로(時時), 시시각각(時時刻刻), 시시때때로(時時), 시시종종(時時種種), 시식(時食), 시역(時疫), 시우(時雨), 시운(時運), 시의(時宜)[시의적절(適切); 부달시의(不達)], 시의(時議), 시이사왕(時移事往), 시인(時人), 시일(時日)[단시일(短), 장시일(長)], 시임(時任), 시재(時在), 시재(時宰), 시재시재(時哉時哉), 시절(時節)[1079], 시점(時點), 시정(時政), 시정기(時政記), 시제(時制), 시제(時祭), 시제법(時際法), 시조(時調)[1080], 시조하다(時調)[1081], 시조(時鳥), 시준가(時準價), 시진(時辰), 시차/제(時差/制), 시찾다(거의 죽게 되다), 시책(時策), 시체(時體), 시쳇말(時體), 시침(時針), 시칭(時稱), 시태(時態), 시파(時派), 시판(時版), 시평(時評), 시폐(時弊), 시하(時下;요즈음), 시한(時限;시간의 한계)[시한부(附), 시한신관(信管), 시한폭탄(爆彈)], 시향(時享), 시헌력(時憲曆), 시호(時好), 시호시호(時乎時乎), 시화연풍(時和年豊), 시환(時患), 시효(時效)[1082], 시후(時候), 시휘(時諱); 간시(間時), 경대시(經帶時), 경

1073) 시간(時間): 어느 시각과 시각의 사이나 때의 흐름. 시간의 어느 시점. ¶시간가치(價値), 시간강사(講師), 시간개념(概念), 시간관념(觀念), 시간급(給), 시간대(帶), 시간문제(問題), 시간미(美), 시간반전(反轉), 시간밥, 시간성(性), 시간연구(研究), 시간예술(藝術), 시간적(的), 시간제한(制限), 시간주의(主義), 시간지각(知覺)/시간각(覺), 시간지대(地帶), 시간착오(錯誤), 시간표(表), 시간표상(表象); 구속시간(拘束), 근무시간(勤務), 노동시간(勞動), 단시간(短), 도착시간(到着), 매시간(每), 반응시간(反應), 발차시간(發車), 발착시간(發着), 생활시간(生活), 소등시간(消燈), 소요시간(所要), 수업시간(授業), 쉬는시간, 실동시간(實動), 실시간(實), 역시간(逆), 작업시간(作業), 장시간(長), 접근시간(接近), 제시간(정해 놓은 시간), 출발시간(出發), 휴식시간(休息).

1074) 시계(時計): 시곗바늘, 시계불알, 시계접시, 시곗줄, 시계추(錘;시계불알), 시계탑(塔), 시계태엽(胎葉), 시계포(鋪); 각시계(角), 괘종시계(掛鐘), 꽃시계, 디지털시계(digital), 모래시계, 몸시계, 물시계, 벽시계(壁), 별시계[星], 불시계, 사발시계(沙鉢), 새끼시계, 손목시계, 수정시계(水晶), 양초시계(洋), 원자시계(原子), 전자시계(電子), 진자시계(振子;추시계), 초시계(秒), 추시계(錘), 탁상시계(卓上), 탑시계(塔時計), 표준시계(標準), 해시계, 회중시계(懷中;몸시계).

1075) 시대(時代): 역사적으로 어떤 표준에 의하여 구분한 일정한 기간. 지금 있는 그 시기. 또는 문제가 되고 있는 그 시기. ¶봉건적 시대. 시대에 뒤떨어지다. 시대감각(感覺), 시대구분(區分), 시대극(劇), 시대물(物; 역사적 사건들을 취재 각색한 작품), 시대병(病), 시대사(史), 시대사상(思想), 시대사조(思潮), 시대상(相), 시대색(色), 시대성(性), 시대소설(小說), 시대적(的), 시대정신(精神), 시대착오(錯誤); 광명시대(光明), 구시대(舊), 농경시대(農耕), 다극화시대(多極化), 동기시대(銅器), 목축시대(牧畜), 무/생물시대(無/生物), 물질시대(物質), 복사시대(輻射), 봉건시대(封建), 빙하시대(氷河), 상고시대(上古), 석기시대(石器)[구석기시대(舊), 신석기시대(新)], 선사시대(先史), 수렵시대(狩獵), 수어시대(狩漁), 신시대(新), 신화시대(神話), 암흑시대(暗黑), 어렵시대(漁獵), 역사시대(歷史), 요람시대(搖籃), 요순시대(堯舜), 원사시대(原史), 원시시대(原始), 지질시대(地質), 철기시대(鐵器), 청동기시대(青銅器), 황금시대(黃金) 들.

1076) 시매기다(時): 시간을 제한하다. ¶서로 시매겨 놓고 일을 시작하다.

1077) 시사(時事): 그때그때의 세상의 정세나 일어난 일. ¶시사를 보도하다. 시사담(談), 시사만평(漫評), 시사문제(問題), 시사물(物), 시사성(性), 시사시(詩), 시사영화(映畵), 시사용어(用語), 시사평론(評論), 시사해설(解說).

1078) 시세(時勢): 시세예측(豫測); 공정시세(公定), 선물환시세(先物換), 수급시세(需給), 실세시세(實勢), 암시세(暗), 업적시세(業績), 열광시세(熱狂), 왕래시세(往來), 종시세(從), 중간시세(中間), 판시세(어떤 판국의 형세), 환시세(換).

1079) 시절(時節): 시절가(歌), 시절병(病), 시절지회(之會); 과두시절(蝌蚪), 노년시절(老年), 도요시절(桃夭), 어린시절, 유년시절(幼年), 젊은시절, 학창시절(學窓), 호시절(好).

1080) 시조(時調): 우리나라 고유의 정형시. ¶시조를 한 수 읊다. 시조장단, 시조집(時調集), 시조창(時調唱); 고시조(古), 굿거리시조, 단시조(短), 사설시조(辭說), 사설지름시조(=지름엮음), 사슬시조(대구로 잇대어지는 시조), 신시조(新), 양장시조(兩章), 엇시조, 여창지름시조(女唱), 연시조(連), 장시조(長), 중시조(中), 지름시조(초장은 높은소리, 중·종장은 평시조와 같이 부르는 시조), 평시조(平), 현대시조(現代).

1081) 시조하다(時調): ①시조를 읊거나 부르다. ②말이나 행동을 느릿느릿하게 하다. §시조를 읊는 가락이 느린 데에서 연유한 말. ¶시조하라 하면 발뒤축이 아프다 한다(엉뚱한 핑계를 대고 할 일을 하지 아니함을 비유).

도시(經度時), 계시(計時), 고시(古時), 고유시(固有時), 공시태(共時態), 근시(近時), 금시/로(今時), 길시(吉時), 난시(亂時), 농시(農時), 당시(當時), 대시(待時), 득시(得時), 동시(同時)[1083], 등시성(等時性), 만시(晩時), 매시(每時), 모시(某時), 무시(無時), 민시(民時), 반시(半時), 반사시(反射時), 발진시(發震時), 발화시(發話時), 별시(別時), 봉시(逢時), 불시(不時), 불우시(不遇時), 비상시(非常時), 비시(非時), 사시사철(四時), 사시(死時), 사건시(事件時), 삽시(霎時), 상시(常時;늘), 상용시(常用時), 생시(生時), 석시(昔時), 성시(盛時), 세계시(世界時), 세시(歲時), 세계시(世界時), 소시(少時), 수시(隨時), 순시(瞬時), 승시(乘時), 실시(失時), 야다시(夜茶時), 역표시(曆表時), 영시(零時), 왕시(往時), 우시(憂時), 원자시(原子時), 유사시(有事時), 유소시(幼少時), 유시(幼時), 유시호(有時乎;어떤 때는), 응시(應時), 인시(人時), 인시(因時), 일시(一時), 일시(日時), 일조시(日照時), 임시(臨時), 자시(子時), 잠시(暫時), 장시(長時), 적시(適時), 전시(戰時), 정법시(正法時), 정시(定時), 주시(走時), 즉시(卽時)[즉시매매(賣買), 즉시범(犯), 즉시불(拂), 즉시인도(引渡)], 지방시(地方時), 진시(辰時), 진시(趁時;진작), 진태양시(眞太陽時), 차시(次時), 차시(此時), 천시(天時), 천문시(天文時), 촌시(寸時;寸陰), 추시(趨時), 타시(他時), 태양시(太陽時)[평균태양시(平均)/평균시(平均時)], 통시태(通時態), 편시(片時;잠시), 평상시(平常時), 평시(平時), 표준시(標準時), 필요시(必要時), 하시(何時), 한시, 항성시(恒星時), 항시(恒時;늘), 행시(行時), 행위시(行爲時), 향시(向時;지난번), 현시(現時), 혹시(或時) 들.

시(視) '바라보다·그렇게 여기거나 봄. 맡아보다·돌보다'를 뜻하는 말. ¶시각(視角), 시각(視覺)[1084], 시감(視感), 시거의(視距儀), 시계(視界), 시공간(視空間), 시관(視官), 시도(視度), 시력(視力)[시력검사(檢査), 시력장애(障碍), 시력표(表); 교정시력(矯正), 선시력(線), 점시력(點)], 시무(視務;일을 봄), 시물(視物), 시반경(視伴經), 시발수뢰(視發水雷), 시사(視事;일을 돌봄), 시사여귀(視死如歸), 시상(視床), 시선(視線;눈길)[시선속도(速度); 뭇시선], 시선(視膳;아침저녁으로 부모님의 진짓상을 돌보는 일), 시신경(視神經), 시심(視心), 시야(視野), 시약불견(視若不見), 시약심상(視若尋常), 시운동(視運動), 시이불견(視而不見), 시잠(視箴), 시점(視點), 시정(視程;대기의 혼탁도를 육안으로 식별할 수 있는 최대 거리), 시준(視準)[시준기(器), 시준선(線), 시준오차(誤差), 시준의(儀)], 시지름, 시진(視診), 시차(視差)[1085], 시찰(視察)[시찰구(口), 시찰단(團), 시찰표(表), 시찰하다], 시청(視聽)[1086], 시표(視標), 시호통신(視號通信), 시홍소(視紅素), 시화법(視話法); 가시(可視), 감시(監視), 거시(巨視), 검시(檢視), 결정시(決定視), 경시(輕視), 경원시(敬遠視), 고시(顧視), 과대시(過大視), 과소시(過小視), 과중시(過重視), 괄시(恝視), 구시(仇視;원수로 대함), 근시(近視)[근시경(鏡), 근시안(眼); 가성근시(假性)], 금기시(禁忌視), 난시(亂視), 냉시(冷視), 냉안시(冷眼視), 노시(老視), 노예시(奴隸視), 단시(短視), 당시(瞠視), 당연시(當然視), 도구시(道具視), 도외시(度外視), 동시(同視), 동일시(同一視), 등한시(等閑視), 멸시(蔑視), 명시(明視), 무시(無視), 묵시(默視), 문제시(問題視), 미시(微視), 박명시(薄明視), 박명시(薄明視), 방관시(傍觀視), 백안시(白眼視), 범죄시(犯罪視), 복시(複視), 부동시(不同視), 부시(俯視), 부차시(副次視), 사시(斜視), 사갈시(蛇蝎視), 색시(色視), 소시(所視)[중목소시(衆目), 중인소시(衆人)], 소외시(疏外視), 수단시(手段視), 숙시(熟視), 순시(巡視), 신성시(神聖視), 안전시거(安全視距), 암소시(暗所視), 압시하다(壓視;남을 멸시하거나 만만하게 보다), 앙시(仰視)[불감앙시(不敢)], 야만시(野蠻視), 약시(弱視)[중독약시(中毒)], 영웅시(英雄視), 요원시(遼遠視), 우상시(偶像視), 우선시(優先視), 웅시(雄視), 원시(遠視)[잠복원시(潛伏), 현재원시(現在)], 위험시(危險視), 유력시(有力視), 응시(凝視), 의시(疑視), 의문시(疑問視), 이단시(異端視), 이적시(夷狄視), 일상시(日常視), 입체시(立體視), 적시(敵視), 적대시(敵對視), 절대시(絶對視), 점시(點視), 정시(正視), 존중시(尊重視), 좌시(坐視), 죄악시(罪惡視), 주시하다(注視), 주요시(主要視), 중대시(重大視), 중시(重視), 중요시(重要視), 직시(直視)[현실직시(現實)], 질시(疾視), 질시(嫉視), 차요시(次要視), 착시(錯視)[대비착시(對比)], 천시(賤視), 첨시(瞻視), 청시(聽視), 청안시(靑眼視), 체시(諦視), 초개시(草芥視), 측시(側視), 터부시(tabbo視), 통시(洞視), 통상시(通常視), 투시(妬視), 투시(透視), 하시(下視), 현실시(現實視), 호시탐탐(虎視耽耽), 혼동시(混同視), 확실시(確實視), 확정시(確定視), 환시(幻視), 환시(環視)[중목환시(衆目), 중인환시(衆人)] 들.

시(詩) 작가의 사상이나 감정을 언어로 표현한 문학의 한 갈래로 함축적이고 운율적인 언어로 표현한 글. ¶시를 짓다/읊다. 시가(詩家), 시가(詩歌), 시감(詩感), 시객(詩客), 시걸(詩傑), 시격(詩格), 시경(詩境), 시경(詩經), 시구(詩句), 시극(詩劇), 시단(詩壇), 시도(詩道), 시련(詩聯), 시령(詩令), 시례고가(詩禮故家), 시론(詩論), 시료(詩料), 시맥(詩脈;시의 문장 흐름), 시명(詩名;시를 잘 지어 얻은 명예), 시문/서화(詩文/書畵), 시문학(詩文學), 시반(詩伴), 싯발[1087], 시백(詩伯;시로 일가를 이룬 사람), 시벽(詩癖;시 짓기를 지나치게 좋아하는 성벽), 시부(詩賦), 시붕(詩朋), 시비(詩碑), 시사(詩史), 시사(詩社), 시사(詩思), 시상(詩想), 시서(詩書), 시선(詩仙), 시선(詩選), 시성(詩性), 시성(詩聖), 시승(詩僧), 시심(詩心), 시안(詩眼;시를 볼 줄 아는 안목과 식견), 시액(詩額;시를 쓰거나 새겨서 거는 현판), 시어(詩語), 시우(詩友), 시운(詩韻), 시율(詩律), 시음(詩吟), 시음(詩淫), 시의(詩意), 시인(詩人)[계관시인(桂冠), 서정시인(抒情), 음유시인(吟遊), 전원시인(田園)], 시작(詩作), 시재(詩才), 시재(詩材), 시적(詩的)[시적공상(空想), 시적조사법(措辭法), 시적허용(許容)], 시전(詩傳), 시전(詩

1082) 시효(時效): 시효기간(期間), 시효정지(停止), 시효중단(中斷); 공소시효(公訴), 단기시효(短期), 소멸시효(消滅), 취득시효(取得), 형사시효(刑事).

1083) 동시(同時): 동시녹음(錄音), 동시대비(對比), 동시에, 동시통역(通譯), 동시호가(呼價).

1084) 시각(視覺): 시각교육(敎育), 시각기(器), 시각디자인(design), 시각령(領), 시각언어(言語), 시각예술(藝術), 시각적(的), 시각전달(傳達), 시각주의(主義), 시각중추(中樞), 시각차(差), 시각표상(表象), 시각형(型), 시각혼합(混合), 시각화/되다/하다(化).

1085) 시차(視差): 시차운동(運動); 각시차(角), 분광시차(分光), 연주시차(年周), 지평시차(地平).

1086) 시청(視聽): 눈으로 보고 귀로 들음. ¶시청각(覺), 시청권(權), 시청료(料), 시청률(率), 시청자(者), 시청하다, 시청회(會); 난시청(難).

1087) 싯발(詩): 한시를 지을 때 다는 운자(韻字). ¶싯발을 달다.

ㅅ

箋), 시정(詩情), 시제(詩題), 시주(詩酒), 싯줄[시행(詩行)], 시집(詩集), 시참(詩讖;우연하게 지은 시가 이상하게도 뒷일과 꼭 맞는 일), 시창(詩唱), 시체(詩體), 시초(詩抄), 시초(詩草), 시축(詩軸), 시취(詩趣), 시통(詩筒), 시편(詩篇), 시평(詩評), 시품(詩品;詩格), 시풍(詩風), 시학(詩學), 시행(詩行), 시형(詩形), 시호(詩豪;뛰어난 시인), 시호(詩號), 시혼(詩魂;시를 짓는 마음), 시화(詩化), 시화(詩話)[시화전(展), 시화축(軸)], 시화(詩畵), 시회(詩會), 시흥(詩興); 경구시(警句詩), 경물시(景物詩), 고체시(古體詩)/고시(古詩), 과시(科詩), 관념시(觀念詩), 광시(狂詩), 교술시(敎述詩), 교향악시(交響樂詩)/교향시(交響詩), 구체시(具體詩;글자를 그림의 수단으로 활용한 시), 국민시(國民詩), 극시(劇詩), 근체시(近體詩), 금체시(今體詩), 단시(短詩), 담시/곡(譚詩/曲), 답시(答詩), 당시(唐詩), 동시(童詩), 만시(輓詩), 명시(名詩), 모시(毛詩), 목적시(目的詩), 무성시(無聲詩;'그림'을 비유한 말), 무운시(無韻詩), 민족시(民族詩), 방랑시(放浪詩), 번역시(飜譯詩), 부정형시(不定形詩), 사시(史詩), 사상시(思想詩), 사언시(四言詩), 사행시(四行詩), 산문시(散文詩), 삼언시(三言詩), 삼행시(三行詩), 상징시(象徵詩), 서경시(敍景詩), 서시(序詩), 서사시(敍事詩), 서정시(抒情詩), 속시(俗詩), 송시(頌詩), 송시(誦詩), 수모시(壽母詩), 순수시(純粹詩), 신시(新詩), 신체시(新體詩), 애송시(愛誦詩), 여운시(餘韻詩), 역시(譯詩), 연시(聯詩), 연애시(戀愛詩), 연주시(聯珠詩), 영사시(詠史詩), 영시(英詩), 영시(詠詩), 영웅시(英雄詩), 우화시(寓話詩), 운문시(韻文詩), 원시(原詩), 율시(律詩), 음시(吟詩), 음시(音詩), 이행시(二行詩), 자유시(自由詩), 자작시(自作詩), 작시(作詩), 장시(長詩), 저항시(抵抗詩), 전원시(田園詩), 전춘시(餞春詩), 정형시(定型詩), 제시(題詩;제목을 붙이어 시를 지음), 조시(弔詩), 종교시(宗敎詩), 주의시(主意詩), 주정시(主情詩), 주지시(主知詩), 즉흥시(卽興詩), 참여시(參與詩), 추모시(追慕詩), 축시(祝詩), 팔각시(八角詩), 팔족시(八足詩), 팔행시(八行詩), 풍자시(諷刺詩), 한시(漢詩), 행시(行詩), 헌시(獻詩;축하의 뜻이나 업적을 기리는 시를 바침. 또는 그 시), 현대시(現代詩), 회문시(回文詩) 들.

시(市) 도시 지역을 대상으로 하는 행정 구역. 또는 그 곳을 관할하는 단체. 저재[시장(市場)]. ¶시 당국은 각성하라. 시가(市街)[시가전(戰), 시가지(地), 시가철도(鐵道), 시가행진(行進); 구시가(舊)], 시가(市價), 시구(市區), 시국(市國), 시내(市內), 시도(市道), 시립(市立), 시민(市民)[1088], 시변(市邊), 시비(市費), 시사(市肆), 시세(市勢), 시승(市升), 시역(市域), 시영(市營), 시외(市外), 시유(市有), 시유(市乳), 시은(市隱), 시의원(市議員), 시의회(市議會), 시장(市長), 시장(市場)[1089], 시장(市葬), 시전(市廛), 시정(市井)[시정배(輩;시정아치), 시정소설(小說), 시정아치, 시정인(人), 시정잡배(雜輩)], 시정(市政), 시중(市中)[시중금리(金利), 시중은행(銀行), 시중판매(販賣)], 시진(市塵), 시채(市債), 시청(市廳), 시초(市草), 시쾌(市儈;장주릅), 시판(市販), 시황(市況)[해외시황(海外)]; 개시(開市), 도시(都市), 사시(徙市), 성시(成市), 성시(城市), 성시(盛市), 소시(小市), 신시(神市), 야시(夜市), 약령시(藥令市), 자선시(慈善市), 자유시(自由市), 전시(全市), 조시(朝市), 좌시(坐市), 직할시(直轄市), 철시(撤市), 촌시(村市), 출시(出市), 타시(他市), 특별시(特別市), 파시(波市), 파시(罷市), 폐시(閉市), 호시(互市); 경주시/마산시/전주시/청주시/춘천시 들.

시(試) '시험 · 시험하다'를 뜻하는 말. ¶시경기(試硬器), 시관(試官), 시굴(試掘;광상을 시험적으로 파 보는 일)[시굴갱(坑), 시굴광구(鑛區), 시굴권(權), 시굴정(井), 시굴하다], 시권(試券), 시근(試根), 시금(試金)[1090], 시기(試技), 시도(試圖;계획), 시련/기(試鍊/期), 시론(試論), 시료(試料), 시문(試問), 시보(試補), 시사/탄(試射/彈), 시사/회(試寫/會), 시산/표(試算/表), 시선(試選;시험을 보아 뽑음), 시소(試所), 시승(試乘;시험 삼아 타 봄), 시식(試食;시험하기 위해 먹어봄), 시식(試植), 시안(試案), 시약(試藥), 시연(試演), 시예(試藝), 시용(試用;시험적으로 써 봄), 시운전(試運轉), 시원(試員), 시원(試院), 시음(試飮), 시작(試作), 시장(試場), 시재(試才), 시제(試製), 시제(試題), 시주(試走), 시중(試中), 시지(試紙), 시청(試聽), 시추(試錐), 시취(試取), 시필(試筆), 시합(試合;競技)[시합장(場); 완전시합(完全)], 시항(試航), 시행(試行;시험적으로 행하는 것)[시행착오(錯誤), 시행하다; 독립시행(獨立↔종속시행)], 시험(試驗)[1091], 시호(試毫); 감시(監試), 결시(缺試), 경

1088) 시민(市民): 시민계급(階級), 시민권(權), 시민법(法), 시민사회(社會), 시민운동(運動), 시민전쟁(戰爭), 시민혁명(革命); 명예시민(名譽), 민주시민(民主), 소시민(小).

1089) 시장(市場;저자): 시장가격(價格), 시장가치(價値), 시장강제(强制), 시장경제(經濟), 시장구조(構造), 시장규제(規制), 시장균형(均衡), 시장기구(機構), 시장대리인(代理人), 시장독점(獨占), 시장바구니, 시장법(法), 시장분석(分析), 시장생산(生産), 시장성(性), 시장세(稅), 시장실사(實査), 시장실험(實驗), 시장어음, 시장위험(危險), 시장이론(理論), 시장점유율(占有率), 시장조사(調査), 시장지수(指數), 시장판, 시장평가(評價), 시장현상(現象); 견본시장(見本), 고용시장(雇傭), 공개시장(公開市場;증권시장 따위), 공설시장(公設), 구체적시장(具體的), 국제시장(國際), 금괴시장(金塊), 금융시장(金融)[국제금융시장(國際)], 기채시장(起債), 노동시장(勞動), 단자시장(短資), 도깨비시장, 도떼기시장(都;여러 종류의 중고품을 거래하는 시끌벅적한 비정상적 시장), 도매시장(都賣), 매주시장(買主), 매주시장(賣主), 미개척시장(未開拓), 발행시장(發行), 번개시장, 벼룩시장(온갖 중고품을 팔고 사는 만물 시장), 사설시장(私設), 사채시장(社債), 상설시장(常設), 세계시장(世界), 소비시장(消費), 암시장(暗), 야시장(夜), 어시장(魚), 외국시장(外國), 외국환시장(外國換)/외환시장(外換), 우시장(牛), 인력시장(人力), 인육시장(人肉), 자본시장(資本), 장외시장(場外), 재래시장(在來), 정기시장(定期), 정미시장(正米), 주식시장(株式), 증권시장(證券), 채권시장(債券), 틈새시장(수요가 틈새처럼 비어 있는 상태), 할인시장(割引), 해외시장(海外), 해운시장(海運), 화폐시장(貨幣), 환시장(換), 회색시장(灰色).

1090) 시금(試金): 광석이나 금속 · 합금 따위의 성분이나 순도를 분석하는 일. ¶시금석(石;시금할 때 쓰는 돌. 기준이 될 만한 사물), 시금침(針).

1091) 시험(試驗): 재능이나 기능 · 성격을 일정한 절차에 따라 평가하거나 증명함. ¶시험검정(檢定), 시험결혼/시험혼(結婚), 시험공부(工夫), 시험관(官), 시험관/아기(試驗管), 시험대(臺), 시험료(料;응시료), 시험림(林), 시험매매(賣買), 시험문제(問題), 시험법(法), 시험비행(飛行), 시험설계(設計), 시험수조(水槽), 시험실(室), 시험액(液), 시험약/시약(試藥), 시험운전(運轉), 시험장(場), 시험적(的), 시험전파(電波), 시험제도(制度), 시험조(調), 시험주(酒), 시험지(紙), 시험지옥(地獄), 시험침(針), 시험촬영(撮影), 시험침(針), 시험표적(標的); 검정시험(檢定), 경쟁시험(競爭), 구두시험(口頭), 구술시험(口述), 기밀시험(氣密), 면접시험(面接), 모의시험(模擬), 무시험(無), 발아시험(發芽), 보결시험(補缺), 본시험(本), 부하시험(負荷), 사내시험(社內), 사법시험(司法), 선발시험(選拔), 수압시험(水壓), 압축시험(壓縮), 예비시험(豫備), 인장시험(引張), 임용시험(任用), 입사시험(入社), 입학시험(入學), 자격시험(資格), 재시험(再), 정기시험(定期), 졸업시험(卒業), 추가시험(追

시(京試), 경시(競試), 고시(考試), 고시(高試), 공시(公試), 과시(科試;科擧), 누시누험(屢試屢驗), 면시(免試), 면시(面試), 별시(別試), 복시(覆試), 부시(副試), 상시(上試), 승보시(陞補試), 승학시(陞學試;유생들의 학업 진전을 알아보기 위한 시험), 응시(應試), 입시(入試), 정시(庭試), 중시(重試), 증광시(增廣試), 초시(初試), 추시(追試), 친시(親試), 향시(鄕試), 회시(會試) 들.

시(示) '보다·보이다. 지시하다'를 뜻하는 말. ¶시교(示教), 시달(示達;알림. 지시), 시담(示談), 시도(示度), 시도(示導), 시멸(示滅), 시명(示明), 시명(示命), 시방서(示方書;순서를 적은 문서), 시범(示範;모범을 보임), 시사(示唆;미리 암시하여 알려줌), 시상화석(示相化石), 시성분석(示性分析), 시성식(示性式), 시약(示弱), 시위(示威)[1092], 시의(示意), 시자법(示姿法), 시적(示寂), 시준화석(示準化石), 시현(示現;나타내 보임), 시현(示顯), 시현탑(示現塔); 거시(擧示), 게시(揭示), 계시(啓示), 고시(告示), 공시(公示), 과시(誇示), 교시(教示), 도시(圖示), 명시(明示), 묵시(黙示), 미시(微示), 방시(榜示), 선시(宣示), 소시(昭示), 수시(垂示), 암시(暗示), 예시(例示), 예시(豫示), 유시(諭示), 윤시(輪示), 적시(摘示), 전시(展示), 점시(點示), 정시(呈示), 제시(提示), 지시(指示), 판시(判示), 표시(表示), 표시(標示), 현시(顯示), 혜시(惠示), 회시(回示), 효시(梟示), 훈시(訓示) 들.

시(始) '처음. 비롯하다'를 뜻하는 말.↔종(終). ¶시가(始價), 시각(始覺), 시구/식(始球/式), 시근(始根;근본이 되는 원인), 시도(始睹;처음 봄), 시도식(始渡式), 시동(始動)[시동기(器), 시동모터(motor)], 시말/서(始末/書), 시무(始務), 시발(始發)[시발역(驛), 시발점(點), 시발주자(走者), 시발항(港)], 시생계(始生界), 시생대(始生代), 시신세(始新世), 시업(始業), 시역(始役), 시영(始映), 시원(始原)[시원기(期), 시원대(代), 시원림(林), 시원생물(生物), 시원세포(細胞), 시원적(的), 시원종(種)], 시작(始作)[1093], 시점(始點), 시정(始政), 시조(始祖)[시조새, 중시조(中)], 시조(始釣), 시종(始終)[시종여일(如一), 시종일관(一貫)], 시창(始唱), 시초(始初), 시초선(始初線), 시통(始痛); 개시(開始), 경시(更始), 무시(無始), 무시무종(無始無終), 반시(反始), 사시(四始), 연시(年始), 원시(原/元始), 위시하다(爲始), 유시유종(有始有終), 조시(肇始), 종시(終始), 종이부시(終而復始), 창시(創始), 태시(太始) 들.

시(媤) 친족 관계를 나타내는 일부 명사 앞에 붙어, '남편의. 시집'의 뜻을 나타내는 말. ¶시가(媤家), 시고모(媤姑母), 시고모부(媤姑母夫), 시누나, 시누이/뉘, 시누이올케, 시당숙(媤堂叔), 시댁(媤宅), 시동생(媤同生), 시모(媤母), 시모녀(媤母女;시어머니와 며느리), 시부모(媤父母), 시사촌(媤四寸), 시삼촌(媤三寸), 시서모(媤庶母), 시서조모(媤庶祖母), 시숙(媤叔), 시숙모(媤叔母), 시숙부(媤叔父), 시아버님, 아버지, 시아비, 시아주머니, 시아주버니, 시아주비, 시어른, 시어머니, 시어머님, 시어미, 시외삼촌(媤外三寸), 시외숙(媤外叔), 시외조모(媤外祖母), 시외조부(媤外祖父), 시외편(媤外便), 시외할머니, 시외할아버지, 시이모(媤姨母), 시이모부(媤姨母夫), 시조모(媤祖母), 시조부(媤祖父), 시집[시집가다, 시집보내다, 시집살이], 시켠, 시할머니, 시할아버지 들.

시(施) '베풀다. 주다'를 뜻하는 말. ¶시건장치(施鍵裝置), 시공(施工;공사를 시행함)[시공식(式); 재시공(再)], 시납(施納), 시료(施療), 시물(施物), 시복(施福;시주가 많음), 시비(施肥), 시상/식(施賞/式), 시선(施善), 시설(施設)[1094], 시술(施術), 시식(施食)[시식대(臺), 시식돌; 구병시식(救病)], 시약(施藥), 시업(施業), 시업림(施業林), 시여(施與), 시용(施用), 시위(施威), 시유(施釉;잿물치기), 시은(施恩), 시의(施意), 시정/방침(施政/方針), 시제(施濟), 시주(施主;단나)[시주걸립(乞粒), 시주승(僧); 가사시주(袈裟), 인등시주(引燈), 장등시주(長燈)], 시책(施策), 시침(施鍼), 시행(施行)[1095], 시혜(施惠); 무외시(無畏施), 물시(勿施), 박시(博施), 법시(法施), 보시(普施), 사시(捨施), 설시(設施), 실시(實施), 의시(依施), 이시(移施), 재시(財施), 준시(遵施), 추시(追施), 허시(許施), 혜시(惠施) 들.

시(侍) '모시다. 받들다'를 뜻하는 말. ¶시강(侍講), 시녀(侍女), 시노(侍奴), 시동(侍童), 시랑(侍郎), 시립(侍立;윗사람을 모시고 섬)[공수시립(拱手)], 시묘(侍墓), 시반(侍飯), 시배(侍陪), 시병(侍病), 시봉(侍奉), 시비(侍婢), 시사(侍史;윗사람을 모시면서 문서를 작성 처리하는 사람), 시사(侍師;스승을 모심), 시사(侍射), 시생(侍生;'자기'를 낮추어 부르는 말), 시식(侍食), 시신(侍臣), 시연(侍宴), 시위(侍衛)[시위대(隊); 뵈시위(주의하여 모시라)], 시음(侍飮), 시의(侍醫), 시일(侍日), 시자(侍者), 시정(侍丁), 시종(侍從), 시좌(侍坐), 시첩(侍妾), 시체(侍體), 시침(侍寢), 시탕(侍湯), 시하(侍下)[1096]; 근시(近侍), 내시(內侍), 대시(臺侍), 배시(陪侍), 봉시(奉侍), 여시(女侍;나인), 입시(入侍), 존시(尊侍), 협시(夾/挾侍) 들.

시(是) 옳음. '이·이것'을 뜻하는 말. ¶시와 비를 가리다. 시비(是非;잘잘못. 싸움)[시빗거리, 시비곡직(曲直), 시비조(調), 시빗주비[1097], 시비지심(之心), 시비질/하다, 시비판(判;옳고 그름을 가

加), 충격시험(衝擊), 파괴시험(破壞), 편입시험(編入), 포장시험(圃場;농작물 재배시험), 필기시험(筆記), 필답시험(筆答), 취직시험(就職), 학기말시험(學期末), 학년말시험(學年末).

1092) 시위(示威): 위력이나 기세를 떨쳐 보임. 베정적. 시위운동. ¶시위대(隊), 시위운동(運動), 시위자(者), 시위하다, 시위행동(行動), 시위행진(行進), 시위효과(效果); 가두시위(街頭), 무력시위(武力), 반전시위(反戰), 반정부시위(反政府), 반핵시위(反核), 연좌시위(連坐), 촛불시위, 침묵시위(沈黙), 평화시위(平和), 횃불시위.

1093) 시작(始作↔끝): ①무엇을 처음으로 하거나 쉬었다가 다시 함. ¶수업을 시작하다. 전투가 시작되다. ②어떤 행동이나 현상의 첫 단계. ¶시작이 있어야 끝도 있다. 공부를 시작한 지 10년이 넘었다. 시작이 반이라(무슨 일이든지 시작하기가 어렵지, 일단 손을 대면 반 이상은 한 것이나 다름이 없다). ③강 따위의 근원에서 물의 흐름이 비롯함. ¶두만강은 백두산에서 시작하여 동해로 흐른다.

1094) 시설(施設): 시설물(物): 공공시설(公共), 관광시설(觀光), 구호시설(救護), 군사시설(軍事), 기반시설(基盤), 난방시설(煖房), 문화시설(文化), 배상시설(賠償), 복리시설(福利), 복지시설(福祉), 부대시설(附帶), 수도시설(水道), 오락시설(娛樂), 접안시설(接岸), 주거시설(住居), 편의시설(便宜), 항만시설(港灣), 후생시설(厚生).

1095) 시행(施行): 실제로 행함. 법령의 효력을 실제로 발생시키는 것. ¶시행규칙(規則), 시행기일(期日), 시행기한(期限), 시행되다/하다, 시행령(令), 시행법(法), 시행처(處), 시행청(廳); 즉일시행(卽日), 휴지시행(休紙;이미 작성된 안건을 폐지함).

1096) 시하(侍下): 부모나 조부모를 모시고 있는 처지. 또는 그런 처지의 사람. ¶노친시하(老親), 엄시하(嚴), 엄처시하(嚴妻), 자시하(慈), 중시하(重;부모와 조부모를 다 모시는 처지), 처시하(妻), 층층시하(層層), 편모시하(偏母), 편친시하(偏親).

림)/하다, 시비하다(다투다); 말시비], 시시비비(是是非非), 시야비야(是也非也;옳고 그르다를 말함)/하다, 시인(是認↔否認)[시인되다/하다], 시일(是日), 시정(是正)[시정되다/하다, 시정책(策)]; 과시(果是;과연), 교시(校是), 국시(國是), 당시(黨是), 도시(都是;도무지), 민시(民是), 변시(便是), 본시(本是), 사시(社是), 선시에(先是), 숙시숙비(孰是孰非), 실사구시(實事求是), 약시하다(若是), 여시(如是), 역시(亦是), 원시(原/元是), 자시(自是), 종시(終是), 진시(眞是), 필시(必是), 혹시(或時), 혹시/나(或是), 혹시혹비(或是或非) 들.

시(柿/枾) '감(과일)'을 뜻하는 말. ¶시병(柿餠;감편), 시상(柿霜), 시색(枾色;감색), 시설(柿雪;곶감 거죽에 돋아 생기는 하얀 가루. 柹粉. 柿霜), 시체(枾蔕;감의 꼭지); 감시(甘柿), 건시(乾柿;곶감), 고종시(高宗柹), 관시(串柿), 반시(盤柿;납작감), 백시(白柿;곶감), 소시(小柿;고욤), 수시(水柿), 숙시/주의(熟柿/主義), 쌍시(雙柿;속감), 연시(軟柿), 조율이시(棗栗梨柿), 준시(蹲枾), 침시(沈柿), 홍시(紅柿;연감), 흑시(黑柿;먹감) 들.

시(屍) '주검 · 송장'을 뜻하는 말. ¶시간(屍姦), 시간(屍諫), 시구(屍柩), 시구(屍軀), 시독(屍毒), 시랍(屍蠟;밀랍처럼 변한 시체), 시반(屍班), 시산혈해(屍山血海), 시상판(屍床板), 시수(屍水;추긴물), 시신(屍身), 시즙(屍汁;추긴물), 시체(屍體), 시취(屍臭), 시친(屍親); 강시(僵/殭屍), 검시(檢屍), 과혁지시(裹革之屍), 동시(凍屍), 변시체(變屍體), 복상시(腹上屍), 부관참시(剖棺斬屍), 수시(收屍), 외시(畏屍), 유시(遺屍), 육시/랄(戮屍), 적시재상(赤屍在床), 참시(斬屍), 행려시(行旅屍) 들.

시(尸) '주검'을 뜻하는 말. ¶시궐(尸厥), 시다림(尸茶林), 시동(尸童;제사 때 신위(神位) 대신으로 앉혀 놓던 어린아이), 시위소찬(尸位素餐); 미랭시(未冷尸;아주 늙어서 사람 구실을 못하는 사람), 행시주육(行尸走肉;배운 것이 없어서 아무 쓸모가 없는 사람).

시(矢) '화살. 맹세하다'를 뜻하는 말. ¶시석(矢石;화살과 돌), 시수/꾼(矢數), 시심(矢心;마음속으로 맹세함), 시언(矢言;굳게 언약한 말), 시인(矢人); 궁시(弓矢), 독시(毒矢), 비시(飛矢), 여시(餘矢), 우시(雨矢), 유시(流矢), 파열시(破裂矢), 호시(弧矢), 효시(嚆矢) 들.

시(柴) '땔나무'를 뜻하는 말. ¶시노(柴奴), 시량(柴糧;땔나무와 먹을 양식), 시목(柴木), 시문(柴門;사립문), 시수(柴水;땔나무와 마실 물), 시신(柴薪), 시유(柴油), 시장(柴場), 시초(柴草), 시탄(柴炭), 시파(柴杷); 과동시(過冬柴), 과하시(過夏柴), 신시(薪柴), 어염시수(魚鹽柴水) 들.

시(翅) '날개 · 날개 모양의'를 뜻하는 말. ¶시과(翅果;껍질이 날개처럼 된 열매), 시맥(翅脈;날개에 뻗어 있는 줄), 시조(翅鳥;하늘을 날아다니는 새), 시초(翅鞘); 금시조(金翅鳥), 막시/류(膜翅/類), 모시류(毛翅類), 무시류(無翅類), 반시류(半翅類), 사시(鯊翅), 쌍시류(雙翅類), 유시류(有翅類), 인시류(鱗翅類), 전시(展翅) 들.

시(諡) '시호(諡號;죽은이의 생전의 공덕을 기리어 임금이 내려 주는 칭호)'를 뜻하는 말. ¶시망(諡望), 시법(諡法;시호를 붙이는 법), 시보(諡寶), 시복(諡福), 시성(諡聖), 시의(諡議), 시책(諡冊), 시책문(諡冊文), 시호(諡號); 사시(私諡), 의시(議諡), 증시(贈諡), 청시(淸諡), 추시(追諡) 들.

시(恃) '믿고 의지하다'를 뜻하는 말. ¶시뢰(恃賴), 시악(恃惡)[1098], 시이불공(恃而不恐); 빙시(憑恃), 자시(自恃), 호시(怙恃;믿고 의지한다는 뜻에서 '부모'를 이름) 들.

시(猜) '샘. 의심하다'를 뜻하는 말. ¶시극(猜克), 시기/심(猜忌/心), 시의(猜疑), 시인(猜忍), 시투(猜妬), 시탄(猜憚), 시투(猜妒), 시험(猜險), 시혐(猜嫌); 혐시(嫌猜) 들.

시(豉) '된장 · 메주(콩을 띄워 만듦)'를 뜻하는 말. ¶강시(糠豉), 담두시(淡豆豉), 부시(麩豉;밀기울로 만든 된장), 서시(薯豉;감자로 담근 된장), 옥시(玉豉) 들.

시(弑) '아랫사람이 윗사람을 죽이다'를 뜻하는 말. ¶시살(弑殺;弑害. 弑逆), 시역(弑逆), 시해(弑害;부모나 임금을 죽임); 독시(毒弑), 찬시(簒弑), 피시(被弑) 들.

시(緦) '상복(시마복;3개월의 상에 입는 옷)'을 뜻하는 말. ¶시관(緦冠), 시마(緦麻)[시마관(冠), 시마복(服), 시마친(親)], 시복(緦服;석 달 동안 입는 상복) 들.

시(蓍) '비수리(엉거싯과의 여러해살이풀)'을 뜻하는 말. 옛날에 점치는 데에 썼음. ¶단시를 치다(단시점을 치다). 시초(蓍草); 단시점(短蓍占;간단하게 솔잎 따위를 뽑아서 치는 점).

시(豕) '돼지'를 뜻하는 말. ¶시돌(豕突;멧돼지처럼 앞뒤를 가리지 않고 덤벼듦. 저돌), 시훼(豕喙;돼지주둥이) 들.

시(豺) '승냥이(갯과에 딸린 이리와 비슷한 사나운 짐승)'을 뜻하는 말. ¶시랑(豺狼), 시호(豺狐) 들.

시(匙) '숟가락'을 뜻하는 말. ¶시저(匙箸), 시접(匙楪); 사시(沙匙), 삽시(揷匙) 들.

시(屣) '신. 신발'을 뜻하는 말. ¶도시(倒屣;허둥지둥 급하여 신을 거꾸로 신음).

시(罳) '집의 정면에 쌓은 담'을 뜻하는 말. ¶시정(罳頂;천장); 부시(罘罳;새가 앉지 못하게 전각의 처마에 치는 철망).

시(顋) '뺨 · 볼. 아가미'를 뜻하는 말. ¶시협(顋頰;뺨); 어시해(魚顋醢;아감젓).

시(撕) '훈계하다. 잡도리하다'를 뜻하는 말. ¶시애(撕挨;자기 주장을 서로 고집하여 결정짓지 못하는 것. 승강이)/하다.

시(鰣) '준치(준칫과의 바닷물고기)'를 뜻하는 말. ¶시어다골(鰣魚多骨).

시(屎) '똥'을 뜻하는 말. ¶시뇨(屎尿;똥과 오줌).

1097) 시빗주비(是非): ①툭하면 경우를 따져 까다롭게 구는 시비. ②걸핏하면 남의 시비에 참견하기 좋아하는 사람. ③시비가 일어나는 데 관여하는 사람.

1098) 시악(恃惡): 자기의 모질고 악한 성미를 믿음. 화가 몹시 나서 성미를 부림. 포달을 떪. ¶시악을 부리다. 시악을 쓰다. 네 시악질을 받아줄 사람이 어디 있느냐. 시악하다, 시악질/하다.

시거리 원생동물의 한 가지. 몸은 둥글고 썩 작으며 바다에 떠서 흔들리는 물결 따라 어둠속에서 빛을 냄. 야광충(夜光蟲).

시거에 우선 급한 대로. 머뭇거리지 아니하고 곧. ¶시거에 이것부터 쓰자. 시거에 날변이라도 얻을 밖에. 시거에 호미를 괭이 삼아 쓰다. 용건만 말하고 시거에 떠나다.

시게 시장에서 팔고 사는 곡식. 또는 그 값.[←시가(時價)+에]. ¶시겟금(시장에서 파는 곡식의 시세), 시겟돈, 시겟바리, 시겟장수, 시게전(廛).

시겟-박 식기(食器)를 담아 두는 함지박. 선물로 보내는 물건을 담아 두는 함지박.[←식기박(食器)].

시골 도시에서 떨어져 사람들이 주로 농사를 지으며 사는 곳. 서울 이외의 지방. 고향(故鄕). ¶시골 사람이 순박하다. 서울에 비하면 여기는 시골이다. 추석에는 시골(고향)에 다녀와야겠다. 시골고라리(어리석고 고집 센 시골 사람), 시골구석, 시골내기, 시골놈, 시골뜨기, 시골말, 시골사람, 시골인심, 시골집, 시골티(촌티), 시골풍(風); 외시골(外). ☞ 촌(村).

시궁 더러운 물이 잘 빠지지 아니하고 썩어서 질척질척하게 된 도랑창. ¶길을 가다가 시궁에 빠지다. 시궁을 치고 소독하다. 시궁구멍, 시궁발치/시궁치(시궁의 근처), 시궁쥐(집쥐), 시궁창(시궁의 바닥)/흙.

시글시글 ①사람이나 짐승 따위가 많이 모여 우글우글 들끓는 모양. 〈센〉씨글씨글. 시끌시끌. ¶장에는 아침부터 사람들이 시글시글 들끓었다. 명동에 사람들이 시글시글하다. 사람들이 씨글씨글 모여드는 시골 장터. 시끄럽다[1099]. ②물건이 여기저기 흔하게 널려 있는 모양.

시금치 명아줏과의 한해살이 또는 두해살이 풀.[〈시근ᄎᆡ. 적근채(赤根菜)]. ¶시금칫국, 시금치나물, 시금치쌈, 시금치죽(粥) 들.

시나브로 ①모르는 사이에 조금씩 잇따라.≒차츰차츰. 점차. 야금야금. ¶시나브로 밝아오는 아침. 많던 재산을 시나브로 날려 보내다. 모아 둔 돈을 시나브로 다 썼다. ②다른 일을 하는 사이사이에.≒틈틈이. ¶일을 하면서 시나브로 그림을 그려 왔다. 시나브로 다 해치우다.

시나위 향악(鄕樂)의 하나인, 굿거리, 살풀이 따위의 무악(巫樂). 피리·해금·장구·징·북 들로 이루어진 합주. ¶차일 속엔 마을 여인들이 앉아 무당의 시나위 가락에 취해 있다.

시난-고난 병이 심하지는 않으면서 오래 앓는 모양. ¶벌써 몇 해째 시난고난 앓고 있다. 시난고난 하면서도 농사일을 몇 년째 하고 있다.

시늉 어떤 움직임·소리나 모양을 흉내 내는 일. ¶우는 시늉을 하다. 시늉글자, 시늉말; 겉시늉, 소리시늉, 손시늉, 죽는시늉, 짓시늉 들.

시(다) ①식초의 맛과 같다. ¶맛이 시다. 시금[1100], 시디시다, 새그무레·새크무레·시그무레·시크무레하다, 새곰새곰·새금새금·새콤새콤·시굼시굼·시쿰시쿰·시금시금·새금새금·시큼시큼/하다, 새곰·새금·새콤·새큼·시굼·시금·시쿰·시큼하다, 새지근·시지근하다, 새척지근/새치근·시척지근/시치근하다(비위에 거슬리게 시큼하다), 새콤달콤·새큼달큼하다, 시그무레·시크무레하다, 시그럽다(조금 시큰한 맛이 있다), 시금떨떨·시금털털·시큼털털하다, 시금씁쓸·시큼씁쓸하다, 시디시다, 시어지다(맛이 시게 되다), 시지근하다(맛이 조금 시금하다), 신것, 신맛, 신물[1101], 신트림[1102]. ②강한 빛을 받아 눈이 부시어 슴벅슴벅 찔리는 듯하다. ¶햇살이 비쳐 눈이 시다. 새구럽다[1103], 시리다(부시다), 시울다[1104]. ③접질렸거나 삐었을 때의 뼈마디처럼 시근시근 아프다. ¶발목이 시고 아프다. 시근·새근[1105]·새큰·시큰·시근시근/거리다/대다/하다. ④하는 짓이 눈에 벗어나 비위에 거슬리다. ¶눈꼴이 시어서 못 보겠다. 시건드러지다(시고 건드러지다), 시건방지다(시고 건방지다), 시먹다[1106], 시크름하다[1107], 시큰둥하다[1108]; 눈꼴시다 들.

시다림 ①불교에서, 죽은이에게 마지막으로 하는 설법.[←시다림(尸茶林)]. ¶시다림법사(法師), 시다림하다. ②인도 마가다국 왕사성 북쪽에 있는 숲[묘지로 쓰였음].

시달리(다) 괴로움을 당하다. 성가심을 받다.≒볶이다. 괴롭히다. 쪼들리다. ¶모기에 시달리다. 빚에 시달리다. 시달구다, 시달림; 짓시달리다(몹시 시달리다).

시답(다) 마음에 차다. 마음에 들다. ¶호의(好意)를 시답지 않게 여기다.[+않다].

시들(다) ①꽃·풀이 물기가 없어 생기가 없어지다.≒이울다. 지

1099) 시끄럽다: 듣기 싫도록 소리가 크거나 떠들썩하다.(≒소란스럽다. 떠들썩하다.↔조용하다). 말썽이 나서 어지러운 상태에 있다. 남의 거듭하거나 치근거리는 말이 오히려 귀찮다. 〈센〉씨끄럽다. ¶자동차 소리가 시끄럽다. 교실이 너무 시끄럽다. 집안이 시끄럽다. 요즘 세상이 시끄럽다. 일마다 시끄럽게 참견하다. 시끄러운음(音↔고른음), 시끌벅적/거리다/대다/하다, 시끌뻑쩍지근/하다, 시끌시끌·씨글씨글/하다(정신이 어지럽도록 시끄럽다. 이 일 저 일이 얽히어 정신이 어지럽다. 마음이 차분하지 못하고 뒤숭숭하다).

1100) 시금: 깊은 맛이 있게 조금 신맛이 있는 느낌. 〈작〉새금. 새곰. 〈거〉시큼. ¶새곰·새금·새콤·새큼·시곰·시굼·시금·시쿰·시큼하다. 시금떨떨하다, 시금시금, 시금씁쓸하다, 시금떨떨·시금털털하다, 새그무레·새크무레·시크무레/하다.

1101) 신물: 음식에 체했거나 트림할 때 목구멍으로 넘어오는 시척지근한 물. 지긋지긋하여 진절머리나는 일(진저리). ¶신물이 나다.

1102) 신트림: 신물이나 시큼한 냄새가 목구멍으로 나오는 트림.

1103) 새구럽다: ①센 빛을 받아 눈이 부시다. ②맛이 시다. ③하는 꼴이 못마땅하다. 〈큰〉시그럽다.

1104) 시울다: 눈이 부셔서 바로 보기 거북하다. ¶햇빛에 눈이 시울다.

1105) 새근: 뼈마디 따위가 조금 신 느낌. 〈큰〉시근. 〈거〉새큰. ¶뼈마디가 새근 저리다. 발목이 새근하다. 새근·시근·새큰·시큰거리다/대다/하다; 다시근하다(약간 뜨끔하다).

1106) 시먹다: 버릇이 나빠 남이 이르는 말을 듣지 아니하다. 나이 어린 사람이 주제넘고 시건방지다.≒건방지다. ¶아이들이 시먹어서 말을 안 듣는다.

1107) 시크름하다: 하는 짓이 썩 마음에 달갑지 아니하다.

1108) 시큰둥하다: 마음에 내키지 않아, 말이나 하는 짓에 성의가 없다. 시고 건방지다. ¶그런 좋은 조건에도 여전히 시큰둥한 것 같다. 시큰둥하게 말하다. 시큰둥이, 시큰둥히.

다.↔사그러지다. 싱싱해지다. ¶꽃잎이 시들다. 시들, 시드럭/시득, 시드럭부드럭/시득부득, 시드럭시드럭/시득시득, 새득[1109], 새들새들 · 사들사들 · 시들시들/하다, 사들 · 새들 · 시들하다, 소득소득[1110] · 수득수득/하다, 소들소들[1111] · 수들수들/하다, 시들리다, 시들마르다, 시들머들하다(몹시 시들고 생기가 없다), 시들병(病), 시들부들(약간 시들어 부드러워진 꼴)/하다, 시들어뜨리다/트리다, 시듦현상. ②기력 · 기세가 줄어지다. 정열이나 의욕이 식다. ¶권력이 시들다. 사랑이 시들다(식다). 시드럽다(몸이 피곤하고 고달프다), 시들먹하다(기운이나 기분이 시들한 데가 있다), 시들방귀(시들한 일이나 사물을 우습게 여김), 시들스럽다, 시들프다(마음에 맞갖잖고 시들하다), 시들하다[1112], 시들해지다. ☞ 고(枯). 조(凋).

시뚝-하다 ①마음에 언짢아서 모른 체하거나 토라져 있다. ②잘난 체하여 우쭐하다.

시뜻-하다 마음이 내키지 않아 시들하다. 어떤 일에 물리거나 지루해져서 싫증이 난 기색이 있다. 마음에 언짢아서 시무룩하거나 토라져 있다. 〈거〉시틋하다. ¶아무 말도 없이 시뜻해서 돌아앉다. 시뜻한 표정으로 계속 입을 다물고 있다. 시틋한 얼굴로 대답하다. 시뜻 · 시틋이, 시푸녕스럽다(색깔이나 표정이 시틋한 데가 있다).

ㅅ

시래기 무청이나 배추 잎을 말린 것. 청경(青莖). ¶시래기를 삶다. 시래깃국, 시래기나물, 시래기두름, 시래기떡, 시래기뭉치, 시래기죽(粥), 시래기지짐이, 시래기찌개; 무시래기, 배추시래기 들.

시루 떡 · 쌀 따위를 찌는 데 쓰는 둥근 질그릇.[〈시르]. ¶시루에 물 붓기(공을 들이고 노력해도 효과가 없음). 시루논, 시루떡[1113][증병(甑餠)], 시루띠, 시룻밑, 시룻방석(方席), 시룻번, 시루식(式); 놋시루(놋으로 만든 시루), 떡시루, 복시루(福)[1114], 봉칫시루(혼인 때에, 마련하는 떡시루), 옹달시루/옹시루, 잿물시루(잿물을 내리는 데 쓰는 시루), 콩나물시루. ☞ 증(甑).

시르-죽다 기운을 못 차리거나 생기가 없어지다.[←시름[2]+죽다]. ≒기죽다(氣). ¶끼니를 굶어 시르죽어 가다. 시르죽은 목소리. 시르죽은 이(초췌한 몰골과 초라한 행색을 놀려 이르는 말).

시름[1] 마음에 걸려 풀리지 아니하는 근심과 걱정. ¶시름을 잊다. 깊은 시름에 잠기다. 한시름 놓다/ 덜다. 시름겹다(못 견딜 정도로 시름이 많다), 시름기(氣;시름이 있는 기색), 시름맞다(매우 시름에 겹다), 시름스럽다, 시름없다/없이; 된시름(몹시 심한 시름), 만시름(萬;온갖 시름), 한시름(큰 걱정).

시름[2] ①병세가 더하지도 않고 낫지도 않으면서 오래 계속되는 모양. ¶시름시름 앓은 지 3년. ②활기나 열기가 현저히 약해져 가는 모양. ¶무슨 낙망이나 한 듯이 시름시름 말을 한다. ③비나 눈이 조금씩 내리는 모양. ¶이튿날도 시름시름 눈이 내렸다.

시리(다) 몸의 한 부분에 찬 기운을 느끼다.≒차다[4]. ¶찬바람이 스며들어 무릎이 시리다. 찬바람에 귀가 시리다. 이가 시려서 씹을 수가 없다. 시릿하다.

시마리 굿패의 구성원.=시마리꾼.

시망-스럽다 몹시 짓궂은 데가 있다. ¶그는 말을 시망스럽게 해 다른 사람을 당황하게 한다. 고깃덩어리를 그려 놓고 그는 시망스럽게 '십자가'라는 제목을 붙여놓았다. 시망스러이/스레.

시먹 미술에서, 먹으로 가는 획을 그어서 두 경계를 나타내는 줄. 세묵(細墨). ¶시먹하다.

시-먹(다) ☞ 시다④.

시분 ①분(粉)으로 가늘게 그은 선. ②단청(丹青)할 때 물감을 칠한 뒤 무늬의 윤곽을 분으로 그리는 일.

시쁘(다) 마음에 차지 아니하여 시들하다. 대수롭지 아니하다.≒시큰둥하다. ¶멀건 국을 한 숟갈 뜨더니 시쁜 표정을 지었다. 달라는 걸 주었는데도 시쁜 표정이다. 그런 시쁜 일에는 끼어들지 않겠어. 시쁜 얼굴로 쳐다보다. 상대편의 마음을 시뻐하다. 시뻐하다[1115], 시쁜둥하다(매우 시쁜 기색이 있다)/히, 시쁜장스럽다/하다(조금 시쁘다), 시삐, 시픗하다(매우 시쁘다. 마음에 차지 아니하다).

시살-스럽다 진절머리 날 정도로 귀찮다. ¶시살스러운 남자. 시살스레 구는 아이.

시새우(다) 자기보다 잘되거나 나은 이를 공연히 미워하고 싫어하다. 남보다 낫기 위하여 서로 지지 않으려고 다투다. 〈준〉시새다(다투다). ¶친구의 성공을 시새워 말라. 시새워 일했다. 시새움하다/시샘하다(질투하다), 시샘다(질투스럽다). ☞ 샘[1]

시시(cc) 각 모서리의 길이가 1㎝인 정육면체에 담긴 물의 양에 해당하는 부피.

시시부지 =흐지부지. ¶시시부지하다(시시하고 보잘것없다. 흐지부지하다).

시시-하다 자질구레하고 보잘것없다. 일의 끝이 흐지부지하다.≒재미없다. 쓸데없다. 너절하다.↔대단하다. 재미있다. ¶시시하게 그런 소리나 하다니. 시시껄렁하다(시시하고 꼴답지 않다), 시시껍적하다(시시하고 귀찮다), 시시부지(일을 어름어름 아무렇게나 해 넘기는 모양), 시시콜콜[1116]/하다/히, 시시풍덩[1117]/하다.

1109) 새득: 조금 시들고 말라서 윤기가 없는 모양. 〈큰〉시득. ¶새득새득 시든 채소. 생선이 새득새득 말랐다. 새득새득 · 시득시득하다.

1110) 소득: 식물이 몹시 시들어 마른 모양.=소들. 〈큰〉수득. ¶소득소득 마른 상추. 대추가 소득소득 말랐다. 소득밤(반쯤 말린 밤); 반수둑이(半;물건이 반쯤만 수득수득하게 마른 정도. 또는 그러한 물건).

1111) 소들소들: 뿌리 따위가 조금 시들어서 생기 없이 마른 모양. 〈큰〉수들수들. ¶소들소들 마른 무말랭이.

1112) 시들하다: ①풀이나 꽃 따위가 시들어서 생기가 없다. ②마음에 차지 아니하여 내키지 않다. ③우습게 여길 만큼 대수롭지 아니하다.≒하찮다. 보잘것없다.

1113) 시루떡: 감자시루떡, 갖은시루떡, 메시루떡, 무시루떡, 찰시루떡.

1114) 복시루(福): 사기그릇이나 질그릇을 잘못하여 깨뜨렸을 때, 그릇의 밑이 가지런하게 빠진 것.

1115) 시뻐하다: 마음에 차지 않아 시들하게 여기다. ¶내 말이라면 늘 시뻐한다.

1116) 시시콜콜: 시시하여 고리고 배린 모양. 자질구레한 것까지 낱낱이 따

시식-잖다 무엇이 같잖고 이치에 맞지 않은 상태에 있다. 〈센〉씨식잖다. ¶시식잖게 함부로 참견하다.

시앗 남편이 따로 마음을 주고 사는 여자. 첩(妾).[〈싀앗.←싀+갓]. ¶시앗을 보면 길가의 돌부처도 돌아앉는다. 시앗을 보다. 시앗질/하다, 시앗집; 된시앗.

시역 힘이 드는 일.≒고역(苦役). ¶시역을 마치다. 좋지 않은 몸에 다 계속된 시역으로 그는 결국 앓아 누었다.

시울 약간 굽거나 휜 부분의 가장자리. 눈·입의 언저리. 활시위. ¶시울이 뜨거워지다. 그녀는 마치 꿀물을 마신 듯 시울을 다시 빨았다. 시울나붓이[1118]; 강시울(江;강가), 눈시울, 불시울(꺼지지 않도록 갈무리해 놓은 불씨), 입술(입시울).

시울-질 물고기의 식욕을 돋우기 위해 줄에 달린 미끼를 움직이는 일. ¶노련한 낚시꾼일수록 시울질을 잘한다. 시울질하다.

시원 ①말이나 태도가 망설이거나 감추는 것이 없이. ②성격이 너그럽고 상냥하면서 활발한 모양. ③마음을 무겁게 하던 것이 해결되어 마음이 탁 트이고 매우 후련한 모양. 〈센〉씨원. ¶시원하다[1119], 시원섭섭하다, 시원스럽다, 시원시원/하다(행동이나 성격 또는 생김새가 아주 시원하다), 시원찮다/션찮다, 시원칠칠하다(하는 짓이 시원하고 칠칠하다), 시원히; 속시원하다 들.

시위[1] 비가 많이 와서 강물이 논밭이나 길로 넘쳐흐르는 일. 또는 그 물.≒물마. 큰물. ¶시위가 나다(강에 큰물이 나다. 홍수가 나다). 시위가 들다. 시위물(큰물. 물마); 봄시위[1120].

시위[2] '활시위(활대에 걸어서 켕기는 줄)'의 준말. ¶화살을 시위에 메기다. 시위를 당기다. 시위동(활시위의 단단하고 팽팽한 정도), 시위잠(활시위 모양으로 몸을 웅크리고 자는 잠), 시위장이; 쇠시위.

시위적 일을 힘들여 하지 아니하고 되는 대로 천천히 하는 모양. ¶시위적시위적 일을 하다. 시위적거리다/대다, 시위적시위적/하다, 시적[1121]/거리다/대다.

시장[1] 배가 고픔. ¶시장할 텐데 어서 식사를 하렴. 시장이 반찬이라. 시장했던 참에 잘 먹었다. 시장기(氣;배가 고픈 느낌), 시장멈춤/하다, 시장증(症;시장기), 시장찮다(아직 배가 고프지 않다), 시장판(배가 고픈 처지나 판국), 시장하다[1](일시적으로 배가 고프다).

시장[2] 어린아이를 시장질할 때 부르는 소리. ¶시장시장, 시장질/하다[1122], 시장하다[2].

시접 속으로 접혀 들어간 옷솔기의 한 부분. ¶시접을 넣다. 시접을 넉넉히 두고 마르다. 시접이 나오지 않도록 솔기를 싸는 것을 '곱쌈솔'이라 한다.

시중 옆에서 여러 가지 심부름을 하는 일.[←隨從(수종)].≒심부름. 수발. ¶환자의 시중을 들고 있다. 할아버지를 시중하다. 시중꾼, 시중들다/하다; 뒷시중, 몸시중, 물시중, 밥시중, 병시중(病), 술시중, 약시중(藥), 옷시중, 잔시중(자질구레한 시중) 들.

시창 배의 고물머리에 깐 작은 마루.

시치(다) 바느질을 할 때에 여러 겹을 맞대어 듬성듬성 또는 임시로 호다. ¶치마폭을 시치다. 시침[1123].

시치미 매의 주인을 밝히기 위해 주소를 적어 매의 꽁지털 속에 매어 둔 네모 난 뿔. ¶시치미를 떼다(알고도 모르는 체하다). 연희가 새침을 떠는 것을 보면 꽤 귀엽다. 새치미/새침(쌀쌀맞게 시치미를 떼는 태도), 새치름[1124]·새초롬/새침·시치름/시침하다; 생시치미/생시침(날억지로 떼는 시치미).

시쿵 발동기 따위를 처음 움직일 때 나는 소리. 〈큰〉시쿵.

시키(다) ①남에게 어떤 일이나 행동을 하게 하다. 주문(注文)하다. ¶일을/ 공부를 시키다. 내가 하기 싫은 일을 남에게 시키지 말라. 식당에서 곰탕을 시키다. 시킴; 짓시키다(몹시 심하게 시키다). ②서술성을 가지는 일부 명사 뒤에 붙어 '하게 하다(사동)'의 뜻을 더하고 동사를 만드는 접미사.[〈시기다]. §일반적으로 '윗사람이나 지적 수준이 높은 사람이 아랫사람에게 어떤 일이나 행동을 하게 하다'를 뜻하며, 접미사 '-하다'에 대체(代替)됨. ¶가담(加擔), 가동(稼動), 가입(加入), 감금(監禁), 감동(感動), 감소(減少), 강등(降等), 건조(乾燥), 격동(激動), 격리(隔離), 격추(擊追), 격침(擊沈), 견학(見學), 결합(結合), 결혼(結婚), 고립(孤立), 고정(固定), 공부(工夫), 관람(觀覽), 관철(貫徹), 교배(交配), 교육(敎育), 교체(交替), 구경, 굴복(屈伏), 궐기(蹶起), 귀속(歸屬), 근절(根絕), 기권(棄權), 기절(氣絕), 긴장(緊張), 낙담(落膽), 낙방(落榜), 낙선(落選), 낙제(落第), 냉동(冷凍), 노출(露出), 단절(斷絕), 당선(當選), 대기(待期), 대응(對應), 대체(代替), 도착(到着), 독립(獨立), 동화(同化), 두절(杜絕), 등록(登錄), 마모(磨耗), 만족(滿足), 말살

지거나 다루는 모양. 어머니는 더 이상 시시콜콜 캐어 묻지 않으셨다.

1117) 시시풍덩: 시시하고 실답지 않게. 〈준〉시풍덩. ¶시시풍덩 낮잠을 자다. 시시풍덩한 이야기를 늘어놓다.

1118) 시울나붓이: 그릇 따위의 가장자리에 겨우 찰 정도로. ¶시울나붓이 담은 밥.

1119) 시원하다: ①사람의 몸이 알맞게 찬 느낌 받아 기분이 상쾌하다. ¶강바람이 시원하다. ②국물 따위의 맛이 텁텁하지 않고 산뜻하다(개운하다). 음식이 차고 산뜻하다. ¶시원한 김칫국. 콩나물국이 시원하다. ③막힌 데가 없이 활짝 트이다. ¶시원하게 뻗은 들판. ④마음을 무겁게 하던 것이 해결되어 흐뭇하고 가뿐하다. ¶문제가 해결되니까 속이 다 시원하다. ⑤성질이 꽁하지 않고 서글서글하다. ¶시원한 성격. 묻는 말에 시원하게 대답하다. ⑥지저분한 것이 없이 깨끗하고 미끈하다. ¶쓰레기더미를 시원하게 쳐냈다.

1120) 봄시위: 봄철에 강물이 넘쳐 뭍으로 흐르는 것. 또는 그 큰물.

1121) 시적: 느릿느릿 행동하거나 말하는 모양. ¶마지못해 시적시적 비질을 한다. 노인은 못 들은 채 대꾸도 하지 않고 시적시적 발길을 옮겨 놓았다.

1122) 시장질: 어린아이를 운동시키기 위하여 일으켜 세워 두 손을 붙들고 앞으로 밀었다 당겼다 하는 짓.=세장질. ¶시장질/하다.

1123) 시침: 바느질을 할 때 천을 맞대어 듬성듬성하게 대강 호는 일. ¶저고리 안팎을 맞추어 시침을 두다. 시침바늘, 시침바느질, 시침실, 시침질/하다, 시침하다; 감아시침, 감침시침, 곱시침, 긴시침(땀을 길게 하는 시침질), 엇시침/어슨시침, 장식시침(裝飾), 징검바늘시침.

1124) 새치름·새초롬하다: 시치미를 떼고, 태연하거나 얌전한 기색을 꾸미다. 〈준〉새침하다(쌀쌀맞게 시치미를 떼는 태도가 있다). 〈큰〉시치름하다. ¶새치름하게 앉아 있는 아가씨. '새뚝하다'는 '새치름하다'의 사투리다. 새치름히, 새침데기(새침한 성격을 지닌 사람), 새침스럽다(보기에 쌀쌀하게 시치미를 떼는 데가 있다).

(抹殺), 매료(魅了), 매장(埋葬), 매혹(魅惑), 면제(免除), 멸망(滅亡), 멸종(滅種), 목욕(沐浴), 몰락(沒落), 무마(撫摩), 무산(霧散), 반전(反轉), 발육(發育), 발전(發展), 발족(發足), 발효(醱酵), 방목(放牧), 변화(變化), 복종(服從), 복직(復職), 복학(復學), 부담(負擔), 분리(分離), 불합격(不合格), 사면(赦免), 사장(死藏), 사형(死刑), 삭감(削減), 석방(釋放), 성공(成功), 소개(紹介), 소외(疏外), 수장(水葬), 숙성(熟成), 순화(醇化), 실망(失望), 안심(安心), 안기(暗記), 암송(暗誦), 야기(惹起), 역전(逆轉), 연결(連結), 연장(延長), 오염(汚染), 와전(訛傳), 와해(瓦解), 운동(運動), 운전(運轉), 육성(育成), 이주(移住), 이해(理解), 인사(人事), 인상(引上), 인식(認識), 인하(引下), 입국(入國), 입원(入院), 입주(入住), 입학(入學), 자극(刺戟), 자수(自首), 자폭(自爆), 전염(傳染), 전출(轉出), 전학(轉學), 절망(絕望), 접목(接木), 접촉(接觸), 정차(停車), 제명(除名), 졸업(卒業), 주둔(駐屯), 증가(增加), 지속(持續), 지연(遲延), 진급(進級), 진동(振動), 진정(鎭靜), 진학(進學), 집합(集合), 참가(參加), 참석(參席), 참여(參與), 철수(撤收), 철회(撤回), 첨가(添加), 청소(淸掃), 촉진(促進), 추락(墜落), 추방(追放), 출가(出嫁), 출국(出國), 출동(出動), 출발(出發), 출범(出帆), 출전(出戰), 충돌(衝突), 취소(取消), 취직(就職), 침몰(沈沒), 출입(出入), 침투(浸透), 탈락(脫落), 통일(統一), 통합(統合), 퇴거(退去), 퇴보(退步), 퇴원(退院), 퇴출(退出), 퇴학(退學), 투입(投入), 파기(破棄), 파면(罷免), 파멸(破滅), 파생(派生), 파손(破損), 패망(敗亡), 폐(弊), 폐차(廢車), 포기(抛棄), 합격(合格), 합병(合倂), 합숙(合宿), 항복(降伏/服), 해방(解放), 해약(解約), 해제(解除), 현혹(眩惑), 호전(好轉), 화장(火葬), 화해(和解), 확신(確信), 환기(換氣), 확인(確認), 환원(還元), 후퇴(後退), 훈련(訓練), 희석(稀釋) 들.

시통-하다 하는 짓이 주제넘고 건방지다. 달갑지 않거나 못마땅하다. ¶시퉁스러운 녀석. 시퉁머리(시퉁한 짓)/스럽다, 시퉁머리터지다(시퉁하다), 시퉁 · 새퉁스럽다.

식(式) ①일정한 전례, 표준 또는 규정. ¶식을 거행하다. ②일부 명사나 한자어 어근 뒤에 붙어 '의식(儀式;어떤 행사를 치르는 방식)'의 뜻을 나타내는 말. ¶식가(式暇), 식년(式年), 식례(式例), 식례(式禮), 식모(式帽), 식사(式辭), 식순(式順), 식장(式場), 식전(式典); 개식(開式), 개관식(開館式), 개교식(開校式), 개막식(開幕式), 개소식(開所式), 개업식(開業式), 개원식(開院式), 개통식(開通式), 개회식(開會式), 거식(擧式), 견혼식(絹婚式), 결혼식(結婚式), 경축식(慶祝式), 고별식(告別式), 관병식(觀兵式), 관함식(觀艦式), 금혼식(金婚式), 기공식(起工式), 기념식(記念式), 낙성식(落成式), 다이아몬드혼식(婚式), 대관식(戴冠式), 도유식(塗油式), 득도식(得度式), 명명식(命名式), 모직혼식(毛織婚式;결혼 40돌 기념식), 발대식(發隊式), 봉정식(奉呈式), 분열식(分列式), 사열식(查閱式), 산호혼식(珊瑚婚式), 상량식(上梁式), 석혼식(錫婚式), 성년식(成年式), 성찬식(聖餐式), 송별식(送別式), 수료식(修了式), 수여식(授與式), 수작식(授爵式), 시공식(施工式), 시구식(始球式), 시도식(始渡式), 시무식(始務式), 시상식(施賞式), 시승식(試乘式), 시업식(始業式), 시축식(始蹴式), 신고식(申告式), 약혼식(約婚式), 열병식(閱兵式), 영결식(永訣式), 예식(禮式), 은퇴식(隱退式), 은혼식(銀婚式), 의식(儀式), 이임식(離任式), 인수식(引受式), 입단식(入團式), 입소식(入所式), 입장식(入場式), 입학식(入學式), 입회식(入會式), 장도식(長途式), 장례식/장식(葬禮式), 장립식(將立式), 제식(祭式), 제막식(除幕式), 조인식(調印式), 졸업식(卒業式), 종무식(終務式), 종업식(終業式), 준공식(竣工式), 증정식(贈呈式), 지혼식(紙婚式), 진산식(晉山式), 진수식(進水式), 착공식(着工式), 착좌식(着座式), 창단식(創團式), 창립식(創立式), 초도식(初渡式), 축성식(祝聖式), 출범식(出帆式), 출정식(出征式), 취임식(就任式), 친임식(親任式), 퇴소식(退所式), 퇴임식(退任式), 폐식(閉式), 폐막식(閉幕式), 폐회식(閉會式), 해단식(解團式), 헌당식(獻堂式), 헌정식(獻呈式), 현판식(懸板式), 혼례식(婚禮式), 환송식(歡送式), 환영식(歡迎式), 회혼식(回婚式). ③인칭 대명사나 용언의 관형사형 뒤에 쓰여, '일정한 방식이나 투'를 뜻하는 말. ¶이런 식으로 해라. 자기 식대로 살다. 그런 식으로 한다면 더 이상 나올 필요가 없다. x를 구하는 식을 써라. ④일부 명사 뒤나 한자어 어근에 붙어 '법식이나 방식 · 공식(公式)'의 뜻을 더하는 말. ¶가제식(加除式), 강연식(講演式), 강의식(講義式), 개가식(開架式), 개량식(改良式), 개방식(開放式), 개저식(開底), 개전로식(開電路式), 개조식(個條式), 개폐식(開閉式), 객관식(客觀式), 건식(乾式), 건달식(乾達式), 걸개식, 걸음식, 격식(格式), 경식(硬式), 경험식(經驗式), 계단식(階段式), 고식(古式), 고급식(高級式), 고딕식(Gothic式), 고신식(告身式), 고정식(固定式), 곡선식(曲線式), 곡초식(穀草式), 골조식(骨組式), 공식(公式)[공식적(的); 비공식(非)], 공기식(空氣式), 공랭식(空冷式), 공문식(公文式), 공압식(空壓式), 공전식(共電式), 관계식(關係式), 교대식(交代式), 구식(舊式), 구덩이식, 구조식(構造式), 군대식(軍隊式), 굴식[혈(穴)], 귀족식(貴族式), 근대식(近代式), 규식(規式), 긍정식(肯定式), 기계식(機械式), 기명식(記名式), 나선식(螺旋式), 나열식(羅列式), 날개식, 날림식, 내림식, 논식(論式), 논술식(論述式), 다공식(多孔式), 다곽식(多槨式), 다단식(多段式), 다발식(多發式), 다항식(多項式), 다환식(多環式), 단식(單式), 단곽식(單槨式), 단발식(單發式), 단삭식(單索式), 단승식(單勝式), 단좌식(單座式), 단채식(段彩式), 단항식(單項式), 닫김식, 닫힘식, 대수식(代數式), 대우식(對偶式), 대증식(帶證式), 대칭식(對稱式), 도식(圖式), 도리스식(Doris式), 도제식(徒弟式), 돌격식(突擊式), 돌림식, 돌이식, 동기식(同期式), 동양식(東洋式), 동위식(同位式), 동차식(同次式), 두괄식(頭括式), 드림식, 등식(等式), 디젤식, 릴레이식, 맞선식, 맞섬식, 맞춤식, 멜빵식, 명령식(命令式), 모식(模式), 무기명식(無記名), 무리식(無理式), 문답식(問答式), 문어발식, 문형식(門形式), 미괄식(尾括式), 미국식(美國式), 미닫이식, 밀폐식(密閉式), 밑열이식, 바닥문식, 바퀴식, 반비례식(反比例), 반응식(反應式), 반자동식(半自動式), 방식(方式), 방정식(方程式)[1125], 배위식(配位式), 백지식(白紙式), 범식(範式), 법식(法式), 별식(別式), 병렬식(竝列式), 병목식(竝木式), 복식(複式), 복식호흡식(腹式呼吸式), 복도식(複道式), 복수식(復

1125) 방정식(方程式): 고차방정식(高次), 대수방정식(代數), 로그방정식(log), 무리방정식(無理), 미분방정식(微分), 분수방정식(分數), 삼각방정식(三角), 연립방적식(聯立), 유리방정식(有理), 이항방정식(移項), 일/이/삼차방적식(一/二/三次), 적분방정식(積分), 정방정식(整), 지수방정식(指數), 함수방정식(函數), 화학방정식(化學).

水式), 복승식(複勝式), 복작식(複作式), 복좌식(複座式), 본식(本式), 부등식(不等式), 부정식(否定式), 분류식(分流式), 분무식(噴霧式), 분사식(噴射式), 분수식(分數式), 분자식(分子式), 불식(佛式), 붙박이식, 비례식(比例式), 비잔틴식(Byzantine式), 산식(算式), 살틀식, 삼포식(三圃式), 삼항식(三項式), 상대식(相對式), 서식(書式), 서랍식(←舌盒), 서양식(西洋式)/양식(洋式), 수식(數式), 수동식(手動式), 수랭식(水冷式), 수세식(水洗式), 수압식(水壓式), 수엽점식(樹葉點式), 수운식(水運式), 수재식(樹栽式), 수하식(垂下式), 수학식(數學式), 수혈식(竪穴式), 순차식(順次式), 습식(濕式), 습입식(濕入式), 시도식(始渡式), 시루식, 시성식(示性式), 신식(新式), 실험식(實驗式), 쌍괄식(雙括式), 쌍발식(雙發式), 쌍승식(雙勝式), 아프트식/철도(Abt/鐵道), 악식(樂式), 암거식(暗渠式), 압축식(壓縮式), 앞트기식, 애틱식(attic式), 약식(略式), 양식(樣式), 양괄식(兩括式), 양수식(揚水式), 양열식(釀熱式), 여닫이식, 여러고리식, 여러널식, 연식(軟式), 연관식(煙管式), 연쇄식(連鎖式), 연승식(連勝式), 열린식, 열림식, 예식(例式), 올림식, 왜식(倭式), 왜냄비식(倭), 외국식(外國式), 외널식, 외랑식(外廊式), 외래식(外來式), 요식(要式), 웨이드식(Wade式), 유랭식(油冷式), 유리식(有理式), 유수식(流水式), 유압식(油壓式), 유전식(遺傳式), 위식(違式), 은성식(隱成式), 이동식(移動式), 이론식(理論式), 이소환식(二素環式), 이오니아식(Ionia式), 이온식(ion式), 이항식(二項式), 이환식(二環式), 일식(一式;그릇 · 가구 따위의 한 벌), 일문일답식(一問一答式), 일반식(一般式), 일본식(日本式), 일차식(一次式), 일체식(一體式), 입식(立式), 자기식(自己式), 자동식(自動式), 자석식(磁石式), 재래식(在來式), 적금식(積金式), 적립식(積立式), 전개식(展開式), 점감식(漸減式), 정식(正式), 정식(定式), 정식(整式), 정수식(整數式), 제식(制式), 조립식(組立式), 조선식(朝鮮式), 조성식(造成式), 조파식(條播式), 주식(柱式), 주식(株式), 주관식(主觀式), 주입식(注入式), 주주식(周柱式), 줄뿌림식, 중괄식(中括式), 중력식(重力式), 중앙주식(中央柱式), 즉석식(卽席), 지시식(指示式), 지주식(支柱式), 천하식(天下式), 체식(體式), 체대식(遞代式), 초도식(初度式), 최신식(最新式), 추론식(推論式), 추리식(推理式), 추진식(推進式), 추첨식(抽籤式), 축자식(逐字式), 치식(齒式), 코린트식(Corinth式), 토론식(討論式), 토벽식(土壁式), 톱날식, 통식(通式), 투망식(投網式), 판식(版式), 판별식(判別式), 평면도식(平面圖式), 평측식(平仄式), 폐가식(閉架式), 표식(表式), 표식(標式), 표고식(標高式), 표준식(標準式), 하향식(下向式), 한식(韓式), 합동식(合同式), 합류식(合流式), 항등식(恒等式), 해식(解式), 행렬식(行列式), 현대식(現代式), 현수식(懸垂式), 형식(形式), 형식(型式), 호흡식(呼吸式), 혼작식(混作式), 화식(花式), 화법식(花法式), 화전식(火田式), 화학식(化學式), 화해식(和解式), 활창식, 회전식(回轉式), 횡구식(橫口式), 횡혈식(橫穴式), 흐름식 들.

식(食) '먹이 · 먹다, 어기다'를 뜻하는 말. ¶식간(食間), 식객(食客), 식걱정, 식겁(食怯;뜻밖에 놀라 겁을 먹음)/하다, 식경(食頃;한 끼의 밥을 먹을 동안이란 뜻으로, 잠깐 동안), 식고(食告), 식고(食鼓), 식곤증(食困症), 식공(食攻)[1126], 식공(食供;음식을 주는 것), 식관(食管), 식구(食口)[1127], 식권(食券), 식궐(食厥), 식균(食菌)[식균세포(細胞), 식균작용(作用)], 식근(食根;밥줄), 식기(食/蝕旣), 식기(食器), 식념(食念), 식능(食能), 식단(食單;차림표. 메뉴), 식단(食團)[1128], 식당(食堂)[식당차(車); 간이식당(簡易), 구내식당(構內), 대중식당(大衆)], 식대(食代), 식대령(食待令), 식도(食刀), 식도(食道)[식도경(鏡), 식도경련(痙攣), 식도암(癌), 식도협착(狹窄)], 식도락(食道樂), 식되[升], 식량(食量;음식을 먹는 분량), 식량(食糧)[1129], 식록(食祿), 식료/품(食料/品), 식모/살이(食母), 식물(食物;먹을거리), 식반(食盤), 식보(食補), 식복(食復), 식복(食福), 식빵, 식사(食事), 식상(食傷)[1130], 식색(食色), 식생활(食生活), 식성(食性), 식세포(食細胞), 식소사번(食少事煩), 식솔(食率;집안에 딸린 식구), 식수/난(食水/難), 식수(食數;食福), 식승(食升), 식신(食神), 식심(食/蝕甚), 식양학(食養學), 식언(食言;약속을 지키지 않음), 식열(食熱), 식염(食鹽)[식염수(水), 식염주사(注射), 식염천(泉)], 식욕(食慾)[식욕부진(不振), 식욕이상(異常)], 식용(食用)[1131], 식원복(食遠服), 식육(食肉)[식육류(類), 식육중독(中毒)], 식음/전폐(食飮/全廢), 식이(食餌;먹이)[식이반사(反射), 식이요법(療法), 식이전염(傳染); 무유식이(無乳)], 식인(食人)[식인귀(鬼), 식인종(種)], 식작용(食作用), 식재(食材), 식적(食積), 식전(食前)[식전바람, 식전잠, 식전참(站)], 식정수(食精水;밥물), 식주인(食主人), 식중독(食中毒), 식지(食指), 식지(食紙), 식찬(食饌), 식채(食債), 식체(食滯), 식초(食醋), 식충(食蟲)[식충류(類), 식충식물(植物), 식충이], 식칼, 식탁(食卓), 식탈(食頉), 식탐(食貪), 식판(食板), 식품(食品)[1132], 식품(食稟;먹음새), 식해(食害), 식해(食醢)[1133], 식혜(食醯)[1134], 식화(食貨), 식후(食後)[식후경(景), 식후복(服)]; 가정식(家庭食), 간식(間食), 간이식(簡易食), 감식(甘食), 감식/요법(減食/療法), 감염식(減鹽食), 강식(强食)[약육강식(弱肉)], 거식증(拒食症), 건강식(健康食), 건식(乾

1126) 식공(食攻): 적을 장기적으로 포위하여 식량 부족으로 항복하게 하는 전법.

1127) 식구(食口): 한 가정에서 비교적 오랜 동안 끼니를 함께 하며 사는 사람. ¶우리 집은 모두 다섯 식구다. 식구가 많다. 객식구(客), 군식구, 다솔식구(多率), 딸린식구, 바깥식구, 수다식구(數多), 안식구, 안팎식구, 원식구(原), 잔식구(자질구레한 식구), 잡식구(雜), 집안식구.

1128) 식단(食團): 비빔밥을 완자처럼 둥글린 후 밀가루를 묻히고 달걀을 씌워 지진 음식.

1129) 식량(食糧;糧食): 식량난(難), 식량문제(問題), 식량비축(備蓄), 식량안보(安保), 식량연도(年度), 식량우산(雨傘), 식량자급률(自給率), 식량정책(政策), 식량품(品); 대체식량(代替), 보건식량(保健), 비상식량(非常), 휴대식량(携帶).

1130) 식상(食傷): ①음식에 체했거나 중독이 되었거나 하여 일어나는 병. ②음식에 물리는 일. 또는 같은 사물이 되풀이되어 싫증이 나는 일. ¶항상 되풀이되는 단조로운 분위기에 식상하다.

1131) 식용(食用): 식용개구리, 식용균(菌), 식용근(根), 식용동물(動物), 식용되다/하다, 식용색소(色素), 식용식물(植物), 식용유(油), 식용육(肉), 식용작물(作物), 식용품(品).

1132) 식품(食品): 식품공업(工業), 식품위생/법(衛生/法); 가공식품(加工), 강화식품(强化), 건강식품(健康), 건조식품(乾燥), 기초식품(基礎), 기호식품(嗜好), 냉동식품(冷凍), 동물성식품(動物性), 산성식품(酸性), 알칼리성식품, 완전식품(完全), 조사식품(照射), 즉석식품(卽席;instant), 혐오식품(嫌惡).

1133) 식해(食醢): 생선을 토막 친 뒤에 소금 · 조밥 · 무 · 고춧가루 따위를 넣고 버무려 삭힌 음식. 생선젓.

1134) 식혜(食醯;단술): 쌀밥을 엿기름으로 삭혀서 설탕을 넣고 차게 식힌 음료. ¶식혜암죽(粥), 식혯밥.

食), 건식(健食), 걸식(乞食), 결식(缺食), 경식(耕食), 경양식(輕洋食), 공식(共食), 공식(空食), 과식(過食), 관식(官食), 궐식(闕食), 금식(禁食), 금의옥식(錦衣玉食), 급식(給食), 기내식(機內食), 기식하다(寄食), 남식(濫食), 다식(多食), 다식(茶食)[다식과(菓), 다식판(板)], 단식(斷食), 담식(淡食), 대식(對食), 대식(大食)[대식가(家), 대식한(漢)], 대용식(代用食), 도식(盜食), 도식(徒食)[무위도식(無爲), 유수도식(遊手)], 독식(獨食), 동식(同食), 동정식(同鼎食), 마식(馬食)[우음마식(牛飮)], 만식(晩食), 망문투식(望門投食), 매식(買食), 면식(眠食), 목식(木食), 몰식(沒食), 무염식(無鹽食), 무위도식(無爲徒食), 미식(米食), 미식(美食), 미용식(美容食), 반식(伴食), 반고형식(半固形食), 배식(配食), 배식(陪食), 별식(別食), 별조식(別早食), 보양식(補陽食), 복식(服食), 부식(副食), 부식(腐食), 분식(分食), 분식(粉食), 불식(不食)[석과불식(碩果)], 비식(非食;변변하지 못한 음식), 비상식(非常食), 사식(私食), 삼식(三食), 삼순구식(三旬九食), 상식(上食), 상식(常食), 생식(生食), 석식(夕食), 선식(仙食), 섭식(攝食), 소식(小食), 소식(蔬食), 소식(疏食), 소식(所食), 소식(素食), 숙식/비/하다(宿食/費), 시식(侍食), 시식/돌(施食), 시식(時食), 시식(試食), 악식(惡食), 야식(夜食), 약식(藥食), 양식(洋食), 양식(糧食), 어식(御食), 연식(軟食), 열량식(熱量食), 영양식(營養食), 와식(臥食), 왜식(倭食), 외식(外食), 요식(料食), 우식(寓食), 우주식(宇宙食), 유식(侑食), 유식(遊食), 유동식(流動食), 육식(肉食), 음식(飮食), 응식(應食), 의식(衣食), 이식(二食), 이식(利食), 이유식(離乳食), 일식(日食), 일중식(日中食), 자연식(自然食), 자유식(自由食), 잠식(蠶食), 잡식(雜食), 절식/복약(節食/服藥), 절식/요법(絶食/療法), 정식(正食), 정식(定食), 정식(淨食), 정식(鼎食), 조식(粗食), 조식(朝食), 조식(早食), 좌식(坐食), 주식(主食), 중식(中食), 진식(進食), 진채식(陳菜食), 채식(菜食), 초식(草食), 취식(取食)[취식객(客), 취식지계(之計); 무전취식(無錢)], 침식(寢食), 쾌식(快食), 탐식(貪食), 토식(討食), 퇴식(退食), 투식(偸食), 특식(特食), 편식(偏食), 폐식(廢食), 포식(捕食), 포식(飽食), 폭식(暴食), 표준식(標準食), 하구식(下口食;비구가 일로 의식을 구하여 사는 일), 한식(寒食), 한식(韓食), 향식(餉食), 헌식(獻食), 혈식(血食), 협식(挾食), 호식(好食), 호의호식(好衣好食), 혼식(混食), 화식(火食), 화식(和食), 회식(會食), 후식(後食). §'먹이다. 기르다. 밥'의 뜻으로 쓰이면 [사]로 읽힘. ¶단사(簞食;도시락밥)[단사두갱(豆羹), 단사표음(瓢飮), 단사호장(壺漿)], 소사(疏食), 소사(蔬食) 들.

식(息) ①'숨쉬다. 쉬다. 살다'를 뜻하는 말. ¶식견(息肩), 식경(息耕), 식곡(息穀), 식송(息訟); 고식/적(姑息/的), 기식(氣息), 미식(迷息), 병식(屛息), 불식(不息)[자강불식(自强), 주야불식(晝夜)], 비식(鼻息), 서식(棲息), 소식(消息), 소식(蘇息), 순식(瞬息), 안식(安息), 안식(案息), 장식(長息), 절식(絶息), 정식(靜息), 지식(止息), 질식(窒息), 천식(喘息), 취식(取息), 침식(寢息), 탄식(歎息), 태식(太息), 태식(胎息), 태식법(胎息法), 퇴식(退息), 협식(脅息;몹시 두려워서 숨을 죽임), 휴식(休息). ②'자식·아들'을 뜻하는 말. ¶자식(子息), 애식(愛息), 여식(女息;딸), 영식(令息), 우식(愚息), 천식(賤息), 현식(賢息). ③'이자'를 뜻하는 말. ¶이식(利息).

식(植) '묘목을 심다. 초목. 세우다'를 뜻하는 말. ¶식거(植炬;횃불을 세움), 식림(植林), 식모(植毛), 식목(植木), 식물(植物)[1135], 식민(植民)[식민국(國), 식민지(地), 식민화(化)], 식부(植付), 식생(植生≒植物群落), 식수(植樹)[식수대(帶); 기념식수(記念), 기능식수(機能)], 식자(植字)[식자판(版); 기계식자(機械)], 식재(植栽), 식치술(植齒術), 식피술(植皮術); 가식(假植;임시로 심음.↔定植), 고근약식(孤根弱植), 도식(倒植), 만식(晩植), 밀식(密植;배게 심기), 배식(培植), 보식(補植), 부식(扶植), 부식(腐植), 사각식(四角植), 사식(寫植), 산식(散植;허튼모), 수식(樹植), 시식(試植), 오식(誤植), 이식(移植;옮겨심기), 잡식(雜植), 재식(栽植), 정식(定植), 정조식(正條植), 조식(條植), 파식(播植), 편조식(偏條植) 들.

식(識) '알다. 보다. 분별하다'를 뜻하는 말. 사물의 시비(是非)를 판단하는 작용. 사물을 인식하거나 이해하는 마음의 작용. ¶식견(識見;사물을 분별할 수 있는 능력), 식달하다(識達), 식덕(識德;학식과 덕행), 식도(識度;識量), 식량(識量;식견과 도량), 식력(識力), 식별(識別;알아서 구별함)[식별되다/하다, 식별등(燈), 식별력(力), 식별역(閾)], 식야(識野), 식역(識閾), 식자(識字), 식자우환(識字憂患); 감식(鑑識), 견식(見識), 다식(多識), 달식(達識), 면식(面識), 무식(無識)[1136], 문식(文識), 박식/가(博識/家), 박학다

1135) 식물(植物): 뿌리·줄기·잎을 갖추어 수분을 흡수하고 산소를 배출하면서 광합성으로 영양을 섭취하는 생물체.↔동물(動物). ¶식물검역(檢疫), 식물계(界), 식물군락(群落), 식물기후(氣候), 식물대(帶), 식물도감(圖鑑), 식물망(網;먹이그물), 식물발효(醱酵), 식물산(酸), 식물상(相), 식물성(性), 식물암(巖), 식물원(園), 식물인간(人間), 식물중독(中毒), 식물질(質), 식물채집(採集), 식물체(體), 식물표본(標本), 식물학(學), 식물화석(化石), 식물화학(化學); 갈조식물(褐藻), 감각식물(感覺), 건생식물(乾生), 겉씨식물, 경엽식물(莖葉), 고등식물(高等), 고산식물(高山), 고유식물(固有), 공생식물(共生), 공업용식물(工業用), 관상식물(觀賞), 관속식물(管束), 관엽식물(觀葉), 구근식물(球根), 구황식물(救荒), 귀화식물(歸化), 균조식물(菌藻), 극지식물(極地), 기생식물(氣生), 기생식물(寄生), 기주식물(寄主), 꽃식물, 나자식물(裸子), 남조식물(藍藻), 녹색식물(綠色), 녹조식물(綠藻), 다년생식물(多年生), 다세포식물(多細胞), 다육식물(多肉), 다자엽식물(多子葉), 다장식물(多漿), 단일식물(短日), 단자엽식물(單子葉), 당료식물(糖料), 덩굴성식물, 만성식물(蔓性), 목본식물(木本), 물식물, 민꽃식물, 밀선식물(蜜腺), 밀원식물(蜜源), 반요식물(攀繞), 반지중식물(半地中), 발광식물(發光), 벌레잡이식물, 보균식물(保菌), 복세포식물(複細胞), 부생식물(腐生), 부수식물(浮水), 부유식물(浮游), 부표식물(浮漂), 비황식물(備荒), 사막식물(沙漠), 사지식물(沙地), 산식물(酸), 산성식물(酸性), 선태식물(蘚苔), 섬유식물(纖維), 세포식물(細胞), 소택식물(沼澤), 속씨식물, 수상식물(水上), 수생식물(水生), 숙주식물(宿主), 습지식물(濕地), 식용식물(食用), 식충식물(食蟲), 쌍떡잎식물(雙), 쌍자엽식물(雙子葉), 암상식물(巖上), 암생식물(巖生), 야생식물(野生), 야화식물(野化植物), 약용식물(藥用), 양지식물(陽地), 양치식물(羊齒), 여러해살이식물, 열대식물(熱帶), 염료식물(染料), 엽상식물(葉狀), 염생식물(鹽生), 염성식물(鹽性), 온대식물(溫帶), 외떡잎식물, 원생식물(原生), 원예식물(園藝), 유관식물(流管), 유독식물(有毒), 유용식물(有用), 은화식물(隱花), 음지식물(陰地), 이판화식물(離瓣花), 인피식물(靭皮), 자생식물(自生), 장일식물(長日), 재배식물(栽培), 저수식물(貯水), 정공식물(挺空), 정수식물(挺水), 조균식물(藻菌), 종자식물(種子), 중생식물(中生), 중일식물(中日), 지상식물(地上), 지의식물(地衣), 지중식물(地中), 지표식물(地表), 지표식물(指標), 지피식물(地被), 지하식물(地下), 진균식물(眞菌), 착생식물(着生), 초본식물(草本), 추수식물(抽水), 침수식물(沈水), 포자식물(胞子), 포충식물(捕蟲), 피자식물(被子), 하등식물(下等), 한대식물(寒帶), 한해살이식물, 해변식물(海邊), 해양식물(海洋), 향신료식물(香辛料), 현화식물(顯花), 홍조식물(紅藻), 화석식물(化石), 활물기생식물(活物寄生), 황화식물(黃化).

1136) 무식(無識): 무식군자(君子;배우지 못하였어도 말과 품행이 올바른 사람), 무식꾼, 무식스럽다, 무식자(者), 무식쟁이, 무식한(漢); 면무식

ㅅ

식(博學多識), 삼식(三識;眞識, 現識, 分別事識), 상식(相識), 상식(常識), 숙식(熟識), 심식(深識), 심식(審識), 안식(眼識), 양식(良識), 오식(五識), 유식(有識), 유식(唯識), 의식(意識)[1137], 인식(認識)[1138], 재식(才識), 지식(知識), 지식(智識), 천식(淺識), 탁식(卓識), 학식(學識). §'적다 · 기록하다'의 뜻으로는 [지]로 읽힘. 글을 쓰고 나서 아무개가 '적음'의 뜻을 나타내는 말. ¶이율곡 지(識). 저자(著者) 지. 관지(款識), 표지(標識).

식(飾) '꾸미다. 참이 아닌 것을 그럴듯하게 만들다'를 뜻하는 말. ¶식대(飾帶), 식사(飾詐), 식사(飾辭), 식서(飾緖); 가식(假飾), 경식(頸飾), 교식(矯飾), 금식(金飾), 덩굴무늬식, 도식(塗飾), 만함식(滿艦飾), 문식(文飾), 미식(美飾), 복식/품(服飾/品), 복식(復飾), 분식(扮飾), 분식(粉飾)[분식결산(決算), 분식예금(預金)], 성식(盛飾), 수식(首飾), 수식(修飾), 외식(外飾), 입식(笠飾), 장식(粧飾), 장식(裝飾), 전식(電飾), 허식(虛飾)[허례허식(虛禮)], 화식(華飾) 들.

식(蝕) '좀먹다. 침식하다'를 뜻하는 말. ¶식각(蝕刻)[식각요판(凹版), 식각판화(版畵)], 식계(蝕溪)[1139], 식년(蝕年), 식분(蝕分), 식상(蝕像); 개기식(皆旣蝕), 금환식(金環蝕), 내식(耐蝕), 대식(帶蝕), 부분식(部分蝕), 부식(腐蝕), 분식(分蝕), 빙식(氷蝕)[빙식곡(谷), 빙식단구(段丘), 빙식윤회(輪廻)], 수식(水蝕), 용식(溶蝕), 월식(月蝕), 일식(日蝕/食), 일월식(日月蝕), 재식(再蝕), 중심식(中心蝕), 침식(侵蝕), 침식(浸蝕), 파식(波蝕), 풍식(風蝕), 하식(河蝕), 해식(海蝕) 들.

식(殖) '번성하다. 자라다. 기르다. 불리다 · 불어나게 하다'를 뜻하는 말. ¶식리(殖利), 식산(殖産;생산물을 늘림), 식재(殖財;재산을 불림), 식화(殖貨); 번식(繁殖), 산식(産殖), 생식(生殖)[1140], 양식(養殖), 이식(利殖), 증식(增殖), 척식(拓植/殖), 화식(貨殖) 들.

식(拭) '닦다. 훔치다'를 뜻하는 말. ¶식목(拭目;눈을 씻고 봄); 불식하다(拂拭) 들.

식(埴) '찰흙. 진흙'을 뜻하는 말. ¶식토(埴土); 부식토(腐植土) 들.

식(媳) '며느리(아들의 아내)'를 뜻하는 말. ¶식부(媳婦); 고식(姑媳) 들.

식(熄) '꺼지다. 그치다'를 뜻하는 말. ¶식멸(熄滅); 미식(未熄), 종식/하다/시키다(終熄) 들.

식(다) 더운 기가 없어지거나 일에 대한 열의 · 생각 따위가 줄거나 가라앉다. 일이 때가 늦거나 시들하게 되다.≒차가워지다.↔뜨거워지다. ¶국이 식다. 애정이 식다(시들다). 한 사람이 빠지자 무르익던 판이 식다. 식어빠지다, 식은땀, 식은죽(粥), 식히다, 시그러지다[1141], 시서늘하다(음식이 식어서 차다); 데식다(기운이나 맥이 빠지다), 헤식다[1142] 들.

신¹ ☞ 신다(↔벗다).

신² 어떤 일에 열성과 재미가 생겨 퍽 좋아진 기분. 흥겨운 기분. ¶합격을 하니 신이 났다. 청중들의 열렬한 박수갈채에 그는 더욱 신이 나서 연설을 하였다. 신에 붙잖다(마음에 꼭 차지 아니하다). 신이야 넋이야(하고 싶은 말을 거침없이 마구 털어놓음), 신나다(낮은말은 '영산오르다'), 신떨음(신이 나는 대로 실컷 해버림)/하다, 신명[1143], 신바람(신이 나서 세차게 솟아나는 기운. 어깻바람).

신(新) '새로운. 새로이'를 뜻하는 말.=새.↔구(舊). ¶신가정(新家政), 신간(新刊), 신간(新墾), 신감각파(新感覺派), 신개간(新開墾), 신개발(新開發), 신객관주의(新客觀主義), 신건재(新建材), 신건축(新建築), 신경매(新競賣), 신경지(新境地), 신경향(新傾向), 신고(新古), 신고고학(新考古學), 신고립주의(新孤立主義), 신고전주의(新古典主義), 신고전학파(新古典學派), 신곡(新曲), 신곡/머리(新穀), 신공화주의(新共和主義), 신관(新官), 신관(新館), 신교(新教), 신교육(新教育), 신구(新舊)[신구관(官), 신구교대(交代)], 신국면(新局面), 신군부(新軍部), 신규(新規;새로운 규정), 신극(新劇), 신급제(新及第), 신기/하다/롭다(新奇), 신기록(新記錄),신기술(新技術), 신기운(新機運), 신기원(新起源), 신기축(新機軸),

---

(免), 불학무식(不學), 일자무식(一字), 전무식(全), 판무식(判).

1137) 의식(意識): ①자신의 언동이나 상태를 분명히 깨닫는 일체의 작용. ¶의식을 잃다/ 되찾다. 의식불명(意識不明). ②어떤 사물에 대한 주장 · 감정 · 이론 · 견해 따위의 총칭. ¶민족의식을 가지다. 의식개혁(改革), 의식구조(構造), 의식력(力), 의식불명(不明), 의식상자설(箱子說), 의식상실(喪失), 의식역(閾), 의식일반(一般), 의식장애(障碍), 의식적(的), 의식조사(調査), 의식혁명(革命), 의식화/되다/하다(化); 개인의식(個人), 경쟁의식(競爭), 계급귀속의식(階級歸屬), 계급의식(階級), 공동체의식(共同體), 공의식(共), 공존의식(共存), 관료의식(官僚), 규범의식(規範), 기업의식(企業), 도덕의식(道德), 동류의식(同類;무리의식), 만유의식(萬有;신이 우주 만물을 그 의식 안에 포함한다고 생각할 때의 그 의식), 목적의식(目的), 무리의식, 무의식(無)[무의식적(的); 집단무의식(集團)], 문제의식(問題), 미의식(美), 민족의식(民族), 반의식(半;흐릿한 정신 상태. 잠재의식), 법의식(法), 부의식(副), 사회의식(社會), 세계의식(世界), 소명의식(召命), 순수의식(純粹), 엘리트의식(élite), 역사의식(歷史), 연대의식(連帶), 열등의식(劣等), 원죄의식(原罪), 위기의식(危機), 이중의식(二重), 자아의식(自我)/자의식, 잠재의식(潛在), 전의식(前), 전체의식(全體), 정치의식(政治), 종교의식(宗教), 죄의식(罪), 주체의식(主體), 직업의식(職業), 집단의식(集團), 참여의식(參與), 책임의식(責任), 초월의식(超越), 특권의식(特權), 피해의식(被害), 허위의식(虛僞).

1138) 인식(認識): 사물을 분별하고 판단하여 앎. ¶인식객관(客觀), 인식객체(客體), 인식근거(根據), 인식논리학(論理學), 인식능력(能力), 인식되다/하다, 인식력(力), 인식론/적(論/的), 인식부족(不足), 인식비판(批判), 인식사회학(社會學), 인식색(色), 인식적(的), 인식주관(主觀), 인식주체(主體), 인식표(票), 인식형이상학(形而上學); 개념인식(槪念), 도형인식(圖形), 몰인식(沒), 음성인식(音聲), 재인식(再), 지문인식(指紋), 화상인식(畵像).

1139) 식계(蝕溪): 보통 때는 물이 없다가 큰비만 오면 물이 사납게 흐르는 계곡의 물길.

1140) 생식(生殖): 생식기(期), 생식기(器), 생식력(力), 생식불능(不能), 생식샘[腺], 생식선(腺), 생식소(巢), 생식소(素), 생식수관(輸管), 생식욕(慾), 생식장관(腸管); 다배생식(多胚), 단성생식(單性), 단위생식(單位), 동정생식(童貞), 무배생식(無配), 무성생식(無性), 배우생식(配偶), 분체생식(分體), 아생생식(芽生), 양성생식(兩性), 영양생식(營養), 유성생식(有性), 인공단위생식(人工單爲生殖), 인공처녀생식(人工處女生殖), 접합생식(接合), 포자생식(胞子).

1141) 시그러지다: ①뻗쳤던 힘이 사라지다. ¶점차 기운이 시그러지다. ②흥분 상태가 가라앉다. ¶흥분됐던 감정이 시그러지기 시작했다.

1142) 헤식다: ①바탕이 단단하지 못하여 헤지기 쉽다. 차진 기운이 없이 푸슬푸슬하다. ¶헤식은 꽁보리밥. ②사람됨이 맺고 끊는 데가 없어 싱겁다. ¶헤식은 웃음.

1143) 신명: 흥겨운 신과 멋. ¶신명을 돋우다. 한국의 춤은 신명의 춤이다. 신명나다(흥겨운 신과 멋이 나다), 신명지다(신이 나서 멋들어지다).

신나치주의(新Nazi主義), 신낭만주의(主義), 신내각(新內閣), 신내기, 신년(新年), 신놀량, 신다윈설(新Darwin說), 신단백(新蛋白), 신답(新畓), 신당(新黨), 신대륙(新大陸), 신도(新都), 신도로(新道路), 신도시(新都市), 신도주(新稻酒), 신되[승(升)], 신맬더스주의(新Malthus主義), 신랑(新郞)[신랑감; 노신랑(老)], 신래/침학(新來/侵虐), 신량(新凉), 신력(新曆), 신례(新例), 신록(新綠), 신론(新論), 신면목(新面目), 신무대(新舞臺), 신문(新聞)[1144], 신문기(新文記), 신문명(新文明), 신문화(新文化), 신미(新米), 신미(新味), 신민법(新民法), 신민요(新民謠), 신민주주의(新民主主義), 신바로크(新baroque), 신발견(新發見), 신발명(新發明), 신발의(新發意), 신방(新房), 신방(新榜), 신방안(新方案), 신백(新伯), 신법(新法), 신병(新兵), 신보(新報), 신보(新譜), 신부(新婦;새색시)[신붓감, 신부례(禮); 노신부(老)], 신북구(新北區), 신사고(新思考), 신사륙판(新四六版), 신사상(新思想), 신사실주의(新寫實主義), 신사업(新事業), 신사조(新思潮), 신삼민주의(新三民主義), 신상투, 신상품(新商品), 신생(新生), 신생기론(新生氣論), 신생면(新生面), 신생명(新生命), 신생활(新生活), 신서(新書), 신서적(新書籍), 신석(新釋), 신석기(新石器), 신선(新選), 신선(新鮮), 신설(新設), 신성(新星), 신세(新歲), 신세계(新世界), 신세기(新世紀), 신세대(新世代), 신세력(新勢力), 신소설(新小說), 신소재(新素材), 신승[升], 신시(新詩), 신시가(新市街), 신시가지(新市街地), 신시대(新時代), 신시조(新時調), 신식(新式), 신식민주의(新植民主義), 신신하다(新新), 신아(新芽), 신입(新入), 신축(新築), 신실재론(實在論), 신실증주의(新實證主義), 신심리주의(新心理主義), 신아(新芽), 신아리랑, 신악부(新樂府), 신안(新案)[신안특허(特許); 실용신안(實用)], 신약(新約), 신약(新藥), 신어(新語), 신업태(新業態), 신여성(新女性), 신역(新役), 신역(新譯), 신역사학파(新歷史學派), 신열대(新熱帶), 신예(新銳)[1145], 신예술(新藝術), 신우익(新右翼), 신원소(新元素), 신원(新元;설날), 신원적(新圓寂), 신월(新月), 신월리스선(新Wallace線), 신유학(新儒學), 신은(新恩), 신의(新醫), 신이상주의(新理想主義), 신인(新人), 신인문주의(新人文主義), 신인물(新人物), 신인상주의(新印象主義), 신인상파(印象派), 신임(新任), 신입(新入), 신입사(新入射), 신입자(新粒子), 신자(新字), 신자본주의(新資本主義), 신자유주의(新自由主義), 신작(新作), 신작로(新作路), 신장(新粧), 신장(新裝), 신장정(新章程), 신저(新著), 신저(新邸), 신전략(新戰略), 신점(新占), 신접(新接), 신정(新正), 신정(新政), 신정(新訂), 신정부(新政府), 신정식(新定式), 신정체(新政體), 신제(新製), 신제도(新制度), 신제삼계(新第三系), 신제삼기(新第三紀), 신제품(新製品), 신조(新造), 신조(新調), 신조어(新造語), 신조류(新潮流), 신조형주의(新造形主義), 신종(新種), 신종교(新宗敎), 신좌익(新左翼), 신주(神註), 신주(新株), 신주(新鑄), 신주권(新株券), 신주인(新主人), 신주주(新株主), 신중상주의(新重商主義), 신즉물주의(卽物主義), 신증설(新增設), 신지(新枝), 신지식(新知識), 신진(新進), 신진(新陳;새것과 묵은 것)[신진대사(代謝)], 신착(新着), 신착립(新着笠), 신찬(新撰), 신참(新參), 신천지(新天地), 신청주(新淸酒), 신체(新體), 신체제(新體制), 신체조(新體操), 신초(新草), 신추(新秋), 신축(新築), 신출/내기(新出), 신칸트주의(新Kant主義), 신칸트학파(新Kant學派), 신토마스주의(新Thomas主義), 신파(新派), 신파산(新破産), 신판(新版), 신편(新編), 신평가(新平價), 신표현주의(新表現主義), 신풀이, 신품(新品), 신품종(新品種), 신풍(新風), 신풍조(新風潮), 신프로이트파(新Frued派), 신플라톤주의(新Platon主義), 신피질(新皮質), 신하(新荷), 신학기(新學期), 신학문(新學問), 신행(新行), 신행동주의(新行動主義), 신향(新鄕), 신헤겔주의(新Hegel主義), 신헤겔학파(新Hegel學派), 신현실주의(新現實主義), 신혈(新穴), 신형(新型), 신호(新戶), 신혼/여행(新婚/旅行), 신홍저(新紅菹), 신흥(新興)[신흥계급(階級), 신흥종교(宗敎)], 신환자(新患者), 신활력설(新活力說), 신활자(新活字), 신희(新禧); 개신(改新), 갱신(更新), 경신(更新), 면신(免新), 생신(生新), 쇄신(刷新), 영신(迎新), 온고지신(溫故知新), 유신(維新), 일신(一新), 일신(日新), 중신(重新), 참신(斬新), 천신(薦新), 청신(淸新), 최신(最新), 혁고정신(革故鼎新), 혁신(革新), 환부작신(換腐作新) 들.

신(神) ①초인간적 또는 초자연적인 존재. 귀신. 영묘하다(靈妙). ¶신을 믿다. 신감(神感), 신격(神格→人格)[신격화/되다/하다(化)], 신공(神工), 신공(神功;신령한 공력), 신괴(神怪), 신교(神交), 신교(神敎), 신국(神國), 신국(神麴), 신권/설(神權/說), 신귀(神龜), 신기(神技;탁월한 기술), 신기/하다/롭다/스롭다(神奇;신기하고 교묘한 느낌), 신기(神祇), 신기(神氣), 신기(神器), 신기/누설(神機/漏泄), 신기전(神機箭), 신내리다/신내림, 신노(神怒), 신단(神壇), 신당(神堂), 신대(내림대, 신장대를 통틀어 이르는 말), 신덕(神德;신의 공덕), 신도/비(神道/碑), 신동(神童;재주와 슬기가 남달리 특출한 아이), 신들다/들리다, 신등(神燈), 신딸[1146], 신력(神力), 신련(神輦), 신령(神靈), 신맞이, 신명(神明;하늘과 땅의 신령)[천지신명(天地)], 신명(神命), 신모(神謀), 신목(神木), 신묘/하다(神妙;신통하고 영묘함), 신묘불측(神妙不測), 신무(神武), 신방(神方), 신백(神帛), 신벌(神罰), 신변(神變), 신병(神兵), 신보(神步), 신부(神父), 신부(神符), 신불(神佛), 신비(神秘)[1147], 신사(神祠), 신사(神師), 신산(神山), 신산(神算), 신상(神像), 신색(神色;顔色), 신선(神仙)[신선놀음, 신선도(圖), 신선로(爐); 물신선[1148], 지상신선(地上), 화중신선(花中)], 신성(神性;신의 성격이나 속성), 신성(神聖;성스러움. 거룩함)[신성불가침(不可侵), 신성시/되다/하다(視), 신성하다, 신성화/되다/하다(化)], 신수(神授), 신수(神獸), 신술(神術), 신승(神僧), 신시(神市), 신아비(스승으로 모시는

1144) 신문(新聞): 신문광고(廣告), 신문기자(記者): 신문사(社), 신문안(眼), 신문업(業), 신문지(紙), 신문철(綴), 신문학(學); 기관신문(機關;機關紙), 벽신문(壁), 어용신문(御用), 자매신문(姉妹), 전송신문(電送), 지하신문(地下), 학교신문(學校), 학급신문(學級), 학생신문(學生), 황색신문(黃色;개인의 비밀이나 추문을 폭로하는 따위 흥미 위주의 기사가 많은 저속한 신문).

1145) 신예(新銳): 그 분야에 새로 나타나서 만만찮은 실력이나 기세를 부리는 일. 또는 그러한 존재. 새롭고 기세나 힘이 뛰어남. ¶탁구계의 신예. 신예의 무기. 신예기(機), 신예작가(作家).

1146) 신딸(神): 늙은 무당의 수양딸이 되어 대를 잇는 젊은 무당.↔신어미.

1147) 신비(神秘): 일이나 현상 따위가 사람의 힘이나 지혜 또는 보통의 이론이나 상식으로는 도저히 이해할 수 없을 만큼 신기하고 묘함. 또는 그런 일이나 비밀. ¶우주의 신비. 신비감(感), 신비경(境), 신비경험(經驗), 신비력(力), 신비롭다, 신비성(性), 신비스럽다, 신비적(的), 신비주의/자(主義/者).

1148) 물신선(神仙): 좋은 말이나 언짢은 말을 듣고도 좀처럼 기뻐하거나 성낼 줄 모르는 사람을 비유하여 이르는 말.

ㅅ

박수), 신안(神眼), 신약(神藥), 신어(神御), 신어미(↔신딸), 신오(神奧), 신옷, 신용(神勇), 신용(神容), 신우(神佑), 신운(神韻), 신위(神位)[1149], 신위(神威), 신의(神意), 신의(神醫), 신이하다(神異), 신익다[1150], 신인(神人), 신장(神將), 신적(神的), 신전(神前), 신전(神殿), 신접(神接), 신정(神政), 신조(神助), 신조(神造), 신주(神主;죽은 사람의 위패)[신주보(褓), 신주치레], 신주(神酒), 신준(神俊), 신중(神衆), 신지(神智), 신지피다[1151], 신찬(神饌), 신채(神采/彩;정신과 풍채), 신책(神策;신묘한 계책), 신청(神廳), 신체(神體), 신초(神草), 신출귀몰(神出鬼沒), 신탁(神託;신의 명령이나 응답), 신통(神通)[신통력(力), 신통륜(輪), 신통방통하다, 신통스럽다/하다, 신통이; 별무신통(別無)], 신풀이(귀신들린 사람을 위하여 하는 푸닥거리), 신품(神品;가장 신성한 품위), 신필(神筆;아주 뛰어난 글씨), 신학(神學)[1152], 신험(神驗), 신혼(神魂), 신화(神化;신이 됨), 신화(神火;도깨비불), 신화(神話)[1153], 신효(神效;신통한 효험); 가람신(伽藍神), 가신(家神)[1154], 강신(降神), 걸신(乞神)[걸신·갈신들리다/-스럽다, 걸신·갈신쟁이, 걸신증(症)], 걸립신(乞粒神), 경신(敬神), 곡신(穀神), 군신(軍神), 굴왕신(屈枉神)[1155], 귀신(鬼神)[귀신날; 구리귀신[1156]], 금신(金神), 금강신(金剛神), 기능신(機能神;특정한 일을 맡은 신), 농신(農神), 뇌신(雷神), 다신교(多神敎), 독신(瀆神), 동신/제(洞神/祭), 동신(銅神;구리귀신), 동족신(同族神), 등신(等神;어리석은 사람), 마신(魔神), 목신(木神), 목신(牧神), 목양신(牧羊神), 무신론/자(無神論/者), 문신(門神), 물신숭배(物神崇拜), 미신(迷信), 방백신(方伯神), 범신교(汎神敎), 범신론(汎神論), 복신(茯神), 복신(福神), 봉신(封神), 부행신(浮行神), 불신(佛神), 사신(四神;청룡, 백호, 주작, 현무), 사신(邪神), 산신(山神)[산신각(閣), 산신당(堂), 산신제(祭)], 산신(産神), 삼신(三神)[삼신메, 삼신풀이, 삼신할머니], 새신(賽神), 색신(色神), 서낭신, 서신(庶神;온갖 귀신), 석신(石神), 선신(善神), 성신(聖神), 송신(送神), 수신(水神), 수호신(守護神), 숭신(崇神), 식신(食神), 심신(心神), 십이신(十二神), 악신(惡神), 액신(厄神), 여신(女神), 역신(疫神), 영신(迎神), 영신(靈神), 오신(娛神), 요신(妖神), 용신(龍神), 운명신(運命神), 유신론(有神論), 유일신(唯一神), 육신(六神), 이신론(理神論), 인간신(人間神), 인격신(人格神), 일신교(一神敎), 입신(入神), 자연신(自然神), 잠신(蠶神), 잡신(雜神), 재록신(財祿神)/재신(財神), 접신(接神), 제신(祭神), 제석신(帝釋神), 조상신(祖上神), 조신(祖神), 조신(竈神), 조왕신(竈王神), 조화신(造化神), 주신(主神), 주신(酒神), 지상신(至上神), 지신(地神)[지신밟기; 견뢰지신(堅牢)], 지신(至神), 직신(稷神), 참신(參神), 창조신(創造神), 천신(天神), 최고신(最高神), 추상신(抽象神), 측신(廁神), 태양신(太陽神), 터주신, 토신(土神), 통신(通神), 풍신(風神), 해신(海神), 행신(行神), 화신(火神), 화신(花神), 화신(禍神), 흉신(凶神). ②'신경(神經)'의 준말. ¶신경(神經)[1157]; 냉신(冷神), 뇌신(惱神), 온도신(溫度神), 온신(溫神). ③정신(精神). ¶결신(缺神), 기신/업다/없이(氣神), 상신(喪神), 상신(傷神), 실신(失神), 이신양성(頤神養性), 정신(精神), 취정회신(聚精會神;정신을 한 군데에 모음) 들.

신(身) '몸. 몸체'를 뜻하는 말. ¶신겸노복(身兼奴僕), 신경증(身硬症), 신명(身命), 신변(身邊), 신변잡기(身邊雜記), 신병(身柄)[1158], 신병(身病), 신분(身分)[1159], 신상(身上), 신세(身世)[1160], 신수(身手), 신수(身數), 신약(身弱), 신양(身恙), 신업(身業), 신역(身役), 신연증(身軟症), 신열(身熱), 신운(身運), 신원(身元)[신원보증(保證), 신원조회(照會)], 신장(身長/丈), 신체(身體)[1161], 신후(身後), 신후사(身後事); 결신(潔身), 고신(孤身), 굴신(屈身), 근신(謹身), 금색신(金色身), 금신(金身), 기신(起身), 나신(裸身;알몸), 노신(老身), 단신(單身)[적수단신(赤手), 혈혈단신(孑孑)], 단신(短身), 당신(當身), 대신(代身), 도신(刀身), 도신(逃身), 독신(獨身), 동신(童身), 등신(等身)[등신대(大), 등신불(佛), 등신상(像); 팔등신(八)], 마신(馬身), 만신(滿身;온몸), 망신(亡身), 매두몰신(埋頭沒身), 매신(賣身), 문신(文身), 반신(半身)[반신불수(不隨), 반신상

1149) 신위(神位): 죽은이의 영혼이 의지할 자리. 곧 신주나 지방(紙榜) 같은 것.

1150) 신익다(神): 일에 경험이 많아서 신이 접한 듯이 익숙하다.

1151) 신지피다(神): 신이 사람에게 내려 모든 것을 알 능력이 생기다.

1152) 신학(神學): 신학자(者); 교리신학(敎理), 역사신학(歷史), 윤리신학(倫理), 자연신학(自然), 해방신학(解放).

1153) 신화(神話): ①국가의 기원이나 신의 사적(事績), 유사 이전의 민족사 등의 신성한 이야기. ¶신화극(劇), 신화시대(時代), 신화적(的), 신화학(學); 건국신화(建國), 구전신화(口傳), 단군신화(檀君), 영웅신화(英雄), 인문신화(人文), 자연/천연신화(自然/天然), 창세신화(創世), 태양신화(太陽), 해명신화(解明;사물이나 현상의 기원·유래·성립 과정을 설명하는 신화), 홍수신화(洪水). ②많은 사람이 절대적인 것으로 믿고 있는 일. ¶20세기의 신화로 등장한 컴퓨터.

1154) 가신(家神): 집을 지킨다는 귀신. 성주·지신(地神)·조왕(竈王)·문신(門神)·측신(廁神), 조상신(祖上神)·삼신(三神) 따위.

1155) 굴왕신(屈枉神): 무덤을 지키는 귀신. 몸치레를 하지 않아 모습이 매우 남루한 귀신임. ¶굴왕신같다(찌들고 낡아 몹시 더럽고 보기에 흉하다).

1156) 구리귀신(鬼神): 어떤 괴로움도 견디어 내는 억척같은 구두쇠. 동신(銅神).

1157) 신경(神經): ①중추의 흥분을 몸의 각 부분에 전하거나, 몸의 각 부분으로부터의 자극을 중추에 전하여 각 기관의 작용을 통합하는 실 모양의 기관. ¶신경을 자극하다. 신경계(系)[관상신경계(管狀), 사다리신경계, 산만신경계(散漫), 집중신경계(集中)], 신경과(科), 신경과민/증(過敏/症), 신경단위(單位), 신경마비(痲痹), 신경망(網), 신경배(胚), 신경병(病), 신경분비(分泌), 신경섬유(纖維), 신경성(性), 신경세포(細胞), 신경쇠약(衰弱), 신경염(炎), 신경전(戰;모략이나 선전으로 혼란에 빠뜨리는 전법), 신경조직(組織), 신경중추(中樞), 신경증(症), 신경통(痛), 신경판(板); 감각신경(感覺), 교감신경(交感), 구심성신경(求心性), 끝신경, 뇌신경(腦), 늑간신경(肋間), 동안신경(動眼), 말초신경(末梢;끝신경), 미각신경(味覺)/미신경(味神經), 미골신경(尾骨), 미주신경(迷走), 부교감신경(副交感), 부신경(副), 분비신경(分泌), 삼차신경(三叉), 설신경(舌), 설인신경(舌咽), 설하신경(舌下), 시신경(視), 뇌신경(腦), 안신경(眼), 안면신경(顔面), 운동신경(運動), 원심성신경(遠心性), 자율신경(自律), 좌골신경(坐骨), 줏대신경(主), 중추신경(中樞), 지각신경(知覺), 척수신경(脊髓), 청신경(聽), 혼합신경(混合), 활차신경(滑車), 후신경(嗅). ②사물을 느끼거나 생각하는 힘. ¶신경이 무디다/ 예민하다. 신경이 쓰이다. 신경전(戰), 신경질/적(質/的); 무신경(無), 잔신경.

1158) 신병(身柄): 인도(引渡)나 보호의 대상으로서의 당사자의 몸. ¶신병 확보. 신병 보호.

1159) 신분(身分): 개인의 사회적인 위치나 계급. 신분 관계의 구성원으로 갖는 법률적 지위. ¶신분을 감추다. 신분권(權), 신분등록(登錄), 신분범(犯), 신분법(法), 신분보장/법(保障/法), 신분보증/인(保證/人), 신분상속(相續), 신분상승(上昇), 신분적(的), 신분제도(制度), 신분증(證), 신분행위(行爲).

1160) 신세(身世): 남에게 도움을 받거나 괴로움을 끼침. ¶신세를 끼치다. 신세스럽다, 신세지다(남에게 도움을 받다), 신세타령/하다; 쪽박신세, 철창신세(鐵窓).

1161) 신체(身體); 신체감각(感覺), 신체검사(檢査), 신체권(權), 신체령(靈), 신체발부(髮膚), 신체장애(障碍), 신체적성(適性), 신체형(刑).

(像); 상반신(上), 하반신(下)], 발신(發身), 법계신(法界身), 법신(法身), 변신/술(變身/術), 변화신(變化身), 병신(病身), 보신(保身)[보신술(術), 보신용(用); 명철보신(明哲)], 보신/불(報身/佛), 보신/탕(補身/湯), 분골쇄신(粉骨碎身), 분단신(分段身), 분신(分身), 분신(焚身), 불사신(不死身), 불신(佛身), 비신(碑身), 사신(蛇身), 사신(捨身), 살신성인(殺身成仁), 삼신(三身;法身, 保身, 應身), 색신(色身), 속신(束身), 속신(贖身), 쇄신(碎身), 소신(燒身), 송신(竦身), 수신(修身), 수신(瘦身), 수신(獸身), 시신(屍身), 심신(心身), 안신(安身), 엄신(掩身), 엽신(葉身), 예신(穢身), 오신명(誤身命), 옥신굄(屋身), 옥신석(屋身石), 용신(容身), 운신(運身), 위신(委身), 육신(肉身), 율신(律身), 은신(隱身), 응신(應身), 응신불(應身佛), 인신(人身), 일신(一身), 입신(立身)[입신양명(揚名), 입신출세(出世)], 자신(自身), 잠신(潛身), 장신(長身), 적신(赤身), 전신(全身)[전신마취(痲醉), 전신불수(不隨), 전신상(像), 전신요법(療法), 전신운동(運動)], 전신(前身), 전신(轉身), 정신(挺身), 정신(艇身), 조신(操身), 종신(終身)[1162], 주신(柱身), 즉신성불(卽身成佛), 처신(處身)[1163], 척신(隻身;홀몸), 총신(銃身), 추신(抽身), 출신(出身)[항오출신(行伍)], 치신(置身), 치신(致身), 탁신(託身), 탈신(脫身), 탑신(塔身), 퇴신(退身), 투신(投身), 팔등신(八等身), 편신(遍身), 평신(平身), 포신(砲身), 피신(避身), 하신(河身), 행신(行身), 허신(許身), 헌신(獻身), 현신(現身), 호신(護身)[1164], 혼신(渾身), 화신(化身), 회신(灰身), 후신(後身), 흠신(欠身) 들.

ㅅ

신(信) '믿다. 소식. 표지(標識)'를 뜻하는 말. ¶신경(信經), 신관(信管), 신교(信敎), 신금(信禽;기러기), 신남(信男), 신녀(信女), 신념(信念), 신덕(信德), 신도(信徒)[불교신도(佛敎), 평신도(平)], 신뢰(信賴)[1165], 신망(信望), 신물(信物), 신방(信防)[1166], 신복(信服), 신봉(信奉;사상이나 학설, 교리 따위를 옳다고 믿고 받듦)[신봉자(者), 신봉하다], 신부(信否), 신부(信符), 신빙(信憑)[신빙성(性), 신빙하다], 신사(信士), 신상필벌(信賞必罰), 신서(信書), 신수(信手), 신신(信臣), 신실(信實), 신심(信心), 신앙(信仰)[1167], 신애(信愛), 신약(信約), 신용(信用)[1168], 신의(信義), 신의(信疑), 신인(信人), 신임(信任)[1169], 신자(信者), 신조(信條;굳게 믿어 지키고 있는 생각), 신종(信從), 신증(信證), 신청(信聽), 신탁(信託)[1170], 신편(信便), 신표(信標), 신해(信解), 신호(信號)[1171], 신후(信厚); 가신(家信), 경신(京信), 경신(敬信), 경신(輕信), 공신(公信), 과신(過信), 광신(狂信), 교신(交信), 근신(近信), 급신(急信), 내신(內信), 내신(來信), 단신(短信), 답신(答信), 독신(篤信), 망신(妄信), 맹신(盲信), 무신(巫信), 무신(無信), 미신(未信), 미신(迷信), 반신(半信), 반신(返信), 반신반의(半信半疑), 발신(發信), 배신(背信), 부신(符信), 불신(不信)[불신감(感), 불신자(者), 불신적(的), 불신풍조(風潮), 불신하다, 불신행위(行爲)], 빙신(憑信), 사신(私信), 상신(相信), 상신(霜信;기러기), 서신(書信), 성신(誠信), 소신(所信), 속신(俗信), 송신(送信)[송신관(管), 송신기(機), 송신소(所)], 수신(受信), 숭신(崇信), 실신(失信), 심신(深信), 안신(安信), 안신(雁信), 어신(魚信), 여신(與信), 오신(誤信), 왕신(往信), 외신(外信), 요신(要信), 우신(郵信), 위신(威信), 유신(有信), 음신(音信), 의신간(疑信間), 인신(印信), 자신(自信)[자신감(感), 자신만만(滿滿)], 전신(前信), 전신(電信), 전신(傳信), 절신(絕信), 정신(正信), 준신(準信), 차신차의(且信且疑), 착신(着信), 체신(遞信), 춘신(春信;봄소식), 충신(忠信), 취신(取信), 친신(親信), 통신(通信), 편신(偏信), 평신(平信), 표신(標信), 풍신(風信), 해신(解信), 향신(鄕信), 혹신(惑信), 혼신(混信), 혼신결혼(混信結婚), 화신(花信), 확신하다(確信), 회신(回信) 들.

신(臣) 신하. 신하가 임금에 대하여서 '자기'를 일컫는 말. ¶신근봉(臣謹封), 신도(臣道), 신례(臣禮), 신료(臣僚), 신린(臣隣), 신민(臣民), 신복(臣服), 신복(臣僕), 신사(臣事), 신속(臣屬;신하로서 예속됨), 신자(臣子), 신절(臣節), 신종(臣從), 신지(臣智), 신첩(臣妾), 신하(臣下); 가신(家臣), 간신(奸臣), 간신(諫臣), 계신(計臣), 고굉지신(股肱之臣), 고신(孤臣), 공신(功臣), 공신(貢臣), 교목세신(喬木世臣), 구신(具臣), 구신(舊臣), 군신(君臣)[군신대의(大義), 군신분의(分義), 군신유의(有義)], 군신(群臣), 권신(勸臣), 근신(近臣), 난신(亂臣), 내신(內臣), 노신(老臣), 농신(弄臣), 능신(能臣), 대신(臺臣), 대신(大臣)[대신댁(宅); 벼락대신[1172], 원로대신

1162) 종신(終身): 종신계(計), 종신관(官), 종신제(制), 종신직(職), 종신토록, 종신형(刑); 앙망종신(仰望), 와석종신(臥席).

1163) 처신(處身): 세상살이나 사람 관계에 있어서, 가져야 할 몸가짐이나 행동. ¶처신사납다, 처신술(術), 처신없다, 처신없이. 채신 · 치신머리사납다, 채신 · 치신머리없다, 채신 · 치신사납다, 채신 · 치신없다.

1164) 호신(護身): 호신도(刀), 호신법(法), 호신부(符), 호신불(佛), 호신술(術), 호신용(用).

1165) 신뢰(信賴): 굳게 믿고 의지함. ¶신뢰가 가다. 신뢰감(感), 신뢰구간(區間), 신뢰도(度), 신뢰성(性), 신뢰심(心), 신뢰하다.

1166) 신방(信防): 일각문(一角門)의 기둥 밑 좌우 양쪽에 받친 베갯목.

1167) 신앙(信仰): 신앙고백(告白), 신앙생활(生活), 신앙심(心), 신앙요법(療法), 신앙인(人), 신앙철학(哲學); 무격신앙(巫覡), 무속신앙(巫俗), 민간신앙(民間), 영혼신앙(靈魂), 외래신앙(外來), 원시신앙(原始), 토속신앙(土俗), 풍수신앙(風水).

1168) 신용(信用): 신용거래(去來), 신용경제(經濟), 신용공여(供與), 신용공황(恐慌), 신용기관(機關), 신용대출(貸出), 신용보증(保證), 신용보험(保險), 신용분석(分析), 신용어음, 신용위임(委任), 신용장(狀)[수입신용장(輸入), 수출신용장(輸出)], 신용조사(調査), 신용조합(組合), 신용증권(證券), 신용창조(創造), 신용출자(出資), 신용카드(card), 신용판매(販賣), 신용화폐(貨幣), 신용훼손죄(毁損罪); 국가신용(國家), 대물신용(對物), 대인신용(對人), 물적신용(物的), 불신용(不).

1169) 신임(信任): 신임장(狀), 신임투표(投票); 불신임(不)[불신임안(案), 불신임결의(決議).

1170) 신탁(信託): 신용하여 맡김. ¶신탁가격(價格), 신탁계약(契約), 신탁계정(計定), 신탁관리인(管理人), 신탁귀속권(歸屬權), 신탁금(金), 신탁능력(能力), 신탁당사자(當事者), 신탁등기(登記), 신탁물(物), 신탁배서(背書), 신탁법(法), 신탁사업(事業), 신탁수익권(受益權), 신탁약관(約款), 신탁업(業), 신탁예금(預金), 신탁위반(違反), 신탁은행(銀行), 신탁이익(利益), 신탁자(者), 신탁자금(資金), 신탁재산(財産), 신탁증서(證書), 신탁질(質), 신탁창고(倉庫), 신탁통치(統治), 신탁행위(行爲), 신탁회사(會社); 공익신탁(公益), 금전신탁(金錢), 사익신탁(私益), 운용신탁(運用).

1171) 신호(信號): 신호기(旗), 신호기(機), 신호나팔, 신호등(燈), 신호망(網), 신홋불, 신호수(手), 신호원(員), 신호총(銃), 신호탄(彈), 신호탑(塔), 신호판(板), 신호화/하다(化), 신호화(火); 가시신호(可視), 감속신호(減速), 광신호(光), 교통신호(交通), 구조신호(救助), 기신호(旗), 눈신호(눈짓으로 하는 신호), 등화신호(燈火), 발광신호(發光), 발차신호(發車), 선박신호(船舶), 섬광신호(閃光), 수신호(手), 연무신호(煙霧), 위험신호(危險), 음향신호(音響), 적신호(赤), 정지신호(停止), 주의신호(注意), 청신호(青), 출발신호(出發), 타종신호(打鐘), 항로신호(航路), 해군신호(海軍).

1172) 벼락대신(大臣): 성질이 야무지고 독하여 아무리 어려운 일이라도 배겨 내는 사람.

(元老)], 망국신(亡國臣), 명신(名臣), 모신(謀臣), 무신(武臣), 문신(文臣), 미신(微臣), 반신(叛臣), 배신(陪臣), 봉신(封臣), 사신(史臣), 사신(邪臣), 사신(使臣), 성신(聖臣), 세신(世臣), 소신(小臣), 수신(帥臣), 시신(侍臣), 신신(信臣), 양신(良臣), 역신(逆臣), 영신(佞臣), 예신(禮臣), 외신(外臣), 유신(儒臣), 유신(諛臣), 유신(遺臣), 이신벌군(以臣伐君), 인신(人臣), 장신(將臣), 재신(宰臣), 쟁신(諍/爭臣), 적신(賊臣), 정신(正臣), 정신(廷臣), 정신(貞臣), 제신(祭臣), 조신(朝臣), 종신(宗臣), 종신(從臣), 중신(重臣), 중신(衆臣), 지신(智臣), 직신(直臣), 참신(讒臣), 척신(戚臣), 천신(賤臣), 초망지신(草莽之臣), 총신(寵臣), 충신(忠臣), 친신(親臣), 친공신(親功臣), 폐신(嬖臣), 행신(幸臣), 현신(賢臣), 호신(虎臣), 훈신(勳臣) 들.

신(腎) ①'콩팥'을 뜻하는 말. ¶신결석(腎結石), 신결핵(腎結核), 신경(腎莖), 신경(腎經), 신단위(腎單位), 신동(腎洞), 신부전(腎不全), 신소체(腎小體), 신우(腎盂), 신우염(腎盂炎), 신장(腎臟)[신장병(病), 신장염(炎)], 신충(腎蟲); 내신(內腎), 마제신(馬蹄腎), 보신(補腎), 부신(副腎), 외신(外腎), 위축신(萎縮腎). ②자지. ¶신겁(腎怯), 신관(腎管), 신기(腎氣), 신낭(腎囊;睾丸), 신수(腎水), 신안(腎岸;불두덩), 신정(腎精), 신허(腎虛); 구신(拘腎), 녹신(鹿腎), 목신(木腎), 우신(牛腎), 원신관(原腎管), 해구신(海狗腎), 황구신(黃狗腎) 들.

신(申) ①'거듭하다. 펴다. 말하다'를 뜻하는 말. ¶신고(申告)[1173], 신문고(申聞鼓), 신백(申白), 신보(申報), 신복(申複), 신본(申本), 신신(申申;반복하는 모양)[신신당부/하다(當付), 신신부탁/하다(申申付託)], 신청(申請)[1174], 신칙(申飭;단단히 타일러 경계함)[문신칙(門)]; 개신(開申), 구신(具申), 내신/성적(內申/成績), 답신(答申), 상신(上申), 품신(稟申), 회신(回申). ②'아홉 째 지지(地支). 원숭이띠'를 뜻하는 말. ¶신시(申時), 신일(申日), 신월(申月), 신정(申正), 신좌(申坐), 신후(申後) 들.

신(伸) '펴다. 늘이다. 진술하다'를 뜻하는 말. ¶신구(伸救), 신근(伸筋), 신설(伸雪), 신소(伸訴), 신원(伸寃)[신원설치(雪恥); 설분신원(雪憤)], 신장/성(伸長;길이 따위를 길게 늘임), 신장(伸張;세력이나 권리가 늘어나고 펼쳐짐)[신장되다/하다; 국력신장(國力), 민권신장(民權), 여권신장(女權), 학력신장(學力)], 신전/반사(伸展/反射), 신철(伸鐵), 신축(伸縮;늘이고 줄임)[신축관세(關稅), 신축도(度), 신축성(性), 신축자재/하다(自在), 신축적(的)]; 굴신(屈伸), 득신(得伸), 추신(追伸/申), 흠신(欠伸) 들.

신(辛) ①'맵다. 괴롭다'를 뜻하는 말. ¶신간(辛艱), 신고(辛苦)[간난신고(艱難)], 신랄하다(辛辣)[1175], 신미(辛味), 신산(辛酸;맛이 쓰고 심. 苦生)[신산미(味), 신산스럽다], 신승(辛勝;겨우 이김. 樂勝), 신초(辛楚); 간신히(艱辛), 고신(苦辛), 비신(悲辛), 세신(細辛), 천신만고(千辛萬苦), 향신료(香辛料). ②천간(天干)의 여덟째. ¶신유(辛酉), 신일(辛日), 신좌(辛坐); 득신(得辛) 들.

신(愼) '삼가다'를 뜻하는 말. ¶신구(愼口;愼言), 신독(愼獨), 신려(愼慮), 신묵(愼默), 신밀(愼密), 신사(愼思), 신색(愼色), 신섭(愼攝), 신언(愼言;말을 삼감), 신인(愼人), 신절(愼節), 신종(愼終;장례나 기복을 정중히 함), 신중/하다(愼重;매우 조심성이 있음), 신후(愼厚); 계신(戒愼), 공신(恭愼), 근신(謹愼), 독신(獨愼), 미신(美愼), 심신(審愼), 외신(畏愼) 들.

신(晨) '새벽'을 뜻하는 말. ¶신계(晨鷄), 신광(晨光), 신기(晨起), 신명(晨明;새벽녘), 신문(晨門), 신석(晨夕), 신성(晨星;샛별), 신성(晨省), 신알(晨謁), 신야(晨夜), 신종(晨鐘), 신호지세(晨虎之勢), 신혼(晨昏), 신휘(晨暉;아침의 햇빛); 빈계사신(牝鷄司晨), 사신(司晨), 영신(迎晨), 청신(淸晨), 혼정신성(昏定晨省), 화신(花晨) 들.

신(辰) '다섯째 지지(地支). 아침. 별 이름'을 뜻하는 말. ¶신성(辰星); 가신(佳/嘉辰), 길신(吉辰;좋은 시절. 길한 날), 북신(北辰;북극성), 삼신(三辰), 생신(生辰;生日), 성신(星辰), 수신(晬辰), 양신(良辰;佳節), 영신(令辰), 탄신(誕辰) 들.

신(宸) '대궐. 임금에 관한 일에 쓰는 관사(冠詞)'를 뜻하는 말. ¶신금(宸襟;천자의 마음), 신극(宸極;천자의 거소), 신념(宸念), 신노(宸怒), 신단(宸斷), 신려(宸慮), 신림(宸臨), 신연(宸宴), 신의(宸意), 신지(宸旨); 어신필(御宸筆), 풍신(楓宸) 들.

신(紳) '예복에 갖추어 매는 큰 띠'를 뜻하는 말. ¶신사(紳士)[신사도(道), 신사복(服), 신사적(的), 신사협약(協約), 신사협정(協定); 노신사(老)], 신상(紳商); 고신(高紳;지위가 높은 사람), 진신(縉紳) 들.

신(薪) '섶나무. 땔나무. 봉급(俸給)'을 뜻하는 말. ¶신수(薪水;봉급. 땔나무와 먹을 물), 신수비(薪水費), 신수지로(薪水之勞), 신시(薪柴), 신탄(薪炭); 시신(柴薪), 와신상담(臥薪嘗膽) 들.

신(訊) '따져 묻다'를 뜻하는 말. ¶신국(訊鞫), 신문(訊問)[1176], 신방(訊訪;찾아봄), 신장(訊杖); 문신(問訊), 사자분신(獅子奮迅), 심신(審訊) 들.

신(燼) '불에 타다 남은 것. 살아남은 것'을 뜻하는 말. ¶신멸(燼滅), 신회(燼灰); 여신(餘燼), 제신기(除燼器), 회신(灰燼) 들.

1173) 신고(申告): 기관이나 조직체의 구성원이 윗사람에게 어떤 사실을 보고하거나 알리는 일. 국민이 의무적으로 행정 관청에 일정한 사실을 보고하는 일. ¶신고납세제(納稅制), 신고되다/하다, 신고과세(課稅), 신고납부(納付), 신고납세(納稅), 신고법(法), 신고서(書)[수입신고서(輸入), 수출신고서(輸出)], 신고소득(所得). 신고인(人), 신고자(者), 신고전염병(傳染病); 가출신고(家出), 결석신고(缺席), 기장신고(記帳), 녹색신고(綠色;납세자 스스로 세액을 결정하여 신고하고 납세하는 제도), 사망신고(死亡), 유실신고(遺失), 자진신고(自進), 전입신고(轉入), 전출신고(轉出), 출생신고(出生), 혼인신고(婚姻).

1174) 신청(申請): 단체나 기관에 어떠한 일이나 물건을 알려 청구함. ¶신청되다/하다, 신청서(書), 신청인(人), 신청자(者); 교부신청(交付), 명도신청(明渡), 불복신청(不服), 수강신청(受講), 이의신청(異議), 재결신청(裁決), 재정신청(財政), 화의신청(和議).

1175) 신랄하다(辛辣): 어떤 일의 분석이나 지적이 매우 모질고 날카롭다. ¶신랄한 비판. 신랄히 비판하다.

1176) 신문(訊問): 법원이나 수사 기관에서 증인이나 당사자 등에게 캐물어 조사하는 일. ¶수사관이 피의자를 신문하다. 신문조서(調書); 개별신문(個別), 격리신문(隔離;개별신문), 교호신문(交互), 반대신문(反對), 보충신문(補充), 유도신문(誘導), 인정신문(人定), 임상신문(臨床), 재신문(再), 주신문(主), 증인신문(證人), 피고인신문(被告人).

신(迅) '빠르다'를 뜻하는 말. ¶신뢰(迅雷), 신속성(性), 신속하다(迅速), 신우(迅雨;세차게 내리는 비) 들.

신(蜃) '이무기(상상의 동물로 신기루를 일으킨다는 전설이 있음)'를 뜻하는 말. ¶신기루(蜃氣樓)[1177].

신(囟) '정수리'를 뜻하는 말. ¶신문(囟門;숫구멍. 정수리).

신(呻) '끙끙거리다'를 뜻하는 말. ¶신음하다(呻吟).

신(娠) '애기를 배다'를 뜻하는 말. ¶임신(妊娠;잉태하다).

신관 남을 높이어 그의 '얼굴(낯)'을 이르는 말. ¶신관이 참 좋으십니다. 신관이 훤하다.

신(다) 신, 버선 따위를 발에 꿰다. ¶구두를 신다. 신, 신갱기[←신감기], 신골[1178], 신기다(신게 하다), 신기료장수(신을 고치는 사람), 신날[1179], 신돌이(신의 가장자리에 댄 꾸미개), 신뒤축, 신들매/메(신이 벗겨지지 않도록 동여매는 일이나 그 끈), 신목(장화의 발목이 닿는 윗부분), 신발[1180], 신벼나[1181], 신볼(신발의 폭), 신부리(신코), 신소리(발자국소리), 신쇠(말뚝이나 지팡이의 밑동에 대는 쇠), 신울(신의 가를 두른 부분), 신이개(신을 삼다가 죄는 데 쓰는 기구), 신자국, 신장(欌), 신전(廛), 신주머니, 신짚, 신짝, 신찐나무(베틀신대), 신창, 신총, 신코, 신틀; 가죽신/갖신[놋갖신], 겯은신(기름 먹인 가죽신), 고무신, 꼬까신, 꽃신, 꿰진다, 끌신(슬리퍼. 베틀신), 나막신[평나막신(平)], 덧신, 덧신다, 때때신, 마른신, 멱신(멱서리 엮듯이 결어 만든 신), 베틀신, 비단신(緋緞), 뾰족신, 사짜신(남자 가죽신), 삼신, 삼총신, 수신(繡), 습신(襲;염할 때 시신에 신기는 신), 쌍코신(雙), 외코신, 조락신(삼껍질로 꼰 실로 만든 신), 종이신, 죽신, 지신(紙;종이신), 지르신다[1182], 진신(진땅에서 신는 가죽신), 진신발, 짚신[1183], 짝신, 쭉신(해어지고 쭈그러진 신), 태사신(太史)[1184], 털신, 평나막신(平), 헌신짝, 헝겊신, 흰신 들.

신둥-지다 정도에 지나치게 주제넘다.=신둥부러지다. ¶여럿 중에서 머리가 제일 크고 신둥진 수천이가 대장이었다. 신둥부러지게 떠벌릴 필요가 있을까. 신둥머리지다(대수롭지 않아 시큰둥이 여기다).

신들신들 시건방지게 행동하는 모양. ¶신들신들 웃다. 신들신들 굴다.

신라(新羅) 삼국 시대의 한 나라. ¶신라방(坊), 신라소(所), 신라원(院); 통일신라(統一).

신신펀펀-하다 몸에 별 탈이 없이 든든하고 성하다. ¶신신펀펀한 청년들이 어렵고 힘든 일을 맡겠다고 나섰다.

신청부-같다 근심 걱정이 많아서 사소한 일을 돌아볼 틈이 없다. 사물이 너무 작거나 모자라서 마음에 차지 아니하다. ¶지겹도록 계속된 신청부같은 생활에 지칠 대로 지쳤다. 돈이 적다고 신청부같게 여기지 말길 바랍니다.

싣(다) 나를 목적으로 차 · 배 · 수레 따위의 운반 기구에 물건을 얹다(≒올리다↔내리다. 부리다). 출판물이나 방송에 그림이나 사연을 내다. 보나 논바닥에 물을 괴게 하다. ¶배에 물건을 싣다. 잡지에 특집 기사를 싣다. 실리다(얹히다. 게재되다), 시렁[1185], 시태[1186]; 덧싣다/실리다, 떠싣다¹(떠밀거나 들어서 태우다)/실리다, 떠싣다²(억지로 맡기다. 몸을 떠맡겨 의지하거나 기대다), 밑싣개[1187], 처싣다(함부로 잔뜩 싣다). ☞ 재(載).

실¹ ①고치 · 털 · 솜 · 삼 따위를 가늘고 길게 자아내어서 꼰 것. 흔히 피륙을 짜거나 바느질을 하는 데 쓰임. ¶실 엉킨 것은 풀어도 노 엉킨 것은 못 푼다. 실감개, 실공업(工業), 실궤(櫃), 실그물, 실기둥[1188], 실꼴(가늘고 긴 모양), 실꾸리(둥글게 감아 놓은 실몽당이), 실끝매기, 실낚시, 실낱(실의 올), 실낱같다[1189], 실낳이[방직(紡織)], 실드리다(실을 꼬다), 실땀(실밥의 낱낱), 실뜨기, 실뜨개(실을 뜨어내는 기구), 실뜸(한 뜸 한 뜸 꿰맨 자리), 실띠(실을 꼬거나 떠서 만든 띠), 실마디, 실마리[1190], 실매듭, 실몽당이(실을 꾸려 감은 뭉치), 실뭉치, 실반대[1191], 실밥, 실보무라지(실의 부스러기), 실북(실꾸리를 넣는 북), 실뽑기[방적(紡績)], 실샘, 실솥(누에고치를 넣고 끓이는 솥), 실싸움, 실오리/실올(실의 가닥), 실오라기(실의 동강), 실잣기, 실장갑(掌匣), 실첩[1192], 실칼, 실켜기, 실켜다(누에고치에서 실을 뽑아내다), 실코(실로 고리처럼 만든 코), 실타래, 실테¹(얼레에 감긴 실), 실토리[1193], 실톳(방

1177) 신기루(蜃氣樓): ①대기 속에서 빛의 굴절 현상에 의하여 공중이나 땅위에 무엇이 있는 것처럼 보이는 현상.=곡두. 환영(幻影). ②홀연히 나타나 짧은 시간 동안 유지되다가 사라지는 아름답고 환상적인 일이나 현상.

1178) 신골: 신을 만드는 데 쓰이는 골. ¶신골을 치다. 신골 치듯(방안에 사람이 빽빽하게 들어앉은 모양을 비유적으로 하는 말). 신골방망이.

1179) 신날: 짚신이나 미투리 따위의 바닥에 세로로 놓은 날.

1180) 신발: 신발업(業), 신발장(欌), 신발주머니, 신발차(심부름의 대가로 주는 돈), 신발통, 신발하다(먼 길을 떠나기 위하여 짚신을 신고 감발을 하다); 마른신발, 진신발.

1181) 신벼나: 신의 울과 바닥창을 잇대어 꿰맨 곳.

1182) 지르신다: 신 · 버선 따위를 뒤축이 눌리어 밟히게 신다. 〈작〉자르신다. ¶운동화를 지르신다.

1183) 짚신: 짚신감발, 짚신골, 짚신나물, 짚신벌레, 짚신할아범, 짚신할아비; 걸립짚신(乞粒;무당이 굿할 때 걸립 귀신 앞에 내놓는 짚신), 사자짚신(死者), 석새짚신(총이 매우 성글고 굵은 짚신), 세코짚신, 쇠짚신(소에게 신기는 짚신), 엄짚신.

1184) 태사신(太史): 비단이나 가죽으로 울을 하고, 코와 뒤축 부분에는 흰줄 무늬를 새긴 남자의 마른신.

1185) 시렁: 물건을 얹기 위해 두 개의 긴 나무를 건너질러 선반처럼 만든 것.[←싣(다)+엉].≒살강. ¶시렁에 얹다. 시렁가래(시렁을 매는 데 쓰는 긴 나무), 시렁집; 고기시렁, 덩굴시렁, 책시렁(冊), 풀시렁.

1186) 시태: 소의 등 위에 실은 짐.[←싣(다)+태(馱;짐)]. ¶시태질을 한 후 서둘러 길을 떠났다. 시태질/하다.

1187) 밑싣개: 그넷줄의 맨 아래에 걸쳐, 두 발을 디디거나 앉을 수 있게 만든 물건. 앉을깨.

1188) 실기둥: 단추를 달 때 앞단 두께만큼 세운 실. 이것을 실로 감으면서 단추를 닮.

1189) 실낱같다: ①아주 가늘고 작다. ¶실낱같은 눈썹. ②목숨이나 희망 따위가 곧 끊어지거나 사라질 듯하다. ¶실낱같은 목숨(실낱같이 가냘픈 목숨).

1190) 실마리: ①감았거나 헝클어진 실의 첫머리. ②일 · 사건의 첫머리. 단서(端緖). ¶사건 해결의 실마리가 보인다.

1191) 실반대[-빤-]: 뽑아 낸 고치실을 둥글게 사리어 놓은 뭉치.

1192) 실첩: 종이로 접어 만들어 실이나 헝겊 조각을 담는 손그릇.

1193) 실토리: 나무나 수지, 종이로 실을 감게 만든 것. 또는 거기에 감은 실몽당이. 실톳. ¶실토리에서 실을 뽑다.

추형으로 감아 놓은 실뭉치), 실패(실을 감아두는 도구); 가스실(gas), 겹실, 고치실, 균실(菌), 금실(金), 깁실, 깜찌기실[1194], 꽃실[화사(花絲)], 날실[1,2][1195], 녹실(綠), 뜨개실, 먹실(먹물을 묻힌 실), 명실(命)[1196], 명주실(明紬), 무명실(명실), 밑실, 베실, 베올실, 보풀실[1197], 북실, 비단실(緋緞), 빔실(몇 가닥 꼰 실), 살올실[근섬유(筋纖維)], 삼묵실(세 올 실), 삼실, 삼겹실[삼합사(三合絲)], 삼목실(三;세 올로 드린 실), 색실(色), 세실(細;가는 실), 속빈실(속이 비어 있는 합성 섬유), 수평실(水平), 수실(繡), 쌍실(雙;두 줄로 그린 단청), 쌍올실(雙;두 올을 겹으로 하여 꼰 실), 씨실(↔날실), 양실(洋), 연실(鳶), 오색실(五色), 외겹실, 외올실, 윗실(재봉틀 바늘 실), 은실(銀), 장식실(裝飾), 주란사실(絲)[1198], 책실(冊;책을 매는 데 쓰는 실), 청실(靑), 털실, 털올실, 테실, 토리실[1199], 토막실(쓰다 남은 짧은 실), 톳실(兎), 항실[1200], 홑실, 홑겹실, 홍실(紅). ☞ 사(絲). ②'가느다란. 좁은. 엷은. 약한. 실 모양을 한'을 뜻하는 말. ¶실가락지, 실가지, 실각(刻), 실개울, 실개천(開川), 실갯지렁이, 실거위[요충(蟯蟲)], 실결, 실고기, 실고랑, 실고추, 실골, 실골목(폭이 썩 좁은 골목), 실구름(실처럼 가늘고 긴 구름)/무늬, 실국수(발이 가는 국수), 실굽(그릇의 밑바닥에 가늘게 돌린 받침), 실굽달이(실굽이 달린 그릇), 실귀(귀를 가늘게 귀접이한 재목), 실금(가는 금), 실김(가늘게 피어오르는 김), 실노린재, 실눈/시눈, 실눈썹, 실대패(날이 좁고 가는 대패), 실도랑(좁고 작은 도랑), 실두렁, 실뒤[1201], 실마루(좁게 놓은 툇마루), 실무늬, 실물결, 실바람, 실머리동이, 실물결(가늘고 여린 물결), 실미적지근하다[1202], 실미지근하다(≒실미적지근하다), 실바람, 실뱀, 실뱀장어(長魚), 실뱅어, 실버들, 실베도라치, 실베짱이, 실벽(壁;창문의 위와 옆에 좁고 길게 된 벽), 실뿌리, 실비(가늘게 내리는 비), 실뽕, 실뿌리, 실사리, 실새삼, 실소금쟁이, 실실이(실처럼 가는 가지마다), 실아지(兒枝), 실안개[1203], 실연기(煙氣), 실잠망(蠶網), 실잠자리, 실전갱이, 실주름(가느다란 주름), 실줄기, 실줄고기, 실지렁이, 실첩(실이나 헝겊 따위를 담는 손그릇), 실칼(몸이 가는 칼), 실터[1204], 실테[2](실처럼 가는 테나 테두리), 실톱, 실퇴(退;몹시 좁게 놓은 툇마루), 실틈, 실파[총(蔥)], 실핏줄, 실하늘지기, 실횟대; 연귀실(연귀에 있는 실 모양의 장식물) 들.

실[2] 웃음을 참지 못하고 한 번 실없이 웃는 모양.

-실 '골짜기[谷], 마을'을 뜻하는 말. ¶돌실/ 모래실/ 밤실/ 산의실처럼 마을 이름에 쓰임.

실(實) ①내용. 실질. ¶겉보기엔 그래도 실은 알차다. ②'열매. 옹골찬. 참된·착실한. 실지로. 있는 그대로'를 뜻하는 말. ¶실가(實家;자기가 태어난 집. 生家), 실가(實價), 실감(實感), 실경(實景), 실곡(實穀), 실공(實功), 실과(實果), 실과(實科), 실권(實權)[실권자(者), 실권파(派)], 실근(實根), 실기(實技), 실기(實記), 실꾼(그 일을 능히 감당할 일꾼), 실념론(實念論), 실농가(實農家), 실농군(農軍), 실담(實談), 실답다[1205], 실담(實談), 실덕(實德), 실동률(實動率), 실동시간(實動時間), 실력(實力;힘)[1206], 실력/담(實歷/談), 실례(實例), 실로(참으로), 실록(實錄)[실록물(物), 실록자(字)], 실리(實利)[실리실득(實得), 실리적(的), 실리주의(主義)], 실머슴, 실면(實綿;실을 빼지 아니한 솜), 실명(實名), 실모(實母), 실무(實務)[실무가(家), 실무자(者), 실무적(的), 실무주의(主義), 실무진(陣)], 실문(實聞), 실물(實物)[1207], 실백(實柏), 실범(實犯), 실복마(實卜馬), 실봉(實捧), 실부(實父), 실부(實否), 실부모(實父母), 실불실(實不實), 실비(實費), 실사(實事), 실사(實査;실제로 검사하거나 조사함), 실사/영화(實寫/映畵), 실사(實辭), 실사회(實社會), 실살[1208], 실상(實狀), 실상(實相;실제의 모습), 실상(實像↔虛像), 실생(實生), 실생활(實生活), 실선(實線), 실성(實性), 실세(實勢;실제의 세력. 실제의 시세), 실세간(實世間), 실쇠(牛), 실소득(實所得), 실소리, 실소유주(實所有主), 실속(실제의 속 내용), 실속(實速), 실속도(實速度), 실속말, 실수(實收), 실수(實需), 실수(實數), 실수금(實受金), 실수요/자(實需要/者), 실수익(實收益), 실수입(實收入), 실습(實習)[실습생(生), 실습지(地); 현장실습(現場)], 실시(實施), 실아(實我), 실액(實額), 실업(實業)[실업가(家), 실업계(界)], 실없다(실답지 못하다)[실없이, 실없쟁이], 실역(實役), 실연(實演), 실열(實熱), 실영상(實影像), 실용(實用)[1209], 실운동(實運動), 실유(實有), 실은(사실은), 실의(實意), 실익(實益), 실인(實印), 실자(實子), 실자(實字), 실자(實姉), 실작인(實作人), 실작자(實作者), 실장정(實壯丁), 실재(實才), 실재(實在)[1210], 실적(實積), 실적/주의(實績/主義), 실전(實戰)[실전경험(經驗), 실전배치(配置)], 실정/법(實定/法), 실정(實情;실제의 사정), 실제/로(實際;사실의 경우나 형편), 실제(實弟), 실전(實戰), 실존(實存)[1211], 실주(實株), 실증(實證)[실증론(論), 실증적(的), 실증주의

1194) 깜찌기실: 아주 가늘고도 질긴 실.

1195) 날실[1]: 삶지 아니한 실.
날실[2]: 피륙 등의 세로로 놓인 실.↔씨실.

1196) 명실(命): 발원(發願)하는 사람이 밥그릇에 쌀을 담고, 그 가운데에 꽂은 숟가락에 잡아맨 실.

1197) 보풀실: 보풀이 있는 조금 가는 털실.

1198) 주란사실(絲): 무명실의 거죽에 난 솜털 같은 섬유를 가스불에 태워서 윤을 낸 실. 가스실.

1199) 토리실: 테를 짓지 아니하고 그냥 둥글게 감은 실.

1200) 항실: 그물에 주름을 줄 때 그물코를 꿰는 굵은 실.

1201) 실뒤: 집 짓고 남은 뒷마당. 실터인 뒤뜰.

1202) 실미적지근하다: ①음식 따위가 식어서 더운 기운이 조금 있는 듯하다. ¶실미적지근한 국. ②마음이 내키지 아니하여 열성이 없다. ¶실미적지근한 태도.

1203) 실안개: 엷게 낀 안개.

1204) 실터: 집과 집 사이에 남은 길고 좁은 빈터.

1205) 실답다(實): 진실하고 미덥다. 꾸밈이나 거짓이 없이 참되다. ¶실답지 않은 태도. 실답지 않다[←실(實)+답+지+않다].

1206) 실력(實力): 실제로 갖추고 있는 힘이나 능력. 강제력이나 무력. ¶실력을 기르다. 실력을 행사하다. 실력가(家), 실력다짐/하다, 실력대결(對決), 실력범(犯;强力犯), 실력설(說), 실력자(者), 실력주의(主義), 실력파(派), 실력행사(行使).

1207) 실물(實物): 실제의 것. 주식이나 상품 따위의 현품. ¶실물경제(經濟), 실물광고(廣告), 실물교수(敎授), 실물교환(交換), 실물대(大;실물과 꼭 같은 크기), 실물세(稅), 실물수(數), 실물시장(市場), 실물임금(賃金), 실물환등기(幻燈機).

1208) 실살(實): 겉으로 드러나지 아니한 실이익. 실속. ¶실살스럽다(겉으로 드러남이 없이 내용이 충실하다).

1209) 실용(實用): 실제로 씀. ¶실용단위(單位), 실용문(文), 실용성(性), 실용신안(新案), 실용적(的), 실용주의(主義), 실용품(品), 실용화/되다/하다(化).

1210) 실재(實在): 실제로 존재하는 것. 철학에서, 인간의 인식이나 경험과는 상관없이 독립하여 존재하는 것을 이르는 말.(↔假象). ¶실재감(感), 실재과학(科學), 실재근거(根據), 실재론(論)[선험적실재론(先驗的)], 실재성(性), 실재적(的), 실재하다.

ㅅ

(主義)], 실지(實地)[실지검증(檢證), 실지검사(檢査), 실지로], 실직하다[1212], 실직(實直), 실직/록(實職/祿), 실질(實質)[1213], 실천(實踐)[1214], 실체(實體)[1215], 실축(實軸), 실측(實測)[실측도(圖), 실측면적(面積)], 실친자(實親子), 실탄(實彈)[실탄사격(射擊), 실탄연습(演習)], 실태/조사(實態/調査), 실토(實吐), 실토정(實吐情), 실팍하다, 실하다[1,2][1216], 실학(實學)[실학자(者), 실학주의(主義), 실학파(派)], 실함(實銜), 실함수(實函數), 실행(實行)[1217], 실험(實驗)[1218], 실현(實現)[1219], 실형(實兄), 실형(實刑), 실혜(實惠), 실혼처(實婚處), 실화/문학(實話/文學), 실황(實況)[실황방송(放送)], 실효(實效)[1220]; 감실(芡實), 거실(據實), 건실(健實), 견실(堅實)[견실주의(主義), 견실하다], 결실(結實), 고실(故實), 과실(果實), 곡실(槲實;도토리), 구실(口實), 근실/성/하다(勤實/性), 기실(其實), 기실(枳實), 긴실(緊實), 내실(內實), 능실(菱實), 도실(桃實), 독실(篤實), 매실(梅實), 면실(棉實), 명실(名實)[명실 공(共)히, 명실상부(名實相符)], 목실(木實), 몰실(沒實), 무실(務實), 무실(無實), 부실(不實), 사실(史實), 사실(事實), 사실(査實), 사실(寫實), 상실(桑實;오디), 상실(橡實;상수리), 성실(成實), 성실(誠實), 송실(松實), 순실하다(純實), 순실하다(淳實), 신실(信實), 여실하다/히(如實), 연실(蓮實;연밥), 영실(營/榮實;찔레나무의 열매), 완실(完實), 요실(饒實), 유명무실(有名無實), 저실(楮實;닥나무의 열매), 적실(適實), 전실하다(典實), 절실하다(切實), 정실하다(正實), 정실(貞實), 정실(情實), 종실(從實), 죽실(竹實), 직실(直實), 진실(眞實), 질실하다(質實), 착실하다(着實), 초실(稍實;살림이 조금 넉넉함. 열매가 약간 여묾), 충실하다(充實), 충실하다(忠實), 토실(吐實), 핵실(覈實;사건의 실상을 조사함), 행실(行實), 허실(虛實), 허허실실(虛虛實實), 확실(確實), 현실(現實) 들.

실(室) ①'일정한 목적에 쓰이는 집. 방. 또는 사무 부서. 능통한 사람'을 뜻하는 말. ¶실가(室家), 실내(室內)[실내등(燈), 실내복(服), 실내악(樂), 실내장식(裝飾), 실내화(靴)], 실온(室溫), 실외(室外), 실장(室長); 가실(家室), 가스실(gas室), 감실(監室), 감실(龕室;단집), 갑판실(甲板室), 강의실(講義室), 개복실(改服室), 객실(客室), 거실(居室), 건견실(乾繭室), 건조실(乾燥室), 격실(隔室), 격리실(隔離室), 경비실(警備室), 경의실(更衣室), 고실(鼓室;가운데귀의 한 부분), 공기실(空氣室), 공명실(共鳴室), 공작실(工作室), 교실(敎室), 교무실(敎務室), 교원실(敎員室), 교장실(校長室), 궁실(宮室), 귀빈실(貴賓室), 규실(閨室), 급식실(給食室), 기밀실(氣密室), 기실(氣室), 기갑실(氣甲室), 기계실(機械室), 기관실(汽罐室), 기기실(汽機室), 기밀실(氣密室), 기밀실(機密室), 기자실(記者室), 기획실(企劃室), 끽연실(喫煙室), 난실(暖室), 내실(內室), 냉실(冷室), 냉동실(冷凍室), 냉장실(冷藏室), 녹음실(錄音室), 녹화실(錄畵室), 뇌실(腦室), 누실(陋室), 다실(茶室), 단실(單室), 단장실(丹粧室), 대실(貸室), 대기실(待期室), 대합실(待合室), 도서실(圖書室), 독실(獨室), 독서실(讀書室), 동실(同室), 두실(斗室;아주 작은 방), 만실(滿室), 매실(梅室), 면회실(面會室), 목공실(木工室), 목욕실(沐浴室), 무반향실(無反響室), 무용실(舞踊室), 무전실(無電室), 무향실(無響室), 문서실(文書室), 문초실(問招室), 민원실(民願室), 밀실(密室), 밀폐실(密閉室), 반향실(反響室), 방송실(放送室), 방음실(防音室), 배전반실(配電盤室), 배전실(配電室), 변전실(變電室), 별실(別室), 병실(病室), 보건실(保健室), 보일러실(boiler室), 본실(本室), 봉실(蓬室), 부속실(附屬室), 분실(分室), 분만실(分娩室), 분장실(扮裝室), 비서실(秘書室), 빈실(賓室), 빙실(氷室), 사실(私室), 사교실(社交室), 사무실(事務室), 사장실(社長室), 산실(産室), 산란실(産卵室), 삼등실(三等室), 상담실(相談室), 상황실(狀況室), 서실(書室), 석실(石室), 선실(璇室), 선실(禪室), 선실(船室), 선원실(船員室), 선장실(船長室), 세실(世室), 소독실(消毒室), 수실(壽室), 수술실(手術室), 수위실(守衛室), 수유실(授乳室), 수직실(守直室), 숙직실(宿直室), 시사실(試寫室), 신실(神室), 실습실(實習室), 실험실(實驗室), 심실(心室)[우심실, 좌심실], 안치실(安置室), 암실(暗室), 애벌구이실, 약실(藥室), 약제실(藥劑室), 양실(洋室), 양실(凉室), 양잠실(養蠶室), 양호실(養護室), 여압실(與壓室), 연실(鉛室), 연실(煙室), 연구실(硏究室), 연소실(燃燒室), 연주실(演奏室), 연회실(宴會室), 열람실(閱覽室), 영실(靈室), 영사실(映寫室), 영안실(靈安室), 영접실(迎接室), 오락실(娛樂室), 온실(溫室)[온실가스(gas), 온실효과(效果)], 와실(蝸室), 외실(外室), 요리실(料理室), 욕실(浴室), 운전실(運轉室), 유실(幽室), 육아실(育兒室), 은감실(銀龕室), 음실(陰室), 응급실(應急室), 응접실(應接室), 의무실(醫務室), 의상실(衣裳室), 익실(翼室), 일실(一室), 일등실(一等室), 입실(入室), 입원실(入院室), 자료실(資料室), 자습실(自習室), 작약실(炸藥室), 작업실(作業室), 잠실(蠶室), 장관실(長官室), 장서실(藏書室), 재실(梓室;왕세자의

1211) 실존(實存): 실제로 존재하는 일. 불변적 존재인 본질에 대응하여 가능적 존재. 인식의 주체자로서의 자아(自我)인 '나'. ¶실존 인물. 신이나 초월자가 본질이라면 인간 개개인의 존재는 실존이다. 실존주의(主義), 실존철학(哲學).

1212) 실직하다(實): 조금 튼튼하다. ¶실직한 막대기. 실직한 옷감.

1213) 실질(實質): 실제의 본바탕. ¶실질금리(金利), 실질거래(去來), 실질과세(課稅), 실질론(論), 실질명사(名詞), 실질범(犯), 실질법(法), 실질성장률(成長率), 실질소득(所得), 실질임금(賃金), 실질적(的), 실질주의(主義), 실질판결(判決), 실질형태소(形態素).

1214) 실천(實踐): 실제로 이행함.↔이론(理論). ¶계획을 실천에 옮기다. 실천가(家), 실천과학(科學), 실천궁행(躬行), 실천되다/하다, 실천력(力), 실천론(論), 실천비평(批評), 실천성(性), 실천윤리(倫理), 실천이성(理性), 실천자(者), 실천적(的), 실천철학(哲學), 실천화(化).

1215) 실체(實體): 실제의 물체. 성질이나 작용의 본체. 영원히 변하지 않는 본체. ¶실체를 확인하다. 방송의 실체를 알다. 실체감(感), 실체경(鏡), 실체론(論), 실체법(法), 실체성(性), 실체사진(寫眞), 실체자본(資本), 실체적(的), 실체진자(振子), 실제파(波), 실체화/되다/하다(化).

1216) 실하다(實)[1]: 옹골차고 튼튼하다. 재물이 넉넉하다. 착실하여 믿을 수가 있다(신실하다). ¶실팍하다(매우 실하다). 실하다(實)[2]: 떡고물로 쓸 깨를 물에 불려서 껍질을 벗기다. ¶깨를 실한 뒤 빻았다.

1217) 실행(實行): 실지로 행함. ¶실행에 옮기다. 실행력(力), 실행미수(未遂), 실행예산(豫算), 실행자(者), 실행정범(正犯), 실행행위(行爲).

1218) 실험(實驗): 실제로 해 봄. 일정한 조건을 인위적으로 설정하여 이론이나 현상을 관찰하고 측정하는 일. 새로운 방법이나 형식을 사용해 보는 일. ¶이 약은 동물 실험을 성공적으로 마친 신약이다. 실험값, 실험과학(科學), 실험관찰(觀察), 실험극장(劇場), 실험대(臺), 실험동물(動物), 실험물(物), 실험물리학(物理學), 실험병리학(病理學), 실험소설(小說), 실험수조(水槽), 실험식(式), 실험실(室), 실험장(場), 실험적(的), 실험주의(主義), 실험학교(學校), 실험형태학(形態學); 동물실험(動物), 모의실험(模擬), 미로실험(迷路), 복화실험(複化), 생체실험(生體), 임상실험(臨床), 핵실험(核).

1219) 실현(實現): 실현되다/하다, 실현성(性), 실현이익(利益), 실현화(化); 음성적실현(音聲的), 자기실현(自己), 자아실현(自我).

1220) 실효(實效): 실제로 나타나는 효과. ¶실효를 거두다. 실효가격(價格), 실효금리(金利), 실효성(性), 실효세율(稅率), 실효습도(濕度), 실효온도(溫度).

관), 재실(齋室), 재단실(裁斷室), 저상실(貯桑室), 저장실(貯藏室), 전람실(展覽室), 전시실(展示室), 전약실(煎藥室), 전용실(專用室), 전자오락실(電子娛樂室), 접견실(接見室), 접대실(接待室), 제도실(製圖室), 제의실(祭衣室), 제판실(製版室), 조각실(彫刻室), 조리실(調理室), 조명실(照明室), 조제실(調劑室), 조종실(操縱室), 조타실(操舵室), 조판실(組版室), 주실(籌室), 준비실(準備室), 중실(中室), 중역실(重役室), 중환자실(重患者室), 지실(地室), 지하실(地下室), 직원실(職員室), 진열실(陳列室), 진찰실(診察室), 집무실(執務室), 차실(茶室), 책실(冊室), 처실(妻室), 초실(初室), 촬영실(撮影室), 축열실(蓄熱室), 충실(蟲室), 취사실(炊事室), 취조실(取調室), 측실(側室), 측실(厠室), 치료실(治療室), 칠실(漆室; 캄캄한 방), 침실(寢室), 타실(他室), 탈의실(脫衣室), 토실(土室), 통풍실(通風室), 퇴실(退室), 특실(特室), 특등실(特等室), 편모실(鞭毛室), 편집실(編輯室), 편찬실(編纂室), 표본실(標本室), 해도실(海圖室), 해부실(解剖室), 행정실(行政室), 현실(玄室), 현상실(現像室), 혈실(穴室), 협실(夾室; 곁방), 화실(火室), 화실(畵室), 화장실(化粧室), 회복실(回復室), 회의실(會議室), 휴게실(休憩室), 흡연실(吸煙室), 흡음실(吸音室). ②아내. 첩(妾)'을 뜻하는 말. ¶실인(室人; 자기 아내); 계실(繼室), 망실(亡室), 본실(本室), 부실(副室), 소실(小室; 첩), 영실(令室), 재실(再室), 적실(嫡室), 전실(前室), 정실(正室), 첩실(妾室), 초실(初室; 初娶), 후실(後室). ③'집안'을 뜻하는 말. ¶왕실(王室), 제실(帝室), 종실(宗室), 황실(皇室) 들.

실(失) '잃다. 잃어버리다. 허물. 손실'을 뜻하는 말. ¶득보다 실이 많다. 실각(失脚)[1221], 실격(失格)[1222], 실계(失計), 실고(失苦), 실권(失權)[실권약관(約款), 실권절차(節次), 실권주(株)], 실금(失禁; 대소변을 참지 못하고 쌈)[감정실금(感情), 요실금(尿)], 실기(失期), 실기(失機), 실기본(失基本), 실념(失念), 실농(失農), 실담(失談), 실당(失當), 실덕(失德), 실독증(失讀症), 실례(失禮), 실로(失路), 실리(失利), 실망(失望), 실명/씨(失名/氏), 실명(失明), 실명(失命), 실물(失物), 실본(失本), 실색(失色), 실섭(失攝), 실성(失性; 정신에 이상이 생김. 미침)/하다, 실섭(失攝), 실세(失勢), 실소(失笑; 저도 모르게 웃음), 실속(失速), 실수(失手; 조심하지 아니하여 잘못함)[실수투성이, 실수하다; 말실수], 실시(失時), 실신(失信), 실신(失神; 정신을 잃음), 실심(失心), 실어/증(失語/症), 실언(失言), 실업(失業)[1223], 실연(失戀), 실음(失音), 실의(失意), 실인(失認), 실인심(失人心), 실적(失跡), 실전(失傳), 실절(失節), 실점(失點), 실정(失政), 실정(失貞), 실조(失調; 조화를 잃음)[영양실조(營養), 운동실조(運動)], 실족(失足; 헛디딤), 실종(失踪)[실종선고(宣告), 실종자(者), 실종하다], 실지(失地), 실직(失職), 실책(失策), 실총(失寵), 실추(失墜; 떨어뜨림. 잃음), 실태(失態), 실투(失投), 실투유(失透釉), 실패(失敗), 실함(失陷), 실행/증(失行/症), 실향/민(失鄕/民), 실혈/증(失血/症), 실혼(失魂), 실화(失火), 실화(失和), 실효(失效); 견실(見失), 과실(過失), 궐실(闕失), 누실(漏失), 득실(得失), 망실(亡失), 망실(忘失), 망연자실(茫然自失), 멸실(滅失), 무실(無失), 물실호기(勿失好機), 미실(迷失), 반실(半失), 백실(白失), 범실(凡失), 분실(紛失), 불실(不失)[불실기본(基本), 불실본색(本色), 불실척촌(尺寸)], 산실(散失), 상실(喪失), 소실(所失), 소실(消失), 소실(燒失), 손실(損失), 양실(兩失), 요실금(尿失禁), 유실(流失), 유실(遺失), 자실(自失), 적실(敵失), 조실부모(早失父母), 주실(酒失), 탈실(脫失), 표실(漂失) 들.

실(悉) '다 갖추다. 끝까지 궁구하다'를 뜻하는 말. ¶실개(悉皆; 다. 모두), 실무율(悉無律); 비실(備悉), 상실(詳悉), 숙실(熟悉), 위실(委悉; 자세히 앎), 주실(周悉), 지실(知悉; 자세히 앎) 들.

실(蟋) '귀뚜라미'를 뜻하는 말. ¶실솔(蟋蟀; 귀뚜라미).

실긋 물건이 한쪽으로 조금 비뚤어지거나 기울어져 있는 모양. [〈실긔다(실그러지다)]. 〈작〉샐긋. 샐긋. 〈센〉씰긋하다. ¶샐그러·샐그러·쌜그러·실그러·씰그러뜨리다/트리다/지다, 샐긋·쌜긋·샐긋·실긋·씰긋거리다/대다/하다, 샐기죽·실기죽·쌜기죽·씰기죽거리다/대다/하다, 실기죽샐기죽·씰기죽쌜기죽, 살룩[1224], 샐룩[1225]·실룩·쌜룩·씰룩거리다/대다, 실그럭·씰그럭, 씰그다(한쪽으로 씰그러지게 하다), 씰그렁[1226] 들.

실담 범어(梵語)의 자음과 모음.[〈siddham〈범〉].

실떡 실실 웃으며 실없는 말을 하는 모양. ¶실떡 웃으며 핑계를 대다. 실떡거리다/대다, 실떡실떡/하다.

실뚱 어지간히 마음에 들지 아니한 듯한 모양. ¶실뚱 싫은 내색을 하다. 실뚱머룩하다[1227], 실뚱·실둥하다(마음에 들지 않는 듯하다), 실무죽하다(마음에 썩 내키지 않다).

실랑이 이러니저러니, 옳으니 그르니 하며 공연히 남을 못살게 굴거나 괴롭히는 짓. 서로 옥신각신하는 짓.≒옥신각신. ¶별것도 아닌 것을 가지고 실랑이 하지 마라. 실랑이다(시비를 따지며 남을 괴롭히다), 실랑이질/하다.

실쌈-스럽다 ①말이나 행동이 매우 착실하고 부지런하다. ¶실쌈스레 일하다. ②=뒤스럭스럽다(언행이 늘 부산하고 수다스럽다).

실팍-하다 사람이나 물건이 보기에 매우 옹골지거나 튼튼하다.[←실(實)].≒크다. 튼튼하다. 실하다. ¶그는 실팍한 몸집인데도 쌀 한 가마를 제대로 못 옮겼다. 새로 산 식탁 다리가 실팍하다. 살팍·실팍지다[1228].

싫(다) 마음에 들지 아니하다. 하고 싶지 아니하다.≒언짢다.↔좋

1221) 실각(失脚): 발을 헛디딤. 실패하여 지위나 설자리를 잃음. ¶실각되다/하다, 실각성(星; 오늘날 찾아볼 수 없는 별).

1222) 실격(失格): 격식에 맞지 않음. 자격을 잃음. ¶실격 선언. 연령 미달로 실격이 되다. 실격되다/하다, 실격반칙(反則), 실격자(者), 실격패/하다(敗).

1223) 실업(失業): 실업률(率), 실업보험(保險), 실업수당(手當), 실업인구(人口), 실업자(者)[완전실업자(完全)]; 계절적실업(季節的), 구조적실업(構造的), 마찰적실업(摩擦的), 만성적실업(慢性的), 비/자발적실업(非/自發的), 산업적실업(産業的), 잠재적실업(潛在的), 현재적실업(現在的).

1224) 살룩: 다리를 가볍게 조금씩 저는 모양. ¶다리를 살룩살룩 절며 다니다.

1225) 샐룩: 근육의 한 부분이 샐그러지게 움직이는 모양. 〈큰〉실룩. 〈센〉쌜룩.=씨룩. ¶입을 샐룩거리며 말하다. 실룩샐룩(실룩거리고 샐룩거리는 모양)·씰룩쌜룩.

1226) 씰그렁: 물체가 함부로 씰그러지는 모양. ¶쌓아놓은 물건들이 씰그렁 무너지다.

1227) 실뚱머룩하다: 탐탁하지 아니하여 마음이 내키지 아니하다. ¶요즘 들어 김 서방은 아내를 실뚱머룩하게 대하는 것 같다.

1228) 실팍지다: 근육이 살지고 단단하다. 실팍한 데가 있다.

다. ¶나는 담배 연기가 싫다. 보기 싫다. 싫어하다, 싫밉다(싫고 밉다), 싫증(症)[싫증나다/내다, 싫증내기(툇짜)], 실쭉 · 샐쭉하다, 실컷[1229], 실큼하다(싫은 생각이 좀 있다), 싫이(마음에 들지 아니하게); 슬밉다(싫고도 밉다). ☞ 염(厭).

심[1] 힘[力]. 소의 힘줄.[심〈힘]. ¶질기기가 심과 같다. 심고(소의 심으로 만든 고), 심나물, 심떠깨, 심부름[1230], 심줄; 고갯심(목을 지탱하는 고개의 힘), 글심(知識), 끌심(끄는 힘), 다릿심, 당길심(제 욕망), 뒷심(남이 뒤에서 도와주는 힘.=벗바리. 지구력), 등심, 땅심, 떡심[1231], 뚝심[1232], 맷심, 밑심(꾸준하고 끈기 있게 내미는 힘), 밥심, 뱃심[1233], 붓심[필력(筆力)], 뺏심(몹시 힘겹게 쓰는 힘), 쇠심(소의 심줄), 아귓심, 아랫심(주로 하반신으로 쓰는 힘.↔윗심), 알심[1234], 윗심(윗몸으로 쓰는 힘.↔아랫심), 입심(말을 줄기차게 하는 힘), 좆심(남근의 발기력), 주먹심, 팔심, 풋심(어설프게 쓰는 힘), 허릿심(허리의 힘), 헛심[1235]. ☞ 힘.

심[2] '인삼(人蔘)'의 옛말. ¶심마니, 심마니말, 심메(산에 산삼을 캐러 가는 일)[심메꾼, 심메보다(산삼의 싹을 찾다)], 심밭/심바치, 심봤다.

심(心) ①죽(粥)에 곡식 가루를 잘게 뭉쳐 넣은 덩이. ¶심쌀(죽을 끓일 때 넣은 쌀); 새알심(옹심이), 찹쌀심. ②나무의 고갱이. 무 따위의 뿌리 속에 섞인 질긴 줄기. ③양복저고리 어깨나 깃 같은 데를 빳빳하게 하기 위해 넣은 헝겊. ¶덧심(덧대는 천), 어깨심. ④연필 등 대의 가운데에 있는 글씨를 쓰게 된 부분이나 중심. 종기 구멍에다 약을 발라 찔러 넣은 헝겊이나 종잇조각. 폭약에 불을 붙이에 되어 있는 줄(심지) 한가운데. 별이름. ¶심대[축(軸)], 심돋우개, 심벽(心壁), 심선(心線), 심살(벽 속에 끼워 세우는 나무), 심성(心星), 심소(心素), 심수(心宿), 심수(心髓), 심육(心肉;등심), 심재(心材;나무줄기의 중심부), 심지[1236], 심토(心土;속흙); 강심(江心), 거심(去心), 경심(傾心), 과심(果心), 광심(光心), 구심/력(求心/力), 구심(球心), 내심(內心), 노심(爐心), 담심(潭心;깊은 못의 중심이나 바닥), 도심(都心), 동심원(同心圓), 등심(소의 등골뼈에 붙은 고기;心肉)[등심구이, 등심대, 등심머리, 등심살], 등심(燈心), 방심(傍心), 벽심(壁心), 불꽃심, 수심(水心;수면의 중심), 수심(垂心), 암심(巖心), 연철심(軟鐵), 연필심(鉛筆心/芯), 염심(焰心), 옆심(배에 있는 뜸집의 서까래), 외심(外心), 원심(圓心), 원심/력(遠心/力), 이심률(異心率), 장심(掌心), 적심(摘心;순지르기), 적심돌(積心), 주심(柱心), 주심(珠心), 중심(中心), 중심(重心), 지심(地心), 철심(鐵心), 촉심(燭心), 파심(波心), 팽이심, 폭심(爆心), 하심(河心), 해심(海心), 핵심(核心), 회전심(回轉心). ⑤'마음. 심장(心臟)'을 뜻하는 말. ¶심간(心肝), 심겁(心怯), 심경(心經), 심경(心境;마음의 상태), 심경(心鏡;마음이 거울), 심계(心界;心境), 심계(心契;마음속으로 깊이 약속함), 심계(심장의 고동)/항진(心悸/亢進), 심고(心告), 심곡(心曲), 심골(心骨), 심교(心交), 심교하다(心巧), 심구(心垢), 심궁(心弓), 심근(心根), 심근/경색증(心筋/梗塞症), 심금(心琴)[1237], 심기/증(心氣/症), 심기일전(心機一轉), 심낭(心囊), 심뇌(心惱), 심담(心膽), 심덕(心德), 심도(心到;마음을 오로지 독서에 집중함), 심독(心讀), 심동(心動), 심란하다(心亂), 심려(心慮;마음속으로 근심함), 심력(心力), 심령(心靈↔肉身)[심령론(論), 심령술(術), 심령학(學), 심령현상(現象)], 심로(心勞), 심리(心理)[1238], 심리유보(心裏留保), 심막(心膜)[심막강(腔), 심막액(液)], 심만의족(心滿意足), 심목(心目), 심문(心門), 심박동(心搏動), 심방(心房), 심법(心法), 심병(心病), 심보(마음보), 심복(心腹), 심부전(心不全), 심불(心佛), 심사(心事), 심사(心思;어떤 일에 대한 마음의 작용), 심산(心算;속셈), 심산하다(心散), 심산하다(心酸), 심상(心狀), 심상(心喪), 심상(心象), 심상(心想), 심상인(心喪人), 심성(心性), 심성정(心性情), 심수(心受), 심수(心授), 심수(心髓;골수. 마음속), 심술(心術)[1239], 심신(心身)[심신상관(相關), 심신피로(疲勞)], 심신(心神)[심신박약자(薄弱者), 심신불안(不安), 심신산란(散亂)], 심실(心室), 심심상인(心心相印), 심안(心眼), 심약하다(心弱), 심열(心熱), 심열성복(心悅誠服), 심옹(心癰), 심와(心窩;명치), 심외(心外), 심우(心友), 심원(心願), 심월(心月), 심육(心肉), 심윤하다(深潤;착하다), 심음(心音), 심의(心意), 심이(心耳), 심인(心印), 심인(心因), 심잡음(心雜音), 심장(心腸;마음)[환심장(換心腸)/환장(換腸)], 심장(心臟)[1240], 심저(心底), 심적(心的)[심적포화(飽和), 심적현상(現象)], 심전(心田), 심전계(心電計), 심전도(心電圖), 심절(心絕), 심정(心情), 심정(心旌), 심제(心制), 심조증(心操症), 심주(心柱), 심중/소회(心中/所懷), 심증(心證↔物證), 심지(心志;무엇을 하려고 하는 의지. 마음

1229) 실컷: 마음에 하고 싶은 대로 한껏. 아주 심하게.≒마음껏. 한껏. 마냥. 진탕. ¶실컷 뛰어놀다. 실컷 마시다. 실컷 욕하다.

1230) 심부름: 남의 시킴을 받아 대신하는 일.[←심/힘+부리(다)'+ㅁ]. ¶심부름을 보내다. 심부름꾼; 물심부름, 바깥심부름, 손심부름, 안심부름, 안팎심부름, 약심부름(藥), 잔심부름.

1231) 떡심: 억세고 질긴 근육. 성질이 검질긴 사람. ¶떡심 풀리다(낙망하여 맥이 빠지다).

1232) 뚝심: ①굳세게 버티어 내는 힘. ¶뚝심으로 이기다. ②좀 미련하게 불쑥 내는 힘.

1233) 뱃심: ①마음속으로 다지는 속셈. ②줏대를 굽히지 않고 제 생각대로 버티어 내는 힘. ¶뱃심이 좋게 대들다. 뱃심을 부리다.

1234) 알심: ①속으로 은근히 동정하는 마음이나 정성. ¶알심으로 위로의 말을 해주었다. 알심을 부리다(알심을 행동으로 내보이다). ②보기보다 야무진 힘. ¶약골처럼 생겼으나 알심이 있어서 쉽게 주저앉을 사람이 아니다. ③고갱이.

1235) 헛심: 쓸데없는 힘. 보람 없이 헛되이 쓰는 힘.

1236) 심지(心): ①등잔 · 남포 · 초 따위에 실 · 헝겊을 꼬아서 불을 붙이게 된 물건. ¶심지에 불을 붙이다. 심돋우개(등잔불의 심지를 돋우는 데 쓰는 꼬챙이), 심지실(심지로 쓰는 실): 눈심지[안(眼)], 쌍심지(雙)[쌍심지나다, 쌍심지서다, 쌍심지오르다]; 불뚝심지(불뚝 솟은 심지), 불심지(격하게 일어나는 감정), 용심지. ②남포 · 폭탄 따위를 터뜨리기 위하여 불을 달게 되어 있는 줄. ¶화약심지(火藥). ③구멍이나 틈바구니에 박는 솜이나 헝겊. ④제비. ¶심지를 뽑다.

1237) 심금(心琴): 자극에 따라 미묘하게 움직이는 마음을 거문고에 비유하여 이르는 말. ¶심금을 울리다(감동하게 하다).

1238) 심리(心理): 마음의 움직임이나 상태. 그때그때 외계로부터의 자극에 반응하는 사람이나 동물의 의식 상태. 또는 마음의 현상. ¶그의 심리를 알 수 없다. 아동 심리 연구. 심리검사(檢査), 심리권(權), 심리극(劇), 심리묘사(描寫), 심리상태(狀態), 심리소설(小說), 심리요법(療法), 심리작전(作戰), 심리적(的), 심리전(戰), 심리주의(主義), 심리철학(哲學), 심리학(學), 심리환경(環境); 군중심리(群衆), 대중심리(大衆), 범죄심리(犯罪), 변태심리(變態), 심층심리(深層), 학습심리(學習).

1239) 심술(心術): 온당하지 못하게 고집을 부리는 마음. ¶심술이 나다. 놀부의 심술. 심술궂다, 심술기(氣), 심술꾸러기, 심술딱지, 심술머리, 심술보, 심술부리다, 심술스럽다. 심술쟁이, 심술주머니, 심술통이, 심술패기.

1240) 심장(心臟): 심장근(筋), 심장마비(痲痺), 심장병(病), 심장성(性), 심장이식(移植), 심장통(痛), 심장판막증(瓣膜症); 강심장(强), 인공심장(人工).

과 뜻), 심지(心地), 심질(心疾), 심첨박동(心尖搏動), 심축(心祝), 심취(心醉)[1241], 심통(나쁜 마음자리)/머리, 심통(心痛;마음이 괴롭고 아픔), 심피(心皮), 심허(心許), 심허(心虛), 심험(心險), 심혈(心血;심장의 피. 온갖 정신력), 심혼(心魂), 심화/병(心火/病;鬱火病), 심회(心懷), 심흉(心胸;가슴속. 마음); 각심(各心), 간심(奸/姦心), 감심(甘心), 감심(感心), 감사심(敢死心), 감위심(敢爲心), 개심(改心), 개심(開心), 객심(客心), 겁심(怯心), 겁나심(怯懦心), 격심(隔心), 결심(決心), 결초심(結草心), 겸허심(謙虛心), 경각심(警覺心), 경계심(警戒心), 경모심(敬慕心), 경애심(敬愛心), 경외심(敬畏), 경쟁심(競爭心), 계심(戒心), 고심(苦心), 고불심(古佛心), 곡심(曲心), 공공심(公共心), 공덕심(公德心), 공덕심(功德心), 공리심(功利心), 공명심(公明心), 공명심(功名心), 공분심(公憤心), 공심(公心), 공심(空心;空腹), 공정심(公正心), 공포심(恐怖心), 관심(關心), 관심(觀心), 괴심(愧心), 교심(驕心), 구도심(求道心), 구지심(求知心), 굴심(屈心), 궁심(窮心), 귀심(歸心), 귀의심(歸依心), 극기심(克己心), 금강심(金剛心), 긍지심(矜持心), 기심(欺心), 기업심(企業心), 나타심(懶惰心), 나태심(懶怠心), 낙심(落心), 난심(亂心), 내심(內心), 노심/초사(勞心/焦思), 노파심(老婆心), 논심(論心), 다심(多心), 단심(丹心), 단결심(團結心), 단합심(團合心), 당길심(제게로만 끌어당기려는 욕심), 당파심(黨派心), 대승심(大乘心), 덕의심(德義心), 도심(盜心), 도심(道心), 도덕심(道德心), 도의심(道義心), 도중생심(度衆生心), 독립심(獨立心), 독심(毒心), 독심(篤心), 독심술(讀心術), 동심(同心), 동심(動心), 동심(童心), 동정심(同情心), 득심(得心), 마탈심(魔奪心), 만심(慢心), 만심(滿心), 면구심(面灸心), 명심(銘心), 명예심(名譽心), 명종심(命終心), 모심(慕心), 모험심(冒險), 무심결에(無心;아무런 생각이 없어 스스로 깨닫지 못하는 사이), 무심하다/스럽다(無心), 무상도심(無上道心), 무상심(無常心), 물심(物心), 민심(民心), 반심(半心), 반심(叛心), 반동심(反動心), 반발심(反撥心), 반성심(反省心), 반항심(反抗心), 발심(發心), 방심(芳心), 방심(放心), 배심(背心), 배타심(排他心), 법심(法心), 변심(變心), 병심(病心), 보리심(菩提心), 복심(腹心), 복구심(復仇心), 복무심(服務心), 복수심(復讎心), 복종심(服從心), 본심(本心), 봉사심(奉仕心), 부심(腐心), 부동심(不動心), 분심(分心), 분심(憤/忿心), 분개심(憤慨心), 분노심(憤怒心), 분발심(奮發心), 불심(佛心), 불경심(不敬心), 불안심(不安心), 비심(費心;마음을 씀), 빙심(氷心), 사심(死心), 사심(私心), 사심(邪心), 사심(蛇心), 사리심(射利心), 사행심(射倖心), 사회심(社會心), 산심(散心), 상심(喪心), 상심(傷心)[촉목상심(觸目)], 상심(賞心), 상반심(相反心), 색심(色心), 생심(生心), 선심(善心), 섭심(攝心), 성심(聖心), 성심(誠心), 세심(洗心), 세심(細心), 소심하다(小心)[1242], 소심(素心;평소의 마음), 속심(俗心), 수구초심(首丘初心), 수심/가(愁心/歌), 수심(獸心), 수오지심(羞惡之心), 수치심(羞恥心), 승벽심(勝癖心), 시심(矢心;마음속으로 맹세함), 시심(視心), 시심(詩心;시흥이 돋는 심경), 시기심(猜忌心), 시의심(猜疑心), 신심(信心), 신뢰심(信賴心), 신앙심(信仰心), 실심(失心), 아귀심(餓鬼心), 악심(惡心), 안심(安心), 앙심(怏心), 애교심(愛校心), 애국심(愛國心), 애기심(愛己心), 애당심(愛黨心), 애사심(愛社心), 애석심(哀惜心), 애족심(愛族心), 애착심(愛着心), 애타심(愛他心), 애향심(愛鄕心), 애호심(愛護心), 야심(野心)[야심가(家); 낭자야심(狼子;신의가 없음)], 양심(良心), 양심(兩心), 양심(養心), 양보심(讓步心), 어심/에(於心), 억하심(抑何心), 언감생심(焉敢生心), 여심(女心), 역심(逆心), 연심(戀心), 연구심(研究心), 연려심(緣慮心), 열심(熱心), 염심(染心), 엽기심(獵奇心), 영부심(靈符心), 영웅심(英雄心), 예심(穢心), 오심(惡心), 욕심(欲/慾心), 용심(用心)[1243], 용심(龍心), 용맹심(勇猛心), 우심(牛心), 우심(寓心), 우심(憂心), 우국심(憂國心), 우애심(友愛心), 웅심(雄心), 원심(怨心), 위구심(危懼心), 유심(留心), 유심(唯心), 유심(有心), 음심(淫心), 의심(疑心), 의심(義心), 의구심(疑懼心), 의뢰심(依賴心), 의분심(義憤心), 의아심(疑訝心), 의존심(依存心), 의타심(依他心), 의협심(義俠心), 이기심(利己心), 이심(異心), 이심전심(以心傳心), 이타심(利他心), 이해심(理解心), 인심(人心), 인심(仁心), 인내심(忍耐心), 일심(一心), 일편심(一片心), 일편단심(一片丹心), 입심(立心), 자각심(自覺心), 자격지심(自激之心), 자곡지심(自曲之心), 자과심(自誇心), 자괴심(自愧心), 자굴심(自屈心), 자긍심(自矜心), 자립심(自立心), 자만심(自慢心), 자부심(自負心), 자비심(自卑心), 자비심(慈悲心), 자선심(慈善心), 자신심(自信心), 자애심(自愛心), 자애심(慈愛心), 자제심(自制心), 자족심(自足心), 자존심(自尊心), 자중심(自重心), 작심/삼일(作心/三日), 잠심(潛心), 잡심(雜心), 쟁심(爭心), 저축심(貯蓄心), 저항심(抵抗心), 적심(赤心), 적심(賊心), 적개심(敵愾心), 적기심(敵忌心), 적대심(敵對心), 전심(全心), 전심(專心), 절심(絕心), 접심(接心), 정심(正心), 정례심(頂禮心), 정의심(正義心), 제심(齊心;마음을 같이함), 조심(彫心), 조심(操心), 존심(存心), 존경심(尊敬心), 존중심(尊重心), 종심(從心), 종교심(宗敎心), 주심(主心), 중심(衆心), 중생심(衆生心), 즉심시불(卽心是佛), 증오심(憎惡心), 지심(至心), 지심(知心), 지성심(至誠心), 직심/스럽다(直心), 진심(眞心), 진심(塵心), 진심(盡心), 진심(嗔心), 질투심(嫉妬心), 집심(執心), 집단심(集團心), 집착심(執着心), 차심(此心), 착심(着心;마음을 붙임), 천심(天心), 철심(鐵心;굳은 마음), 철석심(鐵石心), 청심(淸心), 청정심(淸淨心), 초심/자(初心/者), 초심(애태움)/고려(肖心/苦慮), 초발심(初發心), 촌심(寸心), 추앙심(推仰心), 춘심(春心), 충심(忠心;충성스러운 마음), 충심(衷心;속에서 우러나는 참된 마음), 충성심(忠誠心), 측은지심(惻隱之心), 치심(侈心), 치심(穉心)[1244], 쾌심(快心), 타심(他心), 탐심(貪心), 탐구심(探究心), 탕심(蕩心), 토심(吐心), 토포심(吐哺心), 통심(痛心), 투심(妬心), 투심(偷心), 투기심(投機心), 투기심(妬忌心), 투쟁심(鬪爭心), 편심(片心), 편심(偏心), 편협심(偏狹心), 평등심(平等心), 평상심(平常心), 평심서기(平心舒氣), 포용심(包容心), 한심하다(寒心), 합심(合心), 합장심(合掌心), 항심(抗心), 항심(恒心), 해심(害心), 향락심(享樂心), 향학심(向學心), 허심(許心), 허심(虛心), 허가심(虛假心), 허

1241) 심취(心醉): 어떤 사물에 깊이 빠져 마음을 빼앗김. ¶동양 철학에 심취하다.

1242) 소심하다(小心): ①주의 깊다. ②도량이 좁다. ③담력이 없고 겁이 많다. 소심한 성격. 소심하게 굴다. 소심스럽다, 소심자(者), 소심히.

1243) 용심(用心): ①어떤 일을 위하여 정성스런 마음을 씀. ¶용심처사(處事; 마음을 써 알뜰히 일을 처리함). ②남을 해치는 심술궂은 마음. ¶용심꾸러기, 용심부리다, 용심장이.

1244) 치심(穉心): 어릴 때의 마음. 어린아이 같은 마음. ¶치심상존(尙存).

영심(虛榮心), 혈심(血心), 협심(協心), 협심증(狹心症), 협동심(協同心), 협조심(協助心), 혜심(慧心), 호기심(好氣心), 화심(花心), 화심(禍心), 확신심(確信心), 환심(歡心), 회심(灰心), 회심(回心), 회심(會心), 회심(悔心), 회고심(懷古心), 회의심(懷疑心), 효심(孝心), 후비심(後備心), 흑심(黑心;음흉하고 부정한 마음), 희생심(犧牲心) 들.

심(深) '깊다·깊숙하다. 몹시·매우. 짙다'를 뜻하는 말. ¶심각하다(深刻;매우 중대하고 절실하다), 심갱(深坑), 심경(深更), 심경(深耕), 심경(深境;깊은 경지), 심계(深戒), 심곡(深谷;깊은 골짜기), 심교(深交;정분이 깊게 사귐), 심구(深究), 심구(深溝), 심굴(深窟), 심궁(深宮), 심규(深閨), 심담(深潭), 심도(深度), 심동(深冬;한겨울), 심람(深藍), 심량(深量), 심량/처지(深諒/處之), 심려(深慮), 심렬(深烈), 심록(深綠;짙은 초록빛. 갈매), 심림(深林), 심모(深謀;깊은 꾀), 심목/고준(深目/高準), 심미(深味), 심밀(深密), 심발지진(深發地震), 심벽(深碧), 심부(深部), 심사(深謝), 심사(깊이 생각함)/숙고(深思/熟考), 심산(深山)[심산계곡(溪谷), 심산유곡(幽谷)], 심설(深雪), 심성(深省), 심성암(深成巖), 심쇄하다(深鎖), 심수(深水), 심수(深愁), 심수(深邃), 심수도(深水道), 심신(深信), 심심(深甚;마음씀이 매우 깊음), 심심(深深;깊고 깊음)/산천(山川), 심애(深愛), 심야(深夜;깊은 밤)[심야방송(放送), 심야업(業)], 심연(深淵;깊은 못), 심오하다(深奧), 심우(深憂), 심원(深苑), 심원(深怨), 심원(深遠;생각이나 사상이 매우 깊음), 심유(深幽;사물의 뜻이 매우 깊고 오묘함), 심윤(深潤), 심의(深衣), 심의(深意), 심입(深入), 심장(深長;뜻이 깊고 함축성이 있음)[의미심장(意味)], 심장(深藏), 심절(深切;깊고 절실함), 심중하다(深重;생각이 깊고 무게가 있다), 심창(深窓), 심책(深責), 심천(深淺), 심청(深青), 심충(深衷;깊은 속마음), 심취(深醉), 심층(深層)[심층구조(構造), 심층류(流), 심층면접(面接), 심층부(部), 심층수(水), 심층시비(施肥), 심층심리학(心理學), 심층풍화(風化)], 심통(深痛), 심학(深壑;深谷), 심항(深巷), 심해(深海)[심해선(線), 심해성층(成層), 심해어(魚), 심해파(波)], 심해(深解;속속들이 깨달음), 심험하다(深險), 심현(深玄), 심혈(深穴), 심협(深峽), 심혜(深慧;깊은 슬기), 심호흡(深呼吸), 심홍(深紅), 심홍(深泓), 심화/되다/하다(深化), 심활(深豁;깊고 넓음), 심황(深黃), 심회(深悔;깊이 뉘우침), 심회(深懷;깊이 품어 생각함), 심후(深厚;인덕이 깊고 두터움), 심흑(深黑); 담심(潭深), 수심(水深), 야심(夜深), 웅심(雄深), 유심(幽深), 일심(日深), 지심(至深), 천심(淺深), 최심(最深), 측심(測深), 침심(沈深), 토심(土深), 해심(海深), 혈심(穴深) 들.

심(審) '살피다. 자세히 조사하다. 자세하다'를 뜻하는 말. ¶심결(審決), 심고(審考), 심규(審糾), 심극(審克;충분히 조사함), 심급(審級)[심급관할(管轄), 심급대리(代理), 심급제도(制度)], 심단(審斷), 심리(審理)[구두심리(口頭), 서면심리(書面)], 심문(審問)[1245], 심미(審美)[1246], 심사(審查)[1247], 심시(審視;자세히 봄), 심신(審愼;언행을 삼감), 심신(審訊;따져 물음), 심안(審按), 심의(審議)[1248], 심정(審正), 심정(審廷), 심찰(審察), 심판(審判)[1249], 심핵(審覈); 간심(看審), 감심(勘審), 결심(結審), 구심(球審), 누심(壘審), 대심/판결(對審/判決), 대심원(大審院), 미심/하다/쩍다(未審;마음에 거리끼다), 배심(陪審)[배심원(員), 배심재판(裁判), 배심제(制); 대배심(大)], 법률심(法律審), 복심(伏審), 복심(覆審), 봉심(奉審), 부심(副審), 불심(不審)[불심검문(檢問)], 사실심(事實審), 사심첩(事審帖), 사후심(事後審), 상고심(上告審), 상소심(上訴審), 상심(詳審), 선심(線審), 예심(豫審), 오심(誤審), 원심(原審), 이심(移審), 일심(一)/ 이심(二)/ 삼심(三), 재심(再審), 전심(前審), 정심(精審), 정심(靜審), 종심(終審), 주심(主審), 초심(初審), 최종심(最終審), 친심(親審), 항고심(抗告審), 항소심(抗訴審), 회심(會審) 들.

심(甚) '정도가 지나치다(심하다). 매우'를 뜻하는 말. ¶심급하다(甚急), 심난하다(甚難), 심다하다(甚多), 심대하다(甚大), 심악하다(甚惡), 심엄하다(甚嚴), 심우(甚雨), 심원하다(甚遠), 심지어(甚至於), 심하다, 심한(甚寒); 객심스럽다(客甚), 격심하다(激甚), 극심(極甚), 막심하다(莫甚), 식심(食/蝕甚), 심심하다(深甚), 심심하다(深深), 야심하다(偌甚), 우심하다(尤甚), 이심(已甚), 익심(益甚), 일심(日甚), 자심하다(滋甚), 최심(最甚), 태심(太甚), 행심(幸甚), 혹심하다(酷甚) 들.

심(尋) ①찾다. 캐묻다. 보통'을 뜻하는 말. ¶심구(尋究), 심문(尋問), 심방(尋訪), 심상(尋常)[심상엽(葉), 심상하다; 시약심상(視若)], 심역(尋繹;찾아서 살핌), 심유(尋幽), 심인(尋人), 심장적구(尋章摘句), 심토(尋討;깊이 살펴 찾음); 추심(推尋). ②노끈이나 물의 깊이 등을 재는 길이의 단위. 1심은 6자. ¶천심(千尋;매우 높거나 깊은 것).

심(芯) '물건의 가운데'를 뜻하는 말. ¶연필심(鉛筆芯).

심(蕈) '버섯'을 뜻하는 말. ¶송심(松蕈;송이버섯).

심(다) ①초목의 뿌리를 땅 속에 묻다. 싹을 내려고 씨앗을 땅에 묻다.≒뿌리다.↔뽑다. 캐다. ¶나무를 심다. 감자를 심다. 씨앗을 심다. 심기[1250], 심기다; 늦심다, 덧심다, 모심다(모내다), 삭심다(논을 삭갈아서 모을 심다). ☞ 식(植). 재(栽). ②어떤 이념이나 사랑을 마음에 뿌리박게 하다. ¶어린 마음에 불신감을 심다.

1245) 심문(審問): 자세히 따져서 물음. 법원이 당사자나 기타 이해 관계가 있는 사람에게 개별적으로 서면 또는 구술로 진술의 기회를 주는 일. ¶혐의 사실을 심문하다. 심문조서(審問調書), 심문하다; 대질심문(對質;원고·피고·증인 들을 대질시켜 심문하는 일).

1246) 심미(審美): 아름다움을 살펴 찾음. 탐미(耽美). ¶심미관(觀), 심미론(論), 심미비평(批評), 심미안(眼), 심미적(的), 심미주의(主義), 심미학(學).

1247) 심사(審查): 자세하게 조사하여 등급이나 당락을 결정함. ¶응모 작품을 심사하다. 심사관(官), 심사되다/하다, 심사석(席), 심사심(審), 심사원(員), 심사자(者), 심사장(場), 심사청구(請求); 재심사(再); 구속적부심사(拘束適否)/적부심사(適否), 서류심사(書類), 자격심사(資格), 적부심사(適否).

1248) 심의(審議): 심사하고 토의함. ¶예산안 심의 통과하다. 심의권(權), 심의기관(機關), 심의되다/하다, 심의회(會); 계속심의(繼續), 예산심의(豫算), 축조심의(逐條).

1249) 심판(審判): 법률에서, 어떤 사건을 심리하여 그 옳고 그름에 대한 판결을 내림. 경기에서, 반칙을 판단하고 승패나 우열 따위를 가림, 또는 가리는 사람. ¶심판을 내리다. 심판의 지시에 따르다. 심판관(官), 심판대(臺), 심판원(員), 심판장(長); 공심판(公), 국제심판(國際), 부심판(副)/부심, 사심판(私), 선심판(線)/선심, 주심판(主)/주심, 즉결심판(卽決), 특허심판(特許), 행정심판(行政).

1250) 심기: 가을심기, 늦심기, 두그루심기, 모심기, 옮겨심기, 점심기(點), 한때심기, 휘어심기.

심드렁 마음에 탐탁하지 않아서 관심이 거의 없는 모양. ¶심드렁 말이 없다. 속으로는 기뻤지만 내색하지 않고 오히려 심드렁하게 반문했다. 심드렁하다[1251].

심방 일각 대문의 두 기둥을 세울 수 있게 가로 건너지른 도리 같은 나무.

심살-내리다 잔 근심이 늘 마음에서 떠나지 아니하다.

심심-하다[1] 맛이 조금 싱겁다.≒싱겁다. 〈작〉삼삼하다. ¶반찬이 모두 심심하다. 삼삼한 동치미 국물.

심심-하다[2] 할 일이 없어 시간 보내기가 지루하고 재미없다.≒무료하다(無聊).↔재미있다. ¶심심소일(消日), 심심증(症), 심심찮다, 심심초(草;담배), 심심파적(破寂;심심풀이), 심심풀이 들.

심청 심술스러운 마음보.=심술(心術). ¶심청을 부리다. 심청이 나빠도 분수가 있지.

심탁 굳게 믿어 지키고 있는 생각. ¶'값은 좀 비싸도 물건만 좋은 것으로'라는 것이 마누라의 심탁이다.

십(十/拾) '열. 열 번'을 뜻하는 말. §[시]로도 읽힘. ¶십간(十干), 십각목(十脚目), 십걸(十傑), 십경(十經), 십계(十戒), 십계명(十誡命), 십년(十年)[십년감수(減壽), 십년공부(工夫), 십년지기(知己)], 십대(十代), 시방(十方)[시방공(空), 시방세계(世界), 시방정토(淨土)], 십분(十分;아주 충분하게), 십상(十常)[1252], 십상팔구(十常八九), 십선(十善), 십성(十成), 십시일반(十匙一飯), 십악(十惡), 십여(十餘), 시오리(十五里), 시왕(十王), 시월(十月), 십이신(十二神), 십이지(十二支), 십이지장(十二指腸), 십일조(十一租), 십자(十字)[1253], 십장생(十長生;해, 산, 물, 돌, 구름, 솔, 불로초, 거북, 학, 사슴), 십전(十全), 십전구승(十戰九勝), 십중팔구(十中八九), 십지부동(十指不動), 십진법(十進法), 십진수(十進數), 십팔금(十八金), 십팔번(十八番); 기십(幾十;몇 십), 문일지십(聞一知十), 수십(數十) 들.

십(什) '열 사람'을 뜻하는 말. ¶십리(什吏;열 사람의 우두머리), 십장(什長;일꾼들을 직접 감독하는 우두머리).

-십사 모음으로 끝나는 동사 어간에 붙어, 바람·소망(所望)을 나타내는 합쇼체의 종결 어미. [받침 뒤에서는 '-으십사'로 쓰임] ¶소원을 들어주십사 하고 빌었다. 한 번 더 참으십사 부탁드립니다.

십상 ①꼭 알맞은 일이나 물건. ¶이 돌이 주춧돌감으로는 아주 십상이다. 의지로 쓰기에 십상이다. ②거의 틀림없이 또는 충분히. 아주 알맞게. 마침맞게. 썩 잘 어울리게.≒안성맞춤. ¶십상 그러고도 남겠다. 글씨를 십상 잘 쓴다. 의자로 쓰기엔 십상 좋다. 십상 네 남편감이다.[←十成(십성)].

싱겁(다) ①국이나 찌개 같은 음식의 맛이 짜지 아니하다.≒심심/슴슴하다'. 밍밍하다.↔짜다. ¶국이 싱겁다. 담배의 맛이 좀 싱겁다. 싱건김치/싱건지(삼삼하게 담근 무김치). ②술맛이 독하지 아니하다. ③언행이 제격에 어울리지 아니하고 멋쩍다.≒객쩍다. 실없다. ¶사람이 싱겁다. 싱겁기는 고드름장아찌라. 신건이[1254], 싱검둥이, 싱검쟁이(멋쩍다 할 정도로 키가 큰 사람), 싱겁털털하다(싱겁고 소탈하며 수수하다), 싱겁이(싱거운 사람).

싱경싱경 방 안이 서늘한 외풍을 느낄 정도로 찬 모양. ¶불을 지폈는데도 방안이 싱경싱경 차다. 싱경싱경하다(방이 차고 써늘하다).

싱경이 청태과의 녹조식물의 하나.

싱숭 마음이 들떠서 어수선하고 갈팡질팡하는 모양. ¶봄이 되면 싱숭 마음이 착잡하다. 시험 날이 다가오다 싱숭생숭 마음이 착잡하다. 싱숭생숭/하다, 싱숭하다(마음이 안정되지 않고 뒤숭숭하다).

싱싱-하다 ①시들거나 상하지 아니하고 성하다. 초목의 자라는 힘이 왕성하다. 〈큰〉싱싱[1255]하다. 〈센〉씽씽하다. 〈작·센〉쌩쌩하다. ¶생생한 채소. 싱그러운 아침. 싱그러운 신록의 계절. 싱그럽다[1256], 생둥생둥·싱둥싱둥하다(기운이 줄지 아니하고 본래대로 아직 남아 있다), 싱둥하다(싱싱하게 생기가 있다), 싱싱해지다. ②기억이나 현상이 눈앞에 보는 것같이 또렷하다. ¶그 때의 일은 아직도 기억에 생생하다.[←생생(生生)].

싱아 마디풀과의 여러해살이풀.

싶(다) ①용언의 어미 '-고' 아래에 쓰이어, 하고자 하는 마음이 있음을 나타내는 말. 〈준〉프다. ¶나는 여기에 살고 싶다. 일을 하고 싶다(하고프다). 잠을 자고 싶다(자고프다). 싶어하다; 가고프다, 가고파, 보고프다, 보고파. ②근사함이나 추측됨. 그리 되면 좋겠다는 희망. ¶한국인이 아닌가 싶다. 좀 큰가 싶다. 어서 갔으면 싶다. 누가 볼까 싶어 얼른 도망쳤다. 비가 왔으면 싶다. ③'-싶다'의 꼴로, 의존명사 '듯. 성'에 붙어서, '듯싶다. 성싶다[1257]'를 이루는 말. ¶비가 곧 올 듯싶다. 무엇이 될 성싶다.

싸(다)[1] ①보자기나 종이로 물건을 안에 넣고 보이지 않게 하다.↔풀다. ¶이 물건을 싸 주시오. 싸개[1],[2][1258], 싸고돌다[1]/싸돌다(중심

1251) 심드렁하다: 병이 낫지도 더하지도 아니하고 오래 끌다. 마음에 탐탁하지 아니하여 관심이 거의 없다. ¶친구들이 묻는 말에 심드렁하게 대꾸했다. 심드렁한 표정을 짓다.

1252) 십상(十常): 십상팔구(十常八九)의 준말. 십중팔구(十中八九). ¶그런 망나니짓만 하다가는 망하기 십상이다.

1253) 십자(十字): 십자가(架), 십자가(街), 십자각(閣), 십자공(孔), 십자군(軍), 십자금(錦;십자 모양의 금단청), 십자꼴, 십자꽃, 십자로(路;네거리), 십자맞춤, 십자목(木;물레방아 굴대에 박아 끼우는 '十'자 모양의 나무), 십자못, 십자발(발가락이 십자 모양으로 벌어진 발), 십자성(星), 십자수(繡), 십자썰기, 십자집, 십자표(表), 십자형(形), 십자화(花); 녹십자(綠), 복십자(複), 적십자(赤), 횡십자(橫).

1254) 신건이: 말이나 행동이 싱거운 사람.

1255) 싱싱: ①시들지 않고 생기가 있는 모양. ¶싱싱 자라는 배추. 싱싱하다. ②힘이나 기운 따위가 왕성한 모양. ③기세 좋게 돌아가는 모양.

1256) 싱그럽다: 싱싱하고 맑은 향기가 있다. 또는 그런 분위기가 있다. ¶싱그러운 5월의 신록. 싱그러운 꽃향기.

1257) 성싶다: 앞말이 뜻하는 상태를 어느 정도 느끼고 있거나 짐작함을 나타내는 말.

1258) 싸개[1]: 물건 따위를 싸는 종이나 헝겊. ¶싸개가마니, 싸개갓장이, 싸개쟁이, 싸개종이(포장지), 싸개질[1](포장하는 일)/하다; 갓싸개, 겉싸개, 발싸개, 사모싸개(紗帽), 속싸개, 책싸개(책가위). 싸개[2]: =싸개통(여러 사람이 둘러싸고 다투며 승강이하는 일). ¶싸개나다(싸개통이 벌어지

ㅅ

을 싸고 둘레에서 움직이다), 싸다듬이[1259]/하다, 싸데려가다[1260], 싸매다, 싸바르다(전체를 고루 다 바르다), 싸바리[1261], 싸안다(두 팔로 감싸 안다), 싸이다, 싸잡다[1262]/잡히다, 싸잡아서, 싸쥐다, 쌀골집[1263], 쌀깃[1264], 쌈[1][1265], 쌈[2][1266], 쌈노[1267], 쌈솔[1268], 쌈지[1269]; 감싸다(휘감아 싸다), 거적쌈[1270], 골/꼴싸다[1271], 굽싸다[1272], 덧싸다, 덮싸다/싸이다, 덮싸쥐다, 돌라·둘러싸다/싸이다, 둘러싸다(빙 둘러서 둥글게 싸다. 둘러서 감싸다)/싸이다, 뒤싸다(마구 싸다), 배쌈(뱃바닥을 가장자리에 빙 둘러싸서 붙여 올린 벽), 보싸기(활의 줌허리를 벚나무 껍질로 싼 꾸밈새), 보쌈(褓)[1],[2], 얼싸다[1273], 에워싸다/싸이다, 욱여싸다[1274], 휩싸다/싸이다. ②보살펴 두둔하다. ¶싸고돌다[2](두둔하여 행동하다), 싸데려가다[1275], 싸주다(어떤 대상을 두둔해 주다); 감싸다(흉이나 약점을 덮어 주다), 감싸고돌다, 감싸주다. ☞ 포(包).

싸(다)[2] 똥·오줌을 가리지 못하고 급하게 누게 되다.≒지리다. 누다. ¶아기가 기저귀에 오줌을 싸다. 싸고 뭉개다. 싸개동당(마구 싸서 자리를 온통 질펀하게 만들어 놓는 일), 싸개질[3](똥오줌을 싸는 일)/하다, 싸이다(싸게 하다); 똥싸개, 오줌싸개.[+의도적이지 않음].

싸(다)[3] ①입이 가볍다. ¶그 친구는 입이 싸다. ②움직임이 빠른 상태에 있다.↔굼뜨다. ¶걸음이 싸다. 일을 싸게 해치우다. 싸게 걷다. 싸게싸게(빨리빨리;전남 사투리), 싸다니다/싸대다(여기저

다), 싸개질[2]/하다, 싸개판(싸개통이 벌어진 판).

1259) 싸다듬이: 매나 몽둥이 따위로 함부로 때리는 짓.

1260) 싸데려가다: 신랑 쪽에서 모든 비용을 다 대고 가난한 신부와 혼인하다.

1261) 싸바리: 책표지의 손상이나 더러움을 막기 위하여 씌운 표지.

1262) 싸잡다: ①한꺼번에 그 가운데 들게 하다. ②손 따위로 움켜잡다.

1263) 쌀골집: 돼지 창자에 돼지고기를 썰어 넣고 삶은 음식. '골집'은 '순대'의 비표준말.

1264) 쌀깃: 갓난아이의 몸을 옷 대신 둘러싸는 보드라운 헝겊.

1265) 쌈[1]: 상추·쑥갓·배추 따위로 밥과 반찬을 싼 음식. ¶쌈을 싸 먹다. 쌈/보쌈김치, 쌈밥, 쌈장(醬); 가짓잎쌈, 거적쌈, 고기쌈, 김쌈, 깻잎쌈, 다시마쌈, 머윗잎쌈/머윗쌈, 뭐쌈, 미역쌈, 밀쌈(밀전병에 나물, 고기, 깨소금 따위로 소를 넣은 음식), 박쌈, 배추쌈, 배추속대쌈, 보쌈, 복쌈(福;정월 보름날에 김이나 마른 취에 싸서 먹는 쌈. 복날 들깻잎으로 싸서 먹는 쌈), 상추쌈, 속대쌈, 쑥갓쌈, 아욱쌈, 알쌈[난(卵)], 얼간쌈, 연잎쌈(蓮), 취쌈, 호박잎쌈.

1266) 쌈[2]: ①바늘 24개를 한 묶음으로 하여 세는 단위. ¶바늘쌈. ②옷감, 피혁 따위를 알맞은 분량으로 싸 놓은 덩이를 세는 단위. ¶수제품을 쌈쌈이 나누어 주다. ③금의 무게를 나타내는 단위. 한 쌈은 금 백 냥쭝.

1267) 쌈노: 나뭇조각을 붙인 후 굳을 때까지 동여매는 데 쓰는 노끈.

1268) 쌈솔: 한쪽 시접을 다른 한쪽보다 더 넓게 두고 박은 다음, 뒤집어 넓은 시접으로 좁은 시접을 싸서 납작하게 눌러 박은 솔기. ¶홑옷의 솔기는 쌈솔로 하여야 튼튼하다.

1269) 쌈지: 담배·부시 따위를 넣는 주머니. ¶쌈지끈, 쌈짓돈; 개귀쌈지(개의 귀처럼 생긴 조각이 덮이게 된 쌈지), 귀쌈지, 담배쌈지, 부시쌈지, 염낭쌈지, 줄쌈지(개 가죽으로 만든 담배쌈지), 쥘쌈지(옷소매나 호주머니에 넣는 쌈지), 찰쌈지(허리띠에 차게 만든 쌈지).

1270) 거적쌈: 거적으로 송장을 싸서 지내는 장사.

1271) 골싸다: 피륙을 양쪽을 서로 똑같은 길이로 접다.

1272) 굽싸다: 짐승의 네 발을 모아 움직이지 못하도록 얽어매다.

1273) 얼싸다: 사람이 대상을 함께 어울러서 싸다. 가볍게 가다듬어 싸다. ¶형은 중요한 물건들만 얼싸서 밖으로 들고 나갔다. 얼싸매다, 얼싸안다, 얼싸쥐다. §'얼'을 '어우르다'의 어근.

1274) 욱여싸다: 한가운데로 모아들여 싸다. 가엣것을 욱이어 속엣것을 싸다.

1275) 싸데려가다: 모든 혼수를 장만하고 잔치를 하여 신부를 데려가다.

기 바삐 돌아다니다), 싸대치다(함부로 싸다니며 돌아치다), 싸돌아다니다/싸대치다(싸지르다), 쌈바르다(눈썰미가 있고 재빠르다); 걸싸다[1276], 나싸대다, 날쌔다[1277], 손싸다[1278], 열쌔다(매우 재빠르고 날래다), 잽싸다, 짓싸대다(마구 싸대다). ③물레 같은 것이 재빠르게 돌다. ¶물방아가 싸게도 돈다. ④성질 같은 것이 곧고 굳세다. ⑤지붕의 기울기가 가파르다.

싸(다)[4] ①물건 값이 마땅한 값보다 적다.≒눅다. 헐하다(歇).↔비싸다. ¶싸구려/판, 싼값, 싼거리[1279]/질/하다, 싼것, 싼흥정/하다; 값싸다. ②지은 죄에 대해서 받은 벌이 마땅하거나 오히려 적다. ¶고놈 욕먹어 싸다. 꾸중을 들어도 싸지.

싸(다)[5] ①불기운이 센 상태에 있다.≒세다.↔약하다. ¶난로에 불이 싸다. 싼 불에 물을 끓이다. 장작불이라 그런지 불기운이 너무 싸다. ②불씨를 꾸러미 속에 넣어 불지를 자리에 놓다. ¶싸지르다(불을 지르다).

싸르르 ①빛깔 같은 것이 드러나는 모양. ¶해질녘 붉은 기운이 싸르르 돌다. ②차가운 기운이나 느낌이 드러나는 모양. ¶싸르르 소름이 끼치다. ③아픔이 심하지는 않으나 기분 나쁘게 오는 모양. ¶아랫배가 싸르르 아파 오다.

싸리 콩과의 낙엽 활엽 관목. ¶싸릿가지, 싸릿개비, 싸리거적/문(門), 싸리광주리, 싸리꽃, 싸리꿀, 싸리끝, 싸리나무, 싸릿대, 싸리문(門), 싸리바구니, 싸리바자(싸리나무로 결은 울타리), 싸리바지게, 싸리발(싸리로 엮어 만든 발), 싸리밭, 싸리버섯, 싸릿불, 싸리비, 싸리울/바자, 싸리채, 싸리철(鐵;기계로 손가락처럼 둥글고 길게 뽑아낸 쇠), 싸리토리(싸리로 만든 그릇); 꽃싸리, 댑싸리/비, 두메싸립[1280], 매싸리[1281], 물싸리, 애싸리(어린 싸리), 흑싸리(黑) 들.

싸목싸목 천천히 조금씩조금씩 앞으로 걷거나 나아가는 모양. ¶거북이가 싸목싸목 기어가다. 십 리 길을 한나절 걸려 아기족거리며 싸목싸목 걸어왔다.

싸악 ①태도를 바꾸는 것이 한꺼번에 완전히.≒금방. ②소리 없이 입을 크게 벌리고 하품하는 모양. ③옷차림이 흠잡을 데 없이 날씬하게. 보기 좋게. 〈준〉싹.

싸우(다) 말이나 힘, 무기 따위로 상대를 이기려 들다. 장애나 곤란을 이겨내려고 하다. 무엇을 실현하기 위하여 힘쓰다. 우승을 가리기 위하여 겨루다.≒투쟁하다. ¶개들이 서로 싸운다. 미국과 중국이 싸우려 한다. 환자가 병마와 힘겹게 싸운다. 가난과 싸우다. 우승을 놓고 싸우다. 싸울아비[무사(武士)], 싸움[1282]. ☞ 투

1276) 걸싸다: ①하는 일이나 동작이 매우 날쌔다. ¶밭의 김을 걸싸게 매다. ②성미가 괄괄하고 세차다. ¶걸싸게 소리를 치다.

1277) 날쌔다: 동작이 날래고 재빠르다. ¶날쌘 동작. 날쌔게 도망가다.

1278) 손싸다: 일솜씨가 잽싸다(빠르다).

1279) 싼거리: 물건을 싸게 사는 일. 또는 그 물건.≒눅거리.

1280) 두메싸립: 싸리 껍질로 삼은 두멧사람들의 미투리.

1281) 매싸리: 종아리채로 쓰는 가는 싸릿가지.

1282) 싸움(다툼): 싸움길, 싸움꾼, 싸움닭, 싸움마당, 싸움박질, 싸움발톱, 싸움배, 싸움소, 싸움쟁이, 싸움질/하다, 싸움짓거리, 싸움터/쌈터, 싸움판/쌈판, 싸움패(牌); 감정싸움(憾情;서로 미워하는 마음으로 벌이는

(鬪). 전(戰).

싸-하다 혀나 목구멍 또는 코에 자극을 주어 아린 느낌이 있다. ¶매워서 입안이 싸하다. 맵싸하다(고추나 겨자처럼 맵고 아린 느낌이 있다), 알싸하다(아리고 싸하다).

싹 씨앗이나 줄기에서 처음으로 자라 나오는 어린잎이나 줄기. '싹수(앞으로 잘 트일 만한 낌새나 징조)'의 준말. 어린이를 식물에 비유하는 말. ¶씨에서 싹이 트다. 싹수가 보인다. 싹이 노랗다. 우리의 어린 싹들이 열심히 공부하고 있다. 싸가지('싹수'의 사투리), 싹꽂이, 싹눈, 싹비늘, 싹수[1283], 싹잎, 싹접(椄), 싹트다, 싹틔우기, 싹홀씨; 눈싹(눈이 터져 나오는 싹), 새싹, 어린싹, 풀싹 들.

싹싹-하다 성질이 상냥하고 눈치가 재빠르다.≒상냥하다. 〈큰〉썩썩하다. ¶사람이 싹싹해서 그만이야. 성격이 썩썩하다. 나는 그 썩썩한 처녀가 마음에 들었다.

쌀 ①벼의 껍질을 벗긴 알맹이. 껍질을 벗긴 알맹이 상태의 곡식. [〈ㅂ술]. ¶이 고장에는 쌀이 많이 난다. 쌀에 보리쌀과 좁쌀을 넣어 밥을 짓다. 쌀가게, 쌀가루, 쌀가마니/쌀가마, 쌀값, 쌀강정, 쌀겨, 쌀고리, 쌀광, 쌀금(쌀값), 쌀기름, 쌀농사(農事), 쌀누룩, 쌀눈(쌀의 배아), 쌀더미, 쌀도둑, 쌀도적(盜賊), 쌀독, 쌀되, 쌀된장(醬), 쌀뒤주, 쌀떡, 쌀뜨물, 쌀말(한 말쯤 되는 쌀), 쌀목탁(木鐸), 쌀무거리[1284], 쌀미음(米飮), 쌀바가지, 쌀바구미, 쌀밥, 쌀벌레, 쌀보리, 쌀부대(負袋), 쌀북(≒쌀목탁, 쌀사다, 쌀수수, 쌀쓿이, 싸라기[1285], 쌀알/수(繡), 쌀엿, 쌀자루, 쌀장사, 쌀장수, 싸전, 쌀죽(粥), 쌀집(쌀가게), 쌀책박[1286], 쌀초(醋), 쌀통(桶), 쌀팔다(쌀을 돈 주고 사다), 쌀풀, 쌀항아리; 검정쌀[흑미(黑米)], 고른쌀, 궂은쌀[1287], 기장쌀, 날쌀, 녹쌀[1288], 녹쌀(祿), 떡쌀, 매조미쌀[1289], 맵쌀[1290], 메밀쌀, 멥쌀(차지지 아니한 쌀), 묵은쌀, 밉쌀[1291], 밤쌀, 밥쌀, 볍쌀, 보리쌀, 불공쌀(佛供), 사래쌀(↔햅쌀), 상두쌀(喪;초상계에서 마련한 쌀), 상수리쌀, 생쌀(生), 생동쌀[청정미(靑精米)], 수수쌀, 술쌀[주(酒)], 시주쌀(施主), 심쌀(心;죽을 끓일 때 넣는 쌀), 쓿은쌀(쓿어서 곱게 된 쌀), 아침쌀, 양쌀(洋), 옥수수쌀, 옴쌀[1292], 웁쌀[1293], 율무쌀, 입쌀[이밥(입쌀로 지은 밥), 이알(이밥의 낟알), 이차떡, 이풀], 저녁쌀, 젯메쌀(祭), 좁쌀, 찐쌀[1294], 찹쌀[찹쌀고추장, 찹쌀떡, 찹쌀막걸리, 찹쌀밥, 찹쌀술, 찹쌀엿], 풀쌀, 핍쌀[1295], 햅쌀, 희나리쌀[1296], 흰쌀. ☞ 미(米). ②몇몇 명사 앞에 붙어, '털이 짧고 함함한. 희고 야무진'의 뜻을 나타내는 말. ¶쌀강아지, 쌀개, 쌀고치, 쌀미꾸리, 쌀방개, 쌀붕어(몸집이 작은 붕어), 쌀새우 들.

쌀개 방아허리에 가로 맞추어서 방아가 걸려 있도록 만든 나무 막대기. ¶디딜방아나 물레방아의 쌀개를 받치기 위하여 기둥처럼 박아 놓은 나무나 돌을 '볼씨'라고 한다.

쌀쌀-하다 날씨가 음산하고 꽤 차다. 성질이나 태도가 정다운 맛이 없고 차다. ¶날씨가 쌀쌀해지다. 누구에게나 쌀쌀하게 대한다. 쌀쌀맞다[1297], 쌀쌀히.

쌍 몹시 화가 났을 때 욕으로 하는 말.

쌍(雙) 둘씩 짝을 이룬 물건이나 암컷과 수컷. 또는 그것을 세는 단위. '짝. 짝을 이루다. 견주다'를 뜻하는 말. ¶쌍을 짓다. 토끼 한 쌍을 기른다. 쌍가락지, 쌍가마, 쌍가마(駕馬), 쌍각(雙脚), 쌍각류(雙殼類), 쌍간균(雙桿菌), 쌍갈래, 쌍갈랫길, 쌍갈/지다(두 갈래로 갈라지다), 쌍감, 쌍꺼풀/눈, 쌍검(雙劍), 쌍견(雙肩), 쌍겹눈, 쌍고리(한 쌍의 고리), 쌍고치, 쌍곡선(雙曲線), 쌍공후(雙箜篌), 쌍과부(雙寡婦), 쌍괄호(雙括弧), 쌍구(雙鉤), 쌍구멍, 쌍권총(雙拳銃), 쌍그네, 쌍금속(雙金屬;바이메탈), 쌍금쇠, 쌍기마(雙騎馬), 쌍기역, 쌍꺼풀, 쌍끌이(저인망 어업), 쌍날/칼, 쌍녀(雙女), 쌍년(雙年), 쌍다래끼, 쌍도(雙刀), 쌍도배(雙桃杯), 쌍동(雙童)[쌍동딸, 쌍동밤, 쌍동아들], 쌍두/마차(雙頭/馬車), 쌍돛, 쌍두리[1298], 쌍둥이[쌍둥이강(江), 쌍둥이자리], 쌍디귿, 쌍떡잎/식물(植物), 쌍란(雙卵;쌍알), 쌍룡(雙龍), 쌍루(雙淚), 쌍/차(雙輪/車), 쌍립(雙立), 쌍마교(雙馬轎), 쌍멍에, 쌍메/질, 쌍모(雙眸), 쌍무(雙務)[쌍무계약(契約), 쌍무무역(貿易), 쌍무협정(協定)], 쌍무(雙舞), 쌍무덤, 쌍무지개, 쌍미(雙眉), 쌍바라지, 쌍받침, 쌍발(雙發), 쌍발구, 쌍방(雙方)[쌍방과점(寡占), 쌍방독점(獨占), 쌍방예약(豫約), 쌍방행위(行爲)], 쌍방아, 쌍벌죄(雙罰罪), 쌍벽(雙璧)[1299], 쌍보(雙補), 쌍봉(雙峰), 쌍분(雙墳), 쌍불(분노로 두 눈에 불이 날 만큼의 열화), 쌍붙다/붙임, 쌍비읍, 쌍상투, 쌍생(雙生)[쌍생녀(女), 쌍생아(兒), 쌍생자(子)], 쌍서(雙棲), 쌍선모(雙旋毛;쌍가마), 쌍성(雙星), 쌍성화(雙成火;이래도 성화 저래도 성화가 됨), 쌍손, 쌍수(雙手;쌍손)[쌍수검(劍), 쌍수도(刀)], 쌍수(雙袖;양쪽 소매), 쌍수(雙數),

---

다툼), 개싸움, 고래싸움, 기싸움(氣), 기싸움(旗), 꽃쌈[화전(花戰)], 눈싸움(눈겨룸. 뭉친 눈을 던져 맞히는 놀이), 단판싸움(單), 닭싸움, 당파싸움(黨派), 돈싸움, 돌싸움[석전(石戰)], 떼싸움(패싸움), 말싸움, 맞싸움, 머리싸움(머리를 써서 겨루거나 싸우는 일), 몸싸움, 물밑싸움, 물싸움, 밥그릇싸움, 보싸움(洑), 부부싸움(夫婦), 사랑싸움/사랑쌈, 샅바싸움, 소싸움, 숨은싸움, 시앗싸움, 실싸움, 쌈싸우다, 어깨싸움(어깨다툼;서로 기를 쓰고 이기려고 다툼), 연싸움(鳶), 자리싸움, 집안싸움, 총싸움(銃), 칼싸움, 패싸움(牌), 패싸움(覇), 편싸움(便), 풀싸움.

1283) 싹수: 어떤 일이나 사람의 됨됨이가 앞으로 잘 되어 갈 만한 낌새나 징조.≒늘품. 늧. ¶그 젊은이는 싹수가 있다. 싹수머리, 싹수없다/싹없다(장래성이 없다), 싹수있다.

1284) 쌀무거리: 쌀을 빻아서 가루를 내고 남은 찌꺼기.

1285) 싸라기: 쌀의 부스러기. '싸라기눈'의 준말.[←쌀+아기]. ¶싸라기눈/싸락눈, 싸락돌, 싸라기밥/싸락밥, 싸라기설탕; 금싸라기(金;금의 잔 부스러기. 귀중하거나 비싼 물건), 얼음싸라기(얼음 입자가 낙하하는 현상), 좁싸라기.

1286) 쌀책박: 싸리로 엮어 만든, 쌀을 담는 그릇.

1287) 궂은쌀: 깨끗이 쓿지 아니한 쌀.

1288) 녹쌀: 녹두 · 메밀 · 수수 따위를 맷돌에 갈아서 만든 쌀. ¶녹쌀을 내다.

1289) 매조미쌀(糙米;벼를 매에 갈아서 왕겨만 벗기고 속겨는 그대로 둔 쌀.

1290) 맵쌀: 쪄서 약간 말린 다음에 찧어서 껍질을 벗긴 메밀.

1291) 밉쌀: 참외 서리, 닭서리 따위의 대가로 그 부모가 내놓는 쌀.[←밉(다)+쌀].

1292) 옴쌀: 인절미에 섞인 덜 뭉개진 찹쌀 알.

1293) 웁쌀: 솥 밑에 잡곡을 깔고 그 위에 조금 얹어 안치는 쌀.[←우ㅎ[上]+쌀].

1294) 찐쌀: 덜 여문 벼를 미리 거두어 쪄서 말린 뒤에 찧은 쌀.

1295) 핍쌀: 겉피를 찧어 겉겨를 벗긴 쌀.

1296) 희나리쌀: 덜 익은 채로 마른 벼의 쌀.

1297) 쌀쌀맞다: 성격이나 행동이 따뜻한 정이나 붙임성이 없이 차갑다.≒냉담하다(冷淡)↔따뜻하다. ¶쌀쌀맞게 대하다.

1298) 쌍두리: 두 척의 배를 이용하여 두릿그물이나 주머니그물을 둘러치는 일. 또는 그렇게 잡는 고기잡이.

1299) 쌍벽(雙璧): 두 개의 구슬이라는 뜻으로, 여럿 중에 우열이 없이 특히 뛰어난 둘. ¶현대 시단(詩壇)의 쌍벽.

쌍시(雙柿;쌍감), 쌍시옷, 쌍심지(雙心), 쌍쌍/이(雙雙;둘씩 둘씩 짝을 이룬 모양), 쌍아(雙芽), 쌍아(雙蛾), 쌍안경(眼鏡), 쌍알, 쌍언청이, 쌍여닫이, 쌍올, 쌍익(雙翼), 쌍자엽(雙子葉), 쌍장부/끌, 쌍전하다(雙全), 쌍점(雙點), 쌍정(雙晶), 쌍조잠(雙鳥簪), 쌍조치, 쌍줄, 쌍지팡이, 쌍창(雙窓), 쌍촉(雙鏃), 쌍칼, 쌍코/신, 쌍코피, 쌍태(雙胎), 쌍피리, 쌍학(雙鶴), 쌍항아리, 쌍호흉배(雙虎胸背), 쌍화탕(雙和湯), 쌍희자(雙喜字;囍), 쌍히읗, 쌍힘(짝힘); 무쌍(無雙)[무쌍하다; 변화무쌍(變化), 출몰무쌍(出沒)], 반쌍(半雙), 전자쌍(電子) 들.

쌍그랗(다) 매정하고 쌀쌀한 느낌이 있다. 양 끝이 치켜 올려져 동그랗다. ¶못마땅한 말을 듣고 눈썹이 쌍그랗게 올라가면서도 '허허허' 거짓 웃음을 지었다.

쌍그렇(다) ①찬바람이 불 때 베옷이나 여름옷 따위를 입은 모양이 매우 쓸쓸하고 어설프다. ¶초겨울에 반팔 옷을 입은 모습이 쌍그렇다. 쌍그렇게 보이는 옷차림. ②서늘한 기운이 있다. ¶눈을 쌍그렇게 뜨다.=쌍그랗다.

쌍클-하다 매우 못마땅하여 성난 빛이 있다. ¶자꾸 따지고 들자 철수는 쌍클한 어조로 내뱉으며 돌아섰다.

쌓(다) 물건을 겹겹이 얹어 무더기가 높아지게 하다. 어떤 물건을 포개 얹어 구조물을 이루다.(↔허물다. 부수다. 무너뜨리다). 밑바탕을 든든하게 마련하다. 기술이나 경험·업적을 거듭하여 닦거나 이루다.(≒닦다. 기르다). ¶장작을 쌓다. 벽돌로 담을 쌓다. 둑을 쌓다. 국어 실력을 쌓다. 훈련을 쌓다. 공적을 쌓다. 쌓이다/쌔다[1300]; 겹쌓다/쌓이다, 내리쌓다/쌓이다, 내쌓다, 담쌓다, 답쌓이다[1301], 덧쌓다/쌓이다, 덮쌓다/쌓이다, 돌라·둘러쌓다(빙 둘러서 둥글게 쌓다), 뒤쌓다(마구 쌓다), 드러쌓이다/드러쌔다(썩 많이 쌓이다), 들여쌓다, 들이쌓다(한군데에 함부로 마구 쌓다. 안쪽으로 쌓다)/쌓이다, 어금쌓기(벽돌을 갈지자[之] 모양으로 쌓는 일), 찹쌓기[1302], 치쌓다/쌓이다. ☞ 적(積).

쌤¹ 광산에서의 '곧은바닥(수직 갱도)'을 일컫는 말. ¶앗쌤(엇비슷하게 통한 구덩이).

쌤² 쌤통(남이 낭패 본 것을 고소해 하는 일). ¶그리 까불더니 쌤통이다.

쌤³ 창이나 문의 양쪽 수직 벽면. 또는 문틀이나 창틀의 수직 부재. ¶쌤돌(개구부 둘레에 쌓은 돌), 쌤홈(문틀에 판 홈).

쌩 ①바람이 빠르고 세차게 스쳐 지날 때 나는 소리. ②사람이나 물건이 매우 빠르게 스쳐 지날 때 나는 소리. 〈큰〉씽. ¶쌩쌩·씽씽.

써 그것을 가지고. 그것으로 인하여. ¶효는 인륜의 근본이니 써 백행의 으뜸을 삼을지니라.

써(다) 바닷물이 밀려 나가다. 괸 물이 새어서 줄다.[〈ㅎ 혀]다]. ¶물이 썬 뒤에야 게 구멍이 보인다. 잠수함이 부상하면서 물탱크의 물은 썰기 시작했다. 썰물; 물써다(밀려 들어왔던 바닷물이 빠지다.↔물밀다).

써리(다) 갈아 놓은 논의 바닥을 고르다. 〈준〉썰다. ¶써레로 써리다. 써레[1303].

썩 ①지체 없이 빨리. 거침없이. ¶꼴도 보기 싫으니 썩 나가거라. ②아주 뛰어나게. ¶공부를 썩 잘한다. 경치가 썩 좋다.

썩(다) ①유기 물질이 세균의 작용에 의하여 부패하다(≒상하다). 물건이나 자재 따위가 쓰이지 못하고 눅다. 사람이 제대로 쓰이지 못하다. 매우 막되게 변하다.[〈석다.←삭다]. ¶썩어도 준치. 시골에서 썩기는 아까운 사람이다. 썩어빠진 정신. 썩버력(갱 안에 버려 둔 버력), 썩삭다(썩고 벌레 먹어서 삭다), 썩어빠지다, 썩은새/썩새(썩은 이엉), 썩은흙[부식토(腐植土)], 썩음병(病), 썩장(醬), 썩정이[1304], 썩초(草;품질이 낮은 담배), 썩히다(썩게 하다. 묵히다. 삭히다). ②걱정·근심·안타까움 따위로 마음이 상하다. ¶걱정 때문에 속이 무척 썩는다. 썩이다(속을 태우다); 속썩이다(걱정이나 근심으로 마음을 몹시 괴로운 상태가 되도록 하다). ☞ 부(腐).

썰(다) ①사람이 물건을 칼이나 톱으로 잘라 내거나 토막이 나게 하다. ¶오이를 썰다. 목수가 톱으로 나무를 썰다. 썰리다, 썰음질(톱으로 나무를 써는 일), 썰줄, 썰질성형(成形); 가로썰다, 깎아썰기, 반달썰기(半), 십자썰기(十字), 얄팍썰기, 어슷썰기, 저며썰기, 통째썰기/통썰기. ②'갈아놓은 논밭을 고르다(써리다)'의 준말.

썰레-놓다 안 될 일이라도 될 수 있게 마련하다.

썰매 얼음판이나 눈 위에서 미끄럼을 타거나 짐을 싣고 끄는 기구.[←설마(雪馬)]. ¶썰매를 타다. 썰매경기(競技), 썰맷길, 썰매놀이, 썰맷길, 썰매차(車), 썰매채; 눈썰매 들.

썰미 솜씨 있게 잘 하는 능력. 슬기. §'썰미[〈설믜)]'는 지혜(智慧)를 뜻하는 말. ¶귀썰미(한 번 들은 것을 잊지 않는 재주), 눈썰미[1305].

썰썰-하다 속이 빈 것처럼 시장한 느낌이 있다(출출하다).≒배고프다. 〈큰〉쓸쓸하다. ¶속이 좀 썰썰하니/쓸쓸하니 뭔가 먹을 것을 가져오너라. 점심을 잘 먹었는데도 어째 썰썰한 걸. 썰썰히.

쏘가리 농엇과의 민물고기.[←쏘다]. ¶쏘가리구이, 쏘가리저냐, 쏘

1300) 쌔다: ①'쌓이다'의 준말. ¶한 길이 넘게 쌘 눈. 일거리가 쌓이다. 눈이 쌓이다. ②'쌘' 또는 '(쌔고)쌨다'의 꼴로 쓰이어 '흔한. 흔하게 있다'의 뜻을 나타내는 말. ¶떡도 쌨고 감도 쌨다. 쌔고쌨다, 쌘구름[적운(積雲)], 쌘비구름; 들어쌔다(널려서 아주 흔하다).

1301) 답쌓이다: ①한군데로 들이덮쳐서 쌓이다. ¶골짜기에 낙엽이 답쌓이다. ②사람이나 사물 따위가 한꺼번에 몰리다. ¶손님들이 답쌓이다. 단풍철 설악산에는 사람 답쌔기를 이룬다. 답쌔기(사람이나 사물이 많이 답쌓인 것).

1302) 찹쌓기: 돌, 벽돌 사이에 시멘트 모르타르를 넣어 쌓는 일.

1303) 써레: 갈아 놓은 논의 바닥을 고르는 데 쓰는 농기구.[〈서흐레←써리(다)+에]. ¶써레꾼, 써레등, 써레몽둥이, 써레바퀴, 써렛발(써레몽둥이에 박은 끝이 뾰족한 나무), 써레소리, 써레씻이, 써레질꾼, 써레질/하다, 써레채, 써레틀; 고써레(골을 파는 써레), 곱써레/질(갈아 놓은 논밭을 가로로 한 번 더 써는 일), 등써레, 마른써레, 물써레, 살써레[고정살써레, 돌이살써레], 쇠써레, 장써레(長).

1304) 썩정이: 썩어 빠진 물건. 속이 썩은 나무.

1305) 눈썰미: 한 번 본 것이라도 곧 그대로 흉내를 잘 내는 재주. 목교(目巧).

가리지짐이, 쏘가리탕(湯), 쏘가리회(膾).

쏘개-질 있는 일 없는 일을 얽어서 일러바치어 방해하는 짓. 고자질. ¶온 마을을 싸다니며 쏘개질이나 일삼는 못된 버릇. 쏘개질하다.

쏘(다) 화살이나 총탄을 목표물을 향하여 나가게 하다.(≒발사하다). 벌레가 침으로 찌르다. 듣는 이가 따끔하게 느끼도록 날카롭게 말하다. 고추의 매운 맛이나 마늘 냄새와 같은 것이 코나 입안을 강하게 자극하다.[〈소다]. ¶총을/ 활을 쏘다. 벌이 팔을 쏘았다. 톡 쏘아 말하다. 이 맥주에는 톡 쏘는 맛이 있다. 쏘아갈기다, 쏘아대다, 쏘아뱉다, 쏘아보다(날카롭게 바라보다. 매섭게 건너보다), 쏘아붙이다/쏴붙이다(상대편의 감정이 상할 정도로 날카롭게 말을 내뱉다), 쏘아올리다, 쏜살같다/같이, 쏜살로, 쏘이다[1]/쐬다[2](쏨을 당하다), 쐐기[3](쐐기나방의 유충)[쐐기나방, 쐐기벌레, 쐐기풀; 살쐐기, 풀쐐기]; 내리쏘다, 내쏘다, 되쏘다, 되쏨, 들이쏘다(마구 쏘다. 안쪽으로 쏘다), 불쏘다(과녁을 맞히지 못하다. 목적을 이루지 못하다), 벌쐬다(벌에게 쏘이다), 빼쏘다[1306], 치쏘다. ☞ 사(射).

쏘시-개 '장작이나 숯에 불을 옮겨붙이기 위하여 먼저 불을 붙여 쓰는 잎나무나 관솔 따위'를 뜻하는 말의 어근. ¶쏘시갯감, 쏘시개나무; 불쏘시개.

쏘알 알아들을 수 없는 말로 매우 작게 이야기하는 소리. 또는 그 모양. 〈큰〉쑤알. 쑤얼. ¶쏘알 · 쑤얼거리다/대다.

쏙 ①몹시 내밀거나 푹 들어간 모양. ¶이마가 쏙 들어갔다. 쏠[1307]. ②깊이 밀어 넣거나 빠지는 모양. ¶안으로 쏙 밀어 넣다. ③매우 만족스럽거나 탐닉하는 모양. ¶그 녀석 여자한테 쏙 빠졌다. ④정확한 모양. ¶그 녀석 엄마를 쏙 빼 닮았다. ⑤용모나 차림새가 말쑥한 모양. ¶양복을 쏙 빼 입고 연회장에 나왔다. ⑥말이 경솔하고 거리낌 없는 모양. ¶남의 말에 쏙 기어들다. 그는 아무 말이나 쏙 내뱉는 버릇이 있다. ⑦가볍게 찌르거나 쑤시는 모양.=쏘옥. 〈큰〉쑥. 쑤욱.

쏙대기 돌김으로 성기게 떠서 종이처럼 얄팍하게 만든 김. ¶쏙대기를 나물 삼아 먹거나 기름을 발라 구워 밥을 싸 먹기도 한다.

쏟(다) 그릇을 거꾸로 기울여서 속에 든 것을 한꺼번에 나오게 하다.(≒붓다). 피 · 눈물 따위를 흘리다. 마음을 기울이어 열중하다. 마음속에 있는 것을 모두 털어놓다. ¶실수로 방바닥에 물을 쏟았다. 코피를 쏟다. 애정을 쏟다. 불평을 쏟아놓다. 쏟뜨리다/트리다, 쏟아버리다, 쏟아붓다, 쏟아지다(퍼붓다); 내쏟다, 내리쏟다/쏟아지다, 내려쏟다.

쏠 작은 폭포. ¶쏠이 흐르는 골개. 쏠물(쏠에서 떨어지는 물. 조금 높은 바위에서 떨어지는 물).

쏠까닥 작은 것이 갑자기 쏙 들어가 버리거나 빠져나가는 모양. 〈큰〉쑬꺼덕. 〈준〉쏠깍.

쏠(다) 쥐나 좀 따위가 물건을 잘게 물어뜯거나 끊다(갉다). 남의 일에 공연히 참견하여 뒤에서 헐뜯다. ¶쥐가 찬장을 쏠다. 좀이 옷을 쏠아 못 쓰게 되었다. 잘 되어 가는 일을 쏠아서 망쳐 놓다. 그는 친구가 하는 일을 쏠고 다닌다. 쏠닥[1308], 쏠라닥[1309].

쏠리(다) ①물체의 중심이 기울어지면서 한 쪽으로 몰리다.(≒기울다). ¶버스가 급정거하자 사람들이 앞으로 쏠렸다. 균형을 잃고 한쪽으로 쏠리다. 내리쏠리다. ②시선이나 마음이 어떤 대상에 끌리어 기울어지거나 집중되다. ¶마음이 다른 곳으로 쏠리다. 시선이 그 쪽으로 쏠렸다. 쏠림; 빗쏠리다(마음이 그릇된 방향으로 치우치다).

쏠쏠-하다 품질 · 수준 · 정도 따위가 어지간하여 쓸 만하다. 〈큰〉쑬쑬하다. ¶음식 솜씨가 제법 쏠쏠하다. 그 옷감은 고급은 아니지만 그런대로 쑬쑬하였다. 수입이 쏠쏠하다. 쏠쏠히 · 쑬쑬히; 중쑬쑬하다(中;크지도 작지도 아니하고 쑬쑬하다).

쏠장 흙이나 모래 따위가 무너지지 않도록 파 들어가기 전에 박아 넣는 말뚝. 또는 널판이나 철판. ¶쏠장질/하다.

쏭알 마음에 들지 아니하여 남이 잘 알아듣지 못할 목소리로 좀 낮게 지껄이는 모양. 〈큰〉쑹얼. ¶쏭알 입속말로 투정하는 아이.

쏴락 큰 물줄기가 높은 곳에서 아래로 한 줄기 떨어져 부딪치는 소리. ¶쏴락 떨어지는 폭포수.

쏴악 ①무엇을 거침없이 밀거나 쓸어버리는 모양. ②어떤 것이 세차게 흐르거나 쏟아지는 소리.

쐐기[1] 물건의 틈에 박아서 사개가 물러나지 못하도록 하거나 물건들의 사이를 벌리는 데 쓰이는 'V'형의 물건.[〈쇠야기]. ¶수틀에 쐐기를 지르다. 쐐기를 박다[1310]. 쐐기감, 쐐기깨기, 쐐기꼴, 쐐기돌[1311], 쐐기떼기, 쐐기모양(模樣), 쐐기문자(文字;설형문자), 쐐기뼈, 쐐기식(式), 쐐기이음, 쐐기접(椄), 쐐기질[1312]/하다, 쐐기치다[1313]; 겹쐐기, 나무쐐기, 벌림쐐기(째못), 쇠쐐기(쇠로 만든 쐐기) 들.

쐐기[2] 씨아의 가락과 장가락이 마주 붙어 돌아가도록 밑에서 받치는 나무.

쐐기[3] ☞ 쏘다.

1306) 빼쏘다: 아무의 얼굴을 꼭 닮다. ¶제 아비를 빼쏘았구나. 엄마를 빼쏜 딸.

1307) 쏠: 쉽게 쑥 들어가 버리거나 빠져나오는 모양. ¶비누가 하수구로 쏠 빠져 들어가다. 쏠쏠: 쑥쑥 들어가거나 빠져나오는 행동, 상태가 헐하게 훌훌 이루어지는 모양. ¶모임에서 쏠쏠 빠져나가는 사람들.

1308) 쏠닥: 쥐 따위가 좀스럽게 쏘다니며 물건을 조금 갉아 먹거나 건드려 한 번 내는 소리. 또는 그 모양. ¶쥐가 문틈을 쏠닥 쏠다.

1309) 쏠라닥/쏠락: ①=쏠닥. ¶쏠라닥 나무 빗장을 쏘는 쥐. ②남의 눈을 피해 가며 좀스럽게 못된 장난을 하는 모양. ¶마을 청년이 쏠라닥 장난을 치며 다닌다. ③가위로 조금씩 베거나 잘라 내는 모양. ¶쏠라닥 가위질하는 소리. 쏠라닥거리다/대다, 쏠라닥장난, 쏠라닥질.

1310) 쐐기를 박다: ①뒤탈이 없도록 다짐을 해 두다. ②일이나 상태가 바람직하지 않게 되는 것을 막다. ¶과소비 풍조에 쐐기를 박을 운동을 펼치고 있다.

1311) 쐐기돌: 돌을 쌓아 올릴 때, 돌과 돌의 틈에 박아 돌리는 돌.=사춤돌.

1312) 쐐기질: ①쐐기를 박는 일. ②훼방을 놓으려고 남이 이야기하는 중에 끼어드는 짓.

1313) 쐐기치다: 변화, 진전을 정지시키다.

쐬(다)[1] ①얼굴이나 몸에 바람이나 연기, 가스, 햇빛 따위를 직접 받다. ¶강바람을 쐬니 기분이 상쾌하다. 찬바람을 쐬지 마시오. 머리가 착잡해서 바람이나 쐬고 오겠소. 봄볕을 쐬었더니 얼굴이 검게 그을렸다. 쏘이다[2]; 선바람쐬다(낯선 지방으로 돌아다니다). ②자기의 물건을 남에게 평가받기 위하여 보이다. ¶이 작품은 기성 작가의 눈을 쐬는 것이 좋겠소. ③'맞쐬다(서로 비교하여 대어 보다. 대조하다)'의 준말.

쐬(다)[2] '쏘다'의 피동사인 '쏘이다'의 준말. ¶꿀벌에게 쐬다. 쐐기에 쏜 자리가 퉁퉁 붓고 아프다.

쑤기미 양볼락과의 바닷물고기.

쑤(다) 곡식의 알이나 가루를 물에 끓이어 익히다.≒끓이다. 익히다. ¶죽을/ 풀을 쑤다. 쑨 죽이 밥 될까(일이 이미 그르쳤음).

쑤시(다)[1] 바늘로 찌르듯이 아픈 상태가 되다.≒아프다. ¶팔다리가/ 이가 쑤시다. 들이쑤시다/들쑤시다[1](쿡쿡 찌르듯이 몹시 아픈 느낌이 들다), 짓쑤시다[1](몹시 쑤시다).

쑤시(다)[2] ①구멍 같은 데를 꼬챙이나 막대 따위로 찌르다.≒오비다/후비다. ¶아궁이를 쑤시다. 이를 쑤시다. 쑤시개/질/하다, 쑤심질/하다; 이쑤시개. ②가만히 있는 것을 건드려 버르집다. ¶조용한 분위기를 쑤셔 흐려 놓는다. 쏘삭[1314] · 쑤석거리다/대다/이다, 쏘삭질/하다, 쑤셔넣다/박다; 들이쑤시다/들쑤시다[2](밖에서 안을 쑤시다. 마구 들썩이다. 마구 헤치다), 짓쑤시다[2].

쑥[1] 국화과의 여러해살이풀. '쑥 색깔을 띤'을 뜻하는 말. ¶쑥갓[쑥갓강회(膾), 쑥갓나물, 쑥갓생채(生菜), 쑥갓쌈], 쑥개피떡, 쑥경단(瓊團), 쑥고(膏), 쑥구렁이, 쑥국, 쑥국화(菊花), 쑥굴리(소를 넣은 쑥경단. 보풀떡), 쑥내, 쑥단자(團餈), 쑥담배, 쑥대강이[1315], 쑥대김(종이처럼 얇게 만든 돌김), 쑥대머리(쑥대강이), 쑥대밭/쑥밭, 쑥댓불, 쑥돌(화강암), 쑥떡, 쑥뜸, 쑥물, 쑥바자, 쑥밥, 쑥방망이, 쑥밭, 쑥버무리, 쑥범(쑥으로 만든 범 모양의 노리개), 쑥부쟁이, 쑥불(모깃불), 쑥새(되샛과의 새), 쑥색(色), 쑥설기, 쑥엿, 쑥인절미, 쑥잎벌레, 쑥전(煎), 쑥절편, 쑥차(茶), 쑥탕(湯), 쑥향기(香氣), 쑥호랑이(虎狼), 쑥환(丸), 쑥홰; 구와쑥(국화쑥), 다북쑥, 단오쑥(端午), 떡쑥, 뜸쑥, 물쑥, 뺑쑥[1316], 사재발쑥, 사철쑥(四), 산쑥(山), 애쑥(어린 쑥), 약쑥(藥), 인진쑥, 제비쑥, 진쑥(마르지 않은 쑥), 참쑥 들.

쑥[2] 지나치게 순진하거나 우습고 어리석은 사람. 순진하거나 어리석은 행동.≒바보. ¶그 사람 영 쑥이더군. 쑥을 부리다(쑥스러운 짓을 일부러 나타내어 하다), 쑥되다(우습게 되다), 쑥스럽다[1317].

-쑥(하다) '맑다'의 어근과 '하다' 사이에 붙어, '깨끗하고 맑음'의 뜻을 더하는 말. ¶말쑥 · 멀쑥하다(말끔하고 깨끗하다. 세련되고 아름답다). §'-쑥'은 '淑(맑을 숙)'의 변형으로 보임.

쑹쑹이 ①성질이 음험한 사람에게 붙이는 별명. ②꿍꿍이셈.

쒜쒜 어린아이의 다친 데나 아픈 곳을 만져 주며 달랠 때 내는 소리. ¶쒜쒜, 다 나았다.

쓰 모스 부호 가운데 긴 부호를 송신할 때 나는 소리. ☞ 돈[3]

쓰(다)[1] 펜 · 연필 · 붓 따위로 획을 그어 글자를 이루다. 글을 짓다.≒적다'. 표현하다.↔지우다. ¶제 이름도 쓸 줄 모른다. 글자를/ 소설을 쓰다. 쓰기[1318], 쓰이다, 쓸거리, 써내다(써서 내다), 써넣다(기입/기재하다); 가로쓰기, 가로쓰다, 갈겨쓰다, 갖추쓰다(획을 갖추어 쓰다), 글쓰다/쓰기, 내려쓰다, 내리쓰다/쓰기, 눌러쓰다, 되쓰다(다시 쓰다), 받아쓰다, 변쓰다(암호로 말을 하다). ☞ 서(書).

쓰(다)[2] ①모자 · 우산 따위를 머리위에 얹다. ¶머리에 모자를 쓰다.(↔벗다). 우산을 쓰고 가다. 안경을 쓰다. 쓰개(여자들이 머리 위에 쓰는 물건)[쓰개수건(手巾), 쓰개치마; 머리쓰개], 씌우개, 씌우다/씌다; 넘겨씌우다, 덧쓰다/씌우다, 덮어쓰다/씌우다, 되쓰다/씌우다, 둘러쓰다(머리에 두르거나 온몸을 덮어 가리다)/씌우다, 뒤어쓰다[1319], 뒤집어쓰다[1320]/씌우다[1], 들쓰다[1](덮어쓰다. 뒤어쓰다). ②무엇으로 얼굴을 가리다. 안경 따위를 얼굴에 붙어 있게 걸다. ③먼지나 액체 따위를 온몸에 받다. ¶먼지를 뒤집어쓰다. ④억울한 누명이나 당찮은 죄를 입다. ¶쓰고나다[1321]; 넘겨쓰다[1322]/씌우다, 덮어쓰다/씌우다, 돌려씌우다, 되씌우다, 뒤집어쓰다/씌우다[2], 다미 · 안다미씌우다, 들쓰다[2]/씌우다, 무릅쓰다, 벌쓰다/씌우다(罰). ☞ 관(冠).

쓰(다)[3] ①사용하다. 이용하다. ¶우리나라에서는 한국어를 쓴다. 풀을 베는 데 낫을 쓴다. 돈을 함부로 써서는 안 된다. 머리를 쓰다. 쓰이다/씌다, 쓰임(소용), 쓰임새/씀새, 쓰임쓰임(씀씀이), 쓸데(쓰일 자리. 써야 할 곳)/없다/없이, 쓸모(쓸 만한 가치)/없다, 쓰잘것(쓸 만한 가치. 쓸모), 쓰잘머리[1323], 씀씀이[1324], 써먹다(어떤 목적에 이용하다)/먹히다; 돌려쓰다(변통하다), 되쓰다/쓰이다, 따다쓰다(남의 말이나 글을 인용하다), 몸쓰다(몸으로 재

1314) 쏘삭: ①뒤지고 들쑤시는 모양이나 소리. ¶화롯불을 쏘삭거리다. 책상 서랍 뒤지는 소리가 쏘삭 나다. ②남을 꼬드겨서 달뜨게 하는 모양. 〈큰〉쑤석. ¶친구를 쏘삭거려 놀러 나가다. 쏘삭 · 쑤석거리다/대다/이다, 쏘삭쏘삭/하다, 쏘삭질(함부로 들추거나 쑤시는 짓. 남을 자꾸 꾀거나 부추기는 짓)/하다.

1315) 쑥대강이: 긴 머리털이 마구 흐트러져 어지럽게 된 머리.=쑥대머리.

1316) 뺑쑥: 국화과의 여러해살이풀. ¶뺑대(뺑쑥의 줄기)[뺑댓쑥, 뺑댓집(뺑대로 지붕을 인 초라한 집)].

1317) 쑥스럽다: 하는 짓이나 모양이 어울리지 않아 멋쩍고 어색하여 부끄럽다. ¶낯선 자리에 나서자니 쑥스럽다. 사랑한다고 말하기가 쑥스럽다.

1318) 쓰기: 가로쓰기, 띄어쓰기, 받아쓰기, 붙여쓰기, 세로쓰기, 이어쓰기, 풀어쓰기 들.

1319) 뒤어쓰다: ①눈알이 위쪽으로 몰려서 흰자위만 나타나게 뜨다. ②=들쓰다.

1320) 뒤집어쓰다: ①몸에 보이지 않게 덮다. ¶이불을 푹 뒤집어쓰다. ②되는 대로 쓰다. ¶모자를 뒤집어쓰다. ③남의 허물을 대신 맡다. ¶죄를 뒤집어쓰다. ④액체나 가루 따위를 온몸에 받다. ¶흙탕물을 뒤집어쓰다. ⑤책임을 억지로 맡게 되다. ¶원하지도 않는 회장 감투를 뒤집어쓰게 되었다. ⑥생김새가 아주 닮다. ¶제 애비를 뒤집어썼어.

1321) 쓰고나다: 자기의 윗사람을 그대로 닮아서 태어나다.

1322) 넘겨쓰다: 남의 허물이나 책임을 자기가 뒤집어쓰다. ¶누명을 넘겨쓰다.

1323) 쓰잘머리: 사람이나 사물의 쓸모 있는 면모나 유용한 구석.[←쓰(다)+자+하+ㄹ+머리]. ¶이 도끼는 날이 무뎌 장작을 패는 데 쓰잘머리가 없다. 쓰잘머리 없는 사람.

1324) 씀씀이: 돈이나 물건 혹은 마음 따위를 쓰는 형편. 또는 그런 정도나 수량. ¶씀씀이가 헤프다.

주를 부리다), 못쓰다, 물쓰듯/하다, 손쓰다, 패쓰다(覇). ②재료나 수단으로 삼다. ③무엇에 마음이나 힘을 들이다. ¶기쓰다(氣), 꾀쓰다, 색쓰다(色), 애쓰다/씌우다/애써, 용쓰다1325), 힘쓰다. ④억지나 고집을 심하게 부리다. ¶떼를/ 악을 쓰다. ⑤권리 · 권세 따위를 행사하다. ¶세도를 쓰다. ⑤시체를 묻고 무덤을 만들다. ¶명당(明堂) 자리에 뫼를 쓰다. ⑥윷 · 장기에서 말을 옮기다. ¶말을 잘못 쓰다. 모가쓰다(모개로 한꺼번에 윷말을 쓰다). ☞ 용(用).

쓰(다)⁴ 맛이 소태와 같다. 입맛이 없다. 마음이 언짢거나 괴롭다. ≒달다⁵. ¶쓴 오이. 입이 써서 아무 것도 못 먹겠다. 쓰겁다1326), 쓰디쓰다(매우 쓰다. 몹시 괴롭다), 쓴너삼, 쓴맛, 쓴소리, 쓴술, 쓴웃음, 쓴입, 쓴잔(盞), 쓴침, 쓸개1327), 씀바귀1328), 씁싸래 · 씁쓰레하다, 씁싸름 · 씁쓰름하다, 씁쌀 · 씁쓸하다(맛이 조금 쓰다), 씁싸무레 · 씁쓰무레하다; 검쓰다1329). ☞ 고(苦).

쓰러-지다 ↔서다. ☞ 쓸리다.

쓰렁쓰렁 ①남이 모르게 비밀히 하는 모양. ②일을 건성으로 하는 모양. ¶청소를 시키면 그는 늘 쓰렁쓰렁 눈에 보이는 곳만 치우고 만다.

쓰렁-하다 사귀던 정이 버성기다. 기분이 쓸쓸하다.[←쓸쓸(하다)+엉]. ¶집안 분위기가 초상집처럼 쓰렁하게 가라앉았다. 우리 집과 쓰렁쓰렁하게 지내온 이웃들. 쓰렁쓰렁 어색한 분위기가 계속되다. 쓰렁쓰렁/하다.

쓰르람 쓰르라미의 우는 소리.=쓰르륵. 쓰름. ¶쓰르람쓰르람, 쓰르라미, 쓰름[쓰름쓰름, 쓰름매미].

쓰리 겨울 낚시에서, 붕어 · 잉어 따위를 낚아 올리기 위하여 얼음을 끄는 쇠꼬챙이. ¶배 주변에 엉기는 얼음을 깨는 데 쓰는, 도끼날을 단 장대는 '씨리'라고 한다.

쓰리(다) ①다친 살에 매운 기가 닿을 때처럼 아프다. ¶상처가 쓰리다. 쓰라리다1330), 쓰라림(고통. 괴로움). ②마음이 날카로운 것으로 쑤시는 듯이 아프다. ¶쓰르르(마음이 쓰리고 아픈 듯한 느낌이 있는 모양), 쓰릿/하다. ③몹시 시장하여 허기지다. ¶배가 고프다 못해 쓰리다. 쓸쓸하다(뱃속이 출출하고 쓰리다).

쓱 ①슬쩍 문지르거나 비비는 모양. ¶코 밑을 쓱 문대다. 쓱쓱 문지르다. ②넌지시 행동하는 모양. 슬쩍 사라지는 모양. ¶방안에 쓱 들어서다. 사람들 속에서 쓱 사라지다. 쓱싹하다1331). ③일을 거침없이 해치우는 모양. ¶일을 쓱 해치우다. ④척 내닫거나 내미는 모양. ¶대문을 열고 골목으로 쓱 나서다.

쓱싹 톱으로 켜거나 줄질을 할 때 나는 소리. ¶쓱싹거리다/대다, 쓱싹쓱싹/하다.

쓸까스르(다) 남을 추겼다 낮추었다 하여 비위를 거스르게 놀리다.=씨까스르다. 〈준〉쓸까슬다. ¶혜원이가 나를 쓸까슬고 있어서 기분이 나쁘다.

쓸(다)¹ ①비로 먼지 · 쓰레기를 한데 모아 치우다. ¶방을 쓸다. 쓸리다¹(쓸게 하다), 쓸어나오다, 쓸어넣다, 쓸어들이다(쓸어서 모아들이다), 쓸어맡기다1332), 쓸어먹다, 쓸어모으다, 쓸어박다, 쓸어버리다(치우다. 소탕하다), 쓰레그물1333), 쓰레기1334), 쓰렛대1335), 쓰레질¹,²1336), 쓰설이1337), 쓰적쓰적¹1338); 내리쓸다, 허섭스레기/허접쓰레기1339). ②손으로 가볍게 문지르다. ¶수염을 쓸다. 쓰다듬다1340), 쓰적쓰적²1341), 쓰적거리다/대다, 쓸리다²(쓺을 당하다), 쓸어내리다1342), 쓸어안다; 빗쓸다1343), 얼쓸다(쓰다듬다), 치쓸다(머리카락을 위로 올리다). ③질질 끌려서 바닥에 스치다. ¶쓸리다³1344), 쓸치다(스치어 비벼지다. 벗겨지다). ④유행병이 널리 퍼지거나, 홍수 · 태풍이 널리 피해를 입히다. ¶태풍이 온 마을을 쓸고 갔다. 쓸리다⁴; 휩쓸다/쓸리다. ⑤일정한 곳에 있는 물품을 모조리 그러모아 독차지하다. ¶섭슬리다1345), 싹쓸바람, 싹쓸이1346).

쓸(다)² 줄 따위로 문질러서 닳게 하다.[〈슳다]. ¶줄로 쓸다. 톱날을 쓸다. 쓸리다⁵1347), 쓸림, 쓸음질/하다.

1325) 용쓰다: ①한꺼번에 기운을 몰아 쓰다. ②힘을 들여 괴로움을 억지로 참다.

1326) 쓰겁다: ①쓴맛이 있다. ②마음이 달갑지 않고 언짢다.

1327) 쓸개: 간에서 분비되는 소화액을 일시 저장하는 주머니. 담. 담낭(膽囊). 줏대[주견(主見)]. ¶쓸개가 빠지다. 쓸개머리, 쓸갯물(쓸개즙), 쓸개주머니, 쓸개즙(汁).

1328) 씀바귀: 국화과의 여러해살이풀. 고채(苦菜).

1329) 검쓰다: ①맛이 비위에 거슬리도록 몹시 거세고 쓰다. ②일 따위가 마음에 들지 아니하여 언짢고 씁쓰레하다.≒못마땅하다.

1330) 쓰라리다: ①쓰리고 아리다. ¶무릎이 까져 쓰라리다. ②마음이 몹시 괴롭다. ¶쓰라린 심정.

1331) 쓱싹하다: ①잘못된 일이나 옳지 아니한 일을 슬쩍 얼버무려 치우다. ¶철저하게 조사하지 않고 그냥 쓱싹해 버렸다. ②남의 재물을 슬쩍 제 것으로 하다. ③셈을 서로 맞비겨 버리다.

1332) 쓸어맡기다: 여러 가지를 몽땅 몰아서 맡기다.

1333) 쓰레그물: 바다 밑바닥으로 끌고 다니면서 깊은 바다 속의 물고기를 잡는 그물.=저인망. ¶쓰레그물배, 끄레그물어업(漁業).

1334) 쓰레기: 쓰레기꾼, 쓰레기더미/덤, 쓰레기봉투(封套), 쓰레기장(場), 쓰레기종량제(從量制), 쓰레기차(車), 쓰레기터, 쓰레기통(桶), 쓰레받기, 쓰레장판(壯版), 쓰레질/하다; 마당쓰레기, 조대쓰레기(粗大;냉장고 · 세탁기 따위의 내구 소비재의 폐물).

1335) 쓰렛대: 갯바위에 붙은 조개 따위를 따 내는 기구.

1336) 쓰레질¹: 쓰레질/하다; 뒤쓰레질(일을 마친 뒤 쓸어내는 일). 쓰레질²: 갯바위에 붙은 조개 따위를 따 내는 일. ¶동네 젊은 여자들은 갯바위에 모두 나가 쓰레질하고 있었다. 쓰레질/하다.

1337) 쓰설이: 쓸고 치우는 일. 청소(淸掃). ¶제 방은 제가 쓰설이 해야 한다.

1338) 쓰적쓰적¹: 쓰레질을 대강대강 하는 모양. 쓰적거리다/대다.

1339) 허섭스레기/허접쓰레기: 좋은 것이 빠지고 난 뒤에 남은 허름한 물건.

1340) 쓰다듬다: 손으로 쓸어 어루만지다. 살살 달래다.

1341) 쓰적쓰적²: 물건이 서로 맞닿아서 자꾸 비비어지거나 쓸리는 모양.

1342) 쓸어내리다: ①수염 따위를 아래로 쓸면서 만지다. ¶머리를 쓸어내리다. ②곤란하거나 어려운 일, 근심, 걱정 따위가 해결되어 안도하다. ¶그는 후 하고 가슴을 쓸어내렸다.

1343) 빗쓸다: 손으로 머리카락을 빗는 것처럼 어루만지며 쓸다. ¶머리를 빗쓸어 올리다.

1344) 쓸리다³: 닳게 하다. 풀이 센 옷 등에 살이 문질리어 살갗이 벗겨지다. ¶살갗이 바지에 쓸려 쓰라리다.

1345) 섭슬리다: 한데 섞여 휩쓸리다. ¶다 큰 아이가 아직도 조무래기들과 섭슬려 다닌다.

1346) 싹쓸이: 남김없이 차지하거나 없애 버리는 일.

1347) 쓸리다⁵: '쓸다²'의 사동사. ¶칼날이 줄에 쓸리다.

쓸리(다) 한쪽으로 비스듬히 기울어지다. 〈작〉쏠리다①. ¶벼가 바람에 쓸리다. 쓰러뜨리다/트리다, 쓰러지다[1348], 쓰레(빗물 따위에 쓸려나간 민틋하거나 비탈진 땅), 쓰레나다(경사진 땅에서 발구가 경사진 쪽으로 쏠리다), 쓰레하다(쓰러질 것 같이 한쪽으로 기울어져 있다).

쓸쓸-하다[1] ①날씨가 으스스하고 썰렁하다. ¶비가 오고 난 뒤로는 날씨가 제법 쓸쓸하다. ②외롭고 적적하다. ¶객지 생활이 쓸쓸하다. 쓰렁[1349], 쓸쓸히(고요히).

쓸쓸-하다[2] 뱃속이 헛헛하고 궁금하다.

씁씁-하다 짐짓 모르는 체하며 시치미를 떼는 태도가 있다.

쓿(다) 거친 쌀·조·수수 따위의 곡식을 찧어 속꺼풀을 벗기고 깨끗하게 하다. ¶쌀을 곱게 쓿다. 쓿은쌀(깨끗하게 한 쌀).

씌(다) 귀신 따위에 접하게 되다.[←쓰다²]. ¶물귀신이 씌어서 물에 빠져 죽다. 씌어대다(영감이 통하다. 귀신의 시킴이 미치다).

씨[1] ①식물의 씨방 안의 밑씨가 수정하여 생긴 단단한 물질. 종자(種子). 사람·동물이 생겨나는 근본이나 혈통. ¶씨를 받다. 씨를 뿌리다. 씨 없는 수박. 너는 누구의 씨냐? 씨를 말리다(하나도 남김없이 없애다). 씨가지, 씨가축(家畜), 씨갈, 씨감자, 씨고기[종어(種魚)], 씨고치[1350], 씨곡(穀;씨앗으로 쓸 곡식), 씨굿(씨를 두는 구덩이), 씨껍질, 씨끝[어미(語尾)], 씨나기(싹틈), 씻나락(볍씨), 씨내리[1351], 씨놓이, 씨눈, 씨닭, 씨담그기, 씨도둑[1352], 씨도리/배추(씨앗을 받기 위하여 밑동을 남기고 잘라낸 배추), 씨동무(소중한 동무), 씨돼지, 씨말[종마(種馬)], 씨말림(멸종), 씨망태(網), 씨먹다[1353]/먹히다, 씨모, 씨받기(채종), 씨받다, 씨받이[1354], 씨받이밭(채종밭), 씨방(房)[겹씨방, 상위씨방(上位), 하위씨방(下位), 홑씨방], 씨벼, 씨붙임(씨앗을 심는 일), 씨뿌리, 씨뿌리개, 씨뿌리기, 씨뿌림, 씨소, 씨솎음, 씨수말, 씨수퇘지, 씨숫양(羊), 씨아[1355], 씨알[1356], 씨알머리(남의 혈통을 속되게 이르는 말), 씨암소, 씨암컷, 씨암탉/걸음, 씨앗[1357], 씨열매, 씨오쟁이, 씨은어(銀魚), 씨점(占), 씨젖(배젖), 씨조개, 씨종(대대로 남의 종노릇을 하던 사람), 씨주머니, 씻줄[혈통(血統), 계통(系統)], 씨지다[1358] 씨짐승, 씨토끼, 씨하다(종자로 삼다), 씨호박, 씨황소(黃); 겉씨식물(植物), 겨자씨, 꽃씨, 녹말씨(綠末), 누에씨, 대추씨, 돌씨(품질이 나쁜 씨), 목화씨(木花. 명씨), 무씨, 밑씨, 배젖씨(胚), 배추씨, 볍씨, 불씨[1359], 삼씨, 속씨식물(植物), 아주까리씨, 알고기씨, 알씨[1360], 오이씨, 움씨, 정씨(正)[1361], 파씨, 풀씨, 호박씨, 홀씨[포자(胞子)]. ②앞으로 커질 수 있는 어떤 일의 근원. 원인. ¶말이 씨가 되는 법이다. 인내의 씨가 결실을 맺다. ③다른 사람에게 좋은 반응이나 효과를 줄 수 있게 하는 내용. ¶내 말이 그에게는 씨가 먹히지 않는다. ☞ 종(種).

씨[2] 천이나 돗자리 따위를 짤 때에 가로 건너 짠 실.↔날. ¶씨금[위선(緯線)], 씨실, 씨올, 씨줄; 북씨[북위(北緯)] 들.

씨[3] 낱말의 갈래(품사). ¶씨가름, 씨갈(품사론), 씨갈래; 그림씨(형용사), 셈씨(수사), 어찌씨(부사), 움직씨(동사), 이름씨(명사) 들. 홍길동의 성(性)이나 이름에 붙는 말.

씨(氏) ①같은 성(姓)의 계통을 표시하는 말.≒가(哥). ¶씨명(氏名), 씨보(氏譜), 씨족(氏族); 김/ 이/ 윤/씨. ②사람의 성이나 이름. 또는 지칭, 호칭어 밑에 붙어 '그 성씨 자체를 점잖게 이름 또는 사람·사물을 의인화하여 높이거나 대접함'의 뜻을 나타내는 말. ¶채영신 씨. 복남 씨. 씨(그분)의 큰 업적을 기리다. 계씨(季氏), 계수씨(季嫂氏), 고종씨(姑從氏), 공방씨(孔方氏), 기궐씨(剞劂氏), 내종씨(內從氏), 만황씨(萬黃氏), 매씨(妹氏), 모씨(母氏), 모씨(某氏), 무명씨(無名氏), 방상시(方相氏), 백씨(伯氏), 복희씨(伏犧氏), 불뚝씨, 비씨(妃氏), 빈씨(嬪氏), 삼종씨(三從氏), 섭씨(攝氏), 성씨(姓氏), 수씨(嫂氏;형제의 아내), 숙씨(叔氏), 신농씨(神農氏), 수인씨(燧人氏), 실명씨(失名氏), 아기씨, 어마씨, 유소씨(有巢氏), 자씨(姊氏), 자씨(慈氏), 재종씨(再從氏), 제수씨(弟嫂氏), 제씨(弟氏), 제씨(諸氏;여러분), 종씨(宗氏), 종씨(從氏), 종수씨(從嫂氏), 종중씨(宗中氏), 중씨(仲氏), 지갑씨(地甲氏), 창씨(創氏), 천갑씨(天甲氏), 천황씨(天皇氏), 함씨(咸氏), 해씨(該氏), 형수씨(兄嫂氏), 혼돈씨(混沌氏), 화씨(華氏) 들.

-씨 몇몇 명사 뒤에 붙어 '그 모양이나 태도'의 뜻을 더하는 말. ¶갈비씨, 걸음씨, 글씨, 날씨, 눈씨[1362], 마음씨, 말씨, 물씨, 바람

1348) 쓰러지다: ①높이를 가진 물체가 힘에 의하여 한쪽으로 쏠려 넘어지다.≒넘어지다.↔서다. 일어서다. ¶폭풍에 전신주가 쓰러졌다. 고혈압으로 쓰러지다. 쓰러뜨리다, 쓰러눕히다. ②형세를 버티지 못하고 망하다.≒무너지다. ¶회사가 부도를 내고 쓰러지다. 부도덕한 정권이 쓰러지다. ③앓아눕거나 죽다. ¶내가 쓰러지는 한이 있더라도 꼭 해내고야 말겠다.

1349) 쓰렁: 사귀는 정이 버성기어 서로의 사이가 쓸쓸하게 된 모양. 〈큰〉씨렁. ¶쓰렁쓰렁 어색한 분위기가 계속되다. 쓰렁쓰렁하다.

1350) 씨고치: 누에알을 받을 나방이 들어 있는 고치.

1351) 씨내리: 지난날, 혼인한 부부의 남편에게 이상이 있어 대(代)를 잇지 못할 경우에 남편 대신에 합방(合邦)하여 아이를 배게 하던 남자.↔씨받이.

1352) 씨도둑: 한 집안에 대대로 내려오는 버릇·모습·전통에 따르지 아니하고 남을 닮는다는 뜻. ¶씨도둑은 못한다(집안 내력은 아무도 없애지 못한다).

1353) 씨먹다/먹히다: 앞뒷말이 조리가 닿고 실속이 있다. 진실성 있는 말로 믿어 주게 되다.

1354) 씨받이: ①동식물의 씨를 거두어 마련하는 일. ¶씨받이밭(채종밭), 씨받이숲. ②집안의 혈통을 이을 아이를 다른 여자가 대신 낳아 주는 일. 또는 그 여자.

1355) 씨아: 목화의 씨를 빼는 기구.[←씨+앗(다)+이]. ¶씨앗가락, 씨앗귀(씨아에서 톱니바퀴 구실을 하는 위아래 두 가락의 끝 부분), 씨아손(씨아의 손잡이), 씨아질/하다.

1356) 씨알: ①번식을 위해서 얻는 알. ②광물의 잔 알갱이. ③곡식 따위의 종자로서의 낱알.

1357) 씨앗: 곡식이나 채소의 씨. 종자(種子). ¶씨앗을 뿌리다. 사랑은 눈물의 씨앗. 씨앗고사(告祀;씨를 뿌리고 나서 풍년을 비는 고사); 굳은씨앗, 쌍떡잎씨앗(雙), 외떡잎씨앗.

1358) 씨지다: ①대를 이을 씨가 하나도 없이 죄다 없어지다. ②비유적으로 쓰여, 전혀 없다.

1359) 불씨: ①꺼지지 아니하고 불을 이어가는 불덩이. ②무슨 사건이 일어날 실마리.

1360) 알씨: ①씨앗으로 쓸 곡식 따위의 낟알. ②동물 암컷의 난소 안에 있는 생식 세포.

1361) 정씨(正): 논밭의 넓이에 에누리 없이 꼭 맞게 뿌려지는 곡식의 씨. ¶정씨 너댓 말은 먹겠다.

1362) 눈씨: 쏘아 보는 시선의 힘. ¶눈씨가 섬뜩하다.

씨, 발씨, 솜씨[←손+쓰(다)+이], 웃음씨 들.

씨걱 아귀가 잘 맞지 않아 삐걱거리는 소리. ¶씨걱거리다/대다.

씨걸 몹시 숨이 차서 숨을 쉬는 소리. 또는 그 모양. ¶언덕배기로 씨걸씨걸 숨이 차서 오르는 사람이 누구냐.

씨그둥-하다 귀에 거슬려 달갑지 아니하다. ¶씨그둥해서 대답도 않는다. 씨그둥한 소리만 늘어놓다.

씨다리 모래 따위에 섞인 사금(砂金)의 낱알.

씨르르 실매미가 한 번 우는 소리.

씨르륵 여치 따위의 풀벌레가 한 번 우는 소리. ¶씨르래기, 씨르륵 씨르륵.

씨름 ①두 사람이 샅바를 넓적다리에 걸어 서로 잡고 재주를 주려 상대를 땅에 넘어뜨리는 우리나라 고유의 경기. ¶씨름꾼, 씨름단(團), 씨름터, 씨름판, 씨름하다, 씨루다[1363]; 눈씨름(눈싸움), 다리씨름(발씨름), 두꺼비씨름, 띠씨름(허리띠를 잡고 하는 씨름), 말씨름(입씨름), 맞씨름, 멱씨름(서로 멱살을 잡고 싸우는 일), 민둥씨름[1364], 바른씨름, 발씨름, 상씨름(上), 샅바씨름, 속씨름(마음속으로 이런저런 생각을 하는 일), 아기씨름/애기씨름, 어른씨름, 오른씨름, 왼씨름, 입씨름, 통씨름(띠씨름), 팔씨름, 편씨름(便), 허리씨름. ②어떤 사물을 극복·체득하기 위하여 노력하는 일. ¶책과 씨름하다.

씨만-하다 마음에 들지 아니하여 몹시 밉살스럽고 괘씸하다. ¶네 하는 짓을 보면 씨만하다.

씨쁘등 마음에 맞지 아니하여 몹시 시들한 모양. ¶씨쁘등 말이 없다. 씨쁘등하다.

씨식-잖다 같잖고 되잖다.[←씩씩하지(엄하지) 아니하다]. 〈준〉씩잖다. ¶그게 무슨 씨식잖은 소리냐? 씨식잖게 철딱서니 없는 것들하고 밤낮 어울려 다니고 있으니 한심하다.

씨양이-질 한창 바쁠 때 쓸데없는 일로 남을 귀찮게 하는 짓.≒훼방(毁謗). 〈준〉쌩이질. ¶씨양이질하다.

씨억씨억 성질이 굳세고 활발한 모양. ¶그는 올 때보다도 서슬이 더 퍼레져 가지고는 씨억씨억 저수지를 향해 발길을 돌렸다. 씨억씨억하다(기질이 굳세고 활발하다).

씨엉씨엉 걸음걸이나 행동 따위가 기운차고 활기 있는 모양. ¶산꼭대기까지 씨엉씨엉 걷다. 젊은이는 장작을 씨엉씨엉 팼다. 씨엉씨엉 물살을 가르며 헤엄치다. 씨엉씨엉하다.

씨우적 마음에 못마땅하여 한 번 입속으로 불평스럽게 말하는 모양. ¶마지못해 대답은 했지만 뒤돌아서서며 씨우적 중얼거리며 물러나온다. 씨우적거리다/대다, 씨우적씨우적/하다.

씨죽 입아귀만 약간 움직이며 소리 없이 부자연스럽게 한 번 웃는 모양. ¶소년이 씨죽 웃어보이다. 씨죽거리다/대다/하다, 씨죽씨죽/하다.

씩 ①소리 없이 싱겁게 한 번 얼핏 웃는 모양. ¶멋쩍게 한 번 씩 웃다. ②숨이나 공기를 순간적으로 짧게 내보내는 모양. ¶말 한 마디 하지 않고 숨만 씩 쉬다. 〈작〉쌕.

-씩 주로 수량을 나타내는 말 뒤에 붙어 '그 수량이나 크기로 나뉘거나 되풀이됨'의 뜻을 더하는 말. ¶한 사람 앞에 사과 두 개씩 놓다. 가끔씩, 많이씩, 며칠씩, 얼마씩, 조금씩, 하나/ 둘씩 들.

씩둑 쓸데없는 말을 느닷없이 불쑥 하거나 수다스럽게 지껄이는 모양. ¶먼 산을 바라보더니 씩둑 한 마디 한다. 씩둑거리다/대다/하다, 씩둑꺽둑(이런 말 저런 말로 씩둑거리는 꼴)/하다, 씩둑씩둑/하다.

씩씩-하다 행동 등이 굳세고 위엄이 있다.≒튼튼하다. 용감하다. 습습하다. ¶씩씩한 젊은이.

씰씰 젖은 나무 따위가 잘 타지 않으면서 연기만 나는 모양. 또는 그 소리.

씹 ①'어른의 보지'를 속되게 이르는 말.↔좆. 성교(性交). ¶씹거웃, 씹구멍, 씹두덩, 씹하다; 줄씹. ②그와 비슷하게 생긴 것. ¶씹조개; 개씹[개씨바리(←개씹앓이), 개씹단추, 개씹머리, 개씹옹두리], 말씹조개/말조개 들.

씹(다) ①사람이나 동물이 음식물을 입에 넣고 이를 여러 번 움직여 갈리게 하여 부드럽게 하거나 소화하기 쉽게 하다. ¶밥알을 씹어 삼키다. 껌을 씹다. 소가 여물을 씹는다. 씹는담배, 씹어대다[1](자꾸만 씹다), 씹어삼키다, 씹히다[1]; 감씹다(감칠맛 나게 씹거나 야무지게 씹다), 곱씹다(거듭하여 씹다. 곰곰이 되풀이하다)/씹히다, 내씹다[1365], 되씹다/씹히다, 옴씹다(자꾸 되씹다), 짓씹다. ②남을 좋지 아니하게 말하다.≒헐뜯다. ¶그렇게 남을 씹어 말할 필요가 뭐 있겠소? 씹어대다[2](계속해서 남을 헐뜯다. 되풀이하여 자꾸 말하다), 씹어뱉다(아무렇게나 지껄이다), 씹히다[2](남에게 말을 되씹게 하다). ☞ 작(嚼).

씻(다) ①물체의 표면에 묻거나 붙은 더러운 것을 물에 적시거나 물로 닦아 깨끗하게 하다.≒부시다. 가시다. 세척하다(洗滌)↔더럽히다.[-섬유제품]. ¶손발과 얼굴을 씻다. '시우다'는 '씻다'의 궁중말이다. 씻가시다(씻어서 더러운 것이 없게 하다), 씻기다(씻음을 당하다. 씻게 하다. 씻어 주다), 씻기병(瓶;세척액을 넣어두는 용기), 씻김, 씻김굿(부정을 씻는 굿), 씻는약(藥;세척제), 씻부시다(그릇 따위를 물에 씻어서 깨끗하게 하다), 씻어대다(자꾸 씻어 내다), 씻은듯/이/하다. 씻은듯부신듯; 밑씻개, 손씻이, 입씻김[1366], 입씻다/씻기다, 입씻이(뇌물. 입가심), 책씻이[1367], 호미씻이. ②누명·치욕·죄를 깨끗한 상태가 되게 하다.↔벗다. ¶과오를 씻다. 누명을 씻다. ③휴지나 손수건 따위로 몸의 어느 부위를 깨끗하게 하다.≒닦다. ¶수건으로 손을 씻다. 밑을 씻다. ☞

1363) 씨루다: '서로 버티어 겨루다'를 뜻하는 사투리.
1364) 민둥씨름: 샅바 없이 하는 씨름.=네굽씨름.

1365) 내씹다: ①입맛이 없거나 하여 삼키지는 않고 자꾸 씹기만 하다. ②내키지 않는 말투로 되는대로 말하다.
1366) 입씻김: 어떤 말을 내지 못하도록 남몰래 금품을 주는 일.
1367) 책씻이: 글방에서 학생이 책 한 권을 다 읽거나 베끼어 쓰는 일이 끝난 때에 선생과 동료에게 한턱을 내던 일. 책서리. 책례(冊禮).

ㅅ

세(洗).

씽 바람이 세차게 스쳐 지나거나 또는 물체가 세차게 바람을 일으키며 나아갈 때에 잇달아 나는 소리. 또는 그 모양. ¶고속도로를 씽씽 달리는 차. 씽씽매미, 씽하니(바람을 일으키며 날쌔게).

ㅇ

아[1] ①가벼운 놀람이나 당황한 느낌 따위를 나타내는 소리. ¶아, 깜짝이야. 아, 지갑을 놓고 왔네. ②상대방의 주의를 일으키려고 말에 앞서 내는 소리. ¶아, 저 좀 보세요. 〈큰〉어.

아[2] 뜻밖에 일이 그릇되거나 이상하게 될 때 내는 소리.=어렵쇼. 〈큰〉어. ¶아/ 어 이상하다.

아[3] 감동적인 느낌을 나타내거나 한탄할 때 내는 소리. 〈큰〉어[1]. ¶아, 그럴 수가. 아, 괴롭다.

아[4] 받침이 있는 체언에 붙어, 가까운 친구나 손아랫사람을 부르거나 짐승과 사물 따위를 사람처럼 부를 때 쓰는 호격 조사. 〈높〉이여. 이시여. [모음 뒤에서는 '야'로 쓰임]. ¶미경아, 놀자. 달아 달아 밝은 달아. 철수야, 이리 오너라. 나비야 청산가자. 새야 새야 파랑새야.

-아 끝 음절이 양성 모음으로 된 어간에 붙는 연결 또는 종결 어미. 'ㅏ'로 끝나는 어간 아래에서는 탈락됨. [음성 모음에서는 '-어', '하-'에서는 '-여[2]'로 쓰임]. ①보조 용언과 연결되게 하거나, 이유·근거를 나타내는 연결 어미. ¶손을 잡아 보자. 막아 놓다. 물이 얕아 그냥 건너도 된다. 밤이 깊어 간다. ②동사의 어간에 붙어, 시간상의 앞뒤 관계를 나타내는 연결 어미. ¶밥을 물에 말아 먹다. 종이를 접어 학을 만들다. ③어떤 사실을 서술하거나 물음을 나타내는 반말투의 종결 어미. ¶네가 옳아. 그 꽃 좋아? 무얼 찾아/먹어? 선생님께서 학교에 오시어/오셔. ④동사 어간에 붙어, 명령이나 청유를 나타내는 반말투의 종결 어미. '의도'를 나타내는 '-겠-' 앞에 붙어 쓰임. ¶깨끗이 닦아. 나하고 놀아. 깊이 묻어. 함께 가(아). 내가 그 일을 꼭 해내겠어. 나는 이다음에 꼭 성공하겠어. -아/어-서(보조사), -아/어-요(조사)[3], -아/어-지이다[4].

-아/어 일부 동사의 어간 뒤에 붙어, 그것을 조사나 부사로 만드는 말. ¶나마[←남(다)+아], 더러[5][←덜(다)+어], 따라[←따르(다)+아], 미처[←및(다)+어], 부터[←붙(다)+어], 조차[←좇(다)+아], 차마[←참(다)+아].

아(兒) '어리다. 어린아이. 짐승의 새끼', '사나이·대장부'의 뜻을 나타내는 말. ¶아남자(兒男子), 아녀(兒女), 아녀자(兒女子), 아동(兒童)[6], 아마(兒馬), 아명(兒名), 아반(兒斑), 아방(兒房), 아배(兒輩), 아성(兒聲), 아손(兒孫), 아약(兒弱), 아양피(兒羊皮), 아역(兒役), 아우(兒憂), 아자(兒子;아이), 아저(兒猪), 아지(兒枝), 아총(兒塚), 아치(兒齒), 아희(兒戲); 가아(家兒;家豚), 간아(看兒), 건아(健兒), 걸인아(乞人兒), 경박아(輕薄兒), 고아(孤兒)[고아원(院); 전재고아(戰災)], 고립아(孤立兒), 과숙아(過熟兒), 기아(棄兒), 기린아(麒麟兒), 기형아(畸形兒), 난청아(難聽兒), 남아(男兒), 농아사(弄兒詞), 다태아(多胎兒), 돈아(豚兒), 망아(亡兒), 맹아(盲兒), 문맹아(文盲兒), 문제아(問題兒), 미감아(未感兒), 미로아(迷路兒)/미아(迷兒), 미숙아(未熟兒), 반항아(反抗兒), 방랑아(放浪兒), 방탕아(放蕩兒), 병아(病兒), 부랑아(浮浪兒), 부적응아(不適應兒), 부진아(不進兒), 불구아(不具兒), 불량아(不良兒), 불운아(不運兒), 비만아(肥滿兒), 사아(死兒), 사산아(死産兒), 사생아(私生兒), 산아(産兒), 삼생아(三生兒), 석녀아(石女兒), 성숙아(成熟兒), 소아(小兒), 수재아(秀才兒), 신경질아(神經質兒), 신생아(新生兒), 쌍생아(雙生兒), 애아(愛兒), 야생아(野生兒), 여아(女兒), 역아(逆兒), 영아(嬰兒), 영재아(英才兒), 우량아(優良兒), 우수아(優秀兒), 원아(院兒), 원아(園兒), 유아(幼兒), 유아(乳兒), 유아(遺兒), 유랑아(流浪兒), 유탕아(遊蕩兒), 육아(育兒), 응문아(應門兒), 이단아(異端兒), 이상아(異常兒), 입양아(入養兒), 자폐아(自閉兒), 잡종아(雜種兒), 장애아(障碍兒), 저능아(低能兒), 저온아(低溫兒), 정박아(精薄兒), 정상아(正常兒), 조산아(早産兒), 조생아(早生兒), 지둔아(遲鈍兒), 지진아(遲進兒), 질아(姪兒;조카), 차아(次兒), 초생아(初生兒), 총아(寵兒), 치아(穉兒), 탁아(託兒), 탕아(蕩兒), 태아(胎兒), 특수아(特秀兒), 패륜아(悖倫兒), 포유아(哺乳兒), 풍운아(風雲兒), 함묵아(緘黙兒), 해아(孩兒), 행운아(幸運兒), 허약아(虛弱兒), 호운아(好運兒), 혼혈아(混血兒) 들.

아(我) 나. 우리 편. 온갖 사물의 근원에 있으면서 개체를 지배하고 통일하는, 독립 영원의 주체. ¶아의 구원한 사회 기초. 아 조국. 아가사창(我歌查唱;나무람을 들을 사람이 도리어 나무란다는 말), 아국(我國), 아군(我軍), 아당(我黨), 아동방(我東方)/아동(我東), 아등(我等), 아만(我慢), 아방(我方;우리 쪽), 아방(我邦), 아배(我輩;우리들), 아상(我相), 아소견(我所見), 아욕(我慾), 아의(我意), 아전인수(我田引水), 아조(我朝), 아집(我執)[7]; 가아(假我), 개아(個我), 객아(客我), 경험아(經驗我), 구실재아(咎實在我), 내아(內我), 대아(大我), 독아론(獨我論), 망아(忘我), 몰아(沒我), 무궁아(無窮我), 무아(無我)[무아경(境), 무아도취(陶醉), 무아애(愛), 무아주의(主義)], 물아(物我), 물아일체(物我一體), 민아무간(民我無間), 민족아(民族我), 범아일여(梵我一如), 비아(非我), 사회아(社會我), 소아(小我), 순수아(純粹我), 실아(實我), 외아(外我), 유아/론(唯我/論), 유아독존(唯我獨尊), 유아이사(由我而死), 유아지탄(由我之嘆), 응아(應我), 인아(人我), 자아(自我), 전아(全我;자아의 전체), 절대아(絕對我), 주아(主我), 초자아(超自我), 타아(他

1) 어: 손아랫사람이나 벗 사이에 대답하는 소리. ¶어! 나 좀 보게.

2) -여: 동사 '하다' 및 접미사 '-하다'가 붙는 용언의 어간에 쓰이는 연결 어미. 어미 '-아/-어'와 같은 뜻과 기능을 가졌음. 흔히 '하-'와 결합하여 줄어진 '해'로 쓰임. ¶성공하여/해 돌아오다. 지금 공부하여/해. 일하여/해 주다.

3) -아/어요: 용언의 어간에 붙어, 서술·청원·의문의 뜻을 나타내는 하오체 종결 어미. ¶맛이 좋아요. 문을 닫아요. 제가 가겠어요. 여기 있어요. 조기 싫어요?

4) -아/어-지이다: 기원하는 뜻을 나타내는 종결 어미. ¶뜻이 하늘에서 이룬 것같이 땅에서도 이루어지이다.

5) 더러: 얼마만큼. 얼마간. 이따금. 흔하지 않게. ¶손님이 더러 있더라. 더러 운이 좋을 때도 있다.

6) 아동(兒童): 아동관(觀), 아동교육(敎育), 아동극(劇), 아동기(期), 아동도서관(圖書館), 아동문학(文學), 아동문화(文化), 아동병(病), 아동보호(保護), 아동복(服), 아동복지/법(福祉/法), 아동심리(心理), 아동용(用), 아동중심주의(中心主義), 아동학(學), 아동화(畵); 보호아동(保護), 취학아동(就學), 학령아동(學齡).

7) 아집(我執): ①개체적인 자아를 실체인 것으로 믿고 집착하는 일. ②자기 중심의 좁은 생각이나 소견 또는 그것에 사로잡힌 고집. ¶아집이 세다. 아집을 버리지 못하다.

我), 피아(彼我;그와 나. 저편과 이편) 들.

아(雅) '고상하고 기품이 있으며 아름답다. 바르다'를 뜻하는 말. ¶아가(雅歌), 아객(雅客), 아결하다(雅潔), 아기(雅氣), 아담(雅談), 아담스럽다(雅淡), 아담하다(雅淡/澹;고상하면서 담백하다), 아락(雅樂), 아량(雅量), 아려하다(雅麗), 아명(雅名), 아보(雅步), 아사(雅士), 아사(雅事), 아속(雅俗), 아순하다(雅馴), 아악(雅樂), 아어(雅語), 아언(雅言), 아우(雅友), 아유(雅遊), 아졸하다(雅拙), 아취(雅趣), 아치(雅致), 아칙하다(雅飭), 아하다(깨끗하고 맑다), 아형(雅兄), 아호(雅號), 아회(雅會), 아회(雅懷); 고아하다(古雅), 고아하다(高雅), 단아하다(端雅), 담아하다(淡雅), 대아(大雅), 문아(文雅), 박아(博雅), 상아하다(詳雅), 소아(騷雅), 염아(恬雅), 온아하다(溫雅), 우아(優雅), 유아하다(幽雅), 전아(典雅), 정아하다(靜雅), 청아하다(淸雅), 풍아(風雅), 풍아하다/롭다/스럽다(風雅), 한아하다(閑雅) 들.

아(亞) '버금가는, 거기에 준하는'이나 '무기산의 산소 원자의 비율이 적은'을 뜻하는 말. ¶아갈탄(亞褐炭), 아강(亞綱), 아경(亞卿), 아고산대(亞高山帶), 아과(亞科), 아관목(亞灌木), 아교목(亞喬木), 아급성(亞急性), 아대륙(亞大陸), 아류/주의(亞流/主義), 아목(亞目), 아문(亞門), 아비산(亞砒酸), 아성(亞聖), 아성층권(亞成層圈), 아세(亞歲), 아연((亞鉛), 아열대(亞熱帶), 아염화구리(亞鹽化), 아염화동(亞鹽化銅), 아염화석(亞鹽化錫), 아염화수은(亞鹽化水銀), 아염화철(亞鹽化鐵), 아유산염(亞硫酸鹽), 아음속(音速), 아인산(亞燐酸), 아자(亞字交窓), 아자방(亞字房), 아자창(亞字窓), 아장(亞將), 아종(亞種), 아지구(亞地區), 아지리구(亞地理區), 아질산(亞窒酸), 아탄(亞炭), 아토양(亞土壤), 아한대(亞寒帶), 아헌(亞獻;제사지낼 때, 둘째 번으로 술잔을 올리는 일), 아황산(亞黃酸) 들.

아(芽) '식물의 눈. 싹'을 뜻하는 말. ¶아린(芽鱗), 아생(芽生), 아접(芽椄); 구아(球芽), 나아(裸芽), 단아(單芽), 동아(冬芽;겨울눈), 맥아(麥芽;엿기름), 맹아(萌芽), 무성아(無性芽), 발아(發芽), 배아(胚芽), 복아(複芽), 부아(副芽;덧눈), 부정아(不定芽), 삭아접(削芽椄), 신아(新芽), 쌍아(雙芽), 액아(腋芽), 엽아(葉芽), 유아(幼芽), 육아(肉芽), 인아(鱗芽;비늘눈), 잠복아(潛伏芽), 재생아(再生芽), 적아(摘芽;곁순치기), 전아(剪芽), 접아(接芽), 정아(定芽;제눈), 정아(頂芽;끝눈), 주아(主芽), 주아(珠芽), 초아(草芽), 출아(出芽), 측아(側芽), 태아(胎芽), 하아(夏芽;여름눈), 혼아(混芽), 혼합아(混合芽), 화아(花芽) 들.

아(牙) '어금니. 대장기(大將旗)'를 뜻하는 말. ¶아감창(牙疳瘡), 아관(牙關), 아기(牙旗), 아기(牙器), 아륜(牙輪;톱니바퀴), 아성(牙城), 아연(牙硯), 아영(牙營), 아음(牙音), 아쟁(牙箏), 아조(牙彫), 아주(牙籌;상아로 만든 주판), 아치(牙齒), 아쾌(牙儈;거간꾼), 아파(牙婆;방물장수), 아패(牙牌); 견아(犬牙), 독아(毒牙), 상아(象牙), 조아(爪牙), 치아(齒牙)[치아열(熱), 치아탑(塔), 치아통(筒)] 들.

아(餓) '굶주리다'를 뜻하는 말. ¶아귀(餓鬼)[8][아귀계(界), 아귀고(苦), 아귀도(道), 아귀반(飯), 아귀병(病), 아귀보(報), 아귀상(相), 아귀성(聲), 아귀심(心)], 아사(餓死)[아사선상(餓死線上), 아사자(者), 아사지경(餓死之境)], 아살(餓殺); 기아(飢餓), 동아(凍餓) 들.

아(阿) '언덕. 아첨하다'를 뜻하는 말. ¶아교(阿膠;갖풀), 아구(阿丘), 아당(阿黨), 아도물(阿睹物), 아부(阿附;아첨), 아비규환(阿鼻叫喚), 아세(阿世), 아옹(阿翁), 아유(阿諛), 아유구용(阿諛苟容), 아첨(阿諂), 아형(阿兄) 들.

아(蛾) '누에나방'을 뜻하는 말. ¶아륜(蛾輪), 아미(蛾眉); 독아(毒蛾), 등아(燈蛾;불나방), 명아(螟蛾), 산잠아(山蠶蛾), 석잠아(石蠶蛾), 쌍아(雙蛾;미인의 고운 양쪽 눈썹), 잠아(蠶蛾), 청아(靑蛾), 화아(火蛾;불나방) 들.

아(鴉) '갈까마귀. 검다'를 뜻하는 말. ¶아골(鴉鶻;난추니), 아담창(鴉啗瘡), 아청(鴉靑;검은빛을 띤 푸른색), 아편(鴉/阿片); 도아(塗鴉;종이에 먹칠하여 새까맣게 됨. 글씨가 서투름), 한아(寒鴉;까마귀) 들.

아(衙) '마을. 관청'을 뜻하는 말. ¶아노(衙奴), 아례(衙隷), 아문(衙門)[9], 아비(衙婢), 아자제(衙子弟), 아전(衙前); 공아(公衙), 관아(官衙), 군아(軍衙), 군아(郡衙), 내아(內衙), 대아(大衙) 들.

아(啞) '벙어리'를 뜻하는 말. ¶아령(啞鈴;덤벨), 아연/하다(啞然), 아양승(啞羊僧), 아연실색(啞然失色), 아자(啞者); 농아(聾啞), 맹아(盲啞), 양아(佯啞;거짓 벙어리인 체함) 들.

아(俄) '갑자기'를 뜻하는 말. ¶아경에(俄頃), 아연하다(俄然).

아(娥) '예쁘다. 미인. 달'을 뜻하는 말. ¶상아(嫦娥), 선아(仙娥), 항아(姮娥) 들.

아(峨) '높다'를 뜻하는 말. ¶아아하다(峨峨), 외아하다(巍峨), 차아하다(嵯峨) 들.

아(婭) '동서(자기 아내의 자매의 남편)'을 뜻하는 말. ¶아서(婭壻;동서); 인아(姻婭)[인아간(間), 인아족척(族戚)] 들.

아(訝) '맞다. 의시하다. 수상히 여기다'를 뜻하는 말. ¶아혹하다(訝惑); 경아(驚訝), 의아/스럽다/하다(疑訝) 들.

아(痾) '병이 더해지다'를 뜻하는 말. ¶숙아(宿痾), 양아(養痾), 인아(人痾) 들.

아(鵝/鵞) '거위'를 뜻하는 말. ¶아압(鵝鴨), 아왕(鵞王;부처), 아조(鵞鳥); 백아(白鵝) 들.

아가리 ①'입'의 속된 말. 큰 짐승의 입.≒주둥이. 〈준〉가리. 아갈. ¶아가리 좀 닥치지 못해! 범의 아가리. 아가리질(말질. 악다구니)/하다, 아갈대다('말질하다'의 속된말), 아갈머리, 아갈잡이[10]/하다. ②그릇·자루 따위의 물건을 넣고 내고 하는 구멍의 어귀. ¶병 아가리가 좁다. 주머니 아가리를 벌리다. 아가리홈(개탕처럼 깊이 판 홈); 대패아가리.

아가미 물고기의 숨쉬는 기관. 〈준〉아감. ¶아가미구멍/아감구멍,

---

8) 아귀: 계율을 어기거나 탐욕을 부려 아귀도에 떨어진 귀신. ¶아귀다툼(각자 자기의 욕심을 채우고자 서로 헐뜯고 기를 쓰며 다투는 일).

9) 아문(衙門): 상급의 관아(官衙;벼슬아치들이 모여 나랏일을 보던 곳. 관청). ¶법무아문(法務), 통리기무아문(統理機務).

10) 아갈잡이: 소리 지르지 못하게 입을 헝겊이나 솜 따위로 틀어막는 짓.

아가미덮개(아가미뚜껑)/뼈, 아감딱지(아가미를 보호하는 뼈 뚜껑), 아가미뚜껑, 아가미뼈/아감뼈, 아가미썩는병(病), 아감젓(생선의 아가미와 이리로 담근 젓); 겉아가미, 속아가미, 숨관아가미(管;기관 아가미). ☞ 새(鰓).

아가위 산사나무의 열매. ¶아가위나무, 아가위화채(花菜).

아가타 [←agada〈범〉]. ①온갖 병을 고친다는 인도의 영약(靈藥). ② '술'을 달리 이르는 말.

아구 ①남폿구멍을 팔 자리. 자리가 날 만큼 옅게 파 놓은 구멍. ¶아구를 내다. ②채우거나 맞추어야 할 수효. 기준을 잡은 숫자.[+맞다. 맞추다]. ¶아구가 맞다(기준을 잡은 숫자에 들어맞다)/맞추다.

아궁이 가마나 방・솥・구덩이 같은 데에 불을 때기 위하여 만든 구멍. 〈준〉아궁. ¶아궁돌, 아궁문(門), 아궁불(아궁이에 때는 불), 아궁쇠(아궁이에 다는 작은 뚜껑이나 쇠문), 아궁이마(아궁이의 앞부분), 아궁재, 아궁터; 한데아궁이, 함실아궁이, 헛아궁이 들.

아귀[1] ①가닥이 져서 갈라진 곳.≒틈. 입.[←악/아구(입)+귀]. ¶아귀가 맞다(앞뒤가 빈틈없이 들어맞다). 아귀가 무르다. 아귀가 지다. 아귀가 크다. 아귀다툼(서로 악을 쓰며 헐뜯고 다투는 짓. 말다툼)/하다, 아귀새기다(새김질하다), 아귀세다[11], 아귀차다[12], 아귀토(土;수키와 끝에 바르는 재료), 아귀힘(손아귀의 힘); 범아귀[13], 손아귀, 웃아귀[14], 입아귀[15]. ②두루마기나 여자 속곳의 옆을 타놓은 구멍. ¶아귀를 트다(두루마기나 속곳의 옆을 트다). ③씨앗의 싹이 터서 나오는 자리. ¶아귀가 트다(씨의 싹이 나올 자리가 벌어지다). ④활의 줌통과 오금이 닿은 오긋한 부분. ¶아귀손[16], 아귀피(皮); 아래아귀(활의 줌통 아랫부분).

아귀[2] 아귓과의 바닷물고기. ¶아귓과, 아귀찜, 아귀탕(湯), 아귀매운탕(湯).

아귀아귀 음식물을 욕심껏 잔뜩 입 안에 넣고 악착스레 씹어 먹는 모양. 〈큰〉어귀어귀. ¶돼지고기를 아귀아귀 씹어 먹다. 아귀아귀・어귀어귀, 아귀작・어귀적거리다/대다.

아그데 열매 따위가 잇달아 매달린 모양.

아그레망 정치 사절을 파견할 때에 얻는 상대국의 동의.[←agrément〈프〉]. ¶아그레망을 얻다.

아그르르 ①많은 사람이나 동물들이 비좁게 모여 붐비거나 조금 떠드는 모양. ¶시끄럽게 아그르르 떠들어대는 장꾼들. ②액체가 갑자기 끓어오르는 소리. 또는 그 모양. ¶국이 아그르르 끓다. 〈큰〉우그르르.

아근 일정한 곳을 기준으로 하여 거기에서 가까운 데나 그 오래(한 구역). 근처(近處). 인근(隣近).

아글[1] ①많은 사람이나 동물이 좁은 데서 몹시 붐비거나 작은 소리로 떠드는 모양. ¶사람들이 아글아글 들끓는 시장통. 아글거리다/대다, 아글바글, 아글아글, 아글타글[17]. ②액체가 끓어오르는 모양. ¶국솥이 아글아글 끓다.=오글. 〈큰〉우글.

아글[2] 눈이나 얼굴의 생김새가 좀스럽지 않고 정신이 들 정도로 생기가 있고 시원스러운 모양. ¶눈이 아글아글 빛나다.

아금 ①물건의 갈라지거나 금이 간 곳. ¶아금이 벌어진 사개. ②씨의 싹이 터서 나오는 부분.=아귀①. ¶아금을 틔운 수박씨.

아금-받다 무슨 기회든지 악착같이 이용하려는 성질이 있다. 야무지고 다부지다. ¶성질이 괴팍하고 드세고 아금받다. 계집의 마음먹음이 당차고 아금받아서 우습게 알았다간 봉변을 당할 지도 모른다. 아금바르다[18], 아금박스럽다, 아금박차다(매우 이악하고 깐깐하다), 아금박하다(탐탁하고 살뜰하다. 이악하고 깐깐하다).

아기 ①태어나기 전이나 태어난 지 얼마 안 되는 어린아이・나이 어린 딸이나 며느리를 귀엽게 이르는 말. '작은 것. 어린. 서투른. 처음'을 뜻하는 접사.≒아이'. ¶아기가 뱃속에서 놀다. 아기가 서다(아이를 배다). 아기가 잠을 자다. 아기구덕[요람(搖籃)], 아기그네(실내에 설치한 작은 그네), 아기나인(나인이 되기 위하여 어려서 입궁한 아이), 아기낳이, 아기네(아기의 무리), 아기능(陵), 아기다복솔, 아기동지/애동지(冬至;음력 11월 10일 이전에 드는 동지), 아기방(房), 아기별(작은 별), 아기보(褓), 아기살(짧고 작은 화살), 아기씨, 아기씨름(소년들이 벌이는 씨름), 아기장수, 아기집[자궁(子宮)], 아씨[19], 애기뿌리(처음 돋은 연한 뿌리), 애기씨름(약한 선수끼리 겨루는 씨름), 애기잠(누에의 첫잠), 애기태(太;작은 명태), 애기패(牌;노름판에서, 물주를 상대로 내기를 하는 여러 사람); 갓난아기, 당금아기(唐錦;아주 귀하게 키우는 아기), 며늘아기, 새아기, 시험관아기(試驗管), 싸라기, 얼뚱아기[20], 작은아기, 첫아기, 큰아기; 아가[21][←아기+아]. ②태어난 지 얼마 안 되는 짐승의 새끼. ¶동물원에는 아기 사슴이 뛰어놀고 있다.

-아기/어기 ☞ -아지.

아기똥 ①키가 작은 사람이 잇따라 몸을 좌우로 흔들면서 바라지게 걷는 모양. ②말이나 짓을 자꾸 엉뚱스럽게 하는 모양. 〈큰〉어기뚱. ¶아기똥・어기뚱거리다/대다, 아기똥아기똥/하다, 아기똥하다[22].

---

11) 아귀세다: 남에게 쉽사리 굽히지 않는 꿋꿋한 데가 있다.≒아귀차다. 야무지다.
12) 아귀차다: ①입안에 가득하다. ②감당하기 어려울 만큼 힘에 겹다. ③뜻이 굳고 하는 일이 야무지다.≒어기차다. ¶직장 일을 아귀차게 하다. 아귀찬 사람. 〈큰〉어귀차다.
13) 범아귀: 엄지손가락과 집게손가락의 사이.
14) 윗아귀: ①엄지손가락과 집게손가락의 뿌리가 닿은 곳.=범아귀. ②활의 줌통 위.
15) 입아귀: 입의 양쪽 귀퉁이. ¶입아귀를 움직일 수 없을 정도로 입 안에 음식물이 가득찼다.
16) 아귀손: 빈 활을 힘껏 당겼다 놓았다 하는 일(연습).
17) 아글타글: ①무엇을 이루려고 몹시 애를 쓰거나 기를 쓰고 달라붙는 모양. ¶아글타글 노력하다. 아글타글하다. ②그럭저럭.
18) 아금바르다: 알뜰하고 다부지다. ¶아금바리(다부진 사람. 아금바르게).
19) 아씨: 지난날, 양반의 '젊은 부인'을 그 하인들이 부르던 말.
20) 얼뚱아기: 둥둥 얼러주고 싶도록 재롱스러운 아기.
21) 아가: ①'아기'를 귀엽게 부르는 말. ¶아가딸(시집가지 아니한 딸을 귀엽게 일컫는 말), 아가씨; 큰아가씨/큰아씨. ②시부모가 신혼인 며느리를 부르는 말.
22) 아기똥하다: ①앙큼하고 좀 거만한 데가 있다. ②좀 틈이 나 있다. 〈큰〉어

아기-자기 여러 가지가 어울려 아름답고 예쁜 모양. 오밀조밀하게 잔재미가 있고 즐거운 모양. ¶아기자기 잔정을 베풀다. 아기자기한 신혼살림. 아기자기하게 수놓인 무늬. 아기자기스럽다, 아기자기하다(재미있다. 오밀조밀하다).

아기작¹ 작은 몸집으로 팔다리를 부자연스럽게 움직이며 천천히 걷는 모양.=아기족. 〈큰〉어기적/어깃. 〈준〉아깃. ¶아기가 아기작아기작 걷다. 아기작·어기적·아기족·어기죽거리다/대다, 아기작아기작·아기족아기족/하다, 아기장[23].

아기작² 음식 따위를 입 안에 넣고 천천히 씹어 먹는 모양. 〈큰〉어기적. 〈준〉아깃. ¶마른 오징어를 아기작아기작 씹어 먹다. 아기작거리다/대다, 아기작아기작하다.

아까 조금 전(에). 이미.≒과경에. 아간(俄間). ¶아까와 같이 하면 된다. 아까의 그 약속. 아까 만난 그 사람. 아까 말했던 사람. 아까 부탁한 말 잊지 말게. 아까 선생님이 널 부르더라. [+과거시제]. 아까-는, 아까-도, 아까-부터, 아까-처럼.

아끼(다) ①물건이나 돈을 소중히 여기어 함부로 쓰지 아니하다.≒애지중지하다(愛之重之). 절약하다(節約).↔낭비하다(浪費). ¶에너지를 아끼다. 돈을 아끼다. 자연을 아끼다. 아끼면 찌 된다(물건을 너무 아끼다 보면 결국 쓸모없는 물건이 되고 만다). 아껴가다, 아껴쓰다. ②사람이나 몸의 일부를 마음에 들어 알뜰히 여기다.≒사랑하다. 귀여워하다. 위하다(爲). ¶제자를 아끼다. 그는 마누라를 끔찍이도 아낀다. 회사 일에 몸을 아끼면 안 된다. 아낌, 아낌없다/없이, 아깝다[24], 아까워하다.

아나 ①'여봐라', '옛다'의 뜻으로 아이들에게 쓰는 말. ¶아나, 심부름 값이다. 아나, 이것 받아라. ②상대편의 분수에 맞지 않는 희망이나 꿈에 대하여 비웃거나 조롱할 때 쓰는 말. ¶아나, 이놈아, 꿈 깨라.

아낙 부녀자가 거처하는 곳. 아낙네.[←안+-악]. ¶아낙군수(郡守;늘 집에만 틀어박혀 있는 사람), 아낙네(남의 부녀자), 아낙도움(아내가 남편을 도와주는 것).

아내 결혼하여 남자의 짝이 된 여자를 그 남자에 대하여 이르는 말.≒안사람. 집사람. 처(妻). 여편네.↔남편. ¶남편과 아내를 부부(夫婦)라 한다. 아내가 귀여우면 처갓집 말뚝 보고도 절한다.

아느작 부드럽고 가느다란 나뭇가지나 풀잎 따위가 춤추듯이 가볍게 흔들리는 모양. 〈준〉아늑. ¶바람에 풀잎들이 아느작아느작 춤을 춘다. 아느작/아늑거리다/대다, 아느작아느작/하다.

아늑-하다 포근하게 감싸 안기듯이 편안하고 조용한 느낌이 있다.≒아담하다. 한갓지다. 〈큰〉으늑하다. ¶집터가 아늑하다. 아늑히 명상에 잠기다. 아늑감(感), 아늑·으늑히.

아늘 ①빠르고 가볍게 춤추듯이 흔들리는 모양. ¶나뭇잎이 아늘아늘 춤을 춘다. 들에 아늘아늘 피어오르는 아지랑이. ②천이나 살갗 따위가 매우 얇고 부드러운 모양. ¶아늘아늘 살이 오른 처녀의 손. 아늘거리다/대다, 아늘아늘/하다.

아늠 볼(뺨살)을 이루고 있는 살.=아늠살. 안음.

아니꼽(다) 비위가 뒤집혀 토할 듯하다. 하는 짓이나 말이 건방지고 되바라져서 불쾌하다.[←안[內]+이+곱다³].=야시꼽다.≒더럽다. 건방지다. 거슬리다. 같잖다. ¶하는 짓이 아니꼽다. 아니꼽살스럽다(≒거슬리다).

아니(다) 사실을 부정하여 그렇지 않다.↔이다. ¶인간은 신이 아니다. 아니[25], 아니나다르랴, 아니나다를까(짐작하거나 예상한 바대로), 아니야/아냐, 아니참(생각이 갑자기 떠올랐을 때 하는 말), 아니하다/않다[26][같잖다, 귀찮다(貴), 그닥지않다(그리 대단하지 않다), 되잖다, 못지않다, 어쭙잖다, 잇긋않다[27], 점잖다, 하차묵지않다[28], 하치않다/하찮다], 아니할말로(말하기는 좀 무엇하나), 아닌게아니라(직접 알고 보니), 아닌밤중에(中;생각지도 않은 때에. 느닷없이), 아닌보살하다[29]; 더아니, 때아닌(적당한 때가 아닌). ☞ 비(非).

아니리 판소리에서, 연기자가 창(唱)을 하면서 사이사이에 극적인 줄거리를 엮어 나가는 사설. ¶아니리광대.

-아다 어간의 끝 음절이 양성 모음인 동사의 어간에 붙어 어떠한 동작을 다음 동작과 순차적으로 이어 주는 종속적 연결 어미. [그 외 모음에서는 '-어다'로 쓰임]. 'ㅏ'로 끝나는 어간 뒤에서는 '-다'로 실현됨. ¶고기를 잡아다 어항에 넣었다. 가다 돌아보지 말라. 빚을 얻어다 사업을 하였다. 콩을 삶아다가 먹자. -아다-가[강조].

아다모끼 마구잡이나 생억지. 또는 그렇게 행동하는 사람.

아닥-치듯 소리소리 지르며 몹시 심하게 말다툼하는 모양. ¶만나면 아닥치듯 다툰다. 골목길에서 아주머니들이 아닥치듯 싸우고 있다.

아달맹이 야무지고 대바르며 똑똑한 어린아이.

아당-지다 몸집이 작달막하고 딱바라지고 야무지다. ¶아당지게

기뚱하다.

23) 아기장: 작은 몸집으로 손발을 부자연스럽게 건들거리며 더디게 걷는 모양. 〈큰〉어기정. ¶땅딸보 면장이 아기장아기장 동구로 들어온다.

24) 아깝다: 마음에 귀중하게 여기는 것을 잃어 그것의 가치를 느끼거나 관계가 끊어지게 되어 매우 섭섭하다.≒서운하다. 애석하다(哀惜). ¶잃어버린 새 우산이 아깝다. 우리는 아까운 인재를 잃었다. 그런 좋은 기회를 놓치다니 아깝다.

25) 아니: ①단순 부정을 나타내거나 의도 부정을 나타내는 말. 능력은 있으나 의도는 없는 부정. 〈준〉안. ¶아니 슬프다. 밥을 아니 먹다. 아니-나, 아니다, (아닌게)아니-라, 아니-면, 아니-야/아냐, 아닌밤중에, 아니-하다; 더아니. ②명사와 명사, 문장과 문장 사이에서 어떤 사실을 강조할 때 쓰는 말. ¶나의 양심은 천만금, 아니 억만금을 준다 해도 버릴 수 없다. ③그렇지 아니하다는 뜻을 대답으로 하는 말. ④감탄이나 놀람, 의문을 나타내는 말. ¶아니, 그럴 수가? 아니, 이게 누구야. 아니-참.

26) 않다: 어떤 행동을 아니하다. 앞말이 뜻하는 행동을 부정하는 말.≒못하다. ¶그는 말을 않고 떠났다. 가지 않다. 옳지 않다. 좋지 않은(과거나 상태) 일. 쉬지 않는(현재) 시계.

27) 잇긋않다: 상대방의 말이나 행동에 대하여 아무런 반응을 보이지 않다.

28) 하차묵지않다: ①품질이 다소 좋다. ②성질이 좀 착하다.

29) 아닌보살하다: 시치미를 떼고 아닌 체하다. ¶아닌보살하며 말하다. 아닌보살로(모르는 척하며 잠자코).

생긴 몸집. 아당스럽게 생긴 학생. 아당스럽다.

-아도 어간의 끝 음절이 'ㅏ·ㅗ'의 모음인 용언의 어간에 붙어 그 사실을 인정하나 그 다음 말과는 상관이 없음을 나타내는 종속적 연결 어미. 'ㅏ'로 끝나는 어간 아래에서는 '아'가 탈락됨. [그 외 모음에서는 '-어도'로 쓰임]. ¶키는 작아도 야무지다. 아무리 보아도 무엇인지 모르겠다. 아무리 다듬어도 곱지 않다. 못생겼어도 마음은 착하다.

아둔-하다 지혜롭지 못하고 어리석다.≒답답하다. 미련하다.↔똑똑하다. ¶워낙 아둔해서 말귀를 못 알아듣는다. 아둔패기(바보).

아드득 ①작고 단단한 물건을 힘껏 깨물어 깨뜨리는 소리. ¶검둥이가 뼈를 아드득 씹는다. ②이를 야무지게 가는 소리. 〈큰〉으드득/으득. 〈준〉아득. ¶이를 아드득 갈다. 아드득거리다/대다/하다. 아드득아드득/하다, 와드득[30].

아드등 서로 제 생각만 고집하여 양보하지 않고 다투는 모양. 〈큰〉으드등. ¶아드등거리다/대다, 아드등아드등/하다.

아득 ①보이거나 들리는 것이 아주 희미하고 먼 모양. ②정신이 흐려지는 모양. ¶정신이 아득아득 흐려져 오다. ③정신이 흐려졌다 맑아졌다 하는 모양. ¶아득아득하다. 〈큰〉어득. 〈센〉아뜩[31]. 〈큰·센〉어뜩. 아득하다[32].

아들 ①부모가 낳은 사내자식.↔딸. ¶아들을 낳다. 우리는 대한의 아들딸이다. 아들놈, 아드님, 아들답다, 아들딸, 아들며느리, 아들부자(富者), 아들손자(孫子), 아들아이/아들애, 아들자식(子息); 개아들(행실이 나쁜 남자), 막내아들, 맏아들, 수양아들(收養), 시러베아들, 쌍동아들(雙童), 양아들(養), 어비아들[부자(父子)], 어이아들[모자(母子)], 외동아들, 외아들, 의붓아들, 작은아들, 진피아들[33], 첫아들, 친아들(親), 큰아들, 호래아들, 후레아들. ☞ 자(子). ②명사 앞에 붙어 '작은'을 뜻하는 말. ¶아들마늘(마늘종 위에 열리는 작은 마늘), 아들바퀴, 아들보리, 아들움벼, 아들이삭(벼의 겉 줄기에서 나는 이삭), 아들자[척(尺)].

아등 기를 쓰며 고집을 부리거나 애를 쓰는 모양. 〈큰〉으등. ¶그녀가 으등대는 통에 나는 약속을 취소해야만 했다. 아등바등·으등부등/하다, 아등아등·으등으등/하다, 아등·으등거리다/대다, 아득바득[34].

아등그러-지다 ①바짝 말라서 배틀어지다. ¶가물어서 벼가 아등그러지다. 으등거리다/대다. ②'날씨가 흐리어 점점 찌푸려지다'의 선행 어근. 〈큰〉으등그러지다.

아디 바람의 방향을 맞추기 위하여 돛에 매어 쓰는 줄. ¶아디걸이, 아딧줄/앗줄.

아따 무엇이 몹시 심하거나 못마땅할 때 내는 소리. 〈큰〉어따. ¶아따, 귀찮게 구네.

아뜩-하다 갑자기 어지러워 까무러칠 듯하다. 〈큰〉어뜩하다. ¶아뜩아뜩·어뜩어뜩/하다.

-아라 ①'ㅏ·ㅗ'의 모음으로 된 동사 어간에 붙어서 손아랫사람에게 명령하는 뜻을 나타내는 종결 어미. [그 외 모음에서는 '-어라/-여라'로 쓰임]. ¶받아라. 보아라. 밀어라. 그 자리에 서라. ②'ㅏ·ㅗ'의 모음으로 된 형용사 어간에 붙어서 감탄의 뜻을 나타내는 종결 어미. [그 외 모음에서는 '-어라/-여라[35]'로 쓰임]. ¶아이 좋아라. 달도 밝아라. 영광이 있어라. 나이도 어리어라.

아라한 소승 불교의 교법을 수행하는 성문(聲聞) 4과 가운데 가장 높은 지위.[←阿羅漢←arahan〈범〉]. ¶아라한과(果); 대아라한(大); 나한도(圖), 나한상(像;나한을 새긴 상), 나한전(殿).

아란야 수행하기에 알맞은 조용한 곳으로 절·암자 따위를 일컫는 말.[←阿蘭若←āranya〈범〉].

아람 밤·상수리 따위가 나무에 달린 채 저절로 충분히 익은 상태. 또는 그 열매.[←알+밤]. ¶아람이 벌어지다. 아람벌다(아람이 벌어지다), 아람불다[36]

아람-치 자기가 사사로이 차지하는 몫. 낭탁(囊橐;제 차지로 만든 물건).≒사유(私有). §'아람[〈아롬]'은 '개인의 소유'를 뜻하는 옛말.

아랑 소주를 곤 뒤에 남은 찌끼.[←Araq(소주)〈아라비아〉].≒술지게미. ¶아랑주(酒;찌꺼기로 곤 질이 낮고 독한 소주), 아랑즈이(소주).

아랑곳 어떤 일을 알려고 하거나 참견하는 짓.[←알(다)+앙+곳(아는 바)].≒관계(關係).↔모른체. ¶그는 모든 일에 아랑곳하지 않는다. 아랑곳없다, 아랑곳하다.

아래 ①어떤 기준보다 낮거나 또는 머리와 반대편에 있는 부분. ②조직·계통·지위·등급·정도 따위에서 낮은 자리나 부분. ③수량적으로 적은 편. ④조건·영향 따위가 미치는 범위.≒밑.↔위. ¶물은 아래로 흐르는 법이다. 순위가 아래로 처지다. 자유와 평등과 박애의 깃발 아래에 단결하다. 아랫것(하인), 아랫길, 아랫녘(↔윗녘), 아랫녘장수, 아랫눈시울, 아랫눈썹, 아랫니, 아랫다리, 아랫단, 아랫당줄, 아래닿기(서랍 밑에 대는 나무), 아래대, 아래댓사람, 아래뎃방, 아랫도리/옷, 아랫돌, 아랫동강, 아랫동네, 아랫동아리, 아래뜸, 아랫마구리, 아랫마기(아랫도리옷), 아랫마디, 아랫마을, 아랫막이, 아랫머리, 아랫면, 아랫목, 아랫물, 아래미닫이틀, 아랫바닥, 아랫바람, 아랫바지, 아랫반(班), 아랫방(房),

30) 와드득: ①단단한 물건을 깨물거나 이를 가는 소리. 또는 그 모양.=와드등. ¶이를 와드득 갈다. ②단단한 물건을 부러뜨리거나 힘껏 잡아 뜯을 때 나는 소리. 또는 그 모양. ¶나무를 와드득 부러뜨린다. 와드득거리다/대다.

31) 아뜩하다: 갑자기 정신을 잃고서 까무러칠 듯하다. 〈큰〉어뜩하다. ¶아뜩, 아뜩수(手;별안간 장기 말을 움직이는 짓), 아뜩히, 아뜩아뜩하다.

32) 아득하다: 끝없이 멀거나 높다. 까마득하게 오래다. 의식이 흐리다. 어찌해야 좋을지 막연하다. 〈큰〉어득하다. ¶아득한 지평선. 꼬박 삼 일을 굶었더니 정신이 아득해졌다. 가마아득·까마아득하다.

33) 진피아들: 지지리 못난 사람.

34) 아득-바득: ①억지스레 우기거나 조르는 모양. ¶끝까지 아득바득 우기다. ②있는 힘을 다하여 애를 쓰는 모양. 큰 돌덩이를 밀어내느라고 아득바득 애를 쓰다. 아득바득거리다/대다.

35) -여라: ① '하다'나 '-하다'가 붙는 동사 어간 뒤에 붙어, 시킴을 나타내는 종결 어미. ¶반드시 성공하여라/해라. ② '하다'나 '-하다'가 붙는 형용사 어간에 붙어, 느낌을 나타내는 종결 어미. ¶조국이여 영원하여라.

36) 아람불다: 밤·상수리 따위가 익어 나무에서 떨어지거나 떨어진 상태에 있다.

아랫배, 아랫벌(아랫마기), 아랫벼리, 아랫볏, 아랫볼, 아래뺄, 아랫사람, 아랫사랑(舍廊), 아랫세장, 아랫수(手;下手), 아랫수염(鬚髥), 아랫심, 아래알, 아래애, 아래옷, 아래위, 아래위턱, 아래윗막이, 아래윗벌, 아랫입술, 아랫잇몸, 아랫자리, 아랫중방(中枋), 아랫집, 아래짝, 아래쪽, 아래채, 아래청(廳), 아래층(層), 아래치마, 아래턱, 아래턱뼈, 아래통, 아래팔, 아래팔뼈, 아래편(便); 곁아래(겨드랑이 아래), 물아래, 손아래[손아래뻘, 손아랫사람], 위아래[위아랫막이, 위아랫물지다]. ☞ 하(下).

아련-하다¹ 똑똑히 분간하기 어렵게 아렴풋하다. 기억이 또렷하지 않다.=아리송하다. 〈큰〉오련하다②. ¶그 소녀의 모습이 아련히 떠오른다. 내 고향은 아련한 기억 속에 남아 있다. 아렴풋·어렴풋하다[37], 아령칙하다[38].

아련-하다² 보기에 부드러우며 가냘프고 약하다. ¶아련하게 생긴 처녀.

아로-새기(다) ①또렷하고 교묘하게 파서 새기다.[〈아ᄅᆞ사기다.≒조각하다. ¶자개로 무늬를 아로새긴 장롱. ②마음속에 또렷이 기억하여 두다.≒간직하다. 기억하다. ¶아로지니다(마음속 깊이 아로새겨서 지니다).

아롱¹ 또렷하지 아니하고 흐리게 아른거리는 모양. 〈큰〉어룽. 이룽. ¶아지랑이가 아롱아롱 오르다. 아롱거리다/대다, 이룽이룽하다[39].

아롱² 작은 점이나 무늬 따위가 고르게 촘촘한 모양. 〈큰〉어룽. 〈센〉알롱[40]. ¶작은 물방울무늬가 아롱아롱 박힌 옷감. 아롱·어룽·알롱거리다/대다/지다, 아롱다롱·어룽더룽, 아롱등에, 아롱무늬, 아롱사태[41], 아롱아롱·어룽어룽, 아롱이·어룽이, 아롱·어룽지다, 아로록·어루룩·알로록·아로롱·어루룽·알로롱, 아로록다로록·어루룩더루룩, 아로롱다로롱·어루룽더루룽, 아르롱이·어르룽이(어룽어룽한 점이나 줄로 된 무늬), 어루러기(피부병의 한 가지), 어루쇠[42], 어루숭어루숭[43], 아랑주(紬)[44], 아롱점말(點); 배어루러기(배에 난 털빛이 얼룩얼룩한 짐승) 들.

아롱³ ①차나 탈곡기 따위의 기계가 매우 빨리 돌면서 귀에 거슬리게 나는 소리. ¶탈곡기를 아롱아롱 돌리며 벼를 훑고 있다. ②겨울에 찬바람이 매섭게 불면서 내는 소리. ¶세찬 바람이 아롱아롱 소리를 내며 눈보라를 몰아친다.

아르(are) 면적을 나타내는 미터법의 한 단위. 1a는 100m².

아르렁 ①작고 사나운 짐승 따위가 성내어 울부짖는 소리. 또는 그 모양. ¶범이 아르렁 울부짖다. ②부드럽지 못한 말로 크게 외치거나 다투는 소리. 또는 그 모양. 아르렁·으르렁거리다/대다. ③전동기 따위가 세차게 돌아가는 소리. 또는 그 모양. 〈큰〉으르렁. 으르릉[45].

아르르¹ 춥거나 분하여 몸이 약간 아스스 떨리는 모양. 애처롭거나 아까워서 떨다시피 하는 모양. 〈큰〉으르르. ¶추워서 아르르 떨고 만 있다. 가슴이 아르르 저며 오다.

아르르² 조금 알알한 듯한 느낌.[←아리다]. ¶덴 자리가 아르르 아파오다.

아르바이트 '노동, 일'이란 뜻으로, 학생이나 직업인이 돈을 벌기 위해서 학업이나 본업 이외에 부업으로 하는 일.[←Arbeit〈독〉]. 〈준〉알바. ¶방학 동안에 아르바이트로 학비를 벌다.

아른 ①무엇이 희미하게 보이다 말다 하는 모양. ¶그리운 너의 모습이 아른아른 떠오른다. ②잔무늬나 희미한 그림자 따위가 물결 지어 움직이는 모양. ③물이나 거울에 비친 그림자가 흔들리는 모양. 〈큰〉어른. 얼른. 〈센〉알른[46]. 아른·어른거리다/대다/스럽다, 아른아른/하다.

아름¹ 두 팔을 둥글게 모아서 만든 둘레. 또는 둘레의 길이를 나타내는 단위.[←안다]. ¶꽃을 아름으로 따다. 저 은행나무는 두 아름이나 된다. 선물을 아름아름 안겨 주다. 아름되[47], 아름드리/나무, 아름지다, 아름차다[48]; 한아름.

아름² ①말이나 행동을 분명히 하지 못하고 우물쭈물하는 모양. ¶아름아름 서 있지 말고 본 대로 얘기해라. ②일을 적당히 하고 눈을 속여 넘기는 모양. ¶아름아름 눈속임하여 넘기려 했다. 일을 어름거려 해 놓았다가 혼이 났다. 〈큰〉어름. 아름·어름거리다/대다, 아름아름·어름어름/하다, 아름작[49]·어름적, 어름더듬/하다.

아름-답다 보이거나 들리는 대상이 마음에 좋은 느낌을 자아낼 만큼 곱다. 하는 일이나 마음씨 따위가 훌륭하고 갸륵하다. 착하

37) 아렴풋하다: ①기억이 분명하지 아니하다. ¶어린 시절의 일이 어렴풋하다. ②또렷하게 보이거나 들리지 아니하다. ③잠이 깊이 들지 아니하다. 〈큰〉어렴풋하다.
38) 아령칙하다: 기억이나 형상 따위가 기연가미연가하여 자못 또렷하지 아니하다. 〈큰〉어령칙하다. ¶어령칙이 말하지 말고 똑똑히 대답해 보아라.
39) 이룽이룽하다: 어른거리는 것이 흐리고 뚜렷하지 아니하다.
40) 알롱: 여러 가지 빛깔의 작고 또렷한 점이나 줄 따위가 고르고 촘촘하게 무늬를 이룬 모양. 〈큰〉얼룽. 〈여〉아롱. ¶아기 옷이 알롱알롱 곱다. 알롱거리다/대다, 알롱달롱, 알롱이, 알롱지다.
41) 아롱사태: 쇠고기 뭉치사태의 한가운데에 붙은 살덩이.
42) 어루쇠: 쇠붙이를 갈아 닦아서 만든 거울.
43) 어루숭어루숭: 줄이나 점으로 이루어진 무늬가 눈에 현란한 모양.
44) 아랑주(紬): 날은 명주실, 씨는 명주실과 무명실을 두 올씩 섞어 짠 피륙. 반주(斑紬).

45) 으르릉: ①크고 사나운 짐승 따위가 성내어 매우 크고 세차게 울부짖는 소리. 또는 그 모양. ②조금 부드럽지 못한 말로 매우 크고 세차게 외치거나 다투는 소리. 또는 그 모양. ③전동기 따위가 매우 크고 세차게 돌아가는 소리. 또는 그 모양.
46) 알른: ①무엇이 조금씩 보이다 말다 하는 모양. ¶멀리서 알른알른 움직이는 사람 그림자. ②잔무늬나 비치는 그림자 따위가 물결지어 자꾸 움직이는 모양. ¶물결을 따라 알른알른 흔들리는 나무 그림자. ③물이나 거울 따위에 비친 그림자가 조금씩 자꾸 흔들리는 모양.=아른. 〈큰〉얼른. 알른알른·얼른얼른, 알른·얼른거리다/대다.
47) 아름되: 대추·밤 따위를 많이 담기 위하여 꾹꾹 눌러 담는 되.
48) 아름차다: ①힘에 벅차다. 힘에 겹다. ¶아름찬 일을 떠맡다. ②두 팔을 벌려 껴안은 둘레의 길이에 가득하다. ③결과가 좋아서 자부심을 가질 만큼 만족스럽다.
49) 아름작: ①말이나 행동을 분명히 하지 못하고 몹시 우물쭈물하는 모양. ¶자신의 소견을 말하지 못하고 아름작아름작 망설이다가 되돌아 왔다. ②일을 그럴 듯하게 대충 해 놓고 눈을 속여 넘기는 모양. ③작은 물건이 보일 듯 말 듯 아른아른하는 모양. 〈큰〉어름적. ¶아름작·어름적거리다/대다, 아름작아름작/하다.

고 인정스럽다.≒곱다. 깨끗하다. 예쁘다.↔밉다. 추하다(醜). ¶꽃이 아름답게 피었다. 음악이 아름답다. 얌전한 몸가짐과 아름다운 마음씨. 변하지 않는 우정은 아름답다. 아리땁다(몸가짐이나 맵시가 퍽 아름답다). ☞ 미(美).

아리(다) 몹시 매워서 혀끝이 쏙쏙 찌르는 듯한 느낌이 있다. 상처나 살갗이 찌르는 듯이 아프다. 눈이 부시어 시린 느낌이 있다.[〈알히다←앓다]. ¶김치가 너무 매워 혀가 아리다. 아리아리하다'(계속 아린 느낌이 있다), 아릿·어릿하다(혀끝이 매우 아리다), 알근[50]·얼근·알큰·얼큰하다, 알싸하다[51], 알알·얼얼/하다[52], 알짝지근[53]/알찌근·얼쩍지근/얼찌근하다, 아르르하다(조금 알알한 느낌이 있다), 알키하다[54]; 쓰라리다[55]

-아리 몇몇 명사에 붙어 '그것 하나하나의 조각. 속되게 말함'을 뜻하는 말. ¶매가리[맥(脈)+아리], 사금파리(사기그릇의 깨어진 조각. 이징가미), 송아리(송이), 옹기파리(甕器:옹기그릇의 깨어진 조각), 이파리(잎-아리), 주둥아리, 항아리(缸).

아리-땁다 마음씨나 태도·몸가짐 따위가 사랑스럽고 아름답다. ¶아리따운 모습. 아리잠직하다[56]. §'아리'는 '곱다. 아름답다'의 뜻.

아리랑 우리나라의 대표적인 민요의 하나. ¶아리랑타령; 강원도아리랑(江原道), 본조아리랑(本調:신아리랑), 정선아리랑(旌善), 진도아리랑(珍島) 들.

아리송-하다 기연가미연가하여 또렷하게 분간하기 어렵다.≒희미하다(稀微). 흐릿하다.↔또렷하다. 〈준〉알쏭하다[57]. 〈큰〉어리숭하다'. ¶그가 한 말이 무슨 뜻인지 아리송하다. 아리[58], 어리어리[59].

아리잠직-하다 키가 작고 얌전하며 어린 티가 있다. 온화하고 솔직하다.≒어리다. 얌전하다. ¶아리잠직 앳되어 보이는 신부. 아리잠직하고 귀염성스러우며 앳되면서 묘하게 육감적이다.

아릿 ①아렴풋하게 눈앞에 어려 오는 모양. ②말과 행동이 좀 활발하지 못하고 생기 없이 움직이는 모양. 〈큰〉어릿. ¶아릿아릿 힘없는 발걸음으로 집에 들어섰다. 아릿·어릿거리다/대다, 아릿아릿·어릿어릿/하다.

아마 확실히 단정할 수는 없으나 어느 정도의 개연성이 있는 말 앞에서 '거의·대개'의 뜻으로 쓰이는 말.≒어쩌면. 혹. 혹시. ¶아마 그럴 거야. 아마 지금쯤 도착했을 것이다. 아마도. [+불확실한 추측이나 판단. 사태에 대한 의심].

아망 어린아이들이 부리는 오기(傲氣). ¶아이가 아망을 부리니 감당해 낼 수가 없다. 계집아이가 여간 아망스러운 것이 아니다. 아망을 피우다/ 떨다. 아망스럽다, 아망지다[60].

아망위 외투나 비옷 따위의 깃에 덧붙여 머리에 뒤집어쓸 수 있게 된 모자.[←あまぐ〈일〉].

아무 ①꼭 누구라고 가리키지 않고, 들떼놓고 가리킬 때 쓰는 말. 하모(何某). ¶아무나 이리 오너라. 아무개, 아무것, 아무나, 아무데, 아무도, 아무때, 아무라도(누구든지. 누구라도), 아무아무, 아무짝, 아무쪼록(모쪼록), 아무쪽. ②꼭 지정하지 아니하고, 감추거나 가정하여 쓰이는 말. 모(某). ¶아무 곳이나 괜찮다. 아무 걱정 하지 마라. 아무래도(아무러하여도), 아무러면, 아무러하다[61]/아무렇다, 아무런(전혀 어떠한), 아무런들(아무러한들), 아무렇거나/아뭏거나, 아무렇게/나, 아무렇든/지, 아무려나[62], 아무려니(아무리 하기로. 설마), 아무려면/아무렴/암(마땅히. 물론), 아무리[63], 아무튼(사정은 아무러하든)/지. ☞ 모(某).

아무작 ①벌레나 짐승 따위가 조금씩 느리게 움직이는 모양. ¶시궁창에 실지렁이가 아무작아무작 움직이고 있다. ②사람이 좀스럽고 느리게 행동하는 모양. ¶일손을 아무작아무작 놀리고 앉았다.

아물 ①정신이 희미하거나 사물이 멀리 떨어져 눈에 보일 듯 말 듯한 모양. 〈큰〉어물. ¶눈앞에 아물아물 떠오르는 고향산천. 아물아물 아지랑이가 피어오르다. 어밀[64]. ②작은 벌레나 짐승이 조금씩 움직이는 모양. ¶누에 새끼들이 아물아물 뽕잎에 기어오르다. ③말이나 짓을 시원스럽게 하지 못하고 꼬물거리는 모양. 〈큰〉어물[65]. ¶무슨 말인지 알아들을 수 없는 말을 아물아물 지

---

50) 알근: 매워서 입 안이 매우 알알한 느낌. 술이 취하여 정신이 매우 아렴풋한 느낌. 속이 시원하지 아니하고 마음속이 매우 알짝지근한 모양. ¶떡볶이가 알근알근 맛이 있다. 술기운이 알근알근 달아오르다. 얼큰한 매운탕. 알근·알큰·얼근·얼큰하다, 알근달근·얼근덜근/하다(맛이 좀 맵고 달다), 얼근드레하다.

51) 알싸하다: 매운 맛이나 냄새 등으로 혀나 콧속이 알알하다. ¶김치가 매워 혀가 알싸하다. 알씬(갑자기 어떤 냄새 따위의 자극으로 코를 찌르듯이 잇따라 알알한 모양. ¶알씬 코를 찌르다).

52) 알알하다: 몹시 맵거나 독한 것이 혀끝에 닿을 때처럼 아리고 쏘는 느낌이 있다. 상처 따위가 꽤 아리다. 〈큰〉얼얼하다. ¶고추가 어찌나 매운지 혀가 알알하다. 매를 맞은 자리가 알알하다.

53) 알짝지근하다: ①살이 좀 알알하다. ②맛이 좀 아린 듯하다. ③술기운이 알맞게 도는 듯하다. 〈큰〉얼쩍지근하다.

54) 알키하다: ①살을 다치어 아리거나 따끔따끔한 느낌이 있다. ②술이 취한 듯 정신이 어렴풋하고 알알하다.

55) 쓰라리다: ①다친 자리가 쓰리고 아리다. ¶상처가 쓰라리다. ②마음이 몹시 괴롭다. ¶쓰라린 과거.

56) 아리잠직하다: 겉모습이 얌전하고 마음씨가 고와 어린 티가 있다.

57) 알쏭하다: 그런 것 같기도 하고 그렇지 않은 것 같기도 하여 분간하기 어렵다. 기억이나 생각 따위가 떠오를 듯하면서도 떠오르지 않다.=아리송하다. ¶알쏭알쏭·얼쑹얼쑹, 알쏭달쏭(생각이 헷갈리어 알 듯 알 듯하면서도 알아지지 않는 모양)·얼쑹덜쑹, 알쏭·얼쑹하다, 알쭝달쭝하다(알쏭달쏭하다).

58) 아리: 정신이 희미하거나 흐리어 명백하지 않은 모양. ¶정신이 아리아리 흐려지다. 아리까리, 아리딸딸, 아리송송·아리숭숭, 아리아리·어리어리/하다²(여러 가지가 모두 아리송하다).

59) 어리어리: 설핏 얕은 잠이 든 모양. ¶어리어리 잠이 들다. 어리어리하다.

60) 아망지다: ①아이들이 오기를 부리는 것이 심하다. ②모양새가 매우 잘다. ¶좀스럽고 아망지게 생긴 사람.

61) 아무러하다: 아무 모양·형편·정도·조건으로 되어 있다. 〈준〉아무렇다. ¶아무러하면 어떠냐. 아무러하든 상관없다. 아무러하면/아무러면.

62) 아무려나: 아무렇게나 하려거든 하라고 승낙하는 말. ¶아무려나, 너 좋을 대로 해라.

63) 아무리: ①어떠한 방법, 수단, 정도, 조건으로 하여도 소용이 없음을 뜻하는 말. ¶아무리 열심히 해도 불가능한 일이다. 제아무리. ②비록 그렇다 할지라도. ¶아무리 없을망정 비굴하게는 살지 않겠다. ③=자꾸. 거듭. ¶아무리 생각해도 그 이름이 떠오르지 않는다. ④=설마. 어떻게. 어쩌면. [+의혹]. ¶아무리 그가 그런 일을 했을까? [+~해도/이라도. +부정어].

64) 어밀: 좀더 느리게 보일 듯 말 듯 조금씩 움직이는 모양. ¶어밀어밀 꺼져가는 불꽃.

65) 어물: 잇달아 말이나 행동을 분명하게 하지 않고 대강해서 넘겨 버리려

ㅇ

껄이고 있다. 말끝을 아물아물 흐리지 마라. 아물·어물거리다/대다, 어물쩍[66]거리다/대다/하다(어물거리어 넘기다).

아물(다) 부스럼이나 다친 살가죽이 다 나아서 맞붙다.≒낫다. 치유하다(治癒).[+상처. -병(病)]. ¶상처가 아물다. 아물기가 덜된 상처. 아물리다[67].

아미타불 대승 불교의 정토교(淨土教)의 중심을 이루는 부처.[←阿彌陀佛←Amitābha〈범〉]. 〈준〉미타. 아미타. ¶아미타당(堂), 아미타만다라, 아미타여래(如來); 미타불(彌陀佛), 미타삼존(彌陀三尊), 미타찬(彌陀讚) 들.

아버지 자기를 낳은 부모 중 남자인 사람. 아버지와 비슷한 위치에 있는 남자.↔어머니. ¶아버지와 어머니가 다 살아 계신다. 아바마마(媽媽), 아버님, 아범[68], 아비[69], 아빠, 아주버니[70]; 기러기아빠[71], 기럭아비[72], 다시아버지(제 아버지가 돌아간 뒤에 들어온 남자), 생아버지(生), 수양아버지(收養), 수양아비(收養), 시아버지(媤), 시아비(媤), 애아버지, 양아버지(養), 의붓아버지, 작은아버지, 지아비(웃어른 앞에서 자기 남편을 부르는 말), 첩아비(妾), 친아버지(親), 큰아버지, 하르방[73], 할아버지[넛할아버지, 시할아버지(媤), 외할아버지/할아비(外), 중신아비(中;남의 혼인을 중매하는 남자), 친할아버지(親)], 핫아비(아내가 있는 남자), 홀아비[홀아비김치, 홀아비살림]. ☞ 부(父).

아뿔싸 일을 잘못하였음을 깨닫고 뉘우칠 때 내는 소리.=에계. 〈큰〉어뿔싸. 〈거〉하뿔싸. 〈큰·거〉허뿔사. ¶아뿔싸, 내가 그걸 몰랐구나.

ㅇ

아사달 단군 조선 개국 당시의 도읍.[←아사+달(땅)].

아사리 제자의 행위를 바로잡으며 그의 사범(師範)이 되어 지도하는 고승(高僧).[←ācārya〈범〉]. ¶대아사리(大), 도리/사리(闍梨;중에게 덕행을 가르치는 스승).

아삭 ①싱싱하고 연한 과일이나 채소 또는 과자를 씹거나 깨무는 소리.=아사삭. ¶사과를 아삭 베물다. ②단단하고 깨지기 쉬운 물건이 가볍게 부서질 때 나는 소리. ¶모래 밟는 소리가 아삭 나다. ③마른 풀이나 가랑잎 따위를 가볍게 스칠 때 나는 소리. ¶마른 풀을 아삭 밟다. 〈큰〉어석/어서석. 우석[74]. 〈센〉아싹. 아삭·어석·아싹·어썩·으썩거리다/대다, 아삭아삭·어석어석/하다, 어석버석, 와삭[75].

아서 아랫사람에게 그렇게 하지 말라고 막는 말. ¶아서, 그러면 못써. 아서라, 다칠라. 아서-라, 앗개[76].

-아서 양성 모음으로 끝난 용언의 어간에 붙는 종속적 연결 어미. [음성 모음에서는 '-어서'로, '하다' 뒤에서는 '-여서'로 쓰임. 'ㅏ'와 'ㅓ'로 끝나는 어간 뒤에서는 '-서'로 실현됨. ①이유·근거를 나타냄. ¶기회를 보아서 가겠다. 눈이 와서 미끄럽다. 만나서 반갑다. 워낙 성실한 사람이어서 성공할 것이다. ②동사 어간에 붙어, 시간의 앞뒤 순서를 나타냄. ¶집에 와서 목욕을 했다. 웃옷을 벗어서 어깨에 걸치다. ③방법을 나타냄. ¶잉어를 고아서 먹다. 밥을 물에 말아서 먹다. 구워서 잡수세요.

아수라 고대 인도의 선신(善神)이었으나, 제석천과 싸우는 귀신으로 됨.[←阿修羅←asur〈범〉]. 〈준〉수라(修羅). ¶아수라궁(宮), 아수라도(道), 아수라왕(王), 수라장(場)[77].

아쉽(다) ①필요한 상황에서 물건이나 사람이 자기에게 꼭 있었으면 하는 느낌을 가진 상태라 안타깝다. ¶돈이 아쉽다. 막상 남에게 아쉬운 소리를 하자니 낯이 뜨거워진다. 주위의 따뜻한 손길이 아쉽다. ②뜻대로 안 되어 불만스럽거나 유감스럽다. ¶분패한 것이 끝내 아쉽다. 우리 팀은 결승전에서 아쉽게 지고 말았다. 아쉬운 대로(마음에 만족하지는 못하나마 그냥 그대로). ③아깝고 서운하다.=아수하다. ¶두 사람은 이별을 못내 아쉬워하며 헤어졌다. 정든 고향을 떠나기가 아쉽다. 아쉬움, 아쉬워하다.

아스라-하다 아슬아슬하게 높거나 까마득하게 멀다(아득하다). 기억이 분명하게 나지 않고 가물가물하다(어렴풋하다). 〈준〉아스랗다. 아슬하다. ¶벼랑 아래를 내려다보니 아스라했다. 어린 시절의 추억이 아스라이 떠오른다. 아슬한 절벽. 아스라이(아스라하게), 아슬히(아슬하게. 아스라하게), 아슬아슬②/하다.

아스러-지다 덩어리가 깨져 여러 조각이 되다. 살갗이 무엇에 부딪혀 벗겨지다. 〈큰〉으스러지다. ¶아스러지도록 힘껏 껴안다. 아스러·으스러뜨리다/트리다.

아슥아슥 여러 개가 모두 한쪽으로 조금 비뚤어져 있는 모양. 〈큰〉어슥어슥. ¶모진 바닷바람에 밀려 아슥아슥 기울어진 나무들. 아슥아슥·어슥어슥/하다,

아슬아슬 ①소름이 끼칠 정도로 약간 차가운 느낌이 잇따라 나는

는 모양. 〈큰〉우물. ¶어물어물 말하지 말고 분명하게 말해 보게.

66) 어물쩍: 말이나 행동을 일부러 분명히 하지 않고 남이 알아차리지 못하게 슬쩍 넘기는 모양. 얼렁뚱땅.=어물쩡. 〈큰〉우물적. ¶이번 일은 어물쩍 넘길 수 없소. [+넘기다].

67) 아물리다: ①'아물다'의 사동형. ②일이나 셈을 끝막다. ③벌어진 일을 잘 되도록 어우르다.

68) 아범: 물아범, 애아범, 의붓아범, 큰아범, 할아범, 행랑아범(行廊).

69) 아비: ①'아버지'를 낮추어 이르는 말. ②여자가 자식을 나은 뒤에 시부모에게 자기 남편을 이르는 말. ③남자 어른을 이르는 말. ¶모가비(막벌이꾼·광대 등과 같은 낮은 패의 우두머리.[←목+아비]), 아비/어비딸, 아비/어비아들; 시아비(媤), 싸울아비[무사(武士)], 애아비, 양아비(養), 오라비(손위 오빠), 윷진아비, 의붓아비, 장물아비(贓物;도둑질한 물건을 전문으로 사는 사람), 지아비(남편), 함진아비(函), 허수아비, 홀아비[홀아비김치, 홀아비꽃대, 홀아비살림, 홀아비좆].

70) 아주버니/아주비: 여자가 남편의 형뻘이 되는 남자를 이르는 말.

71) 기러기아빠: 아내와 자식들을 모두 해외에 보내고 홀로 사는 사람.

72) 기럭아비: 전안(奠雁)할 때에 나무로 만든 기러기를 들고 신랑보다 앞서 가는 사람.

73) 하르방: '할아버지'의 제주 사투리. ¶돌하르방(제주도에 있는 장승의 일종).

74) 우석: ①과일, 채소, 풀 따위를 가볍게 씹어 먹는 소리. 또는 그 모양.=어석. ¶짚은 먹는 소리가 우석우석 요란하다. ②마르거나 빳빳한 물건이 가볍게 스치거나 부서지는 소리. 또는 그 모양. 우석·우썩거리다/대다.

75) 와삭: ①빳빳이 마른 얇고 가벼운 물건이 서로 스치거나 부서질 때 나는 소리.=와사삭. ¶와삭 바스러지는 가랑잎. ②과일이나 과자 따위를 한 입 베어 무는 소리. ¶와삭·와싹·워석·워썩거리다/대다/이다, 와삭바삭/하다, 와삭와삭/하다.

76) 앗개: 하게 할 자리에 그리 말도록 타이르는 말.

77) 수라장(修羅場): 싸움이나 기타의 이유로 혼란에 빠진 곳. 또는 그러한 상태.

모양. 〈큰〉오슬오슬. 으슬으슬. ¶몸이 아슬아슬 떨리다. 아스스[78], 아슬아슬하다, 으쓸[79]. ②잘못될까 두렵거나 몹시 조마조마한 모양이나 위태로운 모양. ¶아슬아슬 치솟은 벼랑. 아슬아슬하다(위태롭다).

아슬랑 몸집이 작은 사람이나 짐승이 몸을 흔들며 느리게 움직이는 모양. 〈큰〉어슬렁. 어실렁. 우실렁[80]. ¶아슬랑 · 어슬렁거리다/대다. 어실어실[81]; 스렁[82], 슬렁거리다/대다, 슬렁슬렁/하다.

아승기 수(數)로 표현할 수 없는 가장 많은 수. 또는 그런 시간.[←asamkhya〈범〉]. ¶아승기겁(劫;無量劫).

아시 '봉황(鳳凰)'을 달리 이르는 말.

아심아심 마음이 놓이지 않아 조마조마한 모양. ¶마음이 아심아심 조여 들다. 아심아심/하다.

아씩 ①갑자기 위태로운 경우를 당하여 놀라 느끼는 모양. ②찬 기운이 갑자기 몸을 스쳐가며 싫은 느낌을 갖는 모양. 〈큰〉으씩. ¶몸이 아씩 떨리다. 아씩하다, 아쓸하다(몹시 아씩하다. 싫증이 몹시 나다), 으스슥[83].

아야 ①갑자기 아픔을 느끼어 내는 소리.=아악. ②무슨 일이 그릇되었을 때 내는 소리. ¶아야, 글렀구나.

-아야 'ㅏ · ㅗ'의 모음으로 끝난 어간에 붙는 연결 또는 종결 어미. [그 외 모음에서는 '-어야', '하-' 뒤에서는 '-여야'로 쓰임]. 'ㅏ'와 'ㅓ'로 끝나는 어간 뒤에서는 '-야'로 실현됨. ①뒷말에 대한 조건이 꼭 필요함을 나타냄. ¶앉아야 편하지. 물이 깊어야 고기가 모인다. 산에 가야 범을 잡지. ②아무리 크게 가정을 하여도 영향이 없음을 나타냄. ¶아무리 졸라 보아야 소용없다. 뛰어야 벼룩이다. 기껏해야, 끽해야, 막해야, 잘해야 등; -아야/-어야만, -아야/-어야(하)지(요); -아야/-어야지[84](요)/야죠, -여야[85].

아얌 겨울에 부녀자들이 나들이할 때 춥지 아니하도록 머리에 쓰던 물건. ¶아얌드림(아얌 뒤에 늘어뜨린 비단).

아양 귀염을 받으려고 알랑거리는 말이나 짓. ¶아버지에게 갖은 아양을 떨고 있다. 아양을 떨다/ 부리다. 아양스럽다.

아예 ①일이 있기 전에 미리. 처음부터.≒애당초. ¶아예 문제도 되지 않는다. ②조금도.≒절대로. 결코. ¶아예 믿지도 말아라. ③어떤 행동이 처음부터 단호함을 나타내는 말. 그럴 바에는 차라리. 전적으로. ¶그런 녀석은 아예 상종도 하지 마라.≒숫제. 차라리. [←아이+예]. [+부정어].

아옹[1] 고양이가 우는 소리. 〈큰〉야옹. ¶아옹개비(고양이), 아옹거리다/대다[1](고양이가 자꾸 울다), 아옹아옹/하다.

아옹[2] 얼굴을 가리고 있다가 손을 떼면서 어린아이를 어르는 소리. 〈큰〉아웅.

아옹-하다 ①굴이나 구멍 따위가 쏙 오므라져 들어가 있어 휑하고 침침하다. 〈큰〉어웅하다. ¶짐승의 울부짖는 소리가 어웅한 산골짜기를 울렸다. 하수구가 아옹해서 겁이 났다. ②속이 좁은 사람이 성에 안 차서 달갑지 아니하게 여기는 티가 있다. ¶아옹거리다[86]/대다[2], 아옹다옹/아옹당 · 아옹다옹(서로 시비를 걸고 자꾸 다투는 모양)/하다.

아우 같은 항렬 또는 가까운 남자끼리나 여자끼리에서, 나이가 적은 사람.≒동생.↔언니. 형(兄). ¶아우보다 형이 키가 작다. 형과 아우가 사이좋게 지낸다. 형만 한 아우 없다. 아우님, 아우바래기(아우를 볼 아이), 아우보다(아우가 생기다), 아우타다[87], 아우형제(兄弟); 동복아우(同腹), 막내아우, 친아우(親). ☞ 제(弟).

아우-거리 김맬 때에 흙덩이를 푹푹 파 넘기는 일.

아우-성(聲) 여럿이 한목 기세를 올려 악써 지르는 고함 소리.=아부재기. ¶자유를 외치는 민중의 아우성. 아우성치다(소리치다).

아욱 아욱과의 한해살이풀. ¶아욱국, 아욱쌈, 아욱씨, 아욱장아찌(싱거운 사람), 아욱죽(粥); 양아욱(洋).

아운-하다 몸이 지치고 힘이 없어 나른하다. ¶비탈길을 내려오는데 몸이 휘청거리며 다리맥이 아운해졌다.

아유 ①뜻밖에 일어난 일에 대한 놀라움을 나타내는 소리. ②힘에 부치거나 피곤할 때에 내는 소리. 〈큰〉어유.

아으 정신적으로나 육체적으로 심하게 아플 때 나오는 소리.

아이[1] ①태아에서부터 어른이 되기 전까지의 어린 사람.↔어른. 〈준〉애. ¶아이도 사랑하는 데로 붙는다. 아이년/애년, 아이놈/애놈, 애머슴, 애받이/하다, 애보개(아이를 돌보는 일을 하는 사람), 애새끼, 애서다(아이가 생기다), 아이아버지/애아버지, 애아범, 애아비, 아이어머니/애어머니, 애어멈, 아잇적(아이 때), 애자식(子息), 애장(葬), 아이종, 애지우기[유산(流産)], 애총(塚); 감정아이[88], 갓난아이/갓난애, 계집아이/계집애, 딸아이/딸애, 맏아이,

78) 아스스: 차거나 싫은 것이 몸에 닿았을 때 약간 소름이 돋는 모양. 〈큰〉오스스. 으스스. ¶찬바람이 옷깃 속으로 아스스 스며들다. 추위에 몸이 아스스 떨린다.

79) 으쓸: ①두렵거나 춥거나 하여 몸이 움츠러드는 모양. ¶추워서 몸을 으쓸 움츠리다. ②어깨를 쳐들어 들먹이는 모양. ¶두 어깨에 으쓸 장타령도 나온다.

80) 우실렁: 사람이나 짐승이 흩어져 느리게 걸어 다니는 모양. ¶우실렁거리다/대다, 우실렁우실렁/하다.

81) 어실어실: 사람이나 짐승이 조금 느리게 걸어 다니는 모양. ¶어실어실 맥없이 걸어 다니시는 할아버지.

82) 스렁: =슬렁. ¶호랑이가 스렁스렁 걸어가다. 김 노인이 슬렁슬렁 다가와 곁에 앉았다.

83) 으스슥: 차거나 싫은 것이 갑자기 몸에 닿을 때 크게 소름이 돋는 모양.

84) -야지: 'ㅏ, ㅓ'로 끝나는 어간 아래에서 '-아야지(-아야 하지). -어야지(-어야 하지)'의 '아, 어'가 탈락된 꼴. 말하는이의 의지를 나타내거나, 어떤 일의 정도를 강조함. ¶어서 가야지. 물을 건너야지. 오늘은 집에 가서 잠이나 자야지.

85) -여야: 여 불규칙 용언[하다]의 어간 밑에 붙여 쓰는 연결 어미. ¶어떠한 일이든지 열심히 하여야 한다. -여야만.

86) 아옹거리다[2]: ①소견이 좁은 사람이 자기 뜻에 맞지 않아 투덜거리다. ②사이가 좋지 못하여 서로 다투다. ¶애들은 만나기만 하면 아옹거리며 싸운다.

87) 아우타다: 어머니가 아우를 배었을 때, 먼저 태어난 젖먹이가 시나브로 야위어지다.

88) 감정아리: 몸엣것(월경) 없이 밴 아이. 첫 번째 배란에 수정이 되어 밴

말머리아이[89], 머슴애, 사내아이, 상노아이(床奴), 아들아이/아들애, 어린아이/어린애, 작은아이, 종아이, 진아이(아직 똥오줌을 가릴 줄 모르는 어린아이), 큰아이/큰애. ☞ 아(兒). ②'애/아시[90]/애잇-. 애동/애둥-'의 형태로, 일부 명사나 용언 앞에 붙어, '맨 처음의. 이른. 앳된/어린'의 뜻을 나타내는 말.[애〈아시〈아ᅀᅵ]. ¶애가지, 애갈이, 애고추, 애고사리, 애꽈리, 애끌(아이만한 커다란 끌), 애나무, 애늙은이, 애당초(當初), 애동지(冬至), 애돝(한 살이 된 돼지), 앳되다[91], 애둥소(어린 소), 애버들, 애벌[92], 애벌레, 애삼(蔘), 애새우, 애소리[93], 애솔/밭, 애송(松), 애송아지, 애송이[94]/판, 애순(筍), 애싸리, 애쑥, 애어른, 애어리다(아주 어리다), 애오이, 애잇(애벌로. 처음으로)[애잇기름, 애잇닦기, 애잇머리(맨 첫번)], 애잎(어린 잎), 애자식(子息), 애저찜(猪), 애저녁(초저녁), 애젊다(애티가 나게 젊다), 애젊은이, 애지(枝), 애짓다(창조하다), 애짓는이, 애참나무, 애채[95], 애초(初), 애초에/애최, 애총각, 애돝(애돼지), 애티(앳된 모양), 애호박/애동호박 들.

아이[2] ①남에게 무엇을 재촉하거나, 무엇이 마음에 선뜻 내키지 아니할 때 내는 소리. ¶아이, 그러지 말아요. 아이참[96]. ②'아이고'의 준말.

아이고 ①아프거나 힘들 때, 놀랍거나 기막힐 때, 상쾌하거나 반가울 때 내는 소리. 〈준〉아이. 〈큰〉어이구/에구. 〈힘줌말〉아이고·어이구머니. ¶아이구, 허리야. 아이고나[97], 아이고땜(하소연), 아이고머니/애고머니·에구머니, 애고대고·에구데구, 애고지고, 어이구머니/나, 아이쿠·어이쿠. ②우는 소리. 특히, 상중(喪中)에 곡하는 소리.=애구. 〈준〉애고[98]. ¶아이곡(哭), 어이어이.

아작 과자 또는 좀 단단한 과일이나 채소를 씹을 때 나는 소리. 〈큰〉어적. 으적[99]. 〈센〉아짝. 〈큰·센〉어쩍. 〈본〉아자작·아지작[100]. ¶아작·아짝·어적·어쩍거리다/대다, 아작얼음(밟으면 아작 소리가 나는 얼음), 와작[101].

아장 키가 작은 사람이나 짐승이 천천히 걷는 모양. 〈큰〉어정. 〈거〉아창. ¶아장 걸어 들어오다. 아장·아창·어정·어청거리다/대다, 아장걸음, 아장바장·어정버정/하다, 아장아장·어정어정/하다.

아저씨 부모와 같은 항렬의 남자. 남남끼리에서의 남자 어른을 정답게 부르는 말.↔아주머니. ¶5촌 아저씨가 오셨다. 아이들이 동네 아저씨를 잘 따른다. 아재, 아재비, 아제. ☞ 숙(叔).

아주[1] ①보통 정도보다 훨씬 더 넘는 상태로.≒매우. 무척. 가장. 대단히. 썩.↔조금. 좀. 보통. ¶아주 어려운 문제. 아주 높다. 아주 예쁘다. 아주 최근에 일어난 일. 그 사람은 아주 부자(富者)다. 그는 아주 새 사람이 되었다. 아주 순진무구한 사람. 아주낮춤, 아주높임, 아주먹이[102]. ②더 이상 어찌할 수 없게. 다시 생각할 여지가 없이.≒완전히. 전혀. ¶아주 못쓰게 되었다. 아주 잊어버리다. 아주 딴판이다. ③영원히.≒영. 영영. ¶이곳을 아주 떠나다. 그 일을 아주 잃어 버렸다. 아주심기[정식(定植)]. ④어떤 일보다 더 나아가. ⑤주저할 것 없이 따끔히. ¶이야기가 나왔던 김에 아주 한 마디 해 두자.

아:주[2] 남의 잘하는 체하는 말이나 행동을 조롱하는 말. ¶아주, 제법 어른 같은 말을 하는군.

아주까리 대극과(大戟科)의 한해살이풀.=피마자(蓖麻子). ¶아주까리기름, 아주까리산(酸), 아주까리씨.

아주머니 부모와 같은 항렬의 여자. 한 항렬에 있는 남자의 아내. 부인네를 높여 정답게 부르는 말.↔아저씨. ¶아주머님, 아주미, 아줌마; 동성아주머니(同姓:고모), 맏아주머니(맏형의 아내), 새아주머니 들.

아주버니 남편과 같은 항렬에 있는 남자 중 남편보다 나이가 많은 사람을 부르는 말. 시숙(媤叔:남편의 형제). ¶아재, 아주버님, 아주비; 시아주버니(媤), 시아주비(媤) 들.

아즐 강아지 따위가 꼬리를 흔들며 비틀비틀 걷는 모양.

아즐-하다 멀리 까마득히 아물거리다. 〈준〉아즐타.

-아지 몇몇 명사나 용언의 어간에 붙어 '대상을 낮춤 또는 조그만 것. 짐승의 새끼'의 뜻을 더하는 말. 식물의 어린 가지나 가는 가지. §'-아기/어기[小子], -저지'는 이형태. ¶강아지, 꼬라지(꼬락서니), 나머지[남(다)+어지〈남저지], 나지라기[103], 망아지[망아지자리; 조랑말자리, 조랑망아지], 며가지[←멱+아지], 모가지, 미꾸라지, 바가지, 벼아지(베어낸 벼포기에서 돋은 움싹), 버러지[←벌(레)+어지], 보아지[104], 소가지[←속+아지], 송아지, 싸가지, 오라

아이.

89) 말머리아이: 혼인한 뒤에 바로 배어 낳은 아이.

90) 아시: '애벌'의 옛말. ¶아시구이, 아시김, 아시논, 아시당초(當初), 아시방아, 아시빨래, 아시잠(초벌잠), 아시저녁.

91) 앳되다: 젊은이로서 나이에 비해 애티가 있어 어려 보이다. ¶목소리가 앳되다. 그녀는 앳되어 보인다.

92) 애벌: 같은 일을 되풀이할 때의 첫 번째 차례.=초벌(初). ¶애벌 빨다. 애벌 씻다. 애벌갈이/애갈이, 애벌구이(설구이)/하다, 애벌기름(애잇기름), 애벌김, 애벌논, 애벌다듬이/하다, 애벌닦기(애잇닦기), 애벌땜/하다, 애벌로(처음으로), 애벌매기/애매기, 애벌목(애벌 술을 마시는 목구멍), 애벌방아, 애벌빨다, 애벌빨래/애빨래, 애벌인사(人事), 애벌찌다, 애벌칠(漆).

93) 애소리: 날짐승의 어린 새끼.

94) 애송이: 애티가 있어 어려 보이는 사람. ¶애송이판(애송이들만 득실거리는 판).

95) 애채: 나무의 새로 돋은 가지.

96) 아이참: 기대에 어그러지는 일이 있거나, 초조하거나, 무엇을 기다릴 때의 느낌을 나타내는 말. ¶아이참 속상해. 아이참 왜 여태 안 오지?

97) 아이고나: 어린아이의 묘한 재롱이나 착한 일을 보고, 기특하여 내는 소리. 〈큰〉어이구나.

98) 애고: 상제가 곡하는 소리. 또는 그 모양. ¶애고애고 곡하는 종손. 애고대고·에구데구, 애고애고·에구에구.

99) 으적: ①약간 단단하고 깨지기 쉬운 물건이 세게 으스러지는 소리. ②단단한 것을 되게 깨무는 소리.=으석. 으지적. ¶날밤을 으쩍 깨물다. 으적·으쩍거리다/대다. 〈샌〉으쩍.

100) 아지작: 단단한 물건을 힘껏 깨물어 바스러뜨릴 때에 나는 소리. 〈큰〉으지적. 으지직. ¶사과를 한 입 아지작 베어먹다. 아지작·으지적·으지직거리다/대다, 아지직·으지직거리다/대다.

101) 와작: 좀 단단한 음식을 시원스레 씹는 모양. 또는 그렇게 씹는 소리. 〈큰〉우적. 〈센〉와짝. ¶와작·우적거리다/대다, 와작와작·우적우적/하다.

102) 아주먹이: ①더 손댈 필요가 없을 만큼 깨끗하게 쓿은 쌀. 백정미(白精米). ②겹옷을 입을 때 솜을 두어 입는 옷.

103) 나지라기: 직위와 등급이 낮은 사람이나 물건. 아랫길. 하치.

104) 보아지: 판잣집 같은 작은 집에서 들보 구실을 하는 나무. 건축에서,

기, 옹두라지(자그마한 옹두리;木瘤), 하느라지; 간지라기[105], 까끄라기[까끌+아기], 두드러기, 보푸라기 · 부푸러기, 바스라기, 벼아지(벼포기에서 자라는 아지), 보아지(기둥머리에 끼워 보의 짜임새를 보강하는 짧은 나무), 부스러기[부스러(지다)+어기], 싸라기[쌀+아기], 쓰레기[쓸(다)+어기], 지푸라기(짚+풀+아기); 안저지[106], 업저지[107] 들.

-아-지이다 끝 음절의 모음이 'ㅏ, ㅗ'인 동사나 형용사의 어간 아래에 붙어서, 무엇을 기원하는 뜻을 나타내는 종결 어미. ¶평화의 새 날이 밝아지이다.

아지랑이 봄날 강한 햇살을 쬘 때, 공기가 공중에서 아른아른 움직이는 것처럼 보이는 현상.[←아즐/어즐+앙이]. ¶아지랑이가 피어오르다. 아지랑이춤(무엇이 어른거리는 현상).

아직 ①어떤 때가 미처 되지 못하여. ¶아직 시간이 이르다. 영희는 이미 왔으나 철희는 아직 안 왔다. ②어떤 행동이나 상태가 지금까지 이루어지지 않아. ¶일을 아직 못했다. ③어떤 상태나 행동이 변함없이 지금도. 계속하여 지금도. ¶아직 고향에 계십니까? 그는 아직 청춘[젊은 사람]이다. 그는 아직 어리다.≒여태. 아직까지, 아직껏, 아직도. [+미완성. 부정 표현. 과거 시제와 호응].

아차 무엇이 잘못된 것을 갑자기 깨달을 때 내는 소리. 본의 아니게 자칫. ¶아차, 문을 잠그지 않고 나왔군. 조심해라, 아차 하면 큰일이다. 아차차('아차'를 거듭하는 소리).

아츠럽(다) 보거나 듣기에 견디기 어려울 정도로 거북하다. 소리가 신경을 몹시 자극해 듣기 싫고 날카롭다. ¶아츠러운 소리가 귀청을 울렸다.

-아치/치 몇몇 명사 뒤에 붙어 '그 일에 종사하는 사람, 비천한 사람'의 뜻을 더하는 말. §'-치[赤]'는 토이기어, 몽고어, 만주어에 공통으로 보임. ¶구실아치, 동냥아치, 동자아치(밥짓는 일을 하는 하인), 바느질아치, 반빗아치(飯), 벼슬아치, 빗아치, 시정아치(市井;장사치), 양아치(거지. 넝마주이), 장사치, 재주치(才), 조라치, 흥정아치/바치(장사치). ☞ -바치.

아치랑 키가 조금 작은 사람이 힘없이 조금 몸을 흔들며 찬찬히 걷는 모양. 〈준〉아칠. 〈큰〉어치렁/어칠. ¶할아버지 한 분이 힘없이 아치랑아치랑 걸어오고 있다. 아치랑/아칠 · 어치렁/어칠거리다/대다, 아치랑아치랑/아칠아칠하다, 아치장[108], 아칫[109], 어칠비칠(어칠거리고 비칠거리는 모양).

아침 날이 새면서부터 오전 반나절쯤까지의 시각이나 동안.↔저녁. ¶아침에 일어나다. 아침거리, 아침결, 아침곁두리, 아침나절, 아침내, 아침노을/아침놀, 아침동자, 아침때, 아침뜸[110], 아침먹이, 아침문안(問安), 아침/밥, 아침상(床), 아침상식(上食), 아침선반(宣飯)[111], 아침술, 아침쌀, 아침잠, 아침저녁, 아침진지, 아침참(站); 이슬아침(이슬이 채 마르지 않은 이른 아침), 하루아침(짧은 시간. 어떤 날 아침). ☞ 조(潮).

아카사니 힘을 써서 무거운 물건을 번쩍 들 때 내는 소리. 애써 찾던 것을 발견했을 때 가볍게 내는 소리. 〈큰〉이커서니.

아퀴¹ 어수선한 일의 갈피를 잡아 마무르는 끝매듭. ¶메지를 내어 아퀴를 짓는 것을 '매잡이'라고 한다. 아퀴가 나다(일이나 말이 마무리되다), 아퀴를 짓다(일의 끝마무리를 하다. 일의 가부를 결정하다).

아퀴² 한쪽 끝이 둘로 갈라지게 다듬은 기둥. ¶아퀴쟁이(나무의 가장귀진 가지).

아편(阿片) 양귀비의 진액을 말리어 굳힌 물질. 마약. ¶아편 주사. 아편에 중독되다. 아편굴(窟), 아편연(煙), 아편쟁이, 아편전쟁(戰爭), 아편중독(中毒); 생아편(生).

아프(다) 맞거나 다쳐, 또는 병으로 인해 몸의 어느 부위가 통증이 있다.(↔낫다). 마음이 쓰리고 괴롭다.[←앓(다)+-브다]. ¶머리가/허리가 아프다. 가슴 아픈 사연. 화재 현장을 보니 내 마음이 아프다. 불쌍한 사람을 보면 마음이 아프다. 아파하다, 아픔; 배아프다, 뼈아프다 들.

아하 미처 생각하지 못한 것을 깨달아 느낄 때에 내는 소리. 좀 못마땅하거나 불안스런 느낌이 있을 때 내는 소리. 〈큰〉어허. ¶아하, 그래서 그 사람이 화를 냈구나. 아하, 야단났구나!

아하하 거리낌 없이 큰 소리로 웃는 소리나 모양. 〈큰〉어허허. 으하하[112].

아홉 여덟에 하나를 더한 수. 구(九). ¶아홉무날, 아홉무날[113], 아홉수(數), 아홉째, 아흐레, 아흐렛날, 아흔(90); 초아흐렛날(初); 아습[114] 들.

악¹ ①있는 힘을 다하여 모질게 마구 쓰는 기운. ¶악을 바락바락 쓰다. 악다구니[115], 악도리(악을 쓰며 모질게 덤비기 잘하는 사람), 악머구리[116], 악바리[117], 악쓰다[118], 악장치다[119], 악쥐다,

---

기둥머리에 끼워 보의 짜임새를 보강하는 짧은 부재(部材).

105) 간지라기: 남의 몸이나 마음을 잘 간질이는 사람.[←간질+아기].

106) 안저지: 어린아이를 안아 주고 보살피는 여자 하인.

107) 업저지: 어린아이를 업고 돌보는 계집 하인.

108) 아치장: 키가 조금 작은 사람이 기운이 없이 느리게 걷는 모양. 〈큰〉어치정. ¶머리를 숙이고 아치장아치장 걸어가는 아이. 아치장 · 어치정거리다/대다.

109) 아칫: 어린아이가 이리저리 위태롭게 걸음을 떼어 놓는 모양. ¶돌짜리가 아칫아칫 걷는다. 아칫거리다/대다, 아칫아칫/하다.

110) 아침뜸: 아침 무렵 해안 지방에서 해풍과 육풍이 바뀔 때 한동안 바람이 자는 현상. 아침바라기.

111) 아침선반(宣飯): 일터에서 일꾼에게 아침밥을 먹이고 잠시 쉬게 하는 시간. ☞ 선반(宣飯).

112) 으하하: 입을 크게 벌리며 거리낌 없이 크게 웃는 소리. 또는 그 모양. 〈큰〉으허허.

113) 아홉무날: 조수 간만의 차가 같은 음력 사흘과 열여드레를 이르는 말.

114) 아습: 소나 말의 아홉 살.=구릅.

115) 악다구니: 서로 욕하며 싸우는 짓. 버티고 겨룸. ¶악다구니를 치다. 악다구니질, 악다구니판, 악다구니하다.

116) 악머구리: 참개구리. §'머구리'는 '개구리'의 옛말. ¶악머구리 끓듯 한다(여러 사람이 알아들을 수 없이 시끄럽게 떠들어 대다). 억머구리(맹꽁이).

117) 악바리: ①성미가 깔깔하고 고집이 세며 모진 데가 있는 사람. ②지나치게 똑똑하고 영악한 사람.

118) 악쓰다: 악을 내어 소리를 지르거나 마구 날뛰다. ¶악쓰며 덤벼들다.

119) 악장치다: 악을 쓰며 싸우다. ¶옆집 젊은 부부가 악장치는 통에 잠을 잘 수가 없었다.

악청(악을 써서 지르는 목청), 악청구(악에 받친 지청구). ②'악/억-, 어기-'의 꼴로, 몇몇 동사 어간에 붙어 '단단히 힘껏. 몹시. 매우'를 뜻하는 말. ¶악다물다, 악말갛다(몹시 말갛다), 악물다[120]/물리다; 억누르다/눌리다, 억다물다, 억마디지다[121], 억배기다(억세게 배기다), 억세다[122], 억죄다(몹시 죄다), 어기차다(성질이 매우 굳세다), 억차다(억세고 힘차다), 악 · 억패듯(사정없이 강박하듯이. 억지로).

악² ①남이 놀라도록 갑자기 지르거나 놀랐을 때 무의식적으로 지르는 소리. 또는 상대편에 대항하는 소리. ¶악악 · 억억, 악악거리다[123]/대다. ②세차게 달려들거나 나아가는 모양. ¶악 달려들다. 〈큰〉억.

-악/억(옥/욱) 몇몇 명사나 용언의 어간 뒤에 붙어 '장소. 그 말의 속됨'의 뜻을 더하는 말. ¶가락[←가르(다)], 가죽, 기스락[←기슭], 꼬락서니[←꼴+악서니], 뜨락[←뜰], 무르팍[←무릎], 바닥[←받(다)], 아낙[←안], 조각[←족/쪽], 주먹[←줌], 터럭[←털] 들.

-악(스럽다) '모질다'의 어간과 '-스럽다' 사이에 붙어, '아주. 몹시'의 뜻을 더하는 말. ¶모지락스럽다(보기에 아주 억세고 모질다).

악(惡) 올바르지 아니함. 양심을 좇지 아니하고 도덕을 어기는 일. '모질다. 나쁘다. 불길하다. 질이 낮다. 바람직하지 않거나 좋지 않음'을 뜻하는 말.↔선(善). 호(好). ☞ 오(惡). ¶악에 물들다. 악의 화신. 악세다, 악스럽다. 악감(惡感), 악감정(感情), 악결과(惡結果), 악계(惡計), 악과(惡果), 악괄하다(惡聒;입이 험하고 떠들썩하다), 악구(惡口), 악귀(惡鬼), 악기(惡氣), 악기류(氣流), 악녀(惡女), 악념(惡念), 악담(惡談), 악당(惡黨), 악덕/상인(惡德/商人), 악도(惡徒), 악도(惡道), 악독(惡毒), 악동(惡童), 악랄하다(惡辣;하는 짓이 모질다. 사납다), 악령(惡靈), 악례(惡例), 악마(惡魔)[악마적(的), 악마주의(主義)], 악마디[124], 악매(惡罵;심한 꾸지람), 악명(惡名), 악모(惡毛), 악목(惡木), 악몽(惡夢), 악문(惡文), 악물(惡物), 앵미[惡米], 악법(惡法), 악벽(惡癖), 악병(惡病), 악보(惡報), 악부(惡婦), 악사/천리(惡事/千里), 악산(惡山), 악상(惡相), 악상(惡喪), 악상(惡想), 악서(惡書), 악선전(宣傳), 악설(惡舌/說), 악성(惡性)[악성빈혈(貧血), 악성종양(腫瘍), 악성질환(疾患)], 악성(惡聲), 악소년(少年), 악속(惡俗), 악송(惡松), 악송구(惡送球), 악수(惡手), 악수(惡獸), 악순환(循環), 악스럽다, 악습(惡習), 악승(惡僧), 악식(惡食), 악신(惡神), 악심(惡心), 악액질(惡液質), 악야(惡夜), 악언(惡言), 악업(惡業), 악역(惡疫), 악역/무도(惡逆/無道), 악연(惡緣), 악영향(影響), 악용(惡用), 악우(惡友), 악운(惡運), 악월(惡月), 악의/악식(惡衣/惡食), 악의(惡意)[악의적(的), 악의점유(占有)], 악인/역(惡人/役), 악인/악과(惡因/惡果), 악인연(惡因緣), 악일(惡日), 악재(惡材), 악재료(惡材料), 악전(惡戰), 악전(惡錢), 악정(惡政), 악조(惡阻;입덧), 악조건(惡條件), 악종(惡腫), 악종(惡種;성질이 악독한 사람이나 동물), 악증(惡症), 악지(惡地), 악질(惡質)[악질분자(分子), 악질적(的)], 악질(惡疾), 악창(惡瘡), 악처(惡妻), 악천후(惡天候), 악첩(惡妾), 악초(惡草), 악초구(草具), 악충(惡蟲), 악취(惡臭), 악취(惡趣), 악취미(惡趣味), 악치, 악투(惡投), 악평(惡評↔好評), 악폐(惡弊), 악풍(惡風;모진 바람. 나쁜 습관), 악필(惡筆↔達筆), 악하다[125], 악한(惡漢), 악행(惡行), 악향(惡鄕), 악혈(惡血), 악형(惡刑), 악화/되다/하다(惡化), 악화(惡貨↔良貨), 악희(惡戲); 간악/하다/스럽다(奸惡), 간악무도(奸惡無道), 강악하다(强惡), 개악(改惡), 거악생신(去惡生新), 교악하다(狡惡), 괴악(怪惡), 구악(舊惡), 권선징악(勸善懲惡), 극악(極惡)[극악무도(無道), 극악인(人)], 근본악(根本惡), 단악(斷惡), 대악(大惡), 맹악하다(猛惡), 박악하다(薄惡), 발악(發惡), 백악(百惡), 사악(四惡), 사악(邪惡), 사악(肆惡), 사회악(社會惡), 선악(善惡)[선악과(果), 선악관(觀)], 성악(性惡), 소악(小惡), 속악(俗惡), 수악(首惡), 숙악(宿惡), 심악하다(甚惡), 양악(養惡), 열악하다(劣惡), 영악하다/스럽다(靈惡), 영악하다(獰惡), 오악(五惡)[126], 완악하다(頑惡), 요악하다/스럽다(妖惡), 우악(愚惡), 우악살스럽다, 원악(元惡), 위악(僞惡), 일악(一惡), 잔악하다(殘惡), 적악(積惡), 전악(前惡), 제악(諸惡), 조악하다(粗惡), 죄악(罪惡), 지악/스럽다/하다(至惡), 징악(懲惡), 참악(慘惡), 최악(最惡), 추악(醜惡), 추악(麤惡), 특악하다(慝惡), 패악(悖惡), 포악하다(暴惡), 필요악(必要惡), 한악(悍惡), 해악(害惡), 행악(行惡), 험악하다/스럽다(險惡), 흉악(凶惡). §'미워하다. 싫어하다'의 뜻으로는 [오]로 읽힘. ¶오귀(惡鬼), 오로(惡露), 오심(惡心), 오조증(惡阻症;입덧), 오풍증(惡風症), 오한(惡寒)[오한두통(頭痛), 오한증(症)]; 염오(厭惡), 원오(怨惡;원망하고 미워함), 증오(憎惡), 질오(嫉惡), 혐오/감(嫌惡/感), 호생오사(互生惡死), 호오(好惡) 들.

악(樂) ①'노래. 악기'를 뜻하는 말. ¶악가(樂歌), 악계(樂界), 악곡(樂曲), 악공(樂工), 악구(樂句), 악궁(樂弓), 악극/단(樂劇/團), 악기(樂記), 악기(樂器)[127], 악단(樂段), 악단(樂團), 악단(樂壇), 악대(樂隊)[군악대(軍), 취주악대(吹奏)], 악률(樂律), 악리(樂理), 악무(樂舞), 악보(樂譜), 악부(樂府), 악사(樂士), 악사(樂師), 악상(樂想), 악서(樂書), 악성(樂聖), 악수(樂手), 악식(樂式), 악음(樂音), 악인(樂人), 악작(樂作), 악장(樂匠), 악장(樂長), 악장(樂章), 악재(樂才), 악전(樂典), 악절(樂節)[작은악절, 큰악절], 악조(樂調), 악지(樂止), 악학(樂學); 가악(歌樂), 계락(界樂), 고악(古樂), 관악(管樂), 관현악(管絃樂), 교향악(交響樂), 구악(舊樂), 국악(國樂), 군악(軍樂)[군악대(隊); 길군악. 행군악(行)], 궁정악(宮廷樂), 기악(妓樂), 기악(器樂), 남악(男樂), 농악(農樂), 당악(唐樂), 묘악(廟樂), 무악(舞樂), 민속악(民俗樂), 법악(法樂), 사악(賜樂), 서악

120) 악물다: 몹시 아프거나 성나거나 참아 견디거나, 또는 단단히 결심할 때에 아래위의 이를 꽉 마주 물다. 〈큰〉윽물다.

121) 억마디지다: 매우 크게 마디가 생기다. ¶막노동으로 억마디진 아버지의 손.

122) 억세다: ①몸이 튼튼하고 힘이 세다. ¶억센 몸. ②결심한 바를 이루려는 뜻이 굳고 세차다. ¶억센 기상. ③식물의 잎이나 줄기가 뻣뻣하고 세다. ¶나물이 좀 억세다. 〈작〉악세다.

123) 악악거리다: 억지를 부리고 고함을 지르며 떠들썩거리다.=악악대다. 〈큰〉억억거리다.

124) 악마디(惡): 결이 몹시 꼬여서 모질게 된 마디.

125) 악하다(惡↔착하다): ①성질이 모질고 사납다. ¶악한 사람과 선한 사람. ②양심에 어긋나고 도의에 벗어나다. 남에게 해를 끼치는 속성을 가지고 있다. ¶악한 일.

126) 오악(五惡): 불교에서, 오계(五戒)를 어기는 다섯 가지 악한 일. 곧, 살생(殺生), 투도(偸盜), 사음(邪淫), 망어(妄語), 음주(飮酒).

127) 악기(樂器): 건반악기(鍵盤), 관악기(管)[금관악기(金管), 목관악기(木管)], 궁현악기(弓弦), 발현악기(撥弦), 양악기(洋), 자동악기(自動), 찰현악기(擦弦), 취주악기(吹奏)/취악기(吹), 타악기(打), 현악기(絃).

(序樂), 선악(仙樂), 성악(聖樂), 성악(聲樂), 세악(細樂), 속악(俗樂), 솔악(率樂), 습악(習樂), 실내악(室內樂), 아악(雅樂), 양악(洋樂), 어악(御樂), 여악(女樂), 여민락(與民樂), 연례악(宴禮樂), 예악(禮樂), 음악(音樂), 음악(淫樂), 자명악(自鳴樂), 전악(典樂), 정악(正樂), 제례악(祭禮樂)/제악(祭樂), 제전악(祭典樂), 종묘악(宗廟樂), 주악(奏樂), 취주악(吹奏樂), 풍악(風樂), 행군악(行軍樂), 향부악(鄕部樂), 향악(鄕樂), 현악(絃樂), 호악(胡樂), 환궁악(還宮樂). ②재미나 즐거움. '즐겁다·즐거워하다. 힘 안들이다'의 뜻으로는 [락/낙]으로 읽힘. ¶살아가는 데 낙이 없다. 독서를 낙으로 삼다. 낙경(樂境), 낙관(樂觀↔悲觀)[낙관론(論), 낙관적(的), 낙관주의(主義)], 낙빈(樂貧), 낙사(樂事), 낙승(樂勝), 낙원(樂園), 낙이(樂易), 낙전(樂戰), 낙종(樂從;즐거이 좇음), 낙지(樂地), 낙천(樂天)[낙천가(家), 낙천관(觀), 낙천적(的), 낙천주의(主義)], 낙토(樂土); 강호지락(江湖之樂), 고락(苦樂), 극락(極樂)[극락계(界), 극락왕생(往生), 극락원(願)] 도락(道樂), 독락(獨樂), 동락(同樂)[노소동락(老少), 동고동락(同苦), 여민동락(與民), 여인동락(與人)], 반락(般樂), 복락(福樂), 삼락(三樂), 상락(常樂), 선우후락(先憂後樂), 식도락(食道樂), 안락(安樂)[안락경(境), 안락국(國), 안락사(死)], 안빈낙도(安貧樂道), 애락(哀樂), 애락(愛樂), 연락(宴樂), 열락(悅樂), 영락(榮樂), 오락(娛樂), 운우지락(雲雨之樂), 위락(慰樂), 유락(愉樂), 유락(遊樂), 음락(飮樂), 일락(逸樂), 자락(恣樂), 지락(至樂), 창락(暢樂), 쾌락(快樂), 탐권낙세(貪權樂勢), 탐락(耽樂), 풍락(豐樂), 행락(行樂), 향락(享樂), 화락(和樂), 환락(歡樂), 희락(喜樂), 희로애락(喜怒哀樂), 희비애락(喜悲哀樂), 희희낙락(喜喜樂樂). §'좋아하다'의 뜻으로는 [요]로 읽힘. 손자삼요(損者三樂;교만과 사치, 놀기, 주색을 좋아하면 곧 세 가지 손해라는 뜻), 요산요수(樂山樂水).

악(岳) '큰 산. 장인(丈人)'을 뜻하는 말. ¶악두(岳頭), 악모(岳母;장모), 악부(岳父), 악장(岳丈;장인); 산악(山岳/嶽)[산악림(林), 산악병(病), 산악인(人), 산악전(戰), 산악회(會)], 신악(神岳), 준악(峻岳) 들.

악(握) '손을 쥐다'를 뜻하는 말. ¶악관법(握管法), 악력(握力;손힘)[악력계(計), 악력지수(指數)], 악목(握沐), 악발토포(握髮吐哺), 악부(握斧;주먹도끼), 악부(握符), 악수(握手); 장악(掌握), 토포악발(吐哺握髮), 파악(把握) 들.

악(顎) '턱'을 뜻하는 말. ¶악간각(顎間角), 악간골(顎間骨), 악각(顎脚), 악골(顎骨), 악궁(顎弓), 악관절(顎關節), 악판(顎板), 악하선(顎下腺); 간악골(間顎骨), 모악동물(毛顎動物), 상악(上顎), 하악(下顎) 들.

악(堊) '벽을 희게 칠하다. 백토(白土)'를 뜻하는 말. ¶악차(堊次;상제가 시묘하면서 거처하는 뜸집); 단악(丹堊), 백악(白堊), 소악(素堊) 들.

악(渥) '두텁다. 마음 씀이 살뜰하다. 은혜를 입다'를 뜻하는 말. ¶악단(渥丹;두텁게 바른 단사); 우악(優渥;은혜가 넓고 두터움) 들.

악(幄) '휘장. 막을 쳐 놓은 곳'을 뜻하는 말. ¶악막(幄幕), 악수(幄手;소렴 때 시체의 손을 싸는 헝겊), 악차(幄次;임금이 거둥할 때 쉬는 곳); 경악(經幄/經筵), 유악(帷幄) 들.

악(萼) '꽃받침'을 뜻하는 말. ¶악주(萼珠;꽃받침), 악편(萼片); 복악(複萼;겹꽃받침), 부악(副萼), 숙악(宿萼).

악(愕) '놀라다'를 뜻하는 말. ¶악시(愕視), 악연하다(愕然), 악연실색(愕然失色); 경악/반응(驚愕/反應), 해악(駭愕) 들.

악(諤) '곧은 말을 하다'를 뜻하는 말. ¶악악/하다(諤諤;거리낌 없이 바른 말을 함), 악연(愕然;조금도 꺼리지 않는 모양).

악(嶽) '큰 산'을 뜻하는 말. ¶고악(高嶽), 대악(大嶽/岳), 산악(山嶽), 오악(五嶽)), 풍악산(楓嶽山), 해악(海嶽) 들.

악(鰐) '악어(파충류에 속하는 동물)'을 뜻하는 말. ¶악류(鰐類), 악어(鰐魚)[악어가죽/피(皮)], 악피(鰐皮) 들.

악(齷) '악착하다(齷齪)'를 뜻하는 말. ☞ 억척.

악대 불깐 짐승[←aqta〈몽〉]. ¶악대돈(불깐 돼지), 악대말, 악대소/악대(불친소), 악대양(羊).

안¹ ①넓이나 부피를 가진 물체의 둘러싸인 가에서 가운데로 향한 곳이나 쪽.(≒속. 가운데. 중앙.↔밖. 겉). 일정한 표준이나 한계. 어떤 효력이 미치는 범위. 앞. 속마음. ¶안으로 들어오다. 3등 안에 들다. 사흘 안에 그 일을 해야 한다. 안가업(家業;안방에서 술이나 음식을 파는 일), 안간힘[128], 안갈이, 안감(↔겉감), 안걸이, 안겉장(속표지), 안고름, 안골(골짜기의 안쪽), 안귀(안쪽 구석. 속귀), 안그네[129], 안깃, 안껍데기, 안낚시(안걸이), 안날(바로 전날), 안다리/안다리걸기, 안달(바로 전달), 안당(堂), 안대문(大門), 안두리기둥, 안뒤꼍, 안뒷간(間), 안뜨기, 안뜰(안채에 딸린 뜰), 안뜸(한 마을의 안쪽 구역↔바깥뜸), 안마당, 안마루, 안말이, 안맞각(角), 안맥[130], 안면(面), 안목[131], 안무릎치기, 안문(門), 안물방아, 안바다[내해(內海)], 안받침(안에서 지지하고 도와줌), 안방(房)[안방구석, 안방마니, 안방샌님], 안번지기, 안벽(壁), 안봉투(封套), 안빗장, 안사랑(舍廊), 안섶(↔겉섶), 안셈(안에 지니고 있는 마음), 안소(외나소.↔마라소), 안소리, 안속(안셈), 안수틀(繡), 안쓰럽다[132], 안심[133], 안올리다(기구나 그릇 따위의 안쪽을 칠하다), 안옷(속옷), 안옷고름/안고름, 안우림[134], 안자락, 안잠[135]자다, 안장(안겉장), 안저지[136], 안전[쩐](그릇의

---

128) 안간힘[-깐-]: 울화나 고통 따위를 참으려고 하지만 안에서 저절로 터져 나오는 간힘.

129) 안그네: 독을 만들 때 독 안을 곱게 훑는 부등가리나 사금파리.

130) 안맥: 서까래나 부연이 도리나 평교대 안으로 들어간 부분.

131) 안목: ①집의 칸이나 모난 그릇의, 안으로 잰 길이. ②안쪽의 자리.

132) 안쓰럽다: 아랫사람이나 약자에게 폐를 끼치어 퍽 미안하고 딱하다. 손아랫사람이나 약자의 딱한 사정이 마음에 언짢고 가엾다.[←안(속마음)+쓰리(다)+업다. ¶구걸하는 어린 소녀의 모습이 안쓰럽다. 안쓰러워하다.

133) 안심: 소의 갈비 안쪽 고기. ¶안심살, 안심쥐.

134) 안우림: 사개를 맞춰서 기둥을 세울 때, 밑동보다 위를 안쪽으로 조금 기울게 세우는 방법.[←안+욱다].

135) 안잠: 여자가 남의 집에서 먹고 자며 그 집의 일을 도와주는 일. 또는 그런 여자.=안잠자기. ¶안잠자다, 안잠살다(여자가 남의 집에서 지내면서 일을 도와주다).

136) 안저지: 어린아이를 안아 주고 보살피는 여자 하인.

아가리나 전의 안쪽), 안주머니, 안중문(中門), 안지름, 안지밀(至密;왕비가 거처하는 방.↔밭지밀), 안집, 안짝, 안짱걸음, 안짱다리(↔밭짱다리), 안쪽, 안쫑잡다[137], 안찌(윷놀이에서, 말판의 방에서 꺾인 둘째 밭)/대다, 안찝[138], 안차다[139], 안차비(差備), 안칡[140], 안창(신 안에 까는 가죽이나 헝겊), 안채, 안추르다[141], 안치수(數), 안침[142], 안타깝다[143], 안타다[144]/태우다. 안통(그릇 안쪽의 넓이. 속마음), 안틀다[145], 안팎[146], 안표지(表紙), 안해(바로 전해); 겉볼안[147], 금안, 네기둥안, 돌구멍안[성내(城內)], 들안(들의 안쪽), 면안(面), 목안(목구멍 속), 문안(門), 방안(房), 성안(城), 세안(歲), 얼안(테두리의 안), 울안, 입안[구강(口腔)], 줌안(손아귀의 안. 줌통을 쥔 주먹의 안쪽↔줌밖), 집안, 테안(어떤 테두리의 안), 품안. ②사람에 관계되는 일부 명사 앞에 붙어, '아내. 여자'를 나타내는 말.↔밭/바깥-. ¶안노인(老人), 안댁(宅;남의 부인을 높여 부르는 말), 안돈(주부가 지니고 있는 적은 돈), 안마누라, 안머슴(여자 머슴), 안반상(飯床↔바깥반상), 안부모(父母;어머니. 안어버이), 안부인(婦人), 안사돈, 안사람(아내), 안살림살이, 안상제(喪制), 안소리, 안손님/안손(여자 손님), 안식구(食口;여자 식구. 아내), 안심부름, 안양반(兩班), 안어른, 안어버이(어머니), 안옷(여자 식구의 옷), 안은서(양반의 아내를 높여 이르던 말), 안일(주로 여자들이 하는 일), 안주인(主人), 안주장(主張), 안팎[부부(夫婦)], 안편지(便紙;內簡), 안행차(行次), 안형제(兄弟;여자 형제) 들.

안² 용언의 앞에서 '부정'을 나타내는 말. '아니'의 준말.[+동사. 자의성(自意性). 의도 부정]. ¶돈을 안 쓰다. 안갖춘꽃, 안갖춘잎, 안갖춘탈바꿈, 안되다[148], 안드러냄표(標), 안울림소리, 안부정문(否定文), 안어울림음(音), 안어울림음정(音程). ☞ 아니(다).

안:- '갚다. 받다'의 앞에 붙어 '봉양(奉養)'의 뜻을 더하는 말. ¶안갚음(은혜를 갚는 일)/하다, 안받다[149].

안(眼) '눈. 구멍. 사물을 보는 능력. 분별력'을 뜻하는 말. ¶안각(眼角), 안검(眼瞼;눈꺼풀), 안경(眼鏡)[150], 안계(眼界), 안고수비(眼高手卑), 안공(眼孔), 안공일세(眼空一世;지나치게 교만을 부림), 안과(眼科), 안과(眼窠), 안광(眼光), 안구(眼球)[안구근(筋), 안구돌출(突出), 안구은행(銀行)], 안근(眼筋), 안대(眼帶), 안도(眼到), 안동(眼同)[151], 안동맥(眼動脈), 안력(眼力), 안막(眼膜), 안맹(眼盲), 안명수쾌(眼明手快), 안목(眼目;사물을 보고 분별하는 견식)[안목소견(所見)/소시(所視); 현인안목(眩人眼目)], 안배(眼杯), 안병(眼病), 안복(眼福;눈복), 안부(眼部), 안비막개(眼鼻莫開), 안손방(眼損方), 안식(眼識)[152], 안압(眼壓), 안약(眼藥), 안연고(眼軟膏), 안염(眼炎), 안와(眼窩), 안의(眼醫), 안전(眼前;눈앞), 안점(眼點), 안정(眼睛;눈동자), 안주(眼珠), 안중(眼中;눈 속. 고려하거나 관심을 가지는 범위의 안), 안질(眼疾), 안채(眼彩), 안총(眼聰), 안투지배(眼透紙背), 안폐(眼廢), 안포(眼胞), 안표(眼標), 안하(眼下), 안하무인/격(眼下無人/格), 안혼(眼昏), 안화(眼花), 안화섬발(眼花閃發), 안확(눈구멍), 안환(眼患); 감상안(鑑賞眼), 감식안(鑑識眼), 감안(疳眼), 개안(開眼)[개안수술(手術); 대불개안(大佛)], 검안(檢眼), 경안(經眼), 계안(鷄眼), 공안(公眼), 관찰안(觀察眼), 구안와사(口眼喎斜), 구안/지사(具眼/之士), 근시안(近視眼), 근안(近眼), 나안(裸眼), 난시안(亂視眼;어릿보기눈), 내장안(內障眼), 냉안(冷眼), 노안(老眼), 녹안(綠眼), 농루안(膿漏眼;임균성 결막염), 누안(淚眼), 단안(單眼;홑눈), 대안렌즈(對眼), 도안(刀眼), 면안(面眼), 묘안석(猫眼石), 백안(白眼), 방안(方眼;모눈), 방안(榜眼), 범안(凡眼)[불출범안(不出)], 법안(法眼), 벽안(碧眼), 병안(病眼), 보안(保眼), 복안(複眼;겹눈), 봉안(鳳眼), 불안(佛眼), 비평안(批評眼), 사안(邪眼), 사안(斜眼), 사시안(斜視眼), 산안(山眼), 선구안(選球眼), 속안(俗眼), 세안(洗眼), 쇠안(衰眼), 수안(水眼), 시안(詩眼), 신안(神眼), 신문안(新聞眼), 심안(心眼), 심미안(審美眼), 쌍안(雙眼), 애안(愛眼), 양안(兩眼), 어안(魚眼), 어안석(魚眼石), 열안(悅眼), 열안(閱眼), 열안(熱眼), 옥안(玉眼), 용안(龍眼), 원시안(遠視眼)/원안(遠眼), 육안/성(肉眼/星), 의안(義眼), 입안(入眼), 자안(字眼), 자안(慈眼), 점안/수(點眼/水), 접안(接眼), 정시안(正視眼), 주안(主眼), 주안점(主眼點), 지혜안(智慧眼), 착안(着眼), 척안(隻眼;외눈), 천리안(千里眼), 천안(天眼;임금의 눈), 청안(靑眼), 총안(銃眼), 취안(醉眼), 침안(針眼;침구멍), 태안(太眼), 폐안(廢眼), 포안(砲眼), 풍안(風眼), 합안(闔眼), 혈안

업저지: 어린아이를 업고 돌보는 계집 하인.

137) 안쫑잡다: ①마음속에 품어 두다. ②겉대중으로 헤아리다. ¶그녀는 노랫소리만 들어도 아버지의 주량을 안쫑잡을 수 있었다.

138) 안찝: ①옷 안에 받치는 감(안감). ②소나 돼지의 내장. ③송장을 넣는 널.

139) 안:차다: 겁이 없고 깜찍하다/야무지다.≒다라지다. 마음 한 구석에도 빈 것이 없다. ¶담이 크고 안찬 소년. 그는 매우 안찬 사람이다. 자그마한 체구에 안차고 다라진 사람. 안차고 다라지다(겁이 없고 깜찍하여 여간해서는 놀라지 아니하다).

140) 안칡: 끝 어금니 다음에 있는 잇몸.

141) 안추르다: ①고통 따위를 꾹 참다.≒견디다. 기다리다. ②노여움을 누르고 마음을 가라앉히다.

142) 안침: 안쪽으로 쑥 들어간 곳.=속침. ¶골짜기 안침으로 들어오는 적을 공격하다. 안침술집(내외술집), 안침지다(안쪽으로 치우쳐 구석지고 으슥하다), 안침하다(안쪽으로 치우쳐 아늑하다).

143) 안타깝다: 남이 애를 쓰거나 괴로워하는 모습을 보고 매우 딱한 생각이 들다. 뜻대로 되지 아니하여 마음이 갑갑하고 조바심이 나다.[←안+답답하다].≒가엾다. 답답하다. 딱하다. ¶안타까움, 안타까워하다, 안타까이, 안타깝이(걸핏하면 안타까워하는 사람), 안타깨비².

144) 안타다: 가마·인력거·말 등을 탄 사람의 앞에 앉아 함께 타다.

145) 안틀다: 일정한 수효나 값 따위가 어떤 한도 안에 들다.[←안ㅎ+들다]. ¶안튼 가격. 어머니는 가져가신 돈에 옷값이 안틀지 않아 빈손으로 돌아오셨다.

146) 안팎: 사물이나 영역의 안과 밖.[←안ㅎ+밖]. ¶안팎곱사, 안팎날, 안팎노자(路資;오고 가는 데 드는 돈), 안팎드난, 안팎머슴, 안팎먹기, 안팎발걸이, 안팎벌(속옷과 겉옷), 안팎벽(壁), 안팎살림, 안팎식구(食口), 안팎심부름, 안팎연귀(燕口), 안팎옷, 안팎일, 안팎장사, 안팎중매(仲媒), 안팎채.

147) 겉볼안: 겉을 보면 속까지도 가히 짐작하여 알 수 있다는 말.

148) 안되다: 섭섭하거나 가엾어 마음이 언짢다. ¶저렇게 고생하는 걸 보니 정말 안 되었어.

149) 안받다: ①어미 까마귀가 그 새끼에게서 먹이를 받다. ②부모가 자식에게서 안갚음을 받다. ¶안갚음을 받는 것을 '안받음(≒뉘²)'이라 한다. 안받음이나 바라고 살 시대는 지났다. 안받음/하다.

150) 안경(眼鏡): 안경다리, 안경알, 안경잽이, 안경집, 안경테; 귀걸이안경, 단안경(單), 돋보기안경, 무테안경(無), 물안경, 색안경(色), 수중안경(水中), 쌍안경(雙), 차광안경(遮光), 초음파안경(超音波), 코안경, 풍안경(風), 학슬안경(鶴膝;안경다리를 둘로 폈다 접었다 할 수 있게 만든 안경).

151) 안동(眼同): 사람을 따르게 하거나 물건을 지니고 가는 것.≒대동(帶同). 입회인(立會人). ¶하인을 안동하여 길을 떠나다. 안동하다(대동하다).

152) 안식(眼識): 사물의 진가나 우열 등을 제대로 분별할 수 있는 식견. ¶높은 안식을 지닌 분.

(血眼), 형안(炯眼), 혜안(慧眼), 호안석(虎眼石), 환안(環眼;고리눈), 활안(活眼) 들.

안(案) ①'생각. 사고. 계획. 문서(文書)'를 뜻하는 말. ¶첫째 안을 표결에 부치다. 구체적인 안을 세우다. 안건(案件), 안고하다(案考), 안내(案內)[153], 안독(案牘;관청의 문서), 안문(案文), 안출(案出)[안출되다/하다, 안출물(物), 안출자(者)]; 가결안(可決案), 감안(勘案), 강의안(講義案), 개정안(改正案), 개헌안(改憲案), 거안제미(擧案齊眉), 건의안(建議案), 검안(檢案), 결안(結案), 결의안(決議案), 계획안(計劃案), 고안(考案), 공안(公案), 공안(供案), 공안(貢案), 교수안(敎授案)/교안(敎案), 구안(具案), 구체안(具體案), 기안(奇案), 기안(起案), 기결안(旣決案), 노안(奴案), 단안(斷案), 답신안(答申案), 답안(答案), 대안(代案), 대안(對案), 도안(圖案), 동안(同案), 명안(名案), 묘안(妙案), 문안(文案), 미결안(未決案), 미료안(未了案), 미성안(未成案), 발안(發案), 방안(方案), 발췌안(拔萃案), 배당안(配當案), 번안(飜案), 법안(法案), 법률안(法律案), 복안(腹案), 본안(本案), 불신임안(不信任案), 사안(私案), 사안(事案), 사안(查案), 상정안(上程案), 상주안(上奏案), 성안(成案), 세안(細案), 송안(訟案), 수업안(授業案), 수정안(修正案), 숙안(宿案), 시안(試案), 신안(新案), 심의안(審議案), 양안(良案), 양안(量案), 언안(讞案), 원안(原案), 예산안(豫算案), 우안(愚案), 원안(原案), 유안(留案), 의안(疑案), 의안(議案), 의정안(議定案), 이안(吏案), 인준안(認准案), 일안(日案), 입안(立案), 자녀안(恣女案), 전안(前案), 절충안(折衷案), 정부안(政府案), 정안(定案), 제안(除案), 제안(提案), 조세안(租稅案), 조정안(調停案), 존안(存案), 종합안(綜合案), 죄안(罪案), 주안(奏案), 주안(週案), 창안/자(創案/者), 철안(鐵案;움직일 수 없는 단안), 초안(草案), 타협안(妥協案), 통일안(統一案), 폐지안(廢止案), 혁신안(革新案), 현안(懸案), 협의안(協議案), 회의안(回議案), 회의안/의안(會議案). ② '책상(冊床). 앉을 때 몸을 기대는 방석'을 뜻하는 말. ¶안궤(案几), 안대(案對), 안두(案頭), 안산(案山)[내안산(內), 외안산(外)], 안상(案上), 안석(案席), 안식(案息), 안전(案前), 안책(案冊), 안하(案下); 궤안(几案), 보안(寶案), 서안(書案), 석안(石案), 주안상(酒案床)/주안(酒案), 찬안(饌案), 향안(香案), 형안(螢案) 들.

안(安) '편안하다. 편안하게 하다. 어찌'를 뜻하는 말. ¶안가(安家), 안가(安暇), 안감(安龕), 안감망(安敢望;감히 바랄 수가 없음), 안강(安康;평안하고 무사함), 안거(安居)[안거위사(危思); 동안거(冬), 하안거(夏)], 안과(安過), 안국(安國), 안난(安難), 안녕/질서(安寧/秩序), 안도(安堵)[154], 안돈(安頓;사물을 잘 정돈함. 편안히 정착함), 안득불연(安得不然;어찌), 안락(安樂)[155], 안면(安眠), 안명(安命), 안민(安民), 안밀(安謐), 안보(安保), 안보(安寶), 안부(安否), 안분/지족(安分/知足), 안불망위(安不忘危), 안빈/낙도(安貧/樂道), 안산(安産), 안상(安詳), 안생(安生), 안식(安息)[안식년(年), 안식일(日), 안식처(處)], 안신(安身), 안신(安信), 안심(安心)[156], 안양(安養), 안업(安業), 안여반석(安如盤石), 안여태산(安如泰山), 안온하다(安穩), 안와(安臥), 안위(安危;편안함과 위태함), 안위(安胃), 안위(安慰), 안위미정(安危未定), 안유(安遊), 안유(安諭), 안이하다(安易;충분히 생각함이 없이 너무 쉽게 여기다), 안인(安人), 안일하다(安逸;편안하고 한가로워 나태한 듯하다), 안장(安葬), 안전(安全)[157], 안접(安接;편안한 마음을 먹고 머물러 삶), 안정(安定)[158], 안정(安靖;편안하게 다스림), 안정(安靜;편안하고 고요함), 안존(安存), 안좌(安坐), 안주(安住;자리를 잡아 편안하게 삶), 안지(安地), 안착(安着;무사히 도착함)[안착감(感), 안착되다/하다], 안치(安置)[안치되다/하다, 안치소(所)], 안침(安枕/寢), 안타(安打), 안태(安泰;평안하고 태평함), 안태/본(安胎/本), 안택(安宅)[안택경(經), 안택굿], 안토(安土;그 땅에 편안하게 삶)[안토중천(重遷;고향 떠나기를 싫어함)], 안한하다(安閑), 안향(安享;하늘이 내린 복을 편안히 누림)[안향부귀(富貴)], 안화하다(安和), 안회(安蛔), 안후(安候); 공안(公安), 구안(苟安), 국태민안(國泰民安), 균안(均安), 난안(難安), 대안(大安), 만안하다(萬安), 매안(埋安), 문안/드리다(問安), 미안하다(未安), 보안(保安), 봉안(奉安), 불안(不安)[불안감(感), 불안기(期), 불안심(心), 불안하다/스럽다; 좌불안석(坐不安席)], 소안(小安), 연안(宴/燕安), 영안실(靈安室), 위안(慰安), 이안(移安), 일안(一安), 일안(日安), 조안(粗安), 치안(治安), 타안하다(妥安), 태안(泰安), 투안(偸安), 편안(便安), 평안(平安), 환안(還安) 들.

안(顔) ①'낯 · 얼굴'을 뜻하는 말. ¶안료(顔料), 안면(顔面)[159], 안모

---

153) 안내(案內): 안내광고(廣告), 안내기(記), 안내도(圖), 안내띠, 안내서(書), 안내소(所), 안내양(孃), 안내업(業), 안내역(役), 안내원(員), 안내인(人), 안내자(者), 안내장(狀), 안내판(板), 안내표지(標識); 여행안내(旅行), 입학안내(入學), 직업안내(職業).

154) 안도(安堵): 편안한 울타리 속이란 뜻으로, 제 사는 곳에서 편안히 지냄. 마음을 놓음. ¶안도의 한숨을 쉬다. 안도감(感), 안도하다.

155) 안락(安樂): 몸과 마음이 편안하고 즐거움. ¶일신의 안락을 꾀하다. 안락감(感), 안락경(境), 안락국(國;극락정토), 안락사(死)/안사(安死), 안락세계(世界;극락), 안락의자(椅子), 안락정토(淨土).

156) 안심(安心): ①모든 걱정을 떨쳐 버리고 마음을 편히 가짐. ¶안심감(感), 안심되다/하다, 안심찮다(걱정스럽다). ②불교의 가르침을 깨닫거나 수행의 체험으로 움직임이 없는 경지에 마음을 머무르게 함. ¶안심결정(決定), 안심입명(立命).

157) 안전(安全): 위험하지 않음. 아무 탈이 없음. ¶안전한 방법을 취하다. 하물을 안전하게 수송하다. 안전각(角), 안전감(感), 안전개폐기(開閉器), 안전거리(距離), 안전계(界), 안전계수(係數), 안전공학(工學), 안전공황(恐慌), 안전관(管), 안전관리(管理), 안전광주(鑛柱), 안전교육(敎育), 안전그물(안전망), 안전기(器), 안전기사(技師), 안전답(畓), 안전도(度), 안전등(燈), 안전띠, 안전막대, 안전망(網), 안전면도(面刀), 안전모(帽), 안전바(bar), 안전밸브(valve), 안전벨트(belt), 안전보장(保障), 안전봉(棒;안전막대), 안전사고(事故), 안전색채(色彩), 안전선(線), 안전섬(안전지대), 안전성(性), 안전성냥, 안전수량(水量), 안전수역(水域), 안전수칙(守則), 안전시거(視距), 안전시설(施設), 안전역(域), 안전완장(腕章), 안전유리, 안전율(率), 안전장치(裝置), 안전전류(電流), 안전제일(第一), 안전조치(措置), 안전지대(地帶), 안전침(針;안전핀), 안전통신(通信), 안전판(瓣), 안전폭약(爆藥), 안전표지(標識), 안전표찰(標札), 안전핀(pin), 안전하다, 안전항(港), 안전항로(航路)안전해제(解除), 안전화(靴); 교통안전(交通), 불안전(不).

158) 안정(安定): 흔들림이 없이 안전하게 자리 잡음. 물체나 물질에 변화를 주었을 때, 원래의 상태로 돌아가려고 하는 일. ¶정국이 안정되다, 안정감(感), 안정공황(恐慌), 안정국채(國債), 안정기(期), 안정도(度), 안정되다/하다, 안정배당(配當), 안정성(性), 안정성장(成長), 안정세(勢), 안정세력(勢力), 안정시간(時間;계기의 바늘이 작용하기 시작하여 안정될 때까지 걸리는 시간), 안정의(儀), 안정인구(人口), 안정적(的), 안정제(劑), 안정주주(株主), 안정책(策), 안정통화(通貨), 안정핵(核), 안정화/되다/하다(化), 안정화폐(貨幣); 물가안정(物價), 불안정(不), 절대안정(絶對), 직업안정(職業), 통화안정(通貨).

159) 안면(顔面): 얼굴. 낯. 서로 낯이나 익힐 만한 친분. ¶안면이 있다. 안면

(顔貌), 안사(顔私), 안색(顔色), 안후(顔厚); 고안(苦顔), 난안(赧顔), 노안(老顔), 대안(臺顔), 동안(童顔), 무안/스럽다(無顔). 미안(美顔), 범안(犯顔), 배안(拜顔), 불안(佛顔), 사안(賜顔), 성안(聖顔), 세안(洗顔), 소안(素顔), 소안(笑顔), 소안(韶顔), 쇠안(衰顔), 승안(承顔), 엄안(嚴顔), 옥안(玉顔), 온안(溫顔), 용안(容顔), 용안(龍顔), 읍안(泣顔), 자안(慈顔), 존안(尊顔), 창안백발(蒼顔白髮), 천안(天顔), 췌안(悴顔), 취안(醉顔), 파안(破顔), 해안(解顔), 호안(好顔), 홍안(紅顔)[홍안박명(薄命), 홍안백발(白髮), 홍안비자(婢子); 녹빈홍안(綠鬢)], 화안(花顔), 화안(和顔), 회안(悔顔), 후안(厚顔), 후안무치(厚顔無恥). ②빛. 색채'를 뜻하는 말. ¶안료(顔料).

안(岸) 바다 이름을 나타내는 일부 명사 뒤나 한자어 어근에 붙어 '육지에 접한 곳. 바다나 강가의 둔덕. 세상'의 뜻을 나타내는 말. ¶안벽(岸壁); 강안(江岸;강기슭), 격안(隔岸), 계선안(繫船岸), 남안(南岸), 남해안(南海岸), 단안(斷岸), 대안(對岸), 동안(東岸), 만안(灣岸), 북안(北岸), 서안(西岸), 신안(腎岸;불두덩), 양안(兩岸), 연안(沿岸)[연안국(國), 연안류(流) 연안해(海)], 연해안(沿海), 우안(右岸), 접안(接岸), 좌안(左岸), 진안(津岸), 차안(此岸), 착안(着岸), 피안(彼岸), 하안(河岸), 해안(海岸)[160], 해식안(海蝕岸), 호안(湖岸), 호안(護岸) 들.

안(按) '누르다. 주무르다. 죄를 묻다(조사하다). 순찰하다'를 뜻하는 말. ¶안검(按劍), 안검(按檢;조사하여 증거삼음), 안담(按擔;안다미), 안마(按摩;마사지)[안마기(機), 안마사(士); 전기안마(電氣)], 안맥(按脈), 안무(按舞)[안무가(家), 안무자(者)], 안무(按撫)[161], 안문(按問), 안배(按排/配;알맞게 배열하거나 배치하거나 조절함), 안분하다(按分), 안수(按手), 안주(按酒)[거섶안주[162], 꼬치안주, 마른안주, 술안주], 안찰(按察;조사하여 살핌), 안찰/기도(按擦/祈禱), 안핵(按覈;자세히 조사하여 살핌), 안험(按驗;살펴서 증거를 세움); 순안(巡按), 심안(審按) 들.

안(雁) '기러기'를 뜻하는 말. ¶안기려(雁歧鑢;환'), 안부(雁夫;기럭아비), 안서(雁書;편지. 소식), 안신(雁信), 안족(雁足), 안주(雁柱;기러기발), 안진(雁陣), 안찰(雁札;雁書), 안창(雁瘡), 안피지(雁皮紙), 안항(雁行;남의 형제를 높이어 이르는 말); 고안(孤雁), 귀안(歸雁), 낙안(落雁), 백안(白雁), 야안(野雁;능에), 전안(奠雁), 추안(秋雁), 평사낙안(平沙落雁), 홍안(鴻雁), 회안(回雁), 후안(候雁) 들.

안(鞍) '안장'을 뜻하는 말. ¶안공(鞍工), 안구(鞍具), 안낭(鞍囊), 안롱(鞍籠), 안마(鞍馬), 안부(鞍部), 안상(鞍傷), 안장(鞍裝)[안장가리개, 안장가죽, 안장말, 안장쇠], 안천(鞍韆;안장과 밑에 까는 요); 양안장(洋鞍裝)/양안(洋鞍) 들.

안(贋) '가짜'를 뜻하는 말. ¶안본(贋本), 안인(贋印;위조한 도장), 안작(贋作;위조함), 안조(贋造), 안찰(贋札;위조지폐), 안천자(贋天子;廢帝); 진안(眞贋) 들.

안(晏) '편안하다'를 뜻하는 말.=안(安). ¶안여하다(晏如), 안연하다(晏然) 들.

안(鮟) '아귀'를 뜻하는 말. ¶안강(鮟鱇;아귀), 안강망(鮟鱇網;아귀를 잡는 데 쓰는 눈이 굵은 그물) 들.

안개 아주 작은 물방울 때문에 공기가 연기처럼 부옇게 된 것. '안개가 낀 것 같은 상태'를 뜻하는 말. ¶안개가 끼다/걷히다. 짙은 안개를 함경 사투리로는 '진애/지내'라고 한다. 안개경보(警報), 안개고동[무적(霧笛)], 안개구름, 안개꽃, 안개눈썹, 안개망울, 안개물(안개처럼 뿜기는 물), 안개발, 안개비, 안개뿜이[분무기(噴霧器)], 안개상자(箱子), 안갯속[오리무중(五里霧中)], 안개숲, 안개신호(信號), 안개요법(療法), 안개정국(政局), 안개주의보(注意報), 안개죽(어떤 죽인지 분간할 수 없음), 안개치마(안개처럼 엷고 가벼운 치마), 안개함(函); 골안개(골짜기에 끼는 안개), 눈안개, 달안개[163], 들안개(들에 낀 안개), 땅안개[164], 물안개, 밤안개, 복사안개(輻射), 비안개(비가 올 때 흐려 보이는 현상), 산안개(山), 새벽안개, 실안개, 얕은안개(땅안개), 얼음안개, 오리안개(五里), 이류안개(移流)[165], 증기안개(蒸氣), 증발안개(蒸發), 허리안개(산중턱을 에두른 안개), 활승안개(滑昇;산안개). ☞ 무(霧).

안공 둘 이상의 나무를 붙일 때에 아교풀이 마를 때까지 나무를 물고 죄어서 고정시키는 연장. ¶쪽박이를 안공해 두다.

안구(다) ①깨져 흩어지거나 버그러지지 않게 하다. ¶금이 간 독을 때서 안구어 놓았다. ②형세, 마음 따위가 버그러지거나 헝클어지지 않게 잘 수습하다.

안:(다) ①사람이나 물건을 두 팔로 끼어서 가슴에 붙이다.≒품다. ¶엄마가 아기를 품에 안다. 안겨주다, 안고지기[166], 안기다[167], 안긴문장(文章), 안돌이[168], 안아들다, 안아막기, 안아맹이(망치를 안아쳐서 만드는 남폿구멍), 안아치다, 안은문장(文章), 안음새; 가로안다(가로로 놓이게 안다), 거머안다(힘있게 마구 휘몰아 안다), 곧추안다, 그러안다[169], 껴안다, 끌어안다, 부둥켜안다[붙움키다+안다], 부여안다(두 팔로 힘껏 안다), 붙안다(두 팔로 부둥켜안다), 싸안다(두 팔로 감싸 안다), 쓸어안다, 얼싸안다(어울러 싸안다; 두 팔을 벌려 껴안다). ②앞으로 다가오는

을 바꾸다. 안면각(角), 안면골(骨), 안면근(筋), 안면두개골(頭蓋骨), 안면박대/하다(薄待), 안면부지(不知), 안면신경/통(神經/痛), 안면치레, 안면파열(破裂); 노상안면(路上).

160) 해안(海岸): 해안기후(氣候), 해안단구(段丘), 해안도(島), 해안선(線), 해안평야(平野); 남해안(南海岸), 동해안(東海岸), 리아스식해안, 사빈해안(砂濱), 서해안(西海), 침수해안(沈水).

161) 안무(按撫): 백성들을 잘 보살피어 나라의 시책에 곧 따르게 함. ¶국경지대의 여진족을 안무하다.

162) 거섶안주(按酒): 나물로 차린 초라한 안주.

163) 달안개: 달밤에 끼는 안개. 또는 뿌연 달빛 아래 먼빛이 안개처럼 보이는 것.

164) 땅안개: 주로 낮은 지대에 낮게 깔린 안개.

165) 이류안개(移流): 따뜻하고 습한 공기가 차가운 해면이나 지표 위를 이동할 때, 밑에서부터 식어서 생기는 안개.

166) 안고지기: 두 짝의 문을 한데 붙여 여닫게 된 문. 또는 두 짝을 한쪽으로 밀어붙여서 문턱째 함께 열게 된 미닫이.

167) 안기다: ①사람이 다른 사람의 품속에 들다. 품게 하다. ¶엄마 품에 안긴 아기. ②물건·돈·자리 또는 짐·부담이나 일 따위를 맡아 가진 상태가 되게 하다.≒주다. 떠맡기다.

168) 안돌이: 험한 벼랑길에서 바위 같은 것을 안고 겨우 돌아가게 된 곳. [←안(다)+돌(다)+이].↔지돌이.

169) 그러안다: 두 팔로 싸잡아 안다. ¶보퉁이를 그러안고 가는 아낙네.

것을 몸으로 바로 받다. ¶안겨오다[170], 안:채다[171], 안:치다[172]. ③남의 일을 떠맡다. ¶안고나다[173], 안고나서다, 안고지다[174], 안아맡다(남의 일을 맡아서 책임을 지다); 떠안다/안기다, 복정안다[175]/안기다(卜定). ④생각이나 감정 따위를 지니다. ¶만선의 기쁨을 안고 돌아오다. ⑤날짐승이 알을 품다. ⑥고구마 따위 식물의 뿌리에 덩이줄기나 열매가 생기다. ☞ 포(抱).

안다미 남의 책임을 맡아 짐.[←안담(按擔)/안+담(다)+이]. ¶잘못은 친구가 저질렀지만, 그 안다미를 내가 뒤집어쓰게 되었다. 안다미로[176], 안다미씌우다/다미 · 더미씌우다[177], 안다미하다(다른 사람의 책임을 맡아서 지다).

안달 속을 태우며 조급하게 구는 짓.[←안+달(다)]. ≒조바심. ¶집에 돌아가고 싶어 안달이다. 안달나다, 안달다/달구다, 안달머리/스럽다, 안달발광/하다(發狂), 안달뱅이/안달이, 안달복달/하다(몹시 속을 태우며 볶아치다. 걱정하다), 안달스럽다, 안달음/안달, 안달재신(財神:몹시 속을 태우며 여기저기로 다니는 사람), 안달증(症), 안달하다.

안반 떡을 칠 때에 쓰는 두껍고 넓은 나무판.=떡판. ¶안반같은 엉덩짝. 안반(짝) 같다(매우 두껍고 넓다). 안반굿, 안반뒤지기[178], 안반엉덩이, 안반짝, 안반틀.

안절부절 몹시 불안하거나 초조하여 어찌할 바를 모르는 모양.[+못하다]. ¶안절부절 어쩔 줄을 모르다. 안절부절못하는 태도. 가족들은 안절부절못하며 수술 결과를 기다렸다. 안절부절못하다.

안치(다) 어떤 물건을 찌거나 끓이거나 삶기 위하여 솥에 넣다.[←앉(다)+히+다]. ¶솥에 쌀을 안치다. 빨래를 안치다.

안타깨비 명주실의 토막을 이어 짠 굵은 명주.

안퐁-하다 언덕 따위의 가운데가 오목하게 들어가 아늑하다. ¶그곳은 안퐁하여 겨울을 나기에 좋았다. 안퐁하게 자리잡은 집.

앉(다) ①궁둥이를 바닥에 붙이고 윗몸을 세우다.↔서다. 일어나다. ¶의자에 앉다. ②새 · 비행기가 어떤 물건에 발을 디디고 서다. ¶새가 나무에 앉다. ③건물 따위가 자리를 잡다. ④위치 · 장소 · 지위를 차지하다. ⑤먼지 따위가 어떤 물건 위에 내리어 쌓이다. ¶불똥앉다(심지 끝이 타서 맺힌 불똥이 생기다). ⑥활동 같은 것을 하지 아니하다. ¶앉아서 벼락 맞는다. 앉아, 앉아계시다, 앉아뭉개다, 앉아버티다, 앉아쏴, 앉으나서나, 앉은걸음, 앉은검정[179], 앉은굿, 앉은그네, 앉은방아[180], 앉은뱅이[앉은뱅이걸음, 앉은뱅이꽃, 앉은뱅이저울, 앉은뱅이책상(冊床)], 앉은벼락(뜻밖의 불행), 앉은소리(앉아서 부르는 방식), 앉은일(↔선일), 앉은자리(어떤 일이 벌어진 자리. 卽席), 앉은잔치(신랑 신부 어느 한 편이 있는 곳에서 하는 결혼식), 앉은잠, 앉은장사, 앉은장수, 앉은절, 앉은주낙, 앉은차례(次例), 앉은키, 앉은헤엄(↔선헤엄), 앉을깨(베틀에서 사람이 앉는 자리. 걸터앉는 물건), 앉을대, 앉을자리(물건이 놓이게 된 밑바닥), 앉음매, 앉음새, 앉음앉음(앉음매), 앉히다[181]. 앉힐낚시; 가라앉다[182]/앉히다, 걸어앉다/걸앉다, 걸터앉다, 곧추앉다, 기대앉다, 꿇어앉다/꿇앉다, 나앉다[183], 내앉다[184]/앉히다, 내려앉다(물체가 낮은 위치로 안다), 눌러앉다[185], 늘어앉다/앉히다, 다가앉다/앉히다, 덧앉다, 도두앉다, 돌라 · 둘러앉다(여럿이 동그랗게 앉다)/앉히다, 돌아앉다/돌앉다(방향을 바꾸어 앉다), 되앉다(도로 앉다)/앉히다, 들어앉다/들앉다, 들여앉다/앉히다, 등화앉다(燈花:심지 끝에 불똥이 생기다), 맞앉다/앉히다, 물러앉다, 앵돌아앉다, 올라앉다, 옮아앉다, 외어앉다[186], 일어앉다, 주저앉다/앉히다, 차고앉다(어떤 일을 맡아서 자리를 차지하고 앉다), 틀고앉다[187], 퍼더앉다[188]. ☞ 좌(坐/座).

알 ①새 · 물고기 · 벌레 따위의 암컷이 낳는 둥근 모양의 것. '알로 만든'을 뜻하는 말. 알약이나 사탕 따위를 세는 말. ¶알을 낳다. 이 약을 한 번에 두 알씩 먹는다. 알가루, 알가리(물고기가 알을 스는 것), 알검사[검란(檢卵)], 알겯다[189], 알고기씨, 알고명, 알까기[부화(孵化)], 알껍데기, 알끈, 알낳이, 알내기, 알넣기, 알눈[배반(胚盤)], 알둥지, 알뜨기, 알뜯이(늦가을에 알을 꺼낸 게), 알로까다(몹시 약다), 알반대기(지단), 알받이, 알밥, 알배기(알이 들어 통통한 생선. 속이 충실한 것), 알배다, 알붙이기, 알세포(細

ㅇ

170) 안겨오다: ①한눈에 환히 보이다. ②머릿속에 똑똑히 들어오거나 마음속 깊이 느껴지다.

171) 안:채다: ①눈이나 비 따위가 앞으로 들이치다. ②일이 절박하게 닥치다. ③책임 따위를 떠맡게 되다. 안채우다('안채다'의 사동형. 남의 심사를 뒤틀리게 하다).

172) 안:치다: ①어려운 일이 앞에 닥치다. ¶당장 눈앞에 안친 일이 많아 어찌할 바를 모르겠다. ②앞에 와 닿다. ¶언덕에 오르니 눈에 안쳐 왔다.

173) 안고나다: 남의 일이나 남의 책임을 자기가 맡다. ¶제 일도 못하면서 친구의 일까지 안고나다.

174) 안고지다: 남을 해치려다가 도리어 제가 해를 입다.≒손해나다(損害).

175) 복정안다(卜定): 복정대로 부담하다. §복정(卜定: 지정한 사물에 대하여 꼭 실행하도록 강요하는 일).

176) 안다미로: 담은 것이 그릇에 넘치도록 많게. ¶쌀을 바가지에 안다미로 담아서 주다.

177) 다미씌우다: 자기의 책임이나 허물 따위를 남에게 가볍게 넘겨 지우다.

178) 안반뒤지기: ①안반 위에 반죽을 올려놓고 뒤집어 가면서 버무려 만드는 일. ②서로 붙들고 엎치락뒤치락하면서 힘을 겨루는 일. ¶형제가 서로 붙들고 안반뒤지기를 하였다.

179) 앉은검정: 솥 밑에 붙은 검은 그을음. ¶앉은검정을 수세미로 박박 문질러 닦았다.

180) 앉은방아: 앉은 채로 궁둥이를 들썩이는 짓.

181) 앉히다: ①버릇을 가르치다. ②문서에 무슨 줄거리를 따로 잡아 적다. ¶그는 책을 읽다 말고 중요한 사항을 여백에 앉히고 있었다. ③무엇을 설치하다.

182) 가라앉다: ①액체 속의 것이 바닥으로 내려앉다.↔뜨다. ¶배가 가라앉다. ②마음이 안정되다. ¶노여움이 가라앉다. ③시끄럽던 것이 조용해지다. ¶소란이 가라앉다. ④기침 · 숨결 따위가 잠잠해지다. ¶딸꾹질이 가라앉다. ⑤부기 · 종기 따위가 삭다. ¶부기가 가라앉다. ⑥성하던 것이 활기를 잃은 상태로 되다. ¶경기(景氣)가 가라앉다.

183) 나앉다: ①안에서 밖으로, 뒤쪽에서 앞쪽으로 앉은 자리를 옮기다.↔들어앉다. ¶그는 앞으로 나앉으며 내게 물었다. ②집 따위를 일정한 곳으로 옮겨 새로이 자리잡다. ¶장사를 하기 위하여 길가 쪽으로 나앉다. ③하던 일이나 권리를 포기하고 물러나다. ¶그는 회장 자리에서 나앉고 말았다.

184) 내앉다: 앞이나 밖으로 나와 앉다. 시력이 좋지 않아 앞으로 내앉아야 잘 보인다.

185) 눌러앉다: 그 자리에 그대로 계속 머물러 있다. ¶정년이 지났는데도 능력을 인정받아 그 자리에 그대로 눌러앉다.

186) 외어앉다: ①자리를 피하여 비키어 앉다. ②다른 쪽으로 향하여 돌아앉다.

187) 틀고앉다: ①격식을 차리고 앉다. ②잔뜩 틀어쥐고 버티다.

188) 퍼더앉다: 팔다리를 아무렇게나 하고 편히 앉다.

189) 알겯다: 암탉이 알을 배기 위하여 수탉을 부르느라고 골골 소리를 내다.

胞), 알송편(松), 알슬기[배란(排卵)]/하다, 알쌈(달걀쌈), 알자리¹(알을 낳거나 품는 자리), 알젓/찌개, 알제기다[190], 알주머니, 알지단(알고명), 알집[난소(卵巢)], 알찌개, 알치(알을 밴 뱅어), 알탕(湯); 개구리알, 거위알, 깨알, 낱알(낱낱의 알), 눈알, 달걀(닭의 알), 돌알¹[숙란(熟卵;삶은 달걀)], 물알, 밑알[소란(巢卵)], 불알[고환(睾丸)], 새알, 쌍알(雙), 오리알, 용의알(龍), 타조알(駝鳥), 홀알[무정란(無精卵)], 황금알(黃金). ②열매나 작고 둥근 물건. 그것을 세는 단위. '알 모양을 한. 둥글고 불룩한'을 뜻하는 말. ¶사과알이 굵다. 눈깔사탕 다섯 알. 알갱이¹,²[191], 알과녁(과녁의 한복판), 알관(管;나팔관), 알관주(貫珠), 알꽈리, 알꼴, 알눈, 알돌, 알땀(송골송골 맺힌 땀), 알맹이[핵알맹이(核;열매나 씨의 알맹이)], 알무, 알뿌리, 알사탕, 알새[192], 알안자(알 모양의 주전자), 알알/이, 알약(藥), 알제기다[193], 알줄기, 알지다[194], 알차다[195], 알탄(炭), 알탄(彈), 알통(불거진 근육), 알판[196]; 계알(契), 곡식알(穀;곡식의 낟개), 깨알, 난알(껍질을 벗기지 않은 곡식의 알맹이), 낱알(하나하나의 알), 눈알, 당구알(撞球), 대포알(大砲), 돌알²(수정으로 만든 안경알), 삶은 달걀), 먹을알[197], 모래알, 물알(덜 여문 곡식알. 수준기 속의 물방울), 밀알, 바둑알, 밤알, 밥알, 방울알, 보리알, 불알[고환(睾丸)], 성냥알, 세운알[198], 수판알(數板), 쌀알, 씨알, 아래알, 안경알(眼鏡), 연알(碾), 외알박이, 윗알, 유리알, 이알(이밥의 낟알), 전등알(電燈), 주판알, 진주알(眞珠), 처란알, 총알(銃), 콩알, 탄알(彈), 팥알. ③배추·양배추 따위의 고갱이를 싸고 여러 겹으로 뭉친 덩이. ¶알이 든 배추와 무. 알들다(결구하다). ☞ 란(卵).

알- ①일부 동사나 명사 앞에 붙어, '겉을 덮어 싸거나 가린 것이 없는. 진짜·알짜(실속이 있는)'의 뜻을 더하는 말. ¶알가난, 알감(잎이 다 떨어져 가지에 걸린 감), 알거지, 알건달(乾達), 알곡(穀;낟알), 알궁둥이, 알까지다(지나치게 약삭빠르다), 알깍쟁이, 알대가리, 알돈(알짜가 되는 돈), 알된장(醬), 알땅, 알로까다(매우 약다), 알머리(맨머리), 알몸, 알몸뚱이, 알바늘(실을 꿰지 않은 바늘), 알밤, 알보지, 알부랑자(浮浪者), 알부자(富者), 알부피, 알불[199], 알불량자(不良者), 알살(알몸의 살. 속살), 알살피다, 알샅(알몸의 사타구니), 알섬(사람이 살지 않는 섬), 알속¹[200], 알손해(損害), 알심[201], 알알샅샅/이, 알양복(洋服), 알이마, 알자리²(아무 것도 깔지 않은 바닥 자리), 알전구(電球), 알전등(電燈), 알종아리(맨살을 드러낸 종아리), 알줄[나선(裸線)], 알짐(포장을 하지 않은 짐), 알짜[202]/알짜배기, 알짬[203], 알차지[204], 알천[205], 알철모(鐵帽), 알추녀(추녀를 보강하려고 밑에 받치는 층받침), 알토란(土卵;다듬어 깨끗한 토란)/같다, 알팔(八). ②일부 명사 앞에 붙어, '아주 작은'의 뜻을 더하는 말. §'알[卵]'이 작음에 연유함. ¶알가마, 알개미, 알구기, 알나리(나이가 어리고 키가 작은 벼슬아치), 알나리깔나리, 알도요(작은 물떼새), 알뚝배기, 알물방개, 알바가지, 알방구리, 알벌, 알요강(尿罐), 알잔(盞), 알장(欌), 알지게, 알톡토기, 알합(盒), 알항아리.

알(謁) '아뢰다. 웃어른을 뵙다. 사당을 참배하다'를 뜻하는 말. ¶알궐(謁闕), 알묘(謁廟), 알성(謁聖;임금이 성균관의 문묘에 참배함), 알성과(謁聖科), 알자(謁者), 알자(謁刺), 알현하다(謁見;찾아뵈다); 내알(內謁), 내알(來謁), 면알(面謁), 묘알(廟謁), 배알(拜謁), 복알(伏謁), 사알(司謁), 사알(私謁), 사알(賜謁), 세알(歲謁), 신알(晨謁), 여알(女謁), 전알 (展謁), 조알(朝謁), 진알(進謁), 참알(參謁), 청알(請謁) 들.

알(戞/戛) '어긋나다. 쇠나 돌이 부딪는 소리'를 뜻하는 말. ¶알격(戞擊;악기를 가벼이 치는 것), 알과(戞過;그냥 지나감), 알삽하다(戞澀;정신이 아리송하다. 글이 알아보기 어렵다), 알알(戞戞;사물이 서로 어긋나고 맞지 않는 모양), 알연하다(戞然), 알쟁(戞箏;아쟁), 알치(戞齒) 들.

알(軋) '수레바퀴'를 뜻하는 말. ¶알궁(軋弓;아쟁을 켜는 활), 알력(軋轢)[206], 알알(軋軋), 알음증(軋音症), 알형(軋刑).

알(訐) '들추어내다. 비방하다'를 뜻하는 말. ¶알소하다(訐訴;남을 헐뜯으려고 사실을 날조하여 윗사람에게 고해바치다).

알(揠) '뽑다'를 뜻하는 말. ¶알묘하다(揠苗;곡식의 고갱이를 뽑는다는 뜻으로, '성공을 서두르다가 도리어 해를 봄'을 이르는 말).

알(斡) '돌다'를 뜻하는 말. ¶알류(斡流;물이 돌아 흐르는 것), 알선(斡旋;주선)[알선료(料), 알선수뢰(受賂), 알선죄(罪); 직권알선(職權)].

알(遏) '끊다. 멈추다'를 뜻하는 말. ¶알절(遏絕;斷切), 알정(遏情;맺은 정분을 끊음), 알지(遏止), 알혈(遏血).

알(頞) '콧마루'를 뜻하는 말. ¶축알하다(蹙頞;괴롭고 귀찮아 콧마

190) 알제기다: 눈동자에 하얀 점이 나타나다. 〈준〉제기다.

191) 알갱이¹: 작고 동그랗고 단단한 물질, 열매 같은 것의 낱개. 입자(粒子). ¶광알갱이(鑛), 문짝알갱이(門;문짝에 끼운 모난 널빤지), 쌀알갱이. 알갱이²: 장롱의 쇠목과 동자목 사이에 낀 널빤지.

192) 알새: 열매나 과실 따위의 알의 크기.

193) 알제기다: 눈동자에 흰 점이 생기다.

194) 알지다: ①알에 살이 많이 오르다. ¶알진 벼이삭. ②실속이 있다. ¶알지게 일하다. ③몸에 살이 많이 오르다. ¶알진 몸.

195) 알차다: 내용이 아주 충실하다. 속이 꽉 차다.≒튼튼하다. 실하다. 옹골차다/지다.↔비다. ¶알찬 내용의 책. 배추 속이 알차다.

196) 알판: 방아확 밑바닥에 깔아서 방아촉과 맞부딪치게 하는 무쇠 덩이. 광산에서 광석을 부수는 데 씀.

197) 먹을알: ①금이 많이 박힌 광맥이나 광쇠. ②일정한 노력을 들인 결과, 얻어서 차지하게 되는 소득.

198) 세운알: 거래소에서, 매매 약정은 이루어졌으나 아직 대금 결제가 되지 아니한 물건. 건옥(建玉).

199) 알불: 무엇에 싸이거나 담기지 아니한 불등걸.

200) 알속¹: 헛것을 털어버리고 남은 실속. 겉보기보다 충실한 실속. 알맹이[핵심(核心)]. 속마음.

201) 알심[-씸]: ①은근히 동정하는 마음. ¶알심을 부리다. ②보기보다 야무진 힘. ¶알심 있는 사나이. 알심있다(매우 실속 있고 착실하다), 알심장사(壯士).

202) 알짜: ①여럿 가운데 가장 중요한 물건. ②조금도 모자람이 없이 표본이 되는 것.

203) 알짬: 여럿 가운데 가장 요긴한 내용.≒알맹이. ¶알짬 소득.

204) 알차지: 모든 비용을 빼고 손에 쥐는 돈.

205) 알천: ①재산 가운데 가장 값나가는 물건.↔섭치. ¶알천은 모두 이 방 안에 있다. 알천같다(여럿 가운데 가장 가치 있고 소중하다). ②음식 가운데 가장 맛있는 음식. ¶청국장이 이 음식점의 알천이다.

206) 알력(軋轢): 수레가 삐걱거림. 서로 의견이 맞지 않거나 사이가 벌어져 다투는 일. ¶간부들끼리 알력이 심하다.

루를 찡그리다).

알(空) '구멍을 파다'를 뜻하는 말. ¶알족/하다(空足:도자기 굽 속을 파내는 일. 굽깎기).

알(黑) '시커멓다'를 뜻하는 말. ¶알매(黑昧:일에 어두움).

알가 부처나 보살에게 공양하는 물.[←argha〈범〉].

알구지 지게 작대기 맨 위의 아귀진(갈라진) 부분.=악숭이.

알기 검은빛이나 잿빛 나는 줄을 가로세로 무늬로 넣어서 짠 무명.

알기(다) 남의 재물 따위를 조금씩 갉아 내거나 빼내 가지다. 약한 사람의 것을 꾀어서 빼앗다. ¶그는 공금에서 차비와 밥값을 알겨다 썼다. 알겨내다, 알겨먹다(소소한 남의 것을 좀스러운 짓으로 빼앗다).

알끈-하다[1] 무엇을 잃거나 기회를 놓치고서 오랫동안 잊지 못하고 아쉬워하다. ¶그때 그 일을 생각하면 지금도 알끈한 것이 마음이 편치 않다.

알끈-하다[2] 알뜰하고 깔끔하다. ¶집안을 둘러보니 주부의 알끈한 성미가 그대로 나타난다.

알(다) 모르던 것을 이해하게 되다. 인식하거나 인정하다. 어떤 사물에 대한 지식을 가지다.≒깨닫다. 분별하다. 인지하다(認知). 이해하다. 관계하다. 여기다.↔모르다. ¶아는 것이 힘이다. 그 사람은 나를 바보로 안다. 알아주는 사람이 없다. 그것은 내가 알 바 아니다. 그 사람은 피아노를 칠 줄 안다. 알거냥하다[207], 알고보다/보니/보면, 알고지내다, 알괘(卦;알조), 알권리(權利), 알기내기(알아맞히기를 하는 내기), 알길(알아내는 방도), 아는수(數;旣知數), 안다니[208], 아랑곳/없다, 알려지다, 아뢰다[209], 알리다, 알리어지다/알려지다(유명하게 되다), 알릴곳, 알림[알림말, 알림예(禮), 알림장(狀), 알림판(板)], 알속[2][210]/하다, 알아내다(깨닫다. 찾아내다), 알아듣다(납득하다), 알아맞히다, 알아먹다(알아듣다. 알아보다), 알아모시다, 알아방이다[211], 알아보다, 알아주다(인정하다), 알아차리다/채다(≒거니채다), 알은척/알은체하다[212], 알음[알음알음(서로 아는 관계. 서로 가진 친분)/하다, 알음알이(약삭빠른 수단. 서로 가까이 아는 사람), 알음장[213]/하다, 알음치, 알음하다], 알이알이[214], 알조[215], 앎(아는 일. 지식), 앎직하다; 낯알다(얼굴을 기억하다), 데알다(자세히 모르고 대강 또는 반쯤 알다), 염알이(廉;비밀히 염탐함), 집알이(↔집들이). ☞ 지(知).

알뜰 생활비를 아끼며 규모 있는 살림을 함. ¶알뜰경영(經營), 알뜰구매(購買), 알뜰살뜰/하다/히, 알뜰살림, 알뜰시장(市場), 알뜰여행(旅行), 알뜰이(알뜰한 사람), 알뜰저축(貯蓄), 알뜰주부(主婦), 알뜰하다[216], 알뜰히 들.

알라 이상함을 느낄 때 내는 소리. ¶알라, 세상에 별일도 다 많다. 알라차[217].

알락 본바탕에 다른 빛깔의 점이나 줄 따위 무늬가 고르게 촘촘한 모양이나 자취.=알록[218]. 〈큰〉얼럭. 얼룩[219]. ¶깃털이 알락알락 고운 물새들이 모여 있는 갯벌. 알락곰치, 알락나방, 알라꿍달라꿍·얼러꿍덜러꿍, 알락달락·얼럭덜럭, 알락도요, 알락알락, 알락하늘소, 알락할미새, 알로기·얼루기[220], 알로록[221]/아로록·어루룩, 알로롱[222]/아로롱·어루룽, 아록다록·어룩더룩, 아록아록·어룩어룩, 알롱[223], 어루러기/지다, 어루숭[224], 얼럭지다[225], 얼럭집, 얼숭[226]. ☞ 반(斑).

알랑 남의 비위를 맞추거나 환심을 사려고 다랍게 아첨을 떠는 모양. 〈큰〉얼렁. ¶윗사람 앞에서 알랑알랑 간살을 떠는 사람. 알랑거리다/대다, 알랑똥땅·얼렁뚱땅[227], 알랑방귀(알랑거리며 아첨을 떠는 짓), 알랑쇠·얼렁쇠(알랑거리는 사람), 알랑수[228]·얼렁수, 알랑스럽다, 알랑알랑/하다, 알짱[229], 알쫑[230], 알찐[231].

207) 알거냥하다: 사람이 무엇을 모르면서도 알은체하다. ¶아는 것도 있거니와 모르는 것도 알거냥하여 제사 절차를 마쳤다.

208) 안다니: 무엇이든지 잘 아는 체하는 사람.[←알(다)+ㄴ+다니].

209) 아뢰다[〈알외다←알(다)+외+다]: ①윗사람에게 말씀드리어 알리다.≒여쭙다. 사뢰다. ¶아버님께 사실대로 아뢰다. 아룀, 아룀장(초청장). ②윗사람 앞에서 풍악을 연주해 들려 드리다. ¶풍악을 아뢰다.

210) 알속[2]: 몰래 알린 내용. ¶알속하다(어떤 내용을 몰래 알리다. 비밀히 내용을 알리다).

211) 알아방이다: 무슨 일의 낌새를 알고 미리 손을 쓰다(대처하다).

212) 알은척/알은체하다: 어떤 일에 대하여 관심을 나타내다. 사람을 보고 인사를 보내거나 안다는 표정을 하다. ¶남의 일에 알은체하지 마라. 앞으로 알은척을 하지 않는 게 좋다.

213) 알음장: 눈치로 넌지시 알려 주는 일. ¶알음장하다(암시하다).

214) 알이알이: ①꾀바른 수단. ②서로 가까이 아는 사람. ③자라나는 재주.

215) 알조: 알 만한 일. 미루어 알 만한 낌새. 알괘(卦). ¶그 정도만 들어도 알조다.

216) 알뜰하다: 헤프게 쓰지 않다. 아끼고 위하는 마음이 지극하다. 실속이 있다.≒알뜰살뜰하다.↔헤프다. ¶알뜰히.

217) 알라차: ①경쾌한 것을 나타낼 때 내는 소리. ②'알라'와 '아차'를 어우른 말.

218) 알록: 알록달록·얼룩덜룩/하다, 알록알록·얼룩얼룩/하다, 알록·얼룩점(點), 알록·얼룩지다.

219) 얼룩: 본바탕의 어떤 부분에 다른 빛의 점이나 줄이 뚜렷이 섞인 자국. 액체 따위가 묻거나 스며서 생긴 자국. 〈작〉알록. 얼럭. ¶옷에 얼룩이 생기다. 얼럭나방, 얼럭·얼룩말, 얼룩무늬, 얼룩빼기, 얼룩소, 얼룩송아지, 알락달락·얼럭덜럭, 알록달록·얼룩덜룩, 알록알록·얼룩얼룩/하다, 알록·얼룩점(點), 얼럭·얼룩지다, 얼룩해오라기.

220) 얼루기: 얼룩얼룩한 무늬나 점 또는 그런 무늬나 점이 있는 짐승이나 물건.

221) 알로록: 여러 가지 빛깔의 점이나 줄 따위가 고르게 무늬를 이룬 모양. 〈큰〉얼루룩. ¶푸른 잔디 위에 알로록알로록 흩어져 있는 소풍객들. 알로록달로록·얼루룩덜루룩/하다.

222) 알로롱: 여러 가지 빛깔의 작고 또렷한 점이나 줄 따위가 고르고 조금 성기게 무늬를 이룬 모양. 〈큰〉얼루룽. ¶알로롱알로롱 예쁜 새. 여러 가지 옷감이 알로롱알로롱 진열된 비단전. 알로롱달로롱.

223) 알롱: 여러 가지 빛깔로 된 점이나 줄이 고르게 무늬져 있는 모양. 〈큰〉얼룽. ¶알롱달롱/얼룽덜룽, 알롱알롱·얼룽얼룽, 알롱·얼룽이, 알롱·얼룽지다.

224) 어루숭: 줄이나 점으로 된 무늬가 눈에 현란한 모양. ¶어루숭어루숭 화려한 무늬의 옷.

225) 얼럭지다: ①얼럭이 생기다. ②일을 처리하는 것이 불공평하게 되다.

226) 얼숭: 같은 빛깔이나 다른 빛깔로 된 점이나 줄이 불규칙하게 무늬를 이룬 모양. 〈센〉얼쑹.

227) 얼렁뚱땅: 슬쩍 엉너리를 부리어 얼김에 남을 속여 넘기는 모양. 엄벙뗑. 〈작〉알랑똥땅. ¶별다른 해명도 없이 얼렁뚱땅 넘어가다.

228) 알랑수: 알랑똥땅하여 교묘히 남을 속이는 수단. 〈큰〉얼렁수.

229) 알짱: ①남의 환심을 사려고 알랑거리는 모양. ¶남 앞에서 알짱알짱 굽실대는 놈. ②일도 없이 공연히 앞에서 어정거리는 모양. ¶종일토록 알짱알짱 노는 건달. 알짱·알쫑·얼쩡·얼쭝거리다/대다, 알짱알짱/하다.

230) 알쫑: 남의 비위를 맞추려고 가까이 붙어서 그럴 듯한 말을 하며 계속

알량-하다 시시하고 도무지 보잘것없다. 관심이 가고 쓸 만한 데가 있다.≒적다. 시시하다. ¶그 알량한 지식을 가지고 아는 체한다. 알량꼴량하다(몰골이 사납고 보잘것없다), 알량맞다(알량한 느낌이 있다), 알량스럽다(보기에 시시하고 보잘것없는 데가 있다).

알롱 지방 관아의 전령(傳令)을 맡았던 엄지머리총각.

알-맞다 정도에 지나치거나 모자라거나 하지 않다. 적당하게 들어맞다.≒어울리다. 적합하다. 〈큰〉얼맞다. ¶제 능력에 알맞게 선택하다. 알맞음(適應), 알맞추(알맞게), 알맞춤하다(비슷하게 알맞다).

알매 기와를 일 때, 산자(橵子;서까래나 고물 위에 수수깡으로 엮은 것) 위에 이겨서 까는 흙. 알매흙.

알밋알밋 ①어름어름하고 미적미적하는 모양. 〈큰〉얼밋얼밋. 을밋을밋[232]. ¶빚 갚을 날짜를 알밋알밋 미루었다. 알밋알밋하다. ②자기 허물이나 책임을 아물아물 넘기려는 모양. ¶책임을 부하 직원에게 알밋알밋 떠넘기다. ③엉거주춤 어물거리며 움직이는 모양.

알씬 작은 것이 눈앞에 잠깐 나타났다가 사라지는 모양. 〈큰〉얼씬[233]. ¶그림자가 알씬 나타났다 사라졌다. 알씬 · 얼씬거리다/대다, 알씬알씬 · 얼씬얼씬/하다, 얼씬못하다, 얼씬아니하다, 얼씬없다(잠깐이라도 나타나는 일이 없다)/없이, 얼씬하다.

알알-하다, 알큰-하다 ☞ 아리다.

알쭌-하다 다른 것이 섞이거나 더해지지 않아 순수하거나 순전하다. 알짜로 이루어져 실속이 있다. ¶알쭌하게 거두어들이다. 알쭌하게 다듬은 글. 살림을 알쭌히 장만해 주다.

앓(다) ①병에 걸려 괴로움을 겪다. 마음에 근심이 있어 괴로움을 느끼다. ¶몸살을 앓다. 골머리를 앓다. 앓느니 죽지. 앓아눕다, 아프다, 앓는소리, 앓아눕다(몸져눕다), 앓음자랑[234]; 생배앓다. ②'-앓이'의 꼴로, 일부 명사 뒤에 붙어 '질병 또는 속을 태우는 일'의 뜻을 더하는 말. ¶가슴앓이, 고뿔앓이, 귀앓이, 머리앓이, 목앓이, 배앓이, 사랑앓이, 설앓이, 속앓이, 이앓이, 입앓이, 젖앓이, 허리앓이, 횟배앓이(蛔), 훗배앓이(後). ☞ 통(痛).

암 ①성의 구별이 있는 동식물 명사의 앞에 붙어, '암컷[雌性]'을 나타내는 말.[〈암ㅎ].↔수. ¶암가축(家畜), 암개미, 암거미, 암게, 암고양이, 암곰, 암구렁이, 암기(氣;암상스러운 마음. 시기심), 암까마귀, 암꼰대, 암꽃, 암꽃술, 암꿩, 암나귀, 암나무, 암나비, 암내(수컷을 꾀는 냄새), 암노루, 암놈, 암동모, 암되다[235], 암띠다[236], 암말, 암무당, 암벌, 암범, 암비둘기, 암사내(암된 사내), 암사돈, 암사슴, 암삼(蔘), 암새, 암샘[237], 암소, 암수[238], 암술(암여의)[암술대, 암술머리], 암양(羊), 암여의(암술), 암염소, 암은행나무(銀杏), 암중[승(僧)], 암쥐, 암치(암민어)/지짐이, 암캉아지, 암캐, 암컷, 암탉, 암탕나귀, 암토끼, 암톨, 암퇘지, 암평아리, 암포기, 암피라미. ②쌍을 이루는 명사나 몇몇 형용사 앞에 붙어, '상대적으로 약한. 자성적(雌性的)인 · 소극적 특성을 지닌. 우묵한'의 뜻을 나타내는 말. ¶암글(배워 알기만 한 지식. '한글'의 낮춤말), 암꽹과리, 암나사(螺絲), 암단추, 암돌쩌귀, 암디새, 암막새, 암무지개, 암본(本)[239], 암쇠(↔수쇠.=암톨쩌귀), 암줄[240], 암짝, 암쪽(채무자가 가지는 어음의 왼쪽 조각), 암치질(痔疾), 암키와, 암톨쩌귀, 암틀 들.

암(巖/岩) '바위 · 암석. 가파르다 · 험준하다'를 뜻하는 말. '岩(암)'은 속자(俗字)임. ¶암각화(巖刻畵), 암거(巖居), 암고란(巖高蘭), 암괴(巖塊), 암굴(巖窟), 암권(巖圈), 암근(巖根), 암동(巖洞), 암류(巖流), 암매(巖梅), 암맥(巖脈), 암면(巖面), 암면(巖綿), 암문(巖門), 암반(巖盤;너레), 암반층(巖盤層), 암벽(巖壁)[암벽등반(登攀), 암벽회화(繪畵)], 암분(巖粉), 암산(巖山), 암상(巖床), 암상(巖上), 암상/도(巖相/圖), 암생식물(植物), 암서(巖棲), 암서(巖嶼;바위섬), 암석(巖石)[241], 암설(巖屑), 암심(巖心), 암암하다(巖巖;산이 높이 솟아 있다) 암염(巖鹽), 암장(巖漿;마그마), 암장수(巖漿水), 암재(巖滓), 암정(巖井), 암좌(巖座), 암주(巖柱), 암지(巖地), 암질(巖質), 암채(巖彩), 암처(巖處), 암천(巖泉), 암포(巖泡), 암하고불(巖下古佛), 암학(巖壑), 암혈(巖穴), 압협(巖峽;바윗골); 각력암(角礫巖), 각릉암(角稜巖), 각섬석암(角閃石巖), 각섬암(角閃巖), 각암(角巖), 각자갈암(角-巖), 간출암(干出巖;暗礁), 감람암(橄欖巖), 거암(巨巖), 거정암(巨晶巖), 결정질암(結晶質巖), 고회암(苦灰巖), 과염기성암(過鹽基性巖), 관입암(貫入巖), 괴암(怪巖), 괴상암(塊狀巖), 구상암(球狀巖), 구조암(構造巖), 규암(硅巖), 규운암(硅雲巖), 규장암(硅長巖), 규질암(硅質巖), 기반암(基盤巖), 기성암(氣成巖), 기성암(基性巖), 기암(基巖), 기암(奇巖), 기자암(祈子巖), 낙화암(落花巖), 노두암(露頭巖), 녹섬암(綠閃巖), 녹암(綠巖), 대리암(大理巖), 덮개암, 돌비늘편마암(片麻巖), 동물암(動物巖), 모암(母巖), 몬조니암(monzoni巖), 반암(斑巖), 반려암(斑糲巖), 배태암(胚胎巖), 백립암(白粒巖), 백운암(白雲巖), 변성암(變成巖)[광역

아첨하는 모양.=알쫄. ¶보기가 민망할 정도로 알쫑알쫑 굽실댄다. 알쫑 · 얼쫑거리다/대다.

231) 알찐: 바짝 붙어서 알랑거리는 모양. 〈큰〉얼찐. ¶알찐 · 얼찐거리다/대다, 알찐알찐/하다.

232) 을밋을밋: 일이나 기한을 우물우물하며 자꾸 미루는 모양. ¶총회를 연다 하면서 을밋을밋 미루는 저의가 뭐요?

233) 얼씬: ①조금 큰 것이 눈앞에 잠깐 나타났다가 사라지는 모양. ¶다시는 내 앞에 얼씬 하지 마라. ②교묘한 말과 행동으로 남의 비위를 똑 맞추는 모양. 〈작〉알씬.

234) 앓음자랑: 병치레를 함. 몸이 병을 핑계로 주위 사람을 못살게 굶.

235) 암되다: 남자가 성격이 여자처럼 소극적이며 수줍음을 잘 타다.≒암띠다②. ¶그 아이는 철은 들었지만 암된 성격이다. 암된사내.

236) 암띠다: ①비밀스러운 것을 좋아하는 성질이 있다. ¶그는 성격이 암띠어 친구가 별로 없다. ②수줍어 부끄러움을 잘 타는 성질이 있다. ¶그는 암띠어서 대중 앞에 나서기를 싫어한다.

237) 암샘: 암컷이 일정한 시기에 짝짓기 욕구를 일으키는 것.

238) 암수: 암수같은모양, 암수딴그루, 암수딴모양, 암수딴몸, 암수한그루, 암수한몸 들.

239) 암본(本): 무엇을 찍거나 부어 내기 위하여 일정한 모양으로 우묵하게 파서 만든 본.

240) 암줄: 줄다리기에서, 한쪽 끝이 고가 져서 수줄의 머리를 끼울 수 있게 된 쪽의 줄. 둥근 고리가 있음.

241) 암석(巖石): 암석계(系), 암석구(區), 암석권(圈), 암석단구(段丘), 암석면(面), 암석분류학(分類學), 암석사막(沙漠), 암석상(床), 암석상(相), 암석섬유(纖維), 암석숭배(崇拜), 암석역학(力學), 암석윤회(輪廻), 암석자기(磁氣), 암석정원(庭園), 암석조직(組織), 암석층(層), 암석학(學), 암석해안(海岸), 암석화학(化學).

변성암(廣域), 접촉변성암(接觸)], 변질암(變質巖), 병출암(迸出巖), 복성암(複成巖), 부니암(腐泥巖), 부스러기암, 분출암(噴出巖), 비현정질암(非顯晶質), 빈암(玢巖), 빙퇴암(氷堆巖), 사암(沙巖), 사문암(蛇紋巖), 사질암(沙質巖), 사회암(蛇灰巖), 산성암(酸性巖), 산호석회암(珊瑚石灰巖), 생물암(生物巖), 석영암(石英巖), 석회암(石灰巖), 섬록암(閃綠巖), 섬장암(閃長巖), 성층암(成層巖), 송지암(松脂巖), 쇄설암(碎屑巖), 수성암(水成巖), 식물암(植物巖), 실트암(silt巖), 심성암(深成巖), 심조암(深造巖), 안산암(安山巖), 알칼리암(alkali巖), 암산암(暗山巖), 암암(巖巖;산이 높이 솟아 있는 모양), 압쇄암(壓碎巖), 양군암(羊群巖), 양배암(羊背巖), 역암(礫巖), 역질암(礫質巖), 역청암(瀝青巖), 염기성암(鹽基性巖), 용암(鎔巖), 운암(雲巖), 운광(雲鑛巖), 운모편마암(雲母片麻巖), 위암(危巖), 유기암(有機巖), 유문암(流紋巖), 유휘암(榴輝巖), 응회암(凝灰巖), 이암(泥巖), 이상암(鯆狀巖), 이질암(泥質巖), 이판암(泥板巖), 이회암(泥灰巖), 자갈암, 재목암(材木巖), 저류암(貯留巖), 저유암(貯油巖), 점토암(粘土巖), 점판암(粘板巖), 정사암(政事巖), 조면암(粗面巖), 중성암(中性巖), 증발암(蒸發巖), 진주암(眞珠巖), 진흙질암, 집괴암(集塊巖), 착암기(鑿巖機), 찰흙질암, 천매암(千枚巖), 철질암(鐵質巖), 층암(層巖), 층상암(層狀巖), 층회암(層灰巖), 침적암(沈積巖), 침전암(沈澱巖), 킴벌리암(kimberley巖), 탄산염(炭酸鹽巖), 탄질암(炭質巖), 퇴적암(堆積巖), 파쇄암(破碎巖), 패각암(貝殼巖), 편암(片巖)[결정편암(結晶), 운모편암(雲母), 활석편암(滑石)], 편마암(片麻巖), 포로암(捕虜巖), 포획암(捕獲巖), 풍생암(風生巖), 풍성암(風成巖), 하석질암(霞石質巖), 해면암(海綿巖), 현무암(玄武巖), 혼성암(混成巖), 화강암(花崗巖), 화산암(火山巖), 화성암(火成巖), 화쇄암(火碎巖), 화학암(化學巖), 활석암(滑石巖), 황반암(煌斑巖), 회장석암(灰長石巖), 휘암(輝巖), 휘록암(輝綠巖), 흑암(黑巖), 흑요암(黑曜巖) 들.

암(暗) ①'어둡다. 가만히 · 몰래. 외다. 어리석다'를 뜻하는 말.↔명(明). ¶암거(暗渠), 암거래(暗去來), 암계(暗計), 암관(暗款), 암구(暗究), 암군(暗君), 암굴(暗窟), 암귀(暗鬼), 암규(暗窺), 암금융(暗金融), 암기/력(暗記/力), 암기하다(暗記;외우다), 암달러(暗dollar), 암담하다(暗澹), 암독하다(暗毒), 암독(暗讀), 암등(暗燈), 암렬(暗劣), 암령(暗令), 암로(暗路), 암록(暗綠), 암루(暗淚), 암류(暗流), 암류(暗留), 암륜선(暗輪船), 암막(暗幕), 암막하다(暗漠), 암매(暗昧), 암매(暗買), 암매(暗賣), 암매매(暗賣買), 암매장(暗埋葬), 암맹하다(暗盲;도리를 모르고 무지하다), 암면(暗面), 암명(暗/闇冥), 암모(暗謨), 암무(暗霧), 암묵/리(暗黙/裡), 암문(暗門), 암민(暗民), 암반응(暗反應), 암방전(暗放電), 암범(暗犯), 암보(暗譜), 암복사선(暗輻射線), 암부(暗部), 암사(暗射), 암사지도(暗射地圖), 암산(暗算), 암살(暗殺)[암살단(團), 암살되다/하다, 암살자(者)], 암상(暗相), 암상(暗像), 암상/인(暗商/人), 암상자(暗箱子), 암색(暗色), 암색(暗索), 암석(暗惜), 암선(暗線), 암성(暗星), 암소(暗笑), 암송(暗誦), 암수(暗愁), 암수(暗數;속임수)/거리, 암순응(暗順應), 암시(暗示)[242], 암시(暗視), 암시세(暗時勢), 암시장(暗市場), 암실(暗室), 암암리(暗暗裏;남모르는 사이), 암암하다(暗暗;매우 어둡거나 조용하다), 암야(暗夜), 암야행(暗夜行), 암약(暗約), 암약(暗躍), 암양(暗養), 암양반(暗兩班), 암어(暗語), 암연하다(暗然), 암영(暗影), 암영(暗營), 암우(暗雨), 암우하다(暗愚), 암운(暗雲;검은 구름. 위험한 듯한 기미), 암울하다(暗鬱), 암월(暗月), 암유(暗喩), 암자(暗刺), 암장(暗葬), 암전(暗箭), 암전(暗轉), 암점(暗點), 암조(暗潮), 암중(暗中)[암중공작/하다(工作), 암중모색/하다(摸索), 암중비약/하다(飛躍)], 암질(暗質), 암차(暗車), 암창(暗唱), 암체(暗體), 암초(暗草), 암초(暗礁;숨은바위), 암축(暗祝), 암충(暗蟲), 암취(暗醉), 암층(暗層), 암탄(暗炭), 암통(暗通), 암투(暗鬪)[암투극(劇), 암투하다], 암특하다(暗慝;성질이 음흉하고 험상하다), 암퍅하다(暗愎), 암폐(暗蔽), 암표(暗票), 암표(暗標), 암풍(暗風), 암한(暗恨), 암합(暗合), 암해(暗害), 암해(暗海), 암행(暗行)[암행어사(御使), 암행하다], 암향(暗香), 암허(暗虛), 암혈도(暗穴道), 암호(暗號)[암호문(文), 암호해독(解讀), 암호화(化); 유전암호(遺傳)], 암화(暗花), 암흑(暗黑)[243], 암희(暗喜); 냉암(冷暗), 명암(明暗)[명암등(燈), 명암법(法)], 용암(溶暗), 유암하다(幽暗), 유암하다(柳暗), 유암화명(柳暗花明), 폭암(暴暗), 혼암(昏暗), 흑암(黑暗/闇). ②색채 명사 앞에 붙어 '색깔이 짙은'을 나타내는 말.↔담(淡). ¶암갈색(暗褐色), 암녹색(暗綠色), 암자색(暗紫色), 암자색(暗赭色), 암적갈색(暗赤褐色), 암적색(暗赤色), 암홍(暗紅), 암홍색(暗紅色), 암흑색(暗黑色), 암황(暗黃), 암황색(暗黃色), 암회색(暗灰色), 암흑색(暗黑色) 들.

242) 암시(暗示): 넌지시 알림. 또는 그 알린 내용. 귀띔. 어떤 관념 · 감각 · 의도 따위를 일으키게 하는 심리적 작용. ¶눈짓으로 암시하다. 암시를 주다. 암시를 걸다. 암시법(法), 암시성(性), 암시요법(療法), 암시적(的), 암시하다(비사치다); 사회적암시(社會的), 자기암시(自己).

암(癌) 병리학상 바이러스에 의한 악성 혹[종양(腫瘍)]. 고치기 힘든 나쁜 폐단. ¶암이 진행되다. 폭력은 민주 정치의 암이다. 암공포증(癌恐怖症), 암근(癌筋), 암세포(癌細胞), 암유(癌乳), 암적(癌的), 암종(癌腫), 암즙(癌汁), 암창(癌瘡); 간암(肝癌), 난소암(卵巢癌), 대장암(大腸癌), 발암(發癌), 방광암(膀胱癌), 선암(腺癌), 설암(舌癌), 소아암(小兒癌), 식도암(食道癌), 위암(胃癌), 유암(乳癌), 유방암(乳房癌), 자궁암(子宮癌), 장암(腸癌), 전립선암(前立腺癌), 점막암(粘膜癌), 직장암(直腸癌), 충수암(蟲垂癌), 췌암(膵癌), 췌장암(膵臟癌), 폐암(肺癌), 피부암(皮膚癌), 후두암(喉頭癌) 들.

암(庵) 큰 절에 딸린 작은 절. 중이 임시로 거쳐하며 도를 닦는 곳을 뜻하는 말. ¶암자(庵子), 암주(庵主), 암주(庵住); 사암(寺庵), 선암(禪庵), 소암(小庵), 잔암(殘庵;비바람에 황폐하여진 암자), 초암(草庵), 문수암/ 연주암 들.

암(闇) '닫힌 문. 어둡다. 어리석다'를 뜻하는 말. ¶암둔(闇鈍), 암약하다(闇弱), 암잔하다(闇孱), 암혹(闇惑); 명암하다(明闇), 양암(諒闇), 퇴암(退闇), 향암(鄕闇), 혼암하다(昏闇), 효암(曉闇) 들.

암(黯) '어둡다. 검다'를 뜻하는 말. ¶암암하다(黯黯;속이 상하여 시무룩하다), 암애(黯靄), 암연(黯然) 들.

243) 암흑(暗黑): 주위 일대가 어둡고 캄캄함. 윤리와 질서가 아주 문란한 상태. 문화가 뒤떨어지고 문명의 혜택이 없는 상태.↔광명(光明). ¶주위가 암흑으로 변하다. 암흑가(街), 암흑기(期), 암흑면(面), 암흑사회(社會), 암흑상(相), 암흑성(星), 암흑성운(星雲), 암흑세계(世界), 암흑시대(時代), 암흑연/하다(然), 암흑천지(天地).

암(晻) '눈을 감다'를 뜻하는 말. ¶암매(晻昧).

암(諳) '외우다'를 뜻하는 말. ¶암련(諳鍊), 암식(諳識) 들.

암구(다) 암내 난 짐승에게 흘레[교미(交尾)]를 붙이다. ¶새끼를 얻기 위해 우리 소와 옆집 소를 암궜다.

암냥 죄인을 데리고 옴. 물건을 호송함.[←압령(押領)].

암니-옴니 속속들이 캐어묻는 모양.=옴니암니. ¶암니옴니 캐묻다.

암라 옻나무과의 상록 교목.=망고(mango).[←amra〈범〉].

암만 ①밝힐 필요가 없는 값이나 수량 따위를 일컬을 때 쓰는 말. ¶이번에 암만의 돈을 벌었다. 다달이 내는 세금이 암만암만이다. 암만암만. ②=아무리. ¶암만 물어도 대답을 않는다. 암만 노력해도 성적은 오르지 않았다. 암만 생각해도 모르겠다. 암만해도.[+~아(어)도]. [+부정어].

암상 샘을 잘 내고 남을 미워하는 마음 또는 그런 행동. 샘심.≒시샘. 질투(嫉妬). ¶암상을 부리다. 암상이 나다(그런 마음이 생기다). 암상이 돋치다. 암상이 나서 함부로 악을 쓰고 욕을 하며 대드는 일을 '포달'이라고 한다. 암상한 계집애. 암기(氣;시기심), 암상궂다(심술궂다), 암상꾸러기, 암상꾼, 암상내다, 암상떨다, 암상떨이(암상떠는 짓), 암상맞다, 암상부리다, 암상스럽다, 암상쟁이, 암상피우다, 암상하다/암하다(샘바른 마음이 많다).

암암-하다 잊히지 아니하고 가물가물 보이는 듯하다. ¶눈에 어린 아이들이 암암하다.

암-지르다 으뜸 되는 것에 덧붙여서 하나가 되게 하다. ☞ 어머니.

암통-하다 앙큼하고 심술사납다. 머리가 트이지 못하고 막히어 생각하는 것이 답답하다. ¶사람이 그렇게 암통해서야 어디다 쓰겠소? 머리가 그렇게 암통해서야 연구 생활을 할 수 있겠냐?

암팡-지다 몸은 작아도 힘차고 다부지다. ¶암팡스레 때리다. 암팡지게 달라붙다. 몸뚱이가 암팡져서 주먹깨나 씀직해 보였다. 암차다(암팡스럽고 매몰차다), 암팡스럽다.

암해 안강망 아가리의 아랫부분에 긴 통나무를 이어 댄 가름대.

압(壓) '누르다 · 눌리다'를 뜻하는 말. ¶압각(壓覺), 압권(壓卷)[244], 압궤(壓潰), 압기(壓氣), 압도(壓度), 압도(壓倒;눌러 꼼짝 못하게 함)[압도되다/하다, 압도적(的)], 압량위천(壓良爲賤), 압려기(壓濾器), 압력(壓力)[245], 압맥(壓麥), 압밀(壓密;눌러서 빽빽하게 하거나 빽빽하여짐)[압밀곡선(曲線), 압밀이론(理論), 압밀침하(沈下)], 압박(壓迫)[압박감(感), 압박되다/하다, 압박마비(痲痹), 압박붕대(繃帶), 압박자(者)], 압복(壓服/伏), 압사(壓死)[압사되다/하다, 압사자(者)], 압살(壓殺), 압설자(壓舌子), 압쇄기(壓碎機), 압슬/기(壓膝/器), 압승(壓勝), 압시하다(壓視;멸시), 압연(壓延)[압연관(管), 압연기(機), 압연유리: 냉간압연(冷間), 열간압연(熱間)], 압인(壓印), 압전기(壓電氣), 압점(壓點), 압정(壓政), 압제(壓制)[압제력(力), 압제자(者), 압제적(的), 압제정치(政治)], 압착(壓搾;기계 따위로 세차게 눌러 짬)[압착기(機), 압착되다/하다, 압착법(法)], 압축(壓軸), 압축(壓縮)[246], 압출(壓出), 압통점(壓痛點), 압흔(壓痕); 가압(加壓), 감압(減壓), 강압(降壓), 강압/적(强壓/的), 검압(檢壓), 고압(高壓), 공기압(空氣壓), 광압(光壓), 근압(根壓;뿌리압), 금압(禁壓), 기압(氣壓)[247], 기압(汽壓), 내압(內壓), 내압(耐壓), 뇌압(腦壓), 단압(鍛壓), 대기압(大氣壓), 동압(動壓), 등압선(等壓線), 막압(膜壓), 맥압(脈壓), 몽압(夢壓), 배압(背壓), 변압(變壓)[변압기(機), 변압소(所)], 복압(腹壓), 부압(負壓), 분압(分壓), 뿌리압[근압(根壓)], 삼투압(滲透壓), 수압(水壓), 수증기압(水蒸氣壓), 안압(眼壓), 억압(抑壓), 외압(外壓), 위압(威壓), 유압(油壓), 저압(低壓), 전압(全壓), 전압(電壓)[전압계(計), 전압선(線)], 정수압(靜水壓), 정압(定壓), 정압(靜壓), 제압(制壓), 중압/감(重壓/感), 증기압(蒸氣壓), 지압(地壓), 지압(指壓), 진압(鎭壓), 측압(側壓), 측압기(測壓器), 침투압(浸透壓), 탄압(彈壓), 토압(土壓), 파압(波壓), 팽압(膨壓), 폭압(暴壓), 풍압(風壓), 피압박(被壓迫), 해리압(解離壓), 혈압(血壓) 들.

압(押) '누르다'를 뜻하는 말. ¶압령(押領), 압류(押留)[248], 압부(押付;죄인을 압송하여 넘김), 압서(押署;기명날인), 압송/자(押送/者), 압수(押收;몰수)[압수되다/하다, 압수물(物), 압수영장(令狀), 압수품(品)], 압운(押韻), 압정(押釘;누름 못), 압지(押紙), 압핀(pin); 서압(署押), 수압(手押), 어압(御押), 차압(差押), 착압(着押), 화압(花押), 화압(畵押) 들.

압(狎) '너무 지나칠 정도로 가깝다. 다가서다'를 뜻하는 말. ¶압근(狎近;狎逼), 압기(狎妓), 압사(狎邪), 압설/하다(狎褻;너무 사이가 가까워 예의가 없다), 압핍(狎逼;버릇없이 어른에게 바싹 다가감), 애압하다(愛狎;허물없이 썩 친하다); 친압(親狎) 들.

압(鴨) '오리'를 뜻하는 말. ¶계압(溪鴨;비오리), 아압(鵝鴨), 야압(野鴨;물오리), 황압(黃鴨) 들.

앗 다급하게 놀라서 내는 소리. ¶앗, 큰일났다!

-앗 양성 모음으로 끝나는 동사 어간에 붙어, 외치는 소리나 구령

244) 압권(壓卷): 여러 책이나 작품 가운데 잘된 것. 여럿 가운데 가장 뛰어난 것.

245) 압력(壓力): 어떤 물체가 다른 물체를 누르는 힘. 사람에게 심리적으로 압박을 가하는 힘 ¶철판에 압력을 가하다. 외부의 압력에 굴복하다. 압력계(計), 압력단체(團體), 압력변질(變質), 압력선(線), 압력솥, 압력융해(融解), 압력저울, 압력저항(抵抗), 압력주조(鑄造); 부분압력(部分), 사회적압력(社會的), 액체압력(液體), 유체압력(流體), 증기압력(蒸氣), 최대압력(最大), 포화압력(飽和), 표준압력(標準), 횡압력(橫).

246) 압축(壓縮): 압축가스(gas), 압축강도(强度), 압축계(計), 압축계수(係數), 압축공기(空氣), 압축기(機), 압축냉동(冷凍), 압축되다/하다, 압축력(力), 압축률(率), 압축목재(木材), 압축무게, 압축비(比), 압축산소(酸素), 압축성(性), 압축성형(成型), 압축시험(試驗), 압축식(式), 압축열(熱), 압축응력(應力), 압축인자(因子), 압축재(材), 압축점화(點火), 압축행정(行程); 고압축(高), 단열압축(斷熱).

247) 기압(氣壓): 기압계(計), 기압골, 기압파(波); 고기압(高), 대기압(大), 저기압(低).

248) 압류(押留): 집행 기관에 의하여 채무자의 특정 재산에 대한 처분이 제한되는 강제 집행. ¶압류결정(決定), 압류금지/재산(禁止/財産), 압류되다/하다, 압류명령(命令), 압류액(額), 압류우선주의(優先主義), 압류장(狀), 압류조서(調書), 압류채권자(債權者); 가압류(假;재산을 임시로 압류하는 법원의 처분), 선박압류(船舶), 이중압류(二重), 입도압류(立稻), 재산압류(財産).

등에서 강조를 나타내는 명령형 종결 어미. [음성 모음에서는 '-엇'으로 쓰임]. ¶뒤로 돌아갓. 어서 내놧. 우로 봣. 뒤로 누엇.

앗(다)¹ ①남의 물건을 억지로 제 것으로 하다. 남의 일을 가로채다. ¶재물을 앗다. 앗기다, 앗아가다, 앗아버리다; 빼앗다, 빼앗기다/뺏기다. ②깎아 내다. ¶모서리를 앗다. 앗기(자귀나 칼로 다듬는 일), 앗아넣기, 앗아넣다[249]. ③수수·팥 따위의 껍질을 벗기고 씨를 빼다. ¶수수를 앗다. ☞ 탈(奪).

앗(다)² 일을 하여 주고 일로 갚게 하다. 품일을 해 주고 품을 얻다. ¶품을 앗다. 품앗이.

앗쌤 광산에서, 엇비슷하게 통한 구덩이.

-앗 동사 어간에 붙어, 구령하는 말을 간결하고 박력 있게 나타내는 종결 어미. [음성 모음 뒤에서는 '-었'으로 쓰임]. ¶앞으로 갔! 뒤로 섰!

-았/었- ①양성 모음으로 끝난 용언의 어간에 붙어, 과거 시제를, 일부 형용사에 붙어 시간적으로 완료된 결과가 지속되고 있음을 나타내는 선어말 어미. [음성 모음 뒤에서는 '-었-'으로 쓰임]. ¶갔았다, 보았다; 먹었다, 읽었다, 있었다; 깊었다, 높았다, 어두웠다, -았/었-습니다, -았-었-/-었-었-[←아/어-+-잇-], -았자[250]. ②용언 어간 '하-' 아래에선 '-였-으로 쓰임. ¶공부하였다. 노래하였다. §어간 형성 접미사 '-이-'가 바로 다음에 놓인 선어말 어미 '-었-'과 합치면 '-였-'. ¶밥을 먹였다. 적군을 죽였다.

앙¹ 개 따위가 물려고 덤빌 때 내는 소리. 또는 그 모양. 〈큰〉엉'. ¶개가 앙 덤비다.

앙² 어린아이가 우는 소리. 또는 그 모양. 〈큰〉엉². ¶앙 울음을 터트렸다. 앙앙·엉엉거리다/대다.

앙³ ①주로 의문문이나 명령문과 함께 쓰여, 상대방의 응답을 재촉할 때 쓰는 말. ¶너 정말 내가 죽는 꼴 보고 싶냐? 앙! ②남을 놀라게 하려고 지르는 소리. ¶앙, 깜짝 놀랐지?

앙- 동사 앞에 붙어 '다부지다. 다부진 표정'을 뜻하는 말. ¶앙다물다(힘을 주어 꽉 다물다), 앙다붙다(바투 다가붙다), 앙바라지다(앙바틈하게 바라지다), 앙바틈하다[251], 앙밭다(작고 탄탄하다. 어울리는 맛이 없이 매우 짧다), 앙·엉버티다(악착스럽게 대항하다. 끝까지 고집하다), 앙세다[252] 들.

-앙/엉¹ 몇몇 명사에 붙어 '그 말뜻의 범위를 줄임'의 뜻을 더하는 접미사. ¶고랑¹[←골⁵+앙], 고랑²[←고리+앙], 구렁[←굴+엉], 도랑[←돌ㅎ+앙]. ☞ 고랑'. 구렁. 도랑.

-앙/엉² (장/정) 몇몇 색채 형용사 어간에 붙어 명사를 만드는 접미사. ¶가망·거멍·까망·꺼멍·감장·검정·깜장·껌정, 노랑·누렁, 발강·벌겅·빨강·뻘겅, 파랑·퍼렁, 하양·허영.

앙(仰) '우러러보다. 높이다'를 뜻하는 말.↔부(俯). ¶앙각(仰角), 암감부괴(仰感俯愧), 앙견(仰見), 앙고(仰告), 앙관(仰觀), 앙구식(仰口食), 앙도(仰禱), 앙련/좌(仰蓮/座), 앙련(仰聯), 앙련(仰戀), 앙롱(仰弄), 앙망(仰望)[앙망불급(不及), 앙망종신(終身)], 앙면(仰面), 앙모(仰慕), 앙벽(仰壁), 앙부일영(仰釜日影), 앙배(仰拜), 앙보(仰輔;우러러 보필함), 앙봉(仰奉), 앙부(仰俯), 앙사(仰射), 앙사(仰事;우러러 섬김)[앙사부모(父母), 앙사부육(俯育)], 앙선(仰羨), 앙소(仰訴), 앙시(仰視), 앙신(仰信), 앙와(仰瓦), 앙와(仰臥), 앙우(仰友), 앙원(仰願;仰望), 앙장(仰帳), 앙장(仰障), 앙주(仰奏;천자께 삼가 아룀), 앙천(仰天;하늘을 우러러봄)[앙천대소(大笑), 앙천부지(俯地), 앙천축수(祝手), 앙천통곡(痛哭)], 앙첨(仰瞻), 앙청(仰請), 앙축(仰祝;우러러 축하함), 앙탁(仰度;우러러 헤아림), 앙탁(仰託), 앙탄(仰歎), 앙토(仰土;치받이)[앙토장이, 앙토질(치받이를 바르는 일)/하다], 앙혼(仰婚), 앙화(仰花), 앙흠(仰欽); 경앙(景仰), 경앙(敬仰), 면앙(俛仰), 모앙(慕仰), 부앙(俯仰), 부앙무괴(俯仰無愧), 숭앙(崇仰), 신앙(信仰), 존앙(尊仰), 찬앙(鑽仰), 첨앙(瞻仰), 추앙(推仰), 탄앙(歎仰), 흠앙(欽仰) 들.

앙(怏) '원망하다. 불만스럽다'를 뜻하는 말. ¶앙을 품다. 앙갚음(앙심으로 되돌려 줌)/하다, 앙기(원한이 맺혀서 앙갚음하려고 하는 마음), 앙분(怏憤), 앙분풀이(怏忿), 앙숙(怏宿;앙심을 품고 서로 미워하는 사이), 앙심(怏心;원한을 품은 마음), 앙앙불락(怏怏不樂), 앙앙지심(怏怏之心), 앙앙/하다(怏怏;마음에 차지 아니하거나 야속하다), 앙연하다(怏然), 앙하다[253]; 울앙(鬱怏) 들.

앙(昻/昂) '높이 오르다. 들다'를 뜻하는 말. ¶앙곡(昻曲;끝이 번쩍 들린 추녀), 앙등(昻騰;騰貴), 앙분(昻奮), 앙양(昻揚)[앙양기(期), 앙양되다/하다]; 격앙(激昻), 저앙(低昻;낮아졌다 높아졌다 함. 낮추었다 높였다 함), 헌앙(軒昻) 들.

앙(殃) '해치다. 재앙을 내리다'를 뜻하는 말.↔경(慶). ¶앙경(殃慶), 앙구(殃咎;殃禍), 앙급(殃及)[앙급자손(子孫), 앙급지어(池魚)], 앙륙(殃戮), 앙얼(殃孼), 앙화(殃禍); 여앙(餘殃), 재앙(災殃), 적앙(積殃), 지어지앙(池魚之殃;뜻밖의 재앙), 천앙(天殃) 들.

앙(央) '가운데. 복판'을 뜻하는 말. ¶앙가슴(두 젖 사이의 가슴), 앙앙(央央;넓은 모양); 연앙(年央), 중앙(中央), 진앙(震央) 들.

앙(秧) '볏모. 심다'를 뜻하는 말. ¶앙묘(秧苗;볏모), 앙판(秧板;못자리); 만앙(晩秧;늦모), 삽앙(揷秧), 이앙(移秧), 조앙(早秧), 주앙(注秧) 들.

앙(鞅) '가슴걸이. 짐을 짊어지다'를 뜻하는 말. ¶마앙(馬鞅); 앙장하다(鞅掌;일이 매우 바쁘고 번거롭다).

앙(鴦) '원앙새의 암컷'을 뜻하는 말. ¶앙금(鴦衾), 원앙(鴛鴦) 들.

---

249) 앗아넣다: 한쪽으로 쏠리지 아니하도록 끝을 깎아서 어긋매끼어 넣다. ¶모서리를 앗아넣다.

250) -았자: 양성 모음으로 끝나는 용언의 어간에 붙어, '-는다 해도'나 대상의 행위를 얕잡아 보는 뜻을 나타내는 연결 어미. [음성 모음에서는 '-었자', 'ㅏ, ㅓ'로 끝나는 어간 뒤에서는 '-ㅆ자', '하-' 뒤에서는 '-였자'로 쓰임. ¶아무리 기다려 보았자 철수는 오지 않는다. 철수가 많이 먹었자 얼마나 먹겠니. [←았/었-+자].

251) 앙바틈하다: 짤막하고 딱 바라지다. 〈큰〉엉버틈하다. ¶키가 앙바틈한 사나이. 앙바틈한 체구. 앙바틈히, 앙가바틈하다(좀 앙바틈하다).

252) 앙세다: 몸은 약해 보여도 다부지다. ¶몸은 비록 말랐어도 눈매는 앙센 기운이 있어 보인다.

253) 앙하다: 속으로 앙심을 품은 기색이 있다. 꽁하다. ¶대수롭지 않은 일로 앙한 채 말이 없다.

ㅇ

앙가-발이 '다리가 짧고 굽은 사람이나 물건. 남에게 잘 달라붙는 사람'을 뜻하는 말의 선행 어근. 앙발이. ¶실력도 없으면서 빠르게 승진하는 것을 보면 그는 앙가발이가 틀림없다. 앙가발이 걸음. 앙가발이 소반.

앙가조촘 ①선 것도 아니고 앉은 것도 아닌 자세로 몸을 반쯤 굽히고 있는 모양. ¶그녀는 걸어놓은 치맛자락을 끌어당겨 흐벅진 젖무덤을 가리고 앙가조촘 일어나더니 옷장을 열었다. ②이러지도 저러지도 못하고 조금 망설이는 모양. ¶갈림길에서 앙가조촘 두리번거리는 길손. 앙가조촘하다, 엉거벌리다[254]. 〈큰〉엉거주춤.

앙감-질 한 발은 들고 한 발로만 뛰는 짓.=깨금질. 깨구막질. 침탁(踸踔). ¶아이가 발등을 돌에 찧고 나서 동동거리며 앙감질만 해 댄다. 앙감발(깨금발. 까치발), 앙감질/하다.

앙괭이 ①얼굴에 먹이나 검정 따위를 함부로 칠하여 놓은 모양. ¶앙괭이를 그리다. ②정월 초하룻날 밤에 자는 아이의 신 중에서 발에 맞는 신을 신고 간다는 귀신.

앙구(다) ①음식 따위를 식지 아니하게 불에 놓거나 따뜻한 데에 묻어 두다. ¶아랫목에 밥주발을 앙구다. ②한 그릇에 여러 가지 음식을 곁들여 담다. ¶떡과 과일을 앙구어 담다. ③사람을 딸려 보내다. ¶하인을 앙구다. ④깁거나 고치다. ¶찢어진 그물을 앙구다.

앙그러-지다 하는 짓이 잘 어울리고 짜인 맛이 있다. 모양이 어울려서 보기에 좋다. 음식이 먹음직스럽다.[(*앙글(다)]. ¶오늘 행사는 앙그러지게 꾸며 놓은 듯하다. 앙그러진 밥상.

앙글 ①어린아이가 소리 없이 자꾸 귀엽게 웃는 모양. ¶아기가 앙글앙글 웃다. ②무엇을 속이면서 자꾸 꾸며서 웃는 모양. ¶그녀는 앙글앙글 웃으면서 뻔히 들여다보이는 거짓말을 했다. 앙글·엉글거리다/대다, 앙글방글·엉글벙글/하다.

앙금[1] ①물에 섞여 있다가 가라앉은 부드러운 가루. 화학 변화의 생성물이 용액 속에 나오는 것.=침전물(沈澱物). ¶앙금을 거르다. 앙금막(膜), 앙금못[沈澱池(침전지)]. 앙금반응(反應), 앙금쌓이기, 앙금앉기, 앙금약(藥), 앙금통(桶), 앙금;흙: 도토리앙금, 팥앙금. ②마음속에 남아 있는 개운치 않은 감정. ¶가슴에 남아 있는 앙금을 털어 버리다. 앙금이 잘 가시지 않는다.

앙금[2] 어린아이나 다리가 짧은 동물이 굼뜨게 걷거나 기어가는 모양. 〈큰〉엉금. 〈거〉앙큼. 〈큰·거〉엉큼. ¶엉금엉금 기어가다. 앙금쌀쌀(처음에는 굼뜨게 가다가 차차 빠르게 기는 모양)·엉금썰썰, 앙큼상큼·엉큼성큼, 앙기작[255]·엉기적/거리다/대다, 앙기작걸음, 앙기작앙기작·엉기적엉기적/하다.

앙달-머리 어른이 아닌 사람이 어른인 체하며 부리는 얄망궂고 능청스러운 짓. ¶조카가 나를 가르치려 드는 모습이 귀엽기도 하고 앙달머리스러워 웃으며 머리를 쥐어박았다. 앙달머리스럽다(앙달머리를 부리는 것 같다. 얄망궂고 능청스럽다).

앙당-하다 ①사람이나 사물이 크기가 어울리지 않을 정도로 작다. ¶키가 앙당하다. ②춥거나 겁이 나서 몸이 옴츠리다. ¶어깨를 앙당그리다. 앙당·응등그러지다[256], 앙당그레[257], 앙당·응등그리다(갑자기 몸을 움츠리다), 앙당바라지다.

앙살 엄살을 부리며 버티고 겨룸. 또는 그러한 태도. ¶앙살을 부려 봤자 네 손해다. 앙살을 피다/ 피우다. 앙살궂다/스럽다/스레.

앙상-하다 ①째이지 못하여 어설프다.≒허술하다. ¶작품 구성이 엉성하다. ②뼈만 남은 것처럼 빼빼하다. ¶뼈만 앙상하게 드러났다. 앙세다(몸은 약하게 보여도 다부지다). ③나뭇잎이 지고 가지만 남아서 스산하다. ¶앙상한 나뭇가지. 앙상·엉성궂다(매우 앙상/엉성하다), 앙상·엉성스럽다, 앙상히, 엉성드뭇하다(엉성하고 드문드문하다). 〈큰〉엉성하다.

앙알 손윗사람에 대해 원망하는 태도로 종알종알 군소리를 하는 모양. 〈큰〉엉얼. ¶앙알앙알 떼를 쓴다. 앙알앙알 바가지를 긁다. 앙알앙알/엉얼엉얼, 앙알·엉얼거리다/대다.

-앙/엉이 용언의 어간에 붙어 '그 말의 특질을 지닌 도구나 사물'을 뜻하는 말. ¶가랑이, 거치렁이, 고부랑이, 글겅이, 구부렁이, 나부랭이, 누렁이, 는지렁이, 두렁이[258], 불겅이, 우그렁이, 지팡이, 찌그렁이, 파랑·푸렁이 들.

앙잘 잔소리를 늘어놓으며 앙알거리는 모양. 〈큰〉엉절. 옹잘[259]. ¶분이 나 혼자서 앙잘앙잘 떠들고 있다. 저녁내내 앙잘거리는 아내. 앙잘앙잘·엉절엉절/하다, 앙잘·엉절거리다/대다/하다.

앙증-하다 모양이 제격에 어울리지 아니하게 작다. 작으면서도 갖출 것을 다 갖추고 있어서 깜찍하고 귀엽다. ¶궤도를 따라 달리는 장난감 기차가 무척이나 앙증하다. 앙증맞은 아이. 앙증스러운 장난감. 앙증맞다(매우 앙증스럽다)/스럽다.

앙짜 ①앳되게 점잔을 빼는 짓. ¶앙짜를 부리다. ②성질이 깐작깐작하고 암상스러운 사람.

앙칼 제 힘에 겨운 일에 악을 쓰며 덤비는 태도가 있음. 매우 모질고 날카로움. ¶몸집은 작지만 앙칼지다. 앙칼진 목소리. 앙칼지게 덤벼들다. 앙칼스럽다, 앙칼지다/앙칼머리지다.

앙큼-하다 엉뚱한 욕심을 품고 제 분수에 넘치는 짓을 하고자 하는 태도가 있다.≒음흉하다(陰凶). 〈큰〉엉큼하다. ¶앙큼하게 굴다. 하는 짓이 앙큼하다. 엉큼한 수작을 부리다. 앙큼·엉큼스럽다, 엉큼대왕(大王;엉큼한 마음으로 도에 넘치는 일을 하는 사람의 별명), 앙큼지다.

---

254) 엉거벌리다: 다리를 엉거주춤하게 벌리다. 〈준〉엉벌리다.

255) 앙기작: 되똥거리며 나릿나릿 걷거나 기는 모양. 〈큰〉엉기적. ¶강아지가 앙기작앙기작 따라오다.

256) 앙당그러지다: ①물체가 마르거나 굳어지거나 줄어지면서 조금 뒤틀리다. ②춥거나 겁이 나서 몸이 조금 움츠러지다.

257) 앙당그레: ①마르거나 졸아지거나 굳어지면서 뒤틀리는 모양. ¶앙당그레 뒤틀어진 고사목. ②춥거나 겁이 나서 몸이 옴츠러드는 모양. ¶몸을 파고드는 한기로 앙당그레 움츠렸다. 어깨가 자꾸 앙당그러지다.

258) 두렁이: 어린아이의 배와 아랫도리를 둘러서 가리는 치마같이 만든 옷.

259) 옹잘: 불평·탄식·원망 따위를 입속말로 혼자 자꾸 말하는 모양. 〈큰〉웅절. ¶옹잘·웅절거리다/대다, 옹잘옹잘/하다.

앙탈 시키는 말을 듣지 아니하고 꾀를 부리거나 피하여 벗어나는 짓. 생떼를 쓰고 고집을 부리거나 불평을 늘어놓는 것. ¶앙탈을 부리다. 공부하기 싫다고 앙탈하다. 막무가내로 앙탈을 하다. 앙탈쟁이, 앙탈질/하다.

앞 ①얼굴 · 눈이 향하고 있는 가까운 쪽이나 곳. 차례에서 먼저 있는 편. 시간상 기준보다 전. 지금 이후 또는 기준보다 후. 맡은 바 몫.↔뒤. ¶앞을 보다. 제 앞도 못 가린다. 앞으로 잘 부탁합니다. 앞가르마, 앞가리개, 앞가리다[260], 앞가림[261]/하다, 앞가슴, 앞가지, 앞갈기(말 따위의 이마에 난 털), 앞갈망/하다, 앞갈무리/하다, 앞갈비, 앞갈이/하다, 앞개울, 앞갱기, 앞거리, 앞걸음/하다, 앞걸이(가슴걸이), 앞곤두, 앞과장(科場), 앞교대(交代), 앞굽, 앞그루, 앞글[전문(前文)], 앞기미[전조(前兆)], 앞기약(期約), 앞길(앞에 난 길. 가야 할 길), 앞깃/선(線), 앞꾸밈음, 앞나비(집터 따위에서의 앞면의 길이), 앞나서다(앞에 나서다. 앞장서다), 앞날(먼 장래. 전날. 남은 세월), 앞날개, 앞내(마을 앞으로 흐르는 내), 앞널, 앞넣다, 앞녘, 앞늘품(앞이 넓은 품), 앞니, 앞다리, 앞다투다, 앞단(앞에 댄 옷단), 앞닫이(구두의 앞부분), 앞당기다(↔밀다. 미루다), 앞대(아랫녘), 앞도련, 앞돈(계약금), 앞동산, 앞두다[262], 앞뒤[앞뒤갈이, 앞뒷문(門), 앞뒷일, 앞뒷집, 앞뒤축], 앞들, 앞들다(앞서서 들어서다), 앞딱지, 앞뜰, 앞마구리, 앞마당, 앞마디, 앞마루, 앞마을, 앞막(幕), 앞말, 앞막이, 앞맵시, 앞머리, 앞메꾼, 앞면(面), 앞모개, 앞모도, 앞모습, 앞몸, 앞무(겨드랑이 밑에 댄 딴 폭), 앞무릎치기, 앞문(門), 앞바다, 앞바닥, 앞바람, 앞바퀴, 앞바탕, 앞발, 앞발굽, 앞밭, 앞보름, 앞볼, 앞부리, 앞부분(部分), 앞사람, 앞산(山), 앞생각, 앞서(이보다 먼저. 미리), 앞서다, 앞서가다, 앞서거니뒤서거니, 앞서다/세우다, 앞서/서(먼저), 앞선자(者), 앞설거지, 앞섶(옷의 앞자락에 대는 섶), 앞소리, 앞수표(手票), 앞앞/이, 앞어금니, 앞엣것, 앞엣돈(밑천이 드는 비용), 앞에총(銃), 앞이마, 앞일, 앞자락, 앞자리, 앞잔치, 앞잡이[263]/질, 앞장[앞장감[264], 앞장서다/세우다], 앞전(殿), 앞주(註), 앞줄, 앞지르기, 앞지르다/질리다, 앞집, 앞짧은소리[265], 앞짱구, 앞쪽, 앞차(車), 앞차다[266], 앞차림, 앞창(↔뒤창), 앞창(窓), 앞채, 앞처짐(저고리나 두루마기의 앞길이 조금 길어진 부분), 앞철기[267](길마의 막대에 소의 목을 휘돌려 매는 줄), 앞치기, 앞치레, 앞치마, 앞칸, 앞코, 앞태(態↔뒷태), 앞터, 앞턱/따기, 앞트임, 앞판(板), 앞팔꿉, 앞편짝(便), 앞폭(幅), 앞표지(表紙), 앞품, 앞항(項), 앞홀소리; 길앞잡이, 노앞(櫓), 눈앞, 밑앞(배의 이물), 집앞, 코앞, 턱앞. ②편지 · 초대장에서, 받는 사람의 이름 밑에 쓰이어, '에게. 께'의 뜻을 나타내는 말. ¶김철수 앞. ☞ 전(前).

260) 앞가리다: 무식을 겨우 면하여 제 앞에 닥친 일을 처리하다.
261) 앞가림: 겨우 무식이나 면하여 제 앞을 꾸려 갈 만함. ¶워낙 배운 것이 없어 장차 제 앞가림이나 할지 큰 걱정이다.
262) 앞두다: 닥쳐올 때나 곳을 바라보다. ¶시험을 열흘 앞두다.
263) 앞잡이: ①앞에 서서 이끄는 사람. ②남의 끄나풀이 되어 움직이는 사람.≒꼭두각시. 데림추.
264) 앞장감: 앞장설 만한 인재.
265) 앞짧은소리: ①장래성이 없거나 장래의 불행을 뜻하게 된 말마디. ②앞으로 하지 못할 일을 하겠다고 섣불리 하는 말.
266) 앞차다: 앞을 내다보는 태도가 믿음직하고 당차다. ¶그의 태도가 앞차다.
267) 철기: '껑거리'의 경남 사투리.

-앟/엏- 일부 빛깔이나 모양을 나타내는 형용사의 어근에 붙어 '농도가 짙음. 그 정도가 더하거나 분명함. 매우'의 뜻을 더하는 말. 음성모음에는 '-엏-'이 쓰임.[←-아/어+하(다)]. '-얗/옇-은 이형태. ¶가맣다(감다), 거멓다(검다), 까맣다(깜다), 꺼멓다(껌다), 노랗다(노라다 · 노르다), 누렇다(누르다), 덩그렇다(덩글다), 뎅그렇다(뎅글다), 동그랗다 · 똥그랗다(동글다), 동그랗다 · 둥그렇다 · 뚱그렇다(둥글다), 말갛다 · 멀겋다(맑다), 발갛다 · 빨갛다 · 벌겋다 · 뻘겋다(밝다), 보얗다 · 부옇다 · 뽀얗다 · 뿌옇다, 불겋다(붉다), 서느렇다 · 써느렇다(서늘다), 파랗다 · 퍼렇다(푸르다), 하얗다 · 허옇다(희다) 들.

애¹ 근심에 싸인 초조한 마음속. '창자'를 뜻하는 말. 마음과 힘의 수고로움. ¶애를 말리다/태우다. 몹시 애를 쓰다. 애간장(肝腸), 애기름(물고기 창자에서 낸 기름), 애꾼(늘 애를 먹이는 사람), 애끊다[268], 애끓다[269]. 애나다(안타깝고 속이 상하다), 애달다[270], 애달프다(마음이 아프거나 애처롭다)/애달피, 애당기다[271], 애마르다(초조하거나 안타까워하다), 애먹다/먹이다, 애면글면[272]/하다, 애만지다(소중히 여겨 어루만지다), 애모쁘다[273], 애물(物)[274], 애바르다[275], 애바리(애바른 사람), 애바쁘다(시급하다)/애바삐, 애바치다(정성을 다하다), 애발스럽다[276], 애살맞다[277], 애섧다(애달프고 서럽다), 애성이[278], 애쓰다(고생하다. 힘들이다)/애써, 애씌우다(애태우다. 애쓰게 하다), 애잡짤하다[279], 애절하다[280], 애젓하다(애틋하다), 애졸이다, 애타다(속상하다)/태우다, 애터지다, 애통터지다[281], 애틋하다[282]/애틋이; 헛애[283]. ☞ 장(腸).

268) 애끊다: 몹시 슬퍼서 창자가 끊어질 듯하다. ¶애끊는 사모의 정. 애끊는 듯한 피리소리가 들린다. 그는 아직도 그녀에 대해 애끊는 듯한 사모의 정을 갖고 있다.
269) 애끓다: 몹시 답답하고 걱정이 되어서 속이 끓는 듯하다.=애타다. ¶애끓는 호소. 부모를 애끓게 하는 자식.
270) 애달다: 마음이 쓰이어 속이 달아오르는 듯하다. ¶애달아 어쩔 줄을 몰라 하다. 지갑을 잃어버리고 애달아서 안절부절못하였다.
271) 애당기다: 마음에 끌리다. ¶밥에 맞을 성싶으면 애당길 때 사 가소.
272) 애면글면: 약한 힘으로 무엇을 이루려고 온갖 힘을 다하는 모양. ¶애면글면 장만해 놓은 재산이다.
273) 애모쁘다: 성가시거나 귀찮다. 성화를 받거나 뜻대로 되지 아니하여 애타고 안타깝다. ¶말 못할 애모쁜 심정.
274) 애물(物): ①애를 태우는 물건 또는 사람. ¶막내아들이 애물단지다. 애물단지. ②나이 어려서 부모보다 먼저 죽은 자식.
275) 애바르다: ①재물과 이익을 좇아 덤비는 데 발밭다.≒잽싸다. ¶저렇게 애바를 수가 있나. 보기와는 달리 애바른 데가 있다. 애바리(애바른 사람), 애발스럽다(애바르게 보이다). §발밭다(기회를 놓치지 아니하고 재빠르게 붙잡아 이용하는 소질이 있다). ②안타깝게 마음을 쓰는 정도가 심하다. ¶애바른 생각.
276) 애발스럽다: ①매우 안타깝게 애를 쓰는 태도가 있다. ¶뭘 그리 애발스럽게 살려고 나부대었는고. ②이해 타산하여 덤비는 데가 있다(애바르다).
277) 애살맞다: 필요한 것이 없거나 모자라 옹색하여 안타까운 데가 있다. ¶애살스럽다(군색하고 애바른 데가 있다).
278) 애성이: 분하거나 성이 나서 몹시 안달하고 애가 타는 일. 또는 그런 감정.≒골. 화(火). ¶애성이가 나다.
279) 애잡짤하다: 은근하게 애절한 느낌이 있다.
280) 애절하다: 견디기 어렵도록 애가 타는 마음이 있다. ¶애절히 호소하다. 애절히 기다리다. 새들의 암수 사이의 사랑도 그토록 애절하다는 데 제법 감동이 되었다. §'애절하다(哀切)'는 '몹시 애처롭고 슬프다'의 뜻.
281) 애통터지다: 몹시 걱정이 되어서 속이 뒤집혀 터질 듯하다. ¶어떻게 할지 정하지 못해 애통터지다.

애² 업신여기는 뜻을 나타내는 말. ¶애, 그놈 참 못생겼구나. 애걔/에걔(작은 것을 업신여기는 말. 아뿔싸), 애걔걔·에계계.

-애- 형용사 '없다'의 어간 뒤에 붙어 '사동(시킴)'의 뜻을 더하고 동사를 만드는 유일 형태소. ¶없애다[←없이하다].

애(愛) '사랑하다. 즐기다. 아끼다'를 뜻하는 말. ¶애견(愛犬), 애고(愛顧), 애교/심(愛校/心), 애교(愛嬌)[애교꾸러기/머리/스럽다], 애국(愛國)[284], 애군(愛君), 애근(愛根), 애기/심(愛己/心↔愛他/心), 애기(愛妓), 애기(愛機:애용하고 있는 기계), 애기(愛騎), 애념(愛念), 애당(愛黨), 애독(愛讀)[애독서(書), 애독자(者)], 애락(愛樂), 애련(愛憐), 애련(愛戀), 애린(愛隣), 애림(愛林), 애마(愛馬), 애모(愛慕), 애무(愛撫), 애물(愛物), 애민(愛民), 애별(愛別), 애부(愛夫), 애비(愛婢), 애사(愛社), 애상(愛賞), 애서광(愛書狂), 애석(愛惜), 애송(愛誦)[애송되다/하다, 애송시(詩)], 애식(愛息), 애아(愛兒), 애안(愛眼), 애압하다(愛狎), 애에(愛恚), 애연(愛宴), 애연(愛煙), 애염(愛染), 애완(愛玩)[285], 애욕(愛慾:애정과 욕심)/해(海), 애용(愛用)[애용물(物), 애용품(品)], 애육(愛育), 애음(愛吟), 애음(愛飮), 애인(愛人)[애인여기(如己), 애인휼민(恤民)], 애자(愛子), 애장(愛藏), 애정(愛情)[286], 애제(愛弟), 애조(愛鳥), 애족(愛族), 애주(愛酒), 애중(愛重), 애증(愛憎), 애지중지(愛之重之), 애집(愛執), 애차(愛車), 애착(愛着)[애착생사(生死), 애착심(心), 애착자비(慈悲)], 애찬(愛餐), 애창/곡(愛唱/曲), 애처/가(愛妻/家), 애첩/가(愛妾/家), 애청/자(愛聽/者), 애친(愛親), 애칭(愛稱), 애타(愛他↔愛己)[애타심(心), 애타주의(主義)], 애해(愛海), 애향(愛鄕), 애호(愛好), 애호(愛護), 애휼(愛恤), 애희(愛姬), 애희(愛戲); 가애(加愛), 가족애(家族愛), 가학애(加虐愛), 갈애(渴愛), 결혼애(結婚愛), 겸애(兼愛), 경애(敬愛), 골육애(骨肉愛), 교육애(敎育愛), 구애(求愛), 국토애(國土愛), 권애(眷愛), 귀애하다(貴愛), 대상(對象), 동료애(同僚愛), 동성애(同性愛), 동족애(同族愛), 동지애(同志愛), 동포애(同胞愛), 모애(慕愛), 모국애(母國愛), 모성애(母性愛), 몰아애(沒我愛), 무아애(無我愛), 민족애(民族愛), 박애(博愛), 범애(汎愛), 부부애(夫婦愛), 부성애(父性愛), 사애(私愛), 상애(相愛), 성애(性愛), 순애(純愛), 순애(殉愛), 신애(信愛), 심정애(心情愛), 양성애(兩性愛), 연애(戀愛), 열애(熱愛), 운명애(運命愛), 우애(友愛), 유아애(幼兒愛), 육친애(肉親愛), 은애(恩愛), 이성물애(異性物愛), 이성애(異性愛), 익애(溺愛), 인애(仁愛), 인간애(人間愛), 인류애(人類愛), 인애(仁愛), 자애(自愛), 자애/롭다(慈愛), 자기애(自己愛), 자연애(自然愛), 전애(專愛), 전우애(戰友愛), 정애(情愛), 정신애(情神愛), 조국애(祖國愛), 종애(鍾愛), 종교애(宗敎愛), 중애(重愛), 증애(憎愛), 척애(隻愛:짝사랑), 총애(寵愛), 충애(忠愛), 친애(親愛), 타애(他愛), 탐애(貪愛), 특애(特愛), 편애(偏愛), 폐애(嬖愛), 피학애(被虐愛), 할애(割愛), 향토애(鄕土愛), 혈육애(血肉愛), 혈족애(血族愛), 형제애(兄弟愛), 혜애(惠愛), 혹애(惑愛) 들.

애(哀) '슬프다·슬퍼하다. 불쌍히 여기다'를 뜻하는 말. ¶애가(哀歌), 애걸(哀乞:사정. 하소연)[애걸복걸/하다(伏乞), 애걸조(調), 애걸하다(빌다. 사정하다)], 애경(哀慶), 애계(哀啓), 애고(哀苦), 애곡(哀曲), 애곡(哀哭), 애긍하다(哀矜:불쌍히 여기다), 애도(哀悼)[애도가(歌), 애도사(辭), 애도식(式)], 애락(哀樂), 애련(哀憐), 애련(哀戀), 애모(哀慕), 애민(哀愍), 애별(哀別), 애사(哀史), 애사(哀思), 애사(哀詞), 애상(哀喪), 애상(哀想), 애상(哀傷)[애상곡(曲), 애상미(美), 애상스럽다, 애상적(的)], 애석하다(哀惜:슬프고 아깝다), 애소(哀訴), 애손(哀孫), 애수(哀愁), 애연하다(哀然), 애원(哀怨)[애원성(聲:슬프게 원망하는 소리), 애원조(調)], 애원(哀願)[애원조(調)], 애읍(哀泣), 애자(哀子), 애재(哀哉), 애절하다(哀切:슬프다), 애정(哀情), 애조(哀調), 애책문(哀冊文), 애척(哀戚), 애통(哀痛)[애통스럽다/하다], 애통(哀慟), 애한(哀恨), 애호(哀號), 애화(哀話), 애환(哀歡), 애훼/골립(哀毁/骨立); 거애(擧哀), 고애자(孤哀子), 비애(悲哀), 상애(相哀), 조애(助哀) 들.

애(崖) '벼랑. 낭떠러지. 절벽. 언덕'을 뜻하는 말. ¶애각(崖脚:낭떠러지의 아래 끝 부분), 애검(崖檢:행동을 조심함. 남과 어울리지 아니함), 애략(崖略), 애로(崖路), 애묘(崖墓:낭떠러지에 있는 무덤), 애비(崖碑:암벽의 면을 갈아 비문을 새긴 비), 애음(崖崟), 애추(崖錐)[287], 애하(崖下); 단구애(段丘崖), 단애(斷崖)[천인단애(千仞)], 단층애(斷層崖), 마애(磨崖), 봉애(峰崖), 사애(斜崖), 음애(陰崖), 절애(絶崖)[만장절애(萬丈)], 층애(層崖), 하식애(河蝕崖), 해식애(海蝕崖), 현애(懸崖:낭떠러지) 들.

애(礙/碍) '거리끼다·거슬리다. 막히다'를 뜻하는 말. ¶애관(碍管)[288], 애산(礙産:아기의 목이 걸려 몹시 힘드는 해산), 애안(礙眼:눈에 거슬림), 애인이목(礙人耳目:남의 이목을 꺼림), 애자(礙/碍子), 애찬(礙竄); 구애(拘礙/碍), 무애(無碍/礙)[무장무애(無障), 원융무애(圓融), 종횡무애(縱橫)], 방애(妨礙), 장애(障礙), 조애(阻礙), 질애(窒礙) 들.

애(涯) '물가. 근처. 끝'을 뜻하는 말. ¶애각(涯角), 애안(涯岸:물가), 애제(涯際); 경애(境涯:처하여 있는 환경과 생애), 무애(無涯), 생애(生涯:살아 있는 동안. 생활 형편)[공생애(公), 사생애(私)], 수애(水涯), 유애(有涯:이승), 일망무애(一望無涯), 제애(際涯), 천애(天涯) 들.

애(靄) '아지랑이'를 뜻하는 말. ¶애애하다(靄靄:안개·구름·아지랑이 따위가 짙게 끼어 자욱하다. 포근하고 평화롭다); 조애(朝靄), 화기애애(和氣靄靄), 효애(曉靄:새벽에 끼는 이내) 들.

---

282) 애틋하다: ①애가 타는 듯하다.≒슬프다. ¶그의 편지에는 애틋한 사연이 담겨 있다. 두 남녀의 애틋한 사랑 이야기. ②좀 아깝고 서운한 느낌이 있다.≒섭섭하다. ¶오누이의 애틋한 작별. 애틋한 여운을 남기다. ③은근히 정을 끄는 느낌이 있다. ¶애틋한 정.

283) 헛애: 아무 보람 없이 쓰는 애. 헛수고. ¶헛애를 쓰다.

284) 애국(愛國): 애국가(歌), 애국공채(公債), 애국선열(先烈), 애국심(心), 애국애족(愛族), 애국자(者), 애국적(的), 애국정신(精神), 애국주의/자(主義/者), 애국지사(志士), 애국지성(愛國之誠), 애국하다.

285) 애완(愛玩): 동물이나 물품 따위를 좋아하여 가까이 두고 귀여워하거나 즐김. ¶애완견(犬), 애완구(具), 애완동물(動物), 애완물(物), 애완식물(植物), 애완용(用).

286) 애정(愛情): 사랑하는 정이나 마음. 이성에 끌리는 마음. [+사람]. ¶자식에 대한 부모의 애정. 애정을 고백하다.

287) 애추(崖錐): 풍화 작용으로 낭떠러지나 경사진 산허리에 떨어져 쌓인 돌 부스러기.

288) 애관(碍管): 전선(電線)을 꿰어서 쓰는 절연용의 사기 대롱. 옥내 배선 때 쓰임.

애(艾) '쑥 · 약쑥'을 뜻하는 말. ¶애년(艾年;쉰 살), 애석(艾石), 애로(艾老), 애엽(艾葉), 애용(艾俑), 애인(艾人;쉰 살이 된 사람); 강애(江艾), 봉애(蓬艾), 해애(海艾) 들.

애(隘) '좁다. 막다. 험하다'를 뜻하는 말. ¶애구(隘口;험하고 좁은 길목), 애로(隘路;좁고 험한 길. 지장), 애항(隘巷); 조애하다(阻隘), 편애하다(偏隘), 험애하다(險隘), 협애(狹隘) 들.

애(曖) '가려지다. 희미하다'를 뜻하는 말. ¶애매(曖昧;희미하여 분명하지 않음)[애매모호(模糊), 애매설(說), 애매성(性), 애매하다(희미하여 분명하지 않다)] 들.

애(藹) '열매가 많다. 우거지다'를 뜻하는 말. ¶애애하다/히(藹藹;성하고 많다, 초목이 무성하다. 달빛이 희미하다), 애연(藹然;성한 모양), 애울하다(藹鬱;초목이 무성하다).

애(埃) '먼지 · 티끌'을 뜻하는 말. ¶애멸(埃滅), 애무(埃霧;먼지가 안개처럼 뿌옇게 일어남), 애진(埃塵); 연애(涓埃), 진애(塵埃) 들.

애(捱) '막다. 저지하다'를 뜻하는 말. ¶애과(捱過;간신히 지냄), 애패(捱牌;방패); 시애하다(撕捱;자기의 주장을 서로 고집하여 결정짓지 못하다).

애(欸) '한숨 쉬다. 서로 응하는 소리'를 뜻하는 말. ¶애내(欸乃)[애내곡(曲), 애내성(聲;뱃소리. 어부가 배를 저으면서 부르는 노랫소리)].

애(睚) '눈초리. 흘겨보다'를 뜻하는 말. ¶애자(睚眥;눈을 부라림. 흘겨봄), 애자지원(睚眥之怨;아주 작은 원망) 들.

애(皚) '희다'를 뜻하는 말. ¶애애하다/히(皚皚;서리나 눈이 내려서 깨끗하고 희다).

애(靉) '구름이 끼다'를 뜻하는 말. ¶운애(運靉;구름이 끼어 흐릿하게 된 기운).

애(呃) '딸꾹질'을 뜻하는 말. ¶애역(呃逆;딸꾹질).

애(挨) '피하다'를 뜻하는 말. ¶애좌애우(挨左挨右).

애(噯) '트림'을 뜻하는 말. ¶애기(噯氣;트림).

애꾸 '애꾸눈/이(한 쪽이 먼 눈. 외눈)'의 준말.≒진사. ¶애꾸미르[독안용(獨眼龍)].

애끼찌 활을 만드는 데 쓰는 특수한 나무. 궁간목(弓幹木).

애-꿎다 아무런 잘못 없이 억울하다. 그 일과는 아무런 상관이 없다. ¶애꿎게 꾸중을 듣다. 애꿎은 담배만 피워 대다. 애꿎이(애꿎게).

애동대동-하다 매우 앳되고 젊다. ¶애동대동한 사나이.

애리-하다 애티가 나게 젊다. ¶애리애리[289], 애리[290], 얘질얘질[291].

애매-하다 아무 잘못이 없이 원통한 책망을 받아 억울하다. 〈준〉 앰하다. ¶애매하게 죄를 뒤집어쓰다. 애매한 두꺼비 돌에 치었다. 애매히 매를 맞다. '외긋다(애매하다)'는 궁중말이다. 애매히, 애먼[292].

애오라지 ①마음에 부족하나마 겨우. 절절한 마음으로 한갓.≒오로지. 오직. ¶네 사정을 알아줄 사람은 애오라지 나뿐일 거다. 애오라지 공부만 하다. ②넉넉하지는 못하나마 좀. 그나마.≒겨우. ¶주머니엔 애오라지 동전 한 닢뿐이다. 애오라지 일을 마치고 보자.

애옥-하다 살림이 매우 구차하다.≒가난하다. ¶전쟁 뒤엔 집집마다 살림이 애옥하였으나 지금은 많이 나아진 편이다. 애옥살림에 자식만 많다. 애옥살림/하다, 애옥살이(가난)/하다.

애잔-하다 애처롭고 애틋하다. 몹시 가냘프고 약하다. ¶슬픈 곡조가 애잔하게 흐르고 있다. 산길의 길섶에 애잔하게 핀 오랑캐꽃. 애잔히, 애잔스럽다.

애처-롭다 가엾고 불쌍하여 마음이 슬프다. ¶애처롭게 보이다. 애처롭게 울다. 애처로이.

애초롬-하다 웅숭깊게 새뜻한 맛이 있다. ¶애초롬한 맛.

애해 우스운 일이나 기막힌 일을 볼 때에 내는 소리. 〈큰〉에헤[293]. ¶애해해[294].

애햄 점잔을 빼거나 인기척을 내려고 크게 기침하는 소리. 〈큰〉에헴. ¶애햄, 게 누구 없느냐.

액 속이 불편하거나 비위에 맞지 아니하여 먹은 음식을 토할 때 내는 소리.

액(額) ①'이마'를 뜻하는 말. ¶액각(額角), 액수(額手), 액엄(額掩;아얌); 광액(廣額), 상액(上額). ②'돈의 머릿수 · 수량의 한도'를 뜻하는 말. ¶액내(額內), 액면(額面;액자의 겉면)', 액면(額面)"[액면가격/액면가(價格), 액면발행(發行), 액면상환(償還), 액면주(株)], 액수(額數), 액외(額外); 가액(加額), 가액(價額;값), 가용액(可用額), 감액(減額), 감소액(減少額), 거액(巨額), 거래액(去來額), 결산액(決算額), 결손액(缺損), 고액(高額), 공산액(工産額), 공제액(控除額), 과액(寡額), 과세액(課稅額), 교환액(交換額), 군액(軍額), 권면액(券面額), 궐액(闕額), 금액(金額), 급액(給額), 급여액(給與額), 납세액(納稅額), 다액(多額), 담보액(擔保額), 대당액(對當額), 동액(同額), 매입액(買入額), 매출액(賣出額), 무정액(無定額), 미납액(未納額), 미수액(未收額), 미제액(未濟額), 반액(半額), 배액(倍額), 배상액(賠償額), 병액(兵額), 보상액(補償額),

---

289) 애리애리: ①매우 여린 모양.=애리. ¶애리애리 늘어진 버들가지. ②애티가 나는 모양. ¶애리애리 젊어 보이는 여자. 애리애리하다.

290) 얘리: 식물이나 사람의 몸 따위가 귀엽고 연약한 모양.=애리. 애릿. ¶얘리얘리 자란 콩나물. 얘릿얘릿 자란 소녀. 얘리다, 얘록얘록.

291) 얘질얘질: 말이나 행동을 얄밉고 깜찍하게 하는 모양. ¶생긋생긋하며 얘질얘질 말하다.

292) 애먼: 엉뚱하게 딴. 애매하게 딴.[←앰/애매+한]. ¶애먼 사람을 죄인으로 만들다니. 애먼소리(억울하게 듣는 말이나 꾸중).

293) 에헤: ①'애해'보다 큰말. ②노랫소리를 흥청거려 내는 소리. ¶에헤 금강산 일만 이천 봉마다 기암이요. 에헤야, 에헤요.

294) 애해해: 야살스럽게 웃는 소리. 또는 그 모양. 〈큰〉에헤헤. ¶애해해 웃으며 눈치를 살피다.

보험액(保險額), 본액(本額), 부과액(賦課額), 부담액(負擔額), 부족액(不足額), 부채액(負債額), 분배액(分配額), 불입액(拂入額), 삭감액(削減額), 산액(産額), 산출액(産出額), 상당액(相當額), 상환액(償還額), 생산액(生産額), 세액(稅額), 소액(少額), 소액(訴額), 소득액(所得額), 소비액(消費額), 손액(損額), 손실액(損失額), 송금액(送金額), 수액(數額), 수령액(受領額), 수입액(收入額), 수입액(輸入額), 수출액(輸出額), 수표액(手票額), 순계액(純計額), 시재액(時在額), 실액(實額), 압류액(押留額), 여액(餘額), 연액(年額), 연산액(年産額), 예금액(預金額), 예산액(豫算額), 예상액(豫想額), 외화보유액(外貨保有額), 요구액(要求額), 운용액(運用額), 원액(元/原額), 월액(月額), 유통액(流通額), 융자액(融資額), 응모액(應募額), 이월액(移越額), 인상액(引上額), 인수액(引受額), 일정액(一定額), 입금액(入金額), 입찰액(入札額), 자금액(資金額), 자본액(資本額), 자산액(資産額), 잔액(殘額), 재산액(財産額), 재평가액(再評價額), 저액(低額), 전액(全額), 정액(定額), 정액(正額), 조정액(調定額), 준비액(準備額), 증액(增額), 증가액(增加額), 증세액(增稅額), 지급액(支給額), 지불액(支拂額), 지정액(指定額), 지출액(支出額), 징수액(徵收額), 차액(差額), 차액(借額), 청구액(請求額), 체납액(滯納額), 초과액(超過額), 총액(總額), 최고액(最高額), 최저액(最低額), 출금액(出金額), 출자액(出資額), 충액(充額), 탈루액(脫漏額), 탈세액(脫稅額), 탈세자(脫稅者), 투자액(投資額), 판매액(販賣額), 평균액(平均額), 피해액(被害額), 한도액(限度額), 할당액(割當額), 합계액(合計額), 현액(現額), 현재액(現在額), 환급액(還給額), 환불액(換拂額), 환수액(還收額). ②문 위 또는 방안에 걸어 두는 현판. ¶액자(額子), 액자(額字), 액틀(액자); 모액(帽額;발의 윗머리 언저리에 기다랗게 댄 헝겊), 사액(賜額), 사액서원(賜額書院), 시액(詩額), 전액(篆額), 제액(題額), 칙액(勅額), 편액(扁額) 들.

액(液) 물 · 기름처럼 유동하는 물질. ¶액고(液膏), 액과(液果), 액란(液卵), 액면(液面), 액비(液肥), 액상(液狀), 액상(液相), 액우(液雨), 액운(液雲), 액정(液晶), 액젓, 액제(液劑), 액즙(液汁), 액체(液體)[295], 액태(液態), 액포(液胞), 액화(液化)[296]; 가스액(gas), 고장액(高張液), 고정액(固定液), 광액(鑛液), 구액(口液;침), 규정액(規定液), 금장옥액(金漿玉液), 금정옥액(金精玉液), 냉각액(冷却液), 노르말액(Normal;표준액), 농액(濃液), 농액(膿液), 뇌척수액(腦脊髓液), 누액(淚液), 누액(漏液), 단백철액(蛋白鐵液), 담액(膽液), 당액(糖液), 도금액(鍍金液), 독액(毒液), 등장액(等張液), 링거액(Ringer液), 모액(母液), 배양액(培養液), 부동액(不凍液), 분비액(分泌液), 비액(鼻液), 산패액(酸敗液), 삼출액(滲出液), 세포액(細胞液), 소화액(消化液), 송액(松液), 송엽액(松葉液), 수액(水液), 수액(樹液), 수액(髓液), 수양액(水樣液), 수용액(水溶液), 수정액(修正液), 시험액(試驗液), 심막액(心膜液), 약액(藥液), 여과액(濾過液), 여출액(濾出液), 영액(靈液), 영양액(營養液), 예방액(豫防液), 옥액경장(玉液瓊漿), 완충액(緩衝液), 용액(溶液), 원액(原液), 위액(胃液), 유액(乳液), 유탁액(乳濁液), 융액(融液), 음액(陰液), 이자액, 자양액(滋養液), 장액(腸液), 장액(漿液), 저장액(低張液), 점액(粘液), 정액(精液), 정착액(定着液), 주사액(注射液), 중액(重液), 즙액(汁液), 진액(津液), 철액(鐵液), 체액(體液), 추출액(抽出液), 췌액(膵液), 췌장액(膵臟液), 크놉액(knop液), 타액(唾液), 탕액(湯液), 폐액(廢液), 표준액(標準液), 핵액(核液), 현상액(現像液), 현탁액(懸濁液), 혈액(血液), 혼합액(混合液), 활액(滑液), 흉액(胸液) 들.

액(厄) 모질고 사나운 운수. ¶액을 때우다/ 면하다. 액기(厄氣), 액난(厄難), 액날, 액년(厄年), 액달(운수가 사나운 달), 액때우다, 액때움/액땜, 액막이(厄)[액막이굿, 액막이연(鳶), 액막이옷(정월 보름날 액막이로 버리는 옷)], 액신(厄神;재앙을 가져온다고 하는 악신), 액운(厄運), 액월(厄月), 액일(厄日), 액화(厄禍), 액회(厄會;재앙이 닥치는 기회); 고액(苦厄;고난과 재액), 곤액(困厄), 관액(官厄), 대액(大厄), 도액(度厄), 면액(免厄), 병액(兵厄), 수액(水厄), 수액(數厄), 업액(業厄), 여액(餘厄), 연미지액(燃眉之厄), 유액(幽厄), 재액(災厄), 화액(禍厄), 환액(宦厄), 횡액(橫厄) 들.

액(腋/掖) '겨드랑이. 곁 · 옆'을 뜻하는 말. ≒액(掖). ¶액기(腋氣;암내), 액모(腋毛), 액생(腋生), 액아(腋芽), 액정(掖庭), 액출(腋出), 액취(腋臭), 액한(腋汗); 봉액지의(縫掖之衣), 부액(扶腋), 양액(兩腋), 엽액(葉腋), 유액(誘掖;이끌어 도와줌), 장액(獐腋), 주액(肘腋), 호액갑(護腋甲) 들.

액(阨) '막히다'를 뜻하는 말. ¶액곤(阨困), 액궁(阨窮), 액색(阨塞), 액완(阨腕); 험액하다(險阨) 들.

액(扼) '누르다. 눌러 막다'를 뜻하는 말. ¶액험(扼險), 액후(扼喉).

액(縊) '목을 매다'를 뜻하는 말. ¶액사(縊死), 액살(縊殺), 액형(縊刑); 자액(自縊).

앤생이 가냘프고 약한 사람이나 보잘것없는 물건. ≒약골(弱骨). ↔강골(强骨).

앵[1] ①모기나 벌 따위가 빨리 날아갈 때 나는 소리. ¶앵앵 · 잉잉/거리다/대다. 앵아리('벌'의 심마니말). 〈큰〉잉[2]. ②총알 따위가 날아갈 때 날카롭게 나는 소리. ③재빠르게 움직이는 모양.

앵[2] 토라져 짜증을 내는 모양. 핵 틀려 돌아가는 모양. 〈큰〉엥. 엥이. ¶앵돌다(팩 토라지다), 앵돌아서다, 앵돌아앉다, 앵돌아지다[297], 앵하다[298].

앵(鶯) '꾀꼬리'를 뜻하는 말. ¶앵가(鶯歌), 앵봉(鶯鳳), 앵삼(鶯衫), 앵설(鶯舌), 앵성(鶯聲), 앵순(鶯脣), 앵어(鶯語), 앵의(鶯衣), 앵전(鶯囀), 앵접(鶯蝶), 앵제(鶯啼), 앵천(鶯遷), 앵혈(鶯血); 노앵(老鶯), 잔앵(殘鶯;봄이 지난 뒤에 우는 꾀꼬리) 들.

앵(櫻) '앵두나무. 앵두 같이 붉은'을 뜻하는 말. ¶앵도창(櫻桃瘡),

---

295) 액체(液體): 액체공기(空氣), 액체배양(培養), 액체산소(酸素), 액체상(相), 액체압력(壓力), 액체연료(燃料), 액체폭약(爆藥).

296) 액화(液化): 액화석유가스(石油gas), 액화열(熱), 액화천연가스(天然gas); 석탄액화(石炭), 연료액화(燃料).

297) 앵돌아지다: ①노여워서 토라지다. ¶앵돌아진 표정. ②핵 틀려 돌아가다. ¶자정이 훨씬 넘어 삼경이 깊은 밤에 불두칠성은 앵돌아져 바다 위에 걸려 있다. ③날씨가 끄물끄물해지다. ¶굶은 시어머니같이 앵돌아졌던 하늘.

298) 앵하다: 무엇이 실수되어서 손해를 볼 때 마음이 분하고 아깝다. ¶예상 밖의 손해를 입어 마음이 앵하다.

앵도(櫻桃), 앵병(櫻餠), 앵순(櫻脣;앵두처럼 고운 입술), 앵실(櫻實;버찌), 앵월(櫻月), 앵초(櫻草), 앵화(櫻花); 사앵(絲櫻), 산앵(山櫻), 흑앵(黑櫻) 들.

앵(鸚) '앵무새'를 뜻하는 말. ¶앵무(鸚鵡)[앵무배(杯), 앵무병(病), 앵무새, 앵무석(石), 앵무조개; 능언앵무(能言;말은 잘하나 실제 학문은 없는 사람)] 들.

앵(罌) '병(甁). 병 모양'을 뜻하는 말. ¶앵속(罌粟;양귀비), 앵속각(罌粟殼), 앵속자(罌粟子), 앵속화(罌粟花) 들.

앵(嚶) '새 소리'를 뜻하는 말. ¶앵명(嚶鳴), 앵악(嚶喔;새 우는 소리).

앵(甇/罃) 목이 긴 병(甁).

앵기 배에서 돛대를 가운데 두고 활줄을 묶어 놓은 끈. 돛을 고정시키는 역할을 함.

앵두 앵두나무의 열매.[←앵도(櫻桃)]. ¶앵두꽃, 앵두나무, 앵두빛, 앵두숙(熟), 앵두알, 앵두장수[299], 앵두정과(正果), 앵두팥, 앵두편, 앵두화(花), 앵두화채(花菜); 산앵두(山). ☞ 앵(櫻).

앵미 쌀에 섞여 있는, 빛깔이 붉고 질이 낮은 쌀.[←악미(惡米)].

앵통-하다 몹시 안타깝다. ¶할멈 부려먹는 것이 앵통해서 그러지.

야¹ ①매우 놀라거나 반가울 때 내는 소리.=얘. ¶야, 이젠 살았다. ②어른이 아이를 부르거나 같은 또래끼리 서로 부르는 말.=여. ¶야, 이리 와.

야² 돈치기할 때, 던지는 돈이 두서너 푼씩 한데 포개지거나 붙은 것.

야³ 돌을 깰 때에 쓰는 조그마한 정. ¶야를 박다.

야⁴ 모음으로 끝나는 체언이나 조사에 붙어, 강조를 나타내는 '물론', '당연히'의 뜻을 더해 주는 보조사. [받침 뒤에서는 '이야'로 쓰임]. ¶너야 공부를 잘하니 무슨 걱정이겠니? 이번에야 합격되겠지. 이런 일이야 문제없다. 밤새우는 것쯤이야 견딜 수 있다. 돈이야 있지만 학식은 없다. 보다-야, -에-야, 야만, (이)야말로[300], -서-야, -고-야, 조금/모두[부사]-(이)야; 그야, 그제야, 나야, 이제야, 저야, 하기야 들.

-야 '이다, 아니다'의 어간에 붙어, 반말투로 단정·물음·감탄을 나타내는 종결 어미. ¶저게 사람이야. 절대 그것이 아니야. 이곳은 참 아름다운 곳이야!

야(夜) '밤'을 뜻하는 말.↔주(晝). ¶야간(夜間)[301], 야객(夜客), 야경(夜景), 야경(夜警)[302], 야곡(夜曲), 야공(夜工), 야공(夜攻), 야광(夜光)[303], 야국(夜國), 야근(夜勤), 야금(夜禽), 야금(夜禁), 야기(夜氣), 야뇨증(夜尿症), 야도(夜盜), 야독(夜讀), 야래(夜來), 야맹증(夜盲症), 야묵(夜默), 야반(夜半), 야반도주(夜半逃走), 야밤, 야번(夜番), 야사(夜事), 야사(夜思), 야삼경(夜三更), 야상(夜商), 야색(夜色), 야설(夜雪), 야수(夜嗽), 야순(夜巡), 야습(夜習), 야습(夜襲), 야시장(夜市場)/야시(夜市), 야식(夜食), 야심(夜深), 야업(夜業), 야역(夜役), 야연(夜宴/筵), 야영(夜影), 야우(夜雨), 야월(夜月), 야유(夜遊), 야음(夜陰), 야음(夜飮), 야장(夜裝), 야장(夜葬), 야적(夜笛), 야전(夜戰), 야제병(夜啼病), 야조(夜鳥), 야조(夜操), 야중(夜中), 야차(夜叉;두억시니. 잔인한 귀신), 야찬(夜餐;밤참), 야표(夜標), 야한(夜寒), 야학(夜瘧), 야학(夜學), 야한(夜寒), 야항(夜航), 야행(夜行)[야행성(性), 애행피수(被繡); 금의야행(錦衣)], 야호(夜壺;요강), 야홍(夜虹), 야화(夜話), 야회(夜會); 격야(隔夜), 경야(竟夜), 경야(經夜), 극야(極夜), 금야(今夜), 단야(短夜), 달야(達夜;밤을 새움), 당야(當夜), 동야(冬夜), 동야(同夜), 망야(罔夜), 명야(明夜), 모야(暮夜), 반야(半夜), 백야(白夜), 범야(犯夜), 불야성(不夜城), 설야(雪夜), 삼오야(三五夜), 삼작야(三昨夜;그끄저께 밤), 상야(霜夜), 선야(先夜), 성야(星夜), 성야(聖夜), 숙야(夙夜;이른 아침과 늦은 밤), 승야(乘夜)[승야도주(逃走), 승야월장(越牆)], 신야(晨夜), 십오야(十五夜), 시야(時夜), 심야(深夜), 악야(惡夜), 암야(暗夜), 양야(良夜), 양야(涼夜), 연야(連夜), 열대야(熱帶夜), 우야(雨夜), 월야(月夜), 유야(幽夜), 익야(翌夜), 일야(一夜), 일야(日夜), 자야(子夜), 작야(昨夜), 장야(長夜), 전야(前夜), 정야(丁夜), 정야(靜夜), 제야(除夜), 종야(終夜;하룻밤 동안. 밤새도록), 주야(晝夜), 중야(中夜;한밤중), 즉야(卽夜), 철야(徹夜)[철야기도(祈禱), 철야농성(籠城), 철야작업(作業)], 청야(淸夜), 초야(初夜), 추야(秋夜), 축야(逐夜;밤마다), 춘야(春夜), 칠야(漆夜)[그믐칠야, 캄캄칠야(아주 캄캄한 밤)], 한야(寒夜), 혼야(昏夜), 혼야(婚夜) 들.

야(野) 벌판. 밭. 들. 야당(野黨). '날것. 길들이지 아니한. 분에 넘치는. 제도권 밖의'를 뜻하는 말. ¶여와 야가 대립하다. 야객(野客), 야견(野犬), 야견/사(野繭/絲), 야경(野景), 야계(野界), 야계(野溪), 야계(野鷄), 야구(野球)[304], 야국(野菊), 야권(野圈), 야귀(野鬼), 야금(野禽), 야담/가(野談/家), 야당(野黨)[야당계(系), 야당권(圈), 야당적(的)], 야동(野垌), 야로(野老), 야루하다(野陋), 야마(野馬), 야만(野蠻)[305], 야망(野望), 야매(野昧), 야매(野梅), 야묘(夜猫), 야무(野茂), 야민(野民), 야밀(野蜜), 야박하다(野薄), 야방(野芳), 야부(野夫), 야비하다(野卑/鄙;성질이나 언행이 상스럽고 더럽다), 야사(野史↔正史), 야산(野山), 야산(野蒜;달래), 야색(野色), 야생(野生)[306], 야서(野鼠), 야성(野性)[야성녀(女), 야성미

299) 앵두장수: 잘못을 저지르고 어디론지 자취를 감춘 사람을 이르는 말.

300) 야말로: 모음으로 끝나는 체언에 붙어, 강조하여 확인함의 뜻을 나타내는 주격 보조사. [받침 있는 말에서는 '이야말로'로 쓰임]. ¶너야말로 신사다. 그 친구야말로 정말 천재다. 남편이야말로 정말 친절하다. 그야말로.

301) 야간(夜間↔晝間): 밤사이. 밤이 계속되는 시간의 동안. ¶야간경기(競技), 야간근무(勤務), 야간도주(逃走), 야간방사(放射), 야간병원(病院), 야간부(部), 야간열차(列車), 야간작업(作業;밤일), 야간전투(戰鬪), 야간촬영(撮影), 야간학교(學校).

302) 야경(夜警): 야경국가(國家), 야경꾼, 야경스럽다(밤중에 떠들썩한 듯하다), 야경증(症).

303) 야광(夜光): 야광도료(塗料), 야광명월(明月), 야광물감, 야광시계(時計), 야광운(雲), 야광조(藻), 야광주(株), 야광찌, 야광충(蟲), 야광침(針).

304) 야구(野球): 야구단(團), 야구방망이, 야구장(場), 야구화(靴); 경식야구(硬式), 연식야구(軟式), 프로야구(pro.).

305) 야만(野蠻): 문화의 정도가 낮고 미개함. 교양이 없고 예의를 모르며 사나움.↔문명(文明). ¶야만한 풍습. 야만스런 행위. 야만국(國), 야만성(性), 야만스럽다, 야만시/하다(視), 야만인(人), 야만적(的), 야만정책(政策), 야만족(族), 야만종(種).

ㅇ

(美), 야성적(的)], 야속하다(인정머리 없고 쌀쌀하다. 섭섭하다)/스럽다(野俗), 야수(野獸)[야수성(性), 야수적(的), 야수파(派)], 야숙(野宿), 야스럽다, 야승(野乘), 야승(野僧), 야심(野心)[307], 야안(野雁), 야압(野鴨), 야양(野羊), 야영(野營;들살이), 야옹(野翁), 야외(野外)[야외극(劇), 야외극장(劇場), 야외무대(舞臺), 야외수업(授業), 야외촬영(撮影)], 야욕(野慾)[308], 야유/회(夜遊/會), 야인(野人;시골 사람. 민간인), 야작(野酌), 야작(野雀), 야잠(野蠶)[야잠사(絲), 야잠아(蛾)], 야장미(野薔薇), 야저(野豬), 야적(野積;露積), 야전(野戰)[야전군(軍), 야전병원(病院), 야전복(服), 야전삽, 야전침대(寢臺), 야전포(砲)], 야정(野情), 야조(野鳥), 야중(野中), 야지(野地), 야차(野次), 야채(野菜), 야처(野處), 야천(野川), 야초(野草), 야취(野翠), 야취(野趣), 야태(野態), 야토(野兎), 야포(野砲), 야풍(野風), 야하다[309], 야학(野鶴), 야합(野合), 야호(野狐), 야화(野火;들불), 야화(野花), 야화(野話;항간에 떠도는 이야기), 야화식물(野化植物), 야회(野會), 야휴(野畦), 야희(野戲); 광야(廣野), 광야(曠野), 내야(內野)[내야석(席), 내야수(手)], 녹야(綠野), 동야(凍野), 목야(牧野), 문야(文野), 분야(分野), 비야(鄙野), 빙야(氷野), 사야(四野), 산야(山野), 옥야(沃野), 외야(外野), 원야(原野), 재야(在野), 전야(田野), 조야(朝野), 조야하다(粗野), 질야하다(質野), 청야(聽野), 초야(草野), 촌야(村野), 평야(平野)[310], 폐야(蔽野;들을 뒤덮음), 하야(下野), 황야(荒野;푸서리) 들.

야(冶) '풀무. 불리다'를 뜻하는 말. ¶야공(冶工;대장장이), 야구(冶具), 야금(冶金)[야금술(術), 야금학(學); 건식야금(乾式), 습식야금(濕式), 전기야금(電氣)], 야랑(冶郎), 야로(冶爐;풀무), 야방(冶坊;대장간), 야용(冶容), 야용지회(冶容之誨), 야유(주색에 빠져 방탕하게 놂)/랑(冶遊/郎), 야장(冶匠), 야장(冶場), 야하다[311]; 단야(鍛冶), 도야(陶冶), 염야(艶冶;곱고 아름다움) 들.

야(也) 문장의 맨 끝에 붙어 종결의 뜻을 나타내는 어조사. '也'자의 모양. ¶야대(也帶); 급기야(及其也), 독야청청(獨也靑靑), 명야복야(命也福也), 모야모야(某也某也), 시야비야(是也非也), 언즉시야(言則是也), 필야(必也) 들.

야(惹) '이끌다. 끌어당기다. 헐뜯다'를 뜻하는 말. ¶야기/하다/부리다(惹起), 야기요단(惹起鬧端)/야료(惹鬧;생트집을 잡고 함부로 떠들어대는 짓), 야단(惹端)[312], 야출(惹出) 들.

야(椰) '야자나무(열대 지방의 상록 교목)'를 뜻하는 말. ¶야배(椰杯), 야자(椰子)[야자나무, 야자수(樹), 야자열매, 야자유(椰子油)].

야(揶) '놀리다. 조롱하다'를 뜻하는 말. ¶야유(揶揄;남을 빈정거려 놀림. 또는 그런 말이나 놀림)[야유법(法), 야유적(的), 야유조(調)].

야(偌) '이러하다. 이. 저'를 뜻하는 말. ¶야심하다/히(偌甚;지나치게 심함).

야(爺) '아비. 아버지'를 뜻하는 말. ¶노야(老爺;늙은 남자), 호호야(好好爺;인품이 훌륭한 늙은이) 들.

야(耶) 어조사. ¶유야무야(有耶無耶), 천야만야하다(千耶萬耶) 들.

야거리 돛대가 하나 달린 작은 배. ¶영산강에 야거리가 지나가는 것을 보았다. 야거릿대(야거리의 돛대).

야금 ①무엇을 입 안에 넣고 조금씩 먹어 들어가는 모양. ¶음식을 야금야금 먹다 보니 바닥이 났다. 야금거리다/대다. ②조금씩 축내거나 써 없애는 모양. ¶남은 재산을 야금야금 써버리다. ③남 모르게 조금씩 진행되는 모양. ¶야금야금 걸어서 문 앞으로 나가다. 야금야금/하다.

야긋야긋 곧지 않고 톱날같이 높고 낮은 차가 작아 어슷비슷한 모양. ¶야긋야긋 어긋 맺히다. 고기를 야긋야긋 다지다. 밀가루 뭉치를 팔에 힘을 주어 야긋야긋 누르다. 야긋야긋하다.

야기 주로 어린아이들이 불만스러워서 야단하는 짓. ¶발끝이 저려 야기를 쓰다. 야기부리다(불만을 품고 마구 떠들어 대다).

야기죽 밉살스럽게 재깔이며 짓궂게 빈정거리는 모양. 〈큰〉이기죽/이죽. 〈준〉야죽. ¶야기죽야기죽 약을 올리는 사람. 이기죽이기죽 빈정거리다. 야기죽/야죽·이기죽/이죽거리다/대다, 야위죽[313], 야주걱[314], 야죽야죽·이죽이죽/하다, 애죽애죽[315].

야나-치다 조금도 틀림이 없고 인정이나 붙임성이 없이 아주 쌀쌀하다. ¶야나친 놈. 수희는 성격이 야나쳐 말 붙이는 것도 어렵다.

야다-하면 어찌할 수 없이 급하게 되면. 만일의 일이 있으면. ¶야다하면 그만 두어라. 야다지경(地境;어찌할 수 없이 긴급하게 된 경우).

야당-스럽다 보기에 태도가 매몰하고 사막한 데가 있다. 약빠르고 매몰스럽다. ¶사내는 야당스레 소리치며 노려보았다.

야드(yd) 길이를 나타내는 단위로 0.9144m. 3피트.

---

306) 야생(野生): 동식물이 산이나 들에서 절로 나고 자람. 사람이 가꾸거나 기르지 않은 것. ¶야생의 꽃. 야생녀(女), 야생동물(動物), 야생말/마(馬), 야생벌/봉(蜂), 야생성(性), 야생식물(植物), 야생아(兒), 야생인(人), 야생적(的), 야생종(種), 야생초(草), 야생화(花).

307) 야심(野心): 패기가 넘치고 큰 야망을 이루려는 마음. 남을 해치려는 나쁜 계획. 또는 야비한 마음. ¶야심가(家), 야심만만/하다(滿滿), 야심작(作), 야심적(的), 야심차다.

308) 야욕(野慾): ①야심을 채우려는 욕심. ¶침략의 야욕. ②야수와 같은 성적 욕망.

309) 야하다(野): 천박하게 요염하다. 촌스럽고 예의 범절에 익지 아니하다. ¶말씨와 옷차림이 야하다.

310) 평야(平野;벌. 들'): 곡저평야(谷底), 구조평야(構造), 내륙평야(內陸), 대상평야(帶狀), 매적곡평야(埋積谷), 빙성평야(氷成), 빙식평야(氷蝕), 용암평야(鎔巖), 충적평야(沖積), 침식평야(侵蝕), 퇴적평야(堆積), 해안평야(海岸), 호저평야(湖底); 김해/ 안성/ 호남평야.

311) 야하다(冶): 아리땁게 보이려고 꾸민 것이 되바라지고 천하다. 대상이 성적인 호기심을 자극하는 힘이 있다. ¶야한 차림새. 야한 행동. 야하게 웃다.

312) 야단(惹端): 떠들썩하게 벌이거나 매우 부산하게 법석거림. 소리를 높이여 마구 꾸짖는 일. ¶야단이 나다(떠들썩한 일이 벌어지다. 몹시 곤란하거나 어려운 일이 생기다), 야단맞다(꾸지람을 듣다), 야단받이(남의 꾸지람을 받는 일), 야단법석(法席), 야단스럽다, 야단야단, 야단치다; 생야단(生).

313) 야위죽: ①몸통이나 몸의 일부를 방정맞게 움직이며 걷는 모양. ②입을 방정맞게 소리 없이 놀리는 모양. 〈큰〉애위죽.

314) 야주걱: 쓸데없는 말로 찬찬히 맵살스럽게 재깔이는 모양. 〈큰〉이주걱.

315) 애죽애죽: 밉지 아니하게 지껄이며 빈정거리는 모양.=야죽. 〈큰〉이죽이죽. ¶애죽애죽 말대답하는 며느리가 그리 밉지는 않았다.

야들 ①반들반들 윤기가 돌고 보들보들한 모양.=얘들. ¶야들야들 부드러운 살결. 이들이들 부드러운 잎사귀. 야들하다, 야들야들/하다, 야드르르[316], 야르르(매우 보드라운 모양), 야른야른[317], 야들매기(야들야들한 물건). ②목소리 같은 것이 맑고 보드라운 모양. ¶야들야들 들려오는 노랫소리. 〈큰〉이들.

야로 남에게 드러내지 않고 우물쭈물하는 셈속이나 수작을 속되게 이르는 말. 흑막(黑幕). ¶야로를 부리다. 그 제안 속에는 틀림없이 무슨 야로가 있다.

야룩야룩 매우 연약한 모양. ¶야룩야룩 연약해 보이는 처녀. 야룩야룩하다.

야릇-하다 무엇이라 표현할 수 없이 묘하고 이상하다. ¶야릇한 일. 사랑한다는 말을 들으니 기분이 야릇하다. 괴상야릇하다(怪常), 이상야릇하다(異常).

야마리 마음이 깨끗하여 부끄러움을 아는 태도.=얌통머리. ¶넌 왜 그리 야마리가 없느냐? 야마리없이(체면 없이). ☞ 염치(廉恥).

야멸-치다 ①남의 사정은 돌보지 아니하고 자기만 생각하는 태도가 있다. ¶동생들의 하소연을 야멸치게 뿌리치다. ②태도가 차고 야무지다. ¶야멸치게 쏘아붙이다. 야멸스럽다.

야물 ①어린아이나 염소, 토끼 따위가 무엇을 먹느라고 입을 귀엽게 움직이는 모양. ¶염소가 풀을 야물야물 먹고 있다. ②입을 경망스럽게 놀리는 모양. 〈큰〉애물[318]. ¶달린 입이라고 함부로 야물야물 지껄이지 말라. 야물야물/하다, 야물거리다/대다.

야물(다) 〈큰〉여물다. ☞ 열다'.

야바위 교묘한 속임수로 물주가 돈을 따는 노름. 협잡의 수단으로 그럴듯하게 꾸미는 일.≒사기(詐欺). ¶야바위로 넘어가다. 정치 야바위가 판을 치다. 야바위꾼, 야바위놀음, 야바윗속, 야바위치다, 야바위통, 야바위판, 야바위하다.

야발 야살스럽고 되바라진 태도나 말씨. ¶야발거리다/대다, 야발단지(야발쟁이), 야발스럽다(≒얄궂다), 야발쟁이, 야발지다(보기에 얄밉고 되바라지다.≒건방지다).

야불 입을 자주 놀려 말하는 모양. ¶함부로 입을 야불야불 놀려서는 안 된다. 야불거리다/대다, 야불야불하다.

야비-다리 보잘것없는 사람이 제멋에 겨워서 부리는 거드름. ¶야비다리를 피우는 모습이 보기 안 좋았다. 야비다리를 치다(실제는 그러하지 아니하면서 겉으로는 애써 겸손한 체하다).

야살 얄망궂고 되바라진 말씨나 짓. ¶야살을 까다. 야살을 부리다. 야살스럽게 구는 짓을 '얄'이라 한다. 야살궂다, 야살꾼, 야살떨다, 야살스럽다, 야살쟁이/야살이, 야살피우다.

야수(다) 틈이나 기회를 노리다.[〈엿오다(엿보다)]. 〈큰〉여수다. ¶야수기만 하다가 세월을 다 보내다. 너무 야수지만 말고 행동에 옮겨라.

야스락 입담 좋게 말을 잘 늘어놓는 모양. 〈준〉야슬. ¶돈을 내지 아니하려고 야스락야스락 말을 늘어놓는다. 밤이 깊도록 야스락야스락 말을 늘어놓다. 야스락/야슬거리다/대다, 야스락야스락/야슬야슬/하다.

야슥야슥 말이나 행동이 매우 눈꼴사납고 비위에 거슬리게 얄미운 모양. ¶야슥야슥 하는 말 듣기 싫다. 야슥야슥하다.

야싸-하다 당하는 느낌이 좀 벅차게 자극이 세다. 좀 후회되게 아쉽다. ¶야싸하게 대하다. 배구 경기에서 야싸하게 졌다.

야옹 고양이가 우는 소리.

야울야울 불이 순하게 조용히 타는 모양. 〈큰〉여울여울. ¶아궁이에서는 불이 야울야울 타고 있었다. 모닥불이 여울여울 타올랐다.

야위(다) 몸에 살이 빠지어 파리하게 되다.≒마르다. 비리비리하다'. 〈큰〉여위다. ¶야윈 얼굴. 야윈 말이 짐 탐한다. 여윈잠(충분히 자지 못한 잠. 깊이 들지 않은 잠), 여윔증(症:몸이 여위는 증세).

야지랑 능청맞고 천연스러운 태도. 〈큰〉이지렁. ¶야지랑을 떨다/부리다. 야지랑이 나타나다. 야지랑스러운 남편. 야지랑 · 이지렁떨다(야지랑스러운 짓을 자꾸 하다), 야지랑 · 이지렁부리다, 야지랑 · 이지렁스럽다(얄밉도록 능청맞으면서도 천연스럽다), 야지랑 · 이지렁피우다, 야즐[319].

야질야질 가만히 있지 못하고 몸이나 궁둥이를 방정맞게 내어 흔들거나 휘젓는 모양. 참고 견디기가 어려울 정도로 무엇인가를 몹시 하고 싶어서 안타까워하는 모양. ¶야질야질 궁둥이를 흔들며 걷는 처녀. 〈큰〉애질애질. ¶야질야질 뛰어다니는 아이. 바깥 구경을 하고 싶어 마음이 애질애질 솟구친다. 야질거리다/대다, 야질야질하다.

야질-하다 매우 지루하다. ¶야질하게도 기나긴 밤.

야짓 한편에서 시작하여 사이를 띄지 않고 통틀어 모조리.=야지리. ¶모두 세워 놓고 야짓 종아리를 쳐 나갔다. 무협지 5권을 처음부터 야짓 읽어 나가다. 구경을 하려거든 처음부터 야짓 보아라. 야지리 참고 기다리다.

야호 등산하는 사람이 서로 위치를 확인하거나 상쾌감을 나타내어 지르는 소리.

약 ①어떤 식물이 지니고 있는 맵거나 쓴 자극성 성분. ¶약이 오른 고추. ②비위가 몹시 상할 때 일어나는 감정.≒화(火). 골. 부아. 성. ¶약이 받치다. 약이 머리끝까지 오르다. 친구가 돈을 많이 번

316) 야드르르: 반들반들 윤이 나고 보드라운 모양. 〈큰〉이드르르/이드를. 〈준〉야드를. ¶머리칼이 야드르르 윤이 난다. 목도리가 야드르르 보드랍다.

317) 야른야른: 매우 보들보들한 모양. ¶상처가 아물면서 야른야른 새살이 돋는다.

318) 애물애물: ①잇따라 입을 가볍게 움직이며 귀엽게 씹는 모양.=얘밀얘밀. ¶아기가 과자를 애물애물 씹어 먹다. ②조금 가벼운 태도로 밉지 않게 말하는 모양. ¶애물애물 말을 하는 손자. 〈작〉야물야물.

319) 야즐: 말이나 행동을 밉살스럽게 하면서 빈정거리는 모양. ¶야즐야즐 웃기만 하는 소녀.

ㅇ

것이 그를 약올린다. 약스럽다[320], 약오르다/올리다(놀리다').

약(藥) 병이나 상처를 고치는 데 먹거나 바르거나 주사하는 물품의 총칭. 유해 동식물을 제거하는 데 쓰는 물건. 물건에 윤을 내기 위하여 바르는 물건. 몸이나 마음에 이로운 것. ¶상처에 약을 바르다. 약가(藥價), 약가심(약을 먹고 입가심), 약갑(藥匣), 약값, 약계(藥契;약국)[약계바라지(약방의 들창), 약계봉사(奉事)], 약고추장(醬), 약과(藥果)[321], 약국(藥局), 약그릇, 약꿀, 약나무(오미자, 산수유 따위), 약낭(藥囊), 약내(약냄새), 약농(藥籠), 약단지, 약대(藥代;약값), 약대접(약그릇으로 쓰는 대접), 약덕(藥德), 약독(藥毒), 약되다, 약두구리[322], 약량(藥量), 약력(藥力), 약령/시(藥令/市), 약로(藥路), 약롱(藥籠), 약료(藥料), 약리(藥理)[약리작용(作用), 약리학(學)], 약막대기, 약명(藥名), 약물(약효가 있는 샘물)[약물꾼, 약물터], 약물(藥物)[약물검사(檢査), 약물소독(消毒), 약물요법(療法), 약물중독(中毒), 약물학(學)], 약물[藥水], 약반(藥飯), 약발(약의 효험), 약밥, 약방(藥房)[약방기생(妓生)], 약방문(藥方文), 약밭, 약병(藥甁), 약병아리, 약보(藥補), 약보(藥褓), 약복지(藥袱紙), 약봉(藥封), 약봉지(藥封紙), 약비(꼭 필요할 때 내리는 비)[雨], 약비누, 약사/법(藥事/法), 약사(藥師), 약사발, 약산적(藥散炙), 약상(藥商), 약새질(약을 써서 치료하는 일), 약샘[泉(천)], 약석(藥石), 약석지언(藥石之言), 약선지(藥線紙), 약성(藥性), 약소금, 약손, 약손가락, 약솜[면(綿)], 약수/터(藥水), 약수(藥狩;단오에 약초를 캐어 모으는 일), 약수건(藥手巾), 약술[주(酒)], 약시시[323], 약시중, 약식(藥食;약밥), 약실(藥室), 약심부름, 약쑥, 약액(藥液), 약연(藥碾), 약용(藥用)[약용비누, 약용식물(植物), 약용주(酒), 약용효모(酵母)], 약우물, 약원(藥園;약밭), 약이(藥餌), 약일(藥日), 약작두, 약장(藥欌), 약장사, 약장수, 약재(藥材), 약재료(藥材料), 약재상(藥材商), 약저울, 약전(藥田), 약전(藥典), 약전(藥廛), 약전(藥箋;처방전), 약전국(콩을 삶거나 쪄서 소금 · 새앙을 넣고 띄워 만든 약), 약절구, 약제(藥劑)[약제관(官), 약제사(師)/약사(藥師), 약제실(室)], 약종/상(藥種/商), 약주/상(藥酒/床), 약주릅, 약지(藥指), 약지(藥紙), 약지주(藥漬酒), 약지르다, 약질(병을 고치려고 약을 쓰는 일), 약진(藥疹), 약차(藥茶), 약차(藥借), 약채(藥債), 약책(藥冊), 약철(藥鐵), 약초(藥草), 약치료(藥治療)/약치(藥治), 약칠(藥漆), 약침(藥鍼), 약칭(藥秤), 약탕(藥湯)[약탕관(罐), 약탕기(器)], 약통, 약틀(달인 약을 짜는 틀), 약팔다(입담 좋게 수다를 떨다), 약포(藥包), 약포(藥圃), 약포(藥脯), 약포(藥鋪), 약풀[초(草)], 약품/명(藥品/名), 약풍로(藥風爐), 약하다, 약학(藥學), 약해(藥害), 약협(藥莢), 약형(藥衡), 약화제(藥和劑), 약화학(藥化學), 약효(藥效); 가루약[末藥], 감기약(感氣藥), 감광약(感光藥), 거위약[蛔蟲藥], 검은약(아편), 고약(膏藥), 광약(狂藥), 괵약(槲藥;떡갈나무 잎), 교정약(矯正藥), 구급약(救急藥), 구두약, 구중약(口中藥), 구충약(驅蟲藥), 귀약[耳], 금약(禁藥), 기약(奇藥), 납약(臘藥), 내복약(內服藥), 내약(內藥), 내용약(內用藥), 냉약(冷藥), 농약(農藥), 눈약[안약(眼藥)], 단방약(單方藥)], 단약(丹藥), 당약(唐藥), 당약(當藥), 대증약(對症藥), 더운약, 도약(塗藥), 도약(擣藥), 독약(毒藥), 두통약(頭痛藥), 땀띠약, 마약(痲藥), 마취약(痲醉藥), 매약(賣藥), 명약(名藥), 모생약(毛生藥), 몸약(다이너마이트), 몽혼약(曚昏藥), 묘약(妙藥), 물약, 미약(媚藥;성욕을 돋우는 약. 淫藥), 민간약(民間藥), 발사약(發射藥), 방약(方藥), 백약(百藥), 법약(法藥;佛法), 보약(補藥), 복약(服藥), 부형약(賦形藥), 분말약(粉末藥), 불사약(不死藥), 비약(秘藥), 사약(死藥), 사약(賜藥), 사약(瀉藥), 산약(山藥;마의 뿌리), 산약(散藥;가루약), 살균약(殺菌藥), 살포약(撒布藥), 상비약(常備藥), 상약(上藥), 상약(常藥), 상약(嘗藥), 생약(生藥), 석약(石藥), 선약(仙藥), 성약(聖藥), 성형약(成形藥), 소독약(消毒藥), 시약(施藥), 시약(試藥), 신약(神藥), 신약(新藥), 아선약(阿仙藥), 안약(眼藥), 알약, 양약(洋藥), 양약/고구(良藥/苦口), 연약(煉藥;약을 곰), 염색약(染色藥), 영약(靈藥), 외용약(外用藥), 위약(胃藥), 위약(僞藥), 위장약(胃腸藥), 유약(釉藥), 유약(類藥), 음약(淫藥), 음약(飮藥), 의약(醫藥), 이약[슬(虱)], 이약(餌藥), 이수약(利水藥), 작약(炸藥), 작약(芍藥), 장약(裝藥), 재약하다(화약을 재어 넣다), 적약(敵藥), 전약(煎藥), 전폭약(傳爆藥), 점약(點藥;눈에 안약을 넣음), 점화약(點火藥), 제약(製藥), 제초약(除草藥), 조약(調藥), 조제약(調劑藥), 좀약, 종약(種藥), 좌약(坐藥), 주약(主藥), 주약(呪藥), 주사약(注射藥), 쥐약, 지시약(指示藥), 차력약(借力藥), 찬약[냉(冷)], 창약(瘡藥), 채약(採藥), 첩약(貼藥), 초약(草藥), 총약(銃藥), 춘약(春藥), 치료약(治療藥), 치약(齒藥), 치험약(治驗藥), 코약[비(鼻)], 탄약(彈藥), 탕약(湯藥), 토약(吐藥), 투약(投藥), 특효약(特效藥), 폭렬약(爆裂藥), 폭발약(爆發藥)/폭약(爆藥), 풀약[제초제(除草劑)], 피임약(避姙藥), 한방약(韓方藥), 한약(韓藥), 해독약(解毒藥), 향약(鄕藥), 현상약(現像藥), 화약(火藥), 환약(丸藥), 회충약(蛔蟲藥), 후약(嗅藥), 훈약(薰藥) 들.

약(約) ①'맺다. 얽매다. 검소하다. 줄이다'를 뜻하는 말. 어떤 수량에 거의 가까운 정도를 표시하는 말.=대략(大略). 대강. ¶약 10m. 약관(約款)[324], 약략(約略), 약문(約/略文), 약물(約物), 약법(約法), 약분(約分), 약속(約束)[약속되다/하다, 약솔설(說), 약속어음, 약속일(日); 구두약속(口頭), 눈약속(눈짓으로 하는 약속)], 약수(約數), 약언(約言), 약음(約音), 약장(約長), 약장(約章), 약전(約轉), 약정(約正), 약정(約定)[약정가격(價格), 약정국경(國境), 약정서(書), 약정이자(利子)], 약조(約條;약속하여 정한 조항), 약조/금(約條/金), 약하다, 약혼(約婚)[약혼기(期), 약혼녀(女), 약혼선물(膳物), 약혼식(式)], 약회(約會); 가약(可約;약분할 수 있음), 가약(佳約;婚約)[백년가약(百年)], 간략(簡約), 검약(儉約), 결약(結約), 계약(契約), 공약(公約)[선거공약(選擧), 정치공약(政治)], 공약(空約), 괄약/근(括約/筋), 구약(口約), 구약성서(舊約聖書), 규약(規約), 금석지약(金石之約), 금약(禁約), 기약(旣約), 기약(期約), 기약(棄約), 낙약(諾約), 내약(內約), 뇌약(牢約), 늑약(勒約),

320) 약스럽다: 성질 따위가 야릇하고 못나다.≒괴팍하다. ¶그녀는 성격이 약스러워 친구가 없다.

321) 약과(藥果): 약과무늬, 약과문(紋), 약과장식(裝飾;네모진 장식); 돈약과(돈짝만 한 약과); 연약과(軟).

322) 약두구리: ①탕약을 달이는 데 쓰는 자루 달린 놋그릇. ②늘 골골 앓아서 약만 먹고 사는 사람.

323) 약시시: 앓는 사람을 위하여 약을 쓰는 일.=약새질. ¶약시시는 물론 식사에도 정성을 다하였다.

324) 약관(約款): 계약이나 조약에서 정해진 계약의 내용. ¶약관에 위배되다. 약관에 따르다. 금약관(金), 보험약관(保險), 신탁약관(信託), 실권약관(失權), 운송약관(運送), 유보약관(約款).

대약(大約), 매약(賣約), 맹약(盟約)[금석맹약(金石)], 면약(面約), 묵약(默約), 민약설(民約說), 밀약(密約), 배약(背約), 백년가약(百年佳約), 부약(負約), 사약(私約), 상약(相約)[금석상약(金石)], 서약(誓約), 선약(先約), 성약(成約), 숙약(宿約), 신약(信約), 신약성서(新約聖書), 언약(言約), 예약(豫約), 요약(要約), 위약(違約), 유약(幼弱), 유약(留約), 음약(陰約), 의약(依約), 입약(立約), 작약하다(綽約), 전약(前約), 절약(節約), 정약(定約), 정약(訂約), 제약(制約), 조약(條約)[325], 집약(集約), 천약(踐約), 청약(請約), 체약(締約), 축약(縮約), 통약(通約), 특약(特約), 파약(破約), 해약(解約), 향약(鄕約), 허약(許約), 협약(協約)[326], 혼약(婚約), 화약(和約), 확약(確約), 후약(後約). ②화투 따위 놀이에서, 특정한 경우에 특별한 끗수를 얻을 수 있는 특권이 생기는 일. 또는 그 특권. ¶약단(約短), 비약, 풍약(楓) 들.

약(弱) '튼튼하지 못하다. 못 미치다. 어리다. 젊다'를 뜻하는 말.↔강(强). ¶약골(弱骨), 약관(弱冠;남자 나이 스무 살. 젊은 나이), 약국(弱國), 약년(弱年), 약독(弱毒), 약력(弱力), 약마복중(弱馬卜重), 약면약(弱綿藥), 약모음(弱母音), 약면약(弱綿藥), 약박(弱拍), 약보합(弱保合), 약산(弱酸), 약세(弱勢), 약소(弱小)[약소국가(國家)/약소국(國), 약소민족(民族), 약소배(輩)], 약시(弱視), 약식염천(弱食鹽泉), 약염기(弱鹽基), 약육강식(弱肉强食), 약음/기(弱音/器), 약자(弱子), 약자(弱者), 약재료(弱材料), 약전(弱電), 약전해질(弱電解質), 약점(弱點↔强點), 약졸(弱卒), 약주(弱奏), 약지(弱志), 약진(弱震), 약질(弱質), 약체(弱體)[약체보험(保險), 약체화(化)], 약하다, 약행(弱行), 약화(弱化); 강약(强弱), 겁약하다(怯弱), 과약(寡弱), 기약하다(氣弱), 나약하다(懦弱), 내약하다(內弱), 노약(老弱), 단약(單弱), 담약하다(膽弱), 문약하다(文弱), 미약하다(微弱), 박약/하다(薄弱), 병약하다(病弱), 빈약하다(貧弱), 색약(色弱), 섬약하다(纖弱), 소약하다(小弱), 쇠약(衰弱), 시약(示弱), 신약(身弱), 심약하다(心弱), 아약(兒弱), 억약부강(抑弱扶强), 역약(力弱), 연약하다(軟弱), 열약하다(劣弱), 완약하다(婉弱), 위약(胃弱), 유약(幼弱), 유약하다(柔弱), 임약(荏弱), 잔약(孱弱), 정약하다(情弱), 제약(制弱), 취약(脆弱), 타약(惰弱), 허약(虛弱) 들.

약(略) '대강. 간략하다·줄이다. 꾀·계략(計略). 빼앗다. 범하다. 다스리다'를 뜻하는 말. ¶약기(略記), 약도(略圖), 약독(略讀;중요한 대목만 대충 읽음), 약략스럽다/하다(略略), 약력(略歷;간단하게 적은 이력), 약력(略曆), 약론(略論), 약모(略帽), 약보(略報), 약보(略譜), 약복(略服), 약본력(略本曆), 약비(略備), 약사(略史), 약서(略敍), 약설(略設), 약설(略說), 약소(略少), 약술(略述), 약식(略式)[약식명령(命令), 약식재판(裁判), 약식절차(節次)], 약어(略語;준말), 약언(略言), 약인(略人), 약인(略印), 약자(略字), 약장(略章), 약장(略裝), 약전(略傳), 약찬(略饌), 약체(略體), 약취(略取;폭력을 써서 빼앗아 가짐)[약취강도/죄(强盜/罪), 약취유괴(誘拐), 약취유인(誘引)], 약측(略測), 약칭(略稱), 약표(略表), 약필(略筆), 약하다, 약해(略解), 약호(略號), 약화(略畵); 간략하다(簡略), 개략(槪略), 경략(經略;나라를 경영하고 다스림), 계략(計略), 공략하다(攻略), 관략(冠略), 군략(軍略), 권략(權略), 기략(機略), 담략(膽略), 당략(黨略), 대략/적(大略/的), 모략(謀略), 묘략(妙略), 무략(武略), 박략하다(薄略), 방략(方略), 병략(兵略), 사략(史略), 사략하다(些略), 산략(刪略), 상략(上略), 상략(商略), 상략(詳略), 생략(省略), 소략하다(疏略), 애략(崖略), 약략하다/스럽다(略略), 영략(英略), 영략(領略), 요략(要略), 용략(勇略), 웅략(雄略), 위략(偉略), 자략(資略;선천적으로 뛰어난 사람), 장략(將略), 재략(才略), 전략(前略), 전략(電略), 전략(戰略), 절략(節略), 정략(政略), 조략하다(粗略), 주략(籌略), 중략(中略), 지략(智略), 지략(誌略), 진략(進略), 책략(策略), 초략(抄略), 초략하다(草略), 치략(治略), 침략(侵略), 패략(覇略), 하략(下略), 홀략하다(忽略), 후략(後略) 들.

약(若) '만일. 같다. 몇. 어리다·젊다'를 뜻하는 말. ¶약간/하다(若干), 약년(若年;젊은 나이), 약시하다(若是), 약차(若此), 약하하다(若何), 약후(若朽); 과약기언(果若其言), 만약(萬若), 명약관화(明若觀火), 방약무인(傍若無人), 시약불견(視若不見), 자약하다(自若); 태연자약(泰然自若) 들.

약(掠) '빼앗다. 볼기 치다'를 뜻하는 말. ¶약치(掠治;매질하며 죄인을 신문함), 약탈(掠奪)[약탈농법(農法), 약탈자(者), 약탈혼(婚)]; 겁략(劫掠/略), 공략(攻掠), 노략(擄掠), 분략(焚掠), 초략(抄掠), 침략(侵掠), 탈략(奪掠), 표략(剽掠) 들.

약(躍) '뛰다'를 뜻하는 말. ¶약기(躍起), 약동/감(躍動/感), 약여/하다(躍如), 약진/상(躍進/相); 거약(距躍), 도약(跳躍), 비약(飛躍), 암약(暗躍), 용약(勇躍), 용약(踊躍), 일약(一躍), 작약(雀躍)[환호작약(歡呼), 흔희작약(欣喜)], 활약(活躍) 들.

약(葯) '꽃밥(꽃가루주머니)'을 뜻하는 말. ¶약포(葯胞); 각생약(脚生葯), 다포약(多胞葯), 단포약(單胞葯), 외향약(外向葯), 정자형약(丁字形葯), 측생약(側生葯) 들.

약(鑰) '자물쇠. 빗장. 잠그다'를 뜻하는 말. ¶약갑(鑰匣), 약건(鑰鍵;문빗장에 내려지르는 쇠), 약시(鑰匙;열쇠); 관약(管鑰), 비약(秘鑰), 쇄약(鎖鑰) 들.

약(籥) '피리'를 뜻하는 말. ¶관약(管籥;생황·단소 등의 관악기).

약(다) 자신에게만 이롭게 꾀를 부리는 성질이 있다. 어려운 일이나 난처한 일을 잘 피하는 꾀가 많고 눈치가 빠르다.≒똑똑하다. 영리하다.↔어리석다. 〈큰〉역다. ¶약은 놈. 눈치가 약은 사람. 약둥이(똑똑하고 약은 아이), 약보(약은 사람), 약·역빠르다, 약빠리(약빠른 사람), 약빨리(약빠르게), 약삭빠르다(꾀가 있고 눈치가 빠르다), 약삭빨리, 약삭스럽다, 약아빠지다(몹시 약다), 약은꾀; 겉약다(겉보기에만 약으나 실상을 그렇지 아니하다), 헛약다 들.

약대 '낙타'를 다르게 부르는 이름.

---

325) 조약(條約): 조약국(國); 가조약(假), 관세조약(關稅), 국제조약(國際), 군사조약(軍事), 난민조약(難民), 담보조약(擔保), 대등조약(對等), 동맹조약(同盟), 방위조약(防衛), 보장조약(保障), 보호조약(保護), 불가침조약(不可侵), 불침략조약(不侵略), 불평등조약(不平等), 상호방위조약(相互防衛), 상호조약(相互), 상호원조조약(相互援助), 수교조약(修交), 수호조약(修好), 어업조약(漁業), 우호조약(友好), 잠정조약(暫定), 조정조약(調停), 추가조약(追加), 통교조약(通交), 통상조약(通商), 특수조약(特殊), 평화조약(平和), 협상조약(協商)/협약(協約), 호혜조약(互惠), 화친조약(和親).

326) 협약(協約;'협상조약'의 준말): 협약서(書), 협약헌법(憲法); 노동협약(勞動), 노사협약(勞使), 단체협약(團體), 신사협약(紳士).

ㅇ

약비-나다 정도가 너무 지나쳐서 지긋지긋하도록 싫증이 나다.=새나다. ¶전쟁 통에 일주일 동안 약비나게 고기로만 배를 채운 적도 있다고 했다. 라면만 약비나게 먹었더니 이제는 밥을 먹었으면 좋겠다. 장사도 약비나서 못하겠다.

약약-하다 싫증이 나서 몹시 귀찮고 괴롭다. ¶똑같은 일을 되풀이하며 약약한 세월을 보내다.

약-통 인삼이나 더덕 따위의 둥글게 생긴 몸통.

얄 야살스럽게 구는 짓. ¶얄 부리다. 얄개[327], 얄나다[328], 얄망궂다/얄궂다[329], 얄망스럽다, 얄밉다, 얄밉상스럽다, 얄바가지(얄망궂게 행동하는 짓). ☞ 야살.

얄긋 짜인 물건의 사개가 맞지 아니하고 느슨하여 이리저리 배뚤어지는 모양. 〈큰〉일긋. ¶나무 상자가 얄긋얄긋 뒤틀어지다. 얄긋·일긋거리다/대다/하다, 얄긋얄긋·일긋일긋/하다, 일그러뜨리다/트리다/지다[330], 일긋얄긋/하다.

얄기죽 입이나 허리 따위를 이리저리 느리게 조금씩 움직이는 모양. 〈큰〉일기죽. ¶코를 얄기죽얄기죽 실그러뜨리다. 장단에 맞추어 몸을 얄기죽얄기죽 놀리며 춤을 춘다. 얄기죽거리다/대다, 얄깃[331], 얄쭉[332], 일기죽얄기죽/하다.

얄라차 무엇인가가 잘못되었음을 이상하게 여기거나 어떤 것을 신기하게 여길 때 내는 소리.

얄랑 작고 긴 물건 따위가 요리조리 흔들리는 모양. 〈큰〉열렁. 일렁. ¶강물이 얄랑얄랑 물결치다. 나뭇잎이 시냇물에 떠서 얄랑얄랑 움직이며 흘러간다. 얄랑·열렁거리다/대다/이다, 얄랑얄랑·열렁열렁/하다.

얄캉-하다 가늘고 탄력이 있으며 부드럽다. ¶몸피가 갈대처럼 얄캉하고 얼굴이 갸름하다. 얄캉얄캉/하다.

얇(다) 두께가 두껍지 않다.(↔두껍다). 하는 짓이 빤히 들여다보이다. 〈큰〉엷다[333]. ¶벽이 얇다. 얇디얇다, 얄따랗다, 얄따래지다, 얄브스름·열브스름하다, 얄상스럽다, 얇실하다(조금 얄브스름하다), 얇실얇실/하다, 얇아지다, 얄죽·얄쭉·얄직·얄찍[334]/하다, 얄팍[335], 얄포름·열푸름하다(연하게 얇다), 얄핏하다(좀 얇은 듯하다), 얍삽하다, 얍슬[336]. ☞ 박(薄).

얌생이 남의 물건을 조금씩 슬쩍슬쩍 훔쳐내는 짓.≒도둑질. ¶얌생이 몰다(남의 물건을 조금씩 슬쩍슬쩍 훔쳐 내다). 얌생이 하다. 얌생이꾼.

얌심 암상스럽게 남을 샘하고 시기하는 마음. ¶얌심을 부리다. 얌심을 피우다. 얌심꾸러기, 얌심데기, 얌심맞다, 얌심스럽다(좀 암상궂게 남을 샘하는 듯하다).

얌전 성품이나 태도가 침착하고 고움. 물건의 모양이 좋고 쓸모가 있음. 〈큰〉음전.[←엄전(嚴全)]. ¶그녀의 말하는 태도는 얌전/음전하고 순박했다. 얌전단지, 얌전떨다, 얌전부리다, 얌전빼다, 얌전스럽다, 얌전이(샌님), 얌전피우다, 얌전하다[337](↔거칠다), 얌전히(다소곳이. 차분히); 엄전스럽다, 엄전하다(하는 짓이 정숙하고 점잖다), 음전하다(언행이 우아하고 얌전하다).

얏 힘을 불끈 주거나 정신을 모을 때 내는 소리. =얍.

양 ①용언의 어간에 붙는 관형사형 어미 '-ㄴ. -는' 뒤에 쓰여, '거짓으로 꾸밈'의 뜻을 나타내는 말. ¶모든 것을 다 아는 양 행세한다. ②용언의 관형사형 어미 '-ㄹ. -을' 뒤에 쓰여, '의향·의도'의 뜻을 나타내는 말. ¶공부할 양으로 책상에 앉다.

양(量) '분량·수량. 도량(度量). 헤아리다'를 뜻하는 말. ¶양이 적다/ 많다. 양감(量感), 양결(量決), 양교(量交), 양기(量器), 양껏, 양산(量産), 양수기(量水器), 양수사(量數詞), 양수표(量水標), 양안(量案), 양의(量宜;잘 헤아림), 양이(量移), 양자(量子)[338], 양적(量的), 양전(量田), 양정(量定), 양지(量地;땅을 측량함), 양지(量知), 양착(量窄), 양판점(量販店), 양협(量狹), 양형(量刑); 가량(假量)[겉가량, 속가량], 갈수량(渴水量), 감량(減量), 감량(感量), 감개무량(感慨無量), 강설량(降雪量), 강수량(降水量), 강우량(降雨量), 개량(改量;다시 측량함), 거래량(去來量), 거량(巨量), 건량(乾量), 검량(檢量), 경량(輕量), 계량(計量), 고량(考量), 과량(過量), 광량(光量), 광량(鑛量), 곡량(斛量), 교량(較量), 교통량(交通量), 구름양, 구매량(購買量), 구입량(購入量), 국량(局量), 극량(極量), 근량(斤量), 기량(器量), 기량(氣量), 내량(耐量), 내포량(內包量), 다량(多量), 다상량(多商量), 단량체(單量體), 당량(當量), 대량(大量), 덕량(德量), 도량/형(度量/衡), 독서량(讀書量), 동량(同量), 두량(斗量), 등가량(等價量), 등량(等量;같은 양), 매입량(買入量), 매장량(埋藏量), 매출량(賣出量), 목표량(目標量), 무량(無量), 무한량(無限量), 무효량(無效量), 물량(物量), 물동량(物動量), 미량(微量), 발열량(發熱量), 발전량(發電量), 배량(倍

327) 얄개: 말씨나 하는 짓이 얄망궂고 되바라진 사람.=야살쟁이.
328) 얄나다: 야살스럽게 신바람이 나다. ¶무슨 얄나는 일이 생겼는지 연신 휘파람을 불었다.
329) 얄궂다: 〈본〉얄망궂다. ①이상야릇하고 짓궂다. ¶얄궂은 운명. 얄망궂은 짓만 하다. ②성질이 괴상하다.
330) 일그러지다: 비뚤어지거나 우글쭈글하여지다. ¶고통으로 얼굴이 일그러지다.
331) 얄깃: 힘살이 일그러지게 조금씩 움직이는 모양. ¶코를 얄깃얄깃 움직이는 버릇이 있다. 얄깃거리다/대다, 얄깃깃얄깃/하다.
332) 얄쭉: 허리를 좌우로 가볍게 흔드는 모양. 〈큰〉일쭉. ¶허리를 얄쭉얄쭉 흔들며 춤추는 무용수. 얄쭉·일쭉거리다/대다, 얄쭉얄쭉/하다.
333) 엷다: ①'얇다'의 작은말. ②빛이 약간 연하다. ¶엷은 보랏빛. 엷붉다(엷게 붉다), 엷은구름, 엷파랗다, 엷푸르다(엷게 푸르다). ③말이나 하는 짓이 속이 들여다보이게 얄팍하다. ¶귀가 엷은 사람. 엷은 지식. ④밀도가 짙지 아니하고 성기다. ¶엷은 미소를 띤 얼굴. 안개가 엷게 끼었다.
334) 얄찍: 얇은 듯한 모양. ¶얄찍얄찍 나무를 켜다. 얄찍스름하다.

335) 얄팍: 두께가 조금 얇은 모양. ¶얄팍얄팍 썬 호박. 얄팍수, 얄팍스럽다, 얄팍썰기, 얄팍얄팍/하다, 얄팍하다.
336) 얍슬: 얄팍한 느낌이 있는 모양. ¶얍슬거리다, 얍슬얍슬/하다, 얍슬하다(좀 얄팍한 데가 있다).
337) 얌전하다: ①성질이 온순하고 언행이 차분하며 단정하다. ¶새색시같이 얌전하다. 음전한 아가씨. ②모양이 좋고 품격이 있다. ¶글씨가 얌전하다. ③일하는 모양이 꼼꼼하고 정성을 들인 데가 있다.
338) 양자(量子): 그 이상 더 나눌 수 없는 물질의 최소량의 단위. ¶양자가설(假說), 양자론(量子論), 양자물리학(物理學), 양자생물학(生物學), 양자수(數), 양자역학(力學), 양자진화(進化), 양자화(化), 양자화학(化學), 양자효율(效率); 광양자(光), 작용양자(作用).

量), 배기량(排氣量), 배수량(排水量), 배출량(排出量), 변량(變量), 보급량(補給量), 복량(服量), 분량(分量), 분자량(分子量), 비량(比量), 비례량(比例量), 비축량(備蓄量), 사량(思量), 사용량(使用量), 산출량(産出量), 상량(商量), 상정량(想定量), 상태량(狀態量), 생산량(生産量), 석량(碩量;큰 도량), 선량(線量), 설량(雪量), 성량(聲量), 소량(小量), 소량(少量), 소량(素量), 소모량(消耗量), 소비량(消費量), 소요량(所要量), 수거량(收去量)/수량(收量), 수량(水量), 수량(數量), 수송량(輸送量), 수엽량(收葉量), 수입량(輸入量), 수출량(輸出), 수확량(收穫量), 순량(純量), 순금량(純金量), 습량(濕量), 식량(食量), 식량(識量), 심량(深量), 아량(雅量), 액량(液量), 약량(藥量), 어획량(漁獲量), 업무량(業務量), 역량(力量), 열량(熱量), 염소량(鹽素量), 영사량(映射量), 요량(料量), 용량(用量), 용량(容量)[기억용량(記憶)], 용수량(用水量), 용적량(容積量), 우량(雨量), 운량(雲量), 운동량(運動量)[각운동량(角)], 원량(原量), 원자량(原子量), 유량(乳量), 유량(流量), 유전자량(遺傳子量), 유통량(流通量), 육량(肉量), 융통량(融通量), 음량(音量), 음량(飮量), 의량(意量;생각과 도량), 일량, 일정량(一定量), 일조량(日照量), 임계량(臨界量), 자량/처지(自量;스스로 헤아림/處之), 자량(資糧), 작량/감경(酌量;짐작하여 헤아림/減輕), 작업대사량(作業代謝量), 작업량(作業量), 작용량(作用量), 재량(才量), 재량(裁量), 저수량(貯水量), 저장량(貯藏量), 저탄량(貯炭量), 적량(適量), 적량(積量), 적설량(積雪量), 적재량(積載量), 적정량(適正量), 전량(全量), 전량(電量), 전기량(電氣量), 전량(全量), 전량(電量), 전력량(電力量), 절대량(絶對量), 정량(定量), 정량(正量), 조사량(繰絲量), 조사량(照射量), 좌사우량(左思右量), 주량(酒量), 주사량(注射量), 중독량(中毒量), 중량(中量), 중량(重量), 증량(增量), 증가량(增加量), 증발량(蒸發量), 질량(質量), 참량(參量), 채탄량(採炭量), 척량(尺量), 천사만량(千思萬量), 첨가량(添加量), 총량(總量), 최대량(最大量), 최소량(最少量), 추량하다(推量), 충격량(衝擊量), 측량(測量), 치사량(致死量), 칭량(稱量), 탑재량(搭載量), 통행량(通行量), 통화량(通話量), 통화량(通貨量), 투입량(投入量), 판매량(販賣量), 평균량(平均量), 폐기량(肺氣量), 폐활량(肺活量), 포함량(包含量), 포획량(捕獲量), 표준량(標準量), 풍수량(豊水量), 필요량(必要量), 하량(荷量), 학습량(學習量), 한량(限量), 한계량(限界量), 한량/없다(限量), 한정량(限定量), 할당량(割當量), 활동량(活動量), 함량(含量), 함유량(含有量), 해량(海量), 헌량(憲量;도량이 매우 크고 넓음), 협량(狹量;좁은 도량), 화합량(化合量), 힘양(힘의 분량. 역량) 들

양(洋) ①'큰 바다. 넓다'를 뜻하는 말. ¶양곡(洋谷), 양도(洋島), 양양대해(洋洋大海), 양양하다(洋洋), 양일(洋溢); 극양(極洋), 남극양(南極洋), 남빙양(南氷洋), 남양(南洋), 내양(內洋), 대양(大洋)[339], 대서양(大西洋), 도양(渡洋), 망양(茫/芒洋), 망양(茫洋), 북극양(北極洋), 북빙양(北氷洋), 북양(北洋), 순양/함(巡洋/艦), 왕양(汪洋), 외양(外洋), 원양(遠洋), 인도양(印度洋), 전도양양하다(前途洋洋), 태평양(太平洋), 항양(航洋), 해양(海洋). ②일부 명사 앞이나 한자어 어근에 붙어, '외국. 서양식의. 서양에서 들어온'의 뜻을 나타내는 말. ¶양간수(水;염화마그네슘), 양갈보, 양견(洋犬), 양곡(洋曲), 양공주(公主), 양과자(洋菓子), 양관(洋館), 양국(洋國), 양궁(洋弓), 양귤(洋橘), 양금/채(洋琴), 양기와, 양난(洋蘭), 양낫, 양녀(洋女), 양년, 양놈, 양다래, 양단(洋緞), 양달력(洋曆), 양닭, 양담배, 양담요, 양도(洋刀), 양도(洋陶), 양도깨비, 양도끼, 양동이, 양돼지, 양등(洋燈), 양딸기, 양란(洋蘭), 양란(洋亂), 양록(洋綠), 양마(洋麻), 양말(洋襪)[긴양말, 덧양말, 목양말], 양머리, 양목(洋木)[옥양목(玉)], 양물(洋物), 양미나리, 양밀, 양밀가루, 양박쥐, 양배추, 양버들, 양벚, 양변기(洋便器), 양병(洋甁), 양보라, 양복(洋服), 양봉(洋蜂), 양봉투(洋封套), 양부인(洋婦人), 양비둘기, 양사(洋紗)[옥양사(玉)], 양산(洋傘), 양산(洋算), 양살구, 양상(洋商), 양상추, 양색시, 양서(洋書), 양선(洋船), 양소금, 양속(洋屬), 양송이(松栮), 양솥, 양순대, 양숟가락, 양시(洋匙), 양식(洋式), 양식(洋食), 양식초(洋食醋), 양실[絲], 양실(洋室), 양쌀, 양아욱, 양악기(洋樂器), 양안장(洋鞍裝), 양약(洋藥), 양약국(洋藥局), 양양하다(洋洋), 양옥(洋屋), 양와(洋瓦), 양요(洋擾), 양요리(洋料理), 양융(洋絨), 양은(洋銀), 양은전(洋銀錢), 양의사(洋醫師), 양이(洋夷), 양인(洋人), 양자주(洋紫朱), 양장(洋裝)[양장미인(美人), 양장점(店)], 양장판, 양재(洋裁), 양재기[洋瓷器], 양잿물, 양전(洋氈), 양접시, 양제(洋制), 양주(洋酒), 양지(洋紙), 양직(洋織), 양진달래, 양차(洋車), 양척촉(洋躑躅), 양철(洋鐵)[양철가위, 양철집, 양철통(桶)], 양초, 양초(洋醋), 양총(洋銃), 양춤, 양칠(洋漆), 양침(洋針), 양코/배기, 양토, 양탄자, 양틀, 양파, 양판문(洋板門), 양품(洋品), 양풍(洋風), 양학(洋學), 양항라(洋亢羅), 양행(洋行), 양화(洋貨), 양화(洋畵), 양화(洋靴), 양화포(洋花布), 양황(洋黃), 양회(洋灰); 동양(東洋), 서양(西洋) 들.

339) 대양(大洋): 대양도(島), 대양만(灣), 대양저(底), 대양섬; 오대양(五).

양(兩) ①'두 · 두 쪽의', '양쪽 편'을 뜻하는 말. ¶양가(兩家), 양각(兩脚)[양각규(規), 양각기(器)], 양간(兩間), 양건(兩建), 양걸침, 양견(兩肩), 양곤마(兩困馬), 양관(兩館), 양국가(兩國家)/양국(兩國), 양군(兩軍), 양궁상합(兩窮相合), 양귀마(馬), 양귀상(象), 양귀포(包), 양그루/양글[340], 양극단(兩極端), 약극(兩極)[양극성(性), 양극체제(體制), 양극화(化)], 양금(兩衾), 양기(兩岐), 양난(兩難), 양날[인(刃)], 양날톱, 양남(兩南), 양년(兩年), 양다리, 양단(兩短), 양단(兩端)[양단간(間); 수서양단(首鼠)], 양단(兩斷), 양당(兩堂), 양당(兩黨)[양당외교(外交), 양당정치(政治)], 양대(兩大), 양도(兩刀), 양도논법(兩刀論法), 양도목(兩都目), 양두마차(兩頭馬車), 양두사(兩頭蛇), 양두정치(兩頭政治), 양두필(兩頭筆), 양득(兩得), 양론(兩論), 양류(兩流), 양륜(兩輪), 양립(兩立), 양맥(兩麥;보리와 밀), 양면(兩面)[양면가치(價値), 양면작전(作戰)], 양모작(兩毛作), 양목(兩目), 양미/간(兩眉/間), 양반(兩班)[양반계급(階級), 양반탈; 만양반, 책상양반(册床)[341], 푸른양반[342]], 양발, 양방(兩方), 양방(兩傍), 양변(兩便), 양변(兩邊), 양본위제(兩本位制), 양봉제비(兩鳳齊飛), 양부(兩部), 양분(兩分), 양사(兩司), 양상화매(兩相和賣), 양색/단(兩色/緞), 양서(兩西), 양서(兩書), 양서/류(兩棲/類), 양설(兩舌), 양성(兩性)[343], 양손, 양수(兩手)[양수

340) 양글: ①논밭을 가는 일과 짐을 싣는, 소의 두 가지 일. ¶양글로 먹다(한꺼번에 두 가지를 다 가지게 되다). ②한 논에서 한 해에 두 번 거두어들이는 일. 이모작(二毛作).

341) 책상양반(册床): 평민으로서 학문과 덕행으로 양반이 된 사람.

342) 푸른양반: 덕이 있고 세력이 당당한 사람.

거지(据地), 양수겸장(兼將), 양수잡이, 양수집병(執餅)], 양순음(脣兩音), 양시쌍비(兩是雙非), 양실(兩失), 양심(兩心), 양안(兩岸), 양안(兩眼), 양액(兩腋), 양어깨, 양역(兩役), 양용(兩用), 양웅(兩雄), 양원/제(兩院/制), 양위(兩位), 양의(兩儀), 양익(兩翼), 양인(兩人), 양일(兩日), 양자(兩者)[양자택일(擇一)], 양장(兩場)[양장진사(進士), 양장초시(初試)], 양전(兩全), 양전(兩銓), 양조(兩朝;두 왕조), 양주(兩主), 양중(兩中;남자 무당), 양지(兩地), 양진(兩陣), 양짝, 양쪽, 양차(兩次), 양차렵, 양처(兩處), 양척(兩隻), 양측(兩側), 양친(兩親), 양칭(兩秤), 양콩잡이, 양팔, 양편(兩便)[양편공사(公事), 양편짝, 양편쪽], 양피화(兩皮花), 양한(兩漢), 양호(兩虎)[양호대치(對峙), 양호상투(相鬪)], 양호(兩湖). ②돈이나 중량의 단위를 나타내는 말. 한 냥은 한 돈의 열 곱. ¶두 냥 닷 돈. 냥쭝, 양돈(한 냥 가량의 돈), 양반(兩半); 근량/쭝(斤兩), 수량(銖兩;얼마 아니 나가는 중량), 작량(作兩), 천냥(千兩) 들.

양(養) ①'기르다. 사육하다. 보살피다'를 뜻하는 말. ¶양견(養犬), 양계(養鷄), 양기(養氣), 양기(養耆), 양로(養老)[양로보험(保險), 양로연금(年金), 양로원(院)], 양당(養堂), 양돈(養豚), 양마(養馬), 양모제(養毛劑), 양목(養木), 양목/경(養目/鏡), 양묘(養苗), 양병(養兵), 양병(養病), 양봉(養蜂)[양봉가(家), 양봉업(業), 양봉원(園)], 양분/표(養分/表), 양사/자(養嗣/子), 양생/법(養生/法), 양성(養成)[간부양성(幹部), 인재양성(人才)], 양성(養性), 양식(養殖)[344], 양심(養心), 양아(養疴;養病), 양악(養惡;못된 버릇을 기름), 양어/장(養魚/場), 양우(養牛), 양육(養育)[양육비(費), 양육원(院)], 양응(養鷹), 양잠(養蠶), 양정(養庭), 양질(養疾), 양축(養畜), 양치(養齒)[양칫대야, 양칫물, 양칫소금, 양치질], 양토(養兎), 양현(養賢), 양혈(養血), 양호(養戶), 양호/후환(養虎/後患), 양호(養護); 공양(供養), 교양(敎養), 귀양(歸養), 금양(禁養;말림), 급양(給養), 목양(牧養), 무양(撫養), 방양(放養), 배양(培養), 보양(保養), 봉양(奉養), 부양(扶養), 사양(飼養), 산양(山養;산에 옮겨 심어 기른 인삼), 생양(生養), 섭양(攝養), 소양(素養), 솔양(率養), 수양(收養), 수양(修養), 순양(馴養), 식양학(食養學), 안양(安養), 영양(榮養), 영양(營養), 외양(喂養), 외양간(喂養間), 요양(療養), 유양(乳養), 육양(育養), 입양(入養), 자양(滋養)[345], 정양(靜養)[정양원(院), 정양하다], 조양(調養), 존양(存養), 총양(寵養), 축양(畜養), 한양(閒養;한가로이 몸을 정양함), 함양(涵養), 휴양(休養), 효양(孝養), 휴양(休養). ②친족 관계를 나타내는 일부 명사 앞이나 한자어 어근에 붙어 '직접적인 혈연관계가 아닌'의 뜻을 더하는 말. ¶양가(養家), 양녀(養女), 양딸, 양모(養母), 양부(養父), 양부모(養父母), 양사(養嗣), 양사자(養嗣子), 양손(養孫), 양손녀(養孫女), 양손자(養孫子), 양아들, 양아버지, 양아비, 양어머니, 양어미, 양어버이, 양자(養子)[양자가다/들다/세우다; 가위다리양자[346], 사당양자(祠堂), 서양자(壻), 신주양자(神主), 차양자(次)], 양조모(養祖母), 양조부(養祖父), 양친(養親;길러준 부모. 양자로 간 집의 부모. 부모를 봉양함), 양친자(養親子), 양할아버지, 양할머니; 파양(罷養) 들.

양(良) ①성적·품행 등의 등급을 매기는 기준의 한 가지. 미(美)보다는 못하고 가(可)보다는 나음. ②'어질다. 좋다. 좀·잠깐'을 뜻하는 말.↔악(惡). 오(汚). ¶양가(良家)[양가독자(獨子), 양가여자(女子)], 양고(良賈;큰 상인), 양공(良工), 양구에(良久;얼마 있다가), 양궁(良弓), 양기(良器), 양녀(良女), 양능(良能), 양답(良畓), 양도체(良導體), 양리(良吏), 양마(良馬), 양민(良民), 양방(良方), 양법(良法), 양부(良否), 양상(良相), 양서(良書), 양선(良善), 양성/종양(良性/腫瘍), 양소(良笑), 양속(良俗)[공서양속(公序), 미풍양속(美風)], 양순(良順), 양습(良習), 양식(良識;건전한 사고 방식이나 판단력), 양신(良臣), 양신(良辰), 양심(良心)[347], 양안(良案), 양야(良夜), 양약(良藥), 양연(良緣), 양우(良友), 양월(良/陽月), 양유(良莠), 양의(良醫), 양인(良人), 양장(良匠), 양장(良將), 양재(良才), 양재(良材), 양전(良田), 양정(良丁), 양제(良劑), 양종(良種), 양주(良酒), 양지/양능(良知/良能), 양질(良質), 양책(良策), 양처(良妻), 양천(良賤;양민과 천민), 양첩(良妾), 양품(良品), 양풍(良風)[양풍미속(美俗)], 양필(良匹), 양필(良弼), 양항(良港), 양해[未年], 양호(良好), 양화(良貨); 개량(改良), 방량(放良), 불량(不良)[348], 선량(善良), 선량(選良), 순량(純/醇良), 순량(淳良), 순량(順良), 순량(循良;고을 원의 어진 다스림), 순량(馴良), 우량(優良), 정량(精良), 종량(從良), 준량(俊良), 최량/품(最良/品), 충량(忠良), 한량(閑良), 현량(賢良) 들.

양(陽) 태극(太極)이 나누인 두 가지 성질·기운의 하나. '해·양지(陽地). 겉으로'를 뜻하는 말.↔음(陰). ¶양각(陽角), 양각(陽刻), 양건(陽乾), 양경(陽莖), 양계(陽界), 양골(陽骨;양지머리뼈), 양광(陽光), 양극(陽極), 양근(陽根), 양기(陽氣), 양도(陽道), 양독(陽毒), 양력(陽曆), 양명(陽明), 양문(陽文), 양물(陽物), 양보(陽報), 양부호(陽符號), 양사(陽事), 양삭(陽朔), 양산(陽傘)[청양산(靑), 홍양산(紅)], 양성(陽性)[349], 양성(陽聲), 양수/길일(陽數/吉日), 양수(陽樹), 양염(陽炎;아지랑이), 양엽(陽葉), 양으로(남이 알게. 드러나게.↔음으로), 양이온(ion), 양자(陽子), 양전(陽轉), 양전극(陽電極), 양전기(陽電氣), 양전하(陽電荷), 양접(陽接), 양존(陽尊), 양종(陽腫), 양종(陽種), 양증(陽症), 양지(陽地)[양지바르다, 양지쪽; 돋을양지(돋을볕이 비치는 양지)], 양주(陽鑄), 양춘(陽春)[양춘가절(佳節), 양춘화기(和氣)], 양택(陽宅), 양함수(陽函數), 양핵

343) 양성(兩性): 양성산화물(酸化物), 양성생식(生殖), 양성잡종(雜種), 양성혼합(混合), 양성화(花), 양성화합물(化合物).

344) 양식(養殖): 물고기·김·굴 따위의 해산물을 기르고 번식시키는 일. ¶양식어업(漁業), 양식업(業), 양식장(場), 양식주머니, 양식진주(眞珠), 양식하다; 가두리양식, 굴양식, 담수양식(淡水), 발양식(대쪽으로 엮은 발을 이용한 양식), 수산양식(水産), 투석식양식(投石式), 하천양식(河川), 해면양식(海面).

345) 자양(滋養): 자양관장(灌腸), 자양당(糖), 자양률(率), 자양물(物), 자양분(分), 자양액(液), 자양제(劑), 자양품(品).

346) 가위다리양자(養子): 두 형제 중 한 사람에게만 외아들이 있고 그 외아들이 아들 둘을 낳았을 때, 그 하나가 할아버지의 형이나 아우의 양손(養孫)이 되는 일. 또는 그 양손.

347) 양심(良心): 자기의 행위에 대하여 옳고 그름을 판단하고, 바른 말과 행동을 하려는 마음. ¶양심의 가책. 학문적 양심. 양심범(犯), 양심선언(宣言), 양심적(的).

348) 불량(不良↔良好): 불량배(輩), 불량아(兒), 불량자(者), 불량스럽다, 불량식품(不良), 불량품(品), 불량하다; 복장불량(服裝), 소화불량(消化), 영업불량(營業).

349) 양성(陽性↔陰性): 양성교질(膠質;입자가 양전하를 띠는 콜로이드), 양성모음(母音), 양성반응(反應), 양성식물(植物), 양성자(子), 양성장마, 양성적(的), 양성전이(轉移), 양성화/하다(化).

(陽核), 양허(陽虛), 양화(陽和), 양화(陽畵); 개양(開陽;북두칠성의 여섯째 별), 낙양(落陽), 납양(納陽), 단양(端陽), 당양하다(堂陽), 동양(動陽), 만양(晩陽), 맹양(孟陽;음력 정월), 발양(發陽), 발양머리(發陽), 보양(補陽), 사양(斜陽), 사양길(斜陽), 산양(山陽), 석양(夕陽), 세양(歲陽), 순양(純陽), 음양(陰陽), 잔양/판(殘陽), 재양(載陽), 정양(正陽), 조양(助陽), 조양(朝陽), 중양(仲陽), 중양/절(重陽/節), 차양/선(遮陽/船), 청양(淸陽), 추양(秋陽), 춘양(春陽), 태양(太陽)[350], 폭양(曝陽), 풍양(風陽), 향양(向陽), 회양(回陽) 들.

양(羊) 소과의 가축. 면양(綿羊). ¶양가죽, 양각/등(羊角/燈), 양간(羊肝), 양갱(羊羹), 양고기, 양날, 양두(羊頭), 양두구육(羊頭狗肉), 양띠, 양마석(羊馬石), 양막/강(羊膜/腔), 양모(羊毛)[양모지(脂), 양모직(織)], 양몰이/꾼, 양사(羊舍), 양석(羊石), 양수(羊水;양막 안의 액), 양우리, 양유(羊乳), 양육(羊肉), 양장(羊腸;양의 창자. 길이 꼬불꼬불함)[구절양장(九折)], 양젖, 양지(羊脂), 양지촉(羊脂燭), 양질호피(羊質虎皮), 양치기, 양치류(羊齒類), 양털, 양털실, 양피(羊皮)[양피구두, 양피지(紙), 양피배자(褙子)], 양호필(羊毫筆); 견양(犬羊), 고양(羔羊;어린양), 다기망양(多岐亡羊), 망양보뢰(亡羊補牢), 망양지탄(亡羊之歎), 면양(緬/綿羊), 목양(牧羊), 백양(白羊), 빈양(牝羊;양의 암컷), 산양(山羊)[산양유(乳), 산양좌(座), 산양털, 산양피(皮)], 속죄양(贖罪羊), 숫양, 악대양, 암양, 야양/피(野羊/皮), 어린양, 영양(羚羊), 우양(牛羊), 젖양, 종양(種羊), 한양(寒羊), 황양(黃羊) 들.

양(揚) '오르다 · 올리다. 날리다. 드러내다. 칭찬하다'를 뜻하는 말. ¶양궁거시(揚弓擧矢), 양기(揚氣), 양기(揚棄), 양력(揚力), 양륙(揚陸;배에 실은 짐을 육지에 부림), 양망(揚網), 양명(揚名)[입신양명(立身)], 양묘기(揚錨機;닻을 감거나 푸는 장치), 양미(揚眉), 양방(揚芳), 양범(揚帆), 양사주석(揚沙走石;바람이 세차게 붊), 양수/기(揚水/機;무자위), 양수(揚手), 양양(揚揚;목적한 일을 이루거나 이름을 드날리게 되어 자랑스러움)[양양자득(自得), 양양하다; 득의양양(得意), 의기양양(意氣)], 양언(揚言), 양연(揚鳶), 양진(揚塵), 양척(揚擲), 양탄기(揚炭機), 양휘(揚輝); 거양(擧揚), 게양(揭揚), 격양(激揚), 고양(高揚), 권양기(捲揚機), 대양(對揚), 등양(騰揚), 발양(發揚), 발양망상(發揚妄想), 부양(浮揚), 비양(飛揚), 상양(賞揚), 선양(宣揚), 선양(煽揚), 앙양하다(昻揚), 억양(抑揚), 육양(陸揚), 응양(鷹揚), 의기양양(意氣揚揚), 인양(引揚), 지양(止揚), 찬양(讚揚), 천양(闡揚), 칭양(稱揚), 포양(褒揚), 현양(顯揚) 들.

양(梁/樑) ①'들보(두 기둥머리를 건너지른 나무). 다리[교(橋)]'를 뜻하는 말. ¶양기(梁機), 양봉(樑奉;보아지), 양상군자(梁上君子;도둑), 양상도회(梁上塗灰); 교량(橋梁;다리), 금량관(金梁冠), 뇌량(腦梁), 대량/목(大樑/木), 도량/스럽다(跳梁), 동량(棟梁), 동량지재(棟梁之材), 비량(鼻梁;콧마루), 상량(上梁), 수량(水梁;강물이 흐르다가 좁아진 곳), 어량(魚梁;통발을 놓아 고기 잡는 장치), 옥량(屋梁), 우미량(가재 꼬리처럼 굽은 보), 입주상량(立柱上樑), 종량(宗樑;마룻보), 주량(柱梁;기둥과 대들보), 척량(脊梁;등마루), 택량(澤梁), 퇴량(退樑), 하량(河梁). ②'곡식(穀食)'을 뜻하는 말. ¶고량(高粱;수수), 고량주(高粱酒), 고량자제(膏粱子弟), 고량진미(膏粱珍味), 황량/미(黃粱/米;메조) 들.

양(涼/凉) '서늘하다'를 뜻하는 말. ¶양감(涼感), 양교(涼轎), 양기(涼氣), 양미(涼味), 양박하다(涼薄), 양실(涼室), 양야(涼夜), 양우(涼雨), 양월(涼月), 양의(涼意), 양재(涼材), 양제(涼劑), 양죽(涼竹), 양천(涼天), 양첨(涼簷;여름철에 뜨거운 볕을 가리기 위하여 임시로 덧댄 처마), 양추(涼秋), 양풍(涼風), 양하다, 양휘양(涼揮;털을 달지 않은 휘양·방한구); 납량(納涼), 냉량하다(冷涼), 만량(晩涼;저녁때의 서늘한 기운), 맥량(麥涼), 미량하다(微涼), 상량하다(爽涼), 생량(生涼), 생량머리(生涼), 신량(新涼), 염량(炎涼), 염량세태(炎涼世態), 음량(陰涼), 처량하다(凄涼), 청량(淸涼), 초량(初涼;첫가을), 추량(秋涼), 취량(驟涼), 통량(統涼), 한량(寒涼), 황량하다(荒涼) 들.

양(糧) '식용으로 쓰는 곡식. 먹이'를 뜻하는 말. ¶양곡(糧穀)[양곡관리/법(管理/法), 양곡증권(證券); 구호양곡(救護)], 양도(糧道), 양말(糧秣), 양미(糧米), 양식/거리(糧食), 양장(糧仗), 양정(糧政;식량에 관한 정책이나 시책), 양찬(糧饌), 양초(糧草), 양향(糧餉); 건량(乾糧), 경량(經糧), 계량(繼糧), 공량(貢糧), 구량(口糧), 군량(軍糧), 급량(給糧), 농량(農糧), 마량(馬糧), 맥량(麥糧), 병량(兵糧), 불량(佛糧), 불양답(佛糧畓), 사량(飼糧), 시량(柴糧), 식량(食糧), 운량(運糧), 유량(留糧), 의량(衣糧), 자비량(自備糧), 전량(錢糧), 절량(絶糧), 회량(回糧), 후량(餱糧) 들.

양(樣) '본보기. 모범. 모양. 무늬'를 뜻하는 말. ¶양상(樣相), 양식(樣式)[351], 양자(樣子), 양자(樣姿), 양태(樣態); 각양/각색(各樣/各色), 견양(見樣), 고려양(高麗樣), 다양하다(多樣), 도양(圖樣), 동양(同樣), 만양(萬樣), 망양조직(網樣組織), 면양(面樣), 모양(模樣), 문양(文樣;무늬), 문양(紋樣;무늬의 모양), 변양(變樣), 별양(別樣), 성양(成樣), 업양(業樣), 외양(外樣), 자양(字樣), 체양(體樣), 충양돌기(蟲樣突起), 태양(態樣), 표양(表樣) 들.

양(讓) '겸손하다. 사양하다. 넘겨주다'를 뜻하는 말. ¶양도(讓渡)[352], 양두(讓頭), 양로(讓路), 양반(讓畔), 양보(讓步), 양선(讓先), 양수(讓受), 양여(讓與), 양위(讓位;임금의 자리를 물려줌), 양여(讓與;넘겨줌. 讓渡), 양위(讓位); 겸양(謙讓), 극양하다(克讓), 분양(分讓)[분양주택(住宅), 분양지(地)], 사양(辭讓), 사양지심(辭讓之心), 상양(相讓), 선양하다(禪讓), 손양(遜讓), 예양(禮讓), 위양(委讓), 읍양(揖讓), 읍양지풍(揖讓之風), 이양/하다(移讓), 존양(尊讓), 추양(推讓), 퇴양(退讓), 할양(割讓), 호양(互讓) 들.

350) 태양(太陽): ①태양계의 중심을 이루는 항성. 해. ¶지구에서 태양까지의 거리. 태양계(系), 태양년(年), 태양력(曆), 태양신(神), 태양열(熱), 태양일(日): 진태양(眞), 진태양시(時). ②길이 자랑스럽고 희망을 주는 존재를 상징하여 이르는 말. ¶민족의 태양.

351) 양식(樣式): 역사적 · 사회적으로 자연히 그렇게 정해진 공통의 형식이나 방식. 문서 따위의 일정한 형식. 예술 작품이나 건축물 따위에 나타나는 독특한 표현 형식. ¶전통적 생활 양식. 양식사(史), 양식화/하다(化); 건축양식(建築), 그림양식, 문화양식(文化), 민족양식(民族), 생산양식(生産), 생활양식(生活), 전통양식(傳統).

352) 양도(讓渡): 재산이나 물건을 남에게 넘겨 줌. ¶양도담보(擔保), 양도되다/하다, 양도뒷보증(保證), 양도세(稅), 양도소득/세(所得/稅), 양도수수료(手數料), 양도위약(違約), 양도인(人), 양도증서(證書), 양도질(質); 영업양도(營業), 주식양도(株式), 채권양도(債權), 판권양도(版權).

양(諒) '살피다. 살펴 알다'를 뜻하는 말. ¶양서(諒恕), 양암(諒闇;임금이 부모의 상중에 있을 때 거처하는 방), 양음(諒陰), 양지하다(諒知;살펴 알다), 양찰(諒察;諒知), 양촉(諒燭), 양해(諒解;사정을 참작하여 납득함. 理解), 양회(諒會;자세히 살펴서 터득함); 묵량(默諒), 서량(恕諒;사정을 헤아려 용서함), 심량(深諒), 원량(原諒), 체량(體諒), 하량(下諒), 해량(海諒), 혜량(惠諒) 들.

양(痒/癢) '가렵다'를 뜻하는 말. ¶양진(痒/癢疹), 양통(癢痛); 격화소양(隔靴搔癢), 기양(技癢;재주나 기술을 가지고도 발휘할 수 없어 안타깝게 생각함), 기양소치(技癢所致), 기양증(技癢症), 소양(搔痒/癢), 음양(陰痒), 통양(痛痒), 통양관계(痛痒關係) 들.

양(楊) '버들'을 뜻하는 말. ¶양가(楊家), 양류(楊柳), 양매(楊梅;소귀나무), 양지(楊枝;양치); 녹양/방초(綠楊/芳草), 백양(白楊), 수양(水楊), 수양(垂楊;수양버들), 적양(積楊;오리나무) 들.

양(孃) 어떤 일을 나타내는 몇몇 명사 뒤에 '그 일을 직업으로 가진 여자' 또는 여자의 성이나 이름 밑에 붙어 '처녀'의 뜻을 나타내는 말. ¶교환양(交換), 안내양(案內), 영양(令孃); 김 양/ 영희 양 들로 쓰임.

양(壤) '땅. 경작지. 곳'를 뜻하는 말. ¶양분(壤墳), 양지(壤地), 양질(壤質), 양토(壤土); 격양(擊壤), 고양(膏壤), 분양(糞壤), 사양토(砂壤土), 소양(霄壤), 이양(異壤), 접양(接壤), 천양(天壤), 천양(泉壤), 천양지차(天壤之差), 토양(土壤) 들.

양(攘) '물리치다. 없애다'를 뜻하는 말. ¶양비대담(攘臂大談), 양비(攘臂;소매를 걷어 올림), 양이(攘夷), 양척(攘斥), 양탈(攘奪); 격양(擊攘), 소양(宵攘), 소양(掃攘), 요양하다(擾攘), 용양호박(龍攘虎搏) 들.

양(佯) '거짓으로 ~인 체하다'를 뜻하는 말. ¶양경(佯驚), 양광(佯狂), 양노(佯怒), 양롱(佯聾), 양병(佯病;꾀병), 양아(佯啞), 양주정(佯酒酊), 양취(佯醉), 양패(佯敗;거짓으로 패한 체 함) 들.

양(亮) '밝다'를 뜻하는 말. ¶양명하다(亮明), 양연하다(亮然), 양직하다(亮直), 양찰(亮察), 양창(亮窓), 양허(亮許;용서함. 허용함); 명량하다(明亮), 조량(照亮/諒), 청량(淸亮) 들.

양(恙) '근심 · 걱정. 병(病). 진드기'를 뜻하는 말. ¶양우(恙憂), 양충(恙蟲;옴진드기); 무양하다(無恙), 미양(微恙;대수롭지 않은 병), 소양(小恙), 신양(身恙) 들.

양(瘍) '헐다. 종기. 상처'를 뜻하는 말. ¶양의(瘍醫); 골양(骨瘍), 궤양(潰瘍)[위궤양(胃), 십이지궤양)], 농양(膿瘍), 종양(腫瘍) 들.

양(釀) '술. 술을 빚다'를 뜻하는 말. ¶양밀(釀蜜), 양성(釀成), 양조(釀造)353), 양주(釀酒), 양화(釀禍;재앙을 빚어냄. 화근을 만듦); 가양주(家釀酒), 온양(醞釀) 들.

양(徉) '아무런 목적 없이 걸어서 어정거리다'를 뜻하는 말. ¶상양(徜徉;어정거리며 노님).

양(月羊) '소의 밥통[위]'를 고기로 이르는 말. ¶양볶이, 양선(月羊膳), 양저냐, 양즙(月羊汁), 양찌끼, 양초(月羊炒)), 양회(膾) 들.

양(暘) '해가 뜨다'를 뜻하는 말. ¶양곡(暘谷;해가 돋는 곳), 양오(暘烏;태양-해 속에 까마귀가 있다는 전설에서 온 말).

양(穰) '볏대(벼의 줄기). 풍년'을 뜻하는 말. ¶양세(穰歲;풍년); 기양(飢穰), 조양(早穰;올벼) 들.

양(禳) '물리치다'를 뜻하는 말. ¶양벽부(禳辟符), 양재(禳災), 양화구복(禳禍求福); 기양(祈禳), 불양(祓禳) 들.

양(驤) '말이 머리를 들다'를 뜻하는 말. ¶용양호시(龍驤虎視;기개가 높고 위엄에 찬 영웅의 태도).

양(漾) '물이 출렁거리다'를 뜻하는 말. ¶탕양하다(湯漾).

양간-하다 투박하지 않고 맵시가 있다. ¶양간한 꽃병. 양간한 말씨. 색깔이 곱고 양간하게 생긴 사기그릇을 많이 만들어 낸다.

양거지 여러 남자가 모여 노는 그 가운데, 아내가 아이 밴 남자가 있을 때, 덮어놓고 한 턱을 먹고 그 뒤에 아들을 낳으면 아기 아버지가 그 돈을 물고, 딸을 낳으면 여러 사람이 분담하여 셈을 치르는 놀이. ¶양거지하다.

양광 분수에 넘치는 호강. ¶양광에 겹다. 양광스럽다(호강이 분수에 넘친 듯하다)/스레.

양글 ①소가 논밭을 갈거나 짐을 싣는 일. ¶양글로 먹다(한꺼번에 두 가지를 다 가지게 되다). ②'양그루(兩;이모작)'의 준말.

양냥 만족스럽지 못하여 짜증을 내며 종알거리는 모양. ¶장난감을 사 달라고 양냥양냥 보채는 아이. 양냥거리다/대다, 양냥양냥하다, 양냥고자(심고가 걸리는 활의 끝부분), 양냥이('입'을 속되게 이르는 말. 군것질할 거리), 양냥이뼈(턱뼈), 양냥이줄(자전거의 앞뒤 기어를 잇는 쇠줄), 양냥이짓(입을 놀리는 짓).

양념 음식의 맛과 향기를 돕기 위하여 사용하는 재료의 총칭. 흥이나 재미를 더하는 재료를 이르는 말. ¶양념간장(醬), 양념감, 양념값, 양념거리(양념감), 양념겨자, 양념단지, 양념소, 양념엿, 양념장(醬), 양념절구, 양념초(醋), 양념하다 들.

양미리 양미릿과의 바닷물고기.

양양 ①어린아이가 우는 소리를 내며 보채는 모양. ②가늘고 높게 내는 소리. ¶양양거리다/대다.

양지니 참샛과의 겨울 철새.

양지-머리 ①소의 가슴에 붙은 살과 뼈. ¶양지머리를 곤 맑은장국. 양지머리뼈, 양지차돌, 양지머리편육(片肉). ☞ 머리'③. ②쟁기의 술의 둥글고 삐죽한 우두머리 끝.

양치 이를 닦고 물로 입안을 가심.[←양지(楊枝)]. ¶양치기(器), 양칫대, 양칫대야, 양칫물, 양칫소금, 양치질(궁중말은 '수부수')/하다.

양태' 양태과의 바닷물고기. 우미어(牛尾魚).

353) 양조(釀造): 술이나 간장, 식초 따위를 담가 만드는 일. ¶양조 회사. 술 맛은 양조 기술에 따라 달라진다. 양조간장(醬), 양조법(法), 양조업(業), 양조원(元), 양조장(場), 양조주(酒), 양조초(醋), 양조효모(酵母), 양조하다.

양태[2] '갓양태(갓모자가 박힌 둥글넓적하게 된 부분)의 준말.[←양(凉)+태(테두리)]. ¶양태 값도 못 버는 놈. 양태장(匠); 갓양태, 세양(細), 중양(中;좀 굵게 만든 갓양태).

양판 대패질할 때 밑에 받쳐 놓는 판판하고 길쭉한 나무판자. ¶덧양판(양판에 올려놓고 쓰는 좁고 길쭉한 나무).

양푼 운두가 낮고, 아가리가 넓고 큰 놋그릇. 음식을 담거나 데우는 데 씀. ¶양푼장단; 놋양푼.

얕(다) ①깊지 않다.↔깊다. ¶얕은 내도 깊게 건너라. 야트막·여트막하다, 야틈·여틈하다(조금 얕다/낮다), 얕디얕다, 얕은꾀(물탄꾀), 얕은맛, 얕은소리, 얕은안개(땅안개), 얕음, 얕추(얕게. 낮추), 얕추다, 얕푸르다(빛이 연하고 푸르다), 여투(열게). ②심지(心志)가 두텁지 않다. ¶얍삽하다[354], 얕은수(속이 훤히 들여다 보이는 수). ③학문이나 지식이 적다. ④잠이 깨기 쉬운 상태에 있다. ¶얕은잠. 〈큰〉열다. ⑤동사 앞에 붙어, '실제보다 깎아 봄'을 뜻하는 말. ¶얕보다(↔돋보다)/보이다, 얕잡다. ☞ 천(淺).

앵 어린아이의 목소리처럼 높고 가냘픈 소리.

어 놀라거나 당황하거나 다급할 때 내는 소리. 기쁘거나 슬프거나 칭찬할 때 내는 소리. 말을 하기에 앞서 상대의 주의를 끌기 위하여 내는 소리.

어(語) '말·어휘. 말하다'를 뜻하는 말. ¶어간(語幹), 어감(語感), 어격(語格), 어계(語系), 어구(語句), 어군(語群), 어굴(語屈), 어궁(語窮), 어근(語根), 어기(語基), 어기(語氣), 어눌하다(語訥;말굳다), 어두(語頭), 어둔하다(語遁), 어둔하다(語鈍), 어둔(語遁), 어록(語錄), 어말(語末), 어맥(語脈), 어무윤척(語無倫脊), 어문(語文), 어미(語尾)[355], 어법(語法), 어보[356], 어불근리(語不近理), 어불성설(語不成說), 어불택발(語不擇拔), 어사(語辭), 어삽(語澁), 어상(御床), 어색하다(語塞;말이 막히다), 어성(語聲), 어세(語勢), 어소(語素), 어순(語順), 어운(語韻), 어원(語源), 어음(語音), 어의(語義), 어전(語典), 어절(語節), 어조(語調), 어조사(語助辭), 어족(語族), 어졸하다(語拙), 어중(語中), 어지증(語遲症), 어취(語趣), 어투(語套), 어파(語派), 어폐(語弊), 어학(語學), 어형(語形), 어휘(語彙)[357], 어희/요(語戲/謠); 가변어(可變語), 개념어(概念語), 객어(客語), 격어(激語), 결어(結;맺음말), 겸어(箝語), 겸어(謙語), 겸양어(謙讓語), 경어(敬語), 고어(苦語), 고대어(古代語)/고어(古語), 고립어(孤立語), 고유어(固有語), 고전어(古典語), 공식어(公式語), 공용어(公用語), 공재어(公才語), 공통어(共通語), 관용어(慣用語), 관형어(冠形語), 교어(巧語;巧言), 교착어(膠着語), 구어(口語), 구상어(具象語), 국어(國語), 국제어(國際語), 굴곡어(屈曲語), 굴절어(屈折語), 궁중어(宮中語), 귀어(鬼語), 귀족어(貴族語), 귀화어(歸化語), 금기어(禁忌語), 기어(奇語), 기어(寄語), 기어(綺語), 기계어(機械語), 기능어(機能語), 기호어(記號語), 난어(難語), 난해어(難解語), 냉어(冷語), 논리어(論理語), 다음절어(多音節語), 다의어(多義語), 단어(單語), 단순어(單純語), 단음절어(單音節語), 단일어(單一語), 대어(大語), 대어(對語), 도어(倒語), 독어(獨語;혼잣말. 독일어), 독립어(獨立語), 동격어(同格語), 동계어(同系語), 동근어(同根語), 동원어(同源語), 동위어(同位語), 동음어(同音語), 동음이의어(同音異議語), 동의어(同義/意語), 동족어(同族語), 동철이음어(同綴異音語), 만어(蠻語), 망어(妄語), 명령어(命令語), 모국어(母國語), 목적어(目的語), 문어(文語), 문화어(文化語), 미어(美語), 미어(謎語), 민족어(民族語), 밀어(密語), 밀어(蜜語), 반대어(反對語), 반어/법(反語/法), 반응어(反應語), 반의어(反義/意語), 발어(發語), 방어(放語), 방어(邦語), 백가어(百家語), 범어(梵語), 범의어(汎義語), 법어(法語), 병어(屛語;소곤대는 말), 보어(補語), 보조어(補助語), 보통어(普通語), 보편어(普遍語), 복합어(複合語), 본국어(本國語), 부사어(副詞語), 부이어(附耳語), 부정어(否定語), 부착어(附着語), 불교어(佛敎語), 불변어(不變語), 비속어(卑俗語), 비어(卑/鄙語), 비어(蜚/飛語), 비어(秘語), 사어(死語), 사어(私語), 사중어(沙中語), 삽어(澁語), 상대어(相對語), 상용어(商用語), 상용어(常用語), 상징어(象徵語), 상투어(常套語), 서술어(敍述語), 서어(絮語;너절하게 긴 말), 선어(善語), 섬어(譫語), 성어(成語), 세계어(世界語), 소어(笑語), 속어(俗語), 수어(數語;두어 마디의 말), 수식어(修飾語), 숙어(熟語;익은말), 순화어(醇化語), 술어(述語), 시어(詩語), 신어(新語), 신조어(新造語), 실어(失語), 쌍관어(雙關語), 쌍생어(雙生語), 쌍형어(雙形語), 아어(雅語), 아동어(兒童語), 암어(暗語), 애매어(曖昧語), 앵어(鶯語;꾀꼬리 우는 소리), 약어(略語;준말), 언어(言語), 언어(諺語), 에스페란트어(Esperanto語), 역어(譯語), 예약어(豫約語), 외국어(外國語), 외래어(外來語), 용어(用語)[법률용어(法律), 일상용어(日常), 전문용어(專門)], 용어(冗語), 우어(偶語), 원어(原語), 유아어(幼兒語), 유어(類語), 유언비어(流言蜚語), 유의어(類義語), 유행어(流行語), 위상어(位相語), 은어(隱語), 의성어(擬聲語), 의존어(依存語), 의태어(擬態語), 이어(耳語;귀엣말), 이어(俚語), 이음동의어(異音同義語), 이중어(二重語), 인어(人語), 인공어(人工語), 인구어(印歐語), 인용어(引用語), 일상어(日常語), 자국어(自國語), 자립어(自立語), 자매어(姉妹語), 자연어(自然語), 전어(傳語), 전래어(傳來語), 전문어(專門語), 전성어(轉成語), 전와어(轉訛語), 접어(接語), 접속어(接續語), 정어(正語), 제시어(提示語), 조선어(朝鮮語), 조어(措語), 조어(助語), 조어(鳥語), 조어(造語), 존경어(尊敬語), 존대어(尊待語), 존칭어(尊稱語), 주어(主語), 중세어(中世語), 지시어(指示語), 지역어(地域語), 지칭어(指稱語), 집단어(集團語), 집합어(集合語), 차용어(借用語), 착어(錯語), 착제어(着題語), 참어(讖語), 천어(天語), 첨가어(添加語), 첩어(疊語), 취합어(聚合語), 칙어(勅語), 친족어(親族語), 탈어(脫語), 토어(土語), 토착어(土着語), 통어(通語), 통속어(通俗語), 통용어(通用語), 투어(套語), 투식어(套式語), 파생어(派生語), 평어(評語), 평민어(平民語), 폐어(廢語), 포합어(抱合語), 표어(標語), 표어문자(表語文

---

354) 얍삽하다: 사람이 얕은꾀를 쓰면서 자신의 이익만을 챙기려는 태도가 있다.

355) 어미(語尾): 선어말어미(先語末), 어말어미(語末), 연결어미(連結), 전성어미(轉成), 종결어미(終結).

356) 어보(語): '말하는 법이나 태도'를 속되게 이르는 말. ¶어보가 고약하다.

357) 어휘(語彙): 어떤 일정한 범위 안에서 쓰이는 낱말의 수효. 또는 낱말의 전체. ¶그는 어휘 구사 능력이 뛰어나다. 어휘검사(檢査), 어휘구성(構成), 어휘력(力), 어휘론(論), 어휘의미론(意味論), 어휘적(的), 어휘조사(調査), 어휘집(集), 어휘층(層), 어휘통계학(統計學), 어휘형태소(形態素), 어휘화/되다/하다(化); 기본어휘(基本),

字), 표제어(標題語), 표준어(標準語), 피수식어(被修飾語), 피진어(pigin語), 학술어(學術語)/술어(術語), 한자어(漢字語), 합성어(合成語), 항용어(恒用語), 해어(解語), 허어(虛語), 험어(險語), 향어(鄕語), 현대어(現代語), 호어(呼語), 호칭어(呼稱語), 혼종어(混種語), 활어(活語), 활용어(活用語); 부여어/ 고구려어/ 그리스어/ 신라어/ 라틴어/ 조선어/ 한국어/ 만주어/ 퉁그스어/ 독일어/ 프랑스어/ 중국어/ 일본어/ 러시아어/ 스와힐라어/ 스페인어/ 아랍어/ 영어 들.

어(魚) '물고기'를 뜻하는 말. ¶어간/유(魚肝/油), 어개(魚介;물고기와 조개), 어고(魚鼓), 어골(魚骨), 어곽(魚藿;해산물), 어교(魚膠), 어구(魚狗), 어군(魚群), 어궤조산(魚潰鳥散), 어단(魚團;경단 모양의 둥근 생선묵튀김), 어도(魚道), 어동육서(魚東肉西), 어두귀면(魚頭鬼面;흉한 얼굴), 어두봉미(魚頭鳳尾), 어두육미(魚頭肉尾), 어두일미(魚頭一味), 어란(魚卵), 어람(魚籃), 어랍(魚蠟), 어량(魚梁), 어로불변(魚魯不辨), 어롱(魚籠), 어뢰/정(魚雷/艇), 어룡(魚龍), 어류(魚類)[경골어류(硬骨), 연골어류(軟骨)], 어린(魚鱗), 어린진(魚鱗陣), 어목(魚目), 어목선(魚目扇), 어목연석(魚目燕石), 어목창(魚目瘡), 어묵, 어물(魚物), 어물전(魚物廛), 어미(魚尾), 어미(魚味), 어박(魚粕), 어백(魚白), 어변성룡(魚變成龍), 어별(魚鼈), 어보(魚譜), 어복/포(魚腹/脯), 어부림(魚付林), 어부슴[358], 어분(魚粉), 어비(魚肥), 어살[359], 어상(魚商), 어슬(魚蝨), 어시(魚市), 어시장(魚市場), 어시해(魚顋醢), 어신(魚信;물고기의 입질 신호), 어안(魚眼)[360], 어안석(魚眼石), 어염(魚鹽), 어유(魚油), 어육(魚肉), 어장(魚醬), 어장비(魚腸肥), 어재(魚滓), 어적(魚炙), 어전(漁箭;어살), 어접(魚蝶), 어제(魚梯), 어족(魚族), 어종(魚種), 어죽(魚粥), 어차(魚杈), 어찬(魚饌), 어창(魚艙), 어채(魚菜), 어초(魚酢;생선젓), 어탁(魚拓), 어탐(魚探), 어탕(魚湯;생선국), 어판(魚板), 어패류(魚貝類), 어포(魚脯;생선의 살을 저며 양념을 하여 말린 고기), 어표(魚鰾;부레), 어피/집(魚皮), 어항(魚缸), 어해(魚醢), 어해(魚蟹;물고기와 게)[어해도/화(圖/畵)], 어혜(魚醯;생선젓), 어회(魚膾); 강하어(降河魚), 건어(乾魚), 경골어(硬骨魚), 고등어, 과메기[貫目], 관상어(觀賞魚), 광어(廣魚), 괴어(怪魚), 교어(鮫魚;상어), 근어(根魚), 근해어(近海魚), 금어(金魚;금붕어. 불상을 그리는 사람), 기수어(汽水魚), 기형어(畸形魚), 냉동어(冷凍魚), 농어[鱸魚], 다랑어, 달제어(獺祭魚)[361], 담수어(淡水魚), 대어(大魚), 도어(刀魚), 독어(毒魚;독을 가진 어류), 망둥어, 망성어(望星魚), 맹어(盲魚), 목어(木魚), 문어(文魚)[문어단지, 문어발, 문어숙회(熟膾), 문어오림, 문어조림], 민어[민어구이, 민어저냐, 민어조림], 밀어(密魚), 발전어(發電魚), 방어(魴魚), 뱀장어, 뱅어[뱅어저냐, 뱅어젓, 뱅어포(脯)], 병어[병어젓, 병어주둥이], 복어, 부어(浮魚), 부중어(釜中魚), 북어(北魚)[북엇국, 북어보풀음(잘게 뜯은 살), 북어찜, 북어쾌; 더덕북어(얼부풀어서 더덕처럼 마른 북어. 황태)], 붕어[362], 비어(飛魚;날치), 빙어, 사어(沙魚), 산천어(山川魚), 산초어(山椒魚;도롱뇽), 상어[363], 생어(生魚;生鮮), 석어(石魚;조기), 선어(鮮魚), 성어(成魚), 소어(小魚), 소하어(溯河魚), 송어, 숭어[숭어뜀[364], 숭어회(膾)], 시어다골(鰣魚多骨), 심해어(深海魚), 악어(鰐魚), 양어(養魚)[양어장(場); 수전양어(水田)], 연골어(軟骨魚), 연목구어(緣木求魚), 연안어(沿岸魚), 연어(鰱魚), 연해어(沿海魚), 열대어(熱帶魚), 열목어(熱目魚), 오징어, 옥두어(玉頭魚), 웅어, 우설어(牛舌魚;서대기), 원양어(遠洋魚), 원해어(遠海魚), 유어(幼魚), 유어(遊魚), 은어(銀魚), 인어(人魚), 잉어[비단잉어(緋緞)], 잡어(雜魚), 장어(長魚)[갯장어, 무태장어, 민물장어, 바닷장어, 뱀장어, 참장어], 장어(章魚), 전기어(電氣), 전어(箭魚), 전어(錢魚)[전어구이, 전어사리(전어의 새끼)], 접어(鰈魚;가자미), 조어(釣魚), 조어(鰷魚), 종어(種魚), 천어(川魚), 청어(青魚)[굴뚝청어;덜 자란 청어)], 청어(鯖魚;고등어), 추도어(秋刀魚;꽁치), 추어(鰍魚;미꾸라지), 충어(蟲魚), 치어(鯔魚), 치어(穉魚), 치어(稚魚), 태래어(泰來魚), 태생어(胎生魚), 태어(駄魚), 투어(鬪魚), 함수어(鹹水魚), 함어(鹹魚), 해어(海魚), 확철부어(涸轍鮒魚), 확철지어(涸轍之魚), 활어(活魚), 활유어(蛞蝓魚;창고기), 황색어(黃色魚), 황어(黃魚), 회유어(回遊魚), 흑조어(黑條魚;피라미), 희귀어(稀貴魚) 들.

어(御) '거느리다. 다스리다. 부리다. 막다'나 '임금에 관한 경칭'을 나타내는 말. ¶어가(御街;대궐로 통하는 길. 대궐 안의 길), 어가(御駕), 어간(御間), 어갑주(御甲胄), 어고(御庫), 어공/미(御供/米), 어구(御溝), 어군막(御軍幕), 어궁(御宮), 어녀(御女), 어동(禦冬), 어람/건(御覽/件), 어령(御令), 어로(御路;거둥길), 어명(御名), 어명(御命), 어모(禦侮;외부로부터 받은 모욕을 막아냄), 어물(御物), 어미(御米), 어백미(御白米), 어보(御寶;玉璽), 어복(御卜), 어복(御服), 어부(御府), 어사(御史)[365], 어사(御使), 어사(御射), 어사(御賜), 어사화(御賜花), 어상(御床), 어새(御璽), 어서(御書), 어선(御膳), 어성(御聲), 어소(御所), 어수(御水), 어수(御手;임금의 손), 어순(御巡), 어승마(御乘馬), 어승차(御乘車), 어식(御食), 어신필(御宸筆), 어악(御樂), 어악풍류(御樂風流), 어압(御押), 어연(御筵), 어영청(御營廳), 어온(御醞), 어용(御用)[366], 어우(御宇;임금이 다스리는 동안), 어원(御苑), 어위(御衛), 어의(御衣), 어의(御醫), 어인(御印), 어자(御字), 어자(御/馭者), 어장(御將), 어재

---

358) 어부슴(魚): 음력 정월 보름날, 그 해의 액막이나 발원(發願)의 뜻으로 조밥을 강물에 던지어 고기가 먹게 하는 일. ¶어부슴하다.

359) 어살(魚): 물고기를 잡기 위하여 물속에 둘러 꽂은 나무 울. 어전(魚箭). ¶어살을 지르다(어살을 물속에 세우다), 어살막(幕).

360) 어안(魚眼): ①물고기의 눈. ②끓인 차를 잔에 따를 때 끓어오르는 거품을 비유적으로 이르는 말. ③진짜와 가짜를 가릴 수 없을 정도로 비슷하게 만든 구슬의 위조품.

361) 달제어(獺祭魚): 수달이 잡은 물고기를 사방에 늘어놓는다는 뜻으로, 시문을 지을 때 많은 참고 서적을 벌이어 놓음.

362) 붕어: 붕어과자(菓子), 붕어구이, 붕어눈(붕어처럼 생긴 눈), 붕어빵, 붕어소매, 붕어연적(硯滴), 붕어자물쇠, 붕어저냐, 붕어조림, 붕어죽(粥), 붕어찜, 붕어톱, 붕어회(膾); 참붕어.

363) 상어: 악상어목에 딸린 물고기를 두루 이르는 말.[←사어(沙魚)]. ¶상어떼, 상어피(皮); 건상어(乾), 고래상어, 귀상어, 까치상어, 돌상어, 두툽상어, 모조리상어, 무태상어, 뱀상어, 별상어, 빨판상어, 악상어, 은상어(銀), 저자상어, 전자리상어, 줄상어, 참상어, 철갑상어(鐵甲), 톱상어, 편두상어(扁頭), 환도상어(還刀).

364) 숭어뜀: 광대가 땅에 손을 짚고 연거푸 거꾸로 뛰어넘는 재주.

365) 어사(御史): 어사대(臺), 어사또, 어사상(床;남을 업신여기어 초라하게 내는 음식상을 비꼬아 하는 말), 어사출두(出頭); 암행어사(暗行).

366) 어용(御用): ①임금이 쓰는 것. 정부에서 쓰는 일. ¶어용선(船), 어용지(地). ②권력에 영합하여 아첨하고 자주성이 없는 짓. ¶어용기자(記者), 어용문학(文學), 어용상인(商人), 어용신문(新聞), 어용조합(組合), 어용지(紙), 어용학자(學者).

실(御齋室), 어전(御前)[어전풍류(風流), 어전회의(會議)], 어전(御殿;龍殿), 어제(御製), 어제(御題), 어좌(御座), 어주(御酒), 어주(御廚;수라간), 어중(御衆;여러 사람을 부림), 어지(御旨), 어진(御眞;임금의 화상. 睟容), 어찰(御札), 어천(御天), 어첩(御帖), 어첩(御牒), 어침(御寢), 어탑(御榻), 어필/각(御筆/閣), 어하(御下), 어함(御啣), 어허랑(御許郎), 어혜(御鞋), 어환(御患), 어휘(御諱;御名); 기어(騎御), 도어(徒御), 붕어(崩御), 사어(射御), 신어(神御), 이어(移御), 임어(臨御), 입어(入御), 제어/봉(制御/棒), 진어(進御), 출어(出御), 통어(通御), 환어(還御) 들.

어(漁) '고기를 잡다. 고기잡이. 어부(漁夫)'를 뜻하는 말. ¶어가(漁歌), 어구(漁具), 어구(漁區), 어기(漁期), 어기(漁磯;낚시터), 어농(漁農), 어렵(漁獵;고기잡이)[어렵선(船), 어렵시대(時代)], 어로(漁撈)[어로권(權), 어로선(船), 어로수역(水域)], 어망(魚/漁網), 어망홍리(魚網鴻離), 어목(漁牧), 어민(漁民), 어법(漁法)[걸그물어법, 유자망어법(流刺網)], 어부(漁夫/父), 어부지리(漁父之利/어리(漁利), 어부한/이(漁夫干), 어사리[367], 어색(漁色;女色을 탐함), 어선(漁船)[어선단(團), 어선법(法), 어선보험(保險); 원양어선(遠洋)], 어업(漁業)[368], 어옹(漁翁), 어인지공(漁人之功), 어장(漁場), 어전(漁箭), 어전(漁筌;통발), 어정(漁艇), 어주(漁舟), 어초(漁樵), 어초(漁礁), 어촌(漁村), 어한기(漁閑期), 어항(漁港), 어호(漁戶), 어화(漁火), 어황(漁況), 어획(漁獲)[369]; 금어/구(禁漁/區), 대어(大漁), 밀어(密漁), 불어(不漁), 성어기(盛漁期), 수어(狩漁), 영어(營漁), 입어(入漁), 초어(樵漁), 출어(出漁), 풍어(豊漁), 흉어(凶漁) 들.

어(於) '-에/에서. -보다'의 뜻을 나타내는 말. ¶어기중하다(漁其中), 어동어서에(於東於西), 어복(於腹;天元), 어복점(於腹點;배꼽점), 어사무사하다(於思無思;생각이 날 듯 말 듯하다), 어사지간에(於斯之間), 어상반하다(於相半)/어반(於半), 어시에(於是), 어시호(於是乎;이제야), 어심/에(於心), 어언(於焉), 어언간(於焉間), 어중(於中;가운데가 되는 정도)[어중간(間), 어중되다[370]], 어차어피에(於此於彼), 어차에(於此), 어차피(於此彼;이러거나 저러거나); 기어이/코(期於), 박어부득(迫於不得), 범어사(凡於事), 승어부(勝於父), 심지어(甚至於) 들.

어(飫) '물리다. 실컷 먹다'를 뜻하는 말. ¶어문(飫聞;싫증이 날 만큼 많이 들음); 감어(酣飫;마음껏 술을 마시고 음식을 먹음)/하다 들.

어(禦) '막다'를 뜻하는 말. ¶어동(禦冬;겨울 추위를 막음), 어모(禦侮), 어적(禦敵), 어한(禦寒); 방어(防禦), 수어(守禦), 항어(抗禦) 들.

어(圄) '감옥. 죄인을 잡아 가두다'를 뜻하는 말. ¶영어(囹圄;감옥).

어(馭) '몰다. 부리다'를 뜻하는 말. ¶어거하다(馭車;바른 길로 가게 하다), 어마(馭馬); 기어(騎馭) 들.

어(齬) '이가 어긋나다'를 뜻하는 말. ¶서어/하다(齟齬;뜻이 맞지 않거나 익숙하지 아니하여 서름서름하다).

어(瘀) '피멍이 들다'를 뜻하는 말. ¶어혈(瘀血;피멍)[어혈종(腫), 어혈지다, 어혈통(痛)].

어간 시간이나 공간에서의 일정한 사이. [←於間(어간)]. ¶이 작품은 그가 한국 전쟁 중 휴전이 되기 전 그 어간에 지은 것이다. 족히 십 리 어간은 되리라. 어간대청(大廳;어간마루), 어간마루(방과 방 사이에 있는 마루), 어간문(門), 어간벽(壁), 어간장지(障;대청이나 큰 방의 중간을 막은 장치), 어간재비[371].

어겹 한데 뒤범벅이 된 상태. ¶피와 흙이 어겹을 한 무릎. 전쟁 통에 시체가 어겹이 져 있었다. 건장한 청년 여럿이 어겹된 채 마구 싸우고 있었다. 남들과 어겹되어 어울리다. 어겹되다.

어구구 몹시 아프거나 놀랐을 때 지르는 소리. ¶어구구 하며 앓는 소리를 내다.

어귀 드나드는 목의 첫머리. 들머리.≒길목. ¶낙동강 어귀. 골목 어귀. 마을 어귀에 큰 느티나무가 서 있다. 어귓길; 강어귀(江), 개어귀(강물이나 냇물이 바다로 흘러 들어가는 어귀), 굴어귀(窟), 동네어귀, 문어귀(門), 층어귀(層;층층대의 어귀가 되는 부분).

어글어글 ①생김생김이 시원스러운 모양. ¶어글어글 잘생긴 눈이 놀라는 듯 커다랗게 밝은 빛을 뿜는다. ②눈, 얼굴의 생김새나 성질이 좀스럽지 않고 시원시원한 모양.=서글서글. ¶이제 개똥이의 모습도 어글어글 총각 티가 나기 시작했다. 어글어글하다(서글서글하다).

어금- 송곳니의 안쪽으로 있는 모든 큰 이[치(齒)]를 뜻하는 '어금니'와 결합하는 말. ¶어금니/엄니, 어금닛소리; 사지어금니[372].

어금지금-하다 서로 엇비슷하여 정도나 수준에 큰 차이가 없다.=어금버금하다. ¶내 나이는 그와 어금지금하다.

어기(다) 약속·규칙·시간·명령 따위를 따르지 아니하다.(≒깨다. 위반하다. 저버리다.↔지키다. 준수하다). 틀리게 하다. 맞지 않다. ¶부모님의 말씀을 어기다(거스르다). 친구와의 약속을 어기다. 교통 법규를 어기다. 아긋하다[373], 어그러뜨리다/트리다/지다, 어그솟다(차례나 자리를 서로 엇갈리게 하다), 아근바근[374]·어근버근, 어금-[375], 어긋-[376], 어기대다[377], 어기어지다,

367) 어사리(漁): 그물을 쳐서 많은 고기를 잡는 일. ¶강에 나가 물고기를 어사리하다. 어사리꾼.

368) 어업(漁業): 어업권(權), 어업세(稅)/어세(漁稅); 공선어업(工船), 구획어업(區劃), 근해어업(近海), 담수어업(淡水), 모선식어업(母船式), 북양어업(北洋), 양식어업(養殖), 연승어업(延繩), 연안어업(沿岸), 연해어업(沿海), 영해어업(領海), 원양어업(遠洋), 자유어업(自由), 잠수어업(潛水), 정치어업(定置), 천해어업(淺海), 하천어업(河川).

369) 어획(漁獲): 수산물을 잡거나 채취함. 또는 그 수산물. ¶어획 방법을 개량하다. 어획고(高), 어획권(權), 어획기(期), 어획량(量), 어획물(物), 어획이론(理論), 어획장(場).

370) 어중되다(於中): 넘고 처져서 알맞지 않다. ¶나이가 어중되다.

371) 어간재비: ①사이에 칸막이로 둔 물건. ②키와 몸집이 큰 사람을 농으로 이르는 말.

372) 사지어금니: '힘든 일을 하는 데에 없어서는 안 될 사람이나 물건'을 비유. §'사지'는 사자(獅子)가 변한 말.

373) 아긋하다: ①물건의 각 쪽이 이가 맞지 아니하게 끝이 조금씩 벌어져 있다. ②목적한 곳에 거의 미치어 있다. 〈큰〉어긋하다. ¶

374) 아근바근: 짝 맞춘 자리가 벌어져서 움직이는 모양. 마음이 서로 맞지 않은 모양. 〈큰〉어근버근. ¶서로 아근바근 다투다. 그들은 뜻이 맞지 않아 늘 아근바근한다.

375) 어금-: '어긋나게. 엇갈리게'를 뜻하는 말. ¶어금깔음(건축에서 돌을 갈지(之)자로 까는 일), 어금꺾쇠, 어금막히다(서로 어긋나게 놓이다), 어

어기치다[378], 어김(어기는 일)[어김길, 어김다리[379], 어김돈(위약금), 어김섶, 어김수(手), 어김없다(틀림없다), 어김없이(꼭), 어김장소(場所;길이 마주치는 곳)], 어깃장[380], 어뜩비뜩'[381], 억박적박(보기 흉하도록 뒤죽박죽으로 어긋매끼어 있는 모양); 날어김(톱니가 어긋난 톱날) 들.

어기야-디야 뱃사람들이 노를 저으며 내는 소리. 〈준〉어기야. 어야디야. 에야디야. ¶어기여차(여럿이 힘을 합할 때 함께 지르는 소리. 어여차[382]).

어기-차다 한 번 먹은 뜻을 굽히지 아니하고 성질이 매우 굳세다. ≒아귀차다③. ¶그 중에서도 가장 어기차게 반발한 사람이 종술이었다. 처음 뜻을 어기차게 관철하다. 많은 일을 어기차게 해내다.

어깨 팔이 몸에 붙은 관절의 윗부분. 옷의 소매와 깃의 사이. 맡은 바 책임이나 사명. ¶어깨가 아프다. 옷이 어깨가 너무 좁다. 어깨가 무겁다(무거운 책임을 져 마음의 부담이 크다). 어깨를 겨루다(어깨를 나란히 하다). 어깨걸이, 어깨결음(어깨동무), 어깨깃, 어깨끈, 어깨나란히, 어깨너머[어깨너멋글[383], 어깨너머로[384], 어깨너머던지기, 어깨너머문장(文章)], 어깨너비, 어깨넘이, 어깨노리(어깨 한복판의 언저리), 어깨놀이(어깻죽지), 어깨다툼[385], 어깨달이, 어깨동갑(同甲;나이가 한 살 차이인 동갑. 자치동갑), 어깨동무, 어깻등, 어깨띠, 어깨막대[완목(腕木)], 어깨맞춤, 어깻바대, 어깻바람, 어깨방아, 어깨번호(番號), 어깻부들기(어깨의 뿌리. 어깨의 언저리), 어깨뼈, 어깨선(線), 어깨성(城)[386], 어깨솔기/어깨솔, 어깨쇠[완철(腕鐵)], 어깨수(數;指數), 어깻숨(어깨를 들먹이면서 가쁘게 쉬는 숨), 어깨심(心;옷 어깨에 넣는 솜이나 천 따위의 뭉치), 어깨싸움, 어깨울음[387], 어깻자맞춤(字), 어깨저울, 어깻죽지, 어깨짐(어깨에 지는 짐), 어깻집(어깨너비), 어깻짓/하다, 어깨차례(次例), 어깨채[388], 어깨처짐, 어깨총(銃), 어깨춤, 어깨치기, 어깨치마, 어깨통(어깨의 너비), 어깨판, 어깨패(牌;깡패), 어깨허리(조끼허리. 치마허리), 어깨홈; 굳은어깨(근육이 굳어서 아픈 어깨), 양어깨(兩), 외어깨(한쪽 어깨). ☞ 견(肩).

어느 ①분명하지 않은 사물이나 사람·때·곳 따위를 막연히 가리키는 말.≒어떤(☞어떠하다). ¶어느 곳. 어느 장단에 춤추랴. 올겨울은 어느 해보다 추웠다. 어느것, 어느결에(어느 겨를에), 어느덧, 어느분(어느 사람), 어느새, 어느쪽, 어느편(便). ②정도나 수량의 크기를 묻는데 쓰는 말. ¶이 물건의 값은 어느 정도입니까? ☞ 하(何).

어둡(다) 빛이 없어 밝지 아니하다.(≒캄캄하다). 시력·청력이 약하다. 잘 알지 못하다. 표정이 밝지 못하다.↔밝다. ¶밤이 되면 사방이 어둡다. 밤눈이 어둡다. 남북 관계에 어둡다. 내년의 세계 경제는 전망이 어둡다. 어두운 표정을 짓다. 어두움/어둠(어두운 상태), 어두워지다(어둡게 되다), 어두커니(새벽 어둑어둑할 때에), 어두컴컴하다, 어둑[389], 어둠[어둠길, 어둠발(어두운 기운), 어둠별, 어둠살(어두운 기미), 어둠상자(箱子), 어둠장막, 어둠·어두침침하다; 살어둠[390]]; 귀어둡다, 눈어둡다. ☞ 암(暗). 혼(昏).

어디[1] ①정하지 않은 곳이나 밝힐 필요가 없는 곳을 가리키는 말. ¶어디를 가나 사람들이 많다. 어디 좀 다녀올게. 어드메, 어따(어디에다). ②무엇이라 말하기 어려운 '어떤 점'을 가리키는 말. ¶어딘지 모르게 쓸쓸한 느낌이 든다. ③수량적인 것이 매우 중요하다는 뜻으로 쓰는 말. ¶밥 한 그릇이 어디라고?

어디[2] ①반문하는 뜻을 강조하는 말.≒도대체. 정말로. ¶그게 어디 마음대로 되는 일인가. ②(다짐이나 벼르는 뜻으로) 과연 어떤 것인지. ¶어디 말이나 들어봅시다. 어디 가만 두나 보자. ③남의 주의를 끄는 말. ¶어디 한번 보자.

어디여 길을 잘못 들려고 하는 소를 꾸짖어 바른 길로 모는 소리. 소를 오른쪽으로 가게 모는 소리.

어떠-하다 의견이나 일의 성질·상태 따위가 어찌 되어 있다. 〈준〉어떻다. §구체적으로 가리키거나 밝혀 말할 필요가 없음. ¶지금 건강은 어떠하냐. 어떠한 조건이라고 수락하겠소. 어떠한/어떤[391], 어떡하다(어떠하게 하다), 어떡해('어떻게 해'의 준말), 어떻게, 어떻다, 어떻든(아무튼), 어떻든지, 어드렇다(어떻다).

어뜨무러차 어린아이나 무거운 물건을 들어 올릴 때에 하는 소리.

어뜩 ①행동이 갑작스러운 모양. ¶어뜩 보니 순이 언니다. ②휙

ㅇ

금쌓기.[←어기(다)+음].

376) 어긋-: '엇갈리게'를 뜻하는 말. ¶어긋나가다, 어긋나기[어긋나기눈, 어긋나기잎], 어긋나다(↔들어맞다), 어긋놓다, 어긋맞다(어긋나다), 어긋매끼, 어긋매끼다(서로 어긋나게 맞추다)/엇매끼다, 어긋물다/엇물다, 어긋물리다/엇물리다, 어긋지다, 어긋버긋/하다, 어긋시침/하다, 어긋지다, 어긋틀다, 어긋어긋/하다, 아긋·어긋하다.[←어기(다)+ㅅ]. ☞ 엇-.

377) 어기대다: 반항하는 언행으로 순종하지 아니하고 빗나가다.≒어기다. ¶아이들이 성가셔서 어기대지만 그래도 할머니는 아이들을 매만져 주고 뒷바라지를 하셨다.

378) 어기치다/채다: 서로 방향이 어긋나게 걸치거나 지나치거나 방향이 어긋나게 돋아나다. ¶어기친 톱. 하나씩 어기치다.

379) 어김다리: 두 철길이나 길이 어긋나게 스치는 곳에 놓은 다리.

380) 어깃장: ①짐짓 어기대는 행동. ¶어깃장을 놓다. ②널문의 문짝이 일그러지지 아니하게 대각선으로 붙인 띳장.

381) 어뜩비뜩': 이리저리 비뚤어지고 어긋나 있어 가지런하지 못한 모양.

382) 어여차: 여럿이 힘을 합할 때 일제히 내는 소리. 어기여차. ¶하나, 둘, 어여차! 어여라차('어여차'를 받아 넘기는 소리).

383) 어깨너멋글: 남이 공부하는 것을 옆에서 배운 글.

384) 어깨너머로: 남이 하는 것을 옆에서 보거나 얻어 듣는 방법으로. ¶어깨너머로 배운 공부.

385) 어깨다툼: 서로 비슷한 높이나 수준에서 먼저 올라가거나 앞서거나 하려고 기를 씀.

386) 어깨성(城): 어깨와 어깨를 잇대어 빙 둘러싼 것.

387) 어깨울음: ①어깨를 들먹이며 우는 울음. ②옷을 마르거나 바느질할 때, 잘못하여 주름이 가거나 반듯하지 못한 상태.

388) 어깨채: 양쪽 끝에 짐을 걸어서 메게 한 채.

389) 어둑: 사물을 똑똑히 알아볼 수 없을 만큼 어두운 모양. ¶이내 날이 어둑어둑 저물어가다. 어둑어둑해서야 겨우 도착했다. 어둑발(사물을 뚜렷이 분간할 수 없을 만큼 어두운 빛살), 어둑새벽[여명(黎明)], 어둑선하다, 어둑스레하다, 어둑시근하다, 아둑시니(청맹과니), 어둑시니(헛것으로 보이는 물체나 그림자), 어둑어둑하다, 어둑충충하다, 어둑하다(제법 어둡다. 되바라지지 아니하고 어수룩하다).

390) 살어둠: 매우 약하게 깃들기 시작한 어둠.

391) 어떤: 대상의 성격을 묻거나 사물의 속성, 그 중에서도 우연적인 속성이 무엇인가를 물을 때 쓰는 말.≒어느. 무슨. ¶어떤/무슨 책을 읽었니? 이 중에서 어떤/어느 것을 가지겠느냐? 길가에서 어떤 사람을 만났다. 어떤 일이든 네 마음대로 해라.

지나치는 바람에. 언뜻. ¶나도 그 말을 어뜩 들은 것 같다. 어뜩잠(잠깐 드는 잠). ③그림자가 어른거리는 모양. ¶어뜩어뜩/하다. ④행동이 바르지 못한 모양. ¶어뜩비뜩(몸가짐이 바르지 못한 모양).

어랑태 겨울철 눈 녹은 물에 젖은 미투리를 말리는 데 쓰는 물건.

어런-더런 여러 사람이 시끄럽게 오락가락하는 모양. ¶새벽부터 어런더런한 시장 골목. 어런더런하다.

어럽쇼 뜻밖에 일이 그릇되거나 이상하게 될 때 내는 소리.=아². ¶어럽쇼, 죽은 줄 알았더니 살아 있네. 어럽쇼, 나한테 덤벼드네. 아랍쇼('어럽쇼'보다 낮은말).

어렁-목 도자기 가마에 적당하고 알맞게 때는 불.

어련-하다 반어적으로 쓰이어 잘못할 리가 없다는 뜻으로, '오죽 훌륭하겠는가. 오죽 잘하겠는가'를 뜻하는 말. ¶그분 생각이니 어련하겠소. 내가 어련히 알아서 도와주지 않으랴. 어련무던하다(성질이 까다롭지 않고 무던하다)/어리무던하다, 어련히.

어렵(다) 하기에 힘들거나 괴롭다.(≒힘들다. 힘겹다.↔쉽다). 말이나 글이 썩 까다롭다. 가난하다. 윗사람 앞에서 행동하기가 조심스럽고 까다롭다. 가능성이 거의 없다. ¶어려운 공사. 문장이 어렵다. 살림이 어렵다. 아무래도 시아버지는 어렵다. 어른 앞에서는 술 마시기가 어렵다. 이 시간에는 형이 집에 있기 어렵다. 어려움, 어려워하다, 어려이(어렵게. 겨우), 어렴성(性;남을 두려워하거나 조심스럽게 여기는 기색), 어렵사리(어렵게)[←어렵(다)+살(ᄉᆞ+ㄹ)+ᄒᆞ(다)+이]. ☞ 난(難).

어룽 눈물이 그득하여 넘칠 듯한 모양. ¶어룽어룽/하다.

어르(다) 어린아이를 달래거나 즐겁게 해주려고 몸을 추슬러 주거나 또는 물건을 보여주거나 들려주다. 사람이나 짐승을 놀리며 장난하다. ¶엄마가 아기를 어르다. 고양이가 쥐를 어르다. 어루꾀다(남을 얼렁거리며 꾀다. 남을 속이다), 어루더듬다(어루만지며 더듬다), 어루만지다(가볍게 쓰다듬어 주다. 괴롭히거나 아픈 마음을 위로하여 주다), 어루쓰다듬다, 어루쓸다, 어루찾다, 어루훑다, 어름새(관중을 어르는 춤사위), 얼뚱아기(둥둥 얼러 주고 싶은 재롱스러운 아기), 얼려/얼러넘기다, 얼러리[392], 얼러맞추다(그럴 듯하게 남의 비위를 맞추다), 얼러방망이짓(때리려고 벼르는 짓), 얼러추다[393], 얼리다'(구슬리다), 얼림수(얼려서 속여 넘기는 솜씨).

어른 다 자라서 자기 일에 책임을 질 수 있는 사람이나 혼인한 사람.(≒성인). 항렬(行列)이나 지위가 자기보다 위인 사람.(≒어르신). 남의 아버지를 조금 높여 이르는 말.[←어르다(교합하다)].↔아이. ¶나이 스물이면 어른이다. 어른 빰치겠다. 그분은 우리 동네의 어른이시다. 어르신/네, 어른값(어른으로서 갖추어야 할 체통이나 행동. 나잇값), 어른벌레, 어른·아른스럽다/스레, 어른씨름; 곱어른(웃어른의 웃어른), 바깥어른, 시어른(媤), 애어른[394], 웃어른, 주인어른(主人), 집안어른. ☞ 장(長).

어름¹ ①두 사물의 끝이 서로 맞닿은 자리. 또는 두 사물의 한가운데(복판). ¶두 강이 어우러지는 어름에 있다. ②일정한 테두리의 안. 또는 그 가까이. ¶하늘 끝 푸른빛을 드러낸 어름이 바다이다. 장터어름(場;장이 서는 넓은 터 부근).

어름² 광대나 재인(才人) 들의 재주의 하나인 줄타기. ¶어름꾼, 어름사니(줄을 타는 광대), 어름쇠(어름사니 중에서도 뜬쇠를 이르는 말).

어리¹ 문짝을 다는 곳. 곧, 위아래 문지방과 양쪽 문설주를 아울러 이르는 말.

어리² 병아리 따위를 가두어 기르기 위하여 채를 엮어서 둥글게 만든 것. 새장. 가리개. ¶어릿간(間), 얼안[395], 어리장사/하다, 어리장수, 어리진(陣); 닭의어리, 불어리[396], 울어리(둘러싼 어리) 들.

어리- 어떤 명사 앞에 붙어서, '그와 비슷하거나 가까움. 덜 갖추어진'을 나타내는 말. ¶어리박각시, 어리상수리혹벌, 어리여치, 어리연꽃(蓮), 어리하늘소, 어리호박벌 들.

-어리 일부 신체를 가리키는 말에 붙어, 그 말을 속되게 이르는 말. ¶등어리, 몸뚱어리.

어리광 귀여움을 받으려고 어리고 예쁜 태도를 보이며 버릇없이 구는 짓.≒응석. ¶다 큰 녀석이 웬 어리광이냐? 아이의 어리광을 함부로 받아주지 마라. 어리광극(劇), 어리광기(氣), 어리궂다(매우 어리광스럽다), 어리광떨다, 어리광부리다, 어리광스럽다/스레, 어리광쟁이, 어리광피우다, 어리광하다 들.

어리(다)¹ ①눈에 눈물이 조금 괴다.(≒서리다). ¶감격의 눈물이 어리다. ②묽은 것이 엉기어 되직하다. ¶피가 어리다. 묵이 어리었다. 피어리다(고생한 자취가 깃들어 있다). ③빛이나 그림자, 모습 따위가 희미하게 비치다. ¶수면에 어리는 그림자. 창문에 그녀의 모습이 어리다. 어리대다[397], 어릿어릿[398], 얼비치다(빛이 눈에 반사되어 비치다). ④황홀하거나 어지러운 빛 따위로 눈이 부시고 어른어른하거나 얼떨떨하다. ¶눈이 어리게 밝은 불빛. 화려한 장식에 눈이 어린다. 어리비치다(어떤 기운이나 현상이 드러나 보이다), 어리치다[399]. ⑤어떤 현상이나 추억, 기운이 따위가 배어 있거나 은근히 드러나다. ¶정성이 어린 선물. 애정 어린 눈빛. 입가에 미소가 어리다. 산과 들에 봄기운이 어리는구나.

어리(다)² 나이가 적다.(≒젊다. 연소하다). 경험이 적거나 수준이

392) 얼러리: 그럴듯하게 둘러대어 남의 비위를 맞추는 것. 꼬는 그런 짓. ¶얼러리를 치다.

393) 얼러추다: 그럴듯하게 둘러대어 추어주다. ¶친구를 얼러추다.

394) 애어른: 하는 짓이나 생각이 어른과 같은 어린아이.

395) 얼안: 테두리의 안. ¶얼안에서 벗어나다. 그 문제는 논의된 얼안에서 해결점을 찾아보기로 했다.

396) 불어리: 바람에 불티가 날리는 것을 막기 위하여 화로에 들씌우는 것.

397) 어리대다: 남의 눈 앞에서 공연스레 어정거리다. ¶일하는 데 와서 어리대지 마라.

398) 어릿어릿: 어렴풋하고 어지럽게 눈에 어리거나 움직이는 모양. 〈작〉아릿아릿. ¶아릿·어릿거리다/대다, 아릿아릿·어릿어릿/하다.

399) 어리치다: ①독한 냄새나 아주 심한 자극으로 정신이 흐리하여지다. ¶독한 술 냄새로 잠시 어리쳤다. 어리친 개새끼 하나 없다(아무도 얼씬하지 아니하다). ②눈이 부실 정도로 몹시 어리게 되다.

낮다.(≒유치하다). 새로 나온 것. ¶어린 시절. 그의 생각은 아직 어리다. 어린 싹이 발길에 짓밟히다. 어린것, 어릿광대(☞광대), 어리굿다(매우 어리광스럽다), 어린년, 어린놈, 어린눈(어린싹), 어린니(배냇니), 어린둥이(어린아이), 어린모, 어린벌레, 어린뿌리, 어린소견(所見), 어린순(筍;애순), 어린숲, 어린시절(時節), 어린싹, 어린아이/어린애, 어린양(羊), 어린양하다(어리광부리다), 어린이[어린이극(劇), 어린이날, 어린이옷, 어린이책(冊)], 어린잎, 어린줄기, 어린티; 나어리다(나이가 어리다). ☞ 유(幼). 치(稚).

어리석(다) 머리가 좋지 못하거나 슬기롭지 못하고 둔하다.↔슬기롭다.[+사람]. ¶어리석은 생각. 그는 어리석어 남의 말에 잘 속는다. 어릿광대[어릿광대짓, 어릿광대춤, 어리꾸지다[400]], 어리눅다[401], 어리뜩하다(언행이 똑똑하지 못하다), 어바리(어리석고 멍청한 사람), 어리보기(얼뜨고 투미한 사람. 머저리), 어수룩하다[402], 어리숭하다²(보기에 어리석은 듯하다), 어리칙칙하다[403]. ☞ 우(愚).

어리얼싸 흥겨워 떠들 때, 장단에 맞추어 가볍게 내는 소리.

어림 대강 짐작으로 헤아림. 또는 그런 셈이나 짐작.≒대중. 어방[404]. ¶강 건너편까지의 거리를 어림하다. '어림'을 북한에서는 '어방'이라고 한다. 어림을 잡다/ 치다. 어림값, 어림겨냥, 어림생각, 어림셈/하다, 어림수(數), 어림없다/어림없이, 어림잡다(어림치다), 어림재기(눈대중이나 걸음 따위로 대강 재는 일), 어림쟁이(일정한 주견이 없는 사람), 어림짐작/하다, 어림치(어림값), 어림치다(어림잡다. 겉잡다), 어림하다; 겉어림, 눈어림, 속어림(속짐작), 손어림(손짐작) 들.

어마나 주로 여자가 몹시 놀랐을 내는 소리. 〈준〉어마. 〈큰〉어머나/어머. ¶어마나, 그게 참말이냐? 어마뜨거라(매우 무섭거나 꺼리는 것을 만났을 때에 놀라 지르는 소리), 어머머.

어마지두(에) 무섭고 놀라워서 정신이 얼떨떨한 판(에). ¶어마지두에 혼겁을 먹고 쩔쩔매다. 어마지두하다.

어마-하다 매우 놀랍고 엄청나고 굉장하다. 매우 엄숙하고 두렵다. ¶어마어마하게 큰 집. 어마어마하다(대단하다. 많다). 어망결에(갑작스레 놀라서 정신이 얼떨떨한 판에), 어망처망하다(어마어마하고 끔찍하다).

어머니 자기를 낳은 부모 중 여자인 사람.(↔아버지). 어머니와 비슷한 위치에 있는 여자. 무엇이 생겨난 근본. ¶어머니를 닮다. 어머니의 은혜는 하늘같다. 실패는 성공의 어머니다. 어마마마(媽媽), 어머니날, 어머니품, 어머님, 어멈[애어멈, 젖어멈, 행랑어멈(行廊)], 어미[405], 어이¹[406], 엄마[새엄마, 의붓엄마, 친엄마(親)], 엄지/엄[407]; 새어머니, 생어머니(生), 수양어머니(收養), 시어머니(媤), 애어머니, 애어멈, 양어머니(養), 의붓어머니, 작은어머니, 전어머니(前), 친어머니(親), 큰어머니, 홀어머니, 어버이[408]; 할망구, 할머니[409], 할머님, 할멈[마귀할멈(魔鬼), 쪼그랑할멈], 할미[꼬부랑할미, 마고할미(麻姑), 보살할미(菩薩), 삼할미[410], 옥할미(獄), 외할미(外), 태주할미, 합죽할미]. ☞ 모(母).

어물(다) 사람됨이 여물고 오달지지 못하다. 야물지 않다. ¶외아들이라 그런지 어물기만 하다. 사람이 어물어 빌려 준 돈도 갚으라는 말을 못 한다. 어물어빠지다(몹시 어물다), 어물하다('신통하다. 대견하다. 용하다'를 얕잡아 이르는 말).

어벌 생각하는 구상이나 배포. [+크다]. ¶어벌이 크다(대담하다). 어벌뚝지/어벌찌(어벌이 큰 사람), 어벌없다(엄청나고 터무니없다).

어벌쩡 하는 말이나 행실이 터무니없고 일부러 슬쩍 어물거려 넘기는 모양. ¶말을 어벌쩡 둘러대다. 어벌쩡한 거짓말을 늘어놓다. 어벌쩡하다[411]/히.

어벙-하다 사람의 성질이 야무지지 못하고 멍청하다.[←얼'+벙(하다)] ¶어벙해 보이니까 남들이 깔보고 속이려 한다. 어부렁하다(야무지지 못하거나 실속이 없다).

어부재기 어떤 행동이나 상태에 거슬러 맞서거나 엇나가는 일. 또는 그런 행동이나 마음. ¶아프다며 어부재기를 부리다.

어빡-자빡 여러 개 포갠 것이 고르지 아니한 모양. ¶방석이 어빡자빡 쌓여 있어 어지럽다. 어빡자빡하다.

어살-버살 이러니저러니 말이 많은 모양. ¶그 사건에 대하여 어

400) 어리꾸지다: 말소리나 행동이 어리숭하여 갈피를 잡을 수 없다. ¶나는 먼 밭에서 들리는 어리꾸진 노랫소리가 좋다.

401) 어리눅다: 잘났으면서도 일부러 어리석은 체하다. 짐짓 못생긴 체하다. ¶어리눅게 굴다. 나의 물음에 그녀는 어리눅는 소리로 모르겠다고 말했다.

402) 어수룩하다: 숫되고 후하다. 되바라지지 아니하고 어리석은 듯하다.=어리숙하다. 〈작〉아수룩하다. ¶언행이 아수룩하다. 아수룩한 사람.

403) 어리칙칙하다: 능청스럽게 어리석은 체하다. ¶자네는 또 어리칙칙한 말로 얼버무리려 하지만 이번에는 아무도 속지 않을 걸세.

404) 어방: ①헤아려 대중을 잡음.=어림. ¶어방없이 모자랐다. 어방대다, 어방대중하다(어림짐작으로 대중하다), 어방없다(대중없다), 어방짐작(어림짐작), 어방치기(대충 헤아리는 일), 어방치다(어림치다). ②가까이나 부근. ¶물소리는 분명히 선바위 어방에서 들려오는 것 같았다.

405) 어미: '어머니'의 낮춤말. '큰. 다 자란'을 뜻하는 말. ¶어미고기, 어미그루, 어미구실, 어미금[모선(母線)], 어미기둥, 어미나무, 어미닭, 어미돼지, 어미바늘, 어미벌레, 어미산(山;모여 있는 산에서 큰 산), 어미새, 어미자, 어미젖, 어미핵(核); 덕금어미(德今;게을러 잠이 많은 사람이나 누구를 흉볼 때 누구 어미라는 뜻으로 일컫는 말), 수양어미(收養), 시어미(媤), 신어미(神), 의붓어미, 젖어미, 지어미(자기의 아내), 철록어미(담배를 쉬지 아니하고 피우는 사람), 첩어미(妾), 큰어미, 핫어미(남편이 있는 여자), 홀어미(↔핫어미).

406) 어이¹: 짐승의 어미. 어머니. ¶어이딸(어머니와 딸. 모녀), 어이며느리(시어머니와 며느리), 어이새끼, 어이아들, 어이아이.

407) 엄지/엄: '큰 손가락. 벌레를 비롯해서 큰 것'을 뜻하는 말. ¶엄지가락, 엄지기둥, 엄지닭, 엄지머리총각(總角), 엄지발, 엄지발가락, 엄지발톱, 엄지벌레, 엄지손, 엄지손가락, 엄지손톱, 엄지조개, 엄지총(짚신이나 미투리의 코빼기 양쪽에 굵게 박은 총); 암지르다(으뜸 되는 것에 덧붙여서 하나가 되게 하다), 어마어마하다/어마하다(엄청나고 굉장하다), 엄청나다(생각보다 훨씬 대단하다).

408) 어버이: 아버지와 어머니를 아울러 이르는 말. ¶어버이를 공경하라. 어버이날; 밭어버이, 안어버이, 외쪽어버이[편친(偏親)].

409) 할머니: 넛할머니, 물할머니(우물이나 샘에 있다는 귀신), 삼신할머니(三神), 시할머니(媤), 영등할머니(影燈), 외할머니(外), 친할머니(親), 풀솜할머니(외할머니. '풀솜'은 따뜻함을 나타냄) 들.

410) 삼할미: 조산사의 일을 하는 노파.

411) 어벌쩡하다: 하는 말이 터무니없고 엄벙하다. ¶어벌쩡하게 남을 속이려 한다.

살버살 말이 많다. 어살버살 떠들다.

어색-하다 낯이 익지 않아 서먹서먹하다. 멋쩍고 쑥스럽다. 보기에 서투르다. ¶어색한 자리. 어색한 웃음. 움직임이 어색하다.

어서 ①늦추지 않고 빨리. 조금도 거리낌 없이.≒속히. 얼른. 곧. 빨리. ¶어서 읽어라. 어서 가 보자. ②반갑게 맞아들이거나 간절히 권하는 말. ¶어서 드십시오. 어서 오십시오. [+사태에 대한 희망. 행동의 시작을 재촉].

어서기 광산에서, 금줄이 떨어졌다가 다시 시작되는 부분.

어설프(다) 짜임새가 없고 허술하다. 야무지지 못하고 설다.[←어/얼+설(다)+-브다].≒서투르다. 허술하다. 어줍다. 엉성하다. ¶어설프게 뜬 그물. 일하는 게 어설프다. 어설피 덤벼들었다간 낭패를 볼 거다. 어설궂은 날씨. 어설궂다(몹시 어설프다), 어설되다(어설프다).

어섯 ①사물의 한 부분에 지나지 아니하는 정도.≒부분(部分). ¶방문 틈으로 밖에서 벌어지는 일을 어섯만 보았다. 어섯눈(지능이 생겨 사물의 대강을 이해하게 된 눈), 어섯눈뜨다[412]. ②불완전한 상태. 온전하게 성숙되지 않은 정도.

어성-꾼 ①하는 일 없이 한가하게 지내는 사람.=게으름장이. ②사고파는 사람 사이에 들어 흥정을 붙이는 일을 직업으로 하는 사람.=거간꾼.

어성버성-하다 분위기가 어색하거나 사람을 대하는 것이 부자연스럽고 사이가 서먹서먹하다. ¶어성버성한 분위기. 조금도 어성버성하게 생각하지 말게. 싸움 끝에 정이 붙는다네.

어수선-하다 마음이나 분위기 따위가 뒤숭숭하다. 사물이 어지럽게 뒤섞여 매우 수선스럽다.≒시끄럽다. ¶시국이 어수선하다. 어수선산란하다(散亂).

어숭그러-하다 유난스러운 데가 없이 수수하다. 일이 꽤 잘 되어 있다. 일이 그리 까다롭지 않다. ¶자네의 일 처리가 어숭그러하니 내가 따로 지적할 것은 없네. 어린이가 만든 공작물치고는 꽤 어숭그러하였다. 일이 어숭그러해서 힘들지는 않았다.

어스래기 몸의 길이가 세 뼘 정도 되는 민어. 몸의 길이가 두 뼘 미만인 민어는 '보굴치'라고 함.

어스름 빛이 조금 어둑한 상태. 또는 그러한 때.≒어두움. ¶어스러가다(날이 어슬어슬 저물어가다), 어스름·으스름하다, 어스레/어슬, 어스레하다/어슬하다(밝지 못하고 조금 어둡다), 어슬녘(어둑할 무렵), 어스름밤, 어슬막(어슬어슬해질 무렵), 어슬어슬[413]/하다, 어슬핏하다(조금 어스레하다), 어슴새벽(어둑새벽), 아스름하다[414], 아스무레[415]·어스무레, 아슴아슴[416], 아슴푸레[417]·어슴푸레·으슴푸레하다, 으스레[418], 으스름/어스름(어스름달, 어스름달밤, 으스름하다[419], 으스름히).

어슷 기운 없이 어정거리는 모양. ¶환자들이 병원 복도를 어슷어슷 다니다. 어슷거리다/대다(힘없이 어정거리다), 어스병[420], 어슷어슷¹/하다.

어슷-하다 물건이 한쪽으로 조금 기울어지거나 비뚤다. ¶오이를 어슷하게 썰다. 어슷시침, 어슷썰기, 어슷어슷², 어슷비슷하다[421]; 어스러기[422], 어스러지다[423], 어슨띠, 어슨솔기, 어슨시침, 어슨올, 어슨줄무늬. ☞ 엇-.

어시(다) ①빠듯하게 모자라다. ¶물이 어시어 모내기를 못하게 된 논. ②'궁하다(窮)'의 경남 사투리.

어쌔(다) 거들먹거리며 거만한 행동을 함부로 나타내는 버릇이 있다.[←엇서다]. ¶어쌔고비쌔다(요구나 권유를 이리저리 사양하다).

어씃-하다 ①마음이 호탕하고 의협심이 있다. ¶장수는 어씃하여 불의를 보면 참지 못 한다. ②매우 어슷하다.

어안 어이없어 말을 못하고 있는 혀 안. ¶어안이 막히다(뜻밖에 놀랍거나 이상한 일을 당하여 어리둥절하다). 어안이 벙벙하다(기가 막혀서 말이 안 나오다. 놀랍고 어리둥절하다).

어연간-하다 정도가 표준에 꽤 가깝다. 〈준〉엔간하다. ¶엔간해서는 고집을 꺾을 수가 없다. 엔간찮다(보통이 아니어서 만만치 않다), 엔간히, 어연간에(어느 사이인지 모르게), 어연번듯하다[424].

어엿-하다 행동이 당당하고 떳떳하다.≒버젓하다. 의젓하다. ¶어엿한 신사. 학교를 졸업하고 어엿한 사회인이 되다. 어연번듯하다[425], 어엿이, 어엿하니.

어영부영 별생각 없이 일이 되어 가는 대로 행동하는 모양. ¶어영부영 세월만 보내다. 어영부영하다.

---

412) 어섯눈뜨다: 사물의 대강을 이해하게 되다. 일의 대강을 알다. ¶학문에 대해 겨우 어섯눈뜨게 되다.
413) 어슬어슬: 날이 조금씩 어두워가는 모양. ¶어슬어슬 어두워오는 저녁 무렵.
414) 아스름하다: 지난 일의 생각이 희미하거나 먼 곳의 물건이 매우 희미하게 보이다.
415) 아스무레: 조금 아슴푸레한 데가 있게. 〈큰〉어스무레. ¶이내 속으로 아스무레 잠겨 있는 마을.
416) 아슴아슴: ①정신이 흐릿하고 몽롱한 모양. 눈에 잘 보이지 않고 희미해지는 모양. ¶식곤증으로 온몸이 나른하게 풀어지더니 아슴아슴 눈이 감겨왔다. ②어떤 상태로 될 듯 말 듯한 모양. ¶법회가 끝나기는 해가 서산에 아슴아슴 떨어지려 할 무렵이었다. 아슴아슴/하다.
417) 아슴푸레: ①빛이 약하거나 멀어서 조금 어둑하고 희미한 모양. ②기억이나 의식이 분명하지 못하고 조금 흐릿한 모양. ¶지난 일이 아슴푸레 떠오른다. ③똑똑히 보이거나 들리지 아니하고 흐리고 희미하게. ¶아슴푸레 들려오는 종소리. ④좀 어둑하게. 〈큰〉어슴푸레.
418) 으스레: 조금 침침하고 흐릿한 모양. ¶달빛에 으스레 바라보이는 마을. 으스레 흐린 달빛. 으스레하다.
419) 으스름하다: 침침하고 흐릿하다.=으스레하다.
420) 어스병: 사람이나 짐승이 얼빠진 듯 멍한 상태로 느리게 어물어물 움직이는 모양. ¶어스벙어스벙 걸어 다니는 늙은 사자.
421) 어슷비슷하다: ①큰 차이 없이 서로 비슷하다. ¶실력이 어슷비슷하다. ②이리 쏠리고 저리 쏠리어 가지런하지 아니하다.
422) 어스러기: 옷의 솔기 따위가 비뚤어진 곳.
423) 어스러지다: ①말이나 행동이 정상에서 벗어나다. 말이나 행동을 재미있게 잘하다. ¶아저씨는 이야기를 어스러지고 구수하게 하신다. ②옷의 솔기가 기울거나 비뚤어지게 되다. ¶옷의 박음질이 어스러지게 되었다. 어스러기(옷의 솔기 따위가 어스러진 곳).
424) 어연번듯하다: 남에게 드러내 보이기에 매우 떳떳하고 번듯하다.
425) 어연번듯하다: 세상에 드러내기에 번듯하고 떳떳하다. ¶어연번듯한 가문의 자손. 어연번듯이.

어우르(다) 여럿을 모아서 한 덩어리나 한 편이 되게 하다.[〈어우다. 어울다〉]. 한데 모아서 합하다. 〈준〉어르다. 〈작〉아우르다[426]. ¶술자리를 어우르다. 힘을 얼러 함께 나갑시다. 아우러 · 어우러지다, 아울러, 어우렁그네(쌍그네), 어우렁더우렁[427], 어우리[428], 어울리다[429], 얼뜨리다(이것저것을 합치다), 얼러먹다(서로 어울러서 함께 먹다), 얼러방치다[430], 얼러붙다(여럿이 어우러져 한데 붙다), 얼러싸매다, 얼러쓰다(어울려서 사용하다), 얼러치다[431], 얼렁장사[432], 얼리다(어울리게 하다), 얼섞다(한데 섞다. 한데 어울리게 하다)/섞이다, 얼싸안다[433] 들.

어위 마음속으로 일어나는 흥.

어위(다) '넓다. 넉넉하다'의 옛말. ¶어위크다(드넓고 크다. 관대하다).

어음 일정한 시기에 일정한 장소에서 일정한 금액을 지불하겠다고 약속한 유가 증권. ☞ 에다.

어이¹ 짐승의 어미. 어머니. ¶어이딸(어머니와 딸), 어이며느리(시어머니와 며느리), 어이새끼, 어이아들(어머니와 아들).

어이² =어처구니. ¶잘못하고서도 도리어 화를 내다니 정말 어이가 없다. 어이없다(일이 너무 엄청나거나 뜻밖이어서 기가 막히다. 어처구니없다), 어이없이(백주에. 공연히).[+없다].

어이³ 나이가 서로 비슷한 친구 이하의 사람을 부르는 소리. ¶어이, 자네 이리 좀 와 봐.

어이⁴ '어찌'를 예스럽게 이르는 말. ¶성인들의 깊은 뜻을 어이 잊으리오. 어인(어찌 된).

어일싸 깔보거나 비웃는 뜻을 나타낼 때 내는 소리. ¶어일싸, 잘한다.

어자어자 어리광이나 응석을 받아 주는 모양. ¶손자의 응석을 어자어자 받아주시는 할머니.

어장 금광에서 일을 능률적으로 하려고 장벽 밑을 파는 일. ¶어장넘기다, 어장사리다.

어정 일에 정성을 들이지 아니하고 건성으로 대강함. ¶그 옷은 어정으로 지었군. 어정거리다/대다, 어정뜨다[434], 어정뱅이[435], 어정버정/하다, 어정섣달, 어정세월(歲月), 어정어정(천천히), 어정잡이[436], 어정쩡하다[437], 어정칠월(七月;바쁜 농사철은 어정어정하는 동안에 지나가 버린다는 말).

어제 ①오늘의 바로 전날.≒어저께. 전날.↔내일(來日). ¶어제 보던 손님(낯익은 사람. 금방 친해진 사람). 어제그제, 어저께(어제), 어젯날, 어젯밤, 어제오늘, 어제저녁/엊저녁, 엊그저께/엊그제. ②이미 지나간 시간.(≒과거).↔미래(未來). ¶그는 어제의 그가 아니다. 젊은이는 어제의 교훈을 잊지 말아야 한다.

어줍(다) 말이나 행동이 시원스럽지 아니하다. 손에 익지 아니하여 서투르고 어설프다. 어쩔 줄을 몰라 겸연쩍거나 어색하다.≒어설프다. ¶아이들이 어줍은 몸짓으로 절을 했다. 발음이 어줍다. 어줍대다, 어줍살스럽다, 어줍어하다, 어쭙지않다[438].

어중-이 탐탁하지 못한 사람. 제대로 할 줄 아는 것이 별로 없어 쓸모가 없는 사람. ¶어중이떠중이(여러 방면에서 모인 변변찮은 잡다한 사람들을 얕잡아 이르는 말). 어중치기(어중된 물건이나 사람).

어즈벙어즈벙 사람이나 짐승이 맥없이 느리게 움직이는 모양. ¶맥빠진 걸음으로 어즈벙어즈벙 자기 자리에 앉았다. 어즈벙어즈벙 걸어다니는 곰.

어지간-하다 일정한 표준에 크게 벗어나지 아니한 상태에 있다(가깝다). 뛰어나지 못하고 보통 정도이다. 생각보다는 무던하다. ¶인물은 그만하면 어지간한 셈이다. 그걸 참다니 너도 참 어지간하다. 어지간만하다, 어지간히(꽤).

어지르(다) 정돈되어 있는 일이나 물건을 함부로 너절하게 늘어놓다. ¶방을 어지르지 좀 말아라. 어질더분하다(마구 어질러 놓아 지저분하다), 어지러뜨리다/트리다(어지럽게 하다), 어지러이(너저분하게), 어지럽다'[439]/어지럽히다.

어지-빠르다 정도가 넘고 처져서 어느 쪽에도 맞지 않다. 어중되다. 〈준〉엊빠르다. ¶퇴근까지 삼십 분 남았지만 일을 새로 시작

426) 아우르다: 여럿을 조화하여 한 덩어리나 한 판이 되게 하다.¶여럿이 힘을 아우르다. 아우내, 아우라지(두 갈래 이상의 물이 한데 모이는 물목. [←아울(다)+아지]), 아우러 · 어우러지다, 아울러(앞의 것에 더하거나 덧붙여서. 동시에 함께), 아울리다.

427) 어우렁더우렁: 사람 가운데 어울려서 엄벙하게 지내는 모양.

428) 어우리: 일정한 계약 아래 여럿이 일을 함께 하고 거기에서 발생하는 이익이나 생산물을 서로 나누어 가짐. ¶어우리로 기름 암소. 어우리/어우름송아지.

429) 어울리다: ①여럿을 모아서 한 덩어리나 한 판이 되어 지다. ¶불량배들과 어울려 다니다. ②두 가지 이상의 것이 서로 조화되어 자연스럽게 보이다. 〈준〉얼리다, 〈작〉아울리다. ¶두 사람은 잘 어울리는 한 쌍이다. 어우렁더우렁(여러 사람과 어울려 정신없이 엄벙덤벙 지내는 모양), 어울림(조화)[어울림음(音), 어울림음정(音程)], 어울마당, 어울무덤, 어울치다, 얼교자(交子), 얼렁가래, 얼렁장사(여러 사람이 밑천을 어울려서 하는 장사), 얼렁질(실 끝에 돌을 매어 서로 걸고 당겨서 어느 실이 더 질긴가를 다투는 장난).

430) 얼러방치다: ①두 가지 이상의 일을 한꺼번에 하다. ②일을 얼렁뚱땅하여 넘기다.

431) 얼러치다: ①둘 이상의 것을 한꺼번에 때리다. ②둘 이상의 물건 값을 함께 셈하다.

432) 얼렁장사: 여럿이 밑천을 어울러서 같이 하는 장사. ¶그렇게 큰 장사는 얼렁장사가 아니면 힘이 들 것이다.

433) 얼싸안다: 두 팔을 벌려 껴안다.[←어우르(다)+싸(다)+안다; 어울러 싸안다]. ¶아들의 주검을 얼싸안고 울다.

434) 어정뜨다: 마땅히 해야 할 일을 건성으로 하여 넘기거나 확실하지 못한 태도가 있다.≒엉거주춤하다. ¶보기보다 어정뜬 데가 있다.

435) 어정뱅이: ①갑자기 잘된 사람. ②일을 제대로 하지 아니하고 어물어물 지내는 사람. ③일을 하지만 조금도 실적이 없는 사람.

436) 어정잡이: ①형식만 꾸미고 실속이 없는 사람. ②됨됨이가 좀 모자라서 제 맡은 일을 끝맺지 못하는 사람.=무능력자. 〈준〉어정.

437) 어정쩡하다: 분명하지 않고 모호하거나 어중간하다. 매우 난처하다. ¶태도가 어정쩡하다.

438) 어쭙지않다: 분수에 넘치는 언행을 하므로 비웃을 만하다. 〈준〉어쭙잖다. ¶어쭙잖은 소리 작작 해라. 어쭙잖게 설치다간 봉변만 당한다.

439) 어지럽다': 모든 것이 제자리에 있지 못하고 어수선하다. 품행이 단정하지 못하고 난잡하다. ¶어지럽히다, 어지러뜨리다/트리다, 어질더분하다(지저분하다).

하기엔 어지빠르다. 어지빠름[440].

어질 정신이 아득하고 어지러운 느낌. 정신없이 움직이거나 여기저기 돌아다니는 모양. 〈작·센〉아질. 아찔. 〈센〉어찔. ¶눈앞이 어질어질 흐려 보이다. 종일 어질어질 돌아다니다. 어지럼[현기(眩氣)], 어지럼증(症), 어지럽다²[441], 어지러이(정신이 흐리고 얼떨떨하게), 어질머리, 어질병(病), 어질어질/하다, 어질증(症), 어질어질·어찔어찔·아질아질, 어질·어찔·아질·아찔하다[442]; 시어질하다[443] 들.

어질(다) 성품이 인자하고 덕행이 높다.≒착하다. 너그럽다. ¶어진 임금. 어진혼(魂;착하고 어진 사람이 죽은 넋).

어찌 ①어떠한 이유로.≒왜. 어이. 어째서. 어째서. ¶어찌 벌써 가시오? 내 어찌 자네만을 탓하겠나. 네 심정을 어찌 모르랴? ②어떠한 방법으로.≒어떻게. ¶어찌 생각하면 힘든 일도 아니다. 내가 맡긴 일은 어찌 되었느냐? ③어떠한 관점으로. ¶어찌 보면 네 생각도 일리가 있다. ④얼마나. 아주 몹시. ¶어찌 반가운지 눈물이 나더구나. ¶어찌꼴, 어찌-나, 어찌-도, 어찌하다, 어찌하면/어쩌면, 어찌하여/어째[어째서, 어쨌든/지], 어찌한/어쩐, 어쩌고저쩌고/하다, 어쩌다/가, 어쩌면/어쩜, 어쩐둥[444], 어쩐지[445], 어찌타(어찌하여). §예스러운 말은 '어이'. ¶그 일을 어이 하리오.

어처구니 ①'없다'와 함께 쓰여, 일이 뜻밖이거나 한심해서 기가 막힘을 이르는 말.=어이². ¶어처구니없다(너무 뜻밖이라 기가 막히다.=어이없다), 어처구니없이(어이없이). ②상상 밖으로 엄청나게 큰 사람이나 물건. 광산에서 큰 바윗돌을 가루로 내는 기계. ¶어처구니 기계가 열 대나 있다. 갈이어처구니(바윗돌을 가루로 내는 기계).

-어치/-아치 금액을 나타내는 명사 또는 명사구에 붙어 '그 값에 상당하는 분량'의 뜻을 더하는 말.[〈-아치]. ¶값어치, 돈어치(돈값에 맞먹는 분량이나 정도), 모가치[←몫+아치], 얼마어치, 푼어치, 백 원어치/ 천 원어치/ 만 원어치 들.

어푸 ①물에 빠져서 물을 켜며 괴롭게 내는 소리. 또는 그 모양. ¶어푸어푸 살려주세요! ②얼굴이나 몸에 물을 끼얹으면서 내는 소리.

어-하다 어린아이의 응석을 받으며 떠받들어 주다. ¶자꾸 어하면 버릇이 나빠진다. 애는 어하고 기르면 못쓴다.

어허둥둥 노래하듯이 아기를 어르는 소리. 어화둥둥. 〈준〉어둥둥. ¶어허둥둥, 우리 아가.

어허라-달구야 달구질을 할 때, 여럿이 힘을 모으려고 노래하듯 부르는 말. ¶어허야-어허(땅을 다질 때 동작이나 힘을 맞추려고 내는 소리).

어허허 너털웃음을 웃는 소리. 아하하

어험 ①짐짓 위엄을 내어서 기침하는 소리.=어흠. ¶어험스럽다¹(위엄이 있어 보이다). ②기척을 내려고 일부러 내는 기침 소리. 으흠.

어험-스럽다² 텅 비고 우중충한 데가 있다.≒침침하다(沈沈). ¶어험스러운 방. 어험스러운 굴속에는 물방울만 떨어지고 있었다.

어화 기쁜 마음을 나타내어 노래로 누구를 부르는 소리. ¶어화, 벗님네야. 어화둥둥/어둥둥, 어허둥둥/어둥둥.

어흥 ①호랑이가 우는 소리. ¶어흥이(범). ②어린아이를 겁나게 하기 위하여 호랑이의 우는 소리를 흉내 내는 소리.

억(抑) '누르다. 막다'를 뜻하는 말. ¶억강부약(抑强扶弱), 억류(抑留;강제로 붙잡아 둠)[억류되다/하다, 억류생활(生活), 억류자(者); 선박억류(船舶)], 억륵(抑勒), 억매(抑買)[억매흥정/하다], 억매(抑賣)[억매흥정/하다], 억분(抑憤/忿), 억불(抑佛), 억손(抑損), 억압(抑壓)[446], 억약부강(抑弱扶强), 억양/법(抑揚/法), 억울하다(抑鬱), 억원하다(抑冤), 억정(抑情), 억제(抑制;억눌러 그치게 함)[억제되다/하다, 억제력(抑制力), 억제물질(物質), 억제유전자(遺傳子), 억제재배(栽培), 억제책(策)], 억지(抑止;감정이나 욕망, 충동적 행동 따위를 억눌러서 못하게 함)/하다, 억탈(抑奪), 억퇴(抑退), 억하심정(抑何心情)[447], 억혼(抑婚); 겸억(謙抑), 굴억(屈抑), 늑억(勒抑), 원억하다(冤抑), 재억(裁抑) 들.

억(億) 만(萬)의 만 곱절. 수의 많음을 나타냄. ¶일억 원을 장학금으로 기탁하다. 억겁(億劫), 억년(億年), 억대(億代), 억대(億臺), 억만(億萬)[억만년(年), 억만장자(長者)], 억변(億變), 억서(億庶), 억장(億丈;썩 높음), 억재(億載), 억조(億兆), 억조창생(億兆蒼生), 억천만겁(億千萬劫), 억한(億恨); 만억(萬億), 수억(數億) 들.

억(臆) '가슴. 생각·마음'을 뜻하는 말. ¶억이 막히다(기가 막히다), 억견(臆見;자기 혼자만의 생각), 억결(臆決), 억계(臆計), 억단(臆斷), 억료(臆料), 억산(臆算), 억상(臆想), 억색/하다(臆塞), 억설(臆說), 억중(臆中), 억측(臆測;제멋대로 짐작함), 억탁(臆度;억측), 억판(臆判;臆斷); 흉억(胸臆) 들.

억(憶) '기억하다. 생각하다'를 뜻하는 말. ¶억기(憶起), 억념(憶念), 억상(憶想), 억석당년(憶昔當年); 기억(記憶), 추억(追憶), 핍억하다(愊憶;가슴이 답답하다) 들.

억대우(大牛) 덩치가 크고 매우 힘이 센 소.=억대. ¶억대바위, 억대스럽다, 억대호(虎).

---

440) 어지빠름: 증권시장에서, 시세의 전망을 알 수 없어 신규로 팔거나 사기 어려운 상태.

441) 어지럽다²: 정신이 얼떨떨하다. ¶주체어지럽다(처리하기가 어렵거나 힘들고 귀찮아 정신이 어수선하다)

442) 아찔하다: 갑자기 어지럽고 정신이 내둘리다. 〈거〉아칠하다. ¶눈앞이 아찔하다. 아찔아찔·어찔어찔/하다.

443) 시어질하다: 꽤 어질어질하다. ¶이야기를 듣고 앉았으려니 머리가 시어질해진다.

444) 어쩐둥: 어찌 하다가.=뜻밖에. 우연히. ¶어쩐둥 잠이 들어 한잠 늘어지게 잤다.

445) 어쩐지: 어찌된 까닭인지. 무슨 까닭인지는 모르나.≒왠지. ¶어쩐지 좀 이상하더라. 여기 오니까 어쩐지 좀 으스스한 느낌이 든다.

446) 억압(抑壓): 자기의 뜻대로 자유로이 행동하지 못하도록 억지로 억누름. 의식적 또는 무의식적으로 어떤 과정이나 행동, 특히 충동이나 욕망을 억누름. ¶억압에 맞서다. 억압되다/하다, 억압성(性), 억압유전자(遺傳子;억제유전자), 억압자(者), 억압적(的), 억압정책(政策).

447) 억하심정(抑何心情): 도대체 무슨 심정이냐라는 뜻으로, '무슨 생각으로 그러는지 알 수 없음'을 이르는 말. ¶내가 무슨 억하심정으로 자네를 궁지로 몰아넣겠는가?

억무개 연어과의 민물고기.=곤들매기.

억병 한량없이 마시는 술의 양. 또는 그 상태. §'억'은 '많음'의 뜻. ¶술을 억병으로 마시다. 억병으로 취하다.

억새 볏과의 여러해살이풀.[←어웍+새]. ¶억새반지기(半;억새가 많이 섞인 풋장[448]), 억새밭, 억새풀 들.

억수 물을 퍼붓듯이 세차게 내리는 비. 〈작〉악수(惡水). ¶비가 억수로 퍼붓는다. 억수로, 억수비, 억수장마.

억실 얼굴 모양이나 생김새가 선이 굵고 시원시원한 모양.=억슬. ¶눈이 억실억실 잘 생긴 사내. 억실하다, 억실억실/하다.

억장 '가슴'의 속된 말. 복장. ¶억장이 무너지다(몹시 분하거나 슬픈 일이 있어 가슴이 아프다).

억적박적 이리저리 경정거리며 바쁘게 뛰는 모양.

억죽억죽 잘난 체하여 멋대로 거들먹거리는 모양.=어쭉어쭉. ¶억죽억죽 잘난 체하는 사람. 억죽거리다/대다, 억죽억죽하다.

억지 자기의 행동이나 생각을 무리하게 관철해 보려는 고집. 어거지. 〈작〉악지. ¶억지를 부리다. 억지가 사촌보다 낫다. 억지감(感;억지스러운 느낌), 억지감투, 억지공사(公事;억지로 하는 일), 억지꾼, 억지논단(論斷;억지쟁이), 억지농사(農事), 억지다짐(일방적으로 받는 다짐), 억지떼/어거지떼, 억지로, 억지먹이, 악지바르다(약빠르다. 고집이 세다), 억지방망이[449], 억벌로(억지로), 억보(억지가 아주 센 사람), 억보소리(쓸데없이 내세우는 고집), 억지세우다(무리한 고집으로 끝내 버티다), 억지소리, 억짓·악짓손[450], 억지·악지스럽다. 억지시비(是非), 억지신세(身世), 억지쓰다(무턱대고 억지를 부리다), 억지웃음, 억지쟁이, 억지춘향(春香;억지로 우겨대어 겨우 이루어진 일), 억지치기, 억지투정, 억지힘; 억·악패듯[451]; 생억지(生), 통억지(매우 센 억지) 들.

억척 ①일을 해 나가는 태도가 끈질기고 억센 기질. 또는 그런 사람. 〈작〉악착(齷齪)[452]. ¶억척을 떨다. 억척같다, 억척꾸러기, 억척보두[453], 억척빼기, 억척스럽다, 억척으로, 억척이. ②힘이 부치도록. 힘에 겹도록. ¶억척 많이 먹었다.

억판 매우 가난한 처지=엉세판. ¶억판에 놓이게 되다. 집안이 워낙 억판이어서 학교 문턱에도 못 가봤다.

억-하다 감정이 북받쳐서 가슴이 막히는 듯하다.=욱하다. ¶억한 마음.

---

448) 풋장: 가을에 잡풀이나 잡목의 가지를 베어 말린 땔나무.

449) 억지방망이: 억지스럽게 마구 내려 먹이는 행동이나 방법. ¶억지방망이로 지도하려 해서는 안 된다.

450) 악짓손: 무리하게 억지로 일을 해내는 솜씨나 수단.

451) 악패듯: ①사정없이 억지를 부리는 모양. ②매우 심하게. 〈큰〉억패듯. ¶젖먹이가 악패듯 울어 댄다.

452) 악착(齷齪): ①도량이 좁아서 작은 일에 구애하여 아득바득 다투는 모양. ②무슨 일에 모질고 끈덕지게 파고듦. ③잔인하고 끔찍스러움. 〈큰〉억척. ¶악착같다, 악착꾸러기, 악착빼기.

453) 억척보두: 마음보가 억세고 고집스럽고 모진 사람. ¶일이 아무리 힘들고 어렵다고 그 억척보두가 그만 둘 성싶소?

언(言) '말. 말하다'를 뜻하는 말. ¶언거언래(言去言來), 언경(言輕), 언과기실(言過其實), 언관(言官), 언구(言句), 언권(言權), 언근지원(言近旨遠), 언급(言及;어떤 문제에 대하여 말함), 언단(言端), 언단(言壇), 언담(言談;言辭), 언도(言渡), 언동(言動), 언로(言路;말길), 언론(言論)[454], 언롱(言弄), 언명(言明), 언문(言文), 언문일치(言文一致), 언미필에(言未畢), 언변(言辯;입담), 언비천리(言飛千里), 언사(言辭), 언색(言色), 언설(言說), 언성(言聲), 언소(言笑), 언술(言術;말솜씨), 언습(言習;말버릇), 언약(言約), 언어(言語)[455], 언왕설래(言往說來), 언외(言外), 언용(言容), 언의(言議), 언잠(言箴), 언재(言才), 언쟁(言爭;말다툼), 언적(言的), 언전(言詮), 언정이순(言正理順), 언졸하다(言拙), 언중(言中)[언중유골(有骨), 언중유언(有言)], 언중하다(言重), 언중(言衆), 언즉시야(言則是也), 언진(言盡), 언질(言質), 언집(言執), 언참(言讖), 언책(言責), 언청계용(言聽計用), 언탁(言託), 언투(言套), 언파(言罷), 언표(言表), 언품(言品), 언필칭(言必稱;말문을 열기만 하면 으레), 언하(言下), 언하에(言下), 언행(言行)[언행록(錄), 언행일치(一致)], 언힐(言詰); 가언(假言), 가언(佳/嘉言), 간언(間言), 간언(諫言), 감언(甘言), 감원이설(甘言利說), 개언(概言), 건언(建言), 격언(格言), 경언(鯁言;直言), 고언(古言;옛말), 고언(苦言), 고언(高言;큰소리), 공언(公言), 공언(空言), 과언(誇言), 과언(寡言), 과언(過言), 광언(狂言), 교언(嬌言), 교언(巧言), 권언(勸言), 권두언(卷頭言), 궤언(詭言), 극언(極言), 근언(謹言), 금언(金言), 기언(奇言), 난언(亂言), 난언(難言), 농언(弄言), 눌언(訥言), 능언(能言), 다언(多言), 단언(斷言), 단언(端言), 달언(達言), 답언(答言), 대언(大言), 대언(代言), 대언(對言), 도언(徒言), 독언(獨言;혼잣말), 만언(漫言), 말언(末言), 망언(妄言), 맹언(盟言), 명언(名言), 명언(明言), 모언(侮言), 무언(無言)[무언극(劇), 무언무답(無言無答), 무언중(中), 무언증(症)], 무언(誣言), 묵언(默言), 문언(文言), 발언(發言), 방언(方言), 방언(放言), 방언(謗言), 법언(法言벽언(僻言), 부언(附言), 부언(浮言), 부언(婦言), 불언(不言)[불언가상(加想), 불언가지(可知), 불언실행(實行)], 불언(佛言), 불인언(不忍言), 비언(飛言), 비언(鄙言), 사언(四言), 상언(上言), 서동부언(胥動浮言), 서언(序/緖言), 서언(誓言), 석언(釋言;변명을 함), 선

---

454) 언론(言論): ①개인이 말이나 글로 자기의 생각을 발표하는 일. 또는 그 말이나 글. ②매체를 통하여 어떤 사실을 밝혀 알리거나 어떤 문제에 대하여 여론을 형성하는 활동. ¶언론을 탄압하다. 언론계(界), 언론기관(機關), 언론기본법(基本法), 언론사(社), 언론인(人), 언론자유(自由), 언론전(戰), 언론중재위원회(仲裁委員會), 언론출판계(出版界), 언론통제(統制); 사이비언론(似而非), 탐사언론(探査).

455) 언어(言語): 사상·감정을 나타내고 의사를 소통하기 위한 음성·문자 따위의 수단. ¶언어기호(記號), 언어능력(能力), 언어단위(單位), 언어도단(道斷;말이 안 됨), 언어량(量), 언어문화(文化), 언어미학(美學), 언어분류(分類), 언어분석(分析), 언어불공(不恭), 언어불통(不通), 언어사(史), 언어사회/학(社會/學), 언어상통/하다(相通), 언어생활(生活), 언어수단(手段), 언어수행(遂行), 언어심리학(心理學), 언어연대학(年代學), 언어예술(藝術), 언어요법(療法), 언어유형학(類型學), 언어유희(遊戲), 언어음(音), 언어장애(障碍), 언어정보(情報), 언어정책(政策), 언어조사(調査), 언어주의(主義), 언어중추(中樞), 언어지도(地圖), 언어지리학(地理學), 언어철학(哲學), 언어폭력(暴力), 언어학/자(學/者), 언어행동(行動)/언행(言行), 언어형식(形式), 언어혼합(混合), 언어활동(活動); 기층언어(基層), 독순언어(讀脣;입술의 모양이나 움직임으로 의사를 전달하는 언어), 몸짓언어, 문자언어(文字), 시각언어(視覺), 음성언어(音聲), 자동언어(自動;무의식적으로 입에서 나오는 언어).

언(宣言), 성언(聖言), 소언(笑言), 속언(俗言), 식언(食言), 신언(愼言), 신언서판(身言書判), 실언(失言), 아언(雅言), 악언(惡言), 약언(約言), 약언(略言), 양비대언(攘臂大言), 양언(揚言), 염언(念言), 염언(艶言), 영언(永言), 예언(例言), 예언(豫言), 예언(譽言), 온언(溫言), 와언(訛言), 왕언(王言), 외언(猥言), 요언(妖言), 요언(要言), 용언(用言), 용언(庸言), 우언(寓言), 원언(怨言), 위언(違言), 위언(僞言;거짓말), 유언(幽言), 유언(諛言), 유언(遺言), 유언비어(流言蜚語), 윤언(綸言), 이언(二言), 이언(俚言), 인언(人言), 일가언(一家言), 입언(立言), 자언(自言), 잠언(箴言), 장언(壯言), 장언(長言), 재언(再言), 전언(前言), 전언(傳言), 절언(切言), 제언(提言), 제언(題言), 조언(助言), 조언(粗言;거친 말), 조언(造言), 중언(重言), 중언부언(重言復言), 증언(證言), 지언(至言), 지언(知言), 직언(直言), 진언(眞言;呪文), 진언(陳言;케케묵은 말), 진언(進言;윗사람에게 의견을 들어 말함), 진언(嗔/瞋言;성내어 꾸짖는 말), 질언(疾言), 질언(質言), 참언(讖言), 참언(讒言), 창언(昌言), 창언정론(昌言正論), 척언(斥言), 천언(踐言), 첨언(添言), 체언(體言), 촉언(囑言), 추언(醜言), 축언(祝言), 충언(忠言), 췌언(贅言), 취언(醉言), 측언(側言), 치언(癡言), 칠언(七言), 타언(他言), 탁언(託言), 통언(通言), 통언(痛言), 편언(片言), 평언(評言), 폭언(暴言), 한언(罕言;말이 드묾), 항언(恒言), 항언(抗言), 허언(虛言), 헌언(獻言), 험언(險言), 형언(形言), 호언(好言), 호언(豪言), 화언(禍言), 확언(確言), 환언(換言), 회언(悔言), 회언(誨言), 훼언(毁言), 휘언(諱言), 희언(戱言) 들.

언(諺) '속된 말'을 뜻하는 말. ¶언교(諺敎), 언문(諺文), 언문풍월(諺文風月), 언서(諺書), 언서고담(諺書古談;한글로 쓴 옛날 이야기책), 언역(諺譯), 언자(諺字), 언찰(諺札), 언해(諺解); 고언(古諺), 법언(法諺;법에 관한 격언), 비언(鄙諺), 서언(西諺), 세언(世諺), 속언(俗諺), 이언(俚諺), 진언(眞諺) 들.

언(焉) '어찌. 어조사'를 뜻하는 말. ¶언감생심(焉敢生心), 언감히(焉敢;어찌 감히); 소언(小焉), 어언간(於焉間)/어언(於焉), 오불관언(吾不關焉), 유수존언(有數存焉;모든 일은 운수가 있어야 됨), 종언(終焉) 들.

언(堰) '둑. 방죽(防築). 막다'를 뜻하는 말. ¶언막이(논에 물을 대기 위하여 막아 쌓은 둑), 언색(堰塞;물의 흐름을 막음), 언색호(堰塞湖), 언제/공(堰堤/工), 언층(堰層;障壁層); 가동언(可動堰), 세언(洗堰), 제언(堤堰), 하구언(河口堰), 해언(海堰) 들.

언(偃) '쓰러지다. 그만두다. 교만하다'를 뜻하는 말. ¶언건하다(偃蹇), 언무(偃武;전쟁이 끝남), 언식(偃息;편안하게 누워 쉼), 언앙(偃仰;몸을 자유로이 움직임), 언연(偃然), 언월(偃月;반달)[언월도(刀), 언월예(瞖)], 언초(偃草); 휴언(休偃) 들.

언(彦) '선비(덕이 뛰어난 사람)'를 뜻하는 말. ¶언사(彦士), 언성(彦聖;뛰어나서 사리에 통달함. 또는 그런 사람), 언준(彦俊); 영언(英彦), 제언(諸彦), 준언(俊彦) 들.

언(讞) '죄를 의논하다'를 뜻하는 말. ¶언안(讞案;형사 사건에 관계된 서류), 언의(讞議;처벌 방법 따위를 정하는 논의).

언강 수키와를 이기 위한 수키와의 위쪽 턱.

언거번거 번잡하고 수다스러운 모양. ¶언거번거 떠들어 대다. 언거번거하다(쓸데없는 말이 많고 경망하며 수다스럽다).

언걸 남 때문에 당하는 괴로움이나 해. 큰 고생. 〈준〉얼[2]①. ¶남의 빚보증으로 언걸을 입어 파산하게 되었다. 언걸을 당해 억울하다. 언걸먹다/얼먹다·걸먹다(골탕 먹다. 큰 고생을 하다), 언걸입다/걸입다(남 때문에 해를 당하다).

언구럭 교묘한 말로 떠벌리며 남을 농락하는 짓.≒연사질. 베거리. ¶나잇살이나 먹은 놈이 언구럭 피우는 꼬락서니가 보통 아니다. 언구럭을 부려 사기를 치다. 언구럭스러운 사람. 언구럭스럽다.

언니 형제자매나 일가친척 사이에서, 자기보다 먼저 태어난 형(兄)을 부르는 말. 여자들 사이에서 자기보다 나이가 위인 여자를 높이거나 다정하게 부르는 말. ¶사촌언니(四寸), 새언니(오빠의 아내), 작은언니, 친언니(親), 큰언니.

언덕 땅이 좀 높고 비탈진 곳. 나지막한 산. 구릉(丘陵).[〈언턱←언ㅎ+덕/더기]. ¶언덕에 오르다. 언덕굽이, 언덕길, 언덕땅[구릉지(丘陵地)], 언덕마루(언덕말기), 언덕바지/배기(언덕의 꼭대기), 언덕밥(언덕지게 지은 밥), 언덕벌(준평원), 언덕이마(불거져 나온 이마), 언덕지다, 언턱[456]; 모래언덕, 산언덕(山). ☞ 더기.

언뜻 잠깐 나타나거나 문득 생각나는 모양.≒갑자기. 얼핏. 설핏. 잠깐. 슬쩍. 맥연히(驀然). 〈여〉언듯. ¶눈에 언뜻 띄다. 언뜻 떠오르다. 언뜻 깨닫다. 언뜻거리다/대다, 언뜻번뜻/하다, 언뜻언뜻/하다, 언뜻하면.

언선-스럽다 아첨하는 태도가 있다. ¶그 사람은 언선스런 성미가 아니네.

언저리 둘레의 부근.≒가. 둘레. 주변(周邊). ¶입술 언저리가 트다. 어깨의 언저리(어깻부들기). 광장의 언저리. 눈언저리, 산언저리(山;산 둘레의 근방), 솥언저리(솥전의 윗부분), 입언저리, 코언저리(코와 그 주위 부분).

언제 ①어떤 일과 관련된 때를 묻는 말. ¶사건이 일어난 것은 언제냐? 결혼식 날짜는 언제가 좋으냐? ②잘 모르거나 정해지지 않은 어느 때에.[←어느+제].≒하가에. 해가에. ¶언제 다시 만날까? ③어떤 때에. 아무 때나. ¶내가 언제 거짓말한 적 있어? 그 노래는 언제 들어도 좋다. 소나무는 언제나 푸르다. 너는 언제라도 환영한다. 언제나[457], 언제나없이, 언제든지, 언제라도, 언제인가/언젠가.

언죽번죽 조금도 부끄러워하는 기색이 없고 비위가 좋은 모양. ¶언죽번죽 떠벌리다. 모든 일에 언죽번죽한 사내.

언짢(다) 마음에 마땅하지 아니하거나 좋지 아니하다.[〈엇디않다]. ≒나쁘다. 싫다. 거북하다.↔좋다. ¶언짢은 표정. 내 충고를 언짢이 생각 말게. 언짢아하다, 언짢이.

---

456) 언턱: 물건 위에 턱처럼 층이 진 곳. 언덕의 턱.[←언덕+턱]. ¶언턱거리(사단을 일으킬 거리. 남에게 떼를 쓸 만한 핑계).

457) 언제나: 항상. 번번이. 어느 때라야. ¶언제나 소문은 사실이었다. 그는 나를 보기만 하면 언제나 피한다. 언제나 멋지게 한번 살아볼 수 있을까?

언치 말이나 소의 등에 깔아 주는 방석이나 담요. ¶언치 놓아 타다. 겉언치(길마 양쪽에 붙인 짚방석), 살언치[458].

언틀먼틀 바닥이 들쭉날쭉하여 반듯하지 못한 모양.=울퉁불퉁. ¶언틀먼틀한 길/ 방바닥. 언틀먼틀하다.

얹(다) ①아래에 있는 물건을 들어 다른 물건 위에 있게 하다.≒놓다. 올리다↔내리다. ¶물건을 선반에 얹다. 기와를 얹다. 어깨에 손을 얹다. 얹은머리, 얹은활(시위를 걸어놓은 활), 얹혀살다(남에게 의지해서 붙어살다), 얹히다; 껴얹다[459], 끼얹다(물·가루 따위를 다른 물건 위에 흩어지게 뿌리다), 덧얹다/얹히다. ②돈을 덧붙이다. ¶수수료를 얹다. 천 원에 백 원을 더 얹어주다. 값이 싼 물건 위에 얹어주는 돈을 '웃돈'이라고 한다.

얻(다) 주는 것을 받아 가지다.(≒획득하다.↔잃다). 별로 애씀이 없이 도움이 되는 것을 받거나 새로 가지다.(≒구하다). 줍다. 빌리다. 병을 앓게 되다. 남편이나 며느리를 맞다. ¶밥을 얻다. 권리를 얻다. 책에서 교훈을 얻다. 천하를 얻다. 시험에서 좋은 성적을 얻다(거두다), 지식을 얻다. 길에서 돈을 얻다. 우리 회사는 은행에서 자금을 얻어다가 쓴다. 위장병을 얻다. 자식을 얻다. 얻어걸리다(어찌하다가 우연히 물건이나 일이 생기다), 얻어내다, 얻어듣다(우연히 들어서 알다), 얻어만나다(우연히 만나다), 얻어맞다(매를 맞다), 얻어먹다(받아먹다), 얻어보다, 얻어부치다, 얻어쓰다, 얻어오다, 얻어입다, 얻어쥐다, 얻어터지다(얻어맞아서 다치다), 얻은잠방이(모처럼 얻은 것이 그리 신통하지 못한 것); 거저얻다, 공얻다(空) 들.

얼:[1] 정신의 줏대.≒넋·혼(魂). ¶얼이 나간 사람 같다. 조상의 빛나는 얼. 얼이 치다(정신을 잃다), 얼가다(얼이 빠지다. 정신을 잃다), 어리둥절[460], 어리마리(잠이 든 둥 만 둥 하여 정신이 흐릿한 모양), 어리바리/하다(정신이 또렷하지 못하다), 어리벙벙/어리벙[461]·어리뻥뻥·어리빙빙·어리삥삥하다, 어벙하다, 얼떠름하다, 얼떨떨·알딸딸하다(술기운이 돌아서 정신이 좀 어릿하다), 얼떨하다[462], 얼뜬하다(멍청하고 얼떠름하다), 얼빠지다/빼다, 얼빤하다(똑똑하지 못하고 어리벙벙하다), 얼없다[1](멍하다), 얼차리다(정신차리다), 얼찬이(정신이 똑바로 박힌 사람.↔얼간이), 얼치다(얼떨떨해지다), 얼혼[1](魂;얼과 혼); 한얼(대종교에서 '우주'를 이르는 말).

얼[2] ①겉에 드러난 흠. ¶얼이 가다. 얼이 있는 가구. 얼이 없는 물건. ②'언걸(남 때문에 당하는 해)'의 준말. ¶얼을 입다(남의 허물로 인하여 해를 당하다). 헛얼[463]. ③탈이나 사고. ¶그 일에 결국 얼이 생기고 말았다. 얼없다[2][464].

458) 살언치: 언치에 덧댄 작은 짚자리나 부대 조각.

459) 껴얹다: 있던 위에 더 끼워 넣거나 덧붙이다.

460) 어리둥절: 갑작스러운 일이나 이치에 닿지 않는 일 때문에 정신이 얼떨떨하여. ¶사공은 어리둥절 영문을 몰랐다. 어리둥절하다(무슨 영문인지 잘 몰라서 얼떨떨하다), 어리둥절해하다.

461) 어리벙: 어리둥절하여.=어리벙벙. ¶어리벙 정신이 없다.

462) 얼떨하다: 뜻밖의 일을 갑자기 당하거나, 여러 가지 일이 너무 복잡하여서 정신을 가다듬지 못하다. 골이 울리고 아프다. 어리떨떨하다. ¶얼떠름하다, 얼떨결/얼결(에), 얼떨떨하다, 얼빠붙이다(얼떨결에 빰을 때리다).

463) 헛얼: 남의 일이나 근거 없는 일 때문에 입게 되는 손해. ¶헛얼을 입다.

얼- 명사 앞에 붙어 '되다가 덜된. 똑똑하지 못한. 조금·약간', 동사 앞에 붙어 '대강. 슬쩍. 여러 가지가 뒤섞여. 분명하지 못하게'의 뜻을 더하는 말. ¶얼간[465], 얼갈이[466], 얼개화(開化;반거충이로 된 개화)/꾼, 얼겁(怯;얼떨결에 먹은 겁), 얼결(얼떨결)/에, 얼김[467]/에, 얼넘기다[468]/넘어가다, 얼더듬다[469], 얼되다(사람됨이 좀 모자라다), 얼뜨기, 얼뜨다[470], 얼맞다, 얼먹다, 얼미닫이(두 짝이 엇물리게 닫히게 된 미닫이), 얼바람, 얼바람둥이, 얼바람맞다, 얼방둥이, 얼버무리다, 얼벙어리, 얼보다/보이다, 얼비추다, 얼비치다(빛이 반사되어 비치다), 얼섞다/섞이다, 얼승낙(承諾), 얼요기(療飢;넉넉하지 못한 요기), 얼조리다(국물이 있게 약간 조리다), 얼죽음, 얼짜(얼치기인 물건), 얼치기[471], 얼통량(統涼;거칠게 만든 갓), 얼푸름하다(꽤 어슴푸레하다), 얼혼[2](魂;온전하지 못한 정신) 들.

얼(孼/蘖) '서자(첩에서 태어난 아들). 재앙(災殃). 움(움돋이)'를 뜻하는 말. ¶얼무적(孼無嫡;매사에 분명하지 아니함을 이르는 말), 얼산(孼産), 얼삼촌(孼三寸), 얼속(孼屬), 얼손(孼孫), 얼입다[472], 얼자(孼子)[고신얼자(孤臣)], 얼추탕(孽鰍湯)[473], 얼출자(孼出子), 얼통(孼統;서자의 혈통); 고얼(孤孼), 분얼(分蘖)[분얼기(期), 분얼절(節)], 서얼(庶孼), 앙얼(殃孼), 여얼(餘孼), 역얼(逆孼), 요얼(妖孼;요악한 귀신의 재앙. 요망스러운 사람), 유얼(遺孼), 자작지얼(自作之孼), 죄얼(罪孼;죄악에 대한 재앙) 들.

얼굴 머리의 앞쪽. 얼굴의 생김새. 그 사람의 명예·지위나 교제하여 아는 범위. 표정. 낯. ¶얼굴을 돌리다. 얼굴이 깎이다. 얼굴이 뜨겁다. 얼굴값(생긴 행동에 걸맞는 행동), 얼굴도래(얼굴을 이룬 둥근 윤곽), 얼굴바닥(낯바닥), 얼굴빛, 얼굴뼈, 얼굴색(色), 얼굴생김, 얼굴선(線), 얼굴장사, 얼굴지르기, 얼굴짝, 얼굴판; 두얼굴(이중인격자), 맨얼굴(화장을 하지 않은 얼굴. 민낯), 문얼굴(門), 물얼굴(물속에 비친 얼굴), 민얼굴, 옆얼굴. ☞ 안(顔). 면(面).

얼(다) 물이나 물기를 가진 물체가 찬 기운을 만나 굳어지거나 빳

464) 얼없다[2]: 일이 별다른 탈이나 사고 없이 조금도 틀림이 없다. ¶얼없게 일하는 근로자들. 그 사람에게 일을 맡기면 무슨 일이나 얼없으니 걱정하지 마라. 그곳에 가면 돌보아 줄 사람이 없으니 얼없이 잘 지내야 한다.

465) 얼간: ①소금을 조금 뿌려서 약간 절이는 간. 담염(淡鹽). ¶얼간구이, 얼간쌈, 얼젓국지(젓국을 조금 타서 담근 김치), 얼조개젓; 어리굴젓, 어리뱅어젓. ②'얼간이(됨됨이가 변변하지 못하고 모자라는 사람)'의 준말. ¶얼간망둥이(주책이 없고 멍한 사람).

466) 얼갈이: ①논밭을 겨울에 대강 갈아엎는 일. ②푸성귀를 늦가을이나 초겨울에 심는 일. 또는 그 푸성귀. ¶얼갈이하다. 얼갈이김치, 얼갈이배추.

467) 얼김/에: 다른 일이 되는 바람. ¶돈도 좀 생기고 고향 친구도 만나 얼김에 한잔 했다.

468) 얼넘기다: 일을 대충 얼버무려 넘기다. ¶어려운 고비를 얼넘기다.

469) 얼더듬다: 이 말 저 말 뒤섞여 분명히 알아들을 수 없는 모호한 말을 하다.

470) 얼뜨다: 다부지지 못하여 어수룩하고 얼빠진 데가 있다.¶어딘가 바보스럽고 얼떠 보였다. 얼뜬 봉변이라(공연히 남의 일에 말려들어 창피한 꼴을 당하다). 얼뜬짓.

471) 얼치기: 이것도 저것도 아닌 중간치. 이것저것이 조금씩 섞인 것. 탐탁하지 아니한 사람. ¶얼치기 양반. 얼치기곡(曲), 얼치기말(다른 나라 말을 섞어 쓰는 말), 얼치기판.

472) 얼입다(孽): 남의 잘못으로 인하여 해를 받다.

473) 얼추탕(孽鰍湯): 밀가루 국에 미꾸라지는 넣지 아니하고 여러 가지 양념만 넣어 추어탕처럼 끓인 국.

뻣한 상태가 되다. 추위로 사람의 몸이 차갑게 되거나 감각이 없어지다. 사람이 몹시 긴장하여 몸이 굳다.↔녹다. ¶물이 얼다. 얼음에 박 밀듯. 언 발에 오줌 누기. 언 손을 불에 쪼이다. 얼녹다/어녹다, 얼녹이다/어녹이다, 어녹이치다[474], 어녹음부서지기, 어녹음흩기, 어는점(點), 어독(毒;언 상처에 든 독기), 언두부(豆腐), 언땅, 언똥, 언몸, 언손질, 얼락녹을락, 얼락배락(성했다 망했다 하는 모양), 얼리다[2](냉동하다. '얼구다'는 사투리), 얼마르다(얼어가며 차차 조금씩 마르다), 얼부풀다(얼어서 부풀어 오르다), 얼어들다(얼기 시작하다), 얼어붙다/얼붙다, 얼어죽다, 얼음[475], 얼부풀다(얼어서 부풀어 오르다); 덧얼다. ☞ 빙(氷).

얼덜-하다 별로 탐스러운 일이 없이 그럭저럭 시간을 보내다. ¶얼덜하게 지내다 보니 벌써 한 달이 훌쩍 지났다.

얼떨-하다 ☞ 얼'.

얼렁얼렁 별로 하는 일 없이 빈둥빈둥하는 모양.=건들건들. ¶얼렁얼렁 건들거리는 젊은이. 얼렁얼렁하다.

얼렁-질 음력 대보름 때, 연을 날리다가 남은 실 끝에 돌을 매어 서로 걸고 당겨서 어느 실이 질긴가를 다투는 놀이.[←어우르다/어울다]. ¶얼렁질하다.

얼레 실·연줄·낚싯줄 따위를 감는 틀.[〈어릐←어르(다)+의]. ¶얼레를 감다/ 풀다. 얼레공치기(장치기), 얼레낚시(주낚), 얼레달(얼레빗처럼 생긴 반달), 얼레등, 얼레빗(빗살이 굵고 성긴 큰 빗), 얼레살, 얼레살풀다[476], 얼레실, 얼레질/하다; 낚시얼레, 두모얼레(모서리가 둘 있는 얼레), 볼기짝얼레(납작한 얼레), 족제비얼레(통이 좁고 갸쭉하게 생긴 얼레).

얼레지 백합과의 여러해살이풀. ¶얼레짓가루.

얼른 ①시간을 오래 끌지 않고 속히. 곧바로.≒빨리. 어서. 서둘러. 냉큼. 속히. 금방. ¶얼른 갔다 오마. ②깊이 생각함이 없이 얼결에 슬쩍.≒얼떨결에. ¶얼른 생각하면 쉽게 해결될 일. 얼른얼른.[+동사].

얼마 수량이나 분량, 빈도, 시간의 길이나 힘의 세기 또는 길이, 넓이, 부피, 무게의 크기를 묻는 데 쓰는 말.(≒몇). 또는 이들을 명확하게 밝히지 않고 비교적 적은 수나 양을 가리키는 말. ¶값이 얼마요? 얼마 있으면, 누가 나타날 것이다. 얼마큼 더 기다려 주시오. 인원이 얼마큼 더 필요하냐? 얼마간(間), 얼마나(좀. 오죽), 얼마든지, 얼마라도, 얼마만큼/얼마큼, 얼마어치, 얼마쯤.

얼멍 ①죽이나 풀의 국물이 확 풀리지 않아 덩어리가 진 모양. ¶뜨거운 물에 미숫가루를 타니 얼멍얼멍 잘 풀리지 않는다. 얼멍덜멍, 얼멍얼멍/하다. ②실이나 털 따위로 짠 물건의 밑바닥이 존존하지 않고 거칠고 험한 모양. ¶얼멍얼멍 짠 옷.

얼상 일이 어질러진 채 잔뜩 쌓여 있는 모양.

얼싸[1] 흥겨울 때 내는 소리. ¶얼싸 좋다. 얼싸둥둥, 얼싸절싸, 얼쑤, 얼씨구[477].

얼싸[2] 대비하는 정도가 훨씬 괜찮게. ¶이것이 그것보다 얼싸 낫다. 얼싸하다[478].

얼쯤 ①주춤거리는 모양. ¶그는 형의 큰소리에 얼쯤 물러섰다. 얼쯤얼쯤/하다, ②얼버무리는 모양. ¶얼쯤하다.

얼추 ①어지간한 정도로 대충.≒대강. 대체로. ¶기초 공사를 얼추 해 놓다. 얼추 비슷하다. 얼추 지어진 집. 얼추잡다[479]. ②어떤 기준에 거의 가깝게. 거의 다.≒거의. 거지반. ¶약속 시간이 얼추 다 되었어요. 정상에 얼추 올라가다.

얼핏 ①지날결에 빨리. ②깊이 생각함이 없이 갑작스럽게 문득 떠오르는 모양. ¶얼핏 떠오르는 생각. ③시간을 끌지 않고 빨리.≒언뜻. 얼른. 퍼뜩.

얽(다)[1] 얼굴에 마마자국이 생기다. 물건의 겉에 흠이 많이 나다. 〈작〉앍다. ¶알금[480], 알금·얼금뱅이, 알금삼삼, 알금솜솜·얼금숨숨, 알금알금·얼금얼금, 앍둑·얽둑·앍작·얽적·앍족·얽죽빼기, 앍둑앍둑·얽둑얽둑, 앍박앍박·얽벅얽벅, 앍숨·얽숨, 앍음·얽음, 앍작·얽적빼기, 앍작앍작·얽적얽적, 앍족앍족·얽죽얽죽, 얽박고석(古石), 얽빼기; 뒤얽다(마구 흠이 나다) 들.

얽(다)[2] 노끈이나 줄 따위로 이리저리 걸어서 묶다. 없는 일을 있는 것처럼 이러저러하게 꾸미다. ¶얼개(기계나 조직체의 짜임새. 구조)[글얼개, 흙얼개], 얼거리[481], 알기살기·알키살키·얼기설기·얼키설키, 얽동이다, 어레미[482], 어렝이[483], 얼망(網), 얽매그물, 얽매다/매이다, 억박적박(뒤죽박죽 어긋매끼는 모양), 얽섞이다, 얽어내다, 얽어매다, 얽어짜임, 얽음새, 얽음줄, 얽이[484], 얽이치다, 얼크러뜨리다/트리다, 얼크러지다, 얼치다[485], 얼큼하

474) 어녹이치다: 여기저기서 널리 어녹다.

475) 얼음: 얼음가시, 얼음골, 얼음과자(菓子), 얼음귀신(鬼神), 얼음길, 얼음꽃, 얼음끌, 얼음낚시, 얼음냉수(冷水), 얼음눈, 얼음덩어리/덩이, 얼음도끼, 얼음말타다, 얼음무늬, 얼음물, 얼음밑물, 얼음발(얼음의 잘고 굵은 정도), 얼음버캐, 얼음베개, 얼음벽(壁), 얼음보숭이, 얼음비, 얼음사탕(砂糖), 얼음산(山), 얼음석임물, 얼음송곳(얼음을 깨뜨리는 데 쓰는 송곳), 얼음싸라기(얼음 입자가 낙하하는 현상), 얼음안개, 얼음엿, 얼음장(얼음의 넓은 조각), 얼음장같다, 얼음점(點), 얼음조각(彫刻), 얼음주머니, 얼음지다, 얼음지치다/지치기, 얼음집, 얼음쪽, 얼음찜/질, 얼음차(茶), 얼음타기, 얼음탑(塔), 얼음판, 얼음편자; 갓얼음(살얼음보다 좀 두껍게 언 얼음), 눈얼음, 덧얼음, 매얼음(매우 단단하게 꽁꽁 언 얼음.↔살얼음), 살얼음(얇게 살짝 언 얼음. 위태위태한 상황. 매우 조심스러운 상황)/판, 석얼음(石;수정 속에 보이는 가느다란 줄. 물 위에 뜬 얼음. 유리창에 붙은 얼음), 첫얼음, 포얼음(包;주머니에 물을 담아 얼린 얼음), 푸른얼음(커다란 단결정으로 이루어지는 순수한 얼음).

476) 얼레살풀다: 연을 날릴 때 얼레를 돌려 실을 풀어내듯이, 난봉이 나서 재물을 없애기 시작하다.

477) 얼씨구: 흥겨워서 떠들 때 가볍게 장단을 맞추어 내는 소리. 보기에 아니꼬울 때에 조롱으로 하는 소리. 얼싸. 얼쑤. ¶얼씨구 좋다. 얼씨구, 잘들 논다. 얼씨구나, 얼씨구나절씨구나, 얼씨구절씨구.

478) 얼싸하다: 제법 그럴 듯하다. ¶얼싸하게 꾸려 놓은 집.

479) 얼추잡다: 대강 짐작하다. 건목치다.

480) 알금: 잘고 얇게 얽은 자국이 성긴 모양. 〈큰〉얼금. ¶알금알금 얽은 얼굴.

481) 얼거리: 일의 골자만을 대강 추려 잡은 전체의 윤곽. ¶얼거리를 잡다.

482) 어레미: 바닥의 구멍이 큰 체. ¶어레미논(물이 금방 빠지는 경사진 논), 어레미집(어레미를 담아두는 물건. 피륙의 짜임이 굵고 성긴 것).

483) 어렝이: 광산에서 쓰는 삼태기. 철사나 통싸리로 만듦. ¶철어렁이(鐵).

484) 얽이: ①물건의 거죽을 새끼, 노 따위로 대강 얽는 일. ②일의 대충 순서나 배치를 잡아 보는 일.=설계(設計).

다[486], 얽히고설키다, 얽히다; 덧얽히다, 뒤얽히다, 망얽이, 밤얽이[487], 왕얽이(王;굵은 새끼로 얽은 얽이), 외얽이(椳) 들.

엄(嚴) '엄하다. 굳세다. 자기 아버지'를 뜻하는 말. ¶엄각하다(嚴刻), 엄감(嚴勘;嚴斷), 엄격하다(嚴格), 엄견(嚴譴), 엄계(嚴戒), 엄고(嚴鼓), 엄곤(嚴棍;엄하게 곤장을 침), 엄관(嚴關), 엄교(嚴敎), 엄군(嚴君), 엄금(嚴禁), 엄단하다(嚴斷), 엄달(嚴達), 엄담(嚴談), 엄독(嚴督), 엄동/설한(嚴冬/雪寒), 엄랭하다(嚴冷), 엄령(嚴令), 엄립과조(嚴立科條), 엄명(嚴命), 엄명하다(嚴明), 엄밀하다(嚴密), 엄밀성(嚴密性), 엄벌(嚴罰), 엄법(嚴法), 엄봉(嚴封), 엄부(嚴父), 엄부형(嚴父兄), 엄분부(嚴分付/吩咐), 엄비(嚴批), 엄비(嚴秘;매우 굳게 지켜야 할 비밀), 엄사(嚴査), 엄사(嚴師), 엄상(嚴霜), 엄색(嚴色), 엄선(嚴選), 엄수(嚴囚), 엄수(嚴守;반드시 그대로 지킴), 엄수(嚴修;의식 따위를 엄숙하게 지냄), 엄숙하다(嚴肅;엄정하게 고름), 엄숙성(性), 엄슬하다(嚴瑟), 엄승(嚴繩), 엄시하(嚴侍下), 엄안(嚴顔), 엄엄하다(嚴嚴), 엄용(嚴容), 엄위(嚴威), 엄의(嚴儀), 엄의하다(嚴毅), 엄장(嚴杖), 엄장하다(嚴壯), 엄절하다(嚴切/截), 엄정하다(嚴正), 엄정성(性), 엄정중립(嚴正中立), 엄정하다(嚴淨), 엄정하다(嚴整), 엄제(嚴制), 엄제(嚴題), 엄조(嚴祖), 엄조(嚴朝), 엄조(嚴調), 엄주(嚴誅), 엄준하다(嚴峻;매우 엄하고 세차다), 엄준하다(嚴峻), 엄중하다(嚴重), 엄지(嚴旨), 엄징(嚴懲), 엄책(嚴責;엄하게 꾸짖음), 엄처(嚴處), 엄처시하(嚴妻侍下), 엄초(嚴峭), 엄치(嚴治), 엄칙(嚴飭), 엄친(嚴親), 엄친시하(嚴親侍下), 엄탐(嚴探), 엄하다/엄히, 엄한(嚴寒), 엄핵(嚴覈)[엄핵조율/하다(照律)], 엄형(嚴刑), 엄혹하다(嚴酷), 엄훈(嚴訓); 가엄(苛嚴), 가엄(家嚴), 계엄(戒嚴), 관엄하다(寬嚴), 극엄(極嚴), 근엄하다(謹嚴), 냉엄하다(冷嚴), 단엄침중(端嚴沈重), 단엄하다(端嚴), 무엄하다/스럽다(無嚴), 삼엄(三嚴), 삼엄하다(森嚴), 숭엄하다(崇嚴), 심엄하다(甚嚴), 위엄하다(威嚴), 장엄하다(莊嚴), 절엄하다(切/截嚴), 존엄(尊嚴)[존엄성(性), 존엄하다], 준엄(峻嚴), 지엄하다(至嚴), 해엄(解嚴) 들.

엄(掩) '가리다. 닫다. 별안간·갑자기'를 뜻하는 말. ¶엄개(掩蓋), 엄격(掩擊), 엄광창(掩壙窓), 엄권(掩卷;읽던 책을 덮음), 엄닉(掩匿;덮어서 숨김), 엄매(掩埋), 엄문(掩門), 엄보(掩堡), 엄살(掩殺;별안간 습격하여 죽임), 엄색(掩塞), 엄습(掩襲;갑자기 습격함), 엄신(掩身), 엄심갑(掩心甲), 엄엄하다(掩掩), 엄영(掩映), 엄예(掩翳), 엄요(掩耀), 엄읍(掩泣;얼굴을 가리고 욺), 엄이(掩耳;귀를 막음), 엄이도령(掩耳盜鈴), 엄적(掩迹;잘못된 형적을 가려 덮음), 엄제법(嚴臍法), 엄족반(掩足盤), 엄지(掩紙), 엄체(掩體), 엄치(掩置), 엄토(掩土), 엄폐(掩蔽;숨기거나 가림)[엄폐되다/하다, 엄폐물(物), 엄폐호/엄호(壕)], 엄호(掩護[488]), 엄휘(掩諱); 이엄(耳掩) 들.

엄(淹) '잠그다. 오래 되다. 머무르다'를 뜻하는 말. ¶엄구(淹究;널리 궁구함), 엄류(淹留;오래 머무름), 엄박하다(淹博;학식이 매우 깊음), 엄아하다(淹雅), 엄체(淹滯;막힘), 엄해하다(淹該), 엄휼(淹恤;고향을 떠나 오랫동안 타향에 머물러 근심함) 들.

엄(奄) '문득. 갑자기'를 뜻하는 말. ¶엄성노인(奄成老人;빨리 늙는 일), 엄엄/하다/히(奄奄;숨이 곧 끊어지려는 모양), 엄염하다(奄冉), 엄유(奄有), 엄홀하다(奄忽); 기식엄엄(氣息奄奄) 들.

엄(閹) '내시(거세한 남자). 가리다'를 뜻하는 말. ¶엄관(閹官), 엄수(閹竪), 엄연하다(閹然;깊이 감추어두다), 엄인(閹人;고자) 들.

엄(儼) '의젓하다. 삼가다'를 뜻하는 말. ¶엄연하다(儼然;누구도 감히 부인할 수 없을 만큼 명백하다), 엄존하다(儼存;엄연히 존재함. 확실히 있음), 엄호(儼乎;엄숙한 모양) 들.

엄(晻) '어둡다'를 뜻하는 말. ¶엄엄하다(晻晻;빛이 점점 약해지다. 어둡다).

엄(罨) '그물을 덮어씌우다'를 뜻하는 말. ¶엄법(罨法;찜질)[냉엄법(冷罨法), 온엄법(溫罨法)] 들.

엄두 감히 무엇을 하려는 마음. 감*. ¶엄두를 못 내다. 너무 추워 밖에 나갈 엄두가 안 난다.[+부정어].

엄마리 장마로 물살에 밀리어 흐르는 사금(砂金)을 한 곬으로 몰아 받아 내는 일.

엄발 ①곁뿌리. ¶엄발나다[489]. ②며느리발톱. §'엄발'은 '집게발, 며느리발톱'의 사투리.

엄벙-하다 말이나 짓이 착실하지 못하고 엉성하다. ¶그는 엄벙하게 큰소리는 탕탕 치면서도 지키는 말이 별로 없다. 엄벙거리다/대다, 엄범부렁하다[490]/엄부렁하다, 엄벙덤벙(주견 없이 함부로 덤비는 모양), 엄벙뗑(얼렁뚱땅)/하다, 엄벙수작(酬酌), 엄벙통(엄벙덤벙한 가운데), 엄벙판(엄벙덤벙한 상황).

엄부럭 어린아이처럼 철없이 부리는 억지나 엄살 또는 심술. ¶나이가 몇인데 아직도 엄부럭을 부리니? 엄부럭을 떨다(철없이 엄살하다).

엄살 고통이나 어려움을 거짓 꾸미거나 실지보다 보태어서 나타내는 태도. 엄부럭. 〈작〉암살. 옴살. ¶엄살을 부리다. 엄살궂다, 엄살꾸러기, 엄살꾼, 엄살떨다, 엄살스럽다/스레, 엄살쟁이, 엄살풀(미모사), 엄살·암살하다.

엄장 겉모양이 드러나 보이는 큰 덩치.↔옹망추니. ¶그는 엄장이나 몸집이 보통 사람보다 배나 크다. 그의 엄장에 눌려서 힘 한 번 써 보지 못하고 주저앉아 버렸다.

엄지 다 자란 짐승. ¶엄지가락(엄지손가락이나 엄지발가락), 엄지발톱, 엄지벌레(자란벌레), 엄지손톱, 엄지총. ☞ 어머니.

엄청 양이나 정도가 생각보다 훨씬 많거나 대단하게. 엄청나게.=

485) 얼치다: 연을 공중에서 다른 연과 얽히게 하다.
486) 얼큼하다: 이리저리 얽혀서 얼마간의 관련이 있다. ¶자네하고 어떻게 얼큼하게 되는 모양일세그려.
487) 밤얽이: 짐을 동일 때 곱걸어 매는 매듭.
488) 엄호(掩護): 적의 공격이나 화력으로부터 자기 편 부대의 활동이나 시설 따위를 보호함. ¶공격대를 엄호하다. 엄호 사격.

489) 엄발나다: 행동이나 태도를 남들과 다르게 제 마음대로 빗나가게 하다. ≒빗나가다. ¶어젯밤 집회에 수많은 사람들이 모였지만 한 사람도 엄발나는 사람이 없었다.
490) 엄범부렁하다: 실속은 없이 겉만 부프다. ¶허우대는 엄범부렁하지만 철이 덜 들었다.

되게. ¶엄청 큰 일. 엄청 무섭다. 술을 엄청 마시다. 엄청나다, 엄청스럽다/스레. §경상도 사투리는 '엄치'이며, '엄첩다(대단하다)'가 쓰임.

엄펑 의뭉스럽게 남을 속이거나 곯리는 짓. 또는 그런 솜씨.=엄펑소니(속임수). ¶그의 엄펑스러운 꾀에 넘어가 내기에 졌다. 엄펑스럽다(음흉하다)/스레.

엄포 실속 없는 말로 남을 위협하거나 으르는 짓. ¶그 정도의 엄포에 기죽을 내가 아니지. 엄포를 놓다. 엄포성(性), 엄포용(用), 엄포하다.

업 민속에서, 한 집안의 살림이나 복을 보살피고 지켜 준다는 동물이나 사람. ¶우리 집안이 흥하려고 업이 들어온 것 같다. 업거울(업의 구실을 한다는 거울), 업구렁이, 업귀신(鬼神), 업두꺼비, 업둥이, 업왕(王), 업의항(缸;업항아리), 업제(帝), 업족제비; 긴업(업왕으로 위하는 구렁이), 인업(人;사람으로서의 업. 사람으로 태어난 업), 족제비업(족제비를 업왕으로 모시는 일).

업(業) ①'일 · 업적. 또는 사업 · 산업. 업종. 학문'을 뜻하는 말. ¶업간(業間), 업계(業界), 업명(業命), 업무(業務)[491], 업무(業武), 업사(業事), 업소(業所), 업습(業習), 업왕(業王), 업유(業儒), 업의(業醫), 업자(業者), 업적(業績)[업적시세(時勢), 업적평가(評價)], 업종(業種), 업주(業主), 업차(業次), 업체(業體), 업태(業態), 업풍(業風); 가업(家業), 가공업(加工業), 가금업(家禽業), 감정업(鑑定業), 개업(開業), 객주업(客主業), 거업(擧業;과거에 응시하는 일), 건설업(建設業), 건축업(建築業), 겸업(兼業), 경업(競業), 고리대금업(高利貸金業), 고리대업(高利貸業), 곤포업(梱包業), 공업(工業), 공업(功業), 과업(課業), 과수업(果樹業), 관업(官業), 관광업(觀光業), 광업(鑛業), 광고업(廣告業), 광산업(鑛産業), 굉업(宏業), 교통업(交通業), 구업(舊業), 군납업(軍納業), 권업(勸業), 궤도업(軌道業), 귀업(貴業), 근업(近業), 금광업(金鑛業), 금융업(金融業), 기업(企業), 기업(起業), 기업(基業)[조종기업(祖宗)], 기업(機業), 낙농업(酪農業), 난업(難業), 냉동업(冷凍業), 농업(農業), 농림업(農林業), 대금업(貸金業), 대리업(代理業), 대본업(貸本業), 대부업(貸付業), 대업(大業), 대분업(貸盆業), 대서업(代書業), 대여업(貸與業), 대판업(代辦業), 대행업(代行業), 도업(陶業), 도급업(都給業), 도매업(都賣業), 도선업(渡船業), 도정업(搗精業), 도축업(屠畜業), 동업(同業), 득업(得業), 매문업(賣文業), 매음업(賣淫業), 면업(綿業), 목양업(牧羊業), 목욕업(沐浴業), 목재업(木材業), 목축업(牧畜業), 무업(無業), 무역업(貿易業), 문필업(文筆業), 민업(民業), 밀수업(密輸業), 방적업(紡績業), 방직업(紡織業), 법업(法業;불법에 관한 사업), 보험업(保險業), 복업(服業;업무에 종사함), 복업(復業), 본업(本業), 봉제업(縫製業), 부업(父業), 부업(副業), 부업(婦業), 부동산업(不動産業), 분업(分業), 비업(丕業), 사업(事業), 사업(社業), 사업(斯業), 사진업(寫眞業), 산업(産業), 산림업(山林業), 산매업(散賣業), 산판업(山坂業), 삼업(蔘業), 상업(商業), 상공업(商工業), 생업(生業), 생산업(生産業), 서비스업(service業), 석공업(石工業), 석유업(石油業), 선업(先業;조상이 남겨 놓은 사업), 성업(成業), 성업(盛業), 성업(聖業), 세업(世業)[조종세업(祖宗)], 세책업(貰册業), 세탁업(洗濯業), 소업(所業), 소업(素業), 소개업(紹介業), 소매업(小賣業), 수업(受業), 수업(修業), 수업(授業), 수공업(手工業), 수산업(水産業), 수성지업(垂成之業), 수송업(輸送業), 수육업(獸肉業), 수의업(獸醫業), 숙박업(宿泊業), 순업(巡業), 술업(術業), 습업(習業), 시업(始業), 시업(施業;업무를 베풀어 행함), 신문업(新聞業), 신발업, 신철업(伸鐵業), 신탁업(信託業), 실업(失業), 실업(實業), 심야업(深夜業), 안내업(案內業), 야금업(冶金業), 양금업(養禽業), 양돈업(養豚業), 양마업(養馬業), 양모업(羊毛業), 양봉업(養蜂業), 양식업(養殖業), 양잠업(養蠶業), 양조업(釀造業), 어업(漁業), 여업(餘業), 여관업(旅館業), 역업(譯業), 영업(營業), 왕업(王業), 요업(窯業), 요식업(料食業), 요약업(療藥業), 용달업(用達業), 운반업(運搬業), 운송업(運送業), 운수업(運輸業), 위업(爲業), 위업(偉業;위대한 사람의 업적), 유업(乳業), 유업(遺業), 유통업(流通業), 유피업(鞣皮業), 유흥업(遊興業), 육림업(育林業), 은행업(銀行業), 의업(醫業), 의료업(醫療業), 의약업(醫藥業), 이발업(理髮業), 이용업(理容業), 인쇄업(印刷業), 인장업(印章業), 임업(林業), 임대업(賃貸業), 자업자득(自業自得), 자영업(自營業), 자유업(自由業), 작업(作業), 잔업/수당(殘業/手當), 잠업(蠶業), 잠사업(蠶絲業), 잡업(雜業), 저술업(著述業), 적업(適業), 전업(專業), 전업(電業), 전업(轉業), 전당업(典當業), 전매업(專賣業), 접객업(接客業), 정업(正業;정당한 직업), 정업(定業;일정한 직업), 정업(停業), 정미업(精米業), 정비업(整備業), 제업(帝業), 제과업(製菓業), 제당업(製糖業), 제분업(製粉業), 제사업(製絲業), 제염업(製鹽業), 제재업(製材業), 제조업(製造業), 제지업(製紙業), 제철업(製鐵業), 조업(助業), 조업(祖業), 조업(操業), 조업(肇業), 조선업(造船業), 졸업(卒業), 종업(從業), 종업(終業), 종묘업(種苗業), 좌업(坐業;앉아서 하는 일), 주업(主業), 주업(做業), 주류업(酒類業), 주선업(周旋業), 주조업(酒造業), 중개업(仲介業), 증권업(證券業), 지업(志業), 지업(紙業), 직업(職業), 창업(創業), 창고업(倉庫業), 채금업(採金業), 채조업(採藻業), 채탄업(採炭業), 채패업(採貝業), 천업(天業), 천업(賤業), 철강업(鐵鋼業), 청부업(請負業), 초업(礎業), 추업(醜業), 축산업(畜産業), 출재업(出材業), 출판업(出版業), 취업(就業), 측량업(測量業), 타면업(打綿業), 태업(怠業), 토건업(土建業), 토목업(土木業), 통업(統業), 통관업(通關業), 통신업(通信業), 투기업(投機業), 파업(罷業), 판매업(販賣業), 패업(敗業), 패업(霸業), 폐업(閉業), 폐업(廢業), 폐차업(廢車業), 포경업(捕鯨業), 필업(畢業), 하역업(荷役業), 학업(學業), 항공업(航空業), 항업(恒業), 항운업(港運業), 항해업(航海業), 해운업(海運業), 현업(現業), 협업(協業), 홍업(洪/鴻業), 환업(宦業환전업(換錢業), 훈업(勳業), 휴업(休業), 흥업(興業), 흥행업(興行業). ②몸과 입과 뜻으로 짓는 선과 악의 소행. 전세(前世)의 소행으로 말미암아 현세에서 받는 응보(應報). 갈마. ¶업감(業感), 업경(業鏡), 업계(業繫), 업고(業苦), 업과(業果), 업귀(業鬼), 업구렁이, 업력(業力), 업마(業魔), 업병(業病), 업보(業報), 업비량(業比量), 업상(業相), 업안(業眼), 업액(業厄), 업양(業樣), 업연(業緣), 업원(業冤), 업인(業人), 업인(業因), 업장(業障), 업종자(業種子), 업죄(業罪), 업축(業畜), 업해

491) 업무(業務): 업무감사(監査), 업무관리(管理), 업무권(權), 업무방해/죄(妨害/罪), 업무상과실(上過失), 업무용서류(用書類), 업무일지(日誌), 업무태만(怠慢); 여신업무(與信).

(業海), 업화(業火); 공덕업(功德業), 구업(口業), 덕업(德業), 사업(死業), 삼업(三業;身業, 口業, 意業), 선업(先業), 선업(善業), 숙업(宿業), 순생업(順生業), 순현업(順現業), 순후업(順後業), 신업(身業), 악업(惡業), 원업(冤業), 의업(意業), 인업(因業), 전업(前業), 정업(正業;살생이나 도둑질을 하니 아니하는 것), 정업(定業;현세에 받게 되는 업보), 정업(淨業;깨끗한 행위), 죄업(罪業), 행업(行業) 들.

업(다) ①사람을 등에 대고 손으로 잡거나 무엇으로 동여매어 붙어 있게 하다.↔내리다. ¶아기를 업다. 업으나 지나(이러나저러나 마찬가지임), 어부랭이[492], 어부바[493], 업숭이(하는 짓이 변변하지 못한 사람), 업어다주기, 업어치기, 업음질/하다, 업저지[494], 업히다; 둘러업다.[+사람]. ②윷놀이에서, 말을 한데 어우르다. ③어떤 세력을 배경으로 하다. ¶권력 기관을 등에 업고 행패하다.

업수-놓다 광산에서, 갱내(坑內)의 물을 밖으로 흐르게 설비하다.

업진 소의 가슴에 붙은 고기.[←ebčiün〈몽〉]. ¶업진편육(片肉).

없(다) 시간적 · 공간적 · 현실적으로 존재하지 아니하다.(↔있다). 가지거나 갖추고 있지 아니하다. 어떤 것이 많지 않은 상태에 있다. 매우 드물다. 일부 명사 또는 명사성 어근에 붙어 원래 의미인 '무(無;없음)'의 반의적 의미, 즉 '유(有;있음)'의 뜻을 더하는 형용사화한 말. ¶집안에 사람이 없다. 돈이 없다. 부모가 없는 아이. 세상에 없는 효자. 업시름[495], 업신여기다[496], 업신여김/업심, 없애다(≒치우다. 제거하다.↔만들다), 없어지다[497], 없으시다(안 계시다), 없이(↔있이), 없이살다, 없이하다(없애다); 가량없다(假量), 가뭇없다, 가없다, 간단없다(間斷), 객없다(客), 거추없다, 거침없다, 관계없다(關係), 구성없다, 그지없다, 기신없다(氣神), 까딱 · 까땍 · 끄떡 · 끄떽없다, 깔축없다[498], 꼼짝 · 꿈쩍없다, 끊임없다, 끝없다, 난데없다, 남김없이, 낯없다[499], 내남없이, 느닷없이, 다름없다, 다시없다, 다함없다, 대중없다(짐작할 수가 없다), 더없다, 덧없다, 두말없이, 두수없다[500], 드리없다[501], 때없이, 뜬금없다, 만유루없다(萬遺漏), 말없이, 맛없다, 맥없다(脈), 멋없다, 면목없다(面目), 물색없다[502], 물샐틈없다, 바이없다, 변모없다[503], 변모없이, 보잘것없다, 본데없다, 사날없다, 상없다(常), 상관없다(相關), 새없이[504], 서슴없다/서슴없이, 세상없다(世上), 세월없이(歲月), 소용없다(所用), 수없이(數), 숨김없이, 스스럼없다, 시름없다, 실없다(實), 쓸데없다, 아랑곳없다, 어김없다, 어림없다, 어이없다, 어처구니없다, 얼씬없다, 얼없다(조금도 틀리지 아니하고 똑같다), 엉터리없다(터무니없다), 여들없다(하는 짓이 멋없고 미련하다), 여지없다(餘地), 연득없다(갑작스럽다), 열없다, 열없이, 열없쟁이, 염의없다, 영락없다(零落), 온데간데없다, 윤척없다(輪脊;이 말 저 말 되는 대로 지껄이어 대중이 없다), 의지가지없다, 인정사정없다(人情事情), 일없다, 종작없다, 주책없다, 지각없다/지각머리없다(知覺), 진배없다, 짝없다, 쩍말없다, 채신 · 치신 · 처신없다(處身), 철없다, 채신없다, 태없다[505], 터무니없다, 턱없다(이유에 닿지 아니하다), 틀림없다, 티없다, 푸접없다[506], 하릴없다(어찌할 도리가 없다), 하염없다, 하잘것없다, 한량없다(限量), 허물없다, 헐수할수없다, 힘없다/없이. ☞ 무(無).

엇- 일부 용언 앞에 붙어 '어긋나게, 비뚜로. 비스듬하게. 어지간한 정도로 대충', 몇몇 명사나 형용사 앞에 붙어 '어긋난. 조금'의 뜻을 더하는 말. §'엇-[橫 · 違]'은 '빗-[斜]'과 음운 교체된 동근어. ¶엇가게, 엇가다/엇다, 엇가로(엇비스듬한 가로), 엇가리[507], 엇각(角), 엇갈다/갈리다[508], 엇갈림, 엇갈음, 엇걸다/걸리다, 엇걸이, 엇결다/결리다, 엇결, 엇구뜰하다(조금 구수한 맛이 있다), 엇구수하다[509], 엇굽힘, 엇그루(약간 비스듬하게 벤 그루터기), 엇기대다, 엇길, 엇깎다/깎이다, 엇꺾쇠, 엇꼬다/꼬이다, 엇꿰지다, 엇끼다/끼우다, 엇나가다(엇나다. 빗나가다), 엇날다(엇바꾸며 이리저리 날다), 엇논(물이 어중되게 모자란 논), 엇놀리다, 엇누비다, 엇누이다, 엇눈, 엇눌리다, 엇눕다/눕히다, 엇니톱니바퀴, 엇달다, 엇달래다(그럴듯하게 달래다), 엇대다, 엇돌다/돌리다, 엇되다[510], 엇두르다, 엇듣다(잘못 듣다), 엇디디다, 엇뛰다, 엇뜨다[511], 엇막다, 엇막이, 엇말(엇서거나 엇나가는 말), 엇맞다, 엇매끼다, 엇매다, 엇먹다, 엇메다, 엇모토막, 엇모리장단(長短), 엇물다/물리다, 얼미닫이(두 짝이 엇물리게 닫히는 미닫이), 엇밀이[512], 엇바꾸다/바꾸이다/바뀌다, 엇박다, 엇박이[513], 엇박자(拍子), 엇베다/베이다, 엇보[두 사람이 서로 서는 보증(保證)], 엇부

492) 어부랭이: 메뚜기, 잠자리 따위의 벌레나 곤충이 짝을 지은 것. ¶창가에 잠자리 어부랭이 한 쌍이 앉아 있다.

493) 어부바: 어린아이가 업어 달라고 하는 소리. 또는 어린아이에게 업히라는 뜻으로 하는 소리.[←업(다)+어+보(다)+아]. 〈준〉부바. ¶어부바하다.

494) 업저지: 어린아이를 업고 돌보는 계집 하인.

495) 업시름: 업신여기어 하는 구박(驅迫). ¶나에게 업시름을 안겨 주던 놈들에게 본때를 보여 주겠다.

496) 업신여기다: 교만한 마음에서 남을 낮추보거나 멸시하다.[〈업시너기다]. ¶업심을 받다(남에게 업신여김을 당하다), 업신여김/업심.

497) 없어지다: 있던 것이 있지 않게 되다.≒사라지다.↔나타나다.

498) 깔축없다: 조금도 축나거나 버릴 것이 없다.

499) 낯없다: 너무 미안하고 부끄러워 대할 면목이 없다. ¶낯없이.

500) 두수없다: 다른 방도나 대책이 없다. ¶두수없이 당하고 말다.

501) 드리없다: 경우에 따라 변하여 일정하지 아니하다. ¶물건 값이 드리없다. 크고 작고 드리없이 늘어놓다.

502) 물색없다: 말이나 하는 짓이 형편에 어울리지 아니하다. ¶물색없이 제 자랑을 늘어놓는 사람.

503) 변모없다: ①융통성이 없이 고지식하다. ②남의 체모는 돌보지 아니하고 말이나 행동을 거리낌 없이 마구 하다.

504) 새없이: 아무런 종작이 없이 또는 분수없이 방정맞게. ¶사람이 새없이 논다.

505) 태없다: ①뽐낼 만한 자리에 있으면서도 조금도 뽐내는 빛이 안보이다. ¶전혀 태없는 사람. ②볼만한 데가 없다. ¶태없이.

506) 푸접없다: 붙임성이나 인정이 없어 쌀쌀하기만 하다.

507) 엇가리: 대나 채를 엮어서 위는 둥글게 아래는 편평하게 만들어 곡식을 담거나 덮는 데 쓰는 농기구.

508) 엇갈리다: 서로 어긋나서 만나지 못하고 지나치다. 생각이나 주장 따위가 일치하지 않다. ¶길이 엇갈려 그를 만나지 못했다. 주장이 엇갈리다. 희비가 엇갈리다.

509) 엇구수하다/어꾸수하다: ①음식 맛이 조금 구수하다. ②하는 말이 이치에 그럴듯하다. ③하는 짓이나 차림이 수수하면서도 은근한 맛이 있어 마음을 끄는 데가 있다.

510) 엇되다: ①조금 건방지다. ¶엇된놈. ②=어지빠르다(정도가 넘고 어느 한 쪽에도 맞지 않다).

511) 엇뜨다: 눈동자가 몰아 박혀서 빗보다.

512) 엇밀이: 쇠붙이나 돌, 나무 바탕에 글자나 그림 따위를 새기는 데에 쓰는 연장.

513) 엇박이: 한군데에 붙박이로 있지 못하고 갈아들거나 이리저리 움직이는 상태. 또는 그런 일이나 사물.

덮치다, 엇부루기(엇송아지), 엇붙다/붙이다, 엇붙임, 엇비끼다, 엇비듬하다, 엇비뚜름하다, 엇비스듬하다, 엇비슥하다, 엇비슷하다(어지간히 거의 비슷하다), 엇비치다, 엇비탈(비대칭 배사), 엇빗내기, 엇빗이음, 엇뿌리, 엇사귀다(어긋매끼게 사귀다), 엇서다/세우다, 엇섞다/섞이다, 엇세우다, 엇셈[514], 엇송아지(아직 덜 자란 송아지), 엇시조(旕時調), 엇시침/어슷시침, 어쌔고비쌔다[515], 엇썰다, 엇쓸다, 엇잡다, 엇장단, 엇절이, 엇절이접(接), 엇젓기, 엇조(調), 엇지다(조금 빗나간 듯하다), 엇지르다(비스듬히 가로지르다), 엇차다(비스듬하게 옆으로 차다)/채이다, 엇청(얼청), 엇치량/집(樑), 엇턱이음, 엇평(졸대). ☞ 어기다. 엇-. 횡(橫).

엇(다) 사람이 어떤 일을 하기에 거북할 만큼 어중되고 모자라는 듯하다. ¶엇답(畓;물이 어중되고 모자란 논).

-엇(다)- ☞ -것(다)-.

엉거능측-하다 보기에는 얼뜬 듯하면서 음충하고 능청스럽게 남을 속이는 수단이 있다.

엉거시 엉거싯과(국화과)의 두해살이풀.=지느러미엉겅퀴.

엉겁-결(에) 자기도 모르는 사이에 갑자기. 미처 뜻하지 못한 순식간. ¶엉겁결에 뛰어내리다.

엉겅퀴 엉거싯과의 여러해살이풀. ¶엉겅퀴나물; 가시엉겅퀴.

엉구(다) 여러 가지를 모아 일이 되도록 하다. ¶맡은 일을 엉구어 놓다. 이 일을 엉구자면 아직 자금이 더 필요하다. 깨진 유리 조각으로 다시 그릇을 엉굴 수는 없다.

엉그름 차지게 갠 흙바닥이 말라 터지어 넓게 벌어진 금. 〈준〉엉금. ¶논바닥에 엉그름이 생기도록 가물다. 엉그름을 보니 가뭄이 심하다. 엉그름지다(엉그름이 마르면서 갈라지다).

엉기(다)[1] ①액체나 가루가 한데 뭉치어 굳어지다.≒굳다.↔풀리다. ¶기름이 엉기다. 엉겁[516], 엉겨굳기(응고), 엉겨돌다, 엉겨들다, 엉겨붙기(응집), 엉겨붙다, 엉긴피(응혈), 엉김[엉김값응결가], 엉김약(藥), 엉김열(熱), 엉김점(點), 엉김제(劑), 엉키다; 뒤엉기다, 들엉기다(착 달라붙어서 엉기다). ②가는 물건이 한데 얽히고 엇갈리다. ¶칡덩굴이 서로 엉기다. 엉기정기(질서 없이 여기저기 벌이어 놓은 모양). ☞ 응(凝).

엉기(다)[2] 굼떠서 일을 척척 해내지 못하며 허둥거리다. 매우 힘들게 간신히 기어가다. ¶엉긴 솜씨로 놓치다. 엉긴 걸음으로 가다. 엉금[517], 엉기적[518], 엉깃[519] 들.

엉너리 남의 비위를 맞추기 위하여 어벌쩡하게 서두르는 짓.=어리손. ¶엉너리를 치다. 노련한 엉너리에 넘어간다. 엉너릿손(엉너리로 사람을 후리는 솜씨).

엉덩뚱 별로 하는 일 없이 엄벙덤벙하는 사이에 시간이 지나감을 이르는 말. ¶해는 어찌 그리 엉덩뚱 지나가는지 어느새 저녁이 되었다.

엉덩이 볼기[520]의 윗부분. 둔부(臀部). ¶엉덩이에 주사를 맞다. 엉덩이가 무거워 행동이 굼뜨다. 엉덩이에 뿔이 나다(어린 사람이 옳은 가르침을 따르지 않고 비뚜로 나가다). 엉덩걸음, 엉덩머리(엉덩이), 엉덩받이(엉덩이를 대고 앉을 만한 자리), 엉덩방아, 엉덩배지기, 엉덩뼈, 엉덩살, 엉덩이걸음/엉덩걸음, 엉덩이끈, 엉덩잇바람, 엉덩이뼈, 엉덩잇짓/하다, 엉덩짝, 엉덩이춤/엉덩춤, 엉덩판(엉덩이의 넓고 두둑한 부분), 엉치등뼈(엉덩이뼈); 안반엉덩이(안반처럼 넓적한 엉덩이) 들.

엉두덜 원망이나 불만이 있어 남이 알아듣기 어려울 정도의 낮은 목소리로 엉얼거리고 두덜거리며 불평하는 모양. ¶엉두덜엉두덜 불평이다. 엉두덜거리다/대다, 엉두덜엉두덜/하다.

엉뚱-하다 ①말이나 행동이 분수에 맞지 아니하게 지나치다.≒터무니없다. 〈작〉앙똥하다. ¶엉뚱한 짓이다. ②상식적으로 생각하거나 짐작하였던 것과 전혀 다르다.≒별나다(別), 기발하다(奇拔). ¶엉뚱한 소리를 한다. 엉뚱한 길로 갔다. 앙똥·엉뚱스럽다.

엉망 일이나 물건이 헝클어지고 뒤섞이어 갈피를 잡을 수 없을 만큼 결딴나거나 어수선한 상태.≒뒤죽박죽. 뒤범벅. ¶어머니가 안 계시니 집안 꼴이 엉망이다. 일을 엉망으로 해놓다. 성적이 엉망이다. 엉망진창(매우 엉망인 상태).

엉성엉성 키가 큰 사람이 조금 느린 걸음으로 걷는 모양. ¶멀리서 엉성엉성 걸어오는 남자.

엉세-판 몹시 가난하여 살아가기가 어려운 처지. ¶노인은 엉세판에 몹시 찌든 얼굴이었다. 이 엉세판에 조밥이면 어떻습니까.

엉이야-벙이야 얼렁수로 어름어름 꾸며대는 모양. ¶엉이야벙이야 하고 그대로 넘어가다.

엉정벙정 쓸데없는 것을 너절하게 벌이어 놓은 모양.=엉벙. ¶방바닥에 엉정벙정 널려 있는 장난감.

엉클(다) 일이나 감정·생각 또는 실·줄·물건을 풀기 어려울 정도로 뒤얽히게 하다. 〈거〉헝클다[521]. ¶머리는 엉킨 상태고 옷은 형편없이 낡았다. 엉·헝클리다, 엉·헝클어뜨리다/트리다, 엉·

---

514) 엇셈: 서로 주고받을 것을 제하고 하는 셈.

515) 어쌔고비쌔다: 이리 빠지고 저리 빠지다. 이리저리 사양하다.[←엇서(다)+빗서다]. ¶어쌔고비쌔고 하기가 싫어서 그냥 주는 대로 술잔을 받아 마셨다.

516) 엉겁: 끈끈한 물건이 범벅이 되어 달라붙은 상태. ¶진흙이 신에 엉겁이 되었다. 피가 말라붙어 엉겁이 되어 있었다.

517) 엉금: ①큰 동작으로 느리게 걷거나 기는 모양. ¶엉금엉금 기어가다. ②손이나 발을 크게 움직이는 모양. 〈작〉앙금. 〈거〉엉큼. 앙금앙금·엉금엉금·앙큼앙큼·엉큼엉큼, 앙금쌀쌀·엉금썰썰, 암큼상큼·엉큼성큼/하다.

518) 엉기적: 뒤뚱거리며 느릿느릿 걷거나 기는 모양.=엉기. 〈작〉앙기작. ¶엉기적엉기적 걷는 오리걸음. 엉기적거리다/대다, 엉기적엉기적/하다.

519) 엉깃: 몸을 둔하게 움직이며 느릿느릿 걷거나 기는 모양.=엉기.

520) 볼기: 궁둥이(앉으면 바닥에 닿는 엉덩이의 아랫부분)의 살이 두두룩한 부분.

521) 헝클다: 실이나 줄 따위의 가늘고 긴 물건을 풀기 힘들 정도로 몹시 얽히게 하다. 어떤 물건 따위를 한데 뒤섞어 놓아 어지럽게 하다. 일의 갈피를 잡을 수 없게 하다. 감정이나 생각 따위를 착잡하게 하다. ¶실을 헝클어 놓다. 헝크러뜨리다/트리다, 헝클어지다, 헝클리다; 뒤헝클다(마구 헝클다).

헝클어지다/엉키다(얽히고설키다); 뒤엉키다[522].

엉터리 ①터무니없는 말이나 행동. 또는 그런 말이나 행동을 하는 사람. 허울만 있고 내용이 빈약하거나 실제와 어긋나는 것. ¶엉터리박사(博士), 엉터리없다/없이. ②대강의 윤곽. ¶일주일 만에 일이 겨우 엉터리가 잡혔다.

엎(다) 위가 아래로 가고 밑바닥이 위로 가도록 놓다. 부주의로 그릇을 쓰러뜨리다. 일이나 현상 따위를 없애 버리다.≒뒤집다. ¶그릇을 엎다. 손바닥을 엎다(뒤집다). 땅을 갈아엎다. 독재 정권을 엎다. 기존의 학설을 엎는 새 학설. 엎드려 절 받기. 엎누르다/눌리다, 엎덮, 엎드러뜨리다/트리다, 엎드러지다/엎더지다, 엎드려뻗치다, 엎드려쏴, 엎드리다/엎디다, 엎숙이다(몸을 굽히고 고개를 숙이다), 엎어놓다. 엎어누르다/엎누르다, 엎어뜨리다/트리다, 엎어말다, 엎어말이(국수 따위를 엎어마는 일), 엎어먹다(망하게 하거나 후리어 가지다), 엎어묻기, 엎어삶다[523], 업어쥐다/엎쥐다, 엎어지다(몸의 앞쪽이 바닥에 닿다), 엎어치기, 엎이다, 엎자치[524], 엎지르다(쏟다. 쏟뜨리다)[(업디다], 엎질러지다, 엎집[525], 엎쳐뵈다[526], 엎치다, 엎치락덮치락/하다, 엎치락뒤치락/하다, 엎치락잦히락/하다, 엎친물(엎지른 물); 갈아엎다(땅을 갈아서 흙을 뒤집어엎다), 나엎어지다(갑자기 엎어지다), 덧엎치다(엎친 위에 다시 엎치다), 둘러엎다[527], 뒤엎다/엎어지다/엎이다, 뒤집어엎다('뒤집다'의 힘줌말. 엎지르다), 들엎드리다[528], 떠엎다(떠서 뒤집어엎다. 판세를 뒤집다), 처엎다(마구 뒤엎다) 들

에¹ ①뜻에 맞지 아니할 때 역정으로 내는 소리. 〈작〉애. ¶에, 참 제수 없네. 에기/엑(마음에 마땅찮을 때 내는 소리), ②가볍게 거절하거나 나무랄 때 내는 소리. ¶에, 무슨 일을 이렇게 하나? ③기분이 좋거나 상쾌할 때 내는 소리. ¶에, 이제야 끝났군. ④뒷말이 곧 나오지 아니하여 뜸을 약간 들일 때 내는 소리. ¶에, 그게 그러니까……. 에에[529].

에² ①여러 가지 사물을 더하면서 나열하는 뜻을 나타내는 접속조사. ¶사과에 배에 귤에 없는 것이 없다. 에-다/가. ②처소나 진행 방향, 원인. 또는 어떤 행동이나 상태가 이루어지는 데 필요한 간접적인 대상을 나타내는 부사격 조사. ¶바닷가에 살다. 집에[으로] 가다. 바람에 날리는 낙엽. 독감에 걸리다. 그것은 사소한 문제에 지나지 않았다. ③'기준이나 단위', '강조'의 뜻을 나타냄. ¶하루에 10시간 공부한다. 밥 대신에 죽을 먹는다. ④명사 뒤에 붙어 부사를 만들거나, 부사 뒤에 붙어 '강조'의 뜻을 나타냄. ¶가뜩-에, 단김-에, 대번-에. ⑤'에다가'의 준말. ¶청바지에 흰 남방셔츠를 입었다. 에-나, 에-는/엔, 에-다(가), 에-도(또한), 에-를/엘, 에-의, 에-만, 에-인들/엔들[530], 에-일랑(은)/엘랑(은).

-에 명사 뒤에 붙어 부사를 만들거나, 부사 뒤에 붙어 '강조'의 뜻을 더하는 말. ¶가뜩에, 거미구에(居未久), 겁결에(怯), 고락간에(苦樂間), 과경에(過頃), 그러기에, 금세, 기왕에(旣往), 긴불긴간에(緊不緊間) 내왕간에(來往間), 내친김에, 눈결에, 단걸음에(單), 단결에, 단김에, 단무릎에, 단바람에, 단방에(單放), 단번에(單番), 단손에(單), 단숨에(單), 단참에(單站), 당초에(當初), 대뜸에, 대번에, 동시에(同時), 뜻밖에, 뜬김에, 망중에(忙中), 모야간에(暮夜間), 무심결에(無心), 묵연양구에(默然良久), 미구에(未久), 미연에(未然), 밖에, 반면에(反面), 백일하에(白日下), 백주에(白晝), 보매, 불시에(不時), 분결에(憤/忿), 분김에(憤/忿), 불시에(不時), 삽시간에(霎時間)/삽시에, 선시에(先是), 성불성간에(成不成間), 성황리에(盛況裏), 세상에(世上), 순식간에(瞬息間), 아닌밤중에(中), 양구에(良久), 어동어서에(於東於西), 어떻든간에, 어마지두에(무섭고 놀라워서 정신이 얼떨떨한 판에), 어망결에, 어사지간에(於斯之間;어느덧), 어시에(於是), 어심에(於心), 어차에(於次), 어차간에(於次間), 어차어피에(於次於彼), 어천만사에(於千萬事), 언외에(言外), 언하에(言下), 얼김에, 얼낌덜낌에, 얼떨결에, 얼떨김에, 엉겁결에, 연중에(然中), 연후에(然後), 여태, 우환에, 울럭김에, 은연중에(隱然中), 의신간에(疑信間), 이에(이리하여 곧), 이에서(이보다), 이금에(而今), 이불리간에(利不利間), 이왕에(已往), 이차어피에(以此於彼), 일거에(一擧;단번), 일시에(一時), 일순에(一瞬), 자에(玆), 잘잘못간에(間), 저적에, 제김에(혼자서 저절로), 제물에, 제출물에, 제풀에, 조만에(早晩), 졸지에(猝地), 죽밥간에(粥), 죽식간에(粥食間), 창졸에(倉卒), 채전에(前), 천만에(千萬), 천지에(天地), 천하에(天下), 청파에(聽罷), 친소간에(親疎間), 하가에(何暇), 하기에, 하여간에(何如間), 한꺼번에, 한끈에, 한눈에, 한달음에, 한목에, 한숨에, 한참에, 해가에(奚暇), 홀지에(忽地) 들.

에(恚) '성내다. 화를 내다'를 뜻하는 말. ¶감에(憾恚;원망하며 몹시 화를 냄), 애에(愛恚); 분에(憤/忿恚;분노), 진에(瞋恚) 들.

에게 사람 또는 동물과 관련된 체언에 붙어 쓰이는 부사격 조사. ①어떤 행동이 미치는 대상임을 나타냄. ¶동생에게 알리다. 부모님께 말씀드리다. 〈높〉께. ②어떤 행동을 일으키게 한 대상임을 나타냄. ¶적에게 잡히다. ③어떤 대상이 문제가 되는 대상이나 위치를 나타냄.=한테. 〈준〉게. ¶큰놈에게 요즘 좋은 일이 있다. 에게-다. 에게-로, 에게-만(의), 에게-서. §준말 '게'는 주로 인칭대명사 '내', '네', '제'에 붙어 쓰임. ¶내게 맡겨라. 제게 맞는 일을

---

522) 뒤엉키다: 실이나 줄 · 물건 따위가 뒤섞여 어지럽게 되다. 일이나 문제 따위가 서로 뒤섞여 갈피를 잡을 수가 없게 되다. 감정이나 생각 따위가 뒤얽혀 갈피를 잡을 수 없게 된다.

523) 엎어삶다: ①그럴듯한 말로 남을 속이어 자기의 뜻대로 되게 하다. ¶그는 주인을 엎어삶아서라도 이 번 일을 꼭 성사시킬 작정이었다. ②노름판에서, 앞 판에서 딴 돈 전부를 다음 판에 태우다.

524) 엎자치: 장지문 · 선반 따위의 어깨를 서로 앗아 틈이 나지 아니하게 하는 일.

525) 엎집: 빗물이 한쪽으로만 흐르도록 지붕의 앞쪽은 높고 뒤는 낮게 지은 집.

526) 엎쳐뵈다: ①구차하게 남에게 머리를 숙여 굽실거리다. ②'절하다'의 속된 말.

527) 둘러엎다: ①통째 뒤엎어 버리다. 전복하다(顚覆). ¶밥상을 둘러엎다. 정권을 둘러엎다. ②하던 일을 때려치우다. 집어 팽개치다. ¶직장을 둘러엎고 나와 장삿길에 나서다.

528) 들엎드리다: 바깥 활동은 하지 아니하고 집에만 가만히 있다. 〈준〉들엎디다.

529) 에에: 다음 말을 주저하거나 곧 나오지 아니할 때 내는 군소리. ¶에에, 또 뭐였더라.

530) 엔들: 명사 다음에 붙어 반어(反語)의 뜻을 나타내는 보조사. ¶어느 곳엔들 못 가랴. 어찌 꿈엔들 잊을 수 있겠소. 예전엔들 그런 일이 없었겠나?

선택하겠습니다. 게-서.

에그 가엾거나 섬뜩하거나 징그러울 때 내는 소리.=에끄나. 에크나. ¶에그, 가엾어라. 에그, 끔찍해라.

에그그 매우 놀랐을 때 저절로 나오는 소리. ¶에그그, 네가 웬 일이냐? 에구구 · 에쿠쿠, 에꾸나/에꾸 · 에쿠(깜짝 놀랐을 때 내는 소리), 에끼[1], 에키.

에기 마땅치 않을 때 내는 소리. 〈준〉엑. 〈거〉에키. ¶에기, 내가 참는 편이 났겠다. 에키, 못난 사람 같으니. 에끼[2].

에끼(다) 주고받을 물건이나 일을 서로 비기어 없애다.≒비기다. 상계하다(相計). ¶물건을 서로 바꿀 때에, 값을 서로 따져 에낀 차액을 채워서 내는 돈을 '덧두리'라고 한다.

에넘느레-하다 종이나 헝겊 따위가 여기저기 늘어져 어수선하다. ¶작업장 안은 언제나 헝겊 나부랭이가 에넘느레하였다. 공부도 좋지만 책상에 에넘느레한 물건들은 치워 가면서 하여라.

에(다) ①날카로운 연장으로 도려내다.[〈어히다]. ¶살을 에는 듯한 겨울바람. 에기[531], 에누리[532]/하다, 어음[533], 언청이[534], 에이다, 엔대소[535]; 애깎이(속을 우묵하게 파내는 조각칼). ②'에우다'의 준말.

에라 ①단념이나 실망의 뜻을 나타내는 소리. ¶에라, 나도 모르겠다. 에이[536]. ②아이에게 그리 말라는 뜻으로 나무라는 소리. ¶에라, 이놈들! ③'에루화[537]'의 준말. 예라[538].

531) 에기: 바느질할 때에, 곡선으로 된 부분을 조금 베어 놓는 일.

532) 에누리: ①받을 값보다 더 얹어서 부르는 일. 또는 그 값. ②자기에게 유리하도록 사실보다 보태거나 줄이는 일. ¶그의 말은 약간 에누리해서 들어도 된다. ③값을 깎는 일. ¶에누리를 하다. 에누릿속(에누리로 하는 속내), 에누리없다(에누리를 하지 않다), 에누리하다. ④용서하거나 사정을 보아주는 일. ¶사람 사는 세상에 에누리없는 일이 있던가?

533) 어음: 일정한 시기에 일정한 장소에서 일정한 금액을 지불하겠다고 약속한 유가 증권. 돈 치르기를 약속하는 쪽지.[←에〈엏(다)+음/엄]. ¶엄대[엄:때](물건 값을 표시하는, 길고 짧은 금을 새기는 막대기)/질/하다, 엄대답(對答; 남이 써 놓은 어음에 대하여 보증함)/하다, 엄지(紙;어음을 쓴 종이), 어음거래(去來), 어음교환(交換), 어음법(法), 어음부도(不渡), 어음소송(訴訟), 어음장(帳), 어음쪽/엄쪽, 어름할인(割引), 어음행위(行爲); 가어음(假), 개인어음(個人), 국제어음(國際), 금전어음(禁轉), 기본어음(基本), 단기어음(短期), 단명어음(單名), 만기어음(滿期), 무역어음(貿易), 받을어음[受取], 백지어음(白紙), 변조어음(變造), 복명어음(複名), 복수어음(複數), 부도어음(不渡), 불/완전어음(不/完全), 사금파리어음(사기로 만든 어음), 상업어음(商業), 신용어음(信用), 신종기업어음(新種企業), 약속어음(約束), 예금어음(預金), 외국화폐어음(外國貨幣), 외국환어음(外國換), 외화어음(外貨), 융통어음(融通), 위조어음(僞造), 은행어음(銀行), 이부어음(利付), 자기앞어음(自己), 장기어음(長期), 지급어음(支給), 추심어음(推尋), 할인어음(割引), 화환어음(貨換), 환어음(換)[송금환어음(送金)].

534) 언청이: 윗입술이 선천적으로 찢어진 사람. 또는 그 찢어진 입술. ¶언청이 아니면 일색. 언청샌님.

535) 엔대소: 활 만드는 데 쓰는 대나무 표면을 어긋매끼는 선으로 에어 낸 것.

536) 에이: 실망하여 단념할 때 내는 소리. '에이끼/에이'의 준말. ¶에이그, 에잇, 에참.

537) 에루화: 노래할 때 흥겨움을 나타내는 소리. 〈준〉에라.

538) 예라: ①아이들이 하는 짓이 못마땅할 때 하는 소리. ¶예라, 이 못난 녀석아, 누가 그런 짓을 하랬어. ②확신이 서지 아니하는 일을 결단할 때 내는 소리. ¶예라, 모르겠다, 우선 먹고 보자. ③벽제(辟除)할 때 하는 소리. ¶예라께라(예라예라), 예라끼놈(예라 이놈).

에멜무지(로) ①물건을 단단하게 묶지 아니한 채. ¶에멜무지로 짐을 얹다. ②헛일하는 셈치고 시험 삼아. ¶에멜무지로 한번 해 본 일이 좋은 결과를 얻었다.

에부수수 정돈되지 아니하여 어수선하고 엉성한 모양. 속이 차지 못한 모양. 〈거〉에푸수수. 〈준〉부수수[539]. ¶에부수수한 머리털을 빗으로 빗는다. 에부수수/부수수 · 에푸수수/하다.

에비 어린아이에게 '무서운 것'이라는 뜻으로 놀라게 하는 말. 또는 그런 가상적인 것.=어비. ¶울면 에비가 잡아간다. 에비, 만지지 마라.

에서 ①어떤 행동이나 상태가 일어나고 있는 장소를 나타내는 부사격 조사. ¶농부들이 밭에서 열심히 일하고 있다. ②어떤 행동의 출발점이나 기준점, 근거를 나타내는 부사격 조사. ¶하늘에서 눈이 내린다. 요람에서 무덤까지. 마산에서 10시에 출발하였다. 어디서 왔습니까? 고마운 마음에서 선생님께 선물을 드렸다. 〈준〉서②. ③단체 명사에 붙어 행위의 주체를 나타내는 주격 조사. ¶정부에서 강력한 부동산 투기 억제책을 폈다. 우리 학교에서 우승하였다. 에서-는/도/만/까지/부터/조차/라도/나/나마/처럼, 에서-ㄹ랑(-은). §일부 부사와 결합하기도 함. ¶말소리가 가까이에서 들렸다.

에오 임금이 거둥할 때 거리의 나쁜 귀신을 물리치기 위하여 두꺼운 기름종이 조각에 그린 짐승의 이름.

에우(다) ①사방을 빙 둘러싸다. 다른 길로 돌리다. ¶함정을 피하여 에워서 갔다. 에우치다(둘러서 가리거나 막다), 에움길(굽은 길), 에워가다(빙 돌아 둘러가다), 에워싸다/싸이다, 엔담[540]. ②장부의 필요 없는 부분을 지우다. ¶지우개로 에우다. 에움(갚음. 배상)/하다. ③문제를 본래의 것이 아닌 어떤 대상으로 대충 해결하다. ¶에움[541]/하다. ④끼니를 다른 음식을 먹음으로써 때우다. ¶오늘도 국수로 한 끼를 에워야 한다. 〈준〉에다. ⑤'에-'의 꼴로, 일부 용언 앞에 붙어 '빙 둘러. 에워'의 뜻을 나타내는 말. ¶에구부러지다, 엔구부정하다(빙 돌아 휘움하게 굽다), 에구붓하다(약간 휘우듬하게 구붓하다), 에굽다(약간 휘우듬하게 굽다), 엔굽이치다(물이 굽이쳐 뭍으로 빙 돌아서 흐르다), 엔길(에돌아가는 길. 두름길), 에너르다(공간이 크게 에둘리어 너르다), 에돌다[542]/돌리다, 에돌아가다, 에돌아앉다, 에돌이[회절(回折)], 에돌이각(角), 에두르다(둘러막다. 둘러서 말하다)/둘리다, 에둘러대다/치다, 에우치다(둘러서 가리거나 막다), 에워싸다/싸이다. ☞위(圍).

에우쭈루 벽제(辟除;지체가 높은 사람이 행차할 때 잡인의 통행을 금하던 일)하느라고 외치는 소리.

539) 부수수: 차분한 맛이 없이 엉성하고 어수선히.=에부수수. 〈거〉푸수수. ¶머리가 부수수 지저분하다.

540) 엔담: 가장자리를 빙 둘러서 싼 담. ¶엔담짜기(사방으로 빙 둘러싸서 짜는 일).

541) 에움: 빚이나 손해 따위를 갚거나 물어줌. ¶동생 대신 내가 에움을 해 주기로 하였다. 에움하다(갚다).

542) 에돌다: 곧장 나아가지 않고 멀리 피하여 돌다. 근처에서 이리저리 빙빙 돌다. ¶들판을 에돌아 흐르는 시내.

에취 재채기할 때 나는 소리.

에쿠 몹시 아프거나 놀랄 때 나오는 소리. ¶에쿠, 큰일 났군. 에꾸, 에쿠나, 에쿠쿠, 에크/나, 에키/나, 이키나/이키.

에테 술과 여자, 노름에 빠짐. 또는 그런 짓. ¶허구한 날을 오입판, 놀음판으로 에테하고 다녔으니 재산이 남아 있을 리 있나. 에테하다.

엘레지 개의 자지. 구신(狗腎).

여[1] 물속에 잠겨 보이지 않는 바위. 암초(暗礁). 숨은바위. ¶제주도 남쪽 바다에는 여가 많아 자주 사고가 나곤 한다. 여가 물 위로 드러나면 '염'이라 부른다. 여걸림[543], 여바위; 든여(육지 쪽으로 들어온 여. 속여), 마당여(바닷물에 잠겨 있는 넓고 평평하게 뻗은 바위. 암초), 속여(물속에 있으면서 썰물 때에도 드러나지 아니하는 바위), 숨은여(암초), 잠길여(간조 때 드러나는 바위).

여[2] 모음으로 끝나는 체언에 붙어, 부르거나 호소의 뜻을 나타내는 호격 조사. [받침으로 끝나면 '이여'로 쓰임]. 문어체에 주로 사용됨. ¶그대여 강을 건너지 마오. 동포여, 일어나라. 주여, 잘못을 용서하소서. 하늘이여, 조국을 보살피소서. (이)시-여[544].

여(女) '여자 · 여성. 딸. 계집. 암컷'을 뜻하는 말.↔남(男). ¶어머니는 5남 2녀를 낳아 기르셨다. 성별이 남이냐 여이냐. 여간수(女看守), 여감(女監), 여걸(女傑), 여경(女鏡), 여경(女警), 여계(女系), 여계(女戒), 여고/생(女高/生), 여공(女工), 여공(女功), 여관(女官), 여교사(女教師), 여국(女國), 여군(女軍), 여권(女權)[여권신장(伸張), 여권주의(主義)], 여근(女根), 여급(女給), 여기(女妓), 여기자(女記者), 여난(女難), 여랑(女郎), 여랑(女娘), 여대/생(女大/生), 여도(女徒), 여동생(女同生), 여라(女蘿), 여랑(女郎), 여랑(女娘), 여령(女伶), 여례(女禮), 여류(女流), 여모(女帽), 여무(女巫), 여무(女舞), 여배우(女俳優), 여범(女犯), 여복(女卜), 여복(女服), 여복(女福), 여사(女士), 여사(女史), 여상(女相), 여상(女商), 여상(女喪), 여색(女色), 여서(女壻;사위), 여선생(女先生), 여성(女性)[545], 여성(女聲), 여손(女孫), 여수(女囚), 여술(여자용 숟가락), 여스님, 여승(女僧), 여시(女侍;나인), 여식(女息), 여신(女神), 여신도(女信徒), 여심(女心), 여아(女兒), 여악(女樂), 여알(女謁), 여와(女瓦), 여왕(女王)[여왕개미, 여왕벌], 여우(女優), 여음(女陰), 여의(女醫), 여인(女人)[여인국(國), 여인네, 여인당(堂), 여인상(像)], 여자(女子)[여자다워지다/답다, 여자아이, 여자옷], 여장(女裝), 여장(女將), 여장부(女丈夫), 여적(女賊), 여제(女第), 여제(女帝), 여존남비(女尊男卑), 여종, 여주인(女主人), 여주인공(女主人公), 여죽(女竹), 여중호걸(女中豪傑), 여질(女姪), 여창(女唱), 여청(여자의 목청), 여체(女體), 여쾌(女儈;뚜쟁이), 여탕(女湯), 여태(女態), 여필(女筆), 여필종부(女必從夫), 여학생(女學生), 여편네(지어미), 여형(女兄), 여형(女形), 여혜(女鞋), 여혼(女婚), 여화(女禍), 여황(女皇); 가봉녀(加棒女;의붓딸), 가장녀(假裝女), 간녀(奸女), 갑남을녀(甲男乙女), 계녀(季女;막내딸), 고녀(雇女), 고녀(鼓女;생식기가 완전하지 못한 여자), 고녀(睾女;어지자지), 고녀(瞽女), 공녀(工女), 공녀(貢女), 과녀(寡女;寡婦), 과방녀(過房女), 관상녀(觀相女), 광녀(狂女), 교녀(嬌女), 궁녀(宮女), 궐녀(厥女;그녀), 귀녀(鬼女), 귀녀(貴女), 근사녀(近事女), 근책녀(勤策女), 기녀(妓女), 나찰녀(女), 남녀(男女), 납녀(納女), 노녀(老女), 대녀(大女), 독녀(獨女), 독신녀(獨身女), 동거녀(同居女), 동녀(童女), 동정녀(童貞;숫처녀), 득녀(得女), 마녀(魔女), 말녀(末女;막내딸), 망녀(亡女), 매음녀(賣淫女), 모녀(母女), 무남독녀(無男獨女), 무녀(巫女), 미가녀(未嫁女), 미녀(美女), 부녀(父女), 부녀(婦女), 분홍녀(粉紅女), 불초녀(不肖女), 사녀(士女), 생녀(生女), 생질녀(甥姪女), 서녀(庶女), 석녀(石女), 선남선녀(善男善女), 선녀(仙女), 선녀(善女), 성녀(聖女), 소녀(小女), 소녀(少女), 손녀(孫女), 수녀(修女), 수녀(須女), 수양녀(收養女), 숙녀(淑女), 시녀(侍女), 신녀(信女), 쌍녀(雙女;쌍동딸), 쌍생녀(雙生女), 아수라녀(阿修羅女), 악녀(惡女), 약혼녀(約婚女), 양가녀(良家女), 양녀(洋女), 양녀(養女), 양녀(良女), 열녀(烈女), 옥녀(玉女), 왕녀(王女), 외양녀, 왜장녀[546], 요녀(妖女), 용녀(傭女), 용녀(龍女), 울녀(울기를 잘하는 계집아이), 웅녀(熊女), 원녀(怨女), 유녀(幼女), 유녀(猶女;조카딸), 유녀(遊女), 유복녀(遺腹女), 유부녀(有夫女), 음녀(淫女), 의녀(義女;의붓딸), 의녀(醫女), 이질녀(姨姪女), 자녀(子女), 자녀(恣女), 잠녀(潛女), 장녀(長女), 재녀(才女), 적녀(嫡女), 정녀(貞女), 정학녀(正學女), 중녀(衆女), 증손녀(曾孫女), 직녀(織女), 질녀(姪女), 창녀(娼女), 처녀(處女), 천녀(天女), 천녀(賤女), 추녀(醜女), 침녀(針女), 표녀(漂女), 하녀(下女), 하종녀(下種女), 학법녀(學法女), 해녀(海女), 현녀(賢女), 협녀(俠女), 화녀(化女), 환녀(宦女), 황녀(皇女), 효녀(孝女), 흑암녀(黑闇女) 들.

여(餘) ①'남다. 나머지. 딴. 다른'을 뜻하는 말. ¶여가(餘暇;겨를. 틈)[여가지도(指導)], 여각(餘角), 여건(餘件), 여경(餘慶), 여곡(餘穀), 여광(餘光), 여기(餘技), 여기(餘氣), 여년(餘年), 여념(餘念;다른 생각), 여담(餘談;딴 이야기), 여당(餘黨), 여덕(餘德), 여독(餘毒), 여력(餘力), 여력(餘瀝), 여령(餘齡), 여록(餘祿), 여록(餘錄;어떤 정식 기록에서 빠진 기록), 여록(餘麓), 여론(餘論), 여류(餘流), 여류(餘類), 여마(餘馬), 여망(餘望;앞날의 희망), 여맥(餘脈), 여명(餘命), 여무가론(餘無可論), 여묵(餘墨), 여물(餘物), 여방(餘芳), 여백(餘白;空白), 여벌(여유가 있는 옷. 소용이 없는 물건), 여병(餘病), 여분(餘分;나머지), 여분(餘憤), 여불비례(餘不備禮), 여사(餘事), 여색(餘色), 여생(餘生;앞길. 남은 인생), 여세(餘勢;남은 기세), 여수(餘水), 여수(餘祟), 여수(餘數), 여습(餘習), 여승(餘乘), 여시(餘矢), 여시(餘時), 여신(餘燼;타고 남은 불기운), 여앙(餘殃), 여액(餘厄), 여액(餘額), 여액미진(餘厄未盡), 여얼(餘孼), 여업(餘業), 여열(餘熱), 여염(餘炎), 여영(餘榮), 여예(餘裔), 여용(餘勇), 여운(餘運), 여운/시(餘韻/詩), 여위(餘威;선인이 남긴 위광), 여유(餘裕;넉넉하여 남음이 있음)[여유곡(穀), 여

543) 여걸림: 바다낚시에서, 여나 장애물에 낚시 바늘이나 줄이 걸리는 일.
544) ¶하느님이시여, 우리나라를 지켜 주시오소서.
545) 여성(女性↔男性): 여성의 사회 참여가 늘고 있다. 여성계(界), 여성관(觀), 여성미(美), 여성복(服), 여성상(像), 여성운동(運動), 여성적(的), 여성지(誌), 여성지다, 여성학(學), 여성합창(合唱), 여성해방(解放), 여성호르몬; 신여성(新).

546) 왜장녀(女): ①몸이 크고 부끄럼이 없는 여자. ②산대놀음에서 여자의 탈을 쓰고 춤추는 사람.

윷돈, 여유롭다, 여유작작하다(綽綽)], 여음(餘音;餘韻), 여음(餘蔭;조상이 끼친 공덕으로 자신이 받는 복), 여의(餘意;속뜻), 여일(餘日), 여잉(餘剩), 여자(餘資), 여재(餘在;쓰고 남은 돈이나 물건), 여재(餘財), 여재문(餘在文), 여적(붓 끝에 남은 먹물. 무슨 일이 끝난 다음의 남은 이야기)/란(餘滴/欄), 여전(餘錢), 여절(餘切), 여접(餘接), 여정(餘情;남아 있는 아쉬운 느낌), 여정(餘酲), 여조(餘條), 여존(餘存), 여죄(餘罪), 여증(餘症), 여지(餘地;공간), 여지없다(餘地;더할 나위가 없다), 여진(餘塵), 여진(餘震), 여집합(餘集合), 여차(餘次;그리 대수롭지 않은 일이나 물건), 여천(餘喘), 여초(餘草), 여추(餘醜), 여축(餘蓄), 여타(餘他;그밖의 다른 일. 나머지), 여타(餘唾), 여택(餘澤;끼치고 남은 혜택), 여파(餘波;큰 물결이 지나간 뒤에 일어나는 잔물결), 여파(餘派), 여폐(餘弊;뒤에까지 미치는 폐단), 여풍(餘風;남아 있는 풍습. 아직 남아 부는 바람), 여한(餘恨;풀지 못하고 남은 원한), 여한(餘寒), 여할(餘割), 여함수(餘函數), 여향(餘香), 여향(餘響), 여현(餘弦), 여혈(餘血), 여혐(餘嫌), 여훈(餘薰), 여훈(餘醺), 여휘(餘暉), 여흔(餘痕), 여흥(餘興); 궁여지책(窮餘之策), 기여(其餘), 삭여(朔餘), 세여(歲餘), 십여(十餘;여남은), 우여곡절(迂餘曲折), 월여(月餘;한 달 남짓), 이여(爾餘), 잉여(剩餘), 순여(旬餘;열흘 남짓), 용여(用餘), 유여/하다(有餘), 윤여(閏餘), 이여(爾餘), 잉여(剩餘), 자여(自餘), 잔여/기간(殘餘/期間), 장여(丈餘), 혈여(血餘). ②수량을 나타내는 말 뒤에 붙어 '그 수를 넘음. 그 이상. 남짓'을 뜻하는 접미사. ¶백여 명의 학생. 5년여 걸린 공사.

여(如) '같다. 만일. 어찌'를 뜻하는 말. ¶여간(如干)[547], 여공불급(如恐不及), 여광여취(如狂如醉), 여구하다(如舊), 여금(如今;이제), 여단수족(如斷手足), 여답평지(如踏平地), 여두소읍(如斗小邑), 여득천금(如得千金), 여래(如來;부처)[여래상(像), 여래선(禪)], 여류(如流), 여반장(如反掌;아주 쉬운 일), 여삼추(如三秋;몹시 긴 시간처럼 지루함), 여상(如上), 여상(如常), 여시(如是), 여실(如實), 여옥기인(如玉其人), 여우(如右), 여읍여소(如泣如笑), 여읍여소(如泣如訴), 여의봉(如意棒), 여의주(如意珠), 여의찮다/하다(如意;일이 마음먹은 대로 되다), 여일하다(如一;한결같다), 여전하다(如前), 여좌하다(如左), 여차하다(如此;이러하다)/여차하면, 여하(如何;어떠함)[여하간(間), 여하다(같다), 여하튼], 여합부절(如合符節), 여혹(如或), 여환(如幻); 결여(缺如)[548], 면여토색(面如土色), 불여의(不如意), 불여튼튼(不如), 세여파죽(勢如破竹), 소여(掃如), 약여/하다(躍如), 진여(眞如), 안여태산(安如泰山), 안여하다(晏如), 역여시(逆如是), 위여하다(偉如), 진여(眞如), 혹여(或如), 하여간(何如間), 하여튼(何如), 활여하다(豁如) 들.

여(麗) '곱다. 맑고 깨끗하다. 나라 이름'을 뜻하는 말. ¶여관(麗觀), 여구(麗句), 여대(麗代), 여말(麗末), 여미하다(麗美), 여미하다(麗靡), 여사(麗辭), 여색(麗色), 여아하다(麗雅), 여염하다(麗艶), 여요(麗謠), 여용(麗容), 여인(麗人), 여일(麗日), 여자(麗姿), 여조(麗藻), 여질(麗質), 여택(麗澤)[549], 여풍(麗風;北西風); 가려하다(佳麗), 고려(高麗), 기려하다(奇麗), 기려하다(綺麗), 단려하다(端麗), 명려하다(明麗), 묘려하다(妙麗), 미려하다(美麗), 미사여구(美辭麗句), 사려하다(奢麗), 산명수려(山明水麗), 석려(夕麗), 선려(鮮麗), 섬려(纖麗), 수려하다(秀麗), 숭려하다(崇麗), 아려하다(雅麗), 염려하다(艶麗), 웅려(雄麗), 유려하다(流麗), 장려(壯麗), 전려(典麗), 정려하다(精麗), 청려하다(淸麗), 치려하다(侈麗), 풍려하다(豐麗), 한려(閑麗), 화려하다(華麗) 들.

여(旅) '나그네. 쉬다. 군사'를 뜻하는 말. ¶여각(旅閣), 여객(旅客)[여객기(機), 여객선(船), 여객열차(列車)], 여고(旅苦), 여관(旅館), 여구(旅具), 여권(旅券)[여권법(法); 단수여권(單數), 복수여권(複數), 일반여권(一般)], 여단(旅團), 여독(旅毒), 여랑(旅囊), 여로(旅路), 여벽(旅癖), 여비(旅費), 여사(旅舍), 여상(旅商), 여수(旅愁), 여숙(旅宿), 여심(旅心), 여인/숙(旅人/宿), 여장(旅裝), 여점(旅店), 여정(旅程), 여정(旅情), 여중(旅中), 여진여퇴(旅進旅退), 여차(旅次), 여창(旅窓;나그네가 거처하는 방. 客窓), 여체(旅體), 여침(旅寢), 여포(旅抱;나그네의 회포), 여행(旅行)[550], 여황(旅況), 여회(旅懷); 군려(軍旅), 기려(羈旅), 빈려(賓旅), 상려(商旅), 왕려(王旅), 의려(義旅;義兵), 진려(振旅;군사를 거두어 돌아옴), 행려(行旅) 들.

여(與) '주다. 더불어. 편을 들다'를 뜻하는 말. ¶여건(與件), 여격(與格), 여국(與國), 여권(與圈), 여당(與黨), 여민동락(與民同樂), 여부/없다(與否), 여세추이(與世推移), 여수(與手), 여수(與受), 여신(與信;금융 기관에서 고객에게 돈을 빌려주는 일)[여신계약(契約), 여신업무(業務)], 여압/복(與壓/服), 여야(與野), 여타자별(與他自別), 여탈(與奪); 간여(干與), 공여(供與), 관여하다(關與), 급여(給與), 기여(寄與), 기여보비(寄與補裨), 대여(貸與), 배여(配與), 범여(汎與), 부여(附與), 부여(賦與), 분여(分與)[재산분여(財産)], 사여(賜與), 상여/금(賞與/金), 소여(所與), 수여(授與), 시여(施與), 양여(讓與), 유여(遺與), 증여(贈與), 차여(借與), 참여(參與), 천여(天與), 투여하다(投與), 허여(許與), 할여(割與), 허여(許與) 들.

여(輿) '수레. 가마. 많다. 땅'을 뜻하는 말. ¶여가(輿駕), 여론(輿論)[551], 여마(輿馬), 여망(輿望;여러 사람의 기대), 여사군(輿士軍), 여송(輿頌), 여정(輿情), 여지(輿地;땅), 여지도(輿地圖)[552]; 가여(駕輿), 감여(堪輿), 견여(肩輿), 교여(轎輿), 난여(鑾/鸞輿), 남녀(藍輿;가마)[맞남여], 대여(大輿), 동여(動輿), 보여(寶輿), 봉여(鳳輿), 상여(喪輿), 소여(小輿), 승여(乘輿), 영여(靈輿), 옥여(玉輿),

547) 여간(如干): ①보통의 것. 어지간한 것. ¶성미가 여간이라야지. ②뒤에 '아니다. 아니하다'의 부정하는 말이 딸리어 보통으로, 어지간히. ¶내부가 여간 복잡한 게 아니다. 여간이 아니다. 여간내기(보통내기. 예사내기), 여간만(여간), 여간일, 여간하다(어지간하다).

548) 결여(缺如): 있어야 할 것이 모자라거나 빠져서 없음. ¶자격이 결여되다.

549) 여택(麗澤): 친구끼리 서로 도와 학문과 품성을 닦는 일.

550) 여행(旅行): 일이나 유람을 목적으로 다른 고장이나 외국에 가는 일. ¶여행을 떠나다. 여행가(家), 여행객(客), 여행권/여권(券), 여행기(記), 여행길, 여행담(談), 여행사(社), 여행안내(案內), 여행용(用), 여행자(者), 여행증명(證明), 여행지(地), 여행하다; 국내여행(國內), 도보여행(徒步), 무전여행(無錢), 밀월여행(蜜月), 배낭여행(背囊), 수학여행(修學), 신혼여행(新婚), 우주여행(宇宙), 주말여행(週末), 탐험여행(探險), 해외여행(海外).

551) 여론(輿論): 사회 대중의 공통된 의견.=공론(公論). ¶여론이 들끓다. 여론을 수렴하다. 여론 정치. 여론몰이, 여론조사(調査), 여론조작(操作), 여론함(函), 여론화/되다/하다(化).

552) 여지도(輿地圖): 종합적인 내용을 담은 일반 지도.

요여(腰輿) 들.

여(勵) '힘쓰다. 권장하다'를 뜻하는 말. ¶여자(勵磁;물체가 자기를 띠는 일. 磁化), 여절(勵節), 여정/도치(勵精/圖治), 여진(勵振), 여행(勵行;실행하도록 장려함); 격려(激勵;남의 용기나 의욕을 북돋우어 힘을 내게 함), 권려(勸勵), 극려(克/剋勵), 독려(督勵), 면려(勉勵), 분려(奮勵;기운을 내어 힘씀), 장려(獎勵), 정려(精勵), 책려(策勵) 들.

여(濾) '거르다. 맑게 하다'를 뜻하는 말. ¶여과(濾過)[553], 여광기(濾光器), 여상(濾床), 여수(濾水), 여액(濾液;거른물), 여재(濾材), 여출액(濾出液), 여파기(濾波器), 여포(濾布), 여포(濾胞); 압려기(壓濾器) 들.

여(廬) '집'을 뜻하는 말. ¶여막(廬幕), 여묘(廬墓); 거려(居廬), 선려(先廬;조상 때부터 살아오는 집), 와려(蝸廬), 주려(周廬), 초려(草廬)[삼고초려(三顧)], 효려(孝廬;상제가 거처하는 곳).

여(厲) '위태롭다. 사납다'를 뜻하는 말. ¶여계(厲階), 여귀(厲鬼), 여기(厲氣), 여민(厲民), 여색(厲色), 여성(厲聲), 여신(厲神), 여제(厲祭); 능려(凌厲), 풍려(風厲;바람이 세참. 부지런히 힘씀) 들.

여(汝) 이인칭 대명사 '자네. 너'를 뜻하는 말. ¶여담절각(汝-折角), 여등(余等;너희들), 여배(汝輩), 여장절각(汝墻折角); 이여(爾汝).

여(閭) '마을'을 뜻하는 말. ¶여가(閭家), 여각(閭閣), 여리(閭里), 여문(閭門), 여염(閭閻;백성의 살림집이 많이 모여 있는 곳), 여항(閭巷); 의려지망(倚閭之望), 정려(旌閭) 들.

여(癘) '질병'을 뜻하는 말. ¶여기(癘/厲氣), 여역(癘疫), 여옹(癘癰), 여저정(癘疽疔), 여질(癘疾), 여창(癘瘡); 장려(瘴癘) 들.

여(藜) '명아주'를 뜻하는 말. ¶여곽(藜藿;명아주와 콩잎이란 뜻으로 '변변치 못한 음식'), 여로(藜蘆), 여철(藜鐵;마름쇠), 여회(藜灰); 질려(蒺藜;납가새), 청려장(青藜杖) 들.

여(臚) '차례로 늘어놓다'를 뜻하는 말. ¶여열하다(臚列;진열하다), 여창/자(臚唱/者;의식의 순서를 적어 놓은 것을 차례에 따라 소리 높여 읽다).

여(予) ①일인칭 대명사 '나. 자기 자신'을 뜻하는 말.=여(汝). ②'주다'를 뜻하는 말.=여(與). ¶여탈(予奪).

여(余) 일인칭 대명사 '나. 자기 자신'을 뜻하는 말. ¶여등(余等;우리들), 여배(余輩), 여월(余月).

여(沴) '해치다. 나쁜 기운'을 뜻하는 말. ¶여기(沴氣;요사하고 독한 기운).

여(茹) '부드럽다. 말린 채소'를 뜻하는 말. ¶여여(茹茹;부드럽다); 죽여(竹茹;대나무의 얇은 속껍질).

여(膂) '등골뼈'를 뜻하는 말. ¶여력(膂力;등뼈의 힘), 여력과인(膂力過人).

553) 여과(濾過): 거름종이나 여과기를 써서 액체 속에 들어 있는 침전물이나 입자를 걸러내는 일. ¶여과관(管), 여과기(機;거르개), 여과되다/하다, 여과법(法), 여과성(性), 여과지(池), 여과지(紙;거름종이), 여과통(桶).

여(黎) '검다'를 뜻하는 말. ¶여명/기(黎明/期;갓밝이), 여민(黎民), 여서(黎庶), 여수(黎首), 여원(黎元) 들.

여(礪) '문지르다. 숫돌'을 뜻하는 말. ¶여석(礪石); 마려(磨礪) 들.

여(驢) '나귀'를 뜻하는 말. ¶여마(驢馬); 오려백복(烏驢白腹;온 몸이 검고 배만 흰 나귀).

여(驪) '검다. 가라말(털빛이 검은 말)'을 뜻하는 말. ¶여구(驪駒;가라말), 여룡(驪龍;검은 용) 들.

여(蜍) '두꺼비'를 뜻하는 말. ¶섬여(蟾蜍;두꺼비).

여(欐) '들보[연(椽)]'를 뜻하는 말. ¶단여[←단려(短欐)].

여(鑢) '줄로 쓸다. 갈다'를 뜻하는 말. ¶여지(鑢紙;砂布).

여기 ①이 곳에. 〈준〉예. ¶여기에다가 자리를 깔다. 사태가 여기까지 이르게 되었다. 여기저기, 예다제다(여기다가저기다가), 예제(여기저기)/없다[554], 예서(여기서), 예선(여기서는). 예오[555], 옜네(여기 있네), 옜다(여기 있다), 옜소(여기 있소), 옜습니다(여기 있습니다), 옜어(여기 있어). ②말하는 이에게 가까운 곳을 가리키는 지시 대명사.[←이+어그]. ¶여보[556], 여보게, 여보세요, 여보시게, 여보시오, 여보십시오/여봅시오, 여봐라, 여봐란듯이, 여봐요 들.

여기(다) 마음속으로 그러하다고 인정하거나 생각하다. 우의 깊게 생각하다.≒간주하다(看做). ¶부모 잃은 아이를 불쌍히 여기다. 나를 바보로 여기느냐? 나는 그 일이 위험하다고 여긴다. 나는 그를 소중한 친구로 여겨 왔다. 여겨듣다(정신을 기울여 새겨듣다), 여겨보다, 여겨지다, 여김(긍정), 여살피다(눈여겨서 살펴보다); 나삐여기다, 나지리여기다, 눈여겨보다, 업신여기다/여김 들.

여뀌 마디풀과의 한해살이풀. ¶여뀌누룩, 여뀌바늘; 버들여뀌.

여낙낙-하다 성품이 곱고 부드러우며 상냥하다. 미닫이 따위를 열거나 여닫을 때에 미끄럽고 거침이 없다. ¶진우는 여낙낙한 성희를 보고 한눈에 반하고 말았다. 여낙낙히 보이는 사람. 살짝 힘을 줬는데 미닫이는 여낙낙하게 열렸다.

여느 그 밖의 다른. 보통의. 예사로운.[〈녀느]. ¶여느 날처럼 6시에 깨다. 여느 꽃처럼 향기롭다. 여느 해(다른 해). 여느 사람(다른 사람).

여덟 일곱에 하나를 더한 수. 팔(八). ¶여덟달반(半), 여덟모, 여덟째, 여드레, 여드렛날, 여든(열의 여덟 곱절), 여듭[557], 엳아홉(여덟이나 아홉) 들.

여돌-차다 똑똑하고 매우 쟁쟁하다. ¶시냇물 흐르는 소리가 여돌차게 들렸다.

554) 예제없다: 여기나 저기나 구별이 없다. ¶예제없이.

555) 예오: 임금이 거둥할 때, 도가사령(導駕使令)이 앞서 나가며 벽제(辟除; 통행을 금함)하던 소리.

556) 여보: ①'여보시오'의 낮춤말. ②부부간에 서로 부르는 말.

557) 여듭: 말이나 소 따위의 여덟 살.

여동 중이 귀신에게 주기 위하여 밥을 먹기 전에 여동대에 한 술씩 떠 놓는 밥. ¶여동대(여동밥을 떠 놓는 조그마한 밥그릇), 여동밥, 여동통(桶).

여드름 주로 사춘기에 이른 남녀의 얼굴에 도돌도돌하게 나는 종기. §어원은 '열(熱)+들(다)[入]+음'으로 보인다. ¶여드름이 나다.

여든-대다 싫증이 날만큼 귀찮게 억지를 부리다. 떼를 쓰다.

여들-없다 하는 짓이 멋없고 미련하다. ¶진종일 기계처럼 여들없이 살 것인가. 여들없이 웃다.

여러 둘 이상의 수효. 수가 많은. ¶여러 사람. 여러 가지. 여러모/로, 여러분, 여러해살이, 여럿(많은 수. 많은 사람), 여럿이, 여년묵다(여러 해 동안 묵다).

여름 일 년의 네 철 가운데 둘째 철. ¶여름을 타다. 여름날, 여름낳이, 여름내, 여름냉면(冷麪), 여름누에, 여름눈(↔겨울눈), 여름밤, 여름방학(放學), 여름벌레, 여름빛, 여름살이(여름에 입는 베나 모시로 만든 홑옷), 여름새, 여름옷, 여물일, 여름작물(作物), 여름잠, 여름철, 여름타다(여름이 되면 몸이 약해지다), 여름털, 여름풀, 여름휴가(休暇); 늦여름, 봄여름, 지난여름, 첫여름, 초여름(初), 한여름. ☞ 하(夏).

여릉귀-잡히다 능(陵)을 헤치다가 잡히다.

여리-꾼 상점 앞에 서서 손님을 끌어들이어 물건을 사게 하고, 주인으로부터 얼마의 수수료를 받는 사람.[←열립(列立)]. ¶여립켜다558).

여리(다) ①단단하거나 질기지 아니하여 연하고 약하다.↔세다. 〈작〉야리다. ¶여린 실. 야리야리559), 야릿560)·여릿, 여린내기(↔센내기), 여린말, 여린박(拍), 여린뼈[연골(軟骨)], 여린입천장/소리, 여린줄기; 셈여림표(標). ②의지나 감정이 모질지 못하고 무르다. ¶마음이 여리다. ③기준보다 조금 부족하다. ¶두루마기를 짓기에는 감이 좀 여리다. 다섯 되가 좀 야리다. 오리(五里)가 여리다.

여모 서까래나 판장 마루 따위의 옆을 가로 대어 가리는 널빤지.

여물¹ ①마소를 먹이기 위하여 잘게 썬 짚이나 마른 풀. ¶여물을 썰다. 여물가마, 여물간(間), 여물바가지/여물박, 여무새(여물로 쓰기 위하여 짚을 썰어 놓은 것), 여물솥, 여물죽(粥), 여물콩, 여물통(桶), 여물함지; 말여물, 소/쇠여물, 짚여물. ②흙에 섞어 쓰는 미장 재료. ¶부검지여물(볏짚 부스러기), 삼여물(잘게 썬 삼 껍질), 털여물(짐승의 털로 만든 여물).

여물² 물이 좀 짜서 허드렛물로 쓰는 우물물.

여미(다) 옷깃이나 이불깃 따위를 바로잡아 합쳐서 단정하게 하다.≒합치다(合). 매무시하다. ¶옷깃을 여미다. 여밈대, 여밈막이, 여밈새(옷자락이나 옷깃 같은 것을 여민 모양새).

여북 '오직. 얼마나. 작히나'의 뜻으로 언짢은 경우에 쓰는 말. ¶그러면 여북 좋겠니? 여북하면 굶고 지낼까. 여북이나, 여북하면(오죽하면. 얼마나 심했으면), 여북하다, 여북해야. [+의문문].

여불-없다 틀림없다. 확실하다.[←위불위(爲不爲)+없다]. ¶그의 외모는 여불없는 여우였다. 여불없이 가야 한다.

여섯 다섯에 하나를 더한 수. 육(六). §뒤에 오는 명사의 종류에 따라 '엿'으로 쓰임. ¶여섯때, 여섯무날, 여섯발게, 여섯째, 엿샛날/엿새, 여습(마소의 여섯 살), 엿 말/되/마지기, 예니레(엿새나 이레), 예닐곱/째, 예순561); 대여섯/대엿, 대엿새, 대엿샛날.

여싯여싯 무슨 말을 하려고 머뭇거리는 모양.=여짓여짓. ¶물음에 대답을 못해 주고 잠시 여싯여싯 망설였다. 여싯여싯하다.

여암 처마 끝에 있는 암키와를 받치는 나무.

여우 개와 비슷하게 생긴, 갯과의 짐승. '매우 교활한 사람. 변덕 많은'을 비유하는 말. ¶여우같다. 여우굴, 여우떨다(간사스럽게 아양을 떨다), 여우꼬리/비, 여우목도리, 여우별562), 여우비, 여우상(相), 여우웃음(교활하고 간사한 웃음), 여우원숭이, 여우자리, 여우콩(쥐눈이콩), 여우털; 백여우(白), 불여우, 붉은여우, 좁쌀여우563), 흰여우. ☞ 호(狐).

여우리 마른논에 볍씨를 뿌려 밭곡식처럼 기르다가 물을 대 주는 농사법. 건파(乾播). ¶여우리와 자가리[직파(直播)].

여울 강이나 바다의 바닥이 얕거나 폭이 좁아 물살이 세차게 흐르는 곳.≒급류(急流). ¶여울로 소금 섬을 끌래도 끌지(무슨 일이든 시키는 대로 하겠다는 말). 여울길, 여울꼬리564), 여울나들이565), 여울놀이, 여울다리, 여울돌(여울 밑에 놓인 돌), 여울머리(여울의 상류 지대), 여울목(여울물이 턱진 곳), 여울물/물결, 여울지다566), 여울치다, 여울턱, 여울파(波;여울물결); 가리여울(고기가 알을 낳는 여울)[←가리다], 강여울(江), 개여울(개울의 여울목), 된여울(물결이 세차게 흐르는 여울), 물여울, 살여울(급하고 빠르게 흐르는 여울), 자갈여울(자갈이 깔려 있는 여울). §'여울'의 함경 사투리는 '쓸'. ☞ 탄(灘).

여의 꽃술. ¶암여의(암술).

여의(다) 죽어서 이별하다. 멀리 떠나보내다. 딸을 시집보내다. ¶일찍이 부모를 여의다. 고운 님 여의옵고. 막내딸을 여의다(시집보내다). 여의살이(딸들을 여의는 부모의 뒷바라지).

여정-하다 별로 틀릴 것 없이 거의 같다. ¶정답에서 여정하다.

여짓 무슨 말을 할 듯 말 듯 자꾸 머뭇거리는 모양. ¶차마 말을 못

558) 여립켜다: 여리꾼이 손님을 끌어들이어 물건을 사게 하다.
559) 야리야리: 단단하지 못하고 매우 무른 모양. ¶야리야리 휘어질 듯한 허리. 야리야리한 몸매. 야리야리하다.
560) 야릿: 빛깔이나 소리, 형체 따위가 선명하지 못하고 조금 흐리거나 약한 모양. 〈큰〉여릿. ¶야릿야릿 휘어지는 버드나무 가지. 야릿야릿/하다, 야릿하다.
561) 예순: 열의 여섯 곱절. 60. 육십(六十). ¶예수남은(예순이 좀 더 되는 수).
562) 여우볕: 궂은 날 잠깐 났다가 숨어버리는 볕.
563) 좁쌀여우: 아주 좀스럽고 요변을 잘 부리는 사람.
564) 여울꼬리: 강물이 못으로 흘러 들어가는 마지막 지대.
565) 여울나들이: 물이 얕아서 건너기 쉬운 여울목.
566) 여울지다: ①여울을 이루다. ②생각 따위가 천천히 타오르는 불길처럼 일어나다.

하고 여짓여짓 기색만 살피다. 그녀는 한참을 여짓대다가 결국 그냥 돌아가 버렸다. 여짓여짓 망설이다. 여짓거리다/대다, 여짓여짓/하다.

여쭈(다) 어른께 말씀을 올리다. ¶아버지께 여쭈어 보려무나. 말씀을 여쭙고 양해를 구해라. 어서 인사 여쭈어라. 여짭다, 여쭈옵다/여쭙다[〈엳즙다]; 청쭙다(請).

여차 그리 대수롭지 아니한 일이나 물건.=황②. ¶돈 몇 백 잃은 것쯤 그에게는 여차다. 그까짓 것은 여차다. 이번 사고는 그때에 비하면 여차다.

여치 여칫과의 곤충. 씨르래기.

여탐 무슨 일이 있을 때 웃어른의 뜻을 알기 위하여 미리 여쭈는 일.[←예탐(豫探:미리 탐지함)]. ¶부모님의 마음을 여탐하지 않고서는 실수를 범하기 십상이다. 여탐굿(집안 경사가 있을 때 미리 조상에게 아뢰는 굿)/하다, 여탐꾼, 여탐하다.

여태 지금까지. 또는 아직까지.=입때. §현재의 상태에 대한 조건이 충족되지 않았을 때. ¶여태 이런 적이 없었다. 그는 여태 안 왔다. 여태까지, 여태껏. [+부정 표현].

여투(다) 물건이나 돈을 아끼어 쓰고 나머지를 모아 두다.≒모으다. 저축하다. ¶여투어 둔 돈. 이 옥수수는 보릿고개를 위하여 여투어 둔 양식이다.

여흘여흘 ①강이나 개울의 물살이 빠르게 좔좔 흐르는 모양. ¶여흘여흘 흐르는 강. ②슬퍼서 울거나 흐느낄 때 눈물이 좔좔 흐르는 모양. ¶여흘여흘 떨어지는 눈물.

역(力) '능력 · 힘, 힘쓰다. 힘을 다하여'를 뜻하는 말. ¶역간(力諫), 역강하다(力强), 역공(力攻), 역관(力管), 역구(力求), 역구(力救), 역권(力勸;힘써 권함), 역기(力技), 역기(力器;바벨), 역농(力農), 역능(力能), 역도(力道;力技), 역동/적(力動;힘 있게 움직임)/적(的), 역량(力量;깜냥)[역량계(計); 총역량(總)], 역률(力率), 역면(力勉), 역면하다(力綿), 역본설(力本說), 역부족(力不足), 역불급(力不及), 역불섬(力不贍), 역사(力士;힘이 센 사람), 역선(力線), 역설(力說;강하게 주장함), 역식(力食), 역약(力弱), 역영(力泳), 역작(力作;힘들여 만든 작품), 역장(力場), 역쟁(力爭), 역저(力著;힘들여서 지은 책), 역적(力積), 역전(力田), 역전(力戰), 역점(力點;물체를 움직일 때 힘을 가하는 점. 힘을 가장 많이 들이는 주안점), 역정(力征), 역조(力漕), 역주(力走;힘을 다하여 달림), 역직기(力織機), 역진(力盡;힘이 다함), 역찬(力贊), 역창(力倡), 역천(力薦), 역투(力投;힘껏 던짐), 역투(力鬪), 역학(力學;학문에 힘씀)[1], 역학(力學)[2][567], 역행(力行;노력하여 행함)[무실역행(務實)]; 가력(家力), 가동력(稼動力), 가위력(加威力), 가창력(歌唱力), 가피력(加被力), 가호력(加護力), 각력(角力), 각력(脚力), 갈력(竭力), 감각력(感覺力), 감동력(感動力), 감득력(感得力), 감별력(鑑別力), 감상력(鑑賞力), 감쇠력(減衰力), 감식력(鑑識力), 감화력(感化力), 강력(强力), 강제력(强制力), 개괄력(概括力), 개념력(概念力), 개발력(開發力), 견인력(牽引力), 견제력(牽制力), 결단력(決斷力), 결속력(結束力), 결실력(結實力), 결정력(決定力), 결합력(結合力), 경기력(競技力), 경력(經力), 경쟁력(競爭力), 경제력(經濟力), 경찰력(警察力), 계산력(計算力), 공력(工力), 공력(公力), 공력(功力), 공력(空力), 공격력(攻擊力), 공군력(空軍力), 공권력(公權力), 공기력(空氣力), 공덕력(功德力), 공동력(共同力), 공력(空力), 공면력(共面力), 공신력(公信力), 공정력(公定力), 과단력(果斷力), 과인지력(過人之力), 관력(官力), 관성력(慣性力), 관음력(觀音力), 관찰력(觀察力), 관통력(貫通力), 광력(光力), 괴력(怪力), 교란력(攪亂力), 교육력(教育力), 교화력(教化力), 교환력(交換力), 구동력(驅動力), 구매력(購買力), 구사력(驅使力), 구상력(構想力), 구속력(拘束力), 구심력(求心力), 국력(國力), 국방력(國防力), 군사력(軍事力)/군력(軍力), 권력(權力), 권양력(捲楊力), 굴신력(屈伸力), 굴절력(屈折力), 극력(極力;있는 힘을 다해), 극기력(克己力), 근력(筋力), 근로력(勤勞力), 금력(金力), 금강력(金剛力), 기동력(起動力), 기동력(機動力), 기력(氣力), 기력(汽力), 기력(棋/碁力), 기력(機力), 기계력(機械力), 기명력(記銘力), 기속력(羈束力), 기술력(技術力), 기압력(氣壓力), 기억력(記憶力), 기자력(氣磁力), 기전력(起電力), 기조력(起潮力), 기판력(既判力), 기획력(企劃力), 내력(內力), 내력(耐力), 내구력(耐久力), 내용력(耐容力), 노력(努力), 노력(勞力), 노동력(勞動力), 뇌력(腦力), 능력(能力), 단결력(團結力), 단취력(團聚力), 담력(膽力), 담보력(擔保力), 담세력(擔稅力), 당랑력(螳螂力), 당화력(糖化力), 대력(大力), 대응력(對應力), 대항력(對抗力), 데생력(dessin力), 도력(道力), 도덕력(道德力), 도약력(跳躍力), 독력(獨力), 독서력(讀書力), 독자력(獨自力), 독점력(獨占力), 독창력(獨創力), 독파력(讀破力), 독해력(讀解力), 돌진력(突進力), 돌파력(突破力), 동력(同力), 동력(動力), 동원력(動員力), 동자력(動磁力), 동전력(動電力), 동화력(同化力), 득력(得力), 득점력(得點力), 등판력(登板力), 마력(馬力), 마력(魔力), 마찰력(摩擦力), 만예력(挽曳力), 매력(魅力), 면력하다(綿力), 면역력(免疫力), 묘사력(描寫力), 무력(武力)[무력간섭(干涉), 무력전(戰), 무력적(的), 무력혁명(革命)], 무력(無力)[무력감(感), 무력증(症), 무력화(化)], 문력(文力), 문장력(文章力), 문제해결력(問題解決力), 물력(物力), 물리력(物理力), 미력(微力), 민력(民力), 밀착력(密着力), 박력(迫力), 박력(薄力), 박진력(迫眞力), 박진력(迫進力), 반격력(反擊力), 반동력(反動力), 반발력(反撥力), 반성력(反省力), 반작용력(反作用力), 발권력(發券力), 발동력(發動力), 발아력(發芽力), 발전력(發展力), 발전력(發電力), 발표력(發表力), 방어력(防禦力), 방위력(防衛力), 방편력(方便力), 방한력(防寒力), 배근력(背筋力), 번식력(繁殖力), 법력(法力), 변별력(辨別力), 변형력(變形力), 병력(兵力), 병력(竝力), 보력(補力), 보비력(補肥力), 보수력(保水力), 보온력(保溫力), 보자력(保

567) 역학(力學)[2]: 물체의 사이에 작용하는 힘과 물체의 운동과의 관계를 연구하는 물리학의 한 부문. 서로 관계되는 세력 · 영향력 · 권력 따위의 힘을 이르는 말. ¶군사적 역학 관계. 역학단위(單位), 역학적(的), 역학조사(調査); 강체역학(剛體), 결정역학(結晶), 고전역학(古典;뉴턴역학), 공기역학(空氣), 광역학(光), 구조역학(構造), 도식역학(圖式), 동역학(動), 매트릭스역학(matrix), 사회역학(社會), 상대론적역학(相對論的), 수역학(水), 암석역학(巖石), 양자역학(量子), 열역학(熱), 유체역학(流體), 응용역학(應用), 자기역학(磁氣), 재료역학(材料), 전기역학(電氣), 정역학(靜), 중량역학(重量), 중역학(重), 집단역학(集團), 천체역학(天體), 탄성역학(彈性), 토질역학(土質), 통계역학(統計), 파동역학(波動), 항공역학(航空), 행렬역학(行列;매트릭스역학).

磁力), 보존력(保存力), 보지력(保持力), 복력(福力), 복원력(復元力), 본원력(本願力), 부력(浮力), 부력(富力), 부양력(扶養力), 부양력(浮揚力), 부착력(附着力), 분력(分力), 분력(奮力), 분별력(分別力), 분석력(分析力), 분자력(分子), 분자간력(分子間力), 분해력(分解力), 불가항력(不可抗力), 불력(佛力), 브랜드력(brand力), 비력(臂力), 비상력(飛翔力), 비판력(批判力), 사력(死力), 사력(私力), 사력(事力), 사고력(思考力), 사회력(社會力), 살균력(殺菌力), 살상력(殺傷力), 살충력(殺蟲力), 상대력(相對力), 살상력(殺傷力), 상상력(想像力), 상승력(上昇力), 생력(省力), 생동력(生動力), 생명력(生命力), 생산력(生産力), 생성력(生成力), 생식력(生殖力), 생활력(生活力), 서원력(誓願力), 선견력(先見力), 선력(宣力), 설득력(說得力), 설명력(說明力), 설복력(設伏力), 섭동력(攝動力), 성력(誠力), 성분력(成分力), 세력(勢力), 세정력(洗淨力), 세척력(洗滌力), 세탁력(洗濯力), 소급력(遡及力), 소비력(消費力), 소화력(消化力), 소화력(消火力), 속력(速力), 속박력(束縛力), 수력(水力), 수력(殊力;뛰어난 힘), 수비력(守備力), 수사력(搜査力), 수송력(輸送力), 수압력(水壓力), 수용력(收容力), 수익력(收益力), 숙명력(宿命力), 순간력(瞬間力), 순발력(瞬發力), 순응력(順應力), 시력(視力), 식력(識力), 식별력(識別力), 신력(神力), 신비력(神秘力), 신통력(神通力), 실력(實力), 실천력(實踐力), 실행력(實行力), 심력(心力), 악력(握力), 안력(眼力), 암기력(暗記力), 압력(壓力), 압제력(壓制力), 압축력(壓縮力), 약력(弱力), 약력(藥力), 양력(揚力), 어학력(語學力), 어휘력(語彙力), 억제력(抑制力), 억지력(抑止力) 업력(業力), 여력(膂力), 여력(餘力), 연력(年力), 연기력(演技力), 연소력(燃燒力), 연주력(演奏力), 연출력(演出力), 염력(念力), 영력(營力), 영도력(領導力), 영향력(影響力), 예비력(豫備力), 예항력(曳航力), 완력(腕力), 완충력(緩衝力), 왜력(歪力), 외력(外力), 외교력(外交力), 용력(用力), 용력(勇力), 용단력(勇斷力), 용수력(容水力), 운동력(運動力), 운반력(運搬力), 원력(原力), 원력(願力), 원달력(遠達力), 원동력(原動力), 원심력(遠心力), 원자력(原子力), 월동력(越冬力), 위력(威力), 위력(偉力), 유영력(游泳力), 유력(有力), 육력(戮力;서로 힘을 모음), 육종력(六種力), 은폐력(隱蔽力), 응력(應力), 응결력(凝結力), 응용력(應用力), 응집력(凝集力), 응착력(凝着力), 응취력(凝聚力), 의식력(意識力), 의지력(意志力), 이지력(理智力), 이해력(理解力), 이회력(理會力), 인간력(人間力), 인내력(忍耐力), 인력(人力), 인력(引力)[만유인력(萬有), 모세관인력(毛細管)], 인력(因力), 인식력(認識力), 인왕력(仁王力), 일력(日力), 입력(入力), 자력(自力), 자력(資力), 자력(磁力), 자극력(刺戟力), 자금력(資金力), 자급력(自給力), 자기력(磁氣力), 자기화력(磁氣化力), 자본(資本力), 자생력(自生力), 자신력(自信力), 자연력(自然力), 자위력(自衛力), 자전력(自轉力), 자정력(自淨力), 자제력(自制力), 작용력(作用力), 잔존력(殘存力), 잠재력(潛在力), 장력(張力)[계면장력(界面), 표면장력(表面)], 장력(壯力), 장악력(掌握力), 장타력(長打力), 재력(才力), 재력(財力), 저력(底力), 저지력(沮止力), 저항력(抵抗力), 적응력(適應力), 전력(全力;모든 힘), 전력하다(專力;한 가지 일에 온 힘을 다하다), 전력(電力), 전력(戰力), 전개력(展開力), 전기력(電氣力), 전단력(剪斷力), 전동력(傳動力), 전동력(電動力), 전심력(專心力), 전압력(電壓力), 전이력(轉移力), 전자기력(電磁氣力), 전자력(全磁力), 전자력(電磁力), 전투력(戰鬪力), 전파력(傳播力), 전향력(轉向力), 절삭력(切削力), 점력(粘力), 점착력(粘着力), 점프력(jump力), 접점력(接點力), 접지력(接地力), 접착력(接着力), 정력(精力), 정보력(情報力), 정신력(精神力), 정전기력(靜電氣力), 정진력(精進力), 정치력(政治力), 정화력(淨化力), 제구력(制球力), 제동력(制動力), 제어력(制御力), 제품력(製品力), 조력(助力), 조력(潮力), 조석력(潮汐力), 조수력(潮水力), 조애력(阻礙力), 조어력(造語力), 조직력(組織力), 주력(主力), 주력(走力), 주력(注力), 주력(呪力), 주력(酒力), 조절력(調節力), 조정력(調整力), 조직력(組織力), 조형력(造形力), 주도력(主導力), 주동력(主動力), 주선력(周旋力), 주의력(注意力), 중력(重力), 중력(衆力)[합중력(合)], 중심력(中心力), 증거력(證據力), 증기력(蒸氣力), 증명력(證明力), 증발력(蒸發力), 지력(地力), 지력(知力), 지력(智力), 지각력(知覺力), 지구력(持久力), 지남력(指南力), 지내력(地耐力), 지도력(指導力), 지배력(支配力), 지속력(持續力), 지지력(支持力), 지진력(地震力), 지탱력(支撐力), 직각력(直覺力), 직감력(直感力), 직관력(直觀力), 진력하다(盡力;있는 힘을 다하다), 진심력(盡心力), 진일력(盡日力), 진취력(進取力), 진화력(鎭火力), 질량력(質量力), 집중력(集中力), 집착력(執着力), 집행력(執行力), 차력/꾼(借力), 착력(着力), 착색력(着色力), 창설력(創設力), 창의력(創意力), 창작력(創作力), 창조력(創造力), 척력(斥力), 청력(聽力), 청취력(聽取力), 체력(體力), 체적력(體積力), 총력(總力), 추력(推力), 추동력(推動力), 추리력(推理力), 추상력(抽象力), 추진력(推進力;냅뜰 힘), 축력(畜力), 출력(出力), 충격력(衝擊力), 측압력(側壓力), 치안력(治安力), 친화력(親和力), 침투력(浸透力), 타력(打力), 타력(他力), 타력(惰力), 타격력(打擊力), 탄력(彈力), 탄성력(彈性力), 탈력(脫力), 탐구력(探究力), 토력(土力), 통력(通力), 통솔력(統率力), 통제력(統制力), 통찰력(洞察力), 통합력(統合力), 투과력(透過力), 투시력(透視力), 투신력(投身力), 투쟁력(鬪爭力), 투지력(鬪志力), 투척력(投擲力), 파력(波力), 파괴력(破壞力), 파지력(把持力), 판단력(判斷力), 판별력(判別力), 팽창력(膨脹力), 편향력(偏向力), 평행력(平行力), 포섭력(包攝力), 포옹력(抱擁力), 포용력(包容力), 포착력(捕捉力), 폭력(暴力), 폭발력(爆發力), 표면력(表面力), 표정력(表情力), 표현력(表現力), 풍력(風力), 필력(筆力), 학력(學力), 합력(合力), 합성력(合成力), 합중력(合衆力), 항력(抗力), 항공력(航空力), 항균력(抗菌力), 항속력(航續力), 항압력(抗壓力), 항장력(抗張力), 항전력(抗戰力), 항주력(航走力), 해군력(海軍力), 해상력(解像力), 핵력(核力), 행력(行力), 행동력(行動力), 행정력(行政力), 향심력(向心力), 혁신력(革新力), 현수력(懸垂力), 협력(協力), 형성력(形成力), 호소력(呼訴力), 화력(火力), 화약력(火藥力), 화학력(化學力), 화합력(化合力), 확정력(確定力), 환상력(幻想力), 환원력(還元力), 활력(活力), 활동력(活動力), 회복력(回復力), 회전력(回轉力), 획력(畫力), 효력(效力), 후좌력(後座力), 흡력(吸力), 흡수력(吸水力), 흡수력(吸收力), 흡음력(吸音力), 흡인력(吸引力), 흡착력(吸着力) 들.

역(逆) ①'반대, 거꾸로, 거스르다'를 뜻하는 말.↔순(順). ¶거울에 사물이 역으로 비치다. 역겹다(몹시 역하다. 역정이 나게 겹다), 역경(逆境)[568], 역광(逆光), 역급(逆及;거슬러 올라감), 역기(逆氣;욕지기), 역당(逆黨;역적의 무리), 역도(逆徒), 역도(逆道), 역도

(逆睹;앞일을 미리 내다봄), 역란(逆亂), 역랑(逆浪), 역로(逆路), 역류(逆流), 역리(逆理), 역린(逆鱗), 역명(逆命), 역모(逆謀), 역벌(逆罰), 역비(逆比), 역산(逆產;倒産. 역적 또는 부역자의 재산), 역산(逆算), 역설(逆說)[569], 역수(逆水), 역수(逆修), 역수(逆數), 역순(逆順), 역습(逆襲), 역신(逆臣), 역심(逆心), 역아(逆兒), 역용(逆用), 역운(逆運), 역위(逆位), 역위(逆胃), 역의(逆意), 역이(逆耳), 역적(逆賊)[역적모의(謀議), 역적질/하다; 만고역적(萬古)], 역전(逆戰), 역전(逆轉)[570], 역접(逆接), 역정(逆情;짜증. 골. 성)[역정스럽다, 역정풀이], 역조(逆潮), 역조(逆調), 역증(逆症), 역진(逆進), 역진세(逆進稅), 역차(逆次), 역천(逆天), 역풍(逆風), 역하다[1,2][571], 역행(逆行)[572], 역혼(逆婚); 가역(可逆), 거역(拒逆), 구역(嘔逆), 대역(大逆), 막역하다(莫逆), 모역(謀逆), 반역(反/叛逆), 배역(背逆), 부역(附逆)[부역자(者), 부역행위(行爲)], 순역(順逆), 시역(弑逆), 악역(惡逆), 오역(五逆), 죄역(罪逆), 찬역(簒逆), 충역(忠逆), 토역(吐逆), 토역(討逆), 패역(悖/誖逆), 포역(暴逆), 항역(抗逆), 해역(咳逆), 횡역(橫逆), 흉역(凶逆). ②일부 명사 앞에 붙어 '반대되는. 차례와 방법이 뒤바뀐'의 뜻을 더하는 말. ¶역간첩(逆間諜), 역결(거꾸로 된 나뭇결), 역결과(逆結果), 역계산법(逆計算法), 역공세(逆攻勢), 역광선(逆光線), 역교배(逆交配), 역구구(逆九九), 역귀성(逆歸省), 역극성(逆極性), 역기능(逆機能), 역기전력(逆起電力), 역논리곱(論理), 역논리합(逆論理合), 역단층(逆斷層), 역대수(逆對數), 역대응(逆對應), 역돌연변이(逆突然變異), 역동작(逆動作), 역명제(逆命題), 역모션(逆motion), 역무역(逆貿易), 역반응(逆反應), 역발상(逆發想), 역방위(逆方位), 역방향(逆方向), 역배서(逆背書), 역백터(逆vector), 역변류기(變流器), 역변환(逆變換), 역보간법(逆補間法), 역분식(逆粉飾), 역비례(逆比例), 역비판(逆批判), 역사고(逆思考), 역사상(逆寫像), 역삼각형(逆三角形), 역삼투압(逆滲透壓), 역상속(逆相續), 역선전(逆宣傳), 역선택(逆選擇), 역선풍(逆旋風), 역섬략(逆閃略), 역수송(逆輸送), 역수입(逆輸入), 역수출(逆輸出), 역시간(逆時間), 역아치(逆arch), 역어셈블러(逆assembler), 역어음, 역연산(逆演算), 역영향(逆影響), 역원근법(逆遠近法), 역유토피아(逆Uptopia), 역이용(逆利用), 역이입(逆移入), 역이출(逆移出), 역일변(逆日邊), 역일보(逆日步), 역작용(逆作用), 역저항(逆抵抗), 역적정(逆適定), 역전류(逆電流), 역전사(逆轉寫), 역정리(逆定理), 역정보(逆情報), 역정찰(逆偵察), 역조치(逆措置), 역주행(逆走行), 역지치(逆指值), 역차별(逆差別), 역천명(逆天命), 역촉매(逆觸媒), 역추출(逆抽出), 역코스(逆course), 역탐지(逆探知), 역편석(逆偏析), 역함수(逆函數), 역행렬(逆行列), 역형성(逆形成), 역혼합(逆混合), 역홍예(逆虹霓), 역회전(逆回轉), 역효과(逆效果) 들.

역(役) 연극 · 영화에서, 배우가 맡아서 하는 소임. '부리다. 일 · 직무'의 뜻을 나타내는 말. ¶춘향 역을 맡다. 역가(役價), 역군(役軍), 역권(役權), 역도(役徒), 역량(役糧), 역마(役馬), 역무(役務), 역부(役夫), 역사(役事)[역사질/하다, 역사터], 역소(役所), 역승(役僧), 역용(役用), 역우(役牛), 역원(役員), 역인(役人), 역직(役職), 역축(役畜), 역할(役割;구실. 소임)[역할극(劇), 역할연기(演技), 역할이론(理論)], 역형(役刑); 가역(家役), 각역(刻役;조각하는 일), 간역(看役), 감사역(監査役), 감역(監役), 거역(巨役), 고문역(顧問役), 고역(苦役), 고역(雇役), 공역(工役), 공역(公役), 관역(官役), 교역(敎役), 국민역(國民役), 국역(國役), 군역(軍役), 균역법(均役法), 난역(難役), 노역(奴役), 노역(老役), 노역/장(勞役/場), 능역(陵役), 단역(端役), 담부지역(擔負之役), 대역(大役), 대역(代役), 도역(徒役), 동역(董役), 면역/전(免役/錢), 물역(物役), 방역(防役), 배역(配役), 병역(兵役), 보조역(補助役), 보충역(補充役), 복역(卜役), 복역(服役)[복역수(囚), 복역혼(婚); 재복역(再)], 복역(僕役), 부역(負役), 부역(賦役), 부역(赴役), 사역(寺役), 사역(使役), 산역(山役), 산파역(産婆役), 상담역(相談役), 상대역(相對役), 서역(書役), 석역(石役), 성역(城役), 세역(歲役), 손발역(役), 수역(囚役), 승역국(承役國), 승역지(承役地), 시역(始役), 신역(身役), 신역(新役), 실역(實役), 아역(兒役), 아역(衙役), 악역(惡役), 안내역(案內役), 야역(夜役), 예비역(豫備役), 외역(外役), 요역(了役), 요역(徭役), 요역지(要役地), 용역(用役), 운역(運役), 응역(應役), 이역(二役), 이역(吏役), 잡역(雜役), 재역(再役), 전역(戰役), 전역(轉役), 정역(停役), 제역(除役), 조역(助役), 주역(主役), 준역(竣役), 중역(重役), 지역(地役), 집역(執役), 징역(懲役)[무기징역(無期), 유기징역(有期), 종신징역(終身)], 차역(差役;노역을 시킴), 참역(站役), 처역(處役), 천역(賤役), 첩역(疊役), 취역(就役), 토역(土役), 퇴역(退役), 편고지역(偏苦之役), 필역(畢役), 하역(荷役), 행역(行役), 현역(現役), 형역(形役), 호역(戶役) 들.

역(驛) 기차가 발착(發着)하는 곳. 공무로 다니던 관리에게 마필(馬匹)을 제공하던 곳. ¶역 대합실. 역관(驛館), 역노(驛奴), 역놈, 역답(驛畓), 역두(驛頭), 역둔토(驛屯土), 역로(驛路), 역리(驛吏), 역마(驛馬)[역마살(驛馬煞), 역마제도(制度)], 역마차(驛馬車), 역마을/역말, 역명(驛名), 역무원(驛務員), 역부(驛夫), 역비(驛婢), 역사(驛舍), 역세권(驛勢圈), 역앞, 역원(驛員), 역인(驛人), 역장(驛長), 역전(驛前), 역전(驛傳), 역정(驛程), 역졸(驛卒), 역참(驛站), 역체(驛遞), 역촌(驛村), 역토(驛土); 간이역(簡易驛), 대피역(待避驛), 도착역(到着驛), 두메역, 무인역(無人驛), 소역(小驛), 수역(水驛), 시발역(始發驛;처음역), 요역(要驛), 우역(郵驛), 임시역(臨時驛), 잔역(殘驛), 전철역(電鐵驛), 정역(程驛;노정과 역참), 종단역(終端驛), 종착역(終着驛), 중계역(中繼驛), 지하철역(地下鐵驛)/지하역, 착역(着驛), 처음역, 철도역(鐵道驛), 출발역(出發驛), 통과역(通過驛), 통관역(通關驛), 항만역(港灣驛), 화물역(貨物驛;積荷驛), 환승역(換乘驛) 들.

역(譯) '번역하다. 풀이하다'를 뜻하는 말. ¶이희승 역의 언어학 개

568) 역경(逆境): 일이 뜻대로 되지 않는 불운한 처지. 고생이 많은 불행한 처지.↔순경(順境). ¶역경을 헤치다/ 극복하다. 역경을 딛고 일어나다.

569) 역설(逆說): 어떤 주의나 주장에 반대되는 이론이나 말. 일반적으로는 모순을 일으키지 아니하나 특정한 경우에 논리적 모순을 일으키는 논증. 모순 속에 진리가 함축되어 있음. ¶역설가(家), 역설법(法), 역설수면(睡眠), 역설적(的), 역설하다.

570) 역전(逆轉): 형세가 뒤집혀짐. 거꾸로 회전함. 일이 잘못되어 좋지 아니하게 벌어져 감. ¶역전의 위기에 몰리다. 역전에 성공하다. 역전극(劇), 역전기(機), 역전되다/하다, 역전습곡(褶曲), 역전승/하다(勝), 역전층(層), 역전패/하다(敗).

571) 역하다(逆)[1]: ①거역하다. ②배반하다. 역하다(逆)[2]: ①메스껍다. ¶역한 냄새. ②마음에 거슬리어 언짢다. ¶그의 자화자찬이 역하게 느껴지다.

572) 역행(逆行): 보통의 방향과 반대 방향으로 거슬러 나아감. ¶역행궤도(軌道), 역행동화(同化), 역행되다/하다, 역행운동(運動), 역행자(者), 역행적(的), 역행파(波).

론. 역경(譯經), 역과(譯科), 역관(譯官), 역독(譯讀;번역하여 읽음), 역료(譯了), 역명(譯名), 역문(譯文), 역본(譯本), 역사(譯使), 역사(譯詞), 역서(譯書), 역술(譯述), 역시(譯詩), 역어(譯語), 역업(譯業), 역자(譯者), 역재(譯載), 역제(譯製), 역주(譯註), 역출(譯出), 역편(譯編), 역해(譯解); 개역(改譯), 공역(共譯), 구역(舊譯), 국역(國譯), 내역(內譯), 대역(對譯), 명역(名譯), 반역(反譯), 방역(邦譯), 번역(飜譯), 신역(新譯), 언역(諺譯), 영역(英譯), 오역(誤譯), 완역(完譯), 음역(音譯), 의역(意譯), 저역(著譯;저술과 번역), 적역(適譯), 전역(全譯), 전역(傳譯), 점역(點譯;점자로 고침), 졸역(拙譯), 주역(註譯), 중역(重譯), 직역(直譯), 초역(抄譯), 축어역(逐語譯), 축자역(逐字譯), 통역(通譯)[통역관(官), 통역원(員); 동시통역(同時)], 평역(評譯), 한역(韓譯), 한역(漢譯) 들.

역(曆) '세다(數). 운수. 책력(冊曆)'을 뜻하는 말. ¶역관(曆官), 역년(曆年), 역명(曆命), 역법(曆法), 역산(曆算), 역상(曆象), 역서(曆書), 역수(曆數), 역연령(曆年齡), 역일(曆日), 역제(曆制), 역추산학(曆推算學), 역표(曆表), 역표시(曆表時), 역학(曆學); 개력(改曆), 고력(古曆), 괘력(掛曆), 구력(舊曆), 그레고리역, 농사력(農事曆), 달력[월력(月曆)], 만세력(萬歲曆), 민력(民曆), 반력(頒曆), 백중력(百中曆), 보력(寶曆;임금의 나이), 삼력(三曆), 서력(西曆), 성력(聖曆)[573], 생물력(生物曆), 세계력(世界曆), 시헌력(時憲曆), 신력(新曆), 약력(略曆), 월력(月曆), 유태력(猶太曆), 율리우스력(Julius曆), 음양력(陰陽曆), 일력(日曆), 일과력(日課曆), 장력(粧曆), 책력(冊曆), 천체력(天體曆), 천측력(天測曆), 칠정력(七政曆), 태양력(太陽曆)/양력(陽曆), 태음력(太陰曆)/음력(陰曆), 태음양력(太陰陽曆), 편력(編曆), 항해력(항해력(航海曆), 회교력(回敎曆) 들.

역(域) '땅의 경계. 갈라놓은 지역이나 범위 · 넓이'를 뜻하는 말. ¶역내(域內), 역외(域外), 역중(域中); 강역(江域), 강역(疆域;國境), 경역(境域), 공역(空域), 광역(廣域), 구역(區域), 궁역(宮域), 권역(圈域), 근역(槿域;우리나라), 난역(暖域), 능역(陵域), 만역(萬域), 묘역(墓域), 법역(法域), 변역(變域), 변역(邊域), 봉역(封域), 서역(西域), 성역(聖域), 성역(聲域), 수역(水域), 수역(殊域), 수역(壽域), 시역(市域), 안전역(安全域), 영역(塋域), 영역(領域), 영역(靈域), 온난역(溫暖域), 유역(流域), 음역(音域), 이역(異域), 입역(入域), 자극역(刺戟域), 전역(全域), 전역(戰域), 절역(絶域), 접역(鰈域;우리나라), 정의역(定義域), 조역(兆域;무덤이 있는 지역), 조음역(調音域), 지역(地域), 직역(職域), 진역(震域), 출역(出域), 치역(値域), 하역(遐域), 해역(海域) 들.

역(易) '바꾸다. 고치다. 점(占)을 치다'를 뜻하는 말. ¶역경(易經), 역리(易理), 역명지전(易名之典), 역복(易服), 역부득(易不得), 역상(易象), 역서(易書), 역성혁명(易姓革命), 역술(易術), 역자(易者), 역점(易占), 역지사지(易地思之), 역치(易置), 역학(易學); 개역(改易), 교역(交易), 무역(貿易), 변역(變易), 불역(不易), 삭역(朔易), 음역(陰易), 이소역대(以小易大), 이역부득(移易不得), 주역(周易)[화주역(畵)], 혁역(革易). §'쉽다'의 뜻으로는 [이]로 읽힘. ¶이왕이수(易往易修), 이행(易行), 이행도(易行道); 간이(簡易), 경이(輕易), 난이(難易), 난이도(難易度), 삼이(三易), 솔이하다(率易), 안이하다(安易), 용이하다(容易), 천이(賤易), 편이하다(便易), 평이하다(平易), 험이(險易) 들.

역(歷) '지내다. 분명하다'를 뜻하는 말. ¶역강(歷降), 역관(歷官), 역구(歷久), 역년(歷年), 역대(歷代), 역람(歷覽), 역력하다(歷歷;또렷하다. 분명하다), 역로(歷路), 역문(歷問), 역방(歷訪;여러 곳을 차례로 방문함), 역사(歷史)[574], 역사(歷事/仕), 역사(歷辭), 역세(歷世), 역수(歷數), 역순(歷巡), 역연하다(歷然), 역임(歷任), 역전(歷傳), 역전(歷戰;여러 차례의 싸움터에서 전투를 겪음), 역절풍(歷節風;뼈마디가 아픈 風症), 역정(歷程;거쳐 온 길), 역조(歷朝); 경력(經歷), 관력(官歷), 구력(球歷), 기력(棋/碁歷), 기왕력(旣往歷), 내력(來歷), 병력(病歷), 사력(社歷), 섭력(涉歷), 약력(略歷), 연력(年歷), 열력(閱歷), 순력(巡歷), 유력(遊歷), 이력/서(履歷/書), 자력(資歷), 적력(的歷), 전력(前歷), 전력(戰歷), 주력(周歷), 지력(地歷), 통력(通歷), 편력(遍歷), 학력(學歷), 행력(行歷), 회력(回歷) 들.

역(疫) '돌림병'을 뜻하는 말. ¶역리(疫痢), 역병(疫病), 역신(疫神), 역질(疫疾), 역학(疫瘧), 역학(疫癘), 역환(疫患;천연두); 검역(檢疫), 계역(鷄疫), 구역(狗疫), 구제역(口蹄疫), 대소역(大小疫), 돈역(豚疫), 두역(痘疫), 마역(馬疫), 면역(免疫), 방역(防疫), 서역(鼠疫), 수역(獸疫), 시역(時疫;유행병), 악역(惡疫), 여역(癘疫), 온역(瘟疫), 우역(牛疫), 장역(瘴疫), 질역(疾疫), 홍역(紅疫), 흉역(凶疫) 들.

역(閾) 자극 및 자극의 차이나 변화를 인지할 수 있는 최소한의 자극. 또는 자극간의 차이의 양. ¶역내(閾內), 역외(閾外), 역치(閾値), 역하(閾下); 감각역(感覺閾), 공간역(空間閾), 변별역(辨別閾), 식역(識閾), 식별역(識別閾;변별역), 의식역(意識閾), 자극역(刺戟閾), 주의역(注意閾), 판별역(判別閾) 들.

역(礫) '조약돌 · 자갈'을 뜻하는 말. ¶역경재배(礫耕栽培), 역괴(礫塊), 역기(礫器;자연석의 한쪽에 날을 붙인 석기), 역석(礫石), 역질암(礫質巖), 역암(礫岩), 역양토(礫壤土), 역질암(礫質巖), 역층(礫層), 역토(礫土); 사력(沙礫), 석력(石礫), 표력토(漂礫土), 화산력(火山礫;용암의 조각) 들.

역(亦) '또. 또한'을 뜻하는 말. ¶그대 가면 이 역 가리다. 역시(亦是), 역여시(亦如是), 역연(亦然), 역참기중(亦參其中); 그역(亦), 기역시(其亦是)/기역(其亦), 차역시(此亦是)/차역(此亦) 들.

역(繹) '풀다. 삭이다. 잇닿다'를 뜻하는 말. ¶역성(繹成), 역소하다(繹騷), 역역(繹繹), 역출(繹出); 낙역부절(絡繹不絕), 낙역하다(絡繹), 심역(尋繹;찾아서 살핌), 연역(演繹), 완역하다(玩繹) 들.

역(瀝) '거르다(밭치다). 물이 방울져 떨어지다. 잔에 남은 술'을 뜻하는 말. ¶역청(瀝靑;아스팔트)[역청암(巖), 역청탄(炭)], 역혈(瀝

573) 성력(聖曆): ①성군(聖君)이 다스리는 태평한 세상. ②임금의 나이.

574) 역사(歷史): 인류 사회의 변천과 흥망의 과정. 또는 그 기록. 존재하여 온 자취나 경력. ¶역사가(家), 역사과학(科學), 역사관(觀), 역사교육(敎育), 역사극(劇), 역사담(談), 역사물(物), 역사미(美), 역사박물관(博物館), 역사법칙(法則), 역사법학(法學), 역사상(上), 역사서(書), 역사성(性), 역사소설(小說), 역사시대(時代), 역사의식(意識), 역사적(的), 역사주의(主義), 역사책(冊), 역사철학(哲學), 역사학(學), 역사화(畵).

ㅇ

血); 여력(餘瀝;마시고 남은 술잔의 술), 피력(披瀝) 들.

역(櫪) '말구유. 마구간에 깐 널빤지'를 뜻하는 말. ¶역마(櫪馬;외양간에 매여 있는 말이란 뜻으로, '자유롭지 못함'을 이름).

역(轢) '수레바퀴. 부딪치다'를 뜻하는 말. ¶역사(轢死;차에 치여 죽음), 역살(轢殺), 역상(轢傷); 능력(凌轢;서로 능멸하여 다툼)/하다, 알력(軋轢)[575] 들.

역(癧) '연주창(連珠瘡)'을 뜻하는 말. ¶역풍(癧風); 나력(瘰癧) 들.

역성 옳고 그름에는 관계없이 무조건 한쪽 편을 들어 주는 일.≒두남. 두둔. ¶너는 항상 그 사람 역성을 하는구나. 역성들다(≒녁드다), 역성쟁이(남의 역성을 잘 드는 사람), 역성하다(감싸다. 편들다. 두둔하다).

엮(다) 노끈·새끼 따위로 낱낱의 물건을 줄지어 묶듯이 해 나가다. 어떤 사실을 줄대어 말하거나 글로 적다. ¶싸리비를 엮다. 마늘을 한 접씩 엮어 창고에 보관해 두다. 책을/ 이야기를 엮다. 엮는목, 엮어대다[576], 엮어매듭, 엮은이, 엮음[엮음새, 엮음소리, 엮음시조(時調)], 엮이다; 내리엮다(위에서 아래로 엮다. 쉬지 않고 계속하여 말하다), 덧엮다 들.

연(年) '그러한 해. 나이'를 뜻하는 말. ¶연 강우량(降雨量). 연간(年間), 연간(年刊), 연감(年鑑)[미술연감(美術), 문예연감(文藝), 통계연감(統計)], 연갑(年甲), 연고(年高), 연공(年功), 연공(年貢), 연광(年光), 연교차(年較差), 연구(年久), 연금(年金), 연급(年級), 연급(年給), 연기(年紀), 연기(年期), 연내(年內), 연년/이(年年), 연년(連年), 연년익수(延年益壽), 연대(年代)[577], 연도(年度)[578], 연두(年頭)[연두교서(教書), 연두법(法), 연두사(辭), 연두송(頌)], 연래(年來), 연력(年力), 연력(年歷), 연령(年齡), 연례/회(年例/會), 연로(年老), 연로(年勞), 연륜(年輪), 연리(年利), 연만(年滿/晩), 연말(年末), 연모(年暮), 연배(年輩), 연변(年邊), 연별(年別), 연보(年報), 연보(年譜), 연봉(年俸), 연부(年賦)[연부금(金), 연부불(拂)], 연부역강(年富力强;나이가 젊고 힘이 셈), 연분(年分), 연불(年拂), 연사(年事), 연산(年産), 연상(年上), 연세(年歲), 연소(年少)[연소배(輩), 연소자(者)], 연수(年首;설), 연수(年收), 연수(年數), 연시(年始), 연앙(年央), 연액(年額), 연운(年運), 연우량(年雨量), 연월일시(年月日時), 연이율(年利率), 연장/자(年長/者), 연전(年前;두서너 해 전), 연점(年占), 연조(年租), 연조(年條), 연존장(年尊長), 연종(年終;세밑), 연주차(年周差)/연차(年差), 연중/무휴(年中/無休), 연차(年次)[연차적(的), 연차휴가(休暇)], 연천(年淺), 연초(年初), 연치(年齒), 연표(年表), 연하(年下), 연하장(年賀狀), 연한(年限)[근무연한(勤務), 근속연한(勤續), 복무연한(服務)], 연형(年形), 연호(年號), 연화(年華), 연회(年會), 연휴(年休); 가년(加年;나이를 속이어 올림), 간년/경(間年/耕), 갑년(甲年;회갑이 되는 해), 객년(客年;지난해), 갱년기(更年期), 거년(去年), 격년(隔年), 겸년(歉年;흉년), 경년(頃年), 경년(經年), 고년(高年;高齡), 과년(瓜年;결혼하기 적당한 여자), 과년(過年), 과년(課年;해마다 꼭꼭 함.過歲), 광년(光年), 구년(久年), 구년(舊年), 극년(極年), 근년(近年), 근점년(近點年), 금년(今年), 기년(紀年), 기년(耆年), 기년(期年), 기년(朞年), 기년(饑年), 길년(吉年), 내년(來年), 노년(老年), 누년(屢/累年), 당년(當年), 당량년(當梁年), 대년(待年), 대겸년(大歉年;흉년이 심하게 든 해), 대유년(大有年;풍년이 든 해), 동년(同年), 등년(登年;여러 해가 걸림), 만년(晩年), 만년(萬年), 만억년(萬億年), 말년(末年), 망년(忘年), 매년(每年), 면제년(免除年), 명년(明年), 모년(某年), 모년(冒年), 모년(暮年), 몰년(沒年), 묘년(妙年), 반년(半年), 방년(芳年), 복년(卜年), 본년(本年), 봉년(逢年), 분점년(分點年), 빙하년(氷河年), 살년(殺年;큰 흉년), 삼작년(三昨年;그끄러께), 삼재년(三災年), 상년(上年), 상년(詳年), 생년(生年), 생몰년(生沒年), 생졸년(生卒年), 석년(昔年), 선년(先年), 성년(成年), 성년(盛年), 성년(聖年), 쇠년(衰年), 소년(少年), 송년(送年), 쇠년(衰年), 수년(垂年), 수년/래(數年/來), 수리년(水理年), 식년/과(式年/科), 식년(蝕年), 신년(新年)[신년사(辭); 근하신년(謹賀)], 쌍년(雙年;나이가 짝수인 해), 안식년(安息年), 애년(艾年;쉰 살), 액년(厄年), 약년(若年), 약년(弱年), 여년(餘年), 여년(驪年), 역년(億年), 억만년(億萬年), 역년(歷年), 역년(曆年), 연년(年年), 연년(連年), 연년세세(年年歲歲), 열년(閱年), 영년(永年), 영녕(迎年), 예년(例年), 왕년(往年), 요년(堯年;태평성대), 원년(元年), 월년(越年)[월년성(性), 월년초(草)], 유년(幼年), 유년(流年), 유년(幼年), 유년(踰年;해를 넘김), 윤년(閏年), 익년(翌年), 작년(昨年), 장년/기(壯年/期), 장년(長年), 재년(災年), 재작년(再昨年), 적년(積年;여러 해), 전년(前年), 정년(丁年), 정년(停年), 조년(早年), 졸년(卒年), 종년(終年), 중년(中年), 중년(重年), 지망년(至亡年;운수가 몹시 나쁜 해), 천년(千年), 천년(天年), 천만년(千萬年), 청년/기(青年/期), 청장년(青壯年), 초년(初年), 축년(逐年), 충년(沖年), 타년(他年), 태양년(太陽年), 태음년(太陰年), 편년(編年), 평년(平年)[평년값, 평년작(作)], 풍년(豊年), 하년(何年), 학년/제(學年/制), 항성년(恒星), 행년(行年), 향년(享年;죽은 사람의 나이), 화년(華年;還甲), 회귀년(回歸年), 후년(後年), 흉년(凶年), 희년(稀年), 희년(禧年) 들.

연(然) ①그러하다. 그러면·그러나'를 뜻하는 말. ¶연고로(然故), 연낙(然諾), 연부(然否), 연이(然而), 연이나(그러나), 연즉(然則), -연하다(-인 체하다), 연후(然後); 간연하다(間然;남의 실수를 들추다), 감연하다(欲然), 감연하다(敢然), 개연하다(介然), 개연(蓋然)[개연론(論), 개연성(性), 개연율(率), 개연적(的)], 개연하다(慨然), 갱연하다(鏗然), 거연히(居然;모르는 사이에 슬그머니), 거연히(遽然;갑자기. 문득), 결연하다(缺然;모자라서 서운하다), 결연하다(決然), 겸연하다/쩍다(慊然), 고연하다(固然), 공연하다(公然), 공연하다/스럽다(空然), 과연(果然;알고 보니 정말), 과연(夥然), 굉연하다(轟然), 기연미연(其然未然), 난연(爛然), 난연하다(赧然), 날연하다(苶然;나른하다), 냉연하다(冷然), 늠연하다(凜然), 단연하다(斷然), 단연코(斷然), 담연하다(淡然), 당연하다(當然), 당연하다(瞠然), 도연하다(徒然), 도연하다(陶然), 돈연하다(頓然), 돌연(突然), 동연하다(同然), 두연(斗然;문득), 두연하다

575) 알력(軋轢): ①수레가 삐걱거림. ②집안이나 한 집단의 내부에서 서로 사이가 벌어져 다투는 일. ¶간부들끼리 알력이 심하다.

576) 엮어대다: 어떤 내용이나 사실을 이것저것 말하다.

577) 연대(年代): 연대기(記), 연대순(順), 연대표(表), 연대학(學); 상대연대(相對), 절대연대(絕對), 지질연대(地質).

578) 연도(年度): 사업연도(事業), 생산연도(年度), 식량연도(食糧), 영업연도(營業), 학년도(學), 회계연도(會計).

(斗然), 막연하다(漠/邈然), 만연하다(漫然), 망망연하다(望望然), 망연자실(茫然自失), 망연하다(茫然), 목석연하다(木石然), 묘연하다(杳然), 묘연하다(渺然), 무연하다(憮然), 묵연하다(默然), 미연(未然), 민연하다(泯然), 민연하다(憫然), 발연하다(勃然), 번연하다(幡/飜然), 범연하다(汎然;구속되지 아니하다), 범연하다(泛然;침착하지 못하다), 본연(本然), 분연하다(憤/忿然), 분연하다(奮然), 불연/하다(怫然), 불연즉(不然則), 삭연하다(索然), 삼연하다(森然), 삽연하다(颯然), 상연하다(爽然), 석연하다(釋然), 소연하다(昭然), 소연하다(蕭然), 소연하다(騷然), 소이연(所以然), 송연하다(竦/悚然), 수연이나(雖然;비록 그러하나), 수연하다(愁然), 수연하다(粹然), 숙연하다(肅然), 순연하다(純然), 아연/하다(俄然), 아연하다(啞然), 악연하다(愕然), 악연실색(愕然失色), 안연하다(晏然), 암연하다(暗然), 암연하다(黯然), 앙연하다(快然), 애연하다(哀然), 애연하다(藹然), 엄연하다(儼然), 역연(亦然), 역연하다(歷然), 염연하다(恬然), 오연하다(傲然), 올연(兀然), 완연하다(完然), 완연하다(宛然), 왕연/하다(汪然), 왕연하다(旺然), 외연하다(巍然), 요연하다(瞭然), 용연하다(容然), 용연하다(聳然), 우연(偶然), 울연하다(蔚然), 울연하다(鬱然), 위연하다(喟然;한숨을 쉽이 서글프다), 위연하다(威然), 유연하다(油然), 유연하다(幽然), 유연하다(悠然), 은연(隱然)[은연중/에(中), 은연하다], 응연하다(凝然;단정하고 듬직하다), 응연/히(應然;당연), 의연하다(依然), 의연하다(毅然), 이연하다(怡然), 자연(自然), 작연하다(灼然), 작연하다(綽然), 쟁연하다(錚然), 적연(寂然), 적연하다(的然), 적연하다(寂然), 전연(全然;전혀), 절연하다(截然), 정연하다(井然), 정연하다(亭然), 정연하다(整然), 졸연하다(猝然), 준연하다(蠢然), 찬연하다(燦然;눈부시게 빛나다), 찬연하다(粲然;산뜻하고 조촐하다), 참연하다(慘然), 참연하다(嶄然), 창연하다(愴然), 창연하다(蒼然), 처연하다(凄然), 척연하다(惕然), 척연하다(戚然), 천연(天然), 초연하다(悄然), 초연하다(超然), 충연하다(衝然), 측연하다(惻然), 쾌연하다(快然), 탁연하다(卓然), 탄현하다(坦然), 태연(泰然), 통연하다(洞然), 판연하다(判然), 패연하다(沛然), 평연하다(平然), 표연하다(飄然), 필연(必然), 합연히(溘然;갑작스러운 모양), 해연하다(駭然), 행행연하다(悻悻然), 헌연/하다(軒然), 혁연하다(赫然), 현연하다(泫然), 현연하다(眩然), 현연하다(現然), 현연하다(顯然), 호연(晧然), 호연(浩然), 호연지기(浩然之氣), 혼연/하다(渾然), 혼연일체(渾然一體), 홀연(忽然), 화연하다(譁然), 확연하다(廓然), 확연하다(確然), 환연하다(渙然;의혹이 풀리다), 환연하다(歡然;기뻐하다), 활연하다(豁然), 황연하다(晃然), 획연하다(劃然), 효연하다(曉然), 흔연스럽다/하다(欣然), 흘연하다(屹然), 흡연하다(洽然), 흡연하다(翕然). ②몇몇 명사 뒤에 붙어 '그것인 체함, 그것인 것처럼 뽐냄, 그러한'의 뜻을 더하는 말. ¶군자연하다(君子然), 대가연하다(大家然), 소이연(所以然), 암흑연(暗黑然), 태고연(太古然), 학자연(學者然) 들.

연(連) ①'계속하다. 잇다. 관련되다'를 뜻하는 말. ¶연가(連枷;도리깨), 연거푸, 연결(連結)[579], 연경(連境), 연계/성(連繫/性), 연관(連貫), 연교(連翹;개나리), 연기(連記), 연년(連年), 연대(連帶)[580], 연독(連讀), 연등(連等), 연등(連騰), 연락(連落), 연락(連絡)[581], 연루(連累)[연루되다, 연루자(者)], 연류(連類), 연륙/교(連陸/橋), 연리지(連理枝), 연마(連馬), 연면하다/히(連綿), 연명(連/聯名), 연메(連袂;행동을 같이함), 연발/총(連發/銃), 연방(連放), 연번(連番), 연변(連番), 연봉(連峰), 연분(連墳), 연비(連比), 연사돈(連), 연사(連辭), 연산(連山), 연산품(連産品), 연상(連喪), 연서(連署), 연석(連席), 연성(連星), 연성(連聲), 연속(連續)[582], 연송(連誦), 연쇄(連鎖)[583], 연승(連乘), 연승/식(連勝/式), 연야(連夜), 연연(連延), 연월(連月), 연인(連引), 연인(連姻), 연일(連日), 연잇다, 연임(連任), 연작(連作)[1],[2][584], 연장군(連將軍;장기에서, 연이어 부르는 장군), 연장접옥(連墻接屋), 연잦다, 연재(連載)[연재되다/하다, 연재만화(漫畵), 연재물(物), 연재소설(小說)], 연전(連戰)[연전연승(連勝), 연전연패(連敗)], 연접(連接), 연좌(連坐)[585], 연주혈(連珠穴), 연주창(連珠瘡)/연주, 연중/에(連中), 연지(連枝;형제 자매), 연차(連次), 연창(連唱), 연철(連綴), 연축기(連軸器), 연타(連打), 연탄(連/聯彈), 연통(連/聯通), 연통관(連通管), 연투(連投), 연파(連破), 연판/장(連判/狀), 연패(連敗), 연패(連霸;잇달아 우승함), 연편누독(連篇累牘;쓸데없이 문장이 길), 연폭(連幅;너비로 마주 이어댐), 연폭(連爆), 연풍(連豐), 연하다(잇다. 잇닿다). 연해(자꾸 계속하여). 연해연방, 연행(連行)[586], 연호(連呼;계속하여 부름), 연혼(連婚), 연환(連環)[587], 연휴(連休), 연흉(連凶); 간련(干連;남의 범죄에 관련됨), 견련(牽連/聯), 결련(結連), 면연하다

579) 연결(連結): 사물과 사물 또는 현상과 현상이 서로 이어지거나 관계를 맺음. ¶연결을 짓다. 연결결산(決算), 연결고리, 연결곡(曲), 연결구(具), 연결규칙(規則), 연결기(器), 연결되다/하다, 연결로(路), 연결보, 연결봉(棒), 연결부(符;이음표), 연결선(線), 연결어미(語尾), 연결차(車), 연결추리(推理), 연결형(形); 병렬연결(竝列), 직렬연결(直列).

580) 연대(連帶): 두 사람 이상이 함께 무슨 일을 하거나 함께 책임을 지는 일. ¶연대하여 책임지다. 연대감(感), 연대보증(保證), 연대서명(署名), 연대운송(運送), 연대의식(意識), 연대적(的), 연대주의(主義), 연대채무(債務), 연대책임(責任), 연대하다; 기계적연대(機械的), 사회연대(社會), 유기적연대(有機的).

581) 연락(連絡): 어떤 사실을 상대편에게 알림. ¶연락 사항. 연락이 두절되다. 연락기(機), 연락되다/하다, 연락망(網), 연락병(兵), 연락부절/하다(不絕), 연락선(船), 연락선(線), 연락소(所), 연락운송(運送), 연락원(員), 연락장교(將校), 연락줄, 연락처(處), 연락호(壕).

582) 연속(連續): 끊이지 않고 죽 잇거나 이어짐. ¶노력의 연속. 연속관(觀), 연속교(橋), 연속극(劇), 연속되다/하다, 연속무늬, 연속배양(培養), 연속범(犯), 연속변량(變量), 연속변이(變異), 연속부절(不絕), 연속선(線), 연속성(性), 연속수송(輸送), 연속재배(栽培), 연속적(的), 연속체(體), 연속촬영(撮影), 연속파(波), 연속함수(函數), 연속흡수(吸收); 불연속(不).

583) 연쇄(連鎖): 연결된 사슬. 사물이나 현상이 사슬처럼 서로 이어져 통일체를 이룸. ¶연쇄 회담. 연쇄가(街), 연쇄극(劇), 연쇄도산(倒産), 연쇄되다/하다, 연쇄반사(反射), 연쇄반응(反應), 연쇄상(狀), 연쇄식(式), 연쇄적(的), 연쇄점(店), 연쇄지수(指數), 연쇄효과(效果); 먹이연쇄, 자극연쇄(刺戟).

584) 연작(連作)[1]: 한 땅에 같은 작물을 해마다 심음. 이어짓기. 연작(連作)[2]: ①한 사람의 작가가 하나의 주제 아래 내용상 관련이 있는 작품을 잇달아 짓는 일. 또는 그 작품. ¶연작소설(小說), 연작시(詩). ②여러 작가가 한 작품을 나누어 맡아서 쓰는 일. 또는 그 작품.

585) 연좌(連坐): ①여러 사람이 자리에 잇대어 앉음. ¶연좌시위(示威). ②남의 범죄에 휘말려서 연대 책임을 지고 처벌을 받음. 연루(連累). ¶오직사건(汚職事件)에 연좌하다. 연좌되다/하다.

586) 연행(連行): 데리고 감. 강제로 데리고 감. ¶불법 연행과 고문 행위는 하루빨리 없어져야 한다. 용의자를 경찰서에 연행하다. 연행되다/하다; 강제연행(强制).

587) 연환(連環): 고리를 잇대어 꿴 쇠사슬. ¶연환계(連環計;간첩을 보내 적의 군함을 모조리 쇠고리로 연결시켰다는 고사에서, 간첩을 적진에 보내 계교를 꾸미게 하고 그 사이에 적을 공격하여 승리를 얻는 계교).

(綿連), 상련(相連), 유련(流連), 유련(留連), 일련(一連), 전련하다(顚連), 점연(粘連), 주련(株連). ②횟수 또는 시간을 나타내는 일부 명사 앞에 붙어 '이어져 계속된', 또는 몇몇 동사 또는 부사 앞에 붙어 '반복하여 계속'의 뜻을 더하는 어근. ¶연거푸, 연단수(單手), 연달다/연달아(잇달아)[588], 연닷새째, 연마루, 연분수(分數), 연비례(比例), 연이틀, 연사흘, 연음부(音符), 연잇다, 연장군(將軍), 연잦다. ③종이를 세는 단위. 양전지(洋全紙) 500장을 한 묶음으로 하여 세는 단위. ¶양지 다섯 연. 종이 한 연.

연(軟) '옅은. 엷은', 또는 '부드러운. 무름. 약한'을 뜻하는 말.↔경(硬). ¶연갈색(軟褐色), 연감(柿), 연강(軟薑), 연강(軟鋼), 연강철(軟鋼鐵), 연건(軟巾), 연계(軟鷄), 연고(軟膏), 연골(軟骨), 연교육(軟教育), 연구(軟球), 연구개(軟口蓋), 연궁(軟弓), 연금(軟禁), 연금속(軟金屬), 연납(鉛), 연노랑, 연노랗다, 연녹색(軟綠色), 연누른빛, 연두(軟豆)[589], 연두부(軟豆腐), 연들다(감이 익어 말랑말랑하게 되다), 연마비(軟痲痹), 연망간광(Mangan鑛), 연망간석(軟Mangan石), 연맥(軟脈), 연목(軟木), 연목재(軟木材), 연문학(軟文學), 연미색(軟米色), 연밤색(色), 연방사(軟放射), 연백화(軟白化), 연보라/색(色), 연보랏빛, 연복사(軟輻射), 연부병(軟腐病), 연분홍/색/빛(軟粉紅色), 연붉다, 연붉은색(色), 연사(軟絲), 연성(軟性), 연성분(軟成分), 연수(軟水), 연수필(軟隨筆), 연숙(軟熟), 연시(軟柿), 연식(軟式)[연식야구(野球), 연식정구(庭球)], 연식(軟食), 연약(軟弱)[연약권(圈), 연약성(性), 연약외교(外交)], 연약과(軟藥果), 연약밥(軟藥), 연연(軟鉛), 연연(軟娟), 연옥/빛(軟玉), 연옥색(軟玉色), 연이(軟餌), 연재(軟材), 연절(軟癤), 연조(軟條), 연조(軟調), 연질(軟質)[연질미(米), 연질유리(琉璃)], 연차관(軟借款), 연착륙(軟着陸), 연채(軟彩), 연철/심(軟鐵/心), 연청빛(軟青), 연청색(軟青色), 연체/동물(軟體/動物), 연초록/색(軟草綠/色), 연초록빛(軟草綠), 연타(軟打), 연탄(軟炭), 연투(軟投), 연파(軟派), 연폿국(軟泡), 연푸르다, 연푸른빛, 연푸른색(色), 연풍(軟風), 연하다(부드럽다), 연한천(軟寒天), 연화(軟化), 연화(軟貨), 연화유(軟化釉), 연화증(軟化症), 연활(軟滑), 연황빛(軟黃), 연황색(軟黃色), 연회색(軟灰色); 경연(硬軟), 골연증(骨軟症), 유연(柔軟), 피연하다(疲軟:기운이 없고 느른하다), 항연(項軟) 들.

연(宴) 일부 명사나 한자어 어근에 붙어 '잔치. 편안하다'의 뜻을 나타내는 말. ¶연거(宴居), 연락(宴樂), 연례(宴禮), 연석(宴席), 연수(宴需), 연유(宴遊), 연음(宴飮), 연좌(宴坐), 연향(宴/醮享), 연회(宴會)[연회석(席), 연회실(室)]; 가무연(歌舞宴), 경연(慶宴), 경축연(慶祝宴), 고별연(告別宴), 고희연(古稀宴), 곡연(曲宴:임금이 베푸는 궁중의 소연), 곡수연(曲水宴), 관등연(觀燈宴), 국로연(國老宴), 궤장연(几杖宴), 길연(吉宴), 낙성연(落成宴), 대연(大宴), 도문연(到門宴), 동뢰연(同牢宴), 매화연(梅花宴), 문희연(聞喜宴), 미수연(米壽宴), 방포연(放砲宴), 배반연(杯盤宴), 백수연(白壽宴), 벌례연(罰禮宴), 벽송연(碧松宴), 사연(賜宴), 상마연(上馬宴), 석별연(惜別宴), 설연(設宴), 성연(盛宴), 세서연(洗鋤宴), 세초연(洗草宴), 소연(小宴), 송연(送宴), 송별연(送別宴)/별연(別宴), 수연(晬宴:생일잔치), 수연(壽宴), 시연(侍宴), 신연(宸宴), 야연(夜宴), 양로연(養老宴), 열반연(涅槃宴), 영친연(榮親宴), 온짐연(溫斟宴), 위로연(慰勞宴), 유연(遊宴), 유두연(流頭宴), 은영연(恩榮宴), 음복연(飮福宴), 익일연(翌日宴), 자축연(自祝宴), 장미연(薔薇宴), 전별연(餞別宴), 주연(酒宴), 중일연(中日宴), 진연(進宴)[내진연(內), 외진연(外)], 초연(招宴), 초대연(招待宴), 축하연(祝賀宴)/축연(祝宴), 태평연(太平宴), 파연(罷宴), 피로연(披露宴), 하연(賀宴), 하마연(下馬宴), 하수연(賀壽宴), 학사연(學士宴), 향연(饗宴), 호연(弧宴:생일잔치), 홍도연(紅桃宴), 화연(花宴), 환갑연(還甲宴), 환송연(歡送宴), 환영연(歡迎宴), 황연(荒宴:주연에 빠짐), 회갑연(回甲宴), 회례연(會禮宴), 회방연(回榜宴), 회연(會宴) 들.

연(緣) 하늘이 맺어준 인연. 사람들 사이에 맺어지는 깊은 관계. '가장자리. 선을 두르다'를 뜻하는 말. ¶연이 닿다. 전생의 연(緣). 연각(緣覺)[연각승(乘), 연각탑(塔)], 연고(緣故:까닭. 사유. 특별한 관계)[연고권(權), 연고자(者), 연고지(地); 무연고(無)], 연기(緣起)[연기설(說); 유심연기(唯心)], 연담(緣談), 연때(인연이 맺어지는 시기나 기회), 연목구어(緣木求魚), 연반경(緣攀莖), 연변(緣邊), 연변태좌(緣邊胎座), 연분(緣分)[삼생연분(三生), 전생연분(前生), 천생연분(天生)], 연생(緣生), 연석(緣石), 연성(緣成), 연영(緣榮), 연유(緣由)[590], 연좌(緣坐)[591], 연줄(인연이 맺어지는 길)[연줄연줄, 연줄혼인(婚姻)], 연해(緣海); 가연(佳緣:좋은 인연), 거치연(鋸齒緣:톱니잎가), 결연(結緣), 구연(舊緣), 근연(近緣), 기연(奇緣), 기연(機緣), 내연(內緣), 만연(萬緣), 매연(媒緣), 모연(募緣), 무연(無緣)[무연근(根), 무연분묘(墳墓)], 반연(絆緣), 반연(攀緣), 백연(百緣), 복연(復緣), 불연(佛緣), 사연(事緣)[592], 사연(辭/詞緣)[593], 선연(仙緣), 선연(善緣), 세연(世緣), 속연(俗緣), 숙연(宿緣), 순연(順緣), 승연(勝緣:훌륭하고 좋은 인연), 악연(惡緣), 양연(良緣), 애연(愛緣), 업연(業緣), 역연(逆緣), 엽연(葉緣), 외연(外緣), 유연(類緣), 이연(異緣), 이연(離緣), 인연(因緣), 인간연(人間緣), 전연(全緣), 전연(前緣), 절연(絕緣)[594], 주연(周緣), 중연(重緣), 지연(地緣), 진연(塵緣), 천연(天緣), 친연(親緣), 학연(學緣), 혈연(血緣), 후연(後緣) 들.

연(煙/烟) '물건이 탈 때 생기는 기체(연기). 안개·구름·먼지 따위가 자욱이 끼어 오르는 기운. 담배'를 뜻하는 말. ¶연가(煙家:굴뚝 위에 기와를 집 모양으로 얹은 꾸밈새), 연가(煙價:주막이나 여관의 밥값), 연경(煙景), 연경(煙鏡), 연관/장이(煙管), 연기(煙氣)[연기찜(연기를 쐬는 찜질), 연기탐지기(探知機)], 연대(煙

---

588) 연달다: =잇달다. ¶연달아 총소리가 나다. 연달아 전화가 걸려오다. 소식을 연달아 보내오다.

589) 연두(軟豆:연한 초록): 연두벌레, 연둣빛, 연두색(色), 연두저고리, 연두치마.

590) 연유(緣由): ①까닭. 사유(事由). ¶연유를 알 수 없다. ②무슨 일이 거기에서 비롯됨. 유래함. ¶원시 신앙에 연유하다. 연유하다(緣由:말미암다).

591) 연좌(緣坐): ①친척이나 인척의 범죄 때문에 처벌이나 불이익을 받음. ¶연좌제(制). ②역모(逆謀) 등의 중대 범죄에서, 범죄자의 친척이나 인척까지 처벌하던 옛날의 형벌 제도.

592) 사연(事緣): 일의 앞뒤 사정과 까닭. ¶어찌된 일인지 사연을 말해 보아라.

593) 사연(辭緣): 하고자 하는 말이나 편지의 내용. ¶사연이 많다. 구구절절한 사연을 다 들어주다.

594) 절연(絕緣): ①인연·관계를 끊음. ¶절연장(絕緣狀). ②도체(導體) 사이에 절연체를 넣어서 전류 또는 열의 전도(傳導)를 끊음. ¶절연물(物), 절연선(線), 절연성(性), 절연체(體).

臺;담뱃대), 연도(煙道), 연독(煙毒), 연돌(煙突;굴뚝), 연막/탄(煙幕/彈), 연매(煙煤;철매. 그을음), 연멸(煙滅), 연무(煙/烟霧), 연수정(煙水晶), 연실(煙室), 연염(煙焰), 연우(煙雨), 연운(煙雲), 연월(烟/煙月)[강구연월(康衢), 태평연월(太平)], 연재(煙滓;그을음), 연죽(煙竹)[별연죽(別)], 연진(煙塵), 연창(煙槍), 연초(煙草), 연촌(烟村), 연취(煙嘴), 연통(煙筒), 연파(煙波), 연하(煙霞), 연하고질(煙霞痼疾), 연해(煙害), 연해(煙海), 연화(煙火), 연화(煙花), 연훈(煙薰); 광연(鑛煙), 권련(卷煙)[엽권련(葉), 지궐련(紙)], 금연(禁煙), 끽연(喫煙), 낭연(狼/煙烟烽火), 다연(茶煙), 단연(斷煙), 도연(刀煙), 마연(馬煙), 매연(煤煙), 모연(暮煙), 무연탄(無煙炭), 발연(發煙), 배연(排煙), 백연(白煙), 석연(夕煙), 송연(松烟/煙), 수연(水煙), 아편연(阿片煙), 애연(愛煙), 여송연(呂宋煙), 엽권련(葉卷煙), 운연(雲煙), 유연(油煙), 유연탄(有煙炭), 인연(人煙), 자연(紫煙), 잔연(殘煙), 조연(朝煙), 진연(塵煙), 초연(硝煙), 취연(炊煙), 취연(翠煙), 토연(土煙), 포연(砲煙), 풍연(風煙), 향연(香煙), 훈연(薰煙), 훈연법(燻煙法), 흑연(黑煙), 흡연(吸煙)[흡연실(室), 흡연자(者); 간접흡연(間接), 강제흡연(强制)] 들.

연(延) '끌다 · 미루다. 늘이다. 뻗다'를 뜻하는 말. 일부 명사 앞에 붙어 '전체를 다 합침'의 뜻을 더하는 말. ¶연건평(延建坪), 연견(延見), 연긍하다(延亘;길게 뻗치다), 연기(延期)[연기되다/하다(미루다); 무기연기(無期)], 연납(延納), 연년(延年), 연람(延攬), 연면적(延面積), 연명(延命;수명을 늘림), 연무(延袤;멀리 뻗지른 거리), 연반/꾼(延燔;장사 지내러 갈 때 등을 드는 사람), 연발(延發), 연봉(延逢), 연불(延拂), 연빙(延聘), 연성(延性), 연소/죄(延燒/罪), 연수(延髓), 연수(延壽), 연수당(延壽堂), 연수표(延手票), 연승/어업(延繩;주낙/漁業), 연우(延虞), 연음(延音), 연인(延引), 연인원(延人員), 연일수(延日數), 연장(延長)[연장되다/하다, 연장선(線), 연장전(戰)], 연접(延接), 연조(延眺), 연착(延着;늦게 도착함), 연체(延滯;기한이 지나도록 지체함)[연체료(料), 연체이자(利子), 연체하다], 연평수(延坪數); 냉연(冷延), 만연(蔓延/衍), 면연(綿延), 순연(順延), 신연(新延), 압연(壓延), 연연(連延), 열연(熱延), 외연(外延), 이연(移延), 인연(引延), 전연(展延), 주연(周延), 지연(遲延), 천연(遷延) 들.

연(演) '실제로 행하다. 설명하다. 연습하다. 널리 펴다'를 뜻하는 말. ¶연극(演劇)[595], 연기(演技)[연기력(力), 연기인(人), 연기자(者), 연기장(場), 연기하다; 역할연기(役割), 즉흥연기(卽興)], 연단(演壇), 연대(演臺), 연무(演舞), 연무(演武), 연사(演士), 연산(演算)[연산기호(記號), 연산자(子)], 연설(演說)[596], 연술(演述), 연습(演習)[연습림(林); 도상연습(圖上), 실탄연습(實彈)], 연역(演繹)[597], 연예(演藝)[598], 연의(演義)[599], 연제(演題), 연주(演奏)[600], 연출(演出)[601], 연탁(演卓), 연행(演行), 연희(演戲); 강연(講演), 개연(開演), 객연(客演), 공연(公演), 공연(共演), 구연/동화(口演/童話), 내연(來演), 독연(獨演), 명연(名演), 분연(扮演), 상연(上演), 속연(續演), 순연(巡演), 시연(試演), 실연(實演), 열연(熱演), 재연(再演), 조연(助演), 종연(終演), 주연(主演), 초연(初演), 출연(出演), 합연(合演), 협연(協演), 호연(好演) 들.

연(鍊/練) '쇠를 불에 달구다(불리다). 익히다. 갈고 닦다'를 뜻하는 말. ¶연강(鍊鋼), 연금(鍊金)[연금사(師), 연금술/사(術/師)], 연단(鍊鍛), 연달(練/鍊達), 연련(硏鍊), 연무(鍊武), 연병/장(練兵/場), 연상(練祥;小祥服), 연성(練成), 연습(練/鍊習)[602], 연예(鍊銳), 연융(鍊戎), 연정(鍊正), 연제복(練祭服), 연제사(練祭祀), 연철(鍊鐵), 연포(練布), 연하다; 교련(敎鍊), 노련하다(老鍊), 단련(鍛鍊), 대련(對鍊)[자유대련(自由)], 미련/하다(未練), 벽련(劈鍊;뗏목), 수련(修鍊/練), 숙련(熟練)[숙련공(工), 숙련자(者)], 시련(試鍊/練), 재련(再鍊), 정련(精鍊), 제련/소(製鍊/所), 조련(調練), 조련(操練), 채련(採鍊), 체련(體鍊), 초련(初鍊), 초련질(初鍊), 치련(治鍊), 훈련(訓練) 들.

연(鉛) '납. 납덩이'를 뜻하는 말. ¶연관(鉛管), 연광(鉛鑛), 연독(鉛毒), 연동(鉛銅), 연분(鉛粉), 연사(鉛絲), 연상(鉛商), 연실/법(鉛室/法), 연중석(鉛重石), 연직(鉛直)[603], 연철/줄(鉛鐵), 연초(鉛醋), 연축전지(鉛蓄電池), 연판(鉛版), 연필(鉛筆)[연필깎이, 연필꽂이, 연필두겁, 연필심(心/芯), 연필통(筒); 도화연필(圖畵), 몽당연필], 연화(鉛華), 연화분(鉛華粉), 연환(鉛丸); 경연(硬鉛), 방연석(方鉛石), 백연(白鉛), 수연(水鉛;몰리브덴), 아연(亞鉛)[604], 창연(蒼鉛)[창연요법(療法), 창연제(劑)], 청연(靑鉛), 측심연(測深鉛)/측연(測鉛), 피연(被鉛), 홍연(紅鉛;첫 월경), 홍연광(紅鉛鑛), 황연/광(黃鉛/鑛) 흑연/광(黑鉛/鑛) 들.

---

595) 연극(演劇): 연극계(界), 연극놀다(남을 후리거나 속이기 위하여 진실처럼 꾸며서 행동하다), 연극단(團), 연극론(論), 연극배우(俳優), 연극예술(藝術), 연극인(人), 연극장(場), 연극쟁이, 연극적(的), 연극제(祭), 연극하다, 연극학(學), 연극화/하다(化); 경연극(輕), 구파연극(舊派), 무대연극(舞臺), 신파연극(新派)/신파극(新派劇), 이동연극(移動).

596) 연설(演說): 연설가(家), 연설조(調), 연설집(集), 연설하다; 가두연설(街頭), 기조연설(基調), 낭독연설(朗讀), 시정연설(施政), 정담연설(政談), 즉석연설(卽席), 찬조연설(贊助), 탁상연설(卓上), 황혼연설(黃昏;노인의 잔소리).

597) 연역(演繹↔歸納): 어떤 명제로부터 추론 규칙에 따라 결론을 이끌어 냄. 또는 그런 과정. ¶연역논리학(論理學), 연역법(法), 연역적(的)[연역적논증(論證), 연역적방법(方法), 연역적추리(推理)], 연역추리(推理), 연역학파(學派).

598) 연예(演藝): 대중 앞에서 음악, 무용, 만담, 마술, 쇼 따위를 공연함. 또는 그런 재주. ¶연예 활동. 연예계(界), 연예란(欄), 연예병(兵), 연예선(船), 연예인(人), 연예장(場), 연예종목(種目), 연예회(會).

599) 연의(演義): ①역사적 사실을 부연하여 재미있게 재구성해서 쉬운 글로 쓴 중국의 통속 소설. ¶연의소설(小說); 삼국지연의. ②뜻을 알기 쉽고 재미있게 풀이함.

600) 연주(演奏): 악기를 다루어 곡을 표현하거나 들려주는 일. ¶피아노 연주. 활발한 연주 활동을 벌이다. 연주가(家), 연주권(權), 연주기호(記號), 연주단(團), 연주되다/하다, 연주력(力), 연주법(法), 연주석(席), 연주실(室), 연주자(者), 연주회(會); 즉흥연주(卽興).

601) 연출(演出): 연극이나 방송국에서, 각본을 바탕으로 배우의 연기, 무대 장치, 의상, 조명, 분장 따위의 여러 부문을 종합적으로 지도하여 작품을 완성하는 일. 어떤 상황이나 상태를 만들어냄. ¶연출을 맡다. 연출가(家), 연출구도(構圖), 연출구상(構想), 연출권(權), 연출대본(臺本), 연출력(力), 연출론(論), 연출실(室), 연출자(者), 연출하다; 무대연출(舞臺).

602) 연습(練習): 연습곡(曲), 연습기(機), 연습림(林), 연습선(船), 연습용(用), 연습장(帳), 연습장(場), 연습차(車), 연습탄(彈), 연습함(艦), 연습효과(效果), 연습하다; 도상연습(圖上), 맹연습(猛), 예행연습(豫行).

603) 연직(鉛直): 중력의 방향. 물체를 매단 실이 가리키는 방향. 어떤 직선 또는 평면에 대하여 수직(垂直)인 방향. ¶연직거리(距離), 연직면(面), 연직선(線).

604) 아연(亞鉛): 아연광(鑛), 아연도금(鍍金), 아연철판(凸板); 산화아연(酸化), 황산아연(黃酸).

연(聯) '잇닿다. 잇다. 대구(對句)가 되는 두 구의 한 짝'을 뜻하는 말. ¶연관(聯關)[연관되다/하다, 연관생활(生活), 연관성(性), 연관자(者), 연관재(財)], 연구(聯句), 연대/장(聯隊/長), 연동(聯/連動)[연동장치(裝置), 연동화(化)], 연립(聯立)[605], 연맹(聯盟)[연맹전(戰): 국제연맹(國際)], 연명차자(聯命箚子), 연방/제(聯邦/制), 연비(聯臂;연줄), 연상물(聯想)[606], 연성(聯/連星), 연시(聯詩), 연시조(聯詩調), 연작(聯作), 연장포(聯裝砲), 연주(聯奏), 연주시(聯珠詩)/연주, 연주체(聯珠體), 연편하다(聯翩), 연합(聯合)[607]; 경련(頸聯), 관련되다/하다(關聯), 대련(對聯), 두련(頭聯), 경련(頸聯), 미련(尾聯), 시련(詩聯), 앙련(仰聯), 영련(楹聯), 일련(一聯), 전련(前聯), 주련(柱聯), 함련(頷聯) 들.

연(硯) '벼루'를 뜻하는 말. ¶연갑(硯匣;벼룻집), 연개(硯蓋), 연병(硯屛), 연상(硯床), 연상(硯箱), 연석(硯石;벼룻돌), 연수(硯水), 연적(硯滴)[붕어연적, 청자연적(靑瓷)], 연지(硯池), 연해(硯海); 골연(骨硯;동물의 뼈로 만든 벼루), 단계연(端溪硯), 도연(陶硯), 동연(同硯), 마제연(馬蹄椽), 석연(石硯), 수정연(水晶硯), 아연(牙硯;상아로 만든 벼루), 옥연(玉硯), 용린연(龍鱗硯), 용연(龍硯)/용지연(龍池硯), 유연(鍮硯;놋쇠로 된 연적), 자연(瓷硯), 주연(朱硯), 징니연(澄泥硯), 필연(筆硯), 해동연(海東硯) 들.

연(蓮) 연꽃과의 여러해살이 풀. ¶연근(蓮根), 연꽃, 연당(蓮堂), 연당(蓮塘), 연못, 연밥, 연방(蓮房), 연보(蓮步), 연봉(연꽃봉오리)[연봉무지기, 연봉잠(簪)], 연뿌리, 연사(蓮絲), 연실(蓮實), 연실죽(蓮實竹), 연엽(蓮葉)[608], 연예(蓮蕊), 연육(蓮肉), 연잎, 연자(蓮子;연밥), 연정(蓮亭), 연판(蓮瓣), 연화(蓮華/花)[609]; 가시연/밥, 목련(木蓮), 백련(白蓮), 수련(睡蓮), 수파련(水波蓮)[610], 앙연/좌(仰蓮/座), 홍련(紅蓮) 들.

연(鳶) 종이에 댓가지를 붙여 실로 꿰어 공중에 날리는 놀이 기구. ¶연을 만들다. 연날리기, 연달[611], 연사(鳶絲), 연살(연의 뼈대가 되는 대오리. 연달), 연실, 연싸움, 연줄; 가오리연, 꼬리연, 꼬빡연(가오리연), 꼭지연(꼭지가 붙은 연), 나비연, 동이연[612], 매미연, 매연, 바둑판연(板鳶), 박이연(점이나 눈알 따위의 무늬를 박은 연), 반달연(半), 발연, 방패연(防牌鳶), 비연(飛鳶;연날리기), 비행기연(飛行機鳶), 상제연(喪制鳶;색종이를 붙이거나 칠을 하지 아니한 연), 소연(素鳶), 액막이연(厄), 장군연(將軍鳶), 지네발연, 지연(紙鳶), 치마연, 호랑연(虎狼鳶) 들.

연(戀) '애틋하게 생각하고 그리워하다(사모하다)'를 뜻하는 말. ¶연가(戀歌), 연동(戀童), 연모(戀慕), 연문(戀文), 연서(戀書), 연심(戀心), 연애(戀愛)[613], 연연(戀戀)[연연불망(不忘), 연연하다[614]], 연인(戀人), 연적(戀敵), 연정(戀情); 계련(係戀), 권련(眷戀), 모련(慕戀), 비련(悲戀), 사련(邪戀), 사련(思戀), 실연(失戀), 애련(哀戀), 애련(愛戀), 절련(絕戀), 초련(初戀;첫사랑), 탐련(耽戀) 들.

연(椽) 마룻대에서 보 또는 도리에 걸친 통나무인 '서까래'를 뜻하는 말. ¶연개판(椽蓋板), 연단(椽端;서까래 끝), 연마루(층집에서, 아래층의 지붕에 있는 뒷마루), 연목(椽木), 연목누르개(椽木), 연함(椽檻); 단연(短椽), 들연, 마제연(馬蹄椽;말굽추녀), 모끼연[615], 방연(方椽), 부연(附/婦椽;며느리서까래), 삿갓연[616], 상연(上椽), 장연(長椽;들연), 중연(中椽), 평연(平椽), 하연(下椽) 들.

연(硏) '갈다. 궁구하다(窮究). 벼루'를 뜻하는 말. ¶연개(硏蓋), 연고(硏考), 연구(硏究)[617], 연도(硏刀), 연련(硏鍊), 연마(硏/鍊磨)[618], 연무(硏武), 연수(硏修)[어학연수(語學), 직무연수(職務)], 연옥사(硏玉沙), 연자(硏子)[연자매, 연자맷간(間), 연자방아], 연찬(硏鑽), 연학(硏學); 정연(精硏), 찬연(鑽硏), 초연(炒硏) 들.

연(淵) '못(물이 깊이 차 있는 곳). 물건이 많이 모이는 곳. 깊다'를 뜻하는 말. ¶연담(淵潭), 연동(淵洞), 연모(淵謀;깊은 계책), 연원(淵源;사물의 깊은 근원. 사물이 성립된 바탕), 연잠(淵潛;물속 깊이 숨음), 연징하다(淵澄;깊고 맑다) 연충(淵衷;깊은 속마음); 심연(深淵), 용연(龍淵), 적수성연(積水成淵;작은 것도 모이면 큰 것이 됨), 해연(海淵) 들.

연(涓) '수량이 적은 물이 흐르는 모양. 물방울. 가리다(선택하다)'를 뜻하는 말. ¶연길(涓吉;혼인 따위의 경사에 좋은 날을 고름), 연로(涓露;이슬 정도의 극히 적은 물), 연애(涓埃;물방울과 티끌), 연연(涓涓;물이 졸졸 흐르는 모양), 연연하다(涓涓;물이 졸졸 흐르다) 들.

연(煉) '쇠붙이를 불에 달구어서 정련하다. 굽다(고다. 반죽하여 굽

605) 연립(聯立): 둘 이상의 것이 어울리어 성립함. ¶연립내각(內閣), 연립되다/하다, 연립방정식(方程式), 연립정부(政府), 연립주택(住宅).

606) 연상(聯想): 어떤 사물을 보거나 듣거나 생각하거나 할 때, 그와 관련 있는 다른 사물이 머리에 떠오르는 일. ¶연상되는 일. 보름달을 보며 누나를 연상하다. 연상물(/物); 자유연상(自由).

607) 연합(聯合): 연합가설(假說), 연합고사(考査), 연합국(國), 연합국가(國家), 연합군(軍), 연합기억(記憶), 연합뉴런(neuron), 연합도시(都市), 연합령(領), 연합문(文), 연합상표(商標), 연합섬유(纖維), 연합작전(作戰), 연합중추(中樞), 연합채무(債務), 연합촉진(促進), 연합함대(艦隊); 국가연합(國家), 국제연합(國際), 기업연합(企業), 내적연합(內的), 외적연합(外的), 유사연합(類似), 접근연합(接近).

608) 연엽(蓮葉;연잎): 연엽관(冠), 연엽대접, 연엽바리때, 연엽반상(盤床), 연엽주발(周鉢).

609) 연화(蓮華/花): 연화국(國), 연화대(臺)/연대[돌연대], 연화등(燈), 연화문(紋), 연화세계(世界), 연화좌(座)/연좌; 금연화(金).

610) 수파련(水波蓮): 잔치 때나 굿할 때에 장식으로 쓰는, 종이로 만든 연꽃.

611) 연달(鳶): 연의 머리 · 허리 가운데와 네 귀를 얼러서 꼬챙이처럼 깎아 붙이는 대.

612) 동이연(鳶): 머리나 허리에 띠를 둘러 동여맨 것처럼 만든 연.

613) 연애(戀愛): 연애결혼(結婚), 연애고(苦), 연애관(觀), 연애꾼, 연애색맹(色盲), 연애소설(小說), 연애시(詩), 연애쟁이, 연애질/하다, 연애편지(便紙); 동성연애(同性), 자유연애(自由).

614) 연연하다(戀戀): 집착하여 미련을 가지다. ¶벼슬에 연연하다. 더 이상 과거에 연연하지 말고 현실을 직시하다.

615) 모끼연(椽): 지붕의 양쪽 마구리에 대는 부연의 서까래.

616) 삿갓연(椽): 반자가 없는 집에서 보꾹 겉으로 드러난 서까래.

617) 연구(硏究): 어떤 일이나 사물에 대하여서 깊이 있게 조사하고 생각하여 진리를 따져 보는 일. ¶연구 대상. 연구 활동. 10년에 걸친 연구. 연구관(官), 연구논문(論文), 연구단체(團體), 연구림(林), 연구비(費), 연구생(生), 연구소(所), 연구수업(授業), 연구실(室), 연구심(心), 연구열(熱), 연구용(用), 연구원(員), 연구자(者), 연구적(的), 연구지(地), 연구학교(學校), 연구회(會); 개인연구(個人), 공동연구(共同), 문헌연구(文獻), 발생적연구(發生的), 비교연구(比較), 사례연구(事例), 실험연구(實驗), 지역연구(地域), 향토연구(鄕土).

618) 연마(硏/鍊磨): 갈고 닦음. ¶연마기(機), 연마반(盤), 연마사(砂), 연마재(材), 연마지(紙), 연마하다; 기술연마(技術).

다)'를 뜻하는 말. ¶연단(煉丹), 연도(煉禱), 연령(煉靈;연옥에 있는 영혼), 연백분(煉白粉), 연약(煉藥), 연옥(煉獄), 연와(煉瓦)[적연와(赤)], 연유(煉乳;달이어서 진하게 만든 우유), 연주(煉酒), 연탄(煉炭), 연합(煉合) 들.

연(筵) '대자리(대를 결어 만든 자리). 좌석'을 뜻하는 말. ¶연교(筵敎), 연석(筵席;연회의 자리), 연설(筵說), 연주(筵奏), 연칙(筵飭); 강연(講筵), 경연(經筵), 궤연(几筵), 등연(登筵), 법연(法筵), 빈연(賓筵), 사연(詞筵), 서연(書筵), 설연(設筵), 어연(御筵), 주연(酒筵), 철궤연(撤几筵), 축연(祝筵) 들.

연(燕) '제비. 잔치. 편안하다'를 뜻하는 말. ¶연거(燕居), 연미복(燕尾服), 연소(燕巢), 연식(燕息), 연와(燕窩), 연익(燕翼), 연작(燕雀), 연추(燕雛;제비 새끼), 연출(燕出;천자의 미행), 연침(燕寢;한가히 거처하는 방), 연풍대(燕風臺), 연행(燕行); 금사연(金絲燕), 모연(毛燕), 해연(海燕;바다제비) 들.

연(憐) '불쌍히 여기다. 사랑하다'를 뜻하는 말. ¶연민(憐憫/愍), 연석(憐惜), 연정(戀情), 연휼(憐恤); 상련(相憐), 애련(哀憐), 애련(愛憐); 가련하다(可憐), 긍련하다(矜憐), 동병상련(同病相憐), 민련하다(憫憐), 상련(相憐), 수련(垂憐), 애련(愛憐) 들.

연(捐) '버리다. 재물을 내놓다'를 뜻하는 말. ¶연구(捐軀;정의를 위하여 목숨이나 몸을 버림), 연금(捐金), 연납(捐納), 연명(捐命;생목숨을 버림), 연보(捐補)[연보금(金;헌금), 연보하다(돕다)], 연세(捐世;죽음), 연조(捐助); 기연(棄捐), 의연/금(義捐/金), 출연(出捐) 들.

연(沿) '물 따라 내려가다. 해안'을 뜻하는 말. ¶연강(沿江), 연도(沿道), 연로(沿路), 연변(沿邊), 연선(沿線), 연습(沿襲;전례를 좇음), 연안(沿岸)[619], 연읍(沿邑), 연층갱도(沿層坑道), 연하(沿河), 연하다[620], 연해(沿海)[621], 연혁(沿革)[622]; 습연(襲沿) 들.

연(漣) '잔잔한 물결의 움직임. 눈물을 흘리는 모양'을 뜻하는 말. ¶연음(漣音;소리를 울려서 내는, 떠는 음), 연흔(漣痕;모래나 눈 위에 만들어지는 물결 모양의 흔적. 호숫가나 해안의 잔물결 모양의 지층); 청련(淸漣;물이 맑고 잔잔함) 들.

연(輦) '가마'를 뜻하는 말. ¶연곡(輦轂), 연로(輦路;거둥길), 연메꾼(가마꾼), 연춧대; 발연하다(發輦;여행을 떠나다), 보련(寶輦), 봉련(鳳輦), 부련(副輦), 소련(素輦), 신련(神輦), 옥련(玉輦), 정련(正輦), 주련(駐輦), 하련(下輦) 들.

연(燃) '불에 타다'를 뜻하는 말. ¶연등(燃燈)[연등절(節), 연등회(會)], 연료(燃料)[623], 연미지액(燃眉之厄), 연비(燃比)[624], 연소(燃燒)[625]; 가연/성(可燃/性), 내연(內燃), 불연(不燃), 외연(外燃), 재연(再燃) 들.

연(衍) '넘쳐흐르다. 남다(가외 글자)'를 뜻하는 말. ¶연문(衍文), 연자(衍字;군글자); 만연(蔓延/衍), 반연(反/叛衍), 부연(敷衍) 들.

연(娟) '날씬하고 아름답다'를 뜻하는 말. ¶연연/하다(娟娟;빛이 엷고 고움. 아름답고 어여쁨); 선연하다(嬋娟), 연연(軟娟) 들.

연(姸) '예쁘다. 아름답다'를 뜻하는 말. ¶연염(姸艶), 연장(姸粧); 선연하다(嬋姸), 선연하다(鮮姸), 섬연(纖姸), 편연하다(便姸) 들.

연(碾) '맷돌. 돌절구'를 뜻하는 말. ¶약재를 연에 갈다. 연거(碾車;씨아), 연바탕, 연발(碾鉢), 연알[626], 연약(碾藥); 약연(藥碾)/연(碾) 들.

연(撚) '비틀다. 꼬다'를 뜻하는 말. ¶연사/기(撚絲/機;두 가닥 또는 여러 가닥의 실을 합하여 꼬아 놓은 것), 연단(撚斷;손으로 비틀어 끊음), 연지(撚紙;비벼 꼰 종이끈) 들.

연(臙) '자색과 적색을 혼합한 물감'을 뜻하는 말. ¶연지(臙脂;여자가 화장할 때 양쪽 볼에 찍는 붉은 빛깔의 염료)[연지묵(墨), 연지분(粉); 볼연지, 입술연지, 편연지(片)] 들.

연(吮) '빨다. 핥다'를 뜻하는 말. ¶연옹지치(吮癰舐痔;윗사람에게 몹시 아첨함).

연(蜒) '수궁(守宮;도마뱀 비슷한 동물)'을 뜻하는 말. ¶완연(蜿蜒;기어가거나 길게 이어져 있는 모양이 꾸불꾸불함).

연(蠕) '꿈틀거리다'를 뜻하는 말. ¶연동/운동(蠕動/運動), 연충(蠕蟲), 연형동물(蠕形動物) 들.

연(鰱) '연어(연어과의 바닷물고기)'를 뜻하는 말. ¶연란(鰱卵), 연어(鰱魚)[연어알/젓, 연어회(膾)] 들.

연(攣) '오그라지다. 쥐가 나다(경련이 일다)'를 뜻하는 말. ¶연축(攣縮); 경련(痙攣) 들.

연귀 두 재를 직각으로 맞추기 위하여 나무 마무리가 보이지 않게 귀를 45도 각도로 모지게 엇벤 곳.[←연구(燕口).=제비촉. ¶연귀실(연귀에 있는 실 모양의 장식물), 연귀자, 연귀장부(연귀 안에 물리게 된 장부), 연귀판(板;45도로 엇베는 데 쓰는 틀); 깍지연귀

---

619) 연안(沿岸): 강이나 호수, 바다를 따라 잇닿아 있는 육지. 육지와 면한 바다·강·호수 따위의 물가. ¶낙동강 중류 연안. 연안국(國), 연안대(帶), 연안동물(動物), 연안류(流), 연안무역(貿易), 연안빙(氷), 연안사주(沙洲), 연안선(線;해안선), 연안수(水), 연안어업(漁業), 연안이동(移動), 연안탄전(炭田), 연안항(港), 연안항로(航路), 연안항법(航法), 연안해(海), 연안해저지역(沿岸海底地域).

620) 연하다(沿): 철도·도로·해안·강기슭 따위가 길게 이어진 것과 죽 맞닿은 상태로 이어져 있다. ¶도로에 연하여 늘어선 상가.

621) 연해(沿海): 육지에 가까이 있는 바다. ¶연해구역(區域), 연해국(國), 연해기후(氣候), 연해변(邊), 연해선(線), 연해안(岸), 연해어업(漁業), 연해운하(運河), 연해읍(邑), 연해주(州), 연해지(地), 연해항로(航路).

622) 연혁(沿革): 사물의 변천. 또는 변천해 온 내력. 발자취. ¶우리 지방의 연혁. 학교 연혁.

623) 연료(燃料): 연소하여 열, 빛, 동력의 에너지를 얻을 수 있는 물질. ¶연료를 절약하다. 연료가스(gas), 연료난(難), 연료림(林), 연료봉(棒), 연료비(比), 연료비(費), 연료액화(液化), 연료전지(電池), 연료체(體), 연료판(瓣), 연료펌프(pump); 가스연료(gas), 고체연료(固體), 고형연료(固形), 기체연료(氣體), 액체금속연료(液體金屬), 액체연료(液體), 항공연료(航空), 핵연료(核), 혼합연료(混合), 화석연료(化石).

624) 연비(燃比): 자동차가 연료 1리터로 달릴 수 있는 km 수.

625) 연소(燃燒): 연소관(管), 연소기(機), 연소도(度), 연소되다/하다, 연소력(力), 연소로(爐), 연소물(物), 연소분석(分析), 연소속도(速度), 연소열(熱), 연소율(率), 연소장치(裝置), 연소조건(條件), 연소체(體), 연소핵(核), 연소효율(效率); 불/완전연소(不/完全), 자연연소(自然).

626) 연알: 약재를 갈 때, 약연(藥碾)에 굴리는 바퀴 모양의 쇠.

(모서리를 모질게 엇베어 맞춘 연귀), 맞연귀 들.

연득-없다 갑자기 행동하는 면이 있다. 갑작스럽다. ¶연득없는 행동에 놀란다. 그 일에 네가 왜 연득없이 나선다고 야단이냐? 연득(문득 행동하는 짓).

연-들다 감이 말랑말랑하게 익다.

연모 물건을 만드는 데 쓰는 연장(기구)과 재료.≒도구(道具). 연장. ¶서툰 목수가 연모 나무란다. 청동제 연모. 연모판(작업대); 돌연모.

연방 잇달아 자꾸. 연이어 금방.=연신(사투리). ¶사람들이 연방 들랑거린다. 손님이 연방 들이닥치다. 여럿이 둘러서서 연방 몰아세우다.

연사-질 교묘한 말로 남을 꾀어 그의 속마음을 떠보는 짓.≒베거리. ¶친구를 연사질로 떠본다. 약한 사람을 연사질하고 있는 건 분명 실수이겠지요? 연사질하다.

연삭삭-하다 ①부드럽고 사근사근하다.=연삽하다. 〈센〉연싹싹하다. ¶연삭삭한/ 연삽한 처녀. 그녀는 연삽한 성격이라 어딜 가도 환영받을 거야. ②붙임성이 있고 나긋나긋하다.

연생이 잔약하고 보잘것없는 사람이나 물건. ¶연생이를 어디에 쓰나? 연생이는 그만 버린다.

연염 소의 볼기에 붙어 있는 고기.

연엽 소의 도가니에 붙은 고기. 연엽살. ¶연엽살을 떼어내다.

연장 어떤 일을 하거나 또는 물건을 만드는 데 쓰이는 기구. '남자의 성기(性器)'의 속어. ¶목수가 일을 마치고 연장을 챙기다. 연장걸이, 연장궤(櫃), 연장주머니; 나무연장, 돌연장, 뼈연장, 쇠연장 들.

열¹ 도리깨·채찍과 같은 것의 끝에 늘어뜨린 끈이나 회초리. ¶열채(끈이나 줄이 달린 채찍); 도리깻열, 창열(槍;쇠로 된 창의 끝 부분), 챗열(채찍의 열).

열² 아홉에 하나를 더한 수. 10. ¶열 사람. 열에 하나를 더하다. 열일 제치다. 열나절[627], 여남은(열이 조금 넘은 어림수), 열댓, 열구거리무가(巫歌), 열두밭고누, 열두신장(神將), 열두제자(弟子), 열두하님, 열릅[628], 열모, 열목카래(열 사람이 하는 가래질), 열십자로(十字), 열자리(열의 단위), 열째, 열흘/날. ☞ 십(十).

열³ '쓸개'의 사투리. ¶열기[629], 열물(담즙), 열없다[630], 열주머니[담낭(膽囊)].

열⁴ 총열(銃;긴 원통 모양으로 되어 총알이 나가는 방향을 정하여 주는 총의 한 부분). 총신(銃身).

열⁵ 삼[蔘(마)]을 뜻하는 말. '삼대'의 사투리. 열씨(삼씨의 옛말).

열- ①몇몇 명사나 접사 앞에 붙어, '어린, 작은'의 뜻을 더하는 말. ¶열무/김치, 열바가지/열박(쪽박), 열소리[631], 열쭝이[632], 열피리(피라미 새끼). ②'지나가다'를 뜻하는 말.[←열다〈예다〈녀다]. ¶열구름(지나가는 구름), 열손님(지나가는 손님).

열(熱) '뜨거운 기운. 격분하거나 흥분한 상태. 그 일에 대한 열성. 몸달다'를 뜻하는 말. ¶열을 가하다/식히다. 공부에 열을 내다. 열가(熱價), 열가소성(熱可塑性), 열간가공(熱間加工), 열간압연(熱間壓延) 열감(熱疳), 열감(熱感), 열공학(熱工學), 열관리(熱管理), 열광적(的), 열광하다(熱狂;미치다), 열권(熱圈), 열기(熱氣)[열기기관(機關), 열기요법(療法)], 열기관(熱機關), 열기구(熱器具), 열기전력(熱起電力), 열기포(熱氣泡), 열김/에, 열꽃, 열나다, 열뇌(熱惱), 열뇨하다(熱鬧), 열담(熱痰), 열대(熱帶)[633], 열도(熱度), 열독(熱毒), 열독(熱讀), 열띠다[634], 열량(熱量), 열렬(熱烈), 열뢰(熱雷), 열루(熱漏), 열망(熱望), 열매(熱媒), 열매(熱罵), 열목어(熱目魚), 열문(熱門), 열방사(熱放射), 열변(熱辯), 열변(熱變), 열병(熱病), 열복사(熱輻射), 열분수(熱粉水), 열분해(熱分解), 열불(매우 세차고 뜨거운 불), 열사(熱砂), 열사병(熱射病), 열상(熱傷), 열선(熱線), 열설(熱泄), 열섬(주변보다 기온이 높은 도시 지역), 열성(熱性)[주열성(走熱性), 추열성(趨熱性)], 열성(熱誠)[열성껏, 열성적(的)], 열세(熱洗), 열손(熱損), 열손실(熱損失), 열수(熱水), 열수(熱嗽), 열심(熱心), 열안(熱眼), 열애(熱愛), 열에너지(熱energy), 열역학(熱力學), 열연(熱延), 열연(熱演;연기를 정열적으로 함), 열열/하다(熱烈), 열오르다/올리다, 열오염(熱汚染), 열용량(熱容量), 열운(熱雲), 열운동(熱運動), 열원(熱源), 열원(熱願), 열원(熱援), 열원자로(熱原子爐), 열음극(熱陰極), 열의(熱意;熱誠), 열저장(熱貯藏), 열전(熱戰), 열전기(熱電氣), 열전달(熱傳達), 열전대(熱電對), 열전도(熱傳導), 열전력(熱電力), 열전류(熱電流), 열전쌍(熱電雙), 열전자(熱電子), 열전지(熱電池), 열점(熱點), 열정/적(熱情/的), 열중(熱中;한 가지 일에 몰두함), 열중성자(熱中性子), 열증(熱症), 열창(熱唱), 열처리(熱處理), 열탕(熱湯), 열퇴(熱退), 열투(熱鬪), 열파(熱波), 열팽창(熱膨脹), 열펌프(熱pump), 열평형(熱平衡), 열풍(熱風), 열하다, 열학(熱學), 열학(熱瘧), 열한(熱汗), 열해리(熱解離), 열핵(熱核), 열혈(熱血), 열혈한(熱血漢), 열화(熱火), 열화상(熱畵像), 열화학(熱化學), 열확산(熱擴散), 열효율(熱效率), 열훈(熱暈); 가열(加熱), 가열(假熱), 간열(肝熱), 간헐열(間歇熱), 갈열(渴熱), 감열성(感熱性), 객열(客熱), 건초열(乾草熱), 경열(庚熱), 경열(輕熱), 경쟁열(競爭熱), 고열(高熱), 고열(苦熱), 고열(高熱), 고초열(枯草熱), 공명열(功名熱), 과열(過

---

627) 열나절: 일정한 한도 내에서 매우 오랫동안.

628) 열릅: 마소의 '열 살'을 이르는 말.=담불.

629) 열기[-끼]: 눈동자에 드러난 정신의 담찬 기운.

630) 열없다: ①조금 겸연쩍고 부끄럽다. ¶아이가 열없게 웃는다. 열없는 색시 달밤에 삿갓 쓴다(정신이 흐려져 망령된 짓을 하다). ②겁이 많고 담이 작다. ③성질이 묽고 다부지지 못하다. ¶그는 성격이 열없어서 할 말도 못하는 사람이다. 열없쟁이(열없는 사람).

631) 열소리: 어린 소리. ¶아들 녀석은 중학교에 다니는데도 아직도 열소리를 한다.

632) 열쭝이: ①겨우 날기 시작한 어린 새. ②늦가을에 깨어 생육이 신통찮은 병아리. ③작고 나약하며 겁이 많은 사람.

633) 열대(熱帶): 열대계(系), 열대과실(果實), 열대국(國), 열대기단(氣團), 열대기후(氣候), 열대림(林), 열대병(病), 열대산(産), 열대새, 열대성(性), 열대식물(植物), 열대야(夜), 열대어(魚), 열대열(熱), 열대우림(雨林), 열대작물(作物), 열대저기압(低氣壓), 열대전선(前線), 열대호(湖); 아열대(亞).

634) 열띠다: 열기를 품다. ¶열띤 경쟁. 열띤 토론. 열띤 분위기.

熱), 광열(光熱), 교육열(敎育熱), 구열(口熱), 금광열(金鑛熱), 기업열(企業熱), 극열(極熱), 급열(急熱), 기화열(氣化熱), 난방열(暖房熱), 난열(暖熱), 내열(耐熱), 냉열(冷熱), 녹음열, 단열(斷熱), 대열(大熱), 도열(逃熱), 도열병(稻熱病), 독서열(讀書熱), 두열(頭熱), 마찰열(摩擦熱), 만학열(晩學熱), 매일열(每日熱), 면열(面熱), 무열(無熱), 문예열(文藝熱), 문학열(文學熱), 미열(微熱), 반사열(反射熱), 반응열(反應熱), 발열(發熱), 발진열(發疹熱), 발효열(醱酵熱), 방사열(放射熱), 방열(放熱), 백열(白熱)[백열등(燈), 백열선(線), 백열전(戰)], 번열(煩熱), 복사열(輻射熱), 복수열(復讐熱), 복열(伏熱), 부패열(腐敗熱), 분자열(分子熱), 분해열(分解熱), 비열(比熱), 비열(脾熱), 사업열(事業熱), 산열(散熱), 산욕열(産褥熱), 삼열(蔘熱), 서열(暑熱), 생성열(生成熱), 성열(盛熱), 성홍열(猩紅熱), 수장열(手掌熱), 수화열(水和熱), 숨은열, 습열(習熱), 습열(濕熱), 승화열(昇華熱), 식열(食熱), 신열(身熱), 신열(腎熱), 실열(實熱), 심열(心熱), 애국열(愛國熱), 액화열(液化熱), 여열(餘熱), 연구열(硏究熱), 연소열(燃燒熱), 열대열(熱帶熱), 염열(炎熱), 예열/기(豫熱/器), 외열(外熱), 용해열(溶解熱), 융해열(融解熱:녹음열), 응고열(凝固熱), 응축열(凝縮熱), 이열치열(以熱治熱), 이장열(弛張熱), 자반열(紫斑熱), 작열(灼熱), 잔열(殘熱), 잠열(潛熱:숨은열), 장열(壯熱), 재귀열(再歸熱), 저열(低熱), 적열(赤熱), 전도열(顚倒熱:아침에는 오르고 저녁에는 내리는 열), 전열(電熱)[전열기(器), 전열선(線)], 전쟁열(戰爭熱), 정열(情熱), 정치열(政治熱), 조열(潮熱), 조열(燥熱), 중등열(中等熱), 중초열(中焦熱), 중화열(中和熱), 증열(蒸熱), 증발열(蒸發熱), 지열(止熱), 지열(地熱), 지열(至熱), 지방열(地方熱), 창작열(創作熱), 초열(焦熱), 치아열(齒牙熱), 치열(治熱), 치열(熾熱), 탐구열(探究熱), 태양열(太陽熱), 태열(胎熱), 퇴열(退熱), 퇴적열(堆積熱), 투기열(投機熱), 평열(平熱), 폐열(肺熱), 풍열통(風熱痛), 풍한열(風寒熱), 하초열(下焦熱:배꼽 아래에 열이 생기는 병), 학구열(學究熱), 한열(旱熱), 한열(寒熱), 해리열(解離熱), 해열(解熱), 향학열(向學熱), 허열(虛熱), 혁명열(革命熱), 호흡열(呼吸熱), 혹열(酷熱), 혼합열(混合熱), 화합열(化合熱), 황열(黃熱), 회귀열(回歸熱), 후발열(後發熱), 흑수열(黑水熱), 희석열(稀釋熱) 들.

열(列) 사람·물건이 죽 벌이어 선 줄. 차례. '벌이다. 나란히 서다'를 뜻하는 말. ¶열을 짓다. 열을 이탈하다. 열강(列强: 여러 강국), 열거(列擧:하나씩 들어 말함)/법(法), 열국(列國:여러 나라), 열기(列記), 열도(列島), 열록(列錄), 열립(列立), 열명/정장(列名/呈狀), 열방(列邦), 열석(列石), 열석(列席:회의에 다른 사람과 함께 출석함), 열성(列星), 열성/조(列聖/朝), 열씨(列氏), 열연결(列連結), 열외(列外:늘어선 줄의 밖), 열위(列位:여러분), 열전(列傳), 열조(列朝), 열좌(列坐), 열주(列柱), 열중/쉬어(列中), 열진(列陳), 열차(列次), 열차(列車)[야간열차(夜間), 완급열차(緩急), 혼합열차(混合), 화물열차(貨物)], 열후(列侯); 거석렬(巨石列), 계열(系列), 나열(羅列), 논열(論列), 단열(單列), 대열(隊列), 도열(堵列), 동렬(同列), 등렬(等列), 무열(武列), 반열(班列), 방렬(放列), 배열(排/配列), 병렬(竝列), 분열(分列), 삼열(森列), 서열(序列), 선열(船列), 수열(數列), 순열(順列), 우열(右列), 일렬(一列), 장렬(葬列), 재열(宰列), 전열(前列), 전열(戰列), 정렬(整列), 제열(齊列), 조열(朝列), 종렬(縱列), 좌열(左列), 직렬(直列), 직열(職列), 진열(陳列), 참렬(參列), 치열(齒列), 진열(陣列), 포열(砲列), 항렬(行列), 행렬(行列:여럿이 줄지어 감)[행렬하다; 가장행렬(假裝), 단위행렬(單位), 제등행렬(提燈)], 행렬(行列)[2], 횡렬(橫列), 후열(後列) 들.

열(烈) '불길이 세다. 세차다. 빛나다. 지조가 굳다'를 뜻하는 말. ¶열광(烈光), 열녀(烈女)[열녀문(門), 열녀비(碑), 열녀전(傳)], 열부(烈夫), 열부(烈婦), 열사(烈士)[열사비(碑); 충신열사(忠臣)], 열일(烈日), 열장부(烈丈夫), 열적(烈蹟:뚜렷하게 빛나는 일의 자취. 열사의 행적), 열절(烈節), 열조(烈祖), 열진(烈震), 열풍(烈風), 열행(烈行), 열화(烈火), 열휘(烈輝); 가열하다(苛烈), 강렬하다(强烈), 격렬하다(激烈), 공렬(功烈), 굉렬하다(轟烈), 극렬하다(極/劇烈), 늠렬하다(凜烈), 맹렬하다(猛烈), 방렬하다(芳烈), 선열(先烈), 순열(殉烈), 신열하다(辛烈), 열렬하다(熱烈), 영렬(英烈), 율렬(溧烈), 의열하다(義烈), 장렬하다(壯烈), 준열하다(峻烈), 참렬(慘烈), 충렬(忠烈), 충효열(忠孝烈), 치열하다(熾烈), 통렬하다(痛烈), 혹렬(酷烈), 효열(孝烈) 들.

열(劣) '못하다. 낮다. 약하다. 어리석다'를 뜻하는 말.↔우(優). ¶열각(劣角), 열궁형(劣弓形), 열등(劣等)[열등감(感), 열등생(生), 열등의식(意識), 열등하다], 열박하다(劣薄), 열비(劣比), 열성(劣性), 열세(劣勢), 열악하다(劣惡), 열약(劣弱), 열위(劣位), 열재(劣才), 열정(劣情), 열패(劣敗)[열패감(感), 열패하다], 열품(劣品), 열하(劣下), 열호(劣弧), 열활꼴, 열후(劣後); 내열(內劣), 둔열하다(鈍劣), 비열하다(卑/鄙劣), 용렬하다(庸劣), 우열(優劣), 우열하다(愚劣), 잔열하다(孱劣), 저열하다(低劣), 졸렬하다(拙劣), 지열하다(枝劣), 천열(賤劣), 품렬(品劣), 하열하다(下劣) 들.

열(裂) '찢다·찢어지다'를 뜻하는 말. ¶열개(裂開), 열곡(裂谷), 열과(裂果), 열교(裂敎), 열백(裂帛), 열상(裂傷), 열지(裂指), 열파(裂破), 열하천(裂罅泉); 개열(開裂), 개편열(開片裂:도자기의 거죽에 잘게 난 금), 건열(乾裂), 결렬(決裂), 공렬(孔裂), 괴열(壞裂), 교열(咬裂), 궤열(潰裂), 균열(龜裂), 동렬(凍裂), 멸렬(滅裂), 분열(分裂), 사분오열(四分五裂), 새열(鰓裂), 세열(細裂), 쇄열(碎裂), 심렬(深裂), 열렬(熱裂), 우열(雨裂), 작렬(炸裂), 종렬(縱裂), 지리멸렬(支離滅裂), 촌열(寸裂), 탁렬(坼裂), 파열(破裂), 판열(瓣裂), 폭렬(爆裂), 횡렬(橫裂) 들.

열(悅) '기쁘다. 기뻐하다. 즐거워하다'를 뜻하는 말. ¶열구(悅口:음식이 입에 맞음), 열구자탕(悅口子湯), 열구지물(悅口之物), 열락(悅樂:기뻐하고 즐거워함), 열복(悅服:마음으로 기꺼이 복종함), 열색(悅色), 열안(悅眼), 열애(悅愛), 열친(悅親:어버이를 기쁘게 함); 감열(感悅), 남흔여열(男欣女悅), 대열(大悅), 만열(滿悅), 법열(法悅), 선열(禪悅), 송무백열(松茂栢悅), 심열성복(心悅誠服), 애열(愛悅), 위열(慰悅), 유열(愉悅), 이열(怡悅), 화열하다(和悅), 환열(歡悅), 희열(喜悅) 들.

열(閱) '살펴보다'를 뜻하는 말. ¶열년(閱年), 열독(閱讀:책이나 문서 따위를 죽 훑어 읽음), 열람(閱覽)[열람객(客), 열람권(券), 열람료(料), 열람석(席), 열람실(室)], 열력(閱歷), 열무(閱武), 열병(閱兵:군대를 정렬시켜 놓고 사열함)/식(式), 열안(閱眼), 열월(閱月), 열인(閱人); 간열(簡閱:낱낱이 가려서 조사함), 검열(檢閱), 교열

ㅇ

(校閱), 대열(大閱), 벌열(閥閱;閥族), 사열(査閱)[사열대(臺), 사열식(式)], 순열(巡閱), 추열(推閱;범인을 심문함), 후열(後閱) 들.

열(咽) '목이 메다'를 뜻하는 말. ¶경열(硬咽), 애열하다(哀咽), 오열(嗚咽). §'목구멍'의 뜻으로는 [인]으로 읽힘. 인후(咽喉).

열(噎) '목이 메다/막히다'를 뜻하는 말. ¶열격(噎膈;먹은 음식물이 가슴에 막힘), 열구(噎嘔); 인열폐식(因噎廢食).

열(洌) '맑다'를 뜻하는 말. ¶열수(洌水), 열천(洌泉); 청렬(淸洌) 들.

열고 열이 나서 바삐 서두름. 매우 급한 일. ¶열고나다[635].

열(다)¹ 열매가 맺다.=열리다'. ¶주렁주렁 열매가 열리다. 열매[636], 야무·여무지다[637], 야물·여물다[638], 여물리다, 여울다[639], 영글다[640]. ☞ 실(實).

열(다)² 닫히거나 잠기거나 덮인 것을 트거나 끄르거나 벗기다. 개최하다. 상점 등을 운영하기 시작하다. 새로운 기틀을 마련하다. ↔닫다. ¶문을 열다. 마음을 열어놓고 이야기하다. 주주 총회를 열다. 새 시대를 열다. 열개[외짝열개], 여닫개, 여닫기다, 여닫다, 여닫이[여닫이문(門), 여닫이창(窓)], 여닫치다, 여닫히다, 열고나다, 열뜨다[641], 열뜨리다, 열리다²[열린계(系), 열린마디, 열린사회, 열린생각, 열린세상(世上), 열린회로(回路)], 열쇠, 열어붙이다(문이나 창을 힘차게 열다), 열어젖뜨리다/트리다(문이나 창을 넓게 열어 놓다), 열어젖히다/제치다(갑자기 벌컥 열다), 여잡다(열어서 잡다), 열창(窓↔붙박이창), 열치다(힘 있게 열다); 두짝열개(두 짝으로 여닫게 된 문), 들어열개(들어서 열게 된 문), 입열다(말을 꺼내다). ☞ 개(開).

열반 [←涅槃←Nirvāna〈범〉]. ①불도(佛道)를 완전하게 이루어 일체의 번뇌를 해탈한 최고의 경지. ¶열반의 경지에 이르다. 열반문(涅槃門), 열반적정(涅槃寂靜), 열반종(涅槃宗). ②입적(入寂;중이 죽음). ¶큰스님께서 오늘 새벽에 열반에 드셨습니다. 열반당(涅槃堂), 열반상(涅槃像), 열반회(涅槃會) 들.

열-쌔다 행동이나 눈치가 매우 재빠르고 날래다. ¶눈치가 열쌔다. 열쌘 동작으로 위기를 모면하다.

열퉁-적다 말이나 행동이 데퉁스럽다.=퉁어리적다. ¶열퉁적게 참견하다가 핀잔을 맞았다. 간사위가 없어서 열퉁적은 것을 '변모없다'라고 한다.

염 바위로 된 작은 섬.≒노초(露礁). ¶바다 위에 몇 개의 염이 보인다. 작은 염을 '밤염'이라고 일컫는다.

염(炎) '덥다·뜨겁다(더위). 몸의 일부가 붉게 붓고 아프며 열이 나는 증세(염증)'를 뜻하는 말. ¶염독(炎毒), 염량(炎凉)[염량세태(世態), 염량주의(主義)], 염발(炎魃;가뭄), 염방(炎方), 염서(炎暑), 염양(炎陽), 염열(炎熱), 염위(炎威), 염장(炎瘴), 염정(炎程), 염정(炎精), 염제(炎帝), 염증(炎症), 염증(炎蒸), 염천(炎天), 염풍(炎風), 염한(炎旱); 각막염(角膜炎), 간염(肝炎), 간장염(肝臟炎), 결막염(結膜炎), 경염(庚炎), 고막염(鼓膜炎), 고염(苦炎), 고환염(睾丸炎), 골염(骨炎), 골단염(骨端炎), 골막염(骨膜炎), 골수염(骨髓炎), 공막염(鞏膜炎), 관절염(關節炎), 광염(狂炎), 구강염(口腔炎), 구내염(口內炎), 극염(極/劇炎), 근염(筋炎), 기관지염(氣管支炎), 나팔관염(喇叭管炎), 난소염(卵巢炎), 내이염(內耳炎), 냉염(冷炎), 노염(老炎;늦더위), 뇌막염(腦膜炎), 뇌염(腦炎), 뇌척수막염(腦脊髓膜炎), 누낭염(淚囊炎), 누선염(淚腺炎), 늑막염(肋膜炎), 담낭염(膽囊炎), 대장염(大腸炎), 마염(魔炎), 만염(晩炎), 망막염(網膜炎), 맹장염(盲腸炎), 미로염(迷路炎;內耳炎), 방염(防炎), 방광염(膀胱炎), 번식성염(繁殖性炎), 복막염(腹膜炎), 복염(伏炎), 부고환염(副睾丸炎), 비염(鼻炎), 비염(脾炎), 서염(暑炎), 설안염(雪眼炎), 설염(舌炎), 성염(盛炎), 소염제(消炎劑), 시신경염(視神經炎), 신경염(神經炎), 신염(腎炎), 신우염(腎盂炎), 신장염(腎臟炎), 심근염(心筋炎), 심낭염(心囊炎), 십이지장염(十二指腸炎), 안염(眼炎), 안검염(眼瞼炎), 양염(陽炎;아지랑이), 여염(餘炎), 외이도염(外耳道炎), 요염(潦炎), 위염(胃炎), 위장염(胃腸炎), 유방염(乳房炎), 유선염(乳腺炎), 이하선염(耳下腺炎), 인두염(咽頭炎), 인후염(咽喉炎), 자궁염(子宮炎), 잔염(殘炎), 장염(腸炎), 전립선염(前立腺炎), 정염(情炎), 제염(臍炎), 주위염(周圍炎), 중이염(中耳炎), 증식성염(增殖性炎), 증염(蒸炎), 질염(膣炎), 척수염(脊髓炎), 척추염(脊椎炎), 충수염(蟲垂炎), 치은염(齒齦炎), 치주염(齒周炎), 편도선염(扁桃腺炎), 폐렴(肺炎), 포피염(包皮炎), 폭염(暴炎), 풍염(風炎), 피부염(皮膚炎), 한염(旱炎), 혹염(酷炎), 후두염(喉頭炎) 들.

염(念) ①무엇을 하려는 생각. 불경·진언을 조용히 외거나, 부처를 마음에 품는 일. '생각하다. 글을 소리내어 읽다'를 뜻하는 말. ¶염도 못 내다. 꾸짖을 염도 없다. 염경(念經), 염념불망(念念不忘), 염념칭명(念念稱名), 염독(念讀), 염동(念動), 염두(念頭;마음. 생각), 염려(念慮)[염려되다/하다, 염려스럽다, 염려증(症)], 염력(念力), 염망(念望), 염불(念佛)[642], 염불급타(念不急他), 염송(念誦), 염언(念言), 염외(念外), 염원(念願), 염주(念珠), 염하다; 개념(槪念), 고념(顧念), 과념(過念), 관념(觀念), 괘념(掛念), 권념(眷念), 근념(勤念), 기념(記/紀念), 단념(丹念), 단념(斷念), 도념(道念), 망념(妄念), 명념(銘念), 모념(慕念), 무념무상(無念無想), 묵념(默念), 방념(放念), 사념(邪念), 사념(思念), 상념(想念), 세념

---

635) 열고나다: ①몹시 급하게 서두르다. ¶가파른 언덕을 열고나게 기어오르다. ②몹시 급한 일이 생기다. 성화하다.

636) 열매: 열매가지, 열매껍질, 열매맺이, 열매솎기, 열매채소(菜蔬), 열매철; 겉열매껍질, 겹열매, 나무열매, 산열매(山), 속열매껍질, 야자열매(椰子), 헛열매, 홑열매.

637) 여무지다: ①사람됨이나 행동이 빈틈이 없이 굳세고 단단하다. ¶야무진 사람. 솜씨가 야무지다. 일을 야무지게 처리하다. ②똑똑하고 오달지다.[←여물(다)+지다]. 〈작〉야무지다.

638) 여물다: ①열매나 곡식 따위가 충분하게 익거나 단단해지다.[〈영글다]. ¶겉여물다(겉보기로만 여물다. 겉보기만 여물고 실상은 무르다), 여문도(度;여문 정도). ②살림 따위를 알뜰히 하다. ③어떤 연상이나 일이 잘 되어 뒤탈이 없다.

639) 여울다: 식물의 열매나 꽃이 많이 열리다. ¶꽃송이들이 여울지는 봄날. 여울지다(몹시 여울다).

640) 영글다: 여물다. ¶열매가 제대로 영글었다. 영글차다(야물고 기운차다).

641) 열뜨다: 마음이 안정되지 못하여 주변 일에 우왕좌왕하다. ¶면접시험 준비에 열떠 있는 학생들.

642) 염불(念佛): 염불삼매(三昧), 염불소리, 염불왕생(往生); 경염불(經), 공염불(空), 관념염불(觀念), 구칭염불(口稱;입으로 외는 염불), 대염불(大), 육자염불(六字), 자력염불(自力), 지혜염불(智慧).

(世念), 소념(所念), 속념(俗念), 소념(所念), 식념(食念), 신념(信念), 신념(宸念), 실념(失念), 실념론(實念論), 악념(惡念), 애념(愛念), 억념(憶念), 여념(餘念), 욕념(欲/慾念), 울념(鬱念), 원념(怨念), 유념하다(留念), 의념(疑念), 이념(理念)[건국이념(建國)], 일념(一念), 자념(慈念), 잡념(雜念), 전념(專念), 적념(寂念), 전념(專念), 정념(正念), 정념(情念), 존념(存念), 진념(軫念), 진념(塵念), 집념(執念), 착념(着念), 천념(千念), 체념(諦念), 체념(體念), 초념(初念), 추념(追念), 칭념(稱念), 타념(他念), 통념(通念), 통념(痛念), 특념(特念), 하념(下念), 향념(向念), 현념(懸念), 혜념(惠念), 호념(護念), 후념(後念). ②'스무날'을 뜻하는 말. ¶염간(念間), 염내(念內), 염일(念日), 염전(念前), 염회간(念晦間), 염후(念後); 망념간(望念間) 들.

염(鹽/塩) '소금·소금기'를 뜻하는 말. ¶순두부에 염을 들이다. 염간(鹽干), 염기(鹽基)[염기도(度), 염기산(酸), 염기성(性); 강염기(强), 약염기(弱)], 염기(鹽氣), 염내(두부·비지에서 나는 간수의 냄새), 염도/계(鹽度/計), 염류(鹽類)[염류기아(飢餓), 염류샘, 염류성(性), 염류천(泉), 염류화(化); 무기염류(無機)], 염막(鹽幕), 염반(鹽飯;소금엣밥), 염밭, 염부(鹽釜), 염분(鹽分), 염불(鹽拂;소금을 뿌려 부정을 씻는 일), 염사막(鹽砂漠), 염산(鹽酸), 염상(鹽商), 염생식물(鹽生植物), 염석(鹽析), 염성(鹽性), 염세(鹽稅), 염소(鹽素)[643], 염수(鹽水;소금물)[염수선(選), 염수주사(注射), 염수초(炒)], 염장(鹽醬), 염장/법(鹽藏/法), 염전(鹽田), 염전(鹽廛), 염전류(鹽電流), 염정(鹽井), 염지(鹽池), 염천(鹽泉), 염초(鹽草), 염포(鹽脯), 염한(鹽漢), 염호(鹽湖), 염화(鹽化)[644]; 경염(硬鹽), 고염(固鹽), 고염(苦鹽), 공업염(工業鹽), 광천염(鑛泉鹽), 규산염(硅酸鹽), 담염(淡鹽), 무염(無鹽), 백염(白鹽), 사리염(瀉利鹽;황산마그네슘), 산염(山鹽), 산성염(酸性鹽), 석염(石鹽), 식염(食鹽), 암염(巖鹽), 복염(複鹽), 어염(魚鹽)[어염시수(柴水); 미량어염(米糧)], 염기성염(鹽基性鹽), 원염(原鹽), 재염(再鹽), 재제염(再製鹽), 정염(井塩), 정염(正鹽), 정제염(精製鹽), 제염(製鹽), 죽염(竹鹽), 진공염(眞空鹽), 질산염(窒酸鹽), 착염(錯鹽), 천연염(天然鹽), 천일염(天日鹽), 청염(靑鹽), 청염(淸鹽), 탁상염(卓上鹽), 탄산염(炭酸鹽), 탈염(脫鹽), 해염(海鹽), 호렴/호염(胡鹽), 황산염(黃酸鹽), 황혈염(黃血鹽) 들.

염(廉) ①'싸다·값이 헐다. 검소하다·청렴하다. 살피다'를 뜻하는 말. ¶염가/품(廉價/品), 염객(廉客;염알이꾼), 염검(廉儉), 염결하다(廉潔), 염경(廉勁;廉直), 염능(廉能), 염리(廉吏), 염매(廉買), 염매(廉賣), 염명(廉明), 염문/꾼(廉問), 염백하다(廉白), 염부(廉夫), 염사(廉士), 염알이[645], 염우(廉隅;염의), 염의(廉義), 염정/하다(廉正;청렴하고 공정함), 염정성(廉貞星), 염직(廉直;청렴하고 강직함), 염찰(廉察), 염치(廉恥)[646], 염탐(廉探;염알이)[염탐꾼, 염탐질/하다], 염평하다(廉平), 염하다; 결렴(潔廉), 겸렴(謙廉), 모몰염치(冒沒廉恥)/모렴(冒廉), 몰렴(沒廉), 무렴(無廉), 불렴하다(不廉), 비렴(飛/蜚廉), 오렴(誤廉), 저렴하다(低廉), 청렴하다(淸廉), 파렴치(破廉恥), 효렴(孝廉). ②'무덤 속의 시체가 해를 입음'을 뜻하는 말. ¶목렴(木廉), 빙렴(氷廉), 수렴(水廉), 화렴(火廉;매장한 시체가 까맣게 변함).

염(染) '물들다·물들이다. 옮다. 더럽다'를 뜻하는 말. ¶염료(染料)[647], 염발/제(染髮/劑), 염병(染病)[염병떼, 염병쟁이, 염병할('전염병에 걸려 앓을' 남을 욕하는 말)], 염분(染粉), 염색(染色)[648], 염속(染俗), 염심(染心), 염오(染汚), 염적(染跡), 염지(染指), 염직(染織), 염초(染草), 염필(染筆), 염향인(染香人), 염혜(染慧); 감염(感染), 광염(鑛染), 날염(捺染), 납염(鑞染), 매염(媒染)[매염료(料), 매염제(劑)], 발염(拔染), 범염(犯染), 분무염(噴霧染), 선염(渲染;바림), 세염(世染), 습염(習染), 애염하다(愛染), 오염(汚染), 유염(濡染), 임염(荏染), 전염(傳染), 점염(漸染), 점염(點染), 촉염제(促染劑), 침염(浸染), 퇴염(退染), 후렴(後染) 들.

염(簾) ①'어떤 재료로 엮어 무엇을 가리는 데 쓰는 물건(발)'을 뜻하는 말. ¶염구(簾鉤), 염막(簾幕), 염정(簾政), 염창(簾窓), 염파(簾波); 가새염[649], 권렴(捲簾), 노렴(蘆簾), 동렴(凍簾), 문염자(門簾子), 석방렴(石防簾;돌발. 독살), 세렴(細簾), 소렴(疏簾), 수렴(水簾;폭포), 수렴(垂簾), 수렴청정(垂簾聽政), 수정염(水晶簾), 주렴(珠簾), 죽렴(竹簾;대발), 철렴(撤簾), 취렴(翠簾), 포렴(布簾), 하렴(下簾;발을 내림). ②한시(漢詩)에서 글자의 음의 높낮이를 맞추는 형식의 하나. ¶염보다(글자의 음의 높낮이를 맞추다).

염(艶) '곱다. 아름답다. 요염하다. 탐내다'를 뜻하는 말. ¶염가(艶歌), 염곡(艶曲), 염려(艶麗;모습이 아리땁고 고움. 문장이 화려하고 고움), 염뢰(艶蕾;아름다운 꽃봉오리), 염문(艶文;艶書), 염문(艶聞;연애나 정사에 관한 소문), 염복(艶福;女福), 염색(艶色), 염서(艶書), 염선(艶羨;남의 좋은 점을 부러워함), 염야하다(艶冶;곱고 아름답다), 염양(艶陽;따스한 봄 날씨), 염용(艶容), 염자(艶姿;아리따운 자태), 염장(艶粧;예쁘게 단장함), 염정(艶情;戀情)[염정소설(小說)], 염질(艶質;아름다운 바탕이나 성질), 염처(艶妻;아름다운 아내), 염체(艶體), 염태(艶態;아름다운 자태); 경염(競艶), 냉염(冷艶), 농염(濃艶), 여염하다(麗艶), 연염(姸艶), 요염(妖艶), 음염하다(淫艶), 절염(絕艶), 풍염하다(豊艶), 홍염하다(紅艶) 들.

염(斂) '거두다. 거두어들이다'를 뜻하는 말. ¶염금(斂襟;삼가 옷깃을 여밈), 염발(斂髮), 염수(斂手), 염슬단좌(斂膝端坐), 염적(斂

643) 염소(鹽素): 염소도(度), 염소량(量), 염소산(酸), 염소산염(酸鹽), 염소수(水), 염소화/하다(化)

644) 염화(鹽化): 염화고무, 염화구리, 염화금(金), 염화납, 염화망간, 염화물(物), 염소수(水), 염화수소(水素), 염화은(銀), 염화철(鐵), 염화칼슘, 염화토양(土壤).

645) 염알이: 남의 사정이나 비밀 따위를 몰래 조사하여 알아냄.=염탐(廉探).[←염(廉)+알(다)+이]. ¶염알이꾼, 염알이질/하다, 염알이하다.

646) 염치(廉恥): 청렴하여 부끄러움을 아는 마음. 〈작〉얌치. ¶염치가 없다. 얌치·염치머리, 얌치·염치없다/없이, 얌치쟁이, 얌체(염치가 없는 사람), 얌체갓(채신사납고 볼품없이 작은 갓), 얌통·염통머리; 몰염치(沒), 불고염치(不顧), 예의염치(禮義).

647) 염료(染料;물감): 광물성염료(鑛物性), 매염염료(媒染), 산성염료(酸性), 산화염료(酸化), 염기성염료(鹽基性), 직접염료(直接), 천연염료(天然), 합성염료(合成), 형광염료(螢光).

648) 염색(染色): 염색가(家), 염색강도(强度), 염색공(工), 염색공업(工業), 염색공정(工程), 염색되다/하다, 염색물(物), 염색미술(美術), 염색법(法), 염색사(絲), 염색성(性), 염색술(術), 염색액(液), 염색약(藥), 염색질(質), 염색체(體), 염색화학(化學); 생체염색(生體), 천연염색(天然), 홀치기염색.

649) 가새염: 한시(漢詩)를 지을 때, 안짝과 바깥짝의 각 짝수 글자 운의 높낮이가 서로 섞바뀌게 되도록 하는 법.

跡), 염전(斂錢); 가렴주구(苛斂誅求), 결렴(結斂), 민렴(民斂), 박렴(薄斂), 부렴(賦斂), 수렴(收斂), 추렴(出斂), 취렴(聚斂), 호렴(戶斂), 횡렴(橫斂), 후렴(後斂), 후렴(厚斂) 들.

염(焰) '불꽃'을 뜻하는 말. ¶염심(焰心), 염초(焰硝); 광염(光焰), 기염(氣焰;불꽃처럼 대단한 기세)[만장기염(萬丈)], 내염(內焰), 산화염(酸化焰), 세염(勢焰), 애염하다(愛焰), 연염(煙焰), 외염(外焰), 취관염(吹管焰), 홍염(紅焰), 화염/病(火焰/瓶), 환원염(還元焰) 들.

염(恬) '편안하다'를 뜻하는 말. ¶염담하다(恬淡/澹), 염밀하다(恬謐;편안하고 고요하다), 염불위괴(恬不爲愧), 염아(恬雅), 염연하다(恬然), 염정하다(恬靜), 염퇴(恬退); 문념무희(文恬武嬉) 들.

염(厭) '싫다·싫어하다'를 뜻하는 말. ¶염고(厭苦), 염기(厭忌), 염리/예토(厭離/穢土), 염박(厭薄), 염세(厭世)[650], 염오(厭惡)[자기염오(自己)], 염전(厭戰), 염증(厭症;싫증), 염피(厭避); 권염(倦厭), 무염(無厭), 혐염(嫌厭) 들.

염(殮) 죽은 사람의 몸을 씻은 뒤에 수의를 입히고 염포로 묶는 일. 염습(殮襲). ¶시신을 염하다. 염구(殮具), 염습(殮襲), 염장(殮匠), 염장(殮葬), 염장이, 염포(殮布), 염포(殮布), 염폿국(殮布), 염하다; 대렴(大殮), 소렴(小殮) 들.

염(閻) '번화한 거리. 속세(俗世)'를 뜻하는 말. ¶염라(閻羅;저승)[염라국(國), 염라대왕(大王)], 염부(閻浮;중생이 사는 속세)[염부과보(果報), 염부진(塵)]; 여염(閭閻) 들.

염(苒) '풀이 무성하다. 세월이 덧없이 흐르다'를 뜻하는 말. ¶임염(荏苒;차츰차츰 세월이 지나감. 시일을 끎).

염(捻) '비틀다·비틀리다'를 뜻하는 말. ¶염전(捻轉), 염좌(捻挫), 염출(捻出); 장염전/증(腸捻轉/症).

염(髥) '수염. 구레나룻'를 뜻하는 말. ¶벽안자염(碧眼紫髥), 수염(鬚髥), 유염(有髥), 장염(長髥), 호염(虎髥), 홍염(紅髥) 들.

염마 지옥(地獄). [←閻魔←Yamaraja〈범〉]. ¶염마대왕(大王), 염마장(帳), 염마졸(卒), 염마청(廳), 염마하늘 들.

염불 여자의 아기집이 병적으로 비어져 나온 것. 자궁탈(子宮脫). ¶염불 때문에 입원중이다.

염소 양과 비슷한 소과의 가축. ¶염소가 풀을 뜯고 있다. 염소똥, 염소뜸, 염소마마, 염소수염(鬚髥), 염소웃음(채신없이 웃는 웃음), 염소자리, 염소젖; 숫염소, 암염소, 흑염소(黑) 들.

염염(冉冉) ①느리게 나아가는 모양. ②부드럽고 약한 모양. ③해나 달이 점점 기울어져 가는 모양. ④비나 이슬이 고요히 내리는 모양. ⑤점점 멀어져 가는 모양. ¶염염히.

염의 품행이 바르고 절조가 굳음.[←염우(廉隅)]. ¶전철 안이 제 안방인 양 염의없이 구는 젊은이. 염의없다/이.

염접 종이·피륙·떡·저냐 따위의 가장자리를 자르거나 접어서 가지런하게 함.[←여미(다)+접(다)]. ¶염접하다.

염지 소상하게 앎.[←임지(稔知)]. ¶염지하다(충분히 잘 알다).

염통 심장(心臟). ¶염통에 바람 들다. 염통구이, 염통근(筋), 염통꼴, 염통머리, 염통방(房), 염통산적(散炙), 염통성(性), 염통잎, 염통주머니, 염통집[심실(心室)] 들.

엽(葉) ①우리나라 전통 음악의 한 형식. 악곡(樂曲) 중에서 기악(器樂)으로만 연주되는 부분. ②종이·잎 같은 것을 셀 때 한 장을 이르는 단위. ③잎. 잎 모양. 대(代). 세대(世代)'를 뜻하는 말. ¶엽각(葉脚), 엽고병(葉枯病), 엽권련, 엽록소(葉綠素), 엽록체(葉綠體), 엽맥(葉脈), 엽병(葉柄), 엽비(葉肥), 엽산(葉酸), 엽삽병(葉澁病), 엽상/식물(葉狀/植物), 엽서(葉序), 엽서(葉書)[651], 엽설(葉舌), 엽신(葉身), 엽아(葉芽), 엽액(葉腋), 엽연(葉緣), 엽연초(葉煙草), 엽월(葉月), 엽육(葉肉), 엽자금(葉子金), 엽전(葉錢), 엽지(葉枝), 엽차(葉茶), 엽채/류(葉菜/類), 엽초(葉草), 엽초(葉鞘), 엽축(葉軸), 엽침(葉枕), 엽침(葉針), 엽탁(葉托), 엽편(葉片), 엽평(葉坪); 가엽(假葉;헛잎), 간엽(肝葉;간잎), 갑엽(甲葉;갑옷 미늘), 거치상엽(鋸齒狀葉), 결각엽(缺刻葉;새긴잎), 경엽식물(莖葉植物), 고엽(枯葉), 귤엽(橘葉), 근엽(根葉), 근상엽(根狀葉), 근생엽(根生葉), 금지옥엽(金枝玉葉), 기엽(氣葉), 기엽(旗葉;깃발), 나엽(裸葉;영양엽), 낙엽(落葉)[652], 녹엽(綠葉), 다육엽(多肉葉), 단엽(單葉), 말엽(末葉), 망상맥엽(網狀脈葉), 목엽/석(木葉/石), 박하엽(薄荷葉), 배엽(胚葉), 백엽(百葉;처녑), 변태엽(變態葉), 변형엽(變形葉), 복엽(複葉), 본엽(本葉), 부등엽(不等葉), 부엽(浮葉), 부엽토(腐葉土), 불/완전엽(不/完全葉), 비파엽(枇杷葉), 비형엽(篦形葉), 상엽(桑葉), 상엽(霜葉), 소엽(小葉), 소엽(蘇葉), 송엽(松葉)[송엽액(液), 송엽주(酒), 송엽죽(粥)], 수엽(樹葉), 심상엽(尋常葉), 애엽(艾葉), 양엽(陽葉), 연엽(蓮葉), 영양엽(營養葉), 오엽/선(梧葉/扇), 오엽송(五葉松), 옥엽잠(玉葉簪), 우상엽(羽狀葉), 원엽체(原葉體), 유엽(柳葉), 음엽(陰葉), 인엽(鱗葉), 일엽지추(一葉知秋), 일엽편주(一葉片舟), 자엽(子葉;떡잎), 장병엽(長柄葉), 저장엽(貯藏葉), 점엽(點葉), 죽엽(竹葉), 중엽(中葉), 지엽(枝葉), 천엽(千葉), 철엽(鐵葉), 초엽(初葉;어떠한 시대의 초기), 측백엽(側柏葉), 침상엽(針狀葉)/침엽(針葉), 탁엽(托葉;턱잎), 태엽(胎葉), 폐엽(肺葉), 포엽(苞葉), 포자엽(胞子葉), 포충엽(捕蟲葉), 혁엽(奕葉;여러 대를 이어 영화를 누림), 화엽(花葉), 홍엽(紅葉), 활엽(闊葉), 황엽(黃葉), 황엽(簧葉;혀), 후엽(朽葉), 후엽(後葉) 들.

엽(獵) '사냥'을 뜻하는 말. ¶엽견(獵犬), 엽관(獵官)[653], 엽구(獵具), 엽구(獵狗), 엽구(獵區), 엽기(獵奇)[654], 엽기(獵期), 엽도(獵刀), 엽렵하다(獵獵)[655], 엽복(獵服), 엽부(獵夫;사냥꾼), 엽사(獵師;사

---

650) 염세(厭世↔樂天): 염세가(家), 염세관(觀), 염세문학(文學), 염세적(的), 염세주의(主義), 염세증(症), 염세철학(哲學).

651) 엽서(葉書): 관제엽서(官製), 그림엽서, 기념엽서(記念), 봉함엽서(封緘), 사제엽서(私製), 왕복엽서(往復), 우편엽서(郵便).

652) 낙엽(落葉): 낙엽관목(灌木), 낙엽교목(喬木), 낙엽색(色), 낙엽송(松), 낙엽수/림(樹/林), 낙엽제(劑), 낙엽활엽수(闊葉樹); 추풍낙엽(秋風).

653) 엽관(獵官): 관직을 얻으려고 갖은 방법으로 노력함. ¶엽관을 일삼다. 엽관배(輩), 엽관제도(制度), 엽관주의(主義), 엽관하다.

654) 엽기(獵奇): 비정상적이고 괴이한 일이나 사물에 흥미를 느끼고 찾아다님. ¶엽기 행각. 엽기가(家), 엽기소설(小說), 엽기심(心), 엽기적(的), 엽기하다.

655) 엽렵하다(獵獵): ①바람이 가볍고 부드럽다. ②슬기롭고 민첩하다. ¶올

ㅇ

냥꾼), 엽색(獵色;여자를 밝힘), 엽술(獵術), 엽시(獵矢), 엽수(獵手;사냥꾼), 엽우(獵友), 엽장(獵場;사냥터), 엽조(獵鳥;관계 기관에서 사냥을 허락한 새), 엽주(獵酒;아는 사람을 찾아다니며 술을 우려 마심), 엽총(獵銃), 엽호(獵戶); 금렵(禁獵), 녹렵(鹿獵), 대렵(大獵), 밀렵(密獵), 사렵(射獵), 섭렵(涉獵), 수렵(狩獵), 어렵(漁獵), 유렵(遊獵), 전렵(畋獵), 주렵(酒獵), 천렵(川獵), 총렵(銃獵), 출렵(出獵), 치렵(馳獵), 호렵도(虎獵圖), 회렵(會獵) 들.

엽(曄) '빛나다. 성(盛)하다'를 뜻하는 말. ¶엽연하다(曄然;기상이 빛나고 성하다), 엽엽하다(曄曄;기상이 뛰어나고 성하다), 엽욱하다(曄煜;엽연하다).

엽치(다) 보리 · 수수 따위의 겉곡을 대강 찧다. ¶할머니는 보리를 엽쳐서 멍석에 늘어놓고 말리셨다. 엽쳐낸 수수.

엿 쌀이나 고구마 · 옥수수 따위의 녹말과 엿기름으로 만드는 달고 끈끈한 먹거리. ¶엿을 고다. 엿을 먹다. 엿가락, 엿가래(엿가락), 엿가마, 엿가위, 엿강정, 엿경단(瓊團), 엿고리(엿목판), 엿기름[엿기름가루, 엿기름물], 엿길금(엿기름), 엿누룽지, 엿단쇠(엿을 사라고 외치는 소리), 엿당(糖), 엿도가(都家), 엿먹다[656)]/먹이다, 엿목판(木板), 엿물, 엿반대기, 엿발림(엿단쇠), 엿밥, 엿방망이, 엿불림(엿장수가 엿을 팔려고 외치는 일)/하다, 엿자박(엿반대기), 엿장사, 엿장수, 엿죽방망이/엿죽(엿을 젓는 방망이. 하기 쉬운 일), 엿집, 엿치기/하다, 엿타래, 엿틀, 엿판(板); 가락/가래엿, 감자엿, 갱엿(검은엿), 검은엿, 고구마엿, 깨엿, 꽈배기엿, 녹두엿(綠豆), 땅콩엿, 물엿, 밤엿[율당(栗糖)], 붉은엿(덜 고아 빛깔이 붉은 엿), 생강엿(生薑;새앙엿), 수수엿, 쌀엿, 쑥엿, 얼음엿, 옥수수엿, 잣엿, 좁쌀엿, 찹쌀엿, 콩엿, 타래엿(타래처럼 꼬아 놓은 엿), 호두엿, 호박엿, 후추엿, 흰엿. ☞ 이(飴).

엿– 몇몇 동사 앞에 붙어, '가만히. 몰래'의 뜻을 더하는 말. §'엿-'은 '수면이 밑바닥에 가깝다'를 의미하는 동사 '옅다(〈엿다)[淺(천)]'나 '옆(〈녑[橫(횡)])'에 연유한 형태소. ¶엿다(엿보다), 엿듣다, 엿들여다보다, 엿보다/보이다, 엿살피다(엿보다).

영[1] 깨끗하고 맵시 있게 꾸민 집 안이나 방에서 느껴지는 생기 있고 밝은 기운. ¶우리 집안에는 언제나 영이 돌았다. 영돌다(집안의 꾸밈새가 밝고 깨끗하며 생기가 있다), 영바람[657)], 영펴다(영피다). 영피다(기운을 내거나 기를 펴다).

영[2] ①전혀. 도무지. ¶영 시원치 않다. 영 가망이 없다. 오늘은 영 밥맛이 없다. ②아주 또는 대단히.≒완전히. 몹시. 꽤. ¶사정이 영 다르다. 영 죽을 맛이다. 동생의 요리 솜씨는 영 서툴다. 영판 모르다. [+부정어].

영(令) ①'명령. 법령. 약령(藥令), 가령(假令)'을 뜻하는 말. ¶영을 어기다. 영감(令監)[658)], 영갑(令甲), 영기(令旗), 영내다(명령을 내다), 영달(令達), 영보다(약령을 보다), 영서(令書), 영서다(약령이 서다), 영장(令狀)[659)], 영전(令前), 영전(令箭), 영종(令終), 영지(令旨), 영칙(令飭), 영표(令票), 영행금지(令行禁止), 영후(令後); 가령(家令), 가령(假令), 각령(閣令), 갈급령나다(渴急令), 개령(改令), 경계령(警戒令), 계엄령(戒嚴令), 관령(官令), 교령(敎令;임금의 명령), 구령(口令), 국무총리령(國務總理令), 군령(軍令), 금령(禁令), 금족령(禁足令), 금주령(禁酒令), 금지령(禁止令), 대령(待令), 대사령(大赦令), 대통령령(大統領令), 동령(動令), 동원령(動員令), 두문령(杜門令), 따끔령, 명령(命令)[660)], 모다기령, 발령(發令), 범령(犯令), 법령(法令)[1,2], 벼락령(令), 복원령(復員令), 본령(本令), 부령(部令), 불판령(급한 명령), 사령(司令), 사령(使令), 사령(赦令), 사령(辭令), 설령(設令), 소집령(召集令), 소탕령(掃蕩令), 수령(守令), 시령(時令;節氣), 시령(詩令), 시행령(施行令), 식대령(食待令), 약령/시(藥令/市), 어령(御令), 엄령(嚴令), 예령(豫令), 왕령(王令), 월령/가(月令/歌). 위령(威令), 위령(違令), 위수령(衛戍令), 율령(律令), 작위령(作爲令), 잡령(雜令), 장령(將令), 전령(典令), 전령(傳令), 전령(電令), 정령(政令), 제령(制令), 조령(條令), 조령(朝令), 조령모개(朝令暮改), 주령(酒令), 지령(指令), 진격령(進擊令), 징계령(懲戒令), 징발령(徵發令), 철거령(撤去令), 청령(聽令), 추방령(追放令), 출령(出令), 칙령(勅令), 타령(打令), 폐교령(閉校令), 포고령(布告令), 품령(稟令), 하령(下令;명령을 내림), 함구령(緘口令), 행령(行令), 현령(縣令), 호령(號令), 혹령(酷令), 훈령(訓令), 휴교령(休校令). ②'아름다운. 좋은. 편안하다'를 뜻하는 말. ¶영덕(令德), 영망(令望), 영명(令名), 영문(令聞), 영사(令士), 영색(令色), 영예(令譽), 영월(令月), 영일(令日). 영절(令節), 영종(令終), 영진(令辰). ③남의 가족이나 남을 경의를 표하여 부를 때 붙이는 말. ¶영감(令監), 영공(令公), 영교(令嬌), 영규(令閨;남의 아내), 영랑(令娘), 영녀(令女), 영당(令堂;남의 어머니), 영랑(令郎), 영매(令妹), 영부인(令夫人), 영사(令嗣), 영서(令婿), 영손(令孫), 영식(令息), 영실(令室), 영애(令愛), 영양(令孃), 영윤(令胤), 영자(令子), 영제(令弟), 영존(令尊;남의 아버지), 영질(令姪), 영총(令寵), 영포(令抱), 영형(令兄); 도령(都令), 주령(主令). ④짐승의 가죽을 세는 말. ¶우피(牛皮) 다섯 영.

영(靈) 풍습으로 섬기는 모든 신. 정신적인 실체. 신령(神靈). ¶영가(靈歌;미국 흑인들이 부르는 일종의 종교적인 노래), 영가(靈駕;靈魂), 영각(靈覺;靈魂), 영감(靈感;신령스러운 예감이나 느낌), 영감(靈鑑;신불의 영묘한 보살핌), 영검하다[←靈驗]/영하다, 영검(靈劍), 영경(靈境;신령스러운 경지), 영계(靈界), 영고(靈告;신령

케는 실하고 엽렵해서 살림을 잘 꾸려 나간다. 엽렵스럽다. ③분별 있고 의젓하다.

656) 엿먹다: 남의 꾀에 속아 골탕을 먹다.

657) 영바람[-빠-]: 뽐낼 정도로 등등한 기세. 양양한 의기. ¶그 사람은 소원을 성취하여 영바람이 났다.

658) 영감(令監): ①정 3품과 종 2품의 관원을 일컫던 말. ¶영감마님. ②지체 있는 사람을 일컫는 말. ③나이가 좀 많은 남편 또는 나이 많은 남자를 이르는 말. ¶영감님, 영감마님, 영감쟁이, 영감탈, 영감태기/탱이(영감쟁이); 좁쌀영감(좀스러운 늙은이).

659) 영장(令狀): 영장심사(審査); 감호영장(監護), 구속영장(拘束), 소집영장(召集), 수색영장(搜索), 징발영장(徵發), 징집영장(徵集).

660) 명령(命令): 명령권(權), 명령규범(規範), 명령문(文), 명령법(法), 명령서(書), 명령어(語), 명령조(調), 명령항로(航路), 명령형(形); 가언적명령(假言的), 경찰명령(警察), 긴급명령(緊急), 대기명령(待機), 배상명령(賠償), 법규명령(法規), 소극적명령(消極的), 압류명령(押留), 약식명령(略式), 위임명령(委任), 적극적명령(積極的), 전투명령(戰鬪), 정언적명령(定言的), 지급명령(支給), 지상명령(至上;절대로 복종해야 할 명령), 지휘명령(指揮), 직권명령(職權), 직무명령(職務), 직언적명령(直言的), 집행명령(執行), 처분명령(處分), 출석명령(出席), 출장명령(出張), 특별명령(特別)/특명(特命), 해산명령(解散), 행정명령(行政).

의 계시), 영고(靈鼓), 영공(靈供;靈飯), 영광(靈光), 영교(靈巧;신령스럽고 교묘함), 영구(靈柩;시신을 담은 관), 영궤(靈几), 영귀접(靈鬼接), 영금(靈禽;靈鳥), 영기(靈氣), 영단(靈壇), 영덕(靈德;영묘하고 신령스러운 덕), 영도(靈都), 영매/술(靈媒/術), 영몽(靈夢), 영묘(靈廟), 영묘하다(靈妙;신령스럽고 교묘하다), 영무(靈武;뛰어난 武勇), 영물(靈物), 영반(靈飯), 영보(靈寶), 영봉(靈峰), 영부(靈符), 영사(靈砂), 영산(靈山), 영상(靈牀), 영상(靈想), 영서(靈瑞), 영선(靈仙), 영성(靈性), 영수(靈水), 영수(靈獸), 영신(靈神), 영실(靈室), 영악하다(靈惡)[661], 영안실(靈安室), 영액(靈液), 영약(靈藥), 영여(靈輿), 영역(靈域), 영원(靈園), 영위(靈位), 영육(靈肉), 영이(靈異), 영장(靈長), 영적(靈的), 영적(靈蹟), 영전(靈前), 영조(靈鳥), 영좌(靈座), 영지(靈芝;영지버섯), 영지(靈地), 영지(靈智), 영천(靈泉), 영체(靈體), 영초(靈草), 영총(靈寵), 영침(靈寢), 영통(靈通;심령스럽게 잘 통함), 영판(영검하여 길흉을 잘 맞추어 냄), 영험(靈驗), 영혜하다(靈慧), 영혼(靈魂), 영화(靈化), 영활(靈活); 강령(降靈), 곡령(穀靈), 교령(交靈), 구령(救靈), 대령(大靈), 망령(亡靈), 망령/되다/스럽다(妄靈), 사령(四靈;기린, 봉황, 거북, 용), 사령(死靈), 산령(山靈), 생령(生靈), 선령(先靈), 성령(聖靈), 수령하다/스럽다(秀靈), 신령(神靈), 심령(心靈), 악령(惡靈), 영령(英靈), 원령(怨靈), 위령(慰靈), 유령(幽靈), 정령(精靈), 조령(祖靈), 존령(尊靈), 지령(地靈), 천령(薦靈), 충령(忠靈), 통령(通靈), 허령하다(虛靈), 허령불매(虛靈不昧), 현령(顯靈), 혼령(魂靈) 들.

영(領) ①'일정한 땅이나 공간. 차지하다'를 뜻하는 말. ¶영공(領空;나라의 주권이 미치는 하늘)[영공권(權), 영공설(說)], 영내(領內), 영수(領水), 영역(領域;한 나라의 주권이 미치는 범위. 일정한 범위)[영역경제(經濟), 영역권(權); 문화영역(文化)], 영유/권(領有/權), 영륙(領陸), 영주(領主), 영지(領地), 영토(領土)[662], 영해(領海); 구령(舊領), 본령(本領), 사령(私領), 속령(屬領), 자치령(自治領), 전령(全領), 점령(占領), 타령(他領), 해령(海嶺); 운동령(運動領;대뇌피질에서 운동기능을 맡고 있는 부분), 한국령(韓國領)/미국령(美國領). ②'우두머리. 거느리다·다스리다. 받다. 깨닫다·알다. 사북. 옷깃'을 뜻하는 말. ¶영거(領去), 영군(領軍), 영도(領導)[영도권(權), 영도력(力), 영도자(者)], 영득(領得), 영략(領略), 영보(領報), 영부(領付), 영사(領事)[663], 영상(領相), 영성체(領聖體), 영세(領洗), 영소(領所), 영솔(領率;보살피어 거느림)[영솔되다/하다, 영솔자(者)], 영수(領水), 영수(領收/受)[664], 영수(領袖)[665], 영위(領位), 영의정(領議政), 영좌(領座), 영주(領主), 영지(領地), 영치/금(領置/金), 영하다, 영합(領閤), 영해(領解); 강령(綱領), 곡령(曲領;깃이 둥글게 생긴 옷), 관령(官令), 교령(敎領), 대통령(大統領), 두령(頭領), 배령(拜領), 부령(副領), 소령(少領)/대령(大領), 수령(首領), 수령(受領), 압령(押領), 어령(御領), 연합령(聯合領), 요령/부득(要領/不得), 운동령(運動領), 장령(將領), 지각령(知覺領), 직령(直領;깃이 곧은 옷), 총령(總領), 통령(統領), 횡령(橫領) 들.

영(營) '차지하고 있는 곳. 경영하다. 꾀하다. 짓다·만들다'를 뜻하는 말. ¶영건(營建), 영구(營構), 영내(營內), 영노(營奴), 영농(營農)[영농자금(資金); 복합영농(複合)], 영단(營團), 영력(營力;지구의 표면을 변화시키는 힘), 영리(營利)[666], 영림(營林), 영문(營門), 영복(營福), 영사(營舍), 영사(營私), 영선/비(營繕/費), 영소(營所), 영양(營養)[667], 영어(營漁), 영업(營業)[668], 영영(營營)[669], 영외(營外), 영위(營衛), 영위하다(營爲;무슨 일을 해 나가다), 영작(營作), 영정(營庭), 영조/물(營造/物), 영조척(營造尺), 영졸(營卒), 영찬(營饌), 영창(營倉;법규를 어긴 군인을 가두어 두는 병영 안의 검물); 감영(監營), 겸영(兼營), 경영(經營), 공영(共營), 공영(公營)[670], 관영(官營), 국영(國營), 군영(軍營), 귀영(歸營), 내영(內營), 노영(露營), 도영(到營), 동영(冬營), 둔영(屯營), 민영(民營), 밀영/지(密營/地), 별영(別營), 병영(兵營), 보영(報營), 본영(本營), 사영(私營), 설영(設營), 수영(水營), 숙영/지(宿營/地), 시영(市營), 아영(牙營), 암영(暗營), 야영(野營), 운영(運營), 입영(入營), 자영(自營), 재영(在營), 조영(造營), 직영(直營), 진영(陣營), 출영(出營), 탈영(脫營), 토영삼굴(兎營三窟), 통영(統營) 들.

영(影) '그림자. 사진. 모습·자태'를 뜻하는 말. ¶영각(影閣), 영답(影畓), 영당(影堂), 영등(影燈), 영본(影本), 영사(影祀), 영사/본(影寫/本), 영상(影像)[허영상/허상(虛)], 영위답(影位畓), 영인(影印)[영인하다, 영인본/판(本/版)], 영자(影子;그림자), 영전(影殿),

---

661) 영악하다(靈惡): 이해가 밝으며 약다. ¶요즘 아이들은 영악하다. 실리에 영악한 현대인. 영악무도/하다(無道), 영악스럽다.

662) 영토(領土): 영유하고 있는 땅. 그 나라의 통치권이 미치는 지역. ¶영토고권(高權), 영토다툼, 영토주권(主權)/영토권(權), 영토보전(保全), 영토분쟁(紛爭).

663) 영사(領事): 영사관(館), 영사송장(送狀), 영사재판권(裁判權); 명예영사(名譽), 부영사(副), 총영사(總).

664) 영수(領收): 돈이나 물품 따위를 받아들임. ¶영수원(員), 영수인(人), 영수인(印), 영수증(證), 영수하다.

665) 영수(領袖): 어떤 단체의 대표가 되는 사람. 우두머리. ¶정당의 영수. 영수 회담.

666) 영리(營利): 재산상의 이익을 꾀함. 또는 그 이익. ¶영리경제(經濟), 영리기업(企業), 영리단체(團體), 영리법인(法人), 영리보험(保險), 영리사업(事業), 영리성(性), 영리자본(資本), 영리적(的), 영리주의(主義), 영리회사(會社).

667) 영양(營養): 생물체가 외부에서 물질을 섭취하여 소화, 호흡, 순환, 배설을 함으로써 생활 기능을 유지하는 작용. 또는 그것을 위하여 필요한 성분이나 그런 것을 함유한 음식물. ¶영양을 골고루 갖추다. 영양가(價), 영양공생(共生), 영양교잡(交雜), 영양근(根), 영양기관(器官), 영양률(率), 영양물(物), 영양부족(不足), 영양분(分), 영양불량(不良), 영양사(士), 영양생식(生殖), 영양성장(成長), 영양소(素)[미량영양소(微量), 수용성영양소(水溶性)], 영양식(食), 영양실조(失調), 영양액(液), 영양염류(鹽類), 영양엽(葉), 영양요리(料理), 영양요법(療法), 영양원(源), 영양장애(障碍), 영양제(劑), 영양조직(組織), 영양지수(指數), 영양진단(診斷), 영양질(質), 영양학(學), 영양핵(核), 영양화학(化學); 인공영양(人工), 자연영양(自然), 천연영양(天然), 혼합영양(混合).

668) 영업(營業): 영리를 목적으로 하는 사업. 또는 그런 행위. ¶영업을 시작하다. 영업감찰(鑑札), 영업계수(係數), 영업국(局), 영업권(權), 영업금지(禁止), 영업망(網), 영업면허(免許), 영업보험(保險), 영업비(費), 영업세(稅), 영업소득(所得), 영업시간(時間), 영업신탁(信託), 영업양도(讓渡), 영업연도(年度), 영업이익(利益), 영업자금(資金), 영업장(場), 영업재산(財産), 영업정지(停止), 영업조합(組合), 영업주(主), 영업집, 영업체(體), 영업허가(許可); 면허영업(免許), 부속영업(附屬), 불법영업(不法), 심야영업(深夜), 정상영업(正常), 허가영업(許可).

669) 영영(營營): ①바쁘게 또는 번잡하게 왕래하는 모양. ②세력이나 이익 따위를 얻기 위하여 분주히 왕래하거나, 열심히 노력하는 모양.

670) 공영(公營): 공영기업(企業), 공영방송(放送), 공영보험(保險), 공영선거(選擧), 공영주택(住宅); 선거공영(選擧).

영정(影幀), 영조본(影照本), 영종(影從), 영찬(影讚), 영창(影窓), 영청(影青), 영향(影響)[영향력(力), 영향선(線), 영향성(性), 영향종(種)]; 고영(孤影), 근영(近影), 도영(倒影), 도영(島影), 등영(燈影), 무영(無影), 반영(反影), 반영(半影), 범영(帆影), 본영(本影), 부영(浮影), 사영(射影), 사영(斜影), 사영(寫影), 산영(山影), 섬영(閃影), 수영(樹影), 암영(暗影), 야영(夜影), 운영(雲影), 월영(月影), 유영(遺影), 은영(隱映), 음영(陰影), 인영(人影), 인영(印影), 일영(日影), 잔영(殘影), 잠영(潛影), 절영(絕影), 조영(照影), 존영(尊影), 진영(眞影), 척영(隻影)[고신척영(孤身)], 청영(淸影), 촬영(撮影), 탑영(塔影), 탑영(榻影), 투영(投影), 편영(片影), 포영(泡影), 함영(艦影), 현영(現影), 형영(形影), 형영상조(形影相弔), 화영(花影), 환영(幻影), 훈영(暈影), 흑영(黑影) 들.

영(永) '길다. 오래다. 읊다. 노래 부르다'를 뜻하는 말. ¶영(永)[671], 영감(永感), 영감하(永感下), 영겁(永劫), 영결(永訣)[영결사(辭), 영결식(式), 영결하다], 영구(永久)[672], 영년(永年), 영대(永代), 영면(永眠), 영멸(永滅), 영모(永慕), 영벌(永罰), 영별(永別), 영복(永福), 영생(永生), 영서(永逝), 영세(永世)[영세무궁(無窮), 영세불망(不忘), 영세중립국(中立國)], 영소(永嘯), 영속(永續)[영속되다/하다, 영속변이(變異), 영속성(性), 영속적(的)], 영수(永壽), 영언(永言), 영영(永永), 영원(永遠)[673], 영유(永有), 영이별(永離別), 영일(永日;온종일), 영자팔법(永字八法), 영장(永葬), 영절(永絕), 영제(永制), 영존(永存), 영주(永住)[영주권(權), 영주민(民)], 영폐(永廢), 영향(永享), 영호하다(永好) 들.

영(英) '꽃. 꽃부리. 뛰어나다'를 뜻하는 말. ¶영걸하다(英傑), 영단(英斷;뛰어난 결단), 영달(英達), 영도(英圖), 영략(英略), 영렬(英烈), 영령(英靈), 영매(英邁), 영명(英名;뛰어난 명성이나 명예), 영명(英明;英達), 영묘(英妙), 영무(英武), 영물(英物;영특한 인물), 영민(英敏), 영발(英發), 영성(英聖), 영수하다(英秀), 영언(英彦), 영예하다(英銳), 영오하다(英悟), 영용/무쌍(英勇/無雙), 영웅(英雄)[674], 영위(英偉), 영자(英姿), 영자(英資), 영장(英將), 영재(英才;수재. 천재), 영주(英主), 영준(英俊), 영지(英智), 영철(英哲), 영초(英硝), 영초(英綃), 영특하다(英特), 영풍(英風), 영현(英賢), 영현(英顯), 영혜(英慧); 군영(群英), 육영(育英)[육영사업(事業), 육영재단(財團)], 준영(俊英), 집영(集英), 화영(華英) 들.

영(零) 수(數)가 없는 것. '0'을 기호로 함. '떨어지다. 작다. 보잘것없다'를 뜻하는 말. ¶영간(零簡), 영거리사격(零距離射擊), 영도(零度), 영락(零落)[675], 영락없다/없이(零落)[676], 영변화(零變化), 영본(零本), 영봉(零封), 영상(零上), 영성(零星), 영세(零細;수입이 적고 생활이 군색함. 썩 자잘함)[영세기업(企業), 영세농(農), 영세민(民)], 영쇄(零碎), 영쇄(零瑣), 영수(零數), 영순위(零順位), 영시(零時), 영영쇄쇄(零零碎碎), 영영쇄쇄(零零瑣瑣), 영우(零雨;뚝뚝 떨어지는 비), 영재(零在;조금 처진 나머지), 영전(零錢), 영전위(零電位), 영점(零點), 영정(零丁), 영조(零條), 영집합(零集合), 영축(零縮), 영패(零敗), 영하(零下); 조령(凋零), 표령(飄零;나부끼어 흩날림. 떠돌아다님) 들.

영(榮) '몸이 귀하게 되어 이름이 나다. 명예'를 뜻하는 말. ¶영고(榮枯;번성함과 쇠락함), 영관(榮冠), 영광/스럽다(榮光;빛나는 영예), 영귀(榮貴), 영달(榮達;높은 지위에 오르고 귀하게 됨), 영락(榮落), 영락(榮樂), 영로(榮路), 영록(榮祿;높은 지위와 많은 녹봉), 영리(榮利), 영명(榮名), 영모(榮慕), 영무(榮茂), 영분(榮墳), 영양(榮養;지위와 명망을 얻어 부모를 영화롭게 봉양함), 영예(榮譽)[영예권(權), 영예롭다], 영욕(榮辱;영예와 치욕), 영위(榮位), 영윤(榮潤), 영작(榮爵), 영전(榮典), 영전(榮轉↔左遷), 영진(榮進), 영총(榮寵), 영친(榮親), 영현(榮顯), 영화(榮華;권력과 부귀를 마음껏 누리는 일)[영화롭다/스럽다; 만대영화(萬代), 부귀영화(富貴榮華)], 영효(榮孝); 공영(共榮)[공존공영(共存); 인류공영(人類)], 광영(光榮), 번영(繁榮), 부영(浮榮), 생영(生榮), 여영(餘榮), 은영(恩榮), 쟁영(爭榮), 조영(朝榮), 존영(尊榮), 허영(虛榮), 현영(顯榮) 들.

영(迎) '맞이하다. 남의 뜻을 맞추다'를 뜻하는 말.↔송(送). ¶영각(迎角)[677], 영격(迎擊), 영견(迎見), 영년(迎年), 영란(迎鑾), 영립(迎立), 영빈(迎賓;국빈을 맞음), 영빙(迎聘;사람을 초대하여 대접함), 영세(迎歲), 영송(迎送), 영신(迎神), 영신(迎晨), 영신(迎新;새해를 맞이함)[송구영신(送舊)], 영월(迎月;달맞이), 영입(迎入;맞아들임), 영전(迎戰), 영접(迎接;손님을 맞아서 대접하는 일), 영추(迎秋), 영춘(迎春), 영한(迎寒), 영합(迎合)[678]; 교영(郊迎), 내영(來迎), 도영(導迎), 봉영(奉迎), 봉영(逢迎), 송영(送迎), 인영(人迎), 지영(祇迎), 출영(出迎), 친영(親迎), 환영(歡迎) 들.

영(嶺) 산마루. 재. 또는 산의 이름을 나타내는 말. ¶영을 넘고 물을 건너다. 영남(嶺南), 영동(嶺東), 영마루, 영목(嶺木), 영백(嶺伯), 영삼(嶺蔘), 영상(嶺上), 영서(嶺西), 영선(嶺扇), 영운(嶺雲), 영저(嶺底), 영조(嶺調), 영지(領地), 영직(嶺直), 영포(嶺布); 고령(高嶺), 동령(東嶺), 맥령(麥嶺;보릿고개), 분수령(分水嶺)[679], 산령(山嶺), 설령(雪嶺), 은령(銀嶺), 주령(主嶺), 준령(峻嶺)[고봉준

---

671) 영(永): 영영. 영원히.≒영영. ¶그 사람은 영 마을을 떠나 버렸다. 그 후로 나는 그 친구와 영 만나지 못했다. [+부정적 의미의 서술어].

672) 영구(永久): 어떤 상태가 시간상으로 무한히 이어짐. ¶영구경수(硬水), 영구공채(公債), 영구기관(機關), 영구기체(氣體), 영구류(流), 영구면역(免疫), 영구불변(不變), 영구성(性), 영구센물, 영구연금(年金), 영구요새(要塞), 영구운동(運動), 영구자석(磁石), 영구장천(長川), 영구적(的), 영구조직(組織), 영구진리(眞理), 영구천(川), 영구치(齒), 영구하다, 영구화/되다/하다(化); 반영구/적(半/的).

673) 영원(永遠): 영원공채(公債), 영원무궁(無窮), 영원불멸(不滅), 영원성(性), 영원하다, 영원히.

674) 영웅(英雄): 재지(才智)와 담력과 무용이 특별히 뛰어난 사람. 유익한 대사업을 이룩하여 칭송 받는 사람. ¶충무공은 겨레의 존경을 받는 영웅이다. 영웅담(談), 영웅소설(小說), 영웅숭배(崇拜), 영웅시(詩), 영웅시대(時代), 영웅신화(神話), 영웅심(心), 영웅적(的), 영웅전(傳), 영웅주의/자(主義/者), 영웅지재(之才), 영웅호걸(豪傑), 영웅호색(好色).

675) 영락(零落): 초목의 잎이 시들어 떨어지거나 세력이나 살림이 줄어들어 보잘것없이 됨. ¶영락한 귀족. 집안이 영락하였다. 영락되다/하다.

676) 영락없다(零落): 조금도 틀리지 아니하고 꼭 들어맞다. ¶저 목소리는 영락없는 그의 목소리다. 그렇게 공부를 안 한다면 영락없이 후회할 것이다.

677) 영각(迎角): 비행기가 날아가는 방향과 날개가 놓인 방향 사이의 각.

678) 영합(迎合): 비위를 맞추기 위하여, 자기의 생각을 상대편이나 세상 풍조에 맞춤. ¶유행에/ 인기에 영합하다.

679) 분수령(分水嶺): ①물이 두 갈래 이상으로 갈라져 흐르게 되어 있는 산등성이. ②일이 어떻게 될 것인가가 결정되는 고비. ¶성패(成敗)의 분수령.

령(高峰); 태산준령(泰山)], 태령(太/泰領), 고모령/ 대관령/ 재령/ 죽령 들.

영(齡) '나이. 지나간 햇수. 누에가 뽕을 먹고 자라는 시기'를 뜻하는 말. ¶고령(高齡), 노령(老齡), 동령(同齡), 마령(馬齡), 묘령(妙齡), 방령(芳齡), 보령(寶齡;임금의 나이), 선령(船齡), 수령(樹齡), 여령(餘齡), 연령(年齡)[680], 월령(月齡), 유령(幼齡), 일/이령(一/二齡), 잠령(蠶齡), 적령(適齡)[적령기(期), 적령자(者); 혼인적령(婚姻)], 지령(紙齡), 지령(誌齡), 연령(年齡), 연령(延齡), 잠령(蠶齡), 재령(材齡), 적령(適齡), 지령(紙齡), 지령(誌齡), 학령(學齡), 학령(鶴齡), 함령(艦齡), 혼령(婚齡) 들.

영(映/瑛) '비추다. 비치다'를 뜻하는 말. ¶영발(映/瑛發), 영사(映射), 영사(映寫)[영사기(機), 영사막(幕), 영사실(室)], 영상(映像;빛의 굴절이나 반사에 의하여 물체의 상이 비추어진 것)[영상매체(媒體)/미디어(media), 영상물(物), 영상미(美), 영상미학(美學), 영상신호(信號), 영상저작물(著作物), 영상처리(處理), 영상회의(會議); 동영상(動)], 영조(映照), 영창(映窓), 영채(映彩), 영화(映畵)[681]; 반영(反映), 방영(放映), 사영(斜映), 사영(寫映), 상영(上映), 속영(續映), 시영(始映), 엄영(掩映), 은영(隱映), 종영(終映) 들.

영(泳) '헤엄. 헤엄치다'를 뜻하는 말. ¶영법(泳法), 영자(泳者); 경영(競泳), 계영(繼泳), 배영(背泳), 수영(水泳), 역영(力泳), 완영(完泳), 원영(遠泳), 유영(遊泳), 입영(立泳), 잠영(潛泳), 접영(蝶泳), 좌영(坐泳), 평영(平泳), 함영(涵泳;무자맥질), 혼계영(混繼泳), 혼영(混泳), 횡영(橫泳) 들.

영(詠) '읊다·읊조리다. 노래하다'를 뜻하는 말. ¶영가(詠歌), 영물(詠物), 영송(詠誦), 영시(詠詩), 영음(詠吟), 영창(詠唱), 영탄(詠嘆/歎)[682]; 낭영(朗詠), 대영(代詠), 방영(芳詠), 성영(聖詠), 송영(誦詠), 유영(遺詠), 음영(吟詠), 제영(題詠), 존영(尊詠), 풍영(諷詠) 들.

영(佞/侫) '아첨하다. 간사한 꾀로 남을 꾐'을 뜻하는 말. ¶영변(佞辯), 영신(佞臣), 영인(佞人); 간녕(奸佞), 불녕(不佞), 사녕(邪佞), 유녕(諛佞;아첨함), 참녕(讒佞), 첨녕(諂佞), 편녕(便佞) 들.

영(盈) '가득하다. 가득 차다'를 뜻하는 말. ¶영만(盈滿), 영영(盈盈)[683], 영월(盈月), 영일(盈溢), 영축(盈縮), 영허(盈虛), 영허(盈虧), 영휴(盈虧); 계영배(戒盈杯), 충영(充盈), 휴영(虧盈) 들.

영(鈴) '방울'을 뜻하는 말. ¶영탁(鈴鐸); 고마문령(瞽馬聞鈴;맹목적으로 따라함), 금령(金鈴), 난령(鸞鈴), 독고령(獨鈷鈴;佛具의 하나), 동령(動鈴), 묘두현령(猫頭縣鈴), 본령(本鈴), 아령(啞鈴), 예령(豫鈴), 요령(搖鈴), 은령(銀鈴), 전령(電鈴), 풍령(風鈴), 현령(懸鈴→설렁) 들.

영(寧) '편안하다. 문안을 드리다'를 뜻하는 말. ¶영거(寧居), 영일(寧日), 영친(寧親); 강녕(康寧), 귀녕(歸寧;시집 간 딸이 어버이를 뵘), 미령하다(靡寧), 안녕(安寧), 정녕/정녕코(丁寧), 휴녕(休寧) 들.

영(纓) '갓끈'을 뜻하는 말. ¶영자(纓子)[구영자(鉤;영자 고리); 목영(木纓), 반영(槃纓), 산호영(珊瑚纓), 상아영(象牙纓), 수정영(水晶瓔), 오죽영(烏竹纓), 입영(笠纓), 잠영(簪纓), 패영(貝纓) 들.

영(另) '별다르다. 따로'를 뜻하는 말. ¶영념하다(另念;특별한 호의로 마음을 쓰다), 영력하다(另力;특별히 노력하다), 영안상간/하다(另眼相看;특별히 우대하다).

영(穎) '벼이삭. 뾰족한 끝. 빼어나다'를 뜻하는 말. ¶영과(穎果), 영오(穎悟;뛰어나게 총명함), 영이하다(穎異;빼어나게 영특하다), 영재(穎才); 모영(毛穎;붓) 들

영(獰) '모질다'를 뜻하는 말. ¶영독하다(獰毒;모질고 독살스럽다), 영맹하다(獰猛), 영악하다(獰惡), 영특하다(獰慝); 흉녕(凶獰) 들.

영(伶) '심부름꾼. 배우(俳優)'를 뜻하는 말. ¶영우(伶優;배우); 여령(女伶;기생이나 여자 종).

영(怜) '약고 민첩하다'를 뜻하는 말. ¶영리하다(怜悧/伶俐).

영(玲) '옥 소리. 아롱아롱하다'를 뜻하는 말. ¶영롱(玲瓏)[영롱하다; 오색영롱(五色), 팔면영롱(八面)].

영(蛉) '잠자리'를 뜻하는 말. ¶명령(螟蛉;나방의 유충), 청령(蜻蛉;잠자리).

영(逞) '굳세다. 용감하다'를 뜻하는 말. ¶영병(逞兵;뛰어나게 강한 병사).

영(翎) '새의 깃털'을 뜻하는 말. ¶영모(翎毛;새나 짐승을 그린 그림); 화령(花翎) 들.

영(塋) '밝다'를 뜻하는 말. ¶영역(塋域;산소); 선영(先塋;조상의 무덤) 들.

영(楹) '둥글고 굵은 기둥'을 뜻하는 말. ¶영동(楹棟), 영련(楹聯), 영방주(楹方柱;돌기둥 위에 세운 네모기둥) 들.

영(嬴) '가득 차다. 넘쳐서 남다'를 뜻하는 말. ¶영득(嬴得;남긴 이득), 영선(嬴羨;재물이 넉넉하여 여유가 있음) 들.

영(嬰) '갓난아기'를 뜻하는 말. ¶영아(嬰兒), 영해(嬰孩); 성영(聖嬰), 육영(育嬰), 퇴영/적(退嬰/的) 들.

---

680) 연령(年齡): 연령기(期), 연령초(草), 연령층(層); 결혼연령(結婚), 골화연령(骨化;뼈의 발달 정도에 따라 정하는 나이), 교육연령(敎育), 생산연령(生産), 생활연령(生活), 역연령(曆), 정신연령(精神), 지능연령(知能), 책임연령(責任;만 14세 이상), 취학연령(就學), 평균연령(平均).

681) 영화(映畵): 영화감독(監督), 영화계(界), 영화관(館), 영화미학(美學), 영화배우(俳優), 영화사(史), 영화사(社), 영화소설(小說), 영화시사(試寫), 영화음악(音樂), 영화인(人), 영화자막(字幕), 영화제(祭), 영화제작(製作), 영화촬영(撮影), 영화판, 영화편성(編成), 영화편집(編輯), 영화학(學), 영화화/되다/하다(化); 고속도영화(高速度), 공상과학영화(空想科學), 교육영화(敎育), 극영화(劇), 기록영화(記錄), 단편영화(短篇), 도색영화(桃色), 만화영화(漫畵), 무성영화(無聲), 문예영화(文藝), 반기록영화(半記錄), 발성영화(發聲), 삼디영화(三D;입체영화), 삼차원영화(三次元), 선전영화(宣傳), 순수영화(純粹), 스펙터클영화(spectacle), 시사영화(時事), 실사영화(實寫), 인형영화(人形), 일인칭영화(一人稱), 입체영화(立體), 전위영화(前衛), 총천연색영화(總天然色), 합작영화(合作), 흑백영화(黑白).

682) 영탄(詠嘆/歎): 영탄곡(曲), 영탄법(法), 영탄사(詞), 영탄조(調), 영탄하다.

683) 영영(盈盈): ①물이 가득 차서 찰랑찰랑한 모양. ②여자의 용모가 곱고 아름다운 모양.

영(瓔) '구슬 목걸이'를 뜻하는 말. ¶영락(瓔珞); 주영(珠瓔) 들.

영(癭) '혹. 옹두리'를 뜻하는 말. ¶영류(癭瘤;혹); 균영(菌癭), 석영(石癭), 육영(六癭), 충영(蟲癭), 혈영(血癭) 들.

영(囹) '감옥. 가두다'를 뜻하는 말. 영어(囹圄). ¶영어의 몸이 되다.

영각 암소를 찾는 황소의 긴 울음소리. ¶영각하는 소리가 산골에 울려 퍼지다. 영각을 쓰다(암소를 찾느라고 황소가 길게 울음소리를 내다). 영각하다.

영계 병아리와 큰 닭의 중간 정도의 닭. 약병아리(藥).[←연계(軟鷄)]. ¶영계구이, 영계백숙(白熟), 영계찜.

영금 따끔하게 겪는 심한 모욕. ¶영금을 당해야 알지. 죽을 영금을 보았다. 영금을 보다(곤욕을 치르다).

영문 일이 돌아가는 형편이나 그 까닭. ¶무슨 영문인가? 어찌 된 영문인지 모르겠다. 영문도 모르고 남의 일에 덤빈다.

영산 참혹하고 억울하게 죽은 사람의 넋.[←영선(靈仙)]. ¶영산오르다(신이 나다. 신이 나서 덤비다).

영생이 박하(薄荷;꿀풀과의 여러해살이풀).

영악-하다 이해에 분명하고 약다. ¶어찌나 영악한지 친구 간에도 길미를 따진다. 영악한 장사꾼의 속셈. 영악스럽다.

영절-하다 마치 실제의 것인 양 보기나 말로는 아주 그럴듯하다. ¶거짓임이 드러났는데도 어떻게 그렇게 영절하게 꾸며댈 수가 있나? 말은 영절스러우나 두고 봐야지. 산천의 풍경을 영절스럽게 나타냈다. 영절스럽다(아주 그럴 듯하다).

영치기 무거운 물건을 목도하여 운반할 때에 힘을 맞추기 위하여 내는 소리. 〈준〉영차. ¶영차 영차 영치기 영차.

영토-하다 영리하고 똑똑하다. ¶눈썰미를 보니 보통 영토한 아이가 아닌 것 같다.

영-판 앞날의 길흉을 신통하게 맞추어 내는 일. 또는 그 사람.[←靈] ¶그 점쟁이는 영판이다.

열(다) ①깊지 않다.↔깊다. ¶여투[684]. ②빛깔이 연하다.↔짙다. ¶여트막하다(꽤 여틈하다), 여틈하다(조금 열다), 열디열다 · 얕디얕다.

옆 왼쪽이나 오른쪽의 면. 또는 그 근방. ¶옆에 놓다. 옆가래질, 여가리(옆의 가장자리나 언저리), 옆가지, 옆갈비, 옆걸음/질, 옆골목, 옆구리(갈빗대가 있는 가슴과 등 사이의 부분), 옆길, 옆널, 옆넓이, 옆눈/질, 옆댕이, 옆들다(옆에서 도와주다), 옆막기, 옆막이, 옆머리, 옆면(面), 옆모서리, 옆모습, 옆문(門), 옆바람, 옆발치, 옆방(房), 옆보, 옆뿌리, 옆쇠, 옆심(心), 옆아가미, 옆얼굴, 옆옆이, 옆자리, 옆잡이, 옆장봐시위(牆侍衛), 옆주름, 옆줄, 여줄가리[685], 옆지르기, 옆질[686], 옆집, 옆쪽, 옆찌르다(넌지시 알려주기 위하여 옆구리를 찌르다), 옆차기, 옆채, 옆치기, 옆태(態), 옆통수(머리의 옆쪽), 옆트기(옷에 아귀를 트는 일)/하다, 옆트임, 옆판(板), 옆폭(幅), 옆훑이(홈 따위의 옆을 훑어 내는 데 쓰는 연장); 길옆, 한옆 들.

684) 여투: ¶어멈은 잠을 여투(옅게) 들었다가 먼저 깨었다.

685) 여줄가리: 주된 몸뚱이나 줄기에 딸린 물건. 중요한 일에 곁달린 그리 대수롭지 아니한 일.[←옆+줄기+어리].

예[1] 오래전. 지나간 때. ¶예로부터 전해지는 이야기. 예나 지금이나 별반 차이가 없다. §관형사 '옛'은 '지나간 때의. 예전의. 옛날의'의 뜻. ¶옛 세시 풍속. 옛 모습. 옛 추억(追憶). 옛것, 옛글, 옛길, 옛꿈, 옛날/이야기, 예도옛날(아주 먼 옛날), 옛동무, 옛등걸, 예런듯[687], 옛말/하다, 옛모습, 옛물건(物件), 옛사람, 옛사랑, 옛성(城), 예스럽다[688], 옛시절(時節), 옛시조(時調), 옛이름, 옛이야기, 옛이응, 예이제(옛날과 지금), 옛일, 옛일컬음, 옛적, 예전(옛적), 옛정(情), 옛집, 옛책(冊), 옛추억(追憶), 옛터, 옛터전, 옛풍속(風俗), 옛풍습(風習). ☞ 고(古). 고(故). 구(舊), 석(昔).

예[2] 존대할 자리에 대답하거나 재우쳐 묻는 말. ¶예, 알겠습니다. 예, 뭐라고요. 예예, 예예하다(순종하다), 예이(위의를 갖추어 길게 대답하는 소리), 옙[689], 옛(상대방의 말에 당황스럽거나 의문스러울 때 내는 소리), 예황제(皇帝;하는 일 없이 편안하게만 지내는 임금).

예[3] 때릴 듯한 기세로 심하게 나무랄 때 하는 소리. ¶예, 이놈. 예기[690].

예(禮) ①사람이 마땅히 지켜야 할 도리. ¶예를 지키다. ②사의(謝意)를 표하는 말. 또는 사례로 보내는 물품. ③예법. ¶예를 갖추다. ④'경례(敬禮)'의 준말. ⑤예식(禮式). ¶예를 올리다. 예가(禮家), 예경(禮敬), 예궁(禮弓), 예규(禮規), 예기(禮記), 예기(禮器), 예단(禮單), 예단(禮緞), 예답다, 예당(禮堂), 예대(禮待), 예도(禮度), 예론(禮論), 예모(禮帽), 예모(禮貌), 예문(禮文), 예물(禮物), 예바르다, 예방(禮防), 예방(禮訪), 예배(禮拜)[예배당(堂), 예배일(日)], 예번(禮煩), 예법(禮法), 예복(禮服), 예불(禮佛)[예불상(床), 예불화(畵); 조석예불(朝夕)], 예빙(禮聘), 예사(禮謝), 예서(禮書), 예설(禮說), 예속(禮俗), 예송(禮訟), 예승즉리(禮勝則離), 예식(禮式)[예식장(場); 해상예식(海上)], 예악(禮樂), 예양(禮讓)[국제예양(國際)], 예용(禮容), 예우(禮遇), 예월(禮月), 예의(禮意), 예의(禮誼), 예의/범절(禮儀/凡節), 예의/염치(禮義/廉恥), 예장/함(禮狀/函), 예장(禮裝), 예장(禮葬), 예전(禮典), 예절(禮節), 예제(禮制), 예조(禮曹), 예주(禮奏), 예찬(禮讚;존경하여 찬양함. 부처께 예배하고 그 공덕을 기림), 예찬(禮饌), 예참(禮參), 예참(禮懺)[대예참(大)], 예폐(禮幣), 예포(禮砲), 예하다, 예학(禮學), 예화(禮化); 가가례(家家禮), 가례(家禮), 가례(嘉禮), 객례(客禮), 결례(缺禮), 경례(敬禮), 계례(笄禮), 고례(古禮), 관례/옷(冠禮), 구례(舊禮), 군례(軍禮), 길례(吉禮), 극남례(得男禮), 답례(答禮)[답례품(品), 답례하다], 대사례(大射禮), 동상례(東床禮), 등현례(登舷禮), 면례

686) 옆질: 배가 좌우로 흔들리는 일.↔앞뒷질.

687) 예런듯: 아주 오래전에 일어난 일인 것처럼 아득하게.

688) 예스럽다: 옛것다운 맛이 있다.

689) 옙: 말할 때에 상대편을 높여 하는 말투나 말씨. ¶옙을 쓰다. 서로 옙하다(서로 높이는 말을 쓰다).

690) 예기: 때릴 듯한 기세로 나무랄 때 하는 소리. 〈센〉예끼. ¶예기, 이 사람. 예끼 고얀 놈. 예라.

(緬禮), 면신례(免新禮), 목례(目禮), 무례(無禮)[무례하다; 오만무례(傲慢)], 묵례(默禮), 무례(無禮), 문례(問禮), 박문약례(博文約禮), 박수례(拍手禮), 반례(返禮), 방례(邦禮), 방합례(房合禮), 배례(拜禮)[합장배례(合掌)], 법례(法禮), 복례(復禮), 비례(非禮), 비례(非禮), 비례(備禮), 비례물시(非禮勿視), 빈례(賓禮), 빈례(殯禮), 빙례(聘禮), 사례(四禮;冠禮, 婚禮, 喪禮, 祭禮), 사례(私禮), 사례(射禮), 사례(謝禮), 삭발례(削髮禮), 삼중례(三中禮), 삼지례(三枝禮), 상견례(相見禮), 상례(常禮), 상례(相禮), 상례(喪禮), 상우례(相友禮), 상회례(相會禮), 생남례(生男禮), 생례(省禮), 성례(成禮)[작수성례(酌水)], 성례(聖禮), 세례(洗禮), 소례(小禮), 속례(俗禮), 속수지례(束脩之禮), 순례/자(巡禮/者), 습례(習禮), 식례(式禮), 신부례(新婦禮), 신례(臣禮), 실례(失禮), 악수례(握手禮), 안수례(按手禮), 여례(女禮), 연례(宴禮), 욕례(縟禮;번거롭고 까다로운 예절), 우례(于禮), 우례(優禮), 읍례(揖禮), 의례(儀禮), 인례(人禮), 작헌례(酌獻禮), 장례(葬禮), 전례(典禮), 접족례(接足禮), 정례(正禮), 정례(頂禮), 정례(情禮), 제례(除禮), 제례(祭禮), 제례(諸禮), 조례(弔禮), 조례(朝禮), 조현례(朝見禮), 종례(終禮), 주례(主禮), 주례(酒禮)[향음주례(鄕飮)], 지례(地禮), 집례(執禮), 차례/탑(茶禮/塔), 찬례(贊禮), 참례(參禮), 책례(冊禮;책씻이), 천례(天禮), 초례/청(醮禮/廳), 파접례(罷接禮), 패례(悖禮), 팬잔례[691], 포손례(抱孫禮), 하례(賀禮), 할례(割禮), 합례(合禮), 항례(抗禮;동등한 예로 접대함), 행례(行禮), 향례(饗禮), 허례/허식(虛禮/虛飾), 허참례(許參禮), 혼례(婚禮), 회례(回禮), 회례(廻禮), 회례(會禮), 회문례(回門禮), 회혼례(回婚禮), 흉례(凶禮) 들.

예(例) ①이전부터 있던 사례. ¶이런 예는 없었다. ②이미 말한 바. 늘 알고 있는 바. ¶예의 그 가게. ③무엇을 설명하는 데 증거가 되는 사물. 보기. 본보기. ¶예를 들다. 예거(例擧), 예건(例件), 예격(例格), 예규(例規), 예납(例納), 예년(例年), 예담(例談), 예문(例文), 예문(例問), 예비(例批), 예사(例事)[692], 예상사(例常事), 예송(例送), 예시(例示), 예식(例式), 예언(例言), 예외(例外)[예외법(法), 예외적(的)], 예월(例月), 예전(例典), 예제(例祭), 예제(例題), 예증(例症), 예증(例證), 예진(例進), 예컨대, 예투(例套), 예하(例下), 예해(例解), 예화(例話), 예회(例會); 가감례(加減例), 거례법(擧例法), 격례(格例), 고례(古例), 관례(慣例), 구례(舊例), 규례(規例), 길례(吉例), 문례(文例), 반례(反例), 범례(凡例;일러두기), 범례(範例), 법례(法例), 비례(比例), 사례(事例), 사례(赦例), 상례(上例), 상례(常例), 상정례(詳定例), 서례(書例), 선례(先例), 속례(俗例), 순례(循例;관례를 좇음), 식례(式例;전부터 있어 온 사례), 신례(新例), 실례(實例), 악례(惡例), 연례(年例), 용례(用例), 용자례(用字例), 원례(援例), 월례(月例), 위례(違例), 유례(謬例), 유례(類例), 율례(律例), 의례(依例), 이례(異例), 인례(引例), 일례(一例), 작례(作例), 적례(適例), 전례(典例), 전례(前例)[의전례(依)], 정례(定例), 제례(除例;식례를 덜어버림), 제외례(除外例), 조례(條例), 조례(照例), 죄례(罪例), 준례(準例), 증례(證例), 차례(次例), 체례(體例), 통례(通例), 특례(特例), 판결례(判決例), 판례(判例), 한례(罕例;드문 예), 항례(恒例), 해례(解例), 형례(刑例), 호례(好例) 들.

691) 팬잔례: 첫딸을 낳은 사람이 친구들에게 졸리어 한턱내는 일.↔생남례(生男禮). ¶팬잔례하다.

692) 예사(例事): 보통 있는 일. ¶예사내기, 예사로, 예사롭다, 예사말, 예사소리, 예사스럽다, 예삿일.

예(豫) '미리 · 앞서서. 머뭇거리다'를 뜻하는 말. ¶예각(豫覺), 예감(豫感;무슨 일이 일어날 것 같다는 것을 사전에 느끼는 일), 예견(豫見), 예결(豫決), 예계(豫戒), 예고(豫告)[예고기간(期間), 예고수당(手當), 예고편(篇); 무예고(無)], 예과(豫科), 예괘(豫卦), 예기(豫期;미리 기대하거나 예상함), 예납(豫納;先納), 예단(豫斷;미리 짐작하여 판단함), 예령(豫令), 예령(豫鈴), 예료(豫料), 예매(豫買;미리 삼), 예매/권(豫賣/券), 예모(豫謀), 예방(豫防)[693], 예보(豫報)[수치예보(數値), 일기예보(日氣), 장기예보(長期), 조석예보(潮汐)], 예비(豫備)[694], 예산(豫算)[695], 예상(豫想)[예상고(高), 예상외(外)], 예선(豫選)[예선경기(競技), 예선전(戰)], 예수(豫受)[예수금(金), 예수증(證)], 예수(豫修), 예습(豫習), 예시(豫示), 예시(豫試), 예심(豫審), 예약(豫約)[예약금(金), 예약출판(出版), 예약판매(販賣); 구두예약(口頭)], 예언(豫/預言)[예언자(者), 예언하다, 예열/기(豫熱/器), 예정(豫定)[696], 예정(豫程), 예제(豫題), 예지(豫知), 예진(豫診), 예측(豫測;앞으로의 일을 미리 짐작함)[경기예측(景氣), 시세예측(時勢)], 예탁(豫度), 예탁(豫託), 예탐/꾼(豫探), 예통(豫通), 예편(豫編), 예행(豫行), 예후(豫後); 불예(不豫;임금의 병환), 유예(猶豫) 들.

예(藝) '재주. 학문. 기술'을 뜻하는 말. ¶예기(藝妓), 예능(藝能)[예능과목(科目), 예능교육(敎育)], 예도(藝道), 예림(藝林), 예맥(藝脈), 예명(藝名), 예문(藝文), 예술(藝術)[697], 예원(藝苑/園), 예풍

693) 예방(豫防): 미리 막음. 미리막이. ¶예방경찰(警察), 예방공사(工事), 예방구금(拘禁), 예방법(法), 예방선(線), 예방액(液), 예방의학(醫學), 예방접종(接種), 예방조사(照射), 예방주사(注射), 예방주의(主義), 예방책(策), 예방하다.

694) 예비(豫備): 필요할 때 쓰려고 미리 마련하거나 갖추어 놓음. ¶예비건(件), 예비교섭(交涉), 예비교육(敎育), 예비군(軍), 예비금(金), 예비대(隊), 예비동기(動機), 예비등기(登記), 예비력(力), 예비령(豫備領), 예비비(費), 예비선거(選擧), 예비시험(試驗), 예비역(役), 예비적(的), 예비증권(證券), 예비지식(知識), 예비진단(診斷), 예비품(品), 예비함(艦), 예비행위(行爲), 예비회담(會談), 예비하다.

695) 예산(豫算): 미리 필요한 금액 따위를 계산하거나 계획함. ¶예산단가(單價), 예산사정(査定), 예산서(書), 예산심의/권(審議/權), 예산안(案), 예산액(額), 예산외(外), 예산초과(超過), 예산편성(編成), 예산표(表); 가예산(假), 경정예산(更正), 균형예산(均衡), 기정예산(旣定), 긴축예산(緊縮), 보정예산(補正), 본예산(本), 성립예산(成立), 실행예산(實行), 연별예산(年別), 자본예산(資本), 잠정예산(暫定), 적자예산(赤字), 준예산(準), 지출예산(支出), 총예산(總), 추가예산(追加), 추가경정예산(追加更正)/추경예산(追更), 표준예산(標準).

696) 예정(豫定): 예정도(圖), 예정되다/하다, 예정량(量), 예정상(相), 예정설(說), 예정신고(申告), 예정일(日) 예정자(者), 예정지(地), 예정표(表); 미래예정(未來), 현재예정(現在).

697) 예술(藝術): 어떤 일정한 재료와 양식 · 기교에 의하여 미를 창조하고 표현하는 인간의 활동. 또는 그 산물. ¶예술은 길고 인생은 짧다. 예술가(家), 예술계(界), 예술관(觀), 예술관(館), 예술교육(敎育), 예술단(團), 예술론(論), 예술미(美), 예술본능(本能), 예술비평(批評), 예술사/적(史/的), 예술사진(寫眞), 예술사회학(社會學), 예술성(性), 예술영화(映畵), 예술운동(運動), 예술원(院), 예술의사(意思), 예술인(人), 예술적(的), 예술제(祭), 예술지상주의(至上主義), 예술철학(哲學), 예술파(派), 예술품(品), 예술학(學), 예술형식(形式), 예술화/되다/하다(化); 공간예술(空間), 구상예술(具象), 귀족예술(貴族), 모방예술(模倣), 무대예술(舞臺), 문학예술(文學), 민속예술(民俗), 민중예술(民衆), 비구상예술(非構想), 비평예술(批評), 생활예술(生活), 시간예술(時間), 언어예술(言語), 연극

(藝風), 예향(藝鄕); 곡예(曲藝), 공예(工藝), 기예(技藝), 기예(伎藝), 농예(農藝), 다예(多藝), 도예(陶藝), 마예(馬藝), 말예(末藝), 무예(武藝), 문예(文藝), 민예(民藝), 사예(四藝;거문고·바둑·글씨·그림), 사예(射藝), 서예(書藝), 수예(手藝), 수예(樹藝), 시예(試藝), 연예/인(演藝/人), 원예(園藝), 유예(遊藝), 육예(六藝), 잡예(雜藝), 재예(才藝), 제예(諸藝), 종예(種藝), 학예(學藝) 들.

예(銳) '날카롭다. 날래다'를 뜻하는 말. ¶예각(銳角), 예감(銳感), 예기/방장(銳氣/方張), 예기(銳騎;날쌘 기병), 예도(銳刀), 예둔(銳鈍), 예리하다(銳利), 예민하다(銳敏), 예병(銳兵), 예봉(銳鋒), 예용(銳勇), 예의(銳意)[698], 예인(銳刃), 예장(銳將), 예조(銳爪), 예졸(銳卒), 예지(銳志), 예지(銳智), 예진(銳進); 경예(輕銳), 극예(極銳), 기예(氣銳), 봉예하다(鋒銳), 신예(新銳), 연예(鍊銳), 영예하다(英銳), 정예(精銳), 중예(衆銳), 첨예(尖銳), 최신예(最新銳) 들.

예(隷) ①'서체(書體)'의 이름. ¶예서(隷書;전서의 자획을 간략하게 고친 서체), 예자(隷字), 예팔(隷八), 예획(隷劃); 고례(古隷), 금례(今隷), 전례(篆隷). ②부리다. 하인. 종'을 뜻하는 말. ¶예복(隷僕;종), 예속/화(隷屬/化), 예종(隷從), 예하(隷下); 관례(官隷), 궁예(宮隷), 금례(禁隷), 노예(奴隷)[노예근성(根性), 노예시(視), 노예적(的), 노예화(化)], 아례(衙隷), 조례(皁隷), 직례(直隷), 하례(下隷;하인) 들.

예(譽) '기리다. 칭찬하다'를 뜻하는 말. ¶예망(譽望), 예성(譽聲), 예언(譽言), 예탄(譽歎); 매예(買譽), 면예불충(面譽不忠), 명예(名譽), 무훼무예(無毁無譽), 비예(誹譽), 상예(賞譽), 성예(盛譽), 성예(聲譽), 영예(令譽), 영예/롭다(榮譽), 영예권(榮譽權), 요예(要譽), 종예(終譽), 칭예(稱譽), 허예(虛譽), 훼예(毁譽), 훼예포폄(毁譽褒貶) 들.

예(穢) '더럽다'를 뜻하는 말. ¶예기(穢氣;더러운 냄새), 예덕(穢德;임금의 좋지 아니한 행동), 예물(穢物;더러운 물건), 예식(穢食), 예신(穢身), 예심(穢心), 예욕(穢慾), 예정(穢政), 예토(穢土); 성예지기(腥穢之氣), 오예(汚穢), 음예하다(淫穢), 정예(淨穢), 진예(塵穢), 추예(醜穢), 황예하다(荒穢;몹시 거칠고 더럽다) 들.

예(曳) '끌다'를 뜻하는 말. ¶예광탄(曳光彈), 예리성(曳履聲;땅에 신이 끌리는 소리), 예망(曳網), 예백(曳白), 예선(曳船), 예선기(曳線器), 예열(曳裂), 예인(曳引), 예항(曳航); 견예(牽曳), 저예망(低曳網) 들.

예(預) '맡기다'를 뜻하는 말. ¶예금(預金)[699], 예대(預貸;예금과 대출), 예대율(預貸率), 예입/금(預入/金), 예증권(預證券), 예차(預差), 예치/금(預置/金), 예탁(預託), 예혈(預血); 간예(干預;관계하여 참견함. 干與), 참예(參預) 들.

예(詣) '관청에 들어가다. 참배하다. 학예가 깊은 경지에 이르다'를 뜻하는 말. ¶예궐(詣闕;대궐에 들어감), 예시위(詣侍衛;모시고 나가자), 예알(禮謁); 조예(造詣), 진예(進詣), 참예(參詣;신이나 부처님께 나아가 뵘), 치예(馳詣) 들.

예(裔) '여러 대(代)가 지난 뒤의 자손(후손)'을 뜻하는 말. ¶예손(裔孫); 말예(末裔), 묘예(苗裔), 사예(四裔;나라 사방의 끝), 여예(餘裔), 원예(遠裔), 윤예(胤裔;혈통을 받은 자손), 종예(宗裔), 현예(顯裔), 황예(皇裔), 후예(後裔) 들.

예(叡) '밝다. 임금의 언행(言行)'을 뜻하는 말. ¶예감(叡感), 예려(叡慮), 예명하다(叡明), 예문(叡聞), 예민하다(叡敏), 예산(叡算;임금의 나이), 예성/문무(叡聖/文武), 예지(叡智;뛰어난 지혜. 인식하는 능력); 총명예지(叡智)/총예(聰叡) 들.

예(翳) '그늘. 가리다. 삼눈(눈병의 한 가지)'를 뜻하는 말. ¶예일(翳日;햇빛을 가림); 각막예(角膜翳), 엄예(掩翳), 운예(雲翳;햇빛을 가린 구름의 그림자), 원예(圓翳), 음예(陰翳), 황심예(黃心翳) 들.

예(睿) '임금. 왕세자(王世子)'를 뜻하는 말. ¶예덕(睿德), 예람(睿覽), 예제(睿製), 예지(睿旨), 예철하다(睿哲), 예필(睿筆), 예학(睿學;왕세자가 닦는 학문) 들.

예(瞖) '눈에 백태가 끼다'를 뜻하는 말. ¶예막(瞖膜); 빙예(氷瞖), 언월예(偃月瞖), 옥예(玉瞖), 화예(花瞖), 활예(滑瞖), 흑예(黑瞖), 흑화예(黑花瞖) 들.

예(乂) '베다. 다스리다'를 뜻하는 말. ¶예안(乂安;평안하게 다스려짐); 준예(俊乂;재주와 슬기가 뛰어난 사람).

예(刈) '풀이나 곡식 따위를 베다'를 뜻하는 말. ¶예도(刈刀;낫), 예초(刈草); 산예(剷刈;풀이나 나무 따위를 벰) 들.

예(倪) '가. 끝'을 뜻하는 말. ¶단예(端倪;일의 시초와 끝. 맨 끝), 단예하다(端倪;헤아리어 알다).

예(猊) '부처가 앉은 자리'를 뜻하는 말. ¶예좌(猊座), 예하(猊下;고승의 경칭).

예(蕊) '꽃. 꽃술'을 뜻하는 말. ¶예분(蕊粉;꽃가루); 연예(蓮蕊), 웅예(雄蕊;수술)[700], 자예(雌蕊;암술), 화예(花蕊) 들.

예(睨) '흘겨보다'를 뜻하는 말. ¶비예(睥睨;눈을 흘겨봄).

예(霓) '무지개'를 뜻하는 말. ¶운예(雲霓), 홍예(虹霓) 들.

예(다) '가다'의 옛말. ¶날아예다('날아가다'의 예스러운 말), 울어예다(울며 가다).

예라 ①누군가가 하는 짓이 못마땅할 때 하는 소리. ¶예라, 그래선 못 쓴다. ②확신이 서지 아니하거나 그다지 내키지 아니하는 일

예술(演劇), 영화예술(映畵), 원시예술(原始), 음향예술(音響), 전위예술(前衛), 전통예술(傳統), 조형예술(造形), 종교예술(宗教), 종합예술(綜合), 추상예술(抽象), 표정예술(表情), 행위예술(行爲), 향토예술(鄕土), 형상예술(形象), 효용예술(效用).

698) 예의(銳意): 단단히 차리는 마음. ¶예의 연구에 힘쓰다. 예의 주시하다.

699) 예금(預金): 은행 등의 금융 기관에 돈을 맡김. 또는 그 돈. ¶예금담보(擔保), 예금보험(保險), 예금액(額), 예금어음, 예금주(主), 예금증서(證書), 예금지급준비(支給準備), 예금통장(通帳), 예금통화(通貨), 예금협정(協定); 가계종합예금(家計綜合), 거치예금(据置), 당좌예금(當座), 동업자예금(同業者), 무기명예금(無記名), 보통예금(普通), 분식예금(粉飾), 양건예금(兩健), 양립예금(兩立), 요구불예금(要求拂), 일반예금(一般), 정기예금(定期), 저축예금(貯蓄), 통지예금(通知), 특별예금(特別).

700) 웅예(雄蕊): 가웅예(假), 사강웅예(四强), 이강웅예(二强), 이생웅예(離生), 취약웅예(聚葯).

을 하기로 할 때 내는 소리. ¶예라, 그만두자. 예라, 해보자.

예맥(濊貊) ①한족(韓族)의 조상이 되는 민족. ②고구려의 전신인 부족 국가의 이름.

예쁘(다) ①물건의 생긴 모양이나 인체 부위가 아름다워서 보기에 귀엽다.≒곱다.↔밉다. ¶이 꽃은 아주 예쁘다. 예쁜 자식 매로 키운다. 얼굴이 참 예쁘다. 예쁘디예쁘다, 예쁘장·이쁘장·야쁘장스럽다/하다(조금 예쁘다. 제법 예쁘다), 어여쁘다[〈어엿브다, 어여삐, 이쁘둥이(예쁘게 생긴 아이). ②물건의 색깔이나 색상이 산뜻하고 밝다.≒곱다. ¶냉장고의 색상이 예쁘다. ③다른 사람에게 좋은 느낌을 주다.≒착하다. 기특하다(奇特). ¶아이가 아픈데도 학교에 가는 것이 얼마나 예쁜지 모르겠다. [+주관적인 판단].

예새 도자기 제조에 쓰이는 넓죽한 나무칼. ¶예새로 다듬는다.

예수 기독교의 개조(開祖).[←Jesus].

예신 ①산신령(山神靈). ②동네가 한 해 동안 태평하며 풍년이 들기를 비는 제사. ¶예신을 올리다.

예우-개 산란기에 고기 떼가 강가로 나올 때 강심 쪽으로 숨어들어 날쌔게 그물을 던져 에워싸는 방법. ¶예우개질/하다.

옌장 실망의 뜻을 나타날 때 하는 소리. ¶옌장, 오늘도 다 틀려버렸군.

오 ①상대방의 행동이나 이야기에 수긍이나 가벼운 감탄을 나타내는 말. ¶오, 그래서 네가 그렇게 화가 났구나. ②감탄문 등에서 탄성을 나타내는 말. ¶오, 아름다운 산천이여.

-오 '이다, 아니다'의 어간, 모음이나 'ㄹ' 받침으로 끝나는 용언의 어간 또는 어미 '-으시-' 뒤에 붙어, 하오할 자리에서 설명·의문·명령·청유의 뜻을 나타내는 종결 어미. ['ㄹ'을 제외한 받침 뒤에서는 '-으오'로 쓰임]. 주로 나이든 말하는이가 친근한 손윗사람을 대할 때 씀. ¶우리는 지금 가오. 어디까지 가시오? 눈물을 거두시오. 두껍아 두껍아 헌집 줄게 새집 다오[달+오]. 나는 요즘 논어를 읽으오. 내가 바보 같으오? ☞ -소.

-오- 모음으로 끝나는 어간 밑에, 그리고 'ㄴ, ㄹ, ㅁ, ㅂ' 및 모음으로 시작되는 어미 앞에 쓰여, 듣는 사람에게 겸양의 뜻을 나타내는 선어말 어미. [받침 앞에서는 '-으오-'로 쓰임]. ¶하온바, 가오니, 하오리다, 피옵니다; 읽으오니, 읽으오리다, 읽으오면, 읽으와, -오-ㅂ니까, -오-ㅂ니다, -오-ㅂ디까, -오-ㅂ디다; -(으)오-니까[701], -(으)오-리(이)까[702], -(으)오-리(이)다[703], -(으)오-이다/(으)외다[704]. ☞ -사오-.

-오~우 몇몇 명사나 용언의 어간을 어기(語基)로 하여 부사파생을 형성하는 말. ¶거꾸로[〈것굴다, 겨우[←겹다], 고루[←고르다], 나우[←낫다], 너무[←넘다], 느루[←늘다], 도두[←돋다], 도로[←돌다], 되우[←되다], 두루[←두르다], 따로[←*뜰다], 마구[←막+우], 마주[←맞다], 매우[←맵다], 모두[←모이다〈몯다], 몸소[몸], 바로[←바르다], 바투[←밭다], 부루[←붇다], 비뚜로/삐뚜로[←비/삐뚤다], 비로소[〈비릇다], 손수[손], 여투[←열다], 외우[←외+우;외지게. 외따로 떨어져. 멀리), 이루[←이르다], 자주[←잦다], 재우[←재다], 조추[←좇(다)+-우].

오(五) 다섯[五]. 다섯 번. ¶이 더하기 삼은 오이다. 오가재비(五)[705], 오각(五角), 오감(五感), 오거리, 오거서(五車書), 오경(五更), 오경(五經), 오계(五戒), 오고(五苦), 오곡(五穀;쌀·보리·콩·조·기장)[오곡밥, 오곡백과(百果), 오곡수라], 오과(五果), 오관(五官;눈·귀·코·혀·살갗), 오교(五交), 오교(五敎), 오금(五金), 오낭(五囊), 오뉴월(五六月), 오달(五達), 오대(五代), 오대(五帶), 오덕(五德), 오도(五道), 오량(五梁;5개의 도리로 구성된 지붕틀)[오량각(閣), 오량보, 오량집, 오량쪼구미(오량보를 받치도록 들보 위에 세우는 짧은 기둥)], 오령(五靈;기린·봉황·거북·용·백호), 오례(五禮), 오륜(五倫), 오륜(五輪)[오륜기(旗), 오륜탑(塔)], 오리무중(五里霧中), 오립송(五粒松;잣나무), 오만(五萬;매우 많은 수량)[오만가지, 오만날, 오만상(相), 오만소리], 오망(五望), 오맞이꾼[706], 오면체(五面體), 오명마(五明馬), 오목(五目), 오미(五味), 오미(五美), 오복/친(五服/親), 오복(五福), 오복탕(五福湯), 오부(五父), 오사리젓[707], 오상(五常), 오색(五色)[오색단청(丹靑), 오색실, 오색찬란(燦爛)], 오생(五牲), 오선(五善), 오선/지(五線/紙), 오성(五性), 오성(五星), 오성(五聲), 오속(五俗), 오수부동(五獸不動), 오순(五旬), 오승(五乘), 오악(五惡), 오야(五夜), 오언/시(五言/詩), 오엽송(五葉松), 오옥(五玉), 오온(五蘊), 오욕칠정(五慾七情), 오운/거(五雲/車), 오음(五音), 오장(五葬), 오장/육부(五臟/六腑), 오종경기(五種競技), 오중(五重)[오중성(星), 오중주(奏), 오중창(唱), 오중탑(塔)], 오지(五指), 오지서(五指書), 오진(五塵;五慾), 오진(五鎭), 오차물(五借物), 오착(五鑿), 오채(五彩), 오천(五天), 오청(五淸), 오체(五體), 오촌(五寸), 오축(五畜), 오취(五臭), 오취(五趣), 오탁(五濁), 오해(五害), 오행(五行)[708], 오형(五刑;笞刑, 杖刑, 徒刑, 流刑, 死刑), 오훈채(五葷菜); 십오야(十五夜;보름날 밤), 중오(重五/午) 들.

오(誤) '그릇하다. 잘못되다. 그릇됨. 잘못'을 뜻하는 말.↔정(正). 적(的). ¶오견(誤見;잘못된 견해. 옳지 못한 의견), 오결(誤決), 오계(誤計;失策), 오교(誤校), 오국(誤國;나라의 일을 그르침), 오기(誤記), 오납(誤納), 오단(誤斷), 오답(誤答), 오도(誤導;그릇 인도함), 오독(誤讀), 오락(誤落), 오렴(誤廉), 오록(誤錄), 오론(誤論;

701) -(으)오-니까: 형용사의 어간에 붙어, 하소서할 자리에서 현재의 상태를 묻는 종결 어미.=-나이까. ¶몸집이 얼마나 크오니까.

702) -(으)오-리까: 동사 어간에 붙어, 합쇼할 자리에서 '그리 할까요'의 뜻으로 자기 의사에 대한 상대방의 의향을 묻는 종결 어미. ¶제가 가오리까.

703) -(으)오-리다: 동사 어간에 붙어, 합쇼할 자리에서 '그리 하겠습니다'의 뜻으로 자기 의사를 나타내는 종결 어미. ¶제가 보오리다.

704) -(으)오-이다: '이다, 아니다' 및 용언의 어간에 붙어, '하소서할 자리에서, 현재의 사실을 설명하는 종결 어미. ¶머리가 희오이다. 어머니께서 부르나이다.

705) 오가재비(五): 다섯 마리씩 한 줄에 엮은 굴비나 자반준치 따위.

706) 오맞이꾼: 집안 살림을 돌보기보다는 나들이에 여념 없는 여자. 약물터에 가는 여자를 물·비·도둑·서방·매를 맞는다는 뜻으로 조롱하는 말.

707) 오사리젓(五): 음력 오월 사리 때 잡것이 많이 섞여서 잡힌 새우를 삭힌 음식. 오젓.

708) 오행(五行;우주간의 다섯 원기-金, 木, 水, 火, 土): 오행상극(相剋), 오행상생(相生), 오행설(說), 오행점(占); 음양오행(陰陽).

이치에 닿지 않는 말), 오류(誤謬;그릇된 일. 그릇된 인식)[오류수정(修正), 오류유추(類推)], 오문(誤聞;잘못 들음), 오발/탄(誤發/彈), 오보(誤報;그릇되게 보도함), 오사(誤死), 오사(誤寫), 오산(誤算), 오살(誤殺), 오상(誤想;착각으로 말미암은 그릇된 생각)[오상방위(防衛), 오상피난(避難)], 오서(誤書), 오식(誤植;활자를 잘못 꽂음), 오신(誤信;그릇 믿음), 오신명(誤信命;몸과 목숨을 그르침), 오심(誤審;誤判), 오역(誤譯), 오용(誤用), 오인(誤認), 오입(誤入;계집질)[오입쟁이/떡(건달병), 오입질/하다, 오입판, 오입하다], 오자/낙서(誤字/落書), 오작동(誤作動), 오전(誤傳), 오중(誤中), 오진(誤診), 오차(誤差)[오차율(率); 공간오차(空間), 시준오차(視準)], 오착(誤捉), 오착(誤錯), 오청(誤聽), 오칭(誤稱), 오탈(誤脫), 오판(誤判), 오평(誤評), 오평생(誤平生), 오해(誤解;잘못 이해함. 잘못 해석함); 과오(過誤), 구오(舊誤), 논오(論誤), 정오/표(正誤/表), 착오(錯誤), 천오(舛誤), 탈오(脫誤) 들.

오(烏) '까마귀. 검다'를 뜻하는 말. ¶오각대(烏角帶), 오경(烏鏡), 오계(烏鷄), 오골계(烏骨鷄), 오구(烏口;가막부리[709]), 오구(烏韭;맥문동), 오구잡탕(烏口雜湯;오사리잡놈), 오금(烏金;검붉은 쇠붙이), 오동(烏銅;검붉은빛의 구리)[오동딱지, 오동빛, 오동철갑(때가 묻어서 까맣게 된 상태)], 오두잠(烏頭簪), 오려백복(烏驢白腹), 오로(烏鷺), 오로지쟁(烏鷺之爭), 오매(烏梅), 오목(烏木), 오비이락(烏飛梨落), 오비일색(烏飛一色), 오사(烏蛇), 오석(烏石), 오수경(烏水鏡), 오수정(烏水晶), 오시목(烏柹木;먹감나무), 오약(烏藥), 오옥(烏玉), 오우관(烏羽冠), 오유/선생(烏有;있던 사물이 없게 됨/先生), 오유화(烏油靴), 오작/교(烏鵲/橋), 오족철(烏足鐵), 오죽(烏竹), 오지자웅(烏之雌雄), 오집지교(烏集之交), 오총이(烏驄;흰 털이 섞인 검은 말), 오추마(烏騅馬;검은 털에 흰 털이 섞인 말), 오토(烏兎;해와 달), 오풍(烏風), 오합(烏合;질서 없는 모임)[오합지졸(之卒), 오합지중(之衆)], 오훼(烏喙;까마귀의 부리 같은 입. 욕심 많은 사람의 얼굴); 금오(金烏;해), 삼족오(三足烏), 자오(慈烏), 직오(織烏;'해'의 별칭) 들.

오(汚) '더럽다·더럽히다. 고인 물'을 뜻하는 말. ¶오거(汚渠), 오구(汚垢;더러운 때), 오니(汚泥)[활성오니(活性)], 오독(汚瀆;더러운 도랑-명예나 이름 따위를 더럽힘), 오리(汚吏), 오멸(汚衊;피를 흘려 더럽힘), 오명(汚名;더러워진 이름이나 명예. 누명), 오물(汚物)[오물세(稅), 오물통(桶)], 오세(汚世), 오속(汚俗;나쁜 풍속), 오손(汚損;더럽히고 손상함), 오수(汚水;구정물), 오염(汚染[710]), 오예(汚穢;지저분하고 더러움)[오예물(物), 오예장(場), 오예화/되다/하다(化)], 오욕(汚辱), 오점(汚點), 오지(汚池), 오직(汚職), 오진(汚塵), 오탁(汚濁), 오함(汚陷), 오행(汚行); 방오가공(防汚加工), 염오(染汚), 진오(塵汚), 탁오(濁汚), 탐오(貪汚), 황오(黃汚) 들.

오(悟) '깨닫다'를 뜻하는 말. ¶오계(悟界), 오공이(悟空;몸이 작고 옹골찬 사람을 농으로 이르는 말), 오도(悟道), 오득(悟得;스스로 깨달아 얻음), 오성(지성이나 사고의 능력)/론(悟性/論), 오열(悟悅;깨닫고 기뻐함), 오입(悟入), 오회(悟悔); 각오(覺悟), 감오(感悟), 개오(改悟), 개오(開悟), 대오(大悟), 대오각성(大悟覺醒), 돈오(頓悟;문득 깨달음), 명오(明悟), 번연개오(幡然開悟), 성오(省悟), 영오(英悟), 영오(穎悟;총명하고 이해가 빠름), 전미개오(轉迷開悟), 점오(漸悟), 증오(證悟), 총오(聰悟), 해오(解悟), 회오(悔悟), 회오(會悟;무엇을 알아서 깨달음), 효오(曉悟) 들.

오(午) '일곱째. 낮. 24방위의 하나'를 뜻하는 말. ¶오간(午間;낮때), 오계(午鷄;한낮에 우는 닭)/성(聲), 오고(午鼓), 오년(午年), 오반(午飯), 오밤중(午-中), 오방(五方), 오생(午生), 오수(午睡), 오시(午時), 오야(午夜), 오일(午日), 오전(午前), 오정(午正), 오찬(午餐), 오천(午天), 오초(午初), 오침(午寢), 오풍(午風;마파람), 오후(午後); 단오절(端午節), 방오(旁午;왕래하는 사람이 많음. 일이 번잡함), 상오(上午), 상오(晌午), 일오(日午), 정오(正午), 하오(下午) 들.

오(吾) '나. 우리'를 뜻하는 말. ¶오가소립(吾家所立;자기가 도와서 출세시켜 준 사람), 오군(吾君), 오당(吾黨), 오도(吾道;유생들이 '유교'를 이르는 말), 오등(吾等), 오불관언(吾不關焉), 오역부지(吾亦不知), 오인(吾人), 오형(吾兄); 종오소호(從吾所好) 들.

오(傲) '잘난 체하며 남을 업신여기다(거만하다)'를 뜻하는 말. ¶오기(傲氣;아망), 오만(傲慢)[오만무도(無道), 오만무례(無禮), 오만불손(不遜)], 오상고절(傲霜孤節), 오색(傲色), 오시(傲視), 오압(傲狎), 오연(傲然), 오퍅(傲愎); 거오(倨傲), 교오(驕傲), 치오하다(侈傲), 태오(怠傲) 들.

오(伍) '편성된 대열. 다섯으로 이룬 조(組). 다섯'을 뜻하는 말. ¶오와 열을 맞추다. 군오(軍伍), 낙오(落伍)[낙오병(兵), 낙오자(者)], 대오(隊伍), 부오(部伍), 진오(陣伍), 편오(編伍), 항오(行伍), 항오발천(行伍發薦) 들.

오(梧) '오동나무. 책상'을 뜻하는 말. ¶오동(梧桐)[오동나무, 오동상장(喪杖), 오동장(欌), 오엽/선(梧葉/扇); 벽오동(碧)], 오엽(梧葉), 오추(梧秋), 오우(梧右), 오월(梧月), 오추(梧秋), 오하(梧下); 지오하다(枝梧) 들.

오(奧) '속. 깊다. 그윽하다'를 뜻하는 말. ¶오묘하다/스럽다(奧妙;심오하고 미묘함), 오밀조밀(奧密稠密[711]), 오실(奧室), 오의(奧義), 오지(奧旨), 오지(奧地)[산간오지(山間)]; 당오(堂奧), 신오(神奧), 심오하다(深奧), 온오하다(蘊奧), 현오하다(玄奧), 흉오(胸奧) 들.

오(娛) '즐거워하다. 즐거움'을 뜻하는 말. ¶오락(娛樂[712]), 오신(娛神), 오유(娛遊), 오희(娛嬉); 환오(歡娛), 희오(喜娛), 희오(戱娛) 들.

오(忤) '거스르다. 거역하다'를 뜻하는 말. ¶오이(忤耳;충고하는 말이 귀에 거슬림), 오지(忤旨;임금의 뜻을 거역함).

709) 가막부리: 제도(製圖)에 쓰는 강필(鋼筆).

710) 오염(汚染): 더럽게 물듦. ¶지하수 오염이 심각하다. 오염견(繭), 오염도(度), 오염되다/하다, 오염모(毛), 오염물(物), 오염성(性), 오염원(源); 겹오염, 공기오염(空氣), 농약오염(農藥), 대기오염(大氣), 모유오염(母乳), 방사성오염(放射性), 복합오염(複合;겹오염), 수질오염(水質), 열오염(熱汚染), 은오염(銀), 정보오염(情報), 토양오염(土壤), 해양오염(海洋), 환경오염(環境).

711) 오밀조밀(奧密稠密): ①솜씨가 교묘하고 세밀한 모양. ¶좁은 장소에 갖가지 위락 시설을 오밀조밀 갖추어 놓다. 오밀조밀하다. ②마음씨가 자상하고 세밀한 모양.

712) 오락(娛樂): 오락기(機), 오락물(物), 오락비(費), 오락성(性), 오락실(室), 오락장(場), 오락회(會); 대중오락(大衆), 민중오락(民衆), 실내오락(室內).

오(晤) '만나다. 마주대하다'를 뜻하는 말. ¶면오(面晤;서로 면대하여 이야기함. 面談).

오(嗚) '탄식하다'를 뜻하는 말. ¶오열(嗚咽;목이 메어 욺), 오호(嗚呼)[오호라, 오호애재(哀哉), 오호통재(痛哉)] 들.

오(蜈) '지네(지넷과의 절지동물)'를 뜻하는 말. ¶오공(蜈蚣;지네)[오공계(鷄), 오공철(鐵;지네철)].

오(寤) '깨다. 깨닫다'를 뜻하는 말. ¶오매(寤寐)[오매불망(不忘), 오매사복(思服)].

오(懊) '괴로워하다. 뉘우치며 한하다'를 뜻하는 말. ¶오뇌(懊惱;뉘우쳐 한탄하고 번뇌함), 오한(懊恨).

오(鏖) '무찌르다. 힘써 싸우다'를 뜻하는 말. ¶오살(鏖殺;무찔러 죽임), 오전(鏖戰), 오투(鏖鬪) 들.

오(遨) '즐겁게 놀다'를 뜻하는 말. ¶오유(遨遊).

오(鼇) '자라'를 뜻하는 말. ¶오두(鼇頭).

오갈피 오갈피나무 뿌리의 껍질이나 줄기의 껍질.[←오가피(五加皮)]. ¶오갈피나무, 오갈피술.

오감-하다 분수에 맞아 만족하다. 지나칠 정도라고 느낄 만큼 고맙다.=과감하다(過感). ¶너무 오감해서 그런 짓을 한다. 여기 있게 해 주시는 것만 해도 오감합니다.

오감-스럽다 말과 행동이 물정에 어둡고 경망한 데가 있다.≒경망스럽다(輕妄). ¶그 분은 말투가 오감스러워서 함께 이야기하기가 어렵다.

오관 골패나 화투로 혼자 하는 놀이. ¶오관을 떼다(오관을 놀다).

오구 용수 모양의 그물 아가리에 둥근 테를 메우고, 십(十)자 모양의 긴 자루를 맨 고기잡이 도구.

오구구 자디잔 것이 한데 많이 모여 있거나 모여 덤벼드는 모양. 〈큰〉우구구. ¶오구구 덤벼드는 아이들. 올챙이들이 오구구 끓다.

오구-물림 오구굿(죽은이의 넋을 위로하는 굿)에서, 죽은이의 넋을 저승에 보낼 때에 무당이 부르는 노래.=바리데기. ¶오구대왕(大王;바리공주의 아버지).

오구자 한데 모여 시끄럽게 떠들거나 붐비는 모양. ¶교실이 떠나가라고 오구자 떠드는 학생들. 오구작작, 오구탕[713]/치다.

오글[1] 좁은 그릇에서 적은 양의 물이나 찌개가 요란스럽게 끓어오르는 모양.=오골. ¶찌개가 오글오글 끓다. 오그르르·우그르르/하다[1], 오글·우글거리다/대다[1], 오글보글·우글부글/하다.

오글[2] 작은 벌레나 짐승, 사람 따위가 한곳에 빽빽하게 많이 모여 움직이는 모양. 〈큰〉우글. ¶오글오글 기어 다니는 구더기. 아이들이 운동장에 오글오글 놀고 있었다. 오그르르·우그르르/하다[2], 오글·우글거리다(들끓다. 득실거리다)/대다[2], 오글오글/하다.

오기 입안에 든 음식물 따위를 시원스럽지 않게 조금씩 씹는 모양.

오냐 ①아랫사람의 물음이나 청원에 대하여 승낙이나 동의를 나타내는 말. ¶오냐, 금방 나간다. 오냐, 허락하마. 오냐오냐하다(어린아이의 응석이나 투정을 다 받아주다). ②혼자말로 벼르거나 다짐하는 말. ¶오냐, 두고 보자.

오늘 지금 지나가고 있는 이날. 금일. ¶오늘 안으로 일을 마쳐야 한다. 오늘에야 알았다. 오늘껏(오늘까지), 오늘날, 오늘내일/하다(來日), 오늘따라; 어제오늘(가까운 요 며칠).

오늬 화살의 머리를 시위에 끼도록 에어 낸 부분.[←hono〈몽〉]. ¶오늬도피(桃皮;화살의 오늬를 싼 복숭아나무 껍질), 오늬목(木), 오늬무늬, 오늬바람(사대에서 과녁으로 부는 바람;덜미바람), 오늬쪽매(널 옆을 화살의 오늬 모양으로 한 쪽매).

오(다) ①한 곳에서 다른 곳을 향하여 움직이는 것을 도착점을 기준으로 하여 이르는 말. 어떤 곳이나 정도에 이르다.(≒이르다[1]. 다다르다.↔가다). 어떤 원인이나 근거에서 생겨나다. ¶집으로 오다. 편지가 오다. 겨울에 눈이 오다. 겨울이 가면 봄이 온다. 졸음이 오다. 병은 마음에서 온다. 며느리가 시집을 온 지가 10년이 된다. 오가다(다니다. 왕래하다), 오거라, 오나가나, 오너라/온, 오너라가너라, 오다가다(별다른 필연성이라고는 없이 우연히), 오다니다(오고가고 하다), 오락가락, 오면가면, 온데간데없다, 올적(미래), 와(←오다+아(명령형 어미)); 가나오나, 가져오다, 건너오다, 걸어오다, 기어오다, 나오다[걸어나오다, 뛰어나오다, 밀려나오다, 튀어나오다], 날아오다, 내려오다, 내오다, 넘어오다, 다가오다, 다녀오다, 달려오다, 대오다(정한 시간에 맞추어 오다), 데려오다, 도다녀오다, 돌아오다, 들려오다, 들어오다, 들여오다, 따라오다, 떠오다(↔떠가다), 뛰어오다, 모여오다(가져오다), 몰려오다, 몰아오다, 물러오다, 밀려오다, 불러오다, 불어오다, 살아오다, 올라오다, 옮아오다, 왔다갔다/하다, 울려오다, 이리온(이리 오너라), 잡아오다, 좇아오다, 쫓아오다, 지나오다, 짜드라오다(많은 수량이 한꺼번에 쏟아져 오다), 찾아오다, 캐어오다, 흘러오다. ②말하는 사람에게 영향을 미치는 방향으로 어떤 동작이나 상태의 변화가 점차 진행되다. ¶날이 밝아 오다. 물이 차츰 불어온다. ☞ 래(來).

오달-지다[1] 마음에 흡족하게 흐뭇하다. 〈준〉오지다[1]. ¶'윤슬'이라는 말이 하도 오달져서 나중에 꼭 한번 써먹어야겠다고 생각했다.

오달-지다[2] 올차고 여무져 실속이 있다(옹골지다). 호되고 야무지다. 〈준〉오지다[2]. 올지다. ¶열 살짜리 치고는 대답이 오달지다. 나이에 비해 말씨가 오달지다. 오달진 성격. 목소리가 올지다. 오지게 혼을 내다. 오달차다(매우 오달지다), 올차다(오지고 기운차다).

오던-없다 =철없다. ¶그는 가끔 오던없는 짓을 해서 탈이다.

오도깝-스럽다 경망하게 덤비는 태도가 있다. ¶오도깝스러워 남의 말을 가만히 앉아서 못 듣는다.

오도당 작고 단단한 물건이 무너져 떨어지며 조금 요란하게 울리

713) 오구탕: 매우 요란스럽게 떠드는 짓. ¶날이 훤할 때까지 오구탕을 치는 통에 잠을 변변히 못 잤다. ≒부산. 법석. 북새통.

는 소리. 또는 그 모양. 〈큰〉우두덩. ¶장난감들이 오도당 쓰러진다. 오도당 · 우두덩거리다/대다, 오도당오도당/하다.

오도독 단단한 물건을 깨물 때 나는 소리. 단단하고 가는 물건을 부러뜨릴 때 나는 소리. 〈큰〉우두둑/우둑. 〈준〉오독. ¶뼈를 오도독 깨물다. 나뭇가지를 오도독 분질렀다. 오도독 · 우두둑거리다/대다, 오도독뼈, 오도독주석(朱錫), 오도독오도독/오독오독 · 우두둑우두둑/우둑우둑/하다, 오드득[714].

오도발싸-하다 매우 날쌔고 성질이 급하며 팔팔하다. ¶그녀는 가끔씩 오도발싸해서 그렇지 뒤끝이 없는 성격이다.

오도카니 맥없이 멀거니 서 있거나 앉아 있는 모양.=오도마니[715]. [←오독/오똑+하(다)+니]. 〈큰〉우두커니. ¶방안에 혼자 오도카니 앉아 있다.

오독도기[1] 화약을 재어 점화하면 연해 터지는 소리를 내면서 떨어지는 불꽃. 불꽃놀이에 쓰는 딱총.

오독도기[2] 제주도 민요인 '오돌또기/오돌똑'이 가락과 사설, 후렴이 바뀌면서 변한 경기 민요.

오독떼기 농사를 지으면서 피로를 잊고 능률을 올리기 위하여 부르는 노래.

오돌오돌[1] ①작고 여린뼈나 조금 말린 날밤 따위를 씹는 것과 같이 깨물기에 좀 단단한 모양. ¶오돌오돌 씹히는 알밤. 오돌오돌 · 우둘우둘/하다. ②작은 것이 잘 삶아지지 않은 모양. ③오동통하고 보드라운 모양. ¶아기 뺨이 오돌오돌 부드럽다. 〈큰〉우둘우둘.

오돌오돌[2] 조금 암상스럽게 불평을 부리며 투덜거리는 모양. ¶오돌오돌 입이 나와 있다. 오돌랑[716].

오돌막-스럽다 보기에 맥없이 조용한 데가 있다.

오동[1] 돛대를 제외한 배의 높이. ¶오동이 낮은 나룻배.

오동[2] 살이 단단하게 부풀어 올라 단단한 모양. ¶오동오동 살이 오른 돼지. 오도동[717], 오동보동 · 우둥부둥 · 오동포동 · 우둥푸둥/하다, 오동오동/하다, 오동통[718].

오두- '몹시 방정맞은'을 뜻하는 말.[〈오뎐(되다;방정맞다)]. ¶오두발광(發狂;몹시 방정맞게 날뛰는 짓), 오두방정(매우 방정맞은 언행).

오둠지 ①옷의 깃고대가 붙은 어름. ¶그녀는 한동안 모시 적삼의 오둠지를 만지작거렸다. 오둠지진상[719]. ②그릇의 윗부분.

오들 춥거나 무서워서 몸을 심하게 떠는 모양. 〈큰〉우들. ¶오들오들 떨다. 오들거리다/대다, 오들오들/하다, 오드드[720], 와들[721].

오디 뽕나무의 열매. 상실(桑實). ¶오디나무(뽕나무), 오딧물, 오딧빛, 오디색(色), 오디술.

오뚝 위로 도드라지게 솟아 있는 모양. 갑자기 멈춰 서는 모양. 〈큰〉우뚝. ¶오뚝 솟아오르다.=오똑. 오뚝 멈춰선 아이. 오뚝 · 우뚝하다(≒높다. 두드러지다), 오뚝오뚝 · 오뚝오뚝/하다, 오뚝이(오뚝오뚝 일어서는 장난감), 오뚝이찌.

오똘 ①방정스럽게 까불거나 몸을 흔드는 모양. ¶아이가 오똘 까분다. 오똘랑[722]. ②갑작스럽게 태도를 바꾸어 비쭉하거나 성을 발칵 내는 모양. ¶오똘 화를 내다.

오라 도둑이나 죄인을 묶는 붉고 굵은 줄. 오랏줄.[←옭(다)+아]. ¶오라는 네가 지고 도적질은 내가 하마. 오라지다 · 우라지다[723], 오랏바람(오라를 찬 포졸의 위풍), 오랏줄[포승(捕繩)], 오라지우다, 오라질, 오라질놈.

오라버니 여자가, 같은 항렬의 손위 남자 형제를 일컫는 말.≒오빠[724]. ¶오누이/오뉴(오라버니와 누이), 오라버니, 오라버님/댁, 오라범/댁(宅), 오라비/오랍, 올케[725]; 기생오라비(妓生;기생의 오빠나 남동생. 매끄럽게 모양을 내고 다니는 남자), 사촌오빠(四寸), 작은오빠, 큰오빠 들.

오랑캐 야만스러운 종족이란 뜻으로 '침략자'를 업신여겨 이르던 말. 여진족. ¶무찌르자 오랑캐. 오랑캐꽃(제비꽃), 오랑캐놈, 오랑캐땅, 오랑캐족(族).

오래[1] ①한동네의 몇 집이 한골목이나 한 이웃으로 되어 사는 구역 안.≒동네(洞). 뜸. ¶그들 집안과 우리는 어려서부터 한 오래에서 살았다. ②거리에서 대문으로 통하는 좁은 길. ¶집 오래를 깨끗이 쓸었다. 오래뜰(대문 앞에 있는 뜰), 오래/문(門;집의 정문). ③집안과 문중.

오래[2] 돼지를 부르는 소리.

오래(다) 때의 지나간 동안이 길다.≒멀다. 뜨다. ¶그 사람 만난 지가 오래다. 오래(동안이나 시간이 길게. 더), 오래가다[726], 오래간만(에)/오랜만(에), 오래달리기, 오래도록, 오랫동안(썩 긴 기

---

714) 오드득: 앙칼지게 물어뜯거나 이를 가는 소리. 또는 그 모양.=오도독. ¶이를 오드득 갈며 덤벼들었다.

715) 오도마니: 비교적 작은 물체가 외따로 조용히 떨어져 있는 모양. 〈큰〉우두머니. ¶오도마니 구석에 앉아 있다.

716) 오돌랑: 몹시 성이 나서 암상스럽게 불평을 하며 투덜거리는 모양. 〈큰〉우둘렁. ¶오돌랑오돌랑 화만 낸다.

717) 오도동: 얼굴이나 볼, 눈두덩이 좀 통통하게 부은 모양. 〈큰〉우두둥. ¶볼이 오도동 부어올랐다.

718) 오동통: 몸집이 작고 통통한 모양. 〈큰〉우둥통. ¶오동통 귀여운 아가. 오동통 · 우둥통하다.

719) 오둠지진상: ①지나치게 높이 올라붙었음을 이르는 말. ②상투나 멱살을 잡아 번쩍 들어 올리는 짓. ¶큰길에서 오둠지진상을 당하니 망신스러웠다. 오둠지진상하다(너무 올라붙다/붙이다. 번쩍 들어올리다).

720) 오드드: 몸을 약간 떠는 모양. ¶놀라고 당황하여 오드드 떨었다.

721) 와들: 춥거나 무섭거나 화가 났을 때 몸을 심하게 떠는 모양. 〈큰〉우들. 〈준〉왈. [+떨다]. ¶너무 추워서 와들와들 몸을 떨다. 와들거리다/대다, 와들와들/하다.

722) 오똘랑: 몹시 방정맞게 까불거나 몸을 흔드는 모양.

723) 우라지다: 오라를 지는 것처럼 잘못되거나 나쁘게 된다는 뜻으로, '몹시 마음에 맞지 아니함'을 뜻함. ¶우라질(일이 뜻대로 안되거나 마음에 안 들 때 혼자서 욕으로 하는 말).

724) 오빠: '오라버니'를 친근하게 일컫는 말.↔누나. 남동생(男同生).

725) 올케: 여자의 처지에서 그의 오빠나 남동생의 아내.[←오라비+겨집]. ¶시누이올케/시뉘올케(媤).

726) 오래가다: 상태나 현상이 길게 계속되거나 유지되다.

간 동안), 오래되다(≒낡다. 묵다), 오래살이(여러해살이), 오래오래, 오래전(前), 오랜(이미 지난 기간이 긴). ☞ 구(久). 영(永). 구(舊).

오려 올벼.=아려. ¶오려논(올벼를 심은 논), 오례송편(松;오례쌀로 빚은 송편), 오례쌀(올벼의 쌀).

오력 일정한 기준이나 요구를 다 채우지 못한 몫.

오련-하다 ①형태가 분명하게 나타나지 아니하고 보일 듯 말 듯 희미하다.=오렷하다[727]. 〈큰〉우련하다. ¶안개가 조금 걷히면서 산허리가 오련히 드러나다. 바깥의 달빛 때문에 방안이 우련했다. 안개 속에 돛단배의 모습이 우련하게 떠올랐다. ②빛깔이 엷고 곱다. ③기억 따위가 또렷하지 아니하다. 〈작〉아련하다. ¶오련한 기억을 더듬다.

오로록 ①어린아이 여럿이 한꺼번에 몰려 움직이는 모양. ¶오로록 모여 앉은 아이들. ②쌓인 물건이 한꺼번에 무너지는 소리. ¶오로록 무너진 담. 〈큰〉우르륵.

오로지 오직 한 곬으로. 다른 가능성 없이 오직. 유일하게.≒다만. 애오라지. 오직. ¶오로지 학업에만 전념할 뿐이다. 오로지 나라를 위해 몸 바치다. 오로지 이길 생각이다. 오로지하다[728].

오롯-하다 고스란히 갖추어져 있다. 남고 처짐이 없다.[〈오롯ᄒᆞ다]. ¶오롯한 살림살이. 부모님의 오롯한 사랑. 이 책에는 성인들의 가르침이 오롯이(모자람이 없이 온전하게) 담겨 있다.

오롯이 고요하고 쓸쓸하게. 호젓하게. ¶창가에 오롯이 앉아 명상에 잠기다. 살아갈 기력을 잃은 그들은 오롯이 어둠 속에 묻혀 가고 있었다.

오롱조롱 한데 모여 있는 작은 물건 여럿이 생김새나 크기가 제각기 다른 모양. ¶오롱조롱 딸린 자식들. 오롱조롱 매달린 호박. 오롱이조롱이(오롱조롱하게 각기 달리 생긴 여럿을 이르는 말), 오롱조롱하다.

오르(다) 낮은 데서 높은 데로, 아래에서 위로 움직이어 가다.(↔내리다). 높아지다(↔낮아지다. 떨어지다). 솟다.(↔빠지다). ¶나무에 오르다. 차에 오르다(≒타다²). 물가가 오르다. 혈압이 오르다. 성적이 오르다. 군인들의 사기가 오르다. 살이 오르다. 오르내리다, 오르락내리락, 오르막/길, 오르막지다, 오름[729], 올라가다, 올라붙다, 올라서다, 올라앉다, 올라오다, 올라채다, 올라타다, 올려놓다, 올려다보다, 올려바치다, 올려본각(角), 올려붙이다, 올려치다, 올리[730], 올리다[731], 올림, 올림대[시상판(屍床板)], 올림말, 올림머리, 올림조(調), 올림표(標); 감아올리다, 개올리다[732], 괴어오르다[733], 기어오르다, 나오르다(남의 입에 오르내리다, 까짜올리다(남을 추어올리면서 놀리다), 끄어올리다/껴올리다, 끄집어올리다, 끌어올리다, 끓어오르다, 날아오르다, 달아오르다, 닻올리다, 독오르다/올리다(毒), 되오르다, 되올라가다, 되올리다, 들어올리다, 떠오르다/올리다, 뛰어오르다, 물오르다, 반올림(半), 벅차오르다, 번쳐·뻗쳐오르다, 불타오르다, 빨아올리다, 솟아오르다, 쌍심지오르다(雙心), 자아올리다, 재올리다(齋), 차오르기(양발을 차서 상반신을 철봉에 올리는 일), 차오르다(어떤 한도나 높이에 다다라 오르다), 차올리다(발로 차서 위로 올리다), 추어올리다(추어주다), 추켜올리다, 치오르다/올리다, 타오르다, 회올리다(타래쳐 올라가게 하다) 들.

오르르¹ ①조그마한 아이나 동물 따위가 한꺼번에 바쁘게 내닫거나 움직이는 모양. ¶학교에서 아이들이 오르르 쏟아져 나온다. 오르르 달려드는 강아지들. ②작은 그릇에서 액체가 갑자기 끓어오르거나 넘치는 소리. 또는 그 모양. ¶주전자의 물이 오르르 끓는다. ③쌓여 있던 작은 물건들이 갑자기 무너져 내리거나 쏟아질 때 나는 소리. 또는 그 모양. ¶바구니에 담긴 과일이 오르르 쏟아졌다. 담장이 오르르 무너지다. 〈큰〉우르르.

오르르² ①추위에 몸을 떠는 모양. ¶몸을 오르르 떨다. 올올[734]. ②가슴이 조금 울렁이는 모양.

오른 '오른쪽. 바른'의 뜻을 나타내는 말.↔왼. ¶오른걸음, 오른나사(螺絲), 오르로(오른쪽으로 향하여.↔외로), 오른발, 오른배지기, 오른빔, 오른뺨, 오른새끼, 오른섶, 오른손/잡이, 오른씨름, 오른올, 오른줄, 오른짝, 오른쪽, 오른치마, 오른팔, 오른편(便), 오른편짝(便), 오른활. ☞ 우(右).

오리¹ 오릿과의 새의 총칭. 오리 모양. ¶오리걸음, 오리고기, 오리구이, 오리너구리, 오리발[735], 오리병(甁), 오리볶음, 오리새끼, 오리알/구이, 오리우리, 오리젓, 오리찜, 오리탕(湯), 오리털, 오리토기(土器); 가창오리, 검둥오리[희뺨검둥오리], 고방오리(긴꼬리오리), 되강오리(논병아리), 들오리, 물오리, 바다오리, 비오리[흰비오리], 상오리(常), 알락오리, 쥐오리, 집오리, 청둥오리, 청머리오리, 톱니오리, 홍머리오리(紅), 황오리(黃), 흰뺨오리, 흰수염바다오리. ☞ 압(鴨).

727) 오렷하다: 모양이나 빛깔이 좀 희미한 가운데 은근하면서도 또렷하다. 〈큰〉우렷하다.

728) 오로지하다: ①혼자 차지하여 제 마음대로 하다. ¶권력을 오로지하다. ②한 가지만을 외곬으로 하다. ¶국악만을 오로지하다.

729) 오름: 오름그물, 오름길, 오름내림, 오름다리(비계다리), 오름세(勢), 오름차/순(次/順), 오름폭(幅); 몰오름, 붉은오름, 용오름.

730) 올리-: 아래에서 위로 향하여. 위로.↔내리. ¶올리걷다, 올리굴(위로 뚫린 굴), 올리긋다, 올리긁다, 올리기다, 올리닫다(치닫다), 올리달리다, 올리던지다, 올리뛰다, 올리뜨다, 올리밀다, 올리받다/받치다, 올리받이(오르막) 올리방향(方向), 올리뻐치다, 올리사랑(치사랑), 올리솟다, 올리쌓다, 올리쏘다, 올리엮다, 올리추다, 올리치다, 올리훑다.

731) 올리다: ①낮은 곳에서 높은 곳으로 오르게 하다.≒높이다. 들어올리다. 인상하다(引上).↔내리다. ¶선반 위에 물건을 올리다. 값을 올리다. 봉급을 올리다. ②윗사람에게 바치다. ¶아버님께 진짓상을 올리다. ③따귀·매 따위를 때리다. ④기와 따위를 이다. 위로 옮기다. ¶지붕에 기와를 올리다. 짐을 올리다. ⑤의식이나 예식을 올리다. ¶결혼식을 올리다. ⑥칠하다. ¶기계에 칠을 올리다. 안올리다(그릇 같은 것의 속을 칠하다).

732) 개올리다: ①상대편을 높이어 대하다. ¶가게 주인은 오는 손님이 나이가 어릴지라도 깍듯이 개올렸다. ②자신을 낮추어 말하다. ¶존경하는 형님 앞에서 저는 제 자신을 개올릴 수밖에 없습니다.

733) 괴어오르다: 발효하기 시작하다. ¶술이 이제야 괴어오른다.

734) 올올: 갑자기 추워서 몸을 웅크리고 떠는 모양. 〈본〉오르르오르르. ¶추워서 하루 종일 올올 떨었다.

735) 오리발: ①물갈퀴. ②손가락이나 발가락 사이의 살가죽이 달라붙은 손발을 조롱하여 이르는 말. ③엉뚱하게 딴전을 부림을 비유하여 이르는 말. ¶오리발을 내밀다.

오리² 삼지창의 가운데 끝을 갈고리 모양으로 꼬부려 큰 고기를 잡는 데 쓰는 낚시.

오리(다) 칼이나 가위로 베어 내다. ¶신문에 난 기사를 오리다. 종이를 오리다. 오리³736), 오림장이, 오림톱; 문어오림(文魚;말린 문어의 발을 오려서 보기 좋게 괴어 놓은 음식물), 오징어오림 들.

오마리 철따라 이동하는 고기 떼를 따라다니며 잡는 일. 또는 그 사람. ¶오마리꾼, 오마릿배.

오망- 몇몇 명사에 붙어 '작고 볼품없는'의 뜻을 더하는 말. ¶오망부리(어느 부분이 전체에 비하여 볼품없이 작게 된 모양), 오망자루(볼품없이 생긴 자그마한 자루).

오목-하다 가운데가 조금 둥글게 깊다.↔볼록하다. 〈큰〉우묵하다. ¶오망하다737), 오모록738), 오목739), 옴쏙740), 옴파다741), 옴파리742), 옴팡743), 옴팡눈·움펑눈, 옴팡·움펑눈이, 옴팡지다/하다744), 옴포동이같다745), 옴폭·움푹·옴팍·움퍽, 옴폭옴폭·움푹움푹, 우멍746). §'오목'에서 '옴/움(공허·내포 개념어)'은 '구멍[혈(穴)]'의 중세어형 '구무/굶'과 동원어. ☞ 움².

오물¹ 작은 벌레나 물고기 따위가 한군데에 많이 모여 굼뜨게 움직이는 모양. 〈큰〉우물. ¶애들만 오물오물 집을 보고 있었다. 어무적747), 오무락748), 오무작749), 오물거리다/대다, 오물오물·우물우물/하다¹. ☞ 오므리다. 움직이다.

오물² ①입을 다문 채 입안의 음식을 씹는 모양. 〈큰〉우물. ¶오물 씹어 먹다. 오물·우물거리다/대다, 오무래미750), 옴씹다(자꾸 되씹다), 옴질²751). ②말이나 행동을 시원스럽게 하지 아니하고 중얼거리는 모양. ¶오물·우물거리다, 우물꾸물/하다, 우물우물·오물오물/하다², 어물쩍752)·우물쩍/거리다/대다, 오물쪼물·우물쭈물·우물쩍쭈물쩍/하다.

오므리(다) 물건의 가장자리 끝이 한군데로 옥아 들다.≒오그리다. 〈큰〉우므리다. 〈작〉아무리다. ¶오므라·우므러들다/뜨리다/트리다/지다, 옴씰753)·움씰하다, 옴죽754)·움죽, 옴찔·움찔·옴칠·움칠755), 옴츠러·움츠러들다, 옴츠러·움츠러뜨리다/트리다/지다, 옴츠리다/옴치다·움츠리다756)/움치다, 옴키다757); 뒤움치다(몹시 움츠리다). ☞ 옥다. 움직이다.

오미 평지(平地)보다 조금 낮아서, 물이 늘 괴어 있는 곳.≒늪. ¶오미에는 물풀이 난다.

오보록-하다 많은 풀이나 나무 따위가 한데 몰려 있어 소복하다. 〈준〉오복하다. 〈큰〉우부룩하다/우북하다. ¶토끼풀이 오보록하게 나 있다. 오보록이·우부룩이, 오복758), 오불759).

오분자기 떡조개(전복의 썩 작은 놈).

오붓-하다 ①홀가분하게 필요한 것만 있다.≒알뜰하다. ¶가족끼리 명절을 오붓하게 지내다. ②실속이 있고 포실하다.≒넉넉하다. ¶큰 부자는 아니지만 오붓한 살림이다.

오비(다) 구멍이나 틈의 속을 좁게 갉아내다.≒쑤시다². 〈큰〉우비다. 〈거〉호비다·후비다, 하비다760). ¶칼로 사과의 상한 곳을 오비다. 오비어 넣다/ 파다. 귀를 후비다. 손톱으로 벽을 후비다. 오비어·우비어·호비어·후비어넣다/파다, 오비작·우비적761)·하비

ㅇ

736) 오리³: 실·나무·대·종이 따위의 가늘고 길게 오린 조각.=올. ¶오리가리(여러 가닥의 오리나 갈래로 갈라지거나 째진 모양), 오리구름, 오리목(木;가늘고 길게 켠 목재); 국수오리(국수의 가는 오리), 국지오리(紙), 나무오리, 노오라기/노오리(노끈의 작은 동강), 대님오리(대님의 낱개), 대오리(댓개비), 말총오리(한 오라기의 말의 갈기나 꼬리의 털), 실오리(실의 가닥), 털오리(털의 가닥).

737) 오망하다: 물건의 바닥이 납작하고 오목하다. 〈큰〉우멍하다. ¶오망한 접시. 우멍한 그릇. 오망·우멍스럽다.

738) 오모록: 밑굽이 쏙 들어가게 깊이 팬 모양.=오모록이. 〈큰〉우무룩. ¶오모록 들어간 방바닥.

739) 오목: 오목거울, 오목누비, 오목눈, 오목눈이, 오목다각형, 오목다리(누비어 지은 어린아이의 버선), 우묵땅, 오목렌즈(lens), 오목면경(面鏡), 오목오목, 오목조목·우묵주묵, 오목사발, 오목새김[음각(陰刻)], 오목·우묵주발(周鉢).

740) 옴쏙: ①가운데가 오목하게 쏙 들어간 모양. ¶옴쏙 들어간 볼. 〈큰〉움쑥. ②작은 것을 입에 넣고 맛있게 씹는 모양. ¶사탕을 입에 옴쏙 넣다.

741) 옴파다: 속을 오목하게 파다. 〈큰〉움파다. 〈거〉홈파다. ¶옴패다·움·홈패다.

742) 옴파리: 사기로 만든 오목한 바리.

743) 옴팡: 초가나 오두막 따위의 작은 집.

744) 옴팡하다: 가운데가 조금 오목하게 들어가 있다. ¶옴팡한 눈.

745) 옴포동이같다: 어린아이가 살이 올라 포동포동하다. 옷에 솜을 도도록하게 넣어 포동포동하다.[←옴/오목+포/포동+이+같다].

746) 우멍: 바닥이 군데군데 우묵하게 팬 모양. 〈작〉오망. ¶우멍우멍 패인 길.

747) 어무적: ①벌레나 짐승 따위가 크고 느리게 움직이는 모양. ¶내리쳐 잡힌 파리의 다리가 어무적어무적 움직이다. ②사람이 굼뜨고 느리게 행동하는 모양. ¶어무적어무적 굼뜨게 일하는 사람.

748) 오무락: 작은 벌레 따위가 굼뜨게 꼬물거리는 모양. 힘 있게 오물거리는 모양. 〈큰〉우무럭. ¶오무락오무락 주무르다.

749) 오무작: 작은 몸을 매우 좀스럽고 굼뜨게 움직이는 모양. 〈큰〉우무적. ¶오무작오무작 답답한 성격.

750) 오무래미: 이가 죄다 빠진 입을 늘 오물거리는 늙은이.[←오물+어미].

751) 옴질²: 질긴 것을 입안에 넣고 오물거리며 씹는 모양. ¶옴질·움질거리다/대다, 옴질옴질·움질움질/하다.

752) 어물쩍: 말이나 행동을 일부러 어물거려 슬쩍 넘기는 일.

753) 옴씰: ①갑자기 놀라서 몸을 옴츠리는 모양. ¶옴씰 물러서다. ②갑자기 무서운 경우를 당하여 기운이 꽉 질리는 모양. ¶옴씰 놀라다. ③어떤 생각이나 착상이 조금씩 일어나는 모양. ¶옴씰 떠오르는 생각. 〈큰〉움씰.

754) 옴죽: 몸의 한 부분을 조금 옴츠렸다가 폈다가 하는 모양. 〈큰〉움죽. 〈센〉옴쭉. ¶옴죽거리다/대다.

755) 옴찔: 깜짝 놀라 갑자기 몸을 옴츠리는 모양. 〈큰〉움찔. 〈거〉옴칠. 움칠. ¶옴찔 어깨를 움츠리다.

756) 움츠리다: 몸이 우그리어 작아지게 하다. 내밀었던 몸을 우그리어 들여보내다. 겁을 먹거나 위압감 때문에 몹시 기가 꺾이다. 〈작〉옴츠리다. ¶그는 나무 밑에 움츠리고 앉아 있다. 움치고 뛸 재주도 없다. 옴·움츠리다/옴·움치다

757) 옴키다: 손가락을 오므리어 힘 있게 잡다. 새나 짐승 따위가 발로 무엇을 힘 있게 잡다. 〈큰〉움키다. ¶솔개가 병아리를 옴키어 가다. 옴켜·움켜·홈켜·훔켜잡다/잡히다, 옴켜·움켜·홈켜·훔켜쥐다, 옴큼·움큼(물건을 한 손으로 움켜쥔 분량); 부둥켜안다, 부둥키다.

758) 오복: 한데 많이 모여 여럿이 다 또는 매우 다보록한 모양. ¶밥을 오복오복 담다. 오복소복·우북수북, 오복·우북하다.

759) 오불: 자그마한 것들이 한데 모여 있는 모양. ¶오불꼬불·우불꾸불.

760) 하비다: ①손톱이나 날카로운 것으로 긁어 파다. 〈큰〉허비다. ¶하비우다, 하비작·하비적·허비적리다/대다. 하빗·허빗. ②남의 결점을 들어 헐뜯다.

761) 우비적: ①우벼 파내는 모양. ¶거북은 모래밭을 우비적우비적 파내고는 알을 낳는다. 〈작〉오비작. 〈거〉후비적. ②억지로 밀어 넣는 모양. ¶장아찌를 항아리에 꽉 차도록 우비적우비적 다져 넣다.

작 · 허비적 · 호비작 · 후비적거리다/대다. 오빗[762] · 우빗 · 호빗 · 후빗/거리다/대다, 호비칼, 후벼내기(끌밥을 후비어 내는 연장), 후비개; 대후비개.

오사리[1] 옥수수 이삭을 싸고 있는 껍질. ¶오사리를 벗기다. 오사리는 소의 여물로 제격이다.

오사리[2] [←올+사리[2]]. ☞ 올-

오사바사-하다 잔재미가 있다. 주견 없이 마음이 부드럽고 사근사근하다. ¶그 사람이 오사바사한 정은 있는 사람이다. 오사바사한 성품.

오새 사물의 속내를 분간하는 능력이나 분수. ¶오새가 모자란 사람. 오새가 말짱하다(오새가 들어 매우 약삭빠르다). 오새가 들다. 오새없다(주책없고 분수없다).

오소리 족제빗과의 짐승. ¶오소리감투(털이 붙은 오소리 가죽으로 만든 벙거지).

오순도순 의좋게 지내거나 이야기하는 모양. ¶모여 앉아 오순도순 이야기를 나누다.

오솔- '가늘고 좁은'의 뜻을 나타내는 어근. ¶오솔길. ☞ 솔다[1][세(細)].

오솔-하다 사방이 괴괴하여 무서울 정도로 고요하고 쓸쓸하다.≒호젓하다. ¶오솔한 밤길을 혼자 걸으려니 머리끝이 다 쭈뼛했다.

오스스 차고 싫은 기운이 몸에 돌면서 소름이 끼치는 모양.=오슬(아슬 · 으슬 · 오쓸). 오소소. 〈큰〉으스스. ¶몸이 오스스 떨린다. 오스스하다, 오삭[763].

오싹 추위나 무서움을 느껴 몸이 옴츠러들도록 갑자기 오스스 추워지거나 소름이 끼치는 모양. ¶오싹 한기가 들다. 소름이 오싹 끼치다. 등골이 오싹해지는 무거운 광경. 오싹거리다/대다, 오싹오싹하다.

오얏 '자두←자도(紫桃)'의 옛말이나 예스러운 말. ¶'李'자를 '오얏 리'라고 한다.

오오 노래를 부르는 소리.

오용지용 말이 우는 소리.=오홍.

오이 박과의 한해살이 덩굴풀. 또는 그 열매. 〈준〉외. ¶늙어서 빛이 누렇게 된 오이를 '노각'이라고 한다. 오이게살채, 오이김치/외김치, 오이깍두기, 외꼬부랑이(못생기게 비틀어지고 꼬부라진 오이), 오이꽃, 오이나물, 오이냉국(冷), 오이넝쿨, 오이막(幕), 오이무름[764], 외밭, 외보도리[765], 오이생채(生菜), 오이선(膳)/외선[766], 오이소박이/김치, 오이순(筍), 오이씨/외씨[외씨버선(오이씨 모양의 맵시가 있는 버선)], 오이장(醬), 오이장아찌, 오이절임, 오이지/외지[오이지무침, 오이지지짐이], 오이짠지, 오이찜, 오이찬국(오이냉국), 오이채, 오이풀, 오이흰가룻병(病); 꼬꼬외(잘못 자라 비틀어진 오이), 다다기오이/외(눈마다 열매가 맺는 오이), 마디오이, 물외, 생오이(生), 참외(☞참[1]) 들.

오자미 헝겊 주머니에 콩 따위를 넣고 꿰매어 공 모양으로 만든 주머니.

오작 ①불어나거나 줄어드는 모양. ¶양식은 오작오작 줄어들고 보릿고개는 아직도 멀었다. 가뭄으로 한강 수위가 우쩍 줄었다. ②조금씩 나아가는 모양. ¶아기가 오작오작 기어 다닌다. ③물건이 무너지는 모양. ¶바람에 장작더미가 오작오작 무너지고 있다. ④단단하고 질긴 물체를 마구 깨물어 씹을 때 나는 소리. 또는 그 모양. ¶날고구마를 오작오작 씹어 먹다. ⑤힘을 쓰거나 힘이 솟는 모양. ¶화가 나서 머리를 오작오작 잡아 뜯다. 힘이 우쩍 솟다. 오작오작 · 오짝오짝 · 와작[767]와작 · 와짝[768]와짝 · 우적우적 · 우쩍우쩍, 우저적[769].

오쟁이 짚으로 엮어 만든 작은 섬. ¶오쟁이를 엮다. 오쟁이를 지다(자기 아내가 다른 사내와 간통하다); 씨오쟁이[770].

오종종 얼굴이 작고 옹졸하게. ¶생김새가 오종종 못생겼다. 오종종하다[771].

오죽 (깊은 동정심이나 관심을 나타내어) 얼마나. 어떤 정도까지. ≒얼마나. 여간. [+의문문. 수사의문문]. ¶오죽 아프겠니? 오죽 힘들었으면 그랬을까? 오죽이, 오죽이나, 오죽잖다[772], 오죽하다, 오죽하면.

오줄-없다 하는 일이나 태도가 야무지거나 칠칠하지 못하다. ¶자식 자랑하면 오줄없는 사람이네.

오줌 방광에서 요도를 통해 몸 밖으로 나오는 액체.≒소변(小便). 소마. ¶언 발에 오줌 누기. 오줌관(管), 오줌길[요도(尿道)], 오줌누다, 오줌독, 오줌동이, 오줌똥, 오줌막(膜), 오줌버캐, 오줌보[방광(膀胱)], 오줌소태, 오줌스밈, 오줌싸개, 오줌싸다, 오줌작대기,

---

762) 오빗: 좁은 틈이나 구멍 속을 가볍고 빠르게 갉아 내는 모양. 〈큰〉우빗. 〈거〉호빗.

763) 오삭: 오스스 추위가 느껴지는 모양.=오슬. 〈센〉오싹. ¶오삭 춥다. 오삭 · 오싹거리다/대다/하다.

764) 오이무름: ①오이를 소금물로 삭히어 삭힌 음식. ②오이의 껍질을 벗겨 살짝 쪄내어 두 토막으로 사르고 세 골로 가른 다음에, 이겨서 양념하여 볶은 고기를 사이에 넣고 버섯과 석이와 알고명을 채 쳐 얹거나, 또는 오이에 고기를 끼운 것에 밀가루를 묻혀 달걀을 씌워 지진 반찬. ¶오이무름국.

765) 외보도리: 오이를 썰어 소금에 절인 후 기름에 볶은 음식.

766) 외선: 오이에 고기소를 넣어 삶은 뒤에 식은 장국을 부어 만든 음식.

767) 와작: ①김치나 무 따위의 조금 단단한 물체를 마구 깨물어 씹을 때 나는 소리. 또는 그 모양. ②단단한 물체가 부서지거나 무너질 때 나는 소리. 또는 그 모양. 〈큰〉우적.

768) 와짝: ①단단하고 연한 것을 마구 세게 베어 물어 씹는 소리.=와짜닥. ¶오이를 와짝 씹다. ②단단하고 깨지기 쉬운 물건이 갑자기 세게 으스러지거나 깨지는 소리. 또는 그 모양. ¶와짝 깨지는 유리. 〈큰〉우쩍.

769) 우저적: ①단단한 물체가 갑자기 힘 있게 부러지거나 무너지거나 깨질 때에 나는 소리. ②급하게 솟아오르거나 키가 빨리 자라는 모양. ③어떤 현상이나 세력 따위가 갑자기 힘 있게 일어서는 모양. ④마구 우격다짐으로 행동하는 모양. ¶일을 우적우적/우저적 너무 서둘지 마라.

770) 씨오쟁이: 씨앗을 담아두는 짚으로 엮은 바구니.

771) 오종종하다: ①잘고 둥근 물건이 빽빽하게 놓여 있다. ②얼굴이 작고 옹졸스럽다.

772) 오죽잖다: 변변하지 못하거나 대수롭지 아니하다. ¶그까짓 오죽잖은 일. 얼마나 오죽잖게 생각했으면 대꾸도 안 했을라고? 오죽잖이.

오줌장군(오줌을 담아 나르는 오지나 나무로 된 통), 오줌재, 오줌주머니, 오줌줄[요도(尿道)], 오줌통(桶) 들.

오지[1] 진흙으로 만들어서 말린 다음 오짓물을 입혀서 구워낸 것. 몇몇 흙으로 빚은 물건에 붙어, '검정 잿물'의 뜻을 더하는 말. §검정을 뜻하는 '오(烏)'와 '질(질그릇을 만드는 흙)'의 합성어로 보임. ¶오지관(管), 오지그릇, 오지기와, 오지냄비, 오지단지, 오지독, 오지동이, 오짓물[773], 오지벽돌(甓), 오지병(甁), 오지부처, 오지자배기, 오지솥, 오지장군, 오지종발(鍾鉢), 오지항아리(缸), 오지화로(火爐) 들.

오지[2] =꼬치. ¶오지오지 캐묻다. 오지꼬지(찬찬하고 자세히 따지면서 이리저리 캐묻는 꼴).

오지끈 작고 단단한 물건이 부러지거나 부서지는 소리. 또는 그 모양.=와지끈[774]. 〈큰〉우지끈. ¶그릇이 오지끈 깨어졌다. 오지끈 부서지는 의자. 오지끈거리다/대다, 오지끈똑딱 · 우지끈뚝딱.

오지랖 웃옷이나 윗도리에 입는 겉옷의 앞자락.≒옷자락. ¶서희는 오지랖을 걷고 아이에게 젖을 물린다. 오지랖이 넓다(주제넘어서 아무 일에나 참견하다. 염치없이 행동하다).

오지지 나뭇가지가 떨어질 듯이 과일이 많이 달린 모양. ¶오지지 달린 살구.

오지직 ①질기고 단단하게 생긴 작은 물건이 부러지거나 째지는 소리. ¶오지직 부러지는 나뭇가지. ②잘 마르지 않은 짚이나 나뭇잎 따위가 불에 타는 소리. ¶오지직 소리를 내며 타는 나뭇잎. 와지직[775]. ③물이 불에 바싹 졸아들며 타는 소리. 〈준〉오직. 〈큰〉우지직. ¶오지직 · 우지직거리다/대다. 우직[776].

오직 여러 가지 가운데서 다른 것은 있을 수 없고 다만.≒오로지. 단지. ¶오직 그 사람만 풀려났다. 오직 죽음뿐이다. 오직 너만 믿는다. 우리의 소원은 오직 통일이다. 목표는 오직 하나, 승리에 있다.

오징어 오징엇과의 연체동물. ¶오징어무침, 오징어볶음, 오징어뼈, 오징어순대, 오징어젓, 오징어채, 오징어탕(湯), 오징어포(脯), 오징어회(膾); 갑오징어(甲), 마른오징어, 물오징어, 뼈오징어 들.

오톨오톨 물건의 바닥이나 거죽이 여기저기 고르게 도드라져 있는 모양. 〈큰〉우툴우툴. ¶오톨도톨 · 우툴두툴/하다, 우툴우툴/하다.

오호호 간드러지게 웃는 여자의 웃음소리. 또는 그 모양. 〈큰〉우후후[777]. ¶오호호 요란한 웃음소리.

773) 오짓물: 흙으로 만든 그릇에 발라 구우면 그릇에 윤이 나는 잿물.

774) 와지끈: 단단한 물건이 부러지거나 부서지는 소리. 〈큰〉우지끈. ¶나무기둥이 와지끈 부러지다. 와지끈거리다/대다/하다, 와지끈뚝딱/거리다/대다/하다, 와지끈와지끈/하다, 와지끈자끈/거리다/대다/하다.

775) 와지직: 잘 마르지 않은 나뭇가지 따위가 타들어 갈 때 나는 소리. 또는 그 모양. 〈준〉와직. ¶와지직거리다/대다. 와지직와지직/와직와직/하다.

776) 우직: ①단단하게 생긴 물건이 부러지거나 찢어지거나 부서지는 소리. 또는 그 모양. ②짚이나 나뭇가지 따위가 불에 타는 소리. 또는 그 모양.

777) 우후후: ①참던 끝에 터지는 웃음소리. ②가슴 깊은 곳에서 터져 나오는 한숨이나 울음소리.

오히려 ①일반적인 기준이나 예상, 짐작, 기대되는 것과는 반대로. ≒도리어. ¶노력했지만 오히려 졌다. 아우보다는 오히려 형이 문제다. 많은 게 뭐야, 오히려 모자란다. ②그럴 바에야 차라리. ¶머리를 숙이느니 오히려 죽는 게 나을 것이다. 〈준〉외려.

옥(玉) 각섬석(角閃石)의 한 가지. 반투명의 담녹색 또는 담회색이며 갈아서 보석을 만듦. 구슬. '옥같이 예쁜'을 뜻하는 말. ¶옥에도 티가 있다. 옥가(玉駕), 옥가락지, 옥가루, 옥갑(玉匣), 옥거울, 옥결(깨끗한 마음씨), 옥경(玉京;하늘 위 옥황상제가 산다는 곳), 옥경(玉莖), 옥계(玉階), 옥계(玉溪), 옥계(玉鷄), 옥고(玉稿), 옥고리, 옥곤금우(玉昆金友), 옥골/선풍(玉骨/仙風), 옥공(玉工;옥장이), 옥공예(玉工藝), 옥관자(玉貫子), 옥교(玉橋), 옥교(玉轎), 옥궐(玉闕), 옥그릇, 옥기(玉肌), 옥기(玉器), 옥근(玉根), 옥나비, 옥난간(玉欄干), 옥녀(玉女;딸), 옥니(옥으로 만든 이), 옥당(玉堂)[옥당기생(妓生)], 옥대(玉帶), 옥대(玉臺), 옥도(玉度), 옥도끼, 옥돌, 옥돔, 옥동녀(玉童女), 옥동자(玉童子), 옥두(玉斗;옥으로 만든 국자. 북두칠성), 옥등(玉燈), 옥띠, 옥란(玉蘭), 옥련(玉輦), 옥렴(玉簾), 옥로(玉露), 옥로(玉鷺), 옥루(玉淚), 옥루(玉樓), 옥륜(玉輪;달), 옥매(玉梅), 옥모(玉貌), 옥무지개, 옥문(玉文), 옥문(玉門;궁궐. 보지), 옥문방(玉文房), 옥물부리, 옥반(玉盤;옥쟁반. 달), 옥발[옥렴(玉簾)], 옥밭(기름지고 좋은 밭), 옥방(玉房), 옥배(玉杯), 옥백(玉帛), 옥병(玉屛), 옥병(玉甁), 옥보(玉步), 옥보(玉寶), 옥볼(아름답고 고운 여인의 볼), 옥봉잠(玉鳳簪), 옥부용(玉芙蓉), 옥비녀, 옥빛, 옥산(玉山), 옥새(玉璽;임금의 도장), 옥색/치마(玉色;약간 파르스름한 빛깔), 옥서(玉書), 옥석(玉石)[옥석구분(俱焚), 옥석혼효(混淆)], 옥설(玉屑), 옥설(玉雪), 옥섬(玉蟾), 옥섬돌, 옥성(玉聲), 옥소(玉簫), 옥송골(玉松鶻), 옥쇄(玉碎)[778], 옥수(玉水), 옥수(玉手)[섬섬옥수(纖纖)], 옥순(玉脣), 옥심(玉心;깨끗한 마음), 옥안(玉眼), 옥안(玉顔), 옥액경장(玉液瓊漿;빛깔과 맛이 좋은 술), 옥양목(玉洋木), 옥양사(玉洋紗), 옥여(玉輿), 옥연(玉硯), 옥엽(玉葉)[금지옥엽(金枝)], 옥엽잠(玉葉簪), 옥예(玉瞖), 옥용(玉容), 옥우(玉宇;하늘), 옥운(玉韻;詩歌), 옥윤(玉胤;아드님), 옥윤(玉潤;사위), 옥음(玉音), 옥의옥식(玉衣玉食), 옥이(玉珥), 옥인(玉人), 옥인(玉印), 옥자둥이(玉子), 옥자(玉姿), 옥잠(玉簪)[옥잠화(花); 물옥잠], 옥장(玉匠), 옥장(玉章), 옥장이(玉), 옥쟁반(玉錚盤), 옥적(玉笛), 옥적석(玉滴石), 옥절(玉折), 옥절(玉節), 옥접뒤꽂이(玉蝶), 옥정반(玉井飯), 옥정수(玉井水), 옥조(玉條)[금과옥조(金科)], 옥종(玉鐘), 옥좌(玉座), 옥지환(玉指環), 옥질(玉質;미인), 옥차(玉釵), 옥찰(玉札), 옥책/문(玉册/文), 옥척(玉尺), 옥천(玉泉), 옥천(玉釧), 옥첩(玉牒), 옥체(玉體), 옥총(玉葱;양파), 옥추경(玉樞經), 옥치(玉齒), 옥탑(玉塔), 옥탑(玉榻), 옥토(玉兔;달), 옥토끼, 옥퉁소, 옥티(옥돌에 있는 흠), 옥파, 옥판/선지(玉板/宣紙), 옥팔찌, 옥패(玉佩), 옥편(玉篇), 옥피리, 옥필(玉筆), 옥함(玉函), 옥합(玉盒), 옥향(玉香), 옥형(玉衡), 옥호(玉虎), 옥호(玉毫)[옥호광명(光明)], 옥호(玉壺), 옥홀(玉笏), 옥화(玉華), 옥환(玉環), 옥황상제(玉皇上帝); 건옥(建玉), 경옥(硬玉), 경옥(鏡玉), 경옥(瓊玉), 곡옥(曲玉), 관옥(冠玉), 관옥(管玉), 구옥(勾玉), 구옥(球玉), 금옥

778) 옥쇄(玉碎): 옥처럼 아름답게 부서져 흩어진다는 뜻으로, 명예나 충절을 지키어 기꺼이 목숨을 바침.

(金玉), 노옥(露玉), 녹옥(綠玉), 녹주옥(綠柱玉), 도리옥[還玉], 매옥(埋玉;훌륭한 사람의 죽음을 아까워하여 이르는 말), 면옥(面玉), 박옥(璞玉), 백옥(白玉), 번옥(燔玉), 벽옥(碧玉), 보옥(寶玉), 비옥(緋玉), 비취옥(翡翠玉)/비옥(翡玉), 빈함옥(殯含玉), 빙옥(氷玉), 애옥(愛玉;令愛), 양지옥(羊脂玉;양의 기름덩이 같이 윤택 있는 백옥), 여옥기인(如玉其人), 연옥(軟玉), 연옥사(研玉沙), 오옥(烏玉), 오옥(五玉;다섯 가지 빛깔의 옥), 요옥(瑤玉), 윤옥(允/胤玉), 주옥(珠玉), 진옥(眞玉), 청옥(靑玉), 취록옥(翠綠玉;에메랄드), 취옥(翠玉), 패옥(佩玉), 해옥(解玉), 호박옥(琥珀玉), 홍옥(紅玉), 환옥(丸玉), 환옥(還玉), 황옥(黃玉) 들.

옥(屋) ①'집. 지붕'을 뜻하는 말. ¶옥개/석(屋蓋/石), 옥내(屋內), 옥량(屋梁), 옥루(屋漏), 옥사(屋舍), 옥상(屋上)[옥상가옥(架屋), 옥상정원(庭園)], 옥심기둥(屋心), 옥외(屋外)[옥외등(燈), 옥외집회(集會), 옥외행사(行事)], 옥척(屋脊;용마루), 옥탑(屋塔), 옥하가옥(屋下架屋), 옥하사담(屋下私談), 옥호(屋號); 가옥(家屋), 가옥(假屋), 고옥(古屋), 구옥(舊屋), 노옥(老屋), 누옥(陋屋), 누옥(漏屋), 두옥(斗屋;아주 작은 집), 모옥(茅屋), 백옥(白屋;허름한 초가집), 부옥(蔀屋), 부윤옥(富潤屋), 사옥(社屋), 상옥(上屋), 서옥(書屋;글방), 소옥(小屋), 양옥(洋屋), 옥상옥(屋上屋), 와옥(瓦屋), 와옥(蝸屋), 왜옥(矮屋), 주옥(酒屋), 중옥(重屋), 천한백옥(天寒白屋), 초옥(草屋), 추옥(醜屋), 층옥(層屋), 토옥(土屋), 파옥(破屋), 패옥(敗屋), 폐옥(弊/敝屋), 한옥(韓屋), 화옥(華屋). ②음식점이나 상점 등의 상호에 붙어 '영업을 하는 집'의 뜻을 더하는 말. ¶면옥(麵屋;국숫집), 남문옥/ 부산옥/ 안성옥/ 울산옥 들.

옥(獄) 죄인을 가두어 두는 곳. 감옥. ¶옥에 갇히다. 옥고(獄苦), 옥구(獄具), 옥리(獄吏), 옥문(獄門), 옥바라지, 옥방(獄房), 옥벽(獄壁), 옥사(獄舍), 옥사(獄死), 옥사(獄事), 옥사(獄辭), 옥사쟁이, 옥살이, 옥송(獄訟), 옥수(獄囚), 옥정(獄丁), 옥정(獄情), 옥졸(獄卒), 옥중(獄中)[옥중기(記), 옥중서한(書翰)], 옥창(獄窓), 옥칙(獄則), 옥할미(감옥을 지켜 준다는 할미 귀신); 감옥(監獄), 겁옥(劫獄), 결옥(決獄), 계옥(繫獄), 금옥(禁獄), 뇌옥(牢獄), 단옥(斷獄;중한 범죄를 처단함), 대옥(大獄), 무옥(誣獄), 사옥(史獄), 살옥(殺獄), 성옥(成獄), 송옥(訟獄), 수옥(囚獄), 연옥(煉獄), 원옥(冤獄), 월옥(越獄), 의옥(疑獄), 입옥(入獄), 전옥(典獄), 절옥(折獄)[편언절옥(片言)], 죄옥(罪獄), 지옥(地獄)[779], 처성자옥(妻城子獄), 천옥(天獄), 철옥(鐵獄), 체옥(滯獄), 초옥(招獄), 출옥(出獄)[가출옥(假)], 타옥(墮獄), 탈옥(脫獄), 투옥(投獄), 파옥(破獄), 하옥(下獄), 형옥(刑獄) 들.

옥(沃) '기름지다 · 걸다'를 뜻하는 말. ¶옥답(沃畓), 옥도(沃度;요오드), 옥소(沃素;요오드), 옥야(沃野), 옥양(沃壤), 옥요하다(沃饒), 옥척(沃瘠;기름진 땅과 메마른 땅), 옥토(沃土)[문전옥토(門前); 편편옥토(片片)], 옥화(沃化;요오드)[옥화물(物), 옥화은(銀)]; 비옥/토(肥沃/土), 토옥(土沃), 풍옥(豊沃) 들.

779) 지옥(地獄): 지옥계(界), 지옥도(道); 개미지옥, 검림지옥(劍林), 고독지옥(孤獨), 관구지옥(灌口), 교통지옥(交通), 규환지옥(叫喚), 극열지옥(極熱), 기름지옥, 무간지옥(無間), 산지옥, 생지옥(生), 시험지옥(試驗), 아비지옥(阿鼻), 파리지옥풀(地獄), 흑승지옥(黑繩) 들.

옥(다) ①안으로 오그라져 있다.↔벋다. 밑지다. 〈큰〉욱다[780]. ¶코끝이 옥다. 옥은 장사. 오그라 · 우그러들다, 오그라 · 우그러들다, 오그라 · 우그러 · 으그러/뜨리다/트리다/지다, 오그락지, 오그랑오그랑 · 우그렁우그렁/오글오글 · 우글우글/하다, 오그려 · 우그려잡다, 우글다[781], 오그랑이 · 우그렁이, 오그랑쪼그랑 · 우그렁쭈그렁/하다, 오그랑 · 우그렁하다, 오그리다[782], 오글쪼글 · 우글쭈글/하다, 오금[783], 오긋오긋 · 우긋우긋/하다, 오긋 · 우긋하다'(안으로 조금 굽다), 옥 · 욱이다(안쪽으로 우그러지게 하다); 오가리[784], 오가리솥(위가 안쪽으로 옥은 옹솥), 우금(안으로 굽은 곳). ②몇몇 명사나 동사 앞에 붙어 '안으로 고부라진. 본전보다 밑지거나 줄어드는 것'의 뜻을 더하는 말. ¶옥갈다/갈리다, 옥까뀌, 옥깎다, 옥깨물다, 옥낫, 옥니(안으로 옥게 난 이)[옥니박이], 옥다리(곱장다리), 옥다물다, 옥동귀, 옥맺다/맺히다, 옥밀이(새김질 연장), 옥벼르다[785], 옥붙다(안으로 오그라져 붙다), 옥새[786], 옥생각(옹졸한 생각. 오해)/하다, 옥셈[787], 오가리솥(아가리가 안쪽으로 조금 고부라진 작고 오목한 솥), 옥은좋아리, 옥자귀, 옥자새, 오그랑망태(網), 오그랑박, 오그랑벙거지, 오그랑장사/옥장사(밑지는 장사), 오그랑쪽박, 욱조이다(욱죄다), 옥죄다/죄이다, 옥 · 욱쥐다, 옥 · 욱지르다/질리다, 옥집(바둑에서 집이 아닌 집), 우겨넣다(억지로 밀어 넣다), 욱은박공(牔栱), 욱은지붕, 욱음골(안으로 조금 우묵하게 짠 재목의 골) 들.

옥수수 ☞ 수수.

옥신 ①여럿이 한데 뒤섞여 몹시 수선스럽게 들끓는 모양.=옥작[788]. ¶환갑 잔칫집에서는 옥신옥신 떠들썩하다. 난장(亂場)이

780) 욱다: ①안으로 조금 우묵하게 휘어져 있다. ¶우그러들다/지다, 우그러뜨리다/트리다, 우그렁[우그렁우그렁/우글우글, 우그렁이, 우그렁쪽박, 우그렁쭈그렁, 우그렁하다], 우그리다 · 오그리다, 우글다, 우글쭈글, 우긋우긋, 우긋하다, 우겨넣다(속으로 마구 밀어 넣다), 욱여들다(주위에서 중심으로 모여들다), 욱여싸다(한가운데로 모아들여 싸다. 가엣것을 욱이어 속엣것을 싸다), 욱음골(재목을 욱이어 판 골), 욱이다(안쪽으로 욱게 하다), 옥 · 욱죄다/죄이다. ②기운이 줄어져 있다.

781) 우글다: 조금 우그러져 모양이 보기에 곱지 아니하다.

782) 오그리다: 물건의 가장자리가 안쪽으로 오목하게 하다. 〈큰〉우그리다. ¶다리를 오그리고 앉다.

783) 오금: ①무릎의 구부러지는 안쪽. 우묵하게 파인 것.[←옥(다)+음]. ¶오금을 못 쓰다. 오금이 저리다(잘못이 들통나 벌이 내릴 것 같아 마음을 졸이다). 오금걸이, 오금대패, 오금동맥(動脈), 오금드리(오금까지 이를 만큼 자란 풀이나 나무), 오금뜨다(달떠서 나덤비는 상태에 있다), 오금박다/박히다(장담하던 이가 그와 반대되는 언행을 할 때, 그 장담을 들추어 몹시 공박하다), 오금살(무릎을 구부렸을 때의, 오금 안쪽의 틈), 오금팽이; 건오금(성한 오금). ②'팔오금'의 준말. ③'한오금(활의 밭은오금과 먼오금의 사이)'의 준말. ¶먼오금, 밭은오금(활의 대림끝과 한오금의 중간 부분).

784) 오가리: ①박 · 호박의 살을 길게 오리어 말린 것. ¶오가리범벅; 무오가리, 호박오가리. ②식물의 잎이 병들거나 말라서 오글쪼글한 모양. 오그린 모양이나 오그라든 상태. 또는 그런 물건. 두려움에 기운을 펴지 못함. 〈준〉오갈. ¶오갈들다(오가리들다. 상대자를 두려워하여 기운을 펴지 못하다). 오갈병(病), 오갈잎병(病), 오갈지다.

785) 옥벼르다: ①입술을 옥물고 벼르다. ②단단히 벼르다. ¶옥벼른 기회.

786) 옥새: 잘못 구워져서 오그라들거나 이지러진 기와.

787) 옥셈: 생각을 잘못하여 제게 불리하게 계산하는 셈.

788) 옥작: 여럿이 한곳에 모여 조금 수선스럽게 들끓는 모양.=옥자글, 옥신, 욱실. 〈큰〉욱적. ¶옥작옥작 시끄러운 장터. 논에 괸 물에 올챙이들이 옥작옥작 오글거리던 것도 며칠 전 일이다. 옥작 · 욱적거리다/대다.

서니 사람들로 욱신욱신 북적거린다. 옥신각신[789], 옥시글/옥실[790], 욱신덕신(뒤끓는 모양). ②머리나 상처 따위가 조금씩 쑤시는 듯이 아픈 느낌. 〈큰〉욱신. ¶이가 옥신옥신 쑤시다. 머리가 욱신거린다. 옥신·욱신거리다/대다, 옥신옥신·욱신욱신/하다.

옥자강이 올벼의 한 종류.

옥작 여럿이 한 곳에 모여 조금 수선스럽게 구는 모양. 〈큰〉욱적. ¶옥작거리다/대다, 옥작복작/거리다/대다, 옥작옥작/하다, 오구작작(어린아이들이 떠드는 모양).

온 '전부의·모두의. 꽉 찬. 완전한'을 뜻하는 말. §'백(百)'의 고유어. ¶수재민 돕기에 온 국민이 나섰다. 온 천지에 꽃이 만발하다. 온가지/온갖(모든 종류의), 온골[791], 온공일(空日), 온공전(工錢), 온굽이, 온누리/온뉘, 온달(보름달), 온데(온갖 곳), 온마리(동물의 통짜), 온몸, 온바탕(판소리에서, 한 곡조 전부), 온박음질, 온반사(反射), 온밤(온 하룻밤), 온벽(壁;창이나 구멍이 없는 벽), 온살[792], 온새미로(온통으로), 온쉼표(標), 온승낙(承諾), 온음(音), 온음계(音階), 온음정(音程), 온음표(音標), 온이/로(가르거나 쪼개지 않고 통째로. 전부 다), 온장(張;피륙이나 종이의 베어내지 아니한 온통의 조각), 온점(點;마침표), 온정신(精神;완전한 정신), 온종일(終日), 온채(집, 이불, 가마 따위의 전체), 온챗집, 온통/으로, 온판(전체의 국면), 온폭(幅), 온품(온 하루일의 품/품삯), 온필(疋;잘라 쓰지 아니한 필), 온허락(許諾;청하는 일을 완전히 들어줌), 왼구비[793]. ☞ 전(全).

온(溫) '따뜻하다. 부드럽다'를 뜻하는 말.↔냉(冷). ¶온각(溫覺), 온건하다(溫乾), 온고지신(溫故知新), 온고지정(溫故之情), 온공(溫恭), 온구(溫灸), 온기(溫氣), 온기(溫器), 온난(溫暖), 온대(溫帶)[온대기후(氣候), 온대림(林), 온대식물(植物), 온대호(湖)], 온도(溫度)[794], 온돌/방(溫-/房), 온랭(溫冷), 온량(溫良), 온량/지수(溫涼/指數), 온면(溫麵), 온반(溫飯), 온복(溫服), 온상(溫床)[온상모, 온상육묘(育苗), 온상재재(栽培)], 온색(溫色), 온수(溫水)[온수기(器), 온수난방(煖房)], 온순(溫純), 온순(溫順), 온습(溫習), 온습(溫濕), 온신(溫神), 온실(溫室)[온실문학(文學), 온실효과(效果)], 온아(溫雅), 온안(溫顔), 온언(溫言), 온언순사(溫言順辭), 온엄법(溫罨法), 온열/요법(溫熱/療法), 온욕(溫浴), 온유하다(溫柔;마음씨가 따뜻하고 부드럽다), 온유향(溫柔鄕), 온윤하다(溫潤), 온자(溫慈;온화하고 인자함), 온장고(溫藏庫), 온재(溫材), 온점(溫點), 온정(溫井), 온정(溫情)[온정적(的), 온정주의(主義)], 온제(溫劑), 온존(溫存;소중하게 보존함. 잘못된 것을 그대로 둠), 온중(溫中), 온찜질, 온처(溫處), 온천(溫泉)[795], 온탕(溫湯), 온파(溫波), 온포(溫飽), 온풍(溫風)[온풍기(器), 온풍난방(煖房)], 온하다, 온혈/동물(溫血/動物), 온화하다(溫和), 온후(溫厚), 온훈법(溫燻法); 검온(檢溫), 고온도(高溫度)/고온(高溫), 기온(氣溫), 냉온(冷溫), 도온(導溫), 등온(等溫)[796], 미온(微溫)[미온수(水), 미온적(的), 미온탕(湯)], 보온(保溫)[797], 불온하다(不溫), 상온(常溫), 수온(水溫), 실온(室溫), 저온도(低溫度)/저온(低溫), 정온(定溫), 지온(地溫), 체온(體溫), 평온(平溫), 항온(恒溫), 혈온(血溫) 들.

온(穩) '편안하다'를 뜻하는 말. ¶온건(穩健;온당하고 건전하다↔過激)[온건파(派), 온건하다], 온당하다(穩當;사리에 맞고 무리가 없음), 온숙(穩宿), 온전하다(穩全;멀쩡하다), 온침(穩寢), 온편하다(穩便), 온화(穩和;성질이나 태도가 조용하고 부드러움), 온회(穩會); 균온(均穩), 미온(未穩), 불온하다(不穩), 불온당(不穩當), 안온하다(安穩), 정온하다(靜穩), 평온하다(平穩) 들.

온(蘊) '쌓다. 간직하다. 모으다'를 뜻하는 말. ¶온마(蘊魔), 온오하다(蘊奧), 온자하다(蘊藉;도량이 크고 온후함), 온축(蘊蓄)[798], 온포(蘊抱); 상온(想蘊), 여온(餘蘊), 오온(五蘊) 들.

온(慍) '성을 내다'를 뜻하는 말. ¶온색(慍色), 온의(慍意;성낸 마음).

온(醞) '술. 술을 빚다'를 뜻하는 말. ¶온양(醞釀); 궁온(宮醞), 내온(內醞), 법온(法醞), 선온(宣醞), 어온(御醞) 들.

온(鰮) '정어리'를 뜻하는 말. ¶온박(鰮粕;멸치나 정어리의 기름을 짜내고 말린 찌끼).

온(瘟) '염병. 유행병'을 뜻하는 말. ¶온역(瘟疫;돌림병).

온(縕) '묵은 솜'을 뜻하는 말. ¶온포(縕袍;빈천한 사람들이 입는 거친 옷).

온스(ounce) 무게를 재는 단위로 1온스는 28.3495g.

온천-하다 모아 놓은 물건의 양이 축남이 없이 온전하거나 상당히 많다. ¶세간이 꽤 온천하다. 온천한 상태로 받다. 온천히 보관하다.

올¹ 실이나 줄의 가닥. 또는 그것을 세는 단위. ¶올이 굵다. 실 한 올. 올곡하다[799], 올곧다[800], 올곱다('올곧다'의 사투리), 올되다²[801], 올망/대(網), 오라기[802], 오리[803], 올모음, 올바로, 올바르

---

789) 옥신각신: 옳으니 그르니 하고 서로 다투는 모양.≒승강이. 티격태격. ¶옥신각신하다(다투다).

790) 옥시글: 여럿이 한데 모여 몹시 들끓는 모양. 〈큰〉욱시글. 〈준〉옥실. ¶옥시글옥시글 시끄러운 강당. 옥시글·욱시글거리다/대다, 옥시글옥시글/옥실옥실/하다.

791) 온골: 종이나 피륙 따위의 전폭.

792) 온살: 한 해가 시작된 지 얼마 안 되어 태어난 아이.

793) 왼구비: 국궁(國弓)에서, 쏜 화살이 높이 떠서 날아가는 상태. 또는 모양.[←온+굽(다)+이].

794) 온도(溫度): 덥고 찬 정도. 또는 그 도수. ¶온도감각(感覺), 온도계(計), 온도신(神;신경); 감각온도(感覺), 상당온도(相當), 상대온도(相對), 색온도(色), 생활온도(生活), 임계온도(臨界), 적산온도(積算), 전이온도(轉移), 절대온도(絕對), 체감온도(體感), 최적온도(最適), 치사온도(致死), 평균온도(平均), 호적온도(好適).

795) 온천(溫泉): 지열로 말미암아 땅속에서 평균 기온 이상의 온도로 데워진 물이 자연적으로 솟아나는 샘. ¶온천가스(gas), 온천공(孔), 온천물, 온천생물(生物), 온천요법(療法), 온천욕(浴), 온천장(場), 온천지(地), 온천취락(聚落), 온천탕(湯), 온천화(華); 간헐온천(間歇), 단순온천(單純), 유황온천(硫黃), 인공온천(人工).

796) 등온(等溫): 온도가 똑 같음. 또는 똑 같은 온도. ¶등온동물(動物), 등온변화(變化), 등온선(線), 등온층(層).

797) 보온(保溫): 보온덮개, 보온병(甁), 보온성(性), 보온재(材), 보온통(桶).

798) 온축(蘊蓄): ①오랫동안 충분히 연구해서 쌓아 놓은, 학문이나 기예 따위의 깊은 지식. ②물건 따위를 쌓아 둠.

799) 올곡하다: 실이나 줄 따위가 너무 꼬여서 비비 틀려 있다. ¶올곡한 전화선.

800) 올곧다: ①마음이 바르고 곧다. 올곧이, 올곧잖다. ②줄이 반듯하다.

801) 올되다²: 피륙의 올 따위가 바짝 죄어서 켕기다. 〈준〉오되다.

다[804], 올발[805], 올새[806], 올올이, 올풀이[807]; 베올, 실올, 어슨올[808], 오른올, 외올[809], 왼올(↔오른올). ☞ 옭다. 조(條).

올^{2} '이 해. 금년(今年), 올해의'를 뜻하는 말. ¶올 한 해. 올 농사. 올 안으로 끝내겠다. 올가을, 올겨울, 올내년(來年), 올봄, 올여름, 올해 들.

올– 일부 명사 앞에 붙어 '열매의 익는 정도가 이른', 또는 몇몇 동사 앞에 붙어 '보통보다 이르게'의 뜻을 더하는 말. 〈준〉오.↔늦-. ¶올감자, 올강냉이, 올고구마, 올곡식(穀食), 올과일, 올깎이, 올동백(冬柏), 올동지(冬至↔늦동지), 올되다^{2}[810], 올모심기, 올무(제철보다 이르게 자란 무), 올바람, 올밤, 올밥, 올배, 올버섯, 올벼, 올보리, 올뽕, 올사과(沙果), 오사리^{2}[811], 올서리(제철보다 이르게 오는 서리), 올익다, 올작물(作物), 올조/오조, 올종자(種子), 올차(茶), 올차다[812], 올콩, 올파종(播種), 올팥, 올품종(品種). ☞ 조(早).

올(兀) '높고 위가 평평하다(우뚝하다)'를 뜻하는 말. ¶올연히 솟은 멧부리. 올립(兀立;우뚝 솟음), 올연/독좌(兀然/獨坐); 돌올하다(突兀;우뚝 솟다. 뛰어나다), 올올(兀兀)[813].

올각 먹은 것을 갑자기 조금 게울 때 나는 소리. 또는 그 모양. 입안에 물을 조금 머금고 볼을 움직여 내는 소리. 또는 그 모양. 〈큰〉울걱. 〈센〉올깍. 울꺽. 〈거〉올칵. 〈거·큰〉울컥. ¶올각·울걱·올깍·울꺽·올칵·울컥거리다/대다, 올카닥·울커덕[814], 올딱[815].

802) 오라기: 헝겊·실·종이 따위의 좁고 긴 조각. ¶실오라기/실오리. 새끼한 오라기.

803) 오리: 실·나무·대 따위의 가느다란 가닥. 또는 가닥의 수효를 세는 말. ¶대나무 살 열 오리. 대오리(가늘게 쪼갠 댓개비), 말총오리, 흰오리(흰머리카락).

804) 올바르다: 말이나 생각, 행동 따위가 이치나 규범에서 벗어남이 없이 옳고 바르다. ¶올바른 충고. 올바른 몸가짐. 올바로(옳고 바르게. 곧고 바르게).

805) 올발: 천을 짠 씨실이나 날실의 오라기. ¶올발이 굵다.

806) 올새: ①피륙의 날과 씨가 가늘고 굵은 정도. ②피륙의 날을 세는 단위. ¶이 베는 몇 올새나 될까?

807) 올풀이: 규모가 작은 장사치가 상품을 낱자나 낱개로 파는 일.

808) 어슨올: 옷감의 마른 선이 올의 방향에 비스듬하게 되는 것. ¶어슨올로 마르다.

809) 외올: 외올뜨기, 외올망건(網巾), 외올베, 외올실, 외올탕건(宕巾).

810) 올되다^{2}: ①열매가 제철보다 일찍 익다. ¶올된 감자. ②나이에 비하여 철이 일찍 들다. 〈준〉오되다. ¶올된 아이.

811) 오사리^{2}: ①이른 철의 사리(음력 매달 보름날과 그믐날에 조수가 가장 높이 들어오는 때)에 잡은 새우나 해산물. ¶오사리젓. ②이른 철에 농작물을 거둠.↔늦사리. ¶오사리하다. ③여러 종류의 불량한 잡배들. ¶오사리잡것/놈(雜;잡된 무리)

812) 올차다: ①곡식의 알이 일찍 들어차다. ¶올찬 벼이삭. ②야무지고 기운차다. ¶갓 돌을 지난 녀석이 참 올차다.

813) 올올(兀兀): 꼼짝하지 아니하고 똑바로 앉아 있는 모양. 산이나 바위가 우뚝 솟은 모양. ¶올올한 고봉(高峰). 올올하다, 올올히.

814) 울커덕: ①단단한 물건을 매우 갑작스럽게 밀치거나 잡아당기는 소리. 또는 그 모양. ②매우 갑작스럽게 분별없이 행동하는 소리. 또는 그 모양. ¶울커덕 밀려가는 사람들. ③매우 갑작스럽게 쏟거나 게우거나 터뜨리는 소리.=울컥. ¶울커덕 토하다. ④생각이나 격한 느낌이 매우 갑작스럽게 치밀거나 떠오르는 모양. ¶울커덕 치미는 격분.

815) 올딱: 조금 삼킨 것을 게워 내는 모양. ¶올딱 토하다. 올딱거리다/대다.

올강 단단하고 오돌오돌한 물건이 잘 씹히지 아니하고 입 안에서 요리조리 미끄러지는 모양.=올공. 〈큰〉울겅. ¶올강올강 미끄러지는 해삼. 보리밥이 잘 씹히지 않고 올강올강 입 속에서 미끄러진다. 올강·울겅거리다/대다, 올공거리다/대다, 올강볼강, 올공볼공.

올근 질긴 물건을 입에 넣고 볼을 오물거리며 계속 씹는 모양. 〈큰〉울근①. ¶올근올근 씹는 고기. 올근거리다/대다, 올근볼근·울근불근/하다.

올끈 성미가 급한 사람이 불쑥 성을 내는 모양. 〈큰〉울끈.

올랑 ①놀라거나 두려워서 가슴이 두근거리는 모양.[←울다①]. ¶올랑올랑 두근대는 가슴. ②속이 매슥매슥하여 토할 것 같은 모양. ¶속이 올랑올랑 나쁘다. 차를 오래 탔더니 소이 울렁거린다. ③작은 물결이 잇따라 흔들리는 모양. ¶올랑·울렁거리다/대다, 올랑올랑·울렁울렁/하다, 올랑촐랑·울렁출렁.

올래 대문에서 마당으로 통하거나 마을의 길에서 집 대문에 이르는 좁고 긴 길.

올록 속 깊은 곳에서 좀 작게 울려 나오는 작은 기침 소리. 〈큰〉울룩.

올망–졸망 작고 또렷한 것들이 고르지 않게 많이 벌여 있는 모양. 귀엽고 엇비슷한 아이들이 많이 있는 모양. 〈큰〉울멍줄멍. ¶예쁜 인형들이 올망졸망 진열되어 있다. 아이들이 올망졸망 모여 앉아 소꿉놀이를 한다. 올망졸망하다, 올막졸막·울먹줄먹/하다, 올목졸목·울묵줄묵/하다, 올몽졸몽·울뭉줄뭉/하다.

올목–갖다 이것저것 고루고루 다 갖추고 있다. ¶국을 끓일 때 양념을 올목갖게 넣어야 제 맛이 나다.

올미 택사과의 여러해살이풀. 논이나 연못에 나는데, 여름에 꽃대 끝에 흰 꽃이 핌.

올방개 방동사닛과의 여러해살이풀. 논이나 습지에 남.

올빼미 올빼밋과의 새. 부엉이와 비슷하나 귀모양의 깃털이 없음. ¶올빼미 눈 같다. 올빼미새벽(동트기 전의 어둑새벽), 올빼미파(派;어떤 분쟁에 있어서 사태의 진전을 지켜보는 경향을 가진 사람들).

–올시다 '이다. 아니다'의 어간 뒤에 붙어, 어떠한 사실을 평범하게 서술하는 합쇼체의 종결 어미. ¶그것은 제 것이 아니올시다. 지나가는 나그네올시다. 이것은 잣나무올시다.

올챙이 개구리의 알에서 갓 깨어난 새끼. 올챙이 모양. ¶올챙이 적 생각은 못하고 개구리 된 생각만 한다. 올챙이국수, 올챙이묵, 올챙이배(똥똥하게 나온 배).

옭(다) ①실·노끈 따위로 친친 잡아매다. 올가미를 씌워서 홀치다. ¶노끈으로 짐을 묶다. 새끼로 개의 목을 옭다. 올가미, 울거미[816], 옭걸다(옭아서 걸다), 옭마디, 옭매다/매이다, 옭매듭, 옭

816) 울거미: ①얽어맨 물건의 거죽에 댄 테나 끈. ¶울거미문골(門;방문이나

맺다/맺히다, 올무[817], 옭아내다, 옭아매다, 옭아지다, 옭혀들다, 옭히다. ②꾀로 남을 걸려들게 하다. ¶동료를 부정 사건에 옭아 넣다.

옮(다) 다른 곳으로 움직이어 자리를 바꾸다. 전염되거나 물들다. 불이나 불길이 다른 곳으로 번지다. 번역하다. ¶윗자리로 옮아앉다. 농촌으로 옮아 살다. 피부병이 옮다. 불이 옆집으로 옮아 붙다. 물건을 옮기다. 옮겨놓다, 옮겨묻기, 옮겨베끼다, 옮겨새기기, 옮겨심기(移植), 옮겨쌓기, 옮겨앉다, 옮겨지음[각색(脚色)], 옮기다(≒나르다. 이동시키다. 움직이다. 퍼뜨리다), 옮긴이(번역한 사람), 옮아가다(말이나 소문 또는 불이나 질병이 퍼져가다), 옮아앉다, 옮아오다; 맞옮기다, 조옮김(調) 들.

옰 일을 잘못한 것에 대한 갚음. 손해에 대한 보충.=오력. ¶그 동안의 옰을 갚다. 공부를 게을리 한 옰으로 자격시험에 떨어졌다. 남을 골탕먹인 옰으로 다리를 다쳤다.

옳(다) ①진리·도덕의 규범에 맞다. 사리에 맞아 탓할 데가 없다. ≒바르다.↔그르다. ¶역경 속에서도 옳게 살려는 의지. 그 사람의 말이 옳다. 옳그름(옳고 그름), 옳은길, 옳은말, 옳은일, 옳이(옳게↔글리), 얼토당토아니하다/않다[818]. ②무엇이 마음에 맞을 때 내는 소리. ¶옳다, 그런 수도 있었구나. 오, 그랬었구나. 오 그래, 곧 나간다니까. 옳거니[819], 옳다구나, 옳소, 옳아(과연 그러하다고 생각할 때 내는 소리), 옳지[820]. 〈준〉오. ☞ 정(正). 시(是).

옴¹ 옴벌레의 기생으로 생기는 전염성 피부병. 또는 오톨도톨하게 돋은 것. ¶옴이 오르다. 옴개구리, 옴게, 옴두꺼비, 옴딱지, 옴뚝가지(쓸모없고 보잘것없는 것), 옴배롱(焙籠;옴이 오른 몸에 약을 피울 때에 쓰는 배롱), 옴벌레, 옴쟁이, 옴종(腫), 옴중(옴이 오른 중), 옴진드기, 옴춤(옴중이 추는 춤), 옴피우다(옴이 오른 사람이 옴배롱을 쓰고 약을 피우다); 마른옴, 물옴, 진옴, 호두옴 들.

옴² 아기를 낳은 여자의 젖꼭지 가장자리에 오톨도톨하게 좁쌀 모양으로 돋은 것.

옴³ '옴쌀(인절미에 섞인 덜 뭉개진 찹쌀 알)'의 준말.

옴나위 꼼짝할 여유. 꼼짝할 만큼의 적은 여유밖에 없어 간신히 움직임. ¶방에 사람이 너무 많이 들어앉아서 옴나위가 없다. 옴나위없다/하다. ☞ 나위. 움직이다.

옴니암니 ①자질구레하게 이래저래 드는 비용.[←어금니 앞니]. ¶옴니암니를 다 계산하다. 옴니암니까지 따져 보니 비용이 엄청나다. ②자질구레한 것까지 좀스럽게 셈하거나 따지는 모양.=암니옴니. ¶사소한 일까지 옴니암니 따지는 데 아주 질렸다.

옴살 마치 한 몸같이 아주 가까운 사이. ¶그 두 사람은 형제 이상으로 옴살이다. 우리는 나이도 같고 성격도 비슷하여 금방 옴살이 되었다.

옴-하다 한 가지 생각에 골몰하다. 열중하다. ¶그는 새로운 기술 혁신 문제를 해결하느라고 며칠째 옴하고 있다. 무슨 생각에 옴하면 꿈에 보인다.

-옵- 모음으로 끝나는 어간 아래에서 'ㄱ, ㄴ, ㄷ, ㅅ, ㅈ'으로 시작되는 어미 앞에 쓰여, 공손함을 나타내는 선어말 어미. [받침 뒤에서는 '-으옵-'으로 쓰임]. ¶그리하옵고. 물러가옵나이다. 사랑하옵시면; 읽으옵고, 얽으옵나이다, 읽으옵는, 읽으옵더니, 읽으옵시면, -(으)옵-나이까, -(으)옵-나이다, -(으)옵-니까, -(으)옵-니다, -(으)옵-디까, -(으)옵-디다, -(으)옵-소서, -(으)옵-사-. ☞ -사옵-. -오-.

옷 몸을 싸서 가리기 위하여 피륙 따위로 만들어 엮는 물건.≒의복(衣服). 의상(衣裳). ¶옷이 날개다. 옷을 입다/벗다. 옷가게, 옷가슴(윗옷의 가슴 부분), 옷가지, 옷감(천), 옷값, 옷갓[의관(衣冠)], 옷거리(옷을 입은 맵시), 옷걸이, 옷고름, 옷궤, 옷기장(옷의 길이), 옷깃[옷깃차례(오른쪽으로 돌아가는 차례)], 옷끈, 옷농(籠), 옷단, 옷답다(제법 옷맵시가 있다), 옷도안(圖案), 옷두지(옷을 담아 두는 세간), 옷마름, 옷매, 옷매무새(옷매무시한 다음의 모양새), 옷매무시(옷을 입을 때의 뒷단속), 옷맵시, 옷물림(옷을 물려가며 입음), 옷바라지, 옷발(옷이 내뻗치는 기운), 옷밥(입을 것과 먹을 것), 옷방(房), 옷벌, 옷보, 옷보(褓), 옷본(本;재단용으로 오려 만든 종이), 옷붙이, 옷사치/하다(奢侈), 옷상자(箱子), 옷섶, 옷셋집(貰), 옷소매, 옷솔, 옷솔기, 옷시중/하다, 옷엣니, 옷자락, 옷장(帳), 옷장(欌), 옷주제(옷을 입은 모양새), 옷차림/새, 옷치레/하다, 옷타박, 옷핀(pin), 옷함(函); 가락옷[821], 갈음옷[822], 갑옷(甲), 갖옷(가죽옷), 겉옷, 겨울옷, 겹옷, 고무옷, 관례옷(冠禮), 광목옷(廣木), 구름옷[823], 궂옷[824], 기름옷, 깁옷(비단옷), 깃옷, 깨끼옷[825], 꼬까옷, 나뉜옷(투피스), 나들이옷, 날개옷, 누비옷, 덧옷, 돌옷(돌에 난 이끼), 등산옷(登山), 동옷[동의(胴衣)], 때때옷, 뜯게옷[826], 막옷(막 입는 옷), 망옷[827], 망옷(蟒;도포의 하나), 맞춤옷, 명주옷(明紬), 무대옷(舞臺), 무명옷, 무색옷(色)[828], 물옷(잠수복), 바깥옷, 바위옷(바위에 낀 이끼), 박이옷(박음질을 하여 지은 옷), 받침옷, 배내옷, 베옷, 봄옷, 비단옷(緋緞), 비옷, 사기옷(沙器;금속에 입힌 유리질의 얇은 막), 사발옷(沙鉢;여자의 짧은 바지), 새옷, 색동옷(色), 소창옷, 속옷, 솜옷, 숨진옷(죽은이가 입던 옷), 심판옷(審判), 아래옷, 아랫도리옷, 안옷, 안팎옷, 액막이옷(厄;정월 보름날 액막이로 보리는 옷), 어린이옷, 여름옷, 웃옷

장지문 등의 가장자리를 두른 테두리). ②짚신이나 미투리의 총을 꿰어 생긴 천. 기다랗게 둘린 끈.

817) 올무: 새나 짐승을 잡는 올가미. 덫.[←옭(다)+무]. ¶올무를 놓다. 참새올무.

818) 얼토당토아니하다: 전혀 합당하지 아니하다. 전혀 관계가 없다.[←옳(다)+당(當)+하+도+아니+하다].

819) 옳거니: 무슨 일을 문득 깨달았을 때, 또는 어떤 사실이 자기가 생각한 바와 일치했을 경우에 혼자말로 하는 말.

820) 옳지: ①마음에 흡족할 때 내는 소리. ¶옳지, 참 잘 했어. ②좋은 생각이 퍼뜩 떠올랐을 때 내는 소리. ¶옳지, 그렇게 하면 되겠구나.

821) 가락옷: 물레 가락에 실을 자아 감기 위하여 가락의 아랫몸에 입히는 종이나 지푸라기.

822) 갈음옷: 일할 때나 외출할 때 갈아입는 옷.

823) 구름옷: 구름처럼 가볍고 아름다운 옷.

824) 궂옷: 광부가 일할 때 입는 옷. 궂복(服).

825) 깨끼옷: 안팎 솔기를 곱솔로 박아 겹옷을 지은 사(紗)붙이의 겹옷. 〈준〉깨끼.

826) 뜯게옷: 해지고 낡아서 입지 못하게 된 옷. 뜯게질하여 손질한 옷.

827) 망옷: 매사냥을 할 때 나는 매가 잘 보이게 하는 흰 털로 된 옷.=빼지. ¶망옷을 입히다.

828) 무색옷(色): 물을 들인 천으로 지은 옷. 〈준〉색옷.

(겉옷), 윗옷, 일옷, 자리옷, 자비옷(慈悲;가사), 잔치옷, 잠옷, 장내기옷(기성복), 장옷[829]/짜리[장의(長衣)], 전옷(氈), 조선옷(朝鮮), 종이옷, 죄수옷(罪囚), 쥐대기옷(여러 천 조각을 붙여서 기워 만든 옷), 지은옷(기성복), 진솔옷, 짓옷, 창옷(氅), 출입옷(出入), 큰옷, 털옷, 튀김옷(튀김거리의 거죽에 입히거나 묻히는 것), 핫옷, 헌옷, 홑옷, 활개옷(운동복), 활옷[830], 허리옷, 흰옷. ☞ 의(衣). 복(服).

옹 남을 놀릴 때 내는 소리.

옹/옹달– '사람이나 물건이 작고 오목한. 옹졸하다'를 뜻하는 말. ¶옹동이(작은 동이), 옹롱(籠;아주 작은 농), 옹메[831], 옹방구리, 옹버치(옴폭하게 만든 작은 버치), 옹생원(生員;성질이 옹졸하고 도량이 좁은 사람), 옹시미(새알심), 옹심(옹졸한 마음), 옹자배기/옹배기; 옹달샘, 옹달솥/옹솥, 옹달시루/옹시루, 옹달우물, 옹달치, 옹망추니[832], 옹춘마니[833] 들.

옹(翁) ①남자 노인의 이름이나 성씨 아래 쓰여, 높임의 뜻을 나타내는 말. 또는 '남자 노인'의 이름 대신 높이어 일컫는 말. ¶김 옹 / 홍길동 옹. 옹은 자신의 평생에 후회는 없다고 말했다. ②몇몇 명사 뒤나 한자에 붙어 '노인'의 뜻을 더하는 말. ¶옹고(翁姑), 옹구(翁嫗;늙은 남자와 여자), 옹서(翁壻), 옹주(翁主;임금의 후궁에서 난 왕녀); 고희옹(古稀翁), 노옹(老翁), 만세옹(萬歲翁), 무수옹(無愁翁), 백두옹(白頭翁), 부옹(富翁), 부옹(婦翁), 부가옹(富家翁), 부도옹(不倒翁;오뚝이), 산옹(山翁), 새옹(塞翁), 선옹(仙翁), 아옹(阿翁). 어옹(漁翁), 어초옹(漁樵翁), 전사옹(田舍翁), 조화옹(造化翁), 존옹(尊翁), 초옹(樵翁), 주가옹(酒家翁), 주인옹(主人翁), 촌옹(村翁), 취옹(醉翁) 들.

옹(擁) '끌어안다. 싸다'를 뜻하는 말. ¶옹금(擁衾;이불로 몸을 덮다), 옹립(擁立;推戴), 옹벽(擁壁), 옹슬(擁膝;시를 지음에 고심함), 옹위(擁衛;부축하여 호위함), 옹종(擁腫;나무에 옹이가 많음), 옹호(擁護)[옹호광고(廣告), 옹호되다/하다, 옹호자(者)]; 전차후옹(前遮後擁), 포옹(抱擁) 들.

옹(癰) '화농균이 옮아서 생기는 혹'을 뜻하는 말. ¶옹저(癰疽), 옹절(癰癤); 간옹(肝癰), 내옹(內癰), 두문옹(肚門癰;넓적다리에 나는 종기), 변옹(便癰), 연옹지치(吮癰舐痔), 위옹(胃癰), 유옹(乳癰), 장옹(腸癰), 치옹(齒癰), 폐옹(肺癰), 현옹(懸癰) 들.

옹(壅) '막다. 막히다. 메이다'를 뜻하는 말. ¶옹고집(壅固執), 옹색하다(壅塞)[834], 옹울하다(壅鬱), 옹졸하다(壅拙)/옹하다, 옹체(壅滯), 옹폐(壅蔽;막고 덮음); 담옹(痰壅), 현옹(懸壅;목젖) 들.

829) 장옷: ①예전에, 여자들이 나들이할 때에 얼굴을 가리느라고 머리에서부터 갈게 내려 쓰던 옷. ②무당이 굿을 할 때 입는 옷.

830) 활옷: 공주나 옹주가 입던 대례복(大禮服). 새색시가 혼인할 때 입는 예복.

831) 옹메: 사리에 어둡고 어리석음.

832) 옹망추니: ①작은 물건이 고부라지고 오그라져 볼품이 없는 모양. ②=옹춘마니.

833) 옹춘마니: 소견이 좁고 마음이 꼬부라진 사람.=옹망추니②. ¶그 옹춘마니가 어떻게 그 일을 선뜻 결정했는지 말이다.

834) 옹색하다(壅塞): 형편이 넉넉하지 못하여 불편하다. 생각이 막혀서 답답하고 옹졸하다. ¶생활은 옹색했으나 마음은 늘 넉넉했다. 그 친구는 하는 짓이 좀 옹색하다. 옹색한 변명. 옹색스럽다.

옹(甕) '독. 단지'를 뜻하는 말. ¶옹관(甕棺), 옹기(甕器)[835], 옹동이, 옹두(甕頭;처음 익은 술), 옹산(甕算;독장수셈)[옹산화병(畵餠)], 옹성(甕城;곱은성), 옹솥, 옹정(甕井); 장옹(醬甕), 철옹(鐵甕)[철옹산성(山城)/철옹성] 들.

옹(雍) '온화해지다. 누그러지다'를 뜻하는 말. ¶옹용(雍容;온화하고 조용함)[옹용하다, 옹용조처(措處)], 옹치(雍齒;옹추) 들.

옹구 새끼로 망태처럼 얽어 만든 농구(農具). 소의 길마 위에 양쪽으로 걸쳐 얹고 거름 따위를 나르는 데 씀. '옹구 모양'을 뜻하는 말. ¶옹구바지, 옹구소매.

옹그리(다) 몸을 옴츠러들이다.[←오므리다]. 〈큰〉웅그리다. 〈거〉옹크리다. 〈큰 · 거〉웅크리다. ¶춥다고 몸을 옹그리지만 있지 말고 운동을 하자. 옹그라 · 웅그러지다, 옹동고라지다[836], 옹동 · 웅둥그리다, 옹송그리다[837].

옹글(다) 물건이 조각나거나 축나지 아니하고 본디대로 있다. 어떤 것이 가지고 있어야 할 내용에 조금도 모자람이 없다. 실속 있고 다부지다.≒알차다. ¶그 북새통에도 그것들이 옹글게 남아 있었다. 어린 나이지만 형 노릇을 옹글게도 한다. 내 나이 벌서 옹근 마흔이다. 옹골 · 옹글 · 웅글지다(실속 있게 꽉 차다), 옹골차다(단단하다. 알차다. 다부지다)/옹차다/올차다(속이 차서 실속이 있다), 옹구다[838], 옹근[839].

옹긋 크기가 비슷한 것들이 모여 솟아 있거나 쏙쏙 볼가져 있는 모양. 〈큰〉웅긋. ¶지나가던 행인들이 옹긋옹긋 둘러서서 안을 들여다보려고 발돋움을 하고 있다. 옹긋옹긋 · 웅긋웅긋, 옹긋쫑긋 · 웅긋쭝긋.

옹기 크기가 비슷한 것들이 귀엽게 모여 있는 모양.=옹개[840]. 〈큰〉웅기. ¶어린이들이 문 앞에 옹기옹기 나와 무엇인가를 구경하고 있다. 옹기옹기 · 웅기웅기/하다, 옹기종기 · 웅기중기/하다.

옹두리 나뭇가지가 병이 들거나 벌레가 파서 결이 맺히어 혹처럼 불퉁하여진 것. 목류(木瘤). ¶옹두라지(나무에 난 자그마한 옹두리)[←옹두리+아지], 옹두리뼈(정강이에 볼통히 나온 뼈); 개씹옹두리(소의 옹두리뼈), 말굽옹두리(말굽 모양의 옹두리뼈), 바위옹두라지[841], 쇠옹두리(소의 정강이뼈), 주암옹두리(주먹처럼 생긴

835) 옹기(甕器): 옹기가마, 옹기굴, 옹기그릇, 옹기밥, 옹기솥, 옹기장수, 옹기장이, 옹기전(廛), 옹기점(店), 옹기파리(옹기그릇의 깨어진 조각), 옹기흙.

836) 옹동고라지다: 바짝 오그라지다. ¶옹동고라진 쪽박. 옹동 · 웅둥그리다(몸 따위를 바짝 옴츠러들이다).

837) 옹송그리다: 춥거나 두려워서 궁상스럽게 몸을 옹그리다(옴츠리다). 〈큰〉웅숭그리다. 〈거〉옹송크리다. 〈거 · 큰〉웅숭크리다. ¶추운 방에 옹송그리고 앉아 있다.

838) 옹구다: 물건을 옹글게 오그려 작게 하다.

839) 옹근: 축나거나 모자람이 없이 본디 그대로의. ¶옹근 사과. 선생은 옹근 30년 동안 외길을 걸어왔다. 옹근나이(한해의 첫머리에 태어나서 꽉 차게 먹은 나이), 옹근달(보름달), 옹근수[정수(整數).

840) 옹개: ①조금 작은 것들이 무질서하게 많이 모여 있는 모양.=옹기. ¶아이들이 옹개옹개 모여 있다. ②키가 비슷한 사람들이 무질서하게 많이 모여 있는 모양. ¶광장에 사람들이 옹게옹게 모여 있다. 〈큰〉웅게. [+모이다].

쇠뼈의 옹두리).

옹상-하다 모양이 둥그스름하고 옴폭하다.

옹성 분위기가 좀 소란하도록 여럿이 소곤소곤 떠드는 모양. 〈큰〉웅성. ¶옹성 · 옹성거리다/대다, 옹성옹성/하다.

옹송옹송-하다 생각이 잘 떠오르지 아니하고 흐리멍덩하다.=옹송망송하다.

옹알 ①입속말로 똑똑하지 않게 중얼거리는 모양. ¶옹알옹알 입만 움직인다. 〈큰〉웅얼. ②말을 못하는 아기가 입속말처럼 소리는 내는 모양. ¶옹알 · 웅얼거리다/대다, 옹알이(뜻 모를 소리. 놀소리)/하다, 옹잘[842].

옹옹 작은 개가 짖는 소리.

옹이 ①나무의 몸에 박힌 가지의 그루터기. ¶옹이구멍, 옹이눈(퀭하게 쑥 들어간 눈), 옹이박이(옹이가 박힌 나무), 옹이지다, 옹치다(옹이가 생겨 맺히다); 관솔옹이, 나무옹이, 빠진옹이, 생옹이(生;재목에 단단히 붙어 있는 옹이), 솔옹이, 죽은옹이. ②마음속에 맺혀 풀리지 않는 언짢은 감정. ¶마디에 옹이(어려운 일이 겹침. 일이 공교롭게도 잘 안 됨). ③굳은살.

옹종-하다 마음이 좁고 모양이나 태도가 오종종하다.≒옹졸하다(壅拙). 〈준〉옹하다. ¶옹종한 영감님이 되어 그런 사업에 투자할 리가 없다. 옹종망종하다(몹시 오종종하다).

옹추 자기가 늘 미워하고 싫어하는 사람.[←옹치(雍齒)]. ≒앙숙(怏宿).

옻 옻나무 진의 독기. 또는 그로 인한 병. ¶온몸에 옻이 올라 고생을 했다. 옻그릇, 옻기장, 옻나무, 옻닭, 옻독(毒), 옻병(病), 옻빛, 옻산(酸), 옻소반(小盤), 옻오르다/올리다, 옻칠(漆)[옻칠공예(工藝), 옻칠그림, 옻칠하다], 옻타다, 옻풀(옻을 섞은 밀가루 풀); 개옻나무 들.

와¹ 말이나 소를 멈추게 할 때 내는 소리. 왕.

와² ①여럿이 한꺼번에 몰려 움직이는 모양. ¶아이들이 운동장을 와 몰려갔다. 와하다. ②여럿이 한꺼번에 웃거나 떠들거나 지르는 소리. ¶와하고 웃다. 와하다, 와하하[843].

와/과 모음으로 끝나는 체언에 붙어[받침 뒤에서는 '과'로 쓰임], ①다른 말과 비교함을 나타내는 부사격 조사. ¶얼음과 같이 차갑다. 일생은 마라톤 경기와 비슷하다. ②어떤 행동을 함께 하는 대상임을 나타내는 부사격 조사. ¶부인과 함께 오시오. 우리와 같이 영화 보러 갑시다. ③여럿을 대등한 자격으로 이어 주는 접속 조사. ¶하늘과 바다가 이어졌다. 잡지와 소설책이 쌓여 있다. -과/와-는/도/만.

-와 선어말 어미 '-오-'와 어미 '-아'가 합하여 된 말. ¶감사하와.

841) 바위옹두라지: 울퉁불퉁하게 솟아난 바위의 뿌다구니. 또는 그러한 바위.
842) 옹잘: 불평이나 원망, 탄식 따위를 입속말로 혼자 자꾸 재깔이는 소리. 또는 그 모양. 〈큰〉웅절. ¶입속으로 옹잘옹잘 옹알거린다. 옹잘 · 웅절거리다/대다, 옹잘옹잘 · 웅절웅절/하다.
843) 와하하: 거리낌 없이 크고 떠들썩하게 웃는 소리. 또는 그 모양. [+웃다].

와(瓦) '기와. 질그릇. 실패'를 뜻하는 말. ¶와가(瓦家), 와계(瓦鷄), 와공(瓦工), 와관(瓦棺), 와괴(瓦壞), 와구(瓦溝;기왓고랑), 와구(瓦甌;옹자배기), 와기(瓦器), 와당/문(瓦當/文;기와의 마구리/무늬), 와대(瓦大), 와도(瓦刀), 와륵(瓦礫), 와부(瓦釜), 와상(瓦商), 와서(瓦署), 와석(瓦石), 와옥(瓦屋), 와요(瓦窯), 와의(瓦衣;기왓장에 낀 이끼), 와장(瓦匠;기와장이), 와전(瓦全;아무 보람도 없이 헛되이 삶을 이어감.↔玉碎), 와즙(瓦葺;기와로 지붕을 임), 와판(瓦版), 와해(瓦解;무너져 흩어짐)[와해되다/하다; 만사와해(萬事), 토붕와해(土崩)]; 개와(蓋瓦), 고와(古瓦), 귀와(鬼瓦), 기와(蓋瓦), 농와지경(弄瓦之慶), 농와지희(弄瓦之喜), 당초와(唐草瓦), 도와(陶瓦), 동와(童瓦;수키와), 동와(銅瓦), 모와(牡瓦), 벽와(碧瓦), 부와(夫瓦), 빈와(牝瓦), 수면와(獸面瓦), 앙와(仰瓦;암키와), 양와(洋瓦), 여와(女瓦), 연와(煉瓦)[목연와(木)], 유와(釉瓦), 전와(磚瓦), 청동와(青銅瓦), 청와(青瓦), 청자와(青瓷瓦), 칠와(漆瓦), 파와(破瓦), 한와(韓瓦), 훼와획만(毁瓦劃墁) 들.

와(臥) '엎드리다. 눕다. 쉬다'를 뜻하는 말. ¶와간상(臥看床), 와견(臥繭;뇌문(雷紋)과 비슷한 무늬), 와구(臥具), 와료(臥料), 와룡(臥龍)[와룡관(冠), 와룡장자(壯字), 와룡촉대(燭臺)], 와병(臥病), 와불(臥佛), 와상(臥床), 와석종신(臥席終身), 와송주(臥松酒), 와식(臥食;일을 않고 놀고먹음), 와신상담(臥薪嘗膽)[844], 와유강산(臥遊江山), 와잠(臥蠶), 와창(臥瘡), 와탑(臥榻), 와환(臥還); 고와(高臥), 곤와(困臥), 귀와(歸臥), 노와(露臥), 병와(病臥), 상주좌와(常住坐臥), 안와(安臥), 앙와(仰臥), 운와(雲臥), 좌와(坐臥), 취와(醉臥), 측와(側臥), 침와(寢臥), 횡와(橫臥) 들.

와(訛) '문자, 언어가 그릇되어 잘못 전해지다. 거짓'을 뜻하는 말. ¶와류(訛謬), 와설(訛說), 와어(訛語), 와언(訛言), 와음(訛音), 와전(訛傳;그릇 전함), 와탈(訛脫); 이와전와(以訛傳訛), 전와(轉訛), 천와(舛訛;말이나 글자의 잘못됨), 천와(遷訛), 흥와주산(興訛做訕) 들.

와(渦) '소용돌이'를 뜻하는 말. ¶와동(渦動)[와동륜(輪), 와동환(環)], 와류(渦流), 와문(渦紋;소용돌이무늬), 와상(渦狀), 와전류(渦電流;맴돌이 전류), 와중/에(渦中), 와형(渦形); 전와(戰渦) 들.

와(窩) '움집. 굴. 간직해 두는 곳'을 뜻하는 말. ¶와굴(窩窟;장물아비. 도둑의 소굴); 봉와(蜂窩), 심와(心窩;명치), 안와(眼窩;눈구멍), 액와(腋窩;겨드랑이), 연와(燕) 들.

와(蝸) '달팽이'를 뜻하는 말. ¶와각(蝸角)[와각지세(之勢), 와각지쟁(之爭)], 와라(蝸螺;다슬기), 와려(蝸廬), 와실(蝸室;와려), 와옥(蝸屋), 와우/관(蝸牛/管), 와창(蝸瘡) 들.

와(蛙) '개구리'를 뜻하는 말. ¶반와(泮蛙;자나깨나 책만 읽는 사람을 비유), 정저와(井底蛙), 정중와(井中蛙), 청와(青蛙) 들.

와(窪) '웅덩이'를 뜻하는 말. ¶와륭(窪隆;우묵한 곳과 두둑한 곳), 와지(窪地;움푹 패어 웅덩이가 된 땅).

와(喎) '입이 비뚤어지다'를 뜻하는 말. ¶구안와사(口眼喎斜).

844) 와신상담(臥薪嘗膽): 섶에 누워 쓸개를 맛본다는 뜻으로, 마음먹은 일을 이루려고 괴롭고 어려움을 참고 견딤.

ㅇ

와각 여러 개의 단단한 물건이 서로 뒤섞여 자꾸 부딪치는 소리. 또는 그 모양. 〈큰〉워걱. ¶와각와각 부딪히는 나뭇짐. 와각·워걱거리다/대다, 와각와각·워걱워걱/하다.

와그그 거품 따위가 한꺼번에 마구 일어나는 모양. 〈큰〉우그그.

와그르르 ①쌓여 있던 단단한 물건이 갑자기 무너지는 소리. 또는 그 모양. ¶와그르르 무너지는 짐. ②그릇에 담긴 적은 양의 액체가 넓은 면적으로 야단스럽게 끓어오르는 소리. 또는 그 모양. ¶용암이 와그르르 끓는다. ③아주 가까운 곳에서 천둥이 치는 소리. ④사람, 짐승, 벌레 따위가 한곳에 어지럽게 많이 몰려 있는 모양. ¶와그르르 모여드는 아이들. ⑤기대나 각오 따위가 무너지는 모양. ⑥여러 사람이 한꺼번에 떠들썩하게 웃는 소리. 또는 그 모양. ⑦여러 사람이 요란스럽게 박수를 치는 소리. 또는 그 모양. ¶와그르르 터지는 박수. ⑧담겨 있거나 쌓여 있던 물건들이 갑자기 쏟아지는 소리. 또는 그 모양. ¶바구니에 담긴 과일이 와그르르 쏟아지다. 〈큰〉워그르르.=워그르, 왈그르[845].≒와르르.

와그작 ①여럿이 좁은 곳에서 시끄럽게 복작거리는 소리. 또는 그 모양. ¶회의장 안에는 사람들로 와그작와그작 복작거렸다. 와그작거리다/대다. ②질기고 빳빳한 물건이 마구 스치거나 쓸리면서 나는 소리. 또는 그 모양. ¶와그작·워그적거리다/대다, 와그작와그작·워그적워그적/하다.

와글 ①사람이나 벌레 따위가 좁은 곳에 많이 모여 복작거리며 시끄러운 모양. ¶군중들이 와글와글 시끄럽게 떠들다. 와글거리다/대다. ②많은 양의 액체가 야단스럽게 끓어오르는 소리. 또는 그 모양. ¶솥이 와글와글 끓는다. ③쌓아 놓은 물건들이 갑자기 무너지는 소리. 또는 그 모양. ¶와글와글 쓰러지다. ④보통 있을 수 있는 일이 많이 일어나는 모양. ¶와글와글 벌어지다. 와글·워글거리다/대다(≒붐비다. 왁자지껄하다), 와글와글·워글워글/하다.

와다닥 놀라서 갑자기 뛰어가거나 뛰어오는 소리. 또는 그 모양. 일을 매우 빠르게 해치우는 모양.=와닥닥. 〈큰〉우다닥. 우닥닥. ¶와다닥 도망친다. 일을 와다닥 해버린다. [+일어나다].

와당탕 ①물건이 요란스럽게 바닥에 떨어지거나 무엇에 부딪치는 소리. ¶짐짝이 와당탕 떨어지다. 우당탕하는 소리에 놀라다. ②마루나 나무 계단에서 요란스럽게 뛰어다닐 때 나는 소리. ¶와당탕 뛰어가다. 와당[846], 와당탕·우당탕거리다/대다/하다, 와당탕퉁탕·우당탕퉁탕/하다.

와뜰 갑자기 소스라치게 놀라거나 몸의 일부를 심하게 떠는 모양.=와들뜰. ¶와뜰 놀라다. 와뜰거리다/대다, 와뜰와뜰/하다.

와락 ①급하게 대들거나 잡아당기거나 끌어안거나 허물거나 밀어제치는 모양. ¶와락 밀어버린다. 와락 안다. 와락와락·워럭워럭/하다. ②무섭거나 두렵거나 귀여운 생각이나 느낌이 갑자기 들거나 화가 나는 모양. ¶와락 무서운 생각이 들었다. 〈큰〉워럭.

와르르 ①쌓여 있던 단단한 물건들이 갑자기 야단스럽게 무너지는 소리. 또는 그 모양.=와르륵. 와드드/와디디. ¶와르르 무너지다. ②많은 사람이 한꺼번에 야단스럽게 몰려가거나 몰려오는 소리. 또는 그 모양. ¶와르르 몰려오다. ③물 따위의 액체가 갑자기 야단스럽게 끓어오르거나 넘치는 소리. 또는 그 모양. ¶와르르 넘치다. ④가까운 곳에서 천둥이 야단스럽게 치는 소리. ⑤담겨 있거나 매달려 있던 물건이 갑자기 쏟아지는 소리. 또는 그 모양. 〈큰〉워르르.≒와그르르. ¶와르르 쏟아져 나오다. 와랑와랑[847], 와룽·우룽[848], 와르릉·우르릉[849].

와스스 ①가랑잎 따위가 요란스럽게 흔들리거나 어수선하게 떨어지는 소리. 또는 그 모양. ¶와스스 흔들리는 나뭇잎. 와스락[850]. ②엉성하게 쌓여 있던 물건이 힘없이 무너지며 흩어지는 소리. 또는 그 모양. ¶엉성하게 쌓아 놓은 보릿단이 와스스 무너질 것 같다. ③물건의 사개가 한꺼번에 빠지거나 틈이 벌어지는 모양. ¶토담의 이엉이 바람에 와스스 내려앉았다. 와슬랑[851].

와실 ①마른 나뭇잎이나 모래알 같은 것이 마구 스치거나 부스러질 때에 나는 소리. 또는 그런 모양. ¶와실와실 무너지는 흙더미. ②눈이나 흙 따위가 쏟아지거나 떨어지는 소리. 또는 그 모양. ¶와실와실 내리는 눈. ③사람들이 어수선하게 하나하나 흩어져 일어나거나 앉는 모양. ¶와실거리다/대다, 와실랑거리다/대다, 와실와실/하다.

와싹 단번에 거침없이 나아가거나 또는 갑자기 늘거나 줄어가는 모양.=와짝. 〈큰〉우썩. ¶회원이 와싹 늘었다. 불이 세어 탕약이 와싹 줄어들었다. 와싹거리다/대다, 와싹와싹/하다.

와자자 ①머리카락 따위가 마구 헝클어지거나 흩어진 모양. ¶와자자 흩어진 머리. ②소문 따위가 빨리 퍼져 가는 모양. ¶소문이 와자자 돌다. ③판을 요란스럽게 크게 벌여 놓은 모양. ¶와자자 크게 된 일. ④여럿이 갑자기 떠들어 대거나 웃어 대는 모양.=왜자자. ¶와자자하다.

와장창 갑자기 한꺼번에 무너지거나 부서지는 소리. 또는 그 모양. ¶교실 유리창이 와장창 깨졌다. 와장창하다.

와짝 ①갑자기 많이씩 늘어나거나 줄어드는 모양. ②기운이나 기세가 갑자기 커지는 모양. ③여럿이 달라붙어 일 따위를 단숨에

845) 왈그르: 단단한 물건들이 서로 부딪치거나 스치는 소리. 또는 그 모양. ¶왈그르왈그르 돌사태가 나다.

846) 와당: 함석지붕이나 슬레이트 지붕 따위에 굵은 빗방울이 방울방울 떨어지는 소리.

847) 와랑와랑: 울리는 소리가 몹시 요란스럽게 큰 모양. ¶깨진 베어링에서 와랑와랑 소리가 났다. 와랑와랑하다.

848) 우룽: ①천둥 따위가 깊고 크게 울리는 소리. ②바람이 요란스럽게 불면서 깊고 크게 울리는 소리. ③폭발물이 터지면서 깊고 크게 울리는 소리. ④비행기나 기계 따위가 요란스럽게 돌아가면서 깊고 크게 울리는 소리. ⑤무엇이 무너지거나 흩어지면서 깊고 크게 울리는 소리. ¶와룽와룽 돌아가는 기계. 와룽와룽 시끄럽다. 와룽·우룽거리다/대다.

849) 우르릉: ①천둥 치는 소리. ②크고 무거운 것이 움직이거나 구를 때 나는 소리. ¶와르릉·우르릉거리다/대다.

850) 와스락: ①가랑잎 따위가 요란스럽게 흔들리거나 어수선하게 떨어지는 소리. 또는 그 모양. ②얇고 빳빳한 물건이 서로 자꾸 스치는 소리. 또는 그 모양. ¶와스락와스락 스친다. 〈큰〉워스럭.

851) 와슬랑: ①마른 나뭇잎 따위가 떨어져 흩어지거나 서로 스치면서 스산하고 소란스럽게 나는 소리. 또는 그 모양. ¶와슬랑와슬랑 스치는 나뭇잎. ②눈이나 흙 따위가 쏟아지거나 떨어지면서 스산하고 소란스럽게 나는 소리. 또는 그 모양. ¶와슬랑와슬랑 내리는 눈. 〈큰〉와슬렁. 워슬렁.

해치우는 모양. 〈큰〉우쩍. ¶와짝거리다/대다, 와짝와짝/하다, 와작와작[852].

와트(watt) 일률·전력(電力)의 단위. 기호는 W. ¶와트시(時), 와트초(秒).

왁 ①여럿이 함께 기세 좋게 나가는 모양. ②분별없이 마구 행동하는 모양. ¶말이 끝나기도 전에 왁 몰려나갔다. 왁왁[853].

왁다글 작고 단단한 여러 개의 물건이 함부로 야단스럽게 부딪치며 구르는 소리.=왁다그르르. 〈큰〉웍더글. ¶왁다글왁다글 굴러가는 장난감. 왁다글·웍더글거리다/대다, 왁다글닥다글·웍더글덕더글, 왁달박달[854].

왁대 왁댓값(자기 아내를 딴 남자에게 빼앗기고 그 사람으로부터 받는 돈).

왁살-스럽다 밉살스럽고 우락부락하게 보이다. 〈본〉우악살스럽다(愚惡). ¶왁살스러운 사내.

왁시글 많은 사람이나 동물이 한데 모여 몹시 복잡하게 들끓는 모양.=욱실. 〈준〉왁실. ¶취업 박람회장에는 사람들로 왁시글왁시글 들끓었다. 왁시글/왁실거리다/대다/하다, 왁시글덕시글/하다, 왁실덕실/하다, 왁실왁실하다.

왁자그르 ①여럿이 한데 모여 시끄럽게 웃거나 지껄이며 떠들어대는 소리나 모양.=왁자그르르. 왁자글. 〈큰〉웍저그르. ¶학생들이 왁자그르 지껄이며 몰려나온다. ②소문이 갑자기 왜자하게 퍼져 시끄러운 모양. ¶소문이 마을 안에 왁자그르 퍼져 시끄러웠다. 왁자그르르하다, 왁자자/하다, 왁자지껄/하다, 왁자하다(정신이 어지럽도록 떠들썩하다. 시끄럽다), 왁작/거리다/대다/하다, 왁작왁작/하다.

왁저지 무를 굵게 썰고 고기·다시마 따위를 넣고 양념을 하여 삶거나 지진 반찬. ¶왁저지를 상에 올리다.

완(完) '부족함이 없다. 흠이 없다. 끝나다/끝내다. 깁다. 수선하다'를 뜻하는 말. ¶완결(完決;끝냄), 완결하다/되다(完結;마무리), 완고하다(完固), 완골(完骨), 완공(完工)[완공되다/하다], 완구하다(完久), 완구지계(完久之計), 완국(完局), 완납(完納), 완료(完了;끝남)[완료상(相); 과거완료(過去), 미래완료상(未來-相), 현재완료(現在)], 완매채(完賣債), 완문(完文), 완미(完美), 완벽(完璧;훌륭함. 빈틈없음), 완보(完補), 완본(完本), 완봉(完封), 완부(完膚), 완불(完拂;남김없이 지불함), 완비(完備;갖춤), 완성(完成)[완성품(品); 미완성(未), 자기완성(自己)], 완수(完遂;목적이나 책임을 모두 이루거나 다함), 완숙/하다/기(完熟/期), 완승(完勝↔完敗), 완신세(完新世), 완실하다(完實), 완여반석(完如盤石), 완역(完譯), 완연하다(完然), 완영(完泳), 완인(完人), 완장(完葬), 완재(完載), 완전(完全)[855], 완정(完定), 완정질(完晶質), 완제(完制), 완제/품(完製/品), 완제(完濟;재무를 완전히 정리함), 완조(完調), 완존(完存), 완주(完走;목표 지점까지 완전히 달림), 완준(完準), 완질본(完帙本), 완치(完治;병을 완전히 고침), 완쾌(完快;병이 완전히 나음), 완투(完投), 완판본(完板本;完州/全州), 완패(完敗), 완폄(完窆), 완호(完護); 미완(未完), 보완(補完), 추완(追完) 들.

완(緩) '느리다. 더디다. 늦추다. 느슨하게 하다. 부드럽다'를 뜻하는 말. ¶완구(緩球), 완급(緩急), 완기(緩期), 완대(緩帶), 완독(緩督), 완류(緩流), 완만하다(緩晩), 완만하다(緩慢), 완보(緩步), 완사/면(緩斜/面), 완서하다(緩徐), 완속물질(緩速物質), 완염제(緩染劑), 완완하다(緩緩), 완저(緩疽), 완착(緩着;바둑이나 장기에서, 엉뚱한 데 두는 일), 완충(緩衝)[856], 완치(緩治), 완하다(느리다), 완하제(緩下劑), 완한(緩限), 완행/열차(緩行/列車), 완형(緩刑), 완화(緩和;느슨하게 됨)[완화곡선(曲線), 완화되다/하다, 완화제(劑), 완화책(策); 긴장완화(緊張)], 계완(稽緩), 이완(弛緩), 지완(遲緩), 차완(差緩;조금 느슨함) 들.

완(頑) '융통성이 없이 올곧고 고집이 세다(완고하다)'를 뜻하는 말. ¶완강하다(頑强;태도가 모질고 의지가 굳세다), 완거(頑拒), 완고하다(頑固;고루하다)[완고당(黨), 완고덩이, 완고분자(分子), 완고성(性), 완고스럽다, 완고쟁이, 완고파(派)], 완둔하다(頑鈍), 완만(頑慢), 완매하다(頑昧), 완명(頑命), 완명하다(頑冥), 완몽하다(頑蒙), 완미하다(頑迷), 완민(頑民), 완부(頑夫), 완선(頑癬), 완수(頑守), 완습(頑習), 완악하다(頑惡), 완우하다(頑愚), 완적(頑敵), 완패하다(頑悖), 완하다. 완한(頑漢;억세고 사나운 사람); 명완(命頑), 명완(冥頑), 우완(愚頑), 흉완(凶頑) 들.

완(腕) '팔'을 뜻하는 말. ¶완골(腕骨;손목뼈), 완력(腕力;힘), 완목(腕木), 완부(腕部), 완장(腕章); 묘완(妙腕), 민완(敏腕)[민완가(家), 민완기자(記者), 민완형사(刑事)], 상완(上腕), 수완(手腕), 우완(右腕), 재완(才腕), 전완(前腕), 좌완(左腕), 철완(鐵腕), 침완(枕腕), 포식완(捕食腕), 포완(捕腕) 들.

완(玩) '가지고 놀다'를 뜻하는 말. ¶완구(玩具;장난감), 완독(玩讀), 완롱(玩弄;놀림), 완물(玩物), 완미(玩味), 완상(玩賞), 완색(玩索), 완역(玩繹), 완월(玩月;달을 구경함), 완호(玩好); 기완(器玩), 기완(嗜玩), 농완(弄玩), 상완(賞玩), 애완(愛玩), 진완(珍玩) 들.

완(婉) '순하다, 아름답다'를 뜻하는 말. ¶완곡하다(婉曲;빙 둘러 말하다. 말씨가 곱다), 완려(婉麗), 완만하다(婉娩), 완미(婉美), 완숙(婉淑), 완순하다(婉順), 완약하다(婉弱), 완완하다(婉婉), 완전(婉轉); 애완하다(哀婉), 정완하다(貞婉) 들.

---

852) 와작와작: 일을 무리하게 급히 해 나가는 모양. 〈큰〉우적우적. ¶와작와작·우적우적하다.

853) 왁왁: ①거침없이 잇따라 문지르는 모양. ¶비누로 왁왁 씻다. ②기세 좋게 들끓는 모양. ③사람들이 세차게 한곳으로 마구 몰리는 모양. ¶왁왁 몰려들다. ④분별없이 마구 떠들거나 행동하는 모양. ¶왁왁 밀어붙이다.

854) 왁달박달: 행동이 단정하지 못하고 조심성 없이 수선스러운 모양. ¶왁달박달 비좁은 잠자리를 파고 들어와 잠을 자다니 어처구니가 없었다.

855) 완전(完全): 완전경쟁(競爭), 완전고용(雇用), 완전군장(軍裝), 완전기체(氣體), 완전도체(導體), 완전독점(獨占), 완전동사(動詞), 완전마비(痲痺), 완전명사(名詞), 완전무결(無缺), 완전배지(培地), 완전범죄(犯罪), 완전변태(變態), 완전비료(肥料), 완전수(數), 완전식품(食品), 완전실업자(失業者), 완전연소(燃燒), 완전엽(葉), 완전우성(優性), 완전음정(音程), 완전제곱, 완전체(體), 완전탄성(彈性), 완전탈바꿈, 완전품(品), 완전하다, 완전학습(學習), 완전화(花); 불완전(不).

856) 완충(緩衝): 급박한 충격이나 충돌을 중간에서 완화시킴. ¶완충거리(距離), 완충국(國), 완충기(期), 완충기(器), 완충녹지(綠地), 완충물질(物質), 완충성(性), 완충액(液), 완충작용(作用), 완충재(材), 완충적(的), 완충제(劑), 완충지대(地帶), 완충하다.

완(刓) '모난 데를 깎아 둥글게 하다. 닳아 없어지다'를 뜻하는 말. ¶완결(刓缺), 완하다(도장이나 책판에 새긴 글자가 닳아서 희미하다) 들.

완(莞) '왕골(골풀). 골풀로 짠 자리. 웃는 모양'을 뜻하는 말. ¶완석(莞席), 완이(莞爾;빙그레 웃는 모양), 완초(莞草;왕골), 완화(莞花) 들.

완(宛) '굽다'를 뜻하는 말. ¶완연(宛延;길고 굽은 모양. 물이 굽이 돌아 흐름), 완연하다(宛然;뚜렷하다), 완전(宛轉) 들.

완(浣) '빨다 · 씻다. 열흘(순(旬))'을 뜻하는 말. ¶완의(浣衣); 상완(上浣;上旬), 중완(中浣;中旬), 하완(下浣) 들.

완(豌) '완두(콩과에 딸린 한해살이풀)'를 뜻하는 말. ¶완두(豌豆), 완두비녀, 완두창(豌豆瘡;완두 모양으로 허는 종기).

완(蜿) '굼틀거리다. 구물거리다'를 뜻하는 말. ¶완연하다(蜿蜒); 반완(蟠蜿;서리서리 꿈틀거림) 들.

완(羱) '들양(야생의 양)'을 뜻하는 말. ¶완록(羱鹿), 완양(羱羊).

완(碗/盌) '사발(沙鉢;그릇)'을 뜻하는 말. ¶차완(茶碗).

완각 맞배지붕이나 팔각지붕의 옆면.

완공 건축에서, 머름의 한가운데나 장지문, 궁창 따위에 장식으로 그림이나 문양을 새김질하는 일.

완자[1] 쇠고기를 잘게 이기어 달걀 · 두부 따위를 섞고 둥글게 빚어서 기름에 지진 음식. ¶완자탕(湯;완자를 넣고 끓인 국).

완자[2] '卍'자 모양으로 된 무늬나 표지.[←만자(卍字)]. ¶만자기(旗); 완자교창(交窓), 완자문(門), 완자문/무늬(紋), 완자미닫이, 완자운(雲), 완자창(窓).

왈(曰) '가로되. 가라사대. 말하기를'을 뜻하는 말. 소위, 이른바. ¶왈 학자라는 사람이 그럴 수가 있는가? 자왈(子曰;공자가 말씀하시되), 왈가불가(曰可不可), 왈가왈부(曰可曰否), 왈시왈비(曰是曰非), 왈자(曰字;왈패), 왈패(曰牌)[857], 왈형왈제(曰兄曰弟); 제왈[858], 호왈백만(號曰百萬), 혹왈(或曰) 들.

왈가닥[1] 매인 데 없이 덜렁덜렁하며 남자처럼 수다스럽게 구는 여자.≒말괄량이. 왈패(牌). 왈짜.

왈가닥[2] 작고 단단한 물건들이 서로 거칠게 부딪치면서 나는 소리. 〈큰〉울거덕. 월거덕/월걱. 〈센〉왈카닥/왈칵. 〈준〉왈각. ¶왈가닥 설거지를 하다. 왈가닥거리다/대다, 왈가닥달가닥/왈각왈각 · 월거덕덜거덕/월걱덜걱 · 왈카닥달카닥/왈칵달칵, 왈가당/왈강[859].

왈딱 ①먹은 것을 갑자기 다 게워 내는 모양.=올딱. 왈깍[860]. ¶먹은 우유를 왈딱 토하다. ②액체가 갑자기 넘쳐 올라 그릇 밖으로 쏟아져 흐르는 모양. ¶국물이 왈딱 넘치다. ③물건이 갑자기 온통 뒤집히거나 잦혀지는 모양. ¶배가 왈딱 뒤집히다. 〈큰〉월떡.

왈라당절라당 소의 목에 달린 방울 따위가 요란스럽게 울리는 소리. 또는 그 모양. 〈준〉왈랑절랑.

왈랑 흥분하여 가슴이 설레며 뛰는 모양. 먹은 것이 잘 삭지 아니하고 되올라올 듯이 메슥메슥한 상태. 〈큰〉월렁. ¶왈랑 · 월렁거리다/대다.

왈왈[1] 많은 물이 빠르게 흐르는 모양. ¶왈왈하다(물이 많이 흐르다).

왈왈[2] ①개가 짖는 소리. ②알아들을 수 없을 만큼 크고 소란스럽게 떠드는 소리.

왈왈-하다 성질이 괄괄하거나 매우 급하다. ¶성미가 왈왈하다고 하지만 누구에게나 거칠게 대하지는 않습니다. 왈왈스럽다.

왈짜 성질이 괄괄한 사람. 언행이 얌전하지 못하고 수선스러운 사람.=왈패. [←왈자(曰字)].

왈카닥 ①갑자기 먹은 것을 다 게워 내는 모양. ②갑자기 힘껏 잡아당기거나 밀치는 모양. ¶문을 왈카닥 열다. ③갑작스럽게 많이 쏟아지는 모양. ¶물을 왈카닥 쏟다. ④갑자기 격한 감정이나 기운 또는 생각이 한꺼번에 치밀거나 떠오르는 모양.≒발끈. ⑤갑자기 통째로 뒤집히는 모양. ⑥단단한 물건들이 서로 매우 거칠게 부딪치는 소리. 또는 그 모양. 〈여〉왈가닥. ⑦갑자기 냄새 따위가 나는 모양. ⑧갑자기 어떤 행동을 하는 모양. 〈큰〉월커덕. 〈준〉왈칵. ¶왈카닥거리다/대다/하다, 왈카닥달카닥/왈칵달칵, 왈칵 · 월컥하다.

왕[1] ①귀가 멍멍하게 울릴 정도로 크고 시끄럽게 떠들거나 우는 소리. ¶왕 하고 울음을 터뜨렸다. 왕왕거리다/대다. ②벌떼가 한꺼번에 울어댈 때 내는 소리. ¶왕 달려드는 벌떼. ③말이나 소의 걸음을 멈추게 하는 소리.

왕[2] ①개가 크게 짖는 소리. ②기세가 높게 일을 해 나가는 모양. ¶일을 왕왕 해버린다. ③귀가 먹먹할 정도로 여럿이 큰 소리로 시끄럽게 떠드는 모양. ¶왕왕 큰소리친다.

왕(王) ①임금. 군주. 일정한 분야나 범위 안에서의 제일인자. ¶왕의 자리에 오르다. 백수의 왕 사자. 왕가(王家), 왕가(王駕), 왕강(王綱), 왕경(王卿), 왕계(王系), 왕공(王公), 왕공(王功), 왕관(王冠), 왕국(王國), 왕궁(王宮)[구왕궁(舊)], 왕권(王權)[왕권신수설(神授說)], 왕기(王氣), 왕기(王旗), 왕기(王畿;王都 부근의 땅), 왕기'(王器;임금이 될 만한 자질), 왕녀(王女), 왕당(王黨), 왕대(王臺;장수벌이 될 알을 받아 기르는 집), 왕도(王度), 왕도(王都;왕궁이 있는 도성), 왕도(王道↔霸道), 왕려(王旅), 왕령(王令), 왕령(王領), 왕릉(王陵), 왕립(王立), 왕명(王名), 왕명(王命), 왕법(王法), 왕비(王妃), 왕사(王使), 왕사(王社), 왕사(王事), 왕사(王師), 왕성(王城), 왕손(王孫)[왕손교부(敎傅); 공자왕손(公子)], 왕신(王臣), 왕실(王室), 왕언(王言), 왕업(王業), 왕언(王言), 왕위(王位),

---

857) 왈패(曰牌): 말과 행동이 단정하지 못하고 수선스러운 사람의 별명.=왈자(曰字). ¶왈자자식(子息;불량한 놈).

858) 제왈(曰): 제랍시고 장담으로. ¶제왈, 이번 시험쯤은 문제가 아니란다.

859) 왈강: 작고 단단한 물건들이 서로 부딪치면서 울리는 소리. 또는 그 모양. 〈큰〉월겅. 〈거〉왈캉. 월캉. 〈본〉왈가당. ¶왈강 설거지를 하다. 왈강달강 · 왈캉달캉 · 월컹덜컹/하다.

860) 왈깍: ①갑자기 매우 게우는 모양. ¶왈깍 토하다. ②격한 감정이나 생각이 마구 치밀거나 떠오르는 모양. ¶억울한 생각이 왈깍 치밀다. 〈거〉왈칵.

왕위(王威), 왕윤(王胤), 왕의(王意), 왕인(王人), 왕자(王子)[왕자군(君), 왕자사부(師傅)], 왕자/기상(王者/氣象), 왕작(王爵), 왕장(王葬), 왕정(王廷), 왕정(王政)[왕정복고(復古); 절대왕정(絕對)], 왕제(王弟), 왕제(王制), 왕조(王祖), 왕조(王朝), 왕족(王族), 왕좌(王佐), 왕좌(王座), 왕지(王旨), 왕천하(王天下), 왕태자(王太子), 왕택(王澤), 왕토(王土), 왕통(王統), 왕패(王牌), 왕패(王覇), 왕학(王學), 왕호(王號), 왕화(王化), 왕후(王后;왕비), 왕후(王侯;제왕과 제후); 각왕(覺王;佛陀), 구왕(舊王), 국왕(國王), 군왕(君王), 근왕/병(勤王/兵), 대왕(大王), 동왕(同王), 만왕(萬王), 명왕(名王), 명왕(明王), 범천왕(梵天王), 부왕(父王), 사왕(死王), 사왕(嗣王), 사천왕(四天王), 상왕(上王), 선왕(先王), 성왕(聖王), 소왕(素王), 시왕(十王), 업왕(業王), 여왕(女王), 용왕(龍王), 전왕(前王), 전륜왕(轉輪王), 제왕(帝王), 제왕(諸王), 조왕/단(竈王/壇), 존왕양이(尊王攘夷), 증장천왕(增長天王), 천왕(天王), 친왕(親王), 태왕(太王), 패왕(覇王), 폐왕(廢王), 현왕(現王), 현왕(賢王), 후왕(侯王). ②여럿 중의 으뜸'을 나타내는 말. ¶동물의 왕. 왕수(王水)[861]. 왕유(王乳); 왕중왕(王中王), 마왕(魔王), 백화왕(百花王;모란), 봉왕(蜂王), 화중왕(花中王) ③일부 명사에 붙어 '일정한 분야나 범위 안에서 으뜸이 되는 사람이나 생물'의 뜻을 더하는 말. ¶감로왕(甘露王), 광산왕(鑛産王), 논문왕(論文王), 다수확왕(多收穫王), 도루왕(盜壘王), 타격왕(打擊王), 득점왕(得點王), 무역왕(貿易王), 박치기왕, 발명왕(發明王), 백곡왕(百谷王), 백화왕(百花王), 법왕(法王), 산중왕(山中王), 선박왕(船舶王), 속산왕(粟散王), 신왕인(新人王), 싸움왕, 아수라왕(阿修羅王), 암산왕(暗算王), 요리왕(料理王), 이/삼관왕(二/三冠王)..., 자재왕(自在王), 자칭왕(自稱王), 저축왕(貯蓄王), 전능왕(全能王), 철강왕(鐵鋼王), 첫도왕, 컴퓨터왕(computer王), 퀴즈왕(quiz王), 타격왕(打擊王), 해룡왕(海龍王), 해상왕(海上王). ④일부 명사 앞에 붙어 '보다 큰. 매우 굵은. 매우 심한. 왕자(王字) 모양의', 친족 관계를 나타내는 일부 명사에 붙어 '할아버지·할머니뻘 되는'의 뜻을 더하는 말. ¶왕가마솥, 왕가뭄, 왕가시나무, 왕감, 왕가위벌, 왕강충이, 왕개구리, 왕개미, 왕거미, 왕게, 왕겨, 왕고(王考), 왕고래, 왕고모(王姑母), 왕고모부(王姑母夫), 왕고사리, 왕고집(王固執), 왕골[왕골기직, 왕골논, 왕골방석(方席), 왕골속, 왕골자리], 왕과(王瓜), 왕귀뚜라미, 왕금(크게 갈라지거나 터진 금), 왕기[2](王器;사기로 만든 큰 그릇), 왕꽃등에, 왕나나니, 왕나비, 왕낚시, 왕노린재, 왕녹나무좀, 왕눈/이, 왕느릅나무, 왕니, 왕다람쥐꼬리, 왕대[죽(竹)], 왕대고모(王大姑母), 왕대공, 왕대인(王大人), 왕대포, 왕대황(王大黃), 왕돈, 왕돌, 왕둥발가락, 왕등(王燈), 왕등이(큰 피라미의 수컷), 왕땡, 왕똥파리, 왕마디, 왕만두(王饅頭), 왕매미, 왕머루, 왕멸치, 왕모(王母), 왕모래, 왕못[1][정(釘)], 왕못[2](굳은살), 왕바구미, 왕바랍, 왕바위, 왕바퀴(바퀴과의 곤충), 왕발, 왕밤, 왕방울, 왕뱀, 왕버들, 왕버마재비, 왕벌, 왕별, 왕봉(王蜂), 왕부(王父), 왕부모(王父母), 왕붕어, 왕사(砂), 왕사마귀, 왕산(山), 왕새기(짚신), 왕새우, 왕소금, 왕언니, 왕얽이/짚신, 왕월(王月), 왕유(王乳), 왕자갈, 왕자머리, 왕잔디, 왕잠자리, 왕장(王丈), 왕장마, 왕전(王錢), 왕존장(王尊丈), 왕종다리, 왕쥐똥나무, 왕지네, 왕초, 왕초보(王初步), 왕춘(王春), 왕치(방아깨비의 큰 암컷), 왕콩, 왕태사(王太絲), 왕퉁이, 왕파, 왕파리, 왕하늘가재; 처녀왕(處女王;아직 교미를 하지 아니한 여왕벌) 들.

왕(往) '가다. 시간이 지나다. 옛. 과거. 이따금'을 뜻하는 말.↔래(來). ¶왕고(往古), 왕년(往年;옛날), 왕래(往來)[왕래부절(不絕), 왕래시세(時勢), 왕래인(人); 무상왕래(無常), 삭삭왕래(數數;자주)], 왕로(往路), 왕반(往返), 왕방(往訪), 왕복(往復)[왕복권(券), 왕복엽서(葉書), 왕복운동(運動), 왕복표(票)], 왕사(往事), 왕상(往相), 왕생(往生)[왕생안락(安樂); 극락왕생(極樂), 염불왕생(念佛)], 왕석(往昔;옛적), 왕세(往歲), 왕시(往時), 왕신(往信), 왕왕(往往;이따금), 왕유(往諭), 왕일(往日), 왕자(往者;지난번), 왕진(往診), 왕참(往參); 고왕금래(古往今來), 기왕(旣往)[기왕에, 기왕이면, 기왕증(症)], 내왕(來往), 내왕꾼(來往), 막왕막래(莫往莫來), 설왕설래(說往說來), 시이사왕(時移事往), 용왕매진(勇往邁進), 우왕좌왕(右往左往), 이왕/에/이면(已往), 이왕이수(易往易修), 증왕(曾往), 친왕(親往), 해왕(偕往), 향왕(嚮/向往), 홀왕홀래(忽往忽來) 들.

왕(枉) '굽다. 굽히다. 억울한 죄'를 뜻하는 말. ¶왕가(枉駕), 왕고(枉顧), 왕림(枉臨)[소만왕림(掃萬), 왕법(枉法;법을 왜곡함), 왕사(枉死;억울한 죄로 죽음. 橫死), 왕척직심(枉尺直尋;작은 희생을 무릅쓰고 큰일을 이룸); 교왕(矯枉), 원왕(冤枉), 혜왕(惠枉) 들.

왕(旺) '기운이 세력이 한창 성하다'를 뜻하는 말. ¶왕기(旺氣), 왕성(旺盛)[왕성하다; 사기왕성(士氣), 혈기왕성(血氣)], 왕연하다(旺然), 왕운(旺運), 왕흥(旺興); 강왕하다(康旺), 만왕(萬旺), 생왕(生旺), 생왕방(生旺方), 성왕(盛旺), 흥왕(興旺) 들.

왕(汪) '넓다'를 뜻하는 말. ¶왕양(汪洋;바다가 넓음. 도량이 큼), 왕연하다(汪然;하염없이 울다. 넓고 깊숙하다), 왕왕/하다(汪汪;끝없이 넓고 깊다) 들.

왕배-덕배 이러니저러니 하고 시비를 가리는 모양. ¶왕배덕배가 필요 없다. 형제간에 왕배덕배 가릴 것까지는 없잖은가. 왕배야덕배야[862].

왕신 마음이 올곧지 아니하여 좀처럼 건드리기 어려운 사람. ¶이웃에 왕신이 있다.

왕지 추녀 또는 박공 솟을각에 암키와를 삼각형으로 깎아 맞춘 물건. ¶왕지기와, 왕지도리(모퉁이 기둥 위에 얹는 도리).

왕창 양이나 정도가 엄청나게 많거나 크게. 아주 마음껏.=진탕. 왕청[863]. ¶돈을 왕창 벌다. 음식을 왕창 먹었더니 배가 아프다.

왕치 지붕의 너새 끝에서 추녀 끝까지 비스듬히 물매가 지게 기와를 인 부분.

왜 ①어째서. 무슨 까닭으로.≒어찌. 어째/서. 하고로(何故). ¶손이

861) 왕수(王水): 진한 염산과 질산을 3대 1의 비율로 혼합한 액체. 금이나 백금 따위를 녹이는 데 쓰임.

862) 왕배야덕배야: 여기저기서 시달림을 받아 괴로움을 견딜 수 없을 때에 부르는 소리. ¶왕배야덕배야, 지겨워. 아이구, 왕배야덕배야.

863) 왕청: 차이가 매우 크게. 엄청나게. ¶거리가 왕청 변해서 어디가 어딘지 알 수 없었다. 왕청되다/같다(차이가 엄청나다. 생각하였던 바와는 전혀 다르게 엉뚱하다.=왕청뜨다), 와청스럽다.

왜 이렇게 차니? 왜 불러. 왜 싸우느냐? 하늘이 왜 푸른가? 왜일까? 왜인지/왠지(왜 그런지 모르게. 뚜렷한 이유도 없이). 왜냐하면/왜냐면. ②의문을 나타낼 때 쓰이는 말. ¶왜? 나한테 불만 있어? ③할 말이 금방 안 나올 때 하는 군소리. ¶그 왜 있잖아요. ④남의 부름에 반말로 대답하는 말. ¶"철수야." "왜."

왜(倭) '왜국(倭國)'의 준말. 일부 명사 앞이나 한자어 어근에 붙어 '일본식의, 일본의' 뜻을 나타내는 말. ¶왜간장(醬), 왜갈보, 왜검(倭劍), 왜경(倭警), 왜관(倭館), 왜광대, 왜구(倭寇), 왜국(倭國), 왜군(倭軍), 왜궤(倭櫃), 왜기(倭器), 왜기름[석유(石油)], 왜나막신, 왜낫, 왜냄비, 왜녀(倭女), 왜년, 왜노비(倭奴婢), 왜놈, 왜단(倭緞), 왜돗자리(다다미), 왜된장(醬), 왜떡, 왜란(倭亂), 왜말, 왜먹, 왜모시, 왜못, 왜무, 왜밀기름/왜밀, 왜바람(이리저리 방향 없이 마구 부는 바람), 왜반물(남빛에 검은빛이 섞인 물감), 왜벼슬, 왜병(倭兵), 왜부채, 왜붓, 왜비누, 왜비단(倭緋緞), 왜사기(倭沙器), 왜색(倭色), 왜선(倭船), 왜소금, 왜소주(倭燒酒), 왜솜, 왜송(倭松;눈잣나무), 왜솥, 왜수건(倭手巾), 왜식(倭式), 왜식/집(倭食), 왜오랑캐꽃, 왜요리(倭料理), 왜인(倭人), 왜장(倭將), 왜적(倭敵), 왜적(倭賊), 왜전골, 왜정(倭政), 왜제비꽃, 왜주칠(倭朱漆), 왜지(倭紙), 왜짠지, 왜철쭉, 왜청(倭靑), 왜치, 왜콩, 왜틀, 왜포(倭布;廣木), 왜풍(倭風;왜바람), 왜호박, 왜황련(倭黃蓮) 들.

왜(矮) '키가 작은. 난쟁이'를 뜻하는 말. ¶왜구(矮軀), 왜단하다(矮短;키가 작다), 왜루하다(矮陋), 왜림(矮林), 왜마(矮馬), 왜상(矮星), 왜성(矮性), 왜소하다(矮小), 왜송(矮松;다복솔), 왜옥(矮屋), 왜이이(짧은 재목을 이어 쓰는 방법), 왜인(矮人;난쟁이), 왜자(矮者), 왜자간희(矮者看戱), 왜전(矮箭), 왜첨(矮簷), 왜축(矮縮), 왜화(矮花) 들.

왜(歪) '비뚤다, 기울다'를 뜻하는 말. ¶왜곡(歪曲)[왜곡보도(報道), 왜곡하다], 왜력(歪力), 왜형(歪形;비뚤어진 모양) 들.

왜가리 백로과의 새.

왜각-대각 그릇 따위가 서로 부딪거나 깨지면서 요란스레 나는 소리. 〈센〉왜깍대깍.

왜골 허우대가 크고 말과 행동이 얌전하지 못한 사람. ¶왜골이 뒷자리에서 떠들고 있다. 왜골뼈(왜골스러운 사람), 왜골스럽다.

왜그르르 ①된밥 따위가 흐슬부슬 한꺼번에 헤어지는 모양. ¶고두밥을 그릇에 고봉으로 담았더니 왜그르르 헤어졌다. 왜글[864]. ②단단한 물건이 우수수 떨어지는 모양. ③쌓여 있던 물건이 한꺼번에 무너져 흩어지는 모양. ¶장마 끝에 축대가 왜그르르 무너졌다.

왜뚜 피리나 뿔로 된 나팔 따위를 부는 소리.

왜뚜리 큰 물건. ¶수박이나 참외 따위의 모든 과일이 왜뚜리라고 다 좋은 게 아니다.

왜뚤 이리저리 몹시 비뚤어진 모양. ¶왜뚤왜뚤 굽은 오솔길. 왜뚤비뚤 · 왜뚤삐뚤/하다, 왜뚤왜뚤/하다.

왜룽-그리다 독에 꼬불꼬불한 줄을 긋다.

왜배기 겉보기에 좋고 질적으로도 짭짤한 물건.↔진상/치(進上;허름하고 나쁜 물건). ¶물건을 왜배기로 잘 골라야 실속이 있다.

왜왜 바람이나 호각 따위가 새되게 들려오는 소리. ¶바람에 창문이 왜왜 울어 대다. 운동장에서 호루라기 소리가 왜왜 나다.

왜자-하다 소문이 널리 퍼져 자자하다. 왁자지껄하게 떠들썩하여 시끄럽다.≒떠들다. 왁자하다. ¶소문만 왜자한 잔치. 그 인기 배우의 염문이 왜자하다. 왜자하고 고함치는 소리가 나다. 왜자기다(여러 사람이 모여서 왁자지껄하게 떠들다).

왜장-녀(女) ①몸집이 크고 부끄럼이 없는 여자.≒왈가닥. ¶왜장녀 같은 무용선생. 왜장녀 같다(옷매무시가 단정하지 않다). ②산대놀음에서 여자의 탈을 쓰고 춤추는 사람.

왜장-치다 들떼놓고(누구라고 꼭 집어 말하지 아니하고) 괜스레 큰 소리로 마구 떠들다. ¶왜장치면서 도둑을 쫓아갔다. 왜장독장치다(제 위에 아무도 없는 듯이 혼자서 마구 큰소리를 치다), 왜장질/하다.

왜죽 되바라지게 팔을 내저으며 경망하게 급히 걷는 모양. 〈큰〉웨죽. ¶비탈길을 향해 왜죽왜죽 걸음을 옮겼다. 왜죽왜죽 걷다. 왜죽 · 웨죽거리다/대다, 왜죽 · 웨죽걸음, 왜죽왜죽/하다.

왜쭉 걸핏하면 성을 내는 모양. ¶저 사람은 왜쭉왜쭉하여 말을 붙일 수가 없다. 왜쭉거리다/대다, 왜쭉비쭉/하다, 왜쭉왜쭉/하다.

왜퉁-스럽다 보통 때와는 달리 아주 엉뚱할 만큼 새삼스럽다.

왝 ①왜가리 따위가 우는 소리. ②구역질이 나서 갑자기 토하는 소리. 또는 그 모양. 〈큰〉웩. ¶왝왝 · 웩웩거리다/대다.

왝왝 비밀이나 꺼리는 사실을 마구 털어놓고 말하거나 떠들어 고함치는 소리. 또는 그 모양. 〈큰〉웩웩. ¶왝왝하다. 왝땍[865].

왱¹ ①작은 날벌레나 돌팔매 따위가 빠르게 날아가는 소리. ¶파리가 왱 날다. ②기계의 바퀴가 돌아갈 때, 또는 가는 철사나 전깃줄 따위에 바람이 세차게 부딪쳐 울리는 소리. ¶왱/ 윙/ 위잉 기계가 돌아가다. 전선을 왱/위잉 울리는 바람. ③소방차나 구급차 따위가 경적을 울릴 때 나는 소리. 〈큰〉윙. 웽. 윙. ¶왱왱 · 웽웽 · 윙윙 · 윙윙거리다/대다/하다.

왱² 맑고 높은 목소리로 막힌 데 없이 글을 읽는 소리. 〈큰〉웽.

왱가당 쇠붙이 따위가 함부로 마구 부딪치는 소리. 또는 그 모양. 〈큰〉웽거덩. ¶철판이 왱가당 소리를 내며 떨어지다. 왱강 · 웽정거리다/대다, 왱가당 · 왱그랑 · 웽그렁/거리다/대다, 왱강왱강, 왱강쟁강/거리다/대다/하다, 왱그랑/거리다/대다, 왱그랑댕그랑/왱강댕강 · 웽그렁뎅그렁/웽정뎅정, 왱댕 · 왱뎅/하다, 왱댕그랑 · 웽댕그랑 · 웽뎅그렁/하다.

외- 일부 명사 앞에 붙어 '오직 하나뿐인', 몇몇 부사나 동사 앞에

864) 왜글: 된밥이나 물건 따위가 왜그르르 헤져버리는 모양.≒왜그르르. ¶왜글거리다/대다.

865) 왝땍: 악을 쓰며 요란스럽게 떠들어 대는 소리. 또는 그 모양. 〈큰〉웩떽.

붙어 '홀로'의 뜻을 더하는 말.=외동-. ¶외가닥/길, 외가래, 외가지, 외갈래, 외갈매기, 외겹/실, 외고리눈이, 외고집(固執), 외골(한 줄기의 가르마), 외골목, 외골수(骨髓)[866], 외곬[867], 외궁둥잡이, 외귀, 외그네, 외기둥, 외기둥이(가지가 벌지 않고 줄기만 뻗은 산삼), 외기러기, 외길, 외길목/외목[외목장사, 외목장수], 외까풀. 외꽂이, 외끌이, 외나무다리, 외나피, 외날, 외눈(애꾸)[외눈깔, 외눈박이, 외눈부처(외눈의 눈동자. 소중한 것), 외눈퉁이], 외다리, 외닫이, 외대(나무나 풀의 단 한 대), 외대다'(소홀히 대접하다. 싫어하고 꺼리어 멀리하다. 배척하다), 외대머리[868], 외독(櫝;신주를 하나만 모신 독), 외독자(獨子), 외돌다'(남과 어울리지 않고 혼자 행동하다), 외돌토리/외톨이, 외동[869], 외동바리, 외두르다, 외두리, 외둥이(외아들), 외따님, 외따로, 외따롭다(보기에 홀로 떨어져 있는 듯하다), 외딴[870], 외딸, 외딸다[871], 외떡잎[외떡잎식물(植物), 외떡잎씨앗], 외떨어지다, 외롭다, 외룩발이(외다리 절름발이), 외마디[외마디말, 외마디설대, 외마디소리, 외마디장단], 외마치/장단, 외망치, 외맹이[872], 외며느리, 외목(외길목)/장사, 외몬다위(단봉낙타), 외무덤, 외문(門), 외문갑(文匣), 외미닫이, 외바늘, 외바퀴, 외발[외발뛰기, 외발제기], 외벌[외벌노(얇은 종이로 비벼 꼰 끈), 외벌매듭], 외봉우리, 외분(墳), 외상(床↔겸상), 외사위, 외상(床), 외상투, 외섬, 외성(城), 외손(한쪽 손)/잡이/질, 외손지다[873], 외손뼉, 외솔, 외시골(먼 시골), 외아들, 외알, 외알박이(알이 한 개만 있는 물건), 외알제기[874], 외어깨(한쪽 어깨), 외언청이, 외여닫이, 외올[외올뜨기, 외올망건(網巾), 외올베, 외올실, 외올탕건(宕巾)], 외와들다(한쪽으로 감추어 들다), 외우[875], 외자(字)[876], 외자리, 외자식(子息), 외자욱길[877], 외잡이, 외주둥이, 외주름, 외죽각(角), 외줄, 외줄기, 외지다[878], 외질빵[879], 외짝[외짝다리, 외짝문(門), 외짝열개], 외쪽[880], 외채/외챗집, 외코/신, 외탕(湯), 외태/머리(한 가닥으로 땋아 늘인 머리), 외톨[881], 외통(곬), 외통(通;오로지 한 곳으로만 통하는 길)[외통길, 외통목, 외통수(手), 외통장군(將軍), 외통집], 외팔/이, 외패부득(覇不得), 외패잡이[882], 외허굽재비, 외호모거리, 외홍잡이. ☞ 독(獨). 고(孤). 단(單).

외(外) 어떤 범위나 한계를 벗어나는 것. 밖. 또는 '모계 혈족 관계인·바깥'을 뜻하는 말.↔친(親). 내(內). ¶필기도구 외에는 지참하지 마시오. 그 외에 또 무엇이 필요한가? 외가(外家)[외갓집], 외각(外角), 외각(外殼), 외각사(外各司), 외간(外間), 외간(外簡), 외간/상(外艱/喪), 외감(外感), 외감각(外感覺), 외강내유(外剛內柔), 외객(外客), 외거(外擧), 외거간(外居間), 외견(外見), 외경(外境), 외경(外徑), 외경동맥(外頸動脈), 외경정맥(頸靜脈), 외경험(外經驗), 외계/인(外界/人), 외고(外姑), 외곡(外穀), 외곡(外轂), 외곡구(外曲球), 외골격(外骨格), 외골종(外骨腫), 외곳, 외공(外供;옷의 거죽감), 외공배(外空排), 외공장(外工匠), 외과(外科), 외과(外踝), 외과피(外果皮), 외곽(外廓/郭;변두리), 외곽(外槨), 외관(外官), 외관(外棺), 외관(外觀;겉모양), 외광선(外光線), 외교(外交)[883], 외교(外敎), 외구(外寇), 외구(外舅), 외국(外局), 외국(外國)[884], 외군(外軍), 외균근(外菌根), 외근(外勤), 외금강(外金剛), 외금정(外金井), 외기(外技), 외기(外記), 외기(外氣), 외난(外難), 외난막(外卵膜), 외난피(外卵皮), 외당(外堂), 외당숙(外堂叔), 외당숙모(外堂叔母), 외대(外待), 외도(外道;정도가 아닌 길), 외도고(外都庫), 외도방(外都房), 외독소(外毒素), 외동서(外同壻), 외등(外等), 외등(外燈), 외등단(外登壇), 외딸, 외랑(外廊), 외래(外來)[885], 외력(外力), 외론(外論), 외림프(外lymph), 외막(外膜), 외맥(外麥), 외면¹(外面)[886], 외면²(外面;상대하기를 꺼리어 얼굴을 다른 쪽으로 돌려 버림), 외면적(外面積), 외명부(外命婦), 외모(外侮), 외모(外貌), 외목(外目), 외무(外務), 외문(外門), 외문(外問), 외문(外聞), 외물(外物), 외미(外米), 외박(外泊), 외반슬(外反

---

866) 외골수(骨髓): 단 한 곳으로만 파고드는 사람. 편협하고 융통성이 없는 사람.

867) 외곬: 한 곳으로만 트인 길. 단 한 가지 방법이나 일. ¶외곬으로 파고들다. 문제 해결을 외곬으로만 생각해서는 위험하다.

868) 외대머리: 정식 혼례를 치르지 않고 머리를 쪽지 여자.

869) 외동: 외동덤(덤으로 끼워주는 한 마리의 새끼 자반), 외동딸, 외동무니/외동, 외동발이, 외동밤, 외동아들, 외동아이, 외동이, 외동자식(子息), 외동치기.

870) 외딴-: 외딴곳, 외딴길, 외딴뜸, 외딴몸, 외딴방(房), 외딴섬, 외딴집, 외딴치다(혼자 휩쓸어 판을 치다. 능히 앞지르다).

871) 외딸다: 다른 것과 잇닿아 있지 않고 홀로 떨어지다. ¶동네에서 외딸아 있는 한적한 집.

872) 외맹이: 광산에서 돌에 구멍을 뚫을 때, 한 손으로 쥐고 정을 때리는 망치.

873) 외손지다: 물체가 치우치어 있어서 한쪽 손밖에 쓸 수 없어 불편하다.

874) 외알제기: ①소 또는 말 따위가 한쪽 굽을 질질 끌며 걷는 일. 또는 그렇게 걷는 마소. ②나귀·말 따위가 못마땅할 때 한쪽 발로 걷어차는 짓.

875) 외우: ①외따로 떨어져. ¶외우 서 있는 나무. 외우 떨어져 앉은 오막. 외우 그리워하다 겨우 돌아온 나의 고향. ②=멀리①. ¶외우 떨어져 있는 마을.

876) 외자(字): 주로 이름을 말할 경우에 쓰여서, 한 글자를 이르는 말. ¶그의 이름은 '한 솔'로 외자이다. 외자하다(친숙하여 어느 정도 터놓고 말하게 되다).

877) 외자욱길: 한 쪽으로만 사람이 지나간 흔적이 있는 길.

878) 외지다: 사람의 왕래가 적어서 으슥하고 궁벽하다.≒구석지다. ¶외진 산길을 걸어 먼 곳에 있는 학교를 다녔다.

879) 외질빵: 한쪽 어깨로만 메게 된 질빵(짐을 지는 데 쓰는 줄). ¶질빵, 외질멜빵.

880) 외쪽: 외쪽마늘, 외쪽미닫이, 외쪽박이, 외쪽생각, 외쪽어버이, 외쪽여수(與受), 외쪽지붕.

881) 외톨: 밤송이나 마늘통 따위에 한 톨만 들어 있는 알. ¶외톨마늘, 외톨밤, 외톨박이, 외돌토리/외톨이(기댈 때 없고 매인 데도 없는 홀몸).

882) 외패잡이: 한 번도 갈마들지 아니하고 그대로 메고 가는 가마. 또는 그 가마를 메고 가는 사람.

883) 외교(外交): 외국과의 교제나 교섭. 외부와의 교제나 교섭. ¶대미 외교. 외교 수완이 좋다. 외교가(家), 외교관(官), 외교교섭(交涉), 외교권(權), 외교기관(機關), 외교내치(內治), 외교능력(能力), 외교단(團), 외교단절(斷絕), 외교담판(談判), 외교문서(文書), 외교비(費), 외교사(史), 외교사령(辭令), 외교사절(使節), 외교수완(手腕), 외교술(術), 외교원(員), 외교인(人), 외교자원(資源), 외교적(的), 외교전(戰), 외교정책(政策), 외교통(通), 외교특권(特權), 외교행낭(行囊); 공개외교(公開), 민간외교(民間), 비밀외교(秘密), 선린외교(善隣), 양당외교(兩黨), 연약외교(軟弱), 이중외교(二重), 정치외교(政治), 줄타기외교(두 나라 사이에서 이익을 꾀하려고 벌이는 외교), 초대외교(招待), 초청외교(招請), 초토외교(焦土).

884) 외국(外國): 외국공채(公債), 외국무역(貿易), 외국문학(文學), 외국미(美), 외국법(法), 외국법인(法人), 외국사절(使節), 외국산(産), 외국선(船), 외국시장(市場), 외국어(語), 외국영화(映畵), 외국우편(郵便), 외국은행(銀行), 외국인(人), 외국자본(資本), 외국제(製), 외국채(債), 외국판결(判決), 외국품(品), 외국환(換)/외환(外換), 외국회사(會社).

885) 외래(外來): 외래문화(文化), 외래사상(思想), 외래어(語), 외래종(種), 외래품(品), 외래하천(河川), 외래환자(患者).

886) 외면(外面): 외면묘사(描寫), 외면수새(마음에 없는 말로써 그럴듯하게 발라맞춤), 외면적(的), 외면치레.

ㅇ

膝), 외방(外方), 외방(外邦), 외방(外房), 외배엽(外胚葉), 외배유(外胚乳), 외백호(外白虎), 외번(外藩), 외벌적(外罰的), 외벽(外壁), 외변(外邊), 외병조(外兵曹), 외보(外報), 외보살(外菩薩), 외봉(外封;겉봉), 외봉선(外縫線), 외봉치다(外)[887], 외부(外部)[외부감각(感覺), 외부기생충(寄生蟲), 외부저항(抵抗)], 외분(外分), 외분비(外分比), 외분비/선(外分泌/腺), 외비(外備), 외빈(外賓), 외사(外史), 외사(外使), 외사(外事), 외사면(外斜面), 외사시(外斜視), 외사촌(外四寸), 외삼문(外三門), 외삼촌(外三寸), 외상(外相), 외상(外傷), 외새(外鰓;겉아가미), 외생(外甥), 외생식기(外生殖器), 외서(外書), 외선(外船), 외선(外線), 외설악(外雪嶽), 외성(外姓;외가의 성), 외성(外城), 외세(外勢), 외소박(外疏薄), 외손(外孫), 외손녀(外孫女), 외손자(外孫子), 외수(外需), 외수(外數), 외수위(外水位), 외숙(外叔), 외숙(外宿), 외숙모(外叔母), 외숙부(外叔父), 외숙질(外叔姪), 외시골, 외식(外食), 외신(外臣), 외신(外信), 외신(外腎), 외실(外室), 외심(外心), 외아전(外衙前), 외안근(外眼筋), 외안산(外案山), 외압(外壓), 외야(外野)[외야석(席), 외야수(手)], 외양(外洋), 외양(外樣), 외어물전(外魚物廛), 외역(外役), 외연(外延), 외연(外緣), 외연합(外聯合), 외열(外熱), 외염(外焰), 외왕모(外王母), 외왕부(外王父), 외외가(外外家), 외용(外用), 외용(外容), 외우(外憂), 외원(外苑), 외원(外援), 외위(外圍), 외유(外遊), 외유내강(外柔內剛), 외율(外率), 외음부(外陰部), 외읍(外邑), 외응(外應), 외의(外衣), 외이(外耳), 외이(外夷), 외이도(外耳道), 외인(外人)[외인부대(部隊), 외인촌(村)] 외인(外因), 외인자(因子), 외임(外任), 외임파(外淋巴), 외입(外入), 외자(外字), 외자(外資), 외자매(外姉妹), 외장(外庄), 외장(外場), 외장(外障), 외재(外在)[외재비평(批評), 외재성(性), 외재인(因), 외재적(的)], 외재궁(外梓宮), 외저항(外抵抗), 외적(外的)[888], 외전(外典), 외전(外電), 외전(外傳), 외절(外切), 외접(外接)[외접구(球), 외접다각형(多角形), 외접원(圓), 외접정(頂)], 외정(外征), 외정(外情), 외제(外弟), 외제(外制), 외제(外製), 외제(外題), 외제지(外制止), 외조(外祖), 외조(外朝;임금이 국정을 듣는 곳), 외조모(外祖母), 외조부(外祖父), 외족(外族), 외종(外從), 외종숙(外從叔), 외종숙모(外從叔母), 외종씨(外從氏), 외종조모(外從祖母), 외종조부(外宗祖夫), 외종질(外從姪), 외종피(外種皮), 외종형(外從兄), 외주(外注), 외주(外周), 외주방(外廚房), 외주피(外珠皮), 외중비(外中比), 외증조모(外曾祖母), 외증조부(外曾祖父), 외지(外地), 외지(外紙), 외지(外誌), 외직(外職), 외진(外診), 외진연(外進宴), 외집(外執), 외집단(外集團), 외차선(外車船), 외채(外債), 외처(外處), 외척(外戚), 외첨내소(外諂內疎), 외청도(外聽道), 외청룡(外靑龍), 외청역(外聽域), 외체강(外體腔), 외초(外哨), 외촉(外鏃), 외촌(外村), 외출(外出)[외출복(服), 외출부재(不在), 외출용(用), 외출증(證)], 외출혈(外出血), 외측(外側), 외측(外廁), 외층(外層), 외치(外治), 외치(外侈), 외치(外痔), 외치루(外齒瘻), 외친내소(外親內疎), 외캘리퍼스(外calipers), 외타(外他), 외탁(외가 쪽 사람을 닮음), 외택(外宅), 외투(外套;겉옷)[외툿감, 외투지(地;감)], 외투강(腔), 외투막(膜), 외투안(眼), 외판/원(外販/員), 외판(外辦), 외판원(外販員),외편(外便), 외편(外篇), 외포(外包), 외표(外表), 외풍(外風), 외피질(外皮質), 외하방(外下方), 외학(外學), 외한(外寒), 외할머니, 외할미, 외할아버지, 외합(外合), 외항(外港), 외항(外項), 외항/선(外航/船), 외해(外海), 외행랑(外行廊), 외행성(外行星), 외허(外虛), 외현(外現), 외형(外形)[외형도(圖), 외형률(律), 외형미(美)], 외형제(外兄弟), 외형질(外形質), 외호(外濠), 외호(外護), 외호흡(外呼吸), 외혹성(惑星), 외혼(外婚), 외화(外貨), 외화(外畵), 외화(外華), 외화개(外花蓋), 외환/죄(外患/罪), 외환(外換;외국환), 외회전술(外回轉術); 가외(加外), 각외(閣外), 갱외(坑外), 격외(格外), 경외(京外), 경외(境外), 과외(課外), 관외(管外), 관외(館外), 관외(關外), 교외(郊外), 교외(校外), 교외별전(教外別傳), 구외(構外), 구외불출(口外不出), 국외(局外;테밖. 판밖), 국외(國外), 권외(圈外), 궐외(闕外), 기상천외(奇想天外), 기외(其外), 난외(欄外), 내외(內外)[889], 논외(論外), 대외(對外), 도외(度外), 도외시(度外視), 등외(等外), 만외(灣外), 망외(望外), 몽외(夢外), 문외(門外), 문외한(門外漢), 물외(物外), 반외(盤外), 방외(方外), 방외(房外), 배외(拜外), 배외(排外), 법외(法外), 보외(補外), 부외(部外), 부외채무(簿外債務), 분외(分外), 사외(社外), 상상외(想像外), 새외(塞外), 서외(書外), 선외(選外), 섭외(涉外), 성외(城外), 세외(世外), 소외(疏外), 시외(市外), 실외(室外), 심외(心外), 액외(額外), 언외(言外), 역외(域外), 역외(閾外), 열외(列外), 염외(念外), 영외(營外), 예산외(豫算外), 예상외(豫想外), 예외(例外), 옥외(屋外), 요외(料外), 원외(員外), 원외(院外), 의외/로/롭다(意外), 이외(以外), 자외선(紫外線), 장외(帳外), 장외(場外), 장외(牆外), 재외(在外), 정외(廷外), 정외(情外), 정원외(定員外), 제외/례(除外/例), 제외지(堤外地), 중외(中外), 천외(天外), 체외(體外), 촌외(寸外;10촌이 넘는 먼 친척), 치외법권(治外法權), 한외(限外), 해외(海外), 호외(戶外), 호외(號外), 화외(化外) 들.

외(畏**)** '두려워하다. 꺼리다'를 뜻하는 말. ¶외겁(畏怯), 외경(畏敬), 외구(畏懼), 외기(畏忌), 외마(畏馬), 외복(畏伏), 외복(畏服), 외수외미(畏首畏尾;남이 알까 두려워함), 외시(畏屍), 외신(畏愼), 외언(猥言), 외우(畏友), 외축(畏縮), 외침(畏鍼), 외탄(畏憚), 외포(畏怖), 외한(畏寒), 외형(畏兄); 가외(可畏), 경외(敬畏), 무외(無畏), 시무외(施無畏), 포외(怖畏) 들.

외(猥**)** '함부로. 더럽고 추잡하다'를 뜻하는 말. ¶외람/되다/되이/스럽다(猥濫;분수에 지나침), 외서(猥書), 외설(猥褻;淫亂)[외설물(物), 외설죄(罪), 외설하다], 외언(猥言), 외잡하다(猥雜;음탕하고 난잡하다) 들.

외(椳**)** 흙을 바르기 위하여 벽 속에 엮는 나뭇가지. ¶외를 얽다. 외얽고 벽 치다(사물을 이해하지 못함. 명백한 것을 우기는 고집). 욋가지[890], 외얽이/하다; 가로외, 누운외, 누울외/눌외, 설외, 세로외 들.

외(巍**)** '높다'를 뜻하는 말. ¶외아(巍峨;우뚝 높이 솟음), 외연하다

887) 외봉치다(外): 물건을 훔치어 딴 곳으로 옮겨 놓다. ¶나락 한 섬을 외봉쳤다가 걸려 열 배를 물었다.

888) 외적(外的↔內的): 외적상황(狀況), 외적생활(生活), 외적연합(聯合), 외적영력(營力), 외적조건(條件).

889) 내외(內外): ①안과 밖. ②약간 넘거나 덜함. ③부부(夫婦). ④이성(異性)의 얼굴을 대하기를 피하는 일.

890) 욋가지: 외를 엮는 데 쓰는 가느다란 나뭇가지 · 수숫대 따위.

(巍然), 외외(巍巍·巍峨), 외외당당(巍巍堂堂) 들.

외(다)[1] 그르다(↔바르다). 왼쪽(좌(左)). ¶외나(마소 두 마리를 부릴 때, 왼쪽의 마소를 이르는 말), 외대다[2](사실과 반대로 일러주다), 외치다(고개를 외로 저어 돌리다), 외토라지다(바르지 아니하게 꼬여 토라지다), 외틀다(한쪽으로 틀다. 왼쪽으로 틀다)/틀리다/틀어지다, 왼[891], 왼길[2](어긋난 길), 왼일(잘못) 들.

외(다)[2] 피하여 자리를 조금 옆으로 옮기다. 물건이 좌우가 뒤바뀌어 놓여서 쓰기에 불편하다. 피하여 비키다. 마음이 꼬여 있다. ¶외끼다[892], 외돌다[2](비뚤어지게 돌다), 외어서다(길을 비키어 서다. 방향을 바꾸다), 외어앉다[893], 외오돌다(혼자서만 반대쪽으로 돌다), 외오빼다(다른 방향으로 돌리다) 들.

외(다)[3] '외우다'의 준말. '외치다'의 어근.

외롭(다) 의지할 곳이 없이 막막하다. 매우 쓸쓸하고 고독하다. [〈외롭다←외+롭다]. ¶외로운 사람. 늘그막에 자식도 없이 외로이 살다. 외로움, 외로워하다.

외상 값은 나중에 치르기로 하고 물건을 사고파는 일. ¶외상이면 소도 잡아먹는다. 외상값, 외상거래(去來), 외상관례(冠禮)[894], 외상놀음, 외상말코지[895], 외상밥, 외상빚, 외상술, 외상없다[896], 외상자리, 외상질/하다 들.

외양 ①외양간(마소의 우리)'의 준말. ¶소 잃고 외양간 고친다. ②마소를 기르는 일. §'외양(喂養)'은 한자음을 빌린 말.

외우(다) 같은 말을 되풀이하다. 잊지 않고 기억하다.≒암기하다(暗記). 〈준〉외다[3]. ¶아들 녀석이 장난감을 사달라고 왼다. 시를 줄줄 외우다. 왼금[897], 욀재주(才;기억력), 욀총(聰;잘 기억하여 외는 총기. 지닐총. 기억력); 내리외다/외우다(줄줄 외다), 따라외우다.

외자- '외상(外上). 가짜'를 뜻하는 말. ¶외자관례(冠禮;혼인을 약속한 데도 없이 상투만 짜서 올리는 일)/하다, 외자상투(외자관례로 올린 상투).

외자-하다 친숙하여 어느 정도 터놓고 말하게 하다.

외촘 집에서 가장 아늑한 곳이나 방. §'침실(寢室)'의 옛말.

외치(다) 소리를 크게 질러서 알리다.(≒소리치다). 의견이나 요구를 강력히 주장하다. 사람이 짤막한 내용을 큰 소리로 부르짖다.(↔속삭이다. 소곤대다). ¶불이야! 하고 외치다. "대한 독립 만세"하고 외치다. 구호를 외치다. 외침.

요[1] 사람이 눕거나 앉을 때 바닥에 까는 깔개.[←욕(褥)]. ¶요를 깔다/덮다. 욧거죽, 요뒤, 요때기(허름하여 요답지 못한 요), 욧속, 요의(衣;요껍데기, 요뒤), 욧잇(욧거죽), 요포대기; 다리미요, 담요(毯), 돋움요(솜을 두텁게 둔 요), 돗짚요(다다미), 몽고요(蒙古;몽고에서 나는 담요), 양화요(洋花;양탄자로 만든 요), 전기요(電氣), 전요(氈), 접요[898], 지요(地;관 안에 까는 요), 총담요(말의 털로 만든 요), 침대요(寢臺), 침요(寢;잠잘 때 까는 요), 털요 들.

요[2] ①바로 앞에 있는 사물을 얕잡아 일컫는 말. ¶요 조그마한 녀석. 요 문제쯤이야. ②시간이나 거리 따위가 가까움을 일컫는 말. 〈큰〉이[4]②. ¶요 며칠간. 요 언덕. 요같이, 요개(개를 쫓을 때 외치는 소리), 요건(요것은), 요걸(요것을), 요걸로(요것으로), 요것, 요게(요것이), 요기, 요까지로, 요까짓, 요나마, 요냥, 요년, 요놈, 요다음/요담, 요다지/도, 요대로, 요따위, 요래도, 요래라조래다, 요래서/야, 요래조래, 요랬다조랬다, 요러나, 요러나조러나, 요러니까, 요러니조러니, 요러다, 요러다가, 요러면, 요러므로, 요러요러하다, 요러조러하다, 요러쿵조러쿵, 요러하다, 요럭조럭·이럭저럭, 요런, 요런즉, 요렁조렁·이렁저렁, 요렇게, 요렇다, 요렇듯/이, 요리, 요리요리, 요리조리, 요리쿵조리쿵, 요리하다, 요마마·이마마하다, 요마적, 요마큼, 요만, 요만것, 요만조만하다, 요만큼, 요만하다, 요맘때, 요모조모, 요번(番), 요사이/요새, 요샛말(유행어), 요이(요사람), 요전/번(前/番), 요즈막, 요즈음/요즘, 요처럼, 요탓조탓 들.

요[3] 설명어의 종결 어미 뒤나 체언 또는 부사어 등에 붙어 듣는이에게 친근함·존대나 주의를 끌게 하는 보조사. ¶눈이 와요. 잠이 안 오는 걸요. 마음은요 더없이 좋아요. 어서요 읽어보세요. 산이 너무 높아서요, 오르기 힘들구먼요. 천만에요. 선생님, 비가 옵니다요.

-요 ①이다, 아니다'의 어간 뒤에 붙어, 어떤 사물이나 사실 따위를 열거할 때 쓰이는 연결 어미. ¶이것은 말이요, 저것은 소요, 그것은 돼지다. ②서술격 조사 '이다'의 어간 '이-'와 종결 어미 '-오'가 합쳐 변한 종결 어미. ¶이번 차례는 나요[나이오]. ③동사의 어간에 붙는 명령형이나 청유형 종결어미. §구어에서는 형용사에 붙어 동사적으로 쓰이기도 함. ¶어서 일어나세요. 부디 행복하세요. 건강하세요. 좀 침착하세요.

요(料) '헤아리다. 요금(料金). 재료(材料)'를 뜻하는 말. ¶요간(料簡), 요금(料金)[899], 요급(料給), 요량(料量)[요량하다; 몰요량(沒),

---

891) 왼: '왼쪽의'를 뜻하는 말.↔오른. ¶가장 왼 자리에 앉아라. 왼 고개를 젓다(부정하거나 반대하는 뜻을 표시하다). 왼걸음, 왼고개(왼쪽으로 돌리는 고개), 왼구비(쏜 화살이 높이 떠서 날아가는 상태 또는 모양), 왼길[1](왼쪽으로 갈라져 나간 길), 왼나사(螺絲), 왼낫, 왼녘, 왼돌이줄기, 외로(왼쪽으로. 비뚤게), 왼발/잡이, 왼배지기, 왼빔(↔오른빔), 왼뺨, 왼새끼, 왼섶, 왼소리(사람이 죽었다는 소문), 왼손[왼손법칙(法則), 왼손잡이, 왼손좌질], 왼씨름, 왼안걸이, 왼오금치기, 왼올(왼쪽으로 꼰 가닥), 왼짝, 왼쪽, 왼치마(왼쪽으로 여민 치마), 왼팔, 왼편/짝(便), 왼호미.

892) 외끼다: 차례를 틀리게 섞바꾸다. ¶이것저것 순서를 외끼다. 신발을 외껴 신다.

893) 외어앉다: ①자리를 피하여 비키어 앉다. ②다른 방향으로 돌아앉다.

894) 외상관례(冠禮): 외자관례(지난날, 혼인을 정한 데도 없이 상투만 틀어 올리던 일).

895) 외상말코지: 돈을 먼저 주지 아니하면 맞춘 물건이나 시킨 일을 얼른 해주지 아니하는 일.

896) 외상없다: 조금도 틀림이 없거나 어김이 없다. ¶그는 한번 약속하면 외상없다. 외상없이.

897) 왼금: 머릿속에 외어 둔 기억 또는 그런 짐작. ¶우리나라 명시를 왼금으로 줄줄 내려 외는 사람이 있다.

898) 접요: 병풍처럼 접었다 폈다 할 수 있게 된, 짐승의 털로 만든 요.

899) 요금(料金): 남의 힘을 빌리거나 사물을 사용·소비·관람한 대가로 치르는 돈. ¶요금 인상. 요금을 내리다. 공공요금(公共), 관영요금(官營), 수도요금(水道), 우편요금(郵便), 전기요금(電氣), 전화요금(電話), 통신요금(通信).

속요령, 요리(料理)[900], 요미(料米), 요식업(料食業), 요외(料外), 요율(料率), 요정(料亭;요릿집), 요초(料峭;이른 봄의 약간 으스스한 추위), 요탁(料度), 요포(料布); 가설료(架設料), 감미료(甘味料), 감정료(鑑定料), 감찰료(鑑札料), 강습료(講習料), 강연료(講演料), 강의료(講義料), 갹출료(醵出料), 검사료(檢査料), 검역료(檢疫料), 검정료(檢定料), 계료(計料), 계선료(繫船料), 고료(稿料), 공선료(空船料), 공증료(公證料), 과료(科料), 과태료(過怠料), 관람료(觀覽料), 광고료(廣告料), 교정료(校正料), 구독료(購讀料), 구조료(救助料), 급료(給料), 급수료(給水料), 급행료(急行料), 기호료(嗜好料), 대료(代料), 대기료(待機料), 대부료(貸付料), 대서료(代書料), 대여료(貸與料), 대전료(對戰料), 도료(塗料), 도선료(渡船料), 도정료(搗精料), 등기료(登記料), 면허료(免許料), 모델료(model料), 목욕료(沐浴料), 무료(無料), 물료(物料), 미료(味料), 반료(頒料), 반신료(返信料), 방송권료(放送權料), 배료(配料), 배송료(配送料), 보관료(保管料), 보존료(保存料), 보증료(保證料), 보험료(保險料), 봉사료(奉仕料), 부양료(扶養料), 부육료(扶育料), 분철료(分鐵料), 비료(肥料), 사료(史料), 사료(思料), 사료(飼料), 사양료(飼養料), 사용료(使用料), 산미료(酸味料), 상담료(相談料), 상연료(上演料), 세책료(貰冊料), 소료(所料;생각하여 헤아린 바), 소개료(紹介料), 소작료(小作料), 손료(損料), 송료(送料), 수강료(受講料), 수거료(收去料), 수도료(水道料), 수수료(手數料)[잡수수료(雜)], 수속료(手續料), 수술료(手術料), 수신료(受信料), 수업료(授業料), 수임료(受任料), 수험료(受驗料), 숙박료(宿泊料), 시료(詩料), 시료(試料), 시청료(視聽料), 식료(食料), 신미료(辛味料), 안료(顔料), 알선료(斡旋料), 어업료(漁業料), 야영료(野營料), 약료(藥料), 연료(燃料), 연체료(延滯料), 열람료(閱覽料), 염료(染料), 염필료(染筆料), 예료(豫料), 와료(臥料), 요탁료(料度料), 용선료(傭船料), 우송료(郵送料), 우편료(郵便料), 운송료(運送料), 원료(原料), 원고료(原稿料), 원작료(原作料), 위자료(慰藉料), 유료(有料), 윤필료(潤筆料), 음료(飮料), 응시료(應試料), 의료(衣料), 의장료(意匠料), 이발료(理髮料), 이적료(移籍料), 임대료(賃貸料), 임차료(賃借料), 입어료(入漁料), 입장료(入場料), 입항료(入港料), 자료(資料), 장제료(葬祭料), 재료(材料), 재료(齋料), 재할인료(再割引料), 저작권료(著作權料), 전기료(電氣料), 전보료(電報料), 전신료(電信料), 전파료(電波料), 전형료(銓衡料), 전화료(電話料), 정류료(停留料), 조미료(調味料), 정박료(碇泊料), 조광료(租鑛料), 조미료(調味料), 조출료(早出料), 주선료(周旋料), 주차료(駐車料), 주택료(住宅料), 주효료(酒肴料), 중개료(仲介料), 지료(地料), 지료(紙料), 질료(質料), 차료(借料), 차가료(借家料), 차고료(借庫料), 차료(借料), 차지료(借地料), 착륙료(着陸料), 착색료(着色料), 착향료(着香料), 창고료(倉庫料), 채료(彩料), 청강료(聽講料), 체선료(滯船料), 추심료(推尋料), 출연료(出演料), 통항료(通航料), 통행료(通行料), 통화료(通話料), 특허료(特許料), 필사료(筆寫料), 하숙료(下宿料), 할인료(割引料), 할증료(割增料), 항공료(航空料), 향료(香料), 향미료(香味料), 향신료(香辛料), 호출료(呼出料), 화고료(畵稿料), 화장료(化粧料), 환가료(換價料), 회신료(回信料), 후료(厚料), 휘호료(揮毫料), 휴차료(休車料) 등.

요(要) ①주로 '요는'의 꼴로 쓰여, '요점, 요지, 대요'의 뜻을 나타내는 말. ¶두서없이 이야기했지만, 요는 내 잘못이 아니라는 말이다. ②'중요한·요긴한. 구하다'의 뜻을 나타내는 말. ¶요강(要綱)[901], 요건(要件)[902], 요결(要訣), 요결(要結), 요공(要功), 요구(要求)[903], 요구(要具), 요극(要劇), 요긴하다(要緊), 요긴목(要緊), 요담(要談), 요도(要圖;필요한 사항만을 그린 그림), 요람(要覽), 요략(要略), 요령(要領)[904], 요로(要路;중요한 길. 중요한 지위), 요론(要論;긴요한 의론이나 논설), 요리(要理), 요리(要利), 요망(要望;어떻게 해주기를 바람), 요명(要名), 요목(要目;중요한 항목이나 조목)[교수요목(敎授)], 요무(要務), 요물계약(要物契約), 요밀하다(要密), 요부(要部), 요사(要事), 요상/권(要償/權;보상을 요구할 수 있는 권리), 요새(要塞;국방상 요충지)[요새전(戰), 요새지(地), 요새지대(地帶), 요새화/되다/하다(化)], 요석(要石), 요소(要所), 요소(要素)[905], 요시찰(要視察), 요식(要式)[906], 요신(要信), 요언(要言), 요약(要約;간추림), 요역(要驛), 요역국(要役國), 요역지(要役地), 요예(要譽), 요용(要用), 요원(要員)[기간요원(基幹)], 요의(要義), 요인(要人)[삼부요인(三府)], 요인(要因)[요인분석(分析); 불요인(不), 주요인(主), 환경요인(環境)], 요임(要任), 요절(要節), 요점(要點;줄거리. 핵심. 골자), 요주의(要注意), 요증(要證), 요지(要旨;중요한 뜻), 요지(要地), 요직(要職), 요진(要津), 요처(要處), 요청(要請;필요한 일을 해 달라고 청함), 요체(要諦), 요충(要衝), 요충지(要衝地), 요컨대, 요하다, 요피부득(要避不得), 요항(要港), 요항(要項), 요해지(要害地), 요해처(要害處); 간요하다(簡要), 강요하다(强要), 강요(綱要), 개요(概要), 결요(訣要), 권요(權要), 기요(紀要), 긴요(緊要), 남요(攬要), 대요(大要), 법요/식(法要/式), 불요(不要), 불요불급(不要不急), 불요하다(不要), 사요(史要), 소요(所要), 수요(須要), 수요(需要), 유요하다(有要), 적요(摘要), 절요(切/絕要), 정요하다(精要), 제요(提要), 주요(主要;주되고 중요함), 중요(重要;귀중하고 요긴함), 지요하다(至要), 지요(指要), 집요(輯要), 청요(清要), 체요(體要), 촬요(撮要), 추요

900) 요리(料理): 요리대(臺), 요리되다/하다, 요리법(法), 요리사(師), 요리상(床), 요리실(室), 요리인(人), 요리점(店), 요릿집; 궁중요리(宮中), 서양요리(西洋), 영양요리(營養), 중화요리(中華), 즉석요리(卽席), 청요리(淸), 한국요리(韓國), 향토요리(鄕土).

901) 요강(要綱): 중요한 골자나 줄거리. 또는 기본이 되는 중요 사항. ¶모집요강(募集), 입시요강(入試).

902) 요건(要件): 긴요한 일이나 안건. ¶자격 요건. 요건을 갖추다. 구성요건(構成), 대항요건(對抗), 법률요건(法律), 범죄구성요건(犯罪構成), 성립요건(成立), 소송요건(訴訟).

903) 요구(要求): 받아야 할 것을 필요에 의하여 청함. ¶돈을 요구하다. 요구되다/하다, 요구량(量), 요구불예금(拂預金), 요구서(書), 요구수준(水準), 요구액(額), 요구자(者); 내적요구(內的), 배당요구(配當).

904) 요령(要領): ①사물의 요긴하고 으뜸 되는 점. 또는 그 줄거리. 골자(骨子). 요점(要點). ¶요령이 없는 말. 요령을 알 수가 없다. 이 글은 도무지 요령을 잡지 못하겠다. 요령부득(不得;말이나 글의 요령을 잡지 못함). ②일을 하는 데 꼭 필요한 묘한 이치. 미립. ¶요령을 알다. ③쉽게 또는 어물거리어 넘기는 잔꾀. ¶요령을 부리다. 요령을 피우다.

905) 요소(要素): 사물의 성립이나 효력 발생 따위에 꼭 필요한 성분. 또는 근본 조건. ¶여러 가지 요소로 구성되다. 요솟값, 요소비용(費用;소극비용); 구성요소(構成), 근본요소(根本), 기상요소(氣象), 기후요소(氣候), 문화요소(文化), 생산요소(生産), 핵심요소(核心).

906) 요식(要式): 일정한 규정이나 방식에 따라야 할 양식(樣式). ¶요식 절차. 서류상의 요식을 갖추다. 요식계약(契約), 요식증권(證券), 요식행위(行爲), 요식혼(婚).

(樞要), 필요(必要), 험요하다(險要), 현요(顯要). ③서술성을 가지는 일부 명사 앞에 붙어 '그것이 필요한'의 뜻을 더하는 말. ¶요검사(要檢査), 요경계(要警戒), 요수량(要水量), 요시찰(要視察), 요주의(要注意) 들.

요(妖) '아리땁다. 괴이하다. 도깨비'를 뜻하는 말. ¶요괴/스럽다(妖怪), 요귀(妖鬼), 요기(妖氣)[요기부리다/스럽다], 요녀(妖女), 요마(妖魔;妖鬼), 요망(妖妄;요사하고 망령됨), 요물(妖物), 요변/스럽다(妖變;요사스럽고 변덕스럽게 행동함), 요변덕(妖變德), 요부(妖婦), 요분(妖氛), 요사(妖邪)[요사꾼, 요사스럽다], 요서(妖書), 요성(妖星), 요술(妖術)[요술객(客), 요술방망이, 요술쟁이], 요승(妖僧), 요신(妖臣), 요신(妖神), 요악하다/스럽다(妖惡), 요언(妖言), 요염(妖艶), 요운(妖雲), 요인(妖人), 요정(妖精), 요태(妖態), 요화(妖花), 요희(妖姬); 간요하다(奸妖), 인요(人妖), 재요(災妖), 지요(地妖), 천요만악(天妖萬惡) 들.

요(尿) '오줌'을 뜻하는 말. ¶요강(尿鋼), 요검사(尿檢査), 요관(尿管), 요도(尿道)[요도경(鏡), 요도염(炎)], 요독증(尿毒症), 요로(尿路), 요붕증(尿崩症), 요산(尿酸), 요석(尿石), 요소(尿素), 요실금(尿失禁;오줌새기), 요의(尿意), 요의빈삭(尿意頻數), 요정(尿精), 요침윤(尿浸潤), 요탁(尿濁), 요폐(尿閉), 요혈(尿血); 검뇨(檢尿), 농뇨(膿尿), 단백뇨(蛋白尿), 당뇨(糖尿), 도뇨(導尿), 방뇨(放尿), 배뇨(排尿), 분뇨(糞尿), 비뇨기(泌尿器), 빈뇨증(頻尿症), 삭뇨증(數尿症), 수뇨관(輸尿管), 시뇨(屎尿), 유미뇨(乳糜尿), 이뇨(利尿), 통뇨(通尿), 핍뇨(乏尿), 혈뇨(血尿) 들.

요(謠) '노래(하다). 소문'을 뜻하는 말. 일부 명사나 한자어 어근에 붙어 '그러한 노래임'을 뜻함. ¶요언(謠言;소문); 가요(歌謠), 강구요(康衢謠), 고요(古謠), 근대요(近代謠), 나례요(儺禮謠), 노동요(勞動謠), 농요(農謠), 동요(童謠), 무용요(舞踊謠), 민요(民謠)[907], 부요(婦謠), 설화요(說話謠), 성희요(聲戲謠), 속요(俗謠), 어희요(語戲謠), 유희요(遊戲謠), 의식요(儀式謠), 전설요(傳說謠), 참요(讖謠), 추천요(鞦韆謠), 풍요(風謠), 항요(巷謠) 들.

요(腰) '허리'를 뜻하는 말. ¶요각(腰角), 요고(腰鼓;장구), 요골(腰骨), 요기(腰氣), 요대(腰帶)[요대착용(着用); 딴요대(腰帶)], 요도(腰刀), 요부(腰部), 요선(腰線), 요여(腰輿), 요운(腰韻), 요위(腰圍;허리통), 요절하다(腰折), 요절복통(腰折腹痛), 요질(腰絰), 요참(腰斬), 요추(腰椎), 요통(腰痛)[기요통(氣), 풍요통(風)], 요패(腰佩), 요패(腰牌), 요하(腰下); 봉요(蜂腰), 산요(山腰;산허리), 세요(細腰), 유요(柳腰;가는 허리), 절요(折腰) 들.

요(搖) '흔들다/흔들리다. 움직이다'를 뜻하는 말. ¶요감(搖撼), 요개(搖改), 요개부득(搖改不得), 요거(搖車), 요긴하다(要緊), 요동(搖動;흔들, 흔들림)[요동치다/되다/하다, 요동질/하다], 요두전목(搖頭顚目), 요락(搖落), 요란하다/스럽다(搖/擾亂), 요람(搖籃)[908], 요령(搖鈴), 요미걸련(搖尾乞憐), 요선(搖扇), 요요하다(搖搖), 요제(搖祭), 요지부동(搖之不動); 동요(動搖), 보요(步搖;떨잠), 탕요(蕩搖), 표요(飄搖) 들.

요(了) '끝마치다. 깨닫다'를 뜻하는 말. ¶요감(了勘), 요결(了結), 요역(了役), 요요하다(了了;눈치가 빠르고 똑똑하다. 분명하다), 요정(了定;무엇을 결판냄. 결정함), 요지(了知), 요채(了債), 요해(了解;사물의 이치나 뜻 따위를 이해함); 결료(結了), 교료(校了), 독료(讀了), 만료(滿了), 매료(魅了), 미료(未了), 수료(修了), 역료(譯了), 완료(完了), 의료(議了), 자료(自了), 종료(終了), 투료(投了) 들.

요(療) '병을 고치다'를 뜻하는 말. ¶요갈(療渴), 요기(療飢)[909], 요법(療法)[910], 요병(療病), 요양(療養)[요양객(客), 요양보상(報償), 요양소(所), 요양원(院); 연하요양(煙霞), 전지요양(轉地)], 요육(療育), 요차(療次), 요치(療治); 가료(加療), 구료(救療), 물료(物療), 시료(施療), 의료(醫療), 진료(診療), 치료(治療)[치료법(法); 응급치료(應急), 혈청치료(血淸)], 택료(宅療) 들.

요(擾) '시끄럽고 어수선하다'를 뜻하는 말. ¶요민(擾民;백성을 귀찮게 함), 요양미정(擾攘未定), 요양하다(擾攘), 요요하다(擾擾); 객요(客擾), 군요(軍擾), 기요(起擾), 만요(民擾), 민요(民擾), 번요하다(煩擾), 분요하다(紛擾), 비요(匪擾), 소요(騷擾), 수요(愁擾), 양요(洋擾), 작요(作擾), 총요(蔥擾), 침요(侵擾), 혼요(婚擾), 훤요(喧擾) 들.

요(僚) '같은 부문에서 일하는 사람. 벼슬아치'를 뜻하는 말. ¶요당(僚堂), 요배(僚輩), 요상(僚相), 요선(僚船), 요속(僚屬), 요우(僚友), 요의(僚誼), 요정(僚艇), 요함(僚艦); 각료(閣僚), 관료(官僚), 궁료(宮僚), 동료(同僚), 막료(幕僚), 백료(百僚), 서료(庶僚;모든 일반 관리), 속료(屬僚), 신료(臣僚), 하료(下僚) 들.

---

907) 민요(民謠): 민요곡(曲), 민요조(調), 민요풍(風); 구전민요(口傳), 서도민요(西道), 서사민요(敍事), 서정민요(抒情), 창민요(唱), 향토민요(鄕土).

908) 요람(搖籃): 젖먹이를 눕히거나 앉히고 흔들어서 놀리거나 잠재우는 채롱. 사물이 발달하는 처음. ¶요람에서 무덤까지. 요람기(期), 요람지(地)

909) 요기(療飢): 시장기를 면할 정도로 음식을 조금 먹음. ¶요기차(次;요기나 하라고 주는 돈. 상여꾼에게 쉴 참마다 주는 돈); 눈요기, 샛요기(새참), 얼요기, 입요기, 초요기/하다(初).

910) 요법(療法): 병을 고치는 방법. ¶감식요법(減食), 감염식요법(減鹽食), 개방요법(開放), 격리요법(隔離), 고주파요법(高周波), 공기요법(空氣), 광선요법(光線), 광천요법(鑛泉), 기갈요법(飢渴), 기아요법(飢餓;단식법), 기후요법(氣候), 기흉요법(氣胸), 단백요법(蛋白), 단식요법(斷食), 단파요법(短波), 대기요법(大氣), 대증요법(對症), 도찰요법(塗擦), 동면요법(冬眠), 라듐요법(radium), 마취요법(痲醉), 말라리아요법(malaria), 매몰요법(埋沒), 면역요법(免疫), 무염식요법(無鹽食), 물리요법(物理), 미생물요법(微生物), 민간요법(民間), 발열요법(發熱), 발한요법(發汗), 방사선요법(放射線), 변조요법(變調), 병인요법(病因), 부식요법(腐蝕), 비소요법(砒素), 산소요법(酸素), 생물요법(生物), 설득요법(說得), 쇼크요법(shock), 수료법(水療法), 수면요법(睡眠), 수은요법(水銀), 수치요법(水治), 식이요법(食餌), 신앙요법(信仰), 심리요법(心理), 안마요법(按摩), 안정요법(安靜), 암시요법(暗示), 약물요법(藥物), 약이요법(藥餌), 언어요법(言語), 연무요법(煙霧), 열기요법(熱氣), 영양요법(營養), 예술요법(藝術), 온열요법(溫熱), 온천요법(溫泉), 원시요법(原始), 원인요법(原因), 유희요법(遊戲), 음용요법(飮用), 이완요법(弛緩), 인공기흉요법(人工氣胸), 일광요법(日光), 자극요법(刺戟), 자연요법(自然), 자외선요법(紫外線), 장기요법(臟器), 저항요법(抵抗), 적극요법(積極), 적외선요법(赤外線), 전광요법(電光), 전기요법(電氣), 전기충격요법(電氣衝擊), 전신요법(全身), 전지요법(轉地), 절식요법(絶食), 정신요법(精神), 지시적요법(指示的), 지압요법(指壓), 지지요법(支持), 집단요법(集團), 찜질요법, 창연요법(蒼鉛), 초음파요법(超音波), 촉침요법(鏃針), 최면요법(催眠), 추나요법(推拏), 충격요법(衝擊), 탈지요법(脫脂), 탕치요법(湯治), 투석요법(透析), 함수요법(含嗽), 행동요법(行動), 혈청요법(血淸), 화학요법(化學), 환경요법(環境), 흡인요법(吸引), 흡입요법(吸入).

요(饒) '물질이 넉넉하다'를 뜻하는 말. ¶요거(饒居), 요과(饒窠), 요다하다(饒多;넉넉하고 많다), 요대(饒貸), 요민(饒民), 요부하다(饒富), 요설(饒舌;쓸데없이 지껄임), 요실하다(饒實), 요족하다(饒足), 요축(살림이 넉넉한 사람의 동아리), 요호(饒戶); 부요하다(富饒), 옥요(沃饒), 풍요하다(豊饒) 들.

요(夭) '어리다 · 젊다. 젊어서 죽다'를 뜻하는 말. ¶요도(夭桃;젊고 예쁜 여자의 얼굴), 요요하다(夭夭;젊고 아름답다), 요사(夭死;夭折), 요서(夭逝), 요절(夭折;短命), 요함(夭陷); 도요시절(桃夭時節), 면요(免夭), 수요(壽夭), 중요(中夭) 들.

요(凹) '오목한'의 뜻을 나타내는 말.↔철(凸). ¶요각(凹角), 요경(凹鏡), 요다각형(凹多角形), 요렌즈, 요면(凹面), 요면경(凹面鏡), 요조(凹彫), 요지호(凹地湖), 요철(凹凸), 요판(凹版), 요함(凹陷) 들.

요(窯) 기와나 자기를 굽는 가마. 가마터. ¶요변(窯變), 요업(窯業), 요지(窯址), 요품(窯品); 가스요(gas窯), 도요(陶窯), 매요(煤窯), 매탄요(煤炭窯), 민요(民窯), 송시요(松柴窯), 와요(瓦窯), 전기요(電氣窯) 들.

요(邀) '맞이하다'를 뜻하는 말. ¶요격(邀擊;공격해 오는 적을 도중에 기다렸다가 마주 나가 침)[요격기(機), 요격미사일, 요격전(戰), 요격하다], 요래(邀來), 요초(邀招), 요파(邀破); 봉요(奉邀), 청요(請邀) 들.

요(嫋) '간드러지다'를 뜻하는 말. ¶요나하다(嫋/嫋娜;부드럽고 길어서 날씬하고 간드러지다), 요뇨(嫋嫋;가냘픈 것이 휘감기는 모양).

요(鬧) '시끄럽다'를 뜻하는 말. ¶요열(鬧熱); 열요(熱鬧); 기뇨(起鬧), 야료(惹鬧), 열뇨하다(熱鬧), 작뇨(作鬧), 훤뇨(喧鬧) 들.

요(遙/遼) '멀다. 거닐다'를 뜻하는 말. ¶요격(遼隔), 요망(遙望), 요배(遙拜), 요요하다(遙遙), 요원하다(遙/遼遠), 요천(遙天), 요탁하다(遙度); 소요(逍遙) 들.

요(寥) '쓸쓸하다'를 뜻하는 말. ¶요요무문(寥寥無聞), 요요하다(寥寥), 요적하다(寥寂); 적요하다(寂寥), 한료하다(閑寥), 황료하다(荒寥) 들.

요(瞭) '눈동자가 또렷하다. 살펴보다'를 뜻하는 말. ¶요망(瞭望), 요연하다(瞭然); 명료하다(明瞭), 일목요연(一目瞭然) 들.

요(撓) '어지럽다. 휘다 · 구부리다'를 뜻하는 말. ¶요개(撓改), 요굴(撓屈), 요절하다(撓折); 분요(紛擾), 불요(不撓), 불요불굴(不撓不屈) 들.

요(繞) '두르다 · 둘러싸다. 감기다'를 뜻하는 말. ¶요잡(繞匝); 반요식물(盤繞植物), 우요(右繞), 위요(圍繞)[1,2], 전요(纏繞), 환요(環繞) 들.

요(耀) '빛나다'를 뜻하는 말. ¶요덕(耀德;덕을 빛나게 함); 광요하다(光耀), 엄요하다(掩耀), 조요(照耀), 현요하다(衒耀) 들.

요(拗) '꺾다. 비뚤다'를 뜻하는 말. ¶요음(拗音)[911], 요집(拗執), 요체(拗體); 집요하다(執拗), 최요(摧拗) 들.

요(窈) '그윽하다. 아름답다'를 뜻하는 말. ¶요조숙녀(窈窕淑女), 요조하다(窈窕) 들.

요(聊) '의지하다. 즐기다'를 뜻하는 말. ¶요뢰(聊賴); 무료하다(無聊).

요(徭) '구실. 부역(賦役)'을 뜻하는 말. ¶요역(徭役), 요역계(徭役契).

요(堯) 옛 중국의 나라 이름. ¶요년(堯年;태평성대), 요순(堯舜)[요순시대(時代), 요순시절(時節)].

요(瑤) '아름다운 옥(玉)'을 뜻하는 말. ¶요경(瑤瓊), 요옥(瑤玉), 요지경(瑤池鏡).

요(蓼) '여뀌(마디풀과에 딸린 한해살이풀)'를 뜻하는 말. ¶요충(蓼蟲), 요화(蓼花;여뀌의 꽃); 홍료(紅蓼) 들.

요(潦) '큰비. 장마'를 뜻하는 말. ¶요수(潦水), 요열(潦熱), 요염(潦炎), 요침(潦浸) 들.

요(寮) '집. 같은 직무를 맡고 있는 사람'을 뜻하는 말. ¶요사(寮舍), 요사채(寮舍); 학료(學寮) 들.

요(僥) '바라다. 구하다'를 뜻하는 말. ¶요행(僥倖)[요행수(數), 요행스럽다].

요(澆) '물을 대다. 엷다. 경박하다'를 뜻하는 말. ¶요계(澆季), 요관(澆灌), 요전상(澆奠床) 들.

요(蕘) '땔나무를 하다'를 뜻하는 말. ¶요동(蕘童); 추요자(芻蕘者;꼴을 베는 사람과 땔나무를 하는 사람).

요(墝) '메마른 땅. 평평하지 못한 땅'을 뜻하는 말. ¶요각(墝埆), 요하(墝下).

요(燎) '화톳불. 밝다. 비추다'를 뜻하는 말. ¶요란하다(燎亂), 요원(燎原), 요원지화(燎原之火); 백화요란(百花燎亂) 들.

요(橈) '굽다 · 구부리다'를 뜻하는 말. ¶요골(橈骨;아래팔의 바깥쪽에 있는 삼각기둥 모양의 뼈).

요(曜) '비치다'를 뜻하는 말. ¶요요(曜曜), 요일(曜日)[일/월/화/수/목/금/토]; 흑요석(黑曜石).

요(姚) '어여쁘다. 아리땁다'를 뜻하는 말. ¶요요하다(姚姚;아주 어여쁘고 아리땁다).

요(幺) '작다'를 뜻하는 말. ¶요마(幺麽), 요미(幺微).

요(蟯) '선충류의 기생충'을 뜻하는 말. ¶요충(蟯蟲).

요가 인도에 기원을 둔 심신 단련법의 한 가지. 자세와 호흡을 가다듬어 정신을 통일 · 순화시키고, 초자연적인 힘을 얻으려는 수행법.[←yoga〈범〉].

요강 방에 두고 오줌을 누는 그릇.[←요항(尿缸)〈뇨강(尿缸)〉]. ¶요강을 부시다. 요강단지, 요강대가리(대머리), 요강도둑(바지의 솜이 아래로 처져 밑이 퉁퉁하게 보이는 사람의 놀림말); 길요강, 놋요강, 똥요강, 알요강(작은 요강) 들.

911) 요음(拗音): 말소리가 순편하게 나오지 아니하고 굴곡하여 나는 소리. 이중모음이 이에 딸림.

요글요글 속이 메스꺼울 정도로 게울 것 같아지거나 떠름한 생각이 치밀어 오르는 모양. 〈큰〉유글유글. ¶메스꺼움이 요글요글 괴여 오르다. 어제의 일이 목구멍에서 요글요글 괴여 올랐다. 유글유글 치미는 수치감. 요글요글하다.

요분–질 성교할 때 여자가 남자에게 쾌감을 주려고 아랫도리를 요리조리 놀리는 짓.

요절–나다 '못 쓰게 될 만큼 깨어지거나 해어지다. 일이 깨어져서 실패하다. ¶새로 사다 준 장난감이 며칠도 안 되어 요절났다. 요절내다.

욕(慾/欲) '탐내다. 무엇을 누리고자 함'의 뜻을 나타내는 말. ¶욕계(欲界), 욕교반졸(欲巧反拙), 욕구(慾/欲求)[욕구불만(不滿); 기본적욕구(基本的)], 욕기(慾/欲氣), 욕념(欲/慾念), 욕망(慾望)[사회적욕망(社會的)], 욕사무지(欲死無地), 욕생(欲生), 욕속부달(欲速不達), 욕속지심(欲速之心), 욕식기육(欲食其肉;매우 원한이 깊음), 욕심(慾/欲心)[욕심꾸러기, 욕심나다/내다, 욕심쟁이], 욕언미토(欲言未吐), 욕정(欲情), 욕진(欲塵), 욕천(欲天), 욕토미토(欲吐未吐), 욕해(慾海), 욕화(慾火); 공명욕(功名慾), 과시욕(誇示慾), 과욕(過慾), 과욕(寡慾), 과시욕(誇示慾), 관능욕(官能慾), 구매욕(購買慾), 권력욕(權力慾), 권세욕(權勢慾), 금욕/주의(禁慾/主義), 금전욕(金錢慾), 기욕(嗜慾), 노욕(老慾), 노출욕(露出慾), 다욕(多慾), 대욕(大慾/欲), 독서욕(讀書慾), 독점욕(獨占慾), 동물욕(動物慾), 명예욕(名譽慾), 무욕하다(無慾), 물욕(物慾), 발욕(發慾), 발표욕(發表慾), 본능욕(本能慾), 사욕(私慾), 사욕(邪慾), 사업(事業), 사환(仕宦), 산욕(山慾), 삼욕(三慾), 색욕(色慾), 생식욕(生殖慾), 생활욕(生活慾), 성욕(性)'[2], 성취(成就), 소욕(小/少慾), 소욕(所欲), 소유욕(所有慾), 수면욕(睡眠慾), 수욕(獸慾), 승리욕(勝利), 식욕(食慾), 아욕(我慾), 애욕(愛慾), 야욕(野慾), 예욕(穢慾), 오욕(五慾), 육욕(肉慾), 음욕(淫慾), 의욕(意欲), 이욕(利慾), 인욕(人慾), 자식욕(子息慾), 잠욕, 재물욕(財物慾), 재욕(財慾), 절욕(節慾), 접근욕(接近慾), 정욕(情慾), 정권욕(政權慾), 정복욕(征服慾), 정욕(情欲), 정욕(情慾), 제욕(制慾), 증대욕(增大慾), 지식욕(知識慾), 집단욕(集團慾), 창작욕(創作慾), 출세욕(出世慾), 충욕(充慾), 탐욕(貪慾), 탐구욕(探究慾), 투쟁욕(鬪爭慾), 필욕감심(必欲甘心), 허욕(虛慾), 환욕(宦慾) 들.

욕(辱) 남을 저주하거나 잘못되게 하는 말. 명예스럽지 못한 일. '욕보이다. 분에 넘치다'를 뜻하는 말. ¶욕을 먹다. 함부로 욕하지 마라. 욕을 당하다. 욕가마리, 욕감태기, 욕교(辱交), 욕급부형(辱及父兄), 욕되다(면목이 없거나 명예롭지 못하다), 욕먹다(악평을 듣다. 욕설을 듣다), 욕바가지, 욕받이(늘 욕을 먹는 사람), 욕보다(부끄러운 일을 당하다. 고생하다)/보이다, 욕설/질(辱說), 욕스럽다(보기에 욕되는 데가 있다), 욕우(辱友), 욕쟁이, 욕지(辱知), 욕지거리(욕설), 욕질/하다, 욕하다(욕설을 하다. 비난하거나 나무라다); 견욕(見辱), 고욕(苦辱), 관욕(官辱), 국욕(國辱), 곤욕(困辱), 굴욕(屈辱), 눈욕(눈짓으로 하는 욕), 능욕(凌/陵辱), 능욕죄(凌辱罪), 다욕(多辱), 대욕(大辱), 된욕(몹시 심한 욕이나 일), 뒷욕[뒷욕질, 뒷욕하다], 맞욕(맞대고 하는 욕), 면욕(免辱), 면욕(面辱), 모다기욕, 모욕(侮辱), 민욕(民辱)[국치민욕(國恥)], 봉욕(逢辱), 사욕(死辱), 상욕(相辱), 생욕(生辱), 설욕(雪辱), 설욕전(雪辱戰), 수욕(受辱), 수욕(羞辱), 영욕(榮辱), 오욕(汚辱), 육욕(戮辱;큰 치욕), 인욕(忍辱), 질욕(叱辱), 총욕(寵辱), 추욕(醜辱), 치욕(恥辱), 후욕(詬辱), 훼욕(毁辱) 들.

욕(浴) ①'미역 감다'를 뜻하는 말. ¶욕객(浴客), 욕기(浴沂), 욕불(浴佛), 욕소(浴所), 욕실(浴室), 욕의(浴衣), 욕장(浴場), 욕조(浴槽;목욕통이나 붙박이 시설), 욕탕(浴湯), 욕통(浴桶), 욕화(浴化;덕을 입음); 공기욕(空氣浴), 관수욕(灌水浴;물의 온도와 기압을 조절하여 몸을 치료하는 방법), 광천욕(鑛泉浴), 냉수욕(冷水浴), 노천욕(露天浴), 모래욕, 목욕(沐浴), 반신욕(半身浴), 발한욕(發汗浴), 사욕(沙浴), 산소욕(酸素浴), 삼림욕(森林浴), 수욕(水浴), 열기욕(熱氣浴), 온수욕(溫水浴), 온욕(溫浴), 온천욕(溫泉浴), 일광욕(日光浴), 입욕(入浴), 전기욕(電氣浴), 조욕(潮浴), 족욕(足浴), 좌욕(坐浴), 증기욕(蒸氣浴), 토욕/질/하다(土浴)[912], 포말욕(泡沫浴), 풍욕(風浴), 해기욕(海氣浴), 해수욕(海水浴), 혼욕(混浴). ②'입다. 받다'를 뜻하는 말. ¶욕덕(浴德), 욕화(浴化).

욕(褥) '요[침구(寢具)]. 어린애 옷'을 뜻하는 말. ¶욕부(褥婦), 욕석(褥席), 욕창(褥瘡); 병욕(病褥), 산욕/부(産褥/婦), 좌욕(坐褥;방석), 취욕(就褥) 들.

욕(縟) '번거롭다'를 뜻하는 말. ¶욕례(縟禮;번거롭고 까다로운 예절); 번문욕례(繁文縟禮)/번욕(繁縟;번거롭고 까다로운 규칙과 예절) 들.

욕지기 토할 것 같은 메슥메슥한 느낌.≒구역(嘔逆). 외욕질/웍질. ¶욕지기가 솟다. 욕지기나다(≒구역나다. 멀미나다. 메스껍다), 욕지기질/하다, 욕지기하다(토하다).

욜랑 몸의 일부를 가볍게 흔들며 움직이거나 촐싹거리는 모양. ¶조그만 것이 욜랑욜랑 잘도 걷는다. 어깨를 욜랑욜랑 들먹이며 춤을 추기 시작한다. 욜그랑살그랑, 욜랑거리다/대다, 욜랑욜랑/하다.

용 한꺼번에 모아서 내는 센 힘. ¶무거운 짐을 들려고 용을 썼다. 용빼다[913], 용쓰다[914], 용트림[915]/하다, 용용하다[916], 용하다[917].

용– 몇몇 명사나 동사 앞에 붙어 '큰. 세찬'을 뜻하는 말.[←용(龍)]. ¶용가마(큰 가마솥), 용가자미, 용두레, 용마루[옥척(屋脊)], 용마

---

912) 토욕(土浴): 닭이 흙을 파헤치고 들어앉아 버르적거리는 일. 말이나 소가 땅바닥에 뒹굴면서 몸을 비비는 일. 토욕질.=소용질. §'소용이치다'는 '말이 넘어져 뒹굴다'는 뜻의 옛말.

913) 용빼다: 큰 힘을 쓰거나 큰 재주를 부리다. '용코'는 용빼는 재주를 속되게 이르는 말.

914) 용쓰다: ①기운을 몰아 쓰다. ¶용쓰는 데까지 써 볼 참이다. ②힘을 들이어 괴로움을 억지로 참다.

915) 용트림: 거드름을 피우며 일부러 크게 힘을 들여 하는 트림. ¶꼴같잖게 용트림만 해 댄다. 미꾸라짓국 먹고 용트림하다.

916) 용용하다: 힘이나 기운, 마음 같은 것의 생김이나 솟음이 줄기차고 기운차다. ¶기적 같은 일을 해낸 그들의 뱃심이 매우 용용하다. 용용히(기세등등하게).

917) 용하다: 재주가 남달리 뛰어나고 특이하다. 어려운 일을 재주 있게 해내다. 갸륵하고 장하다. 매우 다행스럽다. 〈준〉용타. ¶솜씨가 용하다. 용한 점쟁이. 용케도 냄새를 잘 맡다. 용히 알아맞히다. 용한 아이. 용하게 참다. 어려운 고비를 용하게도 잘 넘겼다. 용케/도, 용히.

ㅇ

름(용구새), 용버들, 용벗[918], 용서대, 용심지(心;실 · 헝겊 따위를 꼬아 기름을 발라 불을 켜는 물건), 용울음(갑자기 내는 큰 울음), 용자물쇠, 용지렁이, 용춤[919] 들.

용(用) '쓰다 · 쓰이다(쓰임)'를 뜻하는 말. ¶용간(用奸), 용건(用件;일. 볼일), 용구(用具;연장. 연모), 용군(用軍), 용권(用權), 용기/화(用器/畵), 용달(用達)[용달사(社), 용달업(業), 용달차(車)], 용담(用談), 용도(用途;쓰이는 길. 또는 쓰이는 곳)[용도변경(變更), 용도지역(地域)], 용도(用度;씀씀이), 용돈, 용량(用量), 용려(用慮), 용력(用力), 용례(用例;보기), 용무(用武), 용무(用務;볼일), 용법(用法), 용변(用便), 용병(用兵)[용병법(法), 용병술(術), 용병학(學)], 용불용/설(用不用/說), 용비(用費), 용사(用私), 용사(用捨), 용색(用色), 용수(用水)[용수량(量), 용수로(路)], 용심(用心), 용어(用語), 용언(用言), 용여(用餘), 용역(用役)[용역불(佛), 용역산업(産業), 용역수출(用役); 기술용역(技術)], 용의(用意), 용의주도(用意周到), 용익(用益)[용익권(權), 용익물권(物權)], 용인(用人), 용자례(用字例), 용자창(用字窓), 용장(用杖), 용재(用材), 용전(用錢), 용지(用地), 용지(用紙), 용지불갈(用之不渴), 용처(用處), 용품(用品), 용필(用筆), 용하(用下), 용현(用賢;어진 사람을 등용함); 가용(可用), 가정용(家庭用), 가축용(家畜用), 개인용(個人用), 객용(客用), 건축용(建築用), 겨울용, 겸용(兼用), 경세치용(經世致用), 경용(經用), 고용(雇用), 곡용(曲用), 공공용(公共用), 공업용(工業用), 공용/물(公用/物), 공용(功用), 공용/물(共用/物), 공용/림(供用/林), 과용(過用), 관상용(觀賞用), 관용/차(官用/車), 관용(慣用), 교수용(教授用), 국용(國用), 군용(軍用), 군수용(軍需用), 급용(急用), 기용(起用), 긴용(緊用), 나용(挪用), 난용(卵用), 난용(亂用), 난방용(煖房用), 남용(濫用), 내용(內用), 내용(耐用), 내수용(內需用), 노용(路用), 농용(農用), 농업용(農業用), 다용(多用), 당용(當用), 대용(大用), 대용(代用), 대용(貸用), 덕용(德用), 도용(盜用), 등용(登用;인재를 뽑아서 씀), 등용(燈用), 레저용(leisure用), 무용(無用), 무마용(撫摩用), 무선용(無線用), 민간용(民間用), 박용(舶用), 방한용(防寒用), 범용(犯用;남이 맡긴 것을 써버림), 병용(竝/倂用), 보신용(保身用), 복용(服用), 보신용(保身用), 보신용(補身用), 부인용(婦人用), 불용(不用)[불용물(物), 불용품(品)], 비상용(非常用), 비용(費用), 빙용(聘用), 사용(使用), 사용(私用), 사용(社用), 사료용(飼料用), 사무용(事務用), 산란용(産卵用), 산업용(産業用), 상용(常用), 상용(商用), 상용(賞用), 서용(敍用), 선용(先用), 선용(船用), 선용(善用), 선용(選用), 선전용(宣傳用), 성인용(成人用), 세용(歲用), 소용(小用), 소용(所用), 속용(俗用), 손님용, 수용(收用), 수용(受用), 수용(需用), 수용(輸用), 수출용(輸出用), 습용(襲用), 시험용(試驗用), 승용(乘用), 시용(施用), 시용(試用), 식용(食用), 신용(信用), 실용(實用), 실습용(實習用), 실험용(實驗用), 아동용(兒童用), 악용(惡用), 애용(愛用), 애완용(愛玩用), 야외용(野外用), 약용(藥用), 양용(兩用), 어용(御用), 어른용, 어린이용, 업무용(業務用), 업소용(業所用), 여름용, 여행용(旅行用), 역용(役用), 역용(逆用), 연구용(研究用), 연습용(練習用), 영업용(營業用), 오용(誤用), 외용(外用), 외출용(外出用), 요용(要用), 요리용(料理用), 운용(運用), 운반용(運搬用), 원용(援用), 유용(有用), 유용(流用), 유아용(幼兒用), 육용(肉用), 음용(飮用), 음식용(飮食用), 응용(應用), 이용(利用), 이용(移用), 인용(引用), 일용(日用), 일반용(一般用), 일회용(一回用), 임용(任用), 잉용(仍用), 자용(自用), 자가용(自家用), 작용(作用), 잔용(자질구레하게 드는 비용), 잡용(雜用), 장식용(裝飾用), 적용(適用), 전용(全用), 전용(專用), 전용(轉用), 전시용(展示用), 절용(節用), 점용(占用), 접대용(接待用), 조리용(條理用), 조용(調用;관리를 골라서 등용함), 주거용(住居用), 주방용(廚房用), 준용(準用), 준용(遵用), 중용(重用), 징용(徵用), 차용(借用), 착용(着用), 찬용(饌用), 채용(採用), 체용(體用), 충용(充用), 취용(取用), 타용(他用), 탁용(擢用), 택용(擇用), 통용(通用), 통신용(通信用), 특용(特用), 패용(佩用), 필용하다(必用), 필기용(筆記用), 학용품용(學用品), 학생용(學生用), 학습용(學習用), 항용(恒用), 행용(行用), 행정용(行政用), 호용(互用), 호신용(護身用), 혼용(混用), 환용(換用), 활용(活用), 효용(效用), 휴대용(携帶用) 들.

용(龍) 큰 구렁이 같고 발톱과 뿔이 있다는 전설상의 동물. '용을 새긴. 용 모양을 한. 임금'을 뜻하는 말. ¶용이 올라갔다(물이 하나도 없다). 용가(龍駕;임금이 타는 수레), 용가봉생(龍茄鳳笙), 용갈이[920], 용거(龍車), 용고(龍鼓), 용골(龍骨;선박 바닥의 가운데를 받치는 길고 큰 재목), 용골돌기(龍骨突起;조류의 가슴뼈 가운데 있는 돌기), 용골차(龍骨車), 용광(龍光), 용교의(龍交椅), 용구(龍駒;자질이 뛰어난 아이), 용굿, 용궁(龍宮), 용꿈, 용날[辰日], 용녀(龍女), 용뇌수(龍腦樹)/용뇌(龍腦), 용뇌향(龍腦香), 용단지(벼를 넣어 다락에 모시는 단지), 용담(龍膽;용담과의 여러해살이풀), 용되다, 용두(龍頭)[921], 용떡, 용띠, 용루(龍淚), 용린(龍鱗), 용린갑(龍鱗甲), 용마(龍馬), 용마루(지붕마루), 용마름[922], 용머리, 용몽(龍夢), 용문(龍門), 용문/석(龍紋/席), 용미(龍尾), 용미봉탕(龍味鳳湯), 용반호거(龍蟠虎踞), 용방망이(용을 그린 방망이), 용봉비녀(龍鳳), 용봉장전(龍鳳帳殿), 용비녀, 용비봉무(龍飛鳳舞). 용비어천가(龍飛御天歌), 용사비등(龍蛇飛騰), 용상(龍床), 용상(龍狀), 용상(龍象), 용설란(龍舌蘭), 용소(龍沼), 용수(龍鬚;임금의 수염), 용수석(龍鬚席;골풀로 결어 만든 돗자리), 용수철(龍鬚鐵)[용수철저울; 복좌용수철(複座)], 용수바람(龍鬚;회오리바람), 용신(龍神)[용신경(經), 용신굿, 용신제(祭)], 용심(龍心;임금의 마음), 용안/육(龍眼/肉), 용안(龍顔), 용알, 용양호박(龍攘虎搏), 용양호시(龍驤虎視), 용연(龍淵), 용연향(龍涎香), 용염(龍髥), 용오름[923], 용왕(龍王)[용왕경(經), 용왕굿, 용왕길], 용음(龍吟), 용잠(龍簪), 용장(龍欌), 용정자(龍亭子), 용제(龍祭), 용종(龍種), 용주(龍舟;임금이 타는 배), 용지연(龍池硯), 용총(龍驄), 용추(龍湫), 용춤(용의 형상을 가지고 추는 춤), 용치수(龍治水), 용틀

918) 용벗: 온 몸을 벗나무로 싼 활[弓].

919) 용춤: 남이 추어올리는 바람에 좋아서 시키는 대로 하는 짓. ¶용춤을 추다/추이다.

920) 용갈이: 얼음이 녹을 무렵에 두꺼운 얼음판이 갈라져 생긴 금. 용이 발을 간 것과 같다(용의 발갈기)는 뜻에서 생긴 말.

921) 용두(龍頭): 용두머리, 용두박이, 용두사미(蛇尾), 용두쇠(장구의 양쪽에 있는 쇠로 만든 고리), 용두회(會;문과에 장원한 사람끼리 모이는 회).

922) 용마름: 초가의 용마루나 토담 위를 덮는 'ㅅ'자 형으로 엮은 이엉.

923) 용오름: 맹렬한 바람의 소용돌이. 바람이 심하게 소용돌이치면서 회전할 때, 바람 중앙 부분의 기압이 약화되는 순간 수면에서 바닷물이 말려 올라가며 거대한 물기둥을 이루는 현상.

임[924]/하다, 용평상(龍平床), 용포(龍袍), 용해[辰年], 용호(龍虎)[용호방(榜), 용호상박(相搏)]; 곤룡포(袞龍袍), 공룡(恐龍), 교룡(交龍;용틀임), 교룡(蛟龍), 내룡(來龍), 독안용(獨眼龍;애꾸눈의 영웅. 애꾸눈을 가진 지혜와 덕망이 높은 중), 뜬용(궁전·법당의 천장에 만들어 놓은 용 모양의 장식), 반룡(蟠龍), 반룡(攀龍), 반룡/부봉(攀龍/附鳳), 백룡(白龍), 복룡(伏龍), 사룡(蛇龍), 수룡(水龍), 쌍룡(雙龍), 어변성룡(魚變成龍), 여룡(驪龍), 오조룡(五爪龍), 와룡(臥龍)[925], 잠룡(潛龍), 좌선룡(左旋龍), 주룡(主龍;主山의 줄기), 지룡(地龍), 청룡(靑龍)[내청룡(內), 단청룡(單), 외청룡(外), 좌청룡(左)], 칩룡(蟄龍), 토룡(土龍;지렁이), 항룡(亢龍;지극히 높은 지위), 해룡(海龍), 화룡/점정(畵龍/點睛), 황룡(黃龍), 후룡(後龍), 흑룡(黑龍) 들.

용(容**)** '얼굴. 모습. 꾸미다. 용서하다. 받아들이다, 그릇[容器]'을 뜻하는 말. ¶용공(容共), 용광(容光), 용기(容器;그릇), 용납하다(容納), 용량(容量;용기 안에 들어갈 수 있는 분량)[용량계(計), 용량분석(分析); 전지용량(電池)], 용모(容貌), 용사(容赦;용서하여 놓아줌), 용색(容色), 용서(容恕), 용수(容手), 용슬(容膝;방이나 장소가 비좁음), 용식(容飾), 용신(容身;容膝), 용안(容顔;얼굴), 용여하다(容與;태연하다. 한가롭고 평안하여 흥겹다), 용연하다(容然), 용의/자(容疑/者), 용의(容儀;몸가짐. 용모), 용이하다(容易;쉽다. 만만하다), 용인(容忍), 용인(容認), 용자(容姿;모습), 용적(容積;물건을 담을 수 있는 부피)[용적계(計), 용적량(量), 용적률(率), 용적지역(地域)], 용접(容接), 용질(容質), 용태(容態), 용허(容許), 용혹무괴(容或無怪), 용화(容華;예쁘게 생긴 얼굴), 용훼(容喙;입을 놀림. 말참견을 함); 겸용(兼容), 관용(寬容), 교용(嬌容), 군용(軍容), 금용(金容;황금빛 나는 부처의 얼굴), 내용(內容)[내용물(物), 내용미(美)], 모용(貌容), 미용(美容), 방용(芳容), 변용(變容), 부용(婦容), 불용(不容), 산용(山容), 서용(恕容), 선용(仙容), 설부화용(雪膚花容), 성용(聖容), 소용(笑容), 쇠용(衰容), 수용(收容), 수용(受容), 수용(羞容), 수용(睟容), 수용(愁容), 수용(瘦容), 신용(神容), 아유구용(阿諛苟容), 야용(冶容;예쁘게 단장함), 야용지회(冶容之誨), 언용(言容), 여용(麗容), 염용(艶容), 예용(禮容), 옥용(玉容), 옹용하다(雍容;화락하고 조용하다), 외용(外容), 월용(月容), 위용(威容), 위용(偉容), 음용(音容), 의용(儀容), 이용(異容)), 이용(理容), 인용(認容), 자용(姿容), 재용(才容), 전용(全容), 정용(整容), 종용하다(從容), 진용(陣容), 포용(包容), 해용(海容), 허용(許容), 형용(形容), 화용(花容) 들.

용(勇**)** 날래고 씩씩한 기운. '날래다. 용감하다'를 뜻하는 말. ¶용감(勇敢)[용감무쌍(無雙), 용감성(性), 용감하다(궤젓하다)], 용강하다(勇剛), 용개(勇槪), 용기/백배(勇氣/百倍), 용단/성(勇斷/性), 용덕(勇德), 용략(勇略), 용력(勇力), 용맹/심(勇猛/心), 용명하다(勇明), 용병(勇兵), 용부(勇夫), 용사(勇士)[무명용사(無名), 무언용사(無言)], 용약(勇躍;마음이 힘차게 뜀), 용왕매진(勇往邁進), 용자(勇姿), 용장(勇將), 용장하다(勇壯), 용전(勇戰), 용진(勇進), 용퇴(勇退), 용투(勇鬪), 용한하다(勇悍), 용협(勇俠); 강용하다(剛勇), 강용하다(强勇), 건용하다(健勇), 겸인지용(兼人之勇), 담용(膽勇), 대용(大勇), 만용(蠻勇), 맹용(猛勇), 무용(武勇), 소용(小勇), 신용(神勇), 여용(餘勇), 영용(英勇), 의용(義勇), 웅용(雄勇), 의용(義勇), 인용(仁勇), 저돌희용(猪突豨勇), 저용(豬勇), 지용(智勇), 진용(眞勇), 충용(忠勇), 침용(沈勇), 필부지용(匹夫之勇), 한용하다/스럽다(悍勇), 협용(俠勇), 효용(驍/梟勇) 들.

용(溶**)** '질펀히 흐르다. 넘치다. 녹다'를 뜻하는 말. ¶용매(溶媒), 용명(溶明), 용식(溶蝕)[용식균열(龜裂), 용식분지(盆地), 용식작용(作用)], 용암(溶暗), 용액(溶液)[공존용액(共存), 교질용액(膠質), 불/포화용액(不/飽和)], 용용하다(溶溶;많은 물이 넓고 조용히 흐름), 용용수(溶溶水;질펀히 흐르는 물), 용유(溶油), 용제(溶劑), 용존산소량(溶存酸素量), 용질(溶質), 용출(溶出), 용합(溶合)[용합되다, 용합하다], 용해(溶解)[926], 용혈(溶血)[927]; 가용(可溶), 불용성(不溶性), 수용성(水溶性), 정용체(晶溶體) 들.

용(庸**)** '쓰다[用]. 범상하다. 어리석다. 떳떳하다'를 뜻하는 말. ¶용공(庸工), 용군(庸君;어리석은 임금), 용렬하다(庸劣), 용부(庸夫), 용상하다(庸常), 용속하다(庸俗), 용언(庸言), 용우하다(庸愚), 용의(庸醫), 용인(庸人), 용장(庸將), 용재(庸才), 용졸하다(庸拙;못나고 졸스럽다), 용품(庸品), 용하다[928], 용행(庸行); 등용(登用/庸), 범용(凡庸), 부용(附庸), 중용(中庸)[929] 들.

용(傭**)** '품팔이하다. 품삯'을 뜻하는 말. ¶용공(傭工), 용남(傭男), 용녀(傭女), 용병/술(傭兵/術), 용부(傭夫), 용부(傭婦), 용빙(傭聘;예를 갖추어 고용함), 용선(傭船;배를 빌림)[용선계약(契約), 용선료(料), 용선자(者)], 용원(傭員), 용인(傭人); 고용(雇傭), 사용(私傭), 상용(常傭), 일용(日傭;날품팔이) 들.

용(鎔//熔**)** '녹이다. 거푸집'을 뜻하는 말. ¶용광로(鎔鑛爐), 용도(鎔度), 용석(鎔/熔石), 용선(鎔銑), 용선로(鎔銑爐), 용암(鎔/熔岩)[930], 용융/점(鎔融/點), 용재(鎔滓), 용점(鎔點), 용접(鎔接)[931], 용제(熔劑), 용주(鎔鑄;일을 성취시킴), 용해/로(鎔解/爐), 용화(鎔化); 가용(可鎔), 지용성(脂溶性) 들.

용(宂/冗**)** '쓸데없다. 중요하지 않은'을 뜻하는 말. ¶용관(冗官), 용다(冗多), 용담(宂談), 용만(宂漫), 용무(冗務), 용문(冗文), 용비

---

924) 용틀임(龍): 용의 모양을 틀어 새긴 장식. 교룡(交龍). ¶용틀임이 웅장하게 새겨져 있는 정자 기둥.

925) 와룡(臥龍): ①엎드려 있는 용. ¶와룡장자(壯字;엎드린 용과 같이 힘 있는 글씨). ②초야(草野)에 숨어서 세상에 알려지지 않은 큰 인물.

926) 용해(溶解): 녹거나 녹이는 일. ¶용해도(度)[용해도계수(係數), 용해도곡선(曲線), 용해도곱], 용해소(素), 용해액(液), 용해열(熱), 용해적(積;용해도곱), 용해제(劑), 용해질(質, 용해화(化); 흡습용해(吸濕).

927) 용혈(溶血): 적혈구의 세포막이 파괴되어 그 안에 있는 헤모글로빈이 혈구 밖으로 빠져 나가는 현상. ¶용혈독(毒), 용혈반응(反應), 용혈성(性), 용혈소(素), 용혈현상(現象).

928) 용하다(庸): 성질이 어리석고 순하다. ¶그 사람은 너무 용해서 탈이야. 겉보기는 용한 것 같지만 한번 화나면 무섭다.

929) 중용(中庸): 치우침이나 과부족이 없이 떳떳하며 알맞은 상태나 정도. ¶중용의 도. 중용을 지키다. 중용사상(中庸思想).

930) 용암(鎔岩): 마그마. 또는 그것이 굳어서 된 바위. ¶용암구(丘), 용암굴(窟;용암터널), 용암대(帶), 용암대지(臺地), 용암류(流), 용암층(層), 용암탑(塔).

931) 용접(鎔接): 용접공(工), 용접기(器), 용접되다/하다, 용접봉(棒), 용접뿜개(용접토치), 용접응력(應力), 용접집게; 가스용접(gas), 가압용접(加壓), 마찰용접(摩擦), 산소용접(酸素), 아크용접(arc), 전기용접(電氣), 점용접(點), 주물용접(鑄物).

(冗費), 용어(冗語), 용원(冗員), 용잡하다(冗雜;쓸데없이 번거롭다), 용장/문(冗長/文); 번용(煩冗) 들.

용(聳) '높이 솟다'를 뜻하는 말. ¶용동(聳動;부추김), 용립(聳立;높이 우뚝 솟음), 용상(聳上)[편수용상(片手)], 용연/하다(聳然), 용첨(聳瞻;발돋움하고 봄), 용청(聳聽;귀를 솟구어 열심히 들음), 용출(聳出;우뚝 솟아남) 들.

용(茸) '사슴의 뿔'을 뜻하는 말. ¶용이 든 보약. 강용(江茸), 녹용(鹿茸), 모용(毛茸;식물의 거죽에 생기는 잔털), 삼용(蔘茸), 수용(水茸), 장용(獐茸) 들.

용(俑) '허수아비. 죽은 사람과 함께 묻는 인형'을 뜻하는 말. ¶애용(艾俑;쑥으로 만든 인형. 단옷날 문 위에 달아매 나쁜 기운을 쫓는다 함), 토용(土俑) 들.

용(湧) '솟아나다'를 뜻하는 말. ¶용솟다, 용솟음/치다, 용수(湧水), 용승/류(湧昇/流), 용천(湧泉;물이 솟아나는 샘), 용출(湧出); 흉용(洶湧) 들.

용(踊) '뛰다(도약하다. 춤추다)'를 뜻하는 말. ¶용귀(踊貴;물가가 뛰어오름), 용약(踊躍); 등용(騰踊), 무용(舞踊), 벽용(擗踊) 들.

용(蓉) '연꽃[연화(蓮花)]'을 뜻하는 말. ¶부용(芙蓉;연꽃)[부용자(姿), 부용장(帳), 부용향(香), 부용화(花)].

용(慂) '억지로 권유하다'를 뜻하는 말. ¶종용하다(慫慂).

용(舂) '찧다. 절구질하다'를 뜻하는 말. ¶용정(舂精;곡식을 찧음).

용고뚜리 담배를 지나치게 많이 피우는 사람. 골초. ¶용고뚜리와는 달리 담배를 쉬지 않고 늘 피우는 사람을 '철록어미'라고 한다.

용골때-질 심술을 부려 남의 부아를 돋우는 짓. §병자호란을 일으킨 '용골대'처럼 못된 짓을 한다는 뜻에서 나온 말.

용궁 물이 잘 빠지도록 조약돌을 묻은 도랑. 맹구(盲溝; 자갈구멍).

용두¹ 배의 돛대 꼭대기 부분.

용두² 반복되는 움직임이나 행위. ¶용두밀(돛을 올렸다 내렸다 하는 데 쓰는, 돛대 끝에 단 도르래), 용두질(남자가 자기의 자지를 손이나 다른 물건으로 자극하여 쾌감을 얻는 짓).

용수 ①술이나 장을 거르는 데 쓰는, 싸리나 대오리로 만든 기구. ¶용수를 지르다(술이나 간장을 뜨기 위하여 용수를 박다). 용수뒤(밑술). ②죄수의 얼굴을 못 보게 머리에 씌우던 기구. ¶용수갓.

용심 남을 시기하는 심술궂은 마음. ¶친구가 먼저 결혼하니 용심을 부린다. 용심이 나다. 용심꾸러기, 용심부리다, 용심쟁이.

용용 엄지손가락 끝을 제 볼에 대고 나머지 네 손가락을 놀려 남의 약을 올리는 짓. 또는 그러면서 내는 소리. ¶용용 죽겠지.

용지 솜이나 헝겊을 나무에 감아 기름을 묻히어 초 대신 불을 켜는 물건. ¶용짓감.

용지-판(板) 벽이 무너지지 아니하도록 지방(地枋) 옆에 대는 널쪽. ¶장용지(長;벽 밖에 담을 붙여 쌓을 때, 흙이 무너지지 않도록 담의 마구리에 대는 긴 널조각.

용집 발에 땀이 나서 버선 위로 내밴 더러운 얼룩. ¶용집이 밴 버선을 꿰매다.

용천 ①문둥병, 지랄병 따위의 몹쓸 병. ¶용천맞다[932], 용천뱅이(문둥이), 용천스럽다, 용천지랄. ②'용천하다[933]'의 어근.

용총-줄 돛을 올리거나 내리기 위하여 돛대에 매어 놓은 줄.

용탕 가운데가 움푹 패어 물이 괴어 있는 곳.≒웅덩이. 물구덩이.

용퉁-하다 사람이 변변하지 못하고 하는 짓이나 됨됨이가 어리석고 미련하다. ¶용퉁한 녀석 같으니, 어쩌자고 그런 짓을 해. 워낙 용퉁한 친구라 아직도 갈피를 잡지 못하고 헤맨다.

용:-하다 훌륭하다. ☞ 용.

우 ①여럿이 한꺼번에 한데로 몰리는 모양. ¶학생들이 교문 밖으로 우 몰려나가다. ②바람이 한쪽으로 세차게 몰아치는 모양. 또는 그 소리.

-우- 일부 동사 어간 뒤에 붙어 '사동(使動;시킴말)'의 뜻을 더하는 말. ¶거두다[〈걷우다←걷다], 깨우다, 끼우다, 내리우다, 돋우다, 미루다[〈밀우다←밀다], 바루다(바르게 하다)[←바르다], 비우다, 상우다(傷;상하게 하다), 새우다, 이루다[〈일우다←일다], 지우다[부(負)], 찌우다, 피우다 들.

우(雨) '비. 비가 오다'를 뜻하는 말. ¶우각(雨脚;빗발), 우경(雨景), 우계(雨季), 우곡(雨谷), 우구(雨具), 우구화(雨久花;물옥잠), 우기(雨氣), 우기(雨期), 우량(雨量)[우량계(計), 우량도(圖), 우량인지(因子); 강우량(降), 연우량(年), 지점우량(地點)], 우로(雨露), 우루(雨淚), 우립(雨笠), 우박(雨雹;누리), 우부우(雨覆羽), 우비(雨備), 우빙(雨氷), 우사(雨師), 우산(雨傘)[934], 우설(雨雪), 우성(雨聲), 우세(雨勢), 우수(雨水), 우순풍조(雨順風調), 우습(雨濕), 우시(雨矢), 우야(雨夜), 우열(雨裂), 우월(雨月;음력 5월), 우의(雨衣), 우의(雨意), 우장(雨裝), 우적(雨滴), 우점(雨點), 우중(雨中), 우징(雨徵), 우천(雨天), 우천순연(雨天順延), 우청(雨晴), 우촌(雨村), 우택(雨澤), 우화(雨靴), 우후(雨後), 우후죽순(雨後竹筍), 우흔(雨痕;빗자국); 갈민대우(渴民待雨), 감우(甘雨)[구한감우(久旱)], 강우(降雨)[강우기(期), 강우량(量); 인공강우(人工)], 고우(苦雨), 고우(膏雨), 과우(寡雨), 괴우(怪雨)[935], 급우(急雨), 기우(祈雨)[기우단(壇), 기우제(祭)], 냉우(冷雨), 녹우(綠雨), 뇌우(雷雨), 다우(多雨), 대우(大雨), 동우(冬雨), 동우(凍雨), 매우(梅雨;매실나무의 열매가 익을 무렵에 오는 비), 맥우(麥雨), 맹우(猛雨), 모우(冒

---

932) 용천맞다: 꺼림칙한 느낌이 있어 매우 좋지 아니한 데가 있다. ¶별 용천맞을 소리를 다 하네. 꿈도 참 용천맞아라.

933) 용천하다: 썩 좋지 아니하다. 꺼림칙하여 마음에 켕기는 느낌이 있다. ¶쓰기에 용천하다. 그런 말을 듣고 보니 이 떡은 먹기에 용천하다. 먹은 것도 없는 데 속이 용천하다.

934) 우산(雨傘): 우산걸음(몸을 추석거리며 걷는 걸음), 우산대, 우산살, 우산장이, 우산효과(效果); 박쥐우산, 비닐우산(vinyl), 식량우산(食糧), 접우산, 종이우산, 지우산(紙;종이우산), 핵우산(核).

935) 괴우(怪雨): 물고기 · 개구리 · 벌레 들이 회오리바람에 말려 올라갔다가 비와 함께 또는 그대로 떨어지는 현상.

雨), 모우(暮雨), 목우(沐雨), 무우(霧雨), 미우(微雨), 백우(白雨), 법우(法雨;불법의 은혜), 비풍참우(悲風慘雨), 사우(斜雨), 사우(絲雨), 산우(山雨), 삼일우(三日雨;흡족히 내리는 비), 서우(暑雨), 서우(瑞雨), 성우(星雨), 세우(細雨), 세거우(洗車雨;음력 7월 7일에 내리는 비), 소우(小雨), 소우(疏雨), 송화우(松花雨), 시우(時雨), 심우(甚雨), 야우(夜雨), 양우(涼雨), 연우(煉雨), 영우(靈雨), 운우(雲雨), 유객우(留客雨;손님을 머물게 잇달아 오는 비), 유성우(流星雨)/성우(星雨), 음우(陰雨), 음우(霪雨;장맛비), 인공우(人空雨), 임우(霖雨), 자우(滋/慈雨), 적우(適雨), 적우(積雨), 조우(朝雨), 질우(疾雨), 처우(凄雨), 청우(晴雨), 체우(滯雨), 최화우(催花雨;봄비), 추우(秋雨), 춘우(春雨), 취우(翠雨), 취우(驟雨), 측우기(測雨器), 쾌우(快雨), 탁지우(濯枝雨), 탄우(彈雨), 택우(澤雨), 토우(土雨), 폭우(暴雨), 풍우(風雨), 폭풍우(暴風雨), 하우(夏雨), 한우(寒雨;찬비), 혈우(血雨), 협우(峽雨), 호우(好雨;단비), 호우(豪雨;억수. 장대비)[집중호우(集中)], 호풍환우(呼風喚雨), 홍우(紅雨), 황매우(黃梅雨;장마), 효우(曉雨), 희우(喜雨) 들.

우(牛) '소'를 뜻하는 말. ¶우각(牛角)[우각사(莎)[936], 우각새(顋;쇠뿔 속의 골), 우각호(湖;쇠뿔 모양의 호수)], 우골(牛骨)[우골유(油), 우골지(脂), 우골탑(塔)], 우공(牛公), 우금(牛禁), 우담(牛膽), 우답불파(牛踏不破), 우도(牛刀), 우도할계(牛刀割鷄), 우두(牛痘), 우두/골(牛頭/骨), 우둔(牛臀;소의 볼기. 우둔살), 우락/유(牛酪/乳), 우랑(←牛囊), 우마(牛馬), 우모(牛毛), 우목(牛目), 우보(牛步), 우분(牛糞;쇠똥), 우사(牛舍), 우선(牛癬), 우설(牛舌), 우수(牛髓), 우수마발(牛溲馬勃), 우슬(牛蝨;진드기), 우슬(牛膝), 우승(牛蠅;쇠파리), 우시장(牛市場), 우신(牛腎), 우심(牛心), 우심혈(牛心血), 우양(牛羊), 우역(牛疫), 우유(牛油), 우유(牛乳), 우육(牛肉), 우음(牛飮), 우의(牛衣;덕석), 우이(牛耳;쇠귀. 우두머리)[우이독경(讀經), 우이송경(誦經)], 우장(牛漿), 우전(牛廛), 우죽(牛粥), 우지(牛脂), 우질(牛疾), 우차(牛車), 우피(牛皮), 우황(牛黃), 우후(牛後); 견우(牽牛), 견우직녀(牽牛織女), 경우(耕牛)[석전경우(石田)], 광우병(狂牛病), 교각살우(矯角殺牛), 구우일모(九牛一毛), 귀마방우(歸馬放牛), 농우(農牛), 도우(屠牛), 독우(犢牛), 두우(斗牛), 만우난회(萬牛難回), 모우(牡牛)[종모우(種)], 목우(牧牛), 벽창우(碧昌牛), 비우(肥牛), 비육우(肥肉牛), 빈우(牝牛), 사우(飼牛), 사우(將牛), 성우(成牛), 세우(貰牛), 수우(水牛;물소), 심우도(尋牛圖), 양우(養牛), 역우(役牛), 와우(蝸牛;달팽이), 유우(乳牛), 육우(肉牛), 종우(種牛), 천우(天牛), 축우(畜牛), 투우(鬪牛), 한우(韓牛), 한우충동(汗牛充棟), 해우(海牛), 황우(黃牛), 흑우(黑牛) 들.

우(友) '벗·동무. 친하다'를 뜻하는 말. ¶우군(友軍), 우당(友黨), 우도(友道), 우방(友邦), 우배(友輩), 우애(友愛)[우애롭다, 우애심(心)], 우의(友誼), 우인(友人), 우정(友情), 우호(友好)[우호국(國), 우호적(的), 우호조약(條約)]; 고우(故友), 교우(交友), 교우(校友), 교우(敎友), 구우(舊友), 군우(軍友), 급우(級友), 노우(老友), 당우(黨友), 덕우(德友), 독서상우(讀書尙友), 독우(篤友), 동우(同友), 막역지우(莫逆之友), 망우(亡友), 매우(賣友), 맹우(盟友), 면우(面友), 문방사우(文房四友), 문우(文友), 민우(民友), 법우(法友), 병우(病友), 붕우(朋友), 사우(死友), 사우(社友), 사우(師友), 상우례(相友禮), 선우(善友), 손우(損友), 시우(詩友), 심우(心友), 아우(雅友), 악우(惡友), 앙우(仰友), 양우(良友), 엽우(獵友), 옥곤금우(玉昆金友), 외우(畏友), 요유(僚友), 욕우(辱友), 윤우(允/胤友), 익우(益友), 인우(隣友), 장애우(障碍友), 쟁우(諍/爭友), 전우(戰友), 정우(政友), 제우(悌友), 제우(諸友), 죽마고우(竹馬故友), 지우(知友), 충우(忠友), 친우(親友), 학우(學友), 향우(鄕友), 현우(賢友), 혈우병(血友病), 형우제공(兄友弟恭), 호우(好友), 회우(會友), 효우(孝友) 들.

우(優) 성적·등급을 매길 때에 매우 좋거나 훌륭함을 뜻하는 말. '뛰어나다. 넉넉하다. 도탑다. 부드럽다. 광대'를 뜻하는 말.↔열(劣). ¶우를 받다. 우각(優角;컬레각 중의 큰 각.↔劣角), 우담화(優曇華), 우대(優待)[우대권(券), 우대금리(金利), 우대생(生)], 우등(優等)[우등상(賞), 우등생(生), 우등하다], 우량(優良)[937], 우례(優禮), 우명(優命), 우미(優美), 우생(優生)[우생수술(手術), 우생유전자(遺傳子), 우생학/적(學/的)], 우선(優先)[938], 우성(優性)[우성인자(因子), 우성조건(條件); 불/완전우성(不/完全)], 우세(優勢)[우세승(勝), 우세하다], 우수(優秀)[우수상(賞), 우수성(性), 우수아(兒), 우수하다; 최우수(最)], 우수(優數), 우승(優勝)[939], 우아(優雅)[우아성(性), 우아하다/스럽다, 우아체(體)], 우악하다(優渥;은혜가 넓고 두텁다), 우열(優劣), 우월(優越)[우월감(感), 우월성(性), 우월적(的), 우월주의(主義), 우월하다], 우우(優遇), 우위(優位)[우위관념(觀念), 우위성(性)], 우유(優柔;부드러움)[우유부단/하다(不斷), 우유체(體)], 우은(優恩), 우의(優毅), 우점식생(優占植生), 우점종(優占種), 우조(優詔), 우천(優遷), 우호(優弧), 우활꼴(반원보다 큰활꼴), 우휼(優恤), 우흡(優洽); 남우(男優), 명우(名優), 배우(俳優), 성우(聲優), 여우(女優), 창우(倡優;광대) 들.

우(愚) '어리석음. 어리석다'를 뜻하는 말. ¶우를 범하다. 우견(愚見), 우계(愚計), 우답(愚答), 우둔하다(愚鈍), 우람하다(愚濫), 우로(愚老), 우로(愚魯), 우론(愚論), 우롱(愚弄;놀림), 우루(愚陋), 우매(愚昧), 우맹(愚氓), 우몽(愚蒙), 우문우답/현답(愚問愚答/賢答), 우물(愚物), 우미(愚迷), 우민(愚民)[우민정책(政策), 우민화/하다(化)], 우부(愚夫), 우부(愚婦), 우부우맹(愚夫愚氓), 우상(愚相), 우생(愚生), 우설(愚說), 우식(愚息), 우악스럽다/하다(愚惡)/우악살스럽다[940], 우안(愚案), 우열(愚劣;어리석고 못남), 우완(愚頑), 우인(愚人), 우자(愚者)[우자스럽다, 우자일득(一得), 우작(愚作), 우장(愚將), 우제(愚弟), 우졸(愚拙), 우직하다(愚直), 우책(愚策), 우처(愚妻), 우충(愚衷), 우치(愚癡;매우 어리석고 못남), 우하다, 우형(愚兄); 대우(大愚), 만우절(萬愚節), 범우(凡愚), 상우(上愚), 암우(暗愚), 완우하다(頑愚), 용우(庸愚), 졸우(拙愚), 준우

936) 우각사(牛角莎): 무덤의 좌우 및 뒤를 흙으로 돋우고 떼를 입힌 곳.

937) 우량(優良): 우량도(度), 우량도서(圖書), 우량아(兒), 우량업체(業體), 우량종(種), 우량주(株), 우량품(品), 우량하다.

938) 우선(優先): 딴 것에 앞서 특별하게 대우함. ¶우선권(權), 우선멈춤, 우선변제(辨濟), 우선순위(順位), 우선시(視), 우선적(的), 우선주(株), 우선주의(主義), 우선하다.

939) 우승(優勝): 우승권(圈), 우승기(旗), 우승단(團), 우승배(盃;우승컵), 우승열패/하다(劣敗), 우승자(者;챔피언), 우승팀(team), 우승하다; 공동우승(共同), 단독우승(單獨), 준우승(準).

940) 우악살스럽다: 미련하고 험상궂은 데가 있다. 〈준〉와살스럽다. ¶하는 짓이 거칠고 우악살스럽다. 와살스러운 사내. 와살거리다/대다, 와살궂다(매우 와살스럽다), 와살꾼.

ㅇ

하다(蠢愚), 중우(衆愚), 지우(至愚), 지우(智愚), 치우하다(癡愚), 하우(下愚), 현우(賢愚), 혼우하다(昏愚) 들.

우(右) 오른쪽.↔왼쪽. 좌(左). ¶우로 향하다. 우로 돌앗! 그는 우도 좌도 아닌 중도파이다. 우경(右傾), 우계(右契), 우군(右軍), 우궁(右弓), 우기(右記), 우단(右袒;한쪽의 편을 듦), 우당(右黨), 우도(右道), 우무(右舞), 우문(右文;문을 숭상하다.↔右武), 우방(右方), 우백호(右白虎), 우변(右邊), 우선(右旋), 우수(右手), 우심방(右心房), 우심실(右心室), 우안(右岸), 우열(右列), 우완(右腕), 우왕좌왕(右往左往), 우요(右繞), 우의정(右議政), 우익(右翼), 우전(右前), 우족(右足), 우족(右族), 우중간(右中間), 우직(右職;현직보다 위의 벼슬), 우측(右側), 우파(右派), 우편(右便), 우향우(右向右), 우현(右舷), 우회전(右廻轉); 극우(極右), 남좌여우(男左女右), 부우(祔右), 여우(如右), 위우(位右), 좌우(左右), 좌우(座右;좌석의 오른쪽) 들.

우(偶) '짝. 짝수. 부부. 인형(人形). 우연히'를 뜻하는 말. ¶우력(偶力;짝힘), 우발(偶發)[941], 우상(偶像)[942], 우성(偶成), 우수(偶數;짝수), 우순열(偶順列), 우어(偶語), 우연(偶然)[943], 우유성(偶有性), 우이(偶爾;우연), 우이득중(偶爾得中)/우중(偶中;우연히 잘 들어맞음), 우인(偶人)[초우인(草)], 우일(偶日), 우제류(偶蹄類), 우좌(偶坐), 우함수(偶函數), 우합(偶合;偶中), 우화(偶話); 기우(奇偶), 대우(對偶)[대우법(法). 대우혼(婚)], 목우(木偶), 배우/자(配偶/者), 상우(喪偶), 소우(塑偶), 택우(擇偶), 토우(土偶) 들.

우(羽) 오음 음계의 다섯째 소리. '깃 · 날개'를 뜻하는 말. ¶우간(羽幹;깃대), 우개지륜(羽蓋之輪), 우걸(羽傑;새 중에서 가장 뛰어난 새), 우격(羽檄), 우근(羽根), 우낭(羽囊;깃주머니), 우단(羽緞), 우대(羽隊), 우락(羽樂), 우모(羽毛), 우모(羽旄), 우부우(雨覆羽), 우상(羽狀), 우서(羽書), 우성(羽聲), 우의(羽衣), 우의(羽蟻), 우익(羽翼), 우조(羽調), 우족(羽族), 우지(羽枝), 우직(羽織), 우추(羽箒;깃으로 만든 빗자루), 우화(羽化), 우화등선(羽化登仙); 모우미성(毛羽未成), 미우(尾羽), 번식우(繁殖羽), 보우지차(鴇羽之嗟), 생식우(生殖羽), 수우(樹羽), 적우침주(積羽沈舟), 환우(換羽;털갈이) 들.

우(憂) '근심 · 걱정. 병 · 질병'을 뜻하는 말. ¶우구(憂懼), 우국(憂國)[우국단충(憂國丹忠), 우국심(心), 우국지사(之士), 우국충절(忠節), 우국충정(衷情)], 우려(憂慮;걱정)[우려감(感), 우려스럽다], 우민(憂民), 우민(憂悶), 우분(憂憤), 우색(憂色), 우세(憂世), 우수(憂囚), 우수(憂愁), 우시(憂時), 우심(憂心), 우울(憂鬱)[944], 우환(憂患)[945]; 구우(懼憂), 국우(國憂), 기우(杞憂), 내우/외환(內憂/外患), 대우(大憂), 동우(同憂), 무우(無憂), 백우(百憂), 번우(煩憂), 선우후락(先憂後樂), 심우(深憂), 아우(兒憂), 은우(隱憂), 우우(憂虞), 이우(貽憂), 정우(丁憂;부모의 상사를 당함), 침우(沈憂), 해우(解憂), 후우(後憂), 희우(喜憂) 들.

우(宇) '집 · 공간. 하늘. 가장자리 · 끝'을 뜻하는 말. ¶우내(宇內), 우주(宇宙)[946]; 극우(隙宇), 기우(氣宇), 당우(堂宇), 두우(斗宇;온 세상), 두우(杜宇;두견이), 묘우(廟宇;신위를 모신 집), 미우(眉宇;이마와 눈썹의 언저리), 불발우(佛鉢宇;佛盤), 불우(佛宇), 비우(飛宇), 사우(祠宇), 어우(御宇;임금이 통치하는 동안), 옥우(屋宇), 전우(殿宇), 준우(峻宇), 천우(天宇;하늘의 전체) 들.

우(遇) '만나다. 대접하다'를 뜻하는 말. ¶객우(客遇), 경우(境遇), 기우(奇遇), 대우(待遇), 박우(薄遇), 불우하다(不遇), 상우(相遇), 상우(賞遇), 선우(善遇), 수우(殊遇), 예우(禮遇), 우우(優遇), 은우(恩遇), 제우(際遇),조우(遭遇)[조우설(說), 조우전(戰)], 지우(知遇), 처우(處遇), 천재일우(千載一遇), 총우(寵遇), 특우(特遇), 혹우(酷遇), 회우(會遇) 들.

우(虞) '잘못. 우제(虞祭). 헤아리다'를 뜻하는 말. ¶우범(虞犯)[우범소년(少年), 우범지대(地帶)], 우인(虞人), 우제(虞祭;장례 후 삼일 동안에 지내는 제사), 우주(虞主;우제 때 쓰는 뽕나무 신주); 반우(返虞;返魂), 불우(不虞;미처 생각하지 못함), 삼우제(三虞祭;初虞,再虞,三虞), 소우(疏虞;잘못), 연우(延虞) 들.

우(寓) '붙여 살다'를 뜻하는 말. ¶우거(寓居)[947], 우생(寓生), 우식(寓食), 우심(寓心), 우의(寓意), 우접(寓接), 우화(寓話)[우화법(法), 우화소설(小說), 우화시(詩), 우화집(集)], 우흥(寓興;시에서의 감흥이나 영감); 가우(假寓), 객우(客寓), 기우(寄寓), 여우(旅寓), 이우(移寓), 표우(漂寓) 들.

우(郵) '역. 역참(驛站). 우편(郵便)'을 뜻하는 말. ¶우서(郵書), 우선(郵船), 우세(郵稅), 우송(郵送)[우송되다/하다, 우송료(料)], 우신(郵信), 우전(郵電), 우전(郵傳), 우정(郵政), 우체(郵遞)[우체국(局), 우체부(夫), 우체통(筒)], 우편(郵便)[948], 우표(郵票)[949] 들.

---

941) 우발(偶發): 우연히 일어남. 또는 그런 일. ¶우발 사건/ 행위. 우발교수(教授), 우발돌연변이(突然變異), 우발되다/하다, 우발범(犯), 우발변동(變動), 우발사고(事故), 우발오차(誤差), 우발적(的), 우발전쟁(戰爭), 우발채무(債務).

942) 우상(偶像;物神): 신처럼 숭배의 대상이 되는 물건이나 사람. ¶우상교(教), 우상설(說), 우상숭배/자(崇拜/者), 우상시(視), 우상적(的), 우상파괴(破壞), 우상화/되다/하다(化).

943) 우연(偶然): 아무런 인과 관계가 없이 뜻하지 아니하게 일어난 일.↔필연(必然). ¶우연의 일치. 우연론(論), 우연사(死), 우연성(性), 우연스럽다, 우연오차(誤差), 우연적(的), 우연찮다, 우연하다.

944) 우울(憂鬱): 근심스럽거나 답답하여 활기가 없음. ¶우울에 잠기다. 우울병(病), 우울성(性), 우울증(症), 우울질(質), 우울하다.

945) 우환(憂患): 우환굿, 우환질고(疾苦); 만실우환(滿室), 식자우환(識字).

946) 우주(宇宙): 무한한 공간과 유구한 시간. 모든 천체를 포함하는 공간. 질서 있는 통일체로 생각되는 세계 전체. ¶우주를 개발하다. 우주개/견(犬), 우주개발(開發), 우주경쟁(競爭), 우주계(界), 우주공간(空間), 우주공학(工學), 우주공해(公害), 우주관(觀), 우주권(圈), 우주기지(基地), 우주론(論), 우주먼지, 우주무기(武器), 우주법(法), 우주병(病), 우주복(服), 우주비행(飛行), 우주산업(産業), 우주선(船), 우주속도(速度), 우주식(食), 우주여행(旅行), 우주운(雲), 우주원리(原理), 우주위성(衛星), 우주유도(誘導), 우주유영(遊泳), 우주의학(醫學), 우주인(人), 우주자기(磁氣), 우주전파(電波), 우주정거장(停車場), 우주정신(精神), 우주조약(條約), 우주중계(中繼), 우주진(塵), 우주진화론(進化論), 우주철학(哲學), 우주총(銃), 우주탐사(探査), 우주통신(通信), 우주학(學), 우주항법(航法), 우주화학(化學); 대우주(大), 등방우주(等方;어느 방향에서 보아도 똑같은 성질을 가지는 가설적 우주), 반우주(反;모든 물질이 반입자(反粒子)로 구성되어 있다고 상상되는 우주), 소우주(小), 원시우주(原始), 팽창우주(膨脹).

947) 우거(寓居): 남의 집이나 타향에서 임시로 몸을 붙여 삶. 자기의 집을 낮춰 이르는 말.

948) 우편(郵便): 우편낭(囊), 우편대체(對替), 우편료(料), 우편물(物), 우편배달/부(配達/夫), 우편번호(番號), 우편범죄(犯罪), 우편법(法), 우편사서함(私書函), 우편선(船), 우편열차(列車), 우편엽서(葉書), 우편요금(料

우(于) '-까지. -에서'나 말의 머리 또는 중간에서 별뜻없이 쓰이는 어조사. '가다. 향하다'를 뜻하는 말. ¶우귀(于歸;혼인한 신부가 처음으로 시집에 들어감), 우금(于今;지금까지), 우례(于禮;于歸), 우선(于先;어떤 일에 앞서서. 아쉬운 대로); 지우금(至于今) 들.

우(迂) '멀다. 빙 돌다. 굽다'를 뜻하는 말. ¶우곡(迂曲), 오괴(迂怪), 오망(迂妄←우망), 오/우로(迂路), 우여곡절(迂餘曲折), 오/우원(迂遠), 오/우유(迂儒), 오활(迂闊), 우회(迂廻) 들. §[오]로도 읽힘.

우(尤) '더욱. 허물. 탓하다'를 뜻하는 말. ¶우묘하다(尤妙), 우물(尤物), 우심하다(尤甚); 건우(愆尤;그릇되게 저지른 실수), 수우하다(殊尤), 수원숙우(誰怨孰尤), 원우(怨尤) 들.

우(佑) '돕다'를 뜻하는 말. '우(祐)'와 같이 쓰임. ¶우계(佑啓); 보우(保佑), 성우(聖佑), 신우(神佑), 음우(陰佑), 천우신조(天佑神助) 들.

우(隅) '모퉁이. 구석'을 뜻하는 말. ¶우각(隅角;모퉁이. 구석), 우곡(隅曲), 우진각(隅閣); 사우(四隅), 염우(廉隅), 일우(一隅), 해우(海隅), 향우지탄(向隅之歎) 들.

우(又) '또. 거듭하여'를 뜻하는 말. ¶우일신(又日新), 우황(又況;하물며. 그 위에 또).

우(盂) '바리. 사발'을 뜻하는 말. ¶발우(鉢盂;밥그릇), 신우(腎盂;신장 안에 있는 빈 곳) 들.

우(疣) '사마귀'를 뜻하는 말. ¶우달(疣疸;쥐부스럼), 우목(疣目;무사마귀), 우췌(疣贅;사마귀와 혹), 우치(疣痔) 들.

우(祐) '돕다. 하늘에서 내리는 도움'을 뜻하는 말. ¶우조(祐助); 묵우(默祐), 천우(天祐) 들.

우(雩) '가뭄이 들었을 때 비를 비는 제사를 지내다'를 뜻하는 말. ¶우제(雩祭), 무우제(舞雩祭).

우(芋) '토란(土卵)'을 뜻하는 말. ¶우자(芋子;토란).

우(齲) '벌레 먹은 이(충치)'를 뜻하는 말. ¶우치(齲齒).

우거지 푸성귀에서 뜯어낸 잎이나 겉대. 장이나 젓갈 따위의 위쪽에 있는 품질이 낮은 부분.[←우ㅎ+걷+이]. ¶우거지를 말리다. 김장의 우거지를 걷어내다. 우거짓국, 우거지김치, 우거지상(相;잔뜩 찌푸린 얼굴 모양), 우거지잎.

우거지(다) 풀, 나무 따위가 자라서 무성해지다.≒울창하다(鬱蒼). ¶숲이 우거지다. 우긋하다[2](식물이 무성하여 좀 우거져 있다).

우걱우걱[1] 마소가 짐을 싣고 갈 때에 나는 소리나 모양. ¶길마를 진 소가 우걱우걱 걸어가다. 우걱우걱하다, 우걱지걱/하다.

우걱우걱[2] 속이 상하거나 분한 마음이 남 모르게 치미는 모양. ¶괘씸한 생각이 가슴속으로 우걱우걱 괴여 올랐다. 우걱부걱/하다.

우구구 짐승이 괴로워서 지르는 소리.

우금 시냇물이 급히 흐르는 가파르고 좁은 산골짜기.[←옥(다)+음].

우기(다) 억지를 부려 제 의견을 고집스럽게 내세우다. 억지를 쓰다. ¶그는 자기 말이 옳다고 부득부득 우겼다. 우겨대다(자꾸 우기다), 우격(억지로 우김)[우격다짐/하다, 우격으로(억지로 무리하게), 우격이다(억지로 무리하게 우겨대다), 우격지다[950]], 우김성(性;자기의 주장이나 의견을 고집하는 성질), 우김질(우기는 짓)/하다, 욱대기다[951]; 내우기다(계속 덮어놓고 냅다 우기다).

우꾼 ①어떤 기운이 세게 일어나는 모양. ¶싸우고 싶은 생각이 우꾼 솟다. ②여럿이 한꺼번에 소리를 치며 기세를 올리는 모양. ¶우꾼 기세를 올리는 응원단. 우꾼거리다/대다/하다, 우꾼우꾼/하다.

-우끄름(하다) '감다 · 검다'의 어근과 '하다' 사이에 붙어, '조금 짙음'의 뜻을 더하는 말. ¶가무 · 까무 · 거무 · 꺼무끄름하다(약간 짙게 거무스름하다).

우데기 너와집의 처마 둘레에 둘러쳐서 바람이나 눈비를 막는, 풀로 엮어 만든 물건.

우두두 ①몸을 매우 심하게 떠는 모양. ②마음이 심하게 흔들리는 모양.

우두망찰 갑작스러운 일로 정신이 얼떨떨하여 어찌할 바를 모르는 모양. ¶우두망찰 서 있다. 사건이 잇따라 터져 우두망찰할 뿐이다. 우두망찰하다(≒어리둥절하다).

우두머리 물건의 꼭대기. 단체나 조직의 가장 윗사람. 통솔하는 사람.[<웃머리]. ☞ 위.

우둔 두렵거나 무서워 가슴이 두근거리는 모양. ¶가슴이 우둔우둔 뛰다. 우둔거리다/대다, 우둔우둔/하다.

우둘렁 몹시 성이 나서 불평을 하며 투덜거리는 모양.≒우뚤. 우뚤렁. 우둘우둘. 우둘먹. 우둘쩍. ¶성이 나서 우둘우둘했다. 우둘렁거리다/대다.

우둥우둥 ①여러 사람이 바쁘게 드나들거나 서성거리는 모양.≒우중우중. ¶회의장에서 사람들이 우둥우둥 나왔다. ②무엇이 무너져 떨어지는 소리.=우두덩.

우드드 좀 볼품없이 크거나 요란스러운 모양. ¶잔칫상을 우드드 차려 놓다.

우득 손가락 마디를 약하게 꺾을 때 나는 소리.=우드득.

우득우득 일어서려고 힘을 주는 모양. ¶목사님은 예배를 마치고

金), 우편저금(貯金), 우편제도(制度), 우편통신(通信), 우편함(函), 우편환(換); 광고우편(廣告), 국제우편(國際), 군사우편(軍事), 대금상환우편(代金相換), 등기우편(登記), 별배달우편(別配達), 보통우편(普通), 소포우편(小包), 속달우편(速達), 외국우편(外國), 유치우편(留置), 일반우편(一般), 전자우편(電子), 통상우편(通常), 특수우편(特殊), 항공우편(航空).

949) 우표(郵票): 우표값, 우표딱지, 우표수집(蒐集), 우표첩(帖); 기념우표(記念).

950) 우격지다: ①만만찮고 틀스럽다. ②억지가 세고 우악스럽다.

951) 욱대기다: ①난폭하게 윽박질러 기를 억누르다. ¶반항을 못하게 욱대기다. ②억지를 부려 우겨서 제 마음대로 해내다. ¶말도 안 되는 소리를 욱대기다.

우득우득 일어서는 신자들에게 일일이 인사를 하였다.

우들푸들-하다 얼굴이 붉으락푸르락해지며 불평스럽게 투덜거리다.

우듬지 ☞ 위.

우뚤-하다 갑자기 범칫하다. 갑자기 성을 잘 내곤 하여 성질이 우직스럽다. ¶우뚤해 가지고 홱 돌아서더니 댓바람에 문을 차고 나가버렸다. 우뚤한 성미. 우뚤렁거리다/대다, 우뚤렁우뚤렁/하다.

우뜰 갑자기 매우 놀라 움직이는 모양.=우들뜰. ¶우뜰 놀라다. 우뜰거리다/대다/하다. 우뜰우뜰/하다.

우락부락-하다 생김새가 험상궂고 행동이 거칠다.≒난폭하다. 험상궂다. ¶우락부락한 얼굴로 노려보다. 우락부락하게 굴다. 우락부리(우락부락한 사람).

우란분 아귀도에 떨어진 망령을 위하여 법회를 열어 영혼을 달래는 불사(佛事).[←盂蘭盆←ullambana〈범〉].

우람-하다 매우 크고 웅장하여 위엄이 있다. ¶우람한 모습/ 몸집. 체격이 우람하다. 우람한 목소리. 우람스럽다, 우람지다/차다(매우 우람하다).

우러르(다) ①의젓이 고개를 쳐들다.(≒쳐다보다). ¶푸른 하늘을 우러르다. 태극기를 우러르며 경례를 했다. ②마음속으로 공경하여 떠받들다.(≒받들다. 공경하다, 추앙하다). ¶스승으로 우러러 받들다. 우러러따르다, 우러러모시다, 우러러보다/보이다, 우러러뵈옵다.

우러리 짚이나 삼 따위로 얽어 만든 물건의 뚜껑[←울+어리]. ¶우러리창(窓:방을 밝게 하거나 또는 방안에 낀 연기를 내보내기 위하여 천장에 낸 창).

우럭우럭 ①불기운이 세차게 일어나는 모양. ¶우럭우럭 솟아오르는 불길. ②술기운이 얼굴에 나타나는 모양. ③병세가 점점 더해가는 모양. ¶밤사이에 병세가 우럭우럭 더해졌다. ④심술이나 화가 점점 치밀어 오르는 모양. ¶정신없이 뛰어왔던 일을 생각하니 트릿한 마음이 우럭우럭 뻗질러 올랐다.

우렁이 우렁잇과의 고둥. ¶우렁이도 집이 있다. 우렁잇속952).

우렁쉥이 =멍게.

우레[1] 천둥.[〈울에←울(다)'+에]. ¶우레와 같은 박수. 우렛소리'(천둥소리), 우레질/하다.

우:레[2] 꿩 사냥할 때에 암꿩을 부르기 위하여 장끼의 소리를 내는 물건. 살구씨나 복숭아씨에 구멍을 뚫어 만듦. ¶우레를 켜다(우레를 불어 장끼 소리를 내다). 우렛소리²(수컷이 암컷을 부르는 소리).

우레[3] 쇠밧줄이나 그물코 따위가 닳는 것을 막기 위하여 덧감는 것. ¶우레를 치다. 우레감기, 우레줄.

952) 우렁잇속: 내용이 복잡하여, 또는 속을 내 보이지 아니하여 알 수 없는 일. 의뭉스러운 속마음. ¶그놈의 속은 우렁잇속 같아 뭐가 뭔지 모르겠다.

우레기 연어과의 민물고기.

우르륵 ①사람이나 동물이 갑자기 한꺼번에 몰려와 뚝 멎는 모양.=우륵. ¶아이들이 우르륵 모여들다. ②쌓이거나 서 있던 물건이 갑자기 다 무너져 버리거나 쏟아지는 소리. 또는 그 모양. ¶담장이 우르륵 무너지다.

우리[1] 자기(나) 또는 자기의 동아리를 스스로 일컫는 말.↔너희. 〈준〉울. 〈낮〉저희. ¶우리는 대한의 청년이다. 우리 땅. 우리 집. 우리글, 우리나라, 우리네, 우리들, 우리말 들.

우리[2] 짐승을 가두어 두는 곳. 테두리. ¶우릿간(間), 우리구멍953), 우리먹이(가축 사료), 우리양식(養殖), 우리판(板); 가축우리(家畜), 놀우리(동물이 노는 우리), 대우리(대나무로 만든 우리), 돼지우리, 둥우리, 상자우리(箱子), 쇠우리(쇠로 만든 우리), 양우리(羊) 들.

우리[3] 기와를 세는 단위. 한 우리는 2천 장. 〈준〉울.

우리(다)[1] ①더운 볕이 들다. 바깥의 더운 기운으로 말미암아 방안이 더워지다. ¶마루에 볕이 우린다. ②달빛이나 햇빛 따위가 희미하게 비치다. ¶짙은 구름 속에서 햇빛이 우려 사물이 불분명하게 보였다. 우림954).

우리(다)[2] ①어떤 물건을 물에 담가 맛이나 빛깔 또는 성분 따위를 빠져나오게 하다. 잿물을 내리다. 조금 있는 것을 이러저러하게 자꾸 이용하다. ¶쓴맛을 우리다. 잿물을 우리다. 단맛이 우러나다. 두 번이나 우려서 써먹은 방법. 우러나다(저절로 생겨나다), 우러나오다955), 우려내다', 우려먹다', 우리기[침출(浸出)], 우린감(소금물에 담가서 떫은맛을 없앤 감. 침감), 우림술(과일 따위를 우려서 만든 술). ②어떤 구실로 위협하거나 달래어 남의 것을 억지로 얻다. ¶아녀자의 금품을 우리다. ¶새집으로 이사한 일을 구실로 한턱 울겨 먹다. 우려내다², 우려먹다², 울그다('우리다'의 사투리) 들.

우리(다)[3] 힘주어 때리다. ¶그 사람은 말도 없이 옆 사람을 주먹으로 우리었다.

우릿-하다 마음속이 깊고 진한 감동을 느껴 떨리는 상태에 있다. 쑤시는 듯한 느낌이 있다. ¶그 말을 들으니 가슴이 우릿해 왔다. 어깨가 몽둥이에 얻어맞은 듯 우릿한 통증이 왔다.

우만-하다 보람이나 쓸모가 없어 헛되고 허전하다.=덧없다②.

우멍거지 남자 성기의 끝이 껍질에 싸여 있는 것.=포경(包莖).

우메기 쌀과 찹쌀을 섞은 것에 대추를 넣어 만든 동그란 떡을 기름에 튀겨 엿물에 적신 다음 설탕을 뿌린 음식.

우무 우뭇가사리를 끓인 다음, 식혀서 묵처럼 굳힌 것. 한천(寒天).

953) 우리구멍: 논물이 새어 나가도록 논두렁에 뚫어 놓은 작은 구멍.

954) 우림: 그림에 채색할 때 짙은 데서부터 점점 엷게 그려 나가는 방법.=바림. ¶우림하다.

955) 우러나오다: 마음속에서 저절로 생기어 나오다. ¶진심에서 우러나온 존경심.

¶우뭇가사리/우뭇가시, 우뭇국, 우무묵, 우무장아찌, 우무채.

우물 ☞ 움[2].

우물당-치다 매가 공중에서 빙빙 돌다. ¶높게 날아서 점처럼 보이는 매가 먹이를 잡으려는 듯 천천히 우물당치고 있다.

우바새 불교에서, 출가하지 않고 부처의 제자가 된 여자를 이르는 범어(梵語).[〈優婆塞←Upāsaka〈범〉].

우바이 불교에서, 출가하지 않고 부처의 제자가 된 남자를 이르는 범어(梵語).[〈優婆夷←Upāsikā〈범〉].

우선우선 ①목소리나 표정 따위가 좀스럽지 않고 탁 트여 시원스러운 모양. ¶눈을 슴벅이며 우선우선 말하다. 우선우선하다. ②얼굴에 어두운 기색이 없이 밝고 활기가 있는 모양. ¶청년의 얼굴에는 우선우선 활기가 돌았다.

우선-하다 ①앓던 병이 좀 차도가 있는 듯하다. ¶병이 우선한 듯하여 한시름 놓다. ②몰리거나 급박하던 형편이 나아진 듯하다. ¶추수가 끝나고 우선해진 마을 사람들은 그동안 미뤄왔던 마을 일에 손을 대기 시작했다.

우수 ①일정한 수효 외에 더 받는 물건. 덤. ¶공책을 많이 샀더니 우수로 한 권을 더 주었다. ②'우수리956)'의 준말.

우수수 ①작고 가벼운 것들이 힘없이 한꺼번에 떨어지거나 쏟아지는 모양. 〈작〉오소소957). ¶선물을 우수수 쏟아 놓다. 내가 한 번 꿈쩍하면 돈 몇 백만 원이 우수수 쏟아진다. ②바람이 스치는 소리를 내며 불어오거나 나뭇잎이 바람에 스치는 소리. 또는 모양. ¶우수수 잎이 지다. 우슬우슬958), 우시시959).

우실 ①몸에 걸친 옷가지가 서로 닿아 스치거나 마른 흙이 부스러져 내리거나 할 때에 나는 소리. 또는 그런 모양. ②여러 사람이 약간의 사이를 두고 앉았던 자리에서 툭툭 털고 일어서는 모양. ¶우실거리다/대다, 우실우실/하다.

우아 ①뜻밖의 기쁨을 나타내는 소리. ¶우아 이겼다. ②마소를 조용히 있도록 또는 진정하도록 달래는 소리. 〈준〉와.

우야[1] =일부러. ¶우야 불러서 물어보다.

우야[2] 여러 사람이 큰 목소리로 말하면서 떠드는 모양.=우여. ¶우야우야/하다.

우어 마소를 멈추게 할 때 내는 소리. 〈준〉워.

우엉 국화과의 두해살이풀. 우방자(牛蒡子). ¶우엉조림.

우여 새 따위를 쫓는 소리.=숴.

우연만-하다 그저 그만하다. 일정한 기준이나 범위 안에서 크게 모자라지 않거나 벗어나지 않은 상태에 있다. 어지간하다. 〈준〉웬만하다. ¶우연만하면 내일은 우리 집에 꼭 오십시오. 모처럼의 기회니 웬만하면 같이 가세.

우우 남을 빈정거리며 놀리는 소리. 야유하는 소리.

우위 스산하고 무시무시하게 울부짖는 소리. ¶겨울밤 극심한 눈보라가 우위우위 별소리를 다 냈다.

우:주다 장사판에서 이익을 남기어 주다.

우죽[1] 나무나 대의 우두머리에 있는 가지.=우지개.[←위]. ¶우죽을 치다. 삭정이만 베라고 하였더니 우죽까지 모두 베어 버렸군. 우죽불(우죽을 땐 불).

우죽[2] ①괜히 무슨 일이라도 있는 것처럼 어깨나 몸을 흔들며 바쁜 듯이 걸어가는 모양. ¶우죽우죽 찾아오다. 우죽거리다/대다, 우죽우죽/하다. ②힘이 기운차게 솟구쳐 오르는 모양. ¶청년이 우죽우죽 일어섰다. ③키나 몸이 기세 좋게 자라는 모양. ¶우죽우죽 자라기 시작했다. 〈큰〉우쭉.

우줄 ①온 몸을 천천히 율동 있게 움직이는 모양. 〈작〉오졸960). 〈센〉우쭐. ¶시든 풀들이 비를 맞자 우줄우줄 춤을 추는 것 같다. 오졸·오쫄·우줄·우쭐961)거리다/대다/하다, 오졸랑962)·오쫄랑·우줄렁·우쭐렁/거리다/대다/하다, 우줄우줄/하다. ②산맥이나 물줄기 따위가 고르지 않게 뒤섞여 잇닿아 있는 모양. ③눈에 뜨일 정도로 빨리 자라거나 높아지는 모양.

우줅 어기적거리며 걷는 모양. ¶우줅거리다/대다, 우줅우줅/하다, 우줅이다(말리어도 듣지 아니하고 억지로 행하다).

우중우중 몸을 일으켜 서거나 걷는 모양. 여럿이 한꺼번에 서성거리거나 몰려오는 모양.≒우둥우둥. ¶주인은 우리들이 우중우중 올라오는 것을 힐금 돌아보더니 별안간 돌아앉았다. 우중층층963).

우중충-하다 어둡고 침침하다. 색이 바래어 선명하지 못하다.≒어둡다. ¶우중충히 흐린 하늘. 우중충한 방안. 낡은 양복 색깔이 우중충하다. 옷이 우중충해졌다.

우질우질 ①기름 따위가 타들어 가는 소리. 또는 그 모양. ¶기름은

---

956) 우수리: ①물건 값을 셈하고 거슬러 받는 잔돈.=거스름돈. ¶우수리는 받지 않을 테니 물건이나 좋은 것으로 주세요. ②일정한 수나 수량에 꽉 차고 남는 수나 수량.=나머지. ¶우수리가 많이 남았다.

957) 오소소: 작은 물건이 한꺼번에 많이 쏟아지는 모양. 오스스. 〈큰〉우수수. ¶낙엽이 오소소 떨어진다. 이슬이 비 오듯 오소소 내린다. 오소소하다.

958) 우슬우슬: ①마른 잎이나 숲이 우수수하고 세게 흔들리는 소리. 또는 그 모양. ②눈가루나 흙 따위가 느리고 소란하게 떨어지는 소리. 또는 그 모양. ¶담벼락에서 회 부스러기가 우슬우슬 떨어지다.

959) 우시시: ①물건의 부스러기 따위가 어지럽게 흩어져 있는 모양. ②사람의 머리털이나 동물의 털 따위가 좀 어지럽게 일어나거나 흩어져 있는 모양. ③무엇이 힘없이 무너져 떨어지거나 수북하게 쏟아지는 소리.

960) 오졸: ①작은 물체가 가볍게 율동적으로 굽실거리며 움직이는 모양. ¶오졸오졸 떨고 있는 불빛. ②몸이 작은 사람이나 짐승이 가볍게 율동적으로 움직이는 모양. ¶오졸오졸 까부는 아이. 오졸오졸 따라오는 강아지. 〈큰〉우줄. 〈센〉오쫄·우쭐.

961) 우쭐: ①크게 율동적으로 위로 움직이는 모양. ¶그는 어깨를 우쭐 흔들었다. ②의기양양하여 뽐내는 모양. ¶우쭐우쭐 으스대며 걸었다. 우쭐기(氣).

962) 오졸랑: 작은 물체가 곰실거리며 움직이는 모양. 〈큰〉우줄렁. ¶오졸랑 오졸랑 흔들리는 머리카락.

963) 우중충층: 여러 사람이 웅기웅기 서성거리며 내는 소리. 또는 그러한 모양.

두른 솥뚜껑에서 우질우질 소리가 나다. ②속이 상해서 가슴이 타는 모양. ¶우질우질 가슴만 타다.

우질–부질 행동이나 성질이 곰살궂지 아니하고 좀 뚝뚝하고 사나운 모양. 이래저래 속이 상해서 초조하고 안타까워하는 모양. ¶우질부질하다.

우집(다) ①남을 업신여기다. ②=우접다(뛰어나게 되다. 선배를 이기다. ☞ 위.

우쭉우쭉 ①몸을 위아래로 심하게 흔들며 걷는 모양. ②사람이나 초목의 키나 몸이 줄기차게 부쩍부쩍 자라는 모양. ¶비가 올 때마다 대나무의 키가 우쭉우쭉 자란다.

우충우충 몸을 힘 있게 일으켜 서거나 걷는 모양. ¶그는 나에게 따라오라고 하며 우충우충 나선다.

우케 찧기 위하여 말리는 벼. 나락.

우통–치다 실속은 없이 겉으로만 큰 소리를 치다. ¶우통치며 뽐내다.

우통–하다 재빠르지 못하고 둔하다.≒굼뜨다. ¶우통한 행동. 사람이 너무 우통해서 큰일을 맡길 수가 없다.

우환–에 그렇게 언짢은 위에 또. 제꼴에. ¶영양실조에 걸린데다가, 우환에 질병까지 얻다.

욱[1] ①어떤 것이 뱃속이나 마음속에서 격하게 올라오는 모양이나 올라올 때 내는 소리. ¶화가 욱 치밀다. 욱기(氣;욱하는 성질), 욱걷다(힘껏 힘을 모아 빨리 걷다), 욱끓다, 욱대기다[964], 욱둥이(욱하는 성질이 있어 참을성이 없는 사람), 욱보(補;약을 먹어 몸을 우쩍 보함), 욱지르다[965]/질리다, 욱하다[966]. ②심하게 구역질이 날 때 토할 듯이 내는 소리.

욱[2] =우. ¶군중들이 욱 밀려오다. 욱욱[967].

욱(旭) '빛나다'를 뜻하는 말. ¶욱광(旭光), 욱일(旭日;아침에 떠오르는 밝은 해), 욱일승천(旭日昇天) 들.

욱(郁) '성하다'를 뜻하는 말. ¶욱기(郁氣;향기가 좋은 기운), 욱욱하다(郁郁); 복욱(馥郁) 들.

욱(昱) '밝다'를 뜻하는 말. ¶욱욱하다(昱昱;빛이 매우 밝다).

욱(煜) '빛나다'를 뜻하는 말. ¶욱요하다(煜燿;환히 비치다), 욱욱하다(煜煜;햇빛 나서 환하다) 들.

욱(燠) '따뜻하다. 덥다'를 뜻하는 말. ¶욱실(燠室;몹시 더운 방), 욱화(燠火;불이 일어남).

964) 욱대기다: ①난폭하게 윽박질러 으르대다.≒위협하다(威脅). ②억지를 부려서 제 마음대로 해내다.

965) 욱지르다: 윽박질러서 기를 꺾다. ¶동생을 욱질러서 울리다.

966) 욱하다: 차분하게 앞뒤를 헤아리지 아니하고 말이나 행동을 불끈 내놓다.≒화나다. 성내다. ¶욱하는 마음에 욕을 하다. 욱하는 성미가 있어 걸핏하면 손찌검이다.

967) 욱욱: ①사람들이 세차게 한곳으로 잇따라 몰리는 모양. ②기세 좋게 일을 마구 밀고 나가는 모양. ③눈바람이나 물결이 갑자기 세차게 한곳으로 잇따라 밀려오는 소리. 또는 그 모양.

욱닥 여럿이 한데 모여서 자꾸 수선스럽게 움직이는 모양. ¶잔칫집에 동네 사람들이 욱닥거리고 있다. 욱닥거리다/대다, 욱닥욱닥/하다.

운 어떤 일을 여럿이 어울려 한창 하는 바람. ¶여럿이 어울려 먹을 때, 그 운에 따라 먹다. 운김[968], 운꾼(한데 어울려 일할 사람), 운달다[969].

운(運) ①'움직이다. 옮기다 · 나르다. 돌다 · 돌리다. 쓰다'를 뜻하는 말. ¶운감(運感), 운구(運柩), 운궁법(運弓法), 운기(運氣), 운동(運動)[970], 운량(運糧), 운로(運路), 운반(運搬)[971], 운산(運算), 운상(運喪), 운선(運船), 운송(運送)[972], 운수(運輸)[운수업(業), 운수통

968) 운김: 여러 사람이 함께 일할 때 우러나는 힘.[←운+김(어떻게 된 기회)]. ¶운김에 그 일을 마쳤다.

969) 운달다: 운김에 따라서 하다. ¶운달아서 쉽게 끝내다.

970) 운동(運動): ①보건을 위하여 신체를 움직이는 일. ¶운동가(家)[1], 운동경기(競技), 운동계(系), 운동구(具), 운동기관(器官), 운동량(量)[1], 운동모(帽), 운동복(服), 운동비(費), 운동사(史), 운동선수(選手), 운동성(性), 운동신경(神經), 운동실조(失調), 운동역(閾), 운동요법(療法), 운동유희(遊戲), 운동장(場), 운동중추(中樞), 운동지각(知覺), 운동학(學), 운동학습(學習), 운동화(靴), 운동회(會); 굴절운동(屈折), 근육운동(筋肉), 기초운동(基礎), 도약운동(跳躍), 마루운동, 목/ 발/ 옆구리/ 허리운동, 상체운동(上體), 신체운동(身體), 온몸운동, 전신운동(全身), 준비운동(準備), 현수운동(懸垂). ②일정한 목적을 위하여 힘씀. 또는 그 활동. ¶운동가(家)[2], 운동권(圈), 운동원(員), 운동자(者), 운동자금(資金), 운동전(戰); 개화운동(開化), 계몽운동(啓蒙), 공동운동(共同), 국어운동(國語), 노동운동(勞動), 농민운동(農民), 대중운동(大衆), 독립운동(獨立), 무산운동(無産), 민권운동(民權), 민족운동(民族), 민주화운동(民主化), 민중운동(民衆), 반대운동(反對), 반전운동(反戰), 반제운동(反帝), 반핵운동(反核), 불매운동(不買), 사회운동(社會), 새마을운동, 생산성향상운동(生産性向上), 서명운동(署名), 선거운동(選擧), 세계연방운동(世界聯邦), 소비자보호운동(消費者保護), 시민운동(市民), 시위운동(示威), 어문운동(語文), 여성운동(女性), 예술운동(藝術), 원외운동(院外), 인권운동(人權), 저항운동(抵抗), 적화운동(赤化), 정치운동(政治), 지하운동(地下), 평화운동(平和), 학생운동(學生), 합법운동(合法), 항거운동(抗拒), 해방운동(解放), 환경운동(環境). ③생명체나 물체가 시간의 경과와 함께 그 공간적 위치를 바꾸는 일. ¶운동량(量)[2], 운동마찰(摩擦), 운동모(毛), 운동시차(視差), 운동에너지(energy); 가상운동(假象), 가속운동(加速), 가현운동(假現;假象運動), 각운동(角), 감속운동(減速), 건습운동(乾濕), 겉보기운동, 경기운동(競技), 고유운동(固有), 곡선운동(曲線), 공동운동(共同), 관성운동(慣性), 구심운동(求心), 궤도운동(軌道), 나사선운동(螺絲線)/나선운동, 단층운동(斷層), 단현운동(單弦), 등가속운동(等加速), 등속운동(等速), 매일운동(每日), 반사운동(反射), 병진운동(竝進), 부등속운동(不等速), 분자운동(分子), 분절운동(分節), 생장운동(生長), 섬모운동(纖毛), 세차운동(歲差), 수면운동(睡眠), 순행운동(順行), 습곡운동(褶曲), 시운동(視), 시차운동(視差), 역행운동(逆行), 연동운동(蠕動), 연주운동(年周), 열운동(熱運動), 영구운동(永久), 왕복운동(往復), 원심운동(遠心), 원운동(圓), 일주운동(日週), 자극운동(刺戟), 자기운동(自己), 장운동(腸), 전체운동(全體), 접촉운동(接觸), 조구조운동(造構造), 조륙운동(造陸), 조산운동(造山), 주기운동(週期), 중심운동(中心), 지각운동(地殼), 지괴운동(地塊), 지구운동(地球), 지반운동(地盤), 진동운동(振動), 취면운동(就眠), 타원운동(楕圓), 태양계운동(太陽系), 파상운동(波狀), 편모운동(鞭毛), 포물선운동(抛物線), 호흡운동(呼吸), 회선운동(回旋), 회전운동(回轉).

971) 운반(運搬): 물건 따위를 옮겨 나름. 강물이나 바람이 흙, 모래, 자갈 따위를 옮겨 나름. ¶운반공(工), 운반기(機), 운반되다/하다, 운반구(具), 운반력(力), 운반비(費), 운반선(船), 운반업(業), 운반작용(作用), 운반차(車), 운반체(體).

972) 운송(運送): 운송되다/하다, 운송계약(契約), 운송료(料), 운송보험(保險), 운송비(費), 운송선(船), 운송업/자(業/者), 운송인(人), 운송장(狀),

계(統計), 운수합동(合同), 운수회사(會社)], 운신(運身), 운역(運役), 운영(運營)[운영난(難), 운영비(費), 운영예산(豫算), 운영위원회(委員會), 운영자금(資金), 운영체제(體制)] 운용(運用)[운용되다/하다, 운용비(費), 운용술(術), 운용신탁(信託), 운용액(額)], 운의(運意), 운임(運賃)[운임동맹(同盟), 운임지수(指數), 운임표(表); 철도운임(鐵道)], 운재(運材), 운전(運轉)[973], 운조(運漕), 운주(運籌), 운지법(運指法), 운치(運置), 운필(運筆), 운하(運河), 운하(運荷)[운하교(橋), 운하망(網), 운하세(稅), 운하항(港)], 운항(運航)[운항표(表), 운항하다], 운행(運行)[운행되다/하다, 운행량(量), 운행증(證), 운행표(表)], 운향사(運餉使), 운화(運貨), 운휴(運休); 공운(空運), 기운(氣運), 문운(文運), 선운(船運), 수운(水運), 수운(輸運), 육운(陸運), 이운(移運), 조운(漕運)[조운배, 조운창(倉)], 참운(站運), 통운(通運)[1], 항운(航運), 해운(海運). ②사람에게 정해진 운명의 좋고 나쁨. 곧 인간의 능력을 초월하는 것을 뜻하는 말. ¶운이 좋았다. 운이 따르지 않는다. 운길(운이 트인다는 길), 운덤[974], 운도시래(運到時來), 운명(運命)[975], 운봉(運逢), 운세(運勢), 운수(運數)[976], 운진(運盡); 가운(家運), 개운(開運), 겁운(劫運), 관운(官運), 국운(國運), 기운(機運), 길운(吉運), 대운(大運), 대통운(大通運), 만운(晩運), 말운(末運), 망운(亡運), 명운(命運), 무운(武運), 문운(文運), 문운(門運), 박운(薄運), 복운(福運), 복운(復運), 불운(不運), 비운(否運), 비운(非運;逆運), 비운(悲運), 사운(社運), 상운(祥運), 상운(商運), 서운(瑞運), 성운(盛運), 성운(聖運), 세운(世運), 쇠운(衰運), 승운(乘運), 승운(勝運), 시운(時運), 신운(身運), 악운(惡運), 액운(厄運), 여운(餘運), 역운(逆運), 연운(年運), 왕운(旺運), 융운(隆運), 정운(鼎運;임금이나 나라의 운명), 재운(財運), 주운(舟運), 지운(地運), 진운(進運), 진운(盡運), 창운(昌運), 천운(天運), 태운(泰運), 통운(通運)[2], 패운(敗運), 해운(그 해의 운수), 행운(幸運), 호운(好運), 황운(皇運) 들.

운(雲) '구름. 높은 곳. 많은 곳'을 뜻하는 말. ¶운각(雲刻), 운각(雲脚), 운각(雲閣), 운간(雲間), 운객(雲客), 운경(雲鏡), 운공(雲空;널쪽), 운권천청(雲捲天晴), 운기(雲氣), 운니지차(雲泥之差), 운당(雲堂), 운라(雲鑼), 운량(雲量), 운로(雲路;입신출세), 운룡(雲龍), 운림(雲林), 운립(雲粒), 운모(雲母;돌비늘)[977], 운무(雲霧)[운무중(中), 운무진(陣), 운무함(函;안개상자)], 운문(雲紋)[운문사(紗), 운문대단(大緞)], 운발(雲髮), 운봉(雲峰), 운불삽(雲黻翣), 운빈(雲鬢), 운빈화용(雲鬢花容), 운산(雲山), 운산(雲散), 운산무소(雲散霧消), 운삽(雲翣), 운상(雲翔), 운상기품(雲上氣稟), 운속계(雲速計), 운손(雲孫;八代孫), 운수(雲水), 운수승(雲水僧), 운수지회(雲樹之懷), 운심월성(雲心月性), 운암(雲巖), 운애(運靉)[978], 운연(雲煙), 운영(雲影), 운예(雲霓;구름과 무지개란 뜻으로 비가 올 징조), 운예(雲翳;雲影), 운와(雲臥), 운우(雲雨;구름과 비. 남녀간의 육체적인 어울림)[운우지락(雲雨之樂), 운우지정(雲雨之情)], 운월(雲月), 운유(雲遊), 운잉(雲仍;먼 후손), 운작(雲雀;종다리), 운잔(雲棧), 운전(雲箋), 운제(雲梯;높은 사다리), 운종룡풍종호(雲從龍風從虎), 운집(雲集;구름처럼 많이 모임)[운집무산(霧散), 운집종(鐘)], 운판(雲版), 운하(雲霞), 운한(雲翰;남의 편지. 雲箋), 운해(雲海), 운향(雲向), 운형자(雲形), 운혜(雲鞋), 운환(雲鬟;쪽진 머리), 운흥(雲興); 간운보월(看雲步月), 고운(孤雲), 고적운(高積雲), 고층운(高層雲), 괴운(怪雲), 권운(卷雲), 권적운(卷積雲), 권층운(卷層雲), 난운(亂雲), 난층운(亂層雲;비층구름), 농운(濃雲), 능운(凌/陵雲), 단운(斷雲), 담운(淡雲), 대류운(對流雲), 동운(凍雲), 마젤란운(Magellan雲), 망운지정(望雲之情), 망운지회(望雲之懷), 모운(暮雲), 밀운(密雲), 박운(薄雲), 백운(白雲), 벽운(碧雲), 봉운(峰雲), 부운(浮雲), 비운(飛雲), 비행기/비행운(飛行雲), 상운(祥雲), 상층운(上層雲), 서운(瑞雲), 서운(曙雲), 설운(雪雲), 성운(星雲), 수운(愁雲), 암운(暗雲), 야광운(夜光雲), 연운(煙雲), 영운(嶺雲), 오색운(五色雲)/오운(五雲), 요운(妖雲), 우운(雨雲), 원자운(原子雲), 유운(流雲), 음운(陰雲), 의운(疑雲), 자운(紫雲), 적란운(積亂雲;소나기구름), 적운(積雲)[편적운(片)], 전운(戰雲), 중층운(中層雲), 진운(陣雲), 채운(彩雲), 첩운(疊雲), 청운(靑雲), 춘운(春雲), 측운기(測雲器), 층운(層雲)[편층운(片)], 층적운(層積雲), 탑상운(塔狀雲), 파상운(波狀雲), 편운(片雲), 풍운(風雲), 하운(夏雲), 하층운(下層雲), 한운(旱雲), 한운(閒雲), 한운(寒雲), 항적운(航跡雲), 행운/유수(行雲;열구름/流水), 향운(香雲), 화산운(火山雲), 화운(火雲), 화재운(火災雲), 황운(黃雲), 흑운(黑雲) 들.

운(韻) '울림. 음의 끝의 울림. 운자(韻字), 노래. 운치(韻致;고상하고 우아한 풍치)'를 뜻하는 말. ¶운을 밟다(운을 따라 한시를 짓다). 운을 떼다(이야기의 첫머리를 말하기 시작하다). 운각(韻脚), 운고(韻考), 운달다[979], 운떼다(이야기의 첫머리를 말하기 시작하다), 운모(韻母), 운목(韻目), 운문(韻文)[운문시(詩), 운문체(體)], 운부(韻符), 운사(韻士;운치가 있는 사람), 운서(韻書), 운소(韻素), 운율(韻律), 운인(韻人), 운자(韻字), 운책(韻冊), 운치(韻致;멋), 운통(韻統), 운학(韻學), 운향(韻響); 각운(脚韻), 강운(江韻;힘들고 곤란한 일의 비유), 기운(氣韻), 난운(難韻), 늑운(勒韻), 동운(同韻), 두운(頭韻), 분운(分韻), 사운(四韻), 성운(聲韻), 속운(俗韻), 송운(松韻), 시운(詩韻), 신운(神韻;신비롭고 고상한 멋), 압운(押韻), 어운(語韻), 여운(餘韻), 옥운(玉韻), 요운(腰韻), 위운(違韻), 음운(音韻), 자운(字韻), 증운(增韻), 차운(次韻), 첩운(疊韻), 측운(仄韻), 통운(通韻), 평운(平韻), 풍운(風韻), 험운(險韻;난운), 화운(和韻), 환운(換韻) 들.

운송증권(證券), 운송품(品); 상차운송(相次), 연대운송(連帶), 연락운송(連絡), 육로운송(陸路), 해상운송(海上).

973) 운전(運轉): 운전계통(系統), 운전공(工), 운전기사(技士), 운전대(운전을 하는 손잡이), 운전면허(免許), 운전법(法), 운전병(兵), 운전비(費), 운전사(士), 운전석(席), 운전수(手), 운전술(術), 운전실(室), 운전자(者), 운전자금(資金), 운전자본(資本), 운전탑(塔); 대리운전(代理), 시운전(試), 자가운전(自家), 졸음운전, 음주운전(飮酒).

974) 운덤: 운이 좋아 덤으로 생기는 소득.

975) 운명(運命): 인간을 포함한 모든 것을 지배하는 초인간적인 힘. 또는 그것에 의하여 이미 정하여져 있는 목숨이나 처지.=살매'. ¶운명에 맡기다. 조국의 운명을 걸머지다. 운명관(觀), 운명극(劇), 운명론/자(論/者), 운명비극(悲劇), 운명선(線), 운명신(神), 운명적(的), 운명애(愛).

976) 운수(運數): 운수대통(大通), 운수불길/하다(不吉), 운수불행/하다(不幸), 운수소관(所關;팔자소관).

977) 운모(雲母): 운모고(膏), 운모병(屛), 운모석(石), 운모지(紙), 운모판(板), 운모편암(片巖); 철운모(鐵).

978) 운애(運靉): 구름이 끼어 흐릿하게 된 기운. ¶운애가 자욱하다.

979) 운달다(韻): ①운을 달아서 시문을 짓다. ②강조나 긍정의 뜻으로 말의 뒤 끝에 덧붙여 말을 하다.

운(云) '말하다. 이르다'를 뜻하는 말. ¶운운/하다(云云), 운위하다(云謂; 일러 말하다); 혹운(或云) 들.

운(芸) '향초(香草)'를 뜻하는 말. ¶운각(芸閣;서적을 간직하는 곳), 운창(芸窓;書齋), 운초(芸草), 운편(芸編;책) 들.

운(耘) '김을 매다'를 뜻하는 말. ¶운자(耘耔;김매고 북돋움); 경운(耕耘), 경운기(耕耘機) 들.

운(紜) '사물이 많아서 어지럽다'를 뜻하는 말. ¶분운하다(紛紜).

운(隕) '떨어지다'를 뜻하는 말. ¶운석(隕石;별똥), 운성(隕星;별똥별), 운철(隕鐵;운석에서 얻은 쇠) 들.

운(殞) '죽다. 목숨이 끊어지다'를 뜻하는 말. ¶운감(殞感), 운명(殞命;죽음)/하다, 운하다 들.

운덤 ①운이 좋아 덤으로 생기는 소득.[←운(運)+더함/덤]. ②판세. 형세(形勢).

운두 그릇이나 신 따위의 둘레나 울의 높이. ¶운두가 낮다. 운두가 높은 사발. 운두가 넓다. 우너리[980].

울[1] 다른 개인이나 패에 대하여 이편의 힘이 될 일가친척이나 동아리. ¶울이 성한 집안. 울이 세다(일가나 친척이 많다. 떨거지가 많다). 울을 믿고 행패를 부리다.

울[2] ①'울타리'의 준말. ②'신울[981]'의 준말. ③속이 비고 위가 트인 물건의 가를 둘러싼 부분. ¶울이 넓은 그릇. 울녘(둘러싸인 언저리).

울(鬱) '막혀서 통하지 아니하다. 수풀이 우거지다'를 뜻하는 말. ¶울결(鬱結;마음이 울적하고 답답함), 울금(鬱金), 울기(鬱氣;답답한 기분), 울념(鬱念), 울담(鬱痰), 울도(鬱陶), 울리(鬱李), 울림(鬱林), 울민(鬱悶), 울밀(鬱密), 울병(鬱病), 울분(鬱憤), 울불(鬱怫), 울삼하다(鬱森), 울색(鬱塞), 울연하다(鬱然;마음이 답답하다), 울욱하다(鬱郁), 울울창창/울창(鬱鬱蒼蒼)/하다, 울인(鬱刃), 울적(鬱寂;마음이 답답하고 쓸쓸함), 울적(鬱積;울화가 쌓임. 불평불만이 쌓임), 울절(鬱折), 울증(鬱症), 울창주(鬱鬯酒), 울초(鬱草;튤립), 울칩(鬱蟄), 울하다(가슴이 답답하다), 울혈(鬱血[982]), 울화(鬱火;속이 답답하여 나는 화)[울화병(病), 울홧술, 울화증(症), 울화통)], 울회(鬱懷;울적한 회포); 기울(氣鬱), 번울(煩鬱), 민울하다(悶鬱), 분울하다(憤鬱), 불울하다(怫鬱), 산울(散鬱), 암울하다(暗鬱), 억울하다(抑鬱), 옹울하다(壅鬱), 우울하다(憂鬱), 우울증(憂鬱症), 음울하다(陰鬱), 읍울(悒鬱), 적울(積鬱), 조울병(躁鬱病), 증울(蒸鬱), 침울하다(沈鬱) 들.

울(熨) '옷을 다리다. 다리미'를 뜻하는 말. ¶울두(熨頭;다리미), 울법(熨法;약재를 뜨겁게 하여 천에 싸 찜질하는 방법), 울의(熨衣).

울(蔚) '우거지다'를 뜻하는 말. ¶울연하다(蔚然;초목이 무성하다), 울흥(蔚興;성하게 일어남).

울가망 근심스럽거나 답답하여 기분이 나지 않음. 또는 그런 상태. ¶그녀의 울가망이 된 얼굴을 눈앞에 그려 보고 빙그레 웃었다. 그는 혼자 울가망하게 서서 담배만 피워 댔다. 울가망하다(≒불편하다).

울거미 ①얽어맨 물건의 겉에 댄 테나 끈. ②짚신이나 미투리 따위의 총을 꿰어 신갱기 치고 기다랗게 둘린 끈. ¶울거미가 터진 테를 기워 신다. ③문틀과 같이, 뼈대를 짜서 맞춘 것을 통틀어 이르는 말. ¶울거미문골(門;방문이나 장지 따위의 가장자리를 두른 테두리).

울골-질 지긋지긋하게 으르며 덤비는 짓. 짓궂게 위협하는 일. §'울골'은 '위력으로 으르고 협박하는 짓'의 뜻. ¶울골질로 남을 괴롭히다. 울골질하다.

울기 ①얼굴에 불그레하게 오르는 열기. ¶수줍음 때문에 울기 오른 얼굴. ②몹시 성나거나 흥분한 기운. ¶약이 올라 더 이상 참을 수 없어 울기에 소리를 지르고 말았다.

울(다)[1] ①슬프거나 아프거나, 또는 매우 좋아서 소리를 내면서 눈물을 흘리다. 짐짓 어려운 체하다.↔웃다. ¶우는 아기를 달래다. 새가 울다. 울며 겨자 먹기. 울고불고, 울남(男), 우네부네(울고불고), 울녀(女;잘 우는 버릇이 있는 여자), 우는소리, 우닐다(시끄럽게 울다. 울고 다니다), 울먹[983]거리다/대다/이다/하다, 울리다[1](↔웃기다), 울먹울먹/하다, 울멍울멍, 울며불며, 울보(우지), 울부라리다[984], 울부짖다(울며 부르짖다), 울상(相), 우는소리, 울어대다(계속해서 자꾸 울다), 울음[985], 울이[986], 우지[987], 울지다(울며 눈물짓다), 우짖다, 울프다(울 것 같다. 울고 싶다); 들이울다(몹시 심하게 울다), 일울다(일찍 울다), 자처울다[988], 테울다[989]. ②물체가 진동하여 소리를 내다. ¶우는살[990], 울대[1](새의 발성 기관), 울대뼈, 운돌[991], 울렁거리다/대다/이다, 울려들다(울리어 들려오다), 울려오다, 울리다[2], 울림[992], 우렁[993], 우렁차

980) 우너리: 가죽신의 운두(그릇이나 신 따위의 둘레나 둘레의 높이). ¶우너리가 낮은 구두.

981) 신울: 신의 양쪽 가에 댄, 발등까지 올라오는 부분. ¶뒤울(발꿈치를 싸는 뒷부분의 가죽).

982) 울혈(鬱血): 혈관의 일부에 정맥성 혈액의 양이 증가되어 있는 상태. 정맥이 좁아지거나 막히는 원인이 됨. ¶울혈간(肝), 울혈비(脾), 울혈성(性), 울혈신(腎), 울혈요법(療法), 울혈폐(肺).

983) 울먹: 울상이 되어 금방이라도 울 듯 울 듯 하는 모양. ¶눈물을 보이지 않으려고 입술을 깨물며 울먹울먹 애쓰고 있다.

984) 울부라리다: 눈망울을 우악스럽게 굴리며 무섭게 치뜨다.

985) 울음: 울음기, 울음꾼(상주를 대신하여 곡을 하는 사람), 울음바다, 울음보, 울음보따리, 울음빛(울음의 기색), 울음소리, 울음주머니, 울음큰새, 울음통(筒), 울음판; 강울음(억지로 우는 울음), 건성울음/건울음, 귀울음[이명(耳鳴)], 떼울음(여러 사람이 한꺼번에 우는 울음), 목울음, 속울음, 어깨울음(어깨를 들먹이며 우는 울음), 용울음(龍;갑자기 내는 큰 울음), 첫울음, 피울음, 황소울음.

986) 울이: ①우는 일. 또는 그런 소리.=울음. ②울 무렵. ¶첫닭 울이. 달구리.

987) 우지: 걸핏하면 우는 아이를 일컫는 말.=울보. 울둥이.

988) 자처울다/재우쳐울다: 닭이 점점 새벽을 재촉하여 울다.

989) 테울다: 아픔이나 슬픔을 참지 못하여 크게 소리 내어서 울다. ¶땅을 치며 엉엉 테울다.

990) 우는살: 끝에 속이 빈 나무때기 깍지를 단 화살. 날면서 공기에 부딪쳐 소리가 남. 명적(鳴鏑). 향전(響箭). 효시(嚆矢),

991) 운돌: 채굴장이나 채석장에서, 발파로 인하여 흔들리거나 변형이 생겨 금이 한 번 간 돌. ¶운돌따기.

992) 울림: 울림구멍, 울림도(度), 울림막대, 울림상자(箱子), 울림장, 울림소리, 울림줄, 울림통(筒); 껴울림(공명), 땅울림/하다, 변죽울림(邊;에둘러

다(소리가 매우 크다. 씩씩하다), 우레(천둥); 뒤울리다(세차게 마구 울리다) 들.

울(다)[2] 도배하거나 바느질한 물건의 거죽이 우글쭈글하다. 고르지 아니하다. ¶풀칠을 고루 못해서 장판이 운다. 울룩불룩 · 올록볼록, 울쑥불쑥 · 올쏙볼쏙, 울퉁[994]불퉁 · 올통볼통, 울툭불툭 · 올톡볼톡 · 올뚝볼뚝 · 울뚝불뚝.

울뚝 성미가 급하여 참지 못하고 말과 행동을 마구 우악스럽게 하는 모양. 〈작〉올똑[995]. ¶울뚝배기, 울뚝밸[996], 울뚝불뚝/하다, 울뚝성미(性味), 울뚝울뚝/하다, 울뚝하다.

울레줄레 크고 작은 사람들이 앞서거니 뒤서거니 뒤따르거나 늘어선 모양. 〈작〉올레졸레. ¶사람들이 울레줄레 좇아다니다. 울레줄레 매달린 부모처자를 어떻게 내버리고 그런 길로 들어서느냔 말이다.

울력 여러 사람이 힘을 모아 하는 일. 또는 그 힘. 협동(協同). ¶동네 사람들이 울력하여 길을 냈다. 울력걸음(끼어서 함께 걷는 걸음), 울력꾼, 울력다짐(울력의 기세로 일을 해치우는 행동)/하다, 울력성당/하다(成黨;떼를 지어서 으르고 협박하는 일), 울력짐, 울력하다.

울룽-대다 제 힘을 믿고 남을 위협하다.≒으르다. ¶제가 사장이면 사장이었지 그래 누굴 함부로 울룽대는 건가.

울멍-지다 크고 뚜렷한 것들이 눈에 띄게 두드러지다.

울타리 담 대신에 풀이나 나무 등을 얽어서 집 따위를 둘러막거나 경계를 가르는 물건. 〈준〉울[2]①. ¶울녘(둘러싸인 언저리. 울타리 근처), 울담(울타리를 친 담), 울대[2](울타리의 기둥), 울띠(울타리 안팎에 띠처럼 새끼 따위로 가로 얽어맨 띠 모양의 나무), 울목(木), 울밑(울타리의 밑), 울바자, 울뽕, 울섶(울타리를 만들어 세우는 데 쓰이는 섶나무), 울숲, 울안/밭, 울어리(주위를 둘러싼 어리. 범위. 버렁[2]), 울짱[997], 울타리조직(組織;柵狀組織); 대울타리/대울, 바위울[998], 바자울, 방아쇠울, 산울타리/산울(산 나무들을 심어서 만든 울타리), 생울타리(生), 싸리울 들.

움[1] 나무 등걸의 뿌리이나 풀의 뿌리에서 새로 돋는 싹이나 어린 줄기. ¶움도 싹도 없다. 무를 저장해 두었더니 움이 자랐다. 움나다, 움나무, 움누이[999], 움돋다/돋이(초목의 베어낸 자리에서 다시 돋아 나온 움), 움따기, 움딸[1000], 움버들, 움벼(그루벼), 움뽕(딴 뽕나무에 다시 돋는 뽕잎), 움씨[1001], 움잎, 움트다[1002], 움파[1][1003] 들.

움[2] 땅의 파인 자리나 흙무더기를 파낸 굴. ¶배추나 무를 겨울철에 먹으려고 움을 묻다. 움막(幕)[움막살이/하다, 움막집], 움불(움 안에서 피우는 불), 움저장법(貯藏法), 움집[움집살이/하다, 움집터], 움파[2](움 속에서 기른 파), 옴 · 움 · 홈파다, 움파리[1004], 옴 · 움 · 홈패다(우묵하게 파이다), 움포대(砲臺); 오두막(幕)/오막[오두막집, 오막살이/집]; 우물[1005]. ☞ 오목하다.

움[3] 마음에 못마땅하거나 비분의 뜻으로 내는 소리.

움직-이다 자리를 옮기다. 고정되어 있지 아니하고 흔들리다. 바뀌다. 활동하다. 운영하다. 마음이 끌리거나 감동하다 또는 마음을 끌거나 흔들다.[<움즈기다]. 〈작〉옴직이다[1006]. §어근 '움-'은 '곰작/굼적'의 어근 '곰-/굼-'과 음운 교체형으로 동근어. ¶눈동자가 움직이다. 바위를 움직이다. 청중의 마음을 움직이다. 옴나위[1007], 옴속[1008], 옴실[1009] · 옴씰 · 움실 · 움씰거리다/대다, 옴지락 · 움지럭[1010], 옴직 · 움직거리다/대다, 움직[움직도르래, 움직씨(동사), 움직임, 움직임새], 옴질 · 움질[1,2][1011], 옴짝[1012], 옴짝달

서 주는 암시), 산울림(山).

993) 우렁: 소리가 매우 크게 울리는 모양. ¶우렁우렁 들리는 목소리. 스피커 소리가 우렁우렁 들려왔다. 우렁우렁/하다.

994) 울퉁: 물체의 거죽이나 면이 여기저기 다 또는 몹시 나오고 들어간 모양. 〈작〉올통. ¶울퉁울퉁 사나운 산길. 올통볼통 · 울퉁불퉁/하다.

995) 올똑: 성미가 급하여 참지 못하고 성을 내며 말이나 행동을 암상스럽게 볼쏙하는 모양. 〈큰〉울뚝. ¶올똑 화를 내다. 올똑 내뱉는 말.

996) 울뚝밸: 화를 벌컥 내어 언행을 함부로 우악스럽게 하는 성미. 또는 그런 짓.[←울뚝+배알/밸(창자)].

997) 울짱: ①말뚝 같은 것을 죽 늘여 박은 울. 목책(木柵). ②울타리.

998) 바위울: 바닷물이나 바람에 깎여서 울타리 모양으로 된 바위.

999) 움누이: 시집간 누이가 죽고, 매부가 다시 장가들어 얻은 여자.

1000) 움딸: 시집간 딸이 죽은 뒤에 다시 장가 든 사람의 여자.

1001) 움씨: 뿌린 씨가 잘 나지 않을 때 다시 덧뿌리는 씨.

1002) 움트다: 움이 돋기 시작하다. 사물의 처음이 일기 시작하다.≒싹트다.

1003) 움파[1]: 줄기를 베어 먹은 자리에서 다시 줄기가 나온 파. ¶움파같다(움파처럼 포동포동하고 희고 보드랍다).

1004) 움파리: 땅이 우묵하게 들어가서 물이 괸 곳. ¶신발이 물에 들어가지 않도록 움파리를 조심해라. §사기로 만든 오목한 바리는 '옴파리'라고 함.

1005) 우물: 물을 얻기 위하여 땅을 파고 물이 괴게 만든 시설. 또는 우물정(井) 모양.[←움[穴]+물]. ¶우물 안 개구리. 우물가, 우물각(刻; 깊고 두드러지게 새기는 새김), 우물곁, 우물고누, 우물굽(우물의 가장자리), 우물굿(샘굿), 우물귀신(鬼神), 우물길, 우물눈(움펑눈), 우물당치다, 우물둔덕, 우물마루(井자 모양으로 짠 마루), 우물물, 우물반자(소란반자), 우물받이, 우물지다(뺨에 보조개가 생기다. 우묵하게 들어가다), 우물질/하다, 우물집, 우물천장(天障); 공동우물(共同), 굴우물(窟; 몹시 깊은 우물), 누렁우물, 독우물[옹정(甕井)], 돌우물, 두레우물(두레박으로 물을 푸는 우물), 먼우물, 박우물, 볼우물(보조개), 약우물(藥), 어수우물(御水), 옹달우물, 펌프우물(pump), 한데우물(집 울타리 밖에 있는 우물).

1006) 옴직: 몸이나 몸의 일부를 작게 움직이는 모양. 〈큰〉움직. 〈센〉옴찍. 〈큰 · 센〉움찍. ¶옴직옴직 손가락을 움직이다. 옴직옴직 · 움직움직/하다.

1007) 옴나위: 꼼짝할 만큼의 적은 여유. 꼼짝달싹.[←옴+나위(틈. 여지. 필요성)]. ¶사람들이 붐벼 옴나위가 없다. 옴나위도 못하다. 옴나위하다, 옴나위없다/없이. ☞ 나위.

1008) 옴속: 쉬지 않고 어떤 행동을 작게 하는 모양. ¶옴속옴속 떡국을 떠먹는다.

1009) 옴실: ①작은 벌레 따위가 한 곳에 많이 모여 움직이는 모양. ¶많은 벌레가 옴실옴실 오글거린다. ②생각이 조금씩 움터 자라는 모양. ¶옴실옴실 떠오르는 묘안.=옴닥. 〈큰〉움실.

1010) 옴지락: ①작은 것이 느릿느릿 움직이는 모양. ¶옴지락옴지락 기어가다. ②어떤 생각이 솟거나 되살아나는 모양. ¶옴지락옴지락 떠오르는 잡념. ③음식 따위를 오물거리며 굼뜨게 씹는 모양. ¶옴지락옴지락 씹는 껌. ④무엇을 하고 싶은 생각이 조금씩 나는 모양. ¶옴지락옴지락 생각나는 요리. 옴지락 · 움지럭거리다/대다.

1011) 옴질[1]: ①작은 몸을 굼뜨게 움직이는 모양. ¶옴질옴질 긴다. ②결단성 없이 조금 망설이며 주저주저하는 모양. ¶옴질옴질 머뭇거리다. ③무엇을 하고 싶은 생각이 나는 모양. ¶먹고 싶은 생각이 옴질옴질 난다. 〈큰〉움질. 〈센〉옴찔. 옴질거리다/대다.
옴질[2]: 질긴 것을 입 안에 넣고 오물거리며 씹는 모양. 〈큰〉움질. ¶껌을 옴질옴질 씹다.

1012) 옴짝: ①몸의 일부를 움츠리거나 펴거나 하며 작게 움직이는 모양.=암

싹 · 움쭉달싹[+못하다. 않다. 말다], 옴쭉 · 움쭉거리다/대다, 옴찍거리다/대다, 옴칫[1013]. ☞ 곰-.

움키(다) 손가락을 욱이어 쥐다. 〈작〉옴키다. 〈거〉훔키다. ☞ 오므리다.

웃기 ①과실 · 포 · 떡 따위를 괸 위에 볼품으로 얹는 꾸미개. ②'웃기떡[1014]'의 준말.[←위/우ㅎ+기].

웃날 흐렸을 때의 날씨를 이르는 말. ¶웃날 들거든 고기나 잡으러 가자. 웃날들다(날씨가 개다).

웃(다) 기뻐서 입을 벌리고 소리를 내다. 얼굴에 기쁨이나 서글픔 등의 표정을 나타내다.(≒미소짓다.↔울다). 조롱하거나 경멸하다. ¶활짝 웃다. 웃기다, 우세[1015], 우스개[1016], 우스꽝스럽다, 웃어넘기다, 웃음[1017], 우습다[1018]; 들이웃다(몹시 심하게 웃다), 비웃다(조소하다), 비웃적거리다(비웃는 태도로 빈정거리다), 짜드라웃다(여럿이 한꺼번에 야단스럽게 웃다). ☞ 소(笑).

웅 ①바람이 불거나 벌 따위가 날아다닐 때 나는 소리. ②기계가 작동하면서 내는 소리. ③말소리가 똑똑치 않고 낮게 들리는 소리. ④귀가 울리는 소리.

-웅¹ 용언의 어간에 붙어 파생명사를 만드는 말. ¶기둥[←긷다/길다], 꾸중[←꾸짖다], 마중[←맞다], 배웅[←바래다].

-웅² 몇몇 명사에 붙어 '덮개. 천장(天障)'의 뜻을 한정하여 더하는 말. ¶이붕(입천장;하느라지)[←입], 지붕[←집].

웅(雄) '수컷. 씩씩하다. 뛰어나다'를 뜻하는 말.↔자(雌). ¶웅강(雄講), 웅강(雄强), 웅거/지(雄據/地), 웅건(雄健;웅대하고 힘참), 웅걸(雄傑), 웅검(雄劍), 웅계(雄鷄), 웅대하다(雄大), 웅도(雄途), 웅도(雄圖;웅대한 계획), 웅람(雄藍;규모가 큰 절), 웅략(雄略), 웅려(雄麗), 웅렬하다(雄烈), 웅맹탁특(雄猛卓特), 웅모(雄謀;뛰어난 계략), 웅문(雄文), 웅변(雄辯)[웅변가(家), 웅변술(術), 웅변조(調); 현하웅변(懸河)], 웅보(꿋꿋하게 가지는 생각), 웅보(雄步), 웅봉(雄蜂;수벌), 웅비(雄飛;힘차고 씩씩하게 뻗어 나감), 웅산(雄算;雄謀), 웅성(雄性)[웅성기(器), 웅성란(卵)], 웅시(雄視), 웅심(雄心), 웅심(雄深), 웅예(雄蕊;수술), 웅용(雄勇), 웅위(雄偉), 웅읍(雄邑), 웅자(雄姿), 웅장(雄將), 웅장하다(雄壯), 웅장미(雄壯美), 웅재(雄才/材), 웅전(雄戰), 웅조(雄鳥;수새), 웅주거목(雄州巨牧), 웅준(雄俊), 웅지(雄志;큰 뜻), 웅창자화(雄唱雌和), 웅탄(雄誕), 웅판(雄板), 웅편(雄篇), 웅필(雄筆), 웅한(雄悍;날래고 사나움), 웅호(雄豪;雄傑), 웅혼하다(雄渾), 웅황(雄黃); 간웅(奸/姦雄), 군웅/할거(群雄/割據), 문웅(文雄), 성웅(聖雄), 양웅(兩雄)[양웅불구립(不俱立)], 영웅(英雄), 자웅(雌雄), 제웅(除雄), 천하웅(天下雄), 호웅(豪雄), 효웅(梟雄) 들.

웅(熊) '곰'을 뜻하는 말. ¶웅녀(熊女), 웅담(熊膽), 웅장(熊掌;곰의 발바닥), 웅지(熊脂), 웅피(熊皮) 들.

웅글(다) 소리가 웅숭깊고 우렁우렁 울리는 힘이 크다. ¶그 사람의 대답 소리는 매우 웅글었다. 웅글게 울려오는 먼 포성의 여운. 웅글지다[1019], 웅글하다.

웅덩이 늪보다 작게 옴폭 패어 물이 괸 곳. 〈작〉옹당이. ¶웅덩이에 빠지다. 옹당이 · 웅덩이지다; 물웅덩이.

웅성 많은 사람들이 모인 자리에서, 몇몇 사람이 수군거리기 시작하여 분위기가 소란스러워지는 모양이나 소리. 〈작〉옹성. ¶의안이 부결되자 장내는 웅성거리기 시작했다. 웅성거리다/대다, 웅성웅성/하다.

웅숭-깊다 ①생각이나 뜻이 크고 넓다. 경솔하지 아니하며 무게가 있다. ¶그 사람은 자잘한 정은 없지만 웅숭깊은 맛이 있다. ②사물이 되바라지지 아니하고 깊숙하다. ¶설악산의 계곡은 아주 웅숭깊다. 한반도 남부에 웅숭깊이 자리 잡은 지리산. ③겉으로 뚜렷이 나타나지 않다.[←웅심(雄深;글이나 사람의 뜻이 크고 깊음)].

웅신-하다 ①웅숭깊게 덥다. 은근하게 덥다. ¶웅신한 날씨. ②불꽃이 괄지 아니하다. ¶장작이 마르지 않아서 웅신하게 타고 있다.

웅실 ①물결이 크게 굼실거리며 흐르는 모양. ¶웅실웅실 흐르는 검푸른 강물. ②많은 사람이 무리 지어 물결처럼 움직이는 모양. ¶웅실거리다/대다, 웅실웅실/하다.

웅천 '마음이 들뜨고 허황된 사람'을 일컫는 말.

워 말이나 소를 멈추게 할 때 내는 소리. 우어. 워워.

워낙 ①두드러지게 아주. ¶워낙 급하다. 강원도에는 워낙 큰 산이 많다. 워낙 길이 험하다. ②본디부터 원래. 근본적으로 아주.≒원판(元). 원체(元體). ¶내 목소리는 워낙 크다. 철수는 워낙 성질이 못 되어 할 수 없다. 〈준〉원. [+평서문. -의문문, 명령문, 청유문].

워낭 마소의 턱밑에 늘어뜨린 쇠고리 또는 귀에서 턱밑으로 늘이어 단 방울. ¶눈 먼 망아지 워낭 소리 듣고 따라가는 격이다. 워

짝. ¶다리를 옴짝 들어보다. ②'아니다. 못하다' 등과 함께 무엇을 하려고 시도하여 조금 손써본 모양. ¶옴짝 못하고 간다. 〈큰〉움쩍.

1013) 옴칫: 놀라서 갑자기 몸을 가볍게 움직이는 모양. 〈큰〉움칫. [+놀라다]. ¶옴칫 놀라며 뛴다.

1014) 웃기떡: 합이나 접시에 떡을 담고 모양을 내기 위해 그 위에 얹는, 물을 들여 만든 떡.

1015) 우세: 남에게 비웃음을 당함. 또는 그 비웃음. ¶우셋거리, 우세스럽다, 우세질(비웃음을 받는 일), 우세하다; 남우세스럽다(남사스럽다).

1016) 우스개: 남을 웃기려는 말이나 짓. ¶우스갯말, 우스갯소리, 우스갯짓.

1017) 웃음: 웃음가마리, 웃음거리, 웃음거리극(劇), 웃음극(劇), 웃음기(氣), 웃음꽃(즐거운 웃음이나 웃음판), 웃음꾼, 웃음띠다(웃음을 머금다), 웃음매(웃는 모습이나 모양새), 웃음바다, 웃음발(얼굴에 퍼져 있는 웃음기), 웃음보, 웃음보따리, 웃음빛, 웃음살, 웃음소리, 웃음엣말, 웃음엣소리, 웃음엣짓, 웃음주머니, 웃음집(웃음보), 웃음짓다(얼굴에 웃음을 나타내다), 웃음통, 웃음판(여러 사람이 웃는 자리); 간살웃음, 겉웃음, 깔깔 · 껄껄웃음, 너스레웃음, 너털웃음(크게 소리를 내어 시원하고 당당하게 웃는 웃음), 눈웃음/치다, 뭇웃음(여러 사람이 함께 웃거나 여러 사람에게 덧없이 짓는 웃음), 반웃음(半), 비웃음, 살웃음(볼살을 움직이는 웃음), 선웃음, 속웃음, 쓴웃음, 억지웃음, 염소웃음, 잔웃음, 찬웃음(냉소), 코웃음, 함박웃음, 헛웃음, 호걸웃음(豪傑;호탕한 웃음).

1018) 우습다: ①웃고 싶다. 웃음이 날 만하다.≒재미있다. ¶네 말이 우습다. 우스개, 우스갯소리, 우스갯짓, 우스꽝스럽다. ②가소롭다.≒같잖다. ¶뽐내는 꼴이 우습다. ③보잘것없다.≒하찮다. ¶우습게 보다. 우스운 것이지만, 성의로 받아 주십시오.[←웃(다)+ㅂ다].

1019) 웅글지다: 소리가 웅근 데가 있다. ¶웅글진 목소리.

낭소리.

워랑 ①대문의 양쪽에 붙어 있는 방. 행랑(行廊). ②궁궐이나 절의 몸채 앞쪽 좌우로 지어 놓은 집채.

워리 개를 부르는 소리.

워어호 상여를 메고 나갈 때에 여러 상여꾼이 함께 지르는 소리.

원[1] 우리나라 화폐의 단위.

원[2] 밖의 일을 당하였을 때, 또는 놀라운 때나 기분이 언짢을 때에 하는 말. ¶원, 이 무슨 꼴이람.

원(原/元) ①'본래의. 바탕이 되는. 처음. 들판[원(原)]. 용서하다. 으뜸[원(元)]. 우두머리. 기운(氣運)'을 뜻하는 말. ¶원가(原價)[원가계산(計算), 원가절감(節減); 생산원가(生産)], 원가지, 원간(原刊), 원거인(原/元居人), 원격(原格), 원고(原告)[공동원고(共同)], 원고(原稿)[원고교열(校閱), 원고료(料), 원고지(紙)], 원공(元功), 원관념(元觀念), 원광(原鑛), 원광경(原光景), 원광주(元鑛主), 원구(原/元口), 원권(原權), 원그림, 원근(原根), 원기/부족(元氣/不足), 원기둥(原), 원나무, 원넌출, 원네가(nega), 원년(元年), 원노비(元奴婢), 원누에, 원단(元旦;설날 아침), 원단(原緞), 원단위(原單位), 원달, 원대(原隊), 원대서양(原大西洋), 원덕(元德), 원도/지(原圖/紙), 원동(原動)[원동기(機), 원동력(力)], 원두(原頭), 원두커피(原豆), 원래(元/原來), 원량(原量), 원량(原諒), 원력(原力), 원로(元老), 원론(原論), 원료(原料)[원료당(糖), 원료비(費); 주원료(主)], 원리/금(元利/金;원금과 이자), 원리(原理)[근본원리(根本), 도덕원리(道德), 형식원리(形式)], 원마부(元馬夫), 원말(본디말), 원맥(原麥), 원면(原綿), 원명(原名), 원명(原命), 원모(原毛), 원목(原木), 원무당, 원문(原文), 원물(元物), 원물(原物), 원미(元味), 원바닥, 원반(原盤), 원발진(原發疹), 원배(元配;처음 아내), 원범(原犯), 원법(原法), 원보(元譜), 원보험(原保險), 원복(元服), 원본(原本)[판결원본(判決)], 원봇장, 원부(原簿), 원불실수(原不失手), 원비(元妃), 원비(原肥;밑거름), 원뿌리(元), 원사(元士), 원사/체(原絲/體), 원사시대(原史時代), 원사진(原寫眞), 원산/지(原産/地), 원삼(元蔘), 원상(原狀), 원상(原象), 원상제(原喪制), 원색(原色)[원색동물(動物), 원색적(的), 원색판(板)], 원생(原生)[1020], 원서(原恕), 원서(原書), 원서슬, 원석(元夕;元宵), 원석(原石), 원석기(原石器), 원섬유(原纖維), 원성(原性), 원세포(原細胞), 원소(元宵;음력 정월 보름날 밤), 원소병(元宵餠), 원소(元素)[1021], 원손(元孫), 원수(元首)[국가원수(國家)], 원수(元帥), 원수(元數), 원승자(原乘子), 원시(元/原始)[1022], 원시(原詩), 원식구(原食口), 원심(原審), 원악(元惡;악한 사람), 원악대대(元惡大懟), 원안/자(原案/者), 원액(元/原額), 원액(原液), 원야(原野), 원양반(原兩班), 원어(原語), 원염(原塩), 원엽체(原葉體), 원원/이(元元;근본의 뜻. 백성), 원월(元月), 원위(原位), 원위치(原位置), 원유(原由), 원유(原油), 원유(原乳), 원유(原宥), 원육전(原六典), 원음(原音), 원음소(原音素), 원의(原意), 원의(原義), 원이름, 원인(原人), 원인(原因)[1023], 원인자(原因子), 원일(元日;설날), 원자(元子;임금의 맏아들), 원자(原子)[1024], 원자(原資), 원자재(原資材), 원작/자(原作/者), 원장(元帳), 원장(原狀), 원장부(原帳簿), 원재료(原材料), 원재판(原裁判), 원저자(原著者), 원적/지(原籍/地), 원적토(原積土), 원전(元田), 원전(元錢), 원전(原典), 원전(原電), 원점(原點), 원정(元正), 원정(原情), 원제(原題), 원조(元祖), 원조(元朝), 원조직(原組織), 원종(原種), 원죄(原罪), 원주(原主), 원주(原住), 원주(原株), 원주(原酒), 원주(原註), 원주민(原住民), 원주소(原住所), 원줄, 원줄기(元), 원지(原紙), 원지형(原地形), 원진살(元嗔煞), 원질(原質), 원채, 원척(元/原隻;피고와 원고), 원체(元體;본디부터. 워낙), 원체강(原體腔), 원체험(原體驗), 원초/적(原初/的), 원촌(原寸;실물과 같은 치수), 원칙(原則)[1025], 원탄(原炭), 원판(元)[1026], 원판(原板), 원판(原版), 원판결(原判決), 원포자(原胞子), 원표(元標), 원표피(原表皮), 원품(原品), 원피(原皮), 원피고(原被告), 원피층(原皮層), 원향(原鄕), 원향리(原鄕吏), 원혈(元血;근본이 되는 혈통), 원형(元型;발생적으로 유사한 유형), 원형(原形;본디의 꼴)[원형질/체(質/體)], 원형(原型;본바탕. 모델), 원형이정(元亨利貞;사물의 근본 원리), 원호(元號), 원호(原戶), 원홀씨, 원화(原畵), 원화전(元火田), 원회(元會), 원훈(元勳), 원흉(元兇;못된 짓을 한 사람들의 우두머리); 개원(改元), 건원(建元), 고원(高原), 광원(曠原), 교원(郊原), 귀원(歸元), 기원(紀元), 다원(多元), 단원(單元)[대단원(元), 소단원(小)], 복원(復元/原), 동원(凍原;툰드라), 보원(補元), 복원(復元), 빙원(氷原), 사원(砂原), 사원(赦原;정상을 참작하여 죄인을 풀어줌), 상원(上元), 설원(雪原), 시원(始原), 신원(身元;개인이 자라 온 과정과 관련되는 자료), 신원(新元;설

1020) 원생(原生): 원생대(代), 원생동물(動物), 원생림(林), 원생세포(細胞), 원생식물(植物), 원생토(土).

1021) 원소(元素): 원소기호(記號), 원소분석(分析); 금속원소(金屬), 동위원소(同位), 미량원소(微量), 방사능원소(放射能), 방사성원소(放射性), 비/금속원소(非/金屬), 신원소(新), 전이원소(轉移), 전형원소(典型), 철족원소(鐵族), 필수원소(必須), 필요원소(必要), 희원소(稀).

1022) 원시(原始): 시작하는 처음. 처음 시작된 그대로 있어 발달하지 아니한 상태. ¶원시 밀림 지역. 원시공동체(共同體), 원시림(林), 원시미(美), 원시민족(民族), 원시반응(反應), 원시법(法), 원시별[星], 원시사회(社會), 원시산업(産業), 원시생활(生活), 원시세균(細菌), 원시시대(時代), 원시식물(植物), 원시신앙(信仰), 원시심성(心性), 원시언어(言語), 원시엽(葉), 원시예술(藝術), 원시요법(療法), 원시우주(宇宙), 원시은하(銀河), 원시음악(音樂), 원시인(人), 원시적(的), 원시정관(定款), 원시정보(情報), 원시조(鳥), 원시종교(宗敎), 원시취득(取得), 원시함수(函數), 원시행성(行星), 원시화(畵).

1023) 원인(原因): 어떤 사물이나 상태를 변화시키거나 일으키게 하는 근본이 된 일이나 사건. ¶원인과 결과. 사고의 원인을 조사하다. 원인관계(關係), 원인성(性;因果性), 원인자부담금(原因者負擔金), 원인적응(適應), 원인판결(判決); 주원인(主).

1024) 원자(原子): 물질의 기본적 구성 단위. 하나의 핵과 이를 둘러싼 여러 개의 전자로 구성되어 있음. ¶원자가(價), 원자각(殼), 원잣값(원자가), 원자결정(結晶), 원자껍질(원자각), 원자단(團), 원자량(量), 원자력(力)[원자력발전(發展), 원자력산업(産業), 원자력잠수함(潛水艦)], 원자로(爐), 원자론(論), 원자모형(模型), 원자병(病), 원자부피, 원자설(說), 원자수소(水素), 원자시(時), 원자열(熱), 원자운(雲), 원자자석(磁石), 원자질량(質量), 원자폭탄(爆彈)/원자탄(彈), 원자핵(核)[원자핵반응(反應), 원자핵분열(分裂), 원자핵붕괴(崩壞), 원자핵융합(融合), 원자핵화학(化學)], 원자화(化); 반원자(反).

1025) 원칙(原則): 근본이 되는 법칙. 여러 사람이나 일반 현상에 두루 적용되는 법칙. ¶원칙론(論), 원칙법(法), 원칙성(性), 원칙적(的); 경제원칙(經濟), 대체원칙(代替), 육하원칙(六何).

1026) 원판(元): ①본디의 형편이나 생김새. 원래(元來). ¶원판 사람이 좋아서 인기가 있다. ②=워낙②.

남), 신경원(神經元), 요원(燎原), 이원(二元), 일원(一元), 장원(壯元), 저원(低原), 정경대원(正經大原), 제원(諸元), 중원(中元), 중원(中原), 진원(眞元), 차원(次元), 천원(天元;배꼽점), 초원(草原)[대초원(大)], 평원(平原)[대평원(大), 준평원(準), 파상평원(波狀)], 하원(下元;음력 4월 보름), 해중대원(海中臺原), 혼원(混元), 화구원(火口原), 환원(還元), 황원(荒原). ②일부 명사 뒤에 붙어 '그 사물이 성립되는 곳'의 뜻을 나타내는 말. ¶발매원(發賣元), 신경원(神經元), 양조원(釀造元), 제조원(製造元), 판매원(販賣元) 들.

원(員) '그 일에 종사하는 사람. 구성원. 사람이나 물건의 수'를 뜻하는 말. ¶원님(고을의 우두머리). 원수(員數), 원외(員外); 가구원(家口員), 각원(各員), 각원(閣員), 감원(減員), 감독원(監督員), 감사원(鑑査員), 감시원(監視員), 갑판원(甲板員), 개찰원(改札員), 개표원(開票員), 객원(客員), 거래원(去來員), 검량원(檢量員), 검사원(檢査員), 검수원(檢修員), 검수원(檢數員), 검역원(檢疫員), 검열원(檢閱員), 검차원(檢車員), 검침원(檢針員), 검탄원(檢炭員), 검표원(檢票員), 결원(缺員), 경리원(經理員), 경비원(警備員), 경호원(警護員), 계원(係員), 계원(契員), 계산원(計算員), 계수원(計數員), 계시원(計時員), 고용원(雇傭員), 공원(公員), 공원(工員), 공무원(公務員), 공작원(工作員), 과원(課員), 과원(過員), 관원(官員), 관원(館員), 관리원(管理員), 교원(敎員), 교도원(敎導員), 교열원(校閱員), 교원(敎員), 교정원(校正員), 교직원(敎職員), 교환원(交換員), 구성원(構成員), 구조원(救助員), 국원(局員), 군무원(軍務員), 궐원(闕員), 규찰대원(糾察隊員), 기관원(機關員), 기록원(記錄員), 기술원(技術員), 노동조합원(勞動組合員), 노무원(勞務員), 단원(團員), 당원(黨員), 대원(隊員), 대의원(代議員), 대출원(貸出員), 돌격대원(突擊隊員), 동원(動員), 동맹원(同盟員), 만원(滿員), 매표원(賣票員), 미화원(美化員), 반원(班員), 방범대원(防犯隊員), 방송원(放送員), 방호원(防護員), 배달원(配達員), 배심원(陪審員), 배차원(配車員), 별동대원(別動隊員), 병원(兵員), 보건원(保健員), 보도원(報道員), 보조원(補助), 보육원(保育員), 복원(復員), 부원(部員), 부대원(部隊員), 부서원(部署員), 비원(備員;정한 인원이 다 갖추어짐), 비전투원(非戰鬪員), 사원(社員), 사원(射員), 사무원(事務員), 사찰원(査察員), 산원(散員), 상담원(相談員), 상사원(商社員), 상치원(常置員), 서원(署員), 서원(書員), 선원(船員), 선동원(煽動員), 선로원(線路員), 선전원(宣傳員), 성원(成員), 세관원(稅關員), 소원(所員), 소대원(小隊員), 소방원(消防員), 수원(隨員), 수금원(收金員), 수직원(守直員), 수행원(隨行員), 숙직원(宿直員), 순시원(巡視員), 순찰원(巡察員), 습사원(習射員), 승무원(乘務員), 승선원(乘船員), 승조원(乘組員), 시원(試員), 신호원(信號員), 심사원(審査員), 심판원(審判員), 안내원(案內員), 안전원(安全員), 어렵원(漁獵員), 역원(役員), 역원(驛員), 역무원(驛務員), 연구원(研究員), 연락원(連絡員), 열차원(列車員), 영수원(領收員), 외교원(外交員), 외판원(外販員), 요원(要員), 용원(冗員), 용원(傭員), 우편원(郵便員), 운동원(運動員), 위원(委員), 유격대원(遊擊隊員), 은행원(銀行員), 응사원(應射員), 의원(醫員), 의원(議員), 이발원(理髮員), 인원(人員), 일원(一員), 임원(任員), 임직원(任職員), 잠수원(潛水員), 전원(全員), 전철원(電鐵員), 전투원(戰鬪員), 점원(店員), 접대원(接待員), 접반원(接伴員), 접수원(接受員), 정원(定員), 정원(正員), 정당원(政黨員), 정보원(情報員), 정비원(整備員), 제원(諸員), 조원(組員), 조리원(調理員), 조사원(調査員), 조산원(助産員), 조직원(組織員), 조합원(組合員), 종무원(宗務員), 종사원(從事員), 종업원(從業員), 주재원(駐在員), 증원(增員), 지도원(指導員), 지서원(支署員), 직원(職員), 집금원(集金員), 집배원(集配員), 찬조원(贊助員), 참심원(參審員), 창고원(倉庫員), 창구원(窓口員), 천공원(穿孔員), 첩보원(諜報員), 체전원(遞傳員), 총원(總員), 출납원(出納員), 출장원(出張員), 충원(充員), 취사원(炊事員), 취재원(取材員), 측정원(測定員), 탐보원(探報員), 탑승원(搭乘員), 통신원(通信員), 통역원(通譯員), 특파원(特派員), 파원(派員), 판매원(販賣員), 편성원(編成員), 편집원(編輯員), 편찬원(編纂員), 평의원(評議員), 폭원(幅員;땅이나 지역의 넓이), 학원(學員), 합숙원(合宿員), 합의부원(合議部員), 해설원(解說員), 해원(海員), 향원(鄕員), 현원(現員), 현업원(現業員), 현재원(員), 협의원(協議員), 호상원(護喪員), 호송원(護送員), 회원(會員), 회계원(會計員), 회사원(會社員), 효과원(效果員) 들.

원(院) '공공 기관 · 공공 단체. 집'을 뜻하는 말. ¶원계(院啓), 원내(院內), 원락(院落), 원상(院相), 원아(院兒;고아원 등에서 양육되는 아동), 원외(院外)[원외운동(運動), 원외투쟁(鬪爭)], 원우(院宇), 원의(院議), 원임(院任), 원장(院長), 원전(院田), 원화(院畵); 감사원(監査院), 강원(講院), 개원(開院), 감화원(感化院), 경리원(經理院), 경학원(經學院), 계단원(戒壇院), 고아원(孤兒院), 공보원(公報院), 과원(課員), 광정원(光政院), 광제원(廣濟院), 광혜원(廣惠院), 구빈원(救貧院), 국기원(國技院), 국무원(國務院), 국악원(國樂院), 귀족원(貴族院), 규장원(奎章院), 기원(棋院), 내장원(內藏院), 대비원(大悲院), 대성원(大聖院), 대학원(大學院), 도염원(都鹽院), 도찰원(都察院), 도화원(圖畵院), 등원(登院), 모자원(母子院), 미장원(美粧院), 미조원(美爪院), 법원(法院), 변정원(辨定院), 별원(別院), 병원(病院), 보육원(保育院), 보통원(普通院), 본원(本院), 분원(分院), 분주원(分廚院), 비서원(秘書院), 사원(寺院), 사원(祠院), 사간원(司諫院), 사림원(詞林院), 사역원(司譯院), 사옹원(司饔院), 산원(産院), 상원(上院), 상서원(尙瑞院), 상의원(尙衣院), 서원(書院), 서적원(書籍院), 선원(仙院), 선원(禪院), 선학원(禪學院), 소년원(少年院), 수녀원(修女院), 수도원(修道院), 수련원(修鍊院), 수륜원(水輪院), 수민원(綏民院), 수사원(修士院), 수서원(修書院), 승원(僧院), 승문원(承文院), 승선원(承宣院), 승정원(承政院), 시원(試院), 액정원(掖庭院), 양로원(養老院), 양원/제(兩院/制), 양육원(養育院), 역원(驛院), 역학원(譯學院), 연구원(研究院), 연방원(聯芳院), 연수원(研修院), 열악원(閱樂院), 예술원(藝術院), 요양원(療養院), 원로원(元老院), 육아원(育兒院), 의원(議院), 의원(醫院)[양의원(洋), 한의원(韓)], 이문원(摛文院), 이용원(理容院), 입원(入院), 장례원(掌隷院), 장례원(掌禮院), 장로원(長老院), 장악원(掌樂院), 재활원(再活院), 적산원(赤山院), 전원(全院), 접골원(接骨院), 정원(淨院), 정양원(靜養院), 정무원(政務院), 제생원(濟生院), 종리원(宗理院), 주전원(主殿院), 죽원(竹院;주위에 대가 많이 자라는 집), 중추원(中樞院), 지원(支院), 진향원(趁香院), 참의원(參議院), 추밀원(樞密院), 총무원(總務院), 태의원(太醫院), 통원(通院), 통례원(通禮院), 통신원(通信院), 통일원(統一院), 퇴원(退院), 폐원(閉院), 하원

ㅇ

(下院), 학사원(學士院), 학술원(學術院), 학원(學院), 한림원(翰林院), 혈액원(血液院), 혜민원(惠民院), 활인원(活人院), 훈련원(訓練院) 들.

원(遠) '거리가 멀다. 멀리하다. 깊다 · 심오하다'를 뜻하는 말.↔근(近). ¶원객(遠客), 원거리(遠距離), 원격(遠隔)[1027], 원경/법(遠景/法), 원계(遠計), 원광(遠光), 원교(遠郊), 원국(遠國), 원근(遠近)[원근감(感), 원근법(法), 원근조절(調節), 원근해(海)], 원대하다(遠大;규모가 크고 깊음), 원대(遠代), 원도(遠逃), 원도(遠島), 원동(遠東), 원래(遠來), 원려(遠慮), 원로(遠路), 원뢰(遠雷), 원막치지(遠莫致之), 원망(遠望), 원모(遠謀), 원방(遠方), 원방(遠邦), 원배(遠配), 원범(遠帆), 원별(遠別), 원사(遠射), 원사(遠寫), 원산(遠山), 원색(遠色), 원손(遠孫), 원시(遠視)[원시경(鏡), 원시안(眼)/원안], 원심(遠心;중심에서 멀어져 감)[원심력(力), 원심분리기(分離機), 원심성(性), 원심운동(運動), 원심작용(作用), 원심침강(沈降), 원심하중(荷重)], 원악지(遠惡地), 원양(遠洋)[원양어(魚), 원양어선(漁船), 원양어업(漁業), 원양항해(航海)], 원예(遠裔), 원유(遠遊), 원음(遠音), 원인(遠因), 원전(遠戰), 원점(遠點), 원정(遠征;먼 곳으로 싸우러 나감)[원정군(軍), 원정대(隊)], 원정(遠程), 원조(遠祖), 원족(遠足), 원족(遠族), 원지(遠地), 원지(遠志), 원지점(遠地點), 원찬(遠竄), 원처(遠處), 원척(遠戚), 원촌(遠寸), 원촌(遠村), 원출(遠出), 원친(遠親), 원칭(遠稱), 원풍(遠風), 원항(遠航), 원해(遠海), 원행(遠行), 원향(遠鄕), 원혐(遠嫌), 원화(遠禍), 원화소복(遠禍召福); 격원하다(隔遠), 경원(敬遠), 고원(高遠), 광원(廣遠), 굉원(宏遠), 구원(久遠)[구원겁(劫), 구원불(佛)], 망원경(望遠鏡), 면원(綿遠), 묘원하다(渺遠), 무한원(無限遠), 벽원(僻遠), 불원(不遠)[불원간(間), 불원천리(千里); 은감불원(殷鑑)], 사원(四遠), 삼원(三遠;高遠, 深遠, 平遠), 소원하다(疏/疎遠), 심원(深遠), 언근지원(言近旨遠), 영원하다(永遠), 요원(遙/遼遠)[전도요원(前途)], 우원(迂遠), 유원하다(悠遠), 장원(長遠), 절원(絕遠), 창원(蒼遠), 초원하다(稍遠), 추원(追遠), 추원보본(追遠報本), 탁원하다(逴遠), 평원(平遠), 험원하다(險遠), 홍원하다(弘遠), 황원(荒遠) 들.

원(圓) '동그라미. 둥글다. 둘레. 범위. 온전하다. 원만하다'를 뜻하는 말. ¶원을 그리다. 원각(圓覺;부처의 완전하고 원만한 깨달음), 원경(圓徑;원지름), 원광(圓光), 원구(圓球), 원그래프(graph), 원기둥, 원달구, 원둘레, 원만하다(圓滿;모난 데가 없이 부드럽다)[원만성(性), 원만스럽다], 원무(圓舞), 원밀이, 원반(圓盤)[투원반(投)], 원방패(圓防牌), 원분(圓墳), 원뿔[원뿔곡선(曲線), 원뿔꼴, 원뿔대(臺), 원뿔도법(圖法), 원뿔면(面)], 원삼(圓衫), 원선(圓扇;둥근 모양의 부채), 원숙하다(圓熟), 원순모음(圓脣母音), 원순열(圓順列), 원심(圓心), 원여장(圓女墻), 원예(圓翳;눈병의 하나), 원운동(圓運動), 원융/무애(圓融/無礙), 원전(圓田), 원전(圓轉)[원전활탈(滑脫)], 원점(圓點), 원정흑의(圓頂黑衣), 원주(圓周)[원주율(律); 반원주(半)], 원주(圓柱), 원지(圓池), 원진(圓陣;둥근 진영), 원체(圓體), 원촌(圓村), 원추(圓錐;원뿔)[1028], 원탁/회의(圓卓/會議), 원탑(圓塔), 원통(圓筒)[원통도법(圖法), 원통형(形)], 원판(圓板), 원함수(圓函數), 원형(圓形)[원형경기장(競技場), 원형극장(劇場)], 원환(圓環), 원활하다(圓滑;모난 데가 없이 원만하다); 결원(缺圓;활꼴), 곡률원(曲率圓), 내접원(內接圓), 단원(團圓;둥근 것. 끝)[단원하다(가정이 원만하다); 대단원(大)], 단위원(單位圓), 대원(大圓), 동심원(同心圓), 반원(半圓), 방원(方圓), 방저원개(方底圓蓋), 방접원(傍接圓), 복원(復圓), 사분원(四分圓), 소원(小圓), 외접원(外接圓), 일원(一圓), 접원(接圓), 정원(正圓), 천원지방(天圓地方), 첨원(尖圓), 타원(橢圓), 혼원(渾圓) 들.

원(園/苑) '밭이나 뜰. 동산. 구역이나 장소. 보육 기관 · 시설'을 뜻하는 말. ¶원경(園耕), 원두(園頭)[1029], 원림(園林), 원소(園所;왕세자나 왕세자빈 또는 왕의 私親 등의 산소), 원아(園兒), 원예(園藝)[1030], 원유(園囿), 원유회(園遊會), 원장(園長), 원정(園丁), 원지(園池), 원포(園圃); 가로원(街路園), 감람원(橄欖園), 개원(開園), 고원(故園), 공원(公園)[1031], 과수원(果樹園), 관개원(灌漑園), 교재원(教材園), 구원(丘園), 궁원(宮苑), 금원(禁苑;대궐의 동산), 낙원(樂園)[지상낙원(地上)], 내원(內苑), 녹야원(鹿野苑), 녹원(鹿苑), 농원(農園), 능원(陵園), 다원(茶園), 도원(桃園), 동물원(動物園), 매화원(梅花園)/매원(梅園), 모수원(母樹園), 문원(文苑), 미로원(迷路園), 백화원(百花園), 비람원(毘藍園), 비원(秘苑), 상원(桑園), 수목원(樹木園), 식물원(植物園), 실용원(實用園), 심원(深園), 약초원(藥草園)/약원(藥園), 양봉원(養蜂園), 어원(御苑), 영원(靈園), 예원(藝園/苑), 외원(外苑), 유원(幽園), 유원(遊園), 유목원(幼木園), 유아원(幼兒園), 유치원(幼稚園), 율원(栗園), 장원(莊園), 장미원(薔薇園), 전원(田園)[전원도시(都市), 전원시(詩)], 정원(庭園), 조원(造園), 죽원(竹園), 채원(菜園), 폐원(廢園/苑), 포도원(葡萄園), 필원(筆園), 학원(學園), 학교원(學校園), 학습원(學習園), 향원(鄕園), 현륭원(顯隆園), 화원(花園), 후원(後園) 들.

원(源/原) '그것의 근원(根源) · 출처'를 뜻하는 말. ¶원류(源流;처음), 원원하다(源源;근원이 깊어 끊임이 없다), 원천(源泉;사물의 근원)[원천과세(課稅), 원천적(的), 원천지(地), 원천징수(徵收)]; 감염원(感染源), 공급원(供給源), 공전원(空電源), 광원(光源), 권원(權原), 근원(根源), 급원(給源), 기뢰원(機雷原), 기원(起源/原), 도원(桃源), 동력원(動力源), 면역원(免疫原), 밀원(蜜源), 발설원(發說源;말을 처음으로 퍼뜨린 사람), 발원(發源), 방사선원(放射線源), 범람원(汎濫原), 법원(法源), 병원(病原/源)[병원균(菌), 병원체(體), 병원충(蟲)], 본원(本源), 부원(富源), 색원(塞源;근원을 없애버림), 세원(稅源), 소득원(所得源), 소원(溯/泝源), 수원(水源)[수원지(池), 수원지(地)], 수입원(收入源), 어원(語源), 에너지

1027) 원격(遠隔): 멀리 떨어져 있음. ¶원격으로 조정하다. 원격감각(感覺), 원격유도(誘導), 원격의료(醫療), 원격작용(作用), 원격제어(制御), 원격조작(操作), 원격조종(操縱), 원격진단(診斷), 원격측량(測量), 원격치료(治療), 원격화(化).

1028) 원추(圓錐): 원추근(根), 원추대(臺), 원추도법(圖法), 원추세포(細胞), 원추형(形).

1029) 원두(園頭): 밭에 심은 오이 · 참외 · 수박 · 호박 따위를 두루 이르는 말. ¶원두덩굴, 원두막(幕), 원두밭, 원두한이(干).

1030) 원예(園藝): 채소, 과일, 화초 따위를 심어서 가꾸는 일이나 기술. ¶원예가(家), 원예농업(農業), 원예사(師), 원예술(術), 원예식물(植物), 원예업(業), 원예장(場), 원예학(學); 소채원예(蔬菜), 화훼원예(花卉).

1031) 공원(公園): 공원경관(景觀), 공원묘지(墓地), 공원수(樹), 공원화(化); 국립공원(國立), 삼림공원(森林), 시민공원(市民), 체육공원(體育), 해중공원(海中), 호수공원(湖水).

원(energy源), 연원(淵源), 열원(熱源), 영양원(營養源), 오염원(汚染源), 응집원(凝集源), 이원(利源), 자금원(資金源), 자원(字源), 자원(資源), 재원(財源), 전원(電源), 전파원(電波源), 정보원(情報源), 죄원(罪源), 진원/지(震源/地), 책원(策源), 책원지(策源地), 천원(泉原/源), 취재원(取材源), 침강원(沈降原), 파원(波源), 폐원(弊源), 하원(河源), 항원(抗原), 항체원(抗體原), 화구원(火口原), 화원(火源), 화원(禍源) 들.

원(願) 바라는 것. '바라다. 하고자 하다'를 뜻하는 말. ¶원을 풀다. 원납/전(願納/錢), 원당(願堂), 원력(願力), 원류(願留), 원망(願望), 원매인(願買/賣人), 원매자(願買/賣者), 원문(願文), 원불(願佛), 원서(願書)[원서교부(交付), 원서마감, 원서접수(接受); 입사원서(入社), 입학원서(入學)], 원의(願意), 원인(願人), 원입(願入), 원종하다(願從), 원컨대(바라건대), 원풀이(소원을 이루는 일), 원하다; 간원(懇願), 극락원(極樂願), 기원(祈願), 대원(大願), 대원(代願), 만원(滿願), 민원/서류(民願/書類), 발원(發願), 별원(別願), 보석원(保釋願), 복원(伏願), 본원(本願), 불원(不願), 비원(悲願), 비원(鄙願), 사직원(辭職願), 상원(常願), 서원(誓願), 소원(所願), 소원(素願), 소원(訴願), 수색원(搜索願), 숙원(宿願), 심원(心願), 앙원(仰願), 애원(哀願), 염원(念願), 의원(依願), 열원(熱願), 염원(念願), 의원(依願), 절원(切願), 자원(自願), 주원(呪願), 지원(至願), 지원(志願), 청원(請願), 총원(總願), 축원(祝願), 출원(出願)[광업출원(鑛業), 특허출원(特許)], 탄원(歎願), 홍원(弘願), 휴지원(休職願), 희망원(希望願), 희원(希願) 들.

원(怨) '미워하다. 못마땅하게 여기다. 원망하다'를 뜻하는 말. ¶원골(怨骨;원한을 품고 죽은 사람), 원구(怨咎;원망하고 꾸짖음), 원구(怨溝;원한으로 벌어진 사이), 원녀(怨女), 원념(怨念;원한을 품은 생각), 원독(怨毒), 원령(怨靈), 원망(怨望), 원모(怨慕), 원방(怨謗), 원부(怨府), 원부(怨婦), 원사(怨辭), 원색(怨色), 원성(怨聲), 원수(怨讐)[1032], 원심(怨心), 원언(怨言), 원오(怨惡), 원우(怨尤), 원적(怨敵), 원정(怨情), 원죄(怨罪), 원증(怨憎), 원차(怨嗟), 원천(怨天;하늘을 원망함), 원특(怨慝;원한을 품어 요사스럽고 악함), 원풀이(원한을 풀어 없애는 일), 원한(怨恨), 원혐(怨嫌); 결원(結怨), 구원(仇怨;원수), 구원(舊怨), 규원(閨怨), 대원(大怨), 매원(埋怨), 매원(買怨), 민원(民怨), 보원(報怨), 분원(忿怨), 사원(私怨), 삼원(三怨)[1033], 수원수구(誰怨誰咎), 숙원(宿怨), 심원(深怨), 애원(哀怨), 은원(恩怨), 적원(積怨), 중원(衆怨), 증원(憎怨), 질원(疾怨), 함분축원(含憤蓄怨), 함원(含怨), 혈원골수(血怨骨髓), 혐원(嫌怨) 들.

원(寃/冤) '억울한 죄를 받다. 굽다. 구부리다'를 뜻하는 말. ¶원굴(寃屈;뜻을 굽힘), 원굴하다(寃屈;누명을 써서 마음에 맺히고 억울하다), 원귀(寃鬼;억울하게 죽은 사람의 귀신), 원루(寃淚;억울하여 흘리는 눈물), 원사(寃死)[수절원사(守節)], 원소(冤訴), 원억(冤抑), 원업(冤業), 원옥(冤獄), 원왕(冤枉), 원죄(冤罪), 원통하다(寃痛), 원형(冤刑), 원혼(冤魂); 설원(雪冤), 소원(訴冤), 신원(伸寃), 신원설치(伸寃雪恥), 억원(抑冤), 업원(業冤), 지원(至冤), 칭원(稱寃), 포원(抱寃), 호원(呼冤) 들.

원(援) '도와주다. 끌어당기다'를 뜻하는 말. ¶원군(援軍), 원례(援例), 원병(援兵), 원용(援用)[1034]/하다, 원인(援引;끌어당김), 원조(援助)[1035], 원호(援護)[원호금(金), 원호대상자(對象者), 원호되다/하다, 원호비(費)]; 경원(經援), 고립무원(孤立無援), 구원(救援)[구원병(兵), 구원투수(投手)], 내원(來援), 무원(無援), 성원(聲援), 수원(受援), 열원(熱援), 외원(外援), 응원(應援), 좌원우응(左援右應), 증원(增援), 지원(支援), 청원(請援), 호원(護援), 후원(後援)[후원군(軍), 후원자(者), 후원하다, 후원회(會)] 들.

원(鴛) '원앙새의 수컷'을 뜻하는 말. ¶원앙이 녹수(綠水)를 만났다(적합한 배필을 만남). 원앙(鴛鴦;오릿과의 물새. 금실이 좋은 부부)[원앙계(契원), 앙금(衾), 원앙금침(衾枕), 원앙무(舞), 원앙새, 원앙신(神), 원앙와(瓦), 원앙잠(簪), 원앙침(枕)] 들.

원(垣) '울타리 · 담'을 뜻하는 말. ¶금원(禁垣;대궐의 담 안), 방풍원(防風垣), 삼원(三垣;紫薇垣, 天市垣, 太微垣), 자미원(紫薇垣), 장원(牆垣), 초원(草垣), 토원(土垣) 들.

원(爰) '이에. 여기에서'를 뜻하는 말. ¶원거원처(爰居爰處;이곳저곳에 옮기어 삶), 원서(爰書;죄인이 진술한 죄상을 적은 서류).

원(猿) '원숭이'를 뜻하는 말. ¶원공(猿公), 원비(猿臂), 원후류(猿猴類); 견원(犬猿), 견원지간(犬猿之間), 유인원(類人猿) 들.

원(媛) '예쁘다. 아름답다. 궁녀(宮女)'를 뜻하는 말. ¶원비(媛妃); 재원(才媛) 들.

원숭이 원숭잇과에 딸린 짐승의 총칭. ¶원숭이날, 원숭이띠, 원숭이해[신년(申年)]; 긴꼬리원숭이, 긴팔원숭이, 명주원숭이(明紬) 들.

원추리 무릇난과의 여러해살이풀.

월 하나의 온전히 짜인 생각을 나타낸 글이나 문장. 글월. ¶월갈, 월점(點;문장부호); 글월, 딸림월 들.

월(月) 한 달. '달'을 뜻하는 말. ¶월 80만원의 소득. 월간(月刊), 월간(月間), 월건(月建;달의 干支), 월경(月頃;한 달 가량), 월경(月經)[1036], 월계/표(月計/表), 월계(月桂)[월계관(冠), 월계수(樹)], 월고(月雇), 월과(月課), 월광(月光;달빛)[월광단(緞), 월광독서(讀書), 월광보살], 월구(月球;달), 월궁(月宮)[월궁항아(姮娥)], 월금(月琴), 월급(月給)[월급날, 월급일(日), 월급쟁이], 원내(月內), 월단/평(月旦/評), 월당(月當), 월대(月臺), 월래(月來), 월력(月曆), 월령(月齡), 월령/가(月令/歌), 월례/회(月例/會), 월로(月老), 월로

1032) 원수(怨讐): 원한이 맺힌 사람. 원한의 대상이 되는 물건. ¶원수를 갚다. 원수는 외나무다리에서 만난다. 원수지다, 원수치부/하다(置簿), 원수풀이/하다; 삼생원수(三生), 찰원수, 철천지원수(徹天之).

1033) 삼원(三怨): 남에게 원망을 듣는 세 가지. 곧, 벼슬이 높으면 남에게, 관직이 세력이 크면 임금에게, 관록이 많으면 백성에게 각각 원망을 듣게 됨을 이르는 말.

1034) 원용(援用): ①자기의 주장이나 학설을 세우기 위하여 문헌이나 관례 따위를 끌어다 씀. ②자기의 이익을 위하여 어떤 특정한 사실을 다른 데서 끌어다가 주장하는 일.

1035) 원조(援助): 물품이나 돈 따위를 도와줌. ¶원조금(金), 원조되다/하다, 원조비(費), 원조자(者); 경제원조(經濟), 군사원조(軍事), 기술원조(技術), 무상원조(無償).

1036) 월경(月經): 월경대(帶), 월경불순(不順), 월경수(水;몸엣것), 월경통(痛), 월경폐쇄기(閉鎖期).

승(月老繩), 월륜(月輪), 월름/미(月廩/米), 월리(月利), 월리(月離), 월말(月末), 월면(月面)[월면도(圖), 월면차(車)], 월명(月明), 월번(月番), 월변(月邊;달변), 월별(月別), 월병(月餠;달떡), 월보(月報), 월봉(月俸), 월부/판매(月賦/販賣), 월불(月拂), 월비(月費), 월사(月事), 월사금(月謝金), 월삭(月朔), 월산(月産), 월상(月像;달 모양), 월색(月色), 월석(月夕), 월석(月石), 월세(月貰), 월세계(月世界), 월소(月梳;얼레빗), 월수(月水), 월수(月收), 월수입(月收入), 월식(月蝕)[개기월식(皆旣), 부분월식(部分)], 월액(月額), 월야(月夜), 월여(月餘), 월영(月影), 월요일(月曜日), 월요병(月曜病), 월용(月容), 월일(月日), 월장성구(月章星句), 월전(月前), 월정(月定), 월중(月中), 월차(月次), 월초(月初), 월출(月出), 월파(月波), 월패(月牌), 월평(月評), 월평균(月平均), 월표(月表), 월하노인(月下老人), 월하빙인(月下氷人), 월형(月形), 월화(月華), 월후(月候), 월훈(月暈;달무리), 월흔(月痕); 가월(佳月), 가월(嘉月), 간월(間月;間朔), 객월(客月;지난달), 거월(去月), 격월(隔月), 계월(計月), 계월(桂月), 고월(孤月), 교월(皎月), 교점월(交點月), 국월(菊月;9월), 극월(極月;섣달), 근점월(近點月), 기월(忌月), 기월(期月), 길월(吉月), 낙월(落月), 난월(蘭月), 납월(臘月;음력 섣달), 낭월(朗月), 내월(來月), 농월(弄月), 누월(屢月), 단월(端月;정월), 담월(淡/澹月;으스름한 달), 답월(踏月;달밤에 거닒), 당월(當月), 대월(大月), 동월(冬月), 동월(同月), 만월(滿月), 만월(彎月), 망월(望月), 매월(每月), 맹월(孟月), 명월(明月)[공산명월(空山)], 모월(某月), 미월(眉月), 밀월(蜜月)[밀월여행(旅行)]반월(半月), 배월(排月), 백월(白月), 본월(本月;이 달), 사월(斜月), 삭월(朔月), 산월(産月), 상월(祥月), 상월(霜月), 생월(生月), 서월(暑月), 석월(夕月), 선우월(蟬羽月), 선월(先月), 설월(雪月), 섬월(纖月), 성월(星月), 성월(聖月), 세월(歲月), 소월(小月), 소월(素月), 수월(水月), 수월(數月), 순월(旬月), 신월(申月), 신월(新月;초승달), 심월(心月), 아미월(蛾眉月), 악월(惡月), 액월(厄月), 앵월(櫻月;음력 3월), 언월(偃月), 야월(夜月), 양월(良/陽月), 양월(凉月), 여월(如月), 연월(連月), 연월(烟/煙月), 열월(閱月), 엽월(葉月;음력 팔월), 영월(令月), 영월(迎月), 영월(盈月), 예월(例月), 예월(禮月), 완월(玩月), 왕월(王月;음력 정월), 우월(雨月), 원월(元月), 유월(踰/逾月), 윤월(閏月), 음월(陰月), 익월(翌月), 인월(寅月), 일월(日月), 임월(臨月), 작월(昨月), 잔월(殘月), 전월(前月), 정월(正月), 제월(除月), 제월(霽月)[광풍제월(光風)], 중월(仲月), 중추월(仲秋月), 지월(至月;동짓달), 진월(辰月), 차월/피월(此月/彼月), 창월(暢月), 초월(初月), 추월(秋月), 축월(丑月;음력 섣달), 축월(祝月), 축월(逐月), 춘월(春月), 태음월(太陰月), 편월(片月), 포월(蒲月), 풍월(風月), 핍월(乏月;보릿고개), 한월(寒月), 항성월(恒星月), 현월(玄月;음력 9월), 현월(弦月;초승달), 호월(皓月), 호월(湖月), 화월(花月), 환월(幻月), 황혼월(黃昏月;저녁달), 회귀월(回歸月), 휴월(虧月), 흑월(黑月), 희월(喜月;음력 3월) 들.

월(越) '넘다/넘기다. 뛰어나다'를 뜻하는 말. ¶월가(越價), 월간보(越間;대들보), 월강(越江), 월경/죄(越境/罪), 월과(越瓜), 월권(越權)[월권대리(代理), 월권행위(行爲)], 월남(越南), 월년(越年)[월년성(性), 월년초(草)], 월담(담을 넘음), 월동(越冬)[월동비(費), 월동준비(準備)], 월등하다(越等), 월반(越班), 월방(越房), 월복(越伏;중복과 말복 사이가 스무날로 되는 일), 월북(越北), 월삭(越朔), 월성(越城;성을 넘음), 월소(越訴), 월수(越數), 월승하다(越勝;훨씬 낫다), 월옥(越獄), 월의송(越議送), 월임(越任), 월장(越牆;월담), 월조(越俎), 월진승선(越津乘船), 월참(越站), 월척(越尺), 월천/꾼(越川), 월편(越便;건너편), 월해(越海); 도월(度越), 발월하다(發越), 범월(犯越), 우월(優越), 위월(違越), 이월(移越), 차월(借越), 참월하다(僭越), 초월(超越), 추월(追越), 침월(侵越), 탁월하다(卓越), 호월(胡越) 들.

월(刖) '베다. 자르다'를 뜻하는 말. ¶월각(刖脚), 월족(刖足), 월형(刖刑;옛날에, 발꿈치를 베는 형벌).

월(鉞) 장수가 출정할 때 임금이 부신(符信)으로 주던 도끼 모양의 부월. ¶부월(斧鉞)[부월당전(當前), 부월지하(之下)].

월품 땅과 땅이 맞닿은 언저리.

웩 ①'왝'의 큰말. ②기를 쓰며 마구 고함치는 소리. ¶웩웩거리다/대다.

웬 어찌된 일인지 분간할 수 없는. 예상했던 것과는 다른. 어떠한. ¶웬 떡이냐? 웬 사람이 이렇게 많으냐? 웬걸[1037], 웬만큼(그저 그만하게), 웬만하다[1038], 웬셈(어찌된 셈), 웬일[1039].

위 어떤 기준보다 높은 쪽. 꼭대기. 거죽. 표면. 수준이나 질이 보다 나은 쪽. 수량적으로 많은 쪽. 상급의 위치나 기관. 글 따위에서 앞에 든 내용.[〈우ㅎ.↔아래. §'위'는 명사이고, '윗-, 웃-[1040]'은 접두어. ¶위를 쳐다보아라. 위로 올라가다. 아래 위가 없다. 지구 위에 사람이 산다. 위의 글을 읽고 물음에 답하시오. 사람 위에 사람 없다. 위가기[1041], 위낮은청, 우대[1042], 우덜거지[1043], 위덮다[1044], 우두머리[1045], 위들다[1046], 우듬지[1047], 위땀(윗실이 박

1037) 웬걸: '웬 것을'의 준말로, 의심이나 의외·부정의 뜻을 나타내는 말. ¶사실을 알아보았더니, 헛소문이었다.

1038) 웬만하다: 정도나 형편이 표준에 가깝거나 그보다 약간 낫다. 허용되는 범위에서 크게 벗어나지 아니한 상태에 있다. ¶추위가 웬만하다. 웬만해야 눈감아주지. 웬만치, 웬만큼, 웬만하면, 웬만한, 웬만해서는, 웬만히.

1039) 웬일: 어떻게 된 일.[←웬(관형사)+일]. ¶웬일로 여길 다 왔니? 웬일인지 떠난 지 한 달이나 되었는데 소식이 없다.

1040) 웃-: 몇몇 명사나 동사 앞에 붙어 '위. 어느 정도를 넘어. 더함'의 뜻을 더하는 말.[웃-〈우ㅎ[上]+ㅅ]. §아래·위의 대립이 없는 말에 쓰임. ¶웃갓, 웃거름(덧거름), 웃거죽, 웃고명, 웃국, 웃기/떡, 웃날(흐렸을 때의 날씨), 웃더껑이, 웃도드리, 웃돈(값이 싼 물건 위에 얹어주는 돈), 웃돌다(어떤 정도를 넘어서다), 웃물(위에 생기는 국물. 겉물), 윗바람(웃풍), 웃보다, 윗분, 웃비(아직 우기는 있으나 좍좍 내리다가 그친 비), 웃소금, 웃아귀, 웃어른, 웃옷(겉에 입는 옷. 겉옷), 웃자라다, 웃자람, 웃저고리(겉저고리), 웃전(殿), 웃전(錢), 웃짐/지다, 웃치다(실력이나 값 따위를 기준보다 높이 평가하거나 인정하다), 웃켜(포개 놓은 물건의 위층), 웃통(사람 몸의 윗부분 또는 웃옷), 웃풍(風;웃바람), 웃하늘.

1041) 위가기: 악곡의 가락이 높은 쪽으로 나아가는 일.↔내려가기.

1042) 우대: 서울 도성 안의 서북쪽 지역. 위가 되는 쪽.[←우ㅎ+다히].↔아래대. ¶우댓사람(우대에 사는 사람).

1043) 우덜거지: 허술하나마 위를 가리게 되어 있는 것. ¶어디 우덜거지라도 칠 만한 데가 있는지 둘러보세.

1044) 위덮다: 남보다 뛰어나서 그를 능가하다.

1045) 우두머리: 물건의 꼭대기. 단체나 조직의 가장 윗사람. 통솔하는 사람.[〈웃머리].

1046) 위들다: 연을 날릴 때, 남의 연줄을 걸어 얽히게 하다.

1047) 우듬지: 나무의 꼭대기 줄기.[←위/웃]. ¶미루나무 우듬지의 까치집.

ㅇ

는 땀. 겉땀), 위뜸(한 마을의 위에 있는 부분↔아래뜸), 위뺨(윗부분의 뺨), 위:서다[1048], 웁쌀[1049], 위아래[위아랫도리, 위아랫막이, 위아랫물지다[1050]], 위없다(가장 높고 좋다)/없이, 위으뜸음(音), 우접다[1051], 우죽[1052], 위짝, 위쪽(위가 되는 쪽), 위채(위쪽에 위치한 채), 위청(廳), 위초리[1053], 위층(層), 위치마, 위턱, 위턱구름, 위통(물건의 위가 되는 부분), 위틀(창문틀 위에 가로 대는 부분), 위팔(어깨부터 팔꿈치까지의 부분)[위팔근(筋), 위팔뼈], 위편(便;위가 되는 쪽); 윗가지, 윗간(間), 윗구멍, 윗길[1054], 윗나룻, 윗난(欄;위에 있는 난), 윗넓이, 윗녘, 윗누이, 윗눈시울, 윗눈썹, 윗니, 윗다리, 윗단추, 윗당줄, 윗대(代;돌아간 어버이 위로 대대의 어른), 윗덧줄, 윗도리(몸의 윗부분. 윗옷), 윗돌, 윗동(활쏘기에서 어깨 사이), 윗동강, 윗동네(洞), 윗동아리/윗동(물체의 위쪽 부분), 윗둔덕, 윗마기, 윗마디, 윗마을/윗말, 윗막이, 윗머리, 윗면(面), 윗목, 윗몸, 윗물(↔아랫물), 윗바람, 윗반(班), 윗방(房), 윗배, 윗배미, 윗벌, 윗변(邊), 윗볼(볼의 윗부분), 윗부리(물건의 위쪽 부분), 윗부분(部分), 윗분, 윗사람, 윗사랑(舍廊), 윗삼(뱃바닥의 위쪽으로 댄 옆면의 널), 윗선(線), 윗세장(위에 가로지른 세장), 윗소리, 윗수(手), 윗수염(鬚髥), 윗실(재봉틀에서 바늘에 끼운 실), 윗심(상반신으로 쓰는 심), 윗아귀[1055], 윗알, 윗어귀, 윗알, 윗옷(위에 입는 옷), 윗입술, 윗잇몸, 윗자리, 윗주(註), 윗주머니, 윗줄, 윗중방(中枋), 윗집; 물위, 손위, 아래위. ☞ 상(上).

위(位) '자리. 위치. 방향. 순서. 신주(神主)'를 뜻하는 말. 등급이나 등수를 나타내는 말. ¶천자의 위에 오르다. 제3위. 영령 10위를 모신 사당. 위계(位階)[위계질서(秩序), 위계훈등(勳等)], 위관(位官), 위극인신(位極人臣), 위기(位記), 위망(位望), 위목(位目), 위비(位卑), 위상(位相)[1056], 위수(位數), 위작(位爵), 위차(位次), 위치(位置;곳. 자리)[위치각(覺), 위치감각(感覺), 위치결정(決定), 위치에너지, 위치이상(異)常; 경영위치(經營;화면을 살리기 위한 동양화의 배치법)], 위토답(位土畓), 위판(位版), 위패(位牌)[위패당(堂), 위패목(木), 위패바탕], 위품(位品), 위호(位號); 각위(各位), 갈수위(渴水位), 갱위(更位), 건위(乾位), 고위(高位), 고위(考位), 곤위(坤位), 곤위(壼位), 공위(功位), 공위(空位), 관위(官位), 군위(君位), 궐위(闕位), 극위(極位), 녹위(祿位;녹봉과 작위), 단위(單位), 대위(大位), 대위(代位)[대위변제(辨濟), 대위소권(訴權)], 대위(臺位;삼공의 지위), 대위법(對位法), 동위(同位)[동위각(角), 동위원리(原理), 동위원소(元素)], 등위(等位), 명위(名位), 명위(命位), 무위(無位), 반위(班位), 방위(方位), 배위(配位), 변위(變位), 보위(寶位), 복위(復位), 본위(本位), 부위(部位), 비위(妣位), 사위(斜位), 사위(嗣位), 상위(上位), 상위(相位), 서위(敍位), 선위(船位), 선위(禪位), 설위(設位), 성위(星位), 손위(遜位), 수위(水位), 수위(首位), 순위(順位)[상속순위(相續), 영순위(零), 우선순위(優先)], 숭위(崇位), 시위소찬(尸位素餐), 신위(神位), 양위(兩位), 양위(讓位), 역위(逆位), 열위(劣位), 열위(列位;여러분), 영위(榮位), 왕위(王位), 우위(優位), 원위(原位), 윤위(閏位), 인위(人位), 작위(爵位), 재위(在位), 저위(低位), 전위(傳位), 전위(電位), 전위(轉位), 정위(正位), 제위(帝位), 제위(祭位), 제위(諸位;여러분), 조위(潮位), 존위(尊位), 주위(主位), 준위(準位), 중위(中位), 중위(重位), 즉위(卽位), 지위(地位)[지위향상(向上); 귀속지위(歸屬), 사회적지위(社會的)], 직위(職位), 차위(次位), 찬위(簒位), 참위(僭位), 천위(天位), 첨위(僉位;여러분), 체위(體位), 층위(層位), 태위(台位), 태위(胎位), 퇴위(退位), 폐위(廢位), 품위(品位), 풍위(風位), 하위(下位), 학위(學位), 허위(虛位), 현위(顯位;높은 지위), 황위(皇位), 횡위(橫位), 훈위(勳位). ②'분'을 뜻하는 말. ¶위패(位牌); 각위(各位), 고위(考位), 비위(妣位), 제위(諸位) 들.

위(僞) '거짓. 잘못. 속이다'를 뜻하는 말.↔진(眞). ¶위경(僞經), 위계(僞計), 위과(僞果), 위관절(僞關節), 위구마비(僞痲球痺), 위권(僞券), 위근시(僞近視), 위금(僞金), 위단(僞單), 위룡(僞龍), 위막(僞膜), 위망(僞妄), 위명(僞名), 위모(僞冒), 위문서(僞文書), 위물(僞物), 위박하다(僞薄), 위본(僞本), 위분층(僞分層), 위사(僞辭), 위사(僞史), 위새(僞鰓), 위색(僞色), 위서(僞書), 위선(僞善;겉으로만 착한 체함)[위선자(者), 위선적(的)], 위성(僞聖), 위악(僞惡), 위약(僞藥), 위양(僞讓), 위언(僞言), 위연륜(僞年輪), 위엽(僞葉), 위요독증(僞尿毒症), 위은(僞恩), 위인(僞印;위조한 도장), 위임신(僞妊娠), 위작(僞作), 위장(僞裝)[1057], 위적(僞跡), 위전(僞電), 위제품(僞製品), 위조(僞造)[1058], 위조(僞朝), 위족(僞足), 위증(거짓증거)/죄(僞證/罪), 위착(僞着;남의 이름으로 서명하는 일), 위칭(僞稱), 위탈, 위판(僞版), 위편(僞片), 위폐(僞幣), 위필(僞筆;위조된 필적), 위학(僞學), 위화(僞花), 위화(僞貨), 위훈(僞勳); 간위(奸僞), 교위(巧僞), 교위(矯僞), 사위(詐僞), 정위(正僞), 정위(情僞), 진위(眞僞), 허위(虛僞) 들.

위(威) '위엄. 권세. 으르다'를 뜻하는 말. ¶위광(威光), 위권(威權), 위덕(威德), 위력(威力)[1059], 위령(威令), 위망(威望), 위맹(威猛),

---

1048) 위서다: ①혼인 때에 신랑이나 신부를 따라가다. ②지체 높은 사람의 뒤를 따라가다. ¶대감 행차에 위서다.

1049) 웁쌀: 솥 밑에 잡곡을 깔고 그 위에 조금 얹어 안치는 쌀. ¶웁쌀을 얹다.

1050) 위아랫물지다: ①두 가지의 액체가 서로 섞이지 아니하고 위아래로 겉돌다. ②나이나 계급의 차이로 서로 어울리지 아니하고 배돌다.

1051) 우접다: 뛰어나게 되다. 나아지다. 선배를 이겨내다. ¶그는 형보다 우접게 되었다.

1052) 우죽: 나무, 대 따위의 우두머리에 있는 가지.

1053) 위초리: ①나뭇가지의 맨 끝에 있는 가지. ②물건의 위쪽에 있는 뾰족한 끝.

1054) 윗길: ①위쪽에 있는 길. ②질적으로 훨씬 나은 수준.

1055) 윗아귀: ①엄지손가락과 집게손가락의 뿌리가 닿은 곳. ②활의 줌통 위.

1056) 위상(位相): 어떤 사물이 다른 사물과의 관계 속에서 가지는 위치나 상태. 극한과 연속의 개념이 정의될 수 있도록 집합에 도입되는 수학적 구조. ¶위상을 높이다. 위상각(角), 위상계(計), 위상공간(空間), 위상궤도(軌道), 위상기하학(幾何學), 위상동형(同形), 위상론(論), 위상변이(變移), 위상변조(變調), 위상사상(寫像), 위상세포(細胞), 위상속도(速度), 위상수학(數學), 위상심리학(心理學), 위상어(語), 위상지연(遲延), 위상차(差), 위상파(波), 위상편차(偏差), 위상평면(平面).

1057) 위장(僞裝): 본래의 정체나 모습이 드러나지 않도록 거짓으로 꾸밈. 또는 그런 수단이나 방법. ¶위장도색(塗色), 위장되다/하다, 위장그물, 위장막(幕), 위장망(網;위장그물), 위장물(物), 위장번호(番號), 위장복(服), 위장수출(輸出), 위장옷, 위장이민(移民), 위장칠(漆), 위장폐업(廢業), 위장포(布), 위장함(艦), 위장해고(解雇).

1058) 위조(僞造): 어떤 물건을 속일 목적으로 꾸며 진짜처럼 만듦. ¶위조꾼, 위조되다/하다, 위조문서(文書), 위조사(史), 위조수표(手票), 위조어음, 위조자(者), 위조죄(罪), 위조지폐(紙幣), 위조품(品), 위조화폐(貨幣); 문서위조(文書), 사인위조(私印), 유형위조(有形), 화폐위조(貨幣).

1059) 위력(威力): 상대를 압도할 만큼 강력함. 또는 그런 힘. ¶위력을 발휘

위명(威名), 위무(威武), 위복(威服), 위복(威福), 위세(威勢)[1060], 위신(威信;위엄과 신망), 위압(威壓)[위압감(感), 위압되다/하다, 위압적(的); 사회위압(社會)], 위엄(威嚴)[위엄기(氣), 위엄성(性), 위엄스럽다, 위엄차다], 위연하다(威然), 위용(威容;위엄 있는 모양이나 모습)/스럽다, 위의(威儀;위엄이 있고 엄숙함), 위지협지(威之脅之), 위풍(威風)[위풍당당/하다(堂堂), 위풍스럽다], 위하(威嚇), 위혁(威嚇;위협), 위협(威脅)[위협사격(射擊), 위협색(色), 위협적(的), 위협조(調), 위협하다]; 구위(球威), 국위(國威), 군위(軍威), 권위(權威), 능위(稜威), 맹위(猛威), 무위(武威), 방위(邦威), 병위(兵威), 상위(霜威), 서위(暑威), 성위(聲威), 세위(勢威), 시위(示威), 시위(施威), 신위(神威), 엄위(嚴威), 여위(餘威), 염위(炎威), 영위(靈威), 왕위(王威), 은위(恩威), 은위병행(恩威竝行), 제위(帝威), 천위(天威), 폭위(暴威), 풍위(風威), 한위(寒威), 허위(虛威), 호가호위(狐假虎威), 호위(虎威), 황위(皇威), 회위(懷危) 들.

위(胃) 식도(食道)와 장(腸) 사이에 있는, 주머니 모양의 소화 기관. 동물의 밥통. ¶위를 수술하다. 위기 아프다. 위결핵(胃結核), 위경(胃經), 위경(胃鏡), 위경련(胃痙攣), 위관(胃管), 위궤양(胃潰瘍), 위근(胃筋), 위기(胃氣), 위랭(胃冷), 위벽(胃壁), 위병(胃病), 위부(胃腑), 위산(胃散), 위산(胃酸), 위삼각(胃三角), 위샘, 위선(胃腺), 위세척(胃洗滌), 위암(胃癌), 위액(胃液), 위약하다(胃弱), 위약(胃藥), 위염(胃炎), 위옹(胃癰), 위장(胃腸)[위장병(病), 위장약(藥), 위장염(炎)], 위출혈(胃出血), 위통(胃痛), 위하수(胃下垂), 위학(胃瘧), 위한(胃寒), 위허(胃虛), 위확장(胃擴張); 개위(開胃), 건위/제(健胃/劑), 겹주름위, 반추위(反芻胃;새김위), 번위(反胃), 벌집위, 봉소위(蜂巢胃;벌집위), 비위(脾胃), 비위난정(脾胃難定), 새김위, 안위(安胃), 역위(逆胃), 위축위(萎縮胃), 장위(腸胃), 조위(調胃), 주름위, 중판위(重瓣胃), 추위(皺胃), 혹위(새김질 동물의 첫째 위) 들.

위(爲) '하다. 되다. 위하다'를 뜻하는 말. ¶위계(爲計), 위관택인(爲官擇人), 위국(爲國), 위국충절(爲國忠節), 위명하다(僞名), 위민(爲民), 위부모(爲父母), 위불위없다(爲不爲), 위선사(爲先事), 위시하다(爲始;첫 번으로 삼다. 비롯하다), 위업(爲業), 위인(爲人), 위정/자(爲政/者), 위주(爲主), 위처자(爲妻子), 위축(爲祝), 위친(爲親), 위하다[1061], 위한(爲限); 궁사남위(窮思濫爲), 기위(旣爲;이미. 벌써), 당위(當爲)[당위성(性), 당위학(學)], 무소불위(無所不爲), 무위(無爲), 소위(所爲), 영위(營爲), 운위(云爲), 유위(有爲), 유위부족(猶爲不足), 인위/적(人爲/的), 작위/적(作爲/的), 전위(專爲), 천위(天爲), 행위(行爲) 들.

위(危) '위태하다. 두려워하다. 해치다'를 뜻하는 말. ¶위경(危境;위태로운 처지), 위계(危計), 위공(危空), 위구/심/스럽다(危懼/心), 위국(危局;위태한 시국이나 판국), 위극(危極;매우 위태함), 위급(危急), 위기(危機;고스락)[1062], 위난(危難), 위다안소(危多安少), 위독하다(危篤)[1063], 위란(危亂;나라가 위태하고 어지러움), 위람(危濫), 위루(危樓), 위방(危邦), 위암(危巖), 위의(危疑), 위재조석(危在朝夕), 위중(危重), 위증(危症), 위지(危地;위험한 곳), 위태(危殆)[위태롭다/하다, 위태위태하다], 위패(危悖), 위해/물(危害/物), 위행(危行), 위험(危險)[1064], 위황(危慌); 승위섭험(乘危涉險), 안위(安危), 탈위(脫危) 들.

위(違) '어기다. 어그러지다. 잘못. 틀리다'를 뜻하는 말. ¶위각(違角;정상적인 상태에서 벗어나다), 위격(違格;격식에 맞지 않고 어긋남), 위골(違骨), 위괴하다(違乖), 위기(違期), 위령/죄(違令/罪), 위례(違例), 위반(違反;약속이나 명령을 어기거나 지키지 아니함)[법률위반(法律), 속도위반(速度), 신탁위반(信託), 질서위반(秩序)], 위배(違背;違反), 위범(違犯), 위법(違法)[위법성(性), 위법적(的), 위법처분(處分), 위법행위(行爲)], 위식(違式), 위약(違約)[위약금(金), 위약배상(賠償), 위약벌(罰), 위약자(者), 위약처분(處分)], 위어(違語), 위언(違言), 위운(違韻), 위월(違越), 위착(違錯)[1065], 위칙(違勅;임금의 명령을 어김), 위한(違限;약속한 기한을 어김), 위헌/성(違憲/性), 위화/감(違和/感); 무위(無違), 비위(非違), 상위(相違), 의위하다(依違) 들.

위(衛) '막다. 지키다'를 뜻하는 말. ¶위국(衛國), 위기(衛氣), 위내(衛內), 위병(衛兵), 위사(衛士), 위생(衛生)[1066], 위성(衛星)[1067], 위수(衛戍)[1068], 위정척사(衛正斥邪), 위종(衛從); 경위(警衛), 근

하다. 그 말은 위력이 있다. 위력수색(搜索).

1060) 위세(威勢): ①사람을 두렵게 하여 복종하게 하는 힘. ¶위세에 눌리다/부리다. ②위엄이 있거나 맹렬한 기세. ¶위세를 떨치다. 위세가 당당하다. 위세가 꺾이다. 위세차다(매우 위엄 있고 힘차다).

1061) 위하다(爲): ①어떤 대상을 소중하게 생각하여 그것에 도움이 되는 일을 하다. ¶조국을 위하여 몸을 바치다. 친구를 제 몸처럼 위하다. ②일정한 목적을 이루려고 하다. ¶건강을 위하여 등산을 한다.

1062) 위기(危機): 위험한 때나 고비. 고스락. ¶위기에 처하다. 위기를 발전의 전기로 삼다. 위기에서 벗어나다. 위기감(感), 위기관리(管理), 위기의식(意識), 위기일발(一髮;눈앞에 닥친 위기의 순간); 통화위기(通貨).

1063) 위독하다(危篤): 병이 매우 중하여 생명이 위태롭다. ¶할아버지께서 위독하다는 전보를 받고 고향으로 내려갔다.

1064) 위험(危險): 해로움이나 손실이 생길 우려가 있음. 또는 그런 상태. ¶위험이 따르다. 위험계수(係數), 위험고도(高度), 위험관리(管理), 위험덤삯(위험수당), 위험도(度), 위험률(率), 위험물(物), 위험범(犯), 위험부담(負擔), 위험비용(費用), 위험사상(思想), 위험선택(選擇), 위험성(性), 위험수당(手當), 위험수심(水深), 위험수역(水域), 위험수위(水位), 위험스럽다, 위험시/되다/하다(視), 위험신호(信號), 위험업무(業務), 위험인물(人物), 위험준비금(準備金), 위험지구(地區), 위험지역(地域), 위험책임(責任), 위험천만/하다(千萬), 위험하중(荷重); 동적위험(動的), 시장위험(市場), 영업위험(營業).

1065) 위착(違錯): 말한 내용의 앞뒤가 서로 어긋남. ¶모순과 위착의 연속. 위착이 나다.

1066) 위생(衛生): 건강에 유익하도록 조건을 갖추거나 대책을 세우는 일. 위생 관념. 위생 상태가 좋은 음식점. ¶위생가(家), 위생관념(觀念), 위생경찰(警察), 위생곤충(昆蟲), 위생공학(工學), 위생도기(陶器), 위생림(林), 위생모(帽), 위생문화(文化), 위생법(法), 위생병(兵), 위생복(服), 위생비(費), 위생사(士), 위생시험소(試驗所), 위생실(室), 위생업무(業務), 위생적(的), 위생차(車), 위생학(學), 위생행정(行政); 개인위생(個人), 공장위생(工場), 공중위생(公衆), 구강위생(口腔), 보건위생(保健), 산업위생(産業), 식품위생(食品), 정신위생(精神), 학교위생(學校).

1067) 위성(衛星): ①행성의 둘레를 운행하는 작은 별. ¶위성추적(追跡), 위성폭탄(爆彈). ②위성처럼 주된 것 가까이에 있어, 그것을 지키거나 그것에 딸리어 있음을 나타내는 말. ¶위성국가(國家)/위성국, 위성도시(都市), 위성세포(細胞). ③'인공위성(人工;지구 둘레를 돌게 하는 물체)'의 준말. ¶위성방송(放送), 위성사진(寫眞), 위성선(船), 위성속도(速度), 위성중계(中繼), 위성통신(通信), 위성항법(航法); 기구위성(氣球), 기상위성(氣象), 정찰위성(偵察), 중계위성(中繼), 측지위성(測地), 통신위성(通信).

1068) 위수(衛戍): 부대가 일정한 지역의 질서와 안전을 유지하려고 장기간

ㅇ

위(近衛)[근위대(隊), 근위병(兵)], 방위(防衛), 배위(陪衛), 병위(兵衛), 보위(保衛), 수위/실(守衛/室), 시위(侍衛), 옹위되다/하다(擁衛), 의위(儀衛), 자위(自衛), 전위(前衛), 중위(中衛), 친위(親衛), 호위(扈衛), 호위/군(護衛/軍), 환위(環衛), 후위(後衛) 들.

위(偉) '뛰어나다. 훌륭하다. 크다'를 뜻하는 말. ¶위거(偉擧), 위걸(偉傑;큰 인물), 위공(偉功;위대한 공로), 위관(偉觀), 위구(偉軀), 위기(偉器), 위남자(偉男子;체격 · 인격이 훌륭한 남자), 위대성(偉大性), 위대하다(偉大), 위덕(威德), 위략(偉略), 위력(偉力;힘. 권위), 위명(偉名), 위보(偉寶), 위업(偉業), 위여하다(偉如), 위열(偉烈;偉功), 위용(偉容;뛰어나게 훌륭한 용모나 모양), 위인/전(偉人/傳), 위장부(偉丈夫), 위재(偉才), 위적(偉績), 위적(偉蹟), 위효(偉效), 위훈(偉勳); 괴위하다(魁偉), 수위하다(秀偉), 영위(英偉), 웅위(雄偉), 적위(積威) 들.

위(慰) '달래다. 위로하다'를 뜻하는 말. ¶위락(慰樂;위안과 즐거움)[위락시설(施設), 위락장(場)], 위령(慰靈)[1069], 위로(慰勞)[위로금(金), 위로되다/하다, 위로연(宴), 위로조(調), 위로회(會)], 위류(慰留), 위무(慰撫), 위문(慰問)[위문금(金), 위문단(團), 위문대(袋), 위문문(文), 위문편지(便紙), 위문품(品), 위문하다], 위안(慰安)[1070], 위열(慰悅), 위유(慰諭), 위자/료(慰藉/料), 위장(慰狀), 위회(慰懷), 위효(慰曉); 무위(撫慰), 안위(安慰), 조위(弔慰), 초위(招慰), 치위(致慰), 포위(褒慰) 들.

위(委) '맡기다. 버리다. 쌓다. 자세하다'를 뜻하는 말. ¶위거(委去;버리고 감), 위곡하다(委曲), 위기(委寄), 위기(委棄), 위부(委付), 위비(委卑), 위상(委詳), 위세(委細), 위신(委身), 위실(委悉), 위양하다(委讓), 위원(委員)[1071], 위이(委蛇), 위이(委迤), 위임(委任)[1072], 위적(委積), 위절(委折), 위촉/장(委囑;맡김)/장(狀), 위탁(委託)[1073]; 상위(常委), 전위(全委), 전위(專委), 지위(知委), 추위(推委;책임을 남에게 미룸) 들.

위(圍) '두르다 · 에워싸다. 둘레 · 언저리'를 뜻하는 말. ¶위경(圍徑;둘레와 지름), 위기(圍碁), 위리(圍籬), 위리안치(圍籬安置), 위립(圍立), 우배(圍排), 위요(圍繞;주의를 둘러쌈), 위요지(圍繞地), 위장(圍障); 경위(頸圍;목둘레), 공위(攻圍), 경위(頸圍), 방위(防圍), 범위(範圍), 분위기(雰圍氣), 사위(四圍), 외위(外圍), 요위(腰圍), 주위(周圍), 중위(重圍), 포위(包圍), 합위(合圍), 해위(解圍), 훈위(暈圍), 흉위(胸圍;가슴둘레) 들.

위(萎) '시들다'를 뜻하는 말. ¶위락(萎落), 위미(萎靡;시들고 느른해짐)[위미부진(不振)], 위병(萎病), 위조(萎凋;쇠약하여 마름. 시들고 마름), 위축(萎縮;우그러지고 쭈그러짐)[위축감(感), 위축되다/하다, 위축병(病;오갈병), 위축신(腎), 위축위(胃); 근위축(筋)], 위황병(萎黃病); 조위(凋萎) 들.

위(緯) '씨. 피륙의 가로 짜인 실'을 뜻하는 말.↔경(經). ¶위도(緯度)[1074], 위사(緯絲), 위선(緯線), 위할(緯割); 경위(經緯), 남위(南緯), 북위(北緯), 적위(赤緯), 참위(讖緯;미래의 조짐이나 예언)[참위서(書), 참위설(說)], 황위(黃緯) 들.

위(渭) '강 이름'을 뜻하는 말. ¶위양장(渭陽丈;남의 외숙을 높이어 이르는 말); 경위(涇渭;사리의 옳고 그름이나, 이러하고 저러함의 분간) 들.

위(謂) '이르다 · 말하다'를 뜻하는 말. ¶가위(可謂;한마디의 말로 이르자면), 소위(所謂), 속소위(俗所謂), 운위하다(云謂), 칭위(稱謂) 들.

위(闈) '왕후가 거처하는 궁의 안채. 대궐의 쪽문'을 뜻하는 말. ¶정위(庭闈;부모가 거처하는 방. 뜻이 바뀌어 '부모'를 일컬음).

위(韋) '무두질한 가죽(다룸가죽)'을 뜻하는 말. ¶위편(韋編), 위편삼절(韋編三絕) 들.

위(尉) '벼슬. 벼슬 이름'을 뜻하는 말. ¶위관(尉官); 교위(校尉), 대위(大尉), 소위(少尉), 준위(准尉), 중위(中尉) 들.

위(幃) '피륙을 여러 폭으로 이어서 둘러치는 장막(휘장)'을 뜻하는 말. ¶나위(羅幃;얇은 비단으로 만든 장막).

위(葦) '갈대(포아폴과의 여러해살이풀)'를 뜻하는 말. ¶위어(葦魚;웅어), 위포(葦蒲;갈대와 부들).

위(葳) '초목이 무성한 모양. 둥근 모양'을 뜻하는 말. ¶위유[1](葳蕤;둥굴레), 위유[2](葳蕤;초목이 무성함).

위(痿) '저리다. 마비되다'를 뜻하는 말. ¶근위(筋痿), 음위(陰痿) 들.

위(喟) '한숨을 쉬다'를 뜻하는 말. ¶위연하다(喟然;탄식하다).

위(蝟) '고슴도치'를 뜻하는 말. ¶위집(蝟集), 위축(蝟縮).

위여 참새 · 닭 따위를 쫓는 소리.=후여. 쉬.

위위 조금 거센 바람이나 눈보라가 스쳐 지나는 소리.

유(流) '흐르다 · 흐르게 하다. 빗나가다. 귀양 보내다. 세상에 널리 퍼지다. 어떤 사람이나 유파가 가지는 독특한 방식 · 경향'을 뜻

머무르면서 경비하는 일. ¶위수령(令), 위수부대(部隊), 위수지(地), 위수하다.

1069) 위령(慰靈): 죽은 사람의 영혼을 위로함. ¶위령곡(曲), 위령미사, 위령제(祭), 위령탑(塔), 위령하다.

1070) 위안(慰安): 위로하여 마음을 편안하게 함. ¶책에서 위안을 얻다. 위안되다/하다, 위안물(物), 위안부(婦), 위안제(祭), 위안처(處), 위안회(會).

1071) 위원(委員): 선거나 임명에 의하여 지명되어 단체의 특정 사항을 처리할 것을 위임 받은 사람. ¶연구 위원. 국방 위원회의 위원으로 활동하다. 위원단(團), 위원부탁(付託), 위원장(長), 위원회(會)[공동위원회(共同), 분과위원회(分科), 운영위원회(運營)]; 국무위원(國務), 논설위원(論說), 사무위원(事務), 상무위원(常務), 상설위원(常設), 상임위원(常任), 심사위원(審査), 운영위원(運營), 자문위원(諮問), 전권위원(全權委員)/전권(全權), 전문위원(專門), 조사위원(調査), 준비위원(準備), 출제위원(出題), 편집위원(編輯), 편찬위원(編纂), 평가위원(評價).

1072) 위임(委任): 어떤 일을 책임을 지워 맡김. 또는 그 책임. ¶위임경리(經理), 위임경영(經營), 위임계약(契約), 위임규정(規定), 위임대리(代理), 위임명령(命令), 위임사무(事務), 위임예식(禮式), 위임인(人), 위임입법(立法), 위임자(者), 위임장(狀), 위임전결(專決), 위임전서(轉書), 위임통치(統治), 위임행정(行政); 상사위임(商事), 서면위임(書面).

1073) 위탁(委託): 위탁금(金), 위탁매매(賣買), 위탁증권(證券), 위탁출판(出版), 위탁판매(販賣); 지급위탁(支給).

1074) 위도(緯度↔經度): 위도권(圈), 위도대(帶), 위도변화(變化), 위도선(線)/위선(緯線), 위도척(尺), 위도효과(效果); 고위도(高), 저위도(低), 중위도(中), 지심위도(地心).

하는 말. ¶유경(流景), 유광(流光), 유년사주(流年四柱), 유독(流毒), 유동(流動)[1075], 유두(流頭)[유두물, 유두벼, 유두연(宴), 유두콩], 유락(流落), 유람(流覽), 유랑(流浪)[유랑민(民), 유랑생활(生活), 유랑자(者)], 유량(流量), 유려하다(流麗;글이나 말이 유창하고 아름답다), 유련(流連;유흥에 빠져 집에 돌아오지 아니함), 유로(流露;진상이 드러남), 유루증(流淚症), 유리표박(琉璃漂迫)/유리(流離), 유목(流木), 유문암(流紋巖), 유민(流民;유랑민), 유방(流芳), 유배(流杯), 유배(流配;죄인을 귀양 보냄)[유배되다/하다, 유배지(地)], 유벌(流筏), 유빙(流氷;성엣장), 유사(流砂), 유산(流産;落胎. 계획한 일이 중지됨), 유상곡수(流觴曲水), 유선/형(流線/型), 유설(流說), 유성(流星)[유성군(群), 유성우(雨), 유성진(塵)], 유소(流蘇)[1076], 유속(流俗), 유속(流速)[1077], 유수(流水), 유실(流失;물에 떠내려가서 없어짐), 유언(流言;떠도는 말), 유언비어(流言蜚語), 유역(流域;강물이 흐르는 언저리의 지역), 유용(流用;남의 것이나 딴 데 쓰기로 된 것을 돌려씀)[유용되다/하다; 공금유용(公金)], 유음(流音;흐름소리/ㄹ/), 유월(流月), 유인(流人), 유입(流入;흘러 들어옴), 유자망(流刺網), 유적(流賊), 유전(流典), 유전(流傳), 유전(流箭), 유전(流轉), 유종신(流終身), 유죄(流罪), 유주담(流注痰), 유질(流質), 유찬(流竄), 유찰(流札), 유창하다(流暢;거침없다), 유체하다(流涕;울다), 유체(流體)[유체역학(力學); 점성유체(粘性)], 유출(流出)[유출설(說); 두뇌유출(頭腦)], 유탄(流彈), 유통(流通)[1078], 유파(流派), 유폐(流弊), 유포(流布), 유포(流逋), 유풍(流風), 유하주(流霞酒), 유한(流汗), 유행(流行)[1079], 유혈(流血)[유혈극(劇), 유혈적(的), 유혈전(戰), 유혈제(祭), 유혈혁명(革命;폭력혁명)], 유형(流刑)[유형자(者), 유형지(地)], 유회(流會↔成會); 간류(幹流), 간헐류(間歇流), 강류(江流), 검류(檢流), 격류(激流), 경사류(傾斜流), 계류(溪/谿流), 곡류(曲流), 공류(公流), 관류(貫流;꿰뚫어 흐름), 관류(灌流;흘러들어감), 교류(交流), 극류(極流), 급류(急流), 기류(氣流), 난류(暖流), 난류(亂流), 낭만파류(浪漫派流), 대류(對流)[대류권(圈), 대류방전(放電), 대류전류(電流)], 도가자류(道家者流), 동류(同流), 동류(東流), 만류(灣流), 말류(末流), 맥류(脈流), 명류(名流), 물류(物流), 미립자류(微粒子流), 밀도류(密度流), 반류(反流)[적도반류(赤道)], 발산류(發散流), 방류(放流), 벌류(筏流;뗏목을 물에 떠내려 보냄), 벽류(碧流), 변류기(變流器), 병류(竝流), 병가자류(兵家者流), 보류(補流), 복류(伏流), 본류(本流), 부류(浮流), 분류(分流), 분류(奔流), 불가류(佛家流), 비류(飛流), 산류(山流), 상류(上流), 상층류(上層流), 서류(西流), 서류(庶流), 서양류(西洋流), 성류(星流), 세류(洗流), 세류(細流), 소류(小流;실개천), 소류(遡流), 소월류(素月流), 속류(俗流), 수류(水流), 순류(順流), 시류(時流), 아류(亞流), 알류(斡流), 암류(暗流;물 바닥의 흐름), 암류(巖流), 양류(兩流), 여류(女流), 여류(如流), 여류(餘流), 여류하다(如流), 역류(逆流)[적도역류(赤道)], 연안류(沿岸流), 완류(緩流), 용암류(鎔巖流), 원류(源流), 은류(隱流), 이류(泥流), 이류(移流), 이류(異流), 일/이/삼류, 자기류(自己流), 자류(磁流), 자아류(自我流), 잡류(雜流), 장류(杖流), 장류(長流), 저류(底流), 적도류(赤道流), 적류(嫡流), 전류(電流), 전류(轉流), 접합류(接合流), 정류(定流), 정류(整流), 정상류(定常流), 조류(潮流), 주류(主流), 중류(中流), 지류(支流), 직류(直流), 창류(漲流;넘쳐흐름), 청류(淸流), 층류(層流), 침강류(沈降流), 타류(他流), 탁류(濁流), 토석류(土石流), 통류(通流), 통발류(通發流), 편류(偏流), 폄류(貶流;관직을 깎아 내리고 귀양을 보냄), 표류(漂流), 풍류(風流), 하류(下流), 하류(河流), 학류(學流), 한류(韓流), 한류(寒流), 합류(合流), 항류(恒流), 해류(海流), 행류(行流), 향류(向流), 혈류(血流), 호류(互流), 환류(還流), 회류(回流), 회류(會流) 들.

유(類) '같은. 그것에 딸린 무리[부류(部類)]'를 뜻하는 말. ¶유개념(類槪念), 유규(類規), 유다르다(≒남다르다), 유달리, 유례(類例;같거나 비슷한 예), 유례없다/없이(類例). 유별(類別;種別), 유본(類本), 유비(類比), 유사(類似)[1080], 유서(類書), 유소(類燒), 유약(類藥), 유어(類語), 유연(類緣), 유오(類語), 유유상종(類類相從), 유의어(類義語), 유인원(類人猿), 유자(類字), 유제(類題), 유지질(類脂質), 유질(類質)[유질동상(同像), 유질혼체(混體)], 유찬(類纂), 유추(類推)[1081], 유취(類聚), 유합(類合), 유형(類型)[1082], 유화(類化); 가구류(家具類), 가금류(家禽類), 간채류(幹菜類), 갈래꽃류, 갈조류(褐藻類), 감류(柑類), 감귤류(柑橘類), 갑각류(甲殼類), 강박류(糠粕類), 거미류, 격새류(隔鰓類), 견과류(堅果類), 견두류(堅頭類), 경채류(莖菜類), 고사리류, 고해백합류(古海百合類), 곡류(穀類), 곤충류(昆蟲類), 공룡류(恐龍類), 과당류(寡糖類), 과수류(果樹類), 광익류(廣翼類), 구근류(球根類), 균류(菌類), 극어류(棘魚類), 금구류(金具類), 금속류(金屬類), 기제류(奇蹄類), 남조류(藍藻類), 내시류(內翅類), 녹조류(綠藻類), 다당류(多糖類),

---

1075) 유동(流動↔固定): 흘러 움직임. 사람이나 형세 따위가 이리저리 옮겨 다니거나 변천함. ¶유동하는 국제 정세. 유동공채(公債), 유동물(物), 유동비율(比率), 유동성(性), 유동식(食), 유동인구(人口), 유동자금(資金), 유동자본(資本), 유동자산(資産), 유동적(的), 유동점(點), 유동체(體), 유동화물(貨物).

1076) 유소(流蘇): 끈목으로 매듭을 맺어 그 끝에 색실로 술을 드리운 것.

1077) 유속(流速): 물 따위 유체의 속도. 또는 단위 시간에 그 유체가 흘러간 거리.

1078) 유통(流通): 공기 따위가 막힘이 없이 흘러 통함. 상품 따위가 생산자에서 소비자, 수요자에 이르기까지 여러 단계에서 교환되고 분배되는 활동. ¶공기의 유통이 원활하다. 상품의 유통 구조를 합리화하다. 유통가격(價格), 유통경제(經濟), 유통구조(構造), 유통기간(期間), 유통기구(機構), 유통기한(期限), 유통단지(團地), 유통량(量), 유통망(網), 유통분(分), 유통비(費), 유통산업(産業), 유통세(稅), 유통수단(手段), 유통신용(信用), 유통자본(資本), 유통재고(在庫), 유통점(店), 유통좌표(座標), 유통증권(證券), 유통창고(倉庫), 유통혁명(革命), 유통화폐(貨幣;通貨); 불법유통(不法), 상품유통(商品), 자본유통(資本).

1079) 유행(流行): 전염병이 널리 퍼짐. 특정한 행동 양식이나 사상 따위가 일시적으로 많은 사람의 추종을 받아서 널리 퍼짐. 또는 그런 사회적 동조 현상이나 경향. ¶유행을 따르다. 유행가(歌), 유행되다/하다, 유행병(病), 유행복(服), 유행성(性)[유행성뇌염(腦炎), 유행성출혈열(出血熱)], 유행어(語), 유행잡지(雜誌), 유행지(地), 유행품(品), 유행풍(風).

1080) 유사(類似): 서로 비슷함. ¶유사보험(保險), 유사상표(商標), 유사상호(商號), 유사성(性), 유사연합(聯合;유사연상), 유사점(點), 유사조화(調和), 유사종교(宗敎), 유사증(症), 유사품(品), 유사하다(≒같다. 닮다. 비슷하다).

1081) 유추(類推): 같은 종류의 것 또는 비슷한 것에 기초하여 다른 사물을 미루어 추측하는 일. 유비추리(類比推理). ¶유추에 의하여 판단하다. 유추구조(構造), 유추되다/하다(≒미루다. 짐작하다. 추론하다), 유추작용(作用), 유추적(的), 유추해석(解釋); 감각유추(感覺).

1082) 유형(類型): 유형적(的), 유형학(學); 문화유형(文化), 범죄유형(犯罪), 사회유형(社會), 성격유형(性格).

다족류(多足類), 다지류(多肢類), 단당류(單糖類), 담자균류(擔子菌類), 당류(糖類), 당과류(糖菓類), 대엽류(大葉類), 도마뱀류, 동균류(動菌類), 동류(同類), 동치류(同値類), 두색류(頭塞類), 두숙류(豆菽類), 두족류(頭足類), 두초류(頭草類), 등각류(等脚類), 막시류(膜翅類), 맥류(麥類), 맥시류(脈翅類), 맹금류(猛禽類), 모류(毛類), 모균류(帽菌類), 모시류(毛翅類), 모피수류(毛皮獸類), 무류하다(無類;아주 뛰어나다), 무시류(無翅類), 무양막류(無羊膜類), 미색류(尾索類), 반금류(攀禽類), 반시류(半翅類), 반추류(反芻類), 발광균류(發光菌類), 범류(凡類;평범한 사람의 부류), 법류(法類), 별류(別類), 복균류(腹菌類), 복당류(復糖類), 복족류(腹足類), 부류(部類), 부족류(斧足類), 분류(分類), 분열균류(分裂菌類), 비류(比類), 비류(非類), 빙과류(氷菓類), 사류(士類), 사류(絲類), 사당류(四糖類), 사상균류(絲狀菌類), 사수류(四手類), 산류(酸類), 삼근류(三筋類), 삼당류(三糖類), 삼엽충류(三葉蟲類), 삼추류(三錐類), 새각류(鰓脚類), 서류(書類), 서류(庶類), 선류(蘚類), 선충류(線蟲類), 선태류(蘚苔類), 설치류(齧齒類), 섬모충류(纖毛蟲類), 섭금류(涉禽類), 소채류(蔬菜類), 송진류(松津類), 수류(獸類), 식육류(食肉類), 식충류(食蟲類), 쌍각류(雙殼類), 쌍시류(雙翅類), 아민류(amine類), 야수류(野獸類), 야채류(野菜類), 양막류(羊膜類), 양서류(兩棲類), 양치류(羊齒類), 어류(魚類)[난류성어류(暖流性), 한류성어류(寒流性)], 어패류(魚貝類), 어형류(魚形類), 여류(餘類), 연류(連類), 연갑류(軟甲類), 염류(鹽類), 엽경채류(葉莖類菜), 엽채류(葉菜類), 영장류(靈長類), 예망류(曳網類), 우제류(偶蹄類), 원새류(原鰓類), 원체강류(原體腔類), 원후류(猿猴類), 유류(油類), 유금류(游禽類), 유대류(有袋類), 유린류(有鱗類), 유미류(有尾類), 유송진류(油松津類), 유시류(有翅類), 유양막류(有羊膜類), 유제류(有蹄類), 유지류(油脂類), 육류(肉類), 육식류(肉食類), 육질충류(肉質蟲類), 윤충류(輪蟲類), 의류(衣類), 이당류(二糖類), 이류(異類), 이새류(二鰓類), 익새류(翼鰓類), 인과류(仁果類), 인류(人類), 인시류(鱗翅類), 잉여류(剩餘類), 자낭균류(子囊菌類), 잔류(殘類), 잡류(雜類), 장망류(張網類), 장비류(長鼻類), 저류(藷類), 점균류(粘菌類), 젓갈류, 조개류, 조류(鳥類), 조류(藻類), 조균류(藻菌類), 조반류(鳥盤類), 조충류(條蟲類), 족류(族類;일가붙이), 종류(種類), 주금류(走禽類), 주류(酒類), 지류(紙類), 지기류(紙器類), 지의류(地衣類), 진균류(眞菌類), 청과류(青果類), 청채류(青菜類), 초시류(鞘翅類), 초식류(草食類), 총기류(總鰭類), 총포류(銃砲類), 최고류(最高類), 최근류(最近類), 최상류(最上類), 추류(醜類), 축류(畜類), 출류(出類;같은 무리에서 뛰어남), 충류(蟲類), 침구류(寢具類), 태류(苔類), 테르펜류(terpene類), 토류(土類), 통각류(洞角類), 통꽃류, 파충류(爬蟲類), 판새류(板鰓類), 판피류(板皮類), 패류(貝類), 패류(悖類), 페놀류(phenol類), 편모류(鞭毛類), 편모조류(鞭毛藻類), 편모충류(鞭毛蟲類), 폐어류(肺魚類), 포유류(哺乳類), 포자충류(胞子蟲類), 품류(品類), 필석류(筆石類), 해삼류(海蔘類), 해조류(海藻類), 해초류(海草類), 핵과류(核果類), 홍조류(紅藻類), 화곡류(禾穀類), 화약류(火藥類), 후류(猴類), 휘류(彙類), 흡충류(吸蟲類), 희산류(稀酸類) 들.

유(有) '있음 · 존재함. 가지다'를 뜻하는 말.↔무(無). ¶유가(有價)[유가물(物), 유가증권(證券)], 유감(有感), 유개(有蓋), 유계(有界), 유고(有故), 유공성(有孔性), 유공충(有孔蟲), 유공(有功), 유관(有關), 유괘(有卦), 유구무언(有口無言), 유구불언(有口不言), 유권(有權)[유권자(者), 유권해석(解釋)], 유급(有給)[유급직(職), 유급휴가(休暇)], 유기(有期)[유기금고(禁錮), 유기징역(懲役), 유기형(刑)], 유기(有機)[1083], 유기한(有期限), 유난무난(有難無難), 유년(有年), 유능(有能)[유능자(者)], 유능력(有能力), 유단자(有段者), 유도(有道), 유독(有毒), 유력(有力)[유력시(視), 유력자(者)], 유료(有料)[유료도로(道路), 유료입장(入場)], 유루(有漏), 유리하다(有利), 유리(有理)[유리수(數), 유리식(式), 유리함수(函數)], 유망(有望)[유망주(株); 전도유망(前途)], 유명(有名)[유명계약(契約), 유명무실(無實), 유명세(稅), 유명짜하다(소문날 정도로 유명하다), 유명하다], 유무(有無), 유발승(有髮僧), 유배(有配), 유배주(有配株), 유별/나다(有別/별나다), 유병(有病), 유복(有服), 유복(有福), 유부(有夫), 유부(有婦), 유분수(有分數), 유불여무(有不如無), 유비무환(有備無患), 유사(有史), 유사(有司), 유사/시(有事/時), 유사분열(有絲分裂), 유산/계급(有産/階級), 유상(有相), 유상(有償)[1084], 유색(有色), 유생(有生), 유선(有線), 유성(有性)[유성생식(生殖), 유성세대(世代)], 유성음(有聲音), 유세(有稅), 유세(有勢)[유세객(客), 유세떨다/부리다/하다, 유세통(유세를 부리는 서슬)], 유수(有數), 유시류(有翅類), 유시무종(有始無終), 유시호(有時乎), 유식/자(有識/者), 유신(有信), 유신론(有神論), 유실난봉(有實難捧), 유실무실(有實無實), 유실수(有實樹), 유심하다(有心), 유애(有涯), 유야무야(有耶無耶), 유여(有餘), 유연탄(有煉炭), 유용(有用), 유위(有爲), 유위전변(有爲轉變), 유의(有意)[유의범(犯), 유의수준(水準), 유의주의(主義), 유의차(差), 유의해산(解散), 유의행동(行動)], 유익/비(有益/費), 유익탄(有翼彈), 유인(有人), 유임(有賃), 유자(有刺), 유전면목(有靦面目), 유정(有情), 유제류(有蹄類), 유조(有助), 유족하다(有足), 유종(有終), 유죄(有罪), 유주무량(有酒無量), 유주물(有主物), 유지(有志), 유진무퇴(有進無退), 유책/행위(有責/行爲), 유체(有體), 유축농업(有畜農業), 유표(有表), 유피화(有被花), 유하다(있다), 유한(有限)[1085], 유한(有閑)[유한계급(階級), 유한부인(夫人), 유한층(層)], 유해(有害)[유해무익(無益), 유해물(物), 유해식품(食品)], 유험(有驗), 유형(有形)[1086], 유효(有效)[1087], 유훈자(有勳者); 가유(假有), 거유(據有), 겸유(兼有), 고유(固有), 공유(公有), 공유(共有), 공유(空有), 관유(官有), 구유하다(具有), 국유(國有), 만유(萬有), 미증유(未曾有), 민유(民有), 병

1083) 유기(有機↔無機): 유기감각(感覺), 유기감정(感情), 유기계(界), 유기광물(鑛物), 유기물(物), 유기분석(分析), 유기비료(肥料), 유기산(酸), 유기암(巖), 유기용매(溶媒), 유기유리, 유기적(的), 유기질(質), 유기체(體), 유기촉매(觸媒), 유기화학(化學), 유기화합물(化合物).

1084) 유상(有償↔無償): 유상계약(契約), 유상대부(貸付), 유상몰수(沒收), 유상증자(增資), 유상취득(取得), 유상행위(行爲).

1085) 유한(有限↔無限): 유한값, 유한급수(級數), 유한꽃차례, 유한소수(小數), 유한점(點), 유한직선(直線), 유한집합(集合), 유한책임(責任), 유한환(環), 유한회사(會社).

1086) 유형(有形): 유형계(界), 유형무역(貿易), 유형무형(無形), 유형문화재(文化財), 유형물(物), 유형인(人), 유형자(者), 유형자본(資本), 유형재산(財産), 유형적(的), 유형체(體).

1087) 유효(有效): 보람이나 효과가 있음. ¶유횻값, 유효기간(有效), 유효량(量), 유효면적(面積), 유효범위(範圍), 유효사거리(射距離), 유효수요(需要), 유효숫자(數字), 유효연수(年數), 유효열량(熱量), 유효온도(溫度), 유효율(率), 유효적재량(積載量), 유효적절하다(適切), 유효전력(電力), 유효전압(電壓), 유효증명(證明), 유효파(波), 유효하다.

유(竝有), 보유(保有), 본래유(本來有)/본유(本有), 분유(分有), 비유(非有), 사유(四有), 사유(死有), 사유(私有), 생유(生有), 소유/역(所有/慾), 시유(市有), 실유(實有), 엄유(奄有), 영유(永有), 영유(領有), 오유(烏有), 전유(專有), 점유(占有), 제유(諸有), 중유(中有), 천유(擅有), 초유(初有), 총유(總有), 통유(通有), 특유(特有), 포유(包有), 함유(含有), 합유(合有), 향유(享有), 현유(現有), 호유(互有), 희유(稀有) 들.

유(油) '기름'을 뜻하는 말. ¶유고(油袴), 유고(油膏), 유과(油菓), 유단(油單), 유도(油桃), 유동(油桐), 유두(油頭;기름 바른 머리), 유둔(油芚;기름 먹인 종이), 유등(油燈), 유량(油糧), 유류(油類), 유모(油母), 유목화(油木靴), 유물(油物), 유밀과(油蜜菓), 유바지, 유박(油粕;깻묵), 유보(油褓), 유부(기름에 튀긴 두부)/국수(油腐), 유비(油肥), 유산(油酸), 유삼(油衫), 유상(油狀), 유선(油腺), 유성(油性), 유송관(油送管), 유송선(油松船), 유송진류(油松津類), 유압(油壓)[유압굴착기(掘鑿機), 유압기(器), 유압식(式), 유압유(油)], 유연(油然;구름이 피어나는 모양), 유연(油煙), 유의(油衣), 유인물(油印物), 유장(油帳), 유장(油醬), 유전(油田)[유전지대(地帶); 유전탐사(探査); 해저유전(海底)], 유전물(油煎物), 유점(油點), 유정/관(油井/管), 유제(油劑), 유조(油槽;석유나 가솔린 따위를 저장하는 큰 그릇)[유조선(船), 유조차(車)], 유지(油紙), 유지(油脂)[1088], 유징(油徵), 유채(油菜), 유채(油彩), 유층(油層), 유칠(油漆), 유포(油布), 유한(油/柔汗;진땀), 유혜(油鞋;기름에 결은 가죽으로 만들어 진땅에서 신던 신. 진신), 유화(油畵), 유회(油灰); 가황유(加黃油), 간유(肝油), 감동유(곤쟁이젓에서 짜낸 기름), 감람유(橄欖油), 감마유(減摩油), 개자유(芥子油), 거유(去油), 건성유(乾性油)/건유(乾油), 건조유(乾燥油), 경뇌유(鯨腦油), 경유(輕油), 경유(鯨油), 경질유(輕質油), 경화유(硬化油), 계피유(桂皮油), 고유(膏油), 골유(骨油), 광유(鑛油), 광물유(鑛物油), 구연유(枸櫞油), 급유(給油), 기계유(機械油), 낙화생유(落花生油), 노하유(滷蝦油), 농화유(濃化油), 뇌유(腦油), 대마유(大麻油), 대회향유(大茴香油), 데유[1089], 도유(塗油), 동유(桐油), 동물유(動物油), 두송유(杜松油), 두유(豆油), 등유(燈油), 등피유(橙皮油), 등화유(橙花油), 라벤더유(lavender油), 레몬유(lemon油), 로트유(Rot油), 마유(麻油), 마자유(麻子油), 매괴유(玫瑰油), 면실유(棉實油), 명유(明油), 메밀유, 면실유(棉實油), 모빌유(mobile油), 목실유(木實油), 밀타유(密陀油), 박하유(薄荷油), 방유(芳油), 방향유(芳香油), 백교유(白絞油), 백단유(白檀油), 법유(法油), 벙커시유(bunker C油), 보일유(boil), 보혁유(保革油), 분유(噴油), 불건성유(不乾性油), 산유/국(産油/國), 석뇌유(石腦油), 석유(石油)[1090], 성유(聖油), 소합유(蘇合油), 송근유(松根油), 송유(松油), 송유관(送油管), 송정유(松精油), 송지유(松脂油), 송탄유(松炭油;송유), 수지유(樹脂油), 시유(柴油;땔나무와 기름), 식물성유(植物性油), 식용유(食用油), 아니스유(anise油), 아마인유(亞麻仁油), 야자유(椰子油), 어유(魚油), 어간유(魚肝油), 연유(燃油), 올리브유(olive油), 용유(溶油), 우각유(牛脚油), 우골유(牛骨油), 우지유(牛脂油), 원유(原油), 윤활유(潤滑油), 장유(醬油), 장뇌유(樟腦油), 장미유(薔薇油), 저유(貯油), 전유(煎油), 절연유(絶緣油), 절삭유(切削油), 정유(精油), 정제유(精製油), 정향유(丁香油), 제유(製油), 종려유(棕櫚油), 종려핵유(棕櫚核油), 종유(種油), 주유(注油), 중유(中油), 중유(重油), 중질유(中質油), 중질유(重質油), 지유(地油;석유), 지방유(脂肪油)/지유(脂油), 진유(眞油), 진저유(ginger油), 차유[1091], 착유(搾油), 채유(採油), 채유(菜油), 채종유(菜種油), 청정유(淸淨油), 크레오소트유(creosote油), 태유(太油), 테레빈유(terebene油), 파두유(巴豆油), 파라핀유(paraffin油), 팜유(palm油), 편뇌유(片腦油), 편도유(扁桃油), 폐유(廢油), 퓨젤유(fusel), 피마자유(蓖麻子油;아주까리기름), 함유(含油), 해송자유(海松子油;잣기름), 해수유(海獸油), 해표유(海豹油), 향유(香油), 호두유, 호마유(胡麻油), 호박유(琥珀油), 회향유(茴香油), 휘발유(揮發油) 들.

유(遺) '남다 · 남기다. 끼치다. 잃다. 흘리다'를 뜻하는 말. ¶유가족(遺家族), 유감(遺憾)[유감스럽다, 유감없다/없이, 유감천만(千萬;섭섭하기 짝이 없음)], 유계(遺戒), 유고(遺孤), 유고(遺稿), 유골(遺骨;遺骸), 유공(遺功), 유괘(遺挂), 유구(遺構), 유기(遺棄)[1092], 유기(遺記), 유뇨증(遺尿症), 유덕(遺德), 유독(遺毒), 유루(遺漏;새어 없어짐), 유류(遺留;남기어 놓음)[유류금품(金品), 유류분(分), 유류품(品)], 유망(遺忘), 유명(遺命), 유묵(遺墨;죽은이가 남긴 글씨나 그림), 유문(遺文), 유물(遺物)[유물숭배(崇拜), 유물포함층(包含層)], 유민(遺民), 유발(遺髮), 유방(遺芳), 유법(遺法), 유복자(遺腹子), 유사(遺事), 유산/상속(遺産/相續), 유상(遺像), 유서(遺書), 유소(柳詔;임금의 유언), 유속(遺俗), 유습(遺習;風習. 流風), 유시(遺屍), 유신(遺臣), 유실(遺失;돈이나 물건을 부주의로 잃어버림. ≒紛失)[유실되다/하다, 유실물/법(物/法), 유실신고(申告), 유실자(者)], 유아(遺兒), 유언(遺言)[유언상속(相續), 유언인지(認知), 유언자(者), 유언장(狀), 유언증서(證書), 유언하다], 유얼(遺孼), 유업(遺業), 유여(遺與;남겨줌), 유영(遺影), 유은(遺恩), 유의(遺意), 유자(遺子), 유자녀(遺子女), 유작(遺作), 유재(遺在), 유재(遺財), 유저(遺著), 유적(遺跡/蹟)[1093], 유전(遺傳)[1094], 유정(遺

1088) 유지(油脂): 유지공업(工業), 유지류(類), 유지소이탄(燒夷彈), 유지작물(作物); 가공유지(加工).

1089) 데유: 걸쭉하게 끓인 들기름. 갈모 · 담배쌈지 따위를 결는 데 씀.[←도유(塗油)].

1090) 석유(石油): 석유갱(坑), 석유경유(輕油), 석유기관(機關), 석유난로(煖爐), 석유남포, 석유등(燈), 석유모층(母層), 석유산업(産業), 석유업(業), 석유정제(精製), 석유제품(製品), 석유탐사(探査), 석유통(桶), 석유합성(合成), 석유혈암(頁巖), 석유화학(化學), 석유통(桶); 인조석유(人造).

1091) 차유: 밀을 섞어 끓인 들기름. 장지에 발라 투명하고 질기게 하는 데 씀. ¶차유하다(차유를 칠하다).

1092) 유기(遺棄): ①내다 버림. ¶직무 유기. 유기견(犬), 유기되다/하다, 유기물(物). ②어떤 사람이 종래의 보호를 거부하여, 그를 보호받지 못하는 상태에 두는 일. 유기죄(罪), 유기하다; 사체유기(死體), 영아유기(嬰兒).

1093) 유적(遺跡/蹟): 남아 있는 자취. ¶선사 시대의 유적이 발견되다. 유적도(島), 유적지(地), 유적지형(地形), 유적호(湖;옛날에는 바다였던 호수)

1094) 유전(遺傳): 물려받아 내려옴. ¶유전공학(工學), 유전단계(段階), 유전독물(毒物), 유전되다/하다, 유전법칙(法則), 유전병(病), 유전설(說), 유전성(性), 유전식(式), 유전암호(暗號), 유전이론(理論), 유전인자(因子)/유전자(子;내림바탕)[유전자조작(操作), 유전자지도(地圖), 유전자형(型); 구조유전자(構造), 동의유전자(同義), 변경유전자(變更), 보족유전자(補足), 복대립유전자(複對立), 색맹유전자(色盲), 억제유전자(抑制), 치사유전자(致死)], 유전자원(資源), 유전적(的), 유전정보(情報), 유전질(質), 유전학(學), 유전형(型), 유전형질(形質); 간성유전(間性), 간헐유전(間歇), 감응유전(感應), 격세유전(隔世), 귀선유전(歸先),

ㅇ

精), 유제(遺制)[봉건유제(封建)], 유조(遺詔), 유족(遺族), 유주(遺珠), 유증(遺贈)[부담부유증(負擔附), 특정유증(特定), 포괄유증(包括)], 유지(遺旨;죽은이가 살아 있을 때에 가졌던 생각), 유지(遺志;죽은이가 살아서 이루지 못하고 남긴 뜻), 유지(遺址), 유체(遺體), 유초(遺草), 유촉(遺囑), 유취만년(遺臭萬年), 유칙(遺勅), 유탈(遺脫), 유택(遺澤), 유표(遺表), 유품(遺品), 유풍(遺風), 유한(遺恨), 유해(遺骸), 유현(遺賢), 유향(遺香), 유훈(遺訓), 유흔(遺痕); 몽유(夢遺), 보유(補遺), 불유여력(不遺餘力), 수유(受遺), 습유(拾遺), 혈유(孑遺), 후유증(後遺症) 들.

유(遊) '놀다. 여행하다. 떠돌다'를 뜻하는 말. ¶유객(遊客), 유격(遊擊)[1095], 유곽(遊廓;매음 영업집), 유관(遊觀;遊覽), 유군(遊軍), 유기/장(遊技/場), 유녀(遊女), 유동(遊動), 유락(遊樂), 유람(遊覽)[유람객(客), 유람단(團), 유람선(船)], 유력(遊歷;여러 고장을 두루 돌아다님), 유렵(遊獵)[유렵가(家;사냥꾼), 유렵기(期)], 유목(遊牧)[유목국가(國家), 유목민(民), 유목인(人)], 유민(遊民), 유사(遊絲;시계 부속품의 하나. 아지랑이), 유산(遊山), 유선(遊船), 유선희(遊仙戱), 유성(遊星)[내유성(內), 외유성(外)], 유세(遊說), 유수/도식(遊手/徒食), 유수지(遊水池), 유식(遊食), 유어(遊魚), 유연(遊宴), 유예(遊藝), 유원지(遊園地), 유의유식(遊衣遊食), 유인(遊人), 유타(遊惰), 유탕(遊蕩), 유학(遊學), 유행(遊行)[유행가(歌), 유행병(病), 유행성(性); 수면유행(睡眠)], 유협(遊俠), 유휴(遊休)[유휴노동력(勞動力), 유휴지(地), 유휴자본(資本)], 유흥(遊興)[유흥가(街), 유흥비(費), 유흥업(業), 유흥장(場), 유흥지(地)] 유희(遊戱)[1096]; 교유(交遊), 구유(舊遊), 낭유/도식(浪遊/徒食), 몽유(夢遊), 부유(浮遊/游), 불유환(不遊環), 선유(仙遊), 선유(船遊), 순유(巡遊), 스유(勝遊), 아유(雅遊), 안유(安遊), 야유(冶遊), 야유(夜遊), 야유(野遊), 역유(歷遊), 연유(宴遊), 오유(娛遊), 오유(遨遊), 외유(外遊), 우주유영(宇宙遊泳), 운유(雲遊), 원유(遠遊), 음유(吟遊), 종유(從遊), 주유(舟遊;뱃놀이), 주유/천하(周遊/天下), 청유(淸遊), 춘유(春遊), 출유(出遊), 쾌유(快遊), 한유(閑遊), 호유(豪遊), 화유(花遊), 환유(歡遊), 황유(荒遊), 회유(回遊), 희유(嬉遊), 희유(戱遊) 들.

유(乳) '젖. 젖 모양의. 젖을 먹이다'를 뜻하는 말. ¶유과(乳菓), 유기(乳氣), 유당(乳糖), 유도(乳道), 유두(乳頭)[설유두(舌)], 유락(乳酪), 유량(乳量), 유륜(乳輪), 유모(乳母), 유미(乳糜)[유미관(管), 유미뇨(尿)], 유발(乳鉢), 유방(乳房), 유백색(乳白色), 유봉(乳棒), 유산(乳酸), 유선/염(乳腺/炎), 유아(乳兒), 유암(乳癌), 유액(乳液), 유양(乳養), 유업(乳業), 유옹(乳癰), 유용종(乳用種), 유우(乳牛), 유음료(乳飮料), 유장(乳漿), 유제(乳劑), 유제품(乳製品), 유종(乳腫), 유즙(乳汁), 유지(乳脂), 유질(乳質), 유취(乳臭), 유치(乳齒;젖니), 유통(乳筩), 유피(乳皮), 유화(乳化;유제를 생성하는 현상)[유화중합(重合)]; 가공유(加工乳), 건유(乾乳), 귀유(鬼乳), 낙유(酪乳), 단백유(蛋白乳), 당유(糖乳), 두유(豆乳), 마유(魔乳), 마유주(馬乳酒), 모유(母乳), 발효유(醱酵乳), 배유(胚乳;배젖), 분유(粉乳), 산양유(山羊乳), 산유(酸乳), 산패유(酸敗乳), 상실유(橡實乳;도토리묵), 생유(生乳), 석회유(石灰乳), 수유(授乳), 시유(市乳), 양유(羊乳), 연유(煉乳), 왕유(王乳;로열 젤리), 우락유(牛酪乳), 우유(牛乳)[1097], 원유(原乳), 이유(離乳), 인유(人乳), 전유(全乳), 종유석(鐘乳石), 착유(搾乳), 초유(初乳), 탈지유(脫脂乳), 토유(吐乳), 포유(哺乳) 들.

유(留) '머무르다. 묵다. 뒤지다. 늦다'를 뜻하는 말. ¶유객(留客)[유객주(珠), 유객환(環)], 유경(留京), 유관(留官), 유념(留念;마음에 새기고 생각함. 留意)[유념성(性), 유념하다], 유량(留糧), 유련(留連), 유마(留馬), 유물(留物), 유별(留別), 유보(留保)[1098], 유성기(留聲機;蓄音機), 유소성(留巢性)[1099], 유수(留守), 유숙(留宿;남의 집에서 묵음. 머묾), 유심(留心), 유약(留約), 유의(마음에 둠. 잊지 않고 새겨둠)/사항(留意/事項), 유임(留任;그대로 머물러 일을 맡아봄), 유재(留在), 유재(留財), 유조(留鳥;텃새), 유조지(留潮地), 유진(留陣), 유질(留質;볼모), 유치(留置)[1100], 유하다(머물러서 묵다), 유학/생(留學/生), 유향/소(留鄕/所); 거류(去留), 거류(居留), 계류(稽留), 계류(繫留), 구류(拘留), 기류(寄留), 두류(逗留), 만류하다(挽留;붙들고 말리다), 미류(彌留), 보류(保留), 봉류(捧留), 소류(笑留;笑納), 암류(暗留), 압류(押留), 억류(抑留), 엄류(淹留;오래 머무름), 원류(願留), 유류(遺留)[유류분(分), 유류품(品)], 잔류(殘留), 잠류(暫留), 재류(在留), 재류민(在留民), 정류(停留), 존류(存留), 주류(駐留), 지류(遲留), 집류(執留), 체류(滯留), 허류(虛留;창고에 물건은 없고 장부상으로만 남아 있음) 들.

유(誘) '꾀다. 달래다'를 뜻하는 말. ¶유객(誘客;손님을 꾀어 들임). 유괴(誘拐)[유괴되다/하다, 유괴범(犯), 유괴자(者), 유괴죄(罪); 약취유괴(略取)], 유도(誘導)[1101], 유발(誘發;어떤 일이 원인이 되

만대유전(萬代), 반성유전(伴性), 열성유전(劣性), 우성유전(優性), 융합유전(融合), 잠복유전(潛伏), 잠재유전(潛在), 중간유전(中間), 특수유전(特殊), 한성유전(限性).

1095) 유격(遊擊): 적지나 전열 밖에서 그때그때 형편에 따라 적을 기습적으로 공격하는 일. ¶유격 훈련을 받다. 유격구(區), 유격대/원(隊/員), 유격병(兵), 유격수(手;야구에서, 이루와 삼루 사이를 지키는 내야수), 유격전(戰;게릴라전), 유격하다.

1096) 유희(遊戱): 즐겁게 놀고 장난함. 또는 그런 행위. 놀기. ¶가족들과 유희를 즐기다. 유희본능(本能), 유희요(謠), 유희요법(療法), 유희장(場), 유희적(的), 유희집단(集團), 유희충동(衝動), 유희하다; 관념유희(觀念), 실내유희(室內), 언어유희(言語).

1097) 우유(牛乳): 우유배달(配達), 우유병(甁), 우유죽(粥), 우유주(酒); 가루우유[분유(粉乳)], 강화우유(强化), 생우유(生).

1098) 유보(留保;미룸): 유보약관(約款), 유보이익(利益), 유보조관(條款), 유보조항(條項), 유보지역(地域), 유보되다/하다(미루다); 심리유보(心裏).

1099) 유소성(留巢性): 새끼 때의 발육이 더디어 보금자리에서 어미 새의 보호를 오래 받아야 하는 성질. 비둘기나 제비 따위.↔이소성(離巢性).

1100) 유치(留置): 남의 물건을 맡아둠. 법원이 기간을 정하여 피고인을 병원 따위의 적당한 장소에 두는 일. ¶유치권(權), 유치되다/하다, 유치물(物), 유치송달(送達), 유치우편(郵便), 유치인(人), 유치장(場); 감정유치(鑑定), 노역장유치(勞役場).

1101) 유도(誘導): 꾀어서 이끎. 전기 마당이나 자기 마당 속에 있는 물체가 그 전기 마당이나 자기 마당의 영향을 받아 전기나 자기를 띠는 것. 동물의 배(胚)의 일부가 다른 부분의 분화를 일으키는 작용. ¶유도가열(加熱), 유도계수(計數), 유도계획(計劃), 유도기(期), 유도기전기(起電機), 유도기체(氣體), 유도단백질(蛋白質), 유도단위(單位), 유도되다/하다, 유도등(燈), 유도로(路), 유도뢰(雷), 유도마취(痲醉), 유도망상(妄想), 유도무기(武器), 유도방출(放出), 유도법(法), 유도병(兵), 유도수로(水路), 유도신문(訊問), 유도신호(信號), 유도약(藥), 유도운동(運動), 유도자(子), 유도작전(作戰), 유도잡음(雜音), 유도잡종(雜種), 유도장애(障碍), 유도장치(裝置), 유도저항(抵抗), 유도전기(電氣), 유도전동기(電動機), 유도전류(電流), 유도전하(電荷), 유도지질(脂質), 유도체(體), 유도코일(coil), 유도탄(彈;미사일), 유도함수(函數), 유도현상

어 다른 일이 일어남)[유발인(因), 유발투자(投資)], 유살(誘殺), 유세/문(誘說/文), 유수정책(誘水政策), 유아등(誘蛾燈), 유액(誘掖), 유익(誘益), 유인(誘引;남을 꾀어냄)[유인되다/하다, 유인물질(物質), 유인작전(作戰), 유인제(劑), 유인조(組), 유인책(策), 유인판매(販賣); 약취유인(略取)], 유인(誘因;어떤 작용을 일으키는 직접적인 원인), 유입(誘入), 유전율(誘電率), 유전체(誘電體)[강유전체(强)], 유출(誘出), 유치하다(誘致;꾀어서 데려옴. 행사나 사업 따위를 이끌어 들임), 유폭(誘爆;연쇄적인 폭발), 유혹(誘惑)[유혹자(者), 유혹적(的), 유혹하다(≒꾀다. 부추기다)]; 권유(勸誘), 교유(敎誘), 장유(奬誘), 청유문(請誘文), 초유(招誘), 화유(和誘) 들.

유(幼) '나이가 어리다. 어린아이'를 뜻하는 말. ¶유군(幼君), 유근(幼根), 유기(幼期), 유남(幼男), 유녀(幼女), 유년(幼年)[유년곡(谷), 유년공(工), 유년기(期)], 유령(幼齡), 유목(幼木), 유몽(幼蒙), 유묘(幼苗), 유부(幼婦), 유생(幼生)[유생기관(器官), 유생생식(生殖)], 유소(幼少), 유소년(幼少年), 유소시(幼少時), 유시(幼時), 유아(幼兒)[유아기(期), 유아원(園), 유아차(車); 강보유아(襁褓)], 유아(幼芽), 유약하다(幼弱), 유어(幼魚), 유유아(乳幼兒), 유자(幼子), 유자(幼者), 유주(幼主), 유충(幼沖), 유충(幼蟲), 유치원(幼稚園), 유치하다(幼稚), 유학(幼學); 노유(老幼), 동유(童幼), 부유(婦幼), 비유(卑幼;항렬이 낮거나 어린 사람), 장유유서(長幼有序) 들.

유(儒) '선비. 유교'를 뜻하는 말. ¶유가(儒家)[유가사상(思想), 유가서(書)], 유건(儒巾), 유관(儒冠), 유교(儒敎)[유교도덕(道德), 유교사상(思想)], 유덕(有德), 유도(儒道), 유력(有力), 유림(儒林), 유문(儒門), 유생(儒生)[거재유생(居齋)], 유소(儒疏), 유신(儒臣), 유자(儒者), 유장(儒葬), 유종(儒宗), 유통(儒通), 유학(儒學), 유향(儒鄕), 유현(儒賢); 갱유(坑儒), 거유(巨儒), 견유(犬儒), 관유(館儒), 노유(老儒), 대유(大儒), 명유(名儒), 부유(腐儒), 사유(師儒), 석안유심(釋眼儒心), 석유(碩儒), 선유(先儒), 속유(俗儒), 숙유(宿儒), 숭유(崇儒), 오/우유(迂儒), 재유(齋儒), 제유(諸儒), 주유(侏儒;난쟁이. 따라지), 진유(眞儒), 촌유(村儒), 통유(通儒), 향유(鄕儒), 홍유(鴻儒) 들.

유(幽) '그윽하다. 깊다. 어둡다. 가두다. 저승'을 뜻하는 말. ¶유객(幽客), 유거(幽居), 유경(幽境), 유계(幽界), 유곡(幽谷), 유규(幽閨), 유독(幽獨), 유령(幽靈)[1102], 유명(幽明), 유명(幽冥), 유문(幽門)[1103], 유벽(幽僻), 유수(幽囚), 유수(幽邃), 유실(幽室), 유심(幽深), 유아(幽雅), 유암(幽暗), 유액(幽厄), 유야(幽夜), 유언(幽言), 유연노장(幽燕老將), 유연하다(幽然), 유원(幽園), 유은(幽隱), 유인(幽人), 유적(幽寂), 유준하다(幽峻), 유취(幽趣), 유칩(幽蟄), 유택(幽宅), 유폐(幽閉;사람을 가두어 두고 밖으로 나오지 못하게 함), 유학(幽壑), 유한(幽閑), 유현하다(幽玄;사물의 이치 또는 아취가 헤아리기 어려울 만큼 깊고 오묘하다), 유혼(幽魂;죽은 사람의 넋), 유회(幽懷); 유유하다(幽幽) 들.

유(釉) '잿물(도자기 표면에 덧씌우는 약)'을 뜻하는 말. ¶유약(釉藥), 유와(釉瓦); 녹유(綠釉), 다금유(茶金釉), 다채유(多彩釉), 단채유(單彩釉), 동질유(銅質釉), 목회유(木灰釉), 백옥유(白玉釉), 법랑유(琺瑯釉), 보람유(寶藍釉), 비취유(翡翠釉), 사금석유(沙金石釉), 산호유(珊瑚釉), 석회유(石灰釉), 선피유(鱔皮釉), 식염유(食鹽油), 실투유(失透釉), 연유(鉛釉), 연화유(軟化釉), 잠유(蘸釉), 즙유(汁釉;즙물), 찬유(贊釉), 철사유(鐵砂釉), 청유(靑釉), 청자유(靑瓷釉), 토반유(兎斑釉), 호반유(虎班釉), 홍채유(紅彩釉), 회유(灰釉), 흑유(黑釉) 들.

유(諭) '깨우치다. 가르치다. 타이르다'를 뜻하는 말. ¶유고(諭告), 유서(諭書), 유시(諭示;타일러 가르치거나 일러서 곧이듣게 함), 유지(諭旨;임금이 신하에게 내리던 글)[유지면관(免官), 유지면직(免職)]; 개유(開諭), 고유(告諭;널리 알림), 교유(敎諭), 권유(勸諭), 돈유(敦諭), 만단개유(萬端改諭;여러 가지로 타이름), 면유(面諭), 묵유(默諭), 밀유(密諭), 별유(別諭), 상유(上諭), 선유(宣諭), 설유(說諭), 안유(安諭), 왕유(往諭), 위유(慰諭;위로하고 타일러 달램), 장유(奬諭), 전유(傳諭), 초유(招諭), 칙유(勅諭), 포유(布諭), 풍유(諷諭), 하유(下諭), 회유(誨諭), 효유(曉諭;깨달아 알도록 타이름), 훈유(訓諭) 들.

유(由) '말미암다. 까닭. 말미[휴가(休暇)]'를 뜻하는 말. ¶유래(由來)[1104], 유로(由路), 유사입검(由奢入儉), 유서(由緖), 유아이사(由我而死), 유치(由致), 유한(由限); 경유(經由)[경유지(地); 경유하다], 고유(告由), 관유(關由), 근유(根由), 급유(給由), 득유(得由;말미를 얻음), 말유하다(末由), 사유(事由)[사유서(書); 결격사유(缺格)], 수유(受由), 연유(緣由;事由), 원유(原由), 이유(理由), 자유(自由), 재유(再由), 정유(情由), 청유(請由), 허유(許由) 들.

유(柳) '버드나무'를 뜻하는 말. ¶유거(柳車), 유기(柳器;고리), 유기장(柳器匠), 유두충(柳蠹蟲), 유록색(柳綠色), 유미(柳眉), 유서(柳絮;버들개지), 유성(柳星), 유암(柳暗), 유엽미(柳葉眉), 유엽(柳葉), 유요(柳腰), 유음(柳陰), 유탄(柳炭), 유화(柳花); 노류장화(路柳墻花), 사류(絲柳;수양버들), 세류(細柳), 수류(垂柳;수양버들), 수사류(垂絲柳;능수버들), 양류(楊柳), 위성류(渭城柳), 절류(折柳), 포류(蒲柳;갯버들), 풍전세류(風前細柳), 해류(海柳;갯버들), 화류(花柳;꽃과 버들. 노는계집), 화류계(花柳界) 들.

유(柔) '부드럽다. 순하다'를 뜻하는 말. ¶유나하다(柔懦), 유능제강(柔能制剛), 유도(柔道), 유미(柔媚), 유순하다(柔順), 유술(柔術), 유약(柔弱), 유연(柔軟)[유연성(性), 유연전술(戰術), 유연조직(組織), 유연체조(體操)], 유인성(柔靭性), 유일(柔日), 유철(柔鐵;시우쇠), 유하다(부드럽다), 유화(柔和); 강유(剛柔), 선유(善柔), 온유(溫柔), 외강내유(外剛內柔), 외유내강(外柔內剛), 우유부단(優柔不斷), 회유(懷柔) 들.

유(唯) '오직. 대답하다'를 뜻하는 말. ¶유리론(唯理論), 유명론(唯名論), 유물(唯物)[1105], 유미(唯美)[유미적(的), 유미주의(主義), 유

(現象), 유도효소(酵素); 관성유도(慣性), 상호유도(相互), 우주유도(宇宙;우주선의 비행을 이끄는 조작), 원격유도(遠隔), 자기유도(磁氣), 자기유도(自己), 자체유도(自體), 전자유도(電磁), 정전기유도(靜電氣).

1102) 유령(幽靈;亡魂. 꾸민 것): 유령거미, 유령도시(都市), 유령론(論), 유령선(船), 유령인구(人口), 유령주(株), 유령체(體), 유령화(火), 유령회사(會社).

1103) 유문(幽門): 위의 아래쪽 십이지장과 잇닿은 부분. 괄약근이 있어 항상 닫혀 있고, 이따금 열려 음식물을 장으로 보냄.

1104) 유래(由來): 사물이나 일이 어디에서 연유(緣由)하여 옴. 또는 그 내력. ¶이 절은 그 유래가 깊다. 유래를 더듬다. 유래담(談).

미파(派)], 유식(唯識), 유심(唯心)[1106], 유아(唯我)[유아독존(獨尊), 유아론(論)], 유유낙낙(唯唯諾諾;명령하는 대로 응낙함)), 유유하다(唯唯), 유일(唯一)[유일무이(無二), 유일사상(思想), 유일신(神)] 들.

유(宥) '용서하다'를 뜻하는 말. ¶유면(宥免), 유서(宥恕)[유서감경(減輕), 유서논죄(論罪)], 유죄(宥罪), 유지(宥旨;임금이 죄인을 특사하던 명령), 유화(宥和;서로 용서하고 사이좋게 지냄↔强硬)[유화적(的), 유화정책(政策)], 유환(宥還); 사유(赦宥), 서유(恕宥), 원유(原宥), 은유(恩宥) 들.

유(悠) '멀다. 한가하다'를 뜻하는 말. ¶유구하다(悠久), 유연하다(悠然;침착하고 여유가 있다), 유원하다(悠遠), 유유도일(悠悠度日), 유유범범(悠悠泛泛), 유유자적(悠悠自適), 유유장천(悠悠蒼天), 유유하다(悠悠), 유장하다(悠長) 들.

유(愉) '낫다. 즐기다'를 뜻하는 말. ¶유락하다(愉樂), 유색완용(愉色婉容;유쾌하고 부드러운 얼굴빛), 유열(愉悅;유쾌하고 기쁨. 즐거움), 유절쾌절(愉絕快絕), 유쾌(愉快)[유쾌감(感), 유쾌스럽다/하다; 불유쾌(不)] 들.

유(溜) '물방울이 떨어지다'를 뜻하는 말. ¶유음(溜飮;음식이 체하여 신물이 나오는 병), 유적(溜滴), 유조(溜槽), 유출(溜出); 건류(乾溜), 분류/탑(分溜/塔), 잔류(殘溜;남아서 굄), 정류(액체를 분류하여 정제하는 일)/기(精溜/機), 증류/수(蒸溜/水) 들.

유(瘤) '혹(툭 불거진 살덩이나 불룩하게 생긴 부분)'을 뜻하는 말. ¶유종(瘤腫); 골류(骨瘤), 근류(根瘤), 농류(膿瘤), 목류(木瘤;옹두리), 분류(粉瘤), 산류(産瘤), 석류(石瘤), 영류(癭瘤), 육류(肉瘤), 정맥류(靜脈瘤) 들.

유(癒) '병이나 병폐를 고치다'를 뜻하는 말. ¶유착(癒着;깊은 관계를 가지고 결합함. 엉겨붙기)[유착되다/하다; 장관유착(腸管), 정경유착(政經)], 유합(癒合); 점유(漸癒), 치유(治癒), 쾌유(快癒), 평유(平癒) 들.

유(紐) '끈. 매다'를 뜻하는 말. ¶유대(紐帶;연결하거나 결합함)[유대관계(關係); 사회유대(社會)]; 결뉴(結紐), 용뉴(龍紐), 종뉴(鐘紐), 주뉴(朱紐) 들.

유(喩) '비유하다(比喩)'를 뜻하는 말. ¶대유(代喩), 비유(比喩), 암유(暗喩), 은유(隱喩), 직유(直喩), 탁유(託喩), 환유(換喩) 들.

유(裕) '넉넉하다. 너그럽다'를 뜻하는 말. ¶유복(裕福;살림이 넉넉함), 유족하다(裕足;넉넉하다); 관유(寬裕), 부유(富裕), 여유/롭다(餘裕), 여유만만(餘裕滿滿), 풍유(豊裕), 한유(閑裕) 들.

유(游) '헤엄치다. 놀다'를 뜻하는 말. ¶유영(游泳;헤엄치며 놂)[유영동물(動物), 유영장(場)], 회유(回游)[회유성(性), 회유하다; 생육회유(生育), 산란회유(産卵), 성육회유(成育)] 들.

유(猶) '망설이다. 같다. 유사하다. 오히려'를 뜻하는 말. ¶유녀(猶女;조카딸), 유부(猶父;삼촌), 유예(猶豫)[1107], 유위부족(猶爲不足), 유자(猶子;조카) 들.

유(維) '매다. 묶다. 잇다. 지탱하다. 바·끈·줄'을 뜻하는 말. ¶유나(維那), 유마(維摩), 유세차(維歲次), 유신(維新)[1108], 유지(維持)[1109]; 강유(綱維), 사유(四維), 섬유(纖維) 들.

유(嚅) '선웃음치다. 말하다가 말을 하지 아니하다'를 뜻하는 말. ¶섭유(囁嚅;말을 제대로 하지 못하고 머뭇거리면서 입만 움직이는 모양).

유(諛) '남의 환심을 사거나 잘 보이려고 알랑거리다(아첨하다)'를 뜻하는 말. ¶유녕(諛佞), 유사(諛辭), 유신(諛臣), 유언(諛言); 아유/자(阿諛/者), 첨유(諂諛) 들.

유(孺) ①'젖먹이'를 뜻하는 말. ¶유모(孺慕), 유영(孺嬰), 유자(孺子). ②'벼슬하지 않은 사람의 아내'를 뜻하는 말. ¶유인(孺人).

유(鍮) '놋쇠'를 뜻하는 말. ¶유경(鍮檠;놋쇠로 만든 등잔 받침)/촛대(臺), 유기(鍮器), 유도(鍮刀), 유연(鍮硯), 유척(鍮尺), 유철(鍮鐵) 들.

유(謬) '그릇되다'를 뜻하는 말. ¶유견(謬見), 유례(謬例), 유설(謬說), 유습(謬習); 과류(過謬), 무류(無謬), 오류(誤謬), 착류(錯謬), 패류(悖謬) 들.

유(侑) '권하다. 갚다'를 뜻하는 말. ¶유식(侑食); 사유(四侑) 들.

유(惟) '오직. 생각하다'를 뜻하는 말. ¶유독(惟獨); 복유(伏惟;삼가 생각하옵건대), 사유(思惟) 들.

유(帷) '휘장'을 뜻하는 말. ¶유장(帷帳;휘장. 장막); 첨유(幨帷) 들.

유(腴) '땅이 걸다'를 뜻하는 말. ¶고유(膏腴;기름지고 살짐. 땅이 걺).

유(莠) '강아지풀'을 뜻하는 말. ¶양유(良莠;좋은 풀과 나쁜 풀. '착한 사람과 악한 사람'을 비유하여 이르는 말).

유(揄) '빈정거리다. 조롱하다'를 뜻하는 말. ¶야유적(揶揄的), 야유하다(揶揄).

유(榴) '석류나무'를 뜻하는 말. ¶유탄(榴彈)[수류탄(手), 총유탄(銃)]; 석류(石榴), 수류탄(手榴彈), 화류(樺榴) 들.

유(愈) '낫다. 더욱. 점점 더'를 뜻하는 말. ¶유출유괴(愈出愈怪;갈수록 더 괴상함), 유출유기(愈出愈奇;점점 더 기이함).

유(猷) '꾀. 꾀하다. 계략'을 뜻하는 말. ¶모유(謨猷;원대한 꾀), 황

1105) 유물(唯物↔唯心): 유물관(觀), 유물론(論)[유물론자(者), 유물론적(的)], 유물변증법(辨證法), 유물사관(史觀), 유물사상(思想), 유물적(的), 유물주의(主義).

1106) 유심(唯心): 유심관(觀), 유심론/자(論/者), 유심사관(史觀), 유심연기(緣起), 유심적(的), 유심정토(淨土).

1107) 유예(猶豫): 시일을 미루거나 늦춤. ¶원리금 상환 유예 조치. 유예 처분을 받다. 유예계약(契約), 유예기간(期間), 유예미결(未決), 유예하다; 기소유예(起訴), 선고유예(宣告), 지급유예(支給), 집행유예(執行), 판결유예(判決).

1108) 유신(維新): 새롭게 함. 낡은 제도나 체제를 아주 새롭게 고침.

1109) 유지(維持): 어떤 상태나 상황을 그대로 보존하거나 변함없이 계속하여 지탱함. ¶건강 유지. 유지되다/유지하다(≒지니다. 지키다), 유지량(量), 유지비(費), 유지사료(飼料), 유지용수(用水), 유지자(者), 유지회로(回路); 질서유지(秩序), 평화유지(平和), 현상유지(現狀).

유(皇猷:제왕이 국가를 통치하기 위한 계책).

유(瀏) '아름답다'를 뜻하는 말. ¶유량하다(瀏喨:음악의 음색이 거침없고 똑똑하다).

유(蕕) '누린내 나는 풀'을 뜻하는 말. ¶훈유(薰蕕;착한 사람과 못된 사람).

유(蕤) '초목(草木)의 꽃이 드리워지다'를 뜻하는 말. ¶위유(葳蕤;초목이 무성함).

유(濡) '젖다'를 뜻하는 말. ¶유불(濡佛), 유설(濡泄), 유염(濡染), 유체(濡滯) 들.

유(蹂) '짓밟다'를 뜻하는 말. ¶유린(蹂躪)[1110], 유천(蹂踐) 들.

유(鞣) '바퀴테. 수레바퀴로 마구 갈다'를 뜻하는 말. ¶유피(鞣皮;무두질한 가죽), 유피업(鞣皮業) 들.

유(踰) '넘다'를 뜻하는 말. ¶유년(踰年), 유월(踰/逾月).

유(囿) '동산. 작은 정원'을 뜻하는 말. ¶원유(苑/園囿).

유(俞) '그러하다. 낫다'를 뜻하는 말. ¶윤유(允俞;允許).

유(蝣) '하루살이'를 뜻하는 말. ¶부유(蜉蝣).

유(襦) '저고리. 동옷'을 뜻하는 말. ¶유의(襦衣).

유(鼬) '족제비'를 뜻하는 말. ¶유서(鼬鼠;족제비).

유(顬) '관자놀이가 움직이다'를 뜻하는 말. ¶섭유(顳顬).

유난 언행이나 상태가 보통과 달리 각별함. 또는 언행이 두드러지게 남과 달라 예측할 수 없음.↔평범(平凡). ¶유난을 떨다. 유난스러운 데가 있다. 그 아이는 눈이 유난히 크다. 유난스럽다(≒남다르다), 유난하다, 유난히.

유들 부끄러운 줄 모르고 뻔뻔스럽게 구는 모양. 살이 많이 찌고 번드르르하게 윤기가 있는 모양. ¶유들유들 배짱을 부리는 놈. 그 사람은 얼마나 유들유들한지 꼴도 보기 싫다. 기름이 흐르는 유들유들한 얼굴. 유들거리다/대다, 유들유들/하다, 유들지다[1111].

유리 석영 · 탄산소다 · 석회암을 섞어 높은 온도에서 녹인 다음 급히 냉각시켜 만든 물질. §'유리(琉璃)'는 한자음을 빌린 말. ¶유리를 닦다. 유리개미[1112], 유리공예(工藝), 유리관(管), 유리구(球), 유리구슬, 유리궁(宮), 유리그릇, 유리그림, 유리등(燈), 유리막대, 유리면(綿;유리솜), 유리모(母), 유리문(門), 유리물(녹아서 물과 같이 된 유리의 원료), 유리방(房), 유리병(瓶), 유리봉(棒), 유리섬유(纖維), 유리솜, 유리알, 유리영(纓;유리구슬로 만든 갓끈), 유리잔(盞), 유리잠(簪), 유리조각, 유리질(質), 유리창(窓), 유리체(體), 유리칼, 유리컵(cup), 유리통, 유리판(板), 유리합(盒), 유리화(畵); 감광유리(感光), 강화유리(强化), 경질유리(硬質), 거품유리, 겹유리, 곰보유리, 광학유리(光學), 깔유리, 납유리, 내열유리(耐熱), 덮개유리(↔깔유리), 면경유리(面鏡), 물유리, 방음유리(防音), 방탄유리(防彈), 색유리(色), 석영유리(石英), 수정유리(水晶), 안전유리(安全), 연질유리(軟質), 유기유리(有機;플라스틱), 전도유리(電導), 젖빛유리/젖유리, 착색유리(着色), 철망유리(鐵網), 초점유리(焦點), 판유리(板), 합판유리(合板), 화산유리(火山), 훈색유리(暈色) 들.

유착-하다 몸이 매우 투박하고 크다. ¶유착한 난로. 유착한 질항아리. 번쩍 들려 하나 워낙 유착하여 좀체 비끗도 안 한다. 유착하게 생긴 은행 금고. 유착스럽다(몹시 투박하고 큰 데가 있다)/스레.

유창 소의 창자 중 제일 긴 것. 국거리로 씀.

유체-스럽다 잰 체하고 진중한 체하며 말이나 하는 짓이 어느 사람과 달라서 별나다.

육(肉) '짐승의 고기 · 살. 몸 · 육체. 혈연(血緣)'을 뜻하는 말. ¶육감/적(肉感/的), 육개장(肉-醬)[1113], 육계(肉界;육신의 세계), 육계(肉桂;桂皮), 육계(肉鷄;고기닭), 육계(肉髻;부처의 정수리에 상투처럼 돋기한 살의 혹), 육계/주(肉桂/酒), 육고/자(肉庫/子;푸줏간), 육과(肉果), 육괴(肉塊;고깃덩어리), 육교(肉交;性交), 육구(肉灸;뜸), 육기(肉氣), 육다골소(肉多骨少), 육담(肉談), 육덕(肉德), 육두구(肉荳蔻), 육두문자(肉頭文字), 육량(肉量), 육류(肉類;짐승의 고기. 육미붙이), 육류(肉瘤), 육륜(肉輪;아래위의 눈꺼풀), 육면(肉麵), 육미/붙이(肉味), 육박(肉薄/迫)[육박전(戰), 육박하다(가까이 다가붙음)], 육보(肉補), 육봉(肉峰), 육붙이, 육산포림(肉山脯林), 육색(肉色;살빛), 육성(肉聲;직접 들을 수 있는 사람의 목소리), 육속(肉屬;고기붙이), 육수(肉水), 육식(肉食)[1114], 육신(肉身), 육아(肉芽), 육안(肉眼;맨눈)[육안법(法), 육안성(星)], 육영(肉癭;육혹), 육욕(肉慾)[육욕적(的), 육욕주의(主義)], 육용/종(肉用/種), 육우(肉牛), 육자(肉刺;티눈), 육장(肉漿), 육장(肉醬), 육적(肉的), 육적(肉炙;고기 산적), 육적(肉積), 육전(肉錢;살돈. 밑천), 육정(肉情), 육종(肉腫;腫瘍), 육중하다(肉重), 육즙(肉汁), 육질(肉質), 육질충류(肉質蟲類), 육징(肉癥), 육찬(肉饌), 육체(肉滯), 육체(肉體;몸)[육체노동(勞動), 육체미(美), 육체적(的), 육체파(派)], 육초(쇠기름으로 만든 초), 육촉(肉燭), 육친(肉親;혈족 관계에 있는 사람)[육친감(感), 육친애(愛)], 육침(肉針), 육탄/전(肉彈/戰), 육탈/골립(肉脫/骨立), 육탕(肉湯;고깃국), 육포(肉包), 육포(肉脯), 육필(肉筆;親筆), 육행(肉杏;살구), 육허기(肉虛飢;남녀 간의 지나친 사랑), 육혈(衄血;코피), 육형(肉刑), 육혹(살로만 된 혹), 육회(肉膾), 육후(肉厚); 건육(乾肉), 경육(鯨肉;고래고기), 계육(鷄肉), 고육(股肉), 고육지책(苦肉之策), 골육(骨肉), 과육(果肉;과일의 살. 과일과 고기), 궤상육(机上肉;막다른 운명), 근육/질(筋肉/質), 납육(臘肉), 냉동육(冷凍肉), 냉육(冷肉), 노육(努肉;궂은살), 녹육(鹿肉), 돈육(豚肉), 둔육(臀肉), 마육(馬肉), 번육(燔肉), 번육(膰肉), 부육(腐肉), 분육(分肉), 비육(肥肉), 사육(四肉),

---

1110) 유린(蹂躪): 함부로 짓밟음. 폭력으로 남의 권리를 침해함. ¶유린되다/하다; 인권유린(人權).

1111) 유들지다: 윤이 나고 부드럽고 살지다.

1112) 유리개미: 유리 가루를 타서 끓인, 연줄에 먹이는 물질.

1113) 육개장(肉-醬): 쇠고기를 삶아서 알맞게 뜯어 넣고 갖은 양념을 하여 얼큰하게 끓인 국.

1114) 육식(肉食↔菜食. 草食): 육식가(家), 육식동물(動物), 육식류(類), 육식성(性), 육식수(獸), 육식식물(植物), 육식조(鳥), 육식처대(妻待;대처승), 육식충(蟲), 육식하다.

사육(私肉), 사육제(謝肉祭), 생육(生肉), 선육(鮮肉), 세육(歲肉), 수육[←熟肉(숙육)], 수육(獸肉), 식육(食肉), 심육(心肉;등심), 약육강식(弱肉强食), 양육(羊肉), 어육(魚肉), 연육(蓮肉), 연육(煉肉), 엽육(葉肉;잎살), 영육(靈肉), 오매육(烏梅肉), 용안육(龍眼肉;용안의 열매), 우육(牛肉), 인육(人肉), 작육(雀肉), 장육(醬肉;장조림), 저육(豬肉), 절육(切肉), 정육(正肉), 정육(精肉), 제육지짐이, 조상육(俎上肉), 조육(鳥肉), 주육(朱肉;印朱), 주육(酒肉), 지육(脂肉), 진육(珍肉), 찬육(饌肉), 췌육(贅肉), 탕수육[←糖水肉], 편육(片肉)[쇠머리편육, 양지머리편육, 업진편육(소의 가슴살을 삶은 편육), 제육편육], 포육(脯肉), 피육(皮肉), 할육충복(割肉充腹), 혈육/애(血肉/愛), 황육(黃肉), 훈육(燻肉) 들.

육(陸) '뭍. 육지. 뛰다'를 뜻하는 말.↔해(海). ¶육계도(陸繫島;모래톱으로 육지와 이어져 있는 섬. 목섬), 육교(陸橋), 육군(陸軍), 육권(陸圈), 육도(陸島), 육도(陸稻), 육량(陸梁;뒤섞이어 이리저리 달림. 제멋대로 날뜀), 육로(陸路), 육리(陸離;눈부시게 빛남. 가지런하지 못함), 육반구(陸半球), 육봉(陸封), 육붕(陸棚), 육산물/육산(陸產物), 육상(陸上)[육상경기(競技), 육상보험(保險)], 육서/동물(陸棲/動物), 육속(陸續), 육손이, 육송(陸松), 육송(陸送), 육수/학(陸水/學), 육순(六旬), 육양(陸揚), 육연풍(陸軟風), 육운(陸運), 육전(陸戰), 육지(陸地), 육지면(陸地綿), 육침(陸沈;현인이 속세에 숨어서 사는 일. 나라가 적에게 멸망됨), 육태/질(陸馱), 육풍(陸風), 육행(陸行); 내륙(內陸)[내륙국(國), 내륙성(性), 내륙지방(地方), 내륙하(河), 내륙호(湖)], 대륙(大陸)[1115], 상륙(上陸)[상륙군(軍), 상륙세(稅), 상륙작전(作戰)], 수륙(水陸), 양륙(揚陸), 연륙/교(連陸/橋), 이륙(離陸), 착륙(着陸), 하륙(下陸), 해륙(海陸) 들.

육(六) '여섯(다섯에 하나를 더한 수)'를 뜻하는 말. ¶육가야(六伽倻), 육각(六角), 육감(六感), 육갑(六甲), 육날미투리, 육대주(六大洲), 육두품(六頭品), 육례(六禮), 육률(六律), 육모[육모꼴, 육모방망이, 육모정(亭)], 육발이, 육방(六方), 육방망이, 육법(六法), 육부(六腑), 육분의(六分儀), 육사신(六邪臣), 육삭둥이(六朔), 육서(六書), 육손이, 육신(六神), 육십갑자(六十甲子), 육십분법(六十分法), 육십진법(六十進法), 육예(六藝), 유월(六月)[미끈유월, 오뉴월], 육장(六場)[1116], 육젓(유월에 담근 젓), 육정신(六正臣), 육중주(六重奏), 육척(六戚), 육체(六體;詩·賦·表·策·論·疑), 육촌(六寸), 육친(六親;父母兄弟妻子), 육통터지다(六通;일이 거의 되려다가 틀어지다), 육하원칙(六何原則), 육합(六合;천지와 사방), 육혈포(六穴砲), 육환장(六環杖), 육효(六爻) 들.

육(育) '기르다. 자라다'를 뜻하는 말. ¶육림/업(育林/業), 육묘(育苗), 육성(育成), 육아(育兒)[육아낭(囊), 육아법(法), 육아시간(時間), 육아원(院)], 육양(育養), 육영(育英)[육영사업(事業), 육영재단(財團), 육영제도(制度)], 육영(育嬰), 육종(育種)[육종법(法), 육종학(學); 도입육종(導入)], 육지니[1117], 육추(育雛); 교육(敎育), 국육(鞠育), 난육(卵育;품에 안아서 고이 기름), 덕육(德育), 무육(撫育), 미육(美育), 발육(發育), 번육(蕃育), 보육(保育), 부생모육(父生母育), 부육(扶育), 부육(傅育), 비육(肥育), 사육(事育), 사육(飼育), 산육(產育), 생육(生育), 성육(成育), 순육(馴育), 앙사부육(仰事俯育), 애육(愛育), 양육(養育), 의육(意育), 전엽육(全葉育), 지육(智育), 천연육(天然育), 체육(體育), 탄육(誕育), 포육(哺育), 혜육(惠育), 화육(化育), 훈육(訓育), 훈육(薰育) 들.

육(戮) '죽이다. 육시하다. 벌. 욕보이다. 힘을 합하다'를 뜻하는 말. ¶육력(戮力;서로 힘을 모음), 육시/랄(戮屍), 육욕(戮辱;큰 치욕); 대륙(大戮), 도륙(屠戮), 살육(殺戮), 주륙(誅戮), 참륙(斬戮), 천참만륙(千斬萬戮), 형륙(刑戮) 들.

육(忸) '부끄러워하다'를 뜻하는 말. ¶육니(忸怩).

윤(輪) '바퀴. 둥근 모양'을 뜻하는 말. ¶윤간(輪姦), 윤감(輪感), 윤강(輪講), 윤곽(輪廓;둘레. 줄거리. 테두리. 겉모양. 사물의 대강), 윤관(輪關), 윤납(輪納), 윤대(輪臺;물레. 돌림판), 윤대(輪對←獨對), 윤도(輪圖), 윤독(輪讀;여러 사람이 차례로 돌려 읽음), 윤무(輪舞), 윤문병(輪紋病), 윤번(輪番;차례로 번을 듦)[윤번제(制), 윤번투자(投資)], 윤벌(輪伐), 윤상(輪狀), 윤생(輪生), 윤선(輪船), 윤선(輪旋), 윤습(輪襲), 윤시(輪示), 윤작(輪作), 윤재(輪栽), 윤전기(輪轉機), 윤중제(輪中堤;섬의 둘레를 둘러쳐 쌓은 둑), 윤증(輪症), 윤직(輪直), 윤차(輪次), 윤차(輪差), 윤창(輪唱), 윤채(輪彩), 윤채하다(輪採), 윤첩(輪牒), 윤축(輪軸), 윤충류(輪蟲類), 윤형(輪刑), 윤형(輪形), 윤화(輪禍;交通사고로 말미암은 화), 윤환(輪奐), 윤회(輪廻)[1118]; 경륜(競輪), 고륜(苦輪), 공륜(空輪), 구륜(九輪), 금륜(金輪), 내륜산(內輪山), 대륜(大輪;큰 꽃송이), 동륜(動輪), 미륜(尾輪), 반륜(半輪), 법륜(法輪), 보륜(寶輪), 빙륜(氷輪), 사륜(四輪), 산륜/질(散輪), 삼륜(三輪;금륜, 수륜, 풍륜), 상륜(相輪), 수륜(水輪), 쌍륜/차(雙輪/車), 아륜(牙輪;톱니바퀴), 아륜(蛾輪), 연륜(年輪), 오륜(五輪)[오륜기(旗), 오륜탑(塔)], 옥륜(玉輪;달), 유륜(乳輪), 월륜(月輪), 이륜(耳輪;귓바퀴), 일/이/삼륜차(一/二/三輪車), 오륜(五輪), 와동륜(渦動輪), 외륜(外輪)[외륜산(山), 외륜선(船)], 육륜(肉輪;아래위의 눈꺼풀), 은륜(銀輪), 일륜(日輪;해), 전륜(前輪), 전륜(轉輪), 주륜(主輪), 차륜(車輪;수레바퀴), 철륜(鐵輪), 촉륜(觸輪), 치륜(齒輪), 풍륜(風輪), 화륜차(火輪車), 화륜(花輪), 후륜(後輪), 훈륜(暈輪) 들.

윤(倫) '인륜. 윤리'를 뜻하는 말. ¶윤강(倫綱), 윤기(倫紀;윤리와 기강), 윤리(倫理)[1119], 윤몰(倫沒), 윤상(倫常;인륜의 떳떳한 도리), 윤서(倫序;차례. 순서), 윤척없다(倫脊)[1120]; 난륜(亂倫), 대륜(大

1115) 대륙(大陸): 대륙괴(塊), 대륙국(國), 대륙기단(氣團), 대륙기후(氣候), 대륙대(臺), 대륙대지(臺地), 대륙도(島), 대륙법(法), 대륙붕(棚), 대륙빙하(氷河), 대륙사면(斜面), 대륙성(性)[대륙성기후(氣候)], 대륙이동설(移動說), 대륙적(的), 대륙정책(政策), 대륙지각(地殼), 대륙판(板), 대륙풍(風), 대륙횡단철도(橫斷鐵道).

1116) 육장(六場): 한 번도 빠지 않고 늘.=항상. §원뜻은 '한 달에 장이 여섯 번 서는 장'으로 빠짐없이 장이 선다를 뜻함. ¶만날 때마다 육장 술에 취해 있다.

1117) 육지니(育): 날지 못할 때에 잡아다가 길들인, 한 살이 못된 매.

1118) 윤회(輪廻): 차례로 돌아감. 중생이 해탈을 얻을 때까지 그의 영혼이 육체와 함께 업(業)에 의하여 다른 생을 받아, 끊임없이 생사를 반복함. ¶윤회설(說), 윤회전생(轉生), 윤회하다; 분단윤회(分段), 빙식윤회(氷蝕), 암석윤회(巖石), 유전윤회(流轉), 지형윤회(地形), 침식윤회(侵蝕), 퇴적윤회(堆積).

1119) 윤리(倫理): 사람이 지켜야 할 도리와 규범, 곧 인륜 도덕의 원리. ¶윤리관(觀), 윤리성(性), 윤리적(的), 윤리학(學); 개인윤리(個人), 광고윤리(廣告), 사회윤리(社會), 실천윤리(實踐), 전통윤리(傳統), 정치윤리(政治), 직업윤리(職業).

倫), 무륜무척(無倫無脊;일에 차례가 없음), 배륜(背倫), 불륜(不倫), 비륜하다(比倫), 삼강오륜(三綱五倫), 역륜(逆倫), 이륜(彝倫), 인륜/대사(人倫/大事), 절륜하다(絕倫;매우 두드러지게 뛰어나다), 천륜(天倫), 초륜(超倫), 패륜(悖倫), 폐륜(廢倫) 들.

윤(潤) '매끄럽다. 부드럽다. 젖다. 적시다. 이익. 꾸미다'를 뜻하는 말. ¶얼굴에 윤이 흐르다. 윤이 나다. 윤기(潤氣), 윤나다(윤택한 기운이 나타나다)/내다, 윤문(潤文;글을 다듬어 곱게 꾸밈), 윤미하다(潤美;윤이 나서 아름답다), 윤색(潤色)[1121], 윤습(潤濕), 윤월(潤月), 윤택(潤澤), 윤필(潤筆), 윤활(潤滑)[윤활유(油), 윤활장치(裝置)]; 부윤/옥(富潤/屋), 습윤(濕潤), 심윤(深潤), 영윤(榮潤), 온윤하다(溫潤), 이윤(利潤), 점윤(霑/沾潤), 창윤(蒼潤), 침윤(浸潤), 팽윤(澎潤), 홍윤하다(紅潤) 들.

윤(允) '진실로. 승낙하다'를 뜻하는 말. ¶윤가(允可;允許), 윤군(允/胤君), 윤납(允納;허락하여 받아들이는 것), 윤당하다(允當;진실로 마땅하다), 윤명(允命;임금이 승인하는 명령), 윤무(允武;武德이 성함), 윤문윤무(允文允武), 윤옥(允/胤玉), 윤우(允/胤友), 윤유(允兪), 윤준(允準), 윤하(允下), 윤해(允諧;잘 어울림), 윤허(允許;임금의 재가), 윤협(允協); 불윤(不允), 승윤(承允), 의윤(依允) 들.

윤(閏) '윤달이 든. 정통(正統)이 아닌'을 뜻하는 말. ¶윤년(閏年), 윤달, 윤동짓달(閏冬至), 윤삭(閏朔), 윤섣달(섣달에 드는 윤달), 윤여(閏餘), 윤월(閏月), 윤위(閏位;정통이 아닌 임금의 자리), 윤일(閏日), 윤집(閏集), 윤초(閏秒;표준시와 실제 시각과의 오차), 윤통(閏統); 정윤(正閏) 들.

윤(胤) '자손이 조상의 뒤를 잇다. 맏아들. 핏줄'을 뜻하는 말. ¶윤군(胤/允君), 윤문(胤文;혈통을 기록한 문서), 윤예(胤裔), 윤옥(胤/允玉), 윤우(胤/允友), 윤자(胤子); 영윤(令胤), 왕윤(王胤), 황윤(皇胤), 후윤(後胤) 들.

윤(淪) '잠기다. 빠져들다'를 뜻하는 말. ¶윤락(淪落;타락하여 몸을 버림)[윤락가(街), 윤락행위(行爲), 윤락하다], 윤망(淪亡), 윤멸(淪滅), 윤몰(淪沒); 인륜(鱗淪;비늘같이 보이는 잔물결.=비늘결), 침륜(沈淪) 들.

윤(綸) '실. 끈. 다스리다'를 뜻하는 말. ¶윤언(綸言), 윤언여한(綸言如汗), 윤음(綸音;임금의 말씀), 윤지(綸旨;임금이 교지); 경륜(經綸), 미륜(彌綸;두루 다스림), 수륜(垂綸) 들.

윤슬 햇빛이나 달빛에 비치어 반짝이는 잔물결. 비늘결. 물비늘. ¶봄 바다에 반짝이는 윤슬은 아름답다. 걸을 때마다 그녀의 머릿결은 윤슬처럼 찰랑거렸다.

윤집 고추장에 설탕과 초를 섞어 만든 양념장. 초고추장. ¶물고기 회에는 윤집이 제격이지.

율~률(率) 모음이나 'ㄴ'받침 이외의 끝소리로 끝난 일부 명사 뒤에서는 [률], 모음으로 끝나거나 'ㄴ'받침을 가진 일부 명사 뒤에서는 [율]로 붙어 '그것의 비율(比率)'의 뜻을 더하는 말. ¶가급률(加給), 가동률(稼動), 가득률(稼得), 가입률(加入), 가조율(可照), 가증률(加增), 간극률(間隙), 감모율(減耗), 감보율(減步), 감소율(減少), 감속률(減速), 감손율(減損), 감화율(鹼化), 강성률(剛性), 개구율(開口), 개연율(蓋然), 개표율(開票), 건견율(乾繭), 건폐율(建蔽), 검거율(檢擧), 격률(格率), 결석률(缺席), 결실률(結實), 경구율(鏡口), 경작률(耕作), 경쟁률(競爭), 고율(高率), 고른율, 고장률(故障), 곡률(曲率), 공률(工率), 공극률(空隙), 공실률(空室), 공제율(控除), 공지율(空地), 과세율(課稅), 관세율(關稅), 광합성률(光合成), 교차율(交叉), 교환율(交換), 구제율(救濟), 국산화율(國産化), 굴절률(屈折), 금준비율(金準備), 기공률(氣孔), 기생률(寄生), 낙찰률(落札), 노동력화율(勞動力化), 누진율(累進), 능률(能率), 단사율(斷絲), 대자율(帶磁), 도달률(到達), 도로율(道路), 도체율(屠體), 동율(同率), 동화율(同化), 득률(得率), 득표율(得票), 등록률(登錄), 마모율(磨耗), 마진율(margin), 면책(免責), 명중률(命中), 모선율, 무효율(無效), 반발률(反撥), 반사율(反射), 발병률(發病), 발생률(發生), 발아율(發芽), 방사선율(放射線), 방어율(防禦), 방전율(放電), 배율(倍率), 배당률(配當), 배합률(配合), 백분율(百分), 번식률(繁殖), 범죄율(犯罪), 변형률(變形), 변화율(變化), 보관료율(保管料), 보률(baud率), 보험료율(保險料), 보호세율(保護稅), 복사율(輻射), 부도율(不渡), 부등률(不等), 부서짐률, 부하율(負荷), 부화율(孵化), 분자율(分子), 분포율(分布), 불량률(不良), 불임률(不姙), 비유전율(比誘電), 비율(比率), 비효율(肥效), 사고율(事故), 사망률(死亡), 사산율(死産), 상각률(償却), 상관율(相關), 산란율(産卵), 생장률(生長), 서비스율(service), 선광률(選鑛), 성공률(成功), 성장률(成長), 세율(稅率), 소득률(所得), 소모율(消耗), 손실률(損失), 수율(收率), 수견율(收繭), 수관율(樹冠), 수비율(守備), 수용률(需用), 수익률(收益), 수입률(輸入), 수정률(受精), 수축률(收縮), 수출률(輸出), 수확률(收穫), 순익률(純益), 순량률(純量), 승률(勝率), 승강률(昇降), 시청률(視聽), 신장률(伸長), 실동률(實動), 실세율(實勢), 실수율(實收), 실업률(失業), 실패율(失敗), 안전율(安全), 압축률(壓縮), 여문율, 역률(力率), 연소율(燃燒), 연신율(延伸), 열전도율(熱傳導), 열팽창률(熱膨脹), 영양률(營養), 예대율(預貸), 오답률(誤答), 오차율(誤差), 외율(外率), 외환율(外換), 용적률(容積), 용착률(鎔着), 원주율(圓周), 유병률(有病), 유전율(誘電), 유지율(乳脂), 유출률(流出), 유효율(有效), 육성률(育成), 위험률(危險), 이율(利率), 이동률(移動), 이심률(離心), 이용률(利用), 이윤율(利潤), 이익률(利益), 이자율(利子), 이직률(離職), 이혼율(離婚), 이환율(罹患), 인상률(引上), 인피율(靭皮), 일조율(日照), 입학률(入學), 자급률(自給), 자기화율(磁氣化), 자양률(滋養), 자유화율(自由化), 자화율(磁化), 장타율(長打), 재고율(在庫), 재활용률(再活用), 저율(低率), 저수율(貯水), 저축률(貯蓄), 저항률(抵抗), 적선율(積船), 적재율(積載), 적중률(的中), 전도율(傳導), 전도율(電導), 점성률(粘性), 점유율(占有), 접속률(接續), 정률(定率), 정광률(精鑛), 정답률(正答), 조립률(粗粒), 조명률(照明), 조재율(造材), 종가율(從價), 종량률(從量), 주광률(晝光), 죽는율, 중공업화(重工業化), 증가율(增加), 증급률(增給), 증체율(增體), 증폭률(增幅), 지능률(知能), 지방률(脂肪), 지준율(支準), 지지율(支持), 진급률(進級), 진

1120) 윤척없다(倫脊): 되는 대로 지껄이거나 갈겨 말이나 글에 순서와 조리가 없다. ¶윤척없이.

1121) 윤색(潤色): ①광택을 내고 색칠함. ②시문 따위의 초고를 다듬어 좋게 꾸밈. 또는 그 일. ¶민간 설화를 윤색하여 창작하다.

ㅇ

학률(進學), 차폐율(遮蔽), 착과율(着果), 찬성률(贊成), 참가율(參加), 참석률(參席), 채벌률(採伐), 처리율(處理), 천분율(千分), 청약률(請約), 청취율(聽取), 추출률(抽出), 축률(軸率), 축소율(縮小), 축적률(蓄積), 출산율(出産), 출생률(出生), 출석률(出席), 충전율(充塡), 취업률(就業), 취학률(就學), 치명률(致命), 치사율(致死), 침하율(沈下), 타율(打率), 타율(楕率), 타격률(打擊), 타원율(楕圓), 탄성률(彈性), 탄소율(炭素), 탈락률(脫落), 통과율(通過), 투과율(透過), 투사율(投射), 투자율(透磁), 투표율(投票), 파고율(波高), 파폭률(播幅), 파형률(波形), 팽창률(膨脹), 편평률(扁平), 평균율(平均), 폐사율(斃死), 포함률(包含), 폭원율(幅員), 피해율(被害), 할인율(割引), 함당률(含糖), 함수율(含水), 함유율(含油), 함철률(含鐵), 함탄율(含炭), 합격률(合格), 해서율(解舒), 호흡률(呼吸), 확대율(擴大), 확률(確率), 환율(換率), 환산율(換算), 활착률(活着), 함유율(含油), 회귀율(回歸), 회수율(回收), 회전율(回轉), 효율(效率), 효과율(效果), 흡수율(吸收), 흡음률(吸音) 들.

율~률(律) 모음이나 ㄴ받침 이외의 끝소리로 끝난 일부 명사 뒤에서는 [률], 모음으로 끝나거나 ㄴ받침을 가진 일부 명사 뒤에서는 [율]로 읽혀, '규범이나 법칙, 계율[戒律] 또는 그러한 율격(律格)'의 뜻을 나타내는 말. ¶율객(律客), 율격(律格), 율관(律管), 율기(律己;자기 자신을 잘 단속함), 율동(律動)[율동법(法), 율동성(性), 율동적(的), 율동체조(體操)], 율려(律呂), 율령(律令;모든 국법), 율례(律例;형률의 적용에 관한 범례), 율문(律文;형률의 조문. 韻文), 율법(律法;戒律), 율부(律賦), 율사(律士;변호사), 율서(律書), 율시(律詩), 율신(律身), 율장(律藏), 율절(律絕), 율조(律調;旋律), 율종(律宗), 율학(律學); 가득(稼得律), 가환율(可換律), 간약률(簡約律), 결합률(結合律), 계율(戒律), 곡률(曲律), 교환율(交換律), 군율(軍律), 규율(規律), 극률(極律;사형에 해당하는 죄를 정한 법률), 기율(紀律), 기준율(基準律), 낙하율(落下律), 내재율(內在律), 당률(當律), 대칭률(對稱律), 도덕률(道德律), 동일률(同一律), 동치율(同値律), 동형률(同形律), 맞선율, 맞섬률, 멱등률(冪等律), 모순율(矛盾律), 반사율(反射律), 반항률(反抗律), 배분율(配分律), 배율(排律), 배중률(排中律), 배타율(排他律), 법률(法律), 분배율(分配律), 불문율(不文律), 사율(四律), 상률(常律), 선율(旋律), 선율(禪律), 선언율(選言律), 성률(聲律), 성문율(成文律), 순정률(純正律), 승률(僧律), 시율(詩律), 실무율(悉無律), 악률(樂律), 양률(陽律), 외재율(外在律), 외형률(外形律), 운율(韻律), 음률(音律), 음계율(音階律), 음보율(音步律), 음성률(音聲律), 음수율(音數律), 음위율(音位律), 의율(擬律), 이동률(移動律), 이유율(理由律), 이율배반율(二律背反律), 인과율(因果律), 일률(一律), 자율(自律), 자동률(自動律), 자연율(自然律), 장률(長律), 적률(賊律), 정률(定律), 정토율(淨土律), 조율(照律), 조율(調律), 주기율(週期), 최소율(最少律), 추이율(推移律), 충족률(充足律), 타율(他律), 타성률(惰性律), 파생률(派生律), 평교율(平交律), 평균율(平均律), 형률(刑律), 형제율(兄弟律), 황금률(黃金律), 희석률(稀釋律) 들.

율(栗) '밤'을 뜻하는 말. ¶율원(栗園); 감률(甘栗), 생률(生栗;날밤), 숙률(熟栗), 조율(棗栗), 조율이시(棗栗梨柿), 피율(皮栗), 할율석(割栗石), 황률(黃栗) 들.

율(慄) '두려워하다. 떨다. 오싹하다'를 뜻하는 말. ¶계율(悸慄), 전율(戰慄), 진율(震慄), 참률(慘慄), 축률(縮慄) 들.

율(凓) '맵게 차다'를 뜻하는 말. ¶율렬(凓烈;추위가 맵고 심하다).

율모기 뱀과의 동물.

율무 볏과의 한해살이풀. ¶율무밥, 율무쌀, 율무옹이, 율무죽(粥), 율무차(茶).

융(融) '녹다·녹이다. 화합하다'를 뜻하는 말. ¶융석(融釋), 융성물(融成物), 융식(融蝕), 융액(融液), 융융하다(融融), 융자(融資;자금을 융통함)[융자금(金), 융자되다/하다, 융자회사(會社)], 융점(融點;녹는점), 융제(融劑), 융체(融體), 융통(融通)[1122], 융합(融合;녹아서 하나로 됨)[융합되다/하다, 융합물(物), 융합반응(反應), 융합합성어(合成語); 핵융합(核)], 융해(融解↔凝固. 凝結)[융해되다/하다, 융해열(熱), 융해점(點); 과융해(過)], 융화(融化;열에 녹아서 다른 물질로 변함), 융화(融和;서로 어울려 화목하게 됨)[융화되다/하다, 융화책(策)], 융회(融會;자세히 이해함. 녹여서 하나로 모음); 금융(金融), 소융(消融), 용융(溶融), 용융(鎔融), 원융(圓融), 축융(祝融;불을 맡은 신), 특융(特融), 혼융(混融), 혼융(渾融) 들.

융(隆) '성하다. 크다. 높다·높이다'를 뜻하는 말. ¶융기(隆起;높이 솟아오름. 높아짐)[융기도(島), 융기해안(海岸)], 융동(隆冬), 융로(隆老), 융비(隆鼻;우뚝한 코), 융서(隆暑), 융성(隆盛;매우 기운차고 성함), 융숭하다(隆崇;대접하는 태도가 극진하고 정성스럽다), 융운(隆運), 융은(隆恩;큰 은혜), 융준(隆準;隆鼻), 융준용안(隆準龍眼), 융차(隆車), 융창(隆昌;隆盛), 융체(隆替;盛衰), 융파(隆波), 융한(隆寒), 융흥/기(隆興;형세가 기운차게 일어남)/기(期), 융희(隆熙); 흥륭(興隆) 들.

융(戎) '오랑캐. 싸움. 병기(兵器)'를 뜻하는 말. ¶융병(戎兵), 융복(戎服), 융의(戎衣), 융이(戎夷), 융적(戎狄), 융족(戎族), 융추(戎醜;악당들의 우두머리), 융행(戎行;군대의 행렬), 융헌(戎軒;전쟁에 쓰이는 수레); 서융(西戎), 연융(鍊戎), 흥융(興戎) 들.

융(絨) 감의 거죽이 보드랍고 부풋한 피륙의 하나. ¶융단(絨緞), 융모(絨毛), 융의(絨衣), 융털/돌기(突起), 융파자마; 양융(洋絨), 축융성(縮絨性), 화융(火絨;부싯깃); 축융성(縮絨性) 들.

융(窿) '둥글다. 활 모양으로 굽다'를 뜻하는 말. ¶궁륭(穹窿), 궁륭형(穹窿形).

융(癃) '느른하다. 늙다. 곱사등이'를 뜻하는 말. ¶융병(癃病;늙어서 몸이 수척하게 되는 병); 피륭(疲癃) 들.

융융 바람이 세차게 불어 나뭇가지 따위에 걸리어 나는 소리. ¶융융거리다/대다.

윷 ①작고 둥근 나무쪽 두 개를 반으로 쪼개어 네 쪽으로 만든 놀

1122) 융통(融通): 금전, 물품 따위를 돌려씀. 그때그때의 사정과 형편을 보아 일을 처리함. 또는 일의 형편에 따라 적절하게 처리하는 재주가 있음. 변통. ¶산업 자금의 융통. 융통되다/하다(≒빌리다. 꾸다), 융통량(量), 융통물(物), 융통성(性), 융통수(手;융통성), 융통어음(↔상업어음).

잇감. ¶윷을 놀다. 윷가락, 윷꾼, 윷놀이/하다, 윷말, 윷밭, 윷자리, 윷점(占), 윷지다1123), 윷진아비1124), 윷짝, 윷판(윷을 놀고 있는 자리), 윷판(板); 내방윷(內房;안방에서 부녀자들이 노는 윷), 밤윷1125), 벌윷, 보리윷, 생윷, 장작윷(長斫), 종지윷1126), 푯윷(서투른 윷 솜씨), 콩윷(콩짜개로 만든 윷). ②윷놀이에서, 윷짝의 네 개가 모두 잦혀진 때의 이름.

으그르르 ①먹은 음식이나 물이 목구멍으로 끓어올라 오는 소리. 또는 그 모양. ②액체가 조금씩 끓어오르는 소리. 또는 그 모양.

으그리(다) 물체의 거죽을 찌그러지게 하다. ¶으그러진 남비. 사개가 으그러지다. 으그러·으끄러·으크러뜨리다/트리다/지다[1], 으츠러뜨리다/트리다/지다1127).

으깍 서로 의견이 달라서 생기는 감정의 불화(不和). ¶부부간에 으깍이 나다. 두 사람 사이에 으깍이 생기다.

으깨(다) ①굳은 물건이나 덩어리로 된 물건을 눌러 부스러뜨리다. ¶얼음을 으깨다. 잣을 으깨다. 포도알을 으깨다. 으깨어지다/으깨지다, 으끄러·으크러뜨리다(힘 있게 으깨다)/트리다/지다[2], 으끄지르다(버릴 작정으로 물건을 으깨다). ②억센 물건을 부드럽게 하다.

으뜸 많은 것 가운데 가장 뛰어난 것. 기본이나 근본.≒처음. 우두머리. 첫째. ¶으뜸이 되다. 효는 덕의 으뜸이다. 으뜸가다(≒제일가다), 으뜸글[주문(主文)], 으뜸꼴, 으뜸답다, 으뜸되다, 으뜸마디, 으뜸별, 으뜸상(賞), 으뜸월, 으뜸음(音), 으뜸자리, 으뜸화음(和音). ☞ 원(元).

으레 ①두말할 것 없이 당연히. 늘 하던 대로. 여느 때와 마찬가지로.≒항상. 응당. 의당. 마땅히. ¶학생이니 으레 공부해야지. 으레 가야만 할 그 길이 아니던가! ②거의 틀림없이 언제나. 일상적으로.≒대개. ¶이맘때면 으레 그가 나타났다. 으레 있을 수 있는 일이다.

으르다[1] 상대편이 겁을 먹도록 무서운 말이나 행동으로 위협하다. ¶강도가 칼을 들고 으르자 집주인은 기절했다. 그를 같이 가자고 어르기고 하고 으르기도 하였다. 아무리 으르고 달래도 소용이 없다. 으르대다1128), 으르딱딱거리다(으르대며 딱딱거리다)/대다/이다, 으르렁·으르릉·아르렁/거리다/대다/하다, 으르렁으르렁/하다, 으름장1129), 을근1130), 을러대다1131), 을러메다(우격다짐으로 으르다), 을러방망이(때리려고 으르는 짓)/하다.

으르다[2] 물에 불린 쌀 따위를 방망이로 으깨다. ¶흰죽을 쑤려고 으른 쌀.

으름 으름덩굴의 열매. ¶으름나무, 으름난초(蘭草), 으름덩굴.

으리으리 모양이나 규모가 어마어마하고 굉장하게. ¶으리으리 번쩍이는 응접실. 고래 등같이 으리으리한 기와집. 으리으리하다(≒엄청나다. 어마어마하다).

으밀아밀 남이 모르게 비밀히 이야기하는 모양. ¶측근들 사이에 으밀아밀 오간 말이 들통이 났다. 으밀아밀하다.

으수-하다 사람이나 사물이 제법 그렇다고 여길 만하다.=그럴싸하다. ¶눈치가 으수하기에 믿은 게 탈이다.

으스-대다 어울리지 아니하게 으쓱거리며 뽐내다.≒재다. ¶부자라고 으스대다. 자기가 제일이라고 으스대다. 그는 힘이 세다고 으스대다가 결국 창피만 당했다.

으슥-하다 무서움을 느낄 만큼 후미지다(≒외지다. 구석지다). 무시무시하도록 조용하고 어둡다. ¶으슥한 골목. 으슥한 밤거리. 으슥한 데 꿩 알 낳는다(뜻밖의 장소에서 좋은 것이 발견되었음. 평소에 얌전한 듯한 사람이 남 보지 않는 곳에서 이상한 행동을 하는 사람). 으슥지다.

으쓱 ①어깨를 갑자기 한 번 쳐들거나 내리는 모양. ¶어깨를 으쓱추기다. 으쓱거리다/대다. ②매우 자랑스러워하는 모양. ¶벼슬이 올랐다고 으쓱 해보이다. ③'아쓱(몸이 움츠러드는 모양)'보다 큰말.

으아리 미나리아재빗과의 낙엽 활엽덩굴나무. ¶참으아리.

으아쌍 여러 사람이 큰 소리로 복작거리며 떠들어 대는 것.

으악 ①갑자기 토하는 소리. ②갑자기 놀라거나 놀라게 하려고 크게 지르는 소리.

으앙 젖먹이가 우는 소리.=으아. ¶으아(젖먹이가 크게 우는 소리), 으앙으앙.

으음 ①만족하여 긍정할 때 내는 소리. ②못마땅하거나 아플 때 내는 소리.

으응 ①반문하거나 긍정할 때 하는 말. ¶으응 이게 한결 나아. ②마음에 차지 않거나 짜증이 날 때 쓰는 말. ¶으응, 그게 아니라니까.

으질 기질이 약하고 겁이 많아 작은 일에도 놀라거나 떪. 또는 그런 성질. ¶으질이 많은 아이. 공연히 으질이 가서 주저앉다.

으츠러-지다 연한 것이 다른 것에 부딪치거나 눌리어 부스러지다. 으끄러지다. ¶으츠러뜨리다/트리다.

1123) 윷지다: 경쟁이나 내기에 지고도 수그러지지 않고 다시 하자고 자꾸 달라붙다.
1124) 윷진아비: 내기나 경쟁에서 자꾸 지면서도 다시 하자고 달려드는 사람을 비유적으로 이르는 말.[윷+지(다)+ㄴ+아비].
1125) 밤윷: 밤톨만한 크기로 만든 윷짝.
1126) 종지윷: 종지에 담아서 던지는 윷.
1127) 으츠러지다: 연한 것이 다른 것에 문질리거나 눌리어 부스러지다. ¶홍시가 으츠러지다.
1128) 으르대다: 계속하여 상대방이 겁을 먹도록 무서운 말이나 행동으로 위협하다. ¶어찌지는 못하고 으르대기만 하였다. 어디 두고 보자고 으르대다.
1129) 으름장(-짱): 말이나 행동으로 위협하는 짓.≒협박(脅迫). ¶욕인지 으름장인지 모를 소리를 내뱉다. 으름장을 놓다(말이나 행동으로 위협하다). 으름장하다.
1130) 을근: 미워하거나 해치려는 마음으로 은근히 으르대는 모양. ¶빚을 갚지 않으면 이제는 가만두지 않겠다고 을근을근 을러 놓았다. 을근거리다/대다. 을근을근/하다.
1131) 을러대다: 위협적인 언동으로 을러서 남을 억누르다. ¶그 사람은 눈을 부라리고 을러대면서 우선 상대방의 기를 꺾어 놓았다.

으흐흐 ①짐짓 지어서 음흉하게 웃는 소리. ¶사내는 으흐흐 하며 능글맞게 웃어대었다. ②흐느껴 우는 소리. ¶으흐흑(몹시 놀라거나 슬퍼서 흐느껴 우는 소리. 또는 그 모양).

윽 ①잔뜩 벼르는 모양. ②기세를 올리거나 힘을 쓰는 모양. ¶윽윽 기세를 올리다. 윽다물다, 윽박다(억지로 짓누르다. 몹시 억누르다)/박히다, 윽벼르다, 윽박지르다(심하게 윽박아 기를 꺾다), 윽벼르다, 윽살리다, 윽죄다/죄이다.

은 보람 있는 값이나 결과. ¶은을 내다/은내다(어떤 일이나 행동이 효과를 얻다).

-은 'ㄹ'을 제외한 받침 있는 동사 어간 뒤에 붙어, 앞말이 관형사 구실을 하게 하고 동작이 과거 또는 완료되어 그 상태가 유지되고 있음. 또는 형용사 어간 뒤에 붙어 현재의 상태를 나타내는 어미. ¶내가 심어 놓은 나무가 잘 자란다. 청바지를 입은 남자가 내 앞을 지나갔다. 검은 손. 맑은 물이 흐른다. ☞ -ㄴ'. -는.

은(銀) 단단하고 청백색의 광택이 있는 금속 원소. 은빛. ¶은가락지, 은가루, 은감실(銀龕室), 은갑(銀甲), 은갱(銀坑), 은거울/반응(反應), 은결[은파(銀波;은빛 물결)], 은고(銀庫), 은고리[은환(銀環)], 은공예(銀工藝), 은광(銀鑛), 은괴(銀塊), 은구(銀鉤), 은구기, 은구슬, 은구장(銀毬杖), 은그릇, 은금(銀金), 은기명(銀器皿)/은기(銀器), 은노을, 은니, 은니(銀泥;은물), 은대(銀帶), 은도(銀濤), 은도금(銀鍍金), 은돈, 은동곳, 은두구리(은으로 만든 약두구리), 은딱지, 은랍(銀鑞), 은령(銀鈴;은방울), 은령(銀嶺;눈으로 하얗게 덮인 산), 은로(銀露), 은륜(銀輪), 은린/옥척(銀鱗/玉尺), 은막(銀幕), 은맥(銀脈), 은메달(銀medal), 은모래, 은목감이[1132], 은문자(銀文字), 은물, 은물결, 은바둑[1133], 은박/지(銀箔/紙), 은반/상(銀盤/床), 은반계(銀盤界), 은반지(銀斑指), 은발(銀髮), 은방(銀房), 은방울, 은배(銀杯), 은백색(銀白色), 은백양(銀白楊), 은병(銀甁), 은보라, 은본위제(銀本位制), 은봉(미술 장식품 따위에 은을 박은 것), 은봉채(銀鳳釵), 은분(銀粉), 은붙이, 은비녀, 은빛, 은사(銀沙), 은사(銀絲), 은사슬, 은산(銀山), 은상(銀賞), 은색(銀色), 은설(銀屑), 은섭옥(銀鑷玉), 은세계(銀世界), 은세공(銀細工), 은수복(銀壽福), 은수저, 은시계(銀時計), 은실, 은어(銀魚), 은옥색(銀玉色), 은익(銀翼), 은자(銀子), 은자(銀字), 은잔(銀盞), 은잠(銀簪), 은장(銀匠), 은장도(銀粧刀), 은장식(銀裝飾), 은장이, 은저울, 은전(銀錢), 은점(銀店), 은제(銀製), 은종이, 은주(銀朱;수은으로 된 주사), 은죽절(銀竹節), 은준(銀樽;은잔), 은줄[은맥(銀脈)], 은지(銀紙), 은지환(銀指環), 은채(銀釵;은비녀), 은초, 은촉(銀燭), 은총이(불알이 흰 말), 은침(銀鍼), 은테, 은테두리, 은토(銀兎), 은파(銀波), 은팔찌, 은하(銀河)[1134], 은한(銀漢), 은합(銀盒), 은행나무(銀杏), 은행(銀行)[1135], 은혈(銀穴;은을 캐내는 곳), 은형(銀衡;은저울), 은혼식(銀婚式), 은화(銀貨), 은환(銀環), 은회색(銀灰色); 금은(金銀), 마제은(馬蹄銀), 말굽은, 바둑은(바둑돌만 하게 만든 은돈), 백은(白銀), 번은(燔銀), 별은(別銀;금), 산화은(酸化銀) 수은(水銀;Hg)[1136], 순은(純銀), 양은(洋銀), 염화은(鹽化銀), 자연은(自然銀), 정은(丁銀;품질이 가장 낮은 은), 정은(正銀), 조은(造銀), 지은(地銀;90%의 순도의 은), 질산은(窒酸銀), 천은(天銀;품질이 썩 좋은 은), 청화은(靑化銀), 초산은(硝酸銀), 현은(玄銀), 황산은(黃酸銀), 황화은(黃化銀) 들.

은(恩) '베풀어 주는 신세나 혜택'을 뜻하는 말. ¶은고(恩顧), 은공(恩功;은혜와 공로), 은광(恩光;恩惠), 은권(恩眷;잘 보살펴 줌. 임금의 총애), 은금(恩金), 은급(恩給), 은대지(恩貸地), 은덕(恩德), 은록(恩祿), 은명(恩命), 은문(恩門), 은문(恩問), 은물(恩物), 은사(恩師;스승), 은사(恩赦), 은사(恩賜;임금이 신하나 백성에게 내려 줌), 은산덕해(恩山德海), 은상(恩賞), 은수(恩讐), 은애(恩愛), 은영(恩榮), 은우(恩遇), 은의(恩義;은혜와 의리), 은원(恩怨), 은위(恩威), 은유(恩宥), 은인(恩人), 은전(恩典;특별한 배려. 은혜를 베푸는 일), 은정(恩政), 은정(恩情), 은주(恩主), 은중부(恩重符), 은총(恩寵), 은택(恩澤;은혜로운 덕택), 은혜(恩惠)[은혜기간(期間), 은혜기일(期日), 은혜롭다, 은혜일(日), 은혜풀이], 은휼(恩恤); 감은(感恩), 고은(孤恩), 고은(高恩), 공은(公恩), 구로지은(劬勞之恩), 구은(求恩), 구은(舊恩), 국은(國恩), 군은(君恩), 권고지은(眷顧之恩), 기은(棄恩), 대은(大恩), 망국지은(亡國之恩), 망은(忘恩), 배은(背恩), 보은(報恩), 불은(佛恩), 사은(私恩), 사은(師恩), 사은/회(謝恩/會), 상은(傷恩), 성은(盛恩), 성은(聖恩), 소은(小√少恩), 수은(受恩), 수은(殊恩), 수은(酬恩), 숙은(肅恩), 승은(承恩), 시은(施恩), 우은(優恩), 위은(僞恩), 유은(遺恩), 융은(隆恩), 이은(二恩), 인은(仁恩), 조은(朝恩), 중생은(衆生恩), 중은(重恩), 지은(至恩), 지은(知恩), 천은(天恩), 특은(特恩), 패은(佩恩), 홍은(鴻恩), 황은(皇恩), 효은(孝恩), 후은(厚恩) 들.

은(隱) '숨다. 숨기다. 세상을 멀리하다. 불쌍히 여기다'를 뜻하는 말. ¶은거(隱居), 은격(隱格;겉으로 드러나지 아니하는 얼굴의 생김새), 은결(隱結), 은구(隱溝), 은군자(隱君子), 은닉(隱匿;감춤)[1137], 은덕(隱德), 은두꽃차례(隱頭), 은둔(隱遁)[1138], 은루(隱

1132) 은목감이(銀): 담배물부리 따위의 목을 은으로 감은 것.

1133) 은바둑(銀): 은으로 방울같이 만들어 부인용 옷에 다는 장식품.

1134) 은하(銀河): 천구(天球) 위에 구름 띠 모양으로 길게 분포되어 있는 수많은 천체의 집단. ¶은하계(界), 은하단(團), 은하수(水), 은하원(圓), 은하작교(鵲橋), 은하회전(回轉); 나선은하(螺旋), 타원은하(楕圓).

1135) 은행(銀行): 은행가(家), 은행거래(去來), 은행공황(恐慌), 은행권(券), 은행부기(簿記), 은행수표(手票), 은행어음, 은행업(業), 은행원(員), 은행이율(利率), 은행장(長), 은행주의(主義), 은행준비금(準備金), 은행할인(割引); 개인은행(個人), 국민은행(國民), 동산은행(動産), 민간은행(民間), 발권은행(發券), 보통은행(普通), 부동산은행(不動産), 산업은행(産業), 상업은행(商業銀行), 세계은행(世界), 수출입은행(輸出入), 시중은행(市中), 신탁은행(信託), 안구은행(眼球), 예금은행(預金), 외국은행(外國), 외국환은행(外國換)/외환은행(外換), 유전자은행(遺傳子), 장기은행(臟器), 정보은행(情報), 정액은행(精液), 조합은행(組合), 주택은행(住宅), 준비은행(準備), 중소기업은행(中小企業), 중앙은행(中央), 지방은행(地方), 지폐발행은행(紙幣發行), 태환은행(兌換), 특별은행(銀行), 특수은행(特殊), 한국은행(韓國), 혈액은행(血液), 할인은행(割引), 환은행(換).

1136) 수은(水銀): 수은기압계(氣壓計), 수은등(燈), 수은온도계(溫度計), 수은요법(療法), 수은전지(電池), 수은정류기(整流器), 수은제(劑), 수은주(柱), 수은중독(中毒); 산화수은(酸化), 자연수은(自然).

1137) 은닉(隱匿): 몰래 감추어 둠. ¶은닉되다/하다, 은닉범(犯), 은닉색(色;보호색), 은닉시키다, 은닉자(者), 은닉죄(罪), 은닉처(處), 은닉행위(行爲); 문서은닉(文書).

1138) 은둔(隱遁): 세상을 피하여 숨음. ¶은둔사상(思想), 은둔생활(生活), 은둔자(者), 은둔적(的), 은둔주의(主義), 은둔지(地), 은둔처(處), 운둔하다(숨다. 도피하다), 은둔형외톨이(일체의 사회활동을 거부한 채 집안

漏), 은류(隱流), 은모(隱謀), 은못[정(釘)], 은미(隱微), 은밀(隱密)[은밀성(性), 은밀스럽다, 은밀하다], 은벽(隱僻), 은복(隱伏), 은봉(隱鋒), 은비(隱庇), 은비(隱秘), 은사(隱士;벼슬은 하지 않고 숨어 사는 선비), 은사(隱私), 은사(隱事), 은사죽음(隱事)[1139], 은살대(隱;두 널빤지를 맞붙이기 위해 쓰는 가늘고 납작한 나무쪽. 딴혀), 은서(隱棲), 은신(隱身), 은어(隱語;변말), 은연하다(隱然), 은영(隱映), 은오절(隱五絕), 은옥색(隱玉色), 은우(隱憂), 은유(隱喻), 은은하다(隱隱)[1140], 은인(隱人), 은인/자중(隱忍/自重), 은일(隱逸), 은자(隱者), 은장(隱;나비장)[은장홈(은살대가 끼이도록 파낸 홈)], 은재(隱才), 은적(隱迹), 은정(隱釘), 은종(隱腫), 은촉/붙임(隱鏃), 은토(隱土), 은퇴(隱退;직임에서 물러남)[은퇴자(者), 은퇴하다], 은폐(隱蔽)[1141], 은피(隱避), 은현(隱現), 은혈(隱穴)[은혈로(남모르게), 은혈못, 은혈장색(匠色), 은혈장식(裝飾)], 은화식물(隱花), 은휘(隱諱), 은휼(隱恤); 기은(欺隱), 복은(伏隱), 시은(市隱), 초은(樵隱), 측은(惻隱)[측은지심(之心), 측은하다], 항은권(恒隱圈) 들.

은(殷) '번성하다. 넉넉하다. 소리. 은나라'를 뜻하는 말. ¶은감(殷鑑;거울삼아 경계하여야 할 전례), 은감불원(殷鑑不遠), 은력(殷曆), 은부(殷富), 은성하다(殷盛;번화하고 성하다), 은은하다(殷殷)[1142], 은전(殷奠;넉넉히 차린 제물), 은진(殷賑;흥성흥성함), 은허(殷墟) 들.

은(慇) '괴로워하다. 은근하다'를 뜻하는 말. ¶은근무례(無禮), 은근살짝/슬쩍, 은근하다(慇懃;겸손하고 정중하다. 마음속으로 생각하는 정이 깊다. 드러나지 아니하다), 은따(은근히 따돌리거나 따돌림을 받는 사람).

은(垠) '땅의 끝. 벼랑'을 뜻하는 말. ¶은애(垠崖;우뚝 솟은 벼랑); 구은(九垠;천지의 끝).

은(齦) '잇몸'을 뜻하는 말. ¶치은(齒齦;잇몸)[상치은(上), 하치은(下)].

은(癮) '두드러기'를 뜻하는 말. ¶은진(癮疹;두드러기).

은결 속에 생긴 상처. 마음속의 괴로움. ¶가슴 깊숙이 든 은결. 은결들다[1143].

은근짜 몰래 몸을 파는 여자. 의뭉스러운 사람을 이르는 말.[←은군자(隱君子)]. ¶은근짜를 놓다(의뭉스럽게 부추겨 떳떳하지 못한 일을 하도록 꼬드기다).

은딴 딴꾼(지난날 포도청에서 포교의 심부름을 하며 도둑을 잡는 데 거들던 사람)의 우두머리.

은짬 겉으로 드러나지 아니한 은밀한 대목.[←은(隱)]. ¶은짬을 남긴 발표. 이야기가 은짬에 이르자 목소리를 낮추고 사방을 살펴보았다.

은태 자식을 낳게 하는 사람.

을(乙) 차례 · 등급을 나타낼 때 둘째를 가리키는 말. 두 개 이상의 사물이 있을 때 그 하나를 가리키는 말. ¶한쪽을 갑이라하고 다른 쪽을 을이라 칭하기로 한다. 을람(乙覽), 을류(乙類), 을종(乙種); 갑남을녀(甲男乙女), 갑론을박(甲論乙駁), 태나을(太乙)[태을성(星), 태을점(占)] 들.

을개살개-하다 서로 비슷비슷하여 헷갈리기 쉽거나 아리송하다. ¶을개살개한 집들이 다닥다닥 붙은 달동네.

을모 세모진 것. 책이나 책상의 귀같이 세모진 모. ¶을모지다.

을밋-을밋 ☞ 알밋.

을씨년-스럽다 보기에 쓸쓸하다. 보기에 군색한 듯하다.[←을사년(乙巳年)]. ¶을씨년스러운 날씨. 꼬락서니가 을씨년스럽기 이를 데 없다.

읊(다) 억양을 넣어 시조를 읽거나 외다. 시를 짓다. §'입[口]'에 어원을 둔 말. ¶시를 읊다. 망국의 한을 읊은 시. 읊조리다[1144][<입주리다].

음 무엇을 수긍하는 뜻으로, 입을 다물고 입 속으로 내는 소리. 으음①. ¶음, 그도 그럴싸하구나. 음, 듣고 보니 과연 그렇구나.

음(音) 소리. 말. '소식. 음악'을 뜻하는 말. ¶음이 너무 높다. 한자에 음을 달다. 음가(音價), 음감(音感)[상대음감(相對), 절대음감(絕對)], 음계(音階)[1145], 음곡(音曲), 음구(音溝), 음길이, 음넓이, 음높이, 음도(音度), 음독(音讀), 음두(音讀;글자의 음과 句讀), 음량(音量), 음롱(音聾), 음률(音律), 음반(音盤), 음보(音步), 음보(音譜), 음부(音符), 음빛깔, 음상(音相), 음색(音色;음빛깔), 음성(音聲)[1146], 음세(音勢), 음소(音素)[음소론(論), 음소문자(文字), 음소체계(體系)], 음속(音速)[초음속(超)], 음수율(音數律), 음시(音詩), 음신(音信), 음악(音樂)[1147], 음역(音域), 음역(音譯), 음용(音

에만 틀어박혀 지내는 사람); 기세은둔(棄世).

1139) 은사죽음(隱事): 마땅히 드러나서 보람이 있어야 할 일이 나타나지 아니하고 마는 일. ¶10년 연구가 결국에는 은사죽음으로 끝나고 말았다. 은사죽음하다.

1140) 은은하다(隱隱): 먼데서 울리어 들리는 소리가 들릴락말락하게 아득하다. ¶은은히 들려오는 종소리.

1141) 은폐(隱蔽): 덮어 감추거나 가리어 숨김. ¶은폐되다/하다, 은폐력(力), 은폐물(物), 은폐부(部), 은폐색(色), 은폐소(所), 은폐지(地), 은폐호(壕).

1142) 은은하다(殷殷): 대포나 천둥 따위가 멀리서 들리어 오는 소리가 요란하고 힘차다. ¶은은한 대포 소리.

1143) 은결들다: 마음속에 상처가 생기다. 원통한 일로 남모르게 속을 썩이다. ¶덧없이 기대어 보는 은결든 이 몸짓.

1144) 읊조리다: 뜻을 음미하면서 낮은 소리로 읊다.

1145) 음계(音階): 고음계(高), 단음계(短), 반음계(半), 오음음계(五音), 온음계, 장음계(長), 전음계(全).

1146) 음성(音聲): 음성기관(器官), 음성기호(記號), 음성다중방송(多重放送), 음성률(律), 음성상징(象徵), 음성신호(信號), 음성언어(言語), 음성인식(認識), 음성적실현(實現), 음성학(學), 음성합성(合成).

1147) 음악(音樂): 음악가(家), 음악계(界), 음악당(堂), 음악대(隊), 음악사(史), 음악성(性), 음악실(室), 음악인(人), 음악적(的), 음악치료(治療), 음악학(學), 음악회(會); 경음악(輕), 고전음악(古典), 교회음악(教會), 극음악(劇), 다성부음악(多聲部), 단성부음악(單聲部), 단음악(單), 대중음악(大衆), 묘사음악(描寫), 무속음악(巫俗), 무조음악(無調), 민속음악(民俗), 배경음악(背景), 불교음악(佛教), 생음악(生), 순음악(純), 영화음악(映畵), 원시음악(原始), 전자음악(電子), 절대음악(絕對), 종교음악(宗教), 주제음악(主題), 표제음악(標題), 현대음악(現代), 효과음악(效果).

容), 음운(音韻)[1148], 음위율(音位律), 음의(音意), 음이름, 음자(音字), 음장(音長;음길이), 음전(音栓), 음절(音節)[음절문자(文字); 개음절(開), 다음절(多), 폐음절(閉)], 음정(音程)[1149], 음조(音調), 음질(音質), 음차(音叉;소리굽쇠), 음차(音借), 음차(音差), 음치(音癡), 음파(音波)[산란음파(散亂), 초음파(超)], 음편(音便), 음표(音標)[단음표(短), 민음표, 온음표, 점음표(點)], 음향(音響)[1150], 음혈(音穴), 음훈(音訓); 가온음(으뜸음과 딸림음의 사이), 가청음(可聽音), 간음(幹音;原音), 간섭음(干涉音;맥놀이소리), 강음(强音), 걸림음, 격음(激音), 결합음(結合音), 경음/화(硬音/化;된소리/되기), 경과음(經過音), 계류음(繫留音), 고음(高音), 관용음(慣用音), 굉음(轟音), 구개음(口蓋音)[경구개음(硬), 연구개음(軟)], 국음(國音;국어의 말소리), 근음(筋音), 금속음(金屬音), 기본음(基本音), 기음(記音), 기음(氣音), 기음(基音), 꾸밈음, 납음(納音), 녹음(錄音), 단순음(單純音), 단음(單音), 단음(短音), 단음(斷音), 당김음, 대표음(代表音), 덕음(德音), 도음(導音), 독음(讀音), 돈꾸밈음, 동음(同音), 두음(頭音), 득음(得音), 딸림음, 마찰음(摩擦音), 말음(末音;끝소리), 맥놀이음(脈-音), 모음(母音)[1151], 묘음(妙音), 무음(無音), 무기음(無氣音), 무성음(無聲音), 묵음(默音), 미음(美音), 미음(微音), 밀폐음(密閉音), 바탕음, 반음(反音;反切의 음), 반음(半音), 반설음(半舌音), 반치음(半齒音), 발음(發音), 방음(防音), 배음(倍音), 배음(背音), 버금딸림음, 범음(梵音), 변음(變音), 보속음(補續音), 복음(福音), 복음(複音), 복합음(複合音), 본위음(本位音), 부음(父音), 부음(訃音), 분리음(分離音), 분절음(分節音), 불협화음(不協和音;안어울림음), 비음(鼻音), 사분음(四分音), 사음(寫音), 상음(上音), 설단음(舌端音), 설음(舌音), 설전음(舌顫音), 설측음(舌側音), 성대음(聲帶音), 성문음(聲門音), 성음(成音), 성음(聲音), 소음(消音), 소음(騷音), 속음(俗音), 속음(續音), 속음(屬音), 수음(殊音), 순경음(脣輕音), 순음(純音), 순음(脣音), 순치음(脣齒音), 습관음(習慣音), 실음(失音), 심음(心音), 아음(牙音), 악음(樂音), 악음(顎音), 안어울림음, 약음(約音), 약음(弱音), 어음(語音), 어울림음, 여음(餘音), 연음(延音), 연음(連音), 연음(漣音), 오음(五音)[1152], 옥음(玉音), 온음, 와음(訛音), 원음(原音), 원음(遠音), 유음(流音), 유음(兪音), 유기음(有氣音), 유성음(有聲音), 윤음(綸音), 으뜸음, 의음(擬音), 이끎음[도음(導音)], 입체음(立體音), 자음(子音)[단자음(單), 매개자음(媒介), 복자음(複)], 자음(字音), 잡음(雜音), 장음(長音), 장식음(裝飾音;꾸밈음), 저음(低音), 전음(全音), 전음(轉音), 전음(顫音), 전동음(顫動音), 전설음(顫舌音), 전자음(電子音), 절음법칙(絕音法則), 정음(正音), 정음(淨音), 조음(調音), 조음(潮音), 조음(噪音), 주음(主音), 주조음(主調音), 중음(中音), 중음(重音), 지음(知音), 지남음[경과음(經過音)], 지속음(持續音), 진동음(振動音), 집음기(集音機), 철음(綴音), 청음(淸音), 청음(聽音), 촉음(促音), 축음기(蓄音機), 충격음(衝擊音), 취음(取音), 치음(治音), 치음(齒音), 치조음(齒槽音), 탁음(濁音), 탄설음(彈舌音), 통용음(通用音), 파열음(破裂音), 파찰음(破擦音), 평음(平音), 폐쇄음(閉鎖音), 포음(砲音), 폭음(爆音), 표음(表音)[표음기호(記號), 표음문자(文字), 표음주의(主義)], 표준음(標準音), 한음(漢音), 합성음(合成音), 해조음(海潮音), 협화음(協和音), 호음(好音), 호기음(呼氣音), 호흡음(呼吸音), 화음(和音)[딸림화음, 버금딸림화음, 변화화음(變化), 속화음(屬), 으뜸화음, 펼침화음], 화음(華音), 효과음(效果音), 후두음(喉頭音), 후설음(喉舌音), 후음(喉音), 휘음(徽音), 흉음(凶音), 흡음(吸音) 들.

음(陰) 태극(太極)이 나누인 두 가지 성질 · 기운의 하나. '땅. 그늘. 속으로(몰래). 세월(歲月). 어둡다. 생식기(生殖器)'를 뜻하는 말. ↔양(陽). ¶음으로 양으로 보살펴 주다. 음각(陰角), 음각(陰刻), 음건(陰乾), 음경(陰莖;자지), 음계(陰界), 음계(陰計), 음공(陰功), 음극(陰極)[음극관(管), 음극선(線)], 음기(陰氣), 음기(陰記), 음낭(陰囊), 음덕(陰德), 음독(陰毒), 음동(陰冬), 음랭(陰冷), 음량(陰凉), 음려(陰呂), 음력(陰曆), 음모(陰毛), 음모(陰謀), 음문(陰文), 음문(陰門;보지), 음부(陰府;저승), 음부(陰阜;불두덩), 음부(陰部)[외음부(外)], 음부호(陰符號), 음분(陰分), 음산하다(陰散)[1153], 음성(陰性↔陽性)[음성모음(母音), 음성반응(反應), 음성적(的), 음성화/도다/하다(化)], 음수(陰水), 음수(陰數), 음수(陰樹), 음순(陰脣)[대음순(大), 소음순(小)], 음슬(陰蝨), 음습하다(陰濕;그늘지고 축축함), 음식창(陰蝕瘡), 음실(陰室), 음애(陰崖;햇볕이 잘 들지 않는 언덕), 음액(陰液), 음약(陰約), 음양(陰痒), 음양(陰陽)[1154], 음엽(陰葉), 음영(陰影), 음예(陰翳), 음우(陰雨), 음우(陰佑), 음운(陰雲), 음울하다(陰鬱;음침하고 쓸쓸하다), 음월(陰月), 음위(陰痿), 음음하다(陰陰), 음이온(ion), 음자(陰字), 음전기(陰電氣), 음전자(陰電子), 음조(陰助), 음종(陰腫), 음종(陰縱), 음중(陰中), 음증(陰症), 음지(陰地↔陽地)[음지식물(植物), 음지쪽], 음질(陰疾;임질), 음집(陰), 음청(陰晴), 음축(陰縮), 음충(陰蟲), 음측(陰測), 음침하다(陰沈)[1155], 음택(陰宅;무덤), 음통(陰通), 음특(陰慝), 음풍(陰風), 음함수(陰函數), 음해하다(陰害;남을 넌지시 해치다),

1148) 음운(音韻): 말의 뜻을 구별하여 주는 소리의 가장 작은 단위. ¶음운교체(交替), 음운도치(倒置), 음운동화(同化), 음운론(論), 음운법칙(法則), 음운변동(變動), 음운분석(分析), 음운상통(相通), 음운첨가(添加), 음운체계(體系), 음운탈락(脫落), 음운학(學), 음운회피(回避).

1149) 음정(音程): 높이가 다른 두 음 사이의 간격. ¶음정을 맞추다. 음정이 고르다. 가락음정, 감음정(減), 단음정(短), 반음정(半), 안어울림음정, 어울림음정, 온음정, 완전음정(完全), 장음정(長), 증음정(增), 화성음정(和聲), 협화음정(協和).

1150) 음향(音響): 물체에서 나오는 소리와 그 울림. ¶음향 조절 장치. 음향관제(管制), 음향기(器), 음향기기(器機), 음향무기(武器), 음향분석기(分析機), 음향설계(設計), 음향신호(信號), 음향심리학(心理學), 음향어뢰(魚雷), 음향어법(漁法), 음향예술(藝術), 음향음(音), 음향음성학(音聲學), 음향저항(抵抗), 음향측심(測深), 음향탐지기(探知機), 음향통신(通信), 음향학(學), 음향효과(效果), 음향흡수계수(吸收係數).

1151) 모음(母音): 강모음(强), 고모음(高), 약모음(弱), 저모음(低), 전설모음(前舌), 중모음(中), 중모음(重母音), 후설모음(喉舌).

1152) 오음(五音): 궁(宮) · 상(商) · 각(角) · 치(徵) · 우(羽)의 다섯 음계.

1153) 음산하다(陰散): ①날씨가 흐리고 으스스하다. ¶하늘이 잔뜩 찌푸려 음산하다. ②분위기 따위가 을씨년스럽고 썰렁하다. ¶음산한 분위기에 휩싸이다. 음산스럽게 웃다.

1154) 음양(陰陽): 음과 양. 역학에서 이르는, 만물의 근원이 되는 상반된 성질을 가진 두 가지 것. 전기나 자기의 음극과 양극. ¶음양가(家), 음양각(刻;음각과 양각), 음양객(客), 음양도(道), 음양력(曆), 음양배합(配合), 음양석(石), 음양설(說), 음양수(水;끓는 물에 찬물을 섞은 물), 음양쌍보(雙補), 음양오행설(五行說), 음양지리(地理), 음양학(學), 음양화합(和合); 반음양(半;남녀추니. 어지자지).

1155) 음침하다(陰沈): ①날씨가 흐리고 침침하다. ②어두컴컴하고 스산하다. ¶음침한 굴속. ③성질이 그늘지고 엉큼하다. 의뭉스럽고 흉하다.

음핵(陰核), 음허(陰虛), 음험하다(陰險;마음씨가 음충맞고 사납다), 음호(陰戶), 음호(陰號), 음화(陰火), 음화(陰畵), 음황(陰黃), 음휼하다(陰譎), 음흉(陰凶;음침하고 흉악함)[음흉성(性), 음흉스럽다, 음흉주머니, 음흉하다]; 광음(光陰), 녹음(綠陰), 농음(濃陰), 능음(凌陰), 미음(微陰), 보음(補陰), 분음(分陰;짧은 시간), 비음(碑陰;비석의 뒷면), 산음(山陰), 석음(夕陰;저녁나절), 석음(惜陰;시간을 아낌), 세음(歲陰), 수음(樹陰), 순음(純陰), 야음(夜陰), 여음(女陰), 오중음(五中陰), 유음(柳陰;버들의 그늘), 청음(淸陰), 초음(草陰), 촌음(寸陰;짧은 시간), 춘음(春陰), 탈음(脫陰), 태음(太陰), 호음성(好陰性), 화음(花陰), 회음(會陰) 들.

음(飮) '마시다·마시게 하다·머금다. 마실 것'을 뜻하는 말. ¶음객(飮客), 음구(飮具), 음독(飮毒), 음락(飮樂), 음료(飮料)1156), 음복(飮福), 음수(飮水), 음식(飮食)1157), 음약(飮藥), 음약자처(飮藥自處), 음용(飮用), 음읍(飮泣), 음주(飮酒)[음주운전(運轉), 음주측정기(測定器)], 음하만복(飮河滿腹), 음한(飮恨); 강음(强飮;술을 억지로 마심), 갹음(醵飮;술추렴), 경음(鯨飮), 경음(競飮), 계음(戒飮), 과음(過飮), 광음(狂飮), 굉음(宏飮), 극음(劇飮;술을 지나치게 많이 마심), 다음(多飮), 단음(斷飮), 단사표음(簞食瓢飮), 대음(大飮), 대음(對飮), 미음(米飮), 벽음(癖飮), 분청음(分淸飮), 불음(不飮), 삼두음(三豆飮), 선음(善飮), 시음(侍飮), 시음(試飮), 식음(食飮), 안태음(安胎飮), 애음(愛飮), 야음(夜飮), 연음(宴飮), 오음(五飮;물·미음·약주·단술·청주), 오복음(五福飮), 우음(牛飮), 유음(溜飮), 작음(酌飮), 절음(絶飮), 절음(節飮), 죽음(粥飮), 쾌음(快飮), 통음(痛飮), 폭음(暴飮), 호음(豪飮), 혼음(混飮), 회음(會飮) 들.

음(淫) '주색에 빠지다. 심하다. 도리에 어긋나다'를 뜻하는 말. ¶음녀(淫女), 음담(淫談), 음담패설(淫談悖說), 음란하다(淫亂), 음매(淫賣), 음미(淫靡), 음방(淫放), 음벽(淫僻), 음부(淫婦), 음분(淫奔), 음사(淫祠), 음사(淫辭), 음서(淫書), 음성(淫聲), 음습(淫習), 음심(淫心), 음악(淫樂), 음약(淫藥), 음염하다(淫艶), 음예하다(淫穢), 음욕(淫慾), 음일(淫佚), 음종(淫縱), 음탐(淫貪), 음탕하다(淫蕩)[음탕성(性), 음탕스럽다], 음풍(淫風), 음하다(음욕이 많다), 음학하다(淫虐), 음행/매개죄(淫行/媒介罪), 음화(淫畵), 음황(淫荒); 간음(姦淫), 강음(强淫), 과음(過淫), 관음증(觀淫症), 다음(多淫), 매음(賣淫), 무음(誣淫), 복선화음(福善禍淫), 사음(邪淫), 상음(上淫), 서음(書淫), 수음(手淫), 시음(詩淫), 조음(助淫), 주음(主音), 침음(浸淫;어떤 풍습에 점점 젖어 들어감), 탐음(貪淫), 폭음(暴淫), 행음(行淫), 혼음(混淫), 황음(荒淫), 회음(誨淫) 들.

음(吟) '읊조리다. 괴로워서 끙끙거리다'를 뜻하는 말. ¶음미(吟味)[음미도달(到達); 재음미(再)], 음성(吟聲), 음송(吟誦), 음시(吟詩), 음영(吟詠), 음유(吟遊)[음유시인(詩人), 음유하다], 음풍농월(吟風弄月); 고음(高吟), 낭음(朗吟), 독음(獨吟), 만음(漫吟), 미음(微吟), 방음(芳吟), 수음(秀吟), 시음(詩吟), 신음(呻吟), 애음(愛吟), 영음(詠吟), 장음(長吟), 저음(低吟), 졸음(拙吟;잘 짓지 못한 시), 침음(沈吟), 취음(醉吟), 한음(閑吟), 행음(行吟) 들.

음(蔭) '그늘. 조상의 덕. 초목이 우거지다'를 뜻하는 말. ¶음덕(蔭德), 음보(蔭補), 음서(蔭敍), 음직(蔭職); 무음(茂蔭), 문음(門蔭), 비음(庇蔭), 산음(山蔭), 선음(先蔭), 수음(樹蔭), 여음(餘蔭) 들.

음(霪) '장마'를 뜻하는 말. ¶음림(霪霖), 음우(霪雨;장맛비).

음매 소가 우는 소리.=엄매.

음충-하다 성질이 엉큼하고 불량하다. ¶음충한 말로 둘러대다. 음충맞은 사람. 음충스러운 짓. 음충맞다/스럽다.

-읍- ☞ -ㅂ-①.

읍(邑) '고을. 면(面)보다 큰 행정단위'를 뜻하는 말. ¶읍각부동(邑各不同), 읍내(邑內), 읍리(邑吏), 읍민(邑民), 읍사무소(邑事務所), 읍속(邑俗), 읍장(邑長), 읍지(邑誌), 읍징(邑徵), 읍촌(邑村), 읍폐(邑弊), 읍호(邑豪); 고읍(古邑), 구읍(舊邑), 군읍(郡邑), 근읍(近邑), 대읍(大邑), 도읍(都邑), 박읍(薄邑;황폐해진 고을), 벽읍(僻邑), 변읍(邊邑), 봉읍(封邑), 빈읍(貧邑), 산읍(山邑), 성읍(城邑), 소읍(小邑), 속읍(屬邑), 식읍(食邑), 연읍(沿邑), 외읍(外邑), 웅읍(雄邑), 인읍(隣邑), 잔읍(殘邑), 전읍(全邑), 타읍(他邑), 폐읍(弊邑), 폐읍(廢邑), 해읍(海邑), 향읍(鄕邑) 들.

읍(泣) '울다'를 뜻하는 말. ¶읍간(泣諫), 읍곡(泣哭), 읍소(泣訴;울면서 간절히 하소연함), 읍안(泣眼), 읍참마속(泣斬馬謖;큰 목적을 위하여 자기가 사랑하고 아끼는 사람도 버림), 읍청(泣請), 읍체(泣涕), 읍혈(泣血); 감읍(感泣), 곡읍(哭泣), 비읍(悲泣), 애읍(哀泣), 엄읍(掩泣), 음읍(飮泣), 제읍(啼泣), 천읍(天泣), 체읍(涕泣), 호사토읍(狐死兎泣), 호읍(號泣), 희읍(欷泣) 들.

읍(揖) 인사 예법의 하나. 마주 잡은 두 손을 얼굴 앞으로 들어 올리고 허리를 공손히 굽혔다가 폄. ¶읍국(揖掬;손으로 움켜쥠), 읍례(揖禮), 읍손(揖遜;읍하는 예를 갖추면서 자기를 낮춤), 읍양(揖讓), 읍양지풍(揖讓之風), 읍진(揖進), 읍하다; 답읍(答揖), 장읍(長揖) 들.

읍(悒) '근심하다'를 뜻하는 말. ¶읍울(悒鬱;근심스러워 마음이 답답하여짐), 읍읍하다(悒悒).

-읏/잇- ①색채어 형용사 어간에 붙어, '그 빛깔 바탕을 좀 엷거나 흐림'의 뜻을 더하는 상징어로 전성시키는 말. ¶가밋·거밋/하다, 발깃·벌깃·불긋·불깃/하다, 노릇·누릇·노릿·누릿/하다, 파릿·푸릿/하다. ②동사 어간에 붙어, 상징어로 전성시키는 말. ¶구깃구깃[←구기다], 기웃기웃[←기울다], 느릿느릿[←느리다], 머뭇머뭇[←머물다] 들.

응¹ ①나이가 비슷한 벗이나 손아랫사람에게 대답할 때 또는 대답을 구할 때 하는 소리. ¶응, 그래. 알았지, 응? ②무슨 일이 마음에 들지 아니할 때 불평하여 내는 소리. ¶응짜(핀잔하는 투로 대꾸하는 말).

1156) 음료(飮料): 음료수(水); 알칼로이드음료(alkaloid), 유음료(乳飮料), 유산음료(乳酸), 주정음료(酒精;알콜음료), 청량음료(淸涼), 탄산음료(炭酸).

1157) 음식(飮食): 사람이 살아가기 위하여 먹을 수 있도록 익히거나 다듬거나 한 것. ¶음식물(物), 음식상(床), 음식점(店); 군음식, 사찰음식(寺刹), 설음식(설에 먹는 색다른 음식), 숫음식(만든 채로 손대지 않고 고스란히 그대로 있는 음식), 철음식(철에 따라 특별히 해 먹는 음식), 한량음식(閑良;배가 고픈 판에 음식을 마구 먹어대는 짓), 한음식(끼니 때가 아닌 때에 차린 음식).

응[2] ①어린아이가 떼를 쓰며 우는 소리. ¶아이가 응응하고 떼를 쓴다. 응아응아, 응애응애(갓난아이가 우는 소리). ②응하는 소리. ¶응응, 글쎄 알았다니까 자꾸 그러네. 응응거리다/대다.

응(應) '따르다. 대답하다. 시키는 대로 하다. 반응을 나타내다. 마땅히'를 뜻하는 말. ¶응감/하다(應感;느낌), 응구첩대(應口輒對), 응구하다(應口), 응급(應急)[1158], 응낙/하다(應諾), 응능주의(應能主義), 응답(應答)[응답시간(時間), 응답자(者), 응답전화(電話), 응답하다], 응당/하다(應當;당연하다), 응대(應待), 응대(應對), 응력(應力;變形力)[1159], 응모(應募;모집에 응함)[응모가격(價格), 응모액(額), 응모자(者), 응모작품(作品)], 응변(應變)[수기응변(隨機), 수시응변(隨時), 임기응변(臨機)], 응보(應報;업)[응보주의(主義), 응보형론(刑論); 인과응보(因果)], 응분(應分;분수에 맞음), 응사(應射;맞총질), 응성(應聲), 응소(應召), 응소(應訴;應訟), 응속(應贖), 응송(應訟), 응수(應手), 응수(應酬;되받아 반박함), 응수(應需), 응시(應時), 응시(應試;시험을 치름), 응식(應食), 응신(應身;現身), 응아(應我), 응역(應役), 응연/하다(應然), 응용(應用)[1160], 응원(應援)[응원가(歌), 응원객(客), 응원단(團), 응원석(席), 응원전(戰)], 응익주의(應益主義), 응입(應入), 응전(應戰), 응접/실(應接/室), 응제(應製;임금의 명에 따라 임시로 치르던 과거), 응종(應從), 응종(應鐘), 응진(應眞), 응진(應診), 응집(應集;명령이나 요구 따위에 응하여 모임), 응찰(應札;입찰에 응함), 응천순인(應天順人), 응포(應砲), 응하다(따르다. 대답하다), 응험(應驗), 응현(應現;불보살이 중생을 구제하기 위하여 나타남), 응화(應化;應現), 응화(應和;서로 대답함); 감응(感應), 내응(內應), 대응(對應), 반응(反應), 보응(報應), 부응(符應), 부응(副應), 불응(不應), 산응(山應), 상응(相應), 서응(瑞應), 소응(昭應), 수응(酬應), 순응(順應), 외응(外應), 적응(適應;어떤 상황이나 조건에 잘 맞음)[적응되다/하다, 적응성(性)], 조응(照應;두 부분이 서로 대응함), 조응(調應;눈이 어둡거나 밝은 곳에서 차차 길들게 되는 기능), 즉응(卽應), 책응(策應), 향응(響應), 향응(饗應), 호응(呼應), 화응(和應) 들.

응(凝) '엉기다(얼다. 굳어지다). 엄하다. 매우'를 뜻하는 말. ¶응결(凝結;엉기어 뭉침.↔融解)[응결기(器), 응결되다/하다, 응결력(力), 응결제(劑), 응결체(體), 응결하다(굳다), 응결핵(核)], 응고(凝固;엉겨 뭉쳐 굳어짐)[응고되다/하다, 응고수축(收縮), 응고열(熱), 응고점(點); 혈액응고(血液)], 응괴(凝塊), 응립(凝立), 응망(凝望), 응수(凝水), 응시(凝視≒注視), 응연하다(凝然), 응장성식(凝粧盛飾), 응집(凝集;한데 엉김. 한데 모임)[응집되다/하다, 응집력(力), 응집반응(反應), 응집소(素), 응집원(源), 응집제(劑;엉김약)], 응착(凝着)[응착되다/하다, 응착력(力), 응착소(素)], 응체(凝體), 응체(凝滯), 응축(凝縮)[응축기(器), 응축되다/하다, 응축액(液), 응축열(熱)], 응취(凝聚;凝集), 응혈(凝血;피가 엉김)[응혈괴(塊), 응혈병(病), 응혈효소(酵素)], 응회(凝灰;엉겨 굳어진 재)[응회석(石), 응회암(巖), 응회질(質)] 들.

응(膺) '가슴. 받다. 치다(정벌하다)'를 뜻하는 말. ¶응수하다(膺受;받다. 받아들이다), 응징되다/하다(膺懲;잘못을 뉘우치도록 징계하다. 적국을 정복하다); 권권복응(拳拳服膺), 복응(服膺;마음속에 잘 간직하여 잠시도 잊지 아니함) 들.

응(鷹) '매'를 뜻하는 말. ¶응견(鷹犬;길들인 매와 개), 응시(鷹視), 응양(鷹揚); 내응인(內鷹人), 백응(白鷹), 양응(養鷹) 들.

응가 어린아이에게 똥을 누일 때 하는 소리. 또는 어린아이가 똥을 누고 싶을 때 하는 소리. ¶응가하다(똥누다).

응그리(다) ①얼굴을 험상궂게 찌푸리다. ¶잔뜩 응그리고 앉아 있는 아버지. ②사물을 손으로 움켜쥐다. ¶파를 다듬다가 손님이 오자 대강 응그리고는 현관으로 나갔다.

응달 볕이 안 드는 그늘진 곳.[←음(陰)+달].↔양달(陽). ¶응달이 지다. 응달에도 햇볕 드는 날이 있다. 응달건조(乾燥), 응달나무, 응달식물(植物), 응달지다, 응달쪽.

응석 어린이가 어른에게 어리광을 부리며 하는 버릇없는 말이나 행동.≒어리광. ¶응석이 심하다. 응석을 부리다. 응석기(氣), 응석꾸러기, 응석둥이/응둥이, 응받다(응석을 받다), 응석받이/응받이[1161], 응석스럽다.

응애 거미강 진드기목의 띠응앳과, 마디응앳과, 나비응앳과 따위를 통틀어 이르는 말. ¶귤응애(橘), 잎응애 들.

응어리 ①근육이 뭉치어 단단하여진 덩어리.≒멍울. ¶매 맞은 자리에 응어리가 생겼다. 장딴지에 응어리가 생기다. ②원한 따위로 맺힌 감정. ¶마음에 응어리가 맺히다. 서로 응어리를 풀고 화해하다. 응어리지다/응지다(맺히다). ③사물 속 깊이 박힌 단단한 부분. ④과실에 씨가 박혀 있는 부분.

응얼 ①원망이나 불만의 말을 입속에서 중얼거리는 모양. ¶불평스러운 투로 응얼응얼 중얼거린다. 응짜(핀잔하는 투로 대꾸하는 말). ②글이나 노래 따위를 입속말로 외거나 읊조리는 모양. ¶배운 것을 잊지 않으려고 응얼응얼 입 속으로 왼다. 응얼거리다/대다, 응얼응얼/하다.

응이 율무·녹두·칡 따위의 녹말을 물에 풀어 묽게 쑨 죽. ¶갈분응이(葛粉), 녹두응이(綠豆), 녹말응이(綠末), 메밀응이, 산약응이(山藥;마 가루를 꿀물에 풀처럼 쑨 음식), 수수응이 들.

의 ①체언에 붙어, 그 체언을 관형어가 되게 하는 관형격 조사. ¶

1158) 응급(應急): 급한 대로 우선 처리함. 또는 급한 정황에 대처함. ¶응급사태. 응급 상황에 대처하다. 응급수단(手段), 응급수술(手術), 응급실(室), 응급수술(手術), 응급접종(接種), 응급조처/하다(措處), 응급조치/하다(措置), 응급책(策), 응급처치/하다(處置), 응급치료/법(治療/法), 응급환자(患者).

1159) 응력(應力): 응력변형(變形;쏠림), 응력부식(腐蝕), 응력제거(除去), 응력집중(集中); 극응력(極), 주응력(主), 집중응력(集中), 충격응력(衝擊), 한계응력(限界) 들.

1160) 응용(應用): 어떤 이론이나 이미 얻은 지식을 구체적인 개개의 사례나 다른 분야의 일에 적용시켜 이용함. ¶응용 능력이 뛰어나다. 응용경제학(經濟學), 응용과학(科學), 응용되다/하다, 응용문제(問題), 응용물리학(物理學), 응용미술(美術), 응용수학(數學), 응용식물학(植物學), 응용심리학(心理學), 응용역학(力學), 응용인류학(人類學), 응용전술(戰術), 응용프로그램(program), 응용화학(化學).

1161) 응받이: 응석을 받아 주는 사람. 응석둥이. ¶응받이로 자라서 버릇이 없다.

나의 책. 미의 제전. 최고의 기술. 국민의 한 사람. 불후의 명작. ②체언 뒤에 붙어, 뒤에 오는 동작·상태의 주체임을 나타내는 주격 조사. ¶나의 원하는 바. 사람의 사는 목적. 로-의, 에-의, 에서-의.

의(意) '뜻. 생각'을 뜻하는 말. ¶의견(意見)[의견교환(交換), 의견충돌(衝突); 다수의견(多數), 소수의견(少數)], 의기(意氣)[1162], 의도(意圖;본뜻)[의도적(的), 의도하다, 의도형(形)], 의량(意量), 의망(意望), 의미(意味)[의미론(論), 의미심장/하다(深長)], 의불합(意不合), 의사(意思)[1163], 의상(意想), 의식(意識), 의업(意業), 의역(意譯), 의외/로/롭다(意外), 의욕적(意慾/的), 의육(意育), 의의(意義)[(의의소(素), 의의학(學); 무의의(無), 유의의(有); 몰의의(沒)], 의장(意匠)[1164], 의중(意中), 의지(意志)[1165], 의충(意衷), 의취(意趣), 의태(意態), 의표(意表;예상 밖), 의합(意合), 의향(意向); 가의(加意), 가의(歌意), 개의(介意), 개의(槪意), 객의(客意;客情. 客懷), 격의(隔意), 결의(決意), 경의(敬意), 고의/적(故意/的), 고의(高意), 고의(固意), 괘의(掛意), 귀의(貴意), 긍의(肯意), 낙의(諾意), 내의(內意), 내의(來意), 논의(論意), 달의(達意), 당의(黨意), 대의(大意), 동의(同意), 득의(得意), 문의(文意/義), 미의(微意), 민의(民意), 밀의(密意), 반의(反意), 반의(叛意), 발의(發意), 배의(配意), 번의(飜/翻意), 범의(犯意), 법의(法意), 별의(別意), 본의(本意), 부득의(不得意), 불의(不意), 비의(悲意), 사의(私意), 사의(邪意), 사의(事意), 사의(寫意), 사의(謝意), 사의(辭意), 살의(殺意), 상의(上意), 생의(生意), 서의(書意), 서의(誓意), 선의(善意), 설의(雪意), 성의(聖意), 성의(誠意), 소의(疎意), 송의(送意), 수의(遂意), 수의(愁意), 수의근(隨意筋), 수의적(隨意的), 시의(示意), 시의(施意), 시의(詩意), 신의/설(神意/說). 신의(宸意), 실의(失意), 실의(實意), 심의(心意), 심의(深意), 아의(我意), 악의(惡意), 악의점유(惡意占有), 여의(如意)[여의찮다, 여의하다; 만사여의(萬事)], 여의(餘意), 역의(逆意), 열의(熱意), 예의(銳意), 예의(禮意), 온의(慍意), 요의(尿意), 용의/주도(用意/周到), 우의(雨意), 우의(寓意), 운의(運意), 원의(原意), 원의(願意), 유의(有意), 유의(留意), 유의(遺意), 이의(異意), 인의(人意), 임의(任意)[임의로, 임의롭다, 임의법(法), 임의적(的)], 자의(自意), 자의/적(恣意/的), 작의(作意), 저의(底意), 적의(適意), 적의(敵意), 전의(專意), 전의(戰意), 정의(正意), 정의(情意), 제의(題意), 조의(弔意), 조의(朝意), 존의(尊意), 졸의(拙意), 주의(主意), 주의(注意), 중의(中意), 중의(衆意), 지정의(知情意), 진의(眞意), 집의(執意), 착의(着意), 찬의(贊意), 창의(創意)[창의력(力), 창의성(性)], 천의(天意), 첨의(僉意), 촉의(屬意), 총의(總意), 추의(秋意;가을다운 멋), 춘의(春意), 축의(祝意), 취의(趣意), 치의(致意), 쾌의(快意), 타의(他意), 탁의(託意), 탁의(濁意), 파의(罷意), 표의/문자(表意/文字), 하의(下意), 하의상달(下意上達), 합의(合意), 항의(降意), 해의(害意), 협의(愜意), 호의(好意), 화의(畵意), 환의(換意), 회의(會意), 후의(厚意), 흡의(洽意) 들.

의(衣) '옷. 옷을 입다. 윗옷'을 뜻하는 말. ¶의가(衣架;옷걸이), 의가반낭(衣架飯囊;아무 쓸모없는 사람), 의걸이, 의걸이장(欌), 의관(衣冠)[의관문물(文物), 의관열파(裂破)], 의금(衣衾), 의금(衣襟;옷깃), 의낭(衣囊;호주머니), 의대(衣帶), 의대(衣襨;임금의 옷. 무당이 굿할 때 걸치는 옷), 의량(衣糧), 의롱(衣籠), 의료(衣料), 의류(衣類), 의발(衣鉢), 의복(衣服)[방호의복(防護)], 의상(衣裳)[무대의상(舞臺)], 의식(衣食), 의양단자(衣樣單子), 의어(衣魚;빈대좀), 의자(衣資;옷감. 옷값), 의장(衣欌), 의전(衣廛;넝마전), 의제(衣制), 의차(衣次;옷감), 의항(衣桁;횃대), 의향(衣香); 가의(加衣;책가위), 갑의(甲衣;갑옷), 경의(更衣;옷을 갈아입음), 경의(輕衣), 고의(袴衣), 구의(柩衣), 구의(垢衣), 궁의(弓衣;활집), 금의(錦衣), 난의(暖/煖衣), 납의(衲衣), 납의(鑞衣), 내의(內衣), 녹사의(綠蓑衣;도롱이), 녹의/홍상(綠衣/紅裳), 단의(單衣;홑옷. 속곳), 단의(丹衣), 단의(短衣), 당의(唐衣), 도의(擣衣), 동의(胴衣), 마의(麻衣), 망의(蟒衣), 면의(綿衣), 명의(明衣), 모의(毛衣;갖옷), 박의(薄衣), 반의(斑衣), 방독의(防毒衣), 백의(白衣), 법의(法衣;중이 입는 옷), 복의(復衣), 봉황의(鳳凰衣), 사의(簑衣;도롱이), 산의(産衣;깃저고리), 상의(上衣), 상의(常衣), 색의(色衣;무색옷), 선의(禪衣), 선의(鮮衣), 소의(宵衣), 소의(素衣), 소독의(消毒衣), 수의(囚衣), 수의(壽衣), 수의(繡衣), 습의(襲衣), 승의(僧衣), 심의(深衣)[1166], 악의(惡衣), 악의악식(惡衣惡食), 어의(御衣), 옥의옥식(玉衣玉食), 와의(瓦衣), 완의(浣衣), 외의(外衣), 요의(요뒤), 욕의(浴衣), 우의(牛衣;덕석), 우의(羽衣), 우의(雨衣), 유의(油衣), 유의(襦衣), 유의유식(遊衣遊食), 융의(戎衣), 융의(絨衣), 자의(紫衣), 적의(赤衣), 적의(翟衣), 전상의(田相衣;袈裟), 전의(典衣), 전의(傳衣), 전의(氈衣), 정의(征衣), 조의(皁衣), 조의(粗衣), 조의조식(粗衣粗食), 조의(朝衣), 주의(周衣;두루마기), 주의(柱衣), 주의(紬衣), 중의(中衣), 지의(紙衣), 지의(地衣), 착의(着衣), 창의(唱衣), 창의(氅衣), 채의(彩衣), 책의(册衣), 천의무봉(天衣無縫), 철의(鐵衣)[학창의(鶴)], 청의(青衣), 춘의(春衣), 치의(緇衣), 침의(寢衣), 탈의(脫衣), 태의(胎衣), 패의(敗衣), 편의(便衣), 폐의(敝/弊衣), 포의(布衣), 포의(胞衣), 표의(表衣), 하의(下衣), 한의(汗衣), 해의(海衣;김), 행의(行衣;儒生의 웃옷), 호의(好衣), 호의호식(好

1162) 의기(意氣): 적극적으로 무엇을 하려는 마음. 장한 마음. ¶의기상투/하다(相投;의기투합), 의기소침/하다(銷沈), 의기양양/하다(揚揚), 의기왕성하다(旺盛), 의기저상(沮喪;의기소침), 의기충천/하다(衝天), 의기투합/하다(投合).

1163) 의사(意思): 무엇을 하려고 하는 생각이나 마음.≒뜻. 의도(意圖). ¶그의 의사를 알아보다. 의사를 결정하다. 의사능력(能力), 의사무능력자(無能力者), 의사부도처(不到處), 의사상통/하다(相通), 의사소통/하다(疏通), 의사스럽다, 의사실현(實現), 의사주의(主義), 의사표시(表示), 의사표현(表現), 의사흠결(欠缺); 국가의사(國家), 반대의사(反對), 자유의사(自由), 적대의사(敵對), 집단의사(集團), 찬성의사(贊成), 행위의사(行爲), 효과의사(效果).

1164) 의장(意匠): 물품의 겉에 아름다운 느낌을 주기 위하여 그 모양·맵시·빛깔. 또는 이들의 조화 따위를 연구하여 응용하는 장식적인 고안(考案). 미장(美匠). ¶의장가(家), 의장권(權), 의장등록(登錄); 동물의장(動物), 등록의장(登錄), 무대의장(舞臺).

1165) 의지(意志): 목적이나 뚜렷한 생각인 뜻. 사물을 깊이 생각하고 선택·판단하여 실행하려는 적극적인 마음가짐. 지식·감정에 대립되는 정신 작용. 철학에서, 도덕적 행위의 근원이 되는 힘. ¶의지가 부족하다. 강철 같은 의지. 의지감약(減弱), 의지결여증(缺如症), 의지결합(結合), 의지력(力), 의지박약(薄弱), 의지심리학(心理學): 권력의지(權力), 무의지(無), 본질의지(本質), 사회의지(社會), 생활의지(生活), 소극적의지(消極的), 실천의지(實踐), 자유의지(自由).

1166) 심의(深衣): 지난날, 고결한 선비들이 입던 흰 베로 만든 웃옷. 소매를 넓게 하고 검은 비단으로 가를 둘렀음. 학창의(鶴氅衣).

衣好食), 호의현상(縞衣玄裳), 혼의(婚衣), 혼의(魂衣), 홍의(紅衣), 환의(換衣), 황의(黃衣), 흑의(黑衣) 들.

의(義) ①사람이 마땅히 지켜야 할 도리. '의리(義理). 옳다 · 바르다. 글이나 글자의 뜻'을 뜻하는 말. ¶의거(義擧)[1167], 의구(義狗), 의구(義軀;의로운 몸), 의군(義軍), 의금부(義禁府), 의기(義氣), 의기(義旗), 의담(義膽), 의도(義徒), 의려(義旅), 의롭다, 의리(義理)[의리감(感), 의리당연/하다(當然), 의리부동/하다(不同)], 의무(義務)[1168], 의민(義民), 의병(義兵), 의복(義服), 의복(義僕), 의분/심(義憤/心), 의분(義奮), 의사(義士;의리와 지조를 굳게 지킨 사람. 의로운 행동으로 목숨을 바친 사람), 의사(義死), 의성(義聲), 의숙(義塾;공익을 위하여 의연금으로 세운 교육 기관), 의심(義心), 의연/금(義捐/金), 의열하다(義烈), 의용(義勇)[의용군(軍), 의용병(兵)], 의인(義人), 의적(義賊), 의전(義戰), 의절(義絶), 의중(義衆;義徒), 의집(意執), 의창(義倉), 의체(義諦), 의해(義解), 의행(義行), 의혈(義血), 의협/심(義俠/心); 강의(講義), 거의(擧義), 견리사의(見利思義), 견리망의(見利忘義), 결의(結義), 고명사의(顧名思義;명예를 돌아보고 의리를 생각함), 고의(古義), 고의(高義;높은 의리), 공의롭다(公義), 광의(廣義), 교의(敎義), 군신대의(君臣大義), 군신유의(君臣有義), 난의(難義), 다의/어(多義/語), 단장취의(斷章取義), 대의(大義), 덕의(德義), 도의(道義), 동의(同義), 명의(名義), 반의(反義), 법의(法義), 본의(本義), 분의(分義), 불의(不義), 비의(非義), 사의(死義), 석의(釋義), 소의(少義), 순의(殉義), 신의(信義), 어의(語義), 염의(廉義), 예의(禮義), 오의(奧義;매우 깊은 뜻), 요의(要義), 원의(原義), 은의(恩義), 음의(音義), 의의(意義), 의의(疑義), 인의(人義), 인의(仁義), 인의(引義), 자의(字義), 전의(轉義), 절의(絕義), 절의(節義), 정의(正義)[정의감(感), 정의롭다], 정의(定義), 정의(情義), 정의(精義), 종의(宗義), 주의(主義), 지의(旨義), 진의(眞義), 집의(集義), 진의(眞義), 창의(倡義), 처의(處義), 충의(忠義), 해의(解義), 행의(行義), 협의(狹義). ②'실물 대신의 것'을 뜻하는 말. ¶의각(義脚;나무 또는 고무로 만든 다리), 의수(義手), 의안(義眼), 의족(義足), 의지(義肢), 의총(義塚), 의치(義齒;만들어 박은 이). ③혈연과 같은 관계. '맺다. 친부모(親父母)나 친자식이 아닌. 의붓'을 뜻하는 말. ¶의를 맺다. 의남매(義男妹), 의녀(義女;의붓딸), 의매(義妹), 의모(義母), 의부(義父), 의부(義婦), 의자(義子), 의절(義絕), 의제(義弟), 의형(義兄), 의형제(義兄弟) 들.

의(議) '서로 의견을 주고받다(의논하다)'를 뜻하는 말. ¶의결(議決), 의건(議件), 의결(議決)[의결권(權), 의결기관(機關), 의결되다/하다, 의결정족수(定足數)], 의논/조/하다(議論/調;서로 의견을 주고받음), 의론(議論;각자 의견을 놓고 서로 토론과 논쟁을 함), 의료(議了), 의안(議案), 의사(議事)[1169], 의석(議席), 의송(議送), 의시(議諡), 의안(議案), 의원(議員)[1170], 의원(議院), 의장(議長)[의장직(職); 국회의장(國會), 부의장(副)], 의장(議場), 의정(議定)[의정서(書), 의정안(案)], 의정(議政), 의제(議題), 의처(議處;의논하여 처리함), 의혼(議婚), 의회(議會)[1171]; 각의(閣議), 개의(改議), 개의(開議), 건의/안(建議/案), 결의(決議), 공의(公議), 난의(爛議), 논의(論議), 단파의(單罷議), 당의(黨議), 대의(代議), 동의(同議), 동의(動議)[긴급동의(緊急)], 면의(面議), 모의(謀議), 묘의(廟議;조정의 회의), 문의(問議), 물의(物議)[1172], 밀의(密議), 발의(發議), 방의(謗議), 부의(附議), 분의(紛議), 불가사의(不可思議), 사의(私議), 상의(上議), 상의(相議), 상의(詳議), 속의(俗議), 숙의(熟議), 시의(時議), 시의(諡議;한문체의 하나), 심의(審議), 언의(言議), 원의(院議), 이의(異議), 자의(諮議), 장의(掌議), 재의(再議), 쟁의(爭議), 전의(前議), 전의(詮議), 정의(廷議), 제의(提議), 조의(朝議), 주의(奏議), 중의(衆議), 질의(質議), 첨의(僉議), 청의(淸議), 청의(請議), 타의(妥議), 토의(討議), 파의(罷議), 평의(評議), 품의(稟議), 합의(合議), 항의(抗議), 항의(巷議), 헌의(獻議), 협의(協議), 화의(和議), 회의(回議), 회의(會議), 횡의(橫議) 들.

의(疑) '확실히 알 수 없어 믿지 못하다'를 뜻하는 말. ¶의구(疑懼)[의구감(感), 의구심(心)], 의기(疑忌), 의념(疑念), 의단(疑端), 의려(疑慮), 의문(疑問)[1173], 의병(疑兵), 의빙(疑氷), 의시(疑視), 의신간(疑信間), 의심(疑心)[의심꾸러기, 의심나다/되다/하다, 의심스럽다, 의심쟁이, 의심쩍다], 의아(疑訝;의심스럽고 이상함)[의아스럽다, 의아심(心), 의아쩍다, 의아하다/히], 의안(疑案), 의옥(疑獄;유무죄를 판결하기 어려운 사건), 의운(疑雲), 의의(疑義;글 뜻 가운데 의심스러운 부분), 의점(疑點), 의증(疑症), 의질(疑疾), 의처증(疑妻症), 의총(疑塚), 의태(疑殆;의심하고 두려워함), 의하다(생각이 똑똑하지 아니하다), 의현(疑眩), 의혹(疑惑); 난의(難疑), 다의(多疑), 대의(大疑), 설의/법(設疑/法), 섭의하다(涉疑), 시의(猜疑), 신의(信疑), 용의(容疑), 위의(危疑), 중의(衆疑), 질의/응답(質疑/應答), 피의(被疑), 혐의(嫌疑), 호의(狐疑), 회의(懷疑) 들.

의(儀) '행동하는 짓이나 태도(거동). 모형 · 본. 법. 본보기'를 뜻하

1167) 의거(義擧): 정의를 위하여 사사로운 이해 타산을 생각함이 없이 일으키는 큰 일. ¶안중근 의사의 의거. 독재 정권에 항거하는 의거를 일으키다.

1168) 의무(義務): 사람으로서 마땅히 하여야 할 일. 곧 맡은 직분. 규범에 의하여 부과되는 부담이나 구속. ¶의무를 지다. 윤리적 의무. 의무감(感), 의무경찰(警察), 의무교육(敎育), 의무능력(能力), 의무론(論), 의무면제(免除), 의무병/제도(兵/制度), 의무보험(保險), 의무비(費), 의무선(船), 의무연한(年限), 의무자(者), 의무적(的), 의무화되다/하다(化); 고립의무(孤立), 고지의무(告知), 공동의무(共同), 공의무(公), 공평의무(公平;중립국이 지켜야 할 의무), 교육의무(敎育), 국민의무(國民), 국방의무(國防), 기장의무(記帳), 납세의무(納稅), 노동의무(勞動), 대립의무(對立), 도덕의무(道德), 묵비의무(黙秘), 묵인의무(黙認), 배상의무(賠償), 법정의무(法定), 병역의무(兵役), 부양의무(扶養), 사의무(私), 상대의무(相對), 석명의무(釋明), 소극의무(消極), 일반의무(一般), 적극의무(積極), 절대의무(絕對), 정조의무(貞操), 제일의무(第一), 주의의무(注意), 중립의무(中立), 취학의무(就學), 평화의무(平和).

1169) 의사(議事): 회의에서 어떤 일을 의논함. 또는 그 회의. 회의에서 의논할 사항. ¶의사 진행. 의사규칙(規則), 의사당(堂), 의사록(錄), 의사법(法), 의사봉(棒), 의사방해(妨害), 의사실(室), 의사일정(日程), 의사정족수(定足數), 의사진행(進行).

1170) 의원(議員): 의원입법(立法), 의원제명(除名), 의원징계(懲戒), 의원총회(總會), 의원특권(特權), 의원특전(特典), 의원회관(會館); 국회의원(國會), 대의원(代), 도의원(道), 시의원(市).

1171) 의회(議會): 의회모욕죄(侮辱罪), 의회정치(政治), 의회제(制), 의회주권(主權), 의회주의(主義); 국민의회(國民), 도의회(道), 시의회(市), 지방의회(地方).

1172) 물의(物議): ①여러 사람의 평판. ②분쟁이나 말썽. 물론(物論). ¶물의를 빚다. 물의를 일으키다.

1173) 의문(疑問): 의문문(文), 의문법(法), 의문부호(符號), 의문사(詞), 의문스럽다, 의문시되다/하다(視), 의문식(式), 의문점(點), 의문형(形).

는 말. ¶의궤(儀軌), 의례(儀禮)[의례복(服); 국민의례(國民)], 의문(儀文), 의범(儀範), 의식(儀式)[1174], 의용(儀容;몸을 가지는 태도. 차린 모습), 의위(儀衛;의식에 참여하는 호위병), 의장(儀杖)[의장기(旗), 의장대(隊), 의장병(兵)], 의장(儀裝), 의전(儀典), 의절(儀節), 의주(儀註;나라의 전례 절차를 적은 책), 의칙(儀則), 의표(儀表), 의형(儀形); 검류의(檢流儀), 검조의(檢潮儀), 경사의(傾斜儀), 경위의(經緯儀), 공의(公儀;공적인 의식), 나침의(羅針儀), 박의(薄儀), 부의(賻儀)[부의금(金), 부의함(函)], 불의(佛儀), 사의(謝儀;감사의 뜻으로 보내는 물품), 상한의(象限儀), 성의(盛儀), 세의(歲儀), 수준의(水準儀), 습의(習儀), 시거의(視距儀), 시준의(視準儀), 안정의(安定儀), 양의(兩儀), 예의(禮儀), 예의범절(禮儀凡節), 용의(容儀), 위의(威儀), 육분의(六分儀), 이의(二儀), 이의(肄儀;의식·범절을 미리 익힘), 인지의(印地儀), 자오의(子午儀), 장의(葬儀), 적도의(赤道儀), 전경의(轉鏡儀), 조의(朝儀), 지구의(地球儀), 지동의(地動儀), 천구의(天球儀), 천정의(天頂儀), 축의/금(祝儀/金), 측거의(測距儀), 측심의(測深儀), 통과제의(通過祭儀), 하의(賀儀), 항의(恒儀), 혼천의(渾天儀), 회전의(回轉儀) 들.

의(醫) '병을 고치다. 의술(醫術)'을 뜻하는 말. ¶의가(醫家), 의가서(醫家書)/의서(醫書), 의과(醫科), 의관(醫官), 의국(醫局), 의녀(醫女), 의대(醫大), 의료(醫療)[1175], 의무(醫務), 의사(醫事), 의사(醫師)[수의사(獸), 양의사(洋), 한의사(韓)], 의생(醫生), 의성(醫聖), 의술/가(醫術/家), 의약/품(醫藥/品), 의업(醫業), 의원(醫員), 의원(醫院), 의정(醫政), 의치(醫治), 의학(醫學)[1176], 의화학(醫化學); 가정의(家庭醫), 개업의(開業醫), 검역의(檢疫醫), 경찰의(警察醫), 공의(公醫), 구의(舊醫), 군의/관(軍醫/官), 내과의(內科醫), 내의(內醫), 대의(大醫), 마의(馬醫), 명의(名醫), 무의촌(無醫村), 보건의(保健醫)[공중보건의(公衆)], 보험의(保險醫), 사상의(四象醫), 상의(上醫), 선의(船醫), 세의(世醫), 수련의(修鍊醫), 수술의(手術醫), 수의/학(首醫/學), 수의사(獸醫師)/수의(獸醫), 시의(侍醫), 신의(神醫), 신의(新醫), 양의(良醫), 양의(洋醫), 어의(御醫), 여의(女醫), 용의(庸醫), 전문의(專門醫), 주치의(主治醫), 양의(洋醫), 전의(典醫), 종의(腫醫), 촉탁의(囑託醫), 침의(鍼醫), 학교의(學校醫), 한방의(韓方醫), 한의(韓醫), 항의(恒醫), 행의(行醫) 들.

의(依) '기대다. 전(前)과 같다. 따르다'를 뜻하는 말. ¶의가(依家), 의가사제대(依家事除隊), 의거(依據;어떠한 사실을 근거로 함), 의구/하다(依舊;전과 변함이 없다), 의귀(依歸), 의례건(依禮件), 의뢰(依賴;남에게 부탁함)[의뢰되다/하다, 의뢰서(書), 의뢰심(心), 의뢰인(人)], 의막(依幕), 의명(依命), 의명통첩(依命通牒), 의미하다(依微), 의방(依倣), 의법(依法), 의빙(依憑), 의속(依屬), 의수(依數), 의시(依施), 의약(依約), 의연(依然)[의연하다; 고태의연(古態), 구태의연(舊態)], 의원(依願)[의원면관/하다(免官), 의원면직/하다(免職)], 의위하다(依違), 의윤(依允), 의의(依倚;의지하여 기댐), 의의하다(依依)[1177], 의전례(依前例)/의례(依例), 의존(依存)[1178], 의준(依準), 의준(依遵), 의지(依支;몸이나 마음을 기댐)[의지가지없다, 의지하다], 의촉(依囑), 의치(醫治), 의침(依枕), 의타(依他)[의타심(心), 의타하다], 의탁/하다(依託/托), 의하다(무엇에 의지하거나 기초하다), 의희하다(依俙;거의 비슷하다. 어렴풋하다); 고립무의(孤立無依), 귀의(歸依)[귀의법(法), 귀의불(佛), 귀의승(僧), 귀의심(心), 귀의처(處)], 보거상의(輔車相依;서로 돕고 의지함), 소의(所依) 들.

의(誼) 서로 사귀어 친하여 진 정(情). ¶의가 상하다. 의가 두텁다. 의좋다(정의가 두텁다), 읫줄(정을 나눌 만한 연줄); 고의(故誼), 고의(高誼), 교의(交誼), 구의(舊誼), 도의(道誼), 분의(分誼), 사의(私誼), 세의(世誼), 예의(禮誼), 요의(僚誼), 우의(友誼), 인의(隣誼), 전의(前誼), 정의(情誼), 종의(宗誼), 주객지의(主客之誼), 진진지의(秦晉之誼), 척의(戚誼), 친의(親誼), 통가지의(通家之誼), 통의(通誼), 행의(行誼), 형제지의(兄弟之誼), 호의(好誼), 후의(厚誼) 들.

의(擬) '비슷하다. 흉내 내다'를 뜻하는 말. ¶의견사(擬絹絲), 의고(擬古)[의고문(文), 의고주의(主義), 의고풍(風)], 의금(擬金), 의만(擬娩), 의망(擬望), 의사증(擬似症), 의사(擬死), 의사하다(擬似;실제와 비슷하다), 의성어(擬聲語), 의양피지(擬羊皮紙), 의율(擬律), 의음(擬音), 의인(擬人)[의인관(觀), 의인법(法), 의인적(的), 의인화/되다/하다(化)], 의작(擬作;모방하여 만듦), 의장(擬裝;비슷하게 꾸밈)[의장품(品)], 의제(擬制), 의제/자본(擬製/資本), 의총(擬銃), 의태(擬態;짓시늉)[의태모형(模型), 의태법(法), 의태부사(副詞), 의태어(語)], 의판(擬判), 의피(擬皮), 의혁/지(擬革/紙); 모의(模擬), 비의(備擬) 들.

의(蟻) '개미'를 뜻하는 말. ¶의공(蟻孔), 의봉(蟻封;개밋둑), 의부(蟻附;개미떼처럼 달라붙거나 모여듦), 의원(蟻援;구원하러 온 군사), 의잠(蟻蠶;갓 부화한 누에), 의주감(蟻走感), 의질(蟻垤;개밋둑), 의집(蟻集;개미떼같이 많이 모임), 의총(蟻塚;개밋둑), 의취(蟻聚;개미떼처럼 많이 모여듦), 의혈(蟻穴)[제궤의혈(堤潰)]; 녹의(綠蟻;술구더기), 봉의군신(蜂蟻君臣), 부의(浮蟻), 우의(羽蟻), 주의(酒蟻;술구더기) 들.

의(宜) '마땅하다. 옳다'를 뜻하는 말. ¶의당(宜當)[의당당(宜當當), 의당사(事), 의당하다, 의당히], 의덕(宜/懿德;뛰어난 덕행), 의토(宜土;어떤 식물을 재배하기에 적당한 땅), 의합(宜合), 의형의제(宜兄宜弟); 기의(機宜), 불의출행(不宜出行), 사의(事宜), 시의(時宜), 양의(量宜), 적의(適宜), 편의(便宜) 들.

의(倚) '기대다'를 뜻하는 말. ¶의려지망(倚閭之望), 의마지재(倚馬

1174) 의식(儀式): 행사를 치르는 일정한 법식. 또는 정하여진 방식에 따라 치르는 행사. 의전(儀典). ¶성대한 의식을 거행하다. 의식요(謠), 의식절차(節次), 의식주의(主義), 의식행사(行事); 제천의식(祭天), 종교의식(宗教), 혼인의식(婚姻).

1175) 의료(醫療): 의료계(界), 의료기(器), 의료기관(機關), 의료기사(技士), 의료법인(法人), 의료보험(保險), 의료보호(保護), 의료봉사(奉仕), 의료비(費), 의료사고(事故), 의료업(業), 의료원(院), 의료인(人), 의료진(陣); 원격의료(遠隔).

1176) 의학(醫學): 법의학(法), 산업의학(産業), 스포츠의학(sports), 임상의학(臨床).

1177) 의의하다(依依): ①풀이 싱싱하게 푸르다. ②기억이 어렴풋하다. ¶옛 추억이 의의하다. ③헤어지기가 서운하다. ④부드럽고 약하다.

1178) 의존(依存): 다른 것에 의지하여 존재함. ¶부모에 대한 지나친 의존은 좋지 않다. 의존관계(關係), 의존도(度), 의존되다/하다, 의존명사(名詞), 의존성(性), 의존심(心), 의존적(的), 의존어(語), 의존판단(判斷), 의존형용사(形容詞), 의존형태소(形態素), 의존효과(效果); 무역의존(貿易).

之才), 의문이망(倚門而望), 의세(倚勢), 의자(倚子;기대는 기구), 의장(倚仗;의지하고 믿음), 의지간(倚支間;집채에 달아 꾸민 칸. 달개), 의착(倚着); 의의(依倚), 친의(親倚), 편의(偏倚), 피의(跛倚;한쪽 다리로만 서서 몸을 다른 곳에 기댐) 들.

의(懿) '아름답다. 훌륭하다. 기리다'를 뜻하는 말. ¶의적(懿績), 의지(懿旨;왕대비, 왕비, 왕세자, 왕세손의 명령), 의친(懿親;정의가 두터운 친척), 의풍(懿風;아름다운 풍습), 의행(懿行;좋은 행실); 풍의(風懿) 들.

의(犄) '불알을 깐 소. 기대다'를 뜻하는 말. ¶의각지세(犄角之勢;양쪽에서 잡아당기어 찢으려는 것과 같은 양면 작전의 태세).

의(椅) '등받이가 있는 걸상'을 뜻하는 말. ¶의자(椅子)[1179]; 교의(交椅)[곡교의(曲), 등교의(籐), 소교의(素), 용교의(龍)] 들.

의(毅) '굳세다'를 뜻하는 말. ¶의연하다(毅然); 강의하다(剛毅), 엄의하다(嚴毅), 우의(優毅), 호의(豪毅), 홍의하다(弘毅) 들.

의(矣) 한문(漢文) 문장의 끝에 쓰이는 어조사. ¶만사휴의(萬事休矣), 흘가휴의(迄可休矣) 들.

의(猗) '아름답다'를 뜻하는 말. ¶의의하다(猗猗;아름답고 성하다. 바람소리가 부드럽다).

의(艤) '배를 대다'를 뜻하는 말. ¶의장(艤裝;출항할 준비를 갖춤), 의장품(艤裝品) 들.

의건모 살아나가기 위한 계획. ¶의건모가 고작 그 정도인가. 의건모하다(살아 나갈 계획을 세우다).

의뭉 겉으로는 어리석은 것처럼 보이면서 속으로는 엉큼함.=뭉. ¶의뭉을 떨다. 의뭉한 속셈을 드러내다. 어린애가 그렇게 의뭉스러울 수가 있나. 의뭉떨다, 의뭉수(手;엉큼한 수단이나 꾀), 의뭉스럽다, 의뭉집(의뭉스러운 부분), 의뭉하다; 뭉때리다[1180].

의붓- '개가(改嫁)하여 생긴/ 맺은. 직접 낳지 않은'의 뜻을 나타내는 말.↔친(親)-. ¶의붓딸, 의붓아들, 의붓아버지, 의붓아범, 의붓아비, 의붓어머니, 의붓어멈, 의붓어미, 의붓자식(子息).

의젓-하다 태도나 됨됨이가 옹졸하거나 좀스럽지 않아 점잖고 무게가 있다.≒점잖다. 어엿하다. 버젓하다. 〈작〉야젓하다. ¶말하는 태도가 나이답지 않게 의젓하다. 그 아이는 나이에 비하여 퍽 야젓이 행동하였다. 야젓·의젓이, 야젓·의젓잖다(점잖지 못하고 가벼운 데가 있다).

의지 관(棺) 대신에 시체를 담는 물건.

의지가지 의지할 만한 것이나 곳.[←依支(의지)] ¶피난민들의 의지가지가 변변치 않다. 의지가지없는 신세. 하루아침에 의지가지없는 고아가 되었다. 의지가지없다(의탁할 곳이 없다. 사고무친하다)/없이.[+부정어].

의초 형제 자매 사이의 우애.≒띠앗머리. 부부간의 정의. ¶그들 형제는 의초가 좋았다. 부부간 의초가 상하면 대화로 풀어야 한다. 의초롭다(화목하고 우애가 깊다), 의초로이.

읫-님 '심마니'를 높여 이르는 말. ¶읫만(심마니들의 은어로 '어른'을 이르는 말).

이¹ ①척추동물의 입안에 있어, 무엇을 물거나 음식물을 씹는 역할을 하는 기관.≒치아(齒牙). 〈낮〉이빨. ¶이를 닦다. 이를 갈다. 이갈다/갈리다, 이갈이, 이골[치수(齒髓)], 이굳히산적(散炙), 이똥(이에 엉겨 붙어서 굳은 버캐), 잇몸[아랫잇몸, 윗잇몸], 잇바디[치열(齒列)의 생김새], 이박기[1181], 이빨, 잇살(잇몸), 잇샅(이와 이 사이의 틈), 이새(이의 생김새), 잇새(잇샅), 잇소리, 잇속(이의 중심부의 연한 부분. 이의 생긴 모양), 이쑤시개, 이앓이, 잇자국, 잇집(이틀), 이쩍(굳어 붙은 이똥), 이쪽(이의 부스러진 조각), 이촉(이의 뿌리), 이틀(이가 박혀 있는 아래위의 턱뼈), 이틈(잇새); 간니[1182], 개이(개의 이빨), 금니(金), 덧니, 독니(毒), 동정니(한복 동정의 양 끝 모서리), 떡니[1183], 방석니(方席;송곳니 다음의 첫번째 어금니), 배냇니(젖니), 버드렁·뻐드렁니/뻐덩니, 벋니(↔옥니), 사랑니, 삭은니, 생니(生), 소이(소의 이빨), 송곳니, 아랫니, 앞니, 어금니[뒤어금니, 사자어금니(獅子)[1184], 앞어금니], 엄니[1185], 옥니(안으로 옥게 난 이)[옥니박이], 옥니(玉;옥으로 만든 의치), 왕니, 윗니, 은니(銀), 젖니[유치(乳齒)], 틀니. ②기구·기계의 짬이나 톱·톱니바퀴, 옷깃에 뾰족하게 내민 부분. ¶이가 빠진 낫. 이가 맞다. 이남박; 깃니[1186], 나삿니(螺絲;나사의 산과 골을 이룬 촘촘한 이), 돌니(뾰족하게 나온 돌조각), 톱니/바퀴. ③사기 그릇 따위의 아가리가 잘게 떨어져 나간 부분. ¶그릇에 이가 빠졌다. ☞ 치(齒).

이² 이과의 곤충. ¶이 잡듯 하다. 이꾸러기, 이집(이가 서캐를 스는 곳), 이춤; 가랑니, 개털니, 돼지이, 머릿니, 사면발이[모슬(毛蝨)], 소이, 수퉁니(아주 크고 살진 이), 옷엣니, 짐승니, 짐승털니. ☞ 슬(蝨/虱).

이³ 용언의 어간에 붙는 관형사형 어미 뒤나 단독으로 쓰이어, 사람을 뜻하는 말. ¶저기 있는 이가 누구지? 나중에 온 이가 더 착실해 보였다. 맏이(형제간 또는 나이가 남보다 많은 사람), 갓난이, 글쓴이, 듣는이, 말하는이, 박은이, 젊은이, 펴낸이; 그이/ 요이/ 이이/ 저이/ 조이 들.

이⁴ ①이것. 이러한 형편. ¶이보다 좋은 물건은 없을 것이다. 이에 그 정상을 참작하여. ②말하는 이에게 가까이 있거나 바로 앞에서 이야기한 대상을 가리킬 때 쓰는 말. 〈작〉요²②. ¶이 물건/시간. 이 일. 이같이, 이개, 이거(이것), 이건(이것은), 이걸(이것을),

---

1179) 의자(椅子;걸상): 긴의자, 등의자(籐), 삼각의자(三脚), 안락의자(安樂), 장의자(長), 전기의자(電氣), 접의자(摺), 팔걸이의자, 회전의자(回轉), 흔들의자.

1180) 뭉때리다: 능청맞게 시치미를 떼거나 묵살해 버리다. ¶다 아는 일을 뭉때리지 말고 빨리 말해라.

1181) 이박기: 음력 정월 보름에 이를 튼튼히 하기 위하여 부럼을 깨무는 일.

1182) 간니: 젖니가 빠진 뒤에 나는 이. ¶간니가 나다.

1183) 떡니: 위아래 앞니 가운데에 있는 넓적한 이.

1184) 사자어금니(獅子): 힘들여 하는 일에 없어서는 안 될 사람이나 물건을 비유적으로 이르는 말.

1185) 엄니: 식육 동물의 아래위턱에 난 굳세고 날카로운 송곳니.

1186) 깃니: 깃 양끝의 모난 부분. 겉깃니(겉깃 양끝의 모난 부분).

이걸로(이것으로), 이것, 이것저것, 이게(이것이), 이까짓, 이나마, 이내('나의'의 힘줌말), 이냥(이대로), 이네, 이녁[1187], 이년, 이놈, 이다음/이담, 이다지/도, 이대로, 이따위, 이래(이리하여)/도, 이래봐도/봬도, 이래라저래라, 이래서(이리하여서)/야, 이래저래, 이랬다저랬다, 이러구러(이럭저럭하여), 이러나, 이러나저러나, 이러니까, 이러니저러니, 이러다, 이러다가, 이러루하다, 이러면, 이러므로, 이러이러하다, 이러저러하다, 이러쿵저러쿵 · 이리쿵저리쿵, 이러하다, 이럭저럭/하다, 이런, 이런저런, 이런즉, 이렁성저렁성, 이렁저렁(이럭저럭), 이렇게, 이렇다, 이렇듯/이, 이로부터, 이로써, 이리[1188]/로, 이리하다, 이 · 요마마하다(이만한 정도에 이르다), 이마적, 이마큼, 이만(이만한 정도의), 이만것, 이만저만/하다, 이만큼, 이만 · 요만하다, 이맘때, 이모저모, 이번(番), 이사이/이새, 이애저애하다, 이야말로[1](이것이야말로), 이야말로[2], 이에/서, 이이(이사람), 이제(바로 이때. 지금)[이제금, 이제까지, 이제껏, 이제나저제나, 이젯말(현대어), 이제부터, 이제야, 이제저제하다], 이즈막, 이즈음/이즘, 이쯤, 이처럼, 이탓저탓, 인제[1189] 들.

이- 벼[도(稻)]를 뜻하는 옛말 '니'로 '밥, 쌀, 풀'과 합성되어 짚이나 쌀[미곡(米穀)]의 뜻을 나타내는 말.[이〈니]. ¶이밥(입쌀로 지은 밥. 흰밥), 잇비(잇짚으로 만든 비), 입쌀(멥쌀), 이알(이밥의 낱알), 이죽(粥), 잇짚(메벼의 짚), 이찰떡, 이풀(입쌀가루로 쑨 풀); 끼니.

-이[1]/히 '-이'는 일부 형용사 어간 뒤, 또는 일부 1음절 명사의 반복 구성 뒤에 붙고, '-히'는 형용사의 어근이나 '-하다'가 붙어 형용사가 되는 어근 뒤에 붙어 부사를 만드는 말. '-스레'형 부사는 '-스럽(다)+이'의 축약형. ¶-스레; 가공(可恐), 가관(可觀), 가긍(可矜), 가년, 가량, 가린(堅 吝), 가살, 가증(可憎), 간고(艱苦), 간교(奸巧), 간능(幹能), 간단(簡單), 간린(慳吝), 간사(奸邪), 간사(奸詐), 간살, 간악(奸惡), 간특(姦慝), 감격(感激), 갑작, 개감, 개염, 객(客), 객설(客說), 객심(客甚), 거년, 거령, 거만(倨慢), 거물(巨物), 거벽(巨擘), 거북, 거북살, 거오(倨傲), 거창(巨創), 거추장, 거쿨, 거폐(巨弊), 걱정, 걸신(乞神), 걸쌈, 걸쌍, 검측, 게걸, 게검, 게염, 게접, 게정, 겸손(謙遜), 겸연(慊然), 경망(輕妄), 경사(慶事), 고난(苦難), 고만(高慢), 고생(苦生), 고약, 고정(孤貞), 고집(固執), 고통(苦痛), 고풍(古風), 곤란(困難), 곤혹(困惑), 곰살, 곰상, 곰팡, 곱살, 공손(恭遜), 공연(空然), 공칙, 과감(果敢), 괘꽝, 괘사, 괘씸, 괜, 괴까닭, 괴덕, 괴망(怪妄), 괴벽(乖僻), 괴상(怪狀), 괴악(怪惡), 괴팍(乖愎), 굉장(宏壯), 교만(驕慢), 교사(巧詐), 구경, 구구(區區), 구접, 구차(苟且), 군색(窘塞), 굴침, 궁극(窮極), 궁벽(窮僻), 궁상(窮狀), 궁흉(窮凶), 귀끔, 귀살, 귀살머리, 귀성, 귀염성, 귀인상(貴人相), 귀인성(貴人性), 귀접, 그악, 극성(極盛), 극심(極甚), 근심, 급(急), 급작(急作), 기걸(奇傑), 기겁(氣怯), 기승(氣勝), 까탈, 깐깐, 깔끔, 깜찍, 깨끔, 끈끈, 끌끔, 끔찍, 남세, 남우세, 낭패(狼狽), 내숭, 냉정(冷情), 넉살, 넌덕, 뇌꼴, 늘[延], 능글, 능청, 다급, 다복(多福), 다사(多事), 다심(多心), 다정(多情), 다행(多幸), 단작, 대견, 대담(大膽), 대범(大汎), 더넘, 덕성(德性), 덕(德), 던적, 덜퉁, 덜퍽, 덤턱, 데면, 데퉁, 덴덕, 도담, 도량(跳梁), 도섭, 독살(毒殺), 되통, 둔(鈍), 뒤넘, 뒤번덕(變德), 뒤웅, 뒤퉁, 떳떳, 뚝별, 마장(魔障), 만족(滿足), 말썽, 맛깔, 망령(妄靈), 망상, 망신(亡身), 망측(罔測), 매련, 매몰, 매욱, 매정, 맨망, 맵살, 먹음직, 멋, 면괴(面愧), 면구(面灸), 명랑(明朗), 모지락, 몰강, 몰골, 몰풍(沒風), 몽짜, 무난(無難), 무미(無味), 무식(無識), 무안(無顔), 무엄(無嚴), 무작, 무정(無情), 무지막지(無知莫知), 무지(無知), 무참(無慘), 미련, 미욱, 미타(未妥), 민망(憫惘), 믿음성, 믿음직, 밉광, 밉둥, 밉살, 바람직, 박정(薄情), 반편(半偏), 발칙, 방싯, 방자(放恣), 방정, 변덕, 번뇌(煩惱), 번다(煩多), 번잡(煩雜), 번폐(煩弊), 번화(繁華), 변덕(變德), 변사(變詐), 변(變), 별(別), 별쭝, 병신성(病身性), 복(福), 복성, 복잡(複雜), 볼강, 볼통, 부담(負擔), 부자연(不自然), 부자유(不自由), 부잡, 부지런, 분주(奔走), 분주살(奔走), 불경(不敬), 불공(不恭), 불만(不滿), 불만족(不滿足), 불명예(不名譽), 불미(不美), 불안(不安), 불편(不便), 불평(不平), 비굴(卑屈), 비밀(秘密), 비아냥, 뻔뻔, 사랑, 사막, 사번(事煩), 사사(邪邪), 사삭, 사위, 사치(奢侈), 산망, 살똥, 살풍경(殺風景), 삽삽, 상(常), 상냥, 상패(常悖), 새살, 새삼, 새실, 새퉁, 색(色), 생광(生光), 생급, 생뚱, 생청, 성, 소담, 소란(騷亂), 소망(所望), 소사, 소심(小心), 소인(小人), 송구(悚懼), 수고(受苦), 수다, 수떨, 수럭, 숫, 시름, 시망, 시설, 시실, 시원, 시퉁, 수삽(羞澁), 수월, 수통(羞痛), 신고(辛苦), 신비(神秘), 심술(心術), 심악(甚惡), 쌍, 쑥, 아니꼽살, 아담(雅談), 아양, 악(惡), 악독(惡毒), 악물(惡物), 악지, 악착(齷齪), 안달, 알량, 암상, 앙살, 앙증, 앙칼, 앙큼, 애발, 애살, 애상(哀傷), 야경(夜警), 야단(惹端), 야당, 야만(野蠻), 야멸, 야박(野薄), 야발, 야살, 야속(野俗), 야심(偌甚), 약, 약략(略略), 약삭, 얄망, 얄밉상, 얄팍, 얌심, 얌전, 양광, 어른, 어리광, 억대, 억지, 억척, 언구럭, 엄살, 엉뚱, 엉큼, 역정(逆情), 열성(熱誠), 염려(念慮), 엽렵(獵獵), 영검, 영광(榮光), 영악, 영예(榮譽), 영절, 영화(榮華), 예, 예쁘장, 오감, 오도깝, 오만(傲慢), 오망, 온화(溫和), 와살, 완고(頑固), 완만(緩慢), 왈패(牌), 왕청, 왜퉁, 외람(猥濫), 요괴(妖怪), 요기(妖氣), 요란(搖亂), 요망(妖妄), 요변(妖變), 요사(妖邪), 요악(妖惡), 욕(辱), 용감(勇敢), 용렬(庸劣), 용맹(勇猛), 우세, 우스꽝, 우아(優雅), 우악(愚惡), 우악살(愚惡), 우연(偶然), 원망(怨望), 위구(危懼), 위엄(威嚴), 위험(危險), 유감(遺憾), 유난, 유별(有別), 유착, 유체, 은밀(隱密), 을씨년, 음충, 음침(陰沈), 음탕(淫蕩), 음흉(陰凶), 의문(疑問), 의뭉, 의사(意思), 의심(疑心), 의아(疑訝), 의이(疑異), 이물(異物), 이상(異常), 이심(已甚), 이악, 이지렁, 익살, 인자(仁慈), 자깝, 자냥, 자닝, 자랑, 자비(慈悲), 자상(仔詳), 자연(自然), 자유(自由), 잔망(孱妄), 잔상, 잔인(殘忍), 잡(雜), 잡상(雜常), 재사(才思), 점직, 정갈, 정결(淨潔), 정결(精潔), 정성(精誠), 조급(躁急), 조심(操心), 조심성(操心性), 조쌀, 조잡(粗雜), 좀, 죄만(罪萬), 죄민(罪悶), 죄송(罪悚), 죄(罪), 죄악

1187) 이녁: '하오' 할 상대를 마주 대하고 이야기할 때 그를 조금 낮추어 이르는 말.[←이+녁〈녘]. ¶이녁을 대할 낯이 없소.

1188) 이리: ①이곳으로. 또는 이쪽으로. 〈작〉요리[1]. ¶이리 가져오시오. 이리 온. 이리위저리위. ②상태, 모양, 성질 따위가 이러한 모양. 이러하게. ≒이렇게. 이토록. 이다지. 〈작〉요리[2]. ¶이리 할까 저리 할까 망설이다. 이리저리.

1189) 인제: 이제에 이르러. 지금/부터. 이제부터. 인제 말해 무엇하랴. 인제 다시는 안 하겠다. 인제 보니 수원 나그네(모르고 있었는데, 본인이 깨우쳐 주어서 다시 보니 아는 사람이다). '인제사, 인제야'는 힘줌말.

(罪惡), 주접, 주체, 준걸(俊傑), 증상(憎狀), 증오(憎惡), 지독(至毒), 지성(至誠), 지악(至惡), 직심(直心), 질탕(跌宕), 착살, 찬연(燦然), 창피(猖披)천격(賤格), 천덕(賤), 천연덕(天然), 천연(天然), 천진(天眞), 천착(舛錯), 청승, 초조(焦燥), 촌(村), 추근, 추잡(醜雜), 추잡(麤雜), 추접, 충성(忠誠), 치사(恥事), 치욕(恥辱), 칙살, 친절(親切), 침통(沈痛), 타끈, 탄명, 탐, 탐욕(貪慾), 탐탁, 태깔(態), 태연(泰然), 털털, 토심(吐心), 투깔, 투박, 투상, 틉상, 퉁명, 틀, 평화(平和), 포악(暴惡), 표독(慓毒), 푸접, 풍아(風雅), 핀잔, 한(限), 한가(閑暇), 한심(寒心), 해찰, 행복(幸福), 허겁(虛怯), 헌걸, 험상(險狀), 험악(險惡), 호강, 호걸(豪傑), 호기(豪氣), 호들갑, 호사(豪奢), 호화(豪華), 혼란(混亂), 혼란(焜爛), 혼잡(混雜), 효성(孝誠), 흉(凶), 흉망(凶妄), 흉물(凶物), 흉악(凶惡), 흉악망측(凶惡罔測), 흉증(凶證), 흉측(凶測), 흔감(欣感), 흔연(欣然), 흥감(興感), 희한(稀罕). -이; 가깝다, 가냘프다, 가당찮다(可當), 가뜩, 가량없다(假量), 가마말쑥, 가뭇가뭇, 가뭇없다, 가볍·거볍다, 가붓·거붓·가뿟·거뿟, 가쁘다, 가소롭다(可笑), 가없다, 가엾다, 가직, 가차없다(假借), 간간(間間), 간곳없다, 간단없다(簡單), 갈데없다, 감쪽같다, 갑작, 값없다, 같다(같이), 개개(箇箇), 게으르다, 개코같다, 객쩍다, 갭직, 갸웃·기웃·꺄웃·끼웃, 갸쭉·길쭉, 갸쯔막·길쯔막, 갸쯤·길쯤, 갸찍·길찍, 거머멀쑥, 거지같다, 거짓없다, 거추없다, 거침없다, 건건(件件), 건성드뭇, 걸음걸음, 검측, 결결, 겸연쩍(慊然), 겹겹, 경사롭다(慶事), 경황없다(景況), 계관없다(係關), 계면쩍다(慊然), 고깝다, 고달프다, 그렇듯, 고맙다, 고붓·구붓, 고자누룩, 고즈넉, 곧, 골골/샅샅, 골막, 골목골목, 곰곰, 곰살궂다, 곳곳, 공교롭다(工巧), 공변되다, 광휘롭다(光輝), 괜찮다, 괘까다롭다, 괴란쩍다(壞赧), 괴란쩍다(愧赧), 괴롭다, 구구(句句), 구구절절(句句節節), 구성없다, 구슬프다, 굳다, 굴왕신같다(屈枉神), 굵직, 권태롭다(倦怠), 그들먹, 그뜩, 그렇듯, 그윽, 그지없다, 근근(僅僅), 기껍다, 기신없다(氣神), 기어(期於), 긴찮다(緊), 길길, 길다, 깊숙, 깊다, 까다롭다, 까딱없다, 까마말쑥, 깍듯, 깔밋잖다, 깔축없다, 깜냥깜냥, 깜찍, 깨끔찮다, 깨끗, 깨알같다, 거림칙, 꺼머멀쑥, 꼬박, 꼬붓·꾸붓, 꼼짝·꿈쩍없다, 꼿꼿·꿋꿋, 꾀까다롭다, 끄떡없다, 끊임없다, 끝없다, 나긋, 나날, 나닥나닥, 나릿나릿, 나볏·너볏, 나부랑납작·너부렁넓적, 나부죽·너부죽, 나붓·나붓, 나빳빳·너벳벳, 나쁘다, 나지막, 나직, 난데없다, 날카롭다, 남다르다, 남모르다, 남김없다, 남부끄럽다, 남부럽잖다, 남짓, 납죽·넙죽, 낫낫, 낯간지럽다, 낯두껍다, 낯부끄럽다, 낯없다, 낱낱, 내남없다, 내남직없다, 너그럽다, 너나없다, 너누룩, 너눅, 너덕너덕, 넋없다, 넌덜, 넌짓, 널널, 널찍, 넓다(널리), 넓삐죽, 넓적, 노긋, 노릇노릇, 높다, 높지막, 높직, 누긋, 누누(屢屢), 누릇누릇, 눈눈[1],[2], 뉘엿, 느긋, 느껍다, 느닷없다, 느릿느릿, 느지막, 느직, 느짓, 늙숙, 늙직, 다달, 다락같다, 다르다(달리), 다름없다, 다보록·더부룩, 다붓, 다사롭다[1],[2], 다소곳, 다시없다, 다채롭다(多彩), 단조롭다(單調), 담뿍·듬뿍, 대단찮다, 대문대문(大文大文), 대수롭다, 대중없다, 대쪽같다, 댕돌같다, 더덜뭇, 더덜없다, 더북, 더없다, 더욱, 덥수룩, 덧없다, 덩두렷, 도도록·두두룩, 도독·두둑, 도렷·두렷, 독(獨), 동글납작·둥글넓적, 동긋·둥긋, 되되, 되직, 두리벙, 두발없다, 두미없다(頭眉), 두서없다(頭緖), 두수없다, 두텁다, 둥덩산같다(山), 둥두렷, 뒷손없다, 드바쁘다, 드높다, 드리없다, 득달같다, 득돌같다, 들다, 따듯·따뜻, 따사롭다, 딴통같다, 땀땀, 땀직, 때없다, 떳떳, 떼떼, 또렷·뚜렷, 또박, 똑같다, 뚝뚝, 뜨듯·뜨뜻, 뜬금없다, 뜸뜸, 마깝잖다, 마땅잖다, 마뜩, 마련없다, 만만찮다, 만유루없다(萬遺漏), 많다, 말없다, 말말, 말쑥, 맛없다, 망령되다(妄靈), 망패롭다(妄悖), 맛갖잖다, 매일같다, 맥맥(脈脈), 맥없다, 맷맷, 멀다(멀리), 멀쑥, 멀찌막, 멀찍, 멋없다, 면면(面面), 면목없다(面目), 명예롭다(名譽), 모도록, 모모, 목목, 목직, 몫몫, 모르다, 몰수(沒數), 몹쓰다, 못지않다, 무겁다, 무뚝뚝, 무람없다, 무럭, 무직, 무쪽같다, 묵직, 물물, 물색업다(物色), 물샐틈없다, 뭉긋, 미렷, 미심쩍다(未審), 미안쩍다(未安), 미욱, 민틋, 밀다(미리), 밋밋, 밑도끝도없다, 바끄럽다, 바듯·빠듯, 바쁘다(바삐), 바이없다, 바지런·부지런, 바특, 박박·벅벅, 반갑다, 반듯·반뜻, 반반(斑斑), 발쭉·벌쭉·빨쭉·뻘쭉, 밤낮없다, 방긋·벙긋·벙끗·빵긋·빵끗·뻥긋·뻥끗, 방싯·뱅싯·벙싯·빙싯·뺑싯·빵싯·뻥싯, 배딱·비딱·빼딱·삐딱, 배릿·비릿, 배부르다(배불리), 배슷·비슷, 배주룩·비주룩·삐주룩·비쭈룩·빼주룩·빼쭈룩, 배죽·배쭉·빼죽·빼쭉·삐죽·삐쭉, 뱅긋·뱅끗·빙긋·빙끗·빵긋·빵끗, 뱐미주룩·빈미주룩, 버릇없다, 버젓·뻐젓, 번개같다, 번거롭다, 번뇌롭다(煩惱), 번드롭다, 번듯·번뜻, 번번(番番), 벼락같다, 벽력같다(霹靂), 변모없다(變貌), 별다르다, 보배롭다, 보보(步步), 보잇·부잇·뽀잇·뿌잇, 보잘것없다, 본데없다, 볼긋·불긋, 볼록·불룩, 볼썽사납다, 볼썽없다, 볼쏙·불쑥, 볼품없다, 봉곳·봉긋·붕긋, 부끄럽다, 부드럽다, 부듯·뿌듯, 부럽다, 부질없다, 부풋, 분개없다(分槪), 분별없다(分別), 분수없다(分數), 불불, 불일듯, 불티같다, 불현듯, 비슥, 비죽·비쭉, 비호같다(飛虎), 빛없다, 빠르다(빨리), 빠짐없다, 빡빡·빽빽·뻑뻑·삑삑, 빳빳·뻣뻣, 뾰조록·쀼주룩, 뾰족·뾰쪽·쀼죽·쀼쭉, 뿔뿔, 삐국, 사뜻, 사람사람, 사붓·사뿟·서붓·서뿟·사풋·서풋, 사사롭다(私私), 사정없다(事情), 산뜻·선뜻, 산산(散散), 살갈다, 살긋·쌀긋·쌜긋·실긋·씰긋, 살몃·슬몃, 살풋, 상없다(常), 상관없다(相關), 상글·싱글, 상긋·상끗·성긋·성끗·쌍긋·쌍끗·쌩긋·쌩끗·썽긋·썽끗·씽긋·씽끗, 상서롭다(祥瑞), 샅샅, 새뜻·시뜻·시틋, 새롭다, 새무룩·시무룩·쌔무룩·씨무룩, 새벽같다, 색다르다(色), 색색(色色), 샐기죽·실기죽·쌜기죽·씰기죽, 샐쭉·실쭉·쌜쭉·씰쭉, 서글프다, 서럽다, 서슴없다, 서투르다, 섣부르다, 성깃, 성화같다(星火), 세상없다(世上), 세월없다(歲月), 소곳·수긋, 소도록·수두룩/수둑, 소복·수북, 소용없다(所用), 소증사납다, 소태같다, 속속들다, 속없다, 속절없다, 손부끄럽다, 손살피같다, 손색없다(遜色), 솔깃, 솔솔, 쉼직, 수고롭다(受苦), 수많다(數), 수없다(數), 수월찮다, 순조롭다(順調), 숨김없다, 쉽다(쉬이/쉬), 스스럼없다, 슬기롭다, 슬프다(슬피), 시답잖다, 시들먹, 시름없다, 시멋없다, 시쁘다, 시식잖다, 시원찮다, 신기롭다(神奇), 신기롭다(新奇), 신비롭다(神秘), 신청부같다, 실실, 실없다(實), 싫다, 싱겁다, 싹없다, 쌍쌍(雙雙), 쏜살같다, 쓸데없다, 쓸모없다, 아긋, 아낌없다, 아랑곳없다, 아렴풋·어렴풋, 아령칙·어령칙, 아스무, 아스라, 아슴푸, 악착같다(齷齪), 안타깝다, 알알, 알토란같다(土卵), 앞앞, 애고롭다(哀苦), 애꿎다, 애달프다, 애바쁘다, 애처롭다, 애틋, 앳되다, 야젓·야젓, 야젓·의젓

잖다, 야트막, 약빠르다, 약삭빠르다, 얀정머리없다, 얀정없다, 얄찍, 얄팍, 어김없다, 어렵다, 어렵살, 어림없다, 어설프다, 어수룩, 어슬핏, 어슷, 어여쁘다, 어연번듯, 어엿, 어이없다, 어지럽다, 어처구니없다, 억척같다, 언언(言言), 언짢다, 얼없다, 얼씬없다, 얼음장같다, 없다(없이), 에구붓, 에누리없다, 여들없다, 여봐란듯, 여부없다(與否), 여지없다(餘地), 역빠르다, 연년(年年), 연득없다, 열없다, 염치없다(廉恥), 염의없다, 영락없다(零落), 영예롭다(榮譽), 영화롭다(榮華), 옆옆, 예쁘다, 예사롭다(例事), 예제없다, 오갈데없다, 오긋·우긋, 오뚝·우뚝, 오래다, 오롯, 오목·우묵, 오보록·우부룩, 오복·우북, 오죽, 오죽잖다, 온데간데없다, 온, 올곧다, 올올, 옳다, 옴나위없다, 옴폭·움푹, 왕청같다, 외따롭다, 외람되다(猥濫), 외롭다, 요괴롭다(妖怪), 웅숭깊다, 원원(元元), 위불없다(爲不), 위없다, 위태롭다(危殆), 유감없다(遺憾), 유다르다(類-), 유례없다(類例), 육중(肉重), 윤척없다(倫脊), 은혜롭다(恩惠), 의롭다(義), 의외롭다(意外), 의지가지없다, 이렇듯, 이상야릇(異常), 인정사정없다(人情事情), 일없다, 일일, 일찍, 임의롭다(任意), 입입, 있다, 잎잎, 자긋·지긋·짜긋·째긋·찌긋, 자발머리없다, 자발없다, 자부룩, 자오록·자우룩, 자옥·자욱, 자유롭다(自由), 자자(字字), 자취없다, 작달막, 잔득, 잔생, 잘똑·질뚝·짤똑·찔뚝, 잘룩·짤록·질룩·찔룩, 잘쏙·질쑥·짤쏙·찔쑥, 잘착·질착, 잘카닥·질커덕, 잘파닥·질퍼덕, 잘팍·질퍽, 잠포록, 잡동산, 재긋, 재빠르다, 저렇듯·조렇듯, 저저(這這), 적다, 적잖다, 전수(全數), 전전푼푼(錢錢分分), 절절(節節), 점잖다, 점점(點點), 정가롭다, 정겹다(情), 정답다(情), 정예롭다(精銳), 정의롭다(正義), 조런, 조목조목(條目條目), 조붓, 조뼛·쪼뼛·쭈뼛, 조조(條條), 졸깃, 졸직(拙直), 종없다, 종긋·중긋·쫑긋·쭝긋, 종요롭다, 종작없다, 좋다(좋이), 주뼛, 주옥같다(珠玉), 주저롭다, 주절, 주책없다, 줄줄, 쥐뿔같다, 쥐좆같다, 즐겁다, 지각없다(知覺), 지르다, 지지콜콜, 지직, 지향없다(指向), 지혜롭다(智慧), 진득, 진배없다, 진절, 질깃, 집집, 짓궂다, 짓짓, 징그럽다, 짝없다, 짝짝, 짤막, 짬짬, 짯짯·쩟쩟, 쩍말없다, 쪽쪽, 찌릿, 찌무룩, 찌뿌듯, 찜없다, 찝지르, 찰떡같다, 참되다, 참참, 채신·치신없다, 철없다, 철철, 천하없다(天下), 철석같다(鐵石), 철통같다(鐵桶), 첩첩(疊疊), 초조롭다(焦燥), 촉촉·축축, 촉촉(矗矗), 촌촌(寸寸), 촌촌(村村), 추상같다(秋霜), 측량없다(測量), 층층(層層), 칸칸, 켜켜, 큼직, 타박타박, 탈없다, 탑소록·텁수룩, 태없다(態), 터무니없다, 터부룩, 턱없다, 틀림없다, 틈틈, 파릇, 팍삭, 팍팍·퍽퍽, 판판이(판마다), 패패(牌牌), 팽패롭다, 편벽되다(偏僻), 편편(片片), 편편(便便), 평화롭다(平和), 폐롭다(弊), 폭폭(幅幅), 표차롭다(表), 푸접없다, 풍아롭다(風雅), 피차없다(彼此), 필필(疋疋), 하나같다, 하늘같다, 하루같다, 하릴없다, 하뭇, 하염없다, 한가롭다(閑暇), 한갓되다, 한결같다, 한량없다(限量), 한없다(限), 할갑다, 해롭다(害), 해말쑥·희멀쑥, 해발쭉·헤벌쭉, 해죽·해쭉, 향긋, 향기롭다(香氣), 허물없다, 헌거롭다(軒擧), 헐겁다, 헐수할수없다, 헐쑥, 헛되다, 헛헛, 헤프다, 형편없다(形便), 호젓, 호화롭다(豪華), 홀로, 훗훗, 훙허물없다, 흐무뭇, 흐뭇, 흥겹다(興), 히죽·히쭉, 힘없다. -히; ¶가(加), 가각(苛刻), 가긍(可矜), 가난, 가느스름, 가당(可當), 가득, 가든·가뜬·거든·거뜬, 가랄(苛辣), 가량가량, 가련(可憐), 가마무트름·거머무트름·까마무트름·꺼머무트름, 가마득·까마득, 가무숙숙·까무숙숙·까무숙숙·꺼무숙숫, 가만, 가분·가쁜·거분·거뿐, 가석(可惜), 가열(苛烈), 가중(苛重), 가지런, 가통(可痛), 가합(可合), 가혹(苛酷), 각박(刻薄), 각별(各別), 간간짭짤, 간간[1,2], 간간(侃侃), 간간(衎衎), 간간(懇懇), 간결(簡潔), 간고(艱苦), 간곡(奸曲), 간곡(懇曲), 간곤(懇困), 간교(奸巧), 간구(艱苟), 간난(艱難), 간단명료(簡單明瞭), 간단(簡單), 간독(奸毒), 간독(懇篤), 간략(簡略), 간묵(簡默), 간박(簡朴), 간사(奸邪), 간사(奸詐), 간세(簡細), 간소(簡素), 간솔(簡率), 간신(艱辛), 간악(奸惡), 간요(奸妖), 간요(肝要), 간요(簡要), 간잔지런, 간절(懇切), 간첩(簡捷), 간측(懇惻), 간특(姦慝), 간편(簡便), 간핍(艱乏), 간활(奸猾), 갈골(渴汨), 감(敢), 감감, 감사(感謝), 감연(敢然), 감연(欿然), 감용(敢勇), 갑갑, 강강(剛剛), 강강(强剛), 강건(剛健), 강건(剛蹇), 강건(剛謇), 강건(康健), 강건(强健), 강견(剛堅), 강경(剛勁), 강경(强勁/强硬), 강고(强固), 강과(剛果), 강녕(康寧), 강대(强大), 강력(强力), 강렬(强烈), 강명(剛明), 강박(剛薄), 강박(强薄), 강왕(康旺), 강의(剛毅), 강인(强靭), 강직(剛直), 강퍅(剛愎), 강한(强悍), 개결(介潔), 개연(介然), 개운, 갱연(鏗然), 갸륵, 갸우듬·거우듬·기우듬·꺄우듬·끼우듬, 갸우스름·꺄우스름, 거나/건, 거만(倨慢), 거연(巨然), 거연(遽然), 거창(巨創), 건(乾), 건강(健康), 건건찝질, 건건, 건둥, 건삽(乾澁), 건숙(乾肅), 건장(健壯), 건전(健全), 건정(乾淨), 걸걸, 걸걸(傑傑), 걸대(傑大), 걸오(桀驁), 걸쩍지근, 검박(儉朴), 검박(儉薄), 검소(儉素), 검침(黔沈), 검특(黔慝), 겁겁(刦刦), 겁나(怯懦), 겁약(怯弱), 게저분·께저분, 게적지근·께적지근, 격렬(激烈), 격심(激甚), 격원(隔遠), 격월(激越), 격적(闃寂), 견강(堅剛), 견강(堅强), 견결(堅決), 견경(堅勁/硬), 견고(堅固), 견급(狷急), 견실(堅實), 견정(堅貞), 견확(堅確), 결결, 결곡, 결백(潔白), 결연(決然), 결연(缺然), 겸손(謙遜), 겸연(慊然), 경거(輕遽), 경건(勁健), 경건(敬虔), 경경(耿耿), 경경(梗梗), 경경(煢煢), 경경(輕輕), 경독(煢獨), 경망(輕妄), 경묘(輕妙), 경미(輕微), 경박(輕薄), 경부(輕浮), 경선(徑先), 경세(輕細), 경소(輕小), 경솔(輕率), 경숙(敬肅), 경이(輕易), 경조(輕佻), 경쾌(輕快), 경편(輕便), 경한(勁悍), 경홀(輕忽), 경(輕), 고고(孤苦), 고고(孤高), 고고(枯槁), 고고(高古), 고고(高高), 고괴(古怪), 고궁(固窮), 고궁(孤窮), 고귀(高貴), 고극(苦劇), 고단, 고독(孤獨), 고루(固陋), 고루(孤陋), 고매(高邁), 고묘(高妙), 고박(古朴), 고부스름·구부스름·꼬부스름·꾸부스름, 고부슴·구부슴·꼬부슴·꾸부슴, 고부장·구부정·꼬부장·꾸부정, 고분고분, 고삽(苦澁), 고상(高尙), 고소, 고스란, 고아(古雅), 고아(高雅), 고약, 고연(固然), 고요, 고적(孤寂), 고절(高絕), 고정(孤貞), 고졸(古拙), 고준(高峻), 고창(高敞), 고타분·구터분, 고탑지근·구텁지근, 고탑탑·구텁텁, 고태의연(古態依然), 고혈(孤孑), 곡절(曲切), 곡진(曲盡), 곤고(困苦), 곤곤(困困), 곤곤(滾滾), 곤골(滾汨), 곤군(困窘), 곤궁(困窮), 곤권(困倦), 곤급(困急), 곤뇌(困惱), 곤독(悃篤), 곤돈(困頓), 곤란(困難), 곤박(困迫), 곤색(困塞), 곤핍(困乏), 곤(困), 골똘(←汨篤), 골몰(汨沒), 곰바지런, 공(共), 공검(恭儉), 공고(鞏固), 공공연(公公然), 공공적적(空空寂寂), 공교(工巧), 공구(恐懼), 공극(孔劇), 공근(恭勤), 공명정대(公明正大), 공명(公明), 공몽(涳濛), 공손(恭遜), 공순(恭順), 공연(公然), 공연(空然), 공총(倥傯), 공칙, 공편(公便), 공평무사(公平無

私), 공평(公平), 과(過), 과감(果敢), 과감(過感), 과격(過激), 과겸(過謙), 과공(過恭), 과다(過多), 과다(夥多), 과대(過大), 과도(過度), 과묵(寡默), 과분(過分), 과소(過小), 과소(過少), 과소(寡少), 과소(過疎), 관곡(款曲), 관대(寬大), 관후(寬厚), 괄괄, 괄연(刮然), 광대(廣大), 광막(廣漠), 광명정대(光明正大), 광명(光明), 광범(廣範), 광포(狂暴), 광활(廣闊), 괘씸, 괴(怪), 괴괴(怪怪), 괴벽(乖僻), 괴상(怪常), 괴상(乖常), 굉굉(轟轟), 굉연(轟然), 굉장(宏壯), 굉활(宏闊), 교결(皎潔), 교교(姣姣), 교교(皎皎), 교만(驕慢), 교묘(巧妙), 교밀(巧密), 교악(狡惡), 교오(驕傲), 교활(狡猾), 교힐(狡黠), 구간(苟艱), 구구(區區), 구수, 구순, 구안(久安), 구안(苟安), 구원(久遠), 구저분, 구차(苟且), 구태의연(舊態依然), 구험(口險), 군급(窘急), 군박(窘迫), 군색(窘塞), 군졸(窘拙), 군핍(窘乏), 굳건, 궁곤(窮困), 궁극(窮極), 궁금, 궁급(窮急), 궁박(窮迫), 궁벽(窮僻), 궁색(窮塞), 궁핍(窮乏), 귀중중, 귀중(貴重), 귀축축, 귀현(貴顯), 규연(巋然), 균등(均等), 균일(均一), 균평(均平), 그득, 그악, 극(極), 극곤(極困), 극난(極難), 극렬(極烈), 극명(克明), 극성(極盛), 극심(極甚), 극중(極重), 극진(極盡), 극친(極親), 근가(近可), 근간(勤幹), 근간(懃懇), 근근간간(勤勤懇懇), 근면(勤勉), 근사(近似), 근실(勤實), 근엄(謹嚴), 급(急), 급거(急遽), 급격(急激), 급급(岌岌), 급급(汲汲), 급급(急急), 급박(急迫), 급속(急速), 급조(急躁), 급촉(急促), 긍련(矜憐), 긍민(矜愍), 긍측(矜惻), 기구(崎嶇), 기묘(奇妙), 기민(機敏), 기연(期然), 기웃드름, 기이(奇異), 기특(奇特), 긴(緊), 긴급(緊急), 긴밀(緊密), 긴박(緊迫), 긴실(緊實), 긴요(緊要), 긴절(緊切), 까무스름 · 꺼무스름, 까무족족 · 꺼무죽죽, 깐깐 · 끈끈, 깐동 · 껀둥, 깔깔 · 끌끌, 깔끔 · 끌끔, 깨끔 · 께끔, 께끄름, 꼼꼼, 꾸준, 끄느름, 끈, 나겁(懦怯), 나다분 · 너더분, 나란 · 느런, 나른 · 느런, 나분, 나슨 · 느슨, 나슬나슬 · 너슬너슬, 나약(懦弱), 낙역부절(絡繹不節), 난감(難堪), 난만(爛漫), 난삽(難澁), 난안(難安), 난연(爛然), 난연(赧然), 난잡(亂雜), 난중(難重), 날렵, 날쌍 · 늘썽, 날씬 · 늘씬, 날연(茶然), 날큰 · 늘큰, 남루(襤褸), 납작스름 · 넓적스름 · 납죽스름, 낭당(郎當), 낭랑(浪浪), 낭랑(朗朗), 낭랑(琅琅), 내밀(內密), 냉담(冷淡), 냉랭(冷冷), 냉엄(冷嚴), 냉연(冷然), 냉정(冷情), 냉정(冷靜), 냉철(冷徹), 냉혹(冷酷), 너끈, 너저분, 너절, 넉넉, 노곤(勞困), 노그름 · 누그름, 노글노글 · 누글누글, 노둔(老鈍), 노둔(駑鈍), 노련(老鍊), 노르스름 · 누르스름, 노름 · 누름, 노리착지근 · 누리척지근, 노리치근 · 누리치근, 노숙(老熟), 노착지근 · 누척지근 · 뉘척지근, 녹녹 · 눅눅, 녹록(碌碌/錄錄), 녹신 · 눅신, 녹실 · 눅실, 녹진 · 눅진, 놀놀 · 눌눌, 놀면 · 눌면, 농탁(濃濁), 농후(濃厚), 뇌락(牢落), 뇌락(磊落), 누꿈, 누지근 · 뉘지근, 늠렬(凜烈), 늠름(凜凜), 늠름(懍懍), 늠연(凜然), 늠철(凜綴), 늡늡, 능란(能爛), 능숙(能熟), 능준, 능(能), 능활(能猾), 다급(多急), 다복(多福), 다분(多分), 다수(多數), 다정다감(多情多感), 다정(多情), 다행(多幸), 단단 · 딴딴, 단순(單純), 단연(斷然), 단정(端正), 단중(端重), 단출, 달곰 · 달근 · 달금 · 달콤 · 달큼, 담담 · 덤덤, 담대(膽大), 담연(淡然), 답답, 당당(堂堂), 당돌(唐突), 당연(當然), 당황(唐慌), 대견, 대근, 대단, 대담(大膽), 대범(大汎), 도고(道高), 도도, 도도(陶陶), 도도(滔滔), 도연(陶然), 도연(徒然), 도저(到底), 도톰 · 두툼, 독특(獨特), 돈, 돈독(敦篤), 돈돈(惇惇), 돈목(敦睦), 돈연(頓然), 돈후(敦厚), 돌돌, 돌연(突然), 동그스름 · 둥그스름 · 똥그스름, 뚱그스름, 동글반반, 동연(同然), 두연(斗然), 둔박(鈍朴), 뒤숭숭, 든든, 든직, 들큼, 듬직, 등한(等閑), 따끈 · 뜨끈, 따끔 · 뜨끔, 따분, 딱, 딱딱, 때꾼 · 떼꾼, 떠름, 떨떠름, 떨떨, 똑똑, 똘똘, 똥똥 · 뚱뚱, 뜨악, 마땅, 막대(莫大), 막막(漠漠), 막막(寞寞), 막심(莫甚), 막엄(莫嚴), 막역(莫逆), 막연(漠然), 만만다행(萬萬多幸), 만만, 만만(滿滿), 만만(漫漫), 만분다행(萬分多幸), 만연(漫然), 만족(滿足), 만질만질, 만홀(漫忽), 말그스름 · 멀그스름, 말끔 · 멀끔, 말똥 · 멀뚱, 말쑥, 말씬, 말짱[1,2] · 멀쩡, 망망연(望望然), 망망(茫茫), 망망(忙忙), 망솔(妄率), 망연(茫然), 망측(罔測), 망패(妄悖), 매끈 · 미끈, 매매(昧昧), 매시근, 매실매실, 매작지근 · 미적지근, 매정, 매지근 · 미지근, 매초롬 · 미추룸, 맥맥, 맥연(驀然), 맨둥맨둥 · 민둥민둥, 맨망, 맨송맨송, 맹근 · 밍근, 맹랑(孟浪), 맹렬(猛烈), 맹맹 · 밍밍, 머쓱, 멍, 멍멍, 멍청, 메부수수, 면면(綿綿), 면밀(綿密), 명랑(明朗), 명료(明瞭), 명명(明明), 명명(冥冥), 명백(明白), 명명백백(明明白白), 명세(明細), 명창(明暢), 명철(明哲), 명쾌(明快), 명확(明確), 목석연(木石然), 몰씬 · 물씬, 몸성, 못마땅, 묘묘(杳杳), 묘묘(淼淼), 묘연(杳然), 묘연(渺然), 묘원(渺遠), 무간(無間), 무고(無故), 무고(無辜), 무관(無關), 무괴(無怪), 무구(無垢), 무궁(無窮), 무궁무진(無窮無盡), 무난(無難), 무단(無端), 무던, 무례(無禮), 무료(無聊), 무모(無謀), 무무(貿貿), 무방(無妨), 무사(無事), 무성(茂盛), 무수(無數), 무심(無心), 무쌍(無雙), 무안(無顔), 무양(無恙), 무양무양, 무엄(無嚴), 무연, 무연(無緣), 무연(憮然), 무음(誣淫), 무잡(蕪雜), 무정(無情), 무죄(無罪), 무지근, 무진(無盡), 무참(無慘), 무참(無慚/無慙), 무한(無限), 묵묵(默默), 묵연(默然), 묵중(默重), 문란(紊亂), 문문, 물쩍지근, 미려(美麗), 미련, 미묘(微妙), 미미(微微), 미심(未審), 미안(未安), 미타(未妥), 민감(敏感), 민답(悶沓), 민련(憫憐), 민만(悶懣), 민망(憫惘), 민민(憫憫), 민속(敏速), 민연(泯然), 민연(憫然), 민울(悶鬱), 민첩(敏捷), 민활(敏活), 밀밀(密密), 밀접(密接), 바근 · 버근 · 빠근 · 뻐근, 바드름 · 버드름 · 빠드름 · 뻐드름/바듬 · 버듬 · 빠듬 · 뻐듬, 바름 · 버름, 바지런 · 부지런, 박략(薄略), 박절(迫切), 박정(薄情), 박흡(博洽), 반 · 번, 반반 · 번번 · 뱐뱐, 발그름 · 벌그름 · 불그름 · 빨그름 · 뺄그름 · 뽈그름 · 뿔그름, 발그속속 · 볼그속속 · 불그숙숙, 발그스름 · 벌그스름 · 불그스름 · 빨그스름 · 뻘그스름 · 뽈그스름 · 뿔그스름, 발그족족 · 벌그죽죽 · 볼그족족 · 불그죽죽 · 빨그족족 · 뻘그죽죽 · 뽈그족족, 발름 · 벌름, 발연(勃然), 밝, 방대(尨大), 방만(放漫), 방불(彷佛), 방연(尨然), 방자(放恣), 방정(方正), 방탕(放蕩), 배뚜름 · 비뚜름 · 빼뚜름 · 삐뚜름, 배스듬 · 비스듬, 배스름 · 비스름, 번거, 번다(煩多), 번로(煩勞), 번연, 번연(幡然), 범범(泛泛), 범상(凡常), 범연(泛然), 범홀(泛忽), 벙, 벙벙[1,2], 변변, 보로통 · 부루퉁, 보무당당(步武堂堂), 보무타려(保無他慮), 보유스름 · 부유스름 · 뽀유스름 · 뿌유스름, 보윰 · 부윰 · 뽀윰 · 뿌윰, 볼통 · 불퉁, 부단(不斷), 부당(不當), 부산, 부정(不淨), 분(憤), 분망(奔忙), 분명(分明), 분분(紛紛), 분연(紛衍), 분연(粉然), 분연(憤然), 분연(奮然), 분잡(紛雜), 분주(奔走), 불결(不潔), 불긴(不緊), 불만(不滿), 불손(不遜), 불순(不順), 불순(不純), 불쌍, 불안(不安), 불연(怫然), 불쾌(不快), 불행(不幸), 붐, 비감(悲感), 비굴(卑屈), 비근(卑近), 비밀(秘密), 비범(非凡), 비상(非常), 비상(悲傷), 비장(悲壯), 비참(悲

慘), 비통(悲痛), 빈곤(貧困), 빈궁(貧窮), 빈번(頻繁/頻煩), 빈빈(頻頻), 빈삭(頻數), 빈천(貧賤), 빈한(貧寒), 빠끔·빼끔, 빠삭, 빡작지근·뻑적지근, 빡지근·뻑지근, 빤·뻔, 빤빤·뻔뻔, 빼곡·삐국, 빼주름·뾰조롬·쀼주름·삐주름, 뺑뺑, 뽀로통·뾰로통·뿌루퉁·뾰루퉁, 사근사근·서근서근, 사늘·서늘·싸늘·써늘, 사미(奢靡), 사번(事煩), 사분·서분·사뿐·서뿐, 사소(些少), 삭연(索然), 산연(潸然), 살뜰, 삼삼[1,2], 삼삼(森森), 삼엄(森嚴), 삼연(森然), 삽연(颯然), 상냥, 상당(相當), 상명(爽明), 상명(詳明), 상세(詳細), 상연(爽然), 상쾌(爽快), 상패(常悖), 새척지근, 새치름·시치름, 생생·싱싱, 서머, 서서(徐徐), 서운, 석연(釋然), 선, 선명(鮮明), 선선, 선연(嬋姸), 선연(嬋娟), 선연(鮮姸), 선연(鮮然), 설만(褻慢), 설면설면, 설설, 섬섬(纖纖), 섬섬(閃閃), 섬세(纖細), 섬쩍지근, 섭섭, 성, 성(盛), 성급(性急), 성대(盛大), 성실(誠實), 성풍(盛豊), 세밀(細密), 세세(細細), 세심(細心), 소담, 소들, 소란(騷亂), 소략(疏略), 소루(疏漏), 소박(素朴), 소상(昭詳), 소상(素尙), 소소(小小), 소소(小少), 소소(昭昭), 소소(蕭蕭), 소소(騷騷), 소소(瀟瀟), 소소(炤炤), 소소(疏疏), 소소명명(昭昭明明), 소연(昭然), 소연(蕭然), 소연(騷然), 소원(疏遠/疎遠), 소중(所重), 소홀(疏忽), 속속(速速), 솔이(率爾), 솔직(率直), 솔찬히, 송괴(悚愧), 송구(悚懼), 송송, 송연(悚然), 수다(數多), 수상(殊常), 수수, 수연(粹然), 수월, 숙숙(肅肅), 숙연(肅然), 숙지근, 순(順), 순결(純潔), 순순(順順), 순순(淳淳), 순연(純然), 순전(純全), 순탄(順坦), 순편(順便), 순평(順平), 순호(純乎), 술명, 스산, 습습(習習), 시급(時急), 시끌시끌, 시시콜콜, 시원시원, 신근(信謹), 신기(神奇), 신기(新奇), 신랄(辛辣), 신속(迅速), 신속(神速), 신신(新新), 신실(信實), 신중(愼重), 신통(神通), 실(實), 실심(失心), 심(甚), 심각(深刻), 심드렁, 심란(心亂), 심상(尋常), 심심[1,2], 심심(甚深), 심심(深深), 심중(深重), 싱경싱경, 쌀랑·썰렁, 쌀쌀, 쌉쌀·씁쓸, 쌩쌩·씽씽, 쏠쏠·쑬쑬, 쓸쓸[1,2], 씁스름, 씩씩, 아기똥·어기뚱, 아늑, 아담(雅談), 아둔, 아득, 아뜩, 아련, 아른, 아리송·어리숭, 아아(峨峨), 아연(俄然), 아연(啞然), 아울(訝鬱), 아정(雅正), 악독(惡毒), 악랄(惡辣), 악연(愕然), 악착(齷齪), 안강(安康), 안녕(安寧), 안밀(安謐), 안상(安詳), 안안(晏晏), 안연(晏然), 안온(安穩), 안일(安逸), 안전(安全), 안존(安存), 안한(安閒), 알근·얼근, 알뜰살뜰, 알뜰, 알삽(戛澀), 알알·얼얼, 알연(戛然), 알큰·얼큰, 암암(暗暗), 암암(黯黯), 암암(巖巖), 암연(黯然), 압닐(狎昵), 압설(狎褻), 앙가조촘·엉거주춤, 앙똥, 앙바틈·엉버틈, 앙상, 앙앙(怏怏), 앙연(怏然), 앙증, 앙큼·엉큼, 애매, 애매(曖昧), 애석(哀惜), 애석(愛惜), 애애(哀哀), 애애(皚皚), 애애(藹藹), 애애(靄靄), 애애(靉靉), 애연(哀然), 애연(曖然), 애연(藹然), 애완(哀婉), 애울(藹鬱), 애잔, 애절, 애절(哀絕), 애통(哀痛), 액색(阨塞), 야박(野薄), 야속(野俗), 야심(偌甚), 약략(略略), 약여(躍如), 얄브스름·열브스름, 얄쭉스름, 얄찍스름, 얄포름, 얌전, 양구(良久), 양선(良善), 양순(良順), 양양(洋洋), 양양(揚揚), 양직(亮直), 어둑, 어둠침침, 어득, 어련, 어련무던, 어리둥절, 어리벙벙·어리뻥뻥·어리빙빙·어리삥삥, 어색(語塞), 어수선, 어숭그러, 어스름, 어연간, 어웅, 어중간(於中間), 어지간, 억울(抑鬱), 언감(焉敢), 언건(偃蹇), 언연(偃然), 엄(嚴), 엄각(嚴刻), 엄격(嚴格), 엄랭(嚴冷), 엄렬(嚴烈), 엄매(晻昧), 엄명(嚴明), 엄밀(嚴密), 엄별(嚴別), 엄숙(嚴肅), 엄엄(奄奄), 엄엄(掩掩), 엄엄(晻晻), 엄엄(嚴嚴), 엄연(嚴然), 엄절(嚴切), 엄정(嚴正), 엄정(嚴淨), 엄준(嚴峻), 엄중(嚴重), 엄혹(嚴酷), 엄홀(奄忽), 엇구뜰, 엇구수, 엇비뚜름, 엇비스듬, 엉성, 에넘느레, 엔간, 여구(如舊), 여낙낙, 여사(如斯), 여상(如常), 여시(如是), 여실(如實), 여일(如一), 여전(如前), 여차(如此), 여하(如何), 역력(歷歷), 역연(歷然), 연면(連綿), 연연(娟娟), 연연(涓涓), 연연(軟娟), 연연(軟軟), 연연(蜒然), 연연(戀戀), 연한(燕閒), 열렬(熱烈/烈烈), 염검(廉儉), 염결(恬潔), 염결(廉潔), 염담(恬淡), 염백(廉白), 염연(恬然), 염염(冉冉), 염염(炎炎), 염염(焰焰), 염정(恬靜), 염정(廉正), 염직(廉直), 염평(廉平), 엽렵(獵獵), 엽엽(曄曄), 영걸(英傑), 영괴(靈怪), 영구(永久), 영독(獰毒), 영령쇄쇄(零零瑣瑣), 영령(泠泠), 영롱(玲瓏), 영맹(英猛), 영맹(獰猛), 영묘(靈妙), 영민(英/穎敏), 영별(另別), 영성(零星), 영악(獰惡), 영연(泠然), 영영(盈盈), 영영(營營), 영용(英勇), 영원(永遠), 영정(零丁), 영특(英特), 오감, 오련, 오목·우묵, 오솔, 오연(傲然), 오종종, 온건(穩健), 온공(溫恭), 온당(穩當), 온순(溫純), 온순(溫順), 온편(穩便), 올연(兀然), 올올(兀兀), 옹용(雍容), 왁자지껄, 완강(頑强), 완고(完固), 완고(頑固), 완곡(婉曲), 완곡(緩曲), 완구(完久), 완만(婉娩), 완만(頑慢), 완만(緩慢), 완만(緩晩), 완연(完然), 완연(蜿蜒), 완연(宛然), 완완(緩緩), 완전(完全), 왕성(旺盛), 왕연(汪然), 왕연(旺然), 왕왕(汪汪), 외람(猥濫), 외연(巍然), 외외(巍巍), 요긴(要緊), 요란(擾/搖亂), 요량(嘹喨), 요부(饒富), 요연(瞭然), 요연(窈然), 요요(了了), 요요(夭夭), 요요(姚姚), 요요(嫋嫋), 요요(寥寥), 요요(遙遙), 요요(嶢嶢), 요요(撓撓), 요요(擾擾), 요요(耀耀), 요원(遙/遼遠), 용, 용감(勇敢), 용연(溶然), 용연(聳然), 용용(溶溶), 우련, 우심(尤甚), 우연(偶然), 우연만, 우울(憂鬱), 우중충, 우통, 울연(蔚然), 울연(鬱然), 웅렬(雄烈), 원대(遠大), 원만(圓滿), 원억(冤抑), 원원(源源), 원통(冤痛), 월등(越等), 위곡(委曲), 위심(爲甚), 위연(威然), 위연(喟然), 유구(悠久), 유난, 유량(嚠喨), 유려(流麗), 유별(有別), 유수(幽邃), 유순(柔順), 유심(有心), 유여(有餘), 유여(裕餘), 유연(油然), 유연(柔軟), 유연(悠然), 유원(悠遠), 유유(悠悠), 유장(悠長), 유절쾌절(愉節快節), 유정(有情), 유족(有足), 유족(裕足), 유창(流暢), 유쾌(愉快), 유표(有表), 유한(有限), 유한(幽閑), 유활(柔滑), 윤활(潤滑), 율렬(栗烈/凓烈), 율연(慄然), 융숭(隆崇), 융융(融融), 으늑, 으스름, 으슥, 은근(慇懃), 은밀(隱密), 은연(隱然), 은은(殷殷), 은은(隱隱), 음산(陰散), 읍읍(悒悒), 응당(應當), 응연(凝然), 응연(應然), 의구(依舊), 의당(宜當), 의수(依數), 의아(疑訝), 의연(毅然), 의연(依然), 의위(依違), 의의(依依), 의의(猗猗), 의이(疑異), 의희(依稀), 이러, 이상(異常), 이슥, 이심(已甚), 이연(怡然), 이연(犂然), 익숙, 인색(吝嗇), 일정(一定), 일제(一齊), 자닝, 자별(自別), 자상(仔詳), 자세(仔細), 자신만만(自信滿滿), 자심(滋甚), 자약(自若), 자연(自然), 자자(孜孜), 자자(藉藉), 자차분, 작작(灼灼), 작작(綽綽), 작작(嚼嚼), 잔독(殘毒), 잔드근·진드근, 잔악(殘惡), 잔잔, 잔잔(孱孱), 잔잔(潺潺), 잘판, 잠잠(潛潛), 잠적(岑寂), 잠적(潛寂), 잡다(雜多), 잡연(雜然), 장(壯), 장구(長久), 장대(壯大), 장대(長大), 장렬(壯烈), 장엄(莊嚴), 장원(長遠), 장절(壯絕), 장중(莊重), 장쾌(壯快), 장활(長闊), 장황(張皇), 잦바듬, 쟁쟁(琤琤), 저열(低劣), 적당(的當), 적막(寂寞), 적실(赤實), 적실(的實), 적실(適實), 적연(的然), 적연

(寂然), 적연(適然), 적의(適宜), 적의(適意), 적적(寂寂), 적절(適切), 적중(的中), 적확(的確), 전연(靦然), 전중(典重), 절곡(切曲), 절분(切忿), 절실(切實), 절연(截然), 절절(切切), 절절(截截), 절친(切親), 절통(切痛), 정(淨), 정(精, 정(正), 정갈, 정결(貞潔), 정결(淨潔), 정결(精潔), 정교(精巧), 정긴(精緊), 정녕(丁寧), 정당(正當), 정당(停當), 정당(精糖), 정량(貞亮), 정량(精良), 정명(正明), 정명(精明), 정묘(精妙), 정묵(靜默), 정미(精美), 정미(精微), 정미(整美), 정밀(情密), 정밀(精密), 정밀(靜謐), 정상(精詳), 정세(精細), 정숙(貞淑), 정숙(情熟), 정숙(精熟), 정숙(靜淑), 정숙(靜肅), 정숙(整肅), 정실(正實), 정실(貞實), 정실(精實), 정심(情深), 정심(精深), 정연(井然), 정연(亭然), 정연(整然), 정연(挺然), 정연(精妍), 정온(靜穩), 정요(精要), 정일(精一), 정일(靜逸), 정일(定一), 정적(靜寂), 정정(井井), 정정(亭亭), 정정(淨淨), 정정(貞正), 정정(貞靜), 정정당당(正正堂堂), 정정방방(正正方方), 정정백백(正正白白), 정정제제(整整齊齊), 정제(整齊), 정중(鄭重), 정직(正直), 정직(貞直), 정친(情親), 정한(精悍), 정한(靜閑), 정허(靜虛), 정확(正確), 정확(貞確), 정확(精確), 젖버듬히, 제일(齊一), 제제(濟濟), 조결(操潔), 조급(早急), 조급(躁急), 조련, 조만, 조망(躁妄), 조민(躁悶), 조밀(稠密), 조속(早速), 조연(嘈然), 조열(燥熱), 조요(照耀), 조용, 조조(躁躁), 조촐, 조포(粗暴), 조포(躁暴), 조협(躁狹), 조홀(粗忽), 족(足), 족족(足足), 족족(簇簇), 존엄(尊嚴), 존절(撙節), 존존·쫀쫀, 존중(尊重), 졸렬(拙劣), 졸망(拙妄), 졸연(猝然/卒然), 종속(從速), 종종(種種), 죄송(罪悚), 주도(周到), 주밀(周密), 주전(周全), 준급(峻急), 준엄(峻嚴), 준연(蠢然), 준열(峻烈), 준절(峻截), 준준, 준준(峻峻), 준준(蠢蠢), 준혹(峻酷), 줄느런, 중(重), 중난(重難), 중대(重大), 중요(重要), 중중(重重), 지궁(至窮), 지극(至極), 지급(至急), 지꺼분, 지당(至當), 지독(至毒), 지르퉁, 지만(遲慢), 지망지망, 지순(至純), 지순(至順), 지엄(至嚴), 지요(至要), 지저분, 지절(至切), 지중(至重), 지질[1,2], 지친(至親), 직량(直諒), 직실(直實), 진솔(眞率), 진실(眞實), 진적(眞的), 진정(眞正), 진중(鎭重), 진진(津津), 질박(質朴/樸), 질번질번, 질탕(跌宕), 질펀, 집목(輯睦), 징건, 짜름, 짭조름, 짭짤, 짱짱, 쨍쨍, 찌뿌드드, 차곡차곡, 차근, 차랑차랑·치렁피렁, 차분, 차석(嗟惜), 차악(嗟愕), 착, 착실(着實), 착잡(錯雜), 찬란(燦爛), 찬연(粲然), 찬연(燦然), 찬찬·천천[1,2], 찬찬(燦燦), 찰랑·철렁, 찰찰(察察), 참담(慘憺), 참독(慘毒), 참람(僭濫), 참렬(慘烈), 참률(慘慄), 참연(嶄然), 참연(慘然), 참척(←潛着), 참혹(慘酷), 찹찹, 창결(愴缺), 창망(悵惘), 창망(滄/蒼茫), 창명(彰明), 창백(蒼白), 창연(悵然), 창연(敞然), 창연(蒼然), 창졸(倉卒), 창창(倀倀), 창창(蒼蒼), 창황(蒼黃), 창황(惝怳), 처량(凄凉), 처연(凄然), 처연(悽然), 처절(凄切), 처절(悽絕), 처참(悽慘), 처창(悽愴), 처처(凄凄), 처처(悽悽), 처처(萋萋), 처초(凄楚), 척연(惕然), 척연(戚然), 척척, 천(賤), 천만다행(千萬多幸), 천연(天然), 천열(賤劣), 철저(徹底), 첩급(捷給), 첩첩, 청결(淸潔), 청담(淸淡), 청량(淸亮), 청량(淸涼), 청백(淸白), 청빈(淸貧), 청처짐, 청정(淸淨), 청청(靑靑), 청청(淸淸), 청초(淸楚), 초간(稍間), 초급(峭急), 초급(焦急), 초름, 초연(悄然), 초연(愀然), 초연(初演), 초조(焦燥), 초창(悄愴), 초초(悄悄), 초초(草草), 초초(楚楚), 촉급(促急), 촐촐, 촘촘, 총급(悤急), 총망(悤忙), 총총(蔥蔥), 총총(叢叢), 총총, 총총(悤悤), 총(總), 최대(最大), 추근추근, 추루(醜陋), 추루(麤陋), 추솔(麤率), 추악(醜惡), 추연(惆然), 추잡(醜雜), 추저분(醜-), 추접지근, 출중(出衆), 출출, 충만(充滿), 충분(充分), 충순(忠純), 충순(忠順), 충실(充實), 충실(忠實), 충연(衝然), 충족(充足), 충직(忠直), 충충, 측달(惻怛), 측연(惻然), 측은(惻隱), 치근치근, 치밀(緻密), 치열(熾烈), 치열(熾熱), 친(親), 친근(親近), 친밀(親密), 친절(親切), 칠칠, 침울(沈鬱), 침정(沈正), 침정(沈靜), 침착(沈着), 침침(沈沈), 침침(沈沈), 침침(駸駸), 침통(沈痛), 컬컬, 쾌(快), 쾌연(快然), 쾌쾌(快快), 쾌활(快活), 쾌활(快闊), 타끈, 탁란(濁亂), 탁연(卓然), 탄연(坦然), 탄탄, 탄탄(坦坦), 탄평(坦平), 탐탐(耽耽), 탑연(嗒然), 탕양(蕩漾), 탕연(蕩然), 탕탕(蕩蕩), 탕평(蕩平), 태과(太過), 태급(太急), 태안(泰安), 태연(泰然), 태평(太/泰平), 태홀(怠忽), 털털, 톡톡, 톱톱·툽툽, 통극(痛劇), 통렬(痛烈), 통분(痛憤), 통연(洞然), 통절(痛切), 통쾌(痛快), 통통·퉁퉁, 통투(通透), 퇴연(退然), 퇴연(頹然), 투철(透徹), 튼튼, 파근, 파파(皤皤), 판(判), 판연(判然), 판판·펀펀, 팡파짐·펑퍼짐, 패연(沛然), 팽팽, 팽팽(膨膨), 펀, 편근(便近), 편급(偏急), 편안(便安), 편편(便便), 편편(翩翩), 편평(扁平), 평범(平凡), 평순(平順), 평안(平安), 평연(平然), 평정(平正), 평탄(平坦), 평평(平平), 포근·푸근, 포실, 폭신·푹신, 표급(慓急), 표독(慓毒), 표묘(縹緲/渺), 표연(飄然), 표표(表表), 표표(漂漂), 표표(飄飄), 표홀(飄忽), 푸짐, 푼, 푼더분, 푼푼, 풍부(豊富), 풍성(豊盛), 풍염(豊艶), 풍영(豊盈), 풍옥(豊沃), 풍요(豊饒), 풍족(豊足), 필(必), 핍진(逼眞), 핑핑, 하리망당·흐리멍덩, 하리타분·흐리터분, 하분하분, 하야말쑥·허여멀쑥, 한가(閑暇), 한건(旱/暵乾), 한료(閑寥), 한만(汗漫), 한만(閑漫), 한산(閑散), 한아(閒雅), 한악(悍惡), 한유(閑裕), 한적(閑寂), 한적(閑適), 한정(閒靜), 함초롬, 함함, 함함(顑頷), 합연(溘然), 항구(恒久), 해괴(駭怪), 해끔·희끔, 해말끔·희멀끔, 해망(駭妄), 해박(該博), 해비(該備), 해연(駭然), 해읍스름·희읍스름, 행행연(倖倖然), 허다(許多), 허랑(虛浪), 허랑방탕(虛浪放蕩), 허루(虛漏), 허소(虛疏), 허수, 허술, 허심(虛心), 허황(虛荒), 헌연(軒然), 훤칠, 헌헌(軒軒), 헐렁, 헐후(歇后), 헙수룩, 헙헙, 혁혁(奕奕), 혁혁(赫赫), 현격(懸隔), 현란(絢爛), 현량(賢良), 현명(賢明), 현묘(玄妙), 현수(懸殊), 현연(泫然), 현연(昡然), 현연(現然), 현연(顯然), 현요(眩耀), 현저(顯著), 현철(賢哲), 현혁(顯赫), 현현(泫泫), 현현(懸懸), 현현(顯顯), 혈혈(孑孑), 형철(瑩澈), 형형(炯炯), 형형(熒熒), 호연(浩然), 호연(皓然), 호장(豪壯), 호졸근·후줄근, 호쾌(豪快), 호한(浩瀚), 호한(豪悍), 호호(浩浩), 호호(皓皓), 호호탕탕(浩浩蕩蕩), 혹독(酷毒), 혹렬(酷烈), 혹사(酷似), 혹심(酷甚), 혼곤(昏困), 혼연(渾然), 혼혼(昏昏), 혼후(渾厚), 홀가분, 홀곤, 홀략(忽略), 홀저(忽諸), 홀연(忽然), 홀쭉·훌쭉, 홀홀(忽忽), 홍염(紅艶), 홍원(弘遠), 홍윤(紅潤), 화급(火急), 화려(華麗), 화속(火速), 화연(譁然), 화평(和平), 확고(確固), 확실(確實), 확연(廓然), 확연(確然), 확적(確的), 확호(確乎), 환, 환연(渙然), 환연(歡然), 활달(豁達), 활발(活潑), 활연(豁然), 황감(惶感), 황겁(惶怯), 황공(惶恐), 황급(遑汲), 황급(遑急), 황당(荒唐), 황료(荒蓼), 황름(惶凜), 황망(慌忙), 황솔(荒率), 황연(晃然), 황잡(荒雜), 황탄(荒誕), 황홀(恍惚), 황황(皇皇), 황황(煌煌), 황황(遑遑), 회매, 획연(劃然), 효연(曉然), 후더분, 후련, 후터분, 후텁지근, 후파문, 훈감, 훈훈(薰薰), 훈훈(醺醺), 훌륭,

훌훌, 휜, 휜칠, 휜혁(烜赫), 휑뎅그렁, 휘우듬, 휘움, 휘주근, 휘황(輝煌), 휘휘, 흉(凶), 흉악(凶惡), 흉참(凶慘), 흉측(凶測), 흉포(凶暴), 흉학(凶虐), 흉흉(洶洶), 흔, 흔연(欣然), 흔전, 흔쾌(欣快), 흔흔(欣欣), 흘연(屹然), 흡사(恰似), 흡연(治然), 흡연(翕然), 흡족(治足), 흥건, 휘귀(稀貴), 희붐, 희한(稀罕), 희행(喜幸), 희활(稀闊) 들.

-이[2] 일부 동사나 형용사 어간 뒤에 붙어 명사를 만들거나 몇몇 합성어의 어근 또는 의성 · 의태어에 붙어 '겉모습이나 성격에 결함이 있는 사람 · 동물 또는 사물(도구), 일(행위)'의 뜻을 더하는 말. ¶가로닫이, 가루갈이, 가루받이, 가마구이, 가슴걸이, 가슴받이, 가위놀이, 가을건다, 가을놓다, 가을맞이, 가을살이, 가장이, 가직이(家直), 각설이(却說), 각심이, 간살이(間), 갈닦이, 갈라막이, 갈이[1,2,3], 갉이, 감돌이, 감장이, 감접이, 갓걸이, 갓밝이, 갓모자갈이(帽子), 강심들이(鋼心), 강철이(鋼鐵), 개막이, 개굴이, 개구멍받이, 거식이, 거적눈이, 건건이, 건공잡이(乾空), 건몰이, 걸이, 걸레받이, 걸음걸이, 검둥이, 검불막이, 검정 · 껌정이, 똑똑이, 겨울맞이, 겪이, 곁들이, 고달이, 고리받이, 고리눈이, 고미받이, 고부랑 · 구부렁이, 고을막이, 고집통이(固執), 곤두막이, 골걷이, 골막이, 골통이, 골풀이, 골패잡이(骨牌), 곰돌이, 곰배팔이, 곰손이, 곱꺾이, 곱삶이, 곱사등이, 공수받이, 공중걸이(空中), 공중들이(空中), 고지(串), 과녁받이(貫革), 굽이, 구년묵이(舊年), 구두닦이, 구멍갈이, 구멍뚫이, 국말이, 굴밀이, 굴젓눈이, 굽이[1,2], 굽갈이, 굽달이, 굽정이, 굽이돌이, 귀걸이, 귀막이, 귀뚜라미, 귀밝이, 귀울이, 귀접이, 귀둥대둥이, 그늘받이, 급창이(及唱), 기받이(旗), 길이, 길닦이, 길막이, 길잡이, 깃갈이, 깃달이, 깊이, 깊이갈이, 까까중이, 까막눈이, 까불이, 깍두기, 깎지걸이, 깐깐이, 깔깔이, 깔끔이, 깔다, 깜빡이, 꺾꽂이, 껄떡이, 껄렁이, 껌둥이, 껑충이, 꼬부랑 · 꾸부렁이, 꽃꽂이, 꽃놀이, 꽃맞이, 꽃맺이, 꾀꼴이, 꾀돌이, 꽥꽥이, 꿀꿀이, 꿰미/꿤(←꿰+ㅁ), 나들이, 나룻걸이, 나무꽂이, 나사받이(螺絲), 낙수받이(落水), 낙숫물받이(落水), 낚시걸이, 낚싯대꽂이, 날갈이, 날받이, 날품팔이, 남향받이(南向), 납작궁이, 납죽이, 낫꽂이, 내들이, 내리닫이, 내리받이, 냠냠이, 넉걷이, 넋걷이, 넋맞이, 넋받이, 넋풀이, 넓이, 넓적이, 넓죽이, 넘늘이, 넙치눈이, 넝마주이, 네눈이, 노걸이(櫓), 노구걸이, 노랑이, 노루막이, 놀이, 놀음놀이, 놉겪이, 농기맞이(農旗), 높낮이, 높이, 뇌물받이(賂物), 누더기, 누렁이, 눈깜작 · 눈끔적이, 눈높이, 눈빨강이, 눈물받이, 늙은이, 능청이, 다 · 더듬이, 다랑이, 다리걸이, 닦이, 단판걸이(單), 달넘이, 달망이, 달맞이, 달밝이, 달걀말이, 달곰이, 달랑 · 덜렁이, 담넘이, 담뱃대꽂이, 답답이, 닻걷이, 대넘이, 대뚫이, 대받이, 더덜이, 더펄이, 덜미걸이, 덜미잡이, 덤받이, 덤벙이, 더위, 덧걸이, 덧날막이, 돈팔이, 돈풀이, 돌맞이, 동막이(垌), 동강이, 동그라미, 동지받이(冬至), 동치미(冬沈), 되박이, 되받이, 되풀이, 됨됨이, 두견이(杜鵑), 두껍닫이, 두루마기, 두루마리, 두벌갈이, 둑막이, 뒤걸이, 뒤꽂이, 뒤넘이, 뒤뚱발이, 뒤풀이, 뒷막이, 들이, 들맞이, 들병이(瓶), 들창눈이(窓), 등긁이, 등밀이, 등받이, 등잔걸이(燈盞), 따옥이, 딱딱이, 딴죽걸이, 딸깍발이, 딸딸이, 딸랑이, 땀받이, 땅꽂이, 땅딸이, 때밀이, 땡땡이, 떠돌이, 떠받이, 떨이, 똑딱이, 똑똑이, 똘똘이, 뚱뚱 · 뚱뚱이, 뜯이, 마개뽑이, 마당밟이, 마무리, 마을돌이, 마주잡이, 막걸리, 막깎이, 막말이, 막잡이, 만년묵이(萬年), 만수받이, 말놀이, 말뚝이, 말받이, 망얽이(網), 맞걸이, 맞받이, 맞붙이, 맞잡이, 매갈이, 매조이, 매품팔이, 맥놀이(脈), 맴돌이, 맹꽁이, 맹문이, 먹이, 먼지떨이, 멍멍이, 멍석말이, 멍청이, 명갈이, 모두걸이, 모둠풀이, 모래막이, 모막이, 모접이, 모주팔이(母酒), 목걸이, 목곧이, 목달이, 목도리, 목발이(木), 목숨앗이, 목접이, 몰이, 못난이, 못박이, 못뽑이, 못정떨이, 몽달이, 몽당이, 무녀리(門), 무삶이, 무지렁이, 무편달이(無片), 묵이, 문넘이(門), 문놀이(門), 문돋이(紋), 물갈이, 물굽이, 물들이, 물렁이, 물막이, 물말이, 물맞이, 물몰이, 물받이, 물뿜이, 물컹이, 뭉텅이, 미닫이, 미움받이, 미장(美裝), 밀물받이, 바둑이, 바람막이, 바람맞이, 바로꽂이, 반걷이(半), 박은이, 반굽이(半), 반닫이(半), 반달굽이(半), 반달꽂이(半), 반접이(半), 반짝이, 반편이(半偏), 발강 · 빨강 · 뻘겅이, 발걸이, 발등걸이, 발버둥이, 밝은이, 밟다듬이, 밤얽이, 밤털이, 밥말이, 밥받이, 밥풀눈이, 방초막이(防草), 방초박이(防草), 방패막이(防牌), 밭걷이, 밭걸이, 배 · 베돌이, 배밀이, 배불뚝이, 백중맞다(百仲), 뱀뱀이, 뱅충 · 빙충이, 버르장이, 버무리, 벌이[돈벌이, 밥벌이], 벼팔이, 벼훑이, 벽걸이(壁), 변두리(邊), 보막이((洑), 복다리(伏), 복받이(福), 볶이[떡볶이, 양볶이(月羊), 족볶이(足), 쥐볶이], 볼받이, 봄맞이, 부루퉁이, 부엉이, 북풍받이(北風), 분갈다(盆), 불놀이, 불놓다, 불뚱이, 불목한이, 붓걸이, 붓꽂이, 붙박이, 비받이, 비손이(손빌다), 빗물받이, 빗장걸이, 빗막이, 빗물이, 빚받이, 빼닫이, 빼뚤 · 삐뚤 · 비뚤이, 빵빵이, 뻐꾹이, 뻗팔이, 뻐뜯이, 사자막이(使者), 사족발이(四足), 사태막이(沙汰), 사팔눈이, 사흘돌이, 삭갈이, 삯팔이, 산돌이(山), 산받이, 산적꽂이, 살막이, 살밀이, 살받이, 살살이, 살쩍밀이, 삶이, 삼발이(三), 삼잡이, 삼재풀이(三災), 삿갓들이, 상투걸이, 샅걸이, 새앙손이, 새퉁이, 새판잡이, 새해맞이, 색갈이(色), 색막이(色), 샘받이, 샘물받이, 생수받이(生水), 생일맞이(生日), 서류꽂이, 서방맞이, 서캐훑이, 선후걸이(先後), 섣달받이, 설거지, 설늙은이, 설다듬이, 설맞이, 성성이(猩猩), 성주받이, 성풀다, 세손이, 소몰이, 소박이, 소반다듬이(小盤), 속들이, 속뽑이, 속환이(俗還), 손겪이, 손꼽이, 손더듬이, 손맞이, 손씻이, 손잡이, 손톱깎이, 송충이(松蟲), 솥발이, 쇠끌이, 쇠뚝이, 수구막이(水口), 수놓이(繡), 수살막다(水殺), 수통박이(水通), 승강이(昇降), 시시덕이, 시큰둥이, 식충이, 신건이, 신돌이, 신문팔이(新聞), 신통이(神通), 신풀이(神), 신풀이(新), 실굽달이, 실돋이, 실풀이, 십장걸이(十帳), 싹쓸이, 쌍골밀이(雙), 쌍꽂다(雙), 쌍사밀다(雙絲), 쌕쌕이, 써레씻이, 썩음막이, 쓰르라미, 쑹쑹이, 씀씀이, 씨받이, 아디걸이, 아래윗막이, 아랫막이, 아롱 · 어룽이, 아주먹다, 악착 · 억척이(齷齪), 안갈이, 안걸이, 안달이, 안당맞이(堂), 안돌이, 안벽받이(岸壁), 알들이, 알뜯이, 알록 · 얼룩이, 알롱이, 알먹이, 알박이, 알받이, 암상떨이, 알음알이, 알이알이, 앞갈이, 앞걸이, 앞닫이, 앞막이, 애꾸눈이, 애받이, 애벌갈이, 애짓는이, 액막이, 야경벌이(夜更), 야단받이(惹端), 야살이, 야옹이, 얌전이, 양몰이(羊), 양냥이, 양수걸이(兩手), 양중이(兩中), 양지받이(陽地), 어깨걸이, 어깨넘이, 어린이, 어부한이(漁夫干), 어중이, 어흥이, 언막이(堰), 언청이, 얼간이, 얽이, 엇걸이, 엇막이, 엇밀이, 엇박이, 엎어말이, 여닫이, 여밈막이, 연기받이(煙氣), 연생이, 연장걸이, 연필깎이, 연필꽂이, 열매맺이, 열

쭝이, 염알이(廉), 영등맞이, 영혼말이, 옆막이, 옆훑이, 오공이(悟空), 오그랑 · 우그렁이, 오금걸이, 오뚝이, 오래살이, 오목눈이, 오목이, 오방돌이(五方), 오총이(烏驄), 옥밀이, 올리받이, 올풀이, 옴팡눈이, 옴포동, 옷걸이, 옹알이, 완자걸이(卍字), 왕눈이, 왕팔이, 외팔이, 외패잡이, 용갈이(龍), 용골돌이(龍骨), 용궁맞이(龍宮), 용상돋이(茸狀), 용왕맞이(龍王), 우걱뿔이, 우수받이(雨水), 움돋이, 움펑눈이, 원밀이(圓), 원두한이(園頭干), 위아랫막이, 윗막이, 육발이(六), 육손이(六), 은어받이(銀魚), 응받이, 응석받이, 의걸이(衣), 이갈이, 이마받이[1,2], 이슬떨이, 이슬받이, 이슬털이, 이어갈이, 입비뚤이, 입씻이, 잉아걸이, 잎꽂이, 잎맞이, 자넘이, 자리갈이, 자리걷이, 자춤발이, 잔망이(孱妄), 잘뚜막이, 잡이, 장걸이(欌), 장맞이, 장선받이(長線), 재넘이, 재떨이, 재롱받이(才弄), 절뚝이, 절뚝/절름발이, 젊은이, 점잖이, 정굽이(正), 정받이(精), 정자돌이(井字), 젖먹이, 젖붙이, 조막손이, 조수막이(潮水), 족자걸이(簇子), 졸망이, 종이말이, 주머니떨이, 주정받이(酒酊), 중둥글이(中), 중쇠받이(中), 쥐불놀이, 쥐엄발이, 지돌이(↔안돌이), 지짐이[1,2], 지킴이, 진잡이, 진창말이, 질점흔들이(質點), 짐밀이, 짐받이, 짐싣이, 집들이, 집불이, 집알이, 징걸이, 짝갈이, 짝눈이, 짝짜꿍이, 짝짝이, 짤깍눈이, 짤름 · 쩔름발이, 짤짤이, 쩔뚝발이, 쩔룩발이, 쪽발이, 쫄쫄이[1](소견이 좁은 사람), 쫄쫄이[2](쪼글쪼글하게 오그라드는 옷), 쭈그렁이, 찌그렁이, 찔꺽눈이, 찡찡이, 차꼬막이, 차막이(車), 차사령맞이(差使令), 찬물받이, 창막이(艙), 창받이, 창알이, 채받이, 책꽂이(冊), 책씻이(冊), 천궁맞이(天宮), 철총이(鐵驄), 첫닭울이, 초꽂이, 촉꽂이(鐲), 촉돌이다(鐲), 촐랑이, 총걸이(銃), 총받이, 총받이(銃), 총알받이(銃), 추위, 추위막이, 축받이(軸), 층갈이(層), 치받이, 칠푼이(七;칠삭둥이), 칸막이(間), 칼갈이, 코걸이, 코골이, 코납작이, 코맹맹이, 코찡찡이, 코흘쩍이, 킁킁이, 키, 탄알받이(彈), 탈탈 · 털털이, 탑돌이(塔), 태평이(太平), 턱걸이, 턱밀이, 턱받이, 털갈이, 텁텁이, 테밀이, 테설이, 토산불이, 톡톡이, 투밀이, 퉁방울이, 판막이, 팔걸이, 팔밀이, 팔방돌이(八方), 팔팔이, 팔푼이(八), 퍼렁이, 편지꽂이(片紙), 푸석이, 풀꺾이, 풀이, 품앗이, 품팔이, 풍계묻이, 한팔접이, 합죽이, 해넘이, 해돋이, 해맞이, 행갈이(行), 허풍선이(虛風扇), 헐렁이, 헛삶이, 혀말이, 호미걸이, 호미씻이, 혼맞이(魂), 홀쭉이, 홈걸이, 홍수막이(洪水), 화랑이(花郞), 화전묵이(火田), 횡수막이(橫數), 훑이, 휘몰이, 휘묻이, 흔들이, 흙막이 들.

-이[3] 수를 표시하는 말에 붙어, '사람의 수효'를 지시하는 접사. ¶둘이 간다. 셋이, 넷이, 몇이, 여럿이 들.

-이[4] 모음으로 끝나는 형용사 어간에 붙어서, '하게' 할 자리에 자기의 생각한 바를 부드럽게 말할 때 쓰이는 종결 어미. [받침 뒤에서는 '-으이'로 쓰임].≒-네. ¶자네 솜씨가 정말 대단하이. 나는 싫으이. 이만 해도 좋으이. §'-으이'가 '-더-'에 붙으면 '-데'로 줄어지며, 동사 어간이나 서술격조사에도 쓰이게 됨. ¶날씨가 매우 좋데.

-이/히-[1] ①일부 동사 어간 뒤에 붙어 '사동이나 피동'의 뜻을 더하는 말. ¶갸 · 기 · 꺄 · 끼울이다, 건네다, 걷어차이다, 고이다, 굽죄이다, 그치다, 깃들이다, 깎이다, 깨이다, 꺾이다, 꼬이다, 꾀이다, 꾸이다, 꿰이다, 끓이다, 나뉘다, 낚이다, 노느이다, 녹이다, 놓이다, 누이다/뉘다, 눕히다(누이다), 눅이다, 늘이다, 닦이다, 덮이다, 땋이다, 떼이다, 뜨이다/띄다, 먹이다, 메이다, 모이다, 묶이다, 바뀌다, 박이다, 밭이다, 베이다, 보이다, 보채이다, 붙박이다, 붙이다, 비추이다, 삐뚤이다, 삭이다(소화시키다), 석이다, 섞이다, 속이다, 숙이다, 싸이다/쌔다[1,2], 쌓이다, 썩이다, 쎡히다, 쏘이다, 쓰이다, 엎이다, 으깨이다, 절이다, 졸이다, 죄다, 죽이다, 쥐이다, 짚이다, 짜이다, 쪼이다, 차이다/채다, 치이다, 켜이다, 트이다, 파이다, 펴이다, 할퀴이다, 핥이다, 헝클이다, 훑이다; 간히다(←가두다), 갉히다, 걷히다, 굽히다, 궂히다, 긁히다, 꽂히다, 늙히다, 닫히다, 막히다, 맞히다, 맺히다, 먹히다, 묵히다, 박히다, 받히다, 밟히다, 부딪히다, 뽑히다, 삭히다, 썩히다, 씹히다, 앉히다, 얹히다, 얽히다, 업히다, 옮히다, 익히다, 읽히다, 입히다, 잊히다, 잡히다, 잦히다[1,2], 적히다, 접히다, 젖히다, 집히다, 찍히다[1,2]. ②일부 형용사 어간 뒤에 붙어 '사동'의 뜻을 더하고 동사를 만드는 말. ¶깊이다, 높이다; 괴롭히다, 굳히다, 넓히다, 덥히다, 밝히다, 붉히다, 좁히다. ③'-이/히+우-'의 꼴로, 일부 동사나 형용사 어간 뒤에 붙어 이중으로 '사동'의 뜻을 더하는 말. ¶데우다(←덥다), 띄우다(←뜨다), 빗기우다(←빗다), 세우다(←서다), 씌우다(←쓰다), 재우다(←자다), 채우다(←차다), 키우다(←크다), 태우다[1,2](←타다), 틔우다(←트다); 밝히우다, 얽히우다, 읽히우다. ④'-이키-'의 꼴로, 몇몇 동사 어간에 붙어, '사동(그 행동이 일어나게 함). 힘줌'의 뜻을 더하는 말. ¶돌이키다, 들이키다, 일으키다.

-이-[2] 윗사람을 상대한 말하는이의 공손한 진술을 나타내는 청자존대 선어말 어미. 하소서체의 형태론적 표지인 '-나-, -더-'와 어울려 쓰임. ¶가나이다. 먹나이다. 비나이다[빌다]. 하나이다(까), 하리이다. -더이다(까) 들.

이(二/貳) '둘. 다음'을 뜻하는 말. ¶이 개월/ 이 학년. 이겹실(二), 이경(二更), 이급(二級), 이기(二氣;陰陽), 이동치마(아래위 양쪽을 두 가지 색으로 만든 연), 이등(二等), 이류(二流), 이모작(二毛作), 이배체(二倍體), 이부(二部), 이분/법(二分/法), 이산화(二酸化), 이색지다(二色), 이성(二姓), 이세(二世), 이승(二乘), 이식(二食), 이심(二心), 이언(二言), 이역(二役), 이원/론(二元/論), 이율배반(二律背反), 이은(二恩), 이인삼각(二人三脚), 이인승(二人乘), 이인칭(二人稱), 이중(二重)[1190], 이지(二至), 이진(二陣), 이차(二次)[1191], 이층(二層), 이칠일(二七日), 이태(두 해), 이팔청춘(二八青春); 무이(無二), 불이(不二)[선악불이(善惡), 신토불이(身土)], 유일무이(唯一無二), 휴이(携貳) 들.

1190) 이중(二重): 두 겹. 두 번 거듭되거나 겹침. ¶이중가격/제(價格/制), 이중감염(感染), 이중결합(結合), 이중경제(經濟), 이중계(契), 이중고(苦), 이중공명(共鳴), 이중과세(過歲), 이중과세(課稅), 이중구조(構造), 이중국적(國籍), 이중노동(勞動), 이중노출(露出), 이중매매(賣買), 이중모음(母音), 이중무대(舞臺), 이중문(門), 이중미가제(米價制), 이중밀착(密着), 이중방송(放送), 이중번역(飜譯), 이중벽(壁), 이중부정(否定), 이중사고(思考), 이중상(像), 이중생활(生活), 이중성(性), 이중성격(性格), 이중수소(水素), 이중압류(押留), 이중역(役), 이중외교(外交), 이중의식(意識), 이중인격(人格), 이중임금제(賃金制), 이중저당(抵當), 이중적(的), 이중주(奏), 이중직(織), 이중창(唱), 이중창(窓), 이중회로(回路), 이중효과(效果).

1191) 이차(二次): 이차곡면(曲面), 이차곡선(曲線), 이차방정식(方程式), 이차산업(産業), 이차적(的), 이차전류(電流), 이차전지(電池).

이(理) ①불변의 법칙. 이치. 우주의 본체. 다스리다. 깨닫다'를 뜻하는 말. ¶이곡(理曲;이치에 어그러짐), 이과(理科), 이교(理敎), 이국(理國), 이굴(理屈), 이궁(理窮), 이기(理氣), 이념(理念)[이념적(的); 건국이념(建國), 근본이념(根本), 법이념(法)], 이로(理路), 이론(理論)[1192], 이발(理髮)[이발관(館), 이발기(器), 이발사(師), 이발삯, 이발소(所)], 이법(理法), 이비(理非), 이사(理事)[1193], 이상(理想;꿈)[1194], 이성(理性)[1195], 이신론(理神論), 이용(理容;이발과 미용), 이유(理由;까닭이나 근거)[이유율(律), 이유표(標); 존재이유(存在)], 이재(理財)[이재법(法), 이재학(學)], 이지/적(理智/的), 이직(理直), 이치(理致), 이판/중(理判;수도에 전념하는 중), 이학(理學)[이학무기(武器), 이학부(部), 이학적(的)], 이해(理解)[1196], 이화학(理化學); 감리(監理), 경리(經理), 계리(計理), 공리(公理), 공리(空理), 공리공론(空理空論), 관리(管理), 교리(敎理), 구리(究理), 궁리(窮理), 논리(論理), 대리(代理), 도리(道理;사람이 마땅히 지켜야 할 바른 길. 마땅한 방법이나 길), 득리(得理), 맥리(脈理), 목리(木理;나뭇결), 묘리(妙理), 무리하다(無理), 문리(文理), 물리(物理), 반리(反理), 배리(背理), 법리(法理), 변리(辨理), 병리(病理), 비리(非理), 사리(邪理), 사리(事理), 산리(山理), 상리(商理), 상리(常理), 생리(生理), 서리(署理), 석리(石理), 섭리(燮理), 섭리(攝理), 성리(性理), 송리(訟理), 수리(水理), 수리(受理), 수리(修理), 수리(數理), 순리(純理), 순리(順理), 심리(心理), 심리(審理), 악리(樂理), 약리(藥理), 역리(易理), 역리(逆理), 요리(要理), 요리(料理), 원리(原理)[1197], 유리(有理), 윤리(倫理), 의리(義理), 일리(一理), 장리(掌理), 절리(節理;갈라진 틈), 정리(定理), 정리(情理), 정리(整理), 조리(條理;앞뒤가 들어맞고 체계가 서는 갈피), 조리(調理;몸을 보살피고 병을 다스림. 음식을 만듦), 종리(綜理), 주리(腠理), 지리(地理), 진리(眞理), 처리(處理), 천리(天理), 철리(哲理), 청리(聽理;송사를 들어서 심리함), 총리(總理), 층리(層理), 추리(推理), 통리(通理), 통리(統理), 투리(透理), 판리(辦理), 패리(悖理), 학리(學理), 합리(合理), 현리(玄理). ②관형사형 어미 '-(으)ㄹ' 뒤와 서술어 '있다/없다'와 어울려 쓰여, '까닭 · 이치'의 뜻을 나타내는 말. [+부정, 반문]. 두음법칙 적용이 안 됨. ¶그럴 리가 없다. 그런 말을 할 리가 있나?

이(利) 이익이나 이득(利得). '이롭다. 날카롭다. 이기다. 편하다'를 뜻하는 말. ¶이가 남는 장사. 이검(利劍), 이교(利巧), 잇구멍(이끗이 생길 만한 기회나 일), 이권(利權), 이금(利金), 이기(利己)[이기설(說), 이기심(心), 이기적(的), 이기주의/자(主義/者), 이기한(漢)], 이기(利器)[1198], 이끗[1199], 이뇨(利尿), 이도(利刀), 이둔(利鈍;날카롭고 무딤), 이득(利得)[기업이득(企業), 부당이득(不當), 중간이득(中間)], 이락(利落), 이론벌레, 이론새[익조(益鳥)], 이롭다¹(↔유리하다. 해롭다), 이롭다²(날카롭다), 이문(利文;이익이 남는 돈), 이병(利兵;예리한 무기), 이병(利病;이로운 일과 병폐가 되는 일), 이보다(이익을 얻다), 이복(利福), 이부(利付)[이부가격(價格), 이부공채(公債)], 이생(利生), 잇:속[1200], 이수(利水)[이수도(道), 이수약(藥)], 이식(利息), 이식(利殖), 이욕(利慾), 이용(利用)[1201], 이원(利源), 이윤(利潤)[1202], 이율(利率)[공정이율(公定), 법정이율(法定), 연이율(年), 은행이율(銀行)], 이익(利益)[1203], 이자(利子)[1204], 이적(利敵)[이적죄(罪), 이적행위(行爲)], 이전(利錢), 이조(利條), 잇:줄(이익을 얻는 길. 이익이 될 만한 연줄), 이출(利出), 이타(利他)[이타심(心), 이타주의(主義)], 이해(利害)[1205]; 각리(権利), 갑리(甲利;甲邊), 거리(巨利), 견리(見利), 고

1192) 이론(理論): 사물의 이치나 지식 따위를 해명하기 위하여 논리적으로 정연하게 일반화한 명제의 체계. 실증성이 희박한, 순 관념적으로 조직된 논리. ¶이론을 세우다. 실천이 따르지 않는 이론은 탁상공론에 지나진 않는다. 이론가(家), 이론값, 이론경제학(經濟學), 이론과학(科學), 이론물리학(物理學), 이론법학(法學), 이론비평(批評), 이론생계비(生計費;최저생계비), 이론식(式), 이론이성(理性), 이론적(的), 이론천문학(天文學), 이론철학(哲學), 이론투쟁(鬪爭), 이론혼합비(混合比), 이론화/되다/하다(化), 이론화학(化學); 도미노이론(domino), 상대성이론(相對性), 승수이론(乘數), 역할이론(役割), 종속이론(從屬).

1193) 이사(理事): 이사관(官), 이사국(國), 이사장(長), 이사회(會); 대표이사(代表), 상무이사(常務), 상임이사(常任), 전무이사(專務).

1194) 이상(理想↔現實): 생각할 수 있는 범위 안에서 가장 완전하다고 여겨지는 상태. ¶이상을 실현하다. 이상적 사회. 이상국가(國家), 이상기체(氣體), 이상론(論), 이상선거(選擧), 이상성(性), 이상소설(小說), 이상아(我;초자아), 이상유형(類型;典型), 이상적(的), 이상점(點), 이상주의/적(主義/的), 이상지(地), 이상촌(村), 이상파(派), 이상향(鄕), 이상형(型), 이상화/되다/하다(化).

1195) 이성(理性): 개념적으로 사유하는 능력을 감각적 능력에 상대하여 이르는 말. 진위(眞僞), 선악(善惡)을 식별하여 바르게 판단하는 능력. ¶이성에 호소하다. 이성을 되찾다. 이성개념(概念;理念), 이성론(論;합리주의), 이성법(法;실천 이성에 기초한 법), 이성인(人), 이성적(的), 이성주의/자(主義/者), 이성추리(推理;간접추리); 비이성적(非), 순수이성(純粹), 실천이성(實踐), 이론이성(理論).

1196) 이해(理解;깨도): 사리를 분별하여 해석함. 깨달아 앎. 양해(諒解). ¶이해가 깊다. 이해를 구하다. 이해도(度), 이해되다/시키다/하다(깨닫다. 알다), 이해력(力), 이해성(性), 이해심(心), 이해어휘(語彙), 이해점(點;이해가 되는 점), 이해판단(判斷); 몰이해(沒;이해성이 전혀 없음).

1197) 원리(原理): 사물의 기본이 되는 이치나 법칙. 바탕이 되는 근거, 또는 보편적 진리. 원칙. ¶원리적(的); 교육원리(敎育), 기본원리(基本), 대응원리(對應), 동위원리(同位), 상대성원리(相對性), 통일원리(統一).

1198) 이기(利器): 날카로운 병기나 연장이라는 뜻으로 ①실제로 쓰기에 편리한 기계나 기구. ¶문명의 이기. ②쓸모 있는 재능. 또는 그런 재능을 가진 사람. ③마음대로 할 수 있는 권력.

1199) 이끗(利): 이익이 되는 실마리. ¶이끗을 따지다/ 찾다. 장사야 다 이끗을 보고 하는 노릇 아닌가.

1200) 잇속(利): 이익이 되는 실속이나 그것을 가늠하는 셈. ¶잇속에 밝다. 잇속에 빠르다. 자기 잇속만 차린다.

1201) 이용(利用): 어떤 일을 이루기 위한 수한으로써, 또는 편의를 얻으려고 사람이나 사물을 부리거나 쓰는 일. 유리하도록 활용함. ¶이용가치(價值), 이용계수(係數), 이용녹지(綠地), 이용도(度), 이용되다/하다, 이용률(率), 이용물(物), 이용법(法), 이용성(性), 이용자(者), 이용조합(組合), 이용행위(行爲), 이용후생(厚生); 역이용(逆), 토지이용(土地).

1202) 이윤(利潤): 장사 따위를 하여 남은 돈. 기업의 순수익. ¶이윤을 남기다. 이윤방식(方式), 이윤보험(保險), 이윤분배/제(分配/制), 이윤원리(原理), 이윤율(率), 이윤증권(證券), 이윤추구(追求); 상업이윤(商業), 초과이윤(超過).

1203) 이익(利益↔損失. 損害): 이익공동체(共同體), 이익관리(管理), 이익금(金), 이익대표(代表), 이익률(率), 이익배당/금(配當/金), 이익보험(保險), 이익분배제도(分配制度), 이익사회(社會), 이익설(說), 이익성(性;수익성), 이익세(稅), 이익잉여금(剩餘金), 이익쟁의(爭議), 이익정당(政黨), 이익준비금(準備金), 이익집단(集團), 이익처분(處分); 반사이익(反射), 배당가능이익(配當可能), 불이익(不), 순이익(純), 영업이익(營業), 유보이익(留保), 희망이익(希望).

1204) 이자(利子;길미): 이자과세(課稅), 이자락(落), 이자부(附), 이자산(算), 이자액(額), 이자율(率), 이자조(條), 이자증권(證券), 이자채권(債權), 이자환급제(還給制); 대출이자(貸出), 무이자(無), 법정이자(法定), 보전이자(補塡), 선이자(先), 약정이자(約定), 연체이자(延滯), 예금이다(預金), 정한이자(定限), 지연이자(遲延).

1205) 이해(利害): 이익과 손해를 아울러 이르는 말. ¶이해간(間;이가 되든

리(高利)[고리대(貸), 고리채(債], 공리(公利), 공리(功利), 국리(國利)[국리민복(民福)], 권리(權利), 금리(金利)[금리인상(引上), 금리인하(引下); 국제금리(國際)], 농리(農利), 단리(單利), 당리(黨利), 대리(大利), 득리(得利), 말리(末利), 망리(網利), 명리(名利), 모리/배(謀利/輩), 몰리(沒利), 몽리(蒙利), 박리(薄利), 변리(邊利), 복리(福利), 복리(複利), 본리(本利), 부리(附利), 분리(分利)[동분리(同)], 불리(不利), 사리(舍利), 사리(私利), 사리(射利), 상리(商利), 생리(生利), 서리(犀利), 선리(先利), 세리(勢利), 소리(小利), 소리(所利), 수리(水利), 순리(殉利), 순리(純利), 승두지리(升斗/蠅頭之利), 승리(勝利;겨루어서 이김), 식리(殖利), 실리(失利), 실리(實利), 어부지리(漁父之利), 연리(年利), 영리(榮利), 영리(營利), 예리하다(銳利;날카롭다), 요리(要利), 원리(元利)[원리금(金), 원리합계(合計)], 월리(月利), 유리(有利), 일리(一利), 자리(自利), 장리(長利), 재리(財利), 쟁리(爭利), 저리/채(低利/債), 전리(戰利), 중리(重利), 지리(地利), 철리(鐵利), 첨리(尖利), 첩리(捷利;날쌔고 민첩함), 추리(抽利), 취리(取利), 탐리(貪利), 통리(通利), 편리(便利), 폭리(暴利), 현리(現利), 화리(禾/花利), 획리(獲利) 들.

이(異) '다르다. 괴이하다. 남달리 뛰어나다'를 뜻하는 말.↔동(同). ¶이객(異客), 이견(異見), 이경(異境), 이경(異系), 이계교배(異系交配), 이관(異觀), 이교/도(異教/徒), 이구/동성(異口/同聲), 이국(異國)[이국적(的), 이국정취(情趣)], 이기증(異嗜症), 이능(異能), 이단(異端)[1206], 이도(異道), 이동(異同), 이동(異動), 이등(異等), 이례/적(異例/的), 이로동귀(異路同歸), 이론(異論;다른 의견), 이류(異流), 이류(異類), 이명(異名), 이모(異母), 이문(異聞), 이물(異物;기이한 물건. 음흉한 사람)[이물감(感質, 이물스럽다[1207], 이물질(質)], 이미(異味), 이민족(異民族), 이방/성(異方/性), 이방/인(異邦/人), 이변(異變), 이복(異腹), 이본(異本), 이분모(異分母), 이분자(異分子), 이사(異事), 이상(異狀), 이상(異相), 이상(異常)[1208], 이색/적(異色/的), 이서(異書), 이설(異說), 이성(異性), 이성(異姓), 이속(異俗), 이속(異屬), 이속교배(異屬交配), 이수성(異數性), 이수체(異數體), 이술(異術), 이심(異心), 이안심(異安心), 이양(異壤), 이양선(異樣船), 이어인(異於人), 이어중(異於衆), 이역(異域;다른 나라의 땅), 이연(異緣), 이용(異容), 이의(異意), 이의(異義), 이의(異議)[이의신청(申請)], 이인(異人), 이일(異日), 이재(異才), 이적(異蹟), 이족(異族), 이종(異種), 이주화(異株花), 이지(異志), 이질(異質)[이질사회(社會), 이질성(性), 이질적(的), 이질화/되다/하다(化)], 이집(異執), 이채/롭다(異彩), 이체(異體)[이체동심(同心), 이체동종(同種), 이체문자(文字)], 이초(異草), 이취(異臭), 이치성(異齒性), 이칭(異稱), 이태(異態), 이파(異派), 이품(異稟), 이풍(異風), 이피화(異被花), 이필/지다(異筆), 이학(異學), 이향(異香), 이험(異驗), 이형(異形)[이형관(管), 이형질(質)], 이화/작용(異化/作用); 각이(各異), 경이/감(驚異/感), 괴이하다/쩍다/찮다(怪異), 기이하다(奇異), 다이(多異), 대동소이(大同小異), 동이(同異), 무로이(霧露異), 무이(無異;다를 것이 없이), 물이(物異), 박이(雹異;우박이 내리어 해를 끼치는 일), 변이(變異), 산수이(山水異), 상이(相異)[상이점(點), 상이하다], 상이(霜異), 설이(雪異), 소이(小異), 수이(殊異), 신이(神異), 영이(靈異), 입이(立異;이론을 내세움), 재이(災異), 절이(絕異), 지이(地異), 진이(珍異), 차이(差異), 탁이(卓異), 특이(特異), 판이하다(判異), 풍이(風異), 현이하다(賢異) 들.

이(移) '옮기다. 변하다'를 뜻하는 말. ¶이감/되다/하다(移監), 이거(移去), 이거(移居;移住), 이거이래(移去移來), 이건(移建), 이관(移管;관할을 옮김. 옮기어 관할함), 이관(移關;移牒), 이도(移徒), 이동(移動)[1209], 이래(移來), 이록(移錄), 이매(移買), 이모(移摸/模), 이목(移牧), 이무(移貿), 이민(移民)[1210], 이배(移配), 이보(移步), 이사(移徙)[이삿짐, 이사철, 이사하다], 이설(移設), 이송(移送)[이송나사(螺絲), 이송되다/하다, 이송변속장치(變速裝置), 이송축(軸)], 이수(移囚), 이승(移乘), 이시(移施), 이식(移植)[1211], 이심(移審;소송 사건을 다른 법원으로 이송하여 심리하는 일), 이안(移安), 이앙(移秧;모내기)/기(機), 이양(移讓;남에게 넘겨줌), 이어(移御), 이역부득(移易不得), 이연(移延), 이용(移用), 이우(移寓), 이운(移運), 이월(移越;옮기어 넘김)[이월금(金), 이월되다/하다, 이월액(額)], 이임(移任), 이입(移入)[감정이입(感情)], 이작(移作), 이장(移葬), 이적(移籍;호적을 옮김. 운동 선수가 소속을 옮김), 이적토(移積土), 이전(移轉)[1212], 이접(移接), 이정(移定), 이

해가 되든), 이해관계/인(關係/人), 이해관두(關頭), 이해득실(得失), 이해불계(不計), 이해상반(相反), 이해상반(相半), 이해설(說), 이해집단(集團), 이해타산(打算); 몰이해(沒;이해를 떠남).

1206) 이단(異端): 자기가 믿는 이외의 도(道). 전통이나 권위에 반항하는 주장이나 이론. ¶이단시/되다/하다(視), 이단아(兒), 이단자(者), 이단적(的); 벽이단(闢).

1207) 이물스럽다(異物): 성질이 음험하여 마음속을 헤아리기 어렵다. ¶그 녀석은 아주 이물스러운 놈이라서 조심해야 한다.

1208) 이상(異常): 정상적인 상태와 다름. 지금까지의 경험이나 지식과는 달리 별나거나 색다름. 의심스럽거나 알 수 없는 데가 있음. ¶몸에 이상이 생기다. 이상건조(乾燥), 이상광선(光線), 이상기억(記憶), 이상기후(異常), 이상발효(醱酵), 이상분산(分散), 이상성욕(性慾), 이상스럽다, 이상식욕(食慾), 이상심리/학(心理/學), 이상아(兒), 이상야릇하다, 이상전압(電壓), 이상전파(傳播), 이상증식(增殖), 이상체질(體質), 이상하다, 이상행동(行動); 성격이상(性格), 성욕이상(性慾), 식욕이상(食慾), 정신이상(精神), 지각이상(知覺).

1209) 이동(移動): 옮아 움직임. 움직여서 자리를 바꿈. ¶군부대의 이동. 이동경작(耕作), 이동균형(均衡), 이동노동(勞動), 이동대사(大使), 이동도(度), 이동도서관(圖書館), 이동되다/시키다/하다, 이동력(力), 이동로(路), 이동률(律), 이동목표(目標), 이동무대(舞臺), 이동문고(文庫), 이동반사(反射), 이동방송(放送), 이동병원(病院), 이동사구(砂丘), 이동상(相), 이동성(性), 이동세포(細胞), 이동속도(速度), 이동식(式), 이동인간(人間), 이동전화(電話), 이동정비(整備), 이동차(車), 이동촬영(撮影), 이동취락(聚落), 이동측량(測量), 이동통신(通信), 이동파출소(派出所), 이동판(瓣), 이동판매(販賣), 이동평균(平均), 이동표적(標的), 이동하중(荷重), 이동형(型), 이동활차(滑車;움직도르래); 계층이동(階層), 노동이동(勞動), 대륙이동설(大陸移動說), 사회이동(社會), 인구이동(人口), 전기이동(電氣), 전자이동(電子), 전하이동(電荷), 평행이동(平行), 회귀이동(回歸), 회전이동(回轉).

1210) 이민(移民): 이민국(國), 이민노동자(勞動者), 이민단(團), 이민법(法), 이민선(船), 이민자(者), 이민정책(政策), 이민지(地), 이민촌(村); 강제이민(强制), 계약이민(契約), 위장이민(僞裝), 자유이민(自由), 특수이민(特殊), 해외이민(海外).

1211) 이식(移植): 옮겨서 심음. 살아 있는 조직이나 장기를 떼어 내어, 다른 개체에 옮겨 붙이는 일. ¶묘목 이식. 안구 이식에 성공하다. 이식되다/하다, 이식수술(手術), 이식편(片), 이식항원(抗原); 각막이식(角膜), 골이식(骨), 심장이식(心臟), 장기이식(臟器), 피부이식(皮膚), 핵이식(核), 혈관이식(血管).

1212) 이전(移轉): 장소나 주소 따위를 다른 데로 옮김. 권리 따위를 남에게 넘겨주거나 또는 넘겨받음. ¶주소를 이전하다. 소유권 이전을 받다. 이전가격/조작(價格/操作), 이전되다/하다, 이전등기(登記), 이전소득(所

조(移調), 이종(移種;移植), 이주(移住)[이주민(民), 이주식민지(植民地), 이주자(者), 이주지(地), 이주하다; 해외이주(海外)], 이주(移駐), 이직(移職;轉職)[이직되다/하다, 이직률(率)], 이차(移次), 이첩(移牒;넘김. 받은 공문이나 통첩을 다른 부서로 다시 보내어 알림), 이체(移替;서로 바꿈), 이축(移築;다른 곳으로 옮겨 세움), 이출(移出), 이출입(移出入), 이타향(移他鄕), 이풍역속(移風易俗), 이항(移項)[1213], 이행(移行;어떤 현상이 다른 현상으로 옮아감)[이행되다/시키다/하다]; 감정이입(感情移入), 노갑이을(怒甲移乙), 만이(晩移), 매이(枚移), 반이(搬移), 변이(變移), 수이(輸移), 양이(量移), 전이(轉移), 점이(漸移), 조이(早移), 천이(遷移), 추이(推移), 적색편이(赤色偏移), 행문이첩(行文移牒)/행이(行移) 들.

이(離) '떠나다. 멀다. 떨어지다. 헤어지다'를 뜻하는 말. ¶이가(離家), 이각(離角), 이간(離間)[이간질/하다, 이간책(策), 이간하다], 이거(離居), 이격/도(離隔/度), 이경(離京), 이고(離苦), 이궁(離宮), 이농(離農), 이당(離黨), 이륙(離陸↔着陸), 이반(離反/叛;인심이 떠나서 배반함), 이별(離別)[1214], 이산(離山), 이산(離散)[이산가족(家族), 이산되다/하다, 이산집합(集合)], 이생웅예(離生雄蕊), 이선(離船), 이소성(離巢性), 이수(離水)[이수해안(海岸), 이수활주(滑走)], 이수(離愁), 이승(離昇), 이심률(離心率), 이연(離緣), 이유(離乳)[이유기(期), 이유식(食)], 이임(離任), 이적(離籍), 이전(離箭), 이직(離職), 이착륙(離着陸), 이초(離礁), 이측(離側), 이층(離層), 이탈(離脫)[이탈되다/하다, 이탈속도(速度), 이탈자(者)], 이판화(離瓣花), 이한(離韓), 이합/집산(離合/集散), 이핵(離核), 이향(離鄕), 이혼(離婚); 거리(距離), 격리(隔離), 괴리(乖離), 난리(亂離), 박리(剝離), 별리(別離), 상리(相離), 염리(厭離), 별리(別離), 분리(分離), 사리(捨離), 상리(相離), 예승즉리(禮勝則離), 월리(月離; 달의 운동), 유리(遊離), 유리표박(流離漂迫), 육리(陸離; 눈부시게 빛남. 가지런하지 못함), 전리(電離), 지리(支離), 지리멸렬(支離滅裂), 해리(解離), 회자정리(會者定離) 들.

이(吏) '관리. 관원'을 뜻하는 말. ¶이당(吏黨), 이도(吏道), 이무(吏務), 이민(吏民), 이방(吏房), 이배(吏輩), 이비(吏批), 이서(吏胥), 이속(吏屬), 이습(吏習), 이안(吏案), 이역(吏役), 이재(吏才), 이전(吏典), 이조(吏曹), 이채(吏債), 이치(吏治), 이판(吏判), 이포(吏逋), 이필(吏筆), 이향(吏鄕); 가리(假吏), 간리(奸/姦吏), 경리(警吏), 고리(故吏), 공리(公吏), 공리(貢吏), 관리(官吏), 군리(群吏), 노리(老吏), 능리(能吏), 배리(陪吏), 법리(法吏), 서리(胥吏), 서리(書吏), 선리(善吏), 세리(稅吏), 소리(小吏), 속리(俗吏;속된 관리. 무능한 관리), 속리(屬吏;지위가 낮은 관리), 송달리(送達吏), 순리(巡吏), 양리(良吏), 염리(廉吏), 오리(汚吏)[탐관오리(貪官)], 옥리(獄吏), 유리(由吏), 읍리(邑吏), 정리(廷吏), 제리(諸吏;모든 아전), 집달리(執達吏), 청리(淸吏), 청백리(淸白吏;청렴결백한 관리), 탐관오리(貪官汚吏), 탐리(貪吏), 탐리(探吏), 퇴리(退吏), 포리(捕吏), 포리(逋吏), 포리(暴吏), 폭리(暴吏), 한리(悍吏;심지가 나쁜 관리), 해리(該吏), 향리(鄕吏), 현리(賢吏), 혹리(酷吏), 활리(猾吏) 들.

이(耳) '귀'를 뜻하는 말. ¶이각(耳殼;귓바퀴), 이개(耳介), 이경(耳鏡), 이구(耳垢;귀지), 이근(耳根;귀뿌리), 이금(耳金), 이롱(귀가 먹음)/증(耳聾/症), 이루(耳漏), 이륜(耳輪;귓바퀴), 이명주(耳明酒;귀밝기술), 이명(귀울음)/증(耳鳴/症), 이목(耳目;귀와 눈. 다른 사람의 주목), 이벽(耳甓;세모로 된 벽돌), 이보법(耳報法), 이부지(耳部;귀지), 이비인후과(耳鼻咽喉科), 이석(耳石), 이소골(耳小骨), 이수(耳垂;귓불), 이순(耳順;60세), 이양/증(耳痒/症), 이어(耳語), 이엄(耳掩), 이타(耳朶;귓불), 이통(耳痛), 이하선(耳下腺), 이현령비현령(耳懸鈴鼻懸鈴), 이환(耳環;귀고리); 내이(內耳), 농이(膿耳), 명이주(明耳酒;귀밝이술), 심이(心耳), 엄이도령(掩耳盜鈴), 역이(逆耳), 외이(外耳), 우이(牛耳), 우이독경(牛耳讀經), 우이송경(牛耳誦經), 접이(接耳), 중이염(中耳炎), 충언역이(忠言逆耳), 충이(充耳), 측이(側耳;귀를 기울임) 들.

이(泥) '진흙. 진창'을 뜻하는 말. ¶이구(泥丘), 이금(泥金), 이녕(泥濘;진창), 이로(泥路), 이류(泥流), 이불(泥佛), 이생지(泥生地), 이소(泥沼), 이수(泥水), 이암(泥岩), 이장(泥匠), 이전투구(泥田鬪狗), 이제(泥劑), 이중(泥中), 이추(泥鰍;미꾸라지), 이취(泥醉), 이탄(泥炭), 이탑(泥塔), 이토/질(泥土), 이판암(泥板巖), 이해(泥海), 이화산(泥火山), 이회(泥灰), 이회암(泥灰巖); 구니(拘泥;어떤 일에 얽매임), 구인니(蚯蚓泥), 금니(金泥), 녹니(綠泥;깊은 바다 밑의 침전물), 동니(銅泥), 부니(腐泥), 부식니(腐植泥), 산호니(珊瑚泥), 설니(雪泥), 오니(汚泥), 유공충니(有孔蟲泥), 은니(銀泥), 자니(紫泥), 주니(朱泥), 청니(靑泥), 토니(土泥), 해니(海泥), 해니(骸泥), 화산니(火山泥) 들.

이(裡/裏) '가운데. 속 · 안'을 뜻하는 말. ¶이면(裏面)[이면경계(境界;일의 내용의 옳고 그름), 이면공작(工作), 이면도로(道路), 이면부지(不知;상황이 어떻게 돌아가는지도 모르고 함부로 굶), 이면사(史), 이면지(紙), 이면치레/하다], 이서(裏書), 이작(裏作), 이제(裏題), 이허(裏許;속내평); 경쟁리(競爭裏), 극비리(極秘裏), 극비밀리(極秘密裏), 뇌리(腦裏), 답리작(畓裏作), 몽리(夢裏;꿈속), 불참리(不參裏), 비공개리(非公開裏), 비밀리(秘密裏), 성공리(成功裏), 성황리(盛況裏), 심리(心裏), 암묵리(暗黙裏), 암암리(暗暗裡), 울울리(鬱鬱裏), 인기리(人氣裏), 장리(掌裡/裏), 절찬리(絕讚裏), 평화리(平和裏), 표리/부동(表裏/不同), 호리(戶裏;뒤란), 회리(懷裏), 흉리(胸裏) 들.

이(以) '-로써. 부터. 까닭'을 뜻하는 말. ¶이강(以降), 이남(以南), 이내(以內), 이동(以東), 이란격석(以卵擊石), 이래(以來)[무시이래(無始); 유사이래(有史)], 이모취인(以貌取人), 이민이천(以民以天), 이법종사(以法從事), 이북(以北), 이사위한(以死爲限), 이상(以上), 이서(以西), 이소능장(以少淩長), 이소역대(以小易大), 이식위천(以食爲天), 이신벌군(以臣伐君), 이실직고(以實直告), 이심전심(以心傳心), 이열치열(以熱治熱), 이와전와(以訛傳訛), 이외(以外), 이원권(以遠權), 이이제이(以夷制夷), 이재발신(以財發身), 이전(以前), 이포역포(以暴易暴), 이하(以下), 이후(以後); 소이(所以) 들.

得), 이전수입(收入), 이전지급(支給); 기술이전(技術), 노력이전(勞力).

1213) 이항(移項): 항목을 옮김. 등식, 부등식의 한 변에 있는 항을 그 부호를 바꿔 다른 변으로 옮기는 일. ¶이항계수(係數), 이항되다/하다.

1214) 이별(離別): 서로 갈리어 떨어짐. ¶이별의 인사. 영원한 이별. 이별가(歌), 이별고(苦), 이별주(酒), 이별하다; 생이별(生).

이(里) '마을'을 뜻하는 말. 또는 거리를 세는 단위(약 393미터). ¶하늘 구만 리. 천 리를 걸었다. 이문(里門), 이민(里民), 이수(里數), 이장(里長), 이정(里丁), 이정(里程)[이정표(表), 이정표(標)], 이중(里中), 이허(里許), 이회(里會); 도리(道里), 동리(洞里), 방리(方里), 산리(山里), 상리(上里), 여리(閭里), 이역만리(異域萬里), 인리(人里), 인리(隣里), 전리(田里), 척리(戚里;임금의 내외척), 천리(千里), 촌리(村里), 하리(下理), 해리(海里;바다 위의 거리를 재는 단위), 향리(鄕里) 들.

이(履) '신/신을 신다. 밟다. 실행하다'를 뜻하는 말. ¶이극구당(履屐俱當;모든 일에 능란함), 이력(履歷)[1215], 이빙(履氷;살얼음을 밟는 것처럼 극히 위험한 짓), 이수(履修)[이수자(者), 이수증(證), 이수하다], 이천(履踐), 이행(履行)[1216], 과전불납리(瓜田不納履), 목리(木履;나막신), 사리(絲履), 소리(疏履), 예리성(曳履聲), 천리(踐履), 초리(草履;짚신), 폐리(弊履;헌 신) 들.

이(夷) '오랑캐'를 뜻하는 말. ¶이국(夷國), 이만(夷蠻), 이매(夷昧;사리에 어둡고 어리석음), 이멸(夷滅;멸하여 없앰), 이속(夷俗), 이적(夷狄); 능이(陵夷), 도이(島夷), 동이(東夷), 만이(蠻夷), 명이(明夷), 사이(四夷), 서이(西夷), 소이(燒夷), 양이(洋夷), 양이(攘夷), 외이(外夷), 융이(戎夷), 정이(征夷), 존왕양이(尊王洋夷), 주이(誅夷), 토이(討夷), 화이(華夷) 들.

이(梨) '배(과일). 배나무'를 뜻하는 말. ¶이과(梨果), 이목(梨木), 이화/주(梨花/酒); 당리(棠梨;팥배), 도리(闍梨;중에게 덕행을 가르치는 스승), 등리(藤梨;다래나무), 봉리(鳳梨;파인애플), 산리(山梨;돌배), 오비이락(烏飛梨落), 조율이시(棗栗梨柹), 황리(黃梨) 들.

이(痢) '설사. 곱똥'을 뜻하는 말. ¶이증(痢症), 이질(痢疾); 구리(久痢), 냉리(冷痢), 농혈리(膿血痢), 백리(白痢), 사리(泄痢), 서리(暑痢), 수곡리(水穀痢), 역리(疫痢), 자리(子痢), 적리(赤痢), 체리(滯痢), 허리(虛痢), 혈리(血痢), 활리(滑痢), 휴식리(休息痢) 들.

이(已) '이미. 너무'를 뜻하는 말. ¶이구(已久), 이심(已甚), 이연지사(已然之事), 이왕/에/이면(已往;지금보다 이전), 이왕지사(已往之事); 기이(旣已), 부득이(不得已), 필망내이(必亡乃已;꼭 망하고야 맒), 필사내이(必死乃已;틀림없이 죽고야 맒) 들.

이(尼) '여승. 비구니'를 뜻하는 말. ¶이법사(尼法師;불경을 가르치는 여승 법사), 이사단(尼師壇;비구니가 어깨에 걸치는 천), 이승(尼僧); 비구니(比丘尼), 사미니(沙彌尼), 선니(禪尼), 승니(僧尼) 들.

이(而) '말을 잇다. 그리고. 그러나'를 뜻하는 말. ¶이금/에(而今;이제 와서), 이금이후(而今以後); 곤이지지(困而知之), 문이지지(聞而知之), 박이정(博而精), 시이불견(視而不見), 시이불공(恃而不恐), 애이불비(哀而不悲) 들.

이(弛) '느슨하다'를 뜻하는 말. ¶이금(弛禁), 이완(弛緩)[이완되다; 자궁이완(子宮), 조직이완(組織)], 이장/열(弛張/熱), 이죄(弛罪), 이타하다(弛惰;마음이 느슨하여 몹시 게으르다), 이폐(弛廢); 해이(解弛) 들.

이(爾) '너. 그'를 뜻하는 말. ¶이래(爾/邇來), 이여(爾汝), 이여(爾餘), 이후(爾後); 백이사지(百爾思之), 솔이(率爾;경솔하거나 급한 모양), 완이(莞爾), 우이(偶爾), 우이득중(偶爾得中) 들.

이(罹) '근심하다. 어려움. 병에 걸리다. 재앙을 만나다'를 뜻하는 말. ¶이병(罹病;병에 걸림), 이재(罹災), 이재민(罹災民), 이죄(罹罪), 이화(罹禍), 이환(罹患), 이환율(罹患率); 백리(百罹), 횡리(橫罹;뜻밖에 재난을 당함) 들.

이(頤) '턱. 기르다/수양하다. 부리다'를 뜻하는 말. ¶이신양성(頤神養性)/이양(頤養;마음을 가다듬어 정신을 수양함), 이지기사(頤指氣使;남을 마음대로 부림); 기이(期頤;백 살의 나이), 기이지수(期頤之壽), 해이(解頤) 들.

이(釐/厘) '다스리다. 기준 단위의 백분의 일'을 뜻하는 말. ¶이정(釐/理正;다스려 바룸), 이혁(釐革;뜯어 고치어 정리함); 분리(分厘), 호리(毫釐;자 또는 저울 눈금의 호와 리. 매우 적은 분량) 들.

이(李) '오얏. 다스리는 벼슬아치'를 뜻하는 말. ¶이화(李花); 도리(桃李), 어황리(御黃李), 울리(鬱李;산앵두), 자리(紫李;자두), 행리(行李) 들.

이(姨) '이모. 아내의 자매'를 뜻하는 말. ¶이모(姨母)[이모부(夫), 이모할머니, 이모형제(兄弟)], 이종(姨從), 이질(姨姪)[이질녀(女), 이질부(婦), 이질서(婿)] 들.

이(犁/犂) ①검버섯. 얼룩소'를 뜻하는 말. ¶이로(犁老;검버섯이 난 노인), 이우(犂牛;얼룩소). ②'쟁기. 보습'을 뜻하는 말. ¶호용리(互用犁).

이(貽) '끼치다. 남기다. 주다'를 뜻하는 말. ¶이뇌(貽惱), 이소(貽笑), 이우(貽憂), 이폐(貽弊;남에게 폐를 끼침), 이해(貽害), 이훈(貽訓); 동관이(彤管貽) 들.

이(餌) '모이'를 뜻하는 말. ¶이약(餌藥); 교이(餃餌;찐만두), 분이(粉餌), 식이(食餌), 약이(藥餌), 연이(軟餌), 조이(釣餌;낚싯밥), 호이(好餌) 들.

이(彝) '떳떳하다. 제기(祭器)'를 뜻하는 말. ¶이기(彝器), 이륜(彝倫;떳떳이 지켜야 할 사람의 도리), 이훈(彝訓); 종이(宗彝;종묘의 제향에 쓰는 그릇. 곤룡포에 그린 범의 그림) 들.

이(螭) '뿔 없는 용'을 뜻하는 말. ¶이두(螭頭), 이룡(螭龍), 이매(螭魅;짐승 모양을 한 산신), 이수(螭首), 이주석(螭柱石); 조이(雕螭;금·은·동 따위로 만든 물건에 무늬를 새김) 들.

1215) 이력(履歷): 지금까지 닦아 온 학업이나 거쳐 온 직업 따위의 경력. 슬기. ¶이력을 조회하다. 이력이 나다(어떤 일에 경험을 많이 쌓아 숙달되다). 이력곡선(曲線), 이력서(書), 이력종장(宗匠;정해진 경전을 다 배운 종사), 이력현상(現象;물질의 물리량이 현재의 물리적 조건만으로 결정되지 아니하고, 이전부터 그 물질이 겪어 온 상태의 변화 과정에 의하여 결정되는 현상)

1216) 이행(履行): 실제로 행함. 채무자가 채무의 내용을 실행하는 일. ¶의무의 이행. 약속을 이행하다. 이행강제금(强制金;집행벌), 이행거절(拒絕), 이행기(期), 이행되다/하다, 이행불능(不能), 이행소송(訴訟), 이행이익(利益), 이행지(地), 이행지체(遲滯), 이행판결(判決), 이행하다(≒지키다); 강제이행(强制), 불완전이행(不完全), 불이행(不), 채무이행(債務).

이(籬) ‘울타리’를 뜻하는 말. ¶이락(籬落); 동리(東籬), 위리(圍籬), 장리(牆籬), 조리(笊籬;쌀을 이는 데 쓰는 기구), 죽리(竹籬), 파리(笆籬) 들.

이(魑) ‘도깨비’를 뜻하는 말. ¶이매(魑魅;얼굴은 사람이고 몸은 짐승 모양인 네 발 달린 도깨비), 이매망량(魑魅魍魎;온갖 도깨비) 들.

이(怡) ‘기쁘다’를 뜻하는 말. ¶이연(怡然;기뻐 좋아하는 모양), 이연하다, 이탕(怡蕩;즐겨서 제멋대로 함).

이(俚) ‘속되다. 시골’을 뜻하는 말. ¶이가(俚歌), 이어(俚語), 이언(俚言), 이언(俚諺); 비리(鄙俚) 들.

이(迤) ‘비스듬하다. 구불구불 가다’를 뜻하는 말. ¶위이(委迤;에두른 길이 구불구불함), 위이(逶迤) 들.

이(珥) ‘귀고리’를 뜻하는 말. ¶이당(珥璫;귀고리); 옥이(玉珥;옥으로 만든 귀고리) 들.

이(悧/俐) ‘똑똑하다’를 뜻하는 말. ¶영리(英悧/俐).

이(狸) ‘삵. 살쾡이’를 뜻하는 말. ¶백리(白狸), 해리(海狸;비버), 호리(狐狸;여우와 살쾡이) 들.

이(栮) ‘버섯’을 뜻하는 말. ¶독이(毒栮), 능이(能栮), 상이(桑栮), 석이(石栮), 송이(松栮) 들.

이(痍) ‘상처. 상처 나다’를 뜻하는 말. ¶만신창이(滿身瘡痍), 상이/군(傷痍/軍), 창이(創痍) 들.

이(肄) ‘익히다’를 뜻하는 말. ¶이업(肄業;기술을 배움), 이의(肄儀;예의 범절을 미리 익힘) 들.

이(飴) ‘엿’을 뜻하는 말. ¶이당(飴餹); 교이(餃飴;엿에 곡식 가루를 버무려서 만든 과자).

이(鮞) ‘물고기 뱃속의 알’을 뜻하는 말. ¶곤이(鯤鮞;물고기의 뱃속의 알. 물고기의 새끼).

이(邇) ‘가깝다. 가까이하다’를 뜻하는 말. ¶이래(邇來); 하이(遐邇;멂과 가까움) 들.

이(羸) ‘여위다. 약하다. 앓다’를 뜻하는 말. ¶이로(羸老), 이병(羸兵); 노리(老羸) 들.

이(易) ☞ 역(易).

이(怩) ‘부끄러워하다’를 뜻하는 말. ¶육니(忸怩).

이(貤) ‘거듭하다. 더하다’를 뜻하는 말. ¶이증(貤贈).

이골 어떤 방면에 아주 길이 들어 몸에 밴 짓이나 버릇. =공성. ¶이골이 나다(아주 익숙해지다. 진절머리가 나도록 그 일을 오랫동안 많이 해 오다). 낚시질에 이골이 난 사람. 얻어먹는 데는 이골이 났군.

이글 ①불꽃이 빨갛게 타오르는 모양. ¶숯불이 이글이글 피다. ②해가 뜨거운 볕을 쏟아 붓는 모양. ¶이글거리는 태양. ③얼굴이나 눈이 분노나 열기로 상기된 모양. ¶이글이글 타는 눈빛. 이글거리다/대다, 이글이글/하다. [+타오르다. 끓어오르다].

이기(다)¹ 적을 쳐부수다. 우열·승부를 다투어 상대편을 누르다.(≒승리하다.↔지다³). 감정이나 욕망을 억누르다. 참고 견디어 물리치다.(≒극복하다). 몸 따위를 곧추거나 가누다. ¶전쟁에 이기다. 이기고 돌아오다. 암을 이겨낸 사람. 시련을 이겨내다. 제 몸도 이기지 못하는 늙은이. 이겨내다(견디어내다), 이겨먹다. ☞ 승(勝). 패(覇).

이기(다)² 흙이나 가루 등을 물과 뒤섞어 차지게 하다(반죽하다). 질긴 물건을 칼 따위로 잘게 짓찧다. 빨래 따위를 이리저리 뒤치며 두드리다. ¶진흙을 물에 이기다. 밀가루 반죽을 이기다. 마늘 양념을 이겨 넣다. 소가죽을 이기다(무두질하여 부드럽게 하다). 짓이기다.

이끌(다) ☞ 끌다.

이끼 습기가 많은 땅, 숲 속, 고목, 껍질, 바위 밑에서 자라는 선태식물·지의류 따위를 통틀어 이르는 말. ¶바위에 이끼가 끼다. 이끼고사리(바위고사리); 기와이끼[와의(瓦衣)], 매화나무이끼(梅花), 물이끼, 별이끼, 부채괴불이끼, 솔이끼, 우산이끼(雨傘), 처녀이끼(處女). §‘돌옷. 바위옷’에서 옷[衣]은 ‘이끼’를 비유한 말.

이내¹ 해질 무렵 멀리 보이는 푸르스름하고 흐릿한 기운. 남기(嵐氣). ¶멀리 이내가 낀 하늘가를 응시하며 깊은 생각에 잠겼다. 강 건너 산 아래 마을에는 어느새 이내가 끼었다.

이내² ①바로 그때. 지체함이 없이.≒곧. 즉시. 즉각. ¶구름이 몰리자 이내 비가 쏟아졌다. 이내 잠이 들다. ②그 때의 형편대로 계속.≒줄곧. ¶그때 헤어진 후 이내 소식이 끊어졌다. ③멀지 않고 가까이 곧.≒내처. ¶고개만 넘으면 이내 우리 집이다.

이눌러 ①어떤 일 끝에 잇달아.=내처. ②한 가지 일을 한결같이 계속하여.

이닝(inning) 야구 경기에서 두 팀이 한 번의 공격과 수비를 끝낸 횟수를 세는 말.

이(다)¹ ①물건을 머리 위에 올려놓다. ¶물동이를 머리에 이다. 하늘을 이고 선 나무들. 이우다(머리 위에 이게 하다), 임[1217]; 떠이다[1218]. ②머리 위쪽에 지니거나 두다. ¶흰 눈을 인 산. ③기와나 이엉 따위로 지붕을 덮다. ¶이엉으로 지붕을 이다. 이엉.

이(다)² 받침으로 끝난 체언 뒤에 붙어, 주어가 지시하는 대상의 속성이나 부류를 지정하거나 긍정의 뜻을 나타내는 종결형 서술격 조사[지정사]. [모음 뒤에서는 ‘-다’로도 씀].↔아니다. ¶이것은 연필이다. 우리는 형제다. 이왕이면 아들이기를 바란다. 이번에는 틀림없이 합격일 거다(합격일 것이다). 이게 가야금 소릴 걸. 임[1219]. [이(다)+ㄹ/일]+거다/거야/걸/까/는지/라/라고/랑(은)/러니

1217) 임: 머리 위에 인 물건. 또는 머리에 일 만한 정도의 짐. ¶머리에 임을 이다. 임반달(半;색종이를 반달같이 오려 붙인 연), 임방꾼(항구나 갯가에서 배의 화물을 싣고 부리는 일을 하는 짐꾼), 임질(물건을 머리 위에 이는 일)/하다.

1218) 떠이다: ①높이 쳐들어 이다. ¶구름을 떠이고 있는 산. ②무엇을 소중하게 여겨 높이 받들다. ¶우리 모두가 떠이어 모시는 스승.

/러라/런가/런고/레/레라/밖에/뿐더러/세/세라/세말이지/수록/쏘냐/지/지나/지니/지니라/지라/지라도/지어다/지언정/진대/진저; 입니까/입니다/입디까/입디다.

이다 사물을 열거할 때 쓰는 접속 조사. ¶떡이다 술이다 실컷 먹었다.

-이다 /ㄱ/이나 /ㅇ/으로 끝난 동작성(의성어 · 의태어) 어근에 붙어, 그 말을 동사로 만드는 말.=의성어 · 의태어+-거리다. ¶가들막 · 거들먹 · 까들막 · 꺼들먹, 간닥 · 근덕 · 깐닥 · 깐딱 · 끈덕 · 끈떡, 간당 · 건덩, 간댕 · 근뎅, 간종 · 건중, 갈강 · 글겅, 갈쌍 · 글썽, 갉작 · 긁적 · 갉죽 · 긁죽, 곰작 · 굼적 · 꼼작 · 꼼짝 · 꿈적 · 꿈쩍, 까닥 · 까딱 · 꺼덕 · 꺼떡 · 끄덕 · 끄떡[1,2], 까박 · 꺼벅, 깐작 · 끈적, 깐족 · 깐죽, 깔딱 · 껄떡, 깔짝 · 끌쩍, 깜박 · 깜빡 · 껌벅 · 껌뻑 · 끔벅 · 끔뻑, 감작 · 검적 · 깜작 · 깜짝 · 껌적 · 끔적 · 끔쩍, 깝작 · 껍적 · 깝죽 · 껍죽, 깨작 · 께적 · 끼적[1,2], 꼬박 · 꾸벅 · 꼬빡 · 꾸뻑, 꼴깍 · 꿀꺽, 꼴딱 · 꿀떡, 꼴랑 · 꿀렁 · 콜랑 · 쿨렁, 꼴짝 · 꿀쩍, 꿍꽝 · 쿵쾅, 난작 · 넌적 · 는적, 날짱 · 늘쩡, 노닥, 다독 · 따독, 달각 · 달깍 · 덜걱 · 덜꺽 · 달칵 · 딸각 · 딸깍 · 덜컥 · 떨걱 · 떨꺽 · 탈칵 · 털걱 · 털컥, 달강 · 달깡 · 달캉 · 딸강 · 딸깡 · 딸캉 · 탈강 · 탈캉 · 덜겅 · 덜껑 · 덜컹 · 떨겅 · 떨껑 · 털겅 · 털컹, 달랑 · 덜렁 · 딸랑 · 떨렁, 달막 · 딸막 · 들먹 · 뜰먹, 달망 · 들멍, 달싹 · 딸싹 · 들썩 · 뜰썩, 담방 · 덤벙 · 탐방 · 텀벙, 답삭 · 덥석 · 탑삭 · 텁석, 답작 · 덥적, 도닥 · 두덕 · 또닥 · 뚜덕 · 토닥, 되똑 · 뒤뚝, 되뚱 · 뒤뚱, 되록 · 뒤룩 · 뙤록 · 뛰룩, 되작 · 뒤적 · 되착 · 뒤척, 들척, 따짝 · 뜯적, 떠죽, 또드락 · 뚜드럭 · 토드락 · 투드럭, 또박 · 뚜벅, 똑딱 · 뚝딱 · 톡탁 · 툭탁, 망설, 몽그작 · 뭉그적, 바장 · 버정, 박작 · 벅적, 반득 · 반듯 · 반뜩 · 번뜩 · 빤득 · 빤뜩 · 뻔득 · 뻔뜩, 반작 · 번적 · 반짝 · 번쩍 · 빤작 · 빤짝 · 뻔적 · 뻔쩍, 발딱 · 벌떡 · 빨딱 · 뻘떡 · 팔딱 · 펄떡 · 폴딱 · 풀떡, 발록 · 벌룩, 발름 · 벌름, 배죽 · 배쭉 · 비죽 · 비쭉 · 빼죽 · 빼쭉 · 삐죽 · 삐쭉, 복작 · 북적, 볼록 · 불룩 · 뽈록 · 뿔룩, 산득 · 선득 · 산뜩 · 선뜩, 살랑 · 설렁 · 쌀랑 · 썰렁, 삼박 · 삼빡 · 씀박 · 씀빡 · 섬벅 · 섬뻑 · 슴벅 · 슴뻑, 새근발딱 · 시근벌떡 · 쌔근발딱 · 쌔근팔딱 · 씨근벌떡 · 씨근펄떡, 새새덕 · 시시덕, 샐룩 · 실룩 · 쌜룩 · 씰룩, 서성, 속닥 · 숙덕 · 쏙닥 · 쑥덕, 속삭, 수근덕 · 쑤근덕, 술렁, 쏘삭 · 쑤석, 씨불, 아슬랑 · 어슬렁, 아작 · 어적 · 으적, 얄랑 · 일렁, 어물쩍 · 우물쩍, 오도독 · 우두둑, 올랑 · 울렁, 와삭 · 워석 · 와싹 · 워썩, 울먹, 움직, 으쓱, 일렁, 자박 · 저벅 · 짜박 · 쩌벅, 잘각 · 잘깍 · 잘칵 · 짤각 · 짤깍 · 짤칵 · 절걱 · 쩔걱 · 쩔꺽 · 쩔컥 · 찰각 · 찰깍 · 찰칵 · 절컥 · 철걱 · 철꺽 · 철컥, 잘강 · 잘깡 · 잘캉 · 짤강 · 짤깡 · 짤캉 · 찰강 · 찰깡 · 찰캉 · 절겅 · 절껑 · 절컹 · 쩔껑 · 쩔컹 · 철겅 · 찰강 · 찰캉 · 철껑 · 철컹, 잘똑 · 절뚝 · 질뚝 · 짤똑 · 쩔뚝 · 찔뚝, 잘랑 · 절렁 · 짤랑 · 쩔렁 · 찰랑 · 철렁 · 칠렁, 잘록 · 절룩 · 질룩 · 짤록 · 쩔룩 · 찔룩, 잘박 · 절벅 · 질벅 · 질퍽 · 찰박 · 철벅, 잘방 · 절벙 · 찰방 · 철벙, 잘싹 · 절썩 · 찰싹 · 철썩, 잘착 · 질척, 잘팍 · 절퍽 · 질퍽, 잠방 · 점벙 · 참방 · 첨벙, 재깔 · 지껄, 졸랑 · 줄렁 · 쫄랑 · 쭐렁 · 촐랑 · 출렁, 주억, 지딱, 질걱 · 질컥, 집적 · 찝쩍, 차닥 · 처덕, 찰딱 · 철떡 · 칠떡, 찰락 · 철럭, 초싹 · 추썩, 촐싹 · 출썩, 추적, 충동(衝動), 콩콩 · 쿵쿵, 탈박 · 털벅, 탈방 · 털벙, 파닥 · 퍼덕 · 푸덕, 팔락 · 펄럭 · 폴락 · 풀럭, 팔랑 · 펄렁 · 폴랑 · 풀렁, 팔싹 · 펄썩 · 폴싹 · 풀썩, 팡당 · 펑덩, 폴짝 · 풀쩍, 하느작 · 흐느적/하늑 · 흐늑, 하작 · 허적, 한닥 · 흔덕, 한댕 · 흔뎅, 할딱 · 헐떡, 할랑 · 헐렁, 할래발딱 · 헐레벌떡, 할싹, 해뜩 · 희뜩, 해반닥 · 희번덕, 해작 · 헤적, 해죽 · 해쭉 · 히죽 · 히쭉, 허덕, 허우적, 홀짝 · 훌쩍, 회똑 · 휘뚝. ☞ -거리다.

이두(吏讀/頭) 신라 때부터 한자의 음과 새김을 빌려 우리말을 적던 방식. 또는 그 문자. ¶이두글, 이두문(文), 이두문학(文學), 이두자(字).

이드거니 한 동안 뜸하여 넉넉하게. 어떠한 상태가 꽤 오래 끌었으므로 분량이 좀 많게. ¶이드거니 앉아 쉬다. 몹시 가물어서 비가 이드거니 와야 하겠는 걸. 바쁜 일정 때문에 부족했던 저녁 식사를 모처럼 이드거니 먹었다. 이드거니하다(넉넉하게 그득하다).

이듬 ①논이나 밭을 두 번째 갈거나 매는 일. ¶이듬을 마치다. 이듬매기. ②'이듬-'의 꼴로, 해 · 달 따위 일부 명사 앞에 붙어 '다음[차(次)]'의 뜻을 더하는 말. ¶이틀날, 이듬달, 이듬매기, 이듬하다, 이듬해[1220]; 이태[1221] 들.

이듭 마소의 두 살.=두습.[←읻/이듬(다음)+읍].

이따가 시간이 조금 지난 뒤에. 〈준〉이따. ¶이따가 주겠다. 이따 만나자. 이따가 말해 줄게. 이따금[1222].

이랑 갈아 놓은 논밭의 한 두둑과 한 고랑을 아울러 이르는 말. 또는 그것을 세는 단위.=사래. ¶이랑이 길다. 이랑을 짓다. 다섯 이랑. 이랑나비(이랑의 폭), 이랑논, 이랑재배(栽培), 이랑지다(호수나 바다의 수면이 밭이랑처럼 물결이 지다), 이랑짓기; 긴이랑, 물이랑, 밭이랑, 흙이랑(물가에 생긴 흙의 주름) 들.

이랴 마소를 몰 때 하는 소리.=이러. 끼랴.

이령수 신(神)에게 비손할 때, 그 소원을 말로 고하는 일. 또는 그 일. ¶이령수하다.

이루 '이루 다'의 꼴로 쓰여, 구체적으로 하나하나. 여간하여서는 도저히. 아무리 하여도 모두. 있는 대로 다.[〈이로]. ¶이루 다 말할 수 없는 고통. 이루 다 헤아리기 어렵다. [+없다. 어렵다].

이루(다) 어떤 결과나 상태를 인공 또는 자연적으로 만들다. 뜻대로 되게 하다.[〈일다. 일우다].≒이룩하다. 달성하다(達成). 성취하다(成就). ¶사물을 이루는 요소. 행복한 가정을 이루다. 목적을 이루다. 이루살다(이루어 살다), 이루어지다(되다), 이룩되다, 이룩하다[1223]. ☞ 성(成).

1219) 임: 체언에 두루 붙어, 앞의 말이 사실이라는 뜻을 나타내는 종결형 또는 명사형 서술격 조사. ¶회의 장소는 강당임. 이 사람은 학생임을 증명함.

1220) 이듬해: 어느 한 해를 기준으로 하여 그 다음에 오는 해. 익년(翌年).

1221) 이태: 두 해.[〈읻ᄒᆡ]. ¶소식이 끊긴 지 이태나 되었다.

1222) 이따금: ①얼마쯤씩 있다가 가끔. 시간이 좀 있게. 간헐적으로.≒가끔. 때때로. 드문드문. ②어쩌다가 간혹.≒가다가. ¶이따금 길에서 만난다.

1223) 이룩하다: 사람의 노력으로 어떤 큰 현상이나 사업을 이루다. 나라 · 도읍 · 집을 새로 세우다.

이르(다)[1] 어떤 장소나 시간에 닿다.(≒도착하다). 일정한 시간이나 어떤 정도나 범위에 미치다. ¶약속 장소에 이르다. 비상 사태에 이르다. 오늘에 이르러서야 해결되었다. 새벽녘에 이르러 비로소 열이 내리기 시작하였다. 어린이부터 노인에 이르기까지 다 모였다.

이르(다)[2] 상대에게 깨우침을 주기 위하여 무엇이라고 말하다. 미리 알려주다.≒전하다(傳). 고자질하다. 알리다. ¶잘 새겨듣도록 이르다. 성인이 이르기를 아웃을 사랑하라 하셨다. 이를 데 없다(더 말할 나위가 없다). 일깨우다[1]1224), 일러두다/두기[범례(凡例)], 일러바치다(고자질하다), 일러주다(알려 주다. 가르쳐 깨닫게 하다), 이른바(말하는 바. 소위), 일러바치다(윗사람에게 고자질하다), 이를터이면/이를테면, 이름1225), 일컫다1226); 다이를까1227), 타이르다1228) 들.

이르(다)[3] ①어떤 때가 일정한 때보다 앞서다. 시간이 대중을 잡은 때보다 앞서다.↔늦다. ¶이른 아침. 아직 이르다. 생각보다 이르게 닿았다. 포기하기엔 너무 이르다. 이른모(↔마냥모), 이른봄, 일찍1229), 일-1230). ②어떤 일이 처음 시작되는 상태에 있다. ¶한반도에서는 이른 시기에 우리 민족이 살기 시작하였다.

이륵 햇빛이나 불빛 따위가 힘 있게 비치거나 뻗치는 모양.

이릉 ①햇빛이나 불길 따위가 매우 힘 있게 비치거나 타오르는 모양.=우룽. ¶숯불이 이릉이릉 피어오르다. 이릉거리다/대다. ②눈이 번쩍번쩍 빛나는 모양. ¶성난 얼굴에다 눈은 이릉이릉 불타고 있었다.

이리[1] 물고기 수컷의 뱃속에 들어 있는 정액 덩어리. 어백(魚白). ¶이리박이(뱃속에 이리가 들어 있는 물고기), 이리저냐, 이리탕(湯;이리저냐를 넣고 끓인 맑은 장국.=白子湯).

이리[2] 갯과의 포유동물. ¶이리떼.

이리[3] ①이곳으로. ¶이리 가까이 오시오. 이리워저리워1231)/하다. ②상태, 모양, 성질 따위가 이러한 모양. ¶이리 바쁘니 어떻게 하면 좋으냐? ☞ 이[4].

이리[4] 극장이나 영화관 따위에 지나치게 많은 관객이 들어와 만원을 이룬 것.

이마 얼굴의 눈썹 위로부터 머리털이 난 아래까지의 부분.(↔뒤통수). 꼭대기의 볼록한 부분. '이맛돌'의 준말. ¶이마가 훤하다. 이마를 맞대고 의논하다. 이마에 피도 안 마르다(아직 어리다). 이맛귀(이마의 양쪽 구석), 이맛돌1232), 이맛등(燈), 이맛머리(이마의 바로 위쪽에 난 잔머리털), 이마받이[1],[2]1233), 이마방아, 이마빡(마빡), 이마빼기, 이마뿔(일부 하등동물에서, 이마에 뿔 모양으로 쑥 내민 부분), 이맛살1234), 이맛전(이마의 넓은 부분), 이마털(이마와 살쩍 사이에 나는 솜털), 이마하다(이마의 솜털을 뽑다); 난간이마(欄干;정수리가 넓고 툭 불거져 나온 이마), 됫박이마(됫박을 엎어놓은 것처럼 생긴 이마), 번대이마1235), 산이마(山;산꼭대기), 숫돌이마(숫돌처럼 넓적하고 번들거리는 이마), 앞이마 들.

이무기 ①용이 되려다 못 되고 물속에 산다는 전설상의 구렁이. ¶그 굴속에는 몇 백 년 묵은 이무기가 산다고 전해져 있다. 이무깃돌1236). ②'거대한 뱀'을 흔히 이르는 말. 대망(大蟒).

이물[1] 배의 머리.[〈니뭃]. 선두(船頭). 선수(船首).↔고물. ¶이물간(間), 이물기(旗), 이물다락, 이물닻, 이물대(이물 쪽에 있는 돛대), 이물밧줄, 이물방(房), 이물재(材), 이물창(窓), 이물코/코숭이 들.

이물[2] 굼뜨게 밝아 오는 모양.

이물(다) 다치거나 헐거나 하여 살갗 밑으로 피멍이 들다. 참을 수 없이 아프거나 고통스럽다. ¶눈두덩에 검붉게 이물어든 상처 자국. 시퍼렇게 이물린 상처. 이물리다('이물다'의 피동사. 뼈가 일그러져 물러나거나 부서지다).

이미 시간상으로 그보다 앞서.[〈이믜].≒벌써. 진작. 이왕에. 기위(旣爲). ¶이미 지나간 일. 이미 때가 늦었다. 철수가 이미 왔다. *철수가 이미 안 왔다. [+완료상, 과거시제. 긍정문].

1224) 일깨우다[1]: 일러 주거나 가르쳐서 깨닫게 하다.=깨우치다. 〈준〉일깨다. ¶그의 잘못을 일깨워 주다.

1225) 이름: 개인의 명칭. 사물이나 단체에 붙이는 칭호. 평판. 구실이나 명분. 명성(名聲). ¶이름을 부르다. 경치 좋기로 이름이 높다. 이름값(명성에 걸맞게 하는 행동), 이름꼴(명사형), 이름나다(유명해지다)/내다, 이름붙이다(이름짓다), 이름씨(명사), 이름없다/있다(유명하다), 이름자(字), 이름짓다, 이름패(牌), 이름표(標), 이름하다(이름지어 부르다. 이르다); 계이름(階), 대이름씨(代;대명사), 딴이름, 본이름(本), 빈이름(사실과 달리 소문난 이름. 형식적인 이름), 원이름(原), 음이름(音). ☞ 명(名).

1226) 일컫다: 특성을 나타내는 이름을 지어 부르다. 어떤 일이나 물건을 이름지어 부르다.(≒명명하다(命名). 부르다). 우러러 칭찬하거나 기리어(칭송하여) 말하다. 핑계삼다. ¶그런 사람을 일컬어 '천재'라고 한다. 효행을 길이 일컫다. 병을 일컬어 벼슬에 나아가지 아니하다.

1227) 다-이를까: 사실이 분명하고 옳으므로 더 자세히 말할 필요가 없다는 말. ¶어찌 다이를까, 부모님 은혜를.

1228) 타이르다:[←타다[6]②/탓(하다)?+이르다]. ①윗사람이 아랫사람의 잘못이나 그 요구의 부당함을 알도록 사리(事理)를 밝혀 말해 주다.≒달래다. 설득하다. 구슬리다.↔꾸짖다. 나무라다. ¶잘 달래고 타일러서 오해를 풀고 화해하여라. ②잘하도록 가르치다. ¶좀더 성실해지도록 그를 타이르다.

1229) 일찍: 일정한 시간보다 이르게. 이전에. ¶아침 일찍 일어나다. 일찌감치, 일찌거니, 일찍이, 일찍일찍이.

1230) 일-: '일찍이'의 뜻을 나타내는 말.↔늦-. ¶일깨다(잠에서 일찍이 깨다)/깨우다[2]. 일깬날(잠을 일찍이 깬 날), 일더위, 일되다(≒조숙하다.↔늦되다), 일떠나다[2](일찍이 길을 떠나다), 일바람(이른 나이에 하는 외도), 일서두르다(일찍 서두르다), 일심다(일찍 심다), 일울다(일찍 울다), 일잠(저녁에 일찍이 자는 잠), 일짓다(밥을 일찍 짓다). ☞ 조(早).

1231) 이리워저리워: 이쪽으로 나오라거니 저쪽으로 가라거니 외치는 일. 또는 그 소리.

1232) 이맛돌: 아궁이 위 앞에 가로질러 놓은 긴 돌.

1233) 이마받이[1]: ①이마를 부딪는 짓. ¶술에 취해 전봇대와 이마받이를 하였다. 이마받이하다. ②두 물체가 서로 닿을 듯이 붙어 있음. ¶달동네 집들은 추녀와 추녀가 이마받이라도 할 듯이 붙어 있다. 이마받이[2]: 장, 문갑 따위 가구의 천판(天板) 앞면 좌우 귀에 대는 쇠 장식.

1234) 이맛살: 이마에 잡힌 주름살. 이마에 붙은 살. ¶이맛살을 찌푸리다(마음이 매우 언짢거나 걱정스러워 얼굴을 찡그리다).

1235) 번대이마: 머리털이 빠져 넓은 이마. '번대머리'는 '대머리'를 뜻함.

1236) 이무깃돌: 성문(城門) 같은 데의 난간에 끼워 빗물이 흘러내리게 하는, 이무기 머리 모양의 돌로 된 홈. 이두(螭頭).

이바지 ①도움이 되게 함. 공헌함. 물건을 고루 갖추어 바라지함. [←이받(다)+이]. ¶나라 발전에 이바지한 사람들. 이바짓값(손님에게 이바지한다고 원래 가격보다 조금 낮추어 파는 값), 이바지되다/하다(돕다). ②힘들여 음식 같은 것을 보내어 줌. 또는 그 음식.[〈이바디(잔치)]. ¶손님에게 대접할 음식을 뜻하는 '이바돔'은 옛말이다. 이바지고기, 이바지떡, 이바지음식(飮食), 이바지짐(결혼 예물).

이방 질병이나 재앙을 미리 막기 위하여 하는 미신적인 행위.[←예방(豫防)].

이불 사람이 잠잘 때 덮는 침구.↔요. ¶이불을 깔다/개다. 이불의 궁중말은 '계수. 기수'다. 이불귀, 이불깃, 이불보(褓), 이불속, 이불솜, 이불안(이불의 안쪽 천), 이불잇(이불에 시치는 천. 홑이불), 이불자락, 이부자리(이불과 요), 이불장(欌), 이불줄[1237], 이불치장, 이불활개(이불 속에서 호기를 부리는 짓); 겹이불(↔홑이불), 길이불, 깃이불, 누더기이불, 누비이불, 뚜껑이불[1238], 무자이불[1239], 방이불(方;네모진 헝겊조각으로 만든 이불), 비단이불, 솜이불, 차렵이불(솜을 얇게 두어 만든 이불), 통이불(筒;자루처럼 만든 이불), 핫이불(솜이불), 홑이불, 흙이불(무덤흙) 들.

이삭 ①벼나 보리 따위에서, 꽃이 피고 꽃대의 끝에 열매가 많이 달리는 부분. ¶이삭이 패다. 이삭꼴(이삭과 같은 모양), 이삭꽃(이삭 모양으로 된 꽃), 이삭목(이삭이 매달린 부분), 이삭아지(이삭이 달릴 수 있는 작은 가지), 이삭열매, 이삭조, 이삭패기, 이삭피; 꽃이삭, 낱이삭(하나하나의 이삭), 벼이삭, 보리이삭, 아들이삭(곁줄기에서 돋아난 이삭). ②농사지은 것을 거둔 뒤에 땅에 흘리어 처진 것에서 골라 얻은 지스러기. ¶이삭꾼, 이삭줍기; 고구마이삭, 금이삭(남이 금을 캐 간 자리에서 얻는 금).

이새 바느질 따위의 여러 집안 일. 가사(家事).

이새(다) 잎이 시들어 떨어지다.

이슥-하다 밤이 매우 깊다. 시간이 얼마간 오래다. ¶밤이 이슥하도록 이야기를 나누다. 아침상을 물리고 설거지까지 끝낸 지도 이슥했다. 이슥토록, 이슥히, 이즈막하다(밤이 제법 이슥하다).

이슬 공기 중의 수증기가 기온이 내려가거나 찬 물체에 부딪칠 때 엉기어 생긴 물방울. '눈물. 덧없음. 월경이나 해산 무렵에 나오는 누르스름한 액체'를 비유하는 말. ¶아침 이슬. 풀잎에 이슬이 맺히다. 이슬로 사라지다(형장이나 싸움터에서 목숨을 잃다). 이슬겹다[1240], 이슬기(氣), 이슬꼴(이슬이 맺힌 꼴풀), 이슬땀, 이슬떨이(이슬아침에 하는 들일. 이슬을 떠는 막대기), 이슬마루(배위에 지은 뜸집의 대들보), 이슬막(이슥한 때), 이슬바심[1241], 이슬받이[1242], 이슬방울, 이슬밭, 이슬비, 이슬빛(이슬의 반짝거리는 빛. 반짝이는 눈물), 이슬아침(이슬이 채 마르지 않은 이른 아침), 이슬양(量), 이슬점(點), 이슬지다(이슬이 맺히다. 눈물이 괴어 흐르다), 이슬털이(흔드는 춤사위); 꽃이슬, 밤이슬, 비이슬, 새벽이슬, 아침이슬, 찬이슬. ☞ 로(露).

이승 살아 있는 이 세상.[←이+생(生)].↔저승. ¶이승에서 이루어지지 못한 인연. 이승잠(병중에 자는 잠).

이심이 꼭두각시놀음에 나오는 뱀도 용도 아닌 이상한 동물 인형.

이아치(다) ①자연의 힘에 의해 손해나 손실을 입다. ¶바람에 이아친 나무가 여기저기 보였다. ②거치적거리어 일에 방해를 끼치거나 손실을 입게 하다. ¶남의 일을 이아치는 못된 심술. 이치대다(성가시게 칭얼대다). 〈준〉이치다.

이악 달라붙는 기세가 매우 굳세고 끈덕진 모양. 한번 마음먹은 것은 끝까지 지켜 나가려는 태도. 이익이나 실속을 탐내어 심하게 구는 태도. 〈큰〉이억. ¶이악으로 홀로 살다 끝내 숨진 홀어머니. 이악둥이(이악스러운 아이), 이악스럽다[1243]/스레, 이악쟁이, 이악하다[1244], 이악이악·이억이억/하다.

이야 놀라거나 갑자기 힘을 쓸 때, 또는 기쁘거나 화가 날 때 외치는 소리. ¶이야, 넘어지겠다. 이야, 우승이다.

이야기 어떤 사물이나 현상에 관하여 일정한 줄거리를 잡아 하는 말이나 글. 서로 주고받는 말. 어떤 사실이나 또는 있지 아니한 일을 사실처럼 재미있게 꾸며하는 말. 소문이나 평판. 〈준〉얘기. ¶계획을 이야기하다. 이야기를 나누다. 그에 대한 이상한 이야기가 돈다. 이야깃거리, 이야기꽃, 이야기꾼, 이야기되다/하다, 이야기보따리, 이야기장(場), 이야기쟁이, 이야깃주머니(이야기보따리), 이야기줄거리, 이야기책(冊), 이야기판, 이야기하다; 뒷이야기/얘기, 마주이야기(마주 대하여 하는 이야기), 속이야기, 옛이야기. ☞ 담(談).

이야-말로 받침으로 끝나는 체언이나 부사어 뒤에 붙어, 강조하여 확인하는 뜻을 나타내는 보조사.[모음 뒤에서는 '야말로'로 쓰임]. ¶통일이야말로 우리에게 주어진 최대의 과업이다. 너야말로 애국자다. ☞ 이[4].

이엉 초가집의 지붕이나 담을 이는 데 쓰는, 짚·새 따위로 엮은 물건.[←이(다)'+엉]. 〈준〉영. ¶이엉을 엮다. 이엉을 얹다. 이엉꼬챙이, 이엉장이, 이엉지붕, 이엉초(草); 겨릅이엉(껍질을 벗긴 삼대로 엮은 이엉), 봇이엉(보굿/보;굵은 나무의 두껍고 비늘같이 생긴 껍데기), 초이엉(草).

1237) 이불줄: 광산에서, 경사가 거의 없이 이불이 깔리어 있는 것처럼 뻗어 있는 광맥(鑛脈).
1238) 뚜껑이불: 이불잇을 시치지 않은 솜이불.
1239) 무자이불: 결혼할 때 혼수로 준비하는, 폭신하고 부드러운 이불.
1240) 이슬겹다: 이슬이 차서 싫은 느낌이 있다.
1241) 이슬바심: 이슬을 맞거나, 이슬이 내린 풀섶을 헤치며 걷거나 일을 하는 짓.
1242) 이슬받이: ①이슬이 내리는 무렵. ②양쪽에 이슬 맺힌 풀이 우거진 좁은 길. ③길을 걸을 때 이슬에 젖지 않도록 허리 밑으로 두르는 도롱이. ④이슬이 내린 길을 갈 때에 맨 앞에 서서 가는 사람.=이슬떨이.
1243) 이악스럽다: ①달라붙는 기세가 굳세고 끈덕진 데가 있다. ¶그는 포기하지 않고 그 일에 이악스럽게 매달렸다. ②이익을 위하여 지나치게 아득바득하는 태도가 있다. ¶이악스러운 사람.
1244) 이악하다: ①기를 쓰고 달라붙는 기세가 끈덕지다. 〈큰〉이억하다. ¶이악하게 일을 하다. ②이익을 위하여 지나치게 아득바득하다. ¶사람이 워낙 이악하여 친구가 없다. 이악한 사람은 상대방의 처지를 전혀 고려하지 않는 속성이 있다.

ㅇ

이영차 여럿이 힘을 합치어 어떤 일을 할 때에 기운을 돋우려고 함께 내는 소리. 〈준〉여차. 영차. 이여차. ¶이영차, 노를 저어라.

이와실이 산판에서, 베어 놓은 통나무를 소발구 따위로 찻길까지 실어 나르는 삯일. ¶발구를 끌고 산판에 이와실이를 가다.

이울(다) ①꽃이나 잎 따위가 시들다. 점점 쇠약하여지다(기울다. 쇠퇴하다). ¶모란꽃이 이울다. 국운이 이울다. ②해와 달의 빛이 약해지거나 스러지다. ¶보름을 지나 이울기 시작하는 창백한 달.

이웃 가까이 있거나 나란히 이어서 경계가 닿아 있음. 또는 그런 집이나 사람. ¶이웃 마을. 이웃끼리 정답게 지내다. 이웃이 사촌보다 낫다. 이웃각(角), 이웃간(間), 이웃나라, 이웃마을, 이웃면(面), 이웃불안(不安;이웃으로 인하여 받는 괴로움), 이웃사람, 이웃사촌(四寸), 이웃집, 이웃하다(≒가깝다); 불우이웃(不遇), 삼이웃(三)[1245], 해포이웃(오랫동안 희로애락을 나누는 이웃). ☞ 인(隣).

이윽-하다[1] 지난 시간이 꽤 오래다. ¶햇살 피어 이윽한 후, 머흘머흘 골을 옮기는 구름. 이윽고(드디어)[1246].

이윽-하다[2] 느낌이 은근하다. 뜻이나 생각이 깊다. 그윽하다.

이자 위 및 간 부근 복막 밖에 있는 길이 약 15cm의 암황색의 기관. 췌장(膵臟). ¶이자관(管), 이자액(液).

이지가지 여러 가지. 수효가 많은 종류.

이지(다) ①물고기나 닭·돼지 따위 짐승이 발육이 잘 되어, 살져서 기름지다. ¶하루가 다르게 이지는 돼지. ②음식을 충분히 먹어서 배가 부르다. ¶실컷 먹어 배 속이 이지고 나면 덜 먹으려니 싶기도 했다.

이지러-지다 작은 물체의 한쪽 귀퉁이가 떨어져 없어지다. 한 쪽이 차지 아니하다.[〈이즈다/이즐다. 〈작〉야지러지다. ¶운반 도중에 도자기의 귀가 야지러졌다. 이지러진 조각달. 심보가 이지러진 아이. 이지러뜨리다/트리다, 이지러짐 들.

이짐 능청맞고 천연스러운 억지. 고집이나 떼. ¶이짐을 부리다. 밥 먹다가 이짐 쓰고 그러면 못쓴다.

이징가미 질그릇의 깨어진 조각.≒까팡이. 사금파리. ¶이징가미로 소꿉 살림을 차리다.

이짜 덕이나 은혜를 입은 사람으로부터 있을 것으로 기대하는 인사. ¶도와주어도 그는 이짜도 모른다.

이키 몹시 놀라거나 뜻밖의 상황을 접하였을 때 갑자기 나오는 소리. 남을 슬쩍 추어주면서 비웃을 때 내는 소리.=이크. ¶이키나, 이끼나[1247].

이퉁 고집(固執). ¶이퉁이 센 사람.

이틀 ①하루가 두 번 있는 시간의 길이. 두 날. 양일(兩日). ¶이틀을 꼬박 굶었다. 이틀거리(이틀을 걸러서 발작하는 학질). ②이튿날. 초이틀/날(初)'의 준말.

이판-사판 막다른 데에 이르러 더는 어찌할 수 없게 된 판.

이히히 ①자지러질 듯이 크게 웃는 소리. ②익살맞게 또는 어리석게 웃는 소리.

익(益) '더하다. 보태다. 이익·이롭다'를 뜻하는 말.↔손(損). 해(害). ¶익괘(益卦), 익금(益金), 익모초(益母草), 익실(益實), 익심(益甚), 익우(益友), 익자(益者), 익조(益鳥), 익충(益蟲); 거익(去益), 거익(巨益), 공익(公益;사회 전체의 이익), 공익(共益;공동의 이익), 광익(匡益), 광익(廣益), 국익(國益), 권익(權益), 노익장(老益壯), 다다익선(多多益善), 매매익(賣買益), 무익(無益)[도로무익(徒勞), 백해무익(百害)], 법익(法益), 보익(補益), 부익부(富益富), 분익(分益), 비익(裨益), 빈익빈(貧益貧), 사익(私益), 손익(損益), 수익(收益), 수익(受益)[수익권(權), 수익자(者)], 실익(實益), 용익(用益), 유익(有益), 유익(誘益), 응익주의(應益主義), 이익(利益), 일익(日益), 자익(自益), 증익(增益), 차익(差益), 편익(便益), 향익(享益), 홍익인간(弘益人間), 홍익(鴻益), 회수익(回收益) 들.

익(翼) '날개. 돕다'를 뜻하는 말. ¶익각(翼角;날갯부리), 익공(翼工/栱;)[익공집, 익공짜기; 단익공(單)], 익근(翼筋), 익단(翼端), 익랑(翼廊), 익면(翼面), 익면적(翼面積), 익벽(翼壁;날개벽), 익보(翼輔), 익사(翼舍;날개집), 익선관(翼善冠), 익성(翼星), 익실(翼室;본채의 양쪽에 달린 방), 익좌(翼左), 익찬(翼贊), 익판(翼瓣); 난익(卵翼;품에 안아서 고이 기름. 卵育), 미익(尾翼), 보조익(補助翼), 보익(輔翼/翊), 복익(伏翼;박쥐), 부익(扶翼), 붕익(鵬翼), 비익(比翼), 비익조(比翼鳥), 비익(鼻翼), 삼각익(三角翼), 상익(上翼), 선익지(蟬翼紙), 시익(翅翼), 쌍익(雙翼), 양익(兩翼), 연익(燕翼), 우익(右翼), 우익(羽翼), 유익탄(有翼彈), 은익(銀翼), 일익(一翼), 조익(鳥翼), 좌익(左翼), 주익(主翼), 하익(下翼), 회전익(回轉翼) 들.

익(匿) '숨기다'를 뜻하는 말. ¶익공(匿空;몸을 숨기기 위한 구멍), 익년(匿年;나이를 속임), 익명(匿名)[익명비평(/批評), 익명서(書), 익명성(性), 익명조합(組合), 익명투표(投票;무기명투표)]; 도닉(逃匿), 비닉(庇匿), 비닉(秘匿), 엄닉(掩匿), 은닉(隱匿), 잠닉(潛匿), 잠복장닉(潛伏藏匿)/장닉(藏匿), 전익(轉匿;다시 감춤), 피닉(避匿) 들.

익(溺) '빠지다'를 뜻하는 말. ¶익곡(溺谷;빠진골), 익몰(溺沒), 익사(溺死)[익사자(者), 익사체(體), 익사하다], 익애(溺愛;사랑에 빠짐), 익음(溺音;음탕한 소리), 익직(溺職;맡은 일을 감당하지 못함); 몰닉(沒溺), 침닉(沈溺), 탐닉(耽溺), 함닉(陷溺), 혹닉(惑溺) 들.

익(翌) '이듬·다음의'를 뜻하는 말. ¶익년(翌年), 익석(翌夕), 익야(翌夜), 익월(翌月), 익일(翌日), 익조(翌朝), 익주(翌週), 익추(翌秋), 익효(翌曉) 들.

익(翊) '돕다'를 뜻하는 말. ¶익대(翊/翼戴;정성스럽게 받들어 추대함), 익성(翊成), 익익하다(翊翊;삼가고 조심하다), 익찬(翊/翼贊); 보익(輔翊/翼) 들.

1245) 삼이웃(三): 이쪽저쪽의 가까운 이웃.
1246) 이윽고: ①한참 만에. 얼마 있다가. ¶이윽고 해가 뜨기 시작했다. ②어떤 일의 결과로 마침내.≒드디어. ¶이윽고 날이 밝자 모두 떠났다.
1247) 이끼나: 놀라 급히 뒤로 물러설 듯이 지르는 소리. 〈준〉이끼.

익(弋) '주살(오늬에 줄을 매어 쏘는 화살). 사냥하다'를 뜻하는 말. ¶익렵(弋獵;날짐승을 활로 쏘아 잡고 길짐승을 좇아가 잡음), 익사(弋射;弋獵).

익(다)¹ ①열매나 씨가 여물다. ¶감이 익다. 농익다(濃)[1248], 무르익다[1249]. ②날것이 뜨거운 열을 받아 연하게 또는 무르게 되다. ≒끓이다. 굽다. 삶다. 지지다.↔설다. ¶익은 밥 먹고 선소리 한다. 덜 익은 밥. 익반죽(끓는 물로 한 반죽.↔날반죽), 익은이(삶아 익힌 쇠고기), 익히다¹(익게 하다); 데익다(설익다), 설익다. ③술 · 김치 · 장 따위가 맛이 들다. ¶김치가 익다. 익은지(익은 김치). ☞ 숙(熟).

익(다)² 여러 번 겪어 서투르거나 설지 아니하다.↔설다. ¶목소리가 귀에 익다. 익달하다(손에 익어서 매우 능하다), 익삭이다(분한 마음을 꾹 눌러 참다), 익수(手;어떤 것에 익숙한 사람), 익숙하다(熟), 익숙히, 익은말(숙어), 익은소리, 익히, 익히다²(같은 일을 여러 번 반복하여 혼자 익숙하게 하다.≒공부하다. 배우다), 익힘[익힘그림, 익힘문제(問題), 익힘책(冊); 낯익힘]; 낯익다/익히다, 눈익다, 수익다(手), 신익다(神;어떤 일에 매우 익숙하다), 판수익다(↔판설다) 들.

익더귀 ①새매의 암컷.↔난추니. ②토끼 잡는 매.[←itelgü〈몽〉].

익살 남을 웃기려고 일부러 하는 우스운 말이나 짓.≒우스개. 골계(滑稽). ¶익살을 떨다. 익살 섞인 웃음. 익살스러운 표정. 익살극(劇), 익살꾸러기, 익살꾼, 익살떨다. 익살맞다, 익살부리다. 익살소설(小說;해학소설), 익살스럽다, 익살쟁이 들.

인 여러 번 거듭되어 몸에 깊이 배거나 버릇으로 굳어진 일. ¶술과 담배에 인이 박여 좀처럼 끊지 못한다. 인이 오다(약물 따위에 중독된 사람이 약기운이 떨어져 고통을 받다). 인박이다(버릇이 되다시피 깊이 배거나 빠지다).

인(人) '사람. 백성. 사람의 됨됨이. 사람이 만든. 남[타인(他人)]'을 뜻하는 말. 사람을 세는 말. §접미사로 쓰일 때는, '-자(者)'보다는 품격이 높으며, '-가(家)'와도 일부 같이 쓰임. ¶인의 장막. 인에서 인을 못 고른다. 인에 둘리다(여러 사람의 운김에 정신이 휘둘리며 어지럽다). 7인의 미녀. 인가(人家), 인가난, 인간(人間)[1250], 인건/비(人件/費), 인걸(人傑), 인격(人格)[1251], 인견(人絹;인조견), 인계(人界), 인골(人骨), 인공(人工)[1252], 인교(人巧), 인구(人口)[1253], 인군(人君), 인권(人權)[인권유린(蹂躪), 인권침해(侵害); 기본적인권(基本的), 천부인권(天賦)], 인귀/상방(人鬼/相半), 인귀(人貴), 인금[1254], 인기(人氣)[1255], 인기(人器), 인기아취(人棄我取), 인기척(≒헛기침)/하다, 인날[人日], 인내(사람 냄새), 인내천(人乃天), 인노(人奴), 인덕(人德), 인도(人道)[1256], 인두(人頭), 인두겁[1257], 인두세(人頭稅), 인둘리다[1258], 인력(人力)[인력감사(監査), 인력거/꾼(車), 인력난(難), 인력수출(輸出), 인력시장(市場)], 인례(人禮), 인류(人類)[1259], 인륜(人倫)[인륜대사(大事)], 인리(人

1248) 농익다(濃): ①과실 따위가 무르익다. ②일이나 분위기 따위가 성숙한 것을 비유적으로 이르는 말. ¶배우의 농익은 연기. 분위기가 농익었으니 노래를 부르자.

1249) 무르익다: ①과일 · 곡식 따위가 푹 익다. ②시기나 일이 충분히 성숙되다.↔설익다.

1250) 인간(人間): 언어를 가지고 사고할 줄 알고 사회를 이루며 사는 지구상의 고등 동물. 사람이 사는 세상. 사람의 됨됨이. ¶인간의 본성은 선하다. 인간계(界), 인간고(苦), 인간고해(苦海), 인간공학(工學), 인간관(觀), 인간관계(關係), 인간군(群), 인간답다, 인간독(dock;병원에 단기간 입원하여 정밀검사를 받는 일), 인간띠, 인간력(力), 인간말짜(末;아주 못된 사람이나 쓸모없는 인간), 인간머리(인간을 낮잡아 이르는 말), 인간문화재(文化財), 인간미(味), 인각벽력(霹靂;銃), 인간사(事), 인간상(像), 인간생태학(生態學), 인간성(性), 인간세계(世界), 인간소외(疏外), 인간숭배(崇拜), 인간신(神), 인간쓰레기(쓸모없는 사람), 인간악(惡), 인간애(愛), 인간연(緣;인간의 인연), 인간이별(離別;죽음), 인간적(的), 인간존재(存在), 인간주의(主義), 인간질(사람노릇), 인간처(處;사람이 사는 근처), 인간탐구(探究), 인간학(學), 인간행락(行樂), 인간형(型), 인간화/되다/하다(化); 비인간(非), 식물인간(植物), 인조인간(人造), 초인간(超), 투명인간(透明), 홍익인간(弘益).

1251) 인격(人格): 사람으로서의 품격. 권리 능력이 있고 법률상 독자적 가치가 인정되는 자격. 개인의 정신적 특성. 도덕적 행위의 주체가 되는 개인. ¶인격을 갖추다. 탁월한 인격의 소유자. 인격교육(教育), 인격권(權), 인격미(美), 인격반응(反應), 인격분열(分裂), 인격성(性), 인격신(神;인격을 지닌 신), 인격자(者), 인격장애(障碍), 인격적(的), 인격조사(調查), 인격주의(主義), 인격책임론(責任論), 인격통일(統一), 인격화/하다(化); 몰인격(沒), 법인격(法;권리와 의무가 귀속되는 법률상의 인격), 이중인격(二重), 전인격(全), 초인격(超).

1252) 인공(人工↔自然. 天然): 인공가루반이[인공수정(受精)], 인공감미료(甘味料), 인공강설(降雪), 인공강우(降雨), 인공결정(結晶), 인공고막(鼓膜), 인공골(骨;인공뼈), 인공골재(骨材), 인공공물(公物), 인공교배(交配), 인공기관(器官), 인공기상(氣象), 인공기흉/요법(人工氣胸/療法), 인공단위생식(單爲生殖), 인공돌연변이(突然變異), 인공동면(冬眠), 인공두뇌(頭腦), 인공뢰(雷), 인공림(林), 인공면역(免疫), 인공미(美;예술미.↔자연미), 인공방사능(放射能), 인공번식법(繁殖法), 인공부화(孵化), 인공소생법(蘇生法), 인공수분(受粉), 인공수정(受精), 인공신장(腎臟), 인공심장(心臟), 인공심폐(心肺), 인공어(語), 인공영양(營養), 인공온천(溫泉), 인공원소(元素), 인공위성(衛星), 인공유산(流產), 인공육(肉;인조고기), 인공음성(音聲), 인공인간(人間), 인공장기(臟器), 인공장애물(障碍物), 인공적(的), 인공정받이(精), 인공조림(造林), 인공조명(照明), 인공중력(重力), 인공지능(知能), 인공진주(眞珠), 인공치(齒), 인공투석(透析), 인공판(瓣), 인공항(港), 인공항문(肛門), 인공행성(行星), 인공혈관(血管), 인공호(湖), 인공호흡(呼吸), 인공효소(酵素), 인공후두(喉頭).

1253) 인구(人口): 인구과소(過少), 인구과잉(過剩), 인구구성(構成), 인구노령화(老齡化), 인구동태(動態), 인구론(論), 인구문제(問題), 인구밀도(密度), 인구수(數), 인구역류(逆流), 인구요인(要因), 인구이론(理論), 인구정책(政策), 인구정태(靜態), 인구조사(調查), 인구지수(指數), 인구통계(統計), 인구피라미드(pyramid), 인구학(學); 가용인구(可容;부양이 가능한 인구), 경제활동인구(經濟活動), 계획인구(計劃), 교육인구(教育), 노동인구(勞動), 농업인구(農業), 비노동력인구(非勞動力), 비/노동인구(非/勞動), 도시인구(都市), 산업별인구(產業別), 상주인구(常住), 실업인구(失業), 안정인구(安定), 유동인구(流動), 유령인구(幽靈), 유업인구(有業), 유입인구(流入), 장래인구(將來), 적정인구(適正), 전인구(全), 정지인구(靜止), 종속인구(從屬), 추계인구(推計), 취업인구(就業), 포화인구(飽和), 현재인구(現在).

1254) 인금(人)[-끔]: 사람의 가치나 인격적인 됨됨이. ¶인금이 나가다.

1255) 인기(人氣)[-끼]: ①세상 사람의 좋은 평판. ¶인기가 좋다. 인기를 끌다. 인기리(裡), 인기몰이, 인기상(賞), 인기상승(上昇), 인기연예인(演藝人), 인기인(人), 인기정책(政策), 인기주(株), 인기주의(主義), 인기직업(職業), 인기투표/하다(投票); 대인기(大). ②사람의 기개.

1256) 인도(人道): ①사람이 다니는 길.↔차도(車道). ¶인도교(橋). ②사람으로서 마땅히 지키어야 할 도리. ¶인도에 어긋나다. 인도교(敎), 인도적(的), 인도주의/자/적(主義/者/的).

1257) 인두겁: 사람의 탈이나 겉모양. ¶인두겁을 쓰다(행실이나 바탕이 사람답지 못하다). 그게 어디 인두겁을 쓰고 할 노릇인가? §'두겁'은 '가늘고 긴 물건의 끝에 씌우는 뚜껑'을 뜻함.

1258) 인둘리다(人): 여러 사람의 운김에 취하여 정신이 어지러워지다.

里), 인마(人馬), 인망(人望), 인맥(人脈), 인면(人面), 인명(人名), 인명(人命)[인명재천(在天)], 인모(人毛)[인모망건(網巾)], 인목(人目), 인목(人牧), 인문(人文)[1260], 인물(人物)[1261], 인민(人民)[1262], 인보험(人保險), 인복(人福), 인본주의(人本主義), 인부(人夫;일꾼), 인부(人負), 인부심[1263], 인부정(人不淨), 인분(人糞), 인불(人不), 인비(人秘), 인비늘(피부 각질), 인비목석(人非木石), 인사(人士;名士)[유명인사(有名), 저명인사(著名)], 인사(人事)[1264], 인산인해(人山人海), 인삼(人蔘)[백삼, 산삼, 수삼, 홍삼], 인상(人相;사람의 얼굴 생김새와 골격)[인상서(書), 인상착의(着衣), 인상학(學)], 인생(人生)[1265], 인석(人石), 인선(人仙;부처), 인선(人選), 인성(人性;사람의 성품)[인성교육(教育), 인성학(學)], 인성(人聲), 인세(人稅), 인수(人數), 인시(人時), 인신(人臣), 인신(人身)[인신공격(攻擊), 인신권(權), 인신매매(賣買), 인신보호(保護), 인신불가침(不可侵), 인신사고(事故)], 인심(人心)[1266], 인아(人我), 인아(人痾), 인어(人魚), 인어(人語), 인언(人言), 인업(人;사람으로 태어난 업), 인연(人煙), 인영(人迎), 인영(人影), 인요(人妖), 인욕(人慾), 인원(人員)[연인원(延)], 인위(人位), 인위(人爲)[1267], 인유(人乳), 인육(人肉), 인의(人義), 인의(人意), 인자(人子), 인작(人作), 인작(人爵), 인재(人才), 인재(人材)[인재난(難), 인재등용(登用), 인재은행(銀行)], 인적(人的)[1268], 인적(人跡/迹)[인적미답(未踏), 인적부도(不到)], 인정(人丁;人夫), 인정(人情)[1269], 인정(人定)[1270], 인정신문(人定訊問), 인정법(人定法), 인조(人造)[1271], 인종(人種)[1272], 인주(人主), 인줄[1273], 인중(人中)[1274], 인중(人衆), 인중백(人中白), 인쥐(부정한 사람), 인증(人證), 인지미발(人智未發), 인지상정(人之常情), 인질(人質;볼모), 인질극(人質劇), 인차(人車), 인척(人尺), 인천(人天), 인체(人體), 인총(人總;인구), 인총(人叢;한곳에 모인 사람의 무리), 인칭(人稱), 인파(人波), 인편(人便;오거나 가는 사람의 편), 인품(人品;사람의 품격이나 됨됨이), 인풍(人風), 인해(人海)[인해전술(戰術); 인산인해(人山)], 인형(人形)[1275], 인호(人戶), 인호(人豪), 인화(人和); 가인(佳人), 가인(家人), 가인(歌人), 가공인(架空人), 가설인(假設人), 가요인(歌謠人), 각인(各人)[각인각색(各色), 각인각성(各姓)], 간병인(看病人), 간사인(幹事人), 간인(奸人), 감시인(監視人), 감정인(鑑定人), 감표인(監票人), 개개인(箇箇人), 개인(個人), 개화인(開化人), 객인(客人;손님. 객쩍은 사람), 거인(巨人), 거인(擧人), 걸인(乞人), 걸인(傑人), 검량인(檢量人), 검사인(檢查人), 검수인(檢數人), 경거인(京居人)/경인(京人), 경계인(境界人), 경락인(競落人), 경매인(競賣人), 경영인(經營人), 경제인(經濟人), 경호인(警護人), 계세징인(戒世懲

1259) 인류(人類): 사람. 세계의 모든 사람. ¶인류의 역사. 인류공영(共榮), 인류권(圈), 인류사(史), 인류시대(時代), 인류애(愛), 인류유전학(遺傳學), 인류적(的), 인류지(誌), 인류지리학(地理學), 인류학(學)[인류학자(者); 고고인류학(考古), 문화인류학(文化), 자연인류학(自然)]; 현생인류(現生), 현세인류(現世), 화석인류(化石).

1260) 인문(人文): 인류의 문화. 인륜의 질서. ¶인문계(系), 인문과학(科學), 인문교육(教育), 인문사회(社會), 인문신화(神話), 인문적(的), 인문주의(主義), 인문지리/학(地理/學), 인문학(學), 인문환경(環境).

1261) 인물(人物): 생김새나 됨됨이로 본 사람. 일정한 상황에서 어떤 역할을 하는 사람. 뛰어난 사람. ¶인물이 훤하다. 인물이 반반하다. 소설에 등장하는 인물. 당대의 인물. 인물이 없다. 인물가난, 인물값, 인물고사(考查), 인물난(難), 인물도(圖;人物畵), 인물상(像), 인물주의(主義), 인물추심(推尋), 인물평(評), 인물형(型), 인물화(畵); 가공인물(架空), 간기인물(間氣;여러 세대에 걸쳐 드물게 뛰어난 기품을 타고난 인물), 극중인물(劇中), 대인물(大), 도석인물(道釋;한국화에 나타나는 신선이나 부처, 고승 따위의 인물), 등장인물(登場), 막후인물(幕後), 반동인물(反動), 보조적인물(補助的), 새인물, 소인물(小), 신인물(新;새인물), 요주의인물(要注意), 위험인물(危險), 작중인물(作中), 주동인물(主動), 주변인물(周邊人物), 주의인물(注意), 중심인물(中心), 중추인물(中樞), 호인물(好)/호인(好人).

1262) 인민(人民): 국가를 구성하고 있는 자연인. 민중(民衆). ¶인민공화국(共和國), 인민재판(裁判), 인민적(的), 인민전선(戰線), 인민주권(主權), 인민항쟁(抗爭), 인민혁명(革命).

1263) 인부심(人): 아이를 낳은 집에서, 인부정(人不淨)을 막는다는 뜻으로 2년마다 수수떡을 만들어 앞뒷문에 놓고 지나가는 사람에게 나누어 먹이던 일.

1264) 인사(人事): ①만나거나 헤어질 때에 언행으로 예를 나타내는 일.≒절[2]. 사람들 사이에 지켜야 할 예의. 또는 그 일. ¶눈으로 인사를 하다. 선물로 인사를 차렸다. 그것은 인사가 아니다. 인사말, 인사범절(凡節), 인사법(法)[1], 인사불상(不祥), 인사불성(不省), 인사성(性), 인사정신(精神), 인사조(調), 인사차림, 인사치레/하다; 고별인사(告別;작별을 알리는 인사), 눈인사, 빈인사(마음 없이 말로만 하는 인사), 수인사(修;인사를 차림), 애벌인사(첫인사), 입인사(人事), 첫인사, 턱인사, 평인사(平;특별한 격식을 차리지 않고 인사함). ②개인의 의식 · 능력 · 신분에 관한 일. ¶인사 문제를 의논하다. 인사감사(監査), 인사고과(考課), 인사과(課), 인사관리(管理), 인사권/자(權/者), 인사란(欄), 인사법(法)[2], 인사비밀(秘密), 인사소송/법(訴訟/法), 인사이동(移動), 인사적체(積滯), 인사행정(行政).

1265) 인생(人生): 사람이 세상을 살아가는 일. 사람이 살아가는 기간. ¶행복한 인생. 인생의 황금기. 인생관(觀), 인생극장(劇場), 인생길, 인생독본(讀本), 인생무상(無常), 인생살이, 인생철학(哲學), 인생행로(行路), 인생훈(訓); 부유인생(蜉蝣), 초로인생(草露).

1266) 인심(人心): 사람의 마음. 남의 딱한 사정을 헤아려 알아주고 도와주는 마음. 백성의 마음. ¶넉넉한 시골 인심. 인심을 얻다. 인심이 각박하다. 인심을 살피다. 인심덕(德), 인심사납다, 인심사다, 인심세태(世態), 인심소관(所關), 인심쓰다, 인심잃다.

1267) 인위(人爲): 자연의 힘이 아닌 사람의 힘으로 이루어지는 일.≒인공(人工).↔자연(自然). ¶인위도태(淘汰), 인위법(法), 인위분류(分類), 인위사회(社會), 인위선택(選擇), 인위적(的)[인위적경계(境界), 인위적돌연변이(突然變異)], 인위호(湖).

1268) 인적(人的): 사람에 관한(것). ¶인적계정(計定), 인적공제(控除), 인적관계(關係), 인적담보(擔保), 인적상호(商號), 인적신용(信用), 인적영향(影響), 인적위험(危險), 인적자원(資源), 인적증거(證據), 인적집행(執行), 인적책임(責任), 인적편성주의(編成主義), 인적항변(抗辯), 인적회사(會社).

1269) 인정(人情): 남을 동정하는 따뜻한 마음. 사람의 본디 마음. 세상 사람의 마음. 〈작〉얀정. ¶인정가화(佳話), 인정간(間), 인정답다, 얀정머리 · 인정머리/없다, 얀정없다, 인정물태(物態), 인정미(味), 인정사정/없다(事情), 인정세태(世態), 인정소설(小說), 인정스럽다, 인정주머니(인정을 쓰는 마음); 몰인정(沒人情), 불근인정(不近)/불인정(不).

1270) 인정(人定): 밤에 통행을 금하게 하기 위하여 종을 치던 일. 인경.↔파루(罷漏).

1271) 인조(人造): 사람이 만듦. 또는 그런 물건. 인공(人工). ¶인조가죽, 인조견(絹), 인조견사(絹紗), 인조고기, 인조고무, 인조금(金), 인조다이아몬드(diamond), 인조대리석(大理石), 인조면(綿), 인조물(物), 인조물감, 인조미(米), 인조보석(寶石), 인조빙(氷), 인조사향(麝香), 인조석(石), 인조석유(石油), 인조섬유(纖維), 인조수지(樹脂), 인조염료(染料), 인조인간(人間), 인조잔디, 인조진주(眞珠), 인조피혁(皮革), 인조호(湖).

1272) 인종(人種): 사람의 씨. ¶인종문제(問題), 인종적(的), 인종주의(主義), 인종차별(差別), 인종학(學); 백인종(白), 황인종(黃), 흑인종(黑).

1273) 인줄(人): 부정을 꺼리어 사람이 함부로 드나들지 못하도록 문이나 길어귀에 건너질러 매는 줄. 금줄(禁).

1274) 인중(人中): 코와 윗입술 사이에 오목하게 골이 진 곳. ¶인중이 길다(수명이 길 것이다).

1275) 인형(人形): 인형극(劇), 인형놀음, 인형버섯, 인형영화(映畵), 인형주(柱); 꼬마인형, 동인형(胴;내장이 보이도록 만든 인형), 자동인형(自動).

人), 계승인(繼承人), 고인(古人), 고인(故人), 고인(雇人), 고대인(古代人), 고발인(告發人), 고소인(告訴人), 고용인(雇用人), 고용인(雇傭人), 공납인(貢納人), 공소인(控訴人), 공술인(公述人), 공인(工人), 공인(公人), 공인(貢人), 공증인(公證人), 과인(過人), 과인(寡人|朕), 관인(官人), 관람인(觀覽人), 관리인(管理人), 관재인(管財人), 광인(狂人), 광고인(廣告人), 광호인(廣呼人), 교인(敎人), 교양인(敎養人), 교화인(敎化人), 구인(仇人), 구인(求人), 구인(救人), 구인(舊人), 구대인(舊代人), 구행인(久行人), 국외인(局外人), 국인(國人), 군인(軍人), 궁인(弓人), 궁인(宮人), 궁인(窮人), 권해인(勸解人), 귀인(貴人), 귀화인(歸化人), 극인(棘人;喪制), 극악인(極惡人), 근간인(勤幹人), 근대인(近代人), 금인(今人), 금융인(金融人), 급병인(急病人), 기인(奇人), 기인(其人), 기인(飢人), 기인(欺人), 기인(棄人), 기인(旗人), 기능인(技能人), 기독교인(基督敎人), 기성인(旣成人), 기술인(技術人), 기업인(企業人), 기탁인(寄託人), 길인(吉人), 나인(←內人), 낙선인(落選人), 남인(南人), 낭인(浪人), 낚시인, 내인(內人), 내국인(內國人), 내왕인(來往人), 네안데르탈인(Neanderthal人), 노인(老人), 노인(路人), 노성인(老成人), 농인(農人), 농지인(農地人), 단인(端人;단정한 사람), 달인(達人), 담보인(擔保人), 담제인(禫祭人), 당인(當人), 당인(黨人), 당대인(當代人), 당선인(當選人), 대인(大人), 대인(代人), 대인(待人), 대인/권(對人/權), 대국인(大國人), 대리인(代理人), 대무인(代務人), 대변인(代辯人), 대서인(代書人), 대종교인(大倧敎人), 대통인(臺通人), 대판인(代辦人), 대표인(代表人), 대학인(大學人), 덕인(德人), 덕천인(德川人), 도인(島人), 도인(道人), 도인(盜人), 도급인(都給人), 도망인(逃亡人), 도매인(都賣人), 도시인(都市人), 독립인(獨立人), 독륭인(篤癃人), 독립인(獨立人), 독서인(讀書人), 동인(同人), 동인(東人), 동인(銅人), 동인(瞳人), 동거인(同居人), 동명인(同名人), 동명이인(同名異人), 동색인(銅色人), 동숙인(同宿人), 동시대인(同時代人), 동일인(同一人), 동행인(同行人), 동향인(同鄕人), 동호인(同好人), 득인(得人), 만인(萬人), 만인(蠻人), 만능인(萬能人), 망인(亡人), 망국인(亡國人), 망화인(望火人), 매도인(賣渡人), 매서인(賣書人), 매수인(買收人), 매수인(買受人), 매인(每人;사람마다), 매장인(埋葬人), 맹인(盲人), 명인(名人), 명의인(名義人), 모모인(某某人), 모인(某人), 모반인(謀反人), 모반인(謀叛人), 모서인(謀書人), 모집인(募集人), 모탈인(冒頉人), 목인(木人), 목인(牧人), 목우인(木偶人), 몽매인(蒙昧人), 무인(武人), 무인(舞人), 무인(無人), 무국적인(無國籍人), 무대인(舞臺人), 무명인(無名人), 무속인(巫俗人), 무안인(無眼人), 무이인(無耳人), 무재인(無才人), 무형인(無形人), 문인(文人), 문인(門人), 문명인(文明人), 문필인(文筆人), 문하인(門下人), 문학인(文學人), 문화인(文化人), 미인(美人), 미개인(未開人), 미망인(未亡人), 미용인(美容人), 민간인(民間人), 민원인(民願人), 박명인(薄命人), 반인(泮人), 반부인(班祔人), 발기인(發起人), 발두인(發頭人), 발명인(發明人), 발신인(發信人;보내는이), 발행인(發行人), 방인(邦人), 방인(傍人), 방인(旅人), 방관인(傍觀人), 방송인(放送人), 방외인(方外人), 방청인(傍聽人), 배급인(配給人), 배서인(背書人), 배종인(陪從人), 백인(白人), 백인(百人), 백의인(白衣人), 범인(凡人), 범인(犯人), 범죄인(犯罪人), 법인(法人), 법조인(法曹人), 베이징인(Beijing人|北京), 변론인(辯論人), 변호인(辯護人), 별인(別人), 병인(病人), 병작인(竝作人), 병종인(病從人), 보관인(保管人), 보조인(補助人), 보좌인(補佐人), 보증인(保證人), 보지인(保持人), 보행인(步行人), 복인(服人), 복인(福人), 복대리인(複代理人), 본인(本人), 본국인(本國人), 본토인(本土人), 부시인(赴試人), 부인(父人), 부인(婦人), 북인(北人), 불인(不人), 불교인(佛敎人), 비인(非人), 비인(飛人;법당의 천장이나 벽에 그린 나는 사람의 모양), 비인(鄙/卑人), 비범인(非凡人), 빙인(氷人), 사인(士人), 사인(死人), 사인(私人), 사인(邪人), 사인(詞人), 사망인(死亡人), 사색인(思索人), 사시안인(斜視眼人), 사양인(飼養人), 사용인(使用人), 사육인(飼育人), 사인여천(事人如天), 사회인(社會人), 산인(山人), 산인(散人), 산악인(山岳人), 살인(殺人), 상인(上人), 상인(常人), 상인(商人), 상인(喪人), 상고인(上告人), 상공인(商工人), 상동인(上洞人), 상속인(相續人), 상양인(上陽人), 생인(生人), 생산인(生産人), 생활인(生活人), 서인(西人), 서인(庶人), 서명인(署名人), 서재인(書齋人), 석인(石人), 석인(昔人), 석인(碩人), 선인(先人), 선인(仙人), 선인(善), 선인(船人), 선인(選人), 선거인(選擧人), 성인(成人), 성인(聖人), 세인(世人), 세인(細人), 세간인(世間人), 세계인(世界人), 세공인(細工人), 소인(小人), 소인(素人), 소인(騷人), 소매인(小賣人), 소양인(少陽人), 소송인(訴訟人), 소원인(訴願人), 소유인(所有人), 소음인(少陰人), 소작인(小作人), 소지인(所持人), 속인(俗人), 속인(屬人), 송금인(送金人), 송하인(送荷人), 송화인(送貨人), 수인(囚人), 수인(數人), 수교인(受敎人), 수금인(收金人), 수급인(受給人), 수령인(受領人), 수뢰인(受賂人), 수묘인(守墓人), 수신인(受信人;받는사람), 수심인(受審人), 수임인(受任人), 수종인(隨從人), 수죄인(首罪人), 수천인(繡薦人), 수취인(收取人), 수치인(受置人), 수탁인(受託人), 수하인(受荷人), 수행인(隨行人), 수화인(受貨人), 숙박인(宿泊人), 순염인(巡鹽人), 승계인(承繼人), 시인(矢人), 시인(時人), 시인(詩人), 시정인(市井人), 시하인(侍下人), 식인(食人), 신인(新人), 신인(信人), 신인(愼人), 신고인(申告人), 신문인(新聞人), 신앙인(信仰人), 신청인(申請人), 실인(室人), 심인(尋人), 심상인(心喪人), 심제인(心制人), 십악인(十惡人), 악인(惡人), 악인(樂人), 안인(安人), 안중인(眼中人), 안내인(案內人), 안중인(眼中人), 압공인(押貢人), 애인(艾人), 애인(愛人), 애견인(愛犬人), 야만인(野蠻人), 야상인(夜商人), 야생인(野生人), 야인(野人), 약인(略人), 양도인(讓渡人), 양수인(讓受人), 양인(良人), 양인(兩人), 양인(洋人), 억조인(億兆人), 언론인(言論人), 여인(女人), 여인(旅人), 여인(麗人), 여항인(閭巷人), 역인(役人), 역인(驛人), 연인(戀人), 연극인(演劇人), 연기인(演技人), 연예인(演藝人), 연화중인(煙火中人), 열인(閱人), 열람인(閱覽人), 염향인(染香人), 영인(佞人), 영인(伶人), 영농인(營農人), 영수인(領收人), 영화인(映畵人), 예능인(藝能人), 예술인(藝術人), 오인(吾人;나. 우리 인류), 옥리인(屋裏人), 옥인(玉人), 완인(完人), 왕인(王人), 왕래인(往來人), 왜인(倭人), 왜인(矮人), 외계인(外界人), 외교인(外敎人), 외국인(外國人), 외방인(外邦人), 외인(外人), 요인(妖人), 요인(要人), 요리인(料理人), 요시찰인(要視察人), 용인(用人), 용인(庸人), 용인(傭人), 우인(友人), 우인(愚人), 우인(虞人), 우주인(宇宙人), 운인(韻人), 운송인(運送人), 원거인(原居人), 원인(猿人), 원인(願人), 원매인(願買人), 원매인(願賣人), 원시인(原始人)/원인(原人), 원주인(原住

ㅇ

人), 월등인(越等人), 위인(偉人;난사람), 위인(爲人), 위사인(爲事人), 위임인(委任人), 위탁인(委託人), 유인(有人), 유인(幽人), 유인(流人), 유인(遊人), 유인(孺人), 유목인(遊牧人), 유색인(有色人), 유역인(有役人), 유죄인(有罪人), 유치인(留置人), 유형인(有形人), 육지인(陸地人), 은인(恩人), 은인(隱人), 음악인(音樂人), 음양인(陰陽人), 읍저인(邑邸人), 응문인(應問人), 의인(義人), 의인(擬人), 의뢰인(依賴人), 의료인(醫療人), 이인(二人), 이인(異人), 이목인(移牧人), 이방인(異邦人), 이성인(理性人), 이소인(泥塑人), 이어인(異於人), 이해관계인(利害關係人), 인인(隣人), 인과인(因果人), 인기인(人氣人), 인쇄인(印刷人), 인수인(引受人), 일반인(一般人), 임인(壬人), 임대인(賃貸人), 임대차인(賃貸借人), 임차인(賃借人), 임치인(任置人), 입찰인(入札人), 입회인(立會人), 자국인(自國人), 자연인(自然人), 자유인(自由人), 작인(作人), 잡인(雜人), 장인(丈人), 장인(匠人), 장본인(張本人)[1276], 장애인(障碍人), 재인(才人), 재계인(財界人), 재봉인(齋奉人), 저하인(低下人), 적국인(敵國人), 적사인(積仕人), 적인(敵人), 적인(狄人), 적송인(積送人), 전인(全人), 전인(前人), 전인(專人), 전교인(傳教人), 전광인(癲狂人), 전매인(專賣人), 전차인(轉借人), 절인(絕人), 접대인(接待人), 접수인(接受人), 정인(正人), 정인(淨人), 정인(情人), 정당인(政黨人), 정치인(政治人), 제삼국인(第三國人), 조인(鳥人), 조인(釣人;낚시꾼), 조인(稠人), 족인(族人), 존대인(尊大人), 종인(宗人), 종교인(宗教人), 죄인(罪人), 주변인(周邊人), 주인(主人), 주거인(住居人), 주변인(周邊人), 주선인(周旋人), 중인(中人), 중인(衆人), 중개인(仲介人), 중등인(中等人), 중립인(中立人), 중매인(仲媒人), 중매인(仲買人), 중병인(重病人), 중시인(重試人), 중재인(仲裁人), 중죄인(重罪人), 증인(證人), 증거인(證據人), 지인(至人), 지인(知人), 지급인(支給人), 지명인(指名人), 지방인(地方人), 지배인(支配人), 지불인(支拂人), 지사인(知事人), 지성인(知性人), 지숙인(止宿人), 지시인(指示人), 지식인(知識人), 지음인(知音人), 지참인(持參人), 지행인(知行人), 직업인(職業人), 직인(職人), 직장인(職場人), 진인(津人), 진인(眞人), 진출인(振出人), 집행인(執行人), 차가인(借家人), 차용인(借用人), 차인/꾼(差人), 차지인(借地人), 참가인(參加人), 참고인(參考人), 참관인(參觀人), 참예인(參詣人), 채삼인(採蔘人), 채약인(採藥人), 채취인(採取人), 천인(天人), 천인(賤人), 천인(遷人), 천만인(千萬人), 천주교인(天主教人), 철인(哲人), 철인(鐵人), 청구인(請求人), 청부인(請負人), 청산인(淸算人), 청죄인(聽罪人), 청첩인(請牒人), 체송인(遞送人), 체육인(體育人), 초인(超人)[초인문학(文學), 초인적(的)], 초인(樵人), 총인(寵人), 최귀인(最貴人), 최승인(最勝人), 추은인(推恩人), 추천인(推薦人), 출두인(出頭人), 출옥인(出獄人), 출원인(出願人), 출입인(出入人), 출자인(出資人), 출판인(出版人), 취인(取人), 취급인(取扱人), 취득인(取得人), 치인(癡人), 쾌인(快人), 크로마뇽인(Cro-Magnon人), 타인(他人), 타국인(他國人), 탄원인(歎願人), 태양인(太陽人), 태음인(太陰人), 택인(擇人), 토인(土人), 토매인(土昧人), 토우인(土偶人), 통인(通人), 통행인(通行人), 투서인(投書人), 투숙인(投宿人), 투표인(投票人), 특정인(特定人), 파인(巴人;시골 사람. 촌뜨기), 판매인(販賣人), 편인(偏人), 편집인(編輯人), 평균인(平均人), 평상인(平常人), 평인(平人), 폐인(廢人), 폐인(嬖人), 포고인(捕告人), 포망인(逋亡人), 풍인(風人), 피인(彼人), 피고인(被告人), 피선거인(被選擧人), 핍인(乏人;인재가 없어짐), 하인(下人), 하인(何人), 하수인(下手人), 하수급인(下受給人), 하송인(荷送人), 하수인(下手人), 하숙인(下宿人), 하천인(下賤人), 하청인(下請人), 학문인(學文人), 한인(閑人), 한인(韓人), 한인(漢人), 한계인(限界人), 항소인(抗訴人), 한산인(閑散人), 항인(降人), 해인(海人;보자기), 해인(該人;바로 그 사람), 해인이목(駭人耳目), 해부인(解負人), 행인(行人), 행상인(行商人), 현인(賢人), 현대인(現代人), 현인안목인(眩人眼目人), 현지인(現地人), 호인(好人), 호인(胡人), 호호인(好好人), 홍모인(紅毛人;서양사람), 화석인(化石人), 화성인(火星人), 화외인(化外人), 활인(活人), 황당인(荒唐人), 회색인(灰色人), 회인(懷人), 후인(後人), 후견인(後見人)[법정후견인(法定)], 흑인(黑人); 한국인(韓國人)/ 중국인/ 영국인/ 태국인 들.

인(印) '도장 · 인장. 찍다 · 찍히다'를 뜻하는 말. ¶인각(印刻;도장을 새김), 인간(印刊;인쇄하여 책을 펴냄), 인감(印鑑)[인감대장(臺帳), 인감도장(圖章), 인감신고(申告), 인감증명/서(印鑑證明/書)], 인갑(印匣), 인계(印契), 인교대(印交代), 인궤(印櫃;인뒤웅이), 인금(印金), 인꼭지(도장의 손잡이), 인끈(인꼭지에 꿴 끈), 인당(印堂;양 눈썹 사이), 인뒤웅이/인뚱이, 인면(印面), 인문보(印紋褓), 인문토기(印文土器), 인발(찍어 놓은 도장의 흔적), 인보(印譜), 인본(印本), 인봉(印封), 인상(印象)[1277], 인새(印璽;國璽), 인세(印稅), 인쇄(印刷)[1278], 인수(印綬), 인신(印信), 인영(印影), 인자(印字), 인장(印章)[인장공(工), 인장업(業), 인장위조죄(僞造罪)], 인장(印藏), 인주(印朱), 인지(印紙)[인지세(稅); 수입인지(收入)], 인영(印影), 인자(印字), 인장(印章)[인장위조죄(僞造罪)], 인장(印藏), 인재(印材), 인전(印篆), 인주(印朱), 인주머니, 인지(印紙)[인지세(稅), 인지수수료(手數料), 인지수입(收入)], 인지의(印地儀), 인찰지(印札紙), 인찰판(印札板), 인척(印尺), 인출(印出), 인치다(도장을 찍다), 인판(印版), 인행(印行), 인형(印形), 인화(印花), 인화(印畵)[인화지(紙); 밀착인화(密着)]; 각인(刻印), 간인(刊印), 간인(間印), 개인(改印), 개인(蓋印), 검인(鈐印), 검인(檢印), 결인(結印), 계인(契印), 고무인, 공인(公印), 관인(官印), 교인(交印), 금인(金印), 낙인(烙印), 날인(捺印), 답인(踏印;관인을 찍음), 대인(代印), 대장인(大將印), 도인(陶印), 동인(銅印), 마인(馬印), 모인(摹印), 목인(木印), 무인(拇印), 법인(法印)[無常印 · 無我印 · 열반인(涅槃印)], 봉인(封印), 봉랍인(封蠟印), 부인(符印), 사인(社印), 사인(私印), 삼보인(三寶印), 석인(石印), 상인(相印), 소인(消印), 수인(手印), 실인(實印), 심심상인(心心相印), 심인(心印), 안인(贋印), 압인(壓印), 약인(略印), 어인(御印), 영수인(領受印), 영

1276) 장본인(張本人): 나쁜 일을 일으킨 바로 그 사람.↔주인공(主人公). ¶난동을 부린 장본인.

1277) 인상(印象): 어떤 대상에 대하여 마음속에 새겨지는 느낌. ¶인상에 남다. 무뚝뚝한 인상을 주다. 인상이 깊다. 인상기(記), 인상담(談), 인상법(法), 인상비평(批評), 인상적(的), 인상주의(主義), 인상파(派), 인상평(評), 인상화(畵), 인상화석(化石;생물의 골격이나 형체는 없어지고 그 흔적만 남아 있는 화석); 제일인상(第一), 첫인상.

1278) 인쇄(印刷): 인쇄공(工), 인쇄기(機), 인쇄누름, 인쇄물(物), 인쇄비(費), 인쇄소(所), 인쇄업/자(業/者), 인쇄인(人), 인쇄판(版), 인쇄회로(回路); 곡면인쇄(曲面), 다색인쇄(多色), 단색인쇄(單色), 목판인쇄(木版), 석판인쇄(石版), 특수인쇄(特殊), 활판인쇄(活版).

인(影印), 옥인(玉印), 위인(僞印), 유인물(油印物), 인인(認印), 일부인(日附印), 자인(瓷印), 장서인(藏書印), 장인(將印), 장인(掌印), 조인(調印), 죽인(竹印), 증인(證印), 지인(智印), 직인(職印), 천부인(天符印), 철인(鐵印), 촉지인(觸地印), 타인(打印), 탑인(榻/搭印;본떠서 박음), 할인(割印), 해인(海印;우주의 일체를 깨달아 아는 부처의 지혜), 화인(火印) 들.

인(因) 근본 동기(까닭 · 연유) · 말미암다. 논리학의 매개념. 이어받다.↔과(果). ¶그 일로 인하여 낭패를 보다. 인공(因公), 인과(因果)[1279], 인구준행(因舊遵行), 인명(因明), 인봉(因封), 인사(因事), 인산(因山)[1280], 인수(因數), 인순(因循), 인순고식(因循姑息), 인습(因習)[1281], 인습(因襲)[1282], 인시(因是), 인시(因時), 인업(因業), 인연(因緣)[인연설(說); 천생인연(天生)], 인열폐식(因噎廢食), 인인성사(因人成事), 인자(因子)[1283], 인재행(因再行), 인조반(因早飯), 인하다, 인홀불견(因忽不見); 과인(果因), 구인(舊因), 귀인(歸因), 근인(近因), 근인(根因), 기인(起因), 기인(基因), 내인(內因), 내재인(內在因), 도인(導因), 동인(動因), 등인(等因), 무인(無因), 미료인(未了因), 변인(變因), 병인(病因), 복인(福因), 부인(副因), 사인(事因), 사인(死因), 생인(生因), 선인(善因), 성인(成因), 소인(素因), 소인(訴因), 수인(水因), 수인(修因), 숙인(宿因), 승인(勝因), 심인(心因), 악인(惡因), 업인(業因), 외인(外因), 외재인(外在因), 요인(要因)[인구요인(人口)], 원인(原因), 원인(遠因), 유발인(誘發因), 유인(誘因), 전인(前因), 종인(從因), 주인(主因), 중인(重因), 진인(眞因), 초월인(超越因), 패인(敗因), 화인(火因), 화인(禍因), 확인(確因;확실한 원인) 들.

인(引) ①'끌다. 끌어당기다. 넘기어주다. 책임을 지다. 불을 켜다'를 뜻하는 말. ¶인객(引客), 인거(引據), 인거/장(引鋸/匠), 인검(印劍), 인견(引見), 인결(引決), 인계(引繼;넘겨줌)[인계되다/하다, 인계인수(引受), 인계자(者); 사무인계(事務)], 인과자책(引過自責), 인괄하다(引括), 인권(引勸), 인당하다(引當), 인도(引渡)[1284], 인도(引導;가르쳐 일깨움), 인등(引燈;부처 앞에 등불을 켬), 인력(引力)[만유인력(萬有), 지구인력(地球)], 인례(引例), 인만(引滿), 인방(引枋)[1285], 인배(引陪), 인상(引上;값올림)[인상되다/하다, 인상률(率), 인상액(額)], 인성(引性), 인솔(引率)[인솔되다/하다(引率;거느리다. 이끌다), 인솔자(者)], 인수(引水), 인수(引受)[1286], 인양(引揚;끌어올림)[인양기(基), 인양되다/하다], 인연(引延;잡아늘임), 인용(引用)[인용격조사(格助詞), 인용구(句), 인용되다/하다, 인용문(文), 인용어(語)], 인유법(引喩法), 인의(引義), 인음증(引飮症), 인장(引張)[1287], 인적(引赤), 인접(引接), 인좌(引座), 인증(引證), 인진(引進), 인책(引責;책임을 짐)[인책사직(辭職)], 인천(引薦), 인출(引出;예금을 찾아 냄), 인치(引致), 인하(引下↔引上), 인항(引航), 인혐(引嫌), 인화(引火)[인화되다/하다, 인화물(物), 인화성(性), 인화점(點)], 인환(引換); 견인(牽引), 구인(拘引), 구인장(拘引狀), 급인(汲引), 노인(路引), 만인(挽引), 박인(博引), 상인(相引), 색인(索引), 소인(小引), 연인(延引), 연인(連引), 예인/선(曳引/船), 원인(援引;끌어당김), 유인(誘引), 저인망(底引網), 증인(證引), 천인(薦引), 초인(招引;죄인이 남을 끌어넣음), 할인(割引), 획인(劃引), 흡인(吸引). ②소금의 무게를 잴 때 쓰는 단위. 1인은 200근을 이른다.

인(仁) ①남을 사랑하고 어질게 행동하는 일. 타고난 어진 마음씨와 자애(慈愛)의 정을 바탕으로 하여 자기를 완성하는 덕(德). '어질다'를 뜻하는 말. ¶인군(仁君), 인덕(仁德), 인서(仁恕), 인선하다(仁善), 인수(仁壽), 인술(仁術;사람을 살리는 어진 기술), 인심(仁心), 인애(仁愛), 인왕(仁王), 인용(仁勇), 인은(仁恩), 인의(仁義), 인의예지(仁義禮智), 인자(仁者)[인자무적(無敵), 인자불우(不憂), 인자요산(樂山)], 인자하다/스럽다(仁慈), 인정(仁政), 인형(仁兄), 인혜하다(仁惠), 인후하다(仁厚), 인휼(仁恤;어진 마음으로 어려운 처지에 놓인 사람을 구제함); 관인(寬仁), 능인(能仁), 동인(同仁), 보인(輔仁), 불인(不仁), 살신성인(殺身成仁), 성인(成仁), 자인(慈仁), 지용인(智勇仁), 지인(至仁). ②씨에서 껍질을 벗긴, 배와 배젖의 총칭. ¶인과류(仁果類); 능인(菱仁;마름의 열매), 대마인(大麻仁), 도인(桃仁), 마인(麻仁;삼씨), 사인(砂仁), 산조인(酸棗仁), 아마인(亞麻仁), 욱리인(郁李仁;산앵두의 씨), 측백인(側柏仁), 행인(杏仁;살구씨의 알맹이), 호마인(胡麻;참깨. 검은깨) 들.

인(隣) '이웃. 이웃하다. 가깝다'를 뜻하는 말. ¶인가(隣家), 인경(隣境;인접한 땅의 경계), 인교(隣交), 인국(隣國), 인군(隣郡), 인근(隣近)[인근동(洞), 인근처(處)], 인동(隣洞), 인리(隣里), 인방(隣邦), 인보(隣保), 인우(隣友), 인읍(隣邑), 인의(隣誼), 인인(隣人), 인접(隣接)[인접국(國), 인접되다/하다, 인접수역(水域)], 인주점(隣住點), 인촌(隣村), 인하다(이웃하다), 인호(隣好); 격린[1288], 격

1279) 인과(因果): 원인과 결과를 아울러 이르는 말. 선악의 업에 따라 그에 해당하는 과보(果報)를 받는 일. ¶인과관계(關係), 인과법(法), 인과법칙(法則), 인과설(說), 인과성(性), 인과율(律), 인과응보/설(因果應報/說), 인과인(人), 인과적(的); 삼세인과(三世).

1280) 인산(因山): 태상황(太上皇)과 그의 비, 임금과 그의 비, 황태자부부, 황태손 부부의 장례. 국장(國葬).

1281) 인습(因習): 이전부터 전하여 내려와 몸에 익은 습관. ¶낡은 인습. 인습의 굴레를 벗다. 인습도덕(道德), 인습타파(打破), 인습화/되다/하다(化).

1282) 인습(因襲): 옛 관습을 따름. 또는 그 따르는 짓이나 노릇. 답습(踏襲). ¶인습적(的), 인습주의(主義), 인습하다.

1283) 인자(因子): 어떤 사물의 원인이 되는 낱낱의 요소나 물질. 생명현상에서 어떤 작용의 원인이 되는 요소. 인수(因數). ¶인자분석(分析), 인자형(型); 구성인자(構成), 기상인자(氣象), 기후인자(氣候), 대립인자(對立), 발육인자(發育), 우성인자(優性), 원인자(原), 유전인자(遺傳), 치사인자(致死), 환경인자(環境).

1284) 인도(引渡): 물건이나 권리 따위를 남에게 넘겨줌.↔인수(引受). ¶상품을 인도하다. 인도일(日), 인도자(者), 인도증권(證券), 인도필(畢); 범죄인인도(犯罪人), 본선인도(本船), 즉시인도(卽時).

1285) 인방(引枋): 기둥과 기둥 사이, 또는 문이나 창의 아래나 위로 가로 지르는 나무. ¶인방도리. 인방돌(창문 위에 가로 건너 댄 돌); 상인방(上), 중인방(中), 하인방(下).

1286) 인수(引受): 물건이나 권리를 넘겨받음. ¶물품 인수. 판권의 인수. 인수가액(價額), 인수거절(拒絶), 인수공채(公債), 인수기관(機關), 인수단(團), 인수도(引受渡;넘겨주고받기), 인수되다/하다, 인수매출(賣出), 인수모집(募集), 인수설립(設立), 인수승계(承繼), 인수식(式), 인수액(額), 인수은행(銀行), 인수인(人), 인수인계/되다/하다(引繼), 인수인도(引渡), 인수자(者), 인수제시(提示), 인수주의(主義), 인수증(證), 인수참가(參加), 인수체(體), 인수회사(會社), 인수증(引受); 인계인수(引繼).

1287) 인장(引張): 어떤 힘이 물체의 중심축에 평행하게 바깥 방향으로 작용할 때 물체가 늘어나는 현상. ¶인장강도(强度), 인장시험(試驗), 인장재(材), 인장철근(鐵筋).

린(隔隣), 교린(交隣), 근린/사회(近隣/社會), 보린(保隣), 비린(比隣), 사대교린(事大交隣), 사린(四隣;사방의 이웃이나 나라), 상린자(相隣者), 선린(善隣), 신린(臣隣), 애린(愛隣) 들.

인(鱗) '비늘'을 뜻하는 말. ¶인갑(鱗甲;동물의 비늘과 껍데기), 인개(鱗介), 인경(鱗莖;비늘줄기), 인륜(鱗淪;비늘같이 보이는 잔물결.=비늘결), 인모(鱗毛)[1289], 인문(鱗紋;비늘무늬), 인분(鱗粉)[1290], 인비하다(鱗比;鱗次), 인상(鱗狀), 인설(鱗屑;인비늘), 인시류(鱗翅類), 인아(鱗芽), 인엽(鱗葉;비늘잎), 인인하다(鱗鱗;비늘처럼 빛이 나고 곱다), 인족(鱗族;鱗蟲의 종류), 인차하다(鱗次;비늘처럼 차례로 잇닿아 있다), 인충(鱗蟲;몸에 비늘이 있는 동물), 인편(鱗片), 인피(鱗被), 인형(鱗形); 각린(角鱗), 개린(介鱗), 경린(硬鱗), 골린(骨鱗), 과린(果鱗), 금린(錦鱗), 모린(毛鱗), 세린(細鱗), 송린(松鱗), 순린(純鱗), 순린(楯鱗), 아린(芽鱗), 어린(魚鱗), 역린(逆鱗;거꿀비늘), 용린(龍鱗), 용린갑(龍鱗甲), 은린(銀鱗), 잠린(潛鱗), 즐린(櫛鱗;빗비늘), 편린(片鱗), 활린(活鱗), 흑린(黑鱗) 들.

인(忍) '힘겹거나 어려움을 참다. 견디다. 잔인하다'를 뜻하는 말. ¶인고(忍苦), 인내(忍耐)[1291], 인심(忍心), 인욕(忍辱;욕되는 일을 참음), 인인(忍人), 인종(忍從;참고 따름), 인지위덕(忍之爲德); 강인(强忍), 견인(堅忍), 견인불발(堅忍不拔), 관인(寬忍), 백인(百忍), 불인(不忍)[불인견(見), 불인문(聞), 불인언(言)], 시인(猜忍), 용인(容忍), 은인(隱忍), 은인자중(隱忍自重), 잔인(殘忍), 함인(含忍) 들.

인(姻) '시집가다. 혼인 관계를 통하여 이루어진 친척'을 뜻하는 말. ¶인가(姻家), 인말(姻末), 인숙(姻叔;고모부), 인아(姻婭)[인아간(間), 인아족척(族戚), 인아친척(親戚)], 인제(姻弟), 인족(姻族), 인질(姻姪), 인척(姻戚;겨레. 친척)[직계인척(直系), 친인척(親)], 인친(姻親;사돈), 인하(姻下), 인형(姻兄); 결인(結姻), 구인(舊姻), 근인(近姻), 친인(親姻), 혼인(婚姻)[혼인색(色), 혼인집] 들.

인(認) '알다. 인정하다. 허락하다'를 뜻하는 말. ¶인가(認可)[1292], 인낙(認諾), 인식(認識;사물을 분별하고 판단하여 앎), 인용(認容), 인인(認印),인정(認定)[1293], 인준(認准), 인증(認證), 인지(認知)[1294], 인허(認許;認可); 공인(公認), 관인(官認), 모인(冒認), 묵인(默認), 부인(否認), 승인(承認), 시인(是認↔否認), 실인(失認), 오인(誤認), 용인(容認), 인인(認印), 자인(自認), 자타공인(自他共認), 재인(再認), 체인(體認), 추인(追認), 확인(確認) 들.

인(燐) 질소족 원소의 하나[P]. ¶인광(燐光)[인광분석(分析), 인광성(性), 인광체(體), 인광현상(現象)], 인광(燐鑛), 인린하다(燐燐), 인비(燐肥), 인산(燐酸)[인산비료(肥料), 인산석회(石灰); 과인산(過)], 인안(燐安;인산암모늄), 인인하다(燐燐;불빛이 번쩍거리다), 인지질(燐脂質), 인청동(燐靑銅), 인화(燐火), 인회석(燐灰石), 인회토(燐灰土); 귀린(鬼燐;도깨비불), 백린(白燐;흰인), 붉은인, 적린(赤燐), 홍린(紅燐), 황린(黃燐), 흰인 들.

인(刃) '칼날. 베다'를 뜻하는 말. ¶인기(刃器), 인상(刃傷), 인창(刃創); 금인(金刃), 도인(刀刃), 독인(毒刃), 망인(鋩刃), 백인(白刃;서슬이 시퍼런 칼날), 병인(兵刃), 봉인(鋒刃), 상인(霜刃), 예인(銳刃), 울인(鬱刃;독약을 넣어서 만든 칼), 자인(自刃), 창인(槍刃), 호인(護刃), 흉인(凶/兇刃) 들.

인(吝) '다랍게 아끼다'를 뜻하는 말. ¶인색하다(吝嗇;타끈하다. 강밭다. 박하다. 짜다)[인색가(家), 인색한(漢)], 인석하다(吝惜), 인하다(좀 인색하다); 간린(慳吝), 검린하다(儉吝;검약하고 인색하다), 비린하다(鄙吝), 자린(玼吝;좋지 못한 마음. 인색한 마음), 자린고비(玼吝考妣), 탐린하다(貪吝) 들.

인(靭) '질기다. 부드럽다'를 뜻하는 말. ¶인대(靭帶)[낭상인대(囊狀)], 인성(靭性), 인피(靭皮)[인피부(部), 인피섬유(纖維), 인피세포(細胞), 인피식물(植物); 인피율(率)]; 강인하다(强靭), 유인(柔靭), 유인성(柔靭性); 견인(堅靭) 들.

인(靷) '마소의 가슴걸이'를 뜻하는 말. ¶인대(靷帶)[1295], 발인(發靷;상여가 집에서 묘지를 향하여 떠남)[발인기(記), 발인제(祭)].

인(仞) '길(높이·길이를 재는 단위). 재다'를 뜻하는 말. ¶만인(萬仞), 천인(千仞), 천인단애(千仞斷崖) 들.

인(咽) '목구멍'을 뜻하는 말. ¶인두/염(咽頭/炎), 인후/염(咽喉/炎).

인(茵) '자리. 풀이름'을 뜻하는 말. ¶인석(茵席;자리. 깔개), 인우(茵芋), 인진(茵蔯;사철쑥) 들.

인(寅) 십이지(十二支)의 셋째. '범'을 상징함. ¶인시(寅時), 인월(寅月), 인일(寅日), 인좌(寅坐) 들.

인(蚓) '지렁이'를 뜻하는 말. ¶구인(蚯蚓;지렁이), 구인니(蚯蚓泥), 구인분(蚯蚓糞).

인(湮) '잠기다. 스미다'를 뜻하는 말. ¶인멸(湮滅), 인몰(湮沒) 들.

인(麟) '기린'을 뜻하는 말. ¶인각(麟角); 기린(麒麟), 봉린지란(鳳麟芝蘭) 들.

인(躪) '짓밟다'를 뜻하는 말. ¶유린(蹂躪), 정린(征躪) 들.

인경 조선 시대에 통행금지를 알리기 위하여 치던 종.[←인정(人定)]

1288) 겨린: 살인 사건이 났을 때, 그 범인의 이웃에 사는 사람.[←절린(切隣)]. ¶겨린을 잡다.

1289) 인모(鱗毛): ①곤충, 물고기, 새나 짐승 따위를 그린 그림. ②비늘털.

1290) 인분(鱗粉): 나비, 나방 따위의 날개나 몸의 겉면을 덮고 있는 가루 모양의 분비물.

1291) 인내(忍耐): 괴로움이나 노여움 따위를 참고 견딤. ¶인내는 쓰나 그 열매는 달다. 인내력(力;견딜힘), 인내성(性), 인내심(心), 인내하다.

1292) 인가(認可): 인정하여 허가함. 인허(認許). ¶인가 신청. 정부의 인가를 얻다. 인가되다/하다, 인가영업(營業), 인가자본(資本), 인가장(狀), 인가제(制), 인가증(證).

1293) 인정(認定): 옳거나 확실하다고 여김. ¶인정과세(課稅), 인정되다/받다/하다, 인정사망(死亡); 검인정(檢).

1294) 인지(認知): 어떤 사실을 인정하여 앎. 인식(認識). ¶인지과학(科學), 인지구조(構造), 인지능력(能力), 인지도(度), 인지되다/하다, 인지설(說), 인지심리학(心理學), 인지학설(學說); 강제인지(强制), 입체인지(認知).

1295) 인대(靷帶;질긴띠): ①두 조개껍데기를 연결하는 띠 모양의 것. ②관절의 뼈 사이와 관절 주위에 있는, 노끈이나 띠 모양의 결합 조직. ¶인대가 늘어나다.

ㅇ

인두 ①바느질할 때에 불에 달구어 천의 구김살을 눌러 없애는 데 쓰는 기구. ¶인두그림[낙화(烙畵)], 인둣불, 인두질/하다, 인두판(板). ②'납땜인두'의 준말. ¶땜인두, 전기인두(電氣), 칠인두(漆).

인성만성 ①많은 사람이 모여 혼잡한 모양. ¶귀성객으로 인성만성 들끓는 서울역. 요즘은 방학이라 극장가가 인성만성이다. 인성만성한 인파 속에서 일행을 잃어버리다. 인성만성한 장터. ②정신이 어지럽고 흐릿한 모양. ¶인성만성하다(≒떠들썩하다. 어지럽다).

인숭무레기 어리석어 사리를 분간할 줄 모르는 사람.≒바보. 못난이. ¶화를 낼 법도 한데, 사내는 인숭무레기처럼 사람 좋은 웃음만 허허거릴 뿐이었다.

인임 갈릴 기한이 된 관리를 그대로 두는 일.[←잉임(仍任)].

인절미 찹쌀을 쪄서 친 뒤에 적당한 크기로 모나게 썰어 고물을 묻힌 떡. 찰떡. ¶인절미 팥고물 묻히듯이. 대추인절미, 동부인절미, 쑥인절미, 잡과인절미(雜果), 조인절미.

인차 시간을 오래 끌지 않고 곧. 이내. 곧. ¶그곳에 가면 인차 편지를 하여라.

인치(inch) 길이의 단위로 1인치는 약 2.54㎝.

일 생산적인 목적을 위하여 무엇을 짓거나 이루려고 몸과 정신을 쓰는 짓.(≒노동). 사실이나 형편 또는 경험. 용무(用務). 큰 행사. 물리적인 힘. ¶일을 하다. 오늘 할 일이 많다. 일을 치르다. 일감(일거리. 사건), 일같잖다[1296], 일개미, 일거리, 일겯[1297], 일고동[1298], 일구덕[1299], 일그르다(일이나 형편이 이루어지기 어렵다), 일껏(모처럼 애써서), 일꾼, 일끝(일의 실마리), 일내다(말썽을 일으키다), 일노래, 일동무(일벗), 일마당(일이 벌어지는 마당), 일머리(일의 결과나 보람), 일무리[1300], 일발(일이 되어가는 기운), 일밭(사람들이 일하는 곳), 일벌, 일벗(동료), 일보다, 일:복(服;작업복), 일복(福;늘 일거리가 많은 것), 일본새(일하는 모양새), 일삼다[1301], 일새(일솜씨), 일소(부림소), 일속(일의 속사정이나 실속), 일손, 일손탁[1302], 일솜씨, 일없다[1303], 일옷(작업복), 일일이(일마다. 모두), 일자리(직업. 밥줄), 일잡도리[1304], 일재간(才幹;일을 해나가는 솜씨), 일재미, 일중독(中毒), 일집[1305], 일쩝다[1306], 일차비(差備), 일참(站;일을 하다가 쉬는 참이나 먹는 음식), 일터, 일토시, 일판(일이 벌어진 판), 일품(일하는 솜씨나 방식), 일하다; 가을일, 가욋일(加外;필요 밖의 일), 갯일, 공일(空), 구움일(목재를 구워 말리는 일), 군일(쓸데없는 일), 굿일(구덩이를 파는 일), 궂긴일, 궂은일, 기왓일, 끝일, 나랏일, 날일, 논일, 농사일(農事), 대장일(쇠를 달구어 연장 따위를 만드는 일), 두렛일, 두벌일(처음에 한 일이 잘못되어 다시 하는 일), 뒷일, 들일, 땜일, 뗏일, 마른일(↔진일), 막일, 막장일, 먼일(먼 앞날의 일), 모군일(募軍), 물일, 바깥일, 반일(半), 밤일, 밭일, 뱃일, 별일(別), 별별일(別別), 볼일(할일), 부엌일, 봇일(洑), 사삿일(私私), 삯일, 상일(常), 새벽일, 선일, 안일(집안에서 주로 여자들이 하는 일), 안팎일, 앉은일, 앞일, 여간일(如干)[1307], 예삿일(例事), 옛일, 웬일(어떻게 된 일), 작은일, 잔일, 잡일(雜), 좋은일, 진일, 집안일, 출장일(出張), 칠일(漆), 큰일(큰일이 나다. 큰일을 치르다), 토역일(土役;흙일), 햇일(그 해에 하는 일), 허드렛일(막일), 헛일(헛노력), 회사일(會社), 훗일(後;뒷일), 흙일. ☞ 사(事).

일(日) '날 · 그러한 날. 해 · 태양. 낮. 날씨'를 뜻하는 말. ¶일각(日脚;햇발), 일간(日刊), 일간(日間), 일계/표(日計/表), 일고(日雇;날품팔이), 일공(日工), 일과(日課), 일광(日光)[일광소독(消毒), 일광요법(療法), 일광욕(浴)], 일교차(日較差), 일구월심(日久月深), 일급(日給), 일기(日記)[일기장(帳); 그림일기, 생활일기(生活), 탁상일기(卓上)], 일기(日氣)[1308], 일당(日當)[1309], 일래(日來), 일력(日曆), 일명(日明), 일모(日暮), 일몰(日沒), 일변(日邊), 일봉(日捧), 일부/인(日附/印), 일부/금(日賦/金), 일비(日費), 일사/병(日射/病), 일산(日算), 일산(日傘), 일상(日常)[1310], 일석(日夕), 일수(日收), 일수(日數)[연일수(延)], 일시(日時), 일식(日蝕/食)[개기일식(皆旣), 미립자일식(微粒子日蝕), 부분일식(部分)], 일신(日新), 일심(日甚), 일심(日深), 일안(日安), 일안(日案), 일야(日夜), 일역(日域), 일영(日影), 일요일(日曜日), 일용/품(日用/品), 일용(日傭), 일월(日月), 일익(日益), 일자(日子/字), 일전(日前), 일정(日程), 일조(日照)[일조권(權), 일조시(時), 일조율(率)], 일지(日誌)[1311], 일진(日辰), 일천(日淺), 일출(日出), 일취월장(日就月將), 일한(日限), 일훈(日暈;햇무리); 가일(佳日), 가일(暇日), 가일(嘉日), 간일(間日), 감사일(感謝日), 강수일(降水日), 강탄일(降誕日), 개업일(開業日), 거일(去日), 거래일(去來日), 격일(隔日), 결산일(決算日), 경매일(競賣日), 경일(慶日), 경축일(慶祝日), 계일(計日), 계산일(計算日), 곡일(穀日), 공일(空日), 공고일(公告日), 공포일(公布日), 공휴일(公休日), 과일(過日;지난날), 광일(曠日), 구

1296) 일같잖다: 힘이 들지 아니하여 예사롭다.[←일 같지 아니하다].

1297) 일겯: 크게 손님을 겪는 일. 손겪이.

1298) 일고동[-꼬동]: 일의 잘되고 못됨이 결정되는 중요한 고비.

1299) 일구덩: 일 구덩이. 즉 '온갖 일더미에 빠져 있는 것'을 비유하는 말.

1300) 일무리: 손님 치르기. 잔치나 큰일을 치르느라고 손님을 겪는 것. ¶일무리에 쓰려고 마련한 특산물.

1301) 일삼다: ①어떤 일을 자기의 일처럼 여기어 자주 하다. ¶그렇게 일삼아 할 것까지는 없다. ②오로지 그 짓만을 계속하여 하다. ¶당쟁을 일삼다.

1302) 일손탁: 일을 처리하는 본새. 또는 일을 틀어쥐는 모양새. ¶일손탁이 세다.

1303) 일없다: 개의하거나 걱정할 필요 없다. 별고 없이 괜찮다.

1304) 일잡도리: 일을 하려고 준비하거나 대책을 세우는 것. ¶단단히 일잡도리를 하다.

1305) 일집[-찝]: 말썽스러운 일이 생기게 되는 바탕이나 원인. ¶일집을 일으키다. 괜히 나서서 일집만 만들지 말고 가만히 있어라.

1306) 일쩝다: 일거리가 되어 귀찮거나 불편하다.≒귀찮다. ¶어항에 물을 갈아주는 것도 겨울철에는 제법 일쩝다니까요. 사람들한테 일일이 연락하기도 일쩝다.

1307) 여간일(如干): 보통 웬만한 정도가 아닌 어려운 일. ¶여간일이 아니다.

1308) 일기(日氣): 날씨. 기상 상태를 나타내는 일반적인 개념어.[+좋다. 나쁘다. 불안정하다]. ¶일기가 고르지 못하다. 일기가 불안정해 언제 비가 올 지 모른다. 일기도(圖), 일기예보(豫報).

1309) 일당(日當): 하루 몫의 수당이나 보수. ¶회의에 참석하는 이에게는 일당을 드립니다. 일당제(制).

1310) 일상(日常): 매일 반복되는 생활. ¶일상사(事), 일상생활(生活), 일상성(性), 일상용어(用語), 일상적(的), 일상화/되다/하다(化).

1311) 일지(日誌): 그날그날의 일을 적은 기록. ¶관찰일지(觀察), 근무일지(勤務), 병상일지(病床), 순찰일지(巡察), 운항일지(運航), 학교일지(學校), 항공일지(航空), 항해일지(航海).

로일(勤勞日), 구재일(九齋日), 국경일(國慶日), 국기일(國忌日), 국장일(國葬日), 국치일(國恥日), 권농일(勸農日), 귀혼일(歸魂日), 근무일(勤務日), 금일(今日), 금식일(禁食日), 금형일(禁刑日), 기일(期日), 기일(忌日), 기일(奇日), 기일(幾日;몇 날), 기념일(記念日), 기산일(起算日), 기준일(基準日), 길일(吉日)[양수길일(陽數)], 나찰일(羅刹日), 낙일(落日), 납일(臘日), 낭일(曩日;지난번), 내일(來日), 노동일(勞動日), 누일(屢日), 다일(多日), 당일(當日)[당일치기/하다], 대길일(大吉日), 도일(度日), 독립일(獨立日), 마감일, 만기일(晩期日), 만료일(滿了日), 말일(末日), 망일(望日), 망혼일(亡魂日), 매일(每日), 명일(名日), 명일(明日), 명일(命日), 모일(某日), 무개일(務開日), 무정일(務停日), 반일(半日), 반전일(反轉日), 발신일(發信), 발행일(發行日), 배일성(背日性), 백일(白日), 백일(百日), 복일(卜日), 복일(伏日), 복덕일(福德日), 본일(本日), 본명일(本命日), 부일(夫日;부모의 제삿날), 부정일(不淨日), 부좌일(不坐日), 부활일(復活日), 불멸일(佛滅日), 불성도일(佛成道日), 불성취일(不成就日), 불환희일(佛歡喜日), 비록일(飛鹿), 사일(仕日;벼슬을 지낸 날 수), 사일(斜日;夕陽), 삭일(朔日), 산일(山日), 삼작일(三昨), 삼칠일(三七日;세이레), 삼패일(三敗日), 상일(常日), 상일(祥日), 생리일(生理日), 상사일(上巳日), 생일(生日), 생기일(生氣), 석일(夕日), 석일(昔日), 선일(先日), 선거일(選擧日), 성일(聖日), 성탄일(聖誕日), 소일(消日), 속죄일(贖罪日), 수일(晬日), 수일(數日), 수일(讎日), 수난일(受難日), 순일(旬日), 승천일(昇天日), 시일(侍日), 시일(是日), 시일(時日), 시무일(始務日), 시태양일(視太陽日), 식목일(植木日), 쌍일(雙日), 악일(惡日), 안식일(安息日), 액일(厄日), 약일(藥日), 약속일(約束日), 양일(兩日), 여일(餘日), 여일(麗日), 여제일(厲祭日), 연일(連日), 열일(烈日), 염일(念日;한 달의 20일째 되는 날), 영일(永日), 영일(寧日), 예배일(禮拜日), 예정일(豫定日), 왕일(往日), 왕망일(往亡日), 요일(曜日), 욕불일(浴佛日), 우일(偶日), 욱일(旭日;아침에 뜨는 해), 원일(元日;설날), 월일(月日), 유혼일(遊魂), 육재일(六齋日), 윤일(閏日), 은혜일(恩惠日), 익일(翌日), 인도일(引渡日), 자자일(自恣日), 작일(昨日), 잔일(殘日), 장일(葬日), 전일(全日), 전일(前日), 전몰일(戰歿日), 절일(節日), 절명일(絶命日), 절체일(絶體日), 정일(定日), 제일(祭日;제삿날), 제일(除日;섣달그믐날), 조일(朝日), 종일/토록(終日), 주일(主日), 주일(週日), 중구일(重九), 즉일(卽日), 지일(至日;동짓날 또는 하짓날), 직일(直日), 진종일(盡終日), 차일피일(此日彼日), 차일(遮日), 천문일(天文日), 천사일(天赦日), 천살일(天煞日), 천의일(天宜日), 천화일(天火日), 초도일(初度日), 초일(初日;첫날), 최종일(最終日), 추일(秋日), 축일(祝日), 축일(逐日;每日), 춘일(春日), 치일(治日), 타일(他日), 탄일(誕日), 탄생일(誕生日), 태양일(太陽日), 태음일(太陰日), 택일(擇日), 통일(通日), 특이일(特異日), 파일(八日), 파일(破日), 팔왕일(八王日), 팔절일(八節日), 편일(片日), 평상일(平常日)/평일(平日), 하일(下日), 하일(何日), 하일(夏日), 하식일(下食日), 한일(限日), 한일(閑日), 항성일(恒星日), 해일(亥日), 해일(海日), 향일(向日), 향일성(向日性), 허배일(虛拜日), 허일(虛日), 현도일(顯道日), 현충일(顯忠日), 호일(好日), 혼일(婚日), 홍일(紅日;붉은 해), 환일(幻日), 환희일(歡喜日), 회일(晦日;그믐날), 횡일성(橫日性), 후일(後日), 훤일(暄日), 휘일(諱日;조상의 제삿날), 휴일(休日), 휴가일(休暇日), 휴강일(休講日), 흉일(凶日) 들.

일(一) '한·하나. 첫째. 오로지. 온통. 한결같은. 약간의. 어떤·어느'의 뜻을 나타내는 말. ¶일 더하기 일은 이이다. 일가(一家), 일가(一價), 일가견(一家見), 일각(一角)[일각대문(大門), 일각수(獸)], 일각(一刻), 일갈(一喝), 일개(一介), 일거(一擧), 일격(一擊), 일견(一見), 일결(一決), 일계(一計), 일고(一考;한 번 생각해 봄), 일고(一顧), 일공(一空), 일곽(一郭/廓), 일관(一貫)[일관되다/하다, 일관작업(作業); 시종일관(始終), 초지일관(初志)], 일괄(一括;한데 묶음)[일괄되다/하다, 일괄적(的), 일괄사표(辭表), 일괄처리(處理)], 일구(一口), 일국(一國), 일국(一掬), 일군(一軍), 일군(一群;한 무리), 일규(一揆), 일금(一金), 일금(一禁), 일기(一己), 일기(一氣), 일념(一念), 일단(一團;한 덩어리. 한 무리), 일단(一端;한 끝. 한 부분), 일단(一旦;한번. 우선. 먼저), 일단락(一段落)[1312], 일당(一堂), 일당(一黨), 일대(一帶), 일대(一隊), 일도(一到), 일도(一途), 일도(一道), 일동(一同;그 곳에 모인 모든 사람), 일등(一等), 일락(一樂), 일람/표(一覽/表), 일련(一連), 일련(一聯), 일렬(一列), 일례(一例), 일로/매진(一路/邁進), 일루(一縷), 일류(一流), 일률(한결같음)/적(一律/的), 일리(一利), 일리(一理), 일말(一抹), 일망(一望), 일망타진(一網打盡), 일맥/상통(一脈/相通), 일면/적(一面/的), 일명(一名), 일모(一毛), 일목(一目), 일무(一無), 일문(一門), 일문일답(一問一答), 일미(一味), 일박(一泊), 일반(一般)[1313], 일반(一斑), 일방(一方;한쪽)[일방적(的), 일방통행(通行), 일방행위(行爲)], 일배/주(一杯/酒), 일벌백계(一罰百戒), 일변/도(一邊/倒;한쪽으로 만 쏠림), 일변(一變;아주 싹 달라짐), 일별(一別;한 번 헤어짐), 일별(一瞥;한 번 흘깃 봄), 일보(一步), 일부(一部;한 부분)[일부파산(破産), 일부재판(裁判)], 일부(一夫), 일사(一事), 일사불란(一絲不亂), 일사천리(一瀉千里), 일색(一色;같은 빛)[오비일색(烏飛)], 일생(一生), 일석이조(一石二鳥), 일선(一線), 일설(一說), 일성(一聲), 일소하다(一掃), 일습(一襲;옷·그릇 따위의 한 벌), 일시(一時;한때. 같은 때. 잠시)[일시변이(變異), 일시불(拂), 일시적(的)] 일신(一身), 일신하다(一新), 일실(一室), 일심(一心), 일심(一審), 일악(一惡), 일안(一安), 일약(一躍;대번에 뛰어오르는 모양), 일양(一樣), 일언(一言;한 마디 말. 간단한 말)[일언반구(半句)], 일엽편주(一葉片舟), 일우(一隅), 일원(一元;오직 하나인 것)[일원론(論), 일원묘사(描寫), 일원적(的), 일원화(化)], 일원(一圓;一帶), 일이관지(一以貫之)/일관(一貫), 일익(一翼;한쪽 부분. 한 가지의 구실), 일인자(一人者), 일인칭(一人稱), 일일이(하나하나), 일임(一任;모조리 맡김), 일자(一字), 일장(一場;한바탕), 일장춘몽(一場春夢), 일전(一戰;한바탕의 싸움), 일전(一轉)

1312) 일단락(一段落): 일정한 정도에서 일이 마무리되는 일. ¶그 까다롭던 교섭도 일단락되었다.

1313) 일반(一般): 한 모양이나 마찬가지의 상태. 특별하지 아니하고 평범한 수준. ≒보편(普遍). ↔특수(特殊). ¶사람의 마음은 다 일반이다. 평범한 수준. 일반 상식. 일반감각(感覺), 일반개념(槪念), 일반객(客), 일반교양(敎養), 일반교육(敎育), 일반담보(擔保), 일반도(圖), 일반론(論), 일반명사(名詞), 일반부담(負擔), 일반사면(赦免), 일반상식(常識), 일반석(席), 일반세(稅), 일반식(式), 일반여권(旅券), 일반예금(預金), 일반용(用), 일반의무(義務), 일반인(人), 일반적(的), 일반조약(條約), 일반조합(組合), 일반항(項), 일반화/되다/하다(化), 일반회계(會計); 매일반(每一般), 의식일반(意識), 주축일반(走逐一般), 피차일반(彼此;서로가 마찬가지임).

ㅇ

[심기일전(心機)], 일절(一切), 일정하다(一定;한결같다), 일정량(一定量), 일제(一齊;한결같음)[일제사격(射擊), 일제히], 일조(一朝;하루아침), 일조일석(一朝一夕), 일족(一族), 일종(一種), 일주(一周;한 바퀴를 돎), 일직선(一直線), 일진(一陣;한바탕 이는)[일진광풍(狂風)], 일차(一次;한 차례)[일차산업(産業), 일차적(的), 일차전류(電流)], 일착(一着), 일천(一天), 일체(一切;모든 것), 일체(一體)[1314], 일촉즉발(一觸卽發), 일총(一聰), 일총(一寵), 일축(一蹴;한 번 내참. 단 번에 물리침), 일층(一層), 일치(一致)[1315], 일침(一針;한 바늘)[정문일침(頂門)], 일파(一派), 일편(一便), 일편단심(一片丹心), 일평생(一平生), 일품(一品), 일필(一筆)[일필휘지(一筆揮之)], 일하(一瑕;한 가지 흠), 일합(一合), 일행(一行;함께 가는 사람), 일향(一向), 일호(一毫;아주 작은 정도), 일확(一攫;한 움큼)[일확천금(千金)], 일환/책(一環/策), 일회(一回)[일회기(忌), 일회성(性), 일회용(用)], 일후(一吼;크게 한번 울부짖음), 일희일비(一喜一悲); 가일층(加一層), 귀일(歸一), 균일(均一), 단일(單一), 동일(同一), 만일(萬一), 문일지십(聞一知十), 불일(不一), 성일(誠一), 순일(純一), 여일(如一)[여일하다; 시종여일(始終)], 유일(唯一), 전일(專一), 정일하다(精一), 제일(第一), 제일(齊一), 주일(主一;정신을 집중함), 총일(總一), 축일(逐一;빼지 아니하고 하나씩 하나씩), 태일(太/泰一), 택일(擇一)[양자택일(兩者)], 통일(統一), 합일(合一), 혼일(混一), 획일(劃一) 들.

일(逸) '잃다. 벗어나다. 숨다. 뛰어나다, 달아나다. 편안하다'를 뜻하는 말. ¶일가(逸暇), 일거(逸居), 일구(逸口), 일군(逸群), 일기(逸機), 일락(逸樂), 일명(逸名), 일문(逸文), 일문(逸聞), 일물(逸物), 일민(逸民), 일사(逸士), 일사(逸史), 일사(逸事), 일서(逸書), 일실(逸失), 일언(逸言), 일재(逸才), 일주(逸走), 일질(逸帙), 일출(逸出), 일탄(逸彈), 일탈(逸脫), 일품(逸品;아주 뛰어난 물건), 일호(逸毫;필치가 뛰어남), 일화(逸話;널리 알려지지 않은 흥미 있는 이야기)/집(集); 고일(高逸;몹시 빼어남), 방일(放逸), 산일(散逸), 수일(秀逸), 안일(安逸), 은일(隱逸), 자일(恣逸), 정일(靜逸), 종일(縱逸), 준일(俊逸), 청일하다(淸逸), 초일(超逸), 탕일(蕩逸), 표일/곡(飄逸/曲), 호일(豪逸), 횡일(橫逸) 들.

일(溢) '넘쳐흐르다'를 뜻하는 말. ¶일류제(溢流堤), 일음증(溢飮症), 일출(溢出), 일혈(溢血); 만일(滿溢), 만즉일(滿則溢), 범일(氾/汎溢), 분일(噴溢), 영일(盈溢), 창일(漲溢), 충일(充溢), 해일(海溢), 횡일(橫溢) 들.

일(佚) '편안하다. 숨다. 방탕하다'를 뜻하는 말. ¶교일(驕佚/逸;교만하고 방자함), 사일하다(奢佚), 산일(散佚/逸), 음일하다(淫佚;거리낌 없이 음탕하게 놂) 들.

일(佾) '춤. 춤을 출 때 늘어선 줄'을 뜻하는 말. ¶일무(佾舞), 일생(佾生).

1314) 일체(一體;한몸. 한 덩어리): 일체감(感), 일체성(性); 군사부일체(君師父), 물아일체(物我), 주객일체(主客), 표리일체(表裏), 혼연일체(渾然).

1315) 일치(一致): 비교되는 대상들이 서로 어긋나지 아니하고 같거나 들어맞음. ¶의견의 일치. 일치단결/하다(團結), 일치되다/하다, 일치법(法), 일치성(性), 일치점(點), 일치협력(協力); 거국일치(一致), 견문일치(見聞), 공동일치(共同), 만장일치(滿場), 언문일치(言文), 언행일치(言行), 영육일치(靈肉), 의견일치(意見), 정경일치(政經), 주객일치(主客).

일(壹) '一(일)'의 갖은자로 증서나 계약서 따위에 씀. ¶일금 일만원정(壹萬).

일(馹) '역참(驛站)에 비치한 말'을 뜻하는 말. ¶일소(馹召); 승일(乘馹).

일곱 여섯보다 하나가 많은 수. 7. 칠(七). ¶일곱무날, 일고여덟/일여덟, 이레(이렛날), 이롭[1316], 일곱이레(49일), 일고여덟, 일곱째, 일여덟, 일여드레, 일흔(70); 두이레, 예니레, 예닐곱, 첫이레(아이가 태어나서 처음 이레가 되는 날) 들.

일구(다) ①논밭을 만들기 위하여 땅을 파서 일으키다.≒파다. 기경하다(起耕). ¶논을/ 밭을 일구다. 일군땅(개간지). ②두더지 따위가 땅속을 쑤셔 겉이 솟게 하다. ¶두더지가 땅을 일군 흔적.

일(다)[1] 조용한 상태에서 어떤 현상이 새로 생겨나다. 약하던 것이 왕성하여지다. 겉으로 부풀거나 위로 솟다.≒일어나다.↔자다. ¶바람이/ 물결이 일다. 불꽃이 일다. 옷에 보풀이 일다. 바람에 먼지가 일다. 일렁얄랑 · 일렁일렁 · 얄랑얄랑, 일렁[1317] · 얄랑거리다/대다/이다, 이르집다[1318], 일떠나다[2](기운차게 일어나다), 일떠서다(기운차게 썩 일어나다. 땅 위에 솟아나다)/세우다, 일어나다, 일어서[기립(起立)], 일어서다, 일어앉다, 일으키다[1319]; 들고일어나다(세차게 일어나다), 불러일으키다 들.

일(다)[2] ①곡식이나 사금 따위를 물에 담가 조리질을 하거나 흔들어서, 쓸 것과 못 쓸 것을 가려내다. ¶조리로 쌀을 일다. 함지로 사금을 일다. ②까붐질이나 사래질을 하여 쓸 것과 못 쓸 것을 가려내다.

일매 한 가지의 모양새. ¶일매지지 못하다. 일매지다(모두 다 고르고 가지런하다. 있는 것 모두가 비슷하다.↔들쭉날쭉하다).

일쑤 ①가끔 잘 하는 버릇이나 일. ¶앓아눕기가 일쑤다. 넘어지기 일쑤다. 밥은커녕 굶기가 일쑤다. 물을 흘리기 일쑤다. ②가끔 잘. 곧잘. 드물지 아니하게 흔히. ¶지금도 나는 일쑤 그런 실수를 한다. 일쑤 뒷머리를 긁는다.

읽(다) ①글을 소리 내어 보고 담긴 뜻을 헤아려내다. 해독하다(解讀)↔쓰다. ¶책을 읽다. 읽기, 읽을거리, 읽히다(읽음을 당하다. 읽게 하다); 내리읽다[1320], 돌려읽기/읽다, 되읽다/읽히다, 뜯어읽다, 새겨읽다(따져서 읽다), 수읽기(手), 책읽기(冊), 처읽다(마

1316) 이롭: 말이나 소의 일곱 살.

1317) 일렁거리다: ①물에 떠서 물결에 따라 이리저리 흔들리다. 일렁대다. ¶돛단배가 일렁거리다. ②촛불 따위가 이리저리 흔들리다.

1318) 이르집다: ①여러 겹으로 된 물건을 뜯어내다. 껍질을 뜯어 벗기다. ¶귤껍질을 이르집다. ②없는 일을 만들어 말썽을 부리다. ③오래 전의 일을 들춰내다. ¶난데없이 지난 사건을 이르집어 난처하게 했다.

1319) 일으키다: ①일어나게 하다. 일어서게 하다.≒세우다.↔눕히다. ¶앉아 있는 사람을 일으키다. ②일을 벌이다. ¶말썽을 일으키다. 소송을 일으키다. ③병이 나다. ¶경련을 일으키다. ④세우다. 창시하다. 창설하다. ¶기업을 일으키다. ⑤생겨나게 하다. ¶전기를 일으키다. ⑥기운이 성하게 하다. ¶기울어가는 집안을 일으키다. ⑦출세하다. 입신하다. ¶천한 신분에서 몸을 일으키다. ⑧가만히 있는 것에 힘을 가하여 움직이는 상태가 되게 하다. ¶바람이 먼지를 일으키다.

1320) 내리읽다: ①위에서 아래로 읽어 내려가다. ②쉬지 않고 내쳐 읽다. ¶소설이 하도 재미있어서 열 시간 동안 내리읽었다.

구 읽다), 초읽기(秒), 치읽다. ☞ 독(讀). ②헤아려 알다.≒짐작하다. ¶마음을 읽다. 그는 남의 표정을 잘 읽는다.

잃(다) 가졌던 것이 자기도 모르게 없어지다. 빼앗기다. 사람이 누리거나 지니고 있던 것이 없어지거나 사라지다.↔찾다. ¶돈을 잃다. 벗을 잃다. 정신을 잃다. 기회를 잃다(놓치다). 잃어버리다. ☞ 실(失).

임 사모하는 사람. ¶임을 그리워하다. 임도 보고 뽕도 딴다(한꺼번에 두 가지의 좋은 결과를 얻게 됨). 새임(새로 사귀어 사랑하는 사람).

임(林) '숲·수풀. 많다. 빽빽하다'를 뜻하는 말. ¶임간(林間), 임관(林冠), 임금(林檎;능금), 임립(林立), 임목(林木), 임산(林産), 임상(林相), 임야(林野), 임업(林業), 임원(林苑), 임장(林葬), 임정(林政), 임종(林鐘), 임지(林地), 임천(林泉), 임하유문(林下儒門), 임학(林學); 건조림(乾燥林), 경관림(景觀林), 경엽수(硬葉樹林), 경제림(經濟林), 계림(桂林), 계림(鷄林), 계절풍림(季節風林), 고목림(古木林), 공덕림(功德林), 공용림(供用林), 공유림(公有林), 공유림(共有林), 과실림(果實林), 관목림(灌木林), 관유림(官有林), 국유림(國有林), 극상림(極相林), 금벌림(禁伐林), 낙엽림(落葉林), 낙엽수림(落葉樹林), 낙엽활엽수림(落葉闊葉樹林), 난대림(暖帶林), 냉대림(冷帶林), 녹림(綠林), 농림(農林), 농업림(農業林), 농용림(農用林), 다층림(多層林), 단순림(單純林), 단층림(單層林), 도시림(都市林), 도유림(道有林), 동령림(同齡林), 동유림(洞有林), 매몰림(埋沒林), 맹아림(萌芽林), 모범림(模範林), 모수림(母樹林), 몬순림(monsoon林), 무림(茂林), 문림(文林), 민유림(民有林), 밀림(密林), 방무림(防霧林), 방사림(防沙林), 방설림(防雪林), 방수림(防水林), 방연림(防煙林), 방음림(防音林), 방조림(防潮林), 방풍림(防風林), 방화림(防火林), 보건림(保健林), 보안림(保安林), 보존림(保存林), 보통림(普通林), 보호림(保護林), 분수림(分收林), 사림(士林), 사림(史林;역사에 관한 책), 사림(詞林;시문을 모은 책. 문인들의 사회), 사림(辭林;辭典), 사방림(砂防林), 사유림(私有林), 산림(山林), 산악림(山岳林), 삼림(森林), 상림(霜林), 서림(書林), 서다림(逝多林), 선림(禪林), 섬유림(纖維林), 성림(成林), 성숙림(成熟林), 소림(疏林), 송림(松林), 수림(樹林), 수방림(水防), 수빙림(樹氷林), 승림(僧林), 시다림(尸陀林)[1321], 시록림(施鹿林), 시업림(施業林), 시원림(始原林), 시유림(市有林), 시험림(試驗林), 식림(植林), 식수림(植樹林), 신재림(新材林), 실생림(實生林), 심림(深林), 쌍림(雙林), 아열대림(亞熱帶林), 아한대림(亞寒帶), 애림(愛林), 양수림(陽樹林), 어부림(魚付林)[1322], 연구림(研究林), 연료림(燃料林), 연습림(演習林), 열대림(熱帶林), 영림(營林), 예림(藝林), 온대림(溫帶林), 왜림(矮林), 용재림(用材林), 울림(鬱林), 원료림(原料林), 원림(園林), 원생림(原生林), 원시림(原始林), 위생림(衛生林), 유령림(幼齡林), 유림(儒林), 유수림(遊水林), 육림/업(育林/業), 육림(肉林)/주지육림(酒池肉林), 음수림(陰樹林), 이령림(異齡林), 인공림(人工林), 자가용림(自家用林), 자연림(自然林), 잡목림(雜木林), 장림(長林), 재생림(再生林), 적송림(赤松林), 절지림(截枝林), 제한림(制限林), 조림(造林), 조림(稠林), 조엽수림(照葉樹林), 조합림(組合林), 죽림(竹林), 중림(中林), 지림(地林), 채종림(採種林), 처녀림(處女林), 천연림(天然林), 총림(叢林), 침엽수림(針葉樹林), 특용림(特用林), 평림(評林;평론을 모아 엮은 책), 평지림(平地林), 풍림(風林), 풍림(楓林), 풍치림(風致林), 학교림(學校林), 한림(寒林), 한림(翰林), 한대림(寒帶林), 해안림(海岸林), 행림(杏林), 향료림(香料林), 호안림(護岸林), 호전림(護田林), 혼목림(混牧林), 혼성림(混成林), 혼합림(混合林), 혼효림(混淆林), 홍수림(紅樹林), 화림(花林), 화목림(火木林), 화석림(化石林), 활엽수림(闊葉樹林), 황림(荒林), 휴양림(休養林) 들.

임(任) '맡기다. 맡은 일. 마음대로 하다'를 뜻하는 말. ¶임관(任官)[임관되다/하다], 임국(任國), 임기(任期), 임대책중(任大責重), 임만(任滿), 임면(任免)[임면권(權), 임면하다], 임명(任命)[임명권/자(權/者), 임명식(式), 임명장(狀), 임명제(制); 재임명(再)], 임무/감(任務/感), 임방(任房), 임소(任所), 임용(任用)[1323], 임원(任員), 임의(任意)[1324], 임중도원(任重道遠), 임지(任地), 임직(任職), 임직원(任職員), 임천(任天), 임치(任置)[임치하다; 창고임치(倉庫)], 임편(任便), 임하다(떠맡아 자기 직무로 삼다. 관직의 자리를 주다); 겸임(兼任), 공임(公任), 귀임(歸任), 담임(擔任), 대임(大任), 대임(代任), 도임(到任), 독임(獨任), 면임(面任), 문임(文任), 방임(坊任), 방임(房任), 방임(放任), 배임(背任), 병필지임(秉筆之任), 보임(補任), 복임(復任), 부임(赴任), 분임(分任), 사임(寺任), 사임(辭任), 상임(常任), 서임(敍任), 선임(先任), 선임(選任), 소임(所任), 수임(受任), 승임(陞任), 시임(時任), 신임(信任), 신임(新任), 역임(歷任), 연임(連任), 외임(外任), 요임(要任), 원임(原任), 위임(委任), 유임(留任), 이임(移任), 이임(離任), 일임(一任), 자임(自任), 재임(在任), 재임(再任), 재임(齋任), 적임(適任), 전임(前任), 전임(專任), 전임(轉任), 정임(正任), 주임(主任), 중임(重任), 직임(職任), 차임(差任), 착임(着任), 책임(責任), 천임(遷任), 체임(遞任), 초임/급(初任/給), 취임(就任), 칙임(勅任), 퇴임(退任), 특임(特任), 피임(被任), 해임/장(解任/狀), 현임(現任;), 환임(還任), 후임(後任) 들.

임(臨) '이르다. 다다르다. 다스리다'를 뜻하는 말. ¶임갈굴정(臨渴掘井;목마른 사람이 우물 판다), 임검(臨檢;사건이 일어난 현장에 가서 조사하는 일), 임계(臨界)[1325], 임관석(臨官席), 임괘(臨卦),

1321) 시다림(尸陀林): ①인도 마가다국 라자그리하 북쪽에 있던 숲. 성문 안 사람들의 묘지였음. ②죽은 사람에게 마지막으로 하는 설법. ¶시다림법사(法師), 시다림하다.

1322) 어부림(魚付林): 물고기 떼를 끌어들일 목적으로 간만의 차가 적은 바닷가나 강가 등에 나무를 심어 조성한 숲.

1323) 임용(任用): 직무를 맡겨 사람을 씀. ¶사무직에 임용하다. 임용고시(考試), 임용권/자(權/者), 임용시험(試驗), 자격임용(資格), 자유임용(自由), 특별임용(特別).

1324) 임의(任意): 마음먹은 대로 하는 일.↔강제(强制). ¶일을 임의로 처리하다. 임의경매(競賣), 임의공채(公債), 임의관할(管轄), 임의규정(規定), 임의단체(團體), 임의대리/인(代理/人), 임의대위(代位), 임의동행(同行), 임의로, 임의롭다, 임의매각(賣却), 임의매매(賣買), 임의법(法), 임의법규(法規), 임의보험(保險), 임의비(費), 임의상속(相續), 임의상수(常數), 임의소각(消却), 임의수사(搜查), 임의신탁(信託), 임의인지(認知), 임의적(的), 임의조정(調停), 임의조합(組合), 임의조항(條項), 임의준비금(準備金), 임의중재(仲裁), 임의채권(債權), 임의추출법(抽出法), 임의출두(出頭), 임의출석(出席), 임의투표(投票), 임의표본(標本).

1325) 임계(臨界;限界. 境界): 어떠한 물리 현상이 갈라져서 다르게 나타나기 시작하는 경계. ¶임계각(角;한계각), 임계결합(結合), 임계기(期), 임계

임기(臨機), 임기응변/하다(臨機應變), 임농(臨農), 임농탈경(臨農奪耕), 임문(臨文), 임민(臨民), 임박하다(臨迫;다가오다), 임사(臨死), 임사(臨事;어떤 일에 임함), 임사본(臨寫本), 임삭(臨朔), 임산(臨産), 임상(臨床)[1326], 임서(臨書), 임석(臨席), 임시(臨時)[1327], 임어(臨御), 임월(臨月), 임장(臨場;그 현장에 나옴), 임전/무퇴(臨戰/無退), 임정(臨政), 임종(臨終;죽음을 맞이함), 임지(臨地), 임진(臨陣;전쟁터에 나섬), 임첩(臨帖)[1328], 임하다[1329], 임항/선(臨港/船), 임해/국(臨海/國), 임행(臨幸), 임화(臨畵)[1330], 임황(臨況;귀인이 지체가 낮은 사람의 집을 방문함); 감림(監臨), 강림(降臨), 곡임(哭臨), 광림하다(光臨), 군림하다(君臨), 내림(來臨), 등산임수(登山臨水)/등림(登臨), 왕림하다(枉臨), 재림(再臨), 조림(照臨), 친임(親臨), 태림(台臨), 하림(下臨), 혜림(惠臨) 들.

임(賃) '품팔이하다. 세놓다. 세내다'를 뜻하는 말. ¶임가공(賃加工), 임금(賃金)[1331], 임노동(賃勞動), 임대(賃貸)[1332], 임전(賃錢), 임차(賃借)[임차권(權), 임차물(物), 임차인(人)]; 고임(雇賃), 공임(工賃), 노임(勞賃), 무임(無賃), 선임(船賃;뱃삯), 운임(運賃), 유임(有賃), 저임(低賃), 정임(定賃;정해진 임금), 차임(車賃;찻삯), 차임(借賃), 체임(滯賃) 들.

임(淋/痳) '물 뿌리다[淋], 임균에 의한 염증[痳]'을 뜻하는 말. ¶임균(淋/痳菌), 임독(淋毒), 임리(淋漓;액체가 흘러 떨어지는 모양)[묵색임리(墨色)], 임사(痳/淋絲), 임질(淋/痳疾), 임파(淋巴;lymph); 냉림(冷痳), 노림(勞痳), 미림(味/米淋;술), 석림(石痳/淋), 자림(子淋), 혈림(血痳/淋) 들.

임(荏) '들깨. 부드러운 모양'을 뜻하는 말. ¶임박(荏粕), 임약(荏弱;부드럽고 약함), 임염(荏苒;세월이 흐름. 사물이 점차 변화함), 임염(荏染;부드러운 모양), 임유(荏油), 임자(荏子;들깨), 진임(眞荏;참깨), 흑임자(黑荏子) 들.

임(壬) ①'십간(十干)'의 아홉째. ¶임년(壬年), 임방(壬方), 임시(壬時), 임인(壬寅), 임일(壬日), 임좌(壬坐), 임좌병향(壬坐丙向). ②'간사하다'를 뜻하는 말. ¶임인(壬人).

임(姙/妊) '아이를 배다'를 뜻하는 말. ¶임부(姙婦), 임산(姙産), 임산부(姙産婦), 임신(姙娠)[1333]; 불임(不姙)[불임률(率), 불임법(法), 불임증(症)], 피임(避姙), 회임(懷妊) 들.

임(衽) '옷깃'을 뜻하는 말. ¶임갈(衽褐), 임석(衽席), 임석간(衽席間;부부가 동침하는 때); 좌임(左衽;미개한 상태), 피발좌임(被髮左衽) 들.

임(稔) '곡식이 익다. 여물다'를 뜻하는 말. ¶임성(稔性)[자가임성(自家)]; 불임(不稔) 들.

임(霖) '장마'를 뜻하는 말. ¶임습(霖濕), 임우(霖雨); 구림(久霖), 장림(長霖), 추림(秋霖), 춘림(春霖), 풍림(風霖) 들.

임금 군주 국가의 원수. 나라님. 왕(王). ¶임금님. ☞ 왕(王).

임자[1] 물건을 소유한 사람.≒주인(主人). ¶임자 없는 땅. 임자가 바뀌다. 임자를 만나다[1334]. 임자말[주어(主語)], 임자몸[1335], 임자씨[체언(體言)], 임자자리[주격(主格)]; 논임자, 땅임자, 밭임자, 산임자(山), 집임자 들.

임자[2] ①친한 사람끼리 '자네'라고 부르기가 조금 거북할 때 쓰는 2인칭 대명사. ¶임자가 꼭 도와줘야겠네. ②부부간에 서로 쓰는, 친근히 부르는 2인칭 대명사. ¶내가 너무 임자를 고생시켰소.

입 입술에서 목구멍에 이르는 부분. 두 입술 부분. 사람·식구. 또는 말이나 소문을 비유하여 이르는 말. 한 번에 먹을 만한 음식물의 분량을 세는 단위. 물체의 구멍. 〈낮〉아가리. 주둥이. 주둥아리. ¶입을 벌리다. 사과를 두세 입에 베어 먹다. 입이 걸다. 입가, 입가심[1,2][1336]/하다, 입걱정, 입결/에(입을 벌려 말하는 결에), 입구린내[구취(口臭)], 입귀틀, 입길[1337], 입김[1338], 입꼬리(입아

높이, 임계량(量), 임계로(爐), 임계밀도(密度), 임계비(比), 임계상태(狀態), 임계세율(稅率), 임계속도(速度), 임계습도(濕度), 임계실험(實驗), 임계압력/비(壓力/比), 임계온도(溫度), 임계전류(電流), 임계점(點), 임계질량(質量), 임계특성(特性), 임계파장(波長), 임계현상(現象).

1326) 임상(臨床): 실지로 환자를 접하여 병의 치료와 함께 그 예방의 실천면을 연구하는 일. ¶임상강의(講義), 임상검사(檢査), 임상병리학(病理學), 임상신문(訊問), 임상실험(實驗), 임상심리학(心理學), 임상약학(藥學), 임상유전학(遺傳學), 임상의(醫), 임상의학(醫學).

1327) 임시(臨時): 미리 정하지 아니하고 그때그때 필요에 따라 정한 것. 정해진 시간에 이름. 또는 그 무렵. ¶임시 기구. 해가 질 임시에 돌아오다. 임시계정(計定), 임시고용(雇傭), 임시공(工), 임시국회(國會), 임시급여(給與), 임시낭패(狼狽), 임시뉴스(news), 임시방편(方便), 임시법(法), 임시변통(變通), 임시비(費), 임시선거(選擧), 임시손실(損失), 임시수입(收入), 임시예산(豫算), 임시의장(議長), 임시적(的), 임시정부(政府), 임시졸판(猝辦), 임시지출(支出), 임시직(職), 임시처변(處變), 임시체계(體系), 임시총회(總會), 임시표(標), 임시하다. 임시회(會).

1328) 임첩(臨帖): 서화첩의 글씨나 그림을 본떠서 쓰거나 그림.

1329) 임하다(臨): ①높은 곳에서 낮은 곳을 대하다. ②윗사람이 아랫사람을 대하다. ③어떤 장소에 다다르다. ¶현장에/ 임지에 임하다. ④어떤 때나 일에 이르다. ¶경기에 임하다. ⑤어떤 대상을 향하여 가까이 있다. ¶바다에 임한 마을.

1330) 임화(臨畵): 명화(名畵)들을 모아 놓은 화집(畵集) 따위를 보고 그대로 본떠서 그림을 그리는 일. 또는 그 그림.

1331) 임금(賃金): 근로자가 노동의 대가로 사용자에게 받는 보수. 삯. 품삯. ¶임금을 인상하다. 임금강령(綱領), 임금격차(格差), 임금관리(管理), 임금구성(構成), 임금구조(構造), 임금노동/자(勞動/者), 임금동결(凍結), 임금법(法), 임금수준(水準), 임금수치(數値), 임금정책(政策), 임금제도(制度), 임금지수(指數), 임금지표(指標), 임금착취(搾取), 임금채권(債權), 임금철칙(鐵則), 임금청구권(請求權), 임금체계(體系), 임금통제(統制), 임금학설(學說), 임금협상(協商), 임금협정(協定), 임금형태(形態); 공정임금(公正), 기갈임금(飢渴), 기아임금(飢餓), 기준임금(基準), 명목임금(名目), 무임금(無賃金), 생활임금(生活), 실물임금(實物), 실질임금(實質), 저임금(低), 최저임금(最低), 표준임금(標準), 할증임금(割增), 현물임금(現物), 화폐임금(貨幣), 횡단임금(橫斷).

1332) 임대(賃貸): 요금을 받고 물건을 빌려 줌. ¶임대 아파트. 임대계약(契約), 임대권(權), 임대되다/하다, 임대료(料), 임대물(物), 임대업(業), 임대인(人), 임대주택(住宅), 임대지(地), 임대차/하다(借).

1333) 임신(姙娠): 아이나 새끼를 뱀. ¶임신구토(嘔吐;입덧), 임신망상(妄想), 임신반응(反應), 임신복(服), 임신부(婦), 임신약기(藥忌), 인신중독증(中毒症), 임신하다; 나팔관임신(喇叭管), 난관임신(卵管), 다태임신(多胎), 복강임신(腹腔), 복막임신(腹膜), 상상임신(想像), 쌍태임신(雙胎), 자궁외임신(子宮外).

1334) 임자를 만나다: ①제 주인을 만나 구실을 제대로 다할 수 있게 되다. ②단수가 높거나 한결 뛰어난 상대를 만나 된고생을 하게 되다. ¶그도 이제 임자를 만나 꼼짝 못하고 있다.

1335) 임자몸: 단체나 기계 따위의 주가 되는 부분. 주체(主體). 숙주(宿主).

1336) 입가심[1]: 입맛을 개운하게 하는 음식. 입가심[2]: 입맛을 내려고 음식을 먹기 전에 간단히 먹는 일. ☞ 가시다.

귀), 입내1,2[1339], 입노래, 입노릇(끼니 밖의 음식을 먹는 일), 입놀리다(함부로 지껄이다), 입놀림(말참견), 입놀이(입을 놀려 무엇을 약간 먹는 것), 입뇌리[1340], 입다물다(말을 하지 않다), 입다심/하다(입매②), 입다짐[1341]/하다, 입단속(團束), 입담[1342], 입담배, 입덕(德)[1343], 입덧[1344], 입되다[1345], 입뜨다(입이 무거워 말수가 적다), 입마개, 입막음[1346], 입말[구어(口語)], 입맛[입맛다시다, 입맛쓰다; 뒷입맛], 입맞추다[1347]/맞춤, 입매1,2[1348], 입맵시, 입모습, 입모으다[1349], 입바르다(바른 말을 거침없이 하다), 입바람, 입발림(사탕발림), 입방귀, 입방아/찧다(남의 말을 방정맞게 하다), 입방정(말을 수다스럽게 지껄이며 방정을 떠는 일), 입버릇(입에 아주 굳은 말버릇. 입정. 입노릇), 입벌리다(손을 벌리다. 놀랍거나 기가 막힌 시늉을 하다), 입벌이(밥벌이), 입병(病), 입부리(주둥이), 이붕(입천장), 입비뚤이(입이 비뚤어진 사람), 입빔(입을 꾸미는 일), 입빠르다(입이 가볍다. 입이 싸다), 입살이(겨우 벌어먹는 일), 입새(말하는 모양새나 힘), 입성수(星數)[1350], 입소리, 입소문(所聞), 입속/말, 입수염(鬚髥), 입술[입술소리, 입술연지(臙脂); 아랫입술, 윗입술], 입심(말을 줄기차게 하는 힘. 말솜씨. 입담), 입심거리(이러니저러니 이야기가 될 만한 거리), 입싸다(말을 되는 대로 지껄이다), 입쓰리(입덧), 입씨름/하다, 입씻다[1351]/씻기다, 입씻김(입막음), 입씻이[1352], 입아귀(입의 양쪽 구석), 입앓이, 입열다(말을 꺼내다), 입요기(療飢;볼가심), 입인사(人事), 입입이, 입잔(작은 술잔), 입장구(작은 장구), 입장단(춤을 출 때 입속말로 맞추는 장단), 입재주(말재주), 입정[1353], 입주름, 입줄[1354], 입질[1355], 입짓, 입짧다, 입차다(장담하다. 말로 떠벌리다)[입찬말[1356], 입찬소리], 입천장/소리(天障), 입치다꺼리[1357], 입치기, 입치레[1358]/하다, 입치리[1359], 입험하다; 구린입(구린내 나는 입), 군입(맨입), 날입(대팻밥이 빠져 나오는 대팻날과 나무의 사이), 마른입, 맨입, 메기입, 뭇입[1360], 빈입(아무것도 먹지 않은 입), 생입(生;쓸데없이 놀리는 입), 잔입[1361]. ☞ 구(口).

입(入) '들다 · 들이다. 넣다'를 뜻하는 말.↔출(出). 졸(卒). 퇴(退). ¶입각(入閣;내각의 한 사람이 됨), 입감(入監;收監), 입갱(入坑;갱도에 들어감), 입거(入居), 입거(入渠;배를 도크에 넣음), 입격(入格;合格), 입경(入京), 입경(入境), 입계(入啓;임금에게 상주하는 글을 올리던 일), 입고(入庫), 입곡(入哭), 입공(入貢), 입관(入棺), 입관(入關), 입교(入校), 입교(入敎), 입구(入口;어귀. 들머리), 입구(入寇), 입국(入國), 입궁(入宮), 입궐(入闕), 입금(入金), 입납(入納;삼가 편지를 드림), 입내(入內), 입단(入團), 입당(入黨), 입대(入隊), 입대(入對), 입도(入道), 입락(入落), 입력(入力), 입멸(入滅), 입몰(入沒), 입묘(入廟), 입묵(入墨;먹물뜨기), 입문(入門)[입문서(書), 입문하다], 입문(入聞;사실이나 소문이 윗사람의 귀에 들어감), 입배(入排), 입비(入費), 입사(入仕), 입사(入舍), 입사(入社), 입사(入射)[입사각(角), 입사광선(光線), 입사점(點)], 입사(入絲), 입산(入山)[입산금지(禁止), 입산수도(修道)], 입상(入賞), 입선(入船), 입선(入線), 입선(入選)[입선자(者), 입선작(作)], 입선(入禪), 입성(入城), 입성(入聲), 입소(入所), 입송(入送), 입수(入水), 입수(入手;손에 넣거나 손에 들어옴), 입시(入侍), 입시(入試), 입신(入神;신의 경지에 이름), 입실(入室), 입안(入眼), 입양(入養), 입어(入御), 입어/권(入漁/權), 입역(入域), 입영(入營), 입옥(入獄), 입욕(入浴), 입원/실(入院/室), 입원(入園), 입장(入丈), 입장(入場)[1362], 입장(入葬), 입재(入齋), 입적/하다(入寂;涅槃), 입적(入籍), 입전(入電), 입정(入廷), 입정(入定), 입제(入題), 입주(入住), 입직(入直), 입진(入津), 입진(入診), 입질(入質), 입찰(入札↔落札)[1363], 입참(入參), 입창(入倉), 입출(入出), 입치(入齒),

---

1337) 입길: 이러쿵저러쿵 남의 흉을 보는 입의 놀림. '입초시'는 사투리. ¶남의 입길에 오르내리는 것이 제일 무서웠다. 입길에 오르내리다(남에게 구설을 듣다).

1338) 입김: ①입에서 나오는 더운 김이나 날숨의 기운. ②어떤 일에 미치는 힘. 남에게 행사하는 영향력. ¶민주 정치에서는 국민들의 입김이 세다. 고위층의 입김이 작용하다. 입김을 넣다. 입김이 세다. 입김이 어리다(소중히 여기고 귀여워하는 정이 담겨 있다).

1339) 입내1: 소리나 말로써 그대로 흉내를 내는 짓. 입흉내. ¶입내를 내다. 입내쟁이. 입내2: 입에서 나는 냄새[구취(口臭)].

1340) 입뇌리: 앓거나 고달픈 때에 입술 가장자리에 물집이 생기거나 입술이 허는 것.

1341) 입다짐: 말로써 확약하여 다지는 일. ¶입다짐을 단단히 받아 두다. 한 달 후 꼭 갚기로 입다짐하다.

1342) 입담: 말하는 솜씨나 힘.≒입심. 말주변. 언변(言辯). ¶입담이 어찌나 좋은지 당할 사람이 없다.

1343) 입덕(德): 입이 가볍거나 험하여서 입게 되는 피해를 반어적으로 이르는 말. ¶입덕을 보다/입다(말을 함부로 하여 화를 입다).

1344) 입덧: 임신한 지 이삼 개월이 되어 구역이 나며 입맛이 변하여 특별한 음식을 좋아하는 증세. 악조증(惡阻症). ¶입덧이 심하다. 입덧하다.

1345) 입되다: ①맛있는 음식만을 탐하는 버릇이 있다. ②가리는 음식이 많은 성미다. 입이 짧다.

1346) 입막음: 불리한 말을 못하게 입을 막음. 입씻김. ¶입막음으로 주는 돈.

1347) 입맞추다: ①상대편의 입술 · 이마 · 볼 · 손 따위에 입술을 대다. ②서로 말의 내용이 어긋나지 않도록 짜맞추다.

1348) 입매1: 입의 생긴 모양. 입맵시. ¶고운 입매. 입매시늉. 입매2: ①음식을 간단하게 조금만 먹어 시장기를 면하는 일.=볼가심. ¶입맷거리, 입맷상(床;잔치 때 큰 상을 드리기 전에 간단히 대접하는 음식상). ②눈가림으로 일을 아무렇게나 함. 또는 그렇게 하는 일.

1349) 입모으다: 여러 사람이 같은 의견으로 말하다. ¶입모아 칭찬하다.

1350) 입성수(星數): 말하는 소리를 듣고 그 사람의 장래 일을 점치는 일.

1351) 입씻다: ①입을 씻다. ②이문 같은 것을 혼자 가로채거나 감추고서 모르는 체하다.

1352) 입씻이: 다른 말을 못하도록 입씻김으로 주는 금품.

1353) 입정: 입버릇. 입놀림. ¶사람들의 입정에 오르내리다. 입정을 놀리다(쉴 새 없이 군것질을 계속하다. 입버릇 사납게 말하다). 그 사람은 입정이 고약하다. 입정사납다(말투가 점잖지 못하다. 거칠게 탐식하다); 군입정/질(때 없이 음식으로 입을 다심)/군입질.

1354) 입줄: 이러쿵저러쿵 남의 말을 하는 사람의 입을 속되게 이르는 말. ¶입줄에 오르내리다.

1355) 입질: 낚시질할 때 물고기가 낚싯밥을 건드리는 일. 이 때 낚시찌가 움직임. ¶미끼를 달아 던지기가 바쁘게 입질을 하였다.

1356) 입찬말: 자기 지위 능력을 믿고 장담하는 말. ¶그렇게 입찬말을 하다가는 큰 코 다친다.

1357) 입치다꺼리: 먹는 일을 뒷바라지하는 일. ¶워낙 박봉(薄俸)이라 처자식 입치다꺼리하기에도 벅차다. 저축은커녕 입치다꺼리하기도 벅차다.

1358) 입치레: ①끼니를 때우는 일. 괴일, 과자 따위 군음식을 먹는 일. 군것질. ¶쥐꼬리만 한 월급으로 입치레나 하면 다행이다. ②=말치레.

1359) 입치리: 입술 가장자리에 물집이 생기어 허는 병.

1360) 뭇입: 여러 사람의 입. 여러 사람이 나무라는 말.

1361) 잔입: 아침에 일어나서 아지 아무것도 먹지 아니한 입. 마른입.

1362) 입장(入場): 장내(場內)로 들어감.↔퇴장(退場). ¶입장객(客), 입장권(券), 입장료(料), 입장식(式), 입장하다; 무료입장(無料), 유료입장(有料).

1363) 입찰(入札): 상품의 매매나 도급 계약을 체결할 때 여러 희망자들에게 각자의 낙찰 희망 가격을 서면으로 제출하게 하는 일. ¶입찰가격/입찰가(價格), 입찰공고(公告), 입찰서(書), 입찰액(額), 입찰인(人), 입찰일(日), 입찰자(者), 입찰하다; 경쟁입찰(競爭), 공개입찰(公開), 지명입찰

입탕(入湯), 입품(入品), 입품(入稟), 입하(入荷), 입학(入學), 입항(入港), 입회(入會), 입후(入后), 입후(入後); 가입(加入), 감입(嵌入), 개입(介入), 과문불입(過門不入), 관입(貫入), 관입(觀入), 구입(購入), 기입(記入), 난입(亂入), 난입(闌入), 납입(納入), 내입(內入), 대입(代入), 도입(導入), 돌입(突入), 두입(斗入), 만입(灣/彎入), 매입(買入), 몰입(沒入), 물입(勿入)[한인물입(閑人)], 반입(搬入), 배입(倍入), 봉입(封入), 봉입(捧入), 불입(拂入), 비조불입(飛鳥不入), 산입(算入), 삼입(滲入), 삽입(揷入), 선입(先入)[선입감(感), 선입견(見), 선입관(觀)], 선입(選入), 세입(稅入), 세입(歲入), 소입(所入), 수입(收入), 수입(輸入), 신입(新入), 심입(深入), 영입(迎入), 예입/금(預入/金), 오입(悟入), 오입(誤入)[오입쟁이, 오입질, 오입판], 외입(外入), 원입(願入), 유입(流入), 유입(誘入), 응입(應入), 이입(移入), 잠입(潛入), 전입(轉入), 점입가경(漸入佳境), 주입/식(注入/式), 주입(鑄入), 지입(持入), 진입(進入), 질입(質入), 징입(徵入), 차입/금(借入/金), 차입(差入/品), 찬입(竄入), 천입(擅入), 첨입(添入), 초입(初入), 초입(招入;불러들임), 출입(出入), 충입(衝入), 취입(吹入), 침입(侵入), 투입(投入), 틈입(闖入), 편입(編入), 함입(陷入), 허입(許入), 혼입(混入), 환입(換入), 환입(還入), 흡입(吸入) 들.

입(立) '서다 · 세우다'를 뜻하는 말.↔좌(坐;앉다). ¶입각(立脚)[1364], 입간판(立看板), 입건(立件)[1365], 입국(立國), 입낙(立諾;그 자리에서 승낙함), 입도/선매(立稻/先賣), 입동(立冬), 입례(立禮), 입론(立論;의론의 체계를 세움), 입면/도(立面/圖), 입명(立命)[안심입명(安心)], 입모근(立毛筋), 입방/체(立方/體), 입법(立法;법률을 제정함. 바른 도리를 세움), 입보(立保), 입본(立本), 입비(立碑), 입사(立嗣), 입상(立像), 입석(立石), 입석(立席↔座席), 입식(立式;서서 행동하도록 된 방식), 입신(立身;출세함)[입신양명(揚名), 입신출세(出世)], 입심(立心), 입안(立案;실행에 앞서 안을 세움), 입약(立約), 입언(立言), 입영(立泳), 입이(立異), 입장(立場;처지), 입조(立朝), 입주(立柱), 입즉(立卽;바로. 곧), 입증(立證)[입증되다/하다, 입증사항(事項), 입증책임(責任)], 입지(立地)[입지조건(條件); 공업입지(工業), 산업입지(産業), 취락입지(聚落)], 입지(立旨), 입지/전(立志/傳), 입창(立唱), 입체(立替), 입체(立體)[1366], 입초(立哨), 입추(立秋), 입추(立錐), 입춘(立春), 입춤(立), 입평(立坪), 입표(立標), 입하(立夏), 입헌(立憲)[입헌국(國), 입헌적(的), 입헌정치(政治), 입헌주의(主義)], 입회/인(立會/人), 입후(立后;왕후를 책립함), 입후(立後), 입후보(立候補); 각립(各立), 각립(角立), 개립(介立), 건립(建立), 고립(孤立), 고립(雇立), 공립(公立), 관립(官立), 국립(國立), 군립(郡立), 기립(起立), 나립(羅立), 난립(亂立), 대립(代立), 대립(對立), 도립(道立), 도립/상(倒立/像), 독립(獨立), 매립(埋立), 민립(民立), 반립(反立), 배립(排立), 벽립하다(壁立), 병립(竝立), 분립(分立), 사립(四立;立春. 立夏. 立秋. 立冬), 사립(私立), 삼림(森立), 설립(設立), 성립(成立), 수립(竪立), 수립(樹立), 시립(市立), 시립(侍立;윗사람을 모시고 섬), 쌍립(雙立), 양립(兩立), 연립(聯立), 열립(列立), 영립(迎立), 옹립(擁立), 왕립(王立), 용립하다(聳立), 위립(圍立), 응립(凝立), 임립(林立), 자립(自立)[자립성(性), 자립심(心), 자립적(的)], 장립(將立), 저립(佇立), 적립(赤立), 적립/금(積立/金), 전립선(前立腺), 정립/상(正立/像), 정립(定立), 정립(挺立), 정립(停立), 정립(鼎立), 조립(組立), 존립(存立), 좌립(坐立;앉음과 섬), 중립(中立), 증립(證立), 직립(直立), 찬립(簒立), 창립(創立), 책립(冊立), 취립(聚立), 치립(峙立), 탁립(卓立), 특립(特立), 폐립(廢立), 피립(跛立;한 다리로만 섬), 확립(確立) 들.

입(笠) '갓'을 뜻하는 말. ¶입모(笠帽;갈모), 입식(笠飾), 입영(笠纓;갓끈), 입자(笠子;갓)[평입자(平)], 입첨(笠檐); 모립(毛笠), 묵립(墨笠), 방립(方笠), 백립(白笠), 사립(絲笠), 사립(蓑笠;도롱이와 삿갓), 상립(喪笠), 송라립(松蘿笠), 여립모(女笠帽), 우립(雨笠), 저모립(豬毛笠), 전립(戰笠), 전립(氈笠), 주립(朱笠), 진사립(眞絲笠), 청약립(靑篛笠), 초립(草笠)[초립둥이, 초립장(匠)], 칠립(漆笠), 파립(破笠), 폐립(敝笠), 포립(布笠), 화립(畵笠), 흑립(黑笠) 들.

입(粒) '알. 알갱이'를 뜻하는 말. ¶입미(粒米;낟알), 입상/반(粒狀/斑), 입이(粒餌;가루먹이), 입자(粒子)[1367]; 걸립(乞粒), 결정립(結晶粒), 과립(顆粒), 단립/구조(團粒/構造), 맥립(麥粒), 미립(米粒;쌀알), 미립(微粒;썩 작은 알갱이), 반립(飯粒), 세립(細粒), 소립(小粒), 소립자(素粒子), 속립(粟粒) 들.

입(込) '담다. 모으다'를 뜻하는 말. ¶신입(申込;請約),

입(다) ①옷을 몸에 걸치거나 두르다.≒걸치다. 착용하다(着用).↔벗다. ¶한복을 입다. 입성[1368], 입을거리, 입음새, 입히다(입게 하다. 물건의 거죽에 한 꺼풀 올리거나 바르다.↔벗기다); 갈아입다/입히다, 껴입다, 꿰입다(옷을 입다), 덧껴입다, 덧입다/입히다, 뒤집어입다, 떨쳐입다(드러나게 차려입다), 받쳐입다(속에 끼어입다), 복입다(服;기년 이하의 복제를 입다), 빼입다[1369], 잘입다, 차려입다. ②욕 · 손해 따위를 보거나 누명을 쓰다.≒당하다. ¶부상을 입다. 손해를 입히다. 가뭄으로 농작물의 피해를 입다. 언걸입다[1370]/걸입다, 얼입다(孼;남의 허물로 인하여 해를 받다).

(指名), 추가입찰(追加).

1364) 입각(立脚): 어떤 사실이나 주장 따위에 근거를 두어 그 입장에 섬. ¶민주주의에 입각한 올바른 정치. 입각하다.

1365) 입건(立件): 피의자의 범죄 혐의 사실을 인정하여 사건을 성립하는 일. ¶형사 입건. 입건되다/하다.

1366) 입체(立體): 삼차원의 공간에서 여러 개의 평면이나 곡면으로 둘러싸인 부분. ¶입체각(角), 입체감(感), 입체거울, 입체경(鏡), 입체교차/로(交叉/路), 입체구조/식(構造/式), 입체기하학(幾何學), 입체낭독(朗讀), 입체농업(農業), 입체도안(圖案), 입체도형(圖形), 입체미(美), 입체방송(放送), 입체배치(配置), 입체사진(寫眞), 입체상(像), 입체시(視), 입체양어/장(養魚/場), 입체영화(映畵), 입체음악(音樂), 입체음향/입체음(音響), 입체인쇄(印刷), 입체인지(認知), 입체재단(裁斷), 입체적(的), 입체전(戰), 입체주의(主義), 입체주차장(駐車場), 입체지도(地圖), 입체카메라, 입체투영(投影), 입체파(派), 입체형(形), 입체화법(畵法), 입체회로(回路), 입체효과(效果).

1367) 입자(粒子): 물질을 구성하는 미세한 크기의 물체.=알갱이. ¶입자가속기(加速器), 입자검출기(檢出器), 입자량(量), 입자방출(放出), 입자선(線), 입자속도(速度), 입자자취, 입자크기, 입자특성(特性); 경입자(輕粒子), 미립자(微), 반입자(反), 베타입자(β), 소립자(素), 알파입자(α), 중입자(重).

1368) 입성: '옷'을 속되게 이르는 말. ¶그 사람의 입성을 보면 어떤 계층인가를 쉬 알아볼 수 있다.

1369) 빼입다: 옷을 매끈하게 잘 차려 입다. ¶양복을 쪽 빼입다.

1370) 언걸입다: 다른 사람 때문에 해를 당하다. ¶놈들을 가두었다가는 오히려 우리가 언걸입고 말 것이네.

③도움 따위를 받다. ¶은혜를 입다. 입음; 힘입다(남의 도움이나 영향을 받다).

입시 '하인이나 종이 먹는 밥'을 일컫는 말.

잇[1] 이부자리나 베개 따위의 거죽을 싸는 천(피륙). 홑청. ¶잇을 씌우다. 이불잇을 벗기다. 계숫잇(푸짓잇), 기숫잇(금침을 덮는 흰 보자기), 모자잇(帽子)[1371], 베갯잇, 욧잇, 이불잇, 침닛(枕;'베갯잇'의 궁중말), 푸짓잇('이불잇'의 궁중말), 프딧잇(욧잇).

잇[2] 잇꽃(국화과의 두해살이풀). 잇꽃의 꽃부리에서 얻는 붉은 빛의 물감. ¶잇다홍/치마(紅), 잇빛.

잇(다)[1] 길이를 가진 물체의 두 끝을 떨어지지 않게 맞붙이다.(≒매다. 잇대다. 연결하다.↔끊다). 끊이지 아니하게 계속하다. 뒤를 잇달다. 계승하다. ¶줄을 잇다. 말을 잇다. 아들이 대를 잇다. 왕위를 잇다. 잇겹치다(사물이 잇따라 겹치다), 잇개(연결기), 잇기[마주잇기], 이끌다/끌리다, 잇놓다(이어 놓다)/놓이다, 잇는수(繡), 잇닫다(뒤를 이어 달리다), 잇달다(거듭하다. 잇따르다)/달리다, 잇달아(연달아), 잇닿다, 잇대다(서로 잇닿게 하다), 잇따르다(뒤를 이어 따르다), 잇따라, 이물리기[1372], 이어/이어서(곧), 이어갈이, 이어나가다, 이어달리다/달리기, 이어받다(≒물려받다. 뒤따르다), 이어지다, 이어줄(마룻줄), 이어진문장(文章), 이어짓기/하다, 이엄[1373], 이에짬[1374], 이음[1375]; 뒤잇다/뒤이어, 띠잇기(끈이나 띠를 길게 늘이어 잇는 일), 맞잇다, 연잇다(連), 왜이이(矮;짧은 재목을 이어서 씀. 또는 그런 방법), 제겨잇다[1376], 줄이어. ☞ 연(連). 계(繼)

잇(다)[2] 긴 통나무를 깎을 때에 얼마만큼의 사이마다 깎아 낼 만큼의 두께대로 톱으로 썰어서 깎기 쉽게 하다.

있(다) ①사람, 동물, 물체 따위가 실제로 존재하는 상태이다(↔없다). 〈높〉있으시다. 계시다[+사람]. 사람이나 동물이 어느 곳에서 떠나거나 벗어나지 아니하고 머물다. 갖추다. 어떤 상태에 놓이다. 생존하다. 가능하다. 시간적으로 지체하거나 경과하다. ¶능력이 있다. 신은 있다. 있다가[1377], 있이(경제적으로 넉넉하게); 가만있다, 맛있다, 멋있다, 재미있다, 지멸있다(꾸준하고 성실하다). ②동사의 보조적 연결 어미 '-고' 아래 쓰이어 그 동작이 현재 계속되다. ¶아기가 놀고 있다. 새가 울고 있다. ③보조적 연결 어미 '-아/어' 아래 쓰이어 본용언의 상태가 계속되다. ¶사람이 많이 모여 있다. 높이 솟아 있다. 꽃이 피어 있다. ☞ 유(有). 존(存).

잉[1] 어린아이가 칭얼대며 우는 소리. ¶잉잉 울다. 잉잉거리다/대다[1].

잉[2] ①세찬 바람이 공중에 팽팽히 걸려 있는 가는 철사에 부딪쳐 울릴 때 나는 소리. ¶전홧줄이 잉 울다. ②날벌레 따위가 날 때에 나는 소리. 〈작〉앵[1]. 잉잉거리다/대다[2].

잉(仍) '그대로 따르다'를 뜻하는 말. ¶잉구관(仍舊貫), 잉사(仍仕), 잉손(仍孫;七代孫), 잉용(仍用;이전의 것을 그대로 씀), 잉존(仍存;그전 물건을 그대로 둠), 잉집(仍執), 잉처(仍妻;첩), 잉칭(仍稱), 잉편하다(仍便;늘 편하다), 잉획(仍劃); 강잉하다(强仍;억지로 참다. 마지못하여 그대로 하다), 운잉(雲仍) 들.

잉(剩) '남다. 나머지. 그 위에 더'를 뜻하는 말. ¶잉과(剩過), 잉수(剩數;남은 수), 잉여(剩餘;나머지)[잉여가치(價値), 잉여금(金), 잉여노동(勞動), 잉여량(量), 잉여법(法), 잉여상품(商品), 잉여생산물(生産物)], 잉조(剩條;쓰고 남은 부분); 과잉(過剩), 여잉(餘剩) 들.

잉(孕) '아이를 배다. 품다'를 뜻하는 말. ¶잉모(孕母), 잉부(孕婦), 잉태(孕胎)[잉태되다/하다]; 강잉(降孕), 배잉(胚孕), 회잉(懷孕) 들.

잉걸 불이 이글이글하게 핀 숯덩이. ¶잉걸불에 고기를 구워먹다. 잉걸덩이, 잉걸불[1378]; 불잉걸.

잉끄리(다) 이리저리 짓찧어서 일그러뜨리다. ¶담배를 잉끄려 끄다.

잉아 베틀의 날실을 한 칸씩 걸러서 끌어올리도록 맨 굵은 실. 종사(綜絲). ¶잉앗대, 잉앗살(잉아에서 날실을 꿰는 살), 잉앗줄.

잉큼잉큼 가슴이 가볍게 빨리 뛰는 모양. ¶생각만 하여도 너무나 기꺼운 마음에 잉큼잉큼 기다린다.

잊(다) 기억에서 사라져 생각하지 아니하거나 알아차리지 못하다. 느끼지 못하다. 품었던 생각을 하지 아니하다. 마음에 새겨 두지 아니하고 저버리다. ¶약속을 잊다(까먹다[1]). 추위를 잊다. 은혜를 잊다. 잊어버리다/야자버리다[1379], 잊음, 잊음기(건망증), 잊히다. ☞ 망(忘).

잎 ①식물의 영양기관의 하나. 잎살, 잎자루, 턱잎으로 이루어짐. '잎 모양'을 뜻하는 말. ¶잎가(잎의 가장자리), 잎갈이(묵은 잎이 떨어지고 새 잎이 나는 일), 잎거미, 잎거름, 잎겨드랑이(가지나 줄기에 잎자루가 붙은 자리. 葉腋), 잎깍지(잎집), 잎꼭지(잎자루), 잎꽂이, 잎꼴, 잎꽂이, 잎나무(잎이 붙은 땔나무), 잎나물, 잎남새, 잎노랑이[엽황소(葉黃素)], 잎눈, 잎다발[엽적(葉跡;줄기에서 갈라져서 잎으로 들어가는 관다발)], 잎담배, 잎대(잎자루), 잎덩굴손, 잎마름병(病), 잎말이병(病), 잎망울, 잎맥(脈), 잎몸, 잎바늘(잎이 변하여 가시같이 된 것), 잎벌레, 잎뽕, 잎사귀[1380], 잎살[엽육(葉肉)], 잎새(나무에 달려 있는 작은 잎사귀), 잎샘[1381], 잎

1371) 모자잇(帽子): 흔히 여름에 모자 위에 덧씌우는 흰 천으로 만든 물건.
1372) 이물리기: 탈춤에서, 배역과 배역 또는 장단과 장단 사이를 서로 물려 이어지게 하는 것.
1373) 이엄: 끊이지 아니하고 연해 이어 가는 모양.[←잇(다)+엄]. ¶길이가 짧은 전선을 이엄이엄 이어서 전등을 켰다.
1374) 이에짬: 두 물건을 맞붙여 이은 짬.
1375) 이음: 이음꼴, 이음끝, 이음달다(=잇따르다), 이음돌, 이은말(접속어), 이음매(두 물체를 이은 자리), 이름새(이은 모양새), 이음손, 이음쇠, 이음자리(이음손), 이음줄, 이음짬, 이음차다(줄줄이 이어지다), 이음턱(이음손이나 사개에 낸 턱), 이음판(板), 이음표(標); 길이이음, 나비은장이음, 맞이음, 맞장부이음, 엇턱이음, 열장이음, 평이음(平).
1376) 제겨잇다: 두 끈에 끝을 서로 어긋매껴 매고 한 끝씩 꼬부려 옭매어 잇다.
1377) 있다가: 어떤 동작이나 상태를 유지하다가 다른 동작이나 상태로 바뀜. ¶음악을 듣고 있다가 깜박 잠이 들었다. 더 있다가 사시오.

1378) 잉걸불: ①활짝 피어 이글이글한 숯불. ¶잉걸불이 벌겋게 타오르다. ②다 타지 아니한 장작불. ¶잉걸불을 쪼이다.
1379) 야자버리다: '잊어버리다'를 낮잡아 이르는 말.
1380) 잎사귀: 일정한 크기 이상을 가지는 낱낱의 잎.[←잎+사귀]. ¶배추 잎사귀를 하나씩 뜯다. 잎사귀머리(소의 처녑에 붙은 넓고 얇은 고기).
1381) 잎샘: 봄에 잎이 나올 무렵에 갑자기 추워지는 일. 또는 그 추위. ¶잎샘

성냥, 잎숟가락(얇고 거칠게 만든 숟가락), 잎잎이(각각의 잎마다 모두), 잎자루, 잎줄기/채소(菜蔬), 잎집(잎깍지), 잎차례[1382], 잎채소(菜蔬), 잎침(鍼), 잎파랑이[엽록소(葉綠素)], 잎파랑치[엽록소(葉綠素)], 이파리[1383], 잎혀[1384]; 가랑잎/갈잎, 간잎(肝), 감잎, 갓은잎, 갖춘잎, 겉잎, 겹잎[손꼴겹잎], 고자잎[1385], 고춧잎, 귤잎(橘), 그물맥잎, 깃꼴잎, 깻잎, 꽃잎, 나뭇잎, 날잎, 누렁잎, 단풍잎(丹楓), 담배잎, 댓잎, 돈잎[1386], 돌려나기잎, 들깻잎, 떡갈잎/갈잎, 떡잎[1387], 마른잎, 마주나기잎, 묵은잎, 물잎(수중엽), 미늘잎, 바늘잎, 배춧잎, 버들잎, 비늘잎, 뽕잎, 뿌리잎, 살잎[1388], 새잎, 새긴잎[1389], 속잎, 솔잎, 순잎(筍;순이 돋아 핀 잎), 안갖춘잎, 어긋나기잎, 어린잎, 연잎(蓮), 움잎, 은행잎(銀杏), 잔잎[소엽(小葉)], 장잎[1390], 주름잎, 진잎[1391], 찻잎(茶), 콩잎, 턱잎, 톱니잎, 팥잎, 풀잎, 햇잎, 헛잎, 호박잎, 홑잎. ②명주실의 한 바람. 식물의 잎을 세는 단위. ☞ 엽(葉).

추위.

1382) 잎차례: 줄기에 잎이 붙어 있는 모양. 어긋나기 · 마주나기 · 돌려나기 · 뭉쳐나기 따위가 있음. 엽서(葉序).

1383) 이파리: 나무나 풀의 살아 있는 낱잎.[←잎+아리]. §사람이 먹거나 물질적으로 이용되는 잎. ¶이파리가 싱싱한 채소. 상추 이파리가 바람에 흔들린다. 깻이파리, 풀이파리.

1384) 잎혀: 잎집의 끝이 줄기에 닿은 자리에 붙어 있는 작고 얇은 조각. 엽설(葉舌).

1385) 고자잎: 활시위의 심고를 맨 것이 닿는 부분인 도고지부터 심고가 걸리는 부분인 양냥고자까지의 부분.

1386) 돈잎: ①주조된 돈의 낱개. ②돈푼. ¶돈잎이나 만지고 산다.

1387) 떡잎: 씨앗 속에서 처음 싹터 나오는 잎. 자엽(子葉). ¶쌍떡잎(雙), 외떡잎.

1388) 살잎: 수분이나 양분을 저장하기 알맞게 두꺼운 잎. 용설란 · 채송화 따위의 잎.

1389) 새긴잎: 무의 잎과 같이, 가장자리가 깊이 패어 들어간 식물의 잎.

1390) 장잎: 벼 · 밀 · 보리 따위의 이삭이 패기 직전에 나오는 마지막 잎.

1391) 진잎: 날것이나 절인 푸성귀 잎. ¶진잎밥, 진잎죽(粥).

ㅈ

자[1] ①길이나 높이를 재는 기구. 척관법에 의한 길이의 단위. 1자는 한 치의 10배로 약 30.3㎝. ¶자로 길이를 재다. 나룻이 석 자라도 먹어야 샌님. 자가웃(한 자 반쯤 되는 길이), 자꺾음[1], 자넘이(한 자가 넘는 길이), 잣눈[1](자에 새겨진 눈금), 잣눈[2](한 자 깊이 정도로 내린 눈), 자막대기/잣대(기준), 잣대질/하다, 자머리[2], 자볼기(자막대기로 때리는 볼기), 자뼈[척골(尺骨)], 자질(자로 재는 일)/하다, 자짜리, 자치[3], 자치기[4], 자투리[5], 자풀이, 재다[6]; 가늠자, 계산자(計算), 곡선자(曲線), 곱자, 구름자, 구배자(勾配;한 가지 각도만 규정되어 있는 삼각자), 궤간자(軌間), 규준자(規準;직각자, 삼각자 따위), 기역자자(字), 기울기자(한 각만 각도가 규정되어 있는 삼각자), 낱자, 눈금자, 대자[죽척(竹尺)], 띠자(줄자), 로그자(log), 마름자(마름질할 때 쓰는 자), 말이자, 먹자(미레자), 못자(모내기할 때 쓰는 자), 물자[양수표(量水標)], 미레자[7], 미터자(meter), 밀자, 바느질자, 바닥자[8], 반달자(半;반달 모양의 자), 베자(베로 만든 자), 비례자(比例), 뿔자, 삼각자(三角), 세모자, 셈자, 아들자[부척(副尺)], 어미자[주척(主尺)], 연귀자(45도 각도로 을모진 자), 운형자(雲形;구름자), 접자(摺), 정자자(丁字;먹자), 주물자(鑄物), 줄자[권척(卷尺)], 직각자(直角), 철자(鐵), 티자(T), 평행자(平行), 함수자(函數), 휜자(휜선을 그리는 데 쓰는 자), 흘럭자(여러 각도로 금을 그을 수 있도록 고정되어 있지 않은 '丁'자형의 자). ☞ 척(尺). ②돗자리나 가마니를 칠 때 날 속으로 씨를 먹이는 가늘고 긴 막대기. ¶자로 왕골을 먹이다.

자[2] ①어떤 행동을 하도록 주의를 주거나, 스스로 하려는 의욕을 보일 때 하는 소리. ¶자, 또 시작해 봅시다. ②스스로 안타깝거나 한심스럽게 느낄 때, 혼잣말처럼 하는 말. ¶자, 이런 멍청이가 있나?

-자 ①'이다'의 어간에 붙어, 어떠한 자격과 함께 다른 자격이 있음을 나타내는 연결 어미. ¶그는 내 선배이자 스승이다. ②동사 어간에 붙어, 친구나 손아랫사람에게 서로 같이 하기를 권하거나 요구 또는 양해를 구하는 뜻을 나타내는 종결 어미. 몇몇 형용사 어간에 붙어, 권유를 나타내는 종결 어미. ¶여기를 빨리 떠나자. 좀 조용히 하자. 우리 모두 좀 더 침착하자. 나도 좀 마시자. ③동사 어간에 붙어, 다짐이나 결심, 하고자 하는 뜻을 나타내는 연결 어미. ¶씻자 하니 물이 안 나온다. 너 두고 보자, 얼마나 잘 사나. ④'이다'나 동사의 어간에 붙어, 한 동작이 막 끝남과 동시에 다른 동작이나 사실이 잇달아 일어남을 나타내는 연결 어미. ¶까마귀 날자 배 떨어진다. 이곳은 내 거실이자 공부방이다. [-시제어미]. -자-고, -자고 할/잘, -자-꾸나[9], -자-니-까/요, -자-마(말)-자, -자-며, -자-면, -자-면서.

자(者) '그러한 사람임. 그것'을 뜻하는 말. ¶법을 어긴 자는 엄벌에 처한다. 난폭한 자는 인간이 아니다. 가담자(加擔者), 가맹자(加盟者), 가반자(嫁反者), 가입자(加入者), 가진자, 가해자(加害者), 각자(覺者), 간자(間者), 간섭자(干涉者), 감독권자(監督權者), 감독자(監督者), 감사자(敢死者), 감상자(鑑賞者), 감수자(監修者), 감시자(監視者), 감염자(感染者), 강점자(强占者), 감정자(鑑定者), 감정업자(鑑定業者), 감호자(監護者), 강자(强者), 강권자(强權者), 강점자(强占者), 강탈자(强奪者), 개간자(開墾者), 개발자(開發者), 개별자(個別者), 개설자(開設者), 개심자(改心者), 개전자(改悛者), 개종자(改宗者), 개창자(開創者), 개척자(開拓者), 개최자(開催者), 개혁자(改革者), 거래자(去來者), 거주자(居住者), 건국자(建國者), 건립자(建立者), 건의자(建議者), 걸식자(乞食者), 검열자(檢閱者), 격지자(隔地者), 견진자(堅振者), 결복자(闋服者), 결석자(缺席者), 결시자(缺試者), 결신자(決信者), 결자해지(結者解之), 결정권(決定權者), 경기자(競技者), 경락자(競落者), 경력자(經歷者), 경상자(輕傷者), 경영자(經營者), 경작자(耕作者), 경쟁자(競爭者), 경학자(經學者), 경험자(經驗者), 계궁자(階窮者), 계몽주의자(啓蒙主義者), 계승자(繼承者), 계시자(戒侍者), 계약자(契約者), 계주자(繼走者), 계획자(計劃者), 고령자(高齡者), 고무자(鼓舞者), 고발자(告發者), 고백자(告白者), 고소권자(告訴權者), 고안자(考案者), 고용자(雇傭者), 고위자(高位者), 고자(告者), 고자(瞽者), 고학력자(古學力者), 고해자(告解者), 고행자(苦行者), 곡학자(曲學者), 공격자(攻擊者), 공급자(供給者), 공로자(功勞者), 공모자(共謀者), 공범자(共犯者), 공유자(共有者), 공작자(工作者), 공저자(共著者), 공직자(公職者), 공천권자(公薦權者), 공혈자(供血者), 과보자(果報者), 과학자(科學者), 곽식자(藿食者), 관계자(關係者), 관념론자(觀念論者), 관독자(管督者), 관람자(觀覽者), 관료주의자(官僚主義者), 관리자(管理者), 관망자(觀望者), 관목자(灌沐者), 관조자(觀照者), 관찰자(觀察者), 관측자(觀測者), 관후장자(寬厚長者), 광란자(狂亂者), 광신자(狂信者), 광업자(鑛業者), 광자(狂者), 교권자(教權者), 교란자(攪亂者), 교사자(教唆者), 교자(巧者), 교역자(教役者), 교육자(教育者), 교전자(交戰者), 교조주의(教條主義者), 교직자(教職者), 구금자(拘禁者), 구도자(求道者), 구독자(購讀者), 구매자(購買者), 구속자(拘束者), 구안자(具眼者), 구연자(口演者), 구원자(救援者), 구조자(救助者), 구직자(求職者), 구혼자(求婚者), 국민주의자(國民主義者), 국외자(局外者), 권고자(勸告者), 권력자(勸力者), 권리자(權利者), 권위자(權威者), 궐자(厥者), 궤변론자(詭辯論者), 귀순자(歸順者), 귀의자(歸依者), 귀화자(歸化者), 귀환자(歸還者), 극단론자(極端論者), 극빈자(極

---

1) 자꺾음: 서까래를 걸 적에, 물매의 경사를 한 자에 다섯 치 높이의 비율로 하는 일.

2) 자머리: 피륙 따위를 잴 때, 자의 길이보다 좀 여유 있게 잡은 부분. ¶넉넉하게 자머리를 드리겠습니다.

3) 자치: ①길이가 한 자쯤 되는 물건이나 물고기. ②차이가 얼마 안 되는 것. ¶자치가 나다. 자치동갑(同甲;한 살 차이가 나는 동갑), 자치통(씨를 뿌리는 깔때기 모양의 기구).

4) 자치기: 짤막한 나무토막을 다른 긴 막대기로 쳐서 그 나간 거리를 재어 승부를 겨루는 놀이.

5) 자투리: 자풀이로 팔다 남거나 쓰고 남은 피륙의 조각.[〈자토리←자ㅎ+도리/두리]. ¶자투리 무명으로 방석을 만들다. 자투리땅.

6) 재다: 길이나 넓이, 무게 따위를 알아보다. ¶잼줄, 잼추(錘).

7) 미레자: 목수들이 나무에 먹으로 금을 그을 때 쓰는 T자 모양의 자. 눈금을 새긴 가로장은 짧고 손으로 잡는 자루는 기다람.=먹자.

8) 바닥자: 물체의 곧고 곧지 아니한 것이나 그 바닥의 높낮이를 살피는 자.

9) -자꾸나: '해라' 할 자리에, '함께 하자'는 권유의 뜻을 나타내는 종결 어미. ¶이제 그만 가자꾸나. 열심히 일하자꾸나.

貧者), 근자(近者), 근로자(勤勞者), 근무자(勤務者), 근시안자(近視眼者), 근친자(近親者), 금자(今者), 금력자(金力者), 금욕주의자(禁慾主義者), 금치산자(禁治産者), 급식자(給食者), 급진주의자(急進主義者), 급혈자(給血者), 기자(記者), 기자(飢者), 기계론자(機械論者), 기고자(寄稿者), 기권자(棄權者), 기근자(饑饉者), 기능자(技能者), 기독자(基督者), 기록자(記錄者), 기류자(寄留者), 기명자(記名者), 기부자(寄附者), 기생자(寄生者), 기서자(寄書者), 기술자(技術者), 기식자(寄食者), 기아자(飢餓者), 기업자(企業者), 기업자(起業者), 기증자(寄贈者), 기천자(欺天者), 기초자(起草者), 기탁자(寄託者), 기피자(忌避者), 기형자(畸形者), 기혼자(既婚者), 기회주의자(機會主義者), 나약자(懦弱者), 낙관론자(樂觀論者), 낙선자(落選者), 낙약자(諾約者), 낙오자(落伍者), 낙찰자(落札者), 낙천자(落薦者), 낙천주의자(樂天主義者), 난선자(難船者), 남색자(男色者), 납세자(納稅者), 낭독자(朗讀者), 낭비자(浪費者), 낭송자(朗誦者), 내방자(來訪者), 내부자(內部者), 내알자(內謁者), 내조자(內助者), 내참자(來參者), 내통자(內通者), 노동자(勞動者), 노무자(勞務者), 노쇠자(老衰者), 노숙자(露宿者), 노약자(老弱者), 노역자(勞役者), 녹시자(綠視者), 논자(論者), 논쟁자(論爭者), 농자(農者), 농자(聾者), 뇌사자(腦死者), 누락자(漏落者), 누설자(漏泄者), 능동자(能動者), 능력자(能力者), 다수자(多數者), 다언자(多言者), 단두자(斷頭者), 단속자(團束者), 단죄자(斷罪者), 달자(達者), 담당자(擔當者), 담보자(擔保者), 담세자(擔稅者), 담임자(擔任者), 답변자(答辯者), 당자(當者), 당국자(當局者), 당로자(當路者;요로에 있는 사람), 당무자(當務者), 당사자(當事者), 당선자(當選者), 당업자(當業者), 당직자(堂直者), 당직자(黨職者), 당첨자(當籤者), 대가자(代加者), 대국자(對局者), 대기자(待期者), 대독자(代讀者), 대리업자(代理業者), 대리자(代理者), 대변자(代辯者), 대비자(大悲者), 대상자(代償者), 대상자(對象者), 대성자(大成者), 대여자(貸與者), 대작자(代作者), 대주자(代走者), 대척자(對蹠者), 대출자(貸出者), 대타자(代打者), 대표자(代表者), 대필자(代筆者), 대항자(對抗者), 대행자(代行者), 대화자(對話者), 도망자(逃亡者), 도살자(屠殺者), 도심자(道心者), 도안자(圖案者), 도전자(挑戰者), 도주자(逃走者), 도피자(逃避者), 도학자(道學者), 독자(讀者), 독단론자(獨斷論者), 독단주의자(獨斷主義者), 독부자(毒富者), 독서자(讀書者), 독선주의자(獨善主義者), 독습자(獨習者), 독신자(獨身者), 독신자(篤信者), 독역자(督役者), 독재자(獨裁者), 독점자(獨占者), 독학자(獨學者), 동거자(同居者), 동맹자(同盟者), 동반자(同伴者), 동사자(凍死者), 동상자(凍傷者), 동석자(同席者), 동선자(同船者), 동성애자(同性愛者), 동성연애자(同性戀愛者), 동숙자(同宿者), 동승자(同乘者), 동업자(同業者), 동의자(同意者), 동작자(動作者), 동정자(同情者), 동조자(同調者), 동지자(同志者), 동행자(同行者), 동호자(同好者), 둔세자(遁世者), 뒤선자, 득도자(得道者), 득점자(得點者), 득표자(得票者), 망명자(亡命者), 망자(亡者), 망신자(妄信者), 매자(昧者), 매개자(媒介者), 매몰자(埋沒者), 매입자(買入者), 맹자(盲者), 맹자(猛者), 맹신자(盲信者), 맹아자(盲啞者), 맹종자(盲從者), 면제자(免除者), 면회자(面會者), 멸망자(滅亡者), 명의자(名義者), 모반자(謀反者), 모반자(謀叛者), 모방자(模倣者), 목자(牧者), 목격자(目擊者), 목양자(牧羊者), 몽리자(蒙利者), 몽유병자(夢遊病者), 무교육자(無教育者), 무능력자(無能力者), 무도자(舞蹈者), 무법자(無法者), 무병자(無病者), 무산자(無産者), 무성격자(無性格者), 무숙자(無宿者), 무식자(無識者), 무신론자(無神論者), 무신자(無神者), 무예자(武藝者), 무의무탁자(無依無托者), 무자격자(無資格者), 무저항주의자(無抵抗主義者), 무적자(無籍者), 무정부주의자(無政府主義), 무제약자(無制約者), 무주의자(無主義者), 무주택(無住宅者), 무지자(無知者), 무직자(無職者), 무학자(無學者), 문맹자(文盲者), 미과자(未科者), 미납자(未納者), 미등록자(未登錄者), 미성년자(未成年者), 미수자(未遂者), 미숙자(未熟者), 미숙련자(未熟練者), 미필자(未畢者), 미혼자(未婚者), 민족주의자(民族主義者), 민주주의자(民主主義者), 밀고자(密告者), 밀렵자(密獵者), 밀매자(密賣者), 밀모자(密謀者), 밀수업자(密輸業者), 밀수입자(密輸入者), 밀항자(密航者), 박복자(薄福者), 박애주의자(博愛主義者), 반대자(反對者), 반동자(反動者), 반려자(伴侶者), 반실업자(半失業者), 반역자(反逆者), 반전론자(反戰論者), 반주자(伴奏者), 반측자(反側者), 발견자(發見者), 발굴자(發掘者), 발단자(發端者), 발령자(發令者), 발명자(發明者), 발신자(發信者), 발안자(發案者), 발제자(發題者), 발주자(發注者), 발표자(發表者), 발행자(發行者), 발현자(發現者), 방관자(傍觀者), 방랑자(放浪者), 방문자(訪問者), 방조자(幇助者), 방청자(傍聽者), 방해자(妨害者), 방화자(放火者), 배교자(背教者), 배균자(排菌者), 배반자(背反者), 배신자(背信者), 배우자(配偶者), 배척자(排斥者), 배후자(背後者), 범법자(犯法者), 범죄자(犯罪者), 범칙자(犯則者), 범행자(犯行者), 변사자(變死者), 벽자(僻者), 변사자(變死者), 변절자(變節者), 변질자(變質者), 별거자(別居者), 병자(病者), 병몰자(病沒者), 병사자(病死者), 병약자(病弱者), 병풍자(病瘋者), 보관자(保管者), 보균자(保菌者), 보급자(普及者), 보급자(補給者), 보유자(保有者), 보인자(保因者), 보수주의자(保守主義者), 보장자(保障者), 보조자(補助者), 보존자(保存者), 보지자(保持者), 보행자(步行者), 보험자(保險者), 보호자(保護者), 복자(卜者), 복자(福者), 복구자(復舊者), 복무자(服務者), 봉급자(俸給者), 봉급생활자(俸給生活者), 봉사자(奉仕者), 부자(富者), 부담자(負擔者), 부동자(符同者), 부랑자(浮浪者), 부마자(付魔者), 부상자(負傷者), 부역자(附逆者), 부재자(不在者), 부적격자(不適格者), 부채자(負債者), 분실자(紛失者), 분해자(分解者), 불자(佛者), 불가지론자(不可知論者), 불구자(不具者), 불량자(不良者), 불신자(不信者), 불참자(不參者), 불패자(不敗者), 불합격자(不合格者), 비관론자(悲觀論者), 비방자(誹謗者), 비인격자(非人格者), 비호자(庇護者), 빈자(貧者), 사자(死者), 사자(使者), 사고자(事故者), 사망자(死亡者), 사상자(死傷者), 사실주의자(寫實主義), 사업자(事業者), 사용자(使用者), 사육자(飼育者), 사주자(使嗾者), 사채권자(社債權者), 사촉자(唆囑者), 사회자(司會者), 사회주의자(社會主義者), 산자(生), 산책자(散策者), 살상자(殺傷者), 살인자(殺人者), 삼자(三者), 상자(相者;관상쟁이), 상간자(相姦者), 상근자(常勤者), 상급자(上級者), 상대자(相對者), 상린자(相隣者), 상병자(傷病者), 상소권자(上訴權者), 상속자(相續者), 상습자(常習者), 상신자(上申者), 상실자(喪失者), 상업자(商業者), 상용자(常用者), 상징주의자(象徵主義者), 상학자(相學者), 생자(生者), 생금자(生擒者), 생산자(生産者), 생존자(生存者), 서자(逝者), 서명자(署名者), 석방자(釋放者), 선각

자(先覺者), 선견자(先見者), 선곡자(選曲者), 선구자(先驅者), 선근자(善根者), 선도자(先導者), 선동자(煽動者), 선병자(先病者), 선임자(先任者), 선자(仙者), 선자(選者), 선전자(宣傳者), 선지자(先知者), 선창자(先唱者), 선행자(先行者), 선행자(善行者), 설계자(設計者), 설교자(說敎者), 설립자(設立者), 성자(盛者), 성자(聖者), 성년자(成年者), 성도착자(性倒錯者), 성직자(聖職者), 세자(洗者), 세납자(稅納者), 세례자(洗禮者), 세입자(貰入者), 소자(少者), 소구권자(遡求權者), 소비자(消費者), 소수자(小數者), 소시자(所恃者), 소심자(小心者), 소유권자(所有權者), 소유자(所有者), 소존자(所存者), 소지자(所知者), 소지자(所持者), 소체자(小體者), 속자(屬者), 속단론자(速斷論者), 솔선자(率先者), 송화자(送話者), 송환자(送還者), 수자(守者), 수감자(收監者), 수강자(受講者), 수검자(受檢者), 수고자(受膏者), 수공업자(手工業者), 수기자(手寄者), 수난자(受難者), 수뇌자(首腦者), 수도자(修道者), 수동자(受動者), 수두자(首頭者), 수련자(修鍊者), 수령자(受領者), 수료자(修了者), 수모자(首謨者), 수배자(手配者), 수법자(守法者), 수비자(守備者), 수사자(水死者), 수상자(受賞者), 수상생활자(水上生活者), 수송자(輸送者), 수술자(手術者), 수신자(受信者), 수요자(需要者), 수용자(受用者), 수용자(需用者), 수유자(受遺者), 수은자(受恩者), 수익자(受益者), 수임자(受任者), 수입업자(輸入業者), 수종자(隨從者), 수직자(守直者), 수집자(蒐集者), 수창자(首唱者), 수출업자(輸出業者), 수탁자(受託者), 수탈자(收奪者), 수하자(手下者), 수하자(誰何者), 수행자(修行者), 수험자(受驗者), 수형자(受刑者), 수혜자(受惠者), 수호자(守護者), 수화자(受話者), 수훈자(受勳者), 수훈자(殊勳者), 숙련자(熟練者), 숙명론자(宿命論者), 순교자(殉敎者), 순국자(殉國者), 순난자(殉難者), 순례자(巡禮者), 순직자(殉職者), 숭배자(崇拜者), 습득자(拾得者), 승자(勝者), 승기자(勝己者), 승리자(勝利者), 시자(侍者), 시공자(施工者), 시술자(施術者), 시위자(示威者), 시정권자(施政權者), 시청자(視聽者), 식자(識者), 신자(信者), 신고자(申告者), 신봉자(信奉者), 신용불량자(信用不良者), 신청자(申請者), 신탁자(信託者), 실격자(失格者), 실권자(實權者), 실력자(實力者), 실무자(實務者), 실수요자(實需要者), 실업자(失業者), 실용자(實用者), 실종자(失踪者), 실재론자(實在論者), 실직자(失職者), 실천자(實踐者), 실패자(失敗者), 실학자(實學者), 실행자(實行者), 실향자(失鄕者), 실화자(失火者), 심문자(審問者), 심사자(審査者), 심판자(審判者), 아자(啞者), 아사자(餓死者), 아유자(阿諛者), 안내자(案內者), 안출자(案出者), 알자(謁者), 압류채권자(押留債權者), 압박자(壓迫者), 압사자(壓死者), 압송자(押送者), 압제자(壓制者), 앞선자, 애국자(愛國者), 애국주의자(愛國主義者), 애독자(愛讀者), 야근자(夜勤者), 약자(弱者), 약탈자(掠奪者), 약혼자(約婚者), 양자(兩者), 양성애자(兩性愛者), 양육자(養育者), 어자(御/馭者), 억류자(抑留者), 억만장자(億萬長者), 억압자(抑壓者), 업자(業者), 여창자(臚唱者), 여행자(旅行者), 역자(易者), 역자(譯者), 역리자(逆理者), 역모자(逆謀者), 역천자(逆天者), 역행자(逆行者), 연고자(緣故者), 연관자(聯關者), 연구자(硏究者), 연기자(演技者), 연루자(連累者), 연상자(年上者), 연설자(演說者), 연소자(年少者), 연장자(年長者), 연주자(演奏者)/주자(奏者), 연출자(演出者), 열성자(熱誠者), 염세주의자(厭世主義者), 영자(泳者), 영도자(領導者), 영세업자(零細業者), 영세자(領洗者), 영솔자(領率者), 영업자(營業者), 영웅주의자(英雄主義者), 예약자(豫約者), 예언자(豫言者), 예정자(豫定者), 예찬자(禮讚者), 옹호자(擁護者), 왕자(王者;임금), 왕자(往者;지난번), 왕래자(往來者), 외근자(外勤者), 외래자(外來者), 외출자(外出者), 요구자(要求者), 요식업자(料食業者), 요약자(要約者), 요주의자(要注意者), 용선자(傭船者), 용의자(容疑者), 우자(愚者), 우범자(虞犯者), 우승자(優勝者), 운명론자(運命論者), 운전자(運轉者), 원매자(原賣者), 원매자(原買者), 원안자(原案者), 원작자(原作者), 원저자(原著者), 원조자(援助者), 원호자(援護者), 월경자(越境者), 월남자(越南者), 월북자(越北者), 위반자(違反者), 위범자(違犯者), 위선자(僞善者), 위약자(違約者), 위임자(委任者), 위정자(爲政者), 위조자(僞造者), 위탁자(委託者), 유자(幼者), 유자(儒者), 유공자(有功者), 유괴자(誘拐者), 유권자(有權者), 유능자(有能者), 유단자(有段者), 유덕자(有德者), 유도자(有道者), 유도자(誘導者), 유랑자(流浪者), 유력자(有力者), 유물론자(唯物論者), 유발자(有髮者), 유보자(遊步者), 유식자(有識者), 유식자(遊食者), 유신론자(有神論者), 유실자(遺失者), 유심론자(唯心論), 유위자(有爲者), 유일자(唯一者), 유자격자(有資格者), 유작자(有爵者), 유지자(有志者), 유지자(乳脂者), 유직자(有職者), 유영자(遊泳者), 유학자(儒學者), 유형자(流刑者), 유혹자(誘惑者), 유훈자(遺勳者), 유흥자(遊興者), 은자(隱者), 은거자(隱居者), 은둔자(隱遁者), 은수자(隱修者), 은퇴자(隱退者), 음모자(陰謀者), 응답자(應答者), 응모자(應募者), 응소자(應召者), 응시자(應試者), 의무자(義務者), 의사자(義死者), 의상자(義傷者), 이기주의자(利己主義者), 이단자(異端者), 이민자(移民者), 이병자(罹病者), 이상자(異常者), 이성애자(異性愛者), 이용자(利用者), 이주자(移住者), 이타주의자(利他主義者), 이탈자(離脫者), 이환자(罹患者), 익사자(溺死者), 익자(益者), 인자(仁者), 인격자(人格者), 인계자(引繼者), 인과자(因果者), 인도자(引導者), 인도주의자(人道主義者), 인솔자(引率者), 인수자(引受者), 일근자(日勤者), 일인자(一人者) 일반자(一般者), 일인자(一人者), 일직자(日直者), 임용권자(任用權者), 임자, 입상자(入賞者), 입선자(入選者), 입소자(入所者), 입안자(立案者), 입주자(入住者), 입찰자(入札者), 입후보자(立候補者), 자각자(自覺者), 자격자(資格者)[무자격자(無), 유자격자(有)], 자살자(自殺者), 자수자(自首者), 자유주의자(自由主義者), 작자(作者), 작곡자(作曲者), 작사자(作詞者), 작성자(作成者), 작업자(作業者), 잔류자(殘留者), 잡학자(雜學者), 장자(壯者), 장자(長者), 장려자(奬勵者), 장수자(長壽者), 장애자(障碍者), 장타자(長打者), 재자(齋者), 재감자(在監者), 재방자(在傍者), 재소자(在所者), 재외자(在外者), 재해자(災害者), 저자(저 사람), 저자(著者), 저능자(低能者), 저당권자(抵當權者), 저소득자(低所得者), 저술자(著述者), 저작자(著作者), 저항자(抵抗者), 적자(適者), 적격자(適格者), 적과자(賊科者), 적대자(敵對者), 적령자(適齡者), 적임자(適任者), 전자(前者), 전과자(前科者), 전달자(傳達者), 전담자(全擔者), 전도자(前導者), 전도자(傳道者), 전득자(轉得者), 전범자(戰犯者), 전사자(戰死者), 전상자(戰傷者), 전수자(傳受者), 전승자(傳承者), 전업자(專業者), 전적자(轉籍者), 전제자(專制者), 절대자(絕對者), 점유자(占有者), 전임자(前任者), 전임자(轉任者), 전입자(轉入者), 전재자(戰災者), 전적자(轉籍者), 전제자(專制者),

전출자(轉出者), 전파자(傳播者), 전향자(轉向者), 절대자(絕對者), 절취자(竊取者), 점유자(占有者), 접촉자(接觸者), 정년자(丁年者), 정복자(征服者), 정속자(定屬者), 정신병자(精神病者), 정주자(定住者), 정직자(停職者), 정해자(正解者), 제보자(提報者), 제삼자(第三者), 제안자(提案者), 제일인자(第一人者), 제작자(製作者), 제조자(製造者), 제창자(提唱者), 조고자(操觚者), 조난자(遭難者), 조력자(助力者), 조사자(調査者), 조언자(助言者), 조작자(造作者), 조정자(調停者), 조종자(操縱者), 조직자(組織), 존자(尊者), 졸자(拙者), 졸업자(卒業者), 종람자(縱覽者), 종자(從者), 종사자(從事者), 주자(走者), 주자(奏者), 주관자(主管者), 주권자(主權者), 주동자(主動者), 주례자(主禮者), 주모자(主謀者), 주무자(主務者), 주문자(注文者), 주석자(註釋者), 주연자(主演者), 주의자(主義者), 주자(走者), 주재자(主宰者), 주전론자(主戰論者), 주조자(鑄造者), 주창자(主唱者), 주최자(主催者), 주혼자(主婚者), 주화론자(主和論者), 죽은자, 준법자(遵法者), 준비자(準備者), 중개자(仲介者), 중개업자(仲介業者), 중독자(中毒者), 중보자(仲保者), 중상자(重傷者), 중상주의자(重商主義者), 중재자(仲裁者), 중혼자(重婚者), 즉사자(卽死者), 증거자(證據者), 지자(知者), 지자(智者), 지도자(指導者), 지렬자(智劣者), 지망자(志望者), 지명자(指名者), 지명권자(指名權者), 지배자(支配者), 지상자(至上者), 지원자(支援者), 지원자(志願者), 지지자(支持者), 지참자(遲參者), 지휘자(指揮者), 진보주의자(進步主義者), 진복자(眞福者), 질권자(質權者), 질의자(質疑者), 집권자(執權者), 집사자(執事者), 집전자(執典者), 집정자(執政者), 집행자(執行者), 징계권자(懲戒權者), 차점자(次點者), 착취자(搾取者), 찬동자(贊同者), 찬립자(簒立者), 찬성자(贊成者), 찬자(撰者), 찬자(贊者), 찬탈자(簒奪者), 참가자(參加者), 참관자(參觀者), 참배자(參拜者), 참석자(參席者), 참패자(慘敗者), 참회자(懺悔者), 창건자(創建者), 창도자(唱導者), 창립자(創立者), 창설자(創設者), 창시자(創始者), 창안자(創案者), 창업자(創業者), 창작자(創作者), 창제자(創製者), 창조자(創造者), 채권자(債權者), 채급자(債給者), 채무자(債務者), 책동자(策動者), 책임자(責任者), 철학자(哲學者), 첩자(諜者), 청강자(聽講者), 청자(聽者), 청구자(請求者), 청취자(聽取者), 체납자(滯納者), 체약자(體弱者), 체험자(體驗者), 체현자(體現者), 초보자(初步者), 초심자(初心者), 초학자(初學者), 초행자(初行者), 총책임자(總責任者), 추격자(追擊者), 추긴자, 추섭자(追躡者), 추쇄자(推刷者), 추요자(芻蕘者), 추종자(追從者), 추천자(推薦者), 축재자(蓄財者). 출감자(出監者), 출근자(出勤者), 출석자(出席者), 출세자(出世者), 출소자(出所者), 출신자(出身者), 출연자(出演者), 출옥자(出獄者), 출원자(出願者), 출입자(出入者), 출자자(出資者), 출전자(出戰者), 출제자(出題者), 출판자(出版者), 출품자(出品者), 충고자(忠告者), 충효자(忠孝者), 취급자(取扱者), 취득자(取得者), 취업자(就職者), 취역자(就役者), 측근자(側近者), 치자(治者), 치자(癡者), 치명자(致命者), 치토자(雉兎者), 친권자(親權者), 침공자(侵攻者), 침략자(侵略者), 침략주의자(侵略主義者), 침범자(侵犯者), 침입자(侵入者), 타자(打者), 타자(他者), 탄원자(歎願者), 탈감자(脫監者), 탈락자(脫落者), 탈북자(脫北者), 탈세자(脫稅者), 탈영자(脫營者), 탈옥자(脫獄者), 탈주자(脫走者), 탈출자(脫出者), 탈퇴자(脫退者), 탐구자(探求者), 탐구자(探究者), 탑승자(搭乘者), 토론자(討論者), 통근자(通勤者), 통독자(統督者), 통솔자(統率者), 통치자(統治者), 퇴근자(退勤者), 퇴직자(退職者), 투고자(投稿者), 투기자(投機者), 투서자(投書者), 투숙자(投宿者), 투자자(投資者), 투표자(投票者), 특자(慝者), 특수자(特殊者), 파괴자(破壞者), 파륜자(破倫者), 파산자(破産者), 파업자(罷業者), 판매자(販賣者), 패자(敗者), 패자(覇者), 패권자(覇權者), 패배자(敗北者), 패배주의자(敗北主義者), 패소자(敗訴者), 패전자(敗戰者), 편자(編者), 편저자(編著者), 편집자(編輯者), 편찬자(編纂者), 평자(評者), 포식자(捕食者), 폭행자(暴行者), 폭력주의자(暴力主義者), 표박자(漂泊者), 피보험자(被保險者), 피검자(被檢者), 피살자(被殺者), 피심자(被審者), 피압박자(被壓迫者), 피의자(被疑者), 피지배자(被支配者), 피치자(被治者), 피해자(被害者), 피험자(被驗者), 필자(筆者), 하자(何者), 하급자(下級者), 하수자(下手者), 학살자(虐殺者), 학자(學者), 한정치산자(限定治産者), 합격자(合格者), 합리주의자(合理主義者), 항자/불살(降者/不殺), 해고자(解雇者), 해답자(解答者), 해당자(該當者), 해몽자(解蒙者), 해설자(解說者), 행자(行者), 행려병사자(行旅病死者), 향유자(享有者), 향자(向者;지난번), 허심자(虛心者), 허약자(虛弱者), 헌혈자(獻血者), 현자(賢者), 현자(顯者), 현학자(衒學者), 혐의자(嫌疑者), 협력자(協力者), 협조자(協助者), 형사자(刑死者), 호쟁자(好爭者), 호출자(呼出者), 혹자(或者), 혹세자(惑世者), 혼약자(婚約者), 화자(火者;鼓子), 화자(話者), 화상자(火傷者), 환자(宦者), 환자(患者), 회의주의자(懷疑主義者), 회장자(會葬者), 회피자(回避者), 회직자(會職者), 회피자(回避者), 횡사자(橫死者), 횡취자(橫取者), 후자(後者), 후각자(後覺者), 후견자(後見者), 후계자(後繼者), 후래자(後來者), 후보자(候補者), 후세자(後世者), 후송자(後送者), 후원자(後援者), 후임자(後任者), 훈시자(訓示者), 훼절자(毁節者), 휴직자(休職者), 흉모자(凶謀者), 흡연자(吸煙者), 희망자(希望者), 희생자(犧牲者); 경제학자/ 농학자/ 심리학자/ 언어학자 들로 쓰임.

자(子) ①'아들 · 자식. 제자. 갈라져 나온. 새끼. 열매. 씨'를 뜻하는 말. ¶자궁(子宮)[10], 자낭(子囊), 자녀(子女)[자녀분; 유자녀(遺)], 자도(子道), 자리(子痢), 자모(子母), 자방(子房;씨방)[단자방(單), 복자방(複)], 자복(子福), 자부(子婦;며느리), 자사(子舍;子弟), 자손(子孫)[자손만대(萬代); 뒷자손], 자식(子息)[11], 자어(子魚), 자여손(子與孫), 자엽(子葉;떡잎)[단자엽(單), 복자엽(複)], 자음(子音)[자음동화(同化); 단자음(單), 복자음(複)], 자제(子弟)[12], 자지(子枝), 자질(子姪;아들과 조카), 자철(子鐵), 자호(子壺), 자회사(子會社); 가봉자(加棒子;의붓아들), 개자(芥子), 경박자(輕薄子;신중

10) 자궁(子宮): 자궁내막염(內膜炎), 자궁병(病), 자궁수축제(收縮劑), 자궁암(癌), 자궁염(炎), 자궁염전(捻轉), 자궁이완(弛緩), 자궁탈(脫), 자궁후굴(後屈).

11) 자식(子息): 아들과 딸. 사람의 나이 어린것. 남자를 욕하여 이르는 말. ¶자식이 여럿이다. 자식 겉 낳지 속은 못 낳는다. 자식 둔 곳은 범도 돌아온다(짐승도 새끼를 사랑하는 데, 사람이야 더 말할 나위도 없다). 자식을 보다(자식을 낳다). 자식복(福), 자식새끼; 각아비자식(各), 개자식, 계집자식[처자(妻子)], 난봉자식(난봉을 피우는 자식), 딸자식, 무자식(無), 불효자식(不孝), 아들자식, 왈짜자식(불량한 놈), 외자식[독자(獨子)], 의붓자식, 전실자식(前室), 조카자식, 친자식(親), 후례자식, 후실자식(後室).

12) 자제(子弟): 자제분; 가자제(佳), 고량자제(膏粱), 부랑자제(浮浪), 불초자제(不肖), 세가자제(勢家), 호화자제(豪華).

ㅈ

하지 못한 사람), 계자(系/契子), 계자(季子), 계자(繼子), 고애자(孤哀子), 고자(孤子), 고자(鼓子), 공자(公子)[공자왕손(王孫); 귀공자(貴), 무장공자(無腸;게)], 교자(交子), 난자(卵子), 남자(男子), 납자(衲子;禪僧), 낭자(郎子;총각), 낭자(娘子;처녀)[낭자군(軍), 낭잣비녀], 내자(內子;남에게 대하여 자기 아내를 일컫는 말), 뇌자(牢子), 달자(韃子;오랑캐), 독자(獨子), 독생자(獨生子), 동자(童子), 등자(橙子;등자나무의 열매), 만득자(晩得子), 만생자(晩生子), 말자(末子;막내아들), 망자(亡子), 매자(媒子;中媒), 모자(母子), 모자(眸子), 무자(無子), 방자(房子), 배자(胚子), 별자(別子), 부자(父子), 부자(夫子), 분생자(分生子), 불자(佛子), 불초자(不肖子), 불효자(不孝子), 비자(丕子;원자), 비자(婢子), 사생자(私生子), 사자(士子), 사자(師子), 사자(嗣子), 상자(橡子), 생자(生子), 서자(庶子), 석자(釋子), 선자(仙子;신선), 선자(先子;옛 사람), 성자(聖子), 세자(世子), 소자(小子), 손자(孫子), 수자(樹子;嫡子), 수자(豎子;더벅머리. 미숙한 사람), 수양자(收養子), 시민여자(視民如子), 실자(實子), 쌍생자(雙生子), 암자(庵子;작은 절), 애자(哀子), 애자(愛子), 양자(養子)[양자하다; 가위다리양자/하다, 방아다리양자], 여자(女子), 왕자(王子), 원자(元子;임금의 맏아들), 유자(幼子), 유자(猶子;조카), 유자(孺子), 유복자(遺腹子)/유자(遺子), 유주자(遊走子), 윤자(胤子), 의자(義子;의붓아들), 이자(利子), 인자(人子), 장자(長子)[장자상속(相續)], 재자(才子), 적자(赤子), 적자(賊子), 적자(嫡子), 적출자(嫡出子), 정자(精子), 제자(弟子), 제자(諸子), 종자(宗子), 종자(從子), 주자(冑子;제왕의 맏아들), 중자(衆子), 증손자(曾孫子), 지자(支子;맏아들 이외의 아들), 진자(侲子;아이 초라니), 진자(榛子;개암), 질자(姪子), 차자(次子), 처자(妻子), 처자(處子), 천자(天子), 첩자(妾子), 총자(冢子;태자나 세자), 치자(穉子), 친자(親子), 탁자(託子;자식을 남에게 맡김), 탕자(蕩子), 태자(太子), 패자(悖子), 포자(胞子), 호자(虎子), 효자(孝子), 황자(皇子), 황태자(皇太子), 효자(孝子). ②'높임을 받는 사람'을 뜻하는 말. ¶경자(卿子;남을 높이어 부르는 2인칭대명사), 군자(君子), 공자/ 맹자/ 순자/ 노자. ③십이지(十二支)의 첫째. ¶자시(子時), 자야(子夜), 자오선(子午線); 갑자(甲子). ④일부 명사나 한자어 어근에 붙어 '크기가 매우 작은 요소', '기계 장치나 도구. 식물'의 뜻을 나타내는 말. ¶가자(架子;시렁), 입자(笠子;갓), 검광자(檢光子), 견우자(牽牛子;나팔꽃의 씨), 결정자(結晶子), 겸자(鉗子), 고정자(固定子), 곡자(曲/麯子;누룩), 골자(骨子;가장 중요한 부분. 말이나 글의 요점), 과자(菓子), 관자(貫子), 광양자(光量子)/광자(光子), 기자(棋/碁子), 나복자(蘿葍子;무씨), 단자(單子)[사주단자(四柱), 육항단자(六行), 의양단자(衣樣)], 단자(端子), 단자(團子), 단자(緞子), 대자(帶子), 도자(刀子), 등자(鐙子), 마자(麻子), 면자(麪子;국수), 모자(帽子), 무극자(無極子), 미립자(微粒子), 박자(拍子), 발전자(發電子), 배우자(配偶子;개개의 생식세포), 배자(胚子), 배자(褙子;덧저고리), 변자(邊子;꾸미개), 부자(附子), 분자(分子), 비자(榧子), 산자(散子), 산자(糤子), 삼중자(三重子), 상자(箱子), 석자(席子;돗자리), 선자(扇子), 설면자(雪綿子;풀솜), 성자(城子), 소자(素子), 소관자(小管子), 소립자(素粒子), 소식자(消息子), 송자(松子;솔방울. 잣), 쇄자(刷子;솔), 쌍극자(雙極子), 압설자(壓舌子), 애자(碍子), 액자(額子), 앵속자(罌粟子), 양성자(陽性子)/양자(量子), 연산자(演算子), 영자(影子), 영자(纓子), 용정자(龍亭子), 원동자(原動子), 원자(原子), 유저(帷子), 유도자(誘導子), 유전자(遺傳子), 은자(銀子;은돈), 의자(倚子), 의자(椅子), 이자(利子), 이중자(二重子), 인자(因子), 입자(粒子), 전자(電子), 전기자(電氣子), 전동자(電動子), 전환자(轉換子), 접속자(接續子), 접촉자(接觸子), 접합자(接合子), 정간자(釘竿子;물레의 가락), 정류자(整流子), 정자(晶子), 제동자(制動子), 제륜자(制輪子), 족자(簇子), 종자(種子), 주자(注子;술을 퍼서 잔에 붓는 기구), 주전자(酒煎子), 중간자(中間子), 중력자(重力子), 중성자(中性子)[지발중성자(遲發)], 진자(振子), 진동자(振動子), 집전자(集電子), 책자(冊子), 첨자(籤子), 침자(針子), 추적자(追跡子), 침자(針子), 쾌자(快子), 탁자(卓子), 탄자(彈子), 투자(骰子;주사위), 편광자(偏光子), 평교자(平轎子)/교자(轎子), 포자/낭(胞子/囊), 표자(瓢子;표주박), 합자(蛤子;홍합과 섭조개를 말린 어물), 핵자(核子), 화자(靴子), 회전자(回轉子), 흑자(黑子;검은 바둑돌) 들.

자(自) ①'몸. 자기. 스스로. 저절로'를 뜻하는 말.↔타(他). ¶자가(自家)[13], 자각(自刻), 자각(自覺)[14], 자강(自强/彊)[자강불식(不息), 자강술(術)], 자겁(自怯;제풀에 겁을 냄), 자격지심(自激之心), 자견(自遣;스스로 마음을 위로하거나 근심을 잊음), 자결(自決)[자결권(權), 자결주의(主義); 민족자결(民族)], 자겸(自謙), 자경(自剄), 자경(自敬), 자경/단(自警/團), 자경마[牽馬], 자계(自戒), 자고(自顧), 자고자대(自高自大), 자곡(自曲), 자고송(自枯松), 자고이래로(自古以來), 자공(自供), 자과(自科), 자과(自過), 자과/심(自誇/心), 자괴(自塊), 자괴(自愧), 자구(自求), 자구(自救)[자구권(權), 자구행위(行爲)], 자국(自國)[자국인(人), 자국정신(精神)], 자굴(自屈), 자궤(自潰), 자급(自給)[자급력(力), 자급비료(肥料), 자급자족(自足)], 자긍/심(自矜/心), 자기(自己)[15], 자기(自記)[자기

---

13) 자가(自家): 자기의 집. 자기 자체. ¶자가감염(感染), 자가결실(結實), 자가광고(廣告;자가선전), 자가규정(規程), 자가당착(撞着), 자가발전(發電), 자가보존(保存), 자가보험(保險), 자가본위(本位), 자가비판(批判), 자가선전(宣傳), 자가소비(消費), 자가수분(受粉), 자가수정(受精), 자가용(用), 자가운전(運轉), 자가임성(稔性), 자가전염(傳染), 자가제품(製品), 자가중독(中毒).

14) 자각(自覺): 자기 결점이나 지위 · 책임이 무엇인가를 스스로 깨달음. 스스로 앎. ¶민족의식의 자각. 처지를 자각하고 분발하다. 병이 매우 위중한 것을 자각하다. 자각성(性), 자각심(心), 자각적(的), 자각존재(存在), 자각증상(症狀), 자각증세(症勢); 무자각(無).

15) 자기(自己): ①그 사람 자신(自身).≒저². ¶자기 나름대로 하다. 자기 중심, 자기 발견. ②어떤 사람을 말할 때 그 사람을 도로 가리키는 말. ¶자기 일이나 똑바로 하라고 해. 자기 동생을 귀여워하다. 자기감염(感染), 자기감응(感應), 자기감정(感情), 자기과시(誇示), 자기관찰(觀察), 자기광고(廣告), 자기기만(欺瞞), 자기도취(陶醉), 자기도회(韜晦;자기의 재능, 지위, 종적 따위를 숨김), 자기딴/에, 자기류(流;자기만의 독특한 방식), 자기만족(滿足), 자기모순(矛盾), 자기반성(反省), 자기발견(發見), 자기방치(放置), 자기변명(辨明), 자기변호(辯護), 자기보존(保存), 자기분석(分析), 자기본위(本位), 자기부정(否定), 자기분석(分析), 자기비판(批判), 자기생산(生産), 자기선전(宣傳), 자기소개(紹介), 자기소외(疏外), 자기신용(信用), 자기실현(實現), 자기암시(暗示), 자기앞수표(手票), 자기앞어음, 자기애(愛), 자기염오(厭惡), 자기완성(完成), 자기운동(運動), 자기유도(誘導), 자기융자(融資), 자기자본(資本), 자기절로(자기 스스로), 자기점유(占有), 자기주도(主導), 자기주식(株式), 자기중심(中心), 자기진단(診斷), 자기청산(淸算), 자기최면(催眠), 자기통제(統制), 자기편(便), 자기평가(評價), 자기표현(表現), 자기학대(虐待), 자기현시(顯示), 자기혐오(嫌惡), 자기활동(活動), 자기희생(犧牲).

온도계(溫度計), 자기우량계(雨量計)], 자기(自起), 자기(自期), 자기(自欺), 자기(自棄), 자농(自農), 자단(自斷), 자담(自擔), 자답(自答), 자당(自當), 자당(自黨), 자대(自大), 자독(自瀆), 자동(自動)[16], 자득(自得), 자량(自量), 자력(自力)[17], 자로이득(自勞而得), 자료(自了), 자리(自利), 자립(自立;감장)[자립성(性), 자립심(心), 자립적(的), 자립정신(情神), 자립형식(形式)], 자만(自慢)[자만심(心), 자만하다], 자만(自滿), 자맥(自脈), 자멸(自滅)[자멸적(的), 자멸책(策)], 자멸(自蔑), 자명(自鳴)[자명고(鼓), 자명종(鐘)], 자명하다(自明;증명이나 설명이 필요없이 그 자체만으로 명백하다), 자모(自侮), 자문(自刎), 자문/자답(自問/自答), 자박(自縛), 자반(自反), 자발(自發)[자발성(性), 자발적(的)], 자백(自白), 자벌(自伐), 자벽/과(自辟/窠), 자변(自辨;스스로 비용을 부담함), 자변첩질(自辯捷疾), 자변수(自變數), 자별하다(自別)[18], 자복(自服), 자봉(自奉), 자부(自負), 자분(自噴), 자분정(自噴井), 자비(自卑), 자비(自費)[자비생(生), 자비출판(出版)], 자비/량(自備/糧), 자살(自殺), 자상(自傷), 자색(自色), 자생(自生)[자생식물(植物), 자생적(的), 자생지(地)], 자서(自序), 자서(自敍)[자서문학(文學), 자서전/적(傳/的)], 자서(自書), 자서(自署), 자선(自選), 자설(自說), 자성(自性), 자성(自省), 자성일가(自成一家), 자소(自訴), 자소이래로(自少以來), 자손행위(自損行爲), 자수(自手)[19], 자수(自守), 자수(自首;自訴), 자수(自修), 자수립(自樹立), 자숙/자계(自肅/自戒), 자술서(自述書), 자습/서(自習/書), 자승(自乘), 자승(自勝), 자승/자박(自繩/自縛), 자승지벽(自勝之癖), 자시(自是), 자시(自恃), 자신(自身)[자신방매(放賣)], 자신(自信)[자신감(感), 자신만만(滿滿)], 자실(自失)[망연자실(茫然)], 자아(自我)[20], 자애(自愛), 자액(自縊;스스로 목을 매어 죽음), 자약하다(自若), 자언(自言), 자업자득(自業自得), 자업자박(自業子縛), 자여(自餘), 자연(自然)[21], 자영(自營), 자용(自用), 자원(自願)[자원병(兵), 자원봉사(奉仕), 자원출전(出戰)], 자위(自慰), 자위(自衛;자기의 힘으로 자기를 지킴)[자위권(權), 자위대(隊), 자위력(力), 자위전쟁(戰爭)], 자유(自由)[22], 자율(自律;스스로의 의지로 자신의 행동을 규제함)[자율권(權), 자율성(性), 자율신경(神經), 자율적(的)], 자의(自意), 자의식(自意識), 자익(自益)[자익권(權), 자익신탁(信託)], 자인(自刃), 자인(自認), 자인소(自引疏), 자임(自任), 자자(自恣), 자작(自作)[자작곡(曲), 자작농(農), 자작시(詩)], 자작(自酌), 자장격지(自將擊之), 자재(自在)[23], 자재(自裁), 자저(自著), 자적(自適)[유유자적(悠悠)], 자전(自全), 자전(自傳)[자전소설(小說), 자전적(的)], 자전(自轉)[자전거(車), 자전매매(賣買), 자전속도(速度), 자전운동(運動), 자전주기(週期)], 자절(自切/截), 자정/작용(自淨/作用), 자제(自制↔克己)[자제력(力), 자제심(心)], 자제/품(自製/品), 자조/정신(自助/精神), 자조(自照), 자조/적(自嘲/的), 자족(自足)[자족감(感), 자족경제(經濟)], 자존(自存;스스로의 힘으로 생존하는 일)[자존권(權), 자존능력(能力); 민족자존(民族)], 자존(自尊)[자존감(感), 자존심(心), 자존자대(自大)], 자주(自主)[24], 자주(自走), 자주(自註), 자주장(自主張), 자주포(自走砲), 자중(自重)[자중심(心), 자중자애(自愛); 은인자중(隱忍)], 자중지란(自中之亂), 자증(自證), 자지(自持), 자진(自進), 자진(自盡), 자찬(自撰), 자찬(自讚)[자화자찬(自畵)], 자책(自責)[자책감(感), 자책관념(觀念), 자책점(點); 인과자책(引過)], 자처(自處), 자천(自薦), 자천배타(自賤

16) 자동(自動): 기계 따위가 제 힘으로 움직임. ¶자동계단(階段), 자동권총(拳銃), 자동기록(記錄), 자동대패, 자동면역(免疫), 자동무기(武器), 자동문(門), 자동번역(飜譯), 자동변속기(變速器), 자동분석(分析), 자동선반(旋盤), 자동성(性), 자동소총(小銃), 자동식(式), 자동신호(信號), 자동악기(樂器), 자동운동(運動), 자동인형(人形), 자동저울, 자동적(的), 자동제어(制御), 자동직기(織機), 자동차(車), 자동출납(出納), 자동판매기(販賣機), 자동화/되다/하다(化), 자동화기(火器), 자동회로차단기(回路遮斷器); 반자동(半), 전자동(全).

17) 자력(自力): 자기 혼자의 힘. ¶자력으로 대학원까지 마치다. 자력갱생(更生), 자력교(教), 자력구제(救濟), 자력면역(免疫), 자력문(門), 자력염불(念佛), 자력종(宗), 자력회향(回向).

18) 자별하다(自別): ①본디부터 서로 다르다. ¶군신(君臣)의 도(道)가 자별하다. ②친분이 남보다 특별하다. ¶자별한 사이.

19) 자수(自手): 자수농업(農業), 자수로(제 손으로), 자수삭발(削髮), 자수성가(自手成家).

20) 자아(自我): 자아관여(關與), 자아구속(拘束), 자아류(流), 자아방어성(防禦性), 자아본능(本能), 자아분열(分裂), 자아비판(批判), 자아상(像;자신의 역할이나 존재에 대해 가지는 생각), 자아실현(實現), 자아의식/자의식(意識), 자아주의(主義), 자아태도(態度), 자아혼(魂), 자아확립(確立); 초자아(超).

21) 자연(自然): 사람의 힘을 더하지 아니한, 우주 사이에 저절로 된 그대로의 상태. 또는 사람의 힘으로 어찌할 수 없는 상태. 지리적 · 지질적 환경과 조건. 저절로. ¶자연가격(價格), 자연가스(gas), 자연경제(經濟), 자연계(界), 자연공물(公物), 자연과학(科學), 자연관(觀), 자연관찰(觀察), 자연광(光), 자연교(教), 자연권(權), 자연금(金), 자연낙차(落差), 자연대류(對流), 자연도태(淘汰), 자연동(銅), 자연력(力), 자연로그(log), 자연림(林), 자연면역(免疫), 자연목(木), 자연묘사(描寫), 자연물(物), 자연미(美), 자연발생설(發生說), 자연발생적(發生的), 자연발화(發火), 자연범(犯), 자연법(法), 자연법칙(法則), 자연보존(保存), 자연빙(氷), 자연사(死), 자연사회(社會), 자연생(生), 자연석(石), 자연선택(選擇), 자연수(數), 자연수분(受粉), 자연수은(水銀), 자연숭배(崇拜), 자연스럽다, 자연식(食), 자연신(神), 자연신화(神話), 자연애(愛), 자연연소(燃燒), 자연영양(營養), 자연율(律), 자연은(銀), 자연인(人), 자연적(的), 자연종교(宗教), 자연주의(主義), 자연증가(增加), 자연증수(增收), 자연채권(債權), 자연채무(債務), 자연철(鐵), 자연철학(哲學), 자연파(派), 자연폭발(爆發), 자연하다, 자연현상(現象), 자연혈족(血族), 자연화폐(貨幣), 자연황(黃), 자연히; 대자연(大), 무위자연(無爲), 부자연(不), 천부자연(天賦), 초자연/적(超/的).

22) 자유(自由): 남에게 구속을 받거나 무엇에 얽매이지 아니하고, 자기 의지대로 행동함. 법률의 범위 안에서 자기 마음대로 할 수 있는 행위. ¶자유가격(價格), 자유결혼(結婚), 자유경쟁(競爭), 자유경제(經濟), 자유계약(契約), 자유곡(曲), 자유공간(空間), 자유교육(教育), 자유권(權), 자유기구(氣球), 자유기업(企業), 자유낙하(落下), 자유노동/자(勞動/者), 자유농업(農業), 자유대련(對鍊;자유겨루기), 자유도(度), 자유도시(都市), 자유롭다/스럽다, 자유무역(貿易), 자유민(民), 자유민주주의(民主主義), 자유방임/주의(放任/主義), 자유법학(法學), 자유분방(奔放), 자유비행(飛行), 자유사상/가(思想/家), 자유선박(船舶), 자유세계(世界), 자유스럽다, 자유시(詩), 자유어업(漁業), 자유업(業), 자유연상(聯想), 자유연애(戀愛), 자유의사(意思), 자유의지(意志), 자유이민(移民), 자유인(人), 자유임용(任用), 자유자재(自在), 자유재(財), 자유재량(裁量), 자유전기(電氣), 자유전자(電子), 자유정신(精神), 자유주의(主義), 자유직업(職業), 자유진동(振動), 자유침강(沈降), 자유토의(討議), 자유통상(通商), 자유투(投), 자유투표(投票), 자유평등(平等), 자유팽창(膨脹), 자유항(港), 자유해방(解放), 자유행동(行動), 자유형(刑), 자유형(型), 자유혼(婚), 자유화(畵), 자유화/하다(化), 자유화폐(貨幣); 내적자유(內的), 부자유(不), 언론출판자유(言論出版).

23) 자재(自在): 자재롭다(구속과 방해가 없이 자유롭다), 자재화(自在畵); 관자재(觀), 대자재(大), 분방자재(奔放), 신축자재(伸縮), 자유자재(自由), 활살자재(活殺).

24) 자주(自主): 자주관세(關稅), 자주국방(國防), 자주권(權), 자주권능(權能), 자주독립(獨立), 자주독왕(獨往), 자주민(民), 자주방위(防衛), 자주법(法), 자주성(性), 자주영양(營養), 자주자유(自由), 자주적(的), 자주점유(占有), 자주정신(精神), 자주판단(判斷).

拜他), 자청(自請), 자체(自體)[자체감사(監査), 자체금융(金融), 자체방전(放電), 자체유도(誘導)], 자초(自招), 자촉반응(自觸反應), 자축/연(自祝/宴), 자충/수(自充/手), 자취(自炊), 자취(自取), 자치(自治)[25], 자침(自沈), 자침(自鍼), 자칭(自稱), 자타/공인(自他/共認), 자타작(自打作), 자탄(自彈), 자탄(自歎/嘆), 자택(自宅), 자통(自通), 자퇴(自退), 자파(自派), 자파(自罷), 자판(自判), 자판(自辨), 자판기(自販機), 자편(自便), 자평(自評), 자폐(自廢), 자폐(自斃), 자폐성(性), 자폐증(自閉症), 자포(自砲), 자포자기(自暴自棄), 자폭(自爆), 자필(自筆), 자하거행(自下擧行), 자학(自虐)[자학적(的), 자학하다], 자학(自學), 자한(自汗), 자할(自割), 자해(自害), 자해(自解), 자핵(自劾), 자행(自行), 자행자지(自行自止), 자행화타(自行化他), 자허(自許), 자허(自詡), 자형(自形), 자호(自號), 자화(自火), 자화상(自畵像), 자화수정(自花受精), 자화자찬(自畵自讚), 자활(自活), 자회(自晦), 자획(自劃;하던 일을 도중에 단념함); 각자(各自), 대자(對自), 독자(獨自), 망자존대(妄自尊大), 즉자(卽自). ②'~로 부터'를 뜻하는 말. ¶자고로(自古), 자고이래(自古以來), 자금(自今), 자두지미(自頭至尾), 자래로(自來), 자상달하(自上達下), 자상처분(自上處分), 자소이래로(自少以來), 자초지종(自初至終), 자지(自至), 자초(自初), 자초지종(自初至終).

자(字) ①'글자'를 뜻하는 말. 글자를 세는 단위. ¶무슨 자인지 알 수가 없다. 이름 석 자. 자간(字間), 자격(字格), 자고저(字高低), 자구(字句), 자놀이/하다, 자막(字幕), 자맞춤, 자모/표(字母/表), 자모듬(자맞춤), 자목(字牧), 자서(字書), 자석(字釋), 자수(字數), 자순(字順), 자안(字眼), 자양(字樣), 자운(字韻), 자원(字源), 자음(字音), 자의(字義), 자전(字典)[산자전], 자정간(字井間), 자체(字體), 자태(字態), 자판(字板), 자표(字票), 자학(字學), 자해(字解), 자형(字形), 자형(字型), 자호(字號), 자획(字畫), 자훈(字訓), 자휘(字彙), 자휼(字恤;백성을 어루만져 사랑함); 각자(刻字), 간체자(簡體字)/간자(簡字), 갑인자(甲寅字), 갖은자, 검자(檢字), 결자(缺字), 경자자(更子字), 계미자(癸未字), 계자(啓字), 고자(古字), 고저자(高低字;平仄字), 군자(군글자), 글자, 금자(金字), 기역자, 꺾자, 낙자(落字), 난자(難字), 낱자, 다음자(多音字), 단자(單字), 대자(大字), 돌림자, 로마자(Roma字), 만자(卍字), 멸자(滅字), 명자(名字), 몰자비(沒字碑), 묵자(墨字), 문자(文字)[1,2], 반자(半字), 배자(排字), 백자(白字), 범자(梵字), 벽자(僻字), 복자(伏字), 복자(覆字), 불자(不字), 사자(寫字), 서자(書字), 성자(姓字), 성자(省字), 세자(細字), 소자(小字), 속자(俗字), 수자(首字), 숙자(熟字), 숫자(數字), 습자(習字), 식자(植字), 식자(識字), 신자(新字), 실자(實字), 실록자(實錄字), 십자(十字)[십자가(架); 녹십자(綠), 복십자(複), 적십자(赤)], 쌍희자(雙喜字), 액자(額字), 약자(略字), 언자(諺字), 연자(衍字), 영자(英字), 영자팔법(永字八法), 예자(隷字), 오자/낙서(誤字/落書), 와룡장자(臥龍壯字), 외자(한 글자), 운자(韻字), 유자(類字), 은자(銀字), 음자(音字), 음자(陰字), 의자(意字), 이름자, 인자(印字), 자모자(子母字), 자자(刺字), 적자(赤字), 전자(篆字), 점자(點字), 정자(丁字)[정자각(閣), 정자대(帶), 정자로(路), 정자집, 정자형(形)], 정자(正字), 정리자(整理字), 제자(題字), 제자원리(製字原理), 주자(鑄字), 집자(集字), 쪽자, 차자(借字), 채자(採字), 철자(綴字), 첨자(添字), 측자(仄字), 타자(打字)[타자기(機), 타자수(手), 타자원(員)], 탈자(脫字), 토주자(土鑄字), 통자, 파자(破字), 팔자(八字), 평자(平字), 평측자(平仄字), 품자(品字), 한자(漢字), 함자(銜字), 합자(合字), 항렬자(行列字), 해자(垓字), 해자(楷字), 해자/쟁이(解字), 허자(虛字), 화자(華字), 확장자(擴張字), 활자(活字)[금속활자(金屬), 동활자(銅), 목각활자(木刻)/목활자(木), 호수활자(號數)], 호자(好字), 휘자(諱字), 흑자(黑字). ②장가든 뒤 본이름 대신 부르던 이름. ¶이순신의 자는 여해, 시호는 충무공이다.

자(資) '재물(財物). 바탕 · 자질. 신분'을 뜻하는 말. ¶자격(資格)[26], 자금(資金)[27], 자략(資略), 자량(資糧), 자력(資力;자본을 낼 수 있는 힘. 경제적인 지급 능력), 자력(資歷), 자뢰하다(資賴;밑천을 삼다. 자료로 삼다), 자료(資料)[28], 자망(資望), 자본(資本)[29], 자산(資産)[30], 자생(資生), 자성(資性), 자신지책(資身之策), 자원(資

25) 자치(自治): 제 일은 제 스스로 처리함. 그 범위 안의 행정이나 사무를 자주적으로 처리함. ¶자치국(國), 자치권(權), 자치기관(機關), 자치단체(團體), 자치대(隊), 자치령(領), 자치적(的), 자치제도(制度)/자치제(制), 자치행정(行政), 자치활동(活動), 자치회(會); 단체자치(團體), 사적자치(私的), 지방자치(地方).

26) 자격(資格): 일정한 신분 · 지위를 가지거나, 어떤 행동을 하는 데 필요한 조건. 일정한 지위나 신분. ¶그를 나무랄 자격이 없다. 회원 자격으로 참석하다. 자격박탈(剝奪), 자격상실(喪失), 자격시험(試驗), 자격심사(審査), 자격임용(任用), 자격자(者), 자격정지(停止), 자격제도(制度), 자격주(株), 자격증(證); 무자격(無), 유자격(有).

27) 자금(資金): 사업을 경영하는 데에 쓰이는 돈. 특정한 목적에 사용되는 금전. ¶사업 자금을 마련하다. 주식 투자 자금을 마련하다. 자금고갈(枯渴), 자금관계(關係), 자금난(難), 자금동결(凍結), 자금력(力), 자금보험(保險), 자금순환(循環), 자금액(額), 자금원(源), 자금줄(돈줄), 자금통제(統制); 군자금(軍), 대충자금(對充), 뒷자금, 비자금(秘), 산업자금(産業), 선거자금(選擧), 설비자금(設備), 연계자금(連繫), 영농자금(營農), 영업자금(營業), 운전자금(運轉), 유동자금(流動), 유휴자본(遊休), 재정자금(財政), 정치자금(政治), 회전자금(回轉).

28) 자료(資料): 자료수집(蒐集), 자료집(集); 기초자료(基礎), 문헌자료(文獻), 분석자료(分析), 소송자료(訴訟), 연구자료(研究), 제시자료(提示), 조사자료(調査), 증거자료(證據), 통계자료(統計), 표본자료(標本), 학습자료(學習).

29) 자본(資本): 영업의 기본이 되는 돈(밑천). 이자 또는 이익을 얻기 위하여 쓰이는 화폐액. ¶자본가(家), 자본감소(減少), 자본거래(去來), 자본계급(階級), 자본계수(係數), 자본계정(計定), 자본공세(攻勢), 자본구성(構成), 자본구조(構造), 자본금(金), 자본도입(導入), 자본도피(逃避), 자본동원(動員), 자본력(力), 자본론(論), 자본비용(費用), 자본손실(損失), 자본수지(收支), 자본수출(輸出), 자본순환(循環;자본유통), 자본시장(市場), 자본신용(信用), 자본액(額), 자본예산(豫算), 자본운용(運用), 자본유통(流通), 자본이득(利得), 자본이자세(利子稅), 자본재(財), 자본전입(轉入), 자본주(主), 자본주의/경제(主義/經濟), 자본절제(節制), 자본조달(調達), 자본주(主), 자본주(株), 자본준비금(準備金), 자본증가(增加), 자본증권(證券), 자본집중(集中), 자본참가(參加), 자본축적(蓄積), 자본출자(出資), 자본형성(形成), 자본환원(還元), 자본회전/율(回轉/率); 가변자본(可變), 경영자본(經營), 고리대자본(高利貸), 고정자본(固定), 공칭자본(公稱), 금융자본(金融), 납입자본(納入), 농업자본(農業), 단기자본(短期), 대출자본(貸出), 독점자본(獨占), 매판자본(買辦), 명목자본(名目), 무자본(無), 무형자본(無形), 민족자본(民族), 발행자본(發行), 불변자본(不變), 사회간접자본(社會間接)/사회자본(社會), 산업자본(産業), 상업자본(商業), 상품자본(商品), 생산자본(生産), 설비자본(設備), 소자본(小), 소비자본(消費), 수권자본(授權), 실체자본(實體), 영리자본(營利), 외국자본(外國)/외자(外資), 운전자본(運轉), 유동자본(流動), 유통자본(流通), 유형자본(有形), 유휴자본(遊休), 의제자본(擬制), 자기자본(自己), 정부자본(政府), 주식자본(株式), 타인자본(他人), 특정자본(特定), 화폐자본(貨幣), 활동자본(活動), 휴식자본(休息).

30) 자산(資産): 개인 또는 법인이 소유하는 재산. 금전으로 환산할 수 있는

源)[31], 자재(資材)[32], 자재(資財), 자질(資質;바탕), 자품(資稟;타고난 바탕이나 성품), 자하다[33], 자회(資賄); 가자(嫁資), 감자(減資), 강자(降資;품계를 낮춤), 거자(巨資), 내자(內資), 노자(勞資), 노자(路資), 농자(農資), 단자(短資), 물자(物資), 방자(放資), 사자(私資), 사자(師資), 선자(先資), 승자(陞資), 여자(餘資), 영자(英資), 외자(外資;외국자본)[외자도입(導入), 외자유치(誘致)], 제자(祭資), 출자/금(出資/金), 원자(原資), 융자(融資)[34], 의자(衣資;옷감. 옷값), 증자(增資), 천자(天資), 출자(出資)[35], 투자(投資)[36], 합자(合資)[합자산(算), 합자회사(會社)] 들.

자(慈) '사랑하다. 인자하다. 어머니'를 뜻하는 말. ¶자궁(慈宮;죽은 왕세자의 빈), 자념(慈念), 자당(慈堂), 자모(慈母), 자부(慈父), 자비(慈悲)[자비롭다, 자비심(心), 자비옷, 자비인욕(忍辱); 무자비(無)], 자선(慈善)[37], 자성(慈聖;임금의 어머니), 자슬(慈膝), 자시하(慈侍下), 자심(慈心), 자씨(慈氏)[자씨보살, 자씨존(尊)], 자안(慈眼), 자안(慈顔), 자애(慈愛)[자애롭다, 자애심(心)], 자오(慈烏), 자위(慈闈;慈親), 자육(慈育), 자인(慈仁), 자전(慈殿), 자조(慈鳥), 자주(慈主), 자지(慈旨), 자총(慈葱), 자친(慈親), 자항(慈航), 자형(慈兄), 자회(慈誨), 자훈(慈訓), 자휼(慈/字恤); 가자(家慈;자기 어머니), 대자(大慈), 대자대비(大慈大悲), 모자(母慈), 선자(先慈), 온자(溫慈), 인자하다(仁慈), 지자(至慈), 효자(孝慈) 들.

자(刺) ①'찌르다. 가시'를 뜻하는 말. ¶자객/질(刺客), 자극(刺戟)[38], 자도(刺刀), 자동(刺桐;엄나무), 자망(刺網), 자문(刺文), 자사(刺絲), 자살(刺殺), 자상(刺傷), 자세포(刺細胞;바늘세포), 자수(刺繡;수를 놓음), 자자(刺字), 자창(刺創;날카롭고 뾰족한 것에 찔린 상처), 자청(刺靑), 자촉(刺促), 자충(刺衝), 자통(刺痛), 자포(刺胞); 격자(擊刺), 난자(亂刺), 망자(芒刺), 면자(面刺), 욕자(欲刺), 유자(有刺), 육자(肉刺;티눈), 조협자(皁莢刺), 찬자(鑽刺;가장 중요하고 빠른 방법으로 소개함), 천자(穿刺), 풍자(諷刺). ②명함(名銜). ¶명자(名刺), 알자(謁刺). §'칼로 찌르다. 몰래 살피다'의 뜻으로는 [척]으로 읽힘. 척거(刺擧), 척살(刺殺), 척탐(刺探), 척후(刺候) 들.

자(紫) '자줏빛'을 뜻하는 말. ¶자갈색(紫褐色), 자근(紫根), 자난초(紫蘭草), 자니(紫泥), 자단(紫檀)/자단향(紫檀香), 자두(紫桃), 자등(紫藤), 자란(紫蘭), 자로(紫鷺), 자류마(紫騮馬), 자리(紫李;자두), 자목련(紫木蓮), 자반(紫斑), 자반(紫瘢), 자색(紫色), 자석(紫石), 자석영(紫石英), 자수정(紫水晶), 자연(紫煙), 자외선(紫外線), 자운(紫雲), 자원앙(紫鴛鴦;비오리), 자의(紫衣), 자자(紫瓷), 자전(紫電), 자주(紫朱)[자주감자, 자주꼴뚜기(살빛이 검붉은 사람), 자줏물, 자줏빛, 자주색(色); 양자주(洋)], 자죽(紫竹), 자지(紫芝), 자채벼(紫彩), 자초(紫草), 자총(紫葱), 자포(紫袍), 자흑색(紫黑色); 산명수자(山明水紫), 심자(深紫), 영산자(映山紫), 천자(淺紫), 천자만홍(千紫萬紅), 홍자(紅紫) 들.

자(磁) '자석(쇠를 끌어당기는 물체)'을 뜻하는 말. ¶자각(磁殼), 자계(磁界;磁氣場), 자극(磁極), 자기(磁器/瓷)[경질자기(硬質), 고려자기(高麗), 반자기(半), 화금자기(畵金)], 자기(磁氣)[39], 자남극(磁南極), 자력(磁力)[자력선(線), 자력선광(選鑛)], 자북극(磁北極), 자불(磁佛), 자석(磁石)[40], 자성(磁性)[자성체(體); 반자성(反), 상자성/체(常磁性/體)], 자속(磁束)[자속밀도(密度)], 자장(磁場), 자철광(磁鐵鑛), 자침(磁針), 자화(磁化); 계자(界磁), 대자(帶磁), 도자기(陶磁器), 백자(白磁/瓷), 소자(消磁), 송자(宋磁), 여자(勵磁), 전자(電磁), 청자(靑磁/瓷), 화자(花瓷) 들.

자(姿) '태도. 맵시'를 뜻하는 말. ¶자모(姿貌), 자미(姿媚), 자방(姿放), 자색(姿色), 자세(姿勢)[고자세(高), 저자세(低)], 자용(姿容), 자일(恣逸), 자체(姿體;몸가짐), 자태(姿態); 교자(嬌姿;嬌態), 교자불민(驕恣不敏), 담자(淡姿), 방자(芳姿), 부용자(芙蓉姿), 빙자옥질(氷姿玉質), 선자(仙姿), 숙자(淑姿), 시자법(示姿法), 양자(樣姿), 염자(艶姿), 영자(英姿), 옥자(玉姿), 용자(勇姿), 용자(容姿), 웅자(雄姿), 조자(躁恣;몹시 떠들며 방자함), 천자만태(千姿萬態) 들.

자(藉) '핑계를 삼다. 흐트러지다. 의존하다'를 뜻하는 말. ¶자기세력(藉其勢力), 자명(藉名;이름을 빙자함), 자세(藉勢), 자자하다(藉藉)[41], 자중(藉重;중요한 것이나 권위 있는 것에 의존함), 자

적극적 재산. ¶자산가(家), 자산감정(勘定), 자산결제(決濟), 자산계정(計定), 자산동결(凍結), 자산세(稅), 자산주(株), 자산재평가(再/評價), 자산환가(換價); 감가자산(減價), 고정자산(固定), 수익자산(收益), 유동자산(流動), 유체자산(有體), 유형자산(有形), 재외자산(在外), 준비자산(準備), 투자자산(投資).

31) 자원(資源): 자원민족주의(民族主義), 자원전쟁(戰爭); 관광자원(觀光), 광물자원(鑛物), 기술자원(技術), 동력자원(動力), 물적자원(物的), 부존자원(賦存), 사회자원(社會), 삼림자원(森林), 수자원(水), 어업자원(漁業), 에너지자원(energy), 외교자원(外交), 유전자원(遺傳), 인적자원(人的), 임산자원(林産), 지하자원(地下), 천연자원(天然), 해양자원(海洋).

32) 자재(資材): 자재관리(管理), 자재난(難); 기자재(機), 시설자재(施設), 원자재(原), 주자재(主), 폐자재(廢).

33) 자하다(資): ①도움이 되다 ¶참고에 자하다. ②비용의 대다.

34) 융자(融資): 융자경색(梗塞), 융자회사(會社); 계열융자(系列); 재정융자(財政), 적자융자(赤字), 협조융자(協調).

35) 출자(出資): 출자금(金)[회전출자금(回轉)]; 공동출자(共同), 금전출자(金錢), 노무출자(勞務), 재산출자(財産), 현물출자(現物).

36) 투자(投資): 투자가(家), 투자가치(價値), 투자금융(金融), 투자성향(性向), 투자수요(需要), 투자시장(市場), 투자신탁(信託), 투자액(額), 투자위험(危險), 투자율(率), 투자은행(銀行), 투자자(者), 투자주(株), 투자회사(會社), 투자효율(效率); 간접투자(間接), 건설투자(建設), 공공투자(公共), 과잉투자(過剩), 기관투자가(機關-家), 분산투자(分散), 분산투자(分散), 생력투자(省力), 설비투자(設備), 유발투자(誘發), 재고투자(在庫), 재정투자(財政), 재투자(再), 증권투자(證券), 집중투자(集中).

37) 자선(慈善): 선의를 베풂. 특히 불행·재해로 자활할 수 없는 사람을 구조함. ¶자선을 베풀다. 자선 음악회를 열다. 자선가(家), 자선기금(基金), 자선냄비, 자선단체(團體), 자선병원(病院), 자선사업(事業), 자선시(市;바자), 자선심(心), 자선회(會).

38) 자극(刺戟): 외부에서 작용을 주어 감각이나 마음에 반응이 일어나게 함. 신경을 충동하여 흥분되게 함. ¶자극을 받아 분발하다. 호기심을 자극하다. 자극기아(飢餓), 자극량(量), 자극력(力), 자극물(物), 자극반응설(反應說), 자극비료(肥料), 자극성(性), 자극소(素), 자극역(域), 자극역(閾), 자극연쇄(連鎖), 자극요법(療法), 자극운동(運動), 자극적(的), 자극정(頂), 자극제(劑), 자극착오(錯誤), 자극취(臭); 무/조건자극(無/條件), 부/적합자극(不適合), 상한자극(上限).

39) 자기(磁氣): 자기감응(感應), 자기기뢰(機雷), 자기나침의(羅針儀), 자기녹음(錄音), 자기력(力), 자기유도(誘導), 자기장(場), 자기저항(抵抗), 자기적도(赤道), 자기증폭기(增幅器), 자기탐사(探査), 자기포화(飽和), 자기폭풍(暴風), 자기화(化), 자기회로(回路); 잔류자기(殘留), 전자기(電), 지구자기(地球)/지자기(地), 핵자기(核).

40) 자석(磁石): 자석강(鋼), 자석반(盤), 자석식(式), 자석전령(電鈴)]; 막대자석, 마제형자석(馬蹄形), 말굽자석, 봉자석(棒), 영구자석(永久), 일시자석(一時), 전기자석(電氣), 제형자석(蹄形), 천연자석(天然).

41) 자자하다(藉藉): 소문이나 칭찬 따위가 여러 사람의 입에 오르내리어 떠

칭(藉稱;藉託), 자탁(藉託;다른 일을 구실 삼음); 낭자하다(狼藉;여기저기 흩어져 어지럽다. 왁자하고 시끄럽다), 도자(韜藉;神主를 씌우는 집), 빙자(憑藉), 온자하다(蘊藉;도량이 크고 온후함), 위자/료(慰藉/料), 훤자(喧藉) 들.

자(瓷) '사기그릇'을 뜻하는 말. ¶자고(瓷鼓), 자기(瓷器)[자기소(所); 고려자기(高麗), 고력자기(高力)[42], 백화자기(白畫), 청화자기(靑華), 화문자기(花紋)], 자연(瓷硯), 자인(瓷印), 자침(瓷枕), 자탑(瓷塔), 자태(瓷胎), 자토(瓷土); 녹자(綠瓷), 도자기(陶瓷器), 명자(明瓷), 백자(白瓷/磁)[백자청화(白磁); 조선백자(朝鮮), 청화백자(靑華)], 자자(紫瓷), 청자(靑瓷/磁)[고려청자(高麗), 상감청자(象嵌靑瓷), 화금청자(畫金)] 들.

자(恣) '방자하다. 제 마음대로 하다'를 뜻하는 말. ¶자거(恣擧), 자녀안(恣女案), 자락(恣樂), 자모(姿貌), 자방(恣放), 자사(恣肆), 자의(恣意)[자의성(性), 자의적(的)], 자일하다(恣逸), 자천(恣擅;방자하게 제 주장대로 함), 자체(恣體), 자행하다(恣行); 방자하다(放恣), 자자(自恣), 전자(專恣), 종자(縱恣), 천자하다(擅恣), 횡자하다(橫恣) 들.

자(姉/姊) '손윗누이'를 뜻하는 말. ¶자매(姉妹)[43], 자모/회(姊母/會), 자부(姊夫), 자서(姊壻), 자씨(姊氏), 자제(姉弟), 자형(姊兄); 모자(母姊), 백자(伯姉;맏누이), 장자(長姊;맏누이), 종자(從姉) 들.

자(雌) '암컷. 약하다. 지다'를 뜻하는 말.↔웅(雄). ¶자견(雌犬;암캐), 자복(雌伏;남에게 굴복함. 시기를 기다리며 가만히 숨어 있음↔雄飛), 자봉(雌蜂), 자예(雌蕊)[단자예(單)], 자웅(雌雄)[44], 자화(雌花), 자황(雌黃) 들.

자(炙) '굽다'를 뜻하는 말. ¶회자(膾炙), 친자(親炙;스승이나 존경하는 분의 가까이서 직접 가르침을 받음), 훈자(薰炙;남에게 교화를 줌) 들.

자(滋) '붇다(번식하다. 더하다). 더욱. 자라다'를 뜻하는 말. ¶자만(滋蔓;권세가 점점 커짐), 자미(滋味), 자심하다(滋甚;점점 더 심하다), 자양(滋養)[45], 자우(滋/慈雨) 들.

자(諮) '묻다(윗사람이 아랫사람에게 묻다). 의논하다'를 뜻하는 말. ¶자문(諮問)[자문기관(機關), 자문위원/회(委員/會), 자문하다], 자순(諮詢), 자의(諮議;남에게 의견을 물어 의논함).

자(赭) '검붉은 색'을 뜻하는 말. ¶자면(赭面), 자색(赭色), 자석(赭石), 자의(赭衣), 자토(赭土), 자한(赭汗), 자황색(赭黃色); 대자(代赭;갈색을 띤 가루 모양의 물질) 들.

자(仔) '구체적이고 분명하다. 세하다. 잘다. 새끼'를 뜻하는 말. ¶자돈(仔豚), 자상하다/스럽다(仔詳), 자세하다(仔細;아주 작고 하찮은 부분까지 분명하다), 자충(仔蟲) 들.

자(孜) '힘쓰다'를 뜻하는 말. ¶자자하다(孜孜;부지런히 힘쓰다); 근근자자(勤勤孜孜;매우 부지런하고 정성스러움).

자(咨) '탄식하다'를 뜻하는 말. ¶자차(咨嗟;애석히 여기어 탄식함), 자탄(咨歎/嘆).

자(玆) '이[此]. 검다'를 뜻하는 말. ¶자에(玆); 금자(今玆), 내자(來玆) 들.

자(玼) '옥티. 흠'을 뜻하는 말. ¶자린(玼吝;좋지 못한 마음. 인색한 마음).

자(疵) '흠. 티'를 뜻하는 말. ¶자흔(疵痕); 세자(細疵), 소자(小疵), 하자(瑕疵;흠), 하자담보(瑕疵擔保) 들.

자(粢) '곡식(穀食). 제물로 바친 곡식'을 뜻하는 말. ¶자미승/중(粢米僧), 자성(粢盛); 제자(祭粢) 들.

자(孶) '붇다(번식하다), 낳다'를 뜻하는 말. ¶자식(孶息;번식함), 자육(孶育;동물이 새끼를 낳아 기름), 자잉(孶孕) 들.

자(趑) '머뭇거리다'를 뜻하는 말. ¶자저(趑趄;선뜻 나아가지 못하는 모양. 가기 힘든 모양).

자(榨) '짜다. 거르다'를 뜻하는 말. ¶자상(榨牀;기름틀); 주자(酒榨;술을 짜내거나 거르는 틀).

자(蔗) '사탕수수'를 뜻하는 말. ¶자경(蔗境;이야기나 사건 따위의 재미있는 곳), 자당(蔗糖); 감자(甘蔗;사탕수수) 들.

자(煮) '끓이다'를 뜻하는 말. ¶자비(煮沸)[자비소독법(消毒法)], 자염(煮鹽), 자장(煮醬); 포자(炮煮;굽고 끓이는 일) 들.

자(訾) '헐뜯다'를 뜻하는 말. ¶자방(訾謗), 자훼(訾毁); 목자(目訾;눈초리), 저자(詆訾), 훼자(毁訾) 들.

자가닥 잔자갈 밭 따위를 밟을 때 나는 소리. 〈큰〉저거덕. ¶자갈밭을 자가닥 걸어가다. 자가닥거리다/대다, 자가닥자가닥/하다.

자가리 모판에 볏모를 길러서 내지 않고 논에 직접 씨를 뿌리는 일. 직파(直播). 〈준〉자갈. ¶자가리를 넣다. 여우리[건파(乾播)]와 자가리.

자가사리 퉁가릿과의 민물고기.

자가품 손목·발목·손아귀 따위의 뼈마디가 과로 때문에 마비되어 시고 아픈 증상. ¶이 추운 겨울밤에 다리에서 자가품이 나도록 뛰어다녀야만 하는 제 신세가 새삼스럽게 가엾은 생각이 들었다. 자개바람[46].

자갈 강·바다의 바닥에서 오래 갈리어 반들반들해진 작은 돌. 자

들썩하다. 짜하다. ¶그의 지극한 효성에 대한 칭찬이 자자하다.

42) 고력자기(高力): 유약을 입히지 않고 약간 구운 도기에 합성수지를 스며들게 하여, 최고도의 열과 압력을 가해서 만든 오지그릇.

43) 자매(姊妹): 여자끼리의 동기(同氣). 같은 계통에 속하거나 서로 비슷한 점을 많이 가진 둘 또는 그 이상의 것. ¶자매간(間), 자매결연(結緣), 자매교(校), 자매기관(機關), 자매단체(團體), 자매도시(都市), 자매부락(部落), 자매선(船), 자매신문(新聞), 자매지(紙), 자매편(篇), 자매역연혼(逆緣婚), 자매학교(學校), 자매함(艦), 자매혼(婚), 자매회사(會社); 형제자매(兄弟).

44) 자웅(雌雄;암수. 승부·우열): 자웅눈(짝눈)/이, 자웅도태(淘汰), 자웅동가(同家), 자웅동주(同株), 자웅동체(同體), 자웅동형(同形), 자웅목(目), 자웅성(聲), 자웅이가(異家), 자웅이색(異色), 자웅이주(異株), 자웅이체(異體), 자웅이형(異形), 자웅일가(一家), 자웅혼주(混株).

45) 자양(滋養): 자양관장(灌腸), 자양당(糖), 자양률(率), 자양물(物), 자양분(分), 자양액(液), 자양제(劑), 자양품(品).

질구레한 돌.≒잔돌. ¶자갈길, 자갈논, 자갈다짐/기(機), 자갈단구(段丘), 자갈돌, 자갈땅, 자갈무지, 자갈바위(역암), 자갈밭, 자갈수멍(조약돌을 바닥에 묻은 도랑), 자갈재배(栽培), 자갈추기(자갈을 골라내는 일), 자갈층(層), 자갈판, 자갈흙; 강자갈(江), 구슬자갈(밤자갈), 깨인자갈/깬자갈, 땜자갈(틈막이 자갈), 막자갈, 모래자갈, 바닷자갈, 밤자갈(밤톨만한 자갈), 산자갈(山), 잔자갈(아주 자질구레한 자갈) 들.

자개 금조개 껍데기를 얇게 썰어 낸 조각. ¶자개가 박힌 옷장. 자개경대(鏡臺;자개를 박아 꾸민 경대), 자개구름(진주구름), 자개그릇, 자개단추, 자갯돌(자개같이 고운 돌), 자개물림/하다, 자개박이[나전(螺鈿)], 자개상(床), 자개소반(小盤), 자개일꾼, 자개장롱(欌籠)[자개농(籠)과 자개장(欌)], 자개함(函) 들.

자개미 겨드랑이나 오금, 불두덩 옆, 아랫배와 허벅다리 사이에 오목하게 들어간 자리.

자갸 '자기(自己)'보다 조금 대접하여 이르는 말.[←자가(自家)].

자고 무거운 물건을 담기 위하여 가죽으로 만든 주머니. ¶자고를 차다. 자고에 돌을 담다.

자국[1] 일정한 물체에 다른 물건이 닿거나 지나간 자리. 흔적(痕迹). 부스럼이나 상처가 아문 자리. 자욱. ¶자국이 나다(자국이 생기다). 수레가 지나간 자국. 자국을 밟다(사람이나 동물이 남기고 간 발자국을 따르다). 자국걸음, 자국길[47], 자국나다, 자국눈(겨우 발자국이 날 정도로 적게 내린 눈), 자국메우기, 자국물(발자국에 괸 물. 발목에 닿을 정도의 얕은 물), 자국밟다(발자국을 따라 뒤쫓다), 자욱포수(砲手)[48]; 깨진자국, 눈물자국, 땀자국, 땟자국, 마맛자국(媽媽), 망건자국(網巾), 맷자국, 바큇자국, 발자국(발로 밟은 자리에 남는 모양이나, 걸음을 세는 말), 빗자국[우(雨)], 손자국, 손톱자국, 잇자국, 침자국, 칼자국, 핏자국 들.

자국[2] ①일정한 물건이 생산되거나 모여드는 고장. ¶연평도는 조기가 생산되는 자국이다. ②어떤 일이나 사건이 발달된 곳. 또는 그런 근원. ¶자국에 가서 사건의 정황을 확인해 보다. ③붙박이로 박혀 있어야 할 자리. ¶근무지인 자국을 뜨지 마라. ④본디의 상태나 수준. ¶혼돈이 끝나고 일이 모두 제 자국에 들어섰다. ⑤처지나 형편. ¶제 일도 변변히 못하는 자국에 일 욕심을 부리니 얼마나 우스운 일인가.

자귀[1] 짐승의 발자국. ¶자귀를 짚다(짐승을 잡으려고 발자국을 따라가다). 발자귀.

자귀[2] 나무를 깎아 다듬는 연장의 하나. ¶자귀날, 자귓밥, 자귀벌[49], 자귀질/하다; 선자귀[50], 손자귀(작은 자귀), 옥자귀(끝이 안쪽으로 옥은 자귀), 좀자귀(조그마한 자귀), 큰자귀, 턱자귀(몸의 중간에 턱지게 만든 자귀) 들.

자귀[3] 개나 돼지가 너무 먹어서 배가 붓고 발목이 굽는 병. ¶자귀가 나다(너무 많이 먹어 자귀가 생기다).

자그락[1] 하찮은 일로 옥신각신하며 다투는 모양. 〈큰〉지그럭[1]. 〈센〉짜그락[1]. 〈큰·센〉찌그럭[1]. ¶그들 부부는 여름휴가를 어떻게 보낼 것인가의 문제로 한참이나 자그락자그락 다투었다. 자그락거리다/대다[1], 자그락자그락/하다[1].

자그락[2] 자갈밭 따위를 가볍게 밟을 때 나는 소리. 〈큰〉지그럭[1]. 〈센〉짜그락[2]. 〈큰·센〉찌그럭[2]. ¶강가의 잔자갈밭을 자그락자그락 밟으며 걸었다. 자그락거리다/대다[2], 자그락자그락/하다[2], 재그럭[51].

자그럽(다) 날카로운 소리가 신경을 자극하여 몹시 듣기에 거북하다[*자글]. ¶자그러운 꽹과리 소리. 자그러운 금속성.

자근 ①조금 성가실 정도로 은근히 귀찮게 구는 모양. 〈큰〉지근. 〈센〉짜근. 〈큰·센〉찌근. 〈거〉차근. 〈큰·거〉치근. ¶술집 골목에 들어서니 호객꾼들이 자근자근 사람들을 붙잡는다. 치근치근 조르다. 자근·지근·짜근·찌근·초근[52]·차근·추근·치근거리다[53]/대다, 자근자근·치근치근/하다, 자근덕[54]. ②가볍게 자꾸 누르거나 밟는 모양. 머리가 조금 쑤시듯 아픈 모양. 〈큰〉지끈. ¶수건을 꺼내어 이마의 땀을 자근자근 누르며 닦았다. 자근거리다/대다, 자근자근/하다. ③가볍게 씹는 모양. ¶입술을 자근자근 깨물다.

자글 ①적은 양의 액체나 기름 따위가 걸쭉하게 잦아들면서 끓는 소리. 또는 그 모양. ¶물이 자글자글 끓다. ②걱정스럽거나 조바심이 나거나 못마땅하여 마음을 졸이는 모양. ¶속을 자글자글 끓이다. ③어린아이가 아파서 열이 나며 몸이 달아오르는 모양. ¶아이의 몸이 자글자글 끓을 만큼 열이 나다. ④햇볕이 지질 듯이 내리쪼이는 모양. 〈큰〉지글[55]. 〈센〉짜글. ¶자그르[56], 자글거리다/대다, 자글자글/하다[1], 재글[57]. [+끓다].

자글자글 물체가 쪼그라들어 잔주름이 많은 모양.=재글재글(찌그러진 모양). 〈센〉짜글짜글. 찌글찌글. 쪼글쪼글. ¶자글자글한 어

46) 자개바람: 쥐가 나서 근육이 곧아지는 증세. 자개풍(風).
47) 자국길: 오가는 사람이 드물어 흔적이 날 듯 말 듯한 오솔길.
48) 자욱포수(砲手): 사냥할 때 짐승의 발자국을 잘 찾아 쫓아가는 포수.
49) 자귀벌: 원목을 자귀로 대강 다듬은 목재.=도끼벌.
50) 선자귀: 서서 나무를 깎는 데 쓰는 큰 자귀.

51) 재그럭: 단단하고 작은 물건이 서로 부딪치는 소리. 〈큰〉지그럭. ¶재그럭 부딪치는 소리가 나다.
52) 초근: 착 달라붙어서 남을 깐깐하게 조르는 모양. 〈큰〉추근. 치근. ¶초근초근 졸라 대다. 추근추근 수작을 부리기 시작하다. 초근·추근·치근거리다/대다, 초근초근·추근추근·치근치근/하다.
53) 치근거리다: 조르다. 괴롭히다. 보채다. 치근덕거리다/대다.
54) 자근덕: 조금 끈덕지고 짓궂게 달라붙는 모양. 조금 끈기 있게 남을 괴롭히거나 조르는 모양. ¶자근덕·지근덕·짜근덕·찌근덕·차근덕·치근덕·추근덕거리다/대다, 자근덕자근덕/하다.
55) 지글: ①적은 양의 물이나 기름이 계속하여 끓으면서 나는 소리나 모양. ¶찌개가 지글지글 끓다. 돼지고기를 지글지글 볶다. 지글거리다(끓다). ②해가 뜨겁게 쪼이는 모양.≒이글이글. ③화가 나서 마음이 몹시 흥분한 모양.≒부글. 〈작〉자글.
56) 자그르: 좀 걸쭉한 액체가 갑자기 끓다가 멎거나 잠깐 동안 끓어오르는 소리 또는 그 모양. 〈큰〉지그르. 〈센〉짜그르. ¶찌개가 자그르 끓다. 기름이 자그르 끓다. 자그르르·지그르르·짜그르르·찌그르르/하다. [+끓다].
57) 재글: ①적은 물이나 기름이 소리를 내며 끓는 모양. ¶국 냄비가 재글재글 끓다. ②햇볕이 따갑게 쨍쨍 비치는 모양. ¶햇볕이 재글재글 내려 쪼이다. ③화가 나서 속이 상하거나 근심, 걱정으로 마음을 계속 졸이는 모양. ¶화가 나서 가슴이 재글재글 조여든다.

머니의 얼굴을 보니 마음이 안타까웠다. 자글자글하다.

자금 음식에 섞인 잔모래 따위가 가볍게 씹히는 모양. 〈큰〉지금. 〈센〉자끔. 지끔. ¶밥에 모래가 섞여 자금자금 씹힌다. 자금·자끔·지금·지끔거리다/대다, 자금자금/하다.

자긋 ①가볍고 은근하게 당기거나 밀거나 누르거나 닫는 모양. ¶연필을 자긋자긋 누르며 글씨를 쓴다. 자그시[58]. ②싫거나 괴롭히거나 한 것을 가까스로 참아 견디는 모양. 〈큰〉지긋. ¶자긋자긋·지긋지긋하다[59]/이.

자깝-스럽다 어린아이가 어른같이 행동하거나 젊은이가 늙은이의 흉내를 내어 깜찍한 데가 있다. ¶아이가 하는 짓이 너무 자깝스러워 보기 민망하다. 그는 자깝스럽게 어른들처럼 모양을 내려고 애를 쓰고 싶지는 않았다.

자꾸 잇달아서 여러 번. 끊이지 아니하고 계속하여.[←잦(다)]. ¶그는 고맙다고 자꾸 절을 하였다. 자꾸 찾아오는 빚쟁이. 자꾸만, 자꾸자꾸; 다자꾸[60].

자끈[1] ①작고 단단한 물건이 갑자기 부러지거나 깨지는 소리. 또는 그 모양. ¶바가지를 자끈 밟아 깨다. ②세게 얻어맞을 때 나는 소리. ③천둥이나 벼락이 칠 때 나는 소리. 〈큰〉재끈. 지끈. 〈센〉짜끈. 째끈. ¶자끈·짜끈거리다/대다[1], 자끈동·지끈둥.

자끈[2] 머리나 몸이 쑤시듯이 아픈 모양. ¶머리가 자끈 아프다. 〈큰〉지끈. ¶자끈거리다/대다[2].

자냥-스럽다 재잘거리는 소리가 듣기에 똑똑한 데가 있다. ¶아이들이 재깔이는 소리가 자냥스럽게 들려왔다.

자네 '하게' 할 자리의 상대자를 가리켜 일컫는 말.≒너. 그대. ¶자네가 맡아야겠네. 자네도 함께 가세. 자네만 믿겠네.

자늑자늑 ①좀 끈지게 부드러운 모양. ¶자늑자늑 웃다. ②좀 부드럽고 가볍게 움직이는 모양. ③진득하고 부드럽고 조용하게. ¶조목조목 알기 쉽도록 자늑자늑 설명하자 모두 놀라는 표정이었다. 자늑자늑하다, 자늑하다(조용하다).

자닝-하다 약한 자의 참혹한 모습이 너무 불쌍하여 차마 보기 어렵다. 연약하고 가냘프다. ¶동냥하는 아이들이 너무 자닝하다. 병고에 시달리는 그의 모습이 참으로 자닝하다. 자닝히 여기다. 자닝스럽다/스레.

자(다) ①잠이 든 상태가 되다.↔일어나다. 깨다. 〈높〉주무시다. ¶잠을 자다/ 설치다. 자나깨나, 자나새나, 자울자울[61], 자장[62], 잔눈(막 잠에서 깬 눈), 잔입[1][63], 잠[잠결, 잠귀, 잠기(氣), 잠기운(잠기), 잠꼬대[←잠+고대(소리)], 잠꾸러기, 잠나라(잠이 든 상태), 잠누에, 잠동무(남과 함께 친근하게 자는 일. 또는 그 사람), 잠들다, 잠맛, 잠버릇, 잠병(病), 잠보, 잠비, 잠속, 잠옷, 잠자다/재우다[64], 잠자리, 잠투정[65], 잠풀(미모사), 잠허리(잠을 자는 중간께), 잡시다('주무시다'의 궁중말), 재우다[1](↔깨우다. 일으키다); 가첨잠(加添;덧잠), 갈개잠[66], 갈치잠(모로 끼어 자는 잠), 개잠[1](개처럼 몸을 오그리고 자는 잠), 개잠[2](改;아침에 깨었다가 또다시 드는 잠), 걱정잠, 겉잠(깊이 들이 않은 잠. 여윈잠), 겨울잠, 고주박잠[67], 곤잠(困;고단하여 깊이 든 잠), 괭이잠(노루잠), 굳잠(깊이 든 잠), 귀잠[68], 그루잠(깨었다가 다시 든 잠), 꽃잠(깊이든 잠), 꾀잠(거짓으로 자는 체 하는 잠), 꾸벅잠(고개를 꾸벅거리며 조는 잠), 꿀잠(아주 달게 자는 잠), 나비잠[69], 낮잠, 노루잠[70], 늦잠, 다방골잠(茶坊)[71], 단잠, 단잠(單)[72], 덕석잠. 덧잠, 도둑잠[73], 돌꼇잠[74], 두벌잠(한 번 들었던 잠이 깨었다가 다시 드는 잠.=개잠[2]), 등걸잠[75], 뜬잠(밤에 자다가 눈이 떠져서 설친 잠), 말뚝잠(앉은 채로 자는 잠), 멍석잠[76], 발칫잠(남의 발치에서 자는 잠), 발편잠(걱정 없이 편안하게 발을 펴고 자는 잠), 밤잔물(밤을 지낸 자리끼), 밤잠, 벼룩잠[77], 사로잠[78], 상직잠(上直), 새벽잠, 새우잠, 선잠, 속잠(깊이 든 잠), 수잠(깊이 들지 아니한 잠. 겉잠), 수잠[79], 시위잠[80], 식전잠(食前), 아시잠(처음으로 잠깐 드는 잠), 아침잠, 안잠[81], 앉은잠, 애기잠(누에의 첫잠), 어뜩잠(잠깐 드는 잠), 여름잠, 여윈잠[82], 온잠(밤새도록 깨지 않고 온전히 잔 잠), 이승잠[83], 일잠(저녁에 일찍 자는 잠), 쪽잠[84], 첫잠

---

58) 자그시: ①어떤 대상에 가볍게 또는 드러나지 아니하게 은근히 힘을 주는 모양. ¶입술을 자그시 깨물다. 눈을 지그시 감다. ②참을성 있게 천천히 견디는 모양. 〈큰〉재그시. 지그시.

59) 지긋지긋하다: 진절머리가 날 만큼 싫고 괴롭다. ¶라면이라면 이제 보기만 해도 지긋지긋하다.

60) 다자꾸: 덮어놓고 마구. 무턱대고 자꾸. 또는 다짜고짜로 막. ¶다자꾸 조르다. 없는 돈을 다자꾸 달라니 답답하다.

61) 자울자울: 머리나 몸을 앞으로 숙였다 들었다 하는 모양. ¶버스 안에서 자울자울 졸았다.

62) 자장: 어린아이를 재울 때에 조용히 노래처럼 하는 소리. '자라'고 달래는 뜻.[←자(다)+-자(청유형 어미)+응(대답하는 소리)]. ¶자장자장 잘도 잔다. 자장가(歌), 자장그네[搖籃(요람)], 자장노래, 자장자장, 자장타령.

63) 잔입[1]: 아침에 자고 일어나서 아무것도 먹지 않은 입.=마른입.

64) 잠재우다: ①잠을 자게 하다. ②부풀어 오르는 물건을 차분하게 가라앉히다. ¶솜이불을 잠재우다. ③진압하여 조용하게 하거나 무력하게 만들다. ¶적의 화력(火力)을 잠재우다.

65) 잠투정: 어린아이가 잠을 자려고 할 때나 잠이 깨었을 때에 떼를 쓰고 우는 짓.='잠주정(酒酊). 잠투새'는 사투리.

66) 갈개잠: 몸을 바르게 가지지 않고 이리저리 구르며 자는 잠.

67) 고주박잠: 등을 구부리고 앉아서 자는 잠. §고주박(소나무의 그루터기).

68) 귀잠: 아주 깊이 든 잠. ¶귀잠이 들다.

69) 나비잠: 갓난아기가 두 팔을 머리 위로 벌리고 자는 잠.

70) 노루잠: 깊이 들지 못하고 자꾸 놀라 깨는 잠.

71) 다방골잠(茶坊): 늦잠 자는 것을 비유적으로 이르는 말. 예전에 서울의 다방골에서 밤늦게 장사하다가 늦게 자고 이튿날 해가 높이 뜬 뒤에야 일어난 데서 유래함.

72) 단잠(單): 도중에 깨지 않고 죽 내처 자는 잠.

73) 도둑잠: 자야 할 시간이 아닌 때에 남의 눈에 띄지 않도록 몰래 자는 잠.=도적잠.

74) 돌꼇잠: 누운 자리에서 빙빙 돌면서 자는 잠.

75) 등걸잠: 옷을 입은 채 아무것도 덮지 아니하고 아무데나 쓰러져 자는 잠.

76) 멍석잠: 매우 피곤하여 아무데서나 쓰러져 자는 잠.

77) 벼룩잠: 깊이 잠들지 못하고 자꾸 자다가 깨는 잠. ¶경비병들은 총을 옆에 끼고 웅크린 채로 벼룩잠을 잤다.

78) 사로잠: 염려가 되어 마음을 놓지 못하고 조바심하며 자는 잠.[←살(다)+오+잠].

79) 수잠: 깊이 들지 아니한(못하는) 잠.[〈수흐좀]. 겉잠. ¶거리의 소음과 짧은 악몽이 뒤엉킨 수잠을 잤다.

80) 시위잠: 활시위 모양으로 몸을 웅크리고 자는 잠. 새우잠.

81) 안잠: 여자가 남의 집에서 먹고 자며 그 집의 일을 도와주는 일. 또는 그런 여자.=안잠자기. ¶안잠자다,

82) 여윈잠: 충분히 자지 못한 잠, 깊이 들지 못한 잠.=겉잠.

(막 곤하게 든 잠), 초저녁잠(初), 칼잠[85], 토끼잠, 통잠, 풋잠, 한뎃잠, 한잠[86], 헛잠[87]]; 먼지잼[88], 눌러자다(계속 머물러 자다), 밤재우다[89], 사로자다[90], 잠재우다/재다. ②바람이나 파도가 잠잠해지다.≒가라앉다. ¶파도가 자다. ③시계가 멎다.≒멈추다.↔움직이다. ④부피를 가진 물질이나 일정한 높이를 가진 것이 다른 물건에 눌리다. ¶잠을 자고 일어났더니 머리가 잤다. ☞ 면(眠).

자닥자닥 때가 꽤 올라서 더럽게. 〈큰〉지덕지덕[91]. ¶때가 자닥자닥 오른 모자.

자두 앵두과의 낙엽 활엽 관목인 자두나무의 열매.[←자도(紫桃)]. ¶자두나무. '오얏'은 자두의 옛말이다.

자드락¹ 나지막한 산기슭의 비탈진 땅. ¶양지바른 자드락에 밭을 일구다. 자드락길, 자드락밭, 자드락화전(火田).

자드락² ①몹시 성가시도록 일마다 까다롭게 구는 모양.=조드락[92]. 〈큰〉지드럭. 〈센〉짜드락. 〈큰·센〉찌드럭. ¶어린애가 강아지를 자드락자드락 귀찮게 건드리다. 아이는 몸이 불편했는지 자꾸만 엄마에게 자드락거렸다. 자드락·지드럭거리다/대다, 자드락자드락/하다. ②자질구레한 것이 좀스럽게 붙어 있는 모양.

자드락-나다 남에게 숨겨오던 일이 드러나다. 〈센〉짜드락나다. ¶첩자 노릇 한 것이 자드락나다.

자라¹ 자랏과의 동물. ¶자라 보고 놀란 가슴 소댕 보고 놀란다. 자라구이, 자라눈¹, 자라등, 자라등딱지, 자라목(자라의 목. 보통 사람보다 짧은 목), 자라못(자라를 기르는 못), 자라배[복학(腹瘧)], 자라병(甁), 자라자지, 자라춤, 자라탕(湯). ☞ 별(鼈).

자라² 손바닥이나 몸의 일정한 곳에 생기는 쌀알 같은 것. ¶자라눈²(젖먹이의 엉덩이 양쪽으로 오목하게 들어간 자국).

자라(다)¹ 생물체가 부분적으로 또는 전체적으로 점점 커지다. 수준·능력 따위가 높아지거나 발전하다.≒성숙하다. ¶키가 자라다. 아이가 어른으로 자라다(성장하다). 유능한 사원으로 자라다. 훌륭한 선수로 자라다. 자라기, 자라나다(자라서 크게 되다), 자라오르다, 자란벌레, 자란숲, 자란아이, 자란이(성인), 자람가지[93], 자람새(자라는 상태나 모양새), 자람점(點;생장점), 자래우다(기르다); 낫자라다[94], 늦자라다, 맏자라다(마디지고 옹골차게 자라다), 맞자라다(서로 같이 자라다), 졸자라다[95], 웃자라다, 헛자라기(웃자라기) 들.

자라(다)² 넉넉하여 모자람이 없다. 어떤 표준에 이르다.↔모자라다[96]. ¶이 돈이면 여비는 자랄까? 거기까진 생각이 자리지 못했다. 내 팔이 거기까지 자라지 못한다(미치다). 힘자라다(힘이 미치다).

자락 옷·피륙 따위의 아래로 드리운 넓은 조각. 비탈진 곳의 아래 부분. 사물의 끝 부분. 한 차례 부는 바람이나 빛줄기. 스치는 생각이나 말마디. 곡조(曲調;가락). ¶바람 한 자락에 땀을 씻다. 노래 한 자락을 부르다. 겉자락, 겹자락, 구름자락, 끝자락, 뒷자락, 무자락[97], 바지자락, 산자락(山), 소맷자락, 속자락, 안자락, 앞자락, 옷자락, 치맛자락, 커튼자락, 호미자락, 홑자락 들.

자락자락¹ 갈수록 더욱 거리낌 없이 구는 모양. ¶그냥 내버려두니까 자락자락 더 한다. 보고만 있으니 성미가 자락자락 나빠진다.

자락자락² 손뼉을 가볍게 여러 번 칠 때 잇따라 나는 소리. 또는 그 모양. 〈센〉짜락짜락①[98]. ¶누군가 손뼉을 자락자락 쳤다.

자란자란 ①액체가 그릇 가장자리의 전 위에서 넘칠락 말락 하는 모양. ¶동이에 물을 자란자란 길어 붓다. 샘물이 자란자란 넘쳐 흐른다. 자란자란하다. ②물체의 한 끝이 다른 물체에 스칠 듯 말 듯한 모양. ¶손끝에 자란자란 닿는 감. 엉덩이까지 자란자란 닿는 머리채. 땅에 치런치런 드리운 치맛자락. 〈큰〉지런지런. 〈거〉차란차란. 〈큰·거〉치런치런.

자랑¹ 자기와 관계되는 사물을 남에게 드러내어 칭찬함. ¶자랑스러운 일. 자랑 끝에 불붙는다. 자랑거리, 자랑겹다[99], 자랑기, 자랑높이(자랑스럽게), 자랑단지(잇따른 자랑거리), 자랑삼다, 자랑스럽다(≒대견하다), 자랑쟁이, 자랑질, 자랑차다[100], 자랑하다(≒내세우다. 뽐내다. 뻐기다); 나라자랑, 노래자랑, 돈자랑, 말자랑, 모다기자랑, 자식자랑(子息), 장기자랑(長技), 헛자랑, 힘자랑/하다 들.

자랑² ①얇은 쇠붙이 따위가 서로 가볍게 부딪쳐 짧게 울리는 소리. ¶자르랑[101], 자르릉[102], 차랑·처렁·치렁/거리다/대다/하다. ②목소리가 높고 맑게 울리는 소리. 또는 그 모양. 〈큰〉저렁. ¶자랑·저렁·짜랑·째릉·쩌렁/거리다/대다, 짜랑·쩌렁/쩌러렁·찌

---

83) 이승잠: 이 세상에서 자는 잠이란 뜻으로, 병중에 정신없이 계속해서 자는 잠.
84) 쪽잠: 짧은 틈을 타서 불편하게 쪼그리고 자는 잠.
85) 칼잠: 좁은 공간에서 여러 사람이 잘 때, 편히 눕지 못하고 한 쪽 어깨를 세워 비스듬히 누워 자는 잠.
86) 한잠: ①잠시 자는 잠. ②깊이 든 잠.
87) 헛잠: ①거짓으로 자는 체하는 잠. ②잔 둥 만 둥 한 잠.
88) 먼지잼: 비가 겨우 먼지나 날리지 아니할 정도로 조금 옴.
89) 밤재우다: 하룻밤을 지나게 하다. ¶밀가루 반죽을 밤재우다.
90) 사로자다: 염려가 되어 조마조마한 마음으로 자다. ¶사로잠.
91) 지덕지덕: 먼지나 때 같은 것이 여기저기 묻어 더러운 모양. 〈센〉찌덕찌덕. §'덕지덕지'의 음절 도치로 보임.
92) 조드락: 귀찮을 정도로 매우 비위 상하게 놀리는 모양.
93) 자람가지: 과실 나무에서. 꽃이 피지 않고 자라기만 하는 가지.
94) 낫자라다: 더 잘 자라다. ¶어릴 때 열병을 앓아서 낫자라지 못했다.
95) 졸자라다: 키나 신체의 부분이 기준에 못 미치게 자라다.
96) 모자라다:[←못+자라다]. ①어떠한 표준의 정도나 양에 미치지 못하다.≒부족하다.↔남다. 넉넉하다. ¶힘이 모자라다. 모자람(기준에 미치지 못함). ②지능이 정상적인 사람보다 낮다. ¶모자람[결점(缺點)].
97) 무자락: 옷의 양쪽 겨드랑이 밑에 대는 딴 폭의 자락.
98) 짜락: ①손뼉을 가볍게 치는 모양. ②빗줄기가 세차게 내리 퍼붓는 소리
99) 자랑겹다: 자랑에 넘쳐 매우 즐겁거나 내놓고 자랑할 만하다. ¶자랑겹게 이야기하다.
100) 자랑차다: 남에게 드러내어 몹시 뽐낼 만한 데가 있다. ¶선조들의 자랑찬 역사. 자랑찬 목소리.
101) 자르랑: 얇은 쇠붙이 조각들이 서로 부딪쳐서 울려 나는 소리. 〈큰〉저르렁. 즈르렁/즈렁. 〈센〉짜르랑. 〈거〉차르랑. 〈큰·거〉처르렁. ¶철판 떨어지는 소리가 자르랑 나다. 자르랑·저르렁·짜르랑·쩌르렁·차르랑·처르렁거리다/대다/하다, 자르랑자르랑/하다.
102) 자르릉: 얇은 쇠붙이나 쇠줄 따위가 서로 부딪치며 가볍게 울리는 소리. 〈큰〉저르릉. 즈르릉. 〈센〉짜르릉.

렁[103]하다, 자랑자랑/하다, 지렁[104].

자래 쌍으로 된 물고기의 알주머니. 또는 그것을 세는 말. ¶대구의 자래는 얼마나 클까.

자루[1] 속에 물건을 넣을 수 있게 헝겊 따위로 길고 크게 만든 주머니. 또는 그것을 세는 말. ¶쌀을 자루에 담다. 쌀 한/두 자루. 자루그물, 자루목; 동냥자루, 말자루(말을 주고받는 다리에서의 말의 주도권), 매자루(每;한 자루마다), 밥자루, 베자루, 보릿자루, 시겟자루(곡식을 담는 자루), 쌀자루, 오망자루[105]. ☞ 대(袋). 낭(囊).

자루[2] 기름하게 생긴 것이나 연장·기구 따위에 박거나 낀 손잡이. 또는 그것을 세는 말. ¶자루걸레/질, 자루곰팡이, 자루눈[106], 자루바가지, 자루솥(자루가 달린 솥); 꽃자루[107], 낫자루, 괭이자루, 낱자루(낱낱의 한 자루), 도낏자루, 똥자루(굵고 긴 똥덩이), 망치자루, 삽자루, 쇠자루(쇠로 만든 연장의 손잡이), 옥수수자루(옥수수의 낟알이 붙어 있는 대), 잎자루[엽병(葉柄)], 칼자루, 톱자루, 호밋자루; 연필/ 삽/ 낫/ 총 한 자루. ☞ 병(柄).

자루[3] 책의 제본 과정에서, 접장의 바깥쪽 일부가 접혀 있는 상태. 다듬재단을 할 때 잘라 줌. ¶자루매기.

자르(다)[1] 길이를 가진 물체를 동강이 나게 끊어내다.(↔붙이다). 해고시키다. 남의 요구를 거절하다. ¶가위로 머리카락을 자르다. 목을 자르다. 전깃줄을 자르다. 나무의 가지를 자르다. 그는 나의 부탁을 한 마디로 잘라 버렸다. 잘라내다, 잘라매다[1](요구한 것을 거절하거나 더 이상 말하지 못하게 하다), 잘라먹다[108], 잘라·짤라뱅이(짧게 된 물건), 자르개, 자르는톱니, 자른면[단면(斷面)], 잘라먹다(남의 것을 자기 것으로 하다), 잘리다; 동자르다(관계를 끊다. 도막을 내서 끊다) 들.

자르(다)[2] 잘록할 정도로 단단히 동여매다. ¶상처를 붕대로 잘라매다. 새끼줄로 봇짐을 힘껏 잘랐다. 가마니 허리를 질끈 잘라 묶었다. 자리개[109], 자리개미(포도청에서 죄인의 목을 졸라 죽이던 일)/하다, 잘라매다[2](끈으로 졸라 잘록하게 동여매다).

자르르[1] ①물기나 기름기, 윤기 따위가 많이 흘러서 반지르르한 모양. ¶윤기가 자르르 흐르다. 자르르하다, 자르르자르르/하다, 잘잘·짤짤. ②빛깔이나 어떤 기운이 넘쳐흐르는 듯한 모양. 〈큰〉지르르. 즈르르. 〈센〉짜르르/짤[1]. 〈큰·센〉찌르르. 〈거〉차르르. 〈큰·거〉치르르.

자르르[2] ①뼈마디나 몸의 일부가 조금 자린 느낌. ¶뼈마디가 자르르 저리다. 자르르거리다/대다/하다, 자르르자르르/하다, 짜르륵·찌르륵. ②움직임이나 열, 전기 따위가 한 지점에서 주위로 조금 빠르게 퍼져 나가는 모양. 〈큰〉지르르. 〈센〉짜르르/짤[2]. 〈큰·센〉찌르르.

자르르[3] 크기가 작은 여러 개의 물건이 쏟아져 흩어지는 소리. ¶자갈이 자르르 쏟아지다. 자르륵·저르륵.

자리 사람이나 물체가 그 위에 있게 되는 한정된 공간. 앉거나 서거나 누울 곳. 자국. 직위(職位). ¶앉을 자리가 좁다.
쓴 물건은 본디 자리에 갖다 놓아야 한다. 긁힌 자리가 쓰라리다. 장관 자리. 자리가 잡히다. 자리갈이, 자릿값, 자리걷이, 자리그물[정치망(定置網)], 자리길(궤도), 자리끼[110], 자리낚시, 자리다툼/질, 자리때기(자리), 자리뜨기(돗자리를 뜸), 자리맡(잠자리의 곁), 자리매김[111]/하다, 자리바꿈/하다, 자리보기[1][남침(覽寢)], 자리보기[2][112], 자리보다(이부자리를 펴다), 자리보전(保全;병이 들어서 누워서 지냄), 자릿삯, 자릿상(狀), 자릿세(貰), 자릿쇠[113], 자릿수(數), 자리싸움/하다, 자리옷(잠옷), 자리잡다/잡히다, 자릿장(欌;이부자리를 넣어 두는 장롱), 자릿저고리(잠잘 때 입는 저고리), 자릿적삼(잠잘 때 입는 적삼), 자릿점(點), 자릿조반(朝飯)[114], 자리지킴, 자리틀(기직을 짜는 틀), 자리표[좌표(座標)], 자리하다[115], 자리헐미(욕창); 가르맛자리, 가장자리(물건의 둘레), 개자리(바닥이 패어 있는 곳), 거적자리, 겉자리(대강 잡은 자리), 곁자리, 굿자리, 귀룽자리(귀룽나무 껍질로 짠 자리), 꽃돗자리/꽃자리, 꿈자리, 끝자리, 누울자리, 늘자리(부들로 짠 돗자리), 단사자리(丹絲;오라로 묶였던 자국), 대자리, 돗자리, 두엄자리(두엄터), 뒷자리, 땅자리[116], 뜸자리, 마른자리, 마음자리(마음의 본바탕), 멍석자리, 명자리(命;급소), 명당자리(明堂), 못자리, 묏자리, 물동이자리(물동이 밑에 받치는 질그릇), 밑자리, 밭은자리, 벌린자리, 벌잇자리, 별자리[117], 볏자리(비녀장구멍 위에 앞바닥을 에어서 볏대가리가 의지하게 된 곳), 보금자리[118], 복약

103) 찌렁: ①얇은 쇠붙이 따위가 세게 부딪쳐 조금 크게 한 번 울리는 소리. ②조금 크고 우렁차게 한 번 울리는 소리. 또는 그 모양.=찌렁.

104) 지렁: 소리가 크고 궁글게 울리는 모양.

105) 오망자루: 볼품없이 생긴 자그마한 자루. ¶오망자루에 넣다.

106) 자루눈: 새우·게·달팽이처럼 자루 끝에 달린 눈.

107) 꽃자루: 꽃이 달리는 짧은 가지. 화병(花柄).

108) 잘라먹다: ①갚을 것을 갚지 아니하고 제 것으로 하다. ②중간에서 가로채다.

109) 자리개: 몸을 옭아매거나 볏단 따위를 묶는 데 쓰는, 짚으로 만든 굵은 줄. ¶볏단을 자리개로 묶어서 개상에다가 둘러메치다. 자리개질/잘개질(자리개로 곡식 단을 묶어 개상에다가 둘러쳐서 타작하는 일)/하다; 탯자리개(태질할 때에 쓰는 줄).

110) 자리끼: 자다가 마시기 위해 잠자리의 머리맡에 두는 물.

111) 자리매김: 다른 것과 구별되는 위치를 굳힘. 또는 어떤 자리나 됨됨이를 정하여 줌. ¶우리 현대사의 올바른 자리매김을 위한 토론회가 열렸다. 자리매김/되다/하다.

112) 자리보기[2]: 결혼식을 치른 다음날 친척, 친우들이 모여서 즐기며 음식을 같이 나누는 일.

113) 자릿쇠: 볼트를 죌 때 너트의 밑에 받치는, 구멍 뚫린 얇은 쇳조각.=똬리쇠.

114) 자릿조반(朝飯): 새벽에 잠이 깨는 대로 먹는 간단한 식사.

115) 자리하다: 일정한 공간을 차지하다. 일정한 조직체에서 직위나 지위를 차지하다. 여러 사람이 일정한 곳에 모이다. 정해진 자리에 앉다.

116) 땅자리: 수박·호박 따위의 열매가 땅에 닿아서 빛이 변하고 험하게 된 부분.

117) 별자리: 성좌(星座). ¶게자리, 궁수자리(弓手), 기린자리(麒麟), 남십자성자리(南十字星), 독수리자리(禿), 마차부자리(馬車夫), 목자자리(牧者), 물고기자리, 물병자리(甁), 백조자리(白鳥), 사수자리(射手), 사자자리(獅子), 시계자리(時計), 쌍둥이자리(雙), 양자리(羊), 여우자리, 염소자리, 오리온자리(Orion), 외뿔소자리, 용자리(龍), 용골자리(龍骨), 작은개자리, 작은곰자리, 전갈자리, 조각실자리(彫刻室), 조랑말자리, 처녀자리(處女), 천칭자리(天秤), 큰개자리, 큰곰자리, 토끼자리, 현미경자리(顯微鏡), 화살자리, 황새치자리(黃), 황소자리(黃).

118) 보금자리: ①새가 깃들이는 둥우리. 둥지. ②지내기에 매우 포근하고 평

자리(服藥)[119], 부들자리, 빈자리, 삿자리, 생자리(生;손을 댄 일이 없는 자리), 설자리(응당 차지해야 할 자리), 셋자리(貰), 수염자리(鬚髥), 수자리(戍), 술자리, 아랫자리, 앉은자리, 알자리(알을 낳거나 품고 있는 자리), 앞자리, 옆자리, 왕골자리, 윗자리, 이부자리, 일자리, 잠자리[침소(寢所)], 제자리, 진자리, 짚자리, 태자리(胎), 터줏자리(主), 한자리(같은 자리), 한자리(한몫. 한 벼슬)/하다 들.

자리개 ☞ 자르다²(동여매다).

자리공 자리공과의 여러해살이풀.

자린-고비 다라울 정도로 인색한 사람. 자린고비(考妣).

자마구 벼 · 보리 따위 곡식의 꽃가루. ¶벼의 자마구가 날릴 때쯤이면 고향 뒷산에 산딸기가 익어가고 있을 것이다.

자못 생각보다 훨씬.≒상당히. 꽤. 퍽. 매우. 썩. 아주. ¶자못 기대가 크다. 저 선수는 자못 빨리 달린다. 자못 심각한 사태. 역사적 의의가 자못 크다고 하겠다.

자물-치다 사람이나 동물이 얼마 동안 정신을 잃고 죽은 것처럼 되다. 까무러치다.

자뭇-하다 마음이 어느 정도 흡족하다. ¶공포심이 가시고 자신감이 생기자 자뭇한 희열이 떠올랐다.

자바라 놋쇠로 둥글넓적하고 배가 불룩하게 만든, 두 짝으로 된 타악기.[←啫哱囉]. 〈준〉바라. ¶자바라수(手)/바라수, 바라춤; 천수바라(千手) 들.

자박¹ ①사금광에서 캔 생금의 덩어리. ②'반대기'를 뜻하는 말. ¶엿자박(둥글넓적하게 반대기처럼 만든 엿).

자박² 발을 가만가만 가볍게 내디디는 소리. 얕은 물이나 진창을 치거나 밟을 때 나는 소리. 〈큰〉저벅.=저걱. 〈센〉짜박. 〈거〉차박. 〈큰 · 거〉처벅. ¶발자국 소리가 자박 나다. 자박 · 저벅거리다(발을 크게 띄어 걷다)/대다/이다, 자박자박/하다, 지벅[120].

자박자박 건더기나 절이는 물건 따위가 겨우 잠길 정도로 물이 차 있는 모양. ¶빨래를 자박자박 물에 재우다. 자박자박하다.

자반 ①생선을 소금에 절인 반찬감. §'佐飯(좌반)'은 한자음을 빌린 말. ¶자반갈치, 자반고등어, 자반민어(民魚), 자반방어(魴魚), 자반밴댕이, 자반병어, 자반비웃(청어), 자반삼치, 자반전어(鱣魚), 자반조기, 자반준치; 갈치자반, 고등어자반, 낙지자반, 똑도기자반[121], 말고기자반[122], 뱃자반(배에서 절인 자반). ②조금 짭짤하게 졸이거나 무쳐서 만든 반찬. ¶자반국(미역국); 가루자반[123], 길경자반, 더덕자반, 도랏자반, 매듭자반(다시마를 기름에 지진 반찬), 미역자반, 연엽자반(蓮葉), 참죽자반, 청각자반(靑角), 콩자반(콩을 간장에 조린 반찬). ③'뒤집다'를 뜻하는 말. ¶자반굿, 자반뒤지기, 자반뒤집기(고통을 못 이겨 몸을 마구 엎치락뒤치락하는 짓).

자발-없다 참을성 없이 가볍고 방정맞다.≒경솔하다(輕率). ¶자발없는 귀신은 무랍도 못 얻어먹는다(경솔하게 굴면 푸대접을 받는다). 자발스럽게 굴지 말고 가만히 좀 있어라. 자발떨다[124], 자발맞다(몹시 자발없이 보이다), 자발머리/없다, 자발스럽다, 자발질(경솔하고 방정맞게 행동하는 짓).

자배기¹ 둥글넓적하고 아가리가 넓게 벌어진 질그릇. ¶'너벅지'는 '자배기'의 비표준말이다. 독자배기, 밥자배기, 습자배기(襲), 양자배기(洋), 오지자배기, 옹자배기(작은 자배기), 장독자배기(醬; 장독을 덮는 질그릇 자배기) 들.

자배기² 종이나 헝겊 따위의 작은 조각.=자박. ¶종이 자배기.

자부룩-하다 하늘로 높이 올라가서 까마득하다. 꽤 짙게 자욱하다.

자부지 쟁기의 손잡이로 술 끝의 뾰족한 부분을 이르는 말.[←잡다¹]. ¶그는 한 손으로 자부지를 잡고 쟁기를 능숙하게 다루었다.

자분¹ 좀스럽게 짓궂은 말이나 행동 따위로 남을 귀찮게 하는 모양.=작신. 〈큰〉지분¹. ¶용돈을 달라고 자분자분 조르다. 동생을 지분지분 못 살게 굴다. 자분 · 지분거리다/대다¹(≒지분덕거리다. 집적거리다), 자분자분 · 지분지분/하다, 자부락[125], 자부랑[126], 자분닥[127], 지분²[128].

자분² ①음식에 섞인 잔모래 따위가 귀찮게 씹히는 모양. ¶모래가 자분자분 씹히다. 〈큰〉저분. 지분. ②부드러운 물건이 씹히는 모양. 〈큰〉저분. ¶밥에 섞인 깨가 자분자분 씹힌다. 자분 · 지분거리다/대다², 자분자분[129]/하다.

자분치 귀 앞에 난 잔 머리카락.=살쩍. ¶자분치가 희끗하게 변했다.

자비¹ 가마 따위의 탈것을 두루 이르는 말. ☞ 잡다.

자비² 특별한 사무를 맡기려고 임시로 하는 임명.[←차비(差備)]. ¶

화롭고 아늑한 곳의 비유.

119) 복약자리(服藥): 약국에서 약을 단골로 많이 지어가는 손님이나 집을 가리키는 말.

120) 지벅: 길이 험하거나 어두워 잘 보이지 않거나, 또는 다리에 힘이 없어서 휘청거리며 서투르게 걷는 모양. 〈센〉지뻑. 찌뻑. ¶밤길을 지벅지벅 걸어갔다. 지벅거리다/대다, 지벅지벅/하다.

121) 똑도기자반: 살코기를 얇게 저민 뒤에 진장, 기름, 꿀을 치고 후춧가루를 뿌려 볶은 뒤에 흰깨를 버무린 반찬.

122) 말고기자반: 술에 취하여 얼굴이 붉은 사람을 놀리는 말.

123) 가루자반: 메밀가루와 밀가루를 소금물로 반죽하여 잣가루, 후춧가루, 석이(石耳) 이긴 것들로 소를 넣고 기름에 지진 반찬.

124) 자발떨다: 행동이 가볍고 참을성이 없음을 겉으로 나타내다.

125) 자부락: 실없는 말이나 행동으로 가만히 있는 사람을 귀찮게 하는 모양. 〈큰〉지부럭. ¶엄마를 따라다니며 자부락자부락 조르는 막내딸. 자부락 · 짜부락 · 지부럭 · 찌부럭거리다/대다.

126) 자부랑: 좀스럽게 짓궂은 말이나 행동으로 귀찮게 구는 모양. ¶귀찮게 자부랑자부랑 군다. 자부랑거리다/대다, 자부랑자부랑/하다.

127) 자분닥: 좀스럽게 짓궂은 말이나 행동으로 성가시게 하는 모양. 〈큰〉지분덕. ¶용돈을 달라고 자분닥자분닥 조르다. 자분닥 · 지분덕거리다/대다, 자분닥자분닥/하다.

128) 지분²: 눈이나 비 따위가 오락가락하면서 날씨가 자꾸 궂은 모양. ¶지분거리다/대다³.

129) 자분자분: 성질이 매우 부드럽고 찬찬한 모양. 〈큰〉저분저분. 〈거〉차분차분. ¶우리 집 바깥양반은 집에 들어와서도 아이들과 자분자분 이야기하는 법이 없어요.

자비관(官).

자빡¹ 결정적인 거절. 일축(一蹴:단번에 물리침). 납백(納白). 퇴박(退). ¶그 사람이 친구의 간절한 부탁에 자빡을 쳤다. 자빡대다/치다(딱 잡아떼어 거절하다). 자빡맞다(딱 잘라 거절을 당하다).

자빡² 공판장 같은 데서 가마니나 마대 따위에 담은 알곡을 검사한 뒤 등급을 표시하기 위하여 찍는 기구. ¶자빡을 치다.

자뿌룩-하다 어떤 대상이 조금 어긋나다.

자뿍 자지러질 정도로 함빡. ¶그는 자뿍 취한 터라 눈앞의 어른도 못 알아보고 대뜸 반말을 해대는 것이 아닌가.

자시(다) ①'먹다'의 높임말. ¶약주를 자시다. 자네 먼저 자시게. 잡숫다, 잡수시다; 권커니잣커니(勸:←권하거니 자시거니). ②주로 '-고 자시고'의 꼴로 쓰여, 앞에 나온 말을 부정하는 뜻으로 이르는 말. ¶누군들 그 경황에 누굴 알아보고 자시고 할 사이가 있었겠나.

자옥-하다 연기나 안개가 잔뜩 끼어 흐릿하다. 〈큰〉자욱하다. ¶방 안에 담배 연기가 자옥하다. 자오록·자우룩하다(매우 자욱한 느낌이 있다), 자오록이·자우룩이, 자옥이·자욱이.

-자옵/잡- 'ㄷ, ㅈ, ㅊ'으로 끝난 동사 어간이나 자음으로 시작되는 어말 어미 사이에 쓰여, 공손의 뜻을 나타내는 선어말 어미. 〈준〉-잡-. ¶듣자옵건대/듣잡건대, 받자옵고/받잡고, 잊자옵나니/잊잡나니, -자오-[130]. ☞ -사옵-.

자위¹ 눈알이나 새 따위의 알의 빛깔에 따라 나뉘는 부분. 핵(核). ¶알의 노른자위. 눈의 검은자위. 검은자위/검은자, 노른자위/노른자, 눈자위, 흰자위/흰자 들.

자위² ①무거운 물건이 움직이기 전까지 놓였던 자리. 뱃속의 아기가 놀기 전까지 차지하고 있는 자리. 밤톨이 완전히 익기 전까지 밤송이에 붙어 있는 자리. 운동 경기에서 선수가 지켜야 할 자리. ¶자위가 돌다(먹은 것이 삭기 시작하다). 자위를 뜨다(틈이 생기다. 뱃속의 아이가 놀기 시작하다), 자위돌다[131], 자위질/하다. ②주로 과일이 익기 시작하면서 드러내는 빛깔. ¶자위가 일다.

-자이 ①'-장이'처럼 '그런 일을 하는 사람'을 뜻하는 접미사.[←장(匠)+이]. ¶노래자이, 노자이, 되자이, 무자이[수척(水尺)], 무자이(舞), 수자이[화척(禾尺)], 점자이(占), 춤자이[무척(舞尺)], 칼자이[도척(刀尺)], 활자이(활을 잘 쏘는 사람). ②사람 이름에 쓰인 말. [←장(莊·藏)/자이/재(才)]. ¶귀자이, 꺽자이, 엄장/자이 들.

자작¹ ①힘없이 찬찬히 걷는 모양. 〈큰〉저적. ¶발자국 소리가 자작자작 나다. 자작·저적거리다/대다. ②어린아이가 처음 걷기 시작할 때처럼 발을 짧게 내디디며 위태롭게 걷는 모양. ¶자작자작 걸음마를 떼는 아이. ③손이나 발로 가볍게 두드리는 소리. 또는 그 모양. ¶손뼉을 자작자작 치다.

130) -자오-: '-자옵-'의 'ㅂ'이 모음으로 시작되는 어말 어미 앞에서 줄어진 선어말 어미. ¶받자와. 듣자오면. 묻자오며. 잊자오니.

131) 자위돌다: 놓여 있던 자리에서 떠나 한 바퀴 빙 돌아오다.

자작² 액체가 점점 잦아들어 적은 모양. 〈큰〉지적. ¶국물을 냄비에 자작하게 조리다. 자작자작·지적지적/하다. ☞ 잦다¹.

자잔빡 작은 것들이 많이 있는 모양.=자잠뿍.

자장-귀 옷감을 치수에 맞게 베거나 자르고 남는 자질구레한 헝겊. ¶자장귀로 인형 옷을 만들었다. 자장궤(櫃:자장귀를 모아 두는 손그릇).

자장/짜장-면(麵) 고기와 채소를 넣어 볶은 된장에 비빈 국수.[←炸醬麵].

자적 자귀질이나 또는 그 일을 하는 기술.

자지 남자의 길게 내민 외부 생식기.≒좆. 남근(男根).↔보지. ¶고추자지, 꼬부랑자지, 말자지, 부자지(불알과 자지), 어지자지[132], 어지자지하다[133], 자라자지, 조리자지(笊籬:오줌을 자주 누는 자지); 잠지(어린아이의 '자지'를 귀엽게 이르는 말).

자지러-지다¹ 몹시 놀라 몸이 주춤하며 움츠러지다. 생물이 잘 자라지 못하고 오그라지다. 장단이나 웃음소리가 듣기에 자릿하도록 빠르고 잦아지다. 〈큰〉지지러지다. ¶아기가 자지러지게 놀라다. 자지러진 웃음소리. 자지러·지지러뜨리다/트리다/지다, 잔지러·진지러지다/뜨리다/트리다, 잔지르다[134].

자지러-지다² 그림·조각·음악·수(繡) 따위가 정교하고 아름답다. ¶자수의 무늬가 자지러지다.

자지리 ①아주 몹시. 지긋지긋하게. ¶어미 속을 자지리 태우는 자식들. 자지리 못난 자식. 자지리 고생만 하다. ②속이 바싹바싹 타오르도록 몹시 안타깝게. ¶등록금 걱정에 자지리 속을 태우는 어머니. ③지긋지긋하도록 못 견디게. ¶자지리 쏟아지던 진눈깨비가 걷다. 〈큰〉지지리[135]. §주로 부정적인 뜻을 나타내는 말과 함께 쓰임.

자질자질² 물이 마르거나 잦아드는 모양. ¶된장찌개가 자질자질 끓다. 논바닥의 물이 자질자질 말라들다.

자질자질² 때가 끼어 더러운 모양. ¶옷에 기름때를 자질자질 묻혀 가지고 돌아왔다. 재질재질[136].

자취 어떤 원인으로 하여 남아 있는 흔적(그림자). 사람·동물 따위의 간 곳. 행방(行方). ¶자취를 감추다. 자취소리(걷거나 밟는 발자국 소리); 발자취(발로 밟고 지나갈 때 남는 흔적이나 지나온 역경).

자칫¹ ①어쩌다가 조금이라도 어긋나면/실수하면.≒까딱. 아차. 하마터면. ¶자칫 잘못하면 큰일 난다. 자칫하다(어쩌다가 조금 어

132) 어지자지: ①남자와 여자의 생식기를 한 몸에 겸하여 가진 사람이나 짐승.[←보지+자지]. ②두 발로 번갈아 차는 제기 놀이.

133) 어지자지하다: 이러쿵저러쿵하여 시비를 캐거나 승강이하다.

134) 잔지르다: 몹시 자지러지게 하다. ¶목소리를 잔지르다.

135) 지지리: 매우 심하게.≒몹시. 무척. 아주. ¶지지리 공부를 못하다. 지지리 고생하다. 지지리 복도 없는 사람. 지지리 못생기다.

136) 재질재질: 기름이나 때 따위가 많이 묻어서 지저분한 모양. ¶때가 재질재질 흐르는 찢어진 옷.

긋나 잘못되다), 자칫하면. ②비교적 조금. ≒얼핏. ¶자칫 그럴싸하다. 자칫 큰 듯하다.

자칫[2] 젖먹이가 걸음발타듯이 서툰 걸음으로 주춤거리며 걷는 모양. 〈큰〉지칫. 저칫[137]. ¶아이가 자칫자칫 걷더니 힘이 드는지 엄마에게 매달렸다. 자칫 · 지칫거리다[138]/대다. 자축거리다[139]/대다(=자춤), 자축자축/하다, 자춤 · 저춤거리다/대다, 자춤발이(걸음을 자춤거리며 걷는 사람), 자춤자춤/하다.

자투리 자풀이로 팔거나 쓰다가 남은 피륙의 조각. '작거나 적은 조각'을 뜻하는 말.[〈자토리←자ㅎ+도리]. ¶자투리땅, 자투리무명, 자투리시간(時間); 천자투리(천의 조각).

작[1] ①줄이나 획을 한 번 긋는 소리. 또는 그 모양. ¶한 획을 작 긋다. ②종이나 천 따위를 한 번 찢는 소리. 또는 그 모양. 〈큰〉직. 〈큰 · 센〉찍. 〈센〉짝[140].

작[2] ①적은 액체가 가는 줄기로 세게 뻗치는 소리. 또는 그 모양. ②작은 물체가 세게 문질리면서 미끄러지는 소리. 〈큰〉직. 〈큰 · 센〉찍. 〈센〉짝.

작[3] 화살. ¶긴작, 짧은작, 평작(길지도 짧지도 아니한 보통의 화살).

작(作) '짓다. 만들다 · 만듦. 작품 · 제작. 일으키다. 작황(作況)'을 뜻하는 말. ¶이것은 누구의 작입니까? 작가(作家)[141], 작가(作歌), 작간(作奸), 작객(作客), 작경(作梗;못된 행실을 함), 작고(作故;죽음), 작곡(作曲)[작곡가(家), 작곡법(法)], 작과(作窠;現任者를 사임시킴), 작관(作貫), 작광(作壙), 작국(作局), 작근(作斤), 작농(作農), 작단(作壇), 작답(作畓), 작당(作黨;떼를 지음. 동아리를 이룸), 작대(作隊), 작도(作圖)[작도법(法), 작도제(題)], 작동(作動), 작두(作頭), 작란(作亂), 작량(作兩), 작려(作侶), 작례(作例), 작로(作路), 작료(作僚), 작린(作隣), 작말(作末), 작명/가(作名/家), 작문(作文)[작문법(法), 작문정치(政治)], 작문잡다(作門;가운데 문을 열어 귀빈을 맞이하다), 작물(作物)[142], 작미(作米), 작반(作伴;길을 가는 데 동무를 삼음), 작배(作配), 작배(作輩), 작법(作法), 작법자폐(作法自斃), 작변(作變), 작별(作別), 작봉(作封), 작부(作付;작물을 심음), 작사(作事), 작사(作査), 작사/자(作詞/者), 작색(作色), 작석(作石), 작선(作善), 작성(作成;만듦)[작성법(法), 작성자(者); 문서작성(文書)], 작시(作詩), 작심/삼일(作心/三日), 작업(作業)[143], 작요(作擾), 작용(作用)[144], 작위(作爲)[145], 작의(作意), 작인(作人), 작자(作者), 작장(作場), 작재(作宰), 작전(作錢), 작전(作戰), 작정(作定;마음속으로 단단히 결정함), 작조기(作條器), 작죄(作罪), 작증(作證), 작지불이(作之不已;있는 힘을 다함), 작지서지(作之書之), 작척(作隻), 작첩(作妾), 작축(作軸), 작쾌(作快), 작태(作態;하는 짓거리), 작파(作破;하던 일이나 계획을 그만두어 버림), 작패(作牌), 작편(作片), 작폐(作弊), 작품(作品)[146], 작풍(作風), 작하다(언행 따위를 부자연스럽게 하다), 작혐(作嫌), 작화(作畵), 작환(作丸), 작황/지수(作況/指數), 작흥(作興), 작희(作戱); 가작(家作;自作), 가작(佳作), 가작(假作), 간작(間作), 감작(減作), 감작(感作), 갑작(匣作), 강작(强作), 개작(改作), 거작(巨作), 걸작(傑作), 결작(結作), 경작(耕作), 고심작(苦心作), 곤작(困作), 공작(工作), 공동작(共同作), 과작(寡作), 광작(廣作), 교호작(交互作), 극작/가(劇作/家), 근작(近作), 낙선작(落選作), 남작(濫作), 노작(勞作), 농작(農作), 다작(多作), 다모작(多毛作), 다부작(多部作), 단작(單作), 달작(達作), 답리작(畓裏作), 당년작(當年作), 당선작(當選作), 대작(大作), 대작/자(代作/者), 대용작(代用作), 대표작(代表作), 데뷔작(début作), 도작(盜作), 도작(稻作), 동작(動作), 맥작(麥作), 면작(棉作), 명작(名作), 모기작(冒器作;匣

---

137) 저칫: 힘없는 다리로 자꾸 불안하게 걷는 모양. ¶노인은 이쪽은 거들떠보지도 않고 반대편으로 저칫저칫 걸어갔다.

138) 자칫거리다: ①마땅히 떠나야 할 자리를 선뜻 못 떠나고 머뭇거리다. ②발걸음을 작게 떼면서 느릿느릿 걷다.

139) 자축거리다/대다: 다리에 힘이 없어 잘름거리며 걷다.=자춤거리다. 〈큰〉저축거리다.

140) 짝: ①'작'의 센말. ②혀를 차면서 입맛을 한 번 다시는 소리. 또는 그 모양. ③대번에 세게 쪼개지거나 벌어지는 소리. 또는 그 모양. ④입이나 팔, 다리 따위를 활짝 크게 벌리는 모양. ⑤몸체가 옆으로 되게 바라진 모양. ⑥손을 드는 모양. 〈큰〉쩍.

141) 작가(作家): 작가론(論); 기성작가(旣成), 당선작가(當選), 대중작가(大衆), 동반작가(同伴), 동화작가(童話), 무명작가(無名), 사진작가(寫眞), 아동작가(兒童), 여류작가(女流), 원로작가(元老), 인기작가(人氣), 저명작가(著名), 전기작가(傳記), 종군작가(從軍), 중견작가(中堅), 추천작가(推薦).

142) 작물(作物): 작물학(學), 작물한계(限界); 공예작물(工藝;차 · 담배 따위), 구황작물(救荒), 내한성작물(耐寒性), 녹비작물(綠肥), 농작물(農), 다수확작물(多收穫), 대용작물(代用), 모이작물, 보통작물(普通), 비료작물(肥料), 사료작물(飼料), 상품작물(商品), 섬유작물(纖維), 수액료작물(樹液料), 식용작물(食用), 여름작물, 열대작물(熱帶), 원예작물(園藝), 유지작물(油脂), 특용작물(特用), 풋거름작물, 환금작물(換金).

143) 작업(作業): 일정한 계획과 목표를 세워 일을 함. 또는 그 일. ¶작업가설(假說), 작업검사(檢査), 작업곡선(曲線), 작업기(機), 작업능률(能率), 작업대(臺), 작업대사량(代謝量), 작업등(燈), 작업량(量), 작업모(帽), 작업반(班), 작업복(服), 작업장(場), 작업환경(環境); 노해작업(擄海), 미화작업(美化), 밤샘작업, 수작업(手), 야간작업(夜間;밤일), 일관작업(一貫), 철야작업(徹夜;밤샘), 활선작업(活線).

144) 작용(作用): 어떤 현상을 일으키거나 영향을 미침. 어떤 원인이 상대의 물질이나 장(場)에 무슨 영향을 주는 일. ¶작용권(圈), 작용량(量), 작용력(力), 작용면(面), 작용점(點), 작용하다; 결정분화작용(結晶分化), 교대작용(交代), 교호작용(交互), 권력작용(權力), 기성작용(氣成), 길항작용(拮抗), 동화작용(同化), 물리작용(作用), 반사작용(反射), 반작용(反), 발산작용(發散), 배담작용(排膽), 배설작용(排泄), 변성작용(變成)[접촉변성작용(接觸), 광역변성작용(廣域)], 보상작용(補償), 복수작용(復水), 부작용(副), 분비작용(分泌), 삭박작용(削剝), 산화작용(酸化), 삼투작용(滲透), 상가작용(相加), 상승작용(相乘), 상협작용(相協), 상호작용(相互), 생리작용(生理), 소화작용(消化), 수격작용(水擊), 수축작용(收縮), 수화작용(水和), 식균작용(食菌), 약리작용(藥理), 완충작용(緩衝), 용식작용(溶蝕), 운반작용(運搬), 이화작용(異化), 자정작용(自淨作用), 정류작용(整流), 증산작용(蒸散;김내기), 증폭작용(增幅), 진균작용(進均), 질소동화작용(窒素同化), 촉매작용(觸媒), 축적작용(蓄積), 침식작용(侵蝕), 탄소동화작용(炭素同化), 탄화작용(作用), 통발작용(通發), 퇴적작용(堆積), 표백작용(漂白), 풍식작용(風蝕), 풍화작용(風化), 해당작용(解糖), 해독작용(解毒), 행정작용(行政;행정권에 의한 모든 작용), 화학작용(化學), 흡수작용(吸收).

145) 작위(作爲): 의식적으로 한 적극적인 행위나 동작 또는 거동. 사실은 그렇지 않은데도 그렇게 보이려고 갖가지 수단을 취함. ¶진실과 작위. 작위령(令;특정의 행위를 명하는 행정상의 명령), 작위범(犯), 작위사고(思考), 작위의무(義務), 작위채무(債務), 작위적(的), 작위체험(體驗); 무작위(無)[무작위추출(抽出), 무작위표본(標本)], 부작위(不)[부작위범(犯), 부작위채무(債務), 부작위추출법(抽出法)].

146) 작품(作品): 작품란(欄), 작품론(論), 작품집(集); 문학작품(文學), 미술작품(美術).

作), 모작(模作), 모방작(模倣作), 문제작(問題作), 미작(米作), 반작(半作), 발작(發作), 발표작(發表作), 번작(反作), 범작(凡作), 변작(變作), 병작(竝作), 복작(復作), 불후작(不朽作), 삼모작(三毛作), 삼부작(三部作), 상작(上作), 상영작(上映作), 성공작(成功作), 성과작(成果作), 세작(細作), 소작(小作)[147], 소작(所作), 수작(手作), 수작(秀作), 수도작(水稻作), 수상작(受賞作), 수준작(水準作), 술작(述作), 습작(習作), 시작(始作), 시작(詩作), 시작(試作), 신작(新作), 실패작(失敗作), 악작(樂作), 안작(贋作), 야심작(野心作), 역작(力作), 연작(連作), 영작(英作), 영작(營作), 완성작(完成作), 우작(愚作), 우수작(優秀作), 원작(原作), 위작(僞作), 유작(遺作), 윤작(輪作), 응모작(應募作), 의작(擬作), 이작(移作;작인을 바꿈), 이작(裏作;뒷갈이), 이모작(二毛作), 이부작(二部作), 인작(人作), 일모작(一毛作), 입상작(入賞作), 입선작(入選作), 자작/곡(自作/曲), 저작(著作), 전작(田作), 전작(全作), 전작(前作), 전대작(轉貸作), 제작(製作), 조작/극(造作/劇), 조작(操作), 졸작(拙作), 좌작(坐作;앉음과 일어남), 주작(主作), 주작(做作), 주년작(週年作), 주위작(周圍作), 진작(振作), 차작(借作), 창작(創作), 처녀작(處女作), 천작(天作), 최신작(最新作), 추천작(推薦作), 출세작(出世作), 출품작(出品作), 쾌작(快作), 쾌심작(快心作), 타작(打作), 태작(駄作), 특작(特作), 편작(編作), 평작(平作;고랑을 치지 아니하고 작물을 심어 가꾸는 방법), 평년작/평작(平年作), 풍작(豊作), 풍년작/풍작(豊年作), 합작/품(合作/品), 혼작(混作), 화승작(火繩作), 화제작(話題作), 회심작(會心作), 후작(後作), 후보작(候補作), 흉작(凶作), 흉년작(凶年作), 흥행작(興行作), 희작(戲作), 히트작(hit作) 들.

작(酌) '술을 잔에 따르다. 참고하여 알맞게 헤아리다(참작하다)'를 뜻하는 말. ¶작교(酌交), 작량(酌量), 작례(酌例), 작부(酌婦), 작수성례(酌水成禮), 작음(酌飮), 작정하다(酌定), 작주(酌酒), 작처(酌處), 작헌례(酌獻禮); 대작(對酌), 독작(獨酌), 만작(晩酌), 만작(滿酌), 무작정(無酌定), 소작(小酌), 수작(酬酌), 자작/자음(自酌/自飮), 전작(前酌), 천작(淺酌), 첨작(添酌), 청작(淸酌), 참작(參酌), 헌작(獻爵/酌) 들.

작(雀) '참새'를 뜻하는 말. ¶작구(雀口), 작두향(雀頭香), 작라(雀羅), 작란(雀卵), 작란반(雀卵斑;주근깨), 작맥(雀麥;귀리), 작목(雀目), 작반(雀斑;주근깨), 작설(雀舌), 작설차(雀舌茶), 작약(雀躍;팔딱팔딱 뛰며 좋아함)[경희작약(驚喜), 환호작약(歡呼)], 작육(雀肉), 작표(雀瓢;새박); 공작(孔雀)[148], 군작(群雀), 대안작(大眼雀), 연작(燕雀), 운작(雲雀;종다리), 주작(朱雀), 황작(黃雀) 들.

작(爵) 벼슬의 위계. '벼슬. 술잔 · 잔'을 뜻하는 말. ¶작을 수여하다. 작록(爵祿), 작봉(爵封), 작위(爵位), 작토(爵土), 작품(爵品), 작호(爵號); 고관대작(高官大爵), 공작(公爵), 관작(官爵), 남작(男爵), 대작(大爵), 백작(伯爵), 봉작(封爵), 서작(敍爵), 성작(聖爵), 수작(授爵), 습작(襲爵), 오등작(五等爵), 위작(位爵), 인작(人爵), 자작(子爵), 진작(進爵), 천작(天爵), 헌작(獻爵), 후작(侯爵), 훈작(勳爵) 들.

작(斫) '베다 · 자르다 · 찍다. 잘라서 쪼갠 땔나무(장작)'를 뜻하는 말. ¶작두/질[←작도(斫刀)], 작벌(斫伐), 작파(斫破); 난작(亂斫;잘게 쪼갬. 쇠연장으로 함부로 찍음), 대송작(大松斫), 대작(大斫), 도작(盜斫), 범작(犯斫), 소작(小斫), 신작(新斫), 장작(長斫)[149], 중작(中斫) 들.

작(昨) '어제. 지난날'을 뜻하는 말. ¶작 15일. 작금(昨今), 작년(昨年), 작동(昨冬), 작만(昨晩), 작몽(昨夢), 작보(昨報), 작석(昨夕), 작소(昨宵), 작야(昨夜), 작월(昨月), 작일(昨日), 작조(昨朝), 작주(昨週), 작지(昨紙), 작추(昨秋), 작춘(作春), 작하(昨夏), 작효(昨曉); 재작년(再昨年) 들.

작(綽) '넉넉하다. 가냘프고 맵시가 있다'를 뜻하는 말. ¶작설(綽楔), 작설지전(綽楔之典), 작약하다(綽約), 작연하다(綽然;침착하고 여유가 있다), 작작유여하다(綽綽有餘), 작작하다(綽綽;빠듯하지 않고 넉넉하다), 작태(綽態;많은 모양. 얌전한 태도), 작호(綽號;남들이 별명으로 지어서 불러 주는 이름), 여유작작(餘裕綽綽) 들.

작(灼) '불사르다. 굽다. 밝다'를 뜻하는 말. ¶작란하다(灼爛), 작연하다(灼然;눈부시게 찬란하다. 분명하다), 작열하다(灼熱;불에 새빨갛게 닮. 몹시 뜨겁게 타오름), 작작하다(灼灼); 번작(燔灼), 혁작(赫灼) 들.

작(炸) '터지다. 폭발하다'를 뜻하는 말. ¶작렬하다(炸裂;폭발물이 터져서 산산이 흩어짐), 작발(炸發), 작약(炸藥), 작탄(炸彈) 들.

작(繳) '주살의 줄. 가져온 서류나 물품을 되돌리다'를 뜻하는 말. ¶작납(繳納), 작래(繳來), 작망(繳網), 작소(繳銷;한 말이나 한 일의 흔적을 없애버림), 작송(繳送), 작환(繳還) 들.

작(勺) 양(量)의 단위(홉의 1/10). 지적(地積)의 단위(평의 1/100). 구기. ¶작두(勺斗), 작수/불입(勺水/不入), 작음(勺飮).

작(杓) '구기(술 따위를 푸는 기구)'를 뜻하는 말. ¶작자(杓子), 준작(樽杓) 들.

작(鵲) '까치'를 뜻하는 말. ¶작두(鵲豆;까치콩), 작보(鵲報), 작성(鵲聲), 작어(鵲語); 오작/교(烏鵲/橋) 들.

작(嚼) '입에 넣고 씹다'를 뜻하는 말. ¶작구(嚼口); 난작(爛嚼;음식을 잘 씹음), 저작(咀嚼)[저작기(器), 저작근(筋)] 들.

작(다) 부피 · 길이 · 넓이 따위가 얼마 안 되다. 키가 낮다. 인물 · 도량이 좁다. 대수롭지 아니하다.↔크다. ¶키가 작다. 작은(어린) 아이들이 귀엽게 굴다. 자그마치, 자그마하다/자그맣다, 자그매지다, 작다랗다, 작다리[150], 작달막하다(키가 몸에 비해 작다),

147) 소작(小作↔自作): 소작관행(慣行), 소작권(權), 소작농(農), 소작료(料), 소작문제(問題), 소작인(人), 소작쟁의(爭議), 소작제도(制度), 소작지(地); 간접소작(間接).

148) 공작(孔雀): 꿩과의 새. '화려한'을 뜻하는 말. ¶공작나비, 공작무늬, 공작부인(夫人), 공작비둘기, 공작새, 공작선(扇), 공작우(羽), 공작자리, 공작흉배(胸背).

149) 장작(長斫): 통나무를 길쭉길쭉하게 쪼갠 땔나무. ¶도끼로 장작을 패다. 장작가리, 장작개비, 장작단, 장작더미, 장작모시(굵고 성기게 짠 모시), 장작모태, 장작바리, 장작불, 장작윷; 날장작(바싹 마르지 않은 장작), 뱃장작, 봄장작, 생장작(生), 통장작.

150) 작다리: 키가 작달막한 사람을 농으로 이르는 말.↔키다리.

작디작다, 작아지다, 작은[151], 작이[152], 작히나[153]. ☞ 소(小).

작대기 긴 막대기. 답안지 따위의 잘못된 곳에 내려 긋는 줄.=작대. ¶지게 작대기. 작대기를 치다. 작대기글, 작대기모, 작대기바늘(길고 굵은 바늘), 작달비(굵고 거세게 내리는 장대비), 작대기찜질(≒몽둥이찜질), 작대기타령; 물미작대기, 지겟작대기.

작두 풀 · 짚 · 약재 따위를 써는 연장.[〈쟉도(斫刀)]. ¶작두간(間), 작두날, 작두바탕, 작두질/하다, 작두춤, 작두칼, 작두판(板); 손작두, 약작두(藥).

작박구리 위로 뻗은 뿔.

작벼리 물가의 모래벌판에 돌이 섞여 있는 곳.[←작별(조약돌)+이].

작살 ①짐승이나 물고기를 찔러 잡는 기구. 작대기 끝에 삼지창 비슷한 쇠를 박았음. ¶작살비(줄기차게 쏟아지는 비), 작살줄, 작살질/하다, 작살포(砲); 고래작살, 전기작살(電氣), 첨두작살(尖頭), 평두작살(平頭). ②완전히 깨어지거나 부서짐. 아주 결딴이 남. ¶작살나다(형편없이 부서져, 산산조각으로 박살나다)/내다. ③모래나 흙바닥에 죽 깔린 조약돌. ④'작사리[154]'의 준말.

작시 풍화된 돌층에서 깨져 나오는 작은 돌 부스러기.

작신 짓궂은 말이나 행동으로 귀찮게 구는 모양. 힘을 주어 자그시 누르는 모양.=자분'. 〈큰〉직신. ¶아이가 동생에게 직신거리지 못하게 하였다. 꺽정이가 발로 직신거리며 "어서 일어서라!"하고 꾸짖었다. 작신 · 직신거리다/대다(조르다), 작신작신 · 직신직신하다, 지신지신[155].

작작 너무 지나치지 아니하게 적당히.≒어지간히. ¶거짓말 좀 작작 해라. 속 좀 작작 썩여라.

작-차다 가득히 차다. 기일 · 한도 따위가 꽉 차다. ¶술잔에 술을 작차게 따르다. 세금 납기일이 작차다.

잔(殘) '남다 · 나머지. 해치다 · 죽이다. 모질다'를 뜻하는 말. ¶잔결(殘缺), 잔경(殘更), 잔고(殘高), 잔공(殘孔), 잔광(殘光), 잔구(殘丘), 잔국(殘菊), 잔금(殘金), 잔기(殘期), 잔년(殘年), 잔당(殘黨), 잔도(殘徒), 잔도(殘盜), 잔독(殘毒), 잔등(殘燈), 잔략(殘掠), 잔량(殘量;나머지), 잔력(殘曆), 잔루(殘淚), 잔루(殘壘), 잔류(殘留;남아서 처져 있음)[잔류감각(感覺), 잔류방사선(放射線), 잔류부대(部隊), 잔류시간(時間), 잔류자기(磁氣)], 잔류(殘溜), 잔류(殘類), 잔망(殘亡), 잔맹(殘氓), 잔멸(殘滅), 잔명(殘命), 잔무(殘務), 잔민(殘民), 잔반(殘班), 잔반(殘飯), 잔배(殘杯)[잔배냉적(冷炙), 잔배냉효(冷肴)], 잔병(殘兵), 잔본(殘本;팔다 남은 책), 잔비(殘匪), 잔비(殘碑;풍우에 견디고 오래 전하여 남아 있는 비석), 잔사(殘寺;낡아 허물어져 가는 절), 잔산(殘山)[잔산단록(短麓)], 잔살(殘殺), 잔상(殘像), 잔생(殘生), 잔서(殘暑), 잔선(殘蟬), 잔설(殘雪), 잔성(殘星), 잔악(殘惡)[잔악성(性), 잔악하다], 잔암(殘庵), 잔액(殘額), 잔앵(殘鶯), 잔야(殘夜;새벽녘), 잔양(殘陽), 잔업(殘業)[잔업수당(手當)], 잔여(殘餘), 잔역(殘驛), 잔연(殘煙), 잔열(殘熱), 잔염(殘炎), 잔월(殘月)[잔월효성(曉星)], 잔읍(殘邑), 잔인(殘忍)[잔인무도(無道), 잔인박행(薄行), 잔인성(性), 잔인스럽다/하다], 잔인해물(殘人害物), 잔일(殘日), 잔재(殘在), 잔재(殘滓;남은 찌꺼기), 잔적(殘賊), 잔적(殘敵), 잔적토(殘積土), 잔전(殘錢;잔금), 잔정(殘政;잔학한 정치), 잔조(殘租), 잔조(殘照), 잔족(殘族), 잔존(殘存;남아 있음)[잔존감각(感覺), 잔존생물(生物), 잔존자(者)], 잔지(殘地), 잔채(殘菜), 잔천(殘喘;거의 다 죽게 된 목숨), 잔촉(殘燭), 잔추(殘秋), 잔춘(殘春), 잔패(殘敗;쇠잔하여 패함), 잔폐(殘廢), 잔포(殘暴), 잔품(殘品;남은 물건), 잔풍하다(殘風;바람이 잔잔하다), 잔학(殘虐;잔인하고 포악함), 잔한(殘恨), 잔한(殘寒;늦추위), 잔해(殘害), 잔해(殘骸;남은 뼈), 잔향(殘香), 잔향(殘鄕;황폐한 시골), 잔향(殘響), 잔호(殘戶), 잔혹(殘酷)[잔혹극(劇), 잔혹성(性)], 잔화(殘火), 잔화(殘花), 잔회(殘懷), 잔효(殘肴), 잔훼(殘毁;헐어 무너뜨림), 잔흔(殘痕); 골육상잔(骨肉相殘), 소잔(消/銷殘), 쇠잔(衰殘), 패잔(敗殘), 폐잔/물(廢殘/物) 들.

잔(盞) 술 · 차 · 물을 담는 작은 그릇. 또는 그것에 담긴 것을 세는 말. ¶잔을 돌리다. 술 석 잔. 잔굽(잔의 굽도리), 잔대(盞臺), 잔드리다(잔올리다), 잔받침, 잔술, 잔술집, 잔질(잔에 술을 따르는 짓); 교배잔(交拜盞), 굽잔(굽달리접시), 금잔(金盞), 금잔옥대(金盞玉臺), 끝잔, 나무잔, 낱잔, 단잔(單盞), 대폿잔, 돌림잔(차례로 돌려가며 마시는 술잔), 등잔(燈盞), 막잔, 막걸리잔, 맥주잔(麥酒), 물잔, 뿔잔, 소주잔(燒酒盞), 술잔, 쓴잔(盞), 유리잔(盞), 은잔(銀盞), 재주잔(祭酒盞), 조롱박잔, 찻잔(茶盞), 첨잔(添盞), 첫잔, 커피잔, 퇴주잔(退酒盞), 한잔(간단하게 한 차례 마시는 술)/내다/먹다(술을 한차례 마시다) 들.

잔(孱) '가냘프고 약하다'를 뜻하는 말. ¶잔골(孱骨), 잔망(孱妄)[잔망궂다, 잔망스럽다, 잔망이, 잔망하다(몸이 작고 약하며 하는 짓이 경망하다)], 잔미(孱微), 잔손(孱孫), 잔약하다(孱弱;가냘프고 약하다), 잔열하다(孱劣), 잔왕(孱王;줏대가 없는 약한 왕), 잔잔하다(孱孱;기질이 잔약하다), 잔졸하다(孱拙) 들.

잔(棧) '사다리'를 뜻하는 말. ¶잔각(棧閣), 잔교(棧橋;계곡에 걸쳐 놓은 구름다리)[부잔교(浮), 횡잔교(橫)], 잔도(棧道), 잔두지련(棧豆之戀;작은 이익을 단념하지 못함), 잔운(棧雲), 잔판(棧板); 목잔(木棧;나무로 놓은 사다리), 운잔(雲棧) 들.

151) 작은-: ①친족 관계를 나타내는 명사 앞에 붙어 '맏이가 아님. 두번째'의 뜻을 더하는 말.[←작(다)+은]↔큰. ¶작은계집, 작은고모, 작은누이, 작은댁(宅), 작은동서(同壻), 작은따님, 작은딸, 작은마누라, 작은매부, 작은며느리, 작은삼촌, 작은손녀(孫女), 작은시누(媤), 작은아기, 작은아가씨, 작은아들, 작은아버지, 작은아씨, 작은아이, 작은어머니, 작은언니, 작은엄마, 작은오빠, 작은올케, 작은이, 작은이모, 작은조카, 작은집, 작은할머니, 작은할아버지, 작은형(兄), 작은형수(兄嫂). ②'크지 않다'를 뜻하는 말. ¶작은골, 작은달, 작은되, 작은말, 작은따옴표(標), 작은마마(媽媽;小痘), 작은말, 작은방(房), 작은북, 작은사랑(舍廊), 작은사폭(斜幅), 작은설(설 하루 앞의 날), 작은악절(樂節), 작은창자, 작은추석(秋夕;추석 전날을 추석에 상대하여 이르는 말), 작은칼.

152) 작이: 아쉽게도 채 이르지 못하게. ¶화살이 거지반 작이 모자라서 오히려 산 밑에 올라온 관군들이 되려 상하기 쉬웠다.

153) 작히나: 반어적으로 쓰이어 '여북이나. 오죽이나'. ¶그렇게 된다면야 작히나 좋으랴. 〈준〉작히.

154) 작사리: 한 끝을 엇결어서 동여맨 작대기. 무엇을 받치거나 걸 때에 씀. ¶작사리를 대다. 쌍작사리(雙).

155) 지신지신: 거침없이 밟거나 비비는 모양. ¶풀섶을 지신지신 밟으며 걸어가다.

잔(潺) '물 흐르는 소리나 모양'을 뜻하는 말. ¶잔원(潺湲), 잔잔하다(潺潺)156) 들.

잔디 볏과에 속하는 여러해살이풀. ¶잔디밭, 잔디찰방(察訪;죽어서 땅에 묻힘); 갯잔디, 금잔디(金), 꽃잔디, 떼잔디(떼로 떠낸 잔디), 인조잔디(人造) 들.

잔뜩 ①한도에 이를 때까지 가득.=많이. 가뿍. ¶밥을 잔뜩 먹다. ②힘이 닿는 데까지 한껏. ¶나무를 한 짐 잔뜩 지다. 잔뜩 안아 옮기다. ③더할 수 없이 심하게. ¶성이 잔뜩 나다.

잔생이 ①지긋지긋하게 말을 듣지 아니하는 모양. ¶그 아이는 말을 잔생이 안 듣는다. ②애걸복걸하는 모양. ¶살려달라고 잔생이 빌었다. 잔생이 보배라(못난 체하는 것이 오히려 해를 덜 입게 되어 처세에 이롭다).

잔작-하다 나이보다 늦되고 재주가 남만 못하다.=용렬하다(庸劣). 자사하다(仔小). ¶하는 짓이 모두 잔작하다. 아들이 잔작한 줄 알지만 장가를 들일 때가 될 성싶다.

잔잔-하다 바람이나 물결 따위가 가라앉아 조용하다. 큰 변화가 없이 안정되다. 소리가 나지막하다. 병이 더하지 아니하고 그만하다.[←자다]. ¶바다가 잔잔하다. 잔잔한 말소리. 잔멀기157), 잔물지다158), 잔바람(잔잔하게 부는 바람), 잔웃음(잔잔한 웃음), 잔자누룩하다(시끄럽던 것이 진정되어 잔잔하다.≒고자누룩하다), 잔잔히, 잔조롬하다159), 잔즛이(조용히. 지그시), 잔파동(波動;잔잔하게 떨림) 들.

잔주 술에 취하여 늘어놓는 잔말. ¶많이 마시지도 않았는데 잔주가 심하다. 잔주를 늘어놓다. 잔주하다.

잔주르(다) 치밀거나 북받쳐 오르는 것을 스스로 누르거나 가라앉히다. ¶북받치는 화를 잔주르며 기다리다.

잔즈리(다) 흐트러진 것을 차곡차곡 가리고 가지런하게 거두다. ¶잔즈려 단을 묶다.

잔즐잔즐 ①입술 따위가 약하게 움직이는 모양. ¶흥분한 그의 입술이 잔즐잔즐 떨리다. ②입가에 웃음이 약간씩 떠오르는 모양.

잔질(다) 마음이 약하고 하는 짓이 잘고 째째하다.[←잘다]. ¶잔진 사람. 사람이 그렇게 잔지니 무슨 일을 시킬 수가 없다.

잔치 기쁜 일이 있을 때에 음식을 차려 놓고 여러 사람이 모여 즐기는 일. 실속 없이 흥청대는 일.≒연회(宴會). ¶잔치를 벌이다. 잔치국수, 잔칫날, 잔칫방(房), 잔칫상(床), 잔치설거지, 잔치옷, 잔치음식, 잔치잡이(잔치를 집행하는 사람. 주례), 잔칫집, 잔치판, 잔치하다; 경로잔치(敬老), 고별잔치(告別), 나라잔치, 노래잔치, 대잔치(大;큰잔치), 도문잔치(到門;과거에 급제한 사람이 베풀던 잔치), 돈잔치(흥청망청 쓰는 돈), 돌잔치, 동네잔치(洞), 떡잔치, 말잔치, 명절잔치(名節), 민요잔치(民謠), 밤잔치(밤에 하는 잔치), 밥잔치, 백일잔치(百日), 벼락잔치, 빚잔치160), 생일잔치(生日), 술잔치, 앉은잔치161), 앞잔치[전야제(前夜祭)], 여혼잔치(女婚), 옷잔치, 재롱잔치(才弄), 집안잔치, 큰잔치, 혼인잔치(婚姻), 환갑잔치(還甲). ☞ 연(宴).

잔판-머리 어떤 일의 끝판이 날 무렵.

잘¹ 검은담비의 털가죽. ¶잘로 만든 가죽옷. 잘덧저고리, 잘두루마기, 잘배자(褙子), 잘토시; 개잘량/잘량.

잘² '억(億)'을 뜻하는 말.

잘³ ①익숙하고 능란하게.↔못. ¶그림을 잘 그린다. 잘도, 잘은. ②옳고 바르게.≒바로. ¶마음을 잘 써야 복을 받는다. ③편하고 탈 없이.≒편히. 무사히. ¶잘 지내다. ④좋고 훌륭하게.≒훌륭히. ¶아드님을 잘 두셨습니다. ⑤충분히. 만족하게.≒넉넉히. ¶잘 먹었습니다. ⑥알맞게.≒절절히. ¶마침 잘 왔다. ⑦버릇으로 늘.≒걸핏하면 ¶그녀는 극장엘 잘 간다. ⑧쉽게. ¶허리가 아파서 잘 구부릴 수가 없다. ⑨다행히. 우수하게. ¶내가 영어를 잘 배웠다. ↔잘못. [+동사. -형용사]. ¶잘나가다162), 잘나다163), 잘난것(대수롭지 않은 것), 잘난이, 잘되다(바라던 대로 되다. 훌륭하게 되다), 잘먹다(식생활에 부족한 것이 없다), 잘못[잘못되다(과정이나 결과가 좋지 않게 되다. 비정상적인 상태가 되다), 잘못보냄, 잘못짚다(짐작이나 예상을 잘못하다), 잘못하다164); 잘잘못/자잘못, 잘잘못간에(間)], 잘빠지다(미끈하게 잘생겨 빼어나다), 잘살다, 잘생기다(훌륭하게 생기다. 얼굴이 훤하게 생기다, 잘나다), 잘입다, 잘지내다(잘살다. 아무 탈 없이 평안을 누리며 살다), 잘하다165), 잘해야166); 곧잘 들.

잘가닥 ①작고 단단한 물체가 조금 가볍게 맞부딪치는 소리나 모양. ②끈기 있는 물건이 세차게 달라붙는 소리나 모양. ③작은 자물쇠 따위가 잠기거나 열리는 소리나 모양. ④서로 닿으면 걸리어 붙는 단단한 물건끼리 조금 가볍게 맞부딪치는 소리나 모양. 〈큰〉절거덕/절걱. 〈센〉잘까닥. 짤가닥/짤각. 짤까닥. 〈거〉잘카

ㅈ

156) 잔잔하다(潺潺): 물 흐르는 소리나 비오는 소리가 약하고 가늘다. ¶잔잔하게 흐르는 시냇물.

157) 잔멀기: 잔잔하게 일어나는 물결. ¶잔멀기가 일다.

158) 잔물지다: 잔잔하게 물들다. ¶놀이 잔물지다.

159) 잔조롬하다: 하는 짓이 가늘고 잔잔하다. ¶잔조롬한 글씨. 잔조롬히(움직임이 잔잔하게).

160) 빚잔치: 빚쟁이들이 몰려와서 빚진 사람의 남은 물건을 빚돈 대신 가져가는 일. ¶빚잔치하다.

161) 앉은잔치: 신랑과 신부가 서로 오가며 잔치하지 않고 어느 한 편이 있는 그 곳에서 몰아서 하는 잔치.

162) 잘나가다: 사회적으로 계속 성공하다. ¶벤처 기업으로 잘나가고 있는 회사.

163) 잘나다: ①사람됨이 똑똑하고 뛰어난 데가 있다. ¶잘난 체하다. ②모습이 빼어나게 생기다. 잘생기다.↔못나다. ¶잘난 얼굴. 인물은 정말 잘났어. ③변변치 못하거나 대수롭지 아니하다.

164) 잘못하다: ①일을 그릇되게 하다. 틀리게 하다. ¶수술을 잘못하다. 계산을 잘못하다. ②실수하다. ¶잘못해서 웅덩이에 빠지다. 한 사람이 잘못하여 빚어진 엄청난 사고. ③사리에 어그러진 일을 하다. ¶잘못하면 뉘우칠 줄 알아야 한다. ↔잘하다.

165) 잘하다: ①익숙하게 하다. ¶공부를 잘한다. 농구를 잘한다. ②바르고 착하게 하다. ¶정말 잘했다. 시부모님께 잘한다. 네가 한 일이 잘한 짓이라고 생각하느냐? ③훌륭하게 하다. ④탈없이 평안하게 하다. ⑤버릇으로 자주하다. ¶웃고 울기를 잘하다. 잠꼬대를 잘하다. ⑥누구보다 낫게 하다. ¶무엇을 해도 잘한다.

166) 잘해야: 고작해야. 기껏해야. 크게/많이 잡아야. ¶잘해야 오천 원쯤이겠지. 잘해야 열이 될까 말까 하다. 잘해야 장려상이나 받겠지.

닥. 찰카닥/찰각. 철가닥/철각 · 철거덕/철걱, 철커덕/철컥. 〈큰 · 센〉절꺼덕/절꺽. 〈거 · 센〉짤카닥/짤칵. 찰가닥. 찰까닥. 〈준〉잘각. ¶잘각 · 잘가닥거리다/대다/하다, 잘가닥잘가닥/잘각잘각/하다, 잘가당[167].

잘그락 얇은 쇠붙이 따위가 조금 가볍게 떨어지거나 맞부딪치는 소리나 모양. 〈큰〉절그럭. 〈센〉짤그락. ¶식사를 마치자 수저를 잘그락 내려놓았다. 잘그락 · 절그럭 · 짤그락 · 쩔그럭거리다/대다/하다, 잘그락잘그락/하다, 잘그랑[168].

잘근 ①조금 단단히 졸라매거나 동이는 모양. ¶허리띠를 잘근 동여매다. 〈센〉잘끈[169]. 질끈. 〈큰〉질근. ②질깃한 물건을 가볍게 씹는 모양. ☞ 질기다.

잘금 ①적은 양의 액체가 또는 비가 조금 쏟아지다가 그치는 모양. ¶잔에 부은 술이 잘금 넘치다. ②물건을 조금씩 흘리거나 나누어 주는 모양. 〈큰〉졸금[170]. 질금/찔끔. 〈센〉짤끔. ¶잘금 · 짤금 · 짤끔 · 졸금 · 쫄금 · 쫄끔 · 질금 · 찔금 · 찔끔거리다/대다, 잘금잘금/하다.

잘(다) ①크기가 가늘거나 작다.(↔굵다). 자세하다. 생각이나 성질이 좀스럽다.(≒쩨쩨하다). ¶감자가 잘다. 잔 주석(註釋). 그는 사람이 잘아서 큰일을 하기는 글렀다. 잘게 굴다. 자디잘다, 자름자름/하다(여럿이 다 잘거나 잘록잘록하다), 자살궂다[171], 자살부레하다(모양이 초라하고 엉성하게 잘다), 자자분하다(잘고 지저분하다), 자잘하다/잘잘하다, 자질구레하다[172], 자차부레하다(자질구레하다), 자차분하다[173], 잘량하다(시시하고 보잘것없다.=알량하다), 잘록잘록/하다, 잘망하다[174]. ②관형사형인 '잔~잗-'의 꼴로, 몇몇 용언이나 일부 명사 앞에 붙어 '가늘고 작은. 자질구레한'의 뜻을 더하는 말. ¶잔가락, 잔가랑니, 잔가시, 잔가지, 잔감정(感情), 잔거품, 잔걱정(잔속), 잔걸음/치다, 잔결(가늘게 나타난 곧은 결), 잔경위(涇渭;사소한 일에도 옳고 그름을 분명히 따지는 일), 잔고기, 잔고사리, 잔골재(骨材), 잔구멍[175], 잔구슬, 잔귀(작은 소리를 알아듣지 못하는 귀. 가는귀), 잔그림, 잔근심, 잔글씨, 잔글자, 잔금, 잔기술(技術), 잔기침/하다, 잔꾀, 잔놀이, 잔누비(잘게 누빈 누비)/질[잔잔누비], 잔눈치, 잔다듬, 잔다리/밟다[176], 잔달음(바삐 뛰는 걸음)/질, 잔도끼질, 잔도드리, 잔도랑, 잔돈/푼, 잔돌/밭, 잔떨림, 잔말/쟁이, 잔망(작은 맷돌), 잔맥(脈), 잔머리(잔꾀), 잔메(나지막한 산), 잔메질, 잔모래, 잔모래미(좁쌀), 잔못(작은 못), 잔무늬, 잔물결, 잔물살, 잔밉다(몹시 얄밉다), 잔밉고얄밉다, 잔바느질/하다, 잔바늘, 잔발[177], 잔방귀, 잔버들, 잔벌레, 잔별, 잔병(病)[잔병꾸러기, 잔병치레], 잔부끄럼, 잔불[잔불놓이, 잔불질]. 잔붓/질, 잔비용(費用), 잔빗, 잔뼈, 잔뿌리, 잔사다리(잔사설), 잔사단(事端;잔사설), 잔살이(미생물), 잔사설(辭說;쓸데없이 번거롭게 늘어놓는 말), 잔살(잔주름살), 잔살림, 잔상스럽다[178], 잔석기(石器), 잔세포(細胞), 잔셈, 잔소름, 잔소리/꾼, 잔속[179], 잔손[잔손가다, 잔손불림(잔손질이 드는 일), 잔손질/하다], 잔손금, 잔솔[잔솔밭, 잔솔잎, 잔솔포기], 잔수작(酬酌), 잔술(가는 실로 만든 여러 가닥의 실), 잔시름, 잔시중, 잔식구(食口), 잔신경(神經), 잔심부름/꾼, 잔알갱이, 잔약과(藥果), 잔오금, 잔용(用;자질구레하게 드는 비용), 잔이랑, 잔이슬, 잔일, 잔입²[180], 잔잎, 잔자갈, 잔작돌(잘고 잔 돌), 잔재미(아기자기한 재미), 잔재비[181], 잔재주, 잔절편, 잔정(情), 잔주[182], 잔주(註), 잔주름/살, 잔주접, 잔줄(잘게 그은 줄), 잔짐, 잔짐승, 잔채(잘게 썬 채), 잔채(가는 채찍)질/하다(매질하다), 잔챙이[183], 잔치(아주 작은 물건), 잔침질/하다(針), 잔칼질/하다, 잔털, 잔톱니, 잔티, 잔파도(波濤), 잔파동(波動), 잔풀[184], 잔풀이(자세한 설명), 잔허리(가는허리), 잔회계(會計); 잗갈다(잘고 곱게 갈다)/갈리다, 잗널다[185], 잗다듬다(잘고 곱게 다듬다), 잗다랗다[186], 잗다래지다, 잗달갑다(하는 짓이 잘고 쩨쩨하다), 잗달다[187], 잗젊다(나이에 비하여 젊어 보이다), 잗주름[188], 잗징, 잗타다(맷돌로 콩 · 녹두

---

167) 잘가당: 작고 단단한 쇠붙이 따위가 조금 가볍게 맞부딪쳐 울리는 소리. 또는 그 모양. 〈큰〉절거덩. 〈센〉잘까당. 짤가당. 짤까당. 〈거〉잘카당/잘캉. 찰가당/찰강. 찰카당/찰캉. 〈거 · 센〉절꺼덩. 〈거 · 센〉짤카당. 찰까당. 철커덩. 〈준〉잘강. ¶잘가당/잘강거리다/대다/하다, 잘가당잘가당/잘강잘강/하다, 잘가당잘가당/잘강잘강/하다.

168) 잘그랑: 작고 얇은 쇠붙이 따위가 조금 가볍게 떨어지거나 맞부딪쳐 울리는 소리. 또는 그 모양. 〈큰〉절그렁. 〈센〉짤그랑. 쩔그렁. 〈거〉찰그랑. 철그렁. ¶잘그랑 방울 소리를 내다. 잘그랑 · 절그렁 · 짤그랑 · 쩔그렁 · 찰그랑 · 철그렁거리다/대다, 잘그랑잘그랑/잘강잘강/하다.

169) 잘끈: ①바싹 동이거나, 단단히 졸라매는 모양. ¶허리띠를 잘끈 매다. 잘끈잘끈. 〈큰〉질끈. ②윗니로 아랫입술을 힘껏 무는 모양. ¶입술을 잘끈 깨물다. 잘끈잘끈.

170) 졸금: ①물건을 조금씩 쓰거나 여러 번에 나누어서 내주는 모양. ②액체가 조금씩 새어 흐르거나 쏟아지는 모양. 〈작〉잘금. 〈큰〉줄금. 〈센〉쫄금. 쫄끔. 찔끔.

171) 자살궂다: 사람됨이 잘고 곰상궂다. ¶사람이 좀 자살궂지만 답답하지는 않아서 좋았다.

172) 자질구레하다: 여럿 있는 것이 다 잘다. 자디잘고 시시하다. 〈준〉자지레하다. ¶자질구레한 일만 네게 시킨다.

173) 자차분하다: 모두가 잘고 시시하여 대수롭지 않다. 잘고도 아담하게 차분하다. ¶대마도 왜구는 자차분한 귀찮음을 끼치는 화근 덩어리가 되기도 했다. 비가 자차분히 내리고 있다. 자차분한 들국화.

174) 잘망하다: 하는 짓이나 모양새가 잘고 얄밉다. ¶눈알을 잘망하게 굴리다. 잘망스럽게 놀다. 잘망궂다, 잘망스럽다.

175) 잔구멍: ①작은 구멍. ②어떤 일에 대하여 좁게 내다보는 관점.

176) 잔다리밟다: 출세하기까지 지위가 낮은 데로부터 한 계급씩 차차 올라가다. ¶잔다리밟아 30년, 마침내 장관에 올랐다.

177) 잔발: 무나 인삼의 굵은 뿌리에 달린 잘고 가는 뿌리.

178) 잔상스럽다: 매우 잔재미가 있거나 곰살궂은 데가 있다. ¶사람이 너무 잔상스럽다. 잔상스레 굴다.

179) 잔속: ①자세한 속내. ¶잔속도 모르면서 아는 체한다. ②자잘하게 썩이는 속.≒잔걱정. ¶아이들 때문에 잔속을 많이 한다.

180) 잔입²: 입을 작게 벌려 입맛을 다시거나 짭짭거리는 일. 약간의 음식으로 자주 하는 군것질. 자질구레한 이야기를 하는 일. ¶잔입을 다시다. 잔입을 놀리다. 잔입질.

181) 잔재비: ①자질구레하고 공교로운 일을 잘하는 손재주. ②큰일이 벌어진 판에서 잔손이 자주 가는 일감.

182) 잔주: 술에 취하여 자질구레한 말을 늘어놓음. 또는 그 말.=잔전주. ¶많이 마시지도 않았는데 잔주가 심하다.

183) 잔챙이: 여럿 가운데에서 가장 작고 품이 낮고 보잘것없는 것.[←잘(다)+ㄴ+챙이('올챙이'에서 유추된 말)].↔머드러기. 알천. ¶낚시에 잔챙이만 걸린다. 단속에서 잔챙이들만 잡아들인다.

184) 잔풀: 어린 풀. 자디잔 풀. ¶잔풀내기(하찮은 출세로 거들먹거리는 사람, 잔풀호사(豪奢;분에 넘치는 옷치장).

185) 잗널다: 음식을 이로 깨물어 잘게 만들다. ¶아이에게 고기를 잗널어 먹이다.

186) 잗다랗다: 매우 잘다. 〈준〉잗닿다. ¶잗다란 소나무. 깨알같이 잗단 글씨.

187) 잗달다: 하는 짓이 잘고 인색하다. ¶그렇게 잗달게 굴지 마시오.

188) 잗주름: 옷 따위에 잡는 잗다란 주름.

따위를 잗다랗게 부서뜨리다); 나잘하다(낮고 자질구레하다) 들.

잘랑 작은 방울이나 얇은 쇠붙이 따위가 흔들리거나 부딪쳐 울리는 소리. 〈큰〉절렁. 〈센〉짤랑. 〈거〉찰랑. ¶고양이 방울이 잘랑 울렸다. 잘랑·절렁·짤랑·찰랑·철렁거리다/대다/이다, 잘랑잘랑/하다, 잘라당[189], 잘락[190]; 왈랑잘랑.

잘래잘래 머리를 좌우로 가볍게 흔드는 모양.≒설레설레. 〈큰〉절레절레. 〈센〉짤래짤래. ¶심부름 좀 하라고 하였더니 고개를 잘래잘래 흔든다. 잘래잘래하다. [+흔들다].

잘록 길게 생긴 물건의 한군데가 들어가 오목한 모양.=잘록이.[←자르(다)²+옥]. 〈큰〉질룩. 〈센〉짤록. 〈큰·센〉찔룩. ¶잘록·질룩·짤록·찔룩/이/하다. 잘록잘록/하다, 잘뚜마기(긴 물건의 잘똑한 부분), 잘똑하다[191], 잘뚜막[192], 잘뚝[193], 잘록이(산줄기의 잘록한 곳), 잘루막[194], 잘루목[195], 잘쏙·짤쏙²[196]/하다. 잘크라지다[197].

잘름¹ 가득 찬 액체가 흔들려서 조금씩 넘치는 모양. 〈큰〉질름. 〈센〉짤름. ¶물동이의 물이 잘름잘름 넘친다. 잘름·질름·짤름·찔름거리다/대다¹.

잘름² 한꺼번에 주지 아니하고 여러 번에 걸쳐 조금씩 주는 모양. 〈큰〉질름. 〈센〉짤름. 〈큰·센〉찔름. ¶손자에게 사탕을 잘름잘름 주다. 잘름·질름·짤름·찔름거리다/대다².

잘름³ =자름.[←자르다¹]. ¶잘름잘름 토막을 친 나무들.

잘바닥 얕은 물이나 진창을 거칠게 밟거나 치는 소리. 또는 그 모양. 〈큰〉절버덕. 〈거〉잘파닥. 찰바닥/찰박. 철버덕/철벅. 〈큰·거〉찰파닥. 〈준〉잘박[198]. ¶잘바닥·절버덕거리다/대다/하다, 잘바닥잘바닥/하다.

잘바당 조금 묵직한 물체가 물에 거칠게 부딪치며 떨어져 울리는 소리. 또는 그 모양. 〈큰〉절버덩. 〈거〉찰바당/찰방. 철버덩/철벙. 〈준〉잘방[199]. ¶잘바당·절버덩거리다/대다.

189) 잘라당: 얇은 쇠붙이나 작은 방울 따위가 흔들릴 때 좀 느리고 크게 울려 나는 소리. 〈큰〉절러덩. 〈센〉짤라당.

190) 잘락: 작고 얇은 쇠붙이 따위가 가볍게 흔들리는 소리. 〈큰〉절럭. 〈센〉짤락.

191) 잘똑하다: 긴 물건의 한 부분이 깊이 패어 오목하다. 〈큰〉질뚝하다. 〈센〉짤똑하다. ¶허리가 잘똑하다.

192) 잘뚜막: 매우 잘록한 모양. 〈센〉짤뚜막. ¶잘뚜마기(잘록하게 들어간 부분), 잘뚜막하다.

193) 잘뚝: 길거나 두둑한 물건의 한 부분이 약간 홀쭉하게 가늘거나 오목한 모양. 〈큰〉질뚝. 〈큰·센〉찔뚝. ¶잘똑하다, 잘뚝잘뚝/하다.

194) 잘루막: 조금 잘록한 모양. ¶자루에 쌀을 넣고 잘루막 매어 배낭에 넣었다. 잘루막잘루막/하다.

195) 잘루목: 산줄기나 골짜기에서 잘록하게 된 곳. 또는 그런 길목.=자루목.

196) 잘쏙²: 긴 물건의 한 부분이 오목하게 들어간 모양. 〈큰〉질쑥. 〈센〉짤쏙. 찔쑥. ¶잘쏙 들어간 개미허리. 산허리가 질쑥하다.

197) 잘크라지다: 잘쏙하게 쏙 들어가다. 〈큰〉질크러지다. ¶잘크라지게 아이를 끌어안았다.

198) 잘박: 얕은 물이나 진창을 밟을 때 나는 소리. 〈큰〉절벅. 〈거〉찰박. 철벅. ¶잘박·잘바닥거리다/대다, 잘박잘박/하다.

199) 잘방: 깊은 물에 좀 묵직한 물건이 떨어졌을 때 나는 소리. 〈센〉짤방, 〈큰〉절벙. 〈거〉찰방. 철벙. ¶천장에서 물방울이 짤방 떨어졌다. 잘방거리다/대다/이다/하다, 잘방잘방/하다.

잘싸닥 ①액체가 단단한 물체에 마구 부딪치는 소리. 또는 그 모양. ②작은 물체가 매우 끈지게 부딪치거나 달라붙는 소리. 또는 그 모양. 〈큰〉절써덕/절썩. 〈거〉찰싸닥/찰싹[200]. 철써덕/철썩. 〈준〉잘싹. ¶잘싸닥·절써덕거리다/대다. 차잘싹·처절썩, 철써기(여칫과의 곤충. 철썩철썩하고 욺).

잘잘¹ ①'잘래잘래'의 준말. ②물건을 손에 들고 가볍게 흔드는 모양. 〈큰〉절절. 〈센〉짤짤. ¶술이 얼마나 남았는지 술병을 잘잘 흔들어 보았다.

잘잘² 액체 따위가 높은 열로 끓는 모양. 온도가 매우 높아 더운 모양. 〈큰〉절절. 〈센〉짤짤. 〈큰·센〉쩔쩔. ¶방바닥이 잘잘 끓는다.

잘잘³ 주책없이 이리저리 바삐 싸다니는 모양.=잴잴[201]. 〈큰〉절절. 질질[202]. 〈센〉짤짤. ¶잘잘·절절·짤짤·쩔쩔거리다/대다.

잘잘⁴ 바닥에 죽 늘어지거나 닿아서 가볍게 끌리는 소리. 또는 그 모양. 〈큰〉질질[203]. 〈센〉짤짤. 〈거〉찰찰. 〈거·큰〉철철. ¶치맛자락이 바닥에 잘잘 끌린다.

잘잘⁵ ①기름기나 윤기가 반드르르 흐르는 모양. ¶얼굴에 기름이 잘잘 흐른다. 윤기가 잘잘 도는 햅쌀밥. ②어떤 태도나 기색 따위가 넘쳐흐르는 모양. 〈큰〉질질[204]. 〈센〉짤짤. 〈거〉찰찰[205].

잘잘⁶ ①적은 물이 끊임없이 흐르는 소리. 또는 그 모양. ¶샘물이 잘잘 넘친다. ②오줌이나 물 따위를 조금씩 갈기거나 흘리는 모양. 〈작〉잴잴[206]. 〈큰〉절절. 질질[207]. 〈센〉짤짤. 쨀쨀. 〈큰·거〉찰찰·철철.

잘잘-매다 '어찌할 줄 몰라서 정신을 못 차리다. 어떤 사람이나 일 따위에 눌리어 기를 펴지 못하다. ¶잘잘·짤짤·절절·쩔쩔매다.

잘코사니 고소하게 여겨지는 일. 미운 사람의 불행이나 봉변을 당

200) 찰싹: '찰싸닥'의 준말. ¶바닷물이 찰싹 바위를 때리더니 물보라가 일었다. 종아리를 회초리로 찰싹 때리다. 그들 둘은 언제나 찰싹 붙어 다닌다. 〈큰〉철썩.

201) 잴잴: 주책없이 경솔하게 행동하는 모양. 〈큰〉질질. 〈센〉쨀쨀. ¶잴잴 돌아다니다.

202) 질질: 주책없이 마구 가볍게 행동하는 모양. 〈작〉잴잴. 〈센〉찔찔.

203) 질질: ①바닥에 늘어지거나 닿아서 느리게 끌리는 소리. 또는 그 모양. ¶신을 질질 끌며 걷다. ②이끄는 대로 힘없이 끌려가는 모양. ¶마누라가 하자는 대로 질질 끌려가다. ③정한 날짜나 기한 따위를 자꾸 뒤로 미루는 모양. ¶약속한 날짜를 질질 끌다. ④이야기 따위를 자루하게 자꾸 늘이는 모양. 〈작〉잘잘. 〈센〉찔찔. [+끌다].

204) 질질: 기름기나 윤기가 번드르르 흐르는 모양. 〈작〉잘잘. 〈센〉찔찔.

205) 찰찰: ①액체가 넘쳐흐르는 모양. ¶물이 찰찰 넘치다. ②눈물, 땀, 피 따위를 많이 흘리는 모양. ③인정이 많은 모양. ¶인정이 찰찰 넘치는 아줌마. ④기름기나 윤기가 많이 흐르는 모양. ¶기름기가 찰찰 도는 햅쌀. 〈큰〉철철.

206) 잴잴: ①몸에 지닌 것을 자꾸 빠뜨리거나 흘리는 모양. ¶물건을 잴잴 흘리고 다닌다. ②물이나 침, 땀, 콧물 따위가 조금씩 자꾸 흐르는 모양. ¶개울물이 잴잴 흐르다. ③눈물이나 콧물을 조금씩 흘리면서 자꾸 우는 모양. ¶침을 잴잴 흘리다. 〈큰〉잘잘. 질질. 〈큰·센〉찔찔. 〈센〉쨀쨀. [+흐르다].

207) 질질: ①몸에 지닌 물건들을 주책없이 여기저기 자꾸 흘리거나 빠뜨리는 모양. ¶물건을 질질 흘리고 다닌다. ②물이나 침, 땀, 콧물 따위가 자꾸 흐르는 모양. 또는 그러면서 우는 모양. ¶눈물을 질질 흘리며 운다. 〈작〉잴잴. 〈센〉찔찔. [+흘리다].

ㅈ

하는 것을 고소하게 여길 때 하는 소리. ¶잘코사니! 공연스레 허풍을 떨고 으스댈 적에 알아봤지.

잠(潛) '잠기다. 숨기다. 가라앉다. 몰래'를 뜻하는 말. ¶잠갑(潛岬; 산맥이 바다 속에 이어져 있는 부분), 잠거(潛居), 잠공(潛攻), 잠구(潛丘), 잠군(潛軍), 잠녀(潛女;해녀), 잠닉(潛匿), 잠룡(潛龍)[208], 잠린(潛鱗;물속에 깊이 잠겨 있는 물고기), 잠망경(潛望鏡), 잠매(潛寐;永眠), 잠매(潛賣), 잠몰(潛沒;물속에 잠김), 잠복(潛伏)[209], 잠사(潛思;깊이 생각함), 잠사(潛寫;몰래 베낌), 잠삼(潛蔘), 잠상(潛商), 잠상(潛像), 잠섭(潛涉), 잠성(潛性), 잠세력(潛勢力)/잠세(潛勢), 잠수(潛水)[210], 잠습(潛襲;남몰래 숨어서 습격함), 잠신(潛身;몸을 숨기어 나타나지 아니함), 잠심(潛心;마음을 가라앉힘), 잠양(潛陽), 잠어(潛魚), 잠열(潛熱), 잠영(潛泳;물속에서만 헤엄치는 일), 잠영(潛影;그림자를 감춤), 잠입(潛入;물속에 잠기어 들어감. 몰래 숨어 들어감), 잠재(潛在)[211], 잠저(潛邸;潛龍. 왕이 등극하기 전까지 살던 집), 잠적(潛跡/迹;종적을 아주 감추어 버림), 잠적하다(潛寂;고요하고 호젓하다), 잠제(潛堤), 잠종비적(潛蹤祕迹), 잠착/잠척하다(潛着), 잠채(潛採;광물을 몰래 채굴하거나 채취함), 잠청(潛聽;주의 깊게 들음. 몰래 엿들음), 잠출혈(潛出血), 잠통(潛通;몰래 간통함/내통함), 잠함(潛函), 잠함(潛艦), 잠항/정(潛航/艇), 잠행(潛行;물속으로 잠기어 나아감. 숨어서 남몰래 다님), 잠행(潛幸;임금이 비밀리에 나들이하던 일), 잠혈(潛血;매우 적은 양의 출혈), 잠형(潛形), 잠환(潛換;남몰래 바꿈), 잠획(潛劃;은밀히 계획함); 방잠(防潛), 용잠(龍潛), 침잠(沈潛), 퇴잠(退潛) 들.

잠(簪) '비녀'를 뜻하는 말. ¶잠거(簪裾;비녀와 옷자락), 잠두(簪頭), 잠영(簪纓;비녀와 갓끈. 높은 벼슬아치), 잠필(簪筆), 잠홀(簪笏), 잠화(簪花); 가란화잠(加蘭花簪;난초를 새겨 넣은 비녀), 각잠(刻簪), 개구리잠, 고리잠, 국화잠(菊花簪), 금잠(金簪), 꾸민잠(구슬을 박아서 꾸민 비녀), 나비잠(나비 모양으로 만든 비녀), 동곳잠, 두잠(豆簪;머리가 콩알처럼 생긴 비녀), 떨잠[보요(步搖)], 말뚝잠, 매조잠(梅鳥簪), 매죽잠(梅竹簪), 매화잠(梅花簪), 목련잠(木蓮簪), 목잠(木簪;나무를 다듬어 만 비녀), 밀화잠(蜜花簪), 봉잠(鳳簪), 비취잠(翡翠簪), 산호잠(珊瑚簪), 석류잠(石榴簪), 쌍잠(雙簪), 쌍조잠(雙鳥簪), 연봉잠(蓮;연꽃봉오리 모양의 비녀), 연화잠(蓮花簪), 오두잠(烏頭簪), 옥엽잠(玉葉簪;댓잎을 새긴 옥비녀), 옥잠(玉簪)[민옥잠, 섭옥잠(鑷玉簪)], 완두잠(豌豆簪), 원앙잠(鴛鴦簪), 용잠(龍簪;용의 머리 모양을 새겨 만든 비녀), 은잠(銀簪), 접잠(蝶簪), 주잠(珠簪), 죽절잠(竹節簪), 진주잠(眞珠簪), 창포잠(菖蒲簪), 청동잠(靑銅簪), 초롱잠(草籠簪), 풍잠(風簪), 호두잠, 화엽잠(花葉簪), 화잠(花簪) 들.

잠(蠶) '누에'를 뜻하는 말. ¶잠가(蠶架), 잠견(蠶繭;고치), 잠구(蠶具), 잠농(蠶農), 잠두(蠶豆), 잠두(蠶頭), 잠두마제(蠶頭馬蹄), 잠란(蠶卵), 잠령(蠶齡), 잠박(蠶箔;누에채반), 잠병(蠶病), 잠부(蠶婦), 잠분(蠶糞), 잠사(蠶事), 잠사(蠶砂), 잠사(蠶絲), 잠상(蠶桑), 잠식(蠶食)[212], 잠신(蠶神), 잠실(蠶室), 잠업(蠶業), 잠작(蠶作), 잠저(蠶蛆;누엣구더기), 잠족(蠶蔟), 잠종(蠶種); 가잠(家蠶;집누에), 견잠(繭蠶), 기잠(起蠶), 농잠(農蠶), 만잠(晩蠶), 석잠(石蠶), 선잠(先蠶), 숙잠(熟蠶), 양잠(養蠶), 와잠(臥蠶), 원잠(原蠶), 의잠(蟻蠶), 작잠(柞蠶), 전잠(田蠶), 지잠(地蠶;굼벵이), 천잠(天蠶), 추잠(秋蠶), 춘잠(春蠶), 하잠(夏蠶) 들.

잠(暫) '잠깐'을 뜻하는 말. ¶잠견(暫見), 잠류(暫留;잠깐 머묾), 잠벌(暫罰), 잠별(暫別;잠깐 동안의 이별), 잠봉(暫逢), 잠불리측(暫不離側), 잠불마(暫佛馬), 잠시(暫時), 잠시간(暫時間), 잠정(暫定;우선 임시로 정함)[잠정예산(豫算), 잠정적(的), 잠정조약(條約;假條約)], 잠차(暫借;잠시 빌리거나 빌려줌), 잠허(暫許) 들.

잠(箴) 경계하거나 훈계하는 뜻을 담은 한문의 한 체(體). ¶잠간(箴諫;훈계하여 간함), 잠경(箴警), 잠계(箴戒;깨우쳐 훈계함), 잠규(潛規;잘못을 바로 잡게 하는 경계), 잠명송(箴銘頌), 잠언(箴言;교훈이 되고 경계가 되는 짧은 글); 동잠(動箴), 사물잠(四勿箴; 動箴, 視箴, 言箴, 聽箴), 언잠(言箴), 시잠(視箴), 주잠(酒箴), 청잠(聽箴) 들.

잠(岑) '봉우리. 높이 솟다'를 뜻하는 말. ¶잠령(岑嶺), 잠루(岑樓;높고 끝이 뾰족한 누각); 제잠(鯷岑;우리나라) 들.

잠(蘸) '담그다'를 뜻하는 말. ¶잠묵(蘸墨), 잠유(蘸釉;도자기를 잿물에 적시어 잿물을 올림) 들.

잠개 '무기(武器)'를 뜻하는 옛말.

잠그(다)¹ 여닫게 되어 있는 것을 열지 못하도록 무엇을 걸거나 꽂거나 하다.≒채우다.↔열다. 풀다. 틀다. ¶자물쇠로 문을 잠그다. 문을 꼭 잠가라. 단추를 잠그다. 수도꼭지를 꼭 잠가 물을 절약하다. 가스 밸브를 잠그다. 자물단추, 자물쇠[자물쇠청; 맹꽁이자물쇠, 붕어자물쇠, 선자물쇠, 용자물쇠(龍)], 자물통(筒), 잠금, 잠금단추, 잠금장치(裝置), 잠기다¹[213]; 사로잠그다(빗장이나 자물쇠 따위를 반쯤 걸어 놓다). ☞ 쇄(鎖).

잠그(다)² ①물건을 액체 속에 넣다.(↔꺼내다. 빼다). ¶물에 발을 잠그다. 무자맥질/하다. ☞ 침(浸). ②이익을 바라고 어떤 일에 밑천을 들이다. ¶증권에 많은 돈을 잠가 두었다. 잠기다²[214].

208) 잠룡(潛龍): '얼마 동안 왕위에 오르지 않고 이를 피하고 있는 사람. 기회를 얻지 못한 영웅'을 뜻하는 말. 잠저(潛邸).

209) 잠복(潛伏): 겉으로 드러나지 않게 숨어 있음. 증상이 겉으로 드러나지 않음. ¶잠복감염(感染), 잠복근무/하다(勤務), 잠복기(期), 잠복되다/하다, 잠복아(芽), 잠복암(癌), 잠복유전(遺傳), 잠복장닉(藏匿), 잠복전(戰), 잠복조(組), 잠복초소(哨所), 잠복호(壕).

210) 잠수(潛水): 물속으로 잠겨 들어감. ¶잠수관(冠), 잠수교(橋), 잠수구(具), 잠수기(器), 잠수모함(母艦), 잠수병(兵), 잠수병(病), 잠수복(服), 잠수부(夫), 잠수선(船), 잠수어업(漁業), 잠수영법(泳法), 잠수정(艇), 잠수질/하다, 잠수하다, 잠수함(函), 잠수함(艦), 잠수화(靴).

211) 잠재(潛在↔顯在): 겉으로 드러나지 않고 속에 잠겨 있거나 숨어 있음. ¶잠재 능력. 잠재해 있는 민족의 저력. 잠재가격(價格), 잠재관념(觀念; 잠재의식), 잠재구매력(購買力), 잠재력(力), 잠재부(符;안드러냄표), 잠재비행(非行), 잠재성(性), 잠재성장률(成長率), 잠재수요(需要), 잠재유전/자(遺傳/子), 잠재의식(意識), 잠재적(的)[잠재적실업(失業)], 잠재통화(通貨), 잠재학습(學習), 잠재하다.

212) 잠식(蠶食): 누에가 뽕잎을 먹듯이 점차 조금씩 침략하여 먹어 들어감. ¶외국 자본의 국내 시장 잠식이 우려된다. 잠식되다/하다.

213) 잠기다¹:↔열리다. ①잠금을 당하다. ¶금고가 잠기어 있다. ②목이 쉬어 목소리가 제대로 나오지 아니하다. ¶감기로 목이 꽉 잠겼다.

214) 잠기다²: ①액체 속에 가라앉다. ¶배가 물에 잠기다. 잠길여(간조 때 드

잠깐 얼마 되지 않는 매우 짧은 동안에.=사수(斯須).≒잠시. ¶잠깐 생각해 보다. 잠깐 기다려라.

잠방 작은 물체의 한 끝이 물에 얼른 잠기었다 뜰 때에 나는 소리. 또는 그 모양. 〈큰〉점벙. 〈거〉첨벙[215]. ¶잠바당[216], 잠박[217], 잠방·점벙·첨벙거리다/대다.

잠방이 가랑이가 무릎까지 오는 짧은 남자용 홑바지. ¶잠방이에 대님 치듯 한다(군색한 일을 당하여 몹시 켕긴다). 무잠방이(무논에서 일할 때 입는 잠방이), 베잠방이, 사발잠방이, 속잠방이, 쇠코잠방이(무릎까지 내려오는 짧은 잠방이), 씨름잠방이(씨름할 때 입는 고의), 얻은잠방이(남에게 얻은 것으로 그다지 신통치 아니한 물건) 들.

잠뿍 ①듬뿍하게 잔뜩. ¶차에 짐을 잠뿍 싣다. 잠뿍 차다. 잠뿍하게 들어선 숲. ②대단히 심하게. ¶피곤이 잠뿍 실린 얼굴. ③기껏 쳐서. ¶집안 식구는 잠뿍 둘뿐이다. 〈작〉잠뽁.

잠자리 잠자리과의 곤충. '잠자리 모양'을 뜻하는 말. ¶잠자리의 애벌레를 '학배기'나 '물송치'라고 한다. 잠자리날개, 잠자리떼, 잠자리무사(武砂)[218], 잠자리비행기(飛行機;헬리콥터), 잠자리채; 고추잠자리, 깃동잠자리, 나비잠자리, 난쟁이잠자리, 날개잠자리, 된장잠자리, 말잠자리, 메밀잠자리, 명주잠자리(明紬), 물잠자리, 밀잠자리, 밤잠자리, 뱀잠자리, 뿔잠자리, 쇠잠자리, 실잠자리, 왕잠자리(王), 장수잠자리(將帥), 청동잠자리(青銅) 들.

잠잠-하다 ①시끄럽던 것이 없어져 조용하다. ¶회의장은 갑자기 물 뿌린 듯이 잠잠해졌다. ②아무 말이 없다. 잠잠히, 잠자코[219]. §잠잠(潛潛)은 한자음을 빌린 말.

잠포록-하다 날씨가 흐리고 바람기가 없다. ¶잠포록한 날씨. 나는 얼른 옛날의 잠포록한 바다를 떠올렸다. 물안개가 잠포록이 끼인 호수. 잠록하다(바람이 없어 날이 우중충하다).

잡(雜) '여러 가지가 뒤섞이다. 자질구레하다. 막되다. 어순선하다'를 뜻하는 말. ¶잡가(雜家), 잡가(雜歌), 잡객(雜客), 잡거(雜居)[잡거구금(拘禁), 잡거제(制), 잡거지(地)], 잡건(雜件), 잡것, 잡계정(雜計定), 잡고(雜考), 잡고기, 잡곡(雜曲), 잡곡(雜穀)[잡곡물(物), 잡곡밥, 잡곡전(廛)], 잡공사(雜工事), 잡과(雜果), 잡과(雜科), 잡관목(雜灌木), 잡교(雜交), 잡교(雜教), 잡귀(雜鬼), 잡귀신(雜鬼神), 잡균(雜菌), 잡급(雜給), 잡기(雜技), 잡기/장(雜記/帳), 잡나무, 잡내(잡스러운 군내), 잡녀석, 잡년, 잡념(雜念), 잡놈, 잡누르미, 잡다하다(雜多), 잡담(雜談), 잡답(雜沓), 잡덤불, 잡동사니, 잡되다, 잡령(雜令), 잡록(雜錄), 잡류(雜流), 잡류(雜類), 잡말, 잡맛, 잡모색(雜毛色), 잡목(雜木), 잡무(雜務), 잡무늬, 잡문(雜文), 잡문(雜問), 잡문학(雜文學), 잡물(雜物), 잡미(雜味), 잡바람, 잡박하다(雜駁;마구 뒤섞여 질서가 없다), 잡방(雜方), 잡배(雜輩), 잡범(雜犯), 잡범인(雜犯人), 잡병(雜病), 잡보(雜報), 잡부(雜夫), 잡부금(雜賦金), 잡분(雜粉), 잡비(雜費), 잡비료(雜肥料)/잡비(雜肥), 잡사(雜事), 잡사(雜史), 잡사기(雜沙器), 잡산적(雜散炙), 잡상/인(雜商/人), 잡상(雜像), 잡상스럽다(雜常;잡되고 상스럽다), 잡색/꾼(雜色), 잡생각, 잡서(雜書), 잡석(雜石), 잡설(雜說), 잡성화(雜性花), 잡세(雜稅), 잡소(雜訴), 잡소득(雜所得), 잡소리, 잡소문(雜所聞), 잡손님, 잡손질/잡손, 잡송골(雜松鶻), 잡수(雜修), 잡수(雜樹), 잡수당(雜手當), 잡수수료(雜手數料), 잡수익(雜收益), 잡수입(雜收入), 잡술(雜術), 잡스럽다, 잡시방약(雜施方藥), 잡식/성(雜食/性), 잡식(雜植), 잡식구(雜食口), 잡신(雜神), 잡신(雜神), 잡심(雜心), 잡악(雜樂), 잡언고시(雜言古詩), 잡언체(雜言體), 잡업(雜業), 잡역/부(雜役/夫), 잡영선비(雜營繕費), 잡예(雜藝), 잡용(雜用), 잡은석(雜銀石), 잡음(雜音), 잡의시(雜擬詩), 잡이자(雜利子), 잡인(雜人), 잡일, 잡자산(雜資産), 잡전(雜廛), 잡젓, 잡제(雜題), 잡졸(雜卒), 잡종[1](雜種)[잡종보험(保險), 잡종세(稅)], 잡종[2](雜種.↔純種), 잡증(雜症), 잡지(雜誌)[잡지사(社); 월간잡지(月刊), 종합잡지(綜合)], 잡지(雜紙), 잡직(雜職), 잡찬(雜纂), 잡채(雜菜), 잡철(雜鐵), 잡철(雜綴), 잡초(雜草), 잡추렴(정규 외의 여러 가지 추렴), 잡축(雜畜), 잡춤, 잡칙(雜則), 잡타령, 잡탈(雜頉), 잡탕(雜湯)[잡탕말, 잡탕밥, 잡탕스럽다], 잡티, 잡풀, 잡품(雜品), 잡필(雜筆), 잡한(雜漢;잡놈), 잡행(雜行), 잡혼(雜婚), 잡화(雜貨), 잡회(雜膾), 잡희(雜戲); 교잡(交雜), 난잡하다/스럽다(亂雜), 무잡하다(蕪雜), 박잡(駁雜), 번잡(煩雜), 복잡/하다(複雜), 부잡하다/스럽다(浮雜), 분잡(紛雜), 산잡하다(散雜), 소잡(騷雜), 외잡하다(猥雜), 용잡하다(冗雜), 조잡하다(粗雜), 조잡하다(稠雜), 착잡하다(錯雜), 천잡하다(舛雜), 추잡하다(언행이 지저분하고 잡스럽다)/스럽다(醜雜), 추잡하다(품위가 없이 거칠고 막되다)/스럽다(麤雜), 협잡(挾雜)[협잡꾼, 협잡물(物), 협잡배(輩), 협잡질], 혼잡(混雜), 황잡(荒雜), 효잡(淆雜), 흉잡(凶雜) 들.

잡(匝) '돌다. 두르다'를 뜻하는 말. ¶요잡(繞匝;부처를 중심으로 그 주위를 돌아다니는 일).

잡(다)[1] ①손으로 움켜쥐고 놓지 아니하다.(≒붙들다. 붙잡다. 포획하다↔놓다). 차지하여 가지다. 알아내다. 포착하다. 정하다. ¶연필을 잡다. 그물로 물고기를 잡다. 범인을 잡다. 정권을 잡다. 일자리를 잡다. 약점을/ 트집을 잡다. 절호의 찬스를 잡다. 자리를 잡다. 잡기[220], 잡도리[221], 자밤[222], 자분참[223], 자비[1][224], 잡아

러나는 바위), 잠김다리[잠수교(潛水橋)]; 무자맥질/자맥질. ②돈이나 물자 따위가 활용될 수 없게 되다.≒묻다. ¶자금의 일부가 부동산에 잠겨 있다. ③한 가지 생각에 골똘하게 되다. ¶생각에 잠겨 꼼짝하지도 않는다. ④어떤 분위기나 상황에 휩싸이다. ¶정적에 잠긴 교실.

215) 첨벙: 물속으로 세게 떨어져 들어갈 때 나는 소리.≒텀벙. ¶첨벙 그물을 던지다. 강물에 첨벙 빠지다. 〈작〉참방.

216) 잠바당: 작은 물체가 얕은 물에 가볍게 부딪치거나 잠기는 소리. 또는 그 모양. 〈큰〉점버덩. 〈거〉참바당/참방. 〈큰·거〉첨버덩/첨벙. ¶고기 뛰는 소리가 잠바당 나다.

217) 잠박: 작은 물체가 물에 가볍게 부딪치거나 잠기는 소리. 또는 그 모양. 〈큰〉점벅.

218) 잠자리무사(武砂): 홍예(虹蜺)와 홍예를 잇대어 쌓은 뒤, 벌어진 사이에 놓는 돌.

219) 잠자코: 아무 말 없이 가만히. ¶잠자코 안아 있다. 너는 나서지 말고 잠자코 있어!

220) 잡기: 까막잡기, 꼬리잡기, 닭잡기, 도둑잡기, 물매잡기, 술래잡기, 얼룩잡기, 집잡기.

221) 잡도리: ①단단히 준비하거나 대책을 세움. 또는 그 대책. ¶잡도리를 하다. 잡도리하다(다잡다). ②잘못되지 않도록 단단히 주의하여 다룸. 엄하게 단속하는 일.[←잡(다)+도리]. ¶아이를 엄하게 잡도리하다. 잡도리를 차리다. 늦잡도리다(늑장을 부리거나 뒤늦게 대책을 세우다), 설

ㅈ

가다, 잡아끊다, 잡아끌다/끌리다, 잡아낚다, 잡아내다, 잡아넣다, 잡아늘이다, 잡아당기다, 잡아들이다, 잡아떼다, 잡아뜯다, 잡아매다/잡매다, 잡아먹다/먹히다, 잡아묶다, 잡아비틀다, 잡아앉히다, 잡아이끌다, 잡아제끼다, 잡아주다, 잡아죽이다, 잡아쥐다/잡쥐다, 잡아찢다, 잡아채다, 잡아타다(자동차 따위를 세워서 타다), 잡아흔들다, 잡은것(연장), 잡을도조(賭租), 잡을손[225], 잡이[226], 잡좆(쟁기의 손잡이), 잡죄다[227], 잡쥐다, 잡혀가다, 잡히다[1](↔놓치다. 정해지다. 확정되다), 잡히다[2][228], 잡힐손[229], 재비[230]; 가려잡다(마음에 드는 것을 골라 가지다), 감잡히다(약점을 잡히다), 거머잡다/검잡다(움키어 잡다), 걷어잡다(치맛자락 따위를 걷어 올려서 잡다), 걸머잡다(이것저것을 한데 걸치어 붙잡다), 고르잡다/잡히다, 골라잡다, 그러잡다(그러당겨 붙잡다), 끄잡다(끌어잡다), 넘겨잡다(미리 짐작하다), 느루잡다(손에 잡은 것을 느슨하게 가지다. 넉넉잡다), 다잡다[231], 더위잡다[232], 덧잡다, 덮쳐잡다, 돌잡이(돌잡히는 일), 돌잡히다, 되술래잡다[233]/잡히다, 되잡다/잡히다, 뒤잡다(마구 꽉 잡다), 따라잡다(뒤따라가던 것이 앞서간 것에 이르다)/잡히다, 때려잡다, 땡잡다(뜻밖에 좋은 운수가 생기다), 맞잡다/마주잡다, 목잡다, 문잡다(門)[234], 바로잡다/잡히다, 부개비잡히다[235], 부여잡다, 붙잡다/잡히다, 사로잡다/잡히다, 살잡다[236], 새잡다[1](새를 잡다), 새잡다[2](복대기에서 황화물을 잡다), 설잡다(어설프게 잡다)/잡히다, 설잡죄다, 손잡다, 술래잡기, 싸잡다(함께 몰아넣다)/잡히다, 여릉귀잡히다[237], 옴켜·움켜·홈켜·훔켜잡다/잡히다, 쥐잡듯/이, 지르잡다(더러워진 부분만을 걷어쥐고 빨다), 채잡다[238], 책잡다/잡히다(責), 추켜잡다, 치잡다(추켜올려 잡다), 터잡다/잡히다, 털썩이잡다(일을 망치다), 트집잡다, 틀어잡다(단단히 움켜잡다), 파잡다[239], 헛잡다(잘못 잡다)/잡히다, 후려잡다(후리어서 자기 손아귀에 넣다), 휘어잡다, 흠잡다(欠;흠이 되는 점을 들추어내다). ②'-잡이'의 꼴로, 일부 명사 뒤에 붙어 '무엇을 잡는 행위나 물건·연장. 또는 그것을 다루는 솜씨가 뛰어난 사람'의 뜻을 더하는 말. ≒-재비. ¶가락잡이, 감잡이[240], 객공잡이(客工), 건공잡이(乾空), 고기잡이, 꽃게잡이, 새우잡이, 멸치잡이, 고래잡이, 골잡이(goal), 귀잡이, 귀얄잡이, 기잡이(旗), 길잡이, 길라잡이, 꼭뒤잡이, 네패잡이(牌), 노잡이(櫓), 다잡이, 닻잡이, 덜미잡이, 돌잡이, 두레잡이, 둘잡이, 뒤채잡이, 뒷손잡이, 드잡이[241], 등롱(燈籠), 마구잡이, 마주잡이, 막잡이, 막대잡이, 만능잡이(萬能), 맏잡이, 말잡이, 맞잡이, 매잡이[1,2], 먹이잡이, 먹중잡이, 메잡이, 모잡이, 목잡이, 목대잡이, 무릎잡이, 물잡이, 바잡이, 바람잡이, 버꾸잡이, 버나잡이, 보잡이, 부채잡이, 북잡이, 사름잡이, 사모잡이, 살잡이, 삼잡이, 삼잡이(三), 삿갓잡이, 상투잡이, 새잡이, 새판잡이, 샌님잡이, 생잡이(生), 선창잡이(先槍), 세로띠잡이, 소구잡이, 손잡이, 손대잡이, 쇠잡이, 수장잡이, 쌍잡이(雙), 아갈잡이, 안경잡이(眼鏡), 앞잡이, 앞채잡이, 양손잡이(兩), 양수잡이(兩手), 오른손잡이, 외패잡이, 왼손잡이, 잔재비잡이, 잔치잡이, 잠채잡이(潛採), 장구잡이, 장부잡이, 주먹잡이, 줄잡이, 줏대잡이(主;중심이 되는 사람), 징잡이, 창잡이(槍), 총잡이(銃), 칼잡이, 키잡이, 팔뚝잡이, 풍물잡이, 한손, 허공잡이(虛空), 허리잡이, 활잡이, 홰잡이, 횃불잡이. ☞ 집(執).

잡(다)² 마음으로 헤아리다. 요량하여 얼마로 정하다. ¶시간이 얼마나 걸리겠나 잡아 보라. 일단 그의 소행으로 잡고 증거를 찾다. 감잡히다[242], 건잡다[243], 겉잡다[244], 곱잡다(곱절로 셈하여 헤아리다), 낫잡다[245], 넉넉잡다, 넘겨잡다(앞질러서 짐작하다), 늘잡다(늘려 잡다), 늦잡다, 대중잡다(종잡다), 되술래잡다, 새:잡다[3](남의 비밀을 엿듣다), 안쫑잡다(마음속에 두다. 겉가량으로 헤아리다), 늦추잡다, 얕잡다(실제보다 낮추어 하찮게 대하다), 어림잡다(대강 짐작으로 헤아려 보다), 얼추잡다, 엇잡다(서로 비슷하게 잡다), 종잡다[246], 줄잡다(실제로 대중 삼은 것보다 줄여

잡도리(야무지지 못하고 어설픈 잡도리).

222) 자밤: 나물이나 양념 따위를 손가락 끝으로 집을 만한 정도의 분량.[←잡(다)+암]. ¶깨소금 한 자밤. 자밤자밤(한 자밤씩 집는 모양).

223) 자분참: 지체 없이 곧.[←잡(다)+은+참]. ¶사람이 내리자 자분참 떠나는 차.

224) 자비[1]: 가마·남여·승교·초헌(軺軒)을 두루 일컫는 말.[←잡(다)+이]. ¶자비를 놓다. 자비꾼, 자빗간(間;가마 따위를 넣어 두는 곳), 자비곳.

225) 잡을손: 일을 다잡아 해내는 솜씨. ¶장 씨는 잡을손이 있으니까 쉽사리 해낼 겁니다.

226) 잡이: 무엇을 할 만한 인간이나 대상, 감. ¶그 일을 해낼 만한 잡이가 못된다.

227) 잡죄다: 다잡아서 죄어치거나 독촉하다. 엄하게 잡도리하다. ¶늦잡죄다(뒤로 미루다), 설잡죄다.

228) 잡히다[2]: ①고름 따위가 몸의 어떤 부위에 괴다. ¶손바닥에 물집이 잡히다. ②얼음이 얼기 시작하다. ¶살얼음이 잡히다. ③꽃망울이 피기 시작하다. 생기다. ¶망울이 잡히다.

229) 잡힐손: 무슨 일이든 쓸모가 있는 재간. ¶잡힐손이 있는 사람.

230) 재비: 국악에서, 악기를 연주하거나 노래를 부르거나 춤을 추는 기능자. ¶가야금재비, 노래재비, 잔재비(자질구레하고 공교로운 일을 잘하는 손재주. 잔손이 많이 드는 일), 춤재비.

231) 다잡다: 다그쳐 붙들어 잡다. 단단히 잡도리하여 엄하게 다스리다. 다그쳐 바로잡다. ¶마음을 다잡아 수험 준비를 시작하다. 일을 다잡아 하는 솜씨를 '잡을손'이라 한다. 다잡아먹다(단단히 결심하다), 다잡이/하다(늑줄 주었던 것을 바싹 잡죄는 일).

232) 더위잡다: ①높은 곳에 올라가려고 무엇을 끌어 잡다. ¶작은 소나무 뿌리를 더위잡고 간신히 벼랑을 기어올랐다. ②의지가 될 수 있는 든든하고 굳은 지반을 잡다.

233) 되술래잡다: 잘못을 빌어야 할 사람이 도리어 남을 나무라다.

234) 문잡다(門): 아이를 낳을 때, 아이의 머리가 나오도록 산문(産門)이 열리다.

235) 부개비잡히다: 하도 졸라서 하기 싫은 일을 마지못해 하게 되다.

236) 살잡다: 쓰러져 가는 건물을 살대 등으로 버티어 바로 일으켜 세우다. ¶살잡이(살잡는 일), 살잡히다.

237) 여릉귀잡히다: 능(陵)을 헤치다가 잡히다.

238) 채잡다: 채찍, 가마나 목도의 채를 잡는다는 뜻으로, 어떤 일을 하는 데 주장이 되어 그 일을 맡아서 하다. ¶네가 채잡을 일이 아니다.

239) 파잡다: 결점을 들추어내다. ¶다른 사람을 파잡아 이야기하는 것은 좋지 않다.

240) 감잡이: ①기둥과 들보에 걸치어 못을 박는 쇳조각. 대문 문장부에 감아 박는 쇠. ②남녀가 동침할 때 쓰는 수건.

241) 드잡이: ①서로 머리나 멱살을 움켜잡고 싸우는 짓. ¶드잡이할 기세. 드잡이질/판. ②빚을 못 갚아 솥·그릇 따위를 가져가는 짓. ③가마를 메는 사람이 어깨를 쉬게 하기 위하여 딴 사람이 들장대로 가마채를 받쳐 들고 가는 짓.

242) 감잡히다: 남과 다툴 때 약점을 잡히다. ¶괜히 감잡히는 말은 하지 마라.

243) 건잡다: 거두어 바로잡다. 마음을 진정하거나 억제하다.[+없다. 못하다]. ¶건잡을 수 없는 사태. 건잡을 수 없이 흐르는 눈물.

244) 겉잡다: 겉가량으로 대강 어림잡다. ¶겉잡아서 이틀 걸릴 일. 겉잡아 두 말은 되겠다.

245) 낫잡다: 제 값보다 넉넉하게 치다. 좀 넉넉하게 치다. ¶음식을 낫잡아 준비하다.

246) 종잡다: 겉가량으로 헤아려 잡다. 대중을 잡아 알다. ¶어떻게 된 일인지

서 헤아리다), 줄잡아, 파잡다(破;결점을 들추어내다), 황잡다(낭패를 보다), 흠잡다(欠;흠이 되는 점을 집어내다) 들.

잡(다)[3] ①동물을 죽이다. ¶돼지를 잡다. ②남을 헐뜯어 구렁에 넣다. ¶사람 잡을 소리. 굽잡다[247)]/잡히다, 흉잡다(凶)/잡히다. ③화재를 끄다. ¶소방대원이 불길을 잡다. ④노한 마음이나 방탕한 마음을 가라앉히다. ¶마음을 잡고 집안일에 힘쓰다. 마음을 잡아 다시 일에 열중하다.

잡(다)[4] ①굽은 물건이나 마음을 곧게 하다. ¶마음을 바로 잡다. 굽은 철사를 곧게 잡다. ②의복에 주름을 내다. 주름지게 하다. ¶바지 주름을 잡다.

잡살 여러 가지가 뒤섞인 허름한 물건. ¶잡살뱅이를 사고파는 벼룩시장. 잡살뱅이(잡살), 잡살전(廛;여러 가지 씨앗, 특히 채소의 씨앗을 파는 가게), 잡차래[248)].

잡수(다)[1] '먹다'의 높임말. ¶귀가 잡수다(먹다).

잡수(다)[2] ①'먹다[3]'의 높임말.=드시다. 〈높〉잡수시다. ¶진지를 잡수다. 궁중에서는 '잡수시다'를 '섭시다'라고 하였다. 자시다. 잡수시다/잡숫다, 잡수오다. ②제사를 차려 올리다.

잡자 지난날, 관아에서 그릇을 관리하던 하인.

–잡잡/접접(하다) '감다·검다'의 어근에 붙어, '얼굴에 그 빛깔을 조금 띰'의 뜻을 더하는 말. ¶가무잡잡·까무잡잡·거무접접·꺼무접접하다.

잡치(다) ①잘못하여 그르치다. ¶시험을 잡치다. 자네 실수로 다된 일을 잡쳤네. ②기분이나 분위기를 좋지 아니하게 하다. ¶기분을 잡치다. 분위기를 잡쳐 놓았다.

잣 잣나무의 열매. 해송자(海松子). ¶잣을 따다. 잣가루, 잣강정, 잣기름, 잣나무, 잣단자(團餈;잣을 넣어 만든 단자), 잣박산(薄饊;유밀과. 과줄), 잣베개(잣 모양처럼 만든 베개), 잣불[249)], 잣살(잣을 깐 속살. 잣을 먹고 오른 살), 잣새(솔잣새), 잣섶, 잣송이, 잣송진(松津), 잣알, 잣엿, 잣죽(粥), 잣즙(汁), 잣집게, 잣징(대가리가 잣 모양인 징), 잣편; 겉잣(껍질을 벗겨 내지 않은 잣), 실백잣(實柏;껍데기를 벗긴 알맹이 잣), 통잣. ☞ 백(柏).

잣(다) ①물레를 돌려 실을 뽑다. ¶실을 잣다. 자새[250)], 자아내다(실을 뽑아내다. 켜다). ②물을 높은 곳으로 빨아올리다. ¶못의 물을 논에 자아서 논에 대다. 자아내다[251)], 자아올리다', 자아틀(물건을 끌어올리거나 내리는 기계); 무자위(물을 자아올리는 기계).

잣다리 까라기가 없고 빛이 누른 올벼.

잣뚝 몸의 균형이 잡히지 아니할 정도로 심하게 한 번 저는 모양. 〈큰〉젓뚝. 짓뚝. ¶발을 잣뚝 헛디디다.

장[1] 화투놀이에서 열 끗의 일컬음. 가장 좋은 수나 최고. 장땡. ¶장땡을 잡다. 큰소리만 치면 장땡이냐?

장[2] 게딱지 속에 들어 있는 누르스름한 된장 같은 물질. 해황(蟹黃). ¶초가을에 아직 장이 잘 들지 아니한 게를 '풋게'라 한다.

장[3] 무덤을 셀 때 쓰는 말. ¶두 장의 큰 뫼가 나란히 자리 잡고 있다.

장[4] 장치기에서 쓰는 소나무 옹이로 깎아 만든 공. ¶장채, 장치기/공, 장치다[2].

장[5] ①언제나 늘. ¶다리가 아파서 장 이렇게 다리를 뻗치고 있습니다. ②계속하여 줄곧. ¶그해 여름 장 한 달을 두고 장마가 계속되었다.

장– '수컷'을 이르는 말. 닭에 결합하여 '장닭(수탉)'으로 쓰임. §'장꿩'은 '장끼[252)](수꿩)'의 사투리. ¶장닭이 울어야 날이 새지. 장병아리('수평아리'의 사투리), 장털(수탉의 꼬리털).

–장 ①일이나 장소의 마지막. 또는 막다른 곳을 뜻하는 말. ¶끝장, 막장[253)], 앞장[254)]. ②'덩이. 조각'을 뜻하는 말. ¶구들장, 구름장, 나비장[255)], 널장, 뗏장, 먹장(먹의 조각), 성엣장(물 위에 떠서 흘러가는 얼음덩이), 얼음장. ③'못[정(釘)]'을 뜻하는 말. ¶가로장(가로 건너지른 나무), 가름장[256)], 거멀장, 닻장, 띳장, 빗장, 살장, 숨은장[257)]. ④'행동. 짓'을 뜻하는 말. ¶곧장(그대로. 바로), 늑장, 알음장(눈치로 넌지시 알려 주는 짓), 어깃장(짐짓 어기대는 행동), 으름장(말과 행동으로 남을 위협하는 짓), 배짱[258)], 팔짱[259)], 헛장[260)] 들.

–장– '예쁘다'의 어간 '-스럽다. 하다'에 붙어, '그런 성질이 더 있음. 꽤'의 뜻을 더하는 말. ¶예쁘장스럽다/하다.

장(長) ①'긴·기다란. 오랜. 자라다', '훌륭한. 잘하는'을 뜻하는 말. ↔단(短). ¶장이 일곱 자에 폭이 석 자다. 장가(長歌), 장가지, 장각(長角), 장각과(長角果), 장간(長竿), 장간죽(長簡竹), 장감(長

종잡을 수 없다.

247) 굽잡다: 남의 약점을 잡아 기를 펴지 못하게 하다.(굽:짐승의 두껍고 단단한 발톱). ¶이번 기회에 단단히 굽잡아 놓아야지.

248) 잡차래: 주로 내포(內包;짐승의 내장)를 삶아 낸 잡살뱅이 쇠고기. 〈준〉잡찰.

249) 잣불: 음력 정월 열나흗날 저녁에 잣에 불을 붙여 일 년 신수를 보는 아이들의 장난.

250) 자새: 새끼나 바 따위를 꼬거나 실 따위를 감았다 풀었다 할 수 있도록 만든 작은 얼레.[←잣(다)+애]. ¶낚싯줄을 자새로 감아올리다. 자새질/하다, 자새풀무(자새처럼 돌려서 바람을 나게 만든 풀무); 옥자새(끝이 안쪽으로 꼬부라진 자새).

251) 자아내다: ①물레 따위로 실을 뽑아내다. ¶명주실을 자아내다. ②기계로 물 따위를 흘러나오게 하다. ¶양수기로 물을 자아내다. 자아올리다'. ③느낌이나 사물을 끄집어서 일으켜 내다. ¶눈물을 자아내는 이야기. 웃음을 자아내다. 물의를 자아내다. 추억을 자아내는 옛 사진. 자아오르다/올리다[2].

252) 장끼: 꿩의 수컷. 수꿩.↔까투리. ¶장끼전(傳), 장끼타령.

253) 막장: 갱도(坑道)의 막다른 곳.

254) 앞장[1]: 여럿이 나아갈 때에 맨 앞의 자리.↔뒷장. ¶앞장을 서다. 앞장서다/세우다.
앞장[2]: 사금판에서, 파 나아가는 앞으로 남아 있는 바닥. 앞바닥.

255) 나비장: 재목을 서로 이을 때 쓰는 나비 모양의 나뭇조각.

256) 가름장: 인방이나 하방 같은 것이 기둥에 들어박히는 촉을 두 갈래 지게 하는 방식.

257) 숨은장: 겉으로 보이지 아니하게 속에 구멍을 파고 쐐기를 지른 못.

258) 배짱: 마음속에 먹은 생각. 조금도 굽히지 아니하고 버티어 나가는 힘.

259) 팔짱: 손을 두 소매 속에 마주 넣거나, 두 팔을 아주 걸어 손을 양쪽 겨드랑이 밑에 두는 짓.

260) 헛장: 풍을 치며 떠벌리는 큰소리.=대포. 허풍(虛風).

感), 장강(長江), 장강(長杠)[장강대필(大筆), 장강목(木), 장강틀], 장거리(長距離)[장거리경주(競走), 장거리포(砲)], 장검(長劍), 장경(長徑;긴지름), 장고(長考), 장고래(긴 방고래), 장곡(長谷), 장골(長骨), 장공(長空), 장과지(長果枝), 장곽(長藿), 장관(長官)[국무장관(國務), 지방장관(地方)], 장광(長廣)[장광도(刀), 장광설(舌;장황하게 늘어놓는 말), 장광창(窓)], 장구(長軀), 장구(長驅), 장구(長久)[장구지계(之計)/장계(長計), 장구하다], 장궁(長弓), 장궤(長櫃), 장귀틀, 장기(長技), 장기(長期)[261], 장기간(長期間), 장널, 장년(長年), 장단(長短)[262], 장담(길게 쌓은 담), 장대(長大), 장대[竹][263], 장대석(長臺石), 장대패, 장대하다(長大), 장도(長刀), 장도(長途), 장등시주(長燈施主), 장랑(長廊), 장로(長老), 장로(長路), 장로(長蘆), 장류(長旒), 장류/수(長流/水), 장률(長律), 장리(長利)[장릿벼, 장릿빚, 장리쌀], 장림(長林)[장림심처(深處)], 장림(長霖), 장립대령(長立待令), 장마루(긴 널을 깔아 만든 마루), 장막극(長幕劇), 장망(長望), 장매(길쭉한 물건을 세로로 동이는 줄), 장명등(長明燈), 장명/부귀(長命/富貴), 장모(長毛), 장모음(長母音), 장목(長木), 장문(長文), 장물(長物), 장반경(長半徑), 장반자, 장발(長髮), 장밤, 장방(長房), 장방패(長防牌), 장방형(長方形), 장백의(長白衣), 장벽(長障), 장변(長邊;누운변), 장별리(長別離), 장병(長兵;먼 거리에서 사용하는 무기), 장병(長病;오랜 병), 장보(긴 들보), 장보석(長步席), 장복(長服), 장비류(長鼻類), 장뼘/뼘[264], 장사(長蛇), 장산(長山), 장삼(長衫)[장삼띠, 장삼춤; 먹장삼], 장삼화음(長三和音), 장생/불사(長生/不死), 장생(長栍), 장서(長書), 장서(長逝), 장석(長石), 장석(長席), 장선(長線), 장설(長舌), 장섬유(長纖維), 장성하다(長成), 장성(長城), 장소(長嘯), 장송(長松), 장수/선무(長袖/善舞), 장수(長壽), 장수로(長水路), 장시(長詩), 장시간(長時間), 장시일(長時日), 장시조(長時調), 장신(長身), 장써레, 장야/면(長夜/眠), 장어(長魚;뱀장어), 장언(長言), 장여(도리 밑에서 도리를 받치고 있는 모진 나무), 장연(長椽), 장염(長髥), 장영창(長映窓), 장옷/짜리, 장와불기(長臥不起), 장용지(긴 널조각), 장우단가(長吁短歎), 장원하다(長遠), 장률(長律), 장원(長遠), 장음(長音), 장음(長吟), 장음계(長音階), 장음정(長音程), 장읍(長揖), 장의자(長椅子), 장이(長耳), 장일(長日), 장의(長衣), 장의자(長倚子), 장자(長者)[백만장자(百萬)], 장작(長斫), 장장(長長;기나긴. 길고도 길게), 장재(長齋), 장전(長箭), 장절초(長切草), 장점(長點), 장정(長汀), 장정(長征), 장정(長亭), 장정(長程), 장제(長堤), 장조(長調), 장족(長足), 장주(長柱), 장주(長酒), 장주기(長週期), 장죽(長竹), 장준(長蹲), 장지(長指), 장지석(長支石), 장진(長進), 장질(長疾), 장차(長差), 장차다[265], 장찰(長札), 장창(신의 바닥 전체에 덧대는 창), 장창(長窓), 장창(長槍), 장채, 장책(長策), 장처(長處), 장척(長尺), 장천(長天), 장천(長川), 장천장(長天障), 장청판(長廳板), 장초석(長礎石), 장촉(長鏃), 장총(長銃), 장축(長軸), 장취(長醉), 장침(長枕), 장침(長針), 장타(長打), 장탁자(長卓子), 장탄식(長歎息), 장태식(長太息), 장파(長波), 장파장(長波長), 장편(長篇), 장풍(長風), 장하(長夏), 장하다(어떤 일에 매우 능하다), 장한(長旱), 장한(長恨), 장함(長銜), 장화(長靴), 장화반(花盤), 장활하다(長闊), 장획(長劃); 도장(徒長), 방장(方長), 백만장자(百萬長者), 삼장(三長), 생장(生長), 성장(成長), 세장(細長), 소장(消長), 소장(所長), 신장(身長), 신장(伸長), 심장(深長), 연장(延長), 용장하다(冗長), 유장하다(悠長), 음장(音長), 전장(全長), 절장보단(絶長補短), 조장하다(助長), 줄장(茁長), 증장(增長), 천장지구(天長地久), 체장(體長), 촌장(寸長;작은 장점), 최장(最長), 추야장(秋夜長;기나긴 가을 밤), 특장(特長), 파장(波長). ②친족 관계를 나타내는 일부 명사 앞이나 한자어 어근에 붙어 '맏이(형제자매 중에서 제일 먼저 태어난 사람)'나 '나이가 많은 사람(어른)'의 뜻을 더하는 말. ¶장남(長男), 장녀(長女), 장상(長上), 장손(長孫), 장손녀(孫女), 장유/유서(長幼/有序), 장자/상속(長子/相續), 장자풍(長子風), 장자(長姊; 맏누이), 장적(長嫡), 장조카, 장질(長姪), 장파(長派; 맏아들의 계통), 장형(長兄); 가장(家長), 가부장(家父長), 소장(少長), 연장(年長), 적장(嫡長), 적장자(嫡長子). ③'책임자 · 우두머리. 어른. 그 분야에서 최고'를 뜻하는 말. ¶장 노릇하기도 힘들다. 간사장(幹事長), 갑판장(甲板長), 검사장(檢事長), 경장(警長), 계장(係長), 계장(契長), 공관장(公館長), 공장장(工場長), 과장(課長), 관장(官長), 관장(館長), 교구장(教區長), 교육장(教育長), 교장(校長), 구장(區長), 구역장(區域長), 구청장(區廳長), 국장(局長), 국자장(國子長), 군단장(軍團長), 군사장(郡社長), 급장(級長), 기장(機長), 기관장(機關長), 기능장(技能長), 단장(團長), 단체장(團體長), 당회장(堂會長), 대장(隊長), 대장(臺長), 대법원장(大法院長), 도서관장(圖書館長), 동장(洞長), 면장(面長), 문장(門長), 반장(班長), 방장(坊長), 법원장(法院長), 별동대장(別動隊長), 병장(兵長), 병원장(病院長), 본부장(本部長), 부장(部長), 부장(副長), 부곡장(部曲長), 부대장(部隊長), 부서장(部署長), 부족장(部族長), 분과장(分科長), 분단장(分團長), 분대장(分隊長), 분실장(分室長), 분임장(分任長), 비서실장(秘書室長), 사장(社長), 사장(師長), 사단장(師團長), 사무장(事務長), 사원장(寺院長), 사정장(射亭長), 산장(山長;초야에 사는 학덕 높은 선비), 상장(上長), 서장(署長), 서기장(書記長), 석장(席長), 선장(船長), 선단장(船團長), 성균관장(成均館長), 소장(所長), 소대장(小隊長), 소방장(消防長), 속장(屬長), 수장(首長), 수도원장(修道院長), 수뢰장(水雷長), 수위장(守衛長), 승병장(僧兵長), 시장(市長), 시종장(侍從長), 실장(室長), 심사장(審査長), 심판장(審判長), 십장(什長), 씨족장(氏族長), 악장(樂長), 악사장(樂師長), 약장(約長), 어로장(漁撈長), 여단장(旅團長), 역장(驛長), 연대장(聯隊長), 영장(靈長), 옥당장(玉堂長), 원장(園長), 원장(院長), 위원장(委員長), 은행장(銀行長)/행장(行長), 읍장(邑長), 의장(議長), 이장(里長), 이사장(理事長), 재판장

261) 장기(長期↔短期): 장기거래(去來), 장기근속(勤續), 장기금융(金融), 장기분석(分析), 장기성(性), 장기수(囚), 장기신탁(信託), 장기어음, 장기예보(豫報), 장기응력(應力), 장기자본(資本), 장기전(戰), 장기차관(借款), 장기채(債), 장기청산거래(清算去來)/장기거래(去來), 장기파동(波動), 장기화/하다(化).

262) 장단(長短): 길고 짧거나 장점과 단점. ¶장단점; 논인장단(論人;남의 잘잘못을 논평함).

263) 장대: 장대높이뛰기, 장대도둑, 장대비(장대처럼 굵고 거세게 내리는 비), 장대질/하다.

264) 장뼘: 엄지손가락과 가운뎃손가락을 힘껏 벌린 길이.

265) 장차다(長): ①곧고도 길다. ¶나무줄기가 장차게 자랐다. ②거리가 멀다. ¶하룻길로는 장차다. ③시간적으로 길고 오래다. ¶10년이 넘는 장찬 세월을 보냈다. 길고 장찬 이야기.

(裁判長), 점장(店長), 접장(接長), 제사장(祭祀長), 조장(組長), 조정장(調停長), 조합장(組合長), 족장(族長), 존장(尊長), 좌장(座長), 주방장(廚房長), 줄패장(牌), 중대장(中隊長), 지구장(地區長), 지국장(支局長), 지대장(支隊長), 지령장(指令長), 지부장(支部長), 지사장(支社長), 지서장(支署長), 지점장(支店長), 직장(職長), 차장(次長), 참모장(參謀長), 처장(處長), 청장(廳長), 촌장(村長), 총장(總長), 추장(酋長), 통장(統長), 팀장(team長), 편장(偏長), 편대장(編隊長), 편집장(編輯長), 포대장(砲隊長), 학교장(學校長), 학원장(學院長), 함장(艦長), 합주장(合奏長), 항해장(航海長), 호장(戶長), 회장(會長), 훈장/질(訓長); 얼짱/ 몸짱/ 춤짱; 장관(長官), 장차관(長次官), 장함(長銜;위계 · 관직을 쓴 명함) 들.

장(場) ①많은 사람들이 모여 물건을 사고파는 일. 또는 그곳.=저자. ¶장에 가다. 장감고(場監考), 장거리[1,2], 장구럭(장바구니), 장금[266], 장꾼, 장날, 장내기/옷, 장도막[267], 장돌림(장으로 돌아다니면서 물건을 파는 장수), 장돌뱅이, 장되, 장마당(장이 서는 곳), 장물리[268], 장바구니, 장변(場邊), 장보기, 장세(場稅), 장시세(場時勢;장금), 장주릅, 장짐, 장체계(場遞計), 장치[269], 장치다, 장타령/꾼, 장터[장터거리, 장터어름(장터 부근)], 장판, 장흥정; 갯벌장(항구에 배가 들어올 때마다 서는 장), 끝장(일의 마지막), 난장(場)[270], 난장(亂場)[난장판, 난장패], 늦장, 대목장, 마장(馬場), 매장(每場;장날마다. 시장마다), 매장치기(每場), 밤장(夜市場), 볼장, 상장(上場)[상장주(株), 상장회사(會社)], 생선장(生鮮場), 쇠장, 시골장, 시장(市場), 외장(外場;도시 밖에 있는 시장), 전장(前場), 초장(初場), 초식장(草食場), 파장(罷場), 후장(後場), 모란장/ 안성장/ 5일장. ②어떤 일이 이루어지는 곳이나 물체 간에 힘이 작용하는 공간. 또는 심적 사상이 생기는 원인을 그 자체나 또는 다른 개별적 사상에서 구하지 않고 전체적 사태에서 구하는 경우의 그 심리학적 상태. ¶장내(場內), 장면(場面), 장밖, 장소(場所)[공연장소(公演), 영업장소(營業), 지급장소(支給)], 장안, 장외(場外)[장외거래(去來), 장외시장(市場), 장외주(株), 장외투쟁(鬪爭)], 장자석(場磁石), 장중(場中)[장중득실(得失)], 장포(場圃;텃밭); 가극장(歌劇場), 각축장(角逐場), 개장(開場), 개표장(開票場), 개항장(開港場), 건설장(建設場), 건조장(乾燥場), 건하장(乾蝦場), 검시장(檢屍場), 검시장(檢視場), 게시장(揭示場), 격전장(激戰場), 격투장(格鬪場), 결전장(決戰場), 경견장(競犬場), 경기장(競技場), 경륜장(競輪場), 경마장(競馬場), 경매장(競賣場), 경연장(競演場), 계류장(繫留場), 계선장(繫船場), 고사장(考査場), 골프장(golf場), 공장(工場), 공사장(工事場), 공연장(公演場), 공판장(共販場), 과장(科場), 광장(廣場), 교련장(敎鍊場), 교장(敎場), 구장(球場), 구금장(拘禁場), 구류장(拘留場), 구판장(購販場), 국궁장(國弓場), 권투장(拳鬪場), 극장(劇場), 급수장(給水場), 기미장(期米場), 기압장(氣壓場), 낙농장(酪農場), 난탑장(卵塔場), 넝마장, 노역장(勞役場), 노장(露場), 노적장(露積場), 농장(農場), 농구장(籠球場), 농성장(籠城場), 눈썰매장, 단공장(鍛工場), 단두장(斷頭場), 단철장((鍛/煅鐵場;대장간), 당장(當場), 당구장(撞球場), 대결장(對決場), 대국장(對局場), 대회장(大會場), 도장(道場), 도장(屠場), 도장(賭場), 도박장(賭博場), 도살장(屠殺場), 도선장(渡船場;나루터), 도수장(屠獸場), 도우장(屠牛場), 도축장(屠畜場), 도회장(都會場), 독장치다(獨場), 독천장(獨擅場), 등장(登場), 만장(滿場), 매장(賣場), 매립장(埋立場), 매설장(埋設場), 목마장(牧馬場), 목장(牧場), 목욕장(沐浴場), 무도장(武道場), 무도장(舞蹈場), 미두장(米豆場), 박토장(剝土場), 발사장(發射場), 방목장(放牧場), 배수장(排水場), 백사장(白沙場), 백일장(白日場;글짓기 대회), 벌목장(伐木場), 복구장(復舊場), 볼링장(bowling場), 부선장(浮選場), 부화장(孵化場), 비행장(飛行場), 빙활장(氷滑場), 사장(沙場), 사장(射場), 사장(寫場), 사격장(射擊場), 사교장(社交場), 사업장(事業場), 사육장(飼育場), 사적장(射的場), 사형장(死刑場), 산란장(産卵場), 살육장(殺戮場), 삼장(蔘場), 선견장(選繭場), 선과장(選果場), 선광장(選鑛場), 선유장(船留場), 선인장(船引場), 선전장(宣傳場), 선착장(船着場), 선탄장(選炭場), 선회장(旋回場), 설전장(舌戰場), 성토장(聲討場), 세공장(細工場), 세면장(洗面場), 세차장(洗車場), 세척장(洗滌場), 세탁장(洗濯場), 소각장(燒却場), 소시장(燒屍場), 수장(狩場), 수구장(水球場), 수도장(修道場), 수라장(修羅場), 수산장(授産場), 수선장(修船場), 수양장(修養場), 수영장(水泳場), 수용장(受容場), 스케이트장(skate場), 스키장(ski場), 승강장(乘降場), 승차장(乘車場), 시비장(是非場), 시장(市場), 시장(試場), 시장(柴場), 시음장(試飮場), 시합장(試合場), 시험장(試驗場), 식장(式場), 신호장(信號場), 실습장(實習場), 실험장(實驗場), 쓰레기장, 씨름장, 아수라장(阿修羅場), 야구장(野球場), 야영장(野營場), 야장(冶場;대장간), 야적장(野積場), 양계장(養鷄場), 양궁장(洋弓場), 양돈장(養豚場), 양두장(兩頭場), 양봉장(養蜂場), 양성장(養成場), 양수장(揚水場), 양식장(養殖場), 양어장(養魚場), 양장(兩場), 양조장(釀造場), 어장(漁場), 어획장(漁獲場), 역장(力場), 연극장(演劇場), 연기장(演技場), 연마장(硏磨場), 연마장(練馬場), 연무장(鍊武場), 연병장(練兵場), 연습장(演習場), 연예장(演藝場), 연회장(宴會場), 엽장(獵場), 영업장(營業場), 예식장(禮式場), 오락장(娛樂場), 오물장(汚物場), 오예장(汚穢場), 온천장(溫泉場), 욕장(浴場), 운동장(運動場), 운송장(運送場), 원도장(原圖場), 월동장(越冬場), 위락장(慰樂場), 유기장(遊技場), 유락장(遊樂場), 유보장(遊步場), 유세장(遊說場), 유치장(留置場), 유흥장(遊興場), 유희장(遊戲場), 육추장(育雛場), 의장(議場), 이야기장, 일광욕장(日光浴場), 일장(一場;한바탕), 임장(臨場), 입장(入場)[271], 입장(立場;處地), 입회장(立會場), 자장(磁場), 자기장(磁氣場), 작업장(作業場), 장장(葬場), 재장(齋場), 저광장(貯鑛場), 저목장(貯木場), 저탄장(貯炭場), 적사장(積卸場), 적재장(積載場), 적치장(積置場), 적환장(積換場), 전장(前場), 전장(戰場), 전기장(電氣場), 전람회장(展覽會場), 전시장(展示場), 전시회장(展示會場), 전자장(電磁場), 전자기장(電磁氣場), 전투장(戰鬪場), 정거장(停車場), 정계장(定繫場), 정구장(庭球場), 정류장(停留場), 정박장(碇泊場), 정수장(淨水場), 제장(祭場), 제사장(製絲場), 조련장(調練

---

266) 장금[-끔]: 장에서 거래되는 시세.

267) 장도막: 한 장날로부터 다음 장날 사이의 동안을 세는 단위.

268) 장물리: 장터의 돌아가는 시세와 동정.

269) 장치: 장이 설 때마다 이자를 갚는 빚.

270) 난장: 한데에 난전을 벌여 놓고 물건을 팔고 사는 것. ¶난장이 서다.

271) 입장(入場↔退場): 입장객(客), 입장권(券), 입장료(料), 입장세(稅), 입장식(式); 무료입장(無料), 유료입장(有料).

ㅈ

場), 조쇄장(粗碎場), 조어장(釣魚場), 조정장(漕艇場), 조차장(操車場), 족구장(足球場), 종말처리장(終末處理場), 종장(終場), 종묘장(種苗場), 종양장(種羊場), 종축장(種畜場), 주기장(駐機場), 주장(酒場), 주조장(酒造場;술도가), 주차장(駐車場), 중력장(重力場), 직장(職場), 직매장(直賣場), 직판장(直販場), 진개장(塵芥場), 진열장(陳列場), 집재장(集材場), 집하장(集荷場), 집회장(集會場), 징역장(懲役場), 착륙장(着陸場), 채굴장(採掘場), 채목장(採木場), 채벌장(採伐場), 채석장(採石場), 채탄장(採炭場), 채토장(採土場), 처형장(處刑場), 철장(鐵場;쇠를 불리는 곳), 체조장(體操場), 초식장(草食場), 초장(草場), 총판장(總販場), 촬영장(撮影場), 축구장(蹴球場), 출장(出場), 출하장(出荷場), 취사장(炊事場), 취수장(取水場), 취토장(取土場), 치마장(馳馬場), 타구장(打毬場), 탁구장(卓球場), 탈곡장(脫穀場), 탈의장(脫衣場), 탕치장(湯治場), 토론장(討論場), 토취장(土取場), 통관장(通關場), 퇴장(退場), 퇴비장(堆肥場), 퇴적장(堆積場), 투우장(鬪牛場), 투표장(投票場), 특매장(特賣場), 파장(罷場), 폐장(閉場), 폐기장(廢棄場), 포장(圃場), 풀장(pool場), 풍류장(風流場), 하륙장(下陸場), 하선장(下船場), 하차장(下車場), 하치장(荷置場), 한묵장(翰墨場), 해수욕장(海水浴場), 해전장(海戰場), 행사장(行事場), 향연장(饗宴場), 헬기장(helicopter機場), 현장(現場), 혈전장(血戰場), 형장(刑場), 화류장(花柳場), 화유장(花遊場), 화인장(化人場), 화장장(火葬場), 화제장(化製場), 환락장(歡樂場), 환송장(歡送場), 활공장(滑空場), 활빙장(滑氷場), 회견장(會見場), 회담장(會談場), 회장(會場), 회의장(會議場), 훈련장(訓練場), 휘장(揮場), 휴식장(休息場), 흥행장(興行場). ③연극에서, 막(幕)을 다시 나눈 작은 단락이나 연극의 큰 단락을 세는 단위. ¶막을 다시 장으로 나누다. 2막 5장.

장(匠) ①'물건을 만드는 것을 업으로 하는 사람(장인)'을 뜻하는 말. ¶장색(匠色), 장인(匠人); 거장(巨匠), 건화장(乾火匠), 검장(劍匠), 공장(工匠), 교장(巧匠), 궁장(弓匠), 금장(金匠), 기장(技匠), 남화장(覽火匠), 도장(刀匠), 명장(名匠), 명장(明匠), 미장(美匠), 사장(師匠), 석장(石匠), 선장(船匠), 쇄장(鎖匠), 악장(樂匠), 안롱장(按籠匠), 양장(良匠), 옥장(玉匠), 와장(瓦匠), 은장(銀匠), 의장(意匠)[의장가(家), 의장권(權), 의장등록(登錄); 등록의장(登錄)], 야장(冶匠;대장장이), 이장(泥匠;미장이), 조각장(彫刻匠), 조기장(造器匠), 조장(彫匠;조각가), 종장(宗匠), 주장(鑄匠;놋갓장이), 지장(紙匠), 직장(織匠), 토기장(土器匠), 피색장(皮色匠), 필장(筆匠), 화장(火匠), 화청장(畵靑匠). ②'-장이'의 꼴로, 일부 명사 뒤에 붙어 '수공업적인 기술로써 물건을 만들거나 고치거나 하는 일을 직업으로 가진 기술자'의 뜻을 더하는 말.[←장(匠)+-이]. ¶가구(家具), 가칠(假漆), 각수(刻手), 간판(看板), 갈이, 감투, 갓, 개초(蓋草), 관곽(棺槨), 고리, 구두, 구리, 궁방(弓房), 궁(弓), 금(金), 기와, 꾸밈, 납, 놋갓, 능라(綾羅), 단청(丹靑), 대장, 도련(擣鍊), 도림, 도배(塗褙), 도장(圖章), 돌, 동개, 등짐, 땜, 또드락, 마전, 마조(磨造), 망건(網巾), 모의(毛衣), 미장이[272], 무두, 박배, 발, 사기(沙器匠), 사토(莎土), 삿갓, 새김, 석각(石刻), 석수(石手), 선자귀, 소리, 소목(小木), 숯, 시계(時計), 시위, 앙토(仰土), 양복(洋服), 염(殮), 오림, 옥(玉), 옥(獄), 옹기(甕器), 와(瓦), 용정(舂精), 우산(雨傘), 유기(柳器), 은(銀), 의자(椅子), 이엉, 인석(茵席), 장(欌), 쟁(錚), 조각(彫刻), 조궁(造弓), 조선(造船), 족(足), 짚신, 챙, 철(鐵), 칠(漆), 큰톱, 토기(土器), 토담(土), 토역(土役), 톱장이, 통메장이(桶), 통장이(桶), 풍물장이(風物), 피장이(皮), 함석장이. ③'-쟁이'의 꼴로, 일부 명사 뒤에 붙어 '그것이 나타내는 속성을 많이 지닌 사람'의 뜻을 더하는 말.[←장(匠)+-이]. 생긴 모양이나 성질, 습관, 행동 따위가 유별난 사람을 홀하게 이르는 말. ¶가살쟁이, 가짓말, 간살, 감투, 갓, 갓난, 거드름, 거짓말, 걸신(乞神), 겁(怯), 게걸, 게으름, 경(經), 고자(告者), 고지식, 고집(固執), 관상(觀相), 구식(舊式), 권투(拳鬪), 궤변(詭辯), 그림, 극성(極性), 글, 글품, 금광(金鑛), 깍쟁이[알깍쟁이, 찰깍쟁이], 꺾어, 꼼꼼, 꼽꼽, 꾀, 꾀병(病), 난봉, 날, 날파람, 내숭, 노구(老嫗), 노래, 노죽, 놀음, 늦잠, 닦이, 대갈, 대서(代書), 대포(大砲), 도부(到付), 도섭, 돌림, 돌, 뒤스럭, 땜, 떼, 똥통(-桶), 뚜, 뜸, 마누라, 마술(魔術), 만담(漫談), 만만, 말공부, 말썽, 말¹,², 망건(網巾), 매련, 멋, 모, 몽니, 무식(無識), 문복(問卜), 미두(米豆), 미련, 미욱, 미장(美裝), 바람, 반찬(飯饌), 발김, 방갓(方), 방귀, 방예(防豫), 밭, 배꼽, 밴덕, 뱐덕, 변덕, 별점(占), 병(病), 복두(幞頭), 복술(卜術), 봉급(俸給), 불, 비부(婢夫), 빈말, 빚, 뻥, 사설(辭說), 사주(四柱), 산(山), 삿갓, 상(相), 상투, 세도(勢道), 소리, 소설(小說), 속병(病), 손금, 솔, 솟대, 쇠침(鍼), 수다, 수선, 숯, 신경질(神經質), 신문(新聞), 실업(實), 심술(心術), 싱검, 싸개, 싸움, 싸전(廛), 쌈, 아첨(阿諂), 아쿼, 아편(阿片), 안경(眼鏡), 암상, 앙탈, 야담(野談), 야발, 야살, 양복(洋服), 얘기, 어리광, 어림, 억살, 억설(臆說), 억지, 엄살, 여드름, 역성, 연관(煙管), 연극(演劇), 연설(演說), 연애(戀愛), 열없, 염병(染病), 영감(令監), 예수(Jesus), 오입(誤入), 옥사(獄), 옴, 옹고집(壅固執), 완고(頑固), 외고집(固執), 외입(外入), 요변(妖變), 요술(妖術), 욕심(慾心), 욕(辱), 웅변(雄辯), 월급(月給), 유식(有識), 음모(陰謀), 음양(陰陽), 의심(疑心), 이악, 이야기, 익살, 일공(日工), 일급(日給), 일수(日收), 입내, 자랑, 잔말, 재롱(才弄), 점(占), 주막(酒幕), 주정(酒酊), 중독(中毒), 중매(仲媒), 지랄, 참견(參見), 참기름, 천광(穿壙), 천주학(天主學), 철모르, 첩쟁이(妾), 체(滯), 침쟁이(鍼), 코쟁이, 콜록, 콧벽(-壁), 투정, 트집, 파자(破字), 판무식(判無識), 폐병(肺病), 풍각(風角), 풍수(風水), 풍쟁이(風), 하리쟁이, 해자쟁이(解字), 허풍쟁이(虛風), 험상쟁이(險狀), 헤프쟁이, 화주역쟁이(畵周易), 화초쟁이(花草), 환쟁이, 황고집쟁이(固執), 흉내쟁이, 희극쟁이(喜劇), 힘쟁이 들.

장(狀) 명사나 한자어 어근에 붙어 '그러한 문서임'을 뜻하는 말. ¶장계(狀啓), 장두(狀頭), 장문(狀聞), 장사(狀辭), 장청(狀請), 장파(狀罷); 가장(家狀), 가송장(假送狀), 가체포장(假逮捕狀), 감사장(感謝狀), 개근장(皆勤狀), 검시장(檢屍狀), 결투장(決鬪狀), 경고장(警告狀), 계고장(戒告狀), 고발장(告發狀), 고변장(告變狀), 고소장(告訴狀), 공갈장(恐喝狀), 공개장(公開狀), 공명장(空名狀), 공소장(公訴狀), 공장(公狀), 광고장(廣告狀), 구류장(拘留狀), 구인장(拘引狀), 군령장(軍令狀), 귀화장(歸化狀), 기소장(起訴狀), 기진장(寄進狀), 다짐장, 답장(答狀), 대장(臺狀), 도력장(都曆狀), 도목장(都目狀), 도배장(到配狀), 도전장(挑戰狀), 독촉장(督促狀),

272) 미장이: 건축 공사에서, 흙 따위를 바르는 일을 업으로 하는 사람. 미장공(工).[←니(泥)+匠+이].

등장(等狀), 딱장[273], 면장(免狀), 면허장(免許狀), 문장(文狀), 문서장(文書狀), 물고장(物故狀), 민장(民狀). 밀고장(密告狀), 발령장(發令狀), 배치장(配置狀), 병장(病狀), 보장(報狀), 보고장(報告狀), 봉장(封狀), 사장(赦狀), 사장(謝狀), 사장(辭狀), 사과장(謝過狀), 사령장(辭令狀), 사면장(赦免狀), 사죄장(謝罪狀), 상장(上狀), 상장(賞狀), 상고장(上告狀), 서장(書狀), 서장(誓狀), 서문장(誓文狀), 소장(訴狀), 소개장(紹介狀), 소송장(訴訟狀), 소원장(訴願狀), 소집장(召集狀), 소환장(召喚狀), 소환장(召還狀), 송장(送狀), 송달장(送達狀), 송품장(送品狀), 수감장(收監狀), 수소장(愁訴狀), 신용장(信用狀), 신임장(信任狀), 안내장(案內狀), 압류장(押留狀), 약속장(約束狀), 연판장(連判狀), 연하장(年賀狀), 영장(令狀), 예장(禮狀), 예고장(豫告狀), 운송장(運送狀), 원장(原狀), 위임장(委任狀), 위장(慰狀), 위촉장(委囑狀), 유언장(遺言狀), 응소장(應訴狀), 인가장(認可狀), 임명장(任命狀), 임용장(任用狀), 절교장(絕交狀), 절연장(絕緣狀), 정장(呈狀), 정근장(精勤狀), 조장(弔狀), 조회장(照會狀), 존문장(存問狀), 졸업장(卒業狀), 지령장(指令狀), 진성장(陳省狀), 징용장(徵用狀), 징집장(徵集狀), 참간장(斬奸狀), 첨장(添狀), 청미장(請米狀), 청장(請狀), 청첩/장(請牒/狀), 초대장(招待狀), 초료장(草料狀), 초청장(招請狀), 최고장(催告狀), 최촉장(催促狀), 추천장(推薦狀), 축하장(祝賀狀), 치진장(馳進狀), 통고장(通告狀), 통첩장(通牒狀), 특허장(特許狀), 파견장(派遣狀), 표창장(表彰狀), 하장(賀狀), 항고장(抗告狀), 항소장(抗訴狀), 해배장(解配狀), 해유장(解由狀), 해임장(解任狀), 핵장(劾狀), 행장(行狀), 허가장(許可狀), 혈판장(血判狀), 협박장(脅迫狀), 호출장(呼出狀) 들.

장(葬) 일부 명사 뒤나 한자어 어근에 붙어 '장사 지내다 · 장례'의 뜻을 나타내는 말. ¶장가(葬歌), 장구(葬具), 장렬(葬列), 장례/식(葬禮/式), 장법(葬法), 장비(葬費), 장사(葬事)[헛장사/하다], 장소(葬所), 장송/곡(葬送/曲), 장수(葬需), 장식(葬式), 장렬(葬列), 장의/사(葬儀/社), 장일(葬日), 장장(葬場), 장전(葬前), 장제(葬祭), 장제(葬制), 장지(葬地), 장택(葬擇), 장혈(葬穴), 장후(葬後); 가매장(假埋葬), 가장(假葬), 가족장(家族葬), 각장(各葬), 갈장(渴葬), 개장(改葬), 건조장(乾燥葬), 계장(繼葬), 고장(藁葬), 고려장(高麗葬), 과장(過葬), 구일장(九日葬), 국장(國葬), 국민장(國民葬), 군장(軍葬), 굴장(屈葬), 굴신장(屈身葬), 금장(禁葬), 나장(裸葬), 노장(路葬), 늑장(勒葬), 단순장(單純葬), 도장(倒葬), 도장(盜葬), 매장(埋葬)[매장꾼, 매장지(地); 생매장(生埋葬)], 미라장, 밀장(密葬), 반장(返葬), 배장품(陪葬品), 범장(犯葬), 복장(復葬), 부신장(俯身葬), 부장(副葬), 부장품(副葬品), 불장(佛葬), 사일장(四日葬), 사장(四葬), 사장(社葬), 사회장(社會葬), 산장[生埋葬], 삼월장(三月葬), 삼일장(三日葬), 상장(喪葬), 상하장(上下葬), 생장(生葬), 석관장(石棺葬), 세골장(洗骨葬), 세장지지(世葬之地;先山), 송장(送葬), 수목장(樹木葬), 수상장(樹上), 수장(水葬), 수장(樹葬), 순장(旬葬), 순장(殉葬), 습장(濕葬), 시장(市葬), 신전장(伸展葬), 안장(安葬), 암장(暗葬), 암매장(暗埋葬), 앙신장(仰身葬), 앙와장(仰臥葬), 애장, 야장(野葬), 염장(鹽葬), 영장(永葬), 예장(禮葬), 오장(五葬;土葬, 水葬, 火葬, 野葬, 林葬), 오일장(五日葬), 옹관장(甕棺葬), 완장(完葬), 왕장(王葬), 유장(儒葬), 이장(移葬), 이차장(二次葬), 인장묘발(寅葬卯發), 임장(林葬), 입장(入葬), 조장(鳥葬), 종장(從葬), 처장(妻葬), 천장(天葬), 천장(遷葬), 칠일장(七日葬), 토장(土葬), 투장(偷葬), 평토장(平土葬)/평장(平葬), 풍장(風葬), 하루장, 학교장(學校葬), 합장(合葬), 해장(海葬), 허장(虛葬), 호장(護葬), 화장(火葬), 회사장(會社葬), 회장(會葬), 후장(厚葬) 들.

장(醬) ①'간장'의 준말. 간장 · 된장의 총칭. ¶장가시(장에 생기는 구더기), 장간[274], 장간(醬間), 장건건이(간장, 고추장, 된장을 통틀어 이르는 말), 장국[장국냉면(冷麪), 장국밥/집, 장국죽(粥)], 장굴젓[275], 장김치, 장깍두기(간장을 넣고 담근 깍두기), 장대구(醬大口), 장독[장독간(間), 장독대(臺), 장독뚜껑, 장독받침], 장두부(醬豆腐), 장떡, 장똑똑이[276], 장맛, 장무새[277], 장묵죽(粥), 장물(간장을 탄 물), 장비지, 장산적(醬散炙), 장아찌[278], 장옹(醬甕), 장유(醬油), 장육(醬肉;장조림), 장장군(옹기로 만든 장독), 장재(醬滓;된장), 장젓, 장조림, 장족편(醬足), 장짠지, 장쪽박, 장찌개, 장탕반(醬湯飯;장국밥), 장태(醬太;메주콩), 장통(醬桶), 장포(醬脯), 장항(醬缸), 장항아리;가집장, 간장[279], 감자장, 감장(甘醬), 개암장, 개장(개장국), 건장(乾醬), 게장, 겹장[280], 계란장(鷄卵醬), 고명장(양념으로 쓰는 장), 고추장[보리고추장, 찹쌀고추장], 군장[281], 굴장, 내림장[282], 농장(濃醬;진간장), 달래장(달래를 넣고 양념한 장), 담북장[283], 담수장(淡水醬;무장), 더덕장(더덕을 넣어서 만든 장), 된장[284], 두부장(豆腐醬), 마른장, 막장, 멸장(멸치 젓국을 달인 뒤 걸러서 만든 장), 무장[285], 묵은장/묵장, 물장

273) 딱장(狀): 닦달해서 강제로 고백을 받아 내어 쓰게 하는 각서. ¶딱장떼다(꼬치꼬치 캐어묻고 따져서 닦달질하다), 딱장받다(도둑에게 온갖 형벌을 가하여 죄를 자백하게 하다).

274) 장간(醬): 장으로 간을 들인 음식의 짠맛의 정도.

275) 장굴젓(醬): 굴을 소금에 절였다가 끓여 간장을 부어 삭힌 것.

276) 장똑똑이(醬): 쇠고기를 채 썰어 갖은 양념을 하여 볶은 전통 요리.

277) 장무새: 무를 간장, 고추장 따위에 절여서 양념하여 먹는 반찬.

278) 장아찌: [←장(醬)+에+지]. ☞ 지². ¶감장아찌, 감자장아찌, 계란장아찌(鷄卵), 고드름장아찌, 고추장아찌, 고춧잎장아찌, 급살장아찌(急煞), 다시마장아찌, 달래장아찌, 더덕장아찌, 도라지장아찌, 마늘장아찌, 매실장아찌(梅實), 머위장아찌, 무장아찌, 문어장아찌(文魚), 벼락장아찌(당장 먹게 만든 장아찌. 급살장아찌), 복사장아찌(복숭아로 단근 것), 북어장아찌(北魚), 산초장아찌(山椒;분디를 따서 말린 장아찌), 생강장아찌(生薑), 숙장아찌(熟醬;잘게 썬 무 · 두부 · 다시마에 쇠고기를 섞고 간장에 조려 양념을 한 반찬), 연밥장아찌(蓮), 오이장아찌, 우무장아찌, 전복장아찌(全鰒), 참외장아찌, 천초장아찌(川椒;초피나무의 열매), 토란장아찌(土卵), 파장아찌, 호두장아찌.

279) 간장: 간장독, 간장비지, 간장종지, 간장통(桶); 국간장, 단간장, 별간장(別), 양념간장, 양조간장(釀造), 왜간장(倭), 조선간장(朝鮮), 진간장(津), 초간장(醋).

280) 겹장(醬): 간장에 다시 메주를 넣어 더 진하게 만든 간장.

281) 군장(醬): 간장을 떠낸 찌꺼기 된장을 즙을 내어 양념을 넣어서 반죽하여 기름과 꿀을 발라 구운 다음, 볶은 깨를 뿌린 반찬.

282) 내림장(醬): 간장을 떠내고 남은 된장에 다시 물을 부어 우린 장. 재성장(再成醬).

283) 담북장: ①메줏가루에 쌀가루, 고춧가루, 생강, 소금 따위를 넣고 익힌 된장. ②청국장.

284) 된장: 된장국, 된장잠자리, 된장찌개; 감자된장, 강된장, 겨된장, 막된장, 양념된장.

285) 무장(醬): 메주를 소금물에 담가 익힌 뒤에 달이지 아니하고 그냥 먹는 장. 담수장(淡水醬). ¶무장찌개.

(묽은 된장), 밀기울장, 밀장, 밥장[286], 백면장(白麪醬;밀가루로 메주를 만들어 담근 장), 벼락장(급히 익혀서 먹게 만든 고추장), 별간장(別), 볶은장, 북장(北;함경도에서 만든 된장), 북덕장, 비지장, 생황장(生黃醬)[287], 소금장, 소두장(小豆醬;팥장), 소맥장(小麥醬), 손님장, 숙황장(熟荒醬), 실백장(實柏醬), 약장(藥醬), 양념장, 어장(魚醬;생선을 넣어 담근 장), 어육장(魚肉醬), 염장(鹽醬), 유장(油醬), 육장(肉醬;장조림), 자장(煮醬), 잡장(雜醬), 재강장, 재성장(再成醬;내림장), 주조장(酒糟醬;재강장), 즙장(汁醬), 지름장[288], 진장(津醬), 진장(陳醬;진간장), 집장[289], 청국장(淸麴醬)[290], 청장(淸醬), 청태장(靑太醬), 초간장, 초장(炒醬;볶은장), 초장(醋醬), 콩잎장, 콩장, 토장(土醬), 팥고추장, 팥장, 합장(合醬;묵은 장에 메주를 넣고 담근 장), 호두장 들.

장(帳) ①장막·휘장·방장 따위를 두루 이르는 말. ¶장막(帳幕)[철의 장막; 드림장막], 장외(帳外), 장전(帳前), 장전(帳殿), 장하(帳下); 강장(絳帳), 면장(面帳), 모장(毛帳), 모기장, 문장(門帳), 문장(紋帳), 문장(蚊帳), 방장(房帳), 병장(屛帳), 부용장(芙蓉帳), 앙장(仰帳), 유장(油帳), 소장(素帳), 수장(繡帳), 유장(油帳), 유장(帷帳), 지장(紙帳), 포장(布帳), 홍장(紅帳), 휘장(揮帳). ②'기록하는 장부나 공책'을 뜻하는 말. ¶장기(帳記), 장부(帳簿)[장부가격(帳簿); 상업장부(商業), 이중장부(二重), 회계장부(會計)], 장적(帳籍); 공명장(空名帳), 과거장(過去帳), 과제장(課題帳), 권화장(勸化帳), 글장, 기장(記帳), 기록장(記錄帳), 기부장(寄附帳), 기입장(記入帳), 난장(亂帳), 단어장(單語帳), 대장(臺帳), 도행장(導行帳), 매매장(賣買帳), 매입장(買入帳), 매출장(賣出帳), 메모장(memo帳), 명세장(明細帳), 방장(房帳), 보조장(補助帳), 부기장(簿記帳), 분개장(分介帳), 사장(紗帳), 색출장(索出帳), 서명장(署名帳), 서문장(誓文帳), 세목장(細目帳), 수납장(收納帳), 수련장(修鍊/練帳), 수표장(手票帳), 숙제장(宿題帳), 시재장(時在帳), 신분장(身分帳), 악보장(樂譜帳), 알림장, 어음장, 연습장(練習帳), 염마장(閻魔帳), 원장(元帳)[매출원장(賣出)], 일기장(日記帳), 입금장(入金帳), 자습장(自習帳), 잡기장(雜記帳), 주문장(注文帳), 지장(紙帳), 채장(債帳), 청장(淸帳), 초료장(草料帳), 출납장(出納帳), 치부장(置簿帳), 통장(通帳), 판매장(販賣帳), 필기장(筆記帳), 학습장(學習帳), 향전장(香奠帳), 회계장(會計帳), 회향장(回向帳), 휘장(揮帳) 들.

장(將) ①'장수(將帥). 거느리다. 나아가다. 일을 맡다'를 뜻하는 말. ¶장계취계(將計就計), 장공속죄(將功贖罪), 장관(將官), 장교(將校)[291], 장군(將軍)[1,2][292], 장귀천(將鬼薦), 장근(將近거의), 장기(將棋)[293], 장기(將器), 장대(將臺), 장략(將略), 장령(將令), 장령(將領), 장문(將門), 장병(將兵), 장사(將士), 장사(將事), 장상(將相), 장선(將船), 장성(將星), 장수(將帥)[294], 장신(將臣), 장인(將印), 장임(將任), 장재(將材), 장졸(將卒), 장종(將種), 장지(將指), 장패(將牌); 강장(强將), 노장(老將)[백전노장(百戰)], 대장(大將)[295], 덕장(德將), 돌격장(突擊將), 맹장(猛將), 명장(名將)[사후명장(死後)], 무장(武將), 묵은장/묵장, 반장(叛將), 보졸장(步卒將;탈것이 없어 걸어 다니는 사람), 복장(福將), 부장(部將), 부장(副將), 비장(裨將), 성장(城將), 소장(小將), 수문장(守門將), 숙장(宿將;늙고 공로가 많은 장수), 승장(僧將), 신장(神將), 양장(良將), 여장(女將), 영장(英將), 영장(營將), 예장(銳將), 용장(勇將), 용장(庸將), 우장(愚將), 웅장(雄將), 유장(儒將), 적장(賊將), 적장(敵將), 제장(諸將), 주장(主將), 준장(准將), 중장(中將), 지장(智將), 진영장(鎭營將)/영장(營將), 투장(鬪將), 패장(敗將), 패장(牌將), 포장(捕將), 현장(賢將), 호장(虎將), 효장(驍/梟將). ②'바야흐로. 장차'를 뜻하는 말. ¶장래/성(將來/性;늘품), 장차(將次;미래의 때. 앞으로), 장취(將就); 방장(方將;이제 곧. 방금) 들.

장(張) ①'베풀다. 펴다. 당기다. 과장하다'를 뜻하는 말. ¶장관이대(張冠李戴;이름과 실상이 일치하지 아니함), 장대하다(張大), 장도감치다(張都監), 장등(張燈;등불을 켜 놓음), 장력(張力;당기는 힘), 장목(張目), 장본(張本;어떤 일이 크게 벌어지게 되는 근원), 장본인(張本人;나쁜 일을 빚어낸 바로 그 사람), 장삼이사(張三李四), 장석(張石), 장성(張星), 장황하다(張皇); 개장(開張), 경장(更張), 고장/액(高張/液), 과장(誇張), 긴장(緊張), 등장(等張), 면장우피(面張牛皮), 방장(方張), 신장(伸張), 이장(弛張;풀림과 당김), 인장(引張), 저장(低張), 주장(主張), 주장(拄張;허튼소리로 떠벌임), 진장(振張), 출장(出張), 항장력(抗張力), 확장(擴張). ②몇몇 명사 뒤나 한자어 어근에 붙어 '얇고 넓적한 조각'의 뜻을 나타내는 말. 종이 같은 넓적한 조각으로 생긴 물건을 세는 말.=매(枚). ¶가마니/종이/유리 한 장. 장수(張數), 장장이(張張); 겉장, 그림장, 기왓장, 나비장(나비 모양의 나무쪽), 낙서장(落書張), 낙장/본(落張/本), 낱장, 달력장(曆張), 명함장(名銜張), 문판장(門板張), 반장(半張), 백지장(白紙張), 석장볏, 속장, 안장, 온장(종이나 피륙의 베어내지 아니한 온통의 조각), 전장(全張), 종잇장, 준장(準張), 책장(冊張), 초지장(草紙張), 투전장(鬪牋張), 판권장(板權張), 패장(牌張), 화투장(花鬪張), 휴지장(休紙張) 들.

장(章) ①예산 편성상의 구분. 장 아래에는 관·항·목이 있음. ②

---

286) 밥장: 메주를 많이 넣어 되게 담근 간장.

287) 생황장(生黃醬): 콩과 밀가루로 메주를 만들어 담근 간장.

288) 지름장(醬): 겨울철에 남은 김칫국물로 담그는 장.

289) 집장(醬): 여름에 띄워 말린 메주를 곱게 빻아서 고춧가루와 함께 찰밥에 버무려 장아찌를 박고 띄운 고추장 비슷한 음식.

290) 청국장(淸麴醬): 삶은 콩을 띄워 반쯤 찧다가 소금과 고춧가루를 넣어 만든 장. 찌개를 끓여 먹음.

291) 장교(將校): 장교단(團), 장교클럽(club); 간호장교(看護), 배속장교(配屬), 연락장교(連絡), 정훈장교(政訓), 통역장교(通譯).

292) 장군(將軍)[1]: 군(軍)을 통솔·지휘하는 무관. 힘이 아주 센 사람이나 물건을 이르는 말. ¶장군감, 장군목(木;굵고 큰 나무 빗장), 장군석(石), 장군전(箭;순쇠붙이로 만든 화살); 개선장군(凱旋), 굴때/굴때장군(몸이 굵고 키가 크며 살갗이 검은 사람. 옷이 시커멓게 된 사람), 대장군(大), 독불장군(獨不), 동장군(冬;겨울철의 심한 추위), 상승장군(常勝), 여장군(女), 오방장군(五方;오방을 지키는 신), 오성장군(五星;元帥).
장군(將軍)[2]: 장기를 둘 때, 자기편의 말로 직접 상대방의 궁을 잡으려고 놓은 수. 〈준〉장(將). ¶장군멍군; 겸장군(兼), 대궁장군(對宮), 양수겸장(兩手兼將), 외통장군(-通將軍).

293) 장기(將棋): 장기짝, 장기튀김, 장기판; 맞장기, 보라장기(들여다보기만 하고 빨리 두지 않는 장기), 보리장기(방식도 모르면서 되는 대로 두는 장기), 죽장기(서투르게 두는 장기), 풋장기.

294) 장수(將帥): ①군사를 거느리는 우두머리. ¶용맹스러운 장수. ②'몸집이 큰. 우두머리'를 뜻하는 말. ¶장수갈거미, 장수개미, 장수거북, 장수도마뱀, 장수말벌, 장수벌. 장수잠자리, 장수풍뎅이, 장수하늘소.

295) 대장(大將), 대장기(旗), 대장인(印); 골목대장, 꼬마대장, 선봉대장(先鋒)/선봉장, 선상대장(先廂), 총대장(總), 포도대장(捕盜).

ㅈ

'글. 악곡 · 시문을 몇 부분으로 나눈 단락. 법(法). 나타내다. 도장. 무늬'를 뜻하는 말. ¶3장으로 된 책. 장구(章句), 장동(章動), 장법(章法전장과 법도), 장전(章典), 장절(章節), 장정(章程), 장초(章草), 장하주(章下註), 장회소설(章回小說); 견장(肩章), 계급장(階級章), 구장(九章), 국장(國章), 규장(奎章), 금장(襟章), 기장(旗章), 기장(記/紀章)[종군기장(從軍)], 기념장(記念章), 단장(斷章), 도장(圖章), 동장(銅章), 만장(輓/挽章), 문장(文章), 문장(紋章), 별장(別章), 봉장(封章), 부장(副章), 비장(臂章), 사장(社章), 사장(詞/辭章), 삼장(三章), 상장(喪章), 서장(序章), 성장(星章), 소장(疏章), 수장(受章), 수장(授章), 수장(袖章), 신장(信章), 아랫장[하장(下章)], 악장(樂章), 약장(約章;약속한 법), 약장(略章), 옥장(玉章;아름다운 시문), 완장(腕章), 월장성구(月章星句), 인장(印章), 전장(前章), 전장(典章), 정장(正章), 제일장(第一章), 조장(條章), 중장(中章), 종장(終章), 지장(指章), 초장(初章), 탄장(彈章), 평장(平章), 포장(褒章), 표장(標章), 하장(下章), 하장(賀章), 헌장(憲章), 현장(懸章), 회장(回章), 후장(後章), 훈장(勳章), 휘장(徽章), 흉장(胸章) 들.

장(腸) 소화기의 일부. 애. 속의 것. ¶장간막(腸間膜), 장결핵(腸結核), 장골(腸骨), 장관(腸管)[생식장관(生殖)], 장두상련(腸肚相連), 장루(腸瘻), 장막(腸膜), 장만(腸滿), 장벽(腸壁), 장석(腸石), 장선(腸腺;창자샘), 장선(腸線), 장암(腸癌), 장액(腸液), 장염(腸炎), 장옹(腸癰), 장염전증(腸捻轉症), 장운동(腸運動), 장위(腸胃), 장점막(腸粘膜), 장점액(腸粘液), 장질부사(腸窒扶斯), 장천공(腸穿孔), 장치(腸痔), 장카타르(catarrh;장염), 장탄저(腸炭疽), 장티푸스(Typhus), 장폐색증(腸閉塞症), 장풍(腸風), 장협착(腸狹窄); 간장(肝腸)[구곡간장(九曲;시름이 쌓인 마음속)], 강장/동물(腔腸/動物), 결장(結腸), 공장(空腸), 관장(灌腸), 교장증(交腸症), 구장(九腸), 구절양장(九折羊腸), 기장(飢腸;주린 창자), 단장(斷腸;창자가 끊어지는 듯한 슬픔)[소혼단장(消魂)], 대장(大腸), 대소장(大小腸), 막장, 맹장(盲腸), 무장공자(無腸公子;게), 비장(腓腸;장딴지), 석장(石腸), 세장(洗腸), 소장(小腸), 속장(俗腸), 심장(心腸), 십이지장(十二指腸), 원장(原腸), 위장(胃腸), 전장(前腸), 애간장(肝腸), 양장(羊腸)[구절양장(九折)], 어장(魚腸), 위장(胃腸)[위장병(病), 위장염(炎)], 주장(注腸), 중장(中腸), 직장/암(直腸/癌), 철장(鐵腸;굳은 마음), 탈장(脫腸), 폐장(肺腸), 환장(換腸), 황장(黃腸), 회장(回腸), 후장(後腸) 들.

장(杖) '지팡이. 몽둥이'를 뜻하는 말. ¶장구(杖屨;지팡이와 짚신), 장기(杖朞), 장대(杖臺), 장독(杖毒), 장두/전(杖頭/錢), 장류(杖流), 장문(杖問), 장배(杖配), 장사(杖死), 장살(杖殺), 장상(杖傷), 장죄(杖罪), 장죽(杖竹), 장지수지(杖之囚之), 장창(杖瘡), 장처(杖處), 장판(杖板), 장편[296], 장폐(杖斃), 장하(杖下;장형을 받는 자리), 장형(杖刑); 개화장(開化杖), 결장(決杖), 곤장(棍杖), 구장(毬杖), 구장(鳩杖), 궤장(几杖), 금강장(金剛杖), 난장(亂杖)[난장질, 난장맞을, 난장칠; 넨장맞을, 넨장칠], 능장(稜杖), 단장(短杖), 말장/목(抹杖/木), 맹장/질(猛杖), 산장(散杖), 삼릉장(三稜杖), 상장(喪杖)[오동상장(梧桐)], 석장(錫杖), 선장(禪杖), 신장(訊杖), 엄장(嚴杖), 용장(用杖), 육환장(六環杖), 잡장(雜杖), 적반하장(賊反荷杖), 좌장(坐杖), 주장(朱杖), 주장(拄杖), 죽장(竹杖)[구절죽장(九節竹杖)], 중장(重杖), 철장(鐵杖), 청려장(青藜杖), 충목지장(衝目之杖), 태장(笞杖), 헐장(歇杖;때리는 시늉만 하는 매질), 협장(脇杖;목다리), 형장(刑杖), 혹장(酷杖), 화장(火杖;부지깽이) 들.

장(壯) '씩씩하다. 장하다. 튼튼하다'를 뜻하는 말. ¶장거(長擧), 장건하다(壯健), 장골(壯骨), 장관(壯觀), 장기(壯妓), 장기(壯氣), 장년(壯年), 장담(壯談), 장담(壯膽), 장대하다(壯大), 장도(壯途)[297], 장도(壯圖), 장려하다(壯麗;웅장하고 화려하다), 장력세다(壯力)[298], 장렬하다(壯烈), 장령(壯齡), 장미(壯美), 장사(壯士;기개와 체질이 굳센 사람)[씨름장사, 알심장사, 천하장사(天下), 항우장사(項羽)/항장사, 힘장사], 장산(壯山), 장설(壯雪;많이 오는 눈), 장성하다(壯盛;씩씩하고 힘차다), 장언(壯言), 장열(壯熱), 장원(壯元)[299], 장월(壯月;8월), 장유지(壯油脂), 장자(壯者), 장잠(壯蠶), 장재(壯哉), 장절하다(壯絕), 장정(壯丁), 장지(壯志), 장지(壯紙), 장초/군(壯抄/軍), 장쾌하다(壯快), 장판(壯版)[장판돌, 장판방(房), 장판지(紙); 전기장판(電氣), 덧장판], 장하다[300]/장히, 장한(壯漢), 장행/회(壯行/會), 장회(壯懷); 각장(角壯;두꺼운 장판지), 강장/약(强壯/藥), 건장(健壯), 광장(廣壯), 굉장하다(宏壯), 노익장(老益壯), 노장(老壯;노년과 장년), 비장하다(悲壯), 소장(小壯), 엄장하다(嚴壯), 용장하다(勇壯), 웅장하다(雄壯), 정장(丁壯), 충장하다(充壯), 호장(豪壯) 들.

장(裝) '꾸미다. 갖추다. 차림/새'를 뜻하는 말. ¶장갑(裝甲)[장갑부대(部隊), 장갑차(車), 장갑함(艦)], 장구(裝具), 장두(裝頭), 장비(裝備)[중장비(重)], 장선(裝船;배에 짐을 실음), 장속(裝束), 장식(裝飾)[301], 장신구(裝身具), 장실구(裝室具), 장약(裝藥), 장재(裝載), 장전(裝填;총포에 탄약을 잼)[장전하다; 포구장진(砲口), 포미장진(砲尾)], 장정(裝幀;책치레), 장착(裝着;기구나 장비 따위를 부착함), 장치(裝置)[302], 장탄(裝彈;총포에 탄환을 잼), 장하(裝荷),

296) 장편(杖-): 쇠로 만든 테에 쇠가죽을 메워서 장구의 오른쪽 마구리에 댄 부분.

297) 장도(壯途): 중대한 사명이나 장한 뜻을 품고 나서는 길. ¶선수들의 장도를 축복하다. 장도식(式).

298) 장력세다(壯力): 담이 차고 마음이 굳세어 무서움을 타지 않다.

299) 장원(壯元): 여럿이 겨루는 시험이나 경기 · 오락에서 첫째를 함. ¶장원급제(及第), 장원례(禮), 장원하다; 곤드기장원(노름판에서 서로 비기고 만 노름), 알성장원(謁聖), 판장원(어떤 판에서 재주가 가장 뛰어난 사람).

300) 장하다(壯): ①매우 훌륭하다. ¶너의 용기가 참으로 장하구나. ②썩 갸륵하다. ¶남을 도우려는 그 마음씨가 장하다.

301) 장식(裝飾;꾸밈/새): 장식고분(古墳), 장식깃, 장식도안(圖案), 장식등(燈), 장식물(物), 장식미술(美術), 장식성(性), 장식시침, 장식실[絲], 장식악절(樂節;裝飾奏), 장식우(羽;치레깃), 장식우물(치레우물), 장식음(音), 장식일꾼, 장식장(欌), 장식조각(彫刻), 장식조명(照明), 장식지(紙), 장식체(體;꾸민 글씨체), 장식품(品), 장식화(畵); 거멀장식, 마감장식, 머리장식, 무대장식(舞臺), 새발장식(새발 모양의 장식), 숨은고장식, 실내장식(室內), 약과장식(藥果), 은장식(銀), 은혈장식(隱穴).

302) 장치(裝置): 어떤 목적에 따라 기능하도록 기계나 설비 따위를 설치함. 또는 그 설치한 물건. 무대 따위를 차리어 꾸밈. ¶장치경영(經營), 장치공업(工業), 장치기간(期間), 장치도(圖), 장치되다/하다, 장치산업(産業); 가동장치(可動裝置) 가속장치(加速), 감속장치(減速), 격발장치(擊發), 광디스크장치(光disk), 교류장치(交流), 구동장치(驅動), 기억장치(記憶)[보조기억장치(補助), 주기억장치(主)], 난방장치(煖房), 냉각장치(冷却), 냉방장치(冷房), 녹화장치(錄畵), 단발장치(單發), 무대장치(舞臺), 밀폐장치(密閉), 반응장치(反應), 발화장치(發火), 방수장치(防水), 방음장치(防音), 배수장치(排水), 변복조장치(變復調), 변속장치(變速),

장화(裝畵); 가장(假裝), 개장(改裝), 객장(客裝;여행하기 위한 몸 차림), 경장(輕裝), 군장(軍裝), 금장(金裝), 남장(男裝), 단장(端裝), 도장(塗裝), 무장(武裝), 미장(美裝), 변장/술(變裝/術), 복장(服裝), 분장/사(扮裝/師), 선장(船裝), 성장(盛裝), 속장(束裝), 수장(修粧), 신장(新裝), 안장(鞍裝), 야장(夜裝), 약장(略裝), 양장(洋裝), 여장(女裝), 여장(旅裝), 예장(禮裝), 우장(雨裝), 위장(僞裝), 의장(儀裝), 의장(艤裝), 전장(前裝), 정장(正裝), 첩장(帖裝), 치장(治裝)303), 특장차(特裝車), 포장(包裝), 포장(鋪裝), 표장(表裝), 하장(下裝), 행장(行裝), 회장(回裝)[회장저고리], 후장(後裝) 들.

장(藏) '감추다. 보관하다'를 뜻하는 말. ¶장경판(藏經板), 장닉(藏匿;감추어 숨김), 장두은미(藏頭隱尾), 장란기(藏卵器), 장본(藏本), 장봉(藏鋒), 장빙(藏氷), 장서(藏書;책을 간직하여 둠)[장서가(家), 장서판(版), 장서표(票)], 장수(藏守), 장정기(藏精器), 장졸(藏拙), 장치(藏置), 장판(藏版); 가장(架藏), 가장(家藏), 경장(經藏), 내장(內藏), 냉장/고(冷藏/庫), 논장(論藏), 당장법(糖藏法), 대장경(大藏經)/장경(藏經), 매장(埋藏)[매장량(量), 매장문화재(文化財)], 무진장(無盡藏), 밀장(密藏;진언종의 경전), 법장(法藏), 보장(寶藏), 복장(伏藏), 불장(佛藏), 비장(秘藏), 사장(私藏), 사장(四藏), 사장(死藏), 삼장(三藏: 經藏, 律藏, 論藏), 소장(所藏), 수장(水藏), 수장(收藏), 수장(壽藏), 심장(深藏), 애장(愛藏), 염장(鹽藏), 온장/고(溫藏/庫), 율장(律藏), 인장(印藏), 저장(貯藏), 진장(珍藏), 진장(陳藏), 천장지비(天藏地秘), 축장(蓄藏), 침장(沈藏), 탕장(帑藏), 퇴장(退藏), 폐장(閉藏), 포장(包藏), 회장(懷藏), 흡장(吸藏) 들.

장(丈) ①=길(길이의 단위). 길다. ¶천 장의 심해(深海). 장척(丈尺); 만장(萬丈)304), 방장(方丈), 억장(億丈). ②몇몇 명사 뒤나 한자어 어근에 붙어 '어른. 맏아들'의 뜻을 나타내는 말. ¶장모(丈母)[첩장모(妾)], 장부(丈夫)305), 장석(丈席;학문과 덕망이 높은 사람), 장인(丈人)[장인어른; 첩장인(妾)], 장조(丈祖), 장조모(丈祖母), 장조부(丈祖父); 고숙장(姑叔丈), 노인장(老人丈), 백부장(伯父丈), 백씨장(伯氏丈), 빙장(聘丈), 사장(査丈), 사장(師丈), 선장(先丈), 선고장(先考丈), 세장(世丈), 숙부장(叔父丈), 악장(岳丈), 악장(嶽丈), 완장(阮丈;남의 삼촌을 높이어 이르는 말), 왕고장(王考丈), 왕장(王丈), 왕존장(王尊丈), 위양장(渭陽丈;남의 외숙을 높이어 이르는 말), 이숙장(姨叔丈), 입장(入丈;장가듦), 조부장(祖父丈), 족장(族丈), 졸장부(拙丈夫), 주인장(主人丈), 춘부장(椿府丈), 함장(函丈;스승), 형장(兄丈) 들.

장(掌) '손바닥. 맡다'를 뜻하는 말. ¶장갑(掌匣)306), 장골(掌骨), 장관(掌管), 장내(掌內), 장대(掌大;손바닥만 한 크기), 장리(掌理), 장리(掌裏;掌握), 장문(掌紋;손금), 장상(掌狀)[장상맥(脈), 장상열엽(裂葉)], 장심(掌心), 장악(掌握)307), 장악중(掌握中)/장중(掌中)[장중물(物), 장중보옥(寶玉)], 장알(손바닥에 박힌 굳은살. 못), 장의(掌議), 장인(掌印), 장재(掌財;금전 출납을 맡아보는 사람), 장적(掌跡;손자국), 장편/소설(掌篇/小說), 장풍(掌風); 겸장(兼掌), 고장난명(孤掌難鳴), 관장(管掌), 독장난명(獨掌難鳴), 마권찰장(摩拳擦掌;기운을 잔뜩 모아 돌진할 때를 기다림), 박장/대소(拍掌/大笑), 분장(分掌), 선인장(仙人掌), 소장(所掌), 수장(手掌), 앙장(鞅掌), 여반장(如反掌), 웅장(熊掌;곰의 발바닥), 전장(典掌), 전장(傳掌), 족장(足掌;발바닥), 주장(主掌;어떤 일을 오로지 맡아봄. 주로), 직장(職掌), 차장(車掌), 파장(把掌), 합장(合掌)[합장매듭, 합장배례(拜禮), 합장하다; 금강합장(金剛)] 들.

장(欌) ①물건을 넣어 두는 가구(家具)를 두루 이르는 말. ¶장 속 깊이 귀중품을 숨겨 두다. 장을 맞추다. 장걸이(장롱에 걸어 놓는 노리개), 장롱(欌籠), 장문(欌門), 장발(장롱 밑에 괴는 물건), 장장이, 장전(欌廛); 구석장, 그릇장, 금침장(衾枕欌;자릿장), 나비장, 농장(籠欌), 머릿장, 벽장(壁欌), 삼층장(三層欌), 벽장(壁欌), 봉장(鳳欌), 붙박이장, 붙장(부엌에 붙여 만든 장), 서장(書欌), 서랍장(舌盒欌), 서류장(書類欌), 신발장/신장, 쌍홍장(雙-欌), 아기장, 알장(작은 장), 약장(藥欌), 양복장(洋服欌), 오동장(梧桐欌), 옷장, 용장(龍欌), 의장(衣欌), 의걸이장(衣-欌), 이불장, 이/삼층장(二/三層欌), 자개장, 자릿장(이부자리를 넣어 두는 장), 장식장(裝飾欌), 정리장(整理欌), 제물장308), 지장(紙欌), 진열장(陳列欌), 찬장(饌欌), 찻장(茶欌), 책장(冊欌), 초약장(炒藥欌), 칠장(漆欌), 탁자장(卓子欌)/탁장(卓欌), 홍장(紅欌), 화각장(畵角欌), 화류장(樺榴欌), 화초장(花草欌). ②집짐승을 가두어 기르는 우리. ¶개장, 닭장/닭의장, 비둘기장, 새장, 토끼장 들.

장(粧) '깨끗하고 곱게 꾸미다(단장하다)'를 뜻하는 말. ¶장경(粧鏡), 장도(粧刀)[장도칼; 금장도(金), 산호장도(珊瑚), 은장도(銀)], 장력(粧曆;잘 꾸민 달력), 장렴/하다(粧奩;곱게 꾸미다), 장루(粧漏), 장식(粧飾;얼굴을 매만져 꾸밈), 장점(粧點;좋은 땅을 가리어 집을 지음), 장찬(粧撰), 장책(粧冊), 장첩(粧帖), 장황(粧潢), 장흔(粧痕;단장을 한 흔적); 내장(內粧), 농장(濃粧), 단오장(端午粧), 단장(丹粧)[몸단장, 분단장(粉)], 담장(淡粧), 미장(美粧), 성장(盛粧), 소장(素粧), 수장(修粧), 신장(新粧), 연장(妍粧), 염장(艶粧), 치장하다(治粧), 홍장(紅粧), 화장(化粧)309) 들.

장(障) '막다 · 막히다. 거치적거리다. 거리끼다'를 뜻하는 말. ¶장니(障泥), 장벽(障壁)[비/관세장벽(非/關稅)], 장애(障礙)310), 장자

시건장치(施鍵), 실내장치(室內), 안전장치(安全), 연소장치(燃燒), 유도장치(誘導), 윤활장치(潤滑), 입력장치(入力), 자동장치(自動), 잠금장치, 전자장치(電子), 점화장치(點火), 제어장치(制御), 주기억장치(主記憶), 주변장치(周邊), 중앙처리장치(中央處理), 출력장치(出力), 폐색장치(閉塞), 환기장치(換氣).

303) 치장(治裝): 겉치장, 몸치장, 세간치장, 속치장, 집치장.

304) 만장(萬丈): 만장공도(公道), 만장봉(峰), 만장생광(生光), 만장절애(絕崖), 만장폭포(瀑布), 만장홍진(紅塵); 기고만장(氣高), 파란만장(波瀾), 황진만장(黃塵).

305) 장부(丈夫): 대장부(大), 사내대장부(大), 여장부(女;女傑), 열장부(烈;절개가 굳은 남자), 위장부(偉), 졸장부(拙), 천장부(賤), 피장부아장부(彼-我-), 헌헌장부(軒軒).

306) 장갑(掌匣): 손을 보호하거나 추위를 막거나 장식으로 손에 끼는 물건. ¶장갑을 끼다/벗다. 가죽장갑, 고무장갑, 권투장갑(拳鬪), 면장갑(綿), 모장갑(毛;털장갑), 목장갑, 벙어리장갑, 비닐장갑(vinyl), 짜개장갑, 털장갑.

307) 장악(掌握): 손으로 잡아쥔다는 뜻으로, 판세나 권력 따위를 휘어잡음. ¶고지를 장악하다. 판세를 장악하다.

308) 제물장(欌): 방벽에 붙박이로 설비되어 있어 움직일 수 없는 장.

309) 화장(化粧): 화장기(氣), 화장대(臺), 화장도구(道具), 화장발, 화장법(法), 화장수(水), 화장실(室;변소), 화장지(紙), 화장품(品); 무대화장(舞臺), 신부화장(新婦).

ㅈ

(障子;장지), 장해(障害)[311]; 고장(苦障;불교에서 이르는, 地獄·餓鬼·畜生의 괴로움), 고장(故障;기계나 몸에 탈이 생김), 내장안(內障眼)/내장(內障)[녹내장(綠), 백내장(白), 흑내장(黑)], 마장/스럽다(魔障), 만장(萬障), 무장무애(無障無礙), 번뇌장(煩惱障), 보장(保障), 사장(四障), 앙장(仰障), 외장(外障), 위장(圍障), 죄장/감(罪障/感), 지장(支障), 천장(天障)[천장틀, 천장화(畵); 빗천장(삿갓 모양으로 경사진 천장), 입천장] 들.

장(漿) '마실 것(음료). 미음. 액체의 물질'을 뜻하는 말. ¶장경(漿莖), 장과(漿果;살과 물이 많은 과실), 장막(漿膜), 장수(漿水;좁쌀미음), 장액/막(漿液/膜), 장제(漿劑), 장태(漿胎;곱게 앙금을 가라앉힌 도자기의 재료가 되는 흙), 장포(漿疱;곪은 부스럼); 고무장(고무의 용액), 금장옥액(金漿玉液), 뇌장(腦漿), 다장근(多漿根), 다장식물(多漿植物), 단사호장(簞食壺漿;음식을 차려 놓고 군대를 환영함), 두장(痘漿;천연두의 고름), 산장(散漿), 암장(巖漿;마그마), 옥액경장(玉液瓊漿), 우장(牛漿;우두에서 빼낸 물), 유장(乳漿), 육장(肉漿), 지장/수(地漿/水), 철장(鐵漿), 혈장(血漿) 들.

장(莊) ①'엄하다'를 뜻하는 말. ¶장엄하다(莊嚴), 장중(莊重), 장장(莊莊). ②'경치 좋은 곳에 따로 마련한 집(별장)'을 뜻하는 말. ¶장원(莊園, 장전(莊田), 장토(莊土); 굉장하다(宏莊), 농장(農莊), 별장/지기(別莊), 사장(私莊), 산장(山莊), 전장(田莊), 촌장(村莊), 황장(荒莊); 목화장/ 이화장/ 청수장 들과 같이 가게 이름으로 쓰임.

장(奬) '돕다. 알아듣도록 타일러서 힘쓰게 하다(권면하다)'를 뜻하는 말. ¶장권(奬勸), 장도(奬導), 장려(奬勵;권하여 힘쓰게 함)[장려금(金), 장려상(賞), 장려자(者), 장려하다], 장발(奬拔), 장유(奬誘), 장유(奬諭), 장학/금(奬學/金); 가장(嘉奬), 격장(激奬), 권장(勸奬)[권장가격(價格), 권장도서(圖書), 권장하다], 보장금(報奬金), 선장(選奬), 추장(抽奬), 추장(推奬), 포장(褒奬) 들.

장(牆/墻) '담. 울타리'를 뜻하는 말. ¶장내(牆內), 장리(牆籬), 장벽/무의(牆壁/無依), 장옥(牆屋), 장원(牆垣;담); 격장(隔墻), 견장(肩牆/墻), 곡장(曲墻), 궁장(宮牆), 널판장(板牆), 단장(短牆), 면장(面墻), 어장/어정, 여장(女墻;성가퀴), 연장(連墻), 영롱장(玲瓏牆), 월장(越牆)[승야월장(乘夜)], 조장(彫牆), 축장(築墻), 토장(土牆), 판장(板牆)[널판장], 혁장(鬩墻), 현장(舷牆), 흉장(胸牆) 들.

310) 장애(障礙): 무슨 일을 할 때에 가로막아서 거치적거리며 방해가 되는 일. [+신체적 고장이나 정신 능력의 결함]. ¶통신 장애. 불규칙한 생활로 위장 장애를 일으키다. 그는 청각 장애를 극복하고 훌륭한 피아니스트가 되었다. 장애경계(境界), 장애경주(競走;달리기), 장애되다/하다, 장애등(燈), 장애물(物)[장해물경마(競馬), 장애물달리기], 장애미수(未遂), 장애부표(浮漂), 장애상자(箱子;유기체의 요구나 동인의 강도를 측정하는 장치), 장애아(兒), 장애음(音), 장애인(人), 장애자(者); 갱년기장애(更年期), 공황장애(恐慌), 관능장애(官能), 기능장애(機能), 기억장애(記憶), 내분비장애(內分泌), 능력장애(能力), 대사장애(代謝), 발달장애(發達), 방사성장애(放射性), 사고장애(思考), 성격장애(性格), 순환장애(循環), 시각장애(視覺), 신체장애(身體), 언어장애(言語), 연하장애(嚥下;음식물을 삼키기 어려운 증상), 영양장애(營養), 우울장애(憂鬱), 운동장애(運動), 의식장애(意識), 인격장애(人格), 적응장애(適應), 전파장애(電波), 정동장애(情動), 정서장애(情緖), 정신장애(精神), 지각장애(知覺), 지체장애(肢體), 집행장애(執行), 청각장애(聽覺), 파산장애(破産), 후각장애(嗅覺).

311) 장해(障害): 하고자 하는 일을 막아서 거치적거리며 해로움. ¶별다른 장해를 받지 않고 두만강을 건너다. 장해물(物).

장(臟) 동물의 몸에 있는 내장의 총칭. ¶장기(臟器)[장기기생충(寄生蟲), 장기요법(療法), 장기제제(製劑)], 장독(臟毒), 장부(臟腑); 간장/염(肝臟/炎), 구장(九臟), 내장(內臟), 복장(腹臟), 부장(腑臟), 비장(脾臟), 신장(腎臟), 심장(心臟)[심장근(筋), 심장병(病), 심장통(痛)], 오장(五臟), 위장(胃臟), 췌장(膵臟;이자), 폐장(肺臟), 혈장탕(血臟湯;핏골집) 들.

장(贓) '부정한 수단으로 취득한 물품'을 뜻하는 말. ¶장물(贓物), 장물아비, 장법(贓法), 장전(贓錢), 장죄(贓罪), 장품(贓品); 매장(買贓), 매장이치다(買贓)[312], 범장(犯贓), 분장(分贓), 왕법장(枉法贓), 절도장(竊盜贓), 좌장(坐贓), 탐장(貪贓) 들.

장(庄) '논밭 근처에 임시 거처로 지은 집(농막)'을 뜻하는 말. ¶장토(庄土); 궁장(宮庄), 내장전(內庄田), 농장(農庄/莊), 대장(大庄), 비장(鄙庄), 외장(外庄), 전장(田庄/莊), 촌장(村庄), 폐장(廢庄) 들.

장(獐) '노루. 노루 발모양'을 뜻하는 말. ¶장각(獐角), 장간(獐肝), 장모(獐毛), 장액/필(獐腋/筆), 장용(獐茸), 장족(獐足;과녁에 박힌 화살을 뽑는 기구), 장포(獐脯), 장피(獐皮), 장혈(獐血); 주장낙토(走獐落兎) 들.

장(瘴) '습하고 더운 땅에서 생기는 독기(毒氣)'를 뜻하는 말. ¶장기(瘴氣), 장독(瘴毒), 장람(瘴嵐), 장려(獐癘), 장역(瘴疫), 장용(獐茸), 장피(獐皮), 장학(瘴瘧); 염장(炎瘴), 해장(海瘴) 들.

장(仗) '무기. 지팡이. 기대다'를 뜻하는 말. ¶갑장(甲仗), 개장(開仗), 금장(禁仗), 기장(器仗), 길장(吉仗), 병장(兵仗), 의장(倚仗), 의장(儀仗) 들.

장(檣) '돛대'를 뜻하는 말. ¶장간(檣竿;돛대), 장두(檣頭), 장등(檣燈), 장루/포(檣樓/砲), 전장(前檣); 대장(大檣), 범장(帆檣), 선장(船檣) 들.

장(戕) '죽이다'를 뜻하는 말. ¶장륙(戕戮), 장살(戕殺;무찔러 죽임), 장적(戕賊) 들.

장(璋) '반쪽 홀'을 뜻하는 말. ¶농장(弄璋), 농장지경(弄璋之慶;아들을 낳은 경사), 농장지희(弄璋之喜).

장가 사내가 아내를 맞는 일.[〈쟝가].↔시집. ¶장가가다, 장가들다/들이다, 장가밑천, 장가보내다, 장가오다, 장가처(妻;정식으로 예를 갖추어 맞은 아내); 늦장가, 도둑장가(남몰래 드는 장가), 두더지장가(몰래 가는 장가), 새장가(새로 하는 결혼), 처녀장가(處女), 첩장가(妾), 헌장가. §'장가(丈家)'는 한자음을 빌린 말.

장갱이 장갱잇과의 바닷물고기. 뱀장어를 닮았음.

장구 타악기의 하나. '장구 모양'을 뜻하는 말.[←장고(杖鼓)]. ¶장구를 치다. 장구대가리(장구머리), 장구매듭, 장구머리, 장구무사(武砂)[313], 장구배미(가운데가 잘록한 논배미), 장구벌레, 장구잡이, 장구채, 장구춤, 장구통[장구통배, 장구통타구(唾具)], 장구팽

312) 매장이치다(買贓): 도둑질한 물건을 샀다가 관청에 빼앗기다.

313) 장구무사(武砂): 홍예문(虹蜺門)의 홍예의 옆이나 위의 굽은 모양에 맞추어 평행이 되게 놓은 돌.

이; 날장구(부질없이 공연히 치는 장구), 말장구(남이 하는 말에 대하여 동조하거나 부추기는 말), 맞장구[314], 물장구, 발장구, 북장구(북과 장구), 사장구(沙), 죽장구(竹), 징장구(징과 장구) 들.

장군 물 · 술 · 간장 따위의 액체를 담는 데 쓰는 나무. 또는 오지 그릇. ¶나무장군[315], 똥장군, 물장군, 오줌장군, 오지장군(瓦缶), 장장군(옹기로 만든 장 그릇) 들.

장글장글 바람 없는 날에 해가 살을 지질 듯이 좀 따갑게 내리쪼이는 모양.=쟁글쟁글. ¶볕이 장글장글 내리쬐다.

장끼 수꿩.↔까투리. ☞ 장-.

장난 아이들의 여러 가지 놀음놀이. 실없이 하는 일. 남몰래 하는 못된 짓. ¶장난을 치다. 장난삼아 한번 가보자. 장난감(노리개), 장난궂다, 장난기(氣), 장난꾸러기, 장난꾼, 장난말(실없이 하는 말), 장난살(장난기가 많이 있는 낌새), 장난삼다, 장난스럽다, 장난전화(電話), 장난조(調), 장난질/하다, 장난치다, 장난하다; 도깨비장난, 말장난, 물장난, 발장난, 보스락 · 바스락장난(좀스러운 장난), 불장난(불을 갖고 노는 일. 위험한 일), 소그랑장난(좀스럽고 부질없이 하는 장난), 소꿉장난, 손장난, 흙장난 들.

장남-하다 자라서 어른이 다 되다. ¶어머니는 장남한 아들을 대견스레 바라보셨다.

장님 눈이 멀어 못 보는 사람.≒소경. 맹인(盲人). ¶장님 코끼리 말하듯 한다. 장님도가(都家;여러 사람이 떠들어 대는 곳), 장님막대기, 장님소리, 장님술래, 장님총(銃;바로 겨냥하지 못하고 마구 쏘아대는 총); 눈뜬장님(뜬소경), 닷곱장님('반쯤 장님'의 뜻.[←다섯+홉]), 족집게장님(점을 잘 치는 장님).

장다리 무 · 배추 따위의 꽃줄기.≒동[3]. ¶장다리꽃, 장다리무; 무장다리, 키장다리(키다리).

장단 노래 · 춤 · 풍류의 길고 짧은 박자. 남의 행동을 뒤에서 꼬드기는 짓. ¶장단을 맞추다. 남의 장단에 놀아나다. 장단꾼, 장단마치, 장단소리, 장단줄(타령 가락에 맞추어 걸어가는 재주); 가위장단, 고갯장단, 굿거리장단, 노랫가락장단, 도드락장단(잔가락을 많이 넣는 격이 낮은 장단), 말장단, 맞장단, 무릎장단, 발장단, 부뚜막장단, 부지깽이장단, 북장단, 세마치장단, 손장단, 시러베장단(실없는 말이나 행동), 시조장단(時調;노랫가락장단), 엇모리장단, 외마치장단, 입장단, 자진장단(빠르고 잦게 치는 장단), 젓가락장단, 진양조장단(調), 칼장단, 합장단(合;장구의 북편과 채편을 한꺼번에 치는 장단) 들.

장-대다 마음속으로 기대하며 잔뜩 벼르다. ¶너와 결혼하려고 장대고 있는 사람이 있느냐. 빚을 받으려고 대문 앞에서 장대고 기다리고 있었다.

장도리 못을 박거나 빼는 데 쓰는 연장. ¶장도리메(나무로 만들어 장도리 대신으로 쓰는 연장); 노루발장도리, 소도리(금은 세공 따위에 쓰는 작은 장도리), 장족장도리(獐足;노루발장도리).

314) 맞장구: 남의 말에 덩달아 호응하거나 동의하는 일.
315) 나무장군: 나뭇조각을 결어 만든 통.

장-돌다 ①속이 비고 홀쭉하여 자리가 나게 쑥 들어가다. ②무엇이 풀풀 날아돌다.

장두 거리가 멀고 가까움을 서로 비교하는 일. ¶장두를 해보다. 장두하다(비교하다).

장딴지 종아리 뒤쪽의 살이 불룩한 부분. ¶장딴지근(筋), 장딴지살, 장딴지신경(神經).

장마 여름철에 계속해서 많이 내리는 비. ¶장마로 홍수가 나다. 장마가 들다. 장마권(圈), 장마기(장마가 들 기미), 장마기(期;장마가 지는 시기), 장맛날, 장마나무(장마철에 쓸 땔나무), 장맛날(장맛비가 오는 날), 장맛물, 장맛볕, 장맛비, 장마전선(前線), 장마지다(여러 날 계속해서 비가 내리다), 장마철, 장마통(장마가 지는 판국); 가을장마, 개똥장마(오뉴월 장마), 건들장마[316], 늦장마/늦마, 마른장마[317], 봄장마, 석달장마, 양성장마(陽性), 억수장마, 음성장마(陰性;오랫동안 계속되는 장마). §'-마'는 '물마[318]'의 '-마'와 함께 '빗물[우수(雨水)]'을 뜻함.

장만 필요한 것을 갖추거나 준비함.≒마련. ¶혼숫감 장만. 살림을 새로 장만했다. 내 집 장만에 10년이 걸렸다. 장만되다/하다.

장목 꿩의 꽁지깃. 깃대 끝에 꾸밈(장식)으로 단 꿩의 꽁지깃. ¶장목비(꿩의 꽁지깃으로 맨 비. 장목수수의 이삭으로 맨 비), 장목수수(수수의 한 가지).

장미(薔薇) 장미과 관목의 총칭. ¶장미꽃, 장밋빛, 장미수(水), 장미유(油), 장미주(酒), 장미진(疹), 장미화채(花菜); 가시장미, 덩굴장미(줄장미), 들장미, 백장미(白), 흑장미(黑) 들.

장밋 주로 방향을 조절하는 데 쓰는 배의 노(櫓).=설밋, 장빗. ¶장밋을 휘적휘적 젓다.

장부[1] 건축에서, 한쪽 끝을 다른 한쪽 구멍에 맞추기 위하여 얼마쯤 가늘게 만든 부분. ¶문장부가 끼이는 구멍을 '문둔테'라고 한다. 장붓구멍, 장부금(金;장부쇠), 장부맞춤, 장부머리(장부촉), 장부쇠(장부를 보강하려고 끼우는 쇠), 장부촉(장부의 끝)[장부촉끼움, 장부촉이음, 장부켜기톱]; 내다지[319]장부, 데림장부[320], 문장부(門), 반장부(半), 부채장부(한쪽은 넓고 다른 쪽은 좁아 단면이 사다리꼴로 된 장부), 쌍장부(雙), 지옥장부(地獄) 들.

장부[2] '장부꾼(가래질할 때에 가랫장부를 잡는 사람)'의 준말. ¶장부잡이(장부꾼); 가랫장부, 도리깻장부(도리깨채).

장사 이익을 얻으려고 물건을 사서 파는 일.≒사업. 영업. 생화(벌이). ¶생선 장사. 장사가 잘 안 되다. 장삿길, 장사꾼, 장사눈(장사꾼의 안목), 장삿목(장사하기에 적당한 길목), 장삿배, 장삿속(장사하는 잇속), 장사웃덮기[321], 장사치, 장사판, 장사하다(팔

316) 건들장마: 초가을에 비가 오다 말다 하는 장마.
317) 마른장마: 장마철인데도 비가 아주 적게 오거나 맑게 갠 날이 계속 되는 현상. ¶마른장마가 끝나고 불볕더위가 계속되었다.
318) 물마: 비가 와서 땅위에 넘치는 물.
319) 내다지: 기둥 따위에 꿰뚫어 넣거나 길게 나오게 된 장부.
320) 데림장부: 목재의 맞춤에서 두 목재의 사이에 따로 끼워 대는 장부.
321) 장사웃덮기: 겉으로만 허울 좋게 꾸미는 일. ¶장사웃덮기 식이다.

다); 도붓장사(到付), 동무장사, 되넘기장사, 듣보기장사[322], 땅장사, 뜨내기장사, 물장사, 물역장사(物役), 밥장사, 방물장사, 뱃장사, 술장사, 쌀장사, 안팎장사[323], 앉은장사, 어리장사, 얼굴장사[324], 얼렁장사[325], 오그랑장사/옥장사[326], 외목장사(혼자만 도차지하여 파는 장사), 헛장사/하다 들.

장삼(長衫) 검은 베로 길이가 길고 소매를 넓게 만든 중의 웃옷. ¶장삼띠, 장삼춤 들. ☞ 삼(衫).

장수 장사하는 사람. ¶개장수, 고물장수(古物), 과일장수, 광주리장수, 그릇장수, 꼴뚜기장수, 꾸미장수[327], 나무장수, 납지게장수[328], 농장수(籠), 도붓장수(到付), 독장수, 동무장수(동업자), 두부장수(豆腐), 둥우리장수, 들병장수(甁), 등짐장수, 마장수[329], 맛장수[330], 마병장수[331], 매죄료장수, 물장수, 밥장수, 방물장수, 배추장수, 뱃장수, 보따리장수(褓), 봇짐장수(褓), 삼장수(蔘), 생선장수(生鮮), 소장수, 소금장수, 술장수, 숯장수, 신기료장수[332], 쌀장수, 아랫녘장수, 앉은장수, 앵두장수(잘못을 저지르고 어디론지 자취를 감춘 사람), 약장수(藥), 어리장수, 엿장수, 옷장수, 옹기장수(甕器), 외목장수(독점 상인), 쥐육포장수(肉脯)[333], 참빗장수, 채소장수(菜蔬), 치룽장수, 통장수(桶), 포목장수, 푼장수, 황아장수 들.

장승 마을 또는 절 입구 따위에 세운, 사람의 얼굴 모양을 새긴 기둥. 이정표(里程標) 또는 마을의 수호신 구실을 함. 키가 멋없이 큰 사람의 비유.≒벅수.[←장생(長栍)]. ¶키가 장승같다. 장승도깨비, 장승목신(木身), 장승박이(장승감으로 박아서 세워두는 물건), 장승병(病;농작물이 말라죽는 병), 장승제(祭); 돌장승, 목장승(木), 석장승(石;돌로 만들어 세운 장승).

장안(長安) 서울을 수도(首都)라는 뜻으로 일컫는 말. ¶장안의 화제. 장안장외(長安長外), 장안편사(長安便射).

장알 몸이 불편하거나 마음에 못마땅하여 짜증을 내며 종알거리거나 보채는 소리. 또는 그 모양. 쟁알[334]. 〈큰〉징얼[335]. 〈센〉짱알. 〈거〉창알. 〈큰·센〉칭얼. ¶어른 앞에서 장알장알 말대답하는 것은 버릇없는 행동이다. 동생이 칭얼칭얼 운다. 장알·징얼·짱알·찡얼·창알·칭얼거리다/대다, 장알장알·징얼징얼/하다, 칭칭[336] 들.

장애 광산에서 갱구(坑口)의 물을 잇달아 퍼 올리는 기구.[〈즈새]. ¶장앳간(間), 장앳기계(機械), 장앳줄, 장애틀(장애를 만드는 틀); 쌍장애(雙).

장여 도리 밑에서 도리를 받치고 있는 모가 진 나무.[←장려(長欐)].

장지 방과 방 사이 또는 방과 마루 사이에 칸을 막아 끼우는 문.[←장자(障子)]. ¶장지마루(장지문을 드린 마루), 장지문(門), 장지살, 장지설주, 장지틀; 간장지(間;샛장지), 고미장지, 구화장지, 다락장지(다락에 달린 미닫이문), 들장지(들어 올려서 매달아 놓게 된 장지), 맹장지(盲), 명장지(明)[337], 밀장지(옆으로 밀어서 여닫는 장지), 범살장지('井'자 모양으로 성기게 짠 장지문), 북장지(앞뒤를 모두 종이로 바른 장지문), 살장지, 샛장지(방과 방 사이에 칸막이한 장지), 어간장지(대청이나 큰 방의 중간을 막은 장지), 횡장지(橫) 들.

장창 언제나 늘. 줄곧. ¶장창 하는 일.

장-치다¹ 말이 누워서 등을 땅에 대고 비비다.

장-치다² 장치기(공치기 운동의 한 가지)를 하다. ☞ 장⁴.

장태 옹기로 된 대야.

장판 ①성냥갑 양면에 붙여, 성냥을 그을 때 쓰는 껍질. ②'평평하고 넓은'을 뜻하는 말. ¶장판머리(소의 양에 붙어 있는 넓적한 고기), 장판철(鐵;평평하고 넓은 쇠판).

잦(다)¹ 액체가 졸아들어 밑바닥에 깔리다. 흔들리던 기운 따위가 가라앉아 조용해지다. ¶냄비의 물이 오래 끓어 거의 잦아졌다. 웅덩이의 물이 잦아서 바닥이 드러났다. 바람이 잦아지다. 잦감[338], 잦아들다[339]/잦아듦, 잦아먹다(잦아들어가서 없어지다), 잦아붙다, 잦아지다', 잦은수채통, 잦히다'[340]. 자작[341][←잦(다)+악]; 누잦다[342].

잦(다)² 뒤로 기울다/기울어지다. 〈큰〉젖다'. ¶몸이 뒤로 잦다. 잦·젖뜨리다/트리다, 잦바듬·젖버듬하다(뒤로 자빠질 듯이 비

---

322) 듣보기장사: 한곳에 터를 잡지 않고 시세를 듣기도 하고 보기도하면서 요행으로 돈벌이를 꾀하는 장사. 투기상(投機商).

323) 안팎장사: 이곳에서 물건을 사서 다른 곳에 가져다가 팔고, 그 돈으로 그곳의 싼 물건을 사서 이곳에 가져다가 파는 장사.

324) 얼굴장사: 알음알이를 바탕으로 하는 장사.

325) 얼렁장사: 여러 사람이 밑천을 어울러서 하는 장사.

326) 오그랑장사: 이익을 못 얻고 밑천을 먹어 들어가는 장사. 〈준〉옥장사.

327) 꾸미장수: 꾸밋거리(국이나 찌개에 넣는 고기붙이)를 이고 다니며 파는 장수.

328) 납지게장수: 작은 지게에 물건을 지고 다니는 장사꾼.

329) 마장수: 지난날, 물건을 말에 싣고 다니면서 팔던 사람.

330) 맛장수: 아무 맛도 없이 싱거운 사람.

331) 마병장수: 헌 물건을 가지고 다니며 파는 사람.

332) 신기료장수: 헌 구두나 신을 깁는 일을 업으로 하는 사람.

333) 쥐육포장수(肉脯): 부끄러운 줄을 모르고 염치없이 아주 다랍게 좀팽이 짓을 하는 사람을 가리키는 말.

334) 쟁알: 마음에 못마땅하여 불쾌한 태도로 종알거리는 모양. 〈센〉쨍알. ¶쟁알쟁알 떠드는 아이들. 쟁알거리다/대다.

335) 징얼: ①두고두고 불평의 말을 늘어놓는 모양. ②어린애가 보채는 모양. ¶어머니에게 매달려 징얼징얼 보채는 아이. 〈작〉장알. 〈센〉찡얼. 〈거〉칭얼.

336) 칭칭: 어린아이가 마음에 못마땅하여 보채거나 짜증을 내며 우는 모양. ¶아이가 사탕을 사달라고 칭칭 조르다.

337) 명장지(明): 얇은 종이를 바르거나 유리를 끼워 환하게 만든 장지.↔맹장지(盲).

338) 잦감: 밀물이 다 빠져 나가 바닷물이 잦아진 때. ¶바닷가 마을은 잦감이 되면 조개를 캐러 나가는 아낙들로 분주해진다. 잦감이 되자 조개를 캐러 갯벌로 나갔다.

339) 잦아들다: ①괴었던 물이 차차 말라들어 가다. ②설레던 기운이 가라앉아 가거나 잠잠해져 가다. 속으로 깊이 스며들어 가거나 배어들어 가다.

340) 잦히다': 밥이 끓은 뒤에 불을 약하게 하여 물이 잦게 하다. ¶밥을 잦히다. 곱잦히다(자친 밥을 거듭 잦히다).

341) 자작: 액체가 조금씩 잦아들어 적은 모양. 〈큰〉지적. ¶냄비의 찌개가 자작자작 졸아들다. 상처는 아물지 않고 고름이 지적지적 흘렀다.

342) 누잦다: 누그러져 가라앉거나 잦아들다. ¶기세가 조금씩 누잦아지다. 누잦은 목소리. 누잦히다(누그러뜨리다).

스듬하다), 자빠지다[343], 잦새[344], 잦쥐다[345], 잦추다[1](몸을 뒤로 기울이다), 잦혀·젖혀놓다(뒤집어 놓다), 잦혀뛰기, 잦혀·젖혀지다[346], 잦히다[2]·젖히다(고개를 젖히다).

잦(다)[3] ①여러 차례로 거듭되는 간격이 매우 짧다. ¶개가 잦게 짖어 댄다. ②자주 있다.≒빈번하다(頻繁). 많다.↔드물다. 뜸하다. ¶결석이 잦다. 왕래가 잦다. 자주/자주자주, 자진가락, 자진마치(무엇을 잦게 두드리는 동작), 자진모리, 자진삼채(三), 자진염불(念佛), 자진산타령(山), 자진육자배기, 자진장단(빠르고 잦게 치는 장단), 자진푸너리(푸너리 장단의 하나), 자질다(빠르고 잦다), 자처울다[347], 자초니[348], 잦기[349], 잦아지다[2], 잦은걸음, 잦은방귀, 잦추(잦거나 잰 상태로. 자주), 잦추다[2](동작을 재게 하여 잇달아 재촉하다), 잦추르다[350], 잦치다; 닭잦추다(닭이 새벽에 홰를 치며 울다). ☞ 재다[4]. 빈(頻).

재[1] 물건이 완전히 타고 난 뒤에 남는 가루. 또는 잿빛. ¶잿가루, 잿간(間;재우리), 재강아지, 재개비(불에 타 날려 다니는 재의 티끌. 잿가루), 재거르개, 재거름, 재고리(재를 담은 고리), 잿고무래, 잿골(잿독), 재구새[351], 잿더미, 잿독, 재두루미, 재떨이[놋/유리재떨이, 합재떨이(盒)], 재먼지, 잿모(못자리에 재거름을 하여 심은 모), 재무지(잿더미), 재무진동(銅), 재묻은떡(굿에 쓰고 남은 떡), 잿물[잿물기와, 잿물내리다, 잿물벽돌, 잿물시루], 재바닥[352], 잿박(거름으로 쓸 재를 담는 바가지), 잿방어(魴魚), 잿불, 잿비(재가 섞인 비), 잿빛(회색), 재삼밭(재를 섞어 갈아 삼농사를 짓는 밭), 재삼태기, 재색(色), 잽씨줄(씨를 재에 버무려 심는 일)/하다, 재아궁(재를 걸러 내는 아궁이), 재우리(재를 모아두는 헛간), 재터, 재토끼, 재투성이, 재티(바람에 날리는 재의 티끌), 재판[353], 재판(板)[354]; 고랫재(방고래에 쌓여 있는 재), 구들재[355]/구재, 나뭇재, 담뱃재, 매운재[356]/맨재[맹회(猛灰)], 묵재(불기가 없는 재), 보릿재, 석탄재(石炭), 양잿물(洋), 연탄재(煉炭), 짚재, 탄재(炭), 해조재(海藻;갈조류를 구워 만든 재), 화산재(火山). ☞ 회(灰).

재[2] 길이 난 높은 산의 고개. 영(嶺). ¶재 너머 마을. 잿길(고갯길. 재에 난 길. 언덕배기로 난 길), 재넘이(산에서 내리 부는 바람), 재넘이하다, 잿등(재나 고개의 등성이), 재등마루, 잿마루, 재빼기(잿마루. 고개의 꼭대기); 가름재(두 지역이 갈라지는 갈림길에 있는 등성이나 고개), 고재(古;옛날 성), 봉화재(烽火;봉홧둑이 있는 산), 박달재/ 새재[조령(鳥嶺)] 들.

재[3] 장기판의 앞쪽에서 맨 끝줄. ¶잿밭(재의 말밭).

재(再) '다시·거듭. 두 번째'의 뜻을 나타내는 말. ¶재가(再嫁), 재간(再刊), 재간택(再揀擇), 재감자(在監者), 재감염(再感染), 재강림(再降臨), 재강조(再强調), 재개(再改), 재개(再開), 재개발(再開發), 재개봉(再開封), 재개의(再改議), 재개정(再改正), 재거(再擧), 재건(再建), 재건축(再建築), 재검사(再檢査), 재검증(再檢證), 재검진(再檢診), 재검토(再檢討), 재격돌(再激突), 재결속(再結束), 재결정(再決定), 재결정(再結晶), 재결합(再結合), 재경(再耕), 재경매(再競賣), 재계(再啓), 재계약(再契約), 재고(再考), 재고용(再雇用), 재공략(再攻掠), 재교(再校), 재교부(再交付), 재교섭(再交涉), 재교육(再教育), 재구성(再構成), 재구속(再拘束), 재구조(再構造), 재구축(再構築), 재군비(再軍備), 재귀(再歸), 재귀화(再歸化), 재기/불능(再起/不能), 재기소(再起訴), 재당선(再當選), 재당숙(再堂叔), 재당숙모(堂叔母), 재당질(再堂姪), 재당질녀(再堂姪女), 재대결(再對決), 재도전(再挑戰), 재독(再讀), 재돌입(再突入), 재등록(再登錄), 재래(再來), 재련(再鍊), 재록(再錄), 재론(再論), 재림(再臨), 재무장(再武裝), 재발(再發), 재발견(再發見), 재발급(再發給), 재발부(再發付), 재방송(再放送), 재배(再拜), 재배당(再配當), 재배열(再配列), 재배정(再配定), 재배치(再配置), 재번(再燔;도자기를 두 번 구음), 재범(再犯), 재벽(再壁), 재보(再報), 재보관(再保管), 재보험(再保險), 재복무(再服務), 재복역(再服役), 재봉(再逢), 재봉춘(再逢春), 재분류(再分類), 재분배(再分配), 재분석(再分析), 재분할(再分割), 재불금(再拂金), 재사(再思), 재산호(再山呼), 재삼(再三), 재상환(再償還), 재생(再生)[357], 재생산(再生產), 재선(再選), 재선거(再選擧), 재설(再說), 재소(再訴), 재소구(再遡求), 재소환(再召還), 재송(再誦), 재송(再送), 재수(再修), 재수감(再收監), 재수강(再受講), 재수사(再搜査), 재수술(再手術), 재수습(再收拾), 재수입(再輸入), 재수출(再輸出), 재순(再巡), 재순환(再循環), 재습곡(再褶曲), 재시공(再施工), 재시도(再試圖), 재시험(再試驗), 재신임(再信任), 재실(再室), 재심(再審), 재심문(再審問), 재심사(再審査), 재안수(再按手), 재언(再言), 재연(再演), 재연(再燃), 재염(再鹽), 재염화(再鹽化), 재영성체(再領聖體), 재우(再虞), 재유(再由), 재음미(再吟味), 재의(再議), 재이입(移入), 재이출(再移出), 재인(再認), 재인식(再認識), 재일차(再一次), 재임(在任), 재임(再任), 재임명(再任命), 재임용(再任用), 재입국(再入國), 재입찰(再入札), 재입학(再入學), 재작년(再昨年), 재작성(再作成), 재작일(再昨日), 재장구치다[358], 재적송(再積送), 재전(再煎), 재전개(再展開), 재전과(再煎果), 재점검(再點檢), 재

343) 자빠지다: 뒤로 넘어지다. 함께 하던 일에서 손을 떼고 물러나다.[〈잣바지다]. ¶자빠져도 코가 깨진다. 자빠뜨리다/트리다, 자빠름하다(자빠질 것같이 조금 비스듬하다), 자빡계(契;돈을 타는 동시에 탈퇴하는 계), 자빡뿔(뒤로 잦혀지고 끝이 뒤틀린 쇠뿔); 나가자빠지다/나자빠지다.

344) 잦새: 허리가 뒤로 기운 기와.

345) 잦쥐다: 손등을 옆으로 돌려서 잦히어 쥐다. 그는 한 손으로 벼를 잦쥐고 베었다.

346) 잦혀지다: ①물체가 뒤로 잦바듬하게 잦다. ②안쪽이 겉으로 드러나게 열리다.(잦히다).

347) 자처울다: 새벽에 닭이 점점 재우쳐 울다.

348) 자초니: 매우 잦아서 거의 끝판이 되니.

349) 잦기: 같은 현상이나 일이 반복되는 도수.

350) 잦추르다: 잇달아 재촉하여 바싹 몰아치다. ¶아무리 잦추러도 오늘 끝내기는 틀렸다. 연방 나를 잦추러 대는 주인의 성화에 더 이상 견딜 수가 없었다.

351) 재구새: 황화물이 산화하여 재와 같이 된 가루.

352) 재바닥: 끊긴 광맥의 아래쪽에 다시 나타난 광맥. 사금을 캘 때, 잿빛을 띤 바닥. ¶재바닥줄(광맥), 재바닥짚다(재바닥을 따라서 파 들어가다).

353) 재판: 물기가 있는 것 위에 보를 덮어 놓고, 보 위에 재를 뿌려서 물기를 없애는 일.

354) 재판(板): 방 안에 담배통이나 요강 따위를 벌여놓기 위하여 깔아두는 널판이나 두꺼운 종이.

355) 구들재: 방고래에 앉은 그을음과 재.

356) 매운재: 진한 잿물을 내릴 수 있는 참나무 따위의 독한 재.

357) 재생(再生): 재생고무, 재생섬유(纖維), 재생성(性), 재생아(芽), 재생에너지(energy), 재생유(油), 재생지(紙), 재생품(品); 수복재생(修復).

358) 재장구치다(再): 두 번째 서로 마주치어 만나다.

정(再訂), 재정리(再整理), 재정립(再定立), 재정비(再整備), 재제(再製)[재제염(鹽), 재제주(酒), 재제품(品)], 재조(再祚), 재조(再造), 재조명(再照明), 재조사(再調査), 재조정(再調整), 재조직(再組織), 재조합(再組合), 재종(再從;6촌), 재준(再準), 재중단(再中斷), 재중회(再衆會), 재증류(再蒸溜), 재증류수(再蒸溜水), 재지니[359], 재진공(再進攻), 재집결(再集結), 재집권(再執權), 재징(再徵), 재짜, 재차(再次), 재착수(再着手), 재창(再唱), 재창조(再創造), 재처리(再處理), 재천명(再闡明), 재청(再請), 재청구(再請求), 재체제화(再體制化), 재초(再醮), 재추대(再推戴), 재추진(再推進), 재축(再築), 재출마(再出馬), 재출발(再出發), 재출자(再出資), 재출전(再出戰), 재출현(再出現), 재충전(再充電), 재취(再吹), 재취(再娶), 재취업(再就業), 재침공(再侵攻), 재침략(再侵略), 재침전(再沈澱), 재탈환(再奪還), 재탕(再湯), 재통(再痛), 재통일(再統一), 재통합(再統合), 재투입(再投入), 재투자(再投資), 재투표(再投票), 재판(再版;되박이), 재판(再販), 재판매(再販賣), 재판정(再判定), 재편(再編), 재편성(再編成), 재편집(再編輯), 재평가(再評價), 재학습(再學習), 재할(再割), 재할인(再割引), 재항고(再抗告), 재항변(再抗辯), 재해석(再解釋), 재행(再行), 재현(再現), 재협상(再協商), 재협의(再協議), 재형성(再形成), 재혼(再婚), 재확인(再確認), 재활(再活), 재활용(再活用), 재회(再會), 재훈련(再訓練), 재흡수(再吸收), 재흥(再興), 재힘; 비일비재(非一非再), 지재지삼(至再至三) 들.

재(材) '재료. 감. 바탕'을 뜻하는 말. ¶재령(材齡), 재료(材料)[360], 재면(材面), 재목(材木)[겉재목, 마름재목, 산재목, 속재목], 재적(材積), 재종(材種), 재질(材質); 가구재(家具材), 각재(角材;모가 지게 켠 재목), 간세지재(間世之材;뛰어난 인재), 감속재(減速材), 강재(鋼材), 거재(巨材), 건재(乾材), 건재(建材), 건축재(建築材), 결합재(結合材), 경재(硬材), 고재(高材;高才. 키가 큰 사람), 관재(棺材), 골재(骨材), 굉재(宏材), 교재(教材), 구성재(構成材), 규격재(規格材), 기재(器材), 기재(機材), 낭재(郎材;신랑감), 내구재(耐久材), 내장재(內裝材), 냉재(冷材), 냉각재(冷却材), 늑재(肋材), 단열재(斷熱材), 당재(唐材), 대재(大材;거대한 재목. 큰 인물), 도색재(塗色材), 동량지재(棟梁之材), 마감재, 메움재, 모재(母材), 목재(木材), 무심재(無心材), 무절재(無節材), 문재(門材), 물재(物材), 바닥재, 반사재(反射材), 발열재(發熱材), 방재(防材), 방부재(防腐材), 방수재(防水材), 방습재(防濕材), 방음재(防音材), 방찰재(防擦材), 방풍재(防風材), 방현재(防舷材), 백변재(白邊材), 백육재(白肉材), 범재(凡材), 벽재(僻材), 변재(邊材), 변질재(變質材), 보강재(補強材), 보약재(補藥材), 보온재(保溫材), 보재(補材), 보조재(補助材), 불연재(不燃材), 부재(部材), 부재(副材), 사재(史材), 산재(散材), 상현재(上弦材), 석재(石材), 석재(碩材), 선미재(船尾材), 선재(船材), 성숙재(成熟材), 소재(素材), 수장재(修粧材), 수평재(水平材), 식재(食材), 심재(心材), 악재(惡材), 압축재(壓縮材), 약재(藥材)[양약재(洋), 한약재(韓)], 양재(良材), 양재(凉材), 여재(濾材), 연재(軟材), 연마재(研磨材), 연삭재(研削材), 온재(溫材), 완만재(完滿材), 완충재(緩衝材), 외장재(外裝材), 용재(用材), 운재(運材), 이물재, 인재(人材), 인재(印材), 인거재(引鋸材), 인장재(引張材), 자재(資材)[원자재(原)], 장재(將材;장수가 될 만한 인물), 적심재(赤心材), 적재(適材), 적재적소(適材適所), 적층재(積層材), 전건재(全乾材), 절연재(絕緣材), 제재(製材), 제재(題材), 조재(造材), 주재(主材), 지주재(支柱材), 진재(陳材), 집성재(集成材), 차폐재(遮蔽材), 창호재(窓戶材), 채움재, 철재(鐵材), 철강재(鐵鋼材), 초재(草材), 초재(礎材), 추재(秋材), 춘재(春材), 충전재(充塡材), 취재(取材), 탈기재(脫氣材), 판재(板材), 펄프재(pulp), 포장재(包裝材), 피복재(被覆材), 핍재(乏材;인재가 없어짐), 하현재(下弦材), 한약재(韓藥材), 항재(抗材), 항압재(抗壓材), 호재(好材), 혼재(婚材), 화재(畵材), 황장재(黃腸材), 흡음재(吸音材) 들.

재(才) '솜씨 있게 잘하는 능력이나 슬기. 또는 기본 · 근본'을 뜻하는 말. ¶재간(才幹)[재간껏(재주와 솜씨를 다하여); 다리재간, 말재간, 발재간, 손재간, 일재간, 팔재간], 재격(才格), 재골(才骨), 재국(才局), 재기(才氣), 재기(才器), 재녀(才女), 재능(才能), 재담(才談), 재덕(才德), 재동(才童), 재략(才略), 재량/껏(才量;재주와 도량), 재력(才力), 재롱(才弄)[재롱둥이, 재롱떨다, 재롱받이, 재롱부리다/스럽다, 재롱잔치, 재롱쟁이], 재망(才望), 재명(才名), 재모(才貌), 재문(才門), 재물(才物), 재변(才辯), 재봉(才鋒), 재부족하다(才不足), 재분(才分), 재사(才士), 재사(才思)/스럽다, 재색(才色), 재승덕(才勝德), 재승박덕(才勝薄德), 재식(才識), 재예(才藝), 재완(才腕), 재용(才容), 재원(才媛), 재인(才人), 재자(才子)[재자가인(佳人), 재자다병(多病)], 재준(才俊), 재지(才智), 재질(才質), 재치(才致;눈치 빠르고 재빠르게 응하는 재주)/꾼, 재품(才品), 재필(才筆), 재학(才學;재주와 학식), 재학겸유(才學兼有), 재현(才賢), 재화(才華); 간재(奸才), 개세지재(蓋世之才), 경세지재(經世之才), 고재(高才), 광세지재(曠世之才), 괴재(瑰才), 굉재(宏才), 구재(口才), 귀재(鬼才), 기재(奇才), 기재(器才), 기재(機才), 능재(能才), 다재(多才), 단재(短才), 달재(達才), 대재(大才), 두남재(斗南才;천하에 으뜸가는 재주), 둔재(鈍才), 명재(明才), 무재(武才), 무재(無才)[무재인(人), 무재무능(無能)], 문재(文才), 박재(薄才), 범재(凡才), 변재(辯才), 별재(別才), 부재(不才), 비재(菲才), 사재(史才), 삼재(三才), 상재(上才), 상재(商才), 선재(仙才), 성재(成才), 세재(世才), 소재(小才), 속재(俗才), 수세지재(需世之才), 수재(秀才), 시재(試才), 시재(詩才), 실재(實才), 악재(樂才), 양재(良才), 언재(言才), 열재(劣才), 영재(英才), 영재(穎才), 영설지재(詠雪之才;여자의 글재주), 용재(庸才), 웅재(雄才), 위재(偉才), 은재(隱才), 의마지재(倚馬之才;빠르게 잘 짓는 글재주), 이재(吏才;관리의 행정적 수완), 이재(異才;남다른 재주), 인재(人才), 일재(逸才), 장상지재(將相之才), 절재(絕才), 정재(呈才), 준재(俊才), 천재(天才)[천재교육(敎育), 천재적(的); 백치천재(白痴)], 천재(淺才), 천학비재(淺學菲才), 취재(取才), 칠보재(七步才), 침재(針才), 탁재(卓才), 통재(通才), 포재(抱才;품은 재주), 표재사(表才士), 품재(品才), 품재(稟才), 필재(筆才), 학재(學才), 한재(漢才), 현재(賢才), 화재(畵才) 들.

359) 재지니(再): 두 해 묵어서 세 살 된 매 또는 새매.

360) 재료(材料): 물건을 만드는 데 들어가는 감. 어떤 일을 하기 위한 거리. ¶재료가 풍부하다. 재료미(美), 재료비(費), 재료산업(産業), 재료시험(試驗), 재료역학(力學), 재료주(株), 재료혁명(革命); 식재료(食), 악재료(惡)/악재(惡材), 약재료(弱), 약재료(藥), 원재료(原), 절연재료(絕緣), 접합재료(接合), 주재료(主).

ㅈ

재(在) ①물건이나 돈 따위의 쓰거나 팔고 남은 나머지. ¶재가 난 상품을 헐값으로 처분하다. 물건을 사고 남은 재는 돌려다오. 재나다[361]. 재문(在文), 재전(在錢); 영재(零在;조금 처진 나머지). ②'있다. 존재하다. 곳'을 뜻하는 말. ¶재가(在家)[재가계(戒), 재가무일(在家無日), 재가승(僧)], 재감(在監), 재경(在京), 재고(在庫), 재관(在官), 재교(在校), 재근(在勤), 재내(在內), 재래(在來;전부터 있어 내려온 것)[재래식(式), 재래종(種)], 재류(在留), 재문(在文;셈을 하고 남은 돈), 재물(在物), 재사(在社), 재상(在喪), 재석(在昔;옛적), 재석(在席), 재성(裁成), 재세(在世), 재소난면(在所難免), 재소자(在所者), 재속(在俗), 재수(在囚), 재실(在室), 재야(在野), 재영(在營), 재외(在外)[재외공관(公館), 재외자산(資産), 재외정화(正貨)], 재위(在位), 재유(在宥), 재임(在任), 재재(在在), 재적(在籍), 재정(在廷), 재조(在朝), 재주(在住), 재중(在中)[362], 재직(在職), 재천(在天), 재택(在宅), 재하도리(在下道理), 재하자(在下者), 재학(在學), 재향(在鄕); 개재(介在), 건재(健在), 공재(共在), 구재(俱在), 내재(內在), 독재(獨在), 명재경각(命在頃刻), 방재(方在), 벽재(僻在), 복재(伏在), 부재(不在)[363], 산재(散在), 선재하다(先在), 소재(所在), 시재(時在)[364], 실재(實在), 여재(餘在;쓰고 남은 돈이나 물건), 외재(外在), 유재(留在), 유재(遺在), 자재(自在)[자유자재(自由)], 잔재(殘在;남아 있음), 잠재(潛在), 재재(在在), 점재(點在), 존재(存在), 주재/소(駐在/所), 체재(滯在), 편재(遍在), 행재(行在), 현재(現在), 현재(顯在), 혼재(混在). ③땅 · 나라이름 또는 그 명사의 축약형 앞에 붙어 '그 곳에 살고 있는'의 뜻을 더하는 말. ¶재주(在住), 재향(在鄕). 재미국/ 재일본/ 재독일/ 재서울 들.

재(財) 사람의 욕망을 채울 수 있는 어떤 효용(效用)을 가지는 것. '재산(財産) · 재화(財貨)'를 뜻하는 말. ¶재경(財經), 재계(財界), 재단(財團)[365], 재력(財力), 재리(財利), 재무(財務)[재무비(費), 재무제표(諸表), 재무행정(行政)], 재물(財物)[366], 재백(財帛), 재벌(財閥), 재보(財寶), 재보시(財普施), 재산(財産)[367], 재색(財色), 재수(財數), 재시(財施), 재신(財神), 재욕(財慾), 재운(財運), 재원(財源), 재정(財政)[368], 재주(財主), 재테크(財tech), 재화(財貨); 가재(家財), 가치재(價値財), 거재(巨財), 경제재(經濟財), 고차재(高次財), 공공재(公共財), 공재(空財), 관재(管財), 관재인(管財人), 국재(國財), 귀재(歸財), 내구재(耐久財), 내용재(耐用財), 단용재(單用財), 대용재(代用財), 대체재(代替財), 독립재(獨立財), 메리트재(merit), 모재(母財), 모재(募財), 문화재(文化財), 물재(物財), 민재(民財), 반사재(反射材), 보재(寶財), 보완재(補完財), 분재(分財), 사재(私財), 사재(社財), 산재(散財), 생재(生財), 생산재(生産財), 소비재(消費財), 손재(損財), 수익재(收益財), 식재(殖財), 여재(餘財), 연관재(聯關財), 유재(留財), 유재(遺財), 이재/가(理財/家), 일차재(一次財), 자재(資財), 자본재(資本財), 자유재(自由財), 장재(掌財;금전출납을 맡아보는 사람), 저차재(低次財), 적재(積財), 전재(錢財;돈), 정재(淨財), 처재(妻財), 축재(蓄財), 탐재(貪財), 투자재(投資財), 편재(騙財), 핍재(乏財;재산이 없어짐), 향락재(享樂財), 횡재(橫財) 들.

재(齋) 명복을 비는 불공. 초상계(初喪契)에서, 망(望)에 올린 사람이 죽는 일. ¶재를 올리다. 재가 나다. 재가(齋家), 재각(齋閣), 재계(齋戒)[목욕재계(沐浴)], 재궁(齋宮), 잿날, 재나다(잿돈을 태워 줄 상사가 나다), 재당(齋堂), 재도감(齋都監), 잿돈, 재미(齋米), 잿밥(불공할 때 부처 앞에 놓는 밥), 재보시(齋布施), 재생(齋生), 재소(齋所), 재실(齋室), 재쌀(공양으로 바치는 쌀), 재올리다(불전에 공양하다), 재일(齋日), 재유(齋儒), 재일(齋日), 재임(齋任), 재자(齋者), 재장(齋場), 재전(齋殿), 재전(齋錢), 재주(齋主), 재차비(齋差備), 재타다(잿돈을 받다), 재최(齋衰), 재타다(잿돈을 받다), 재회(齋會); 거재(居齋), 국재(國齋), 대재(大齋), 동재(同齋;절에서 밥을 지음. 또는 그 일), 동재(東齋), 백일재(百日齋), 범재(犯齋), 사십구일재(四十九日齋), 산재(山齋), 산재(散齋), 서재(書齋), 선왕재(善往齋), 수륙재(水陸齋), 예수재(豫修齋), 입재(入齋), 정재(淨齋), 좌재(坐齋;제사 전날부터 몸을 깨끗이 함), 지재(持齋), 천도재(薦度齋), 청재(淸齋), 치재(致齋), 파재(破齋), 파재(罷齋) 들.

재(災) '천재지이(天災地異)로 말미암은 사고'를 뜻하는 말. ¶재감(災減), 재결(災結), 재겸(災歉), 재난(災難), 재년(災年), 재민(災民), 재변(災變), 재살(災煞), 재상(災傷), 재앙(災殃), 재액(災厄), 재요(災妖), 재이(災異), 재지(災地), 재해(災害)[369], 재화(災禍), 재환(災患); 관재(官災), 관재구설(官災口舌), 구재(救災), 국재(國災), 대재(大災), 박재(雹災), 방재(防災), 변재(變災), 산업재해(産業)/산재(産災), 삼재(三災), 생재(眚災), 수재(水災), 식재(息災),

---

361) 재나다(在): 팔거나 쓰고 남은 나머지가 생기다. ¶재난 상품을 헐값으로 처분하다.

362) 재중(在中): 흔히 봉투 겉에 쓰는 말로, 속에 들어 있음. ¶원고 재중.

363) 부재(不在): 부재자(者), 부재중(中), 부재증명(證明), 부재지주(地主); 외출부재(外出).

364) 시재(時在): ①당장에 가지고 있는 돈이나 곡식 · 물품의 액수나 수량. ¶시재궤(櫃), 시잿돈, 시재액(額), 시재장(帳). ②현재(現在).

365) 재단(財團): 일정한 목적을 위하여 결합된 재산의 집합. 재단 법인. ¶재단등기부(登記簿), 재단목록(目錄), 재단법인(法人), 재단저당(抵當), 재단채권(債權); 공장재단(工場), 광업재단(鑛業), 법정재단(法定), 복지재단(福祉), 육영재단(育英), 장학재단(奬學), 파산재단(破産).

366) 재물(財物): 돈과 값나가는 물건. 재화(財貨). ¶재물변작(變作), 재물조사(調査), 재물죄(罪); 뜬재물.

367) 재산(財産): 개인이나 단체가 소유한 유형 · 무형의 경제적 가치가 있는 것의 총체. 개인의 삶을 위하여 가치 있는 것. ¶재산가(家), 재산관리(管理), 재산권(權), 재산목록(目錄), 재산법(法), 재산상속(相續), 재산세(稅), 재산소득(所得), 재산압류(押留), 재산액(額), 재산제도(制度), 재산죄(罪), 재산출자(出資), 재산평가(評價), 재산형(刑); 고유재산(固有財産), 고정재산(固定), 공용재산(公用), 공유재산(公有), 국유재산(國有), 귀속재산(歸屬), 기본재산(基本), 기부재산(寄附), 무체재산(無體), 무형재산(無形), 보존재산(保存), 사유재산(私有), 상속재산(相續), 세습재산(世襲), 소극재산(消極), 영업재산(營業), 유형재산(有形), 재정재산(財政), 적극재산(積極), 증여재산(贈與), 출연재산(出捐), 특유재산(特有), 특정재산(特定), 포괄재산(包括), 행정재산(行政), 회사재산(會社).

368) 재정(財政): 국가 또는 공공 단체가 그 존립 · 유지에 필요한 재산을 조달 · 관리 · 사용하는 일체의 작용. 개인 · 가정 · 단체의 경제 상태. ¶재정가(家), 재정관세(關稅), 재정권(權), 재정난(難), 재정범(犯), 재정법(法), 재정보증/인(保證/人), 재정융자(融資), 재정자금(資金), 재정재산(財産), 재정적(的), 재정증권(證券), 재정증인(證人), 재정투자(投資), 재정학(學); 건전재정(健全), 균형재정(均衡), 긴축재적(緊縮), 소극재정(消極), 적극재정(積極), 적자재정(赤字), 흑자재정(黑字).

369) 재해(災害): 재해구조(救助), 재해보상(補償), 재해보험(保險), 재해복구/비(災害復舊/費), 재해자(者), 재해지(地); 기상재해(氣象), 노동재해(勞動), 산업재해(産業), 자연재해(自然).

양재(禳災), 이재/민(罹災/民), 인재(人災), 전재(戰災), 진재(震災), 천재(天災), 충재(蟲災), 표재(俵災), 풍재(風災), 피재(避災), 한재(旱災), 화재(火災), 화재(禍災), 황재(蝗災;), 횡재(橫災) 들.

재(裁) '마름질하다. 헤아리다. 결단하다'를 뜻하는 말. ¶재가(裁可), 재감(裁減), 재결(裁決), 재단(裁斷)[재단기(機), 재단법(法), 재단비평(批評), 재단사(師); 입체재단(立體)], 재량(裁量)[370], 재봉/틀(裁縫), 재억(裁抑), 재작(裁酌), 재정(裁定), 재판(裁判)[371], 재할(裁割), 재허(裁許); 결재(決裁), 독재(獨裁), 상재(上裁), 성재(聖裁), 양재(洋裁), 자재(自裁;自殺), 전재(剪裁), 제재(制裁), 주재(奏裁), 중재(仲裁), 직재(直裁), 천재(天裁), 체재(體裁), 총재(總裁), 칙재(勅裁), 친재(親裁), 통재(統裁), 풍재(風裁) 들.

재(載) '싣다(얹다). 책 · 신문에 적다. 해[年]'를 뜻하는 말. ¶재록(載錄), 재서(載書), 재송(載送), 재양[1](載陽;절기가 따뜻하여짐), 재양(載陽)[2][372], 재적(載積), 재적(載籍), 재필(載筆), 재화(載貨); 거재두량(車載斗量), 게재(揭載), 기재(記載), 등재(登載), 만재(滿載), 박재(舶載), 부재(覆載), 소재(所載), 속재(續載), 억재(億載), 역재(譯載), 연재(連載), 완재(完載), 장재(裝載;짐을 꾸려서 실음), 적재(摘載), 적재/하다(積載), 전재(全載), 전재(轉載), 집재(輯載), 천재일우(千載一遇), 첩재(疊載), 탑재(搭載), 함재(艦載), 휴재(休載) 들.

재(哉) ①'시작하다. 비롯하다'를 뜻하는 말. ¶재생명(哉生明;음력 초사흗날), 재생백(哉生魄;음력 열엿샛날). ②영탄을 나타내는 어조사(語助辭). ¶선재(善哉), 시재시재(時哉時哉), 애재(哀哉;슬프도다), 장재(壯哉;장하도다), 쾌재(快哉), 태재(殆哉), 오호통재(嗚呼痛哉) 들.

재(宰) '벼슬아치. 재상(宰相). 일을 맡아 다스리다 · 주관하다'를 뜻하는 말. ¶재목(宰木;무덤가에 심는 나무), 재상(宰相)[373], 재신(宰臣), 재열(宰列), 재장(宰匠), 재할(宰割;일을 주장하여 처리함); 경재(卿宰), 삼재(三宰), 사재(四宰), 시재(時宰), 작재(作宰;고을의 원이 됨), 주재(主宰), 중재(重宰), 진재(眞宰), 현재(賢宰) 들.

재(滓) '찌꺼기/찌끼'를 뜻하는 말. ¶재탄(滓炭); 강재(鋼滓), 거재(去滓), 고로재(高爐滓), 광재(鑛滓;슬래그), 사재(渣滓), 어재(魚滓), 연재(煙滓;그을음), 용재(鎔滓), 잔재(殘滓), 장재(醬滓;된장), 즙재(汁滓), 진재(塵滓), 침재(沈滓) 들.

재(梓) '가래나무. 관(棺)'을 뜻하는 말. ¶재궁(梓宮;임금의 관), 재실(梓室;왕세자의 관); 등재(登梓;출판물을 판에 새김), 상재(上梓;출판할 책을 찍음) 들.

재(栽) '심다. 가꾸다. 묘목(苗木)'을 뜻하는 말. ¶재배(栽培)[374], 재식(栽植); 분재(盆栽), 식재(植栽), 윤재(輪栽) 들.

재(齎) '가져오다'를 뜻하는 말. ¶재래(齎來;어떤 결과를 가져옴).

재갈 ①말의 입에 가로 물리는 쇠로 된 물건. 마함(馬銜). ¶재갈을 먹이다. 재갈띠, 재갈멈치(재갈이 빠지지 않게 말굴레 끝에 거는 둥근 쇠). ②소리를 내거나 말을 하지 못하도록 사람의 입에 물리는 물건. ¶재갈을 물리다.

재강 술을 걸러 내고 남은 찌끼.≒모주(母酒). 술찌끼. 지게미. ¶재강만두(饅頭), 재강장(醬), 재강죽(粥); 송이재강(전국만 떠내고 남은 술찌끼).

재그르르 여러 사람이 한꺼번에 자지러지게 웃는 모양.

재까닥[1] 무슨 일을 재빠르고 시원스럽게 해치우는 모양. 〈준〉재깍. 〈큰〉제까닥/제깍. 〈센〉째까닥/째깍. 〈큰 · 센〉제꺼덕[1]/제꺽. ¶일을 재까닥 해치우다. 재까닥재까닥.

재까닥[2] 작고 단단한 물건이 가볍게 빨리 맞부딪치거나 부서지는 소리. 또는 그 모양. 〈준〉재깍[375]. 〈큰〉제꺼덕[2]/제꺽. 〈센〉째까닥/째깍. ¶문을 여는 소리가 재까닥 나다. 시계가 재까닥 돌아가다. 재까닥거리다/대다/하다, 재까닥재까닥/하다, 째그덕, 째그덩, 제꺽거리다/대다/하다, 제꺽하면(걸핏하면. 툭하면).

재(다)[1] 가진 물건이나 사회적 지위 또는 이룩한 일에 대하여 남에게 자랑하며 잘난 체하고 뽐내다.≒뻐기다. 으스대다. ¶재는 꼴이 가관이다. 돈 좀 있다고 너무 재지 마라. 재셋거리(내세워 우쭐해할 만한 것).

재(다)[2] ①길이 · 무게 · 정도 따위를 헤아려 보다.[←자+이+다].≒측정하다(測定). 달다[3]. ¶키를/ 몸무게를 재다. 재개(계량기), 잼줄(자 대신 쓰는 줄), 잼추(錘;물의 깊이를 재는 도구); 어림재기. ②일의 앞뒤나 헤아리거나 몰래 실정을 살피다.≒따지다. 계산하다(計算). ¶너무 재다가는 기회를 놓친다.

재(다)[3] ①여러 개를 차곡차곡 포개어 쌓아 두다. 양념 맛이 배어 들도록 한동안 담가두다. '쟁이다[376]'의 준말. ¶연탄을 광에다 재

ㅈ

370) 재량(裁量): 자기의 생각과 판단에 따라 일을 처리함. ¶이 일은 너의 재량에 맡기겠다. 재량권/남용(權/濫用), 재량변호(辯護), 재량보석(保釋), 재량주문(注文), 재량처분(處分), 재량활동(活動); 기속재량(羈束), 법규재량(法規), 자유재량(自由), 편의재량(便宜).

371) 재판(裁判): 재판관(官), 재판관할(管轄), 재판권(權), 재판소(所), 재판장(長), 재판적(籍), 재판정(廷), 재판청구권(請求權); 결석(缺席), 공개재판(公開), 군사재판(軍事), 궐석재판(闕席), 단독재판(單獨), 모의재판(模擬), 민사재판(民事), 민중재판(民衆), 배심재판(陪審), 사법재판(司法), 순회재판(巡廻), 약식재판(略式), 원재판(原), 위헌재판(違憲), 인민재판(人民), 정식재판(正式), 종교재판(宗敎), 종국재판(終局), 중재재판(仲裁), 즉결재판(卽決), 증거재판(證據), 합의재판(合議), 행정재판(行政), 헌법재판(憲法), 혁명재판(革命), 형사재판(刑事), 확정재판(確定).

372) 재양(載陽)[2]: 명주나 모시 따위를 풀을 먹이어 반반하게 펴서 말리거나 다리는 일. 〈준〉쟁. ¶모시옷을 빨아 쟁쳐 두다. 재양치다/쟁치다, 재양틀/쟁틀, 재양판(載陽板)/쟁판.

373) 재상(宰相): 재상가(家); 산중재상(山中), 세도재상(勢道), 철혈재상(鐵血), 현재상(賢), 흑두재상(黑頭), 흑의재상(黑衣;중의 신분이면서 정치에 큰 영향을 주는 사람).

374) 재배(栽培): 재배법(法), 재배식물(植物), 재배지(地), 재배하다; 계약재배(契約), 계통재배(系統), 고등재배(高等), 노지재배(露地), 망실재배(網室), 무대재배(無袋), 물재배, 미량재배시험(微量栽培試驗), 수경재배(水耕), 억제재배(抑制), 역경재배(礫耕;모판에 흙 대신 자갈을 넣어 채소를 기름),연화재배(軟化), 온실재배(溫室), 이랑재배, 전조재배(電照), 조기재배(早期), 청정재배(淸淨), 촉성재배(促成), 혼성재배(混成).

375) 재깍: ①단단한 물체가 가볍게 부서지거나 맞부딪칠 때 나는 소리. ②시계 따위의 톱니바퀴나 바늘이 돌아가는 소리. 〈큰〉제꺽. 〈센〉째깍. ¶책각(초침이 돌아가면서 고르게 나는 소리), 책책(작은 시계의 초침이 돌아가는 소리).

다. 깻잎을 양념장에 재다. 불고기 거리를 양념에 재우다. 재우다[2](양념 맛이 배도록 한동안 담아 두다), 재우다[3](거름을 잘 썩도록 손질하다); 드러장이다[377]. ②끼우거나 다져 넣다.≒채우다. ¶총알을 재다. 재약하다(藥;총포에 화약을 재어 넣다).

재(다)[4] 사람의 몸동작이 재빠르고 날쌔다. 참을성이 모자라 입놀림이 가볍다. 온도에 대한 물건의 감응이 몹시 빠르다.[←잦(다)[3]]. ¶걸음이 매우 재다. 입이 잰 여자. 사람이 그렇게 입이 재서야 그걸 어디에 쓰느냐? 가마솥보다는 양은솥이 물 끓는 것이 재다. 재곤두치다, 잰걸음, 잰둥이(재빠른 아이), 잰며느리(재빠르고 날랜 며느리), 재바르다[1]·재빠르다(↔굼뜨다), 재빨리, 잰소리, 잽싸다, 잽싸게, 재어지다(동작이 재빠르고 날쌔게 되다), 재우(매우 빠르게), 재우치다[378], 재우쳐울다/자쳐울다.

재르릉 ①전화벨 따위가 가볍게 울리는 소리. 〈큰〉지르릉. 〈센〉짜르릉. 째르릉. 〈큰·센〉찌르릉. ②유리판이나 양철 따위가 가볍게 부딪쳐 울리는 소리.

재리[1] 얼음이나 눈 위에서 미끄러지지 아니하도록 나막신 따위의 굽에 박는 큰 징.

재:리[2] ①나이가 어린 땅꾼. ②'몹시 인색한 사람'을 낮게 이르는 말. ¶재리 같은 사람. 그렇게 벌어도 안 된다고 하는군.

재물재물 얼굴이나 눈이 좀스럽게 생긴 모양. ¶재물재물 좀스럽게 생긴 아이. 재물재물하게 생긴 아이.

재미 아기자기하게 즐거운 기분이나 느낌. 일이 잘되거나 이익이 됨. ¶재미를 보다. 요즘 재미가 어떤가? 재밋거리, 재미나다, 재미롭다, 재미스럽다, 재미없다, 재미있다, 재미적다(일의 성과가 못마땅하다. 마음에 걸리어 편하지 아니하다); 속재미(실속이 있는 재미), 일재미, 잔재미.

재-바르다[1] 재치 있고 빠르다. ☞ 재다[4].

재-바르다[2] 매우 부족하여 넉넉하지 못하다. ¶재바른 살림살이에서 벗어나다. ☞ 바르다[4][379].

재벽 사금을 캐는 광산에서 나오는 금덩이. ¶손바닥만 한 재벽을 서너 개나 캤다.

재잘 빠른 말로 자꾸 지껄이다. 〈큰〉지절. ¶아이들이 모여 앉아 재잘거린다. 재잘거리다/대다, 재잘재잘·지절지절/하다, 재재·지지거리다/대다/하다[380], 재재재재·지지지지/하다.

재장-바르다 어떤 일을 하려 할 때 좋지 못한 일이 생기어 꺼림칙하다. ¶큰일을 앞두고 재장바르게 일집을 벌이지 말고 좀더 두고 보세.

재주 솜씨 있게 잘하는 능력이나 슬기. 묘한 솜씨나 기술.[←재조(才操)]. ¶재주는 곰이 넘고 돈은 되놈이 번다. 재주껏, 재주꾼, 재주넘기/하다, 재주넘다, 재주놀이(곡예), 재주비김(재주를 서로 견주어 보는 일), 재주롭다(재주 있음이 인정될 만하다), 재주부리다, 재줏소리[381], 재주춤, 재주아치(재주꾼), 재주피우다; 글재주, 늦재주, 땅재주, 말재주, 번개재주, 손재주, 욀재주(잘 외는 재주), 잔재주, 지닐재주, 천생재주(天生;타고난 뛰어난 재주) 들.

재질재질 볕이 꽤 뜨겁게 내리쬐는 모양. ¶땡볕이 재질재질 내리쬐다. 재질재질하다.

재채기 코의 점막이 자극을 받아 일어나는 경련성(痙攣性) 반사 운동. ¶연거푸 재채기가 나오다. 재채기하다.

재첩 재첩과의 민물 조개. 가막조개. ¶섬진강에는 재첩이 많이 서식한다. 재첩국.

재촉 빨리 할 것을 요구함. 남에게 받은 것을 어서 달라고 조름.≒독촉(督促). 채근(採根). ¶재촉이 심하다. 빚돈 재촉에 시달리다. 걸음을 재촉하다. 재촉하다(≒서두르다. 조르다. 다그치다. 보채다).

잼처 어떤 일에 바로 뒤이어 거듭.≒다시. 되짚어. ¶대답할 틈도 없이 잼처 물어보다. 철수는 소리를 내어 웃으며 잼처 인사를 하였다.

쟁(爭) '다투다. 간언하다'를 뜻하는 말. ¶쟁공(爭功), 쟁괴(爭魁), 쟁권(爭權), 쟁규(爭窺), 쟁단(爭端), 쟁두(爭頭), 쟁론(爭論), 쟁리(爭利), 쟁명(爭名), 쟁선(爭先), 쟁성(爭城), 쟁소(爭訴), 쟁송(爭訟), 쟁심(爭心), 쟁영(爭榮), 쟁의(爭議[382]), 쟁점(爭點), 쟁정(爭政), 쟁진(爭進), 쟁집(爭執), 쟁총(爭寵), 쟁취(爭取), 쟁탈/전(爭奪/戰), 쟁투(爭鬪), 쟁패(爭霸), 쟁형(爭衡), 쟁힐(爭詰); 간쟁(諫爭), 경쟁(競爭), 계쟁(係爭), 내쟁(內爭), 논쟁(論爭), 당쟁(黨爭), 면절정쟁(面折廷爭)/면쟁(面爭), 방휼지쟁(蚌鷸之爭), 백가쟁명(百家爭鳴), 분쟁(分爭), 분쟁(忿爭), 분쟁(紛爭[383]), 상쟁(相爭), 언쟁(言爭), 역쟁(力爭), 와각지쟁(蝸角之爭), 전쟁(戰爭), 정쟁(政爭), 정쟁(挺爭), 투쟁(鬪爭), 파쟁(派爭), 항쟁(抗爭), 홍쟁(訌爭), 훤쟁(喧爭) 들.

쟁(琤) '옥 소리'를 뜻하는 말. 쟁쟁(琤琤): ①옥이 맞부딪쳐 맑게 울리는 소리. ②전에 들었던 말이나 소리가 귀에 울리는 느낌. ¶어머님의 목소리가 아직도 쟁쟁 귀에 울린다. ③목소리가 매우 또렷하고 맑은 소리. ¶교실이 쟁쟁 울리는 목청.

쟁(錚) 꽹과리. '쇳소리'를 뜻하는 말. ¶쟁을 치다. 쟁반(錚盤)[나무쟁반, 나좃쟁반, 두리쟁반, 옥쟁반(玉), 은쟁반(銀)], 쟁북, 쟁장(錚匠), 쟁연하다(錚然), 쟁쟁[384]/거리다/대다/하다(錚錚); 격쟁(擊

---

376) 쟁이다: 여러 개를 차곡차곡 포개어 쌓아 두다. 음식을 맛이 들도록 양념에 무쳐 넣어 쌓다. ¶쌀가마니를 창고에 쟁이다. 쇠고기를 양념하여 쟁이다. 드러장이다(많은 물건이 한 군데에 차곡차곡 쌓이다), 처쟁이다(잔뜩 눌러서 마구 쌓다).

377) 드러장이다: 한군데에 많은 물건이 가지런히 쌓이어 정돈되다.

378) 재우치다: 빨리 몰아치거나 재촉하다. ¶학교에 늦을세라 걸음을 재우치다.

379) 바르다[4]: 귀하거나 부족하다. ¶자손이 바르다. 돈이 바르다.

380) 재재하다: 재잘거리어 수다스럽게 수선스럽다. ¶재재한 여학생들.

381) 재줏소리: 판소리에서, 목소리가 약하거나 재치 있는 사람이 변칙적인 솜씨로 내거나 이어 가는 소리.

382) 쟁의(爭議): 서로 자기 의견을 주장하여 다툼. 법정기관 사이에 일어나는 권한 다툼. ¶쟁의를 일으키다. 쟁의권(權), 쟁의단(團), 쟁의행위(行爲), 쟁의하다; 권한쟁의(權限), 노동쟁의(勞動), 상속쟁의(相續), 소작쟁의(小作).

383) 분쟁(紛爭): 분쟁가족(家族); 국경분쟁(國境), 어업분쟁(漁業), 영토분쟁(領土) 들.

ㅈ

錚), 철중쟁쟁(鐵中錚錚) 들.

쟁(諍) '윗사람에게 충고하다'를 뜻하는 말. ¶쟁신(諍臣;임금에게 잘못을 직언으로 간하는 신하), 쟁우(諍友), 쟁자(諍子) 들.

쟁(崢) '산이 높고 가파르다'를 뜻하는 말. ¶쟁영하다(崢嶸).

쟁(箏) '쟁(거문고와 비슷한 13현의 악기). ¶대쟁(大箏).

쟁강 얇은 쇠붙이나 유리 따위가 가볍게 떨어지거나 부딪혀 맑게 울리는 소리. 〈큰〉징정. 〈센〉쨍강. ¶유리컵 두 개가 쟁강 소리를 내며 부딪쳤다. 쟁가당[385], 쟁강·젱정·쨍강·쩽정거리다/대다, 쟁그랑[386].

쟁개비 무쇠나 양은으로 만든 작은 냄비. ¶쟁개비의 찌개가 보그르르 끓다. 쟁개비 끓듯(성하였다가 곧 식어버림). 쟁개비 같은 계집애. 쟁개비열정(熱情;바그르르 끓다가 마는 열정).

쟁글 바람이 없는 날씨에 햇볕이 따스하게 내리쬐는 모양. 웃음이 명랑하게 피어나는 모양. ¶쟁글거리다/대다, 쟁글쟁글/하다.

쟁기¹ 소나 말에 끌려 논밭을 가는 농기구. ¶쟁기날, 쟁깃밥, 쟁기보습, 쟁깃술, 쟁기지게, 쟁기질/하다; 개량쟁기(改良), 굽쟁기, 끌쟁기(극젱이), 나무쟁기, 눕쟁기[←눕다], 보쟁기(보습을 낀 쟁기), 빗살볏쟁기, 선쟁기[←서다] 들.

쟁기² 쟁기고기를 세는 단위. §한 쟁기는 돼지 한 마리를 잡아 여덟 덩이로 나누었을 때 그 한 덩이. ¶쟁기고기(각을 뜨고 뼈를 바르지 아니한 고깃덩이), 쟁깃금(金;쟁기고기로 치는 값).

쟁쟁 조금 언짢거나 못마땅하여 자꾸 보채거나 짜증을 내는 모양. 〈큰〉징징. 〈센〉쨍쨍. ¶어린애는 쟁쟁 울며 보챈다.

쟁첩 반찬을 담는 작은 접시. 흔히 놋쇠로 만듦.

쟁-퉁이 잘난 체하고 거드름을 피우는 사람. 가난에 쪼들리어 마음이 옹졸하고 비꼬인 사람. ¶사람들이 나를 쟁퉁이로밖에 보아주지 않아 가슴이 아팠다.

저¹ 가로 불게 되어 있는 피리를 두루 일컫는 말.[←적(笛)]. ¶젓구멍, 젓대, 젓소리; 상아저(象牙;상아로 만든 피리), 죽저(竹) 들.

저² ①'나'의 겸사말(조사 '가' 앞에서는 '제'가 됨). 자기(自己). ¶저를 데리고 가 주십시오. 누가 저더러 가라고 했나? 제가 가지요. 저네들/저네, 저대로, 저마다(각자), 저이들/저들, 저절로(스스로), 저희/들(우리). ②조사 '가'의 앞에만 쓰이어, '나(의)·자기·자신(의)'의 낮춤말인 '저(의)'가 특별히 변한 말. 저의. ¶제가 하겠습니다. 제가 무엇을 잘했다고 큰소리치나. 제 잘못입니다. 제 탓입니다. ③'제-'의 꼴로 여러 명사에 붙어 '자기. 저의. 다른 것이 아닌. 본래의 것. 제대로 된'의 뜻을 더하는 말. ¶제가끔, 제가다리(저마다 저대로. 제멋대로), 제각각(各各), 제각기(各其), 제갈동지(同知)[387], 제값, 제격(格;본래의 격식), 제고물[388], 제고장/제곳, 제골[389], 제곱[390], 제구멍박이(김맬 때 흙덩이를 떠서 도로 그 자리에 덮는 일), 제구실(제가 마땅히 해야 할 일)/하다, 제국[391], 제금(제가끔. 딴살림), 제긴(윷놀이에서, 모를 내면 잡을 수 있는 긴), 제김에(혼자서 저절로), 제까짓/제깟, 제깐에(제딴은), 제꽃가루받이, 제나(제것으로서의 자신. 자아), 제나름, 제날(짚신이나 미투리 따위에 삼는 재료와 같은 재료로 댄 날), 제날짜/제날, 제노릇/하다, 제눈[정아(定芽)], 제달(미리 정하여 놓은 그 달), 제대로, 제대로근(筋), 제딴/은(자기 생각으로는), 제때, 제랍시고, 제맛, 제먹이끼다[392], 제멋/대로, 제명(命;타고난 자기의 목숨), 제물[393], 제미(저의 어미), 제미붙을, 제밑동생(同生;성별이 같은 바로 다음의 동생), 제바닥, 제바람(스스로의 행동에서 생긴 영향)/에, 제발로, 제복살(소의 갈비에 붙은 고기), 제빛(본래의 색깔), 제뿌리(↔막뿌리), 제사날로[394], 제살붙이/제붙이(가까운 일가붙이), 제살이(제 힘으로 하는 살림)/하다, 제소리(글자의 바른 음. 본마음에서 나오는 말), 제시간(時間;정한 시간), 제아무리(남을 얕잡아 보는 뜻에서 쓰는 말), 제앞가림, 제앞차림, 제앞채기(일을 스스로 치러 나가는 것), 제왈(曰;제랍시고 큰소리치는 모양), 제움직씨(자동사), 제자루[제자루끌, 제자루칼[395]], 제자리[제자리걸음, 제자리께끼, 제자리높이뛰기/멀리뛰기, 제자리비행(飛行), 제자리표(標), 제자리흙], 제정받이(精;자가 수정), 제정신(情神;자기 본래의 똑바른 정신), 제집, 제짝, 제철, 제창[396], 제철(옷·음식 따위의 알맞은 시절), 제출물로/에(저 혼자서 절로. 제 생각대로), 제턱[397], 제판[398], 제풀로(저 혼자 저절로)/에,

384) 쟁쟁(錚錚): ①쇠붙이 따위가 맞부딪쳐 맑게 울리는 소리. ¶종소리가 쟁쟁 울리다. 쟁쟁 울리는 쇳소리. ②일하는 본새나 성격이 야무진 모양. ¶솜씨가 쟁쟁.

385) 쟁가당: =쟁강. 〈큰〉젱거덩. ¶접시 부딪치는 소리가 쟁가당 나다.

386) 쟁그랑: 얇은 쇠붙이나 유리 따위가 떨어지거나 부딪혀 맑게 울리는 소리. 〈큰〉젱그렁. 〈센〉쨍그랑. ¶유리관이 떨어져 쟁그랑 깨지다. 쟁그랑·쨍그랑·젱그렁·쩽그렁거리다/대다.

387) 제갈동지(同知): 제가 스스로 가로되 동지라 한다는 뜻으로, 나잇살이나 먹고 교만하며 터수는 넉넉하되 지체는 좀 낮은 사람을 이르는 말. 부잣집 늙은이.

388) 제고물: 반자를 들이지 아니하고 서까래에 흙을 붙여 만든 천장. 제고물반자.

389) 제골: 감이나 모양새가 제격으로 알맞은 물건. ¶웃고름에 찬 먹감나무로 만든 제골 장도를 끌러서 그에게 주었다.

390) 제곱: 같은 수를 그 수만큼 곱함. 또는 그렇게 해서 얻은 수. 자승(自乘). ¶제곱근(根), 제곱비(比), 제곱수(數).

391) 제국: ①다른 것이 섞이지 않고 제 자료만으로 만든 국. ②거짓이나 잡것이 섞이지 아니한 제격의 상태.

392) 제먹이끼다: 농촌에서 일꾼을 쓰면서 밥을 주지 않고 품삯에 밥값을 쳐서 주다.

393) 제물: 음식을 익힐 때 처음부터 부어 둔 물. 제 몸에서 우러난 물. 딴것이 섞이거나 덧붙여서 된 것이 아닌 순수한 물건. ¶제물 김칫국. 제물 젓국. 제물국수, 제물낚시(깃털로 모기 또는 파리 모양으로 만든 낚싯바늘), 제물땜/하다, 제물로(그 자체가 스스로. 저절로), 제물묵, 제물물부리(지궐련 끝에 제물로 붙여 만든 물부리), 제물밀국수, 제물에(제 혼자 스스로의 바람에), 제물옷(진솔옷), 제물장(欌;붙박이장).

394) 제사날로: 제 혼자만의 생각으로. 남의 시킴을 받지 않고 제 스스로. ¶제사날로 만들었지만 제법 쓸 만하다. §사날(제멋대로 하는 태도).

395) 제자루칼: 자루를 따로 박지 않고 제물에 자루가 되게 만들어진 칼.

396) 제창: ①애쓰지 않고 저절로 적당하게. ¶일손이 아쉽더니 제창 잘 되었다. ②제때에 알맞게. ¶밭도 다 매었고 제창 비까지 오니 오늘은 쉬자. 학생들에게 유명한 배우들의 이름을 붙여 주어서 그것이 제창 별명이 된 일도 있다. ③기회를 놓치거나 시간을 늦추지 않고 그 자리에서 곧 또는 인차 빠르게. ¶숙제를 제창 해치우고 방학계획을 짜다.

397) 제턱: 조금도 변함없이 제가 지닌 그대로의 정도나 분량. ¶아무리 타일러도 제턱이다. 제턱으로(다름이 없이).

398) 제판: 어떤 행동에 잇따라 곧. 거리낄 것 없이 제 마음대로 꺼떡거리는

ㅈ

제흙, 제힘 들.

저[3] ①'저것'의 준말. ¶이도 저도 아니다. ②자기로부터 보일 만한 곳에 있는 사람이나 사물을 가리키는 말. 〈작〉조[2]. ¶저 사람/ 물건. 저건(저것은), 저걸(저것을), 저걸로, 저것/저거, 저게(저것이), 저기[399]/제, 저까지로, 저까짓, 저나마, 저냥(저러한 모양으로), 저년, 저놈, 저다지(저러하도록), 저대로(저것과 같이), 저따위(저러한 종류/물건/사람), 저래/도/서, 저러고, 저러나, 저러다(저러하게 하다), 저러다가, 저러루하다(대개 저런 것과 같거나 비슷하다), 저러면, 저러므로, 저러저러하다, 저러하다/저렇다(저와 같다), 저런[1](저러한). 저럼, 저리[400], 저리도, 저리/로, 저리위[401], 저리하다(저러하게 하다), 저만치(저만한 거리를 두고 떨어져서), 저만큼(저만한 정도로), 저만저만하다, 저만하다[402], 저맘때(꼭 저만큼 된 때), 저승(↔이승)[저승객(客), 저승길, 저승꽃(검버섯), 저승말, 저승빛, 저승사자(使者)], 저이, 저자(者), 저적에, 저쪽, 저토록, 저편(便), 저희(저 사람들. 저이들), 접때(며칠 되지 아니한 지나간 그때); 이래저래, 이러저러하다, 이럭저럭, 이렁저렁, 이리저리 들.

저[4] 미처 생각이 잘 나지 않을 때 내는 소리. 말을 꺼내기가 거북하거나 어색할 때 머뭇거리면서 내는 소리. ¶저, 사실은…… 저, 지금 뭐라고 말씀하셨죠. 저거시기, 저런[2](뜻밖의 일을 보거나 듣거나 하여 놀라울 때 하는 말) 들.

저(低) '낮다. 숙이다. 값이 싸다'를 뜻하는 말.↔고(高). ¶저가(低價), 저감(低減), 저개발/국(低開發/國), 저고도(低高度), 저공/비행(低空/飛行), 저극(低極), 저금리/정책(低金利/政策), 저급(低級↔高級), 저기압(低氣壓), 저능/아(低能/兒), 저단하다(低短), 저도(低度), 저두(低頭), 저락(低落), 저렴하다(低廉; 물건 따위의 값이 싸다), 저리(低利↔高利)[저리채(債)], 저모음(低母音), 저물가(低物價), 저미(低迷)[403], 저밀도(低密度), 저변(低邊;밑변. 사회적·경제적으로 기저를 이루는 계층), 저부(低部), 저부조(低浮彫), 저성(低聲), 저성능(低性能), 저성장(低成長), 저소득(低所得), 저속하다(低俗;낮고 속되다. 천박하다↔고상하다), 저속/도(低速/度), 저속열악(低俗劣惡), 저수(低首), 저수공사(低水工事), 저수로(低水路), 저수위(低水位), 저습(低濕;땅이 낮고 습기가 많음), 저압(低壓)[저압계(計), 저압선(線)], 저앙(低昻;낮아졌다 높아졌다 함), 저액(低額), 저열(低劣;질이 낮음. 사람의 성질 따위가 천함), 저열(低熱↔高熱), 저옥타브(低octave), 저온(低溫)[저온마취(痲醉), 저온항균(抗菌)], 저온도(低溫度), 저운동성(低運動性), 저원(低原), 저위(低位), 저위도(低緯度), 저율(低率↔高率), 저음(低吟), 저음(低音), 저음계(低音階), 저음정(低音程), 저익기(低翼機), 저일계(低日季), 저임금(低賃金)/저임(低賃), 저자세(低姿勢), 저장(低張)[404], 저장애(低障礙), 저조(低調;능률이 오르지 않음. 활기가 없거나 내용이 충실하지 않음), 저조(低潮↔干潮. 감정이나 기세가 가장 까라진 상태↔高潮), 저주파(低周波), 저지(低地↔高地), 저지대(低地帶), 저질(低質)[저질탄(炭), 저질품(品)], 저차(低次), 저차원(低次元), 저체온(低體溫), 저침투액(低浸透液), 저칼로리(低calorie), 저탄소강(低炭素鋼), 저토(底土), 저퇴석(低堆石), 저하(低下), 저학년(低學年), 저학력(低學歷), 저함하다(低陷), 저혈압(低血壓), 저회(低徊)[405]; 고저(高低), 최저(最低) 들.

저(底) '밑(바닥). 원고(原稿). 그치다'를 뜻하는 말. ¶저고(底稿), 저력(底力), 저류(底流), 저면(底面), 저면적(底面積), 저변(底邊;밑변. 사회적·경제적으로 기저를 이루는 계층), 저본(底本), 저부(底部), 저생동물(底生動物), 저선(底線), 저수(底數), 저의(底意;드러내지 않고 속에 품고 있는 뜻), 저인망(底引網)[저인망어선(漁船), 저인망어업(漁業)], 저지(底止), 저질(底質), 저층(底層), 저토(底土), 저판(底板); 근저(根底), 기저(基底), 대양저(大洋底), 도저하다(到底), 무저갱(無底坑), 방저원개(方底圓蓋), 사저(砂/沙底), 선저(船底), 세저(歲底), 수저/선(水底/線), 심저(心底), 영저(嶺底), 지저(地底), 천저(天底), 철저(徹底), 파저(波底;물밑), 평저(平底), 해양저(海洋底), 해저(海底), 호저평야(湖底平野) 들.

저(著) ①'나타나다. 드러내다. 뚜렷하다'를 뜻하는 말. ¶저대하다(著大;현저하게 크다), 저등(著騰), 저락(著落), 저명(著明), 저문하다(著聞;세상에 널리 드러나서 소문이 자자하다); 소저(昭著), 창저(彰著), 특저하다(特著), 표저하다(表著), 현저하다(顯著;뚜렷이 드러나 분명하다). ②'글을 짓다'를 뜻하는 말. ¶저명(著名)[저명인사(人士), 저명작가(作家), 저명하다], 저서(著書), 저술(著述)[저술가(家), 저술업(業)], 저역(著譯), 저자(著者), 저작(著作)[저작권/법(著作權/法), 저작물(物), 저작자(者)]; 고저(高著), 공저(共著), 구저(舊著), 근저(近著), 논저(論著), 대저(大著), 명저(名著), 소저(小著), 신저(新著), 역저(力著), 유저(遺著), 자저(自著), 잡저(雜著), 졸저(拙著), 주저(主著), 쾌저(快著), 특저(特著), 편저(編著), 합저(合著), 호저(好著) 들.

저(貯) '쌓다. 모으다'를 뜻하는 말. ¶저곡(貯穀), 저광장(貯鑛場), 저금(貯金)[저금통(筒), 저금통장(通帳); 우편저금(郵便), 해외저금(海外)], 저망(貯望;名望의 근본을 기름. 養望), 저수(貯水)[406], 저시(貯柴;땔나무를 모아 쌓아 둠), 저유(貯油), 저장(貯藏)[407], 저축(貯蓄)[408], 저치

판. ¶제판처럼 떠들다.

399) 저기: ①저 곳에. ②말하는 이나 듣는 이로부터 멀리 있는 곳을 가리키는 지시 대명사.

400) 저리: ①저곳으로. 또는 저쪽으로. ¶저리 가거라. 〈작〉조리. ②저러하게. 저와 같이. 상태, 모양, 성질 따위가 저러한 모양. ¶성질이 저리 거세니, 아무래도 안되겠습니다. ③어떤 상태를 강조하는 말. ¶왜 별들은 저리 높은가? 〈작〉조리.

401) 저리위: 신래(新來;과거에 새로 급제한 사람)를 불릴 때, 저쪽으로 뒷걸음쳐서 가라고 불리는 쪽의 하인들이 외치는 소리.↔이리위.

402) 저만하다: ①정도나 수준이 저 정도만하다. ¶저만한 일은 할 수 있다. ②정도가 비슷하다. ¶키도 저만하고, 몸집도 저만하다. 〈작〉조만하다.

403) 저미(低迷): ①구름·안개 따위의 어둡게 흐린 기운이 낮게 깔려 감돎. ②불안한 기미가 감돎. ¶전운(戰雲)이 저미하다. ③기운이 까라져 활동이 둔해짐.

404) 저장(低張): 한 용액의 삼투압이 다른 용액의 삼투압에 비하여 낮음.

405) 저회(低徊): 머리를 숙이고 생각에 잠겨 왔다갔다함. ¶저회 취미(趣味).

406) 저수(貯水): 저수량(量), 저수반(盤), 저수식물(植物), 저수조(槽), 저수조직(組織), 저수지(池), 저수탑(塔), 저수통(桶).

407) 저장(貯藏;갈무리. 간수): 저장고(庫), 저장근(根), 저장녹말(綠末), 저장량(量), 저장물(物), 저장물질(物質), 저장법(法), 저장뿌리, 저장성(性), 저장실(室), 저장엽(葉), 저장조직(組織); 열저장(熱貯藏).

408) 저축(貯蓄): 저축보험(保險), 저축성향(性向), 저축예금(預金), 저축은행(銀行); 근검저축(勤儉), 재산형성저축(財産形成)/재형저축(財形), 증권저축(證券).

(貯置), 저탄(貯炭)[저탄량(量), 저탄장(場)]; 적저(積貯) 들.

저(猪) '돼지. 돼지 같은 행동'을 뜻하는 말. ¶저간(猪肝), 저돌(猪突)[저돌적(的), 저돌희용(豨勇;앞뒤를 생각하지 아니하고 함부로 날뛰는 일. 또는 그런 사람)], 저모(豬毛)[저모립(笠), 저모필(筆)], 저용(豬勇), 제육(←저육(豬肉)), 저혈(豬血); 동저(凍猪), 산저(山猪;멧돼지), 아저(兒猪/豬), 애저(애돝), 야저(野豬) 들.

저(箸) 음식을 먹을 때나 어떤 물건을 집는 데 쓰는 도구. ¶젓가락/젓갈[나무젓가락, 목젓가락(木), 부젓가락/부저, 쇠젓가락], 저통(箸筒); 나무저, 목저(木箸), 상아저(象牙;상아로 만든 젓가락), 소독저(消毒箸), 시저(匙箸;수저), 위생저(衛生箸), 죽저(竹箸), 화저(火箸) 들.

저(疽) '악성 종기. 가렵다'를 뜻하는 말. ¶저종(疽腫); 골저(骨疽), 괴저(壞疽), 마비저(馬鼻疽), 부골저(附骨疽), 석저(石疽), 설저(舌疽), 옹저(癰疽), 완저(緩疽), 정저(疔疽), 탄저(炭疽), 탈저(脫疽), 표저(瘭疽) 들.

저(抵) '막다. 뿌리. 해당하다'를 뜻하는 말. ¶저당(抵當)[409], 저뢰(抵賴), 저사위한(抵死爲限), 저죄(抵罪), 저촉(抵觸)[410], 저항(抵抗)[411]; 각저(角抵), 대저(大抵;무릇) 들.

저(沮): '막다'를 뜻하는 말. ¶저기(沮氣), 저상(沮喪;기운을 잃음), 저색(沮色), 저지(沮止;막아서 못하게 함)[저지선(線), 저지하다], 저택(沮澤), 저해(沮害;막아서 못하게 하여 해침), 저희(沮戱) 들.

저(苧) '모시'를 뜻하는 말. ¶저마(苧麻;모시풀), 저의(紵衣;모시로 지은 옷); 개량저(改良苧;무명실로 모시처럼 짠 여름 옷감), 백저(白苧), 생저(生苧), 세저(細苧) 들.

저(邸) '규모가 아주 큰집'을 이르는 말. ¶저택(邸宅), 저하(邸下); 공저(公邸), 관저(官邸), 대저택(大邸宅), 별저(別邸), 사저(私邸), 신저(新邸), 잠저(潛邸), 존저(尊邸) 들.

저(楮) '닥나무'를 뜻하는 말. ¶저백피(楮白皮), 저실(楮實), 저주지(楮注紙), 저지(楮紙), 저천우(楮天牛;하늘소), 저폐(楮幣), 저피(楮皮), 저화(楮貨); 촌저(寸楮;짧은 편지) 들.

저(樗) '가죽나무'를 뜻하는 말. ¶저력/저력지재(樗櫟之材;참나무 · 가죽나무의 재목이란 뜻으로 '아무 쓸모가 없는 사람'을 비유한 말), 저목(樗木(가죽나무. 쓸모없는 나무/ 사람).

저(儲) '쌓아두다. 버금. 다음. 태자'를 뜻하는 말. ¶저군(儲君), 저궁(儲宮), 저사(儲嗣;왕세자), 저위(儲位;태자. 세자), 저치미(儲置米); 국저(國儲;황태자), 동저(東儲) 들.

저(杵) '공이. 달구'를 뜻하는 말. ¶저구(杵臼), 저타령; 목저(木杵), 침저(砧杵;다듬잇방망이) 들.

저(狙) '노리다. 엿보다'를 뜻하는 말. ¶저격(狙擊)[저격대(隊), 저격병(狙擊兵)] 들.

저(紵) '모시'를 뜻하는 말. ¶저포(紵布), 저포전(紵布廛), 저항라(紵亢羅); 당저(唐紵/苧) 들.

저(這) '이'를 뜻하는 말. 차(此). ¶저간(這間;그동안. 요즈음), 저번(這番;요전의 그때), 저저이(這這;낱낱이 모두) 들.

저(詛) '남을 못되도록 빌다'를 뜻하는 말. ¶저주롭다/스럽다/하다(詛/咀呪); 주저(呪詛).

저(渚) '물가. 모래섬'을 뜻하는 말. ¶저안(渚岸), 저애(渚崖); 사저(沙渚) 들.

저(佇) '우두커니'를 뜻하는 말. ¶저념(佇念;머물러 서서 생각에 잠김), 저립(佇立).

저(菹) '소금에 절이다'를 뜻하는 말. ¶저해(菹醢); 청저(靑菹) 들.

저(蛆) '구더기'를 뜻하는 말. ¶잠저(蠶蛆), 향저(蠁蛆;누엣구더기).

저(詆) '비난하다. 들추어내다'를 뜻하는 말. ¶저훼(詆毁;비방하고 헐뜯음)/하다.

저(齟) '어긋나다. 씹다'를 뜻하는 말. ¶저어(齟齬)[412], 저작(齟/咀嚼).

저(咀) '씹다'를 뜻하는 말. ¶저작(咀/齟嚼;음식물을 씹음) 들.

저(苴) '싸다. 꾸러미(선물)'를 뜻하는 말. ¶포저(苞苴;선물).

저(骶) '궁둥이'를 뜻하는 말. ¶미저골(尾骶骨;꽁무니뼈).

저(瀦) '웅덩이'를 뜻하는 말. ¶저수(瀦水), 저택(瀦宅)[413] 들.

저(躇) '망설이다'를 뜻하는 말. ¶주저/주저주저하다(躊躇).

저고리 윗도리에 입는 한복의 겉옷.↔바지. ¶저고릿감, 저고릿고름, 저고리깃, 저고릿바람, 저고리섶; 갖저고리, 겉저고리, 겹저고리, 고두저고리[414], 깃저고리[415], 까치저고리, 깨끼저고리, 누비저고리, 당저고리(唐), 덧저고리, 동구래저고리[416], 동저고리(胴;동옷. 남자가 입는 저고리), 동저고릿바람, 때때저고리, 모의저고리(毛衣), 물겹저고리(호아서 지은 겹저고리), 민저고리, 바지저고리, 배냇저고리, 베저고리, 색동저고리(色), 속저고리, 아랫저고리(속적삼), 양복저고리(洋服), 연두저고리(軟豆), 자릿저

409) 저당(抵當): ①맞서서 겨룸. ②채무의 담보로서 부동산 또는 동산을 전당잡힘. ¶저당권/설정(權/設定), 저당물(物), 저당채권(債券); 공동저당(共同), 광업저당(鑛業), 근저당(根), 동산저당(動産), 매도저당(賣渡), 무저당(無), 이번저당(二番), 이중저당(二重), 재단저당(財團).

410) 저촉(抵觸): ①서로 부딪침. 서로 모순됨. ②법률 · 규칙에 위반되거나 거슬림. ¶법에 저촉되는 일.

411) 저항(抵抗): 어떤 힘 · 권위 따위에 맞서서 버팀. 힘의 작용에 대하여 그 방향과 반대 방향으로 작용하는 힘. ¶민족적 저항 운동. 저항계(計), 저항권(權;기본적 인권 침해 시 국가 권력에 저항할 수 있는 국민의 권리), 저항기(器), 저항력(力), 저항문학(文學), 저항선(線), 저항성(性), 저항심(心), 저항운동(運動), 저항률(率); 공기저항(空氣), 내부저항(內部), 마찰저항(摩擦), 무저항/주의(無/主義), 비저항(比抵抗), 외부저항(外部)/외저항, 자기저항(磁氣), 전기저항(電氣), 접촉저항(接觸).

412) 저어(齟齬): 이가 맞지 아니하다는 뜻으로, 사물이나 일이 잘 맞지 않고 어긋남. ¶저어하다(=서어하다).

413) 저택(瀦宅): 왕조 때, 대역 죄인의 집을 헐고 그 자리에 못을 만들던 형벌.

414) 고두저고리: 여자가 제사 지낼 때 입는 저고리. 회장저고리와 같으나 회장을 달지 아니함.

415) 깃저고리: 깃과 섶을 달지 아니한 갓난아이의 저고리. 배내옷. 배냇저고리.

416) 동구래저고리: 길이가 짧고 앞섶이 좁으며 앞도련은 아주 둥글고 뒷길이보다 좀 길게 만든 여자 저고리.

고리(잠잘 때 입는 저고리), 잘덧저고리, 차렵저고리, 치마저고리, 핫저고리, 회장저고리(回裝)[반회장저고리(半), 삼회장저고리(三)] 들.

저냐 생선이나 고기를 얇게 저며 동글납작하게 만들고, 밀가루와 달걀을 씌워 기름에 지진 음식. 전(煎).[〈전요ㅏ 〈전유어(煎油魚)]. ¶저냐를 부치다. 생선저냐, 쇠고기저냐; 가리맛저냐, 가자미저냐, 간저냐(肝), 게저냐, 고기저냐, 고등어저냐, 골저냐, 굴저냐, 낙지저냐, 녹두저냐(綠豆), 녹육저냐(鹿肉), 닭저냐, 대구저냐(大口), 대창저냐(大腸;소의 큰창자), 도랏저냐, 도미저냐, 돈저냐(엽전 크기로 지진 저냐), 두부저냐(豆腐), 메추리저냐, 멸치저냐, 묵저냐, 미꾸라지저냐, 민어저냐(民魚), 바지락저냐, 밴댕이저냐, 뱅어저냐, 버섯저냐, 복저냐, 부레저냐, 북어저냐(北魚), 붕어저냐, 비빔밥저냐, 비웃저냐, 사태저냐, 삼치저냐, 새우저냐, 생치저냐(生雉;꿩고기), 석이저냐(石耳), 선지저냐, 송이저냐(松栮), 쇠서저냐(소의 혀로 만든 저냐), 숭어저냐, 쏘가리저냐, 양육저냐(羊肉), 양파저냐(洋), 연근저냐(蓮根), 연어저냐(鰱魚), 연어알저냐(鰱魚), 이리저냐, 제육저냐(肉), 조개저냐, 준치저냐, 참새저냐, 처녑저냐, 파저냐 들.

저녁 해가 질 무렵부터 밤이 오기까지의 사이.↔아침. 새벽. ¶오늘 저녁에 우리 집에 오너라. 저녁거리, 저녁거미[417], 저녁곁두리(점심밥과 저녁밥 사이에 먹는 곁두리), 저녁끼니, 저녁나절(해지기 전의 한동안), 저녁내(저녁 동안 계속하여), 저녁녘(저녁때), 저녁노을/놀, 저녁달(↔새벽달), 저녁닭(초저녁에 우는 닭), 저녁때, 저녁뜸[418], 저녁마을, 저녁먹이, 저녁밥, 저녁별, 저녁상(床), 저녁상식(上食), 저녁샛별(태백성), 저녁술(저녁밥을 먹는 숟가락), 저녁쌀(저녁밥을 지을 쌀), 저녁연기(煙氣), 저녁으스름, 저녁잠, 저녁제(祭), 저녁진지, 저녁참, 저녁치닥꺼리, 저녁컨(저녁이 되어가는 때); 늦저녁, 밤저녁, 보리저녁(해가 지기 전의 이른 저녁), 아침저녁, 엊저녁, 초저녁(初), 한저녁. ☞ 석(夕).

저대 노래나 춤으로 술자리의 흥을 돕는 여자.=기생(妓生).

저라 소를 왼편으로 가도록 몰 때 지르는 소리.↔어디여.

저레 뒤로 미루지 아니하고 무엇을 하거나 생각한 기회에 아예.=저리[419].≒미리. 아예. ¶내일 일을 예측할 수 없어 저레 원고를 다 써 두었다. 비가 올 듯하기에 저레 자재를 다 날라 왔네. 저리 가지고 떠나다.

저리(다) 근육이나 뼈마디가 오래 눌리어 피가 잘 통하지 못하여 감각이 둔하고 아리며 움직이기가 거북하다.≒시큰거리다. 곱다². 〈작〉자리다. ¶팔이 저리다. 날만 궂으면 무릎이 저리다. 자리자리 · 자릿자릿 · 저리저리 · 저릿저릿 · 짜릿짜릿 · 쩌릿쩌릿 · 찌릿찌릿/하다, 자릿 · 저릿 · 짜릿[420] · 쩌릿 · 찌릿[421]하다, 재릿[422], 저려들다, 저려오르다; 골저리다(찬 기운이 뼛속까지 미치다), 뼈저리다(뼈아프다) 들.

저물(다) ①해가 져서 어두워지다.(↔밝다). 한 해가 지나서 끝이 되다. ¶날이 저물기 전에 돌아오너라. 한 해가 저물고 새해가 밝아 온다. 저물녘, 저물도록, 저물리다(해가 져서 어두워지기를 기다리다), 저물손(저물녘), 저뭇하다(날이 저물어 어스레하다), 저뭇해지다. ②한 사람의 일생 또는 나라의 운명이 다하다.(≒쇠하다). 그의 인생도 저물어 간다. 국운이 저물어가는 구한말 무렵. ☞ 모(暮).

저미(다) ①얇게 베어 여러 개의 조각을 내다. 얇게 깎아 내다. ¶생선의 살을 칼로 저미다. 저며내다, 저며썰기. ②깊이 사무치도록 가슴이 아프다. ¶가슴을 저미는 이야기. 비참한 이야기가 내 마음을 저민다.

저-버리(다) ①마음에 새겨두어야 할 것을 잊거나 어기다. 당연히 지켜야 할 원칙이나 의리를 어기다. 등지거나 배반하다.[〈져/지여ᄇᆞ리다]. ¶은혜를 저버리다. 조국을 저버리다. ②(완곡한 표현으로) 목숨을 끊다. ¶그는 의리를 지키기 위해 마침내 목숨마저 저버리고 말았다.

저쑵(다) 신이나 부처에게 절하다. ¶부처님께 저쑵고 돌아오다.

저어-하다 염려하거나 두려워하다.[〈젛다/저프다]. ¶사랑이 식을까 저어하다. 저어되다(걱정이 되고 조심이 가게 되다). ☞ 외(畏).

저울 무게를 재는 데 쓰는 기구. ¶저울로 무게를 달다. 저울고리, 저울눈, 저울대, 저울바탕, 저울접시, 저울질/하다(재다. 비교하다. 헤아리다), 저울추(錘), 저울판(板); 대저울, 들저울[423], 뜬저울(액체 비중계), 무저울[424], 받침저울, 선별저울(選別), 손저울, 앉은뱅이저울, 압력저울(壓力), 약저울(藥), 어깨저울[천칭(天秤)], 열저울(熱)[425], 용수철저울(龍鬚鐵), 은저울(銀;금 · 은을 다는 작은 저울), 자동저울(自動), 전자저울(電子), 접시저울, 지레저울, 화학저울(化學). ☞ 칭(秤).

저자 시장에서 물건을 파는 가게. 아침과 저녁으로 반찬거리를 팔고 사기 위하여 열리는 장. ¶번잡한 저자. 저자가 서다. 저잣거리, 저자광주리, 저자구럭(장구럭), 저자바구니, 저자보다.

저지르(다) 잘못하여 그르치다. 탈을 내다.≒범하다(犯). ¶네가 기어코 일을 저지르고야 말았구나! 저지레(일이나 물건을 버르집어 그르치는 일. 범행).

저퀴 사람에게 지피어 앓게 한다는 귀신.=저퀴귀신(鬼神). ¶저퀴가 들다(저퀴가 씌워 몹시 앓게 되다).

ㅈ

417) 저녁거미: 저녁이 되어 어둑어둑하여 지는 기운.

418) 저녁뜸: 저녁 무렵 해안 지방에서 해풍과 육풍이 바뀔 때, 바람이 한동안 자는 현상.

419) 저리: ①예견하여 미리. ¶저리 가지고 떠나다. ②=저레. ¶소뿔은 단김에 빼랬다고 저리 시작합시다.

420) 짜릿: 몹시 자린 듯한 느낌. 〈큰〉쩌릿.

421) 찌릿: ①뼈마디나 몸의 일부가 저린 느낌. ¶다리가 찌릿찌릿 저리다. ②가슴이나 마음이 저린 느낌. ¶가슴이 찌릿찌릿 아프다. 〈작〉짜릿.

422) 재릿: 딱하고 애가 타서 가슴이 갑갑할 정도로 마음이 아픈 모양. ¶가슴이 재릿재릿 타다.

423) 들저울: 저울대를 들고 무게를 달게 되어 있는 저울.

424) 무저울: 미성(尾星;동쪽의 여섯째 별자리)의 끝에 나란히 있는 두 개의 별. 이 두 별이 나란히 있으면, 그 해에는 비가 알맞게 내린다고 함.[←물+저울].

425) 열저울(熱): 어떤 물질을 가열하면서 온도의 변화에 따라 변화하는 무게를 재는 저울.=열천칭(熱天秤).

저큼 잘못을 고치고 다시 같은 잘못을 하지 않는 버릇. 또는 그렇게 되도록 조심함. ¶그만큼 타일렀으면 저큼할 줄 알아야지. 저큼하면 다시는 이런 일을 저지르지 않을 것이다. 저큼하다.

적[1] ①나무·돌 따위가 결을 따라 일어나는 조각. ②굴의 껍데기를 따냈을 때, 아직 굴이 붙어 있는 쪽의 껍데기. ¶적을 따다(굴의 살에 붙은 껍데기 조각을 떼어내다).=구적

적[2] 일이 어찌 되었을 당시로서 오래 된 과거의 시점. 개인적인 경험과 관련된 시기.≒때'. ¶세 살 적 버릇이 여든 간다. 어릴 적의 추억. 공부할 적엔 공부에만 몰두하라. 한 번도 화를 낸 적이 없다. 제[426]; 고릿적[←고려(高麗)+적], 돌마낫적[427], 배냇적, 소싯적(少時), 아잇적, 옛적, 올적(미래), 요/이마적(가까운 때), 이제[이제까지, 이제껏, 이제야, 이제나저제나/이제저제], 저적에, 지난적(과거), 태곳적(太古), 후제 들.

적(的) ①'대상. 목표. 표적. 밝다. 또렷하다'를 뜻하는 말. ¶선망의 적. 적견(的見;아주 정확하게 봄), 적력하다(的歷;또렷또렷하여 분명하다), 적보(的報;적확한 통보), 적부(的否;꼭 그러함과 그러하지 아니함), 적실하다(的實;틀림없이 확실하다), 적연하다(的然;틀림없이 그러하다. 뚜렷하다), 적중(的中), 적증(的證), 적지(的知;제대로 확실하게 앎), 적확(的確); 감적(監的)[감적수(手), 감적호(壕)], 목적(目的), 사적(射的;과녁), 언적(言的), 준적/하다(準的), 진적/하다(眞的), 표적(標的), 확적하다(確的). ②한자어 어근 뒤에 붙어 '그 성격을 띠는. 그에 관계된. 그 상태로 된'의 뜻을 더하여 명사, 관형사, 부사를 만드는 말. §'-적(的)'은 개화기 무렵부터 고유어 접사 '-스러운. -다운'에 대체하여 쓰이고 있음. ¶가공적(架空的), 가급적(加及的), 가동적(可動的), 가면적(假面的), 가변적(可變的), 가부장적(家父長), 가분적(可分的), 가상적(假象的), 가상적(假想的), 가속도적(加速度的), 가식적(假飾的), 가언적(假言的), 가정적(家庭的), 가정적(假定的), 가족적(家族的), 가족주의적(家族主義的), 가치중립적(價值中立的), 가학적(加虐的), 간접적(間接的), 간주관적(間主觀的), 간헐적(間歇的), 감각적(感覺的), 감격적(感激的), 감동적(感動的), 감명적(感銘的), 감상적(感傷的), 감성적(感性的), 감정적(感情的), 감정적(憾情的), 강간적(强姦的), 강박적(强拍的), 강압적(强壓的), 강제적(强制的), 강탈적(强奪的), 개관적(槪觀的), 개괄적(槪括的), 개념적(槪念的), 개략적(槪略的), 개방적(開放的), 개별적(個別的), 개성적(個性的), 개연적(蓋然的), 개인적(個人的), 개조적(個條的), 개체적(個體的), 개혁적(改革的), 객관적(客觀的), 거국적(擧國的), 거당적(擧黨的), 거도적(擧道的), 거시적(巨視的), 거시적(擧市的), 거인적(巨人的), 거족적(擧族的), 건설적(建設的), 건축학적(建築學的), 격정적(激情的), 견유적(犬儒的), 결과적(結果的), 결단적(決斷的), 결사적(決死的), 결정적(決定的), 결합적(結合的), 경구적(經口的), 경상적(經常的), 경이적(驚異的), 경쟁적(競爭的), 경제적(經濟的), 경향적(傾向的), 경험적(經驗的), 계급적(階級的), 계량적(計量的), 계몽적(啓蒙的), 계산적(計算的), 계속적(繼續的), 계열적(系列的), 계절적(季節的), 계통적(系統的), 계획적(計劃的), 고고학적(考古學的), 고답적(高踏的), 고립적(孤立的), 고무적(鼓舞的), 고립적(孤立的), 고백적(告白的), 고식적(姑息的), 고압적(高壓的), 고의적(故意的), 고전적(古典的), 고정적(固定的), 고증적(考證的), 고질적(痼疾的), 고차적(高次的), 고차원적(高次元的), 고치적(苦恥的), 고풍적(古風的), 고혹적(蠱惑的), 골간적(骨幹的), 골계적(滑稽的), 골상학적(骨相學的), 공적(公的), 공간적(空間的), 공개적(公開的), 공격적(攻擊的), 공동적(共同的), 공리적(功利的), 공상적(空想的), 공세적(攻勢的), 공식적(公式的), 공통적(共通的), 과도기적(過渡期的), 과도적(過渡的), 과장적(誇張的), 과학적(科學的), 관념적(觀念的), 관념론적(觀念論的), 관능적(官能的), 관료적(官僚的), 관료주의적(官僚主義的), 관망적(觀望的), 관습적(慣習的), 관용적(慣用的), 관조적(觀照的), 관행적(慣行的), 광란적(狂亂的), 광신적(狂信的), 광적(狂的), 괴기적(怪奇的), 괴악적(怪惡的), 교량적(橋梁的), 교양적(敎養的), 교육적(敎育的), 교육가적(敎育家的), 교조적(敎條的), 교조주의적(敎條主義的), 교화적(敎化的), 교훈적(敎訓的), 구국적(救國的), 구상적(具象的), 구성적(構成的), 구시대적(舊時代的), 구심적(求心的), 구조적(構造的), 구체적(具體的), 국가주의적(國家主義的), 국내적(國內的), 국민적(國民的), 국보적(國寶的), 국부적(局部的), 국수주의적(國粹主義的), 국제적(國際的), 국제법적(國際法的), 국지적(局地的), 군사적(軍事的), 굴욕적(屈辱的), 궁극적(窮極的), 권위적(權威的), 권위주의적(權威主義的), 궤변적(詭辯的), 귀납적(歸納的), 귀족적(貴族的), 규범적(規範的), 규칙적(規則的), 균형적(均衡的), 극적(劇的), 극단적(極端的), 극우적(極右的), 극좌적(極左的), 극한적(極限的), 근간적(根幹的), 근대적(近代的), 근본적(根本的), 근시안적(近視眼的), 근원적(根源的), 금욕적(禁慾的), 급진적(急進的), 급진주의적(急進主義的), 긍정적(肯定的), 기간적(基幹的), 기계적(機械的), 기계론적(機械論的), 기교적(技巧的), 기념비적(記念碑的), 기능적(技能的), 기동적(機動的), 기록적(記錄的), 기만적(欺瞞的), 기본적(基本的), 기분적(氣分的), 기생적(寄生的), 기술적(技術的), 기술적(記述的), 기습적(奇襲的), 기업적(企業的), 기인적(奇人的), 기적적(奇蹟的), 기초적(基礎的), 기하급수적(幾何級數的), 기하학적(幾何學的), 기학적(嗜虐的), 기형적(畸形的), 기회주의적(機會主義的), 낙관적(樂觀的), 낙천적(樂天的), 남국적(南國的), 남성적(男性的), 낭만적, 내적(內的), 내과적(內科的), 내면적(內面的), 내벌적(內罰的), 내부적(內部的), 내성적(內省的), 내용적(內容的), 내재적(內在的), 내향적(內向的), 냉소적(冷笑的), 냉전적(冷戰的), 노골적(露骨的), 노예적(奴隸的), 논리적(論理的), 논변적(論辯的), 논쟁적(論爭的), 논증적(論證的), 농노적(農奴的), 농업적(農業的), 누진적(累進的), 능동적(能動的), 능률적(能率的), 능멸적(凌蔑的), 능산적(能産的), 다각적(多角的), 다국적(多國的), 다면적(多面的), 다방면적(多方面的), 다변적(多邊的), 다신교적(多神教的), 다원적(多元的), 다원론적(多元論的), 다자주의적(多者主義的), 단적(端的), 단계적(段階的), 단기적(短期的), 단도직입적(單刀直入的), 단독적(單獨的), 단말마적(斷末魔的), 단면적(斷面的), 단선적(單線的), 단속적(斷續的), 단언적(斷言的), 단정적(斷定的), 단체적(團體的), 단편적(短篇的), 담보적(擔保的), 당위적(當爲的), 당파적(黨派的), 대국적(大局的), 대국적(大局的), 대규모적(大規模的), 대극적(對極的), 대내적(對內的), 대내외적

---

426) 제: '적에'의 준말. ¶어릴 제(적에) 같이 놀던 친구.
427) 돌마낫적: 첫돌이 될락말락한 때.

(對內外的), 대대적(大大的), 대략적(大略的), 대량적(大量的), 대륙적(大陸的), 대립적(對立的), 대상적(對象的), 대수적(代數的), 대승적(大乘的), 대양적(大洋的), 대외적(對外的), 대조적(對照的), 대중적(大衆的), 대척적(對蹠的), 대체적(大體的), 대칭적(對稱的), 대폭적(大幅的), 대표적(代表的), 대항적(對抗的), 도덕적(道德的), 도발적(挑發的), 도색적(桃色的), 도시적(都市的), 도식적(圖式的), 도식주의적(圖式主義的), 도의적(道義的), 도전적(挑戰的), 도착적(倒錯的), 도취적(陶醉的), 도피적(逃避的), 도학적(道學的), 독단적(獨斷的), 독단주의적(獨斷主義的), 독립적(獨立的), 독보적(獨步的), 독선적(獨善的), 독선주의적(獨善主義的), 독자적(獨自的), 독재적(獨裁的), 독점적(獨占的), 독존적(獨尊的), 독창적(獨創的), 돌격적(突擊的), 돌발적(突發的), 돌변적(突變的), 돌연적(突然的), 돌차적(突磋的), 돌출적(突出的), 동적(動的), 동물적(動物的), 동시적(同時的), 동심적(同心的), 동양적(東洋的), 동원적(動員的), 동정적(同情的), 동조적(同調的), 동지적(同志的), 동질적(同質的), 만성적(慢性的), 말세기적(末世紀的), 말세적(末世的), 말초적(末梢的), 망국적(亡國的), 망상적(妄想的), 매국적(賣國的), 매력적(魅力的), 매판적(買辦的), 매혹적(魅惑的), 맹목적(盲目的), 맹신적(盲信的), 맹아적(萌芽的), 멸시적(蔑視的), 명령적(命令的), 명목적(名目的), 명상적(冥想的), 명시적(明示的), 명제적(命題的), 모략적(謀略的), 모멸적(侮蔑的), 모범적(模範的), 모성적(母性的), 모순적(矛盾的), 모욕적(侮辱的), 모험적(冒險的), 목적(目的), 목가적(牧歌的), 몰가치적(沒價値的), 몰개성적(沒個性的), 몰인격적(沒人格的), 몽환적(夢幻的), 묘사적(描寫的), 무개성적(無個性的), 무계획적(無計劃的), 무기적(無機的), 무단적(武斷的), 무벌적(無罰的), 무비판적(無批判的), 무사상적(無思想的), 무의적(無意的), 무의식적(無意識的), 무정부적(無政府的), 무조건적(無條件的), 무차별적(無差別的), 무한대적(無限大的), 무혈적(無血的), 무형적(無形的), 묵시적(默示的), 문맥적(文脈的), 문명적(文明的), 문법적(文法的), 문예적(文藝的), 문학적(文學的), 문헌학적(文獻學的), 문화적(文化的), 물적(物的), 물리적(物理的), 물리학적(文理學的), 물질적(物質的), 물질주의적(物質主義的), 미적(美的), 미술적(美術的), 미시적(微視的), 미신적(迷信的), 미온적(微溫的), 미학적(美學的), 민속적(民俗的), 민요적(民謠的), 민족적(民族的), 민족사적(民族史的), 민주적(民主的), 민주주의적(民主主的義的), 민중적(民衆的), 반격적(反擊的), 반국가적(反國家的), 반당적(反黨的), 반동적(反動的), 반민족적(反民族的), 반민주적(反民主的), 반발적(反撥的), 반사적(反射的), 반성적(反省的), 반영구적(反永久的), 반의적(反意的), 반정부적(反政府的), 반항적(反抗的), 반항아적(反抗兒的), 반혁명적(反革命的), 발광적(發狂的), 발생적(發生的)[자연발생적(自然)], 발악적(發惡的), 발작적(發作的), 발전적(發展的), 방관적(傍觀的), 방어적(防禦的), 배외적(排外的), 배타적(排他的), 백열적(白熱的), 범국민적(凡國民的), 범죄적(犯罪的), 법적(法的), 법률적(法律的), 법리적(法理的), 법칙적(法則的), 변증법적(辨證法的), 변칙적(變則的), 변태적(變態的), 병렬적(竝列的), 병적(病的), 병행적(竝行的), 보수적(保守的), 보조적(補助的), 보존적(保存的), 보충적(補充的), 보편적(普遍的), 복고적(復古的), 복고주의적(復古主義的), 복합적(複合的), 본격적(本格的), 본원적(本源的), 본유적(本有的), 본질적(本質的), 봉건적(封建的), 부가적(附加的), 부분적(部分的), 부속적(附屬的), 부수적(附隨的), 부정적(否定的), 부정기적(不定期的), 부차적(副次的), 분권적(分權的), 분산적(分散的), 분석적(分析的), 분절적(分節的), 분파적(分派的), 분파주의적(分派主義的), 불가분적(不可分的), 불가분리적(不可分離的), 불가역적(不可逆的), 불가항력적(不可抗力的), 불규칙적(不規則的), 불균등적(不均等的), 불균형적(不均衡的), 불법적(不法的), 불신적(不信的), 불연속적(不連續的), 불합리적(不合理的), 비가역적(非可逆的), 비공개적(非公開的), 비공식(非公式的), 비관적(悲觀的), 비교적(比較的), 비극적(悲劇的), 비능률적(非能率的), 비량적(比量的), 비례적(比例的), 비속적(卑俗的), 비약적(飛躍的), 비유적(譬喩的), 비이성적(非理性的), 비인간적(非人間的), 비정상적(非正常的), 비판적(批判的), 비평적(批評的), 비합리적(非合理的), 비합법적(非合法的), 비협조적(非協調的), 사적(私的), 사교적(社交的), 사말적(些末的), 사멸적(死滅的), 사무적(事務的), 사법적(司法的), 사변적(思辨的), 사상적(思想的), 사색적(思索的), 사실적(寫實的), 사회적(社會的), 사회주의적(社會主義的), 산문적(散文的), 산발적(散發的), 산술적(算術的), 산업적(産業的), 살인적(殺人的), 상관적(相觀的), 상대적(相對的), 상무적(尙武的), 상보적(相補的), 상상적(想像的), 상습적(常習的), 상시적(常時的), 상식적(常識的), 상승적(上昇的), 상업적(商業的), 상업주의적(商業主義的), 상징적(象徵的), 상투적(常套的), 상향적(上向的), 색정적(色情的), 생동적(生動的), 생득적(生得的), 생래적(生來的), 생리적(生理的), 생리학적(生理學的), 생물적(生物的), 생산적(生産的), 생활적(生活的), 서구적(西歐的), 서론적(序論的), 서민적(庶民的), 서사적(敍事的), 서사시적(敍事詩的), 서양적(西洋的), 서정적(抒情的), 선결적(先決), 선구적(先驅的), 선구자적(先驅者的), 선도적(先導的), 선동적(煽動的), 선별적(選別的), 선봉적(先鋒的), 선언적(宣言的), 선언적(選言的), 선정적(煽情的), 선정주의(煽情主義的), 선진적(先進的), 선차적(先次), 선천적(先天的), 선택적(選擇的), 선풍적(旋風的), 선험적(先驗), 설득적(說得的), 설명적(說明的), 설복적(說伏的), 설화적(說話), 성격적(性格的), 성공적(成功的), 성적(性的), 세계적(世界的), 세계사적(世界史的), 세기말적(世紀末的), 세기적(世紀的), 세대적(世代的), 세부적(細部的), 세속적(世俗的), 세습적(世襲的), 소규모적(小規模的), 소극적(消極的), 소모적(消耗的), 소산적(所産的), 소승적(小乘的), 소시민적(小市民的), 소재적(素材的), 소폭적(小幅的), 속물적(俗物的), 속학적(俗學的), 숫자적(數字的)/수적(數的), 수공업적(手工業的), 수단적(手段的), 수동적(手動的), 수동적(受動的), 수량적(數量的), 수리적(數理的), 수비적(守備的), 수세적(守勢的), 수용적(受容的), 수의적(隨意的), 수직적(垂直的), 수평적(水平的), 수학적(數學的), 숙명적(宿命的), 숙명론적(宿命論的), 순간적(瞬間的), 순리적(順理的), 순정적(純情的), 순차적(順次的), 습관적(習慣的), 시적(詩的), 시각적(視覺的), 시간적(時間的), 시국적(時局的), 시기적(時期的), 시대적(時代的), 시대착오적(時代錯誤的), 시범적(示範的), 시사적(時事的), 시원적(始原的), 시험적(試驗的), 신적(神的), 신경질적(神經質的), 신분적(身分的), 신비적(神秘的), 신사적(紳士的), 신세대적(新世代的), 신축적(伸縮的), 신파적(新派的), 실감적(實感的), 실리적(實利的), 실무적(實務的), 실무주의적(實務主義的), 실용적(實用

的), 실재적(實在的), 실존적(實存的), 실증적(實證的), 실지적(實地的), 실질적(實質的), 실천적(實踐的), 실체적(實體的), 실험적(實驗的), 심적(心的), 심리적(心理的), 심미적(審美的), 심정적(心情的), 심층적(深層的), 쌍무적(雙務的), 아부적(阿附的), 악마적(惡魔的), 악질적(惡質的), 안정적(安定的), 암적(癌的), 암묵적(暗默的), 압도적(壓倒的), 압제적(壓制的), 애국적(愛國的), 애상적(哀傷的), 애족적(愛族的), 애타적(愛他的), 애호적(愛好的), 야당적(野黨的), 야만적(野蠻的), 야생적(野生的), 야성적(野性的), 야수적(野獸的), 야심적(野心的), 야유적(揶揄的), 양적(量的), 양성적(陽性的), 양심적(良心的), 어학적(語學的), 어휘적(語彙的), 억압적(抑壓的), 언적(言的), 언어적(言語的), 여당적(與黨的), 여성적(女性的), 역동적(逆動的), 역사적(歷史的)/사적(史的), 역설적(逆說的), 역학적(力學的), 역학적(疫學的), 역행적(逆行的), 연구적(研究的), 연극적(演劇的), 연대적(連帶的), 연속적(連續的), 연쇄적(連鎖的), 연역적(演繹的), 연차적(年次的), 열광적(熱狂的), 열성적(熱誠的), 열역학적(熱力學的), 열정적(熱情的), 염전적(厭戰的), 엽기적(獵奇的), 영적(靈的), 영구적(永久的), 영도적(領導的), 영리적(營利的), 영속적(永續的), 영웅적(英雄的), 영화적(映畫的), 예방적(豫防的), 예비적(豫備的), 예속적(隸屬的), 예술적(藝術的), 예술사적(藝術史的), 예외적(例外的), 예지적(叡智的), 온정적(溫情的), 온정주의(溫情主義的), 완충적(緩衝的), 외적(外的), 외계적(外界的), 외과적(外科的), 외교적(外交的), 외면적(外面的), 외벌적(外罰的), 외부적(外部的), 외재적(外在的), 외향적(外向的), 외형적(外形的), 우경적(右傾的), 우발적(偶發的), 우상적(偶像的), 우생학적(優生學的), 우선적(優先的), 우애적(友愛的), 우연적(偶然的), 우월적(優越的), 우의적(友誼的), 우익적(右翼的), 우호적(友好的), 우회적(迂廻的), 운명적(運命的), 운율적(韻律的), 원론적(原論的), 원리적(原理的), 원색적(原色的), 원시적(原始的), 원자론적(原子論的), 원천적(源泉的), 원초적(原初的), 원칙적(原則的), 위력적(威力的), 위법적(違法的), 위생적(衛生的), 위선적(僞善的), 위악적(僞惡的), 위압적(威壓的), 위하적(威嚇的), 위협적(威脅的), 유가적(儒家的), 유기적(有機的), 유동적(流動的), 유물적(唯物的), 유물론적(唯物論的), 유미적(唯美的), 유심적(唯心的), 유의적(有意的), 유의미적(有意味的), 유전적(遺傳的), 유표적(有標的), 유혈적(流血的), 유형적(有形的), 유형적(類型的), 유혹적(誘惑的), 유화적(宥和的), 유희적(遊戲的), 육적(肉的), 육감적(六感的), 육감적(肉感的), 육욕적(肉慾的), 육체적(肉體的), 윤리적(倫理的), 율동적(律動的), 음성적(陰性的), 음악적(音樂的), 의도적(意圖的), 의례(儀禮的), 의무적(義務的), 의식적(意識的), 의욕적(意慾的), 의인적(擬人的), 의존적(依存的), 의학적(醫學的), 의협적(義俠的), 이국적(異國的), 이기적(利己的), 이기주의적(利己主義的), 이단적(異端的), 이례적(異例的), 이론적(理論的), 이상적(理想的), 이상주의적(理想主義的), 이색적(異色的), 이성적(理性的), 이중적(二重的), 이지적(理智的), 이질적(異質的), 이차적(二次的), 이타적(利他的), 이학적(理學的), 인적(人的), 인간적(人間的), 인격적(人格的), 인공적(人工的), 인과적(因果的), 인도적(人道的), 인도주의적(人道主義的), 인류적(人類的), 인문적(人文的), 인민적(人民的), 인상적(印象的), 인습적(因襲的), 인식적(認識的), 인위적(人爲的), 인종적(人種的), 일괄적(一括的), 일률적(一律的), 일면적(一面), 일반적(一般的), 일방적(一方的), 일상적(日常的), 일시적(一時的), 일원론적(一元論的), 일원적(一元的), 일의적(一意的), 일차적(一次的), 일차원적(一次元的), 임시적(臨時的), 임의적(任意的), 입지전적(立志傳的), 입체적(立體的), 입헌적(立憲的), 자각적(自覺的), 자극적(刺戟的), 자급적(自給的), 자기중심적(自己中心的), 자기희생적(自己犧牲的), 자동적(自動)的, 자류적(自流的), 자립적(自立的), 자멸적(自滅的), 자발적(自發的), 자벌적(自罰的), 자살적(自殺的), 자생적(自生的), 자서전적(自敍傳的), 자아론적(自我論的), 자연적(自然的), 자위적(自慰的), 자위적(自衛的), 자율적(自律的), 자의적(恣意的), 자전적(自傳的), 자조적(自嘲的), 자족적(自足的), 자주적(自主的), 자치적(自治的), 자학적(自虐的), 작가적(作家的), 작위적(作爲的), 잠재적(潛在的), 잠정적(暫定的), 장기적(長期的), 재정적(財政的), 저돌적(猪突的), 적극적(積極的), 적대적(敵對的), 적시적(適時的), 전적(全的), 전격적(電擊的), 전국적(全國的), 전근대적(前近代的), 전기적(傳奇的), 전략적(戰略的), 전망적(展望的), 전면적(全面的), 전문적(專門的), 전반적(全般的), 전설적(傳說的), 전술적(戰術的), 전원적(田園的), 전율적(戰慄的), 전위적(前衛的), 전의적(轉義的), 전면적(全面的), 전제적(前提的), 전제적(專制的), 전체적(全體的), 전통적(傳統的), 전투적(戰鬪的), 전폭적(全幅的), 전향적(前向的), 전형전(典型的), 절대적(絕對的), 절망적(絕望的), 점진적(漸進的), 점차적(漸次的), 정적(情的), 정적(靜的), 정관적(靜觀的), 정규적(正規的), 정기적(定期的), 정동적(情動的), 정략적(政略的), 정량적(定量的), 정력적(精力的), 정례적(定例的), 정론적(正論的), 정물적(靜物的), 정상적(正常的), 정서적(情緒的), 정석적(定石的), 정성적(定性的), 정신적(情神的), 정언적(定言的), 정열적(情熱的), 정의적(正義的), 정책적(政策的), 정체적(停滯的), 정초적(定礎的), 정치적(政治的), 정통적(正統的), 제국주의적(帝國主義的), 제도적(制度的), 제일의적(第一義的), 제한적(制限的), 조각적(彫刻), 조건적(條件的), 조방적(粗放的), 조소적(嘲笑的), 조절적(調節), 조직적(組織的), 존재적(存在的), 종적(縱的), 종교적(宗教的), 종국적(終局的), 종속적(從屬的), 종신적(終身的), 종파적(宗派的), 종합적(綜合的), 좌경적(左傾的), 좌익적(左翼的), 주관적(主觀的), 주관주의적(主觀主義的), 주기적(週期的), 주도적(主導的), 주동적(主動的), 주술적(呪術的), 주의적(主義的), 주정적(主情的), 주제적(主題的), 주체적(主體的), 주지적(主知的), 중간자적(中間子的), 중간적(中間的), 중도적(中道的), 중립적(中立的), 중상적(中傷的), 중성적(中性的), 중세적(中世的), 중심적(中心的), 중재적(仲裁的), 중점적(重點的), 중추적(中樞的), 즉각적(卽刻的), 즉물적(卽物的), 즉흥적(卽興的), 지적(知的), 지구적(地球的), 지구적(持久的), 지능적(知能的), 지도자적(指導者的), 지도적(指導的), 지리적(地理的), 지리학적(地理學的), 지방적(地方的), 지배적(支配的), 지사적(志士的), 지성적(知性的), 지속적(持續的), 지역적(地域的), 지연적(地緣的), 지엽적(枝葉的), 직각적(直覺的), 직감적(直感的), 직관적(直觀的), 직선적(直線的), 직설적(直說的), 직업적(職業的), 직접적(直接的), 진리적(眞理的), 진보적(進步的), 진적하다(眞的), 진취적(進取的), 진화적(進化的), 진화론적(進化論的), 질적(質的), 질량적(質量的), 집단적(集團的), 집단주의적(集團主義的), 집약적(集約的), 집중적(集中的), 차별적(差別的),

ㅈ

착취적(搾取的), 찰나적(的), 참고적(參考的), 창의적(創意的), 창작적(創作的), 창조적(創造的), 책동적(策動的), 책략적(策略的), 천문학적(天文的學), 천부적(天賦的), 천성적(天性的), 천연적(天然的), 천재적(天才的), 천편일률적(千篇一律的), 철학적(哲學的), 청교도적(淸敎徒的), 체계적(體系的), 초당적(超黨的), 초보적(初步的), 초월론적(超越論的), 초월적(超越的), 초인적(超人的), 초인간적(超人間的), 초인격적(超人格的), 초자연적(超自然的), 총괄적(總括的), 총량적(總量的), 총체적(總體的), 최우선적(最優先的), 최종적(最終的), 최후적(最後的), 추가적(追加的), 추론적(推論的), 추상적(抽象的), 축자적(逐字的), 축차적(逐次的), 축조적(逐條的), 충격적(衝擊的), 충동적(衝動的), 치명적(致命的), 치욕적(恥辱的), 친일적(親日的), 침략적(侵略的), 카리스마적(charisma的), 타각적(他覺的), 타산적(打算的), 타성적(惰性的), 타율적(他律的), 타협적(妥協的), 탄력적(彈力的), 탈선적(脫線的), 탐미적(耽美的), 탐욕적(貪慾的), 탐욕주의적(貪慾主義的), 토속적(土俗的), 통계적(統計的), 통괄적(統括的), 통례적(通例的), 통상적(通常的), 통속적(通俗的), 통일적(統一的), 통제적(統制的), 퇴영적(退嬰的), 퇴폐적(頹廢的), 투기적(投機的), 투쟁적(鬪爭的), 특징적(特徵的), 파격적(破格的), 파괴적(破壞的), 파국적(破局的), 파멸적(破滅的), 파벌적(派閥的), 파상적(波狀的), 파생적(派生的), 파행적(跛行的), 패덕적(悖德的), 패배주의적(敗北主義的), 편견적(偏見的), 편당적(偏黨的), 편무적(便務的), 편의적(便宜的), 편파적(偏頗的), 편향적(偏向的), 평균적(平均的), 평면적(平面的), 평민적(平民的), 평행적(平行的), 평화적(平和的), 폐쇄적(閉鎖的), 포괄적(包括的), 폭력적(暴力的), 폭발적(爆發的), 폭탄적(爆彈的), 표면적(表面的), 표준적(標準的), 표현적(表現的), 풍유적(諷諭的), 풍자적(諷刺的), 피동적(被動的), 피상적(皮相的), 필사적(必死的), 필수적(必須的), 필연적(必然的), 하향적(下向的), 학구적(學究的), 학리적(學理的), 학문적(學問的), 학술적(學術的), 학자적(學者的), 학적(學的), 한국적(韓國的), 한시적(限時的), 한의학적(韓醫學的), 한정적(限定的), 함축적(含蓄的), 합리적(合理的), 합목적적(合目的的), 합법적(合法的), 합법칙적(合法則的), 항구적(恒久的), 항시적(恒時的), 해석적(解析的), 해양적(海洋的), 해학적(諧謔的), 핵심적(核心的), 행동적(行動的), 행사적(行事的), 행습적(行習的), 행정적(行政的), 향락적(享樂的), 향토적(鄕土的), 허구적(虛構的), 허무적(虛無的), 허무주의적(虛無主義的), 헌법적(憲法的), 헌신적(獻身的), 혁명적(革命的), 혁신적(革新的), 현대적(現代的), 현미경적(顯微鏡的), 현세적(現世的), 현실적(現實的), 현실주의적(現實主義的), 현재적(顯在的), 현학적(衒學的), 현현적(顯現的), 혈연적(血緣的), 협동적(協同的), 협조적(協調的), 형상적(形象的), 형식적(形式的), 형이상학적(形而上學的), 형이하적(形而下的), 형이하학적(形而下學的), 형태적(形態的), 형태학적(形態學的), 혜성적(彗星的), 호의적(好意的), 호인적(好人的), 호전적(好戰的), 호혜적(互惠的), 화학적(化學的), 확적(確的), 확정적(確定的), 환경적(環境的), 환멸적(幻滅的), 환상적(幻想的), 활동적(活動的), 회귀적(回歸的), 회색적(灰色的), 회의적(懷疑的), 회피적(回避的), 획기적(劃期的), 획일적(劃一的), 횡적(橫的), 효과적(效果的), 효율적(效率的), 후차적(後次的), 후천적(後天的), 희곡적(戲曲的), 희극적(喜劇的), 희망적(希望的), 희생적(犧牲的), 희화적(戲化的) 들.

적(積) '쌓다/쌓이다. 싣다. 오래 되다. 크기나 부피. 병(病)'을 뜻하는 말. ¶적경(積慶), 적고병간(積苦兵間), 적곡(積穀), 적공(積功), 적구(積久), 적권운(積卷雲), 적극(積極[428]), 적금(積金), 적기(積氣), 적년/신고(積年/辛苦), 적덕/누인(積德/累仁), 적란운(積亂雲), 적량(積量)[총적량(總)], 적로성질(積勞成疾), 적립/금(積立/金), 적병(積病), 적분(積分[429]), 적분(積忿), 적불선(積不善), 적사/장(積卸/場;선박이나 화차 따위에 짐을 싣거나 부리거나 하는 곳), 적사구근(積仕久勤)/적사(積仕), 적산(積算)[적산법(法), 적산온도(溫度), 적산전력계(電力計)], 적상(積想;쌓인 생각), 적상(積傷;오랜 근심으로 마음이 썩 상함), 적석/총(積石/冢;돌무지무덤), 적선(積善), 적설/량(積雪/量), 적석총(赤石冢), 적성(積誠), 적소성대(積小成大), 적송/품(積送/品), 적수성연(積水成淵), 적습(積習), 적실인심(積失人心), 적심(積心)[적심석/돌(石), 적심쌓음(안쪽을 돌로 튼튼히 쌓는 일)], 적악(積惡), 적앙(積殃), 적우(積雨), 적우침주(積羽沈舟;힘을 합치면 큰 힘이 됨), 적운(積雲), 적울(積鬱), 적원(積怨), 적위(積威), 적재(積載)[적재량(量), 적재함(函); 과적재(過)], 적재(積財), 적저(積貯), 적조(積阻;서로 간에 오래 소식이 막힘. 隔阻), 적채(積債), 적첩(積疊), 적체(積滯;쌓여서 막힘), 적출/항(積出/港), 적취(積聚), 적취(積翠), 적치/장(積置/場), 적토성산(積土成山), 적패(積敗), 적폐(積弊), 적하(積荷), 적혈(積血;瘀血), 적화(積貨)[적화보험(保險), 적화증권(證券)], 적회(積懷); 감적(疳積), 견적(見積), 고적운(高積雲), 공적(功績), 과적(過積), 구적(求積), 냉적(冷積), 노적/가리(露積), 누적(累積), 다적(茶積), 단면적(斷面積), 만적(滿積), 매적(埋積)[매적곡(谷), 매적분지(盆地)], 면적(面積), 미적(微積), 벽적(癖積), 붕적토(崩積土), 산적(散積), 수적(水積), 상승적(相乘積), 선적(船積), 승적(乘積), 식적(食積), 실적(實積), 야적/장(野積/場), 어해적(魚蟹積), 용적(容積), 울적(鬱積), 육적(肉積), 잔적토(殘積土). 점적(漸積), 정적(定積), 주적(酒積), 지적(地積), 집적(集積), 체적(滯積), 체적(體積), 축적(蓄積), 충적(充積), 충적(沖積), 충적(蟲積), 침적(沈積), 퇴적(堆積), 파적(破積), 패적(敗積), 혈적(血積), 회적(蛔積) 들.

적(赤) ①적색(赤色)의 준말. ¶적과 흑. ② '붉다. 발가숭이. 아무것도 없다. 진심. 공산주의'를 뜻하는 어근. ¶적각(赤脚;맨다리), 적갈색(赤褐色), 적경(赤經), 적구(赤枸), 적군(赤軍), 적금(赤金), 적기(赤旗), 적나라(赤裸裸), 적담(赤痰), 적대모(赤玳瑁), 적대하(赤帶下), 적도(赤道[430]), 적도(赤都), 적동/광(赤銅/鑛), 적두(赤豆;붉은팥), 적록색(赤綠色), 적리/균(赤痢/菌), 적린(赤燐), 적립(赤立;赤貧), 적마(赤魔), 적면(赤面;얼굴을 붉힘), 적미(赤米;앵미), 적부

---

428) 적극(積極↔消極): 바싹 다잡아서 활동함. 어떤 일을 의욕적이거나 능동적으로 하는 모양. ¶적극 추진하다. 적극명제(命題), 적극방어(防禦), 적극성(性), 적극의무(義務), 적극재산(財産), 적극재정(財政), 적극적/개념(的/槪念), 적극주의(主義), 적극책(策), 적극화/하다(化).

429) 적분(積分): 함수를 나타내는 곡선과 좌표축 위의 일정한 구간으로 싸인 면적을 어떤 극한값으로 구하는 일. ¶적분방정식(方程式), 적분상수(常數), 적분학(學); 부정적분(否定的), 정적분(定).

430) 적도(赤道): 지구의 중심을 지나는 지축에 직각인 평면과 지표가 교차되는 선. ¶적도류(流), 적도무풍대(無風帶), 적도반경(半徑), 적도반류(反流), 적도수렴대(收斂帶), 적도역류(逆流), 적도의(儀), 적도전선(前線), 적도제(祭), 적도좌표(座標), 적도직하(直下), 적도해류(海流); 지/자기적도(地/磁氣).

루마(赤-馬), 적비(赤匪), 적비취(赤翡翠), 적빈(赤貧;몹시 가난함)[적빈무의(無依), 적빈여세(如洗)], 적사탕(赤砂糖), 적색(赤色)[적색거성(巨星), 적색공포(恐怖), 적색맹(盲), 적색토(土), 적색편이(便移)], 적서(赤黍), 적석(赤舃), 적선(赤線), 적설(赤雪), 적성(赤誠), 적소두(赤小豆), 적송(赤松), 적수(赤手;맨손)[적수공권(空拳), 적수단신(單身), 적수성가(成家)], 적승(赤繩;인연을 맺는 끈)[적승계족(繫足), 적승자(子;중매인)], 적시재상(赤屍在床), 적신(赤身), 적신호(赤信號), 적심(赤心;거짓 없는 참된 마음), 적십자(赤十字), 적양(赤楊), 적연와(赤煉瓦), 적열(赤熱), 적외선(赤外線)[적외선사진(寫眞), 적외선요법(療法)], 적위(赤緯)[적위권(圈), 적위등권(等圈)], 적의(赤衣), 적자(赤子), 적자(赤字)[적자공채(公債), 적자예산(豫算), 적자융자(融資)], 적작약(赤芍藥), 적전(赤箭), 적점토(赤粘土), 적제(赤帝), 적조(赤潮)[431], 적지(赤地;흉년으로 거둘 농작물이 없는 땅), 적지천리(赤地千里), 적찰(赤札)[432], 적철광(赤鐵鑛), 적체(赤體), 적출(赤朮), 적토(赤土), 적토마(赤兎馬), 적포도주(赤葡萄酒), 적행낭(赤行囊), 적혈/구(赤血/球), 적화(赤化)[적화사상(思想), 적화운동(運動)], 적화(赤禍), 적황(赤黃), 적흉(赤凶;매우 심한 흉년), 적흑(赤黑); 발적(發赤), 성적(成赤), 인적(引赤), 황적색(黃赤色) 들.

적(敵) 자기와 원수인 상대나 경쟁 · 싸움의 상대자. ¶적을 섬멸하다. 적개심(敵愾心), 적경(敵境;적 또는 적국과의 경계), 적괴(敵魁), 적국(敵國)[가상적국(假想)], 적군(敵軍), 적굴(敵窟), 적기(敵機), 적기(敵旗), 적담(敵膽), 적대(敵對)[433], 적로(敵虜), 적루(敵壘), 적병(敵兵), 적산(敵産)[적산가옥(家屋), 적산관리(管理)], 적선(敵船), 적성/촌(敵性/村), 적세(敵勢), 적수(敵手)[호적수(好)], 적수(敵讎), 적수(敵數), 적습(敵襲), 적시(敵視), 적실(敵失;적의 실책), 적약(敵藥;다른 것과 함께 먹으면 독이 되는 약), 적의(敵意), 적장(敵將), 적전(敵前)[적전도하(渡河), 적전상륙(上陸)], 적정(敵情), 적지(敵地), 적진(敵陣), 적측(敵側), 적치(敵治), 적침(敵侵), 적탄(敵彈), 적함(敵艦), 적환(敵丸), 적황(敵況); 가상적(假想敵), 강적(强敵), 경적(勍/勁敵), 경적(輕敵), 공적(公敵), 구적(仇敵), 기적(棋敵), 난적(難敵), 논적(論敵), 대적(大敵), 대적(對敵), 만인적(萬人敵), 멸적(滅敵), 무적(無敵)[무적함대(艦隊); 천하무적(天下)], 상적(相敵), 상적(商敵), 상적하다(相敵), 소적(小敵), 소적(少敵), 수적(讎敵), 숙적(宿敵), 어적(禦敵), 연적(戀敵), 완적(頑敵;완강한 적), 왜적(倭敵), 외적(外敵), 원적(怨敵), 이적(利敵), 잔적(殘敵), 점적(覘敵), 접적(接敵), 정적(政敵), 중과부적(衆寡不敵), 중적(衆敵), 천적(天敵), 패적(敗敵), 필적(匹敵), 항적(抗敵), 해적(害敵), 효적(梟敵) 들.

적(賊) '도둑. 해치다'를 뜻하는 말. ¶적과자(賊科者;남의 답안지에 자기 이름을 써 넣은 사람), 적괴(賊魁), 적군(賊軍), 적굴(賊窟), 적난(賊難), 적당(賊黨), 적도(賊徒), 적도(賊盜), 적률(賊律), 적반하장(賊反荷杖), 적배(賊輩), 적병(賊兵), 적비(賊匪), 적선(賊船), 적세(賊勢), 적소(賊巢), 적수(賊首), 적습(賊習), 적신(賊臣), 적심(賊心), 적자(賊子), 적장(賊將), 적혈(賊穴), 적환(賊患); 간적(奸賊), 곡적(穀賊;곡식의 까끄라기가 목에 걸려 열이 나고 붓는 병), 공적(公賊), 구적(寇賊), 국적(國賊), 난적(亂賊), 내적(內賊), 대적(大賊), 도적(盜賊), 마적(馬賊), 매국적(賣國賊), 명화적(明火賊), 묘적(墓賊), 반적(叛賊;나라를 배반한 역적), 봉적(逢賊), 비적(匪賊), 사문난적(斯文亂賊), 산적(山賊), 삼적(蔘賊), 서적(鼠賊), 소적(小賊), 수적(水賊), 여적(女賊), 역적(逆賊), 외적(外賊), 유적(流賊), 의적(義賊), 잔적(殘賊), 장적(戕賊;쳐 죽임), 첩적(諜賊;간첩), 초적(草賊), 토적(土賊), 토적(討賊), 해적(海賊), 화적/질(火賊), 활적(猾賊), 흉적(凶/兇賊) 들.

적(迹/跡/蹟) '자국. 자취. 발자국. 뒤를 밟다'를 뜻하는 말. ¶거적(巨迹/跡), 계적(繼蹟), 고적(古蹟/跡), 구적(舊跡/蹟/迹), 궤적(軌跡/迹), 기적(奇蹟), 낭적(浪跡), 둔적(遁迹), 묵적(默跡/迹), 문적(文蹟), 범적(犯跡/迹), 법적(法跡), 병적(屛迹), 불적(佛跡/蹟), 비적(飛跡), 사적(史蹟), 사적(事蹟), 선적(先蹟), 성적(城跡;성터), 성적(聖蹟), 수적(手迹), 수적(垂迹), 실적(失跡), 엄적(掩迹), 열적(烈蹟), 염적(染跡), 염적(斂跡), 영적(靈蹟), 위적(偉蹟), 유적(遺跡/蹟)[유적도(島), 유적지(地), 유적호(湖); 빙하유적(憑河)], 은적(隱跡/迹), 이적(異蹟), 인적(人跡/迹), 잠적(潛跡), 장적(掌跡), 전적(戰跡), 절적(絶迹/跡), 정적(情迹), 조적(鳥迹/跡), 족적(足跡/迹), 종적(蹤迹/跡), 죄적(罪迹), 증적(證迹), 진적(眞迹/蹟), 진적(陳迹), 참적(慘迹), 철적(轍迹;어떤 사물의 자취), 추적(追跡), 탁적(託迹), 표적(表迹), 필적(筆跡), 항적(航跡), 행적(行蹟/績), 형적(形跡), 환적(宦蹟), 활주적(滑走跡;타이어의 미끄러진 흔적), 회적(晦迹;종적을 감춤), 흔적(痕迹) 들.

적(適) '맞다. 마땅하다. 마음에 들다'를 뜻하는 말. ¶적격/자(適格/者), 적구(適口), 적기(適期), 적당(適當)[적당주의(主義), 적당하다/히; 부적당(不)], 적도(適度), 적량(適量), 적령(適齡)[적령기(期), 적령아(兒), 적령자(者)], 적례(適例), 적막(適莫), 적법(適法)[적법성(性), 적법절차(節次), 적법하다, 적법행위(行爲)], 적부(適否)[적부심사(審査)], 적부적(適不適), 적성(適性)[적성검사(檢査); 신체적성(身體)], 적소(適所), 적시(適時)[적시안타(安打), 적시적지(適地)], 적실하다(適實;실제에 적합하다), 적업(適業), 적역(適役), 적역(適譯), 적연하다(適然), 적용(適用), 적응(適應)[434], 적의(適宜), 적의(適意), 적임(適任)[적임자(者); 부적임(不)], 적자/생존(適者/生存), 적재/적소(適材/適所), 적절/하다(適切↔不適切), 적정(適正)[435], 적종(適從)[적종곡(谷), 적종천(川)], 적중(適中), 적지(適地)[적지적수(適樹), 적지적작(適作)], 적직(適職), 적평(適評), 적합/성(適合/性), 적호(適好), 적효(適效); 부적(不適), 상적(相適), 자적(自適)[유유자적(悠悠)], 최적(最適), 쾌적하다(快適), 한적(閑

431) 적조(赤潮): 플랑크톤의 이상 증식(增殖)으로 바닷물이 붉게 보이는 현상.

432) 적찰(赤札): 팔기로 약속된 상품이나, 팔다가 남아서 싼값으로 팔아 치우려는 상품 따위에 붙이는 붉은 쪽지. 또는 적찰이 붙은 물건. 빨간딱지.

433) 적대(敵對): 적대감(感), 적대국(國), 적대되다/하다, 적대성(性), 적대시/하다(視), 적대심(心), 적대의사(意思), 적대적(的), 적대행위(行爲).

434) 적응(適應): 어떠한 상황이나 조건에 잘 어울림. ¶적응계수(係數), 적응과잉(過剩), 적응기제(機制), 적응되다/하다, 적응력(力), 적응방산(放散), 적응성(性), 적응이상(異常), 적응증(症), 적응형질(形質), 적응효소(酵素); 과도적응(過度;過進化), 광적응(光;눈이 빛에 적응하는 현상), 기후적응(氣候), 보색적응(補色), 부적응(不), 사회적적응(社會的).

435) 적정(適正): 알맞고 바른 정도. ¶적정가격(價格), 적정규모(規模), 적정기술(技術), 적정성(性), 적정수준(水準), 적정이윤(利潤), 적정인구(人口), 적정하다.

適), 호적하다(好適) 들.

적(籍) '문서(文書)'를 뜻하는 말. ¶적에 올리다. 적을 두다. 적기(籍記), 적몰(籍沒), 적전(籍田), 적패(籍牌); 개적(改籍), 관적(貫籍), 국적(國籍), 군적(軍籍), 귀적(鬼籍), 기적(妓籍), 낙적(落籍), 누적(漏籍), 당적(黨籍), 도적(圖籍), 명적(名籍), 무적(無籍)[무적차량(車輛), 무적자(者)], 문적(門籍), 문적(文籍), 민적(民籍), 병적(兵籍), 보적(譜籍), 복적(復籍), 본적(本籍), 부적(符籍), 부적(附籍), 부적(簿籍), 사적(士籍), 사적(史籍), 삭적(削籍), 서적(書籍), 선적(船籍), 세적(稅籍), 송적(送籍), 승적(僧籍), 원적(原籍), 이적(移籍), 이적(離籍), 입적(入籍), 장적(帳籍), 재판적(裁判籍), 전적(田籍), 전적(典籍), 전적(轉籍), 정적(正籍), 제적(除籍), 족적(族籍), 죄적(罪籍), 지적(地籍), 진적(珍籍), 취적(就籍), 탈적(脫籍), 판적(版籍), 학적(學籍), 한적(漢籍), 함적(艦籍), 호적(戶籍), 화적(畵籍), 황적(皇籍), 훈적(勳籍) 들.

적(炙) 양념한 어육(魚肉)을 대꼬챙이에 꿰어, 불에 굽거나 번철에 지진 음식. ¶적과기(炙果器), 적기(炙器;적틀), 적꼬치(적을 꿰는 대꼬챙이), 적쇠, 적쇳가락, 적철(炙鐵;석쇠), 적틀; 가리적(갈비를 지진 적), 계적(鷄炙), 굴적, 낙지적, 누름적(달걀을 씌워서 번철에 지진 적), 닭적, 두릅적(炙), 두부적(豆腐炙), 묵적, 미나리적, 반적(炙)[436], 봉적(鳳炙), 북어적(北魚炙), 사슬적[437], 사슬누름적, 산적(散炙)[산적도둑; 떡산적, 사슬산적, 섭산적[438], 소적(素炙)[439], 약산적(藥), 연산적(練), 염통산적, 이균히산적[440], 장산적(醬), 참죽순적(筍), 합산적(合)[441]], 생선적(生鮮炙), 생이적, 생치적(生雉炙), 어적(魚炙), 육적(肉炙), 잔배냉적(殘杯冷炙), 족적(足炙), 화향적(花香炙), 황적(黃炙;누름적) 들.

적(寂) '고요하다. 쓸쓸하다. 열반(涅槃)'을 뜻하는 말. ¶적광(寂光)[442], 적념(寂念), 적료하다(寂廖), 적막/공산(寂寞/空山), 적멸(寂滅;죽음), 적묵(寂默), 적연(寂然)[적연무문(無聞), 적연부동(不動)], 적요하다(寂寥;쓸쓸하고 고요하다), 적적하다(寂寂;괴괴하고 쓸쓸하다), 적정(寂靜;해탈 · 열반의 경지), 적정하다(寂靜;매우 조용하여 괴괴하다); 고적하다(孤寂), 공공적적(空空寂寂), 공적(空寂), 귀적(歸寂), 묵적하다(默寂), 상적토(常寂土), 상적광토(常寂光土), 소적(消寂;심심풀이), 소적하다(蕭寂), 시적(示寂), 요적하다(寥寂), 울적하다(鬱寂), 유적(幽寂), 입적(入寂), 잠적하다(潛迹), 정적(靜寂), 충적(沖寂), 파적(破寂), 한적하다(閑寂) 들.

적(嫡) '정실(正室;본처). 본처가 난 아들. 맏아들'을 뜻하는 말.↔서(庶). ¶적가(嫡家↔庶家), 적남(嫡男), 적녀(嫡女), 적류(嫡流), 적모(嫡母), 적사(嫡嗣), 적서/차별(嫡庶/差別), 적손/승조(嫡孫/承祖), 적실(嫡室;본처), 적자(嫡子), 적장(嫡長), 적장자(嫡長子), 적적상승(嫡嫡相承), 적제(嫡弟), 적종(嫡宗), 적처(嫡妻), 적첩(嫡妾), 적출/자(嫡出/子), 적통(嫡統), 적파(嫡派), 적형(嫡兄); 승적(承嫡), 장적(長嫡), 정적(正嫡), 폐적(廢嫡) 들.

적(摘) '골라서 따다. 들추어내다'를 뜻하는 말. ¶적간(摘奸;부정이 있나 없나를 캐어 살핌), 적과(摘果;과실을 솎아냄), 적기(摘記;요점만 뽑아 기록함), 적다(摘茶;차나무의 싹을 따냄), 적록(摘錄;적바림), 적발(摘發)[443], 적서(摘書), 적시하다(摘示;지적하여 보이다), 적심(摘心)[444], 적아(摘芽;곁순치기. 순따주기), 적요/란(摘要/欄), 적재(摘載;요점만을 따서 기재함), 적출(摘出), 적파(摘播;일정한 간격을 두고, 한군데에 몇 알씩 씨앗을 뿌림); 주적(籌摘), 지적하다(指摘) 들.

적(笛) '피리'를 뜻하는 말. ¶적공(笛工), 적수(笛手); 각적(角笛), 경적(警笛), 기적(汽笛), 당적(唐笛), 마적(魔笛), 만파식적(萬波息笛), 명적(明笛), 목적(木笛), 무적(霧笛;안개에 대한 경고로 울리는 고동), 야적(夜笛), 옥적(玉笛), 철적(鐵笛), 초적(草笛), 초적(樵笛), 총적(葱笛;파피리), 파적(破笛), 호적(胡笛;날라리), 호적(號笛), 횡적(橫笛) 들.

적(績) '실을 뽑다(잣다). 업적(業績)'을 뜻하는 말. ¶적녀(績女); 고적(考績;관리의 성적을 검열함), 공적(功績), 노적(勞績), 방적(紡績)[방적사(絲), 방적업(業)], 사적(事績), 선적(善績), 성적(成績), 성적(聲績), 실적(實績), 업적(業績), 위적(偉績), 전적(前績), 전적(戰績), 치적(治績), 학적(學績;학문에서의 업적), 행적(行績) 들.

적(滴) '물방울. 물방울이 떨어지다'를 뜻하는 말. ¶적로(滴露), 적정(滴定)[적정하다, 적정액(液), 적정오차(誤差), 적정지수(指數); 전기적정(電氣)], 적제(滴劑;방울약), 적판(滴板), 적하(滴下;방울지어 떨어짐); 무적(霧滴), 수적(水滴), 여적(餘滴), 연적(硯滴), 옥적석(玉滴石), 우적(雨滴), 일적(一滴), 점적(點滴) 들.

적(謫) '귀양 보내다'를 뜻하는 말. ¶적강(謫降)[445], 적객(謫客), 적거(謫居;귀양살이를 함), 적락(謫落;죄를 지어 퇴직 당함), 적류(竄流), 적배(竄配), 적선(謫仙), 적소(謫所), 적중(謫中); 배적(配謫), 유적(流謫), 폄적(貶謫) 들.

적(狄) '오랑캐'를 뜻하는 말. ¶적인(狄人); 만적(蠻狄), 남만북적(南蠻北狄), 융적(戎狄), 이적(夷狄) 들.

적(翟) '꿩의 깃'을 뜻하는 말. ¶적우(翟羽), 적의(翟衣;예전에 왕후가 입던, 붉은 비단에 청색의 꿩을 수놓은 옷).

적(鏑) '화살'을 뜻하는 말. ¶명적(鳴鏑), 봉적(鋒鏑) 들.

적(다)¹ 어떤 내용을 글로 쓰다. 기록하다(記錄). ¶가계부를 적다.

436) 반적(炙): 홍당무, 고사리, 쇠고기 따위를 꼬챙이에 번갈아 꿰어서 멥쌀 가루 반죽을 묻혀 찐 다음, 다시 달걀을 발라 부친 음식.

437) 사슬적: 생선적에 양념한 쇠고기를 한편에 붙이고 달걀을 씌워 번철에 지진 음식.

438) 섭산적(散炙): 쇠고기를 다져서 양념한 다음 반대기를 지어 구운 음식. ¶섭산적을 부치다.

439) 소적(素炙): 두부와 파, 마늘 따위를 버무려서 꼬챙이에 꿰어 불에 구운 음식.

440) 이균히산적(散炙): 이를 튼튼하게 한다고 하여 음력 정월 대보름에 먹는 산적.

441) 합산적(合散炙): 닭 · 꿩 · 쇠고기를 잘게 다져서 양념을 치고 반대기를 지어 구운 산적.

442) 적광(寂光): 불교에서, 세상의 번뇌를 끊고 적정(寂靜)의 진리에서 발현(發現)하는 진지(眞智)의 광명.

443) 적발(摘發): 숨겨진 일이나 물건을 들추어 냄. ¶주차 위반 차량을 적발하다. 불법적인 주가 조작 사실이 적발됐다.

444) 적심(摘心): 성장이나 결실의 조절을 위해 나무나 농작물 줄기의 끝눈 · 생장점 부위를 제거하는 일.

445) 적강(謫降): 신선이 인간 세상에 내려오거나 사람으로 태어남.

ㅈ

장부에 금액을 적다. 적바림[446], 적히다. ☞ 기(記).

적:(다)[2] ①수나 양이 일정한 기준에 이르지 못하다.≒부족하다. 불충분하다.↔많다. 숱하다. ¶비용이 적게 들다. 사람이 적다. 적어도, 적어지다, 적이[447], 적잖다/적잖이. ②≒드물다. 없다. ¶그는 과묵하여 말이 적다(드물다). 이 일은 재미가 적다(없다). ☞ 소(小).

-적다/쩍다 몇몇 명사나 상태성 어근 뒤에 붙어 '그러한 느낌이 있음'의 뜻을 더하는 형용사를 만드는 말. ¶객쩍다, 갱충쩍다, 겸연쩍다(慊然), 계면쩍다, 괴란쩍다(愧赧), 괴이쩍다(怪異), 궤란쩍다, 귀살쩍다, 귀살머리쩍다, 맥쩍다, 멋쩍다[448], 면구쩍다(面灸), 면난쩍다(面赧), 무안쩍다(無顔), 미심쩍다(未審), 미안쩍다(未安), 별미쩍다(別味)[449], 수상쩍다(殊常), 의심쩍다(疑心), 의아쩍다(疑訝), 짓쩍다(부끄럽고 어색하다), 해망쩍다(駭妄), 행망쩍다[450], 혐의쩍다(嫌疑); 괘다리적다(사람됨이 멋없고 거칠다), 괘달머리적다, 넉적다[451], 딴기적다(氣;앞질러 나서려는 기운이 적다), 맛적다(맛이 적어 싱겁다), 새퉁적다, 새퉁머리적다, 열퉁적다[452], 재미적다, 퉁어리적다[453] 들.

적-바르(다) 어떤 한도에 겨우 자라거나 이르러 여유가 없다. ¶나는 생활하기에 적바른 수입으로 저축을 할 수가 없었다. 먹고 사는 데 적발라 문화생활은 생각도 못한다.

적삼 윗도리에 입는 홑옷. 단삼(單衫). ¶적삼 벗고 은가락지 낀다(격에 맞지 않는 것을 한다). 적삼감, 적삼고름, 적삼섶, 적삼자락; 겉적삼, 고의적삼(袴衣;홑바지. 홑저고리), 깨끼적삼, 모시적삼, 베적삼, 속적삼, 조끼적삼, 홑적삼 들.

적심[1] ①알매흙(산자 위에 받는 흙) 위에 물매를 잡기 위하여 메우는 잡목. ②마루나 서까래의 뒷목을 보강하려고 큰 원목(原木)을 눌러 박은 것. ¶마루적심.

적심[2] 재목을 물에 띄워 내리는 일.[←적시(다)+ㅁ]. ☞ 젓다[2]. ¶떼를 적심하다.

전[1] 물건의 위쪽 가장자리가 나부죽하게 된 부분. 어느 한 부분. ¶그릇의 전. 항아리의 전. 전대야(전이 있는 놋대야), 전두리[454], 전박(전이 달린 함지박), 전함지(위쪽 가장자리가 넓적한 함지), 전화로(火爐); 가맛전(가마솥의 전), 귓전[455], 끝전(끝의 가), 노굿전(노구솥의 전), 뒷전[456], 마룻전(마루의 가장자리), 먼전[457], 방잇전[458], 뱃전[선연(船緣) · 현(舷)], 솥전, 안전(그릇의 아가리나 전의 안쪽), 이맛전(이마의 넓은 부분), 절구전, 화롯전(火爐). ☞ 가. 변(邊).

전[2] 갈퀴나 낫 또는 손으로 한 번에 껴안을 정도의 나무 · 꼴 등의 분량. 그것을 세는 말. ¶가랑잎을 모아 전을 치다. 솔가리 석 전. 전거리.

전(戰) '싸우다. 겨루다. 경기(競技) · 경쟁 · 대립. 두려워 떨다'을 뜻하는 말. ¶전고(戰鼓;싸움터에서 치는 북), 전공(戰功), 전과(戰果), 전구(戰具), 전국(戰局), 전국(戰國), 전기(戰記), 전기(戰機), 전단(戰端), 전대(戰帶), 전대(戰隊), 전란(戰亂), 전략(戰略)[459], 전력(戰力), 전리(戰利), 전립(戰笠), 전마(戰馬), 전망(戰亡), 전몰(戰歿), 전범(戰犯), 전법(戰法)[정자전법(丁字)], 전보(戰報), 전복(戰服), 전부(戰斧), 전비(戰備), 전비(戰費), 전사(戰士), 전사(戰史), 전사(戰死), 전사(戰事), 전상(戰狀), 전상(戰傷)[전상병(兵), 전상자(者)], 전서(戰書), 전선(戰船), 전선(戰線)[460], 전세(戰勢), 전술(戰術)[461], 전승(戰勝), 전시(戰時)[462], 전역(戰域), 전역(戰役), 전열(戰列), 전와(戰渦), 전우(戰友), 전운(戰雲), 전율(戰慄)[상한전율(傷寒)], 전의(戰意), 전장(戰場), 전재(戰災), 전쟁(戰爭)[463], 전적(戰績), 전적/지(戰跡/地), 전전(戰前), 전전긍긍(戰戰兢兢), 전지(戰地), 전진(戰陣), 전진(戰震), 전차(戰車), 전첩(戰捷), 전취(戰取), 전투(戰鬪)[464], 전패(戰敗), 전포전(戰袍戰), 전함(戰艦), 전혈(戰血), 전화(戰火), 전화(戰禍), 전황(戰況), 전황(戰惶), 전후(戰

446) 적바림: 뒤에 들추어 보려고 간단히 글로 적어 둠. 또는 그 기록.≒글. 기록(記錄). 적록(摘錄). ¶의론된 일을 적바림하여 문서로 남기다. 적바림되다/하다(기록하다), 적발(적바림하여 놓은 글발).

447) 적이: 꽤 어지간히. 얼마간. 몹시. 뜻밖에. ¶적이 마음이 놓인다. 나는 그 소식을 듣고 적이 놀랐다. 친구가 나를 못 본 체해서 적이 섭섭하다. 적이나, 적이나하면.

448) 멋쩍다: 하는 짓이나 모양이 격에 맞지 않다. 어색하고 쑥스럽다.

449) 별미쩍다(別味): 말이나 행동이 어울리지 아니하게 멋없다.

450) 행망쩍다: 정신을 잘 차리지 않다.

451) 넉적다: 민망한 것을 모르고 뻔뻔스럽다.

452) 열퉁적다: 말이나 행동이 거칠고 미련스럽다(데퉁스럽다). ¶열퉁적게 참견하다가 핀잔을 맞았다.

453) 퉁어리적다: 옳은지 그른지도 모르고 아무 생각 없이 행동하는 데가 있다. ¶너의 그 퉁어리적은 습성 때문에 당최 마음 놓고 일을 맡길 수가 없다.

454) 전두리: 둥근 그릇의 아가리에 둘려 있는 전의 둘레. 둥근 뚜껑 둘레의 가장자리.

455) 귓전: 귓바퀴의 가장자리. ¶귓전으로 듣다. 그 말이 아직도 귓전에 맴돌다.

456) 뒷전: ①뒤쪽이 되는 자리. 나중의 차례. 겉으로 드러나지 않은 배후나 이면. 뱃전의 뒷부분. ¶뒷전으로 가서 앉다. 뒷전에서 헐뜯다. ②무당의 열두 거리 가운데 마지막 거리. ¶뒷전굿, 뒷전놀다, 뒷전놀이, 뒷전보다, 뒷전풀이.

457) 먼전: 눈앞에 있는 사물과는 관계없이 멀리 떨어져 있는 쪽. ¶그는 멍하니 먼전만 바라보았다.

458) 방잇전: 연자매의 맷돌이 도는 바닥의 바깥쪽으로 돌아가며 두둑하게 된 전두리 부분.

459) 전략(戰略): 전쟁 · 전투의 계략. 국가적인 방략(方略). 투쟁을 위한 전반적이고 세부적인 방책. ¶전략가(家), 전략단위(單位), 전략무기(武器), 전략물자(物資), 전략사업(事業), 전략산업(産業), 전략요지(要地), 전략적(的), 전략지도(地圖), 전략폭격(爆擊), 전략핵무기(核武器); 군사전략(軍事).

460) 전선(戰線): 교전(交戰) 상태의 보병 전투 단위가 형성한 선. 격심한 경쟁의 국면이 펼쳐지는 현장. ¶전선이 없는 혼선 상태. 갈수록 치열해지는 무역 전선. 공동전선(共同), 민주전선(民主), 직업전선(職業), 통일전선(統一), 협동전선(協同).

461) 전술(戰術): 전술가(家), 전술적(的), 전술폭격(爆擊), 전술학(學), 전술핵무기(核武器); 위장전술(僞裝), 유연전술(柔軟), 인해전술(人海), 초토전술(焦土), 폭로전술(暴露), 홍수전술(洪水), 화해전술(火海).

462) 전시(戰時): 전시공채(公債), 전시복구(復仇), 전시봉쇄(封鎖), 전시비상권(非常權), 전시세(稅), 전시징발(徵發), 전시체제(體制), 전시편제(編制).

463) 전쟁(戰爭): 전쟁고아(孤兒), 전쟁론(論), 전쟁배상(賠償), 전쟁범죄(犯罪)/전범(戰犯), 전쟁열(熱), 전쟁터, 전쟁화(畵); 관세전쟁(關稅), 국지전쟁(局地), 농민전쟁(農民), 대리전쟁(代理), 심리전쟁(心理), 자원전쟁(資源), 자위전쟁(自衛), 전면전쟁(全面), 제한전쟁(制限), 종교전쟁(宗敎), 한정전쟁(限定), 핵전쟁(核).

464) 전투(戰鬪): 전투경찰(警察), 전투기(機), 전투력(力), 전투명령(命令), 전투병과(兵科), 전투복(服), 전투선(線), 전투원(員), 전투함(艦); 각개전투(各個), 산악전투(山岳), 소전투(小), 야간전투(夜間).

ㅈ

後), 전훈(戰勳), 전흔(戰痕); 가스전(gas戰), 각축전(角逐戰), 감전(敢戰;죽을 각오하고 싸움), 감전(酣戰;한창 격렬하게 벌어진 싸움), 개전(開戰), 개막전(開幕戰), 개인전(個人戰), 갱도전(坑道戰), 거전(拒戰), 게릴라전(guerilla戰), 격전(激戰), 격멸전(擊滅戰), 견마전(牽馬戰), 결전(決戰), 결사전(決死戰), 결승전(決勝戰), 결정전(決定戰), 경제전(經濟戰), 고전(苦戰), 고전(股戰), 고별전(告別戰), 공격전(攻擊戰), 공략전(攻略戰), 공박전(攻駁戰), 공방전(攻防戰), 공성전(攻城戰), 공식전(公式戰), 공전(攻戰), 공전법규(空戰法規), 공중전(空中戰), 과학전(科學戰), 관전(觀戰), 교전(交戰), 교란전(攪亂戰), 교착전(膠着戰), 국부전(局部戰), 국수전(國手戰)[465], 국지전(局地戰), 근접전(近接戰), 기전(棋戰), 기전(騎戰), 기뢰전(機雷戰), 기동전(機動戰), 기마전(騎馬戰), 기병전(騎兵戰), 기술전(技術戰), 기습전(奇襲戰), 기왕전(棋王戰), 낙전(樂戰), 난전(亂戰), 난타전(亂打戰), 내전(內戰), 내국전(內國戰), 냉전(冷戰), 논전(論戰), 논타이틀전(nontitle戰), 농성전(籠城戰), 뇌격전(雷擊戰), 능전(能戰), 단기전(短期戰), 단병전(短兵戰), 단체전(團體戰), 대전(大戰), 대전(對戰), 대리전(代理戰), 대잠수전(對潛水戰), 대진격전(大進擊戰), 대항전(對抗戰), 데뷔전(debut戰), 도전(挑戰), 도보전(徒步戰), 도하전(渡河戰), 독전(督戰), 독립전(獨立戰), 독소전(毒素戰), 돌격전(突擊戰), 돌파전(突破戰), 라이벌전(rival戰), 리그전(league戰), 매복전(埋伏戰), 맹전(猛戰), 맹추격전(猛追擊戰), 명승부전(名勝負戰), 모의전(模擬戰), 무력전(武力戰), 밀림전(密林戰), 박전(搏戰), 반전(反戰)[반전론(論), 반전사상(思想), 반전운동(運動)], 반격전(反擊戰), 반공전(反攻戰), 반공격전(反攻擊), 방전(防戰), 방독전(防毒戰), 방비전(防備戰), 방사능전(放射能戰), 방어전(防禦戰), 백전(白戰;무기 없이 맨손으로 하는 싸움), 백전(百戰;수많은 싸움)[백전노장(老將), 백전노졸(老卒), 백전백승(百勝)], 백병전(白兵戰)[466], 백열전(白熱戰), 복귀전(復歸戰), 복병전(伏兵戰), 복수전(復讐戰), 부전(不戰), 분전(奮戰), 사격전(射擊戰), 사막전(沙漠戰), 사상전(思想戰), 사전(私戰), 사전(死戰), 산전(山戰), 산개전(散開戰), 산병전(散兵戰), 산악전(山岳戰), 산전수전(山戰水戰), 살육전(殺戮戰), 삼파전(三巴戰), 상전(相戰), 상전(商戰), 상륙전(上陸戰), 생물전(生物戰), 생물학전(生物學戰), 서전(緖戰), 석전(石戰), 선전(宣戰), 선전(善戰), 선전(船戰), 선거전(選擧戰), 선발전(選拔戰), 선수권전(選手權戰), 선전(宣傳), 설전(舌戰), 설전(雪戰), 설욕전(雪辱戰;復讐戰), 섬멸전(殲滅戰), 성전(聖戰), 세균전(細菌戰), 소멸전(掃滅戰), 소모전(消耗戰), 소이전(燒夷戰), 소탕전(掃蕩戰), 속전(速戰), 속도전(速度戰), 수전(水戰), 수전(守戰), 수류탄전(手榴彈戰), 수륙전(水陸戰), 수사전(殊死戰), 수상전(手相戰), 수색전(搜索戰), 수중전(水中戰), 스파이전(spy戰), 승전(勝戰), 승마전(乘馬戰), 승자전(勝者戰), 시가전(市街戰), 신전(神戰), 신경전(神經戰), 신인전(新人戰), 실전(實戰), 실력전(實力戰), 심리전(心理戰), 악전(惡戰), 야전(野戰), 야간전/야전(夜間戰), 약탈전(掠奪戰), 양단전(兩斷戰), 언론전(言論戰), 역전(力戰), 역전(逆戰), 역전(歷戰), 연전(連戰), 연맹전(聯盟戰), 연장전(延長戰), 열전(熱戰), 염전(厭戰), 영전(迎戰), 예방전(豫防戰), 예선전(豫選戰), 오전(鏖戰;많은 사상자를 낸 큰 싸움), 왕위전(王位戰), 왕중왕전(王中王戰), 외교전(外交戰), 외국전(外國戰), 요새전(要塞戰), 용전(勇戰), 우주전(宇宙戰), 운동전(運動戰), 원전(遠戰), 유격전(遊擊戰), 유독전(有毒戰), 유인전(誘引戰), 유치전(誘致戰), 유혈전(流血戰), 육전(陸戰), 육박전(肉薄戰), 육탄전(肉彈戰), 응전(應戰), 응원전(應援戰), 의전(義戰), 이동전(移動戰), 일전(一戰), 일회전(一回戰), 임전(臨戰), 입체전(立體戰), 작전(作戰)[467], 잠복전(潛伏戰), 장갑차전(裝甲車戰), 장기전(長期戰), 장벽전(牆壁戰), 쟁탈전(爭奪戰), 쟁패전(爭覇戰), 전전(殿戰), 전전(轉戰), 전격전(電擊戰), 전면전(全面戰), 전반전(前半戰), 전자전(電子戰), 전차전(戰車戰), 전초전(前哨戰), 전파전(電波戰), 접전(接戰), 정전(征戰), 정전(政戰), 정전(挺戰), 정전(停戰), 정규전(正規戰), 정기전(定期戰), 정보전(情報戰), 정치전(政治戰), 조우전(遭遇戰), 종전(終戰), 종반전(終盤戰), 주전(酒戰), 주전/론(主戰)/論, 준결승전(準決勝戰), 중반전(中盤戰), 즉전(卽戰), 지구전(持久戰), 지뢰전(地雷戰), 지명전(指名戰), 지상전(地上戰), 지연전(遲延戰), 지중전(地中戰), 진지전(陣地戰), 차금전(差金戰), 참전(參戰), 참호전(塹壕戰), 창격전(槍擊戰), 챔피언결정전(champion決定戰), 척후전(斥候戰), 첩보전(諜報戰), 청백전(淸白戰), 청홍전(靑紅戰), 체력전(體力戰), 초반전(初盤戰), 총격전(銃擊戰), 총력전(總力戰), 추격전(追擊戰), 추어전(追漁戰), 추적전(追跡戰), 축록전(逐鹿戰), 출전(出戰)[자원출전(自願)], 친선전(親善戰), 쾌전(快戰), 타이틀전(title戰), 탈취전(奪取戰), 탈환전(奪還戰), 탐색전(探索戰), 토너먼트전(tournament戰), 투전(鬪戰), 투석전(投石戰), 투지전(鬪志戰), 파전(罷戰), 파괴전(破壞戰), 패전(敗戰), 패자부활(敗者復活戰), 패자전(敗者戰), 패자부활전(敗者復活戰), 평가전(評價戰), 포전(砲戰), 포위전(包圍戰), 필전(筆戰), 합전(合戰), 항전(抗戰), 항공전(航空戰), 해전(海戰), 해상전(海上戰), 해색전(蟹索戰), 해중전(海中戰), 혁명전(革命戰), 현대전(現代戰), 혈전(血戰), 협격전(挾擊戰), 협공전(挾攻戰), 호전(好戰), 혼전(混戰), 홍백전(紅白戰), 화전(火戰), 화전(花戰;꽃쌈), 화력전(火力戰), 화병전(火兵戰), 화생방전(化生防戰), 화학전(化學戰), 후반전(後半戰), 휴전(休戰) 들.

전(前) ①이전(以前)이나 막연히 과거를 이르는 말.↔후(後). ¶열흘 전. 전에 만난 일이 있다. ②편지나 사연을 상대 앞으로 보냄을 높여 이르는 말. ¶선생님 전 상서. ③자격 · 직함을 나타내는 명사 앞에 쓰여, 과거의 경력을 나타내는 말. ¶전 대통령. ④일부 명사 앞이나 한자어 어근에 붙어, '이전. 앞'의 뜻을 나타내는 말. ¶전 학기, 전 시대. 전각(前脚), 전감(前鑑), 전건(前件), 전게(前揭), 전경(前景), 전고(前古), 전공(前功), 전과/자(前科/者), 전과(前過), 전과(前果), 전관(前官), 전구(前驅), 전군(前軍), 전근대(前近代), 전금(前金), 전기(前記), 전기(前期), 전날, 전남편(前男便), 전

465) 국수전(國手戰): 한 나라에서 장기나 바둑의 기량이 으뜸가는 사람을 뽑는 대국(對局).

466) 백병전(白兵戰): 적을 베고 찌를 수 있는 무기(창 · 칼 따위)를 가지고 적과 직접 몸으로 맞붙어서 싸우는 전투.

467) 작전(作戰): 작전계획(計劃), 작전지(地), 작전지역(地域), 작전참모(參謀), 작전타임(time), 작전행동(行動); 공동작전(共同), 교란작전(攪亂), 구출작전(救出), 군사작전(軍事), 눈치작전, 도양작전(渡洋), 방사능작전(放射能), 상륙작전(上陸), 수색작전(搜索), 심리작전(心理), 양동작전(陽動), 양면작전(兩面), 유도작전(誘導), 지연작전(遲延), 초토작전(焦土), 합동작전(合同), 협동작전(協同).

납(前納), 전년(前年), 전다리[468], 전단(前段), 전단(前端), 전달(지난달), 전대(前代)[전대미문(未聞)], 전도(前途)[전도요원(遙遠), 전도유망(有望)], 전도(前渡), 전도(前導), 전두(前頭), 전등(前燈), 전략(前略), 전력(前歷), 전례(前例), 전립선/염(前立腺/炎), 전매(前賣), 전면(前面), 전모(前母), 전문(前文), 전문(前門), 전박(前膊), 전반(前半)[전반기(期), 전반생(生), 전반전(戰)], 전방(前方), 전배(前杯), 전배(前胚), 전배(前配), 전배(前陪), 전배(前輩), 전번(前番), 전벽(前壁), 전병(前兵), 전부(前夫), 전부(前部), 전불(前拂), 전비(前非), 전비(前妣), 전사(前史), 전사(前事)[전사물론(勿論)], 전삭(前朔), 전산(前山), 전생(前生)[전생연분(緣分)], 전서(前書), 전서방, 전선(前線)[극전선(極), 최전선(最), 폐색전선(閉塞), 한랭전선(寒冷;찬전선)], 전설모음(前舌母音), 전설(前說), 전성설(前成說), 전세(前世), 전소(前宵), 전수금(前受金), 전술(前述), 전신(前身), 전신(前信), 전실/자식(前室/子息), 전심(前審), 전악(前惡), 전안(前案), 전야/제(前夜/祭), 전약(前約), 전어머니, 전언(前言), 전업(前業), 전연(前緣), 전열(前列), 전엽체(前葉體), 전완(前腕), 전월(前月), 전위(前衛)[전위극(劇), 전위대(隊), 전위예술(藝術), 전위파(派)], 전의(前誼), 전의(前議), 전의식(前意識), 전인/미답(前人/未踏), 전인(前因), 전일(前日), 전임/자(前任/者), 전자(前者), 전작(前作), 전작(前酌), 전장(前章), 전장(前場), 전장(前裝), 전장(前檣), 전적(前績), 전전(前前), 전정(前定), 전정(前庭), 전정(前情), 전정(前程), 전제(前提)[전제적(的), 전제조건(條件); 대전제(大), 소전제(小)], 전조(前兆), 전조(前條), 전조(前朝), 전족(前足), 전종(前蹤), 전죄(前罪), 전주(前主), 전주/곡(前奏/曲), 전주(前週), 전지(前志), 전지(前肢), 전직(前職), 전진(前進), 전진(前震), 전진(前陣), 전차(前次), 전차(前借), 전참(前站), 전채(前菜), 전채(前債), 전처(前妻), 전철(前哲), 전철(前轍), 전첨후고(前瞻後顧), 전초(前哨), 전취(前娶), 전치(前置), 전치(前齒;앞니), 전판(前判), 전편(前篇), 전폐(前弊), 전폭(前幅), 전표(前表), 전한(前恨), 전함(前銜), 전항(前項), 전해, 전현(前賢), 전호(前號), 전혼(前婚), 전회(前回), 전후/방(前後/方), 전휘(前徽), 전흉(前胸), 전희(前戲); 가전(駕前), 계전(階前), 공전(空前), 관전(官前), 기원전(紀元前), 당전(堂前), 대전(臺前), 동전(同前), 망전(望前), 면전(面前), 목전(目前), 묘전(墓前), 무전(無前), 문전(門前), 배전(倍前), 불전(佛前), 사전(事前), 사전(死前), 산전(産前), 생전(生前), 세전(歲前), 순전(개자리 앞), 순전(旬前), 승전(承前), 식전(食前), 식전(式前), 신전(神前), 안전(案前), 안전(眼前), 어전(御前), 여전하다(如前), 역전(驛前), 연전(年前), 염전(念前), 영전(令前), 영전(靈前), 오전(午前), 우전(右前), 월전(月前), 이전(以前), 일전(日前), 장전(帳前), 장전(葬前), 적전(敵前), 전전(戰前), 전전(前前), 점전(苫前), 존전(尊前), 종전(從前), 좌전(左前), 좌전(座前), 중전(中前), 즉전(卽前), 증전(曾前), 직전(直前), 최전(最前), 탑전(榻前;임금의 자리 앞), 풍전(風前), 풍전등화(風前燈火), 한전(限前), 해전(해가 지기 전), 향전(向前;지난번), 현전(現前), 혼전(婚前) 들.

전(全) ①명사 앞에 붙어 '온 · 모든 · 전체'의 뜻을 나타내는 말. ¶전 국민/ 전 인류/ 전 장병. ②'온전하다. 모두'를 뜻하는 말. ¶전가(全家), 전각(全角), 전거(全擧), 전경(全景), 전곡(全曲), 전골(全骨), 전공(全功), 전과(全科), 전과(全課), 전관(全館), 전괴(全壞), 전교(全校), 전구(全句), 전구(全歐), 전구(全軀), 전국[469], 전국(全局), 전국(全國), 전군(全軍), 전군(全郡), 전권(全卷), 전권(全權)[전권공사(公使), 전권대사(大使), 전권위원(委員)], 전기(全期), 전기(全機), 전깍쟁이, 전난분(全卵粉), 전납(全納), 전내기[470], 전능(全能), 전단(全段), 전담(全擔), 전당(全黨), 전도(全島), 전도(全都), 전도(全道), 전도(全圖), 전동(全洞), 전등(全等), 전라(全裸), 전량(全量), 전력(全力)[전력질주(疾走), 전력투구(投球)], 전령(全領), 전롱(全聾), 전막(全幕), 전매(全昧), 전면(全面)[전면강화(講和), 전면적(的), 전면전쟁/전면전(戰爭)], 전멸(全滅), 전모(全貌), 전무(全無)[전무후무(後無)], 전무식(全無識), 전문(全文), 전미련하다(아주 미련하다), 전미하다(全美), 전반/적(全般/的), 전반사(全反射), 전벽(全壁;문이나 창이 없는 벽), 전복(全鰒;전복과의 조개), 전부(全部)[전부판결(判決)], 전불고견(全不顧見), 전비(全備), 전산(全山), 전색맹(全色盲), 전생(全生), 전색맹(全色盲), 전생(全生), 전생애(全生涯), 전서(全書), 전석(全石), 전선(全線), 전성/기(全盛/期), 전소(全燒), 전속(全速), 전속력(全速力), 전손(全損), 전수(全數)[전수가결(可決), 전수조사(調査)], 전술(전내기의 술), 전승(全勝), 전시(全市), 전신(全身)[전신골(骨), 전신마취(痲醉), 전신불수(不隨), 전신운동(運動)], 전심/전력(全心/全力), 전아(全我), 전압(全壓), 전압력(全壓力), 전액(全額), 전역(全域), 전역(全譯), 전연(全緣), 전연(全然)[471], 전열(全裂), 전용(全用), 전용(全容), 전원(全員), 전원(全院), 전위(全委), 전유(全乳), 전음(全音), 전음부(全音符), 전음정(全音程), 전읍(全邑), 전인/교육(全人/教育), 전인격(全人格), 전일(全一), 전일(全日), 전작(全作), 전장(全長), 전재(全載), 전적(全的), 전지(全知), 전지전능(全知全能), 전지(全紙), 전지(全智), 전질(全帙), 전집(全集), 전짬[472], 전천(全天), 전천후(全天候), 전청(全淸), 전체(全體)[473], 전초(全草), 전촌(全村), 전치(全治;병을 완전히 고침), 전칭(全稱), 전쾌(全快), 전탁(全託), 전탁(全濁), 전토(全土), 전통(全通), 전파(全破), 전판(남김없이 다. 모조리. 온통), 전판(全判), 전패(全敗), 전편(全篇), 전폐(全閉), 전폐(全廢), 전폭(全幅;전체), 전폭적(全幅的;있는 대로 전부인 (것)], 전표(全豹), 전할(全割), 전혀(全)[474], 전형(全形), 전호(全戶), 전휴(全休); 건전하다(健全), 겸전(兼全), 구전하다(俱全), 대전(大全), 만전(萬全), 만전지계(萬全之計), 보전(保全), 부전(不全)[발육부전(發育); 신부전(腎)], 순전하다(純全), 십전(十全), 쌍전(雙全), 안전(安全), 양전(兩全), 온전하다(穩全), 와전(瓦全), 완전하다(完全). 주전(周全), 호전(護全) 들.

468) 전다리(前): 사람이나 물건 따위가 자리를 옮겼을 때, 그 전의 사람이나 물건 등을 이르는 말.

469) 전국: 간장 · 술 · 국 따위에 물을 타지 아니한 진한 국물. 진국. ¶전국 간장.

470) 전내기(全): 물을 조금도 타지 아니한 술.

471) 전연(全然): 전혀. 아주. 도무지. 조금도.[+부정어]. ¶전연 모르는 사람. 전연 부정이라고는 모르는 사람.

472) 전짬(全): 다른 것이 섞이지 아니한, 순수하고 진한 것.

473) 전체(全體): 전체국가(國家), 전체성(性), 전체수(需), 전체압력(壓力), 전체운동(運動), 전체의식(意識), 전체적(的), 전체주의(主義), 전체집합(集合).

474) 전혀(全): 도무지. 아주. 온전히.[+부정어. 부정적 확신]. ¶전혀 들은 바 없다. 전혀 관계가 없다. 전혀 모르겠다. 그 사람은 돈을 전혀 안 받았다.

전(田) '밭. 사냥하다'를 뜻하는 말. ¶전가(田家), 전결(田結), 전곡(田穀), 전답(田畓), 전렵(田獵), 전리(田里), 전묘(田畝), 전민(田民), 전부(田夫/父), 전부(田婦), 전부지공(田父之功), 전사옹(田舍翁), 전서(田鼠;두더지), 전세(田稅), 전수(田叟), 전수(田狩), 전야(田野), 전원(田園)[전원도시(都市), 전원문학(文學), 전원시(詩)], 전자창(田字窓), 전작/지(田作/地), 전잠(田蠶), 전장(田莊), 전제(田制), 전조(田租), 전주(田主), 전지(田地), 전택(田宅), 전토(田土), 전포(田圃), 전한(田閒), 전호(田戶); 간전(墾田), 경인전/경전(京人田), 경전(競田), 공수전(公須田), 공신전(功臣田), 공전(公田), 공전(功田), 공음전(功蔭田;功蔭田柴科), 과전(瓜田), 과전(科田), 곽전(藿田;미역 따는 곳), 구분전(口分田), 군량전(軍糧田), 궁전(宮田), 규전(圭田), 균전(均田), 남전북답(南田北畓), 녹과전(祿科田), 다랑전(다랑논), 단전(丹田), 대전(垈田;텃밭. 터와 밭), 둔전(屯田), 떼전(떼 지어 있는 논), 마전(麻田), 마위전/마전(馬位田), 매전(煤田), 묘전(墓田), 박전(薄田), 박전박답(薄田薄畓), 반전(班田), 방전(方田), 번전(反田), 복전(福田), 봉전(葑田), 빙전(氷田), 사경전(私耕田), 사전(寺田), 사전(沙田), 사전(私田), 사전(梭田), 사전(賜田), 삭전[475], 산전(山田), 산전(散田), 상등전(上等田), 상전(上田), 상전(桑田), 상전벽해(桑田碧海), 상전옥답(上田沃畓), 석전(石田), 설전(雪田), 속전(粟田), 속전(續田), 손전(損田), 송전(松田;솔밭), 수전(水田), 숙전(熟田), 신기전(新起田), 신전(新田), 아전인수(我田引水), 약전(藥田), 양전(良田), 양전(量田), 역분전(役分田), 역전(驛田), 염전(鹽田), 영업전(永業田), 옥전(沃田), 요고전(腰鼓田;장구배미), 원전(元田), 원전(圓田), 위토전(位土田)/위전(位田), 유전(油田), 장전(莊田), 저전(楮田), 적전(籍田), 정전(丁田), 정전(正田), 제위전(祭位田), 제전(除田), 제전(祭田), 제전(梯田), 종전(宗田), 종중전(宗中田), 죽전(竹田), 직전(直田;네모반듯하고 기름한 밭), 진전(陳田;묵정밭), 채마전(菜麻田), 채전(菜田), 채종전(採種田), 청전(靑田), 체대전(遞代田), 촌전척토(寸田尺土), 칠전(漆田), 탄전(炭田), 태전(苔田), 토전(土田), 평전(平田), 포전(浦田), 포전(圃田), 하전(下田), 한전(旱田), 화전(火田;부대기), 화전(花田), 환전(環田), 황전(荒田) 들.

전(傳) ①'옮기어 주다. 남기어 물려주다'를 뜻하는 말. ¶전가(傳家), 전간(傳簡), 전갈(傳喝;전하는 말이나 안부), 전계(傳戒), 전고(傳告), 전고(傳稿), 전교(傳敎), 전기(傳騎), 전납(傳納), 전단(傳單;알림쪽지. 삐라), 전달(傳達)[476], 전도(傳道)[전도사(師), 전도서(書)], 전도(傳導)[477], 전동(傳動), 전득(傳得), 전등(傳燈), 전래(傳來)[전래동화(童話); 부조전래(父祖)], 전령(傳令)전령병(兵), 전령사(使)], 전명(傳命), 전문(傳聞), 전방(傳方), 전방(傳榜), 전법(傳法), 전본(傳本), 전사(傳寫), 전서/구(傳書/鳩), 전설(傳說)[전설적(的), 전설화(化); 감생전설(感生)], 전성관(傳聲管), 전세(傳世), 전세(傳貰)[전세권(權,), 전세금(金), 전세방(房), 전셋집], 전송(傳送), 전송(傳誦), 전수(傳受), 전수(傳授), 전습(傳習), 전습(傳襲), 전승(傳承), 전식(傳食), 전신(傳信), 전심(傳心), 전어(傳語), 전언(傳言), 전염(傳染)[478], 전유(傳諭), 전위(傳位), 전의발(傳衣鉢)/전의(傳衣), 전장(傳掌), 전존(傳存), 전중(傳重), 전지(傳旨), 전지(傳持), 전지자손(傳之子孫), 전찬(傳餐), 전체(傳遞), 전통(傳統)[479], 전파(傳播), 전포(傳布), 전폭(傳爆), 전파(傳播), 전표(傳票), 전하다[480]; 가전(家傳), 감전(感傳), 경전(競傳), 계전(繼傳), 교외별전(敎外別傳), 구전(口傳), 급전(急傳), 기전/체(紀傳/體), 단전(單傳), 면전(面傳), 명불허전(名不虛傳), 부전자전(父傳子傳), 분전(分傳), 비전(秘傳), 사전(史傳), 사전(師傳), 상전(相傳), 상전(詳傳), 선전(宣傳), 성전(聖傳), 세전(世傳), 소전(小傳), 소전(所傳), 속전(俗傳), 송전(送傳), 수전(袖傳), 승전(承傳), 실전(失傳), 약전(略傳), 역전(歷傳), 역전(驛傳), 오전(誤傳), 와전(訛傳), 우전(郵傳), 유전(流傳), 유전(遺傳), 유전(謬傳), 즉전(卽傳), 체전(遞傳), 친전(親傳), 필전(必傳), 허전(虛傳), 회전(回傳). ②'전기(傳記), 전기체'를 뜻하거나 '고대소설의 제목'에 붙은 말. ¶전기(傳記;한 개인의 일생의 사적을 적은 기록)[전기소설(小說), 전기작가(作家)], 전기(傳奇;기이한 일을 내용으로 한 이야기)[전기문학(文學), 전기소설(小說), 전기적(的)], 전기수(傳奇叟)[481]; 가전(家傳), 경전(經傳), 명인전(名人傳), 별전(別傳), 본전(本傳), 성자전(聖者傳), 세전(世傳), 소전(小傳), 약전(略傳), 열녀전(烈女傳), 열전(列傳), 영웅전(英雄傳), 외전(外傳), 위인전(偉人傳), 입지전(立志傳), 자서전(自敍傳), 평전(評傳); 국순전(麴醇傳)/ 공방/ 죽부인; 홍길동(洪吉童)/ 설공찬/ 심청/ 양반/ 운영/ 이순신/ 장끼/ 허생/ 흥부전 들.

전(電) '번개. 전기. 전보(소식)'를 뜻하는 말. ¶전격/전(電擊/戰), 전공(電工), 전광(電光;번개)[전광석화(石火), 전광판(板)], 전구(電球)[482], 전극(電極), 전기(電氣)[483], 전기(電機), 전도(電鍍), 전동

---

475) 삭전(田): 오래 경작하여 토박해진 땅.

476) 전달(傳達): 전달사항(事項), 전달품(品), 전달하다; 대중전달(大衆), 열전달(熱).

477) 전도(傳導): 전도도(度), 전도방전(放電), 전도실어증(失語症), 전도율(率), 전도전류(電流), 전도체(體); 광전도(光), 열전도(熱), 전기전도(電氣), 초전기전도(超電氣)/초전도.

478) 전염(傳染): 남에게 병독(病毒)이 옮음. 나쁜 성질이나 습관 따위가 옮아서 물듦. ¶전염병(病)[검역전염병(檢疫), 만성전염병(慢性), 면역성전염병(免疫性), 법정전염병(法定), 수인성전염병(水因性)], 전염성(性); 간접전염(間接), 공기전염(空氣), 모체전염(母體), 비말전염(飛沫), 식이전염(食餌), 자가전염(自家), 접촉전염(接觸), 화분전염(花粉).

479) 전통(傳統): 어떤 집단이나 공동체에서, 지난날로부터 이어 내려오는 사상·관습·행동 따위의 양식(樣式). 또는 그것의 핵심을 이루는 정신. ¶전통문학(文學), 전통문화(文化), 전통미(美), 전통음악(音樂), 전통적(的), 전통주의(主義), 전통화/되다/하다(化).

480) 전하다(傳): ①받아서 이어가다. ¶예로부터 전해오는 이야기.②소식을 알리다. ¶안부를 전하다. ③물건을 이곳에서 저곳으로 옮기다. ¶선물을 전하다. ④물려서 내려 주다. ¶가업(家業)을 후대에 전하다. 가보(家寶)를 자손에게 전하다.

481) 전기수(傳奇叟): 지난날, 고대 소설을 낭독하여 들려주는 일을 업으로 삼던 사람.

482) 전구(電球): 가스전구(gas), 백열전구(白熱), 사진전구(寫眞), 사진섬광전구(寫眞閃光), 섬광전구(閃光), 주광전구(晝光), 탄소전구(炭素), 텅스텐전구(tungsten).

483) 전기(電氣): 전기공(工), 전기공학(工學), 전기광학(光學), 전기기관(器官), 전기도금(鍍金), 전기다리미, 전기량(量), 전기력(力), 전기로(爐), 전기마취(痲醉), 전기방석(方席), 전기분석(分析), 전기분해(分解), 전깃불, 전기석(石), 전기역학(力學), 전기요, 전기요법(療法), 전기용량(容量), 전기용접(鎔接), 전기의자(椅子), 전기이동(移動), 전기자(子), 전기작살, 전기저항(抵抗), 전기장판(壯版), 전기제어(制御), 전깃줄, 전기진동(振動), 전기치료(治療), 전기풍(風), 전기학(學), 전기화학(化學), 전기회로(回路); 감응전기(感應), 경전기(輕), 공중전기(空中), 기전기(起), 동전기(動), 동물전기(動物), 생물전기(生物), 생체전기(生體), 수력전기

기(電動機), 전동력(電動力), 전동차(電動車), 전등(電燈)[전등알; 백열전등(白熱)], 전람(電纜;절연물로 포장된 전선), 전략(電略), 전량(電量), 전력(電力)[484], 전령(電鈴)[자석전령(磁石)], 전로(電路), 전로(電爐), 전류(電流)[485], 전리(電離)[486], 전마(電碼), 전매질(電媒質), 전명(電命), 전문(電文), 전발(電髮), 전보(電報)[487], 전산(電算), 전선(電線)[전선주(柱); 궤전선(饋), 연피전선(鉛被), 해저전선(海底)], 전송(電送)[전송사진(寫眞), 전송신문(新聞); 모사전송(模寫)], 전신(電信)[488], 전압(電壓)[489], 전업(電業), 전열(電熱), 전원(電源), 전위(電位)[490], 전자(電子)[491], 전자(電磁)[492], 전장(電場), 전조(電槽), 전종(電鐘), 전주(電柱), 전주(電鑄), 전지(電池)[493], 전차(電車), 전착(電着;전해질 용액에서 석출된 이온이 들러붙는 일), 전철(電鐵), 전축(電蓄), 전파(電波)[전파계(計), 전파무기(武器), 전파별, 전파항법(航法); 태양전파(太陽)], 전하(電荷)[양전하(陽), 음전하(陰); 비전하(比)], 전해(電解)[494], 전화(電火), 전화(電化), 전화(電話)[495], 전훈(電訓); 감전(感電), 강전(强電), 공전(公電), 급전(急電), 급전/선(給電/線), 기전(起電), 내전(來電), 뇌전(雷電), 누전(漏電), 단전(斷電), 답전(答電), 대전(帶電), 도전(盜電), 도전(導電), 막전(幕電), 무전(無電)[무전기(機), 무전실(室)], 반전(返電), 발전(發電)[496], 방전(妨電), 방전(放電), 배전(配電)[497], 변전소(變電所), 비전(飛電), 사전(私電), 사전(謝電), 섬전(閃電), 송전(送電), 약전(弱電), 양전(陽電), 외전(外電;外信), 우전(郵電), 음전(陰電), 입전(入電), 자전(紫電), 절전(節電), 정전(停電), 조전(弔電), 착전(着電), 초전(招電), 축전/지(蓄電/池), 축전(祝電), 축전기(蓄電器), 축전지(蓄電池), 충전(充電), 타전(打電), 통전(通電), 특전(特電), 하전/입자(荷電/粒子), 회전(回電), 휴전(休電), 훈전(訓電) 들.

전(轉) '구르다 · 굴리다. 돌다 · 돌리다. 옮기다. 바꾸다 · 바뀌다'를 뜻하는 말. ¶전가(轉嫁)[조세전가(租稅), 책임전가(責任)], 전거(轉居), 전과(轉科), 전교(轉交), 전교(轉校), 전구(轉句), 전구(轉求), 전근(轉勤), 전근(轉筋), 전기(轉記), 전기(轉機)[498], 전농(轉農), 전대(轉貸)[전대작(作), 전대차(借)], 전도(轉倒), 전독(轉讀), 전동(轉動), 전득(轉得), 전락(轉落;굴러 떨어짐. 나쁜 상태나 처지에 빠짐), 전로(轉爐), 전류(轉流), 전륜(轉輪), 전매(轉賣), 전면(轉眄;눈알을 굴려서 봄), 전문(轉聞), 전미개오(轉迷開悟), 전법륜(轉法輪), 전변(轉變), 전보(轉報), 전보(轉補), 전봉(轉蓬), 전사(轉寫), 전생(轉生), 전서(轉書), 전석(轉石), 전선(轉旋;빙빙 돌아감), 전성(轉成)[전성어(語), 전성어미(語尾), 전성형(形); 품사전성(品詞)], 전속(轉屬;소속을 바꿈), 전송(轉送), 전수(轉銹), 전숙(轉宿), 전승(轉乘), 전신(轉身), 전업(轉業), 전역(轉役), 전와(轉訛), 전용(轉用;다른 곳에 돌려씀)[농지전용(農地), 예산전용(豫算)], 전위(轉位;자리를 옮김), 전음(轉音), 전의(轉義;뜻이 바뀜), 전의성(轉義性), 전이(轉移)[499], 전일회천(轉日回天), 전임(轉任), 전입(轉入↔轉出), 전재(轉載), 전저당(轉抵當), 전적(轉籍), 전전(轉傳), 전전(轉戰), 전전걸식(轉轉乞食), 전전반측(轉輾反側), 전전하다(轉轉), 전조(轉照), 전조(轉漕), 전조(轉調), 전주(轉住), 전주(轉注), 전지(轉地), 전지요양(轉地療養), 전직(轉職), 전진(轉進), 전차(轉借), 전철기(轉轍機), 전철수(轉轍手), 전청(轉請), 전체(轉遞), 전출(轉出), 전측(轉側), 전치(轉致), 전치(轉置), 전탁(轉託), 전패위

(水力), 압전기(壓), 양전기(陽), 열전기(熱), 유도전기(誘導), 음전기(陰), 자유전기(自由), 접촉전기(接觸), 정전기(正), 정전기(靜), 중전기(重), 초전기(焦), 피로전기(pyro), 피에조전기(piezo), 화력전기(火力).

484) 전력(電力): 전력계(計), 전력량(量), 전력선(線), 전력수송(輸送), 전력화(化); 교류전력(交流), 열전력(熱).

485) 전류(電流): 전류계(計); 고주파전류(高周波), 국부전류(局部), 교류전류(交流)/교류, 교번전류(交番)/교류(交流), 규정전류(規定), 대류전류(對流), 동작전류(動作), 맴돌이전류[와전류(渦電流)], 방전전류(放電), 변위전류(變位), 분극전류(分極), 손상전류(損傷), 안전전류(安全), 여자전류(勵磁), 열전류(熱), 염전류(鹽), 와전류(渦), 유도전류(誘導), 이차전류(二次), 전리전류(電離), 전속전류(電束), 정상전류(定常), 지전류(地), 직류전류(直流)/직류, 진동전류(振動), 충전전류(充電), 활동전류(活動), 휴대전류(携帶).

486) 전리(電離): ①전해질(電解質)의 일부가 용액 속에서 이온으로 해리(解離)하는 일. ¶전리도(度;이온화도), 전리설(說), 전리전류(電流), 전리함(函). ②중성의 원자나 분자가 전기를 띤 원자나 원자단으로 되는 일. ¶전리층(層).

487) 전보(電報): 전보료(料), 전보문(文), 전보환(換); 국제전보(國際), 동문전보(同文), 보관전보(保管), 사진전보(寫眞), 신문전보(新聞), 재송전보(再送), 지급전보(至急), 추미전보(追尾), 탁송전보(託送), 통상전보(通常).

488) 전신(電信): 전신동맹(同盟), 전신망(網), 전신부호(符號), 전신약호(略號), 전신주(柱), 전신환(換); 무선전신(無線), 유선전신(有線).

489) 전압(電壓): 전압계(計), 전압선(線); 과전압(過), 단자전압(端子), 비전압(比).

490) 전위(電位): 전위계(計), 전위차(差); 단극전위(單極), 영전위(零), 전극전위(電極).

491) 전자(電子): 전자각(殼), 전자관(管), 전자껍질, 전자뇌(腦), 전자도서관(圖書館), 전자레인지, 전자론(論), 전자류(流), 전자망원경(望遠鏡), 전자무기(武器), 전자밀도(密度), 전자방출(放出), 전자방해(妨害), 전자사진(寫眞), 전자사태(沙汰), 전자선(線), 전자설(說), 전자소자(素子), 전자시계(時計), 전자신문(新聞), 전자온도(溫度), 전자우편(郵便), 전자음(音), 전자음악(音樂), 전자이동(移動), 전자장치(裝置), 전자전(戰), 전자전도(傳導), 전자질량(質量), 전자책(冊), 전자총(銃), 전자파(波), 전자학(學), 전자현미경(顯微鏡), 전자회로(回路), 전자효율(效率); 광전자(光), 궤도전자(軌道), 양전자(陽), 열전자(熱), 음전자(陰), 핵전자(核).

492) 전자(電磁): 전자기/력(氣/力), 전자단위(單位), 전자력(力), 전자석(石), 전자유도(誘導), 전자장(場), 전자파(波); 자유전자(自由).

493) 전지(電池): 전짓불; 가역전지(可逆), 건전지(乾), 광전지(光), 기체전지(氣體), 볼타전지(Volta), 수은전지(水銀), 습전지(濕), 알칼리전지(alkali), 에이전지(A), 연료전지(燃料), 이차전지(二次), 일차전지(一次), 지전지(G), 축전지(蓄), 태양전지(太陽), 화학전지(化學).

494) 전해(電解): '전기 분해'의 준말. ¶전해공업(工業), 전해구리, 전해동(銅), 전해물(物), 전해부식(腐蝕), 전해분석(分析), 전해산화(酸化), 전해정련(精鍊), 전해조(槽), 전해질(質)[강전해질, 비전해질(非), 약전해질(弱)], 전해추출(抽出), 전해환원(還元).

495) 전화(電話): 전화국(局), 전화기(機), 전화번호(番號), 전화선(線), 전화통(筒); 고성전화(高聲), 고주파전화(高周波), 공중전화(公衆), 광선전화(光線)/광전화(光), 국제전화(國際), 무선전화(無線), 백색전화(白色), 사설전화(私設), 예약전화(豫約), 유선전화(有線), 이동전화(移動), 청색전화(青色), 휴대전화(携帶).

496) 발전(發電): 발전관(管), 발전기(機), 발전기관(器官), 발전량(量), 발전력(發電力), 발전소(所), 발전자(子), 발전체(體); 자가발전(自家), 생물발전(生物), 수력발전(水力), 수로식발전(水路式), 원자력발전(原子力), 자가발전(自家), 조력발전(潮力), 지열발전(地熱), 태양열발전(太陽熱), 파력발전(波力), 풍력발전(風力), 화력발전(火力), 화산발전(火山).

497) 배전(配電): 배전반(盤), 배전선(線), 배전소(所).

498) 전기(轉機): 사물이나 형세가 어떤 상태에서 다른 상태로 변하는 계기. 전환하는 기회. ¶인생의 전기를 마련하다. 성공한 사람들은 대부분 위기를 발전의 전기로 삼았다.

499) 전이(轉移): 자리를 옮김. 어떤 장기(臟器)의 암이나 종양이 다른 장기로 옮아가서 새 종양을 만드는 일. ¶전이력(力), 전이모사(模寫), 전이사(射), 전이성(性), 전이암(癌), 전이열(熱), 전이온도(溫度), 전이원소(元素), 전이효과(效果), 전이효소(酵素); 분자간전이(分子間), 분자내전이(分子內), 상전이(相), 양성전이(陽性), 학습전이(學習).

공(轉敗爲功), 전편(轉便;轉遞), 전하(轉荷), 전학(轉學), 전향(轉向), 전형(轉形), 전화(轉化), 전화위복(轉禍爲福), 전환(轉換)[500], 전회(轉回); 공전(公轉), 공전(空轉), 금전(禁轉), 급전(急轉), 기승전결(起承轉結), 명전(明轉), 반전(反轉;반대로 돎. 일의 형세가 뒤바뀜), 변전(變轉), 불퇴전(不退轉), 선전(旋轉), 심기일전(心機一轉), 암전(暗轉), 약전(約轉), 역전(逆轉), 염전(捻轉), 영전(榮轉), 완전(宛轉), 완전(婉轉), 운전(運轉), 원전(圓轉), 유전(流轉), 윤전기(輪轉機), 이전(移轉), 일전(一轉), 자전(自轉), 전전(展轉), 전전(轉轉), 전전반측(輾轉反側), 전전불매(輾轉不寐), 종전(縱轉), 천전(遷轉), 퇴전(退轉), 표전(飄轉), 호전(好轉), 회전(回轉) 들.

전(錢) 돈. 또는 그것을 세는 말. '돈 모양을 한'을 뜻하는 말. ¶3원 50전. 전곡(錢穀), 전관(錢貫), 전교(錢驕;돈이 많은 사람의 교만), 전량(錢糧), 전로(錢路;돈길), 전문(錢文), 전백(錢百), 전벽(錢癖), 전어(錢魚), 전어사리(전어의 새끼), 전재(錢財), 전주(錢主), 전천(錢千), 전폐(錢幣), 전폐(錢弊), 전표(錢票), 전화(錢貨), 전황(錢荒); 가전(加錢;웃돈), 가전(價錢), 각전(角錢), 결전(結錢), 계전(契錢), 고린전, 고전(古錢), 공전(工錢), 관전(官錢), 구전(口錢), 구전(舊錢), 급전(急錢), 끝전, 나전(나이의 수효대로 놓는 불전), 낙전(樂戰), 노전(路錢), 다전선고(多錢善賈), 당백전(當百錢), 대전(代錢), 동전(銅錢), 두전(頭錢), 땡전, 맹전(盲錢), 면역전(免役錢), 명하전(名下錢;각각 배당하여 거두는 돈), 무공전(無孔錢), 무변전(無邊錢), 무전(無錢)[무전여행(旅行), 무전취식(取食)], 반전(半錢), 백전(白錢), 벌전(罰錢), 변전(邊錢), 별전(別錢), 보행전(步行錢;길품삯), 본전(本錢), 불전(놀음판에서, 집주인에게 떼어 주는 돈), 불전(佛錢), 비전(飛錢), 비전(費錢), 사전(私錢), 삯전, 산전(散錢;잔돈), 상납전(上納錢), 새전(賽錢), 세전(貰錢;셋돈), 세전(稅錢), 속전(贖錢), 수전(收錢), 수렴전(收斂錢), 수전노(守錢奴), 신전(新錢), 양전(洋錢), 여전(餘錢), 염전(斂錢), 엽전(葉錢), 영전(零錢), 용전(用錢;용돈), 원납전(願納錢), 유공전(有孔錢), 육전(肉錢;살돈. 밑천), 은전(銀錢), 이전(利錢), 작전(作錢;돈을 마련함), 잔전(殘錢), 장전(贓錢), 장두전(杖頭錢), 적동전(赤銅錢), 전간전(傳簡錢), 정전(丁錢), 조전(祖錢), 조전(造錢), 조혼전(助婚錢), 주전(鑄錢), 즉전(卽錢;맞돈), 지전(紙錢), 직전(直錢;맞돈), 채전(債錢), 척전(擲錢), 철전(鐵錢), 청전(請錢), 축전(蓄錢), 탕전(帑錢), 파전(破錢), 패전(牌錢), 푼전(分錢), 핍전(乏錢), 행전(行錢), 환전(換錢), 황동전(黃銅錢) 들.

전(殿) '궁궐·신당·불각(佛閣). 큰 집'을 뜻하는 말. ¶전각(殿閣;궁전과 누각), 전내(殿內), 전당(殿堂), 전란(殿欄), 전상(殿上), 전시(殿試), 전우(殿宇), 전전(殿戰), 전좌(殿座), 전패(殿牌), 전폐(殿陛), 전하(殿下)[비전하(妃)]; 강녕전(康寧殿), 고전(古殿), 곤전(坤殿), 관음전(觀音殿), 광한전(廣寒殿), 궁전(宮殿), 교태전(交泰殿), 극락전(極樂殿), 근정전(勤政殿), 금전옥루(金殿玉樓), 나한전(羅漢殿), 내전(內殿), 노전(爐殿;香閣), 대전(大殿), 대불전(大佛殿), 대성전(大成殿), 대숭전(大崇殿), 대웅전(大雄殿), 대적광전(大寂光殿), 대조전(大造殿), 뒷전, 만령전(萬寧殿), 명부전(冥府殿), 무량수전(無量壽殿), 문덕전(文德殿), 문소전(文昭殿), 문정전(文政殿), 범전(梵殿), 법전(法殿), 별전(別殿), 복마전(伏魔殿), 본전(本殿), 부전(副殿), 불전(佛殿), 비로전(毘盧殿), 빈전(殯殿), 사정전(思政), 삼시전(三時殿), 상전(上殿), 상로전(上爐殿), 상지전(上知殿), 석전(石殿), 석조전(石造殿), 선정전(善政殿), 선원전(璿源殿), 성전(聖殿), 소격전(昭格殿), 수문전(修文殿), 숭덕전(崇德殿), 숭렬전(崇烈殿), 숭령전(崇靈殿), 숭신전(崇信殿), 숭의전(崇義殿), 숭인전(崇仁殿), 숭정전(崇政殿), 시왕전(十王殿), 신전(神殿), 안전, 앞전, 약사전(藥師殿), 양전(兩全), 어전(御殿), 연영전(延英殿), 연은전(延恩殿), 영전(影殿), 영녕전(永寧殿), 영희전(永禧殿), 월궁전(月宮殿), 인소전(仁昭殿), 인정전(仁政殿), 임해전(臨海殿), 장전(帳殿), 재실전(梓室殿), 정전(正殿), 중전(中殿), 중궁전(中宮殿), 집현전(集賢殿), 천불전(千佛殿), 천진전(天眞殿), 칠성전(七星殿), 침전(寢殿), 태일전(太一殿), 통명전(通明殿), 판전(版殿), 팔상전(八相殿), 편전(便殿), 평의전(平議殿) 들.

전(廛) '가게'를 뜻하는 말. ¶전을 보다. 전을 거두다. 전내기[501], 전도가(廛都家), 전드리다[502], 전맞춤, 전문(廛門), 전방(廛房), 전사(廛肆), 전포(廛鋪); 갓전, 과물전(果物廛), 과일전, 금난전권(禁難廛權), 나무전, 난전(亂廛), 넝마전, 도자전(刀子廛), 동상전(東床廛), 드팀전(온갖 피륙을 파는 가게), 딴전(엉뚱한 딴 가게), 마른전(건어물을 파는 가게), 마미전(馬尾廛), 마상전(馬床廛), 마우전(馬牛廛), 면자전(棉子廛), 면주전(綿紬廛), 면자전(綿子廛), 면포전(綿布廛), 모전(毛廛), 모물전(毛物廛), 무분전(無分廛), 미전(米廛), 바리전(놋그릇을 파는 가게), 백목전(白木廛), 베전, 병전(兵廛), 사기전(沙器廛), 상전(床廛), 상미전(上米廛), 생선전(生鮮廛), 세물전(貰物廛), 솥전, 쇠전(牛), 승혜전(繩鞋廛), 시전(市廛), 시게전(곡식을 파는 가게), 신전, 싸전(쌀가게), 약전(藥廛), 어곽전(魚藿廛), 어리전(닭, 오리를 파는 가게), 어물전(魚物廛), 연전(煙廛), 연죽전(煙竹廛), 염전(鹽廛), 옹기전(甕器廛), 우전(牛廛), 우전(隅廛), 육의전(六矣廛), 의전(衣廛;넝마전), 잡곡전(雜穀廛), 잡전(雜廛), 잡살전(여러 가지 씨앗을 파는 가게), 잡철전(雜鐵廛), 장전(欌廛), 장목전(長木廛), 저포전(苧布廛), 지전(紙廛), 창전(昌廛), 철전(撤廛), 초물전(草物廛), 치계전(雉鷄廛), 통행전(筒行廛), 파자전(笆子廛), 포전(布廛), 포목전(布木廛), 피물전(皮物廛), 피색전(皮色廛), 혜전(鞋廛), 화피전(樺皮廛), 황아전, 황화전(荒貨廛) 들.

전(典) '법·규칙. 책. 맡다. 전당 잡히다'를 뜻하는 말. '잔치. 의식(儀式). 예식(禮式)'을 뜻하는 말. ¶전거(典據), 전고(典故), 전권(典券), 전당(典當)[503], 전려(典麗), 전령(典令), 전례(典例), 전례(典禮), 전범(典範), 전법(典法), 전실(典實;몸가짐에 도리에 맞고 성실함), 전아하다(典雅), 전옥(典獄), 전의(典衣), 전의(典醫), 전장(典掌), 전장(典章), 전장(典掌), 전적(典籍), 전주(典主), 전중하다(典重), 전질(典質), 전집(典執), 전칙(典則), 전형(典刑), 전형

500) 전환(轉換): 이제까지의 방침이나 경향·상태가 다른 것으로 바뀜. 또는 그렇게 바꿈. ¶기분을 전환하다. 전환가격(價格), 전환권(權), 전환기(期), 전환기(器), 전환논법(論法), 전환되다/하다, 전환로(爐), 전환무대(舞臺), 전환반응(反應), 전환사채(社債), 전환점(點), 전환주식(株式); 방향전환(方向), 성전환(性), 형질전환(形質).

501) 전내기(廛): 내다가 팔려고 날림으로 만든 물건.

502) 전드리다: 가게의 물건을 거두어들이고 문을 닫다.

503) 전당(典當): 물품을 담보로 하여 돈을 꾸어 주거나 꾸어 쓰는 일. ¶전당을 잡다/잡히다. 전당질/하다, 전당포(典當鋪), 전당표(票).

ㅈ

(典型;본보기로 삼을 만한 것)[전형성(性), 전형적(的)]; 경전(經典), 경전(慶典), 고전(古典), 공전(公典), 교전(敎典), 구전(舊典), 국전(國典), 금석지전(金石之典), 내전(內典), 대전(大典), 문전(文典), 법전(法典), 병전(兵典), 보전(寶典), 불전(佛典), 사전(祀典), 사전(事典)[백과사전(百科)], 사전(辭典)[사전학(學); 국어사전(國語), 소사전(小)], 사전(赦典), 상전(上典), 상전(賞典), 상법전(商法典), 서전(書典), 석전(釋典), 성전(成典), 성전(性典), 성전(盛典), 성전(聖典), 식전(式典), 악전(樂典), 약전(藥典), 어전(語典), 영전(榮典), 예전(例典), 예전(禮典), 외전(外典), 원전(原典), 유전(流典), 은전(恩典), 이전(吏典), 의전(儀典), 자전(字典), 장전(章典), 전적(典籍), 제전(祭典), 조전(朝典), 종전(宗典), 집전(執典), 축전(祝典), 출전(出典), 통전(通典), 특전(特典), 폐전(廢典), 하전(下典), 형전(刑典), 휼전(恤典) 들.

전(展) '얇게 펴지다. 펼쳐 보이다. 잘 되어 가다. 벌이다 · 전시(展示)'를 뜻하는 말. ¶전개(展開)[전개도(圖), 전개식(式)], 전기족(展驥足;재능을 충분히 발휘함), 전독(展讀), 전람/회(展覽/會), 전망(展望)[전망대(臺), 전망차(車), 전망초(哨)], 전미(展眉), 전배(展拜), 전색제(展色劑), 전성(展性), 전시(展示)[504], 전시(展翅), 전알(展謁), 전연(展延), 전전(展轉), 전착제(展着劑); 가전성(加展性), 개인전(個人展), 걸작전(傑作展), 공모전(公募展), 공예전(工藝展), 과학전(科學展), 관전(官展), 국전(國展), 국화전(菊花展), 그룹전(group展), 기획전(企劃展), 낙선전(落選展), 도서전(圖書展), 도예전(陶藝展), 다큐멘터전(Documenta展), 동인전(同人展), 미술전(美術展), 발전(發展), 발명전(發明展), 사진전(寫眞展), 서예전(書藝展), 순회전(巡廻展), 시화전(詩畵展), 신전(伸展), 야외전(野外展), 양화전(洋畵展), 유작전(遺作展), 조각전(彫刻展), 진전(進展), 초대전(招待展), 추모전(追慕展), 친전(親展), 특별전(特別展), 혜전(惠展), 회고전(回顧展) 들.

전(專) '오로지. 멋대로 하다'를 뜻하는 말. ¶전결(專決)[505], 전공(專攻), 전과(專科), 전관(專管;전체가 그 관할에 딸림)[전관거류지(居留地), 전관수역(水域), 전관조계(租界)], 전권(專權≒專橫), 전념(專念;오로지 한 가지 일에만 마음을 씀), 전단(專斷;자기 마음대로 결정하여 시행함), 전담(專擔;혼자서 담당함), 전대지재(專對之才), 전력(專力), 전매(專賣)[506], 전무(專務)[전무이사(理事)], 전문(專門)[507], 전사(專使), 전세(專貰), 전속(專屬)[508], 전수(專修), 전심(專心), 전심치지(專心致志), 전애(專愛), 전업(專業), 전용(專用)[509], 전위(專委), 전위(專爲), 전유/물(專有/物), 전의(專意), 전인(專人), 전일(專一), 전임(專任↔兼任)[전임강사(講師), 전임책성(責成;오로지 남에게 맡겨서 책임지게 함)], 전자(專恣), 전점(專占), 전제(專制)[510], 전족(專足), 전종(專從), 전주(專主), 전집(專執), 전천(專擅), 전총(專寵), 전탁(專託;오로지 남에게만 부탁함), 전팽(專伻), 전편(專便), 전행(專行), 전혀(專)[511], 전횡(專橫;권세를 혼자 쥐고 제 마음대로 함) 들.

전(箭) '화살'을 뜻하는 말. ¶전동[전통(箭筒)], 전어(箭魚;준치), 전죽(箭竹;화살대), 전창(箭窓), 전채(箭穀), 전촉(箭鏃), 전통(箭筒), 전형(箭形); 경전(輕箭), 궁전(弓箭), 낙전(落箭), 난전(亂箭), 노전(弩箭), 누전(漏箭), 단전(短箭), 단전(斷箭), 독전(毒箭), 맹전(猛箭), 목전(木箭), 무촉전(無鏃箭), 비전(飛箭), 세전(細箭;아기살), 신기전(神機箭), 아량전(亞兩箭), 어전(漁箭;어살), 연전(揀箭)[연전길, 연전동(童), 연전띠내기], 영전(令箭), 왜전(矮箭), 유전(流箭), 유엽전(柳葉箭), 육량전(六兩箭), 이전(離箭), 장군전(將軍箭;쇠로 만든 화살), 장전(長箭), 죽전(竹箭), 중전(重箭), 철전(鐵箭), 편전(片箭), 홍전(紅箭), 화전(火箭) 들.

전(栓) '호수[관(管)]'를 장치하기 위한 시설. '구멍 · 꼭지'를 뜻하는 말. ¶전색(栓塞;혈관이 불순물로 막힘)[뇌전색(腦), 폐전색(肺)]; 공동전(共同栓), 공용전(共用栓), 급수전(給水栓;수도꼭지), 농전(膿栓), 목전(木栓;코르크), 밀전(密栓;마개로 꼭 막음), 발화전(發火栓), 방화전(防火栓), 부동전(不凍栓), 분수전(分水栓), 분수전(噴水栓), 색전/증(塞栓/症), 소화전(消火栓), 수도전(水道栓), 음전(音栓), 전용전(專用栓), 점화전(點火栓), 지수전(止水栓), 지혈전(止血栓;피를 멎게 하는 가제), 혈전(血栓)[512], 활전(活栓) 들.

전(奠) ①장례 전에 영좌(靈座) 앞에 간단히 주과(酒果)를 차려 놓는 예식. 또는 '제사 지내다. 제수(祭需). 바치다'를 뜻하는 말. ¶전물(奠物;신불에게 올리는 물건), 전안/상(奠雁/床), 전의(奠儀), 전제(奠祭), 전폐(奠幣); 노전(路奠), 망전(望奠), 별전(別奠), 삭망전(朔望奠), 삭전(朔奠), 석전(夕奠), 석전(釋奠), 은전(殷奠), 제주전(題主奠), 조석전(朝夕奠), 조전(祖奠), 조전(朝奠), 제전(祭奠), 치전(致奠), 향전(香奠). ②'정하다(판단하여 잡다)'를 뜻하는 말. ¶전거(奠居;머물러 살 만한 곳을 정함), 전도(奠都), 전접(奠接), 전침(奠枕) 들.

전(煎) 번철에 기름을 두르고, 재료를 얇게 썰어 밀가루를 묻혀 지진 음식의 총칭. 또는 '태우다, 끓이다'를 뜻하는 말. ¶전을 부치다. 전과(煎果), 전다(煎茶), 전민(煎悶), 전병(煎餠;부꾸미)[전병코; 대추전병, 밀전병], 전약(煎藥), 전철(煎鐵); 감자전, 고추전, 국엽전(菊葉煎), 김치전, 난간전(煖肝煎), 녹두전(綠豆), 꽃전, 묵전, 백약전(百藥煎), 법전(法煎;약방문대로 약을 달임), 봉호전(蓬蒿煎;쑥전), 부추전, 쑥전, 옥잠화전(玉簪花煎), 재전(再煎), 참꽃전, 파전, 호박전, 화전/놀이(花煎;꽃전) 들.

전(顚) '거꾸로 하다. 넘어지다'를 뜻하는 말. ¶전도(顚倒)[본말전도

---

504) 전시(展示): 전시물(物), 전시실(室), 전시자료(資料), 전시장(場), 전시품(品), 전시하다, 전시행정(行政), 전시회(會), 전시효과(效果).

505) 전결(專決): 결정권자 마음대로 결정하고 처리함. ¶전결되다/하다, 전결사항(事項), 전결처분(處分).

506) 전매(專賣): 국고 수입을 위하여 어떤 재화를 정부가 독점으로 생산 판매함. ¶전매권(權), 전매사업(事業), 전매수입(收入), 전매청(廳), 전매특허(特許), 전매품(品).

507) 전문(專門): 전문가(家), 전문교육(敎育), 전문어(語), 전문의(醫), 전문적(的), 전문점(店), 전문지(誌), 전문지식(知識), 전문직(職), 전문학(學), 전문화/되다/하다(化).

508) 전속(專屬): 오로지 한 곳에만 속함. ¶전속가수(歌手), 전속관할(管轄), 전속물(物), 전속부관(副官), 전속악단(樂團).

509) 전용(專用): 혼자서만 씀. 오직 그것만을 씀. 어떤 부분에만 씀. ¶한글 전용. 대통령 전용기. 전용권(權), 전용기(機), 전용로(路), 전용물(物), 전용선(線), 전용어장(漁場), 전용전(栓), 전용철도(鐵道).

510) 전제(專制): 혼자의 생각대로 일을 처리함. ¶전제국(國), 전제군주(君主), 전제적(的), 전제정치(政治), 전제주의(主義).

511) 전혀(專): 오직. 오로지. ¶그것은 전혀 우리의 일이다.

512) 혈전(血栓): 혈관 안에서 피가 엉기어 굳은 덩어리.

(本末), 주객전도(主客)], 전돈낭패(顚頓狼狽), 전락(顚落), 전련하다(顚連;몹시 가난하여 어찌할 수가 없다), 전말(顚末;처음부터 끝까지의 경위)/서(書), 전복(顚覆;뒤집혀 엎어짐), 전부(顚仆;넘어짐. 넘어뜨림), 전연(顚連;몹시 가난하여 어찌할 수가 없음), 전지/전질(顚躓), 전착(顚錯;앞뒤를 바꾸어 어그러뜨림), 전추(顚墜;굴러 떨어짐. 顚落), 전패(顚沛;엎드러지고 자빠짐); 백전(白顚;이마의 별박이 말) 들.

전(纏) '얽다. 얽어매다. 싸매다. 감다'를 뜻하는 말. ¶전결(纏結), 전대(纏帶)[513], 전두(纏頭), 전면(纏綿;얽히어 달라붙음), 전박(纏縛), 전요(纏繞;덩굴 따위가 다른 나무에 친친 얽히어 감김. 纏着)[전요경(莖;감는줄기), 전요식물(植物)], 전족(纏足), 전착(纏着;감기어 붙음); 출전(出纏;번뇌의 얽매임에서 벗어남), 행전(行纏)[귀행전, 통행전(筒)] 들.

전(篆) '전자(篆字)'나 '도장(圖章)'을 뜻하는 말. ¶전각(篆刻), 전관(篆款), 전례(篆隸), 전문(篆文), 전서(篆書), 전액(篆額), 전자(篆字), 전주(篆籒), 전체(篆體); 고전(古篆), 구첩전(九疊篆;글자의 획을 여러 번 꾸부려서 쓴 서체), 대전(大篆), 소전(小篆), 인전(印篆) 들.

전(剪/翦) '자르다. 잘라내다. 가위'를 뜻하는 말. ¶전단(剪斷), 전도(剪刀;가위), 전모(剪毛;가축의 털을 깎음), 전반(剪板), 전반같다(剪板;머리채가 숱이 많고 치렁치렁하다), 전아(剪芽), 전재(剪裁), 전절(剪截), 전정/가위(剪定), 전제(剪除), 전지(剪枝), 전반(翦板) 들.

전(箋) '찌지(무엇을 표하거나 적어서 붙이는 종이쪽지)'를 뜻하는 말. ¶전문(箋文), 전주(箋註;본문의 주해), 전통(箋筒); 보전(補箋), 부전(附箋), 서간전(書簡箋), 시전(詩箋), 약전(藥箋), 운전(雲箋), 처방전(處方箋;약재의 처방을 적은 종이), 표전(表箋), 화전/지(華箋/紙).

전(銓) '저울질하다(무게를 달다. 뽑다)'를 뜻하는 말. ¶전간(銓簡), 전고(銓考;인물을 헤아려 고름), 전랑(銓郎), 전선(銓選), 전주(銓注;인물을 전형하여 적재적소에 배정함), 전형(銓衡;저울. 사람을 여러모로 시험하여 골라 뽑음); 양전(兩銓;이조와 병조).

전(塡) '부족한 부분을 메우다. 채우다'를 뜻하는 말. ¶전보(塡補), 전색(塡塞), 전서(塡書;빠진 글자를 채워서 씀), 전족(塡足;모자라는 것을 보충함), 전차(塡差;비어 있는 벼슬자리를 보충하여 채움), 전충(빈곳을 채워서 메움)/성(塡充/性); 보전(補塡), 장전(裝塡), 충전(充塡) 들.

전(氈) 짐승의 털로 짠 모직물의 하나. ¶전립(氈笠), 전모(氈帽), 전방석(氈方席), 전요, 전옷, 전의(氈衣;전옷); 모전(毛氈), 무력전, 성성전(猩猩氈), 양전(洋氈), 청전(青氈), 하전(厦氈), 홍전(紅氈) 들.

전(餞) '보내다. 배웅하다'를 뜻하는 말. ¶전배(餞杯), 전별(餞別)[전별금(金), 전별연(宴), 전별주(酒), 전별회(會)], 전송(餞送;배웅), 전음(餞飮), 전춘(餞春)[전춘날, 전춘놀이, 전춘시(詩)] 들.

전(筌) '통발(대오리를 결어서 만든, 물고기를 잡는 기구)'를 뜻하는 말. ¶전제(筌蹄;올가미. 목적을 이루기 위한 방편); 어전(漁筌) 들.

전(鈿) '금으로 꾸민 장식. 나전 세공'을 뜻하는 말. ¶전공후(鈿箜篌;자개로 장식한 공후); 나전(螺鈿;자개로 장식하는 공예 기법)[나전상자(箱子), 나전칠기(漆器)], 전세공(鈿細工) 들.

전(詮) '설명하다(사리를 밝히어 말하다)'를 뜻하는 말. ¶전고(詮考), 전선(銓選), 전의(詮議); 언전(言詮;사리를 상세하게 설명함) 들.

전(靦) '부끄러워하다. 뻔뻔하다'를 뜻하는 말. ¶전연(靦然;뻔뻔스러운 모양); 유전면목(有靦面目;무안한 빛을 띤 얼굴) 들.

전(顫) '떨리다'를 뜻하는 말. ¶전설음(顫舌音), 전성(顫聲;떨리는 목소리), 전음(顫音), 전필(顫筆); 설전음(舌顫音), 진전(震/振顫) 들.

전(澱) '앙금. 찌끼'를 뜻하는 말. ¶전물(澱物), 전분(澱粉;녹말)[전분당(糖), 전분질(質), 전분효소(酵素); 동화전분(同化)]; 침전/물(沈澱/物) 들.

전(佃) '밭을 갈다'를 뜻하는 말. ¶전객(佃客), 전부(佃夫), 전작(佃作), 전호(佃戶;小作人) 들.

전(旃) '모직물'을 뜻하는 말. ¶전모(旃毛;모직물로 된 옷의 섬유의 털).

전(悛) '고치다. 깨닫다'를 뜻하는 말. ¶전개(悛改), 전심(悛心); 개전(改悛), 회전(悔悛;잘못을 뉘우침) 들.

전(磚/塼) '벽돌'을 뜻하는 말. ¶전벽(磚壁), 전석(磚石;벽돌), 전와(磚瓦), 전탑(塼塔); 고전(古磚), 방형전(方形塼) 들.

전(甎) '바닥에 까는 벽돌'을 뜻하는 말. ¶방전(方甎)[대방전(大;성벽·담을 쌓는 데 쓰는 네모반듯한 벽돌), 소방전(小)].

전(輾) '구르다. 돌아눕다'를 뜻하는 말. ¶전전(輾轉), 전전반측(輾轉反側), 전전불매(輾轉不寐) 들.

전(癲) '미치다. 지랄병'을 뜻하는 말. ¶전간(癲癎), 전광(癲狂), 전질(癲疾;간질); 풍전(瘋癲) 들.

전(畋) '사냥하다'를 뜻하는 말. ¶전렵(畋獵;사냥).

전(摶) '뭉치다'를 뜻하는 말. ¶전반(摶飯;밥을 뭉침).

전(巓) '산꼭대기'를 뜻하는 말. ¶산전(山巓).

전갱이 전갱잇과의 바닷물고기.

전곡 집터의 경계선.≒살피'. ¶전곡을 무시하고 집을 지으면 건축법에 저촉되어 분쟁의 빌미가 된다.

전골 쇠고기·돼지고기·해물 따위를 잘게 썰어 양념을 하고 채소·버섯을 곁들이어 전골틀에 담고, 국물을 조금 부어 끓인 음식. ¶전골감, 전골냄비, 전골틀(전골을 끓이는 그릇), 전골판; 고기전골, 곱창전골, 낙지전골, 닭전골, 두부전골(豆腐), 만두전골(饅頭), 버섯전골, 해물전골(海物) 들.

전동 화살을 넣어 메고 다니던 통.[←전통(箭筒)]. ¶전동주머니(활

513) 전대(纏帶): 무명이나 베 따위의 헝겊으로 만든 중간을 막고 양 끝을 튼 긴 자루. 돈이나 물건을 넣어 허리에 차거나 어깨에 걸쳐 둘러맴. ¶돈전대, 칼전대.

ㅈ

의 부속품을 넣는 주머니).

전래 신(神)이 지핀 여자. 무당.

전주르(다) ①동작을 하던 중에 다음 동작에 힘을 더하기 위하여 한 번 쉬다. ¶몇 걸음 내디디고 전주르는 듯하더니 껑충 높이 뛰어올랐다. 하던 말을 잠시 전주르며 목을 가다듬다. ②한 발 내디디고 그 자리에서 한 번 발걸음을 구르고 다시 앞으로 나가다. ¶전주르기.

전중이 징역살이를 하는 사람이나 징역을 사는 일. ≒징역수(懲役囚). ¶전중이가 되다. 그 사람은 죄 없이 5년이나 전중이를 살았다.

전지 어린아이에게 억지로 약을 먹일 때 위아래 턱을 벌리어 입에 물리는 두 갈래 진 막대기 따위의 물건. ¶전지를 물리다. 전짓다리(두 갈래진 기둥. 삼이나 모시를 삼을 때 씀), 전짓대(위 끝을 두 갈래지게 한 긴 장대. 감을 비틀어 꺾어 딸 때 씀).

절[1] 승려가 불상을 모시고 불도를 닦는 집. 사찰(寺刹). ¶절에 가면 중노릇 하고 싶다. 절간(間), 절굿, 절논(절에 딸린 논), 절놀이, 절머슴, 절메주, 절집(절로 쓰는 집), 절치(절에서 거칠게 삼은 미투리), 절터; 땡추절, 신중절(여승이 사는 절), 큰절'. ☞ 사(寺).

절[2] 공경의 뜻으로 바닥에 엎드리거나 몸을 굽히어 고개를 숙임. ≒인사(人事). ¶절을 올리다. 절값, 절인사(人事), 절하다; 고패절(고개를 숙이어 하는 절), 맞절(서로 마주하는 절), 반절(半), 선절(서서하는 절), 앉은절, 중절(中;반절), 큰절[2], 평절(平). ☞ 배(拜).

절(節) ①주어와 술어를 갖추었으나 독립하여 쓰이진 못하고 다른 문장의 한 성분으로 쓰이는 단위. ¶관형절(冠形節), 대등절(對等節), 대립절(對立節), 명사절(名詞節), 부사절(副詞節), 서술절(敍述節), 술어절(述語節), 종속절(從屬節), 주절(主節). ②'마디. 부러지다. 가락[풍류(風流)]. 조절하다. 아끼다'를 뜻하는 말. 시가·문장·음곡(音曲)의 단락. 지조(志操). ¶일/ 이 절. 절가(節歌), 절감(節減), 절개(節概/介)[514], 절검(節儉), 절고(節鼓), 절괘(節卦), 절도(節度), 절략(節略), 절록(節錄), 절리(節理)[구상절리(球狀), 주상절리(柱狀), 판상절리(板狀)], 절목(節目), 절물(節物), 절미(節米), 절박(節拍), 절병통(節甁桶), 절부(節夫), 절부(節婦), 절사(節士), 절사(節死), 절색(節嗇), 절선(節線), 절세(節稅), 절수(節水), 절식(節食), 절약(節約;조리차), 절연(節煙), 절욕(節慾), 절용(節用), 절월(節鉞), 절음(節飮;節酒), 절의(節義), 절적하다(節適), 절전(節電;전기를 아껴 씀), 절절이(節節), 절제(節制;調節)[절제하다; 무절제(無), 부절제(不)], 절조(節操;절개와 지조)[무절조(無)], 절족(節族), 절족동물(節足動物), 절주(節奏;리듬), 절주/배(節酒/杯), 절중하다(節中), 절지동물(節肢動物), 절차(節次)[515], 절찬(絕讚), 절창(絕唱), 절하(節下), 절한(節限), 절해(節解), 절행(節行), 절효(節孝), 절효정문(節孝旌門); 격절(擊節), 결절(結節), 계절(季節), 계절(階節), 고절(孤節), 고절(苦節), 고절(高節), 곡절(曲節), 골절(骨節), 관절(關節)[관절강(腔), 관절낭(囊), 관절염(炎)], 구절(句節), 구구절절(九九節節), 구절죽장(九節竹杖), 굴절(屈節), 근절(筋節), 기절(奇節), 기절(氣節;기개와 절조), 냉절(冷節), 대절(大節), 만절[1](晩節;늦게까지 지키는 절개), 말절(末節), 명절(名節), 문절(文節), 변절(變節)[변절자(者), 변절한(漢)], 복절(伏節;절개를 굳게 지킴), 복절(腹節), 부절(符節), 부절(跗節), 분절(分節), 사절(士節), 사절(四節;사철), 사절(死節), 사절(使節), 소절(小節), 송절(松節), 수절(守節), 순절(殉節), 신절(臣節), 신절(愼節), 신경절(神經節), 실절(失節), 악절(樂節), 어절(語節), 역절풍(歷節風), 열절(烈節), 예절(禮節), 예의범절(禮儀凡節), 옥절(玉節;옥으로 만든 부절), 음절(音節), 요절(要節), 의절(儀節), 인용절(引用節), 입절(立節;절개를 굽히지 아니함), 장절(章節), 절절(折節), 정절(貞節), 정절(情節), 제절(制節), 제절(除節), 제절(祭節), 제절(諸節), 조절(調節), 죽절(竹節), 준절(峻節), 지절(志節), 지절(枝節), 지절/통(肢節/痛), 직절(直節), 청절(淸節), 체절(體節), 충절(忠節), 층절(層節), 탁절(卓節), 퇴절(腿節), 파절(波節), 풍절(風節), 한절(寒節), 환절(環節;몸마디)[환절기(器), 환절동물(動物)], 환절(患節;병의 상태), 환절기(換節期), 훼절(毁節), 흠절(欠節;부족하거나 잘못된 점). ③'국경일이나 명절·계절'을 뜻하는 말. ¶절계(節季), 절기(節氣), 절물(節物), 절분(節分), 절사(節祀), 절서(節序), 절선(節扇), 절일(節日;名節), 절일제(節日製), 절회(節會), 절후(節侯); 가절(佳節), 가평절(嘉平節), 감사절(感謝節), 강탄절(降誕節), 개천절(開天節), 경운절(慶雲節), 경절(慶節), 계절(季節), 관등절(觀燈節), 광복절(光復節), 구구세절(區區細節), 구구절절/이(句句節節), 구절(九節), 궁절(窮節;춘궁기), 기념절(記念節), 기절(氣節;기후), 기절(期節), 냉절(冷節;한식), 노동절(勞動節), 농절(農節), 단오절(端午節), 답청절(踏靑節), 당절(當節), 동절(冬節), 만성절(萬聖), 만수절(萬壽節), 만우절(萬愚節), 만절[2](晩節), 매절(每節), 명절(名節), 맥추절(麥秋節), 무교절(無酵節), 복절(伏節;삼복이 든 철), 부활절(復活節), 삼일절(三一節), 서절(暑節), 성절(聖節), 성탄절(聖誕節), 성평절(成平節), 소절(素節;가을), 속절(俗節), 승천절(昇天節), 시절(時節), 쌍십절(雙十節), 어천절(御天節), 연등절(燃燈節), 열반절(涅槃節), 영절(令節), 영정절(永貞節), 오순절(五旬節), 유월절(逾越節), 응천절(應天節), 인수절(仁壽節), 장막절(帳幕節), 제헌절(制憲節), 중광절(重光節), 중양절(重陽節), 중오절(重五節), 중추절(仲秋節), 중화절(中和節), 지원절(至元節), 천원절(天元節), 천중절(天中節), 천추절(千秋節), 천희절(天禧節), 청명절(淸明節), 청초절(靑草節), 추절(秋節), 추천절(鞦韆節;단오), 춘절(春節), 칠석절(七夕節), 칠칠절(七七節), 탄생절(誕生節), 탄신절(誕辰節), 포절(蒲節;단옷날), 풍고절(風高節), 풍하절(風下節), 하절(夏節), 하청절(河淸節), 함녕절(咸寧節), 함성절(咸成節), 환절/기(換節/期), 황초절(黃草節) 들.

절(絕) '끊다·끊어지다. 간격이 뜨다. 거절하다. 으뜸. 몹시·아주'를 뜻하는 말. ¶절가(絕佳;더 없이 훌륭하고 좋음. 빼어나게 아름다움), 절가(絕家;혈통이 끊어져 상속자가 없게 된 집), 절경(絕景;썩 좋은 경치), 절고(絕高), 절곡(絕哭), 절곡(絕穀), 절교(絕交;교제를 끊음)[공동절교(共同)], 절구(絕句), 절규(絕叫;힘을 다해

514) 절개(節概/介): 신념·신의 따위를 굽히거나 변하지 아니하는 성실한 태도. ¶꿋꿋한 절개. 절개를 지키다.

515) 절차(節次): 절차법(法); 비상구제절차(非常救濟), 소송절차(訴訟), 약식절차(略式), 정리절차(整理), 준기소절차(準起訴), 준비절차(準備), 파산절차(破産).

애타게 부르짖음), 절기(絶忌), 절기(絶技), 절기(絶奇), 절단(絶斷;斷絶), 절담(絶談;썩 잘된 말), 절대(絶大;더할 나위 없이 큼), 절대(絶代;아득히 먼 옛 세대. 썩 빼어남), 절대(絶對)[516], 절도(絶島), 절도(絶倒), 절등(絶等), 절락(絶落), 절량(絶糧), 절련(絶戀), 절륜(絶倫;기술 · 역량이 뛰어남), 절망(絶望)[절망감(感), 절망고/하다(顧), 절망적(的)], 절맥(絶脈), 절멸(絶滅), 절명(絶命;목숨이 끊어짐), 절묘(絶妙;썩 교묘함), 절무(絶無), 절미(絶美), 절미(絶微), 절벽(絶壁)[절벽강산(江山;사리에 어두운 사람), 깜깜 · 캄캄절벽(말이 전혀 통하지 않는 상대. 아무 것도 모름)], 절봉(絶峰), 절사(絶嗣), 절새(絶塞), 절색(絶色;빼어난 미색)[만고절색(萬古)], 절세/가인(絶世/佳人), 절소(絶笑;자지러지게 웃음), 절속(絶俗;속세와의 인연을 끊음. 여느 사람보다 빼어남), 절손(絶孫), 절수(絶秀;썩 빼어남), 절승(絶勝;빼어나게 아름다운 경치), 절식(絶食), 절식(絶息), 절신(絶信), 절심(絶心), 절애(絶崖), 절역(絶域), 절연(絶緣)[517], 절연(絶戀), 절염(絶艶), 절영(絶影), 절요(絶/切要), 절원(絶遠), 절음(絶飮), 절의(絶義), 절이(絶異), 절인(絶人;남보다 아주 뛰어남), 절장보단(絶長補短), 절재(絶才), 절적(絶迹), 절정(絶頂;꼭대기. 최고조), 절조(絶調;썩 뛰어난 곡조), 절족(絶足), 절종(絶種), 절주(節酒), 절지(絶地), 절찬(더할 나위 없는 칭찬)/리(絶讚/裡), 절창(絶唱;썩 잘 부르는 노래. 썩 잘 지은 시문), 절체(絶體), 절판(絶版), 절품(絶品;逸品), 절필(絶筆), 절핍(絶乏), 절하다[1,2][518], 절학(絶學), 절한(絶汗;죽음이 닥쳐와 이마에 흐르는 식은땀), 절해/고도(絶海/孤島), 절험(絶險), 절현(絶絃;知己와의 사별), 절협(絶峽), 절호(絶好;더 없이 좋음), 절화(絶火;몹시 가난하여 밥을 짓지 못함), 절후(絶後;비길 만한 것이 이후로 없음); 거절하다(拒絶), 격절(隔絶), 계절(繼絶), 고절하다(高絶), 곤절(困絶), 관절(冠絶), 근절(根絶), 기절(氣絶), 기절하다(奇絶), 단절(斷絶), 돈절(頓絶), 두절(杜絶), 멸절(滅絶), 묘절하다(妙絶), 민절(悶絶), 박절기(拍節器), 부절(不絶), 비절(悲絶), 사절(死絶), 사절(謝絶)[면회사절(面會), 외상사절], 사절(辭絶), 삼절(三絶), 소절(紹絶), 수절(秀絶), 수절(殊絶), 심절(心絶), 영절(永絶), 위편삼절(韋編三絶), 율절(律絶), 의절(義絶), 장절하다(壯絶),중절(中絶), 참절(慘絶), 처절하다(悽絶), 청절(淸絶), 초절(超絶), 탁절(卓絶), 폐절(廢絶), 핍절(乏絶), 현절하다(懸絶), 혼절(昏絶) 들.

절(切) '끊다. 베다. 썰다. 갈다. 간절히. 매우. 정성스럽다'를 뜻하는 말. ¶절감(切感), 절개(切開), 절격(切激), 절교(切/絶巧), 절근(切近), 절급(切急), 절긴하다(切緊), 절단(切斷)[절단기(機), 절단면(面)], 절당(切當), 절린(切隣), 절마(切磨), 절망(切望), 절맥(切脈), 절문(切問), 절박(切迫;다급하여 여유가 없음)[절박감(感), 절박하다, 절박홍정[519]], 절병(切餠), 절봉면도(切峰面圖), 절부(切膚;살에 사무침), 절분(切忿), 절삭(切削;쇠붙이 따위를 깎거나 자름)[절삭가공(加工), 절삭기(機), 절삭력(力)], 절상(切上↔切下)[평가절상(平價)], 절실하다(切實), 절애(切愛), 절언(切言), 절엄(切/截嚴), 절요(切/絶要), 절원(切願), 절육(切肉), 절절하다(切切;매우 간절하다), 절점(切點), 절접(切椄), 절제(잘라 버림)/술(切除/術), 절직하다(切直), 절진(切診), 절질상(折跌傷), 절차(切磋;옥이나 돌을 갈고 닦음), 절차탁마(切磋琢磨), 절창(切創), 절척(切戚), 절초(切草), 절치(切齒)[절치부심(腐心), 절치액완(扼腕)], 절친하다(切親), 절토(切土), 절통하다(切痛), 절품(切品), 절핍(切逼), 절하(切下)[평가절하(平價)]; 간절하다(懇切), 개절(凱切;아주 알맞고 적절함), 급절하다(急切), 긴절하다(緊切), 내절(內切), 단절(短折), 단절(斷切/截), 대절(貸切), 두절목(頭切木), 매절(買切), 매절(賣切), 박절하다(迫切), 반절(半切/截), 반절(反切), 심절(深切), 애절하다(哀切/絶), 엄절하다(嚴切/截), 일절(一切;아주. 도무지), 자절(自切/截), 적절하다(適切), 정절(正切), 지절(至切;지극히 간절함), 지절(指切), 친절(親切), 통절하다(痛切), 품절(品切), 핍절(逼切), 해절하다(該切;가장 적절하다) 들.

절(折) '꺾다. 부러지다. 구부리다 · 구부러지다. 억누르다. 타협하다. 일찍 죽다'를 뜻하는 말. ¶절가(折價), 절각(折角), 절각(折脚), 절골(折骨), 절단(折斷), 절류(折柳), 절반(折半;하나를 반으로 가른 그 하나), 절복(折伏), 절사(折死), 절상(折傷), 절선(折線;꺾은 줄), 절수(折收), 절요(折腰), 절욕(折辱), 절절(折節), 절지(折枝), 절질(折跌), 절질상(折跌傷), 절초(折草), 절충(折衷;알맞게 조화시킴)[절충설(說), 절충주의(主義)], 절충(折衝), 절화(折花); 곡절(曲折), 골절(骨折), 골절(骨折), 구절양장(九折羊腸), 굴절(屈折), 단절(短折), 단절(斷折), 만절필동(萬折必東), 면절(面折), 면절정쟁(面折廷爭), 반절(半折), 옥절(玉折), 요절(夭折), 요절(腰折), 우여곡절(迂餘曲折), 위절(委折;曲折), 좌절/감(挫折/感), 최절(摧折), 층절(層折), 태강즉절(太剛則折), 회절(回折), 훼절(毁折) 들.

절(截) '끊다. 동강을 내다'를 뜻하는 말. ¶절각(截脚), 절단(截斷), 절두(截頭), 절연하다(截然;구별이 칼로 자른 듯이 분명하다), 절지(截紙; 8절지, 16절지 따위), 절축(截軸), 절취(截取), 절편(截片); 단절(斷截/切), 사절(斜截), 준절(峻截), 직절(直截)[직절구(口), 직절면(面)], 횡절(橫截) 들.

절(竊) '훔치다'를 뜻하는 말. ¶절도(竊盜)[520], 절청(竊聽), 절취(竊取); 서절구투(鼠竊狗偸;좀도둑), 표절(剽竊) 들.

절(癤) '부스럼. 멍울'을 뜻하는 말. ¶연절(軟癤), 옹절(癰癤) 들.

ㅈ

516) 절대(絶對↔相對): 대립되거나 비교될 것이 없는 상태. 또는 구속이나 제약을 받지 않고 그 자체로서 존재하는 것.↔상대(相對). ¶절대가격(價格), 절댓값, 절대개념(概念), 절대경(境), 절대고도(高度), 절대군주제(君主制), 절대권(權), 절대기압(氣壓), 절대기준(基準), 절대농지(農地), 절대높이, 절대다수(多數), 절대단위(單位), 절대등급(等級), 절대단위(單位), 절대량(量), 절대로(도무지. 조금도), 절대무기(武器), 절대반응(反應), 절대복종(服從), 절대부등식(不等式), 절대설(說), 절대성(性), 절대습도(濕度), 절대아(我), 절대안정(安定), 절대안정(安靜), 절대압력(壓力), 절대역(閾), 절대연대(年代), 절대오차(誤差), 절대온도(溫度), 절대왕정(王政), 절대음감(音感), 절대음악(音樂), 절대의무(義務), 절대임야(林野), 절대자(者), 절대적(的)[절대적가치(價値), 절대적빈곤(貧困)], 절대주의(主義), 절대지(知), 절대치(値), 절대편차(偏差), 절대평가(評價), 절대항(項), 절대효율(效率).

517) 절연(絶緣): ①인연을 끊음. ¶외부와 절연된 장소. 절연되다/하다, 절연장(狀;인연을 끊는 편지). ②도체(導體) 사이에 절연체를 끼우거나 도체 사이를 연락하는 도선을 끊어 전기나 열의 전도를 끊음. ¶절연도료(塗料), 절연물(物), 절연선(線), 절연성(性), 절연유(油), 절연재(材), 절연지(紙), 절연체(體).

518) 절하다[1]: 끊어지다. 목숨을 끊다. 절하다[2]: 매우 뛰어나다. ¶고금(古今)을 절한 효부(孝婦).

519) 절박홍정(切迫): 융통성이 전혀 없는 빡빡한 홍정.

520) 절도(竊盜): 절도광(狂), 절도범(犯), 절도장(贓), 절도죄(罪); 사용절도(使用).

절구 곡식을 빻거나 찧으며 떡을 치기도 하는, 속이 우묵한 통.≒확. ¶절굿공이, 절구깨(절굿공이), 절구떡(절구에 찧어서 만든 떡), 절구소리, 절구전(절구의 위 둘레에 돌아가며 난 테), 절구질/하다, 절구통(桶)/배, 절구확; 나무절구, 돌절구, 손절구, 쇠절구, 약절구(藥), 양념절구 들.

절(다)¹ ①푸성귀·생선 따위에 소금기가 배어들어 간이 배거나 숨이 죽다. ¶배추가 소금에 절다. 절이다[겉절이다], -절이[겉절이, 사탕절이(砂糖), 소금절이, 엇절이(소금에 약간 절인 것), 초절이(醋), 풋절이], 절임[521]; 겉절이다. ②땀·기름·때·버릇 따위가 흠뻑 배어들다.≒찌들다. ¶땀에 전 적삼. 종이가 기름에 배다. 그 사람은 술에 절었다. 전내(절은 냄새).

절(다)² 한쪽 다리가 짧거나 아파서 기우뚱거리며 걷다. 다리를 옮기어 놓는 것이 불균형하게 걷다.≒뒤뚱거리다. ¶한쪽 다리를 절다. 자축[522], 자춤[523], 잘똑[524]·잘록[525]·잘쏙[526]·잘름[527]·거리다/대다, 잘뚜룩·절뚜룩·짤뚜룩·쩔뚜룩, 잘름발이·짤름발이·절름발이·쩔름발이, 저름나다[528], 전나귀(다리를 저는 나귀), 전다리(저는 다리), 절음[529] 들.

절따-말 털빛이 붉은 말.[←jeerde〈몽〉].

절편 떡살로 눌러 둥글거나 모나게 만든 흰떡. ¶절편판(板;떡살).

절피 활시위의 오늬를 먹이는 곳에 실로 감은 것.

젊(다) 나이가 적고 혈기가 성하다.≒어리다'.↔늙다. ¶젊은 과부 한숨 쉬듯. 젊디젊다, 젊어지다, 젊으신네, 젊은것, 젊은네, 젊은이(청년), 젊은층(層), 젊은패(牌), 젊음, 점잔[530], 잠·점잖다[531] [←젊(다)+지+아니하다]; 배젊다[532], 애젊다, 애젊은이, 잗젊다[533].

---

521) 절임: 절임독, 절임품(品); 배추절임, 풋고추절임, 사탕절임, 소금절임, 초절임(初), 초절임(醋).

522) 자축: 다리에 힘이 없어 가볍게 다리를 절며 걷는 모양.=자춤. 〈큰〉저축. ¶지친 다리로 자축자축 걸어왔다. 다리를 자축자축 절다. 자축·저축거리다/대다, 자축자축·저축저축/하다.

523) 자춤: 다리에 힘이 없어 조금 가볍게 다리를 절며 걷는 모양. 〈큰〉저춤. ¶다리를 자춤자춤 잘름거리다. 겨우내 몸져누워 시난고난 병을 앓던 할아버지가 봄이 되어 다시 일어나 저춤저춤 들에 나갔다. 자춤·저춤거리다/대다. 자춤발이(자춤거리며 걷는 사람), 자춤자춤/하다.

524) 잘똑: 몸의 균형이 잡히지 아니하여 다리를 한 번 저는 모양. 〈큰〉잘뚝. 절뚝. 질뚝. 〈센〉짤똑. ¶잘똑잘똑 절다. 절뚝거리다/대다/이다, 절뚝발이.

525) 잘록: 걸을 때에 다리를 저는 모양.=잘름. 〈큰〉절룩. 질룩. 〈센〉짤록. ¶잘록·절룩·질룩·짤록·쩔룩·찔룩거리다/대다.

526) 잘쏙: 걸을 때 다리를 약간 잘똑거리는 모양. 〈큰〉절쑥. 〈센〉짤쏙. ¶잘쏙거리다/대다.

527) 잘름: 한쪽 다리가 짧거나 다치거나 하여 걷거나 뛸 때 몸이 한쪽으로 가볍게 기우뚱하는 모양.=잘록. 〈큰〉절름. 질름. 〈센〉짤름. [+걷다]. ¶잘름·절름·질름·짤름·쩔름거리다/대다.

528) 저름나다: 말이나 소가 다리를 절게 되다. ¶소가 저름나서 밭을 못 갈고 있다.

529) 절음: 마소의 다리 저는 병.

530) 점잔: 언행이 야하지 아니하고 무게 있는 태도. 점잖은 태도. ¶점잔을 부리다/ 빼다. 점잔이(점잖은 사람), 점잖다.

531) 점잖다: 의젓하고 예절바르다. 품격이 야하지 않고 고상하다. ¶점잖은 신사. 점잖게 타이르다. 점잔을 부리다/ 빼다. 점잖은 자리. 좀 점잖이 굴어라.

532) 배젊다: 나이가 아주 젊다.

☞ 소(少).

점(點) ①작고 둥글게 찍는 표. 작은 얼룩. 물방울. 헤아리다. 검사하다. ¶점을 찍다. 점검(點檢), 점경(點景), 점계(點計), 점고(點考;점을 찍어가며 수효를 조사함), 점귀부(點鬼簿), 점다랭이, 점대칭(點對稱), 점도미, 점도표(點圖表;graph), 점돔, 점두(點頭), 점명(點名), 점묘(點描)[점묘도(圖), 점묘법(法), 점묘주의(主義), 점묘파(派)], 점박이, 점법(點法), 점불정(點佛睛), 점안/수(點眼/水), 점뿌림, 점사(點射), 점상(點狀), 점선(點線), 점수(點水), 점수(點授), 점시(點示), 점시(點視), 점시력(點視力), 점안(點眼), 점약(點藥), 점양태(바닷물고기), 점역(點譯), 점염(點染), 점엽(點葉), 점자(點字), 점역(點譯), 점재(點在), 점적(點滴), 점점/이(點點), 점점홍(點點紅), 점정(點睛)[534]/ 화룡점정(畵龍點睛), 점찍다, 점철(點綴;얼룩짐. 이어짐), 점태(點苔), 점파/기(點播/機), 점폭약(點爆藥), 점호(點呼)[검열점호(檢閱); 간열점호(簡閱), 기상점호(起床), 취침점호(就寢)], 점획(點劃); 가점(加點), 간점/선(間點/線), 광점(光點), 권점(圈點), 교점(交點), 근점(近點), 낙점(落點;마땅한 대상을 고름), 내분점(內分點), 누점(涙點), 누점(漏點), 매화점(梅花點), 미점(米點), 바둑점(바둑돌처럼 둥글둥글한 점), 반점(半點), 반점(斑點), 방점(傍點), 배꼽점[천원(天元)], 복점(福點), 삼각점(三角點), 세계점(世界點), 쌍점(雙點), 어복점(於腹點), 안점(眼點), 알록·얼룩점, 어복점(於腹點;배꼽점), 우점(雨點), 우점(右點), 원점(圓點), 유점(油點), 인주점(隣住點), 일점혈육(一點血肉), 장점(丈點), 좌점(左點), 주점(朱點), 짝진점, 청일점(靑一點), 혼점(混點), 홍일점(紅一點), 화점(花點), 흑점(黑點). ②부호로 쓰는 표. ¶가운뎃점, 고리점(온점), 구두점(句讀點), 구점(句點), 모점(세로쓰기에서 쉼표의 하나), 반점(半點), 부점(附點), 삼발점(三), 온점; 점쉼표, 점음표(點音標), 점줄. ③'어느 지적된 사항'을 나타내는 부분. ¶좋은/ 나쁜 점. 불충분한 점. 강점(强點), 결점(缺點), 공통점(共通點), 구심점(求心點), 귀결점(歸結點;귀결의 방법), 난점(難點), 논점(論點), 단점(短點), 맹점(盲點), 문제점(問題點), 미점(美點), 보완점(補完點), 상이점(相異點), 애로점(隘路點), 약점(弱點), 역점(力點;사물의 중심), 오점(汚點), 요점(要點), 우점(優點), 유사점(類似點), 의점(疑點), 의문점(疑問點), 이점(利點), 일치점(一致點), 장단점(長短點), 장점(長點), 쟁점(爭點), 절점(切點;要點), 주점(主點), 주안점(主眼點), 중점(重點), 차이점(差異點), 착안점(着眼點), 타합점(打合點), 타협점(妥協點), 특이점(特異點), 특점(特點), 평준점(平準點), 합의점(合意點), 합치점(合致點), 허점(虛點), 혐점(嫌點), 흠점(欠點). ④소수의 소수점. ¶소수점을 찍다. ⑤성적을 나타내는 단위. ¶국어 100점. 점수(點數), 점차(點差); 가점(加點), 가산점(加算點), 감점(減點), 결승점(決勝點), 고점(高點), 낙점(落點)[첨서낙점(添書)], 낙제점(落第點), 다점(多點), 동점(同點), 득점(得點), 만점(滿點), 배점(配點), 벌점(罰點), 부가점(附加點), 비점(批點), 빵점, 상점(上點), 상점(賞點), 선취점(先取點), 소점(素點), 수점(受點), 승점(勝點), 실점(失點), 영점(零點), 자책점(自責點), 차점(次點), 채점(採點), 총점

---

533) 잗젊다: 나이에 비하여 젊다.

534) 점정(點睛): 사람이나 짐승을 그릴 때 마지막에 눈동자를 그려 넣음. 점안(點眼).

(總點), 최고점(最高點), 최하점(最下點), 추가점(追加點), 취득점(取得點), 타점(打點), 평균점(平均點), 평점(評點), 학점(學點), 합점(合點), 합격점(合格點). ⑥물품의 가짓수를 셀 때 쓰는 말. ¶의류(衣類)/그림 열 점. ⑦'온도. 느끼는 부위. 불을 붙이다/켜다'를 뜻하는 말. ¶점등(點燈↔消燈), 점멸(點滅;등불을 켰다 껐다 함)[점멸기(器/機), 점멸등(燈;깜박등)], 점화(點火)[535]; 감각점(感覺點), 공비점(共沸點), 공융점(共融點), 공정점(共晶點), 금점(金點), 끓는점, 냉점(冷點), 노점(露店;이슬점), 녹는점, 발화점(發火點), 비등점(沸騰點), 비점(沸點), 빙정점(氷晶點), 상점(霜點), 서릿점, 설점(雪點), 압점(壓點), 압통점(壓通點), 어는점[氷點], 열점(熱點), 온점(溫點), 용융점(鎔融點), 용점(鎔點;녹는점), 융해점(融解點)/융점(融點), 응고점(凝固點), 이슬점, 인화점(引火點), 착화점(着火點), 촉점(觸點), 통점(痛點), 화점(火點). ⑧바둑에서 바둑판의 눈이나 돌의 수를 세는 말. ¶두 점. 점내기. ⑨떨어지는 액체의 방울을 세는 말. ⑩살코기 등의 작은 조각의 수를 세는 말. ¶고기 한 점. 고깃점, 두부점(豆腐點), 떡국점, 살점(살의 조각). ⑪예전에 시각(時刻)을 나타내던 단위. ¶경점(更點). ⑫'때. 위치(자리)'를 뜻하는 말. ¶점심(點心); 강교점(降交點), 거점(據點), 관점(觀點), 교점(交點), 교차점(交叉點), 구점(灸點), 극점(極點)[남극점(南), 북극점(北)], 근일점(近日點)/근점(近點), 근지점(近地點), 금수송점(金輸送點), 금수입·수출점(金輸入/輸出), 기점(基點), 기점(起點), 기산점(起算點), 기준점(基準點), 꼭짓점, 낙착점(落着點), 남점(南點), 누점(淚點), 대점(對點), 대응점(對應點), 대척점(對蹠點), 대칭점(對稱點), 도근점(圖根點), 도달점(到達點), 도착점(到着點), 동점(東點), 동지점(冬至點), 뜸점[灸點], 면세점(免稅點;면세의 기준이 되는 한도), 밑점, 반환점(返還點), 받침점[지점(支點)], 배점(背點), 북점(北點), 분점(分點), 분기점(分岐點), 사점(死點), 삼각점(三角點), 삼중점(三重點), 상한점(象限點), 생명점(生命點), 생장점(生長點), 선점(選點), 성장점(成長點), 소실점(消失點), 수준점(水準點), 승교점(昇交點), 시점(始點), 시점(時點), 시점(視點), 시발점(始發點), 역점(力點;지레의 힘이 걸리는 점), 원일점(遠日點)/원점(遠點), 원점(原點)[수준원점(水準)], 원지점(遠地點), 임계점(臨界點), 입사점(入射點), 자람점, 자릿점(주판의 자리를 표시한 점), 작용점(作用點), 장점(粧點), 전향점(轉向點), 접점(接點), 정교점(正交點), 정점(定點), 정점(頂點;맨 꼭대기. 꼭짓점), 종점(終點), 주시점(注視點), 중교점(中交點), 중심점(中心點), 지점(支點), 지점(地點), 지점(至點), 지점(指點), 지점(趾點), 질점(質點), 천정점(天頂點), 초점(焦點), 추분점(秋分點), 춘분점(春分點), 출발점(出發點), 측점(測點), 투사점(投射點), 표고점(標高點), 표점(標點;標的), 하지점(夏至點), 한점(限點), 한계점(限界點), 향점(向點), 힘점 들.

점(店) 토기나 철기를 만드는 곳. '가게·상점. 광산(鑛山)'의 뜻을 나타내는 말. ¶점두(店頭), 점막(店幕), 점방(店房), 점원(店員), 점주(店主), 점판, 점포(店鋪/舖); 가구점(家具店), 가맹점(加盟店), 간판점(看板店), 개점(開店), 객점(客店), 고서점(古書店), 골동품(骨董品), 과자점(菓子店), 광점(鑛店), 금점(金店)[금점꾼, 금전판], 끽다점(喫茶店), 나사점, 냉과점(冷菓店), 노점(露店), 놋점, 놋갓점, 다점(茶店), 다과점(茶菓店), 당점(當店), 대점(貸店), 대리점(代理店), 대본점(貸本店), 대여점(貸與店), 도매점(都賣店), 독점, 동점(銅店;銅鑛), 디피점(DP店), 만물점(萬物店), 매점(賣店), 면세점(免稅店), 모의점(模擬店), 문구점(文具店), 반점(飯), 백화점(百貨店), 복두점(幞頭店), 본점(本店), 분점(分店), 빙과점(氷菓店), 사기점(沙器店), 산매점(散賣店), 상점(商店), 서점(書店), 세책점(貰冊店), 소점(小店), 소매점(小賣店), 수예점(手藝店), 식품점(食品店), 쌍화점(雙花店), 악기점(樂器店), 안경점(眼鏡店), 양과자점(洋菓子店), 양복점(洋服店), 양식점(洋食店), 양장점(洋裝店), 양판점(量販店), 양품점(洋品店), 양화점(洋靴店), 여점(旅店), 연쇄점(連鎖店), 연죽점(煙竹店), 옹기점(甕器店), 완구점(玩具店), 외식점(外食店), 요리점(料理店), 운송점(運送店), 운조점(運漕店), 유기점(鍮器店), 유리점(琉璃店), 유통점(流通店), 은점(銀店), 음식점(飮食店), 입점(入店), 잡화점(雜貨店), 전문점(專門店), 정육점(精肉店), 제과점(製菓店), 제화점(製靴店), 주점(酒店), 주식점(酒食店), 지점(支店), 직매점(直賣店), 채과점(菜果店), 책점(冊店), 철점(鐵店), 철물점(鐵物店), 체인점(chain店), 출장점(出張店), 타점(他店), 토기점(土器店), 토점(土店), 특매점(特賣店), 특약점(特約店), 판매점(販賣店), 판문점(板門店), 팬시점(fancy店), 편의점(便宜店), 폐점(閉店), 폐점(弊店), 포목점(布木店), 표구점(表具店), 할인점(割引店), 혼매점(混賣店), 휴점(休店) 들.

점(占) ①여러 가지 방법으로 앞날의 운수나 길흉을 미리 판단하는 일. ¶점을 치다. 점괘(占卦), 점단(占斷), 점대[籤子], 점돈, 점문(占文), 점복(占卜), 점사(占辭), 점상(占床), 점상(占相), 점서(占書), 점서(占筮), 점성/술(占星/術), 점술(占術), 점자(占者), 점쟁이(점자이), 점정(占定), 점조(占兆), 점집, 점치다, 점편(占便), 점풍(占風), 점하다'(점을 보다. 점치다), 점후(占候); 거북점, 구점(口占), 귀점(龜占), 단시점(短蓍占;솔잎 따위를 뽑아서 간단하게 치는 점), 배꼽점, 병점(病占), 복점(卜占), 사주점(四柱占), 산통점(算筒占), 새점, 성점(星占), 역점(易占), 연점(年占), 오행점(五行占), 윷점, 조점(兆占), 침점, 태을점(太乙占), 태일점(太一占), 태점(胎占), 파자점(破字占), 필점(筆占), 행년점(行年占), 흉점(凶占). ②'차지하다'를 뜻하는 말. ¶점간(占墾), 점거(占居), 점거(占據;일정한 곳을 차지하여 자리를 잡음. 占領), 점득(占得;자기 것으로 차지함), 점령(占領)[536], 점용(占用), 점유(占有)[537], 점탈(占奪), 점하다[2][538]; 강점(强占), 과점(寡占), 다점(多占), 독점(獨占), 매점(買占), 복점(複占), 새점, 선점(先占), 신점(新占), 우점식생(優占植生), 우점종(優占種), 전점(專占), 진점(鎭占), 침점(侵占) 들.

535) 점화(點火↔消火): 불을 켜거나 붙임. ¶용광로에 점화하다. 점화구(口), 점화되다/하다, 점화법(法), 점화약(藥), 점화장치(裝置), 점화전(栓;발화전. 플러그).

536) 점령(占領): 일정한 땅이나 대상을 차지하여 자기 것으로 함. 다른 나라의 영토를 무력으로 빼앗아 자기 나라의 지배 아래 둠. ¶점령군(軍), 점령지(地), 점령하다; 군사점령(軍事), 무혈점령(無血), 보장점령(保障), 평시점령(平時).

537) 점유(占有): 자기 소유로 함. 차지함. ¶점유권(權), 점유물(物), 점유자(者); 간접점유(間接), 공동점유(共同), 단독점유(單獨), 무단점유(無斷), 불법점유(不法), 선의점유(善意), 자주점유(自主), 준점유(準), 직접점유(直接), 타주점유(他主).

538) 점하다(占)[2]: 자리를 차지하다. ¶국토의 대부분을 점하고 있는 산지(山地).

점(粘) ‘차지다(끈기가 많다)’를 뜻하는 말. ¶점괴(粘塊), 점균(粘菌), 점도(粘度;들러붙는 정도), 점력(粘力;질기고 차진 힘), 점련(粘連), 점막(粘膜), 점모(粘毛), 점미(粘米;찹쌀), 점성(粘性), 점액(粘液)[점액낭(囊), 점액막/점막(膜), 점액선(腺), 점액질(質)], 점양토(粘壤土), 점조(粘稠;찰기가 있고 밀도가 빽빽함)[점조성(性), 점조제(劑)], 점질(粘質), 점착(粘着;끈기 있게 착 달라붙음)[점착력(力), 점착제(劑)], 점체(粘體), 점토(粘土)[점토기(器), 점토암(巖), 점토질(質)], 점판암(粘板巖) 들.

점(漸) ‘차차 · 차츰. 차츰차츰 나아가다’를 뜻하는 말. ¶점가(漸加), 점감(漸減), 점강법(漸降法), 점고(漸高), 점근/선(漸近/線), 점급(漸及), 점등(漸騰↔漸落), 점락(漸落;점점 떨어짐), 점멸(漸滅;점점 망하거나 없어져 감), 점염(漸染), 점오(漸悟), 점유(漸癒), 점이(漸移;차차 옮아감)[점이성(性), 점이지대(地帶), 점이층리(層理)], 점입가경(漸入佳境), 점적(漸積), 점점(漸漸), 점증(漸增), 점진(漸進)[점진적(的), 점진주의(主義)], 점차/적(漸次/的), 점추법(漸墜法), 점층법(漸層法), 점퇴(漸退); 노점(癆漸;폐결핵), 동점(東漸), 산점(産漸), 서점(西漸) 들.

점(苫) 짚으로 엮거나, 새끼와 짚으로 결어서 만든 자리(거적)를 뜻하는 말. ¶점괴(苫塊;거적자리와 흙덩이의 베개라는 뜻으로, 상제가 앉는 자리), 점괴여천(苫塊餘喘), 점석(苫席), 점전(苫前), 점차(苫次); 침점(寢苫).

점(霑) ‘비에 젖다. 적시다. 두루’를 뜻하는 말. ¶점윤(霑潤;비나 이슬에 젖어서 불음), 점흡(霑洽); 균점(均霑) 들.

점(覘) ‘엿보다’를 뜻하는 말. ¶점적(覘敵); 규점(窺覘) 들.

점심(點心) 낮에 먹는 끼니. ¶점심거리, 점심결, 점심곽, 점심나절, 점심때, 점심먹이, 점심밥, 점심상(床), 점심시간(時間), 점심참; 늦점심, 더운점심, 한점심(끼니때가 지난 뒤에 간단히 먹는 점심).

점지 ①신불(神佛)이 사람에게 자식이 생기게 하여 주는 일. ¶점지를 받다. 부처님이 점지해 주신 아들. 삼신이 점지하신 아이. 점지되다/하다(≒고르다. 찍다. 선택하다). ②무엇이 생기는 것을 미리 지시하여 줌을 비유적으로 이르는 말.

점직-하다 좀 미안하고 부끄러운 느낌이 있다.=점적다. 〈준〉점하다. ¶남의 덕에 칭찬을 들으니 점직하다. 점직스러운 웃음을 짓다. 점직스럽다(점직하게 느껴지다)/스레.

접¹ 채소나 과일 따위를 100개씩 세는 말. ¶오이 한 접으로 오이지를 담그다. 마늘 두 접. 반 접은 ‘거리’라고 한다.

접² ‘그릇’을 뜻하는 말.[←楪(접)]. ¶접시[539]; 대접[540], 빗접(빗 · 빗솔 따위를 넣어 두는 그릇), 시접(匙楪), 화접(畵楪).

접(接) ①‘동아리’를 뜻하는 말. ¶접장(接長), 접주(接主), 접중(接中); 동접(同接), 문장접(文章接), 이접(移接), 파접(罷接). ②‘잇다. 잇닿다. 맞다. 대접하다. 받다. 가깝다’를 뜻하는 말. ¶접각(接角;隣接角), 접객(接客;손님을 대접함)[접객부(婦), 접객업(業)], 접거(接居;한동안 임시로 머물러 삶), 접견(接見;공식적으로 손님을 만나봄), 접경(接境), 접계(接界), 접골(接骨;삐거나 부러진 뼈를 이어 맞춤)[접골사(士), 접골의(醫)], 접구(接口), 접근(接近)[541], 접꾼, 접대(接待)[접대부(婦), 접대비(費), 접대원(員)], 접대(接對;맞이하여 대면함), 접대패(날 위에 덧날을 끼워 곱게 깎게 하는 대패), 접두사(接頭辭), 접린(接隣;서로 이웃하여 가까이 닿음), 접맥(接脈;맥락이 닿음), 접목(接目), 접문(接吻), 접문(接問), 접물(接物), 접미사(接尾辭), 접반(接伴), 접변(接變), 접빈(接賓), 접사(接邪;시름시름 앓는 병에 걸림), 접사(接寫), 접사(接辭;씨가지)[접두사, 접미사, 접요사], 접서법(接敍法), 접석(接席), 접선(接線)[공통접선(共通)/공접선(公)], 접속(接續)[542], 접수(接收), 접수(接受)[543], 접순(接脣), 접슬(接膝), 접신(接神;신을 접하여 신통한 능력이 생기는 일), 접심(接心), 접안(接岸), 접안/경(接眼/鏡), 접양(接壤), 접어(接語), 접요사(接腰辭), 접원(接圓), 접이(接耳), 접장(接長;선생), 접적/지역(接敵/地域), 접전(接戰), 접점(接點), 접제(接濟), 접족(接足), 접종(接種)[예방접종(豫防)], 접종(接踵), 접중(接中), 접지/선(接地/線), 접착/제(接着/劑), 접촉(接觸)[544], 접토(接土), 접평면(接平面), 접피술(接皮術), 접하다(이어서 닿다. 가까이 하다. 소식을 듣다), 접합(接合)[545]; 간접(間接), 거접(居接), 교접(交接), 교접(膠接), 근접(近接), 내접(內接), 단접(鍛接), 대접(待接), 동접(同接), 마접(魔接), 면접(面接), 밀접하다(密接), 방접(傍接), 배접(褙接), 범접(犯接), 사접(邪接), 상접(相接), 선접/꾼(先接), 소접(召接), 수접(酬接), 순접(順接), 승접(承接), 승접(勝接), 신접(神接), 신접(新接), 안접(安接), 여접(餘接), 역접(逆接), 연접(延接), 연접(連接), 영접(迎接), 영귀접(靈鬼接), 외접(外接), 용접(鎔接), 우접(寓接), 응접(應接), 인접(引接), 인접(隣接), 전접(奠接), 정접(正接), 종접(踵接), 지접(止接), 직접(直接), 친접(親接), 파접(罷接), 파접례(罷接禮), 피접(避接) 들.

접(椄) 과실나무 · 수목 따위의 품종 개량 · 번식을 위한 방법. ¶접을 붙이다. 접가지, 접그루, 접끈, 접나무, 접눈, 접대(椄臺), 접도(椄刀), 접목(椄木), 접묘(椄苗), 접본(椄本), 접붙이/기, 접붙이다(나무의 접을 붙이다. 교배하다), 접수(椄穗), 접아(椄芽;접눈), 접

539) 접시: 반찬 · 과실을 담는 운두가 낮고 납작한 그릇. 또는 그것을 세는 말. 접시 모양. ¶접시 밥도 담을 탓이다. 접시를 깨다. 접시거미, 접시굽, 접시꽃, 접시나사, 접시돌리기, 접시모양, 접시물, 접시받침, 접싯밥, 접싯불, 접시안테나(antenna), 접시저울, 접시천칭(天秤), 접시춤; 나무접시, 놋접시, 등명접시(燈明), 배양접시(培養), 분접시(粉;분을 개는 작은 접시), 비행접시(飛行;UFO), 사접시(沙), 앞접시, 양접시(洋), 제기접시(祭器), 종이접시, 증발접시(蒸發), 쪽접시(작은 접시).

540) 대접: ①위가 넓적하고 운두가 낮은, 국이나 숭늉을 담는 그릇. 그 수를 세는 말. ¶대접을 깨뜨리다. 대접감, 대접무늬, 대접받침, 대접쇠; 놋대접. ②소의 사타구니에 붙은 살. 대접살, 대접자루.

541) 접근(接近): 가까이 함. 바싹 다가붙음. ¶접근권(權), 접근등(燈), 접근로(路), 접근성(性), 접근시간(時間), 접근연합(聯合), 접근욕(慾).

542) 접속(接續): 접속곡(曲), 접속교(橋), 접속범(犯), 접속부사(副詞), 접속사(詞), 접속수역(水域), 접속어(語), 접속조사(助詞), 접속형(形); 병렬접속(竝列), 직렬접속(直列).

543) 접수(接受): 접수국(國), 접수부(簿), 접수증(證), 접수창구(窓口)/접수구(口), 접수처(處); 가접수(假), 우편접수(郵便).

544) 접촉(接觸): 접촉감염(感染), 접촉광물(鑛物), 접촉반응(反應), 접촉법(法), 접촉변성작용(變成作用), 접촉분해(分解), 접촉사고(事故), 접촉운동(運動), 접촉작용(作用), 접촉저항(抵抗), 접촉전기(電氣), 접촉전염(傳染), 접촉제(劑), 접촉하다.

545) 접합(接合): 접합류(流), 접합부(符), 접합생식(生殖), 접합자(子), 접합재료(材料); 개체접합(個體), 배우자접합(配偶者).

지(椄枝;접가지), 접하다(접을 붙이다); 가지접, 감접, 길마접, 깎기접, 눈접, 맞접, 박접(剝椄), 삭아접(削芽椄), 쐐기접, 아접(芽椄;눈접), 아접도(芽椄刀), 안장접(鞍裝椄;길마접), 양접(陽椄), 절접(切椄), 지접(枝椄), 짜개/쪼개접, 할접(割椄) 들.

접(摺) '포개어 접다'를 뜻하는 말. ¶접도(摺刀), 접등(摺燈), 접선(摺扇;쥘부채), 접의자(摺椅子), 접지(摺紙), 접책(摺冊), 접처(摺處), 접철(摺綴), 접철(摺鐵;경첩), 접첩(摺帖), 접침(摺枕), 접침상(摺寢牀), 접통(摺桶) 들.

접(蝶) '나비'를 뜻하는 말. ¶접몽(蝶夢), 접아(蝶兒), 접영(蝶泳), 접잠(蝶簪), 접형(蝶形); 백접(白蝶), 봉접(蜂蝶), 봉접(鳳蝶;호랑나비), 앵접(鶯蝶), 어접(魚蝶), 옥접뒤꽂이(玉蝶), 호접(胡蝶), 화접(花蝶) 들.

접(鰈) '가자미'를 뜻하는 말. ¶접어(鰈魚), 접역(鰈域;우리나라).

접(楪) '접시'를 뜻하는 말. ¶화접(畵楪;그림물감을 푸는 접시).

접(다) ①천·종이 따위를 꺾어서 겹치다. 펼쳐진 얇고 넓이를 가진 물건을 본디의 모양이 되게 하다. 의견·주장 따위를 미루어 두다.↔펴다. ¶색종이로 종이학을 접다. 우산을 접다. 새들이 날개를 접다. 그 문제는 일단 접어두자. 어제의 잘못은 접어 두겠다. 접가락, 접개다(접어서 개다), 접걸상(접의자), 접관(冠), 접낫, 접매다(접어서 매다), 접바둑(↔맞바둑), 접부채(쥘부채), 접어놓다, 접어들다[546], 접어주다(자기보다 못한 사람을 너그러이 생각하여 주다). 접요, 접이문/접문(門), 접이식(式), 접이우산(雨傘), 접이창(窓), 접자(尺), 접지르다/접질리다[547], 좁창(窓), 접첨하다(접어서 포개다), 접초롱, 접치다('접다'의 힘줌말), 접치이다('접치다'의 피동), 접첨접첨[548], 접초롱(籠), 접침접침[549], 접칼, 접톱, 접히다(접음을 당하다. 접게 하다), 접힘선(線); 감접이[550], 귀접이[551], 되접다, 맞접다, 목접이(목이 접질리어 부러짐), 반접이(半)[552], 빚접다[553], 우접다[554], 종이접기, 한손접다[555]. ②값을 깎다. ¶얼마 정도 접어 주시지오.

접사리 농촌에서 모심을 때 등에 쓰던 비옷의 한 가지.≒미사리.

젓 멸치·새우·조기 따위 생선의 살·알·창자 따위를 소금에 짜게 절이거나 양념하여 삭힌 것. ¶젓을 담그다. 젓갈(젓으로 담근 음식), 젓갈붙이(젓갈류에 딸린 음식), 젓국(젓갈이 삭아서 우러난 국물)[젓국수란(水卵), 젓국지[556], 젓국찌개; 새우젓국, 초젓국(醋)], 젓독, 젓물(젓에서 우러난 물), 젓장사, 젓조기(젓을 담그는 조기); 가자미젓, 갈치속젓, 갈치창젓(갈치 창자로 담근 젓), 감동젓(푹 삭힌 곤쟁이젓), 개구리젓, 거위젓/게사니젓, 게알젓, 게우젓(전복의 내장을 삭힌 음식), 게젓(동난지이), 고기젓(쇠고기로 담근 젓), 고너리젓(멸칫과의 바닷물고기로 담근 젓), 고지젓(명태의 이리(정액)로 담근 젓), 곤쟁이젓(감동젓), 광란젓(廣卵;넙치 알로 담근 젓), 구제비젓[557], 굴젓[물굴젓, 어리굴젓, 장굴젓(醬)], 꼴뚜기젓, 꽃게젓, 낙지젓, 난사젓[558], 눈타리젓(고너리젓), 대창젓(大腸;대구의 창자로 담근 젓), 대하젓(大蝦), 대합젓(大蛤), 도미젓, 도/또라젓[559], 돔배젓(전어 창자로 담근 젓), 동난지이[560], 동백하젓(冬白蝦), 동죽젓(동죽조개로 담근 젓), 뒈미젓(전어 새끼로 담근 젓), 뛰엄젓[561], 맛젓(맛조개의 살로 담든 젓), 멸치젓, 명란젓(明卵), 모시조개젓, 무새우젓(무를 버무려 만든 새우젓), 바지락젓, 밤젓(전어 내장 중에서 위만 모아 담근 젓), 방게젓, 백하젓(白蝦), 밴댕이젓, 뱅젓(구제비젓), 뱅어젓, 병어젓, 비웃젓(청어젓), 새우젓, 생선젓(生鮮), 생이젓, 성게알젓, 세하젓(細蝦), 소라젓, 속젓[562], 아감젓, 알젓[알젓찌개], 액젓(液), 양육젓(羊肉), 어리뱅어젓, 어리젓(얼간으로 담근 젓)[어리굴젓, 어리뱅어젓], 연어알젓(鰱魚), 오리젓, 오사리젓[563]/오젓, 오징어젓, 육젓(六;유월에 잡은 새우로 담근 젓), 육젓(肉), 잉어젓, 자리젓(자리돔으로 담근 젓), 잡젓(雜;여러 가지 생선으로 담근 젓), 장젓, 전복젓(全鰒), 전어속젓, 제육젓(肉), 조개젓[모시조개젓, 물조개젓, 얼조개젓], 조기젓, 조름젓[564], 조침젓[565], 준치젓, 참새젓, 창난젓, 청어젓, 추젓(秋), 태안젓(太眼;명태의 눈으로 담근 젓), 토하젓(土蝦;생이젓. 민물 새우로 담근 젓), 토화젓(土花;미네굴로 담근 젓), 풀치젓(갈치의 새끼로 담근 젓), 풋젓[566], 하란젓(蝦卵;새우 알로 담근 젓), 해삼창젓(海蔘;해삼창자로 담근 젓), 홍합젓(紅蛤), 황석어젓(黃色魚). ☞ 해(醢).

젓(다) ①액체의 온도나 농도를 고르게 하려고 막대기 따위로 휘둘러 섞다. ¶숟갈로 커피를 젓다. 젓개/질/하다, 젓기; 뒤젓다(마구 젓다), 죽젓광이/죽젓개, 풀젓개, 휘젓개, 휘젓다[<헤젓다]. ②배를 움직이려고 노를 두르다. ¶노를 젓다. 젓기배; 흘리젓다[567]. ③팔이나 꼬리를 흔들다. ¶팔을 저으며 걷다. 활개를 젓다. ④부정(否定)의 뜻을 나타내려고 손이나 머리를 가볍게 이리저리 흔들다. ¶가로젓다, 내젓다(앞이나 밖으로 내어 휘두르다).

546) 접어들다: ①어느 시기나 나이에 가까워지다. ¶장마철로 접어들다. 갱년기로 접어들다. ②어느 지점을 넘거나 들어서다. ¶지름길로 접어들다.
547) 접질리다: 팔다리의 관절이 어떤 물체와 마주쳐서 삘 지경에 이르다. ¶발목이 접질리다.
548) 접첨접첨: 여러 번 접어서 포개는 모양. ¶옷을 접첨접첨 개다. 접첨접첨 쌓다.
549) 접침접침: 여러 겹으로 질서 없이 되는 대로 접힌 모양. ¶이불을 접침접침 개다.
550) 감접이: 옷감을 짤 때에, 올이 풀리지 않도록 양 끝에 휘감친 부분.
551) 귀접이: 물건의 귀를 깎아 버리거나 접어 붙이는 일.
552) 반접이(半): 경기 따위에서, 못하는 상대자가 미리 전체의 절반이 되는 점수를 따 놓은 것으로 하고 시작함. 또는 그런 일.
553) 빚접다: 조금도 굽죄이는 데가 없이 어연번듯하고 떳떳하다. 떳떳하고 면목이 있다.
554) 우접다: ①뛰어나게 되다. 나아지다. ②선배를 이겨 내다.
555) 한손접다: 높은 편이 실력을 낮추어 고르게 하다. ¶자기의 지위를 한손 접고 상담하다.

556) 젓국지: 조기 젓국을 냉수에 타서 국물을 부어 담근 김치.
557) 구제비젓: 생선의 창자(내장)로 담근 젓.
558) 난사젓: 양미리 새끼로 담근 젓.
559) 도/또라젓: 숭어 창자로 담근 젓.
560) 동난지이: 방게를 간장에 넣어 담근 젓.
561) 뛰엄젓: 개구리로 담근 젓.
562) 속젓: 조기의 창자만 빼어서 담근 젓.
563) 오사리젓: 유월(六月)이 아닌, 그보다 이른 철의 사리에 잡힌 새우로 만든 젓. 〈준〉오젓.
564) 조름젓: 대구의 조름(아가미 안에 있는 숨을 쉬는 기관)으로 담근 젓.
565) 조침젓: 여러 가지 물고기를 섞어 담근 젓.
566) 풋젓: 3, 4월에 담근 새우젓.
567) 흘리젓다: 배 따위를 흘러가게 띄워서 젓다.

ㅈ

정1 정말로. 참으로. 진정으로. ¶정 가겠다면 내일 아침에 가거라. 비가 정 많이 오면 못 가겠소. [+~으면. ~거든].

정:2 돌에 구멍을 뚫고 쪼아 다듬는 연장. ¶모난 돌이 정 맞는다(성격이 강하면 미움을 산다). 정다듬, 정대(정머리와 정 끝 사이의 부분), 정머리; 날정(날이 넓적하게 생긴 정), 못정[568], 살정(끝날이 넓적한 정), 타래정(타래 모양으로 끝이 뾰족하게 생긴 정).

정3 생각이나 의도(意圖). ¶사람이 워낙 못되어 꾸짖을 정도 안 난다.

정(正) '부(副)·준(準)·종(從)보다 높은 직위. 또는 정상적이거나 똑바른. 바로잡다. 중요한. 정월(正月)'을 뜻하는 말. ¶정가(正歌), 정가(正價), 정가교(正駕轎), 정가극(正歌劇), 정각(正角), 정각(正刻), 정각(正覺), 정간(正間), 정간(正諫), 정객(正客), 정거도법(正距圖法), 정격(正格), 정견(正見), 정경(正逕), 정경(正經), 정계(正系), 정곡(正鵠), 정공/법(正攻/法), 정과(正果), 정과(正科), 정과(正課), 정관(正官), 정교(正校), 정교(正教), 정교사(正教師), 정교수(正教授), 정교점(正交點), 정궁(正宮), 정권(正權), 정궤(正軌), 정규(正規)[정규곡선(曲線), 정규군(軍), 정규분포(分布)], 정극(正極), 정극(正劇), 정금(正金), 정금단좌(正襟端坐), 정기(正氣), 정남(正南), 정남방(正南方), 정남향(正南向), 정념(正念), 정다각형(正多角形), 정다면체(正多面體), 정단(正旦;元旦), 정단층(正斷層), 정답(正答), 정당(正堂), 정당(正當)[569], 정대(正大)[정대하다; 공명정대(公明)], 정도(正度;바른 규칙), 정도(正道;올바른 길. 바른 도리), 정독(正讀;글의 참뜻을 바르게 파악함), 정독본(正讀本), 정동(正東), 정동방(正東方), 정련(正輦), 정령(正領), 정례(正禮), 정로(正路;正道), 정론(正論;바른 언론), 정률(正律), 정립상(正立像), 정말/로(正), 정면(正面)[정면공격(攻擊), 정면도(圖), 정면충돌(衝突)], 정명(正明), 정명(正命), 정모(正帽), 정문(正文), 정문(正門), 정미(正味), 정반대(正反對), 정반사(正反射), 정반응(正反應), 정반합(正反合), 정방(正方), 정방(正房), 정배(正配), 정배(正褙), 정범(正犯), 정법(正法), 정병(正兵), 정복(正服), 정본(正本), 정복판, 정부(正否), 정부(正負), 정부(正副), 정북(正北), 정북방(正北方), 정비(正比), 정비(正妃), 정비례(正比例), 정빈(正賓), 정사(正史), 정사(正邪), 정사(正使), 정사(正射), 정사(正寫), 정사각형(正四角形), 정사면체(正四面體), 정사영(正射影), 정사원(正社員), 정사유(正思惟), 정삭(正朔), 정산(正産), 정산(正酸), 정삼각형(正三角形), 정상(正常)[570], 정색(正色)1,2[571], 정서(正西), 정서/법(正書/法), 정서방(正西方), 정서향(正西向), 정선(正善), 정성(正聲), 정세(正稅), 정속(正俗;올바른 풍속), 정수(正手↔속임수), 정수(正數), 정순(正巡), 정시(正視), 정시안(正視眼), 정식/재판(正式/裁判), 정신(正信), 정실(正室), 정실하다(正實), 정심(正心), 정악(正樂), 정양(正陽), 정어(正語), 정업(正業), 정염(正鹽), 정오(正午), 정오/표(正誤/表), 정원(正員), 정원(正圓), 정월(正月), 정위(正位), 정위(正尉), 정위(正僞), 정육(正肉), 정육면체(正六面體), 정윤(正閏), 정은(正銀), 정음(正音), 정의(正意), 정의(正義)[정의감(感), 정의롭다; 배분적정의(配分的), 사회정의(社會)], 정인(正人), 정임(正任), 정자(正字), 정장(正章), 정장/하다(正裝), 정장석(正長石), 정적(正嫡), 정적(正籍), 정전(正田), 정전(正殿), 정전기(正電氣;陽電氣), 정절(正切), 정접(正接), 정정당당(正正堂堂), 정정방방(正正方方), 정정백백(正正白白), 정정(正定), 정정업(正定業), 정정진(正精進), 정조(正租;벼), 정조(正條), 정조(正朝), 정조(正調), 정조식(正條植), 정종(正宗), 정좌(正坐), 정주(正株), 정주체(正柱體), 정중(正中)[정중면(面), 정중선(線)], 정지(正至), 정직(正直), 정직(正職), 정직선(正直線), 정진(正眞), 정짜(正;거짓으로 속여 만든 것이 아닌 정당한 물건), 정찬(正餐), 정찰(正札)[정찰제(制), 정찰판매(販賣)], 정찰(正察), 정처(正妻), 정철(正鐵;시우쇠), 정체/성(正體/性), 정초(正初), 정초(正草), 정초점(正焦點), 정촉매(正觸媒), 정칙(正則↔變則), 정침(正寢), 정통(正統)[572], 정팔면체(正八面體), 정평(正平), 정평(正評;정당한 비평), 정포(正布), 정품(正品), 정풍(正風), 정할(正割), 정해(正解;바르게 풀이함), 정행(正行), 정향반사(正向反射), 정현(正弦), 정형(正刑), 정형(正形), 정호(正號), 정화(正貨)[정화준비(準備)], 정확(正確)[부정확(不)], 정회원(正會員), 정훈(正訓), 정히(틀림없이 바로. 확실히); 정일품(正一品)/ 정이품/ 정삼품; 개정(改正), 경정(更正), 경정(警正), 공정(公正)[공정하다; 불공정(不)], 광정(匡正), 교정(校正), 교정(教正), 교정(矯正), 구정(舊正), 귀정(歸正)[사필귀정(事必)], 단정하다(端正), 도정(道正), 명정(明正), 명정언순(名正言順), 반정(反正), 방정하다(方正), 변정(辨/卞正), 보정(補正), 부정(不正), 비정(批正), 사정(司正), 사정(邪正), 사정(査正), 삼정(三正), 선정(先正), 수정(修正), 숙정(肅正), 순정(純正), 순정하다(順正), 시정(是正), 신정(新正;설), 언정이순(言正理順), 엄정중립(嚴正中立), 엄정하다(嚴正), 연정(鍊正), 염정하다(廉正), 오정(午正), 이정(釐/理正), 자정(子正), 적정하다(適正), 정정(訂正), 종정(宗正), 중정(中正), 지정(至正;지극히 올바름), 진정(眞正), 질정(叱正), 질정(質正), 징정(懲正), 침정(沈正), 파사현정(破邪顯正), 평정(平正), 하정(賀正), 해정하다(楷正), 혁정(革正), 확정(廓正;잘못을 바로잡아 고침) 들.

정(情) '사물에 느끼어 일어나는 마음의 작용. 뜻. 마음씨. 사정·형편'을 뜻하는 말. ¶정이 없다. 미운 정 고운 정 다 들었다. 정가(情歌), 정감(情感), 정겹다(정이 넘치는 듯하다), 정경(情景), 정곡(情曲;간곡한 정), 정교(情交), 정굶주림, 정근하다(情近), 정나미[573], 정념(情念), 정다워지다, 정담(情談), 정답다[574], 정들다,

568) 못정: ①못대가리를 깊숙이 박는 데 쓰는 정. ②길이가 다섯 치가량 되는 끝이 날카로운 정. ¶못정떨이/하다, 못정버력.

569) 정당(正當): 바르고 마땅함. 이치가 당연함. ¶정당한 주장. 정당한 요구. 정당방위(防衛), 정당법(法), 정당성(性), 정당업무행위(業務行爲), 정당행위(行爲), 정당화/되다/하다(化); 부정당(不).

570) 정상(正常): 바른 상태. 이상한 데가 없는 상태. ¶정상 활동을 하다. 정상가격(價格), 정상곡선(曲線), 정상노력(努力), 정상류(流), 정상분포(分布), 정상삯, 정상상태(狀態), 정상선회(旋回), 정상아(兒), 정상적(的), 정상치(値), 정상화/되다/하다(化); 비정상/적(非-的).

571) 정색(正色)1: 본디의 순수한 빛깔. 정색(正色)2: 얼굴에 엄정한 빛을 나타냄. 또는 그 표정. ¶정색하고 말하다.

572) 정통(正統): 바른 계통이나 혈통. 사물의 중심이 되는 요긴한 부분. ¶그의 예견이 정통으로 들어맞다. 정통론(論), 정통성(性), 정통적(的), 정통파(派), 정통하다.

573) 정나미(情): 어떠한 사람이나 사물에 대하여 애착을 느끼는 마음. [+부정적]. ¶정나미가 떨어지다(정나미가 아주 없어져서 다시 대하고 싶지 아니하게 되다).

574) 정답다: ①사이가 가깝고 정이 도탑다. ②다정하고 따뜻하다.

정떨어지다, 정례(情禮), 정리(情理;인정과 도리), 정모(情貌), 정미(情味), 정보(情報)[575], 정부(情夫), 정부(情婦), 정분(情分)/나다(서로 사랑하게 되다), 정붙이다(정을 두다), 정비(情費), 정사(情史), 정사(情死), 정사(情私), 정사(情思), 정사(情事), 정상(情狀;사실 있는 그대로의 상태), 정상(情想;감정과 생각), 정서(情緖)[576], 정성(情性;性情), 정세(情勢)[국내정세(國內), 국제정세(國際), 세계정세(世界), 주변정세(周邊)], 정소하다(情疏;정분이 버성기다), 정숙하다(情熟), 정실(情實), 정애(情愛), 정약하다(情弱), 정열/적(情熱/的), 정염(情炎), 정외(情外), 정욕(情欲), 정욕(情慾), 정위(情僞;진정과 거짓), 정유(情由;事由), 정의/투합(情意/投合), 정의(情義), 정의(情誼;사귀어 두터워진 정), 정인(情人), 정적(情迹), 정절(情節), 정제(情弟), 정조(情調;가락. 감각에 따라 일어나는 느낌), 정조(情操;정신 활동에 따라 일어나는 복잡한 감정), 정죄(情罪;사정과 죄상), 정지(情地;딱한 처지), 정지(情知;명확히 아는 것), 정차다(情;정이 있어 몹시 따듯하다), 정찰(情札;정이 어린 편지), 정취(情趣)[이국정취(異國)], 정치(情致;情趣), 정치(情癡;색정에 빠져 이성을 잃음), 정친(情親), 정태(情態), 정폐(情弊), 정표(情表), 정한(情恨;정과 한), 정형(情形), 정호(情好), 정화(情火;情炎), 정화(情話;情談), 정황(情況;사물의 정세와 형편), 정회(情懷;생각하는 마음); 간정(姦情), 감정(感情), 감정(憾情), 객정(客情), 격정/적(激情/的), 고정(苦情), 고정(故情), 교정(交情), 교정(矯情), 구정(舊情), 국정(國情;나라의 형편), 군정(軍情), 구정(舊情), 기정(欺情), 남정(男情), 내정(內情), 냉정하다/스럽다(冷情), 눈정[577], 다정/스럽다/하다(多情), 단정(斷情), 당정(黨情;당의 사정), 덧정[578], 동정(同情), 득정(得情), 망운지정(望雲之情), 면정(面情), 모정(母情), 모정(慕情), 무정하다[579]/스럽다(無情), 문정(問情), 물정(物情)[580], 민정(民情), 박정하다/스럽다(薄情), 반정(反情), 발정(發情), 방정(芳情), 범정(犯情), 변정(邊情), 별정(別情), 본정(本情), 비정(非情), 사정/없다(事情), 사정(私情), 사정(寫情), 산정(山情), 상정(常情), 상정(傷情), 색정(色情), 서정(抒/敍情), 선정(煽情), 성정(性情), 세정(世情), 세정(細情), 소정(疏情), 속정(은밀한 내용이나 사정. 은근한 정분), 속정(俗情), 순정(純情), 시정(詩情), 신정(新情), 실정(實情), 심정(心情), 알정(遏情;정분을 끊음), 애정(哀情), 애정(愛情), 야정(野情;소박한 마음이나 취미), 얄은정(잠깐 만난 사이에 든 정), 억정(抑情), 야정(野情), 여정(女情), 여정(旅情), 여정(餘情), 여정(輿情), 역정/스럽다/풀이(逆情;짜증), 연정(戀情), 열정(劣情), 열정(熱情), 염정(艶情), 옛정, 오욕칠정(五慾七情), 옥정(獄情), 온고지정(溫故之情), 온정(溫情), 외정(外情), 욕정(欲情), 우정(友情), 운우지정(雲雨之情), 원정(怨情), 원정(原情), 유정(有情), 육정(六情), 육정(肉情), 은정(恩情), 인정(人情)[인정답다, 인정머리, 인정미(味/美)], 인지상정(人之常情), 잔정(자상하고 살뜰한 정), 적정(敵情), 잔정(자상하고 자잘한 정), 전정(前情), 정정(政情), 종정(鍾情), 주정(主情), 중정(中情), 중정(衆情), 지정(至情), 지정(知情), 직정(直情), 진정(眞情), 진정(陳情)[진정서(書), 진정되다/하다], 첫정, 추정(秋情), 춘정(春情), 충정(忠情), 충정(衷情), 치정(癡情), 탈정(奪情), 탐정(探情), 탕정(蕩情), 토정(吐情), 통정(通情), 편정(偏情), 표정/근(表情/筋), 풋정, 풍정(風情), 하정(下情;자기의 심정), 핵정(劾情), 환정(宦情), 환정(歡情), 회정(懷情), 효정(效情) 들.

정(定) '옳고 당연하다. 결정하다. 안정시키다'를 뜻하는 말. ¶정가(定價), 정각(定刻;정해진 시각), 정개(定改), 정격(定格), 정견(定見)[무정견(無)], 정계/비(定界/碑), 정관(定款), 정관사(定冠詞), 정규(定規), 정근(定根;원뿌리), 정기(定氣), 정기(定期)[581], 정도(定都), 정도(定道), 정도(定賭), 정량/분석(定量/分析), 정력(定力), 정례(定例;일정하게 정하여 놓은 규례 또는 사례), 정론(定論), 정류(定流), 정률(定律;정해진 법률이나 법칙), 정률(定率;일정한 비율), 정리(定理)[나머지정리, 보조정리(補助), 예비정리(豫備), 이항정리(二項)], 정립(定立)[반정립(反)], 정망(定望), 정명(定命), 정배(定配), 정법(定法), 정본(定本), 정비례(定比例), 정산(定算), 정상(定常)[정상류(流), 정상상태(狀態), 정상전류(電流), 정상파(波)], 정석(定石), 정석(定席), 정선(定先), 정선율(定旋律), 정설(定說), 정성/분석(定性/分析), 정소(定所), 정속(定屬), 정수(定數), 정시/제(定時/制), 정식(定式), 정식(定食), 정식(定植), 정아(定芽;제눈), 정안(定案), 정압(定壓)[정압비열(比熱), 정압열량계(熱量計)], 정액(定額)[정액등(燈), 정액보험(保險), 정액세(稅), 정액소득(所得); 무정액(無)], 정약(定約), 정언/적(定言/的), 정업(定業), 정온(定溫)[정온기(器), 정온동물(動物)], 정용비열(定容比熱), 정원/제(定員/制), 정위(定位)[무정위(無)], 정의(定義)[582], 정의(定意), 정일(定日), 정임(定賃), 정적(定積), 정적분(定積分), 정적토(定積土), 정점(定點), 정정(定鼎), 정조(定租), 정종(定鐘), 정죄(定罪), 정주(定住), 정직(定職), 정착(定着)[정착생활(生活), 정착물(物), 정착액(液)], 정처/없이(定處), 정초(定草), 정초(定礎), 정치(定置;일정한 곳에 놓아 둠), 정치망(定置網), 정칙(定則), 정탈(定奪), 정평

---

575) 정보(情報): 정보검색(檢索), 정보격차(隔差), 정보공간(空間), 정보공개(公開), 정보공학(工學), 정보공해(公害), 정보과학(科學), 정보관리(管理), 정보교환(交換), 정보기관(機關), 정보독점(獨占), 정보량(量), 정보력(力), 정보망(網), 정보산업(産業), 정보오염(汚染), 정보원(員), 정보원(源), 정보전(戰), 정보전달(傳達), 정보지(誌), 정보처리(處理), 정보통(通), 정보혁명(革命), 정보화사회(情報化社會), 정보환경(環境), 정보활동(活動); 교통정보(交通), 군사정보(軍事), 사진정보(寫眞), 생활정보(生活), 언론정보(言論), 유전정보(遺傳).

576) 정서(情緖): 어떤 사물 또는 경우에 부딪쳐 일어나는 온갖 감정 · 상념. 또는 그러한 감정을 불러일으키는 기분 · 분위기. ¶정서교육(敎育), 정서장애/아(障碍/兒), 정서적(的); 향토정서(鄕土).

577) 눈정: 눈으로 겉모습만 보고 잠깐 느끼는 사랑이나 연정.

578) 덧정(情): 한곳에 오래 정이 들면 주변의 것까지 다정하게 느껴지는 정. 더해지거나 덧붙은 정.

579) 무정하다(無情): 인정이나 동정심이 없다. 〈작〉매정하다(얄미울 만큼 인정이 없다). ¶무정한 말. 매정하게 뿌리치다. 매정 · 무정하다/스럽다.

580) 물정(物情): ①사물의 정상(情狀)이나 성질. ②세상 돌아가는 형편이나 인심. ¶세상 물정을 모르다.

581) 정기(定期): 정기간행/물(刊行/物), 정기거래(去來), 정기고사(考査), 정기국회(國會), 정기권(券), 정기금(金), 정기대부(貸付), 정기매매(賣買), 정기물(物), 정기불(拂), 정기상환(償還), 정기선(船), 정기선거(選擧), 정기시장(市場), 정기시험(試驗), 정기연금(年金), 정기예금(預金), 정기적(的), 정기적금(積金), 정기총회(總會), 정기편(便), 정기풍(風), 정기항로(航路), 정기협의(協議), 정기형(刑), 정기회(會), 정기휴업(休業); 부정기(不).

582) 정의(定義): 어떤 개념의 내용이나 용어의 뜻을 다른 것과 구별할 수 있도록 명확히 한정하는 일. 또는 그 개념이나 뜻. ¶정의를 내리다. 정의구역(定義區域)/정의역(定義域); 개념정의(槪念), 귀납적정의(歸納的), 발생적정의(發生的), 분석적정의(分析的), 순환적정의(循環的), 허위적정의(虛僞的).

(定評), 정하다[583], 정한/이자(定限/利子), 정향/진화(定向/進化), 정험(定驗), 정형(定形)[무정형(無)], 정형(定型)[무정형(無)], 정혜(定慧), 정혼(定婚;約婚), 정활차(定/靜滑車), 정휴(定休); 가정(假定), 감정(鑑定), 강정(降定), 개정(改定), 검정(檢定), 결정(決定), 경정(更定), 계정(計定), 고정(固定.↔流動), 공정(公定), 국정(國定), 권정(權定;임시로 작정함), 규정(規定), 긍정(肯定), 기정(旣定)[584], 난정(難定), 내정(內定), 논정(論定), 뇌정(牢定), 늑정(勒定), 단정(斷定)[단정적(的), 단정코, 단정하다], 뇌정(牢定), 대정/대정코(大定), 돈정(敦定), 동정(同定), 망정(望定), 미정(未定), 배정(配定), 배정(排定), 법정(法定), 별정(別定), 복정(卜定), 부정(不定), 부정(否定), 사정하다(査定), 산정(刪定), 산정(算定), 상정(想定), 상정(詳定), 선정(選定), 선정(禪定), 설정(設定), 소정(所定), 실정(實定), 안정(安定)[안정감(感), 안정세(勢)], 약정(約定)[약정서(書), 약정이자(利子)], 양정(量定), 역정리(逆定理), 예정(豫定), 완정(完定), 요정(了定), 의정(議定), 이정(移定), 인정(人定↔파루), 인정(認定), 일정하다(一定), 일정량(一定量), 입정(入定), 작정(作定), 작정(酌定), 잠정(暫定), 재정(裁定), 적정(滴定), 전정(前定), 전정(剪定), 점정(占定), 정정(正定), 정정(訂定), 제정(制定), 조정(措定), 조정(調定), 좌정(坐定), 지정하다(指定), 진정/되다/하다(鎭定), 질정(質定), 찬정(撰定), 창정(創定), 책정(策定), 천정(天定), 추정(推定), 출정(出定), 측정(測定), 치정(治定), 타정(妥定), 탕정(蕩定), 택정(擇定), 퇴정(退定), 특정(特定), 판정(判定), 평정하다(平定), 평정(評定), 품정(品定), 품정(稟定), 필정(必定), 한정(限定), 협정/문/서(協定/書/文), 혼정신성(昏定晨省), 화정(火定), 확정(確定), 획정(劃定), 흠정(欽定) 들.

정(精) '거칠지 않고 매우 곱다. 밝고 세밀하다. 근본. 혼백(魂魄). 진실하다. 굳세다. 쓿다·찧다'를 뜻하는 말. ¶정각(精覺), 정강(精鋼), 정결하다(精潔), 정계(精系), 정공(精工), 정관(精管), 정광(精鑛), 정교롭다/하다(精巧;정밀하다), 정구(精究;꼼꼼하고 자세하게 연구함), 정근(精勤)[정근상(賞), 정근수당(手當)], 정금미옥(精金美玉), 정기(精記), 정기(精氣)[눈정기, 민족정기(民族)], 정기(精騎), 정긴하다(精緊), 정낭(精囊;수정관에 이어지는 한 쌍의 생식 기관), 정다시다[585], 정당(精糖), 정당하다(精當), 정도(精到), 정도(精度), 정독(精讀), 정동(精銅), 정량하다(精良), 정려(精慮), 정려(精勵), 정려(精麗), 정력(精力)[정력가(家), 정력적(的), 정력제(劑)], 정련(精練;잘 연습함), 정련제(精練劑;섬유를 정련하는 약), 정련(精鍊)[정련소(所); 습식정련(濕式), 전해정련(電解)], 정령/숭배(精靈/崇拜), 정류/기(精溜/器;어떤 액체를 분류하여 정제하는 기계), 정맥(精麥;깨끗하게 쓿은 보리쌀), 정면(精綿), 정명(精明;썩 깨끗하고 밝음), 정모세포(精母), 정묘(精妙;정교하고도 아주 묘함), 정미(精米)[정미기(機), 정미소(所;방앗간)], 정미하다(精美), 정미하다(精微), 정민하다(精敏), 정밀(精密;아주 잘고 자세함)[정밀과학(科學), 정밀기계/정기(機械), 정밀도(度), 정밀성(性)], 정박아(精薄兒), 정받이[수정(受精)], 정방(精紡), 정백(精白), 정백(精魄), 정병(精兵), 정봉(精捧), 정사(精舍), 정사(精査), 정삭(精索), 정산(精算)[정산표(表); 연말정산(年末)], 정상하다(精詳), 정색(精索), 정서(精書), 정선(精選), 정성(精誠)[정성껏, 정성스럽다], 정세포(精細胞), 정세하다(精細), 정소(精巢;수컷의 생식소. 고환.↔卵巢), 정쇄하다(精灑), 정수(精水), 정수(精修), 정수(精粹;가장 순수한 것), 정수하다(精秀), 정수(精髓)[586], 정숙(精熟), 정신(精神)[587], 정심(精審), 정액(精液), 정예(精銳)[588], 정요하다(精要), 정원세포(精原細胞), 정유(精油), 정육(精肉), 정의(精義), 정일하다(精一), 정자(精子), 정제(精製)[589], 정졸(精卒), 정진(精進;정성을 다하여 노력함), 정집[정소(精巢)], 정찰(精察), 정채(精彩), 정철(精鐵), 정추(精麤), 정춤(사상이나 감정을 표현한 춤), 정충(精忠), 정충(精蟲;精子), 정측(精測;정밀하게 측량함), 정치하다(精緻), 정택(精擇), 정토(精討), 정통/되다/하다(精通;정확하고 자세히 앎), 정판(精版), 정품(精品;정제한 물품), 정하다[590], 정한하다(精悍), 정해(精解;자세하게 풀이함), 정핵(精核/覈), 정혈(精血;신선하고 생생한 피), 정혼(精魂), 정화(精華)[591], 정확하다(精確;자세하고 확실하다); 간정(肝精), 계피정(桂皮精), 고정(固精), 곡정(穀精), 금정옥액(金精玉液), 누정(漏精), 다정(茶精;카페인), 단정(丹精), 단정(單精), 도정(搗精), 면마정(綿馬精), 목정(木精;메탄올), 몽정(夢精), 박이정(博而精), 박하정(薄荷精), 부정(不精), 사정(射精), 산정(山精), 삼정(三精), 삼정(蔘精), 석정(石精), 수정

583) 정하다(定): ①어떻게 하기로 마음먹다. 작정하다. ¶마음을 정하다. ②판단하여 마련하거나 잡다. ¶규칙을 정하다. 구역을 정하다.

584) 기정(旣定): 이미 결정되어 있음.↔미정(未定). ¶기정의 방침대로 업무를 처리하면 된다. 기정방침(方針), 기정비(費), 기정사실(事實), 기정사실화/되다/하다(事實化), 기정세입(稅入), 기정예산(豫算), 기정조건(條件).

585) 정다시다(精): 무슨 일에 크게 혼이 나서 다시는 아니할 만큼 정신을 차리게 되다. ¶이제 그 일에는 정다셨네. 정다심을 하다. 정다심을 못하고 자꾸 덤비다. 정다심(크게 혼이 나 정신을 차림).

586) 정수(精髓): ①뼛속에 있는 골. ②사물의 본질을 이룬 가장 뛰어난 부분. 가장 중요한 것. ¶한국 문화의 정수.

587) 정신(精神): 사고나 감정을 다스리는 인간의 마음.(↔肉體). 물질적인 것을 초월한 영적(靈的)인 존재.(↔物質). 사물에 대한 마음가짐. 사물의 근본이 되는 의의나 목적. ¶건전한 정신. 희생 정신을 발휘하다. 정신을 잃다. 정신이 들다. 정신감응(感應), 정신감정(鑑定), 정신계(界), 정신골(精神骨;총기 있게 생긴 골격), 정신과(科), 정신과학(科學), 정신교육(敎育), 정신나가다(얼이 빠지다), 정신노동(勞動), 정신들이다(정신을 차리어 꼼꼼하게 하다), 정신력(力), 정신론(論), 정신맹(盲), 정신면(面), 정신문명(文明), 정신문화(文化), 정신박약/아(薄弱/兒), 정신병(病)[정신병자(者), 정신병학(學)], 정신병원(病院), 정신보건(保健), 정신분석(分析), 정신분열증(分裂症), 정신빠지다(정신나가다), 정신사(史), 정신사납다(정신이 어지럽다), 정신생활(生活), 정신세계(世界), 정신쇠약(衰弱), 정신애(愛), 정신없다/없이, 정신역학(力學), 정신연령(年齡), 정신요법(療法), 정신운동(運動), 정신위생(衛生), 정신이상(異常), 정신의학(醫學), 정신장애(障碍), 정신적(的), 정신주의(主義), 정신지체(遲滯), 정신착란(錯亂), 정신철학(哲學), 정신팔리다, 정신피로(疲勞), 정신현상학(現象學); 개척정신(開拓), 고발정신(告發), 국민정신(國民), 근본정신(根本), 눈정신(눈에 재주가 나타나 보이는 기운), 뒷정신[총기(聰氣)], 맨정신(흐릿하거나 취하지 않은 맑은 정신), 민족정신(民族), 본정신(本), 산문정신(散文), 세계정신(世界), 시대정신(時代), 시정신(詩), 애국정신(愛國), 운동정신(運動), 자국정신(自國), 자립정신(自立), 자유정신(自由), 자주정신(自主), 제정신, 준법정신(遵法), 쥐정신(무슨 일을 금방 잊어버리기를 잘하는 정신), 협동정신(協同), 희생정신(犧牲).

588) 정예(精銳): ①재기가 발랄하고 뛰어남. ②여러 사람 가운데서 골라 뽑은, 뛰어난 사람. ¶소수 정예. 정예 부대.

589) 정제(精製): 정성껏 잘 만듦. 조제품(粗製品)을 다시 가공하여 더 좋고 순도 높은 것으로 만듦. ¶정제당(糖), 정제면(綿), 정제품(品); 석유정제(石油).

590) 정하다(精): 거칠지 않고 썩 곱다. ¶고춧가루를 정하게 빻다. 글씨를 정하데 쓰다.

591) 정화(精華): ①다른 것이 섞이지 않은 깨끗하고 순수한 부분. ②정수(精髓)가 될 만한 뛰어난 부분. ¶민족 문화의 정수.

(水精), 수정(受精), 수정(授精), 수정관(輸精管), 여정(勵精), 염정(炎精;해), 요정(尿精), 요정(妖精), 용정(舂精), 유정(遺精), 장정기(藏精器), 주정(酒精;에탄올), 지정(至精), 채정(採精), 취정회신(聚精會神), 토정(吐精), 파정(破精), 호정(糊精), 황정(黃精;대나무의 뿌리) 들.

정(政) '다스리다. 정치'를 뜻하는 말. ¶정가(政街), 정강(政綱), 정객(政客), 정견(政見), 정경(政經), 정계(政界), 정교(政教), 정국(政局), 정권(政權)[592], 정담(政談), 정당(政堂), 정당(政黨)[593], 정도(政道), 정략(政略)[정략결혼(結婚)/정략혼(婚), 정략적(的); 철혈정략(鐵血), 황금정략(黃金)], 정령(政令), 정론(政論), 정목(政目), 정무(政務), 정법(政法), 정변(政變), 정병(政柄), 정본(政本), 정부(政府)[594], 정사(政事), 정상배(政商輩), 정성(政聲), 정세(政勢), 정승(政丞), 정우(政友), 정쟁(政爭), 정적(政敵), 정전(政戰), 정정(政情), 정책(政策)[595], 정청(政廳), 정체(政體)[공화정체(共和), 군주정체(君主), 민주정체(民主), 입헌정체(立憲), 전제정체(專制)], 정치(政治)[596], 정파(政派), 정화(政化), 정화(政禍), 정황(政況), 정훈(政訓); 가정(家政), 가정(苛政), 곤정(壼政), 관정(寬政), 교정(教政;교회를 다스리는 일), 구정(舊政), 국정(國政), 군정(軍政), 군정(郡政), 난정(亂政), 내정(內政), 노정(勞政), 농정(農政), 능정(能政), 당정(黨政), 대정(大政), 덕정(德政), 도정(道政), 독정(毒政), 독정(獨政), 마정(馬政), 면정(面政), 민정(民政), 법정(法政), 비정(秕政), 삼정(三政;田政, 軍政, 還政), 서정(庶政), 선정(善政), 섭정(攝政;임금을 대신하여 정치함), 세정(稅政), 수렴청정(垂簾聽政), 시정(市政), 시정(始政), 시정(施政), 시정(時政), 신정(神政), 신정(新政), 실정(失政), 악정(惡政), 압정(壓政), 양정(糧政), 연정(聯政), 예정(穢政), 왕정/복고(王政/復古), 외정(外政), 우정(郵政), 위정/자(爲政/者), 의정(議政), 인정(仁政), 임정(林政), 임정(臨政), 잔정(殘政;잔악한 정치), 재정(財政), 제정(帝政), 제정(祭政), 집정(執政), 참정/권(參政/權), 친정(親政), 탐정(貪政), 패정(悖政), 폐정(弊政), 폭정(暴政), 학정(虐政), 행정(行政), 헌정(憲政), 형정(刑政), 혹정(酷政), 황정(荒政;흉년 기근에 백성을 구제하는 정책), 횡정(橫政) 들.

592) 정권(政權): 정권욕(慾), 정권교체(交替); 괴뢰정권(傀儡), 군사정권(軍事), 독재정권(獨裁), 혁명정권(革命).

593) 정당(政黨): 정당정치(政治); 계급정당(階級), 국민정당(國民), 군소정당(群小), 무산정당(無産), 민주정당(民主), 반동정당(反動), 보수정당(保守), 중도정당(中道), 진보정당(進步), 혁신정당(革新).

594) 정부(政府): 정부군(軍), 정부미(米), 정부불(弗), 정부안(案), 정부자금(資金), 정부조직법(組織法), 정부화폐(貨幣); 공화정부(共和), 과도정부(過渡), 군사정부(軍事)/군정부(軍), 망명정부(亡命), 무정부(無)[무정부상태(狀態), 무정부주의(主義)], 반정부(反), 세계정부(世界), 연립정부(聯立), 임시정부(臨時), 중앙정부(中央), 지하정부(地下), 친정부(親), 혁명정부(革命).

595) 정책(政策): 정치적 목적을 실현하기 위한 방책. ¶정책을 세우다. 정책감세(減稅), 정책과학(科學), 정책금융(金融), 정책적(的), 정책학(學); 개방정책(開放), 경기정책(景氣), 경제정책(經濟), 고미가정책(高米價), 개방정책(開放), 공개시장정책(公開市場), 관세정책(關稅), 교린정책(交隣), 교육정책(教育), 교통정책(交通), 금리정책(金利), 금배제정책(金排除), 금융정책(金融), 긴축정책(緊縮), 동화정책(同化), 무마정책(撫摩), 미소정책(微笑), 사회정책(社會), 선린정책(善隣), 쇄국정책(鎖國), 식민정책(植民), 야만정책(野蠻), 억압정책(抑壓), 완화정책(緩和), 외교정책(外交), 우민정책(愚民), 유수정책(誘水;정부가 경기 회복을 꾀하는 일), 유화정책(宥和), 임금정책(賃金), 조세정책(租稅), 통화정책(通貨), 형사정책(刑事), 회유정책(懷柔).

596) 정치(政治): 국가의 주권을 위임받은 자가 그 영토와 국민을 다스리는 일. 권력의 획득·유지 및 행사(行使)에 관한 사회 집단의 활동. ¶정치가(家), 정치결사(結社), 정치경제학(經濟學), 정치경찰(警察), 정치계(界), 정치과정(過程), 정치광(狂), 정치교육(教育), 정치군인(軍人), 정치권(圈), 정치권력(權力), 정치단체(團體), 정치력(力), 정치만화(漫畫), 정치망(網), 정치면(面), 정치발전(發展), 정치범(犯;國事犯), 정치부(部), 정치사(史), 정치사상(思想), 정치사회(社會), 정치성(性), 정치소설(小說), 정치열(熱), 정치운동(運動), 정치의식(意識), 정치인(人), 정치자금(資金), 정치적(的), 정치제도(制度), 정치집단(集團), 정치차관(借款), 정치책임(責任), 정치철학(哲學), 정치체제(體制), 정치투쟁(鬪爭), 정치판, 정치학(學), 정치헌금(獻金), 정치혁명(革命), 정치형태(形態); 공포정치(恐怖), 공하정치(恐嚇), 공화정치(共和), 과두정치(寡頭), 관료정치(官僚), 국제정치(國際), 군주정치(君主), 귀족정치(貴族), 금권정치(金權), 대의정치(代議), 독재정치(獨裁), 무단정치(武斷), 문민정치(文民), 문화정치(文化), 민주정치(民主), 보스정치(boss), 보호정치(保護), 세도정치(勢道), 압제정치(壓制), 양두정치(兩頭), 왕도정치(王道), 의회정치(議會), 이두정치(二頭), 입헌정치(立憲), 작문정치(作文), 전제정치(專制), 정당정치(政黨), 중도정치(中道), 중우정치(衆愚;민주정치를 비꼬아 이르는 말), 철인정치(哲人), 철혈정치(鐵血), 타협정치(妥協), 패거리정치, 패도정치(覇道), 흑막정치(黑幕).

정(靜) '고요하다'를 뜻하는 말.↔동(動). ¶정거(靜居), 정관(靜觀), 정균(靜菌), 정극(靜劇), 정려(靜慮), 정맥(靜脈), 정묵하다(靜默), 정물(靜物), 정밀(靜謐;고요하고 편안함), 정벽처(靜僻處), 정사(靜思), 정수(靜水), 정수(靜修), 정숙하다(靜肅), 정숙하다(靜淑), 정식(靜息), 정심(靜審), 정압(靜壓), 정야(靜夜), 정양/원(靜養/院), 정역학(靜力學), 정온하다(靜穩), 정이사지(靜而俟之), 정일하다(靜逸;고요하고 편안함), 정적(靜的), 정적(靜寂), 정전기(靜電氣), 정좌(靜坐), 정중동(靜中動), 정지(靜止;조용히 멎음)[정지기(期), 정지마찰(摩擦), 정지위성(衛星), 정지인구(人口), 정지전류(電流), 정지핵(核)], 정진(靜振), 정청(靜聽), 정태(靜態↔動態)[정태경제(經濟), 정태집단(集團), 정태통계(統計); 인구정태(人口)], 정하중(靜荷重), 정한하다(靜閑); 냉정/하다(冷靜), 동정(動靜), 숙정하다(肅靜;엄숙하고 고요함), 안정(安靜;편안하고 고요함. 恬靜), 염정하다(恬靜), 적정(寂靜), 정정하다(貞靜), 진정(鎭靜)[진정되다/시키다/하다, 진정제(劑)], 충정하다(沖靜), 침정하다(沈靜), 평정(平靜), 피정(避靜), 한정(閒靜), 허정(虛靜) 들.

정(井) '우물. 우물정자(井) 모양의'를 뜻하는 말. ¶정간(井間)[정간보(譜;옛 악보), 정간지(紙), 정간치다; 줄정간], 정괘(井卦), 정구(井臼), 정성(井星), 정수(井水), 정연하다(井然), 정염(井鹽), 정와(井蛙), 정자살문(丁字-門), 정저(井底), 정저지와(井底之蛙), 정정와(井庭蛙), 정정하다(井井), 정제(井祭), 정천(井泉), 정화수(井華水;이른 새벽에 기른 우물물); 가스정(gas), 갱정(坑井), 관정(管井), 구정(九井), 금정/틀(金井), 노정(露井), 매기정(煤氣井), 분유정(噴油井), 석정(石井), 시굴정(試掘井), 시정(市井), 자분정(自噴井), 암정(巖井), 염정(鹽井), 옥정반(玉井飯), 옥정수(玉井水), 온정(溫井), 옹정(甕井;독우물), 유정(油井), 임갈굴정(臨渴掘井), 정정(井井)[597], 정전법(井田法), 좌정관천(坐井觀天), 준정(浚井), 착정(鑿井), 찬정(鑽井), 천정부지(天井不知), 천정천(天井川), 탁정(濁井), 탕정(湯井), 태정(苔井), 폐정(廢井) 들.

정(亭) '놀기 위하여 경치 좋은 곳에 지은 집'이나 '우뚝 솟다'를 뜻

597) 정정(井井): 일이나 행동에 조리와 질서가 있음. ¶정정하다, 정정히.

ㅈ

하는 말. ¶정각(亭閣), 정독(亭毒), 정사(亭榭), 정연하다(亭然), 정오(亭午), 정육(亭育), 정자(亭子)[598], 정정하다(亭亭)[599], 정주(亭主); 강정(江亭), 고정(孤亭), 낙빈정(樂賓亭), 노인정(老人亭), 다정(茶亭), 모정(茅亭), 사정(舍亭), 사정(射亭), 사각정(四角亭), 사모정(四-亭), 사정(舍亭), 사정(射亭), 산정(山亭), 소정(小亭), 수정(水亭), 연정(蓮亭), 오리정(五里亭;오 리마다 만들어 놓은 이정표), 요정(料亭), 육각정(六角亭), 육모정(六-亭), 장정(長亭), 죽정(竹亭), 팔각정(八角亭), 팔모정(八-亭), 표표정정(表表亭亭); 망양정(望洋亭)/ 세검정(洗劍亭)/ 용담정(龍潭亭)/ 월송정(月松亭)/ 총석정(叢石亭) 들처럼 정자 이름에 쓰임.

정(程) '한도(限度). 길. 길의 거리'를 뜻하는 말. ¶정도(程度)[600], 정역(程驛;노정과 역참); 객정(客程), 계정(啓程), 공정/도(工程/圖), 과정(課程), 과정(過程), 교정(教程), 귀정(歸程), 규정(規程), 기정(起程), 노정(路程), 도정(道程), 등정(登程), 발정(發程), 방정식(方程式), 붕정(鵬程), 붕정만리(鵬程萬里), 빙정(氷程), 사정(射程), 상정(上程), 설정(雪程), 수정(水程), 시정(視程), 여정(旅程), 역정(歷程), 역정(驛程), 염정(炎程), 예정(豫程), 왕정(王程), 원정(遠程), 음정(音程), 이정/표(里程/標), 일정(日程), 장정(長程;매우 먼 길), 장정(章程;여러 조목으로 나누어 정한 규정), 전정(前程), 충정(衝程), 측정기(測程器), 탄정(彈程), 항정(航程), 해정(海程), 행정(行程), 회정(回程); 정자관(程子冠) 들.

정(整) ①'가지런하다'를 뜻하는 말. ¶정가(整暇), 정골(整骨), 정군(整軍), 정돈(整頓), 정렬(整列), 정류(整流)[정류관(管), 정류기(器), 정류자(子), 장류작용(作用)], 정리(整理)[601], 정맥(整脈), 정복(整復), 정비(整備)[602], 정수/론(整數/論), 정숙하다(整肅), 정식(整式), 정연하다(整然), 정용/법(整容/法), 정의관(整衣冠), 정장제(整腸劑), 정제(整齊;가지런히 함)[정제꽃부리, 정제되다/하다, 정제화(花)], 정지(整地), 정지(整枝), 정체(整體), 정판(整版), 정풍(整風), 정합(整合)[603], 정형(整形); 단정하다(端整), 보정(補整), 수정(修整), 제정(齊整), 조정(調整). ②금액을 나타내는 명사구 뒤에 붙어 '그 금액에 한정된'의 뜻을 더하는 말. ¶일만 원정/ 일금 일백만 원정으로 쓰임.

정(艇) '규모가 작은 배 · 보트'를 뜻하는 말. ¶정고(艇庫), 정대(艇隊), 정수(艇首), 정신(艇身;배의 길이), 정차(艇差); 경정(輕艇), 경정(競艇), 경비정(警備艇), 고속정(高速艇), 구명정(救命艇), 구잠정(驅潛艇), 기정(汽艇), 기뢰정(機雷艇), 내화정(內火艇), 단정(端/短艇), 돌격정(突擊艇), 모정(母艇), 모터정(moter艇), 부설정(敷設艇), 비행정(飛行艇), 상륙정(上陸艇), 소정(小艇), 소뢰정(掃雷艇), 소해정(掃海), 수뢰정(水雷艇), 어정(漁艇), 어뢰정(魚雷艇), 요정(僚艇), 잠수정(潛水艇), 잠항정(潛航艇), 정찰정(偵察艇), 조정(釣艇;낚싯배), 조정(漕艇), 주정(舟艇), 지휘정(指揮艇), 초정(哨艇), 초계정(哨戒艇), 측량정(測量艇), 쾌정(快艇), 쾌속정(快速艇), 특무정(特務艇), 활석정(滑席艇), 함정(艦艇) 들.

정(丁) ①천간(天干)의 넷째. '품질이 나쁜'을 뜻하는 말. ¶정방(丁方), 정월(丁月), 정은(丁銀), 정일(丁日); 낙정(落丁). ②고무래. 고무래 모양의'를 뜻하는 말. ¶정자(丁字)[정자각(閣), 정자로(路), 정자집, 정자형(形)]; 목불식정(目不識丁). ③'장정. 사나이'를 뜻하는 말. ¶정남(丁男), 정우(丁憂;부모의 상사를 당함), 정장(丁壯), 정전(丁田), 정전(丁錢); 가정(駕丁), 군정(軍丁), 남정/네(男丁), 누정(漏丁), 백정(白丁), 병정(兵丁), 사정(使丁), 성정(成丁), 솔정(率丁), 시정(侍丁), 양정(良丁), 영정하다(零丁), 옥정(獄丁), 이정(里丁), 장정(壯丁), 징정(懲丁), 포정(庖丁). ④부사로 쓰임. ¶정녕(丁寧), 정녕코(丁寧), 정정(丁丁)[604].

정(庭) '뜰. 가정'을 뜻하는 말. ¶정구(庭球)[정구공; 경식정구(硬式), 연식정구(軟式)], 정국(庭鞫), 정내(庭內), 정수(庭樹), 정시(庭試), 정원(庭園)[정원사(師), 정원수(樹); 옥상정원(屋上)], 정위(庭闈), 정제(庭除;섬돌 아래), 정초(庭草), 정호(庭戶), 정훈(庭訓); 가정(家庭), 공정(空庭), 관정(官庭), 교정(校庭), 궁정(宮庭), 내정(內庭;아낙. 안뜰), 동정(東庭), 만정(滿庭), 문정(門庭), 북정(北庭), 삼보정(三步庭;아주 좁은 마당), 생정(生庭), 서정(西庭), 액정(掖庭;대궐 안), 양정(養庭), 영정(營庭), 원정(園庭), 전정(前庭), 전정(殿庭), 천정(天庭;두 눈썹 사이. 이마), 축정(築庭), 친정(親庭;시집간 여자의 본집), 호정(戶庭), 후정(後庭) 들.

정(淨) '맑고 깨끗하다'를 뜻하는 말. ¶정결하다(淨潔), 정계(淨界;신불을 모시는 곳), 정명(淨命), 정방(淨房), 정배(淨配), 정백(淨白), 정복(淨福), 정사(淨寫), 정서(淨書), 정송오죽(淨松汚竹), 정수(淨水)[정수기(器), 정수법(法), 정수지(池)], 정식(淨食), 정업(淨業), 정예(淨穢), 정원(淨院), 정음(淨音), 정인(淨人), 정재(淨齋), 정재(淨財), 정정(淨淨), 정죄(淨罪), 정지(淨地), 정토(淨土)[605], 정하다(맑고 깨끗하다), 정혜(淨慧), 정화(淨火), 정화(淨化;깨끗하게 함)[정화되다/하다, 정화조(槽)]; 간정하다(←乾淨), 간정하다(簡淨), 건정하다(乾淨), 명정월색(明淨月色), 명정하다(明淨), 부정(不淨)[부정풀이, 부정하다; 걸레부정, 인부정(人), 진부정/가심], 세정(洗淨), 엄정하다(嚴淨), 욕정(浴淨), 자정작용(自淨作用), 청정(淸淨) 들.

정(停) '머무르다. 멈추다'를 뜻하는 말. ¶정간(停刊), 정거(停車)[정거장(場); 급정거(急)], 정거(停擧), 정구(停柩), 정년(停年)[정년제(制), 정년퇴직(退職); 계급정년(階級)], 정돈(停頓;일이 한 때 멈

598) 정자(亭子): 놀거나 쉬기 위하여, 주로 경치나 전망이 좋은 곳에 아담하게 지은 집. ¶정자각(閣), 정자나무(집 근처나 길가에 있는 큰 나무), 정자모(듬성듬성 심은 모), 정자집.

599) 정정하다(亭亭): ①나무나 산 따위가 우뚝 솟아 있다. ¶정정한 거목. ②늙은 몸이 굳세고 건강하다. ¶나이 80인데도 아직도 정정하시다. 구십 노인이 정정히 앉아 계신다.

600) 정도(程度): 분량, 수준 또는 알맞은 한도나, 수량을 나타내는 말 뒤에 쓰여 그만큼가량의 분량을 뜻하는 말. ¶현명한 사람은 정도에 맞게 생활한다. 한 사람이 만 원 정도씩만 내면 충분하다.

601) 정리(整理): 정리정돈(整頓), 정리지(地), 정리하다; 경지정리(耕地), 교통정리(交通), 구획정리(區劃), 뒷정리, 행정정리(行政), 환경정리(環境).

602) 정비(整備): 정비공(工), 정비사(士); 기업정비(企業), 도로정비(道路), 미정비(未), 법규정비(法規), 재정비(再), 환경정비(環境).

603) 정합(整合): 가지런히 들어맞음. 두 개 이상의 지층이 나란히 잇대어 겹쳐지는 퇴적 현상. ¶정합설(說), 정합성(性); 부정합(不).

604) 정정(丁丁): ①말뚝을 박는 소리. ②나무를 베느라고 도끼로 잇따라 찍는 소리. ③바둑판에 바둑을 잇따라 두는 소리. ④물시계의 소리.

605) 정토(淨土): 정토교(教), 정토발원(發願),정토변상(變相), 정토왕생(往生), 정토종(宗),정토회향(回向); 극락정토(極樂), 서방정토(西方), 시방정토(十方), 안락정토(安樂), 안양정토(安養).

ㅈ

춤), 정류(停留)[정류소(所), 정류장(場)], 정마(停馬), 정망(停望), 정무(停務), 정봉(停捧), 정선(停船), 정송(停訟), 정업(停業), 정역(停役), 정전(停電), 정전(停戰), 정지(停止)[606], 정직(停職), 정차(停車), 정체(停滯)[정체되다/하다, 정체성(性;머무르는 특성), 정체수(水), 정체이론(理論), 정체적(的), 정체전선(前線), 정체진화(進化)], 정퇴(停退), 정폐(停廢), 정필(停筆), 정학(停學), 정회(停會); 늑정(勒停), 조정(調停), 해정(解停), 휴정(休停) 들.

정(呈) '드리다. 제출하다. 드러내다·나타내다'를 뜻하는 말. ¶정관(呈官), 정권(呈券), 정납(呈納), 정단(呈單), 정로(呈露), 정문(呈文), 정변(呈卞;관에 호소하여 시비곡직을 밝힘), 정사(呈辭), 정상(呈上), 정색/반응(呈色/反應), 정소(呈訴), 정송(呈送), 정순(呈旬), 정시(呈示), 정장(呈狀)[열명정장(列名)], 정재(呈才), 정진(呈進), 정철(呈徹), 정하다[607], 정희(呈戱); 경정(敬呈), 근정(謹呈), 노정(露呈), 배정(拜呈), 봉정(奉呈), 송정(送呈), 제정(提呈), 증정(贈呈), 진정(進呈), 헌정(獻呈) 들.

정(貞) '행실이 바르고 마음이 곧음. 여자의 절개'를 뜻하는 말. ¶정결(貞潔), 정고(貞固), 정길(貞吉), 정남(貞男), 정녀(貞女), 정덕(貞德), 정량하다(貞亮), 정렬/부인(貞烈/夫人), 정렴(貞廉), 정목(貞木;常綠樹), 정민(貞敏), 정부(貞婦), 정숙(貞淑;여자로서 행실이 얌전하고 마음씨가 고움), 정순(貞順), 정신(貞臣), 정실(貞實), 정렬(貞烈), 정완하다(貞婉), 정장(貞壯), 정절(貞節), 정정(貞靜), 정조/의무(貞操/義務), 정직(貞直), 정충(貞忠); 간정(艱貞), 고정(孤貞), 동정(童貞), 부정(不貞), 수정(守貞), 실정(失貞), 충정하다(忠貞) 들.

정(頂) '정수리. 꼭대기'를 뜻하는 말. ¶정례(頂禮), 정단(頂端;맨 꼭대기), 정문(頂門;숫구멍. 정수리), 정문일침(頂門一鍼), 정상/회담(頂上/會談), 정상(頂相), 정생(頂生), 정수리(머리 위의 숫구멍이 있는 자리), 정아(頂芽;끝눈), 정점(頂點), 정축(頂祝), 정화(頂花), 정화아(頂花芽); 관정(灌頂), 녹정혈(鹿頂血), 단정학(丹頂鶴), 두정골(頭頂骨), 등정(登頂), 봉정(峰頂), 산정(山頂), 원정/흑의(圓頂/黑衣), 절정(絶頂), 정정(征頂), 천정(天頂), 평정건(平頂巾), 학정(鶴頂) 들.

정(鼎) '금속제의 발이 셋, 귀가 둘 달린 솥'을 뜻하는 말. ¶정괘(鼎卦), 정담(鼎談), 정로(鼎爐), 정립(鼎立)[삼국정립(三國)], 정명(鼎銘), 정분(鼎分), 정비(鼎沸), 정석(鼎席), 정성하다(鼎盛), 정식(鼎食), 정운(鼎運;제왕의 운명), 정조(鼎俎;솥과 도마), 정조(鼎祚;임금의 자리), 정족(鼎足), 정족(鼎族;재산과 지위가 있는 집안), 정좌(鼎坐), 정주간(鼎廚間)/정주(鼎廚), 정확(鼎鑊); 무족정(無足鼎)[608], 부정지속(釜鼎之屬), 석정(石鼎), 정정(定鼎), 종정(鐘鼎)[종정도(圖), 종정문(文)], 철정(鐵鼎), 태정(台鼎), 토정(土鼎;질솥) 들.

606) 정지(停止;멈춤): 정지가격(價格), 정지거리(距離), 정지공권(公權), 정지되다/하다, 정지등(燈), 정지선(線), 정지신호(信號), 정지조건(條件), 정지표(標); 공개정지(公開), 공권정지(公權), 급정지(急), 면허정지(免許), 발행정지(發行), 시효정지(時效), 영업정지(營業), 자격정지(資格), 지급정지(支給), 집행정지(執行), 출석정지(出席).

607) 정하다(呈): 소장(訴狀)이나 원서(願書) 따위를 내다.

608) 무족정(無足鼎): (발이 없는 솥의 뜻) 신이 없어 바깥출입을 못하는 사람의 비유.

정(征) '치다'를 뜻하는 말. ¶정도(征途), 정동(征東), 저로(征路), 정린(征躪), 정마(征馬), 정벌(征伐), 정복(征服)[정복되다/하다, 정복욕(慾), 정복자(者)], 정부(征夫), 정서(征西), 정의(征衣), 정이(征夷), 정전/협정(征戰/協定), 정정(征頂), 정조(征鳥), 정진(征塵), 정토(征討), 정패(征覇); 남정북벌(南征北伐), 동정서벌(東征西伐), 북정(北征), 서정(西征), 외정(外征), 원정(遠征), 장정(長征), 출정/군(出征/軍), 친정(親征) 들.

정(廷) '조정·관청'을 뜻하는 말. ¶정내(廷內), 정론(廷論), 정리(廷吏), 정병(廷兵), 정신(廷臣), 정외(廷外), 정의(廷議), 정정(廷丁); 개정(開廷), 공개정(公開廷), 공판정(公判廷), 궁정(宮廷), 내정(內廷), 만정(滿廷), 법정(法廷/庭), 송정(訟廷/庭), 심정(審廷), 왕정(王廷), 입정(入廷), 재정(在廷), 재판정(裁判廷), 조정(朝廷), 출정(出廷), 퇴정(退廷), 폐정(閉廷), 휴정(休廷) 들.

정(挺/梃) ①'빼어나다'를 뜻하는 말. ¶정걸(挺傑), 정공식물(挺空植物;地上植物), 정립(挺立), 정수식물(挺水植物), 정신(挺身)[정신대(隊), 정신하다], 정쟁(挺爭;남보다 앞장서서 다툼), 정전(挺戰), 정진(挺進), 정출(挺出;쑥 비어져 나옴. 남보다 뛰어남); 공정(空挺)[공정부대(部隊), 공정작전(作戰)]. ②총·노·호미·삽 따위를 셀 때의 단위. ¶기관총 10정.

정(晶) '맑다'를 뜻하는 말. ¶정계(晶系), 정동(晶洞), 정상(晶相), 정석(晶析;晶出), 정용체(晶溶體), 정자(晶子), 정족(晶簇), 정질(晶質), 정출(晶出), 정형(晶形); 가정(假晶), 거정(巨晶), 결정(結晶)[609], 남정석(藍晶石), 미정(微晶), 반정(斑晶), 비정질(非晶質), 빙정(氷晶), 수정(水晶)[610], 쌍정(雙晶), 액정(液晶), 완정질(完晶質) 들.

정(錠) '알약'을 뜻하는 말. 또는 그것을 세는 말.=알. ¶비타민 100정. 정제(錠劑;알약); 감홍정(甘汞錠), 계초정(桂椒錠), 구강정(口腔錠), 구중정(口中錠), 다층정(多層錠), 당의정(糖衣錠), 박하정(薄荷錠), 발포정(發泡錠), 복효정(復效錠), 비등정(沸騰錠), 약용탄정(藥用炭錠), 정수정(淨水錠), 주사정(注射錠), 토근정(吐根錠), 효모정(酵母錠) 들.

정(釘) '못'을 뜻하는 말. ¶정간자(釘竿子;물레의 가락); 곡정(曲釘), 광두정(廣頭釘), 동자정(童子釘), 대정(大釘), 목정(木釘), 사촌정(四寸釘), 압정(押釘), 양각정(兩脚釘;거멀못), 오촌정(五寸釘), 원두정(圓頭釘), 은정(隱釘), 죽정(竹釘;대못), 지정/다지다(地釘), 철정(鐵釘), 평두정(平頭釘) 들.

정(訂) '책 따위의 내용을 고치다'를 뜻하는 말. ¶정약(訂約;조약을 의논하여 정함), 개정(改訂) 경정(更訂), 고정(考訂), 교정(校訂), 수정(修訂), 신정(新訂), 재정(再訂), 정정(訂正;고쳐 바로잡음), 정정(訂定), 중정(重訂), 증정(增訂) 들.

정(旌) 깃대 끝에 새의 깃으로 장목을 꾸민 기(旗). '알리다'를 뜻하는 말. ¶정기(旌旗), 정려(旌閭), 정명(旌銘), 정문(旌門), 정선(旌善), 정절(旌節), 정초(旌招), 정표(旌表); 궁정(弓旌), 명정(銘旌),

609) 결정(結晶): 결정계(系), 결정구조(構造), 결정도(度), 결정체(體), 결정형(形).

610) 수정(水晶): 수정고드름, 수정궁(宮), 수정렴(簾), 수정시계(時計), 수정유리(琉璃), 수정체(體); 오수정(烏), 자수정(紫), 황수정(黃), 흑수정(黑).

명정거리(銘旌), 심정(心旌), 표정(表旌) 들.

정(疔) 화농균의 침입으로 피부 및 피하조직 안에 생기는 부스럼. ¶정저(疔疽), 정종(疔腫); 면정(面疔), 탈저정(脫疽疔) 들.

정(偵) '비밀히 남의 사정을 살피다'를 뜻하는 말. ¶정찰(偵察)[611], 정첩(偵諜;적정을 몰래 살피는 사람.≒間諜), 정탐/꾼(偵探); 밀정(密偵), 탐정(探偵) 들.

정(睛) '눈동자(눈알의 수정체)'를 뜻하는 말. ¶안정(眼睛;눈동자), 점불정(點佛睛), 점정(點睛), 통정(通睛), 해정(蟹睛), 혼정(混睛), 화룡점정(畵龍點睛), 흑정(黑睛) 들.

정(靖) '다스리다'를 뜻하는 말. ¶정국(靖國), 정난(靖難;나라의 위난을 평정함), 정란(靖亂), 정변(靖邊;변방을 다스려 평정함); 안정(安靖) 들.

정(汀) '물가'를 뜻하는 말. ¶정선(汀線), 정저(汀渚), 정주(汀洲); 사정(沙汀), 장정(長汀;길게 뻗친 바닷가) 들.

정(穽) '허방다리'를 뜻하는 말. ¶석회정(石灰穽), 함정(陷穽;허방다리) 들.

정(酊) '술 취하다'를 뜻하는 말. ¶명정(酩酊), 주정/쟁이(酒酊) 들.

정(幀) '그림족자'를 뜻하는 말. ¶영정(影幀), 장정(裝幀)[호화장정(豪華)] 들.

정(酲) '숙취(宿醉;이튿날까지 깨지 아니한 취기)'를 뜻하는 말. ¶여정(餘酲), 주정(酒酲), 해정(解酲) 들.

정(鄭) 중국 주대(周代)의 나라 이름. ¶정성(鄭聲;음란하고 야비한 가락의 소리), 정중하다(鄭重;공손하다).

정(霆) '천둥소리. 번개'를 뜻하는 말. ¶정격(霆擊;번개처럼 격렬하게 일어남); 뇌정(雷霆) 들.

정(町) '밭두둑'을 뜻하는 말. ¶정보(町步), 정휴(町畦).

정(渟) '물이 괴다'를 뜻하는 말. ¶정수(渟水;괴어 있는 물).

정(碇) '닻. 닻을 내리다'를 뜻하는 말. ¶정박/하다(碇泊).

정(楨) '쥐똥나무'를 뜻하는 말. ¶정간(楨幹).

정가¹ 지난 허물이나 흠을 들추어 흉봄. 또는 그런 흉. ¶까맣게 잊고 있던 일을 정가하여 난처하게 만들다. 그는 자기 앞 하나 가리지 못한다고 동생을 정가하였다.

정가² 명아줏과의 한해살이풀. 형개(荊芥).

정갈-하다 모양이나 옷 따위가 깨끗하고 말쑥하다.≒깨끗하다. 깔끔하다. ¶차림새가 정갈하다. 정갈스런 음식. 정갈히 차린 제사음식. 정가롭다[612], 정갈스럽다/스레, 정갈히.

611) 정찰(偵察): 정찰기(機), 정찰병(兵), 정찰비행(飛行), 정찰선(船), 정찰위성(衛星), 정찰정(艇), 정찰조(組), 정찰하다, 정찰함(艦); 공중정찰(空中), 지형정찰(地形), 항공정찰(航空).

612) 정가롭다: 매우 정갈하다. ¶정가로운 식당. 정가로이 치워진 방안. 산골짜기에 정가로이 흐르는 맑은 시냇물.

정강이 아랫다리의 앞 뼈 부분. ¶정강다리(정강이), 정강마루(정강이뼈 앞 거죽에 마루가 진 곳), 정강말[613], 정강이가리개, 정강이뼈/정강뼈; 목정강이(목덜미를 이루고 있는 뼈), 앞정강이.

정어리 청어과의 바닷물고기. ¶정어리기름, 정어리깻묵; 간정어리(절인 정어리).

-정이 용언의 어간에 붙어 명사를 만드는 말. ¶굽정이(구부정하게 생긴 물건. 쟁기처럼 생긴 농기구), 극젱이(논밭을 가는 데 쓰는 농기구), 깍정이¹(깍지), 깍정이², 늙정이('늙은이'의 속된 말), 묵정이(오래 묵은 물건), 삭정이(말라죽은 나뭇가지), 썩정이(속이 썩은 나무. 썩어빠진 물건) 들.

정작 ①요긴하거나 진짜인 것. ¶지금까지는 시험적으로 해 본 것이고 정작은 이제부터다. ②그 전에 생각했던 바와는 달리. 실상. 막상. ¶정작 해보니 어렵다. 정작 당하면 꽁무니를 뺀다. ③=반드시. 꼭. ¶정작 할 일은 바로 그 일이다.

정짜 물건을 꼭 사 가는 단골손님.

정치 알을 배지 않은 뱅어.

젖 ①사람이나 포유동물에게서 분비되는 뿌연 빛의 액체. 유방(乳房). 식물의 줄기나 잎에서 나오는 흰빛의 끈끈한 액체. ¶젖을 짜다. 젖가루, 젖가슴/띠, 젖감질(疳疾;젖이 부족하여 생기는 어린아이의 병), 젖관(管), 젖국[유청(乳淸)], 젖기름, 젖꼭지, 젖꽃판/샘, 젖내, 젖내기(젖먹이), 젖내나다, 젖누님(유모), 젖니(배냇니), 젖다², 젖당(糖), 젖동냥/하다, 젖동생(同生;유모가 낳은 아이), 젖떨어지다[614], 젖떼기, 젖떼다, 젖마(媽;임금의 젖어머니), 젖맛, 젖머슴(나이 어린 머슴), 젖먹이(젖을 먹는 어린아이), 젖먹이동물(動物;포유동물), 젖멍울, 젖몸살/하다, 젖무덤(젖퉁이), 젖미수[615], 젖배(젖먹이의 배)/곯다, 젖뱀(몹시 심한 부아), 젖버섯, 젖병(病), 젖병(甁), 젖부들기(짐승 젖가슴의 살코기), 젖부리(젖꼭지의 튀어나온 부분), 젖비린내, 젖빌다, 젖빛/유리, 젖산(酸)[젖산균(菌), 젖산발효(醱酵), 젖산음료(飮料)], 젖살, 젖샘, 젖소, 젖송이(젖 속에 뭉얼뭉얼 엉긴 부분), 젖술, 젖싸개(가슴띠. 브래지어), 젖앓이(젖병), 젖양(羊), 젖어머니, 젖어멈, 젖어미, 젖주럽[616], 젖줄, 젖탈, 젖털, 젖통, 젖퉁이[617], 젖형제(兄弟); 가루젖, 귀웅젖(젖꼭지가 움푹 들어간 젖), 귀젖¹(귓속에 고름이 나오는 병), 날젖[생유(生乳)], 대접젖(대접을 엎어 놓은 것처럼 생긴 젖통), 돌림젖, 동냥젖, 물젖(묽은 젖), 배젖(胚;씨젖), 사발젖(沙鉢), 생젖(生), 소/쇠젖, 양젖(羊), 어미젖, 엄마젖, 염소젖, 조린젖(조려서 진하게 만든 젖. 달인 젖), 짝젖, 찰젖[618], 참젖(站;시간을 정해 두고 먹이는 젖), 콩젖[두유(豆乳)]. ②젖꼭지 모양의. 손잡이'를 뜻하는 말. ¶귀젖²(귀에 볼록 나온 군살), 목젖[619], 쥐젖[620],

613) 정강말: 아무것도 타지 아니하고 제 발로 걷는 짓. ¶정강말을 타다.

614) 젖떨어지다: 유아가 커서 젖을 안 먹게 되다.

615) 젖미수/미시: 구덩이 속에 멥쌀가루를 넣어 뜨게 한 다음, 그 즙에 다른 쌀가루를 반죽하여 쪄서 볕에 말려 만든 가루.

616) 젖주럽: 젖이 모자라 아이가 잘 자라지 못하는 상태. §주럽(피로하여 몸이 느른한 증세).

617) 젖퉁이: 젖꽃판의 언저리로 넓게 불룩하게 두드러진 부분. 유방(乳房).

618) 찰젖: 진하고 영양분이 많은 젖.

ㅈ

솥젖, 통젖(桶;통의 바깥쪽에 달린 손잡이. 통꼭지). ☞ 유(乳).

젖(다)[1] 뒤쪽으로 기울어지다. 〈작〉잦다[2]. ¶잦 · 젖다듬다(젖혀지게 다듬다), 젖뜨리다/트리다, 젖버듬 · 잦바듬하다(조금 뒤쪽으로 기운 듯하다), 젖혀놓다, 젖혀지다, 젖히다[621)], 젖힌목, 제끼다[622)], 제치다[623)], 제키다[624)]; 뒤젖히다(뒤쪽으로 젖히다), 밀어젖히다, 벗어젖히다, 열어젖뜨리다/젖트리다, 열어젖히다 들.

젖(다)[2] ①액체가 배어들어 축축하게 되다.≒물묻다.↔마르다. ¶옷이 비를 맞아 젖다. 젖을개(길쌈할 때 마른 실에 물을 축이는 기구), 적시다(≒축이다.↔말리다)[휘적시다(마구 적시다)], 적심[2](재목을 물에 띄워 내리는 일), 젖어들다, 젖어오르다, 젖을개[625)]; 무젖다[1](물에 젖다), 술적심[626)], 휘적시다(마구 적시다). ②어떤 마음의 상태에 깊이 잠기다.≒빠지다. ¶향수에 젖다. ③사람이 어느 것에 깊이 빠져 쉽게 벗어나지 못하게 되다.≒배다. ¶그는 나쁜 버릇이 몸에 배었다. 무젖다[2][627)]. ④되풀이되어 귀에 익다. ☞ 습(濕).

제 원망스럽거나 답답할 때 내는 소리.

제(劑) ①'약물(藥物)이나 물질'을 뜻하는 말. ¶가교제(架橋劑), 가소제(可塑劑), 가황제(加黃劑), 각성제(覺醒劑), 감감제(減感), 감광제(感光劑), 감극제(減極劑), 감마제(減摩劑), 감미제(甘味劑), 강간제(强肝劑), 강심제(强心劑), 강압제(降壓劑), 강장제(强壯劑), 강정제(强精劑), 강화제(强化劑), 개시제(開始劑), 거담제(祛/去痰劑), 거품제, 건위제(健胃劑), 건조제(乾燥劑), 결합제(結合劑), 경고제(硬膏劑), 경화제(硬化劑), 고미제(苦味劑), 고엽제(枯葉劑), 고착제(固着劑), 공벌제(攻伐劑), 과립제(顆粒劑), 관장제(灌腸劑), 광택제(光澤劑), 광화제(鑛化劑), 교미교취제(矯味矯臭劑), 교제(膠劑), 구매제(驅梅劑), 구미제(驅黴劑), 구충제(驅蟲劑), 구토제(嘔吐劑), 구풍제(驅風劑), 군제(君劑;한약 처방에 주가 되는 약), 균염제(均染劑), 극제(劇劑;劇藥), 근이완제(筋弛緩劑), 금석제(金石劑), 급결제(急結劑), 기포제(氣泡劑), 기폭제(起爆劑), 기피제(忌避劑), 기한제(起寒劑), 길항제(拮抗劑), 낙엽제(落葉劑), 납고제(蠟膏劑), 납제(臘劑), 내폭제(耐爆劑), 냉제(冷劑), 냉각제(冷却劑), 냉동제(冷凍劑), 니코틴제(nicotine劑), 당제(當劑), 데리스제(derris劑), 데포제(depot劑), 도제(塗劑), 도찰제(塗擦劑), 도포제(倒飽劑), 도포제(塗布劑), 도형제(塗型劑), 독제(毒劑), 드린제(drin劑), 드링크제(drink劑), 등장화제(等張化劑), 띄움제, 로션제(lotion劑), 마취제(痲醉劑), 막제(膜劑), 말제(末劑;가루약), 매염제(媒染劑), 매용제(媒熔劑), 몽혼제(曚昏劑), 밀제(蜜劑), 박리제(剝離劑), 발근제(發根劑), 발모제(發毛劑), 발색제(發色劑), 발아제(發芽劑), 발연제(發煙劑), 발열제(發熱劑), 발염제(拔染劑), 발포제(發泡劑), 발포제(發疱劑), 발한제(發汗劑), 발화제(發火劑), 발효제(醱酵劑), 방제(方劑), 방부제(防腐劑), 방수제(防水劑), 방수제(防銹劑), 방습제(防濕劑), 방식제(防蝕劑), 방청제(防鯖劑), 방충제(防蟲劑), 방취제(防臭劑), 방향수제(芳香水劑), 방향제(芳香劑), 방화제(防火劑), 배제(配劑), 변성제(變性劑), 변질제(變質劑), 보제(補劑), 보강제(補强劑), 보류제(保留劑), 보색제(補色劑), 보약제(補藥劑), 보양제(補陽劑), 보음제(補陰劑), 보조제(補助劑), 보존제(保存劑), 보항제(保恒劑), 보향제(保香劑), 보혁제(保革劑), 보혈제(補血劑), 복극제(復極劑), 복합제(複合劑), 봉쇄제(封鎖劑), 부동제(不凍劑), 부식제(腐蝕劑), 부형제(賦形劑), 부활제(賦活劑), 분제(粉劑), 분무제(噴霧劑), 분사제(噴射劑), 분산제(分散劑), 붕해제(崩解劑), 브롬화제(Brom化劑), 비소제(砒素劑), 비스무트제(Wismut劑), 비타민제(vitamin劑), 사제(瀉劑), 삭마제(削磨劑), 산제(散;가루약), 산세척제(酸洗滌), 산화제(酸化劑), 살균제(殺菌劑), 살상제(殺傷劑), 살서제(殺鼠劑), 살저제(殺蛆劑), 살점제(殺粘劑), 살정제(殺精劑), 살조제(殺藻劑), 살초제(殺草劑), 살충제(殺蟲劑), 살포제(撒布劑), 삼투제(滲透劑), 삽제(澁劑), 설파제(Sulfa劑), 세제(洗劑), 세정제(洗淨劑), 세척제(洗滌劑), 세탁제(洗濯劑), 소기제(掃氣劑), 소담제(消痰劑), 소독제(消毒劑), 소말제(消沫劑), 소색제(消色劑), 소양제(消陽劑), 소염제(消炎劑), 소이제(燒夷劑), 소포제(消泡劑), 소화제(消化劑), 소화제(消火劑), 쇄점제(殺粘劑), 수제(水劑), 수렴제(收斂劑), 수면제(睡眠劑), 수은제(水銀劑), 술파제(sulfa劑), 스테로이드제(steroid劑), 스트로판투스제(strophanthus劑), 습윤제(濕潤劑), 승압제(昇壓劑), 시럽제(syrup劑), 신약제(新藥劑), 안정제(安靜劑), 안정화제(安定化劑), 알칼리제(alkali劑), 알킬화(alkyl劑), 액제(液劑), 엘릭시르제(elixir劑), 약제(藥劑), 약유제(藥油劑), 양제(良劑), 양제(凉劑), 양모제(養毛劑), 억제제(抑制劑), 엉김제, 연고제(軟膏劑), 연마제(研磨劑), 연막제(煙幕劑), 연무제(煙霧劑), 연화제(軟化劑), 염망제(鹽網劑), 염발제(染髮劑), 영양제(營養劑), 온제(溫劑), 온침제(溫浸劑), 완경제(緩硬劑), 완염제(緩染劑), 완충제(緩衝劑), 완하제(緩下劑), 완화제(緩和劑), 요오드제(Jod劑), 용제(溶劑), 용리제(鎔離劑), 용매제(溶媒劑), 용액제(溶液劑), 용융제(鎔融劑), 용출제(溶出劑), 용해제(溶解劑), 유제(油劑), 유제(乳劑), 유기인제(有機燐劑), 유기황(有機黃劑), 유당제(油糖劑), 유백제(乳白劑), 유인제(誘引劑), 유충제(誘蟲劑), 유탁제(乳濁劑), 유화제(乳化劑), 윤활제(潤滑劑), 융제(融劑), 응결제(凝結劑), 응집제(凝集劑), 이제(泥劑), 이뇨제(利尿劑), 이담제(利膽劑), 이수제(利水劑), 이형제(離形劑), 입욕제(入浴劑), 자극제(刺戟劑), 자양제(滋養劑), 장제(漿

619) 목젖: 목구멍의 위로부터 아래로 내민 동그스름한 살. ¶목젖이 붓다. 목젖이 떨어지다(매우 먹고 싶어 하다).

620) 쥐젖: 사람의 살가죽에 생기는, 젖꼭지 모양의 사마귀.

621) 젖히다: ①윗몸을 뒤로 젖게 하다. 물건을 뒤로 기울게 하다. ¶옷깃을 젖히며 앉다. ②속의 것이 겉으로 드러나게 열다.

622) 제끼다: ①열어젖히다. ¶문을 열어제끼다. 옷깃을 제끼다. 제껴갈이(두둑을 이루지 않고 한쪽으로만 갈아엎는 일), 제껴놓다, 제낀깃(↔닫힌깃)[제낀깃양복(洋服), 제낀깃옷]. ②일을 솜씨 있게 처리하거나 빨리 해치우다. 〈작〉재끼다. ¶일을 해 재끼다. 제낄손(일을 해제끼는 솜씨나 능력). 해제끼다(어떤 일을 일정한 결말로 맺게 다 해버리다). ③겨루는 상대를 이겨 내다.≒자빠뜨리다. 넘어뜨리다. ④셈에서 빼다.

623) 제치다: 거치적거리지 아니하게 치우다. 앞지르다. 일을 미루다.[〈져티다←젖(다)[1]+히+다]. ¶바느질감을 윗목으로 제치고 이불을 깔다. 나는 그를 제치고 1위로 올랐다. 집안일을 제쳐 두고 놀러 가다. 제쳐놓다(치워놓다. 제외하다. 빼다. 어떤 일을 뒤로 하려고 미루어 놓다); 밀어제치다, 불어제치다(바람이 세차게 불다).

624) 제키다: 살갗이 조금 다치어 벗겨지다. ¶무릎이 제키어 피가 나다. 손가락이 제켜 세수할 때 매우 불편하다.

625) 젖을개: 길쌈을 할 때. 베실이 마르면 물을 적시어서 축이는 나무토막.

626) 술적심: 국 · 찌개 등의 국물이 있는 음식.[←술/숟가락+적심]

627) 무젖다[2]: 어떤 환경이나 상황이 몸에 배다. ¶속세에 무젖은 때를 씻어 보려고 깊은 산 속으로 들어갔다.

劑), 장용제(腸溶劑), 저해제(沮害劑), 적제(滴劑), 적과제(摘果劑), 전색제(展色劑), 전착제(展着劑), 점결제(粘結劑), 점비제(點鼻劑), 점안제(點眼劑), 점장제(粘漿劑), 점조제(粘稠劑), 점착제(粘着劑), 점활제(粘滑劑), 접착제(接着劑), 접촉제(接觸劑), 접합제(接合劑), 정제(錠劑), 정균제(靜菌劑), 정력제(精力劑), 정련제(精練劑), 정장제(整腸劑), 정진균제(靜眞菌劑), 제제(製劑), 제사제(制瀉劑), 제산제(制酸劑), 제암제(制癌劑), 제초제(除草劑), 제폭제(制爆劑), 제토제(制吐劑), 제한제(制汗劑), 조제(助劑), 조제(調劑), 조건제(條件劑), 조경제(早硬劑), 조영제(造影), 조혈제(造血劑), 좌제(坐劑), 주제(主劑), 주제(酒劑), 주사제(注射劑), 주장제(注腸劑), 중제(重劑), 중액제(重液劑), 중화제(中和劑), 증감제(增感劑), 증량제(增量劑), 증산제(蒸散劑), 증폭제(增爆劑), 지사제(止瀉劑), 지연제(遲延劑), 지한제(止汗劑), 지열제(止熱劑), 지혈제(止血劑), 진경제(鎭痙劑), 진정제(鎭靜劑), 진토제(鎭吐劑), 진통제(鎭痛劑), 진해제(鎭咳劑), 차제(茶劑), 착색제(着色劑), 찰제(擦劑), 창연제(蒼鉛劑), 철제(鐵劑), 철금기제(鐵禁忌劑), 철분제(鐵分劑), 철환제(鐵丸劑), 첨가제(添加劑), 청량제(清凉劑), 청심제(淸心劑), 청정제(淸淨劑), 청혈제(淸血劑), 초밀제(醋蜜劑), 촉매제(觸媒劑), 촉염제(促染劑), 촉진제(促進劑), 최경제(催經劑), 최루제(催淚劑), 최면제(催眠劑), 최산제(催産劑), 최유제(催乳劑), 최음제(催淫劑), 최토제(催吐劑), 추진제(推進劑), 추출제(抽出劑), 축융제(縮絨劑), 축합제(縮合劑), 충전제(充塡劑), 취기제(臭氣劑), 취한제(取汗劑), 치료제(治療劑), 침윤제(浸潤劑), 침전제(沈澱劑), 침제(浸劑), 침출제(浸出劑), 카타플라스마제(cataplasma劑), 코킹제(coking劑), 킬레이트제(chelate劑), 탈류제(脫硫劑), 탈모제(脫毛劑), 탈산제(脫酸劑), 탈색제(脫色劑), 탈수제(脫水劑), 탈염소제(脫鹽素劑), 탈전자제(脫電子劑), 탈지제(脫脂劑), 탈취제(脫臭劑), 탈황제(脫黃劑), 탕제(湯劑), 토제(吐劑), 토하제(吐下劑), 통경제(通經劑), 통리제(通利劑), 트로키제(troche劑), 특효제(特效劑), 파혈제(破血劑), 팽윤제(澎潤劑), 팽창제(膨脹劑), 포수제(捕收劑), 포집제(泡集劑), 포화제(飽和劑), 폭발제(爆發劑), 표백제(漂白劑), 피막제(皮膜劑), 피복제(被覆劑), 피임제(避妊劑), 하제(下劑), 한제(寒劑), 함수제(含漱劑), 함침제(含浸劑), 함탄제(含炭劑), 합제(合劑), 항갑상선제(抗甲狀腺), 항결핵제(抗結核劑), 항당뇨병제(抗糖尿病), 항말라리아제(抗malaria劑), 항산화제(抗酸化劑), 항생제(抗生劑), 항암제(抗癌劑), 항우울제(抗憂鬱劑), 항울제(抗鬱劑), 항응고제(抗凝固劑), 항응혈제(抗凝血劑), 항콜레스테롤제(抗cholesterol劑), 항펩신제(抗pepsin劑), 항플라스민제(抗plasmin劑), 항혈전제(抗血栓劑), 해교제(解膠劑), 해독제(解毒劑), 해열제(解熱劑), 향미제(香味劑), 현색제(顯色劑), 현탁제(懸濁劑), 혐오제(嫌惡劑), 호르몬제(hormone劑), 혼화제(混和劑), 화농제(化膿劑), 화염제(火焰劑), 화제(和製), 환제(丸劑), 환각제(幻覺劑), 환원제(還元劑), 활성제(活性劑), 활성화제(活性化劑), 활택제(滑澤劑), 회춘제(回春劑), 효소제(酵素劑), 훈연제(燻煙劑), 훈제(燻劑), 훈증제(燻蒸劑), 흡수제(吸收劑), 흡습제(吸濕劑), 흡인제(吸引劑), 흡입제(吸入劑), 흡착제(吸着劑), 흥분제(興奮劑), 희석제(稀釋劑), 히단토인제(hydantoin劑). ②탕약 20첩 또는 그만한 분량으로 지은 환약(丸藥)을 일컫는 말. ¶보약 한 제를 먹다.

제(制) '만들다. 다스리다. 묶다. 법도 · 규정. 제도(制度)'를 뜻하는 말. ¶제고(制誥), 제공권(制空權), 제구(制球), 제규(制規), 제도(制度)[628], 제독(制毒)[629], 제동(制動)[630], 제령(制令), 제례(制禮), 제모(制帽), 제박(制縛), 제복(制服), 제산제(制酸劑), 제살(制煞), 제승(制勝), 제식(制式;정해진 양식)[제식동작(動作), 제식훈련(訓練)], 제압(制壓), 제약(制約), 제약(制弱), 제어(制御)[631], 제욕(制慾), 제작(制作), 제재(制裁)[경제제재(經濟), 사적제재(私的)], 제정(制定), 제지(制止;말려서 못하게 함), 제찬(制撰), 제토제(制吐劑), 제패(制覇)[632], 제폭제(制爆劑), 제한(制限)[633], 제한제(制汗劑), 제해권(制海權), 제헌/절(制憲/節); 가격연동제(價格連動制), 가격제(價格制), 가묘제(家廟制), 가부장제(家父長制), 가사제(家舍制), 간선제(間選制), 감가제(減價制), 감산제(減算制), 강산제(江山制), 강제(强制), 개가제(開架制), 건제(建制), 검사제(檢査制), 격일제(隔日制) 격주제/ 격월제/ 격년제, 견제(牽制), 겸제(箝制), 경산제(京山制), 경선제(競選制), 계급제(階級制), 계약제(契約制), 고사제(考査制), 고정환율제(固定換率制), 고칠현삼제(古七現三制), 골품제(骨品制), 공제(控制), 공급제(供給制), 공모제(公募制), 공산제(共産制), 공선제(公選制), 공유제(共有制), 공정환율제(公定換率制), 공판제(共販制), 공화제(共和制), 과두제(寡頭制), 과소농제(過小農制), 관제(官制), 관제(管制), 관제탑제(管制塔制), 관료제(官僚制), 관치제(官治制), 교계제(敎階制), 교대

---

628) 제도(制度): 제도적(的), 제도화/되다/하다(化); 가산제도(家産), 가장제도(家長), 가족제도(家族), 경제제도(經濟), 계급제도(階級), 공화제도(共和), 관리통화제도(管理通貨), 교육제도(教育), 군국제도(軍國), 군주제도(君主), 금본위제도(金本位), 금환본위제도(金換本位), 납세신고제도(納稅申告), 노예제도(奴隸), 대의제도(代議), 도제제도(徒弟), 링크제도(link), 모계제도(母系), 문물제도(文物), 민주제도(民主), 발권제도(發券), 배심제도(陪審), 병역제도(兵役), 보세제도(保稅), 복관세제도(複關稅), 본위제도(本位), 봉건제도(封建), 부계제도(父系), 비례분배제도(比例分配制度), 사법제도(司法), 사회보장제도(社會保障), 사회제도(社會), 성계제도(姓階), 세관제도(稅關), 소작제도(小作), 수입할당제도(輸入割當), 수출보상제도(輸出補償), 승급제도(昇給), 승진제도(昇進), 시험제도(試驗), 신고납세제도(申告納稅), 신분제도(身分), 심급제도(審級), 씨족제도(氏族), 연금제도(年金), 엽관제도(獵官), 의료제도(醫療), 의회제도(議會), 이익분배제도(利益分配制度), 입헌제도(立憲), 자격제도(資格), 자치제도(自治), 재산제도(財産), 전매제도(專賣), 정치제도(政治), 조세제도(租稅), 지방자치제도(地方自治), 지폐본위제도(紙幣本位), 태환제도(兌換), 통치제도(統治), 통화제도(通貨), 특허제도(特許), 행정제도(行政), 화폐제도(貨幣).

629) 제독(制毒): 해독을 미리 막음. ¶제독을 주다(상대의 기운을 꺾어 다시는 감히 딴 마음을 품지 못하게 하다).

630) 제동(制動): 기계나 자동차 따위의 운동을 멈추게 함. 속력을 떨어뜨림. ¶제동을 걸다(일의 진행이나 사물의 활동을 방해하거나 못하게 하다). 제동기(機), 제동되다/하다, 제동력(力), 제동마력(馬力), 제동복사(輻射), 제동비(比), 제동자(子), 제동장치(裝置).

631) 제어(制御): 억눌러 따르게 함. 기계 · 설비 따위가 알맞게 움직이도록 조절함. ¶제어공학(工學), 제어기(機), 제어반(盤), 제어봉(棒), 제어인자(因子), 제어장치(裝置), 제어판(瓣), 제어하다(부리다. 통제하다), 제어회로(回路); 생체제어(生體), 수치제어(數値), 자동제어(自動), 전자제어(電子), 환경제어(環境).

632) 제패(制覇): ①패권을 잡음. ②운동 · 바둑 따위의 경기에서 우승함. ¶탁구 경기에서 세계를 제패하다.

633) 제한(制限): 한계나 범위를 정함. 일정한 한계나 범위를 넘지 못하게 함. ¶제한감사(監査), 제한공간(空間), 제한구배(勾配), 제한선거(選擧), 제한성(性), 제한속도(速度), 제한시간(時間), 제한적(的), 제한전쟁(戰爭), 제한조건(條件), 제한해석(解釋;축소해석), 제한효소(酵素); 공용제한(公用), 무제한(無), 산아제한(産兒), 속도제한(速度), 연령제한(年齡), 자격제한(資格), 취업제한(就業).

제(交代制), 교령제(教領制), 구제(舊制), 국민소환제(國民召還制), 국제(國制), 군제(軍制), 군제(郡制), 군국제(郡國制), 군주제(君主制), 군현제(郡縣制), 군혼제(群婚制), 귀족제(貴族制), 귀휴제(歸休制), 규제(規制), 균등대표제(均等代表制), 균일제(均一制), 균전제(均田制), 금제/품(禁制/品), 금납제(金納制), 금본위제(金本位制), 기간제(期間制), 기명제(記名制), 기장제(記帳制), 깃가림제, 납세제(納稅制), 내각책임제(內閣責任制), 내포제(內浦制), 내혼제(內婚制), 농노제(農奴制), 누진제(累進制), 능률급제(能率給制), 다당제(多黨制), 다수대표제(多數代表制), 다원제(多院制), 단독제(單獨制), 단본위제(單本位制), 단원제(單院制), 단위제(單位制), 단일제(單一制), 단혼제(單婚制), 당번제(當番制), 대선거구제(大選擧區制), 대의제(代議制), 대통령제(大統領制), 덕대제, 데릴사위제, 도제(道制), 도급제(都給制), 도기제(到記制), 도량형제(度量衡制), 도수제(度數制), 도조제(賭租制), 도첩제(度牒制), 독거제(獨居制), 독립채산제(獨立採算制), 독방제(獨房制), 독임제(獨任制), 동편제(東便制), 두품제(頭品制), 드래프트제(draft制), 등록제(登錄制), 리더제(leder制), 리콜제(recall制), 링크제(link制), 모계제(母系制), 모권제(母權制), 무시험제(無試驗制), 무학년제(無學年制), 물납제(物納制), 미터제(meter制), 민며느리제, 민병제(民兵制), 바터제(barter制), 반드림제, 배급제(配給制), 배심제(陪審制), 벌점제(罰點制), 법제(法制), 변동환율제(變動換率制), 별산제(別産制), 병제(兵制), 병행본위제(竝行本位制), 보상제(補償制), 보수제(報酬制), 복제(服制), 복본위제(複本位制), 복호제(復戶制), 본위제(本位制), 봉건제(封建制), 봉수제(烽燧制), 부계제(父系制), 부권제(父權制), 부방제(部坊制), 분일제(分日制), 비례대표제(比例代表制), 비례제(比例制), 사업부제(事業部制), 삼복제(三覆制), 삼심제(三審制), 삼장제(三長制), 삼칠제(三七制), 삼포제(三圃制), 상제(相制), 상제(常制), 상제(喪制), 상금제(賞金制), 상피제(相避制), 서면투표제(書面投票制), 서편제(西便制), 석화제(판소리의 창법), 선제(先制), 선대제(先貸制), 선임제(先任制), 설렁제, 세제(稅制), 세납제(稅納制), 소각제(消却制), 소선거구(小選擧區制), 소수대표제(少數代表制), 소작제(小作制), 소환제(召還制), 송달제(送達制), 숍제(shop制), 순번제(順番制), 순위제(順位制), 슬라이드제(slide制), 시제(時制), 시간급제(時間給制), 시차제(時差制), 시험제(試驗制), 신제(新制), 신분제(身分制), 실링제(ceiling制), 실명제(實名制), 십부제(十部制), 악제(惡制), 안식년제(安息年制), 압제(壓制), 양제(洋制), 양본위(兩本位制), 양원제(兩院制), 억제하다(抑制), 역제(曆制), 역원제(驛院制), 연급제(年給制), 연동제(連動制)[물가연동제(物價)], 연방제(聯邦制), 연봉제(年俸制), 연좌제(緣坐制), 연통제(聯通制), 영제(永制), 예제(禮制), 예부제(豫婦制), 예산제(豫算制), 예서제(豫壻制), 예약제(豫約制), 예혼제(豫婚制), 오번제(Auburn制), 오위제(五衛制), 오엠제(OM制), 오일제(五日制), 용병제(傭兵制), 우대제(優待制), 월급제(月給制), 월반제(越班制), 위소제(衛所制), 유제(遺制), 유급제(留級制), 육삼삼제(六三三制), 윤번제(輪番制), 은본위제(銀本位制), 의제(衣制), 의제(擬制), 의용병제(義勇兵制), 의원내각제(議員內閣制), 의회제(議會制), 이부제(二部制), 이원제(二院制), 이윤분배제(利潤分配制), 이자환급제(利子還給制), 이중미가제(二重米價制), 이중임금제(二重賃金制), 인가제(認可制), 일급제(日給制), 일당제(一黨制), 일당제(日當制), 일부다처제(一夫多妻制), 일부일처제(一夫一妻制), 일부제(日部制), 일부제(日賦制), 일원제(一院制), 임금제(賃金制)[최저임금제(最低)], 임명제(任命制), 입헌제(立憲制), 입후보제(立候補制), 자제하다(自制), 잡거제(雜居制), 장제(葬制), 장로제(長老制), 전제(田制), 전제(專制), 전국구제(全國區制), 전일제(全日制), 전표제(傳票制), 전표제(錢票制), 절제(節制), 점수제(點數制), 정년제(停年制), 정률제(定率制), 정시제(定時制), 정원제(定員制), 정전제(丁田制), 정찰제(正札制), 족제(族制), 종제(宗制), 종제(終制), 종량제(從量制), 종사제(從士制), 종신직제(終身職制), 주문제(注文制), 주민소환제(住民召還制), 중고제(中高制), 지로제(giro制), 지역제(地域制), 지역대표제(地域代表制), 지주제(地主制), 직제(職制), 직계제(職階制), 직능대표제(職能代表制), 직선제(直選制), 진관제(鎭官制), 집정부제(執政府制), 징발제(徵發制), 징병제(徵兵制), 참심제(參審制), 채산제(採算制), 체제(體制), 추첨제(抽籤制), 출입처제(出入處制), 치료제(治療制), 침묵제(沈默制), 카풀제(car-pool制), 쿼터제(quota制), 테리터리제(territory制), 테마제(Thema制), 토룡제(土龍制), 통제(統制)[634], 팔공산제(八公山制), 편제(編制), 폐가제(閉架制), 포접제(抱接制), 풀제(pool制), 학제(學制), 학구제(學區制), 학기제(學期制), 학년제(學年制), 학점제(學點制), 할당제(割當制), 합의제(合議制), 해제(解制), 허가제(許可制), 협의제(協議制), 호포제(戶布), 호주제(戶主制), 화랑제(花郎制), 회피제(回避制), 횟수제(回數制), 후불제(後拂制), 휴가제(休暇制) 들.

제(祭) 신에게 음식을 바쳐 정성을 표하는 예절. '제사 또는 굿. 축제 행사(잔치). 경연 대회'의 뜻을 나타내는 말. ¶제를 올리다. 제각(祭閣), 제공(祭供), 제관(祭官), 제관(祭冠), 제구(祭具), 제기(祭器)[제기접시; 목제기(木)], 젯날, 제단(祭壇), 제답(祭畓), 제당(祭堂), 제대(祭臺), 제독(祭櫝), 제례/악(祭禮/樂), 젯메, 젯메쌀, 제문(祭文), 제물(祭物), 젯밥, 제병(祭屛), 제병(祭餠), 제복(祭服), 제사(祭祀)[635], 제사장(祭司長), 제상(祭床)[소제상(素)], 제석(祭席;제사를 지낼 때 까는 돗자리), 제수(祭需)[제수답(畓), 제수전(錢)], 젯술, 제식(祭式), 제신(祭臣), 제신(祭神), 제악(祭樂), 제위(祭位)[제위답(畓), 제위전(田)], 제의(祭衣), 제의(祭儀)[통과제의(通過)], 제일(祭日), 제자(祭資), 제장(祭場), 제전(祭田), 제전(祭典)[제전악(樂); 대제전(大)], 제전(祭奠), 제절(祭節), 제정/일치(祭政/一致), 제주(祭主), 제주/잔(祭酒/盞), 제지내다, 제찬(祭粲), 제천/의식(祭天/儀式), 제청(祭廳), 제축문(祭祝文), 제태(祭駄), 제터, 제퇴선(祭退膳), 제향(祭享); 가신제(家神祭), 가요제(歌謠祭), 감사제(感謝祭), 강신제(降神祭), 강탄제(降誕祭), 개기제(開基祭),

634) 통제(統制): 일정한 방침이나 목적에 따라 행위를 제한하거나 제약함. ¶통제가격(價格), 통제강제(强制), 통제경제(經濟), 통제계정(計定), 통제관(官), 통제구역(區域), 통제권(權), 통제되다/하다, 통제력(力), 통제벌(罰), 통제법(法), 통제사(使), 통제장치(裝置), 통제적(的), 통제조합(組合), 통제탑(塔), 통제품(品), 통제허가(許可); 기업통제(企業), 물가통제(物價), 사회통제(社會), 산업통제(産業), 자금통제(資金), 언론통제(言論), 통화통제(通貨).

635) 제사(祭祀): 신령 또는 죽은 사람의 넋에게 음식을 바치며 정성을 드리는 예절. ¶제사 덕에 이밥이라. 제삿감, 제삿날, 제삿밥, 제사상(床), 제삿술, 제사장(長), 제사지내다; 기제사(忌), 길제사, 봉제사(奉), 연제사(練), 큰제사, 파제사(罷祭祀).

개빙제(開氷祭), 개산제(開山祭), 개토제(開土祭), 거제(擧祭), 거리제, 견전제(遣奠祭)/견제(遣祭), 고유제(告由祭), 고제(古祭), 공문제(公文祭), 과월제(過越祭), 교사제(郊祀祭), 구월제(九月祭), 구충제(驅蟲祭), 궐제(闕祭), 기제(忌祭), 기고제(祈告祭), 기곡제(祈穀祭), 기년제(祈年祭), 기념제(記念祭), 기설제(祈雪祭), 기신제(忌晨祭), 기우제(祈雨祭), 기원제(祈願祭), 기은제(祈恩祭), 기일제(忌日祭), 기제(忌祭)[첫기제], 기청제(祈晴祭), 기한제(祈旱祭), 길제(吉祭), 납평제(臘平祭), 납향제(臘享), 노제(路祭), 노동제(勞動祭), 노인성제(老人星祭), 농제(農祭), 농신제(農神祭), 뇌공제(雷公祭), 단오제(端午祭), 담제(禫祭), 당산제(堂山祭), 대제(大祭)[춘향대제(春享)], 대감제(大監祭), 도당제(都堂祭), 도서낭제(都), 독산제(獨山祭), 동제(洞祭), 동빙제(凍氷祭), 동신제(洞神祭), 동요제(童謠祭), 떡국제, 마신제(馬神祭), 만월제(滿月祭), 망제(望祭), 망령제(亡靈祭), 망혼제(亡魂祭), 매제(禖祭), 맹제(盟祭), 맹동제(孟冬祭), 모하람제(Moharram祭), 목신제(木神), 묘제(墓祭), 무우제(舞雩祭), 무혈제(無血祭), 문화제(文化祭), 물산제, 민속제(民俗祭), 반혼제(返魂祭), 발인제(發靷祭), 백일제(百日祭), 번제(燔祭), 별기은제(別祈恩祭), 별신제(別神), 보사제(報祀祭), 보색제(補色祭), 봉분제(封墳祭), 부제(祔祭), 부제(副祭), 부군제(府君祭), 부락제(部落祭), 부활제(復活祭), 분황제(焚黃祭), 불돗제, 사제(司祭), 사모제(思慕祭), 사순제(四旬祭), 사육제(謝肉祭), 사은제(謝恩祭), 사한제(司寒祭), 삭제(朔祭), 삭망제(朔望祭), 산제(山祭), 산신제(山神祭), 산천제(山川祭), 삼일제(三日祭), 삼우제(三虞祭), 상제(喪祭), 샘제, 서낭제, 석전제(釋奠祭), 석존제(釋尊祭), 선농제(先農祭), 선잠제(先蠶祭), 성제(聖祭), 성공제(聖貢祭), 성복제(成服祭), 성분제(成墳祭), 성주제, 성탄제(聖誕祭), 성황제(城隍祭), 세모제(歲暮祭), 속건제(贖愆祭), 속죄제(贖罪祭), 수신제(水神祭), 수은제(酬恩祭), 수확제(收穫祭), 승천제(昇天祭), 시제(時祭), 시향제(時享祭), 안택제(安宅祭), 여제(厲祭), 연제(練祭), 연등제(燃燈祭), 연시제(年始祭), 연종제(年終祭), 영화제(映畵祭), 예제(例祭), 예술제(藝術祭), 오금잠제(烏金簪祭), 오룡제(五龍祭), 오방제(五方祭), 오월제(五月祭), 올림피아제(Olympia祭), 요제(搖祭), 용신제(龍神祭), 용왕제(龍王祭), 용제(龍祭), 우제(虞祭), 우제(雩祭), 원단제(圓壇祭), 원장제(元壯祭), 위령제(慰靈祭), 위안제(慰安祭), 유혈제(流血祭), 음악제(音樂祭), 이안제(移安祭), 일포제(日晡祭), 입무제(入巫祭), 장군제(將軍祭), 장빙제(藏氷祭), 장제/의식(葬祭/儀式), 장승제, 저녁제, 적도제(赤道祭), 전제(奠祭), 전답제(田畓祭), 전야제(前夜祭), 정제(井祭), 정주제(井主祭), 제주제(題主祭), 조제(弔祭), 조상제(祖上祭), 졸곡제(卒哭祭), 주제(主祭), 중농제(中農祭), 중류제(中霤祭), 지제(地祭), 지신제(地神祭), 지장제(地藏祭), 지진제(地鎭祭), 진혼제(鎭魂祭), 천제사(天祭祀)/천제(天祭), 천일제(千日祭), 초감제(初監祭), 초우제(初虞祭), 초제(醮祭;별을 향하여 지내는 제사), 초혼제(招魂祭), 추모제(追慕祭), 추수제(秋收祭), 추향대제(秋享大祭), 축제(祝祭), 축원제(祝願祭), 출사제(出師祭), 출행제(出行祭), 치제(致祭), 친제(親祭), 칠성제(七星祭), 칠일제(七日祭), 탑신제(塔神祭), 토룡제(土龍祭), 토신제(土神祭), 파제(罷祭), 평토제(平土祭), 평화제(平和祭), 풍년제(豊年祭), 풍신제(風神祭), 풍어제(豊漁祭), 합사제(合祀祭), 합토제(合土祭), 해괴제(解怪祭), 해부제(解剖祭), 향산제(香山祭), 화목제(和睦祭), 화제(火祭), 황충포제(蝗蟲酺祭) 등.

제(製) '그것으로 만들어진 것. 그곳에서 만든. 짓다·만들다'를 뜻하는 말. ¶제강(製鋼), 제과/점(製菓/店), 제관(製罐), 제구(製具), 제기(製器), 제다(製茶), 제당/업(製糖/業), 제도(製陶), 제도(製圖)[제도기(器), 제도사(士), 제도용지(用紙)], 제련/소(製鍊/所), 제마(製麻), 제망(製網), 제면(製綿;솜을 만듦), 제면(製麵;국수를 만듦), 제본(製本)[제본소(所); 가제본(假), 상제본(上)], 제분/기(製粉/機), 제빙/기(製氷/機), 제사(製絲), 제산(製産), 제술(製述), 제약(製藥)[제약소(所), 제약회사(會社)], 제염(製鹽), 제유(製油), 제작(製作)[636], 제재/소(製材/所), 제제(製劑)[간장제제(肝臟)], 제조(製造)[637], 제지/술(製紙/術), 제진(製進), 제책(製冊), 제철(製鐵), 제출(製出), 제탄(製炭), 제판(製版), 제품(製品)[638], 제하다, 제함(製艦), 제혁(製革), 제화/공(製靴/工); 가제(假製;임시로 대강 만듦), 감제(監製), 건제(乾製), 관제(官製)[관제염(鹽), 관제엽서(葉書)], 근제/품(謹製/品), 금제/품(金製/品), 금속제(金屬製), 남제(濫製), 내국제(內國製), 도제(陶製), 동제(銅製), 마제(磨製), 목제(木製), 박제(剝製), 반제(半製), 법제(法製), 별제(別製), 병제(竝製), 복제(複製)[복제권(權), 복제판(版), 복제품(品)], 봉제(縫製), 사제(私製), 상제(上製), 수제(手製), 순제(旬製;열흘마다 보이던 시험), 시제(試製), 신제(新製), 양모제(羊毛製), 어제(御製), 예제(睿製), 완제(完製), 외제(外製), 외국제(外國製), 위제(僞製), 유리제(琉璃), 은제(銀製), 응제(應製), 의제(擬製), 자제(自製), 자가제(自家製), 장약제(裝藥製), 재제(再製), 전제(專製), 정제(精製), 조제(粗製), 즉제(卽製), 지제(紙製), 창제(創製), 철제(鐵製), 타제(打製), 토제(土製), 특제/품(特製/品), 훈제(燻製); 한국제(韓國製)/ 중국제/ 일본제/ 미국제/ 독일제 등.

제(除) '덜다. 없애다. 벼슬을 내리다. 나누다'를 뜻하는 말. ¶제각(除角;짐승의 뿔을 없앰), 제각(除却;除去), 제감(除減), 제거(除去), 제관(除官;벼슬을 주다), 제급(除給), 제대(除隊), 제독(除毒;독을 없애버림), 제례(除例), 제례(除禮), 제막(막을 걷어냄)/식(除幕/式), 제만사(除萬事), 제명(除名), 제반(除飯), 제백사(除百事), 제번(除番), 제번(除煩), 제벌(除伐), 제법(除法;나눗셈), 제병연명(除病延命), 제복(除服;상기가 지나 상복을 벗음), 제산(除算), 제상(除喪), 제석(除夕), 제설(除雪)[제설기(機), 제설작업(作業), 제설차(車)], 제수(除授)[639], 제수(除數;나눗수), 제습/기(除濕/器), 제신기(除燼器), 제안(除案), 제야(除夜;除夕), 제역(除役), 제외/례(除外/例), 제웅(除雄), 제월(除月), 제일(除日;섣달그믐날), 제잡비(除雜費), 제적/부(除籍/簿), 제전(除田), 제진(除塵), 제척(除斥;물리쳐 없앰)[제척기간(期間), 제척되다/하다], 제초/제(除草/劑), 제출(除出;덜어냄), 제충/제(除蟲/劑), 제취(除臭), 제태(除

636) 제작(製作): 제작과정(過程), 제작권(權), 제작비(費), 제작사(社), 제작소(所), 제작자(者), 제작진(陣), 제작품(品).

637) 제조(製造): 제조계정(計定), 제조량(量), 제조법(法), 제조업(業), 제조원(元), 제조원가(原價), 제조자(者), 제조품(品); 농산제조(農産).

638) 제품(製品): 가전제품(家電), 극제품(極), 낙제품(酪), 목제품(木), 복제품(複製品), 석유화학제품(石油化學), 섬유제품(纖維), 수제품(手), 신제품(新), 유리제품, 유제품(乳), 자가제품(自家), 철제품(鐵), 타제품(他).

639) 제수(除授): 추천을 받지 않고 임금이 바로 벼슬을 줌.

ㅈ

馱), 제폐(除弊), 제폭(除暴), 제표(除標), 제하(除下), 제하(除荷), 제하다(빼거나 덜어내다), 제해(除害), 제호(除號); 가제(加除;보탬과 뺌), 개제(開除), 계제(計除), 공제(控除), 구제(驅除), 노제(老除), 면제(免除), 방제(防除), 배제(排除), 벽제(辟除), 변제(變除/制), 별제(別除), 복제(復除), 불제(祓除), 삭제(削除), 산제(刪除), 삼제(芟除), 선제(先除), 세제(歲除), 소제(掃除;청소), 승제(乘除), 승귀제(乘歸除), 외제(外除), 전제(箭除), 절제(切除), 정제(庭除;섬돌 아래), 특제(特除), 폐제(廢除), 해제(解除), 협제(脅制) 들.

제(題) '시문·서책의 제목이나 맨 앞머리. 또는 물음·문제, 평하다'를 뜻하는 말. ¶제각(題刻;문자나 사물의 형상을 새김), 제급(題給;題辭를 매기어 줌), 제명(題名), 제명(題銘), 제목(題目)[가제목(假), 소제목(小), 원제목(原)], 제발(題跋), 제벽(題壁), 제사(題詞), 제사(題辭), 제서(題書), 제시(題詩), 제액(題額;액자에 그림을 그리거나 글씨를 씀), 제언(題言), 제영(題詠), 제의(題意), 제자(題字), 제재(題材), 제주(題主), 제지(題旨), 제판(題判), 제품(題品), 제하(題下), 제호(題號), 제화(題畵); 가제(假題), 가제(歌題;노래의 제목), 개제(改題), 과제(科題), 과제(課題), 관제(官題), 구제(舊題), 글제(글의 제목), 난제(難題), 내제(內題), 논제(論題), 농제(弄題), 득제(得題), 명제(命題;제목을 정함)¹, 명제(命題)²[640], 목침제(木枕題;아주 어려운 시문의 글제), 무제(無題), 문제(文題), 문제(問題), 미제(謎題), 발제(發題), 방제(旁題), 배제(背題), 본제(本題), 부제(副題), 서제(序題), 설제(設題), 소제(小題), 수제(首題), 숙제(宿題), 시제(試題), 시제(詩題), 어제(御題), 연제(演題), 예제(例題), 예제(豫題), 원제(原題), 유제(類題), 의제(議題), 이제(裏題), 입제(入題), 잡제(雜題), 제제(提題), 주제(主題), 즉제(卽題), 착제(着題), 창제(唱題), 책제(冊題), 출제(出題), 파제(破題), 편제(扁題), 표제(表題), 표제/어(標題/語), 해제(解題), 현제(懸題), 화제/거리(話題), 화제(畵題) 들.

제(諸) '모두·여러'의 뜻을 나타내는 말. ¶제 관계자(關係者). 제비용(費用). 제가(諸家), 제객(諸客), 제계(諸系), 제고(諸苦), 제공(諸公;여러분), 제구(諸具), 제국(諸國), 제군(諸君), 제대(諸隊), 제도(諸島;群島), 제도(諸道), 제도구(諸道具), 제등수(諸等數), 제례(諸禮), 제리(諸吏), 제모(諸母), 제반(諸般;온갖), 제방(諸邦;모든 나라), 제법(諸法), 제부(諸父)[641], 제사(諸事), 제생(諸生), 제설(諸說), 제식교련(諸式敎鍊), 제신(諸神), 제씨(諸氏), 제악(諸惡), 제언(諸彦;諸賢), 제연(諸緣), 제예(諸藝), 제왕(諸王), 제우(諸友), 제원(諸元), 제원(諸員), 제위(諸位;여러분), 제유(諸儒), 제읍(諸邑), 제자(諸子), 제장(諸將), 제절(諸節), 제족(諸族), 제졸(諸卒), 제종(諸宗), 제종(諸種), 제종남매(諸從男妹), 제좌(諸座), 제증(諸症), 제지(諸誌), 제직(諸職), 제진(諸鎭), 제천(諸天), 제택(諸宅), 제행/무상(諸行/無常), 제현(諸賢;여러 어진 사람들), 제형(諸兄), 제후(諸侯) 들.

제(帝) ①'임금. 제국주의(帝國主義)'를 뜻하는 말. ¶제국/주의(帝國/主義), 제궁(帝弓), 제권(帝權), 제궐(帝闕), 제덕(帝德), 제도(帝都), 제도(帝道), 제명(帝命), 제실(帝室), 제사(帝師;천자의 스승), 제석굿(帝釋), 제성(帝城), 제실(帝室), 제업(帝業), 제왕(帝王), 제윤(帝胤), 제위(帝位), 제위(帝威), 제윤(帝胤;임금의 혈통), 제정(帝政), 제좌(帝座), 제주(帝主), 제통(帝統), 제향(帝鄕), 제호(帝號); 대제(大帝), 동제(童帝), 망제(望帝;두견이), 반제(反帝), 부제(父帝), 선제(先帝), 성제(聖帝), 여제(女帝), 염제(炎帝), 유제(幼帝), 적제(赤帝), 천제(天帝), 폐제(廢帝), 화제(火帝), 황제(皇帝). ②'하느님. 신(神)'을 뜻하는 말. ¶제석신(帝釋神)/제석(帝釋)[642], 동제(東帝), 상제(上帝)[옥황상제(玉皇)], 청제(青帝), 흑제(黑帝) 들.

제(弟) '아우. 자기의 겸칭'을 뜻하는 말. ¶제랑(弟郎), 제매(弟妹), 제부(弟夫), 제부(弟婦), 제수(弟嫂), 제씨(弟氏), 제자(弟子)[643], 제형(弟兄); 가제(家弟;자기 아우), 고족제자(高足弟子)/고제(高弟;학식이 뛰어난 제자), 곤제(昆弟), 귀제(貴弟), 난형난제(難兄難弟), 도제(徒弟)[644], 말제(末弟), 망제(亡弟), 매제(妹弟), 모제(母弟), 부제(婦弟), 사제(舍弟), 사제(査弟), 사제(師弟), 서제(庶弟), 소제(小弟), 손제(損弟), 실제(實弟), 애제(愛弟), 여제(女弟), 영제(令弟), 왕세제(王世弟)/세제(世弟), 왕제(王弟), 외제(外弟), 인제(姻弟), 우제(愚弟), 의제(義弟), 자제(子弟), 자제(姊弟), 적제(嫡弟), 정제(情弟), 족제(族弟), 종제(從弟), 죄제(罪弟), 처제(妻弟), 척제(戚弟), 친제(親弟), 현제(賢弟), 형제(兄弟), 호형호제(呼兄呼弟) 들.

제(第) ①'차례·순서나 과거(科擧) 또는 등급(等級)'을 뜻하는 말. ¶제삼(第三)[645], 제일(第一)[646][제일가다, 제일선(線), 제일주의(主義); 천하제일(天下)], 제오열(第五列), 제육감(第六感), 제택(第宅); 갑제(甲第;과거에 갑과로 급제함), 과제(科第), 급제(及第), 낙제(落第), 등제(登第), 사제(賜第), 상제(上第), 탁제(擢第), 하제(下第). ②'아우나 제자. 또는 공경하다'를 뜻하는 말. ¶제곤(第昆). ③'자기 집'을 뜻하는 말. ¶갑제(甲第;크고 너르게 아주 잘 지은 집), 거제(居第), 본제/입납(本第/入納), 비제(鄙第), 사제(私第), 향제(鄕第;고향에 있는 집), 환제(還第) 들.

제(濟) '물을 건너다. 건지다·구제하다. 이루다. 해결하다. 많다'를 뜻하는 말. ¶제도(濟度)[제도중생(衆生)], 제미(濟美), 제민(濟民;도탄에 빠진 백성을 구함), 제빈(濟貧), 제생(濟生;목숨을 구제함),

640) 명제(命題)²: 어떤 문제에 대한 논리적인 판단이나 주장을 언어와 기호로 표현한 것. 맡겨진 문제. ¶우리에게 주어진 명제는 평화적 통일이다. 가언적명제(假言的), 규정명제(規定), 긍정명제(肯定), 단순명제(單純), 단칭명제(單稱), 당위명제(當爲), 부정명제(不正), 사실명제(事實), 선언명제(選言), 소극명제(消極), 전칭긍정명제(全稱肯定), 전칭명제(全稱), 전칭부정명제(全稱否定), 정언적명제(定言的), 정책명제(政策), 존재명제(存在), 특칭명제(特稱), 합성명제(合成).

641) 제부(諸父): 아버지와 같은 항렬의 당내친(堂內親).

642) 제석(帝釋): 제석거리, 제석신(神), 제석천(天), 제석풀이.

643) 제자(弟子): 고족제자(高足弟子)/고제(高弟;학문과 행실이 뛰어난 제자), 문제자(門), 법제자(法;불법의 가르침을 받는 제자), 불제자(佛), 사상제자(泗上;공자의 제자), 손제자(孫;제자의 제자), 수제자(首;뛰어난 제자), 직제자(直).

644) 도제(徒弟): 어려서부터 스승에게서 직업에 필요한 지식·기능을 배우는 제자 직공.

645) 제삼(第三): 셋째. ¶제삼계급(階級), 제삼국(國), 제삼세계(世界), 제삼세력(勢力), 제삼심(審), 제삼자(者).

646) 제일(第一): 부사적으로 쓰여 '여러 대상 가운데서 맨 위나 처음. 으뜸'을 뜻하는 말.≒가장. ¶제일의 품질. 철수가 제일. 제일 빠르다. 뭐니 뭐니 해도 건강이 제일/ *가장이다. 세계에서 제일 높은 건물.

제섭(濟涉), 제세(濟世)[제세안민(安民), 제세재(才), 제세주(主)], 제승(濟勝), 제제(濟濟)[제제다사(多士), 제제창창(蹌蹌)], 제중(濟衆)[박시제중(博施)], 제화(濟化); 결제/하다(決濟), 경제(經濟), 공제(共濟), 광제(匡濟), 광제(廣濟), 구제(救濟), 기제(旣濟;일이 이미 처리되어 끝남), 미제(未濟), 반제(返濟), 변제(辨濟), 시제(施濟), 완제(完濟), 접제(接濟), 판제(辦濟), 호제(互濟), 훈제(燻製) 들.

제(提) '끌고 가다. 들다. 걸다. 거느리다'를 뜻하는 말. ¶제고하다(提高;높이다), 제공(提供;내놓음)[숙식제공(宿食), 자료제공(資料)], 제공(提栱), 제금(提琴;바이올린), 제기(提起;의견을 냄. 드러내어 문제를 일으킴), 제독(提督), 제등(提燈), 제론(提論), 제보(提報;정보를 제공함), 제소(提訴;소송을 일으킴), 제시(提示)[제시증권(證券), 제시하다(내보이다); 지급제시(支給)], 제안(提案;議案을 냄)[제안권(權), 제안자(者), 제안하다], 제언(提言), 제요(提要;요점만 추려냄), 제의(提議;의논이나 의안을 냄), 제정(提呈;드림. 바침), 제제(提題), 제조(提調), 제창/자(提唱/者), 제청(提請;제안하여 청함), 제출/안(提出/案), 제휴(提携)[647]; 번제(煩提), 전제(前提), 초제(招提;관부에서 사액한 절) 들.

제(堤) '둑. 언덕'을 뜻하는 말. ¶제궤의혈(堤潰蟻穴), 제내지(堤內地;둑의 보호를 받는 땅), 제방(堤防), 제언(堤堰), 제외지(堤外地); 도수제(導水堤), 도제(島堤;육지에서 떨어진 바다에 만든 방파제), 돌제(突堤)[648], 방조제(防潮堤), 방파제(防波堤)[부방파제(浮), 혼성방파제(混成)], 설제(雪堤), 언제(堰堤), 윤중제(輪中堤)[649], 일류제(溢流堤), 잠제(潛堤), 장제(長堤), 지제(地堤), 축제(築堤), 토언제(土堰堤), 토제(土堤), 파제(破堤), 하제(河堤), 한지제(扞止堤), 횡제(橫堤) 들.

제(際) '사이. 가장자리 · 끝. 만나다'를 뜻하는 말. ¶제애(際涯), 제우(際遇), 제하다, 제한(際限), 제회(際會;우연히 만남); 교제(交際), 국제(國際), 무제(無際), 무한제(無限際), 분제(分際), 발제(髮際), 실제(實際), 애제(涯際), 운제(雲際), 일망무제(一望無際), 차제(此際;이즈음, 이 기회), 천제(天際;하늘의 끝) 들.

제(梯) '사닥다리'를 뜻하는 말. ¶제계(梯階), 제대(梯隊), 제상(梯狀), 제전(梯田), 제진(梯陣), 제항(梯航), 제형(梯形사다리꼴); 계제(階梯), 석제(石梯;섬돌), 선제(船梯), 승제(繩梯), 어제(魚梯), 운제(雲梯;높은 사다리), 층제(層梯), 현제(舷梯), 현제(懸梯) 들.

제(蹄) '발굽'을 뜻하는 말. ¶제지(蹄紙), 제철(蹄鐵;편자), 제형(蹄形); 구제역(口蹄疫), 마제(馬蹄), 상제(霜蹄;굽에 흰털이 난 좋은 말), 전제(筌蹄), 우제류(偶蹄類), 은제마(銀蹄馬), 철제(鐵蹄), 현제(懸蹄;밤눈) 들.

제(齊) '가지런하다. 다스리다'를 뜻하는 말. ¶제가(齊家), 제균하다(齊均), 제민(齊民), 제심(齊心), 제열(齊列), 제일(齊一), 제정(齊整), 제진(齊進), 제창(齊唱), 제평하다(齊平); 균제(均齊), 부제(不齊), 일제(一齊), 정제하다(整齊) 들.

제(臍) '배꼽'을 뜻하는 말. ¶제낭(臍囊)[650], 제대(臍帶;탯줄), 제동맥(臍動脈), 제서(臍緖;탯줄), 제염(臍炎), 제종(臍腫), 제창(臍瘡), 제하(臍下); 서제막급(噬臍莫及;일이 지난 뒤에는 후회하여도 이미 늦다는 말) 들.

제(諦) '진실. 깨달음'을 뜻하는 말. ¶고제(苦諦), 공제(空諦), 도제(道諦), 멸제(滅諦), 사제(四諦), 삼제(三諦), 세제(世諦), 속제(俗諦), 진제(眞諦), 집제(集諦) 들.

제(啼) '울다'를 뜻하는 말. ¶제곡(啼哭), 제읍(啼泣), 제조(啼鳥); 야제병(夜啼病) 들.

제(悌) '공손하다'를 뜻하는 말. ¶제우(悌友); 부제(不悌), 효제(孝悌) 들.

제(霽) '맑게 개다. 쾌청하다'를 뜻하는 말. ¶제월/광풍(霽月/光風), 제천(霽天) 들.

제(儕) '동아리. 함께'를 뜻하는 말. ¶제등(儕等), 제배(儕輩) 들.

제(擠) '밀어 떨어뜨리다'를 뜻하는 말. ¶제함(擠陷;나쁜 마음으로 남을 못된 데로 밀어 넣어 해침).

제(娣) '여동생'을 뜻하는 말. ¶제부(娣婦), 제사(娣姒) 들.

제(騠) '말'을 뜻하는 말. ¶결제(駃騠;버새. 잘 달리는 말).

제걱제걱 단단한 것이 부서지듯이 씹히는 소리. ¶제걱제걱 얼음 씹히는 그 맛밖에는 아무 맛이 없다.

제글 구슬이나 쇠사슬 따위가 서로 스치는 소리.

제금 자바라의 하나. 놋쇠로 만든 냄비 뚜껑 비슷한 악기로 두 개가 한 벌임.

제기 엽전을 종이로 싸서 발로 차는 장난감. 또는 그 놀이. ¶제기를 차다. 제기차기; 두발제기, 맨제기, 사방제기(四方), 셈제기, 외발제기, 종로제기(鐘路;두 사람이 마주 보며 주고받는 제기).

제기(다)[1] ①'알제기다(눈동자에 흰점이 생기다)'의 준말. ②있던 자리에서 빠져 달아나다.≒이탈하다(離脫). ③발끝으로 다니다. ¶제겨디디다/딛다, 제겨잇다(두 끈의 끝을 서로 어긋매껴 대고 한 끝에 꼬부려 옭매어 잇다).

제기(다)[2] 소장(訴狀)이나 원서(願書)에 제사(題辭;관부의 판결이나 지령)를 적다.

제기(다)[3] ①팔꿈치나 발꿈치로 지르다. ¶옆구리를 무릎으로 힘껏 제겼다. 제겨차다(발등으로 치올려 차다); 내리제기다[1](팔꿈치나 발꿈치로 위에서 아래로 힘껏 건드리다), 외알제기[651]. ②자귀 따위로 가볍게 톡톡 깎다. ¶제겨내다[1](나뭇가지 같은 것을 깎아 내다); 내려제기다[652], 내리제기다[2](마구 깎다). ③물이나 국물 따

647) 제휴(提携): 공동의 목적을 위하여 서로 도움. 또는 함께 일을 함. ¶제휴하다; 기술제휴(技術), 기업제휴(企業), 산학제휴(産學).

648) 돌제(突堤): 육지에서 강이나 바다로 길게 내밀어 만든 둑. 바다로 들어가는 강어귀에 퇴적물을 막고 물 깊이를 고르게 하기 위하여 만듦.

649) 윤중제(輪中堤): 강 가운데 있는 섬의 둘레를 둘러쳐 쌓은 둑. ¶여의도의 윤중제.

650) 제낭(臍囊): 알에서 막 깐 물고기 새끼의 뱃속에 있는 주머니.

651) 외알제기: 소나 말 따위가 한쪽 굽을 질질 끌며 걷는 일. 또는 못마땅할 때 한쪽 발로 걷어차는 짓.

위를 조금씩 부어 떨어뜨리다. ¶제깃물653). ④돈치기에서, 돈이 다 붙었을 때, 그 중에서 맞히라고 지정한 돈을 목대를 던져 꼭 맞히다. ¶제겨내다²(지정한 돈을 목대를 던져 꼭 맞히다).

제기랄 마음에 언짢을 때 불평스럽게 내뱉는 소리. 〈준〉제기.[〈제길할←제기를 할]. ¶제기랄, 또 틀렸잖아. 젠장(뜻대로 되지 않아서 불만스러울 때 욕으로 하는 말)[젠장맞을(제기, 난장을 맞을 것), 젠장칠(제기, 난장을 칠 것)].

제만도 별신굿을 할 때에 신장대를 세우는 동리의 신성한 곳.

제바리 막일꾼들이 자기의 불만을 나타낼 때 하는 말.

제발 간절히 바라건대.≒조널로. 좀. ¶제발 그만두어라. 제발 살려 주시오. 제발 담배 좀 끊어라. 제발덕분에(德分;간절히 덕분을 바라건대). [+사태에 대한 희망, 바람].

제배-부채 껍질과 알맹이의 빛이 희고 조금 굵은 팥.

제법 ①생각한 것보다는 더하게. 보통 수준에서 어지간히 낫게.≒상당히. ¶철수는 제법 똑똑하다. 제법 잘 한다. 날씨가 제법 춥다. 노래를 제법 잘 부른다. ②더 좋게. 더 크게. ¶이것은 저것에 비해 제법 쓸 만하다. ③꽤 볼 만하게. 전혀 못하는 행위에서 조금 괜찮은 정도로. ¶지혜는 글을 제법 읽는다. [+긍정적].

제비¹ 여럿 가운데 하나를 골라잡게 하여, 적힌 기호에 따라 승부나 차례를 결정하는 방법.=추첨(抽籤). ¶제비를 뽑아 상품을 타다. 제비뽑기/하다.

제:비² 제빗과의 철새. '제비 모양'을 뜻하는 말. ¶제비는 작아도 강남을 간다. 제비가(歌), 제비갈매기, 제비꽃, 제비나비, 제비당반654), 제비맞이, 제비부리¹(제비의 주둥이), 제비부리²655), 제비손656), 제비쑥, 제비족(族;유한 부인에게 붙어 사는 젊은 남자), 제비집, 제비초리(뾰족하게 내민 머리털), 제비추리(소의 안심에 붙은 고기), 제비콩(제비부리 모양의 검은 점이 있는 콩), 제비턱(턱이 두툼하고 너부죽하게 생긴 턱); 갈색제비(褐色), 개천제비, 공중제비(空中)657), 귀제비, 바다제비, 바위제비, 흰털발제비. ☞ 연(燕).

제웅 짚으로 만든 사람의 형상(음력 정월 열나흗날 밤에 액막이할 때 씀). 아무 분수를 모르는 사람. ¶제웅을 치다(제웅을 거두다). 제웅놀음/하다, 제웅직성(直星;민속에서 나이에 따른 사람의 운수를 맡아본다는 아홉 직성의 하나), 제웅치기/하다.

제육 돼지고기.[←저육(猪肉)]. ¶제육구이, 제육무침, 제육방자고기, 제육볶음, 제육저냐, 제육젓, 제육조림, 제육지지미, 제육편육(片肉), 제육포(脯) 들.

652) 내려제기다: 위에서 마구 두들겨 꺾거나 으스러뜨리다. ¶망치로 호두를 내려제기다.

653) 제깃물: 간장을 담근 뒤 뜨기 전에 장물이 줄어드는 대로 채우는 소금물.

654) 제비당반: 제비 집을 받치기 위하여 달아놓은 선반.

655) 제비부리²: 좁고 긴 물건의 오라기 한 끝의 좌우 귀를 접어 제비의 부리처럼 가운데만 뾰족하게 만든 모양.

656) 제비손: 제비처럼 동글뾰족하고 날렵한 손.

657) 공중제비(空中): 양손을 땅에 짚고 두 다리를 공중으로 쳐들어서 반대쪽으로 넘어감. 또는 그런 재주. 공중에서 거꾸로 나가떨어짐.

제잠(鯷岑) 옛날에 중국에서, 우리나라를 달리 이르던 말.

젠체-하다 제가 제일인 체하다. 잘난 체하다. 건방지다.[←저²+인+체+하다].=재다¹. ¶돈 좀 있다고 너무 젠체하지 마라.

젬병 '형편없는 것'을 속되게 이르는 말.

조¹ 포아폴과의 한해살이풀. 오곡(五穀)의 하나. ¶조깜부기(까맣게 깜부기로 된 조의 이삭), 조다짐(조밥을 먹는 일), 조당수(좁쌀로 묽게 쑨 당수), 조대우(조를 심은 대우), 조묵658), 조바심659), 조밭, 조밥[강조밥, 메조밥, 찰조밥], 조북데기(조를 탈곡하고 나온 북데기), 조비비다660), 좁싸라기, 좁쌀661), 조이삭, 조인절미, 조차떡(차조로 만든 떡), 조짚; 겉조(껍질을 벗기지 않은 조), 메조, 오조(일찍 익는 조), 차조. §'조의 열매를 찧은 쌀'인 '좁쌀'은 작고 좀스러운 사람이나 물건을 비유하는 말로도 쓰임. ¶좁쌀고둥, 좁쌀과녁(좁쌀로도 쉽게 맞힌다는 뜻으로, 얼굴이 매우 큰 사람), 좁쌀눈(눈이 아주 작은 사람), 좁쌀땀(작게 방울진 땀), 좁쌀떡, 좁쌀메뚜기, 좁쌀방정(좀스럽고 경망스러운 짓), 좁쌀뱅이(몸이 썩 작거나 소견이 좁고 언행이 좀스러운 사람), 좁쌀여우(좀스러운 아이), 좁쌀영감(令監;좁쌀뱅이), 좁쌀친구(親舊;나이 어린 조무래기 친구) 들.

조² 그 자리에서 보일 정도로 떨어져 있는 사물이나 사람을 가리키는 말. 〈큰〉저³. ¶조 책/ 사람. 조 건물은 몇 층이냐? 조걸(조것을), 조걸로, 조것/조거, 조게(조것이), 조기, 조까짓, 조나마, 조냥, 조년, 조놈, 조다지, 조래서, 조러다/가, 조러루하다, 조러면, 조러하다, 조런, 조렇다, 조리(로), 조만큼/만치, 조만조만하다, 조만하다(조 정도만 하다), 조맘때 들.

조(調) ①어떤 일의 말투나 태도(품격)를 뜻하는 말. ¶깔보는 조로 말하다. 비꼬는 조로 이야기하다. 변명하는 조로 중얼거렸다.[+부정적 의미]. ②고르다. 어울리다. 맞다. 길들이다. 구실. 가락(리듬). 주문에 따르다. 조사하다'의 뜻을 나타내는 말. ¶조가 틀리다. 조를 바꾸어 부르다. 조교(調敎), 조달(調達)[조달청(廳), 조달하다], 조대(調帶;皮革), 조도(調度), 조련/사(調練/師), 조리(調理)662), 조마(調馬), 조미/료(調味/料), 조바꿈, 조발(調髮), 조복(調伏), 조복(調服), 조사(調查)663), 조색(調色), 조서(調書)664), 조

658) 조묵: 좁쌀가루로 죽을 쑤어 그릇에 담아 굳힌 음식.

659) 조바심: ①조의 이삭을 떨어서 좁쌀을 만드는 일. ¶조바심하다¹. ②조마조마하여 마음을 졸임. 또는 그렇게 졸이는 마음. ¶조바심치다, 조바심하다².

660) 조비비다: 마음을 몹시 졸이거나 조바심을 내다. ¶안 보면 조비비고 보면 시들하다.

661) 좁쌀: 조의 열매.[←조+ㅂ쌀]. ¶좁쌀떡, 좁쌀미음(米飮), 좁쌀엿, 좁쌀죽(粥), 좁쌀풀떡; 차좁쌀.

662) 조리(調理): ①음식·거처·동작을 적당히 하여 쇠약해진 몸을 낫게 함. 조섭(調攝). 조양(調養). 조치(調治). ¶몸조리, 산후조리(産後). ②재료를 잘 맞추어 음식을 장만함. ¶조리기(器), 조리대(臺), 조리사(師), 조리원(員), 조리하다.

663) 조사(調查): 조사구(區), 조사단(團), 조사보고(報告), 조사서(書), 조사위원(委員), 조사표(表), 조사하다; 가계조사(家計), 교통조사(交通), 국세조사(國勢), 국정조사(國政), 동기조사(動機), 뒷조사, 밑조사(어떤 일을 시작하기 전에 하는 조사), 사회조사(社會), 설문조사(設問), 세무조사(稅務), 시장조사(市場), 신용조사(信用), 실태조사(實態), 여론조사(輿論), 역학조사(疫學), 의식조사(意識), 인구조사(人口), 재물조사(財物),

섭(調攝;調理), 조성(調聲), 조속기(調速機), 조습(調習), 조약(調藥), 조양(調養), 조옮김, 조용(調用), 조위(調胃), 조율/사(調律/師), 조음(調音)[조음기관(器官), 조음소(素)], 조응(調應), 조인(調印)[665], 조절(調節)[666], 조정(調定), 조정(調停)[667], 조정(調整)[668], 조제(調劑)[669], 조진(調進), 조치(調治;調理), 조판(調辦), 조표(調標), 조합(調合), 조호(調號), 조호(調護), 조화(調和)[670], 조희(調戲); 가래조, 각조(角調), 감탄조(感歎調), 강조(强調)[강조법(法), 강조주간(週間), 강조하다], 개탄조(慨歎調), 걸림조[관계조(關係調)], 격조/파(格調/派), 격려조(激勵調), 경조(京調), 경조(硬調), 경어조(敬語調), 경탄조(驚歎調), 계면조(界面調), 고조(古調), 고조(高調), 곡조(曲調), 관계조(關係調;걸림조), 궁조(宮調), 근친조(近親調), 기조(基調), 긴조, 나란한조, 낙수조(洛水調), 낙시조(樂時調), 난조(亂調), 낮은조, 내림조, 노랫조, 논조(論調), 놀림조, 농조(弄調), 농담조(弄談調), 다조성(多調性), 다짐조, 단조(單調), 단조(短調), 단색조(單色調), 동조(同調), 드렁조[1,2], 따짐조, 딸림음조(音調), 마감조, 막막조(邈邈調;급하고 강한 음조. 강직하고 고집이 센 사람), 말조, 명령조(命令調), 목낭청조(睦郎廳調), 문답조(問答調), 민요조(民謠調), 반섭조(般涉調), 버금딸림조, 변조(變調), 변명조(辨明調), 변설조(辨說調), 변조(變調)[변조관(管), 변조기(器), 변조파(波)], 병행조(竝行調), 보조(步調), 복조(複調), 복고조(復古調), 봉황조(鳳凰調), 부조(不調), 불만조(不滿調), 불평조(不平調), 비조(悲調), 비난조(非難調), 비아냥조, 비양조, 비탄조(悲歎調), 사조(辭調), 사뇌조(詞腦調), 사사조(四四調), 산조(散調), 삼사조(三四調), 상조(商調), 상속조(上屬調), 색조(色調), 서름조, 선서조(宣敍調), 성조(聲調), 소원조(疏遠調), 속조(俗調), 순조/롭다(順調), 순정조(純正調), 시조(時調), 시비조(是非調), 시작조(始作調), 시험조(試驗調), 신조(新調), 실조(失調), 악조(樂調), 애조(哀調), 애원조(哀怨調), 애원조(哀願調), 야유조(揶揄調), 어조(語調), 엇조, 역조(逆調), 연설조(演說調), 열변조(熱辯調), 영조(嶺調), 영탄조(詠歎調), 올림조, 완조(完調), 완서조(緩徐調), 우조(羽調), 우롱조(愚弄調), 웅변조(雄辯調), 원격조(遠隔調), 원망조(怨望調), 위로조(慰勞調), 위협조(威脅調), 육십조(六十調), 율조(律調), 음조(音調), 의논조(議論調), 이조(移調;조옮김), 이조(離調), 이황조(二黃調), 인사조(人事調), 장조(長調), 장난조, 저조하다(低調), 전조(轉調;조바꿈), 절조(絕調), 정조(正調), 정조(情調), 제조(提調), 조롱조(嘲弄調), 주조(主調), 중간조(中間調), 중개조(仲介調), 중고조(中高調), 지름조, 진양조, 질림조(무엇에 기가 질린 말투나 태도), 찬양조(讚揚調), 최자조(嗺子調), 취조(取調), 치조(徵調), 칠오조(七五調), 쾌조(快調), 타령조(打令調), 탁목조(啄木調), 탄식조(歎息調), 트집조, 파색조(破色調), 평조(平調), 평균조(平均調), 하림조(河臨調), 합조(合調), 항변조(抗辯調), 해라조, 해조(諧調), 행하조(行下調), 협조(協調), 협박조(脅迫調), 호조(好調調), 호광조(湖廣調), 호령조(號令調), 호소조(呼訴調), 후속조(後續調), 화조(話調;말씨의 특색), 훈계조(訓戒調), 흥분조(興奮調), 흥치조(興-調), 희롱조(戲弄調), 힐난조(詰難調), 힐문조(詰問調) 들.

조(朝) ①'아침. 조정(朝廷). 임금을 뵙다'를 뜻하는 말. ¶조가(朝家), 조간(朝刊), 조강(朝講), 조곡(朝哭), 조공(朝貢)[671], 조관(朝官), 조관(朝冠;벼슬아치가 조복할 때 쓰던 관), 조균(朝菌)[672], 조근(朝槿), 조근(朝覲), 조당(朝堂), 조동모서(朝東暮西), 조령(朝令), 조령모개(朝令暮改), 조례(朝禮), 조로(朝露;아침 이슬. 인생의 덧없음), 조명(朝命), 조명시리(朝名市利), 조모(朝暮), 조무(朝霧), 조문석사(朝聞夕死), 조반(朝飯)[조반상(床), 조반석죽(夕粥)], 조방(朝房), 조변석개(朝變夕改), 조복(朝服;관원이 입던 옷), 조빙(朝聘), 조사(朝士), 조사(朝仕), 조사(朝使), 조삼모사(朝三暮四), 조생모몰(朝生冒沒), 조석(朝夕)[673], 조시(朝市), 조식(朝食), 조신(朝臣), 조알(朝謁), 조애(朝靄), 조야(朝野), 조양(朝陽), 조연(朝煙), 조열(朝列), 조영(朝榮), 조왕모귀(朝往暮歸), 조은(朝恩), 조의(朝衣), 조의(朝意), 조의(朝儀), 조의(朝議), 조일(朝日), 조전(朝典), 조전(朝奠), 조정(朝廷), 조조할인(早朝割引), 조종(朝宗), 조좌(朝座), 조주(朝酒), 조지(朝旨), 조찬(朝餐), 조참(朝參), 조체(朝體), 조체모개(朝遞暮改), 조출모귀(朝出暮歸), 조취모산(朝聚暮散), 조침(朝寢), 조하(朝賀), 조하(朝霞), 조헌(朝憲), 조현(朝見), 조홍(朝虹), 조회(朝會); 거조(擧朝; 온 조정), 국조(國朝;자기 나라의 조정), 귀조(歸朝), 금조(今朝), 남조(南朝), 내조(來朝), 누조(累朝), 당조(當朝), 대조(大朝), 동조(東朝), 만조(滿朝), 만조백관(滿朝百官), 매조(每朝), 명조(明朝), 북조(北朝), 사조(辭朝), 삼조(三朝), 선조(先朝), 성조(聖朝), 소조(小朝), 숭조(崇朝), 아조(我朝), 원조(元朝;元旦), 익조(翌朝), 일조일석(一朝一夕), 입조(入

재조사(再), 전수조사(全數), 지질조사(地質), 직권조사(職權), 출구조사(出口;선거 여론 조사 방식의 하나), 표본조사(標本), 현장조사(現場), 호구조사(戶口).

664) 조서(調書): 검시조서(檢視), 검증조서(檢證), 경매조서(競賣), 공판조서(公判), 신문조서(訊問), 화해조서(和解).

665) 조인(調印): 조약이나 계약 따위의 문서에 양쪽 대표자가 동의하여 서명 날인함. ¶통상 조약에 조인하다. 조인국(國), 조인되다/하다, 조인식(式), 조인하다(맺다); 가조인(假).

666) 조절(調節): 어떤 대상의 상태를 조작하거나 제어하여 적당한 수준으로 맞춤. ¶온도를 조절하다. 조절기능(機能), 조절되다/하다, 조절란(卵), 조절작용(作用), 조절판(瓣); 공기조절(空氣), 물가조절(物價), 미가조절(米價), 산아조절(産兒), 색채조절(色彩), 생장조절(生長), 원근조절(遠近), 체온조절(體溫), 통화조절(通貨).

667) 조정(調停): 노동 쟁의가 해결되도록 노력하는 일. ¶타협과 조정. 연봉을 조정하다. 조정관(官), 조정권(權), 조정되다/하다, 조정법(法), 조정안(案), 조정위원(委員), 조정이혼(離婚), 조정전치주의(前置主義), 조정조서(調書); 강제조정(强制), 거중조정(居中;다툼질하는 사이에 들어서 화해를 붙임), 국제조정(國際), 임의조정(任意), 직권조정(職權).

668) 조정(調整): 고르지 못한 것이나 과부족(過不足)이 있는 것 따위를 알맞게 조절하여 정상 상태가 되게 함. ¶물가를 조정하다. 수위(水位)를 조정하다. 조정계정(計定), 조정관세(關稅), 조정되다/하다, 조정란(卵), 조정력(力), 조정수조(水槽), 조정안(案), 조정지(池); 구조조정(構造;기업의 구조를 개편하거나 축소하는 일), 미조정(微), 재조정(再).

669) 조제(調劑): 여러 가지 약제를 조합하여 약을 만듦. ¶조제권(權), 조제되다/하다, 조제법(法), 조제사(師), 조제실(室), 조제약(藥).

670) 조화(調和): 서로 잘 어울림. ¶조화가 깨지다. 조화를 이루다. 조화급수(級數), 조화되다/하다, 조화롭다, 조화미(美), 조화비례(比例), 조화성(性), 조화수열(數列), 조화수조(水槽), 조화식재(植栽), 조화운동(運動), 조화중항(中項), 조화평균(平均), 조화함수(函數), 조화해석(解析); 모음조화(母音), 부조화(不).

671) 조공(朝貢): 왕조 때, 속국이 종주국에게 때마다 예물을 바치던 일.

672) 조균(朝菌): 아침에 생겼다가 저녁에 스러지는 버섯이라는 뜻으로, '덧없는 짧은 목숨'을 비유하여 이르는 말.

673) 조석(朝夕): 아침저녁. ¶조석곡(哭), 조석반(飯), 조석변개(變改), 조석상식(上食), 조석예불(禮佛), 조석전(奠).

朝), 입조(立朝;벼슬에 오르는 일), 작조(昨朝), 재조(在朝), 전조(前朝), 정조(正朝), 조조(早朝), 참조(參朝), 천조(天朝), 철조(輟朝), 퇴조(退朝), 파조(罷朝), 폐조(廢朝), 화조(花朝), 힐조(詰朝;이른 아침) ②왕명. 또는 왕조를 나타내는 대다수 고유명사 뒤에 붙어 '통치 기간. 왕조'의 뜻을 더하는 말. ¶선왕조(先王朝), 양조(兩朝), 여조(麗朝), 역조(歷朝), 열성조(列聖朝)/열조(列朝), 왕조(王朝); 고려/ 조선/ 세종/ 숙종 조 들로 쓰임.

조(鳥) '새'를 뜻하는 말. ¶조감/도(鳥瞰/圖), 조경(鳥逕;좁은 길), 조궁즉탁(鳥窮則啄), 조도(鳥道;험한 산길), 조라(鳥羅), 조란(鳥卵), 조롱(鳥籠), 조류(鳥類), 조망(鳥網), 조매화(鳥媒花), 조분/석(鳥糞/石), 조성(鳥聲), 조수(鳥獸), 조어(鳥語), 조육(鳥肉), 조익(鳥翼), 조인(鳥人), 조장(鳥葬), 조적(鳥迹/跡), 조점술(鳥占術), 조족지혈(鳥足之血), 조총(鳥銃), 조충서(鳥蟲書), 조탁성(鳥啄聲); 공조(恐鳥), 관상조(觀賞鳥), 관조(鸛鳥;황새), 괴조(怪鳥), 구관조(九官鳥), 군조(群鳥), 궁조(窮鳥), 극락조(極樂鳥), 금렵조(禁獵鳥), 금시조(金翅鳥), 금조(禁鳥), 금조(禽鳥;날짐승), 기후조(氣候鳥;철새), 길조(吉鳥), 난조(鸞鳥), 납조(臘鳥), 농조(籠鳥), 농중조(籠中鳥), 뇌조(雷鳥), 단조(丹鳥), 매조(梅鳥), 문조(文鳥), 미조(迷鳥), 백조(白鳥;고니. 해오라기), 보호조(保護鳥), 봉조(鳳鳥), 불사조(不死鳥), 비조(飛鳥), 비익조(比翼鳥), 빈조(牝鳥), 사조(飼鳥), 산조(山鳥), 상궁지조(傷弓之鳥;늘 두려워하는 마음), 서조(瑞鳥), 선조(仙鳥), 섭수조(涉水鳥), 성조(成鳥), 수조(水鳥), 수렵조(狩獵鳥), 숙조(宿鳥), 시조(時鳥), 시조조(始祖鳥), 아조(鵝鳥;거위), 애조(愛鳥), 야조(野鳥), 열대조(熱帶鳥), 엽조(獵鳥), 영조(靈鳥), 웅조(雄鳥;수새), 유조(留鳥;텃새), 육식조(肉食鳥), 익조(益鳥), 자조(慈鳥;까마귀), 절멸조(絕滅鳥), 정조(征鳥), 제조(啼鳥), 청조(青鳥), 초혼조(招魂鳥;두견새), 촉조(蜀鳥;두견이), 취조(翠鳥;물총새), 타조(駝鳥), 탁목조(啄木鳥;딱따구리), 탐조(探鳥), 표조(漂鳥;철새), 표지조(標識鳥;발목에 고리를 끼운 철새), 풍조(風鳥), 필조(匹鳥;원앙새), 한조(寒鳥), 해조(害鳥;해로운새), 해조(海鳥;바닷새), 현조(玄鳥;제비), 화미조(畵眉鳥), 화식조(火食鳥), 화조(花鳥), 황조(黃鳥;꾀꼬리), 효조(孝鳥;까마귀), 후조(候鳥;철새), 흉조(凶鳥), 희귀조(稀貴鳥) 들.

조(造) '짓다. 만들다. 이루다. 잠깐'을 뜻하는 말. ¶조격(造格), 조경(造景), 조골세포(造骨細胞), 조과(造菓), 조구조운동(造構造運動), 조궁장이(造弓匠), 조금(造金), 조기(造機), 조기장(造器匠), 조륙운동(造陸運動), 조림/학(造林/學), 조물/주(造物/主), 조미/상(造米/商), 조밀화(造蜜花), 조병(造兵), 조불(造佛), 조산(造山)[조산대(帶), 조산운동(運動)], 조삼(造蔘), 조선(造船)[조선공(工), 조선대(臺), 조선소(所)], 조설(造設), 조성하다(造成), 조암광물(造巖鑛物), 조어/법(造語/法), 조언(造言), 조영(造營), 조예(造詣), 조원(造園), 조은(造銀), 조작(造作)[674], 조재(造材), 조전(造錢), 조주(造主), 조주(造酒), 조짜, 조차간(造次間;잠깐), 조청(造淸), 조축(造築), 조출(造出), 조패(造牌), 조폐(造幣)[조폐권(權), 조폐평가(評價)], 조포(造布), 조포체(造胞體), 조혈(造血)[조혈기(器), 조혈제(劑), 조혈조직(組織)], 조형(造形)[675], 조화(造化)[조화무궁(無窮), 조화신(神), 조화옹(翁;조물주)], 조화(造花); 가조(假造;僞作), 개조(改造), 건조(建造), 건조(乾造), 경조/치(京造), 구조(構造), 급조(急造;급히 만듦), 날조(捏造;사실이 아닌 것을 사실인 것처럼 꾸밈), 남조(濫造;품질 따위를 생각하지 않고 마구 만들어냄), 단조(鍛造;금속을 두들기거나 눌러서 필요한 형체로 만드는 일), 마조장이(磨造), 모조/품(模造/品), 목조(木造), 밀조(密造), 번조(燔造), 변조(變造), 석조(石造), 삼조대면(三造對面), 삼조대질(三造對質), 소조(塑造), 신조(神造), 신조(新造), 안조(贋造), 양조(釀造), 영조하다(營造), 위조(僞造), 인조(人造), 재조(再造), 제조(製造), 조조(肇造), 주조(酒造), 주조(鑄造), 직조(織造), 창조(創造), 천조(天造), 철조(鐵造), 축조(築造), 편조(編造) 들.

조(助) 직위 · 직무를 나타내는 몇몇 명사 또는 일반 명사나 한자어 어근에 붙어 '보조적인. 돕다. 부추기다. 버금가는. 덧붙다'를 뜻하는 말. ¶조감독(助監督), 조걸위악/학(助桀爲惡/虐), 조곡선(助曲線), 조교(助敎), 조교수(助敎授), 조담(助痰), 조동사(助動詞), 조력(助力), 조명(助命;목숨을 구해줌), 조미(助味), 조방(助幇)[조방꾸니, 조방질], 조법(助法), 조사(助事), 조사(助詞), 조사지(助舍知), 조산/사(助産/師), 조성/품(助成/品), 조세(助勢), 조세포(助細胞), 조수(助手), 조애(助哀), 조양(助陽), 조어(助語), 조언/자(助言/者), 조업(助業), 조역/꾼(助役), 조연(助演), 조연출(助演出), 조원(助援), 조음(助淫), 조장하다(助長), 조전원수(助戰元帥), 조제(助劑), 조주(助走), 조주(助奏), 조촉매(助觸媒), 조필(助筆), 조호(助護), 조혼(助婚), 조혼전(助婚錢), 조효소(助酵素), 조흥(助興); 공조(共助), 구조(救助), 내조(內助), 명조(冥助), 방조(幇助), 방조(傍助), 보조(補助), 부조(扶助), 비조(裨助), 상부상조(相扶相助), 상조(相助)[상부상조(相扶), 상애상조(相愛)], 신조(神助), 연조(捐助), 외조(外助), 원조(援助)[원조금(金), 원조자(者); 무상원조(無償)], 유조(有助), 음조(陰助), 자조(自助), 찬조(贊助), 천조(天助), 청조(請助), 협조(協助), 호조(互助) 들.

조(祖) '할아버지. 조상'을 뜻하는 말. ¶조고(祖考)[현조고(顯), 현증조고(顯曾)], 조고(祖姑), 조국(祖國), 조도(祖道;길제사), 조령(祖靈), 조모(祖母), 조묘(祖廟), 조부(祖父), 조부모(祖父母), 조비(祖妣)[현조비(顯). 현증조비(顯曾)], 조사(祖師)[조사당(堂); 개산조사(開山)], 조상(祖上)[676], 조선(祖先)[조선교(敎), 조선숭배(崇拜)], 조손(祖孫), 조손간(祖孫間), 조술(祖述), 조신(祖神), 조어(祖語), 조업(祖業), 조전(祖奠), 조전(祖餞;길전송), 조족(祖族), 조종(祖宗), 조종기업(祖宗基業), 조항(祖行), 조훈(祖訓); 개종조(開宗祖)/개조(開祖), 고조(古祖), 교조(敎祖), 구조(舅祖), 국조(國祖), 내조(乃祖;그 사람의 할아버지), 누조(累祖), 동조(同祖), 방조(傍祖), 부조(父祖), 불조(佛祖), 비조(鼻祖), 사조(四祖), 삼종조(三從祖), 선조(先祖), 성조(聖祖), 숭조(崇祖), 숭조상문(崇祖尙門), 시조(始祖)[시조새, 시조조(鳥)], 열조(烈祖), 왕조(王祖), 외조(外祖),

674) 조작(造作): 무슨 일을 지어내거나 꾸며냄. ¶사건을 조작하다. 조작된 연극. 조작극(劇).

675) 조형(造形): 여러 가지 재료를 이용하여 구체적인 형태나 형상을 만듦. ¶조형되다/하다, 조형공간(空間), 조형력(力), 조형물(物), 조형미술(美術), 조형성(性), 조형예술(藝術), 조형화/되다/하다(化).

676) 조상(祖上): 조상굿, 조상단지, 조상대감(大監), 조상받이(조상으로부터 물려받은 것), 조상상(床), 조상새(시조새), 조상숭배(崇拜), 조상신(神), 조상언어(言語), 조상청배(請陪), 조상치레; 두겁조상(조상 가운데 가장 이름을 떨친 사람).

원조(元祖), 원조(遠祖), 장조(丈祖), 적손승조(嫡孫承祖), 종조(宗祖), 종조(從祖), 증조(曾祖), 태조(太祖), 현조(玄祖;五代祖), 현조(顯祖), 호조(呼祖), 황조(皇祖), 오대(五代祖)/ 7대 조 들로 쓰임.

조(照) '비치다. 빛나다. 비교하다'를 나타내는 말. ¶조감(照鑑), 조고(照考), 조공/등(照空/燈), 조관(照管;맡아서 보관함. 보살핌), 조교(照校), 조도/계(照度/計), 조등(照燈), 조람(照覽;똑똑히 살펴봄), 조량(照亮/諒;사정이나 형편을 살펴서 환히 앎), 조례(照例), 조림(照臨), 조마경(照魔鏡), 조명(照明)[677], 조문(照門), 조복(照覆), 조사(照査;대조하여 조사함), 조사(照射;햇볕이나 방사선 따위를 내려쬠)[조사량(量), 조사식품(食品); 예방조사(豫防)], 조성(照星;가늠쇠), 조수(照數), 조엽수림(照葉樹林), 조영(照影), 조요(照耀), 조요경(照妖鏡), 조율(照律)[조율징판(懲判)], 조응(照應)[678], 조준(照準)[679], 조찰(照察), 조척(照尺;가늠자), 조합(照合), 조험(照驗), 조회(照會); 과조(寡照), 관조(觀照), 광조(光照), 낙조(落照), 다조/기(多照/期), 대조/법(對照/法), 대일조(對日照), 반조(返照), 방조(傍照), 변조(遍照), 사조(査照), 사조(斜照), 사조(寫照), 상조(相照), 석조(夕照), 소조(小照), 영조(映照), 일조(日照), 자조(自照), 잔조(殘照;저녁놀), 전조(轉照;차례로 돌리어 봄), 존조(尊照), 지조(知照), 집조(集照), 집조(執照), 참조(參照), 탐조(探照), 편조(遍照), 호조(護照) 들.

조(條) ①'어떤 조건 · 명목으로'라는 뜻을 나타내는 말. ¶계약금 조로 백만 원을 걸다. 항의 조로 따지고 덤빈다. 미납조(未納條;미납으로 남아 있는 셈의 조건), 부족조(不足條), 이자조(利子條), 잉조(剩條). ②'곁가지. 끈 · 줄. 가닥. 낱낱의 조(條)나 항(項)'을 뜻하는 말. ¶헌법 제10조. 조강(條鋼), 조건(條件)[680], 조관(條款), 조규(條規), 조령(條令), 조례(條例), 조리(條理;앞뒤가 들어맞고 체계가 서는 갈피), 조목(條目), 조문(條文), 조약/국(條約/國), 조장(條章), 조조이(條條), 조철(條鐵), 조충(條蟲;촌충), 조파(條播;줄뿌림), 조풍(條風;북동풍), 조항(條項)[681], 조흔(條痕;줄처럼 난 자국), 조흔색(條痕色;조흔에 나타나는 광물의 빛깔); 개조(個條), 거조(擧條), 과조(科條), 교조(教條;종교상의 신조), 궤조(軌條), 기조(鰭條), 명조(明條), 발조(發條;용수철), 부조리(不條理), 삭조(索條), 선조(線條), 섬조(纖條), 소조하다(蕭條), 신조(信條)[생활신조(生活)], 약조/금(約條/金), 여조(餘條), 연조(年條), 연조(軟條), 영조(零條), 옥조(玉條)[금과옥조(金科)], 전조(前條), 정조(正條), 정조식(正條植), 철조(鐵條), 축조(逐條), 축조발명(逐條發明) 들.

조(潮) '물결. 사상 · 사태의 흐름'을 나타내는 말. ¶조간대(潮間帶), 조경(潮境), 조고(潮高), 조금[682], 조랑(潮浪), 조력/발전(潮力/發電), 조류/계(潮流/計), 조석(潮汐)[조석수(水); 대기조석(大氣)], 조세(潮勢), 조수(潮水), 조열(潮熱), 조욕(潮浴), 조위(潮位), 조음(潮音), 조차(潮差), 조탕(潮湯), 조퇴(潮退), 조풍(潮風), 조해(潮害), 조해(潮海), 조해(潮解), 조호(潮湖), 조홍(潮紅;수줍거나 부끄러워 얼굴이 붉어지는 일), 조후(潮候;밀물과 썰물이 드나드는 시각); 간조(干潮), 게조(憩潮), 고조(高潮), 고조(苦潮;赤潮), 급조(急潮), 기상조(氣象潮), 기조력(起潮力), 낙조(落潮), 노조(怒潮), 대조(大潮), 만조(滿潮;물참), 맹조(猛潮), 반일조(半日潮), 변조(變潮), 사조(思潮), 석조(夕潮), 소조(小潮;조금), 순조(順潮), 암조(暗潮), 역조(逆潮), 유조지(留潮地), 일일조(一日潮), 장주기조(長週期潮), 저조/선(低潮/線), 적조(赤潮), 주조(主潮), 창조(漲潮), 천문조(天文潮), 천체조(天體潮), 초조(初潮;初經), 퇴조(退潮), 풍조(風潮), 해조(海潮), 홍조(紅潮), 회구조류(回歸潮流), 흑조(黑潮) 들.

조(早) '새벽. 이르다. 일찍'을 뜻하는 말.↔만(晩;늦다). ¶조견표(早見表), 조계(早計;지레 잡는 계획), 조곽(早藿;제철보다 일찍 따서 말린 미역), 조귀(早歸), 조급하다(早急;서둘러야 할 만큼 몹시 급하다)/히, 조기(早期)[조기교육(教育), 조기재배(栽培)], 조기(早起), 조단(早旦), 조달(早達), 조도(早到), 조도(早稻), 조동(早冬), 조동(早動), 조로(早老), 조루(早漏), 조만/간(早晩/間), 조반(早飯), 조발(早發), 조백(早白), 조변(早變), 조사(早死), 조산/아(早産/兒), 조상(早霜), 조생(早生)[조생아(兒), 조생종(種)], 조서(早逝), 조설(早雪), 조성(早成), 조세(早世), 조속(早速), 조숙(早熟), 조쇠(早衰), 조식(早食), 조실부모(早失父母), 조앙(早秧), 조양(早穰), 조이(早移), 조조(早朝), 조졸(早卒), 조종(早種), 조착(早着), 조참(早參), 조천(早天), 조추(早秋), 조파(早播), 조퇴(早退), 조하(早夏), 조행(早行), 조혼(早婚), 조홍(早紅), 조효(早曉); 시기상조(時機尙早) 들.

조(粗) '질이 떨어지고 거칠다'를 뜻하는 말. ¶조광(粗鑛), 조당(粗糖), 조대(粗大), 조동(粗銅), 조략(粗略), 조면/암(粗面/巖), 조모(粗毛), 조묘(粗描;줄거리만 대충 묘사함), 조미(粗米), 조방(粗紡), 조복(粗服;거칠고 값싼 옷), 조사료(粗飼料), 조속(粗俗), 조수입(粗收入), 조식(粗食), 조악하다(粗惡;거칠고 나쁨), 조안(粗安), 조야하다(粗野;거칠고 천하다), 조언(粗言), 조용품(粗用品;막잡이), 조의조식(粗衣粗食;허름한 옷과 변변찮은 음식), 조잡/스럽다/하다(粗雜), 조제(粗製), 조조(粗造), 조주(粗酒), 조차(粗茶), 조찬(粗餐), 조탄(粗炭), 조포(粗布), 조포하다(粗暴), 조품(粗品), 조필(粗筆), 조홀/하다(粗忽), 조효(粗肴) 들.

조(操) 깨끗이 가지는 몸과 굳게 잡은 마음. 마음. '잡다. 부리다.

677) 조명(照明): 빛으로 비추어 밝게 함. 일정한 관점으로 대상을 비추어 봄. ¶실내의 조명. 조명도(度), 조명등(燈), 조명장치(裝置), 조명탄(彈), 조명효과(效果); 간접조명(間接), 공중조명(空中), 무대조명(舞臺), 반간접조명(半間接), 직접조명(直接).

678) 조응(照應): 사물이나 문장 따위에서, 두 부분이 서로 대응함. ¶발단과 대단원이 잘 조응된 작품.

679) 조준(照準): 총이나 포 따위로 목표물을 겨냥함. 둘 이상을 대조하여 보는 표준. ¶표적에 조준을 맞추다. 조준간(杆), 조준거리(距離), 조준경(鏡), 조준구(具), 조준기(機), 조준망원경(望遠鏡), 조준선(線), 조준장치(裝置), 조준점(點), 조준틀, 조준판(板;겨눔판); 간접조준(間接), 정조준(正).

680) 조건(條件): 조건반사(反射), 조건부(附), 조건부등식(不等式), 조건수렴(收斂), 조건자극(刺戟); 교역조건(交易), 근로조건(勤勞), 노동조건(勞動), 무조건(無), 부대조건(附帶), 선행조건(先行), 성립조건(成立), 악조건(惡), 우성조건(偶成), 입지조건(立地), 자연조건(自然), 전제조건(前提), 책임조건(責任), 충분조건(充分), 필연적조건(必然的), 필요조건(必要), 필요충분조건(必要充分), 학습조건(學習), 호조건(好), 환경조건(環境).

681) 조항(條項): 가분조항(可分), 금지조항(禁止), 단서조항(但書), 최혜국조항(最惠國), 추가조항(追加), 협의조항(協議).

682) 조금(潮): 조수가 가장 낮은 때인 매달 음력 8일과 23일.↔한사리/사리. [←潮減(조감)]. ¶조금치; 아츠조금(조수의 간만의 차를 볼 때에 이렛날과 스무이틀을 이르는 말).

지조'를 뜻하는 말. ¶조가 바르다. 조를 빼다(짐짓 몸가짐을 조촐하게 하다). 조를 지키다. 조고/계(操觚/界), 조련(操練)[조련장(場), 조련질[683]], 조빼다[684], 조속(操束), 조수(操守), 조신(操身), 조심(操心)[685], 조업(操業)[조업단축(短縮), 조업도(度)], 조작(操作)[686], 조종(操縱)[687], 조차/장(操車/場), 조타(操舵)[조타기(機), 조타수(手), 조타실(室)], 조행(操行); 덕조(德操), 송백조(松柏操)[688], 수조(水操), 수조(守操), 야조(夜操), 절조(節操), 정조(貞操), 정조(情操), 지조(志操), 청조(淸操), 체조(體操), 탁조(濁操), 항조(恒操) 들.

조(弔) ①'남의 죽음을 슬퍼하다'를 뜻하는 말. ¶조가(弔歌), 조객(弔客), 조곡(弔哭), 조기(弔旗), 조도(弔悼), 조례(弔禮), 조루(弔樓), 조문(弔文), 조문/객(弔問/客), 조부(弔賻), 조사(弔詞/辭), 조상(弔喪), 조서(弔書), 조시(弔詩), 조위(弔慰)[조위금(金), 조위하다(유가족을 위로하다)], 조의(弔意;죽음을 슬퍼함), 조장(弔狀), 조전(弔電), 조제(弔祭), 조종(弔鐘), 조중(弔中), 조촉(弔燭), 조총(弔銃), 조포(弔砲), 조화(弔花), 조휼(弔恤); 경조(敬弔), 경조상문(慶弔相問), 경조(慶弔), 근조(謹弔). ②'매달다'를 뜻하는 말. ¶조교(弔橋).

조(兆) ①십진급수 단위의 하나. 억(億)의 만 배가 되는 수. ¶조민(兆民), 조서(兆庶); 억조(億兆), 억조창생(億兆蒼生), 일조(一兆). ②'어떤 일이 생길 기미가 보이는 현상. 점괘. 무덤'을 뜻하는 말. ¶조역/문(兆域;무덤이 있는 지역/門), 조점(兆占), 조짐(兆朕), 조짐머리²(일의 낌새), 조후(兆候;조짐); 가조(佳/嘉兆;吉兆), 경조(慶兆), 괘조(卦兆), 길조(吉兆), 망조(亡兆), 몽조(夢兆;꿈자리), 서조(瑞兆), 일조(一兆;하나의 조짐), 전조(前兆), 점조(占兆), 징조(徵兆), 택조(宅兆), 패조(敗兆), 휴조(休兆), 흉조(凶兆) 들.

조(組) ①일정한 목적을 위해 적은 사람들로 조직된 집단. 또는 그것을 세는 단위. ¶조를 지어 다니다. 조장(組長); 삼인조(三人組). ②2개 이상의 물건이 갖추어져 한 벌을 이룰 때, 그 한 벌을 세는 단위. ¶커피 세트 한 조. ③'짜다'를 뜻하는 말. ¶조곡(組曲;모음곡), 조립(組立)[조립건축(建築), 조립식(式)], 조성(組成)[조성사회(社會), 조성식(式)], 조직(組織)[689], 조판(組版), 조합(組合)[690]; 개조(改組), 골조(骨組), 횡조(橫組;가로짜기) 들.

조(槽) '주위가 높고 가운데가 우묵하게 들어간 통'을 뜻하는 말. ¶조력(槽櫪); 골조풍(骨槽風), 급수조(給水槽), 다조(茶槽), 마조(馬槽;구유), 목조(木槽), 밀조(蜜槽), 부패조(腐敗槽), 사조(飼槽), 석루조(石漏槽), 석유조(石油槽;油層), 석조(石槽), 수조(水槽), 욕조(浴槽), 유조(油槽), 유조(溜槽), 저수조(貯水槽), 저장조(貯藏槽), 전조(電槽), 전해조(電解槽), 정수조(靜水槽), 정화조(淨化槽), 주조(酒槽;술주자), 치조(齒槽), 침사조(沈砂槽), 항온조(恒溫槽), 활어조(活魚槽) 들.

조(藻) '바닷말. 무늬·아름다움. 감식(鑑識)하다'를 뜻하는 말. ¶조갈소(藻褐素), 조감(藻鑑)[691], 조균식물(藻菌植物), 조람소(藻藍素), 조류(藻類)[녹색조류(綠色)], 조어(藻魚); 갈조/소(褐藻/素), 규조(硅藻)[규조석(石), 규조토(土)], 남조(藍藻)[남조류(類), 남조소(素), 남조식물(植物)], 녹조(綠藻), 담수조(淡水藻), 마미조(馬尾藻;모자반), 문조(文藻;문장의 멋), 부조(浮藻), 빈조(蘋藻), 사조(詞/辭藻), 수조(水藻), 야광조(夜光藻), 여조(麗藻;아름답게 지은 시문), 해조(海藻), 홍조(紅藻) 들.

조(租) '구실. 세(稅). 빌리다'를 뜻하는 말. ¶조계(租界)[공동조계(共同), 전관조계(專管)], 조광권(租鑛權), 조세(租稅)[692], 조차(租借)[693], 조포(租包); 감조(減租), 공조(公租), 과조(課租), 도조(賭租), 면조(免租), 반조(半租), 사조(私租), 색조(色租), 십일조(十一租), 연조(年租), 잔조(殘租), 전조(田租), 정조(正租;벼), 지조(地租), 집조(執租), 최조(催租), 타조법(打租法) 들.

조(彫) '새기다'를 뜻하는 말. ¶조각(彫刻)[694], 조공(彫工), 조금(彫

---

683) 조련질(操練): 못되게 굴어 남을 괴롭히는 짓. 또는 견디기 어렵게 들볶거나 못살게 구는 것. ¶조련질을 해대는 아이들. 조련질하다.

684) 조빼다: ①난잡하게 굴지 아니하고 짐짓 조촐한 체하다. ②같잖게 멋을 부리다.

685) 조심(操心): 조심성(性), 조심스럽다, 조심하다; 개조심, 말조심, 몸조심, 불조심, 입조심.

686) 조작(操作): 기계나 장치 따위를 다루어 움직이게 함. 사물을 자기에게 유리하도록 공작하여 조종함. ¶기계를 조작하다. 주가(株價)를 조작하다. 조작되다/하다; 공개시장조작(公開市場), 단위조작(單位), 대중조작(大衆), 상징조작(象徵), 여론조작(輿論), 원격조작(遠隔), 유전자조작(遺傳子).

687) 조종(操縱): 마음대로 다루어 부림. ¶비행기를 조종하다. 그들을 배후에서 조종하다. 조종간(桿), 조종사(士), 조종석(席), 조종실(室), 조종하다; 무선조종(無線), 손조종/하다, 원격조종(遠隔).

688) 송백조(松柏操): 소나무나 잣나무처럼 변하지 않는 지조나 절개.

689) 조직(組織): 짜서 이루거나 엮어서 만듦. 집단(集團). ¶조직을 구성하다. 조직을 정비하다. 조직계(系), 조직력(力), 조직도(圖), 조직망(網), 조직배양(培養), 조직범죄(犯罪), 조직법(法), 조직분화(分化), 조직안(案), 조직원(員), 조직자(者), 조직적(的), 조직집단(集團), 조직책(責), 조직체(體), 조직학(學), 조직화/되다/하다(化); 갯솜조직, 결합조직(結合), 골조직(骨), 근조직(筋), 기계조직(機械), 기능조직(機能), 기본조직(基本), 대중조직(大衆), 동화조직(同化), 망양조직(網樣), 미조직(未), 분열조직(分裂), 뼈조직[骨], 사조직(私), 사회조직(社會), 삼원조직(三元), 상피조직(上皮), 생산조직(生産), 섬유조직(纖維), 세포조직(細胞), 신경조직(神經), 연골조직(軟骨), 영구조직(永久), 울타리조직, 유연조직(柔軟), 육아조직(肉芽), 재조직(再), 저장조직(貯藏), 조혈조직(造血), 지방조직(脂肪), 지지조직(支持), 지하조직(地下), 책상조직(柵狀;울타리조직), 탄력조직(彈力), 표피조직(表皮), 피하결합조직(皮下結合), 피하조직(皮下), 해면조직(海綿;갯솜조직), 행정조직(行政), 혼합조직(混合).

690) 조합(組合): 여럿을 한데 모아 한 덩어리로 짬. ¶조합경제(經濟), 조합계약(契約), 조합국가(國家), 조합기업(企業), 조합되다/하다, 조합비(費), 조합원(員), 조합은행(銀行), 조합장(長), 조합재산(財産), 조합주의(主義), 조합회(會), 조합회로(回路); 강제조합(强制), 공공조합(公共), 공제조합(共濟), 구매조합(購買), 금융조합(金融), 기업조합(企業), 노동조합(勞動), 동업조합(同業), 산림조합(山林), 상업조합(商業), 소비조합(消費), 신용조합(信用), 어용조합(御用), 영업조합(營業), 이용조합(利用), 익명조합(匿名), 직원조합(職員), 판매조합(販賣), 협동조합(協同), 황색조합(黃色), 흑색조합(黑色;무정부주의 계통의 노동조합).

691) 조감(藻鑑): 사람을 겉만 보고 그 인격을 분별하는 식견(識見).

692) 조세(租稅): 조세범(犯), 조세법(法), 조세법률주의(法律主義), 조세부담률(負擔率), 조세수입(收入), 조세신고(申告), 조세안(案), 조세전가(轉嫁), 조세정책(政策), 조세제도(制度), 조세조약(條約), 조세주체(主體), 조세증권(證券), 조세채권(債權), 조세청부(請負), 조세체납처분(滯納處分), 조세통계(統計), 조세특면(特免), 조세협정(協定).

693) 조차(租借): 한 나라가 다른 나라의 영토 일부에 대한 통치권을 얻어 어느 기간 지배하는 일. ¶조차지(租借地).

694) 조각(彫刻): 조각가(家), 조각공(工), 조각공예(工藝), 조각기(機), 조각도(刀), 조각사(師), 조각상(像), 조각석판(石版), 조각술(術), 조각실(室), 조각장(匠), 조각편수(조각장이의 우두머리), 조각품(品); 공예조각(工

金), 조기(彫技), 조물/사(彫物/師), 조상(彫像), 조소(彫塑), 조심/누골(彫心/鏤骨), 조장(彫匠), 조장(彫牆), 조탁(彫琢), 조판(彫版), 조화(彫花); 골조(骨彫), 농조(籠彫;속을 비게 만든 조각), 모조(毛彫), 목조(木彫), 부상조(浮上彫)/부조(浮彫)[고부조(高)], 석조(石彫), 아조(牙彫), 요조(凹彫), 일도조(一刀彫), 철조(凸彫), 투조(透彫), 환조(丸彫) 들.

조(釣) '물고기를 낚다'를 뜻하는 말. ¶조간(釣竿), 조구/등(釣鉤/燈), 조기(釣磯;낚시터), 조대(釣臺;낚시터), 조등(釣藤), 조명(釣名;거짓을 꾸며 명예를 구함), 조선(釣船), 조수(釣叟), 조승(釣繩), 조어(釣魚), 조이(釣餌), 조인(釣人), 조정(釣艇;낚싯배), 조침(釣針), 조태(釣太), 조황(釣況;낚시의 성과); 수조(垂釣), 시조(始釣), 출조(出釣) 들.

조(措) '일정한 자리에 두다. 처리하다. 가난한 선비'를 뜻하는 말. ¶조대(措大;청렴결백한 선비), 조수불급(措手不及), 조수족(措手足), 조어(措語), 조정(措定), 조처(措處)[별반조처(別般;특별한 조처), 옹용조처(雍容措處), 응급조처(應急)], 조치(措置)[695]; 거조(擧措), 거조해망(擧措駭妄), 망지소조(罔知所措) 들.

조(躁) '성급하다. 떠들썩하다. 거칠다'를 뜻하는 말. ¶조광(躁狂), 조급(躁急;참을성이 없이 매우 급함)[조급성(性), 조급증(症), 조급하다/히], 조동(躁動), 조민(躁悶), 조분하다(躁忿), 조울병(躁鬱病), 조자(躁恣), 조조하다(躁躁), 조증(躁症), 조진(躁進), 조하다(성미가 몹시 급하다); 경조(輕躁), 광조(狂躁), 급조하다(急躁), 부조(浮躁), 성조(性躁) 들.

조(阻) '막다'를 뜻하는 말. ¶조각(阻却;물리치거나 방해함), 조격(阻隔;막혀서 통하지 못함), 조당(阻擋/擋), 조면(阻面), 조색(阻塞), 조애하다(阻隘), 조애(阻礙), 조해(阻害), 조험(阻險); 격조(隔阻), 구조(久阻;소식이 오래 막힘), 악조(惡阻;입덧), 악조증(惡阻症), 적조(積阻), 험조하다(險阻) 들.

조(祚) '하늘이 내린 복. 천자의 자리'를 뜻하는 말. ¶조경(祚慶), 조명(祚命;하늘이 복을 내려 도움), 조윤(祚胤;복을 길이 자손에게 전하는 것. 훌륭한 자손); 국조(國祚), 등조(登祚;登極), 보조(寶祚), 복조(福祚), 성조(聖祚), 연조(年祚), 재조(再祚), 중조(重祚), 즉조(卽祚), 천조(天祚), 황조(皇祚) 들.

조(漕) '배로 실어 나르다'를 뜻하는 말. ¶조거(漕渠;배를 댈 수 있도록 깊이 판 개울), 조구(漕溝), 조군(漕軍), 조선(漕船), 조수(漕手), 조운(漕運)[조운배, 조운창(倉)], 조정(漕艇;배를 저음), 조졸(漕卒), 조창(漕倉); 경조(競漕), 역조(力漕), 운조(運漕), 전조(轉漕), 회조(回漕) 들.

조(燥) '마르다'를 뜻하는 말. ¶조갈/증(燥渴/症), 조강(燥强), 조삽(燥澁;말라서 부드럽지 못하고 파슬파슬함), 조습(燥濕), 조열(燥熱), 조증(燥症), 조학(燥涸), 조하다; 건조(乾燥)[696], 경조(輕燥), 번조/증(煩燥/症), 성조하다(性燥), 초조하다(焦燥), 폐조(幣棗), 항조하다(亢燥) 들.

조(凋) '시들다'를 뜻하는 말. ¶조고(凋枯;시들어 마름), 조락되다/하다(凋落), 조령(凋零), 조상(凋傷), 조위(凋萎;시듦), 조잔(凋殘), 조진(凋盡); 고조(枯凋;말라 시듦), 영조(零凋), 위조(萎凋) 들.

조(棗) '대추'를 뜻하는 말. ¶조동율서(棗東栗西), 조란(棗卵), 조목(棗木), 조율(棗栗), 조율미음(棗栗米飮), 조율이시(棗栗梨柿); 건조(乾棗), 벽조목(霹棗木;벼락 맞은 대추나무), 산조(酸棗), 폐조(幣棗), 풍락초(←風落棗) 들.

조(肇) '처음'을 뜻하는 말. ¶조고(肇古), 조국(肇國), 조동(肇冬), 조세(肇歲;설), 조시(肇始;비롯됨. 시초), 조업(肇業;처음으로 시작하는 사업), 조조(肇造), 조추(肇秋), 조춘(肇春), 조하(肇夏) 들.

조(遭) '만나다. 일을 당하다'를 뜻하는 말. ¶조간(遭艱), 조고(遭故), 조난(遭難)[조난선(船), 조난자(者), 조난지(地), 조난통신(通信)], 조봉(遭逢), 조우(遭遇)[조우설(說), 조우전(戰)], 조화(遭禍); 소조(所遭;치욕이나 고난을 당함) 들.

조(爪) '손톱'을 뜻하는 말. ¶조각(爪角), 조갑(爪甲), 조독(爪毒), 조상(爪傷), 조아(爪牙), 조흔(爪痕); 미조(美爪), 수조(手爪), 예조(銳爪), 지조(指爪), 편조(扁爪) 들.

조(皁) '하인(下人). 검은 빛'을 뜻하는 말. ¶조례(皁隸;관아에서 부리던 하인), 조리(皁履;검정신), 조백(皁白;잘잘못), 조색(皁色;검은 빛깔) 들.

조(俎) 식칼로 요리 재료를 썰거나 다질 때에 받치는 두꺼운 나무토막인 '도마'를 뜻하는 말. ¶조두(俎豆), 조상육(俎上肉); 도조(刀俎), 월조(越俎) 들.

조(詔) '알리다. 천자(天子)의 명령'을 뜻하는 말. ¶조명(詔命), 조서(詔書), 조지(詔旨), 조칙(詔勅); 밀조(密詔), 성조(聖詔), 우조(優詔), 유조(遺詔) 들.

조(嘲) '비웃다. 조롱하다'를 뜻하는 말. ¶조롱(嘲弄;비웃음), 조매(嘲罵), 조명(嘲名), 조소(嘲笑), 조학(嘲謔), 조효(嘲哮), 조희(嘲戱); 냉조(冷嘲), 자조/적(自嘲/的), 회조(詼嘲) 들.

조(糟) '거르지 아니한 술(지게미)이나 쌀겨'를 뜻하는 말. ¶조강/지처(糟糠/之妻), 조박(糟粕)[697], 조옹(糟甕), 조하주(糟下酒); 주조(酒糟) 들.

조(繰) '고치를 켜다. 실을 잣다. 비단'을 뜻하는 말. ¶조면(繰綿;솜을 만듦)[조면기(機)], 조사(繰絲), 조언(繰言), 조출(繰出;고치를 삶아 실을 켜냄) 들.

조(稠) '빽빽하다'를 뜻하는 말. ¶조림(稠林), 조밀하다(稠密), 조인(稠人;많은 사람), 조잡(稠雜;빽빽하고 복잡함), 조좌(稠座), 조첩(稠疊); 점조(粘稠) 들.

藝), 꾸밈조각, 나뭇조각, 돌조각, 상아조각(象牙).

695) 조치(措置): 감호조치(監護), 긴급조치(緊急), 보호조치(保護), 비상조치(非常), 응급조치(應急), 파면조치(罷免), 행정조치(行政).

696) 건조(乾燥): 건조과(果), 건조기(期), 건조기(器/機), 건조란(卵), 건조롭다, 건조림(林), 건조유(油), 건조증(症), 건조체(體), 건조품(品); 냉동건조(冷凍), 자연건조(自然).

697) 조박(糟粕): ①재강(술찌끼. 母酒). ②학문 · 서화 · 음악에서, '옛 사람이 다 밝혀내어 전혀 새로울 것이 없는 것'을 비유하여 이르는 말.

조(刁) '속이다. 간사하다'를 뜻하는 말. ¶조간(刁姦;여자를 꾀어내어 간통함).

조(佻) '경망스럽다. 가볍다'를 뜻하는 말. ¶경조하다(輕佻;輕率), 경조부박(輕佻浮薄) 들.

조(笊) '조리(쌀을 이는 데 쓰는 기구)'를 뜻하는 말. ¶조리(笊籬)[698].

조(窕) '정숙하다. 예쁘다'를 뜻하는 말. ¶요조(窈窕)[요조숙녀(淑女), 요조하다] 들.

조(眺) '바라보다. 살피다'를 뜻하는 말. ¶조망(眺望;널리 바라봄. 觀望)[조망대(臺), 조망하다].

조(祧) '원조(遠祖;먼 조상)를 합사하는 사당'을 뜻하는 말. ¶조묘(祧廟); 부조지전(不祧之典) 들.

조(曹) '마을. 관청(官廳)'을 뜻하는 말. ¶조사(曹司); 명조(冥曹), 법조/인(法曹/人), 예조판서(禮曹判書), 천조(天曹) 들.

조(噪) '시끄럽다. 떠들썩하다'를 뜻하는 말. ¶조음(噪音); 훤조(喧噪) 들.

조(澡) '씻다. 깨끗이 하다'를 뜻하는 말. ¶조관(澡罐), 조탁(澡濯) 들.

조(罩) '산대(물고기를 떠올려 잡는 작은 그물)'을 뜻하는 말. ¶조망(罩網;반두).

조(雕) '새기다. 파다'를 뜻하는 말. ¶조이(雕螭;금·은·동 따위로 만든 물건에 무늬를 새김), 조칠(雕/彫漆), 조후(雕朽) 들.

조(糙) '거칠다. 현미(玄米;매조미쌀)'을 뜻하는 말. ¶조미(糙米;매갈이. 매조미쌀).

조(糶) '쌀을 내어 팔다'를 뜻하는 말. ¶조매(糶賣;쌀을 내는 것. 競賣), 조출(糶出;파는 쌀) 들.

조(竈) '부엌'을 뜻하는 말. ¶조신(竈神;부뚜막의 신), 조왕(竈王)[조왕문(門), 조왕상(床), 조왕신(神), 조왕풀이] 들.

조(銚) '가래. 쟁기'를 뜻하는 말. ¶조철(銚鐵;들쇠).

조가비 조개의 껍데기. ¶하얀 조가비. 조가비를 줍다. 조가비꼴, 조가비눈, 조가비샘[패각선(貝殼腺)].

조각 넓적하거나 얇은 물건에서 떼어낸 부분이나 갈라져서 따로 떨어진 부분. 또는 그것을 세는 단위. 조박[699]. ¶조각이 나다. 헝겊 한 조각. 조각구름, 조각비늘구름, 조각나다/내다(깨다), 조각달, 조각대[편죽(片竹)], 조각돌, 조각무늬그림, 조각배(쪽배), 조각보(褓), 조각비늘구름, 조각조각(조각마다. 갈가리), 조각하늘[700]; 나뭇조각, 널조각, 댓조각[죽(竹)], 덧조각(덧대는 조각), 돌조각, 빵조각, 뼛조각, 산산조각(散散), 쇳조각, 얼음조각, 유리조각(琉璃), 종잇조각, 통조각[701] 들.

조개 두족류를 제외한 대부분의 연체동물의 총칭. '조개 모양을 한'을 뜻하는 말. ¶조가비, 조개관자(貫子;조갯살이 조가비에 붙어 있게 하는 근육. 貝柱), 조개구름(비늘구름), 조개구이, 조갯국, 조개깍두기, 조개껍데기, 조개더미, 조개도련, 조갯돌, 조개류(類), 조개무지(조개더미. 貝塚), 조개밥, 조개볼, 조개봉돌, 조개붙이, 조갯살, 조개삿갓, 조개새우, 조갯속게(몸이 연약한 사람. 속살이게), 조개송편(松;조개모양의 송편), 조개어채(魚菜), 조개저냐, 조개젓, 조개죽(粥), 조개찌개, 조개찜, 조개치레, 조개탄(炭), 조개탕(湯), 조개턱(끝이 뾰족하게 생긴 턱), 조개회(膾); 가막조개(재첩), 가무락조개(모시조개), 구조개(굴과 조개), 굴조개, 금조개(金), 다랑조개(강어귀에 삶), 돌조개, 동죽조개, 딱지조개, 떡조개(작은 전복), 마당조개[백합(白蛤)], 말씹조개, 맛조개, 명주조개, 모시조개, 무명조개, 민물조개, 바닷조개, 바지락조개, 부전조개[702], 뻘조개, 살조개(고막), 삿갓조개, 새조개, 샙조개, 섭조개[703], 씨조개[종패(種貝)], 안다미조개(꼬막), 앵무조개(鸚鵡), 진주조개(眞珠), 참조개(바지락), 키조개, 피안다미조개/피조개. ☞ 합(蛤).

조곤조곤 일을 자세하고도 차근차근히 사리에 맞게 하는 모양. ¶조곤조곤 설명하다. 조곤조곤(히) 따지다. 초군초군[704].

조금¹ 조수(潮水)가 가장 낮은 때인 '음력 매달 초여드레와 스무사흘'을 이르는 말.↔한사리/사리.[〈조감(潮減)]. ¶조금날(무수기에서 조금으로 되는 날), 조금차(差), 조금치(조금 무렵에 날씨가 궂는 일); 아츠조금(조금의 전날).

조금² 적은 정도나 분량. 짧은 동안. 적거나 짧게. 전혀.[←적(다)+음]. 〈센〉쪼금. 〈준〉좀. ¶조금이라도 다르면 안 된다. 조그마하다, 조그만, 조그만큼, 조그맣다, 조금도, 조금씩, 조금없이(시간이 짧아 틈이 없이), 조금조금, 조금치(조그마한 정도나 분량), 조마맣다(꽤 조그마하다), 조만하다(크지도 작지도 않고 조런 정도만하다. 어지간하다) 들.

조기 민어과의 참조기·수조기·보구치 따위의 통칭. 석수어. 석어(石魚). ¶조기를 굽다. 조기의 창자만 빼어서 담근 것을 '속젓'이라고 한다. 조기구이, 조깃국, 조기국수(조기와 함께 면을 넣어 끓인 음식), 조깃배, 조기저냐, 조기젓/편, 조기조림, 조기죽(粥), 조기지지미, 조기철, 조기회(膾); 가조기[705], 곡우살조기(穀雨), 낙조기(주낙으로 잡은 조기), 간조기, 무조기[706], 살조기(어살에 잡힌 조기), 얼음조기, 오사리조기, 자반조기(간조기), 젓조기, 참조기, 파사리조기(罷;늦사리 때에 잡히는 등급 낮은 조기),

---

698) 조리(笊籬): 쌀을 이는 데 쓰는 기구. ¶조리에 옻칠하다(쓸데없는 일이나 격에 맞지 않는 일을 하다). 조릿대, 조리자지(오줌을 자주 누는 자지), 조리질/하다; 복조리(福), 쥐코조리(국량이 좁은 사람).

699) 조박: 천이나 종이 따위의 작은 부분. ¶조박지, 조박천; 종이조박.

700) 조각하늘: 구름이 온통 덮인 가운데서 드문드문 빠끔히 보이는 하늘.

701) 통조각: 여러 조각을 잇지 않고 하나로 이루어진 조각.

702) 부전조개: 어린 아이들의 노리개. 조개껍데기를 두 쪽으로 맞대고, 온갖 빛깔의 헝겊으로 바른 뒤에 끈을 달아 참.

703) 섭조개: 홍합과의 바다 조개. 열합(蛤). ¶섭죽(粥;섭조개를 넣고 쑨 흰죽), 섭집게(섭조개를 잡는 집게).

704) 초군초군: 아주 꼼꼼하고 느릿느릿한 모양. ¶보기에 답답하리만큼 초군초군한 동작. 초군초군 따져 묻다. 초군초군하다.

705) 가조기: 배를 갈라 넓적하게 펴서 말린 조기. 건석어(乾石魚).

706) 무조기: 얼음에 채우지 아니하여서 내장이 발효하여 영양소로 분해된 조기.

푸조기 들.

조기(다) ①마구 두들기거나 패다. 되게 쳐부수거나 족치다. ¶마구 조기고 부수다. 집중 포사격으로 적들을 조기다. 조겨대다. ②일한 흔적이 나게 처리하다. ¶일을 본때 있게 조기다.

조끼 배자(褙子)와 같이 생겼고, 저고리 · 와이셔츠 위에 덧입는 옷.[←jucket〈영〉]. ¶조끼적삼, 조끼치마, 조끼허리(조끼 모양으로 된 말기); 가죽조끼, 구명조끼(救命), 등산조끼(登山), 방탄조끼(防彈), 양복조끼(洋服) 들.

조닐-로 남에게 사정할 때에 '제발 빈다'는 뜻으로 쓰는 말.≒제발. 〈준〉조닐. ¶조닐로 오늘 저녁에는 일찍 돌아오너라.

조대 대나무나 진흙 따위로 담배통을 만든 담뱃대.

조라 조라술(산신제나 용왕제에 쓰는 술).

조라기 삼 껍질의 부스러진 오라기. 〈준〉조락. ¶조락노(조라기로 꼬아 만든 노), 조락신(조라기로 삼은 신).

조라-떨다 일을 망치도록 까불거리다.≒경망하다(輕妄). ¶조라떨고 다니는 계집애.

조랑- ☞ 좀

조랑 어린 사람이 계속하여 똑똑하게 글을 외거나 말을 하는 소리.

조련-하다 만만할 정도로 헐하거나 쉽다. 대단치 않고 대수롭다. ¶조련히, 조련찮다[707].

조록 가는 물줄기나 빗물 따위가 빠르게 잠깐 흐르다가 그치는 소리. 또는 그 모양. 〈큰〉주룩[708]. 〈센〉쪼록. [+내리다. 흐르다]. ¶비가 조록조록 내리다.

조롱 어린아이가 주머니 끈이나 옷끈에 액막이로 차는 물건. 나무로 밤톨 크기의 조롱박처럼 만듦. 조롱박 모양. ¶조롱동자(童子; 조롱박 모양으로 꾸민 동자기둥), 조롱떡국, 조롱목[709], 조롱박[조롱박벌, 조롱박이끼, 조롱박잔(盞)], 조롱병(瓶), 조롱복(福; 짧게 타고난 복력), 조롱옥(玉), 조롱이떡; 말조롱(밤톨 크기의 조롱), 서캐조롱(↔말조롱). ☞ 좀-.

조르(다) ①단단히 죄어 매다.≒죄다. ¶허리띠를 졸라 매다. 목을 조르다. 조르개(물건을 졸라매는 가는 줄), 잘라 · 졸라매다(끈으로 졸라 동여매다). ②끈덕지게 무엇을 자꾸 요구하다.≒떼쓰다. 보채다. 치근거리다. ¶구경 가자고 자꾸 조르다. 돈을 달라고 조른다. 졸라대다, 졸라치다(졸라대다), 졸리다(남에게 몹시 시달림을 당하다); 들이조르다(몹시 조르다), 오복조르듯(심하게 조르는 모양)/하다, 오복조림(심하게 조름), 짓조르다 들.

조르르 ①가는 물줄기가 좁은 구멍이나 표면에서 잇달아 흘러내리는 소리나 모양. ¶주전자의 물을 잔에 조르르 따르다. 조르르 미끄럼을 타는 아이들. ②종종 걸음으로 뒤따르는 모양. ¶아이들이 조르르 달려가다. ③크기가 작은 비슷비슷한 것들이 벌여 있는 모양. ¶아이들이 조르르 앉아 있다. ④말을 빠르게 잇대어 하는 모양. 조르륵[710]. 〈큰〉주르르. 〈센〉쪼르르. 〈큰 · 센〉쭈르르.

조름 ①물고기의 아가미 안에 빗살 모양으로 된 숨을 쉬는 기관(반원형에 검붉고 빗살처럼 생겼음). 새소엽(鰓小葉). ¶조름젓(대구의 조름으로 담근 젓). ②소의 염통에 붙은 고기.

조리-돌리다 죄지은 사람을 벌로 질질 끌고 돌아다니며 망신을 시키다. ¶꽹과리를 치며 조리돌림을 시키다.

조리복-소니 ☞ 좁다¹.

조리차 알뜰하게 아껴 쓰는 일.≒절약(節約). ¶우리 가족은 조리차를 해서 겨우 집을 장만했다. 살림을 조리차하다. 조리차한 며느리의 살림 솜씨. 조리차하다(절약하다).

조마 닥쳐올 일에 대하여 염려가 되어 마음이 초조하고 불안한 모양.≒조릿. 두근. 소마. ¶마음을 조마조마 졸이며 시험 날을 기다리다. 조마거리다, 조마롭다[711], 조마스럽다, 조마증(症), 조마조마하다.

조명-나다 좋지 아니한 소문이 나다.

조바심¹ 조마조마하여 마음을 조림. 또는 그런 마음. ¶떨어질까 못내 조바심하다. 조바심을 치다(몹시 조바심하다).

조바심² ☞ 바수다.

조바위 추울 때 여자가 쓰는 모자. ¶낡은 조바위를 쓰고 두둑한 솜저고리를 입은 모습의 할머니가 떠오른다.

조박조박 조금 잘고 심하게 얽은 모양. ¶조박조박 얽은 얼굴.

조뼛 ①물건의 끝이 차차 가늘어지면서 뾰족하게 세운 모양. ②무섭거나 놀라서 머리카락이 조금 꼿꼿하게 일어서는 듯한 느낌. ¶머리카락이 쭈뼛 서다. ③어줍거나 부끄러워 조금 머뭇거리거나 주저하는 모양. 〈큰〉주뼛. 〈큰 · 센〉쭈뼛. ¶조뼛 · 주뼛 · 쪼뼛 · 쭈뼛하다, 조뼛조뼛/하다.

조새 굴조개를 따는 데 쓰는 쇠로 만든 갈고리.

조선(朝鮮) 옛 우리나라 이름. ¶조선기와, 조선낫, 조선말, 조선무, 조선배추, 조선사람, 조선식(式), 조선어(語), 조선옷(한복), 조선음식(飮食; 한식), 조선절, 조선종이, 조선집(한옥), 조선통보(通寶), 조선호박, 조선화(畵); 고조선(古), 근대조선(近代), 단군조선(檀君) 들.

조세-질 타이르거나 주의를 주는 일. ¶내가 알았더라면 그런 짓을

---

707) 조련찮다: [←조련하지 아니하다]. ¶작은 뜰이건만 날마다 돌보는 일이 조련찮다. 서울 가서 이 서방 찾기는 조련찮을 거다.

708) 주룩: 가는 물줄기 등이 좁은 데를 빨리 흐르다가 그치는 소리. 〈작〉조록. ¶비가 주룩주룩 내리다. 조록 · 주룩거리다/대다/하다, 주룩주룩/하다.

709) 조롱목: ①조롱박처럼 생긴 물건의 잘록한 부분. ②조롱 모양으로 된 길목.

710) 조르륵: ①가는 물줄기 따위가 빠르게 잠깐 흐르다가 멎는 소리. 또는 그 모양. ②작은 물건이 비탈진 데를 빠르게 미끄러지다가 멎는 모양. 〈큰〉주르륵. 〈센〉쪼르륵. 조르륵조르륵 · 주르륵주르륵, 조르륵 · 주르륵거리다/대다, 짜르륵 · 찌르륵.

711) 조마롭다: 마음이나 상황이 아슬아슬하고 불안한 데가 있다. ¶이 번 시험에도 떨어지지나 않을까 조마롭기만 했다.

하지 말라고 조세질을 하였을 것입니다.

조속조속 기운 없이 꼬박꼬박 조는 모양. 〈큰〉조숙조숙. ¶어제 잠을 못 잔 탓에 차 속에서 조속조속 졸았다. [+졸다].

조쌀-하다 늙었어도 얼굴이 깨끗하고 조촐하다.=조수하다. ¶얼굴이 조쌀한 할아버지 한 분을 모시고 왔다. 나이는 먹었지만 얼굴이 조쌀하다. 조쌀스럽다.

조아리(다) 이마가 땅에 닿을 정도로 머리를 자꾸 숙이다. ¶머리를 조아리고 용서해 달라고 애원하다.

조악조악 고개를 앞뒤로 깜찍하게 까딱거리는 모양. 〈큰〉주억주억. ¶고개를 조악조악 까딱이다.

조약(돌) '돌'과 결합하여 '작은'을 뜻하는 말.≒자갈. 잔돌. ¶조약돌(작고 동글동글한 돌), 조약밭(조약돌이 많은 땅/밭).

조용-하다 시끄러운 소리가 들리지 아니하고 잠잠하다.(↔시끄럽다). 언행이 차근차근하고 매우 얌전하다.[←종용(從容)]. ¶실내가 조용하다. 조용히 걸어 다니다. 말씨가 조용한 여자.

조자리[1] '주저리'보다 작은말.

조자리[2] 대문의 위의 장부(한쪽 끝을 다른 한쪽 구멍에 맞추기 위하여 얼마쯤 가늘게 만든 부분).

조작 ①주책없이 잘난 체하며 떠드는 모양. ②처음 걸음을 걷기 시작하는 어린아이가 배틀거리며 귀엽게 걷는 모양. 〈큰〉주적. ¶조작·주적거리다/대다, 조작조작/하다. 조착[712].

조잔 때 없이 군음식을 점잖지 않게 마구 먹어대는 모양. 〈큰〉주전. ¶주머니에서 무엇을 꺼내 주전주전 먹고 있다. 조잔·주전거리다/대다. 조잔조잔·주전주전/하다, 조잔부리·주전부리[713]/하다.

조잘 ①조금 낮은 목소리로 빠르게 말을 하는 모양. ¶아이들이 모여서 조잘조잘 재깔이며 논다. ②참새 따위의 작은 새가 지저귀는 모양. 〈큰〉주절. 〈센〉쪼잘. ¶종달새가 조잘조잘 지저귄다. 조잘·쪼잘·주절거리다/대다, 조잘조잘·주절주절/하다.

조잘조잘 작은 끄나풀 같은 것이 어지럽게 달린 모양. 〈큰〉주절주절. ¶색종이로 만든 고리가 벽에 조잘조잘 걸려 있다. 조잘조잘하다.

조지(다)[1] ①짜임새가 느슨하지 아니하게 단단히 맞추다. ¶조짐[714], 조짐머리'(쪽찐 머리). 좆다[715]; 당조짐[716]. ②일이나 말이 허술하게 되지 않도록 호되게 단속하다. ¶다조지다/다좆다[717], 다좆치다('다조지다'의 힘줌말), 뒤조지다(뒤끝을 단단히 다지다).

조지(다)[2] ①일신상의 형편이나 일정한 일을 망치다. ¶신세를 조지다. ②호되게 때리다. 늘씬하게 갈기다. ¶사정없이 구둣발로 조지다. 다시는 나서지 못하게 조져라.

조차 체언에 붙어, 위의 사실이 있는데 그 위에 또 더함을 뜻하는 보조사.≒도. 까지. 마저. 역시.[←좇(다)+-아]. ¶말조차 불손하다. 아버지 이름은커녕 제 이름조차 못 쓴다. 너조차 그럴 줄은 몰랐다. 거리에는 개미 한 마리조차 없었다.

조촐-하다 ①아담하고 깨끗하다. 단출하고 호젓하다. 수수하고 단출하다. ¶조촐한 음식. 조촐한 모임을 갖다. 조촐히. ②행실·행동이 깔끔하고 얌전하다. ③외모가 맑고 맵시 있다. 〈준〉조하다.

조촘 망설이거나 가볍게 놀라서 갑자기 멈칫하거나 몸을 움츠리는 모양.≒움찔. 멈칫. 〈큰〉주춤. 조춤. ¶할아버지의 서슬 푸른 호통에 주춤해지다. 주춤하며 뒤돌아보다. 조촘·주춤거리다/대다/하다(머뭇거리다), 조촘·주춤병(病;결단성이 없고 머뭇거리는 결점), 주춤서기, 주춤세(勢), 주춤주춤/하다, 주척주척하다(망설이다. 머뭇거리다); 앙가조촘·엉거주춤.

조치 ①바특하게 끓이어 잘 만든 찌개나 찜. ¶민어는 구이도 맛이 있지만 조치나 탕으로 끓인 것이 더 좋다. 명태조치(明太), 생선조치(生鮮), 쌍조치(雙)[718]. ②조칫보에 담아 잘 차린 밥상에 놓은 반찬. ③'조칫보(조치를 담는데 쓰는 그릇)'의 준말.

조치(다) '아우르거나 겸하다'를 뜻하는 옛말.[←좇(다)+이+다]. ¶조치개[719], 조침떡, 조침젓(여러 가지 물고기를 섞어 담근 젓)

조카 형제 자매의 아들.[←족하(足下)]. ¶조카님, 조카딸, 조카며느리, 조카뻘, 조카사위, 조카아들, 조카아이/애, 조카자식(子息); 작은조카, 장조카(長), 처조카(妻), 큰조카 들.

조파(다) 나빠지다. 망치다. ¶잘되면 득이 되지만 못되면 신세만 조판다.

족 ①작은 줄이나 금 따위를 곧게 내긋는 모양. ¶줄을 족 긋다. ②작은 것들이 고르게 늘어서거나 가지런히 벌여 있는 모양. ¶자갈이 족 깔린 길. ③한 줄로 끊어지지 아니하고 이어지는 모양. 어느 한 때나 장소에서 계속해서. 처음부터 끝까지 멈추지 않고. ¶길을 따라 족 내려가다. ④작은 종이나 천 따위를 한 가닥으로 단번에 찢거나 훑는 모양. ¶족 훑다. 족 찢다. ⑤적은 양의 액체를 단숨에 들이마시는 모양. ¶맥주 한 잔을 족 들이키다. ⑥입으로 힘차게 빠는 소리. 또는 그 모양. ¶빨대로 우유를 족/쪽/쭉 빨다. ⑦거침없이 내리읽거나 외거나 말하는 모양. ¶메모지를 족 읽어 내려가다. ⑧작은 것을 곧게 펴거나 벌리는 모양. ¶보자기를 족 펴다. ⑨소름이나 땀이 돋는 모양. ¶소름이 족 돋다. ⑩물기나 기운 따위가 한꺼번에 빠지는 모양. ¶힘이 족 빠지다. ⑪좁은 범위로 눈길을 보내어 한눈에 훑어보는 모양. ¶신문을 족 훑어보다. 〈큰〉죽. 〈센〉쪽. 쭉.

712) 조착: 걸음 폭을 짧게 하여 조금 빠르게 걷는 모양. ¶조착조착 걸어가는 아기. 조참(걸음걸이나 어떤 행동이 좀스럽게 잰 모양).

713) 주전부리: 때를 가리지 아니하고 군음식을 자꾸 먹는 입버릇.≒군것질. ¶주전부리가 심하다. 주전부리하다(군것질하다).

714) 조짐: 쪼갠 장작을 사방 여섯 자 부피로 쌓은 것을 세는 말. 평(坪). ¶장작 한 조짐.

715) 좆다: 상투나 낭자 따위를 틀어서 죄어 매다.

716) 당조짐: 정신을 차리도록 단단히 단속하고 주의를 줌. ¶오늘은 친구를 만나서 꼭 당조짐을 하려고 생각했다. 스스로 자신을 당조짐하듯 말하다.

717) 다조지다: ①일이나 말을 다그쳐 아퀴를 짓다. ¶끝마무리를 다조지고 일어나다. ②다급히 재촉하다. ¶다조지며 캐묻다.

718) 쌍조치(雙): 국물을 바특하게 만든 두 가지의 찌개나 찜 따위를 이르는 말.

719) 조치개: 어떤 것에 당연히 딸려 있어야 할 물건. 흔히 밥에 대하여 반찬 따위를 이름.[←조치(다)+개].

족(足) ①'발. 다리. 걷다'를 뜻하는 말. ¶족가(足枷;차꼬), 족건(足件;버선), 족골(足骨), 족관절(足關節), 족근골(足根骨), 족대(足臺;궤나 상자의 밑에 건너 대는 널), 족도(足蹈), 족발, 족부(足部), 족쇄(足鎖;차꼬), 족장(足掌;발바닥), 족적(足跡), 족지(足指), 족채(겨자채), 족채(足債), 족첨(足尖), 족탈불급(足脫不及), 족탕(足湯), 족통(足痛), 족편[720], 족하(足下), 족흔(足痕); 가족(假足.僞足;헛발), 거족(巨足), 견족(繭足), 과족(裹足), 관족(管足), 교족상(交足床), 금족/령(禁足/令), 급족(急足;급한 소식을 전하는 심부름꾼), 동족방뇨(凍足放尿), 두족(頭足), 발족(發足), 부족류(斧足類), 사족(四足), 사족(蛇足), 선족(跣足;맨발), 세족(洗足), 쇠족(소의 발), 수족(手足), 숙족(熟足), 실족(失足), 양족(兩足), 엄족반(掩足盤), 우족(右足), 원족(遠足;逍風), 위족(僞足), 의족(義足), 장족(長足), 장족(獐足), 전족(前足), 전족(專足), 전족(纏足), 접족(接足), 정족(鼎足), 정족수(定足數), 조족지혈(鳥足之血), 좌족(左足), 준족(駿足), 질족(疾足;빠르게 걷다), 착족무처(着足無處), 첨족(尖足), 탁족(濯足), 투족(投足), 편족(片足), 화사첨족(畵蛇添足), 후족(後足). ②=켤레. ¶버선 두 족. ③'넉넉하다'를 뜻하는 말. ¶족부족간(足不足間), 족족하다(足足;매우 넉넉하다), 족족유여(足足有餘), 족하다; 고족(高足), 구족(具足), 다족(多足), 만족하다(滿足), 미족하다(未足), 보족(補足), 부족(不足)[721], 섬족(贍足), 안족(雁足), 알족(空足;도자기의 굽 속을 파내는 일), 요족(饒足), 유족하다(有足), 유족하다(裕足), 자족(自足), 전족(塡足), 절족(絶足), 지족(知足), 충족/하다(充足), 포족(飽足), 풍족하다(豊足), 흡족하다(洽足). §'더하다. 지나치다'의 뜻으로 쓰일 때는 [주]로 읽힘. 주공비례(足恭非禮).

족(族) '한 조상에서 갈라져 나온 같은 혈통의 겨레', '같은 행동을 하는 무리. 같은 종류의 것'을 뜻하는 말. 겨레. ¶족내혼(族內婚), 족당(族黨), 족대부(族大父), 족류(族類;일가붙이), 족멸(族滅), 족벌(族閥), 족보(族譜), 족부/권(族父/權), 족산(族山), 족성(族姓), 족속(族屬), 족손(族孫), 족숙(族叔), 족외혼(族外婚), 족인(族人), 족장(族長), 족장(族丈), 족적(族籍), 족제(族弟), 족제(族制), 족주(族誅), 족지족(族之族), 족질(族姪), 족징(族徵), 족척(族戚), 족친(族親), 족칭(族稱). 족형(族兄); 가족(家族), 갑족(甲族;가문이나 문벌이 아주 훌륭한 집안), 거족(巨族), 거족(擧族), 거족적(擧族的), 결정족(結晶族), 고족(孤族), 고스족(goth族), 구족(舊族), 국족(國族), 귀족(貴族), 근족(近族), 나체족(裸體族), 다족(多族), 단족(單族), 대족(大族), 동족(同族), 만족(蠻族), 망족(望族;명망이 있는 집안), 멸족(滅族), 명족(名族), 모족(毛族), 목족(睦族), 문족(門族), 미시족(missy族), 민족(民族)[722], 박쥐족, 반족(半族), 반족(班族), 배달족, 번족(蕃/繁族), 벌족(閥族), 변족(邊族), 부족(附族), 부족(部族)[부족국가(國家), 부족사회(社會)], 분석족(分析族), 비족(鄙族), 비트족(beat族), 사족(士族), 사양족(斜陽), 사용족(社用族), 산소족(酸素族), 삼족(三族), 색소폰족(saxophone族), 서족(庶族), 성족(盛族), 세족(世族), 세족(勢族), 세륨족(cerium族), 소족(疏/疎族), 수족/관(水族/館), 실버족(silver族), 씨족(氏族), 아베크족(avec族), 애족(愛族), 야만족(野蠻), 얌체족, 어족(魚族), 어족(語族), 엄지족, 오렌지족(orange族), 오보에족(oboe族), 왕족(王族), 외족(外族), 우족(右族), 우족(羽族), 원족(遠族), 원소족(元素族), 웰빙족(well-being族), 유족(遺族), 유족(類族), 융족(戎族), 이족(異族), 이트륨족(yttrium族), 인족(姻族)[방계인족(傍系)], 인족(鱗族), 일족(一族), 잔족(殘族), 장발족(長髮族), 제족(諸族), 제비족, 조족(祖族), 조선족(朝鮮族), 종족(宗族), 종족(種族), 좌족(左族), 지방족(脂肪族), 처족(妻族), 철새족, 청족(淸族), 친족(親族)[방계친족(傍系), 직계친족(直系)], 칠족(七族), 토족(土族), 파족(派族), 펑크족(punk), 폐족(廢族), 폭주족(暴走族), 프리건족(freegan族), 한족(寒族), 한족(韓族), 한족(漢族), 할로겐족(Halogen族), 함수족(函數族), 향족(鄕族), 혈족(血族)[723], 혜성족(彗星族), 호족(豪族), 혼혈족(混血族), 환족(宦族), 황족(皇族), 히피족(hippie族); 조선족/ 여진/ 만주/ 몽고/ 셈/ 게르만/ 피그미/ 타타르 따위.

족(簇) '모이다. 떨기로 나다'를 뜻하는 말. ¶족생(簇生;초목이 떨기 지어 더부룩하게 남.=叢生), 족자/걸이(簇子), 족족(簇簇;빽빽하게 들어선 모양), 족주(簇酒), 족출(簇出;떼를 지어 연달아 생겨남); 상족(上簇), 잠족(蠶蔟;섶), 정족(晶簇) 들.

족대 물고기를 잡는 기구의 하나. 반두와 비슷하나 가운데 볼이 처지게 되어 있음. ¶족대로 고기를 잡다. 족산대[724]

족대기(다) ①못 견디게 남을 볶아치다.≒괴롭히다. 족치다. ¶빨리 빚을 갚으라고 족대기다. ②마구 우겨대거나 욱대기다. ¶제 말이 옳다고 족대기다. 마구 족대기는 바람에 싫다고 할 수가 없었다.

족두리 예복을 입을 때에 부인들이 쓰던 관(冠). ¶족두리를 쓰다. 족두리잠(簪), 족두리하님; 꾸민족두리, 어염족두리(어여머리를 할 때 쓰는 족두리), 조색족두리(皁色), 칠보족두리(七寶), 화관족두리(花冠) 들.

족신족신 ①좀스럽고 검질긴 태도로 남에게 지분거리는 모양. ¶얄밉게 족신족신 달라붙다. ②힘을 조금 주어 누르거나 두드리거나 밟거나 긁는 모양. ¶손녀가 족신족신 눌러 주어 그만 살포시 잠이 들었다. ③물건이 무르면서 조금 차지고 질긴 모양. ¶족신족신 진기가 있을 때까지 송기를 두드려서 송기떡을 만든다.

족자리 질그릇 따위의 배 부분 양옆에 달린 손잡이나 전. 들손. ¶족자리가 부러졌으니 이 그릇은 쓸모없게 되었구나.

---

720) 족편(足): 소의 족 · 꼬리 · 가죽 또는 쇠머리 · 돼지머리 따위를 고아, 고명을 뿌려 식혀서 묵처럼 응고시킨 음식.

721) 부족(不足): 부족감(感), 부족분(分), 부족수(數), 부족액(額), 부족조(條), 부족증(症); 과부족(過), 기부족(氣), 수면부족(睡眠), 영양부족(營養), 원기부족(元氣), 유부족(猶), 재부족(才), 태부족(太).

722) 민족(民族): 민족국가(國家), 민족권(圈), 민족문화(文化), 민족사(史), 민족상잔(相殘), 민족성(性), 민족시(詩), 민족아(我), 민족애(愛), 민족양식(樣式), 민족운동(運動), 민족음악(音樂), 민족의식(意識), 민족자결(自決), 민족자본(資本), 민족자존(自存), 민족적(的), 민족정기(精氣), 민족정신(精神), 민족종교(民族宗敎), 민족주의(主義), 민족혼(魂); 다민족(多), 단일민족(單一), 미개민족(未開), 문화민족(文化), 배달민족, 백의민족(白衣), 선주민족(先住), 소수민족(少數), 약소민족(弱小), 원시민족(原始), 이민족(異), 피압박민족(被壓迫).

723) 혈족(血族): 혈족친(親); 모계혈족(母系), 방계혈족(傍系), 법정혈족(法定), 부계혈족(父系), 자연혈족(自然), 직계혈족(直系).

724) 족산대: 두 막대기 사이에 그물을 맨 것으로, 손으로 두 막대기를 잡고 떠올림.

족제비 족제빗과의 짐승. 유서(鼬鼠). ¶족제비도 낯짝이 있다. 족제비고사리, 족제비눈, 족제비얼레(갸쭉하게 생긴 얼레), 족제비업, 족제비털; 복족제비(福), 업족제비.

족족 ①동사 어미 '-는' 뒤에 쓰이어 '하는 데마다'의 뜻을 나타내는 말. ¶생기는 족족 써 버린다. ②의존 명사 '데' 뒤에 쓰이어 '하나하나마다'의 뜻을 나타내는 말. ¶가는 데 족족 환영을 받다. 간데족족(가는 곳마다 모두).

-족족/죽죽(하다) '파랗다. 푸르다. 검다'의 어간과 '하다' 사이에 붙어, '빛깔이 깨끗하거나 고르지 못하고 조금 어두움'의 뜻을 더하는 말. ¶가무족족·까무족족·거무죽죽·꺼무죽죽하다, 발그족족·벌그죽죽하다, 파르족족·푸르죽죽하다.

족-집게 주로 잔털이나 가시 따위를 뽑는 데 쓰는 쇠로 만든 자그마한 집게.[←죡(다;작다)+집(다)+게]. ¶족집게 같다(일의 속내나 비밀을 귀신같이 잘 알아맞히다), 족집게과외(課外), 족집게장님(남의 지낸 일을 잘 알아맞히는 장님). ☞ 집다.

족치(다) 견디지 못하도록 매우 볶아치다(몹시 족대기다). 짓찧어서 쭈그러지게 하다. 규모를 줄이어 작게 만들다. ¶범인을 족쳐 자백을 받다. 북어를 족쳐 술안주로 하다. 전답을 팔아 족치다. 족쳐대다/버리다/부시다.

존(尊) '지위가 높다. 존귀하다. 어른'을 뜻하는 말.↔비(卑). ¶존가(尊家), 존객(尊客), 존견(尊見), 존경(尊敬)[존경심(心), 존경어(語)], 존고(尊高), 존공(尊公;아버지), 존귀/성(尊貴/性), 존당(尊堂), 존대(尊待↔卑下)[존댓말, 존대어(語); 극존대(極)], 존대하다(尊大)[망자존대(妄自)], 존람(尊覽), 존래(尊來), 존려(尊慮), 존령(尊靈), 존로(尊老), 존명(尊名), 존명(尊命), 존모(尊慕), 준문(尊門), 존문(尊問), 존봉(尊奉), 존비(尊卑), 존비귀천(尊卑貴賤), 존상(尊像), 존서(尊書), 존성(尊姓), 존속(尊屬)[존속살해(殺害), 존속친(親); 방계존속(傍系), 직계존속(直系)], 존숭(尊崇), 존시(尊侍;웃어른과 나이 어린 사람), 존시간(尊侍間;스무 살 정도의 나이 차가 있는 사이), 존안(尊顔), 존앙(尊仰), 존언(尊言), 존엄(尊嚴)[존엄사(死), 존엄성(性), 존엄하다], 존영(尊詠), 존영(尊影), 존영하다(尊榮), 존온(尊媼;어머니), 존옹(尊翁;늙은이), 존왕양이(尊王洋夷), 존위(尊位), 존의(尊意), 존자(尊者), 존장(尊長), 존저(尊邸), 존전(尊前), 존조(尊照), 존중(尊重)[존중시/되다/하다(視), 존중시(視), 존중심(心)], 존집(尊執), 존찰(尊札), 존체(尊體), 존총(尊寵), 존칭(尊稱)[존칭어(語); 극존칭(極)], 존택(尊宅), 존필(尊筆), 존한(尊翰), 존함(尊函), 존함(尊啣/銜), 존항(尊行), 존현(尊賢), 존현하다(尊顯), 존형(尊兄), 존호(尊號), 존후(尊候); 가존(家尊), 관존민비(官尊民卑), 극존(極尊), 남존여비(男尊女卑), 달존(達尊), 독존(獨尊), 만승지존(萬乘之尊;황제), 무존장하다(無尊丈), 본존(本尊), 삼존(三尊), 석존(釋尊), 세존(世尊), 압존(壓尊), 영존(令尊), 자존(自尊)[자존심(心), 자존자대(自大)], 자씨존(慈氏尊), 지존하다(至尊), 첨존(僉尊), 추존(追尊), 추존(推尊). §[준]으로 읽혀 '술통'을 뜻함. 상준(上尊), 상준(象尊).

존(存) '있음. 안부를 묻다. 보존하다'를 뜻하는 말. ¶존념(存念), 존류(存留), 존립(存立), 존망(存亡)[생사존망(生死)], 존멸(存滅), 존명(存命), 존몰(存沒), 존무(存撫), 존문(存問)[존문장(狀), 존문편지(便紙)], 존본취리(存本取利), 존부(存否), 존속(存續)[존속기간(期間), 존속되다/하다], 존심(存心), 존안(存案), 존양(存養), 존이불론(存而不論), 존재(存在)[725], 존치(存置), 존폐(存廢); 공존(共存), 구존(俱存), 구존하다(具存), 기존(旣存), 독존(獨存), 동존(同存), 명존실무(名存實無), 묵존(默存), 병존(竝存), 보존(保存), 부존(賦存), 부존자원(賦存資源), 상존(尙存), 상존(常存), 생존(生存), 소존자(所存者), 실존(實存), 안존하다(安存), 엄존하다(儼存), 여존(餘存), 영존(永存), 온존하다(溫存), 완존(完存), 의존(依存), 잉존(仍存), 자존(自存), 잔존(殘存), 전존(傳存), 항존(恒存), 현존(現存), 혜존(惠存) 들.

존득 물건이 눅진하게 졸깃졸깃한 모양. 〈큰〉준득. 〈센〉쫀득. ¶찰떡이 존득존득 맛이 있다. 존득·준득·쫀득·쭌득거리다/대다, 존득존득/하다.

존절 씀씀이를 아껴 알맞게 씀. 절약함.[←준절(撙節)]. ¶존절하다/히.

존조리 잘 알아듣도록 조리 있고 친절하게. ¶잘못을 그 자리에서 존조리 나무라다. 존조리 타이르다.

존존-하다 피륙의 짜임새가 고르고 곱다. 〈센〉쫀쫀하다. ¶베를 존존하게 짜다. 발이 쫀쫀한 무명베를 구해서 정성껏 옷 한 벌을 지었다.

졸(卒) ①'죽음'을 이르는 말.↔몰(歿). ¶졸곡(卒哭), 졸년(卒年), 졸도하다(卒倒), 졸서(卒逝), 졸중(卒中)[졸중풍(風); 뇌졸중(腦), 폐졸중(肺)]; 병졸(病卒), 은졸(隱卒), 조졸(早卒). ②군사. 하인. 갑자기. 끝마치다. 자질구레하다'를 뜻하는 말. ¶졸개(↔우두머리), 졸경(卒更), 졸도(卒徒), 졸독(卒讀), 졸때기'(장기알의 卒), 졸병(卒兵), 졸세(卒歲), 졸승(卒乘), 졸업(卒業)[726], 졸연하다(卒/猝然), 졸오(卒伍), 졸중풍(卒中風), 졸편(卒篇), 졸하다; 강졸(强卒), 건졸(健卒), 관졸(官卒), 군졸(軍卒), 귀졸(鬼卒), 기졸(騎卒), 대졸(大卒), 도졸(徒卒), 마졸(魔卒), 맹졸(猛卒), 병졸(兵卒), 보졸(步卒), 사졸(士卒), 산졸(散卒), 소졸(小卒), 수졸(戍卒), 약졸(弱卒), 역졸(驛卒), 염마졸(閻魔卒), 영졸(營卒), 예졸(銳卒), 옥졸(獄卒), 잡졸(雜卒), 장졸(將卒), 정졸(精卒), 제졸(諸卒), 조졸(漕卒), 종졸(從卒), 주졸(走卒), 진졸(鎭卒), 창졸/간(倉卒/間), 포졸(捕卒), 합졸(合卒;장기에서, 졸을 한데 모음) 들.

졸(拙) '못나다. 서투르다. 옹졸하다' 또는 '자기에게 관계된 사물'을 낮추어 쓰는 말. ¶졸가(拙家), 졸견(拙見), 졸계(拙計), 졸고(拙稿), 졸공(拙工), 졸공(拙攻), 졸규모(拙規模), 졸기(拙技), 졸눌(拙訥), 졸렬하다(拙劣), 졸로(拙老;늙은이가 자기를 겸손하게 이르는 말), 졸론(拙論), 졸루하다(拙陋), 졸망하다(拙妄), 졸모(拙謀),

725) 존재(存在): 현실에 실제로 있음. 다른 사람의 주목을 끌 만한 두드러진 품위나 처지. 객관적으로 실재함. ¶인간은 사회적 존재이다. 독보적인 존재. 존재감(感), 존재론(論), 존재명제(命題), 존재물(物), 존재법칙(法則), 존재성(性), 존재외(外), 존재이유(理由), 존재판단(判斷); 대타존재(對他), 자각존재(自覺;인간), 현존재(現).

726) 졸업(卒業): ①학교에서, 정해진 교육과정을 마침.↔입학. ¶졸업기(期), 졸업논문(論文), 졸업반(班), 졸업생(生), 졸업식(式), 졸업장(狀), 졸업증(證); 조기졸업(早期). ②어떤 일이나 기술 따위에 통달함. ¶그 일은 졸업한 지가 오래다.

졸문(拙文), 졸보, 졸부(拙夫), 졸성(拙誠), 졸소하다(拙小), 졸속(拙速)[727], 졸수(拙手), 졸수단(拙手段), 졸역(拙譯), 졸우하다(拙愚;못나고 어리석다), 졸음(拙吟), 졸의(拙意), 졸자(拙者), 졸작(拙作), 졸장부(拙丈夫), 졸저(拙著), 졸전(拙戰), 졸직하다(拙直), 졸책(拙策), 졸처(拙妻), 졸품(拙品), 졸필(拙筆), 졸하다, 졸형(拙荊); 고졸(古拙), 교졸(巧拙), 노졸(老拙), 노졸(露拙), 성졸하다(性拙), 소졸하다(疏拙), 수졸(守拙), 아졸하다(雅拙), 어졸하다(語拙;말솜씨가 없다), 언졸하다(言拙), 옹졸하다(壅拙), 욕교반졸(慾巧反拙), 용졸(庸拙), 우졸(愚拙), 잔졸(孱拙), 장졸(藏拙), 추졸하다(醜拙), 치졸(穉/稚拙) 들.

졸(猝) '생각할 사이도 없이 급히(갑자기)'를 뜻하는 말. ¶졸부(猝富;벼락부자), 졸부귀(猝富貴), 졸사(猝死), 졸사간(猝乍間), 졸연하다(拙然;갑작스럽다. 쉽게 할 수 있다), 졸졸요당(猝猝了當), 졸중하다(猝重;병세가 갑자기 위독해져서 중하다), 졸지/에(猝地), 졸지풍파(猝地風波), 졸한(猝寒) 들.

졸(다)[1] ①물기 따위가 증발하여 분량이 적어지다. ¶된장찌개가 바짝 졸아붙었다. 조리다[728], 졸아들다, 졸아붙다(바짝 졸아들어 물기가 거의 없어지다), 졸아지다, 졸이다[729]. ②부피나 수효 또는 규모 따위가, 본디보다 작아지거나 적어지다. 또는 몇몇 동사 앞에 붙어 '보잘것없는. 적게. 줄이어'의 뜻을 나타내는 말.↔늘다. 〈큰〉줄다. ¶수입이 줄다. 체중이 줄다. 졸되다[730], 졸들다[731], 졸딱졸딱[732], 졸때기[2][733], 조리개[734], 조리복소니[735], 조릿조릿[736], 졸밥(사냥매에게 먹이는 미끼), 졸보기(근시)[졸보기눈, 졸보기안경(眼鏡)], 졸자라다, 졸 · 줄잡다(실제보다 줄여서 헤아리다), 줄잡아, 주름, 준말, 줄어가다, 줄어들다, 줄이다(줄게 하다)[줄인그림, 줄인자, 줄인비(比), 줄인코, 줄임표(標)]; 늘줄다(늘었다 줄었다 하다), 맞줄임 들.

졸(다)[2] 잠을 자지는 않으나 자꾸 잠드는 상태로 들어가다.↔깨다'. ¶꾸벅꾸벅 졸다. '졸다'의 낮춤말은 '시지르다'다. 졸리다(자고 싶은 느낌이 들다), 자울자울 · 조울조울[737], 조름불[738], 조리치다[739], 졸음(자고 싶은 느낌)[졸음기, 졸음운전(運轉), 졸음증(症)] 들.

졸랑 ①그릇의 액체가 흔들리는 소리나 모양. 〈큰〉줄렁. 〈센〉쫄랑. 〈큰 · 센〉쭐렁. ¶졸라당[740]. ②경솔하게 졸래졸래 행동하는 모양. 〈센〉쫄랑. 〈거〉촐랑. ¶강아지가 졸랑졸랑 따라오다. 졸랑 · 줄렁거리다/대다, 졸래졸래[741], 쫄래둥이(몹시 쫄랑거리는 아이).

졸망 ①고르지 않은 여러 개의 작은 물건이 뒤섞여 있어 보기에 사랑스러운 모양. ¶아이들이 양지쪽에 졸망졸망 모여 있다. 졸막이[742], 졸막졸막[743], 졸망구니[744]; 올망이졸망이(올망졸망한 물건), 올망졸망 · 울멍줄멍 · 올몽졸몽 · 울멍줄멍. ②가죽이나 표면 따위가 울퉁불퉁하게 생긴 모양. 〈큰〉줄멍. 〈센〉쫄망. 〈큰 · 센〉쭐멍.

졸박졸박 자국이 잘고 심하게 얽은 모양. ¶졸박졸박 얽은 피부.

졸졸 ①가는 물줄기가 연달아 순하게 흐르는 소리. 또는 그 모양. ¶시냇물이 졸졸 흐르다. ②작은 사람이나 동물이 자꾸 남의 뒤를 따르거나 따라다니는 모양. ¶아이는 엄마를 졸졸 따라 다녔다. ③작은 물건을 여기저기 흘리는 모양. ¶쌀을 졸졸 흘리고 다닌다. ④조금도 막힘이 없이 쉽게 글을 읽어 내려가거나 외우거나 하는 모양. ¶교과서를 졸졸 외운다. ⑤작은 구멍이나 틈으로 물, 기름, 땀 같은 것이 순하게 흘러내리는 모양. ¶수돗물이 졸졸 나온다. ⑥가는 줄이나 늘어진 것이 끌리는 모양. ¶졸졸 · 줄줄 · 쫄쫄 · 쭐쭐/거리다/대다.

졸짱 땅속 깊이 관을 박아 물을 끌어올리는 설비.

좀[1] 헝겊이나 곡식 · 낟알 · 나무 따위를 해치는 벌레의 총칭. 또는 해를 끼치는 사람이나 물건. ¶좀이 쑤시다(무엇이 하고 싶어 안절부절못하다. 가만히 참고 기다리지 못하다). 좀내(좀이 난 물건에서 나는 냄새), 좀먹다(해치다), 좀약(藥); 가루좀, 나무좀, 무좀(백선균이나 효모균이 주로 발가락 사이에 물이 잡히어 생기는 피부병).

좀[2] ①'조금'의 준말. ¶좀더. 좀처럼[745]/좀체[746]. ②부탁이나 동의

727) 졸속(拙速): 지나치게 서둘러 함으로써 그 결과나 성과가 바람직하지 못함. ¶졸속을 피하다. 졸속성(性), 졸속주의(主義), 졸속하다, 졸속행정(行政).

728) 조리다: 어육이나 채소 따위를 양념하여 간이 충분히 스며들도록 국물이 적게 바짝 끓이다. ¶생선을 조리다. 조리치기(살코기를 썰어 간장이나 기름에 볶다가 후춧가루나 깨소금을 뿌려 익힌 반찬), 조린젓(조려서 진하게 만든 젓), 조림(조려 만든 반찬)[가자미조림, 갈치조림, 감자조림, 고등어조림, 닭조림, 마늘잎조림, 맛살조림, 멸치조림, 명태조림(明太), 병어조림, 북어조림, 붕어조림, 병조림(瓶), 비웃조림, 생선조림(生鮮), 양골조림(陽骨), 장조림(醬), 제육조림(肉), 조기조림, 표고조림, 통조림(桶), 풋고추조림]; 얼조리다(국물이 약간 있게 조리다).

729) 졸이다: ①졸게 하다. ②속을 태우다시피 조바심하다. ¶마음을 졸이어 합격자 발표를 기다리다. 마음을 졸이다(결과가 빨리 닥치기를 은근히 기대하다). 맘졸이다, 맘죄이다.

730) 졸되다: 보기에 가냘프고 약하면서 졸망하다. ¶이 지경에 상대편의 처분만 기다리는 것은 졸된 일이다. 졸되기[퇴화(退化)]↔돋되기(진화).

731) 졸들다: 발육이 잘 되지 아니하고 주접이 들다. ¶졸드는 병아리.

732) 졸딱졸딱: 분량이나 규모가 작아서 변변치 못한 모양. 물건이나 일이 조금씩 주는 모양. 〈센〉쫄딱졸딱'. ¶졸딱졸딱 줄어든다. 졸딱졸딱하다.

733) 졸때기[2]: 보잘것없을 정도로 분량이나 규모가 작은 일을 속되게 이르는 말. 지위가 변변하지 못한 사람. 자질구레한 사람. ¶졸때기 장사.

734) 조리개: 사진기의 렌즈를 통과하는 빛의 양을 조절하는 기계 장치. ¶눈조리개[홍채(紅彩)].

735) 조리복소니[-쏘-]: 크고 좋던 물건이 차차 졸아들거나 깎여서 볼품이 없이 된 것. ¶조각품을 마무리한답시고 자꾸 깎아내어 조리복소니가 되고 말았다. 예년에 없는 가뭄으로 밭작물이 모두 조리복소니가 되어 자라지를 못하고 있다.

736) 조릿조릿: 조바심이 나서 마음을 놓지 못하고 초조한 모양.≒조마조마. ¶마음을 조릿조릿 졸이며 기다리다. 조릿조릿하다.

737) 조울조울: 자꾸 조는 모양. 졸음이 와 꾸벅거리는 모양. 조숙조숙. 〈작〉자울자울.

738) 조름불: 맨 처음에 가마에 독을 넣고 조금씩 때는 불.

739) 조리-치다: 졸음이 올 때 잠깐 졸고 깨다. ¶밤이 새도록 이야기하다가 눕긴 하였으나 조리칠 틈도 없이 금방 날이 새어버리고 말았다.

740) 졸라당: 크지 않은 그릇에 담긴 액체가 한 번 흔들릴 때 나는 소리. 〈센〉쫄라당. 〈큰 · 센〉쭐러덩.

741) 졸래졸래: ①경망스럽게 까불거리면서 따라오는 모양. ¶강아지처럼 졸래졸래 따라다니다. ②여럿이 무질서하게 졸졸 뒤따르는 모양. 〈큰〉줄레줄레. 〈센〉쫄래쫄래. 〈큰 · 센〉쭐레쭐레.

742) 졸막이: 자질구레한 것.

743) 졸막졸막: 자잘한 여러 물건이 뒤섞여 여기저기 벌여 있어 고르지 않은 모양. 〈큰〉줄먹줄먹.

744) 졸망구니: 졸망졸망한 조무래기. ¶졸망구니 아이들.

ㅈ

를 구할 때 말을 부드럽게 하기 위하여 삽입하는 말. ¶창문 좀 열어 주십시오.

좀[3] 그 얼마나. 오죽. ¶혼자서 객지 생활을 하고 있으니 좀 힘들겠습니까? 좀 예쁜가. 좀 놀랬을까.

좀(조랑~종)– 일부 명사나 접사에 붙어 '좀스럽게 작거나 적은. 행동의 됨됨이가 옹졸한'의 뜻을 더하는 말. §'자그마한 것'을 뜻하는 '종-, 조롱/조랑-'은 '좀-'의 이형태. ¶조랑조랑[747]·조롱조롱·주렁주렁, 조랑마차(馬車), 조랑말, 조랑말자리, 조랑망아지, 조롱복(福;짧게 타고난 복. 보잘것없는 복); 조무래기[748], 좀개(보잘것없는 작은 개), 좀거위(요충), 좀것, 좀꽃, 좀꾀(좀스러운 잔꾀), 좀나무, 좀녕[749], 좀노릇(좀스러운 일), 좀놈, 좀닭, 좀도끼, 좀도둑/놈/질, 좀도적(盜賊), 좀되다, 좀말(좀스럽게 하는 말), 좀매미, 좀벌(토종벌), 좀복숭아, 좀비비추, 좀뽕나무, 좀사내(꾀죄죄한 사내), 좀살궂다(보기에 매우 좀스럽다), 좀상스럽다(좀스럽다), 좀상하다, 좀상좀상하다, 좀생원(生員), 좀생이(좀스러운 사람. 잔 물건), 좀스럽다, 좀싸리, 좀자귀(조그마한 자귀), 좀장사치, 좀지네, 좀짓(좀스러운 짓), 좀콩, 좀파리, 좀팽이[750], 좀하다(어지간하고 웬만하다); 종가래, 종구라기(조그마한 바가지. 쪽박), 종굴박(작은 표주박), 종다래끼(조그만 대바구니), 종댕기(도투락댕기에 다는 좁은 끈. 작은 댕기), 종댕이(종다래끼), 종박, 종콩(주로 메주를 쑤는 빛이 희고 알이 잔 콩) 들.

좁(다) 너비나 공간이 작다. 틈이나 구멍이 작고 가늘다. 범위나 규모가 작다. 도량이나 소견이 옹졸하다.↔넓다. ¶방이 좁다. 마음이 좁다. 조부장하다(보기에 좁은 느낌이 있다), 조붓/하다(↔너붓하다), 좁다랗다, 좁대기다(좁게 만들다), 좁디좁다, 좁아지다(↔벌어지다), 좁아터지다, 좁직하다, 조프리다[751], 좁히다; 배·비좁다[752], 친좁다(親;지내는 사이가 매우 친숙하고 가깝다). ☞ 협(狹).

종[1] 마늘·파 따위의 꽃줄기 끝에 달리는 망울. ¶종이 나오다. 종대(종의 한가운데에서 올라오는 줄기); 마늘종(마늘의 꽃줄기), 뭇종(무장다리의 어린 대), 팟종(다 자란 파의 윗머리에 달린 꽃줄기).

종[2] 남의 집에서 심부름을 하거나 남의 뜻이나 명령에 따라 움직이는 사람. ¶종을 부리다. 종날(종들을 격려하는 날), 종년, 종노릇/하다, 종놈, 종붙이, 종살이/하다, 종아이, 종질/하다, 종첩(妾); 계집종, 남녀종(男女), 몸종, 사내종, 씨종, 아이종, 여종(女). ☞ 노(奴).

종[3] '종작'의 준말.

종(種) '씨[종자(種子)]. 심다. 갈래나 동식물 분류상의 기초 단위'의 뜻을 나타내는 말. ¶종개념(種概念), 종견(種犬), 종견(種繭), 종계(種鷄;씨닭), 종곡(種穀), 종국(種麴;누룩), 종과득과(種瓜得瓜), 종근(種根), 종내기, 종덕(種德), 종돈(種豚), 종두(種痘)[종두법(法), 종두진(疹)], 종락(種落), 종란(種卵), 종류(種類)[753], 종마(씨말)/소(種馬/所), 종모돈(種牡豚), 종모마(種牡馬), 종모우(種牡牛), 종목(種目)[종목별(別); 감리종목(監理), 경기종목(競技), 관리종목(管理)], 종목(種牧), 종묘(種苗)[종묘상(商), 종묘장(場)], 종별(種別), 종비(種肥), 종삼/포(種蔘/圃), 종상(種桑;뽕나무를 심다), 종수(種樹), 종약(種藥), 종양(種羊), 종어(種魚), 종예(種藝), 종우(種牛), 종유(種油;씨앗에서 짜낸 기름), 종자(種子;씨)[종자돈, 종자식물(植物); 무배유종자(無胚乳), 지방종자(脂肪)], 종족(種族), 종종(種種)[754], 종차(種差), 종축/장(種畜/場), 종토(種兎), 종파(種播), 종파(씨를 받을 파), 종패(種貝), 종피(種皮;씨껍질)[내종피(內), 외종피(外)], 종핵(種核); 각종(各種), 갑종(甲種), 개량종(改良種), 겸용종(兼用種), 경종(京種), 경종(耕種), 고유종(固有種), 공동종(共同種), 공통종(共通種), 과도종(過渡種), 과종(瓜種), 과종(果種), 교배종(交配種), 교잡종(交雜種), 귀화종(歸化種), 근종(根種), 근연종(近緣種), 기종(機種), 기본종(基本種), 깃대종(旗-種), 낙종/물(落種), 난용종(卵用種), 다종(多種), 단종(斷種), 단각종(短角種), 단간종(短幹種), 단종(斷種), 도래종(渡來種), 도입종(導入種), 독종(毒種), 돌연변이종(突然變異種), 동종(同種), 만종(晩種), 만종(蠻種), 만생종(晩生種), 만숙종(晩熟種), 말종, 망종(亡種), 망종(芒種), 멸종(滅種), 모종(某種), 모용종(毛用種), 모피종(毛皮種), 몽고종(蒙古種), 무망종(無芒種), 물종(物種), 반종(班種), 백변종(白變種), 백색종(白色種), 백인종(白人種), 범존종(汎存種), 변종(變種), 별종(別種), 병종(兵種), 보편종(普遍種), 복성종(複成種), 본종(本種), 본토종(本土種), 부종(付種), 북종(北種), 분종(盆種), 비종(備種;여러 가지를 두루 갖춤), 생태종(生態種), 서양종(西洋種), 선종(選種), 세모종(細毛種), 수종(數種), 순종(純種), 시원종(始原種), 식인종(食人種), 신종(新種), 아종(亞種), 악종(惡種), 알용종(用種), 애완용종(愛玩用種), 야만종(野蠻種), 야생종(野生種), 약종(藥種), 양종(良種), 양종(洋種), 양종(陽種), 어종(魚種), 업종(業種), 영향종(影響種), 외국종(外國種), 외래종(外來種), 용종(龍種), 우량종(優良種), 우점종(優占種), 원종(原種), 원연종(遠緣種), 원잠종(原蠶種), 유용종(乳用種), 유존종(遺存種), 육종(育種), 육모용종(肉毛用種), 육성종(育成種), 육용종(肉用種), 이종(異種), 이종(移種), 이국종(異國種), 인종(人種), 일종(一種), 일출종(逸出種), 자생종(自生種), 잔존종(殘存種), 잠종(蠶種), 잡종(雜種)[755], 재래종(在來種), 재배종(栽培種), 재생종(再生種), 재

745) 좀처럼: 여간하여서는.≒좀체. 도무지. ¶그는 좀처럼 남의 말을 듣지 않는다.

746) 좀체: 좀쳇것(웬만한 것), 좀체말(웬만한 말), 좀쳇놈(특별한 수완이나 힘이 없는 보통 사람), 좀쳇사람, 좀쳇일.

747) 조랑조랑: =조롱조롱. 〈큰〉주렁주렁. ¶어린 자식들을 조랑조랑 데리고 떠났다.

748) 조무래기: ①자질구레한 물건. ②'어린아이'를 이르는 말. ¶다 큰 애가 동네 조무래기들이나 데리고 놀다니.

749) 좀녕: 좀스러운 사람을 낮추어 이르는 말.=좀놈. 좀팽이. ¶그 사람은 밥 한 끼 안 사면서 만날 돈 없다고 엄살부리는 좀녕이다.

750) 좀팽이: ①몸피가 작고 좀스러운 사람. ②자질구레하고 보잘것없는 물건.

751) 조프리다: 눈이나 이맛살 같은 것을 좁히거나 작아지게 만들다. ¶눈시울을 가늘게 조프리고 보다.

752) 배좁다: 자리가 매우 좁다.[←배(다)[2]+좁다].↔넓다. 너르다. ¶비좁은 골목.

753) 종류(種類): 사물을 일정한 기준에 의하여 나누는 갈래. ¶같은 종류의 사과. 종류별(別).

754) 종종(種種): ①물건의 가지가지. ¶종종색색(種種色色;가지각색). ②가끔. 또는 때때로. ¶종종 찾아온다. 종종하다(어떤 일이 가끔 있다); 시시종종(時時種種).

755) 잡종(雜種): 잡종교배(交配), 잡종법(法), 잡종형성법(形成法); 다성잡종

종(材種), 전용종(專用種), 절종(絕種), 접종(接種), 제종(諸種), 조종(早種), 조모종(粗毛種), 조생종(早生種), 조숙종(早熟種), 중생종(中生種), 지종(地種), 지방종(地方種), 지표종(指標種), 직종(職種), 진종(珍種), 찰리종(刹利種), 채종(採種), 채종(菜種), 취종(取種), 침종(浸種), 타종(他種), 토종(土種), 토산종(土産種), 토인종(土人種), 토착종(土着種), 특종(特種), 특산종(特産種), 파종(播種), 품종(品種), 하종(下種;부처·보살이 중생에게 득도의 씨를 내림), 핵종(核種), 호종(胡種), 혼종(混種), 화종(花種), 황인종(黃人種), 흑인종(黑人種), 희귀종(稀貴種), 희종(稀種), 햄프셔/ 레그혼/ 메리노종 들.

종(從) ①'뜻을 따르다. 딸리다. 복종하다. 몸을 담아 일하다. 부터. 조용하다'를 뜻하는 말. ¶종가(從駕), 종가세(從價稅), 종경론(從輕論), 종군(從軍)[종군기(記), 종군기자(記者), 종군작가(作家); 백의종군(白衣)], 종권(從權), 종금(從今;지금으로부터), 종다수/결(從多數/決), 종당(從當)[756], 종두지미(從頭至尾), 종래(從來), 종량(從良), 종량등(從量燈), 종량세(從量稅), 종률세(從率稅), 종물(從物), 종범(從犯), 종법(從法), 종복(從僕), 종부직(從夫職), 종비(從婢), 종사(從士), 종사(從死), 종사(從祀), 종사(從事)[일부종사(一夫), 편의종사(便宜)], 종선(從船), 종소원(從所願), 종속(從俗), 종속(從屬)[757], 종속히(從速;오래 걸리지 아니하고 빠르게), 종시가(從時價), 종시세(從時勢), 종시속(從時俗), 종신(從臣), 종실(從實), 종심(從心), 종업/원(從業/員), 종오소호(從吾所好), 종용하다(從容), 종유(從遊), 종인(從因), 종자(從者), 종장(從葬), 종전(從前;지금보다 이전. 이제까지), 종졸(從卒), 종죄(從罪), 종중(從衆), 종중론(從重論), 종중추고(從重推考), 종차(從此), 종차(從次), 종학(從學), 종환(從宦), 종후(從厚); 강종(强從;마지못하여 따름), 구종(驅從), 굴종(屈從), 극종(克從), 긍종(肯從), 낙종(諾從), 낙종(樂從), 맹종(盲從), 면종/복배(面從/腹背), 면종(勉從), 묵종(默從), 배종(陪從), 보종(步從), 복종(服從), 복종(僕從), 부종(不從), 상종(相從)[유유상종(類類)], 소종래(所從來), 수종(首從), 수종(隨從), 순종(順從), 승종(承從), 시종(侍從), 신종(臣從), 신종(信從), 영종(影從), 예종(隸從), 원종하다(願從), 응종(應從), 인종(忍從), 전종(專從), 주종(主從), 청종(聽從), 추종(追從), 추종(騶從), 하종(下從), 협종(脅從), 호종(扈從). ②사촌이나 오촌의 겨레 관계. 또는 정(正)보다 품계가 낮음·버금을 나타내는 말. ¶종고모/부(從姑母/夫), 종남매(從男妹), 종매(從妹), 종매부(從妹夫), 종백(從伯), 종백씨(從伯氏), 종손(從孫), 종손녀(從孫女), 종손부(從孫婦), 종손서(從孫壻), 종수(從嫂), 종수씨(從嫂氏), 종숙(從叔), 종숙모(從叔母), 종씨(從氏), 종자(從子;조카), 종자(從姊), 종자매(從姊妹), 종제(從弟), 종조(從祖), 종조모(從祖母), 종조부(從祖父), 종중씨(從仲氏), 종증손(從曾孫), 종증조(從曾祖), 종질(從姪)[종질녀(女), 종질부(婦), 종질서(壻), 종항간(從行間)], 종형(從兄), 종형제(從兄弟), 종일품(從一品)/ 종구품(從九品); 고종(姑從), 내종(內從), 내외종(內外從), 사종(四從), 삼종(三從), 외종(外從), 이종(姨從;이종 사촌), 재종(再從), 척종(戚從), 표종(表從;외종 사촌) 들.

종(宗) '마루. 으뜸. 근본. 종묘·사당. 겨레. 갈래·교파(敎派)·종파(宗派). 높이다·존중하다'를 뜻하는 말. ¶종가(宗家)[종가며느리, 종갓집; 대종가(大)], 종계(宗契), 종고(宗高;땅바닥에서 지붕마루까지의 높이), 종교(宗敎)[758], 종규(宗規), 종단(宗團;한 종파를 이루는 단체), 종답(宗畓;宗田), 종도(宗徒), 종량(宗樑;마룻보), 종론(宗論), 종마루(지붕 한가운데에 있는 마루), 종묘(宗廟)[759], 종무(宗務)[종무소(所)], 종문(宗門;종가의 문중), 종반(宗班), 종법(宗法), 종부(宗婦), 종사(宗社;나라), 종사(宗師;학덕이 뛰어난 중. 한 계통의 으뜸이 되고 개척자가 되는 사람), 종사(宗嗣), 종산(宗山), 종성(宗姓), 종손(宗孫), 종신(宗臣), 종실(宗室), 종씨(宗氏), 종의(宗義), 종의(宗誼), 종이(宗彝), 종인(宗人), 종자(宗子), 종장(宗匠), 종전(宗田), 종전(宗典), 종정(宗正), 종제(宗制), 종조(宗祖;敎祖), 종족(宗族), 종주(宗主)[종주국(國), 종주권(權), 종주산(山)], 종중(宗中;한 겨레붙이의 문중)[종중논, 종중밭, 종중산(山)], 종지(宗支), 종지(宗旨), 종척(宗戚), 종체(宗體), 종친/회(宗親/會), 종토(宗土), 종통(宗統;종가의 계통), 종파/적(宗派/的), 종하생(宗下生), 종풍(宗風), 종회(宗會); 개종(改宗), 개종(開宗), 경종(經宗), 계율종(戒律宗)/율종(律宗), 고종(孤宗), 교종(敎宗), 군종(軍宗), 남종(南宗), 대종(大宗), 돈종(敦宗), 동종(同宗), 법상종(法相宗), 법성종(法性宗), 법화종(法華宗), 본종(本宗), 부석종(浮石宗), 북종(北宗), 사종(邪宗), 사종(師宗), 사종(詞宗), 사종(辭宗), 삼종(三宗), 삼론종(三論宗), 선종(禪宗), 성종(成宗), 소승종(小乘宗), 소종(小宗), 수종(水宗;물마루), 시흥종(始興宗), 열반종(涅槃宗), 유종(儒宗), 자력종(自力宗), 정종(正宗), 정토종(淨土宗), 제종(諸宗), 조계종(曹溪宗), 조종(祖宗), 조종(朝宗), 죄종(罪宗주종(主宗), 진언종(眞言宗), 천태종(天台宗), 타종(他宗), 타력종(他力宗), 탈종(奪宗;奪嫡), 태종(太宗), 화엄종(華嚴宗) 들.

종(終) '마지막. 끝내다·마치다'를 뜻하는 말.↔시(始). ¶종가(終價)[상종가(上), 하종가(下)], 종간(終刊), 종강(終講), 종결(終決;결정을 내림), 종결(終結;끝막음)[종결부(部), 종결어미(語尾), 종결짓다/하다, 종결형(形)], 종경(終境), 종곡(終曲), 종국(終局;끝판)[종국적(的), 종국판결(判決)], 종권(終卷), 종귀일철(終歸一轍), 종극(終極), 종기(終期), 종내(終乃;끝끝내), 종년(終年), 종단/항(終端/港), 종례(終禮), 종료(終了;끝), 종막(終幕), 종말/론(終末/論), 종무(終務), 종무소식(終無消息), 종미(終尾), 종반(終盤), 종발(終

(多性), 양성잡종(陽性), 중간잡종(中間).

756) 종당/에(從當): 이 뒤에 마땅히. 뒤에 가서 마침내.

757) 종속(從屬): 자주성이 없이 주가 되는 것에 딸려 붙음. ¶종속관계(關係), 종속국(國), 종속노동(勞動), 종속되다/하다, 종속문(文), 종속물(物), 종속범(犯), 종속변수(變數), 종속사건(事件), 종속성분(成分), 종속영양(營養), 종속이론(理論), 종속인구(人口), 종속적(的), 종속절(節), 종속체계(體系), 종속회사(會社).

758) 종교(宗敎): 초월적인 절대자를 믿고 숭배하는 일의 총체적인 체계. ¶종교의 자유. 종교가(家), 종교개혁(改革), 종교관(觀), 종교극(劇), 종교도시(都市), 종교문학(文學), 종교미술(美術), 종교법(法), 종교불(弗), 종교사(史), 종교사관(史觀), 종교사회(社會), 종교성(性), 종교시(詩), 종교심(心), 종교예술(藝術), 종교운동(運動), 종교음악(音樂), 종교의식(意識), 종교의식(儀式), 종교인(人), 종교재판(裁判), 종교적(的), 종교전쟁(戰爭), 종교철학(哲學), 종교체험(體驗), 종교학(學), 종교화(畵); 계시종교(啓示), 민족종교(民族), 사이비종교(似而非), 세계종교(世界), 신흥종교(新興), 원시종교(原始), 유사종교(類似), 윤리적종교(倫理的), 자연종교(自然), 자유종교(自由).

759) 종묘(宗廟): 조선 때, 역대 임금과 왕비의 위패를 모시던 왕실의 사당. ¶종묘사직(社稷;왕실과 나라), 종묘제례악(祭禮樂).

發), 종배(↔첫배), 종배(終杯), 종삭(終朔), 종상(終喪), 종생(終生), 종성(終聲), 종세(終歲), 종소(終宵), 종수일별(終須一別), 종시(終始), 종시(終是), 종식(終熄), 종신(終身)[760], 종심(終審), 종야(終夜), 종언(終焉), 종업(終業), 종연(終演), 종열차(終列車;막차), 종영(終映), 종예(終譽), 종이부시(終而復始), 종일(終日)[종일토록; 온종일, 진종일(盡), 한종일(限)], 종자음(終子音), 종장(終章), 종장(終場), 종전(終戰), 종점(終點), 종제(終制), 종지(終止), 종착(終着)[종착역(驛), 종착점(點), 종착지(地)], 종천지통(從天之痛), 종편(終篇), 종항(終航), 종헌(終獻), 종효(終孝); 고종명(考終命), 내종(乃終;나중), 망종(亡終), 세종(歲終), 송종(送終), 시종(始終), 신종(愼終), 연종(年終;세밑), 영종(令終), 유종(有終), 임종(臨終), 지종(至終), 초종장사(初終葬事)/초종, 최종(最終), 호종(怙終), 흉종(凶終) 들.

종(鐘) 시간을 알리거나 신호용으로 치거나 울리어 소리를 내는 기구. 악기 이름. ¶종을 치다. 종각(鐘閣), 종경(鐘磬), 종고(鐘鼓), 종끈(종을 치는 망치에 이은 줄), 종뉴(鐘紐), 종대(鐘臺), 종덩굴, 종동(鐘銅), 종두(鐘頭), 종로(鐘路), 종루(鐘漏), 종루(鐘樓), 종명(鐘銘), 종명(鐘鳴), 종명정식(鐘鳴鼎食), 종벌레, 종상(鐘狀)[종상화(花), 종상화산(火山)], 종성(鐘聲), 종소리, 종유동(鐘乳洞), 종유석(鐘乳石;돌고드름), 종정(鐘鼎)[종정도(圖), 종정문(文)], 종지기, 종청동(鐘靑銅), 종치다(끝장나다), 종탑(鐘塔), 종판(鐘板), 종편(鐘便), 종형(鐘形); 거종(巨鐘), 경종(警鐘), 경시종(警時鐘), 괘종/시계(掛鐘/時計), 대종(大鐘), 동종(銅鐘), 만종(晩鐘), 명종(鳴鐘), 목종(木鐘), 범종(梵鐘), 백팔종(百八鐘), 불종[火鐘], 불종(佛鐘), 상학종(上學鐘), 새벽종, 석종(石鐘), 성종(聖鐘), 성종(醒鐘), 소종(小鐘), 시종(時鐘), 용종(甬鐘), 운집종(雲集鐘), 임종(林鐘), 자명종(自鳴鐘), 전종(電鐘), 정종(定鐘), 조종(弔鐘), 첩종(疊鐘), 초인종(招人鐘), 주종(鑄鐘), 추종(錘鐘), 타종(打鐘), 탄일종(誕日鐘), 특종(特鐘), 편종(編鐘), 호종(號鐘), 혼종(昏鐘), 화종(火鐘), 황종(黃鐘), 효종(曉鐘), 흡종(吸鐘;吸角) 들.

종(腫) 피부에 생기는 큰 부스럼. ¶종을 달다(종기 옆에 또 종기가 잇대어 나다). 종기(腫氣;혹), 종양(腫瘍;혹. 암)[뇌종양(腦), 방광종양(膀胱), 악성종양(惡性), 양성종양(良性)], 종의(腫醫), 종창(腫脹), 종처(腫處), 종환(腫患); 갑상선종(甲狀腺腫), 골종(骨腫), 과종(髁腫), 균종(菌腫), 근종(根腫), 근종(筋腫), 기종(氣腫)[피하기종(皮下)], 난소종(卵巢腫), 낭종(囊腫), 내종(內腫), 뇌후종(腦後腫), 담종(痰腫), 독종(毒腫), 둔종(臀腫), 맥립종(麥粒腫), 면종(面腫), 방종(傍腫), 배종(背腫;등창), 부종(浮腫)[기아부종(饑餓), 뇌부종(腦)], 부신종(副腎腫), 빈종(鬢腫), 선종(腺腫), 섬유종(纖維腫), 성종(成腫), 속립종(粟粒腫), 수종(水腫)[뇌수종(腦), 폐수종(肺)], 순종(脣腫), 습종(濕腫), 악종(惡腫), 암종(癌腫), 양종(陽腫), 옴종, 외종(外腫), 유종(乳腫), 육종(肉腫), 은종(隱腫), 음종(陰腫), 정종(疔腫), 제종(臍腫), 지방종(脂肪腫), 창종(瘡腫), 치은종(齒齦腫), 파종(破腫), 항종(項腫), 혈종(血腫) 들.

종(縱) '세로↔횡(橫). 제멋대로 굴다. 용서하여 놓아주다'를 뜻하는 말. ¶종과 횡. 종격(縱擊;마음대로 공격함), 종곡(縱谷), 종관(縱貫), 종관(縱觀), 종단(縱斷)[종단구배(勾配), 종단면(面), 종단주의(主義), 종단항(港)], 종대(縱帶), 종대(縱隊), 종람(縱覽)[종람소(所), 종람자(者)], 종렬(縱列), 종렬(縱裂), 종반(縱斑), 종서(縱書), 종선(縱線;세로줄), 종수(縱囚), 종으로(세로로), 종음(縱飮), 종일(縱逸), 종자(縱恣), 종적(縱的), 종전(縱轉), 종조(縱組), 종좌표(縱座標), 종주(縱走), 종주(縱酒), 종진(縱陣;종선을 이룬 진), 종진(縱震), 종진동(縱振動), 종축(縱軸), 종파(縱波), 종해안(縱海岸), 종행(縱行), 종횡(縱橫)[종횡가(家;대립하는 두 사람 사이에서 잔꾀를 부리는 사람), 종횡무애(無礙), 종횡무진(無盡)]; 고종(故縱), 금종(擒縱), 금이종(擒而縱), 방종(放縱), 사종(肆縱), 음종(淫縱), 음종(陰縱), 조종(操縱), 칠종칠금(七縱七擒), 합종(合縱/從), 호종(豪縱) 들.

종(鍾) 옛날 술그릇의 일종. 곡식 따위를 되는 양(量)의 한 단위. '모이다. 모으다'를 뜻하는 말. ¶종기(鍾氣;정기가 한데 뭉침), 종발(鍾鉢), 종애(鍾愛), 종유석(鍾乳石;돌고드름), 종자(鍾子;종지), 종자문(鍾子紋), 종정(鍾情;따뜻한 사랑을 한쪽으로 모음); 다종(茶鍾), 등종자(燈鍾子), 배기종(排氣鍾) 들.

종(棕/椶) '종려나무(야자과에 속하는 상록 교목)'를 뜻하는 말. ¶종려/나무(棕櫚)[종려모(毛), 종려비, 종려선(扇), 종려죽(竹), 종려피(皮)], 종어(棕魚;종려나무의 열매).

종(綜) '잉아. 모으다. 통할하다(統轄)'를 뜻하는 말. ¶종리(綜理), 종사(綜絲;잉아), 종상하다(綜詳), 종합(綜合)[761], 종핵(綜核/覈) 들.

종(蹤/踪) '자취(발자취). 뒤를 밟아가다'를 뜻하는 말. ¶종적(蹤迹/跡); 계종(繼蹤), 실종(失踪), 전종(前蹤;옛사람의 사적), 혈혈고종(孑孑孤蹤) 들.

종(慫) '권하다'를 뜻하는 말. ¶종용/하다(慫慂;잘 설명하고 달래어 권하다).

종(樅) '전나무(전나뭇과의 상록 침엽 교목)'를 뜻하는 말. ¶종목(樅木;전나무), 종비나무(樅榧).

종(踵) '발꿈치'를 뜻하는 말. ¶종접(踵接), 종지(踵至;뒤를 따라 곧 옴); 선종(旋踵), 접종(接踵) 들.

종개[1] 종갯과의 민물고기. ¶종개 한 마리가 온 강물을 흐린다. 기름종개.

종개[2] 얇고 둥근 돌 같은 것을 물 위로 빗던져 탐방탐방 수면을 스치며 건너 뛰어가게 하는 장난.=물수제비. ¶종개를 던지다.

종구라기 ①조그마한 바가지. 종굴박. 〈준〉종구락. ¶종구라기로 샘물을 떠 마시다. ②물이나 술 따위의 액체를 바가지에 담아 그

---

760) 종신(終身): 한 평생을 마침. 살아 있는 동안. ¶종신관(官), 종신금고(禁錮), 종신병(病), 종신보험(保險), 종신연금(年金), 종신직(職), 종신토록(평생토록), 종신형(刑;無期刑), 종신회원(會員); 유종신(流終身), 일부종신(一夫), 한종신(限).

761) 종합(綜合): 종합개념(概念), 종합개발(開發), 종합검진(檢診), 종합경제(經濟), 종합과세(課稅), 종합병원(病院), 종합비평(批評), 종합상사(商社), 종합소득세(所得稅), 종합시험(試驗), 종합안(案), 종합예술(藝術), 종합잡지(雜誌), 종합적(的), 종합지수(指數), 종합청사(廳舍), 종합체(體), 종합판단(判斷), 종합하다, 종합학습(學習).

분량을 세는 단위.

종다리 종다릿과의 새. 운작(雲雀). ¶종다리의 옛말은 '노고지리'이다. 종달새; 멧종다리, 바위종다리, 쇠종다리, 왕종다리(王) 들.

종부-돋음 ①물건을 높이 차곡차곡 쌓아올리는 일. ¶종부돋음하다. ②키를 돋우느라고 발끝만 디디고 서거나 발밑을 굄.=발돋음.

종아리 무릎과 발목 사이의 뒤쪽. §'아리'는 '다리, 발'의 옛말. ¶종아리가 드러나다. 종아리마디, 종아리뼈, 종아리채(회초리), 종아리힘줄; 노루종아리[762], 무종아리(발뒤꿈치와 장딴지 사이), 알종아리(맨살을 드러낸 종아리) 들.

종알 ①남이 잘 알아듣지 못할 정도의 작은 목소리로 혼잣말을 하는 소리. 또는 그 모양. 〈큰〉중얼. 〈센〉쫑알. 〈큰·센〉쭝얼. ¶그날 학교에서 있었던 일을 종알종알 이야기하는 누이. 혼자서 무엇을 중얼중얼 외고 있다. 종알종알·중얼중얼, 종알·쫑알·중얼·쭝얼거리다/대다; 종달[763], 종잘[764], 종종[765]. ②여러 마리의 새 떼가 소란스럽게 울어대는 소리. 또는 그 모양. ¶뒤꼍에서 종알종알 지저귀는 새떼.

종애 남을 놀리어 약을 올림. ¶친구를 종애 곯리다.

종요-롭다 없어서는 안 될 만큼 요긴하다.≒중요하다(重要). ¶이번 기술 제휴는 우리 회사를 키우는 데 종요로운 일이다. 종요로이.

종이 주로 식물성 섬유를 원료로 하여 글을 쓰거나 서화를 인쇄할 수 있게 만든 얇은 물건. ¶종이를 접다. 종이 한 장. 종이공, 종이광대[766], 종이꽃, 종이돈, 종이딱지, 종이뜨기, 종이배, 종이봉투(封套), 종이부채, 종이비행기(飛行機), 종잇살(종이에 잡힌 주름살), 종이수염(鬚髥), 종이우산(雨傘), 종잇장(張), 종이접기, 종이접시, 종잇조각, 종이쪽, 종이쪽지, 종이찍개, 종이창(窓), 종이칼, 종이컵(cup), 종이탈, 종이풍선(風船), 종이학(鶴), 종이함(函), 종이호랑이(虎狼); 거름종이, 금종이(金), 기름종이, 꽃종이, 날종이, 닥종이(닥나무 껍질로 만든 종이), 먹종이, 모눈종이[방안지(方眼紙)], 문종이(門;창호지), 색종이(色), 은종이(銀). ☞ 지(紙).

종작 겉으로 대강 헤아려 잡은 짐작. 〈준〉종³. ¶무슨 마음으로 그랬는지 종작을 못 잡겠다. 어떻게 된 일인지 종잡을 수가 없다. 종작없이 지껄이다. 종작없다/종없다, 종작없이, 종잡다[767]; 깔종(어느 정도 까야 될지를 헤아려 보는 짐작).

762) 노루종아리: ①소반 다리 아래쪽의 새김이 없는 매끈하고 가는 부분. ②문살의 가로살이 드물게 있는 부분.

763) 종달: 불만스러운 태도로 종알거리는 소리. 또는 그 모양. 〈큰〉중덜. 〈센〉쫑달. 〈큰·센〉쭝덜. ¶용돈이 적다고 종달종달 불평하는 아들. 종달거리다/대다, 종달종달/하다.

764) 종잘: 수다스럽게 종알거리는 소리. 또는 그 모양. 〈큰〉중절. 〈센〉쫑잘. 〈큰·센〉쭝절. ¶어린아이들이 종잘종잘 이야기하며 둘러앉아 있다. 종잘거리다/대다, 종잘종잘/하다.

765) 종종: 남이 알아들을 수 없게 불평조의 군소리를 작게 하거나 원망하듯 중얼거리는 모양. 못마땅하여 탓하는 모양. 〈큰〉중중. 〈센〉쫑쫑. ¶군소리를 종종 늘어놓다. 종종·중중거리다/대다.

766) 종이광대: 옛날 죄인의 얼굴을 가리던 종이탈.

767) 종잡다: 겉가량으로 헤아려 잡다. 대중잡아 알다. ¶어떻게 된 일인지 종잡을 수 없다. 종잡을 수 없는 말.

종종¹ ①발을 가까이 자주 떼며 빨리 걷는 모양. 〈센〉쫑쫑. 〈거〉총총[768]. ¶잔걸음으로 종종 달려가다. 종종·쫑쫑·총총거리다/대다, 종종·총총걸음. ②원망하는 태도로 종알거리다. 〈큰〉중중. 종종·중중거리다/대다.

종종² 사람이나 물건이 배게 서 있거나 놓여 있는 모양. ¶판잣집이 종종 모여 앉은 산동네. 종종머리, 종종모(배게 심은 볏모), 쫑쫑[769], 총총²[770].

종-주먹 상대편을 위협하는 뜻으로 쥐어 보이는 주먹. ¶종주먹을 쥐며 을러대다. 종주먹대다(주먹으로 쥐어지르는 시늉을 하며 을러대다).

종지 간장·고추장 따위를 담아 상에 놓는 작은 그릇. 또는 그 모양이나 양을 헤아리는 데 쓰는 말.[←종자(鍾子)]. ¶간장 한 종지. 종짓굽¹(종지의 밑굽), 종짓굽²(종지뼈가 있는 언저리), 종짓불[771], 종지뼈(무릎 앞 한가운데 있는 작은 종지 모양의 뼈), 종지윷; 간장종지(醬;간종지), 기름종지, 찻종지(茶) 들.

좆 ①어른의 자지. 짐승의 성기.↔씹. ¶좆만 한 놈. 좆같다/같이. 좆나게(무척. 매우. 아주), 좆심[발기력(發起力)]; 각좆(角;뿔로 남자의 생식기처럼 만든 장난감), 개좆, 고자좆, 말좆, 쇠좆매[772], 쥐좆. ②'솟아 오른 것(손잡이)'을 뜻하는 말. ¶노좆(櫓;노를 끼우는 나무 못), 수자해좆(난초과의 기생식물), 잡좆[773], 홀아비좆(쟁기의 한마루 위의 멍에 줄 닿는 곳에 가로 꿴 작은 나무), 홀아지좆(천문동과의 여러해살이풀).

좆(다) 상투나 낭자 따위를 틀어서 죄어 매다. ¶상투를 좆다.

좇(다) 남의 뒤를 따라 그에게 가까이 가다. 자취를 따라가다. 대세(大勢)를 따르다. 남의 말이나 뜻을 따르다.≒따르다¹↔이끌다. ¶형을 좇아 구경을 가다. 여론을 좇다. 부모님의 의견을 좇다. 좇아가다/오다(따라오다), 조차[←좇(다)+-아], 좇잡다, 조추[774][←좇(다)+-우]; 다좇다(다급히 좇다), 뒤좇다, 뒤좇아가다/오다, 붙좇다(존경하거나 섬겨 따르다). ☞ 종(從).

좋(다) 대상의 성질이나 내용 따위가 훌륭하여 만족할 만하다. 맑고 깨끗하다.≒곱다. 기쁘다. 즐겁다. 훌륭하다↔나쁘다. 밉다. 싫다. 언짢다. 궂다. ¶품질이 좋다. 혈색이 좋다. 물이 좋다. 좋고 말고, 좋아(결심을 단단히 할 때 하는 말), 좋아지내다(남녀가 정분이 나서 친하게 지내다), 좋아지다, 좋아하다, 좋이(마음에 들게. 어느 한도에 미칠 만하게. 꽤); 꼴좋다('꼴사납다'의 반어적 표현), 넉살좋다(비위가 좋아 넉살을 잘 부리다), 들이좋다

768) 총총¹: 걸음을 크게 떼어 바쁘게 걷는 모양. 〈큰〉충충. ¶어둠 속으로 총총 걸어가다.

769) 쫑쫑: 바늘땀이나 무엇을 접은 것이 촘촘한 모양. ¶재봉으로 쫑쫑 박다. 종이를 쫑쫑 접다.

770) 총총²: 촘촘하고 많은 별빛이 또렷또렷한 모양. ¶하늘에 별이 총총 떠 있다. 총총한 별을 우러러 방향을 잡아 걸어가다. 총총하다/히.

771) 종짓불: 종지에 기름을 붓고 심지를 박아 붙인 불.

772) 쇠좆매: 황소의 생식기를 말려 만든 옛날 형구(刑具).

773) 잡좆: 쟁기의 술의 가운데에 박아서 쳐들도록 된 나무.

774) 조추: 얼마 뒤에. 차차 나중에.≒추후(追後). ¶조추 알리겠다. 이 일은 조추 알게 될 것이다.[+알다. 알리다].

ㅈ

(아주 좋다), 반죽좋다(부끄럼이나 노여움을 타지 않다), 벗바리좋다(뒤에서 돌보아 주는 사람이 많다), 사이좋다, 의좋다(誼), 주눅좋다(반죽좋다). ☞ 호(好).

좌(座) ①앉을 자리. 불상(佛像)을 세는 말. ¶임금의 좌에 오르다. 불상 삼 좌. 좌객(座客), 좌견천리(座見千里), 좌고(座鼓), 좌금(座金), 좌담/회(座談/會), 좌대(座臺), 좌론(座論), 좌목(座目), 좌상(座上), 좌석(座/坐席)[좌석권(券), 좌석미난(未煖), 좌석배치(配置), 좌석번호(番號); 술좌석], 좌수(座首), 좌우(座右), 좌우명(座右銘), 좌원(座元), 좌위(座位), 좌장(座長), 좌전(座前), 좌주(座主), 좌중(座中), 좌차(座次), 좌철(座鐵), 좌표(座標)[775], 좌하(座下;座前), 좌흥(座興); 가좌(家座;집터의 위치와 경계), 강좌(講座), 개좌(開座/坐), 계좌(癸座), 계좌(計座), 광좌(廣座), 구좌(口座), 권좌(權座), 금강좌(金剛座), 단좌(單座), 당좌(當座), 당좌(撞座), 대좌(臺座), 마부좌(馬夫座), 만좌(滿座), 말좌(末座), 별좌(別座), 보란좌(寶欄座), 보좌(寶座), 복련좌(覆蓮座), 복좌(復座), 복좌(複座), 분좌(分座), 비좌(碑座), 사좌(私座), 상좌(上座), 석좌교수(碩座敎授), 성좌(星座), 성좌(聖座), 수좌(首座), 수하좌(樹下座), 앙련좌(仰蓮座), 어좌(御座), 영좌(領座), 영좌(靈座), 예좌(猊座), 옥좌(玉座), 왕좌(王座), 인좌(引座), 일좌(一座), 전좌(殿座), 제좌(帝座), 베좌(諸座), 조인광좌(稠人廣座)/稠座), 조좌(朝座), 중립좌(中立座), 즉좌(卽座), 진좌(鎭座), 착좌(着座), 첨좌(僉座), 총좌(銃座), 타좌(他座), 태좌(胎座), 퇴좌(退座), 포좌(砲座), 피좌(避座), 하좌(下座), 화좌(華座), 회좌(會座), 후좌(後座). ②'별자리'를 뜻하는 말.=-자리. ¶거문고좌, 게좌, 경좌(鯨座;고래자리), 고래좌, 공작좌(孔雀座), 궁수좌(弓手座), 기린좌(麒麟座), 기어좌(旗魚座), 남십자좌(南十字座), 남어좌(南魚座), 대견좌(大犬座), 대웅좌(大雄座), 대웅성좌(大熊星座), 도마뱀좌, 독수리좌(禿-座), 돌고래좌, 두루미좌, 땅꾼좌, 마부좌(馬夫座), 마차꾼좌(馬車座), 망아지좌, 모우좌(牡牛座), 목동좌(牧童座), 물고기좌, 물병좌, 바다뱀좌, 방패좌(防牌座), 백조좌(白鳥座), 뱀주인좌(主人座), 봉황좌(鳳凰座), 북쪽왕관좌(北-王冠座), 비둘기좌, 사좌(蛇座), 사냥개좌, 사자좌(獅子座), 산양좌(山羊座), 살쾡이좌, 삼각좌(三角座), 성좌(星座), 소강좌(小綱座), 소견좌(小犬座), 소망좌(小網座), 소웅좌(小熊座), 소호좌(小狐座), 수병좌(水甁座), 수하좌(樹下座), 시계좌(時計座), 쌍둥이좌(雙-座), 안드로메다좌, 양좌(羊座), 어자좌(馭者座), 어좌(魚座), 염소좌, 오리온좌(Orion座), 외뿔소좌, 용좌(龍座), 용골좌(龍骨座), 이리좌, 일각수좌(一角獸座), 작은개좌, 작은곰좌, 작은사자좌(獅子座), 전갈좌(全蠍座), 처녀좌(處女座), 천칭좌(天秤), 카멜레온좌(Chamaeleon座), 카시오페이아좌, 카페우즈좌, 켄타우루스좌(Centaurus座), 큰개좌, 큰곰좌, 토끼좌, 페가수스좌, 페르세우스(Perseus座), 풍조좌(風鳥座), 해돈좌(海豚座), 해사좌(海蛇座), 헤르쿨레스좌(Hercules座), 현미경좌(顯微鏡座), 화가좌(畵架座), 화살좌, 황소좌, 해돈좌(海豚座), 히드라좌(Hydra座) 들.

좌(坐) 묏자리·집터의 등진 방위. '앉다. 죄를 입다'를 뜻하는 말. ¶좌각(坐脚), 좌객(坐客;앉은뱅이), 좌경(坐更), 좌고(坐高;앉은키), 좌고(坐賈;앉은장사), 좌골/신경(坐骨/神經), 좌구(坐具), 좌국(坐局), 좌굴(坐屈), 좌기(坐起), 좌립(坐立), 좌마(坐馬), 좌법(坐法), 좌변기(坐便器), 좌불안석(坐不安席), 좌산(坐産), 좌상(坐商), 좌상/불(坐像/佛), 좌석(坐/座席), 좌선(坐禪), 좌수(坐收), 좌수(坐睡), 좌시/터(坐市), 좌시(坐視), 좌식/산공(坐食/山空), 좌약(坐藥), 좌업(坐業), 좌영(坐泳), 좌와/기거(坐臥/起居), 좌욕(坐浴), 좌욕(坐褥;방석), 좌월(坐月), 좌의자(坐椅子), 좌이대사(坐而待死), 좌작/진퇴(坐作/進退), 좌장(坐杖), 좌장(坐贓), 좌재(坐齋), 좌정(坐定), 좌정관천(坐井觀天), 좌제(坐劑), 좌종(坐鐘), 좌죄(坐罪), 좌지(坐/座地), 좌지불천(坐之不遷), 좌참(坐參), 좌창(坐唱), 좌처(坐處), 좌초/하다(坐礁;배가 암초에 걸리다. 어려운 처지에 빠지다), 좌초롱(坐-籠), 좌판(坐板), 좌패(坐牌), 좌향(坐向)[776], 좌화(坐化); 가부좌(跏趺坐)[반가부좌(半)], 거좌(踞坐), 건좌(乾坐), 경좌(庚坐), 곡좌(曲坐), 곤좌(坤坐), 궤좌(跪坐), 기좌(起坐), 단좌(單坐), 단좌(端坐), 단좌(團坐), 대좌(對坐), 독좌(獨坐)[독좌상(床); 올연독좌(兀然)], 동좌(同坐), 명좌(瞑坐), 묵좌(黙坐), 미좌(未坐), 반좌(反坐), 부좌(跗坐), 사좌(巳坐), 손좌(巽坐), 시좌(侍坐), 신좌(申坐), 신좌(辛坐), 안좌(安坐), 여좌침석(如坐針席), 연좌(宴坐), 연좌(連坐), 연좌(緣坐), 열좌(列坐), 정금단좌(正襟端坐), 정좌(丁坐), 정좌(正坐), 정좌(鼎坐), 정좌(靜坐), 준좌(蹲坐), 청좌(請坐), 편좌(便坐), 평좌(平坐), 환좌(環坐) 들.

좌(左) '왼쪽. 아래로 내리다'를 뜻하는 말.↔우(右). ¶좌로 향하다. 좌강(左降), 좌경(左傾), 좌견(左肩), 좌계(左契), 좌고(左顧), 좌고우면(左顧右眄), 좌군(左軍), 좌궁/깃(左弓), 좌기(左記), 좌단(左袒), 좌당(左黨), 좌도(左道), 좌무(左舞), 좌방(左方), 좌변(左邊), 좌사우고(左思右考), 좌사체(左斜體), 좌서(左書), 좌선/룡(左旋/龍), 좌수(左手), 좌수우봉(左授右捧), 좌수우응(左酬右應), 좌승지(左承旨), 좌심방(左心房), 좌심실(左心室), 좌안(左岸), 좌연사(左撚絲), 좌열(左列), 좌완(左腕), 좌우(左右)[777], 좌원우응(左援右應), 좌의정(左議政), 좌익/수(左翼/手), 좌임(左衽;미개한 상태), 좌전(左前), 좌제우설(左提右挈), 좌제우휴(左提右携), 좌족(左足), 좌족(左族), 좌중간(左中間), 좌지우지(左之右之), 좌차우란(左遮右攔), 좌천(左遷↔榮轉), 좌청룡(左靑龍), 좌충우돌(左衝右突), 좌측(左側), 좌파(左派), 좌편(左便), 좌포우혜(左脯右醯), 좌해(左海), 좌향좌(左向左), 좌험(左驗), 좌현(左舷), 좌회전(左廻轉); 극좌(極左), 남좌여우(男左女右), 부좌(祔左), 여좌하다(如左), 좌향좌(左向左), 증좌(證左;證據), 험좌(驗左) 들.

좌(佐) '돕다. 보필하다'를 뜻하는 말. ¶좌랑(佐郞), 좌명(佐命), 좌평(佐平); 보좌(保佐), 보좌(補/輔佐)[보좌관(官), 보좌인(人), 보좌하다], 사좌(師佐), 상좌(上佐), 왕좌(王佐), 왕좌지재(王佐之才), 현상양좌(賢相良佐) 들.

좌(挫) '꺾이다. 부러지다'를 뜻하는 말. ¶좌골(挫骨), 좌기(挫氣), 좌돈(挫頓;挫折), 좌상(挫傷), 좌섬/요통(挫閃/腰痛), 좌절(挫折)

775) 좌표(座標): 평면이나 공간 안의 임의의 점의 위치를 나타내는 수나 수의 짝. 사물이 처하여 있는 형편을 비유적으로 이르는 말. ¶민족사의 바른 좌표. 좌표계(系), 좌표대(軸), 좌표변환(變換), 좌표축(軸), 좌표판(板), 좌표평면(平面); 극좌표(極), 적도좌표(赤道), 직각좌표(直角), 직교좌표(直交), 천구좌표(天球), 천체좌표(天體), 황도좌표(黃道).

776) 좌향(坐向): 묏자리나 집터 따위의 등진 방향과 바라보는 방향.

777) 좌우(左右): 좌우간(間), 좌우고면(顧眄), 좌우동(動), 좌우청촉(請囑), 좌우충돌(衝突), 좌우편(便), 좌우협(頰), 좌우협공(挾攻); 벽좌우(辟), 전후좌우(前後).

[좌절감(感), 좌절되다/하다, 좌절상승(上昇)], 좌창(挫創); 능좌(凌挫), 돈좌(頓挫), 염좌(捻挫) 들.

좌(剉) '자르다'를 뜻하는 말. ¶좌상(剉桑;누에에게 먹이로 줄 뽕잎을 써는 것)[좌상육(育), 좌상하다].

좌(莝) '여물(마소의 짚풀 먹이)'을 뜻하는 말. ¶좌두(莝豆;여물에 콩을 섞은 마소의 사료).

좌(脞) '잘다. 자질구레하다. 저민 고기'를 뜻하는 말. ¶총좌하다(叢脞;번잡하고 통일이 없다. 자질구레하고 번잡하다).

좌:-뜨다 생각이 남보다 뛰어나다. ¶좌뜬 묘안을 짜내다. 그는 가끔 좌뜨고 기발한 말을 한다. 좌뜨고 기발한 계획을 세웠으나 실천에 옮기지는 못했다.

좌락 물줄기가 세게 한 번 쏟아지는 소리. 또는 그 모양. 〈센〉좌락.

좌르르 ①물줄기 따위가 세차게 쏟아지는 소리. 또는 그 모양. ¶좌르르 물을 쏟다. ②여러 개의 작은 물체가 쏟아지는 소리. 또는 그 모양. ¶진열대의 물건이 좌르르 쏟아지다. ③얼굴이나 밥 따위에 윤기가 흐르는 모양. ¶쌀이 좋아 밥이 좌르르 기름지다. ④미닫이문이 미끄러지듯 가볍게 열리거나 닫히는 소리. 또는 그 모양. ¶문이 좌르르 열리다. 〈센〉좌르르.

좌르륵 ①물줄기나 작은 물체 따위가 한 번 세차게 쏟아지는 소리. 또는 그 모양. ②물건들이 넓게 흩어지거나 퍼지는 소리. 또는 그 모양. 〈센〉좌르륵.

좍 ①넓은 범위나 여러 갈래로 흩어져 펼쳐지거나 퍼지는 모양. 길고 곧게 뻗은 모양.=좌악. ¶빛살이 좍 퍼지다. 소문이 좍 돌다. ②조금도 막힘없이 읽거나 말하거나 외는 모양. ③땀이나 물 따위가 갑자기 위에서 아래로 한꺼번에 흘러내리는 모양. ¶눈물을 좍 흘리다. ④기운이나 힘, 소름 따위가 위에서 아래로 훑어 내리거나 돋는 모양. ⑤거침없이 세게 찢어지거나 갈라지는 소리나 모양. ⑥어떤 일이나 조직이 빈틈없이 짜인 모양. 〈센〉쫙.

좔 ①많은 물이 한꺼번에 세게 흘러내리는 소리. 또는 그 모양. ②거침없이 시원스럽게 한 번 내리읽거나 외거나 말하는 모양.

죄(罪) 법·규범을 어긴 '허물. 잘못'을 뜻하는 말. ¶죄를 짓고는 살 수가 없다. 죗값(지은 죄에 대하여 받는 벌), 죄고(罪辜), 죄과(罪科), 죄과(罪過), 죄구(罪垢), 죄근(罪根), 죄다짐(죄에 대한 갚음), 죄려(罪戾), 죄례(罪例), 죄루(罪累), 죄만스럽다/하다(罪萬;매우 죄송하다), 죄명(罪名), 죄목(罪目), 죄민스럽다/하다(罪悶;죄송하고 민망하다), 죄밑[778], 죄받다(↔죄주다), 죄벌(罪罰), 죄범(罪犯), 죄보(罪報), 죄상(罪狀;구체적인 죄의 내용), 죄송스럽다/하다/만만하다(罪悚), 죄수(罪囚)[죄수번호(番號), 죄수생활(生活)], 죄스럽다, 죄악(罪惡)[죄악감(感), 죄악상(相), 죄악시(視)], 죄안(罪案), 죄얼(罪孽), 죄업(罪業), 죄역(罪逆), 죄옥(罪獄), 죄원(罪源;죄의 근원), 죄의식(罪意識), 죄인(罪人), 죄입다(죄받다), 죄장/감(罪障/感), 죄적(罪迹), 죄적(罪籍), 죄제(罪弟), 죄종(罪宗), 죄주다(↔죄받다), 죄중벌경(罪重罰輕), 죄중우범(罪中又犯), 죄증(罪證), 죄질(罪質), 죄짓다, 죄책/감(罪責/感), 죄칩(罪蟄;부모의 상중에 있음), 죄형법정주의(罪刑法定主義), 죄화(罪禍); 가죄(加罪), 가죄(嫁罪), 간음죄(姦淫罪), 간첩죄(間諜罪), 간통죄(姦通罪), 감죄(勘罪), 강간죄(强姦罪), 강도죄(强盜罪)[특수강도죄(特殊)], 강요죄(强要罪), 거죄(巨罪), 결사죄(結社罪), 경범죄(輕犯罪), 경죄(輕罪), 고성죄(沽聖罪), 공죄(公罪), 공죄/상보(功罪/相補), 공갈죄(恐喝罪), 공범죄(共犯罪), 공연음란죄(公然淫亂罪), 과죄(科罪), 과실죄(過失罪), 괘씸죄, 교죄(絞罪), 교사죄(敎唆罪), 국교죄(國交罪), 귀죄(歸罪), 규죄(糾罪), 기밀누설죄(機密漏泄罪), 기수죄(旣遂罪), 기피죄(忌避罪), 낙태죄(落胎罪), 내란죄(內亂罪), 논죄(論罪), 뇌물죄(賂物罪), 능욕죄(凌辱罪), 다죄(多罪), 단죄(斷罪), 대역죄(大逆罪), 대죄(大罪), 대죄(待罪), 도죄(徒罪), 도죄(盜罪), 도박죄(賭博罪), 도주죄(逃走罪), 도피죄(逃避罪), 독직죄(瀆職罪), 동죄(同罪), 득죄(得罪), 망명죄(亡命罪), 망사지죄(罔赦之罪), 면죄(免罪), 멸죄(滅罪), 명예훼손죄(名譽毁損罪), 모욕죄(侮辱罪)[법정모욕죄(法廷)], 무고죄(誣告罪), 무죄(無罪), 문죄(問罪), 미수죄(未遂罪), 미죄(微罪), 반란죄(叛亂罪), 반역죄(反逆罪), 반의사불벌죄(反意思不罰罪), 방조죄(幇助罪), 방해죄(妨害罪)[공무집행방해죄(公務執行), 교통방해죄(交通)], 방화죄(放火罪), 배반죄(背反罪), 배임죄(背任罪)[특별배임죄(特別)], 범죄(犯罪), 복죄(服/伏罪), 복표죄(福票罪), 본죄(本罪), 봉인파훼죄(封印破毁罪), 불경죄(不敬罪), 불고지죄(不告知罪), 불퇴거죄(不退去罪), 불해산죄(不解散罪), 비밀누설죄(秘密漏泄罪), 비밀침해죄(秘密侵害罪), 비호죄(庇護罪), 비훼죄(誹毁罪), 사죄(死罪), 사죄(私罪), 사죄(赦罪), 사죄(謝罪)[고두사죄(叩頭)], 사기죄(詐欺罪), 살생죄(殺生罪), 살인죄(殺人罪), 상해죄(傷害罪), 서죄(書罪), 서죄(恕罪), 석고대죄(席藁待罪), 소죄(小罪), 소요죄(騷擾罪), 소지죄(所持罪), 속죄(贖罪)[속죄금(金), 속죄론(論); 장공속죄(將功)], 손괴죄(損壞罪), 수득죄(收得罪), 수죄(首罪), 수죄(數罪), 수뢰죄(受賂罪), 숙죄(宿罪), 쌍벌죄(雙罰罪), 업무방해죄(業務妨害罪), 업죄(業罪), 여수동죄(與受同罪), 여죄(餘罪), 역적죄(逆賊罪), 외환죄(外患罪), 원죄(原罪), 원죄(冤罪), 원죄(怨罪), 월조죄(越俎罪), 위령죄(違令罪), 위조죄(僞造罪)[공문서위조죄(公文書), 인장위조죄(印章), 통화위조죄(通貨), 화폐위조죄(貨幣)], 위증죄(僞證罪), 유기죄(遺棄罪)[사체유기죄(死體)], 유죄(有罪), 유죄(流罪), 유죄(宥罪), 은닉죄(隱匿罪), 이죄(弛罪), 이죄(罹罪), 이적죄(利敵罪), 일죄(一罪), 일수죄(溢水罪), 자살관여죄(自殺關與罪), 자살교사죄(自殺敎唆罪), 자살방조죄(自殺幇助罪), 재산죄(財産罪), 전복죄(顚覆罪), 좌죄(坐罪;죄를 받음), 작죄(作罪), 장죄(杖罪), 장죄(贓罪), 장물죄(贓物罪), 재물죄(財物罪), 전죄(前罪), 절도죄(竊盜罪), 정죄(定罪), 정죄(淨罪), 정죄(情罪), 종죄(從罪), 주거침입죄(住居侵入罪), 죽을죄, 중죄(重罪), 증거인멸죄(證據湮滅罪), 증뢰죄(贈賂罪), 증회죄(贈賄罪), 지죄(知罪), 참죄(斬罪), 첨죄(添罪), 청죄(請罪), 체포감금죄(逮捕監禁罪), 취득죄(取得罪;收得罪), 치사죄(致死罪), 치상죄(致傷罪), 치죄(治罪), 친고죄(親告罪), 타죄(他罪), 타죄(墮罪), 탈죄(脫罪), 탈취죄(奪取罪), 태죄(笞罪), 토죄(討罪), 통모죄(通謀罪), 퇴거불응죄(退去不應罪), 편취죄(騙取罪), 폭동죄(暴動罪), 폭행외설죄(暴行猥褻罪), 폭행죄(暴行罪), 피죄(避罪), 항명

778) 죄밑: ①지은 죄로 인한 마음의 불안. ¶지각한 것이 죄밑이 되어 열심히 일하다. ②범죄의 진상. ¶죄밑을 밝히다.

죄(抗命罪), 해죄(解罪), 협박죄(脅迫罪), 형성죄(形成罪;악인을 알면서 범한 죄), 형죄(刑罪), 회죄(悔罪), 횡령죄(橫領罪), 효죄(梟罪), 훼기죄(毁棄罪) 들.

죄(다) 헐거운 것이나 느스러진 것을 켕기어 되게 하다. 좁히다. 긴장되어 마음을 몹시 졸이다. 쪼아서 깎아 내다.=조이다. ¶나사를 죄다. 가슴을 죄며 결과를 기다리다. 마음을 조이다(긴장되거나 닥쳐오는 것이 두렵다). 조이개(장구의 줄을 조절하는 부속품), 조임목(木), 조임볼트(bolt), 조임줄(장구의 좌우 마구리를 잇는 줄), 쟁이[779], 죄어들다(조여들다)/좨들다, 죄어치다/좨치다(≒재촉하다. 복대기다), 죄이다, 죄임성(性)[780], 죔띠(압박붕대), 죔쇠(죄는 연장), 죔줄/고리, 죔통[781], 죔틀(무엇을 끼워 넣고 죄는 틀); 다죄다(다잡아서 죄다. 다지어 죄다), 붙죄다(꼭 붙들어 답답하게 조이다), 설잡죄다, 옥·욱·윽죄다/죄이다, 잡죄다(아주 엄하게 다잡다. 몹시 독촉하다) 들.

죄다 남김없이 모조리 다. 〈준〉죄. ¶죄다 자백하다. 불량배를 죄 잡아들이다. 죄죄반반/죄죄(개에게, 죄다 핥아먹으라고 이르는 말).

죄죄 빠르게 자꾸 지껄이는 모양. ¶알아듣지 못할 사투리로 죄죄거리다. 죄죄거리다/대다.

주(主) '주체·소유주·우두머리. 임금. 주되다. 하느님의 칭호'의 뜻을 나타내는 말. ¶주와 종. 주가 되는 이야기. 주의 기도. 주가(主家;주인집), 주간(主幹), 주개념(主概念), 주객(主客)[주객일체(一體), 주객일치(一致), 주객전도(顚倒)], 주격(主格), 주견(主見), 주경기(主競技), 주곡/식(主穀/式), 주공(主公), 주공격(主攻擊), 주관(主管), 주관(主觀)[782], 주교(主教)[대주교(大); 홍의주교(紅衣;추기경)], 주구(主構), 주군(主君), 주권(主權)[783], 주궤(主饋), 주근(主根), 주근(主筋), 주기(主氣), 주기도문(主祈禱文), 주님, 주대(主隊), 줏대(主)[784], 주덕(主德), 주도(主都), 주도(主導)[785], 주도로(主道路), 주독(主櫝;신주를 모시는 궤), 주동(主動), 주되다(중심이 되다), 주력(主力;힘을 들임)[주력부대(部隊), 주력함(艦)], 주령(主令), 주령(主嶺;가장 높은 고개), 주례(主禮;예식을 주장하여 진행하는 사람)[주례사(辭), 주례자(者)], 주로(주장삼아서. 주되게), 주론(主論), 주룡(主龍), 주류(主流)[비주류(非)], 주륜(主輪), 주맥(主脈), 주명(主命), 주모(主母), 주모/자(主謀/者), 주목적(主目的), 주목표(主目標), 주무(主務)[주무관(官), 주무자(者), 주무관청(官廳), 주무부(部), 주무장관(長官)], 주무기(主武器), 주문(主文), 주물(主物), 주번(主番), 주벌(主伐), 주범(主犯), 주범(主帆), 주법(主法), 주벽(主壁), 주보(主保), 주복(主僕), 주봉(主峰), 주부(主部), 주부(主婦), 주부(主簿), 주불(主佛), 주빈(主賓), 주사(主使), 주사(主祀), 주사(主事), 주사(主辭), 주산(主山), 주산물(主産物), 주산지(主産地), 주상(主上;임금), 주상(主喪), 주색(主色), 주석(主席), 주선(主膳), 주성(主星), 주성분(主成分), 주세불(主世佛), 주승(主僧), 주식(主食), 주식물(主食物), 주신(主神), 주심(主心), 주심(主審), 주아/주의(主我/主義), 주아(主芽), 주안/점(主眼/點), 주약(主藥), 주약신강(主弱臣强), 주어(主語)[주어부(部), 주어절(節)], 주업(主業), 주역(主役), 주연(主演), 주요(主要)[786], 주원료(主原料), 주원인(主原因), 주위(主位), 주은(主恩), 주음/부호(主音/符號), 주의(主意)[주의설(說力, 주의주의(主義)], 주의(主義)[787], 주익(主翼), 주인(主人)[788], 주일(主一), 주일(主

779) 쟁이: 물고기를 잡는 그물의 한 가지. 투망(投網). ¶쟁이그물, 쟁이질/하다.

780) 죄임성(性): 어떤 일을 속으로 몹시 기다려서 바싹 다그쳐지는 마음.

781) 죔통: 일 따위를 서둘러 재촉하는 판국. ¶일이 죔통에 들자 사람들은 더욱 서둘렀다.

782) 주관(主觀↔客觀): 주관가치설(價値說), 주관성(性), 주관적(的)[주관적 도덕(道德)], 주관주의(主義); 인식주관(認識).

783) 주권(主權): 주권국(國), 주권자(者), 주권재민(在民); 국외주권(國外), 대내주권(對內), 대외주권(對外), 대인주권(對人), 법주권(法), 영토주권(領土).

784) 줏대(主): 마음의 중심이 되는 생각이나 태도. ¶줏대를 가져라. 줏대 없이 굴다. 줏대신경(神經;신경 중추), 줏대잡이(중심이 되는 사람).

785) 주도(主導): 주장(主張)이 되어 이끌거나 지도함. ¶주도권(權), 주도력(力), 주도적(的), 주도하다; 민간주도(民間), 정부주도(政府).

786) 주요(主要): 주되고 중요함. ¶주요동(動), 주요색(色), 주요성(性), 주요시(視), 주요장부(帳簿)/주요부(簿), 주요점(點), 주요지(地), 주요하다.

787) 주의(主義): 체계화된 이론이나 학설. 사고 방식의 주류(主流). 태도나 경향. ¶주의자(者): 가족주의(家族), 감상주의(感傷), 개국주의(開國), 개량주의(改良), 개발주의(開發), 개방주의(開放), 개병주의(皆兵), 개인주의(個人), 개체주의(個體), 객관주의(客觀), 견실주의(堅實), 견유주의(犬儒;냉소주의), 견인주의(堅忍), 경건주의(敬虔), 경제주의(經濟), 경험주의(經驗), 계급주의(階級), 계몽주의(啓蒙), 고답주의(高踏), 고립주의(孤立), 고전주의(古典), 고정주의(固定), 공개주의(公開), 공리주의(功利), 공명주의(功名), 공산주의(共産), 공소주의(公訴), 공식주의(公式), 관념주의(觀念), 관능주의(官能), 관료주의(官僚), 교조주의(教條), 교황황제주의(教皇皇帝), 구두주의(口頭), 구성주의(構成), 구조주의(構造), 국가주의(國家), 국민주의(國民), 국수주의(國粹), 국제주의(國際), 군국주의(軍國), 군주주의(君主), 권위주의(權威), 귀족주의(貴族), 규문주의(糾問), 극기주의(克己), 근대주의(近代), 근본주의(根本), 금욕주의(禁慾), 급진주의(急進), 기교주의(技巧), 기구주의(器具), 기능주의(機能), 기회균등주의(機會均等), 기회주의(機會), 낙관주의(樂觀), 낙천주의(樂天), 낭만주의, 내세주의(來世), 냉소주의(冷笑), 논리주의(論理), 농본주의(農本), 능력주의(能力), 다원주의(多元), 다원주의(多院), 대가족주의(大家族), 대국주의(大國), 덕목주의(德目), 덕치주의(德治), 도구주의(道具), 도달주의(到達), 도덕주의(道德), 도식주의(圖式), 도피주의(逃避), 독단주의(獨斷), 독선주의(獨善), 독신주의(獨身), 독재주의(獨裁), 모험주의(冒險), 무교회주의(無教會), 무도덕주의(無道德), 무사주의(無事), 무상주의(無償), 무아주의(無我), 무정부주의(無政府), 무주의(無主義), 문벌주의(門閥), 문치주의(文治), 문화주의(文化), 물질주의(物質), 미래주의(未來), 민권주의(民權), 민본주의(民本), 민생주의(民生), 민족주의(民族), 민주주의(民主), 박리주의(薄利), 박애주의(博愛), 반동주의(反動), 반수주의(半獸), 발생주의(發生), 발신주의(發信), 방고주의(倣古), 방임주의(放任), 배금주의(拜金), 배상주의(賠償), 배타주의(排他), 백지주의(白紙), 백호주의(白濠), 범미주의(汎美), 범애주의(汎愛), 법정상속주의(法定相續), 법정서열주의(法定序列), 법정증거주의(法定證據), 법치주의(法治), 변론주의(辯論), 보수주의(保守), 보편주의(普遍), 보호무역주의(保護貿易), 복고주의(復古), 복음주의(福音), 본능주의(本能), 봉건주의(封建), 분권주의(分權), 분파주의(分派), 불변경주의(不變更), 비모채주의(非募債), 비판주의(批判), 비폭력주의(非暴力), 비합리주의(非合理主義), 사대주의(事大), 사실주의(寫實), 사회주의(社會), 삼익주의(三益), 상고주의(尙古), 상관주의(相關), 상농주의(尙農), 상징주의(象徵), 상호주의(相互), 서면주의(書面), 서열주의(序列), 선원주의(先願), 선정주의(煽情), 선험주의(先驗), 세계주의(世界), 소극주의(消極), 속인주의(屬人), 속지주의(屬地), 쇄국주의(鎖國), 쇄말주의(瑣末), 수욕주의(獸慾), 수정주의(修正), 숙시주의(熟柿;때가 오기를 기다리는 태도), 식민주의(植民), 신비주의(神秘), 실리주의(實利主義), 실무주의(實務), 실용주의(實用), 실적주의(實績), 실존주의(實存), 실증주의(實證), 실질주의(實質), 실학주의(實學), 심리주의(心理), 아류주의(亞流), 악마주의(惡魔), 애타주의(愛他), 엄숙주의(嚴肅), 여권주의(女權), 역사주의(歷史), 염결주의(廉潔), 염량주의(炎凉), 염세주의(厭世), 영리주의(營利), 영웅주의(英雄), 영합주의(迎合), 예술지상주의(藝術至上),

日)[주일예배(禮拜), 주일학교(學校)], 주임(主任)[주임교수(敎授)], 주자재(主資材), 주작(主作), 주장(主張)[789], 주장(主將;으뜸가는 장수. 한 팀을 대표하는 선수), 주장(主掌;책임지고 맡아서 함), 주재(主宰;책임지고 맡아서 처리함. 主張)[주재자(者), 주재하다(다스리다)], 주재료/주재(主材料), 주저(主著), 주전/론(主戰/論), 주절(主節), 주점(主點), 주정/주의(主情/主義), 주제(主祭), 주제(主題)[790], 주제(主劑), 주조(主潮), 주조음(主調音), 주종(主宗), 주종(主從), 주조종실(主操縱室), 주증(主症), 주지(主旨), 주지(主枝), 주지설(主知說), 주지시(主知詩), 주지주의(主知主義), 주진(主震), 주창(主唱)[주창되다/하다, 주창자(者)], 주척(主尺), 주체(主體)[791], 주최(主催)[주최국(國), 주최되다/하다, 주최자(者), 주최측(側); 공동주최(共同)], 주축(主軸), 주치/의(主治/醫), 주특기(主特技), 주편(主便), 주포(主砲), 주필(主筆), 주합분(主合分), 주형(主刑), 주혼/자(主婚/者), 주화(主和↔主戰), 주화기(主火器); 가주(家主), 가주(假主), 가구주(家口主), 감주(監主), 객주(客主), 건물주(建物主), 건축주(建築主), 경영주(經營主), 계세주(繼世主), 계주(契主), 계주(季主), 고주(故主), 고주(孤主), 고주(雇主), 고본주(股本主), 고용주(雇用主), 공주(公主), 공덕주(功德主), 공사주(工事主), 공양주(供養主), 공장주(工場主), 광주(鑛主), 광고주(廣告主), 광산주(鑛山主), 교주(校主), 교주(敎主), 구주(舊主), 구단주(球團主), 구세주(救世主), 군주(君主), 군주(軍主), 군주(郡主), 궁주(宮主), 기주(基主), 기주(寄主), 기주(記主), 기업주(企業主), 납주(納主), 노주(奴主;종과 주인), 노예주(奴隸主), 농장주(農場主), 답주(畓主), 당주(堂主), 당주(當主), 당주(幢主), 대주(大主), 대주(貸主), 대당주(大幢主), 동도주(東道主), 마주(馬主), 매주(買主), 매주(賣主), 매장주(賣場主), 맹주(盟主), 명주(明主), 명의주(名義主), 모주(母主), 모주(謀主), 목주(木主), 묘주(墓主), 무주(無主), 물각유주(物各有主), 물주(物主), 민주(民主), 박주(놀음판의 물주), 방주(房主), 백모주(伯母主), 백부주(伯父主), 법주(法主), 병경주(并耕主), 보주(洑主), 보거주(保擧主), 본주(本主), 부주(父主), 부채주(負債主), 빈주(賓主), 사주(社主), 사주(師主), 사주(飼主), 사업주(事業主), 사용주(使用主), 산주(山主), 상주(上主), 상주(常主), 상주(喪主), 서방주(西方主), 선주(先主), 선주(船主), 선하주(船荷主), 성주(城主), 성주(聖主), 세대주(世帶主), 소유주(所有主), 숙주(宿主), 시주(施主), 시공주(施工主), 신주(神主), 암주(庵主), 양주(兩主;夫婦), 영주(英主), 영주(領主), 영업주(營業主), 어장주(漁場主), 업주(業主), 여주(女主), 영주(英主), 영주(領主), 영업주(營業主), 예금주(預金主), 우주(虞主), 운제당주(雲梯幢主), 원주(原主), 위주(爲主), 유주(幼主), 은주(恩主), 인주(人主), 자주(自主), 자주(慈主), 자본주(資本主), 재주(財主), 재주(齋主), 전주(田主), 전주(典主), 전주(前主), 전주(專主), 전주(錢主), 점주(店主), 점유주(占有主), 접주(接主), 제주(帝主), 제주(祭主), 제주(題主), 제세주(濟世主), 조주(造主), 조물주(造物主), 조화주(造化主), 종주(宗主)[종주국(國), 종주권(權)], 좌주(座主), 주주(株主), 중부주(仲父主), 지주(地主), 진명지주(眞命之主), 차주(車主), 차주(借主), 참주(僭主), 창건주(創建主), 창업주(創業主), 창조주(創造主), 채주(債主), 책주(冊主), 천주(天主), 천주(薦主), 천하주(天下主), 총주(塚主), 출주(出主), 충당주(衝幢主), 터주[地神; 터주대감(大監), 터주상(床), 터줏자리, 터주항아리], 토주(土主), 토지주(土地主), 폐주(廢主), 포주(包主), 포주(抱主), 표주(標主), 풍월주(風月主), 하주(荷主), 해원주(廨院主), 현주(現主), 현주(賢主), 호주(戶主), 혼주(婚主), 화주(化主), 화주(火主), 화주(貨主), 환갑주(還甲主), 회주(會主), 후주(後主) 들.

주(酒) '술. 술을 마시다'의 뜻을 나타내는 말. ¶주가(酒家), 주가(酒價), 주갈(酒渴), 주객(酒客), 주계(酒戒), 주고(酒庫), 주곤(酒困), 주과(酒果), 주과포혜(酒果脯醯), 주광(酒狂), 주국(酒國), 주금(酒禁), 주기(酒氣), 주기(酒旗), 주기(酒器), 주달(酒疸), 주담(酒痰), 주담(酒談), 주당(酒黨), 주덕(酒德), 주도(酒道), 주도(酒徒), 주독(酒毒), 주등(酒燈), 주란(酒亂), 주량(酒量), 주력(酒力), 주령(酒令), 주례(酒禮), 주루(酒樓), 주류(酒類)[주류업(業), 주류품(品)],

온정주의(溫情), 완벽주의(完璧), 유물주의(唯物), 유미주의(唯美), 육욕주의(肉慾), 율법주의(律法), 은행주의(銀行), 응능주의(應能主義), 응보주의(應報), 응익주의(應益主義), 의고주의(擬古), 의사주의(意思), 의식주의(儀式), 의회주의(議會), 이교주의(異敎), 이기주의(利己), 이상주의(理想), 이성주의(理性), 이타주의(利他), 인간주의(人間), 인격주의(人格), 인기주의(人氣), 인도주의(人道), 인문주의(人文), 인물주의(人物), 인본주의(人本), 인상주의(印象), 인습주의(因襲), 일인일당주의(一人一黨), 입체주의(立體), 입헌주의(立憲), 자결주의(自決), 자기주의(自己), 자본주의(資本), 자애주의(自愛), 자연주의(自然), 자유주의(自由), 적극주의(積極), 전제주의(專制), 전체주의(全體), 전통주의(傳統), 전파주의(傳播), 절충주의(折衷), 점진주의(漸進), 정신주의(精神), 정통주의(正統), 제국주의(帝國), 제일주의(第一), 조세법률주의(租稅法律), 조정전치주의(調停前置), 종단주의(縱斷), 죄형법정주의(罪刑法定), 주관주의(主觀), 주아주의(主我), 주의주의(主意), 주입주의(注入), 주정주의(主情), 주지주의(主知), 준칙주의(準則), 중금주의(重金), 중농주의(重農), 중립주의(中立), 중상주의(重商), 중앙집권주의(中央集權), 중점주의(重點), 지방분권주의(地方分權), 지방주의(地方), 직관주의(直觀), 직권주의(職權), 진보주의(進步), 진화주의(進化), 집단주의(集團), 집산주의(集産), 징계주의(懲戒), 찰나주의(刹那), 채식주의(菜食), 처분권주의(處分權), 초연주의(超然), 초월주의(超越), 초인주의(超人), 초자연주의(超自然), 초현실주의(超現實), 추상주의(抽象), 추수주의(追隨), 출생지주의(出生地), 침략주의(侵略), 쾌락주의(快樂), 타협주의(妥協), 탐미주의(耽美), 통화주의(通貨), 퇴폐주의(頹廢), 파괴주의(破壞), 파벌주의(派閥), 패권주의(覇權), 패배주의(敗北), 팽창주의(膨脹), 편의주의(便宜), 평등주의(平等), 평민주의(平民), 평화주의(平和), 폭력주의(暴力), 표상주의(表象), 표시주의(表示), 표음주의(表音), 표현주의(表現), 플라톤주의(Platon), 할거주의(割據), 합리주의(合理), 합법주의(合法), 행동주의(行動), 행복주의(幸福), 향락주의(享樂), 허무주의(虛無), 혁신주의(革新), 현금주의(現金), 현대주의(現代), 현세주의(現世), 현실주의(現實), 혈통주의(血統), 형식주의(形式), 환상주의(幻想), 환원주의(還元), 황금만능주의(黃金萬能), 황제교황주의(黃帝敎皇), 획일주의(劃一), 횡단주의(橫斷), 효율주의(效率).

788) 주인(主人): 한 집안을 꾸려 나가는 주되는 사람. 물건의 임자. 손을 맞이하는 사람. 고용주(雇用主). ¶주인공(公)[남주인공(男), 여주인공(女)], 주인님, 주인댁(宅), 주인마누라, 주인마님, 주인봉(峰), 주인아씨, 주인아저씨, 주인아주머니/아줌마, 주인어른, 주인옹(翁), 주인장(丈), 주인집; 공주인(貢), 구주인(舊), 땅주인, 바깥주인, 사주인(私), 선주인(船), 식주인(食), 안주인, 집주인, 풍월주인(風月).

789) 주장(主張): 자기의 학설이나 의견 따위를 굳이 내세움. 또는 그 학설이나 의견. 주재(主宰). ¶주장무인(無人), 주장삼다, 주장하다(내세우다. 외치다); 내주장(內;안주장), 내무주장(內無), 무주장(無), 외무주장(外無)]; 안주장, 자주장(自).

790) 주제(主題): ①주가 되는 제목. ②예술 작품에서 작가가 나타내고자 하는 기본적인 사상. ¶주제가(歌), 주제곡(曲), 주제도(圖), 주제문(文), 주제소설(小說), 주제음악(音樂); 부주제(副) 제일주제(第一).

791) 주체(主體↔客體): 어떤 단체나 물건의 주가 되는 것. 사물의 작용이나 어떤 행동의 주가 되는 것. 실재하는 객관에 대립하는 주관. ¶주체높임법, 주체사상(思想), 주체성(性), 주체세(稅;인세), 주체의식(意識), 주체적(的); 경제주체(經濟), 권리주체(權利;자연인과 법인), 조세주체(租稅).

주막(酒幕)[주막거리, 주막방(房), 주막쟁이, 주막집], 주매(酒媒;누룩), 주모(酒母), 주박(酒粕;지게미), 주반(酒飯), 주반(酒盤), 주방(酒榜), 주배(酒杯), 주법(酒法), 주벽(酒癖), 주병(酒甁), 주보(酒甫), 주부(酒婦), 주붕(酒朋), 주사(酒邪), 주사(酒肆), 주상(酒商), 주상(酒傷), 주색/잡기(酒色/雜技), 주석/산(酒石/酸), 주석(酒席), 주선(酒仙), 주설(酒泄), 주성(酒性), 주세(酒稅), 주세(酒稅), 주속(酒贖), 주수(酒嗽), 주순(酒巡), 주식(酒食), 주신(酒神), 주실(酒失), 주안/상(酒案/床), 주연(酒宴), 주연(酒筵), 주우(酒友), 주육(酒肉), 주음(酒淫), 주의(酒蟻;술구더기), 주자(酒榨;술을 짜내거나 거르는 틀), 주잠(酒箴), 주장(酒場), 주적(酒積), 주전(酒戰), 주전자(酒煎子)[물주전자, 술주전자, 찻주전자(茶)], 주점(酒店), 주정(酒酊)[792], 주정(酒精;에탄올)[주정계(計), 주정발효(醱酵), 주정분(分), 주정음료(飮料)], 주제(酒劑), 주조/장(酒造/場), 주조(酒槽), 주조(酒糟), 주지육림(酒池肉林), 주징(酒癥), 주찬(酒饌), 주채(酒債), 주체(酒滯), 주초(酒炒), 주초(酒草;술과 담배), 주충(酒蟲), 주치(酒痔), 주침(酒浸), 주탕(酒湯), 주파(酒婆), 주합(酒盒), 주항(酒缸), 주향(酒香), 주호(酒戶), 주호(酒壺), 주호(酒豪), 주효(酒肴), 주후(酒後), 주흔(酒痕), 주흥(酒興); 가주(佳/嘉酒), 가양주(家釀酒), 감주(甘酒), 감로주(甘露酒), 감초주(甘草酒), 감향주(甘香酒), 감홍주(甘紅酒), 강주(强酒), 강주(薑酒), 개다래주, 개업주(開業酒), 객주(客酒), 거승주(苣藤酒), 계주(戒酒), 계주(契酒), 계강주(桂薑酒), 계당주(桂堂酒), 계당주(桂糖酒), 계란주(鷄卵酒), 계명주(鷄鳴酒), 계원주(桂圓酒), 계피주(桂皮酒), 계화주(桂花酒), 고주(苦酒), 고급주(高級酒), 고량주(高粱酒), 고별주(告別酒), 곡주(穀酒), 과실주(果實酒), 과하주(過夏酒), 구기주(枸杞酒), 구연산철주(枸櫞酸鐵酒), 구온주(九醞酒), 국미주(麴米酒), 국화주(菊花酒), 권주/가(勸酒/歌), 금주(禁酒), 기주(起酒), 기나주(幾那酒), 나마주(蘿藦酒), 난화주(蘭花酒), 남등주(南藤酒), 납주(臘酒), 노주(老酒), 노주(露酒), 녹두주(鹿頭酒), 녹주(綠酒), 녹파주(綠波酒), 농주(農酒), 뇌주(酹酒), 능금주, 다래주, 단주(斷酒), 단발효주(單醱酵酒), 당귀주(當歸酒), 당밀주(糖蜜酒), 대주/가(大酒/家), 더덕주, 도소주(屠蘇酒), 도실주(桃實酒), 도원주(桃源酒), 도인주(桃仁酒), 도화주(桃花酒), 독주(毒酒), 독활주(獨活酒), 동동주, 동배주(同杯酒), 두주(斗酒;말술), 두강주(杜康酒), 두견주(杜鵑酒), 두림주(豆淋酒), 두송주(杜松酒), 두주불사(斗酒不辭), 럼주(rum酒), 마늘주, 마데이라주(Madeira酒), 마유주(馬乳酒), 만금주(萬金酒), 매괴주(玫瑰酒), 매실주(梅實酒), 매주(賣酒), 매화주(梅花酒), 맥주(麥酒)[793], 맥문동주(麥門冬酒), 머루주, 면주(麪酒), 명주(名酒), 명주(銘酒), 명이주(明耳酒), 모주(母酒;밑술)[모주꾼, 모주망태, 모주팔이], 모주(謀酒), 모과주(木瓜酒), 무술주(戊戌酒), 목천료주(木天蓼酒), 무화주(無花酒), 무회주(無灰酒), 문배주[794], 미주(米酒), 미주(美酒), 미골주(麋骨酒), 미사주(missa酒), 민속주(民俗酒), 밀주(密酒), 밀주(蜜酒), 밀감주(蜜柑酒), 박주(薄酒), 박박주(薄薄酒), 박하주(薄荷酒), 반주(飯酒), 발효주(醱酵酒), 방문주(方文酒), 배주(杯酒), 백주(白酒), 백과주(百果酒), 백로주(白露酒), 백료주(白醪酒), 백부근주(百部根酒), 백사주(白蛇酒), 백엽주(柏葉酒), 백일주(百日酒), 백자주(百子酒), 백자주(柏子酒), 백차주(白醝酒), 백출주(白朮酒), 백화주(百花酒), 벌주(罰酒), 법주(法酒), 벽향주(碧香酒), 별주(別酒), 보명주(保命酒), 복분자주(覆盆子酒), 부의주(浮蟻酒), 비파주(枇杷酒), 불로주(不老酒), 빙주(氷酒), 사주(使酒), 사주(蛇酒), 사과주(沙果酒), 사근주(莎根酒), 사마주(四馬酒), 사십일주(四十日酒), 사오싱주(Shaoxing酒), 산과실주(山果實酒), 산사주(山査酒), 산약주(山藥;마로 빚은 술), 삼구주(三九酒), 삼로주(蔘露酒), 삼백주(三白酒), 삼백주(蔘白酒), 삼일주(三日酒), 삼중주(三重酒), 삼편주(三鞭酒), 삼해주(三亥酒), 상주(上酒), 상주(賞酒), 상실주(桑實酒), 상심주(桑椹酒), 상자주(橡子酒), 상피주(桑皮酒), 색주가(色酒家), 생강주(生薑酒), 생남주(生男酒), 선양주(善釀酒), 선인주(仙人酒), 섬사주(蟾蛇酒), 성주탕(醒酒湯), 세주(歲酒), 소주(燒酒)[795], 소국주(小/少/素麴酒), 소자주(蘇子酒), 속미주(粟米酒), 송별주(送別酒), 송순주(松筍酒), 송엽주(松葉酒), 송자주(松子酒), 송절주(松節酒), 송하주(松下酒), 송화주(松花酒), 수주(壽酒), 순주(醇酒), 시주(詩酒), 시험주(試驗酒), 신주(神酒), 신도주(新稻酒), 아랑주[796], 안주(按酒), 압경주(壓驚酒), 애주(愛酒), 약주(藥酒), 약용주(藥用酒), 약지주(藥漬酒), 양주(良酒), 양주(洋酒), 양주(釀酒), 양고주(羊羔酒), 양조주(釀造酒), 어주(御酒), 여지주(荔枝酒), 연주(煉酒), 연엽주(蓮葉酒), 열반주(涅槃酒), 엽주(獵酒), 오가피주(五加皮酒), 오공주(蜈蚣酒), 오선주(五仙酒)[797], 오정주(五精酒), 오종주(五種酒), 와송주(臥松酒), 용안주(龍眼酒), 우유주(牛乳酒), 울금주(鬱金酒), 울창주(鬱鬯酒), 원주(原酒), 유자주(柚子酒), 유하주(流霞酒;신선이 마신다는 좋은 술), 육계주(肉桂酒), 음주(飮酒), 음복주(飮福酒), 이강주(梨薑酒), 이명주(耳明酒), 이별주(離別酒), 이선주(二仙酒), 이자주(梨子酒), 이화주(梨花酒), 인동주(忍冬酒), 인삼주(人蔘酒), 인진주(茵蔯酒), 일년주(一年酒), 일배주(一杯酒), 자근주(柘根酒), 자소주(紫蘇酒), 작주(酌酒), 잡곡주(雜穀酒), 장주(長酒), 장미주(薔薇酒), 재제주(再製酒), 전주(前酒), 전별주(餞別酒), 절주(節酒), 제주(祭酒), 조주(造酒), 조주(粗酒), 조주(朝酒), 조라주, 조하주(糟下酒), 종주(縱酒), 죽순주(竹筍酒), 죽엽주(竹葉酒), 죽통주(竹筒酒), 증류주(蒸溜酒), 지황주(地黃酒), 차군주(此君酒), 창포주(菖蒲酒), 천금주(千金酒), 천리주(千里酒), 천문동주(天門冬酒), 천일주(千日酒), 청주(淸酒), 청고주(靑篙酒), 청명주(淸明酒), 청이주(聽耳酒), 초박주(椒柏酒), 초백주(椒柏酒), 촌주(村酒), 총시주(蔥豉酒), 총이주(聰耳酒), 추

792) 주정(酒酊): 주정꾼, 주정뱅이, 주정쟁이; 강주정, 건주정(乾), 양주정(佯;거짓으로 하는 주정).

793) 맥주(麥酒): 맥주병(甁), 맥주잔(盞), 맥줏집; 병맥주(甁), 생맥주(生), 캔맥주(can), 흑맥주(黑).

794) 문배주: 좁쌀 누룩을 수수밥과 섞어서 빚은 뒤 발효시켜 증류한 소주. 빛깔은 누런 색깔을 띠는 데 문배나무 열매와 비슷한 향기가 남.

795) 소주(燒酒): 곡류 · 고구마 · 당밀(糖蜜) 따위를 발효시켜 증류한 술. ¶소주를 고다. 소줏고리(소주를 고는 오지그릇), 소주병(甁), 소줏불(소주에 붙인 푸르스름한 불. 소주를 많이 마셔 속에서 일어나는 독한 기운), 소주잔(盞), 소줏집; 강소주(생소주), 개소주, 고량소주(高粱), 교맥소주(蕎麥), 꽃소주(소주를 고아서 맨 처음 받은 진한 소주), 막소주, 메밀소주, 모소주(麰;밀소주), 밀소주, 백세소주(百洗;쪄 낸 쌀가루와 보리에 누룩을 넣어 고은 소주), 백소주(白), 보리소주, 생소주(生;안주 없이 마시는 소주), 수수소주, 옥수수소주, 홍소주(紅), 환소주(還;소주를 다시 곤 소주), 황소주(黃).

796) 아랑주(酒): 소주를 고고 난 찌꺼기로 만든, 질이 낮고 독한 소주.

797) 오선주(五仙酒): 오가피와 으아리 · 쇠무릎지기 · 삽주 · 소나무의 마디를 넣어 빚은 술.

모주(秋麩酒), 축사주(縮沙酒), 축주(祝酒), 축주(縮酒), 축하주(祝賀酒), 춘사주(春蛇酒), 치주(置酒), 치롱주(治聾酒), 치풍주(治風酒), 칠일주(七日酒), 코카주(coca酒), 탁주(濁酒), 토주(討酒), 토근주(吐根酒), 토속주(土俗酒), 통초주(通草酒), 퇴주(退酒), 특주(特酒), 팔선주(八仙酒), 포도주(葡萄酒), 포양주(抱釀酒), 폭주(暴酒), 폭탄주(爆彈酒), 한주(燒酒), 합주(合酒), 합성주(合成酒), 합환주(合歡酒), 해장주[←解酲酒), 해조주(海藻酒), 행주(行酒;술잔을 돌림), 향온주(香醞酒), 현주(玄酒), 호주(好酒), 호주(豪酒), 호골주(虎骨酒), 호두주, 호마주(胡麻酒), 호박주(琥珀酒), 혼돈주(混沌酒), 혼성주(混成酒), 혼합주(混合酒), 홍주(紅酒), 홍곡주(紅穀酒), 홍국주(紅麴酒), 화주(火酒), 화사주(花蛇酒), 화학주(化學酒), 화해주(和解酒), 환혼주(還魂酒), 황정주(黃精酒), 회향주(茴香酒), 후주(後酒), 휴주(携酒) 들.

주(株) '주식. 주권'의 준말. 주권이나 나무를 세는 말. ¶주를 모집하다. 주식/ 나무 100주(그루). 주가(株價)[주가수익률(收益率), 주가조작(造作), 주가지수(指數)], 주권(株券)[주권배당(配當); 가주권(假), 기명주권(記名), 무기명주권(無記名)], 주금(株金), 주련(株連)[798], 주수(株守), 주식(株式)[799], 주주(株主)[800]; 가공주(架空株;물탄주), 가주(假株), 간판주(看板株), 건주(建株), 계절주(季節株), 고가주(高價株), 고정주(固定株), 공개주(公開株), 공로주(功勞株), 공모주(公募株), 공주(空株), 구주(舊株), 국민주(國民株), 권리주(權利株), 글래머주(glamour株), 금고주(金庫株), 기대주(期待株), 깡통주, 노동주(勞動株), 단주(端株), 대주(貸株), 대형주(大型株), 목표주(目標株), 무배주(無配株), 무상주(無償株), 무액면주(無額面株), 무의결권주(無議決權株), 물탄주, 미/상장주(未/上場株), 발기인주(發起人株), 방어주(防禦株), 방위주(防衛株), 배당주(配當株), 보증주(保證株), 보통주(普通株), 부동주(浮動株), 비례주(比例株), 비상장주(非上場株), 사내주(社內株), 사외주(社外株), 사주(社株), 상호주(相互株), 상환주(償還株), 선구주(先驅株), 선도주(先導株), 소형주(小型株), 신주(新株), 실주(實株), 실권주(失權株), 액면주(額面株), 우량주(優良株), 우선주(優先株), 원주(原株), 유령주(幽靈株), 유망주(有望株), 유배주(有配株), 의결권주(議決權株), 이락주(利落株;이자나 배당의 지급이 끝난 주식), 인기주(人氣株), 일주(一株), 자격주(資格株), 자본주(資本株), 자산주(資産株), 자웅혼주(雌雄混株), 재료주(材料株), 저위주(低位株), 저장주(貯藏株), 전환주(轉換株), 정주(正株), 주력주(主力株), 중견주(中堅株), 중위주(中位株), 증주(增株), 지배주(支配株), 차주(借株), 초대형주(超大型株), 통상주(通常株), 투기주(投機株), 특수주(特殊株), 특정주(特定株), 품귀주(品貴珠), 현물주(現物株), 황금주(黃金株), 후배주(後配株) 들.

주(走) '달리다. 빨리 가다. 달아나다'를 뜻하는 말. ¶주고성(走固性), 주광성(走光性), 주구(走狗;사냥개. 앞잡이), 주금/류(走禽/類), 주기(走技), 주기성(走氣性), 주독(走讀;건성으로 빨리 읽어나감), 주력(走力), 주로(走路), 주루(走壘), 주류성(走流性), 주마(走馬)[주마가편(走馬加鞭), 주마간산(走馬看山), 주마등(走馬燈), 주마창(走馬瘡)], 주법(走法), 주사(走使), 주사(走査)[주사방식(方式), 주사선(線)], 주성(走性), 주수(走獸;길짐승), 주시/곡선(走時/曲線), 주시행육(走尸行肉), 주열성(走熱性), 주위상책(走爲上策), 주자(走者), 주장낙토(走獐落兎), 주졸(走卒), 주지성(走地性), 주축일반(走逐一般;모두 옳지 아니한 일일 바에는 마찬가지임), 주파(走破), 주판지세(走坂之勢), 주필(走筆), 주행(走行), 주향/성(走向/性), 주화성(走化性); 경주(競走), 계주(繼走), 궤주(潰走), 급주(急走), 대주(代走), 도주(逃走), 독주(獨走), 동분서주(東奔西走), 둔주(遁走), 반주(伴走), 발주(發走), 범주(帆走), 분주하다(奔走)[분주다사(多事), 분주살스럽다], 비주(飛走), 시주(試走), 자주(自走), 역주(力走), 완주(完走), 우마주(牛馬走;우마처럼 달리는 종. 자기를 낮추어 이르는 말), 일주(逸走), 조주(助走;도움닫기), 종주(縱走), 직주(直走), 진주(進走), 질주(疾走), 찬주(竄走;도망하여 사라짐), 추주(趨走), 출주(出走), 치주(馳走), 쾌주(快走), 타주(惰走), 탈주(脫走), 패주(敗走), 폭주(暴走), 항주(航走), 호행난주(胡行亂走;함부로 날뛰거나 돌아다님), 활주(滑走), 활주로(滑走路), 횡주(橫走) 들.

주(柱) '기둥. 기러기발'을 뜻하는 말. ¶주각(柱脚;기둥뿌리), 주근(柱根), 주단(柱單), 주두(柱科/頭;대접받침), 주두(柱頭;암술머리), 주랑(柱廊;기둥만 나란히 서 있고 벽이 없는 복도), 주량(柱梁;기둥과 대들보), 주련(柱聯)[801], 주면(柱面), 주반(柱半), 주상(柱狀), 주삼포(柱三包), 주석(柱石), 주식(柱式), 주심(柱心), 주심(柱心), 주의(柱衣), 주추[←주초(柱礎)][주춧돌; 나무주추, 호박주추]; 각주(角柱), 간주(間柱), 계주(繫柱), 계선주(繫船柱), 고주(高柱), 금주(琴柱), 기념주(記念柱), 녹주석(綠柱石), 녹주옥(綠柱玉), 누주(樓柱), 대주(大柱), 동자주(童子柱), 망주석(望柱石), 문설주(門), 방주(方柱), 빙주(氷柱;고드름), 사주(四柱), 사주(沙柱), 석주(石柱), 수주(水柱;물기둥), 수은주(水銀柱), 수장주(修粧柱), 심주(心柱), 안주(雁柱;기러기발), 열주(列柱), 원주(圓柱), 입주(立柱), 전주(電柱), 전신주(電信柱), 정주(定住), 죽주(竹柱), 중심주(中心柱), 지주(支柱;받침대), 찰간주(刹竿柱), 책형주(磔刑柱), 척주(脊柱), 천주(天柱), 철주(鐵柱), 탄주(炭柱), 탱주(撑柱;버팀목), 토주(土柱), 퇴주(退柱), 패주(貝柱), 평주(平柱), 표주(標柱), 피뢰주(避雷柱), 화주(花柱;암술대), 화표주(華表柱), 활주(굽은 기둥) 들.

주(奏) '아뢰다(여쭈다). 연주하다'를 뜻하는 말. ¶주공(奏功;일의 성공을 임금에게 아룀), 주달(奏達), 주대(奏對), 주면(奏免), 주명곡(奏鳴曲), 주문(奏文), 주문(奏聞), 주본(奏本), 주사(奏事), 주상하다(奏上;임금에게 말씀드리다), 주서(奏書), 주소(奏疏;상소), 주악(奏樂), 주안(奏案), 주의(奏議), 주자(奏者;연주자), 주천(奏薦), 주청/사(奏請/使), 주품(奏稟), 주하(奏下), 주효(奏效)[802]; 간주/곡

798) 주련(株連): 한 사람이 지은 죄에 여러 사람이 함께 걸림.
799) 주식(株式): 주식가격(價格), 주식거래(去來), 주식공개(公開), 주식금융(金融), 주식담보(擔保), 주식배당(配當), 주식분할(分割), 주식시가(時價), 주식시장(市場), 주식양도(讓渡), 주식인수(引受), 주식자본(資本), 주식중매(仲買), 주식지표(指標), 주식청약(請約), 주식투자(投資), 주식합자회사(合資會社), 주식회사(會社); 미발행수권주식(未發行授權), 발행주식(發行), 상환주식(償還), 자기주식(自己), 전환주식(轉換株式).
800) 주주(株主): 주주권(權), 주주총회(總會); 고정주주(固定), 과점주주(寡占), 대주주(大), 부재주주(不在), 소주주(小).

801) 주련(柱聯): 기둥이나 바람벽 따위에 장식으로 써 붙이는 글씨. 영련(楹聯). ¶주련경(鏡), 주련판(板); 공주련(空), 목주련(木).
802) 주효(奏效): 효력이 나타남. 보람이 있음. ¶감독의 작전이 주효했다.

(間奏/曲), 건주(建奏), 교주(交奏), 궁주(弓奏), 근주(謹奏), 내주(內奏), 단주(斷奏), 단주법(斷奏法), 독주(獨奏), 면주(面奏), 밀주(密奏), 반주(伴奏), 변주/곡(變奏/曲), 복주(伏奏), 삼/오/칠중주(三/五/七重奏), 상주(上奏), 서주(序奏), 선주후나(先奏後拿), 송주(誦奏), 약주(弱奏), 연주(演奏)[연주가(家), 연주법(法)/주법(奏法), 연주자(者), 연주회(會)], 연주(筵奏), 연주(聯奏), 예주(禮奏), 육중주(六重奏), 전주(前奏), 절주(節奏), 조주(助奏), 중주(重奏), 직주(直奏), 진주(陳奏), 출반주(出班奏), 취주/악(吹奏/樂), 탄주(彈奏), 탄주(彈奏), 품주(稟奏), 합주(合奏)[803], 핵주(劾奏), 헌주(獻奏), 협주/곡(協奏/曲), 활주(滑奏) 들.

주(周) 둘레의 길이나 그것을 세는 말. '두루 미치다. 널리. 여기저기'를 뜻하는 말. ¶주극풍(周極風), 주기(周/週忌), 주당(周堂;혼인 때 꺼리는 귀신), 주도(周到)[804], 주람(周覽;곳곳을 두루 돌아다니며 자세히 살펴봄), 주려(周廬), 주력(周歷), 주밀하다(周密), 주발(周鉢), 주변(周邊;가. 근처. 언저리)[주변세포(細胞), 주변인(人), 주변장치(裝置)], 주비(周痺), 주선(周旋;도움)[주선력(力), 주선료(料), 주선인(人), 주선하다], 주성(周星), 주실(周悉), 주역(周易)[805], 주연(周延), 주연(周緣), 주위(周圍;주변)[주위선(線), 주위염(炎)], 주유/천하(周遊/天下), 주의(周衣;두루마기), 주전(周全), 주지(周知;여러 사람이 두루 앎)/되다/하다, 주지(周紙), 주찰(周察;두루 자세히 살핌), 주천(周天), 주파(周波)[주파계(計), 주파수(數)], 주항(周航), 주행(周行), 주회(周回;둘레); 반주(半周), 외주(外周), 원주(圓周), 일주(一周) 들.

주(珠) '구슬. 방울'을 뜻하는 말. ¶주궁패궐(珠宮貝闕), 주락(珠絡), 주렴(珠簾)[세주렴(細)], 주모(珠母;진주조갯과의 조개), 주복(珠服), 주산(珠算), 주심(珠心), 주아(珠芽;살눈), 주영(珠纓), 주옥(珠玉)[806], 주잠(珠簪), 주판(珠板); 관주(貫珠), 광명주(光明珠), 노주(露珠;이슬방울), 누금주(鏤金珠;금에 무늬를 새겨 만든 구슬), 누주(淚珠), 단주(短珠), 마니주(摩尼珠), 명주(明珠), 무궁주(無窮珠), 묵주(默珠), 미간주(眉間珠), 방주(蚌珠), 배주(胚珠;밑씨), 보리주(菩提珠), 보주(寶珠), 빈주(蠙珠;眞珠), 산주(算珠), 산호주(珊瑚珠), 수주(手珠), 아교주(阿膠珠), 안주(眼珠;눈망울), 야광주(夜光珠), 야명주(夜明珠), 여의주(如意珠), 연주(連珠), 연주(聯珠), 염주(念珠)[염주나무, 염주찌; 모감주염주, 백팔염주(百八), 보리자염주(菩提子)], 유주(遺珠), 유객주(留客珠), 진주(眞/珍珠)[807] 들.

주(註/注) '뜻을 풀어 밝히다'를 뜻하는 말. ¶주를 달다. 주각(註脚), 주내다(글에 주석을 달다), 주명(註明), 주문(註文), 주서(註書), 주석(註釋), 주소(註/注疏;자세히 풀이함), 주역(註譯), 주해(註解); 각주(脚註;아랫주), 고주(古註/注), 교주(校註/注), 관주(冠註;윗주), 난외주(欄外註), 대주(大註), 두주(頭註;윗주), 면주(面註), 방주(旁註/注), 보주(補註), 부주(副/附註), 상주(詳註), 세주(細註), 소주(小註;잔주), 소주(疏註/注), 신주(新註/注), 아랫주(脚註↔윗주), 앞주(각 장의 끝에 다는 주 앞에 있는 큰 주), 역주(譯註), 원주(原註), 윗주, 의주(儀註;나라 전례의 절차를 주해하여 기록한 책), 자주(自註), 잔주(큰 주석 아래 잘게 단 주석), 장하주(章下註), 전주(箋註), 증주(增註), 집주(集註), 측주(側註), 표주(標註), 할주(割註)[808], 현주(懸註), 협주(夾註) 들.

주(朱) '붉다'를 뜻하는 말. ¶주기(朱記), 주기(朱旗), 주뉴(朱紐;옥으로 만든 붉은 단추), 주니(朱泥), 주단(朱丹), 주라(朱螺;붉은 칠을 한 소라 껍데기로 만든 대각), 주라통(朱螺筒;소의 목구멍에서 바통에 이르는 길), 주란/화각(朱欄/畫閣), 주랍(朱蠟), 주로(朱鷺), 주립(朱笠), 주목(朱木), 주묵(朱墨), 주문(朱門), 주사(朱砂), 주색(朱色), 주서(朱書), 주석(朱錫), 주순(朱脣), 주연(朱硯), 주육(朱肉), 주작(朱雀), 주장(朱杖)[주장대, 주장당문(撞問), 주장질], 주전립(朱氈笠), 주점/사기(朱點/沙器), 주토(朱土), 주필(朱筆), 주홍(朱紅)[주홍빛, 주홍색(色)], 주황/빛(朱黃); 단주(丹朱), 은주(銀朱), 인주(印朱), 자주(紫朱), 철주(鐵朱), 토주(土朱) 들.

주(舟) '배 · 거루'를 뜻하는 말. ¶주거(舟車), 주교(舟橋;배다리), 주군(舟軍), 주량(舟梁;배다리. 결혼), 주사(舟師), 주운(舟運), 주유(舟遊;뱃놀이), 주자(舟子), 주정(舟艇), 주중적국(舟中敵國), 주즙(舟楫), 주항(舟航), 주행(舟行), 주형(舟形); 각주구검(刻舟求劍), 경주(輕舟), 경주(競舟), 고주(孤舟), 단주(端舟), 독목주(獨木舟;마상이②), 동주(同舟)[오월동주(吳越)], 동주상구(同舟相救), 방주(方舟), 범주(泛舟), 부주(浮舟), 불계비주(不繫之舟), 소주(小舟), 어주(魚舟), 용주(龍舟), 일엽편주(一葉片舟)/일엽주, 철주(鐵舟), 편주(片舟), 편주(扁舟), 하주(河舟), 허주(虛舟) 들.

주(住) '머무르다. 살다'를 뜻하는 말. ¶주거(住居)[주거비(費), 주거지(地), 주거지(址), 주거침입죄(侵入罪)], 주겁(住劫), 주민(住民)[주민등록(登錄), 주민세(稅)], 주소(住所)[주소록(住所錄), 주소부정(不定), 주소지(地); 가주소(假), 원주소(原), 현주소(現)], 주승(住僧), 주지(住持), 주택(住宅)[주택가(街), 주택지(地): 임대주택(賃貸), 전원주택(田園)]; 거주(居住), 내주(來住), 늑주(勒住), 상주(常住), 안주(安住), 영주(永住)[영주권(權), 영주민(民)], 원주(原住)[원주민(民), 원주인(人), 원주지(地)], 이주(移住), 입주(入住), 재주(在住), 전주(轉住), 파주(把住;마음속에 간직함), 현주(現住), 환주(還住) 들.

주(注) '물대다. 쏟다. 뜻 두다. 주내다'를 뜻하는 말. ¶주력하다(注力;힘을 들이다), 주목(注目), 주문(注文)[809], 주부(注賦;부어 넣어 줌), 주사(注射)[810], 주석(注釋), 주시(注視)[811], 주앙(注秧), 주유/

803) 합주(合奏): 합주곡(曲), 합주단(團), 합주회(會); 이부/삼부합주(二/三部).

804) 주도(周到): 주의(注意)가 두루 미쳐서 빈틈이 없음. ¶주도면밀한 계획. 주도면밀/하다(綿密); 용의주도(用意周到).

805) 주역(周易): 음양의 원리로 천지 만물의 변화하는 현상을 설명하고 해석한 유교의 경전.

806) 주옥(珠玉): ①구슬과 옥. ②여럿 가운데 가장 아름답고 귀한 것. ¶주옥 같다(주옥처럼 아름답거나 귀하다)/같이, 주옥편(篇;주옥같이 아름다운 문예 작품).

807) 진주(眞珠): 진주목걸이, 진주선(扇), 진주알, 진주암(巖), 진주잠(簪), 진주조개, 진주혼식(婚式); 인조진주(人造), 흑진주(黑).

808) 할주(割註): 본문 사이에 두 줄로 잘게 단 주석.

809) 주문(注文): 물건을 만들거나 파는 사람에게, 품종 · 수량 · 모양 · 크기 따위를 일러주고 그렇게 만들거나 보내어 달라고 부탁하는 일. ¶일용품을 인터넷으로 주문하다. 주문거래(去來), 주문량(量), 주문배수(拜受;삼가 주문을 받음), 주문생산(生産), 주문서(書), 주문자(者), 주문품(品), 주문하다; 역/지정가주문(逆/指定價).

810) 주사(注射): 주사기(器), 주삿바늘, 주사량(量), 주사액(液), 주사약(藥),

ㅈ

소(注油/所), 주의(注意)[812], 주입(注入)[813], 주자(注子), 주장(注腸), 주지(注紙;왕명을 받아쓰는 종이), 주춘증(注春症), 주해(注解); 경주(傾注), 고주(孤注), 기주(記注), 발주(發注), 수주(受注), 사변주서(事變注書;사변에 관한 공적인 기록), 외주(外注), 전주(銓注), 전주(轉注), 집주(集注), 폭주(暴注) 들.

주(週) ①일요일부터 토요일까지의 7일 동안. ②'주'를 세는 단위. ¶3주 후. 주간(週間), 주간(週刊)[주간지(紙), 주간지(誌)], 주극성(週極星), 주급(週給), 주기(週期)[814], 주년(週/周年), 주록(週錄), 주말(週末)[주말농장(農場), 주말여행(旅行)], 주번(週番), 주보(週報), 주일(週日), 주중(週中), 주초(週初), 주평(週評), 주훈(週訓), 주휴(週休); 거주(去週), 격주(隔週), 금주(今週), 내주(來週), 매주(每週), 매주간(每週間), 작주(昨週), 전주(前週), 지난주, 차주(次週) 들.

주(駐) ①'머무르다. 점령하다'를 뜻하는 말. ¶주경(駐京), 주군(駐軍), 주둔(駐屯)[주둔군(軍), 주둔지(地)], 주련(駐輦), 주류(駐留), 주병/권(駐兵/權), 주재국(駐在)[주재국(國), 주재소(所), 주재원(員)], 주차/장(駐車/場), 주차(공무로 다른 나라에 머무름)/대사(駐箚/大使), 주필(駐蹕); 상주(常駐), 이주(移駐), 진주(進駐), 출주(出駐). ②나라 이름을 나타내는 명사 앞에 붙어 '그 나라에 머물러 있는'을 뜻하는 말. ¶주중국/ 주러시아/ 주프랑스/ 주영국/ 주한(駐韓) 들.

주(鑄) '쇳물'을 뜻하는 말. ¶주강(鑄鋼), 주공(鑄工), 주괴(鑄塊), 주금(鑄金), 주물(鑄物)[주물공(工), 주물품(品)], 주상(鑄像), 주식기(鑄植機), 주입(鑄入), 주자(鑄字)[주자소(所), 주자쇠], 주장(鑄匠), 주전(鑄錢), 주조(鑄造)[주조기(機); 가압주조(加壓), 전기주조(電氣), 진공주조(眞空)], 주종(鑄鐘;종을 주조함), 주철(무쇠)/관(鑄鐵/管), 주출(鑄出;주형에 넣어 만들어 냄), 주형(鑄型;거푸집), 주화(鑄貨); 개주(改鑄), 묵주(默鑄), 사주(私鑄), 신주(新鑄), 양주(陽鑄), 전주(電鑄) 들.

주(紬) '명주. 실마리'를 뜻하는 말. ¶주단(紬緞;명주와 비단), 주사(紬絲), 주사니것(비단이나 명주 따위로 지은 옷), 주속(紬屬), 주역(紬繹), 주의(紬衣), 주항라(紬亢羅); 가계주, 갑주(甲紬), 견주(繭紬), 노방주, 면주(綿紬), 명주(明紬)[815], 반주(斑紬), 백방사주(白紡絲紬), 산동주(山東紬), 산주(山紬), 색주(色紬), 생주(生紬), 수아주[←수화주(水禾紬)], 숙주(熟紬), 십량주(十兩紬), 아랑주[816], 토주(吐紬), 합사주(合絲紬) 들.

주(晝) '낮'을 뜻하는 말.↔야(夜). ¶주간(晝間), 주경야독(晝耕夜讀), 주고야비(晝高夜卑), 주광(晝光), 주맹(晝盲), 주몽(晝夢), 주물상(晝物床), 주복야행(晝伏夜行), 주사야몽(晝思夜夢), 주사야탁(晝思夜度), 주소(晝宵;밤낮), 주야(晝夜)[817], 주장야단(晝長夜短), 주찬(晝餐), 주침(晝寢;낮잠), 주침야소(晝寢夜梳;위생에 해로운 일), 주표(晝標), 주학(晝學), 주행/성(晝行/性); 백주(白晝) 들.

주(誅) '베다(죄인을 죽이다). 치다(적을 토벌하다). 죄를 다스리다. 꾸짖다'를 뜻하는 말. ¶주구(誅求)[가렴주구(苛斂)], 주멸(誅滅), 주륙(誅戮;죄를 물어 죽임. 법으로 다스려 죽임), 주벌(誅伐), 주벌(誅罰;죄인을 꾸짖어 벌을 줌), 주살(誅殺), 주이(誅夷), 주찬(誅竄), 주책(誅責); 복주(伏誅), 엄주(嚴誅), 족주(族誅), 천주(天誅;天罰), 필주(筆誅), 힐주(詰誅;힐책하여 그 죄를 침) 들.

주(籌) '세다. 헤아리다'를 뜻하는 말. ¶주놓다(산가지를 놓아 셈을 하다), 주략(籌略), 주비(籌備;계획하여 준비하는 것), 주상(籌商), 주실(籌室), 주의(籌議), 주적(籌摘;어림하여 대강치는 셈), 주책(籌策;이리저리 따진 끝에 생각한 꾀), 주판(籌判;수를 셈하여 승부를 판정하는 것), 주판(籌板)[주판알, 주판질], 주판(籌辦;사정이나 형편 따위를 헤아려서 추리함), 주획(籌劃;방법·형편을 헤아려 계획함); 상주(象籌), 아주(牙籌), 운주(運籌) 들.

주(做) '짓다. 만들다'를 뜻하는 말. ¶주거(做去;실행하여 감), 주공(做工;공부나 일을 힘써 함), 주공(做恭;공손한 태도를 가짐), 주배(做坏), 주사(做事), 주업(做業), 주작(做作), 주작부언(做作浮言), 주출(做出); 간주(看做), 설심주의(設心做意), 흥와주산(興訛做訕) 들.

주(洲) '섬. 모래톱. 대륙(大陸)'을 뜻하는 말. ¶주도(洲島;섬), 주서(洲嶼;강어귀에 삼각주처럼 된 섬), 주저(洲渚;파도가 밀려 닿는 곳), 주정(洲汀;洲渚); 남극주(南極洲), 명주(溟洲;큰 바다에 있는 섬), 사주(砂/沙洲), 삼각주(三角洲)[복합삼각주(複合)], 육대주(六大洲), 정주(汀洲) 들.

주(呪) '빌다'를 뜻하는 말. ¶주력(呪力), 주문(呪文), 주물/숭배(呪物/崇拜), 주법(呪法), 주사(呪辭), 주술/사(呪術/師), 주약(呪藥), 주원(呪願), 주저(呪詛); 북두주(北斗呪), 송주(誦呪), 저주(詛呪) 들.

주(胄) '투구(옛날 전쟁 때, 머리를 보호하기 위하여 쓰던 쇠모자)'

주사침(針); 근육주사(筋肉), 동맥주사(動脈), 마취주사(痲醉), 식염주사(食鹽), 염수주사(鹽水), 예방주사(豫防), 정맥주사(靜脈), 피내주사(皮內), 피하주사(皮下), 혈관주사(血管).

811) 주시(注視): 어떤 목표물에 주의를 집중하여 봄. 어떤 일에 온 정신을 모아 자세히 살핌. ¶사람들의 주시를 받다. 세인의 관심과 주시의 대상이 되다. 주시거리(距離), 주시되다/하다, 주시마비(痲痹), 주시망상(妄想), 주시점(點).

812) 주의(注意): 마음에 새겨 조심함. 경고나 충고의 뜻으로 일깨워줌. ¶건강에 주의하다. 따끔하게 주의를 주다. 주의가설(假說), 주의경보(警報), 주의력(力), 주의보(報), 주의사항(事項), 주의신호(信號), 주의역(閾), 주의의무(義務), 주의인물(人物), 주의표지(標識), 주의하다; 무의주의(無意), 부주의(不), 요주의(要)[요주의인물(人物), 요주의자(者)], 유의주의(有意).

813) 주입(注入): ①액체를 물체 안에 흘려 넣음. ¶혈관에 주사액을 주입하다. ②지식을 기계적으로 기억하게 하여 가르침. 어떤 사상 따위를 남의 의식에 새겨지도록 가르침. ¶주입교육(敎育), 주입식(式), 주입주의(主義).

814) 주기(週期): 한 바퀴 도는 시기. 어떤 현상이 일정한 시간마다 똑같은 변화를 되풀이할 때, 그 일정한 시간을 이르는 말. ¶주기결산(決算), 주기곡선(曲線), 주기성(性), 주기운동(運動), 주기율(律), 주기적(的), 주기함수(函數); 공전주기(公轉), 궤도주기(軌道), 성주기(性), 자전주기(自轉), 진동주기(振動), 항성주기(恒星), 회전주기(回轉), 회합주기(會合).

815) 명주(明紬): 명주꾸리, 명주붙이, 명주처네, 명주솜, 명주실, 명주옷, 명주잠자리, 명지털(명주처럼 부드러운 갓난아기의 머리털)[←명주털]; 보풀명주, 북덕명주.

816) 아랑주(紬): 날은 명주실, 씨는 명주실과 무명실을 두 올씩 섞어 짠 피륙. 반주(斑紬).

817) 주야(晝夜;밤낮): 주야겸행(兼行), 주야골몰(汨沒), 주야불망(不忘), 주야불식(不息), 주야장단(長短), 주야장천(長天), 주야풍(風); 불분주야(不分), 불철주야(不撤).

를 뜻하는 말. ¶주자(胄子;제왕의 맏아들); 갑주(甲胄), 개주(介/鎧胄;갑옷과 투구), 마면주(馬面胄), 화주(華胄;왕족이나 귀족의 자손) 들.

주(廚) '부엌'을 뜻하는 말. ¶주방(廚房)[주방장(長); 내주방(內), 외주방(外)], 주선(廚膳); 빈주(貧廚), 어주(御廚), 정주(鼎廚), 정주간(鼎廚間), 푸줏간(廚間), 행주(行廚;음식을 다른 곳으로 옮김. 임시 주방) 들.

주(硃) '주사(朱砂;붉은 물감의 원료로 쓰이는 광물)'를 뜻하는 말. ¶주비(硃批), 주홍(硃汞;수은의 원료인 광석); 석간주(石間硃).

주(遒) '세다. 굳다'를 뜻하는 말. ¶주경(遒勁;그림·글씨 따위의 필력이 굳셈), 주방(遒放;필세가 굳세고 자유분방함), 주일(遒逸) 들.

주(嗾) '부추기다. 선동(煽動)하다'를 뜻하는 말. ¶주촉(嗾囑;남을 꾀어 부추겨서 시킴); 사주(使嗾;남을 부추김)/하다, 지주(指嗾;달래고 꾀어서 부림).

주(輳) '모이다(사물이 한곳으로 모여들다)'를 뜻하는 말. ¶주합(輳合;모아서 합침); 폭주(輻輳/湊)[폭주반응(反應), 폭주병진(竝臻)].

주(疇) '밭두둑. 무리. 접때'를 뜻하는 말. ¶주생(疇生;같은 종류의 식물이 한곳에 모여 남), 주석(疇昔;별로 오래지 않은 옛적), 주일(疇日;접때. 지난 날); 범주(範疇) 들.

주(州) '고을. 행정구획'을 뜻하는 말. ¶주경(州境), 주군(州郡), 속주(屬州), 웅주거목(雄州巨牧), 웅주거읍(雄州巨邑) 들.

주(肘) '팔꿈치'를 뜻하는 말. ¶주관절(肘關節), 주액(肘腋); 철주(掣肘), 현주(懸肘) 들.

주(宙) '하늘. 큰 집'을 뜻하는 말. ¶우주(宇宙)[우주공간(空間), 우주선(宇宙船), 우주인(宇宙人)].

주(拄) '떠받치다. 굄대를 세우다'를 뜻하는 말. ¶주장(拄杖;몸을 의지하는 지팡이), 주장하다(拄張;허튼 소리로 떠벌리다)

주(蛛) '거미'를 뜻하는 말. ¶주망(蛛網), 주사(蛛絲;거미줄); 지주(蜘蛛), 지주망(蜘蛛網;거미줄).

주(腠) '살결'을 뜻하는 말. ¶주리(腠理;살가죽 겉에 잘게 생긴 결).

주(綢) '얽다. 얽어매다'를 뜻하는 말. ¶주단(綢緞;품질이 썩 좋은 비단), 주무(綢繆;미리미리 꼼꼼하게 챙겨 갖춤).

주(賙) '나누어 주다'를 뜻하는 말. ¶주궁휼빈(賙宮恤貧;곤궁한 사람에게 베풂)/주휼(賙恤).

주(躊) '머뭇거리다'를 뜻하는 말. ¶주저거리다/대다/되다, 주저하다/주저주저하다(躊躇;머뭇거리며 망설임).

주(譸) '남이 못되도록 빌다(저주하다)'를 뜻하는 말. ¶주장하다(譸張;터무니없는 말로 남을 속이다).

주(侏) '난쟁이'를 뜻하는 말. ¶주유(侏儒;난쟁이. 광대).

주(儔) '짝. 동아리'를 뜻하는 말. ¶필주(匹儔;짝).

주걱 나무나 놋쇠 따위로 부삽처럼 만든 도구. '주걱 모양'을 뜻하는 말. ¶주걱꺾쇠(대갈꺾쇠), 주걱꼴잎, 주걱맨드라미, 주걱뼈(주걱처럼 생긴, 마소의 어깻죽지의 뼈), 주걱상(相;주걱처럼 넓적하고 우묵하게 생긴 얼굴), 주개질하다(주걱으로 밥을 퍼 담다), 주걱턱; 구둣주걱, 끈끈이주걱, 놋주걱, 미장주걱, 박죽(밥주걱), 밥주걱, 쇠주걱, 잉크주걱(ink), 찌개주걱(찌개를 뜨는 데 쓰는 작은 주걱). §'박죽'은 '밥주걱'을 뜻함. 박죽목(木;방앗공이에 가로 박힌 나무), 박죽뼈(어깨에서 넓적한 부분의 뼈), 박죽조개(주걱 모양의 조개), 박죽코(밥주걱처럼 넓적하고 낮은 코).

주근주근¹ ①성질이나 태도가 은근하고 끈덕진 모양. ¶마음먹은 것이면 며칠이 걸리든지 주근주근 붙들고 매달려 끝을 내고야 만다. 사람을 주근주근 괴롭힌다. 주근주근·초근초근·추근추근/하다. ②일 같은 것을 처리하는 품이 서두르지 않고 느릿느릿한 모양. 〈센〉추근추근.

주근주근² 밥이나 반죽 따위가 좀 물기가 많아 무름한 모양. ¶주근주근하다.

주꾸미 문어과의 연체동물.

주눅 ①기운을 펴지 못하고 움츠러드는 일. ¶주눅이 들다(기를 펴지 못하다). 주눅이 풀리다. 주눅바치(주눅을 잘 타는 사람). ②'좋다'와 함께 쓰여, 부끄러움을 모르고 언죽번죽하는 태도나 성질. ¶주눅좋다(기죽지 않고 언죽번죽하다. 배짱이 좋다).

주니 몹시 지루함을 느끼는 싫증. 두렵거나 확고한 자신이 없어서 내키지 아니하는 마음.≒넌더리. 멀미. ¶이제 그 일은 주니가 나서 못하겠다. 교통사고를 목격하고 운전이 주니가 나는 모양이군. 주니나다/내다.

주(다) ①어떤 것을 갖거나 누리거나, 또는 하도록 남에게 건네다. ↔받다. 빼앗다. 〈높〉드리다. 이익이나 손해를 보게 하다. 마음이나 정신을 기울이다. 주사나 침 따위를 놓거나 못을 박다. ¶돈을 주다. 피해를 주다. 마음을 주다. 시선을 주다. 못을 주다. 주거니받거니, 주고받다(≒거래하다. 교류하다), 주고받기, 주어지다[818]; 건네주다, 겁주다(怯), 그어주다, 깃주다, 깔아주다, 끊어주다(물건 값 같은 것을 갚아주다), 내주다, 넘겨주다, 눈주다(눈짓하다. 시선을 그쪽으로 돌리다), 닻주다[819], 대주다[820], 돌려주다, 들고주다[821], 몰아주다, 물려주다, 못주다(못을 박다), 벌주다(罰), 북주다(흙으로 식물의 뿌리를 덮어 주다), 불주다(남에게 큰 곤욕이나 해를 입히다), 세주다(貰), 우주다[822], 인주게(이리 주게), 인주오(이리 주오), 죄주다(罪), 탑새기주다[823], 판주다(그 판에서 가장 뛰어난 사람으로 결정하여 내세우다), 해주다(하여 주다), 흘리어주다, 힘주다[824]. ②동사의 어미 '-아/어' 뒤에 놓이어,

818) 주어지다: 필요한 요소나 조건 따위가 갖추어지거나 제시되다. ¶주어진 운명. 주어진 임무에 충실하다.

819) 닻주다: 닻줄을 풀어 닻을 물속에 넣다.

820) 대주다: ①끊이지 아니하고 잇대어 주다. ¶식량을 대주다. ②방향이나 주소 따위를 알려주다. ¶전화번호를 대주다. ③물건을 넣도록 그릇 따위를 가지어다가 대다. ¶자루를 똑바로 대주다.

821) 들고주다: 방탕한 짓을 하느라 있는 재산을 함부로 마구 쓰다. 난봉이 나서 재산을 탕진하다. ¶춤바람이 나서 돈을 들고주다.

822) 우주다: 장사판에서 이익을 남겨 주다.

823) 탑새기주다: 남의 일을 방해하여 망치다.

어떤 행동이 남을 위하여 베푸는 것임을 나타냄. ¶할머니가 손녀에게 동화책을 읽어주다. 갈아주다, 감싸주다, 눈감아주다, 도와주다, 들어주다, 몰라주다, 바래다주다/바래주다, 받아주다, 보내주다, 보아주다, 붙잡아주다, 비워주다, 살려주다, 안아주다, 알려주다, 알아주다, 일러주다, 읽어주다, 접어주다, 찔러주다[825], 챙겨주다, 추어주다(추어올리다), 태워주다, 통겨주다(몰래 알려주다). ☞ 여(與). 수(授).

주단지 나무통이 찌그러졌거나 옹이가 많이 박혀 켠 무늬가 곱고 다양한 나무.

주당 민속에서, '뒷간을 지키는 귀신'을 이르는 말.

주두 두 개의 긴 활대를 일정한 각도로 벌려 물이 흐르는 방향으로 설치하여 놓고 썰물에 밀려드는 물고기를 잡는 어구. ¶주두를 놓다. 주두살.

주둥아리 사람의 '입'을 속되게 이르는 말. 짐승이나 물고기 따위의 입. 병 따위의 아가리. 〈준〉주둥이. 〈작〉조동아리/조동이. ¶주둥아리를 놀리다. 돼지나 소, 개의 입을 주둥이라고 한다. 조동이가 싸다(신중하지 못하여 말을 함부로 하다. 말대답하다). 이 병은 주둥이가 넓다. 주둥망(網), 주둥이질/하다; 꽈리주둥이(잔뜩 내민 입), 메기주둥이, 병어주둥이, 외주둥이 들.

주럽 ①피로하여 몸이 느른한 증세. ¶이틀째 밤샘 작업을 했더니 주럽이 들어 쓰러질 것 같다. 주럽떨다(고단한 몸을 쉬어 피로를 풀다); 젖주럽(젖이 모자라 아이가 잘 자라지 못하는 상태). ② =주접.

주렁 열매 따위가 많이 매달려 있는 모양. 한 사람에게 여러 사람이 딸려 있는 모양. 〈작〉조랑. ¶감이 주렁주렁 달린 가지. 식구가 주렁주렁 열이나 된다. 주런주런[826], 주렁지다(주렁주렁 열리거나 많이 매달리다).

주레-장 갱도의 천장이 너무 높아서 위험할 때, 안전을 위하여 따로 만든 천장. '주레동'은 갱도에 세우는 동발이다.

주루막 물건을 담아 나르는 데 쓰는 농기구. 가늘게 꼰 새끼를 촘촘히 엮어 만든 망태기.

주름 피부가 쇠하여 생긴 잔줄. 종이나 옷감 따위의 구김살.[〈주룸.≒금. 구김. ¶주름 잡힌 이마. 주름을 잡다. 못에 걸려서 치마 주름이 주르르 뜯어졌다. 주름가공(加工), 주름골[827], 주름돌기(突起;융털), 주름등[배사(背斜)], 주름막(幕), 주름못, 주름무늬, 주름문(門), 주름발, 주름산달(山;습곡 산지), 주름살, 주름살지다/주름지다, 주름살잡히다, 주름상자(箱子), 주름실, 주름옷, 주름위(胃), 주름잎, 주름잡다/잡히다(주름을 잡다. 누비다), 주름줄기(습곡 산맥), 주름지다, 주름치마, 주름투성이, 주름판(板), 주름함지(통나무를 안쪽이 주름지게 판 큰 그릇); 가시주름(잔주름), 눈주름, 먼산주름(山;주름을 잡은 듯이 보이는 멀리 있는 산들의 첩첩한 능선), 목주름, 속주름, 잔주름(저절로 잘게 잡힌 주름), 잡주름(옷 따위에 일부러 잡는 잔다란 주름). ☞ 줄다.

주릅 흥정을 붙여 주고 구문(보수)을 받는 것을 직업으로 하는 사람.≒거간(居間). ¶주릅들다; 땅주릅, 약주릅(藥), 장주릅(場)[시쾌(市儈)], 집주릅[가쾌(家儈)]. ☞ 쾌(儈).

주리 죄인의 두 다리를 한데 묶어 다리 사이에 두 개의 주릿대를 끼워 비트는 형벌.[←주뢰(周牢)]. ¶주리를 틀다(주리로 벌을 주다). 주리 참듯(모진 고통을 억지로 참음). 주릿대를 안기다(모진 벌을 주다). 주리경(黥;주리를 트는 형벌), 주릿대/질, 주릿방망이(주릿대), 주리질/하다; 가새주리, 사주리(私), 줄주리[828], 팔주리.

주리(다) ①마땅히 먹을 만큼 먹지 못하여 배를 곯다.≒굶다. ¶오랫동안 주린 배를 물로 채우다. 주린 배를 움켜잡다. 주림; 굶주리다, 굶주림. ②가지고 싶거나 하고 싶은 것을 가지거나 하지 못하여 모자람을 느끼다. ¶정에 주리다. 애정에 주린 고아. 피에 주린 이리. 사랑에 주린 목숨들이 널브러졌다.

주리팅이 부끄러움을 아는 마음. ¶염치없고 주리팅이도 없다면 어찌 사람이라 할 수 있겠는가.

주머니 물품 따위를 넣어 허리에 차거나 들고 다니도록 만든 물건. 헝겊으로 옷에 덧댄 부분. 일부 명사 뒤에 붙어 무엇이 유난히 많은 사람을 비유적으로 이르는 말. ¶주머니에 넣다. 주머니가 가볍다. 주머닛돈이 쌈짓돈(굳이 네 것 내 것 가릴 것 없이 그 돈이 그 돈으로 결국은 마찬가지라는 말). 주머니곰(코알라), 주머니그물, 주머니끈, 주머닛돈, 주머니떨이[829], 주머니밑천, 주머니세간, 주머니쥐, 주머니칼, 주머니코, 주머니털이[830]; 가린주머니[831], 거지주머니[832], 거지밥주머니[833], 곁주머니, 고생주머니(苦生), 공기주머니(空氣), 괴불주머니(어린아이의 노리개), 귀주머니, 근심주머니, 깃주머니[우낭(羽囊)], 꾀주머니, 꿀주머니, 눈물주머니, 덧붙임주머니, 도시락주머니, 도장주머니(圖章), 돈주머니, 두루주머니, 뒷주머니, 딴주머니, 똥주머니, 먹물주머니, 모래주머니, 모이주머니, 묵주머니, 물주머니, 밥주머니, 병주머니(病), 베주머니, 복주머니(福), 복장주머니(伏藏), 빈주머니, 사그랑주머니(겉모양만 남고 속은 다 삭은 물건), 속주머니, 손주머니, 수주머니(繡), 숨주머니(허파), 신/신발주머니, 씨주머니, 안주머니, 알주머니, 앞주머니, 얼음주머니, 연장주머니, 염통주머니[심낭(心囊)], 오방주머니(五方), 오줌주머니, 울음주머니, 음흉주머니(陰凶), 이야깃/얘깃주머니, 인주머니(印), 전동주머니(←箭筒;활의 부속품을 넣는 주머니), 정액주머니(精液), 털주머니(털뿌리 끝에 달려 영양을 저장하는 주머니), 턱주머니(동물의 턱

ㅈ

824) 힘주다: ①힘을 한곳에 몰아서 기울이다. ②어떠한 일이나 말을 강조하다. ¶힘주어 말하다.

825) 찔러주다: 남의 환심을 사려고 금품 따위를 남몰래 건네주다. ¶잘 부탁한다면서 돈 봉투를 찔러주면 불법이다.

826) 주런주런: 여러 사람이 줄줄 따라다니거나 또는 많이 딸려 있는 모양.

827) 주름골: 지층이 오목하게 골짜기 모양으로 들어간 부분.

828) 줄주리: 발목을 묶고 나무를 정강이 사이에 끼어 굵은 줄로 넓적다리를 엇갈리게 묶은 뒤 양쪽에서 줄을 당기는 고문.

829) 주머니떨이: 여러 사람들이 돈을 모아 음식 따위를 사먹는 일.

830) 주머니털이: 가진 것을 모두 빼앗겨 빈털터리가 되는 일.

831) 가린주머니: 재물에 인색한 사람.

832) 거지주머니: 여물지 못한 열매의 헛껍데기.

833) 거지밥주머니: 이것저것 너절한 것을 되는 대로 넣어 둔 것을 이르는 말.

아래에 주머니 모양으로 달린 근육), 향주머니(香), 허영주머니(虛榮;허영심이 많은 사람), 호주머니(옷에 단 주머니), 홀씨주머니[포자낭(胞子囊)], 활주머니. ☞ 낭(囊).

주먹 ①다섯 손가락을 모두 오므려 쥔 손. '주먹처럼 생긴 것. 대강'을 뜻하는 말. 〈준〉줌. 〈작〉조막.[〈주머귀←줌/쥐(다)+억]. ¶주먹을 꼭 쥐다. 그 선수의 주먹은 아주 매웠다. 주먹이 세다. 주먹곤죽(粥;주먹에 몹시 맞아 축 늘어진 상태), 주먹괭이, 주먹구구(九九;어림짐작으로 하는 셈)/식(式), 주먹궁리(窮理), 주먹나팔, 주먹다짐/하다, 주먹닦달, 주먹담판, 주먹도끼, 주먹동발(가장 작은 동바리), 주먹땀(방울져서 흐르는 땀), 주먹떼(드문드문 심는 뗏장), 주먹맛, 주먹묶음[834], 주먹밥, 주먹방망이, 주먹벼락, 주먹비, 주먹뺨(주먹으로 호되게 때리는 뺨), 주먹상투, 주먹셈(속셈. 암산), 주먹심, 주먹싸움/질, 주먹장[835], 주먹조르기, 주먹쥐기(먹국), 주먹질/하다, 주먹총질(銃), 주먹치기(계획 없이 해치우는 짓), 주먹코, 주먹흥정(주먹구구로 하는 흥정. 주먹질하며 시비를 가리는 일), 주암웅두리(주먹처럼 생긴 쇠뼈의 옹두리); 돌주먹(단단한 주먹), 맨주먹, 무쇠주먹, 빈주먹, 쇠주먹(쇠처럼 단단하고 센 주먹), 종주먹[836], 집게주먹, 황밤주먹(밤톨 같이 단단히 쥔 주먹); 조막(주먹보다 작은 덩이), 조막손[837]/이; 줌돌[838], 줌밖(손아귀의 밖), 줌벌다[839], 줌안[840](↔줌밖), 줌줌이[841]. ②주먹으로 쥘 만한 분량. ¶모래/ 쌀/ 흙 한 줌/주먹.

주무르(다) ①손으로 자꾸 쥐었다 놓았다 하다.[←쥐(다)+무르다]. ≒만지다. 만지작거리다. 〈작〉조무르다. ¶밀가루 반죽을 주무르다. 어깨를 주무르다. 조물[842]·주물, 주물럭·조몰락[843], 쥐빚다(술 따위를 손으로 주물러서 빚다); 짓주무르다, 휘주무르다(마구 주무르다)/주물리다. ②사람이나 물건·재물 또는 어떤 일을 제 마음대로 다루거나 놀리다. ¶회사의 돈을 사장 마음대로 주무르다.

주무시(다) '자다'의 높임말. ¶아버지께서 주무신다. 안녕히 주무셨습니까?

주버기 많이 모인 더껑이. 덕지덕지 붙어 있는 더께. ¶손등에 때가 주버기로 끼다. 구두에 흙이 주버기로 붙었다.

주변 일을 주선하거나 변통함. 또는 그런 재주. ≒두름손. 솜씨. 수완(手腕). ¶주변이 없어 같이 일하기 힘들다. 주변머리, 주변성(性;돌림성. 두름성), 주변하다; 말주변 들.

834) 주먹묶음: 길쌈할 때 실을 뭉치어 동이는 방법의 한 가지.
835) 주먹장: 도리 끝이 물러나지 않게 도리 대강이를 안쪽은 좁고 끝은 조금 넓게 에어 깎은 부분.
836) 종주먹: 상대편을 위협하는 뜻으로 쥐어 보이는 주먹. ¶종주먹을 지르다. 종주먹대다.
837) 조막손: 손가락이 없거나 오그라져서 펴지 못하는 손.
838) 줌돌: 돌확에 고추나 보리쌀 따위를 올려놓고 으깰 때, 주먹에 쥐고 쓰는 둥글고 길쭉한 돌.
839) 줌벌다: ①한 줌으로 쥐기에는 너무 벅차다. ¶바구니의 강냉이가 줌벌다. ②세력권 안에 넣고 거느리기에는 벅차다.
840) 줌안: ①손아귀의 안. ②남이 지배하는 범위의 안. ¶줌안에 들다.
841) 줌줌이: 주먹에 쥘 정도의 양으로 잇따라. ¶고사리를 줌줌이 꺾어 바구니에 담다.
842) 조물: 작은 손놀림으로 주물러 만지작거리는 모양. ¶조물조물 나물을 무치다.
843) 조몰락: 작은 동작으로 물건 따위를 주무르는 모양.=조무락/조몰락·주무럭/주물럭. ¶만두를 조몰락조몰락 빚는다. 조몰락·조물럭·주물럭거리다/대다.

주비¹ 기장의 하나. 열매는 누르고 껍질은 잿빛이며, 줄기는 검숭함.

주비² 어떤 특수한 부류나 무리(떼). ¶말주비(툭하면 경우를 따져 까다롭게 구는 사람), 시빗주비(是非;시비가 일어나는 데에 관여하는 무리).

주뼛 물건의 끝이 솟아나와 있는 모양. 두렵거나 호젓하여 머리카락이 꼿꼿하게 일어서는 듯한 모양. 부끄럽거나 어색하여 선뜻 나서지 못하고 자꾸 머뭇거리는 모양.=저빗. 주밋[844]. 〈작/센〉조뼛/조뼛. 주뼛/쭈뼛. 〈센〉쭈뼛. 〈여〉주빗. ¶주뼛거리다/대다/하다, 주뼛부짓/하다, 쭈볏[845], 쭈빗, 쭈뼛[846] 들.

주사위 단단한 물건으로 만든 정육면체의 각 면에 하나에서 여섯까지의 점을 새겨 이를 던져 그 점수를 겨루는 장난감. ¶주사위를 던지다. 주사위뼈(주사위 하나를 만들 만한 자디잔 뼈).

주살 활쏘기의 기본자세를 연습할 때, 오늬에 줄을 매어 쏘는 화살. ¶주살나다(뻔질나다), 주살질/하다. ☞ 줄'.

주악 찹쌀가루에 대추를 이겨서 섞고, 꿀에 반죽하여 소를 넣어 송편처럼 만든 다음, 기름에 지진 웃기떡. ¶대추주악, 밤주악(밤으로 만든 주악).

주억 미심쩍은 듯이 고개를 앞뒤로 천천히 끄떡이는 모양. ¶주억거리다/대다, 주억주억/하다.

주저-롭다 무엇이 넉넉하지 못하여 퍽 아쉽거나 곤란한 데가 있다(≒가난하다). 신선하지 못한 데가 있다. ¶양식이 주저롭다고 회군하자 하니 이런 무엄한 일이 어디 있느냐? 배추가 주저롭다.

주저리 ①작은 물건이 어지럽게 매달리거나 한데 묶여 있는 너절한 것. 또는 그 모양. 〈작〉조자리'. ¶주저리주저리 달려 있다. 시래기를 주저리주저리 엮어 놓다. 김치주저리[847], 발주저리[848], 배추주저리, 짚주저리(볏짚으로 만든 덮개), 포도주저리(葡萄). ②너저분하게 이것저것 끊임없이 이야기하는 모양. ¶주저리주저리 말만 늘어놓다. 〈준〉주절.

주저-앉다 섰던 자리에서 그냥 바닥에 앉다. 허물어지다. 하던 일을 그만두다.[←*줓/좆(다)+어]. ≒내려앉다. 물러나다. ¶방바닥에 털썩 주저앉다. 축대가 폭삭 주저앉다. 아무리 힘겨워도 여기서 주저앉을 수는 없다. 주저앉히다.

주접 여러 가지 이유로 사람이나 생물이 탈이 생기거나 하여 제대로 잘 자라지 못하는 일. 옷차림이나 몸치레가 초라하고 너절한 것. 〈작〉조잡. ¶주접이 들다(몸이 쇠약하거나 행색이 초라하다).

844) 주밋: 망설이며 머뭇거리는 모양.=주뼛. ¶주밋주밋하고 있다가 옆방으로 피해 들어갈 밖에 별도리가 없었다. 주밋거리다/대다, 주밋주밋/하다.
845) 쭈볏: 부끄럽거나 어색하여 선뜻 나서지 못하고 머뭇거리는 모양. 〈센〉쭈뼛.
846) 쭈뼛: 매우 두렵거나 무서워 머리카락이 꼿꼿하게 일어서는 듯한 느낌. ¶성철이는 가슴이 섬뜩했고 머리칼이 쭈뼛 일어서며 눈앞이 아찔했다.
847) 김치주저리: 청이 달린 채로 소금에 절여 담근 배추김치와 무김치의 잎.
848) 발주저리: 해어진 버선이나 양말을 신은, 추하고 너절너절한 발.

ㅈ

주접대다[849], 조잡·주접들다(졸들다)[850], 주접떨다[851], 주접부리다(추하고 염치없는 짓을 하다), 조잡·주접스럽다[852]; 잔주접[853], 흙주접[854].

주제 변변하지 못한 몰골이나 몸치장.≒꼴. 분수(分數). ¶주제가 말이 아니다. 공부도 못하는 주제에 대학은 무슨 대학이냐? 나잇살이나 먹은 주제에 그런 행동이라니. 주제꼴/주제, 주제넘다[855], 주제사납다; 옷주제(변변하지 못한 옷차림).

주죽 덧홈대의 끝에 세워서 문이 떠밀려 들어가지 아니하게 막아 대는 설주.

주지 별신굿에서, 나쁜 짐승이나 귀신을 물리치려고 씌우는 사자탈. ¶주지마당, 주지무(舞;사자춤).

주책 일정하게 자리 잡힌 생각. 일정한 줏대가 없이 되는 대로 하는 짓.[〈주착(主着)]. ¶주책이 없이 떠들어댄다. 주책을 부리다/떨다. 주책망나니, 주책머리, 주책바가지, 주책없다/없이.

주체 짐스럽고 귀찮은 일을 겪어 내거나 거두어 처리함. 또는 그러한 물건(일). ¶흐르는 눈물을 주체 못하다(짐스럽고 귀찮아 감당을 못하다). 주식 시장에 돈이 주체할 수 없을 정도로 몰리다. 주체궂다(몹시 주체스럽다), 주쳇덩어리[856], 주체스럽다[857], 주체어지럽다(주체스러워서 정신이 어수선하다), 주체하다(짐스럽고 귀찮은 것을 처리하다); 몸주체[858].

주추 기둥 밑에 괴는 물건.[←주초(柱礎)]. ¶주춧돌, 주추먹(주추의 중심에 '十'자 모양으로 그린 먹줄); 나무주추/목주추(木), 돌주추.

죽[1] 옷이나 그릇 따위의 열 벌을 묶어 세는 단위. ¶접시는 죽을 채워 보내라. 버선 두 죽. 죽이 맞다(서로 뜻이 맞다). 죽갓, 죽신(한 죽의 미투리나 짚신), 죽치(날림으로 여러 죽씩 만들어 내다 파는 물건), 죽치기(여러 죽씩 한꺼번에 넘기는 일).

죽[2] 나무의 껍질 부분. 가장자리. ¶죽각(角)[859], 죽널(널의 일부에 나무의 둥근 표피가 있는 널), 죽데기[860], 죽재(材); 변죽(邊)[861].

849) 주접대다: 음식 따위에 대하여 지나치게 욕심을 부리는 짓을 자꾸 하다.

850) 조잡들다: ①생물체가 잔병이 많아서 잘 자라지 못하다. ②기를 펴지 못하고 배리배리 시들다. ③옷 따위가 추접해지다.

851) 주접떨다: 욕심을 부리며 추하고 염치없는 말이나 행동을 하다. ¶주접떨고 다니는 사람을 누가 좋아하겠는가. 주접떨지 말고 가만히 있어라.

852) 주접스럽다: 주로 음식에 대하여 더럽고 염치없이 욕심을 부리는 태도가 있다. ¶주접스럽게 먹으려 든다.

853) 잔주접: ①어릴 때의 잦은 잔병치레로 잘 자라지 못하는 탈. ②헌데나 옴. ③되지 아니한 경박한 말이나 행동.

854) 흙주접: 한 가지 농산물만 연이어 지어서 땅이 메마르는 현상. ¶흙주접이 들다.

855) 주제넘다: 말이나 하는 짓이 아니꼽게 제 분수에 지나친 태도가 있다.≒건방지다. 아니꼽다. ¶주제넘게 주둥이를 놀린다.

856) 주쳇덩어리: 주체하기가 매우 어려운 일이나 물건. 또는 그런 사람.

857) 주체스럽다: 처리하기 어렵게 짐스럽고 귀찮다. ¶그는 친구의 부탁이 주체스러운 모양인지 들은 체도 하지 않았다.

858) 몸주체: 몸을 거두거나 가누는 일.

859) 죽각(角): 네 모서리에 둥근 부분이 남아 있는 건축용 각재(角材).

860) 죽데기[-떼-]: 통나무의 겉쪽에서 떼어 낸 널쪽. 주로 땔감으로 씀.=쭉데기. ¶죽데기널판.

861) 변죽(邊): 그릇·세간의 가장자리. ¶변죽을 울리다. 변죽울림(간접적으로 주는 암시).

죽(竹) '대. 대나무로 만든. 피리. 담뱃대'를 뜻하는 말. ¶죽간(竹竿), 죽간(竹簡), 죽검(竹劍), 죽견(竹筧;대나무로 만든 홈통), 죽공예(竹工藝), 죽관(竹冠), 죽근(竹根), 죽기(竹器), 죽도(竹刀), 죽두목설(竹頭木屑;쓸모가 적은 물건), 죽렴(竹簾), 죽롱(竹籠), 죽루(竹樓), 죽리(竹籬), 죽림(竹林)[죽림산수(山水), 죽림칠현(七賢)], 죽마(竹馬)[죽마고우(故友), 죽마구의(舊誼)], 죽물(竹物;대그릇), 죽백(竹帛;역사를 기록한 책), 죽부인(竹夫人;竹几), 죽비(竹扉), 죽비(竹篦), 죽사(竹絲), 죽사립(竹絲笠), 죽상자(竹箱子), 죽서(竹書), 죽석(竹石), 죽석(竹席), 죽선(竹扇), 죽세공(竹細工), 죽세품(竹細品), 죽소(竹梳;대빗), 죽순(竹筍)[죽순대, 죽순밥, 죽순방석(方席), 죽순채, 죽순탕(湯); 우후죽순(雨後)], 죽실/반(竹實/飯), 죽여(竹茹), 죽여(竹輿), 죽염(竹鹽), 죽엽(竹葉)[죽엽주(酒), 죽엽죽(粥)], 죽영(竹纓;대갓끈), 죽원(竹院), 죽원(竹園), 죽인(竹印), 죽장(竹匠), 죽장(竹欌), 죽장/망혜(竹杖/芒鞋), 죽장구(대통으로 만든 악기), 죽장창(竹長槍), 죽저(竹箸), 죽전(竹田), 죽전(竹箭), 죽절(竹節;대의 마디)[죽절갓끈, 죽절과(果), 죽절비녀], 죽정(竹亭), 죽정(竹釘), 죽주(竹柱), 죽지(竹紙), 죽창(竹窓), 죽창(竹槍), 죽책(竹冊), 죽책(竹柵;대로 둘러막은 울타리), 죽척(竹尺), 죽첨(竹籤), 죽청지(竹青紙), 죽총(竹叢), 죽침(竹枕), 죽침(竹鍼), 죽통(竹筒), 죽파(竹杷), 죽패(竹牌), 죽피/방석(竹皮/方席); 각죽(刻竹), 간죽(竿/間/簡竹;담배설대), 객죽(客竹), 고죽(苦竹;참대), 고황죽(枯黃竹), 공죽(空竹), 근죽(菫竹;참대), 낙죽(烙竹), 난죽(蘭竹), 녹각죽(鹿角粥), 녹죽(綠竹), 단죽(短竹), 대명죽(大明竹), 매죽(梅竹), 묵죽(墨竹), 반죽(斑竹), 비죽(比竹), 사죽(斜竹), 사죽(絲竹), 사방죽(四方竹), 산죽(山竹), 삼죽(三竹;笛, 笙, 觱篥), 설죽(雪竹), 성죽(成竹), 송죽(松竹), 수죽(脩竹), 양죽(涼竹), 여죽(女竹), 연죽(煙竹), 연실죽(蓮實竹), 오죽(烏竹), 왕죽(王竹), 은죽(銀竹), 자죽(紫竹), 자문죽(自紋竹), 장죽(杖竹), 장죽(長竹), 전죽(箭竹;화살대), 종려죽(棕櫚竹), 청죽(青竹), 총죽(叢竹), 취죽(翠竹), 파죽지세(破竹之勢), 편죽(片竹), 편죽(扁竹;마디풀), 폭죽(爆竹), 피죽(皮竹), 한죽(寒竹), 합죽(合竹), 합죽선(合竹扇), 호죽(胡竹), 황죽(篁竹;대나무 숲), 횡죽(橫竹) 들.

죽(粥) 곡식을 물에 흠씬 끓이어 묽게 만든 음식. 또는 짐승의 먹이. 죽 상태로 된 것. 실력이 없는. ¶죽을 쑤다. 죽도 밥도 아니다. 죽 끓듯 한다(변덕이 심하다. 화가 몹시 나다). 죽꺼풀(식은 죽의 표면), 죽떡, 죽물, 죽반승(粥飯僧), 죽밥간(間), 죽벌이, 죽사발(粥沙鉢), 죽술[1](죽으로 빚은 술), 죽술[2](몇 숟가락의 죽), 죽술연명(延命), 죽식(粥食), 죽식간에(粥食間), 죽음(粥飮), 죽젓개/질[862]/하다, 죽젓광이(죽젓개), 죽조반(粥朝飯), 죽탕[863], 죽통(粥筩;구유); 갈분죽(葛粉粥), 감인죽(芡仁粥;가시연밥죽), 강냉이죽, 강죽(糠粥;겨죽), 강태죽[864], 강피죽(맨 피쌀로 쑨 죽), 개죽, 개암죽, 갱죽(羹粥;시래기 따위의 채소류를 넣고 멀겋게 쑨 죽), 겨죽, 곤죽[865], 과루죽(瓜蔞粥;하눌타리죽), 구수죽(口數粥;섣달 스무닷

862) 죽젓개질: ①죽을 쑬 때 죽젓광이로 젓는 일. ②남의 일에 헤살놓음. 또는 그 짓.≒지저귀.

863) 죽탕: ①땅이 질어서 뒤범벅이 된 곳. ②맞거나 짓밟히거나 하여 엉망으로 상한 상태.

864) 강태죽: 귀밀, 수수와 같은 낟알을 껍질째로 갈거나 빻은 가루로 쑨 죽.

ㅈ

새날 밤에 쑤어 먹는 팥죽), 굴죽, 김치죽, 깨죽, 꿀꿀이죽, 나물죽, 남매죽(男妹粥;수수에 칼제비를 넣어 쑨 죽), 녹각죽(鹿角粥), 녹두죽(綠豆粥), 녹신죽(鹿腎粥), 능실죽(菱實粥;마름죽), 다부랑죽[866], 닭죽, 대구죽(大口粥), 대합죽(大蛤粥), 더운죽, 돼지죽, 된죽, 두죽(豆粥), 드레죽[867], 들깨죽, 땅콩죽, 떡암죽, 마름죽, 말죽[마죽(馬粥)], 매생이죽, 매화죽(梅花粥), 멀태죽[868], 모과죽(木瓜粥), 무죽, 묵물죽, 물죽(멀겋게 쑨 죽), 물렁팥죽(무르고 약한 사람이나 물건), 미죽(糜粥), 박죽, 밤죽, 방풍죽(防風粥;방풍나물로 쑨 죽), 백시죽(白柿粥), 백합죽(百合粥), 변두죽(藊豆粥), 보리죽, 복령죽(茯苓粥), 부계죽(敷鷄粥;닭죽), 북어죽(北魚粥), 붕어죽, 비웃죽(청어죽), 비지죽, 빼때기죽[869], 사속죽(死粟粥;풋좁쌀로 쑨 죽), 산사죽(山査粥), 산약죽(山藥粥;마를 갈아 꿀을 넣고 볶아서 쑨 죽), 산수유죽, 삼미죽(三米粥), 삼선죽(三仙粥)[870], 삼합죽(三合粥;쌀·차조·찰수수로 쑨 죽), 상이죽(桑耳粥), 상자죽(橡子粥), 생굴죽(生-粥), 생선죽(生鮮粥), 석화죽(石花粥;굴죽), 선인죽(仙人粥)[871], 섭죽(섭조개를 넣고 쑨 흰죽), 소마죽(蘇麻粥), 소임죽(蘇荏粥;차조기죽), 소행죽(蘇杏粥), 송죽(松粥), 송기죽(松肌粥), 송엽죽(松葉粥), 송피죽(松皮粥), 쇠죽, 수수죽, 시래기죽, 식은죽(식어서 먹기 쉬워진 죽), 쌀죽, 아욱죽, 암죽(젖 대신 먹이는 묽은 죽), 앵도죽(櫻桃粥), 야생이죽[872], 양신죽(羊腎粥), 양원죽(養元粥)[873], 양육죽(羊肉粥), 어미죽(御米粥), 어죽(魚粥), 여물죽, 오그랑죽[874], 연밥죽(蓮;연자죽), 연인죽(蓮仁粥), 영락죽(瓔珞粥)[875], 오뉘죽[876], 옥수수죽, 우죽(牛粥), 우유죽(牛乳粥), 율무죽, 율자죽(栗子粥;밤죽), 이죽, 인유죽(人乳粥), 자소죽(紫蘇粥), 잣죽, 장국죽(醬), 장묵죽(醬)[877], 재강죽(粥), 저신죽(猪腎粥), 전복죽(全鰒粥), 좁쌀죽, 죽력죽(竹瀝粥), 죽엽죽(竹葉粥), 지마죽(芝麻粥;깨죽), 지황죽(地黃粥), 진군죽(眞君粥)[878], 진잎죽(푸성귀를 넣고 끓인 죽), 진자죽(榛子粥;개암죽), 진죽버력, 차조기죽[879], 참깨죽, 찹쌀죽, 청모죽(靑麰粥), 청어죽, 콩죽, 콩나물죽, 타락죽(駝酪粥), 포죽(匏粥;박죽), 팥죽[단팥죽; 동지팥죽(冬至)], 푸레죽[880], 풀떼죽/풀떼기(잡곡 가루로 풀처럼 쑨 죽), 풀죽, 피죽[강피죽], 하눌타리죽, 해송자죽(海松子粥;잣죽), 행인죽(杏仁粥), 호두죽, 호박죽, 홍시죽(紅柿粥), 홍합죽(紅蛤粥), 황정죽(黃精粥), 희죽(稀粥;묽게 쑨 죽), 흰죽(흰쌀로만 쑨 죽) 들.

죽(다)¹ ①살아 있는 것이 목숨이 끊어지다.(≒사망하다.↔살다). 빳빳한 기운이 사그라지거나 꺾이다. 야구나 술래잡기 따위의 선수, 바둑이나 장기 따위의 말이 상대에게 잡히다. ¶젊은 나이에 죽다. 기가 죽다. 옷의 풀기가 죽다. 죽겠다[881], 죽기로(죽음을 무릅쓰고 있는 힘을 다하여), 죽기살기(죽기 아니면 살기), 죽는소리(엄살부리는 말)/하다, 죽는시늉/하다, 죽도록, 죽살이(죽음과 삶. 죽고 삶을 다투는 고생), 죽살이치다[882], 죽어나다[883], 죽어지내다, 죽어지만(遲晩;죽기가 늦었다는 뜻), 죽여주다(죽게 하여 주다. 몹시 만족스러워서 꼼짝 못하게 하다), 주검(송장. 시체)[주검받침; 거적주검, 두벌주검, 초주검(初)[884]], 주근깨/박이, 죽은꽃집(초상집), 죽은말[사어(死語)], 죽은목숨(살길이 막히거나 아무런 활동을 할 수 없는 사람), 죽은옹이, 죽은피, 죽을고(막다른 고비나 골목), 죽을내기, 죽을둥살둥(있는 힘을 다하여 마구 덤비는 모양), 죽을병(病), 죽을뻔살뻔, 죽을상(相;거의 죽게 된 얼굴 표정)/죽상, 죽을죄(罪), 죽을힘, 죽음[885], 죽이다(↔살리다), 죽자내기, 죽자살자; 굶겨죽이다, 기죽다(기세가 꺾이어 약해지다)/죽이다(氣), 때려죽이다, 말라죽다, 무죽다(야무진 맛이 없다), 석죽다[886], 설죽다, 숨죽다¹[887], 숨죽다²/죽이다(숨을 멈추다. 긴장하여 집중하다), 시르죽다[888], 야코죽다('기죽다'의 속된 말), 잡아죽이다, 쥐죽은듯/이/하다, 짓죽이다[889], 쳐죽이다, 풀죽다, 한풀죽다(기세가 줄어들다). §'죽다'의 유의어; 돌아가다, 사망하다(死亡), 영면하다(永眠), 별세하다(別世), 작고하다(作故), 타계(他界), 운명하다(殞命), 서거하다(逝去), 승하하다(昇遐), 붕어하다(崩御), 입적하다(入寂), 끝장나다, 뒈지다, 고꾸라지다 따위가 있음. ②기계 또는 움직이던 물체가 멈추다. ¶시계가 죽다. ③물질이 화학 변화로 빛이 바래다. ¶놋그릇이 거멓게 죽다. 거멓게 죽은 은수저. 죽은 빛깔. ④칼날 따위가 무디어지다. ¶죽임(↔살림). ⑤형용사 뒤에서 '-어/아'의 꼴로 쓰여, 어떤 상태나 느낌이

865) 곤죽(粥): ①몹시 질어서 질퍽질퍽한 것을 이르는 말. ¶밥이 곤죽이 되었다. ②주색에 빠지거나 몸이 지쳐서 늘어진 모습을 이르는 말. ¶술에 곤죽이 되다.

866) 다부랑죽: 식은 밥이나 쌀에다 콩나물, 김치, 고춧가루, 밀가루반죽조각을 넣고 끓인 음식.

867) 드레죽: 싸라기, 수수, 보리쌀 따위로 쑨 쇠죽.

868) 멀태죽: 곡식이나 채소를 조금 넣고 멀겋게 쑨 죽.

869) 빼때기죽: 절간고무마(切干;얇게 썰어서 말린 고구마. 빼때기)로 쑨 죽.

870) 삼선죽(三仙粥): 잣, 복숭아씨, 욱리인을 짓찧어 낸 즙에 쌀가루를 섞어 쑨 죽.

871) 선인죽(仙人粥): 새박 뿌리를 끓이다가 멥쌀을 넣어 쑨 죽.

872) 야생이죽: 쌀에 냉이를 넣고 쑨 죽.

873) 양원죽(養元粥): 멥쌀과 찹쌀의 날것과 볶은 것을 섞어서 쑨 준. 흔히 꿀을 타서 먹음.

874) 오그랑죽: 찹쌀, 수수, 밀 따위를 반죽하여 동글하게 빚은 떡을 넣고 쑨 죽.

875) 영락죽(瓔珞粥): 채소를 쌀에 섞어서 끓인 죽.

876) 오뉘죽(粥): 멥쌀에 곱게 간팥을 섞어서 쑨 죽.

877) 장묵죽: 쇠고기와 파를 다져 양념하여 끓인 뒤, 불린 입쌀을 찧어 붓고 다시 끓인 죽.

878) 진군죽(眞君粥): 쌀에다 씨를 뺀 살구를 넣고 쑨 흰죽.

879) 차조기죽: 볶은 차조기의 씨와 참깨를 반반씩 섞은 다음 찧어서 멥쌀가루를 넣고 쑨 죽.

880) 푸레죽: 산나물 같은 것을 두고 풀어지게 푹 삶아서 쑨 죽.

881) 죽겠다: 느낌이 극도에 이름을 나타내는 말. ¶미워 죽겠다. 보고 싶어 죽겠다.

882) 죽살이치다: 어떤 일에 죽을힘을 다해 애쓰다. 몹시 고생하다. ¶그는 잡히지 않으려고 죽살이치며 도망갔다. 어머니는 우리를 공부시키느라 죽살이치셨다.

883) 죽어나다: 일 따위가 매우 힘들고 고달프다. ¶치솟는 물가에 갈수록 죽어나는 건 만만한 서민들뿐이다.

884) 초주검(初): 맞거나 다치거나 지쳐 거의 다 죽게 된 상태. ¶초주검을 면하다. 초주검이 되도록 두들겨 맞고도 아무 말도 하지 못했다.

885) 죽음(↔삶): 죽음길, 죽음터; 개죽음(보람이나 가치 없이 희생되는 죽음), 두벌죽음(두 번 죽음을 당함), 떼죽음, 무리죽음(떼죽음), 반죽음(半), 생죽음(生;제 명대로 살지 못한 죽음), 은사죽음(隱事; 마땅히 보람이 드러나야 할 일이 나타나지 아니하고 마는 일), 줄죽음, 파죽음(몹시 맞거나 지쳐서 녹초가 된 상태).

886) 석죽다: 기운이나 기세가 완전히 꺾이다.

887) 숨죽다¹: ①풀이나 나무 따위가 시들어서 생기를 잃다. ②소금에 절인 채소 따위가 싱싱한 기운을 잃다. ¶숨죽은 배추. 숨죽이다.

888) 시르죽다: 기운을 못 차리거나 생기가 없어지다. ¶끼니를 굶어 시르죽어 가다. 시르죽은 목소리. 시르죽은 이.

889) 짓죽이다: 소리를 아주 몹시 낮추다. 기세를 몹시 누그러뜨려 꼼짝 못하게 만들다.

극도에 당함을 나타내는 말. ¶분해 죽겠다. 서러워 죽겠네. 신랑만 보면 좋아 죽지. 배고파 죽겠다. 우스워 죽겠네. 불쌍해 죽겠다. ☞ 사(死). 살(殺).

죽(다)² ①두드러져야 할 곳이 꺼져 있다. ¶모서리가 죽다. 콧날이 죽은 권투 선수. 죽이다. ②칼날이 무디다. ¶날이 죽은 칼.

죽신 ①물건이 몹시 무르면서 질긴 모양. ¶죽신하다¹(물기가 있어 누긋하면서 질기다). ②들입다 힘을 주어 마구 누르거나 밟는 모양.

죽신-하다² 정도나 수량이 일정한 한도에 차고도 남을 만하다. 마음에 흐뭇하게 많다. ¶비가 죽신하게 내렸다.

죽지 ①팔과 어깨가 이어진 관절의 부분. ¶죽떼다(죽지떼다;활을 쏘고 나서 어깨를 내리다. 위세를 부리다), 죽머리[890], 죽바디(소의 다리 안쪽에 붙은 고기), 죽지뼈(어깨뼈); 뒷죽지(등쪽의 어깻죽지), 소매죽지(옷의 어깨에 소매가 붙은 부분), 어깻죽지(어깨놀이), 팔죽지(팔꿈치와 어깻죽지 사이의 부분). ②새의 날개가 몸에 붙은 부분. ¶날갯죽지.

죽-치다 움직이지 아니하고 오랫동안 한곳에만 붙박여 있다. 기가 죽어 움쩍 안하다. ¶방에만 죽치고 있지 말고 나가 놀아라.

준(準) ①'어떤 본보기에 비추어 그대로 따르다'를 뜻하는 말의 어근. '교정(校正). 법도. 모범. 평평하다'를 뜻하는 말. ¶이하 이에 준함. 준을 보다. 준가(準價;제 값어치에 꽉 찬 값), 준거(準據)[891], 준규(準規;準則), 준납(準納;일정한 기준에 따라 바침), 준동(準同;어떤 표준과 같음), 준두(準頭;코의 끝), 준례(準例), 준맹(準盲), 준법(準法), 준보기(교정), 준보다(교정을 보다), 준비(準備)[892], 준삭(準朔), 준선(準線), 준성(準星), 준수(準數), 준승(準繩), 준신(準信), 준용(準用), 준위(準位), 준작(準酌), 준장(準張), 준적하다(準的), 준지(準紙;교정을 본 종이), 준척(準尺;한 자되는 낚은 물고기), 준칙/주의(準則/主義), 준하다(따르다), 준행(準行;어떤 본보기를 준거하여 따라 함), 준허(準許); 고준(考準), 공준(公準), 교준(校準), 규준(規準), 기계준(機械準), 기준(基準), 대장준(臺狀準), 비준(比準;對照), 빙준(憑準), 상준(詳準), 수준(水準), 시준(視準), 시준화석(示準化石), 완준(完準), 윤준(允準), 융준(隆準;우뚝한 코), 의준(依準), 재준(再準), 조준(照準)[조준기(器), 조준점(點)], 초준(初準), 창준(唱準), 평준(平準), 표준(標準). ②일부 명사나 명사성 어근에 붙어 '구실이나 자격이 그에는 못 미치나 그에 비길 만한'의 뜻을 더하는 말. ¶준가구(準家口), 준강간(準強姦), 준강도/죄(準强盜/罪), 준거래(準去來), 준거성(準巨星), 준결승/전(準決勝/戰), 준결정(準結晶), 준경제재(準經濟財), 준고정비(準固定費), 준공유(準共有), 준교사(準敎師), 준군인(準軍人), 준굴곡(準屈曲), 준금속(準金屬), 준금치산(準禁治産), 준급행(準急行), 준독점(準獨占), 준맹(準盲), 준무기(準武器), 준문서(準文書), 준물권(準物權), 준민족(準民族), 준민족어(準民族語), 준밀리파(準millimeter波), 준박사(準博士), 준범죄(準犯罪), 준변동비(準變動費), 준별제권자(準別除權者), 준보석(準寶石), 준사관(準士官), 준사기(準詐欺), 준사기죄(準詐欺罪), 준상행위(準商行爲), 준성사(準聖事), 준안정(準安定), 준예산(準豫算), 준왜성(準矮星), 준요구(準要求), 준우승(準優勝), 준위임(準委任), 준입자(準粒子), 준장석(準長石), 준재심(準再審), 준전손(準全損), 준전시(準戰時), 준절도(準竊盜), 준점유(準占有), 준정적(準靜的), 준조세(準租稅), 준결승(準決勝), 준지대(準地代), 준총유(準總有), 준태사(準太絲), 준통화(準通貨), 준편마암(準片麻巖), 준평원(準平原), 준표면파(準表面波), 준합유(準合有), 준항고(準抗告), 준현행범(準現行犯), 준혈족(準血族), 준환경(準環境), 준회원(準會員) 들.

준(俊) '재주·슬기가 뛰어나다. 크다. 높다'를 뜻하는 말. ¶준걸(俊傑;俊士), 준골(俊骨;준수하게 생긴 골격), 준기(俊器), 준덕(俊德), 준동(俊童), 준량(俊良), 준매(俊邁), 준모(俊髦;준수한 사람), 준물(俊物), 준미(俊味), 준민하다(俊敏;슬기롭고 날쌔다), 준발(俊拔), 준변(俊辯), 준사(俊士), 준상하다(俊爽), 준수하다(俊秀;풍채가 썩 빼어나다), 준언(俊彦), 준영(俊英;뛰어나고 빼어남), 준예(俊乂), 준유(俊游), 준이(俊異), 준일(俊逸), 준재(俊才), 준제(俊弟), 준채(俊彩), 준필(俊弼), 준형(俊兄), 준혜하다(俊慧), 준호(俊豪); 모준(髦俊;뛰어난 선비), 신준(神俊), 숭준하다(崇峻), 신준(神俊), 영준/하다(英俊), 웅준(雄俊), 유준(顧俊), 재준(才俊), 총준(聰俊), 현준(賢俊), 호준(豪俊) 들.

준(峻) '높다. 엄하다. 자라다. 훌륭하다'를 뜻하는 말. ¶준거(峻拒), 준극하다(峻極), 준급하다(峻急;높고 험하며 몹시 가파르다), 준덕(峻德), 준려하다(峻厲), 준령(峻嶺), 준로(峻路), 준론(峻論;의젓하면서도 격렬한 언론)[고담준론(高談), 고성준론(高聲)], 준명(峻命), 준법(峻法), 준별하다(峻別), 준봉(峻峰;높고 험한 산봉우리), 준산(峻山), 준악(峻岳), 준엄하다(峻嚴;매우 엄격하다), 준열하다(峻烈), 준우(峻宇), 준작(峻爵), 준절(峻截/切)[893]/하다, 준조하다(峻阻), 준책(峻責;준절히 꾸짖음), 준초하다(峻峭;산이 높고 깎아지른 듯함), 준판(峻阪), 준하다(독하다), 준하제(峻下劑), 준하다[894], 준험하다(峻險;높고 험함), 준형(峻刑), 준혹하다(峻酷;매우 혹독하다); 고준하다(高峻), 기준(奇峻), 산준수급(山峻水急), 숭준하다(崇峻), 엄준하다(嚴峻), 유준하다(幽峻), 초준(峭峻), 험준하다(險峻) 들.

준(遵) '좇다. 시행하다'를 뜻하는 말. ¶준거(遵據)[895], 준교(遵敎), 준대로(遵大路;큰 길을 좇아감. 정당한 절차와 방법으로 일을 함), 준범(遵範), 준법(遵法)[준법성(性), 준법자(者), 준법정신(精神), 준법투쟁(鬪爭)], 준봉(遵奉), 준수(遵守;따름. 지킴), 준시(遵施;그대로 좇아 시행함), 준신(遵信), 준양(遵養), 준용(遵用;그대

---

890) 죽머리: 활을 잡는 쪽의 어깨.

891) 준거(準據): 어떤 일을 기준이나 그거로 하여 거기에 따름. ¶사실(史實)에 준거하다. 판례에 준거하여 판결하다. 준거되다/하다, 준거법(法), 준거집단(集團).

892) 준비(準備): 필요한 것을 미리 마련하여 갖춤. ¶준비교육(敎育), 준비금(金), 준비기간(期間), 준비서면(書面), 준비성(性), 준비액(額), 준비운동(運動), 준비위원(委員), 준비체조(體操), 준비하다(갖추다. 마련하다); 금준비(金), 보증준비(保證), 영업준비(營業;자금을 준비하는 일), 예금지급준비(預金支給), 외화준비(外貨), 월동준비(越冬), 정화준비(正貨), 태환준비(兌換).

893) 준절(峻截/切): ①산이 깎아지른 듯함. ②매우 위엄 있고 정중함. ¶준절히 꾸짖다.

894) 준하다(峻): ①맛이 진하거나 독하다. ②산세가 가파르다.

895) 준거(遵據): 전례나 명령 따위에 의거하여 따름. ¶준거할 만한 선례(先例)가 없다. 준거되다/하다.

ㅈ

로 좇아서 씀), 준절(遵節), 준행(遵行)[인구준행(因舊)]; 의준(依遵), 일준하다(一遵), 흠준(欽遵) 들.

준(准) '승인하다. 따르다'를 뜻하는 말. ¶준리(准理;접수하여 처리함), 준사관(准士官), 준위(准尉), 준장(准將), 준주(准奏), 준행(准行); 비준(批准)[896], 인준하다(認准) 들.

준(浚) '물·골짜기가 깊다. 도랑·우물을 치다'를 뜻하는 말. ¶준급(浚急), 준민고택(浚民膏澤;재물을 마구 착취하여 백성을 괴롭힘), 준설(浚渫)[897], 준정(浚井), 준조하다(浚照) 들.

준(竣) '끝마치다'를 뜻하는 말. ¶준공(竣工)[준공식(式), 준공검사(檢査)], 준사(竣事;사업을 끝마침), 준역(竣役); 고준(告竣), 미준(未竣) 들.

준(樽) '술동이'를 뜻하는 말. ¶준뢰(樽罍), 준상(樽床), 준석(樽石), 준작(樽杓), 준중(樽中;술독 안), 준화(樽花); 금준(金樽), 방준(芳樽), 부준(鳧樽), 집준(執樽), 희준(犧樽) 들.

준(駿) '뛰어나다. 잘 달리는 말'을 뜻하는 말. ¶준골(駿骨), 준기(駿驥), 준량하다(駿良), 준마(駿馬), 준민하다(駿敏), 준분(駿奔), 준일(駿逸), 준제(駿蹄), 준족(駿足) 들.

준(濬) '깊다. 파내어 물길을 통하다(치다)'를 뜻하는 말. ¶준담(濬潭), 준원(濬源), 준지(濬池), 준참(濬塹), 준천(濬川;개천 바닥을 파서 쳐냄), 준철(濬哲), 준학(濬壑) 들.

준(蹲) '웅크리다'를 뜻하는 말. ¶준거(蹲踞), 준시(蹲柹;납작한 곶감), 준좌(蹲坐;주저앉음. 어떤 일을 도중에 그만둠), 준지(蹲止), 준축(蹲縮;땅이 꺼져서 우므러짐); 장준(長蹲;큰 뾰주리감), 중준(中蹲), 풍준(豊蹲), 합준(合蹲) 들.

준(蠢) '꿈틀거리다'를 뜻하는 말. ¶준동(蠢動)[898], 준연하다(蠢然), 준우하다(蠢愚), 준이(蠢爾), 준준(蠢蠢), 준준무식(蠢蠢無識), 준준무지(蠢蠢無知) 들.

준(逡) '뒷걸음질 치다'를 뜻하는 말. ¶준순(逡巡), 준준(逡遁) 들.

준(畯) '농부. 뛰어난 사람'을 뜻하는 말. ¶준유(畯儒;민간에 있는 학자); 한준(寒畯;가난하나 문벌이 좋은 선비).

준(雋) '뛰어나다. 우수하다'를 뜻하는 말.≒준(俊), 준(儁). ¶준기(雋器), 준선하다(雋選), 준철하다(雋哲) 들.

준(餕) '대궁(먹다 남은 밥)'을 뜻하는 말. ¶준여(餕餘), 준여물(餕餘物).

준(罇) 긴 항아리 모양의 구리 그릇. 질로 만든 술잔. ¶배준(陪罇), 용준(龍罇), 화준(花罇), 희준(犧罇) 들.

896) 비준(批准): 조약(條約)을 헌법상의 조약 체결권자가 마지막으로 확인·동의하는 일. ¶비준을 받다. 비준교환(交換), 비준되다/하다, 비준서(書), 비준유보(留保).

897) 준설(浚渫): 하천이나 해안의 바닥에 쌓인 흙이나 암석 따위를 쳐내어 바닥을 깊게 하는 일. ¶준설기(機), 준설선(船), 준설하다.

898) 준동(蠢動): 벌레 따위가 꿈적거린다는 뜻으로, 하찮은 무리 또는 불순한 세력 따위가 소란을 피움. ¶게릴라가 준동하다.

준(皴) '주름'을 뜻하는 말. ¶준법(皴法), 준추(皴皺) 들.

준(儁) '뛰어나다'를 뜻하는 말.=준(俊). ¶준이(儁異).

준치 준칫과의 바닷물고기. ¶썩어도 준치. 준칫국, 준치저냐, 준치젓, 준치찜, 준치회(膾); 맨재준치(소금에 절여 매운재의 빛처럼 파랗게 된 준치 자반).

줄(J) 에너지의 절대 단위. ¶줄열(Joule熱). 줄의 법칙(Joule-法則).

줄' ①무엇을 묶거나 동이는 데 쓰는 긴 물건.(≒끈). 일정한 면 위에 그은 선이나 파거나 긁은 자국.(≒금. 선). 접힌 자국. '어떤 일이 계속 이어진. 잇달아 일어나는'을 뜻하는 말. ¶줄을 감다. 공책에 줄을 긋다. 줄진 무늬의 옷. 줄가리[899]/치다, 줄가래, 줄갈이, 줄감개(줄을 감는 기계), 주감이[900], 줄걷다(광대가 줄 위를 걸어가다)/걸리다, 줄걸음(줄행랑), 줄고생(苦生), 줄곧(끊임없이 잇달아. 내처), 줄광대, 줄글, 줄긋다, 줄꾼[901], 주낙(줄낚시)[주낙배, 주낙줄, 주낙질; 땅주낙, 뜬주낙, 선주낚], 줄남생이(죽 늘어앉은 남생이들), 줄넘기, 줄눈[902], 줄누비, 줄느런하다[903], 줄느림, 줄다리기, 줄닿다[904], 줄달음/질/치다, 줄담배, 주대(낚싯줄과 낚싯대), 줄닿다, 줄대[905], 줄대다(죽 잇대다), 줄도래[906], 줄도망(逃亡;줄지어 달아남), 줄도산(倒産), 줄뒤짐[907], 줄드리다(줄을 늘어뜨리다. 줄을 꼬다), 줄등(燈), 줄따귀, 줄때(줄줄이 낀 때), 줄띄기, 줄띄우다[908], 줄띠, 주·조런이(줄을 지어 가지런히), 줄마노(瑪瑙), 줄맺히다(하나로 이어지다), 줄모, 줄목[909], 줄무늬, 줄무더기[910], 줄무지[911], 줄밑[912], 줄바둑, 줄박(拍)[913], 줄반장(班長), 줄밤(연이은 밤), 줄밥'[914], 줄방귀, 줄방울(줄을 지어 달아맨 여러 개의 방울), 줄버들(줄지어 심은 버들), 줄버력, 줄번개, 줄벼

899) 줄가리: 벼를 말리기 위해 볏단의 이삭 쪽은 위로 하여 맞대고, 뿌리 쪽은 떼어서 줄지어 세우는 가리. ¶줄가리치다(줄가리 짓는 일을 하다).

900) 주감이: 해금의 줄 끝을 감아 매는 부분.[←줄+감(다)+이].

901) 줄꾼: ①가래질할 때 줄을 당기는 사람. ②줄모를 심을 때 못줄을 잡는 일꾼. ③줄타기를 하는 사람.

902) 줄눈: 벽돌을 쌓거나 타일을 붙일 때 생기는 이음매.

903) 줄느런하다: 한 줄로 죽 벌여 있다. ¶화분들이 마당에 줄느런하다. 바다의 모래톱에 줄느런히 누워 자다.

904) 줄닿다: ①끊이지 않고 줄지어 잇닿다. ¶손님이 줄닿다. 주문이 줄닿다. ②끊어지지 않게 줄지어 잇대다. ¶약을 줄닿아 먹다. 이야기를 줄닿아 하다.

905) 줄대: 끊이지 않고 연이어 계속.

906) 줄도래: 줄다리기 줄의 머리 부분인 암줄과 수줄을 나무 막대기로 끼워 잇는 고리 부분.

907) 줄뒤짐: 무엇을 찾으려고 하나하나 차례로 뒤지는 일.

908) 줄띄우다: 줄을 늘여서 다림이나 높낮이, 또는 방향 따위를 살피다.

909) 줄목: ①줄다리기에서, 양편의 줄의 맨 앞부분. ②일의 진행 과정에서 가장 중요한 대목. ¶줄목을 무사히 넘기다.

910) 줄무더기: ①여러 가지 다른 물건이 모여서 된 한 벌. ¶줄무더기형제(兄弟;異腹兄弟). ②여러 가지 실로 토막토막 이은 연줄.

911) 줄무지: 기생이나 장난꾼의 행상(行喪). 가까운 친구끼리 상여를 메고 풍악을 치고 춤추면서 나감.

912) 줄밑: 어떤 일이나 이야기의 실마리나 출처(出處). ¶줄밑걷다/줄걷다(어떤 일의 단서나 말의 출처를 더듬어 찾다).

913) 줄박(拍): 종묘 제례 따위에서, 음악을 끝내게 할 때 박을 두세 번 이상 잇따라 급히 치는 일.

914) 줄밥': 갓 잡은 매를 길들일 때 줄 한 끝에 매어 주는 밥. ¶줄밥에 매로구나('재물을 탐하다가 남에게 이용됨'을 이르는 말).

락, 줄변자(邊子;신발의 전에 가늘게 드린 천), 줄봉사(봉사가 잇따라 생기는 일), 줄부채, 줄불, 줄비(줄줄 내리는 비), 줄뿌림, 줄사닥다리/사다리, 줄사설(辭說;길게 늘어놓는 사설), 줄사퇴(辭退), 주살[915], 줄살(밧줄과 닻으로 그물을 고정시킨 어장), 줄서다, 줄섬[열도(列島)], 줄심기, 줄쌈지(개가죽으로 만든 담배쌈지), 줄씨(줄뿌림한 씨), 줄씹, 줄엮음, 줄욕(辱), 줄자(尺), 줄잡이(줄꾼), 줄정간(井間), 줄주리(줄로 묶는 고문), 줄죽음, 줄줄이/주줄이(줄마다. 모두), 줄지다[916], 줄짓다(줄을 이루다. 어떤 일이 끊이지 아니하고 잇따라 계속되다), 줄차(車), 줄참외, 줄창[917], 줄초상(初喪), 줄초풍(風), 줄총(銃), 줄치다(줄을 긋다), 줄타기(줄타는 곡예), 줄탄(彈), 줄통, 줄통뽑다(속 옷깃을 뽑아 올리다), 줄팔매/질/하다, 줄패장(牌長), 줄팽이, 줄팽팽이(늘 켕겨 있는 상태), 줄포(包), 줄폭탄(爆彈), 줄표(標), 줄풀리다(파 내려감에 광맥이 차차 좋아지다), 줄풍류/꾼(風流), 줄행랑(行廊;도망. 빼소니)/치다(피하여 달아나다), 줄향(香), 줄홈; 가랫줄, 가로줄, 가시줄(가시철사), 감줄(코일)/틀, 거미줄, 게줄[918], 게줄다리기, 겹줄, 겹세로줄, 곁줄, 고무줄, 고팻줄(도르래나 고리에 걸치는 줄), 구리줄, 군번줄(軍番), 굽통줄, 그넷줄, 그물줄, 글줄[919], 금줄(金;금실. 금이 나는 광맥), 금줄(禁;인줄), 깃줄(새 날개의 줄기), 끌줄(끄는 줄), 낌줄[920], 낚싯줄, 날라리줄, 날줄, 넉줄[921], 눈썹줄(베틀의 눈썹대 줄), 눌림줄, 느줄[922], 다림줄[923], 당감잇줄[924], 당줄(망건당줄)[아랫당줄, 윗당줄], 닻줄, 덧줄, 동줄[925], 동아줄(굵고 튼튼하게 꼰 줄), 두레박줄, 두렛줄, 드림줄[926], 떡줄[927], 마룻줄[928], 맥줄(脈), 머릿줄, 먹줄[묵(墨)], 멍엣줄(인쇄물의 가를 두른 줄), 명줄[929], 명줄(命;수명), 모릿줄[930], 목돗줄, 못줄, 물렛줄, 뭇줄(삼으로 굵게 드린 바), 민줄, 밑줄, 받줄(받돌/추를 다는 줄), 밥줄[식도(食道)], 밧줄(참바로 된 줄), 뱃줄, 버팀줄, 벌이줄[931], 벌잇줄(밥줄), 베리줄[932], 벼릿줄, 병줄(病)[933], 보람줄[934], 봇줄[935], 부싯줄[936], 붙듦줄, 붙임줄, 빨랫줄, 삼줄, 새끼줄, 생명줄(生命), 선줄(세로로 박혀 있는 광맥), 설렁줄, 세로줄, 셋줄(勢), 쇠줄, 쉿줄[광맥(鑛脈)], 수줄(↔암줄), 시곗줄(時計), 심줄(←힘줄), 싯줄[시행(詩行)], 썰줄[937], 씨줄, 아딧줄/앗줄[938], 아릿줄(용총줄에서 갈려 나간 줄.=가짓줄), 알줄[나선(裸線)], 암줄, 양금줄(洋琴), 양냥이줄[939], 연줄(鳶;연을 매어 날리는 실), 연줄(緣;연고가 닿는 길)[연줄연줄로, 연줄혼인(婚姻)], 옆줄, 오랏줄, 오줌줄(오줌길), 외줄, 원줄(原), 용총줄(돛을 올리고 내리는 데에 매어 놓은 줄. 마룻줄), 은줄(銀), 이불줄[940], 이음줄, 인줄(人;금줄. 사람의 맺는 연계), 잉아줄, 작살줄, 잔줄, 장줄(못줄), 전깃줄(電氣), 전봇줄(電報), 젖줄(젖샘), 주낙줄, 참줄[941], 철줄(鐵), 첫줄(體)[942], 타락줄[943], 탕갯줄, 탯줄(胎), 통줄, 통줄(筒), 피댓줄(皮帶), 핏줄[혈관(血管)], 활줄(활시위), 횃댓줄/횃줄(옷을 걸치기 위하여 건너 맨 줄), 히줄[944], 힘줄. ②인연이나 관계. ¶줄이 끊어지다. 줄을 대다. 고생줄(苦生), 돈줄[945], 밥줄(직업), 셋줄(勢;뒷줄), 연줄(緣;인연이 닿는 길), 윗줄(誼;정을 나눌 만한 연줄), 잇줄(利), 핏줄(혈통). ③어떤 수준이나 정도의 범위. ¶나이가 50줄에 들다. 그는 장관 줄에 올라갈 수 있는 사람이다. ④사람·물건 따위가 길이로 죽 벌이거나 늘어서 끊임이 없게 된 것. 또는 그것을 세는 말.≒열(列). ¶줄을 세우다. 줄을 짓다. 두 줄로 서다. 주줄이; 끝줄, 뒷줄, 앞줄, 옆줄. ☞ 끈. 금. 선(線). 승(繩). 삭(索), 맥(脈).

줄[2] 쇠붙이를 쓸거나 깎는 데 쓰는, 강철로 만든 연장. ¶줄로 쇠를 쓸다. 줄밥[2](줄질할 때 쓸리어 떨어지는 부스러기), 줄쇠(줄), 줄질/하다, 줄칼, 줄판(板); 각줄(角;모가 난 줄), 둥근줄(둥글게 생긴 줄칼).

줄[3] 못이나 물가에서 자라는 포아폴과의 여러해살이풀. ¶줄기직(줄의 잎으로 거칠게 짠 기직), 줄말, 줄방석(方席), 줄부채, 줄풀.

줄[4] 용언의 관형사형 어미 '-(으)ㄴ/ㄹ' 아래에 쓰여, '어떤 방법·셈속·사태'를 나타내는 말. ¶간 줄 알았다. 그런 줄 몰랐다. 할 줄을 모른다.

줄기 ①식물의 뼈대가 되는 긴 부분이나 공간적으로 이어지는 물체나 물질의 길게 뻗어 나간 갈래. ¶나무줄기가 늘어지다. 줄거리[946], 줄기마름병(病), 줄기세포(細胞), 줄기잎, 줄기줄기(여러

---

915) 주살: 오늬(화살의 머리를 시위에 끼도록 에어낸 부분)에 줄을 매어 쏘는 화살.[←줄+살]. ¶주살나다(뻔질나다), 주살질/하다.
916) 줄지다: ①물건 위에 금이나 줄이 생기다. ②오라지다.
917) 줄창: 끊어지거나 그치지 않고 내처 잇달아서.≒내리. ¶그는 술을 줄창 먹어 댔다.
918) 게줄: 줄다리기에서 굵은 줄 양편에 맨 여러 작은 줄.
919) 글줄: ①여러 글자를 써서 이루어진 줄. ②약간의 글. ¶글줄이나 읽었다는 사람이 그럴 수가 있느냐?
920) 낌줄: 광산의 광맥이 거의 끊어진 때 탐광의 실마리가 되는 썩 가는 줄.
921) 넉줄: 제 힘으로는 서지 못하고 땅바닥이나 다른 물체에 의지해 길게 뻗어나가는 식물의 가는 줄기. ¶넉줄을 뻗다. 지붕을 덮어가는 박의 넉줄. 넉걷이(수박, 오이 따위의 끝물을 따내고 덩굴을 걷어치우는 일)/하다.
922) 느줄: 동여매었으나 좀 느슨해진 줄.
923) 다림줄: 다림(추를 달아 늘어뜨림)을 볼 때 쓰는 줄.
924) 당감잇줄: 짚신이나 미투리의 총에 꿰어 줄이고 늘이는 끈.
925) 동줄: 물레의 바퀴와 바퀴를 연결한 줄.
926) 드림줄: 마루에 오르내릴 때 붙잡을 수 있도록 늘어뜨린 줄.≒잡을끈.
927) 떡줄: 찌꺼기 실이나 무명실로 만든 연줄.
928) 마룻줄: 배의 돛을 달아 올리고 내리고 하는 줄.≒용총줄. '이어줄'은 비표준말임.
929) 명줄: 쟁기의 윗덧방과 손잡이를 얼러 걸쳐서 탕개를 트는 줄.
930) 모릿줄: 주낙에서 낚시를 매단 가짓줄을 연결하는 기다란 줄.
931) 벌이줄: ①물건이 버티도록 이리저리 벌려 얽어매는 줄.=버팀줄. ②과녁의 솔대를 켕겨 매는 줄. ③지연(紙鳶)에 벌여 매는 줄. ¶활벌이줄(연 머리에 활시위 모양과 같이 잡은 벌이줄).
932) 베리줄: 소 등의 걸채의 앞뒤 마구리 양쪽 끝에 건너질러 맨 굵은 새끼.
933) 병줄(病): 오래 계속해서 앓는 병. ¶병줄을 놓다(오랜 병에서 벗어나 몸이 회복되다). 병줄을 놓고 일어나다.
934) 보람줄: 읽던 곳을 표시해 두기 위하여 책갈피에 장치해 둔 줄(끈).
935) 봇줄: 마소에 써레·쟁기 따위를 매는 줄.
936) 부싯줄: 화약(火藥)을 터지게 하는 심지. 도화선(導火線).
937) 썰줄: 도자기나 질그릇을 만들 때에 흙을 자르기 위하여 사용하는 줄.
938) 아딧줄: 바람의 방향을 맞추기 위하여 돛에 매어 쓰는 줄.
939) 양냥이줄: 자전거의 앞뒤 기어를 잇는 쇠줄.
940) 이불줄: 경사가 거의 없이, 이불이 깔리어 있는 것처럼 뻗어 있는 광맥.
941) 참줄: 여러 가닥으로 갈라진 광맥(鑛脈) 중에서 채산이 맞을 만한 것.3
942) 첫줄(體): 습자(習字)의 본보기가 되는 한 줄의 글씨.
943) 타락줄: 사람의 머리털로 꼬아 만든 줄.[<터럭줄].
944) 히줄: 배에서, 줄이 끊어질 경우에도 그물의 행방을 알 수 있도록 물건을 달아 놓는 줄.
945) 돈줄: 돈을 융통하여 쓸 수 있는 연줄. ¶돈줄이 끊기다.
946) 줄거리: ①잎이 다 떨어진 나뭇가지. ②사물의 기본 골자. 또는 골자만을 뽑은 내용. ¶대줄거리(大;사실의 중요한 골자). ③잎꼭지·잎줄기·

줄기로. 줄기마다), 줄기지다, 줄기차다[947], 줄기채소(茎蔬; 감는 줄기, 강줄기(江), 곁줄기, 곧은줄기, 기는줄기, 꽃줄기, 나무줄기, 댓줄기, 덩굴줄기, 덩이줄기, 동줄[1](물레의 바퀴와 바퀴를 이는 줄), 동줄[2](줄다리기에서, 원래 줄의 양 끝에 늘여 붙이는 작은 줄), 동줄기(마소에 실은 짐을 매는 줄), 등줄기, 땀줄기, 땅줄기, 땅속줄기, 땅위줄기, 똥줄(똥의 줄기), 물줄기, 물속줄기, 밑줄기, 본줄기(本), 불줄기/불줄, 비늘줄기, 빗줄기, 뿌리줄기, 산줄기(山), 샘물줄기, 알줄기, 여린줄기, 여줄가리[948], 외줄기, 원줄기(元), 잎줄기, 풀줄기, 핏줄기, 한줄기(한 번 세게 쏟아지는 빗줄기. 같은 계통), 혓줄기(혀의 밑동), 힘줄기. ②소나기 따위가 한 차례 퍼붓는 모양. ¶이 더위에 소나기라도 한 줄기 퍼부었으면 좋겠다. ☞ 간(幹).

줄끔 몸을 한 번 힘차게 움츠렸다 펴는 모양. ¶줄끔 목을 추더니 걷기 시작한다.

줄(다) 물체의 길이 · 넓이 · 부피 · 무게나 일 · 물건의 수효나 분량의 크기가 이전보다 작은 상태가 되다.≒작아지다. 줄어들다.↔늘다. ¶몸무게가 줄었다. 가뭄으로 저수지의 물이 줄다. 힘이 줄다. 가수의 노래 솜씨가 줄었다. 줄나다(생산물이 표준 수량보다 덜나다), 줄어들다, 줄어지다, 줄이다, 줄인그림, 줄인자[축척(縮尺)], 줄잡다(표준보다 줄여서 헤아려 보다) · 졸잡다, 줄잡아(대강 짐작으로 헤아려보아); 맞줄임. ☞ 졸다[1]②. 축(縮).

줄렁 ①그릇에 채 차지 아니한 액체가 한 번 흔들리는 소리. 또는 그 모양. 〈큰〉출렁. ¶줄렁 · 출렁거리다/대다. 줄러덩[949]. ②가만 있지 못하고 경망스럽게 행동하는 모양.

줄레줄레 해지거나 헝클어져 너절하게 잇달리어 있는 모양. 경망스럽게 행동하는 모양. 〈작〉졸래졸래. ¶사람들이 줄레줄레 따라다니다. 울레줄레(여러 사람이 줄레줄레 뒤따르는 모양).

줄룩줄룩 기다란 물건이 드문드문 깊게 패어 들어간 모양. 〈센〉쭐룩쭐룩. ¶줄룩줄룩하다.

줌 ①'줌통(활의 한가운데의 손으로 쥐는 부분)'의 준말.[←주먹]. ¶활의 줌. 줌뒤/가다(↔줌앞/가다), 줌머리(줌통의 위쪽 부분), 줌몸(줌통의 전체), 줌몸피(줌의 부피), 줌손(활의 줌통을 잡은 손), 줌앞/가다(화살이 과녁의 오른쪽을 쏠리어 나가다.↔줌뒤가다), 줌앞줌뒤[950], 줌팔(줌을 쥐는 팔), 줌피(皮;줌통을 싼 물건). ②'주먹'의 준말. ☞ 주먹.

줍(다) 바닥에 떨어지거나 흩어져 있는 것을 손으로 들어올리다. ≒얻다. 집다.↔버리다. ¶이삭을 줍다. 길에서 쓰레기를 줍다. 주섬주섬[951], 주워내다, 주워담다, 주워대다(이 말 저 말 끌어다 대다), 주워듣다/줏듣다, 주워먹다, 주워섬기다[952], 줍는목(판소리에서, 차근차근 주워 담는 듯한 목소리); 거저줍다, 넝마주이, 이삭줍기, 한금줍다(金;큰 금덩어리를 캐내다). ☞ 습(拾).

줏개 대궐 지붕에 세운 짐승 모양의 기와.

줏대 수레바퀴 끝의 휘갑쇠.

줏대(主) 사물의 가장 중요한 부분. 먹은 마음의 중심. ☞ 주(主).

중 출가하여 불법을 닦고 실천하며 포교하는 사람. 스님. ¶머리를 깎고 중이 되다. 중의 상투(얻기가 매우 어려운 것을 이르는 말), 중년, 중노릇, 중놈, 중대가리, 중머리, 중바랑, 중살이(중노릇을 하면서 사는 일), 중속환이(俗還;중으로서 다시 속인이 된 사람), 중질(중노릇); 굿중(시주 스님), 까까중, 노장중(老長), 동냥중, 동자중(童子), 때때중(나이가 어린 중), 땡땡이중, 땡추중, 먹중(먹장삼을 입은 중), 신중(여승)/절, 아기중, 이판중(理判;수도에만 전심하는 스님), 자미중(粢米), 재미중(齋米), 조리중(진실하고 미덥지 못한 중). ☞ 승(僧).

중(中) ①상 · 중 · 하의 등급에서 가운데 등급. ¶성적이 중은 된다. ②여럿의 가운데. 무엇을 하는 동안. ¶꽃 중의 꽃. 책을 읽고 있는 중이다. 회의 중. ③'한가운데. 안 · 속. 맞다. 몸에 독이 되다'를 뜻하는 말. ¶중간(中間)[953], 중갈이, 중갑판(中甲板), 중개념(中槪念), 중거(中擧), 중거리(中鉅), 중거리(中距離), 중견(中堅)[중견간부(幹部), 중견작가(作家), 중견화가(畵家)], 중경(中耕), 중계(中階), 중계(中繼)[954], 중고(中古), 중고도(中高度), 중곤(中棍), 중공(中空), 중과피(中果皮), 중관(中官), 중관(中觀), 중괄호(中括弧), 중괴탄(中塊炭), 중교점(中交點), 중구(中九), 중구(中歐), 중국(中國), 중궁전(中宮殿), 중권(中卷), 중귀틀, 중근동(中近東), 중금(中笒), 중급(中級), 중기(中氣), 중기(中期), 중길[중질(中帙)], 중깃[중계(中棨)], 중년(中年;마흔 안팎의 나이), 중농(中農)[중농주의(主義), 중농학파(學派)], 중노인(中老人), 중뇌(中腦), 중늙은이, 중단(中段), 중단(中單), 중단(中斷;中絕), 중단파(中短波), 중답(中畓), 중당(中堂), 중대(中隊), 중대님, 중대문(中大門), 중대방(中帶枋), 중덕(中德), 중도(中途), 중도(中道), 중도리(동자기둥에 가로 얹은 중간 도리), 중도조(中賭租), 중도주(中賭主), 중독(中毒)], 중동(사물의 중간 부분)[중동끈, 중동무이[955]/하다, 중동바지, 중동치레, 중동풀다], 중동(中東), 중두(中頭), 중두리[956], 중

잎맥의 총칭.[←줄기+어리]. 〈작〉졸가리.

947) 줄기차다: 억세고 힘찬 기세가 꾸준하다. ¶줄기차게 퍼붓는 비.

948) 여줄가리: ①주된 몸뚱이나 줄기에 딸린 물건. ②중요한 일에 곁달린 그리 대수롭지 아니한 일.(↔대줄거리).[←옆+줄기+어리].

949) 줄러덩: 그릇에 담긴 액체가 한 번 흔들릴 때 나는 소리. 〈거〉출러덩.

950) 줌앞줌뒤: ①화살이 좌우로 빗나감. ②예측에 어긋나 맞지 아니함을 이르는 말.

951) 주섬: ①여러 곳에 흩어져 널려 있는 물건들을 주워드는 모양.=주엄. ¶옷가지를 주섬주섬 챙기다. 주섬주섬 걷어치우다. ②두서없이 이 말 저 말을 아무렇게나 하는 모양. ¶주섬주섬 둘러대는 변명. ③재빠르지 못하고 조금 느리게 행동하는 모양.

952) 주워섬기다: 말을 되는 대로 죽 늘어놓다.=섬기다①. ¶입에서 나오는 대로 주워섬기다.

953) 중간(中間): 중간경기(景氣), 중간계급(階級), 중간도매(都買), 중간상인(商人), 중간선거(選擧), 중간숙주(宿主), 중간이득(利得), 중간자(子), 중간축(軸), 중간층(層), 중간치, 중간파(派), 중간판결(判決); 새중간('중간'의 힘줌말), 어중간/하다(於), 우중간(右), 좌중간(左), 한중간(한가운데. 한복판).

954) 중계(中繼): 중계국(局), 중계무역/항(貿易/港), 중계방송(放送), 중계소(所), 중계차(車), 중계탑(塔), 중계하다, 중계항(港); 무대중계(舞臺), 생중계(生), 위성중계(衛星).

955) 중동무이: 하던 일이나 말을 끝내지 못하고 중간에서 흐지부지 그만두거나 끊어버림. 도중하차(途中下車).

956) 중두리(中): 독보다 조금 작고 배가 볼록한 오지그릇.

등(中等)[중등교육(教育), 중등열(中等熱), 중등학교(學校)], 중띠, 중략(中略;중간을 줄임), 중량(中量), 중력(中曆), 중령(中領), 중로(中老), 중로(中路), 중로(中櫓), 중롱(中籠), 중류(中流), 중림(中林), 중립(中立)[957], 중마냥[←중만앙(中晩秧)], 중마름, 중모, 중모리, 중모음(中母音), 중목(中木), 중문(中門), 중물, 중미(中米), 중반(中飯), 중반(中盤), 중발(中鉢), 중방(中枋), 중방(中房), 중배[腹], 중백의(中白衣), 중병(中病), 중병아리, 중복/허리(中伏), 중본(中本), 중봉(中峰), 중부(中孚), 중부(中部), 중부중(中不中), 중분(中分), 중비(中批), 중뿔나다[958], 중사(中士), 중사(中使), 중사(中祀), 중사(中絲), 중사전(中辭典), 중산계급(中產階級), 중산모(中山帽), 중상(中商), 중상/모략(中傷/謀略), 중상(中殤;夭死), 중새끼, 중생계(中生界), 중생대(中生代)[중생동물(動物), 중생식물(植物)], 중서(中庶), 중서(中暑), 중선(中線), 중선거구(中選擧區), 중성(中性)[959], 중성(中星), 중성(中聲), 중세(中世)[중세기(紀), 중세사(史), 중세적(的), 중세철학(哲學)], 중쇠[牛], 중소(中小)[중소기업(企業), 중소도시(都市)], 중소(中宵), 중소(中霄), 중송아지, 중솥, 중쇠[1],[2], 중쇠(中衰), 중수(中數), 중수(中壽), 중순(中旬), 중시조(中始祖), 중시조(中時調), 중식(中食), 중신(중매)[중신서다, 중신아비, 중신어미], 중신세(中新世), 중실(中室), 중심(中心)[960], 중쓸쓸하다(中;크지도 작지도 않고 쓸쓸하다), 중씰하다(中)[961], 중앙(中央)[962], 중야(中夜), 중여음(中餘音), 중연(中椽), 중엽(中葉;세기나 시대 따위의 중간 무렵), 중영산(中靈山), 중완(中浣), 중외(中外), 중요(中夭;중년에 죽음. 뜻밖의 재난을 당함), 중용/사상(中庸/思想), 중원(中元), 중원(中原;넓은 들판의 중앙. 경쟁하는 곳), 중위(中位), 중위(中尉), 중위(中衛), 중위도(中緯度), 중유(中有), 중유(中油), 중음(中音), 중음(中陰), 중의(中衣), 중의(中意), 중이(中耳), 중인(中人), 중일(中日)[중일성(性), 중일식물(植物)], 중일연(中日宴), 중작(中斫), 중장(中章), 중장(中將), 중장(中場), 중장(中腸), 중전(中前), 중전(中殿), 중전차(中戰車), 중절(中絕), 중점(中點), 중정(中正), 중정(中庭), 중정(中情), 중준(中蹲), 중지(中止)[중지되다/하다; 판단중지(判斷)], 중지(中指), 중지(中智), 중진(中震), 중진국(中進國), 중질(中帙), 중질(中質), 중채, 중천(中天), 중초(中草), 중촌(中村), 중추(中秋), 중추(中樞;사물의 중심이 되는 중요한 부분이나 자리. 한가운데), 중축(中軸;한가운데를 가로지르는 축. 사물의 가장 중심이 되는 곳), 중층(中層;중간에 있는 층), 중치, 중침(中針), 중칭(中秤), 중키, 중탕(中湯), 중톱, 중통(中桶), 중통(中筒), 중퇴(中退), 중파(中波), 중파(中破), 중판(中板), 중판매다[963], 중편(中篇), 중포(中布), 중포(中砲), 중포(中脯), 중폭(中幅), 중폭격기(中爆擊機), 중품(中品), 중풍(中風), 중하(中蝦), 중학(中學), 중한(中限), 중한/증(中寒/症), 중한(中澣), 중항(中項), 중핵(中核), 중행(中行), 중허리, 중형(中型), 중화(中火;길을 가다가 먹는 점심), 중화(中和)[964], 중화(中華), 중환(中丸), 중흥(中興), 중힘; 가중(家中), 개중(個中), 객중(客中), 거중(居中), 경중(京中), 경중미인(鏡中美人), 계중(契中), 공중(空中), 관중(貫中), 광중(壙中), 교중(僑中), 군중(軍中), 궁중(宮中), 귀중(貴中), 규중(閨中), 금중(禁中;대궐의 안), 기중(忌中), 기중(其中), 기중(期中), 난중(亂中), 남중(南中), 낭중(郎中;옛 남자 무당), 낭중(囊中), 노중(路中), 뇌중(腦中), 당중(當中), 대변중(待變中), 도중(道中), 도중(途中), 도중(都中), 동중(洞中), 득중(得中;알맞음), 만장중(滿場中), 만좌중(滿座中), 명중(命中)[명중률(率), 명중탄(彈)], 몽중(夢中), 무중(霧中;안개속), 문중(門中), 밤중[夜中], 방중(房中), 배중(排中), 백발백중(百發百中), 병중(病中), 복중(伏中), 복중(服中), 복중(腹中), 부중(府中), 부중어(釜中魚), 사중(寺中), 사중(死中), 산중(山中), 상중(桑中), 상중(喪中), 생중(生中), 서중(書中), 서중(暑中), 선중(船中), 설중(雪中), 성중(城中), 수중(水中), 수중(手中), 수중(睡中), 시중(市中), 시중(試中), 심중(心中), 안중(眼中), 암중(暗中)[암중모색(摸索), 암중비약(飛躍)], 야중(夜中), 어중(語中), 어중되다(於中), 언중(言中), 여중(旅中), 여중호걸(女中豪傑), 역중(域中), 연중(年中), 연중(連中), 열중/하다(熱中), 오중(誤中), 오리무중(五里霧中), 옥중(獄中), 온중(溫中), 와중(渦中), 우중(雨中), 운무중(雲霧中), 의중(意中), 이중(里中), 이중(泥中), 인중(人中;코의 밑과 윗입술 사이의 우묵하게 팬 곳), 인총중(人總中), 일중(日中), 장악중(掌握中), 장중(掌中), 장중(場中), 재중(在中), 적중/하다(的中), 적중(敵中), 절중(節中), 접중(接中), 정중(正中), 종중(宗中), 좌중(座中), 준중(樽中), 중중(衆中), 지중(地中), 진중(陣中), 집중(執中;어느 쪽에도 치우치지 않음), 집중/력(集中/力), 천중(天中), 촌중(村中), 총중(叢中), 취중(醉中), 취중(就中), 치중(置中), 탱중하다(撑中), 판중(판을 이룬 여러 사람 가운데), 필중(必中), 한중(寒中), 한중(閑中), 함중(陷中), 해중(海中), 행중(行中), 향중(鄕中), 협중(峽中;두메), 화중(火中), 화중(話中), 흉중(胸中), 회중(會中), 회중(懷中), 효중(孝中), 흉중(胸中). ④일부 명사 뒤에 붙어 '그러

957) 중립(中立): 어느 쪽에도 치우치지 않고 중간에 섬. ¶중립을 지키다. 중립국(國), 중립성(性), 중립위반(違反), 중립적(的), 중립좌(座), 중립주의(主義), 중립지대(地帶), 중립화/하다(化); 국외중립(國外), 무장중립(武裝), 엄정중립(嚴正).

958) 중뿔나다: ①어떤 일에 관계가 없어 당치도 아니하면서 주제넘다. ¶중뿔나게 무슨 참견이냐? 어른들 말씀하시는데 중뿔나게 나서지 마라. ②모양이나 하는 일이 유별나거나 엉뚱하고 부당하다. ¶네가 무어 잘났다고 중뿔나게 구느냐?

959) 중성(中性): 중성모음(母音), 중성미자(微子), 중성반응(反應), 중성비료(肥料), 중서세제(洗劑), 중성자(子), 중성지방(脂肪), 중성토양(土壤), 중성화(化), 중성화(花).

960) 중심(中心): 한가운데. 한복판. 가장 중요한 역할을 하는 곳. 줏대. 원이나 구에서 가장자리의 각 점으로부터 같은 거리에 있는 점. ¶시내의 중심을 흐르는 강. 문화의 중심. 중심이 있는 사사람. 중심각(角), 중심기압(氣壓), 중심도법(圖法), 중심력(力), 중심부(部), 중심선(線), 중심식(蝕), 중심운동(運動), 중심인물(人物), 중심적(的), 중심점(點), 중심주(柱), 중심지(地), 중심체(體); 대칭중심(對稱), 무게중심, 자기중심/적(自己-的).

961) 중씰하다: 중년(中年)이 넘어 보이다. ¶중씰한 신사. 나잇살이나 중씰하게 들었다는 사람들이 상스러운 잡담을 예사로 하다니.

962) 중앙(中央): 사방의 한가운데. 어떤 사물의 중심이 되는 중요한 곳. ¶시내의 중앙에 있는 공원. 중앙으로 진출하다. 중앙값, 중앙관제(官制), 중앙관청(官廳), 중앙금고(金庫), 중앙기관(機關), 중앙난방(煖房), 중앙당(黨), 중앙부(部), 중앙비(費), 중앙선(線), 중앙은행(銀行), 중앙정부(政府), 중앙지(紙), 중앙집권/주의(集權/主義), 중앙청(廳), 중앙치(値), 중앙행정(行政), 중앙화구구(火口丘).

963) 중판매다(中): 하던 일을 도중에 그만두다. ¶할아버지께서 저녁밥을 중판맨 것을 걱정하다. 일이 어렵게 된 것은 사실이나 그렇다고 장담하고 벌인 일을 중판맬 수는 없었다.

964) 중화(中和): 서로 다른 성질을 가진 것이 섞여 각각의 성질을 잃거나 그 중간의 성질을 띠게 함. 또는 그런 상태.

ㅈ

한 상태나 마음으로. 어떤 일을 하는 동안'의 뜻을 나타내는 말. ¶객중(客中), 뇌졸중(腦卒中), 대변중(待變中), 만진중(滿塵中), 무망중(無妄中), 무심중(無心中), 무아몽중(無我夢中), 무언중(無言中), 무의식중(無意識中), 방송중(放送中), 백망중(百忙中), 부재중(不在中), 부지중(不知中), 부지불식중(不知不識中), 삼복중(三伏中), 어망중, 은연중(隱然中), 총망중(悤忙中); 검토/ 계류/ 교섭/ 논의/ 대기/ 수리/ 수업/ 이동/ 학기/ 회의 따위로 쓰임.

중(重) '겹침 · 합침. 또는 크고 무겁거나 중대함. 심한'을 뜻하는 말. ↔경(輕). ¶중가(重價), 중가산금(重加算金), 중각(重刻;重刊), 중간/본(重刊/本), 중값(비싼 값), 중강요죄(重强要罪), 중건(重建;사찰이나 왕궁을 보수 개축함), 중견(重繭), 중견(重譴), 중견책(重譴責), 중경(重卿), 중경상(重輕傷), 중고(重苦;참기 힘든 고통), 중곤(重棍;큰 곤장), 중공업(重工業), 중과(重科;죄에 비하여 무거운 형벌), 중과(重過;큰 실수), 중과(重課;부담이 많이 가게 매김), 중과세(重課稅), 중과실(重過失), 중구(重九), 중국적(重國籍), 중굴절(重屈折), 중권(重圈), 중권(重權), 중근신(重謹愼), 중금속(重金屬), 중금주의(重金主義), 중금옥(重禁獄), 중기(重器), 중기(重機), 중기관총(重機關銃), 중기생(重寄生), 중난하다(重難), 중년(重年), 중노동(重勞動), 중노역(重勞役), 중농(重農), 중농주의(重農主義), 중대(重大;가볍게 여길 수 없을 만큼 아주 중요함)[중대사(事), 중대성(性), 중대시/하다(視), 중대하다], 중도(重盜), 중둥밥, 중래(重來), 중량(重量;무게. 무거운 무게)[중량급(級), 중량분석(分析), 중량품(品)], 중력(重力)[965], 중록(重祿), 중리(重利), 중망(重望), 중맹(重盟), 중명(重名), 중모음(重母音), 중무기(重武器), 중무장(重武裝), 중문(重門), 중문(重文), 중박격포(重迫擊砲), 중방(重房), 중방향(重方向), 중벌(重罰), 중범(重犯), 중변(重邊), 중병(重病), 중보(重寶), 중복(重卜), 중복(重服), 중복(重複;겹침), 중빙(重聘), 중사(重事), 중삭(重削), 중삼(重三), 중상(重喪;상을 거듭 당한), 중상(重傷↔輕傷), 중상성(重上聲), 중상주의(重商主義), 중상해죄(重傷害罪), 중생(重生), 중서(重書), 중석(重石), 중선(重船), 중선(重選;거듭 뽑음), 중설(重說), 중성(重星), 중세(重稅), 중쇄(重刷), 중손괴죄(重損壞罪), 중수(重水), 중수(重修;낡고 헌 것을 다시 손대어 고침), 중수(重數), 중수소(重水素), 중수필(重隨筆), 중시(重試), 중시청자(重視聽者), 중시하(重侍下;부모와 조부모를 다 모시는 처지), 중시하다(重視↔無視), 중신(重臣), 중신(重新;거듭 새롭게 함), 중실화죄(重失火罪), 중심(重心;무게중심), 중압(重壓), 중애(重愛), 중액(重液), 중양(重陽), 중양자(重陽子), 중언/부언(重言/復言), 중역(重役;중요한 소임을 맡은 임원. 책임이 무거운 역할)[중역실(室), 중역진(陣), 중역회의(會議)], 중역(重譯;이중번역), 중역학(重力學), 중연(重緣), 중연륜(重年輪), 중오(重五/午;단오), 중옥(重屋), 중요(重要;소중하고 종요로움)[중요성(性), 중요시(視), 중요하다], 중용(重用;중요한 자리에 임명함), 중위(重位;중요한 직위), 중위(重圍), 중유(重油), 중은(重恩), 중음(重音), 중이온(重ion), 중인(重因;중요한 원인), 중임(重任;거듭 임명됨), 중입자(重粒子), 중자음(重子音), 중장(重杖), 중장비(重裝備), 중적분(重積分), 중전(重箭), 중전기(重電氣), 중전차(重戰車), 중점(重點)[중점적(的), 중점주의(主義)], 중정(重訂;책 따위의 내용을 거듭 고침), 중정석(重晶石), 중제(重劑), 중조(重祚), 중조(重曹), 중죄(重罪;무거운 죄), 중주(重奏;合奏), 중증(重症;몹시 위중한 병세), 중지(重地), 중직(重職), 중진(重鎭;어떤 분야에서 중요한 자리에 있거나 지도적 영향력을 가진 사람), 중징(重徵;조세를 지나치게 거둠), 중징계(重懲戒), 중차대(重且大;중대함), 중창(重創)[1][966], 중창(重唱), 중창(重刱;낡은 건물을 헐기도 하고 고치기도 하여 새롭게 이룩함), 중책(重責;중대한 책임), 중책(重策), 중천금(重千金), 중첩(重疊;겹침)[파란중첩(波瀾)], 중청(重聽), 중체조(重體操), 중축합(重縮合), 중출(重出), 중치(重治), 중크롬산칼륨, 중타르(重tar), 중탄산나트륨, 중탄산소다, 중탕(重湯)[967], 중태(重態;병이 위중한 상태), 중토(重土), 중통(重痛;몹시 앓음. 몹시 아픔), 중판(重辦), 중판(重版), 중포(重砲), 중포화(重砲火), 중폭(重爆), 중폭격기(重爆擊機), 중하(重荷;무거운 짐), 중하다[968], 중하성(重下聲), 중합(重合)[중합도(度), 중합체(體); 유화중합(乳化), 혼성중합(混成)], 중합금(重合金), 중핵자(重核子), 중혀(혓줄기 옆에 나는 종기), 중형(重刑), 중혼(重婚), 중화기(重火器), 중화물(重貨物), 중화상(重火傷), 중화학(重化學), 중환(重患), 중환자(重患者), 중후하다(重厚)[969]; 가중(加重), 가중하다(苛重), 경중(輕重), 경중(敬重), 과중하다(過重), 관중(關重), 권중(權重;권세가 큼), 귀중하다(貴重), 귀중(歸重), 극중하다(極重), 근중하다(斤重), 긴중(緊重), 난중(難重), 다중(多重), 단엄침중(端嚴沈重), 단중하다(端重), 동중체(同重體), 두중각경(頭重脚輕), 둔중하다(鈍重), 막중하다(莫重), 만중(萬重), 망중(望重;명망이 높음), 묵중하다(默重), 보중(保重), 비중(比重), 삼중(三重), 소중하다(所重), 숭중(崇重), 승중(承重), 승중상(承重喪), 신중하다(愼重), 심중(深重), 애중(愛重), 언중하다(言重), 엄중(嚴重), 육중하다(肉重), 이/삼/오중(二/三/五重), 자중(自重), 자중(藉重), 장중(莊重), 전중하다(典重), 전중(傳重), 정중하다(鄭重), 존중하다(尊重), 종중(從重), 지중(至重), 지중(持重), 진중하다(珍重), 진중하다(鎭重), 체중(體重), 최중(最重), 추중(推重), 층중(層重), 치중(輜重), 치중하다(置重), 침중(沈重), 특중(特重), 편중(偏重), 후중(後重) 들.

중(衆) '무리 · 떼. 많다'를 뜻하는 말. ¶중과/부적(衆寡/不敵), 중구(衆口), 중구난방(衆口難防), 중녀(衆女), 중다(衆多;수효가 많음), 중도(衆徒), 중려(衆慮), 중력(衆力), 중론(衆論), 중뢰(衆籟), 중만(衆巒), 중망(衆望;많은 사람으로부터 받고 있는 신망), 중맹(衆盲), 중목(衆目;뭇사람의 눈), 중목소시(衆目所視), 중묘(衆妙), 중민(衆民), 중분(衆忿), 중빈(衆賓), 중생(衆生)[970], 중서(衆庶), 중

965) 중력(重力): 지구 위의 물체가 지구 중심으로부터 받는 힘. ¶중력가속도(加速度), 중력계(計), 중력단위계(單位系), 중력댐(dam), 중력마당(중력장), 중력수(水), 중력수차(水車), 중력식(式), 중력장(場), 중력질량(質量), 중력층(層), 중력탐사(探査), 중력파(波); 무중력/상태(無-狀態), 표준중력(標準).

966) 중창(重創)[1]: 낡은 건물을 헐거나 고쳐서 다시 지음. 중창(重創)[2]: 상처 위에 다시 상처를 냄.

967) 중탕(重湯): 끓는 물 속에 음식 담은 그릇을 넣어, 그 음식을 익히거나 데움. ¶중탕한 우유를 마시다.

968) 중하다(重): ①죄나 병세 따위가 크거나 대단하다. ¶중한 죄. 중한 병. ②소중하다. ¶중한 물건. 친구간의 의리를 중히 여기다. ③책임이나 임무 따위가 무겁다.

969) 중후하다(重厚): ①몸가짐이 정중하고 견실하다. ¶중후한 인품. ②작품이나 분위기 등이 엄숙하고 무게가 있다. ¶중후한 작품.

970) 중생(衆生): ①많은 사람들. ②불교에서, 부처의 구제의 대상이 되는 이

설(衆說), 중성(衆星), 중손(衆孫), 중신(衆臣), 중심(衆心), 중예(衆銳), 중우/정치(衆愚/政治), 중원(衆怨), 중의(衆意;뭇사람의 의견), 중의(衆疑), 중의(衆議;衆論), 중인(衆人;뭇사람), 중인환시(衆人環視), 중자(衆子), 중적(衆敵), 중정(衆情;뭇사람의 감정), 중중(衆中), 중증(衆證), 중지(衆志;뭇사람의 뜻이나 생각), 중지(衆智;뭇사람의 지혜), 중평(衆評;뭇사람의 비평), 중현(衆賢), 중회(衆會;뭇사람의 모임); 경중(警衆;무리를 깨우침), 공중(公衆), 관중(觀衆), 군중(群衆), 다중(多衆), 대중(大衆), 동중(同衆), 동행중(同行衆), 문중(門衆), 민중(民衆), 섭중(攝衆), 성중(聖衆), 속중(俗衆), 승중(僧衆), 언중(言衆), 의중(義衆), 이어중/하다(異於衆), 이중(二衆;비구와 비구니), 인중(人衆), 제중(濟衆), 종중(從衆), 찰중, 청중(聽衆), 출중하다(出衆), 회중(會衆) 들.

중(仲) '버금 · 다음. 가운데'를 뜻하는 말. ¶중개(仲介)[971], 중동(仲冬), 줄려(仲呂), 중매(仲媒)[972], 중매(仲買)[중매상(商), 중매인(人;거간꾼); 쌍동중매(雙童), 주식중매(株式)], 중부(仲父), 중씨(仲氏), 중양(仲陽), 중재(仲裁)[973], 중추(仲秋), 중춘(仲春), 중하(仲夏), 중형(仲兄); 백중(伯仲;맏이와 둘째. 우열이 없음)[백중지간(伯仲之間), 백중지세(伯仲之勢)] 들.

중구미 활을 잡은 팔의 팔꿈치. ¶중구미를 엎히다(중구미가 곧게 뻗쳐지다).

중기 크기가 비슷한 물건들이 여기저기 모여 있는 모양. ¶종개[974], 중기중기; 옹기종기 · 웅기중기.

중노미 음식점이나 여관 같은 데에서 허드렛일을 하는 남자.[←중놈이]. ¶술심부름하던 중노미라.

중다리 올벼의 한 가지.

중다버지 길게 자라서 더펄더펄한 머리. 또는 그런 머리를 가진 아이.

중도위 장판에서 과실이나 나무 따위의 흥정을 붙이고 돈을 받는 사람. ≒거간꾼. 중개인(仲介人). 〈준〉중도.

중배끼 밀가루를 꿀과 기름으로 반죽하여 네모지게 잘라 기름에 지져 만든 유밀과.

중실-하다 몸이 단단하고 실하다.[←충실(充實)].

중쑬쑬-하다, 중씰-하다 ☞ 중(中).

중중 사이가 드문드문 떨어져 있는 모양. 바늘땀이나 무엇을 접은 것이 성긴 모양. 〈센〉쭝쭝. ¶밭에 씨앗을 중중 뿌리다. 박지 말고 중중 호다. 쭝쭝 접은 치마 주름.

중치막 지난날 벼슬하지 아니한 선비가 나들이할 때 입던 웃옷의 한 가지. 소매가 넓고 길이가 길며 앞은 두 자락이고 뒤는 한 자락, 옆구리는 터진 옷. ¶중치막짜리(중치막을 입은 사람).

중패질-하다 자벌레 따위가 몸을 연거푸 움츠렸다 폈다 하다.

쥐¹ 몸의 한 부분에 경련이 일어나서 그 기능을 일시 상실하는 현상. ¶쥐나다(경련이 일어나다), 쥐오르다.

쥐² 쥐과에 딸린 짐승. '쥐 모양. 작은'을 뜻하는 말. ¶쥐구멍에도 볕 들 날이 있다. 쥐가오리, 쥐걸음(살금살금 걷는 걸음), 쥐구멍, 쥐꼬리[쥐꼬리만하다(분량이 매우 적음), 쥐꼬리톱], 쥐노래미, 쥐눈, 쥐눈이콩(여우콩), 쥐덫, 쥐띠, 쥐마당, 쥐면(쥐메), 쥐메(쥐가 파 놓은 흙), 쥐방울만하다(몸피가 작고 앙증스럽다), 쥐벼룩, 쥐볶이[975], 쥐부스럼, 쥐불[쥐불놀이/놓이], 쥣빛, 쥐뿔(하찮고 보잘것없음)/같다, 쥐새끼, 쥐색(色), 쥐숨듯이(남에게 눌리어 기를 펴지 못하고 숨어버리는 모양), 쥐알봉수[976], 쥐약(藥), 쥐잡기/하다, 쥐잡듯/이, 쥐장난(몹시 잘고 얄미운 짓거리), 쥐정신(精神;금방 잊기를 잘하는 정신), 쥐젖[977], 쥐좆같다, 쥐죽은듯이/하다, 쥐치(바닷물고기), 쥐코맞상(床), 쥐코밥상(床;간단하게 차린 밥상), 쥐코조리(도량이 좁은 사람), 쥐포(脯), 쥐포육장수(脯肉;부끄러운 줄을 모르고 염치없이 다랍게 좀팽이짓을 하는 사람), 쥐해; 갈색쥐(褐色), 다람쥐[날다람쥐, 하늘다람쥐], 두더지, 두태쥐(豆太;소의 콩팥 속에 병적으로 뭉쳐진 고기), 들쥐, 문쥐[978], 물쥐[수서(水鼠)], 박쥐[979], 백쥐(白), 사향쥐(麝香), 생쥐, 숫쥐, 시궁쥐, 암쥐, 인쥐(人;남의 재물을 축내는 사람), 집쥐, 흑쥐(黑), 흰쥐. ☞ 서(鼠).

쥐(다) 손가락을 구부리어 주먹을 짓다.(≒오므리다.↔펴다) 손 안에 움켜잡다.(↔놓다). 마음대로 할 수 있도록 손에 넣다. 얻다. ¶주먹을 쥐다. 실권을 쥐다. 쥐대기¹[980], 쥐대기²[981], 쥐락펴락, 쥐빚다[982], 쥐어뜯다/뜯기다, 쥐어바르다[983], 쥐어박다, 쥐어뿌리다, 쥐어지르다/쥐지르다, 쥐어짜다(떼쓰다. 조르다), 쥐어치다[984], 쥐어틀다, 쥐어흔들다/쥐흔들다(손으로 휘어잡고 흔들다),

---

세상의 모든 생물을 통틀어 이르는 말. ¶중생계(界), 중생은(恩), 중생탁(濁); 만호중생(萬戶), 제도중생(濟度).

971) 중개(仲介): 제삼자의 처지로 둘 이상의 당사자 사이에 들어 어떤 일을 주선함. ¶중개국(國), 중개료(料), 중개무역(貿易), 중개상인(商人), 중개소(所), 중개업(業), 중개인(人;브로커broker), 중개하다.

972) 중매(仲媒): 결혼이 이루어지도록 중간에서 소개하는 일. ¶중매의 순수 우리 옛말은 '재여리'다. 중매결혼(結婚), 중매인(人), 중매쟁이, 중매하다; 안팎중매.

973) 중재(仲裁): 분쟁에 끼어들어 쌍방을 화해시킴. 제삼자가 분쟁을 해결하는 일. ¶중재를 요청하다. 중재계약(契約), 중재국(國), 중재법(法), 중재약관(約款), 중재역(役), 중재위원회(委員會), 중재인(人), 중재자(者), 중재재판(裁判), 중재적(的), 중재절차(節次), 중재판정(判定), 중재하다; 국제중재(國際).

974) 종개: ①크기가 어슷비슷한 작은 물건들이 무질서하게 널려 있는 모양. ②키가 어슷비슷한 작은 사람들이 번잡스럽게 모여 있는 모양. 〈큰〉중게.

975) 쥐볶이: 정월 첫 쥐날에 쥐를 잡아 죽인다는 뜻으로 콩을 볶는 일.

976) 쥐알봉수: '약하고 졸렬하면서도 잔꾀가 많은 사람'을 비웃는 말.[←쥐+불알+봉수].

977) 쥐젖: 사람의 살가죽에 생기는, 젖꼭지 모양의 사마귀.

978) 문쥐: 여러 마리가 앞의 놈의 꼬리를 물고 줄을 지어 다니는 쥐.

979) 박쥐: 박쥣과의 짐승. ¶박쥐구실(줏대 없는 행동. 두길보기), 박쥐나무, 박쥐나물, 박쥐나비, 박쥐무늬, 박쥐오입쟁이(誤入), 박쥐우산(雨傘), 박쥐족(族), 박쥐향(香); 관박쥐(冠), 너덜코박쥐, 집박쥐, 참관박쥐(冠).

980) 쥐대기¹: 전문가가 아니어서 솜씨가 서투른 장인(匠人).

981) 쥐대기²: 여기저기서 마구 모으는 일. ¶초막을 쥐대기로 짓다. 쥐대기옷(여러 천 조각을 붙여서 기워 만든 옷).

982) 쥐빚다: 술 따위를 손으로 주물러서 빚다.

983) 쥐어바르다: 손으로 함부로 펴 바르거나 비비다. ¶약을 상처에 쥐어바르다.

ㅈ

쥐엄[985], 쥐여살다, 쥐여지내다/줴지내다(기를 펴지 못하고 지내다), 쥐이다(쥠을 당하다. 쥐게 하다), 쥘대(누비질할 때 쓰는, 가늘고 짤막한 둥근 막대), 쥘부채, 쥘손(손잡이), 쥘쌈지(옷소매나 호주머니에 넣게 된 담배쌈지), 쥘힘[악력(握力)], 쥐기[986]; 가로쥐다(가로로 비스듬히 쥐다), 갈마쥐다[987], 거머쥐다/검쥐다(힘있게 싸잡아 쥐다), 걷어쥐다(걷어서 단단히 쥐다), 걸머쥐다, 그러쥐다(그러당겨 쥐다), 덮싸쥐다, 덮쳐쥐다, 맞쥐다, 부르·바르쥐다(주먹을 불끈 쥐다), 싸쥐다(손으로 싸듯이 하며 쥐다), 악쥐다(있는 힘을 다하여 꽉 끌어안다), 얼싸쥐다(두 팔을 벌리어 감싸 쥐다), 옥쥐다(몹시 조여서 꽉 쥐다), 옴켜·움켜·홈켜·훔켜쥐다, 잡쥐다(단단히 잡아 틀어쥐다), 틀어쥐다(단단히 꽉 쥐다. 자기 마음대로 하다). ☞ 주먹. 줌. 주무르다. 악(握).

쥐독 머리의 숫구멍 자리.≒정수리(頂).

쥐머리 편육을 만드는 데 쓰이는, 걸랑에 붙은 쇠고기.

쥐죽쥐죽 맥없이 발을 옮겨 디디며 시름겹게 걸어가는 모양. ¶오만상을 찡그리고 쥐죽쥐죽 걸어가는 패전 장군의 몰골.

즈런즈런 살림살이가 넉넉한 모양. ¶사람들의 생활은 날로 즈런즈런 좋아지고 있다. 살림이 즈런즈런 윤택해지다. 옆집은 젊은 부부가 함께 열심히 일하더니, 생활이 즈런즈런 윤택해지고 있다. 즈런즈런하다(가멸다).

즈분-하다 물기가 많고 축축하다. 질척하다. ¶안개가 즈분하게 흐르다.

즈음 일이 어찌 될 어름이나 그러한 무렵. 〈준〉즘. ¶떠날 즈음에 다른 일이 생길 줄 누가 알았나. 즈음하다(어떠한 때나 날을 당하거나 맞다)[즈음한, 즈음하여]; 요즈음, 이즈음 들.

즉(卽) 다름이 아니라 곧. '곧. 이제. 나아가다'를 뜻하는 말. ¶네가 말한 것이 즉 이것이냐. 절망, 즉 죽음에 이르는 병. 즉각(卽刻), 즉결(卽決)[즉결심판(審判), 즉결재판(裁判), 즉결처분(處分)], 즉경(卽景), 즉금(卽今), 즉낙(卽諾), 즉납(卽納), 즉단(卽斷), 즉답(卽答), 즉매(卽賣), 즉멸(卽滅;당장 멸망함), 즉물적(卽物的;대상을 있는 그대로 포착하는 것. 물질적인 것을 으뜸으로 하여 생각하는 것), 즉발(卽發), 즉변(卽便;곧), 즉사(卽死), 즉살(卽殺), 즉석(卽席)[즉석식품(食品), 즉석연설(演說), 즉석요리(料理)], 즉성(卽成), 즉세(卽世;죽음), 즉속(卽速), 즉송(卽送), 즉시(卽時)[즉시범(犯), 즉시물(物), 즉시불(拂), 즉시인도(引渡), 즉시항고(抗告)], 즉신성불(卽身成佛), 즉심시불(卽心是佛), 즉야(卽夜), 즉위(卽位↔退位), 즉응(卽應), 즉일/시행(卽日/施行), 즉자(卽自), 즉전(卽前), 즉전(卽傳), 즉전(卽戰), 즉전(卽錢), 즉제(卽製), 즉제(卽題), 즉조(卽祚), 즉좌(卽座), 즉차(卽搓;병이 곧 나음), 즉출급(卽出給), 즉치다(서슴지 않고 냅다 치다. 대번에 치다), 즉행(卽行), 즉향(卽向), 즉효(卽效), 즉후(卽後), 즉흥(卽興)[즉흥곡(曲), 즉흥극(劇), 즉흥시(詩), 즉흥적(的)]; 부즉불변(不卽不變), 성즉리(性卽理), 요·이런즉, 진즉(趁卽) 들.

즉(喞) '붓다(물을 쏟다)'를 뜻하는 말. ¶즉통(喞筒;무자위. 물딱총).

즐(櫛) '빗. 빗질하다. 긁다. 빗살처럼 많이 늘어서다'를 뜻하는 말. ¶즐린(櫛鱗;빗비늘), 즐목(櫛沐;머리를 빗고 목욕하는 것), 즐문토기(櫛文土器;빗살무늬 토기), 즐비하다(櫛比;많다. 널리다), 즐치(櫛齒;빗살), 즐치상(櫛齒狀), 즐판(櫛板), 즐풍목우(櫛風沐雨;객지를 방랑하며 온갖 고생을 함); 건즐(巾櫛), 상즐(象櫛) 들.

즐기(다) 무엇을 좋아하여 거기에 마음을 쏟다. 재미있게 지내어 마음에 즐거움을 맛보다.≒놀다. 좋아하다. 누리다. ¶바둑을/ 등산을/ 낚시를 즐기다. 휴일을 즐기다. 인생을 즐기다. 즐겁다[988]. ☞ 락(樂).

즘즉-하다 어떤 일이 있은 뒤 일정한 시간이 흘러 조용하다. 정도가 웬만하다. ¶즘즉하던 병세가 다시 도지기 시작했다. 즘즘하다(잠잠하다), 즘즛하다(좀 뜸하다. 잠잠하다).

즙(汁) 물체에서 배어 나오거나 짜낸 액체. ¶즙을 내다/짜다. 즙나다/내다, 즙내기, 즙물, 즙액(汁液), 즙유(汁釉), 즙/집장(汁醬), 즙재(汁滓), 즙짜개, 즙청(汁淸); 즙액(汁液); 가루즙, 강즙(薑汁), 갱즙(羹汁), 고기즙, 과즙(果汁), 과실즙(果實汁), 과일즙, 나무즙, 노강즙(露薑汁), 녹즙(綠汁), 농즙(濃汁), 농즙(膿汁;고름), 다즙(多汁), 담즙(膽汁), 당근즙, 딸기즙, 레몬즙, 마늘즙, 맥아즙(麥芽汁), 무즙, 묵즙(墨汁), 미나리즙, 미즙(米汁;쌀뜨물), 밤즙, 배즙, 분즙(糞汁), 사과즙(沙果汁), 산즙(蒜汁), 생즙(生汁), 생강즙(生薑汁), 시즙(屍汁;추긴물), 쑥즙, 쓸개즙, 액즙(液汁), 양즙(月羊汁), 유즙(乳汁), 육즙(肉汁), 잣즙, 차즙(茶汁), 착즙/기(窄汁/機), 처녑즙, 초해즙(醋醢汁;초젓국), 칠즙(漆汁), 칡즙, 포도즙(葡萄汁), 회즙(灰汁) 들.

즙(葺) '띠나 짚으로 지붕을 이다'를 뜻하는 말. ¶수즙(修葺), 와즙(瓦葺;기와로 지붕을 임).

증 도자기 굽 밑에 붙은 모래알이나 진흙덩이.

증(症) '병적인 증상(症狀). 병(病). 안타까운 마음'을 뜻하는 말. ¶증나다(화가 나다. 싫증이나 짜증이 나다)/내다, 증상(症狀)[자각증상(自覺), 전구증상(前驅), 탈수증상(脫水)], 증세(症勢)[금단증세(禁斷), 독감증세(毒感)], 증후/군(症候/群;신드롬); 가증(加症), 가관절증(假關節症), 가려움증, 가학증(加虐症), 각경증(脚硬症), 각연증(脚軟症), 각화증(角化症), 간증(癎症), 간경변증(肝硬變症), 간디스토마증(肝distoma症), 간위축증(肝萎縮症), 간증(癎症), 간질증(肝蛭症), 간흡충증(肝吸蟲症), 갈증(渴症), 갈급증(渴急症), 감각실어증(感覺失語症), 감뇨증(減尿症), 감색피증(柑色皮症),

984) 쥐어치다: 조리 없는 말을 함부로 씨부렁거리다. 〈준〉줴치다.

985) 쥐엄: 손을 쥐었다 폈다 하는 모양. 〈작〉죄암. ¶아기가 쥐엄쥐엄 하며 재롱을 부리다. 죄암죄암/죔죔·쥐엄쥐엄, 쥐엄떡, 쥐엄발이(오그라진 발), 죄암·쥐엄질.

986) 쥐기: 데친 나물붙이나 또는 무슨 가루를 반죽한 것을 조그마하고 둥글넓적하게 만든 덩이. ¶나물 두 쥐기. 쥐기떡, 쥐기밥.

987) 갈마쥐다: ①한 손에 쥔 것을 다른 손으로 바꾸어 쥐다. ¶그는 가방을 왼손으로 갈마쥐면서 반갑게 악수를 청하였다. ②쥐고 있던 것을 놓고 다른 것으로 바꾸어 쥐다.

988) 즐겁다: 마음이 흐뭇하고 기쁘다.↔슬프다. 괴롭다.[+움직임. 활동]. ¶즐거운 생활. 그 일을 하는 것이 즐겁다. 운동장에서 즐겁게 뛰어놀다. 즐거이 모래를 부르다. 즐거움, 즐거워하다, 즐거이(즐겁게).

감염증(感染症), 갑갑증, 강경증(强勁症), 강중증(强中症), 강피증(强皮症), 개핌증(症:뒤가 무직하고 곱이 섞여 나오는 병), 객증(客症), 거대증(巨大症), 거식증(拒食症), 거인증(巨人症), 거절증(拒絶症), 건망증(健忘症), 건조증(乾燥症), 건피증(乾皮症), 걸신증(乞神症), 게걸증, 격부증(擊仆症), 견순증(繭脣症), 견인증(牽引症), 결벽증(潔癖症), 결양증(結陽症), 결증, 결핍증(缺乏症), 결핵증(結核症), 결흉증(結胸症), 경증(輕症), 경증(驚症), 경계증(驚悸症), 경련증(痙攣症), 경변증(硬變症), 경추증(頸椎症), 경통증(經痛症), 경풍증(驚風症), 경피증(硬皮症), 경화증(硬化症), 고독증(孤獨症), 고랭증(痼冷症), 고수증(高水症), 고지혈증(高指血症), 고창증(鼓脹症), 고혈당증(高血糖症), 고혈압증(高血壓症), 골경화증(骨硬化症), 골다공증(骨多孔症), 골연증(骨軟症), 골연화증(骨軟化症), 골절증(骨節症), 골조송증(骨粗鬆症), 골증증(骨蒸症), 골한증(骨寒症), 공복증(空腹症), 공사증(恐死症), 공수증(恐數症), 공포증(恐怖症)[고소공포증(高所), 고처공포증(高處)], 공피증(鞏皮症), 공화증(空話症), 과각화증(過角化症), 과다증(過多症), 과대망상증(誇大妄想症), 과로증(過勞症), 과민증(過敏症), 과산증(過酸症), 과장증(誇張症), 과혈당증(過血糖症), 관음증(觀淫症), 광증(狂症), 광란증(狂亂症), 광시증(光視症), 광신증(狂信症), 괴증(壞症), 교장증(交腸症), 교체균증(交替菌症), 구갈증(口渴症), 구경증(口硬症), 구역증(嘔逆症), 구연증(口軟症), 구충증(鉤蟲症), 구토증(嘔吐症), 궁금증, 권태증(倦怠症), 궐음증(厥陰症), 귀배증(龜背症), 규석증(硅石症), 균교대증(菌交代症), 균혈증(菌血症), 근경증(筋硬症), 근긴장증(筋緊張症), 근무력증(筋無力症), 근위축증(筋萎縮症), 근축증(筋縮症), 금구증(噤口症), 급증(急症), 기면증(嗜眠症), 기생충증(寄生蟲症), 기생충혈(寄生蟲血症), 기수증(氣水症), 기양증(技癢症), 기왕증(旣往症), 기주증(嗜酒症), 기피증(忌避症), 기학증(嗜虐症), 기허증(氣虛症), 난증(難症), 난독증(亂讀症), 낭습증(囊濕症), 낭축증(囊縮症), 내증(內症), 내성균증(耐性菌症), 냉증(冷症), 냉감증(冷感症), 냉한증(冷寒症), 노복증(勞復症), 노출증(露出症), 논증(論症:병 증세를 논증함), 농독증(膿毒症), 농부증(農夫症), 농신증(膿腎症), 농피증(膿皮症), 농혈증(膿血症), 뇌압박증(腦壓迫症), 뇌연화증(腦軟化症), 뇌증(腦症), 뇌혈전증(腦血栓症), 누풍증(漏風症), 다뇨증(多尿症), 다모증(多毛症), 다변증(多辯症), 다시증(多視症), 다식증(多食症), 다유방증(多乳房症), 다음증(多飮症), 다지증(多指症), 다한증(多汗症), 다행증(多幸症), 다혈증(多血症), 단경증(短頸症), 단지증(短指症), 단핵증(單核症), 담벽증(痰癖症), 담석증(膽石症), 담실증(膽實症), 담증(膽症), 담허증(膽虛症), 답답증, 당시증(瞠視症), 닭벌레증, 대수증(大手症), 대순증(大脣症), 대시증(大視症), 대인공포증(對人恐怖症), 대하증(帶下症), 도착증(倒錯症), 도포증(倒飽症), 독소혈증(毒素血症), 독혈증(毒血症), 동맥경화증(動脈硬化症), 두렴증, 렙토스피라증(leptospira症), 리케차증(rikettsia症), 만곡증(彎曲症), 만각증(彎脚症), 말더듬증, 말증(末症), 망각증(忘却症), 망상증(妄想症), 망양증(亡陽症), 망음증(亡陰症), 망자증(芒刺症), 매복증(埋伏症), 멀미증, 면대양증(面戴陽症), 모반증(母斑症), 모설증(毛舌症), 목마름증, 몽유증(夢遊症), 무감각증(無感覺症), 무긴장증(無緊張症), 무뇌증(無腦症), 무뇨증(無尿症), 무력증(無力症), 무모증(無毛症), 무산증(無酸症), 무산소증(無酸素症), 무색소혈증(無色素血症), 무섬증(무서워하는 버릇), 무시증(霧視症), 무언증(無言症), 무욕증(無慾症), 무유증(無乳症), 무의지증(無意志症), 무정액증(無精液症), 무정자증(無精子症), 무한증(無汗症), 문맥압항진증(門脈壓亢進症), 미심증(未審症), 미운증, 미친증, 반맹증(半盲症), 반색맹증(半色盲症), 반지증(半肢症), 반추증(反芻症), 반표반리증(半表半裏症), 발작증(發作症), 밝힘증, 방골증(旁骨症), 방광발증(膀胱發症), 방사능증(放射能症), 배회증(徘徊症), 백반증(白斑症), 백발증(白髮症), 백삽증(白澁症), 백수증(白水症), 백판증(白板症), 백피증(白皮症), 백합증(百合症), 번갈증(煩渴症), 번열증(煩熱症), 벌떡증(화가 벌떡벌떡 일어나는 병증), 변증(變症), 변비증(便秘症), 변시증(變視症), 변혈증(便血症), 별증(別症), 병증(病症), 병발증(病發症), 병원증(病院症), 보속증(保續症), 복공증(腹空症), 복서증(伏暑症), 복창증(腹脹症), 부증(浮症), 부조증(不調症), 부족증(不足症), 부황증(浮黃症), 분열증(分裂症), 불감증(不感症), 불능증(不能症), 불량증(不良症), 불매증(不寐症), 불면증(不眠症), 불유증(不乳症), 불육증(不育症), 불임증(不姙症), 브루셀라증(Brucella症), 비대증(肥大症), 비만증(肥滿症), 비만증(痞滿), 비문증(飛蚊症), 비사증(鼻齇症), 비색증(鼻塞症), 비약증(脾約), 빈뇨증(頻尿症), 빈혈증(貧血症), 사증(邪症), 사교증(蛇鮫症), 사념증(思念症), 사려증(思慮症), 사르코이드증(sarcoid症), 사상균증(絲狀菌症), 사상충증(絲狀蟲症), 삭뇨증(數尿症), 삭변증(數便症), 삭택증(索澤症), 산독증(酸毒症), 산동증(散瞳症), 산매증(山魅症), 산증(疝症), 산혈증(酸血症), 산후증(産後症), 상동증(常同症), 상풍증(傷風症), 색광증(色狂症), 색시증(色視症), 색전증(塞栓症)[공기색전증(空氣)], 색정증(色情症), 색정도착증(色情倒錯症), 색택증(索澤症), 색한증(色汗症), 서증(暑症), 서교증(鼠咬症), 서독증(鼠毒症), 서열증(暑熱症), 석회증(石灰症), 선근증(腺筋症), 설증(泄症), 설강증(舌强症), 설단증(舌短症), 설유착증(舌癒着症), 설장증(舌長症), 성시증(聲嘶症), 성조숙증(性早熟症), 소증(素症)/소위증[989], 소갈증(消渴症), 소두증(小頭症), 소모증(消耗症), 소시증(小視症), 소심증(小心症), 소안구증(小眼球症), 소양증(少陽症), 소양증(搔癢症), 소인증(小人症), 소지증(小肢症), 속증, 송구증(悚懼症), 송신증(竦身症), 쇠증(衰症), 쇠약증(衰弱症), 수경증(手硬症), 수신증(水腎症), 수연증(手軟症), 수전증(手顫症), 수집증(蒐集症), 수포증(水疱症), 수혈증(水血症), 수황증(手荒症), 수흉증(水胸症), 슬한증(膝寒症), 습증(濕症), 시간증(屍姦症), 시장증, 식곤증(食困症), 식복증(食復症), 식역증(食㑊症), 신경과민증(神經過敏症), 신경증(身硬症), 신경증(神經症), 신석증(腎石症), 신석회증(腎石灰症), 신연증(身軟症), 신장증(腎臟症), 신착증(腎着症), 신충증(腎蟲症), 실감정증(失感情症), 실독증(失讀症), 실립실보증(失立失步症), 실면증(失眠症), 실서증(失書症), 실성증(失聲症), 실어증(失語症), 실인증(失認症), 실합증(失合症), 실행증(失行症), 실혈증(失血症), 싫증, 심근경색증(心筋梗塞症), 심근증(心筋症), 심기증(心氣症), 심신증(心身症), 심심증, 심장판막증(心臟瓣膜症), 심장하수증(心臟下垂症), 심조증(心操症), 십주증(十疰症), 싱숭증, 아밀로이드증(amyloid症), 악관절증(顎關節症), 악조증(惡阻症:입덧), 악취증(惡

989) 소위증: 푸성귀만 먹어서 고기를 몹시 먹고 싶어 하는 증세.

臭症), 안개보임증, 안구철증(眼球鐵症), 안달증, 안맞음증, 알도스테론증(aldosterone症), 알음증(軋音症), 알치증(戛齒症), 암종증(癌腫症), 애티증, 액취증(腋臭症), 야경증(夜警症), 야뇨증(夜尿症), 야맹증(夜盲症), 야제증(夜啼症), 양증(陽症), 양강증(陽强症), 양명증(陽明症), 어눌증(語訥症), 어지럼증, 어지증(語遲症), 어질증, 여증(餘症), 역증(逆症), 연어증(嚥語症), 연화증(軟化症), 열증(熱症), 열격증(噎膈症), 염증(厭症), 염증(炎症), 염려증(念慮症), 염세증(厭世症), 염오증(厭惡症), 예증(例症), 오르토산뇨증(ortho酸尿症), 오풍증(烏風症), 오풍증(惡風症), 오한증(惡寒症), 외어증(猥語症), 요독증(尿毒症), 요두증(搖頭症), 요붕증(尿崩症), 요산증(腰痠症), 요신증(尿腎症), 요실금증(尿失禁症), 요한증(尿汗症), 우식증(齲蝕症), 우심증(右心症), 우울증(憂鬱症), 운산증(運算症), 울증(鬱症), 울렁증, 울화증(鬱火症), 원폭증(原爆症), 월맹증(月盲症), 위충증(胃蟲症), 위하수증(胃下垂症), 유뇨증(遺尿症), 유루증(乳漏症), 유루증(流淚症), 유사증(類似症), 유선증(乳腺症), 유연증(流涎症), 유음증(溜飮症), 유지질증(類脂質症), 유축증(乳縮症), 유치증(幼稚症), 유현증(乳懸症), 유환관증(類宦官症), 육경증(肉硬症), 윤증(輪症症), 음증(陰症), 음강증(陰强症), 음장증(陰臟症), 음정증(陰挺症), 의부증(疑夫症), 의사증(擬似症), 의심증(疑心症), 의지결여증(意志缺如症), 의지부정증(意志不定症), 의지상실증(意志喪失症), 의처증(疑妻症), 이급증(裏急症), 이기증(異嗜症;異味症), 이두증(耳頭症), 이롱증(耳聾症), 이명증(耳鳴症), 이미증(異味症), 이소증(異所症), 이수증(羸瘦症), 이식증(異食症), 이실증(裏實症), 이양증(耳痒症), 이어증(異語症), 이인증(離人症), 이증(痢症), 이질증(痢疾症), 이한증(異汗症), 이한증(裏寒症), 이허증(裏虛症), 인음증(引飮症), 일음증(溢飮症), 임증(淋/痳症), 잊음증, 자교증(刺咬症), 자동증(自動症), 자람증(紫藍症), 자번증(子煩症), 자암증(子瘖症), 자폐증(自閉症), 자현증(子懸症), 작화증(作話症), 잡증(雜症), 장궐증(臟厥症), 장두증(長頭症), 장염전증(腸捻轉症), 장유착증(腸癒着症), 장폐색증(腸閉塞症), 저산소증(低酸素症), 저산증(低酸症), 저수증(蛆隧症), 저염산증(低鹽酸症), 저온증(低溫症), 저장증(貯藏症), 저혈당증(低血糖症), 저혈압증(低血壓症), 적수증(赤水症), 적시증(赤視症), 적응증(適應症), 전궐증(煎厥症), 전근증(轉筋症), 전립선증(前立線症), 전부증(轉浮症), 전색증(栓塞症), 전자간증(前子癎症), 점액증(粘液症), 정신분열증(精神分裂症), 제증(諸症), 제석증(臍石症), 제축증(臍縮症), 조증(燥症), 조증(躁症), 조갈증(燥渴症), 조급증(躁急症), 조루증(早漏症), 조마증, 조촘증, 졸림증, 졸음증, 주곤증(酒困症), 주맹증(晝盲症), 주증(主症), 주춘증(注春症), 주하증(注夏症), 중증(重症), 중독증(中毒症), 중풍증(中風症), 중한증(中寒症), 지랄증, 지방증(脂肪症), 지방종증(脂肪腫症), 지음증(止飮症), 지주지증(蜘蛛指症), 진균증(眞菌症), 진탕증(震盪症), 진폐증(塵肺症), 집증(執症), 착란증(錯亂症), 착어증(錯語症), 착음증(錯音症), 착통증(錯痛症), 창증(脹症), 채독증(菜毒症), 척추증(脊椎症), 천촉증(喘促症), 철침착증(鐵沈着症), 철폐증(鐵肺症), 첨증(添症), 체증(滯症), 체감증(體感症), 체이증(滯頤症), 촬구증(撮口症), 축농증(蓄膿症), 춘곤증(春困症), 출출증, 취비증(臭鼻症), 취한증(臭汗症), 치매증(癡呆症), 침울증(沈鬱症), 칸디다증(candida症), 클클증, 타석증(唾石症), 타홍증(唾紅症), 탄규폐증(炭硅肺症), 탄분증(炭粉症), 탄산증(呑酸症), 탄폐증(炭肺症), 탈모증(脫毛症), 탈수증(脫水症), 탈양증(脫陽症), 탈음증(脫陰症), 탈장증(脫腸症), 탈항증(脫肛症), 태아증(胎芽症), 토분증(吐糞症), 톡소포자충증(toxo胞子蟲症), 통증(痛症), 퉁퉁증[990], 특발증(特發症), 틱증(tic症), 패혈증(敗血症), 편식증(偏食症), 편집증(偏執症), 편충증(鞭蟲症), 폐진증(肺塵症), 폐포단백증(肺胞蛋白症), 폐포미석증(肺胞微石症), 폐흡충증(肺吸蟲症), 포로증(哺露症), 폭식증(暴食症), 표증(表症), 표리증(表裏症), 풍수증(風水症), 풍증(風症), 플로토늄증(plutonium症), 피해망상증(被害妄想症), 핍뇨증(乏尿症), 하위증(夏痿症), 함구증(緘口症), 함묵증(緘黙症), 합병증(合倂症), 합이증(合耳症), 합지증(合指症), 항강증(項强症), 항연증(項軟症), 해표지증(海豹肢症), 행지증(行遲症), 허증(虛症), 허겁증(虛怯症), 허기증(虛飢症), 허담증(虛談症), 허로증(虛勞症), 허리증, 헐떡증, 헛헛증, 현기증(眩氣症), 현수증(玄水症), 현훈증(眩暈症), 혈증(血症), 혈루증(血瘻症), 혈색소뇨증(血色素尿症), 혈전증(血栓症), 혈철증(血鐵症), 혈한증(血汗症), 혐오증(嫌惡症), 협두증(狹頭症), 협심증(狹心症), 협착증(狹窄症), 홍시증(紅視症), 홍피증(紅皮症), 화농증(化膿症), 화분증(花粉症), 화증(火症), 환각증(幻覺症), 환관증(宦官症), 황변증(黃變症), 황수증(黃水症), 황시증(黃視症), 황피증(黃皮症), 회증(蛔症), 회충증(蛔蟲症), 효증(哮症), 후발증(後發症), 후유증(後遺症), 후중증(後重症), 훈궐증(暈厥症), 흉수증(胸水症), 흑수증(黑水症), 흑폐증(黑肺症), 흑피증(黑皮症), 흡충증(吸蟲症) 들.

증(證) '증명이나 증명할 수 있는 근거. 깨닫다'를 뜻하는 말. ¶증거(證據)[991], 증과(證果), 증권(證券)[992], 증득(證得), 증례(證例;증거가 되는 예), 증립(證立;이유나 근거를 찾아 내세움), 증명(證明)[993], 증문(證文), 증본(證本), 증빙(證憑;신빙성 있는 근거로 삼

---

990) 퉁퉁증(症): ①일이 뜻대로 되지 않을 때에 갑갑히 여기며 골을 내는 증세. ¶그는 아내가 싫어서 날마다 퉁퉁증을 놓는다. ②분하고 원통한 생각을 속으로만 되씹고 겉으로는 나타내지 않는 증세.

991) 증거(證據): 어떤 사실을 증명할 수 있는 근거. 법원이 법률 적용의 대상이 되는 사실의 유무를 확정하는 재료. ¶확실한 증거를 찾아내다. 증거를 보전하다. 증거가치(價値;증거력), 증거결정(決定), 증거금(金), 증거금지(禁止), 증거능력(能力), 증거력(力), 증거물(物), 증거배제(排除), 증거법(法), 증거보전(保全), 증거서류(書類), 증거신청(申請), 증거원인(原因), 증거인(人)/증인(證人), 증거인멸/죄(湮滅/罪), 증거재판주의(裁判主義), 증거절차(節次), 증거조사(調査), 증거증권(證券), 증거품(品), 증거항변(證據); 물적증거(物的)/물증(物證), 인적증거(人的).

992) 증권(證券): 증거가 되는 문서나 서류. 재산상의 권리와 의무에 관한 사항을 기재한 서면. ¶증권가(街), 증권거래소(去來所), 증권경기(景氣), 증권계(界), 증권공채(公債), 증권금융(金融), 증권보험(保險), 증권분석/사(分析/士), 증권불(拂), 증권시장(市場), 증권업(業), 증권저축(貯蓄), 증권투자(投資), 증권파동(波動), 증권회사(會社); 공채증권(公債), 국채증권(國債), 금전증권(金錢), 기명증권(記名), 대용증권(代用), 무기명증권(無記名), 무인증권(無因), 보험증권(保險), 불/요인증권(不/要因), 사증권(私), 상업증권(商業), 선하증권(船荷), 선화증권(船貨), 설권증권(設權), 수익증권(受益), 신용증권(信用), 양곡증권(糧穀), 예증권(預), 위탁증권(委託), 유가증권(有價), 유인증권(有因), 유통증권(流通), 인도증권(引渡), 재정증권(財政), 적화증권(積貨), 제시증권(提示), 증거증권(證據), 지급증권(支給), 지시증권(指示;수표 · 어음 · 선화 증권 따위), 창고증권(倉庫), 채권증권(債權).

993) 증명(證明): 어떤 사실이나 결론이 참인지 아닌지를 밝히는 일. 어떤 명제의 진위를 근본 원리로부터 이끌어 내는 일. ¶증명서(書), 증명하다(밝히다); 내용증명(內容), 물적증명(物的), 부재증명(不在;알리바이), 유효증명(有效), 인감증명/서(印鑑/書).

음), 증사(證師), 증서(證書)[994], 증시(證市), 증시(證示), 증언(證言)[증언거부/권(拒否/權), 증언대(臺), 증언하다], 증오(證悟), 증인(證人)[증인대(臺), 증인석(席), 증인신문(訊問); 감정증인(鑑定), 재정증인(財政)], 증인(證引;증거를 듦), 증인(證印;증명을 위하여 찍는 도장), 증적(證迹), 증좌(證左), 증지(證紙), 증질(證質), 증참(證參), 증표(證票), 증필(證筆), 증험(證驗); 간증(干證), 갑호증(甲號證), 거증(擧證), 거주증(居住證), 검증(檢證), 검사증(檢査證), 검역증(檢疫證), 검인증(檢印證), 검정증(檢定證), 고증(考證), 공증(公證)[공증문서(文書), 공증인(人)], 공무원증(公務員證), 공용외출증(公用外出證), 공용증(公用證), 구증(口證), 군인증(軍人證), 권리증(權利證), 기장증(記章證), 납부증(納付證), 납세필증(納稅畢證), 납입증(納入證), 내증(內證), 논증(論證), 단문고증(單文孤證;불충분한 증거), 당원증(黨員證), 대증(對證), 도강증(渡江證), 도항증(渡航證), 등기증(登記證), 등기필증(登記畢證), 등록증(登錄證), 면허증(免許證), 명증(明證), 문증(文證), 물증(物證), 반증(反證;반대되는 근거를 들어 증명함), 반납증(返納證), 반출증(搬出證), 방증(傍證;증명에 도움을 주는 증거), 변증(辨證), 보증(保證), 보건증(保健證), 보관증(保管證), 보류증(保留證), 보험증(保險證), 본증(本證), 불출증(拂出證), 사증(査;비자), 사증(辭證), 상환증(償還證), 서증(書證), 선지증(船之證), 소속증(所屬證), 송증(送證), 수강증(受講證), 수령증(受領證), 수료증(修了證), 수취증(受取證), 시민증(市民證), 신증(信證), 신분증(身分證), 실증(實證), 심증(心證), 여행증(旅行證), 영수증(領收證), 예증(例證), 예수증(豫受證), 예약증(豫約證), 외출증(外出證), 요증(要證), 요원증(要員證), 운행증(運行證), 을호증(乙號證), 이수증(履修證), 인가증(認可證), 인증(人證), 인증(引證), 인증(認證), 인가증(認可證), 인수증(引受證), 인허가증(認許可證), 인환증(引換證), 입증(立證;어떤 증거를 내세워 증명함), 자격증(資格證)[교원자격증(敎員)], 자증(自證), 작증(作證), 적증(的證), 전학증(轉學證), 접수증(接受證), 제대증(除隊證), 졸업증(卒業證), 죄증(罪證), 주민등록증(住民登錄證), 중증(衆證), 직증(直證), 징증(徵證), 차용증(借用證), 참증(參證), 참가증(參加證), 출고증(出庫證), 출급증(出給證), 출납증(出納證), 출입증(出入證), 통행증(通行證), 특허증(特許證), 표증(表證), 필증(畢證), 학생증(學生證), 학위증(學位證), 합격증(合格證), 허가증(許可證), 허채증(許採證), 헌혈(獻血證), 현증(顯證), 혈통증(血統證), 확증(確證), 확인증(確認證), 회원증(會員證), 후증(後證), 휴가증(休暇證), 휴대증(携帶證), 흉증(凶證;음흉하고 험상궂은 성질이나 버릇) 들.

증(增) '붇다. 늘다 · 늘리다'를 뜻하는 말.↔감(減). ¶증가(增加)[증가되다/하다, 증가율(率), 증가함수(函數); 자연증가(自然)], 증가(增價), 증간/호(增刊/號), 증감(增減), 증감(增感), 증강(增强;더 늘려 강화함), 증개(增改), 증개축(增改築), 증결(增結), 증광시(增廣試), 증군(增軍), 증급(增給), 증대(增大)[증대호(號); 소득증대(所得)], 증량(增量), 증면(增面), 증모(增募), 증발(增發), 증배(增配), 증병(增兵), 증보(增補), 증봉(增俸), 증봉(增捧), 증비(增備), 증삭(增削), 증산(增刪), 증산(增産), 증상만(增上慢), 증설(增設), 증세(增稅), 증속(增速), 증손(增損), 증쇄(增刷), 증수(增水), 증수(增收↔減收)[자연증수(自然)], 증수(增修;더 늘려서 다듬거나 고침), 증식/로(增殖/爐), 증액(增額), 증운(增韻), 증원(增員), 증원(增援), 증음정(增音程), 증익(增益), 증자(增資)[무상증자(無償), 유상증자(有償)], 증장(增長), 증정(增訂), 증주(增株), 증주(增註;주석을 더 보탬), 증진(增進), 증징(增徵), 증차(增車), 증축(增築), 증치(增置), 증탄(增炭), 증투막(增透膜), 증파(增派), 증편(增便), 증폭(增幅)[증폭기(器), 증폭되다/하다, 증폭률(率), 증폭작용(作用), 증폭회로(回路)], 증폭제(增爆劑), 증호(增戶); 가증(加增), 격증(激增), 급증(急增), 누증(累增), 미증(微增), 배증(倍增), 점증(漸增), 첨증(添增), 체증(遞增), 할증(割增) 들.

증(贈) '드립니다'의 뜻으로 선물 겉봉에 쓰는 말. '주다. 선물. 벼슬을 내리다'를 뜻하는 말. ¶증관(贈官), 증답(贈答), 증뢰(贈賂), 증별(贈別), 증수회(贈收賄), 증시(贈詩), 증시(贈諡), 증여(贈與)[증여되다/하다, 증여세(稅), 증여재산(財産); 부담부증여(負擔附)], 증위(贈位), 증유(贈遺), 증정(贈呈;드림)[증정되다/하다, 증정본(本), 증정식(式)], 증회/죄(贈賄/罪); 기증(寄贈), 서증(書贈), 수증(受贈), 유증(遺贈), 이증(貽贈), 추증(追贈), 혜증(惠贈) 들.

증(蒸) '찌다. 김. 많다'를 뜻하는 말. ¶증기(蒸氣)[995], 증류(蒸溜)[996], 증민(蒸民;모든 백성), 증발(蒸發)[997], 증병(蒸餠), 증산/작용(蒸散/作用), 증서(蒸暑), 증습(蒸濕;찌는 듯이 무덥고 눅눅함), 증열(蒸熱), 증염(蒸炎;무더위), 증울(蒸鬱), 증증(蒸蒸;김 따위가 무럭무럭 피어오르는 모양)/하다, 증착(蒸着), 증편[998]; 사증(沙蒸;모래찜질), 수증기(水蒸氣), 염증(炎蒸), 한증(汗蒸)[한증막(幕), 한증탕(湯)], 황증(黃蒸), 훈증(熏蒸), 훈증(薰蒸) 들.

증(憎) '미워하다. 얄밉다'를 뜻하는 말. ¶증상맞다(憎狀;징그러울 만큼 보기에 언짢다)/스럽다, 증애(憎愛), 증오(憎惡)[증오감(感), 증오스럽다/하다, 증오심(心), 증오증(症)], 증원(憎怨), 증질(憎嫉), 증척(憎斥), 증타(憎唾), 증하다(보기에 징그럽다); 가증맞다/스럽다/하다(可憎), 애증(愛憎), 원증(怨憎), 질증(疾憎), 편증(偏憎) 들.

증(曾) ①'일찍이. 지금까지'를 뜻하는 말. ¶증왕(曾往;일찍이 지나간 때), 증전(曾前;曾往); 미증유(未曾有). ②친족 관계를 나타내

---

994) 증서(證書): 증거 문서. ¶증서대부(貸付), 증서소송(訴訟), 증서채권/자(債權/者); 거절증서(拒絶), 공정증서(公正), 공채증서(公債), 국제증서(國際), 매도증서(賣渡), 보험증서(保險), 사서증서(私署), 신탁증서(信託), 장학증서(奬學), 졸업증서(卒業), 차용증서(借用), 합격증서(合格), 항해증서(航海), 환증서(換).

995) 증기(蒸氣): 증기관(管), 증기관(罐), 증기기관/차(機關/車), 증기선(船), 증기소독(消毒), 증기압(壓), 증기터빈(turbine); 불/포화증기(不/飽和), 수증기(水).

996) 증류(蒸溜): 액체를 가열하여 생긴 기체를 냉각하여 다시 순수한 액체로 만드는 일. ¶증류기(器), 증류되다/하다, 증류범위(範圍), 증류수(水), 증류시험(試驗), 증류장치(裝置), 증류주(酒), 증류탑(塔); 감압증류(減壓), 분별증류(分別), 분해증류(分解), 상압증류(常壓), 진공증류(眞空).

997) 증발(蒸發): 어떤 물질이 액체 상태에서 기체 상태로 변함. 또는 그런 현상. 사람이나 물건이 갑자기 사라져 행방을 알지 못하게 됨. ¶증발건조(乾燥), 증발계(計), 증발곡선(曲線), 증발관(罐), 증발기(器), 증발냉각(冷却), 증발되다/하다, 증발량(量), 증발력(力), 증발산(蒸發散), 증발속도(速度), 증발안개, 증발암(巖), 증발연소(燃燒), 증발열(熱), 증발접시, 증발지(池).

998) 증편(蒸): 멥쌀가루를 소량의 막걸리를 섞은 뜨거운 물로 반죽하여 틀에 부풀어 일게 하여 찐 떡. ¶증편틀.

는 일부 명사 앞에 붙어 '거듭 · 나의 3대 아래나 위'를 뜻하는 말. ¶증대부(曾大父), 증손(曾孫)[증손녀(女), 증손부(婦), 증손서(壻), 증손자(子)], 증조(曾祖)[999]; 손증(孫曾;손자와 증손) 들.

증(甑) '시루'를 뜻하는 말. ¶증병(甑餠;시루떡), 증편; 세시증(歲時甑;설 떡을 찌는 시루. 같은 행사 때에 쓰려고 뭇사람이 동시에 찾는 물건).

증(拯) '건지다. 구조하다(救助)'를 뜻하는 말. ¶증구(拯救), 증미(拯米;물에서 건져 낸 젖은 쌀), 증제(拯濟) 들.

증(繒) 얇고 보드랍게 짠 무늬 없는 비단.

증판-하다 맺고 끊는 데 없이 느리고 게을러빠지다. ¶증판하게 앉아만 있다. 증하다(몹시 너저분하고 게으르다).

지[1] 관형사형 어미 '-ㄴ'으로 끝나는 동사 어미 아래에 쓰여, 어떤 동작이 있었던 때로부터 지금까지의 동안을 나타내는 말. ¶서울로 이사한 지 10년이 되었다. 그가 떠난 지 이미 오래다.

지[2] 일부 명사 뒤에 붙어 '김치'를 뜻하는 말.[(디히]. ¶짓국, 찌개[1000]; 단무지, 동아섞박지, 무지, 묵은지, 섞박지, 신지, 싱건지, 오그락지[1001], 오이지/외지, 익은지(익은 김치), 장아찌(醬)[1002], 젓국지[얼젓국지[1003]], 짠지[짠지무침, 짠짓국; 무짠지, 왜무짠지(倭;단무지), 장짠지(醬)[1004]].

지[3] 옛날 궁중에서, '요강'을 이르던 말. ¶분지(糞;똥오줌).

지[4] '때[구(垢)]'를 뜻하는 말. ¶귀지(귓구멍 속에 낀 때), 이부지(耳部;'귀지'의 궁중말), 탄지(담뱃대에 피우다가 덜 타고 남아 있는 담배)[←타(다)'+ㄴ+지]].

-지 ①용언이나 '이다'의 어간이나 '-았-. -겠-' 뒤에 쓰여, 이미 알고 있는 어떤 사실을 재확인시키거나 친근하게 물어보는 뜻을 나타내는 반말투의 종결 어미. 선어말어미 '-겠-' 앞에 붙어, '추정'의 뜻으로도 쓰임. ¶그는 이름난 효자지. 그러면, 그렇지. 지금 행복하지? 그게 무엇이지? 한 잔 더 시키지. 보면 알겠지. 나는 합격하겠지. -지-요/죠, -다(라)-지(요)/다(라)죠. ②용언의 어간에 붙어, 상반되는 사실을 대조하거나 부정 · 금지의 뜻을 나타내는 보조적 연결 어미. [+부정 보조용언]. ¶고래는 짐승이지 물고기가 아니다. 춥지 않다. 잠을 이루지 못하다. 너무 걱정하지 마세요. -지-가, -지-는/진, -지-도, -지-를/질.

999) 증조(曾祖): 증조고(考), 증조모(母), 증조부(父), 증조비(妣), 증조할머니, 증조할아버지.

1000) 찌개: 국물을 바특하게 잡아 고기나 채소, 두부 따위를 넣고 양념과 간을 맞추어 끓인 반찬.[←디히+개]. ¶김치찌개, 동태찌개, 된장찌개, 두부찌개, 부대찌개(部隊), 비지찌개, 생선찌개(生鮮), 시래기찌개, 섞어찌개, 알찌개, 알젓찌개, 하란찌개(蝦卵).

1001) 오그락지: 무말랭이를 깨끗이 씻어 고춧가루, 볶은 깨, 말린 고춧잎과 찹쌀을 풀에 섞어 버무린 반찬.

1002) 장아찌: 가지장아찌, 감자장아찌, 고드름장아찌(말이나 하는 짓이 싱거운 사람), 고춧잎장아찌, 굴장아찌, 더덕장아찌, 무장아찌, 아욱장아찌(싱거운 사람), 오이장아찌.

1003) 얼젓국지: 젓국을 조금 타서 국물을 적게 한 김치.

1004) 장짠지(醬): 데친 오이와 배추를 간장에 절이어 갖은양념을 넣고, 진간장을 부어 익힌 반찬.

지(地) ①'땅 · 장소. 처지(處地). 바탕'을 뜻하는 말. ¶지가(地價), 지가서(地家書), 지각(地角;땅의 한 모퉁이), 지각(地殼)[1005], 지경(地莖), 지경(地境)[1006], 지계(地界), 지계(地階), 지고(地高), 지곽(地廓;눈의 위아래의 시울), 지관(地官), 지관(地官), 지광/인희(地廣/人稀), 지광하다(地廣), 지괴(地塊;땅덩어리)[지괴산맥(山脈), 지괴산지(山地), 지괴운동(運動); 경동지괴(傾動地塊)], 지구(地久), 지구(地球)[1007], 지구(地區)[지구당(黨); 미관지구(美觀), 산림지구(山林)], 지구/대(地溝/帶), 지권(地券), 지금(地金), 지기(地氣), 지기(地祇), 지내력(地耐力), 지단(地段), 지대(地大), 지대(地代), 지대(地帶)[1008], 지대공(地對空), 지대지(地對地), 지덕(地德), 지도(地道), 지도(地圖)[1009], 지동(地動)[지동설(說), 지동의(儀)], 지력(地力), 지력(地歷), 지령(地靈), 지례(地禮), 지뢰(地雷), 지뢰(地籟), 지료(地料), 지룡(地龍), 지루(地壘), 지리(地理)[1010], 지맥(地脈), 지면(地面), 지명(地名), 지명(地鳴), 지모(地貌), 지목(地目), 지문(地文), 지물(地物), 지미(地味), 지반(地盤)[지반공사(工事), 지반운동(運動)], 지방(地方)[1011], 지번(地番), 지벌(地閥), 지변(地變)[천재지변(天災)], 지보(地步), 지부(地膚;댑싸리), 지사/학(地史/學), 지상(地上)[1012], 지상(地床), 지상(地相), 지상(地象), 지세(地貰), 지세(地稅), 지세(地勢), 지쇠(地衰), 지수(地水), 지술(地術), 지신(地神), 지실(地室), 지심(地心)[지심경도(經度), 지심위도(緯度), 지심지평(地平), 지심천정(天頂)], 지압(地壓), 지역(地役)[지역권(權)], 지역(地域)[1013], 지역청(地瀝青), 지연(地緣)[지연

1005) 지각(地殼): 지각변동(變動), 지각수축설(收縮說), 지각운동(運動), 지각평형설(平衡說).

1006) 지경(地境): ①땅의 경계나 일정한 테두리 안의 땅. ②어떤 처지나 형편 또는 경우. ¶죽을 지경이다.

1007) 지구(地球): 지구과학(科學), 지구광(光), 지구궤도(軌道), 지구물리학(物理學), 지구복사(輻射), 지구본, 지구열류(熱流), 지구운동(運動), 지구의(儀), 지구인력(引力), 지구자기(磁氣), 지구촌(村), 지구학(學), 지구화학(化學), 지구환경(環境).

1008) 지대(地帶): 계절풍지대(季節風), 고지대(高), 공업지대(工業), 몬순지대(monsoon), 무감지대(無感), 무풍지대(無風), 보건지대(保健), 비무장지대(非武裝), 비핵무장지대(非核武裝), 사각지대(死角), 사막지대(沙漠), 산림지대(山林), 안전지대(安全), 완충지대(緩衝), 우범지대(虞犯), 원시지대(原始), 유감지대(有感), 유전지대(油田), 저지대(低), 점이지대(漸移), 중립지대(中立), 초지대(草), 휴양지대(休養), 흑토지대(黑土).

1009) 지도(地圖): 지구 표면에 일부나 전부를 일정한 축척(縮尺)에 따라 평면 위에 나타낸 그림. ¶지도를 보고 목적지를 찾아가다. 지도기호(記號), 지도책(冊), 지도첩(帖); 고지도(古), 교통지도(交通), 군용지도(軍用), 만국지도(萬國), 모형지도(模型), 방안지도(方眼), 방언지도(方言), 백지도(白), 분할지도(分割), 세계지도(世界), 암사지도(暗射;백지도), 언어지도(言語), 여지도(輿地圖), 염색체지도(染色體), 유전자지도(遺傳子), 입체지도(立體), 작전지도(作戰), 전략지도(戰略), 중력지도(重力), 통계지도(統計), 평면지도(平面), 항공지도(航空), 항해지도(航海) 들.

1010) 지리(地理): 지리경도(經度), 지리관(觀), 지리구(區), 지리부도(附圖), 지리위도(緯度), 지리적(的), 지리지(誌), 지리학(學)[역사지리학(歷史), 자연지리학(自然)]; 인문지리(人文), 천문지리(天文), 풍수지리(風水).

1011) 지방(地方): 지방도(道), 지방분권(分權), 지방민(民), 지방분권(分權), 지방비(費), 지방색(色), 지방성(性), 지방세(稅), 지방시(時), 지방열(熱), 지방은행(銀行), 지방의회(議會), 지방적(的), 지방지(紙), 지방풍(風), 지방행정(行政), 지방형(型); 극지방(極), 남극지방(南極), 내륙지방(內陸), 북극지방(北極), 산간지방(山間), 열대지방(熱帶).

1012) 지상(地上): 지상관측(觀測), 지상군(軍), 지상권(權), 지상기지(基地), 지상마력(馬力), 지상식물(植物), 지상신선(神仙)/지상선(仙), 지상천국(天國), 지상표지(標識), 지상풍(風).

단체(團體), 지연사회(社會)], 지열(地熱)[지열발전(發電)], 지옥(地獄), 지온(地溫), 지요(地妖), 지운(地運), 지위(地位), 지유(地油), 지은(地銀), 지의(地衣)[지의대(帶), 지의류(類), 지의식물(植物)], 지이(地異), 지자기(地磁氣), 지잠(地蠶;굼벵이), 지장/수(地漿/水), 지장(地藏), 지저(地底;땅속), 지적(地積), 지적(地籍)[지적대장(臺帳), 지적도(圖)], 지전류(地電流), 지점(地點), 지정/다지다(地釘), 지정학(地政學), 지제(地祭), 지제(地堤), 지조(地租), 지종(地種)[1,2], 지주(地主)[대지주(大), 봉건지주(封建), 부재지주(不在), 자작지주(自作)], 지중(地中)[1014], 지지(地支), 지지(地誌), 지진(地震), 지진두(地盡頭), 지진제(地鎭祭), 지질도(地質)[1015], 지축(地軸)[천방지축(天方地軸)], 지취(地嘴;곶), 지층(地層), 지토선(地土船), 지판(地板), 지평(地平)[1016], 지표(地表), 지피(地被), 지하(地下)[1017], 지학(地學), 지함(地陷), 지핵(地核), 지향(地響), 지향사(地向斜), 지협(地峽;두 육지를 잇는 다리 모양의 잘록한 땅), 지형(地形)[1018], 지화(地火), 지황(地黃)[1019]; 가경지(可耕地), 가박지(假泊地), 각지(各地), 간석지(干潟地), 간척지(干拓地), 강점지(强占地), 개간지(開墾地)/개지(開地), 개발지(開發地), 개창지(開創地), 개창지(開敞地), 개척지(開拓地), 개최지(開催地), 개항지(開港地), 개활지(開豁地), 객지/살이(客地), 거류지(居留地), 거주지(居住地), 거지(居地), 건조지(乾燥地), 건축지(建築地), 검지(檢地), 격지/자(隔地/者), 격전지(激戰地), 견지(見地), 결계지(結界地), 겸임지(兼任地), 경사지(傾斜地), 경승지(景勝地), 경유지(經由地), 경작지(耕作地)/경지(耕地), 경지(境地), 고지(高地), 고지(故地), 고랭지(高冷地), 고적지(古蹟地), 공급지(供給地), 공동지(共同地), 공사지(工事地), 공업지(工業地), 공유지(公有地), 공유지(共有地), 공지(空地), 공한지(空閑地), 과습지(過濕地), 관개지(灌漑地), 관광지(觀光地), 관유지(官有地), 관할지(管轄地), 광독지(鑛毒地), 광산지(鑛産地), 교지(校地), 구릉지(丘陵地), 구지(舊地), 국지(局地), 국유지(國有地), 군용지(軍用地), 궁지(窮地), 궁벽지(窮僻地), 귀지(貴地), 귀양지(←歸鄕地), 극지(極地), 근지(近地), 근거지(根據地), 근무지(勤務地), 근원지(根源地), 금지(禁地), 금지(錦地), 급경사지(急傾斜地), 기지(己地;그루를 타는 땅), 기지(基地), 기간지(旣墾地), 기념지(記念地), 기류지(寄留地), 기준지(基準地), 기착지(寄着地), 기항지(寄航地), 기항지(寄港地), 길지(吉地), 나지(裸地), 낙지(落地), 낙지(樂地), 낙천지(樂天地), 난지(暖地), 납세지(納稅地), 내지(內地), 냉지(冷地), 노영지(露營地), 노지/재배(露地/栽培), 녹지(綠地)[녹지대(帶); 생산녹지(생산녹지(生産), 이용녹지(利用), 자연녹지(自然), 절대녹지(絕對)], 농지(農地), 농경지(農耕地), 농업지(農業地), 누지(陋地), 늪지, 다우지(多雨地), 단지(段地;층이 진 땅), 단지(團地), 단국지(單局地), 당지(當地), 대지(大地), 대지(垈地), 대지(貸地), 대지(臺地), 대상지(對象地), 대척지(對蹠地), 도지(賭地)[도지논, 도짓돈, 도지밭, 도짓소], 도래지(渡來地), 도서벽지(島嶼僻地), 도심지(都心地), 도읍지(都邑地), 도착지(到着地), 도회지(都會地), 동지(同地), 동지(動地), 등지(等地;그런 곳들), 등록지(登錄地), 막엄지지(莫嚴之地), 막지(漠地), 만지(滿地), 만지(蠻地), 망명지(亡命地), 매립지(埋立地), 매복지(埋伏地), 매장지(埋葬地), 매장지(埋藏地), 매축지(埋築地), 맹지(盲地), 면세지(免稅地), 면조지(免租地), 명산지(名産地), 명지(名地), 명승고적지(名勝古跡地), 명승지(名勝地), 모지(某地), 목지(牧地), 목적지(目的地), 목초지(牧草地), 목축지(牧畜地), 목표지(目標地), 묘지(墓地), 묘지(錨地), 무루지(無漏地), 무세지(無稅地), 무수확지(無收穫地), 무조지(無租地), 문지(門地), 미개간지(未開墾地), 미개척지(未開拓地), 미경지(未耕地), 민유지(民有地), 밀영지(密營地), 밀원지(蜜源地), 밀작지(密作地), 박지(薄地), 반입지(搬入地), 반출지(搬出地), 발굴지(發掘地), 발사지(發射地), 발상지(發祥地), 발생지(發生地), 발송지(發送地), 발신지(發信地), 발원지(發源地), 발착지(發着地), 발행지(發行地), 방목지(放牧地), 방사지(放飼地), 배지(培地), 배후지(背後地), 백사지(白沙地), 번지(番地), 범부지(凡夫地), 범죄지(犯罪地), 법운지(法雲地), 벽지(僻地), 변지(邊地), 병적지(兵籍地), 보양지(保養地), 복지(卜地), 복지(伏地), 복지(福地), 복국지(複局地), 본지(本地), 본거지(本據地), 본영지(本營地), 본적지(本籍地), 부지(敷地), 부임지(赴任地), 분지(分地), 분지(盆地)[1020],분양지(分讓地), 분여지(分與地), 불모지(不毛地), 비지(飛地), 비지(鄙地), 비옥지(肥沃地), 사력지(沙礫地), 사료지(飼料地), 사망지(死亡地), 사유지(私有地), 사육지(飼育地), 사적지(史蹟地), 사지(死地), 사지(沙地), 사지(私地), 사찰지(寺刹地), 삭지(削地), 삭지(朔地), 산지(山地), 산지(産地), 산출지(産出地), 삼림지(森林地), 상지(相地), 상륙지(上陸地), 상업지(商業地), 생지(生地), 생산지(生産地), 서식지(棲息地), 석지(石地), 선상지(扇狀地), 선착지(船着地), 설영지(設營地), 성지(聖地), 성림지(成林地), 성장지(成長地), 소지(沼地), 소지(素地;본디의 바탕), 소개지(疏開地), 소류지(沼溜地), 소비지(消費地), 소산지(所産地), 소유지(所有地), 소작지(小作地), 소재

1013) 지역(地域): 지역감정(感情), 지역개발(開發), 지역계획(計劃), 지역구(區), 지역단체(團體) 지역대표/제(代表/制), 지역방어(防禦), 지역사회(社會), 지역상(相), 지역적(的), 지역주의(主義), 지역투쟁(鬪爭); 건조지역(乾燥), 결절지역(結節), 난시청지역(難視聽), 내륙지역(內陸), 다우지역(多雨), 도서지역(島嶼), 무하지역(無河), 문화지역(文化), 방어지역(防禦), 방화지역(防火), 비/거주지역(非/居住), 상업지역(商業), 수출자유지역(輸出自由), 연안해저지역(沿岸海底地域), 용도지역(用途), 위수지역(衛戍), 유보지역(留保), 작전지역(作戰).

1014) 지중(地中): 지중식물(植物), 지중온도계(溫度計), 지중전(戰), 지중해(海).

1015) 지질(地質): 지질구조(構造), 지질단면(斷面), 지질도(圖), 지질시대(時代), 지질연대(年代), 지질영력(營力), 지질작용(作用), 지질조사(調査), 지질주상도(柱狀圖), 지질학(學).

1016) 지평(地平): 지평거리(距離), 지평면(面), 지평부각(俯角), 지평선(線), 지평시차(時差), 지평좌표(座標); 지심지평(地心).

1017) 지하(地下): 지하가(街), 지하결실(結實), 지하경(莖), 지하경제(經濟), 지하공작(工作), 지하관개(灌漑), 지하권(權), 지하근(根), 지하당원(黨員), 지하도(道), 지하상가(商街), 지하선(線), 지하수(水), 지하식물(植物), 지하신문(新聞), 지하실(室), 지하운동(運動), 지하자원(資源), 지하정부(政府), 지하조직(組織), 지하철도(鐵道)/지하철(鐵), 지하층(層), 지하투쟁(鬪爭), 지하폭발(爆發), 지하호(湖); 반지하(半).

1018) 지형(地形): 지형도(圖), 지형모형(模型), 지형윤회(輪廻), 지형측량(測量), 지형학(學); 건조지형(乾燥), 빙하지형(氷河), 주빙하지형(主氷河), 층애지형(層崖), 해안지형(海岸), 해저지형(海底), 화산지형(火山).

1019) 지황(地黃): 현삼과의 여러해살이풀. 지황의 뿌리. ¶건지황(乾), 생지황(生), 숙지황(熟).

1020) 분지(盆地;함지땅): 분지무(舞), 분지호(湖); 개석분지(開析), 건조분지(乾燥), 곡강분지(曲降;산간분지), 구조분지(構造), 급침강분지(急沈降), 내륙분지(內陸), 단층분지(斷層), 대상분지(帶狀), 매적분지(埋積), 산간분지(山間), 설상분지(舌狀), 용식분지(溶蝕), 지구분지(地溝), 찬정분지(鑽井), 침식분지(浸蝕), 퇴적분지(堆積), 해안분지(海岸).

지(所在地), 소택지(沼澤地), 소풍지(逍風地), 속지(屬地), 수렵지(狩獵地), 수반지(首班地), 수요지(需要地), 수원지(水源地), 수입지(輸入地), 수조지(收租地), 숙영지(宿營地), 순상지(楯狀地), 순회지(巡廻地), 습지(濕地), 승지(勝地), 승역지(承役地), 시가지(市街地), 시유지(市有地), 식민지(植民地), 식상지(植桑地), 신간지(新墾地), 신개간지(新開墾地), 신개지(新開地), 실지(失地), 실지/로(實地), 실습지(實習地), 심지(心地;마음의 본바탕), 악지(惡地), 안지(安地), 안주지(安住地), 암지(巖地), 야영지(野營地), 양지(陽地), 양지(量地), 어용지(御用地), 여지(餘地), 여지(輿地), 여행지(旅行地), 역지사지(易地思之), 연고지(緣故地), 연해지(沿海地), 영지(領地), 영지(靈地), 영업지(營業地), 예상지(豫想地), 예정지(豫定地), 오지(奧地), 온상지(溫床地), 온천지(溫泉地), 와지(窪地;웅덩이진 땅), 완사지(緩斜地), 외지(外地), 요지(要地), 요람지(搖籃地), 요새지(要塞地), 요양지(療養地), 요역지(要役地), 요충지(要衝地), 요함지(凹陷地), 요해지(要害地), 용지(用地), 웅거지(雄據地), 원지(遠地), 원격지(遠隔地), 원산지(原産地), 원생지(原生地), 원악지(遠惡地), 원적지(原籍地), 원주지(原住地), 원천지(源泉地), 위수지(衛戍地), 위요지(圍繞地), 위지(危地), 유루지(有漏地), 유배지(流配地), 유세지(有稅地), 유원지(遊園地), 유적지(遺跡地), 유조지(留潮地), 유행지(流行地), 유형지(流刑地), 유휴지(遊休地), 유흥지(遊興地), 육지(陸地), 육성지(育成地), 은거지(隱居地), 은대지(恩貸地), 은폐지(隱蔽地), 음지(陰地), 이민지(移民地), 이상지(理想地), 이생지(泥生地), 이재지(罹災地), 이주지(移住地), 이탄지(泥炭地), 이행지(履行地), 일등지(一等地), 임지(任地), 임지(林地), 임지(臨地), 임대지(賃貸地), 임차지(賃借地), 입식지(入植地), 입지(立地)[입지조건(條件)], 입항지(入港地), 입회지(入會地), 자류지(自留地), 자생지(自生地), 작전지(作戰地), 잔지(殘地), 잡거지(雜居地), 잡종지(雜種地), 장지(葬地), 재배지(栽培地), 재지(災地), 재해지(災害地), 저당지(抵當地), 적지(赤地), 적지(適地), 적지(敵地), 전지(田地), 전지(戰地), 전지(轉地), 전작지(田作地), 전적지(戰跡地), 전적지(轉籍地), 절개지(切開地), 절승지(絕勝地), 점령지(占領地), 접지(接地), 정지(淨地), 정지(情地), 정지(整地), 정리지(整理地), 정박지(碇泊地), 정주지(定住地), 제내지(堤內地), 제외지(堤外地), 조가지(造家地), 조계지(租界地), 조난지(遭難地), 조대지(租貸地), 조림지(造林地), 조차지(租借地), 졸지/에(猝地), 종착지(終着地), 좌지(坐/座地), 주거지(住居地), 주둔지(駐屯地), 주소지(住所地), 주요지(主要地), 주재지(駐在地), 주택지(住宅地), 중지(重地), 중립지(中立地), 중심지(中心地), 중앙지(中央地), 중요지(重要地), 지급지(支給地), 지정지(指定地), 직영지(直營地), 직할지(直轄地), 진지(陣地), 진원지(震源地), 진황지(陳荒地), 집결지(集結地), 집산지(集散地), 집합지(集合地), 차지(借地), 착륙지(着陸地), 착지(着地), 채초지(採草地), 책원지(策源地), 처지(處地), 처녀지(處女地), 척지(尺地), 척지(拓地), 척박지(瘠薄地), 천지(天地), 체비지(替費地), 체재지(滯在地), 초생지(草生地), 초임지(初任地), 초지(草地), 촌지(寸地;尺土), 최상지(最上地), 축지/법(縮地/法), 출발지(出發地), 출생지(出生地), 출장지(出張地), 출항지(出港地), 충적지(沖積地), 취득지(取得地), 취적지(就籍地), 측지(測地), 칠림지(漆林地), 침수지(浸水地), 타지(他地), 탁상지(卓上地), 탁지(度地;토지를 측량함), 탄강지(誕降地), 탄생지(誕生地), 탄환지지(彈丸之地), 탈환지(奪還地), 태생지(胎生地), 택지(宅地), 택지(擇地), 토지(土地), 통치지(統治地), 통행지(通行地), 투탁지(投託地), 파견지(派遣地), 평지(平地), 평탄지(平坦地), 폐지(廢地), 표준지(標準地), 피난지(避難地), 피란지(避亂地), 피서지(避暑地), 피재지(被災地), 피침지(避侵地), 피한지(避寒地), 피해지(被害地), 필지(筆地), 하선지(下船地), 학지(學地), 한지(限地), 한지(寒地), 한극지(寒極地), 한정지(閒靜地), 함지(陷地), 해지(該地;바로 그 곳), 행선지(行先地), 행위지(行爲地), 허장지(許葬地), 헐박지(歇泊地), 험지(險地), 현지(玄地), 현지(現地), 현주지(現住地), 호지(胡地), 호분지(胡粉地), 홍함지(洪涵地), 화장지(火葬地), 환지(換地), 환원지(還元地), 황지(荒地), 황무지(荒蕪地), 황폐지(荒廢地), 획지(劃地), 후배지(後背地), 후보지(候補地), 후송지(後送地), 휴간지(休墾地), 휴경지(休耕地), 휴양지(休養地), 휴한지(休閑地). ②'그 옷의 감이나 천'을 뜻하는 말. ¶지의(地衣;헝겊으로 만든 돗자리); 낙타지(駱駝地), 무지/옷(無地;무늬가 없는 옷), 방수지(防水地), 붕대지(繃帶), 양복지(洋服地)/복지(服地), 외투지(外套地), 천막지(天幕地) 들.

지(紙) '종이, 신문(新聞)'을 뜻하는 말. ¶지가(紙價), 지갑(紙匣)[가죽지갑, 돈지갑, 손지갑], 지노(종이로 꼰 노끈), 지독(종이를 삶아 짓찧어서 만든 독), 지등(紙燈), 지등롱(紙燈籠), 지딱총(銃), 지령(紙齡), 지롱(紙籠), 지료(紙料), 지류(紙類), 지매[1021], 지면(紙面), 지묵(紙墨), 지물(紙物), 지방(紙榜), 지배(紙背), 지벽(紙壁), 지본(紙本), 지상(紙上), 지상자(紙箱子), 지소(紙所), 지속(紙屬), 지수(紙數), 지승(紙繩), 지업(紙業), 지연(紙鳶), 지우산(紙雨傘), 지의(紙衣), 지장(紙匠), 지장(紙帳), 지장(紙欌), 지전(紙錢), 지전(紙廛), 지제(紙製), 지질(紙質), 지창(紙窓), 지초(紙草), 지총(紙銃;딱총), 지통(紙筩), 지편(紙片), 지폐(紙幣), 지폭(紙幅), 지표(紙票), 지필(紙筆), 지필묵(紙筆墨), 지함(紙函), 지현판(紙懸板), 지형(紙型), 지화(紙花); 가공지(加工紙), 가스라이트지(gaslight紙), 각장지(角壯紙), 간지(間紙), 간지(簡紙), 간장지(簡壯紙), 간주지(簡周紙), 갈모지, 갈포지(葛布紙), 감광지(感光紙), 감압지(減壓紙), 감열지(感熱紙), 강황지(薑黃紙), 개지(改紙;새 종이에 다시 쓰거나 그림), 갤리지(galley紙), 갱지(更紙), 건조지(乾燥紙), 겉지, 격지(隔紙), 견지(繭紙), 견양지(見樣紙), 견출지(見出紙), 경대지(經戴紙), 경면지(鏡面紙), 경판지(硬板紙), 계란지(鷄卵紙), 고사지(굽도리를 바르는 종이), 고정지(藁精紙), 고혼지(孤魂紙), 공지(空紙), 공명지(空名紙), 공물지(貢物紙), 공사지(公事紙), 관고지(官誥紙), 관교지(官敎紙), 광고지(廣告紙), 광동지(廣東紙), 광택지(光澤紙), 괘지(罫紙;인찰지), 괘선지(罫線紙), 교료지(校了紙), 교정지(校正紙), 국지[1022]/굽지, 굽도리지(방 안 벽의 아랫도리에 바르는 종이), 궁전지(宮箋紙), 권선지(勸善紙), 권위지(權威紙), 권취지(卷取紙;두루마리), 귀지(貴紙), 규격지(規格紙), 금지(金紙), 금박지(金箔紙), 금전지(金箋紙)[1023], 기관지(機關紙), 기별지(奇別紙), 깜지, 나사지, 낙복지(落幅紙), 납지(蠟紙),

---

1021) 지매(紙): 흰 종이를 길게 접어서 묶어 동이는 끈.

1022) 국지: 도련을 쳐 낸 부스러기 종이. 제지(蹄紙). 도련(刀鍊; 종이의 가장자리를 가지런하게 베는 일). ¶국지오리.

1023) 금전지(金箋紙): 보자기의 네 귀나 끈에 다는, 금종이로 만든 장식품. 방승(方勝).

ㅈ

납지(鑞紙;은종이), 납전지(箋紙), 내수지(耐水紙), 내화지(耐火紙), 녹지(錄紙), 녹말지(綠末紙), 농선지(籠扇紙), 눈썹지, 능화지(菱花紙), 단백지(蛋白紙), 단장지(丹粧紙), 답안지(答案紙), 당지(唐紙), 대지(帶紙), 대지(臺紙), 대각지(大角紙), 대교지(對校紙), 대변지(代辯紙), 대호지(大好紙), 도광지(塗壙紙), 도듬지, 도련지(刀鍊紙), 도련지(搗鍊紙), 도면지(圖面紙), 도배지(塗褙紙), 도화지(圖畵紙), 독피지(犢皮紙), 동당지(東堂紙), 동박지(銅箔紙), 동유지(桐油紙), 뒤지(밑씻개로 쓰는 종이), 등사지(謄寫紙), 등지(등종이;책등에 붙이는 종이), 등지(藤紙), 딱지[1024], 떠껑지[1025], 띠지, 라이스지(rice紙), 로프지(rope紙), 마닐라지(Manila紙), 마분지(馬糞紙), 마연지(磨研紙), 마지(麻紙), 말지, 매홍지(梅紅紙), 맥고지(麥藁紙), 맥광지(麥光紙), 메모지(memo紙), 먹지[墨], 면지(面紙), 명함지(名銜紙), 모면지(毛綿紙), 모조지(模造紙), 모토지(毛土紙), 목면지(木棉紙), 목문지(木紋紙), 목탄지(木炭紙), 무가지(無價紙), 묵지(墨紙), 문제지(問題紙), 문풍지(門風紙)/풍지(風紙), 미지(←蜜紙), 미농지(美濃紙), 바리타지(baryta紙), 박지(薄紙), 박리지(剝離紙), 박엽지(博葉紙), 반고지(半古紙), 반지(半紙), 반고지(反古紙), 반사지(礬沙紙), 반수지(礬水紙), 반자지(반자를 바르는 종이), 반점지(斑點紙), 발광지(發光紙), 방수지(防水紙), 방습지(防濕紙), 방안지(方案紙), 방안지(方眼紙), 백로지(白露紙), 백면지(白面紙), 백면지(白綿紙), 백상지(白上紙), 백송지(白松紙), 백양지(白羊紙), 백지(白紙), 벨루어지(velour紙), 벽지(壁紙), 별지(別紙), 별완지(別浣紙), 복도지(複圖紙), 복사지(複寫紙), 본지(本紙), 본드지(bond紙), 봉지(封紙), 부지(付紙), 부지(浮紙), 부전지(附箋紙;서류에 덧붙이는 메모지), 북덕지[1026], 분리지(分離紙), 분백지(粉白紙), 분주지(粉周紙), 비지(扉紙), 빔지, 사고지(四古紙), 사괴지(四塊紙), 사절지(四折紙), 사지(砂紙), 삭서지(朔書紙), 산지(山紙), 산란지(産卵紙), 산성지(酸性紙), 삼각지(三角紙), 삼첩지(三疊紙), 삽지(揷紙), 상지(常紙), 상업지(商業紙), 상질지(上質紙), 상화지(霜花紙), 색지(色紙), 색상지(色相紙), 생지(生紙), 생록지(生漉紙), 서간지(書簡紙), 서양지(西洋紙), 서한지(書翰紙), 석간지(夕刊紙), 선지(宣紙), 선지(扇紙), 선지(縇紙), 선익지(蟬翼紙), 선자지(扇子紙), 선화지(仙花紙), 설문지(設問紙), 설화지(雪花紙), 섬도지(閃刀紙), 세화지(細畵紙), 셀로판지(cellophane紙), 소지(燒紙), 소별지(小別紙), 소식지(消息紙), 소호지(小好紙), 속지, 쇄지(刷紙), 습지(濕紙), 습자지(習字紙), 시지(試紙), 시전지(詩箋紙), 시축지(詩軸紙), 시험지(試驗紙), 식지(食紙;밥과 음식을 덮는 종이), 신문지(新聞紙), 아마인유지(亞麻仁油紙), 아스팔트지(asphalt紙), 아트지(art紙), 안지(案紙), 안피지(雁皮紙), 압지(押/壓紙), 약지(藥紙), 약복지(藥袱紙)/복지(袱紙), 약선지(藥線紙), 양지(洋紙), 양피지(羊皮紙), 어용지(御用紙), 엄지(어음을 쓴 종이), 엄지(掩紙), 업계지(業界紙), 에나멜지(enamel紙), 여지(濾紙), 여과지(濾過紙), 연지(撚紙), 연당지(鉛糖紙), 연마지(研磨紙), 예비지(豫備紙), 예장지(禮狀紙), 오선지(五線紙), 와트만지(whatman紙), 완교지(完校紙), 완산지(完山紙), 외지(外紙), 용지(用紙)[인쇄용지(印刷), 투표용지(投票)], 용봉시전지(龍鳳詩箋紙), 운모지(雲母紙), 원지(原紙), 원고지(原稿紙), 원도지(原圖紙), 윗길지, 유지(油紙), 유광지(油光紙), 유둔지(油芚紙), 유산지(硫酸紙), 유삼지(油衫紙), 은지(銀紙), 은박지(銀箔紙), 의금지(擬金紙), 의장지(意匠紙), 의혁지(擬革紙), 이면지(裏面紙), 이첩지(二疊紙), 인지(印紙), 인디언지(Indian紙), 인찰지(印札紙), 인화지(印畵紙), 일간지(日刊紙), 자매지(姉妹紙), 자문지(咨文紙), 잠란지(蠶卵紙), 잡지(雜紙), 장권지(長卷紙), 장식지(裝飾紙), 장지(壯紙), 장판지(壯版紙), 재배지(再褙紙), 재생지(再生紙), 저명지(著名紙), 저상지(楮常紙), 저주지(楮注紙), 전지(全紙), 전국지(全國紙), 전단지(傳單), 전보지(電報紙), 전분지(澱粉紙), 전사지(轉寫紙), 절지(截紙), 절연지(絕緣紙), 접지(摺紙), 정간지(井間紙), 정론지(政論紙), 정시지(正試紙), 제지(製紙), 제지(蹄紙;국지), 제도지(製圖紙), 조간지(朝刊紙), 조명지(照明紙), 조선지(朝鮮紙), 좌면지(座面紙), 주간지(週刊紙), 주지(周紙;두루마리), 주지(注紙;왕명을 받아쓰는 종이), 주트지(jute紙), 죽지(竹紙), 준지(準紙), 죽엽지(竹葉紙), 죽청지(竹青紙), 중량지(重量紙), 중성지(中性紙), 중앙지(中央紙), 중질지(中質紙), 증지(證紙), 지방지(地方紙), 지형지(紙型紙), 질문지(質問紙), 징심당지(澄心堂紙), 쪽지, 찌지, 착지(錯紙), 창호지(窓戶紙), 채색지(彩色紙), 채전지(彩牋紙), 척지(尺紙), 천련지(川連紙), 천장지(天障紙), 첨지(籤紙), 초지(抄紙), 초지(草紙), 초고지(草稿紙), 초교지(初校紙), 초도지(初塗紙), 초배지(初褙紙), 촌지(寸紙;짧은 편지), 총명지(聰明紙), 축문지(祝文紙), 취소지(臭素紙), 측리지(側理紙), 칠지(漆紙), 켄트지(Kent紙), 코지, 코트지(coat紙), 코튼지(cotton紙), 콘덴서지(condenser紙), 크라프트지(kraft紙), 타지(他紙;다른 신문), 타자지(打字紙), 탄산지(炭酸紙), 탄소지(炭素紙), 태지(苔紙), 태지(胎紙), 태간지(苔簡紙), 투명지(透明紙), 투사지(透寫紙), 투표지(投票紙), 파지(破紙), 파고지(破古紙), 파라핀지(paraffin紙), 판지(板紙)[골판지], 판권지(板權紙), 패지(敗紙), 펠트지(felt紙), 편지/지(便紙/紙), 폐지(廢紙), 포과지(包裹紙), 포수지(泡水紙), 포장지(包裝紙)/포지(包紙), 표본지(標本紙), 표적지(標的紙), 표지(表紙), 표지(標紙), 피지(皮紙), 필반자지(匹-紙;필로 된 반자지), 필지(筆紙), 하도롱지(hatoron紙), 학습지(學習紙), 한지(韓紙), 한지(漢紙), 한천지(寒天紙), 합성지(合成紙), 항용지(恒用紙), 향수지(香水紙), 현상지(現像紙), 현자지(現字紙), 현파지(現派紙), 협지(夾紙;편지 속에 따로 적어 넣는 쪽지), 형지(型紙;본을 떠서 만든 종이), 호적지(戶籍紙), 혼서지(婚書紙), 화문지(花紋紙), 화선지(畵宣紙), 화섬지(化纖紙), 화약지(火藥紙), 화장지(化粧紙), 화전지(花箋紙), 화지(火紙), 화지(畵紙), 확률지(確率紙), 환지(환을 그리는 데 쓰는 종이), 환지(還紙;재생한 종이), 환혼지(還魂紙), 황지(黃紙), 황마지(黃麻紙), 황산지(黃酸紙), 황염지(黃染紙), 후지(厚紙), 휴지(休紙), 흡묵지(吸墨紙), 흡수지(吸水紙) 들.

지(至) '다다르다 · 이르다. 지극히. 절기(節氣). 까지(↔自)'를 뜻하는 말. ¶지강(至剛), 지건(至健), 지격(至隔), 지결(至潔), 지고(至高), 지공(至恭), 지공무사(至公無私), 지교(至交), 지궁하다(至窮), 지귀(至貴), 지극하다(至極), 지근(至近), 지금(至今), 지급(至急)

1024) 딱지: ①무엇의 표로 쓰이는 종이. ¶딱지를 치다. 딱지놀이, 딱지본(本), 딱지종이, 딱지치기/하다; 놀이딱지, 우표딱지. ②좋지 아니한 평가나 인정. 도시 재개발 지역의 현지인에게 주는 아파트 입주권. ¶딱지가 붙다. 빨간딱지를 떼다.

1025) 떠껑지: 한지(韓紙) 백 권을 한 덩이로 하여, 그 덩이를 싸는 두꺼운 종이.

1026) 북덕지: 몹시 구겨지고 부푸러기가 일어난 종이.

[지급전보(電報)], 지난하다(至難), 지당하다(至當), 지대하다(至大), 지덕(至德), 지독하다(至毒), 지둔(至鈍), 지락(至樂), 지랭(至冷), 지론(至論;지극히 당연한 언론), 지리(支離), 지묘(至妙), 지문(至文), 지미(至美), 지미(至微), 지밀(至密)[1027], 지보(至寶), 지빈(至貧), 지사불굴(至死不屈), 지사위한(至死爲限), 지상(至上;最上)[지상명령(命令), 지상신(神), 지상자(者)], 지상(至想), 지선(至善), 지성(至性), 지성(至聖), 지성/껏/스럽다(至誠), 지세하다(至細), 지소하다(至小), 지순/지결(至純/至潔;지극히 순결함), 지순(至順;지극히 순함), 지신하다(至神;지극히 신통하다), 지신심(至信心), 지심(至心;더없이 성실한 마음), 지심(至深), 지악/스럽다/하다(至惡), 지애(至愛), 지언(至言), 지엄(至嚴), 지열(至熱), 지요(至要), 지우(至愚), 지우금(至于今), 지원(至冤), 지원(至願), 지월(至月;동짓달), 지은(至恩), 지이하다(至而), 지인(至人;지극히 덕이 높은 사람)[지인달사(達士)], 지인하다(至仁), 지일(至日), 지자하다(至慈), 지절(至切), 지점(至點), 지정(至正), 지정(至情), 지정(至精), 지존(至尊), 지종(至終), 지중(至重;더없이 귀중함), 지천(至賤;더없이 천함. 하도 흔해서 귀할 것이 없음), 지충(至忠), 지치(至治), 지친(至親;더없이 친함), 지통(至痛), 지한(至恨), 지행(至行), 지행(至幸), 지헐(至歇;물건 값이 지극히 쌈), 지현(至賢), 지효(至孝), 지후(至厚), 지흉(至凶); 남지(南至), 내지(乃至)[1028], 답지(遝至;한군데로 몰려듦), 동지(冬至), 북지(北至), 이지(二至;하지와 동지), 정지(正至), 종지(踵至), 필지(必至), 하지(夏至) 들.

지(知) '알다. 깨닫다. 알리다. 사귀다. 지방 장관'을 뜻하는 말. ¶지각(知覺)[1029], 지객(知客), 지견(知見), 지구(知舊), 지기(知己), 지기(知機), 지능(知能)[1030], 지덕(知德), 지득(知得), 지력(知力), 지료(知了), 지면(知面), 지명/도(知名/度), 지명(知命;천명을 앎. 50세), 지모(知母), 지분(知分), 지사(知事;도지사), 지성(知性)[1031], 지식(知識)[1032], 지실(知悉;죄다 아는 것), 지심(知心), 지언(知言), 지우(知友), 지우(知遇), 지위(知委;말이나 글로 명령을 내려서 알림), 지은(知恩), 지음(知音;음악의 곡조를 잘 앎. 마음이 서로 통하는 친한 벗), 지이부지(知而不知), 지인(知人), 지자(知者), 지적(知的)[지적소유권(所有權), 지적재산권(財産權), 지적직관(直觀), 지적판단(判斷)], 지정(知情), 지조(知照), 지족(知足;분수를 지켜 족한 줄을 앎), 지죄(知罪), 지지(知止), 지행(知行), 지행합일(知行合一), 지혜(知慧), 지효(知曉); 가지(可知), 각지(覺知), 감지(感知), 검지(檢知), 고지(告知), 곤지(困知), 공지(公知), 공지(共知), 관지(關知), 기지(旣知), 동지(同知;직함이 없는 노인의 존칭), 명지(明知), 무지(無知), 문지(聞知), 미지(未知), 보지(報知), 부지(不知)[부지체면(體面), 부지하락(下落), 부지하세월(何歲月); 철부지], 사지(事知), 삼지(三知;生知, 學知, 困知), 상지(相知), 생지(生知), 생면부지(生面不知), 선지(先知), 수지(須知), 숙지(熟知), 악지악각(惡知惡覺), 양지(良知), 양지하다(諒知), 예지(豫知), 요지(了知), 욕지(辱知), 인지(認知), 적지(的知), 전지(全知), 주지(主知), 주지(周知;두루 앎), 진지(眞知), 찰지하다(察知), 추지(推知), 치지(致知)[격물치지(格物)], 친지(親知), 탐지(探知), 통지(通知), 필지(必知), 학지(學知), 확지(確知) 들.

지(指) '가리키다. 손가락'을 뜻하는 말. ¶지골(指骨), 지과(指窠), 지남(指南;남쪽을 가리킴)[지남차(車), 지남철(鐵), 지남침(針)], 지도(指導)[1033], 지동지서(指東指西), 지두(指頭;손가락의 끝)[지두문(紋), 지두서(書), 지두화(畵)], 지령(指令), 지로(指路)[지로꾼, 지로승(僧)], 지록위마(指鹿爲馬), 지명(指名)[1034], 지명(指命), 지목(指目), 지문(指紋)[지문법(法), 지문학(學)], 지사(指使), 지사(指事), 지소(指笑), 지수(指數), 지시(指示)[1035], 지압(指壓)[지압법(法), 지압요법(療法)], 지요(指要), 지장(指章), 지적(指摘), 지절(指切), 지점(指點;손가락으로 가리켜 보임), 지정(指定;가리켜 정함), 지정사(指定詞), 지조(指爪;손톱), 지주(指嗾;달래고 꾀어서 부림), 지진(指診), 지징무처(指徵無處), 지척(指斥), 지첨(指尖;손끝), 지칙(指飭), 지침(指針;생활이나 행동의 방법·방향 따위를 가리키는 길잡이)[지침서(書), 행동지침(行動)], 지칭(指稱;가리켜 일컬음), 지탄(指彈;잘못을 꼬집어 나무람. 지목하여 비방함), 지표(指標;사물의 가늠이 되는 표지)[지표식물(植物), 지표이론(理論), 지표종(種)], 지향(指向)[지향성(性), 지향없다/있다], 지호(指呼), 지호지간(指呼之間), 지화법(指話法), 지환(指環)[금지환(金), 옥지환(玉), 은지환(銀)], 지휘(指揮)[1036]; 각지(角指;깍지), 거지

1027) 지밀(至密): ①지극히 비밀스럽다는 뜻에서, 임금이 항시 거처하는 처소. ②각 궁방(宮房)의 침실. 지밀나인(궁중 지밀에서 임금과 왕비를 모시던 궁녀), 지밀하다(아주 은밀하거나 비밀스럽다); 안지밀(↔밭지밀).

1028) 내지(乃至): 수량을 나타내는 말 사이에 쓰이어 '얼마에서 얼마까지'의 뜻을 나타내는 말. ¶그 일은 하루 내지 이틀이면 끝난다.

1029) 지각(知覺): 감각 기관을 통하여 외부의 사물을 인식하는 작용. 또는 그 작용에 의해서 머릿속에 떠오른 것. 사물의 이치를 분별하는 능력. ¶지각이 들다. 지각이 나자 망령. 지각계(計), 지각력(力), 지각마비(痲痹), 지각망나니(나이가 들어도 철이 덜난 사람), 지각머리, 지각머리없다, 지각신경(神經), 지각없다, 지각이상(異常), 지각표상(表象); 공간지각(空間), 몰지각(沒), 무지각(無), 시간지각(時間).

1030) 지능(知能): 지식을 쌓거나 사물을 바르게 판단하거나 하는 지적인 능력. ¶지능이 높다. 지능이 발달하다. 지능검사(檢査), 지능권(權), 지능범(犯), 지능연령(年齡), 지능적(的), 지능지수(指數), 지능화/되다/하다(化); 인공지능(人工).

1031) 지성(知性): 사물을 알고 생각하고 판단하는 능력. 모든 지적 작용에 대한 능력. ¶지성문학(文學), 지성인(人), 지성적(的); 반지성(反).

1032) 지식(知識): 어떤 대상에 대하여 배우거나 실천을 통하여 알게 된 명확한 인식이나 이해. 알고 있는 내용이나 사물. ¶지식을 쌓다. 예비 지식을 갖추다. 지식계급(階級), 지식분자(分子), 지식산업(産業), 지식수준(水準), 지식욕(慾), 지식인(人), 지식철학(哲學), 지식층(層), 지식학(學); 기초지식(基礎), 배경지식(背景), 사전지식(事前), 산지식(실제 생활에서 활용할 수 있는 지식), 선지식(善), 신지식(新), 악지식(惡), 예비지식(豫備), 전문지식(專門), 죽은지식.

1033) 지도(指導): 어떤 목적이나 방향으로 남을 가르쳐 이끎. ¶지도를 받다. 지도가 어렵다. 지도교사(教師), 지도권(權), 지도급(級), 지도력(力), 지도부(部), 지도승(勝), 지도안(案), 지도원(員), 지도자/적(者/的), 지도적(的), 지도층(層), 지도하다; 개별지도(個別), 갱생지도(更生), 교외지도(校外), 교통지도(交通), 기술지도(技術), 복약지도(服藥), 생활지도(生活), 인성지도(人性), 직업지도(職業), 진로지도(進路), 집단지도(集團), 학습지도(學習), 행정지도(行政), 현장지도(現場).

1034) 지명(指名): 이름을 꼭 따서 가리킴. ¶후계자를 지명하다. 지명경쟁계약(競爭契約), 지명수배(手配), 지명입찰(入札), 지명전(戰), 지명채권(指名), 지명타자(打者), 지명투표(投票).

1035) 지시(指示): 가리켜 보임. 일러서 시킴. 또는 그 내용. ¶지시가격(價格), 지시계기(計器), 지시관형사(冠形詞), 지시기(器), 지시대명사(代名詞), 지시되다/하다, 지시마력(馬力), 지시문(文), 지시물(物), 지시부사(副詞), 지시사항(事項), 지시약(藥), 지시인(人), 지시적요법(療法), 지시증권(證券), 지시채권(債權), 지시표지(標識), 지시형용사(形容詞); 충원지시(充員).

1036) 지휘(指揮): 목적을 효과적으로 이루기 위하여 단체의 행동을 통솔함.

ㅈ

(巨指), 검지(집게손가락), 계지(季指), 굴지(屈指), 기지(枝指;육손이의 덧붙은 손가락), 단지(斷指), 대지(大指), 대지(代指), 두지(頭指), 무지(拇指;엄지손가락), 무명지(無名指;약손가락), 반지(半/斑指)[1037], 벽지(擘指;엄지손가락), 섬지(纖指), 소지(小指), 수지(手指), 식지(食指;집게손가락), 약지(藥指), 엄지, 열지(裂指), 염지(染指;남의 물건을 옳지 못하게 몰래 가짐), 오지(五指), 이지기가(頤指氣使), 인지(人指;집게손가락), 장지(長指), 장지(將指), 족지(足指;발가락), 중지(中指), 탄지(彈指) 들.

지(池) '넓고 깊게 팬 땅에 늘 물이 괴어 있는 곳(못)'을 뜻하는 말. ¶지당(池塘), 지두(池頭), 지반(池畔), 지변(池邊), 지소(池沼), 지어농조(池魚籠鳥), 지어지앙(池魚之殃), 지호(池湖); 경영지(競泳池), 공검지(恭儉池), 공덕지(功德池), 과동지(過冬池), 금호지(琴湖池), 급수지(給水池), 녹지(淥池), 녹지(綠池), 무열지(無熱池), 묵지(墨池;벼루 바닥), 방생지(放生池), 배수지(配水池), 백제지(百濟池), 부화지(孵化池), 분수지(噴水池), 분지(糞池;똥오줌을 담는 그릇), 분수지(噴水池), 사육지(飼育池), 산란지(産卵池), 석련지(石蓮池), 석지(石池)[1038], 성지(城池), 소지(沼池), 수욕지(水浴池), 수원지(水源池), 아누달지(阿耨達池), 양어지(養魚池), 여과지(濾過池), 여의지(如意池), 연지(蓮池), 연지(硯池), 염지(塩/鹽池), 오지(汚池), 온수지(溫水池), 요지경지(瑤池鏡池), 용수지(用水池), 용암지(鎔巖池), 원지(圓池), 원지(園池), 월동지(越冬池), 유수지(遊水池), 응집지(凝集池), 저지(低池), 저수지(貯水池), 전지(電池), 정수지(淨水池), 조지정(調整池), 주지육림(酒池肉林), 준지(濬池), 증발지(蒸發池), 천지(天池), 초리지(草里池), 축전지(蓄電池), 치지(差池;들쭉날쭉하여 가지런하거나 고르지 아니함), 치어지(稚魚池), 침사지(沈砂池), 침전지(沈澱池;가란침못. 앙금못), 침징지(沈澄池;침전지), 함지(咸池;해가 진다고 하는 큰 못), 혼화지(混和池), 홀지(忽池), 홍수조절지(洪水調節池), 황지(潢池); 안압지(雁鴨池)/ 의림지(義林池)/ 천지(天池), 한인지(韓人池) 들.

지(誌) '정기 간행물·잡지. 기록'을 뜻하는 말. ¶지략(誌略), 지령(誌齡), 지면(誌面), 지문(誌文;죽은 사람의 이름, 나고 죽은 날, 살아서 한 일, 무덤이 있는 곳과 좌향 따위를 적은 글), 지상(誌上), 지석(誌石;誌文을 적어 무덤 앞에 묻는 돌이나 陶板); 격월간지(隔月刊誌), 계간지(季刊誌), 광지(壙誌), 교지(校誌), 교우지(校友誌), 교우회지(校友會誌), 군지(郡誌), 귀지(貴誌), 금석지(金石誌), 기관지(機關誌), 기후지(氣候誌), 남성지(男性誌), 동물지(動物誌), 동인지(同人誌), 두류지(頭流誌), 묘지(墓誌), 무크지(mook誌), 문예지(文藝誌), 민족지(民族誌), 본지(本誌), 비지(碑誌), 생활지(生活誌), 서지(書誌), 소지(小誌), 수로지(水路誌), 여성지(女性誌), 연구지(研究誌), 외지(外誌), 월간지(月刊誌), 인류지(人類誌), 읍지(邑誌), 일지(日誌), 자매지(姉妹誌), 잡지(雜誌)[기관잡지(機關), 도색잡지(桃色), 동인잡지(同人), 월간잡지(月刊)], 전문지(專門誌), 정보지(情報誌), 제지(諸誌), 종합지(綜合誌), 주간지(週刊誌), 지지(地誌), 지지(紙誌), 지리지(地理誌), 지방지(地方誌), 진학지(進學誌), 타지(他誌), 학술지(學術誌), 항로지(航路誌), 향토지(鄕土誌), 회지(會誌) 들.

지(志) '뜻. 뜻하다'를 뜻하는 말. ¶지개(志槪), 지격(志格), 지기(志氣;어떤 일을 이루려고 하는 뜻과 기개)[지기상합(相合), 지기투합(投合)], 지만의득(志滿意得), 지망(志望), 지사(志士)[애국지사(愛國)], 지상(志尙), 지업(志業), 지원(志願;뜻하여 바람), 지의(志義), 지절(志節;굳은 의지와 절개), 지조(志操;곧은 뜻과 절조), 지취(志趣), 지학(志學), 지행(志行), 지향(생각이나 마음이 어떤 목적을 향함)/성(志向/性); 강지(剛志), 계지(繼志), 고지(高志), 공지(公志), 긍지(肯志;찬성하는 뜻), 기지(氣志), 대지(大志), 독지/가(篤志/家), 동지(同志), 득지(得志), 맹지(猛志), 미지(微志), 민지(民志), 박지(薄志), 방지(芳志), 부득지(不得志), 선지(先志), 소지(小志), 소지(素志), 수지(守志), 숙지(宿/夙志), 심지(心志), 약지(弱志), 영지(英志), 예지(豫知), 웅지(雄志), 원지(遠志), 유지(有志), 유지(遺志), 의지(意志), 이지(異志), 입지/전(立志/傳), 장지(壯志), 전지(前志), 초지/일관(初志/一貫), 촌지(寸志), 충지(忠志), 탈지(奪志), 탕지(蕩志), 투지(鬪志), 특지(特志), 편지(片志), 홍지(鴻志), 효지(孝志), 후지(厚志) 들.

지(智) '슬기. 지혜'를 뜻하는 말. ¶지견(智見;지혜와 식견), 지교(智巧;슬기롭고 교묘함), 지낭(智囊;지혜가 많은 사람), 지덕(智德), 지략(智略;슬기로운 계략), 지려(智慮;슬기로운 생각), 지력(智力;슬기의 힘), 지모(智謀), 지식(智識;안다는 의식의 작용), 지신(智臣), 지용(智勇;슬기와 용기), 지우(智愚), 지육(智育), 지인(智印), 지인용(智仁勇), 지자(智者), 지자요수(智者樂水), 지장(智將), 지치(智齒;사랑니), 지혜(智慧;슬기. 꾀)[지혜롭다/로이]; 간지(奸/姦智), 교지(巧智), 교지(狡智), 권지(權智), 금강지(金剛智), 기지(奇智), 기지(機智), 내지(內智), 다지(多智), 대지(大智), 돈지(頓智), 명지(明智), 명지적견(明智的見), 무지(無智), 민지(民智), 민지(敏智), 분별지(分別智), 불지(佛智), 사지(四智), 사지(私智), 사지(邪智), 삼지(三智;眞智, 內智, 外智), 상지(上智), 성지(性智), 세지(世智), 소지(小智), 속지(俗智/知), 신지(神智), 영지(英智), 영지(靈智), 예지(銳智), 예지(叡智), 외지(外智), 이지(理智), 인지(人智), 재지(才智), 전지(全智), 중지(衆智), 진지(眞智), 하지(下智), 현지하다(賢智), 혜지(慧智), 활지(猾智) 들.

지(支) '가르다. 가지. 버티다·받치다. 치르다. 지지(地支)'를 뜻하는 말. ¶지관(支管), 지국(支局), 지근(支根;받침뿌리), 지급(支給)[1039], 지대(支待), 지대(支隊), 지로(支路;큰길에서 갈라져 나간 작은 길), 지류(支流↔本流), 지맥(支脈↔本脈), 지배(支配)[1040],

---

노래나 연주가 예술적으로 조화를 이루도록 앞에서 끄는 일. ¶대장의 지휘에 따라 행동한다. 지휘관(官), 지휘권(權), 지휘기(旗), 지휘대(隊), 지휘도(刀), 지휘명령(命令), 지휘법(法), 지휘봉(棒), 지휘소(所), 지휘자(者), 지휘탑(塔), 지휘하다, 지휘함(艦); 진두지휘(陣頭), 총지휘(總).

1037) 반지(半/斑指): 결혼반지(結婚), 금반지(金), 꽃반지, 보석반지(寶石), 비취반지(翡翠), 약혼반지(約婚), 은반지(銀).

1038) 석지(石池): 물을 담아 연꽃 따위를 심는 함지 모양의 돌그릇.

1039) 지급(支給): 돈이나 물건을 내어주다. 채무의 변제로 금전·어음 따위를 채권자에게 줌. ¶상여금을 지급하다. 지급거절(拒絕), 지급계획(計劃), 지급기일(期日), 지급명령(命令), 지급보증(保證), 지급불능(不能), 지급비금(備金), 지급수단(手段), 지급승낙(承諾), 지급액(額), 지급어음, 지급유예(猶豫), 지급인(人), 지급장소(場所), 지급전표(傳票), 지급정지(停止), 지급제시(提示), 지급준비금(準備金), 지급준비율(準備率), 지급증권(證券), 지급증서(證書), 지급지(支給地), 지급품(品), 지급협정(協定); 미지급(未), 참가지급(參加).

1040) 지배(支配): 어떤 사람이나 집단, 조직, 사물 따위를 자기의 의사대로

지번(支煩), 지변(支辨;빚을 갚기 위하여 돈이나 물건을 내어 줌), 지보(支保), 지부(支部), 지불(支拂;돈을 내어주거나 값을 치름)[지불인(人), 지불하다(치르다), 지불협정(協定); 미지불(未)], 지사(支社↔本社), 지서(支庶), 지서(支署), 지석(支石;받침돌. 고인돌), 지선(支線), 지소(支所), 지손(支孫), 지원(支院), 지원(支援;뒷받침하거나 편들어서 도움), 지음증(支飮症), 지자(支子), 지장(支障;일을 하는 데 거치적거리는 장애), 별지장(別支障), 지점(支店↔本店), 지점(支點;받침점), 지주(支柱;버팀대. 의지할 대상), 지지(支持)[지지조직(組織)], 지천(支川), 지청(支廳), 지출(支出↔收入)[지출부(簿), 지출액(額); 총지출(總)], 지탱(支撑;오래 버티거나 배겨냄), 지파(支派;종파에서 갈라져 나온 파), 지해(支解), 지회(支會); 간지(干支), 기관지(氣管支), 방지(旁支), 부지(扶支/持), 수지(收支), 의지간(依支間), 의지하다(依支), 종지(宗支), 지지(地支) 들.

지(止) '멎다 · 멈추다. 그치다. 머무르다'를 뜻하는 말. ¶지갈(止渴), 지곡(止哭), 지관(止觀), 지박(止泊), 지부제(止腐劑), 지사(止舍), 지사제(止瀉劑), 지수(止水;괴어 있는 물)[명경지수(明鏡)], 지숙(止宿;어떤 곳에서 머물러 잠), 지식(止息), 지양(止揚)[1041], 지어지선(止於至善), 지어지처(止於止處), 지열(열이 내림)/제(止熱/劑), 지접(止接;한때 몸을 기대어 삶), 지통(止痛), 지한제(止汗劑), 지혈(止血;흘러나오는 피를 멎게 함)[지혈면(綿), 지혈제(劑)]; 간지(諫止;간하여 말림), 거지(拒止), 거지(擧止), 게지(憩止), 계지(繫止), 권지(勸止), 금지(禁止), 동지(動止), 만지(挽止), 방지(防止), 알지(遏止;멈추게 함), 억지(抑止), 저지(沮止;막아서 못하게 하다), 정지(停止), 정지(靜止), 제지(制止;말려서 못하게 하다), 종지(終止), 준지(蹲止), 중지(中止), 지지(知止;분수에 지나치지 않게 그칠 줄을 앎), 징지(懲止), 폐지(閉止), 폐지(廢止), 해지(解止), 행동거지(行動擧止), 행지(行止), 형지(形止), 휴지/기(休止/期) 들.

ㅈ

지(旨) '뜻. 마음. 상관의 명령'을 뜻하는 말. ¶지의(旨義), 지취(旨趣;어떤 일에 대한 깊은 맛. 趣旨); 강지(降旨), 고지(高旨), 교지(敎旨), 균지(勻旨), 내지(內旨;임금의 은밀한 명령), 논지(論旨), 대지(大旨), 동지(同旨), 미지(微旨), 밀지(密旨), 본지(本旨), 봉지(奉旨), 비지(批旨), 상지(上旨), 서지(書旨), 선지(宣旨), 성지(聖旨), 승지(承旨), 신지(宸旨), 어지(御旨), 엄지(嚴旨), 영지(令旨), 예지(睿旨), 오지(忤旨), 오지(奧旨), 왕지(王旨), 요지(要旨), 유지(宥旨), 유지(遺旨), 유지(諭旨), 윤지(綸旨), 의지(懿旨), 입지(立旨), 자지(慈旨;임금의 어머니의 전교), 전지(傳旨) 제지(題旨), 조지(朝旨), 조지(詔旨), 종지(宗旨), 주지(主旨), 취지(趣旨), 칙지(勅旨), 특지(特旨), 패지(牌旨), 품지(稟旨), 휘지(徽旨) 들.

지(枝) '줄기 · 가지'를 뜻하는 말. ¶지간(枝幹), 지경(枝莖), 지두(枝頭), 지열(枝劣;가지가 줄기보다 못하다는 뜻으로, 조상보다 자손이 못함), 지엽(枝葉;가지와 잎. 본체에서 갈라져 나간 중요하지 않은 부분), 지오(枝梧/吾), 지절(枝節), 지지(枝指), 지탄(枝炭); 결과지(結果枝), 고지(枯枝), 금지옥엽(金枝玉葉), 낙지(落枝), 남지(南枝), 단과지(短果枝), 단지(短枝), 발육지(發育枝), 복지(匐枝), 부정지(不定枝), 분지(分枝), 산호지(珊瑚枝), 삽지(揷枝;꺾꽂이), 상지(上枝), 섬복지(纖匐枝;아주 가늘게 뻗어 나간 가지), 성지(聖枝), 소지(小枝), 수지/상(樹枝/狀), 손지(孫枝), 신지(新枝), 아지(兒枝), 연리지(連理枝), 연지(連枝), 우지(羽枝), 장과지(漿果枝), 전지(剪枝), 절지(折枝), 접지(椄枝), 정지(整枝;가지고르기), 주지(主枝), 탁지우(濯枝雨), 하지(下枝), 화지(花枝) 들.

지(之) '가다. ~의. 그것'을 뜻하는 말. ¶지동지서(之東之西), 지차(之次;다음. 버금), 각지하다(却之), 감지덕지(感之德之), 결자해지(結者解之), 노목시지(怒目視之), 논지하다(論之), 도외치지(度外置之), 문이지지(聞而知之), 박지타지(縛之打之)/박타(縛打), 백이사지(百爾思之), 부사지(父事之), 생지사지(生之死之), 애지중지(愛之重之), 역지사지(易地思之), 원막치지(遠莫致之), 위지협지(威之脅之), 인지상정(人之常情), 일필휘지(一筆揮之), 전지전지(傳之傳之), 정이사지(靜而俟之), 좌지우지(左之右之), 치지(置之), 통이계지(統而計之), 형사지(兄事之) 들.

지(持) '가지다. 버티다. 지키다. 돕다'를 뜻하는 말. ¶지계(持戒), 지구(持久)[지구력(力), 지구전(戰), 지구하다(버티다)], 지난(持難), 지론(持論;늘 주장하는 의견이나 이론), 지병(持病;痼疾), 지분(持分;공유자 각자가 가지는 몫), 지설(持說;持論), 지속(持續)[1042], 지약(持藥), 지재(持齋), 지중(持重;몸가짐을 진중히 함), 지참(持參;지니고 옴)[지참금(金), 지참인(人), 지참품(品)]; 가지(加持), 견지(堅持), 고지(固持), 긍지(矜持), 배지(陪持), 보지(保持), 봉지(奉持), 부지(扶持), 상지(相持), 소지(所持), 수지(受持), 유지(維持), 자지(自持), 전지(傳持), 주지(住持;한 절을 책임지고 관리하는 중), 지지(支持), 총지(摠持), 파지(把持), 행지(行持), 호지(護持), 휴지(携持) 들.

지(遲) '더디다. 늦다'를 뜻하는 말.↔속(速). ¶지각(遲刻), 지구(遲久), 지공(遲攻↔速攻), 지둔(遲鈍)[노부지둔(老腐)], 지류(遲留;오래 머무름), 지만하다(遲慢), 지맥(遲脈), 지명(遲明), 지발(遲發), 지배(遲配), 지속(遲速), 지연(遲延)[1043], 지완하다(遲緩), 지지(遲遲;몹시 더딤), 지지부진(遲遲不進), 지진아(遲進兒), 지참(遲參;늦게 참석함. 遲刻), 지체(遲滯)[지체하다(늑끌다. 머무르다); 문화지체(文化), 이행지체(履行), 정신지체(精神), 표현지체(表現)], 지태(遲怠), 지회(遲徊), 지효(더디게 나타나는 효험)/성(遲效/性); 공지(工遲;재주는 있으나 솜씨가 더딤), 교지하다(巧遲), 능지처참(陵遲處斬), 어지증(語遲症), 행지증(行遲症), 혹속혹지(或速或遲) 들.

복종하게 하여 다스림. ¶사람은 환경의 지배를 받는다. 지배개입(介入), 지배계급(階級), 지배권(權), 지배노동량(勞動量;어느 상품을 구입하는 데에 필요한 노동량), 지배되다/하다, 지배력(力), 지배인(人), 지배자(者), 지배적(的), 지배주(株), 지배주의(主義), 지배주주(株主), 지배층(層), 지배회사(會社;母會社); 피지배(被).

1041) 지양(止揚): 어떤 사물에 관한 모순이나 대립을 부정하면서 도리어 한층 더 높은 단계에서 이것을 긍정하여 살려가는 일.

1042) 지속(持續): 어떤 상태가 오래 계속됨. 또는 어떤 상태를 오래 계속함. ¶지속감염(感染), 지속되다/하다, 지속란(卵), 지속력(力;이어갈 힘. 견딜힘), 지속성(性), 지속수면(睡眠), 지속욕(浴), 지속음(音;끎음), 지속적(的), 지속파(波).

1043) 지연(遲延): 무슨 일을 더디게 끌어 시간을 늦춤. 또는 시간이 늦추어짐. ¶출발 시간의 지연. 지연되다(밀리다)/하다, 지연반응(反應), 지연배상(賠償), 지연시간(時間), 지연음(音), 지연이자(利子), 지연작전(作戰), 지연제(劑), 지연차(差), 지연회로(回路).

지(脂) '기름'을 뜻하는 말. ¶지방(脂肪)1044), 지분(脂粉), 지선(脂腺), 지용성(脂溶性), 지유(脂油), 지육(脂肉), 지질(脂質)[단순지질(單純), 복합지질(複合), 유도지질(誘導)], 지한(脂汗); 경지산(硬脂酸), 골지(骨脂), 돈지(豚脂), 분지(粉脂;분과 연지), 송지(松脂), 수지(樹脂), 수지(獸脂), 연지(臙脂), 우골지(牛骨脂), 우지(牛脂), 웅지(熊脂), 유지(乳脂), 유지(油脂), 탈지(脫脂)[탈지면(綿), 탈지요법(療法), 탈지유(乳)], 태지(胎脂), 피지(皮脂)[피지루(漏), 피지선(腺)], 향지(香脂) 들.

지(址) '터'를 뜻하는 말. ¶지대/석(址臺/石); 경지(京址;서울에 있었던 자리), 고지(故址), 구지(舊址), 도요지(陶窯址), 사지(寺址), 성지(城址), 요지(窯址;가마터), 유지(遺址), 주거지(住居址;집터), 폐지(廢址) 들.

지(肢) '팔. 다리'를 뜻하는 말. ¶지간(肢幹), 지골(肢骨), 지단(肢端), 지절(肢節), 지체(肢體); 다지류(多肢類), 사지(四肢), 상지(上肢), 의지(義肢), 전지(前肢), 절지동물(節肢動物), 체지(體肢), 하지(下肢), 후지(後肢) 들.

지(芝) '지초(芝草;지치과의 여러해살이풀). 영지(靈芝)'를 뜻하는 말. ¶지란지교(芝蘭之交), 지분혜탄(芝焚蕙嘆), 지초(芝草); 목지(木芝), 영지(靈芝) 들.

지(祉) '복(福)'을 뜻하는 말. ¶지록(祉祿); 복지(福祉)[복지국가(國家), 복지사업(事業), 복지사회(社會); 인류복지(人類), 후생복지(厚生)], 상지(祥祉), 신지(新祉) 들.

지(舐) '핥다'를 뜻하는 말. ¶지독지애(舐犢之愛;어버이가 자식을 사랑하는 일), 지독지정(舐犢之情); 연옹지치(吮癰舐痔) 들.

지(趾) '발[족(足)]. 발가락'을 뜻하는 말. ¶지골(趾骨), 지점(趾點;수선과 사선의 밑점); 구지(舊址), 궁지(宮趾;궁터), 단지(斷趾), 옥지(玉趾) 들.

지(贄) '폐백(幣帛;면회할 때 가지고 가는 예물)'을 뜻하는 말. ¶지현(贄見); 집지(執贄/質;제자가 스승을 처음 뵐 때 예폐를 가지고 가서 경의를 표하는 일) 들.

지(只) '다만(오직. 단지)'을 뜻하는 말. ¶지금(只今); 단지(但只).

지(枳) '탱자'를 뜻하는 말. ¶지실(枳實); 귤화위지(橘化爲枳).

지(咫) '짧은 거리'를 뜻하는 말. ¶지척(咫尺;코앞. 턱밑), 지척불변(咫尺不辨). 지척지지(咫尺之地).

지(胝) '굳은 살(못)'을 뜻하는 말. ¶변지(胼胝;추위 따위로 튼 살갗).

지(砥) '숫돌'을 뜻하는 말. ¶지려(砥礪), 지련(砥鍊), 지석(砥石); 혁지(革砥) 들.

지(祗) 예의가 바르고 자기를 낮춤(공경하다)을 뜻하는 말. ¶지송(祗送), 지수(祗受), 지영(祗迎), 지후(祗候) 들.

1044) 지방(脂肪): 기름. 굳기름. ¶지방분(分;지방의 성질을 가진 성분), 지방산(酸), 지방상(狀), 지방선(腺), 지방세포(細胞), 지방유(油), 지방조직(組織), 지방종(腫), 지방종자(種子), 지방질(質), 지방층(層); 중성지방(中性), 체지방(體), 피하지방(皮下).

지(蜘) '거미'를 뜻하는 말. ¶지주(蜘蛛;거미), 지주망(蜘蛛網).

지(漬) '담그다(물에 적시다). 물들이다'를 뜻하는 말. ¶점지(漸漬), 침지(浸/沈漬); 침지(浸漬) 들.

지(摯) '잡다(손으로 쥐다)'를 뜻하는 말. ¶진지(眞摯;참되고 착실함)/하다).

지가리 문어를 잡는 끌낚시.

-지거리 ☞ -거리[2].

지게[1] 마루에서 방으로 드나드는 곳에 안팎을 두꺼운 종이로 바른 외짝문을 뜻하는 '지게문[←지게(문짝)+문(門)]'의 준말.

지게[2] ☞ 지다[4].

지게미 ①재강에서 모주를 짜낸 술 찌꺼기. 주박(酒粕). ¶술지게미. ②술을 많이 마시거나 열기가 있을 때 눈가에 끼는 눈곱.

지겹(다) 진저리가 날 정도로 몹시 지루하고 싫증이 나다.≒싫다. 지루하다. 역겹다(逆).↔즐겁다. 〈작〉재겹다. ¶이제는 말만 들어도 지겹다. 지겹게도 내리는 비. 지겨움, 지겨워하다, 지긋지긋하다1045).

지고 용언의 말끝 '-고' 밑에 쓰여, 하고자 하는 욕망의 뜻을 표시하는 말.=지라. ¶양친 부모 모셔다가 천 년 만 년 살고 지고. 그리운 임 보고 지라 보고 지라.

지그리(다) 문을 지그시 닫다. ¶아버지가 주무시는 걸 보고 방문을 지그렸다.

지긋-하다 나이가 비교적 많고 듬직하다. 참을성 있게 끈지다. ¶나이가 지긋한 사람. 좀 지긋이(지긋하게) 앉아 있을 수 없겠니? §'지그시(슬며시)'는 ☞ 자긋.

지기 ①두 팔과 두 다리. ②어떤 일이 벌어지려고 하는 분위기.≒기운. 힘. 활개. ¶지기를 펴다(억눌리는 느낌에서 벗어나다. 어려운 형편에서 벗어나 마음을 놓다).

-지기 몇몇 명사 뒤에 붙어, '그것을 지키는 사람'을 뜻하는 말.[←직(直)+이]. ¶각지기(閣), 거릇배지기, 건널목지기, 고지기(庫), 골방지기(房), 교지기(校), 궤지기(几), 금지기(金), 나루지기, 나루터지기, 능지기(陵), 다리지기, 당지기(堂), 덕지기, 등대지기(燈臺), 마지기(馬), 마당지기, 마목지기(馬木), 말뚱지기, 매장지기(埋葬), 뫼지기, 묘지기(墓), 문지기(門), 반전지기(盤纏), 방지기(房), 별밤지기, 별장지기(別莊), 봉화지기(烽火), 불목지기, 사당지기(祠堂), 사랑지기(舍廊), 산장지기(山莊), 산지기(山), 성곽지기(城郭), 성당지기(聖堂), 수문지기(水門), 숯막지기(幕), 식당지기(食堂), 안방지기(房), 안주지기(按酒), 옥지기(獄), 외양간지기, 육지기(肉), 재지기(齋), 전방지기(廛房), 종지기(鐘), 집지기, 창고지기(倉庫), 채마지기(菜麻), 청지기(廳), 카페지기(cafe), 탕지기(湯), 통지기, 피대지기(皮帒), 피막지기(避幕) 들.

1045) 지긋지긋하다: 진저리가 나도록 싫고 괴롭다. 진저리가 나도록 몹시 검질기고 끈덕지다. 몸에 소름이 끼치도록 하는 것이 잔인하다. 〈작〉자긋자긋하다.

ㅈ

지기지기 때나 눈곱 같은 것이 많이 끼거나 붙어 있는 모양. ¶지기지기 낀 때.

지껄 좀 큰소리로 떠들썩하게 이야기하는 모양. 또는 그 소리. 〈작〉재깔. 자깔. ¶자갈 · 재갈[1046] · 재깔 · 지걸 · 지껄거리다/대다/이다/하다(떠들다. 이야기하다), 지껄떠벌리다(떠들썩하게 소리 내면서 이야기를 과장하여 늘어놓다), 지껄지껄/하다; 떠지껄하다(떠들썩하게 큰 소리로 지껄이다), 왁자지껄/하다. ☞ 짖다.

지나(다) 움직이는 대상이 어떤 곳을 거쳐서 가거나 오거나 하다.(≒가다. 통과하다). 일정한 한도나 시간을 넘다.(≒초과하다. 흐르다). ¶기차가 서울역을 지났다. 이곳에 온 지 벌써 3년이 지났다. 마감을 지나서야 원고가 도착하였다. 지나가다, 지나다니다, 지나오다(통과하다), 지나치다[1047], 지난-[1048], 지날결(지나는 길이나 편), 지날말(별다른 의미 없이 하는 말), 지내[1049], 지내다[1], [2][1050], 지내싣기(화물의 적재량을 초과하여 싣는 것); 지지난-[지지난달, 지지난밤, 지지난번(番), 지지난해(그러께)]. ③부정하는 말 앞에 '지나지'의 꼴로 쓰이어, '바로 그것밖에는 달리 되지 아니함'의 뜻을 나타내는 말. ¶허황된 꿈에 지나지 않는다.

지네 지넷과의 절지동물을 두루 이르는 말. ¶지네고사리, 지네닭, 지네발[1051]/연(鳶), 지네철(鐵:지네 모양의 쇳조각); 개지네, 왕지네(王), 장수지네(將帥), 좀지네 들.

지느러미 어류(魚類)나 물에 사는 젖먹이동물이 몸의 균형을 유지하고 헤엄을 치는 데에 쓰는 기관. ¶지느러미발, 지느러미뼈, 지느러미살; 가슴지느러미(나라미), 기름지느러미[1052], 꼬리지느러미, 꽁무니지느러미, 뒷지느러미[1053], 등지느러미, 배지느러미, 볼기지느러미(뒷지느러미), 부지느러미(副), 수직지느러미(垂直), 수평지느러미(水平), 짝지느러미, 키지느러미[타기(舵鰭)], 홀지느러미(↔짝지느러미) 들.

지니(다) ①사람이 물건을 옷 속이나 품속과 같은 곳에 가지다.≒간직하다.↔버리다. ¶신분증을 지니다. ②어떤 현상이나 상태를 갖추어 가지다. ¶학덕(學德)을 지니다. ③원래의 모양을 간직하다. ¶원형을 지니다. ④잘 기억하여 잊어버리지 아니하다. ¶소중한 추억을 가슴속에 지니고 있다. 여태 원한을 지니고 있다니. 지닐성(性:오래 지니는 경향), 지닐재주(지닐총. 욀재주), 지닐총(聰:욀총. 기억력).

지(다)[1] ①꽃 · 잎 따위가 시들어 떨어지다.↔피다. ¶벌써 낙엽이 진다. ②해나 달이 서쪽으로 넘어가다. 별이 스러지다.↔뜨다. ¶해가 지다. 지나새나(밤낮없이. 늘), 지는달, 지새는달, 지새다(달빛이 사라지면서 밤이 새다. 밝히다)/새우다. ③배었던 아이나 새끼가 태내에서 죽다.≒유산되다(流産). ¶아이가 지다. 지우다[1](유산시키다); 숨지다(목숨이 끊어지다), 아이지다. ④어떤 상태나 현상이 이루어지거나 나타나다.≒생기다. ☞ -지다. ¶그늘이 진 숲 속. 저녁놀이 지다. 장마가 지다. 홍수가 지다. 지우다[2][1054]; 새우등지다(등이 새우처럼 구부러지다). ⑤어떤 특징이 두드러지게 드러나다. ⑥서로 좋지 못한 관계가 되다. ¶원수가 지다. 등지다(사이가 나빠지다. 뒤로 두다. 떠나다), 척지다(隻). ⑦묻거나 붙거나 밴 것이 닦이거나 씻기어 없어지다.≒빠지다. ¶아무리 빨아도 때가 잘 지지 않는다. 얼룩이 지다. 지우다[3][1055].

지(다)[2] 젖이 불어 저절로 나오다. ¶젖이 지다. 애가 하도 보채서 젖이 질 새가 없다.

지(다)[3] ①내기 · 싸움 따위에서, 상대편의 재주나 힘을 당하지 못하고 꺾이다.≒패하다.↔이기다. ¶축구 시합에 지다. 재판에 지다. 지우다[4](지게 하다. 남을 이기다), 같지다(씨름에서, 두 사람이 같이 넘어지다). ②상대를 설득시키지 못하거나 어쩔 수 없는 형편이 되어 양보하다. ¶그 놈 고집에 내가 지고 말았다. 좋다, 내가 진 걸로 한다. ☞ 패(敗).

지(다)[4] ①사람이 물건을 등에 얹다.≒메다.↔안다. ¶짐을 등에 지다. 지게[1056], 지돌이[1057], 져나르다(등에 져서 나르다), 져올리

1046) 재갈: 부드러운 목소리로 나직하게 재깔이는 모양.=자갈. 〈센〉재깔. 〈큰 · 센〉지껄. ¶친구들과 함께 재갈재갈 웃음꽃을 피우다가 헤어졌다. 재갈재갈 지껄이다. 재갈 · 재깔거리다/대다/이다/하다(떠들썩하게 이야기하다), 재갈재갈/하다. ☞ 재잘.

1047) 지나치다: ①일정한 한도를 넘어 서다.↔모자라다. ¶욕심이 지나치다. ②언행이 거칠고 과격하다. ¶지나친 행동. ③지나가거나 지나오거나 하다. ¶못 본 체하고 그냥 지나치다. 지나쳐보다.

1048) 지난/지날-: 지난가을, 지난겨울, 지난날(과거. 옛날), 지난달, 지난때, 지난밤, 지난번(番), 지난봄, 지난여름, 지난이(전에 만나고 겪은 사람), 지난적(과거), 지난주(週), 지난해; 지지난-[지지난달, 지지난밤, 지지난번(番), 지지난해], 지날결(지나가는 길. 또는 그런 편),지날말(별다른 의미 없이 하는 말).

1049) 지내: 너무 지나치게. ¶지내 많다. 지내 크다.

1050) 지내다[1]: ①살아가다. 서로 사귀어 오다. ¶걱정 없이 지내다. 우리는 형제처럼 지낸다. 물려지내다(약점을 잡힌 채로 어쩔 수 없이 지내다), 부쳐지내다(의탁하다), 죽어지내다, 쥐여지내다. ②어떤 경우를 적절히 치러 넘기다.≒보내다. ¶대수롭지 않은 일은 다 웃고 지내다. 지내듣다(무슨 말이나 소리를 주의하지 아니하고 예사롭게 흘려듣다), 지내보다(서로 사귀어 겪어 보다. 어떤 일을 겪어 보다. 어떤 사물을 그저 건성으로 보다), 지내보내다(그대로 보내다).
지내다[2]: 경사나 흉사와 같은 어떤 의식을 치르다. 어떤 직위에 있어 그 일을 겪다.≒거치다. 견디다. ¶장례를 지내다. 그의 삼촌을 장관을 지냈다. 제지내다(祭).

1051) 지네발: 연(鳶)이나 농기(農旗) 따위의 가장자리에 너슬너슬하게 오려 붙인 지네 모양의 헝겊.

1052) 기름지느러미: 등지느러미와 꼬리지느러미 사이에 있는 작은 돌기로 은어, 송어, 연어, 빙어 따위에서 볼 수 있는 지느러미.

1053) 뒷지느러미: 물고기의 항문과 꼬리지느러미 사이에 있는 지느러미.=볼기지느러미.

1054) 지우다[2]: ①없던 것을 새로 생기게 하다. ¶그늘을 지우다. ②특징을 두드러지게 하다.

1055) 지우다[3]: ①묻거나 붙거나 나타났던 것을 없애버리다.≒닦다. ¶낙서를 지우다. 지우개. ②감정 따위를 남겨 두지 아니하고 없애버리다. ¶기억을 지우다.

1056) 지게: 짐을 얹어 사람이 등에 지는 운반 기구. ¶지게를 지다. 지겟가지, 지게꼬리(지게에 짐을 얹고 잡아매는 줄), 지게꾼, 지게끈, 지겟다리(지게 동발의 양쪽 다리), 지게등받이, 지게등태, 지게막대/막대기, 지게벌이, 지게북, 지게뿔(지겟다리의 윗세장을 끼운 윗부분), 지게송장, 지겟작대기, 지게질/하다, 지게차(車), 지게코(올가미의 하나), 지게판(板); 거름지게, 거지게(길마 양 옆에 덧얹고 짐을 싣는 지게), 곰방지게(멜빵과 지겟다리가 짧은 지게), 똥지게, 물지게, 바지게(발채지게), 뱃지게(배에서 쓰는 지게), 볏지게(쟁기 덧방에 대는 조붓한 널조각), 알지게(아주 작은 지게), 쟁기지게, 짐지게, 쪽지게(작은 지게), 촉지게(다리가 긴, 보부상들이 지고 다니던 지게).

1057) 지돌이: 험한 벼랑길에서 바위 같은 것을 등을 대고 겨우 돌아가게 된 곳.↔안돌이.

다, 지어총(銃), 지우다[5](짐을 지게 하다), 질것'(짐을 메는 데 쓰는 도구), 질빵(짐을 지는 데 쓰는 줄). 질삿반[1058](盤;지게에 얹어 놓고 물건을 담아서 지는 삿반), 질성(性)[1059], 질통(桶), 짊다[1060], 짐[1061]; 걸머지다(짐바에 걸어 등에 지다. ②,③의 뜻도 있음), 걸머지우다, 덧지다, 배지기, 안고지다[1062], 오라지다, 함진아비. ②빚을 얻거나 은혜 따위를 입다. ¶신세를 지다. 빚을 지다. 밑지다, 가하지다(加下;정한 액수보다 돈을 더 써 빚지다), 빚지다, 안고지다(남을 해치려다가 도리어 해를 입다). ③어떤 의무나 책임을 맡다. ¶책임을 지고 물러나다. 저버리다[1063], 지우다[6](≒씌우다. 부담시키다); 짊어지다, 책임지다(責任). ☞ 부(負).

지(다)[5] ①용언 어미 '-아/어' 아래 쓰이어, '사물의 상태나 동작이 그렇게 되어가거나, 그러한 가능성이 있음' 또는 '피동(입음꼴)'을 나타내는 말. ¶가까워지다, 가꾸러·거꾸러·까꾸러·고꾸라지다, 가늘어지다, 가리어지다/가려지다, 가매·까매·거메·꺼메지다, 가무러·까무러지다, 가빠지다, 갈라지다, 같아지다, 겹쳐지다, 가스러·거스러지다(거칠게 일어나다), 고부라·꼬부라·구부러·꾸부러지다, 고스러지다, 구겨지다, 고드러·꼬드라·구드러·꾸드러지다, 곱다래지다(곱다랗게 되다), 굳어지다, 굵어지다, 굽어지다, 굽혀지다, 기울어지다, 길어지다, 까라지다(몸이 축 늘어지다), 까지다, 깨뜨려/깨트러지다(깨지다), 깨어지다/깨지다, 꺾어지다, 꽂혀지다, 꿰어지다, 끊어지다, 끌러지다, 나가떨어지다, 나누어지다, 나라·늘어지다[1064][넘늘어지다, 휘늘어지다], 나른해지다, 나부라·너부러지다, 나빠지다, 나아지다, 낮아지다, 내려지다, 너즈러지다(너저분하게 흩어지다), 널브러지다, 넓어지다, 넘어지다, 높아지다, 노그라지다[1065], 노래·누레지다, 누그러지다, 느끼어지다/느껴지다, 늘어지다, 늦어지다, 늦추어지다, 다스러지다(닳아 없어지다), 닫아지다, 달라지다, 닳아지다, 더디어지다, 더러워지다, 더워지다, 덮어지다, 도드라·두드러지다, 동그라·둥그러지다, 동그래·둥그레·똥그래·뚱그레지다, 뒤치어지다, 뒤틀어지다, 떠지다[1066], 떨어지다, 뚫어지다, 맑아지다, 망가지다, 망그러지다, 매끄러·미끄러지다, 매어지다, 먹혀지다, 멀어지다, 멋들어지다, 모지라·무지러지다, 몽그라·뭉그러지다/뭉거지다, 몽그라·뭉그러뜨려지다, 무너지다, 무디어지다, 물러지다, 미어지다, 미워지다, 바라·벌어지다, 바서·부서지다, 바스라·바스러·부스러지다/부서지다, 발개·빨개·벌게·뻘게지다, 밝아지다, 배뚤어·비뚤어·빼뚤어·삐뚤어지다, 버그러·뻐그러지다, 버드러·뻐드러지다, 벗기어지다/벗겨지다, 벗어지다, 보아지다/보여지다, 부수어지다/부서지다, 붉어지다, 비어지다, 비틀어·배틀어·삐틀어지다, 빙퉁그러지다, 빗어지다, 빠개·뻐개지다, 빠그라·뻐그러지다, 빠지다, 사라지다, 사그라지다, 샐그러·실그러·쌜그러·씰그러지다, 서그러지다, 섞여지다, 솟고라지다, 수그러지다, 쉬워지다, 써지다, 쏟아지다, 쓰러지다, 아름다워지다, 알려지다, 앙그러지다[1067], 어그러지다, 어기어지다, 어두워지다, 어려워지다, 어스러지다, 얼크러지다, 없어지다, 엉클어지다, 엎드러지다/엎더지다, 엎어지다, 엎질러지다, 예뻐지다, 오그라·우그러지다, 오무라·우무러지다, 옮아지다, 옹동고라지다(바짝 오그라지다), 우거지다, 으그러·으끄러·으크러지다, 으깨어지다, 이루어지다, 이어지다, 일쩝어지다(일거리가 되어서 귀찮게 되다), 잇대어지다, 잊혀지다, 작아지다, 잘크라·질크러지다, 잦아지다, 잦아·잦혀·젖혀지다, 적어지다, 젊어지다, 접어지다, 좁아·줄어지다, 좁아지다, 좁혀지다, 좋아지다, 지러지다, 지워지다, 짜개지다, 짜그라·쪼그라·찌그러·쭈그러지다, 짜부라·찌부러지다, 짜지다, 짧아지다, 찢어지다, 채워지다, 추워지다, 커다래·크다래지다/크대지다, 커지다, 터지다, 퉁겨·튕겨지다, 퉁그러지다, 빙퉁그러지다(하는 짓이 꼭 비뚜로만 나가다), 틀어지다, 파래·퍼레지다, 펴지다, 펼쳐지다, 포개지다, 풀어지다, 하얘·허예지다, 허물어지다, 헐어지다, 헐려지다, 휘늘어지다, 휘어지다, 흐려지다, 흐트러지다, 흩어지다, 희어지다. ②보조적 연결 어미. '-고' 아래에서, 앞말이 나타내는 동작이 그렇게 되기를 간절히 바라는 뜻을 나타내는 말. ¶보고 지고. 살고 지라.

-지(다) 몇몇 명사나 명사성 어근, 의성·의태어에 붙어, '어떤 상태나 현상이 겉으로 드러나거나 이루어짐'이나 '그렇게 되어 있는 상태'를 나타내는 뜻의 용언을 만드는 말. ¶가살지다, 가탈·까탈지다, 가팔막지다/가팔지다, 가풀막지다/가풀지다, 각단지다. 간·건드러지다, 간지다[1068], 갈퀴지다, 값지다[1069], 강단지다(剛斷), 강팔지다, 개자리지다, 거만지다(倨慢), 거방지다, 거쿨지다, 건방지다, 걸까리지다[1070], 경사지다(傾斜), 곤드라·군드러지다, 구석지다, 구성지다, 군것지다, 군획지다(劃), 굴지다(마

1058) 삿반(盤): 갈대로 채반 같이 결어 만든 그릇.

1059) 질성(性): 동물이 날거나 뛰는 방향을 나타내는 성질. 식물의 줄기가 자라나는 방향을 나타내는 성질이 지구의 인력과 정반대되는 것. 또는 식물의 뿌리가 햇빛이 없는 방향으로 자라는 성질.

1060) 짊다: 지게·수레·길마 따위에 짐을 꾸려서 얹다. ¶지게에 짊고 가다. 짐을 잔뜩 짊은 소를 몰고 가다. 차에 이삿짐을 짊었다.짊어지다(등에 지다. 빚을 지다. 책임을 지다. 맡다)/지우다.

1061) 짐: ①들거나 지거나 운송하도록 만든 물건. ②부담, 책임, 수고가 되는 일. 또는 귀찮은 물건. ¶짐이 되다. 짐스럽다. ③한 번에 져 나를 만한 분량을 세는 말. ¶짐을 지다/ 벗다. 나무 한 짐을 지다. 짐꾸러미, 짐꾸리기, 짐꾼, 짐나르기, 짐나무, 짐마차(馬車), 짐무게, 짐바, 짐바리(마소의 등에 실어 나르는 짐), 짐바릿삯, 짐받이, 짐방[-빵](곡식 짐을 나르는 사람)[짐방꾼, 짐방도중(徒衆), 짐방벌이], 짐배, 짐보따리, 짐보퉁이, 짐부리기, 짐삯, 짐수레/꾼, 짐스럽다, 짐싣기, 짐실이/하다, 짐자동차(自動車), 짐장사, 짐장수, 짐지게, 짐질/꾼, 짐짝, 짐차(車), 짐칸, 짐태(駄), 짐틀, 짐품/팔이; 길짐, 나뭇짐, 낱짐, 덧짐, 도망짐(逃亡;도망을 칠 때 가지고 가려고 꾸려 놓은 짐), 돌짐(돌로 된 짐), 등짐, 멜빵짐, 못짐, 몽근짐(↔부픈짐), 뱃짐, 봇짐(褓), 부픈짐, 삯짐, 소바리짐, 손짐, 어깨짐, 웃짐(짐 위에 더 싣는 짐), 이삿짐(移徙), 잔짐(자질구레한 짐), 장짐(場), 진상짐(進上), 태짐(駄), 흙짐(짐으로 나르는 흙).

1062) 안고지다: 남을 해치려다가 도리어 제가 해를 입다.

1063) 저버리다[〈지여ㅂ리다]: ①약속 따위를 어기다. ¶맹세를 저버리다. ②은혜 따위를 마음에 두지 아니하다. ¶사랑을 저버리다. ③거절하다. ¶남의 호의를 저버리다.

1064) 나라지다: 심신이 피곤하여 나른해지다.

1065) 노그라지다: ①몹시 피곤하여 나른하여지다. ②마음이 한 곳에 쏠리어 정신을 못 차리게 되다.

1066) 떠지다: 사이가 뜸해지다. 속도가 더디어지다.

1067) 앙그러지다: ①하는 짓이 퍽 어울리고 짜인 맛이 있다. ②모양이 어울려서 보기 좋다. ③음식이 먹음직스럽다. ¶앙그러진 밥상.

1068) 간지다: ①붙은 데가 가늘어 끊어질 듯하다. ¶가는 덩굴에 청둥호박이 간지게 매달려 있다. ②간드러진 맛이 있다. ¶간지게 넘어가는 가락.

1069) 값지다: 값을 많이 지니고 있다. ¶값진 물건. 값진 삶.

1070) 걸까리지다: 사람의 몸이 크고 실팍하다(매우 실하다).

음이 느긋하고 만족스럽다), 굽이지다, 귀성지다(구수한 맛이 있게 느끼어지다), 그늘지다, 기름지다, 까부라·꺼부러지다, 까풀·꺼풀지다, 깐·끈지다(성질이 깐깐하고 다라지다), 꺽지다, 끄무러지다, 끈덕지다, 남성지다(男性), 너울지다/놀지다(바닷물이 거칠게 움직이다), 넌출지다, 누지다, 눈물지다, 다기지다(多氣), 다라지다, 다부지다, 달망지다, 대살지다[1071], 댕가리지다, 더부러지다, 덜퍽지다, 덤불지다, 덩굴지다, 덩어리지다, 데억지다(정도에 지나치게 크거나 많다), 도지다, 되알지다[1072], 두동지다(모순되다), 둔덕지다(언덕이 되다), 뒤-지다/뒤떨어지다, 뒤처지다, 뒷짐지다, 드레지다[1073], 들피지다[1074], 마디지다, 맛깔지다, 머지다(연줄이 저절로 끊어지다), 멋거리지다, 멋지다, 메숲지다, 메지다, 모지다[세모지다, 네모지다], 무드럭지다/무덕지다(두두룩하게 쌓여 많다), 문드러지다, 물크러지다/물커지다, 뭉크러지다, 미욱지다, 밀알지다[1075], 바따라지다[1076], 반비알지다(半), 벌불지다(벌불이 생기다), 벽지다(僻), 보랏지다, 복물지다(伏;복날 또는 그 무렵에 비가 많이 오다), 볼가지다·불거지다, 부러지다, 비계지다, 비알지다, 비탈지다, 뼈드러지다(날이 무디어지다), 뼈지다[1077], 산드러·선드러지다, 살지다, 살팍·실팍지다, 새우등지다(등이 새우처럼 구부러지다), 성근지다(誠勤), 소쿠라지다[1078], 쇠지다, 수수러지다[1079], 숫지다(순박하고 인정이 두텁다), 술지다(술이 많다), 숲지다, 시건방지다, 신둥부러지다, 신둥지다(정도에 지나치게 주제넘다), 신명지다(신이 나서 멋들어지다), 실팍지다, 쌍갈지다(雙), 아둥그러·으등그러지다, 아롱·어룽·얼룽지다, 안침지다(구석지고 으슥하다), 알록·얼룩지다, 알롱·얼룽지다, 암맹이지다, 암팡지다, 앙칼지다, 야무·여무지다, 언덕지다, 여성지다(女性), 여울지다[1080], 오달지다[1081]/오지다/올지다, 옹골지다, 옹당이·웅덩이지다, 외지다, 외람지다(猥濫), 외손지다, 우람지다, 우물지다, 위아랫물지다, 유들지다, 으츠러지다, 읍모지다[1082], 응달지다, 이색지다(二色), 이지러지다, 일그러지다, 이필지다(異筆), 일매지다(죄다 고르고 가지런하다), 자지러지다[1,2], 자빠지다, 잔물지다(잔잔하게 물들다), 장마지다, 주름살지다/주름지다, 지러지다, 지위지다[1083], 짐병지다(신이 나서 멋들어지고 푸지다), 차지다, 차하지다(差下), 처지다, 첫물지다(그 해 들어 첫 홍수가 나다), 축지다(縮), 층지다(層), 턱지다, 툭박지다(툭툭하고 질박하다), 틀지다(겉모습이 당당하고 위엄이 있다), 포달지다[1084], 푸닥지다, 한갓지다, 한물지다[1085], 한숨지다, 한올지다, 해어지다/해지다, 허기지다(虛飢), 헤어지다/헤지다, 홑지다(복잡하지 아니하고 단순하다), 후미지다, 후지다(뒤떨어지다), 흐너지다(포개어 있던 작은 물건이 낱낱이 허물어지다), 흐드러지다(썩 탐스럽다), 흐무러지다/흐무지다, 흐벅지다(탐스럽게 두툼하고 부드럽다), 흠지다(欠;흠이 생기다), 힘지다(힘이 있다. 힘이 들 만하다) 들.

1071) 대살지다: 몸이 강파르다(야위고 파리하다). ¶대살진 사람.
1072) 되알지다: ①힘주는 맛이나 억짓손이 몹시 야무지다. ②힘에 겨워 벅차다.
1073) 드레지다: 사람의 됨됨이가 가볍지 아니하다. 평가하다.
1074) 들피지다: 굶주려서 몸이 여위고 기운이 쇠약하여지다.
1075) 밀알지다: 얼굴이 빤빤하게 생기다. ¶유괴범은 생김생김이 밀알져 더욱 혐오감을 준다.
1076) 바따라지다: 음식의 국물이 바특하고 맛이 있다. ¶바따라진 된장찌개.
1077) 뼈지다: ①겉으로는 무른 듯하나 속으로 옹골차고 단단하다. ②하는 말이 매우 여무지고 마디가 있다. ¶그는 평소에는 말이 없지만 입을 열 때에는 뼈진 데가 있다.
1078) 소쿠라지다: 급한 물결이 굽이쳐 용솟음치다.
1079) 수수러지다: 돛 따위가 바람에 부풀어 둥글게 되다.
1080) 여울지다: 생각 따위가 천천히 타오르는 불길처럼 일어나다.
1081) 오달지다: 허수한 데가 없이 야물거나 실속이 있다.
1082) 읍모지다: 책상의 귀처럼 세모지다.
1083) 지위지다: ①신병으로 몸이 쇠약해지다. ②낭비로 살림이 어려워지다.

지다위 ①남에게 등을 대어 기대거나 떼를 씀. 또는 그런 짓. ¶네가 아무리 지다위를 해도 우리는 꼭 그 곳에 들어가야 해. ②제 허물을 남에게 덮어씌움. 또는 그런 짓. ¶제가 제 꾀에 빠져 낭패를 본 걸 누구에게 지다위할까? 지다위질/하다, 지다위하다(떼쓰다. 기대다).

지단 달걀의 흰자위와 노른자위를 따로 풀어서 번철에 얇게 부친 것. 알반대기.[←계단(鷄蛋)]. ¶지단채(菜); 알지단.

지대 중이 행장(行裝)을 넣어 가지고 다니는 자루. ¶지대기(이리저리 떠돌며 수양하는 중의 의복 따위), 지대방(房;절의 큰 방 머리에 있는 작은 방).

지도리 돌쩌귀·문장부 들을 두루 이르는 말.[←지(다)[4]+돌(다)+이]. ¶지도릿대, 지도리편(여닫이 창문에 돌쩌귀나 경첩 따위를 단 쪽); 문지도리(門).

지둥 '지동(地動)'의 변한 말. ¶지둥 치듯. 지둥소리(땅이 울리고 갈라지는 소리).

지딱 서둘러서 되는 대로 설거지하는 모양. 함부로 들부수어 못쓰게 만드는 모양. 서둘러서 마구 일 따위를 벌이는 모양.=빨리. 후딱. ¶저녁을 먹고 나서 지딱지딱 해치웠다. 지딱거리다/대다/이다[1086], 지딱지딱/하다.

지라 위의 왼쪽 뒤에 있는 내장의 하나. 비장(脾臟).

지랄 법석을 떨거나 분별없이 함부로 행동하는 짓. 〈작〉재랄. ¶지랄을 치다. 지랄발광/하다(發狂), 지랄버릇, 지랄병(病;정신병. 간질), 지랄쟁이, 지랄증(症), 지랄하다; 개지랄/하다, 네굽지랄(네굽질), 돈지랄(분수에 맞지 아니하는 씀씀이), 밥지랄(못된 짓), 생지랄(생억지로 부리는 짓), 용천지랄[1087].

지러-지다 잘 자라지 못하고 시들시들하여 쇠해지다. 시들시들 자라서 오종종해지다. ¶지러져 피어날 줄 모른다.

지렁이 빈모류(貧毛類)의 환형동물.[←지룡(地龍)+이]. ¶지렁이도 밟으면 꿈틀한다. 지렁이고무(지렁이 모양으로 마디 금이 있게 만든 가는 고무관); 갯지렁이, 실갯지렁이, 실지렁이, 흙지렁이(물잠자릿과의 유충) 들.

지루-하다 같은 상태가 오래 계속되어 싫증이 나고 따분하다.[←지리(支離)]. ¶지루한 나날. 지루한 장마가 계속되다. 지르감/질

1084) 포달지다: 악을 쓰며 함부로 대드는 품이 사납고 다라지다.
1085) 한물지다: 채소, 과일, 어물 따위가 한창 나오는 때가 되다.
1086) 지딱이다: 마구 들부수어 못쓰게 만들다.
1087) 용천지랄: 꼴사납게 마구 법석을 떨거나 분별없이 행동함을 욕하여 이르는 말.

감스럽다[1088], 지루히.

지룽 소리가 먼 속에서 궁글고 둔하게 울리는 모양. ¶동굴에서 소리가 지룽 울리다.

지르- 몇몇 동사 앞에 붙어 '위로 올려. 치올려'의 뜻을 덧붙이는 말. ¶지르보다(눈을 크게 부릅뜨고 보다), 지릅뜨다(;치뜨다. 고개를 숙이고 눈을 치올려서 뜨다), 지릅뜨기, 지르잡다[1089] 들.

지르(다)[1] ①주먹 또는 팔다리나 막대기 따위를 내뻗치어 힘껏 건드리다.≒치다. 때리다. ¶옆구리를 지르다. 질러박다(힘껏 내질러 치다. 세게 쳐서 꽂다), 질리다; 걷어지르다[1](발로 내질러 차다)/질리다, 내지르다[1]/질리다, 내리지르다[1][1090]/질리다, 대지르다(찌를 듯이 대들다), 되지르다, 들이지르다[1](세게 지르다), 떠다박지르다/떠박지르다(마구 떠다밀어 넘어뜨리다)/질리다, 막지르다[1091], 망그지르다(부서뜨려 못 쓰게 만들다), 바수·부수지르다, 박지르다[1092], 옥·욱지르다, 으끄지르다(물건을 으깨다), 윽박지르다[1093], 쥐어지르다, 짓지르다, 치지르다, 휘지르다[1094]. ②양쪽 사이를 긴 물체로 가로 건너막거나 걸치거나 꽂다.≒끼우다. 걸치다. ¶비녀를 지르다. 대문을 닫고 빗장을 지르다. 지레[1][1095], 지르끼다[1096], 지름나무(마루 따위에 가로질러서 놓인 나무); 가로지르다[1](가로로 건너지르다)/질리다, 가새지르다(어긋매끼어 엇걸리게 하다), 건너지르다[1]/질리다, 걷어지르다[2][1097], 걷어질리다(눈까풀이 맥없이 열리고 눈알이 옴폭하게 들어가 퀭하다), 것지르다(아래에서 위로 거슬러 지르다), 겹질리다(몸의 근육이나 관절을 다치다), 곁지르다/질리다, 꿰지르다(옷을 입거나 신을 신다), 맞질리다, 벋지르다, 뻗지르다/질리다, 샅바지르다(다리를 샅바로 묶다), 살지르다[1](칸살을 지르다. 어살을 지르다), 엇지르다(가로 지르다), 접질리다[1098]. ③지름길을 통하여 가깝게 가다. 남보다 먼저 하다. ¶골목길로 질러서 가다. 지레[2][1099], 지레목[1100], 지름[1101], 지름길(샛길↔두름길), 지름대(가로 건너지른 나무나 대), 지름물매, 지름불[1102], 지릅고개(지름길이 되는 고개), 질러가다(지름길로 가다)/오다, 질러먹다[1103], 질러죽다(요절하다); 가로지르다[2](가로로 지나가다), 건너지르다[2], 까·끄지르다(주책없이 쏘다니다), 깎아지르다(반듯하게 깎아 바로 세우다), 꿰지르다(어떤 곳을 뚫고 빠져 나가다), 내지르다[2][1104], 앞지르기/앞지르다. ④불이나 분한 마음을 일으키다. ¶농부가 논둑에 불을 지르다. 불지르다, 싸지르다. ⑤냄새가 별안간 후각을 자극하다. 〈센〉찌르다. ¶향수 냄새가 코를 지르다. ⑥식물의 곁순 따위를 자르거나, 힘찬 기세를 꺾다. ¶곁순을 질러내다. 순지르기/지르다/지름(筍). ⑦말이나 행동을 미리 잘라서 막다. ¶눈치를 채고 말을 지르다. ⑧도박이나 내기에서, 돈·물건 따위를 걸다.≒태우다[3]. ¶판돈을 지르다. 살지르다[2](돈을 더 내어 놓다). ⑨술이나 약에 다른 약을 섞거나 타다. 거름을 끼얹거나 붓다. 물건을 넣다. ¶감기약에 해열제를 지르다. 농약을 지르다. 밭에 거름을 지르다. 약지르다(藥)[1105], 처지르다/처든지르다(아궁이에 나무를 마구 몰아넣다). ⑩그릇에 담긴 액체를 조금 떠내거나 따르다. ¶밥물을 너무 많이 잡아서 조금 질러냈다. 암지르다[1106]. ⑪짙은 빛으로 옅은 빛의 옆을 칠하여, 그 옅은 빛이 더 두드러지게 하다.

지르(다)[2] 목청을 높이어서 소리를 크게 내다. ¶비명을 지르다. 사람들이 길거리에 모여 고래고래 소리를 지르다. 지름시조(時調), 지름엮음(시조창의 하나); 내지르다[2], 들이지르다[2](큰소리를 마구 내지르다).

-지르다 몇몇 용언의 어간에 붙어 '그 행위의 정도가 심함'의 뜻을 더하는 말. ¶구기지르다(←구기다), 싸지르다(←싸다), 엎지르다(←엎다).

지르-되다 식물 따위가 제때를 지나 더디게 자라거나 익다.≒늦되다. ¶수박이 지르되다.

지르르 늘어지어 끌리는 모양. ¶팔을 잡고 지르르 끌어당기다.

지르릉 ①전화벨 따위가 울리는 소리. ¶짜르릉·찌르릉. ②유리판이나 양철 따위가 부딪혀 울리는 소리.

지르퉁-하다 못마땅하여 잔뜩 성이 나서 말없이 있다. ¶지르퉁히.

지리(다)[1] 똥이나 오줌을 참지 못하고 조금 싸다. ¶노는데 정신이

1088) 질감스럽다: 참고 견디기에 매우 지루한 데가 있다. ¶질감스럽게 끌어오던 이야기를 지금부터 전해 드리겠습니다.

1089) 지르잡다: 옷 같은 것의 덟은(더러운) 부분만을 걷어 올려 잡아서 빨다. ¶기름 묻은 자리를 휘발유로 지우고 비누로 지르잡아서 깨끗이 빨다. 물에다 바지를 지르잡아라.

1090) 내리지르다[1]: 아래를 향하여 주먹으로 치거나 발로 차다.

1091) 막지르다: ①앞질러 막다. ¶남의 말을 막지르다. ②마구 냅다 지르다. ¶막질리다.

1092) 박지르다: 힘껏 차거나 내질러 쓰러뜨리다. ¶물어박지르다(짐승이 달려들어 물어뜯으며 마구 몸부림치다).

1093) 윽박지르다: 심하게 윽박아(억지로 짓눌러) 기를 꺾다.

1094) 휘지르다: 옷을 몹시 구기거나 더럽히다. ¶장난이 어찌 심한지 하루에도 옷을 몇 번 휘질러 놓는다.

1095) 지레[1]: 무거운 물건을 움직이는 데에 쓰는 막대기. ¶지렛대(제지레), 지렛목(받침점. 支點), 지레저울, 지레질/하다; 광학지렛대(光學), 무쇠지레/쇠지레.

1096) 지르끼다: ①지르듯이 꽂거나 박다. ¶팔짱을 지르끼다. ②깊이 간직하거나 움켜쥐다. ¶지르끼고 내놓지 않다.

1097) 걷어지르다[2]: 치마 따위가 길게 드리워진 것을 걷어서 내려오지 못하게 꽂아 놓다. ¶치맛자락을 걷어지르다.

1098) 접질리다: 관절에 타격을 받거나 실그러져 삘 지경에 이르다. ¶계단을 급히 오르다가 발목을 접질렸다.

1099) 지레[2]: 어떤 시기가 되기 전에 미리. ¶지레 놀라 도망을 가다. 지레결혼(結婚;이른 결혼), 지레김치(김장 전에 조금 담그는 김치), 지레꿰지다(일은 전혀 모르면서 무조건 참견하기를 좋아하다), 지늙다(지레 늙다), 지레뜸(뜸이 들기 전에 밥을 푸는 일. 또는 그 밥), 지레짐작/하다(넘겨짚다), 지레채다(지레짐작으로 알아채다).

1100) 지레목: 산줄기가 끊어진 곳.=산잘림. ¶지레목에서 망을 보다.

1101) 지름: 원이나 구의 중심을 지나서 그 둘레 위의 두 점을 직선으로 이은 선분. ¶지름을 재다. 긴지름, 긴반지름(半), 바깥지름, 반지름(半), 시지름(視), 안지름, 짧은지름, 켤레지름.

1102) 지름불: 밤에 뱃길을 비춰주거나 운항의 목적지를 알려 주기 위해 켜 놓은 등불.

1103) 질러먹다: 미처 다 익지 않은 음식을 미리 먹다.

1104) 내지르다[2]: 물이 세차게 흐르거나, 바람이 세차게 아래로 불다.

1105) 약지르다(藥): ①술을 빚어 놓은 뒤에 주정 발효를 돕는 약품을 넣다. ②물고기를 잡거나 유해 생물을 없애기 위하여 약품을 쓰다.

1106) 암지르다: 으뜸 되는 것에 덧붙여서 하나가 되게 하다.[←엄/어미]. ¶식당 아주머니는 그에게 곰국을 암질러 동치미 국물이나 총각김치를 한 그릇씩 거저 주었다.

팔리어 바짓가랑이에 오줌을 지리다.

지리(다)² 냄새나 맛이 오줌 냄새와 비슷하다. 〈작〉자리다. ¶무가 지려서 못 먹겠다. 자린내(오줌냄새. 빨랫감이 떠서 나는 쉰 냄새), 지린내, 지릿하다.

지망지망 ①조심성이 없고 경박하게 나부대는 모양. ¶알지도 못하면서 지망지망 덤비지 마라. ②투미하여 무슨 일에나 소홀한 모양. ¶일을 지망지망 처리하다. 지망지망하다/히.

지매 그림의 여백에 연한 초록, 노랑, 보라 따위의 색을 칠하는 일. ¶붉은 작약도에 연둣빛 지매. 지매하다.

지멸 차분하고 꾸준한 성질. ¶지멸있다(꾸준하고 성실하다. 직심스럽고 참을성이 있다), 지멸있이, 지머리[1107].

지물지물-하다 날씨가 비가 내릴 듯이 구질구질하다. ¶올해는 흐리고 지물지물한 날씨가 너무 오래 계속된다.

지방¹ 길가에 움푹 패어 있어 빠지기 쉬운 개울.

지방² 일각 대문의 심방[1108] 끝에 세우는 나무. ¶지방을 잇다. 눈지방(눈의 위아래 언저리).

지부새 솟을각의 뒷면에 보강(補强)한 널빤지.

지빠귀 지빠귓과의 새를 두루 이르는 말. 개똥지빠귀.

지숙-하다 순박하고 수수하다. ¶지숙한 산골 아낙네. 지숙스럽다.

지스러기 고르고 남은 찌끼나 부스러기. 마름질하거나 에어 내고 난 나머지.

지실 어떤 재앙으로 해가 미치는 일.≒재해(災害). ¶지실이 들다(동물이나 생물이 재앙 때문에 잘 자라지 못하다). 금년 벼농사는 지실이 많아 소출이 줄었다. 아기가 크느라고 그런지 지실이 자주 든다. 지실받이(지실을 당하는 사람).

지싯 남이 싫어하건 말건 짓궂게 구는 모양. ¶싫다는데도 지싯지싯 술을 권한다. 싫다는데도 지싯거리며 못살게 군다. 지싯거리다/대다, 지싯지싯/하다.

지써 끈기 있고 참을성 있게 줄곧. ¶지써 붙어 있다. 낚싯줄을 드리우고 지써 지키고 있다.

지에 지에밥(찹쌀이나 멥쌀을 물에 불려서 시루에 찐 고두밥). ¶찹쌀 지에를 떡메로 쳐서 인절미를 만들었다. 누룩을 섞어 버무리 지에밥은 술밑으로 쓴다.

지오 종묘 제악 따위에서 음악을 끝내는 신호.

지우(다)¹ ①없던 것을 새로 생기게 하다.[←짓(다)+우+다]. ¶그늘을 지우다. ②특징을 두드러지게 하다. ¶특징을 지우다. 세모를 지우다.

지우(다)² ①있던 것을 없애다. 끊어지거나 떨어져서 제자리를 떠나게 하다. ¶숨을 지우다. 아이를 지우다. 잎을 지우다. ②적은 양의 액체를 떨어지게 하다. ¶눈물을 지우다. ③많은 분량 중에서 일부를 덜다. ¶밥을 지우고 말아 먹다. 그릇의 물을 조금 지우고 마시다.

지우(다)³ 글씨 따위나 묻거나 붙거나 나타났던 것을 없애버리다. 감정 따위를 남겨두지 아니하고 없애 버리다. ¶낙서를 지우다. 때를 지우다. 기억을 지우다. 웃음을 지우다. 지우개; 고무지우개, 칠판지우개(漆板).

지우(다)⁴ 활의 시위를 벗기다.↔얹다.

지우(다)⁵ '지다(이기지 못하다). (짐을 등에)지다'의 사동사.

지위¹ 나무를 다루어 집을 짓거나 물건을 만드는 사람. 목수(木手). ¶뭇지위(여러 목수).

지위² 질병이나 재앙으로 화를 입는 고비. ¶지위지다[1109].

지음-치다 사이에 두다.[〈즈음츠다(막히다)]. ¶장지문 하나를 지음쳐서 아버지와 형의 이야기를 귀담아 듣고 있었다.

-지이다 용언 어미 '-아/어' 아래 쓰이어, 무엇이 뜻대로 되기를 바라는 뜻을 나타내는 말. ¶소망이 이루어지이다. 지라고[1110].

지익지익 불꽃을 뿜는 소리. ¶남폿불이 지익지익 소리를 내며 새파란 불꽃을 뿜는다.

지저귀 ①남의 일에 헤살(방해)놓는 짓.≒죽젓개질②.[←짖+어귀]. ¶그는 지저귀가 나쁘다. 지저귀하다. ②=짓거리(못되게 구는 짓).

지저-깨비 나무를 깎아서 다듬을 때에 생기는 잔 조각. 떨어져 나오는 부스러기나 잔 조각.=나무지저귀.

지저분-하다 ①거칠고 어수선하여 깨끗하지 못하다.≒어수선하다. 너절하다. ¶방이 지저분하다. ②말이나 행실이 추잡하고 더럽다. ¶지저분한 행실. 지저분히. 지꺼분하다[1111].

지절지절 ①물기가 있어서 꽤 진 모양. ②진땀이나 식은땀이 살갗에 흐를 만큼 배거나 솟아나는 모양.

지정 곧장 내달아 가지 않고 조금 머뭇거리는 모양. ¶그는 뭘 하느라 그랬는지 지정거리다가 이제야 나타났다. 지정거리다/대다, 지정지정/하다.

지정-머리 좋지 못한 궂은 짓거리.

지종 종다리 따위의 새가 지저귀는 소리. 또는 그 모양.

지즐 좁은 골목이나 골짜기 같은 곳을 따라 개울물이 흐르는 소리나 모양. ¶옛이야기 지즐대는 실개천이 휘돌아 나가다. 지즐거리다/대다.

1107) 지머리: ①차분하고 꾸준히. ¶공부를 지머리 한다. ②차분하고 탐탁하게. ¶밥을 지머리 먹지 아니한다.

1108) 심방(心枋): 대문 기둥 위를 가로 지른 부재(部材).

1109) 지위지다: ①병으로 몸이 쇠약하여지다. ¶해산에 지위진 아내는 앓아누웠다. ②씀씀이가 지나치거나 재앙을 입어 살림이 기울어지다. ¶웬만큼 있는 집이라도 대학생이 둘이면 아무래도 지위지게 마련이다.

1110) 지라고: 소원을 나타내는 '지이다라고'의 뜻. ¶영광의 날을 맞아 복되게 살아지라고 기도합니다.

1111) 지꺼분하다: ①눈이 깨끗하지 못하고 흐릿하다. ②어수선하고 지저분하다.

지지 젖먹이에게 '더러운 물건'이라고 일러 주는 말.≒더러움/더럼.

지지(다) ①국물을 조금 붓고 끓여 익히다. 지짐질로 익히다.≒끓이다. ¶김치를 지져먹다. 지지고 볶다. 지지개(찌개), 지짐/지짐이[1112]. ②불에 달군 물건을 다른 물체에 대어 뜨겁게 하거나 타게 하다.≒찜질하다. ¶아픈 어깨를 아랫목에 지지다. 상처를 불로 지지다.

지지르(다) ①기운이나 의견 따위를 꺾어 누르다. ②무거운 물건으로 내리누르다. ¶돌로 꾹 지질러 놓다. 지르감다[1113], 즈려밟다(눌러밟다), 지르누르다(지지누르다), 지르디디다[1114], 지르물다(눌러물다), 지르밟다(내리밟다), 지르숙이다[1115], 지르신다[1116], 지지누르다(지르누르다)/눌리다, 지지름돌(물건을 지지르는 돌), 지질리다(지지름을 당하다), 지질컹이[1117] 들.

지지-하다 무슨 일이든지 질질 끌기만 하고 보잘것없다. 아주 굼뜨고 더디다. 시시하고 지루하다. ¶이야기를 지지하게 늘어놓다. 지지부레하다(모두가 보잘것없이 변변하지 아니하다).

지질 ①보잘것없고 변변하지 못한 모양. ¶지질맞다[1118], 지질버력(질이 가장 낮은 버력), 지질하다[1119]. 지질지질/하다. ②때가 끼어 몹시 더러운 모양.

지짐 비가 오다 멎었다 하며 자주 내리는 모양. ¶지짐지짐 오는 가을비에도 옷이 젖으니 비 맞고 다니지 말거라. 며칠 동안 지짐지짐 날이 궂어서 일을 할 수가 없었다. 지짐거리다/대다, 지짐지짐/하다.

지척 지친 다리를 끌면서 힘없이 억지로 걷는 모양. ¶그는 몹시 피곤한 듯 무거운 다리를 지척지척 저편으로 옮겨 갔다. 지척거리다/대다, 지척지척/하다. 주척[1120].

지청구 ①아무 까닭 없이 남을 탓하고 원망하는 짓. ¶지청구를 대다. 지청구꾸러기, 지청구하다; 악청구(악에 받친 지청구). ②잘못을 꾸짖는 말. 꾸지람.=지천(전남 사투리). ¶선생님께 지청구를 듣기 일쑤였다.

지체 집안이나 개인의 사회적 지위나 체면.≒신분(身分). 문벌(門閥), 체통(體統). ¶지체가 높다. 그와 나는 지체가 다르다.

지치(다)[1] ①시달림을 받아 기운이 빠지다. ¶지친 몸. 지치러지다[1121], 지친것[1122]. ②어떤 일에 물려서 싫증이 나다. ¶노는 데에도 지쳤다. ③마소 따위가 기운이 빠져 묽은 똥을 싸다.[〈즈츼다].

지치(다)[2] 얼음 위를 미끄러져 달리다. ¶얼음을 지치다. 지치러뜨리다(세게 지치게 하다), 얼음지치기.

지치(다)[3] 문을 잠그지 아니하고 닫아만 두다.≒닫다. ¶부엌문을 지치다. 대문을 지치고 나가라.

지칭개 국화과의 두해살이풀.

지키(다) ①잃지 아니하도록 살피다.≒보다. ¶보따리를 지키다. 집을 지키다. 지키는 사람 열이 있어도 도둑 하나를 못 당한다. ②보살펴 보호하다.≒수호하다(守護). 보전하다(保全). ¶조국을/ 나라를 지키다. 환자 곁을 밤새 지키다. 지킴/지킴이[영물(靈物). 터주신. 관리자]. ③눈여겨보며 감시하다. ¶길목을 지키다. 휴전선을 지키다. 지켜보다[1123]. ④어떠한 상태를 그대로 계속 유지하다. ¶비밀을 지키다. 침묵을 지키다. ⑤지조 · 절개를 굳게 지니다. ¶절개를 지키다. ⑥약속 · 법령 · 예절을 어기지 아니하고 준수하다.≒따르다.↔어기다. 위반하다(違反). ¶질서를 지키다. 약속시간을 지키다. ☞ 수(守).

지퍽 다리를 끌면서 억지로 걸음을 걷는 모양.=지척.

지피(다)[1] 사람에게 신이 내려서 모든 것을 알아맞히는 신묘(神妙)한 힘이 생기다. ¶무당에게 신령이 지피다. 신이 지핀 처녀. 신지피다(神).

지피(다)[2] 아궁이 · 화덕에 땔나무를 넣어 불타도록 하다.≒붙이다. 피우다. 때다. 태우다. ¶아궁이에 불을 지피다. 장작을 지피다.

지피(다)[3] 한데 엉기어 붙다. ¶강은 살얼음이 지폈다.

지화자 ①나라가 태평하고 국민이 평안한 시대에 부르는 노래. 또는 그 노랫소리. ②윷놀이에서 모를 치거나 활쏘기에서 과녁을 맞혔을 때, 잘한다는 뜻으로 외치는 소리.

직[1] 학질 따위의 병이 발작하는 차례. 또는 그것을 세는 말. ¶학질을 세 직째 앓다. 직날(학질의 증세가 발작하는 날).

직[2] 사람이나 새 따위가 물똥이나 오줌을 한 차례 내깔기는 모양. 〈센〉찍. ¶참새가 똥을 직 싸다.

직(職) 관직(官職). '직업이나 직분 · 임무'를 뜻하는 말. ¶너는 지금 무슨 직에 종사하고 있느냐? 여러 직을 두루 거치다. 직계제(職階制), 직공(職工), 직관(職官;직위와 관등), 직군(職群), 직권(職權)[1124], 직급(職級), 직급(職給), 직능(職能)[직능국가(國家), 직능

1112) 지짐: 지짐이(국보다 국물을 적게 잡아 짭짤하게 끓인 음식), 지짐질(부침질)/하다; 가자미지짐이, 게지짐, 고추장지짐이, 꽃지짐, 녹두지짐(綠豆;빈대떡), 박지짐이, 방어지짐이(魴魚), 비웃지짐이, 시래기지짐이, 쏘가리지짐이, 암치지짐이, 제육지짐이(肉) 들.

1113) 지르감다: 힘을 주어 눈을 내리 감다. ¶환자는 아픔을 참느라고 눈을 지르감고 이를 악물었다.

1114) 지르디디다: 양말이나 버선, 신발의 뒤축을 바싹 당겨 신지 아니하고 꺾이거나 뭉개지게 밟아 디디다. ¶신발 뒤축을 지르디디고 끄는 버릇을 고치다.

1115) 지르숙이다: 고개를 한옆으로 돌려서 숙이다. ¶머리를 지르숙이고 듣다.

1116) 지르신다: 신이나 버선 같은 것을 뒤축이 눌려 밟히도록 신다.

1117) 지질컹이: ①무엇인가에 억눌리어 기를 펴지 못하는 사람. ②무엇인가에 내리눌리어 제대로 모양을 갖추지 못한 물건.

1118) 지질맞다: 매우 보잘것없고 변변하지 않은 행동이 있다. ¶지질맞은 사람.

1119) 지질하다: ①보잘것없이 변변하지 못하다. ¶지질한 목숨. 인품이 지질하다. ②깔밋하지 못하여 싫증이 날 만큼 지루하다. ¶뻔한 이야기를 지질하게 끌다.

1120) 주척: 소 같은 것이 큰 걸음으로 느릿느릿 걷는 모양.

1121) 지치러지다: ①몸이 찢겨나가고 부스러지다. ②마음에 멍이 들거나 상처를 입다. ¶지치러진 마음.

1122) 지친것: 어떤 직업 명칭 밑에 붙어서, 그 일에 오래 종사하다가 물러난 사람을 얕잡아 일컫는 말.=퇴직자(退職者). ¶공무원 지친것. 기생 지친것. 선생 지친것.

1123) 지켜보다: 관심이나 주의를 기울여 살펴보다.=망보다(望).

급(給), 직능단체(團體), 직능대표제(代表制), 직능평가(評價)], 직력(職歷), 직렬(職列), 직명(職名), 직무(職務)[1125], 직복(職服), 직봉(職俸), 직분(職分;직무상의 본분. 마땅히 해야 할 본분), 직사(職司), 직사(職事), 직소(職所), 직수(職守), 직업(職業)[1126], 직역(職域), 직원(職員)[1127], 직위(職位), 직인(職人), 직인(職印), 직임(職任), 직장(職長), 직장(職掌), 직장(職場;일자리), 직전법(職田法), 직제(職制), 직종(職種), 직차(職次;직책의 차례), 직책(職責), 직첩(職牒), 직품(職品), 직함(職銜;벼슬의 이름); 간부직(幹部職), 강직(降職), 겸직(兼職), 경관직(京官職)/경직(京職), 경리직(經理職), 계약직(契約職), 계제직(階梯職), 고용직(雇傭職), 고위직(高位職), 곤직(袞職), 공직(公職), 공직(供職), 관직(官職), 관리직(管理職), 교직(敎職), 교도직(敎導職), 교정직(矯正職), 구직(求職), 군직(軍職), 궁인직(宮人職), 권설직(權設職), 기능직(技能職), 기술직(技術職), 낙직(落職), 남직(濫職), 내직(內職), 노동직(勞動職), 노인직(老人職)/노직(老職), 당직(當職), 당직(黨職), 대직(大職), 독직(瀆職;직책을 더럽힘)/죄(罪), 동직(同職), 말단직(末端職)/말직(末職), 매관매직(賣官賣職)/매직(賣職), 면직(免職)[면직처분(處分); 유지면직(諭旨), 직권면직(職權)], 명예직(名譽職), 무직업(無職業)/무직(無職), 문직(文職), 박직(剝職), 별정직(別定職), 보직(補職), 복직(復職), 본직(本職), 봉직(奉職), 부직(付職), 부직(副職), 부직(婦職), 비정규직(非正規職), 사직(辭職), 사도직(使徒職), 사목직(司牧職), 사무직(事務職), 사서직(司書職), 사제직(司祭職), 사직(辭職)[사직원(願); 권고사직(勸告)], 삭직(削職), 상직(上職), 상직(常職), 상급직(上級職), 상당직(相當職), 생경직(生經職), 생산직(生産職), 선출직(選出職), 성직(聖職), 소직(小職), 수직(守職), 수직(首職), 수직(壽職), 순직(殉職), 습직(襲職), 승직(昇/陞職), 승직(僧職), 시종직(侍從職), 실직(失職), 실직(實職), 역직(役職), 영업직(營業職), 오직(汚職), 외관직(外官職)/외직(外職), 외무직(外務職), 요직(要職), 우직(右職), 유급직(有給職), 음직(蔭職), 이직(移職), 이직(離職), 익직(溺職;직무를 감당하지 못함), 일반직(一般職), 일용직(日傭職), 임직(任職), 임명직(任命職), 임시직(臨時職), 자유직(自由職), 잡직(雜職), 잡급직(雜給職), 재직(在職), 적직(適職), 전직(前職), 전직(轉職), 전문직(專門職), 정직(正職), 정직(定職), 정직(停職), 정규직(正規職), 정무직(政務職), 제직(諸職), 종부직(從夫職), 종신직(終身職), 중직(重職), 지방직(地方職), 차직(次職), 천직(天職), 천직(賤職), 천직(遷職), 첨설직(添設職), 체직(遞職), 체아직(遞兒職), 초직(初職), 취직(就職), 칭직(稱職), 토관직(土官職), 퇴직(退職)[불/명예퇴직(不/名譽), 정년퇴직(停年)], 특정직(特定職), 파직(罷職)[봉고파직(封庫)], 판매직(販賣職), 폄직(貶職), 폐직(廢職), 품직(品職), 하직(下職), 하급직(下級職), 하위직(下位), 한직(閑職), 해직(解職), 행정직(行政職), 향직(鄕職), 현직(現職), 현직(顯職), 화관무직(華官膴職), 화직(華職), 회계직(會計職), 휴직(休職)[휴직급(給); 대명휴직(待命)] 들.

직(直) '곧다 · 바르다. 번. 당직(當直). 서다. 곧바로'를 뜻하는 말. ¶직각(直角)[직각기둥, 직각삼각형(三角形), 직각좌표(座標)], 직각/력(直覺/力), 직간(直諫), 직감/적(直感/的), 직거래(直去來), 직격탄(直擊彈), 직결(直決), 직결(直結), 직경(直徑;지름), 직계(直系)[1128], 직고(直告), 직관(直觀)[1129], 직교(直交), 직구(直球), 직근(直根), 직납(直納), 직달(直達), 직담판(直談判), 직답(直答), 직도(直道), 직렬(直列)[직렬연결(連結), 직렬접속(接續)], 직령(直領), 직례(直隷), 직로(直路), 직류(直流)[직류발전기(發電機), 직류전기(電氣)], 직립(直立)[직립경(莖;곧은줄기), 직립면(面), 직립보행(步行), 직립원인(猿人)], 직말사(直末寺), 직매(直賣), 직맥(直脈), 직면(直面), 직방(直放), 직방체(直方體), 직배(直配), 직복근(直腹筋), 직사(直死), 직사(直寫), 직사(直射)[직사광선(光線)/직사광(光), 직사도법(圖法), 직사포(砲)], 직사각(直四角), 직사각형(直四角形), 직삼(直蔘), 직삼각형(直三角形), 직삼(直蔘), 직상(直上), 직서(直敍), 직석(直席), 직선(直選), 직선(直線)[직선거리(距離), 직선미(美), 직선적(的), 직선형(形)], 직설/법(直說/法), 직섬석(直閃石), 직성(直星)[1130], 직소(直所), 직소(直所), 직속(直屬;직접 딸림)[직속부대(部隊), 직속상관(上官)], 직손(直孫), 직송(直送), 직수(直守), 직수입(直輸入), 직수출(直輸出), 직시(直視), 직신(直臣), 직심/스럽다(直心), 직언(直言), 직역(直譯), 직영(直營), 직왕(直往), 직원기둥(直圓), 직원뿔(直圓), 직유법(直喩法), 직육면체(直六面體), 직일(直日), 직장(直腸), 직재(直裁), 직전(直田), 직전(直前), 직전(直錢;맞돈), 직절(直節), 직절(直截), 직접(直接[1131]↔間接;바로. 손수), 직정(直情), 직제자(直弟子), 직주(直走), 직주(直奏), 직주로(直走路), 직증(直證), 직지인심(直指人心),

ㅈ

1124) 직권(職權): 직무상의 권한. 맡은 권한. ¶직권남용/죄(濫用/罪), 직권등기(登記), 직권면직(免職), 직권명령(命令), 직권보석(保釋), 직권상정(上程), 직권알선(斡旋), 직권조사(調査), 직권조정(調停), 직권주의(主義), 직권중재(仲裁), 직권진행주의(進行主義), 직권처분(處分), 직권탐지주의(探知主義).

1125) 직무(職務): 맡은 일. ¶직무강요죄(强要罪), 직무급(給), 직무기간(期間), 직무대리(代理), 직무명령(命令), 직무범죄(犯罪), 직무분석(分析), 직무요인(要因), 직무유기/죄(遺棄/罪), 직무집행명령(執行命令), 직무평가(評價), 직무확대(擴大).

1126) 직업(職業): 급료를 받고 생활을 유지하기 위하여 한 가지 일에 종사하는 지속적인 사회 활동. ¶직업을 구하다. 직업과정(課程), 직업교육(敎育), 직업군인(軍人), 직업병(病), 직업보도(輔導), 직업분석(分析), 직업선수(選手), 직업소개소(紹介所), 직업안내(案內), 직업안정/법(安定/法), 직업암(癌), 직업어(語), 직업윤리(倫理), 직업의식(意識), 직업인(人), 직업적(的), 직업적성(適性), 직업전선(戰線), 직업조사(調査), 직업지도(指導), 직업집단(集團), 직업행정(行政), 직업훈련(訓練), 직업화/되다/하다(化), 직업훈련(訓練); 인기직업(人氣), 자유직업(自由).

1127) 직원(職員): 직원록(錄), 직원조합(組合), 직원회의(會議)/직원회(會); 사무직원(事務), 임직원(任).

1128) 직계(直系↔傍系): 직계가족(家族), 직계비속(卑屬), 직계인척(姻戚), 직계존속(尊屬), 직계친(親), 직계친족(親族), 직계혈족(血族).

1129) 직관(直觀): 사유(思惟) 작용을 거치지 않고, 대상을 직접적으로 파악하는 작용. 직각(直覺). ¶직관교수(敎授), 직관상(像), 직관적(的), 직관주의(主義); 본질직관(本質), 지적직관(知的).

1130) 직성(直星): 음양도(陰陽道)에서, 사람의 나이에 따라 그 운명을 맡은 별. ¶직성이 풀리다(소원이나 욕망 따위가 뜻대로 이루어져 마음이 흐뭇해지다).

1131) 직접(直接↔間接): 직접강제(强制), 직접거래(去來), 직적경험(經驗), 직접구성성분(構成成分), 직접국세(國稅), 직접금융(金融), 직접기관(機關), 직접노동(勞動), 직접담판(談判), 직접모집(募集), 직접무역(貿易), 직접민주제(民主制), 직접반응(反應), 직접발행(發行), 직접법(法), 직접분석(分析), 직접분열(分裂), 직접비(費), 직접비료(肥料), 직접사격(射擊), 직접선거(選擧), 직접성(性), 직접세(稅), 직접손해(損害), 직접적(的), 직접점유(占有), 직접정범(正犯), 직접조명(照明), 직접증거(證據), 직접촬영(撮影), 직접추리(推理), 직접침략(侵略), 직접투자(投資), 직접행동(行動), 직접화법(話法), 직접환(換), 직접효용(效用).

직진(直進), 직척(直斥), 직척(直戚), 직초(直招), 직출(直出), 직토(直吐), 직통(直通), 직파(直派), 직파(直播;곧뿌림), 직판(直販), 직필(直筆↔曲筆), 직핍(直逼;바싹 다가옴), 직하(直下), 직하다[1132], 직할(直轄)[직할부대(部隊), 직할시(市)], 직항(直航), 직해(直解), 직행(直行), 직활강(直滑降), 직후(直後); 가직(家直;가지기), 강직(强直), 강직하다(剛直), 경직(勁/梗直), 경직/되다(硬直), 고직(庫直;고지기), 곡직(曲直), 공직하다(公直), 교왕과직(矯枉過直), 궐직(闕直), 근직(謹直), 당직(堂直), 당직(當直), 당직(讜直), 대직(代直), 박직(樸直), 반직(伴直), 방직(方直), 벌직(罰直), 사직(司直), 산직(山直), 상직(上直), 상직(常直), 성직(誠直), 솔직(率直), 쇄직(鎖直), 수직(守直), 수직(垂直), 숙직(宿直), 순직하다(純直), 실직(實直), 양직(亮直), 연직(鉛直), 염직하다(廉直), 영직(嶺直), 우직하다(愚直), 윤직(輪直), 이직(理直;이론이 바름), 일직(日直), 입직(入直), 절직(切直), 정직하다(正直), 정직하다(貞直), 졸직(拙直), 질직하다(質直), 철직(撤直), 청직(淸直), 초직(峭直;성품이 굳고 곧음), 충직(忠直), 파직(把直), 표직(豹直), 하직(下直), 항직(伉直), 행직(行直) 들.

직(織) '피륙. 베를 짜다'를 뜻하는 말. ¶직공(織工), 직금(織金), 직기(織機), 직녀/성(織女/星), 직물(織物)[견직물(絹織物), 기모직물(起毛), 소섬사직물(梳纖絲), 파일직물(pile), 편직물(編)], 직부(織婦), 직오(織烏;해. 태양), 직장(織匠), 직조(織造)[직조기(機), 직조기술(技術), 직조공장(工場), 직조하다(짜다)]; 간충직(間充織), 견직(絹織), 경직(耕織), 교직(交織), 능직(綾織), 마직(麻織), 면직물/면직(綿織), 모직(毛織), 목면직(木綿織), 문직(紋織), 방직(紡織), 사문직(蛇紋織), 수자직(繻子織), 수직(手織), 양직(洋織), 양모직(羊毛織), 염직(染織), 우직(羽織), 이중직(二重織), 조직(組織), 첨모직(添毛織), 편직/물(編織/物), 평직(平織), 항라직(亢羅織), 혼직(混織) 들.

직(稷) '기장(곡식의 한 가지)'을 뜻하는 말. ¶직신(稷神;곡식을 맡은 신); 대직(大稷), 사직(社稷;나라), 서직(黍稷), 태직(太稷), 후직(后稷) 들.

직(則) '곧. 곧바로'를 뜻하는 말. ¶불연즉(不然則), 연즉(然則). ☞ 칙(則).

직박구리 직박구릿과의 새.

직수굿-하다 풀기가 꺾여 내들지 않고 다소곳이 있다. 저항하지 않고 하라는 대로 하다.(≒고분고분하다). 나이가 듬직하다. ¶직수굿하니 맥없이 서 있다. 나이가 직수굿한 아낙네. 직수굿이.

직판 (구어체로) 주저함이 없이 그 자리에서 맞대놓고 직접.=곧장. ¶직판 물어보다.

-(음)직하/찍하(다) 일부 형용사 어간 뒤에 붙어 '조금 또는 꽤 그러함. 그러한 상태나 성질에 가까움'의 뜻을 더하는 말. §어간의 끝소리가 'ㄹ'이면 '-찍하다'로 표기함. 동사 어간 뒤에 붙어 '그렇게 할 만한 가치가 있음'의 뜻을 더하고 형용사를 만드는 접미사. ¶직하다[1133]; 가느직하다, 가직하다(거리가 조금 가깝다), 굵직하다, 길찍하다, 널찍하다, 높직하다, 눅직하다, 느직하다, 늙직하다, 되직하다, 든직하다, 들음직하다, 등직하다, 먹음직하다, 멀찍하다, 묵직하다, 믿음직하다, 바람직하다, 보암직하다(볼 만한 값어치가 있다), 실직하다(實), 실쭉하다, 얄찍하다, 좁직하다, 큼직하다, 하염직하다 들.

진(眞) 일부 명사 앞이나 한자어 어근에 붙어 '거짓이 아닌 참. 진짜'의 뜻을 나타내는 말. ¶진가(眞假), 진가(眞價), 진경(眞景), 진경(眞境), 진고도(眞高度), 진골(眞骨), 진공(眞空)[1134], 진과(眞瓜), 진과(眞果), 진교(眞教), 진국(거짓이 없는 사람), 진군죽(眞君粥), 진균(眞菌)[진균류(類), 진균식물(植物), 진균증(症)], 진늑골(眞肋骨), 진담(眞談), 진도(眞道), 진두통(眞頭痛), 진리(眞理)[진릿값, 진리성(性), 진리집합(集合), 진리표(表)], 진말(眞末), 진맥(眞麥), 진면모(眞面貌), 진면목(眞面目;참모습), 진명지주(眞命之主), 진목(眞木), 진무한(眞無限), 진묵(眞墨;참먹), 진물(眞物), 진문(眞文), 진문장(眞文章), 진물(眞物), 진미(眞味), 진방위(眞方位), 진방향(眞方向), 진범/인(眞犯/人), 진법(眞法), 진본(眞本), 진부(眞否), 진북(眞北), 진분수(眞分數), 진비중(眞比重), 진사/립(眞絲/笠), 진상(眞相), 진서(眞書), 진선미(眞善美), 진성(眞性), 진성(眞誠), 진성대(眞聲帶), 진소(眞梳;참빗), 진소위(眞所謂;그야말로. 참말로), 진속(眞俗), 진솔하다(眞率;진실하고 솔직하다), 진수(眞數), 진수(眞髓;가장 중요한 부분), 진술(眞術), 진승(眞僧), 진시(眞是;아주. 정말로. 실로), 진실(眞實;참↔거짓)[진실감(感), 진실로, 진실성(性), 진실하다], 진심(眞心), 진심통(眞心痛), 진안(眞贋; 진짜와 가짜. 眞僞), 진언(眞言), 진언(眞諺), 진여(眞如), 진영(眞影), 진옥(眞玉), 진용(眞勇), 진원(眞元;사람의 한 몸의 원기), 진위/법(眞僞/法), 진유(眞油), 진유(眞儒), 진의(眞意), 진의(眞義), 진인(眞人), 진인(眞因), 진임(眞荏;참깨), 진재(眞宰), 진적하다(眞的), 진적(眞蹟), 진정(眞正), 진정(眞情), 진정기(眞精氣), 진제(眞諦), 진주(眞珠)[1135], 진주어(眞主語), 진증(眞症), 진증(眞證), 진지(眞知), 진지(眞智), 진지(眞摯)[1136], 진짜/진짜배기, 진짬[1137], 진채(眞彩), 진체강(眞體腔), 진초(眞草), 진출몰시(眞出沒時), 진침로(眞針路), 진콜로이드(眞colloid), 진탁, 친탁(↔외탁), 진태양(眞太陽), 진품(眞品), 진피(眞皮), 진필(眞筆), 진항로(眞航路), 진해탈(眞解脫), 진홍색(眞紅色), 진황(眞況); 검진(檢眞), 동진(童眞;한평생 여색을 멀리한 사람), 득진(得眞), 박진(迫眞), 사진(寫眞), 순진(純眞), 순진무구(純眞無垢), 어진(御眞), 정진(正眞), 천진(天眞), 핍진하다(逼眞) 들.

1132) 직하다(直): ①도리가 바르다. ②성격이 두름성이 없고 고지식하다.

1133) 직-하다: '이다' 뒤에서 '-ㅁ/음 직하다'의 구성으로 쓰여, 앞말이 뜻하는 내용이 발생할 가능성이 많음을 나타내는 말. ¶그 사람이 사표를 냈다는 것이 사실임 직하다.

1134) 진공(眞空): ①공기 따위의 물질이 전혀 없는 공간. ¶진공계(計), 진공관(管), 진공도(度), 진공방전(放電), 진공상태(狀態), 진공증류(蒸溜), 진공청소기(淸掃器), 진공펌프(pump), 진공포장(包裝). ②일체의 색상(色相)을 초월한 참으로 공허한 장소.

1135) 진주(眞珠): 진주구름(자개구름), 진주면(麵), 진주목걸이, 진주부채, 진주선(扇), 진주알, 진주암(巖), 진주정(精;물고기의 비늘에서 채취한 물질), 진주조개, 진주층(層), 진주혼식(婚式), 진주회(灰); 담수진주(淡水), 모조진주(模造), 민물진주, 양식진주(養殖), 인공진주(人工), 인조진주(人造).

1136) 진지(眞摯): 말이나 태도가 참답고 착실함. ¶진지한 토의.

1137) 진짬(眞): 잡것이 섞이지 아니한 순수한 물건.

ㅈ

진(進) '나아가다. 베풀다. 바치다. 올리다. 말씀 드리다. 등급이나 계급이 오르다'를 뜻하는 말.↔퇴(退). ¶진갑(進甲), 진강(進講), 진거(進去), 진격(進擊), 진경(進境), 진공(進攻), 진공(進供), 진공(進貢), 진구(進口), 진군(進軍), 진권(進勸), 진급(進級), 진납(進納), 진달(進達), 진도(進度), 진략(進略), 진로(進路), 진루(進壘), 진발하다(進發), 진배(進拜), 진배(進排), 진법(進法), 진병(進兵), 진보(進步), 진복(進伏), 진봉(進封), 진사(進士), 진상(進上)[진상짐, 진상치(허름한 물건); 별진상(別)], 진수(進水)[진수대(臺), 진수식(式)], 진식(進食), 진알(進謁), 진어(進御), 진언(進言), 진연(進宴), 진예(進詣), 진운(進運), 진일보(進一步), 진입(進入), 진작(進爵), 진전(進展)[급진전(急)], 진정(進呈), 진주(進走), 진주(進駐), 진찬(進饌), 진참(進參), 진척(進陟), 진출(進出), 진취(進取), 진취(進就)[진취성(性), 진취적(的)], 진퇴(進退)[진퇴양난(兩難), 진퇴유곡(維谷); 좌작진퇴(坐作)], 진풍정(進豊呈), 진하(進賀), 진학/률(進學/率), 진항(進航), 진행(進行)[1138], 진향(進向), 진헌(進獻), 진현(進見), 진화(進化)[1139], 개진(改進), 개진(開進), 갱진(更進), 경진/회(競進/會), 공진(供進), 굴진(掘進), 궁진(躬進), 급진(急進)[급진적(的), 급진주의(主義), 급진파(派)], 기진(寄進), 남진(南進), 누진(累進), 돌진(突進), 동진(東進), 매진(邁進), 맥진/하다(驀進), 맹진(盲進), 맹진(猛進), 발진(發進), 배진(背進), 병진(竝進), 부진(不進)[지지부진(遲遲)], 북진(北進), 분진(奮進), 사진(仕進), 서진(西進), 선진(先進), 속진(速進), 승진(昇/陞進), 신진(新進), 약진(躍進), 역진(逆進), 영진(榮進), 예진(銳進), 용왕매진(勇往邁進), 용진(勇進), 인진(引進), 일진일퇴(一進一退), 자진(自進), 장진(長進), 쟁진(爭進), 전진(前進), 전진(轉進), 점진(漸進), 정진(挺進), 정진(精進), 제진(製進), 제진(齊進), 조진(調進), 조진(躁進), 증진(增進), 지진아(遲進兒), 직진(直進), 찬진(撰進), 천진(薦進), 촌진척퇴(寸進尺退), 촉진(促進), 추진(推進)[추진력(力), 추진하다], 추진(趨進;빨리 나아감), 취진(驟進), 치진(馳進), 특진(特進), 항진(亢進), 항진(航進), 해진(海進), 행진(行進), 향진(向進), 혁진(革進), 후진(後進)[후진국(國), 후진성(性)] 들.

진(陣) ①군사들이 대오(隊伍)를 배치함. 또는 주둔(駐屯)하는 곳. '한바탕'을 뜻하는 말. ¶진을 치다. 진도리, 진두(陣頭), 진루(陣壘), 진망(陣亡), 진몰(陣沒), 진문(陣門), 진법(陣法), 진뺏기, 진세(陣勢), 진영(陣營), 진오(陣伍), 진용(陣容;진세의 형편이나 상태. 단체의 구성원들의 짜임새), 진운(陣雲), 진중(陣中;군대의 진영 안. 전쟁터), 진지(陣地)[진지구축(構築), 진지전(戰); 방어진지(防禦), 포진지(砲)], 진치다(어떤 장소를 차지하다), 진터(진지로 삼은 곳), 진통(陣痛)[1140], 진풍(陣風;갑자기 불다가 이내 그치는 센 바람), 진형(陣形); 가새진(가위가 벌어진 모양의 진), 개진(凱陣), 견진(堅陣), 결진(結陣), 공격진(攻擊陣), 군진(軍陣), 귀진(歸陣), 대진(大陣), 대진(對陣), 도래진(둥근 모양으로 치는 진), 문진(蚊陣), 방진(方陣), 방어진(防禦陣), 방울진(도래진), 배수진(背水陣), 배진(配陣), 본진(本陣), 산개진(散開陳), 삼진(三陣;天陣, 地陣, 人陣), 선진(先陣), 선상진(先廂陣), 소라진, 수비진(守備陣), 습진(習陣), 안진(雁陣), 양진(兩陣), 어린진(魚鱗陣), 열진(列陣), 오방진(五方陣), 운무진(雲霧陣), 원진(圓陣), 유진(留陣), 이진(二陣), 이진(移陣), 일진/광풍(一陣/狂風), 임진(臨陣), 적진(敵陣), 전진(前陣), 전진(戰陣), 제진(梯陣), 종진(縱陣), 착진(着陣), 철벽진(鐵壁陣), 체진(滯陣), 총진(銃陣), 출진(出陣), 타진(打陣), 퇴진하다(退陣), 파진(破陣), 파진(罷陣), 패진(敗陣), 포진(布陣), 포위진(包圍陣), 학익진(鶴翼陣), 후진(後陣). ②'사람의 무리 또는 집단'을 뜻하는 말. ¶간부진(幹部陣), 강사진(講師陣), 검토진(檢討陣), 결진(結陣), 경비진(警備陣), 경영진(經營陣), 공연진(公演陣), 교수진(敎授陣), 기술진(技術陣), 논진(論陣), 방역진(防疫陣), 배역진(配役陣), 보도진(報道陣), 비서진(秘書陣), 설계진(設計陣), 수사진(搜査陣), 수술진(手術陣), 실무진(實務陣), 심의진(審議陣), 연구진(硏究陣), 의료진(醫療陣), 의무진(醫務陣), 이진(二陣), 이사진(理事陣), 장사진(長蛇陣), 장학진(奬學陣), 제작진(製作陣), 중역진(重役陣), 집필진(執筆陣), 참모진(參謀), 출연진(出演陣), 출제진(出題陣), 취재진(取材陣), 퇴진(退陣), 편집진(編輯), 필진(筆陣) 들.

진(塵) '티럭 · 먼지 · 티끌. 속세(俗世)'를 뜻하는 말. ¶진개(먼지와 쓰레기)/장(塵芥/場), 진겁(塵劫;무한한 시간), 진경(塵境), 진계(塵界), 진구(塵垢), 진념(塵念;속세의 명리를 생각하는 마음), 진루(塵累), 진무(塵務;속되고 어지러운 일), 진무(塵霧), 진사(塵事;塵務), 진세(塵世), 진속(塵俗;속세), 진심(塵心;속세의 일에 더렵혀진 마음), 진애(塵埃;먼지), 진연(塵煙;연기처럼 일어나는 티끌), 진연(塵緣;이 세상의 번거로운 인연), 진예(塵穢;먼지와 더러움), 진오(塵汚;塵穢), 진토(塵土), 진폐/증(塵肺/症;먼지가 폐로 들어가 장애를 일으키는 병), 진풍(塵風;먼지가 섞인 바람), 진합태산(塵合泰山); 강우진(降雨塵), 개진(芥塵), 낙진(落塵), 매진(煤塵), 몽진(蒙塵), 미진(微塵), 방사능진(放射能塵)/방사진, 방진(防塵), 배진(拜塵), 병진(兵塵), 분진(粉塵), 사진(沙塵), 섬진(纖塵), 성진(腥塵), 쇄진(灑塵), 속진(俗塵), 승진(承塵), 시진(市塵), 여진(餘塵;옛 사람이 남긴 자취), 연진(煙塵), 염부진(閻浮塵), 오진(五塵), 오진(汚塵), 욕진(欲塵), 우주진(宇宙塵), 유성진(流星塵), 전진(戰塵), 정진(征塵), 제진(除塵), 집진(集塵), 출진(出塵), 탄진(炭塵), 탈진(脫塵), 풍진(風塵), 홍진(紅塵)[만장홍진(萬丈)], 화광동진(和光同塵), 화산진(火山塵), 황진(黃塵), 회진(灰塵) 들.

진(陳) ①'베풀다. 늘어놓다. 묵다 · 오래되다. 말하다 · 아뢰다'를 뜻하는 말. ¶진계(陳啓), 진고(陳告), 진곡(陳穀), 진공(陳供), 진구하다(陳久), 진답(陳畓;묵은 논), 진미(陳米;묵은쌀), 진변(陳辯), 진부(陳腐;케케묵고 낡음.↔斬新), 진사(陳謝;까닭을 밝히며 사과의 말을 함), 진설(陳設;법식에 따라 상 위에 음식을 차림), 진설(陳說), 진소(陳疏), 진술(陳述;자세히 벌여 말함)[진술거부권(拒否權), 진술서(書), 진술하다(밝히다. 말하다); 모두진술(冒頭), 최후진술(最後)], 진언(陳言;케케묵은 말), 진열(陳列)[진열대(臺), 진열

ㅈ

1138) 진행(進行): 진행되다/하다, 진행법(法), 진행상(相), 진행성(性), 진행파(波), 진행파동(波動), 진행표(表), 진행형(形); 과거진행(過去), 현재진행(現在).

1139) 진화(進化;돋되기↔退化): 진화되다/하다, 진화론/자(論/者), 진화설(說), 진화적(的); 대진화(大), 사회진화(社會), 소진화(小), 정향진화(定向), 평행진화(平行).

1140) 진통(陣痛): ①아기를 낳을 때 자궁의 수축으로 인하여 주기적으로 오는 아픈 증세. 산통(産痛). ②일이 성숙되어 갈 무렵에 겪는 고통. ¶갖은 진통 끝에 민족의 숙원인 통일이 되었다.

장(欌), 진열창(窓), 진장(陳醬), 진재(陳材), 진적(陳迹), 진전(陳田;묵정밭), 진정(陳情;실정을 털어놓고 말함), 진주(陳奏), 진청(陳請), 진초(陳草), 진투(陳套;시대에 뒤진 낡은 투), 진피(陳皮), 진황지(陳荒地); 개진하다(開陳), 구진(口陳), 구진(久陳), 구진(具陳), 구진(舊陳), 매진(枚陳), 면진(面陳), 산진(山陳), 소진(訴陳), 수진(手陳;수지니), 신진(新陳), 신진대사(新陳代謝), 초진(初陳;초지니), 포진(布陳), 포진(鋪陳). ②'아버지 쪽[부계(父系)]'을 뜻하는 말. ¶진외가(陳外家;아버지의 외가), 진외조모(陳外祖母), 진외조부(陳外祖父), 진외척(陳外戚), 진할아버지, 진할머니 들.

진(盡) '다하다'를 뜻하는 말. ¶진력(盡力)[1141], 진멸(盡滅), 진명(盡命;목숨을 바침), 진선진미(盡善盡美), 진성(盡誠), 진심/갈력(盡心/竭力), 진운(盡運;운이 다함), 진일력(盡日力), 진종일(盡終日; 온종일)/진일(盡日), 진충(盡忠;충성을 다함), 진췌(盡悴), 진하다[1142]; 갈진(竭盡), 곡진하다(曲盡), 궁진(窮盡), 극진하다(極盡), 기진(氣盡), 기진맥진(氣盡脈盡), 기진역진(氣盡力盡), 논진(論盡), 누진(漏盡), 대진(代盡;제사 지내는 대의 수가 다됨;親盡), 매진/되다(賣盡), 맥진하다(脈盡), 멸진(滅盡), 모진(耗盡), 무진(無盡)[무진장(藏); 종횡무진(縱橫)], 미진(未盡), 부진(不盡)[부진근(根), 부진수(數)], 비진(備盡), 산궁수진(山窮水盡), 산진수궁(山盡水窮), 소진(消盡), 소진(燒盡), 쇠진(衰盡), 언진하다(言盡), 역진(力盡), 조진(凋盡), 운진(運盡), 일망타진(一網打盡), 자진(自盡), 친진(親盡), 타진하다(打盡), 탈진(脫盡), 탕진(蕩盡), 핍진(乏盡), 흥진비래(興盡悲來) 들.

진:(津)¹ ①풀이나 나무의 껍질 따위에서 분비되는 끈끈한 물질. ¶소나무의 진. 진기(津氣), 진나다[1143], 진땀[1144], 진물[1145], 진액(津液;생물체 안에서 생겨나는 액체), 진진하다(津津)[1146]; 굴진[1147], 송진(松津), 흥미진진(興味津津). ②김이나 연기나 눅눅한 기운이 서리어 생기는 끈끈한 물질. ¶담뱃진, 댓진. ③일부 명사 앞에 붙어 '엷거나 묽지 아니하고 매우 진한'의 뜻을 더하는 말. ¶진간장(醬;오래 묵어서 아주 진하게 된 간장), 진국, 진노랑, 진단장(津丹粧), 진동청(津銅靑), 진보라, 진분홍(津粉紅), 진빨강, 진새벽, 진자주색(津紫朱色), 진주홍(津朱紅), 진하다[1148], 진화장(津化粧), 진회색(津灰色) 들.

진(津)² '나루'를 뜻하는 말. ¶진도(津渡), 진두(津頭;나루); 진척(津尺;나룻배의 사공), 진항(津航); 요진(要津), 입진(入津) 들.

진(珍) '보배. 보배롭다. 희귀하다'를 뜻하는 말. ¶진객(珍客), 진경(珍景), 진과(珍果), 진과(珍菓), 진괴하다(珍怪), 진구(珍句), 진귀하다(珍貴), 진기(珍技), 진기(珍器), 진기록(珍記錄), 진기하다(珍奇), 진담(珍談), 진답(珍答), 진목(珍木), 진묘(珍妙), 진문(珍問), 진문(珍聞), 진물(珍物;珍品), 진미(珍味), 진보(珍寶), 진본(珍本), 진사(珍事), 진사건(珍事件), 진사고(珍事故), 진서(珍書), 진선(珍膳), 진설(珍說), 진성(珍姓), 진수(珍秀;진귀하고 빼어남), 진수(珍羞;잘 차린 음식)[진수성찬(盛饌); 만반진수(滿盤)], 진완(珍玩), 진이(珍異), 진장(珍藏), 진적(珍籍), 진종(珍種), 진주(珍珠), 진중하다(珍重;소중히 여기다. 진귀하고 소중하다), 진집(珍什;진귀한 기구), 진찬(珍饌), 진채(珍菜), 진품(珍品), 진풍경(珍風景), 진화(珍貨), 진효(珍肴), 진희하다(珍稀); 귀진하다(貴珍), 산진해미(山珍海味), 산진해착(山珍海錯), 수진본(袖珍本)/수진(袖珍) 들.

진(震) '흔들다·흔들리다. 떨다. 진괘(震卦). 진방(震方)'을 뜻하는 말. ¶진감(震撼;울려서 흔들림), 진공(震恐), 진괘(震卦), 진국(震國), 진노(震怒), 진단(震檀;우리나라), 진도(震度), 진동(震動)[천지진동(天地)], 진방(震方), 진복(震服;무서워 떨면서 복종함), 진사(震死;벼락을 맞아 죽음), 진앙(震央), 진역(震域;우리나라. 지진이 일어난 지역), 진원(震源), 진율(震慄), 진재(震災), 진전(震顫), 진천(震天;기세를 크게 떨침), 진첩(震疊), 진탕(震/振盪)[뇌진탕(腦)], 진폭(震幅), 진하련(震下連), 진해(震/振駭;몸을 떨며 놀람), 진현(震眩); 감진기(感震器), 강진(强震), 격진(激震), 경진(輕震), 극진(劇震), 내진(耐震)[내진건축(建築), 내진구조(構造)], 뇌진(雷震), 대진(大震), 미진(微震), 약진(弱震), 여진(餘震), 열진(烈震), 전진(前震), 종진(縱震), 주진(主震), 중진(中震), 지진(地震)[1149], 해진(海震) 들.

진(鎭) ①강이나 바닷목에 군사시설을 설치하고 군대가 주둔하면서 지키는 곳이나 군대. '마음을 가라앉히다. 지키다'를 뜻하는 말. ¶진경(鎭痙), 진무(鎭撫), 진보(鎭堡), 진산(鎭山), 진성(鎭/塡星), 진수(鎭戍), 진수(鎭守), 진압(鎭壓;억눌러서 가라앉힘), 진영(鎭營), 진점(鎭占), 진정하다(鎭定;힘으로 억눌러서 평정함), 진정되다(鎭靜;가라앉다), 진졸(鎭卒), 진좌(鎭座), 진중하다(鎭重;점잖고 무게가 있다. 드레지다), 진통(마음을 가라앉혀 멎게 함)/제(鎭痛/劑), 진해(기침을 멎게 함)/제(鎭咳/劑), 진호(鎭護), 진혼(鎭魂)[진혼곡(曲), 진혼제(祭)], 진화(鎭火;일어난 불을 끔); 무진(撫鎭), 번진(藩鎭), 변진(邊鎭), 오진(五鎭), 제진(諸鎭), 중진(重鎭), 팔진(八鎭). ②'서책이나 종이를 누르다'를 뜻하는 말. ¶문진(文鎭), 서진(書鎭).

진(診) '보다. 진찰하다'를 뜻하는 말. ¶진단(診斷)[1150], 진료/소(診

1141) 진력(盡力): 있는 힘을 다함. 또는 낼 수 있는 모든 힘. ¶진력의 다하다. 진력을 빼다(기진맥진하다). 진리 탐구에 진력하다. 진력나다/내다(오랫동안 또는 여러 번 하여 힘이 다 빠지고 싫증이 나다).

1142) 진하다(盡): 다하여 없어지다. 끝이 나다. ¶기운이 진하다.

1143) 진나다(津): 남에게 몹시 졸리고 시달려 기운이 다 빠지다.

1144) 진땀: 몹시 애쓰거나 힘들 때 흐르는 땀. ¶진땀나다/빼다.

1145) 진물: ①부스럼이나 상처 따위에서 흐르는 물. ②눈가나 살가죽이 짓물러 진물이 괴어 있는 모양. 〈작〉잔물. ¶진물이 잔물잔물 나다. 잔물잔물·진물진물/하다.

1146) 진진하다(津津): ①입에 착 달라붙을 만큼 맛이 좋다. ¶맛이 진진하다. ②풍성하게 많다. ¶곳간에 곡식이 진진하다. ③흥미가 매우 깊다. ¶흥미진진한 이야기. 연극 구경하는 재미가 진진하다.

1147) 굴진: 굴뚝 속이나 구들장 밑에 붙은 검고 끈끈한 물질.

1148) 진하다(津): ①액체가 묽지 않고 되직하다. ¶진하게 끓인 고깃국. ②빛깔이나 화장 따위가 짙다. ¶진한 회색. 화장이 짙다.

1149) 지진(地震): 지각 내부의 급격한 변화로 말미암아 지면이 일정 기간 동안 진동하는 현상. ¶지진계(計), 지진기상(記象), 지진단층(斷層), 지진대(帶), 지진동(動), 지진파(波); 구조지진(構造), 군발지진(群發), 단층지진(斷層), 무감지진(無感), 빈발지진(頻發), 심발지진(深發), 유감지진(有感), 천발지진(淺發), 함락지진(陷落), 해양지진(海洋), 해저지진(海底), 현저지진(顯著;진도 6이상의 지진), 화산성지진(火山性)/화산지진(火山).

1150) 진단(診斷): 진찰하여 병의 상태를 판단함. 조사하여 상태를 파악하다. ¶건강진단을 받다. 진단서(書); 건강진단(健康), 공장진단(工場), 기업진단(企業), 안전진단(安全), 영양진단(營養), 종합진단(綜合), 초음파

療/所), 진맥(診脈), 진찰(診察)[진찰권(券), 진찰비(費), 진찰실(室)], 진후(診候); 검진(檢診), 관진(觀診), 내진(內診), 내진(來診), 대진(代診), 망진(望診), 맥진(脈診), 문진(問診), 배진(拜診), 설진(舌診), 수진(受診), 시진(視診), 예진(豫診), 오진(誤診), 왕진(往診), 외진(外診), 입진(入診), 절진(切診), 지진(指診), 청진/기(聽診/器), 초진(初診), 촉진(觸診), 타진(打診), 택진(宅診), 특진(特診), 회진(回診), 휴진(休診) 들.

진(疹) 피부에 생기는 이상물(異常物). 옴. 부스럼. ¶진물(부스럼에서 흐르는 물); 간찰진(間擦疹), 농가진(膿痂疹), 농포진(膿疱疹), 두진(痘疹), 마진(痲疹;홍역), 반진(斑疹), 발진(發疹)[속발진(續)], 비강진(粃糠疹), 비소진(砒素疹), 소양진(搔痒疹), 수포진(水疱疹), 습진(濕疹), 약진(藥疹), 양진(痒疹), 은진(慇疹), 장미진(薔薇疹), 중독진(中毒疹), 풍진(風疹), 피진(皮疹), 한진(汗疹) 들.

진(振) '떨치다. 떨다. 움직이다'를 뜻하는 말. ¶진기(振氣), 진기(振起), 진동(振動)[1151], 진려(振旅), 진령(振鈴), 진발(振拔), 진서(振舒;기상 따위를 펼쳐서 폄), 진숙(振肅), 진자(振子)[1152], 진작(振作), 진장(振張), 진천(振天), 진탕(振/震盪), 진폭(振幅), 진흥(振興;떨쳐 일으킴); 견진(堅振), 공진(共振), 금성옥진(金聲玉振), 늠진(凜振), 발진(發振), 방진(防振), 배진(倍振), 부진(不振)[부진아(兒); 성적부진(成績), 식욕부진(食慾)], 삼진(三振), 정진(靜振) 들.

진(辰) 지지(地支)의 다섯째. '별'을 뜻하는 말. ¶진년(辰年), 진말(辰末), 진방(辰方), 진사(辰砂), 진사치(辰巳), 진생(辰生), 진성(辰星), 진시(辰時), 진월(辰月), 진일(辰日), 진정(辰正), 진좌(辰坐), 진초(辰初); 시진(時辰), 일월성신(日月星辰), 일진(日辰), 임진(壬辰) 들.

진(殄) '다하다. 죽다'를 뜻하는 말. ¶진멸(殄滅), 진섬(殄殲), 진육(殄肉;궂은고기); 포진천물(暴殄天物;물건을 아까운 줄 모르고 함부로 써 버림).

진(軫) '수레. 슬퍼하다. 별'을 뜻하는 말. ¶진념(軫念;윗사람이 아랫사람의 사정을 걱정하여 헤아려 줌), 진도(軫悼), 진성(軫星) 들.

진(賑) 빈민(貧民)이나 이재민(罹災民)에게 금품을 주어 구제하다를 뜻하는 말. ¶진구(賑救), 진대(賑貸), 진휼(賑恤); 보진(補賑), 은진하다(殷賑) 들.

진(瞋) '눈을 부릅뜨다. 성내다'를 뜻하는 말. ¶진노(瞋/嗔怒), 진심(瞋/嗔心), 진언(嗔/瞋言), 진에(瞋恚) 들.

진(晉) '나아가다. 진 나라'를 뜻하는 말. ¶진괘(晉卦), 진산(晉山), 진산식(晉山式), 진질(晉秩), 진체(晉體;왕희지의 필체).

진(搢) '꽂다. 떨치다'를 뜻하는 말. ¶진신(搢/縉紳;벼슬아치).

진(趁) '뒤쫓아 따라붙다'를 뜻하는 말. ¶진시(趁時;미리), 진조(趁早), 진즉(趁卽).

진(嗔) '성을 내다'를 뜻하는 말. ¶진노(瞋/嗔怒), 진심(瞋/嗔心), 진언(嗔/瞋言), 진책(嗔責;성내어 꾸짖음) 들.

진(鬒) '머리숱이 많다. 머리털이 검고 윤기 있다'를 뜻하는 말. ¶진발(鬒髮;검고 아름다운 머리털), 진흑(鬒黑).

진구리 허리 양쪽으로 잘록하게 들어간 부분.

진달래 철쭉과의 낙엽 활엽 관목.[←진+돌외]. ¶진달래꽃, 진달래나무, 진달래술.

진대 남에게 기대어 떼를 쓰다시피 괴롭히는 짓. ¶일 년 동안이나 남의 집에 진대 붙어 지냈다. 처음엔 괜찮았으나 시간이 갈수록 진대 붙는 그가 싫어지기 시작했다.[+붙다/붙이다].

진동 소매에서 깃과 닿는 부분의 폭이나 넓이. ¶진동이 넓다.

진동한동 매우 급하거나 바빠서 몹시 허둥대는 모양. 겨를 없이 지내는 모양. 〈큰〉진둥한둥. ¶숙제를 진동한동 해치우고는 놀이터로 달려갔다. 진동·진둥걸음(바쁘게 서둘러 걷는 걸음).

진드기 진드깃과의 벌레의 총칭. 〈준〉진디. ¶털진드기.

진득 ①물건이 깐작깐작하게 진기가 있는 모양. ¶송진이 진득진득 손에 묻다. ②성질이나 행동이 검질기게 깐깐한 모양. 〈잔〉잔득. 〈센〉찐득. 〈작·센〉짠득. ¶잔득잔득 달라붙는 빚쟁이. 잔드근·진드근하다(매우 진득하다), 잔득[1153]·짠득·진득[1154]·찐득거리다/대다/하다, 진득이·찐득이, 짜득[1155].

진디 ①진딧물(진딧물과의 곤충의 총칭). ¶진디등에, 진딧물내리다(진딧물이 모여 붙다); 무진디. ②'진드기'의 준말.

진또베기 마을의 평안을 위하여 어촌 입구에 세워 놓은 나무오리가 있는 솟대. '솟대'의 강원 사투리.

진망-궂다 경망스럽고 버릇이 없다. ¶진망궂게 군다.

진배-없다 그보다 못하거나 다를 것이 없다. ¶너의 말만 들어도 받은 거나 진배없다. 진배없이.

진사 '애꾸눈이'를 놀림조로 이르는 말.

진솔 한 번도 빨지 아니한 옷이나 버선 따위의 새것. ¶진솔을 입고 나오다. 진솔옷[1156], 진솔집[1157]. §빨래하여 갓 입은 옷은 '새

진단(超音波), 혈청진단(血淸), 화상진단(畵像).

1151) 진동(振動;떪): 진동계(計), 진동수(數), 진동요법(療法), 진동운동(運動), 진동음(音), 진동자(子), 진동체(體), 진동판(板), 진동회로(回路); 고유진동(固有), 단진동(單振動), 상진동(上), 자유진동(自由), 전기진동(電氣), 종진동(縱), 탄성진동(彈性).

1152) 진자(振子;흔들이): 강체진자(剛體), 단진자(單), 보정진자(補整), 복진자(複), 합성진자(合成;복진자), 실체진자(實體), 전기진자(電氣), 질점진자(質點), 초진자(秒), 탄도진자(彈道).

1153) 잔득하다: ①성질이나 행동이 조금 검질기게 끈기가 있다. ¶사람이 매우 진득하다. 잔득한 성미. 진드근하다(몹시 진득하다). ②잘 끊어지지 아니할 정도로 녹진하고 차지다. 〈큰〉진득하다.

1154) 진득하다: ①몸가짐이 의젓하고 참을성이 있다.≒무겁다. 침착하다.↔가볍다. 자발없다. 〈작〉잔득하다. ¶설치지 말고 진득하게 기다려라. 진덥다(진득하며 미덥다). ②녹진하고 차지다.

1155) 짜득: 물건이 잘 끊어지지 아니할 정도로 검질긴 모양. 〈큰〉찌득. ¶엿이 짜득짜득 이에 들러붙는다. 짜득짜득·찌득찌득하다.

1156) 진솔옷: 봄·가을에 다듬어 지어서 입는 모시옷.

1157) 진솔집: 빨거나 고치지 아니한 새 옷을 첫물에 떨어지게 하는 사람을

물'이라고 한다.

진작 바로 그때에 미리. 좀더 일찍이.≒미리. 진조. 진작. ¶진작 그렇게 할 것이지. 진작 찾아뵙고 인사를 드렸어야 했는데 늦었습니다. [+뉘우침. 원망].

진저리 ①차가운 것이 몸에 닿거나 무서움을 느낄 때에, 또는 오줌을 눈 뒤에 으스스 떠는 몸짓. ②몹시 싫증이 나거나 귀찮아 떨쳐지는 몸짓.≒넌더리. 신물. ¶진저리가 나다. 진절머리(몸서리. 넌더리)/나다, 진저리치다.

진지 '밥'의 높임말. 윗사람이 먹는 밥. ¶진지 드십시오. 진짓상(床); 아침진지 들.

진집[-찝] ①물건의 가느다랗게 벌어진 틈. ¶나무에 진집을 내다. 그릇에 진집이 나다. ②너무 긁어서 살갗이 벌어진 상태. ¶등에 진집이 생겼다. ③사고나 탈이 날 원인 또는 트집 잡힐 실마리나 근거.

진탕(宕) 썩 만족스럽고 흐뭇하게. 싫증이 날 만큼 넉넉하게. ¶술을 진탕 마시다. 진탕만탕.

진:티 일이 잘못되게 된 빌미나 불행한 사건의 실마리가 된 원인. ≒화근(禍根). ¶과식이 진티가 되어 한 달 동안이나 앓아누웠다. 날고기를 먹은 것이 진티가 되었다.

진피 검질긴 성미로 끈끈하게 구는 짓거리. 또는 그런 사람. ¶그렇게 진피를 부리지 마라. 진피아들(지지리 못난 아들).

질 질그릇을 만드는 원료인 흙.≒태토(胎土;바탕흙). ¶질가래[1158], 질것[2](진흙으로 구워 만든 물건), 질가마, 질그릇, 질기와, 질깎기, 질나발, 질냄비, 질대접, 질도장(圖章), 질돌[장석(長石)], 질동이, 질땅(질흙으로 된 땅), 질뚝배기, 질방구리, 질병(甁), 질삿반(盤), 질솥[토정(土鼎)], 질자배기, 질장구, 질장군, 질차관(茶罐), 질찰흙, 질참흙, 질탕관(湯罐), 질풍류(風流;진흙으로 구워 만든 악기), 질항아리(缸), 질화로(火爐), 질흙 들.

-질 일부 명사 또는 몇몇 의성어나 어근 뒤에 붙어 '되풀이되는 동작이나 행위. 일정한 직업이나 노릇. 옳지 않은 어떤 짓'의 뜻을 더하는 말.[+하다]. ¶가늠질, 가댁질, 가동질, 가래질, 가르마질, 가리질, 가심질, 가위질, 가장질, 각통질, 간살질, 간신질(奸臣), 간참질(看參), 간첩질(間諜), 간혼질(間婚), 갈개질, 갈고리질, 갈음질, 갈이질, 갈퀴질, 갉이질, 감칠질, 감탕질, 강도질(强盜), 개다리질, 개상질(床), 거간질(居間), 거둠질, 건성질, 걸기질(논바닥을 고르는 일), 걸레질, 걸태질, 견지질, 곁낫질, 곁노질(櫓), 곁눈질, 곁매질, 곁방망이질, 곁손질, 계집질, 고름질, 고무래질, 고임질, 고자질(告者), 고함질(高喊), 곡식질(穀食), 곤두질, 곤두박질, 곤봉질(棍棒), 곤장질(棍杖), 공이질, 과객질(過客), 괭이질, 굄질, 구두질, 구박질, 구역질(嘔逆), 군것질, 군돈질, 군목질, 군붓질, 군입질, 군입정질, 굴림대질, 권당질[1159], 귀띔질, 귀얄질, 귓속질, 그레질, 그물질, 극젱이질, 글겅이질, 기름걸레질, 기움질, 까뀌질, 까붐질, 깎음질, 꼬느질, 꼬리질, 꼴뚜기질, 꾐질, 꿰맴질, 끌질, 나래질, 나루질, 나비질, 낚시질, 난도질(亂刀), 난자질(亂刺), 난장질(亂杖), 난탕질, 난질[1160], 날도둑질, 남포질, 납땜질, 납상질(商), 낫질, 너울질, 넉가래질, 넓다듬이질, 네굽질, 노구질(老嫗), 노략질(擄掠), 노름질, 노질(櫓), 농간질(弄奸), 농탕질(弄蕩), 누비질, 누임질, 눈겨룸질, 눈질, 능장질(稜杖), 다듬질, 다듬이질, 다리미질, 다리질, 다림질, 다툼질, 닦달질, 닦음질, 닦이질, 단근질, 달구질, 달음질, 달음박질, 달첩질(妾), 담금질, 담박질, 담배질, 대푼거리질, 대걸레질, 대꾸질, 대답질(對答), 대장질, 대장질(大將), 대패질, 더듬질, 더듬이질, 덕색질(德色), 덧거리질, 도끼질, 도둑질, 도략질, 도리질[1161], 도림질, 도마질, 도망질(逃亡), 도섭질, 도심질, 도적질(盜賊), 도침질(擣砧), 돈질, 돌멩이질, 돌싸움질, 돌쌈질, 돌팔매질, 동냥질, 동댕이질, 동자질, 동정질(同情), 동침질(鍼), 되질, 되새김질, 됫박질, 두레박질, 두방망이질, 뒤적질, 뒤집개질, 뒨장질(이것저것 뒤져내는 짓), 뒷질, 뒷간질(間), 뒷걸음질, 뒷눈질, 뒷발길질, 뒷발질, 뒷손가락질, 뒷손질, 뒷욕질(辱), 뒷질, 뒷짐질, 드레질(사람의 됨됨이를 헤아리는 일), 들장대질, 따개질, 따깜질, 딸꾹질, 땀질, 땜질, 똥질, 뚝매질, 뜀박질, 뜀질, 뜨개질[1,2], 뜯게질, 뜯이질, 뜸베질, 뜸질, 마까질, 마질[두(斗)], 마당질, 마되질, 마른가래질, 마른걸레질, 마른써레질, 마른행주질, 마름질, 마치질, 막대기질, 막대질, 막대패질, 말공부질, 말놀음질, 말다툼질, 말대답질(對答), 말뚝질, 말롱질, 말썽질, 말질, 망치질, 맞담배질, 맞대꾸질, 맞도끼질, 맞도리깨질, 맞두레질, 맞벽질(壁), 맞불질, 맞장단질, 맞정질, 맞총질(銃), 맞터질, 매대기질, 매닥질, 매질[1,2], 매흙질, 맥질, 맷돌질, 맷지게질, 맹장질(盲杖), 머슴질, 먼가래질, 메질질, 면도질(面刀), 모걸음질, 모끼질, 모래찜질, 목귀질, 목도질, 목접이질, 목접질, 몰방질(沒放), 못질, 몽둥이질, 몽치질, 무꾸리질, 무당질, 무두질, 무릿매질, 무자맥질, 문서질(文書), 문서놀음질, 물질, 물레질, 물매질[1162], 물써레질, 물장구질, 뭇매질, 뭇발길질, 뭇칼질, 뭍짐질, 미닥질, 미레질, 미장질, 밀정질(密偵), 밑밥질, 바느질, 바디질, 바람질, 바림질, 바심질[1,2], 박쌈질, 박음질, 반달음질(半), 반말질(半), 발질, 발길질, 발명질(發明), 발버둥질, 밥풀질, 방망이질, 방아질, 방자질, 방패질(防牌), 배꼬질, 배롱질(焙籠), 배질[선(船)], 밴대질, 버둥질, 벌터질, 벼락질, 벼름질, 벽채질, 변탕질(邊鐋), 보쌈질(褓), 복닥질, 봉창질, 부뚜질, 부라질, 부레질, 부채질, 부침개질, 부침질, 북새질, 분대질, 분탕질(焚蕩), 불질, 불침질(鍼), 붓질, 붓방아질, 붙임질, 비계질, 비누질, 비럭질, 비방질(誹謗), 비질, 빗질, 빨갱이질, 빨래질, 뿌무개질, 사냥질, 사둘질, 사래질, 사매질(私), 사포질(砂布), 삯바느질, 삯빨래질, 산판질(算板), 산륜질(散輪), 살쩍밀이질, 삽질, 삿대질, 상앗대질, 상침질(上針), 새김질[1,2], 새벽질, 색주가질(色酒家), 생떼질, 서방질, 서산대질(書算), 석수질(石手), 석전질(石戰), 선불질, 선생질

조롱하여 이르는 말. ¶애는 워낙 진솔집이라 성한 옷이 없지요.

1158) 질가래: 옹기를 만들 때 길고 가늘게 질흙 반죽을 늘어뜨린 것.

1159) 권당질: 옷 속이 뚫려 통하게 꿰매야 할 것을 잘못하여 양쪽이 들러붙게 꿰맨 바느질.

1160) 난질: 여자가 정을 통한 남자와 도망가는 짓.

1161) 도리질: 말귀를 겨우 알아듣는 어린아이가 어른이 시키는 대로 머리를 좌우로 흔드는 재롱.

1162) 물매질: ①물매로 때리는 짓. ②물매로 과실 따위를 따는 짓. ③'무릿매질'의 준말.

(先生), 선손질(先;먼저 손찌검하는 짓), 섭새김질, 세기질, 세장질, 소경낚시질, 소꼽질, 소드락질, 속닥질, 속새질, 속임질, 솎음질, 손질, 손가락질, 손더듬이질, 솔질, 솔찜질, 송곳질, 송사질(訟事), 수건질(手巾), 수군덕질, 수비질(水飛), 수음질, 수판질(數板), 숙덕질, 숟가락질, 숨바꼭질, 승강이질(昇降), 시비질(是非), 시앗질, 시울질, 시장질, 시침질, 시태질, 식칼질(食), 실랑이질, 싸개질[1,2,3], 싸부랑, 싸움/쌈/쌈박질, 싼거리질, 쌍메질, 쌍방망이(雙), 쌍지게(雙), 써레, 썰음질, 쏘개질, 쏘삭질, 쏙닥질, 쏠라닥질, 쏠장질, 쐐기질, 쑤시개질, 쑤심질, 쓰레질, 쓸음질, 씨아질, 씨양이/쌩이질, 아가리질, 아첨질(阿諂), 악다구니질, 앙감질, 앙토질(仰土), 앞질, 앞뒷질, 앞발질, 앞잡이질, 약질(藥), 양치질(養齒), 얼렁질, 엄대질, 업음질, 역적질(逆賊), 연사질, 연상질(鉛商), 연애질(戀愛), 연자매질(研子), 연자질(研子), 염알이질(廉), 염탐질(廉探), 옆질(배가 좌우로 흔들리는 일), 예우개질, 오입질(誤入), 올가미질, 왈패질(牌), 왜장질, 외도질(外道), 외상질, 외손질, 외욕질, 외입질(外入), 요동질(搖動), 요분질, 욕질(辱), 욕설질(辱說), 욕지기질, 용골때질, 용두질, 우김질, 우물질, 우세질, 울골질, 원달구질(圓), 육태질(陸駄), 위선질(僞善), 윽박질, 음식질(飲食), 이간질(離間), 이빨질, 이토질(泥土), 이회질(泥灰), 인간질(人間), 인두질, 임질, 입질, 자객질(刺客), 자귀질, 자루걸레질, 자리개질, 자맥질, 자새질, 자위질(自慰), 자위질[1,2], 자질[尺], 작두질(斫), 잔질(盞), 잔누비질, 잔달음질, 잔발질, 잔불질, 잔손질, 잔입질, 잔채질, 잔침질(鍼), 잘개질, 잠삼질(潛蔘), 잠수질(潛水), 잠채질(潛採), 잡손질(雜), 잣대질, 장난질, 장대질(長), 재련질(再鍊), 재벌질(再), 재벽질(再壁), 쟁기질, 쟁이질, 저울질, 전당질(典當), 전화질(電話), 절구질, 절도질(竊盜), 젓가락질, 젓개질, 정장질(呈狀), 조련질(操練)[1163], 조리질(笊籬), 조방질(助幇), 좀도둑질, 좀도적질(盜賊), 종질, 죄암질, 주낙질, 주둥이질, 주리질, 주릿대질, 주먹질, 주살질, 주장질(朱杖), 주젓개질, 주정질(酒酊), 주판질(籌板), 죽젓개질(粥), 죽침질(竹針), 줄달음질, 줄도망질(逃亡), 줄질, 줄팔매질, 중질(중노릇), 쥐엄질, 지게질, 지다위질, 지레질, 지짐질, 짐질, 짬질, 쪽매질, 찜질, 참소질(讒訴), 창질(槍), 채질, 채찍질, 철질(鐵), 첩질(妾), 청질(請), 체질, 초군질(樵軍), 초다듬이질(初), 초련질(初鍊), 초벽질(初壁), 총질(銃), 총채질, 추파질(秋波), 충동질(衝動), 치임개질, 침자질(針刺), 침질(鍼), 칫솔질(齒), 칼질, 칼가래질, 코두레질, 코침질(鍼), 콩마당질, 큰가래질, 큰톱질, 키질, 타래박질, 타렴질, 탄질, 탐장질(貪贓), 태질, 터빡질[1164], 토색질(討索), 토악질(吐), 토역질(吐逆), 토욕질(土浴), 토호질(土豪), 톱질, 통장질(通帳), 톺질, 퇴김질, 투레질, 투망질(投網), 투정질, 팔뚝질, 팔매질, 팡개질, 팽개질, 편싸움질(便), 편지질(片紙), 포교질(捕校), 포악질(暴惡), 포수질(砲手), 포흠질(逋欠), 표모질(漂母), 푼거리질, 풀질, 풀망질, 풀무질, 풍구질(風), 풍덩질, 하리질, 함지질, 함포질(艦砲), 해작질, 행악질(行惡), 행역질(悖逆), 행주질, 헛걸음질, 헛돈질, 헛불질, 헛총질(銃), 헤살질, 헹가래질, 협잡질(挾雜), 호락질, 호령질(號令), 호리질, 호미질, 호통질, 홀랑이질, 홀림질, 홀태질, 홈질, 화냥질, 화적질(火賊), 화침질(火針), 환롱질(幻弄), 홧담배질, 회방아질(灰), 회벽질(灰壁), 후리질, 훈장질(訓長), 훌렁이질, 훔치개질, 훔치질, 흉질(凶), 흑책질, 흘레질, 흙질, 흙손질, 희롱질(戲弄), 희학질(戲謔) 들.

질(質) ①사물의 유용성 · 속성 · 가치 · 등급 따위의 총체. '물건이 성립하는 근본 바탕이나 타고난 성질'을 뜻하는 말. ¶질이 좋다/떨어지다. 그는 천성적으로 질이 나쁜 사람이다. 질감(質感), 질고하다(質古;질박하고 예스럽다), 질둔하다(質鈍;투미하고 둔팍하다), 질량(質量)[1165], 질료(質料)[1166], 질박하다(質朴/樸;꾸밈이 없이 수수하다), 질소하다(質素;꾸밈이 없고 소박하다), 질순(質純), 질실하다(質實;질박하고 성실하다), 질야하다(質野), 질적(質的;내용이나 본질에 관계되는), 질점(역학적으로 크기가 없고 질량만 있다고 가상하는 점)/계(質點/系), 질직하다(質直); 각질(角質), 간질질(癎疾質;변덕이 심한 기질), 결정질(結晶質), 결체질(結締質), 경질(硬質), 고질(固質), 골질(骨質), 광물질(鑛物質), 교상질(膠狀質), 교원질(膠原質;콜라겐), 교질(膠質), 구질(球質), 균질(均質), 기질(氣質), 기질(基質), 녹말질(綠末), 다공질(多孔質), 다육질(多肉質), 다혈질(多血質), 단백질(蛋白質), 담즙질(膽汁質), 당상질(糖狀質), 당원질(糖原質), 독질(毒質), 동질(同質), 동물질(動物質), 둔질(鈍質), 등질(等質), 막질(膜質), 매질(媒質), 면역질(免疫質), 목질(木質)[목질부(部), 목질섬유(纖維), 목질화(化)], 무기질(無機質), 문질(文質), 물질(物質), 미질(美質), 백악질(白堊質), 법랑질(琺瑯質), 변질(變質)[변질암(巖), 변질자(者)], 병질(病質), 보굿질(보굿을 이루는 물질), 본질(本質), 부식질(腐植質), 부질(麩質), 부질(賦質), 분산질(分散質), 빙질(氷質), 빙자옥질(氷姿玉質), 사기질(沙器質), 상아질(象牙質), 상질(上質), 석질(石質), 석회질(石灰質), 선병질(腺病質), 섬유질(纖維質), 성질(性質), 세포질(細胞質), 소질(素質), 수질(水質), 신경질(神經質), 실질(實質), 아교질(阿膠質), 악질(惡質), 악액질(惡液質), 약질(弱質), 양질(良質), 여질(麗質), 연질(軟質), 연골질(軟骨質), 염질(艶質), 염색질(染色質), 영양질(營養質), 완정질(完晶質), 용질(容質), 용질(溶質)/용해질(溶解質), 우울(憂鬱), 원질(原質), 원형질(原形質), 유기질(有機質), 유전질(遺傳質), 유지질(類脂質), 유질(乳質), 유질(類質), 육질(肉質), 음질(音質), 이질(異質), 이형질(異形質), 자질(資質), 재질(才質), 재질(材質), 저질(低質), 저질(底質), 전매질(電媒質), 전해질(電解質), 점질(粘質), 점액질(粘液質), 점토질(粘土質), 정질(晶質), 죄질(罪質), 중질(中質), 중풍질(中風質), 지방질(脂肪質), 지질(地質), 지질(脂質), 지질(紙質), 천질(天質), 천질(賤質), 체질(體質), 탄질(炭質), 토질(土質), 특질(特質), 특이질(特異質), 편집질(偏執質), 품질(品質), 피질(皮質), 하질(下質), 해면질(海綿質), 핵질(核質), 혁질(革質), 현정질(顯晶質), 형질(形質), 화질(畵質), 회백질(灰白質), 흡착질(吸着質), 흰자질[단백질(蛋白質)]. ②'묻다. 따지다'를 뜻하는 말. ¶질문(質問)[질문서(書),

1163) 조련질(操練): 못되게 굴어 남을 괴롭히는 짓. 또는 견디기 어렵게 들볶거나 못살게 구는 것.≒왕따.

1164) 터빡질: 남의 물건을 서슴지 아니하고 단숨에 채어 가는 짓.

1165) 질량(質量): 물체의 고유한 역학적 기본량. ¶질량감(感;질감), 질량결손(缺損), 질량공식(公式), 질량단위(單位), 질량분석/기(分析/器), 질량비(比), 질량속도(速度), 질량수(數), 질량에너지, 질량적(的), 질량중심(中心).

1166) 질료(質料): 형식 또는 형태를 갖춤으로써 비로소 일정한 것으로 되는 소재(素材).

질문지(紙), 질문지법(法)], 질변(質辨), 질언(質言), 질의/응답(質疑/應答), 질의(質議), 질정(質正;옳고 그름을 묻거나 따지거나 하여 밝힘), 질정(質定), 질책(質責;잘못을 따져 꾸짖음), 질품(質稟); 논질(論質), 대질(對質)[1167], 두질(頭質;무릎맞춤), 면질(面質), 언질(言質), 증질(證質). ③'볼모. 저당 잡히다'를 뜻하는 말. ¶질계약(質契約;질권을 설정하는 계약), 질권(質權), 질물(質物), 질입(質入); 가질(假質), 권리질(權利質), 매도질(賣渡質), 부동산질(不動産質), 신탁질(信託質), 양도질(讓渡質), 유질(流質), 유질(留質), 인질(人質)[인질극(劇), 인질범(犯)], 입질(入質;물건을 저당 잡힘), 전질(典質), 채권질(債權質), 흑질(黑質;黑核). §'폐백. 예물'의 뜻으로는 [지]로 읽힘. 집지(執贄/質), 착지(錯質).

질(疾) '병(病). 빠르다. 급하다. 몹시. 미워하다. 싫어하다'를 뜻하는 말. ¶질고(疾苦), 질고(疾故), 질뢰(質雷), 질병(疾病), 질보(疾步;몹시 빠른 걸음), 질속(疾速), 질수(疾首), 질시(疾視;밉게 봄), 질언(疾言;빠른 말투로 거칠게 말함), 질역(疾疫;유행병), 질우(疾雨;세차게 내리는 비), 질원(疾怨;미워하고 원망함), 질족(疾足), 질주하다(疾走;빨리 달리다), 질증(疾憎), 질통(疾痛), 질풍(疾風;대단히 빠르게 부는 바람)[질풍노도(怒濤), 질풍경초(勁草), 질풍대우(大雨), 질풍신뢰(迅雷)], 질행(疾行;줄달음침), 질호(疾呼;급히 소리 질러 부름), 질환(疾患;疾病); 각질(脚疾), 간질(癎疾), 감질(疳疾), 고질(痼疾), 광질(狂疾), 괴질(怪疾), 구질(久疾), 낭질(狼疾;성미가 고약하여 뉘우치기 어려움), 노질(老疾), 독질(毒疾), 독질(篤疾), 말질(末疾), 민질(民疾), 본질(本疾), 사질(邪疾;정신병), 숙질(宿疾), 수질(水疾;뱃멀미), 악질(惡疾), 안질(眼疾), 역질(疫疾), 연하고질(煙霞痼疾), 우질(牛疾), 음질(陰疾), 의질(疑疾), 이질(痢疾), 임질(淋疾), 적로성질(積勞成疾), 전질(癲疾), 천질(天疾), 치질(痔疾), 토질(土疾), 폐질(廢疾), 폐질(肺疾), 폭질(暴疾), 학질(瘧疾), 휘질(諱疾) 들.

질(姪) '조카'를 뜻하는 말. ¶질녀(姪女), 질부(姪婦), 질서(姪壻), 질손(姪孫), 질아(姪兒), 질자(姪子), 질항(姪行); 가질(家姪), 고질(姑姪), 당질(堂姪), 부질(婦姪), 사질(舍姪), 삼종질(三從姪), 생질(甥姪;누이의 아들), 숙질(叔姪), 여질(女姪;조카딸), 영질(令姪), 이질(姨姪), 인질(姻姪), 자여질(子與姪)/자질(子姪), 장질(長姪), 족질(族姪), 종질(從姪), 처질(妻姪), 척질(戚姪) 들.

질(帙) ①책의 권수의 차례. ②아래위가 터진 책갑. ③여러 권으로 된 책 한 벌을 세는 단위. ¶전집 한 질을 사다. 질책(帙冊); 권질(卷帙), 낙질/본(落帙/本), 산질(散帙), 서질(書帙), 완질본(完帙本), 일질(一帙), 일질(逸帙), 전질(全帙), 편질(篇帙;편과 질) 들.

질(窒) '막다 · 막히다. 원소 이름'을 뜻하는 말. ¶질기(窒氣), 질급(窒急), 질기(窒氣), 질사(窒死;질식하여 죽음), 질산(窒酸)[질살균(菌), 질산염(鹽), 질산은(銀)], 질색(窒塞)[1168], 질소(窒素)[1169], 질식/사(窒息/死), 질애(窒礙), 질화강(窒化鋼), 질화물(窒化物); 혼질(昏窒) 들.

질(秩) '관직 · 녹봉의 등급. 차례'를 뜻하는 말. ¶질고하다(秩高), 질만(秩滿), 질미(秩米), 질비하다(秩卑), 질서(秩序)[1170], 질질(秩秩), 질차(秩次); 상질(上秩), 진질(晉秩), 하질(下秩), 현질(顯秩;높은 벼슬) 들.

질(叱) '꾸짖다'를 뜻하는 말. ¶질매(叱罵), 질욕(叱辱), 질정(叱正;꾸짖어 바로잡음), 질책(叱責;꾸짖어 나무람), 질타(叱咤;성내어 큰소리로 꾸짖음); 고성대질(高聲大叱), 대성질호(大聲叱呼), 면질(面叱) 들.

질(絰) '상복을 입을 때 쓰거나 두르는 테'를 뜻하는 말. ¶수질(首絰;머리에 두르는, 짚에 삼 껍질을 감은 둥근 테), 요질(腰絰), 환질(環絰) 들.

질(嫉) '시새움하다. 미워하다'를 뜻하는 말. ¶질시(嫉視), 질오(嫉惡), 질축(嫉逐;샘내어 내쫓음), 질투(嫉妬)[질투감(感), 질투망상(妄想), 질투심(心), 질투하다] 들.

질(迭) '갈마들다(번갈아. 교대로)'를 뜻하는 말. ¶질대(迭代); 경질(更迭), 교질(交迭;서로 바꿈) 들.

질(跌) '넘어지다. 제 멋대로 하다'를 뜻하는 말. ¶질탕하다(跌宕;놀음놀이가 지나쳐서 방탕하다), 질하다(질탕하게 놀다); 절질(折跌), 절질상(折跌傷), 차질(蹉跌) 들.

질(桎) '차꼬. 족쇄'를 뜻하는 말. ¶질곡(桎梏;자유를 속박함), 질함(桎檻;차꼬를 채워 옥에 가둠) 들.

질(蛭) '거머리'를 뜻하는 말. ¶간질(肝蛭), 수질(水蛭;거머리) 들.

질(膣) 자성(雌性). 외부 생식기의 하나. ¶질경련(膣痙攣), 질구멍[질구(膣口)], 질구(膣球), 질염(膣炎), 질탈(膣脫) 들.

질겁 뜻밖의 일로 몹시 놀람. 〈작〉잘갑. ¶쓰러진 총각의 모습을 본 처녀는 질겁이 나서 어쩔 줄 모른다. 그 아이는 뱀을 보더니 질겁하고 달아났다. 잘갑 · 질겁하다(≒놀라다).

질경이 질경잇과의 여러해살이풀. 차전초(車前草). ¶질경이씨, 질경잎쌈; 물질경이.

질기(다) ①물건이 쉬이 해지거나 끊어지지 않고 견디는 힘이 있다. ②목숨이 끊어지지 않고 끈덕지게 붙어 있다. ③길게 오래 끌거나 끈질긴 성질이 있다.≒억세다. ¶면발이 질긴 냉면. 질기둥이[1171], 쫄면(麵), 쫄바지, 잘강 · 질겅거리다/대다, 잘강[1172]잘강 · 질겅질겅, 잘근거리다/대다, 잘근잘근 · 질근질근/하다, 질긋질긋[1173], 질기굳다(질기고 굳세다), 질기둥이[1174], 질길성(性;질

1167) 대질(對質): 서로 엇갈린 말을 하는 사람들을 마주 대하여 진술하게 함. ¶공범자를 대질시키다. 대질신문(訊問), 대질심문(審問); 삼조대질(三造), 대질하다.

1168) 질색(窒塞): 몹시 싫어하거나 놀라서 기막힐 지경에 이름. ¶추운 것은 딱 질색이다.

1169) 질소(窒素): 질소고정(固定), 질소동화작용(同化作用), 질소비료(肥料), 질소순환(循環), 질소폭탄(爆彈); 산화질소(酸化), 석회질소(石灰), 이산화질소(二酸化).

1170) 질서(秩序): 사물 또는 사회가 올바른 생태를 유지하기 위해서 지켜야 할 일정한 차례나 규칙. ¶질서를 바로 잡다. 질서독재(獨裁), 질서반사(反射), 질서벌(罰), 질서범(犯), 질서위반(違反), 질서유지(維持); 공공질서(公共), 교통질서(交通), 기초질서(基礎), 무질서(無), 법질서(法), 사회질서(社會), 안녕질서(安寧), 위계질서(位階).

1171) 질기둥이: ①매우 질긴 물건. ②성질이 아주 끈질긴 사람.

1172) 잘강: 잘게 씹는 모양. 〈큰〉질겅.

기고 오래 견디는 성질), 질김성(性;잡아당기는 힘에 견디는 성질), 질깃·찔깃·잘깃·짤깃·졸깃·쫄깃·줄깃·쭐깃/하다, 질깃하다, 찔기둥[1175]; 검질기다(성질이나 행동이 지독하게 질기다), 깐·끈질기다, 밑질기다(어디 가서 앉으면 좀처럼 일어날 줄 모르다), 히질기다(매우 질기다).

질(다) 물기가 많다. 땅이 질퍽질퍽하다.↔되다[3]. §관형사형 '진-'은 일부 명사 앞에 붙어 '마르지 않은. 질척질척한. 끈덕진'의 뜻을 더하는 말. ¶지질지질(물기가 많아서 조금 진 듯한 모양), 지직하다[1176], 지질[1177]/하다, 지퍽(묽은 진흙 따위가 차지게 진 촉감을 주는 모양), 진갈이, 진걸레, 진과자(菓子), 진구덥[1178], 진구렁[1179], 진국수, 지나마르나(변함없이 항상 같게), 진날(비나 눈이 오는 날.↔마른날), 진논(무논), 진눈(눈병 따위로 눈가가 짓무른 눈), 진눈깨비(비가 섞여 내리는 눈), 진똥, 진반찬(飯饌), 진발(진땅을 밟아 더러워진 발), 진밥(↔된밥), 진버짐, 진부정/가심(不淨), 진손, 진수작(酬酌), 진신, 진신발, 진쑥(마르지 않은 쑥), 진아이[1180], 진안주(按酒), 진옴, 진음식(飮食), 진일, 진잎[1181], 진자리(↔마른자리), 진죽버력(粥;곤죽처럼 된 버력), 진찬합(饌盒), 진참흙, 진창[1182], 진타작(打作;물타작), 진탕(진창), 진펄(진창으로 된 넓은 들), 진편포(片脯), 진풀[1](시들어 마르지 아니한 풀), 진풀[2](마르지 않은 빨래에 먹이는 풀), 진행주, 진흥두깨, 진흙(물기가 많은 흙), 진흙탕; 잘박/잘바닥·질벅[1183]/질버덕/거리다/대다/이다/하다, 질적[1184], 질짜닥[1185]·질쩌덕, 질척질척·잘착잘착/하다, 잘착·질척/거리다/대다/하다, 잘카닥/잘칵·질카닥[1186]/질칵·질커덕/질컥/거리다/대다/하다, 잘파닥/잘팍·질퍼덕[1187]/질퍽/거리다/대다/하다, 잘폭·질퍽하다(부드럽게 질다), 찔꺽[1188]; 차질다(차지게 질다) 들.

질뚱-바리 행동이 느리고 소견이 꽉 막힌 사람.

질리(다) ①놀라서 기를 못 쓰다. 싫증이 나다. 몹시 놀라거나 무서워 얼굴빛이 변하다. 짙은 빛깔이 한데 몰려 고루 퍼지지 못하다. 값이 얼마씩 치이다. ¶라면에 질리다. 새파랗게 질린 표정. 옷에 먹물이 질렸다. 차를 사는 데 삼천만 원이나 질렸다. 질림조(무엇에 기가 질린 말투나 태도); 멋질리다(방탕한 마음을 가지게 되다), 짓질리다(몹시 질리다). ②'지르다'의 피동형.

질번-하다 물자나 돈이 여유가 있고 살림살이가 넉넉하다. ¶살림살이가 질번하다. 질번질번하다.

질질 ①'잘잘[3,4,5,6]'보다 큰말. ②가진 것을 허술하게도 흘리는 모양. ¶쌀을 질질 흘리면서 자루를 메고 가다. ③한번 정한 기한을 자꾸 미루는 모양. ¶약속한 날을 질질 끌다.

질편-하다 땅이 넓게 열려 평평하다. 주저앉아 게으름을 피우다. 물건 따위가 즐비하여 그득하다. 질거나 젖어 있다. ¶질편한 들판. 종일 질편하게 놀다. 먹을 것이 질편하다. 땅바닥에 물건을 질편히 늘어놓고 팔고 있다.

질-하다 질탕하게 놀다.

짐 암반의 무게로 인한 압력. ¶짐오다(암반의 무게에 의하여 압력을 받다).

짐(朕) ①임금이 자신을 가리키는 말. 과인(寡人). ¶짐이 곧 국가다. ②기미. '낌새'를 뜻하는 말. ¶조짐(兆朕)[1189].

짐(鴆) 중국 남방 광동(廣東)에 사는 독이 있는 새. ¶짐독(鴆毒;짐새의 깃털에 있는 맹렬한 독), 짐살(鴆殺;짐주를 먹여서 죽이는 것), 짐새, 짐시(鴆弑), 짐주(鴆酒;짐독을 섞은 술).

짐벙-지다 신이 나서 멋들어지고 푸지다. ¶그 모임은 짐벙진 데가 있었다.

짐병 막무가내로 부리는 모질고 나쁜 짓이나 억지 또는 떼. ¶짐병을 부리다/ 쓰다.

짐승 몸에 털이 나고, 발을 가진 동물. 어류를 제외한 포유동물. 잔인하거나 야만적인 사람의 비유.[←중생(衆生)]. ¶짐승만도 못한 사람. 짐승강(綱), 짐승니, 짐승무리(포유동물), 짐승토기(土器); 긴짐승(뱀 따위와 같이 몸이 기다란 짐승), 길짐승, 날짐승, 네발짐승, 돌짐승[석수(石獸)], 두발짐승, 들짐승, 물짐승, 뭇짐승(여러 짐승), 뭍짐승, 산짐승(山;산에서 사는 짐승), 산:짐승(살아 있는 짐승), 씨짐승[종축(種畜)], 잔짐승, 집짐승, 털짐승, 홀짐승(암수의 짝이 없는 짐승). ☞ 수(獸).

짐작 어림치어 헤아림.[←침작(斟酌)]. ¶짐작하다; 걸음짐작, 겉짐작, 귀짐작(귀로 들어 헤아리는 어림), 눈짐작(눈대중), 발짐작, 속짐작, 손짐작, 어림짐작, 지레짐작[1190], 지레짐작하다(≒넘겨짚다. 속단하다. 겉짐작하다).

짐짐-하다 ①음식이 찝찔하기만 하고 아무 맛도 없다(≒無味하

ㅈ

1173) 질긋: ①끈덕지게 참고 견디는 모양. ②계속 누르거나 당기는 모양.
1174) 질기둥이: ①매우 질긴 물건. ②성질이 아주 끈질긴 사람.
1175) 찔기둥: 연하지 않고 매우 질긴 모양. ¶부부의 정이란 그 무언지 짧지 않은 세월에 찔기둥찔기둥 맺어진 인연이다.
1176) 지직하다: 되직하지 아니하고 조금 진 듯하다. ¶빵 반죽치고는 좀 지직하다.
1177) 지질: 습기나 물기가 지나쳐서 조금 진 듯한 모양. ¶지질지질/하다, 지질펀펀하다(땅이 질척하고 펀펀하다. 높낮이가 없이 펀펀하다).
1178) 진구덥: 자질구레하고 지저분한 뒷바라지 일.
1179) 진구렁: ①질척거리는 진흙 구렁. ②빠져나오기 어려운 험난한 처지.
1180) 진아이: 아직 똥오줌을 가릴 줄 모르는 아이.
1181) 진잎: 푸성귀 잎의 날것이나 저린 것. ¶진잎국, 진잎밥, 진잎죽(粥).
1182) 진창: 땅이 질어서 곤죽같이 괸 곳.[←질(다)+창].≒수렁. 진흙탕. ¶진창에 빠지다. 진창길, 진창말이(몸이나 옷이 온통 젖은 흙투성이가 되는 일), 진창물; 엉망진창.
1183) 질벅거리다: 흙에 물기가 많다.
1184) 질적: 땅의 진흙이 신발에 붙어 올라오게 진 모양.
1185) 질짜닥: 진흙이나 반죽 따위가 물기가 조금 많아 몹시 차지게 진 느낌. 〈큰〉질쩌덕.
1186) 질카닥: 진흙이나 반죽 따위가 물기가 꽤 많아 매우 진 느낌. 〈큰〉질커덕/질컥. 〈준〉질칵. 질카닥/질칵·잘카닥/잘칵거리다/대다/하다, 잘카닥칼카닥/하다.
1187) 질퍼덕: 진 바닥을 밟을 때 나는 소리. 〈작〉잘파닥. 〈준〉질퍽.
1188) 찔꺽: 진흙이나 풀 따위를 짓이길 때와 같이 몹시 끈진 모양. 또는 그 소리. ¶진흙투성이가 된 골목길을 찔꺽찔꺽 소리를 내며 걷다.
1189) 조짐(兆朕): 어떤 일이 생길 기미가 보이는 현상. ¶좋은 조짐이 보인다.
1190) ¶지레짐작 매꾸러기(깊이 생각하지 아니하고 짐작이 가는 대로 일을 저지르면 낭패를 보기 쉽다는 말).

다). ¶짐짐한 국물을 훌훌 마시다. ②마음에 조금 꺼림하다.(≒꺼림칙하다). ¶짐짐하게 살아 온 지난 몇 해.

짐짓 ①마음으로는 그렇지 않으나 거짓으로 꾸며서.≒일부러. ¶짐짓 못 본 체하다. 짐짓 바보인 체한다. 짐짓 술 취한 체한다. [+체한다]. ②=과연. 정말로. ¶먹어 보니, 짐짓 기가 막힌 음식이더라.

집 ①비바람과 더위·추위를 막고 사람이나 동물이 살기 위해 지은 보금자리. 건물(建物). 집안. '집에서 만든'을 뜻하는 말. ¶집을 수리하다. 집가시다/집가심[1191], 집가축[1192], 집값, 집거름, 집골목, 집구석, 집구조(構造), 집나들이(친정 나들이), 집난이(시집간 딸), 집단속(團束), 집더미(집채), 집돌림, 집뒤짐(물건을 찾기 위하여 남의 집을 뒤짐), 집들이[1193], 집뜨락, 집매(몇 집들이 모인 무리), 집메주, 집문서(文書), 집배(지붕 모양의 덮개를 설비한 배), 집사람(자기 아내), 집사정(事情), 집살이(시집살이), 집생각, 집세(貰), 집세간, 집소식(消息), 집수리(修理), 집식구(食口), 집안¹,²[1194], 집안팎, 집알이/하다, 집오래(집에서 가까운 곳), 지붕[1195], 지아비, 지어미, 집일, 집임자, 집주릅, 집주인(主人), 집지기, 집지킴, 집집/이, 집짓기, 집채(집의 전체), 집치레/하다, 집치장/하다(治粧), 집칸, 집터[1196], 집터서리[1197]; 가겟집, 가루집[1198], 가림집[1199], 가적집[1200], 가정집(家庭), 개집, 개미집, 거미집[주망(蛛網)], 건넛집, 겹집, 곁집, 고미집(고미다락이 있는 집), 고줏집(高柱;높은 기둥을 세워 지은 집), 곳집(庫), 고패집[1201], 고향집(故鄕), 공자집(工字), 과녁빼기집(똑바로 건너다보이는 집), 구름집[운당(雲堂)], 굴집(窟), 굴피집[1202], 귀틀집(통나무집), 규수집(閨秀), 기역자집, 기와집, 길갓집, 난든집[1203], 날개집(집채의 좌우에 붙어 있는 곁채), 남향집(南向), 납도리집(접시받침과 납도리-모가 나게 만든 도리-로 된 집), 너새집/너와집, 다각집(多角), 다락집, 다폿집(多包), 단청집(丹靑), 단층집(單層), 단칸집, 닫집[1204], 달개집(원채에 달아 낸 달개로 된 집), 당집(堂;신을 모셔 두는 집), 대갓집(大家), 도갓집(都家), 도끼집[1205], 돌기와집, 돌집, 동향집(東向), 뒷집, 디귿자집, 똬리집, 뙤새집[1206], 뜸집[1207], 띳집[모옥(茅屋)], 리을자집, 막다른집, 망자집(亡字), 맞배집/뱃집, 모말집/말집(추녀를 사방으로 뺑 둘러 지은 집), 무관집(武官), 미음자집, 민도리집(도리와 장여로만 되어 있는 집), 박공집(牔栱), 밧집(대궐 밖의 백성의 집), 배다릿집, 뱃집(추녀가 없이 양쪽에 박공만 붙인 집), 벌레집, 벌집, 벗집[1208], 벽돌집(甓), 본보기집(本;모델 하우스), 본집(本), 부섭집[1209], 부잣집(富者), 북향집(北向), 빈집, 뺑댓집(뺑쑥의 줄기로 지붕을 인 초라한 집), 뾰족집, 사돈집, 사량집(四樑), 사뭇집(四;지붕이 네모 난 집), 사삿집(私私), 살림집, 샛갓집, 상두받잇집, 상엿집(喪輿), 새집(새로 지은 집), 새집(새가 깃들이는 집), 서향집(西向), 셋집(貰), 수각집(水閣;터가 습하여 늘 물이 나는 집), 시골집, 시집(媤), 십자집(十字), 아랫집, 안집, 앞집, 앞뒷집, 양옥집(洋屋), 얼럭집[1210], 엇치량집(樑;보를 여섯 줄로 세로 올리어 인 집), 엎집[1211], 여염집(閭閻), 옆집, 옛집, 오두막집, 오량집(五梁), 오막살이집, 온챗집, 외갓집(外家), 외딴집, 외주물집[1212], 외챗집, 우물집, 움집, 움막집(幕), 윗집, 이웃집, 익공집(翼工), 일자집(一字), 작은집, 잔칫집, 전셋집(傳貰), 절집, 정자집(丁字), 제집(자기의 집), 조선집(朝鮮), 종갓집(宗家), 주인집(主人), 찬합집(饌盒)[1213], 창집(倉), 처넙집[1214], 천막집(天幕), 천변집(川邊), 초상집(初喪), 층집(層), 큰집, 토담집(土), 토막집, 통나무집, 투막집[1215], 팔작집(八作), 평집(平), 폿집(包), 함석집, 헌집, 헛집, 호두각집(虎頭閣), 혼인집(婚姻), 흘집, 흙집. ☞ 가(家). 옥(屋). 댁

ㅈ

1191) 집가심: 집안을 깨끗하게 함. 초상집에서 발인한 뒤 집안을 깨끗하게 하는 일. ¶집가심굿.

1192) 집가축: 집을 매만져서 잘 거두는 일. ¶집가축을 잘하다.

1193) 집들이: 새로 지었거나 이사한 집주인 쪽에서 손님을 초대하여 베푸는 일. §'집알이'는 손님 쪽에서 집주인을 찾아가는 일.

1194) 집안¹: 혈족을 중심으로 한 가족이나 가까운 일가. ¶집안이 좋다. 집안이 번창하다. 집안간(間), 집안단속(團束), 집안망신(亡身), 집안사람, 집안식구(食口), 집안싸움, 집안어른; 깍두기집안(질서가 없는 집안), 한집안(같은 집안). 집안²: 가족이 생활하는 집의 안. ¶애들이 없으니 집안이 조용하다. 집안 걱정은 말고 하는 일에나 충실하여라. 집안닦달(집의 안을 깨끗이 치우는 일)/하다, 집안살림, 집안살이, 집안일(살림).

1195) 지붕: 집의 맨 꼭대기 부분에 씌우는 덮개.[←집+웅]. ¶지붕갓, 지붕골/판(板), 지붕널, 지붕돌/받침, 지붕마루(용마루), 지붕면(面), 지붕물매, 지붕보, 지붕이기, 지붕차(車), 지붕창(窓), 지붕틀; 건새지붕(乾;산자 밑에 흙을 바르지 않은 지붕), 그늘지붕(햇빛을 가리게 만든 지붕), 기와지붕, 꺾인지붕, 눈썹지붕(벽이나 지붕 끝에 물린 좁은 지붕), 덧지붕, 돌지붕, 맞배지붕, 모임지붕(추녀마루가 경사지게 올라가 용마루에서 모이는 지붕), 박공지붕(牔栱), 반원지붕(半圓), 부른지붕(지붕면의 한가운데가 불룩하게 휘어 오른 지붕), 뾰족지붕, 사각지붕(四角), 삿갓지붕, 솟을지붕, 양철지붕(洋鐵), 외쪽지붕(앞이 높고 뒤쪽이 낮게 된 지붕), 우진각지붕(隅閣), 욱은지붕(중간 부분이 휜 지붕), 초가지붕(草家), 톱날지붕, 팔작지붕(八作;합각지붕), 평지붕(平), 함석지붕, 합각지붕(合閣), 헛지붕(덧지붕).

1196) 집터: 집이 있거나 있었거나, 또는 집을 지을 자리. ¶집터를 잡다. 집터가 좋다.

1197) 집터서리: 집의 바깥 언저리.

1198) 가루집: 습기 있는 곳에 오래 둔 곡식 가루나 약재 따위에 생긴 벌레가 사는 집.

1199) 가림집: 울안의 후미진 곳에 본채와 따로 하인들이 살도록 지은 집채. 울안의 으슥한 채.

1200) 가적집: 추녀에서 덧대어 올린 지붕을 한 집.

1201) 고패집: 일자로 된 집채에 부엌이나 외양간 따위를 직각으로 이어 붙인 집.

1202) 굴핏집: 참나무나 상수리나무 껍질인 굴피로 지붕을 인 집.

1203) 난든집: 손에 익은 재주. ¶이런 일이라면 난든집이 아니라도 할 수 있겠다.

1204) 닫집: 궁전 안의 옥좌 위나, 법당의 불좌 위에 장식으로 만들어 다는 집의 모형. 감실(龕室).

1205) 도끼집: 연장을 제대로 쓰지 않고 도끼 따위로 건목만 쳐서 거칠게 지은 집.

1206) 뙤새집: 똬리처럼 안뜰을 중심으로 ㅁ자 모양의 평면을 가진 집=똬리집. §'뙤새'는 '똬리'의 황해 사투리.

1207) 뜸집: 뜸(풀로 거적처럼 엮어 만든 물건)으로 지붕을 인 작은 집.

1208) 벗집: 염밭의 벗(솥)을 걸어 놓고 소금 굽는 시설을 하여 놓은 집. 〈준〉벗.

1209) 부섭집: 집채의 벽에 기대어 지은 집.

1210) 얼럭집: 한 집의 각 채를 여러 가지 양식으로 지은 집(얼룩얼룩한 집). 기와집과 초가집이 섞여 있는 집 따위.

1211) 엎집: 빗물이 한쪽으로 흐르게 지붕 앞쪽이 높고 뒤쪽이 낮게 지은 집.

1212) 외주물집: 마당이 없이 길가에 바싹 대어지어서 길에서 안이 들여다보이는 작고 허술한 집.

1213) 찬합집(饌盒): 규모가 넓고 크지는 아니하여도 구조가 쓸모 있고 아담하게 지은 집.

1214) 처넙집: 집의 구조가 알뜰하고 쓸모 있게 된 집.

1215) 투막집: 집 둘레에 옥수숫대로 엮은 울타리를 높이만큼 바싹 두른 울릉도의 통나무집.

(宅). ②바둑에서, 자기 차지가 된 곳[호(戸)]. ¶집을 내다. 집내기; 반집(半), 빈집, 옥집. ③가구(家口)의 수를 세는 단위. ¶열 집이 모여 사는 마을. 두 집 살림. ④'집에서 기르는/사는'을 뜻하는 말. ¶집가축(家畜), 집괭이, 집누에, 집닭, 집돼지, 집말, 집모기(집에서 볼 수 있는 모기), 집박쥐, 집벌, 집비둘기, 집소, 집쥐(인가에 사는 쥐), 집짐승, 집토끼, 집파리. ⑤몇몇 명사 뒤에 붙어 '크기 · 부피 · 갑(匣). 기관(器官)' 또는 '그것의 흔적'의 뜻을 더하는 말. ¶가윗집, 갓집, 거푸집[1216], 거울집, 고름집, 골집[1217], 권총집(拳銃), 귓집[1218], 나무집, 달집[1219], 대팻집, 도장집(圖章)', 두꺼비집[안전기(安全器)], 똥집[대장(大腸)], 망건집(網巾), 맷집[1220], 멍엣집(멍에 때문에 움푹 들어간 자리), 모래집[양막(羊膜)], 몸집(몸의 부피), 물집[수포(水疱)]. 바디집, 벼룻집, 병집(病)[1221], 뱃집, 불집, 살집(살의 부피), 새끼집, 송곳집, 수젓집, 숫대집(數), 아기집, 안경집(眼鏡), 알집, 어깻집(어깨의 살집), 어피집(魚皮;상어 가죽으로 만든 안경집), 염통집(심실), 음집(陰;짐승의 새끼집으로 통한 길), 잇집[치조(齒槽)], 잎집[1222], 정집(精), 초혜집[1223], 총집(銃), 칼집[1224], 탕건집(宕巾), 환도집(還刀), 활집, 흠집(欠). ⑥'넓이[폭(幅)]. 구멍'을 뜻하는 말. ¶댓집(담배설대에 맞추게 되어 있는 물부리와 통의 구멍), 춤집(춤추는 동작의 폭;舞幅). ⑦출신지명 뒤에 붙어 '남의 첩, 기생첩'이나 '물건을 파는 가게'의 뜻을 더하는 말. 자기 집안에서 출가한 손아래 여자를 시집의 성(姓) 밑에 붙어, 그 집 사람임을 나타내어 부르는 말. ¶가겟집, 객줏집(客主), 고깃집, 국숫집, 기름집, 기생집(妓生), 꼭짓집, 꽃집, 날밤집(밤새도록 영업하는 선술집), 단골집, 대폿집, 도장집(圖章)², 두붓집, 떡집, 마방집(馬房), 목롯집(木櫨), 무당집(巫堂), 물집(피륙을 염색하는 집), 밀줏집(密酒), 반물집, 밥집, 방석집(方席;술집), 빵집, 상밥집(床), 색싯집, 색줏집(色酒), 세책집(貰冊), 세탁집(洗濯), 솜틀집, 술집[병술집(甁), 선술집], 쌀집, 왜식집(倭食), 요릿집(料理), 이불집, 점집(占), 중국집(中國), 진솔집[1225], 찻집(茶), 체계집(遞計;돈놀이를 하는 집), 판잣집(板子), 하숙집(下宿), 한복집(韓服), 함바집, 화초집(花草), 횟집(膾); 강릉집/ 마산집/ 평양집; 김/이/박 집 들.

집(集) '모으다 · 모이다. 모아 엮은 책'을 뜻하는 말.↔산(散). ¶집결(集結), 집계(集計), 집광(集光)[집광경(鏡), 집광기(器)], 집괴(集塊), 집구(集句), 집권(集權↔分權), 집금/원(集金/員), 집단(集團)[1226], 집대성(集大成), 집배/원(集配/員), 집복(集福), 집산(集散)[집산주의(主義), 집산지(地)], 집성(集成), 집소성대(集小成大), 집수(集水), 집약(集約)[집약경영(經營), 집약농업(農業), 집약적(的)], 집어/등(集魚/燈), 집영(集英), 집음기(集音機), 집자(集字), 집적(集積), 집적회로(集積回路), 집제(集諦), 집주(集注), 집주(集注/註), 집중(集中)[1227], 집진/기(集塵/機), 집찰(集札), 집촌(集村), 집표(集票), 집표(集標), 집하(集荷), 집합(集合)[1228], 집해(集解), 집현전(集賢殿), 집화(集貨), 집회(集會)[1229]; 가집(歌集), 가집(家集), 가곡집(歌曲集), 가요집(歌謠集), 결집(結集), 경험집(經驗集), 공식집(公式集), 교송집(交誦集), 군집(群集), 규정집(規定集), 금언집(金言集), 노래집, 논집(論集), 논문집(論文集), 단어집(單語集), 단편집(短篇集), 도안집(圖案集), 도해집(圖解集), 동음집(同音集), 동화집(童話集), 만화집(漫畵集), 매집/상(買集/商), 명곡집(名曲集), 명언집(名言集), 명화집(名畵集), 모집(募集), 모음집, 문집(文集), 문제집(問題集), 문헌집(文獻集), 미담집(美談集), 민화집(民話集), 밀집하다(密集), 밀교집(密教集), 발취집(拔取集), 법규집(法規集), 법령집(法令集), 별집(別集), 분집(坌集), 사집(私集), 사집(四集), 사례집(事例集), 사설집(辭說集), 사화집(詞華集), 상집(翔集), 서간집(書簡集), 서한집(書翰集), 선집(選集), 설화집(說話集), 성가집(聖歌集), 소집(召集), 소설집(小說集), 속집(續集), 수상집(隨想集), 수집(收集), 수집(粹集;핵심적인 것만 뽑아 모음), 수집(蒐集)[수집광(狂), 수집벽(癖)], 수필집(隨筆集), 숙어집(熟語集), 습집(拾集;주워 모음), 시집(詩集), 시가집(詩歌集),

1216) 거푸집: ①쇠붙이를 녹여 부어서 만드는 물건의 바탕으로 쓰이는 모형. 주형(鑄型). ②풀칠로 붙인 종이나 천 따위에서 공기가 들어가 들뜬 부분.

1217) 골집: '순대'의 비표준말. ¶쌀골집, 핏골집.

1218) 귓집: 추위를 막기 위하여 귀를 감싸는 기구.

1219) 달집: 음력 정월 보름날 달맞이를 할 때, 불을 질러 밝게 하기 위하여 생솔 가지 따위를 묶어 집채처럼 쌓은 무더기.

1220) 맷집: 매를 맞아 견디어 내는 힘이나 정도. 또는 때려 볼 만하게 통통한 살집.

1221) 병집(病): 깊이 뿌리박힌 잘못이나 결점. ¶소심한 게 너의 병집이다.

1222) 잎집: 잎자루가 칼집 모양으로 되어 있는 줄기를 싸고 있는 것. 볏과 및 미나릿과의 식물에 많음.

1223) 초혜집: 이쑤시개나 귀이개 따위를 넣는 조그마한 통.

1224) 칼집: ①칼날을 보호하기 위하여 칼의 몸을 꽂아 두는 물건. ②요리 재료에 칼로 베어낸 진집. ¶도미에 칼집을 내어 굽다.

1225) 진솔집: 새로 지은 옷을 첫물에 찢거나 떨어뜨리는 사람.

1226) 집단(集團): 집단감염(感染), 집단검진(檢診), 집단계약(契約), 집단군(群), 집단농장(農場), 집단면역(免疫), 집단무의식(無意識), 집단방위(防衛), 집단범죄(犯罪), 집단본능(本能), 집단부락(部落), 집단살해(殺害), 집단생활(生活), 집단소송(訴訟), 집단심(心), 집단어(語), 집단역학(力學), 집단요법(療法), 집단의식(意識), 집단이민(移民), 집단적(的), 집단정신(精神), 집단주의(主義), 집단주택(住宅), 집단중독(中毒), 집단지도(指導), 집단토론(討論), 집단표상(表象), 집단학습(學習), 집단행동(行動), 집단혼(婚), 집단화/하다(化), 집단효과(效果), 집단히스테리(Hysterie); 기업집단(企業), 나이집단, 내집단(內), 놀이집단(유희집단), 모집단(母), 사회집단(社會), 소수집단(少數), 연령집단(年齡;나이집단), 외집단(外), 유희집단(遊戲), 이익집단(利益), 조직집단(組織), 준거집단(準據), 지연집단(地緣), 통계집단(統計), 표준집단(標準), 혈연집단(血緣).

1227) 집중(集中): 한 곳을 중심으로 하여 모임. 한 가지 일에 몰두함. ¶정신을 집중하다. 시선이 집중되다. 집중공격(攻擊), 집중되다/하다, 집중력(力), 집중사격(射擊), 집중생산(生産), 집중신경계(神經系), 집중적(的), 집중투자(投資), 집중호우(豪雨), 집중하다, 집중학습(學習), 집중호우(豪雨), 집중화/되다/하다(化); 기업집중(企業), 자본집중(資本), 정신집중(精神).

1228) 집합(集合): ①사람의 무리나 많은 한 곳에 모임. ¶집합 장소. 집합과(果), 집합명사(名詞), 집합범(犯;상습범), 집합재산(財産), 집합체(體), 집합표상(表象), 집합행동(行動); 총집합(總). ②특정한 조건에 맞는 사물들의 모임. ¶홀수의 집합. 집합개념(概念), 집합론(論), 집합족(族), 집합함수(函數); 가부번집합(可附番;가산집합), 가산집합(加算), 개집합(開;열린집합), 곱집합, 공집합(空), 교집합(交), 닫힌집합, 무한집합(無限), 보집합(補), 부분집합(部分), 순서집합(順序), 여집합(餘), 열린집합, 영집합(零), 유한집합(有限), 전체집합(全體), 점집합(點), 직적집합(直積), 진리집합(眞理), 진부분집합(眞部分), 차집합(集合), 폐집합(閉), 합집합(合), 해집합(解).

1229) 집회(集會): 여러 사람이 어떤 목적을 위하여 일시적으로 모임. ¶집회에 참석하다. 집회소(所), 집회장(場), 집회하다, 집회허가(許可); 가두집회(街頭), 거리집회, 군중집회(群衆), 대집회(大), 불법집회(不法), 소집회(小), 옥내집회(屋內), 옥외집회(屋外).

시론집(詩論集), 시문집(詩文集), 시조집(時調集), 시화집(詩畵集), 실화집(實話集), 야담집(野談集), 역시집(譯詩集), 어휘집(語彙集), 연설집(演說集), 우화집(寓話集), 운집(雲集), 원집(原集), 운집(雲集), 위집(蝟集), 유고집(遺稿集), 유보집(遺補集), 윤집(閏集), 응집(凝集), 의집(蟻集), 일화집(逸話集), 자료집(資料集), 작곡집(作曲集), 작품집(作品集), 전집(全集), 진언집(眞言集), 징집(徵集), 찬집(撰集), 찬집(纂集), 참집(參集), 창작집(創作集), 채집(採集), 초집(抄集/輯), 초집(招集), 초집(草集), 총집(叢集;떼를 지어 모임), 취집(聚集), 칼럼집(column集), 판례집(判例集), 평론집(評論集), 풀이집, 합집(合集), 해답집(解答集), 해설집(解說集), 향가집(鄕歌集), 향명집(鄕名集), 화보집(畵報集), 화집(畵集), 회집(會集), 후집(後集), 희곡집(戲曲集); 포은집(圃隱)/ 야은/ 목은/ 남명 등의 개인 문집 이름에 쓰임.

집(執) '잡다. 가지다. 지키다. 처리하다'를 뜻하는 말. ¶집권(執權;권력을 잡음)[집권당(黨), 집권자(者)], 집기(執記), 집념(執念)[1230], 집달/관(執達/官), 집도(執刀), 집례(執禮;예식을 집행함), 집류(執留), 집무/실(執務/室), 집배(執杯;술잔을 듦), 집백(執白), 집법(執法), 집복(執卜), 집사(執事)[집사관(官), 집사자(者)], 집상(執喪), 집속(執束), 집수(執手;손을 잡음), 집심(執心), 집역(執役), 집요하다(執拗;고집이 세고 끈질기다), 집의(執意), 집전(執典;의식이나 전례 따위를 맡아서 집행함), 집정/관(執政/官), 집조(執租), 집조(執照), 집준(執樽), 집중(執中;치우침이 없이 공정을 취함), 집증(執症/證), 집지(執贄/質), 집착(執捉), 집착(執着;어떤 일에만 마음이 쏠려 떠나지 아니함), 집총(執銃), 집탈(執頉), 집필(執筆;붓을 들고 글이나 글씨를 씀)[집필자(者), 집필진(陣)], 집행(執行)[1231], 집형(執刑;형을 집행함), 집홀(執笏), 집흑(執黑); 거집(據執), 견집(堅執), 고집(固執)[외고집, 옹고집(壅), 황고집], 만집(挽執), 망집(妄執), 무집(無執;집착하지 아니함), 부집존장(父執尊長)/부집(父執), 아집(我執), 애집(愛執), 언집(言執), 외집(外執;물건을 훔치어 딴 곳에다 감추어 두는 일), 이집(異執), 쟁집(爭執), 전집(典執), 전집(專執), 존집(尊執), 친집(親執), 편집(偏執), 피집불굴(被執不屈), 필집(筆執), 확집(確執) 들.

집(輯) ①'모으다'를 뜻하는 말. ¶집록(輯/集錄), 집요(輯要), 집재(輯載;글을 편집하여 실음), 집철(輯綴;책 따위를 모아서 엮음), 집합(輯合); 수집(蒐輯), 찬집(纂輯), 특집(特輯), 편집/자(編輯/者). ②시가(詩歌)나 문장 따위를 엮은 책이나 음악 앨범 따위를 낼 때 그 발행 차례를 나타내는 단위. ¶5집 음반을 내다. 제33집.

집(什) '세간(일상생활에 쓰는 도구)'를 뜻하는 말. ¶집구(什具), 집기(什器), 집물(什物)[가장집물(家藏), 선장집물(船裝)]; 가집(佳什), 가집(家什), 진집(珍什;진귀한 살림살이 도구) 들.

집(緝): '모으다. 잡다'를 뜻하는 말. ¶집포(緝捕;죄인을 잡음), 집합(緝合;주워 모아서 합함) 들.

집(다) 손으로 물건을 잡다. 떨어진 것을 줍다. 기구로 사이에 물건을 끼워서 들다. 지적하여 가리키다. ¶연필을 집다. 바닥에 떨어진 동전을 집다. 부집게로 숯을 집다. 집게[1232], 집고[1233], 지범거리다[1234]/대다/지범지범, 집어내다(꺼내다. 건지다), 집어넣다, 집어던지다, 집어뜨리다(집어서 내뜨리다), 집어먹다, 집어삼키다, 집어세다[1235], 집어쓰다[1236], 집어치우다[1237], 집어타다, 집히다(집음을 당하다. 잡히다); 겹집다(여러 개를 겹쳐서 집다), 공집기(空), 까집다, 까뒤집다, 꼬집다[1238], 끄집다(끌어 집다), 끄집어내다, 끄집어들이다, 뒤집다[1239], 떼집다(달라붙은 것을 집어서 떼다), 바르·버르집다[1240], 포집다, 헤집다(긁어 파서 뒤집어 흩다) 들.

집적 ①아무 일에나 함부로 손을 대어 하다말다 하는 모양. ②남의 일에 끼어들어 함부로 참견하는 모양. ③남을 공연히 건드려 성가시게 하는 모양. ¶옆에서 쓸데없이 집적집적 말참견하지 마라. 집적거리다/대다(건드리다), 집적집적/하다.

짓 몸이나 몸의 일부를 놀려 움직이는 일. 버릇처럼 하는 어떤 동작이나 행동.≒꼴. ¶나쁜 짓. 이게 무슨 짓이냐! 짓이 나다. 짓을 부리다. 짓거리/하다, 짓궂다[1241], 짓나다[1242]/내다, 지더리다[1243], 짓둥이(몸을 놀리는 모양새), 짓소리[1244], 짓속(하는 짓의 속내), 짓시늉/말, 짓짓이, 짓쩍다[1245], 짓하다(행동하다); 거짓,

1230) 집념(執念): ①마음에 깊이 새겨 뗄 수 없는 생각. ¶집념의 사나이. 강한 집념으로 일을 한다. ②한 가지 일에만 달라붙어 정신을 쏟음. ¶연구에 집념하다.

1231) 집행(執行): 정해진 일을 실제로 시행함. 법률·명령·재판·처분 따위의 내용을 실행함. ¶형을 집행하다. 집행관(官), 집행권(權), 집행기관(機關), 집행되다/하다, 집행력(力), 집행명령(命令), 집행문(文), 집행벌(罰), 집행법원(法院), 집행부(部), 집행위원(委員), 집행위임(委任), 집행유예(猶豫), 집행인(人), 집행자(者), 집행장애(障碍), 집행정지(停止), 집행처분(處分), 집행판결(判決), 집행행위(行爲), 집행형(刑); 가집행(假), 강제집행(强制), 공무집행(公務), 대집행(代), 법집행(法), 보전집행(保全).

1232) 집게: 집게덫, 집게발, 집게발톱, 집게벌레, 집게뼘/집뼘(엄지손가락과 집게손가락을 벌린 길이), 집게손, 집게손가락, 집게주먹, 집게틀(집게덫); 깡집게(뇌관을 도화선에 연결하는 데에 쓰는 집게), 꽉집게(꽉집이), 나무집게, 먹집게, 무집게(물건을 물리는 데 쓰는 연장.[←물다]), 방울집게, 부집게, 빨래집게, 섭집게, 연탄집게(煉炭), 족집게, 초집게(草).

1233) 집고: 무엇을 미루어 생각할 때에, 꼭 그러할 것이라는 뜻을 나타내는 말.=틀림없이. 반드시. 꼭. ¶이번 시험에 집고 합격할 것이다. 내일은 집고 비가 올 것이다. 집고 그럴 사람이 아니다.

1234) 지범거리다: 음식물 따위를 체면도 없이 이것저것 자꾸 집어 거두거나 먹다.[←집(다)+엄].

1235) 집어세다: ①주책없이 함부로 막 먹다. ②말과 행동으로 닦달하다.≒몰아세우다. 나무라다. ¶호되게 집어세다. ③남의 것을 마음대로 가지다. ¶주인 허락도 없이 남의 물건을 제멋대로 집어세다.

1236) 집어쓰다: 돈 따위를 닥치는 대로 쓰다. ¶집의 재산을 몽땅 집어쓰다.

1237) 집어치우다: 일을 중도에서 그만두다.≒걷어치우다. ¶학업을 집어치우다.

1238) 꼬집다: ①손가락이나 손톱으로 살을 집어 뜯거나 비틀다. ②남의 비밀·감정 따위를 찌르듯이 건드리다. 꼬집히다.

1239) 뒤집다: 안과 겉을 뒤바꾸다. 뒤엎다. ¶손바닥을 뒤집다. 순서를 뒤집다. 뒤집개질, 뒤집기, 뒤집어쓰다/씌우다/엎다, 뒤집히다; 까뒤집다/집히다, 덩굴뒤집기.

1240) 바르집다: ①오므라진 것을 벌려 펴다. ②숨은 일을 들추어내다. ¶비밀을 바르집다. ③작은 일을 크게 떠벌리다. ¶괜히 바르집어 얘기하지 마.

1241) 짓궂다: 일부러 남을 괴롭게 굴어서 곰살갑지 않다. ¶짓궂은 장난. 짓궂이 놀리다.

1242) 짓나다: ①어떤 버릇 따위가 행동으로 드러나다. ②흥겨워서 하는 짓에 절로 멋이 나다. ¶콧노래에 짓나서 어깨춤을 덩실덩실 추다.

1243) 지더리다: 행동이나 성질이 지나치게 더럽고 야비하다. ¶지더리게 굴다.

1244) 짓소리: 부처에게 재(齋)를 올릴 때 게송(偈頌)을 썩 길게 읊는 소리.

1245) 짓쩍다: 부끄러워서 면목이 없다. 부끄럽고 열없어 쑥스럽다. ¶선생님께 인사를 드릴까 했으나 짓쩍은 생각이 들어서 그만두었다. 그런 말

ㅈ

걸음짓, 고갯짓, 곤댓짓[1246], 군짓, 궁둥잇짓, 꿍꿍이짓(남모르게 꾸미는 짓), 날갯짓, 노랑이짓(인색한 짓), 눈짓, 다릿짓, 도깨비짓, 등신짓(等神), 망나니짓, 머릿짓, 몸짓, 바보짓, 발짓, 배냇짓, 손사래짓, 손짓, 어깻짓, 어릿광대짓, 엉덩잇짓, 우스갯짓, 웃음엣짓, 입짓, 턱짓, 팔짓, 허튼짓, 헛짓, 활갯짓 들.

짓– 일부 타동사 앞에 붙어서 '마구, 함부로, 흠씬, 몹시', 몇몇 명사 앞에 붙어서 '심한'의 뜻을 더하는 말.[짓-〈즛-]. ¶짓갈기다, 짓개다, 짓고생(苦生), 짓구기다, 짓궂기다(불행한 일을 거듭 당하다), 짓까불다, 짓깔다/깔리다, 짓깔아뭉개다, 짓깨물다, 짓끌다/끌리다, 짓꿇다, 짓내몰다(아주 내몰다), 짓널다(함부로 흩어서 널다), 짓누르다/눌리다, 짓다듬다, 짓달리다, 짓달이다(짓이기다), 짓대기다, 짓두드리다/짓뚜드리다, 짓두들기다, 짓뒹굴다, 짓때리다, 짓떠들다, 짓뜯다, 짓마다(잘게 부스러뜨리다. 흠씬 두들기다), 짓망가지르다, 짓망신/하다(亡身), 짓맞다, 짓먹다(지나치게 많이 먹다), 짓몰다, 짓무르다(헐다. 문드러지다), 짓무찌르다, 짓문지르다, 짓물다(마구 물다)/물리다, 짓물쿠다, 짓물크러지다, 짓뭉개다/뭉개이다, 짓뭉기다, 짓바수다, 짓박다, 짓밟다/밟히다, 짓볶이다, 짓부릅뜨다, 짓부수다, 짓북새[1247], 짓빠대다[1248], 짓수굿하다, 짓수그리다, 짓숙이다, 짓시달리다, 짓시키다, 짓싸대다, 짓썰다, 짓쑤시다[1,2], 짓씹다/씹히다, 짓이기다(마구 다지거나 반죽하다), 짓조르다, 짓주무르다, 짓죽이다, 짓지르다/질리다, 짓쪼개다, 짓쪼다/쪼이다, 짓쫓다/쫓기다, 짓찌르다/찔리다, 짓찧다/찧기다, 짓쨓다/쨓기다, 짓쳐들어오다, 짓치다(함부로 마구 들이치다), 짓태우다, 짓퉝기다, 짓패다.

짓(다) ①만들다(↔허물다. 헐다). 이루다. 몫으로 나누다. ¶옷/ 밥/ 집/ 약을 짓다. 이름을 짓다. 짓것[1249], 지어가다(만들어 가다), 지어내다[1250], 지어먹다[1251], 지어붓다[1252], 짓옷(진솔옷), 지이다(짓게 하다); 결론짓다(決論), 결말짓다(結末), 결박짓다(結縛), 결정짓다(決定), 관련짓다(關聯), 굿짓다, 규정짓다(規定), 단정짓다(斷定), 마무리짓다, 매듭짓다(끝내다), 반짓다[1253], 종결짓다(終結), 줄짓다(줄을 이루다), 집짓기, 짝짓다, 짝짓기(흘레. 교미), 척짓다(隻;서로 원한을 품을 만한 일을 만들다), 축짓다(軸), 특징짓다(特徵), 편짓다(片), 환짓다(丸). ②머리를 써서 없던 것을 이루어 내다. 거짓 꾸미다. ¶이름을 짓다. 글을 짓다. 시를 짓다. 지어내다, 지어먹다(마음을 긴장하여 다잡아 가지다), 지은이; 글짓기. ③표정 · 자세를 나타내어 보이다. ¶미소를 짓다. 어머니가 한숨을 짓다. 짓나다(흥겨워 멋을 부리다)/내다, 눈물짓다, 미소짓다(微笑), 웃음짓다, 희짓다(戲;남의 일에 방해가 되게 하다). ④죄를 저지르다. ¶죄짓다. ⑤논밭을 다루어 농사를 하다. ¶농사를 짓다. -지기[1254]; 돌려짓기, 이어짓기. ☞ 작(作). 조(造).

징¹ 신의 가죽 창 아래에 박는 쇠못. ¶구두에 징을 박다. 징걸이(징모루), 징따버지(징의 대가리), 징모루, 징신(징을 박은 신); 매부리징(매부리 모양의 징), 잣징(대가리가 잣처럼 둥근 작은 징), 잔징(자잘한 징) 들

징² 놋쇠로 전이 없는 대야 모양으로 만든 타악기. ¶징을 치다. 징굿, 징소리, 징수/님(手), 징잡이, 징장구(징과 장구), 징채(징을 치는 채).

징³ 눈물이 어리는 모양. ¶눈물이 징 솟아오르다.

징⁴ 속이 저릿하도록 한 번 울리는 모양.

징(徵) '부르다. 거두다. 조짐'을 뜻하는 말. ¶징구(徵求), 징납(徵納), 징모(徵募;徵集), 징발(徵發;남의 물건을 강제적으로 거두어들임)[징발령(令); 전시징발(戰時), 평시징발(平時)], 징벽(徵辟), 징병(徵兵)[1255], 징봉(徵捧), 징빙(徵聘), 징빙(徵憑), 징상(徵狀;징후와 상태), 징세/비(徵稅/費), 징소집(徵召集), 징수(徵收)[강제징수(强制)], 징용(徵用;국민을 강제적으로 일정한 업무에 종사시킴), 징입(徵入), 징조(徵兆;조짐), 징집(徵集)[1256], 징출(徵出), 징표(徵表)[1257], 징험(徵驗;징조를 겪어봄), 징회(徵會;불러서 모음), 징후(徵候;좋거나 언짢은 조짐); 가징(加徵), 남징(濫徵), 납징(納徵), 늑징(勒徵), 명징(明徵), 배징(倍徵), 백징(白徵;억지로 세금을 거둠), 분징(分徵), 상징(象徵)[1258], 생징(生徵), 성징(性徵), 수징(壽徵;오래 살 징조), 우징(雨徵), 유징(油徵), 인징(隣徵), 족징(族徵), 증징(增徵), 지징무처(指徵無處), 책징(責徵), 추징(追徵), 침징(侵徵), 특징(特徵), 표징(表徵), 표징(標徵), 한징(旱徵), 횡징(橫徵) 들.

징(懲) '허물을 뉘우치도록 경계하고 나무라다(징계하다)'를 뜻하는 말. ¶징계(懲戒)[1259], 징벌(懲罰), 징변(懲辨), 징습(懲習;못된 버릇을 징계함), 징악(懲惡;악을 징계함)[권선징악(勸善)], 징역(懲役)[1260], 징정(懲丁), 징정(懲正), 징지(懲止), 징치(懲治); 엄징(嚴

을 하기가 짓쩍다. 짓쩍은 웃음.

1246) 곤댓짓: 뽐내어 우쭐거리며 하는 고갯짓. ¶보잘것없는 놈이 양반입네 하고 곤댓짓이 이만저만이 아니다. 곤댓짓하다.

1247) 짓북새: 심한 북새(여러 사람이 한데 모여 부산을 떨며 법석이는 일). ¶짓북새를 놓다.

1248) 짓빠대다: 함부로 마구 이리저리 쏘다니다.

1249) 짓것: ①새로 지어서 한 번도 빨지 아니한 첫물의 옷이나 버선. ②새로 지어서 그대로 둔 옷감.

1250) 지어내다: 거짓말 따위를 일부러 만들거나 꾸며 내다.≒꾸미다. 창조하다(創造). ¶소설은 지어낸 이야기다.

1251) 지어먹다: 마음을 도슬러(마음을 긴장시켜 다잡아 가지다) 가지다.

1252) 지어붓다: 쇠를 녹이어 붓다.

1253) 반짓다: 과자나 떡 같은 것을 둥글고 얇게 조각을 내서 만들다.

1254) -지기: '되 · 말 · 섬' 따위에 붙어 '그러한 양의 곡식을 심을 수 있는 논의 넓이' 또는 몇몇 명사 뒤에 붙어 '논'의 뜻을 더하는 말.[←짓(다)+기]. ¶되지기, 마지기[말], 섬지기, 천둥지기[천수답(天水畓)], 홉지기.

1255) 징병(徵兵): 징병검사(檢査), 징병관(官), 징병기피죄(忌避罪), 징병적령(適齡), 징병제도(制度)/징병제(制); 강제징병(强制) 들.

1256) 징집(徵集): 병역법에 따라 장정을 현역에 복무할 의무를 부과하여 불러 모음. ¶징집 대상자를 가려내다. 징집되다/하다, 징집면제(免除), 징집연기(延期), 징집연도(年度), 징집영장(令狀).

1257) 징표(徵表): 어떤 사물을 다른 사물과 구별하여 그것이 무엇인가를 나타내 보이는 지표가 되는 것. 어떤 사물을 특징지우는 성질.

1258) 상징(象徵): 어떠한 사상이나 개념 따위에 대하여, 그것을 상기시키거나 연상시키는 구체적인 사물이나 감각적인 말로 바꾸어 나타내는 일. 또는 그 사물이나 말.

1259) 징계(懲戒;罰. 問責): 부정 · 부당한 행위에 대해 제재를 가함. ¶징계를 받다. 해당 공무원의 책임을 물어 2개월 징계를 내렸다. 징계권/자(權/者), 징계령(令), 징계면직(免職), 징계벌(罰), 징계법(法), 징계사건(事件), 징계사범(事犯), 징계위원/회(委員/會), 징계처분(處分), 징계해고(解雇), 징계하다(벌주다); 경징계(輕), 중징계(重).

1260) 징역(懲役): 기결(旣決) 죄인을 교도소 안에 구치하여 일정 기간 노역

懲), 응징(膺懲), 통징(痛懲), 형징(刑懲) 들.

징(澄) '물이 잔잔하고 맑다'를 뜻하는 말. ¶징니연(澄泥硯), 징담(澄潭), 징수(澄水), 징철(澄澈), 징청(澄淸); 명징(明澄), 청징(淸澄) 들.

징(癥) '뱃속에 덩어리가 생기는 병. 발에 난 부스럼'을 뜻하는 말. ¶육징(肉癥;고기가 자꾸 먹고 싶은 증세), 주징(酒癥;알코올 중독증), 혈징(血癥) 들.

징거미 산 속 민물에서 나는 새우의 한 가지. ¶징거미새우.

징건-하다 먹은 것이 잘 소화되지 아니하여 더부룩한 느낌이 있다. ¶과식을 했더니 뱃속이 징건하다. 속이 징건해서 점심을 먹고 싶은 생각이 없다.

징그(다) 큰 옷을 줄일 때에 일부분을 접어 넣고 호거나 옷이 해지지 않도록 일부에 다른 천을 대고 듬성듬성 꿰매다. ¶소맷부리를 한 겹 더 징그다. 바짓단을 징그다. 징거[←징그(다)+어], 징거두다[1261], 징거매다; 징검[1262][←징그(다)+엄], 징검다리, 징검다리휴일(休日), 징검돌, 징검징검(딩금딩금)·찡검찡검, 징금수(繡) 들.

징글- '보거나 만지기에 불쾌하도록 흉하고 더럽다. 소름이 끼치도록 흉하다'를 뜻하는 '징그럽다'의 어근. 〈작〉쟁글. 장글. ¶징그럽다·쟁그랍다·장그랍다[1263], 징그러이, 징글맞다(몹시 징글징글하다). 장글장글[1264]·쟁글쟁글[1265]·징글징글/하다, 징살맞다(징글맞고 야살궂다).

징두리 집채의 안팎벽의 둘레의 밑동, 비바람 따위로부터 집을 보호하려고 1/3 높이로 벽을 덧쌓는 부분. ¶징두리널, 징두리돌, 징두리판벽(板壁).

징미 젖은 쌀. [←증미(拯米)]

징징 마음에 맞갖지 않은 군소리. 몹시 짜증을 내는 소리. 〈센〉찡찡. ¶징징 우는 소리를 하다. 징징·쟁쟁·찡찡·쨍쨍거리다/대다[1266].

짖(다) 개가 크게 소리를 내다. 까막까치가 시끄럽게 지저귀다. ¶재자[1267], 재잘[1268], 재재[1269], 잴잴[a][1270], 지저귀다[1271], 짖기다, 짖어대다; 부르짖다, 우짖다, 울부짖다(울며 부르짖다). ☞ 폐(吠).

짙(다)[1] ①빛깔·냄새 따위가 보통보다 많다.≒진하다.↔옅다. 열다. ¶어둠이 짙게 깔리다. 산에는 녹음이 짙다. 장미의 짙은 향기. 짙디짙다, 짙붉다, 짙음새(짙음과 옅음의 정도. 짙은 모양새), 짙푸르다. ②안개·연기 따위가 자욱하다. ¶안개가 짙다. ③풀이나 나무가 빽빽하다. ¶산에는 녹음(綠陰)이 짙다. 눈썹이 짙은 사람. ④액체의 농도가 높다.≒진하다. ¶커피를 짙게 타다.↔열다. ⑤어떤 일이 일어날 개연성이나 가능성이 많다. ¶패색(敗色)이 짙다. ☞ 농(濃).

짙(다)[2] 재물 같은 것이 넉넉하게 남아 있다. ¶조상 대대로 전하여 내려오는 많은 재물을 '짙은천량'이라고 한다.

짚 벼·보리·밀·조·메밀 따위의 이삭을 떨어낸 줄기. ¶짚 한 단. 지푸라기[1272], 짚가리(짚더미), 짚공예/품(工藝/品), 짚그물, 짚나라미[1273], 집낟가리, 짚단(짚뭇), 짚대(짚의 줄기), 짚더미, 짚동, 짚동가리, 짚둥우리[1274], 짚뚜껑, 짚망태, 짚무지, 짚뭇(짚단), 짚바리, 짚방석(方席), 짚보교(步轎), 짚북데기, 짚불, 짚세기(짚신), 짚솔, 짚수세미, 짚신[짚신감발, 짚신골, 짚신벌레, 짚신장이, 짚신짝; 석세짚신(총이 매우 성글고 굵은 짚신), 쇠짚신, 헌짚신], 짚여물, 짚일, 짚자리(거적), 짚재[회(灰)], 짚주저리[1275], 짚털[1276]; 갈짚(베어놓은 갈대 줄기), 깔개짚(외양깃), 메밀짚, 밀짚/모자, 밑깔이짚, 볏짚, 보릿짚, 신짚(짚신을 삼을 짚), 잇짚(메벼의 짚), 조짚, 콩짚(깍지가 달린 콩대), 호밀짚(胡). ☞ 고(稿/藁).

짚(다) 지팡이 따위를 받쳐 땅에 대다.(≒디디다). 바닥에 손을 받치다. 지목하거나 지적하다(가리키다). 요량해서 짐작하다. ¶손으로 땅을 짚다. 땅 짚고 헤엄치기. 환자가 목발을 짚다. 맥을 짚다. 범인을 잘못 짚다. 헛다리를 짚다. 짚고 넘어가다(밝혀 둘 일은 따지고 넘어가다). 짚이다[1277]. 지팡이[1278]; 건너짚다(팔을 내밀어 짚다. 앞질러서 짐작하다), 걸량짚다(대강 헤아리다.[←건량

에 복무시키는 형벌. ¶사기죄로 징역을 살다. 징역꾼, 징역살이, 징역장(場); 무기징역(無期), 유기징역(有期).

1261) 징거두다: ①앞으로 할 일에 대비하여 미리 마련해 두다. ②옷에 딴 천을 대소 듬성듬성 꿰매어 두다.

1262) 징검: ①드문드문 징거서 꿰매는 모양. 〈센〉찡검찡검. ¶이불을 징검징검 스치다. 징검바늘(구슬핀), 징검바늘시침. ②발을 멀찍멀찍 떼어 놓으며 걷는 모양. ¶긴 다리로 징검징검 걷다.

1263) 장그랍다: '쟁그랍다'를 낮잡아 이르는 말.

1264) 장글장글: 만지면 소름이 끼칠 정도로 장그러운 모양. 〈작〉쟁글쟁글. ¶설탕 그릇에 개미들이 장글장글 끓고 있다.

1265) 쟁글쟁글하다: ①'징글징글하다'의 작은말. ②미운 사람이 잘못되거나 하여 몹시 고소하다.

1266) 쨍쨍거리다: 몹시 짜증을 내며 짱알거리다. 〈큰〉찡찡거리다.

1267) 재자: 가볍게 지저귀는 소리. 또는 그 모양.≒재재. 〈큰〉지저. ¶참새떼가 재자재자 지저귀다. 재자·지저거리다/대다, 재자재자·지저지저/하다.

1268) 재잘: ①낮고 빠른 목소리로 재깔이는 소리. 또는 그 모양. ¶재잘재잘 이야기하다. ②참새 따위의 작은 새들이 서로 어울려 지저귀는 소리. 또는 그 모양. ③도랑물 따위가 흐르는 소리. 또는 그 모양. 〈큰〉지절. ¶시냇물이 재잘재잘 흐른다. 재잘거리다/대다, 재자거리다/대다, 재잘재잘·지절지절/하다.

1269) 재재: 수다스럽게 지저귀거나 지껄이는 소리. 또는 그 모양. 〈큰〉지지. ¶재재 떠들다. 재재·지지거리다/대다/하다, 재재재재, 지지재재, 지지재재, 지지배배(종다리나 제비 따위의 새가 지저귀는 소리).

1270) 잴잴[a]: 어린아이가 재잘거리며 자꾸 말하는 모양.

1271) 지저귀다: 새 따위가 자꾸 우짖다. 조리 없는 말로 자꾸 지껄이다. ¶산새들이 지저귀다. 지저거리다/대다, 지저지저/재자재자(끊임없이 지저귀는 소리).

1272) 지푸라기: 짚의 낱개. 부서진 짚의 부스러기.[←짚+풀+아기].

1273) 짚나라미: 새끼 같은 데서 떨어지는 너저분한 지푸라기. ¶짚나라미를 쓸어 내다.

1274) 짚둥우리: ①볏짚으로 만든 둥우리. ②탐학(貪虐)한 고을 수령을 고을 밖으로 몰아낼 때 태우고 가던 둥우리. ¶짚둥우리를 타다/태우다.

1275) 짚주저리: ①볏짚으로 우산처럼 만들어서 그릇을 덮는 물건. ②터주나 업의항 따위를 가려 덮는 물건.

1276) 짚털: 흙을 이기는 데 쓰려고 짚을 털처럼 부드럽게 만든 것.

1277) 짚이다: 헤아려 본 결과 마음에 요량이 되어 짐작이 가다. ¶마음에 짚이는 바가 있다. 한 군데 짚이는 데가 있다.

1278) 지팡이: 지팡막대, 지팡설손(한 번은 재게 한 번은 뜨게 번갈아 넘는 살판뜀), 지팡이더듬, 지팡이창(槍); 대지팡이, 등산지팡이(登山), 쌍지팡이(雙), 요술지팡이(妖術), 천왕지팡이(天王;키가 썩 큰 사람을 놀림조로 이르는 말).

(乾兩)], 내리짚다, 내짚다(내밀어 짚다. 냅다 누르다), 넘겨짚다(지레짐작으로 판단하다), 되짚다/짚어가다, 모드레짚다[1279], 생기짚다(生氣), 잘못짚다(짐작이나 예상이 어긋나다. 빗나가다), 헛다리짚다(잘못짚다), 헛짚다/짚이다 들.

–짜 몇몇 명사성 어근 뒤에 붙어 '그런 성질이나 특성을 가진 사물 또는 사람'의 뜻을 더하는 말. ¶가짜(假), 강짜, 갱짜(更), 걸짜(傑), 공짜, 괴짜(怪), 굳짜[1,2], 날짜, 대짜/배기(大), 도장왈짜, 말짜(末), 민짜, 몽짜, 방짜, 별짜(別), 뺑짜, 생짜(生), 손짜, 수란짜(水卵), 알짜, 앙짜[1280], 얼짜(얼치기인 물건), 왈짜, 원짜(原), 은근짜(慇懃), 응짜, 재짜(再), 정짜(正)[1281], 조짜(造), 졸짜(拙), 졸짜(卒), 진짜(眞), 찰짜, 초짜(初), 통짜, 퇴짜(退) 들.

짜개(다) 단단한 물건을 연장으로 베거나 찍어서 갈라지게 하다. 〈큰〉쪼개다. 쪼개다[1282]. ¶장작을 짜개다. 짜개[1,2][1283], 짜개김치, 짜개못, 짜개미(쪼개진 틈새), 짜개바지, 짜개반(半;1/4), 짜개발(쪽발이), 짜개버선, 짜개접(椄), 짜개지다, 짜개황밤(黃), 짜김새(짜개지는 모양새) 들.

짜그르르 ①여럿이 갑자기 자지러지게 웃거나 떠드는 소리. 또는 그 모양. ②소문이 순식간에 퍼져 나가는 모양.

짜그리(다) 짓눌러서 오그라지게 하다. 위아래 눈꺼풀을 감듯이 맞붙이다. 〈큰〉찌그리다. ¶상자를 짜그리다. 눈을 찌그리다. 짜그라 · 쪼그라 · 쭈그러 · 찌그러 · 쪼크라/들다, 짜그라 · 찌그러뜨리다/트리다/지다, 짜긋[1284] · 찌긋, 짜발량이[1285], 자부라[1286] · 짜부라 · 찌부러뜨리다/트리다/지다, 자부레기[1287], 짱 · 찡그리다[1288], 짱당 · 찡등그리다(마음이 못마땅하여 얼굴을 찡그리다), 찌그둥[1289], 찌그렁이[1290], 찌깨다(찌그러뜨려 부수다), 짜 · 찌부리다, 찌붓하다(찌부러진 듯이 기웃하다) 들.

짜금 입맛을 짝짝 다시며 맛있게 먹는 모양. 〈큰〉쩌금. ¶입맛을 짜금짜금 다시다. 김밥을 짜금짜금 맛있게 먹는다. 짜금 · 쩌금거리다/대다, 짜금짜금/하다.

짜(다)[1] ①사개를 맞추어 가구 따위를 만들다.≒조립하다(組立). ¶목수가 문짝을 짜다. 오동나무로 짠 장롱. 짜맞추다; 가로짜기, 세로짜기, 얽어짜임, 통짜다(각 부분을 모아 하나가 되도록 맞추다). ②사람들을 모아 조직하다. 구성하다. ¶편을 짜다. 짜이다, 짜임(조직이나 구성), 짜임새/짬새. ③비틀거나 눌러서 물기나 기름을 밖으로 나오게 하다.≒빼내다/빼다. ¶기름을/ 빨래를 짜다. 젖을 짜다. 짜내다, 짬질/짬(꼭 짜서 물기를 빼는 일)/하다; 쥐어짜다[1291], 즙짜개(汁). ④실이나 끈 따위를 씨와 날로 걸어서 피륙 따위를 만들다. ¶스웨터를 짜다. 짜깁기/하다, 짜깁다. ⑤온갖 수단을 써서 남의 재물을 빼앗다.≒착취하다(搾取). ¶백성의 고혈(膏血)을 짜다. 나라에서 백성들에게 세금을 짜내다. ⑥온 정신을 기울이어 열심히 생각하다. 계획 또는 프로그램을 만들다. ¶지혜를/ 머리를 짜다. 계획을 짜다(세우다), 모아짜다(여럿을 모아서 한 덩어리가 되게 하다). ⑦머리털을 틀어 상투를 만들다. ¶상투를 짜다. ⑧울다. ¶눈물을 짜다. ⑨몇몇이 내통하다. ¶둘이 짜고 한 짓이다. 짬짜미[1292]; 쥐어짜다[1293], 통짜다(여럿이 한 동아리가 되기로 약속하다).

짜(다)[2] ①소금 맛이 있다.↔싱겁다. ¶국이 너무 짜다. 짜갑다(짠맛이 있다), 짜디짜다, 짠것, 짠땅[염지(鹽地)], 짠맛, 짠물[짠물고기, 짠물내기(바닷가에서 자란 사람), 짠물식물, 짠물호수(湖水)], 짠바닥(짠 기운이 많은 논바닥), 짠바람(바다에서 불어오는 소금기를 품은 바람), 짠알(소금에 절인 알), 짠지[짠짓국, 짠지무침; 무짠지], 짭조름하다, 짭짤찮다(짭짤하지 아니하다), 짭짤하다[1294], 짭짜래 · 찝찌레[1295]/하다. ②마음에 달갑지 아니하다. ③후하지 않고 박하다.≒인색하다(吝嗇). ¶잘 사는 사람이 더 짜다. 짠돌이(구두쇠처럼 인색한 사람). ☞ 함(鹹).

짜닥 입안에서 음식물을 씹을 때 나는 소리. 〈큰〉찌덕[1296].

짜들름 물건이나 돈 따위를 조금씩 자주 쓰거나 여러 번 나누어 주는 모양. 〈큰〉찌들름. 〈센〉짜뜰름. ¶짜들름거리다/대다.

1279) 모드레짚다: 사람이 윗몸을 조금 기울이며 내민 팔을 끌어당기면서 헤엄치다.
1280) 앙짜: 앳되게 점잔을 빼는 짓. ¶앙짜를 부리다.
1281) 정짜(正): 거짓으로 속여 만든 것이 아닌 정당한 물건.
1282) 쪼개다: ①둘 이상으로 나누다.≒가르다. 나누다. 빠개다. 타다[6]. ¶사과를 둘로 쪼개다. 쪼개접(椄), 쪼개지다. ②시간이나 돈 따위를 아끼다. ③속되게 소리 없이 입을 벌리고 웃다.
1283) 짜개[1]: 콩 · 팥 따위의 둘로 쪼갠 것의 한쪽. ¶콩짜개. 짜개[2]: 낚시에서, 들깻묵을 네모꼴로 잘라 실로 묶어 쓰는 미끼.
1284) 짜긋: ①상대가 눈치로 알아차릴 수 있도록 눈을 약간 짜그리는 모양. ②주의를 주느라고 남의 옷자락 따위를 살짝 잡아당기는 모양. 〈큰〉찌긋. ¶짜긋 · 찌긋거리다/대다/하다, 짜긋 · 찌긋이.
1285) 짜발량이: 짜그라져서 못 쓰게 된 물건이나 사람.
1286) 자부라지다: ①다 찌그러져서 못 쓰게 되다. ②기운이 줄어 맥을 추지 못하게 되다. ③폭삭 주저앉게 되다. ④팽팽히 찼던 바람이 다 빠져 볼품없이 되다.
1287) 자부레기: 쭈그러져 못 쓰게 된 그릇이나 물건.
1288) 찡그리다: 이마나 눈살을 일그러뜨리어 주름지게 하다. 〈작〉짱그리다. ¶얼굴을 찡그리다.
1289) 찌그둥: 좀 찌그러질 듯한 모양. ¶짐을 많이 실은 지게가 찌그둥 부서질 것 같았다.
1290) 찌그렁이: ①남에게 무턱대고 떼를 쓰는 짓. 또는 그런 사람. ¶찌그렁이를 붙다(남에게 무리하게 떼를 쓰다). ②덜 여물어 찌그러진 열매. ③찌그러진 물건.

1291) 쥐어짜다: ①단단히 쥐고 액체를 짜내다. ②오기 있게 떼를 쓰며 조르다. ③눈물을 찔끔찔끔 흘리다. ④안 나오는 목소리를 억지로 내다. ⑤이리저리 궁리하여 골똘히 생각하다. ⑥억지로 받아 내다.
1292) 짬짜미: 남모르게 자기들끼리만 짜고 하는 약속이나 수작.=담합(談合). ¶저희끼리 짬짜미를 해 가지고 거짓말을 한 친구가 밉살스러웠다. 짬짜미하다(야합하다. 손잡다).
1293) 쥐어짜다: ①쥐고서 비틀거나 눌러 액체 따위를 꼭 짜내다. ②오기 있게 떼를 쓰며 조르다. ③이리저리 따져 골똘히 생각하다. ¶아무리 머리를 쥐어짜도 뾰족한 수가 없다.
1294) 짭짤하다: ①조금 짠 듯하다. 〈큰〉찝찔하다. 찝찔하다. ¶맛이 짭짤하다. 짭짤찮다(점잖지 못하고 추하다. 일이나 행동이 규모가 없고 어설프다), ②일이 뜻대로 잘 되어 구격(具格)이 맞다. ¶부업으로 짭짤한 재미를 보다. ③물건이 실속 있고 값지다. ¶가게가 이래도 짭짤한 물건들이 많다. ④'찝찔하다'의 형태로 '일이 되어 가는 꼴이 마음에 들지 않다'.
1295) 찝찌레: 감칠맛이 없어 조금 짠 맛.
1296) 찌덕: 혀를 차며 크게 입맛을 다시거나 음식을 씹는 소리. ¶안방에서는 큰 상에 둘러앉아서 찌덕찌덕 후루룩후루룩하고 저녁들을 먹기에 부산하였다.

짜르륵 ①가는 대롱 따위로 액체를 간신히 빨아올릴 때에 나는 소리. ②생나무가 타면서 나무진이 빠져 나오는 소리. 〈큰〉찌르륵.

-짜리 ①수나 양 또는 값을 나타내는 명사구 뒤에 붙어 '그만한 수나 양. 또는 가치를 가진 것'의 뜻을 더하는 말. ¶단칸짜리, 대푼짜리(돈 한 푼 값에 해당하는 물건), 자짜리, 천 원짜리/ 만 원/ 한 뼘/ 열 살/ 열 권/ 스무 개. ②몇몇 의관을 나타내는 명사나 신분과 관련된 말 뒤에 붙어 '그 사람을 낮잡음 · 보잘것없음 · 그에 해당함'의 뜻을 더하는 말. ¶꽤짜리(꽤 괜찮게 행동하는 사람), 남색짜리(藍色), 너울짜리, 단칸짜리(單), 도련님짜리, 도포짜리(道袍), 돌짜리, 동갑짜리(同甲), 맥짜리[1297], 바구니짜리, 별짜리, 복짜리(服), 색동짜리, 서푼짜리, 양복짜리(洋服), 예복짜리(禮服), 장옷짜리(長), 중치막짜리, 짭짜리(짜고 인색한 사람), 창옷짜리(氅), 창의짜리(氅衣), 천자짜리(千字), 철릭짜리, 탕창짜리(宕氅;탕건 쓰고 창의 입은 사람), 홍색짜리(紅色;다홍치마를 입은 새색시) 들.

짜장 과연 정말로. ¶그는 짜장 사실인 것처럼 이야기를 한다. 짜장, 그렇긴 하군.

짜증 북받치는 역정이나 싫증.≒역정(逆情). 〈큰〉찌증. ¶짜증을 내다. 짜증 섞인 목소리. 짜증길(짜증스러운 걸음이나 나들이), 짜증나다/내다, 짜증스럽다/스레.

짜-하다 소문이 매우 자자하다(떠들썩하다).≒퍼지다. ¶마을에 소문이 짜하게 퍼지다.

짝[1] ①한 벌이나 한 쌍을 이루는 것. 또는 그 가운데의 하나. ¶제 짝이 아니다. 짝문(門), 짝수(數), 짝순열(順列), 짝지느러미, 짝진각(角;대응각), 짝짓기[1298], 짝짓다(교미하다. 짝이 이루어지다), 짝채우다(빠진 짝을 찾아서 한 짝이 이루어지게 하다), 짝하다, 짝함수(函數), 짝힘; 바른짝, 오른짝, 왼짝, 편짝(便). ②배필(配匹). ¶짝궁(짝을 이루는 동료), 짝패(牌); 단짝[1299]. ③한시에서, 귀글의 한 마디. ¶바깥짝, 안짝. ④비할 데 없이 대단하거나 매우 심함을 나타내는 말.[+부정어]. ¶한심하기 짝이 없다. 짝없다[1300]. ⑤한 쌍을 이루는 일부 명사 앞에 붙어 '서로 다른. 쌍을 이루지 못하여 조화롭지 않은'의 뜻을 더하는 말. ¶짝갈이, 짝귀(양쪽 귀가 짝짝이로 된 귀), 짝눈(서로 같지 않은 두 눈), 짝다리, 짝발, 짝버선, 짝별, 짝불알, 짝사랑, 짝사위, 짝신, 짝젖, 짝지다[1301], 짝짝이[1302]; 바깥짝, 안짝, 외짝[외짝다리, 외짝양말]. ⑥몇몇 명사 뒤에 붙어 '얕잡음. 한 벌이나 쌍으로 된 물건의 낱낱'의 뜻을 더하는 말. ¶고무신짝, 궁둥짝, 낯짝, 대문짝(大門), 등짝, 맞은편짝(便), 멍석짝, 면짝, 문짝(門), 바깥짝, 볼기짝, 사립짝/삽짝(잡목의 가지로 엮어 만든 문짝), 선짝(線), 수짝, 신짝, 쌍동짝(雙童), 아래짝, 안짝, 안반짝, 암짝, 양말짝(洋襪), 얼굴짝, 엉덩짝, 외짝, 위짝, 윷짝, 장갑짝(掌匣), 장기짝(將棋), 점짝(點), 제짝, 짚신짝, 창짝(窓), 창문짝(窓門), 편짝(便), 헌신짝, 화투짝(花鬪), 회전짝(回轉) 들.

짝[2] ①관형사 '아무'의 뒤에서 '곳'을 뜻하는 말. ¶아무 짝에도 몹쓸 놈. ②관형사 '무슨. 아무. 어느'의 뒤에서 '꼴. 면목'을 뜻하는 말. ¶그게 무슨 짝이냐. 무슨짝, 아무짝, 어느짝.

짝[3] ①바리나 짐짝 또는 그것을 세는 말. ¶짐 한 짝. 사과 두 짝. 짝돈(백 냥쯤 되는 돈); 고리짝[1303], 궤짝(櫃), 농짝(籠), 돈짝, 물건짝(物件). ②소나 돼지 따위의 한편 쪽 전부. ¶소갈비 한 짝.

짝[4] ①물체가 바싹 달라붙거나 끈기 있게 달라붙는 모양. ②입맛에 딱 맞는 모양. 〈큰〉쩍. 〈거〉착.

짝[5] 손뼉을 한 번 치는 소리. 또는 그 모양. ¶짝짜기[1304], 짝짜꿍(짝짝 소리를 내는 물건)[짝짜꿍이(남몰래 짜고 드는 일이나 계획)/하다, 짝짜꿍질, 짝짜꿍짝짜꿍]; 뽕짝(트롯풍의 대중가요. 또는 그 리듬의 흉내말).

짝[6] 말 따위가 갑자기 널리 퍼지는 모양. ¶소문이 짝 퍼지다. 짝자그르[1305].

짠: ①심벌즈 같은 악기 소리. ②어떤 사람이 갑자기 등장하는 모양. ¶짜잔, 짜자잔.

짠-하다 지난 일이 후회가 되며 마음이 조금 언짢고 아프다. 〈큰〉찐하다. ¶양심의 가책을 받아 가슴이 짠하다. 짬하다[1306].

짤짤 어찌할 바를 모르고 허둥지둥하며 이 말 저 말 마구 끌어다 대는 모양. ¶말만 짤짤 앞세우지 말고 실천을 해야 한다. 짤짤이(이리저리 채신없이 바삐 쏘다니는 사람).

짧(다) 시간의 지남이 길지 아니하다.(↔길다). 사이가 가깝다.(↔멀다). 범위 · 정도에 미치지 못하여 모자라다. 밑천 · 자본이 적거나 모자라다. 식성이 까다로워 적게 먹거나 가리는 음식이 많다. ¶길이가 짧다. 겨울에는 낮이 짧다. 짧은 지식. 안목(眼目)이 짧다. 입이 짧다. 짤따랗다, 짜름/하다, 짤록[1307], 짤름[1308], 짤막하다, 짤막짤막/하다, 짧아지다, 짧은[짧은목, 짧은바늘, 짧은반지름(半), 짧은소리, 짧은작(길이가 짧은 화살), 짧은지름], 짜른대[단죽(短竹;곰방대)]; 혀짤배기/혀짜래기(혀가 짧아서 'ㄹ' 받침소리를 똑똑하게 내지 못하는 사람). ☞ 단(短).

1297) 맥짜리: 물고기 따위가 팔뚝만 한 크기임을 이르는 말.

1298) 짝짓기: ①짝을 짓는 일. ②흘레. 교미(交尾).

1299) 단짝: 매우 친하여 늘 함께 어울리는 사이. ¶단짝동무/ 친구, 단짝패.

1300) 짝없다: 서로 비교할 상대가 없을 만큼 대단하다. ¶슬프기 짝없다. 미안하기 짝없다. 짝없이.

1301) 짝지다: 서로 비교되는 한쪽이 다른 쪽에 어울리지 않게 모자라거나 못하다.

1302) 짝짝이: 서로 짝이 아닌 것끼리 합하여 이루어진 한 벌. ¶짝짝이 신발. 짝짝이 눈.

1303) 고리짝: ①고리나 대오리로 엮어 옷을 넣도록 만든 상자. ②옷을 담는 고리의 낱개.

1304) 짝짜기: 양 손에 들고 마주쳐서 짝짝 소리를 내는 물건. ¶짝짜기를 써서 응원하다.

1305) 짝자그르: ①소문이 널리 퍼져서 떠들썩한 모양.≒왁자지껄. ¶소문이 짝자그르 나다. 짝자그르/하다. ②여럿이 모여 되바라지고 떠들썩하게 웃거나 떠들거나 하는 소리. 또는 그 모양. 〈준〉짝자글. ¶개구리 울음소리가 멀리까지 짝자그르 들린다.

1306) 짬하다: 속으로 언짢아하다.

1307) 짤록: 다리를 약간 저는 모양. 〈큰〉쩔룩.

1308) 짤름: 다리를 가볍게 한 번 저는 모양. 〈큰〉쩔름.

짬 ①물건끼리 맞붙은 틈.≒사이. ¶비집고 들어갈 짬이 없다. 짬나다[1](틈이 생기다), 짬새(짬이 나 있는 사이), 짬수[1309], 짬지다[1310], 찜없다[1311]; 갈피짬(갈피 사이의 틈), 구름짬, 돌짬[1312], 이에짬[1313]. ②한 일을 마치고 다른 일에 손대려는 겨를. ¶일이 바빠서 짬을 낼 수 없다. 짬나다[2](겨를이 생기다), 짬시간(時間), 짬짬이(짬이 나는 대로. 틈틈이); 새짬. ③종이를 도련칠 때, 칼·붓끝으로 조금 찍은 표적.

짭짭 ①어떤 대상이나 일이 못마땅할 때 씁쓰레하게 입맛을 다시는 소리. ②어떤 음식의 맛을 보거나 감칠맛이 있을 때 입맛을 다시는 소리. 음식을 마구 먹을 때 나는 소리. 〈큰〉쩝쩝. ¶그는 짭짭 소리를 내며 맛있게 먹는다. 짭짭·쩝쩝·쯧쯧거리다/대다/하다[1314]. 첩첩[1315].

짯짯-하다 성미가 딱딱하고 깔깔하다. 나뭇결·피륙의 바탕이 잘 갈라지게 깔깔하고도 연하다. 빛깔이 맑고 깨끗하다. 빈틈없이 세밀하다. 〈큰〉쩟쩟하다. ¶짯짯·쩟쩟이(세밀하게. 주의 깊게).

짱[1] ①얼음장이나 굳은 물질 따위가 갑자기 갈라질 때 나는 소리. 또는 그 모양. ¶갑자기 짱 소리가 나며 컵에 금이 갔다. ②정신이 반짝 들 정도로 자극이 심한 모양. ③지독하게 맵거나 술이 독하여 입 안에 자극이 심한 모양. 〈큰〉쩡. 찡①.

짱[2] ①우두머리. 으뜸.[←장(長)]. ¶그는 우리 모임에서 짱이다. 몸짱, 얼짱. ②매우 좋음. ¶짱 좋다.

짱구 이마나 뒤통수가 남달리 크게 튀어나온 머리통. 또는 그런 머리통을 가진 사람. ¶뒤짱구, 앞짱구.

짱짱-하다 ①생김새가 옹골차고 동작이 매우 굳세다. 튼튼하다. ¶짱짱한 노인. 걸음걸이가 아직도 짱짱하다. 할아버지의 체력은 젊은 사람 못지않게 짱짱하다. ②갈라지기 쉽게 몹시 굳다. ¶얼음이 짱짱하게 얼다. ③성격이 신경질적이며 메마른 데가 있다. ¶짱짱한 성미.

-째[1] 일부 명사 뒤에 붙어 '그대로. 전부'의 뜻을 더하는 말. ¶송두리째 없어지다. 그릇째, 껍질째, 밭째, 병째(甁), 보름째, 뿌리째, 송두리째, 통째/로 들.

-째[2] ①수량, 기간을 나타내는 명사 또는 명사구 뒤와 수사 뒤에 붙어 '차례'의 뜻을 더하는 말. §-대'로도 쓰임. ¶말째(末), 번째(番), 여남은째; 두 잔째, 둘째, 며칠째, 몇째, 첫째/첫대. ②전통 무술 태견에서 급수의 단위.

째깝 눈이나 살가죽이 짓무르고 눈곱이나 진물이 많이 나와 매우 더러운 모양.

째(다)[1] 옷·신 따위가 몸이나 발에 조금 작다. ¶작년에 입었던 옷이 째서 입을 수가 없다. 신이 째서 발이 부르텄다.

째(다)[2] 일손이나 물건이 모자라서 일에 쫓기다.≒부족하다(不足). ¶아들이 대학에 다닌 후 살림이 째기 시작했다. 할 일은 많은 데 일손이 째다. 힘이 째다.

째(다)[3] 날카로운 도구로 물건을 찢거나 베어 가르다.≒베다. 찢다. ¶가죽을 째다. 종기가 난데를 칼로 째다. 째못(촉끝을 째고 박는 쐐기), 째보(언청이. 몹시 잔망스러운 사람), 째어지다/째지다(터지다. 갈라지다); 치째다/째지다 들.

째(다)[4] 윷놀이에서, 말을 쨀밭[1316]에 놓다.

째듯째듯 내리쬐는 햇볕이 몹시 따가운 모양. ¶째듯째듯 들이비치는 한나절의 해.

째리(다) 못마땅하여 매서운 눈초리로 흘기다.≒노려보다. ¶눈을 째리지 말고 바로 보아라. 째려보다.

째마리 ①여러 사람 가운데서 가장 처진 사람. ②골라내거나 쓰고 남은 가장 못된 찌꺼기. ¶째마리만 모인 쓰레기통이 아닌가?

짹 참새나 쥐 따위가 우는 소리. 〈큰〉찍. ¶전깃줄에서 참새가 짹짹 지저귄다. 짹·찍소리[1317], 짹짹·찍찍거리다/대다/하다.

쨉 비교가 됨. ¶내 친구는 누나하고는 쨉도 안 된다.

쨍[1] ①쇠붙이 따위가 세게 부딪쳐서 날카롭고 높게 울리는 소리. ¶놋그릇이 쨍 소리를 매며 부딪쳤다. ②유리나 단단한 얼음장이 부딪치거나 갈라질 때 울리는 소리. ③귀가 먹먹할 정도로 높고 강하게 울리는 소리. ¶쨍가당/쨍강.

쨍[2] 햇볕 따위가 몹시 내리쬐는 모양. ¶볕이 쨍 난 걸 보니 오늘 날씨는 덥겠다. 햇볕이 쨍쨍 내리쬐다. 쨍앙, 쨍글[1318], 쨍볕, 쨍쨍하다.

쨍[3] 속이 시원하도록 센 느낌이 오는 모양. ¶머리가 쨍 맑아지다.

쨍그리(다) 근심되거나 언짢을 때 이마·얼굴의 가죽을 모아 주름지게 하다. 〈작〉짱그리다. 〈큰〉찡그리다. ¶이마를 쨍그리다. 짱당·찡등그리다[1319], 쨍·찡그러뜨리다, 쨍·찡그러지다, 쨍긋·쨍끗·찡긋[1320]·찡끗 들.

쩌 ①혀를 차는 소리. 〈큰〉쯔. ¶쩟[1321]. ②소를 왼쪽으로 몰 때 하는 소리.

1309) 짬수: 어떤 일을 할 수 있는 알맞은 낌새나 형편. ¶도둑은 짬수를 보아 담을 넘어 들었다.
1310) 짬지다: 일하는 솜씨가 여물고 깐깐하다.
1311) 찜없다: ①맞붙은 틈에 흔적이 전혀 없다. ¶부러진 상다리를 찜없이 붙이다. ②일이 잘 어울려서 아무 틈도 없다. ¶네가 해야 할 일을 찜없게 짜 보아라. 찜없이. §'찜(틈이나 흠집)'은 '짬'의 사투리.
1312) 돌짬: 바위나 돌의 갈라진 틈. 바위 사이의 좁은 틈.
1313) 이에짬: 두 물건을 맞붙이어 이은 짬.[←잇(다)+에+짬].
1314) 짭짭하다: 입맛이 당기어 무엇을 먹고 싶은 느낌이 있다.
1315) 첩첩: 게걸스럽게 먹을 때 잇따라 나는 소리. 또는 그 모양.
1316) 쨀밭: 윷판의 앞밭으로부터 꺾이어 여섯째 밭.
1317) 찍소리: 남에게 조금이라도 들리게 내거나 반항하는 소리. 〈자〉짹소리. ¶찍소리도 내지 마라.
1318) 쨍글: 햇빛이 밝고 부드러우면서도 조금 따갑게 내리쬐는 모양. ¶7월의 폭양이 쨍글 내리비친다.
1319) 짱당그리다: 못마땅하여 얼굴을 몹시 쨍그리다. 〈큰〉찡등그리다.
1320) 찡긋: 눈이나 코를 한 번 찡그리는 모양. 〈작〉쨍긋. 〈센〉찡끗. ¶눈을 찡긋 감다.
1321) 쩟: 못마땅하여 혀를 차는 소리. 〈큰〉쯧.

ㅈ

쩍 ①쇠, 돌, 나무, 진흙 따위가 삭거나 터지거나 찍힐 때 일어나는 얇은 껍질. ¶쇠 쩍/ 나무 쩍이 일다. ②몇몇 명사에 붙어 '찌꺼기. 버캐'를 뜻하는 말. ¶소금쩍(소금버캐), 이쩍(이에 굳어 붙은 이똥).

쩍말-없다 썩 잘 되어 더할 나위 없다.[←쩍(혀를 차는 소리)+말+없다]. ¶걱정하던 일이 쩍말없이 처리되었다.

쩍지(다) 상대하기가 만만치 않거나 힘에 겹다. ¶힘이 센 놈과 한바탕 쩍지게 싸웠다.

쩝 입맛을 다시는 소리. 또는 그 모양. 〈작〉짭. ¶쩝쩝거리다/대다.

쩡쩡[1] 세도를 대단하게 휘두르는 모양. ¶쩡쩡거리다/대다[1](굉장한 세력을 부려 으리으리하게 살다), 쩡쩡하다[1](권세가 대단하다).

쩡쩡[2] ①용수철이나 팽팽한 줄 따위를 세게 퉁길 때 나는 소리. ②얼음 따위의 굳은 물질이 갈라져 울리는 소리. 쩡쩡거리다/대다[2], 쩡쩡하다[2](소리의 울림이 높고 세다).

쩨쩨-하다 너무 적거나 하찮아서 시시하고 신통찮다. 사람이 잘고 인색하다.≒다랍다. ¶몇 푼 안 되는 돈 가지고 쩨쩨하게 군다.

쪼구미 들보 위에 세우는 짧은 기둥.=동자기둥(童子). ¶상량쪼구미(上樑;마룻대를 받치고 있는 들보 위의 짧은 기둥), 오량쪼구미(五樑;오량보를 받치는 기둥), 칠량쪼구미(七樑) 들.

쪼그리(다) 누르거나 욱여서 부피를 작게 하다. 팔다리를 오그려 몸을 작게 옴츠리다. 〈큰〉쭈그리다[〈줏그리다]. 〈거〉쪼크리다. 〈큰·거〉쭈크리다. ¶대문 앞에 쪼그리고 있다. 쪼그라기(오그라져 작아진 물건), 쪼그라·쪼크라·쭈그러·쭈크러·찌그러들다/뜨리다/트리다/지다, 쪼그랑[1322], 조글조글[1323]·주글주글·쪼글쪼글·쭈글쭈글/하다, 쫄쫄이[1324], 쭈그럭살, 조들[1325], 쭉신(쭈그러지고 해진 헌 신); 우굴쭈굴·오골쪼골/하다 들.

쪼(다) 뾰족한 끝으로 찍다. 〈여〉조다. ¶부리로 모이를 쪼다. 정으로 돌을 쪼다. 쪼들리다[1326], 쪼아먹다, 쪼아박다, 쪼아보다, 조아팔다[1327], 쪼이, 쪼이다(쫌을 당하다), 쪼작[1328]; 감쪼으다(鑑)[1329], 나쪼다(어른 앞에 나아가다), 논쪼이(논의 흙덩이를 연장으로 쪼던 일), 뒤쪼다(마구 쪼다), 맞쪼다/쪼이다, 치쪼다. ☞ 탁(啄).

1322) 쪼그랑: 여러 군데가 안쪽으로 몹시 오목하게 쪼그라져 있는 모양. 〈큰〉쭈그렁. ¶쪼그랑[쪼그랑박, 쪼그랑이, 쪼그랑할멈], 쭈그렁[쭈그렁바가지, 쭈그렁밤/송이, 쭈그렁사과, 쭈그렁이].

1323) 조글조글: 물건이 주름이 지게 옥아들거나 구겨진 모양. ¶얼굴에 조글조글 주름이 잡히다.

1324) 쫄쫄이: 입으면 늘어나서 몸에 꼭 맞고 벗으면 쪼글쪼글하게 오그라드는 옷.

1325) 조들: 어지간히 조글조글 쭈그러든 모양.

1326) 쪼들리다: ①무슨 일에 부대껴 지내다. ¶가난에 쪼들리다. ②남에게 시달려 고생을 겪다. ¶빚쟁이에게 쪼들리다.

1327) 조아팔다: 크거나 많은 물건을 한목에 팔지 않고 헐어서 조금씩 팔다.

1328) 쪼작: ①느리게 아장아장 걷는 모양. ②부리로 쪼듯이 이리저리 헤치는 모양. ¶쪼작거리다/대다.

1329) 감쪼으다(鑑): 윗사람으로 하여금 물건을 살펴보게 하다.

쪼로니 비교적 작은 것들이 가지런하게 줄지어 있는 모양. 〈큰〉쭈루니. 〈여〉조로니. ¶유치원 아이들이 쪼로니 선생님을 따라간다. 화단에 채송화를 쪼로니 심었다.

쪼로롱 방울새가 우는 소리.

쪼루 배낚시를 할 때, 낚아채 올린 고기를 받는 데 쓰는 그물.

쪼리 솔새 따위의 우는 소리.

쪼잔-하다 속이 좁고 인색하다. ¶사내 녀석이 그렇게 쪼잔해서 어디에 쓰겠느냐.

쪼쪼지이잇 산솔새 따위의 새가 우는 소리.

쪽[1] 시집 간 여자가 뒤통수에 땋아서 틀어 올리어 비녀를 꽂은 머리. ¶쪽을 찌다. 쪽댕기, 쪽머리; 조선쪽(朝鮮) 들.

쪽[2] 책의 면(面). 페이지. ¶199쪽을 펼치다. 쪽수(數).

쪽[3] 물건의 쪼개진 한 부분이나 '작은. 작은 조각으로 만든'을 뜻하는 말. 또는 그것을 세는 단위. ¶쪽을 내다. 콩 한 쪽도 나누어 먹다. 마늘 두 쪽. 쪼가리[1330], 쪼개다(☞짜개다), 쪽가위, 쪽거울, 쪽걸상(床), 쪽구름, 쪽김치, 쪽꼭지[1331], 쪽나래(어린 새의 작은 날개), 쪽나무, 쪽널, 쪽다리[1332], 쪽담, 쪽대문(大門), 쪽마늘, 쪽마루, 쪽매[1333], 쪽모이(모자이크), 쪽문(門;작은 문), 쪽박[쪽박굿, 쪽박귀, 쪽박세간, 쪽박신세(身世)], 쪽반달(半), 쪽발, 쪽발구(사람이 끄는 작은 발구), 쪽발이[1334], 쪽밤, 쪽방(房), 쪽배, 쪽보(褓), 쪽봉투(封套;외겹으로 된 봉투), 쪽밤(쌍동밤), 쪽삽(鍤), 쪽상(床), 쪽서까래, 쪽소로(小櫨), 쪽소매책상(冊床), 쪽술[1](쪽박처럼 생긴 숟갈), 쪽술[2](쟁기의 술이 비스듬하게 내려가다가 휘어져 곧게 뻗은 부분), 쪽신문(新聞), 쪽잎, 쪽자(字), 쪽자배기, 쪽잠(짧은 틈을 타서 불편하게 자는 잠), 쪽접시, 쪽정과(正果), 쪽지(紙), 쪽지게, 쪽쪽이(여러 쪽이 되게), 쪽창(窓;單窓), 쪽파; 나무쪽, 널쪽, 대쪽, 뒤쪽, 무쪽, 반쪽(半), 소금쩍[1335], 수쪽[1336], 암쪽, 앞쪽, 어음쪽, 종이쪽. ☞ 편(片).

쪽[4] 마디풀과의 한해살이풀. 여름에 붉은 꽃이 피고 잎은 물감으로 씀. ¶쪽물(쪽으로 만든 푸른색의 물감), 쪽빛[남색(藍色)], 쪽저고리.

쪽[5] 방향(方向)을 가리키는 말.=녘. 켠. 편(便). ¶운동장이 있는 쪽. 소리 나는 쪽으로 다가갔다. 창수는 찬성하는 쪽에 속했다. 곁쪽(가까운 일가붙이), 그쪽, 남쪽(南), 동쪽(東), 뒤쪽, 맞은쪽, 바깥쪽, 바른쪽, 반대쪽(反對), 북쪽(北), 새쪽(동쪽), 서쪽(西), 아래

1330) 쪼가리: 헝겊·종이 등의 작은 조각.[←쪽+아리].

1331) 쪽꼭지: 절반씩 빛깔이 다른 꼭지를 모아서 붙인 연.

1332) 쪽다리: 긴 널조각 하나로 좁다랗게 걸쳐 놓은 다리.

1333) 쪽매: 얇은 나무쪽이나 널조각 따위를 붙여 댐. 또는 그 나무쪽이나 널조각. ¶쪽매널/마루/무늬, 쪽매붙임, 쪽매질(쪽매를 만드는 일)/하다; 혀쪽매[딴혀쪽매, 제혀쪽매].

1334) 쪽발이: ①한 발만 달린 물건. ②발통이 두 조각으로 된 물건. ③일본사람을 낮잡아 이르는 말.

1335) 소금쩍: 물건 거죽에 소금 기운이 내솟아서 엉긴 조각.

1336) 수쪽: 채권자가 가지던, 어음의 오른쪽 조각.↔암쪽.

쪽, 안쪽, 앞쪽, 양달쪽, 양지쪽(陽地), 양쪽(兩), 오른쪽, 왼쪽, 위쪽, 음지쪽(陰地), 응달쪽, 이쪽, 저쪽, 한쪽 들.

쪽⁶ ①'얼굴'을 속되게 이르는 말. ¶쪽팔리다(부끄러워 체면이 깎이다). ②'기(氣)'나 '맥'을 뜻하는 말.[+못쓰다]. ¶쪽도 못쓴다.

쪽잘 음식을 시원스럽게 먹지 아니하고 께지럭대며 다랍게 조금씩 먹는 모양. ¶쪽잘거리다/대다, 쪽잘쪽잘/하다.

쫄 ①물건의 끝을 입에 대고 힘 있게 조금 빠는 모양. ¶아기가 엄마의 젖을 쫄쫄/쫄쫄 빨고 있다. ②거침없이 산뜻하게 펴지거나 벗어진 모양. ③행동 따위가 미끄러지듯 거침없는 모양. 〈큰〉 쭐[1337].

쫄딱¹ 더할 나위 없이 죄다.≒남김없이. 통틀어. 몽땅. 완전히. 폭삭. 〈여〉졸딱. 〈준〉쫄. ¶쫄딱 망하다. 태풍이 강냉이 밭을 쫄 밀었다. 쫄딱보(더할 나위 없는 못난이).

쫄딱² 물속에 온 몸이 푹 빠지듯 완전히. ¶비를 쫄딱 맞았다.

쫄밋 몸이나 몸의 일부가 저린 듯하며 실룩실룩 움직이는 모양. ¶오랫동안 앉아 있어서 그런지 발바닥이 쫄밋거렸다. 쫄밋거리다/대다.

쫄쫄 끼니를 굶어 아무 것도 먹지 못한 모양. ¶하루 종일 쫄쫄 굶고 다니다.

쫍치(다) ①기가 꺾여 움츠러들게 만들다. 활달하지 못하고 옹졸하게 만들다. ¶그 일로 나를 자꾸 쫍치면 다음에 내가 무슨 얼굴로 그 사람을 대하니? ②깨뜨려 부수다.[←쪼다]. ¶문이 열리지 않는다고 쫍쳐서는 안 된다.

쫑그리(다) 귀나 주둥이를 꼿꼿이 세우거나 뾰족이 내밀다. 〈큰〉쭝그리다. 〈여〉종그리다. ¶입을 쫑그리다. 토끼가 귀를 쫑그리다. 쫑긋[1338]. 쫑긋[1339]・쫑긋거리다/대다/하다.

쫑코 핀잔. ¶쫑코를 주다.

쫒(다) 상투나 낭자(쪽이나 딴머리) 따위를 틀어서 죄어 매다. ¶관례를 치르고 상투를 쫒다. 어른들은 쫒은 상투 바람이었다.

쫓(다) 도망가는 것을 잡으려고 급한 걸음으로 뒤를 따르다. 있는 자리에서, 떠나도록 억지로 몰아내다.(≒추방하다). ¶범인의 뒤를 쫓다. 논에서 참새 떼를 쫓다. 파리를 쫓다. 쫓겨나다, 쫓기다, 쫓아가다, 쫓아내다, 쫓아다니다, 쫓아버리다, 쫓아오다; 내쫓다(집 밖으로 나가게 하다)/쫓기다, 내려쫓다, 내리쫓다, 되쫓다/쫓기다, 뒤쫓다/쫓기다, 들쫓다(마구 쫓다)/쫓기다, 뒤쫓아가다/오다. ☞ 축(逐).

1337) 쭐: ①물건의 끝을 입에 대고 매우 힘 있게 조금 빠는 모양. ¶엄마 젖을 쭐 빨다. 염소 새끼가 젖을 쭐쭐 빨다. ②거침없이 시원하게 펴지거나 벗어진 모양. ¶이마가 시원스레 쭐 벗어진 청년. ③행동 따위가 미끄러지듯 거침없는 모양. ¶얼음판에 쭐 미끄러지다.

1338) 쫑긋: 뾰족하게 솟아나 있는 모양. 〈큰〉쭝긋. ¶쭝긋쭝긋 솟아오른 돌부리.

1339) 쫑긋: ①입술이나 귀 따위를 빳빳이 세우거나 뾰족하게 내미는 모양.= 쫑깃. ¶토끼가 귀를 쫑긋 세우다. ②반듯하게 서 있는 모양. 〈큰〉쭝긋.

쬐(다) ①볕이 들어서 비치다. ¶햇볕이 잘 쬐는 남향집. ②햇볕이나 불기운 따위를 몸에 받다. ¶햇볕을 쬐다. 모닥불을 쬐다. 쬐이다; 내리쬐다, 들이쬐다.

쭈밋 말이나 행동을 뚜렷하게 하지 못하고 우물쭈물하거나 망설이는 모양.

쭈쭈 갓난아기의 사타구니를 손으로 쓸어주면서 내는 소리.

쭉정 ①껍질만 있고 알맹이가 들지 아니한 곡식이나 과일 등의 열매. ¶쭉정밤, 쭉정이; 벼쭉정이. ②쓸모없게 되어 사람 구실을 제대로 하지 못하는 사람. ¶외팔이는 실상 쭉정이에 불과했다.

-쭝 의존명사 '냥, 돈, 푼' 따위의 뒤에 붙어 '무게'의 뜻을 더하는 말.[←重(중)]. ¶금 한 냥쭝/ 닷 돈쭝/ 대푼쭝, 은 세 푼쭝 들.

-쯤 일부 명사나 대명사 뒤에 붙어 '그리 확실하지 않은 어떤 정도. 장소의 부근'이나 '얕잡음'의 뜻을 더하는 말. ¶그쯤 해 두자. 여기쯤이 안전하다. 돈쯤이야 문제가 아니다. 그 사람쯤 문제 없다. 얼마쯤; 그쯤, 내일쯤/ 이쯤/ 중간쯤/ 한주일쯤/ 어디쯤/ 오늘쯤/ 한번쯤 들.

쯧 가엾거나 마음에 못마땅하여 가볍게 혀를 차는 소리. ¶쯧쯧, 어린것이 불쌍하기도 하지.

찌¹ 낚싯줄에 달아매어 물위에 뜨게 만든 물건. ¶찌가 수면 위로 올랐다. 찌고무, 찌낚시/찌낚, 찌날라리, 찌맞춤(봉돌과 찌의 균형을 맞추는 일), 찌머리, 찌목(찌톱과 찌몸통의 이음 부분), 찌몸통, 찌톱[1340], 찌통(筒); 고추찌(고추 모양의 찌), 구슬찌(구슬 모양의 낚시찌), 낚시찌, 누운찌[1341], 막대찌, 머슴찌, 봉찌, 상투찌(상투처럼 위로 내민 찌), 야광찌(夜光), 어신찌(魚信), 염주찌(念珠), 오뚝이찌, 전기찌(電氣) 들.

찌² 어린아이의 말로 '똥'을 이르는 말. ¶아이는 차 안에서 찌가 마렵다고 보챘다. 등찌(등불이 타서 앉은 재), 매찌(매의 똥), 물찌똥, 별찌(별똥별), 불찌(불티나 불똥), 쇠찌(소의 똥), 홍찌(紅;피똥) 들.

찌³ 특히 기억할 것을 표하기 위해 그대로 써서 붙이는 좁고 긴 종이쪽. ¶고전을 읽으면 찌에다 적을 만한 구절이 많이 나온다. 찌지(紙).

-찌/지 '신체에 밀착해서 붙이는 장신구. 물건'을 뜻하는 말.[←지(指)]. ¶가락지, 귀찌, 깔찌[1342], 목찌, 반지(斑指), 발찌, 배꼽찌, 이찌[치(齒)], 코찌, 팔찌[1343].

찌개 생선, 고기, 채소 따위를 양념한 뒤 간을 맞추어 바특하게 끓인 음식. ¶찌갯거리, 찌개백반(白飯), 찌개주걱; 김치찌개, 동태찌개(凍太), 된장찌개(醬), 두부찌개(豆腐), 만두소찌개(饅頭), 명란찌개(明卵), 부대찌개(部隊), 북어찌개(北魚), 비지찌개, 생선찌개(生鮮), 알젓찌개, 알찌개, 청국장찌개(淸麴醬) 들.

1340) 찌톱: 낚시찌의 찌목에서 찌머리까지의 부분.

1341) 누운찌: 물 표면에 누워 있게 한 낚시찌.

1342) 깔찌: 밑에 깔아 괴는 물건. 깔개.

1343) 팔찌: 팔가락지. ¶금팔찌(金), 은팔찌(銀).

찌걱 느슨하게 묶인 짐짝이나 나무를 따위가 쏠릴 때에 나는 소리. 〈센〉찌꺽. ¶찌걱거리다/대다, 찌걱찌걱/하다.

-찌검 '남을 때리는 일'을 뜻하는 말.[←찍(다)'+엄]. ¶눈찌검(눈짓), 손찌검.

찌겁 눈이나 살가죽이 짓무르고 눈곱이나 진물이 나와 더러운 모양. 〈센〉찌껍. ¶눈곱이 찌겁찌겁 낀 채로 깨여졌다. 찌꺼분(어수선하고 지저분한 모양).

찌국 사개 따위가 서로 밀착되어 쓸리는 소리. 또는 그 모양. ¶출입문이 찌국 열리더니 사람이 들어왔다. 찌궁[1344], 찌그덕[1345].

찌꺼기 액체가 다 빠진 뒤에 바닥에 처져 남은 물건. 쓸 만하거나 값어치가 있는 것을 골라낸 나머지. 〈준〉찌끼. ¶먹다 남은 찌꺼기. 찌끼술; 고로찌끼(高爐:제련할 때 나오는 쇠찌꺼기), 밥찌꺼기/밥찌끼, 술찌끼, 턱찌끼(먹고 남은 음식), 토찌기[1346] 들.

찌꾸덩 대문의 종대 따위가 여기저기 닿으면서 세게 쓸리는 소리. 또는 그 모양.=찌쿠덩.

찌끼(다) 두 물체의 틈 사이에 끼여 치이거나 으스러지다. ¶손이 문틈에 찌끼다.

찌(다)[1] 살이 올라서 뚱뚱해지다.↔마르다. ¶살찐 놈 따라 붓는다. 찌우다[1]; 살찌다/찌우다.

찌(다)[2] 흙탕물 따위가 논밭 따위에 넘쳐흐를 정도로 괴다.

찌(다)[3] 기세가 꺾여 형편없이 되다.

찌(다)[4] ①들어온 밀물이 나가다. ¶밀물이 완전히 찌고 나면, 조개를 캐러 나간다. ②고인물이 없어지거나 줄어들다. ¶논물이 찌다. 이 연못은 이제 물이 조금만 더 찌면 바닥이 드러나겠다. 냄비의 물을 좀 찌우고 끓여라.

찌(다)[5] ①뜨거운 김을 쬐는 것처럼 몹시 더워지다.≒덥다. ¶푹푹 찌는 날씨. 찌는 더위 속에서도 열심히 일했다. 찌물쿠다[1347], 찜질[1348], 찜통더위. ②뜨거운 김으로 익히거나 데우다. ¶떡을 찌다. 찜 쪄 먹다. 찐감자, 찐고구마, 찐된장(醬), 찐만두, 찐밤, 찐밥, 찐벼, 찐빵, 찌삶다(찌고 삶고 하다), 찐쌀, 찐조, 찜[1349]. §'도리깨찜질, 매찜질, 목침찜(木枕), 몽둥이찜/질'에서 '찜'은 '몹시 때리다'의 뜻으로 전의된 말. ☞ 증(蒸).

찌(다)[6] ①우거진 나뭇가지의 갈대·참대·삼 따위의 배게 난 것을 성기게 되도록 베어내다. ¶숲에서 나무를 찌다. 쪄내다[1350]. ②모판에서 모를 모숨모숨 뽑아내다. ¶모를 찌다. 찌우다[2]; 모찌기.

찌(다)[7] 부녀자가 머리털을 목뒤로 틀어 뭉치어 비녀를 꽂다. ¶쪽을 찐 머리. 비녀를 찌다. 찌우다[3].

찌다우 남에게 등을 대고 의지하거나 떼를 쓰는 짓. ¶찌다우를 붙다.

찌들(다) ①물건이 몹시 낡거나 오래되어서 때가 끼고 더럽게 되다. ¶땀에 찌든 옷. 짜드라기·찌드러기(몹시 짜들어 버린 물건). ②사람이 온갖 고생스러운 일을 겪어 몹시 지치다. ¶생활에 찌든 모습. 병고에 짜/찌들다. 〈작〉짜들다.

찌러기 성질이 몹시 사나운 황소.=찌룽소. ¶직함 하나 얻더니 고삐 풀린 찌러기같이 길길이 날뛰고 다닌다.

찌르(다) ①끝이 뾰족하거나 날카로운 것으로 세게 들이밀다.[〈지ᄅ다].≒꽂다. 쑤시다.↔빼다. ¶칼로 찌르다. 송곳으로 찌르다. 찌릇[1351], 찔리다[1352]; 꿰찌르다[1353]/찔리다, 내찌르다, 들이찌르다(마구 찌르다. 안을 향하여 찌르다), 맞찌르다, 멱찌르다, 옆찌르다[1354], 짓찌르다/찔리다. ②어떤 틈이나 사이를 헤집고 무엇을 집어넣다. ¶주머니에 손을 찌르다. 찔러주다(남몰래 건네주다); 꿰찌르다(있는 힘을 다하여 손으로 밀어 찌르다). ③남의 비밀 따위를 일부러 알려 주다.≒이르다[2]. 일러바치다. 고자질하다. 밀고하다(密告). ¶비위 사실을 수사기관에 찌르다. 찔러바치다(남몰래 일러바치다), 찔러보다, 찔러주다. ④어떤 일에 밑천을 들이다. ¶경험도 없는 일에 밑천을 찌르다. ⑤감정이나 후각을 날카롭게 건드리다.≒자극하다(刺戟). ¶가슴을 찌르는 한 마디. 냄새가 코를 찌른다. ☞ 자(刺).

찌르륵 찌르레기나 곤충 따위가 우는 소리. 찌륵.

찌무룩-하다 못마땅하게 여기는 빛이 얼굴에 드러나 있다. ¶찌무룩이.

찌붓 ①고개를 옆으로 조금 기울이는 모양. ¶고개를 찌붓 기울이다. 찌부러지다, 찌붓하다. ②얼굴이나 힘살을 조금 찌푸리는 모양. ¶무슨 기분 나쁜 일이 있는지 얼굴을 찌붓 찡그리고 말이 없다.

찌뿌드드-하다 ①몸살이나 감기로 몸이 무겁고 거북하다.≒찌뿌듯하다. ¶과로한 탓인지 몸이 찌뿌드드하다. ②눈이나 비가 내릴 것처럼 하늘이 몹시 흐리다. ¶하늘이 찌뿌드드한 걸 보니 곧 눈이 오겠다. 찌뿌듯하다/이. 〈준〉뿌드드하다.

찌죽 산새가 한 번 우는 소리.

찌직 센 불에 기름 따위가 타들어 가는 소리.

1344) 찌궁: 대문 따위가 힘들게 가까스로 열리는 소리. 또는 그 모양.
1345) 찌그덕: 단단한 물건이 서로 여기저기 쓸리면서 거칠게 나는 소리. 또는 그 모양.=찌그덩. ¶대문에서 나는 찌그덕 소리.
1346) 토찌끼: 간장 속에 가라앉은 된장 찌끼.
1347) 찌물쿠다: 날씨가 물체를 푹푹 쪄서 무르게 할 만큼 매우 덥다.
1348) 찜질: 찜질방(房); 감탕찜질, 건성찜질(乾性), 겨자찜질, 냉찜질(冷), 더운찜질, 돌찜질, 모래찜질, 솔찜질, 쇠똥찜(쇠똥을 구워서 부스럼 자리에 대고 하는 찜질), 습성찜질(濕性), 쑥찜질, 얼음찜/질, 온찜질(溫).
1349) 찜: 고기나 채소에 양념을 하여 흠씬 삶거나 쪄서 만든 음식. ¶찜 쪄 먹다. 찜통(桶), 찜통더위; 가오리찜, 가지찜, 갈비찜, 갈치찜, 닭찜, 도미찜, 동태찜(凍太), 배추속대찜, 보찜만두(褓饅頭), 복찜, 봉총찜(꿩과 쇠고기를 섞어 다진 뒤 갖은 양념을 넣고 밀가루 반죽을 씌워 쪄낸 음식), 북어찜(北魚), 붕어찜, 상어찜, 새찜(참새고기의 찜), 생선찜(生鮮), 순대찜, 숭어찜, 오리찜, 잉어찜, 준치찜, 홍어찜.

1350) 쪄내다: 간격이 배게 자란 나뭇가지나 풀숲을 베어내다. ¶정원에 심은 감나무 가지를 쪄내다.
1351) 찌릇: 갑자기 찌르는 것 같은 자극을 받는 모양.=쩌릿. 찌륵. ¶전깃줄에 닿은 것처럼 손이 찌릇 저려 오다.
1352) 찔리다: '찌르다'의 피동형. ¶가시에 찔리다. 양심에 찔리는 데가 있다.
1353) 꿰찌르다: 꿰어지도록 있는 힘을 다하여 속으로 밀어 찌르다. ¶가슴을 꿰찌르는 듯한 아픔.
1354) 옆찌르다: 넌지시 귀띔해 주려고 손으로 남의 옆구리를 찌르다.

찌푸리(다) ①날씨가 음산하게 흐리어지다. ¶잔뜩 찌푸린 하늘. ②얼굴·눈살을 몹시 찡그리다. 〈여〉조프리다. ¶눈살을/ 이맛살을 찌푸리다. 찌붓②. 〈작〉째푸리다.

찍(다)¹ ①날이 있는 연장으로 내리치다.↔뽑다. ¶도끼로 나무를 찍다. 찍개[둥근찍개], 찍게발, 찍는목, 찍히다; 내려찍다, 내리찍다. ②끝이 뾰족한 것으로 내리치거나 찌르다. ¶곡괭이로 언 땅을 찍다. 찍어당기다. ③표 따위에 구멍을 내다. ¶기차표를 찍다. 찍어매다(실·노끈 따위로 대강 꿰매다). ④사람이 일정한 틀 속에 물체를 넣고 눌러서 어떤 모양을 만들다.≒누르다. ¶기계로 자동차 부품을 찍어내다.

찍(다)² ①가루나 액체 따위를 묻히다. ¶꿀을 찍어 먹다. ②종이에 대고 눌러서 자국을 내다. ¶도장을 찍다. 점을 찍다. 낙인찍다/찍히다(烙印)1355). ③촬영하다(撮影). 인쇄하다.≒박다. ¶사진을/ 신문을 찍다. 찍어내다. ④사람이나 물건을 지목하여 가리키거나 또는 눈여겨 두다. ¶그를 사윗감으로 찍다. 점찍다(點)1356). ⑤연지·곤지 따위를 얼굴에 바르다. ¶연지를 찍다.

찍자 괜한 트집을 잡으며 덤비는 것을 속되게 이르는 말. ¶찍자를 부리다.

찐덥(다) 남을 대하기가 마음에 흐뭇하고 반갑다. 거리낌이 없고 떳떳하다. ¶네가 오는 것을 찐덥지 않게 여길 사람은 아무도 없다. 친구들을 찐더운 마음으로 맞이하다. 찐덥지다1357).

찔 ①침 따위를 모양 없이 아무 곳에나 내뱉는 모양. ②눈을 모양 없이 흘기는 모양. ③기름 따위를 마구 많이 바른 모양.

찔꺽 흙이나 풀 따위를 짓이길 때에 자꾸 찔꺽 소리가 나다. ¶찔꺽거리다/대다, 찔꺽눈(늘 진물진물한 눈)/이, 찔꺽찔꺽/하다.

ㅈ

찔끔 겁이 나거나 놀라서 몸을 갑자기 뒤로 물리듯 움츠리는 모양. 〈여〉질금. 〈작〉짤끔. ¶증거를 들이대자 찔끔 놀라는 듯했다. 찔긋1358), 찔끔거리다/대다, 찔끔찔끔/하다.

찔레 장미과의 낙엽 활엽 관목.[〈딜위]. ¶찔레꽃, 찔레꽃가뭄(음력 5월에 드는 가뭄), 찔레꽃머리(찔레꽃이 필 무렵. 초여름), 찔레나무; 때찔레/꽃(해당화).

찔통 어린아이가 몸이 좋지 않거나 원하는 것을 가지지 못하여 자꾸 울거나 보챔. ¶찔통을 부리다. 아이가 잠도 자지 않고 찔통이다.

찜 과녁에 본디부터 있는 틈이나 흠집. 짬①. ¶찜나다(틈이 약간 생기다).

찜부럭 몸이나 마음이 괴로울 때 걸핏하면 짜증을 내는 짓.≒짜증. ¶아이는 잠투정으로 찜부럭을 부렸다. 찜부럭을 내다. 찜부럭하다.

찜뿌 야구의 형식과 비슷한데 고무공을 주먹으로 치며 즐기는 아이들의 놀이.

찜찜-하다 계면쩍거나 마음에 꺼림칙한 느낌이 있다.≒꺼림칙하다.↔개운하다. ¶계약 내용이 찜찜하다. 대답을 듣지 못해 찜찜하다. 일을 하다 말았더니 기분이 왠지 찜찜하다. 찝찝하다1359).

찡 ①'짱①'보다 큰말. ②감회가 벅차게 가슴에 울려 퍼지는 모양. ¶찡 가슴에 와 닿는 감동. 찡하다1360), 찡찡하다1361).

찡기(다) ①팽팽하게 켕기지 못하고 구기어지거나 쭈글쭈글하게 되다. ¶줄이 찡기지 않도록 양쪽에서 꽉 잡아라. ②'끼이다'의 강원, 경상, 전남, 충남 사투리.

찢(다) 물체를 잡아당기어 가르다. 사물을 여러 조각으로 자르다. ≒째다³↔붙이다. ¶종이를 찢다. 여자의 비명 소리가 귀를 찢는다. 일을 여러 사람이 찢어서 맡았다. 찢기다, 찢뜨리다/트리다, 찢어발기다(갈기갈기 찢어 늘어놓다), 찢어지다(찢기어 갈라지다); 가로찢다(가로 방향으로 찢다), 짓찢다/찢기다. ☞ 열(裂).

찧(다) ①곡식 따위를 절구통이나 확에 넣고 공이로 내리쳐 껍질을 벗기거나 가루를 내다.≒빻다. ¶방아를 찧다. 절구에 삶은 콩을 찧어 메주를 빚다. 터를 다지기 위해 쇳덩이로 땅을 찧다. 찧고 까불다(경망스럽게 굴다). 찐벼, 찐보리(애벌 쪄서 그냥 안칠 수 있게 만든 보리); 내리찧다, 들이찧다(세차게 마구 찧다), 입방아찧다(쓸데없는 말을 방정맞게 자꾸 하다), 짓찧다/찧기다. ②무거운 물건을 들어 올려 아래에 있는 물체를 내리치다.≒다지다. ¶쇠달구로 인부들이 땅을 찧다. ③마주 부딪다. ¶엉덩방아를 찧다. 문설주에 이마를 찧다. 맞찧다(마주 부딪치다), 코방아찧다.

1355) 낙인찍다(烙印): ①불에 달군 쇠도장을 찍다. ②불명예스러운 평가나 판정을 내리다.

1356) 점찍다(點): 여럿 가운데서 하나를 마음속으로 정하다. ¶며느릿감으로 점찍어 둔 처녀.

1357) 찐덥지다: 보기에 매우 흐뭇하고 만족스러운 데가 있다.

1358) 찔긋: 몸의 일부를 세게 움츠리거나 펴는 모양.

1359) 찝찝하다: 개운하지 않고 무엇인가 마음에 걸리는 데가 있다. ¶일을 다 끝내지 못하고 여행을 떠나게 되어서 마음이 찝찝하다.

1360) 찡하다: ①어떤 느낌이 강하게 일어나다. ¶그의 헌신적인 보살핌에 가슴이 찡함을 느꼈다. ②찡하는 느낌이 있다. ¶마음에 찡한 감동을 받았다.

1361) 찡찡하다: ①마음에 걸리어 겸연쩍고 거북하다. ¶어리찡찡하다(짜증이나 마음이 거북하다). ②코가 막혀 숨쉬기가 거북하다. ¶코찡찡이/찡찡이.

ㅊ

-차 ①의복과 관련된 일부 명사 뒤에 붙어, '그러한 옷을 만드는 옷감'의 뜻을 더하는 말. ¶의복차(衣服), 조복차, 치마차. ②'값'을 뜻하는 말. ¶놀음차(화대. 해웃값), 신발차(심부름하는 값으로 주는 돈. 신발값).

차(車) 바퀴가 굴러서 나아가며, 사람을 태우거나 짐을 실어 나르는 온갖 교통 기관. 또는 그것에 실은 분량을 나타내는 말. 도르래. ¶집 한 차, 찻간(車間), 차고(車庫), 찻길, 차내/광고(車內/廣告), 차대(車臺), 차도(車道), 차떼기, 차량(車輛)[차량검사(檢査), 차량한계(限界); 철도차량(鐵道)], 차로(車路), 차륜(車輪), 차마(車馬), 차마당(주차장), 차머리(차의 앞부분), 차멀미, 차바퀴, 찻배(자동차를 실어 나르는 배), 차부(車部), 차부(車夫), 차붓소(車夫), 차비(車費), 찻삯, 차선(車線), 차임(車賃), 차장(車掌), 차전초(車前草;질경이), 차종(車種), 차주(車主), 차중(車中), 차창(車窓), 차체(車體), 차축(車軸), 차치기, 차편(車便), 차폭(車幅), 차표(車票); 가솔린차(gasoline), 가스차(gas), 강철차(鋼鐵車), 개차(蓋車), 객차(客車), 검차(檢車), 견인차(牽引車), 경차(輕車), 곳간차(庫間車), 공차(空車), 관광차(觀光車), 관용차(官用車), 광차(鑛車), 궤도차(軌道車), 구급차(救急車), 구난차(救難車), 국민차(國民車), 국산차(國産車), 궤도차(軌道車), 급수차(給水車), 기관차(機關車), 기동차(汽動車), 기름차(유조차), 기차(汽車), 꽃차, 끌차, 냉동차(冷凍車), 냉방차(冷房車), 냉장차(冷藏車), 노후차(老朽車), 닭장차(欌車), 대차(大車;큰수레), 대포차, 대형차(大型車), 덤프차(dump車), 동차(同車), 동차(童車), 동차(動車), 동력차(動力車), 뒤차, 디젤차(Diesel車), 똥차, 러셀차(Lussell車;철로에 쌓인 눈을 치는 제설차), 레카차(wrecker車;구난차), 마차(馬車)[1], 막차, 명차(名車), 목탄차(木炭車), 무개차(無蓋車), 물차(급수차), 믹서차(mixer車), 밀차, 박차(拍車), 발차(發車), 밤차, 밥차, 방차(紡車;물레), 방탄차(防彈車), 배차(坏車;도자기를 만들 때 쓰는 물레), 배차(配車), 백차(白車), 불자동차, 빈차, 사다리차, 살수차(撒水車), 상차(上車), 상행차(上行車), 선륜차(線輪車;물레), 선차(旋車;발로 돌리는 물레), 설상차(雪上車), 세차(洗車), 세차(貰車), 소독차(消毒車), 소방차(消防車), 소형차(小型車), 수송차(輸送車), 수차(水車;물레방아. 무자위), 순찰차(巡察車), 승용차(乘用車), 승차(乘車), 승합차(乘合車), 식당차(食堂車), 신차(新車), 쌍륜차(雙輪車), 쓰레기차, 앞차, 애차(愛車), 역마차(驛馬車), 연결차(連結車), 열차(列車)[2], 영구차(靈柩車), 영사차(映寫車), 완급차(緩急車), 외제차(外製車), 용골차(龍骨車), 용달차(用達車), 우차(牛車), 우마차(牛馬車), 월면차(月面車), 유개차(有蓋車), 유모차(乳母車), 유아차(乳兒車), 유조차(油槽車;기름차), 이동차(移動車), 인차(人車), 일/이/삼/사륜차(一/二/三/四輪車), 자가용차(自家用車), 자동차(自動車)[꽃자동차, 물자동차, 불자동차], 장갑차(裝甲車), 장의차(葬儀車), 전동차(電動車), 전망차(展望車), 전세차(傳貰車), 전용차(專用車), 전차(電車)[꽃전차, 무궤도전차(無軌道)], 전차(戰車), 정차(停車), 제설차(除雪車), 조차(操車), 주차(駐車), 중계차(中繼車), 중고차(中古車), 중형차(中型車), 정차(停車), 주차(駐車), 증차(增車), 지게차, 지남차(指南車), 짐차, 찝차(←jeep車), 첫차, 청소차(淸掃車), 취사차(炊事車), 측차(側車), 치차(齒車;톱니바퀴), 침대차(寢臺車), 탄차(炭車), 탄수차(炭水車), 탄약차(彈藥車), 탄차(炭車), 탱크차(tank), 토운차(土運車), 통근차(通勤車), 통학차(通學車), 특장차(特裝車), 편차(便車;손수레), 폐차(廢車), 포차(砲車), 포차(拋車), 풍차(風車), 하차(下車), 하행차(下行車), 호차(戶車;문짝 아래에 끼우는 쇠바퀴), 호송차(護送車), 화차(火車), 화차(貨車)[무개화차(無蓋), 유개화차(有蓋)], 화륜차(火輪車), 화물차(貨物車), 활어차(活魚車), 활차(滑車;도르래), 회수차(回收車), 회유차(回遊車), 후송차(後送車), 흙차(토운차). §'수레'의 뜻이면 [거]로 읽힘. ¶거가(車駕), 거동궤서동문(車同軌書同文), 거마/비(車馬/費), 거재(車載;수레에 실음), 거재두량(車載斗量;아주 흔함); 남아수독오거서(男兒須讀五車書), 노거(路車), 노거(露車), 농거(農車), 방거(紡車;물레), 병거(兵車), 보거상의(輔車相依), 복거지계(覆車之戒), 부거(副車), 비거(飛車), 사거(絲車), 삭조차(索條車), 삽차, 선거(船車), 세거우(洗車雨), 소사거(繅絲車), 수거(手車), 어거하다(馭車), 연거(碾車;씨아), 오거서(五車書), 오운거(五雲車), 요거(搖車), 용거(龍車), 유거(柳車), 인력거(人力車), 자전거(自轉車)[두발자전거, 세발자전거, 외발자전거], 정거(停車)[정거장(場); 급정거(急)], 주거(舟車), 하거(下車), 함거(檻車) 들.

차(次) ①어떤 일을 하던 기회나 계제. ¶서울 갔던 차에 창경원 구경도 하였다. 담차에(談次;이야기하던 김에). ②차수(次數), 차례 · 순서 · 횟수. 잇다 · 뒤를 잇다. 다음 · 버금'을 뜻하는 말. ¶어제 술을 3차까지 마셨다. 일/ 이 /삼 차. 차감(次監), 차고음(次高音), 차골(次骨;뼈에 사무침), 차관/보(次官/補), 차기(次期), 차남(次男), 차녀(次女), 차당(次堂), 차대(次代), 차대(次對), 차등(次等), 차상(次上), 차생(次生), 차서(次序), 차석(次席;首席의 다음), 차선/책(次善(최선의 다음)/策), 차세대(次世代), 차손(次孫), 차수(次數), 차순(次順)[내림차순, 오름차순], 차순위(次順位), 차실(次室), 차아(次兒), 차양자(次養子)/차양(次養), 차운(次韻), 차원(次元)[고차원(高), 일/이/삼/사차원(一/二/三/四), 저차원(低)], 차위(次位), 차인(次人), 차자(次子), 차장(次長), 차저음(次低音), 차점/자(次點/者), 차제(次第), 차청(次淸), 차종(次宗), 차종가(次宗家), 차종손(次宗孫), 차주(次週), 차중(次中), 차중음(次中音), 차지(次知)[3], 차직(次職), 차차(次次;차츰), 차착(次錯), 차탁(次濁), 차하(次下), 차한(次限), 차형(次兄), 차호(次號), 차회(次回), 차회(次會); 계차(階次), 고차(高次), 과차(科次), 관차(官次), 금차(今

---

1) 마차(馬車): 마차꾼, 마차부자리(馬車夫); 꽃마차, 말마차, 소마차, 쌍두마차(雙頭), 양두마차(兩頭), 얼음마차, 역마차(驛), 포장마차(布帳).

2) 열차(列車): 군용열차(軍用), 귀성열차(歸省), 급행열차(急行), 상행열차(上行), 보통열차(普通), 부상열차(浮上), 여객열차(旅客), 완행열차(緩行), 임시열차(臨時), 초/특급열차(超/特級), 하행열차(下行), 화물열차(貨物).

3) 차지(次知): 어떤 물건을 맡아서 관리하거나 일을 맡아보던 사람. 주인이나 다른 사람을 대신하여 형벌을 받던 하인. ¶색차지(色;놀이에 기생을 맡아서 주선하는 사람), 세간차지(대가를 받고 남의 집 세간을 맡아보는 사람), 인물차지(人物;인사 관계의 사무를 맡아보던 사람), 호상차지(護喪;호상에 관한 모든 일을 주관하는 사람).

次), 급차(給次;돈을 치러주어야 함), 기차(幾次;몇 번. 몇 차례), 내림차, 누차(屢次), 동차(同次), 막차(幕次), 매차(每次), 목차(目次), 반차(班次), 배차(排次), 번차(番次), 부차(副次), 비차(非次), 서차(序次), 석차(席次), 선차(先次), 성차(星次), 세차(歲次), 소차(小次), 수차(數次), 수삼차(數三次), 순차(順次;돌아오는 차례), 순차(循次;차례를 좇음), 야차(野次), 양차(兩次), 어차간에(語次間), 업차(業次), 역차(逆次), 연차(年次), 연차(連次), 열차(列次), 오름차, 월차(月次;매달), 위차(位次), 유세차(維歲次), 윤차(輪次), 이차(移次), 인차(鱗次), 장차(將次), 재차(再次), 전차(前次), 절차(節次), 점차(漸次), 제차(第次), 조차/간(造次間), 종차(從次), 지차(之次;다음. 버금), 직차(職次), 초차(初次), 축차/적(逐次;차례차례로/的), 치차(齒次), 특차(特次), 편차(編次), 행차(行次), 환차(還次), 후차(後次). ③'임시 거처. 장막(帳幕)'을 뜻하는 말. ¶악차(堊次;상제가 거처하는 무덤 옆의 뜸집), 악차(幄次;임금이 거둥할 때 잠깐 머물 수 있는 장막), 여차(旅次;여행 중에 머무르고 있는 곳). ④일부 명사 뒤에 붙어, '감(재료). 돈'을 뜻하는 말. ¶놀음차[화대(花代)], 놀이채(놀음차), 방문차(房門次)[4], 병풍차(屛風次)[5], 신발차(심부름값으로 주는 돈), 요기차(療飢次;요기를 하라고 하인에게 주는 돈)/요차(療次), 의복차(衣服次;옷감), 의차(衣次;옷감), 치마차(치맛감). ⑤일부 명사 뒤에 붙어, '그 일을 하려고(목적)'의 뜻을 더하는 말. ¶회의에 참석차 서울에 왔다. 격려차(激勵次), 공연차(公演次), 구경차, 문안차(問安次), 문의차(問議次), 사업차(事業次), 시찰차(視察次), 연구차(硏究次), 연락차(連絡次), 요양차(療養次), 위로차(慰勞次), 인사차(人事次), 조사차(照査次), 취재차(取材次), 항의차(抗議次), 홍보차(弘報次), 휴양차(休養次) 들.

차(茶) ①'차나무'의 준말. ②식물의 잎·뿌리·열매 따위를 우리거나 달인 음료의 일반적인 말. ¶차갈매(차를 가는 맷돌), 찻감(차를 만드는 재료), 찻값, 차거르개, 차관(茶罐), 찻그릇, 차기(茶器), 차나무(茶), 차례(茶禮)[차례상(床), 차례탑(塔); 떡국차례, 보름차례[망차례(望)], 생신차례(生辰)], 차모(茶母), 찻물, 차반(茶盤), 찻방(茶房), 차보시기, 차사(茶祀), 차상(茶床), 찻숟가락/찻숟갈, 차실(茶室), 차완(茶碗), 차원(茶園), 찻잎, 찻잔(茶盞), 찻장(茶欌), 차점(茶店), 차제(茶劑), 차제구(茶諸具), 찻종(茶鍾), 찻종지, 찻주전자(酒煎子), 차즙(茶汁), 찻집[다방(茶房)], 차탁(茶托), 차탁(茶卓), 차풀, 차호(茶壺), 차회(茶會); 감로차(甘露茶), 감차(甘茶), 결명차(決明茶), 곡차(穀茶), 공덕차(功德茶), 구기차(枸杞茶), 귤화차(橘花茶), 기국차(杞菊茶), 꿀차, 냉차(冷茶), 녹차(綠茶), 농차(濃茶), 다시마차, 당귀차(當歸茶), 레몬차(lemon茶), 립턴차(Lipton茶), 말차(抹茶), 명차(名茶), 미삼차(尾蔘茶), 박차(薄茶), 보리차, 뽕잎차, 생강차(生薑茶), 설록차(雪綠茶), 솔잎차, 쑥차, 약차(藥茶), 얼음차, 엽차(葉茶), 오과차(五果茶), 오매차(烏梅茶), 오미자차(五味子茶), 인삼차(人蔘茶), 작설차(雀舌茶), 조차(粗茶), 칡차, 홍차(紅茶). §[다로도 읽힘. ¶다각(茶角), 다갈색(茶褐色), 다과(茶菓), 다관(茶館), 다관(茶罐), 다구(茶臼), 다구(茶具), 다금유(茶金釉), 다기(茶器), 다담(茶啖), 다담(茶談), 다도(茶道), 다매(茶梅;동백나무), 다루(茶樓), 다모(茶母), 다반(茶飯), 다반(茶盤), 다방(茶房), 다소(茶素), 다식(茶食), 다실(茶室), 다원(茶園), 다적(茶積), 다점(茶店), 다정(茶精), 다정(茶亭), 다종(茶種), 다탁(茶卓), 다탕(茶湯), 다호(茶壺), 다화(茶話); 백엽다(柏葉茶) 들.

차(差) ①둘 이상의 사물을 견주었을 때 서로 다른 정도나 수준. ¶너와 나는 실력에서 차가 난다. 그와는 견해의 차가 크다. ②어떤 수량에서 다른 수량을 뺀 나머지. ¶10과 3의 차는 7이다. ③'차이. 어긋나다. 병이 나아가다. 사람을 보내다. 조금·약간'을 뜻하는 말. ¶차감(差減), 차견(差遣), 차극(差劇), 차금/매매(差金/賣買), 차대(差代), 차도(差度)[6], 차동(差動), 차등(差等)[차등배당(配當), 차등선거(選擧), 차등화(化)], 차별(差別)[7], 차분(差分), 차비(差備;채비), 차사(差使;파견하던 관리)[차사예채(例債), 만경차사(萬頃)], 차상차하(差上差下), 차선차후(差先差後), 차손(差損↔差益)[차손금(金); 사차손(死)], 차송(差送), 차수(差數;차가 생긴 수. 틀리는 수효), 차승(差勝), 차완(差緩), 차압(差押;押留), 차액(差額;차가 나는 액수. 덜어내고 남은 돈), 차역(差役), 차완(差緩), 차이(差異)[8], 차익(差益)[차익금(金); 사차익(死)], 차인/꾼(差人;가게에서 시중을 드는 사람. 임시 심부름꾼으로 부리는 사람), 차임(差任), 차입(구류된 사람에게 물품이나 돈을 들여보냄)/품(差入/品), 차질(差/蹉跌;하던 일이 틀어짐), 차착(差錯;순서가 틀리고 앞뒤가 서로 맞지 않음), 차첩(差帖), 차출(差出;빼어서 냄), 차하지다(差下;한쪽이 다른 쪽보다 못하여 층이 지다); 감차(減差), 개인차(個人差), 개차(改差;벼슬아치를 바꿈), 격차(格差), 격차(隔差), 견해차(見解差), 경차(經差), 경차(傾差), 공차(公差), 관차(官差), 광차(光差), 광행차(光行差), 교차(較差), 낙차(落差), 당차(當差), 대기차(大氣差), 대차(大差), 대조차(大潮差), 등차(等差), 발차(發差;죄지은 사람을 잡아오라고 사람을 보냄), 별차(別差), 서얼차대(庶孼差待), 성차(性差), 세차(歲差), 소차(小差), 수차(收差)[색수차(色)], 승차(陞差), 시각차(視角差), 시차(時差), 시차(視差), 연차(年差), 연교차(年較差), 예차(預差), 오차(誤差), 유의차(有意差), 윤차(輪差), 의견차(意見差), 일교차(日較差), 장차(長差), 장차(將差), 전차(塡差), 전위차(電位差), 정차(艇差), 조차(潮差), 조후차(潮候差), 종차(種差), 천차만별(千差萬別), 체차(遞差), 출차(出差), 쾌차(快差), 택차(擇差), 특차(特差), 편차(偏差), 항차(航差), 흠차(欽差) 들.

차(借) '빌리다·빌려 오다. 가령. 시험 삼아'를 뜻하는 말.↔대(貸). ¶차가(借家)[차가료(料), 차가인(人)], 차거(借居), 차관(借款)[9], 차금(借金;돈을 빌림), 차급(借給), 차대(借貸;빌려오고 빌려줌), 차

4) 방문차(房門次): 그림을 그리거나 글을 써서 지게문의 덧문이나 다락문 따위에 붙이는 종이.

5) 병풍차(屛風次): 병풍을 꾸밀 그림이나 글씨. 또는 그것을 그린 종이나 김.

6) 차도(差/瘥度): 병이 조금씩 돌려서 나아가는 정도. ¶할머니의 병환에 차차 차도가 있다.

7) 차별(差別↔平等): 차별가격(價格), 차별관(觀), 차별관세(關稅), 차별대우(待遇), 차별선택(選擇), 차별성(性), 차별요금(料金), 차별적(的), 차별침식(浸蝕), 차별하다, 차별화/되다/하다(化); 무차별(無), 성차별(性), 역차별(逆), 인종차별(人種), 적서차별(嫡庶), 지역차별(地域), 학력차별(學歷).

8) 차이(差異): 서로 같지 아니하고 다름. ¶세대 차이. 차이가 크다. 큰 차이가 나다. 차이성(性), 차이점(點).

9) 차관(借款): 국제간에, 일정한 협정에 따라 자금을 빌려주고 빌려 씀. ¶차관을 제공하다. 경제차관(經濟), 연차관(軟), 정치차관(政治).

독(借讀), 차력(借力)[차력꾼(借力), 차력술(術), 차력약(藥)], 차료(借料), 차명(借名), 차문(借文), 차문하다(借問;물어보다), 차물(借物), 차변(借邊), 차송(借送), 차수(借手), 차액(借額), 차여(借如), 차용(借用)[10], 차월(借越), 차임(借賃), 차입/금(借入/金), 차자(借字), 차작(借作), 차주(借主), 차주(借株), 차지(借地)[차지권(權), 차지료(料)], 차청입실(借廳入室), 차택(借宅), 차필(借筆), 차함(借銜), 차환(借換); 가차(假借), 대차(大借), 대차(貸借)[대차거래(去來), 대차계정서(計定書), 대차대조표(對照表)], 소차(小借), 약차(藥借), 연차(聯借), 임차(賃借), 잠차(暫借), 전차(前借), 전차(轉借), 전대차(轉貸借), 조차(租借), 태차(胎借) 들.

차(此) '이 · 이것. 이 곳. 이에'를 뜻하는 말. ¶차간(此間), 차군(此君;대나무), 차기(此期), 차년(此年), 차등(此等;이것들), 차생(此生), 차세(此世), 차세(此歲), 차세대(此世代), 차소위(此所謂), 차시(此時), 차심(此心), 차안(此岸;이 세상), 차역(此亦), 차역시(此亦是), 차외(此外), 차월/피월(此月/彼月), 차일시피일시(此一時彼一時), 차일피일(此日彼日), 차제(此際;이 기회)/에, 차처(此處), 차탈피탈(此頉彼頉), 차토(此土), 차편(此便), 차한(此限), 차회(此回;이번), 차후(此後); 방차(倣此), 약차(若此;如此), 어차어피에(於此於彼), 어차피(於此彼), 여차하다(如此), 약차하다(若此), 피차/간(彼此/間) 들.

차(遮) '막다 · 가리다'를 뜻하는 말. ¶차계(遮戒), 차광(遮光;빛을 가리어 막음)[차광기(器), 차광막(幕), 차광안경(眼鏡), 차광재배(栽培), 차광판(板), 차광틀], 차단(遮斷)[11], 차당(遮當), 차도(遮道;길을 막음), 차등(遮燈;불빛이 밖으로 새어 나가지 않도록 등을 가림), 차로(遮路;遮道), 차면(얼굴을 가림)/담(遮面), 차벽(遮壁), 차양(遮陽)[12], 차용(遮容;얼굴을 가림), 차음/도(遮音/度), 차일(遮日)[차일석(石), 차일장(帳); 구름차일(아주 높이 친 차일)], 차폐(遮蔽;가려 막음)[차폐각(角), 차폐되다/하다, 차폐물(物), 차폐율(率); 전자기차폐(電磁氣)]; 방차(防遮), 전차후옹(前遮後擁), 첨차(檐遮), 폐차(蔽遮), 풍차(風遮) 들.

차(叉) '서로 어긋나다. 번갈아'를 뜻하는 말. ¶차로(叉路;두 갈래로 갈라진 길), 차수(叉手;두 손을 마주 잡음. 관여하지 않음), 차승(叉乘), 차총(叉銃), 차환(叉鬟); 교차(交叉), 방전차(放電叉), 삼차(三叉;세 가닥), 야차(夜叉;두억시니), 음차(音叉;소리굽쇠), 협차(夾叉;표적의 전후좌우를 번갈아 사격하면서 목표물을 맞히는 일) 들.

차(且) '또 · 또한. 잠깐 · 얼마간. 한편으로. 구구하다'를 뜻하는 말. ¶차경차희(且驚且喜), 차문차답(且問且答), 차설(且說;却說), 차월(且月;음력 6월), 차치물론(且置勿論)/차치(且置;내버려 두고 문제 삼지 아니함); 구차(苟且), 순차무사(順且無事), 중차대(重且大), 황차(況且;하물며).

차(嗟) '슬프다. 탄식할 만하다'를 뜻하는 말. ¶차상(嗟賞), 차석(嗟惜), 차칭(嗟稱;깊이 감동하고 칭찬함), 차탄(嗟歎), 차호(嗟乎;차홉다), 차홉다(아, 슬프도다. 탄식할 만하다); 돌차/간(咄嗟/間), 보우지차(鴇羽之嗟), 원차(怨嗟), 자차(咨嗟) 들.

차(箚) '공문서(公文書)'를 뜻하는 말. ¶차기(箚記;독서하여 얻은 바를 수시로 수록하여 놓은 기록이나 책), 차자(箚子;간단한 서식의 상소문); 소차(疏箚), 수차(袖箚), 주차대사(駐箚大使;공무로 다른 나라에 머무르는 대사) 들.

차(蹉) '넘어지다. 때를 놓치다. 어긋나다'를 뜻하는 말. ¶차질(蹉/差跌)), 차타(蹉跎;미끄러져 넘어짐. 시기를 잃음. 이룬 일 없이 나이만 많아짐) 들.

차(杈) '가장귀진 나뭇가지. 작살'을 뜻하는 말. ¶차자(杈刺); 어차(魚杈;물고기를 찔러 잡는 창) 들.

차(釵) '비녀'를 뜻하는 말. §[채]로도 읽힘. ¶옥차(玉釵;옥비녀), 은채(銀釵) 들.

차(嵯) '우뚝 솟다'를 뜻하는 말. ¶차아하다(嵯峨;산이 높고 험하다).

차(磋) '갈다'를 뜻하는 말. ¶절차(切磋), 절차탁마(切磋琢磨) 들.

차(瘥) '앓다. 병이 낫다'를 뜻하는 말. ¶즉차(卽瘥;병이 곧 나음).

차곡차곡 ①물건을 가지런하게 쌓거나 포개 놓은 모양. ¶쌀가마를 차곡차곡 쌓다. ②하나씩 하나씩 살피고 정리하는 모양. ¶사태를 차곡차곡 정리하다. 책책(차곡차곡. 차례차례).

차근-하다 말이나 성격 또는 행동이 조리 있고 찬찬하다. ¶성격이 차근하여 실수가 없다. 차근차근[13]/하다, 차근히; 초군초군[14]/하다.

차깔-하다 문을 굳게 닫아 잠가두다. 〈큰〉처깔하다. ¶다락문을 차깔하고 밖에 나가다.

차꼬 ①옛 형구의 한 가지. 기다란 두 개의 나무토막 틈에 가로 구멍을 파서 죄인의 두 발목을 고정시켜 자물쇠로 채우게 되어 있음. 족쇄(足鎖). ②=차꼬막이[15], 차꼬판(부연과 부연 사이를 막는 널).

차(다)[1] ①어떤 공간에 더 들어갈 수 없이 가득하게 되다.↔비다. ¶차면 넘친다/ 기운다. 차넘치다, 차름차름[16], 찬물때(밀물이 가득 찬 때. 만조), 찬바리(짐을 가득 실은 바리), 참물(만조 때의 바닷물), 채우다'(메우다)/채다(↔비우다), 채움/챔[색채움(色), 수

ㅊ

10) 차용(借用): 물건을 빌리거나 돈을 꾸어 씀. ¶외국에서 자금을 차용해 쓰다. 차용금(金), 차용물(物), 차용어(語), 차용인(人), 차용증서(證書)/차용증(證), 차용하다.

11) 차단(遮斷): 가로 막거나 끊음. ¶차단기(器/機), 차단되다/하다, 차단물(物), 차단법(法), 차단성(性), 차단점(點); 교통차단(交通).

12) 차양(遮陽): ①볕을 가리거나 비를 막기 위하여 처마 끝에 덧대는 좁은 지붕. ¶차양선(遮陽船;차양이 있는 놀잇배), 챙장이; 눈썹차양. ②모자 앞에 다는 반달 모양의 조각. 〈준〉챙. ¶챙을 달다. 모자챙.

13) 차근차근: 말이나 행동이 조리 있고 찬찬하고, 서두르지 않는 모양. ¶차근차근 물어보다. 어머니는 김치 담그는 법을 차근차근 가르쳐 주셨다.

14) 초군초군: 하는 짓이 몹시 꼼꼼하고 느릿느릿한 모양. ¶보기에 답답하리만큼 초군초군한 동작. 초군초군 따져 묻다.

15) 차꼬막이: ①기와집 용마루의 양쪽으로 끼우는 수키왓장.=차꼬기와. ¶차꼬마루(수키와를 기왓골에 맞게 마름질하여 꾸민 지붕마루). ②박공머리에 물리는 네모진 서까래와 기와.

16) 차름차름: 그릇에 가득 차도록 담는 모양. 〈큰〉치름치름. ¶잔이 넘치도록 차름차름 술을 따르다. 팥죽을 차름차름 담아내다.

채움(數)]; 기차다(氣;훌륭하다. 힘에 과하다), 깍차다(먹은 음식이 목까지 꽉차다), 꽉차다(가득 차다),들차다(뜻이 굳고 몸이 튼튼하다), 들어차다(안이나 속에 가득 차다), 숨차다, 안차다[17], 알차다[18], 올차다[19], 옹골차다(견실하고 충만하다. 다부지다)/옹차다, 입차다, 작차다(가득히 차다), 정차다(情), 짝채우다. ②이지러졌던 것이 온전하여지다.↔이울다. ¶달이 차다. 달도 차면 기운다. ③보거나 느끼기에 흐뭇하다. 어떤 대상이 마음에 흡족하다.≒들다. ¶감격에 찬 가슴. 선물이 마음에 차지 않는다. 많이 먹었는데도 성에 차지 않는다. 더넘차다[20], 벅차다[21], 베차다[22], 아름차다(힘에 벅차다. 힘에 겹다). ④정한 수효에 이르다. ¶정원이 차다. 채우다; 늘채다(미리 생각한 수효보다 많이 늘다), 수채움/수챔. ⑤어떤 한도에 다다르다. ¶시냇물이 가슴까지 차다. 길차다(훤칠하게 길다. 깊숙하다), 멱차다(더할 수 없는 한도에 이르다), 차오르다[23]. ⑥정한 기한에 이르다. ¶열 달이 차다. 채우다. ☞ 만(滿).

차(다)² ①사람이나 동물이 발로 내어 지르다.≒치다². 때리다. ¶아이들이 공을 차다. 이불을 차고 일어나다. 차던지다, 차돌리다, 차밀다(차서 밀고 나가다), 차오르기, 차올리다, 차이다¹/채다[뒤채다[24]], 챌면(面;계단 한 단의 수직면), 챌판(板;계단의 디딤판 사이에 수직으로 댄 판); 걷어차다/채다, 검차다(검질기고 세차다), 내박차다, 내차다, 뒤채다(함부로 늘어놓아 발길에 툭툭 채다), 들이차다(세차게 차다), 박차다, 받고차기, 벌차다[25], 세차다[26], 앞차다, 제겨차다(발등으로 올려 차다). ☞ 축(蹴). ②혀끝을 입천장에 붙였다가 떼어 소리를 내다. ¶곡예사의 묘기에 관중들이 혀를 차다. ③거절하여 따돌리다.≒버리다.↔받아들이다. ¶애인을 차다. 차던지다, 채이다. ④날렵하게 당기거나 치켜 올리다. ¶매가 병아리를 차다. 차가다(무엇을 날쌔게 빼앗거나 움켜 가지고 가다), 채다³[27].

차(다)³ ①끈을 달아 몸의 한 부분이나 옷에 걸고 늘어뜨리다.≒띠다. ¶노리개를/ 칼을 차다. 기저귀를 차다. 차이다², 찰쇠[佩劍(패검), 佩鐵(패철)], 찰쌈지(허리띠에 차게 만든 담배쌈지); 패차다(별명이 붙게 되다)/채우다. ②시계·수갑 따위를 팔목에 끼우거나 잠그다. 차이다², 채우다². ¶시계를/ 수갑을 차다. ③몸에 지니거나 몸 가까이 거느리어 데리다.≒지니다. ¶올 때마다 술병을 차고 온다. 차고앉다[28], 채우다; 꿰차다(자기 것으로 만들다). ☞ 패(佩).

차(다)⁴ ①몸에 느끼어지는 온도가 낮다.≒시리다. 차겁다. 춥다.↔덥다. 뜨겁다. ¶손이 차다(시리다). 날씨가 차다. 샘물이 차다. 차갑다, 차끈하다[29], 차디차다, 찬[30], 채우다³[31]; 맵차다¹(맵고 차다). ②마음씨나 태도가 인정이 없고 쌀쌀하다.≒매정하다.↔다정하다. ¶성격이 차다. 그의 눈초리가 차다. 그는 몹시 찬 사람이다. 그는 사람을 대하는 것이 차다. ☞ 한(寒). 량(凉).

-차(다) 일부 명사나 명사성 어근 뒤 또는 형용사 어간에 붙어 '그것을 강조하는' 뜻을 나타내는 말. ¶거차다(크고 세차다), 걸차다(땅이 매우 걸다), 기운차다(氣運), 기장차다(물건이 곧고 길다), 길차다[32], 늘차다(능란하고 재빠르다. 늘씬하게 길다), 다기차다(多氣), 담차다(膽;아주 담대하다. 용감하다), 대차다[33], 더넘차다(쓰기에 벅차다), 매몰차다, 맵차다²(맵고 야무지다), 벅차다, 보람차다, 세차다, 야귀·어귀차다(뜻이 굳세어 하는 일이 여무지다), 아름차다[34], 암차다(암팡스럽고 매몰차다), 앞차다[35], 어기차다[36], 야멸차다, 우람차다, 우렁차다, 위엄차다(威嚴), 자랑차다, 줄기차다(끊임없이 몹시 억세게 계속되다), 헌걸차다[37], 희망차다(希望), 힘차다 등.

차닥 ①빨랫방망이로 빨래를 세게 두드리는 소리. 또는 그 모양. ¶빨래질 소리가 차닥차닥 나다. ②물기가 많거나 차진 물건을 힘있게 두드리는 소리. 또는 그 모양. ¶방아에 차닥차닥 떡을 치는 소리를 들은 아이들은 흥이 났다. ③종이 따위를 바르거나 덧붙이는 모양. ¶벽에 전단을 차닥차닥 붙이다. 도배지에 풀을 차닥차닥 발랐다. 차닥·처덕·치덕[38]거리다/대다.

ㅊ

---

17) 안차다: 겁이 없고 야무지다. 마음 한 구석에도 빈 것이 없이 만족하다. ¶안찬 계집아이. 어린것이 안차고 다라지다(겁 없이 깜찍하고 당돌하다).

18) 알차다: 내용이 아주 충실하다. 속이 꽉 차다.↔비다. ¶알찬 내용의 책. 배추 속이 알차다.

19) 올차다: ①됨됨이가 허술한 데가 없이 야무지고 기운차다. ¶올찬 목소리. 그녀는 속이 올차고 당돌하다. ②곡식의 알이 일찍 들다. ¶올찬 벼이삭.

20) 더넘차다: 쓰기에 거북할 정도로 벅차다.[←더+넘(다)+차다]. ¶아이들이 다루기에는 더넘차다.

21) 벅차다: ①힘에 겹다. ②넘칠 듯이 가득가득하다.

22) 베차다: 해내거나 견디기에 좀 벅차다. ¶베찬 일을 스스로 맡아서 하다.

23) 차오르다: 어떤 한도나 높이에 다다라 오르다. ¶홍수로 냇물이 허리까지 차올랐다.

24) 뒤채다: 너무 흔해서 발길에 걸리다.

25) 벌차다: 기세나 형세 따위가 힘 있고 세차다. ¶하루를 살아도 사나이답게 벌차게 살리라.

26) 세차다: ①힘 있고 억세다. ②세게 걷어차다.

27) 채다³: 갑자기 힘주어 잡아당기다. 날쌔게 빼앗다. ¶낚싯대를 힘껏 채다. 말고삐를 힘껏 채쳐 달리다. 솔개가 병아리를 채다. 채가다/차가다, 채그물, 채기(물고기를 낚아채는 일), 채낚시/챌낚, 채뜨리다/트리다(잡아채다), 채목다, 채치다('채다'의 힘줌말), 챌목매(하늘코); 가로채다(남의 것을 옆에서 빼앗다. 남의 하는 말을 중간에서 가로맡아 하다)/채이다, 거머채다, 낚아채다/채이다, 되채다, 잡아채다, 헛채다, 헛채질, 헛챔질.

28) 차고앉다: 무슨 일을 맡아서 자리를 잡다. ¶그는 십 년이 넘게 회장 자리를 차고앉아 있다.

29) 차끈하다: 매우 차가운 느낌이 있다. ¶방바닥이 차끈하다. 차끈한 손. 차끈한 얼음덩이. 차끈히 건너다보는 눈빛. 차끈차끈하다.

30) 찬-(↔더운): 찬감각(感覺;冷覺), 찬결(차가운 기운), 찬국, 찬기(氣), 찬김(식어서 차가운 김), 찬눈(보기에 쌀쌀한 느낌이 드는 눈), 찬땀(식은땀), 찬무대[한류(寒流)↔더운무대], 찬물, 찬바람/머리, 찬밥, 찬방(房), 찬비, 찬색(色), 찬서리, 찬술, 찬약(藥), 찬요리(料理), 찬웃음(비웃음. 냉소), 찬이슬, 찬전선(前線), 찬피, 찬흐름(찬무대).

31) 채우다³: 물건을 찬물이나 얼음에 담그다. ¶생선에 얼음을 채우다.

32) 길차다: ①아주 미끈하게 길다. ¶대나무가 길차게 자랐다. ②나무가 우거져 깊숙하다. ¶길찬 숲속.

33) 대차다: ①성미가 꿋꿋하며 힘차다.[←대¹③(줏대)+차다]. ¶대찬 성미. 모임을 대차게 끌어가는 회장님. 그런 행동을 하다니 대차구나. ②몸집이 아주 큼직하다.

34) 아름차다: 힘에 벅차다. 힘에 겹다. ¶아름찬 일을 떠맡다.

35) 앞차다: 의지가 굳고 믿음성이 있게 앞을 내다보는 태도가 당차다. ¶하는 말이 앞차다.

36) 어기차다: 한번 마음먹은 뜻을 굽히지 아니하고, 성질이 매우 굳세다.[←억/어기-+차다]. ¶그중에도 가장 어기차게 반발하고 나선 사람이 다름 아닌 종술이었다.

37) 헌걸차다: 매우 풍채가 좋고 의젓해 보이다. 키가 매우 크다.

38) 치덕: ①축축하거나 끈적끈적한 것이 여기저기 마구 들러붙는 모양. ②가

차라리 ①여러 가지 사실을 들어 말할 때, '앞의 사실보다는 뒤의 사실이 나음'을 나타내는 말. ¶차를 타고 가느니 차라리 걷는 것이 빠르겠다. ②그보다는 오히려. 그럴 바에는 오히려.≒도리어. ¶그렇게 살 바에는 차라리 죽겠다. [+선택. 양보].

차락 빗방울이 가볍게 부딪칠 때 나는 소리. ¶유리창에 빗방울이 차락차락거린다. 차락락거리다/대다, 차락차락/하다.

차랑 조금 길게 드리운 물건이 바닥에 닿을 만큼 부드럽게 늘어져 있는 모양. 〈큰〉치렁. ¶차랑·치렁거리다/대다/하다. 차랑차랑·치렁치렁/하다.

차렵 옷이나 이불에 솜을 얇게 두는 방식. ¶차렵으로 지은 핫옷. 차렵것, 차렵두루마기, 차렵바지, 차렵이불, 차렵저고리; 양차렵(兩;봄·가을 두 철 입는 차렵것).

차례 순서 있게 벌어져 나가는 관계.(≒순서. 목차). 또는 그것을 세는 말.[←차제(次第)]. §'차례(次例)'는 취음. ¶차례를 기다리다. 회의는 한 차례 더 있을 것이다. 차례가기, 차례건(件), 차렛걸음(차례대로 일을 진행하는 방식), 차례차례; 꽃차례[화서(花序)], 번차례(番), 상차례(床;음식상을 차리는 순서), 어깨차례, 옷깃차례, 잎차례(줄기에 잎이 붙어 있는 모양; 어긋나기·마주나기·돌려나기·뭉쳐나기) 들.

차리(다) ①어떤 일을 하는 데 필요한 물건을 갖추어 벌이다. 옷을 갖추어 꾸미다.≒장만하다. ¶술상을 차리다. 살림을 차리다. 가게를 차리다. 새 옷을 차려 입다. 차림[39]. ②스스로 알거나 깨치다. 짐작으로 속내를 알다. 〈준〉채다[2]. ¶낌새를/ 눈치를 차리다. 거니채다(낌새를 대강 짐작하여 눈치를 채다), 기미채다(幾/機微), 기수채다(幾數;낌새채다), 낌새채다, 눈치채다, 지레채다(지레짐작으로 알다), 알아차리다/채다(낌새를 미리 알다). ③겉으로 드러내다.≒갖추다. ¶격식을 차리다. 예의를/ 체면을 차리다. ④욕망을 채우려고 하다. ¶실속을 차리다. ⑤정신이나 기운을 가다듬어 가지다. ¶정신을 차리다. 차려[40]; 속차리다.

차마 ①가엾고 애틋하고 안타까워서 감히 어찌. ¶우는 아이를 차마 떼어놓을 수가 없었다. 어찌 차마 손찌검을 하랴. ②아무리 해도. ¶두고 온 고향인데 차마 꿈인들 잊을 수 있으랴.≒도저히. [+부정어. 설의문].

차반 예물로서 가져가거나 들어온 좋은 음식. 맛있게 잘 차린 음식.[←차반(茶盤)]. ¶차반 보내다. 범의 차반(아끼지 않고 생기는 대로 다 써버림). 차반떡, 차반엿; 개차반[41], 공차반(供;절에서 '반찬'을 달리 이르는 말) 들.

차분-하다 마음이 가라앉아 조용하다.≒얌전하다. 몬존하다. 잠잠하다②.↔헤덤비다. ¶차분한 성격. 일을 차분히 처리하다. 자차분하다(매우 조용하고 차분하다. 잘고도 아담하게 차분하다)

차붓-하다 가볍게 착 붙은 듯한 느낌이 부드럽다. ¶차붓한 손길. 속눈썹이 차붓이 맞붙은 눈두덩. 꽃잎에 차붓이 내려앉는 나비.

차잘싹 파도나 물 따위가 단단한 물체에 부딪칠 때 나는 소리. 〈큰〉처절썩. ¶쉼 없이 밀려오는 잔파도는 차잘싹 바위를 때리며 구슬 알 같은 포말을 뿌린다.

차츰 급하지 아니하게 차차 앞으로 나아가는 모양. 조금씩 계속.≒차차. 점차. 점점. 〈거〉차츰[42]. [+동사].

차지[1] 어떤 명사나 대명사 아래에 쓰이어, '그의 소유에 속하는 것. 몫'을 뜻하는 말.≒소유(所有). ¶내 차지. 이 사과는 동생 차지다. 우승컵을 차지하다. 차지하다; 도차지[43], 독차지하다(獨;혼자서 모두 차지함), 무당차지, 통차지/하다.

차지[2] 전기로 같은 데에 원료를 한 번 넣어 녹여내는 전 과정을 이르는 말. 또는 그것을 세는 단위.

차집 예전에, 보통의 계집종보다 높은 찬모(饌母).

차하 다른 사람에게 돈을 내어 주거나 뒤를 대어 주는 일. ¶학비는 할아버지가 차하를 하는 터이라 그 뜻에 따를 수밖에 없었다.

차-하다 사물이 표준에 비하여 좀 모자라거나 못하다. ¶상품(上品)은 다 골라 가고 차한 것만 남았다. 지나침은 차함만 못하다.

착[1] ①몸가짐이나 태도가 얌전하고 태연한 모양. ¶엄마 품에 착 안기다. 의자에 착 앉다. ②나슨하게 휘어지거나 늘어진 모양. ¶착 꼬부라진 허리. ③몸에 힘이 빠져 축 늘어진 모양. ¶힘이 착 빠지다. ④분위기나 감정 따위가 가라앉는 모양. ¶들떴던 마음이 착 가라앉다. ⑤짐짓 눈을 내리깔거나 목소리를 나직하게 하는 모양. ¶목소리가 착 가라앉다. ⑥끈지게 달라붙거나 바싹 다가붙는 모양. 음식 따위가 입맛에 아주 딱 맞다. ¶몸을 벽에 착 붙이다. 김치찌개가 입맛에 착 달라붙는다. 착착·척척, 착착부닐다[44]. 〈큰〉척[1].

착[2] 서슴지 않고 선뜻 행동하는 모양. 동안이 아주 빠르거나 짧은 모양. 〈큰〉척[2]. ¶앞으로 착 나서다. 돈을 착 내주다. 한 눈에 착 알아보다. 척척박사(博士;무엇이든지 묻는 대로 거침없이 대답해 내는 사람), 척하면[45].

착(着) ①붙다·붙이다. 몸에 입거나 쓰거나 신다. 다다르다. 머무르다. 시작하다. 넣다. 놓다. 침착하다. 끝나다'를 뜻하는 말. ¶착가(着枷)[착가엄수(嚴囚)], 착건속대(着巾束帶), 착검(着劍), 착공(着工), 착관(着冠), 착근(着根), 착급(着急), 착념(着念), 착력(着力), 착륙(着陸)[46], 착면(着綿), 착모(着帽), 착미(着味), 착발(着

루나 페인트 따위를 여기저기 자꾸 바르거나 칠하는 모양. 〈작〉처덕.

39) 차림: 옷이나 물건 따위를 입거나 꾸려서 갖춘 상태. ¶간편한 차림으로 여행을 떠나다. 차림대, 차림새, 차림옷, 차림차림(이모저모의 차림새), 차림표(表;메뉴); 몸차림, 상차림(床), 옷차림.

40) 차려: 몸과 정신을 바로 차리어 움직이지 말라는 구령. ¶일동 차려! 차렷.

41) 개차반: 개가 먹는 음식. 똥을 가리키는 말. 막된 사람.

42) 차츰: =차차.≒점차. 점점. 장차. 〈여〉차츰. ¶분노가 차츰 가라앉다. 저녁 해가 차츰 서쪽으로 기울어지다.

43) 도차지: ①일이나 물건 따위를 도맡거나 혼자 차지하다. 독차지(獨). ②세력 있는 집이나 부잣집의 살림을 그 주인의 지시에 따라 도맡아서 하는 사람.

44) 착착부닐다: 남에게 가까이 달라붙어서 고분고분 굴다.

45) 척하면: 구구한 설명 없이 한 마디만 하면. ¶척하면 알아들어야지. 척하면 삼천리(三千里).

ㅊ

發)[착발신관(信管), 착발탄(彈)], 착복(着服≒착용↔횡령), 착빙(着氷), 착상(着床), 착상(着想;새로운 생각이나 구상)[착상되다/하다], 착색(着色;빛깔이 나게 함)[착색되다/하다, 착색력(力), 착색사진(寫眞), 착색유리(琉璃), 착색화(畵)], 착생(着生;다른 생물에 붙어서 살거나 자람)[착생동물(動物), 착생식물(植物)], 착석(着席;着座), 척선(着船), 착수(着水;수면에 닿음)[착수활주(滑走)], 착수(着手;어떤 일을 시작함)[착수금(金), 착수미수(未遂), 착수하다(손대다)], 착순(着順), 착신(着信), 착실하다(着實;성실하다), 착심(着心;어떠한 일에 마음을 붙임), 착안(着岸), 착안(着眼;着想. 考案)[착안되다/하다, 착안점(點)], 착압(着押), 착역(着驛), 착용/감(着用/感), 착의(着衣)[인상착의(人相)], 착의(着意), 착임(着任), 착잡/하다(錯雜), 착전(着電), 착제어(着題語), 착족(着足)[착족무처(無處)], 착좌(着座), 착지(着地;공중에서 땅으로 내림)[착지자세(姿勢), 착지점(點)], 착진(着陣), 착착(着着), 착칠(着漆), 착탄/거리(着彈/距離), 착하(着荷), 착한(着韓), 착함(着艦), 착항(着港), 착화/점(着火/點); 간착(肝着;간질환), 강착(降着), 개착(改着;옷을 갈아입음), 결착(決/結着), 계착(係着), 고착(固着), 교착(交着), 교착(膠着), 교착어(膠着語), 귀착(歸着), 근착(近着), 근착(根着), 낙착(落着), 내착(來着), 당착(撞着), 도착(到着), 만착(瞞着), 모착(帽着), 무착(無着;집착하지 아니함), 미착(未着), 밀착(密着), 발착(發着), 복착(服着), 봉착하다(逢着), 부착(附着), 불착(不着), 불시착(不時着), 상착(常着), 선착(先着), 선착(船着), 신착(新着), 안착(安着), 압착(壓着), 애착(愛着), 연착(延着), 완착(緩着), 유착(癒着), 응착(凝着), 일착(一着), 자가당착(自家撞着), 장착(裝着), 전착(電着), 전착(纏着), 전착제(展着劑), 점착(粘着), 접착(接着), 정착(定着)[정착물(物), 정착생활(生活), 정착성(性), 정착하다], 조착(早着), 종착(終着), 집착(執着;어떤 일에만 마음이 쏠려 떠나지 아니함), 친착(襯着;바싹 달라붙음), 침착하다(沈着), 탄착점(彈着點), 탐착(貪着), 토착(土着), 패착(敗着;바둑에서 패하게 된 악수), 표착(漂着), 필착(必着), 합착(合着), 활착(活着), 활착(滑着), 흡착(吸着). ②시간이나 지명을 나타내는 말 다음에 쓰이어, 도착의 뜻을 나타내는 말. 또는 수사 밑에 붙어, 도착 순서를 나타내는 말. ¶서울역착, 열 시 착, 1착/ 2착 들.

착(錯) '섞이다·뒤섞이다. 잘못하다'를 뜻하는 말. ¶착각(錯角;엇각), 착각(錯覺)[착각방위(防衛), 착각범(犯), 착각피난(避難)], 착간(錯簡), 착기(錯基), 착란(錯亂;어지럽고 어수선함)[착란증(症), 착란상태(狀態); 정신착란(精神)], 착류(錯謬), 착시/도형(錯視/圖形), 착어(錯語), 착염(錯鹽), 착오(錯誤)[47], 착이온(ion), 착잡하다(錯雜), 착종(錯綜;뒤얽힘), 착지(錯紙), 착체(錯體), 착행(錯行), 착화합물(着化合物); 교착(交錯), 도착(倒錯), 오착(誤錯), 위착(違錯), 전착(顚錯), 차착(差錯), 천착하다/스럽다(舛錯), 해착(海錯;잡다한 해산물) 들.

착(捉) '잡다·붙잡다. 손에 쥐다'를 뜻하는 말. ¶착거(捉去;사람을 붙잡아 감), 착도(捉刀), 착래(捉來;붙잡아 옴), 착비(捉鼻), 착송(捉送;사람을 잡아서 보냄), 착수(捉囚); 오착(誤捉), 집착(執捉), 추착(推捉), 취착(就捉), 파착(把捉), 포착(捕捉), 피착(被捉), 형착(詗捉) 들.

착(鑿) '뚫다'를 뜻하는 말. ¶착공(鑿孔/空), 착굴(鑿掘), 착산통도(鑿山通道), 착암기(鑿巖機), 착정/기(鑿井/機), 착착하다(鑿鑿;언행이 조리에 맞다), 착천(鑿泉), 착통(鑿通); 간착(墾鑿), 개착(開鑿), 굴착(掘鑿), 소착(疏鑿), 오착(五鑿), 천착(穿鑿) 들.

착(搾) '비틀거나 눌러서 물기나 기름을 빼내다[짜다]'를 뜻하는 말. ¶착유/기(搾油/機), 착유(搾乳)[착유기(機), 착유업자(業者)], 착즙기(搾汁機), 착취(搾取;쥐어짜냄)[착취계급(階級), 착취되다/하다, 착취자(者), 착취적(的); 중간착취(中間)]; 압착(壓搾) 들.

착(窄) '너비나 공간이 좁다'를 뜻하는 말. ¶착박(窄迫), 착소(窄小), 착수(窄袖); 양착(量窄), 협착/증(狹窄/症) 들.

착살-하다 하는 짓이나 말이 잔망스럽고 다랍다. 〈큰〉칙살하다. ¶하는 일마다 칙살하다. 저 사람은 너무 착살해서 따르는 사람이 없다. 조그만 일에 착살맞게 달라붙어 제 뱃속을 채우려 한다. 착살·칙살맞다/부리다/스럽다(좀스럽다).

착-하다 마음씨나 행동이 바르고 어질며 곱다.≒갸륵하다. 선하다(善).↔모질다. 악하다(惡). ¶그 아이는 매우 착하다. 선생님은 착하시기만 합니다. 불우 이웃을 돕는 착한 사람. 착한 일(좋은 일). 착히 굴다.

찬(饌) 밥에 곁들이어 먹는 음식. 반찬(飯饌). ¶찬은 없지만 많이 드십시오. 찬가(饌價), 찬가게, 찬가위, 찬간(饌間), 찬값, 찬거리, 찬고(饌庫), 찬곽, 찬광, 찬그릇, 찬마루(밥상을 차리는 마루), 찬모(饌母), 찬물(饌物), 찬방(饌房), 찬비(饌婢), 찬빗아치, 찬선(饌膳;음식), 찬수(饌需), 찬안(饌案), 찬용(饌用), 찬육(饌肉), 찬장(饌欌), 찬칼(饌), 찬탁자(饌卓子), 찬포(饌庖), 찬품(饌品), 찬합(饌盒)[찬합집(饌盒;아담하게 지은 살림집); 구절판찬합(九折坂), 마른찬합]; 가찬(佳/嘉饌), 공찬(供饌), 농찬(農饌), 박찬(薄饌), 반찬(飯饌), 별찬(別饌), 상찬(上饌), 상찬(常饌), 성찬(盛饌)[진수성찬(珍羞)], 세찬(歲饌), 소찬(素饌), 식찬(食饌), 신찬(神饌), 약찬(略饌), 양찬(糧饌), 어찬(魚饌), 영찬(營饌), 육찬(肉饌), 장찬(掌饌), 주찬(酒饌), 진찬(珍饌), 진찬(進饌), 행찬(行饌), 효찬(肴饌) 들.

찬(讚) '기리다. 좋은 점을 잘한다고 추켜주다(칭찬하다)'를 뜻하는 말. 남의 아름다운 행적을 기리는 문체의 한 가지. ¶찬가(讚歌), 찬미(讚美), 찬불(讚佛), 찬사(讚辭), 찬송(讚頌)[찬송가(歌), 찬송하다], 찬양(讚揚), 찬양대(讚揚隊), 찬탄(讚歎)[찬탄사(辭)], 찬평(讚評), 찬하다(찬양하다); 격찬(激讚), 과찬(過讚), 관음찬(觀音讚), 극찬하다(極讚), 도찬(圖讚), 미타찬(彌陀讚), 범찬(梵讚), 상찬(賞讚), 영찬(影讚), 예찬/자(禮讚/者), 자찬(自讚)[자화자찬(自畵)], 절찬(絶讚), 절찬리(絶讚裡), 칭찬(稱讚), 화찬(畵讚), 화상찬(畵像讚) 들.

찬(贊) '돕다. 기리다'를 뜻하는 말. ¶찬결(贊決), 찬동(贊同), 찬례(贊禮), 찬반(贊反;찬성과 반대), 찬부(贊否), 찬성(贊成↔反對)[찬성발언(發言), 찬성자(者), 찬성투표(投票), 찬성표(票); 불찬성

---

46) 착륙(着陸↔離陸): 착륙거리(距離), 착륙되다/하다, 착륙등(燈), 착륙장(場), 착륙점(點), 착륙지대(地帶), 착륙활주(滑走); 무착륙(無), 불시착륙(不時), 비상착륙(非常).

47) 착오(錯誤;잘못): 착오장애(障碍), 착오점(點), 착오처(處), 착오하다; 경험착오(經驗), 시대착오(時代), 시행착오(試行), 자극착오(刺戟), 행정착오(行政).

(不)], 찬송(贊頌), 찬유(贊釉), 찬의(贊意), 찬자(贊者), 찬조(贊助; 도움)[찬조금(金), 찬조원(員), 찬조하다], 찬탁(贊託), 찬표(贊票); 논찬(論贊), 불찬(不贊), 익찬(翊贊), 협찬(協贊), 화찬(畵贊/讚) 들.

찬(撰) '글을 짓다. 만들다'를 뜻하는 말. ¶찬록(撰錄; 글을 짓거나 골라 모아 기록함), 찬문(撰文; 글을 지음), 찬수(撰修), 찬술(撰述), 찬자(撰者), 찬정(撰定), 찬진(撰進), 찬집(撰集), 찬하다(책을 저술하다. 책을 엮다); 개찬(改撰), 관찬(官撰), 두찬(杜撰)[48], 명찬(命撰), 사찬(私撰), 수찬(修撰), 신찬(新撰), 자찬(自撰), 장찬(粧撰), 제찬(制撰), 친찬(親撰) 들.

찬(餐) '먹다. 마시다. 음식물'을 뜻하는 말. ¶만찬(晩餐), 상찬(常餐), 석찬(夕餐), 성찬(聖餐)[성찬반(盤), 성찬식(式)], 시위소찬(尸位素餐; 자리만 차지하고 녹만 먹는 일), 애찬(愛餐), 야찬(夜餐; 밤참), 오찬(午餐), 전찬(傳餐), 정찬(正餐), 조찬(粗餐), 조찬(朝餐), 조찬회(朝餐會), 주찬(晝餐), 풍찬노숙(風餐露宿) 들.

찬(竄) '숨다. 달아나다(도망치다). 귀양 보내다. 글자를 고치다'를 뜻하는 말. ¶찬류(竄流), 찬입(竄入), 찬주(竄走), 찬축(竄逐), 찬출(竄黜), 찬폄(竄貶); 개찬(改竄; 글자를 고치어 바로잡다), 극변원찬(極邊遠竄), 도찬(逃竄), 원찬(遠竄), 유찬(流竄), 주찬(誅竄), 첨찬(添竄), 포두서찬(抱頭鼠竄) 들.

찬(簒) '빼앗다'를 뜻하는 말. ¶찬립(簒立; 부하가 임금의 자리를 빼앗아 그 위에 오름), 찬시(簒弑), 찬역(簒逆), 찬위(簒位), 찬탈/자(簒奪/者), 찬학(簒虐) 들.

찬(纂) '모으다. 문서를 모아 엮어 만들다'를 뜻하는 말. ¶찬수(纂修), 찬술(纂述), 찬집(纂集), 찬집(纂輯); 유찬(類纂), 잡찬(雜纂), 참찬(參纂), 편찬(編纂) 들.

찬(燦) '빛나다'를 뜻하는 말. ¶찬란(燦爛)[오색찬란(五色), 호화찬란(豪華), 휘황찬란(輝煌)], 찬연하다(조촐하고 산뜻하다)/스럽다(燦然), 찬찬의복(燦燦衣服) 들.

찬(鑽) '뚫다. 깊이 연구하다. 끌이나 송곳'을 뜻하는 말. ¶찬견(鑽堅), 찬석(鑽石), 찬앙(鑽仰), 찬연(鑽研), 찬자(鑽刺), 찬정(鑽井), 찬정분지(鑽井盆地), 찬철(鑽鐵); 연찬하다(硏鑽) 들.

찬(粲) '밝다. 깨끗하다. 잘 쓿은 쌀'을 뜻하는 말. ¶찬연하다(粲然), 찬찬옥식(粲粲玉食); 제찬(祭粲; 젯메) 들.

찬(璨) '빛나다. 아름다운 옥'을 뜻하는 말. ¶찬찬(燦燦); 최찬(璀璨; 빛이 번쩍거리어 찬란함) 들.

찬찬 ①(끈이나 실 따위로) 풀리지 않도록 꼭꼭 감거나 동여맨 모양.=챙챙[49]. 〈큰〉친친≒칭칭. ¶붕대로 상처를 찬찬 동여매다. 회회찬찬 · 휘휘친친, 칠칠(기다란 물체가 다른 물체를 가볍게 감는 모양). ②지독히 끈질기게 달라붙는 모양. ¶엄마의 치마꼬리를 잡고 찬찬 달라붙는 아이들.

48) 두찬(杜撰): ①전거(典據)가 확실하지 못한 저술. ②틀린 곳이 많은 작품.

49) 챙챙: ①단단하게 여러 번 감거나 동여매는 모양. ¶붕대를 챙챙 감다. ②남의 환심을 사려고 알랑거리는 모양을 비유적으로 이르는 말. 〈큰〉칭칭. [+감다. 묶다].

찬찬-하다 ①성질이 매우 꼼꼼하고 자상하다.(≒참하다). ¶찬찬한 성미. 바느질 솜씨가 매우 찬찬하다. 요모조모 찬찬히 살펴보다. 찬찬스럽다, 찬찬 · 천천히(꼼꼼히). ②몸놀림이 조용하며 느릿하다. 편안하며 느리다.↔급하다. 거칠다. 〈큰〉천천하다. ¶앞을 살피며 찬찬히 걷다. 찬찬 · 천천히(↔빨리. 얼른).

찰/차- ①일부 명사에 붙어 '끈기 있는. 품질이 좋은'의 뜻을 더하는 말. §/ㅈ/으로 시작되는 말에서는 '차-', 옛말의 흔적인 /ㅂ/이 첨가되면 '찹-'으로 쓰임. '찰-'은 '반죽이나 밥, 떡 따위가 끈기가 많다'를 의미하는 형용사 '차지다[점(粘)]'의 어근임.↔메-. ¶차돌[50], 차산병(散餠), 차시루떡, 차전병(煎餠; 찹쌀가루로 만든 전병), 차조, 차좁쌀, 차지다[51], 차질다(차지게 질다); 찰가자미, 찰감, 찰것, 찰고무, 찰곡(穀), 찰곡식(穀食), 찰기(氣), 찰기장, 찰떡[찰떡같다, 찰떡궁합(宮合), 찰떡근원(根源; 아주 좋은 금실), 찰떡금슬], 찰밥, 찰범벅, 찰벼, 찰복숭아, 찰부꾸미, 찰수수, 찰시루떡, 찹쌀, 찰옥수수, 찰음식(飮食), 찰젖(진하고 영양분이 많은 젖), 찰짜(몹시 깐깐한 사람), 찰토마토, 찰피, 찰피나무, 찰흙; 구렁찰(늦게 익는 찰벼), 다다기찰(늦게 익는 찰벼), 생동찰('차조'의 한 가지). ②비유적으로 '매우 심한. 지독한(부정 의미). 제대로 된. 충실한(긍정 의미)'의 뜻을 더하는 말. ¶찰가난(심한 가난), 찰개화(開化), 철거머리, 찰교인(敎人), 찰구식(舊式), 찰깍쟁이, 찰담쟁이(불치의 매독에 걸린 사람), 찰통(아주 고질인 매독), 찰완고(頑固), 찰원수(怨讐), 찰짜(성질이 수더분한 맛이 없고 몹시 깐깐한 사람), 찰통(아주 고질인 매독) 들.

찰(察) '살피다. 헤아리다'를 뜻하는 말. ¶찰방(察訪), 찰색(察色; 얼굴빛을 살펴봄), 찰조(察照; 자세히 살펴봄), 찰중(察衆), 찰지(察知; 살펴서 앎), 찰찰(察察; 매우 꼼꼼하고 자세함); 가찰(苛察), 감찰(監察), 감찰(鑑察), 검찰(檢察), 겸찰(兼察), 경찰/관(警察/官), 고찰(考察), 관찰(觀察)[관찰력(力), 관찰사(使), 관찰안(眼)], 권찰(勸察), 규찰(糾察), 기찰(譏察), 명찰(明察), 배찰(拜察), 복찰(卜察), 부찰(俯察), 불찰(不察), 사찰(四察), 사찰(伺察), 사찰(査察), 상찰(詳察), 상찰(想察), 성찰(省察), 세찰(細察), 수찰(水察), 숙찰(熟察), 순찰(巡察)[순찰병(兵), 순찰함(函)], 시찰(視察), 심찰(審察), 안찰(按察), 양찰(亮察), 양찰(諒察), 염찰(廉察), 정찰(正察), 정찰(偵察), 정찰(精察), 조찰(照察), 주찰(周察), 진찰(診察), 촉찰(燭察), 총찰(總察), 추찰(推察), 탐찰(探察), 통찰(洞察), 투찰(透察), 현찰(賢察; 남의 보살핌), 형찰(詗察) 들.

찰(札) '편지. 공문서. 표'를 뜻하는 말. ¶찰한(札翰); 간찰(簡札), 감찰(鑑札), 개찰(開札), 검찰(檢札), 고찰(高札), 공찰(公札), 귀찰(貴札), 긴찰(緊札), 낙찰(落札)[낙찰계(契), 낙찰자(者)], 내찰(內札), 단찰(短札), 답찰(答札), 대찰(大札), 명찰(名札), 목찰(木札),

50) 차돌: ①석영(石英). ¶차돌멩이(자그마한 차돌), 차돌모래(차돌 성분의 모래), 차돌박이(쇠고기에서, 양지머리뼈의 복판에 붙은 희고 단단한 기름진 고기), 차돌조리개(차돌박이를 고아서 경단처럼 뭉치어 조린 반찬); 쇠차돌(산화철이 들어 있어서 누런빛이나 붉은빛을 띤 차돌). ②야무진 사람을 비유적으로 일컫는 말.

51) 차지다: 끈기가 많다.(↔메지다). 사람의 성질이 야무지고 깐깐하다.[←차/찰+지다]. ¶반죽이 차지다. 밥이 차지다. 차진 성격이니 살림은 빈틈없이 하겠네.

무찰(無札), 비찰(飛札), 사찰(私札), 서찰(書札), 수찰(手札), 어찰(御札), 옥찰(玉札), 유찰(流札), 응찰(應札), 인찰(印札), 입찰(入札)[경쟁입찰(競爭), 공개입찰(公開), 지명입찰(指名)], 장찰(長札), 적찰(赤札), 정찰(正札), 정찰(情札), 존찰(尊札), 집찰(集札), 청찰(請札), 촌찰(寸札), 출찰(出札), 친찰(親札), 표찰(標札), 향찰(鄕札), 현찰(現札), 혜찰(惠札) 들.

찰(擦) '비비다. 문지르다'를 뜻하는 말. ¶찰과상(擦過傷)/찰상(擦傷), 찰배(擦背), 찰제(擦劑), 찰필/화(擦筆/畵), 찰현악기(擦絃樂器); 도찰(刀擦), 도찰(塗擦), 도찰제(塗擦劑), 마찰/력(摩擦/力), 안찰(按擦), 파찰음(破擦音) 들.

찰(刹) '절'을 뜻하는 말. ¶찰간/주(刹竿/柱); 갑찰(甲刹), 거찰(巨刹), 고찰(古刹), 대찰(大刹)[명산대찰(名山)], 명찰(名刹), 범찰(梵刹), 불찰(佛刹), 사찰(寺刹), 선찰(禪刹), 수찰(首刹) 들.

찰나 ①매우 짧은 동안. 순간.↔겁(劫).[←刹那←Ksana〈범〉]. ②어떤 일이나 사물 현상이 일어나는 바로 그때. ¶찰나적(的), 찰나주의(主義;현재의 순간적인 쾌락만 추구하며 살고자 하는 사고방식).

찰딱 ①차지거나 젖은 물건이 세차게 달라붙는 모양. 〈큰〉철떡.[+달라붙다]. ¶젖은 옷이 몸에 찰딱 달라붙다. ②녹진녹진한 물질을 찰딱찰딱 두드린다.

찰락 ①적은 양의 물 따위가 흘러넘치거나 가볍게 부딪치는 소리. 또는 그 모양. ¶호수의 물결이 바위에 찰락 부딪친다. 차락[52]. ②작은 쇠붙이 따위가 가볍게 서로 부딪치는 소리. 또는 그 모양. ¶고개를 돌리자 귀걸이가 찰락 움직였다. 찰락 · 철럭거리다/대다/이다.

찰랑 ①가득 찬 물 따위가 잔물결을 이루며 넘칠 듯 흔들리는 소리. 또는 그 모양. 〈큰〉철렁. ¶바람이 불자 강물에 물비늘이 찰랑 일었다. 동이에 물이 찰랑 고이다. 찰랑 · 칠렁하다, 촐랑 · 출렁[53], 찰람[54], 차랑¹[55]. ②물체 따위가 물결치는 것처럼 부드럽게 한 번 흔들리는 모양. ¶고개를 돌리자 단발머리가 찰랑 흔들리며 빛났다. 차랑²[56], 찰래[57].

찰찰 물 따위가 조금씩 넘치는 모양. 〈큰〉철철. ¶찰찰 넘치는 술잔. 피를 찰찰 흘리다. 촐촐[58].

52) 차락: 빗방울이 가볍게 부딪칠 때 나는 소리. ¶차락거리다/대다.

53) 출렁: 강이나 바닷물이 물결칠 때 나는 소리. 또는 그 모양. 〈작〉촐랑. 〈여〉줄렁. ¶촐랑 · 출렁거리다/대다/이다(≒흔들리다. 까불다), 출렁다리(줄다리), 출렁쇠(용수철).

54) 찰람: 그릇에 담긴 물 따위가 일렁일 때마다 넘치는 모양. 〈큰〉철럼. 칠럼. ¶물이 찰람찰람 넘쳐흐르는 물동이를 이고 왔다. 찰람 · 칠럼거리다/대다.

55) 차랑¹: 그릇에 담긴 액체가 넘칠 듯 넘칠 듯한 모양. 〈큰〉추렁. ¶양동이에 차랑 담긴 물. 차름차름, 추름추름, 츠럼츠럼, 츠렁츠렁.

56) 차랑²: 드리워진 것의 아랫자락이 부드럽고 가볍게 한들거리는 모양. 〈큰〉치렁. 츠렁. ¶차랑차랑 끌리는 치맛자락. 차랑 · 처렁 · 치렁거리다/대다/하다, 차랑차랑/하다.

57) 찰래: 몸을 흔들며 경망스럽게 걷는 모양.

58) 촐촐: 물 따위가 조금씩 넘치는 모양. 비 따위가 조금씩 내리는 모양. 〈큰〉출출. ¶동이의 물이 출출 넘쳐흐른다.

참¹ ①사실이나 이치에 조금도 어긋남이 없는 것. 본분에 충실하고 이름에 어그러짐이 없는 훌륭한 성질. 인생을 옳고 바르게 사는 길.≒진실(眞實).↔거짓. 허위(虛僞). ¶이 명제는 참이다. 참과 거짓. 참값, 참교육(敎育), 참군인(軍人), 참나(본래의 나), 참나이, 참답다, 참되다, 참따랗게/참땋게(딴 생각 없이 아주 참되게), 참따랗다, 참뜻, 참마음, 참말/로, 참모습, 참사람, 참사랑, 참살이, 참삶, 참생활(生活), 참속, 참스승, 참스럽다, 참으로(진실로. 정말로), 참인간(人間), 참일(참된 일), 참하다[59], 참참하다(매우 참하다). ②'참-'의 꼴로, 일부 명사에 붙어 '품질이 썩 좋은. 진짜'의 뜻을 더하는 접두사.↔'개-, 돌-. 들-'. ¶참가자미, 참가죽, 갈매나무, 참갈퀴덩굴, 참개구리, 참개별꽃, 참개싱아, 참개암나무, 참개연꽃, 참거머리, 참게, 참고래, 참고추냉이, 참골무꽃, 참골풀, 참관박쥐(冠), 참기름, 참깨, 참꽃, 참꽃마리, 참꽃바지, 참꿀, 참꿩의다리, 참나리, 참나무, 참나물, 참놀래기, 참눈, 참느릅나무, 참다람쥐, 참다랑어(魚), 참단풍(丹楓), 참당귀(當歸), 참대, 참돔, 참참두릅, 참둑중개, 참등(藤), 참뚝사초(莎草), 참마, 참마자, 참매, 참매듭, 참매미, 참먹, 참메늘치, 참미나리, 참미역, 참밀, 참바(줄), 참바늘골, 참바다장어(長魚), 참바리, 참바위취, 참반디, 참배(↔돌배), 참벌(꿀벌), 참붓, 참붕어, 참비녀골풀, 참비둘기, 참비름, 참비비추, 참빗, 참빗살나무, 참산당화(山棠花), 참산뱀눈나비(山), 참살(건강하게 포동포동 찐 살), 참삿갓사초(莎草), 참새, 참새우, 참서대, 참소금쟁이, 참소리쟁이, 참쇠고비, 참수리, 참숯/불, 참시호(柴胡), 참식나무, 참싸리, 참쑥, 참억새, 참열매, 참오동(梧桐), 참오징어, 참외[60], 참우렁이, 참으아리, 참이질풀(痢疾), 참임자, 참작약(芍藥), 참장대나물(長), 참젖(영양분이 많은 젖), 참조개, 참조기, 참조팝나무, 참죽나무, 참줄(광맥 중에서 채산이 맞을 만한 것), 참줄나비, 참줄뭉뚝맵시벌, 참줄바꽃, 참중고기, 참호박, 참황새, 참회나무, 참흙. ☞ 진(眞).

참² 어떤 상태의 정도가 매우 큼을 나타내는 말.=참으로.≒정말로. 진실로. 아주. 과연, 대단히. 꽤. 상당히. ¶경치가 참 좋다. 참 반갑다. 참 딱하게 되었다. 운동장이 참 넓구나. 그 시절이 참 좋았다.

참³ 까맣게 잊었던 일이 문득 생각나거나 감정이 극도에 달했을 때, 감탄을 품은 '참말로'의 뜻으로 쓰는 말. 매우 딱하거나 어이없는 일을 당했을 때 쓰는 말. ¶참, 점심 약속이 있군. 참, 기가 막혀. 거참[←그것 참].

참(參) '어떠한 모임이나 단체에 관계하다. 사람이 모이다. 신불(神佛)에게 배례하다. 가지런하지 아니하다. 삼(三)'을 뜻하는 말. ¶참가(參加)[61], 참견(參見;남의 일에 끼어들어 아는 체하거나 간

59) 참하다: 생김새가 말쑥하고 곱다. 얌전하다. 찬찬하다. 마음이 착하고 곱다. ¶얼굴이 참한 처녀. 그 아이는 마음씨가 참하다.

60) 참외: 감참외(익은 감처럼 맛이 좋은 참외), 개구리참외, 개똥참외(들에 저절로 생겨난 참외), 골참외, 꾀꼬리참외, 노랑참외, 먹참외, 배꼽참외, 사과참외, 쇠뿔참외, 왜골참외(골이 움푹움푹 들어간 참외), 줄참외, 청참외(靑).

61) 참가(參加): 참가국(國), 참가금융(金融), 참가비(費), 참가율(率), 참가인(人), 참가인수(引受), 참가자(者), 참가증(證), 참가지급(支給); 공동참가(共同), 당사자참가(當事者), 보조참가(補助), 불참가(不), 소송참가(訴訟), 자본참가(資本).

섭함)[참견하다; 말참견, 일참견], 참고(參考)[62], 참관(參觀)[참관기(記), 참관단(團), 참관수업(授業), 참관인(人), 참관일(日), 참관회(會)], 참구(參究), 참내(參內), 참네[參與], 참량(參量), 참렬(參列), 참례(參禮)[말참례], 참모(參謀;모의에 참여함. 幕僚)[참모총장(總長); 작전참모(作戰)], 참묘(參墓), 참반(參班), 참방(參榜), 참배(參拜), 참봉(參奉), 참사/官(參事/官), 참사(參祀), 참서(參恕), 참석(參席)[참석자(參席); 불참석(不)], 참선(參禪), 참섭하다(參涉), 참신(參神), 참심(參審)[참심원(員), 참심제(制)], 참알(參謁), 참여(參與)[참여시(詩), 참여의식(意識), 참여하다; 사회참여(社會), 현실참여(現實)], 참열(參列), 참예(參預), 참예(參詣;모임. 모여듦), 참작(參酌;헤아림), 참전(參戰), 참정(參政), 참조(參朝), 참조(參照), 참증(參證), 참집(參集), 참착(參錯;뒤섞이어 엇갈림), 참찬(參纂;참고하여 편찬함), 참청(參聽), 참치/부제(參差/不齊), 참회(參會), 참획(參劃); 고참(古參), 궐참(闕參), 근참(覲參), 동참(同參), 득참(得參), 망참(望參), 방참(傍參), 불참(不參)[무사불참(無事)], 삭참(朔參), 상참(常參), 소참(小參), 신참(新參), 예참(禮參), 왕참(往參), 입참(入參), 조참(早參), 조참(朝參), 증참(證參), 지참(持參), 지참(遲參), 진참(進參) 들.

참(站) ①공무로 여행하는 사람이 쉬던 곳. 쉬는 동안이나 쉬기로 정하여진 시간에 먹는 음식. 어떠한 경우나 무엇을 할 예정임을 나타내는 말. ¶두어 참이 지나야 점심시간이 온다. 참을 먹다. 방학 때에 여행을 할 참이다. 참당나귀(길 가다가 꾀를 부리는 당나귀), 참돈(상여가 쉴 때마다 주는 돈), 참로(站路), 참밥, 참수(站數;쉬는 번수), 참없다(그치거나 멈춤이 없다), 참운(站運), 참젖(시간을 정하여 먹이는 젖), 참참이¹(쉬는 곳마다), 참치(역을 관장하는 사람); 단참/에(單站;단숨에), 밤참, 배참(排站), 병참(兵站), 새참, 사참(寺站;다른 절로 가는 데 참이 되는 절), 선참(先站), 수참(水站;운반선이 쉬는 곳), 식전참(食前站), 아침참[63], 앞참, 역참(驛站), 월참(越站), 전참(前站), 중참(中站), 중화참(中火站). ②때[시(時)]. ¶참역(站役)[64], 참참이²(이따금); 물참(밀물이 들어오는 때. 만조의 때), 한참(시간이 상당히 지나는 동안) 들.

참(慘) '혹독하다. 가혹하다. 슬프다. 상하게 하다'를 뜻하는 말. ¶참경(慘景;끔찍하고 비참한 광경이나 정상), 참고(慘苦), 참극(慘劇;비참한 내용을 줄거리로 한 연극. 참혹하고 끔찍한 일), 참담(慘憺)[참담하다; 고심참담(苦心)], 참독(慘毒), 참률(慘慄), 참문(慘聞), 참변(慘變;끔찍한 변고), 참불가언(慘不可言), 참불인견(慘不忍見), 참사(慘史), 참사(慘死), 참사(慘事), 참살(慘殺), 참상(慘狀;끔찍한 모양이나 상태), 참상(慘喪), 참악(慘惡;무자비하고 흉악함), 참연하다(慘然;슬프고 참혹하다), 참열(慘烈;아주 끔찍함), 참적(慘迹), 참절(慘絕;慘烈), 참척(慘慽)[65], 참패(慘敗;참혹한 패배)[참패자(者), 참패하다], 참학(慘虐), 참해(慘害;끔찍한 침해), 참형(慘刑), 참혹하다(慘酷;끔찍하고 비참하다), 참화(慘火;끔찍한 화재), 참화(慘禍;끔찍한 재화나 불행), 참흉(慘凶); 공참하다(孔慘), 무참하다(無慘), 비참하다(悲慘), 수참(愁慘), 처참하다(悽慘), 흉참(凶慘) 들.

참(僭) '행동이 분수에 지나치다. 윗사람을 범하다'를 뜻하는 말. ¶참란하다(僭亂;참람. 참월), 참람/스럽다/하다(僭濫;분수에 넘쳐 외람하다), 참사하다(僭奢), 참용(僭用;분수에 넘치게 쓰는 것), 참월(僭越), 참위(僭位;자기 신분에 넘치는 군주의 자리에 앉아 있는 것), 참주(僭主;제왕의 이름을 참칭하는 자), 참칭(僭稱;분수에 맞지 않게 스스로 임금·황후라고 일컫는 것); 사참(奢僭) 들.

참(斬) '날카로운 연장으로 자르거나 베다. 베어서 죽이다'를 뜻하는 말. ¶참급(斬級), 참두(斬頭), 참륙(斬戮), 참살(斬殺), 참수(斬首), 참시(斬屍;剖棺斬屍), 참신하다(斬新), 참정절철(斬釘截鐵), 참죄(斬罪), 참최(斬衰;喪服), 참파토(斬破土), 참하다, 참형(斬刑); 경상참(境上斬), 요참(腰斬), 읍참마속(泣斬馬謖), 처참(處斬)[능지처참(陵遲)] 들.

참(讖) '앞날의 길흉(吉凶)에 대한 징조. 조짐'을 뜻하는 말. ¶참기(讖記), 참문(讖文), 참서(讖書), 참어(讖語), 참언(讖言;앞일의 길흉화복에 대하여 예언하는 일), 참요(讖謠;예언이나 은어의 형식으로 나타낸 노래), 참위(讖緯)[참위서(書), 참위설(說)]; 도참(圖讖)[66], 부참(符讖), 시참(詩讖), 언참(言讖), 예참(禮懺) 들.

참(讒) '거짓을 꾸며 남을 어려움에 빠뜨리다'를 뜻하는 말. ¶참구(讒口), 참구(讒構;남을 참소하여 난처한 처지로 얽어 넣으려 꾀함), 참녕(讒佞), 참무(讒誣), 참설(讒舌;참소하는 말), 참설(讒說), 참소(讒訴)[67], 참신(讒臣), 참언(讒言;거짓으로 꾸며 남을 헐뜯어 윗사람에게 고하여 바침), 참함(讒陷), 참훼(讒毁;거짓 꾸며서 남을 헐뜯음); 훼참(毁讒) 들.

참(慙/慚) '부끄러워하다'를 뜻하는 말. ¶참개(慙慨;몹시 부끄러워 개탄함), 참괴(慙愧), 참덕(慙德;특히 임금이 부덕함을 부끄러워함), 참사(慙死), 참색(慙色), 참수(慙羞), 참한(慙汗), 참회(慙悔;부끄럽게 여겨 뉘우침); 무참하다(無慚/慙), 수참(羞慚;몹시 부끄러움) 들.

참(懺) '저지른 잘못을 뉘우치다'를 뜻하는 말. ¶참구(懺咎), 참법(懺法), 참세(懺洗;죄를 깨닫고 고쳐서 마음을 깨끗이 함), 참회(懺悔;뉘우쳐 마음을 고쳐먹음)[참회록(錄), 참회문(文), 참회소설(小說), 참회자(者), 참회스님]; 사참(事懺) 들.

참(塹) '구덩이. 구덩이를 파다'를 뜻하는 말. ¶참호/전(塹壕/戰); 갱참(坑塹), 천참(天塹) 들.

참(嶄) '높고 가파르다. 파다. 도려내다'를 뜻하는 말. ¶참연하다(嶄然), 참착(嶄鑿) 들.

참(다) 굳은 마음으로 물리적·생리적이거나 심리적인 어려운 고

62) 참고(參考): 살펴서 생각하거나 도움이 될 만한 재료로 삼음. ¶참고되다/삼다/하다, 참고란(欄), 참고문헌(文獻), 참고서(書), 참고인(人), 참고적(的), 참고하다.

63) 아침참: ①아침을 먹고 쉬는 동안. ②일할 때에 조반과 점심 사이에 먹는 샛밥.

64) 참역(站役): 도자기를 만들 때, 빚어낸 것을 마르기 전에 고루 잡아서 매만져 가다듬는 사람.

65) 참척(慘慽): 자손이 부모나 조부모에 앞서 죽음. 또는 그 일.

66) 도참(圖讖): 미래의 길흉에 관하여 예언하는 술법. 또는 그러한 내용이 적힌 책. 예언서 따위.

67) 참소(讒訴): 남을 헐뜯어서 없는 죄를 있는 듯이 꾸며 고해바치는 일. ¶참소를 일삼는 간신의 무리.

비를 이겨내다. 억지로 안 하다. 때를 기다리다.≒견디다. 인내하다(忍耐). 이기다. ¶슬픔을/ 웃음을/ 졸음을 참다. 어떤 경우라도 끝까지 참아야 하느니라. 한 시간만 더 참아 봅시다. 보통 사람은 참기 어려운 가난을 견디다. 참다못해(더 참을 수가 없어), 참을성(性), 참을힘(잘 참고 견디어 내는 힘), 참한(限;기한까지 참음). ☞ 인(忍).

참죽 참죽나무와 참죽순을 이르는 말. ¶참죽나무, 참죽나물, 참죽순/적(筍/炙), 참죽잎쌈, 참죽자반, 참죽튀각 들.

참척-하다 어떤 한 가지 일에만 정신을 골똘하게 써서 다른 생각이 없다.[←잠착(潛着)].≒골몰하다. 몰두하다. ¶그림그리기에 참척하다. 시험 공부에 참척하다.

찹찹-하다 ①포개어져 쌓인 물건이 잠이 자서 에푸수수하지 아니하다. ¶찹찹하게 넣어 둔 옷가지. ②마음이 들뜨지 아니하고 차분하다. ¶찹찹해진 마음.

창¹ 피륙·가죽 따위의 얇은 물건이 닳거나 해져서 뚫어진 구멍. ¶보자기에 창이 나다. 창구멍68), 창나다, 창받다(신이나 버선 바닥에 덧대), 창받이; 맞창(마주 뚫린 구멍).

창² 신이나 구두의 바닥에 덧대는 물건. 또는 까는 물건. ¶창을 갈다. 창을 깔다. 창갈이/하다, 창굽, 창받다(바닥에 다른 창을 대다), 창받이(창을 대는 일); 가죽창, 겉창, 고무창, 구두창, 굽창, 깔창, 달창(닳아서 해진 구두창), 뒤창, 밑창, 속창, 신창, 안창, 앞창, 장창(長), 중창(中) 들.

-창 몇몇 명사 뒤에 붙어, '물이 흐르거나 고여 있는 질척질척한 곳'을 뜻하는 말. ¶개골창, 고랑창/골창, 논창(물이 질척질척한 논바닥), 도랑창/돌창, 물창(물이 질퍽질퍽하게 고여 있는 곳), 시궁창(시궁의 바닥. 또는 그 속), 진창/길.

창(窓) 창문. '창문이 있는 방'을 뜻하는 말. ¶창을 열다/닫다. 창가, 창가림(커튼), 창경(窓鏡), 창고패69), 창구(窓口), 창구멍, 창문(窓門)[창문가, 창문짝; 들창문, 살창문], 창미닫이, 창바라지(벽 위쪽에 낸 자그마한 창), 창밖, 창살, 창짝, 창턱, 창틀, 창틈, 창호(窓戶); 가로닫이창, 각창(角窓), 감시창(監視窓), 갑창(甲窓), 객창(客窓), 검색창(檢索窓), 겉창, 격자창(格子窓), 겹창, 공기창(空氣窓), 광창(光窓), 귀갑창(龜甲窓), 교창(交窓), 깁창(깁으로 바른 창), 꽃살창, 난원창(卵圓窓), 남창(南窓), 내민창, 녹창(綠窓;부녀자가 거처하는 방), 눈곱자기창70), 단창(單窓;외겹 창), 덧창, 독창(獨窓), 동창(同窓), 동창(東窓), 들창, 띠창문/띠창(窓門;방문에 낸 작은 창문), 만살창(滿), 만자창(卍字窓), 만장창71), 명창(明窓), 명창정궤(明窓淨几), 문창(門窓), 미닫이창, 밀창, 바라지창, 반월창(半月窓), 반창(半窓), 발창, 방범창(防犯窓), 방풍창(防風窓), 벽사창(碧紗窓), 복창(複窓), 봉창(封窓), 봉창(篷窓;배의 창문), 북창(北窓), 북창삼우(北窓三友;거문고, 술, 시), 불발기창(문, 장지, 벽에 빛이 들어오도록 뚫은 창), 붙박이창(↔열창), 불창(석등에 뚫은 창), 비늘창(窓), 빗살창, 산창(山窓), 살창, 살없는창, 새긴창72), 서창(西窓), 서창(書窓), 선창(船窓), 설창(雪窓), 세살창(細), 쇄창(鎖窓), 쇠창살, 심창(深窓), 쌍창(雙窓), 아자창(亞字窓), 양창(亮窓), 엄광창(掩壙窓), 여창(旅窓), 연창(안방·건넌방에 딸린 덧문), 열창(↔붙박이창), 염창(簾窓;발창), 영창(映窓)[끌영창(끌리면서 함께 열리는 창), 장영창(長)/장창(長窓)], 영창(影窓), 옥창(獄窓), 완자창[←卍字窓], 용자창(用字窓), 우러리창73), 운창(芸窓), 원창(圓窓), 원화창(圓華窓), 유리창(窓), 이중창(二重窓), 장광창(長廣窓), 장창(長窓), 장영창(長映窓), 전창(箭窓), 전자창(田字窓), 종이창, 주소창(住所窓), 죽창(竹窓), 지붕창, 지창(紙窓), 진열창(陳列窓), 쪽창, 차창(車窓), 채광창(採光窓), 척창(隻窓;쪽창), 천창(天窓;지붕에 낸 창), 철창(鐵窓), 통풍창(通風窓), 퇴창(退窓), 퇴창(推窓;밀어서 여닫는 창), 팝업창, 풍창(風窓), 학창(學窓), 한창(寒窓), 현창(舷窓), 형창(螢窓), 홑창, 화창(火窓;석등의 구멍), 환기창(換氣窓), 환창(環窓), 회전창(回轉窓), 횡창(橫窓), 흙창74) 들.

창(唱) 국악에서, 가락을 맞추어 놓은 소리로 노래를 부르는 일. 또는 그 노랫소리. '외치다'를 뜻하는 말. ¶시조 창/ 판소리 창. 창을 잘하다. 창가(唱歌;노래), 창곡(唱曲), 창극(唱劇), 창도(唱/倡道;앞장서 부르짖음), 창도(唱導;앞장서 이끎), 창무극(唱舞劇), 창민요(唱民謠), 창법(唱法), 창사(唱詞), 창수(唱酬;시가나 문장을 지어 주고받음), 창의(唱衣), 창준(唱準), 창탄(唱彈), 창혼(唱魂), 창화(唱和); 가창(歌唱), 경창(京唱), 고창(高唱), 구창(俱唱), 남창(男唱), 남창여수(男唱女隨), 독창(獨唱), 명창(名唱), 모창(模唱), 범창(範唱), 병창(竝唱), 복창(復唱)[복명복창(復命)], 봉창(奉唱), 부창부수(夫唱婦隨), 삼중창(三重唱), 삼창(三唱), 상창(上唱), 서창(敍唱), 선창(先唱), 선도창(先導唱), 수창(首唱;앞장서서 주창함), 수창(酬唱;시가를 주고받으며 읊음), 시창(始唱), 애창(愛唱), 여창(女唱), 여창남수(女唱男隨), 여창/자(臚唱/者), 연창(連唱), 열창(熱唱), 영창(詠唱), 웅창자화(雄唱雌和), 윤창(輪唱), 입창(立唱), 자창자화(自唱自和), 재창(再唱), 절창(絶唱)[만고절창(萬古)], 제창(提唱), 제창(齊唱), 좌창(坐唱), 주창(主唱), 중창(重唱), 이/오중창(二/五重唱), 주창하다(主唱), 합창(合唱)[합창곡(曲), 합창단(團), 합창대(隊); 남성합창(男聲), 이부/삼부합창(二/三部)], 호창(呼唱), 화창(話唱), 획창(畫/獲唱) 들.

창(瘡) '고치기 어려운 부스럼. 종기(腫氣)'를 뜻하는 말. ¶창이 나다. 창가병(瘡痂病), 창구(瘡口), 창기(瘡氣), 창독(瘡毒), 창병(瘡病), 창약(瘡藥), 창종(瘡腫); 감창(疳瘡), 갑저창(甲疽瘡;손·발톱이 상하여 곪는 부스럼), 개창(疥瘡;옴), 계안창(鷄眼瘡;티눈), 골저창(骨疽瘡), 구창(口瘡), 구창(灸瘡), 금창(金瘡), 나창(癩瘡;나병의 부스럼), 난의창(爛衣瘡), 냉감창(冷疳瘡), 당창(唐瘡), 독창(禿瘡), 독창(毒瘡), 동창(凍瘡), 두창(痘瘡), 두창(頭瘡), 두풍창

68) 창구멍: 이불·솜옷·대님·버선 따위를 지을 때에 안팎을 뒤집어 빼내기 위하여 일부분을 꿰매지 아니한 곳.

69) 창고패(窓): 오르내리창의 끈이 감겨서 돌게끔, 창틀에 끼운 도르래 비슷한 바퀴.=창도르래.

70) 눈곱자기창: 여닫이 옆에 작은 창을 내어 문을 열지 않고도 밖을 내다볼 수 있게 만든 창.

71) 만장창(窓): 지붕에 마련한 창. 만장의 채광과 환기나 출입용으로 함.

72) 새긴창(窓): 여러 가지 꽃무늬 따위를 새겨서 만든 창.

73) 우러리창: 방을 밝게 하거나 또는 방안에 낀 연기를 내보내기 위하여 천장에 낸 창.

74) 흙창: 창살의 안팎으로 종이를 발라 컴컴하게 만든 창.

(頭風瘡), 등창, 만신창(滿身瘡), 면창(面瘡), 면화창(棉花瘡), 반창(瘢瘡;상처의 흔적), 반창고(絆瘡膏), 발자창(發髭瘡), 배창(背瘡;등창), 백공천창(百孔千瘡), 백세창(百世瘡), 비창(鼻瘡), 빈창(鬢瘡), 선이창(旋耳瘡), 선창(癬瘡;버짐), 소창(小瘡), 순창(脣瘡), 습음창(濕陰瘡), 습창(濕瘡), 아감창(牙疳瘡), 아구창(牙口瘡), 아담창(鴉啗瘡), 악창(惡瘡), 안창(雁瘡), 앵도창(櫻桃瘡), 어목창(魚目瘡), 연주창(連珠瘡), 와창(臥瘡), 와창(蝸瘡), 완두창(豌豆瘡), 음식창(陰蝕瘡), 인면창(人面瘡), 인후창(咽喉瘡), 장창(杖瘡), 주마창(走馬瘡), 천포창(天疱瘡), 탕화창(湯火瘡), 포창(疱瘡), 합창(合瘡), 화반창(火斑瘡), 황정창(黃疔瘡;코밑에 나는 부스럼), 흑정창(黑疔瘡) 들.

창(創) ①'비롯하다 · 시작하다'를 뜻하는 말. ¶창간(創刊↔廢刊), 창개(創開), 창건(創建), 창견(創見), 창군(創軍), 창단(創團), 창당(創黨), 창립(創立), 창설(創設), 창성(創成), 창세/기(創世/記), 창시(創始), 창씨(創氏), 창안(創案;發明)[창안권(權), 창안자(者)], 창업(創業)[창업비(費), 창업자(者), 창업주(主)], 창의(創意;새로운 생각이나 의견)[창의력(力), 창의적(的)], 창작(創作)[75], 창정(創定;법이나 제도 따위를 처음으로 정함), 창제(創製;처음으로 만듦), 창조(創造)[76], 창초(創初;太初), 창출(創出)[77]; 개창(開創), 거창하다(巨創/刱), 독창(獨創)[독창력(力), 독창성(性), 독창적(的)], 중창(重創), 초창(初創;절을 처음 세움), 초창/기(草創/期). ②'다치다. 상처 · 상처를 입히다'를 뜻하는 말. ¶창구(創口), 창상(創傷;날이 있는 물건에 다친 상처), 창이(創痍); 교창(咬創), 총창(銃創)[관통총창(貫通), 맹관총창(盲貫)], 상창(傷創), 열창(裂創), 인창(刃創), 자창(刺創), 좌창(挫創), 총창(銃創), 할창(割創) 들.

창(蒼) '푸르다. 우거지다. 당황하다'를 뜻하는 말. ¶창건(蒼健), 창고(蒼古;아득히 먼 옛날. 낡고 오래되어 예스러움), 창공(蒼空;蒼天. 하늘), 창림(蒼林), 창망(蒼茫)[몽롱/창망(朦朧)], 창맹(蒼氓;蒼生), 창백하다(蒼白;얼굴빛 따위가 해쓱하다), 창생(蒼生;세상의 모든 사람), 창송(蒼松;푸른 소나무)[창송녹죽(綠竹), 창송취죽(翠竹)], 창승(蒼蠅;쉬파리), 창안백발(蒼顏白髮;늙은이의 쇠한 안색과 센 머리털), 창암(蒼暗), 창연(蒼然)[창연하다; 고색창연(古色), 모색창연(暮色)], 창연(蒼鉛)[창연요법(療法), 창연제(劑)], 창원(蒼遠;아득하게 멀거나 오램), 창윤(蒼潤)[묵색창윤(墨色)], 창이(蒼耳;도꼬마리), 창창하다(蒼蒼)[78], 창창울울/하다(蒼蒼鬱鬱), 창천(蒼川), 창천(蒼天;하늘), 창취(蒼翠), 창태(蒼苔;이끼), 창파(蒼波)[만경창파(萬頃)], 창호(蒼昊), 창황망조(蒼黃罔措), 창황(蒼/倉皇)[79], 창흑(蒼黑); 고색창연(古色蒼然), 궁창(穹蒼), 망창하다(茫蒼), 울울창창(鬱鬱蒼蒼), 울창하다(鬱蒼) 들.

75) 창작(創作): 창작가(家), 창작권(權), 창작극(劇), 창작단(壇), 창작력(力), 창작물(物), 창작열(熱), 창작자(者), 창작적(的), 창작집(集), 창작품(品), 창작하다(짓다); 집단창작(集團).

76) 창조(創造): 전에 없던 것을 처음으로 만듦. 새로운 성과나 업적, 가치 따위를 이룩함.↔모방(模倣). ¶역사 창조의 원동력. 창조교육(教育), 창조되다/하다, 창조력(力), 창조물(物), 창조성(性), 창조신(神), 창조자(者), 창조적(的), 창조주(主), 창조품(品); 천지창조/설(天地/說).

77) 창출(創出): ①처음으로 이루어져 생겨남. ②처음으로 만들어 내거나 지어냄. ¶새로운 기술을 창출하다.

78) 창창하다(蒼蒼): ①초목이 무성하거나, 하늘 · 바다 · 호수 따위가 새파랗다. ¶창창한 자연림. 울울창창한 숲. 창창한 가을 하늘. ②앞길이 멀고 멀어서 아득하다. ¶앞길이 창창한 청년. ③저문 저녁의 빛이 어둑하다.

창(槍) 긴 나무 자루 끝에 날이 선 뾰족한 쇠붙이가 달린 무기. ¶창을 던지다. 창검(槍劍), 창고달(창의 물미), 창군(槍軍), 창꾼, 창끝, 창날, 창다듬개, 창대/창대 같다(아주 굵고 길다), 창던지기, 창목(창날에 가까운 자루 쪽), 창벌(송곳벌), 창법(槍法), 창부리(창의 끝 부분), 창사냥, 창서슬(창끝의 서슬), 창수(槍手), 창술(槍術), 창열(쇠로 된 창의 끝 부분), 창인(槍刃), 창치; 가지창(끝이 갈라진 창), 기창(旗槍), 기창(騎槍), 꺾창, 낭선창(狼筅槍), 단창(短槍), 당파창(鐺把槍), 대창, 미늘창, 뼈창, 뼘창(槍;한 뼘 되는 창), 삼모창(三矛槍), 삼지창(三枝槍), 석창(石槍), 세모창, 송곳창, 연창(煙槍;아편 연기를 빠는 관), 장창(長槍), 죽장창(竹長槍), 죽창(竹槍), 총창(銃槍), 투창(投槍), 표창(鏢槍), 화창(火槍) 들.

창(倉) ①물건을 보관하는 집. 곳간. 죄인을 가두는 곳. ¶창고(倉庫)[창고료(料), 창고업(業), 창고임치(任置), 창고증권(證券); 보세창고(保稅), 항만창고(港灣)], 창곡(倉穀), 창역가(倉役價), 창집, 창화(倉貨); 감창(監倉), 개창(開倉), 경창(京倉), 곡창/지대(穀倉/地帶), 관창(官倉), 사창(社倉), 상평창(常平倉), 영창(營倉), 입창(入倉), 조운창(漕運倉)/조창(漕倉), 탄창(彈倉). ②'급하다. 당황하다'를 뜻하는 말. ¶창졸하다(倉卒), 창졸간(倉卒間), 창황(倉惶;蒼黃).

창(暢) '잘 통하다. 거침없이 뻗어 나가다. 날씨나 마음씨가 부드럽고 맑다. 펴다'를 뜻하는 말. ¶창달(暢達;거침없이 자람), 창락(暢樂), 창서(暢敍;따뜻하고 부드럽게 풀어 놓음), 창월(暢月;음력 동짓달), 창적(暢適), 창쾌(暢快;아주 유쾌함), 창회(暢懷;맺혔던 가슴속을 헤쳐서 시원하게 회포를 풀어 놓음); 명창(明暢), 방창(方暢)[방창하다; 만화방창(萬化)], 서창(舒暢), 서창(舒暢), 선창(宣暢), 소창(消暢), 유창하다(流暢), 통창하다(通暢), 화창(和暢) 들.

창(倡) '직업적 예능인. 배우(俳優). 미치다. 외치다'를 뜻하는 말. ¶창도(唱/倡道;앞장서서 외침), 창부(倡夫;사내 광대), 창우(倡優;광대), 창의(倡義;의를 주장함. 국난을 당하여 의병을 일으킴); 배창(排倡;광대), 솔창(率倡), 역창(力倡) 들.

창(娼) '몸 파는 사람'을 뜻하는 말. ¶창가(娼家), 창기(娼妓), 창녀(娼女), 창루(娼樓), 창부(娼婦); 가창(街娼), 공창(公娼), 남창(男娼), 사창(私娼), 폐창(廢娼), 행창(行娼), 협창(挾娼;창녀를 끼고 놂) 들.

창(脹) '배가 부르다. 창자'를 뜻하는 말. ¶창기(脹氣), 창만(脹滿), 창증(脹症), 창하다[80]; 고창(鼓脹)[고창증(症); 단복고창(單腹)], 곡창(穀脹;헛배가 부른 병), 수창(水脹), 종창(腫脹), 팽창하다(膨脹), 한창(寒脹) 들.

창(昌) '번성하여 잘 되어 가다. 도리에 맞다'를 뜻하는 말. ¶창성(昌盛), 창언(昌言;이치에 맞는 말. 도움이 되는 좋은 말)[창언정론(正論)], 창운(昌運;앞날이 탁 트인 운수), 창전(昌廛), 창평(昌

79) 창황(蒼/倉皇): 어찌할 겨를이 없이 매우 급함. 창졸(倉卒). ¶창황 중이라 함자도 여쭈어 보지 못했습니다. 창황히 귀로에 오르다. 창황망조(罔措;너무 급하여 어찌할 바를 모름).

80) 창하다: 많이 먹어서 배가 몹시 부르다.

平); 번창(繁昌), 성창(盛昌), 융창(隆昌) 들.

창(悵) '슬퍼하다. 원망하다'를 뜻하는 말. ¶창망하다(悵惘;슬픔과 걱정으로 아무 생각이 없음), 창망하다(悵望;시름없이 바라보다), 창연하다(悵然;기대가 어긋나서 섭섭하고 서운하다), 창회(悵懷); 복창(伏悵) 들.

창(彰) '밝다 · 밝히다. 드러내다'를 뜻하는 말. ¶창공(彰功), 창덕(彰德), 창명(彰明), 창선(彰善→彰惡), 창악(彰惡), 창저(彰著;밝혀서 드러냄), 창현(彰顯;널리 알려 드러냄), 창훈(彰勳); 포창(褒彰), 표창(表彰), 현창(顯彰;彰顯) 들.

창(滄) '푸르다. 큰 바다'를 뜻하는 말. ¶창랑(滄浪), 창망하다(滄茫), 창명(滄溟;滄海), 창파(滄波), 창해(滄海)[창해상전(桑田)/창상(滄桑), 창해일속(一粟)] 들.

창(愴) '슬프다'를 뜻하는 말. ¶창연하다(愴然;몹시 슬프다); 비창하다(悲愴), 처창하다(悽愴), 초창하다(悄愴;근심스럽고 슬프다) 들.

창(廠) '물건을 만들거나 보관하는 곳. 헛간'을 뜻하는 말. ¶공창(工廠), 공작창(工作廠), 기기창(機器廠), 기지창(基地廠), 병기창(兵器廠), 조병창(造兵廠), 피복창(被服廠)들.

창(艙) '물가에 배를 닿을 수 있게 한 곳(선창)'을 뜻하는 말. ¶창구(艙口), 창막이; 선창(船艙), 어창(魚艙), 화물창(貨物艙) 들.

창(漲) '물이 불어나다'를 뜻하는 말. ¶창류(漲流), 창수(漲水;홍수가 나서 넘치는 물), 창일(漲溢;물이 불어서 넘침. 의욕 따위가 왕성하게 일어남)[천거창일(川渠)], 창조(漲潮) 들.

창(氅) '새털. 새털로 지은 옷'을 뜻하는 말. ¶창옷(氅), 창옷짜리(氅), 창의(氅衣)[학창의(鶴)]; 소창옷(小氅), 탕창(宕氅) 들.

창(猖) '미쳐서 날뛰다. 어지럽다'를 뜻하는 말. ¶창광(猖狂), 창궐(猖獗)[81], 창피(猖披)[82] 들.

창(敞) '높고 평평하다'를 뜻하는 말. ¶개창/지(開敞/地), 고창(高敞), 통창하다(通敞) 들.

창(倀) '넘어지다'를 뜻하는 말. ¶창창하다(倀倀;갈 길을 잃어 갈팡질팡하다. 어디로 갈 지 몰라 마음이 아득하다).

창난 명태의 창자. ¶창난젓.

창방 대청 위의 장여 밑에 다는 넓적한 도리. 오량(五梁)집에 모양을 내느라고 닮. ¶멍에창방(이층으로 지은 집에서, 아래층 서까래의 위 끝을 받쳐 가로질러 놓은 재목).

창애 짐승을 꾀어 잡는 틀. ¶멧돼지가 창애에 걸리다. 창애에 친 쥐눈(툭 불거져 보기 흉한 눈). 꿩창애(꿩을 잡는 틀), 참새창애, 활창애(만든 활의 전체 모양을 바로잡는 데 쓰는 틀) 들.

창자 뱃속에 있는 큰창자와 작은창자를 두루 이르는 말.[(챵ᄌᆞ].늑내장(內臟). ¶창자가 끊어지다(참을 수 없을 만큼 슬프고 분하다). 창알/이(사람이나 동물의 밸), 창자꼬임, 창자벽(壁), 창자샘, 창자액(液), 창자찜; 곧은창자, 곱창(소의 작은창자), 돌창자[회장(回腸)], 똥창(소의 창자 중 새창의 한 부분), 막창자, 새창, 작은창자, 큰창자.

창창[1] 물결이 매우 거세게 부딪치는 소리. 또는 그 모양. ¶뱃머리에 창창 부딪치는 거센 물결.

창창[2] 나무 따위를 찍거나 팰 때 몹시 거세게 울리는 소리. ¶숲 속에서 도끼질하는 소리가 창창 울리다.

창출(蒼朮) '삽주(엉거싯과의 여러해살이풀)'의 결구(結球)되지 아니한 뿌리. 약재(藥材).

창포(菖蒲) 천남성과의 여러해살이풀. 창포의 뿌리. ¶창포물, 창포병(餠), 창포비녀, 창포잠(簪;비녀), 창포주(酒), 창포탕(湯); 수창포(水;붓꽃) 들.

찾(다) 숨었거나 어디 있는지 모르는 것을 뒤지거나 두루 살펴서 발견해 내다. 밝혀내다. 잃거나 빼앗기거나 맡긴 것이나 빌려 준 것을 돌려오다. 만나거나 어떤 곳을 보러 방문하다. 어떤 것을 구하다(求). 원상태를 회복하다. ¶사전에서 단어를 찾다. 짐승들이 먹이를 찾다. 보물을 찾다. 은행에서 예금한 돈을 찾다. 웃어른을 찾아뵙고 인사를 드렸다. 명승 고적을 찾다. 만날 술만 찾는다. 드디어 일자리를 찾았다. 마음의 안정을 찾다. 예전의 안정된 생활을 다시 찾고 싶다. 찾기[보물찾기, 숨은그림찾기], 찾아가다, 찾아내다, 찾아다니다(늑수소문하다), 찾아들다[83], 찾아보기[색인(索引)], 찾아보다, 찾아뵈다, 찾아뵙다, 찾아오다, 찾아하다, 찾을모[84], 찾음표(票); 도차지(都), 독차지(獨), 되찾다, 보물찾기(寶物), 시찾다(時;거의 죽게 되다). 철찾다(제철에 맞추다), 헛찾다(바로 찾지 못하다). ☞ 색(索). 심(尋).

채[1] 바구니 · 광주리 따위 그릇을 만드는 재료가 되는, 껍질을 벗긴 싸릿개비나 가는 나무오리. 그것으로 만든 물건. ¶채광주리, 채그릇, 채그물, 채꾼'(고기 잡는 사람), 채독(싸릿개비로 독같이 만든 채그릇), 채둥우리(싸릿개비로 결어 둥글고 길게 만든 둥우리), 채롱(籠)[채롱부채, 채롱부처], 채반(盤;넓적하게 울이 없이 결어 만든 채그릇)[채반가름, 채반상(相;둥글넓적한 얼굴)], 채밥[85], 챗배(채그물로 물고기를 잡는 배); 걸채[86], 뜰채, 발채[염(簾)], 버들채, 싸리채 들.

채[2] ①수레 · 배 따위의 앞쪽에서 양 옆으로 길게 댄 나무. ¶채대; 끌채, 나루채, 달구지채, 뒤채, 물방아채, 방아채, 앞채. ②목도나 가마 따위의 앞뒤로 길게 뻗쳐 메게 된 나무. ¶채잡다[87], 가마채,

---

81) 창궐(猖獗): 못된 병이나 세력 따위가 걷잡을 수 없이 퍼짐. ¶유행성 감기가 창궐하다. 도적들이 창궐하다.

82) 창피(猖披): 낯이 깎이거나 체면이 사나워지거나 아니꼬움을 당한 부끄럼. ¶창피를 당하다. 창피를 주다. 창피스럽게 고개를 못 들겠다. 창피스럽다/하다

83) 찾아들다: ①쉬거나 볼일을 보기 위하여 어디에 가다. ¶아픈 배를 움켜쥐고 병원을 찾아든 환자. ②어떤 현상이나 상태가 생겨나다. ¶이제 겨우 마음의 안정이 찾아들었다. 시골 마을에 황혼이 찾아들고 있다.

84) 찾을모: 소용이 되어서 남이 찾아 쓸 만한 점이나 가치. ¶찾을모가 있는 물건을 따로 챙겨 두다. 말썽만 피웠지, 어느 한 구석 찾을모가 있어야지.

85) 채밥: '선소리꾼'을 낮잡아 이르는 말. 즐거운 소리를 해 주고도 채반에다 함부로 대접한 데서 나온 말.

86) 걸채: 소의 길마 위에 덧얹어 곡식 단 따위를 싣는 농기구. 걸챗불. ¶두엄 걸채.

꺾은채, 목도채, 용두레채, 장채(長). ③길고 두꺼운 널판. ¶기름채/챗날(기름을 짜는 널판).

채[3] ①가느다란 막대기. 또는 그 끝에 가죽・노끈 따위를 매어, 마소를 때려서 모는 데 쓰는 물건인 '채찍'의 준말. 벌로 사람을 때리는 나뭇가지. ¶채로 종아리를 치다. 채꾼²(소몰이하는 아이), 채끝[88], 채받이[89], 챗열[90], 채잡다[91], 채찍[92], 채치다¹[93]; 공채(공을 치는 채), 그물채, 닥채(닥나무의 연한 가지), 닻채(닻의 자루가 되는 부분), 도리깨채, 등채(籐), 말채찍/말채, 매미채, 모루채[94], 물방아채, 솜채, 쇠채(거문고를 탈 때 쓰는 쇠로 만든 채), 양금채(洋琴), 열채(끈이나 줄이 달린 채찍), 잠자리채, 장채(장치기할 때 쓰는 채), 종아리채, 초달채(楚撻), 파리채, 총채, 팽이채, 후리채. ②북・장구・징 따위의 타악기를 치거나 또는 현악기를 타서 소리 나게 하는 기구. ¶챗돌[95], 채손(장구채를 잡은 손), 채편(便;장구의 채로 치는 오른쪽.↔북편); 궁굴채[96], 북채, 장구채, 징채. ③농악(農樂)의 기본이 되는 악장(樂章). ¶채굿. ☞ 편(鞭).

채[4] 머리카락이나 수염 따위의 가늘고 길게 생긴 물건의 길이. ¶머리채를 잡다. 채가 긴 수염. 챗고리, 채발[97], 채상모, 채수염(鬚髥;숱은 많지 않으나 길이가 긴 수염); 머리채(길게 늘어뜨린 머리털).

채[5] 염색할 때, 물감이 고르게 들지 않아 얼룩얼룩하게 된 빛깔. ¶채가 진 옷감으로 만든 무색옷. 채지다(염색한 빛이 고르지 못하다).

채[6] 채소나 과일 따위를 가늘고 잘게 써는 일이나 썬 것. ¶채를 치다(채를 만들려고 가늘게 썰다). 채고추(가늘게 채를 친 실고추), 챗국, 채김치, 채깍두기, 채나물, 채칼; 가지채, 겨자채, 무채, 버섯채, 생채(生), 오이채, 우무채, 잔채(잘게 썬 채), 족채(足)[98], 죽순채(竹筍), 파채[총(蔥)] 들.

채[7] ①집이나 큰 기구, 기물, 가구, 이불 따위를 세는 단위. ¶집 한 채. 이불 두 채. ②가공하지 않은 인삼 100근을 단위로 하여 이르는 말. ¶수삼 한 채. ③구분된 동(棟). 덩어리/덩이'의 뜻을 나타내는 말. ¶가게채, 거느림채, 곁채, 공채(空;빈 집채), 대문채(大門), 독채(獨), 뒤채, 딴채, 뜰아래채, 몸채, 문간채(門間), 바깥채, 별채(別), 본채, 사랑채(舍廊), 아래채, 안채, 안팎채, 앞채, 온채, 외챗집/외채, 원채(原), 위채, 중채(中), 집채, 행랑채(行廊), 허튼채 들.

채[8] 관형사형 어미 '-(은)ㄴ' 뒤에 그리고 부사격조사 '로'와 어울려 쓰여, '어떤 상태가 계속된 대로 그냥. 그대로'의 뜻을 나타내는 말. ¶옷을 입은 채(로) 잠자리에 들었다. 산 채로 잡는 것을 '사로잡다'라고 한다.

채[9] 어떤 상태나 동작이 다 되거나 이루어졌다고 할 만한 정도에 아직 이르지 못한 상태. 마지막까지.≒다. 마저, 아직. 미처. 완전히. ¶말이 채 끝나기도 전에 그가 소리를 질렀다. 보던 책을 채 읽지 못하다. 채 생각지도 못할 일이 터지다. 마흔도 채 되지 않은 사람. 사과가 채 익지 않았다. 채전에[99]. [+못하다. 않다].

채(菜) '나물. 채소. 반찬'을 뜻하는 말. ¶채과(菜果), 채농(菜農), 채단(菜單), 채달(菜疸), 채도(菜刀), 채독(菜毒), 채마(菜麻)[채마머리, 채마밭], 채색(菜色;푸성귀의 빛깔), 채소/밭(菜蔬), 채식(菜食↔肉食)[채식가(家), 채식주의/자(主義/者)], 채원(菜園), 채유(菜油;채소씨로 짠 기름), 채전(菜田), 채종(菜種;채소의 씨앗), 채포(菜圃), 채화(菜花;채소의 꽃); 감채(甘菜;사탕무), 개채(芥菜;겨자와 갓), 겨자채(菜), 고채(苦菜;씀바귀), 과채(果菜), 구채(韭菜;부추), 근채(根菜), 냉채(冷菜), 말리채(茉莉菜;물푸레나무의 잎을 데치어 양념과 두부를 넣고 버무린 나물), 미채(薇菜;고비나물), 밑갓채(菜), 반채(飯菜), 부용채(芙蓉菜), 산채(山菜)[박주산채(薄酒)], 삼절채(三切菜)[100], 생채(生菜)[무생채, 오이생채], 선채(鮮菜), 소채(蔬菜), 송이채(松栮菜), 숙채(熟菜), 야채(野菜), 어채(魚菜), 엽채(葉菜), 오훈채(五葷菜)[101], 유채(油菜), 자화채(刺花菜), 자화채(紫花菜), 잔채(殘菜;먹고 남은 반찬), 잡채(雜菜), 제채(薺菜;냉이), 죽순채(竹筍菜), 진채(珍菜), 진채식(陣菜食)[102], 청각채(靑角菜), 천궁채(川芎菜), 천금채(千金菜;상추), 청채(靑菜), 탕평채(蕩平菜;묵청포), 파릉채(菠薐菜;시금치), 팔보채(八寶菜), 풍개채(風芥菜;겨잣잎을 따서 소금에 절여 만든 음식), 함채(鹹菜), 해채(海菜;미역), 향채(香菜), 화채(花菜)[103], 황련채(黃連菜), 황아채(荒芽菜), 황채(黃菜), 훈채(葷菜) 들.

채(債) '빚'을 뜻하는 말. ¶채권(債券;유가증권)[104], 채권(債權)[105],

87) 채잡다: ①가마나 목도의 채를 메다. ②어떤 일을 주장하거나 주장이 되다. ¶남의 일에 채잡고 나서다.
88) 채끝: 소의 방아살 밑(등심의 끝부분)에 붙은 고기. 채받이.
89) 채받이: 소가 늘 채찍을 맞는 곳의 신체부위. 또는 그 살.
90) 챗열: 채찍 따위의 끝에 늘어진 끈. ¶챗열이 있는 채찍을 '열채'라고 한다.
91) 채잡다: 어떤 일에 주동이 되어 행동하거나 주도권을 잡고 그 일을 다루다. 주도하다(主導).
92) 채찍: ¶채찍으로 후려치다. 채찍낚시, 채찍비(좍좍 쏟아지는 비), 채찍질/채질; 고들개채찍(매듭이나 추가 달린 채찍), 말채찍, 윷놀이채찍(대궐을 지키는 병정이 가지던 채찍), 헛채찍.
93) 채치다¹: 채찍으로 갈기다. 일을 몹시 재촉하다. ¶채쳐 묻다.
94) 모루채: 대장간에서, 달군 쇠를 모루 위에 놓고 메어칠 때 쓰는 쇠메.
95) 챗돌: 볏단을 메어쳐서 이삭을 떨어내는 농기구인 개상 위에 얹어 놓고 태질할 때 쓰이는 돌.
96) 궁굴채: 농악에서, 장구를 칠 때에 왼손에 잡고 장단을 치는 채. ¶궁굴채편(便;장구에서 궁굴채로 치는 쪽의 가죽).
97) 채발: 볼이 좁고 맵시 있게 생긴 발.↔마당발.
98) 족채(足): 편육・족편・제육・표고・석이・전복・배 들을 채쳐서 겨자를 넣어 만든 겨자채.
99) 채전에(前): 어떻게 되기 훨씬 이전에. ¶시험 문제가 채전에 나돌다.
100) 삼절채(三切菜): 도라지, 돼지고기, 배를 썰어 넣고 소금과 설탕과 겨자에 버무려 만든 나물.
101) 오훈채(五葷菜): 다섯 가지 자극성이 있는 채소. 불가(佛家;마늘・달래・무릇・김장파・실파)나 도가(道家;부추・자총이・마늘・평지・무릇)에서 꺼리는 채소.
102) 진채식(陣菜食): 음력 정월 대보름날에 더위를 면하기 위하여 먹는 나물.
103) 화채(花菜): 얇게 저민 과일을 설탕이나 물에 재였다가 오미자즙에 넣고 잣을 띄운 음료.
104) 채권(債券): 국가, 지방자치단체, 은행, 회사 따위가 사업에 필요한 자금을 차입하기 위하여 발행하는 유가 증권. ¶채권수익율(受益率), 채권시장(市場), 채권증권(證券); 국고채권(國庫), 금융채권(金融), 기명채권(記名), 단기채권(短期), 보증채권(保證), 산업채권(産業), 재단채권(財團), 특수채권(特殊).
105) 채권(債權): 특정인이 다른 특정인에게 어떤 행위를 청구할 수 있는 재산권. ¶채권국(國), 채권담보(擔保), 채권양도(讓渡), 채권자(者), 채권증권(證券), 채권질(質), 채권침해(侵害), 채권행위(行爲); 금전채권(金錢), 금종채권(金種), 보증채권(保證), 자연채권(自然), 정리채권(整理), 지명

ㅊ

채귀(債鬼;몹시 조르는 빚쟁이), 채무(債務)[106], 채장(債帳), 채전(債錢), 채주(債主;빚을 준 임자); 감채(減債), 고리채(高利債), 공채(公債)[107], 공모채(公募債), 과채(科債), 구채(舊債), 국채(國債), 금융채(金融債), 급채(給債), 기채(起債;빚을 얻음), 내채(內債), 내국채(內國債), 단기채(短期債), 모채(募債), 방채(放債), 보채(報債), 복차/복채(卜債;점을 친 대가로 점쟁이에게 주는 돈), 복채(福債;福券), 부채(負債;빚), 사채(私債)[무/보증사채(無/保證)], 사업채(事業債), 상채(喪債), 상채(償債), 선채(先債), 숙채(宿債), 시채(市債), 식채(食債), 약채(藥債), 완매채(完賣債), 외국채(外國債)/외채(外債), 외화채(外貨債), 요채(了債), 장기채(長期債), 저리채(低利債), 적채(積債), 전채(前債), 전채(戰債), 족채(足債;먼 곳에 심부름을 보낼 때 주는 품값), 주채(酒債), 지방채(地方債), 청채(淸債;빚을 다 갚음), 출채(出債;빚을 냄), 탈채(脫債), 할인채(割引債), 화채(花債;해웃값), 환매채(還買債), 회사채(會社債)/사채(社債)[사채권/자(券/者), 사채발행(發行); 기명사채(記名), 담보부사채(擔保附), 전환사채(轉換)] 들.

채(彩) '무늬. 고운 빛깔을 내다. 빛깔이 곱다'를 뜻하는 말. ¶채구(彩球;彩層), 채구(彩毬), 채금(彩衾), 채기(彩器), 채담(彩毯), 채도(彩度), 채도(彩陶), 채료(彩料;그림물감), 채묵(彩墨), 채문(彩文/紋;채색의 무늬)[백채문(白), 흑채문(黑)], 채병(彩屛), 채색(彩色)[108], 채선(彩船), 채운(彩雲), 채의(彩衣), 채지(彩地), 채층(彩層;태양의 광구와 코로나 사이에 있는 분홍빛으로 보이는 층), 채판(彩板), 채필(彩筆), 채협(彩篋), 채홍(彩虹), 채화(彩畵)[채화기(器;그림을 그려 넣은 사기그릇), 채화석(席;꽃무늬 돗자리), 채화염(染), 채화칠협(漆篋)]; 개채(改彩), 경채(硬彩), 골채(彩)[109], 광채(光彩), 금채(金彩), 녹지채(綠地彩), 녹채(綠彩), 농채(濃彩), 다채롭다(多彩), 담채(淡彩), 도채장이(塗彩), 두채(豆彩), 무채색(無彩色), 문채(文彩), 미채(迷彩), 변채(變彩), 부채(賦/傅彩), 분채(粉彩), 사채(詞彩), 색채(色彩), 생채(生彩), 설채(設彩), 수채(水彩), 신채(神采/彩), 안채(眼彩), 연채(軟彩), 영채(映彩), 오채(五彩), 유채(油彩), 유채색(有彩色), 이채롭다(異彩), 자채벼(紫彩;올벼의 하나), 정채(精彩), 준채(俊彩), 진채(眞彩), 투채(鬪彩), 협채(夾彩), 형석채(螢石彩), 홍채(虹彩;눈조리개), 홍채유(紅彩釉), 흑채(黑彩) 들.

채권(指名), 지시채권(指示).

106) 채무(債務): 특정인이 다른 특정인에게 어떤 행위를 하여야 할 재산권의 의무. ¶채무국(國), 채무면제(免除), 채무명의(名義), 채무보증(保證), 채무불이행(不履行), 채무승인(承認), 채무약속(約束), 채무이행(履行), 채무인수(引受), 채무자(者), 채무초과(超過); 공채무(公), 사채무(私); 금전채무(金錢), 보증채무(保證), 부/작위채무(不/作爲債務), 불확정채무(不確定), 연대채무(連帶), 우발채무(偶發), 자연채무(自然).

107) 공채(公債): 국가 또는 지방 자치 단체가 수지(收支)의 균형을 꾀하기 위하여 임시로 지는 빚.↔사채(私債). ¶공채증권(證券), 공채증서(證書); 건설공채(建設), 교부공채(交付), 기업공채(企業), 내국공채(內國), 단기공채(短期), 등록공채(登錄), 모집공채(募集), 무기공채(無期), 무이자공채(無利子), 사업공채(事業), 상환공채(償還), 생산공채(生産), 애국공채(愛國), 연금공채(年金), 영구공채(永久), 영원공채(永遠), 외국공채(外國), 유기공채(有期), 유동공채(流動), 이부공채(利付), 적자공채(赤字), 전시공채(戰時), 증권공채(證券), 확정공채(確定).

108) 채색(彩色): 채색감(感), 채색되다/하다, 채색면(面), 채색토기(土器), 채색화(畵), 채색회(繪); 극채색(劇), 무채색(無), 생채색(生), 유채색(有).

109) 골채(彩): 먹물로 그린 윤곽을 그대로 두고 채색하는 방식.

채(採) '캐다·캐내다'를 뜻하는 말. ¶채결(採決;의한 채택을 위한 결의), 채광(採光;햇볕 따위를 받아들여 실내를 밝게 함)[채광창(窓), 채광탄(彈)], 채광(採鑛), 채굴(採掘;땅을 파서 광물 따위를 파냄)[채굴권(權); 갱내채굴(坑內)], 채근(採根)[110], 채금(採金), 채납(採納;의견, 요구, 제의 따위를 가려서 받아들임), 채니기(採泥器), 채득(採得), 채란(採卵), 채련(採鍊), 채록(採錄;채집하여 기록함), 채미(採薇;고비나 고사리를 캠), 채밀(採蜜), 채방(採訪), 채벌(採伐), 채벽(採壁), 채변(採便;검사용으로 변을 받음), 채보(採譜;곡조를 듣고 악보를 적음), 채부(採否), 채빙(採氷), 채산(採山;산나물을 뜯음), 채산/성(採算/性), 채삼/꾼(採蔘), 채석/장(採石/場), 채신지우(採薪之憂), 채약(採藥), 채용(採用;사람을 골라서 씀)[채용공고(公告), 채용되다/하다, 채용박람회(博覽會)], 채유(採油), 채자(採字), 채점(採點), 채정(採精), 채종(採種)[채종답(畓), 채종림(林), 채종밭, 채종전(田)], 채집(採集)[곤충채집(昆蟲), 식물채집(植物)], 채초(採草), 채초(採樵;땔나무를 베어 거둠), 채취/권(採取/權), 채탄(採炭)[채탄공(工), 채탄량(量), 채탄장(場)], 채탐(採探;採訪), 채택(採擇;골라서 씀)/되다/하다, 채포(採捕;해산물을 따거나 잡음), 채혈(採血;피를 뽑음), 채화(採火;태양열 따위에서 불을 얻음); 가채(可採), 공채(公採), 굴채(掘採), 박채(博採), 벌채(伐採), 수채(收採), 어채(漁採), 잠채(潛採), 특채(特採), 허채(許採) 들.

채(采) '무늬. 꾸미다. 용모'를 뜻하는 말. ¶채단(采緞)[111], 채색(采色;풍채와 얼굴색), 채희(采戱;주사위를 던지며 하는 놀이); 갈채(喝采), 금채(錦采), 납채(納采), 박수갈채(拍手喝采), 수채(受采), 풍채(風采) 들.

채(釵) '비녀'를 뜻하는 말. ¶금채(金釵), 봉채(鳳釵)[금봉채(金鳳釵), 은봉채(銀鳳釵)], 옥채/차(玉釵), 은채(銀釵), 화채(花釵) 들.

채(砦) '적의 침입을 막기 위하여 친 방어물'을 뜻하는 말. ¶녹채(鹿砦), 보채(堡砦), 산채(山砦), 성채(城砦) 들.

채(寨) '울타리. 작은 성'을 뜻하는 말. ¶목채(木寨;울짱), 산채(山寨/砦;돌·목책 따위를 둘러 만든 진터) 들.

채(綵) '비단. 무늬'를 뜻하는 말. ¶채단(綵/采緞), 채화(綵華;비단 조각으로 만든 꽃); 선채(先綵), 송채(送綵) 들.

채(다)[1] 물건 값이 좀 오르다. ¶쌀값이/ 물가가 바짝 채다. 장마로 말미암아 채소 값이 채다.

채(다)[2] ☞ '차리다②'의 준말.

채(다)[3] 갑자기 힘주어 잡아당기다. 날쌔게 빼앗아가다. ☞ 차다[2]④.

채련 부드럽게 다루어 만든 당나귀 가죽. ¶채련으로 지은 조끼. 당채련(唐;중국에서 만든 나귀의 가죽. 때가 올라서 까마반드르한 옷의 비유). 당채련 바지저고리(지저분하고 더러운 옷).

110) 채근(採根): ①식물의 뿌리를 캐냄. ②어떤 일의 근원을 캐어 밝히거나 따지어 독촉함.≒재촉. ¶기한에 내도록 채근하다.

111) 채단(采緞): 혼인 때, 신랑 집에서 신부 집으로 미리 보내는 청색·홍색의 두 가지 비단.

채변 남이 무엇을 줄 때에 사양하는 일.≒사양(辭讓). 거절(拒絶). ¶채변을 하다가 변변히 먹지도 못했다. 너무 채변하지 말고 어서 받아 두게. 채변하다.

채비 갖추어 차림. 또는 그 일.[←차비(差備)].≒준비(準備). ¶외출 채비. 길 떠날 채비를 하다. 여행 채비로 꽉 찬 배낭. 채비 사흘에 용천관(龍川關) 다 지나가겠다(준비만 하다가 정작 할 일을 못함). 채비없이(준비없이), 채비하다; 겨울채비, 길채비(여행이나 먼 길 떠날 준비) 들.

채신 남 앞에서의 몸가짐이나 행동.[←처신(處身)].[+부정어]. ¶채신이 말이 아니군. 채신머리/사납다/없다, 채신사납다/없다.

채우(다) ①자물쇠를 잠그다.≒걸다. ¶문을 채우다. 수갑을 채우다. ②단추를 끼우다. ¶단추를 채우다. ③'차다"의 사동형.

책(策) '꾀·꾀하다. 대쪽. 채찍. 지팡이'를 뜻하는 말. ¶책동(策動)[112], 책략(策略;策謀)[책략가(家), 책략적(的)], 책려(策勵;채찍질하듯 격려함), 책명(策命;策文), 책모(策謀), 책문(策文;책문에 답하는 글. 策命), 책문(策問;정치에 관한 계책을 물어서 답하게 하던 과거시험의 한 과목), 책사(策士;책략을 잘 쓰는 사람. 謀士), 책시(策試), 책원(策源), 책응(策應), 책정/되다/하다(策定;정책이나 계획 따위를 의논하여 결정함), 책하다(일을 꾸미거나 꾀하다); 간책(奸策), 간책(簡策), 강경책(强硬策), 강공책(强攻策), 강구책(講究策), 강병책(强兵策), 개량책(改良策), 개선책(改善策), 건책(建策), 결책(決策), 경세지책(經世之策), 계책(計策), 고식책(姑息策), 고육책(苦肉策), 구급책(救急策), 구명책(救命策), 구원책(救援策), 구제책(救濟策), 구체책(具體策), 구호책(救護策), 국정책(國政策), 국책(國策), 궁여지책(窮餘之策), 궁책(窮策), 권농책(勸農策), 궤책(詭策), 규제책(規制策), 근본책(根本策), 근절책(根絕策), 기책(奇策), 기만책(欺瞞策), 납속책(納粟策), 논책(論策), 대책(對策), 대비책(對備策), 대응책(對應策), 대항책(對抗策), 득책(得策), 만년책(萬年策), 만전책(萬全策), 모책(謀策), 모면책(謀免策), 몰책하다(沒策), 묘책(妙策), 미봉책(彌縫策), 밀책(密策), 박멸책(撲滅策), 반간책(反間策), 발전책(發展策), 방책(方策), 방비책(防備策), 방어책(防禦策), 방위책(防衛策), 방지책(防止策), 범책(凡策), 별책(別策), 보복책(報復策), 보신책(保身策), 보완책(補完策), 보장책(保障策), 보호책(保護策), 복구책(復舊策), 복수책(復讐策), 봉쇄책(封鎖策), 부국책(富國策), 부득책(不得策), 부양책(浮揚策), 비책(秘策), 비변책(備邊策), 산책(散策), 상책(上策), 상책(商策), 선책(善策), 선후책(先後策), 선후책(善後策), 소책(小策), 소극책(消極策), 속수무책(束手無策), 쇄국책(鎖國策), 수습책(收拾策), 술책(術策), 시책(施策), 시책(時策), 시책(試策), 시무책(時務策), 시정책(是正策), 신책(神策), 실책(失策), 안정책(安定策), 양책(良策), 양분책(兩分策), 연명책(延命策), 예방책(豫防策), 완화책(緩和策), 왕책(王策), 우책(愚策), 유인책(誘引策), 유화책(宥和策), 육성책(育成策), 융화책(融和策), 응급책(應急策), 이간책(離間策), 인하책(引下策), 일환책(一環策), 자구책(自救策), 자멸책(自滅策), 자위책(自慰策), 자위책(自衛策), 장책(長策), 장려책(獎勵策), 적극책(積極策), 정책(政策), 조성책(造成策), 졸책(拙策), 종결책(終結策), 주책(籌策), 증대책(增大策), 지원책(支援策), 진압책(鎭壓), 진흥책(振興策), 차선책(次善策), 최선책(最善策), 치안책(治安策), 치유책(治癒策), 타책(他策), 타개책(打開策), 탈환책(奪還), 탕평책(蕩平策), 편책(鞭策;말채찍), 하책(下策), 합종책(合從策), 해결책(解決策), 헌책(獻策), 호구책(糊口策), 호신책(護身策), 회유책(懷柔策), 회피책(回避策), 획책(劃策) 들.

책(冊) ①어떤 사상·사항을 일정한 목적·내용·체재에 맞추어 문자·그림으로 표현하여 적거나 인쇄하여 묶어 놓은 물건의 총칭. ≒서적(書籍). 책을 셀 때 쓰는 단위. ¶책을 보다. 책가(冊價), 책가게, 책가방, 책가위[113]/하다, 책갈피(책장과 책장의 사이), 책갑(冊甲;책가위), 책갑(冊匣;책을 넣어 두는 갑이나 집), 책값, 책거리¹,²[114], 책걸이, 책고(冊庫), 책권(冊卷), 책궤(冊櫃), 책글씨, 책꼬리, 책꽂이, 책꾸러미, 책날개(책의 겉표지 일부를 안으로 접은 부분), 책등[115], 책뚜껑, 책력(冊曆), 책례(冊禮), 책롱(冊籠), 책머리, 책명(冊名), 책받침, 책방(冊房), 책벌레[116], 책보(冊褓), 책보(冊寶), 책사(冊肆;서점), 책상(冊床;☞床)[책상다리(冊床)[117], 책상머리, 책상물림, 책상양반(兩班), 책상퇴물(退物)], 책서(冊書), 책세(冊貰), 책송곳, 책술(책이 두껍고 얇은 정도), 책시렁[서가(書架)], 책실[絲;책을 매는 데 쓰는 실], 책실(冊室), 책싸개(책가위), 책씻이[118]/하다, 책의(冊衣), 책읽기, 책자(冊子)[소책자(小)], 책장(冊張), 책장(冊欌), 책점(冊店), 책제(冊題), 책치레, 책탁자(冊卓子), 책판(冊板); 간책(簡冊), 공책(空冊), 권선책(勸善冊;시주한 사람과 금액을 적은 책), 그림책, 노래책, 단권책(單券冊), 당책(唐冊), 대책(大冊)[고문대책(高文)], 동화책(童話冊), 만화책(漫畵冊), 배책(配冊), 별책(別冊), 부책(簿冊), 분책(分冊), 사책(史冊), 새책, 생명책(生命冊), 서책(書冊), 성책(成冊), 성경책(聖經冊), 세책(貰冊), 소설책(小說冊), 소책자(小冊子), 시책(諡冊), 안책(案冊), 약책(藥冊), 옥책/문(玉冊/文), 운책(韻冊), 이야기책, 장책(粧冊), 장책(長冊), 전자책(電子冊), 점자책(點字冊), 접책(摺冊), 제책(製冊), 죽책(竹冊), 질책(帙冊), 초책(抄冊), 초책(草冊), 치부책(置簿冊), 판책(版冊), 헌책. ②세우다. 봉하다'를 뜻하는 말. ¶책립(冊立), 책봉(冊封;왕세자, 왕세손, 왕후, 비, 빈, 부마를 봉작하던 일)[책봉되다/하다, 책봉문(文), 책봉식(式)], 책봉사(冊封使); 봉책(封冊) 들.

책(責) ①맡겨진 의무나 임무. '꾸짖다. 권하다'를 뜻하는 말. ¶책을 하다. 책궁(責躬;스스로 자기를 나무람), 책망(責望;잘못을 들어 꾸짖음), 책무(責務;책임과 의무), 책문(나무라듯 따져 물음)/권

112) 책동(策動): 은밀히 책략을 꾸미거나 행동하는 짓. 은밀히 남을 부추기어 움직이게 하는 짓. ¶방해 책동. 불순분자의 책동을 분쇄하다. 음모를 책동하다. 배후의 책동에 놀아나다. 파업을 책동하다. 책동시세(時勢), 책동자(者), 책동적(的), 책동하다.

113) 책가위: 종이·비닐 따위로 책이 상하지 않도록 덧씌우는 물건. 책싸개.=[←가의(加衣)]. ¶책가위하다(책에 책가위를 덧입히다).

114) 책거리¹: 서책 또는 문방제구를 그린 그림. 책거리²:=책씻이.

115) 책등: 책의 매어 놓은 쪽의 겉으로 드러난 부분.

116) 책벌레: 지나치게 책을 좋아하거나 공부에 열중하는 사람.

117) 책상다리(冊床): ①책상의 다리. ②한쪽 다리를 오그리고 다른 쪽 다리는 그 위에 포개어 얹고 앉은 자세.

118) 책씻이: 글방에서 학생이 책 한 권을 다 읽거나 베끼어 쓰는 일이 끝난 때에 선생과 동료에게 한턱을 내던 일.=책거리. 책례(冊禮).

(責問/權), 책벌(責罰), 책비(責備;남에게 모든 일을 다 잘해 주도록 요구함), 책선(責善;착한 일을 서로 권함), 책성(責成;책임을 지움. 맡긴 일이 잘 되게 다짐함), 책언(責言;나무라는 말), 책임(責任)[119], 책잡다[120]/잡히다, 책하다(남의 잘못을 들어 꾸짖다); 가책(呵責), 견책(見責;책망을 당함), 견책(譴責), 경책(輕責), 경책(警責), 구책(咎責), 귀책(鬼責), 귀책(歸責), 논책(論責), 대책(大責), 독책(督責), 면책(免責)[면책특권(特權), 면책행위(行爲)], 면책(面責), 문책(問責), 벌책/처분(罰責/處分), 부족책(不足責), 색책(塞責), 심책(深責), 언책(言責), 엄책(嚴責), 유책(有責), 인책/사직(引責/辭職), 자책(自責), 죄책/감(罪責/感), 주책(誅責), 준책(峻責), 중책(重責), 직책(職責), 진책(嗔責), 질책(叱責), 질책(質責), 초책(誚責), 침책(侵責;책임을 추궁함), 통책(痛責), 힐책(詰責). ②일부 명사 뒤에 붙어 '책임을 맡은 사람'을 뜻하는 말. ¶모금책(募金責), 모집책(募集責), 선전책(宣傳責), 소집책(召集責), 연락책(連絡責), 자금책(資金責), 조직책(組織責), 홍보책(弘報責) 들.

책(柵) ①말뚝으로 둘러막은 우리.≒울타리. 울짱. ¶책상(柵狀;울타리와 같은 모양)[책상못자리(직사각형으로 된 못자리), 책상조직(組織;울타리조직)], 책성(柵城); 각책(角柵), 목책(木柵), 방책(防柵), 방설책(防雪柵), 성책(城柵), 수책(水柵), 죽책(竹柵), 철책(鐵柵). ②물결에 둑이 무너지지 않게 하기 위하여, 둑 앞에 말뚝을 박고 대쪽으로 얽어 놓은 장치.

책(磔) '찢다. 가르다'를 뜻하는 말. ¶책살(磔殺), 책형(磔刑;기둥에 묶어 놓고 창으로 찔러 죽이던 형벌), 책형주(磔刑柱) 들.

챙 탄성 있는 얇은 쇠붙이나 유리 따위가 부딪치거나 바스러질 때 맑게 울려 나는 소리. ¶창유리 깨지는 소리가 챙 나다. 챙가당[121], 챙그랑[122], 챙채르르[123], 챙챙[124] 들.

챙기(다) ①어떤 일에 필요한 물건을 찾아 한데 모으다.≒갖추다. ¶등산 도구를 챙기다. 챙겨가다. ②물건을 빠짐이 없도록 간수하여 거두다. ¶장롱 속의 옷을 챙기다. ③음식물을 갖추어 차리다. ¶반찬을 챙겨 차려 주다. 챙겨먹다, 챙겨주다.

처- 일부 동사 앞에 붙어 '마구. 함부로. 많이. 몰아서'의 뜻을 더하는 말. §'처-[←치(다)+어]'는 강세의 기능을 가짐. ¶처걸다(굳게 닫아걸다), 처내다[125], 처넣다, 처닫다, 처담다, 처대다[1](불에 넣어 살라 버리다. 처지르다), 처대다[2](무엇을 자꾸 함부로 대주다), 처든지르다(처먹다), 처들이다, 처때다(불을 요량 없이 마구 때다), 처마시다, 처맡기다, 처매다, 처먹다/먹이다, 처바르다, 처박다/박히다, 처박아두다, 처박지르다(세게 처박다), 처싣다, 처쑤시다, 처엎다, 처읽다, 처자빠지다, 처쟁이다, 처지르다(아궁이에 나무를 몰아넣어 불을 때다. 처대다[1]) 들.

처(處) '일정한 목적에 쓰이는 곳이나 부서(部署). 자리. 어떤 처지나 형편에 놓이다. 어떤 형벌을 내리다. 미혼 여자. 벼슬하지 아니한'을 뜻하는 말. ¶처결(處決;결정하여 처리하거나 조처함), 처교(處絞), 처녀(處女)[126], 처단(處斷), 처리(處理)[127], 처무(處務), 처방(處方;방법. 결함이나 잘못을 바로잡기 위한 대책)[처방전(箋)], 처벌(處罰;處刑)[가중처벌(加重)], 처변(處變)[128], 처분(處分)[129], 처사(處士;초야에 묻혀 살던 선비. 居士)[불처사(佛), 산림처사(山林)], 처사(處事), 처서(處暑), 처세(處世;남들과 사귀면서 살아가는 일)[처세관(觀), 처세술(術), 처세훈(訓)], 처소(處所), 처신(處身)/ 채신[130], 처역(處役;징역에 처함), 처우(處遇;거기에 맞

---

119) 책임(責任): 맡아서 해야 할 임무나 의무. 어떤 일에 관련되어 그 결과에 대하여 지는 의무나 부담. 위법한 행동을 한 사람에게 법률적 불이익이나 제재를 가하는 일. ¶책임을 지다. 책임을 완수하다. 책임감(感), 책임내각(內閣), 책임능력(能力), 책임량(量), 책임무능력(無能力), 책임보험(保險), 책임연령(年齡;만 14세), 책임자(者;목대잡이), 책임재산(財産), 책임정치(政治), 책임제(制), 책임조건(條件), 책임준비금(準備金), 책임지다; 거증책임(擧證), 공작물책임(工作物), 과실책임(過失), 교차책임(交叉), 국가책임(國家), 담보책임(擔保), 무과실책임(無過失), 무책임(無), 무한책임(無限), 민사책임(民事), 배상책임보험(責任保險), 보증책임(保證), 연대책임(連帶), 유한책임(有限), 정치책임(政治), 총책임(總), 형사책임(刑事).

120) 책잡다(責): 남의 잘못을 들어 말하다. ¶자기를 빼고 부하들만 잘못했다고 책잡으려 하지 마시오.

121) 챙가당: 얇은 쇠붙이나 유리, 사기 따위가 부딪치거나 바스러지며 맑게 울리는 소리. 〈큰〉챙거덩. 〈준〉챙강. ¶유리가 챙가당 깨어지다.

122) 챙그랑: 얇은 쇠붙이나 유리그릇 따위가 떨어져 깨지거나 부딪쳐 맑게 울리는 소리.=챙그렁. 〈큰〉첑그렁.

123) 챙채르르: 바라나 제금 따위의 금속 타악기가 울리는 소리. ¶챙채르르 울리는 바라 소리.

124) 챙챙: ①탄성이 있는 얇은 쇠붙이나 유리 따위가 자꾸 부딪치거나 바스러질 때 잇따라 맑게 울려 나는 소리. ¶챙챙 꽹과리를 쳐 대다. ②목소리가 야무지고 맑은 모양. ¶목소리가 챙챙 맑게 울리는 것으로 보아 복순이임에 틀림없다. 챙챙하다(소리가 되알지고 맑다). ③하늘이 구름 한 점 없이 맑은 모양. ¶챙챙 맑던 하늘이 어느새 별빛 하나 없이 흐려졌다.

125) 처내다: 아궁이로 연기나 불길이 도로 쏟아져 나오다.

126) 처녀(處女;아가씨): ①아직 시집을 가지 아니한 성숙한 여자.↔총각. ¶처녀꼴, 처녀막(膜), 처녀무(舞;처녀무당이 추는 춤), 처녀성(性), 처녀아이, 처녀장가(재혼하는 남자가 처녀한테 드는 장가), 처녀티; 규중처녀(閨中), 노처녀(老), 떠꺼머리처녀, 숫처녀. ②명사 앞에 쓰여, '최초의. 처음으로 하는. 아무도 손대지 아니한'의 뜻을 나타내는 말. ¶처녀림(林), 처녀물(初生水), 처녀발언(發言), 처녀봉(峰;아직 아무도 올라 보지 아니한 산봉우리), 처녀비행(飛行), 처녀수(水;암석의 갈라진 틈으로 지표에 솟아난 물), 처녀왕(王;아직 짝짓기를 하지 아니한 여왕벌), 처녀작(作), 처녀지(地), 처녀출판(出版), 처녀항해(航海).

127) 처리(處理): 처리법(法), 처리장(場), 처리하다; 단독처리(單獨), 뒤처리, 땡처리, 사무처리(事務), 열처리(熱), 일처리, 춘화처리(春化), 폐수처리(廢水), 행정처리(行政).

128) 처변(處變): ①실정에 따라 융통성 있게 잘 처리함. ②갑작스러운 변을 당하여 잘 수습함.

129) 처분(處分): 처리하여 치움. 행정 · 사법 관청이 특별한 사건에 대하여 해당 법규를 적용하는 행위. ¶재산을 처분하다. 관대한 처분을 바라다. 법정에서는 그를 불구속으로 처분하였다. 처분권/주의(權/主義), 처분능력(能力), 처분명령(命令), 처분서(書), 처분신탁(信託), 처분증권(證券), 처분증서(證書), 처분행위(行爲), 처분하다: 가처분(假), 가처분소득(可-所得), 강제처분(强制), 격리처분(隔離), 경찰처분(警察), 공매처분(公賣), 교정처분(矯正), 구류처분(拘留), 금지처분(禁止), 기각처분(棄却), 기속처분(羈束), 면직처분(免職), 배해처분(排害), 벌책처분(罰責), 보안처분(保安), 보전처분(保全), 보호처분(保護), 부당처분(不當), 부정처분(不正), 불기소처분(不起訴), 사법처분(司法), 살처분(殺), 생전처분(生前), 소멸처분(消滅), 위법처분(違法), 위약처분(違約), 이익처분(利益), 자상처분(自上), 재결처분(裁決), 재량처분(裁量), 조세체납처분(租稅滯納), 즉결처분(卽決), 직권처분(職權), 집행처분(執行), 징계처분(徵戒), 체납처분(滯納), 통고처분(通告), 폐기처분(廢棄), 폐차처분(廢車), 행정처분(行政), 형사처분(刑事), 환지처분(換地).

130) 처신(處身): 세상살이나 대인 관계에 있어서, 가져야 할 몸가짐이나 행동.≒채신. ¶남의 원망을 듣지 않도록 처신을 잘하여라. 채신 · 처신 · 치신사납다(경솔하다), 채신머리 · 치신머리사납다, 채신머리 · 치신머

취 대우함), 처의(處義;의리를 지킴), 처자(處子;처녀), 처장(處長;무슨 처의 우두머리), 처지(處地;당하고 있는 형편이나 사정. 지위나 신분), 처참하다(處斬;목을 베는 형벌에 처함), 처처(處處;곳곳), 처치(處置)[131], 처판(處辨;사물을 분간하여 처리함), 처하다[132], 처형(處刑;형벌에 처하거나 사형에 처함)/되다/하다; 가거처(加居處), 가고처(可考處), 각처(各處), 각인처(各人處), 거처(居處), 거처(去處), 거래처(去來處), 결처(決處), 결루처(缺漏處), 경처(景處), 고처(高處), 공처(空處), 공급처(供給處), 공보처(公報處), 공한처(空閑處), 관심처(關心處), 교무처(教務處), 교부처(交付處), 교제처(交際處), 구처(區處;구별하여 처리함. 변통함), 구매처(購買處), 구입처(購入處), 국가보훈처(國家報勳處), 굴강처(屈强處), 귀처(貴處), 귀의처(歸依處), 극처(極處), 근처(近處), 근무처(勤務處), 금기처(禁忌處), 금장처(禁葬處), 기처(其處), 기무처(機務處), 끽반처(喫飯處), 난처하다(難處), 내처(內處), 냉처(冷處), 노처(露處), 농처(農處), 농사처(農事處), 단처(短處), 당처(當處), 대처(大處), 대처(對處), 대립처(對立處), 도처(到處), 도방처(道傍處), 도피처(逃避處), 독처(獨處), 동처(同處), 등록처(登錄處), 매입처(買入處), 면회처(面會處), 모처(某處), 묘처(妙處), 문의처(問議處), 미진처(未盡處), 미흡처(未洽處), 밀회처(密會處), 발매처(發賣處), 발신처(發信處), 발주처(發注處), 발행처(發行處), 배급처(配給處), 배부처(配付處), 법제처(法制處), 벽처(僻處), 병처(病處), 보처(補處), 보관처(保管處), 보급처(普及處), 본처(本處), 복이처(僕伊處), 부처(部處), 부근처(附近處), 부산처(不山處), 부족처(不足處), 비처(鄙處), 사결처(斜缺處), 사공처(四空處), 사무처(事務處), 사처(四處), 사처(私處), 사헐처(事歇處), 산진수회처(山盡水廻處), 산처(山處), 상처(傷處), 서식처(棲息處), 선처(善處), 소과처(所過處), 소재처(所在處), 수처(數處), 수신처(受信處), 수요처(需要處), 숙식처(宿食處), 습처(濕處), 승부처(勝負處), 시공처(施工處), 시행처(施行處), 악견처(惡見處), 안식처(安息處), 안하처(安下處), 야처(野處;들에서 거처함), 양처(兩處;두 곳), 엄처(嚴處), 연락처(連絡處), 예매처(豫賣處), 예산처(豫算處), 예약처(豫約處), 온처(溫處), 외처(外處), 요처(要處), 요람처(搖籃處), 요처(要處), 요해처(要害處), 용처(用處), 우루처(雨漏處), 원처(遠處), 원호처(援護處), 월경처(越境處), 월입처(越入處), 위안처(慰安處), 은닉처(隱匿處), 은둔처(隱遁處), 은벽처(隱僻處), 은신처(隱身處), 의난처(疑難處), 의사처(意思處), 의처(議處;의논하여 처리함), 인가처(人家處), 인근처(隣近處), 인적부도처(人迹不到處), 자처(自處), 자반처(自反處), 작처(酌處), 장처(長處), 장처(杖處), 접처(摺處), 접수처(接受處), 정처(定處), 정벽처(靜僻處), 정시처(停屍處), 조처(措處), 종처(腫處), 주목처(注目處), 주문처(注文處), 차입처(借入處), 착오처(錯誤處), 총무처(總務處), 출처(出處), 출입처(出入處), 타처(他處), 탈처(頉處), 택처(擇處), 통처(痛處), 판매처(販賣處), 품처(稟處), 피난처(避難處), 피란처(避亂處), 피서처(避暑處), 피신처(避身處), 피한처(避寒處), 한벽처(閒僻處), 헐박처(歇泊處), 혈처(穴處), 호신처(護身處), 혼처(婚處), 혼사처(婚事處), 홍보처(弘報處), 환처(患處), 회심처(會心處), 휴식처(休息處), 휴양처(休養處), 흠처(欠處) 들.

처(妻) 아내(결혼하여 남자의 짝이 된 여자). ¶아내를 얻다. 처가(妻家)[처가살이, 처가속(屬)], 처남(妻男↔妻弟), 처당(妻黨), 처덕(妻德), 처모(妻母), 처복(妻福), 처부모(妻父母), 처산(妻山), 처삼촌(妻三寸), 처상(妻喪), 처성자옥(妻城子獄), 처숙(妻叔), 처숙부(妻叔父), 처시하(妻侍下), 처실(妻室), 처외가(妻外家), 처외편(妻外便), 처자(妻子)[보처자(保)], 처재(妻財), 처제(妻弟), 처조모(妻祖母), 처조부(妻祖父), 처조카, 처족(妻族), 처질(妻姪), 처첩(妻妾), 처첩궁(妻妾宮)/처궁(妻宮), 처편(妻便), 처형(妻兄); 계처(繼妻), 공처/가(恐妻/家), 노처(老妻), 다처(多妻)[일부다처(一夫)], 대처/승(帶妻/僧), 망처(亡妻), 박처(薄妻), 발처(髮妻), 범처(梵妻), 병처(病妻), 본처(本妻), 부처(夫妻), 빈처(貧妻), 빙처(聘妻), 상처(喪妻), 악처(惡妻), 애처(愛妻), 양처(良妻), 엄처시하(嚴妻侍下), 염처(艶妻), 우처(愚妻), 유처취처(有妻娶妻), 의처증(疑妻症), 일부다처(一夫多妻), 장가처(杖家妻), 적처(嫡妻), 전처(前妻), 정처(正妻), 조강지처(糟糠之妻), 졸처(拙妻), 출처(出/黜妻), 취처(娶妻), 탁처자(託妻子), 투처(妬妻), 현모양처(賢母良妻), 현지처(現地妻), 현처(賢妻), 형처(荊妻), 후처(後妻), 휴처(休妻;처와 헤어짐) 들.

처(悽) '슬프다'를 뜻하는 말. ¶처절하다(悽絕;더할 나위 없이 애처롭다), 처참하다(悽慘;몸서리칠 정도로 슬프고 참혹하다), 처창하다(悽愴;몹시 구슬프다), 처처하다(悽悽;마음이 매우 구슬프다) 들.

처(凄) '쓸쓸하다. 춥다'를 뜻하는 말. ¶처량하다(凄涼), 처연하다(凄然;기운이 차고 쓸쓸하다), 처우(凄雨;처량하게 내리는 비), 처절(凄切), 처처하다(凄凄;찬 기운이 있고 쓸쓸하다) 들.

처근 물기 있는 물건이 약간 끈기 있게 달라붙는 모양. 〈큰〉치근. 〈센〉처끈. ¶젖은 옷이 처근처근 달라붙다. 밀가루 반죽을 치근치근 차지게 하다. 처근처근/하다. 치근거리다/대다.

처네 덧덮는 얇고 작은 이불. 포대기. ¶처네를 덮다. 누비처네, 대처네(쌓은 이불 위를 덮는 보), 머리처네(쓰개), 명주처네(明紬) 들.

처녑 소나 양의 되새김위의 제3위. 천엽(千葉). ¶처녑볶음, 처녑저냐, 처녑즙(汁), 처녑집[133], 처녑회(膾); 간처녑(肝).

처등 나무몰이를 할 때 떠내려가던 통나무들이 장애물에 겹쳐 쌓여 물길을 막는 현상. ¶뗏목이 여울목에 잔뜩 처등되어 있다.

처뚝 ①물방울 따위가 떨어지는 모양이나 소리. ¶빗방울이 처뚝 떨어지다. ②다리를 좀 절면서 걷는 모양. ¶다리를 처뚝 절면서 걸어오다. 처뚝처뚝하다.

처란 잘게 만든 탄알. 잔 탄알처럼 쇠붙이로 만든 물건.[←철환(鐵丸)]. ¶처란알(처란의 낱개).

리없다, 처신술(術), 채신 · 처신 · 치신없다,

131) 처치(處置): ①일을 감당하여 치러감. ¶적절한 처치를 하다. ②처리하여 없애거나 죽여 버림. ¶방해자를 처치해 버리다. 그놈을 처치하기가 곤란해졌다. ③상처나 헌데 따위를 치료함. ¶환자에게 소독약을 바를 뿐 다른 처치는 하지 못했다. 응급처치(應急).

132) 처하다(處): ①어떤 처지에 놓이다. ¶곤경에 처하다. ②책벌(責罰)이나 형벌(刑罰)에 부치다. ¶엄벌에 처하다.

133) 처녑집: 집의 짜임새가 알뜰하고 쓸모 있게 된 집.

처럼 체언에 붙어, 견주어 서로 비슷하거나 같음을 나타내는 부사격 조사.[〈쳐로〈톄로]. ¶소처럼 미련하다. 아이처럼 순진하다. 새처럼 날고 싶다. 그는 망설이는 것처럼 보였다. 처럼-은/만;모처럼, 좀처럼(여간하여서는. 좀체) 들.

처마 지붕이 도리 밖으로 내민 부분. ¶처마 밑에서 잠시 비를 피하다. 처마에 달린 고드름. 처맛기슭(지붕의 가장자리, 곧 처마 끝의 언저리), 처마깊이, 처마끝, 처마널(난간이나 처마 테두리에 돌려 붙인 판자), 처마높이, 처마도리, 처마돌림, 처맛물(낙숫물), 처마밑, 처마반자, 처마서까래, 처마수채, 처마안허리, 처마홈통(桶); 겹처마(서까래가 도리에서 처마 끝까지 뻗은 처마), 박공처마(牔栱), 부연처마(附椽), 합각처마(合閣), 홑처마 들.

처분 ①찰기가 있는 물건이 달라붙는 모양. ¶진흙이 신발에 처분처분 달라붙어서 한참이나 떼었다. ②사람이 꽤 끈질기게 달라붙는 모양. ¶흉물스런 사나이가 처분처분 달라붙는다. 〈작〉차분.

처음 ①어떤 일과 관련하여 차례나 시간적으로 맨 첫 번. 맨 앞.≒시작. 애초.↔끝. 나중. 마지막. ¶처음이 나쁘면 끝도 나쁘다. 처음길, 처음역(驛). ②이전에는 경험하지 못한 상태를 나타내는 말.≒비로소. ↔나중. 〈준〉첨.[←첫+엄]. ¶처음 알게 되다. 처음 보는 얼굴. 그런 일은 처음으로 당하는 일이다. 난생처음(生). ☞초(初).

처-지다 위에서 아래로 축 늘어지다. 바닥으로 잠기어 가라앉다. 뒤떨어져 남아 있다.(↔나아가다. 앞서다). ¶빨랫줄이 처져 있다. 축 처진 어깨. 처뜨리다/트리다(맥없이 늘어뜨리다. 처지게 하다), 처져붙다(언행을 겸손하게 하면서 낮추어 붙다), 처질거리(다른 것보다 못한 물건); 넘고처지다, 뒤처지다(뒤로 처지다. 뒤떨어지다), 어깨처짐(옷에서 어깨가 처진 부분), 청처짐하다(처진 듯하다. 느슨하다).

척 용언의 관형형 다음에 쓰여 '그럴듯하게 꾸미는 거짓 태도나 모양. 시늉'을 나타내는 말.≒듯. 체². ¶모르는 척 시치미를 떼다. 잘난 척을 한다. 그는 좋은 일을 하는 척한다. 알은척/하다, 척하다(≒꾸미다. 체하다. 뻐기다. 시늉하다).

척(尺) ①길이의 단위(30.3cm). 자. 길이를 재는 기구(자). '짧다. 작다'를 뜻하는 말. ¶6척 장신(長身). 5자 대어(大魚). 척각(尺角), 척골(尺骨), 척관법(尺貫法), 척도(尺度)[가치척도(價値)], 척독(尺牘), 척동(尺童;열 살 안팎의 어린이), 척량(尺量;물건을 자로 잼), 척산척수(尺山尺水), 척설(尺雪), 척소(尺素), 척지(尺地), 척지(尺紙;작은 종이. 짧게 쓴 편지), 척촌(尺寸;작은 것), 척토(尺土); 검척(劍尺), 검척(檢尺), 경척(鯨尺), 계산척(尺), 곡척(曲尺), 구척(矩尺), 구척(球尺), 구척장신(九尺長身), 궁척(弓尺;閑良), 권척(卷尺)[포권척(布)], 금척(金尺), 금척(琴尺), 기령척(奇零尺), 단척(短尺), 답척(踏尺), 대수척(對數尺), 도척(刀尺), 동척(銅尺), 동척(童尺;짧은 나무자), 매척(每尺), 목척(木尺), 묵척(墨尺), 부척(浮尺), 부척(副尺), 산척(山尺), 서척(書尺), 승척(繩尺), 영조척(營造尺), 월척(越尺), 유척(鍮尺), 윤척(輪尺), 인척(人尺), 인척(印尺), 장척(丈尺), 장척(長尺), 재봉척(裁縫尺;바느질자), 조척(照尺;가늠자), 주척(主尺), 주척(周尺), 죽척(竹尺), 준척(準尺), 지척(咫尺), 철척(鐵尺), 촌척(寸尺), 축척(縮尺), 침척(針尺;바느질자), 포권척(布卷尺), 포백척(布帛尺), 포척(布尺), 표척(標尺), 함척(函尺), 해척(解尺), 현척(現尺), 황종척(黃鐘尺). ②'장이(기술자)'를 뜻하는 말. ¶진척(津尺;나룻배의 사공), 포척(鮑尺;전복을 따는 사람), 해척(海尺;고기잡이를 업으로 하는 사람), 화척(禾尺;白丁) 들.

척(隻) ①원한 관계. 소송 사건의 피고. ¶척진 사이. 친구끼리 척지다. 이웃끼리 척지고 살 테냐? 척지다(서로 원한을 품게 되다), 척짓다[134]; 작척하다(作隻). ②'짝짓는 것의 한쪽. 한 사람. 한 개'를 뜻하는 말. ¶척각(隻脚), 척구(隻句), 척보(隻步;반걸음), 척분척리(隻分隻厘;매우 적은 액수의 돈), 척수(隻手;한쪽 손. 외로운 처지), 척신(隻身), 척안(隻眼), 척애(隻愛;짝사랑), 척영(隻影;외따로 있는 물건의 그림자), 척일(隻日;홀수인 날), 척창(隻窓), 척푼척리(隻分隻厘), 척행(隻行;먼 길을 혼자서 떠나는 일); 송척(訟隻), 양척(兩隻;원고와 피고), 원척(元/原隻), 작척(作隻), 피척(彼隻), 형단영척(形單影隻). ③배를 세는 단위. ¶여객선 두 척. 선척(船隻;배).

척(戚) '성(姓)이 다른 겨레붙이의 관계'를 뜻하는 말. ¶척이 있다. 척당(戚黨), 척리(戚里), 척말(戚末;성이 다른 겨레붙이에 대해 자기를 낮추어 부르는 말), 척분(戚分;친족이 아닌 겨레붙이로서의 관계), 척속(戚屬;친속이 아닌 겨레붙이), 척숙(戚叔;아저씨뻘이 되는 사람), 척신(戚臣), 척의(戚誼;인척간의 정의), 척제(戚弟), 척족(戚族), 척종(戚從;自己), 척질(戚姪;조카뻘 되는 인척), 척하(戚下;戚末), 척형(戚兄;형뻘 되는 사람); 국족척(國族戚), 국척(國戚), 귀척(貴戚), 근척(近戚), 내척(內戚), 내외척(內外戚), 내척(內戚), 사촌척(四寸戚), 서척(敍戚), 외척(外戚), 원척(遠戚), 육척(六戚;모든 혈족), 인척(姻戚), 절척(切戚), 족척(族戚), 종척(宗戚), 직척(直戚), 친척(親戚), 호척(呼戚), 혼척(婚戚), 훈척(勳戚), 휴척(休戚) 들.

척(斥) '물리치다. 내치다. 엿보다'를 뜻하는 말. ¶척거(斥去;배척하여 없앰), 척거(斥拒;배척하여 거절함), 척로(斥鹵)[135], 척력(斥力↔引力), 척매(斥賣;헐값으로 마구 팖), 척불숭유(斥佛崇儒), 척사(斥邪)[척사론(論); 위정척사(衛正斥邪)], 척언(斥言;남을 배척하는 말), 척축(斥逐), 척출(斥黜;벼슬을 떼어 내쫓음), 척퇴(斥退;물리쳐 도로 쫓음), 척화(斥和;화해하자는 의논을 물리침)[척화파(派)], 척후(적의 형편이나 지역을 살핌)/병(斥候/兵); 견척(見斥;배척을 당함), 논척(論斥;옳고 그름을 따져 물리침), 면척(面斥), 배척(排斥), 빈척(擯斥), 상척(相斥), 소척(疏/疎斥), 양척(攘斥), 제척(除斥), 증척(憎斥), 지척(指斥), 직척(直斥), 축척(逐斥), 퇴척(退斥), 폄척(貶斥), 힐척(詰斥) 들.

척(脊) '등뼈'를 뜻하는 말. ¶척감(脊疳), 척강(脊强), 척골(脊骨), 척량(脊梁;등성마루)[척량골(骨), 척량산맥(山脈)], 척릉(脊稜;산줄기의 등성이), 척색(脊索), 척수(脊髓;등골)[척수로(癆), 척수막(膜), 척수병(病), 척수신경(神經), 척수염(炎)], 척주(脊柱), 척추(脊椎;등마루)[척추골(骨), 척추동물(動物), 척추염(炎)]; 산척(山脊), 어

134) 척짓다(隻): 서로 원한을 품을 만한 일을 만들다. ¶같은 회사에 근무하면서 서로 척지고 지낼 것까지는 없잖은가.

135) 척로(斥鹵): 소금기가 많아 곡물을 재배할 수 없는 땅.

ㅊ

목윤척(魚目倫脊), 어무윤척(語無倫脊), 옥척(屋脊;용마루), 윤척없다(倫脊) 들.

척(瘠) '메마르다[↔옥(沃)]. 여위다. 파리하다'를 뜻하는 말. ¶척박토(瘠薄土), 척박하다(瘠薄;땅이 몹시 메마르고 기름지지 못하다), 척지(瘠地), 척토(瘠土;메마른 땅); 비척(肥瘠), 수척(瘦瘠), 토척(土瘠), 황척하다(荒瘠), 훼척(毁瘠), 훼척골립/척골(毁瘠骨立;너무 슬퍼하여 바싹 말라 뼈가 앙상하게 드러남) 들.

척(拓) '넓히다. 열다'를 뜻하는 말. ¶척식(拓植/殖), 척지(拓地), 척토(拓土); 간척(干拓), 개척/자(開拓/者), 낙척(落拓;불우한 환경에 빠짐). §'비문(碑文)을 종이에 박아 내다'의 뜻으로 쓰일 경우에는 [탁]으로 읽음. 탁본(拓本).

척(擲) '던지다'를 뜻하는 말. ¶척거(擲去), 척사(擲柶;윷놀이), 척사/하다(擲梭), 척살(擲殺;메어쳐서 죽임), 척전(擲錢), 척탄(擲彈;던지는 폭탄)[척탄병(兵), 척탄통(筒)]; 방척(放擲), 일척(一擲), 쾌척(快擲), 타척(打擲), 투척(投擲), 포척(抛擲) 들.

척(蹠) '발바닥. 밟다'를 뜻하는 말. ¶척골(蹠骨;발목과 발가락 사이에 있는 발의 뼈); 대척(對蹠;서로 정반대가 됨)[대척자(者), 대척점(點), 대척지(地)], 부척(跗蹠) 들.

척(剔) '뼈를 발라내다. 후비다'를 뜻하는 말. ¶척결(剔抉;뼈나 살을 발라냄. 부정이나 모순을 파헤쳐 깨끗이 없앰), 척출(剔出;도려내거나 후벼냄) 들.

척(陟) '오르다'를 뜻하는 말. ¶척강(陟降); 등척(登陟), 진척(進陟), 출척(黜陟) 들.

척(倜) '얽매이지 않고 대범하다'를 뜻하는 말. ¶척당하다(倜儻;뜻이 크고 기개가 있다), 척연(倜然) 들.

척(惕) '두려워하다. 걱정하다'를 뜻하는 말. ¶척상(惕想), 척연하다(惕然;근심스럽고 두렵다).

척(慽) '근심하다. 슬프다'를 뜻하는 말. ¶척연하다(慽/戚然;걱정스럽다); 참척(慘慽) 들.

척(滌) '씻다'를 뜻하는 말. ¶척서(滌暑;더위를 가시는 일); 세척(洗滌), 탕척(蕩滌) 들.

척(蹐) '살금살금 걷다'를 뜻하는 말. ¶척지(蹐地); 국척(跼蹐;황송하여 몸을 굽힘) 들.

척근-하다¹ 느슨히 휘어지거나 굽거나 척 늘어지다. ¶척근하게 처진 두 어깨.

척근-하다² 물기가 있어 척척하다. ¶척근하게 젖다. ☞ 축축하다.

척뚝 물방울 따위가 무겁게 떨어지는 모양이나 소리.

천 옷·이불 따위의 감이 되는 피륙.≒헝겊. 옷감. ¶천을 짜다. 천이 구겨지다. 천감(천을 만드는 감), 천낳이(길쌈)/하다, 천발[136], 천신발, 천심지, 천주머니, 천짜기, 천태(천으로 만든 머리띠나 수건), 천폭(幅); 고무천, 천조각, 덧천(무엇에 덧놓거나 덧대는 천), 무명천, 색동천(色;무지개처럼 여러 색깔로 짠 천), 훌라리천(후줄근하여 흐들흐들한 천), 힘받이천[137] 들.

천(天) '하늘. 하느님. 자연. 임금. 날씨'를 뜻하는 말. ¶천간(天干), 천개(天開), 천개(天蓋;관의 뚜껑), 천경지위(天經地緯), 천계(天戒), 천계(天界), 천계(天啓), 천고마비(天高馬肥), 천공(天工), 천공(天公), 천공(天功), 천공/해활(天空/海闊), 천곽(天廓;눈의 흰자위), 천관(天官), 천광(天光), 천구(天球)[천구의(儀), 천구좌표(座標)], 천구성(天狗星), 천국(天國)[지상천국(地上)], 천궁(天弓;무지개), 천궁(天宮;하늘), 천극(天極), 천근(天根;하늘 끝), 천금(天衾), 천기(天氣), 천기(天機), 천기(天璣), 천녀(天女), 천당(天堂), 천덕(天德), 천도(天桃), 천도(天道), 천례(天禮), 천록(天祿), 천뢰(天籟;자연의 소리), 천륜(天倫), 천리(天理;道理), 천마(天魔), 천막(天幕)[천막생활(生活), 천막집, 천막촌(村)], 천명(天命)[순천명(順)], 천문(天文)[천문대(臺), 천문도(圖), 천문지리(地理), 천문학(學); 상통천문(上通天文)], 천명(天明), 천방지축(天方地軸), 천벌(天伐), 천벌(天罰), 천변(天邊), 천변(天變), 천병(天兵), 천보(天步;한 나라의 운명), 천부(天賦)[138], 천부지토(天府之土), 천부인(天符印), 천분(天分), 천붕지괴(天崩地壞), 천붕지통(天崩之痛), 천사(天使)[수호천사(守護)], 천사슬[139], 천산(天山), 천산지산(天山地山)[140]/하다, 천산(天産), 천상(天象), 천상수(天上水;빗물), 천상천하(天上天下), 천생(天生;하늘로부터 타고 남)[천생배필(配匹), 천생연분(緣分), 천생인연(因緣)], 천서(天瑞), 천선(天仙), 천선(天旋), 천성(天性;마음. 바탕), 천성적(天性的), 천손(天孫), 천수(天水), 천수(天授), 천수(天壽), 천신(天神), 천심(天心), 천안(天眼), 천안(天顔), 천앙(天殃), 천애(天涯;하늘 끝), 천양(天壤;天地), 천어(天語), 천여(天與), 천연(天緣), 천연(天然)[141], 천옥(天獄), 천우(天宇;하늘의 전체), 천우/신조(天佑/神助), 천운(天運), 천원(天元), 천위(天位), 천위(天威), 천위(天爲↔人爲), 천은(天恩), 천읍(天泣), 천의(天意), 천의/무봉(天衣/無縫)[142], 천인(天人), 천일(天日)[천일염(鹽), 천일조림(照臨)], 천자(天子;임금)[143], 천자(天資;天稟), 천작(天作), 천작(天爵), 천장(天障)[144], 천장지

136) 천발: 천의 날과 씨의 굵고 가는 정도. ¶천발이 곱다.

137) 힘받이천: 수를 놓을 때에, 수를 놓는 천의 둘레에 덧대어 팽팽하게 하는 천.=힘받잇감.

138) 천부(天賦): 하늘이 줌. 선천적으로 가지고 있음. ¶천부의 권리. 천부의 재능. 천부설(說), 천부인권/설(人權/說), 천부자연(自然), 천부적(的).

139) 천사슬(天): 잔꾀를 부리지 않고 저절로 되어가는 대로 내맡겨 두는 일.

140) 천산지산: ①이런 말 저런 말을 하여 핑계를 대는 모양. ¶천산지산하다. ②갖가지로 엇갈리고 뒤섞이어 갈피를 잡을 수 없는 모양.

141) 천연(天然↔人工): 천연가스(gas), 천연고무, 천연과실(果實), 천연기념물(記念物), 천연덕스럽다(능청스럽다), 천연두(痘), 천연림(林), 천연물(物), 천연물감, 천연미(美), 천연비료(肥料), 천연빙(氷), 천연산(産), 천연색(色), 천연색소(色素), 천연생활(生活), 천연석(石), 천염섬유(纖維), 천연수(水), 천연숭배(崇拜), 천연스럽다, 천연연료(燃料), 천연염(鹽), 천연영양(營養), 천연육(育), 천연자석(磁石), 천연자원(資源), 천연적(的), 천연조림(造林), 천연하다(타고난 그대로 꾸밈이 없다), 천연향료(香料).

142) 천의무봉(天衣無縫): 천인(天人)이 입는 옷은 솔기가 없다는 뜻으로, 시가나 문장 따위가 꾸밈이 없이 퍽 자연스러움. 사물이 완전무결함.

143) 천자(天子): 천제(天帝)의 아들. 황제. ¶천자검(劍), 천자문생(門生), 천자성철(聖哲); 명천자(明;총명한 천자), 안천자(贋), 자칭천자(自稱;자기 자랑이 심한 사람).

144) 천장(天障): ①보꾹. 반자의 겉면. ¶천장그림, 천장널, 천장높이, 천장틀, 천장화(畵); 귀접이천장, 보개천장(寶蓋), 빗천장, 입천장. ②주식거래에

구(天長地久), 천장지비(天藏地秘), 천재(天才)[천재교육(敎育), 천재말, 천재적(的)], 천재/지변(天災/地變), 천재(天裁;임금의 재결), 천저(天底), 천적(天敵)[145], 천정(天井)[천정부지(不知;물건 값이 자꾸 오르기만 함), 천정천(川)], 천정(天定)[천정배필(配匹), 천정연분(緣分)], 천정(天庭), 천정(天頂)[천정거리(距離), 천정의(儀), 천정점(點); 지심천정(地心)], 천제(天帝), 천제(天祭), 천제(天際;하늘 끝), 천제사(天祭祀)/천제(天祭), 천조(天助), 천조(天造), 천조(天朝), 천종(天縱;하늘이 용납하여 마음대로 하게 함), 천주(天主), 천중(天中)[천중가절(佳節), 천중절(節)], 천지(天地)[146], 천직(天職), 천진(天眞)[천진난만(爛漫), 천진무구(無垢), 천진협사(挾詐)], 천질(天疾), 천질(天質), 천참(天塹), 천창(天窓), 천체(天體)[천체관측(觀測), 천체력(曆), 천체사진(寫眞), 천체역학(力學)], 천총(天寵), 천추(天樞), 천측(天測), 천치(天痴), 천칙(天則), 천칭(天秤), 천통(天統), 천판(天板), 천폐(天陛), 천포(天布), 천품(天稟), 천풍(天風) 천하(天下)[147], 천하(天河), 천한(天旱), 천한(天寒), 천한(天漢), 천행(天幸;하늘이 준 은혜), 천향(天香), 천험(天險), 천현(天玄), 천형(天刑), 천혜(天惠;자연의 은혜), 천화(天火), 천화(天花), 천화(天禍), 천환(天宦), 천황(天荒), 천황(天皇;옥황상제), 천회(天灰), 천후(天候;날씨. 기후)[악천후(惡), 전천후(全), 호천후(好)]; 감천(感天), 강천(江天;멀리 보이는 강 위의 하늘), 경천(景天), 경천(敬天)[경천근민(勤民), 경천애인(愛人)], 고천(告天), 구천(九天), 궁천극지(窮天極地), 귀천(歸天), 낙천(樂天), 난색천(卵色天;부옇게 흐린 하늘), 남천(南天), 냉천(冷天), 노기충천(怒氣沖天), 노천(露天;한데), 뇌천(腦天;정수리), 담천(曇天), 대천(戴天)[불공대천(不共), 불구대천(不俱)], 도솔천(兜率天), 동천(洞天), 동천(動天), 동천(東天), 등천(登天), 만천(滿天), 만천하(滿天下), 명천(明天), 모천(暮天), 무색천(無色天), 민천(旻天), 범천(梵天), 벽천(碧天), 변천(變天), 보천(普天), 봉천답(奉天畓), 북천(北天), 불천(佛天), 불구대천(不俱戴天), 비천(飛天), 사인여천(事人如天), 사천(四天), 사천(祀天), 상천(上天), 상천(霜天), 서천(西天), 서천(暑天), 서천(曙天), 석양천(夕陽天), 선천(先天), 설천(雪天), 소천(所天;남편), 수천(水天), 승천(昇天)[욱일승천(旭日)], 앙천(仰天), 양천(涼天), 양천(陽天), 역천(逆天), 염천(炎天), 오천(五天), 오천(午天;한낮), 요천(遙天), 욕천(欲天), 우천(雨天), 원천(怨天), 의기충천(意氣衝天), 인내천(人乃天), 인천(人天), 임천(任天), 장천(長天)[구만리장천(九萬里)], 재천(在天)[148], 전천(全天), 제천(祭天), 제천(諸天), 제천(霽天), 조천(早天), 중천(中天), 증장천(增長天), 진천(振天), 진천(震天), 창천(蒼天)[유유창천(悠悠)], 청천(靑天), 축천(祝天), 충천(衝天)[분기충천(憤氣), 사기충천(士氣), 살기충천(殺氣), 의기충천(意氣), 화광충천(火光)], 측천(測天), 한천(旱天), 한천(寒天)[1,2], 현천(玄天), 호천(昊天), 호천고지(呼天叩地), 환희천(歡喜天), 황천(皇天), 황천(荒天), 회천(回天), 효천(曉天), 후천(後天)[후천론(論), 후천병(病), 후천사(事), 후천성(性), 후천적(的)], 훤천(暄天) 들.

천(千) 백(100)의 열 곱절. 수가 썩 많음. ¶천 원. 천 길 물속은 알아도 계집 마음속은 모른다. 천객(千客), 천고만난(千古萬難), 천군만마(千軍萬馬), 천금(千金), 천년(千年), 천려(千慮), 천리(千里)[천리마(馬;駿馬), 천리안(眼); 삼천리(三)], 천만(千萬)[149], 천방(千方), 천변(千變), 천병(千兵), 천불(千佛), 천사만고(千思萬考), 천석꾼(千石), 천수(千手), 천승지국(千乘), 천신만고(千辛萬苦), 천심(千尋), 천암만학(千巖萬壑), 천야만야하다(千耶萬耶), 천인(千仞;아주 높거나 깊음)[천인단애(斷崖)], 천일주(千日酒), 천자문(千字文), 천재(千載;오랜 세월)[천재일시(一時), 천재일우(一遇)], 천종만물(千種萬物), 천지만엽(千枝萬葉), 천차만별(千差萬別), 천첩옥산(千疊玉山), 천추(千秋;긴 세월), 천층만층(千層萬層), 천태만상(千態萬象), 천파만파(千波萬波), 천편일률(千篇一律), 천호만환(千呼萬喚); 누천년(累千年), 당천(當千), 수천(數千), 어천만사(於千萬事) 들.

천(賤) '천하거나 귀하지 않다. 값이 싸다(헐하다)'를 뜻하는 말.↔귀(貴). ¶천가(賤價), 천격(賤格), 천골(賤骨), 천공(賤工), 천구(賤軀), 천기(賤技), 천기(賤妓), 천녀(賤女), 천노(賤奴), 천대(賤待), 천더기[150], 천루(賤陋), 천매(賤買), 천매(賤賣), 천명(賤名), 천민(賤民), 천보, 천부(賤夫), 천부(賤婦), 천비(賤婢), 천속(賤俗), 천솔(賤率), 천시(賤視), 천식(賤息;아들), 천신(賤臣), 천업(賤業), 천역(賤役), 천열(賤劣), 천이(賤易), 천인(賤人), 천장부(賤丈夫), 천조(賤曹), 천직(賤職), 천질(賤質), 천집사(賤執事), 천첩(賤妾), 천출(賤出), 천칭(賤稱), 천토(賤土), 천품(賤品), 천하다(↔귀하다), 천한(賤寒), 천한(賤漢), 천향(賤鄕); 곡천(穀賤;곡식이 많이 생산되어 값이 헐함), 공천(公賤), 귀천(貴賤), 면천(免賤), 미천(微賤), 비천하다(卑賤), 빈천(貧賤), 사천(私賤), 상천(常賤), 양천(良賤), 자천배타(自賤拜他) 지천(至賤), 하천(下賤) 들.

천(泉) '샘. 저승'을 뜻하는 말. ¶천맥(泉脈), 천문(泉門), 천석(泉石), 천석고황(泉石膏肓), 천수(泉水), 천양(泉壤), 천원(泉源), 천하(泉下;저승), 천화(泉華); 간헐천(間歇泉), 감천(甘泉), 계천(溪泉), 광천(鑛泉), 구천(九泉;저승), 냉천(冷泉), 녹반천(綠礬泉), 도천(盜泉), 방사능천(放射能泉), 벽천(壁泉), 분등천(噴騰泉), 분천(噴泉), 비천(飛泉), 산성천(酸性泉), 석고천(石膏泉), 석천(石泉), 식염천(食鹽泉), 알칼리천(alkali), 암천(巖泉), 열천(冽泉), 열하천(裂罅泉), 염천(鹽泉), 염류천(鹽類泉), 영천(靈泉), 옥천(玉泉), 온천(溫泉), 용천(溶泉), 용천(龍泉), 용천혈(湧泉穴), 원천(源泉), 유황천(硫黃泉), 임천(林泉), 철천(鐵泉), 청천(淸泉), 탄산천(炭酸泉),

---

서, 일정 기간 중에 가장 높은 시세(↔바닥).

145) 천적(天敵): 천연(天然)의 적이란 뜻으로, 어떤 생물에 대하여 해로운 적이 되는 생물. 개구리에 대한 뱀, 쥐에 대한 고양이 따위.

146) 천지(天地): 하늘과 땅. 세상. ¶천지각(角;위아래로 난 짐승의 뿔), 천지간(間;이 세상), 천지개벽(開闢), 천지분격(分格;서로 다툼), 천지신명(神明), 천지에, 천지진동(震動), 천지창조(創造), 천지판(板); 대명천지(大明), 무법천지(無法), 별천지(別), 소천지(小;좁은 사회), 암흑천지(暗黑), 호중천지(壺中;仙境).

147) 천하(天下): 천하대세(大勢), 천하명창(名唱), 천하무적(無敵), 천하사(事), 천하없어도/없이/에, 천하일색(一色), 천하일품(一品), 천하장사(壯士), 천하제일(第一), 천하태평(泰平), 천하통일(統一); 만천하(滿), 부유천하(富有), 철환천하(轍環), 통천하(通), 통천하(統), 평천하(平).

148) 재천(在天): 부귀재천(富貴), 성사재천(成事), 인명재천(人命).

149) 천만(千萬): 만의 천 배. 비길 데 없음. 수나 양이 썩 많은. 아주. 매우. ¶천만의 말씀. 천만 모를 소리. 천만금(金), 천만다행(千萬), 천만뜻밖, 천만에, 천만부당(不當;조금도 가당치 않음), 천만인(人); 위험천만(危險).

150) 천더기(賤): 업신여김만 받는 사람. 또는 그런 물건. ¶천덕스러운 녀석. 천덕구니(천더기), 천덕꾸러기, 천덕스럽다.

탕천(湯泉), 태천(笞泉), 한천(寒泉), 현천(懸泉;폭포수), 화천(禍泉;술), 황천(黃泉;저승) 들.

천(川) '내 · 개울'을 뜻하는 말. ¶천거(川渠), 천곡(川谷), 천렵(川獵)[천렵국, 천렵꾼, 천렵하다], 천변(川邊;냇가), 천어(川魚), 천택(川澤); 간헐천(間歇川), 감조천(感潮川), 개천[151], 건천(乾川;조금만 가물어도 마르는 내), 계천(溪川), 곡류천(曲流川), 대천(大川), 명천(名川), 모천(母川), 방천(防川)[방천길, 방천숲], 사천(沙川), 사행천(蛇行川), 산천(山川), 삼도천(三途川), 상천(常川;늘. 항상), 서천(逝川), 성천(成川), 소천(小川), 심천(深川), 야천(野川), 연장천(延長), 외래천(外來川), 월천/꾼(越川), 자류천(自流川), 자생천(自生川), 장천(長川), 적종천(適從川), 절두천(截頭川), 준천(濬川), 지류천(支流川), 천정천(天井川)[152], 평형천(平衡川), 필종천(必從川), 하천(河川), 회춘천(回春川;회춘 현상으로 침식력을 회복한 하천); 내린/ 수성/ 안성/ 오십천/ 청계천 들.

천(薦) 사람을 어떤 자리에 추천하는 일. ¶김 선생님의 천으로 문단에 데뷔하다. 천거(薦擧;인재를 어떤 자리에 쓰도록 추천함), 천골(薦骨;엉치등뼈), 천도(薦度), 천령(薦靈), 천망(薦望), 천발(薦拔), 천신(薦新;햇과실이나 농산물로 신에게 차례를 지냄)[밀천신], 천인(薦引;薦進), 천주(薦主;남을 천거하여 준 사람), 천진(薦進;사람을 천거하여 어떤 자리에 쓰게 함), 천하다, 천혼문(薦魂文); 거천(擧薦), 공천(公薦), 낙천(落薦), 도천(道薦), 부천(部薦), 비천(備薦), 세수천(歲首薦), 역천(力薦), 인천(引薦), 자천(自薦)[모수자천(毛遂;자기가 자기를 추천함), 장귀천(將鬼薦), 주천(奏薦), 추천(追薦), 추천(推薦), 타천(他薦), 특천(特薦), 피천(被薦), 항오발천(行伍發薦), 향천(鄕薦), 호천(互薦) 들.

천(遷) '옮기다. 바꾸다. 벼슬이 낮아지다'를 뜻하는 말. ¶천객(遷客;귀양살이하는 사람), 천대(遷代), 천도(遷都;도읍을 옮김), 천동(遷動), 천묘(遷墓), 천사(遷徙), 천산릉(遷山陵), 천선(遷善)[개과천선(改過)], 천연(遷延;일을 지체하거나 미룸), 천와(遷訛), 천이(遷移)[건성천이(乾性), 군락천이(群落), 습성천이(濕性)], 천인(遷人), 천임(遷任), 천장(遷葬), 천전(遷轉), 천직(遷職), 천체(遷替;옮겨 바꿈), 천추(遷推), 천화(遷化;변하여 바뀜); 개과천선(改過遷善), 동천(東遷), 맹모삼천(孟母三遷), 변천(變遷), 승천(陞遷), 우천(優遷), 좌천(左遷), 초천(超遷), 체천(遞遷), 파천(播遷), 폄천(貶遷) 들.

천(淺) '얕다. 옅다'를 뜻하는 말. ¶천견(淺見), 천근(淺近), 천녹색(淺綠色), 천단(淺短), 천문(淺聞), 천박(淺薄)[천박성(性), 천박하다], 천식(淺識)[과문천식(寡聞)], 천심(淺深), 천자(淺紫), 천작(淺酌;조용히 가볍게 술을 마심), 천재(淺才), 천청색(淺靑色), 천학(淺學), 천해(淺海), 천협(淺狹), 천홍색(淺紅色), 천황색(淺黃色), 천흑색(淺黑色); 교천(交淺), 누천(陋淺), 무천하다(蕪淺), 부천(膚淺), 비천하다(鄙淺), 심천(深淺), 연천(年淺), 일천(日淺) 들.

151) 개천(川): ①개골창에 물이 흘러 나가도록 길게 판 내. ②내. ¶개천에서 용 난다. 개천가; 사복개천(더러운 개천이란 뜻으로, 거리낌 없이 상말을 마구하는 입이 더러운 사람을 이르는 말), 실개천.

152) 천정천(天井川): 흙이나 모래의 퇴적으로 하천의 바닥이 둑 좌우의 평지면보다 높아진 하천.

천(喘) '기침'을 뜻하는 말. ¶천급(喘急;매우 심한 천식), 천만(喘滿;숨이 차서 가슴이 몹시 벌떡거림), 천식(喘息)[기관지천식(氣管支)], 천촉(喘促;숨을 가쁘게 쉬면서 헐떡거림); 구천(久喘), 기천(氣喘), 담천(痰喘), 여천(餘喘), 일천(一喘), 잔천(殘喘), 수천(水喘), 여천(餘喘), 풍한천(風寒喘), 해천(咳喘) 들.

천(踐) '밟다. 행하다. 오르다'를 뜻하는 말. ¶천극(踐極), 천답(踐踏), 천리(踐履), 천약(踐約;약속을 지켜 실천함), 천언(踐言;말한 대로 실천함), 천조(踐祚), 천행(踐行); 실천(實踐)[실천가(家), 실천궁행(躬行), 실천력(力), 실천적(的)], 이천(履踐) 들.

천(擅) '멋대로 하다'를 뜻하는 말. ¶천권(擅權;권력을 제멋대로 부림. 獨裁), 천단(擅斷;제 생각대로 마구 처단하거나 처리함), 천명(擅名;이름을 드날림), 천살(擅殺;함부로 죽임), 천유(擅有;제멋대로 제 것으로 삼음), 천자(擅恣;제 마음대로 하여 거리낌이 없음), 천조(擅朝), 천허(擅許), 천횡(擅橫;아무 거리낌 없이 제 마음대로 함); 독천(獨擅;獨斷), 자천(恣擅), 전천(專擅) 들.

천(舛) '어그러지다. 뒤섞이다'를 뜻하는 말. ¶천박(舛駁;마구 뒤섞여서 순수하지 않음), 천오(舛誤;어그러져서 그릇됨), 천와(舛訛;말이나 글자의 잘못됨), 천잡(舛雜;뒤섞임), 천착하다[153]/스럽다(舛錯) 들.

천(闡) '열다(닫힌 것을 열다. 널리 퍼지게 하다)'를 뜻하는 말. ¶천구(闡究;깊이 연구하여 밝혀냄), 천명(闡明)[천명하다; 재천명(再)], 천발(闡發), 천양(闡揚;생각이나 주장을 드러내어 밝혀서 널리 퍼뜨림); 발천(發闡) 들.

천(穿) '뚫다'를 뜻하는 말. ¶천공(穿孔)[천공기(機), 천공판(板)], 천자(穿刺;진찰하기 위하여, 몸의 일부에 주사침을 찔러 넣어 체내의 액체를 뽑아냄), 천착(穿鑿;구멍을 뚫음. 파고들어 알려고 하거나 연구함)[천착증(症)]; 관천(貫穿), 장천공(腸穿孔) 들.

천(阡) '두렁'을 뜻하는 말. ¶천맥(阡陌;밭 사이의 길).

천(釧) '팔찌'를 뜻하는 말. ¶보천(寶釧).

천(韆) '그네'를 뜻하는 말. ¶추천(鞦韆), 추천절(鞦韆節;단오) 들.

천궁(川芎) 산형과의 여러해살이 풀. 약용식물.

천덩 끈기 있는 액체가 길게 처져 내리거나 뚝뚝 떨어지는 모양. ¶기름이 천덩천덩 떨어지다. 천덩거리다/대다, 천덩천덩/하다.

천둥 우렛소리와 번개를 동반하는 대기 중의 방전 현상(放電現象). 우레.[←천동(天動)]. ¶천둥소리에 깜짝 놀라다. 천둥인지 지둥인지 모르겠다. 천둥번개, 천둥벌거숭이[154], 천둥소리, 천둥지기(천수답), 천둥하다; 마른천둥(맑은 하늘에서 우는 천둥).

천량 살림살이에 드는 돈과 양식.[〈천량(錢糧)]. ≒재물. 재산. ¶아비가 모은 천량을 아들은 술과 노름으로 탕진했다. 천량주다(뇌물을 주다); 도련님천량(허투루 쓰지 않고 오붓하게 모은 돈), 질

153) 천착하다(舛錯): ①심정이 뒤틀려서 난잡하다. ¶속이 좁아 천착한 사람. ②생김새나 하는 짓이 상스럽고 더럽다.

154) 천둥벌거숭이: 철없이 함부로 덤벙거리는 사람. '벌거숭이'는 '붉은 잠자리'.

ㅊ

은천량(전해 내려오는 많은 재물).

천세-나다 어떤 물건이 잘 쓰여 퍽 귀하여지다. 물건이 잘 쓰여 찾는 사람이 많아지다.=세나다[2]. ¶깊은 산골에서는 천세나는 게 소금이다. 물건이 만드는 족족 천세나게 팔린다.

천-트다 ①남의 추천을 받다.[←천(薦)]. ②아무 경험이 없는 일에 처음으로 손을 대다.

철[1] 일 년의 네 계절(季節) 중 어떤 계절이 계속되는 동안. 어떤 일과 관련된 특별한 때 · 시기.≒계절(季節). ¶철이 바뀌다. 철이 이르다. 철따라 피는 꽃. 여름철에는 식중독이 일어나기 쉽다. 철겹다[155], 철그르다(철에 어긋나다), 철기(氣;계절), 철꽃, 철노동(勞動), 철늦다, 철다툼[156], 철따라(철에 맞추어), 철만나다, 철머슴, 철바람(계절풍), 철벌레(한 철에만 나타났다가 없어지는 벌레), 철복(服;철에 맞는 옷), 철새, 철옷, 철음식(飮食;철에 따라 특별히 해 먹는 음식), 철찾다(제철에 맞추다), 철철이(철마다); 가물철(가뭄이 계속 되는 때), 가뭄철(가뭄이 드는 계절), 가을철, 겨울철, 김장철, 꽃철, 농사철(農事), 늦철, 단풍철(丹楓), 당철(當), 모내기철, 밭갈이철, 봄철, 비철(非;제철이 아님), 사냥철, 사시사철(四時四), 사철(四), 수확철(收穫), 여름철, 이사철(移徙), 인사철(人事), 일철, 입시철(入試), 입학철(入學), 장마철, 제철(마땅한 때. 알맞은 시기), 졸업철(卒業), 추수철(秋收), 피서철(避暑), 한철(한창 성한 때), 행락철(行樂), 혼수철(婚需), 휴가철(休暇) 들.

철[2] 사리를 분별할 줄 아는 힘.≒셈. 속. ¶철이 없다. 철들자 망령난다. 철기(期), 철나다, 철들다, 철따구니, 철딱서니/없다, 철딱지, 철때기('철'의 비표준말), 철모르다, 철모르쟁이, 철부지(不知), 철없다/철없이; 풋철(겨우 눈뜨기 시작한 사리 분별) 들.

철(鐵) '쇠(금속 원소). 굳은 · 움직일 수 없는 · 힘찬'을 뜻하는 말. ¶철가방, 철각(鐵脚), 철갑(鐵甲)[철갑동어, 철갑상어, 철갑선(船), 철갑탄(彈)], 철강/업(鐵鋼/業), 철갱(鐵坑), 철경고(鐵硬膏), 철골(鐵骨)[철골구조(構造), 철골조건축(鐵骨造建築), 철골태(鐵骨胎)], 철공/소(鐵工/所), 철관/풍채(鐵冠/風采), 철관(鐵棺), 철관(鐵管), 철광/석(鐵鑛/石), 철교(鐵橋), 철권(鐵拳), 철궤(鐵軌), 철궤(鐵櫃), 철근(鐵筋), 철금(鐵琴), 철기/시대(鐵器/時代), 철기(鐵騎), 철길, 철단(鐵丹), 철도(鐵道)[157], 철독(鐵毒), 철둑/철롯둑, 철로(鐵路)[철로바탕, 철로판], 철롱(鐵籠), 철륜(鐵輪;쇠로 만든 바퀴), 철마(鐵馬), (가시)철망(鐵網), 철면(鐵面), 철면피(鐵面皮;뻔뻔스럽고 염치를 모르는 사람), 철모(鐵帽), 철문(鐵門), 철물(鐵物), 철반(鐵盤), 철반자(철사를 井자로 얽어매고 종이로 바른 반자), 철반토(鐵礬土;보크사이트), 철발(鐵鉢), 철방향(鐵方響;악기의 하나), 철벽/수비(鐵壁/守備), 철봉(鐵棒), 철분(鐵分), 철분(鐵粉), 철비(鐵扉), 철비(鐵碑), 철빈(鐵貧), 철사(鐵絲)[가시철사, 구리철사], 철사/유(鐵砂/釉), 철삭(鐵索), 철상(鐵像), 철색(鐵色), 철석(鐵石;굳고 단단함)[철석간장(肝腸), 철석같다/같이], 철석영(鐵石英), 철선(鐵船), 철선(鐵線), 철설(鐵屑), 철성(鐵聲), 철세균(鐵細菌), 철쇄(鐵鎖), 철수(鐵銹/鏽), 철수세미, 철심(鐵心;굳은 마음), 철안(鐵案;확고한 의견), 철액(鐵液;쇠똥을 우린 물), 철어렁이[158], 철엽(鐵葉;문짝에 붙여 박는 장식), 철옥(鐵獄), 철옹산성(鐵甕山城)/철옹성(鐵甕城;매우 튼튼히 둘러싼 것), 철완(鐵腕;무쇠처럼 억세고 야무진 팔), 철우(鐵牛), 철의(鐵衣), 철인(鐵人), 철자[尺], 철장(鐵杖;쇠지팡이), 철장(鐵場), 철장(鐵腸;鐵心), 철장(鐵漿), 철재(鐵材), 철재(鐵滓), 철적(鐵笛;날나리), 철전(鐵箭), 철전(鐵錢), 철점(鐵店), 철정(鐵釘), 철정(鐵鼎), 철제(鐵製), 철제(鐵蹄;마소의 발바닥에 대는 쇠), 철제(鐵劑), 철조/망(鐵條/網), 철족원소(鐵族元素), 철주(鐵舟), 철주(鐵朱), 철주(鐵柱), 철주자(鐵鑄字), 철중석(鐵重石), 철질(번철에다 부침개를 부치는 짓), 철중쟁쟁(鐵中錚錚), 철창(鐵槍), 철창(鐵窓;감옥)[철창생활(生活;감옥살이), 철창신세(身世)], 철책(鐵柵), 철척(鐵尺), 철천(鐵泉), 철첨(鐵尖), 철체(철사로 쳇불을 메운 채), 철추(鐵椎;쇠몽둥이), 철칙(鐵則;변경하거나 어길 수 없는 굳은 규칙), 철탄(鐵彈), 철탑(鐵塔), 철태(鐵胎;검붉은 빛깔의 도자기), 철태궁(鐵胎弓;쇠로 만든 활), 철통(鐵通), 철통/같다(鐵桶;쇠로 만든 통), 철퇴(鐵槌;쇠몽둥이), 철판(鐵板), 철편(鐵片), 철편(鐵鞭), 철폐(鐵肺), 철포(鐵砲), 철필(鐵筆), 철한(鐵限), 철한(鐵漢), 철함(鐵艦), 철혈(鐵血)[철혈재상(宰相), 철혈정략(政略)], 철화(鐵火), 철확(쇠절구), 처란/철환/제(鐵丸/劑), 철획(鐵劃;글씨의 힘찬 획); 가시철, 갈철/광(褐鐵/鑛), 갑철(甲鐵), 강철/선(鋼鐵/線), 격철(擊鐵;공이치기), 경철(輕鐵), 경철(鏡鐵), 고철(古鐵), 곡철(曲鐵), 괴철(塊鐵), 구철(矩鐵), 구철(鉤鐵), 궤철(軌鐵), 금철(金鐵), 남철(藍鐵), 능청(菱鐵;마름쇠), 단철/장(鍛/煆鐵/場), 동개철[159], 동철(冬鐵), 동철(銅鐵), 마철(馬鐵), 마제철(馬蹄鐵), 묵철(무쇠를 녹이어 만든 탄알), 박철(縛鐵), 번철(燔鐵), 분철(分鐵), 사철(砂鐵), 산화철(酸化鐵), 생철[←서양철(西洋鐵)], 생철(生鐵;주철), 선철(銑鐵), 설철(屑鐵), 숙철(熟鐵;시우쇠), 순철(純鐵), 신철(伸鐵), 싸리철[160], 아연철(亞鉛鐵;함석), 약철(藥鐵;화약과 철환), 양철(洋鐵), 여철(藜鐵;마름쇠), 연철(鉛鐵), 연철(軟鐵), 연철(鍊/練鐵), 염화철(鹽化鐵), 오공철(蜈蚣鐵), 오족철(烏足鐵), 용수철(龍鬚鐵;출렁쇠), 운철(隕鐵), 유철(柔鐵), 유철(鍮鐵;놋쇠), 자철(子鐵), 자철(磁鐵), 자연철(自然鐵), 잡철(雜鐵), 적철(炙鐵;석쇠), 전철(煎鐵), 전철(電鐵), 정철(正鐵), 정철(精鐵), 제철(製鐵), 제철(蹄鐵;편자), 조철(條鐵), 조철(銚鐵), 주철(鑄鐵), 지남철(指南鐵), 지네철, 질산철(窒酸鐵), 찬철(鑽鐵;金剛砂), 청철(靑鐵), 촌철(寸鐵), 탄화철(炭化鐵), 파철(破鐵), 파형철(波形鐵), 패철(佩鐵), 편철(片鐵), 함석철, 함철(含鐵), 환원철(還元鐵), 황산철(黃酸鐵), 황화철(黃化鐵) 들.

철(綴) ①'묶다. 짜 맞추다'를 뜻하는 말. ¶철끈, 철목(綴目), 철음(綴音), 철자(綴字), 철자법(綴字法;맞춤법), 철하다; 가철(假綴),

155) 철겹다: 제철에 뒤지어 맞지 않다. 철늦다. ¶철겨운 부채질하다 봉변 안 당하는 놈 없다. 철겨운 옷. 철겹게 오는 비.

156) 철다툼: 철을 놓치지 아니하려고 서둘러 대는 일.

157) 철도(鐵道): 철도경찰(警察), 철도교(橋), 철도대(隊), 철도망(網), 철도운임(運賃), 철도차량(車輛), 철도청(廳), 철도편(便); 강삭철도(鋼索), 고가철도(高架), 경편철도(輕便), 산악철도(山岳), 전기철도(電氣)/전철(電鐵), 지하철도(地下).

158) 철어렁이: 철사로 얽어 만든 삼태기. 광석이나 버력 따위를 담아 붓는 데 씀.

159) 동개철(鐵): 대문짝의 아래 위 장부가 쪼개지지 않도록 싸서 대는 납작한 쇳조각.

160) 싸리철(鐵): 기계로 손가락처럼 둥글고 길게 뽑아낸 쇠.

늠철하다(凜綴;위태로워서 두렵다), 도면철(圖面綴), 무선철(無線綴), 보철(補綴), 분철(分綴), 연철(連綴), 용지철(用紙綴), 잡철(雜綴), 점철(點綴), 접철(摺綴), 종철(縱綴), 지철기(紙綴器), 집철(輯/集綴), 편철(編綴), 합철(合綴), 횡철(橫綴). ②일부 명사 뒤에 붙어 '그것을 한데 꿰매어 놓은 물건'의 뜻을 더하는 말. ¶기록철(記錄綴), 도면철(圖面綴), 무선철(無線綴), 문서철(文書綴), 사무철(事務綴), 서류철(書類綴), 신문철(新聞綴), 영수증철(領收證綴), 자료철(資料綴), 전표철(傳票綴), 편지철(便紙綴) 들.

철(撤) '거두어들이다'를 뜻하는 말. ¶철가도주(撤家逃走), 철거(撤去;건물이나 시설 따위를 걷어치워 버림)[철거민(民), 철거되다/하다(치우다. 헐다); 강제철거(强制)], 철군(撤軍), 철궤연(撤几筵), 철귀(撤歸), 철농(撤農), 철렴(撤簾;수렴청정을 거둠), 철배(撤排), 철병(撤兵), 철사(撤祀;제사를 마침), 철상(撤床), 철수(撤收;거두어들이거나 걷어치움), 철시(撤市), 철악(撤樂), 철전(撤廛), 철직(撤直), 철찬(撤饌), 철천지한(徹天之恨), 철퇴(撤退;撤收), 철파(撤罷), 철폐(撤廢), 철환(撤還;거두어 가지고 돌아감), 철회(撤回;일단 낸 것이나 보낸 것을 도로 거두어들임); 폐철(廢撤), 포철(抛撤), 훼철(毁撤) 들.

철(徹) '통하다. 꿰뚫다. 사무치다'를 뜻하는 말. ¶철갑탄(徹甲彈), 철골(徹骨), 철두철미(徹頭徹尾), 철상철하(徹上徹下), 철소(徹宵), 철야(徹夜;밤샘), 철야농성(徹夜籠城), 철저(徹底;속속들이 관철하는 모양이나 태도)[철저하다; 대오철저(大悟), 불철저(不)], 철천(徹天)[161]; 관철(貫徹), 관철(觀徹), 냉철하다(冷徹), 명철(明徹), 통철(洞徹;깊이 살펴서 깨달음), 통철(通徹;막힘이 없이 통함), 투철(透徹;투명함. 사리가 분명하고 뚜렷함) 들.

철(哲) '밝다. 슬기롭다'를 뜻하는 말. ¶철리(哲理;현묘한 이치. 철학상의 이치나 원리), 철부(哲夫), 철부(哲婦), 철사(哲士), 철인(哲人), 철학(哲學)[162]; 고철(古哲), 명철(名哲), 명철하다(明哲;총명하여 사리에 밝다), 명철보신(明哲保身), 문사철(文史哲), 서철(西哲), 선철(先哲), 성철(聖哲), 영철(英/穎哲), 예철(睿哲), 전철(前哲), 현철(賢哲) 들.

철(轍) '수레바퀴가 지나간 자국. 흔적'을 뜻하는 말. ¶철적(轍迹), 철환(轍環)[철환천하(天下)]; 궤철(軌轍), 당랑거철(螳螂拒轍), 동일철/동철(同一轍;같은 길. 사물의 똑같은 경과), 복철(覆轍), 부답복철(不踏覆轍), 일철(一轍)[동귀일철(同歸一轍)], 전철(前轍; 覆轍)[163], 전철기(轉轍機), 전철수(轉轍手), 학철(涸轍) 들.

철(凸) '볼록한'의 뜻을 나타내는 말.↔요(凹). ¶철각(凸角), 철다각형(凸多角形), 철렌즈, 철륭(凸隆;높게 솟아오름)/하다, 철면(凸面), 철면경(凸面鏡), 철요(凸凹), 철조(凸彫), 철판(凸版), 철형(凸形); 요철(凹凸) 들.

철(掇) '줍다. 주워 모으다'를 뜻하는 말. ¶철습(掇拾); 습철(拾掇) 들.

철(掣) '당기다. 억눌리다'를 뜻하는 말. ¶철주(掣肘;간섭하여 마음대로 못하게 함); 견철(牽掣) 들.

철(澈) '물이 맑다'를 뜻하는 말. ¶징철하다(澄澈;대단히 맑다), 형철(瑩澈) 들.

철(輟) '그치다. 하던 일을 멈추다'를 뜻하는 말. ¶철업(輟耕;밭가는 일을 그만둠), 철조(輟朝;임금의 고뇌) 들.

철골 몸이 야위어 뼈만 앙상한 모양이나 상태. ¶오랜 병으로 철골이 되었다.

철릭 옛 무관(武官)이 입던 공복(公服)의 하나[←terlig〈몽〉]. ¶철릭짜리; 남철릭(藍), 청저철릭(靑苧), 홍철릭(紅).

철매 연기에 섞여 나오는 검은 가루. 또는, 그 가루가 엉겨 붙은 그을음. ¶철매가 꽉 찬 굴뚝.

철쭉 진달랫과의 낙엽 교목. ¶철쭉꽃, 철쭉나무.

첨(尖) '뾰족하다. 날카롭다'를 뜻하는 말. ¶첨단(尖端;끝. 앞장)[첨단거대증(巨大症), 첨단공포(恐怖), 첨단방전(放電), 첨단부(部), 첨단비대증(肥大症), 첨단산업(産業), 첨단화(化)], 첨리(尖利;첨예), 첨미(尖尾), 첨병(尖兵), 첨봉(尖峰), 첨수(尖袖;통이 좁은 소매), 첨예(尖銳)[첨예분자(分子), 첨예하다, 첨예화/되다/하다(化)], 첨원/체(尖圓/體), 첨족(尖足;병적으로 뒤꿈치가 땅에 닿지 아니하는 발), 첨체(尖體), 첨탑(尖塔), 첨형(尖形;끝이 뾰족하게 생긴 모양); 도첨(刀尖;칼끝), 방첨탑(方尖塔), 설첨(舌尖;혀끝), 세첨(細尖), 족첨(足尖;발부리), 지첨(指尖;손끝), 철첨(鐵尖;쇠꼬챙이), 탑첨(塔尖), 폐첨(肺尖) 들

첨(添) '덧붙이다. 보태다'를 뜻하는 말. ¶첨가(添加)[첨가반응(反應), 첨가어(語)], 첨감(添減), 첨감(添感), 첨모직(添毛織), 첨배(添杯), 첨병(添病), 첨보(添補;더하여 보충함), 첨부(添附)[첨부되다/하다, 첨부물(物)], 첨삭(添削;고쳐쓰기), 첨산(添算), 첨서/낙점(添書/落點), 첨설(添設), 첨수(添祟), 첨언(添言), 첨입(添入), 첨작(添酌), 첨잔(添盞), 첨장(添狀;添翰), 첨죄(添罪), 첨증(添症), 첨증(添增), 첨찬(添竄;시문을 자꾸 첨삭하여 고침), 첨치(添齒;나이를 한 살 더 먹음), 첨한(添翰;무엇을 보낼 때 첨부하는 편지); 가첨(加添), 별첨(別添), 보첨(補添), 화사첨족(畵蛇添足) 들.

첨(籤) 여럿 가운데 어느 하나를 골라잡게 하여, 적힌 기호에 따라 승부나 차례 따위를 결정하는 방법. '제비[抽籤(추첨)]'를 뜻하는 말. ¶첨대[竹][164], 첨사(籤辭), 첨자(籤子;점대), 첨지(籤紙;책 따위

---

161) 철천(徹天): 하늘에 사무침. ¶철천의 원한. 철천지원수(徹天之怨讐), 철천지한(徹天之恨).

162) 철학(哲學): 인생이나 세계의 근본 원리를 추구(追究)하는 학문. 일정한 세계관이나 신조. ¶철학가(家), 철학사(史), 철학자(者), 철학적(的); 가치철학(價値), 개똥철학(엉터리 철학), 경험철학(經驗), 계몽철학(啓蒙), 과학철학(科學), 교육철학(敎育), 근세철학(近世), 내재철학(內在), 도덕철학(道德), 동양철학(東洋), 동일철학(同一), 법철학(法), 분석철학(分析), 비교철학(比較), 비판철학(批判), 사변철학(思辨), 사회철학(社會), 생명철학(生命), 생활철학(生活), 서양철학(西洋), 선험철학(先驗), 성명철학(姓名), 수리철학(數理), 순수철학(純粹), 순정철학(純正), 실존철학(實存), 실천철학(實踐), 심리철학(心理), 언어철학(言語), 역사철학(歷史), 염세철학(厭世), 이론철학(理論), 인생철학(人生), 자연철학(自然), 정신철학(精神), 정치철학(政治), 정험철학(定驗), 종교철학(宗敎).

163) 전철(前轍): 앞서 지나간 수레바퀴의 자국이라는 뜻으로, 앞사람의 실패의 경험. ¶전철을 밟다(이전 사람의 잘못이나 실패를 되풀이하다).

164) 첨대(竹): 책장 사이나 포갠 물건 틈에 끼워서 표하는 데 쓰는 얇은 댓조각.

ㅊ

에 무엇을 표시하려고 붙이는 쪽지), 첨통(籤筒;점대를 담는 통); 당첨(當籤), 당첨자(當籤者), 두첨(頭籤;내용의 줄거리를 적어서 글머리에 붙이는 쪽지), 복첨(福籤), 상첨(上籤), 서첨(書籤), 죽첨(竹籤), 추첨(抽籤;제비를 뽑음), 하첨(下籤) 들.

첨(僉) '다. 모두. 여러'를 뜻하는 말. ¶첨군자(僉君子;여러 점잖은 사람), 첨위(僉尉), 첨위(僉位;여러분), 첨의(僉意), 첨의(僉議), 첨존(僉尊), 첨좌(僉座;여러분 앞), 첨지(僉知;성 아래에 붙이어 나이 많은 이를 낮추어 부르던 말) 들.

첨(檐) 지붕이 도리 밖으로 내민 부분인 '처마'를 뜻하는 말. ¶첨계/석(檐階/石;댓돌), 첨단(檐端;처마의 끝), 첨차(檐遮), 첨하(檐下;처마의 아래); 단첨(短檐), 비첨(飛檐), 왜첨(矮檐), 회첨(會檐) 들.

첨(瞻) '바라보다. 우러러보다'를 뜻하는 말. ¶첨례(瞻禮), 첨망(瞻望), 첨배(瞻拜), 첨부(瞻部), 첨상(瞻想), 첨성대(瞻星臺), 첨시(瞻視), 첨앙(瞻仰;우러러 봄), 첨전고후(瞻前顧後); 관첨(觀瞻), 용첨(聳瞻;발돋음하고 봄), 전첨후고(前瞻後顧) 들.

첨(諂) '남에게 잘 보이려고 알랑거리며 비위를 맞추다'를 뜻하는 말. ¶첨곡(諂曲), 첨녕(諂佞), 첨미(諂媚;아첨하여 아양을 떪), 첨소(諂笑;아첨하여 웃는 일), 첨유(諂諛;아첨하여 알랑거림); 사첨(邪諂), 아첨(阿諂), 외첨내소(外諂內疎) 들.

첨(幨) '수레에 둘러친 휘장'을 뜻하는 말. ¶첨거(幨車), 첨유(幨帷;가마·수레에 치는 휘장).

첨(沾) '젖다'를 뜻하는 말. ¶첨습(沾濕); 균첨(均沾) 들.

첨(簷) '처마'를 뜻하는 말. ¶모첨(茅簷), 양첨(涼簷) 들.

첨첨 조금씩 잇달아 더하거나 겹치는 모양. 자꾸 더끔더끔 보태는 모양. ¶솔가리를 첨첨 그러모아 쌓다.

첩[1] 드나들지 못하도록 문에 나무를 걸쳐 대고 못을 박아 못 열게 하는 일. ¶대문을 첩을 박아 봉해 버렸다. 대문에 첩 박은 빈집.

첩[2] 그릇. 반상기 한 벌에 갖추어진 쟁첩을 세는 단위. ¶칠 첩 반상을 받아보니 기분이 좋았다. 실첩(종이로 접어 만들어 실이나 헝겊 조각 따위를 담는 손그릇), 쟁첩(반찬을 담는 작은 그릇).

첩(帖/牒) 일부 명사 뒤나 한자어 어근에 붙어 '사진이나 그림 따위를 모아 묶어 놓은 책. 문서'의 뜻을 나타내는 말. ¶첩보(牒報;서면보고), 첩지(牒紙); 가첩(家牒), 갱재첩(賡載帖), 계첩(戒牒), 공첩(公牒), 공명첩(空名帖), 그림첩, 납속첩(納粟帖), 단오첩(端午帖), 도첩(圖帖), 도첩(度牒), 도화첩(圖畵帖), 면역첩(免役帖), 명첩(名帖), 묵첩(墨帖), 문첩(文牒), 물침첩(勿侵帖), 바늘첩, 법첩(法帖), 보첩(譜牒), 부첩(簿牒), 비첩(碑帖), 사생첩(寫生帖), 사심첩(事審帖), 사인첩(sign帖), 사진첩(寫眞帖), 사첩(寺牒), 서첩(書帖), 서화첩(書畵帖), 소첩(訴牒), 수첩(手帖), 수표첩(手票帖), 습자첩(習字帖), 시첩(詩帖), 시전첩(詩箋帖), 시화첩(詩畵帖), 어첩(御帖), 어첩(御牒), 연지첩(臙脂帖), 우표첩(郵票帖), 윤첩(輪牒), 이첩(移帖), 임첩(臨帖), 장첩(粧帖), 절일첩(節日帖), 접첩(摺帖), 제명첩(祭名帖), 조흘첩(照訖), 지도첩(地圖帖), 직첩(職帖), 청첩(請牒), 체첩(體帖), 초료첩(草料帖), 체첩(體帖;글씨첩), 타첩(妥帖), 통첩(通牒;서면으로 통지함. 문서), 필첩(筆帖), 필기첩(筆記帖), 향첩(享帖), 화첩(畵帖), 회첩(回帖) 들.

첩(妾) 본처 외에 데리고 사는 여자. 여자가 자기를 낮추어 일컫던 말. ¶첩을 두다. 첩데기, 첩며느리, 첩살림/하다, 첩살이/하다, 첩실(妾室), 첩아비, 첩어미, 첩자(妾子), 첩장가(첩을 맞아 혼인하는 일), 첩장모(妾丈母), 첩장인(妾丈人), 첩쟁이, 첩출(妾出), 첩치가(妾置家); 기생첩(妓生), 기취첩(箕帚妾), 남첩(男妾), 노리개첩, 달첩(한 달에 얼마씩 받기로 하고 몸을 허락하는 여자), 동첩(童妾), 등글개첩, 미첩(美妾), 복첩(卜妾), 비첩(婢妾), 빈첩(嬪妾), 소첩(小妾), 소첩(少妾), 시첩(侍妾), 신첩(臣妾), 악첩(惡妾), 애첩(愛妾), 양첩(良妾), 작첩(作妾), 적첩(嫡妾), 종첩, 처첩(妻妾), 천첩(賤妾), 축첩(蓄妾), 폐첩(嬖妾), 호강작첩(作妾), 화초첩(花草妾) 들.

첩(捷) '이기다. 빠르다'를 뜻하는 말. ¶첩경(捷徑;반드시. 지름길), 첩로(捷路;지름길), 첩리(捷利;날쌔고 민첩함), 첩보(捷報;싸움에 이겼다는 소식이나 보고), 첩서(捷書;첩보를 적은 글), 첩성(捷成), 첩속(捷速), 첩수로(捷水路;곧게 뚫은 물길); 간첩하다(簡捷), 건첩하다(健捷), 경첩(勁捷), 경첩하다(輕捷), 극첩(克捷), 기첩(奇捷), 대첩(大捷), 민첩(敏捷), 승첩(勝捷), 자변첩질(自辯捷疾), 전첩(戰捷), 축첩(祝捷), 쾌첩하다(快捷) 들.

첩(疊) '겹치다. 거듭'을 뜻하는 말. ¶첩서(疊書), 첩설(疊設), 첩어(疊語), 첩역(疊役;부역을 거듭 부담함), 첩운(疊雲), 첩운(疊韻), 첩음법(疊音法), 첩재(疊載), 첩종(疊鐘), 첩첩(疊疊)[첩첩산중(山中), 첩첩수심(愁心), 첩첩이], 첩출(疊出;같은 사물이 거듭 나오거나 생김); 능첩(稜疊), 만첩(萬疊), 적첩(積疊), 전첩(戰捷), 조첩(稠疊), 중첩(重疊), 진첩(震疊), 천첩옥산(千疊玉山), 층첩(層疊), 퇴첩(堆疊) 들.

첩(貼) ①약 봉지에 싼 약을 세는 단위. ¶한약 한 첩. 첩약(貼藥); 매첩(每貼), 분첩(分貼). ②바르다. 붙이다'를 뜻하는 말. ¶첩부(貼付), 첩화(貼花); 공첩(公貼;公文書), 반첩(反貼), 분첩(粉貼), 성첩(成貼) 들.

첩(諜) '몰래 적지에 들어가서 사정을 살피다. 염탐하다'를 뜻하는 말. ¶첩보(諜報)[첩보원(員), 첩보전(戰), 첩보활동(活動), 첩보기관(機關); 군사첩보(軍事)], 첩자(諜者), 첩적(諜敵); 간첩(間諜), 방첩(防諜), 정첩(偵諜) 들.

첩(睫) '속눈썹'을 뜻하는 말. ¶첩모(睫毛); 도첩권모증(到睫卷毛症;속눈썹이 안으로 향해 나는 병), 목첩(目睫;아주 가까운 때나 곳), 미첩(眉睫) 들.

첩(輒) '문득. 갑자기'를 뜻하는 말. ¶봉인첩설(逢人輒說), 일람첩기(一覽輒記;한번 보면 잊지 아니함), 응구첩대(應口輒對;묻는 대로 거침없이 대답함) 들.

첩(喋) '재잘거리다'를 뜻하는 말. ¶첩첩(喋喋;말을 거침없이 잘하며 수다스러운 모양), 첩첩이구(喋喋利口); 다첩(多喋;매우 수다스럽게 지껄임) 들.

첩(呫) '소곤거리다'를 뜻하는 말. ¶첩섭(呫囁;귀에 입을 대고 속삭임).

첩(堞) '성가퀴(성벽 위에 쌓은 담)'를 뜻하는 말. ¶분첩(粉堞;성 위에 낮게 쌓아 석회를 바른 담), 성첩(城堞) 들.

첩지 예전에, 부녀가 예장(禮裝)할 때에 머리 위에 꾸미던 장식품. 은으로 메뚜기 모양으로 만듦. ¶첩지머리(첩지를 쓴 머리. 귀를 덮어서 빗은 머리); 봉첩지(鳳;왕비나 세자비가 꽂던, 날개 벌린 봉황의 모양을 본뜬 첩지).

첫 시간적 · 공간적으로 '처음. 첫 번째'에 있는 것. ¶그와의 첫 만남은 지금으로부터 20년 전이다. 처음[←첫+엄]; 첫가물, 첫가을, 첫가지, 첫개, 첫걸, 첫걸음, 첫걸음마, 첫겨울, 첫고등[165], 첫곧이듣다, 첫국, 첫국밥, 첫기제(忌祭), 첫길, 첫나들이, 첫누이[166], 첫단추(출발), 첫날[첫날밤, 첫날옷, 첫날저녁], 첫낮, 첫눈[1,2], 첫닭, 첫닭울이, 첫대(첫째로. 무엇보다 먼저), 첫대면(對面), 첫대목, 첫대바기(맞닥뜨린 맨 처음), 첫더위, 첫도, 첫돌, 첫딱지(시작), 첫딸, 첫뜻(처음에 품은 뜻), 첫마디, 첫막(幕), 첫말, 첫맛, 첫머리, 첫모, 첫몸풀기, 첫무대(舞臺), 첫물[1](새로 지은 옷을 입고 처음 빨 때까지의 동안), 첫물[2](그 해의 첫 홍수)[첫물가다, 첫물지다], 첫밗[167], 첫발, 첫발자국, 첫밥, 첫배, 첫번(番), 첫봄, 첫사랑, 첫삽[착공(着工)], 첫새벽, 첫서리, 첫선, 첫소리, 첫손(일의 시작. 으뜸), 첫손가락, 첫손꼽다, 첫솜씨, 첫수(手), 첫술, 첫아기, 첫아들, 첫아이/첫애, 첫얼음, 첫여름, 첫울음, 첫윷, 첫음절(音節), 첫이레, 첫인사(人事), 첫인상(印象), 첫입, 첫자(字), 첫자리, 첫잔(盞), 첫잠, 첫장마, 첫정(情), 첫젖, 첫제사(祭祀), 첫조금, 첫째[168]/가다, 첫차(車), 첫천이(遷移), 첫추위, 첫출발(出發), 첫출사(出仕;처음으로 벼슬길에 나섬), 첫치, 첫코, 첫판(어떤 일이 벌어진 맨 처음의 판), 첫판(版), 첫풀이(사돈 사이에 처음으로 주고받는 선물), 첫해, 첫해산(解産), 첫행보(行步;처음으로 길을 다녀오는 일), 첫혼인(婚姻), 첫행보(行步). ☞ 초(初).

청 어떤 물건의 속에 있는 얇은 막. 목청(목소리). ¶청을 돋우다. 목청이 좋다. 갈대청/갈청(갈대의 줄기 속에 있는 막), 계면청, 귀청[고막(鼓膜)], 껄때청(크게 꽥꽥 지르는 목소리), 꾀꼬리청, 높은청, 대청[169], 막청(여자 목소리의 가장 높은 소리), 목청[목청껏, 목청소리], 비린청[170], 새청(날카로운 목소리. 새된 목소리), 속청[171], 쇠청[172], 아래청(베이스), 악청(악을 써서 지르는 목청), 얼청(엇청), 엇청[173], 여청(女;여자의 목청), 왜가리청(듣기 싫게 크고 시끄러운 소리), 자물쇠청(자물쇠에 딸린 날름쇠), 코청[174], 평조청(平調), 피리청, 핀청(목청이 높은 소리), 홑청(이불 · 요 따위의 거죽에 씌우는 홑겹의 피륙. 잇[1]). ☞ 막(膜).

청(靑) '푸르다 · 파랗다. 봄. 동쪽. 젊음'을 뜻하는 말. ¶청각채(靑角菜), 청강석(靑剛石), 청강수(靑剛水), 청개구리, 청공(靑空), 청과(靑果), 청구(靑丘;우리나라), 청구(靑鳩), 청군(靑軍), 청귤(靑橘), 청금(靑衿), 청금(靑金), 청기(靑氣), 청기(靑旗), 청기와/장수, 청꼭지(푸른 빛깔의 둥근 종이를 머리에 붙인 연), 청낭자(靑娘子;잠자리), 청녀(靑女;서리를 맡는 여신. 서리), 청년(靑年)[청년기(期), 청년단(團), 청년층(層), 청년회(會); 문학청년(文學)], 청노새, 청녹두(靑綠豆), 청니(靑泥), 청대(푸른대), 청대콩(靑;덜 익어 아직 물기가 있는 콩), 청도(靑陶), 청도깨비, 청돔, 청동(靑桐), 청동(靑銅)[175], 청등(靑燈), 청람(靑藍), 청량미(靑粱米;생동쌀), 청려장(靑藜杖), 청록(靑鹿), 청록/색(靑綠/色), 청룡(靑龍), 청루(靑樓), 청마(靑馬), 청매(靑梅), 청맹과니(靑盲), 청머루, 청미(靑米), 청바지, 청반(靑礬), 청백색(靑白色), 청벌, 청벽(靑甓), 청보(靑褓), 청보리, 청복, 청사(靑史), 청사(靑絲), 청사롱(靑紗籠), 청사진(靑寫眞), 청산(靑山)[청산녹수(綠水), 청산유수(流水)], 청산(靑酸;시안화수소), 청산호(靑珊瑚), 청삼(靑衫), 청삽사리, 청상(靑裳), 청상(靑孀), 청색(靑色)[청색사진(寫眞), 청색증(症); 녹청색(綠)], 청서(靑書), 청서(靑鼠), 청석(靑石), 청선(靑扇), 청소년(靑少年), 청소(靑素), 청솔/가지, 청송(靑松;청솔), 청숫돌, 청신호(靑信號), 청실, 청아(靑蛾), 청안(靑眼), 청안시(靑眼視), 청약립(靑篛笠), 청어(靑魚), 청연(靑鉛), 청염(靑鹽), 청옥(靑玉), 청와(靑瓦), 청와(靑蛙), 청운(靑雲)[176], 청유(靑釉), 청의(靑衣), 청자(靑瓷/磁)[청자와(瓦), 청자유(釉); 고려청자(高麗), 상감청자(象嵌)], 청작(靑雀), 청저(靑菹), 청전(靑田), 청전(靑氈), 청정미(靑精米), 청제(靑帝), 청조(靑鳥), 청죽(靑竹), 청참외, 청채(靑菜), 청천(靑天)[청천백일(白日), 청천벽력(霹靂)], 청철/땜(靑鐵), 청청하다(靑靑;싱싱하고 푸르다), 청초/절(靑草/節), 청총(靑葱), 청춘(靑春)[청춘기(期), 청춘소년(少年); 이팔청춘(二八)], 청출어람(靑出於藍;제자나 후배가 스승이나 선배보다 더 뛰어남), 청치(靑), 청치마, 청칠(靑漆), 청태/장(靑太/醬), 청태(靑苔), 청태장(靑笞杖), 청팀(靑team), 청파, 청포(靑布), 청포(靑袍), 청포도(靑葡萄), 청풍뎅이, 청피(靑皮), 청홍(靑紅), 청화(靑化;복대기를 삭히는 일)[청화금(金), 청화법(法), 청화은(銀), 청화홍(汞)], 청화(靑華/花)[백자청화(白磁)], 청황(靑黃); 감청(紺靑), 공청(空靑;빛이 푸른 광물), 군청(群靑), 남청(藍靑), 녹청(綠靑), 단청(丹靑), 담청(淡靑), 답청절(踏靑節), 당청(唐靑), 독야청청(獨也靑靑), 동청, 동청(冬靑;사철나무), 동청(銅靑), 목청(木靑), 법청(法/琺靑), 벽청(碧靑), 상청(常靑)[만고상청(萬古)], 순청/색(純靑/色), 심청(深靑), 야청

165) 첫고등: 맨 처음의 기회.

166) 첫누이: 옷을 지을 때 몸에 꼭 맞도록 맞추기 위하여 먼저 손으로 대충 호는 일.

167) 첫밗: 어떤 일이나 행동의 맨 처음의 국면(局面). ¶첫밗에 요절내다. 첫밗부터 일이 꼬인다.

168) 첫째: 맨 처음의 차례. 무엇보다 가장 먼저. 제일(第一). 일등(一等). 으뜸(↔꼴찌). 맏이(↔막내). ¶그는 우리 반에서 무엇에나 첫째다. 이 아이가 우리 집 첫째입니다. 수험생이 첫째로 고려할 일은 건강 대책이다. 첫째가다, 첫째로, 첫째항(項).

169) 대청: 대나무의 안 벽에 붙은 얇고 흰 꺼풀.

170) 비린청: 비위에 거슬리게 쨍쨍하고 어색하게 가는 목청. ¶비린청으로 노래를 부르다.

171) 속청: 대나무나 갈대 따위의 속에 들어 있는 얇은 꺼풀.

172) 쇠청: 생황의 대롱 아래 끝에 붙여 떨어 울리게 하는, 백동으로 만든 서.

173) 엇청: 악기가 시조 부르는 사람의 목소리에 맞추어 중간 높이(계면청과 평조청의 중간)의 음을 내주는 일.=얼청.

174) 코청: 두 콧구멍 사이를 막은 얇은 막.

175) 청동(靑銅): 청동기/시대(器/時代), 청동화(貨), 청동화로(火爐); 종청동(鐘).

176) 청운(靑雲): ①푸른빛을 띤 구름. ②'높은 명예나 벼슬. 입신출세'를 뜻하는 말. ¶청운의 꿈(입신출세하려는 꿈). 청운의 뜻(입신출세의 대망. 속세에서 벗어나려는 뜻). 청운객(客;높은 벼슬에 오른 사람. 청운의 뜻을 품은 사람), 청운지사(靑雲之士;학덕이 높은 사람. 높은 지위나 벼슬에 오른 사람).

ㅊ

(靑;검은빛을 띤 푸른빛)[←아청(鴉靑)〈yacin〈만〉], 역청(瀝靑), 영청(影靑;靑瓷器), 죽청지(竹靑紙), 침청(沈靑;影靑), 토청(土靑) 들.

청(淸) '맑다. 깨끗하다. 시원하다. 말끔히 치우다. 청렴하다. 꿀[밀(蜜)]이나 엿. 중국 청나라'를 뜻하는 말. ¶청가(淸歌), 청간(淸澗), 청강(淸江), 청검하다(淸儉), 청결(淸潔), 청계(淸溪), 청고하다(淸高), 청곡(淸曲), 청광(淸狂), 청국장(淸麴醬), 청규(淸閨), 청납(淸納), 청담(淸淡), 청담(淸談), 청덕(淸德), 청도(淸道), 청랑(淸朗), 청량하다(淸亮;소리가 맑고 깨끗하다), 청량(淸凉)[청량사육(飼育), 청량음료(飮料), 청량제(劑)], 청려(淸麗), 청련(淸漣), 청렬(淸冽;물이 맑고 참), 청렴(淸廉;깨끗함), 청류(淸流), 청리(淸吏), 청망(淸望;청렴하다는 명망), 청명(淸名), 청명(淸明), 청밀(淸蜜), 청백(淸白;청렴 결백함)[청백리(吏)], 청백미(淸白米), 청백색(淸白色), 청백자(淸白瓷), 청복(淸福), 청빈(淸貧), 청산(淸算)[177], 청상(淸爽;맑고 시원함), 청서(淸書), 청선(淸選;물건이나 인물을 바르게 고름), 청설(淸雪;깨끗이 씻어버림), 청세(淸世;깨끗한 세상), 청소(淸宵), 청소(淸掃)[청소부(夫/婦), 청소차(車); 대청소(大), 물청소, 방청소(房)] 청수(淸水), 청수(淸秀;깨끗하고 빼어남. 속되지 않고 뛰어남), 청순(淸純;깨끗하고 순박하거나 수수함. 純眞), 청승(淸僧), 청시(淸諡), 청신(淸晨), 청신(淸新;맑고 새로움. 깨끗하고 산뜻함), 청신남/여/사(淸信男/女/士), 청심(淸心), 청아하다(淸雅;맑고 아담하다), 청야(淸夜), 청양(淸陽;봄), 청염(淸鹽;중국 소금), 청영(淸影), 청유(淸遊;풍치 있게 놂), 청음(淸音), 청음(淸陰), 청의(淸議;고결한 언론), 청일하다(淸逸), 청작(淸酌), 청장(淸醬), 청재(淸齋), 청절(淸絶;더할 수 없이 깨끗하고 맑음), 청절(淸節;깨끗한 절개나 절조), 청정(淸淨;맑고 깨끗함)[청정무구(無垢), 청정수(水), 청정수역(水域), 청정심(心), 청정에너지, 청정재배(栽培), 청정제(劑), 청정채소(菜蔬)], 청조(淸操;깨끗한 정조나 지조), 청족(淸族;여러 대로 절의를 숭상해 온 집안), 청주(淸酒), 청직하다(淸直;성정이 청렴하고 강직하다), 청징(淸澄;맑고 깨끗함), 청채(淸債;빚을 다 갚음), 청천(淸泉), 청청하다(淸淸;소리가 맑고 깨끗하다), 청초하다(淸楚;말쑥하고 조촐하다), 청추(淸秋), 청탁(淸濁), 청포(淸泡;녹말묵), 청포탕(淸泡湯), 청풍(淸風), 청학(淸學), 청한(淸閑;청아하고 한가함), 청향(淸香;맑은 향기), 청허(淸虛;마음이 맑아서 잡생각이 없이 깨끗함), 청현(淸顯;청환과 顯職), 청혈(淸血;맑은 피), 청환(淸宦;학식·문벌이 높은 사람이 하던 벼슬), 청흥(淸興;고상하고 풍류적인 흥과 운치); 경청하다(輕淸), 도청(淘淸), 백년하청(百年河淸), 백청(白淸), 불청불탁(不淸不濁), 산명수청(山明水淸), 생청(生淸), 석청(石淸;石蜜), 숙청(淑淸), 숙청(肅淸), 숙청(熟淸), 오청(五淸), 유자청(柚子淸), 조청(造淸), 즙청(汁淸), 징청하다(澄淸), 편청(떡을 찍어 먹는 꿀), 하청(河淸), 혈청(血淸), 화청(火淸;생청을 떠낸 찌끼 꿀), 화청(和淸;음식에 꿀을 탐), 확청(廓淸)황청(黃淸), 흑청(黑淸) 들.

청(廳) '행정 기관·집. 대청마루'를 뜻하는 말. ¶청규(廳規), 청널, 청부(廳夫), 청비(廳費), 청사(廳事), 청사(廳舍)[종합청사(綜合)], 청상(廳上), 청상배(廳上拜), 청우(廳宇), 청장(廳長), 청지기, 청판(廳板)[단청판(短)], 청하(廳下); 각감청(閣監廳), 감독청(監督廳), 개청(開廳), 객청(客廳), 거려청(居廬廳), 검찰청(檢察廳), 경리청(經理廳), 경찰청(警察廳), 공청(公廳), 공청(空廳), 관청(官廳), 관세청(關稅廳), 교구청(敎區廳), 교육청(敎育廳), 교정청(校正廳), 교황청(敎皇廳), 구청(區廳), 구황청(救荒廳), 국청(鞫廳), 국세청(國稅廳), 군청(郡廳), 군정청(軍政廳), 균역청(均役廳), 기상청(氣象廳), 길청, 내경청(內徑廳), 농촌진흥청(農村振興廳), 다인청(多人廳), 대청(大廳)[대청마루; 어간대청, 육간대청(六間)], 대청(臺廳), 대교구청(大敎區廳), 대동청(大同廳), 도청(道廳), 도회청(都會廳), 등청(登廳), 마루청, 맹청(盲廳), 면청(面廳), 목로청(木爐廳), 문서청(文書廳), 문화재청(文化財廳), 법왕청(法王廳), 병무청(兵務廳), 보관청(保管廳), 보부청(褓負廳), 보양청(輔養廳), 본청(本廳), 부상청(負商廳), 빈청(賓廳), 사자청(寫字廳), 산림청(山林廳), 산실청(産室廳), 상청(上廳), 선혜청(宣惠廳), 성창(成廳), 소청(疏廳), 소관청(所管廳), 송청(送廳), 수청(守廳), 수청방(守廳房), 수산청(水産廳), 수어청(守禦廳), 숙설청(熟設廳), 시공청(施工廳), 시청(市廳), 시왕청(十王廳), 식품의약품안전청(食品醫藥品安全廳), 신청(神廳), 신방청(神房廳), 아래청, 악사청(樂師廳), 악서청(樂書廳), 안주청(按酒廳), 어영청(御營廳), 언문청(諺文廳), 여사청(輿士廳), 염라청(閻羅廳), 염마청(閻魔廳), 염초청(焰硝廳), 예산청(豫算廳), 위청, 이정청(釐正廳), 입거청(入居廳), 전매청(專賣廳), 전사청(典祀廳), 전악청(典樂廳), 전안청(奠雁廳), 정청(政廳), 정구청(停柩廳), 정록청(正錄廳), 정음청(正音廳), 제청(祭廳), 조달청(調達廳), 중앙청(中央廳), 지청(支廳), 지방청(地方廳), 진휼청(賑恤廳), 차청입실(借廳入室), 찬집청(撰集廳), 철도청(鐵道廳), 초례청(醮禮廳), 총융청(摠戎廳), 측청(厠廳), 침의청(鍼醫廳), 통계청(統計廳), 퇴청(退廳), 특허청(特許廳), 포도청(捕盜廳), 하인청(下人廳), 행정청(行政廳), 향관청(享官廳), 향청(鄕廳), 허영청/헛청(虛影廳;실제의 소재가 분명하지 못함), 현업청(現業廳), 호산청(護産廳), 호서청(湖西廳), 호위청(扈衛廳), 환경청(環境廳) 들.

청(請) 어떤 일을 이루기 위하여 남에게 하는 부탁. ¶모처럼 하는 내 청을 거절하다니. 청을 들다/ 넣다. 청가(請暇;말미를 청함), 청간(請簡), 청객(請客), 청거(請去), 청견(請見), 청구(請求)[청구권(權), 청구보석(保釋), 청구서(書), 청구인(人); 부대청구(附帶)], 청구멍, 청기(請期), 청꾼, 청대(請對), 청득(請得), 청래(請來), 청매(請賣), 청문(請文), 청번(請番), 청병(請兵), 청부(請負)[178], 청빈(請賓), 청송(請誦), 청알(請謁), 청약(請約;인수 계약을 신청하는 일), 청요(請邀), 청우법(請雨法), 청원(請援;도움을 청함), 청원(請願;국민이 문서로써 희망사항을 진술함)[청원경찰(警察), 청원권(權), 청원법(法), 청원서(書)], 청유(請由), 청유문(請誘文), 청유형(請誘形), 청의(請議), 청장(請狀), 청전(請錢), 청조(請助), 청좌(請坐), 청죄(請罪), 청질, 청쭙다(높은 이를 청하다. 높은 이에게 청하다), 청찰(請札), 청첩(請牒), 청촉(請囑;청을 들어 주기

177) 청산(淸算): ①서로 간에 채무·채권 관계를 셈하여 깨끗이 해결함. 씻어냄. ¶빚 청산. 청산거래(去來), 청산계정(計定), 청산배당(配當), 청산법인(法人), 청산소득(所得), 청산시장(市場), 청산신탁(信託), 청산인(淸算人), 청산제도(制度), 청산협정(協定), 청산회사(會社). ②과거의 부정적 요소를 깨끗이 씻어버림. 정리함. ¶봉건 잔재의 청산.

178) 청부(請負): 도급으로 일거리를 맡음. ¶청부계약(契約), 청부금(金), 청부살인(殺人), 청부업/자(業/者), 청부인(人), 청부입찰(入札); 담합청부(談合).

를 부탁함), 청탁(請託:청하며 부탁함), 청편지(請片紙), 청하다, 청혼(請婚), 청혼(請魂), 청훈(請訓:외국에 주재한 대사가 정부에 훈령을 청함); 간청(懇請), 감청(敢請), 강청(强請), 경청(敬請), 계청(啓請), 근청(謹請), 긴청(緊請), 도청(都請), 면청(面請), 불감청(不敢請), 불청객(不請客), 삼청(三請), 상청(上請), 소청(所請:청하는 일), 소청(訴請:법적 처분에 불복하여 취소 또는 변경을 청구하는 일), 소청(疏請:임금에게 상소하여 청함), 신청(申請), 앙청(仰請), 요청(要請), 읍청(泣請), 자청하다(自請), 장청(狀請), 재청(再請), 전청(轉請), 제청(提請), 주청(奏請), 진청(陳請), 천청만촉(千請萬囑), 초청(招請), 특청(特請), 하청(下請) 들.

청(聽) '듣다 · 들어주다. 따르다'를 뜻하는 말. ¶청각(聽覺)[청각교육(教育), 청각기(器), 청각장애(障碍)], 청강/생(聽講/生), 청골(聽骨), 청관(聽官), 청기(聽器), 청납(聽納), 청단(聽斷), 청력/계(聽力/計), 청령(聽令), 청리(聽理), 청문(聽聞)[179], 청소골(聽小骨), 청송(聽訟), 청시(聽視), 청신경(聽神經), 청야(聽野), 청약불문(聽若不聞), 청음(聽音), 청음기(聽音機), 청잠(聽箴), 청종(聽從), 청중(聽衆), 청진(聽診), 청취(聽取)[청취율(率), 청취자(者)], 청허(聽許); 가청(可聽), 감청(監聽), 경청(傾聽), 경청(敬聽), 공청회(公聽會), 근청(謹聽), 난청(難聽), 대청(代聽), 도청(盜聽), 도청도설(道聽塗說), 방청(傍聽)[방청객(客), 방청권(券), 방청석(席), 방청인(人)], 배청(拜聽), 범청(泛聽), 보청기(補聽器), 부청하다(俯聽), 불청(不聽), 색청(色聽), 시청(視聽), 시청(試聽), 신청(信聽), 애청(愛聽), 언청계용(言聽計用), 오청(五聽), 오청(誤聽), 용청(聳聽), 잠청(潛聽), 정청(靜聽), 중청(重聽), 참청(參聽), 천청(天聽), 체청(諦聽), 해청(駭聽), 환청(幻聽) 들.

청(晴) '개다. 하늘이 맑다'를 뜻하는 말. ¶청경우독(晴耕雨讀), 청공(晴空:맑게 갠 하늘), 청담(晴曇), 청람(晴嵐), 청랑(晴朗), 청우(晴雨), 청우계(晴雨計), 청천(晴天;晴空), 청화(晴和), 청휘(晴暉); 기청제(祈晴祭), 만청(晩晴), 반청(半晴), 반청반담(半晴半曇), 사청(乍晴), 우청(雨晴), 음청(陰晴), 추청(秋晴), 춘청(春晴), 쾌청하다(快晴), 호청(好晴) 들.

청(菁) '무'를 뜻하는 말. ¶만청(蔓菁;순무), 무청(蕪菁;순무).

청계 못된 귀신의 하나. 사람에게 씌워서 몹시 앓게 한다고 함.

청둥- '누렇다'를 뜻하는 말.[←청동(青銅)]. ¶청둥오리, 청둥호박 들.

청승 가난하고 어려워 언짢게 보이는 행동이나 태도.≒궁상(窮狀). ¶청승을 떨다. 청승궂다, 청승꾸러기, 청승맞다[180], 청승살[181], 청승스럽다/스레, 청승주머니(몹시 청승을 떠는 사람).

청올치 칡덩굴의 속껍질. 노나 베의 재료로 쓰임. ¶청올치로 노를 꼬다. 청올치비(청올치로 만든 비); 섶청올치(꼬지 않은 청올치).

청처짐-하다 아래로 좀 처진 듯하다. 동작이 바싹 조이는 맛이 없이 좀 느슨하다. ¶윗도리의 어깨가 좀 청처짐하다. 청처짐하게 행렬 뒤를 따라가다. 엉덩이가 청처짐하다. 청처지다. ☞ 처지다.

체¹ 가루를 곱게 치거나 액체를 거르는 데 쓰는 기구. ¶체로 가루를 치다. 헌 체로 술 거르듯(막힘없이 말을 술술 하는 모양). 체관/부(管/部), 쳇눈(쳇불에 나 있는 구멍), 체머리[182], 쳇다리(체를 올려놓는 기구), 체메우다/체메다, 쳇바퀴(체의 몸 부분), 쳇발(베틀에 딸린 기구), 쳇불[183], 쳇불관(冠), 쳇솔, 체장수, 체질/하다; 겹체, 고운체, 굵은체, 기름체(기름을 거르는 체), 깁체[거친 비단으로 메운 체. 견사(絹篩)], 말총체, 철체(鐵), 홑체(한 올씩으로 짠 쳇불로 메운 체), 흙체 들.

체² 관형사형 어미 '-ㄴ/은/는' 아래에 쓰여, '그럴 듯하게 꾸미는 거짓 태도. 시늉'을 뜻하는 말.≒척. ¶쳇병(거짓으로 꾸며서 그럴듯하게 보이려는 병집); 잘난 체/ 모르는 체하다. 점잖은 체를 한다. 체하다(척하다. 양하다); 알은체/하다, 젠체하다(잘난 체하다).

체³ 못마땅하여 아니꼬울 때나, 원통하여 탄식할 때 내는 소리. ¶체, 별 꼴 다 보겠네. 쳇! 그까짓 거.

체(體) '몸. 바탕 · 근본. 모양 · 용모. 입체 · 격식 · 방식. 글씨체'를 뜻하는 말. ¶글씨의 체가 예쁘다. 체간(體幹), 체감(體感)[체감되다/하다, 체감온도(溫度), 체감증(症)], 체강(體腔), 쳇것[184], 체격(體格), 체경(體鏡), 체계(體系;계통적으로 통일된 조직)[체계적(的), 체계화(化); 봉쇄체계(封鎖)], 체고(體高), 체구(體軀), 체국(體局), 체급(體級), 체기(體技), 체내(體內), 체념(體念), 체능(體能), 체대(體大), 체도(體道), 체득(體得), 체량(體量), 체량(體諒), 체력(體力), 체련(體鍊), 체례(體例/禮), 체면(體面;낯. 남볼썽)[체면치레; 불고체면(不顧)], 체모(體毛), 체모(體貌), 체목(體木), 체백(體魄), 체벌(體罰), 체법(體法), 체벽(體壁), 체색(體色), 체세(體勢), 체세포(體細胞), 체소(體素), 체소하다(體小), 체수[185]/없다, 체수면(體睡眠), 체순환(體循環), 체습(體習), 체식(體式), 체액(體液), 체양(體樣), 체언(體言), 체온(體溫)[체온계(計), 체온조절(調節); 저체온(低), 표준체온(標準)], 체외(體外), 체요(體要), 체용(體用), 체위(體位), 체육(體育)[186], 체인(體認), 체장(體長), 체재(體裁;사물을 겉에서 본 본새나 됨됨이. 형식), 체적(體積;부피)[체적팽창/계수(膨脹/係數)], 체전(體典), 체절/기(體節/器), 체제(體制)[187], 체조(體操)[188], 쳇줄[189], 체중(體重;몸무게), 체중하다

179) 청문(聽聞): ①퍼져 돌아다니는 소문. ②설교나 연설 따위를 들음. ③행정 기관이나 단체에서 규칙의 제정이나 소청의 재결을 할 때, 이해 관계인이나 제삼자의 의견을 듣는 일. 또는 그 절차. ¶청문회(會).

180) 청승맞다: ①얄밉게 청승궂다. ②지나치게 애틋하다. ¶청승맞은 울음소리.

181) 청승살[-쌀]: 팔자 센 늙은이가 몸에 어울리지 않게 청승스럽게 찐 살.

182) 체머리: 병적으로 저절로 흔들리는 머리. ¶체머리를 흔들다(병적으로 머리를 흔들다. 어떤 일에 머리가 흔들리도록 싫증이 나다)

183) 쳇불: 쳇바퀴에 팽팽하게 메워 액체나 가루 따위를 거르는 그물. 말총, 명주실, 철사 따위로 짜서 만듦. ¶쳇불관(冠;쳇불처럼 만든 관).

184) 쳇것: 명색이 그런 사람이나 물건. ¶양반 쳇것이 법식만 따지다가 나라를 다 망쳐 버렸네.

185) 체수: 몸의 크기. ¶체수가 작은 사람. 체수 보아 옷 짓는다. 체수없다(매우 경망하고 좀스럽다).

186) 체육(體育): 체육계(界), 체육공원(公園), 체육관(館), 체육대회(大會), 체육복(服), 체육인(人), 체육회(會), 체육훈장(勳章); 사회체육(社會), 엘리트체육, 평생체육(平生), 학교체육(學校).

187) 체제(體制): 사회적인 조직이나 양식. 국가 질서의 전체적 경향. ¶공산주의 체제. 반체제 운동. 구체제(舊), 독재체제(獨裁), 반체제(反), 사회체제(社會), 신체제(新), 양극체제(兩極), 운영체제(運營), 전시체제(戰時), 정치체제(政治), 준/전시체제(準戰時體制).

188) 체조(體操): 체조경기(競技), 체조봉(棒); 경체조(輕), 곤봉체조(棍棒), 교정체조(矯正), 기체조(氣), 기계체조(機械), 기구체조(器具), 꾸미기체조, 도수체조(徒手), 맨손체조, 미용체조(美容), 보건체조(保健), 봉체조(棒),

ㅊ

(體重), 체지(體肢), 체질(體質)[190], 체첩(體帖), 체취(體臭), 체측(體側), 체통(體:몸통이나 몸집), 체통(體統)[191], 체팽창(體膨脹), 체표(體表)[체표면적(面積)], 체해(體解), 체험(體驗)[192], 체현(體現), 체형(體形), 체형(體型), 체형(體刑), 체호흡(體呼吸), 체화석(體化石), 체후(體候); 가락체, 가사체(歌辭體), 가연체(可燃體), 가전체(假傳體), 가환체(可換體), 각체(各體), 간결체(簡潔體), 간상체(杆狀體), 간정체(桿晶體), 갈색체(褐色體), 감광체(感光體), 감속체(減速體), 갑인자체(甲寅字體), 강건체(剛健體), 강목체(綱目體), 강자성체(强磁性體), 강체(剛體), 강화체(講和體), 개체(個體), 객체(客體), 갯솜체, 거체(巨體), 건강체(健康體), 건안체(建安體), 건조체(乾燥體), 검체(檢體), 격식체(格式體), 결체(結體), 결정체(結晶體), 결집체(結集體), 결합체(結合體), 경동맥체(頸動脈體), 경엽체(莖葉體), 경자성체(硬磁性體), 고체(古體), 고체(固體)[반고체(半)], 고딕체(gothic體), 고백체(告白體), 고상체(睾上體; 副睾丸), 고어체(古語體), 고용체(固溶體), 고형체(固形體), 곡면체(曲面體), 골지체(Golgi體), 공동체(共同體), 공시체(供試體), 과두체(蝌蚪體), 관각체(館閣體), 광체(光體), 광물체(鑛物體), 광원체(光源體), 광전도체(光傳導體), 교체(橋體), 구성체(構成體), 구정체(球晶體), 구송체(口誦體), 구어체(口語體), 구정체(球晶體), 구체/적(具體/的), 구체(球體), 구체(軀體;몸), 국체(國體), 국문체(國文體), 국주한종체(國主漢從體), 국한문체(國漢文體體), 군체(群體), 궁체(弓體), 궁체(宮體), 귀체(貴體), 균체(菌體), 균사체(菌絲體), 균질체(均質體), 극체(極體), 글체, 글말체, 글씨체, 글자체, 기체(氣體), 기체(機體), 기교체(技巧體), 기균사체(氣菌絲體), 기년체(紀年體), 기둥체, 기본체(基本體), 기사체(記事體), 기업체(企業體), 기용체(氣溶體), 기저체(基底體), 기전체(紀傳體), 기포체(氣泡體), 깡깡체, 나체(裸體), 나사체(螺絲體), 낙체(落體), 내간체(內簡體), 노체(老體;老軀), 노체(露體;알몸을 드러냄), 녹색체(綠色體), 논문체(論文體), 논설체(論說體), 뇌하수체(腦下垂體), 다면체(多面體), 다양체(多樣體), 단체(單體;홑원소 물질), 단체(團體), 단봉하소체(丹鳳下霄體), 단연체(短聯體), 단위체(單位體), 달거리체, 담화체(談話體), 대체(大體;규모가 큰 의식이나 예식), 대동맥체(大動脈體), 대장체(對掌體), 대전체(帶電體), 대화체(對話體), 도체(道體), 도체(導體), 도안체(圖案體), 도전체(導電體), 독백체(獨白體), 돌림체, 돌연변이체(突然變異體), 동급체(同級體), 동맹체(同盟體), 동물체(動物體), 동분체(同分體), 동소체(同素體), 동여체(同餘體), 동원체(動原體), 동위체(同位體), 동일체(同一體), 동족체(同族體), 동중체(同重體), 동체(同體)[일심동체(一心), 자웅동체(雌雄)], 동체(胴體), 동체(動體), 동형체(同型體), 득체(得體;체면을 유지함), 등방체(等方體), 등질체(等質體), 만연체(蔓衍體), 망양체(網樣體), 매체(媒體), 매개체(媒介體), 맴체, 멜체(춤사위의 하나), 면역체(免疫體), 명조체(明朝體), 모체(母體), 모양체(模樣體), 목체(木體), 몸체, 몽롱체(朦朧體), 묘사체(描寫體), 무기체(無機體), 무생물체(無生物體), 무심체(無心體), 무체/물(無體/物), 문체(文體), 문서체(文書體), 문어체(文語體), 문장체(文章體), 물체(物體), 미립상체(米粒狀體), 미문체(美文體), 미소체(微少體), 민요체(民謠體), 반체(返體), 반사체(反射體), 반상체(盤狀體), 반수체(半數體), 반자성체(反磁性體), 반투명체(半透明體), 발광체(發光體), 발생체(發生體), 발연체(發煙體), 발열체(發熱體), 발음체(發音體), 발전체(發電體), 방사체(放射體), 방추체(紡錘體), 배당체(配糖體), 배상체(杯狀體), 배수체(倍數體), 배우체(配偶體), 백색체(白色體), 번역체(飜譯體), 법체(法體), 법인체(法人體), 벽체(壁體), 변체(變體), 변지체(胼胝體), 변형체(變形體), 별체(別體), 별곡체(別曲體), 병체(病體), 병원체(病原體), 병저체(病抵體), 보체(保體), 보체(補體), 보체(寶體), 복사체(輻射體), 복합체(複合體), 본체(本體), 봉상체(棒狀體), 복합체(複合體), 봉입체(封入體), 볼프씨체(Wolff氏), 부체(浮體), 부광체(富鑛體), 부도체(不導體), 부분체(部分體), 부수체(附隨體), 부양체(浮揚體), 부유수체(浮溜水體), 부활체(復活體), 분체(分體), 분체(粉體), 분리체(分離體), 분상암체(盆狀巖體), 불연소체(不燃燒體), 불투명체(不透明體), 붓글씨체, 뿔체, 사체(四體), 사체(史體), 사체(死體), 사체(事體), 사체(斜體), 사체(寫體), 사구체(四丘體), 사구체(社構體), 사구체(絲球體), 사륙체(四六體), 사립체(沙粒體), 사면체(四面體), 사배체(四倍體), 사상체(絲狀體), 사업체(事業體), 산체(山體), 산문체(散文體), 산업체産業體), 삼릉체(三稜體), 삼배체(三倍體), 상체(上體), 상관체(相貫體), 상자성체(常磁性體), 색소체(色素體), 색원체(色源體), 생체(生體), 생명체(生命體), 생모체(生母體), 생물체(生物體), 생활체(生活體), 서체(書體), 서간체(書簡體), 서곤체(西崑體), 서기체(誓記體), 서독체(書牘體), 서사체(書寫體), 서사체(敍事體), 서한체(書翰體), 서정체(抒情體), 서한체(書翰體), 선체(船體), 선상체(線狀體), 선조체(線條體), 설화체(說話體), 섬광체(閃光體), 성체(成體), 성체(聖體), 성상체(星狀體), 세포질체(細胞質體), 소체(小體), 소성체(塑性體), 소포체(小胞體), 송과체(松果體), 송설체(松雪體), 송조체(宋朝體), 수용체(受容體), 수체(數體), 수정체(水晶體), 시체(侍體), 시체(屍體), 시체(時體), 시체(詩體), 식물체(植物體), 신체(身體), 신체(神體), 신체/시(新體/詩), 신령체(神靈體), 신문체(新聞體), 실체(實體), 실수체(實數體), 알라타체(allata體), 암체(岩體), 암체(暗體), 액체(液體), 액용체(液溶體), 약체(弱體), 약체(略體), 언문일치체(言文一致體), 엄체(掩體), 업체(業體), 엘체(L體), 여체(女體), 여체(旅體), 연체(軟體), 연료체(燃料體), 연면체(連綿體), 연설체(演說體), 연소체(燃燒體), 연속체(連續體), 연주체(聯珠體), 연합체(聯合體), 열전체(列傳體), 염체(艶體), 염색체(染色體), 엽록체(葉綠體), 엽상체(葉狀體), 영체(靈體), 영양체(營養體), 영업체(營業體), 오체(五體), 오면체(五面), 오방체(五放體), 옥체(玉體), 완강체(頑强體), 완면체(完面體), 완전체(完全體), 외강체(外腔體), 우선체(右旋體), 우성체(右性體). 우아체(優雅體), 우유체(優柔體), 우회전체(右回轉體), 운문체(韻文體), 운반체(運搬體), 원체(元體;으뜸이 되는 몸. 워낙), 원체(圓體), 원뿔체, 원사체(原絲體), 원엽체(原葉

신체조(新), 업간체조(業間), 유연체조(柔軟), 율동체조(律動), 준비체조(準備).

189) 쳇줄(體): 습자의 본보기가 되는 한 줄의 글씨.

190) 체질(體質): 몸바탕. 조직 따위에 배어 있는 성질. ¶체질개선(改善); 과민성체질(過敏性), 무력성체질(無力性), 특이체질(特異).

191) 체통(體統): 지체나 신분에 알맞은 체면. 관리로서의 체면.늑품위(品位). ¶체통 없이 굴다. 체통을 지키다.

192) 체험(體驗): 체험담(談), 체험산업(産業), 체험수기(手記), 체험자(者), 체험하다(겪다. 경험하다. 맛보다. 치르다), 체험학습(學習), 체험활동(活動); 간접체험(間接), 원체험(原), 작위체험(作爲), 직접체험(直接), 추체험(追).

ㅊ

體), 원잎체(原-體), 원통체(圓筒體), 원형체(圓形體), 원형질체(原形質體), 원환체(圓環體), 월령체(月令體), 유체(有體), 유체(流體), 유체(遺體), 유기체(有機體), 유도체(誘導體), 유동체(流動體), 유령체(幽靈體), 유리체(體), 유리수체(有理數體), 유색체(有色體), 유전체(誘電體), 유현체(幽玄體), 유형체(有形體), 육체(六體;詩·賦·表·策·論·疑), 육체(肉體), 육면체(六面體), 육방체(六放體), 윤환체(輪環體), 융체(融體), 융합체(融合體), 응체(凝體), 응결체(凝結體), 의고체(擬古體), 이체(異體), 이량체(異量體), 이면체(二面體), 이방체(異方體), 이배체(二培體), 이서체(異書體), 이성질체(異性質), 이수체(異數體), 이야기체, 이중체(二重體), 이체(異體), 이탤릭체(Italic體), 익사체(溺死體), 인체(人體), 인격체(人格體), 인광체(燐光體), 일체(一體), 일기체(日記體), 일배체(一培體), 입체(立體), 입말체, 입방체(立方體), 입상체(粒狀體), 자낭체(子囊體), 자서체(自敍體), 자성체(磁性體)[강자성체(强)], 자실체(子實體), 자전체(字典體), 자체(自體), 자체(字體), 자체(姿體), 자호체(自護體), 작동체(作動體), 잡색체(雜色體), 잡언체(雜言體), 장방체(長方體), 장식체(裝飾體), 재돌입체(再突入體), 저항체(抵抗體), 적체(赤體), 전체(全體), 전구체(前驅體), 전도체(傳導體), 전엽체(前葉體), 전일체(全一體), 절두체(截頭體), 절연체(絕緣體), 절체(絕體), 점체(粘體), 점탄성체(粘彈性體), 접합체(接合體), 정용체(晶溶體), 정자체(正字體), 정체(正體), 정체(政體), 정체(整體), 제작체(製作體), 제형체(蹄型體), 조체(朝體), 조음체(調音體), 조배체(造配體), 조직체(組織體), 조포체(造胞體), 존체(尊體), 종체(宗體), 종유체(鍾乳體), 종합체(綜合體), 좌선체(左旋體), 좌성체(左性體), 좌회전체(左回轉體), 주체(主體), 주체(柱體), 주핵체(周核體), 중량체(重量體), 중성체(中性體), 중심체(中心體), 중합체(重合體), 지방체(脂肪體), 지체(肢體), 직방체(直方體), 직역체(直譯體), 직주체(直柱體), 직육면체(直六面體), 진체(晉體), 진동체(振動體), 집결체(集結體), 집성체(集成體), 집합체(集合體), 차체(車體), 천체(天體), 첨원체(尖圓體), 첨체(尖體), 첨원체(尖圓體), 청조체(淸朝體), 청초체(淸楚體), 초체(草體), 초전도체(超傳導體), 총체(總體), 추체(椎體), 추체(錐體), 추사체(秋史體), 추상체(錐狀體), 촉체(蜀體), 측심체(側心體), 치환체(置換體), 케톤체(ketone體), 타원체(楕圓體), 탄체(彈體), 탄도체(彈道體), 탄력체(彈力體), 탄성체(彈性體), 토체(土體), 통일체(統一體), 투명체(透明體), 튐성체, 파생체(派生體), 판본체(板本體), 팔면체(八面體), 편년체(編年體), 편평체(扁平體), 평명체(平明體), 평사체(平斜體), 포물체(抛物體), 포사체(抛射體), 포자체(胞子體), 풍체(風體), 피사체(被寫體), 필체(筆體), 필기체(筆記體), 필사체(筆寫體), 하체(下體), 하게체, 하라체, 하서소체, 하수체(下垂體), 하오체, 한문체(漢文體), 한주국종체(漢主國從體), 합쇼체, 합의체(合議體), 합체(合體), 합포체(合胞體), 항체(抗體), 해체, 해체(楷體), 해체(解體), 해라체, 해면체(海綿體), 핵심체(核心體), 행체(行體), 허약체(虛弱體), 협동체(協同體), 협력체(協力體), 형광체(螢光體), 형체(形體), 형광체(螢光體), 형성체(形成體), 호변체(互變體), 혼성체(混成體), 혼용체(混用體), 혼합체(混合體), 홀씨체, 화려체(華麗體), 화성암체(火成巖體), 확대체(擴大體), 확산체(擴散體), 환식체(環式體), 활성체(活性體), 활자체(活字體), 황체(黃體), 황새체, 회색체(灰色體), 회체(回體), 회의체(會議體), 회전체(回轉體), 회화체(會話體), 횡분체(橫分體), 흑체(黑體), 흘림체, 흡착체(吸着體) 들.

체(滯) ①먹은 음식이 잘 삭지 아니하고 위 속에 답답하게 처져 있음. 또는 그 증세. ¶체기(滯氣), 체내다, 체류(滯留;객지에 가서 머물러 있음), 체리(滯痢), 체물(滯物), 체병(滯病), 체설(滯泄), 체수(滯祟;먹은 음식이 잘 삭지 않아서 생기는 병의 빌미), 체이증(滯頤症), 체재(滯在), 체쟁이, 체적(滯積), 체증(滯症), 체하다; 감체(感滯), 결체(結滯), 구체(久滯), 구체(舊滯), 급체(急滯), 담체(痰滯), 색체(色滯), 서체(暑滯), 소체(消滯), 숙체(宿滯), 식체(食滯), 육체(肉滯), 주체(酒滯), 협체(挾滯). ②'머무르다. 막히다. 때를 늦추거나 질질 끌다'를 뜻하는 말. ¶체경(滯京), 체고(滯固), 체공(滯空)[체공기록(記錄), 체공비행(飛行), 체공시간(時間)], 체납(滯納), 체류(滯留), 체미(滯美), 체불(滯拂), 체수(滯囚), 체옥(滯獄), 체우(滯雨), 체임(滯賃), 체재(滯在), 체진(滯陣), 체향(滯鄕), 체화(滯貨)[체화금융(金融)]; 건체(愆滯), 계체(稽滯), 고체하다(固滯), 기체(氣滯), 삽체(澁滯), 엄체(淹滯), 연체(延滯), 옹체(壅滯), 유체(濡滯), 응체(凝滯), 적체(積滯), 정체(停滯), 지체(遲滯), 침체(沈滯)[침체상태(狀態); 경기침체(景氣)] 들.

체(遞) '갈마들다(서로 번갈아 들다). 차례차례로 전하여 보내다. 떠나다·떠나가다'를 뜻하는 말. ¶체가(遞加), 체감(遞減)[수익체감(收益), 수확체감(收穫), 지력체감(地力)], 체개(遞改), 체거(遞去), 체계(遞計)[체계돈, 체계집; 장체계(場)[193]], 체귀(遞歸), 체기(遞騎), 체낭(遞囊), 체대(遞代;서로 번갈아 대신함)[체대식(式), 체대전(田)], 체등(遞等;신임 관리와 전임 관리가 갈마듦. 또는 교대함), 체래(遞來), 체부(遞夫), 체송/비(遞送/費), 체신(遞信)[체신부(部), 체신행정(行政)], 체역(遞易), 체임(遞任), 체전(遞傳), 체증(遞增), 체직(遞職), 체차(遞差), 체천(遞遷), 체파(遞把), 체폐(遞廢); 경체(徑遞), 교체(交遞), 사체(辭遞), 삭체(數遞), 소체(疏遞), 순체(順遞), 역체(驛遞), 우체(郵遞)[우체국(局), 우체부(夫), 우체통(筒)], 전체(傳遞), 전체(轉遞), 조체모개(朝遞暮改), 허체(許遞) 들.

체(替) '바꾸다·교대하다. 쇠퇴하다·폐기하다'를 뜻하는 말. ¶체괴(替壞), 체당(替當;남의 일을 대신 맡아서 함), 체대(替代), 체로(替勞;남을 대신하여 수고함), 체번(替番), 체비지(替費地), 체송(替送), 체쇄(替衰), 체환(替換;代替); 개체(改替), 교체(交替)[세대교체(世代), 선수교체(選手)], 대체(代替)[대체물(物), 대체재(財)], 대체(對替), 상체(相替), 융체(隆替), 이체(移替), 입체(立替), 천체(遷替), 흥체(興替) 들.

체(諦) '살피다. 진실. 깨달음'을 뜻하는 말. ¶체관(諦觀;샅샅이 살펴봄), 체념(諦念;운명에 따르기로 마음먹는 일. 단념함), 체시(諦視), 체청(諦聽;주의하여 똑똑히 들음); 묘체(妙諦;묘한 진리), 심체(審諦), 요체(要諦;중요한 점. 중요한 깨달음), 의체(義諦;사물의 근본 뜻이나 이유) 들.

체(剃) '머리를 깎다'를 뜻하는 말. ¶체도(剃刀;머리를 깎는 칼. 면

193) 장체계(場遞計): 장에서 비싼 이자로 돈을 꾸어 주고, 장날마다 본전의 일부와 이자를 받아들이는 일. 〈준〉체계(遞計).

도칼), 체도(剃度;머리를 밀고 불도에 들어감), 체두(剃頭), 체발(剃髮); 개체(開剃;辮髮) 들.

체(涕) '눈물. 울다'를 뜻하는 말. ¶체루/탄(涕淚/彈), 체사(涕泗;울면서 흘리는 눈물이나 콧물), 체읍(涕泣;눈물을 흘리며 슬피 욺), 체현(涕泫;눈물이 줄줄 흐름); 유체(流涕)[복지유체(伏地)], 읍체(泣涕), 파체(破涕) 들.

체(逮) '뒤따라가 붙잡다'를 뜻하는 말. ¶체계(逮繫), 체국(逮鞫), 체포(逮捕;죄인을 쫓아가서 붙잡음)[체포되다/하다, 체포감금죄(監禁罪), 체포령(令); 별건체포(別件)]; 피체(被逮) 들.

체(砌) '섬돌. 겹쳐 쌓다'를 뜻하는 말. ¶체성(砌城); 계체석(階砌石), 파체(破砌) 들.

체(蔕) '가시(사소한 장애물). 꼭지'를 뜻하는 말. ¶체개(蔕芥;가시와 티끌); 시체(柹蔕;감의 꼭지).

체(締) '맺다'를 뜻하는 말. ¶체결(締結;調印)[체결국(國), 체결되다/하다], 체맹/국(締盟/國), 체약/국(締約/國); 결체(結締) 들.

체금 풀잎으로 부는 피리.[←초금(草琴)].

체기 허리에 차고 활을 쏘는 데에 쓰는 기구. ¶체기를 찬 한량.

체메 체면을 모르는 사람. 체메꾼.[←체(體)].

초 밀·백랍(白蠟)·쇠기름 따위를 끓여서 둥근 막대 모양으로 굳히고, 속에 심지를 박아 불을 켜는 데 쓰는 물건. ¶초 한 자루. 초꽂이, 촛농(膿;초똥), 촛대(臺), 초똥, 초롱(籠)[초롱같다(환하게 밝다), 초롱꽃, 초롱불], 촛불/놀이; 녹초, 대초(大), 목초(木), 밀초, 백랍초(白蠟), 양초(洋), 양지초(羊脂), 육초(肉;쇠기름으로 만든 초), 은초(銀), 중초(中), 홍초(紅), 화룡초(畵龍) 들.

초(草) 초안(草案)을 잡은 문건. 초서(草書). '풀·초본(草本). 담배. 거칠다. 시작하다'를 뜻하는 말. ¶글의 초를 꾸미다. 논문을 초를 잡다. 초가/삼간(草家/三間), 초갑(草匣), 초개(草芥), 초건(草/初件), 초경(草徑), 초고(草稿/藁), 초교(草轎;삿갓가마), 초근/목피(草根/木皮), 초금(草琴;풀잎피리), 초단(草短), 초당(草堂), 초둔(草芚), 초략(草略), 초려(草廬), 초로(草路), 초로(덧없음)/인생(草露/人生), 초록(草綠)[초록빛, 초록색(色)], 초리(草履;짚신), 초립(草笠), 초막(草幕), 초망(草莽), 초망지신(草莽之臣), 초망착호(草網着虎), 초매(草昧), 초모(草茅;잔디), 초목(草木), 초물(草物;풀이나 짚으로 엮은 것)[초물구럭, 초물둥우리, 초물부채, 초물전(廛)], 초방목(草榜目), 초방석(草方席), 초본(草本)[초본경(莖), 초본대(帶), 초본식물(植物)], 초비(草肥), 초비(草扉), 초빈(草殯), 초상(草床), 초색(草色), 초새김, 초생지(草生地), 초서(草書), 초석(草席), 초성(草聖), 초식(草食)[초식류(類), 초식성(性), 초식장(場)], 초아(草芽), 초안(草案), 초암(草庵), 초야(草野;시골), 초약(草藥), 초엽(草葉), 초옥(草屋), 초원(草垣), 초원(草原;풀밭)[초원기후(氣候); 습지초원(濕地)], 초음(草陰), 초잡다(시나 문장을 지을 때 우선 초벌로 쓰다), 초장(草場), 초재(草材), 초적(草笛), 초적(草賊;좀도둑. 남의 곡식단을 훔치는 도둑), 초지(草地), 초지(草紙), 초질근(草質根), 초집(草集), 초집게, 초창(草創), 초책(草冊), 초체(草體), 초초(草草)[194], 초충(草蟲), 초토(草土), 초평(草平), 초평(草坪), 초하다(초안을 잡다), 초합(草盒), 초혜(草鞋), 초화(草花); 갈초(草;겨울 동안 마소에게 먹이려고 초가을에 베어다 말린 풀), 감응초(感應草;미모사), 감초(甘草), 개초(蓋草;이엉), 객초(客草), 건초(乾草), 경초(勁草;절조가 굳은 사람), 고초(枯草), 고초(藁草;볏짚), 고란초(皐蘭草), 곡정초(穀精草), 곡초(穀草), 골초[195], 구초(舊草), 구설초(狗舌草), 구절초(九節草), 금불초(金佛草), 금어초(金魚草), 금연초(禁煙草), 기생초(妓生草), 기초(起草), 꽁초[196], 난초(亂草;난잡하게 쓴 초서), 난초(蘭草), 남초(南草;담배), 노방초(路傍草), 녹초(綠草), 농초(農草), 다년초(多年草), 당년초(當年草), 당초(唐草), 대초(大草), 대마초(大麻草), 등심초(燈心;골풀), 독초(毒草), 마라초(만담배), 마초(馬草), 마제초(馬蹄草), 마편초(馬鞭草), 막초(막담배), 만초(蔓草), 만병초(萬病草), 망우초(忘憂草;원추리. 담배), 매초(賣草), 모초(茅草;띠), 목초(木草), 목초(牧草;꼴[2]), 무초(蕪草), 무명초(無名草), 물망초(勿忘草), 미초(薇草), 민초(民草), 박초(縛草), 반초(半草;반흘림), 방초(防草), 방초(芳草), 벌초/사래(伐草), 복수초(福壽草), 본초(本草), 부초(浮草), 부평초(浮萍草), 불로초(不老草), 불사초(不死草;맥문동), 사초(史草), 사초(死草), 사초(莎草), 사초(飼草), 산초(山草), 산초(散草), 삼칠초(三七草), 상초(上草), 상사초(相思草;담배), 상초(霜草), 생초(生草), 소초(小草), 소초(疏草), 수초(水草), 숙근초(宿根草;여러해살이풀), 습초(濕草), 승검초, 시초(市草), 시초(柴草), 시초(詩草;시의 초고), 신초(神草), 신초(新草), 신경초(神經草), 신선초(神仙草), 심심초, 서초(西草;질 좋은 담배), 썩초(빛깔이 검고 품질이 나쁜 담배), 악초(惡草), 앵초(櫻草), 야초(野草), 약초(藥草), 양초(洋草), 양초(糧草), 언초(偃草), 연초(煙草), 연등초(서까래에 그린 단청), 연령초(延齡草), 연리초(連理草), 연복초(連福草), 염초(染草), 엽초(葉草), 영초(靈草), 월년초(越年草), 유초(遺草;遺稿), 이초(二草), 이초(異草), 익모초(益母草), 일년초(一年草), 잡초(雜草), 장초(章草), 적설초(積雪草), 전초(全草), 절초(折草), 절초(切草;살담배), 정초(正草), 정초(定草), 제초(除草;김매기), 중초(中草), 지초(芝草), 지초(紙草;종이와 담배), 진초(陳草), 청초(庭草), 진초(陳草), 채초(採草), 청초(青草), 추초(秋草), 춘초(春草), 취어초(醉魚草), 태양초(太陽草), 투초(鬪草;풀싸움), 파부초(婆婦草), 한초(旱草), 함수초(含羞草;미모사), 해초(海草), 해인초(海人草), 행초(行草), 향초(香草), 화초(花草), 황초(荒草), 횡초지공(橫草之功) 들.

초(初) '처음(의)·첫'을 뜻하는 말. ¶20세기 초. 학기/학년 초. 초가량(初假量), 초가을, 초각(初刻), 초간(初刊), 초간택(初揀擇), 초감염(初感染), 초개탁(初開坼), 초겨울, 초견(初見), 초견본(初見本), 초경(初更), 초경(初耕), 초경(初經), 초교(初校), 초구(初球), 초급(初級), 초급(初給), 초기(初忌), 초기(初期), 초기일(初期日), 초꼬슴[197], 초나흗날, 초남태(初男胎), 초년(初年)[초년고생(苦生),

194) 초초(草草): ①구차하고 간략한 모양. ¶불초초하다(不草草;사람의 됨됨이가 초초하지 아니하다). ②바빠서 서두르는 모양. ③근심하는 모양. ¶초초하다.

195) 골초: ①질이 낮은 담배. ②담배를 심하게 피우는 사람.

196) 꽁초: 피우다 남은 담배꼬투리.

197) 초꼬슴: 어떤 일을 벌인 맨 처음. ¶초꼬슴으로 모내기를 하다. 우리 집이 동네에서 초꼬슴으로 씨를 뿌렸다.

초년병(兵)], 초념(初念), 초다짐[198]/하다, 초단(初段), 초닷새, 초대[199], 초대(初代), 초대면(初對面), 초도서(初圖書), 초도(初度), 초동(初冬), 초동수사(初動搜査), 초두(初頭), 초등(初等), 초량(初凉;첫가을), 초련/질(初鍊;초벌로 대강함. 애벌), 초련(初戀;첫사랑), 초로/기(初老/期), 초림(初臨), 초마니, 초막이(서까래에 걸친 평고대), 초면(初面), 초문(初聞), 초물, 초반(初盤), 초발(初發)[초발성(聲), 초발심(心)], 초방(初枋), 초배(初配), 초배(初褙), 초배(超拜), 초번(初番), 초벌(애벌)[초벌구이, 초벌비], 초벽(初壁), 초범(初犯), 초보(初步)[초보자(者), 초보적(的)], 초복(初伏), 초본(初本), 초봄, 초봉(初俸), 초부득삼(初不得三), 초북전(初北殿), 초빛, 초사(初仕), 초사리, 초사흘, 초삭대엽(初數大葉), 초산/부(初産/婦), 초상(初喪), 초상(初霜), 초생/아(初生/兒), 초선(初選), 초설(初雪), 초성(初聲), 초속도(初速度), 초순(初旬), 초순(初巡), 초승달, 초시(初試), 초신공(初神供), 초실(初室), 초심(初心), 초심(初審), 초야(初夜), 초어스름, 초여드레, 초여름, 초연(初演), 초열흘, 초엽(初葉;初期), 초엿새, 초요기(初療飢;초다짐), 초우(初虞), 초유(初有;처음으로 있음), 초유(初乳), 초이레, 초이틀, 초익공(初翼工), 초인사(初人事), 초일(初日), 초일념(初一念), 초임(初任), 초입(初入;처음 들어감), 초입새(어귀. 入口), 초입경(初入京), 초입사(初入射), 초입사(初入仕), 초장(初章), 초장(初場;처음), 초저녁[초저녁달, 초저녁잠], 초전(初戰), 초제공(初提栱), 초조(初潮), 초조금(初潮), 초조반(初朝飯), 초종장사(初終葬事)/초종(初終), 초주검(거의 죽게 된 상태)/되다, 초준(初準), 초중대엽(初中大葉), 초중종(初中終), 초중회(初衆會), 초지/일관(初志/一貫), 초지니[초진(初陳)], 초직(初職), 초진(初陳;초지니/이 년 된 매), 초진(初診), 초짜, 초차(初次), 초창(初創), 초추(初秋), 초춘(初春), 초출(初出), 초출사(初出仕), 초취(初娶), 초칠일(初七日), 초파일(初八日), 초판, 초판(初版), 초평고대(初平高臺), 초하(初夏), 초하루, 초학/자(初學/者), 초한(初寒), 초항(初項), 초행/길(初行), 초헌/관(初獻/官), 초현(初弦), 초호(初號), 초호활자(初號活字), 초혼(初昏), 초혼(初婚), 초혼/제(招魂/祭), 초환희지(初歡喜地), 초회(初回), 초휴(初虧), 초후정화(初後庭化), 초흑레벨(初黑level), 초힘; 국초(國初), 궐초(厥初), 기초(期初), 달초[월초(月初)], 당초(當初), 본초(本初), 세초(歲初), 시초(始初), 애초, 연초(年初), 원초(原初), 월초(月初), 자초(子初), 자초(自初), 자초지종(自初至終), 월초(月初;달초), 정초(正初), 주초(週初), 창초(創初), 최초(最初), 춘초(春初), 태초(太初), 학기초(學期初) 들.

초(超) '어떤 범위를 넘다. 정도가 심하다'를 뜻하는 말. ¶초간(超間;사이가 뚝 뜸), 초감각(超感覺), 초강경(超强硬), 초강대국(超强大國), 초강도(超强度), 초강력(超强力), 초강력강(超强力鋼), 초강세(超强勢), 초강수(超强手), 초개념(超槪念), 초거대기업(超巨大企業), 초거성(超巨星), 초격자(超格子), 초경도(超硬度), 초경도풍(超傾度風), 초경질(超硬質), 초경합금(超硬合金), 초고도(超高度), 초고속(超高速), 초고속도(超高速度), 초고압(超高壓), 초고온(超高溫), 초고음파(超高音波), 초고주파(超高周波), 초고진공(超高眞空), 초고층(超高層), 초과(超過)[200], 초국가주의(超國家主義), 초군(超群;뭇사람 가운데에서 뛰어남), 초균형(超均衡), 초극(超克;어려움을 이겨냄), 초극세(超極細), 초긴장(超緊張), 초난류(超亂流), 초능력(超能力), 초단파(超短波), 초당파(超黨派)/초당(超黨), 초대형(超大型), 초두랄루민(超duralumin), 초륜(超倫), 초만원(超滿員), 초매(超邁;월등히 뛰어남), 초무연탄(超無煙炭), 초미니(超mini), 초미량(超微量), 초미립자(超微粒子), 초미분(超微粉), 초미세(超微細), 초배(超拜), 초범(超凡), 초보수(超保守), 초불변강(超不變鋼), 초비상(超非常), 초세(超世), 초소형(超小型), 초속(超俗), 초속도(超速度), 초수학(超數學), 초스피드(超speed), 초신성(超新星), 초심리학(超心理學), 초엘에스아이(超LSI), 초연(超然)[초연내각(內閣), 초연주의(主義), 초연하다], 초우주(超宇宙), 초월(超越)[201], 초유동(超流動), 초은하단(超銀河團), 초음속(超音速), 초음역(超音域), 초음파(超音波)[초음파검사(檢査), 초음파진단(診斷)], 초인(超人;天才), 초인간(超人間), 초인격/적(超人格/的), 초인적(超人的), 초일(超逸), 초일류(超一流), 초임계(超臨界), 초자아(超自我), 초자연/적(超自然/的), 초장파(超長波), 초저고도(超低高度), 초저공비행(超低空飛行), 초저음파(超低音波), 초저주파(超低周波), 초전도(超傳導), 초전하(超電荷), 초절(超絕), 초정밀(超精密), 초증감(超增感), 초천(超遷), 초천재아(超天才兒), 초출(超出), 초탈(超脫), 초특급(超特急), 초특급(超特級), 초특작품(超特作品), 초평면(超平面), 초함수(超函數), 초합금(超合金), 초혁명성(超革命性), 초혁명적(超革命的), 초현대식(超現代式), 초현대적(超現代的), 초현미경(超顯微鏡), 초현실적(超現實的), 초현실주의(超現實主義), 초현실파(超現實派), 초호화판(超豪華), 초호황(超好況) 들.

초(招) '부르다. 불러 오다. 맞이하다'를 뜻하는 말. ¶초거(招去), 초대(招待)[초대권(券), 초대연(宴), 초대장(狀)], 초래(招來;어떤 결과를 가져옴), 초모(招募), 초무(招撫), 초빈(招賓), 초빙(招聘;예를 갖추어 남을 모셔 들임)[초빙교수(敎授), 초빙하다(모시다. 맞다)], 초서(招婿), 초연(招宴), 초옥(招獄), 초위(招慰), 초유(招誘), 초유(招諭), 초유사(招諭使), 초인(招引), 초인종(招人鐘), 초입(招入), 초전(招電), 초제(招提), 초집(招集), 초청(招請)[초청강연(講演), 초청경기(競技), 초청외교(外交), 초청장(狀)], 초치(招致), 초항(招降), 초혼/제(招魂/祭), 초화(招禍;화를 불러들임), 초환(招還;불러서 돌아오게 함); 공초(供招), 구초(口招), 난초(亂招), 명초(命招), 문초(問招), 봉초(捧招), 요초(邀招), 자초(自招), 정초(旌招), 직초(直招), 취초(取招), 패초(牌招) 들.

초(醋) 조미료의 하나. 3~5%의 초산을 함유하여 시고 약간 단맛

198) 초다짐: ①요기나 입가심으로 음식을 조금 먹음. 또는 그 음식.=초요기(初療飢). ¶식사 전에 초다짐으로 떡 좀 드시지요. ②초벌로 미리 하는 다짐. ¶초다짐을 받다.

199) 초대: 어떤 일에 경험 없이 처음 나선 사람. ¶아직 초대라 허드렛일을 돕다.

200) 초과(超過): 초과되다/하다, 초과근무(勤務), 초과대부(貸付), 초과량(量), 초과분(分), 초과생산(生産), 초과수요(需要), 초과압력(壓力), 초과압류(押留), 초과이윤(利潤), 초과인구(人口); 수입초과(輸入), 수출초과(輸出), 예산초과(豫算), 정원초과(定員).

201) 초월(超越): 어떤 한계나 표준을 뛰어넘음. 경험이나 인식의 범위를 벗어나 그 바깥 또는 그 위에 위치하는 일. ¶초월곡선(曲線;대수 방정식이 발견되지 않는 곡선), 초월론(論), 초월성(性), 초월수(數), 초월의식(意識), 초월인(因), 초월적(的), 초월주의(主義), 초월하다(넘다), 초월함수(函數).

이 있는 액체. 식초. ¶초를 치다. 초간장(醬), 초고추장, 촛국(몹시 신 음식 맛), 초김치, 초나물, 초눈(초파리의 애벌레), 초모(醋母;초산균), 초무침, 촛밑[202], 초밥[김초밥, 생선초밥(生鮮), 유부초밥(油腐)], 초병(醋甁), 초병마개(醋甁;몹시 시큰둥한 체하는 사람), 초산(醋酸)[203], 초장(醋醬), 초젓국[204], 초제(醮祭;별을 향하여 지내는 제사), 초초(醋炒), 초친놈[205], 초친맛(싱겁고 맛대가리가 없는 취미), 초파리, 초해즙(醋醢汁); 복초(伏醋), 사탕초(砂糖), 생강초(生薑醋), 식초(食醋)[식초산(酸); 감식초], 쌀초, 양초(洋醋), 연초(鉛醋) 들.

초(焦) '불에 타다. 그을리다'를 뜻하는 말. ¶초두난액(焦頭爛額;어려운 일을 당하여 몹시 애를 씀), 초려(焦慮), 초미(焦眉), 초민(焦悶), 초사(焦思;애를 태우며 하는 생각)[노심초사(勞心)], 초려(焦慮;焦思), 초순(焦脣;몹시 애태움), 초심(焦心;애태움)[초심고려(苦慮)], 초열(焦熱;타는 듯한 더위), 초점(焦點)[206], 초조하다(焦燥;불안하거나 애태우며 마음을 졸이는 모양), 초취(焦臭;화독내), 초토(焦土)[207]; 삼초(三焦)[상초/열(上焦/熱), 중초(中焦), 하초(下焦)] 들.

초(抄) '베끼다. 가려 뽑다, 가로채다'를 뜻하는 말. ¶초기(抄記), 초록하다(抄錄), 초본(抄本), 초역(抄譯), 초지(抄紙;종이를 뜸), 초집(抄集/輯), 초책(抄冊), 초출(抄出;골라서 뽑아냄), 초필(抄筆), 초하다; 등초(謄抄), 발초(拔抄), 세초(歲抄), 수초(手抄), 시초(詩抄), 윤초(閏秒), 잡초(雜抄), 장초(壯抄), 초초(初抄) 들.

초(炒) '노릇노릇하게 불에 볶다'를 뜻하는 말. ¶초면(炒麵), 초마면(炒碼麵;짬뽕), 초약장(炒藥欌), 초연(炒研), 초장(炒醬), 초황(炒黃); 초초(醋炒), 초하다(불에 볶다), 초흑(炒黑); 밀초(蜜炒), 밤초(밤을 삶아 꿀을 넣어 조린 것), 부초(麩炒), 수초(數炒;수볶이), 염수초(鹽水炒), 주초(酒炒), 초초(醋炒), 토초(土炒), 해삼초(海蔘炒) 들.

초(哨) '망보다'를 뜻하는 말. ¶초계/정(哨戒/艇), 초병(哨兵), 초사(哨舍), 초선(哨船), 초소(哨所)[방범초소(防犯), 잠복초소(潛伏), 해안초소(海岸)], 초정(哨艇); 감시초(監視哨), 동초(動哨), 보초(步哨), 복초(複哨), 본초(本哨), 부동초(不動哨), 소초(小哨), 순초/군(巡哨/軍), 외초(外哨), 입초(立哨), 전초(前哨), 전망초(展望哨), 청음초(聽音哨) 들.

초(硝) '초석(硝石;화약의 원료)'을 뜻하는 말. ¶초산(硝酸), 초석(硝石), 초안(硝安;초산암모늄), 초약(硝藥), 초연(硝煙;화약의 연기), 초자(硝子;유리), 초자막(硝子膜), 초화(硝化); 망초(芒硝;황산나트륨), 박초(朴硝), 염초(焰硝), 영초(英硝;황산나트륨), 은초(銀硝) 들.

초(稍) '벼 줄기의 끝. 점점(조금씩). 작다'를 뜻하는 말. ¶초간하다(稍間;시간적으로 좀 사이가 뜨다. 거리가 좀 멀다), 초성모양(稍成貌様), 초승(稍勝;수준이나 역량 따위가 조금 나음), 초실(稍實;살림이 조금 넉넉함. 열매가 약간 여묾), 초원(稍遠;약간 멂), 초잠식지(稍蠶食之)/잠식(蠶食), 초해(겨우 얼마쯤 앎)/문자(稍解/文字) 들.

초(礁) '물에 잠긴 바위(암초)'를 뜻하는 말. ¶초석(礁石), 초표(礁標;뱃길의 안전을 위하여 암초에 세우는 경계표시); 거초(裾礁), 노초(露礁;염), 보초(堡礁), 산호초(珊瑚礁), 암초(暗礁), 어초(漁礁), 이초(離礁), 좌초(坐礁;배가 암초에 얹힘. 곤경에 빠짐)/되다/하다, 환초(環礁) 들.

초(秒) 시간·각도·위경도(緯經度)에서 1분의 1/60. ¶초를 다투다. 초다툼, 초속(秒速), 초시계(秒時計), 초읽기[208], 초진자(秒振子), 초침(秒針), 초홀(秒忽;상당히 작은 것); 매초(每秒), 분초(分秒), 촌초(寸秒) 들.

초(峭) '가파르다. 높고 험하다'를 뜻하는 말. ¶초각(峭刻;돋을새김), 초급(峭急;성미가 날카롭고 몹시 급함), 촉기(←峭氣;생기 있고 재치 있는 기상), 초벽(峭壁), 초직(峭直), 초한(峭寒;살을 찌르는 듯한 강추위); 기초(奇峭), 요초(料峭;으스스한 추위), 준초하다(峻峭;산이 높고 깎아지른 듯하다) 들.

초(礎) '주춧돌. 사물의 기초'를 뜻하는 말. ¶초기(礎器), 초단(礎段), 초반/각(礎盤/刻), 초석(礎石)[장초석(長)], 초업(礎業), 초재(礎材); 국초(國礎), 기초(基礎), 단초(斷礎;깨어져 조각이 난 주초), 정초(定礎) 들.

초(肖) '같다. 닮다'를 뜻하는 말. ¶초사(肖似), 초상(肖像;어떤 사람의 얼굴이나 모습); 만물초(萬物肖), 불초(不肖)[209], 혹초(酷肖) 들.

초(梢) '나뭇가지의 끝. 키(배의 가는 방향을 잡는 기구)'를 뜻하는 말. ¶초공(梢工;뱃사공), 초두(梢頭;나무의 잔가지 끝), 말초(末梢)[말초신경(神經), 말초적(的)] 들.

초(貂) '담비'를 뜻하는 말. ¶초구(貂裘;담비 가죽으로 만든 갖옷), 초모필(貂毛筆), 초서(貂鼠;노랑가슴담비), 초피(貂皮); 선초(扇貂), 속초(續貂), 흑초(黑貂;검은담비) 들.

초(楚) '고통을 느끼다. 마음이 아프다'를 뜻하는 말. ¶간초하다(艱楚;고생스럽고 괴롭다), 고초(苦楚), 달초(撻楚), 신초(辛楚), 청초하다(淸楚), 추초(箠楚), 통초(痛楚) 들.

초(鞘) '칼집. 칼집 모양'을 뜻하는 말. ¶초상(鞘狀); 건초(腱鞘), 근

202) 촛밑: 지에밥과 누룩을 섞어서 삭힌 것. 식초의 밑바탕이 됨.
203) 초산(醋酸): 초산구리, 초산균(菌), 초산납, 초산발효(醱酵), 초산석회(石灰).
204) 초젓국: 새우젓국에 초를 치고 고춧가루를 뿌려서 만든 젓국.
205) 초친놈(醋): 초를 쳐서 싱싱한 기운이 없듯이, 난봉이나 부려서 사람이 될 가망이 없는 사람.
206) 초점(焦點): ①사람들의 관심이나 주의가 집중되는 사물의 부분. ¶논쟁의 초점. 문제의 초점을 흐리다. 관심의 초점이 되다. ②렌즈나 구면 거울 따위에서 입사 평행 광선이 한 곳으로 모이는 점. 수정체의 원근에 따라 곡률(曲率)을 조절하여 대상을 가장 똑똑하게 볼 수 있도록 맞추는 점. ¶사진의 초점을 맞추다. 초점 잃은 시선. 초점거리(距離), 초점면(面), 초점심도(深度), 초점유리; 결레초점, 허초점(虛).
207) 초토(焦土):까맣게 탄 흙이나 땅. 불타 없어진 자리나 남은 재. ¶초토외교(外交), 초토작전(作戰), 초토전술(戰術), 초토화/하다(化).
208) 초읽기(秒): ①바둑에서, 기록원이 시간이 흐르는 것을 초 단위로 알려 주는 일. ②어떤 일이 시간적으로 급박한 상태를 비유적으로 이르는 말. 최종 단계.
209) 불초(不肖): ①못 나고 어리석음. 또는 그런 사람. ¶불초자식. ②'자기'를 겸손하게 이르는 말. ¶불초고(孤), 불초남(男), 불초손(孫), 불초자(子), 불초자제(子弟).

초(筋鞘), 수초(髓鞘), 시초(翅鞘;겉날개), 신경초(神經鞘), 엽초(葉鞘;잎집), 자엽초(子葉鞘) 들.

초(樵) '땔나무'를 뜻하는 말. ¶초경(樵逕;나뭇길), 초급(樵汲), 초노(樵奴), 초동(樵童), 초동급부(樵童汲婦), 초목(樵牧), 초어(樵漁), 초은(樵隱) 초자(樵子); 어초(漁樵), 채초(採樵) 들.

초(剿) '죽이다. 강제로 빼앗다'를 뜻하는 말. ¶초멸(剿滅;도적의 무리를 무찔러 없앰), 초습(剿襲;남의 것을 슬그머니 자기 것으로 함), 초토(剿討;도둑의 무리를 쳐서 물리침).

초(悄) '근심 걱정에 잠기다'를 뜻하는 말. ¶초연하다(悄然), 초창하다(悄愴), 초초/하다/히(悄悄), 초췌하다(憔悴) 들.

초(酢) '초(신맛이 나는 조미료)'를 뜻하는 말. ¶어초(魚酢;생선젓).

초(綃) '생사로 짠 얇은 비단'을 뜻하는 말. ¶궁초(宮綃), 모초/단(毛綃/緞), 생초(生綃), 숙초(熟綃), 영초(英綃) 들.

초(蛸) '오징어'를 뜻하는 말. ¶초어(蛸魚;낙지), 반초(飯蛸;꼴뚜기).

초(蕉) '파초과의 여러해살이풀'을 뜻하는 말. ¶초엽(蕉葉); 파초(芭蕉), 파초선(芭蕉扇).

초(醮) '시집가다. 제사 지내다'를 뜻하는 말. ¶초례/청(醮禮/廳), 초제(醮祭;별을 향하여 지내는 제사).

초가리 서까래 끝에 붙이는 기와. ¶부연초가리(부연 끝에 붙이는 기와).

초강초강-하다 얼굴의 생김새가 갸름하고 살이 적다. ¶초강초강한 젊은 아낙.

초고리 작은 매. ¶초고리를 길들이다. 초고리는 작아도 꿩만 잡는다.

초고지 작은 전복(떡조개). ¶초고지를 회쳐먹다. 초고지를 말린 것을 '초꼬지(말린 떡조개)'라고 한다.

초군초군 아주 꼼꼼하고 느릿느릿한 모양. ¶초군초군 따져 묻다. 초군초군하다.

초근초근 착 달라붙어서 남을 질기게 조르는 모양. 〈큰〉추근추근. ¶초근초근한 성질. 뒤를 추근추근 따라다니며 괴롭힌다. 초근·추근거리다/대다, 초근초근·추근추근/하다'.

초드근-하다 사람의 성격이나 태도가 연약하고 침착하다. ¶성격은 여성같이 초드근하다.

초-들다 어떤 사실을 입에 올려서 말하다.=쳐들다. ¶지난 일을 다시 초들지 마라. 남을 초들어 이야기하다. 이제 와서 새삼스럽게 그 일을 초들어 말할 게 무언가. ☞ 치-.

초들초들 ①나무나 풀의 잎이 시들면서 말라가는 모양. ¶폭양은 사정없이 퍼붓고 풀숲은 목마름에 초들초들 시들어 가고 있다. ②입술이 마르면서 터져가는 모양. ¶재숙은 초들초들 마른 입술을 감빨며 머리를 끄덕거렸다. ③사람이 시든 풀처럼 기운이 없는 모양. ¶맥이 풀려 추들추들 주저앉다. 〈큰〉추들추들.

초라니 ①잡귀(雜鬼)를 쫓는 무속 의식에서, 붉은 저고리에 푸른 치마를 두른 모습으로 긴 대의 깃발을 흔드는 나자(儺者)의 하나.=소매(小梅). ¶초라니탈. ②몹시 경망스럽고 야단스러움의 비유. ¶초라니같이 까분다.

초라-떼다 격에 맞지 않는 짓이나 차림새로 창피를 당하다. ¶후배들 앞에서 초라떼지 말고 점잖게 굴어라.

초라-하다 ①겉모양이나 옷차림이 호졸근하고 궁상스럽다.↔화려하다(華麗). 〈큰〉추레하다[210]. ¶초라한 옷차림. 행색이 초라하다. 초라스럽다. ②보잘것없고 변변하지 못하다. ¶초라한 살림.

초련 ①풋바심이나 일찍 익은 곡식으로 가을걷이 때까지 양식을 대어 먹는 일. ¶초련을 먹다. ②우선 무엇보다 먼저.

초롱¹ 양철로 만들어 석유나 물 따위의 액체를 담는 통. 또는 그 통에 담은 분량을 세는 단위. ¶물초롱, 석유초롱(石油). 석유/물 한 초롱.

초롱² 촛불을 켜는 등. 등롱(燈籠). ¶초롱에 불을 밝히다. 달이 초롱처럼 밝다. 초롱꾼, 초롱대, 초롱바위(초롱처럼 생긴 바위), 초롱불, 초롱소매, 초롱잠(簪;초롱 모양의 비녀); 사초롱(紗).

초롱초롱 ①정신이나 목소리가 생기가 있고 또렷하게. ¶초롱초롱 빛나는 눈동자. 초롱거리다, 초롱초롱하다/히. ②맑고 분명하게. ¶기억에 초롱초롱하다. [+빛나다].

초름-하다 어떤 표준에 비하여 넉넉하지 못하고 조금 모자라다. (≒부족하다). 무엇이 마음에 차지 않아 시들하다. ¶초름한 저녁식사. 그는 아들의 행동이 초름하여 계속 떨떠름한 얼굴이었다. 초름히.

초리¹ 무엇의 가느다란 끝부분. ¶꼬리초리(꼬리의 가는 끝부분), 끝초리(회초리의 끝부분), 나무초리[211], 눈초리, 붓초리(붓촉의 끝), 신초리(베틀신대), 용의초리(龍;폭포의 내리쏟는 물줄기), 위초리[212], 제비초리[213], 회초리[214] 들.

초리² 갈퀴에서 갈퀏발이 모여 합쳐지는 부분. ¶뒤초리(갈퀴의 여러 발이 한데 모여 엇갈려진 곳), 앞초리(갈퀏발이 꼬부라진 쪽).

촉¹ 난초나 풀 따위의 뾰족하게 올라오는 싹. 또는 그것의 포기를 세는 말. ¶난에 새 촉이 나다. 촉을 가르다. 동양란 한 촉을 선물했다.

촉² 작은 물체가 아래로 늘어지거나 처진 모양. 〈큰〉축. [+늘어지다. 처지다]. ¶촉 처져 대롱거리는 조롱박. 귓불이 축 처지다. 열매가 가지 끝에 축 늘어져 있다.

촉(觸) '닿다. 부딪치다. 범하다'를 뜻하는 말. ¶촉각/선(觸角/腺), 촉각(觸覺), 촉감(觸感;感觸. 觸覺), 촉경(觸境), 촉관(觸官), 촉금

---

210) 추레하다: ①겉모양이 깨끗하지 못하고 생기가 없다. ¶추레한 옷차림. 추레한 모습으로 낙향하다. ②태도 따위가 너절하고 고상하지 못하다. ¶그의 추레한 꼴을 본 사람들은 경멸에 앞서 동정을 보냈다.

211) 나무초리: 나뭇가지의 가느다란 부분.

212) 위초리: ①나뭇가지의 맨 끝에 있는 가지. ②물건의 위쪽에 있는 뾰족한 끝.

213) 제비초리: 뒤통수나 앞이마에 뾰족이 내민 머리털.

214) 회초리: 어린아이를 때리거나 마소를 부릴 때에 쓰는 가는 나뭇가지.

ㅊ

(觸禁:금지하는 일에 저촉됨), 촉기(觸氣), 촉노(觸怒:웃어른의 마음을 거슬러서 성을 내게 함), 촉돌(觸突), 촉동(觸動), 촉랭(觸冷), 촉륜(觸輪:전차의 꼭대기에 달린 작은 쇠바퀴), 촉망(觸網), 촉매(觸媒)[215], 촉모(觸毛), 촉목상심(觸目傷心), 촉발(觸發:사물에 맞닥뜨려 어떤 느낌이 일어남. 무엇에 닿아 폭발함)[촉발되다/하다, 촉발수뢰(水雷)], 촉범(觸犯), 촉비(觸鼻:냄새가 코를 자극함), 촉상(觸傷), 촉선(觸線:接線), 촉수(觸手), 촉수(觸鬚:하등동물의 더듬이 감각기관), 촉진(觸診), 촉처봉패(觸處逢敗:가는 곳마다 낭패를 당함), 촉한(觸寒), 촉휘(觸諱:웃어른의 이름을 함부로 부름); 감촉(感觸), 굴촉성(屈觸性), 불촉(不觸), 일촉즉발(一觸卽發), 저촉(抵觸), 접촉(接觸), 필촉(筆觸) 들.

촉(燭) '초. 촛불. 광도(光度)'를 뜻하는 말. ¶촉가(燭架), 촉광(燭光)[국제촉광(國際)], 촉대(燭臺), 촉루(燭淚), 촉수(燭數), 촉심(燭心), 촉찰(燭察), 촉화(燭火); 거촉(巨燭), 거촉(炬燭), 거촉(擧燭), 고촉(孤燭:쓸쓸히 비치는 촛불), 고촉(高燭:도수가 높은 촉광), 납촉(蠟燭), 등촉(燈燭), 명촉(明燭), 병촉(秉燭), 성촉(聖燭), 양지촉(羊脂燭), 양촉(洋燭), 육촉(肉燭), 은촉(銀燭), 잔촉(殘燭), 조촉(弔燭), 지촉(紙燭), 포촉(脯燭), 풍촉(風燭), 향촉(香燭), 화촉(華燭)[동방화촉(洞房)], 황촉(黃燭:밀초) 들.

촉(促) '절박하다. 재촉하다. 빨리하다'를 뜻하는 말. ¶촉구하다(促求), 촉급(促急), 촉박하다(促迫), 촉맥(促脈:불규칙한 맥박), 촉발(促發), 촉보(促步), 촉산(促産), 촉성/재배(促成/栽培), 촉수(促壽), 촉슬(促膝:무릎을 대어 마주 앉음), 촉염제(促染劑), 촉진(促進)[촉진되다/하다/시키다, 촉진신경(神經), 촉진제(劑); 생장촉진(生長), 판매촉진(販賣)], 촉하다, 촉훈(促訓); 급촉(急促), 단촉(短促:시일이 촉박함), 독촉(督促), 자촉(刺促), 천촉(喘促), 최촉/장(催促/狀), 태촉(太促), 피촉(被促) 들.

촉(鏃) 긴 물건의 끝에 박힌 뾰족한 물건의 총칭. ¶만년필의 흰 쪽이 빛나다. 촉구멍, 촉꽂이(구멍에 꽂게 된 뾰족한 장부), 촉끝(활의 먼오금의 다음 부분), 촉더데(활의 살밑의 마디), 촉돌이[216], 촉작대(물미작대기); 긴촉, 내촉(內鏃), 단촉(短鏃:돌기가 짧은 장부촉↔긴촉), 돌촉, 몰촉(沒鏃), 방아촉, 살촉, 석촉(石鏃), 쌍촉(雙鏃), 연필촉(鉛筆), 열장장부촉, 외촉(外鏃), 은촉(隱鏃), 이촉(이의 뿌리), 장촉(長鏃), 장부촉(장부의 끝), 전촉(箭鏃), 철필촉(鐵筆), 퇴촉(退鏃), 펜촉(pen), 화살촉 들.

촉(囑) '부탁하다. 맡기다'를 뜻하는 말. ¶촉망하다(囑望:잘 되기를 기대하다)[촉망되다/하다, 촉목(囑目:눈여겨봄), 촉언(囑言), 촉탁(囑託:委託)[217]; 간촉(懇囑), 긴촉(緊囑), 도촉(圖囑), 부촉(咐囑), 사촉(唆囑:使嗾), 위촉/장(委囑/狀), 유촉(遺囑), 의촉(依囑), 주촉(嗾囑), 천청만촉(千請萬囑), 청촉(請囑) 들.

촉(蜀) '나라 이름'을 뜻하는 말. ¶촉백(蜀魄:두견이), 촉서(蜀黍:수수), 촉조(蜀鳥:두견새), 촉체(蜀體:중국의 조맹부의 글씨체); 등롱망촉(燈籠望蜀) 들.

촉(屬) '붙다·붙이다'를 뜻하는 말. ¶촉심(屬心:마음을 둠), 촉의(屬意:마음을 붙임. 희망을 걺).

촉(髑) '백골로 변한 사람의 뼈(해골)'를 뜻하는 말. ¶촉루(髑髏:해골)[촉루배(杯), 촉루수(水), 촉루숭배(崇拜)].

촉(矗) '높이 솟다'를 뜻하는 말. ¶촉립(矗立), 촉석(矗石).

촉기 생기 있고 재기(才氣)가 있는 기상.[←초기(峭氣)]. ¶촉기가 넘치다. 촉기가 빠르다.

촉촉-하다 물기가 있어서 조금 젖은 듯하다. 〈큰〉축축하다. ¶밤이슬이 내려 촉촉한 풀잎. 촉촉·축축이, 축축하여지다/축다, 척근[218], 척척하다[219], 초근하다(매우 촉촉하다)·추근하다, 촉촉·축축지근하다/촉초근·축추근하다, 추근추근하다²[220], 추지다[221], 축다[222], 축이다[223], 축진·촉진하다(눅눅하고 끈끈하다), 축진껍진하다(축진하여 끈적끈적하다), 축축스럽다. ☞ 윤(潤). 습(濕).

촌(村) 도시에서 떨어진 마을.(↔都市). '시골. 밀집 지역. 전문적인 일을 하는 사람들이 모여 사는 곳. 산골·시골티가 남'을 뜻하는 말. ¶촌에 살다. 촌가(村家), 촌간(村間), 촌거(村居), 촌것, 촌구석, 촌귀신(村鬼神), 촌길, 촌년, 촌놈, 촌닭, 촌동(村童), 촌뜨기, 촌락(村落), 촌로(村老), 촌리(村里), 촌맹(村氓), 촌멋쟁이, 촌명(村名), 촌무지렁이, 촌미(村味), 촌민(村民), 촌백성(村百姓), 촌부(村夫), 촌부(村婦), 촌부자(村夫子), 촌부자(村富者), 촌사람, 촌살림, 촌색시, 촌샌님, 촌생원(村生員), 촌속(村俗), 촌스럽다, 촌아이, 촌야(村野), 촌옹(村翁), 촌유(村儒), 촌장(村庄), 촌장(村長), 촌주(村酒), 촌중(村中), 촌촌걸식(村村乞食), 촌촌이, 촌탁(村濁), 촌티, 촌학구(村學究), 촌한(村漢:촌놈); 가촌(街村), 개척촌(開拓村), 거촌(居村), 거랑촌, 계방촌(契房村), 고촌(孤村:외딴 마을), 고가옥촌(古家屋村), 고시촌(考試村), 공산촌(共産村), 광산촌(鑛山村), 괴촌(塊村), 궁촌(窮村), 귀촌(歸村), 근촌(近村), 기지촌(基地村), 나체촌(裸體村), 난민촌(難民村), 남촌(南村), 노촌(路村), 농촌(農村), 농민이촌(農民離村), 농산어촌(農山漁村), 농어촌(農漁村), 누드촌(nude), 대학촌(大學村), 도둑촌, 동촌(同村), 동촌(東村), 동족촌(同族村), 뗏목촌, 먼촌, 모범촌(模範村), 묘촌(墓村), 무의촌(無醫村), 무허가촌(無許可村), 문학촌(文學村), 문화촌(文化村), 민속촌(民俗村), 민촌(民村), 밀집촌(密集村), 반촌(班村), 버들촌, 벽촌(僻村), 본촌(本村), 부자촌(富者村)/부촌(富村), 북촌(北村), 빈민촌(貧民村)/빈촌(貧村), 산촌(山村), 산촌(散

---

215) 촉매(觸媒): 자신은 변화하지 않으면서 다른 물질의 화학 반응을 매개하여 반응 속도를 빠르게 하거나 늦추는 일. ¶촉매독(毒), 촉매반응(反應), 촉매법(法), 촉매작용(作用), 촉매제(劑); 균질촉매(均質), 부촉매(負), 역촉매(逆), 유기촉매(有機), 정촉매(正), 촉진촉매(促進), 항촉매(抗).

216) 촉돌이: 화살의 촉을 뽑거나 박는 데에 쓰는 기구.

217) 촉탁(囑託): 일을 부탁하여 맡김. 공공 기관이나 단체에서 임시로 어떤 일을 맡아보는 직원. 대등한 지위에 있는 관청 사이에서 필요한 사무를 맡기는 일. ¶전문가에게 촉탁하다. 촉탁되다/하다, 촉탁등기(登記), 촉탁살인/죄(殺人/罪), 촉탁의(醫).

218) 척근: 물건이 끈덕지게 달라붙는 모양. ¶젖은 옷이 척근 달라붙다.

219) 척척하다: 젖은 물건이 살에 닿아서 차가운 느낌이 있다. ¶땀이 배어 옷이 척척하다. 척척히.

220) 추근추근하다²: 몹시 축축하다. ¶추근추근한 아기의 기저귀.

221) 추지다: 물기가 배어서 몹시 눅눅하다. ¶추진 걸레를 볕에 널다.

222) 축다: 물기가 번져 축축하여지다.

223) 축이다: 물을 뿌리거나 먹어서 축축하게 하다.≒적시다. 눅이다.↔말리다. ¶목을 축이다. 입술을 축일 만한 물도 없었다. 수건을 물에 축이다.

ㅊ

村), 산록촌(山麓村), 산지촌(山地村), 서촌(西村), 선수촌(選手村), 소촌(小村), 수중촌(水中村), 습지촌(濕地村), 아마나촌(Amana村), 아파트촌(apartment村), 어촌(漁村), 역촌(驛村), 연촌(烟村), 영화촌(映畵村), 예술촌(藝術村), 올림픽(Olympic村), 외인촌(外人村), 외촌(外村), 우촌(雨村), 우주촌(宇宙村), 원촌(遠村), 원촌(圓村), 읍촌(邑村), 이민촌(移民村), 이상촌(理想村), 인촌(隣村), 인가촌(人家村), 임지촌(林地村), 자연촌(自然村), 장수촌(長壽村), 적성촌(適性村), 전촌(全村), 전략촌(戰略村), 점령촌(占領村), 점상촌(點狀村), 정착촌(定着村), 제역촌(除役村), 종자촌(種子村), 중촌(中村), 지구촌(地球村), 집촌(集村), 집단촌(集團村), 집성촌(集姓村), 집창촌(集娼村), 천막촌(天幕村), 천촌만락(千村萬落), 축전촌(祝典村), 캠프촌(camp), 타촌(他村), 탄광촌(炭鑛村), 텐트촌(tent), 퇴촌(退村), 판자촌(板子村), 패촌(敗村), 포촌(浦村), 하숙촌(下宿村), 한촌(寒村), 한촌(閑村), 행화촌(杏花村), 향촌(鄕村), 혁명촌(革命村), 협촌(峽村), 화전촌(火田村), 환촌(環村), 황촌(荒村), 휴양촌(休養村) 들.

촌(寸) ①=치. 한 자의 1/10. ¶촌척(寸尺), 촌촌이. ②친족(親族)의 관계를 나타내는 말. ¶촌내(寸內), 촌수(寸數), 촌외(寸外); 계촌(計寸), 삼촌(三寸)[외삼촌(外), 처삼촌(妻)], 사촌(四寸)[내종사촌(內從), 이종사촌(姨從), 외종사촌(外從)], 원촌(遠寸), 육촌(六寸). ③'아주 적거나 짧음. 대수롭지 않은'을 비유적으로 나타내는 말. ¶촌가(寸暇), 촌각(寸刻), 촌공(寸功), 촌극(寸隙;틈. 겨를), 촌극(寸劇;토막극), 촌단(寸斷), 촌록(寸祿), 촌묘(寸描), 촌벽(寸碧), 촌보(寸步), 촌분(寸分), 촌선(寸善), 촌성(寸誠;조그만 성의), 촌시(寸時), 촌심(寸心), 촌열(寸裂), 촌음(寸陰;짧은 시간), 촌장(寸長), 촌저(寸楮), 촌지(寸地), 촌지(寸志;얼마 되지 않는 적은 선물), 촌지(寸紙), 촌찰(寸札), 촌초(寸杪), 촌철/살인(寸鐵/殺人), 촌초(寸秒), 촌충(寸衷), 촌충(寸蟲), 촌토(寸土), 촌평(寸評), 촌한(寸閑); 먼촌(먼 친척), 방촌(方寸), 분촌(分寸), 원촌(原寸), 척촌(尺寸) 들.

촌(忖) '미루어 생각하다'를 뜻하는 말. ¶촌탁(忖度;남의 마음을 미루어 헤아림)/하다.

촐촐[1] 물 따위가 조금씩 넘치는 모양. ¶양동이의 물이 드디어 촐촐 넘치기 시작했다. 촐촐거리다/대다.

촐촐[2] 생기가 없이 마르거나 시들어 버린 모양. ¶나뭇잎이 촐촐 마르다.

촘촘-하다 틈이나 간격이 매우 좁거나 작다.≒가늘다. 빽빽하다. 배다.↔성기다. ¶촘촘한 그물눈.

총[1] 말의 갈기와 꼬리의 털. 머리털의 빳빳하고 가는 정도. ¶총이 센 머리카락. 총으로 짠 채. 총감투(말총으로 짠 감투), 총담요(毯), 총대우[224], 총립(笠), 총모자(帽子), 총채(먼지떨이개), 총채질/하다; 말총(말의 갈기와 꼬리의 털).

총[2] 짚신이나 미투리의 앞쪽이 양편짝으로 운두(둘레)를 이루는 낱낱의 올. ¶총갱기[←총감기], 총받이[225], 총배기(곱게 땋은 신총); 단총박이(짚의 속대로 꼰 총을 박아 삼은 짚신), 돌기총[226], 신총, 앞총, 엄지총.

총(總) '전체를 아우르는. 온통·모두. 거느리다. 모아서 묶다'를 뜻하는 말. ¶총 300명. 총간관(總肝管), 총감독(總監督), 총검거(總檢擧), 총결(總結), 총결산(總決算), 총경(總警), 총경동맥(總頸動脈), 총계(總計), 총계정(總計定), 총고백(總告白), 총고사(總告辭), 총고해(總告解), 총공격(總攻擊), 총공세(總攻勢), 총관(總管), 총관(總觀), 총괄(總括)[227], 총국(總局), 총권(總權;모든 권리나 권력), 총궐기(總蹶起), 총기(總記), 총기초(總基礎), 총넓이, 총담관(總膽管), 총대(總代), 총대리(總代理), 총대리점(總代理店), 총대장(總大將), 총독(總督), 총돌격(總突擊), 총동맹(總同盟), 총동원(總動員), 총득점(總得點), 총득표(總得票), 총람(總覽), 총람(總攬), 총량(總量), 총력(總力)[총력안보(安保), 총력외교(外交), 총력전(戰)], 총령(總領), 총록(總錄), 총론(總論), 총리(總理), 총망라(總網羅), 총면적(總面積), 총목(總目), 총목록(總目錄), 총무(總務)[원내총무(院內)], 총무장(總武裝), 총반격(總反擊), 총반일(總反日), 총발휘(總發揮), 총보(總譜), 총본거(總本據), 총본부(總本部), 총본사(總本司), 총본사(總本寺), 총본산(總本山), 총본영(總本營), 총본진(總本陣), 총비서(總秘書), 총비용(總費用), 총사령관(總司令官), 총사령부(總司令部), 총사제(總司祭), 총사직(總辭職), 총사퇴(總辭退), 총상(總狀), 총색인(總索引), 총생산물(總生産物), 총상(總狀), 총서기(總書記), 총선(總選), 총선거(總選擧), 총설(總說), 총세(總勢), 총소득(總所得), 총수(總帥), 총수(總數), 총수량(總數量), 총수익(總收益), 총수입(總收入), 총악보(總樂譜), 총액(總額), 총역량(總力量), 총연습(總練習), 총연장(總延長), 총열량(總熱量), 총영대경(總永代經), 총영사(總領事), 총예산(總豫算), 총요원(總要原), 총원(總員), 총원(總願), 총원가(總原價), 총유(總有), 총유권자(總有權者), 총의(總意;전체의 공통된 의사), 총이익률(總利益率), 총인구(總人口), 총일(總一), 총자본(總資本), 총장(總長), 총재(總裁), 총재산(總財産), 총적량(總積量), 총전교(總典敎), 총점(總點), 총정리(總整理), 총지배인(總支配人), 총지출(總支出), 총지휘(總指揮), 총진격(總進擊), 총진군(總進軍), 총집결(總集結), 총집중(總集中), 총집합(總集合), 총집회(總集會), 총찰(總察;총괄하여 살피거나 보살핌), 총참모장(總參謀長), 총책(總責), 총책임(總責任), 총천연색(總天然色), 총청산(總淸算), 총체/적(總體/的), 총체적(總體積), 총출동(總出動), 총출연(總出演), 총칙(總則), 총칭(總稱), 총톤수(總ton數), 총통(總統), 총통화(總通貨), 총퇴각(總退却), 총퇴장(總退場), 총파업(總罷業), 총파탄(總破綻), 총판(總販), 총판(總辦), 총판매/총판(總販賣), 총평(總坪), 총평(總評), 총평균법(總平均法), 총평수(總坪數), 총학생회(總學生會), 총할(總轄), 총합계(總合計), 총화(總和;전체의 화합), 총화력(總火力), 총회/꾼(總會), 총회의(總會議), 총회장(總會長), 총획(總劃), 총휴업(總休業), 총히; 대총(←大總), 도총(都總), 인총

224) 총대우: 말총이나 쇠꼬리의 털로 짜서 옻을 칠한 검정 갓모자.

225) 총받이: 짚신이나 미투리의, 총을 박은 데까지의 앞바닥.

226) 돌기총: 짚신이나 미투리의 중턱 양편에 앞총을 당겨 맨 굵은 총.

227) 총괄(總括): 개별적인 것을 하나로 묶거나 종합함. 여러 개념을 모아 묶어서 큰 하나의 개념으로 포괄함. ¶의견들을 총괄하다. 총괄되다/하다(포괄하다. 뭉뚱그리다), 총괄성(性), 총괄어(語;묶음말), 총괄질문(質問;위원회의 심의 안건 전반에 관하여 행해지는 질문), 총괄적(的).

ㅊ

(人總), 호총(戶總) 들.

총(銃) 화약의 힘으로 탄환을 발사하는 무기. ¶총을 쏘다. 총걸다, 총검/술(銃劍/術), 총격(銃擊), 총구(銃口), 총구멍, 총군(銃軍), 총기(銃器), 총다리, 총대, 총대(銃隊), 총댕이[포수(砲手)], 총렵(銃獵), 총받이, 총부리, 총부림[228]/질, 총불, 총사냥/하다, 총살/형(銃殺/刑), 총상(銃床), 총상(銃傷), 총성(銃聲), 총소리, 총수(銃手), 총신(銃身), 총안(銃眼), 총알[총알구멍, 총알받이], 총약(銃藥), 총열, 총유탄(銃榴彈), 총자루, 총잡이, 총쟁이, 총좌(銃座), 총진(銃陣), 총질/하다, 총집, 총창(銃創), 총창/술(銃槍/術), 총칼, 총탄(銃彈), 총통(銃筒), 총포/탄(銃砲/彈), 총형(銃刑), 총화(銃火), 총환(銃丸); 가스총(gas), 거총(据銃), 걸어총, 고무총, 공기총(空氣銃), 광선총(光線銃), 권총(拳銃)[쌍권총(雙), 자동권총(自動)], 기총(機銃), 기총(騎銃), 기관총(機關銃)[경기관총(輕), 중기관총(重)], 나무총, 다발총(多發銃), 단발총(單發銃), 단신총(單身銃), 단총(短銃), 단통총(單筒銃), 따발총[229], 딱총, 마취총(痲醉銃), 매화총(梅花銃), 모의총(模擬銃), 목총(木銃), 물총, 바람총[230], 받들어총, 빈총, 사냥총, 산탄총(霰彈銃), 새총, 선조총(旋條銃), 세워총, 소총(小銃)[소총탄(彈); 자동소총(自動)], 승자총(勝字銃), 앞에총, 양총(洋銃), 어깨총, 연발총(連發銃), 엽총(獵銃), 예총(禮銃), 우주총(宇宙銃), 의총(擬銃), 일자총(一字銃), 잠사총(潛射銃), 장님총, 장총(長銃), 전자총(電子銃), 전장총(前裝銃), 조총(鳥銃), 조총(弔銃), 주먹총, 지총(紙銃;딱총), 집총(執銃), 차총(叉銃;걸어총), 카빈총(carbine), 팽총(팽나무의 열매를 탄알로 삼아 쏘는 장난감 총), 헛총/질, 화승총(火繩銃), 후장총(後裝銃) 들.

총(寵) '남달리 귀엽게 여기다'를 뜻하는 말. ¶총광(寵光), 총명(寵命), 총신(寵臣), 총아(寵兒), 총애(寵愛;사랑), 총양(寵養), 총욕(寵辱), 총우(寵遇;총애하여 대우함), 총우(寵佑), 총은(寵恩), 총인(寵人), 총첩(寵妾), 총행(寵幸), 총희(寵姬); 고총(固寵;변함없는 총애), 군총(君寵;임금의 총애), 권총(權寵), 금옥총(金玉寵;임금의 깊은 총애), 내총(內寵), 득총(得寵), 상총(上寵), 성총(盛寵), 성총(聖寵), 실총(失寵), 영총(令寵), 영총(榮寵), 영총(靈寵), 은총(恩寵), 일총(一寵), 쟁총(爭寵), 전방지총(專房之寵), 전총(專寵), 존총(尊寵), 천총(天寵), 회총(懷寵) 들.

총(塚) '무덤 · 무더기'를 뜻하는 말. ¶총묘(塚墓), 총주(塚主), 총중고골(塚中枯骨); 개미총, 고총(古塚), 굴총(掘塚), 대총(大塚), 동총(動塚), 무용총(舞踊塚), 무주총(無主塚), 무후총(無後塚), 발총(發塚), 비익총(比翼塚), 석총(石塚), 소총(小塚), 의구총(義狗塚), 의총(義塚), 의총(疑塚), 적석총(積石塚), 치총(置冢), 패총(貝塚) 들.

총(聰) '귀가 밝다. 잘 들리다. 영리하다'를 뜻하는 말. ¶총기(聰氣)[눈총기(눈정신)], 총달(聰達), 총명(聰明)[총명기(記), 총명예지(睿智), 총명하다(똑똑하다), 총명호학(好學); 불총명(不), 이목총명(耳目)], 총민(聰敏), 총예(聰叡), 총오(聰悟), 총이주(聰耳酒;귀밝이술), 총준(聰俊;총명하고 준수함), 총혜(聰慧;총명하고 슬기로움); 둔총(鈍聰), 보총(補聰), 성총(聖聰), 안총(眼聰), 욀총[231], 일총(一聰), 지닐총[총기(聰氣)] 들.

총(叢) '무더기'를 뜻하는 말. ¶총기(叢記), 총론(叢論), 총림(叢林;숲. 절), 총빙(叢氷), 총사(叢祠), 총생(叢生), 총서(叢書)[백과총서(百科)], 총설(叢說;모아 놓은 여러 학설이나 논설), 총수(叢樹;무더기로 들어선 나무), 총좌(叢挫), 총죽(叢竹), 총중(叢中;많은 사람 가운데), 총집(叢集), 총총하다(叢叢→성기다), 총화(叢話); 군총(群叢), 논총(論叢), 연총(淵叢), 죽총(竹叢) 들.

총(驄) '총이말'을 뜻하는 말. ¶총이말(驄;갈기와 꼬리가 파르스름한 말); 돗총이(몸의 털빛이 검푸른 말), 먹총이(검은털과 흰털이 섞여 난 말), 연전총(連錢驄;엽전 모양의 무늬가 박힌 말), 오총이(烏驄), 용총(龍驄), 은총이(銀驄;불알이 흰말) 들.

총(葱) '파'를 뜻하는 말. ¶총계탕(葱鷄湯), 총백(葱白), 총적(葱笛), 총죽지교(葱竹之交), 총탕(葱湯;팟국); 옥총(玉葱;양파), 자총(紫葱), 자총(慈葱), 청총(靑蔥) 들.

총(怱/悤) '바쁘다. 급하다'를 뜻하는 말. ¶총극(怱劇), 총급하다(怱急), 총망(怱忙), 총요(怱擾), 총총/히(怱怱/悤悤;급히. 바삐) 들.

총(冢) '제단(祭壇)'을 뜻하는 말. ¶총부(冢婦;맏며느리), 총사(冢祀;조상의 제사), 총자(冢子;맏아들) 들.

총(蔥) '숲이 배고 무성함'을 뜻하는 말. ¶나무가 총총 들어서다. 총총들이(들어선 모양이 촘촘하고 배게).

총(傯) '바쁘다'를 뜻하는 말. ¶공총하다(倥傯;이것저것 일이 많아 바쁘다).

총(塚) '무덤'을 뜻하는 말. ¶아총(兒塚), 의총(義塚), 의총(疑塚), 의총(蟻塚;개밋둑), 치총(置塚), 패총(貝塚) 들.

총(摠/總) '모두'를 뜻하는 말. ¶총관(摠管), 총융청(摠戎廳), 총제사(摠制使), 총지(摠持); 군총(軍摠) 들.

총각(總角) ①결혼하지 아니한 성년 남자.↔처녀(處女). ¶총각아이(사내아이); 노총각(老), 떠꺼머리총각, 숫총각, 엄지머리총각(한평생을 총각으로 지내는 사람). §'총각'의 원뜻은 '머리를 땋아 묶는 일'. ②'총각의 머리 모양처럼 생긴'을 뜻하는 말. ¶총각김치, 총각깍두기, 총각머리, 총각무, 총각미역.

총냥이 여우나 이리처럼 눈이 툭 불거지고 입이 뾰족하며 얼굴이 빼빼 마른 사람. ¶총냥이 얼굴의 사내.

촬(撮) '모으다. 손가락으로 잡다. 요점을 취하다'를 뜻하는 말. ¶촬영(撮影)[232], 촬요(撮要), 촬토(撮土;한 줌의 흙).

---

228) 총부림: 금방이라도 쏠 듯이 총구멍을 함부로 내젓는 짓.

229) 따발총: '러시아제 기관 단총'을 이르는 말. 탄창이 '따발(똬리의 함경도 사투리)'처럼 생겼다 하여 비롯된 말.

230) 바람총: 대나무의 통 속에 화살처럼 만든 것을 넣어 입으로 불어서 쏘는 총.

231) 욀총(聰): 외어 기억하는 총기.

232) 촬영(撮影): 촬영감독(監督), 촬영기(機), 촬영대본(臺本), 촬영소(所), 촬영속도(速度), 촬영수단(手段), 촬영실(室), 촬영장(場), 촬영차(車); 간접촬영(間接), 고속도촬영(高速度), 공중촬영(空中), 기념촬영(記念), 단층촬영(斷層), 미속도촬영(微速度), 부감촬영(俯瞰;위에서 내려다보며 찍는 촬영), 사진촬영(寫眞), 수중촬영(水中), 야간촬영(夜間), 역광촬영(逆光), 연속촬영(連續), 영화촬영(映畵), 이동촬영(移動), 조영촬영(照影), 직접촬영(直接), 초고속도촬영(超高速度), 특수촬영(特殊), 파노라마촬영(panorama), 합성촬영(合成), 현지촬영(現地).

ㅊ

촬촬 물 따위가 매우 힘차게 흘러내리는 소리. 또는 그 모양. ¶다부진 앞가슴으로 촬촬 물을 가르며 헤엄을 쳐 다가왔다.

최 베틀의 최활 끝에 박는, 끝이 뾰족하게 생긴 쇠촉. ¶최활(베를 짤 때에 폭이 좁아지지 아니하도록 가로 너비를 버티는 가는 나무오리).

최(最) '가장. 제일'을 뜻하는 말. ¶최강(最强), 최고(催告), 최고(最高)[233], 최고급(最高級), 최고도(最高度), 최고등(最高等), 최고령(最高齡), 최고위(最高位), 최고조(最高潮), 최고참(最古參), 최구(最久), 최귀(最貴), 최근(最近), 최근세(最近世), 최근친(最近親), 최급(最急), 최급무(最急務), 최기(最嗜), 최긴(最緊), 최남단(最南端), 최다수(最多數), 최단(最短), 최단기(最短期), 최대(最大)[234], 최동단(最東端), 최량/품(最良/品), 최만(最晩), 최말(最末), 최미(最尾), 최북단(最北端), 최불용(最不用), 최비칭(最卑稱), 최빈수(最頻數), 최상(最上)[235], 최서단(最西端), 최선(最先), 최선(最善), 최선두(最先頭), 최선등(最先等), 최선봉(最先鋒), 최성기(最盛期), 최소(最小)[236], 최소(最少), 최소년(最少年), 최승(最勝), 최신(最新)[최신식(式), 최신형(型)], 최심(最甚), 최심(最深), 최악(最惡), 최연소(最年少), 최외각(最外殼), 최우등(最優等), 최우량(最優良), 최우선(最優先), 최우수(最優秀), 최장(最長), 최장기(最長期), 최장방(最長房), 최장수(最長壽), 최장신(最長身), 최저(最低)[최저생활비(生活費), 최저임금(賃金), 최저한도(限度)], 최적/온도(最適/溫度), 최적격(最適格), 최적기(最適期), 최적지(最適地), 최전면(最前面), 최전(最前), 최전방(最前方), 최전선(最戰線), 최전열(最前列), 최정각(最正覺), 최존칭(最尊稱), 최종(最終)[최종심(審), 최종적(的), 최종점(點), 최종회(回)], 최중(最重), 최첨단(最尖端), 최초(最初;처음), 최친하다(最親), 최판관(最判官), 최하(最下)[최하급(級), 최하등(等), 최하층(層), 최하품(品)], 최혜국(最惠)[최혜국(國), 최혜권(權), 최혜원칙(原則)], 최호(最好), 최후(最後;끝. 마지막)[최후발악(發惡), 최후수단(手段), 최후일각(一刻), 최후적(的), 최후진술(陳述), 최후통첩(通牒)], 최후미(最後尾) 들.

최(催) '재촉하다. 모임을 열다. 베풀다'를 뜻하는 말. ¶최고(催告)[237], 최루/탄(催淚/彈), 최면(催眠)[최면술(術), 최면요법(療法), 최면제(劑); 자기최면(自己)], 최판(催辦;일의 처리를 독촉함), 최산/제(催産/劑), 최음제(催淫劑), 최조(催租), 최청법(催靑法), 최촉/장(催促/狀), 최환(催喚); 개최(開催), 주최(主催)[주최국(國), 주최자(者), 주최측(側); 공동주최(共同), 단독주최(單獨)] 들.

최(摧) '기세를 꺾다'를 뜻하는 말. ¶최사(摧謝;굴복하여 사죄함), 최저(摧沮;기세가 꺾이어 풀이 죽음), 최절(摧折), 최파(摧破) 들.

최(衰) '줄다 · 줄이다. 상복(喪服)'을 뜻하는 말. ¶최마(衰麻), 최복(衰服); 묵최(墨衰), 자최(齋衰), 재최(再衰), 참최(斬衰).

최(璀) '옥빛이 찬란하다'를 뜻하는 말. ¶최찬(璀璨;옥의 광채. 아름다움).

–추 사람을 낮잡아 이르는 말. ¶-추니[238]; 다림추, 데림추(주견이 없이 남에게 딸리어 다니는 사람), 땡추/땡추중, 맹추/멍추.

–추– ①동사나 형용사의 어간에 붙어서 '사동사'를 만드는 말. ¶갖추다, 들추다, 맞추다, 멈추다[←멎다], 얕추다, 잦추다. ②일부 형용사 어간 뒤에 붙어 '사동'의 뜻을 더하고 동사를 만드는 말. ¶곧추/다(←곧다), 낮추/다(←낮다), 늦추다(←늦다) 들.

추(秋) '가을'을 뜻하는 말. ¶추간(秋間), 추경(秋耕), 추경(秋景), 추계(秋季), 추고마비(秋高馬肥), 추공(秋空), 추광(秋光), 추국(秋菊), 추궁(秋窮), 추기(秋氣), 추기(秋期), 추도어(秋刀魚;꽁치), 추등(秋等), 추랭(秋冷), 추량(秋涼), 추로수(秋露水), 추림(秋霖), 추맥(秋麥), 추봉(秋捧), 추분/점(秋分/點), 추비(秋肥), 추사(秋思), 추삼삭(秋三朔), 추상/같다(秋霜;위엄이 있고 서슬이 퍼렇다), 추상열일(秋霜烈日;형벌이 엄하고 권위가 있음), 추색(秋色), 추석(秋夕)[239], 추선(秋扇), 추성(秋成), 추성(秋聲), 추소(秋宵), 추수(秋水), 추수(秋收), 추야(秋夜), 추양(秋陽), 추우(秋雨), 추월(秋月), 추의(秋意), 추일(秋日), 추잠(秋蠶), 추재(秋材), 추절(秋節), 추젓(가을에 담근 새우젓), 추청(秋晴), 추초(秋草), 추파(秋波)[240], 추파(秋播), 추풍(秋風)[추풍낙엽(落葉), 추풍삭막(索莫), 추풍선(扇)], 추해당(秋海棠), 추향대제(秋享大祭), 추호(秋毫)[241], 추호불범(秋毫不犯), 추화(秋花), 추흥(秋興); 간추(看秋), 객추(客秋;지난가을), 거추(去秋), 계추(季秋), 계추(桂秋), 과추(過秋), 구추(九秋), 금추(今秋), 난추(蘭秋;음력 7월), 내추(來秋), 늠추(凜秋), 대추(待秋), 만추(晩秋), 맥추(麥秋), 맹추(孟秋), 명추(明秋), 모추(暮秋), 상추(上秋), 성추(盛秋), 소추(小秋), 소추(素秋), 신추(新秋), 양추(凉秋), 영추(迎秋), 오추(梧秋), 일일여삼추(一日如三秋), 입추(立秋), 작추(昨秋), 잔추(殘秋), 조추(早秋), 조추(肇秋), 중추(中秋), 중추(仲秋), 중추절(仲秋節), 천추(千秋;긴 세월)[천추만대(萬代), 천추만세(萬歲)], 청추(淸秋), 초추(初秋), 춘추(春秋;봄과 가을. 나이) 들.

추(追) '뒤좇아가다. 따르다'를 뜻하는 말. ¶추가(追加)[242], 추격/전

233) 최고(最高): 최고가(價), 최고권(權), 최고기록(記錄), 최고득점(得點), 최고법규(法規), 최고법원(法院), 최고봉(峰), 최고상(賞), 최고선(善), 최고신(神), 최고액(額), 최고점(點), 최고품(品), 최고학부(學府), 최고형(刑).

234) 최대(最大↔最小): 최댓값, 최대공약수(公約數), 최대량(量), 최대사거리(射距離), 최대속력(速力), 최대압력(壓力), 최대출력(出力), 최대치(値), 최대한(限), 최대화/하다(化).

235) 최상(最上): 최상급(級), 최상등(等), 최상선(善), 최상성(聲), 최상지(地), 최상층(層), 최상품(品).

236) 최소(最小↔最大): 최솟값, 최소공배수(公倍數), 최소량(量), 최소치(値), 최소한(限), 최소한도(限度), 최소화/하다(化).

237) 최고(催告): 법률상 일정한 결과를 일으키기 위하여 상대편의 행위 또는 불행위를 재촉하는 일. ¶최고장(狀); 공시최고(公示).

238) -추니: 몇몇 다른 말에 붙어, 그런 성질을 가진 사람을 얕잡아 이르는 말. ¶남녀추니(男女;남자와 여자의 생식기를 둘 다 가지고 있는 사람), 넓적추니(얼굴이 넓적한 사람을 얕잡아 이르는 말), 뻘때추니(어려워함이 없이 제멋대로 짤짤거리며 쏘다니는 계집아이), 옹망추니(고부라지고 오그라진 작은 형체. 소견이 좁고 오그라진 사람).

239) 추석(秋夕): 추석날, 추석놀이, 추석물, 추석비, 추석빔, 추석치레.

240) 추파(秋波): ①가을철의 잔잔하고 밝은 물결. ②은근한 정을 나타내는 여자의 아름다운 눈짓. ¶추파를 부리다.

241) 추호(秋毫): '가을철에 가늘어진 짐승의 털'이란 뜻으로, '조금. 매우 적음'을 뜻하는 말.[+부정어]. ¶그럴 생각은 추호도 없다.

242) 추가(追加): 나중에 더 보탬. ¶부족분을 추가로 공급하다. 추가경정예산(更正豫算)/추경예산(追更豫算), 추가되다/하다(더하다. 보태다), 추가량(量), 추가배당(配當), 추가분(分), 추가시험(試驗), 추가예산(豫算), 추가입찰(入札), 추가재판(裁判), 추가점(點), 추가조약(條約), 추가주문

(追擊/戰), 추경(追更), 추계(追啓), 추고(追考), 추고(追告), 추구(追求;목적한 바를 이루고자 끝까지 좇아 구함), 추구(追究;사물의 이치를 미루어 생각하여 밝혀냄), 추구(追咎), 추궁(追窮;끝까지 캐어 따짐), 추급(追及;뒤좇아 따라붙음), 추급(追給), 추기(追記), 추납(追納), 추념(追念), 추도(追悼)[추도문(文), 추도사(辭), 추도식(式)], 추돌(追突), 추록(追錄), 추론(追論), 추모(追慕), 추미/전보(追尾/電報), 추방(追放)[추방되다/하다, 추방령(令), 추방형(刑)], 추백(追白), 추병(追兵), 추복(追服), 추복위(追復位), 추비(追肥), 추사(追思), 추삭(追削), 추상(追想), 추상(追償), 추상존호(追上尊號), 추서(追敍), 추선(追善), 추설(追設), 추소(追訴), 추소(追溯), 추송(追送;배웅), 추송(追頌), 추수/식물(追水/植物), 추수/주의(追隨/主義), 추숙(追熟), 추숭(追崇), 추시(追施), 추시(追試), 추시(追諡), 추신(追伸/申), 추억(追憶;그리움), 추완(追完), 추원(追遠), 추원보본(追遠補本), 추월(追越;뒤따라가서 앞지름), 추인(追認), 추적(追跡)[추적권(權), 추적망상(妄想), 추적자(子); 자동추적(自動)], 추존(追尊), 추종(追從;따라감), 추증(追贈), 추증하다(追增), 추징(追徵), 추천(追薦), 추축(追逐), 추칭(追稱), 추토(追討), 추포(追捕), 추한(追恨), 추행(追行), 추형(追刑), 추환(追喚), 추환(追還), 추회(追悔), 추회(追懷), 추후(追後;나중); 격추(擊追), 소추(訴追;공소를 제기하는 일. 탄핵을 발의하여 파면을 요구하는 일) 들.

추(推) '옮다 · 옮기다. 밀다. 미루어 헤아리다'를 뜻하는 말. ¶추거(推去), 추거(推擧), 추계(推計), 추고(推考;지나간 일을 나중에 생각함), 추고(推告;덧붙여 알림), 추곡(推轂), 추구(推究;이치를 미루어서 깊이 생각하여 밝힘), 추국(推鞫), 추급(推及;미루어 생각이 미침), 추급(推給;찾아서 내줌. 추심하여 줌), 추납(推納), 추단(推斷)/되다/하다(다른 일을 미루어 판단하다), 추달(推撻;매로 때림), 추담(推談), 추대(推戴)[추대되다/하다(모시다. 받들다), 추대식(式)], 추량(推量;생각), 추력(推力), 추론(推論)[243], 추리(推理)[244], 추문(推問;엄하게 캐물음), 추보(推步), 추본(推本), 추봉(推捧), 추산(推算;짐작으로 미루어 셈함)[추산되다/하다(어림하다), 추산서(書)], 추상(推上), 추상(推尙), 추상(推想;앞으로 올 일을 미루어 생각함), 추상(抽象)[245], 추선(推選), 추쇄(推刷), 추수(推數), 추심(推尋;찾아내어 가지거나 받아냄)[추심료(料), 추심어음, 추심채무(債務); 인물추심(人物)], 추앙(推仰;받듦), 추양(推讓;남을 추천하고 자기는 사양함), 추열(推閱), 추위(推委;자기의 책임을 남에게 넘겨씌움), 추이(推移)[246], 추장(推奬;뛰어난 점을 말하여 추천함), 추정(推定;미루어 헤아려서 판정함. 짐작), 추존(推尊;높이어 우러르며 공경함), 추중(推重;추앙하여 중히 여김), 추지(推知;미루어 헤아려서 알아냄), 추진(推進)[247], 추차가지(推此可知), 추착(推捉), 추찰(推察), 추천(推薦)[추천서(書), 추천작가(作家), 추천장(狀), 추천하다], 추측(推測;미루어 헤아림), 추탁(推託), 추핵(推覈); 사추(邪推), 유추(類推), 천추(遷推) 들. §[퇴]로도 읽힘. 퇴고(推敲), 퇴문(推門).

추(醜) 지저분하고 더러움. 하는 짓이나 말이 비루함. '못생겨서 흉하다'를 뜻하는 말.↔미(美). ¶미와 추를 구별하다. 추한 행동. 추괴(醜怪), 추교(醜交), 추남(醜男), 추녀(醜女), 추담(醜談), 추로(醜虜), 추루(醜陋), 추류(醜類), 추모(醜貌), 추문(醜聞), 추물(醜物)/스럽다, 추사(醜事), 추상(醜相), 추설(醜說), 추성(醜聲), 추속(醜俗), 추습(醜習), 추악하다(醜惡;나쁘다. 더럽다), 추언(醜言), 추업(醜業), 추예(醜穢), 추옥(醜屋), 추욕(醜辱), 추잡하다(말이나 행동이 더럽고 잡스럽다)/스럽다(醜雜), 추저분하다[248], 추접스럽다[249], 추접지근하다/추접하다(더럽고 지저분하다.≒더럽다.↔깨끗하다), 추졸(醜拙;다랍고 쩨쩨함), 추칭(醜稱), 추태(醜態), 추풍(醜風), 추하다, 추한(醜漢), 추행(醜行); 노추(老醜), 누추하다(陋醜), 면추(免醜), 미추(美醜), 번추(煩醜), 여추(餘醜) 들.

추(錘) '끈에 달리어 아래로 늘어진 물건의 총칭. 저울추'를 뜻하는 말. ¶추종(錘鐘); 균형추(均衡錘), 그물추, 다림추(수평이나 수직을 보는 다림줄에 달아 늘이는 추), 드림추[250], 방추(紡錘;물레의 가락. 북), 부채추, 선추(扇錘), 설망추(網錘), 수직추(垂直錘), 시계추(時計錘), 어망추(漁網錘;그물추), 저울추, 타진추(打診錘), 평형추(平衡錘), 활추(滑錘), 휴추(休錘) 들.

추(錐) '송곳. 끝이 뾰족한'을 뜻하는 말. ¶추공(錐孔), 추낭(錐囊), 추면(錐面;뿔면), 추상(錐狀)[추상체(體)/추체(錐體;뿔체), 추상화산(火山)], 추화(錐花); 각추(角錐), 광추(光錐), 낭중지추(囊中之錐), 노추(蘆錐;갈대의 싹), 모추(毛錐), 방추(方錐), 시추(試錐)[시추선(船); 해상시추(海上)], 애추(崖錐), 원추(圓錐), 입추(立錐) 들.

추(趨) '달리다. 좇다. 재촉하다'를 뜻하는 말. ¶추광성(趨光性), 추류성(趨流性), 추배(趨拜), 추부(趨附), 추부의뢰(趨附依賴), 추성(趨性), 추세(趨勢), 추시(趨時), 추열성(趨熱性), 추온성(趨溫性), 추전성(趨電性), 추주(趨走), 추지성(趨地性), 추진(趨進), 추향/성(趨向/性); 귀추(歸趨;돌아가는 형편), 분추(奔趨) 들.

추(麤) '거칠다'를 뜻하는 말. ¶추담(麤談), 추말(麤末;굵은 가루), 추망하다(麤莽;꼼꼼하지 못하고 조심성이 없다), 추물(麤物;못난

(注文), 추가특허(特許), 추가판결(判決).

243) 추론(推論): 사리를 미루어서 논급함. 추리(推理). ¶단지 추론에 불과하다. 추론식(式); 가언적추론(假言的), 정언적추론(定言的).

244) 추리(推理): 알고 있는 것을 바탕으로 알지 못하는 것을 미루어서 생각함. 추론(推論). ¶추리력(力), 추리물(物), 추리소설(小說), 추리식(式), 추리하다(미루다. 짐작하다); 간접추리(間接), 귀납추리(歸納), 연결추리(連結), 연역추리(演繹), 유비추리(類比;유추), 직접추리(直接), 한정추리(限定), 형식적추리(形式的).

245) 추상(抽象): 일정한 인식 목표를 추구하기 위하여 여러 가지 표상(表象)이나 개념에서 특정한 특징이나 속성을 빼냄. 또는 그 빼낸 것을 사고의 대상으로 하는 정신 작용.↔구상(具象). ¶추상개념(概念), 추상력(力), 추상론(論), 추상명사(名詞), 추상무늬, 추상무용(舞踊), 추상미(美), 추상미술(美術), 추상석(石), 추상성(性), 추상신(神), 추상예술(藝術), 추상음성(音聲), 추상적(的), 추상주의(主義), 추상화(畵), 추상화/하다(化).

246) 추이(推移): 일이나 형편이 시간의 경과에 따라 변하여 나감. 또는 그런 경향. ¶사건의 추이를 살피다. 사태의 추이가 주목된다.

247) 추진(推進): 앞으로 밀고 감. 일이 잘 되도록 힘씀. ¶계획 사업을 적극적으로 추진하다. 추진기(機), 추진력(力;냅뜰힘), 추진장치(裝置), 추진제(劑), 추진축(軸), 추진하다.

248) 추저분하다: 더럽고 지저분하다. ¶하는 짓이 추저분하다. 츱츱스럽다(매우 추저분하다)

249) 추접스럽다: 더럽고 지저분한 데가 있다. ¶음식을 추접스럽게 먹다. 추접지근하다(개운하지 못하고 좀 추저분한 듯하다).

250) 드림추: 벽 · 기둥 따위의 수직 여부를 알아보는 기구.

이), 추미(麤米;잘 쓿지 않은 궂은 쌀), 추비(麤鄙), 추솔(麤率;輕率), 추습(麤習), 추악(麤惡), 추잡하다(거칠고 막되다)/스럽다(麤雜), 추포(麤布), 추하다(정밀하지 못하고 거칠다); 정추(精麤), 정추불계(精麤不計), 황추(荒麤) 들.

추(椎) '뭉치. 방망이. 치다 · 때리다. 등뼈'를 뜻하는 말. ¶추간연골(椎間軟骨), 추격(椎擊;때림), 추골(椎骨), 추공(椎孔), 추체(椎體); 경추(頸椎), 미추(尾椎), 요추(腰椎), 척추(脊椎), 철추(鐵椎), 흉추(胸椎;가슴등뼈) 들.

추(樞) '일을 함에 있어서 가장 중요한 점. 사북'을 뜻하는 말. ¶추기(樞機;사물의 요긴한 곳), 추기경(樞機卿), 추밀(樞密;정치상의 비밀을 요하는 중대한 기밀), 추성(樞星), 추요(樞要), 추축(樞軸;운동이나 활동의 중심 부분. 권력이나 정치의 중심); 중추(中樞)[251], 천추(天樞) 들.

추(抽) '뽑다. 빼다'를 뜻하는 말. ¶추리(抽利), 추상(抽象), 추세(抽稅;세액을 산출함), 추신(抽身;어떤 자리에서 몸을 빼어 떠남), 추장(抽獎), 추첨(抽籤)[추첨권(券), 추첨권(權), 추첨식(式), 추첨제(制)], 추출(抽出)[252] 들.

추(芻) '꼴(마소에게 먹이는 풀)'을 뜻하는 말. ¶추언(芻言;무식하고 비천한 사람의 말), 추요자(芻蕘者;꼴을 베는 사람과 땔나무를 하는 사람); 기추(騎芻), 반추(反芻;새김질) 들.

추(楸) '개오동나무'를 뜻하는 말. ¶추목(楸木;가래나무), 추자(楸子;호두나무), 추판(楸板), 추피(楸皮); 송추(松楸;산소에 심는 나무) 들.

추(雛) '병아리. 짐승의 새끼'를 뜻하는 말. ¶추손(雛孫;어린 손자), 추승(雛僧); 감별추(鑑別雛;가린병아리), 노추(奴雛), 봉추(鳳雛), 연추(燕雛;제비 새끼), 유추(幼雛), 육추(育雛) 들.

추(墜) '떨어지다'를 뜻하는 말. ¶추락(墜落)[추락사/하다(死)], 추하(墜下); 격추(擊墜), 실추(失墜), 전추(顚墜), 점추법(漸墜法) 들.

추(鄒) '중국의 나라 이름'을 뜻하는 말. ¶추로(鄒魯;공자와 맹자), 추로지향(鄒魯之鄕), 추로학(鄒魯學) 들.

추(酋) '우두머리. 두목'을 뜻하는 말. ¶추장(酋長); 군추(群酋;여러 두목), 대추(大酋) 들.

추(騅) '검푸른 털에 흰 털이 섞인 말(오추마)'를 뜻하는 말. ¶추마(騅馬); 오추마(烏騅馬).

추(皺) '주름. 오그라들다. 구기다'를 뜻하는 말. ¶추면(皺面), 추문(皺紋), 추위(皺胃); 내추성(耐皺性), 방추(防皺) 들.

추(騶) '말을 먹이는 사람'을 뜻하는 말. ¶추노(騶奴;종), 추종(騶從) 들.

추(鰍) '미꾸라지'를 뜻하는 말. ¶추어(鰍魚), 추어탕(鰍魚湯), 추탕(鰍湯) 들.

추(湫) '늪. 못'을 뜻하는 말. ¶용추(龍湫;龍沼).

추(槌) '망치'를 뜻하는 말. ¶타진추(打診槌).

추(箒) '비/빗자루'를 뜻하는 말. ¶우추(羽箒).

추(箠) '채찍'을 뜻하는 말. ¶추초(箠楚); 편추(鞭箠).

추(鞦) '그네'를 뜻하는 말. ¶추천(鞦韆), 추천절(鞦韆節).

추기 '추깃물(송장이 썩어서 흐르는 물)'의 준말. 시수(屍水).

추녀 처마 네 귀의 기둥 위에 끝이 위로 들린 큰 서까래. 또는 그 부분의 처마.=귀서까래. ¶추녀 물은 항상 제자리에 떨어진다. 추녀각(刻;추녀 끝에 장식으로 새긴 조각), 추녀굽(추녀의 굽도리), 추녀높이, 추녀마루, 추녀물(추녀에서 떨어지는 물), 추녀보, 추녀허리(추녀의 위로 휘어진 부분); 마제추녀(馬蹄;말굽추녀), 말굽추녀, 부연추녀(附椽;부연을 달기 위하여 이어 낸 추녀), 선자추녀(扇子), 알추녀[253], 회첨추녀(會檐;처마가 'ㄱ'자 모양으로 꺾이어 굽은 곳에 있는 추녀). §'텅납새'는 '추녀'의 평북 사투리.

추(다)[1] ①남을 일부러 추어올려 훌륭하거나 뛰어나다고 말하다. 한쪽을 치올려 들다. 어깨를 으쓱 위로 올리다. ¶앞에서는 추어놓고 뒤에서는 비웃는다. 추어서 싫어하는 사람 없다. 어깨를 으쓱 추다. 산등성이 쪽으로 추어 오르다. 추기다[254], 추김, 추석추석/하다, 추스르다[255], 추어내다(들추다. 들추어내다), 추어올리다(과장하여 칭찬하다. '추켜올리다'는 비표준말임), 추어주다(추어올리다. 추켜세우다. 칭찬하다), 추이다, 추임새[256], 추키다[257], 촐랑 · 출렁[258], 추석 · 초싹[259] · 추썩, 촐싹[260], 축축거리다[261];

251) 중추(中樞): 중추기관(機關), 중추부(部), 중추신경계(神經系),중추원(院), 중추적(的); 감각중추(感覺), 신경중추(神經), 언어중추(言語), 운동중추(運動), 호흡중추(呼吸).

252) 추출(抽出): 전체 속에서 어떤 물건, 생각, 요소 따위를 뽑아냄. 혼합물 속의 물질을 뽑아냄. ¶자료에서 정보를 추출하다. 추출기(器), 추출되다/하다, 추출률(率), 추출물(物), 추출비(比), 추출장치(裝置), 추출정석(晶析), 추출제(劑), 추출증류(蒸溜), 추출탑(塔); 복원추출(復元), 비복원추출(非復元), 역추출(逆), 전해추출(電解), 표본추출(標本).

253) 알추녀: 추녀 밑에 받치는 층받침.

254) 추기다: 다른 사람을 꾀어서 무엇을 하도록 끌어내다. 선동하다. ¶달콤한 말로 추기다. 추긴자(者), 추긴죄(罪); 부추기다(추키다).

255) 추스르다: ①물건을 가볍게 들썩이며 흔들다. ¶조리를 추슬러서 쌀을 일다. ②치켜 올리어 잘 다루다. ¶바지춤을 추스르다. 추슬러 메다. ③일을 잘 수습하여 처리하다.≒다스리다. ¶추슬러 잘 마무리하다. ④몸을 가누어 움직이다. ¶제 몸을 추스르지 못할 정도로 쇠약했더군.

256) 추임새: 판소리에서, 창(唱)의 사이사이에 고수(鼓手)가 흥을 돋우기 위하여 '좋지. 얼씨구. 흥' 따위로 삽입하는 소리.=보비유.

257) 추키다: 위로 치올리다. 힘 있게 위로 끌어올리거나 채어 올리다. 값을 썩 올리어 매기다. ¶옷을/ 허리춤을 추키다. 추켜들다(치올려 들다), 추켜세우다(치켜세우다), 추켜올리다(위로 솟구어 올리다), 추켜잡다(치올리어 잡다), 추어주다('추켜세우다'의 사투리).

258) 촐랑: ①물 따위가 잔물결을 이루면서 흔들리거나 물방울이 떨어지는 소리. 또는 그 모양. ¶물통의 물이 촐랑 소리를 내다. 처마에서 낙숫물이 촐랑 떨어지다. ②치신없이 까부는 모양. ¶촐랑거리지 말고 여기에 가만히 있어라. 촐랑 · 출렁거리다/대다.

259) 초싹: ①입거나 업거나 지거나 한 물건을 조금 가볍게 추켜올리거나 흔드는 모양. ¶배낭을 초싹 추켜올리다. ②어깨를 조금 가볍게 추켜올렸다 내렸다 하는 모양. ③일부러 남을 살살 부추겨 올렸다 내렸다 하는 모양. ④새 따위가 꽁지를 조금 가볍게 추켜올렸다 내렸다 하는 모양. ⑤가볍게 움직이는 모양. ¶초싹 · 추썩거리다/대다/이다, 초싹초싹 · 추썩추썩/하다.

260) 촐싹: ①주책없이 수선을 떨며 돌아다니는 모양. ¶하릴없이 촐싹촐싹 돌아다니다. ②들쑤셔서 달막이게 하는 모양. ¶촐싹촐싹 부추기다. ③물건을 좀스럽게 추켰다 내렸다 하는 모양. ¶일어나려고 엉덩이를 촐

들추다, 부추기다(선동하다), 안추르다[262], 얼러추다(그럴듯하게 둘러대어 추어주다). ②쇠약해진 몸을 똑바로 가누다. ¶병을 앓고 나더니 영 맥을 못 추었다. 추서다[263], 추어세우다/추세우다.

추(다)² 춤의 동작을 벌이다. ¶춤을 추다. 춤, 춤가락, 춤곡(曲), 춤극(劇), 춤꾼, 춤동작(動作), 춤마당(춤판), 춤마디, 춤바람, 춤사위(춤동작), 춤성(性), 춤수건(手巾), 춤옷, 춤음악(音樂), 춤자이(춤을 추던 악공), 춤잔치, 춤장단, 춤집[264], 춤추다[265], 춤치, 춤칼(칼춤에서 쓰는 칼), 춤판, 춤패(牌), 춤풍류(風流); 가위춤, 개다리춤, 곰배팔이춤, 곱사등이춤/곱사춤, 곱사위춤[266], 곱새춤, 굿춤, 깃대춤(旗), 기러기춤, 깨끼춤[267], 깨춤[268], 나비춤, 난쟁이춤, 너울춤[269], 너펄춤[270], 넉두리춤[271], 눈썹춤[272], 단춤(기분 좋게 추는 춤), 더펄춤[273], 덧보기춤, 도깨비춤, 도리깨춤(도리깨질하는 모습을 본뜬 민속춤), 둘레춤[274], 돌춤(둘레를 돌면서 추는 춤), 마당춤, 막춤, 매듭춤[275], 멍석말이춤, 무동춤(舞童), 무사춤(武士), 민속춤(民俗), 바라춤, 반춤[276], 발들기춤, 방울춤, 방패춤(防牌), 배꼽춤, 버꾸춤[←법고(法鼓)], 벌린춤[277], 병신춤(病身), 보릿대춤[278], 봉사춤, 부채춤, 북춤, 불춤(불꽃의 흔들거림), 사교춤(社交), 사냥춤, 사당춤[279], 사랑방춤(舍廊房), 사발춤(沙鉢), 사지춤[←獅子], 살풀이춤(煞), 선녀춤(仙女), 소구춤, 손춤, 수박춤(手拍), 승모춤(僧貌), 신칼춤(神), 양춤(洋), 양반춤(兩班), 어깨춤, 어릿광대춤, 엉덩이춤/엉덩춤, 연등춤(燃燈), 용춤[280], 용춤(龍:용의 탈을 쓰고 추는 춤), 이춤[281], 입춤(立), 작두춤(무당이 작두날 위에 올라서서 추는 춤), 잡기춤(雜技), 잡춤(雜), 장구춤, 장군춤(將軍), 장삼춤(長衫), 접시춤, 조개춤, 칼춤, 큰춤[282], 탈춤, 학춤(鶴), 한삼춤(汗衫)[283], 허벅춤(허벅을 치는 장단에 맞추어 추는 춤), 허튼춤[284], 헌천화춤(獻天花), 화랭이춤(무동춤), 활개춤. ☞ 무(舞).

추(다)³ 숨은 물건 따위를 찾아내려고 뒤지다. ¶책상서랍을 모조리 추었으나 허탕이다. 여기저기 다 추어도 찾지 못했다. 추어내다; 들추다, 들추어내다.

추라치 크고 굵은 송사리. ¶추라치를 잡다. 추라치가 떼를 지어 다니는 시냇물.

추레-하다 ☞ 초라하다.

추렴 모임·놀이의 비용으로 여럿이 얼마씩 돈이나 물건을 나누어 내는 일.[←출렴(出斂)]. ¶추렴을 내다. 추렴새(추렴하는 돈이나 물건. 추렴하는 일), 추렴젓(조금씩 얻어 먹이는 젓), 추렴하다; 가추렴(加)/되다/하다, 각추렴(各), 덧추렴, 말추렴(남들이 말하는 데 한몫 끼는 것), 술추렴, 잡추렴(雜), 한추렴(한탕 벌이는 추렴. 여럿이서 추렴할 때의 그 한 몫).

추리 양지머리의 배꼽 아래에 붙은 쇠고기. ¶제비추리(소의 안심에 붙은 고기).

추리(다) 섞이어 있는 것 속에서 여럿을 가리어 뽑다.≒고르다. 가려내다. ¶시장에 낼 고구마를 추리다. 요점을 추려 적다. 추려내다, 추림대(臺), 치레기[285]; 간추리다[286].

추적추적 ①비나 진눈깨비가 하염없이 내리는 소리.=추덕추덕[287]. ¶비가 추적추적 내리는 날이었다. ②물기가 축축하게 자꾸 젖어드는 모양.=추절. ¶봄비가 추적추적 길을 적시고 있는 저녁나절이었다. ③질척한 길을 힘없이 걸어가는 모양.

추전 보구치(민어과의 바닷물고기)의 배를 갈라 소금에 절인 것.

추지(다) 물기가 배어서 몹시 눅눅하다. ¶추진 걸레를 볕에 널다. 빨래가 덜 말라 추지다. ☞ 촉촉하다.

축¹ 여러 사람으로 이루어진 한 동아리. 같은 무리나 또래. ¶사람 축에 들기 틀렸다. 젊은 축에 끼이다. 타조는 날짐승 축에 든다. 손님들이 한축 들어오다. 노축(老), 사랑축(舍廊:사랑에 모이는 사람들), 요축(饒), 젊은축, 한축(한차례) 들.

축² 말린 오징어 스무 마리를 한 단위로 세는 말. ¶오징어 두 축.

쌀촐싹 한다. ④새가 꽁지를 들까부는 모양. ¶까치가 꽁지를 촐싹촐싹 들까분다. 촐싹·출썩거리다/대다.

261) 축축거리다: 남을 자꾸 부추겨 마음을 들썩이게 하다.

262) 안추르다: ①고통을 꾹 참고 억누르다. ②분노를 눌러서 가라앉히다.

263) 추서다: 병을 앓거나 지쳐 쇠약해진 몸이 차차 회복되다. 떨어졌던 원기나 기세 따위가 회복되다. ¶한동안 잘 요양한 덕분에 몰라보게 몸이 추섰다. 웬만큼 추서면 일을 시작하겠다.

264) 춤집: 춤추는 동작의 폭. 무폭(舞幅).

265) 춤추다: ①춤의 동작을 하다. 무용하다. ②기뻐 날뛰다. ¶승리의 소식에 좋아라고 춤추다. ③남의 말을 좇아 줏대 없이 나서서 설치다. ¶남의 장단에 춤추다.

266) 곱사위춤: 산디놀음 따위에서, 장구 앞에서 뒷걸음치면서 추는 춤.

267) 깨끼춤: 난봉꾼이 멋을 내어 재미있게 추는 춤.

268) 깨춤: 체구가 작은 사람이 방정맞게 까부는 모양.

269) 너울춤: 흥에 겨워 팔다리를 내저으며 추는 춤.

270) 너펄춤: 옷자락 따위를 힘 있게 너펄거리며 추는 춤.

271) 넉두리춤: ①사자놀이에서, 느린 춤으로부터 빠른 장단으로 옮겨 추는 춤. ②함흥 지방의 민속 무용. 특징은 팔목을 움직이는 데에 있음.

272) 눈썹춤: 남이 하는 일을 못마땅하게 여기어 눈가를 방정맞게 씰룩거리는 짓.

273) 더펄춤: 일정한 형식이 없이 기분대로 팔을 넓게 펴서 추는 춤.

274) 둘레춤: 꿀벌들이 근처에 꽃밭이 있다고 알릴 때 추는 춤.

275) 매듭춤: 동작의 끝맺음이 분명한 춤.

276) 반춤(半): ①춤을 추듯 몸을 건들거리는 동작. ¶흥에 겨워 반춤을 추다. ②휘청휘청한 나뭇가지들이 센 바람이 불 때에 춤추는 것같이 흔들리는 것. ¶비바람에 정원의 나무들이 반춤을 추다. ③술에 거나하게 취하여 비틀거리는 걸음걸이.

277) 벌린춤: 이미 시작한 일을 중간에 그만둘 수 없음을 가리키는 말. ¶벌린 춤이니 이제 와서 어쩌겠나.

278) 보릿대춤: 발동작 없이 양팔을 굽히고 손목을 젖혔다 뒤집었다 하며 좌우로 흔들며 추는 춤.

279) 사당춤: 봉산탈춤에서, 중들의 파계 장면을 보여 주는 장면.

280) 용춤: 남이 추어올리는 바람에 기분이 좋아서 시키는 대로 하는 짓. ¶용춤을 추다/추이다.

281) 이춤: 옷을 두껍게 입거나 물건을 몸에 지녀 가려워도 긁지 못하고 몸을 일기죽거리며 어깨를 으쓱거리는 짓. ¶이춤을 추다.

282) 큰춤: 옷을 잘 차려입고 정식으로 추는 춤.

283) 한삼춤(汗衫): 한삼(흰 헝겊으로 길게 덧댄 소매)을 휘저으며 우아한 율동으로 활기 있게 추는 춤.

284) 허튼춤: 일정한 양식 없이 자유로이 추는 흐트러진 춤.

285) 치레기: 추려내고 남은 물건.

286) 간추리다: ①골라서 간략하게 추리다. 요약하다. ¶이 글의 요점을 간추려 보아라. ②흐트러진 것을 가지런히 바로 잡다. ¶서류를 간추리다.

287) 추덕추덕: 낙숫물 따위가 동안이 뜨게 뚝뚝 떨어지는 소리. ¶찬비는 추덕추덕 내리고 있었다. 물이 추덕추덕 떨어지다.

축[3] 신이나 버선의 발뒤꿈치가 닿는 부분. ¶운동화 뒤축을 꺾어 신다. 뒤축[발뒤축, 버선뒤축, 신뒤축, 양말뒤축], 앞축.

축(祝) '빌다 · 기원하다. 하례하다. 축문(祝文)'을 뜻하는 말. ¶축가(祝歌), 축객(祝客), 축관(祝官;축문을 읽는 사람), 축기(祝旗), 축도(祝禱), 축등(祝燈), 축망(祝望), 축문/판(祝文/板), 축물(祝物), 축배(祝杯)[축배사(辭), 축배잔(盞)], 축보(祝報), 축복(祝福), 축사(祝辭), 축성(祝聖), 축수(祝手)[앙천축수(仰天)], 축수(祝壽), 축승(祝勝), 축시(祝詩), 축언(祝言), 축연(祝筵), 축원(祝願)[축원굿, 축원문(文), 축원방(旁); 행선축원(行禪)], 축월(祝月), 축융(祝融), 축의(祝意), 축의(祝儀;축하하는 의례나 의식)/금(金), 축일(祝日), 축전(祝典;축하하는 의식이나 식전), 축전(祝電), 축절(祝節), 축제(祝祭), 축주(祝酒), 축천(祝天), 축첩(祝捷), 축판(祝板), 축포(祝砲), 축하(祝賀)[축하연/축연(宴), 축하장(狀), 축하주(酒), 축하회(會)], 축혼(祝婚), 축화(祝花); 감축(感祝), 경축(慶祝), 고축(告祝), 공축(恭祝), 기축(祈祝), 독축(讀祝), 복축(伏祝), 봉축(奉祝), 생축(生祝), 성축(聖祝), 송축(頌祝), 심축(心祝), 앙축(仰祝), 옹축(顒祝), 위축(爲祝), 자축(自祝), 정축(頂祝), 제축문(祭祝文), 파묘축(破墓祝), 향축(香祝) 들.

축(軸) 활동이나 회전의 중심. 굴대. 기준이 되는 직선. 책력 20권이나 한지(韓紙) 열 권을 세는 말. ¶그를 축으로 대표 팀이 결성되었다. 축거(軸距), 축두(軸頭), 축류(縮流), 축률(軸率), 축마력(軸馬力), 축머리, 축면(軸面), 축바퀴, 축받이[288], 축색돌기(軸索突起), 축짓다(종이 열 권씩으로 한 묶음을 만들다); 가로축(X축), 결정축(結晶軸), 광축(光軸), 권축(卷軸), 근축(根軸), 기축(基軸;무슨 일의 중심이 되는 부분), 기축(機軸;굴대. 조직 활동이 중심), 단축(短軸), 대축(對軸), 대칭축(對稱軸), 등축(等軸), 배축(胚軸), 배사축(背斜軸), 병축(秉軸), 서축(書軸), 선축(扇軸), 선축(線軸), 성축(成軸), 세로축(Y축), 시화축(詩畵軸)/시축(詩軸), 실수축(實數軸), 실축(實軸), 압축(壓軸), 연축기(連軸器), 윤축(輪軸), 장축(長軸), 절축(截軸), 종축(縱軸), 좌표축(座標軸), 주축(主軸), 중간축(中間軸), 중축(中軸), 중심축(中心軸), 지축(地軸), 차축(車軸), 천축(天軸), 추진축(推進軸), 추축(樞軸), 켤레축, 필축(筆軸;붓대), 허수축(虛數軸)/허축(虛軸), 화축(花軸;꽃대), 회전축(回轉軸), 횡축(橫軸) 들.

축(縮) '(본래의 크기나 규모를) 줄이다. 오그라들다. 정한 수효에 모자라다'를 뜻하는 말.↔확(擴). ¶축[축가다, 축나다, 축지다], 축감(縮減), 축기(縮氣), 축나다(일정한 수효에서 모자람이 생기다. 약해지다)/내다, 축도(縮圖)[축도기(器), 축도법(法)], 축동(縮瞳), 축률(縮慄), 축모(縮毛), 축미(縮米), 축본(縮本), 축사(縮寫), 축사밀(縮砂蔤), 축소(縮小)[289], 축쇄/판(縮刷/版), 축수(縮首), 축승(縮繩), 축약(縮約), 축융성(縮絨性), 축조본(縮照本), 축주(縮酒), 축지(縮地), 축지다[290], 축척(縮尺;줄인자), 축태(縮胎), 축판(縮版), 축하다[291], 축합/중합(縮合/重合); 감축(減縮), 건축(乾縮), 공축(恐縮), 군축(軍縮), 기축(氣縮), 긴축(緊縮), 깔축/없다, 농축(濃縮), 단축(短縮), 방축(防縮), 서축(鼠縮), 송축(悚縮/蹙), 수축(收縮)[수축색(色), 수축포(胞)], 신축(伸縮), 압축(壓縮)[압축공기(空氣), 압축기(機)], 연축(攣縮), 영축(盈縮), 영축(零縮), 외축(畏縮), 위축(萎縮), 위축(蝟縮), 음축(陰縮), 응축(凝縮), 준축(蹲縮), 퇴축(退縮), 한축(寒縮), 흠축(欠縮) 들.

축(逐) 바둑에서, 끝까지 단수(單手)에 몰려 죽게 되는 경우. 또는 그 수. '쫓다. 쫓아내다. 다투다. 차례로 하나하나'를 뜻하는 말. ¶축으로 몰다. 축객(逐客;逐臣), 축귀(逐鬼;잡귀를 쫓음), 축년(逐年;해마다), 축록(逐鹿;사냥꾼이 사슴을 쫓음에 빗대어, 정권이나 지위를 얻으려고 다툼. 선거에서 후보자가 되어 경쟁하는 일), 축사(逐邪;사악한 귀신이나 기운을 물리침), 축삭(逐朔;다달이), 축송(逐送), 축신(逐臣;내몰려 귀양을 간 신하), 축야(逐夜;밤마다), 축어역(逐語譯), 축월(逐月), 축일(逐一;하나씩), 축일(逐日;나날이. 매일)[축일상종(相從), 축일학(逐日瘧;며느리고금)], 축자역(逐字譯), 축조(逐條;한 조목씩 차례대로 좇음)[축조발명(發明), 축조심의(審議)], 축차(逐次;차례차례로)/적(的), 축척(逐斥;쫓아서 물리침), 축출(逐出;쫓아서 몰아냄. 追放), 축항(逐項;항목을 좇음. 항목마다), 축호(逐戶;집집마다); 각축/장(角逐/場), 구축/함(驅逐/艦), 방축(放逐), 영영축축(營營逐逐), 주축일반(走逐一般), 질축(嫉逐), 찬축(竄逐), 척축(斥逐), 추축(追逐), 치축(馳逐), 퇴축(退逐), 핍축(逼逐) 들.

축(畜) '가축을 치다. 집짐승'을 뜻하는 말. ¶축견(畜犬), 축력(畜力), 축류(畜類), 축마(畜馬), 축목(畜牧), 축사(畜舍), 축산(畜産)[축산업(業), 축산학(學)], 축생(畜生)[축생계(界), 축생도(道)], 축양(畜養), 축우(畜牛); 가축(家畜), 귀축(鬼畜), 농축(農畜), 다축(多畜), 대축(大畜), 도축(屠畜), 목축(牧畜), 방축(放畜), 사축(飼畜), 양축(養畜), 역축(役畜), 인축(人畜), 잡축(雜畜), 종축(種畜) 들.

축(蓄) '쌓다. 모으다. 간직하다'를 뜻하는 말. ¶축기(蓄氣), 축농증(蓄膿症), 축발(蓄髮), 촉용(蓄用), 축음기(蓄音機), 축장/되다/하다(蓄藏;모아서 갈무리하다), 축재(蓄財)[축재수단(手段), 축재자(者)], 축적(蓄積;모아서 쌓임)[축적되다/하다; 자본축적(資本)], 축전(蓄電), 축전(蓄錢), 축첩(蓄妾); 늠축(廩蓄), 비축(備蓄), 사축(私蓄), 여축(餘蓄), 온축(蘊蓄), 저축(貯蓄), 전축(電蓄), 함축(含蓄), 함축미(含蓄美) 들.

축(築) '쌓다. 집을 짓다'를 뜻하는 말. ¶축단(築壇), 축답(築畓), 축대(築臺), 축동(築垌), 축성(築城)[축성술(術), 축성학(學)], 축장(築墻), 축정(築庭), 축제(築堤), 축조(築造), 축토(築土), 축판(築板;담틀), 축항(築港), 축회(築灰); 개축(改築), 건축(建築), 구축(構築), 매축(埋築), 방죽(防築), 복축(卜築), 봉축(封築), 석축(石築), 수축(修築), 신축(新築), 이축(移築), 재축(再築), 조축(造築), 증축(增築) 들.

축(丑) 지지(地支)의 둘째. '소'를 뜻하는 말. ¶축년(丑年), 축방(丑

288) 축받이: 회전 운동이나 왕복 운동을 하는 축을 받치어, 그 운동과 하중을 감당하는 부품. 베어링.

289) 축소(縮小↔擴大. 擴張): 축소균형(均衡), 축소도(圖), 축소비(縮小比), 축소율(率), 축소재생산(再生産), 축소판(版), 축소해석(解釋); 군비축소(軍備).

290) 축지다: ①사람의 가치가 떨어지다. ②병 따위로 몸이 약해지거나 살이 빠지다.=축나다. ¶병으로 몸이 축지다.

291) 축하다: ①생생한 기운이 없다. ¶앓고 나더니 몹시 축해졌다. ②생선 따위가 물이 가다. ¶축한 오징어. ③풀이 죽다.

方), 축생(丑生), 축시(丑時), 축일(丑日), 축정(丑正), 축좌(丑坐), 축초(丑初); 계축(癸丑), 을축년(乙丑年), 흑축(黑丑;푸르거나 붉은 나팔꽃의 씨앗.↔白丑) 들.

축(蹙) '찡그리다. 오그라들다'를 뜻하는 말. ¶축미(蹙眉), 축알(蹙頞;콧잔등을 찡그림); 빈축(嚬蹙), 송축(悚縮/蹙), 황축(惶蹙) 들.

축(蹴) '발로 물건을 차다. 밟다'를 뜻하는 말. ¶축구(蹴球)[축구공, 축구장(場), 축구화(靴); 미식축구(美式)], 축답(蹴踏), 축살(蹴殺); 선축(先蹴), 시축(始蹴), 일축(一蹴) 들.

축(竺) '천축(天竺;지금의 인도)'를 뜻하는 말. ¶축경(竺經;佛經), 축학(竺學); 천축(天竺) 들.

축(舳) '고물(배의 뒤쪽)'을 뜻하는 말. ¶축로(舳艫;배의 고물과 이물).

춘(春) '봄. 젊은 때. 새해. 남녀의 정(情)'을 뜻하는 말. ¶춘경(春耕;봄갈이), 춘경(春景), 춘계(春季), 춘곤/증(春困/症), 춘광(春光)[구십춘광(九十)], 춘교(春郊;봄경치가 좋은 들), 춘궁(春宮;세자궁이나 태자궁), 춘궁/기(春窮/期;보릿고개), 춘기(春氣;봄날의 화창한 기운), 춘기(春期), 춘기(春機;이성이 그리워지는 마음)[춘기발동기(發動期;사춘기)], 춘난(春暖), 춘등(春等), 춘란(春蘭), 춘뢰(春雷), 춘림(春霖;봄장마), 춘만(春滿), 춘매(春梅), 춘맥(春麥), 춘면(春眠;봄날의 노곤한 졸음), 춘모(春麰;봄보리), 춘몽(春夢;헛된 꿈. 덧없는 인생), 춘방(春榜), 춘복(春服), 춘부장(春府丈)/춘장(春丈), 춘분/점(春分/點), 춘사(春思;봄을 느끼는 싱숭생숭한 마음. 色情), 춘삼(春衫), 춘삼월(春三月), 춘색(春色), 춘설(春雪), 춘세(春稅), 춘소(春宵;봄밤), 춘소(春蔬), 춘수(春水), 춘수(春樹), 춘수모운(春樹暮雲;벗을 그리워하는 마음이 일어남), 춘신(春信;봄소식), 춘심(春心), 춘야(春夜;春宵), 춘약(春藥), 춘양(春陽), 춘우/수(春雨/水), 춘운(春雲), 춘월(春月), 춘유(春遊), 춘음(春陰), 춘의(春衣), 운의(春意), 춘일(春日), 춘잠(春蠶), 춘재(春材), 춘절(春節), 춘정(春情), 춘청(春晴), 춘초(春初), 춘초(春草), 춘추(春秋;봄가을. 나이), 춘태(春太), 춘파(春播), 춘풍(春風)[춘풍추우(秋雨), 춘풍화기(和氣); 두루춘풍(누구에게나 좋은 일로 대하는 일)], 춘하(春霞;봄철의 아지랑이), 춘하추동(春夏秋冬), 춘한(春旱), 춘한(春恨;봄 경치에 끌려 일어나는 정한), 춘한(春寒), 춘한노건(春寒老健), 춘향대제(春享大祭), 춘화(春花), 춘화(春華), 춘화도/춘화(春畵圖), 춘화처리(春化處理[292]), 춘효(春曉), 춘흥(春興;봄철에 일어나는 흥취); 개춘(改春), 개춘(開春), 객춘(客春;지난봄), 거춘(去春;지난봄), 계춘(季春), 과춘(過春), 구춘(九春), 궁춘(窮春), 금춘(今春), 내춘(來春), 당춘(當春), 대춘(待春), 만춘(晩春), 매춘(賣春), 맹춘(孟春), 명춘(明春), 모춘(暮春), 방춘(芳春), 방춘화시(方春和時), 사춘기(思春期), 상춘(上春), 상춘(常春), 상춘(賞春), 소춘(小春), 송춘(送春), 송춘(頌春), 신춘(新春), 양춘(陽春), 영춘(迎春), 입춘/대길(立春/大吉), 작춘(昨春), 잔춘(殘春), 전춘(餞春), 조춘(早春;이른봄), 조춘(肇春;초복), 주춘증(注春症), 중춘(仲春), 청춘(靑春), 초춘(初春), 탐춘(探春), 해춘(解春), 회춘(回春), 회춘(懷春) 들.

춘(椿) '참죽나무. 장수(長壽). 아버지'를 뜻하는 말. ¶춘부장(椿府丈;남의 아버지), 춘사(椿事;뜻밖에 일어나는 불행한 일), 춘수(椿壽;오래 삶), 춘훤(椿萱;椿堂과 萱堂의 뜻으로, '남의 부모') 들.

출(出) '나가다 · 나오다. 떠나다. 낳다'를 뜻하는 말.↔입(入). 몰(沒). ¶출가(出家)[출가계(戒), 출가구계(具戒), 출가득도(得度), 출가위승(爲僧)], 출가/외인(出嫁/外人), 출가(出稼/취락(聚落), 출각(出脚), 출간(出刊), 출감(出監), 출강(出講), 출강(出疆;외국에 사신으로 감), 출거(出去), 출격(出擊;적을 공격하러 나감), 출결(出缺), 출경(出京), 출경(出境)[출경당하다/시키다(當)], 출계(出系), 출고(出庫↔入庫), 출관(出棺), 출구(出口), 출구(出柩), 출국(出國), 출군(出群), 출궁(出宮), 출근(出勤↔退勤), 출금(出金), 출급(出給)[환출급(還)], 출납(出納)[출납검사(檢查), 출납계(係), 출납공무원(公務員), 출납부(簿)], 출동(出動), 출두(出痘), 출두(出頭)[법정출두(法廷), 어사출두(御史), 임의출두(任意)], 출람(出藍), 출래(出來), 출력/장치(出力/裝置), 출렵(出獵), 출령(出令), 출로(出路), 출루(出壘), 출류(出類), 출마(出馬)[불출마(不)], 출막(出幕), 출말(出末; 일이 끝남), 출모(出母), 출몰(出沒;나타났다 숨었다 함)[출몰귀관(鬼關), 출몰무쌍(無雙), 출몰표적(標的), 출몰하다], 출문(出文), 출문(出門), 출물/꾼(出物)[공출물(空)], 출반주(出班奏)/출반(出班), 출발(出發↔도착)[출발선(線), 출발신호(信號), 출발점(點); 새출발, 재출발(再), 첫출발], 출번(出番), 출범(出帆), 출병(出兵), 출분(出奔), 출비(出費), 출빈(出殯), 출사(出仕)[첫출사, 초출사(初)], 출사(出使), 출사/표(出師/表), 출사(出寫), 출산(出山), 출산/휴가(出産/休暇), 출상(出喪), 출생(出生)[출생률(率), 출생신고(申告), 출생지(地)], 출석(出席)[출석명령(命令), 출석부(簿), 출석요구(要求)], 출선(出船), 출성(出城), 출세(出世)[출세급(給), 출세작(作); 만만출세(萬萬), 벼락출세, 입신출세(立身)], 출세(出稅), 출세간(出世間), 출소(出所)[가출소(假)], 출소(出訴), 출송(出送), 출수(出水), 출수(出穗;이삭이 팸), 출시(出市), 출신(出身), 출아/법(出芽/法), 출어(出御), 출어(出漁), 출연(出捐;금품을 내어 원조함)[출연재산(財産), 출연행위(行爲)], 출연/자(出演/者), 출영(出迎), 출옥(出獄), 출원(出願)[출제위원(委員); 출제경향(傾向)], 출유(出遊), 출입(出入[293]), 출자/금(出資/金), 출장(出張)[출장비(費), 출장명령(命令), 출장소(所)], 출장(出場), 출전(出典), 출전(出戰), 출정(出廷), 출정/군(出征/軍), 출정(出定), 출제(出題), 출주(出主), 출주(出走), 출주(出駐), 출중나다/하다(出衆), 출진(出陣), 출진(出塵), 출차(出差), 출찰(出札), 출채(出債), 출처(出處), 출초(出超), 출타(出他), 출탄(出炭), 출토/품(出土/品), 출통(出筒), 출판(出判), 출판(出版)[출판권(權), 출판기념회(紀念會), 출판물(物), 출판사(社)], 출패(出牌), 출포(出捕), 출포(出浦), 출품(出品), 출하(出荷), 출한(出汗), 출항(出航), 출항/세(出港/稅), 출행(出行), 출향(出鄕), 출현(出現;희귀한 대상이 모습을 드러냄), 출혈(出血)[출혈경쟁(競爭), 출혈수출(輸出)], 출화(出火), 출화(出貨), 출회(出廻); 가출(家出), 각출하다(各出), 간출(刊出), 간

292) 춘화처리(春化處理): 식물이 자라는 데 거쳐야 할 환경 조건을 인위적으로 만들어 줌으로써 정상적인 꽃눈의 형성이나 개화의 촉진을 꾀하는 일.

293) 출입(出入): 출입구(口), 출입국(國), 출입금지(禁止), 출입문(門), 출입옷, 출입패(牌); 무단출입(無斷), 무상출입(無常), 문밖출입(門), 바깥출입, 외방출입(外房), 호정출입(戶庭).

출(簡出), 객출(喀出;뱉어냄), 갹출(醵出), 걸출하다(傑出), 검출(檢出), 계출(屆出), 곡출(穀出), 공출/미(供出/米), 구출(救出), 구출(驅出), 기출(己出), 기출(旣出), 나출(裸出), 노출/계(露出/計), 누출(漏出), 대출(貸出), 도출(挑出), 도출(導出), 돌출(突出), 두출(斗出), 매출(賣出), 묘출(描出), 반출(搬出), 발출(拔出), 발출(發出), 방출(放出), 배출(倍出), 배출(排出)[배출구(口), 배출형(型)], 배출(輩出), 백출(百出), 변출불의(變出不意), 병출(迸出), 분출(噴出)[분출구(口), 분출물(物), 분출암(巖)], 불세출(不世出), 불출(不出)[두문불출(杜門), 팔불출(八)], 불출(拂出), 사출(査出), 사출(射出), 사출(瀉出), 산출(産出), 산출(算出), 삼출(滲出), 색출(索出), 생출(生出), 서출(庶出), 석출(析出), 선출(先出), 선출(選出), 세출(歲出), 소출(所出), 속출(續出), 송출(送出), 수출(輸出), 신출(新出), 안출(案出), 압출(壓出), 액출(腋出), 여출액(濾出液), 역출(譯出), 연출(演出), 염출(捻出), 외출(外出), 용출(湧出), 용출(溶出), 용출(聳出), 원출(遠出), 월출(月出), 유출(流出), 유출(溜出), 유출(誘出), 이출(利出), 이출(移出), 인출(引出), 인출(印出), 일출(日出), 일출(逸出), 일출(溢出), 입출/금(入出/金), 적출(摘出), 적출(嫡出), 적출(積出), 전출(轉出), 정출(挺出), 정출(晶出), 제출(除出;덜어 냄), 제출/안(提出/案), 제출(製出), 조출(早出), 조출(造出), 조출모귀(朝出暮歸), 조출(繰出), 주출(做出), 주출(鑄出), 중출(重出), 지출(支出), 직출(直出), 진출(進出), 징출(徵出), 차출(差出), 창출(創出), 천출(賤出), 첩출(妾出), 첩출(疊出), 첫출, 청출어람(靑出於藍)/출람(出藍), 초출(初出), 초출(抄出), 초출(超出), 추출(抽出), 축출(逐出), 측출(側出), 타출(打出), 탁출(卓出), 탈출(脫出), 택출(擇出), 토출(吐出), 퇴출(退出), 특출(特出), 파출(派出)[파출부(婦), 파출소(所)], 판출(辦出), 팽출(膨出), 표출(表出), 한출첨배(汗出沾背), 현출(現出), 현출(顯出), 호출(呼出), 획출(劃出), 횡출(橫出), 흘출하다(屹出), 흡출(吸出) 들.

출(黜) '물리치다. 내쫓다'를 뜻하는 말. ¶출거(黜去;강제로 내쫓음), 출교(黜敎), 출당(黜黨;당에서 자격을 박탈하고 내쫓음), 출방(黜放), 출처(黜妻), 출척(黜斥), 출척(黜陟;못된 사람을 내쫓고 착한 사람을 올리어 씀), 출타(黜他), 출학(黜學;退學), 출회(黜會;모임이나 단체에서 내쫓음); 견출(見黜;내쫓김), 면출(免黜), 문출(門黜), 삭출(削黜), 찬출(竄黜), 척출(斥黜), 파출(罷黜), 폄출(貶黜), 폐출(廢黜) 들.

출(朮) 차조[나속(糯粟)]. 엉거싯과에 속하는 삽주. ¶출갱애주(朮羹艾酒), 출주(朮酒); 백출(白朮), 적출(赤朮), 창출(蒼朮).

출면 병을 앓고 난 끝이거나, 쇠약해지고 기운이 없어 몸을 가누지 못함. ¶출면못하다.

출무성-하다 물건 따위가 굵거나 가는 데가 없이 위아래가 모두 비슷하다. 물건의 대가리가 가지런하다. ¶출무성하게 굵은 허리통. 출무성하게 담긴 성냥개비.

출출-하다 시장기가 조금 있다.≒배고프다. 배가 조금 고픈 모양(촐촐). 〈작〉촐촐하다. ¶촐촐 굶다. 배가 출출하니 먹을 것 좀 다오. 출출증(症;시장한 느낌).

춤[1] 물건의 운두나 높이. ¶춤이 높은 망건. 항아리의 춤이 너무 낮다.

춤[2] 갈라진 틈이나 여민 사이. ¶고의춤(袴衣;고의나 바지허리를 접어서 여민 사이)/괴춤, 뒤춤(허리 뒤의 바지춤), 바지춤, 사춤, 허리춤.

춤[3] 여러 오리로 가늘고 기름한 물건을 한 손으로 쥘 만한 분량.≒줌. 움큼. ¶춤이 크다/ 작다. 짚 한 춤. 볏모 두 춤. 모춤(볏모를 묶은 단), 비사리춤(댑싸리비 모양으로 거칠고 뭉뚝해진 것).

춤[4] 삼대나 왕골 따위의 길고 곧게 생긴 물건의 길이. ¶춤이 길다/ 짧다.

춤[5] ☞ 추다[2].

춥(다) 몸에 느끼는 기운이 차다.↔덥다. ¶날씨가 춥다. 춥고 배고프다. 춥디춥다, 추워지다, 추워하다, 추위[294] 들.

충 긴 타원형으로 만들고 청룡을 그린 사기병인 '충항아리'의 준말. ¶봉충(鳳;봉황을 그린, 운두가 높은 충항아리).

충(蟲) '벌레. 곤충'을 뜻하는 말. ¶충나다, 충류(蟲類), 충매화(蟲媒花), 충복통(蟲腹痛;거위배), 충서(蟲書), 충성(蟲聲), 충손(蟲損), 충수/염(蟲垂/炎), 충실(蟲室), 충양돌기(蟲樣突起), 충어(蟲魚), 충영(蟲癭;벌레혹), 충재(蟲災), 충적(蟲積), 충치(蟲齒), 충해(蟲害); 간충(肝蟲), 간흡충(肝吸蟲), 갑충(甲蟲), 개충(介蟲), 개충(個蟲), 개선충(疥癬蟲;옴벌레), 곤충(昆蟲), 괄태충(括胎蟲), 괴충(怪蟲), 구충(鉤蟲), 구충(驅蟲), 기생충(寄生蟲)[내부기생충(內部), 외부기생충(外部)], 나충(裸蟲), 낭충(囊蟲), 도충(稻蟲), 독충(毒蟲), 동충하초(冬蟲夏草), 마충(麻蟲), 마두충(麻蠹蟲), 마디충, 명충(螟蟲), 모낭충(毛囊蟲), 모두충(毛蠹蟲), 모충(毛蟲), 무골충(無骨蟲), 무혈충(無血蟲;냉혹한 사람을 욕으로 이르는 말), 발광충(發光蟲), 방비충(放屁蟲), 방산충(放散蟲), 방추충(紡錘蟲), 방충(防蟲), 병충(病蟲), 병원충(病原蟲), 비충(飛蟲), 사상충(絲狀蟲), 산호충(珊瑚蟲), 살충(殺蟲), 삼엽충(三葉蟲), 상비충(象鼻蟲), 선모충(旋毛蟲), 선충(線蟲), 섬모충(纖毛蟲), 성충(成蟲), 성충(星蟲), 소충(小蟲), 송충(松蟲), 수파충(水爬蟲), 식충(食蟲)[식충류(類), 식충식물(植物), 식충이(먹보. 밥벌레)], 신충(腎蟲), 악충(惡蟲), 야광충(夜光蟲), 연충(蠕蟲), 요충(蓼蟲), 요충(蟯蟲), 우충(羽蟲), 유충(幼蟲), 유공충(有孔蟲), 육식충(肉食蟲), 음충(陰蟲), 응성충(應聲蟲;주견이 없이 남을 따라 하는 사람), 익충(益蟲), 인충(鱗蟲), 자충(仔蟲), 적충(赤蟲), 정충(精蟲), 제충(除蟲), 조충(條蟲), 조충서(鳥蟲書), 조충소기(彫蟲小技), 조충전각(彫蟲篆刻), 주충(酒蟲;술에 미치다시피 된 사람), 초충(草蟲), 촌충(寸蟲)[갈고리촌충, 무구촌충(無鉤), 민촌충, 유구촌충(有鉤)], 칩충(蟄蟲), 태양충(太陽蟲), 파충(爬蟲), 편충(鞭蟲), 편모충(鞭毛蟲), 폐충(肺蟲), 포자충(胞子蟲), 포충/망(捕蟲/網), 표충(瓢蟲;무당벌레), 해충(害蟲), 황충(蝗蟲), 회충(蛔蟲), 후충(候蟲) 들.

충(忠) '충성하다. 정성스럽다'를 뜻하는 말. ¶충간/의담(忠肝/義

---

294) 추위(↔더위): 추위막이; 강추위(눈도 오지 않고 바람기도 없이 몹시 매운 추위), 강추위(强;눈이 오고 매서운 바람이 부는 심한 추위), 꽃샘추위, 늦추위, 된추위, 봄추위, 손돌이추위(음력 시월 스무날께의 몹시 심한 추위), 잎샘추위, 장대추위(長;오랫동안 계속 되는 추위), 첫추위, 칼끝추위(매서운 추위), 한추위(한창 심한 추위), 흰추위(한겨울의 추위).

膽), 충간(忠諫), 충간의담(忠肝義膽), 충건(忠謇;충성스러운 마음으로 하는 곧은 말), 충견(忠犬), 충경(忠敬), 충계(忠計), 충고(忠告)[충고자(者)], 충고하다, 충곤하다(忠悃;아주 참되고 정성스럽다), 충공(忠功), 충군(忠君), 충근하다(忠勤), 충노(忠奴), 충담(忠膽;섬기는 참된 마음), 충당하다(忠讜), 충량하다(忠良), 충렬/사(忠烈/祠), 충령(忠靈), 충모(忠謀), 충복(忠僕), 충분(忠憤), 충분(忠奮;충의를 위하여 떨쳐 일어남), 충비(忠婢), 충사(忠死), 충사(忠邪), 충서(忠恕;스스로 정성을 다하며 남의 사정을 헤아릴 줄 앎), 충성(忠誠)[충성스럽다/하다, 충성심(心)], 충순하다(忠純), 충순하다(忠順), 충신(忠臣), 충신(忠信), 충실(忠實;충직하고 성실함)[불충실(不)], 충심(忠心), 충애(忠愛), 충언(忠言), 충역(忠逆), 충용(忠勇), 충우(忠友), 충의(忠義), 충절(忠節), 충정(忠情), 충정하다(忠貞), 충지(忠志), 충직하다(忠直), 충척하다(充斥), 충현하다(忠賢), 충혼(忠魂)[충혼비(碑), 충혼탑(塔)], 충효(忠孝)[충효겸전(兼全), 충효사상(思想), 충효쌍전(雙全)], 충후하다(忠厚), 충훈(忠勳); 갈충보국(竭忠報國), 고충(孤忠), 단충(丹忠), 대간사충(大奸似忠), 모충(謀忠), 미충(微忠), 박충하다(朴忠), 불충(不忠), 사군이충(事君以忠), 사충(詐忠), 성충(誠忠), 신충(臣忠), 정충(貞忠), 정충(精忠), 지충(至忠), 진충(盡忠), 진충보국(盡忠報國), 현충(顯忠), 혈충(血忠), 효충(效忠) 들.

충(充) '차다 · 채우다. 가득하다. 막다'를 뜻하는 말. ¶충납(充納), 충당(充當), 충만하다(充滿), 충복(充腹), 충분(充分)[충분조건(條件), 충분하다; 불충분(不)], 충비(充備), 충색(充塞;가득 차서 막힘), 충수/꾼(充數), 충실(充實;내용이 잘 갖추어져 있고 알참. 몸이 실하고 튼튼함)[충실하다; 불충실(不)], 충액(充額;정한 액수를 채움), 충영(充盈), 충욕(充慾), 충용(充用;보충하여 씀), 충원(充員;인원을 채움)[충원소집(召集), 충원지시(指示)], 충이(充耳), 충일(充溢;가득참), 충장(充壯), 충적(充積;가득하게 쌓음), 충전(充電↔放電)[충전기(器), 충전전류(電流); 재충전(再)], 충전(充塡)[295], 충족(充足)[충족률(律), 충족시키다, 충족하다(넉넉하다. 채우다)], 충택하다(充澤), 충허(充虛), 충혈(充血;혈액 순환의 장애로 몸의 어느 한 부위에 피가 지나치게 많아짐); 간충직(間充織), 대충(代充), 보충(補充), 자충(自充), 전충(塡充), 확충(擴充), 환충(還充) 들.

충(衝) '찌르다. 부딪치다. 요긴한 곳'을 뜻하는 말. ¶충격(衝激;서로 세차게 부딪힘), 충격(衝擊)[296], 충돌(衝突)[297], 충동(衝動)[298], 충모(衝冒;어려운 고비를 무릅쓰고 달려듦), 충목지장(衝牧之杖), 충연하다(衝然), 충입(衝入), 충정(衝程), 충천(衝天;높이 솟아 하늘을 찌름. 기세 따위가 북받쳐 오름), 충파(衝破), 충합(衝合), 충화(衝火;고의로 불을 지름); 상충(上衝), 상충(相衝), 완충(緩衝), 요충(要衝), 자충(刺衝), 절충(折衝), 좌충우돌(左衝右突), 흔충(焮衝) 들.

충(沖) '비다. 깊다. 부드럽다. 나이가 어리다'를 뜻하는 말. ¶충기(沖氣), 충년(沖年;열 살 안팎의 나이), 충담(沖澹), 충매(沖昧), 충적(沖積)[299], 충적하다(沖寂), 충정하다(沖靜), 충천(沖天), 충파하다(沖破); 상충(相沖), 유충하다(幼沖), 절충(折衝), 화충하다(和沖/衷) 들.

충(衷) '정성'을 뜻하는 말. ¶충간(衷懇), 충곡(衷曲), 충성(衷誠), 충심/으로(衷心;속으로 우러나오는 참된 마음. 마음속 깊이), 충정(衷情)[우국충정(憂國)], 충회(衷懷); 고충(苦衷), 단충(丹衷), 미충(微衷), 민충(民衷), 성충(聖衷), 심충(深衷), 연충(淵衷;깊은 속마음), 우충(愚衷), 의충(意衷), 절충(折衷), 촌충(寸衷), 화충하다(和衷/沖) 들.

충(忡) '근심하다'를 뜻하는 말. ¶충창(忡悵), 충충/하다(忡忡); 정충증(怔忡症) 들.

충–빠지다 화살이 떨며 나가다.

충이(다) 섬이나 자루에 곡식을 담을 때 좌우로 흔들거나 아래위로 까불러서 곡식이 많이 들어가게 하다. ¶쌀자루를 충이다.

충충 물 같은 것이 많이 괴어 있는 모양.=층층. ¶구덩이마다 물이 충충 괴어 있다. 물이 논에 충충 고이다.

충충–대다 마음이 움직이게 충동질하다.

충충–하다 물이나 빛깔이 맑거나 산뜻하지 못하고 흐리다. ¶물이 충충하다. 빛깔이 충충한 옷. 충충히; 거무 · 꺼무충충하다, 우중충하다.

췌(贅) '군더더기. 쓸데없는 것. 데릴사위'를 뜻하는 말. ¶췌객(贅客), 췌거(贅居), 췌구(贅句), 췌담(贅談;贅言), 췌론(贅論), 췌문(贅文), 췌물(贅物),췌비(贅費), 췌사(贅辭;군더더기 말), 췌서(贅壻), 췌어(贅語), 췌언(贅言;쓸데없는 군더더기 말), 췌육(贅肉;궂은살) 들.

췌(悴) '파리하다(몸이 여위거나 핏기가 없고 해쓱하다)'를 뜻하는 말. ¶췌안(悴顔), 췌용(悴容); 노췌하다(老悴), 상췌하다(傷悴), 진췌(盡悴), 초췌하다(憔悴) 들.

췌(瘁) '병들다'를 뜻하는 말. ¶췌섭(瘁攝); 국궁진췌(鞠躬盡瘁);정성과 노력을 다하여 나라 일에 이바지함), 노췌하다(勞瘁), 진췌

---

295) 충전(充塡): 빠진 곳이나 빈 곳을 메워서 채움. 화학 제품에 보강제를 쓰는 일. ¶충전가상(假像), 충전광상(鑛床), 충전되다/하다, 충전물(物), 충전벽(壁), 충전소(所), 충전율(率), 충전재(材), 충전탑(塔), 충전흙; 아말감충전(amalgam).

296) 충격(衝擊): 물체에 급격히 가해지는 힘. 슬픈 일이나 뜻밖의 사건 따위로 마음에 받은 심한 자극이나 영향. ¶충격이 크다. 충격을 받다. 충격각도(角度), 충격값, 충격강도(强度), 충격계수(係數), 충격량(量), 충격력(力), 충격사(死), 충격성(性), 충격속도(速度), 충격시험(試驗), 충격실속(失速), 충격요법(療法), 충격음(音), 충격적(的), 충격전류(電流), 충격전압(電壓), 충격파(波), 충격힘(충격력).

297) 충돌(衝突): 서로 맞부딪치거나 맞섬. 마찰. ¶의견 충돌. 충돌을 일으키다. 충돌되다/하다(싸우다. 다투다. 부딪치다), 충돌론(論), 충동설(說), 충돌수(數); 비/탄성충돌(非/彈性), 의견충돌(意見), 정면충돌(正面), 좌우충돌(左右), 탄성충돌(彈性).

298) 충동(衝動): 순간적으로 어떤 행동을 하고 싶은 욕구를 느끼게 하는 마음속의 자극. 어떤 일을 하도록 남을 부추기거나 심하게 마음을 흔들어 놓음. ¶충동을 억제하다. 충동거리다/대다/이다(들쑤시다)/하다, 충동구매(購買), 충동적(的), 충동질/하다(부추기다), 충동하다(꾀다); 강박충동(强拍), 놀이충동(유희충동), 성적충동(性的), 유희충동(遊戲).

299) 충적(沖積): 흙이나 모래가 흐르는 물에 실려와 쌓임. ¶충적광상(鑛床), 충적기(期), 충적물(物), 충적섬, 충적세(世), 충적작용(作用), 충적추(錐), 충적층(層), 충적토(土), 충적평야(平野), 충적평지(平地).

(殄瘁) 들.

췌(膵) '이자(위 및 간 부근 복막 밖에 있는 기관)'을 뜻하는 말. ¶췌관(膵管), 췌두(膵頭), 췌미(膵尾), 췌석(膵石), 췌암(膵癌), 췌액(膵液), 췌염(膵炎), 췌장(膵臟), 췌체(膵體) 들.

췌(萃) '모으다'를 뜻하는 말. ¶발췌(拔萃;글 가운데 중요한 부분만을 뽑아냄)[발췌곡(曲), 발췌안(案;발췌한 안건)] 들.

췌(揣) '헤아리다'를 뜻하는 말. ¶췌량(揣量), 췌마(揣摩), 췌지(揣知), 췌탁(揣度) 들.

취 산나물인 곰취·단풍취·참취·수리취 따위를 두루 이르는 말. ¶췻국, 취나물, 취떡, 취싹, 취쌈; 곰취, 단풍취, 참취 들.

취(取) '가지다. 골라 가지다'를 뜻하는 말. ¶취거(取去), 취급(取扱;다룸), 취대(取貸), 취득(取得)[300], 취로(取露), 취리(取利), 취목(取木;휘묻이), 취사선택(取捨選擇), 취색(取色), 취소(取消)[취소권(權); 면허취소(面許), 영업취소(營業)], 취소(取笑), 취수탑(取水塔), 취식(取食), 취신(取信), 취용(取用), 취음(取音), 취재(取才), 취재/원(取材/源), 취조(取調), 취종(取種), 취초(取招), 취택(取擇), 취토(取土), 취파(取播), 취편(取便), 취품(取品), 취품(取稟), 취필(取筆), 취하(取下), 취하다, 취한/제(取汗/劑), 취화지본(取禍之本); 가취하다(加取), 간취(看取), 갈취(喝取), 강취(强取;强奪), 거취(去取), 공취(攻取), 구취(鉤取), 권취지(卷取紙), 도취(盜取), 박취(剝取), 발취(拔取), 분취(分取), 불취(不取), 사취(詐取), 선취(先取), 섭취(攝取), 수취(收取), 수취(受取), 습취(拾取), 시취(試取), 약취(略取), 쟁취(爭取), 전취(戰取), 절취(切/截取), 절취(竊取), 진취(進取), 착취(搾取), 창랑자취(滄浪自取), 채취(採取), 청취(聽取), 탈취(奪取), 편취하다(騙取), 할취(割取), 확취(攫取) 들.

취(醉) '술에 취하다. 사물에 마음이 깊이 쏠리다'를 뜻하는 말. ¶취가(醉歌), 취객(醉客), 취광(醉狂), 취기(醉氣), 취담(醉談), 취도(醉倒), 취매(醉罵), 취면(醉眠), 취몽(醉夢), 취무(醉舞), 취보(醉步), 취생몽사(醉生夢死), 취안(醉眼), 취안(醉顔), 취어초(醉魚草), 취언(醉言), 취옹(醉翁), 취와(醉臥), 취음(醉吟), 취중(醉中), 취태(醉態), 취하다[대취하다(大), 설취하다], 취한(醉漢), 취향(醉鄕), 취후(醉後), 취흥(醉興); 감취(酣醉), 과취(過醉), 난취(爛醉), 대취(大醉), 도취(陶醉), 마취(痲醉), 만취(漫/滿醉), 미취(微醉), 반취(半醉), 선취(船醉), 설취하다, 성취(醒醉), 소취(小醉), 숙취(宿醉), 숙취(熟醉), 승취(乘醉), 심취(心醉), 심취(深醉), 양취(佯醉), 이취(泥醉), 작취미성(昨醉未醒), 장취(長醉), 침취(沈醉), 폭취(暴醉), 혼취(昏醉), 황취(荒醉;술이 몹시 취함) 들.

취(就) '나아가다. 이루다'를 뜻하는 말. ¶취결(就結)[환취결(換)], 취로(就勞;노동을 함)[취로비(費), 취로사업(事業)], 취면(就眠), 취백(就白), 취복백(就伏白), 취소(就巢), 취송(就訟), 취업(就業)[301], 취역(就役), 취임(就任)[취임사(辭), 취임식(式)], 취적(就籍), 취중(就中), 취직(就職)[취직난(難), 취직시험(試驗)], 취착(就捉), 취촉(就促), 취침(就寢;잠을 잠), 취학(就學)[취학률(率), 취학아동(兒童), 취학연령(年齡); 미취학(未)], 취항(就港), 취항(就航); 거취(去就), 불취(不就), 성취하다(成就), 일취월장(日就月將), 장취(將就), 진취(進就) 들.

취(聚) '모으다. 모이다. 무리[群]'를 뜻하는 말. ¶취골(聚骨;한 가족의 무덤을 한군데의 산에 장사지내는 일), 취군(聚軍;군인을 불러 모음), 취당(聚黨), 취락(聚落;마을)[취락입지(立地); 계절적취락(季節的), 온천취락(溫泉), 이동취락(移動), 출가취락(出嫁)], 취렴(聚斂), 취립(聚立), 취산(聚散), 취산꽃차례(聚繖), 취약웅예(聚葯雄蕊), 취정회신(聚情會神;정신을 한 군데로 모음), 취집(聚集), 취토(聚土), 취하다, 취합(聚合;모아서 하나로 합침); 군취(群聚), 기취(旣聚), 단취(團聚), 둔취(屯聚), 수취(收聚), 유취(類聚), 응취(凝聚), 적취(積聚), 조취모산(朝聚暮散), 합취(合聚) 들.

취(趣) '목적하는 곳을 향하여 빨리 가다. 재미. 뜻. 멋. 느낌'을 뜻하는 말. ¶취미(趣味)[302], 취의(趣意), 취주(趣走), 취지(趣旨;근본이 되는 종요로운 뜻. 의도)[취지문(文); 창립취지(創立)], 취향(趣向); 가취(佳趣), 다취(多趣), 묘취(妙趣), 사취(辭趣), 선취(善趣), 속취(俗趣), 시취(詩趣), 아취(雅趣), 야취(野趣), 어취(語趣), 유취(幽趣), 의취(意趣), 정취(情趣), 지취(旨趣), 지취(志趣), 풍취(風趣), 현취(玄趣), 흥취(興趣) 들.

취(臭) '냄새. 냄새 나다. 냄새를 맡다'를 뜻하는 말. ¶취기(臭氣), 취패(臭敗), 취한증(臭汗症); 구취(口臭), 동취(銅臭), 무취(無臭), 방취(防臭), 성취(腥臭), 소취(消臭), 속취(俗臭), 시취(屍臭), 악취(惡臭), 오취(五臭;노린내·비린내·향내·탄내·썩는 내), 유취(乳臭), 유취(油臭), 유취만년(遺臭萬年), 이취(異臭), 조취(臊臭;누린내), 유취(乳臭), 제취/제(除臭/劑), 체취(體臭), 초취(焦臭), 탈취(脫臭), 향취(香臭), 혹취(酷臭) 들.

취(吹) '불다(숨을 내쉬어 소리를 내다)'를 뜻하는 말. ¶취관(吹管)[취관분석(分析), 취관염(焰)], 취구(吹口), 취랑(吹浪), 취명(吹鳴), 취설(吹雪;눈보라), 취입(吹入;녹음), 취주(吹奏)[취주악(樂), 취주악기(樂器), 취주악대(樂隊)], 취타(吹打)[취타대(隊), 취타수(手); 대취타(大), 소취타(小)], 취허(吹噓); 가취(歌吹), 고취(鼓吹), 내취(內吹) 들.

취(翠) '물총새(암컷). 비취색(翡翠色)'을 뜻하는 말. ¶취국(翠菊;과꽃), 취대(翠黛), 취람(翠嵐), 취렴(翠簾), 취만(翠巒;푸른 산봉우리), 취미(翠微), 취벽(翠壁), 취병(翠屛;푸른 병풍), 취색(翠色), 취송(翠松), 취연(翠煙), 취옥(翠玉), 취우(翠雨), 취조(翠鳥;물총새), 취죽(翠竹); 만취(晩翠), 비취/색(翡翠/色), 송취(松翠), 야취(野翠), 적취(積翠), 창취하다(蒼翠) 들.

취(娶) '장가들다'를 뜻하는 말. ¶취가(娶嫁), 취처(娶妻), 취하다(아내를 맞아들이다); 가취(嫁娶), 계취(繼娶), 기취(旣娶), 둔취(屯

300) 취득(取得): 자기 것으로 만들어 가짐. ¶면허 취득. 학위를 취득하다. 취득세(稅), 취득시효(時效), 취득원가(原價), 취득인(人), 취득자(者), 취득죄(罪), 취득지(地), 취득하다; 무상취득(無償), 선점취득(先占), 승계취득(承繼), 원시취득(原始), 유상취득(有償).

301) 취업(就業): 취업규칙(規則), 취업난(難), 취업률(率), 취업인구(人口); 불완전취업(不完全).

302) 취미(趣味): 취미생활(生活), 취미판단(判斷); 다취미(多), 몰취미(沒), 무취미(無), 소녀취미(少女), 악취미(惡), 이국취미(異國), 저회취미(低徊;머리를 숙이고 생각에 잠겨 왔다갔다하는 취미).

聚), 미취(未娶), 민취(民娶), 반취(班娶), 삼취(三娶), 성취(成娶), 유취(類聚), 응취(凝聚), 재취(再娶), 전취(前娶), 초취(初娶), 합취(合聚), 혼취(婚娶), 후취(後娶) 들.

취(炊) '불을 때어 밥을 짓다'를 뜻하는 말. ¶취사(炊事)[취사도구(道具), 취사장(場;부엌)], 취연(炊煙;밥 짓는 연기); 자취/생(自炊/生) 들.

취(嘴) 생(笙) 따위의 관악기를 불 때, 쓰이는 대나무로 만든 부리. 또는 그러한 모양. ¶기취(崎嘴), 사취(砂嘴;모래톱), 지취(地嘴;곶) 들.

취(驟) '말이 빨리 달리다. 갑자기'를 뜻하는 말. ¶취량(驟凉;가을철에 갑자기 일어나는 서늘한 기운), 취우(驟雨;소나기), 취진(驟進) 들.

취(脆) '무르다. 약하다'를 뜻하는 말. ¶취약(脆弱)[취약성(性), 취약지구(地區), 취약점(點), 취약하다], 취연(脆軟) 들.

츠럭츠럭 쇠사슬이 거칠게 끌리며 나는 소리. ¶쇠사슬을 츠럭츠럭 끌고 가다.

츠름츠름 그럭저럭하는 사이에 시간이 흐르는 모양. ¶하는 일 없이 시간만 츠름츠름 보내다.

측(側) 어느 한쪽. '곁 · 옆. 기울다 · 기울이다'를 뜻하는 말. ¶우리 측. 찬성이 많은 측으로 결정하다. 측경(側徑), 측공(側攻), 측구(側溝), 측근/자(側近/者;어떤 사람을 곁에서 모시는 사람), 측근(側根;곁뿌리), 측녀(側女), 측대(側帶), 측두골(側頭骨), 측두근(側頭筋), 측등(側燈), 측로(側路), 측루(側陋), 측립(側立), 측면(側面;곁)[측면공격(攻擊), 측면관(觀), 측면도(圖), 측면묘사(描寫)], 측목(側目;곁눈질로 봄), 측문(側門;옆문), 측문(側聞), 측방(側方), 측방(側防), 측방(側傍), 측백(側柏;측백나무), 측벽(側壁), 측병(側兵), 측사(側射), 측새(側鰓), 측색(側索), 측생(側生), 측석(側席), 측선(側線), 측시(側視), 측실(側室), 측아(側芽;곁눈), 측안(側眼), 측압(側壓), 측언(側言), 측엽(側葉), 측와(側臥;모로 누움), 측위(側衛), 측음(側音), 측이(側耳;귀를 기울임), 측재(側材), 측제(側題), 측족(側足), 측주(側註), 측질(側跌), 측차(側車), 측출(側出), 측퇴석(側堆石), 측편(側偏), 측포(側砲), 측필(側筆), 측행(側/仄行), 측화면(側畵面), 측화산(側火山), 측환일(側幻日); 귀측(貴側), 남측(南側), 내측(內側), 매도측(賣渡側), 매여측(賣與側), 모측(母側), 모측(某側), 반측(反側), 반대측(反對側), 부측(父側), 북측(北側), 상측(上側), 상측(喪側), 서방측(西方側), 선측(船側), 양측(兩側), 외측(外側), 우측(右側), 이측(離側), 잠불리측(暫不離側), 적측(敵側), 전전반측(輾轉反側;고상고상), 전측(轉側), 좌측(左側), 주최측(主催側), 찬성측(贊成側), 체측(體側), 편측(片側), 하측(下側), 현측(舷側) 들.

측(測) '재다. 헤아리다'를 뜻하는 말. ¶측각기(測角器), 측간(測杆), 측거기(測距器), 측경기(測徑器), 측광(測光), 측기(測機/器), 측도(測度), 측보기(測步器), 측량(測量)[303], 측사(測斜), 측산(測算), 측색(測色), 측속(測速), 측쇄(測鎖), 측수(測水), 측심(測深)[측심연(鉛)/측연(測鉛), 측심의(儀); 음향측심(音響)], 측압/기(測壓/器), 측온(測溫), 측용(測容), 측우기(測雨器), 측운기(測雲器), 측원기(測遠機), 측은(測恩), 측점(測點), 측자(測者), 측장(測長), 측적(測積), 측점(測點), 측정(헤아려 정함)/기(測定/器), 측정(測程), 측지(測地)[측지선(線), 측지원점(原點), 측지위성(衛星), 측지점(點), 측지학(學)], 측천/법(測天/法), 측탁(測度), 측판(測板), 측풍(測風), 측해(測海), 측후(測候;기상을 관측함), 측후계(測厚計); 계측(計測), 관측(觀測), 기괴망측(奇怪罔測), 난측(難測)[변화난측(變化)], 망측하다(罔測), 목측(目測), 보측(步測), 불측(不測)[변화불측(變化), 신묘불측(神妙)], 실측(實測), 예측(豫測), 음측(陰測), 정측(精測), 천측(天測), 추측(推測), 탐측(探測), 흉측(凶測) 들.

측(廁) '뒷간. 변소. 화장실'을 뜻하는 말. ¶측간(廁間), 측귀(廁鬼), 측상(廁上), 측서(廁鼠;지위를 얻지 못한 사람), 측신(廁神), 측실(廁室), 측유(廁牏;매화틀), 측중(廁中), 측청(廁圊), 측청(廁廳); 여측이심(如廁二心), 외측(外廁;남자 변소), 혼측(溷廁) 들.

측(仄) '기울다 · 비스듬하다. 한시에서의 측성(仄聲)'을 뜻하는 말. ¶측기(仄起), 측문(仄聞), 측성(仄聲), 측운(仄韻), 측일(仄日;서쪽으로 기울어진 해), 측자(仄字), 측행(仄/側行;모로 걸음); 경측(傾仄), 평측(平仄) 들.

측(惻) '슬퍼하다. 가엽게 여기다'를 뜻하는 말. ¶측달(惻怛), 측연하다(惻然), 측은지심(惻隱之心), 측은하다(惻隱), 측절하다(惻切), 측창(惻愴); 간측하다(懇惻), 긍측하다(矜惻) 들.

측(萴) '물건 자르는 소리'를 나타내는 말. ¶측피(萴皮).

츱츱-하다 하는 짓이 다랍고 염치가 없다. ¶재물에 츱츱하다. 돈에 너무 츱츱하다. 춥춥스럽다(정갈하지 못하고 추저분한 데가 있다), 칩칩하다(너절하고 고리타분하다).

층(層) 사물 현상이 같이 아니하여 차이가 나는 등급. 사람을 나타내는 명사 뒤에 붙어 '어떤 능력이나 수준이 비슷한 무리'를, 퇴적물을 나타내는 명사 뒤에 붙어 '지층(地層)'을, 일부 명사나 한자어 어근에 붙어 '켜켜이 쌓인 상태. 또는 그 중의 한 겹/켜'의 뜻을 나타내는 말. ¶머리를 잘못 잘라 층이 졌다. 온갖 층의 사람들이 다 모인다. 층격(層隔), 층격(層激), 층계(層階)[층계참(站); 돌층계, 뜰층계], 층구름, 층권운(層卷雲), 층나다(층과 등급이 생기다), 층널, 층대(層臺), 층도리(위층과 아래층의 경계에서 기둥머리를 잇는 도리), 층등(層等), 층디딤판(板), 층란(層欄), 층루(層樓), 층류(層流), 층리(層理)[층리면(面); 사층리(斜)], 층만(層巒), 층면(層面), 층밭, 층별(層別), 층보(이층 마루를 받는 보), 층상(層狀), 층새[304], 층샛돌/층돌, 층생첩출(層生疊出), 층서학(層序學), 층석(層石), 층수(層數), 층암/절벽(層岩/絕壁), 층애(바위가 겹겹이 쌓인 언덕)/지형(層崖/地形), 층옥(層屋), 층운(層雲), 층위(層位), 층적운(層積雲), 층절(層折), 층절(層節;일의 여러 가지 곡절), 층제(層梯), 층중(層重), 층지다(층이 나 있다), 층집, 층

---

303) 측량(測量): 측량기(器/機), 측량대, 측량도(圖), 측량사(士), 측량선(船), 측량수(手), 측량술(術); 각측량(角), 다각측량(多角), 대지측량(大地), 도근측량(圖根測量), 사진측량(寫眞), 삼각측량(三角), 삼변측량(三變), 수상측량(水上), 수준측량(水準), 시거측량(視距), 심천측량(深淺), 지하측량(地下), 지형측량(地形), 천체측량(天體), 토지측량(土地), 평면측량(平面), 평판측량(平板), 하천측량(河川).

304) 층새(層): ①황금의 품질. ②황금을 층샛돌에 대고 문질러 그 색수(色數)를 맞추어 보는 표준 제구.

첩(層疊), 층층(層層)[층층나무, 층층다리, 층층대(臺;층층다리), 층층시하(侍下), 층층이], 층하(層下;다른 사람보다 낮잡아 홀대함), 층향(層向), 층흐름; 가려막기층, 가스층(gas層), 가일층(加一層), 각질층(角質層)/각층(角層), 각층(各層), 각화층(角化層), 갈매층, 갈이층, 감광층(感光層), 감독경영층(監督經營), 개화층(改化層), 개화층(開化層), 경계층(境界層), 경영층(經營層), 경토층(耕土層), 계층(階層), 계급층(階級層), 고층(高層), 고생대층(古生代層), 고소득층(高所得層), 고위층(高位層), 고적층(固積層), 고정층(固定層), 광층(鑛層), 교란층(攪亂層), 구름층, 구조층(構造層), 권력층(權力層), 권운층(卷雲層), 귀족층(貴族層), 극빈층(極貧層), 글레이층(gley層), 기층(氣層), 기층(基層), 기준층(基準層), 기초층(基礎層), 나이층, 내층(內層), 노년층(老年層), 녹피층(綠皮層), 누층(累層), 다층/탑(多層/塔), 단분자층(單分子層), 단열층(斷熱層), 단층/집(單層), 단층(斷層)[305], 대기층(大氣層), 대수층(帶水層), 독자층(讀者層), 등가층(等價層), 등온층(等溫層), 디층(D層), 렌즈상층(lens狀層), 로열층(Royal層), 마멸층(磨滅層), 마모층(磨耗層), 마찰층(摩擦層), 모래층, 목전층(木栓層), 무광층(無光層), 무너져쌓인층, 문화층(文化層), 물겉층, 물막이층, 물밴층, 미장층, 밑층(아래층), 바깥층, 바닥층, 반려층(半濾層), 반전층(反轉層), 반지기층(半-層), 반채층(反彩層), 방수층(防水層), 방습층(防濕層), 백악층(白堊層), 변수층(變水層), 보수층(保守層), 부동층(不動層), 부식층(腐植層), 부유층(富裕層), 분리층(分離層), 불투수층(不透水層), 비행층(飛行層), 빈곤층(貧困層), 빈민층(貧民層), 빙층(氷層), 빙성층(氷成層), 빛층, 사력층(沙礫層), 사암층(沙巖層), 산란층(散亂層), 산림층(山林層), 산화층(酸化層), 상층(上層), 상류층(上流層), 상온층(常溫層), 새털구름층, 상위층(上位層), 색소층(色素層), 생물층(生物層), 생산층(生産層), 서민층(庶民層), 석비레층(石-層), 석탄층(石炭層), 석회층(石灰層), 성층(成層), 세민층(細民層), 세포층(細胞層), 소외층(疏外層), 속층, 수요층(需要層), 수평류층(水平流層), 시층(C層), 시생대층(始生代層), 식자층(識者層), 신생층(新生層), 신생대층(新生代層), 심층(深層), 심근층(心筋層), 심부층(深部層), 아래층, 암반층(巖盤層), 암석층(巖石層), 억센층, 에프층(F層), 역변층(逆變層), 역전층(逆轉層), 연령층(年齡層), 열쇠층, 오존층(ozone層), 외층(外層), 용암층(鎔巖層), 위층, 유층(油層), 유광층(有光層), 유동층(流動層), 유라기층(Jura紀層), 유물층(遺物層), 유한층(有閑層), 육성층(陸成層), 이동층(移動層), 이류층(移流層), 이온층(ion層), 이중층(二重層), 이층(離層;떨켜), 이탄층(泥炭層), 자갈층, 자실층(子實層), 잔적층(殘積層), 장벽층(障壁層), 저층(底層), 저변층(底邊層), 저소득층(低所得層), 저속도층(低速度層), 저유층(貯油層), 전리층(電離層), 젊은층, 점액층(粘液層), 점질층(粘質層), 점층/법(漸層/法), 점토층(粘土層), 제바닥층, 중층(中層), 중층(重層), 중간층(中間層), 중견층(中堅層), 중년층(中年層), 중농층(中農層), 중력층(重力層), 중류층(中流層), 중막층(中幕層), 중산층(中産層), 중생대층(中生代層), 지층(地層), 지도층(指導層), 지방층(脂肪層), 지배층(支配層), 지식층(知識層), 지지층(支持層), 지표층(地表層), 지하층(地下層), 진주층(眞珠層), 진흙층, 집권층(執權層), 차폐층(遮蔽層), 찬물층, 찰흙층, 채층(彩層), 천층만층(千層萬層), 천해층(淺海層), 청년층(青年層), 초본층(草本層), 최고위층(最高位層), 충적층(沖積層), 침식층(浸蝕層), 코르크층(cork層), 큐타쿨라층(cuticula層), 탄층(炭層), 태고층(太古層), 토층(土層), 토양층(土壤層), 토탄층(土炭層), 퇴석층(堆石層), 퇴적층(堆積層), 투수층(透水層), 특권층(特權層), 평민층(平民層), 포배층(胞胚層), 포함층(包含層), 표층(表層), 표면층(表面層), 표수층(表水層), 표피층(表皮層), 풍생층(風生層), 풍성층(風成層), 풍화층(風化層), 피층(皮層), 피복층(被覆層), 피지배층(被支配層), 하층(下層), 하류층(下流層), 하모리층, 하성층(河成層), 학생층(學生層), 한층(한 단계 더), 한계층(限界層), 함수층(含水層), 함유층(含油層), 함탄층(含炭層), 항온층(恒溫層), 해돌이층(나이테), 해성층(海成層), 현무암층(玄武巖層), 협탄층(夾炭層), 형성층(形成層;부름켜), 호분층(糊粉層), 홍적층(洪積層), 화강암층(花崗巖層), 환원층(還元層), 활동층(活動層), 함탄층(含炭層), 황토층(黃土層), 흐트러진층, 흙층 들.

층(嶒) '산이 높고 험하다'를 뜻하는 말. ¶층릉(嶒崚).

치[1] ①일부 명사나 명사성 어근 뒤에 붙어 '물고기의 이름. 물건 또는 대상. 물건의 몫이나 질'을 뜻하는 말. '사람'을 얕잡아 이르는 말. ¶젊은 치. 생선이 어제 치보다 못하다. 사흘 치 식량. 울릉도 치 오징어. 가덕치(加德), 가물치, 갈치, 거꿀치, 겉치, 경조치(京造), 골치, 곰치, 그/이/저치, 금년치(今年), 꼬리치, 꼼치(작은 것. 적은 것), 꽁치[꽁치통조림, 손꽁치], 나남치(羅南), 나루치, 날치(날마다 이자를 무는 빚), 날림치(아무렇게나 만든 물건), 남치(南;남쪽에서 생산된 물건), 넙치, 녹치(綠;푸른빛이 나는 찻잎), 농사치(農事), 누치, 당년치(當年), 도치, 동교치(東郊), 동냥치, 둔치(鈍), 둘치[306], 똥치, 마상치(馬上), 막치(품질이 낮은 물건), 말치(한 말 정도의 분량), 매치(사냥매로 잡은 짐승), 멸치, 물치, 바닥치, 반자치, 발매치, 버들치, 버림치, 벌치[307], 보름치[1], 본치(남의 눈에 띄는 태도나 외모), 부엌치, 북치(北), 불치(총으로 잡은 짐승), 뼘치, 삼치, 상치(上), 상상치(上上), 새살치, 서울치, 섞음치, 선홍치(鮮紅), 세배치(-培), 섭치, 속치, 손치, 수치, 수할치[308], 슬치[309], 시골치, 아람치[310], 아래치, 악치(惡), 알치, 암치, 압치, 어름치, 어제치, 언치, 얼간치, 얼치기, 영남치(嶺南), 오늘치, 옹달치, 왕치(王), 왜치(倭), 이배치(吏輩), 인격치(人格), 일년치(一年), 장사치, 장치(場;장이 설 때마다 이자를 갚는 빚), 절치(거칠게 삼은 미투리), 조금치, 조라치, 죽치, 준치[311], 중간치(中間)/중치(中), 쥐치[쥐치포; 말쥐치], 진상치(進上;허름한 물건), 참치, 창치(槍), 청치(靑), 촌치(寸), 취라치(吹螺), 탑골치(塔), 파치

305) 단층(斷層): 지각 변동으로 생긴 지각의 틈을 따라 지층이 아래위로 어그러져 층을 이룬 현상. 또는 그러한 현상으로 나타나 서로 어그러진 지층. ¶단층곡(谷), 단층면(面), 단층분지(盆地), 단층산맥(山脈), 단층산지(山地), 단층애(崖), 단층운동(運動), 단층지진(地震), 단층촬영(撮影; 몸의 한 면만을 촬영하는 X선 검사법), 단층해안(海岸), 단층호(湖); 계단단층(階段), 사주단층(斜走), 역단층(逆), 정단층(正), 지진단층(地震).

306) 둘치: 새끼를 낳지 못하는 암짐승.

307) 벌치: 벌판에 심어 놓고 돌보지 아니한 참외.

308) 수할치: 매사냥을 하는 사람.

309) 슬치: 알을 슬고 난 뒤라서 뱃속에 알이 없는 뱅어.

310) 아람치: 자기의 차지.[←아람〈아롬/아름(私)].

311) 준치: 청어과의 바닷물고기. ¶썩어도 준치. 맨재준치(소금에 절이어 매운재와 같은 푸른빛을 띤 자반준치).

(破;못 쓰게 된 물건), 풀치(갈치의 새끼), 하치(下), 하나치, 하루치, 한장치, 흥치(興). ②절기(節氣)나 일진(日辰)을 뜻하는 일부 명사 뒤에 붙어 '그 무렵의 궂어지는 날씨. 그날 무렵에 잡힌 고기'의 뜻을 더하는 말. 예스러운 말로 '차'라고도 함. ¶치하다[312]; 그믐치, 납평치(臘平;납일에 내리는 비나 눈), 보름치[2], 입춘치(立春), 조금치(潮), 진사치(辰巳;진사일에 내리는 눈이나 비) 들.

치[2] 한 자의 1/10, 약 3.3㎝를 이르는 길이의 단위.=촌(寸). ¶한 치 앞도 안 보인다. 세 치 혀. 치수(數)[바깥치수, 안치수]; 푼치(얼마 안 되는 차이).

치[3] 성벽을 기어오르는 적을 쏘기 위하여 성벽 밖으로 군데군데 내밀어 쌓은 돌출부.

치[4] ①절구질 · 도끼질에서, 힘든 동작을 되풀이할 때 내는 소리. ②못마땅하거나 아니꼽거나 화가 날 때 내는 소리.=체. 쳇.

치[5] 벌의 독바늘. ¶왕벌이 치가 찌르는 것 같은 눈치는 안 보게 되었다.

치-[1] 일부 동사나 명사 앞에 붙어 '위로 향하게. 위로 올려', 몇몇 명사에 붙어 '손윗사람'의 뜻을 더하는 말.[치-(터-).=칩-.↔내리-. ¶치가리다, 치감다, 치거슬리다, 치걷다, 치곧아오르다[313], 치굴리다, 치긁다, 치긋다, 치꽂다, 치다루다, 치닫다/달리다, 치달다/달리다, 치닮음, 치닿다, 치대다[314], 치더듬다, 치덮다, 치돌다, 치들리다, 치덩굴내리덩굴, 치떠세우다, 치뚫다, 치뛰다, 치뜨다, 치뜨리다(위로 던져 올리다)/트리다(치치다), 치매기다, 치머리(올려 깎은 머리), 치먹다[315]/먹이다/먹히다, 치몰다/몰리다, 치밀다[316], 치바라보다, 치받다[1](위로 떠받아 오르다), 치받다[2](썩 올려서 받다), 치받들다, 치받이/길(↔내리받이/길), 치받치다[1](힘껏 솟아오르다. 북받치다), 치받치다[2](치받아 올리다), 치받히다, 치벋다, 치보다, 치불다, 치붙다/붙이다, 치뻗다/뻗치다, 치뽑다, 치사랑(↔내리사랑), 치살리다(지나치게 추어주다), 치세우다, 치솟다, 치쉬다, 치쌓다/쌓이다, 치쏘다, 치쓸다, 치어나다[317], 치엮다/엮이다, 치오르다/올리다, 치읽다, 치잡다(치켜 잡다), 치지르다, 치째다/째이다, 치째지다, 치쪼다, 치차다, 치치다(획을 위로 올려 삐치다), 치훑다, 치흐름; 치어다보다/쳐다보다(얼굴을 들고 보다), 쳐들다[318] · 초들다[319]; 칩뜨다[320], 칩떠보다(치뜨고 보다.↔내립떠보다), 칩떠오르다, 칩떠치다(아래에서 위로 힘 있게 치다).

치-[2] 몇몇 동사에 붙어 '몹시. 힘줌(강세)'의 뜻을 더하는 말. 치개다(무엇을 맞대어 잇달아 세게 비비다), 치깔다(눈을 내리 깔다), 치높이다(힘차게 높이다), 치느끼다(강하게 느끼다), 치떨리다(분하고 화가 나서 몹시 떨리다), 치빼다(냅다 달아나다), 치살리다(지나치게 칭찬하여 주다), 치쉬다(숨을 크게 들이마시다) 들.

-치[1] '눈'에 붙어 '어떠한 일의 미묘한 분위기. 태도'를 뜻하는 말. ¶눈치를 보다/ 채다. 눈치, 눈치코치, 본치.

-치[2] '손이나 발(足)'에 붙어 '끝 · 끄트머리'를 뜻하는 말. ¶선산(先山) 발치에 묻어 주오. 발치(↔머리맡), 발칫잠, 손치(손이 닿을 만큼 가까운 곳).

-치- 일부 동사 어간 뒤에 붙어 '힘줌(강세)'의 뜻을 더하는 말. ¶감치다(卷), 걸치다, 그르치다, 깨치다, 날치다, 넘치다, 놓치다, 다그치다, 닫치다, 달치다(熱), 달구치다(加熱), 닿치다(물건이 세차게 마주 닿다), 대받치다(남의 말에 반항하여 강하게 들이대다), 덮치다, 데치다(열상(熱傷)), 돋치다(凸), 두르치다(圍), 들치다, 떨치다, 떼치다(떼어 물리치다), 뛰치다, 메어치다/메치다, 몰아치다, 물리치다, 밀치다, 받치다, 밭치다(밭다[2];건더기와 액체가 섞인 것을 체 같은 데에 부어서 국물만 받아 내다. 거르다), 벋치 · 뻗치다, 볶아치다, 부딪치다, 빼치다(拔), 솟구치다, 어녹이치다, 엎치다, 여닫치다, 열치다, 재우치다(몰아치거나 재촉하다), 접치다(帖), 죄어치다, 지나치다, 채치다(引), 터치다(터뜨리다), 펼치다(펴다), 풀치다(解), 헤치다, 휘몰아치다 들.

치(齒) '이. 이처럼 생긴 것. 나이'를 뜻하는 말. ¶치를 떨다(인색하여 내놓기를 꺼리다. 몹시 분을 내어 이를 떨다). 치가 떨리다(분하거나 지긋지긋하여 이가 떨리다). 치감(齒疳), 치강(齒腔), 치경(齒莖;잇몸), 치골(齒骨), 치과(齒科), 치관(齒冠), 치구(齒垢), 치근(齒根), 치뉵(齒衄), 치덕(齒德), 치륜(齒輪), 치목(齒木), 치발부장(齒髮不長), 치발불급(齒髮不及), 치분(齒粉), 치산(齒算), 치상(齒狀), 치서(齒序;나이의 차례), 치석(齒石), 치설(齒舌), 치성(齒聲), 칫솔(칫솔갑(匣), 칫솔대, 칫솔질, 치수(齒髓), 치수염(齒髓炎), 치아(齒牙)[치아열(熱), 치아탑(搭), 치아통(痛)], 치약(齒藥), 치열(齒列), 치옹(齒癰;잇몸이 부어 곪는 병), 치은(齒齦;잇몸)[치은염(炎), 치은농(膿)], 치음(齒音), 치조(齒槽)[치조골(骨), 치조농루(膿漏), 치조농루(膿瘍), 치조음(音)], 치주염(齒周炎), 치차(齒次), 치차(齒車;톱니바퀴), 치태(齒苔;플라크), 치통(齒痛), 치한(齒寒); 가치(假齒), 각자무치(角者無齒), 거치(鋸齒;톱니), 견마지치(犬馬之齒;자기의 나이), 견치(犬齒;송곳니), 교치(咬齒), 구치(臼齒)[소구치(小), 대구치(大)], 금치(金齒), 낙치(落齒), 노치(老齒), 단순호치(丹脣皓齒), 대생치(代生齒;간니), 도치(陶齒), 동치(同齒), 마치(馬齒), 매복치(埋伏齒), 문치(門齒;앞니), 발치(拔齒), 백치(白齒), 부치(智齒), 불치인류(不齒人類), 상치(上齒), 상치(尙齒;노인을 받듦), 생치(生齒), 서치(序齒), 설치(楔齒), 순망치한(脣亡齒寒), 순치(脣齒), 아치(牙齒), 아치(兒齒), 양치(養齒), 여발통치(如拔痛齒), 연치(年齒), 영구치(永久齒), 예치(齯齒), 옥치(玉齒), 옹치(雍齒;늘 밉고 싫은 사람), 우치(齲齒), 유치(幼齒), 유치(乳齒), 의치(義齒), 입치(入齒), 전치(前齒), 절치(切齒), 절치부심(切齒腐心), 절치탁마(切齒琢磨), 즐치(櫛齒;빗살), 지치(智齒;사랑니), 첨치(添齒), 충치(蟲齒), 풍치(風齒), 하치(下齒), 해치(齘齒;

---

312) 치하다: 그날 무렵의 날씨가 나빠지다.

313) 치곧아오르다: 추위가 몸의 아래쪽에서 위쪽으로 치밀어 오르다.

314) 치대다: 아래에서 위쪽으로 올라가며 대다. ¶치대기(널 따위를 밑에서부터 치올려 붙여 대는 일).

315) 치먹다: 순서가 아래로부터 위로 올라가다. 시골 물건이 서울에서 팔리다.

316) 치밀다: 아래에서 위로 힘 있게 솟아오르다/밀어 올리다. ¶거미치밀다(부러움과 시새움으로 욕심이 치밀어 오르다).

317) 치어나다: 사람이 사리에 밝고 영리함이 남보다 뛰어나다. ¶상투는 비록 하였을망정 그 태도가 여간 치어난 내기가 아닙니다.

318) 쳐들다: ①들어서 올리다. ¶고개를 쳐들다. ②초들다. ¶약점만 쳐들고 꼬집다.

319) 초들다: 무슨 일을 입에 올려서 말하다. 쳐들다. ¶이제 와서 새삼스럽게 그 일을 초들어 말할 게 무언가.

320) 칩뜨다: 몸을 힘차게 솟구치어 높이 떠오르다.

이갈기), 헐치(歇齒), 호치(皓齒), 훼치(毁齒) 들.

치(治) '다스리다. 다듬다. 치료하다'를 뜻하는 말. ¶치가(治家), 치경꾼(治經), 치곤(治棍), 치관(治棺), 치국(治國), 치담(治痰), 치도(治道), 치도곤(治盜棍), 치독(治毒;독기를 다스려 없앰), 치란(治亂;치세와 난세), 치략(治略), 치련(治鍊), 치료(治療;병이나 상처를 다스려서 낫게 함)[치료감호(監護), 치료비(費); 전기치료(電氣), 약치료(藥)], 치명(治命;죽을 무렵에 맑은 정신으로 하는 유언.↔亂命), 치목(治木), 치민(治民), 치병(治兵), 치병(治病), 치본(治本), 치산(治山), 치산(治産)[금치산/자(禁/者), 한정치산(限定)], 치상(治喪), 치생(治生), 치석(治石), 치세(治世), 치송(治送), 치수(治水), 치술(治術), 치습(治濕), 치안(治安)[치안경찰(警察), 치안본부(本部)], 치열(治熱), 치외법권(治外法權), 치유하다(治癒;낫다. 아물다), 치일(治日;세상이 잘 다스려진 시절), 치자(治者), 치장(治粧), 치장(治裝)[겉치장, 속치장], 치재(治裁), 치적(治績), 치정(治定), 치죄(治罪), 치천하(治天下), 치평하다(治平), 치포(治圃;채소밭을 가꿈), 치표(治表), 치풍(治風), 치하(治下;지배하거나 통치하는 아래. 통치·관할하는 구역), 치행(治行), 치혈(治血), 치화(治化;어진 정치로 백성을 교화함); 관치(官治), 구치(灸治), 구치(救治), 근치(根治), 난치(難治), 내치(內治), 능치(能治), 문치(文治), 민치(民治), 법치(法治), 불치/병(不治/病), 선치(善治), 안치(按治), 엄치(嚴治), 약치(掠治), 약치(藥治), 여정도치(勵精圖治), 완치(完治), 완치(緩治), 외치(外治), 요치(療治), 의치(醫治), 자치(自治), 적치(敵治), 전치(全治), 정치(政治), 조치(調治;調理), 주치(主治), 중치(重治), 지치(至治), 징치(懲治), 탕치(湯治), 통치(通治), 통치(統治), 퇴치(退治), 포치(捕治), 헐치(歇治) 들.

치(置) '두다. 놓다. 베풀다'를 뜻하는 말. ¶치가(置家;치표로 만든 무덤), 치독(置毒), 치부/책(置簿/冊), 치선(置先), 치신(置身), 치신무지하다(置身無地), 치주(置酒), 치중(置中;무엇에 중점을 둠), 치중(置重), 치지/도외(置之/度外), 치총(置塚;치표로 만든 무덤), 치표(置標;묏자리를 미리 잡아 무덤처럼 만들어 두는 일), 치환(置換;바꿈); 거치(据置), 구치(拘置), 기치(棄置), 대치(代置), 대치(對置), 도치(倒置), 망치(忘置), 방치(放置), 배치(配置), 배치(排置), 변치(變置), 별치(別置), 병치(併置), 병치(竝置), 봉치(封置), 분치(分置), 비치(備置), 산치(散置), 상치(常置), 설치(設置), 안치(安置), 엄치(掩置), 영치(領置), 예치/금(預置/金), 운치(運置), 위치(位置), 유치(留置), 임치(任置), 장치(裝置), 장치(藏置), 저치(貯置), 적치(積置), 전치(前置), 전치(轉置), 정치(定置), 조치(措置), 존치(存置), 차치하다(且置), 처치(處置), 폐치(廢置), 포치(布/鋪置;排置), 포치(抛置;내버려 둠), 하치/장(荷置/場), 환치(換置), 후치(後置) 들.

치(致) '이르다. 불러오다. 바치다. 그만두다. 경치·풍취'를 뜻하는 말. ¶치가(致家), 치명(致命;죽을 지경에 이름)[치명상(傷), 치명적(的), 치명타(打)], 치부(致富;재물을 모아 부자가 되는 일)[치부꾼, 치부하다], 치부(致賻), 치사(致仕), 치사(致死)[치사량(量), 치사유전자(遺傳子)], 치사(致詞/辭)[공치사(功), 공치사(空)], 치사(致謝;고맙다는 뜻을 나타냄), 치상(致傷), 치성(致誠)[산치성(山)], 치신(致身), 치어(致語), 치위(致慰), 치의(致意), 치재(致齋), 치전(致奠), 치제(致祭), 치지(致知;깨달아서 알게 됨), 치패(致敗;살림이 아주 결딴이 남), 치폐(致斃;致死), 치하(致賀;칭찬하거나 축하함); 격물치지(格物致知)/격치(格致), 경치(景致), 극치(極致), 나치(拿致), 납치(拉致), 소치(召致), 소치(所致), 소치(騷致), 송치(送致), 순치(馴致), 승치(勝致), 아치(雅致), 운치(韻致), 유치(由致), 유치(誘致), 이치(理致), 인치(引致), 일치(一致)[불일치(不)], 재치(才致), 전치(轉致), 정치(情致), 초치(招致), 표치(標致), 풍치(風致), 필치(筆致), 합치(合致), 흥치(興致) 들.

치(値) ①재거나 구하여 얻은 값. ②일부 명사 뒤나 한자어 어근에 붙어 '값·값어치'의 뜻을 나타내는 말. ¶치역(値域); 가중치(加重値), 가측치(可測値), 가치(價値), 극치(極値), 극대치(極大値), 극소치(極小値), 극치(極値), 극한치(極限値), 근사치(近似値), 기대치(期待値), 기준치(基準値), 대표치(代表値), 동치(同値), 등치(等値), 목표치(目標値), 상치(相値), 수치(數値), 실측치(實測値), 역치(閾値), 절대치(絶對値), 정상치(正常値), 중앙치(中央値), 최대치(最大値), 최빈치(最頻値), 최소치(最小値), 최저치(最低値), 충격치(衝擊値), 측정치(測定値), 평균치(平均値), 평년치(平年値), 허용치(許容値), 혈당치(血糖値) 들.

치(癡/痴) '모자란. 어리석은. 능력이 떨어짐'을 뜻하는 말. ¶치골(痴骨;요량 없고 어리석은 사람), 치둔하다(癡鈍), 치롱(癡聾;몹시 어리석고 귀먹은 사람), 치매(癡呆)[노모성치매(老耄性), 노인성치매(老人性), 망상치매(妄想), 위치매(僞), 조발성치매(早發性)], 치사(癡事), 치선(癡禪), 치소(癡笑), 치심(癡心), 치언(癡言), 치우하다(癡愚), 치인/설몽(痴人/說夢), 치자/다소(癡者/多笑), 치정(癡情)[치정관계(關係), 치정문학(文學)], 치태(癡態;어리석고 못생긴 모양이나 태도), 치하다(어리석다), 치한(癡漢;色漢), 치행(癡行;아주 못난 짓), 치화(癡話;치정을 내용으로 하는 이야기); 광치(狂癡/痴), 기계치(機械痴), 길치, 독치(讀癡), 박치(拍癡), 방향치(方向癡), 백치(白痴/癡), 서치(書癡;글만 읽어 물정을 모르는 어리석음), 수치(數癡), 우치(愚癡), 음치(音癡), 정치(情癡/痴), 천치(天癡/痴), 춤치 들.

치(恥) '부끄럽다'를 뜻하는 말. ¶치개(恥慨), 치골(恥骨), 치괴(恥愧), 치구(恥丘;불두덩), 치부(恥部;부끄러운 부분), 치사하다(恥事;격에 떨어져 남부끄럽다. 칙살맞다)/스럽다, 치심(恥心), 치욕(恥辱;수치와 모욕); 고치(苦恥), 국치(國恥), 기치(奇恥), 무치(無恥)[후안무치(厚顔)], 불치하문(不恥下問), 설치(雪恥), 수치(羞恥), 염치(廉恥)[얌치, 염치머리, 염치없다], 하문불치(下問不恥), 회치(悔恥) 들.

치(痔) '치질(똥구멍의 안팎에 나는 병)'을 뜻하는 말. ¶치량(痔糧), 치루(痔漏/瘻), 치열(痔裂), 치질(痔疾)[수치질, 암치질], 치통(痔痛), 치핵(痔核), 치혈(痔血); 기치(氣痔), 내치(內痔), 누치(瘻痔), 모치(牡痔;수치질), 비치(鼻痔), 연옹지치(吮癰舐痔), 외치(外痔), 우치(疣痔), 장치(腸痔), 주치(酒痔), 충치(蟲痔), 혈치(血痔) 들.

치(侈) '사치하다. 분수에 넘치다'를 뜻하는 말. ¶치건(侈件;사치스러운 물건), 치람(侈濫;사치), 치려하다(侈麗), 치론(侈論), 치미(侈靡;지나친 사치), 치심(侈心), 치오하다(侈傲), 치풍(侈風;사치

ㅊ

스러운 풍습), 치하다(사치한 생활을 하다); 교치하다(驕侈), 궁사극치(窮奢極侈), 극치(極侈), 불치불검(不侈不儉), 사치(奢侈), 외치(外侈), 호치(豪侈), 화치하다(華侈) 들.

치(馳) '달려 나가다'를 뜻하는 말. ¶치거(馳車), 치구(馳驅), 치념(馳念), 치도(馳到), 치돌(馳突), 치렵(馳獵;말을 달리면서 사냥함), 치마(馳馬;말을 타고 달림), 치변(馳辯;말을 잘 둘러댐), 치보(馳報), 치빙(馳騁), 치세(馳說), 치예(馳詣;어른 앞으로 빨리 달려 나감), 치주(馳走), 치진(馳進;馳詣), 치축(馳逐); 구치(驅馳), 배치(背馳), 분치(奔馳), 상치(相馳), 성치(星馳), 횡치(橫馳) 들.

치(稚/穉) '어리다. 어리석다'를 뜻하는 말. ¶치기(稚氣), 치목(稚/穉木), 치손(稚孫;어린 손자), 치송(稚/穉松;잔솔), 치수(稚樹;穉木), 치순(穉筍;어린 대나무순), 치심(稚心), 치심상존(穉心尙存;어릴 때의 마음이 아직까지 남아 있음), 치아(稚兒;稚者), 치어(稚魚←成魚), 치자(稚子), 치졸하다(穉/稚拙;유치하고 졸렬하다), 치패(稚貝), 치희(稚戱;아이들의 놀이. 유치한 짓); 동치(童穉), 유치(幼稚) 들.

치(雉) ①'꿩'을 뜻하는 말. ¶치계(雉鷄), 치구(雉灸), 치미(雉尾), 치미선(雉尾扇), 치육포(雉肉脯), 치첩(雉堞), 치탕(雉湯), 치토(雉兎); 건치(乾雉), 고치(膏雉), 백치(白雉), 생치(生雉), 세치(歲雉). ②성 밖을 살피기 위하여 조금 내어 쌓은 곳.

치(差) '차별. 어긋나다'를 뜻하는 말. ¶치승(差勝/乘;조금 나음), 치지(差池;가지런하거나 고르지 아니함), 치치(差差); 참치(參差) 들.

치(緇) '검은색. 스님(중)'을 뜻하는 말. ¶치류(緇流), 치문(緇門;불경의 이름), 치소(緇素), 치수(錙銖;아주 가벼운 무게), 치의(緇衣), 치진(緇塵), 치포(緇布) 들.

치(緻) '배다·촘촘하다'를 뜻하는 말. ¶치교하다(緻巧), 치밀성(緻密性), 치밀하다(緻密;자상하고 꼼꼼하다); 교치하다(巧緻), 세치하다(細緻), 정치하다(精緻) 들.

치(峙) '우뚝 솟다. 언덕'을 뜻하는 말. ¶치립(峙立;쑥 솟아서 우뚝 섬), 치적(峙積); 대치하다(對峙) 들.

치(梔) '치자나무(상록교목)를 뜻하는 말. ¶치랍(梔蠟), 치자(梔子)[치자나무, 치자색(色)] 들.

치(嗤) '빈정거리다'를 뜻하는 말. ¶치매(嗤罵;비웃으며 꾸짖음), 미모(嗤侮), 치소(嗤笑), 치점(嗤點) 들.

치(幟) '표로 세워 보이는 기. 표적'을 뜻하는 말. ¶기치(旗幟), 표치(標幟) 들.

치(熾) '성하다. 불을 피우다'를 뜻하는 말. ¶치분(熾憤), 치성(熾盛), 치열(熾烈)[321], 치열(熾熱)[322]; 대치(大熾) 들.

치(輜) '짐수레'를 뜻하는 말. ¶치중(輜重;말이나 수레 따위에 실은 짐. 군수품), 치중대(輜重隊), 치차(輜車;짐수레) 들.

치(薙) '풀을 후려쳐 베다. 깎다'를 뜻하는 말. ¶치발(薙髮;머리를 밂).

치(鴟) '솔개. 수리부엉이'를 뜻하는 말. ¶치미(鴟尾;망새), 치효(鴟梟;올빼미); 각치(角鴟;수리부엉이).

치(褫) '옷을 벗겨 빼앗다'를 뜻하는 말. ¶치직(褫職), 치탈(褫奪;벗겨서 빼앗음) 들.

치(巵): '술잔'을 뜻하는 말. ¶치주(巵酒); 옥치(玉巵).

치(錙) '적은 양'을 뜻하는 말. ¶치수(錙銖;썩 가벼운 무게).

치고 '모두 다 예외 없이. 기준으로 하여 생각하면. 인정하거나 가정하고'의 뜻을 나타내는 보조사.[←치(다)[6]+고]. ¶자식치고 사랑스럽지 않은 자식 없다. 변명치고 꽤 그럴듯하군. 겨울날씨치고 따뜻하다. 치고-는, 치고-도, 치고-서, 치고-야, 쳐놓고[323].[주로 + 부정어].

치금 굿을 할 때, 댓잎을 입에 물고서 내는 소리.

치기 골진 구석이나 막바지. ¶상대 선수를 치기로 몰아넣다. 더위도 한풀 꺾여 치기에 다다랐다.

치기영 목도 따위의 일을 할 때 힘을 모아 맞추려고 내는 말.

치(다)¹ ①비·눈·번개·물결·바람 따위가 세차게 뿌리거나 움직이다. ¶천둥·번개가 치다. 파도가 치다. 굽이치다, 내치다(↔들이치다), 놀치다(큰 물결이 사납게 일어나다), 눈보라치다, 들이치다(안을 향하여 세게 뿌리다), 물결치다, 빗발치다, 엔굽이치다. ②된서리가 몹시 많이 내리다. ¶간밤에 무서리가 치다.

치(다)² ①무의식적으로 다른 대상에 부딪치거나 연장·주먹 따위로 때리거나 두드리다. ¶어깨를 치다. 땅을 치고 통곡하다. 쳐갈기다(세게 때리다), 쳐내다'[324], 쳐들어가다/오다, 쳐부수다, 쳐엎다, 쳐올리다, 쳐이기다, 쳐잡다, 쳐죽이다; 내리치다'(아래로 향하여 힘껏 단단한 바닥에 부딪게 치다), 내박치다(힘 있게 집어 내던지다), 넨장칠[325], 되치이다, 둘러치다'[326], 뒷북치다[327], 뒤통수치다(느닷없이 해를 끼치다), 들이치다(마구 들어가면서 세차게 치다), 등치다(등을 때리다. 위협하여 남의 재물을 빼앗다), 박치다/박치기, 발장구치다, 빰치다[328], 석다치다(말에 재갈을 물리고 채치어 달리다), 안아치다, 엳러치다(한꺼번에 때리다), 젠장칠, 족치다(足)[329], 즉치다(卽;대번에 치다), 짓치다(마구 치다), 채치다(채찍으로 갈기다), 후려치다(후려갈기다). ②때리거

321) 치열(熾烈): 세력이 불길같이 맹렬함. ¶치열한 경쟁력. 생존 경쟁이 치열하다.

322) 치열(熾熱): 열이 매우 높다. 아주 뜨겁다.

323) 쳐놓고: '치고'의 힘줌말. ¶학생쳐놓고 그것도 모를 사람이 있을까.

324) 쳐내다': 힘껏 쳐서 멀리 보내다. ¶공을 쳐내다.

325) 넨장칠: 못마땅할 때 욕으로 이르는 말. 〈준〉넨장.

326) 둘러치다': 휘둘러서 세차게 내던지다. 매나 몽둥이 따위를 휘둘러서 세차게 내리치다. ¶둘러치나 메어치나 일반이지(수단이나 방법이야 어떠하든 결과는 마찬가지라는 말).

327) 뒷북치다: 뒤늦게 쓸데없이 수선을 떨다.

328) 빰치다: 비교 대상을 능가하다. ¶프로 빰칠 정도의 실력.

329) 족치다: ①큰 것을 깨뜨려서 작게 만들다. ②짓찧어서 쭈그러뜨리다. ③못 견디게 몹시 볶아치다. ¶자백을 하도록 죄인을 족치다.

ㅊ

나 두드려서 소리를 내다. ¶종을 치다. 손뼉을 치다. 북을/ 피아노를 치다. 마주치다, 석치다(釋;절에서 아침저녁으로 예불할 때 종을 치다), 풍경치다(風磬;풍경이 울리듯이 자꾸 드나들다). ③떡 반죽이나 진흙 따위를 두드려 짓이기다. ¶벽치다(壁;이긴 흙을 발라 벽을 만들다). ④두드려서 박다. ¶벽에 못을 치다. ⑤전신 · 전보를 보내다. 무엇을 치르거나 겪다. ¶무전을 치다. 시험을 치다/치르다. ⑥욕하다. 비난하다. 논박하다. ¶경치다. ⑦칼로 끊다. 가늘게 썰거나 저미다. 자르다. 베다. 썰다. ¶날밤을 치다. 채를 치다. 가지를 치다. 면치다(面), 순치다(筍). ⑧어떤 행동을 힘주어 하거나 저지르다. 흔들다. ¶장난을/ 도망을 치다. 새가 날개를 치다. 강아지가 꼬리를 친다. 가무라 · 까무러치다(기절하다), 갈아치우다, 곤두박이치다, 곤두박질치다, 곱치다(반으로 접어 합치다. 곱절을 하다), 공치다(空;허탕치다), 나비치다. 날강목치다, 내치다(내쫓다. 내던져 버리다), 능갈치다(아주 능청스럽다), 다그치다, 닥치다(가까이 바싹 다다르다), 덧게비치다, 도망질치다(逃亡), 독장치다(獨場;판을 혼자서 휩쓸다.=독판치다), 돌라방 · 둘러방치다[330], 뒤넘기치다(뒤로 넘겨다. 뒤집어엎다), 뒤재주치다[331], 매대기치다, 몸서리치다, 몽짜치다[332], 몽태치다(남의 물건을 슬그머니 훔치어 가지다), 바꿔치다, 발버둥치다, 비라리치다, 뺑소니치다, 뿌리치다, 설치다[333], 소스라치다, 소용돌이치다, 소스치다/솟치다, 야단치다, 야멸치다, 엉너리치다, 외딴치다(혼자 휩쓸어 판을 치다), 장난치다, 장치다[334], 죄어치다/좨치다, 줄달음치다, 줄행랑치다, 집어치우다(중도에서 그만두다), 태질치다/태치다, 판치다[335], 팽개치다(집어 내던지다), 하청치다(절에서 재를 끝낸 후 여흥을 벌이다), 한통치다(한데 합치다), 합수치다(合水), 합치다(合;합하다), 해치다(害;해롭게 하다. 상하게 하거나 죽이다), 허탕치다, 헤엄치다, 환롱치다(幻弄), 활개치다, 홰치다. ⑨딱지 · 화투 · 투전 따위로 놀이를 하다. ¶화투치다. ⑩쇠붙이를 달구어 두드려서 연장을 만들다. ¶대장장이가 낫을 치다. 치이다[2](쇠붙이 연장을 만들게 하다). ⑪차 · 수레 따위가 사람 따위를 깔아 누르고 지나가다. ¶차에 치다. 덫에 치다. 치이다[3][336]. ⑫'-치기' 꼴로, 일부 명사 뒤나 명사성 어근에 붙어 '놀이 · 내기. 강도(强盜) · 강탈(强奪)'이나 '그 시간에 할 만한 양의 일'의 뜻을 나타내는 말. ¶치기배(輩); 공치기, 구슬치기, 굴레치기[337], 날치기, 돈치기, 동당치기, 들치기, 등치기, 딱지치기, 미끼치기, 바꿔치기, 비사치기, 새치기, 소매치기, 야바위치기, 엿치기, 오토바이치기, 자치기, 자동차치기, 장치기, 주먹치기, 차치기(車), 팽이치기, 화투치기; 당일치기(當日), 벼락치기(임박하여 급히 서둘러 하는 일), 분치기(分), 시간치기(時間), 어깨치기, 초치기(抄), 하루치기. ☞ 타(打).

치(다)[3] ①도장을 찍거나 사인을 하다. ¶인치다(印;도장을 찍다). ②붓으로 점이나 선, 그림을 그리다. ¶난을 치다. 살치다[338], 정간치다(井間), 줄치다, 치치다(위로 올리어 긋다. 치뜨리다), 환치다(막치 그림을 그리다); 내리치다[2](아래쪽에다 그리거나 나타내다). ③줄을 가로로 늘이거나 매다. ¶금줄을 치다. 새끼줄을 치다.

치(다)[4] 끈 따위를 엮어 가마니 · 멱서리 따위를 만들다. ¶가마니를 치다. 얽이치다(이리저리 얽어서 매다), 휘갑치다, 휘갑치기.

치(다)[5] ①뿌리거나 끼얹거나 붓다.≒타다[a]. ¶국에 간장을 치다. ②체에 담아 흔들어 가루나 액체를 받아 내다. ¶체로 가루를 치다. ③술을 잔에 따르다. ¶잔에 술을 치다.

치(다)[6] ①값을 매기다. 셈하다. ¶쳐보다(셈을 헤아려보다), 이것까지 전부 쳐서 얼마요? 촌수로 치면 팔촌형이다. 쳐주다[339], 치이다[4](비용 · 가격이 얼마씩 들다); 금치다(물건 값을 어림쳐서 부르다), 도두치다(실제보다 더 많이 셈치다), 셈치다[340], 얼러치다(둘 이상의 물건 값을 함께 셈하다), 죽치기, 환치기(換). ②점괘(占卦)를 보다. ¶점치다(占). ③인정하다. 가정하다. ¶그렇다고 치다.

치(다)[7] ①소리를 크게 내다. ¶아우성을 치다. 고함을 치다. 메아리치다. ②헛기세를 뽐내다. ¶허풍을 치다. 풍치다(風;허풍을 떨다).

치(다)[8] ①발 같은 것을 드리우다. ¶발을 치다. ②고기를 잡으려고 그물 같은 것을 펴 놓다. ¶그물을 치다. ③병풍 · 가리개 · 장막 · 밧줄 따위로 둘레를 둘러막다. 머무르다. ¶모기장을 치다. 천막을 치다. 겸치다(兼), 겹치다[341], 내려치다(아래쪽에다 치다), 둔치다(屯), 돌라 · 둘러치다[3][342], 우물당치다, 재양치다(載陽), 죽치다[343], 줄가리치다(줄가리를 지어 벼를 말리다), 지음치다(사이에 두다), 진치다(陣) 들.

치(다)[9] 더러운 것을 그러내다. 깨끗이 하다. ¶쓰레기를/ 똥을 치다. 도랑 치고 가재잡기. 쳐가다(더러운 것을 쳐서 가져가다), 쳐내다[2][344], 쳐버리다[345], 치우다[1,2][346], 치이다[5](쳐내게 시키다), 치

---

330) 둘러방치다: 무엇을 빼돌리고 그 자리에 딴것을 슬쩍 바꾸어 넣다. 〈준〉둘러치다[2].

331) 뒤재주치다: ①물건을 함부로 던져 거꾸로 처박히게 하다. ②함부로 뒤집어 놓다.

332) 몽짜치다: 겉으로는 어리석은 체하고 속으로는 자기 할 일을 다하다.

333) 설치다[1]: 몹시 날뛰다. 급히 서두르며 덤비다.
설치다[2]: 필요한 정도에 미치지 못한 채로 그만두다. ¶잠을 설치다.

334) 장치다[1]: 말이 누워서 등을 땅에 대고 비비다.
장치다[2]: 장치기를 하다.

335) 판치다: 여러 사람이 어울린 판에서 그 판을 지배할 만큼 무엇을 잘하다.

336) 치이다[3]: ①무거운 물체나 수레 밑에 눌리거나 깔리다. ¶사람이 자동차에 치이다. ②덫 따위에 걸리다. ¶덫에 치인 토끼. ③다른 힘에 억눌리거나 이아침을 당하다. ¶잡무에 치여서 창작 활동을 하기 어렵다.

337) 굴레치기: 여자의 목걸이를 훔치는 소매치기.

338) 살치다: 잘못 되었거나 못 쓰게 된 글이나 문서 따위에 x 모양의 줄을 그어서 못 쓴다는 뜻을 나타내다.

339) 쳐주다: ①셈을 맞추어 주다. ¶값을 만 원으로 쳐주다. ②인정하여 주다. ¶이긴 걸로 쳐주다.

340) 셈치다: ①셈하여 헤아리다. ②어떠한 동작 · 사실을 짐작으로 미루어 가정하다. ¶돈을 잃은 셈치다.

341) 겹치다: ①여럿이 서로 덧놓이거나 포개지다. ②일이 한꺼번에 일어나다. ¶겹치기.

342) 둘러치다[3]: 둥글게 가리어 막다. ¶철조망을 둘러치다.

343) 죽치다: 밖에 나가지 아니하고 한 곳에만 들어박히다. ¶방에서 죽치고 있지 말고 나가 놀아라.

344) 쳐내다[2]: 쓰레기 따위를 쓸어 모아서 일정한 곳으로 가져가다. ¶오물을 쳐내다.

345) 쳐버리다: ①더러운 것을 치워버리다. ②치워 없애다.

346) 치우다[1]: ①물건을 다른 데로 옮기다. ¶이부자리를 치우다. ②청소하거나 정리하다.≒없애다.↔어지르다. ¶방을 치우다. ③시집보내다. ¶딸을 치우다.

ㅊ

임개질[347]; 삭치다(削).

치(다)[10] ①식물이 가지를 뻗거나 동물이 새끼를 낳아 퍼뜨리다. ¶나무가 가지를 치다. 짐승이 새끼를 치다(낳다). ②가축을 기르다.≒먹이다. 사육하다(飼育). ¶시골에서 돼지를/ 누에를 치다. 삼촌이 시골에서 벌을 치다. 소치기, 양치기(羊). ③영업으로 나그네를 묵게 하다. ¶하숙을/ 손님을 치다.

치다꺼리 일을 치러 내거나 남을 도와서 바라지를 함. 또는 그 일.[←치(다)+닦(다)+거리(재료)].≒뒷바라지. ¶아이들 치다꺼리를 하다. 손님 치다꺼리. 치다꺼리하다; 뒤치다꺼리/하다, 입치다꺼리(먹는 일을 뒷바라지하는 일)/하다.

치대(다) 빨래·반죽 따위를 받침에 대고 자꾸 문지르다. ¶반죽을/ 빨래를 치대다. §'치-대다'는 '위쪽으로 대다'.

치뜰(다) 하는 짓이나 성질이 나쁘고 더럽다. ¶행실이 치뜰고 고약하다.

치레 ①잘 손질하여 모양을 내는 일.≒꾸밈. 치장(治粧). ¶치레에 공을 들이다. 치레할 것 없이 있는 그대로만 보여라. 치레하다. ②실속보다도 더 낫게 꾸며 보임. ¶치레로 하는 인사. ③일부 명사 앞이나 뒤에 붙어 '치르거나 겪어냄, 겉으로 꾸미어 드러냄'의 뜻을 더하는 말.[←치르(다)+에]. ¶치렛가락, 치렛감, 치렛거리, 치레건(件;치레로 삼는 물건), 치레기와, 치렛깃, 치레동작(動作), 치레띠, 치렛말, 치레미술(美術), 치레소리, 치렛장(欌); 겉치레, 고리치레, 귀치레, 글치레, 눈치레, 마음치레, 말치레, 매치레, 머리치레, 면치레(面), 명절치레(名節), 몸치레, 문방치레(文房;서재를 꾸미는 일), 방치레(房), 병치레(病), 부엌치레, 사당치레(祠堂), 설치레, 속치레, 손님치레/손치레, 송장치레(送葬), 수치레(數;행운을 누리는 일), 수컷치레, 신주치레(神主), 안면치레(顔面), 앞치레, 옷치레, 외면치레(外面), 욕치레(辱), 이면치레(裏面), 인사치레(人事), 입치레, 잔병치레(病), 조상치레(祖上), 중동치레(中)[348], 집치레, 책치레(冊), 체면치레(體面), 추석치레(秋夕), 함치레, 헛치레, 혼인치레(婚姻) 들.

치룽 싸리로 가로 퍼지게 둥긋이 결어 만든 그릇. 뚜껑이 없음. ¶치룽구니(어리석어서 쓸모가 적은 사람), 치룽장수; 대치룽(대나무로 만든 치룽).

치르(다) ①주어야 할 돈이나 값을 내주다.≒갚다. ¶품삯을/ 계약금을/ 외상값을 치르다. ②일을 겪어 내거나 끝내다.≒경험하다(經驗). ¶큰일을 치르다. 시험을 치르고 나니 홀가분하다. 홍역을 치르다. 치러내다; 늦치르다. ③끼니 따위를 먹다. ¶점심을/ 조반을 치르다. ④사람이 손님 따위를 받아 대접하여 보내다. ¶손님을 치르다.

치리 잉엇과에 속한 민물고기.

치마 여자의 아랫도리에 입는 겉옷. 또는 '치마 모양'을 뜻하는 말. ¶치마를 입다. 치맛감(치마차), 치마갓(치마도리의 가장자리), 치맛귀(치마폭의 끝 부분), 치마기슭, 치마꼬리, 치마끈(치마고름), 치마널(난간의 밑 가장자리에 둘러 붙인 널빤지), 치맛단, 치맛도리(치마의 아랫부분), 치맛말기[349], 치마머리(본 머리에 덧둘러서 감는 딴 머리), 치맛바람, 치마바지, 치마상투(치마머리를 넣어서 짠 상투), 치마섶, 치마양반(兩班)[350], 치마어깨, 치마연(鳶), 치맛자락, 치마저고리, 치마조끼, 치맛주름, 치마차(次;치맛감), 치마통, 치마폭(幅), 치마허리; 가운데치마(갈퀴의 위아래 두 치마 사이에 가로지른 나무), 검정치마, 겉치마, 겹치마, 긴치마, 깡동치마(짧은 치마), 꼬리치마(풀치마), 꼬마치마, 나발치마(喇叭), 남스란치마(藍), 남치마(藍), 누비치마, 뉴똥치마(명주실로 짠 치마), 다홍치마(紅)/홍치마, 대단치마(大緞), 대란치마(大襴), 단치마(단을 단 치마), 대란치마(大襴), 대슘치마(치마 아래를 버텨 주는 치마), 덧치마, 도랑치마(무릎이 드러날 만큼 짧은 치마), 독치마(김장독을 두르는 이엉), 돔방치마(치맛자락이 무릎께 닿는 치마), 동강치마(짧은 치마), 두렁치마(두렁이), 맨치마(다른 것은 입지 않은 홑치마 바람), 맹패치마(무명으로 만든 치마), 먹치마(아래쪽만 검게 칠한 연), 몽당치마, 무지개치마, 반물치마(짙은 남빛의 치마. ☞ 물[2]), 베치마, 보라치마(위쪽은 희고 아래쪽은 보라색을 된 연), 복치마(服)[351], 사/삼동치마(四/三;세/네 가지 빛깔로 꾸민 연), 속치마, 솜치마, 수치마(繡), 스란치마[352][홍스란치마(紅)], 쓰개치마, 아래치마(갈퀴의 고.↔아래치마), 안개치마(안개처럼 엷고 가벼운 치마), 앞치마, 어깨치마[353], 연분홍치마(軟粉紅), 오른치마, 옥색치마(玉色), 왼치마(왼쪽으로 여민 치마), 월남치마(越南;통치마), 위치마(갈퀴의 고), 이동치마(二;아래위 양쪽을 두 가지 색으로 만든 연), 조끼치마, 주넛대치마(누런 빛이 섞인 붉은색의 천을 잇대어 만든 치마), 주름치마, 짧은치마, 청치마(靑), 큰치마[354], 통치마, 폭치마(幅;여러 폭을 잇대어 만든 치마), 풀치마(↔통치마), 한동치마(한 폭의 피륙으로 된 치마), 행주치마, 홍스란치마(紅), 홑단치마, 홑치마, 항아리치마(缸), 황치마(黃;위쪽은 희고 아래는 누른 연(鳶)). ☞ 상(裳).

치면-하다 그릇 속에 담긴 내용물이 거의 가장 자리에 닿을 만큼 차다.≒그득하다. ¶동이가 치면하게 하도록 물을 긷다. 뒤주에 쌀을 치면하게 채우다.

치어-나다 똑똑하고 뛰어나다.≒빼어나다. ¶상투는 비록 하였을망정 그 태도가 여간 치어난 내기가 아닙니다.

치우치(다) 균형을 잃고 한쪽으로 쏠리다.≒기울다. 편중되다. ¶어

치우다[2]: 동사의 어미 '-아/어'의 아래에서, '여지없이 해냄. 없앰'을 나타내는 말. ¶갈아치우다, 걷어치우다(흩어진 것을 거두어 치우다. 하던 일을 중도에서 그만두다), 먹어치우다, 집어치우다(그만두다), 팔아치우다, 해치우다(어떤 일을 빨리 시원스럽게 끝내다. 일에 방해가 되는 자를 없애다).

347) 치임개질: 벌여 놓았던 물건들을 거두어 치우는 일.

348) 중동치레(中): 허리띠·주머니·쌈지 등으로 허리 부분을 치장하는 일.

349) 치맛말기: 치마의 맨 위 허리에 둘러서 댄 부분.≒치마허리.

350) 치마양반(兩班): 신분이 낮은 집에서 높은 집으로 혼인함으로써 사회적 지위를 얻게 된 양반.

351) 복치마(服): 거상(居喪)하는 여자가 복으로 입는 치마.

352) 스란치마: 스란을 단 치마. 입으면 발이 보이지 아니하는, 폭이 넓고 긴 치마.

353) 어깨치마: 말기 위에 천을 대어서 어깨에 걸칠 수 있게 만든 치마.

354) 큰치마: 여자들이 주로 예식 때에 입을 목적으로 땅에 끌리도록 길게 여러 폭으로 만든 치마.

깨가 왼쪽으로 치우치다. 감정에 치우치다.

치이(다)[1] ①무거운 물건의 밑에 내리눌리거나 깔리다. ¶갑자기 넘어진 기둥에 치이다. 차에 치이다. ②덫 따위에 걸리다. ¶덫에 치인 쥐. ③어떤 힘에 구속을 받거나 방해를 당하다. ¶일에 치여 꼼짝을 할 수가 없다. 치여나다[355]; 되치이다[356]. ④피륙의 올이나 이불의 솜 따위가 한쪽으로 쏠리거나 뭉치다. ¶솜이 가장자리로 치이다. 〈준〉치다.

치이(다)[2] '치다²⑩'의 사동사. 대장장이에게 칼·호미 따위를 만들게 하다. ¶대장장이에게 낫을 치이다.

치이(다)[3] '치다⁶'의 사동사. ¶하나를 만드는 데 천 원씩 치이다.

치이(다)[4] '치다⁹'의 사동사. ¶청소 당번에게 쓰레기를 치이다.

치익 김 따위가 좁은 구멍이나 틈으로 느리고 거칠게 새어 나오는 소리. 〈준〉칙.

치직 불덩이들이 물에 닿는 소리.

치키(다) 아래에서 위로 향하여 끌어올리다.≒올리다. 추키다.↔내리키다.[←치-(위로)+ㅎ혀+다]. ¶눈꼬리를 치키다. 바지를 치키다. 허리춤을 치키다. 치켜들다, 치켜뜨다, 치켜붙이다, 치켜세우다[357], 치켜올리다(추켜올리다), 치켜잡다, 치킴머리(올림머리).

칙 ①성냥이나 연필, 지퍼 따위를 내리긋는 모양이나 소리. ②찢어져 갈라지는 소리. ③분무기 따위를 한 번 뿌릴 때 나는 소리.

칙(則) '법(法). 본받다'를 뜻하는 말. ¶칙도(則度), 칙효(則效); 각칙(各則), 개칙(概則), 교칙(校則), 교칙(敎則), 규칙(規則)[규칙용언(用言), 규칙적(的); 불규칙(不)], 내칙(內則), 당칙(黨則), 반칙(反則), 벌칙(罰則), 범칙(犯則), 법칙(法則), 변칙(變則), 보칙(補則), 본칙(本則), 부칙(附則), 사칙(四則), 사칙(社則), 상칙(常則), 세칙(細則), 세칙(稅則), 수칙(守則), 옥칙(獄則), 원칙(原則), 잡칙(雜則), 전칙(典則), 점칙(店則), 정칙(正則), 정칙(定則), 준칙(準則), 천칙(天則), 철칙(鐵則)[노임철칙(勞賃), 임금철칙(賃金)], 총칙(總則), 통칙(通則), 학칙(學則), 회칙(會則), 효칙(效則). §'곧'의 뜻으로 쓰일 때는 [즉]으로 읽힘. ¶수즉다욕(壽則多辱), 언즉시야(言則是也), 연즉(然則) 들.

칙(勅) '조서(천자의 명령을 적은 문서)'를 뜻하는 말. ¶칙교(勅敎), 칙단(勅斷), 칙령(勅令;勅命), 칙명(勅命;임금의 명령), 칙사(勅使;칙명을 받든 사신)[칙사대접(待接;극진하고 융숭한 대접), 칙서(勅書;임금이 훈계하거나 알릴 일을 적은 글), 칙선(勅選;칙명으로 뽑음), 칙액(勅額;임금이 손수 쓴 扁額), 칙어(勅語;勅諭), 칙유(勅諭;임금이 몸소 타이른 말), 칙임/관(勅任/官), 칙재(勅裁;임금의 재결), 칙지(勅旨;勅命), 칙필(勅筆;임금의 친필), 칙행(勅行;칙사의 행차), 칙허(勅許;임금의 허락); 밀칙(密勅), 별칙(別勅), 봉칙(奉勅), 성칙(聖勅), 유칙(遺勅), 위칙(違勅), 조칙(詔勅), 황칙(皇勅), 회칙(回勅) 들.

칙(飭) '가르치다. 훈계하다. 삼가다'를 뜻하는 말. ¶계칙(戒飭), 규칙(規飭), 근칙(謹飭), 독칙(督飭), 수칙(修飭), 신칙(申飭), 아칙하다(雅飭), 엄칙(嚴飭), 연칙(筵飭), 영칙(令飭), 지칙(指飭;가리켜서 타이름), 효칙(曉飭), 훈칙(訓飭) 들.

칙칙-폭폭 증기 기관차가 달릴 때 연기를 뿜으며 내는 소리.

칙칙-하다 ①빛깔이 산뜻하거나 맑지 아니하고 짙기만 하다. 숲이나 머리털 따위가 배어서 짙게 보이다. ¶옷 빛깔이 칙칙하다. ②'-우칙칙-'의 꼴로 '검다'의 어근에 붙어, '조금 어두움'의 뜻을 더하는 말. ¶가무·까무·거무·꺼무칙칙하다.

친(親) '겨레붙이(혈연관계)로 맺어진'을 뜻하는 말.↔외(外). '그것에 찬성하는. 그것을 돕는. 가까운. 닮은. 몸소'를 뜻하는 말.↔반(反). ¶친가(親家), 친감(親鑑), 친견(親見), 친고/죄(親告/罪), 친고(親故;친척과 오래 사귄 친구), 친공신(親功臣), 친교(親交;친밀한 교분), 친교(親敎;부모의 가르침), 친교사(親敎師), 친구(親口), 친구(親舊)[358], 친국(親鞫;임금이 중죄인을 친히 국문함), 친권(親眷;퍽 가까운 권속), 친권/자(親權/者), 친근하다(親近;사이좋다), 친기(親忌;부모의 제사), 친남매(親男妹), 친누이, 친동기(同氣), 친동생(親同生), 친딸, 친람(親覽), 친림(親臨), 친막(親幕), 친막친하다(親幕親), 친명(親命;부모의 명령), 친모(親母), 친목(親睦)[친목계(契), 친목회(會)], 친문(親聞), 친밀(親密)[친밀감(感), 친밀성(性), 친밀하다(가깝다)], 친병(親兵), 친봉(親捧), 친부(親父), 친부모(親父母), 친부형(親父兄), 친분(親分), 친사돈, 친사촌(親四寸), 친산(親山), 친살붙이, 친삼촌(親三寸), 친상(親喪;부모상), 친생자(親生子), 친서(親書), 친서(親署), 친선(親善)[친선방문(訪問), 친선사절(使節)], 친소(親疎;친함과 버성김), 친속(親屬;親族), 친손녀(親孫女), 친손자(親孫子), 친숙하다(親熟;낯익다), 친솔(親率), 친수(親受), 친수(親授), 친수성(親水性↔疏水性), 친숙하다(親熟;친밀하고 흉허물이 없이 친함), 친시(親試), 친신(親臣), 친신(親信), 친심(親審), 친아들, 친아버지, 친아우, 친압하다(親狎;흉허물이 없이 친함), 친애하다(親愛), 친어머니, 친언니, 친연(親緣), 친영(親迎;친히 나아가 맞음)[방친영(房)], 친오빠, 친왕(親王), 친왕(親往), 친우(親友), 친위/대(親衛;임금이나 국가 원수에 대한 경호)/대(隊), 친유(親諭;친히 다른 사람을 타일러 가르침)/하다, 친의(親倚;가까이 의지함), 친의(親誼;매우 가까운 정의), 친인척(親姻戚), 친일(親日), 친자(親子), 친자(親炙)[359], 친자식(親子息), 친잠(親蠶), 친재(親裁), 친전(親展), 친전(親傳), 친절하다(親切;부드럽다. 상냥하다), 친접(親接), 친정(親征), 친정(親政;親朝), 친정(親庭;시집간 여자의 본집)[친정댁(宅), 친정살이, 친정집], 친정부(親政府), 친제(親弟), 친제(親祭), 친조(親朝;친히 나라를 다스리는 일), 친조모(親祖母), 친조부(親祖父), 친조카, 친족(親族)[친족권(權), 친족법(法), 친족회(會)], 친좁다[360], 친지(親

355) 치여나다: 어떤 환경 속에서 일정한 시달림을 겪어 단련되다.

356) 되치이다: ①남에게 덮어씌우려다가 도리어 자기가 당하다. ②하려던 일이 뒤집히어 반대로 되다.

357) 치켜세우다: 정도 이상으로 칭찬하여 주다. 추켜세우다. ¶침이 마르게 아우를 치켜세우다.

358) 친구(親舊): 오랫동안 함께 어울려 정이 두터운 사람. 벗. 동무. ¶친구는 옛 친구가 좋고, 옷은 새 옷이 좋다. 구년친구(舊年), 구색친구(具色;널리 사귀어 생긴 친구), 단짝친구, 딱친구(서로 속을 터놓고 지내는 단짝 친구), 살친구, 소꿉친구, 옛친구, 좁쌀친구(나이 어린 조무래기 친구).

359) 친자(親炙): 스승에게 가까이하여 친히 가르침을 받음. ¶친자를 받다.

360) 친좁다: 지내는 사이가 매우 친숙하고 가깝다.[←親+좁다(가깝다)].

知), 친진(親盡), 친집(親執;몸소 잡아서 함), 친찬(親撰;임금이 몸소 글을 지음), 친찰(親札), 친질(親姪), 친쪼다[361], 친찰(親札), 친척(親戚;겨레. 집안)[인아친척(姻婭), 일가친척(一家)], 친친하다(親親;아주 친하다), 친권, 친탁(↔외탁), 친피(親避;과거를 볼 때, 친척 사이에 응시자와 시험관이 되는 것을 피함), 친필(親筆), 친하다/친히(몸소. 손수), 친할머니, 친할미, 친할아버지, 친할아비, 친행(親行;일을 몸소 함), 친향(親享;임금이 몸소 제사를 지냄), 친혁명(親革命), 친형(親兄), 친형제(親兄弟), 친호(親好), 친화(親和;서로 가까이 화합함)[친화되다/하다, 친화력(力), 친화성(性), 친화적(的)], 친환(親患;부모의 병환), 친환경(親環境), 친후(親候;부모의 건강상태), 친후하다(親厚;서로 친하여 정의가 두터움), 친히(몸소. 손수; 가친(家親), 간친(懇親), 강근지친(强近之親), 결친(結親), 계친(繼親), 고친(故親), 극친하다(極親), 근친(近親), 근친(覲親), 기공친(期/朞功親), 남계친(男系親), 내친(內親), 노친(老親), 단문친(袒免親), 대공친(大功親), 돈친(敦親), 등화가친(燈火可親), 망친(亡親), 모계친(母系親), 모친(母親), 무복친(無服親), 방계친(傍系親), 봉친(奉親), 사고무친(四顧無親), 방계친(傍系親), 방친(傍親), 부계친(父系親), 부친(父親), 사친(私親), 사친(事親), 사친(思親), 사친(師親), 상친(相親), 선친(先親), 소공친(小功親), 소친(所親), 숙친(熟親), 시친(屍親), 시마친(緦麻親), 신친(神親), 애친(愛親), 양친(兩親), 양친(養親), 엄친(嚴親), 여계친(女系親), 열친(悅親), 영친(榮親), 오복친(五服親), 원친(遠親), 위친(爲親), 유복친(有服親), 육친(六親), 육친(肉親), 의친(懿親), 이성친(異姓親), 인친(姻親), 자친(慈親), 절친하다(切親), 정친하다(情親), 족친(族親), 존속친(尊屬親), 종친(宗親), 지친(至親), 직계친(直系親), 참최친(斬衰親), 최친하다(最親), 편친(偏親), 혈족친(血族親), 화친/조약(和親/條約), 효친(孝親) 들.

친(襯) '속옷. 가까이하다'를 뜻하는 말. ¶친의(襯衣), 친착(襯着;바싹 가까이 달라붙음).

친친-하다 축축하고 끈끈하며 불쾌한 느낌이 있다. ¶살이 친친하다. 눈에 눈물이 친친하게 고이다.

칠(漆) 겉에 발라 빛깔이나 광택을 내는 물질. 또는 그것을 바르는 일. 옻칠. '검다. 캄캄하다'를 뜻하는 말. ¶칠이 벗겨지다. 칠갑(漆甲;겉더께), 칠갓, 칠공(漆工;칠장이), 칠공예(漆工藝), 칠그릇, 칠그림, 칠기(漆器), 칠독(漆毒;옻의 독기), 칠립(漆笠), 칠목(漆木;옻나무), 칠목기(漆木器), 칠물(漆物), 칠박(옻칠을 한 함지박), 칠붓, 칠뿜기, 칠색(漆色), 칠서(漆書), 칠선(漆扇), 칠소반(漆小盤), 칠실(漆室;매우 캄캄한 방), 칠야(漆夜;아주 캄캄한 방), 칠일(칠을 바르는 일)/하다, 칠장(漆欌), 칠장이, 칠전(漆田), 칠즙(漆汁), 칠지(漆紙), 칠판(漆板), 칠포(漆布;칠을 한 베), 칠피(漆皮;에나멜을 칠한 가죽), 칠함(漆函), 칠호병(漆胡瓶), 칠화(漆畵;옻칠로 그린 그림), 칠흑(漆黑;칠처럼 검고 광택이 있음), 칠하다; 가칠(加漆), 가칠(假漆), 감탕칠, 개칠(改漆), 건칠(乾漆), 광칠(光漆), 교칠(膠漆), 금칠(金漆), 기름칠, 단칠(丹漆), 덧칠, 동유칠(桐油漆), 떡칠, 똥칠, 먹칠, 물칠, 바닥칠(漆), 밥풀칠, 북칠(北漆), 분무칠(噴霧漆;뿜칠), 분칠(粉漆), 비누칠, 뿜칠, 색칠(色漆), 생칠(生漆), 손톱칠, 애벌칠(초벌로 하는 칠), 약칠(藥漆), 양칠(洋漆), 옻칠, 와태칠(瓦胎漆), 위장칠(僞裝漆), 유칠(油漆), 착칠(着漆), 청칠(青漆), 페인트칠(paint), 풀칠, 홍칠(紅漆), 황칠(黃漆), 회칠(灰漆), 흑칠(黑漆), 흙칠 들.

칠(七) 일곱. 여섯에 하나를 더한 수. ¶칠각형(七角形), 칠거지악(七去之惡), 칠궁(七窮), 칠규(七竅), 칠난(七難), 칠뜨기(七), 칠량(七樑)[칠량각(閣), 칠량보, 칠량집], 칠백(七魄), 칠보(七寶), 칠보재(七步才), 칠복(七福), 칠삭/둥이(七朔), 칠색(七色), 칠서(七書;사서와 삼경), 칠석(七夕)[칠석날, 칠석물(칠석날에 오는 비)], 칠성(七星)[362], 칠순(七旬), 칠언(七言)[칠언율시(律詩), 칠언절구(絕句)], 칠오조(七五調), 칠월(七月), 칠일장(七日葬), 칠전팔기(七顚八起), 칠전팔도(七顚八倒), 칠정(七情), 칠족(七族), 칠종칠금(七縱七擒), 칠중주(七重奏), 칠촌(七寸), 칠현금(七絃琴), 칠화음(七和音); 어정칠월 들.

칠떡 물건이 너무 늘어져서 바닥에 닿았다 들리었다 하며 끌리는 모양. ¶치맛자락을 칠떡거리고 다니다. 다시마를 따서 뱃전에 칠떡칠떡 부리다. 칠떡칠떡하는 바짓가랑이. 칠떡거리다/대다, 칠떡칠떡/하다.

칠칠-하다 ①나무나 풀 따위가 잘 자라서 알차고 길다. ¶칠칠하게 자란 삼대/ 배추. ②일의 솜씨가 막힘이 없이 능란하고 빠르다. ¶일을 칠칠하게 잘한다. 칠칠히; 시원칠칠하다. ③주접이 들지 아니하고 깨끗하다. ¶노인이라도 칠칠하다. 칠칠치 못한 사람. 칠칠찮은 사람. 칠칠맞다[363], 칠칠찮다(주접이 들다. 야무지지 못하다).

칡 콩과의 낙엽 활엽 관목. ¶칡을 캐다. 칡가루, 칡껍질, 칡꽃, 칡넝쿨(칡덩굴), 칡덤불, 칡덩굴, 칡떡, 칡매끼, 칡밭, 칡범, 칡베, 칡뿌리/떡, 칡/칡점부엉이(點), 칡뿌리/떡, 칡산(山), 칡소, 칡즙(汁), 칡차(茶;갈근차), 칡침(鍼); 드렁칡(둔덕을 따라 벋은 칡덩굴), 알칡, 통칡(쪼개지 아니한 통짜의 칡덩굴). ☞ 갈(葛).

침 입속의 침샘에서 분비되는 끈기가 있는 소화액. ¶침을 삼키다/흘리다. 침 먹은 지네. 침받개(타구), 침방울, 침샘, 침안주(按酒;강술), 침점(占), 침칠/하다(漆), 침흘리개(침을 늘 흘리는 버릇이 있는 아이), 침흘림증(症); 가래침, 거위침[364], 군침[365], 느침[366], 단침(군침), 도리깨침[367], 마른침[368], 밤잔침[369], 소침/쇠침(소의

361) 친쪼다: 가까이 모시고 지내다.

362) 칠성(七星): 칠성각(閣), 칠성단(壇), 칠성당(堂), 칠성판(板); 북두칠성(北斗).

363) 칠칠맞다: '못하다. 않다'와 함께 쓰여, '칠칠하다'를 속되게 이르는 말. ¶칠칠맞지 못하게 그런 꼴로 다니다니. 애가 칠칠맞지 못하다.

364) 거위침: 가슴속이 느긋거리면서 목구멍에서 나는 군침.

365) 군침: ①속이 느긋거리며 입 속으로 도는 침. ②구미가 당겨서 도는 침. ¶군침을 삼키다. 군침이 돌다(이익이나 재물을 보고 가지고 싶은 마음이 생기다).

366) 느침: 잘 끊어지지 아니하고 길게 흘러내리는 침.[←늘(다)+침]. ¶소는 여물을 입아귀로 새기며 느침을 흘리고 서 있다.

367) 도리깨침: 탐이 나거나 먹고 싶어서 저절로 삼키어지는 침.

368) 마른침: 음식을 대했을 때나 몹시 긴장했을 때에 무의식중에 힘들여 삼키는, 물기가 적은 침. ¶마른침을 삼키다(몹시 걱정하거나 긴장하거나 초조할 때 무의식중에 없는 침을 삼키다).

369) 밤잔침: 밤잠에서 갓 깨어난 입에 들어있는 침.

ㅊ

입에서 질질 흐르는 침), 헛침(공연히 뱉는 침). ☞ 타(唾).

침(沈) '가라앉다. 빠지다. 잠기다. 찬찬하다. 흐릿하다'를 뜻하는 말. ¶침감(침을 담근 감), 침강(沈降;가라앉음)[침강반응(反應), 침강소(素), 침강해안(海岸)], 침닉(沈溺), 침단목(沈檀木), 침담그다(감을 소금물에 담그다), 침륜(沈淪;재산이 줄어들어 떨치지 못함), 침면(沈眠;깊이 잠듦), 침면(沈湎;정신적 고민으로 술에 빠져 헤어나지 못함), 침몰(沈沒)[침몰선(船), 침몰하다], 침묵(沈默)[침묵교역(交易), 침묵제(制), 침묵하다], 침사(沈思), 침사지(沈砂池), 침설(沈設), 침수(沈水)[침수식물(植物), 침수해안(沈水)], 침시(沈柹), 침심하다(沈深;한 생각에 골똘하다), 침용(沈勇), 침우(沈憂), 침울하다(沈鬱), 침음(沈吟), 침잠하다(沈潛), 침장(沈藏), 침재(沈滓;沈澱), 침적/암(沈積/巖), 침전(沈澱)[370], 침정(沈正), 침정하다(沈靜;마음이 가라앉아 조용하다), 침중하다(沈重;성질이 침착하고 무게가 있다), 침징지(沈澄池), 침착하다(沈着;행동이 들뜨지 않고 찬찬하다), 침착성(沈着性), 침청(沈靑), 침체(沈滯)[침체되다/하다, 침체성(性)], 침취(沈醉;술에 흠뻑 취함), 침침하다(沈沈;빛이 약하여 어두컴컴하다. 눈이 어두워 보이는 것이 흐릿하다), 침통하다(沈痛;근심이나 슬픔이 깊어 마음이 몹시 괴롭다), 침하/하다(沈下;가라앉아 내리다), 침향(沈香), 침혹(沈惑;어떤 일이나 물건을 몹시 좋아하여 정신을 잃을 정도로 빠짐), 침후(沈厚;침착하고 중후함); 검침하다(黔沈), 격침(擊沈), 굉침(轟沈), 박침품(粕沈品), 부침(浮沈), 소침(消/銷沈), 수침(水沈), 승침(昇沈), 육침(陸沈), 음침하다(陰沈), 자침(自沈), 침침(浸沈), 폭침(爆沈), 하침(下沈), 혼침하다(昏沈) 들.

침(針) '바늘. 바느질하다. 바늘처럼 생긴 것. 가시'를 뜻하는 말. ¶이 시계는 초를 가리키는 침이 없다. 침공(針工), 침공(針孔), 침녀(針女), 침로(針路), 침모(針母)[난침모, 든침모], 침방(針房), 침봉(針峰), 침상/엽(針狀/葉), 침선(針線), 침소봉대(針小棒大), 침엽/수(針葉/樹), 침자(針子), 침재(針才), 침척(針尺), 침통(針筒), 침파리, 침형(針形); 각침(角針;分針), 검침(檢針), 격침(擊針;공이), 곤충침(昆蟲針), 골침(骨針), 구침(鉤針), 나침(羅針)[나침반(盤), 나침방위(方位), 나침의(儀)], 단침(短針), 대침(大針), 독침(毒針/鍼), 망침(網針), 무정위침(無定位針), 방침(方針), 벌침, 변침(變針), 봉침(蜂針), 봉침(縫針), 봉합침(縫合針), 분침(分針), 사혈침(瀉血針), 상침(上針), 세침(細針), 소침(小針), 쇠침(쇠로 만든 침), 수지침(手指針), 시금침(試金針), 시침(時針), 시험침(試驗針), 야광침(夜光針), 양침(洋針), 엽침(葉針), 육침(肉針), 일침(一針), 자침(磁針), 장침(長針), 조침(釣針;낚시), 주사침(注射針), 죽침(竹針), 중침(中針), 지남침(指南針), 지속침(遲速針), 지침/서(指針/書), 초침(秒針), 피뢰침(避雷針), 화침(火針) 들.

침(鍼) 사람이나 마소의 혈(穴)을 찔러 병을 다스리는 데 쓰는 바늘. ¶침을 놓다/ 맞다. 침공(鍼孔), 침구(鍼灸), 침구(鍼灸)[침구사(士), 침구술(術)], 침놓다/놓이, 침대(침의 대), 침독(鍼毒), 침뜸요법(療法), 침맞다, 침사(鍼砂), 침술(鍼術), 침의(鍼醫), 침쟁이, 침주다(침놓다), 침질/하다, 침집(鍼醫가 있는 집), 침치(鍼治), 침통(鍼筒), 침파(鍼破); 겁침(怯鍼;침 맞기를 겁냄), 대침(大鍼), 독침(毒鍼), 동침(구리로 만든 굵고 긴 침), 똥침, 뜸침, 문안침(問安鍼)[371], 불침[372], 삼릉침(三稜鍼), 쇠침(소에게 놓는 침), 수지침(手指鍼), 수침(受鍼), 시침(施鍼), 약침(藥鍼), 외침(畏鍼), 은침(銀鍼), 정문일침(頂門一鍼), 죽침(竹鍼), 참대침, 칼침(남의 칼에 찔리거나, 칼로 남을 찌르는 짓), 코침(콧구멍에 심지를 넣어 간질이는 짓), 통침(굵은 침), 파침(破鍼), 피침(披針/鈹鍼;바소), 하침(下鍼;침을 놓음), 화침(火鍼/針) 들.

침(侵) '남의 나라를 불법적으로 쳐들어가다. 조금씩 개개서 빼앗다. 범하다'를 뜻하는 말. ¶침격(侵擊;침범하여 공격함), 침경(侵耕;불법으로 남의 땅을 개간함), 침공(侵攻;남의 나라를 쳐들어감), 침구(侵寇;침노하여 노략질함), 침노하다(侵擄;남의 나라를 불법으로 쳐들어가다), 침략(侵掠;침노하여 약탈함), 침략(侵略)[373], 침벌(侵伐), 침범(侵犯), 침삭(侵削;침노하여 개먹어 들어감), 침손(侵損), 침식(侵蝕)[374], 침요(侵擾;침노하여 소요를 일으킴), 침월(侵越;경계를 넘어 침입함), 침입(侵入), 침점(侵占), 침징(侵徵), 침책(侵責), 침탈(侵奪;침범하여 빼앗음), 침핍(侵逼), 침학(侵虐;침범하여 포학하게 행동함), 침해(侵害)[375]; 귀침(鬼侵), 남침(南侵), 내침(來侵), 물침(勿侵), 북침(北侵), 불가침(不可侵), 불침(不侵), 외침(外侵), 재침(再侵), 적침(敵侵), 피침(被侵), 횡침(橫侵) 들.

침(寢) '잠. 잠을 자다. 침소(寢所)'를 뜻하는 말. ¶침구(寢具), 침낭(寢囊), 침대(寢臺)[376], 침방(寢房), 침상(寢床/牀), 침석(寢席), 침소(寢所), 침수(寢睡), 침식(寢食)[침식불안(不安)], 침식(寢息;떠들썩하던 일이 가라앉아 그침), 침실(寢室), 침요(잠잘 때 까는 요), 침의(寢衣), 침전(寢殿); 곤침(困寢), 기침(起寢), 내침(內寢), 능침(陵寢), 독침(獨寢), 동침(同寢), 모침(貌寢/侵), 반침(半寢), 반침(伴寢), 불침번(不寢番), 시침(侍寢), 안침(安寢), 어침(御寢), 여침(旅寢), 연침(燕寢), 영침(靈寢), 오침(午寢), 온침(穩寢), 정침(正寢), 조침(朝寢), 주침(晝寢), 취침(就寢), 폐침(廢寢) 들.

침(枕) '베개. 괴다. 잠자리(잠자는 자리)'를 뜻하는 말. ¶침골(枕骨), 침두(枕頭), 침목(枕木), 침변(枕邊;베갯머리), 침상(枕上), 침석(枕席), 침완(枕腕); 객침(客枕), 고침(孤枕), 고침(高枕), 교침(膠枕), 구봉침(九鳳枕), 금침(衾枕), 기침(起枕), 도침(陶枕), 목침(木枕), 방침(方枕), 병침(丙枕), 봉침(鳳枕), 빙침(氷枕), 사방침

370) 침전(沈澱): 액체 속에 섞인 작은 고체가 밑바닥에 가라앉음. 또는 그 앙금. 침재(沈滓). ¶침전광물(鑛物), 침전물(物;앙금), 침전암(巖), 침전제(劑), 침전지(池).

371) 문안침(問安鍼): 병든 데를 찔러보는 침이라는 뜻으로, 어떤 일을 시험 삼아 미리 검사하여 봄을 이르는 말.

372) 불침(鍼): ①장난으로 자는 사람의 살에 놓고 불을 붙여 놀라서 깨게 하는, 성냥개비를 태워 만든 숯 따위의 물건. ②불에 달군 쇠꼬챙이. 불침질.

373) 침략(侵略): 정당한 이유 없이 남의 나라를 쳐들어감. ¶침략국(國), 침략군(君), 침략기(期), 침략상(相), 침략성(性), 침략자(者), 침략적(的), 침략정책(政策), 침략주의/자(主義/者); 간접침략(間接), 직접침략(直接).

374) 침식(侵蝕): 야금야금 개먹어 들어감. ¶일제에 침식당한 민족 자본. 침식되다/하다.

375) 침해(侵害): 침범하여 해를 끼침. ¶침해범(犯), 침해하다; 교권침해(敎權), 권리침해(權利), 영토침해(領土), 인권침해(人權), 재산침해(財産), 저작권침해(著作權), 주권침해(主權), 채권침해(債權), 특허침해(特許), 학습권침해(學習權).

376) 침대(寢臺): 침대권(券), 침대차(車); 간이침대(簡易), 돌침대, 등침대(藤), 물침대, 회전침대(回轉), 흙침대.

(四方枕), 수침(水枕), 수침(繡枕), 안침(安枕), 엽침(葉枕;잎이 붙은 곳), 원앙침(鴛鴦枕), 의침(依枕), 자침(瓷枕), 장침(長枕), 죽침(竹枕), 퇴침(退枕), 풍침(風枕), 호침(虎枕) 들.

침(浸) '담그다. 스며들다. 차차. 점점'을 뜻하는 말. ¶침례/교(浸禮/敎), 침수(浸水;물에 젖거나 잠김)[침수지(地), 침수되다; 가옥침수(家屋)], 침습(浸濕), 침식(浸蝕)[377], 침염(浸染), 침윤(浸潤), 침음(浸淫;점점 젖어 들어감. 홍수에 잠겨 황폐해짐. 비가 지루하게 내림), 침제(浸劑), 침종(浸種), 침지(浸/沈漬;물속에 담가 적심), 침출(浸出;담가서 우려냄)[침출되다/하다, 침출액(液)], 침침(浸沈), 침태(浸怠;점점 게을러짐), 침투(浸透)[침투력(力), 침투압(壓), 침투현상(現象); 경제침투(經濟)]; 건침(乾浸), 주침(酒浸), 해침(海浸) 들.

침(砧) '다듬잇돌. 모탕(도끼받침)'을 뜻하는 말. ¶침석(砧石), 침성(砧聲;다듬이질하는 소리), 침저(砧杵); 도침(搗/擣砧) 들.

침(忱) '정성. 참 마음'을 뜻하는 말. ¶미침(微忱;자그마한 정성).

침(駸) '말이 달리는 모양'을 뜻하는 말. ¶침침하다(駸駸;속력이 매우 빠르다).

칩(蟄) '숨다. 겨울잠을 자다'를 뜻하는 말. ¶칩거(蟄居;隱遁), 칩룡(蟄龍)[378], 칩복(蟄伏;자기 처소에 몸을 숨김), 칩수(蟄獸;겨울잠을 자는 동물), 칩장(蟄藏), 칩충(蟄蟲); 경칩(驚蟄), 계칩(啓蟄), 계칩(繫蟄), 굴칩(屈蟄), 울칩(鬱蟄), 죄칩(罪蟄;부모의 상중에 있음), 폐칩(閉蟄;외출하지 않고 집안에만 틀어박혀 있음), 한칩(寒蟄;추위를 타서 집에서만 지냄) 들.

칩(縶) '매다. 고삐. 굴레'를 뜻하는 말. ¶유칩(幽縶;붙잡혀 감옥에 갇힘).

칭(稱) '일컫다. 저울질하다. 칭찬하다'를 뜻하는 말. ¶칭가유무(稱家有無), 칭거(稱擧), 칭격(稱格), 칭경(稱慶), 칭굉(稱觥), 칭굴(稱屈), 칭념(稱念;잘 유념하여 달라고 부탁함), 칭당하다(稱當), 칭대(稱貸), 칭덕(稱德;덕을 칭송하거나 기림), 칭도(稱道), 칭량(稱量;저울로 닮. 사정이나 형편을 헤아림)[칭량병(瓶), 칭량화폐(貨幣)] 칭명(稱名;이름을 속여서 댐), 칭병(稱病;병이 있다고 핑계함), 칭사(稱辭), 칭사(稱謝), 칭상(稱觴), 칭선(稱善;착함을 칭찬함), 칭송(稱頌↔非難), 칭수(稱首;그 동아리 안에서 가장 뛰어난 사람), 칭술(稱述;의견을 진술함. 칭찬하여 말함), 칭신(稱臣), 칭양(稱揚;稱讚), 칭예(稱譽), 칭웅(稱雄), 칭원(稱寃), 칭정(稱情), 칭자장(稱子匠;저울을 만드는 장인), 칭정(稱情), 칭제(稱帝), 칭직(稱職), 칭질(稱疾), 칭찬하다(稱讚;기리다. 추어주다), 칭탁(稱託;핑계를 댐), 칭탄(稱歎), 칭탈(稱頉;무엇 때문이라고 핑계함), 칭하다(일컫다. 부르다), 칭호(稱號;사회적으로 일컫는 이름); 가칭(假稱), 개칭(改稱), 겸칭(謙稱), 경칭(敬稱), 고칭(古稱), 공칭(公稱), 과칭(誇稱), 과칭(過稱), 구칭(口稱), 구칭(舊稱), 권칭(權稱), 근칭(近稱), 단칭(單稱), 대칭(對稱), 멸칭(蔑稱), 명칭(名稱), 모칭(冒稱), 무칭광(無稱光), 물칭(物稱), 미지칭(未知稱), 미칭(美稱), 범칭(泛/汎稱), 변칭(變稱), 별칭(別稱), 병칭(竝稱), 복칭(複稱), 비칭(卑稱), 사칭(詐稱), 상칭(相稱), 성칭(盛稱), 세칭(世稱), 소칭(所稱), 속칭(俗稱), 애칭(愛稱), 약칭(略稱), 언필칭(言必稱;말을 할 때마다 반드시), 오칭(誤稱), 원칭(遠稱), 위칭(僞稱), 이칭(異稱), 인칭(人稱)[삼인칭, 이인칭, 일인칭], 자칭(自稱), 자칭(藉稱), 전칭(全稱), 족칭(族稱), 존칭(尊稱), 중칭(中稱), 지칭(指稱), 차칭(嗟稱), 참칭(僭稱), 천칭(賤稱), 총칭(總稱), 추칭(追稱), 추칭(醜稱), 탄칭(歎稱), 통칭(通稱), 통칭(統稱), 특칭(特稱), 폄칭(貶稱), 평칭(平稱), 포칭(褒稱), 현칭(現稱), 호칭(互稱), 호칭(呼稱), 혼칭(混稱), 희칭(戱稱) 들.

칭(秤) ①'저울'을 뜻하는 말. ¶칭가유무(秤家有無), 칭동(秤動), 칭량(秤/稱量), 칭신판(稱神判), 칭자(秤子), 칭자장(稱子匠), 칭추(秤錘), 칭판(秤板); 경사칭(傾斜秤), 고칭(高秤), 근칭(斤秤), 대칭(大秤), 대칭(臺秤), 부칭(浮秤), 분칭(分秤), 소칭(小秤), 수칭(水秤), 약칭(藥秤), 양칭(兩秤), 은칭(銀秤), 중칭(中秤), 천평칭(天平秤), 천칭(天秤)[미량천칭(微量), 비중천칭(比重)]. ②무게 백 근(60Kg)을 이르는 말.

칭퉁이 큰 벌을 통틀어 이르는 말.

377) 침식(浸蝕): 빗물이나 냇물·바람·빙하 따위가 땅이나 암석 같은 것을 조금씩 개먹어 들어감. ¶침식곡(谷), 침식분지(盆地), 침식산(山), 침식윤회(輪廻), 침식작용(作用), 침식평야(平野); 수류침식(水流), 차별침식(差別), 측방침식(側方), 토양침식(土壤), 파랑침식(波浪), 하방침식(下方).

378) 칩룡(蟄龍): 숨어 있는 용이라는 뜻으로, 숨어 지내는 영웅을 이르는 말.

ㅋ

카 ①맛이나 냄새가 맵거나 독할 때 내는 소리. ¶카 소리를 내면서 독한 술을 마신다. ②곤히 잠잘 때 내는 소리. ¶잠자리에 들자마자 카 소리를 내며 잔다. 〈큰〉커.

카랑 ①목소리가 쇳소리처럼 매우 맑고 높은 모양. ¶카랑카랑 야무진 말소리. ②하늘이 맑고 밝으며 날씨가 찬 모양. ¶카랑카랑 맑은 날씨. 카랑카랑하다.

카레 서양 요리에 쓰이는 향신료. 카레라이스(rice).[←curry].

칵[1] 목구멍에 걸리거나 입 안에 있는 것을 뱉으려고 힘을 주어 내는 소리.=카악/캭. 〈큰〉캑. ¶가래침을 칵 뱉다. 칵칵·캑캑·캭캭거리다/대다.

칵[2] ①함부로 세게 박거나 찌르거나 부딪치는 모양. ¶말뚝을 칵 박다. 칵 찌르다. ②단단히 막히는 모양. ¶숨이 칵 막히다. 〈큰〉컥.

칸 사방을 둘러막은 공간이나 선의 안.≒난(欄). 집의 칸살을 세는 말.[←간(間)]. ¶방 한 칸. 아흔아홉 칸. 칸답, 칸막이/벽(壁), 칸살(간격), 칸수(數), 칸칸이, 칸통(넓이의 단위. 한 칸통은 집 몇 칸쯤 되는 넓이); 단칸[←단간(單間)], 빈칸, 짐칸, 집칸, 화물칸(貨物) 들.

칼[1] 사람이 물건을 베거나 썰고 깎는 연장. 단 한번 휘두르는 동작이나 한번 써는 분량. '칼 모양. 날카로운'을 뜻하는 말. ¶칼을 갈다. 칼로 물 베기. 칼로 연필을 깎다. 목을 한 칼에 베다. 예전에는 고기 한 칼 사서 먹기 어려웠다. 칼가래질[1]/하다, 칼갈이, 칼감[2], 칼국수, 칼귀(칼처럼 굴곡이 없이 삐죽한 귀), 칼금(칼날에 스쳐서 생긴 가는 금), 칼깃(새의 죽지를 이루고 있는 빳빳하고 긴 깃), 칼끝, 칼나물(생선), 칼날(칼의 날. 서슬), 칼눈(칼 손잡이에 만든 장치), 칼능선(稜線;날카로운 산 능선), 칼덤(통나무를 가로 잘라 만든 둥근 칼도마), 칼도마, 칼등, 칼막이끌(날이 창처럼 뾰족한 끌), 칼바람(몹시 호된 바람), 칼바위(뾰족한 큰 바위), 칼발, 칼벼락(날카로운 칼처럼 몹시 호된 벼락), 칼벼랑(깎아지른 듯한 벼랑), 칼부림/하다(칼을 함부로 내젓다), 칼산(山;지옥에 있다고 하는 칼이 삐죽삐죽 솟은 산), 칼살판[3], 칼상어, 칼새, 칼손질/하다, 칼싸움/칼쌈, 칼싹두기(칼로 반죽을 싹둑 잘라 만든 음식), 칼쓰기, 칼자국, 칼자루, 칼자리(칼자국), 칼잠(몸을 옆으로 하여 불편하게 자는 잠), 칼잡이(칼을 잘 쓰는 사람. 백정), 칼장난/하다, 칼장단(칼도마장단), 칼재비[4], 칼전대(纏帶), 칼제비(칼싹두기와 칼국수), 칼질[칼질하다(썰다); 뭇칼질(난도질)], 칼집[1], [2][5], 칼철갑상어(鐵甲), 칼첨자(籤子;칼집에 끼우는 쇠붙이), 칼춤, 칼치, 칼침(鍼;칼에 찔리거나 칼로 남을 찌르는 일), 칼코등이[6], 칼판(板), 칼표(標); 곁칼(늘 몸에 지니고 다니는 칼), 과일칼, 구름칼, 굽이칼(몸체가 구부러진 칼), 그림칼, 기계칼(機械), 꿀칼(꿀을 떠내는 칼), 나무칼, 놋칼, 단칼에/로(單), 담배칼, 대칼[죽도(竹刀)], 도련칼(刀鍊), 도장칼(圖章), 돌칼, 따개칼(마구잡이로 쓰는 칼), 때끼칼(막잡이로 쓰는 주머니칼), 먹칼, 멩두칼[7], 면도칼(面刀), 몽당칼, 물칼[8], 바람칼(새가 하늘을 날 때의 날개), 반달칼(半), 배코칼(상투밑의 머리털을 깎는 칼), 부엌칼, 뼈칼, 뽕칼, 삼칼[마(麻)], 삼칼(蔘), 새김칼[각도(刻刀)], 송곳칼, 쇠자루칼, 쇠칼, 수술칼(手術), 식칼(食;부엌칼), 신칼(神)[신칼돌림, 신칼춤], 실칼[섬도(纖刀)], 쌍날칼(雙), 쌍칼(雙), 유리칼, 작은칼, 장도칼(粧刀), 장칼(掌), 전기칼(電氣), 접칼, 제자루칼[9], 조각칼(彫刻), 주머니칼, 줄칼, 찬칼(饌), 창칼[1](작은 칼), 창칼[2](槍;창과 칼), 채칼, 총칼(銃), 큰칼, 톱칼, 풀칼, 품칼[10], 한칼[11], 해부칼(解剖), 호비칼, 회칼(膾). ☞ 도(刀;한쪽에 날이 있는 칼). 검(劍;양날의 칼. 무기로 씀).

칼[2] 지난날 죄인에게 씌우던 형구(刑具).≒항쇄(項鎖). ¶칼을 쓰다(죄인이 칼의 구멍에 목을 넣다). 칼머리; 도리칼, 착칼(着;죄인의 목에 칼을 씌움)/하다, 행차칼(行次).

칼락 앓는 사람이 힘겹게 내는 기침소리. 〈큰〉컬럭. ¶아이의 칼락 기침소리에 엄마는 한숨을 쉰다. 칼락·컬럭거리다/대다. 칼랑[12].

칼로리(cal) 열량의 단위.

칼칼-하다 ①목이 말라 무엇을 마시고 싶은 생각이 나다. ¶목도 칼칼한데 막걸리 한 잔 하고 가지. ②맵고 자극하는 맛이 있다. 〈큰〉컬컬하다[13].

캉 몸집이 작은 개가 짖는 소리. 〈큰〉컹. ¶발바리가 캉캉 짖다. 컹컹·컹컹거리다/대다, 캥[14].

캐(다) 땅속 따위에 묻힌 물건을 밖으로 들어내다. 모르는 일을 알려고 따지다.≒파다. 파내다. 밝히다. 들추다.↔묻다. 덮다. ¶석탄을/ 금을 캐다. 뒤를 캐다. 원인을 캐다. 캐기, 캐내다[15], 캐먹다, 캐보다, 캐쓰다(캐어내어 쓰다), 캐어묻다/캐묻다(어떤 일을 밝히려고 자꾸 다짐하여 묻다. 자세히 파고들어 묻다).

1) 칼가래질: 가래를 모로 세워 흙을 깎는 일.
2) 칼감[-깜]: 성질이 썩 표독한 사람. 칼로 만든 재료.
3) 칼살판: 남사당놀이에서, 손에 칼을 들고 껑충껑충 뛰다가 몸을 틀어 공중돌기를 한 뒤에 바로 서는 땅재주 동작.
4) 칼재비: 태껸에서, 엄지와 검지를 벌려 상대의 목을 쳐 내는 손 기술.
5) 칼집[-찝][1]: 칼의 몸을 꽂아 넣어 두는 물건. 칼집[2]: 요리를 만들 재료에 칼로 에어서 낸 진집. ¶생선에 칼집을 내다.
6) 칼코등이: 칼자루의 슴베 박은 쪽의 목에 감은 쇠테.
7) 멩두칼: 무당이 굿할 때 가지고 춤을 추며 잡귀를 쫓는다고 환자를 가볍게 치는 칼.
8) 물칼: 1만 기압 정도의 높은 압력을 가한 물을 지름 0.1-0.01mm의 노즐을 통해 분사하여 강철·유리 따위를 자르는 데 쓰는 절단기.
9) 제자루칼: 자루를 따로 박지 않고 제물에 자루가 되게 만들어진 칼.
10) 품칼: 모시풀의 껍질을 벗기는 데 쓰는 칼.
11) 한칼: ①한 번 휘둘러서 베는 칼질. ¶한칼에 모두 쓰러지다. ②한 번에 베어낸 고깃덩이.
12) 칼랑: 심한 병으로 가슴 속에서 깊게 울려 나오는 작은 기침 소리. ¶칼랑 울려나오는 기침소리가 애처롭다. 〈큰〉컬렁.
13) 컬컬하다: ①'칼칼하다'의 큰말. ②목소리가 걸걸하다.
14) 캥: ①강아지 따위가 놀라거나 아파서 애달프게 짖는 소리. ②여우가 사납게 우는 소리.≒캉.
15) 캐내다: ①파서 꺼내다. ¶감자를 캐내다. ②알고자 하는 일을 따져 속 내용을 알아내다. ¶비밀을 캐어내다.

캐드득 참다못하여 입속에서 좀 새되게 새어나오는 웃음소리. 또는 그런 모양. 〈큰〉키드득. 〈준〉캐득. ¶명희는 손으로 입을 가리고 캐드득 웃었다. 캐드득거리다/대다, 캐들거리다/대다, 캐들캐들하다.

캐럿(ct) 보석 무게의 단위로 0.2g.

캥 여우가 우는 소리. ¶캥캥거리다/대다. 걍[16].

걍걍-하다 얼굴이 몹시 여위어 파리하다. ¶갈수록 몸이 불덩어리가 되고 얼굴은 사뭇 걍걍해졌다.

커녕 어떤 사실을 부정하는 것은 물론 그보다 덜하거나 못한 것까지 부정함. 사람이나 물건을 상대적으로 '그것은 고사하고 그만 못한 것도 될 수 없다[말할 것도 없거니와]'는 뜻을 나타내는 보조사.[〈ㅋ니와]. §'ㄴ/는/은-커녕'은 힘줌말. ¶밥커녕 죽도 못 먹는다. 장관커녕 국장도 못할 사람. 만나도 악수는커녕 눈인사도 없다. 비가 오기는커녕 구름 한 점 없네. 차는커녕 자전거도 없다. 돈은커녕 버스표도 없어요. (은/는)커니와[17].

켕기(다) ①팽팽하게 되다. 맞당기어 팽팽하게 하다. ¶배가 켕기도록 웃다. 줄을 팽팽하게 켕기다. ②속으로 은근히 거리끼거나 탈이 날까 보아 마음이 불안하다. ¶뒤가 켕기다. 거짓말을 한 것이 마음에 켕기다. ③마주 버티다.

켜 ①포개어진 물건의 낱낱의 층. 층을 세는 말.≒층(層). ¶시루떡의 켜를 두껍게 안치다. 창고에는 옷감들이 여러 겨로 쌓여 있다. 켜떡(켜를 지어 만든 떡), 켜바르다(두껍게 바르다. 켜로 바르다), 켯속[18], 켜켜로, 켜켜이, 케케묵다(오래되어서 낡다. 생각이나 습관이 낡다); 겉켜[표층(表層)], 광켜(鑛), 구름겉(구름나무의 껍질), 껍질켜, 끈끈켜[점질층(粘質層)], 나사켜(螺絲), 덩케[19], 땅켜[지층(地層)], 떨켜[20], 보굿켜[21], 부름켜[형성층(形成層)], 빗살켜[22], 세포켜(細胞), 속켜, 웃켜, 콩켜팥켜/콩케팥케. ②노름하는 횟수를 세는 말. ¶화투 한 켜. 내기 바둑 두어 켜를 두고 나니까 머리가 아프다.

켜(다)¹ ①불을 붙이어 밝게 하다. 성냥 따위로 마찰시켜 불을 일으키다.≒당기다. 불붙이다.↔끄다. ¶등잔불을 켜다. 성냥을 켜다. 촛불을 켜다(당기다). 켜지다. ②전기 스위치를 틀어 기계가 움직이다 하다.≒틀다.↔끄다. ¶전등을 켜다. 라디오를 켜다.

켜(다)² ①톱으로 썰어서 쪼개다.≒자르다. ¶톱으로 나무를 켜다. 켠나무, 켤톱(≒세로톱. 내릴톱.↔동가리톱); 갈켜다[23], 골켜다[24], 돌켜기(돌을 판으로 켜는 일), 들이켜다¹(톱 따위로 들입다 켜다). ②줄을 활 따위로 문질러 소리를 내다.≒연주하다(演奏). 타다⁷. 뜯다. ¶바이올린을 켜다. ③덩어리진 물건에서 가는 물건을 뽑다. ¶목화에서 실을 켜다. 누에고치를 켜다. 엿을 켜다(엿을 다루어서 흰 가락을 뽑다). 켜내다(고치에서 실을 뽑아내다); 실켜다.

켜(다)³ 물이나 술 따위를 단숨에 들이마시다. ¶짜게 먹어서 물을 많이 켜다. 켜이다/키다; 들이켜다²(물 따위를 마구 마시다), 물켜다, 헛물켜다.

켜(다)⁴ 기지개와 함께 쓰여, 팔다리나 네 다리를 쭉 뻗으며 몸을 쭉 펴다.≒기지개하다. ¶기지개를 켜다.

켜(다)⁵ 논밭의 골이 지게 하다. ¶농부가 가래로 밭골을 켜다.

켜(다)⁶ ①동물의 수컷이 암컷을 부르는 소리를 내다. ②동물을 부르려고 사람이 동물 소리를 내다. ¶꿩 사냥을 할 때는 으레 우레(불어서 소리를 내는 물건)를 켠다.

켠 쪽[방향]. 편(便). ¶켠을 가르다. 켠끼리 모인다. 길켠(길의 한 켠), 맞은켠(마주 바라보이는 쪽), 바른켠, 아래켠, 오른켠, 외켠[외족(外族)], 왼켠, 친켠[친족(親族)], 한켠 들.

켤레 ①신, 양말, 버선, 방망이 따위의 짝이 되는 두 개를 한 벌로 세는 단위.≒족(足). ¶구두 한 켤레. ②두 개의 점·선·수가 서로 특수한 관계를 가지고 있어, 서로 바꾸어 놓아도 그 관계에 변화가 없을 경우에 그 둘의 관계. ¶켤레각(角), 켤레근(根), 켤레면(面), 켤레복소수(複素數), 켤레삼각형(三角形), 켤레선(線), 켤레쌍곡선(雙曲線), 켤레운동(運動)[25], 켤렛점(點), 켤레지름, 켤레초점(焦點)/켤렛점(點), 켤레축(軸), 켤레호(弧).

코¹ 얼굴의 중앙에 볼록이 불거져 있으며, 냄새를 맡거나 숨 쉬는 기능을 하는 감각 기관. ¶코를 풀다. 내 코가 석 자다. 코각시(콧구멍에 생기는 부스럼), 코감기(感氣), 코걸이, 코골다, 코골이, 콧구멍/홈, 콧구멍만하다(구멍이나 공간이 매우 좁다), 콧기름, 콧길(코에서 목구멍까지의 길), 콧김, 코끝, 코끼리, 코나팔(코고는 소리), 콧날, 코납작이, 콧노래, 코다리(밧줄 끝에 만든 고리), 코달이(구둑구둑하게 말린 명태), 코담배, 콧대[26], 코대답(對答; 탐탁하지 않게 여기어 건성으로 콧소리로 하는 대답), 코드레[27], 콧등(코의 등성이), 코딱지, 코떼다[28], 코뚜레, 코마개, 콧마루, 코맹맹이(코가 막혀 소리를 제대로 내지 못하는 사람), 코머거리(코가 막히는 증세가 있는 사람), 콧머리(코의 주변), 코멘소리,

16) 걍: 여우가 요물스럽게 우는 소리. ¶걍걍거리다/대다.

17) 커니와: ①'커녕'보다 좀 예스러운 말. ¶우승은커니와 예선에 들지도 못했다. ②'하거니와'가 줄어든 말. 조건을 나타내는 어미 뒤에 쓰여 '모르거니와'라는 뜻을 나타냄. ¶항복을 하면 커니와, 그렇지 않으면 용서하지 않겠다.

18) 켯속: 일이 되어 가는 속사정. 일의 갈피. ¶어찌 된 켯속인지 통 알 수가 없다.

19) 덩케: 걸쭉한 액체 따위가 덩어리로 엉겨 흐르거나 나오는 모양.[←덩(어리)+켜].

20) 떨켜: 낙엽 질 무렵 잎자루와 가지가 붙은 곳에 생기는 특수한 세포층. 이층(離層).

21) 보굿켜: 나무의 겉껍질 안쪽의 껍질.

22) 빗살켜: 빗살무늬를 이른 낱낱의 층.

23) 갈켜다: 건축에서, 사개나 가름장의 갈(갈래)을 만들기 위하여 톱으로 켜다.

24) 골켜다: 나무를 통째 세로로 켜서 골을 만들다.

25) 켤레운동(運動): 한쪽 눈을 움직이려 하면 다른 눈도 따라서 움직이는 운동.

26) 콧대: ①콧등의 우뚝한 줄기. ¶콧대가 오똑하다. ②우쭐하고 거만한 태도. 콧대가 높다. ¶콧대가 높다/ 세다. 콧대를 꺾다. 콧대를 낮추다/ 세우다.

27) 코드레: 연못이나 어항에서 물속의 산소가 모자랄 때에 물고기가 수면에 입을 내놓고 공기 중의 산소를 호흡하는 일.

28) 코떼다: 무안하리만큼 핀잔을 맞다. ¶코떼어 주머니에 넣다(일을 저질러 크게 무안당하다).

콧물[콧물감기(感氣)], 코밀이/하다, 코밑[29], 코밑수염/콧수염(鬚髥), 콧바람, 콧방(放;상대편의 코끝을 손가락으로 튕기는 짓), 콧방귀, 코방아/찧다, 콧방울[30], 코배기(코가 큰 사람), 코버릇, 콧벽/쟁이(壁;숨을 제대로 못 쉬는 사람), 콧병(病), 코보개[비경(鼻鏡)], 콧부리, 코빼기('코'의 낮춤말), 코뼈, 고뿔(감기)[돌림고뿔], 코뿔새, 코뿔소, 코뿔홍어, 콧사등이(콧등), 콧살(코를 징그려 생긴 주름), 코세다(고집이 세다), 콧소리/되기, 콧속(코안. 鼻腔), 콧수염(鬚髥), 콧숨, 코싸등이(콧등), 코안경(眼鏡), 코앞(아주 가까운 곳. 지척), 코약(藥), 코언저리, 코웃음, 콧잔등이/콧잔등, 콧장단(콧소리로 맞추는 장단), 코쟁이, 콧좆[비치(鼻痔)], 코주름, 코주부(코가 큰 사람), 코지(紙;코종이), 코집(코를 이룬 살덩이), 코찡찡이(코가 막히어 버릇처럼 '찡찡'대는 사람), 코청(콧구멍 사이의 얇은 막), 코춤, 코침[31], 코카타르(catarrh)[비염(鼻炎)], 코큰소리(잘난 체하는 소리), 코타령, 코털, 코투레[32]/하다, 코푸렁이[33], 코피[쌍코피(雙)], 코허리(콧등의 잘록한 부분), 코홀소리(비모음), 코훌쩍이(코를 자꾸 훌쩍거리는 사람), 코흘리개(늘 콧물을 흘리는 아이. 철없는 어린 아이); 개코, 개발코(너부죽하고 뭉툭하게 생긴 코), 납작 · 넓적코, 들창코(窓), 딸기코, 말코[1], 매부리코, 뭉툭코(끝이 아주 짧고 무딘 모양의 코), 민코(아주 밋밋하게 생긴 코), 발딱코, 방석코(方席), 벌렁코, 벽장코(콧등이 넓적하고 우묵한 코), 빈대코(빈대같이 납작한 코), 뺑코, 뾰족코, 사지코(←獅子;들창코), 삭은코(골병이 들어 코피가 자주 나는 코), 생코(生;자는 척하며 고는 코), 쇠코, 안장코(鞍裝), 야코[34], 양코(洋), 유자코(柚子), 전병코(煎餠;넓적하게 생긴 코), 주독코(酒毒), 주먹코, 주부코[35], 질병코(瓶)[36], 큰코다치다[37], 함실코[38], 헛코[39], 활등코(활등처럼 휘우듬하게 생긴 코). ☞ 코(鼻).

코[2] ①버선 · 신 · 산기슭 따위의 앞 끝이 오뚝하게 내민 부분. ¶코고무신/코신, 코쇠[40], 코숭이[41]; 갈퀴코, 버선코, 섶코, 신코, 쌍코(雙;솔기를 두 줄로 댄 가죽신의 코), 외코. ②그물이나 뜨개질한 물건에서 지어진 매듭. 또는 그것을 세는 말. ¶그물이 삼천 코라도 벼리가 으뜸. 코를 놓다(새를 잡는 올가미를 놓다). 코다리(밧줄 끝에 만든 고리), 콧등노리/코노리(갈퀴의 가운데치마를 맨 자리), 코마무리/하다, 코바늘[42]/뜨기, 콧수(數;실을 바늘에 감아 만드는 코의 숫자), 코잇기, 코잡기, 코줍기(코를 바늘로 걸어내는 일), 코코[43]; 그물코, 뜨개코, 말코[2], 살코[44], 지게코[45], 찰코[46], 첫코, 하늘코[47], 함정코(陷穽)[48] 들.

-코 일부 한자어 어근이나 명사 뒤에 붙어 부사를 만들거나 앞말을 강조하는 말. '-코'는 '-하고'의 축약형. ¶결단코(決斷), 결사코(決死), 결코(決), 기어코(期於), 기필코(期必), 단연코(斷然), 단정코(斷定), 대정코(大定;단연코 꼭), 맹세코(盟誓), 무심코(無心), 분명코(分明), 불원코(不遠), 생심코(生心), 잠자코, 정녕코(丁寧), 진정코(眞正), 필연코(必然), 한사코(限死).

코랑 곤하게 깊이 잠이 들어 조금 요란스럽게 코를 고는 소리. 또는 그 모양. 〈큰〉쿠렁. ¶그는 잠자리에 든 지 얼마 안 되어 코랑코랑 요란스레 코를 곤다. 코랑거리다/대다, 코랑코랑/하다[1].

코랑코랑 자루나 봉지 따위가 물건으로 가득 차지 않고 조금 곯아 있는 모양. 〈큰〉쿠렁쿠렁. ¶그는 작은 배낭에도 차지 못하게 코랑코랑 넣어가지고 여행을 떠난다. 코랑코랑/하다[2].

코새 배에서, 닻가지 끝이 서로 만나는 데가 벌어지지 않도록 파서 두 끝을 넣은 부분.

코펠 등산용 취사도구.[←Kocher〈독〉]. ¶코펠에 국을 끓이다.

콕 ①뾰족한 작은 물건으로 한 번 세게 찌르거나 찍는 소리. 또는 그 모양. ¶바늘로 콕 찌르다. 옆구리를 콕 찌르다. 팔이 콕콕 쑤신다. 콕콕 · 쿡쿡거리다/대다. ②부리나 연장으로 단단한 물건을 쪼는 모양. ¶부리로 먹이를 콕 쪼아대다. 콕콕거리다/대다. ③깊숙이 들어가 박혀 있는 모양. ¶손가락에 가시가 콕 박히다. 〈큰〉쿡.

콜록 입을 오므리고 가슴이 울리게 내는 기침 소리.=콜락. 〈큰〉쿨룩.=쿨럭. ¶콜록 · 쿨룩거리다/대다, 콜록쟁이, 콜록콜록/하다.

콜콜[1] 곤하게 깊이 잠들었을 때 크게 숨 쉬는 소리. 〈큰〉쿨쿨[1]. ¶아무것도 모르고 콜콜 깊이 잠든 아기. 쿨쿨 코를 골며 자다. 콜콜거리다/대다/하다.

콜콜[2] 고리타분하거나 시금털털한 냄새가 나는 모양. 〈큰〉쿨쿨[2]. ¶역한 냄새가 콜콜 새어나와 머리가 다 아프다. 콜콜 · 쿨쿨하다, 쿰쿰하다[49].

콜롱 병으로 가슴 속 깊은 곳에서 작게 울려 나오는 기침 소리. 또는 그 모양. 〈큰〉쿨룽. ¶병석에 누워 있던 아저씨가 콜롱 울려나는 기침소리를 한다.

콩[1] 콩과의 한해살이 재배 식물. ¶콩 심은 데 콩 나고 팥 심은 데

29) 코밑: ①코의 아래. 인중의 윗부분. ②아주 가까운 곳이나 닥칠 앞날.
30) 콧방울: 코끝의 좌우 양쪽에 불쑥이 내민 부분. ¶콧방울이 크다.
31) 코침: 콧구멍에 심지를 넣어 간지럽게 하는 짓.
32) 코투레: 마소가 코를 떨며 자꾸 투투 하는 소리를 내는 짓.
33) 코푸렁이: ①묽은 풀이나 코를 풀어 놓은 것처럼 흐물흐물한 것. ②줏대없이 흐리멍덩하고 어리석은 사람.
34) 야코: '콧대'를 속되게 이르는 말. ¶야코죽다/죽이다(힘에 눌려 기를 못 펴다. 위압하다).
35) 주부코: 비사증(鼻皶症)으로 말미암아 부어오르고 붉은 점이 생기는 코.
36) 질병코(瓶): 질흙으로 만든 병처럼 거칠고 투박하게 생긴 코.
37) 큰코다치다: 크게 망신스러운 일을 당하다.≒봉변(逢變). 망신(亡身). ¶조심하지 않으면 큰코다친다.
38) 함실코: 푹 빠져서 입천장과 맞뚫린 코.
39) 헛코: 자는 체하느라고 일부러 고는 코. ¶헛코를 골다.
40) 코쇠: 산기슭의 끝에 있는 사금층(砂金層).
41) 코숭이: ①산줄기의 끝. 산코숭이(山). ¶일출을 보려고 새벽에 일어나 산코숭이에 올랐다. ②물체의 뾰족하게 내민 앞의 끝 부분. ¶버선/ 신발 코숭이.
42) 코바늘: 한쪽 또는 양쪽 끝이 갈고리처럼 되어 있어 실을 걸 수 있도록 만든 뜨개바늘.=귀바늘. 코바늘로 털옷을 뜨다. 코바늘뜨기/하다.
43) 코코: '코코에/마다'의 꼴로 쓰여, 어떤 일이 되어가는 과정에서 부딪치는 일 하나하나를 이르는 말. ¶코코에 말썽이다. 코코에 걸리다. 코코마다 막히다.
44) 살코: 쇠코뚜레와 함께 꿰는 노끈. 사나운 소를 다룰 때 씀.
45) 지게코: 잘 휘는 나뭇가지 끝에 올가미를 달아서 지게의 세장처럼 두 나무 사이에 끼워 놓은 덫.
46) 찰코: 짐승이 밟으면 출렁쇠가 발목을 채우게 되는 덫.=집게덫.
47) 하늘코: 올가미를 말뚝에 매어 놓은 덫.=챌목매.
48) 함정코(陷穽): 함정에 빠지면 발이 걸리게 만든 올가미.
49) 쿰쿰하다: 곰팡이나 먼지 냄새와 같이 구리고 텁텁하여 산뜻하지 않다.

팥 난다. 콩가루, 콩강정, 콩거름, 콩고물, 콩과(科), 콩국, 콩국수, 콩기[50], 콩기름/불, 콩깍지(콩을 털어낸 껍질), 콩깻묵, 콩껍질, 콩꼬투리, 콩나물[51], 콩노굿[52], 콩다식(茶食), 콩대, 콩대우(콩을 심은 대우), 콩댐[53], 콩동(콩을 꺾어 수수깡으로 싸서 묶은 덩이), 콩된장(醬), 콩떡, 콩마당/질/하다, 콩머리비녀(콩 모양으로 생긴 비녀), 콩멍석, 콩몽둥이(둥글게 비비어서 길쭉하게 자른 콩엿), 콩무거리(콩을 굵게 달아 놓은 덩어리), 콩무리, 콩물, 콩바구미, 콩바심/하다, 콩바심질/하다, 콩밥/먹다, 콩밭, 콩버무리(콩무리), 콩버섯, 콩보숭이, 콩볶기, 콩볶듯/하다, 콩볶은이(불에 볶은 콩), 콩부대기[54], 콩북데기, 콩비린내, 콩비지(되비지), 콩서리, 콩설기, 콩소(떡에 넣는 콩이나 콩가루로 만든 소), 콩심기[55], 콩알, 콩엿, 콩우유(牛乳), 콩윷(콩짜개로 만든 윷), 콩잎/장(醬), 콩자반, 콩장(醬), 콩젖(콩을 불려 갈아서 젖처럼 만든 것. 콩우유. 두유), 콩죽(粥), 콩줄기, 콩지짐[56], 콩짚(콩알을 털어내고 남은 줄기), 콩짜개(두 쪽으로 갈라진 콩의 한쪽), 콩찰떡, 콩청대(靑), 콩케팥케[57], 콩탕(湯), 콩튀기, 콩팥¹(콩과 팥), 콩팥²/겉콩팥[부신(副腎)], 콩포기, 콩풀¹(콩알처럼 겉으로 들뜬 도배한 자리.=거푸집②), 콩풀²(콩을 갈아서 쑨 풀); 강낭콩, 검은/검정콩, 굼벵이콩[58], 그루콩, 기름콩(콩나물을 기르는 자디잔 흰 콩), 까치콩[작두(鵲豆)], 날콩, 논두렁콩(논두렁에 심은 콩), 늦콩, 두렁콩(논이나 밭두렁에 심은 콩), 두부콩(豆腐), 두불콩[59], 땅콩[땅콩강정, 땅콩기름, 땅콩엿, 땅콩죽(粥)], 마마콩(소금을 뿌려 튀긴 콩), 마태콩(낟알이 매우 굵은 콩), 머드레콩[60], 메주콩, 밤콩, 밥밑콩[61], 불콩, 새알콩, 생콩(生;날콩), 선비잡이콩(약간 푸르고 눈 양편에 검고 둥근 점이 있는 콩), 여우콩, 온디콩(깍지는 회색이며 알은 잘고 누른 콩), 올콩, 완두콩(豌豆), 왕콩(王), 작두콩, 종콩(알이 잔 콩), 쥐눈이콩, 청대콩(靑;덜 익어 아직 물기가 있는 콩), 파랑콩, 푸르대콩[청태(靑太)], 풋콩, 해콩, 호콩(胡), 흰콩(누런 콩). ☞ 두(豆). 태(太)③.

콩² 바닥이나 벽에 단단하고 작은 물건이 가볍게 떨어지거나 부딪칠 때 울려 나는 소리. '꽁[62]'보다 거센말. 〈큰〉쿵[63]. ¶마룻바닥에 쇳덩이가 콩 소리를 내며 떨어진다. 알밤을 한 대 콩 쥐어박다. 콩다콩·쿵더쿵·콩닥콩·쿵덕쿵, 콩닥[64]·쿵덕, 콩닥닥·쿵덕덕, 콩당·쿵덩/거리다/대다/하다, 콩작·쿵작[65]·쿵적, 콩작작·쿵적적. 콩작콩·쿵적쿵, 쿵창[66], 쿵쾅[67], 코당코당[68] 들.

콩팔-칠팔 두서없이 마구 지껄이는 모양. 하찮은 일을 가지고 시비조로 캐어 따지는 모양. ¶콩팔칠팔 늘어놓기만 한다. 콩팔칠팔하다.

콱 ①힘껏 박거나 찌르거나 부딪치는 모양. ¶기둥에 이마를 콱 부딪치다. 콱 떼밀다. ②매우 심하게 막히는 모양. ¶말문이 콱 막히다. 숨이 콱 막히다. ③마구 쏟거나 엎지르는 모양. ¶눈물이 콱 쏟아지다.

쾌 북어 20마리나 엽전 10꾸러미를 한 단위로 세는 말. ¶북어쾌(北魚), 작쾌(作;북어를 스무 마리씩 꿰어서 한 쾌로 만듦).

쾌(快) 감정의 근본 방향을 지속하여 나아가려는 상태. '시원하다. 즐겁다. 빠르다. 잘 들다. 병이 낫다'를 뜻하는 말. ¶쾌감(快感)[쾌감원칙(原則); 미적쾌감(美的)], 쾌거(快擧;가슴이 후련할 만큼 장한 일), 쾌과(快果;시원한 과일이란 뜻으로 배), 쾌기(快氣), 쾌남아(快男兒), 쾌남자(快男子), 쾌담(快談;快論), 쾌도(잘 드는 칼)/난마(快刀/亂麻), 쾌둔(快鈍), 쾌락(快樂;기쁨. 즐거움)[쾌락설(說), 쾌락주의(主義), 쾌락하다], 쾌락/하다(快諾;남의 부탁이나 요청을 기꺼이 들어주다), 쾌로(快路), 쾌론(快論), 쾌마(快馬), 쾌면(快眠), 쾌몽(快夢), 쾌문(快聞), 쾌미(快味), 쾌미(快美), 쾌변(快辯;거침없이 시원스럽게 하는 말), 쾌보(快報), 쾌복(快復), 쾌분(快奔), 쾌사(快事), 쾌삭강(快削鋼), 쾌설(快雪;욕되고 부끄러운 일을 시원스럽게 다 씻어 버림), 쾌소(快笑), 쾌속(快速)[쾌속선(船), 쾌속정(艇)], 쾌속도(快速度), 쾌승(快勝↔慘敗), 쾌식(快食), 쾌심(快心;만족스럽게 여기는 마음)[쾌심사(事), 쾌심작(作)], 쾌연하다(快然), 쾌우(快雨), 쾌유(快遊;유쾌하게 노닒), 쾌유(快癒;병이 개운하게 다 나음. 快差), 쾌음(快飮), 쾌의(快意), 쾌인(快人), 쾌자(快子), 쾌작(快作), 쾌재/로다(快哉;통쾌하도다), 쾌저(快著;快作), 쾌적하다(快適;몸과 마음이 알맞아 기분이 썩 좋음), 쾌전(快戰;통쾌한 싸움), 쾌정(快艇), 쾌조(快調;好調), 쾌주(快走;시원스럽게 빨리 달림), 쾌차(快差;快癒)[69], 쾌척(快擲)[70],

50) 콩기[-끼]: ①말이 콩을 많이 먹어서 세차고 사납게 된 기운. ¶콩기가 나다. ②사람이 반지빠르고 세참의 비유.
51) 콩나물: 콩나물국, 콩나물교실(敎室), 콩나물김치, 콩나물대가리, 콩나물밥, 콩나물볶음, 콩나물순(筍), 콩나물시루, 콩나물죽(粥), 콩나물콩, 콩나물탕(湯;콩나물국의 궁중말).
52) 콩노굿: 콩의 꽃. ¶콩노굿 일다(콩의 꽃이 피다).
53) 콩댐: 불린 콩을 갈아서 들기름 따위에 섞어 장판에 바르는 일. ¶도배한 방에서 콩댐 냄새가 난다. 장판에 콩댐하다.
54) 콩부대기: 완전히 여물지 아니한 콩을 콩깍지째 불에 굽거나 찐 것. 또는 그렇게 하여 먹는 일.
55) 콩심기: 남사당놀음에서, 두 발을 폈다 오므렸다 하면서 앞으로 나가는 줄타기 재주.
56) 콩지짐: 쌀가루와 찹쌀가루를 섞어서 콩물에 반죽하고 양념하여 지진 음식.
57) 콩케팥케: 사물이 뒤섞여서 뒤죽박죽이 된 것을 가리키는 말.≒엉망. 뒤범벅.
58) 굼벵이콩: 음력 정월 열엿샛날 귀신단오에, 굼벵이나 좀벌레가 없어진다 하여 볶는 콩.
59) 두불콩: 한 해에 두 번 심어 거두는 콩.
60) 머드레콩: 밭가로 둘러 심은 콩.
61) 밥밑콩: 밥에 두어 먹을 만한 좋은 콩.
62) 꽁: 작고 가벼운 물건이 바닥이나 물체 위에 떨어지거나 부딪쳐 나는 소리. 〈큰〉꿍. 〈센〉콩. ¶꽁꽁·꿍꿍·콩콩·쿵쿵거리다/대다/하다, 꿍꽝, 쿵쾅.
63) 쿵: ①크고 무거운 물건이 바닥이나 물체 위에 떨어지거나 부딪쳐 나는 소리. ¶바닥에 쿵 넘어졌다. ②멀리서 포탄 따위가 터져 나는 소리. ③큰 북이나 장구 따위가 울리는 매우 깊은 소리.¶북을 치자 쿵 소리가 났다. ④심리적으로 충격을 받아서 갑자기 가슴이 세게 뛰는 모양. ¶박 씨는 가슴이 쿵 내려앉아 떨리는 손으로 딸의 이마를 짚어 보았다.
64) 콩닥: 방아확에 공이를 한 번 내리칠 때 나는 소리. 〈여〉공닥. 〈큰〉쿵덕. ¶공닥공닥 방아질을 하다. 콩다콩콩다콩/하다, 콩닥·쿵덕거리다/대다, 콩닥닥·쿵덕덕/거리다/대다.
65) 쿵작: 흥겨운 곡을 합주하는 소리. 또는 그 모양. ¶쿵작거리다/대다/하다.
66) 쿵창: 북을 치고 징이나 꽹과리를 울리는 것과 같은 소리. 또는 그 모양. ¶잔칫집에서 북과 징소리가 쿵창 울려 나온다.
67) 쿵쾅: ①북소리나 폭발물 따위가 크고 작게 요란히 울리는 소리. ②마룻바닥 따위를 여럿이 구를 때 매우 요란하게 나는 소리. ¶쿵쾅거리다/대다.
68) 코당코당: 가볍게 발을 구르거나 뛰는 소리. 또는 그 모양. ¶염소가 코당코당 발을 구르다.
69) 쾌차(快差): 병이 깨끗이 나음. 쾌차를 기원하다. ¶쾌차되다/하다.

ㅋ

쾌첩하다(快捷), 쾌청하다(快晴;맑다), 쾌쾌하다(快快)[71], 쾌투(快投), 쾌하다(시원스럽다. 빠르다), 쾌한(快漢;시원스럽고 쾌활한 사나이), 쾌허(快許;快諾), 쾌활하다(快活;명랑하고 활발하다), 쾌활하다(快闊;성격이 시원스럽고 마음이 넓다); 경쾌하다(輕快), 명쾌하다(明快), 미쾌(未快), 불쾌하다(不快), 상쾌하다(爽快), 안명수쾌(眼明手快;눈썰미가 있고 일을 날쌔게 함), 완쾌(完快), 유쾌하다(遊快), 유쾌하다(愉快), 작쾌(作快), 장쾌하다(壯快), 전쾌(全快), 창쾌하다(暢快), 통쾌하다(痛快), 호쾌(豪快), 흔쾌하다(欣快) 들.

쾌(儈) '거간(사이에 들어 흥정을 붙임). 중개인. 장사꾼'을 뜻하는 말.=주릅. ¶가쾌(家儈), 서쾌(書儈), 시쾌(市儈), 아쾌(牙儈), 여쾌(女儈) 들.

쾨쾨-하다 냄새가 비위에 거슬릴 정도로 고리다. 하는 짓이 보기에 다라운 데가 있다.≒고리타분하다. 〈큰〉퀴퀴하다. ¶쾨쾨[72], 쿰쿰하다[73], 퀴지근하다(냄새가 좀 퀴퀴하다). ☞ 곯다.

쿠데타 무력과 같은 비합법적인 수단으로 정권을 빼앗으려 하는 기습적인 정치 행동.[←coup d'Etat〈프〉]. ¶5·16군사 쿠데타.

쿠룽 장구의 북채를 칠 때의 입소리.

쿠르릉 몹시 무겁고 굵게 여운을 남기면서 울리는 소리. 〈준〉쿠릉. ¶멀리서 하늘을 쿠르릉 울리며 번져오는 천둥소리가 들렸다. 쿠르릉거리다/대다, 쿠르릉쿠르릉/하다.

쿡 갑자기 짧게 터져 나오는 웃음소리.

쿵그렁 쇠붙이 따위가 부딪치면서 굵고 길게 나는 소리. ¶멀리서 쇠붙이 두들기는 소리가 쿵그렁 울려 퍼지다. 쿵그렁거리다/대다/하다, 쿵그렁쿵그렁/하다.

퀘틀레-하다 ①옷차림이나 몸가짐이 단정하지 못하다. ¶퀘틀레한 옷차림. ②똑똑하지 못하고 어리벙벙하다. ¶똑똑히 정신 차려야지 퀘틀레하고 있다간 일을 망치네.

퀭-하다 눈이 쑥 들어가 크고 기운 없어 보이다. ¶몹시 앓고 난 뒤라 눈이 퀭하다. 그는 고생이 심했는지 눈이 퀭하니 들어갔다.

퀴(다) 음식을 몹시 탐하다.

크(다) ①사람이나 사물의 외형적 길이, 넓이, 높이, 부피 따위가 보통 정도를 넘다.≒대단하다(大端). 중대하다(重大).↔작다. ¶운동장이 엄청나게 크다. 경제 가치가 크다. 책임이 크다. 몸집이 커졌다. ②동식물의 몸의 길이가 자라다.≒성장하다(成長). ¶키가 크다. 네가 크면 말해 주겠다. 크기(큰 정도), 크나크다, 크낙하다(더없이 크고 넓다), 크넓다(크고 넓다), 크디크다, 커다랗다[74]/커닿다, 커다래지다, 커맞다(좀 큰 듯하나 어지간히 맞다), 크막하다(어지간히 큼직하다), 커지다(≒자라다. 크게 되다. 번지다. 부풀다. 붇다), 큰-[75], 큼직하다, 큼직큼직, 키³[76], 키우다[77], 키워내다. ☞ 대(大).

클락 크낙새가 우는 소리. ¶클락거리다/대다, 클락클락/하다.

클클-하다 ①뱃속이 좀 빈 듯하고 목이 텁텁하여 무엇을 시원하게 마시거나 먹고 싶은 생각이 있다.=칼칼하다①. ②마음이 시원스럽게 트이지 못하고 좀 답답하거나 궁금한 생각이 있다. 마음이 서글프다. ¶가슴이 클클한데 소설책이나 좀 읽어 주렴. 클클증(症;클클한 느낌이나 생각).

큼큼 ①목소리를 고르게 가다듬으려고 기침하듯이 자꾸 내는 소리. ②냄새를 맡으려고 코로 숨을 들이쉬는 소리. 또는 그 모양.

킁킁 병이나 버릇으로 숨을 콧구멍으로 내쉬는 소리. 코로 냄새를 맡는 소리나 모양. ¶킁킁거리다/대다/하다, 킁킁이.

키¹ 곡식 따위를 까불러, 쭉정이·티끌을 골라내는 그릇. '키 모양'을 뜻하는 말. ¶키를 쓰다. 키까불질/하다, 키내림/하다, 키바탕(키를 만들 때에 뼈대가 되는 대쪽), 키조개(키 모양의 조개), 키질/하다, 키춤(키를 가지고 추는 춤).

키² 배나 항공기의 방향을 조종하는 기구. ¶키를 돌리다. 키를 잡다(일이나 가야 할 곳의 방향을 잡다). 키돌리개, 키따리(키본에

70) 쾌척(快擲): 금품을 마땅히 쓸 자리에 시원스럽게 내놓음. ¶평소 구두쇠로 소문난 그가 남모르게 고아원에 거금을 쾌척했다.

71) 쾌쾌하다(快快): ①성격이나 행동이 굳세고 씩씩하여 아주 시원스럽다. ¶나는 그의 쾌쾌한 결단성을 도리어 흠모하였다. ②기분이 무척 즐겁다.

72) 쾨쾨: ①냄새가 좀 고린 상태. ¶비위 상한 냄새가 쾨쾨 새어나와 머리가 아프다. 쾨쾨묵다. ②행동이나 생김새가 좀스럽고 쩨쩨한 모양. ¶그의 쾨쾨 거슬리는 행동.

73) 쿰쿰하다: ①냄새가 쿠터분하고 산뜻하지 않다. ②하는 짓이 던적스럽다.

74) 커다랗다: 매우 크다. 아주 큼직하다. ¶눈을 커다랗게 뜨다. 방안에는 커다란 책상이 놓여 있다.[+구체적].

75) 큰-: ①친족 관계를 나타내는 명사 앞에 붙어 '맏이'의 뜻을 더하는 말.[←크(다)+ㄴ].↔'작은-'. ¶큰계집(본처), 큰놈(큰아들), 큰누나, 큰누님, 큰누이(맏누이), 큰댁(宅), 큰동서(同壻), 큰따님, 큰딸/따님, 큰마누라, 큰매부(妹夫), 큰며느리, 큰사위, 큰삼촌(三寸), 큰손녀(孫女), 큰손자(孫子), 큰아가씨, 큰아기, 큰아들, 큰아버지, 큰아씨, 큰아이/큰애, 큰아저씨, 큰아주머니, 큰어머니, 큰어미, 큰언니, 큰오빠, 큰이(맏이가 되는 사람), 큰조카, 큰집, 큰처남(妻男), 큰할머니, 큰할아버지, 큰형(兄), 큰형수(兄嫂). ②'규모나 크기가 크다. 범위가 넓다. 뛰어나다'를 뜻하는 말. ¶큰가래/질/하다, 큰갓, 큰개자리, 큰고래, 큰골, 큰곰/자리, 큰굿, 큰글씨, 큰기침(헛기침)/하다, 큰길, 큰꾸리, 큰꿈, 큰끌(애끌), 큰내, 큰달, 큰닻, 큰덕(높고 평평한 지대), 큰도끼, 큰도둑, 큰도요, 큰독, 큰돈, 큰되, 큰따옴표(標), 큰마음/큰맘(크게 마음먹거나 크게 쓰는 마음씨), 큰만두(饅頭), 큰말, 큰머리, 큰머슴, 큰모, 큰못, 큰무당(이름난 무당), 큰문(門), 큰물(활동 무대가 크고 넓은 곳. 홍수), 큰바늘, 큰바람, 큰방(房), 큰보표(譜表), 큰부자(富者), 큰부처, 큰북, 큰불, 큰비, 큰비녀, 큰사람, 큰사랑(舍廊), 큰사전(辭典), 큰사폭, 큰산(山), 큰산소(山所), 큰살림/하다, 큰상/물림(床), 큰새우, 큰서방(부잣집 맏아들), 큰선비, 큰센바람, 큰소리/치다(희떱게 장담하다), 큰소매, 큰손¹(대규모의 거래를 하여 영향을 미치는 개인이나 단체), 큰손님/큰손², 큰솥, 큰쇠(징), 큰스님, 큰스승, 큰악절(樂節), 큰옷, 큰일[큰일나다/내다], 큰자귀, 큰저울, 큰절¹(무릎을 꿇고 앉으면서 두 손을 바닥에 대고 허리를 굽혀 머리를 숙이고 하는 절), 큰절²(딸린 절에 대하여 주장이 되는 절), 큰제목(題目), 큰제사(祭祀), 큰짐승, 큰집, 큰창자, 큰체하다(자랑하며 젠체하다), 큰춤, 큰치마, 큰칼, 큰코다치다(크게 봉변을 당하다), 큰키나무[(교목(喬木)], 큰톱/장이, 큰판, 큰항아리, 큰활.

76) 키³: 사람이나 다리 달린 동물의 선 몸의 길이. 신장(身長). 선 물건의 높이.[(킈←크(다)+의]. ¶킷값(키에 알맞게 하는 행동), 키꺽다리(키가 볼품없이 아주 큰 사람. 키다리), 키꼴(키가 큰 몸집), 키높이(키가 높게), 키다리, 키다툼(키가 크니 작으니 다투는 일)/하다, 키대(키의 생김생김이나 모양새. 허우대), 키돋음(발돋음), 키발(발꿈치를 들어 키를 세우는 것), 키솟음/하다, 키순(順); 선키, 앉은키, 중키(中).

77) 키우다: 길게 하다. 자라게 하다. 기르다. 불리다⁴.¶꿈을 키우다. 개를 키우다. 작은 집을 키워서 큰 집으로 이사했다.

붙은 널빤지), 키방천(防川)[78], 키봉돌(키가 달린 봉돌. 닻봉), 키본[79], 키손(키의 손잡이), 키잡이/꾼, 키지느러미[타기(舵鰭)], 키통(桶;배의 키를 다는 부분); 균형키(均衡), 방향키(方向), 승강키(昇降), 평형키(平衡). ☞ 타(舵).

키³ 사람이나 다리 달린 동물의 선 몸의 길이. ☞ 크다.

-(이)키- 몇몇 동사 어간에 붙어, '그 행동이 일어나게 함. 힘줌'을 나타내는 말. ¶개키다, 내리키다, 내키다, 돌이키다(안쪽으로 가까이 옮기다.↔내키다), 일으키다, 추키다 들.

키등 어린아이가 울상이 되어 보채는 모양.=키정. ¶키등거리다/대다, 키등키등/하다, 키득거리다/대다, 키등키득/하다

킥¹ 참을 수 없어 입 속으로 한 번 웃는 소리나 모양. ¶킥 웃음이 터졌다. 킥킥/거리다/대다, 키득/거리다/대다, 키득키득 · 캐득캐득 · 캬득캬득[80], 키들/거리다/대다, 키키키 · 크크크(혼자서 실없이 웃는 모양).

킥² 숨 막히듯이 목청에서 간신히 짜내는 소리. 또는 그 모양. ¶떡을 먹다 목에 걸린 듯 아저씨가 킥 소리를 내며 괴로워한다.

ㅋ

---

78) 키방천(防川): 물길의 방향을 돌리기 위하여 키처럼 쌓은 둑. 둑의 바깥쪽으로 기둥을 박은 뒤, 상류를 향해 비스듬히 나무를 걸치고 아래에는 돌로 눌러 만듦. ¶사람들이 동네 앞 냇가에 키방천을 쌓았다.

79) 키본: 키를 돌리기 위하여 키의 축에 나란한 방향으로 수직이 되게 꽂은 나무나 쇠막대기. 키분. 타병(舵柄).

80) 캬득캬득: 어린아이가 귀엽게 소리를 내어 웃는 소리. 또는 그 모양. 〈큰〉키득키득. ¶엄마를 보고 캬득캬득 웃는 아기.

ㅌ

타(他) 남. 어떤 특정한 다른 것. 다른. ↔자(自). ¶타의 추종을 불허하다. 타의 모범이 되다. 타가(他家), 타견(他見), 타계(他系), 타계(他界;다른 세계. 죽음)[타계관(觀), 타계하다], 타고(他故), 타고을/타골, 타고장, 타곳, 타관(他官;他鄕)[타관바치, 타관살이], 타교/생(他校/生), 타국/인(他國/人), 타국가(他國家), 타군(他郡), 타급(他給), 타년(他年), 타념(他念), 타단(他端), 타당(他黨), 타도(他道), 타동(他洞), 타동(他動)[타동면역(免疫), 타동사(他)], 타려(他慮), 타력(他力), 타령(他領), 타류(他流), 타면(他面), 타목적(他目的), 타문(他門), 타문(他聞), 타물(他物), 타물권(他物權), 타민족(他民族), 타방(他方), 타방(他邦), 타방면(他方面), 타부(他部), 타사(他事), 타사(他社), 타산지석(他山之石), 타살(他殺), 타색(他色), 타생(他生), 타서(他書), 타석(他席), 타설(他說), 타성(他姓), 타세(他世), 타소(他所), 타시(他市), 타시(他時), 타실(他室), 타심(他心), 타아(他我), 타애(他愛), 타언(他言), 타용(他用), 타율/성(他律/性), 타읍(他邑), 타의(他意), 타인(他人), 타일(他日), 타점(他店), 타제(他製), 타족(他族), 타종(他宗), 타종(他種), 타좌(他座), 타죄(他罪), 타지(他紙), 타지(他誌), 타지(他地), 타지방(他地方), 타책(他策), 타처(他處), 타천(他薦), 타촌(他村), 타토(他土), 타파(他派), 타표(他票), 타향(他鄕), 타화(他化), 타화(他花)[타화수분(受粉), 타화수정(他花受精)]; 각타(覺他), 기타(其他), 무타(無他), 배타(排他), 애타(愛他), 여타(餘他), 외타(外他), 의타(依他), 이타(利他), 자타(自他), 출타(出他), 화타(化他) 들.

타(打) ①치다. 때리다. 두드리다. 동작'을 뜻하는 말. ¶타개(打開)[타개책(策); 현실타개(現實)], 타격(打擊)[1], 타고(打稿), 타고(打鼓), 타공(打共), 타구(打毬), 타구(打球), 타도(打倒), 타력(打力), 타맥(打麥;보리타작), 타면(打綿), 타박/상(打撲/傷), 타보(打報), 타봉(打棒), 타산(打算)[이해타산(利害)], 타살(打殺), 타상(打傷), 타석(打席), 타석기(打石器), 타선(打線), 타쇄(打碎), 타수(打手), 타수(打數), 타순(打順), 타악기(打樂器), 타율(打率), 타인(打印), 타자/기(打字/機), 타자(打者)[대타자(代)], 타작(打作)[2], 타전(打栓;병마개 따위를 쳐서 구멍을 막음), 타전/기(打電/機), 타제(打製)[타제석기(石器)], 타점(打點)[1,2], 타조법(打租法), 타종(打鐘), 타진(打診)[타진기(器), 타진기구(氣球), 타진추(槌), 타진판(板)], 타진(打盡;모조리 잡음)[타진되다/하다; 일망타진(一網)], 타척(打擲), 타출(打出), 타파(打破)[미신타파(迷信), 인습타파(因習), 현상타파(現狀)], 타포기(打布機), 타합(打合;合意)[타합되다/하다;타합점(點)]; 강타(强打), 결정타(決定打), 고타(拷打), 구타(毆打), 난타(亂打), 단타(單打), 단타(短打), 대타(代打), 득점타(得點打), 맹타(猛打), 박타(縛打), 범타(凡打), 범타(犯打), 병살타(竝殺打), 빈타(貧打), 안타(安打)[무안타(無)], 연타(連打), 연타(軟打), 장타(長打), 적시타(適時打), 취타(吹打), 치명타(致命打), 통타(痛打), 투타(投打), 풍타낭타(風打浪打), 피타(被打), 희생타(犧牲打). ② 물품 12개를 한 묶음으로 세는 말. 다스[←dozen]. ¶연필 한 타.

타(唾) '침. 침을 뱉다'를 뜻하는 말. ¶타구(唾具)[장구타구], 타기하다(唾棄;업신여기거나 더럽게 생각하여 돌아보지 않고 버리다), 타말성(唾沫星)[3], 타매(唾罵;더럽게 생각하고 경멸하게 여겨 욕함), 타면(唾面), 타선(唾腺), 타수(唾手;손에 침을 바른다는 뜻으로, 기운을 내서 일을 다시 시작함), 타수가득(唾手可得;어렵지 않게 일이 잘 되기를 기약할 수 있음), 타액(唾液), 타혈(唾血), 타홍증(唾紅症); 담타(痰唾;가래와 침), 보타(寶唾;좋은 글귀나 명언), 증타(憎唾), 해타(咳唾) 들.

타(惰) '게으르다'를 뜻하는 말. ¶타기(惰氣;게으른 마음), 타기만만/하다(惰氣滿滿), 타농(惰農), 타력(惰力;타성의 힘. 버릇이나 습관의 힘), 타성/적(惰性/的), 타약(惰弱), 타졸(惰卒;게으른 군사), 타주(惰走;타력으로 달림), 타태(惰怠;게으르고 느림), 타행(惰行;습관이나 버릇의 힘으로 진행함)/하다; 근타(勤惰), 나타(懶惰), 난타(孄惰), 유타(遊惰), 이타(弛惰), 태타(怠惰), 퇴타(頹惰), 해타(懈惰), 혼타하다(昏惰) 들.

타(舵) 배나 항공기의 방향을 조종하는 기구인 '키'를 뜻하는 말. ¶타기(舵機), 타륜(舵輪;操舵輪), 타수(舵手;키잡이), 타축(舵軸); 균형타(均衡舵), 방향타(方向舵), 승강타(昇降舵), 조종타(操縱舵), 조타(操舵)[조타수(手), 조타륜(輪), 조타실(室)], 평형타(平衡舵) 들.

타(妥) '편안하다. 온당하다'를 뜻하는 말. ¶타결(妥結)[4], 타당/성(妥當/性), 타상(妥商;妥議), 타안하다(妥安), 타의(妥議;온당하게 서로 타협적으로 의논함), 타정(妥定;온당하게 작정함), 타첩(妥帖;별 탈없이 일이 순조롭게 끝나거나 끝냄), 타판(妥辦), 타협(妥協)[5]; 미타(未妥) 들.

타(朶) '축 늘어지다. 드리워지다. 늘어진 꽃송이'를 뜻하는 말. ¶만타(萬朶;수많은 꽃송이. 온갖 초목의 가지), 백운타(白雲朶), 이타(耳朶;귓불) 들.

타(沱) '큰비가 내리는 모양. 눈물이 흐르는 모양'을 뜻하는 말. ¶타약(沱若;눈물이 흐르는 모양); 방타(滂沱;비가 좍좍 쏟아짐. 눈물이 뚝뚝 떨어짐).

타(墮) '떨어지다. 무너지다'를 뜻하는 말. ¶타기술중(墮其術中), 타락(墮落), 타루(墮淚;落淚), 타루(墮漏;漏落), 타옥(墮獄), 타죄(墮罪), 타태(墮胎) 들.

---

1) 타격(打擊): 때려 침. 어떤 일에서 크게 기가 꺾이거나 손해 · 손실을 봄. 투수가 던진 공을 방망이로 치는 일. ¶타격을 가하다. 거듭되는 사업의 실패로 타격을 받다. 타격력(力), 타격률(率), 타격수(數), 타격순(順), 타격하다.

2) 타작(打作): 곡식의 이삭을 떨어내어 낟알을 거두는 일. 마당질. 바심. ¶타작군, 타작마당; 들타작, 마른타작, 매타작(매로 때리는 일), 물타작, 반타작(半), 보리타작, 자타작(自), 진타작, 콩타작.

3) 타말성(唾沫星): 잿물에 잔물거품이 있어 구슬이 부스러진 것과 같은 무늬가 있는 자기(瓷器).

4) 타결(妥結): 두 편이 서로 좋도록 협의하거나 절충하여 일을 마무름. 또는 그 일. ¶타결을 짓다. 교섭이 원만히 타결되었다. 타결의 기미가 보이지 않는다.

5) 타협(妥協): 두 편이 서로 좋도록 조정하여 협의함. ¶현실과 타협하다. 타협에 성공하다. 더 이상 타협의 여지가 없다. 타협안(案), 타협적(的), 타협점(點), 타협정치(政治), 타협주의(主義), 타협하다; 대타협(大).

타(咤) '꾸짖다. 나무라다'를 뜻하는 말. ¶질타(叱咤;큰 소리로 꾸짖음).

타(跎) '헛디디다. 때를 놓치다'를 뜻하는 말. ¶차타(蹉跎;미끄러져 넘어짐. 시기를 잃음. 이룬 일 없이 나이만 많아짐).

타(楕) '길쭉하다'를 뜻하는 말. ¶타구(楕球), 타원(楕圓)[6] 들.

타(駝) '낙타. 악대'를 뜻하는 말. ¶타봉(駝峰), 타조(駝鳥); 낙타(駱駝) 들.

타글타글 안타깝게 타들어 가거나 말라 가는 모양. ¶타글타글 말라 가는 입술.

타끈-하다 치사하고 인색하며 욕심이 많다. ¶그는 타끈한 사람으로 소문이 났다. 그 타끈스러운 친구가 의연금이라니 웬일이지? 타끈스럽다(잘고 더럽게 조르는 태도가 있다)/타끈스레, 타끈히.

타니 장식을 위해 귓불에 다는 작은 고리.=귀고리. §'타내'는 황해 사투리.

타(다)[1] 불이 붙어 번지거나 불꽃이 일어나다.(↔꺼지다. 사위다). 몹시 애가 쓰이거나 걱정이 되어 조바심이 나고 답답하다. 살갗이 열이나 햇볕에 그을다. 물기가 없어 바싹 마르다. ¶장작이 훨훨 탄다. 타는 불에 부채질한다. 애간장이/ 속이 타다. 얼굴이 검게 탔다. 입술이 타다. 가뭄으로 논바닥이 타다. 타들다[7]/들어가다, 타마르다(타고 마르다), 타번지다[8], 타오르다, 탄지[9], 태우다[1]; 목타다(목이 마르다. 갈증나다), 불타다/태우다, 속타다/태우다, 애타다/태우다, 짓태우다(마구 태우다). ☞ 소(燒).

타(다)[2] 탈것이나 짐승의 등 따위에 몸을 싣다. 산이나 줄 따위의 위험하거나 어려운 곳을 겨우 오르거나 지나가다.≒올라가다.↔내리다. ¶자동차/말을 타다. 험한 산등성이를 타다. 줄을 타다. 타고앉다, 타넘다(타서 넘다), 타누르다, 탈것, 태우다[2]; 가로타다(몸을 모로 하여 타다. 산을 가로질러 올라가다), 갈아타다, 걸음마/걸음발타다(어린아이가 처음으로 비틀거리며 걷기 시작하다), 걸타다(걸쳐 있다. 걸쳐 타다), 걸터타다(모로 앉아 타다), 등타다(산등성이로 가다), 말타기, 목말타다, 무동타다(舞童), 안타다(앞에 타다)/태우다, 올라타다(탈것에 오르다), 잡아타다, 줄타기(줄 위를 걸어 다니며 재주를 부림), 집어타다, 파도타기(波濤). ☞ 승(乘).

타(다)[3] 많은 양의 액체에 적은 양의 액체나 가루 따위를 섞다.≒섞다. 치다[5]. 풀다. ¶설탕을/ 약을/ 물을 타다.

타(다)[4] ①재산 · 월급 · 상 · 배급 따위를 받다.↔주다. 수령하다(收領). ¶월급을 타다. 타내다[1](얻어내다. 받아내다), 태우다[3][10]; 상타다(賞), 재타다(齋;잿돈을 받다). ②선천적으로 복 · 재주 · 운명 따위를 지니다. ¶그는 복을 타고난 사람이다. 타고난 목소리. 타고나다[11], 태이다(재물이나 복 따위를 타게 하다); 복타다(福;본디부터 복을 받아 가지다) 들.

타(다)[5] ①어떤 조건이나 때 · 틈 따위를 잘 살피어 기회로 삼거나 이용하다. ¶야음(夜陰)을 타고 기습하다. 틈을 타서 찾아가다. 틈타다. ②운명적으로 알맞은 때를 만나다. ¶시운(時運)을 탄 영웅.

타(다)[6] ①줄이나 골이 생기게 양쪽으로 갈라붙이다. ¶가르마를 타다. 농부가 밭고랑을 타다. 양복의 옆을 타다. 태우다[4]; 갈타다(갈켜다), 골타다(밭고랑을 내다). ②속을 드러내기 위하여 두 쪽이 나도록 베거나 째서 쪼개다.≒가르다. ¶톱으로 박을 타다. 생선의 배를 타다. 타내다[2][12], 타이르다(달래다. ☞ 이르다[2]); 박타다(톱 따위로 박을 두 쪽으로 가르다. 일이 틀려 버리다), 반타다(半;절반으로 가르다). ③콩 · 팥 따위를 맷돌에 갈아서 알알이 부서뜨리다. ¶맷돌에 녹두를 타다. 타개다('타다'의 사투리)[타개쌀, 타개죽(粥), 타개질]; 잘타다(맷돌로 콩 · 녹두 따위를 잘다랗게 타다).

타(다)[7] ①거문고 · 가야금 따위의 줄을 뜯거나 퉁기어 소리를 내다.≒연주하다(演奏). 뜯다. 켜다[2]. ¶거문고를/ 가야금을 타다. ②목화를 씨아로 틀어서 씨를 빼고 활줄로 퉁기어 펴지게 하다. ¶뭉친 솜을 타다. 태우다[5].

타(다)[8] ①독한 기운을 몸에 쉬 받다. 먼지나 때 따위가 묻다. ¶옻을 타다. 이 옷은 먼지를 잘 탄다. 더럼타다, 때타다(때가 묻다), 아우타다(먼저 태어난 젖먹이가 시나브로 여위어지다). ②부끄럼 · 노여움 · 간지럼 따위를 쉬 느끼다. ¶부끄럼을 타다. 간지럼타다(쉽게 간지럼을 잘 느끼다). 태우다[5]. ③시절 · 기후나 부정 따위의 영향을 쉬 받아 나빠지다. ¶봄/ 여름을 타다. 추위/ 더위를 타다. 상품이 계절을 탄다. 가물을 타다. 부정타다(不淨;부정한 일로 해를 입다), 손타다(모르는 사이에 손길이 미쳐 나빠지거나 없어지다) 들.

타닥 ①좀 지치거나 나른하여 힘없이 발을 떼어 놓는 소리. 또는 그 모양. ¶타닥타닥 걸어서 집으로 갔다. 타드락[1][13]. ②가볍게 두드리거나 터지는 소리. 또는 그 모양. ¶콩깍지가 타닥타닥 터지다. 타드락[2][14]. ③가난하여 겨우겨우 어렵게 살아가는 모양. ¶어려운 살림살이를 꾸려가느라 타닥타닥/터덕터덕 힘겹게 살아가다. ④일 따위가 힘에 좀 부쳐서 애처롭게 겨우겨우 몸을 놀리는

6) 타원(楕圓): 평면 위의 두 점에서의 거리의 합이 언제나 일정한 점의 궤적(軌跡). ¶타원관절(關節), 타원구(球), 타원구멍, 타원궤도(軌道), 타원기둥, 타원기하(幾何), 타원면(面), 타원뿔, 타원운동(運動), 타원율(率), 타원은하(銀河), 타원체/면(體/面), 타원추(錐), 타원편광(偏光), 타원함수(函數), 타원형(形).

7) 타들다: ①안이나 속으로 들어가며 타다. ¶불씨가 번져 숲 전체가 타들어 갔다. ②일정한 한계를 넘어서 넓게 또는 깊이 번져 가며 타다. ¶가뭄으로 농작물이 타들어 갔다. ③입술이나 목구멍 따위가 발짝 말라 들다. ¶갈증으로 입 안이 타들어가는 것 같다.

8) 타번지다: 정신 심리적 현상이 대단히 강해지다. ¶가슴속에 타번지는 뜨거운 열정.

9) 탄지: 담뱃대에 피우다가 좀 덜 타고 남은 담배.

10) 태우다[3]: ①재산 · 월급 · 상 · 배급 따위를 타게 하다. 재물 따위를 갈라주다. 〈준〉태다. ¶곗돈을 태우다. 상을 태우다. ②노름이나 내기에서 돈이나 물건을 지르다. ¶도박에서 돈을 태우다.

11) 타고나다: 어떤 성품이나 능력, 운명 따위를 선천적으로 가지고 태어나다.[〈타나다←트(다)+아+나+다].≒지니다. ¶타고난 재능. 타고난 팔자. 태어나다(사람이나 동물이 어미의 뱃속으로부터 세상에 나오다).

12) 타내다[2]: 남의 잘못이나 결함을 드러내어 탓하다.

13) 타드락[1]: 조금 힘없이 느리게 걷는 소리. 또는 그 모양. 〈큰〉터드럭. 트드럭.

14) 타드락[2]: 먼지가 조금 날 정도로 가만히 두드리는 소리. 또는 그 모양. 〈큰〉터드럭.

모양. ¶일이 힘들어 타닥타닥 몸을 놀리며 천천히 했다. 타닥·터덕거리다/대다, 타닥타닥/하다.

타달 ①나른한 몸으로 힘없이 겨우 걷는 모양. 또는 그 소리.=타불[15]. ¶힘없이 타달타달 산길을 내려오다. 지팡이를 질질 끌고 타달타달 걸어가다. ②깨어진 질그릇 따위를 끌어당기거나 두드릴 때 가볍게 나는 소리. ¶질그릇이 타달타달 소리를 낸다. ③빈 수레 따위가 울퉁불퉁한 길 위를 지나가는 모양. 또는 그 소리. ¶차는 시골길을 타달타달 굴러간다. 타달·터덜·터들거리다/대다, 타달타달/하다.

타드랑 작고 묵직한 물건이 바닥에 탄력 있게 떨어지거나 부딪칠 때 나는 소리. 〈큰〉터드렁/터렁. 〈준〉타랑. ¶부엌에서 타드랑 소리를 내는 새댁. 타드랑/타랑·터드렁/터렁거리다/대다, 타드랑타드랑/하다, 토드락[16].

타락(駝酪) 우유(牛乳).[←taraq〈몽〉]. ¶타락병(餠), 타락죽(粥); 양타락(羊).

타래 사리어 뭉쳐 놓은 실이나 노끈. 그 뭉치를 세는 말. '타래 모양을 한'을 뜻하는 말.[←틀(다)+애].≒꾸러미. 뭉치. 다발. 테[2]. ¶색실 한 타래. 타래과(菓), 타래구름, 타래떡, 타래말, 태머리(타래지게 땋아 늘인 멀리), 타래못(나사못), 타래버선, 타래송곳(드릴), 타래쇠(태엽같이 둥글게 서린 가는 쇠고리), 타래실, 타래엿(꼬아 놓은 엿), 타래정(타래 모양의 정), 타랫줄, 타래지다, 타래치다[17], 타래타래·트레트레/하다, 타리개[18]; 먼지타래, 삼타래, 새끼타래, 쇠줄타래, 실타래, 엿타래(타래지게 꼬아 놓은 엿).

타렴-질 큰 그릇을 만들 때에, 돌림판 위에서 밑바닥 위에 둘러놓은 흙가래를 늘리면서 그릇 벽을 세워 올리는 일. ¶타렴성형(成形), 타렴질하다. §타렴(흙가래와 흙테).

타령 흥얼거리는 민요조의 되풀이되는 노래. 음악 곡조. 광대의 판소리나 잡가. 어떤 사물에 대한 말이나 소리를 자꾸 되풀이 하는 일. §'打令'은 한자어 취음. ¶타령꾼, 타령장단, 타령조(調), 타령하다; 가루지기타령, 간드렁타령, 군밤타령, 굼드렁타령(거지가 구걸하면서 부르는 노랫소리), 근드렁타령, 놀부타령, 도라지타령, 도화타령(桃花), 돈타령, 마부타령(馬夫), 만경타령(요긴한 일을 등한히 함을 비유하는 말), 매화타령(梅花), 방아타령, 벌타령[19], 범벅타령, 변강쇠타령, 볶는타령(빠르게 치는 타령), 술타령, 신세타령(身世), 아리랑타령, 옷타령, 입타령(노래의 절과 절 사이에서 뜻 없이 부르는 소리), 자장타령, 장타령(場), 창부타령(倡夫), 팔자타령(八字), 허튼타령, 흥타령 들.

15) 타불: 몹시 지쳐서 허리를 조금 굽혔다 폈다 하며 잦은걸음으로 걷는 모양. ¶타불거리다/대다, 타불타불/하다.

16) 토드락: 작고 단단한 물건을 세게 두드리는 소리. 또는 그 모양. 〈큰〉투드럭.

17) 타래치다: 바람이나 먼지 따위가 타래처럼 빙빙 맴돌아 솟구치다. ¶화산이 분출하면서 연기가 하늘 높이 타래쳐 올랐다.

18) 타리개: 뗏목을 모아 묶을 때 쓰는 참나무, 자작나무 느릅나무 따위의 가지를 비틀어서 만든 줄.

19) 벌타령: 무슨 일에 정신을 들이지 않아 조리에 맞지 않고 규율이 없이 난잡함을 이르는 말. ¶주인이 없다고 일을 벌타령으로 한다.

타박[1] 허물이나 결함을 잡아 나무라거나 탓함.=타발. 〈준〉박[5]. ¶타박만 하지 말고 잘 가르쳐 주어라. 하는 일마다 타박이다. 타박을 받다. 타박/타발을 늘어놓다. 그 아이가 무엇을 잘못했기에 박을 주는 거요? 타박하다; 땅타박(농토가 나쁘다고 푸념하는 것), 말타박(말로 나무라거나 탓하는 일)/하다.

타박[2] 지친 다리로 힘없는 발걸음을 천천히 떼어 놓는 모양. ☞ 다박.

타박-하다 떡·고구마 따위의 음식이 물기나 진기가 없어 씹기에 좀 팍팍하다. 〈큰〉터벅하다. ¶막 구워낸 과자라서 타박하면서도 고소하다. 타박타박한 밤고구마. 타박타박·터벅터벅하다.

타분-하다 ①음식이 약간 상하여 개운하거나 신선한 맛이 없다. 〈큰〉터분하다. ¶이 된장찌개 맛이 좀 타분하다. 텁텁하다[20]. ②입맛이 텁텁하다. ③날씨나 기분이 시원하지 못하여 답답하고 따분하다. ¶시월 내내 터분하던 하늘이 이제는 말갛게 씻기고 한창 제철이다. 흐리터분하다. ④'고리타분하다(←곯다)'의 준말.

타슬타슬 바탕이나 가장자리가 매끈하지 않고 조금 거칠거나 작은 보풀이 일어나 있는 모양. 〈큰〉타실타실. 트실트실. ¶타슬타슬 마른 입술. 트실트실 언 손등이 마치 거북이 등 같다. 타슬타슬하다, 터설궂다(거칠게 보풀이 나 있다).

타시락 조그만 일로 옥신각신하며 우기거나 다투는 모양. ¶애들아 타시락타시락 다투지 말고 공원에나 가서 놀다 오너라. 타시락거리다/대다, 타시락타시락/하다.

타울 어떤 일을 이루려고 바득바득 애쓰는 모양. 〈큰〉터울. ¶철수는 타울타울 애를 쓰며 공부한다. 타울·터울거리다/대다, 타울타울·터울터울/하다.

타짜 ①노름판에서 남을 잘 속이는 재주를 가진 사람. ¶타짜꾼. ②남의 일에 공연히 훼방을 놓는 사람을 경멸하여 일컫는 말.

탁[1] 앞이 막힘이 없이 시원스럽게 트인 모양. 〈큰〉턱. ¶시야가 탁 트이는 위치에 있는 집. 비밀을 탁 털어 놓다. 탁갱(坑), 탁동, 탁동갱(坑).

탁[2] ①무엇이 갑자기 끊어지거나 터지거나 하는 모양. 또는 그 소리. ¶끈이 탁 끊어지다. ②무엇을 세게 치거나 무엇이 세게 부딪치거나 하는 모양. 또는 그 소리. ¶무릎을 탁 치다. 콩이 탁탁 튀다. 탁탁거리다/대다. ③죄던 것이 갑자기 풀리거나 느슨해지는 모양. ¶마음이 탁 풀리다. ④쥐거나 잡고 있던 것을 갑자기 놓는 모양. ¶잡았던 밧줄을 탁 놓았다. ⑤갑자기 세게 쓰러지거나 넘어지는 모양. ¶그는 별안간 탁 쓰러졌다. ⑥입에 있던 것을 입 밖으로 세게 뱉는 모양. ¶침을 탁 뱉다. ⑦갑자기 아주 막히는 모양. ¶숨이 탁 막히다. 〈큰〉턱.

-탁 몇몇 한자 어근에 붙어 '닮다'를 뜻하는 말. ¶외탁(外), 진탁

20) 텁텁하다: ①입맛이나 음식 맛, 또는 입 안이 시원하거나 깨끗하지 못하다.↔개운하다. 〈작〉탑탑하다. ¶자고 일어났더니 입안이 텁텁하다. 텁텁한 막걸리. 텁지근하다(텁텁하고 개운치 못하다). ②눈이 깨끗하지 못하다. ③성미가 소탈하여 수수하고 까다롭지 아니하다. ¶텁텁이(까다롭지 아니한 사람). ④날씨 따위가 몹시 후터분하다. ¶바람 한 점 없이 텁텁한 날씨.

ㅌ

(眞), 친탁(親;생김새나 체질, 성질 따위가 아버지 쪽을 닮음)/하다.

탁(卓) ①'물건을 올려놓는 기구. 탁자 모양의'를 뜻하는 말. ¶탁구(卓球)[탁구공, 탁구대(臺)], 탁상(卓上)[21], 탁의(卓衣), 탁자(卓子)[22], 탁장(卓欌), 탁향로(卓香爐); 교탁(敎卓), 다탁(茶卓), 대탁(大卓), 불탁(佛卓), 빙하탁(氷河卓)/빙탁(氷卓), 상탁(床卓), 식탁(食卓), 연탁(演卓), 원탁(圓卓), 진작탁(進爵卓), 향탁(香卓). ②'뛰어나다'를 뜻하는 말. ¶탁견(卓見;뛰어난 의견이나 견해), 탁락하다(卓犖;卓越), 탁론(卓論), 탁립(卓立;여럿 가운데 우뚝 섬), 탁발하다(卓拔), 탁석(卓錫), 탁설(卓說;뛰어난 의견. 탁월한 논설), 탁식(卓識)[굉재탁식(宏才)], 탁연하다(卓然;유달리 눈에 뜨이다. 특히 뛰어나다), 탁오(卓午;正午), 탁월하다(卓越)[탁월성(性), 탁월풍(風)], 탁위하다(卓偉), 탁이하다(卓異), 탁이하다(卓爾), 탁재(卓才), 탁절하다(卓絕), 탁절(卓節), 탁초(卓超), 탁출하다(卓出), 탁탁하다(卓卓), 탁필(卓筆), 탁행(卓行), 탁호난급(卓乎難及), 탁효(卓效;뛰어난 효험); 고탁하다(高卓;월등하게 뛰어나다) 들.

탁(託) '부탁하다. 당부하다. 핑계하다'를 뜻하는 말. ¶탁고(託孤;고아를 믿을 만한 사람에게 부탁함), 탁고(託故;핑계를 댐), 탁물우의(託物寓意), 탁사(託事), 탁사(託辭), 탁생(託/托生), 탁선(託宣;신의 계시), 탁송(託送)[탁송하다, 탁송전보(電報)], 탁식(託食), 탁신(託身), 탁아소(託兒所), 탁언(託言), 탁유(託喩), 탁의(託意), 탁의소(託衣所), 탁자(託子), 탁적(託迹), 탁정(託情), 탁족(託足), 탁처(託處), 탁처자(託妻子), 탁치(託治); 가탁(假託), 결탁(結託), 공탁(供託), 기탁(寄託), 긴탁(緊託), 매탁(媒託), 면탁(面託), 무의탁(無依託), 반탁(反託), 부탁(付託), 선탁(宣託), 수탁(受託), 신탁(信託)[23], 신탁(神託;신의 명령이나 응답), 앙탁(仰託), 언탁(言託), 예탁(預託), 예탁(豫託), 위탁(委託), 의탁(依託/托), 자탁(藉託), 전탁(全託), 전탁(專託), 전탁(轉託), 찬탁(贊託), 청탁(請託), 촉탁(囑託), 추탁(推託), 칭탁(稱託), 투탁(投託), 하탁(下託) 들.

탁(濁) '흐리다. 어지럽다. 더럽다'를 뜻하는 말. ¶탁강(濁江), 탁객(濁客), 탁란하다(濁亂), 탁랑(濁浪), 탁료(濁醪;막걸리), 탁류(濁流), 타목(탁하고 쉰 목소리), 탁보(濁甫), 탁색(濁色), 탁성(濁聲), 탁세(濁世), 탁수(濁水), 탁업(濁業), 탁예하다(濁穢), 탁오(濁汚), 탁음(濁音), 탁의(濁意), 탁정(濁井), 탁조(濁操), 탁주(濁酒), 탁춘추(濁春秋), 탁하다[24]; 겁탁(劫濁), 견탁(見濁), 농탁(農濁), 농탁(濃濁), 둔탁하다(鈍濁), 맥탁(麥濁), 명탁(命濁), 명탁(命濁), 번뇌탁(煩惱濁), 불청불탁(不淸不濁), 오탁(五濁), 오탁(汚濁), 전탁(全濁), 중탁(重濁), 중생탁(衆生濁), 청탁(淸濁), 촌탁(村濁;시골에서 만든 막걸리), 혼탁(混濁), 황탁(黃濁) 들.

탁(托) '밀다. 받침'을 뜻하는 말. ¶탁란(托卵), 탁반(托盤;盞臺), 탁발(托鉢), 탁발승(托鉢僧), 탁엽(托葉), 탁잔(托盞;받침잔); 내탁(內托;보약을 먹어 쇠약한 몸을 회복함), 다탁(茶托), 엽탁(葉托;턱잎), 차탁(茶托;찻잔을 받치는 쟁반), 화탁(花托;꽃받침) 들.

탁(度) '헤아리다'를 뜻하는 말. ¶탁덕양력(度德量力), 탁량(度量), 탁지(度地;測量); 규탁(規度;헤아려서 계획함), 사탁(思度;생각하고 헤아림), 억탁(臆度), 예탁(豫度), 요탁(料度), 요탁(遙度), 재탁(裁度), 주사야탁(晝思夜度), 촌탁(忖度), 췌탁(揣度) 들.

탁(擢): '여럿 가운데서 뽑다'를 뜻하는 말. ¶탁등(擢登), 탁발(擢拔), 탁상(擢賞), 탁수(擢秀), 탁승(擢昇), 탁용(擢用;여럿 중에서 사람을 뽑아 씀), 탁저(擢儲), 탁제(擢第); 간탁(簡擢), 발탁(拔擢), 추탁(抽擢) 들.

탁(坼) '터지다'를 뜻하는 말. ¶탁갑(坼甲), 탁렬(坼裂), 탁명(坼名), 탁방/나다(坼榜), 탁봉(坼封), 탁렬(坼裂); 개탁(開坼), 균탁(龜坼), 천붕지탁(天崩地坼) 들.

탁(啄) '쪼다. 쪼아 먹다. 두드리다. 학문·도덕을 닦다'를 뜻하는 말. ¶탁목(啄木;딱따구리), 탁식(啄食), 탁탁(啄啄); 박탁(剝啄), 조궁즉탁(鳥窮則啄), 조탁성(鳥啄聲) 들.

탁(濯) '씻다. 빨래하다'를 뜻하는 말. ¶탁령(濯靈), 탁족(세속을 벗어남)/회(濯足/會), 탁지우(濯枝雨); 동탁하다(童濯)[25], 세탁(洗濯), 조탁(澡濯;씻어서 깨끗이 함), 한탁(澣濯;때 묻은 옷을 빠는 일) 들.

탁(鐸) '방울'을 뜻하는 말. ¶탁령(鐸鈴), 탁무(鐸舞); 금탁(金鐸), 목탁(木鐸)[목탁귀, 목탁귀신(鬼神), 목탁동냥, 목탁석(夕)], 영탁(鈴鐸) 들.

탁(拓) '금석문을 종이에 박다'를 뜻하는 말. ¶탁본(拓本); 어탁(魚拓) 들.

탁(琢) '쪼다'를 뜻하는 말. ¶탁기(琢器), 탁마(琢磨); 조탁(彫琢) 들.

탁(逴) '멀다. 아득하다'를 뜻하는 말. ¶탁원하다(逴遠), 탁행(逴行;먼 곳에 감) 들.

탁(橐) '주머니'를 뜻하는 말. ¶낭탁(囊橐;주머니), 사탁(私橐), 행탁(行橐) 들.

탁-하다 '닮다'의 전남, 평안 사투리. ¶외탁(外), 진탁(眞), 친탁(親)[26]. ☞ -탁.

탄(彈) '탄알. 악기를 타다. 튀기다. 탄핵하다'를 뜻하는 말. ¶탄금(彈琴;거문고나 가야금을 탐), 탄대(彈帶), 탄도(彈道)[27], 탄두(彈

---

21) 탁상(卓上): 탁상공론(空論), 탁상선반(旋盤), 탁상시계(時計), 탁상연설(演說), 탁상염(鹽), 탁상일기(日記), 탁상지(地;臺地).

22) 탁자(卓子): 탁잣밥, 탁잣손, 탁자장(欌); 곁탁자, 사방탁자(四方), 찬탁자(饌), 책탁자(冊).

23) 신탁(信託): 신용하여 맡김. 현금이나 부동산을 가지고 있는 사람이 그 재산권을 남에게 넘기어 권리나 처분을 맡기는 일. ¶신탁사업(事業)/신탁업(業), 신탁은행(銀行), 신탁통치(統治), 신탁회사(會社); 공익신탁(公益), 단기신탁(短期), 대출신탁(貸出), 사익신탁(私益), 영업신탁(營業), 자익신탁(自益), 장기신탁(長期), 투자신탁(投資).

24) 탁하다(濁): 액체나 공기 따위가 맑지 못하고 흐리다. 마음이 흐리터분하고 바르지 못하다. 목소리가 굵고 거칠다. ¶방안 공기가 탁하다. 마음이 탁하니까 셈도 흐리다. 탁한 음성.

25) 동탁하다(童濯): ①산에 나무나 풀이 없다. ②씻은 듯이 깨끗하다. ¶그렇게 동탁하고도 어여쁜 얼굴이 병으로 파리하고 가엾이 되었으리라고는 전혀 상상도 못했다.

26) 친탁(親): 생김새·성질이 아버지나 할아버지를 닮음.

27) 탄도(彈道): 발사한 탄환이 포물선을 그리면서 목적물에 이르는 길. ¶탄도계수(係數), 탄도고(高), 탄도곡선(曲線), 탄도무기(武器), 탄도밀고(密度), 탄도비행(飛行), 탄도유도탄(誘導彈), 탄도진자(振子), 탄도체(體), 탄도탄(彈), 탄도파(波), 탄도학(學), 탄도한도(限度), 탄도효율(效率).

頭)[핵탄두(核)], 탄띠, 탄력(彈力)[28], 탄막(彈幕), 탄면(彈綿), 탄박(彈駁), 탄사(彈射), 탄사(彈絲), 탄설음(彈舌音), 탄성(彈性)[29], 탄알, 탄압(彈壓;권력이나 무력으로 누름)[언론탄압(言論), 인권탄압(人權)], 탄약(彈藥)[탄약고(庫), 탄약상자(箱子), 탄약차(車), 탄약통(筒)], 탄우(彈雨)[초연탄우(硝煙), 포연탄우(砲煙)], 탄자(彈子), 탄장(彈章), 탄주(彈奏), 탄지(彈指), 탄착점(彈着點), 탄착거리(彈着距離), 탄창(彈倉;연발총에서, 탄환을 재어두는 깁), 탄체(彈體), 탄통(彈桶), 탄피(彈皮), 탄핵(彈劾)[30], 탄현(彈絃), 탄혈(彈穴), 탄화(彈火), 탄화(彈花;활로 탄 솜), 탄환(彈丸), 탄흔(彈痕); 가스탄(gas彈), 거탄(巨彈), 공탄(空彈), 공포탄(空砲彈), 광탄(光彈), 규탄(糾彈), 내탄(耐彈), 명중탄(命中彈), 발연탄(發煙彈), 방탄(防彈), 불발탄(不發彈), 비탄(飛彈), 사탄(射彈), 사과탄(沙果彈), 산탄(散彈), 산탄(霰彈), 소이탄(燒夷彈), 소총탄(小銃彈), 수류탄(手榴彈), 수소탄(水素彈), 신호탄(信號彈), 실탄(實彈), 알탄(彈), 연탄(聯/連彈;한 대의 피아노를 두 사람이 연주하는 일), 연막탄(煙幕彈), 연습탄(練習彈), 예광탄(曳光彈), 오발탄(誤發彈), 원자탄(原子彈), 유탄(流彈), 유탄(榴彈)[폭렬유탄(爆裂)], 유도탄(誘導彈), 유산탄(榴散彈), 유익탄(有翼彈), 육탄/전(肉彈/戰), 일탄(逸彈), 자탄(子彈), 자탄자가(自彈自歌), 작탄(炸彈), 장탄(裝彈), 자탄(自彈), 장탄(裝彈), 적탄(敵彈), 조명탄(照明彈), 중성자탄(中性子彈), 지랄탄, 지탄(指彈)하다, 직격탄(直擊彈), 착탄/거리(着彈/距離), 창탄(唱彈;노래하면서 탄주함), 채광탄(採光彈), 척탄(擲彈)[척탄병(兵), 척탄통(筒)], 철탄(鐵彈), 철갑탄(鐵甲彈), 체루탄(涕淚彈), 총탄(銃彈), 최루탄(催淚彈), 탄도탄(彈道彈), 투탄(投彈), 투하탄(投下彈), 파갑탄(破甲彈), 포탄(砲彈), 폭발탄(爆發彈)/폭탄(爆彈), 화산탄(火山彈;용암이 뭉쳐진 것), 훈련탄(訓練彈), 흉탄(凶彈) 들.

탄(炭) '숯. 탄소'를 뜻하는 말. '석탄. 연탄'의 준말. ¶탄을 캐다. 탄을 갈다. 탄가(炭價), 탄가루, 탄값, 탄갱(炭坑), 탄고(炭庫), 탄광(炭鑛)[탄광굴, 탄광촌(村)], 탄기(炭氣), 탄내, 탄말(炭末), 탄맥(炭脈), 탄부(炭夫), 탄분(炭粉), 탄산(炭山), 탄산(炭酸)[31], 탄상(炭床), 탄소(炭素)[32], 탄수(炭水), 탄연(炭煙), 탄재, 탄저(炭疽)[탄저균(菌), 탄저병(病), 탄저옹(癰); 장탄저(腸)], 탄전(炭田)[가행탄전(稼行), 노출탄전(露出), 복재탄전(伏在), 봉쇄탄전(封鎖)], 탄좌(炭座), 탄주(炭柱), 탄진(炭塵), 탄질(炭質), 탄차(炭車), 탄층(炭層), 탄폐(炭肺), 탄화(炭火;숯불), 탄화(炭化)[33]; 갈탄(褐炭), 감탄(減炭), 검탄(黔炭), 골탄(骨炭), 골동탄(骨董炭;등걸숯), 괴탄(塊炭), 구공탄(九孔炭), 구멍탄(炭), 급탄(給炭), 노두탄(露頭炭), 도탄(塗炭), 동물탄(動物炭), 매탄(煤炭), 목탄(木炭), 무연탄(無煙炭), 박용탄(舶用炭), 백탄(白炭), 분탄(粉炭), 빙탄(氷炭)[빙탄간(間), 빙탄불상용(不相容)], 석탄(石炭), 선탄(選炭), 세탄(洗炭), 수탄(獸炭), 시탄(柴炭), 신탄(薪炭), 아탄(亞炭), 알탄(炭), 역청탄(瀝靑炭), 연탄(軟炭), 연탄(煉炭), 원탄(原炭), 유연탄(有煙炭), 이탄(泥炭), 재탄(滓炭), 저탄(貯炭), 저질탄(低質炭), 제탄(製炭), 조탄(粗炭), 조개탄, 증탄(增炭), 지탄(枝炭), 채탄(採炭), 출탄(出炭), 토탄(土炭), 투탄(投炭), 함탄(含炭), 해탄(骸炭;코크스), 활성탄(活性炭), 흑탄(黑炭) 들.

탄(歎) '한탄하며 한숨을 쉬다(탄식하다). 기리다. 감탄하다'를 뜻하는 말. ¶탄미(歎美), 탄복(歎服;깊이 감탄하여 마음으로 따름), 탄사(歎/嘆辭), 탄상(歎賞), 탄성(歎/嘆聲), 탄소(歎/嘆訴), 탄식(歎/嘆息)[장탄식(長), 허허탄식(虛虛), 허희탄식(歔欷)], 탄앙(歎仰), 탄원/서(歎願/書), 탄칭(歎稱), 탄통(歎痛); 가탄하다(可歎), 가탄(嘉歎), 감탄(感歎)[감탄문(文), 감탄부(符), 감탄사(詞), 감탄형(形)], 개탄(慨歎/嘆), 경탄(敬歎), 경탄(驚歎), 괴탄(怪歎), 만시지탄(晩時之歎), 망양지탄(亡羊之歎), 망양지탄(望洋之嘆), 상탄(賞歎), 영탄(詠嘆/歎), 유주지탄(遺珠之歎), 자탄(自歎/嘆), 자탄(咨歎), 장탄식(長歎息), 차탄(嗟歎), 찬탄(讚歎), 칭탄(稱歎), 통탄(痛歎), 한탄(恨歎), 해탄(駭歎), 향우지탄(向隅之歎), 호탄(浩歎), 흠탄(欽歎) 들.

탄(誕) '태어나다. 속이다. 제멋대로 하다'를 뜻하는 말. ¶탄강(誕降;제왕이나 성인이 탄생함), 탄망(誕妄;언행이 터무니없고 망령됨), 탄망하다(誕妄), 탄방하다(誕放), 탄생(誕生)[탄생석(石), 탄생일(日), 탄생지(地)], 탄신(誕辰;임금이나 성인이 태어난 날), 탄언(誕言;허풍 치는 말), 탄육(誕育), 탄일(誕日), 탄종하다(誕縱); 강탄(降誕), 망탄하다(妄誕), 방탄(放誕), 부탄(浮誕), 불탄일(佛誕日), 사탄하다(詐誕), 생탄(生誕), 성탄(聖誕)[성탄일(日), 성탄절(節), 성탄제(祭)], 허탕하다(虛誕), 황탄하다(荒誕) 들.

탄(嘆) '한탄하며 한숨을 쉬다'를 뜻하는 말. ¶탄곡(嘆/歎哭), 탄사(嘆/歎辭), 탄상(嘆傷), 탄소(嘆/歎訴), 탄식(嘆/歎息); 돌탄(咄嘆;혀를 차며 탄식함), 맥수지탄(麥秀之嘆), 반박지탄(斑駁之嘆), 북문지탄(北門之嘆), 분탄(憤嘆), 비육지탄(髀肉之嘆), 비탄(悲嘆), 서리지탄(黍離之嘆), 수탄(愁嘆), 영탄(永嘆/歎)[영탄법(法), 영탄조(調)], 자탄(自嘆/歎), 영탄법(咏嘆法), 통탄(痛嘆), 풍수지탄(風樹之嘆), 해탄(駭嘆/歎) 들.

탄(坦) '평평하다. 너그럽다. 드러나다'를 뜻하는 말. ¶탄도(坦/途道), 탄백(坦白;숨김없이 솔직하게 말함), 탄보(坦步), 탄복(坦腹), 탄솔하다(坦率;성품이 너그럽고 대범하다), 탄연하다(坦然;마음

28) 탄력(彈力): 용수철처럼 튀거나 팽팽하게 버티는 힘. 반응이 빠르고 힘이 넘침. 탄성체가 외부의 힘에 대항하여 본래의 형태로 돌아가려는 힘. ¶탄력 있는 피부. 탄력 있는 목소리. 탄력적인 태도를 보이다. 탄력계(計), 탄력관세(關稅), 탄력도(度), 탄력섬유(纖維), 탄력성(性), 탄력적(的), 탄력조직(組織); 고탄력(高).

29) 탄성(彈性): 물체에 외부에서 힘을 가하면 부피와 모양이 바뀌었다가, 그 힘을 제거하면 본디의 모양으로 되돌아가려고 하는 성질. ¶탄성계수(係數), 탄성고무, 탄성력(力), 탄성률(率), 탄성매질(媒質), 탄성물질(物質), 탄성비(比), 탄성사(絲), 탄성역학(力學), 탄성응력(應力), 탄성진동(振動), 탄성체(體), 탄성충돌(衝突), 탄성파(波), 탄성판(板), 탄성한계(限界).

30) 탄핵(彈劾): ①죄상을 들추어 논란하여 꾸짖음. ②공직에 있는 사람의 부정이나 비행 따위를 조사하여 그 책임을 추궁함. 또는 그 절차. ¶대통령을 탄핵하다. 탄핵소추권/탄핵권(訴追權), 탄핵주의(主義).

31) 탄산(炭酸): 탄산가스(gas), 탄산공(孔), 탄산수(水), 탄산염(鹽), 탄산지(紙), 탄산천(泉), 탄산칼슘(calcium).

32) 탄소(炭素): 탄소강(鋼), 탄소동화작용(同化作用), 탄소립(粒), 탄소막(膜), 탄소막대, 탄소묵(墨), 탄소봉(棒), 탄소선(線), 탄소섬유(纖維), 탄소순환(循環), 탄소전구(電球), 탄소전극(電極), 탄소지(紙), 탄소질(質), 탄소판(板), 탄소피뢰기(避雷器); 산화탄소(酸化), 이산화탄소(二酸化), 이황화탄소(二黃化), 활성탄소(活性).

33) 탄화(炭化): 탄화규소(硅素), 탄화금(金), 탄화도(度), 탄화되다/하다, 탄화물(物), 탄화법(法), 탄화석회(石灰), 탄화수소(水素), 탄화양모(羊毛), 탄화은(銀), 탄화작용(作用), 탄화철(鐵), 탄화칼슘(calcium).

이 평온하다), 탄탄하다(坦坦)[탄탄대로/탄로(大路)], 탄평하다(坦平;땅이 넓고 편평함. 근심이 없이 마음이 편함), 탄회(坦懷;거리낌이 없는 마음)[허심탄회(虛心)]; 도우탄(屠牛坦;소를 잡는 백정), 순탄하다(順坦), 평탄하다(平坦), 허심탄회(虛心坦懷) 들.

탄(呑) '삼키다'를 뜻하는 말. ¶탄병(呑倂), 탄산증(呑酸症), 탄식(呑食;통째로 먹음), 탄우지기(呑牛之氣), 탄토(呑吐;삼키거나 뱉음), 탄토항(呑吐港), 탄하(呑下); 감탄고토(甘呑苦吐), 몰탄(沒呑), 병탄(倂呑)[청탁병탄(淸濁)] 들.

탄(綻) '옷이 터지다'를 뜻하는 말. ¶비밀이 탄로가 나다. 탄로/되다(綻露;비밀 따위가 드러남)/하다, 탄파(綻破); 파탄(破綻) 들.

탄(憚) '꺼리다'를 뜻하는 말. ¶탄복하다(憚服); 기탄(忌憚), 기탄없다(忌憚), 시탄(猜憚), 외탄(畏憚) 들.

탄(殫) '다하다. 다 없어지다'를 뜻하는 말. ¶탄갈(殫竭;남김없이 바닥을 냄), 탄성(殫誠), 탄진(殫盡) 들.

탄(灘) '여울(물살이 센 곳)'을 뜻하는 말. ¶탄성(灘聲); 사탄(沙灘), 천탄(淺灘), 청탄(淸灘), 험탄(險灘) 들.

탄명-스럽다 보기에 똑똑하지 못하고 흐리멍덩한 데가 있다. ¶그는 탄명스럽게 이야기한다. 탄명스레 어물어물 대답하다.

탄자 털 따위로 만들어 짜서 깔거나 덮게 된 요(담요).[←毯子(담자)]. ¶모탄자(毛), 양탄자(洋), 호탄자(虎;호피무늬의 담요).

탄탄-하다 됨됨이나 생김새가 굳고 실하다. 실속 있고 미덥다. 〈큰〉튼튼하다[34]. ¶탄탄한 몸. 튼실하다(튼튼하고 실하다). ☞ 단단하다.

탄-하다 남의 일에 참견하여 시비하다. 남의 말을 탓잡아 나무라다. ¶누나는 툭하면 내 일에 탄하고 나선다. 탄질[35]/하다.

탈 ①나무·흙·종이 따위로 만든 얼굴의 형상. 가면(假面). 마스크. ¶탈을 쓰고 춤을 추다. 탈광대, 탈굿, 탈꾼, 탈놀음/하다, 탈놀이(탈놀음)/하다, 탈막(幕), 탈바가지/탈박, 탈바꿈(변태)[탈바꿈뿌리, 탈바꿈잎, 탈바꿈하다; 갖춘탈바꿈, 안갖춘탈바꿈], 탈보(褓), 탈춤/놀이, 탈판; 거짓탈, 나무탈, 바가지탈, 발탈(발에 탈을 씌워 갖가지 동작을 하는 놀이), 보라탈, 사자탈(獅子), 산대탈(山臺), 상좌탈(上座), 샌님탈, 양반탈(兩班), 종이탈(종이로 만든 탈), 지탈(紙;종이탈), 하회탈. ②속뜻을 감추고 겉으로 거짓을 꾸미는 의뭉스러운 얼굴. ¶탈을 쓰다. 양의 탈을 쓴 이리. 독재자의 탈을 벗다.

탈(脫) '벗다. 벗어나다. 벗기다. 없애다. 빠지다. 빼다'를 뜻하는 말. ¶탈각(脫却;그릇된 생각이나 좋지 못한 상태에서 벗어남. 벗어버림), 탈각(脫殼), 탈감(脫監), 탈거(脫去), 탈건(脫巾), 탈겁(脫劫), 탈고(脫稿;원고의 집필을 마침), 탈곡/기(脫穀/機), 탈골(脫骨), 탈공(脫空), 탈공업화(脫工業化), 탈공해(脫公害), 탈관(脫冠), 탈관(脫棺), 탈교(脫敎), 탈구(脫句), 탈구(脫臼;삠), 탈규제(脫規制), 탈냉전(脫冷戰), 탈당(脫黨), 탈대중화(脫大衆化), 탈도(脫刀), 탈락(脫落;떨어짐), 탈랍(脫蠟), 탈력(脫力), 탈로(脫路), 탈루(脫漏), 탈류(脫硫), 탈리(脫離), 탈립기(脫粒機), 탈립성(脫粒性), 탈망건(脫網巾)/탈망(脫網), 탈망바람(脫網), 탈모(脫毛)[탈모제(劑), 탈모증(症)], 탈모(脫帽), 탈문(脫文), 탈발(脫髮), 탈법/행위(脫法/行爲), 탈복(脫服), 탈분(脫糞), 탈분화(脫分化), 탈불황(脫不況), 탈산(脫酸), 탈산소(脫酸素), 탈삽(脫澁), 탈상(脫喪), 탈색/제(脫色/劑), 탈석유(脫石油), 탈선(脫船), 탈선(脫線)[탈선계수(係數), 탈선되다/하다, 탈선적(的), 탈선행위(行爲)], 탈세(脫稅)[탈세액(額), 탈세자(者)], 탈속(脫俗;고상하지 못한 속티를 벗어남. 속세의 번뇌에서 벗어남), 탈쇄하다(脫灑), 탈속반(脫粟飯), 탈수(脫水)[탈수기(機), 탈수반응(反應), 탈수제(劑), 탈수증(症), 탈수증상(症狀)], 탈수소(脫水素), 탈습(脫習), 탈습(脫濕), 탈신(脫身), 탈신도주(脫身逃走)/탈주(脫走), 탈실(脫失), 탈아미노반응(脫amino反應), 탈아미드(脫amide), 탈양증(脫陽症), 탈어(脫語), 탈염(脫鹽), 탈염소(脫鹽素), 탈영/병(脫營/兵), 탈오(脫誤), 탈옥/수(脫獄/囚), 탈위(脫危), 탈유(脫遺), 탈음(脫陰), 탈의(脫衣)[탈의실(室), 탈의장(場)], 탈일(脫逸), 탈자(脫字), 탈장(脫腸)[탈장대(帶), 탈장증(症)], 탈저(脫疽), 탈적(脫籍), 탈적(脫籍), 탈죄(脫罪), 탈주/병(脫走/兵), 탈지(脫脂;기름기를 빼어냄)[탈지면(綿), 탈지분유(粉乳), 탈지요법(療法), 탈지유(乳)], 탈진(脫盡;기운이 다 빠져 없어짐), 탈진(脫塵;脫俗), 탈질(脫窒), 탈질균(脫窒菌), 탈착(脫着), 탈채(脫債), 탈출(脫出)[탈출병(兵), 탈출속도(速度), 탈출자(者)], 탈취/제(脫臭/劑), 탈코드(脫code), 탈탄(脫炭), 탈태(脫胎)[36], 탈태(脫態;형태나 형식을 바꿈), 탈토(脫兎;달아나는 토끼란 뜻으로, 동작이 매우 빠름), 탈퇴(脫退↔加入), 탈투(脫套), 탈피(脫皮;벗어남)[탈피각(殼), 탈피되다/하다, 탈피샘], 탈학교(脫學校), 탈함(脫艦), 탈항/증(脫肛/症), 탈핵(脫核), 탈혈(脫血), 탈형광색(脫螢光色), 탈화(脫化;곤충이 허물을 벗음. 낡은 형식에서 벗어남), 탈화(脫靴;신을 벗음), 탈활성(脫活性), 탈황(脫黃), 탈회(脫會↔入會); 누탈(漏脫), 도탈(逃脫), 득탈(得脫), 면탈(免脫), 박탈(剝脫), 백탈(白脫), 변탈(變脫), 선탈(蟬脫), 소탈하다(疎/疏脫), 쇄탈(洒脫), 오탈(誤脫), 와탈(訛脫), 유탈(遺脫), 육탈(肉脫), 이탈(離脫), 일탈(逸脫), 자궁탈(子宮脫), 족탈불급(足脫不及), 초탈(超脫), 파탈(擺脫), 포탈(逋脫), 피탈(避脫;피하여 벗어남), 해탈(解脫), 허탈/감(虛脫/感), 활탈(滑脫) 들.

탈(頉) ①뜻밖에 일어난 걱정될 만한 사고(사달). 몸에 생기는 병. 결함이나 허물. 핑계 또는 트집.≒세봉(좋지 않은 일). ¶아무 탈 없이 일을 마치다. 몸에 탈이 생겨 일을 못하다. 탈거리(걱정스러운 일), 탈급(頉給;특별한 사정을 헤아려 책임을 면제하여 줌), 탈나다/내다. 탈면(頉免;免責), 탈붙다(일에 변고가 생기다), 탈없다, 탈잡다(흠을 잡다)/잡히다, 탈집(탈거리), 탈처(頉處), 탈하다[37]; 공탈(公頉), 귀탈(귓병), 대탈(大頉), 뒤탈, 똥탈, 목탈, 무탈

---

[34] 튼튼하다: 생김새나 물품의 만듦새가 매우 단단하고 실하다. 몸이 건강하다. ¶책상이 튼튼하다. 튼튼한 몸. 튼실하다(튼튼하고 실하다), 튼튼이(튼튼한 사람), 튼튼히; 굼튼튼하다(성격이 굳어서 재물에 대하여 헤프지 아니하고 튼튼하다), 불여튼튼(不如;튼튼히 하는 것보다 더 나은 것이 없음).

[35] 탄질: 남의 일을 아랑곳하여 시비하는 짓.

[36] 탈태(脫胎): 질이 매우 얇아서 잿물만으로 만든 것 같아 보이는 투명한 자기(瓷器)의 몸체.

[37] 탈하다(頉): 탈이 있어 일자리나 갈 곳에 나가지 못하는 까닭을 말하다. 핑계나 트집을 잡다. ¶그는 얼음판을 탈하고 모임에 나타나지 않았다.

(無頉), 발탈(발에 생기는 병이나 탈), 배탈, 백탈(白頉), 병탈(病頉), 산탈(山頉), 생탈(生頉), 선산탈(先山;조상의 무덤을 잘못 써서 난다는 탈), 속탈, 술탈, 식탈(食頉), 잡탈(雜頉), 젖탈, 좌칭우탈(左稱右頉), 지신탈(地神頉), 집탈(執頉), 차탈피탈(此頉彼頉), 칭탈(稱頉), 현탈(現頉), 현탈(懸頉), 후탈(後頉;후더침. 뒤탈). ② '면제하다'를 뜻하는 말. ¶탈계(頉啓), 탈급(頉給;특별히 사정을 보아 책임을 면제하여 주는 것), 탈면(頉免), 탈보(頉報), 탈품(頉稟), 탈하(頉下) 들.

탈(奪) '빼앗다. 잃다'를 뜻하는 말. ¶탈거(奪去), 탈격(奪格), 탈고신(奪告身), 탈기(奪/脫氣), 탈략(奪掠/略;함부로 빼앗음), 탈색(奪色), 탈의파(奪衣婆), 탈적(奪嫡), 탈정(奪情), 탈종(奪宗), 탈지(奪志), 탈취(奪取), 환골탈태(換骨奪胎)/탈태(奪胎), 탈환(奪還)[재탈환(再)], 탈회(奪回); 강탈(强奪), 겁탈(劫奪), 공탈(攻奪), 늑탈(勒奪), 박탈(剝奪), 백주창탈(白晝搶奪), 삭탈관직(削奪官職), 생살여탈(生殺與奪), 수탈(收奪), 약탈(掠奪), 양탈(攘奪), 억탈(抑奪), 여탈(與奪), 쟁탈(爭奪), 점탈(占奪), 정탈(定奪), 찬탈(簒奪), 치탈(褫奪), 침탈(侵奪), 표탈(剽奪), 피탈(被奪), 핍탈(逼奪), 협탈(脅奪), 횡탈(橫奪) 들.

탈락 매달리거나 한쪽이 늘어진 물건이 흔들리는 모양. 〈큰〉털럭. ¶등에 맨 가방이 탈락 흔들려 거추장스럽다. 탈락·털럭거리다/대다.

탈바닥 ①납작한 물건으로 얕은 물을 가볍게 칠 때 나는 소리. ¶널빤지로 물을 탈바닥 치다. 탈바닥·털버덕거리다/대다. 탈바당[38]/탈방, 탈박[39]. ②아무렇게나 탈싹 주저앉는 모양. 또는 그 소리. ¶땅바닥에 탈바닥 주저앉다.

탈싸닥 작은 몸집이 몹시 맥없이 주저앉는 소리. 또는 그 모양. 작고 도톰한 물건이 맥없이 바닥에 떨어지는 소리. 또는 그 모양. 〈준〉탈싹. 〈큰〉털써덕/털썩. ¶누가 던졌는지 발 앞에 조약돌이 탈싸닥 떨어졌다. 영수가 눈에 미끄러져 탈싸닥 엉덩방아를 찧었다. 탈싹[40]·털석거리다/대다, 털썩이잡다[41]. ☞ 들다[4](들썩).

탈이 민속 음악에서, 약간 힘을 주어 낮은 소리로 옮겨 가는 창법.

탈탈[1] ①무엇을 털어내는 모양. ¶바지를 탈탈 털다. ②아무 것도 남지 않도록 긁어내는 모양. ¶지갑을 탈탈 털어서 성금을 내다. ③아무것도 먹지 않고 완전히 굶은 모양. 〈큰〉털털[1].

탈탈[2] ①몸이 피곤하여 나른한 걸음으로 걷는 모양. ¶맥없이 탈탈 걸어오는 소년. ②잇달아 가볍게 떨리듯이 울리는 탁한 소리. ③금이 간 질그릇 따위를 계속 두드려 내는 소리. ¶단지를 옮길 때마다 탈탈 소리가 난 걸 보니 금이 간 게 분명하다. ④돌아가는 기계 따위가 낡아서 내는 소리. 〈큰〉털털[2]. ¶탈탈·털털거리다/대다, 탈탈이·털털이(낡아서 털털거리는 자동차·수레 따위).

탐(探) '더듬다. 찾다'를 뜻하는 말. ¶탐검(探檢), 탐광(探鑛), 탐구(探求)[탐구되다/하다, 탐구자(者); 인간탐구(人間)], 탐구(探究)[탐구되다/하다, 탐구력(力), 탐구심(心), 탐구열(熱), 탐구욕(慾), 탐구자(者)], 탐낭취물(探囊取物), 탐득(探得), 탐락(耽樂), 탐리(探吏), 탐망(探望;살펴 바라봄), 탐매(探梅), 탐문(探問), 탐문(探聞;수소문하여 들음), 탐방/기(探訪/記), 탐보(探報;진상을 알아내어 알림), 탐사(探査)[42], 탐상(探賞;경치 좋은 곳을 찾아 구경하고 즐김), 탐색(探索)[43], 탐석(探石), 탐승/객(探勝/客), 탐정(探情), 탐정(探偵)[44], 탐조(探鳥), 탐조/등(探照/燈), 탐지(探知)[탐지기(機), 탐지꾼; 역탐지(逆); 음파탐지(音波), 전파탐지(電波)], 탐찰(探察), 탐춘/객(探春/客), 탐측(探測), 탐탕(探湯), 탐해등(探海燈), 탐험(探險)[탐험가(家), 탐험대(隊), 탐험등산(登山), 탐험소설(小說)], 탐화/봉접(探花/蜂蝶), 탐후(探候;남의 안부를 물음); 광탐(廣探), 내탐(內探), 맹탐(盲探), 밀탐(密探), 상탐(詳探), 수탐(搜探), 어탐(魚探), 엄탐(嚴探), 염탐(廉探)[염탐꾼, 염탐질], 예탐/꾼(豫探), 정탐/꾼(偵探), 채탐(採探), 형탐(詗探) 들.

탐(貪) 무엇을 가지거나 차지하고 싶은 마음. ¶탐이 나다(부럽다). 탐을 내다(넘보다). 탐관/오리(貪官/汚吏), 탐권낙세(貪權樂勢), 탐구(貪求), 탐기(貪嗜;탐내어 즐김), 탐내다, 탐다무득(貪多務得), 탐도(貪饕;재물이나 음식을 탐냄. 貪婪), 탐람(貪婪), 탐리(貪吏;貪官), 탐리(貪利), 탐린하다(貪吝), 탐묵(貪墨;貪汚), 탐부(貪夫;탐욕스러운 사내), 탐색(貪色;好色), 탐식(貪食), 탐스럽다[45], 탐실하다(탐스럽고 실하다), 탐심(貪心), 탐악(貪惡), 탐애(貪愛), 탐오(貪汚;욕심이 많고 하는 짓이 더러움), 탐욕(貪慾)[탐욕가(家), 탐욕배(輩), 탐욕스럽다, 탐욕적(的), 탐욕주의/적(主義/的)], 탐음(貪淫;지나치게 여색을 탐함), 탐장(貪贓;관리가 부정한 방법으로 재물을 탐함)[탐장죄(罪), 탐장질/하다], 탐재/호색(貪財/好色), 탐정(貪政), 탐착(貪着), 탐하다, 탐학(貪虐), 탐호(貪好), 탐횡(貪橫;탐욕스럽고 행동이 횡포함); 색탐(色貪), 소탐대실(小貪大失), 식탐(食貪) 들.

탐(耽) '깊이 즐기다. 즐거워하다. 몰두하다'를 뜻하는 말. ¶탐닉(耽溺;지나치게 즐겨 거기에 빠짐), 탐독(耽讀), 탐락(耽樂), 탐련(耽戀), 탐미(耽美)[탐미적(的), 탐미주의(主義), 탐미파(派)], 탐색(耽

38) 탈바당: 납작한 물건 따위가 얕은 물 위에 떨어질 때 울리어 나는 소리. 〈큰〉털버덩/털벙. 〈준〉탈방. ¶얕은 개울물에 돌을 던지자 탈방 소리가 났다.

39) 탈박: 물건의 밑바닥으로 얕은 물을 쳐서 나는 소리. 〈큰〉털벅. ¶물이 담긴 함지박에 쟁반을 탈박 쳐서 소리를 내다. 탈박·털벅거리다/대다.

40) 탈싹: ①사람이 갑자기 주저앉는 소리. 또는 그 모양. ¶털썩 주저앉다. ②작고 도톰한 물건이 갑자기 바닥에 떨어지는 소리. 또는 그 모양. ¶외투를 벗어 탈싹 방바닥에 놓다. ③작거나 도톰한 물건이 부딪치는 소리. 또는 그 모양. 〈큰〉털썩.

41) 털썩이-잡다: 일을 망치다. ¶하루아침에 주가가 폭락하여 털썩이잡았다. 시세가 떨어져 털썩이잡았다.

42) 탐사(探査): 알려지지 않은 사물이나 사실 따위를 샅샅이 조사함. ¶탐사단(團), 탐사대(隊), 탐사되다/하다, 탐사언론(言論), 탐사효율(效率); 동굴탐사(洞窟), 물리탐사(物理), 방사능탐사(放射能), 사전탐사(事前), 석유탐사(石油), 우주탐사(宇宙), 유전탐사(油田), 자기탐사(磁氣), 전기탐사(電氣), 지열탐사(地熱), 지진탐사(地震), 지질탐사(地質), 해양탐사(海洋).

43) 탐색(探索): 드러나지 않은 사물이나 현상 따위를 찾아내거나 밝히기 위하여 살피어 찾음. ¶탐색경(鏡), 탐색구조(救助), 탐색기(機), 탐색선(船), 탐색이론(理論), 탐색전(戰), 탐색하다.

44) 탐정(探偵): 남의 비밀한 일을 은밀히 알아내거나, 범죄 사건을 추적하여 알아내는 일. 정탐(偵探). ¶탐정가(家), 탐정극(劇), 탐정꾼, 탐정물(物), 탐정배(輩), 탐정소설(小說;추리소설), 탐정하다; 명탐정(名), 사설탐정(私設).

45) 탐스럽다: 마음이 끌리도록 보기에 소담스럽고 좋다. ¶가지마다 탐스럽게 핀 목련꽃. 함박눈이 탐스럽게 내린다.

色), 탐탐하다(耽耽;마음에 들어 즐기고 좋아하다), 탐혹(耽惑); 황탐(荒耽), 호시탐탐(虎視耽耽) 들.

탐탁-하다 마음에 들게 흐뭇하다.≒만족하다. ¶탐탁한 반응을 보이다. 그는 선물을 받으면서도 별로 탐탁해하지 않았다. 탐탁스럽다(탐탁하게 보이다).

탑(塔) 부처의 사리를 모시거나 유품 등을 안치하기 위하여 절에 세운 축조물이나 여러 층으로 높고 뾰족하게 세운 건물.[←stupa〈범〉]. ¶탑을 쌓다. 탑골(탑이 있는 고을), 탑기단(塔基壇), 탑꼴(탑처럼 생긴 모양), 탑돌이, 탑등(塔燈), 탑륜(塔輪), 탑망원경(塔望遠鏡), 탑머리[상륜(相輪)], 탑명(塔銘), 탑묘(塔廟), 탑문(塔門), 탑비(塔碑), 탑상운(塔狀雲), 탑세(塔勢;탑이 솟아 있는 모양), 탑시계(塔時計), 탑식(塔式), 탑신/석(塔身/石), 탑영(塔影), 탑정(塔頂), 탑첨(塔尖), 탑파(塔婆), 탑형(塔形;탑꼴); 감시탑(監視塔), 감탑(龕塔;불상을 모시는 방이 있는 탑), 개미탑, 개산탑(開山塔), 건조탑(乾燥塔), 게이뤼삭탑(Gay-Lussac塔), 경탑(經塔), 계류탑(繫留塔), 고탑(古塔), 고탑(高塔), 공양탑(供養塔), 관망탑(觀望塔), 관제탑(管制塔), 광탑(光塔;등대), 광고탑(廣告塔), 교탑(橋塔), 금탑(金塔), 금자탑(金字塔), 급수탑(給水塔), 기념탑(紀念塔), 나무탑, 나사탑(螺絲塔), 난탑(卵/蘭塔), 냉각탑(冷却塔), 냉동탑(冷凍塔), 노포탑(露砲塔), 다각탑(多角塔), 다보탑(多寶塔), 다층탑(多層塔), 당탑(堂塔), 돌탑, 등탑(燈塔), 모전탑(模甎塔), 목조탑(木造塔)/목탑(木塔), 목표탑(目標塔), 묘탑(廟塔), 무봉탑(無縫塔), 무영탑(無影塔), 무전탑(無電塔), 바벨탑(Babel塔), 방각탑(方角塔), 방송탑(放送塔), 방첨탑(方尖塔), 배수탑(配水塔), 법신탑(法身塔), 벽탑(甓塔), 보동탑(普同塔;여러 중의 유골을 한데 묻은 곳에 세운 탑), 보탑(寶塔), 보살탑(菩薩塔), 분류탑(分溜塔), 분무탑(噴霧塔), 분수탑(噴水塔), 분천탑(噴泉塔), 불탑(佛塔), 뾰족탑, 사과탑(四果塔), 사령탑(司令塔), 사리탑(舍利塔), 사탑(寺塔), 사탑(斜塔), 상륜탑(相輪塔), 상아탑(象牙塔), 석가탑(釋迦塔), 석탑(石塔), 선전탑(宣傳塔), 성탑(城塔), 성탑(聖塔), 송신탑(送信塔), 송전탑(送電塔), 수신탑(受信塔), 시계탑(時計塔), 시추탑(試錐塔), 시현탑(示現塔;자연적으로 이루어진 탑), 신호탑(信號塔), 연각탑(緣覺塔), 오륜탑(五輪塔), 옥탑(屋塔), 용암탑(鎔巖塔), 우골탑(牛骨塔), 원탑(圓塔), 위령탑(慰靈塔), 자탑(瓷塔), 자연탑(自然塔), 저수탑(貯水塔), 저장탑(貯藏塔), 전공탑(戰功塔), 전탑(塼塔), 전탑(甎塔), 정류탑(精溜塔), 종탑(鐘塔), 중계탑(中繼塔), 증류탑(蒸溜塔), 지휘탑(指揮塔), 차례탑(茶禮塔), 철탑(鐵塔), 첨탑(尖塔;뾰족탑), 추출탑(抽出塔), 충전탑(充塡塔), 충혼탑(忠魂塔), 취수탑(取水塔), 치아탑(齒牙塔), 탈출탑(脫出塔), 파노라마탑(panorama塔), 포탑(砲塔), 표탑(標塔), 현충탑(顯忠塔), 홍보탑(弘報塔), 환기탑(換氣塔), 환영탑(歡迎塔), 회선탑(回旋塔) 들.

탑(榻) 좁고 기다란 평상(平床). 임금이 앉는 의자. ¶탑교(榻敎;임금이 의정을 불러 친히 내리던 명), 탑상(榻牀), 탑전(榻前;왕의 자리 앞); 보탑(寶榻), 상탑(牀榻), 선탑(禪榻), 어탑(御榻), 와탑(臥榻), 하탑(下榻) 들.

탑(搭) '타다. 태우다. 싣다'를 뜻하는 말. ¶탑객(搭客), 탑선(搭船), 탑승(搭乘)[탑승객(客), 탑승교(搭乘橋), 탑승권(券), 탑승원(員), 탑승자(者), 탑승하다], 탑재(搭載)[탑재기(機), 탑재량(量), 탑재물(物), 탑재포(砲)] 들.

탑(搨) '베끼다. 본뜨다. 금석문 위에 종이를 대어 박아내다'를 뜻하는 말. ¶탑문(搨文), 탑본(搨本;拓本), 탑영(搨影), 탑인(搨印) 들.

탑(塌) '무너지다'를 뜻하는 말. ¶붕탑(崩塌), 천붕지탑(天崩地塌) 들.

탑새기 일을 방해하여 망쳐 놓는 요인. ¶탑새기를 맞다(자기 일을 망치다). 나를 안 끼워주면 탑새기줄 테다. 무슨 감정이 있다고 탑새기주고 그러니? 탑새기주다(남의 일을 방해하여 망치다)

탓 일이 그릇된 까닭이나 원인.≒빌미. ¶누구를 탓하겠는가. 탓잡다(핑계나 구실로 삼다), 탓하다; 요탓조탓, 이탓저탓.

탕[1] 무엇을 실어 나르거나 일정한 곳까지 다녀오는 횟수. 또는 일을 치른 횟수를 세는 말. '행보. 건(件)'을 뜻하는 말. ¶흙을 두 탕 실어 나르다. 투기를 크게 한 탕 하다. 한탕 뛰다/ 잡다/ 치다/ 하다.

탕[2] ①작은 것이 속이 비어 아무 것도 없는 모양. 〈큰〉텅. ¶텅 빈 교실. 텡쇠(허약한 사람); 빈탕(알맹이가 없이 빈 것),②'땅[2],[3],[4]'의 거센말.

탕(湯) ①'국(국물이 많은 국). 달여 먹는 약. 끓다'를 뜻하는 말. ¶탕을 올리다. 탕거리(탕을 끓일 감), 탕관(湯罐)[약탕관(藥), 질탕관], 탕국, 탕국물, 탕기(湯器;국을 담는 작은 그릇)[바리탕기, 약탕기(藥)], 탕메(제사에 쓰는 국과 밥), 탕면(湯麵;국에 만 국수), 탕반(湯飯;장국밥), 탕병(湯餠), 탕상(湯傷;끓는 물에 덴 상처), 탕솥, 탕수(湯水;끓는 물), 탕액(湯液;한약을 달여 짠 물), 탕약(湯藥;달여서 먹는 한약), 탕원미(湯元味;초상집에 쑤어 보내는 죽), 탕제(湯劑;湯藥), 탕지기(대궐 안에서 국을 맡아 끓이던 종), 탕화/창(湯火/瘡;데어서 생기 헌데); 가오리탕, 가재탕, 갈탕(葛湯), 갈근탕(葛根湯), 갈비탕, 감탕(甘湯)[46], 감곽탕(甘藿湯), 감길탕(甘桔湯), 감두탕(甘豆湯), 감자탕(甘藷湯), 갱탕(羹湯), 거갑탕(居甲湯), 건리탕(建理湯), 게탕, 계단백탕(鷄蛋白), 계란탕(鷄卵湯), 계삼탕(鷄蔘湯), 계지탕(桂枝湯), 곤포탕(昆布湯;다시맛국), 골탕, 곰탕, 교맥유탕(蕎麥乳湯), 구감초탕(灸甘草湯), 구자탕(口子湯), 궁귀탕(芎歸湯), 궐어탕(鱖魚湯), 귀비탕(歸脾湯), 귀용탕(歸茸湯), 급살탕(急煞湯;갑자기 닥치는 재난), 꺽저기탕, 꼬리탕, 끌탕, 내장탕(內臟湯), 내포탕(內包湯), 냄비탕, 녹탕(鹿湯), 농탕(濃湯), 다탕(茶湯), 담염탕(淡鹽湯), 닭볶음탕, 대구탕(大口湯), 대보탕(大輔湯), 대시호탕(大柴胡湯), 도가니탕, 도깨비탕, 도리탕(dori湯), 도적탕(導赤湯), 독삼탕(獨蔘湯), 독활기생탕(獨活寄生湯), 두부탕(豆腐湯), 마비탕(麻沸湯), 마행석감탕(麻杏石甘湯), 마황탕(麻黃湯), 만물탕(萬物湯), 매운탕, 맥탕(麥湯), 맥문동탕(麥門冬湯), 맹탕, 맹물탕, 메탕, 메기탕, 물탕, 미나리탕, 미온탕(微溫湯), 민어탕(民魚湯), 반야탕(般若湯), 백탕(白湯), 백비탕(白沸湯), 백자탕(白子湯), 백호탕(白虎湯), 뱀탕, 별탕(鼈湯), 보신탕(補身湯), 보음탕(補陰湯), 보중익기탕(補中益氣湯), 보허탕(補虛湯), 북어탕(北魚湯), 분탕(粉湯), 비탕(沸湯), 비아탕(肥兒湯), 비파엽

46) 감탕(甘湯): ①엿을 곤 솥을 가셔 낸 단물. ②메주를 쑨 솥에 남은 진한 물.

ㅌ

탕(枇杷葉湯), 사과탕(四-湯)[47], 사군자탕(四君子湯), 사물탕(四物湯), 사물안신탕(四物安神湯), 산밀탕(蒜密湯), 산사탕(山査湯), 삼계탕(蔘鷄湯), 삼부탕(蔘附湯), 삼비탕(三痹湯), 삼태탕(三太湯), 새우탕, 생사탕(生蛇湯), 생숙탕(生熟湯), 서더리탕, 서덜탕, 석화탕(石花湯), 설렁탕, 성주탕(醒酒湯), 소탕(素湯)[48], 소루쟁이탕, 소사탕(繅絲湯), 소시호탕(小柴胡湯), 소청룡탕(小青龍湯), 송이탕(松栮湯), 수계탕(水鷄湯), 수토탕(水土湯), 순채탕(蓴菜湯), 숭심탕(崧心湯), 승기탕(承氣湯), 승기악탕(勝妓樂湯), 심검치탕(시금칫국), 십신탕(十神湯), 십전대보탕(十全大補湯), 쌍화탕(雙和湯), 쏘가리탕, 아귀탕, 알탕, 양위탕(養胃湯), 어탕(魚湯), 어글탕(소를 빚어 밀가루와 달걀을 묻혀 끓인 국), 어알탕, 연와탕(燕窩湯), 연포탕(軟泡湯), 열구자탕(悅口子湯)[49], 영폐탕(寧肺湯), 오매탕(烏梅湯), 오복탕(五福湯;도라지 · 닭고기 · 돼지고기 · 해삼 · 전복을 넣어 끓인 국), 오징어탕, 옥수수탕, 온담탕(溫膽湯), 와가탕(가막조개를 끓인 국), 완자탕, 왈가닥탕, 용미봉탕(龍味鳳湯), 용봉탕(龍鳳湯)[50], 육개탕(肉-湯), 육군자탕(六君子湯), 육미탕(六味湯), 육탕(肉湯;고깃국), 음양탕(陰陽湯), 이리탕, 이어탕(鯉魚湯), 이중탕(理中湯), 이진탕(二陣湯), 인삼탕(人蔘湯), 인진탕(茵蔯湯), 임자수탕(荏子水湯), 자라탕, 잡탕(雜湯), 재탕(再湯), 저령탕(豬苓湯), 저합탕(紵蛤湯), 전복탕(全鰒湯), 정기탕(正氣湯), 제호탕(醍醐湯), 조개탕, 조개관자탕(貫子湯), 족탕(足湯), 주탕(酒湯;술국), 주저탕[51], 죽력탕(竹瀝湯), 죽순탕(竹筍湯), 줄알탕, 중탕(重湯), 지양탕(地羊湯), 지황탕(地黃湯), 참배탕, 천초만화탕(千草萬花湯), 청태탕(青苔湯), 청포탕(淸泡湯), 초계탕(醋鷄湯), 초교탕[52], 촉규탕(蜀葵湯), 총탕(蔥湯), 총계탕(蔥鷄湯), 추어탕(鰍魚湯), 추포탕[53], 춘택탕(春澤湯), 치숭탕(稚菘湯), 콩탕[54], 콩나물탕, 태화탕(太和湯), 토끼탕, 파관탕(破棺湯), 팔물탕(八物湯), 팔진탕(八珍湯), 포탕(匏湯;박국), 하돈탕(河豚湯), 해물탕(海物湯), 해삼탕(海蔘湯), 해장탕(解酲湯), 향갈탕(香葛湯), 혈장탕(血臟湯), 호마탕(胡麻湯), 혼돈탕(混沌湯), 홍어탕(洪魚湯), 홍합탕(紅蛤湯), 환원탕(還元湯), 환자탕(丸子湯), 황기탕(黃芪湯), 황련탕(黃連湯), 해독탕(害毒湯), 황룡탕(黃龍湯), 황볶이탕(黃-湯), 회생탕(回生湯). ②목욕간이나 온천의 목욕하는 곳. ¶탕에서 나오다. 탕객(湯客;목욕하는 사람), 탕관(湯灌), 탕양(湯樣), 탕천(湯泉;溫泉), 탕치/요법(湯治/療法), 탕파(湯婆)[55], 탕하다(목간하다), 탕화(湯花;온천 밑바닥에 침전하여 엉긴 황가루); 가족탕(家族湯), 남탕(男湯), 냉탕(冷湯), 노천탕(露天湯), 독탕(獨湯), 목욕탕(沐浴湯), 물탕, 미온탕(微溫湯), 사우나탕(sauna湯), 사탕(砂湯), 상탕(上湯), 약탕(藥湯), 여탕(女湯), 열탕(熱湯), 온천탕(溫泉湯), 온탕(溫湯), 욕탕(浴湯), 입탕(入湯), 조탕(潮湯), 족탕(足湯), 중탕(中湯), 증기탕(蒸氣湯), 탐탕(探湯), 하탕(下湯), 한증탕(汗蒸湯), 해수탕(海水湯), 향탕(香湯), 혼탕(混湯). ③질어서 범벅이 된 것. ¶복대기탕(복대기 삭히는 데 쓰는 큰 통), 죽탕(粥)[56], 함지탕(함지질을 한 복대기), 흙탕[흙탕길, 흙탕물, 흙탕치다; 진흙탕] 들.

탕(蕩) '쓸어버리다. 씻어버리다. 넓다. 제멋대로 하다'를 뜻하는 말. ¶탕갈(蕩竭;재물이 다 없어짐), 탕감(蕩減;빚 따위를 모두 없애줌. 덜어 줌), 탕객(蕩客;방탕한 사람), 탕기(蕩氣;방탕한 기운), 탕녀(蕩女), 탕론(蕩論), 탕멸(蕩滅;모조리 멸망함), 탕몰(蕩沒), 탕부(蕩婦), 탕산(蕩散;蕩盡), 탕심(蕩心), 탕아(蕩兒), 탕양하다(蕩漾;물결이 넘실거리며 출렁이다), 탕연하다(蕩然;텅 비어 있는 모양. 방자한 모양), 탕요(蕩搖;흔들리거나 흔듦), 탕일(蕩逸), 탕자(蕩子;탕아), 탕정(蕩情), 탕지(蕩志;크고 넓은 뜻. 방탕한 마음), 탕진(蕩盡;재물 따위를 다 써 없앰)[탕진되다/하다, 탕진가산(家産)/탕산(蕩産), 탕진무여(無餘)], 탕채(蕩債), 탕척(蕩滌)[57], 탕치다[58], 탕탕(蕩蕩)[59]/하다, 탕탕평평/탕평(蕩蕩平平;어느 쪽에도 치우치지 않고 공평함)[탕평론(論), 탕평채(菜;묵청포), 탕평책(策)], 탕패/가산(蕩敗/家産), 탕포(蕩逋); 농탕(弄蕩), 동탕하다(動蕩), 방탕(放蕩)[허랑방탕(虛浪)], 분탕(焚蕩), 소탕(掃蕩), 유탕(遊蕩), 음탕(淫蕩), 태탕(駘蕩), 판탕(板蕩), 표탕(飄蕩), 허랑방탕(虛浪放蕩)/허탕(虛蕩), 호호탕탕(浩浩蕩蕩)/호탕(浩蕩) 들.

탕(宕) '방탕하다. 방자하게 굴다'를 뜻하는 말. ¶탕건(宕巾;갓 아래에 받쳐 쓰던 관)[탕건집; 게알탕건(아주 곱게 뜬 탕건, 한림탕건(翰林)], 탕창(宕氅)[탕창짜리, 탕창하다(벼슬을 하다)]; 건탕(巾宕), 소탕하다(疏宕), 진탕[60], 질탕(跌宕), 호탕(豪宕), 호탕불기(豪宕不羈) 들.

탕(帑) '돈을 넣어 두는 곳간(금고)'를 뜻하는 말. ¶탕장(帑藏), 탕전(帑錢), 탕폐(帑幣); 내탕고(內帑庫), 내탕금(內帑金) 들.

탕(鐋) '대패'를 뜻하는 말. ¶개탕(開鐋)(판자 따위를 끼우기 위하여 파낸 홈. 개탕대패, 개탕홈), 변탕(邊鐋)[61] 들.

탕(盪) '흔들어서 씻다. 부딪히다'를 뜻하는 말. ¶진탕(震/振盪;몹시 흔들려 울림).

탕개 ①물건의 동인 줄을 죄는 기구. 동인 줄의 중간에 비녀장을

47) 사과탕(四-湯): 소의 뼈도가니 · 아롱사태 · 허파 · 꼬리를 넣고 끓인 곰국.

48) 소탕(素湯): ①고기나 생선을 전혀 넣지 아니한 국. ②제사에 쓰는 국. 고기 없이 두부와 다시마를 넣고 맑은 장에 끓임.

49) 열구자탕(悅口子湯): 신선로에 여러 가지 고기와 생선 · 채소를 넣고, 그 위에 여러 가지 과일과 갖은 양념을 넣어 끓인 음식.

50) 용봉탕(龍鳳湯): ①닭고기와 잉어를 한데 넣어 끓인 국. ②닭을 고아 뼈를 발라내고, 은어와 쌀을 넣어 끓인 국.

51) 주저탕: 쇠족을 잘게 썰어 넣고 끓인 국물에 밀가루를 풀고, 무를 썰어 넣어 죽처럼 끓인 국. 흔히 제사에 쓰임.

52) 초교탕: 삶은 닭고기를 뜯어 넣은 깻국에다가 전복 · 해삼과 오이 · 표고 따위를 넣고 잣을 띄워 만든 여름철 보양 음식.

53) 추포탕: 깻국이나 콩국에 삶은 쇠고기와 내장과 절인 오이를 썰어 넣고 고명을 친 국. 삼복더위에 먹음.

54) 콩탕: 찬물에 고운 날콩가루를 풀어서 순두부처럼 엉길 때까지 끓였다가 진잎을 잘게 썰어 넣고 다시 끓여 내어 양념한 국.

55) 탕파(湯婆): 뜨거운 물을 넣어 몸을 덥게 하는, 쇠나 자기로 만든 그릇. 각파(脚婆).

56) 죽탕(粥): ①땅이 질어서 뒤범벅이 된 곳. 또는 그런 상태. ¶죽탕물. ②맞거나 짓밟혀 몰골이 상한 상태. ¶죽탕을 치다.

57) 탕척(蕩滌): 죄명(罪名)이나 전과(前科) 따위를 깨끗이 씻어 줌. ¶탕척서용(敍用;죄명을 씻고 다시 벼슬에 올려 쓰던 일).

58) 탕치다: ①재산을 다 없애다. ¶주색잡기로 가산을 탕치다. ②갚아야 할 빚을 면제해 주다.≒탕감하다(蕩減). ¶빚을 탕쳐 주다.

59) 탕탕(蕩蕩): ①넓고 큰 모양. ②평탄한 모양. ③마음이 유연하고 사사로움이 없는 모양. ④수세가 힘찬 모양. ⑤법도가 쇠폐한 모양.

60) 진탕(宕): 싫증이 날 만큼 많이. ¶술을 진탕 마시다. 진탕만탕.

61) 변탕(邊鐋): 대패질할 때, 깎아낼 두께를 대충 잡기 위하여 한쪽 가를 먼저 깎는 연장. ¶변탕질, 변탕홈; 골변탕.

ㅌ

질러 틀어 넘기면 줄이 죄어짐. ¶이삿짐을 싣고 바를 탕개로 힘껏 조여서 고정시켰다. 탕개를 치다. 탕개를 틀다. 탕개노(쌈노), 탕개목(木;탕갯줄을 질러 놓는 나무), 탕개붙임(탕갯줄을 틀어서 나무쪽을 붙임), 탕갯줄(탕개를 친 줄, 탕개톱(탕개로 메운 톱), 탕개틀다(탕갯줄을 틀어 동인 물건을 죄다); 나사탕개(螺絲). ②죄어진 마음이나 긴장된 상태. ¶탕개가 풀리다. 마음의 탕개를 늦추다.

태[1] ①논밭의 새를 쫓는 데 쓰는 기구. 짚이나 삼 따위로 머리는 굵고 꼬리는 차츰 가늘어지게 꼬아 만듦. ¶태를 치다. 태머리(길게 타래지게 땋아 늘인 머리). ②=개상질. ¶탯돌(태질에 쓰는 돌), 탯상(개상), 탯자리개(타작할 때 단을 묶는 새끼), 태질[62].

태[2] 질그릇이나 놋그릇의 깨진 금. ¶태를 메우다. 태가 간 부분에 시멘트를 발라 때우다. 틈난 돌이 터지고 태먹은 돌이 깨진다(무슨 징조가 보인 일은 그대로 된다). 태가다(금이 가다), 태먹다(그릇에 금이 가다.=태가다).

태[3] 나무꼬챙이에 꿴, 덜 말린 명태를 세는 단위. 1태는 20마리.

태(太) ①'크다. 처음'을 뜻하는 말. ¶태가하다(太佳), 태강즉절(太剛則折), 태강하다(太康), 태고(太古)[63], 태공(太公), 태공(太空), 태과(太過), 태극(太極)[64], 태급하다(太急), 태다(太多), 태다수(太多數), 태두(太豆), 태람(太濫), 태령(太/泰嶺), 태묘(太廟), 태반(太半; 절반 이상), 태백성(太白星), 태부(太傅), 태부족(太不足), 태사신(太史), 태사(太社), 태사(太師), 태상(太上), 태세(太歲), 태손(太孫), 태수(太守), 태시(太始), 태식(太息), 태심(太甚), 태양(太陽)[65], 태왕(太王), 태을(太乙)[태을성(星), 태을점(占)], 태음(太陰;달)[태음년(年), 태음력(曆), 태음월(月), 태음일(日)], 태일(太/泰一), 태자(太子)[태자궁(宮), 태자비(妃); 입태자(立), 황태자(皇)], 태조(太祖), 태종(太宗), 태직(太稷), 태초(太初), 태촉(太促), 태평(太/泰平)[66], 태학(太學), 태허(太虛;하늘), 태황(太皇), 태후(太后). ②'명태(明太)[67]'를 뜻하는 말. ¶태안젓(太眼;명태의 눈으로 담근 젓), 태장젓(太腸;창난젓); 노랑태(얼부풀어 마른 북어), 동태(凍太)[동탯국, 동태눈, 동태순대, 동태찌개], 망태(網太), 명태(明太), 생태(生太), 선태(鮮太), 아기태(어린 명태), 왜태(큰 명태), 원양태(遠洋太), 조태(釣太), 춘태(春太), 해안태(海岸太), 황태(黃太). ③'콩'을 뜻하는 말. ¶태두(太豆), 태유(太油); 녹태(綠太), 마태(馬太;굵은 콩), 서리태[68], 서목태(鼠目太;쥐눈이콩), 원양태(遠洋太), 장태(醬太), 청태(靑太), 해안태(海岸太), 흑태(黑太) 들.

태(態) 구체적으로 겉에 나타난 맵시나 모양새. 일부러 꾸미는 태도. ¶태가 잘 나지 않다. 고상한 태가 나는 사람. 그는 시골 출신이지만 촌사람 태가 전혀 없다. 태를 부리다/ 내다. 탯가락(태를 부리는 몸짓이나 몸가짐), 탯거리('맵시. 겉모습'의 낮춤말), 태깔[69], 태도(態度)[겉태도, 비평태도(批評)], 태생(胎生), 태세(態勢)[방위태세(防衛), 임전태세(臨戰)], 태양(態樣), 태없다[70]; 고태/의연(古態/依然), 고태(故態), 공시태(共時態), 광태(狂態), 교태(嬌態), 교태(驕態), 구태(舊態;옛 모습), 구태의연(舊態依然), 귀태(貴態), 기태(奇態), 노태(老態), 능동태(能動態), 동태(動態), 만태(萬態), 무태(舞態), 미태(美態), 미태(媚態;아양을 부리는 태도), 백태(百態), 변태(變態), 병태(病態), 보태(步態), 본태(本態), 사태(事態), 상태(狀態), 상태(常態), 색태(色態), 생태(生態), 세태(世態), 소태(笑態), 속태(俗態), 쇠태(衰態), 수동태(受動態), 수태(羞態), 수태(愁態), 시태(時態), 실태(失態), 실태(實態), 앞태(뒤태), 액태(液態), 야태(野態), 양태(樣態), 업태(業態), 여태(女態), 염태(艶態), 요태(妖態), 용태(容態), 의태(意態), 의태(擬態), 이태(異態), 자태(字態), 자태(姿態), 작태(作態), 정태(情態), 정태(靜態), 중태(重態), 천태만상(千態萬象), 추태(醜態), 취태(醉態), 치태(癡態), 통시태(通時態), 행태(行態), 현태(現態), 형태(形態)[형태론(論), 형태소(素), 형태심리학(心理學), 형태학(學)] 들.

태(胎) 모체(母體) 안에서 아이를 싸고 있는 난막(卵膜)·태반(胎盤) 및 탯줄의 총칭.=삼. '아이를 배다. 사물의 기원. 모양·형태'를 뜻하는 말. ¶태를 끊다. 태를 묻다. 태교(胎敎), 태기(胎氣), 태낭(胎囊), 태내(胎內), 태내불(胎內佛), 탯덩이(아주 못생긴 사람), 태독(胎毒), 태동(胎動;움직임. 어떤 기운이 싹틈), 태란(胎卵), 태루(胎漏), 태막(胎膜), 태맥(胎脈), 태모(胎母), 태몽(胎夢), 태반(胎盤)[태반감염(感染), 태반순환(循環), 태반염(炎)], 태발(胎髮;배냇머리), 태변(胎便;배내똥), 태봉(胎封), 태상(胎上), 태생(胎生)[71], 태세(胎勢), 태식법(胎息法)/태식(胎息), 태실(胎室), 태아(胎芽), 태아(胎兒)[태아기(期), 태아막/태막(膜), 태아심음(心音)], 태열(胎熱), 태엽(胎葉)[72], 태위(胎位), 태의(胎衣), 태잉(胎孕), 태자리, 태점(胎占), 태좌(胎座), 탯줄, 태중(胎中), 태지(胎

62) 태질: 개상에 곡식단을 메어쳐서 낟알을 떠는 일. 세차게 메어치거나 집어던짐. ¶태질치다/태치다, 태질하다; 몸태질(악에 받치거나 감정이 격해졌을 때, 기를 쓰면서 제 몸을 부딪거나 내던지거나 하는 짓).

63) 태고(太古): 태고계(界), 태고대(代), 태고사(史), 태곳적, 태고층(層).

64) 태극(太極): 우주 만물의 근원이 되는 실체. 하늘과 땅이 분리되기 이전의 세상 만물의 원시 상태. ¶태극기(旗), 태극무늬, 태극부채, 태극선(扇; 태극부채), 태극침(枕), 태극형(型).

65) 태양(太陽): 태양계의 중심에 위치하며, 지구에서 가장 가까운 항성. 해. ¶태양이 떠오르다. 태양경(鏡), 태양계(系), 태양년(年), 태양등(燈), 태양력(曆), 태양로(爐), 태양망원경(望遠鏡), 태양발전(發電), 태양병(病), 태양복사(輻射), 태양상수(常數), 태양숭배(崇拜), 태양시(時), 태양신(神), 태양에너지, 태양열(熱), 태양열발전(發電), 태양운동(運動), 태양일(日), 태양전지(電池), 태양전파(電波), 태양주기(週期), 태양초(太陽草;햇볕에 말린 고추), 태양표(表), 태양풍(風), 태양흑점(黑點); 평균태양(平均).

66) 태평(太/泰平): 나라가 안정되어 아무 걱정 없고 평안함. ¶태평히 지내다. 태평가(歌), 태평꾼(아무 걱정이 없이 마음이 편안한 사람), 태평성대(聖代), 태평성사(盛事), 태평세계(世界), 태평스럽다/하다, 태평양(洋), 태평연월(烟月), 태평지업(之業); 무사태평(泰平), 안과태평(安過), 장태평(長), 천하태평(天下).

67) 명태(明太): 대구과의 바닷물고기. ¶명탯국, 명태덕, 명태알, 명대조치, 명태찜; 건명태(乾), 동명태(凍).

68) 서리태: 껍질은 검은색이고 속은 파란색을 가진 콩. 10월경에 서리를 맞은 뒤에나 거둘 수 있어 붙여진 이름.

69) 태깔(態): ①태와 빛깔. ¶옷을 태깔 있게 차려 입다. 태깔이 나다(맵시 있는 태도가 있다). ②거만한 태도. ¶태깔스럽다(거만하게 보이다). §'때깔'은 '피륙 따위가 눈에 선뜻 드러나 비치는 맵시와 빛깔'을 뜻하는 말.

70) 태없다(態): ①뽐낼 만한 지위에 있으면서도 조금도 뽐내는 일이 없다. ¶전혀 태없는 사람. ②볼 만한 태가 없다. 맵시가 없다. ¶태없는 옷차림.

71) 태생(胎生↔卵生): 태생과실(果實), 태생동물(動物), 태생어(魚), 태생지(地), 태생학(學); 난태생(卵).

72) 태엽(胎葉): 시계 같은 기계에 탄력을 이용하여 동력으로 쓰는 물건. ¶시계태엽을 감다. 태엽이 풀리다.

ㅌ

紙), 태지(胎脂), 태차(胎借), 태항(胎缸), 태환(胎患); 각태(角胎; 뿔 속에 있는 살), 낙태(落胎), 난태(卵胎), 다태/동물(多胎/動物), 동골태(銅骨胎;황갈색의 구릿빛을 띤 도자기), 동태(動胎), 모태(母胎), 무능태(無能胎;무능력자), 박태(薄胎;매우 얇게 만든 도자기의 몸), 반굴태세(反屈胎勢), 배태(胚胎), 범태육신(凡胎肉身), 보태(補胎), 사태(死胎), 석태(石胎), 소태(素胎), 수태(受胎), 쌍태(雙胎), 안태/본(安胎/本), 잉태(孕胎), 자태(瓷胎), 장태(漿胎;도자기의 재료가 되는 흙), 철태(鐵胎), 철골태(鐵骨胎)[73], 축태(縮胎), 타태(墮胎), 탈태(脫胎), 포태(胞胎), 항태(缸胎), 화태(禍胎), 환골탈태(換骨奪胎), 회태(懷胎) 들.

태(苔) '이끼. 김. 이끼가 낀'을 뜻하는 말. ¶태갈(苔碣;이끼가 낀 작은 빗돌), 태경(苔徑;이끼가 낀 좁은 길), 태계(苔階;이끼가 낀 섬돌), 태류(苔類), 태마노(苔瑪瑙), 태문(苔紋;이끼 모양으로 된 무늬), 태병(苔餠;떠서 말린 파래), 태비(苔碑), 태석(苔石), 태선(苔蘚), 태선(苔癬), 태전(苔田), 태정(苔井), 태지(苔紙;이끼를 섞어서 뜬 종이), 태천(苔泉;이끼가 덮인 샘); 감태(甘苔), 녹태(綠苔), 매태(莓苔), 백태(白苔), 벽태(碧苔), 석태(石苔;돌김), 선태(蘚苔), 선태류(蘚苔類), 설태(舌苔), 수태(水苔), 점태(點苔), 청태(靑苔), 해태(海苔), 황태(黃苔), 흑태(黑苔) 들.

태(泰) '크다. 편안하다'를 뜻하는 말. ¶태괘(泰卦), 태두(泰斗;碩學), 태산(泰山;높고 큰 산. 크고 많음)[태산북두(北斗), 태산준령(峻嶺)], 태서(泰西;서양), 태안(泰安;태평하고 안녕함), 태연(泰然)[태연스럽다/하다, 태연자약(自若)], 태운(泰運;태평한 운수), 태평(泰平)[태평꾼; 만사태평(萬事), 무사태평(無事)]; 국태민안(國泰民安), 안태(安泰) 들.

태(怠) '게으르다'를 뜻하는 말. ¶태납(怠納), 태람(台覽), 태림(台臨), 태만(怠慢;게으르고 느림), 태업(怠業)[동맹태업(同盟)], 태오(怠傲), 태타(怠惰), 태홀하다(怠忽); 과태료(過怠料), 권태(倦怠)[권대기(期), 권태롭다], 근태(勤怠), 나태(懶怠), 지태(遲怠;굼뜨고도 게으름), 타태(惰怠), 해태(懈怠), 혼태하다(昏怠) 들.

태(汰) '물에 일어서 가려 나누다(일다). 사치하다'를 뜻하는 말. ¶태거(汰去;죄과 있는 벼슬아치를 파면함), 태금(汰金;감흙에 섞여 있는 황금을 물에 읾), 태사(汰沙), 태치(汰侈;신분에 맞지 않는 사치); 도태(淘汰), 사태(沙汰)[눈사태, 산사태(山)], 산태(山汰), 제태(除汰) 들.

태(台) '별 이름. 높은 자리'를 뜻하는 말. ¶태감(台鑑), 태람(台覽), 태림(台臨;지체가 높은 어른이 출타하는 것), 태명(台命;지체 높은 사람의 명령), 태묵(台墨;남의 편지에 대한 경칭), 태성(台星), 태위(台位), 태정(台鼎;삼정승) 들.

태(駄) '짐'을 뜻하는 말. ¶태가(駄價), 태어(駄魚;明太), 태작(駄作; 보잘것없는 작품. 拙作), 태짐/꾼; 각태(角駄;쇠뿔에 짐을 싣는다는 뜻으로, 망령된 생각), 마태(馬駄), 복태(卜駄;짐바리). 육태/질(陸駄;배에서 뭍으로 옮겨 나르는 짐), 제태(祭駄) 들.

태(兌) '바꾸다. 팔괘(八卦)의 둘째'를 뜻하는 말. ¶태관(兌管;색대), 태괘(兌卦), 태방(兌方), 태환(兌換;바꿈)[태환권(券), 태환은행(銀行), 태환지폐(紙幣)]; 발태(發兌) 들.

태(殆) '형세가 어렵고 안전하지 못하다(위태하다). 거의'를 뜻하는 말. ¶태무(殆無;거의 없음), 태무심(殆無心), 태반(殆半;거의 절반), 태재(殆哉); 위태하다(危殆), 의태(疑殆) 들.

태(笞) '볼기를 치다'를 뜻하는 말. ¶태벌(笞罰), 태속(笞贖;태형 대신 바치던 돈), 태장(笞杖), 태죄(笞罪), 태형(笞刑;태장으로 볼기를 치던 형벌); 편태(鞭笞;채찍. 회초리) 들.

태(駘) '넓다. 공허하다'를 뜻하는 말. ¶태탕(駘蕩;넓고 큼. 봄날의 화창한 모양)/하다.

태(颱) '큰 바람'을 뜻하는 말. ¶태풍(颱風)[태풍경보(警報), 태풍안(眼;태풍의 눈), 태풍주의보(注意報)].

태(跆) '짓밟다'를 뜻하는 말. ¶태권/도(跆拳/道).

태각 수판알 따위를 튕기는 소리. 또는 그 모양.

태껸/택견 유연하게 움직이다가 순간적으로 손질·발질을 하여 상대를 제압하는 전통 무술. 각희(脚戲). ¶우리나라 전통 무술을 태껸이라 한다. 결련태껸(結連;여러 사람이 편을 짜서 하는 태껸), 수제비태껸(어른에게 버릇없이 대드는 말다툼).

태성 이마가 흰 말.

태장 통그물(덤장)을 물에 넣고 사방에 뻗치어 그 모양을 유지하게 하는 장대.

태주 마마를 앓다가 죽은 어린 계집아이의 귀신. ¶태주할미(태주를 부리는 무당).

택(宅) '집. 살다. 묏자리'를 뜻하는 말. ¶택거(宅居), 택료(宅療), 택배(宅配), 택사(宅舍), 택상(宅相), 택심(宅心), 택우(宅宇), 택조(宅兆), 택지(宅地), 택진(宅診), 택호(宅號); 가택(家宅), 거택(居宅), 고택(古宅), 고택(故宅), 구택(舊宅), 귀택(歸宅), 누택(陋宅), 대소택(大小宅), 별택(別宅), 본택(本宅), 빙택(聘宅), 사택(私宅), 사택(舍宅), 사택(社宅), 안택(安宅)[안택경(經), 안택굿], 외택(外宅;남의 외가), 양택(陽宅), 유택(幽宅), 음택(陰宅), 자택(自宅), 재택(在宅), 저택(邸宅), 저택(瀦宅), 전택(田宅), 제택(第宅), 제택(諸宅), 존택(尊宅), 주택(住宅)[74], 차택(借宅), 한택(閑宅), 화택(火宅), 환택(還宅). ☞ 댁(宅).

택(擇) 여럿 중에서 '고르다. 가리다'를 뜻하는 말. ¶택교(擇交), 택길(擇吉), 택발(擇拔), 택벌(擇伐), 택서(擇壻), 택선(擇善;선을 택함), 택언(擇言), 택용(擇用), 택우(擇偶;짝을 고름), 택인(擇人), 택일(擇一)[양자택일(兩者)], 택일(擇日), 택정(擇定), 택지(擇地;좋은 땅을 고름), 택차(擇差;인재를 골라 벼슬을 시킴), 택처(擇處), 택출(擇出;골라냄. 뽑음), 택품(擇品), 택피창생(擇被蒼生), 택하

---

73) 철골태(鐵骨胎): 쇳가루를 섞어 칠하여 갈색을 띠는 도자기의 몸.

74) 주택(住宅): 주택난(難), 주택단지(團地), 주택비(費), 주택은행(銀行), 주택지(地); 고급주택(高級), 공동주택(共同), 공영주택(公營), 농촌주택(農村), 다가구주택(多家口), 단독주택(單獨), 무허가주택(無許可), 문화주택(文化), 분양주택(分讓), 연립주택(聯立), 임대주택(賃貸), 전원주택(田園), 태양열주택(太陽熱), 후생주택(厚生).

ㅌ

다, 택현(擇賢), 택혼(擇婚); 간택(揀擇), 간택(簡擇), 별택(別擇), 살생유택(殺生有擇), 선택(選擇)[선택권(權), 선택도(度), 선택형(刑), 선택형(型)], 장택(葬擇), 정택(精擇), 채택(採擇), 추택(推擇), 충택하다(充擇), 취택(取擇), 혼택(婚擇) 들.

택(澤) '못[지(池)]. 윤/윤이 나다. 은혜(恩惠)'를 뜻하는 말. ¶택곽(澤廓), 택량(澤梁), 택반(澤畔), 택우(澤雨), 택지(擇地); 고택(膏澤), 광택(光澤), 덕택(德澤), 산림천택(山林川澤)/산택(山澤), 색택(色澤), 성택(聖澤), 소택(沼澤), 수택(水澤;물이 질퍽하게 괸 넓은 땅)[수택식물(植物)], 수택(手澤)[75], 여택(餘澤;끼치고 남은 혜택), 여택(麗澤)[76], 왕택(王澤), 우로지택(雨露之澤), 우택(雨澤), 유택(遺澤), 윤택(潤澤), 은택(恩澤), 인택(仁澤), 저택(沮澤), 천택(川澤), 패택(沛澤), 하해지택(河海之澤), 혜택(惠澤), 호택(湖澤), 활택(滑澤), 황택(皇澤) 들.

탱¹ 좀 작은 것이 비어 아무것도 없는 모양.≒텡. ¶속이 탱 비다. 〈큰〉텅.

탱² 작은 물건이 탄력 있게 튀는 소리. 또는 그 모양. ¶작은 고무공이 탱 튀어 오르다.

탱(幀) 그림으로 그려서 벽에 거는 불상(佛像). ¶탱화(幀畵)[탱화불사(佛事); 먹탱화, 후불탱화(後佛)]; 괘불탱(掛佛幀) 들.

탱(撑) '버티다'를 뜻하는 말. ¶탱목(撑木;버팀목), 탱주(撑柱;버팀목), 탱중하다(撑中;화나 어떤 욕심이 가슴속에 가득하다), 탱천(撑天;衝天); 분기탱천(憤氣撑天), 상하탱석(上下撑石), 지탱/되다/하다(支撑) 들.

탱자 탱자나무의 열매. ¶탱자나무로 생울타리를 하다.

터¹ 건축·토목 공사를 하거나 할 자리(땅)나 하였던 자리. 사람이 일정한 활동을 하거나 할 수 있는 장소. 일이 이루어진 밑자리. ¶넓은 터에 집을 짓다. 터를 닦다. 대화를 나눌 터가 잡혔다. 터가 세다[77]. 텃고사(告祀;터주에게 지내는 고사), 터과녁, 텃구실[78], 텃굿(지신굿), 텃귀[79], 텃논, 터다지다(터를 단단히 하다), 터닦다[80], 텃도지(賭地), 텃돌(주춧돌이나 댓돌), 텃마당, 터무니[81], 터문(처지나 형편), 텃물(집의 울안에서 흘러나오는 온갖 물), 텃밭, 터삼다(기초로 삼다. 빌미로 잡다), 텃새(↔머문새), 터서구니('터'를 속되게 이르는 말), 텃세(貰;터를 빌려 쓰고 내는 세), 텃세(勢)[텃세권(圈), 텃세하다], 터세다[82], 터알[83]/머리, 터자리(건물이 서 있던 자리. 터전), 터잡다(터를 골라 정하다)/잡히다, 터전[84], 터전(田;텃밭), 터주(主;地神)[85], 터파기, 터편사(便射;편을 짜고 겨루는 활쏘기); 가마터, 강터(江;강의 언저리. 강이 흐르던 자리), 공터(空;빈터), 구경터(구경거리가 있는 곳), 굿터(굿판이 벌어지고 있는 터), 궁터(宮), 나루터, 낚시터, 놀이터, 두엄터[자리], 마전터(피륙을 바래어 말리는 곳), 물터, 배움터, 벌이터(벌이를 하는 일터), 빈터, 빨래터, 사냥터, 살터, 살림터, 삶터, 새터, 새남터, 샘터, 성터(城), 소일터(消日;시간을 보내는 자리), 쉼터, 시사터(試射;궁술을 닦거나 겨루던 곳), 실터[86], 싸움터, 앞터(마을이나 집의 앞에 있는 터전), 약수터(藥水), 역사터(役事), 옛터, 일터, 장터(場), 전쟁터(戰爭), 절터, 제터(祭), 좌시터(坐市), 죽음터, 진터(陣), 집터, 집터서리(집의 바깥 언저리), 파광터(破壙), 화장터(火葬), 활터, 흉터(상처가 아문 자리). ☞ 기(基).

터² 용언의 관형사형 어미 '-(으)ㄹ' 이 결합한 꼴 다음에 서술격조사 '이다'와 어울려 쓰여, '예정이나 작정'을, 격조사 '에'와 어울려 '사정이나 형편(마당. 계제). 처지나 기회'의 뜻을 나타내는 말. ¶내가 갈 터이니 그리 알게. 서로 알고 지내는 터에 격식은 생략하지. 오늘 비가 올 터이니 우산을 가지고 가라. 너를 혼내줄 터이다. 터이다/테다; 이를터이면/이를테면, 텐데/터인데.

터³ '터수'의 준말.

터(攄) '펴다. 말을 늘어놓다'를 뜻하는 말. ¶터득하다(攄得;사물의 이치를 깨달아 앎), 터의(攄意), 터파(攄破;속마음을 털어놓아 상대방으로 하여금 의혹을 풀게 하는 일), 터포(攄抱), 터회(攄懷) 들.

터뻑-질 남의 물건을 서슴지 아니하고 단숨에 채어 가는 짓. ¶터뻑질하다.

터수 ①집안 살림의 형편이나 정도. ¶터수가 좋아지다. 허세 부리지 말고 터수에 맞게 살자. 도대체 네가 대학에 갈 터수냐. ②서로 사귀는 분수나 처지. ¶잘 아는 터수. 흉허물 없이 지내는 터수. 피차 터놓고 지내는 터수에 못할 말이 무엇 있나? 점잖은 터에 막말은 할 수 없다. 〈준〉터³.

터울 한 어머니에게서 난 자녀의 나이의 차이. ¶동생과 나는 네 살 터울이다. 터울이 잦다. 터울지다; 아래윗턱(아랫사람과 윗사람의 구별).

턱¹ ①사람이나 동물의 입의 위아래에 있어서 발성(發聲)이나 씹는 일을 하는 기관. 아래턱의 바깥 부분. ¶턱을 괴고 있다. 하품을 하다가 턱이 빠지다. 턱 떨어진 광대. 턱거리¹(턱에 생기는 부스럼), 턱걸이[87], 턱관절(關節), 턱까불다[88], 턱끝, 턱밑이(턱을

75) 수택(手澤): 손이 자주 닿았던 물건에 손때가 묻어서 생기는 윤기. 물건에 남아 있는 옛 사람의 흔적. ¶금강산과 같은 명승지에는 아직도 옛사람들의 수택이 남아 있다. 수택본(本).

76) 여택(麗澤): 친구끼리 서로 도와 학문과 품성을 닦는 일.

77) 터가 세다: 터가 좋지 않아 안 좋은 일이 자꾸 일어나는 경향이 있다.

78) 텃구실: 집터를 쓰는 사람이 내는 조세.

79) 텃귀: 빗물 따위가 잘 빠지도록 집채의 주의로 돌아가며 파 놓은 좁은 도랑.

80) 터닦다: ①토대를 굳게 잡다. ②건물을 세울 자리를 고르고 다지다. ¶터닦음, 터닦이.

81) 터무니: 터를 잡은 자취. 근거(根據). ¶터무니없다(허황하여 근거가 없다. 지나치다), 터무니없이, 터문(처지나 형편).

82) 터세다: 집이나 터에서 좋지 못한 일이 잘 생기다.

83) 터알: 집의 울안에 있는 작은 밭.[←터+밭].

84) 터전: ①집터가 되는 땅. ②살림의 근거지가 되는 곳. ¶터전을 잡고 살다. 삶의 터전을 마련하다. ③나라와 같은 것이 자리를 잡고 앉은 곳. 기지(基地). ¶신라의 옛 터전. 조선 왕조는 서울에 터전을 잡았다.

85) 터주(主): 집터를 지키는 지신(地神). 또는 그 집터. ¶터줏가리, 터줏고기(일정한 장소에 늘 머물러 사는 물고기), 터줏대감(大監;집단 구성원 가운데 가장 오래된 사람), 터주상(床), 터줏자리, 터주항아리(터주에게 바치는 곡식을 담은 항아리).

86) 실터: 집과 집 사이의 길고 좁은 빈터.

87) 턱걸이: ①기준에 겨우 다다름. ②철봉을 손으로 잡고 매달리는 상태에서

손으로 미는 씨름 기술), 턱밑, 턱밑샘, 턱받이[1](턱에 대는 헝겊), 턱받침, 턱방아(졸거나 인사할 때 고개를 끄덕이는 모양), 털부리, 턱뼈, 턱살, 턱선(線), 턱수염(鬚髥), 턱슭(턱부리의 맨 아래쪽 기슭 부분), 턱앞, 턱인사(人事), 턱잎, 턱자가미(아래턱과 위턱이 맞물린 곳), 턱주가리(아래턱), 턱주머니(동물의 턱 아래에 주머니 모양으로 달린 근육), 턱짓, 턱찌꺼기/턱찌끼(먹다 남은 음식), 턱춤(턱을 떠는 짓), 턱털; 군턱[89], 내민턱, 아래턱, 위턱, 제비턱[90], 조개턱(끝이 뾰족한 턱), 주걱턱. ☞ 이(頤). ②평평한 곳의 어느 한 부분이 갑자기 조금 높이 된 자리. ¶턱이 진 곳. 턱을 대다(의지할 이유나 근거로 삼다), 턱거리[2](언턱거리. 빌미. 핑계), 턱끼움(목재에 다른 목재를 끼우는 일), 턱따기[91], 턱마루('산등성이'의 사투리), 턱맞춤, 턱받이[2](턱이 진 곳), 턱솔[92], 턱이음, 턱자귀(턱지게 만든 자귀), 턱장부, 턱장부촉(鏃;장부촉이 턱이 져서 이단으로 된 것), 턱주먹장, 턱지다[1](언덕이 생기다). 턱촌목[93]; 강턱/강변턱(江邊;강변의 턱진 땅), 겹턱(겹으로 된 턱), 고개턱(고개의 마루터기), 과속방지턱(過速防止), 길턱(길바닥의 가장자리), 길굽턱(길이 굽는 턱), 나루턱(나룻배를 대는 일정한 곳), 노반턱(路盤), 대문턱(大門), 둑턱(제방에 덧댄 부분), 뒤턱[94], 마루턱/마루터기(산마루의 두드러진 턱), 문턱(門), 문받이턱(門), 반턱(半;반 가량의 정도), 방문턱(房門), 벼랑턱, 사모턱(紗帽;이을 나무의 끝에 네모지게 파낸 턱), 산턱(山), 선반턱(선반 가장자리에 따로 붙인 나무), 쌍턱걸지(雙), 쌍턱장부촉(雙鏃), 아래위턱[95], 안전턱(安全), 앞턱(두 턱을 가진 물건의 앞 쪽에 있는 턱)/따기/하다, 언턱[96], 언턱거리[97], 중턱(中)[98], 창턱(窓), 탄저턱(彈底;탄저홈) 들.

턱[2] 좋은 일이 있을 때 남에게 베푸는 음식 대접. ¶승진 턱을 톡톡히 내다. 턱지다[2](한턱내야 할 부담이 있다), 턱하다(턱을 내다); 돌림턱[99], 들턱(새집에 들거나 이사를 하고 내는 턱. 집들이), 생남턱(生男), 장가턱(장가든 사람이 친구나 친지들에게 음식을 내는 일), 한턱[100], 헛턱(공연히 내는 턱. 실상이 없는 빈 턱) 들.

턱[3] ①용언의 관형사형 다음에 쓰여, 어떤 일이 마땅히 그렇게 되어야 할 근거나 까닭. 합당한 이치. ¶그는 착하기로 소문났는데 그런 짓을 할 턱이 있나. 네가 그런 것을 알 턱이 없지. 될 턱이 없다. 턱대다[101], 턱없다[102]/ 턱없이(건성으로). ②그만한 정도. ≒모양. ¶아무리 깨우쳐 주어도 언제나 그 턱이다. 자네는 아직도 그 턱인가? 십 리 턱은 되는 거리. 반턱(半;반 가량의 정도), 제턱[103].

털 사람이나 동물의 피부, 물건의 거죽 또는 식물의 표피 세포에 나는 가느다란 실 모양의 것. 새의 깃털. ¶몸에 털이 많다. 털 벗은 솔개. 담요의 털이 다 빠졌다. 털가슴, 털가죽/털갗, 털갈이/하다, 털게, 털감투(털모자), 털곰팡이, 털구름(새털구름), 털구멍, 털긁기, 털깎기, 털끝/터럭끝, 털낚시, 털내의(內衣), 털낸천(긁어서 털을 일으킨 천), 털너널(털버선), 털담요, 털두루마기, 털매미, 털메기[104], 털모숨[105], 털모자(帽子), 털목(木;굵고 거칠게 짠 무명), 털목도리, 털바늘(속임 낚시 바늘), 털반대기, 털방석(方席), 털배자(褙子), 털버선, 털벌레, 털벙거지, 털볏, 털보, 털보데기(털이 많이 난 사람), 털복숭아, 털북숭이(몸에 털이 많이 난 사람. 또는 그런 물건), 털부채, 털붓, 털붙이(짐승. 털로 만든 옷), 털빛, 털뽑기, 털뿌리, 털상모(象毛), 털색(色), 털수건(手巾), 털수세[106], 털신, 털실, 털싹(털이 갓 돋아날 때의 싹), 털쌘구름, 털양말(洋襪), 터럭[107], 털여물(회반죽에 섞어 쓰는 짐승의 털), 털오리(털의 가닥), 털올실, 털옷, 털옷감, 털외투(外套), 털요, 털자리, 털장갑(掌匣), 털저고리, 털주머니[모낭(毛囊)], 털진드기, 털총이(驄;검고 푸른 무늬가 장기판처럼 줄이 진 말), 털층구름(層), 털토시, 털파리; 가시털[108], 갓털[109], 개털, 겨울털, 고운털, 귀밑털, 금털(금빛이 나는 털), 깃털, 낙타털(駱駝), 날개털, 똥털, 머리털, 명지털[←명주털(明紬)], 물결털[섬모(纖毛)], 미운털, 배내털, 배수털(排水), 범털, 보풀털(융털), 뿌리털, 새털, 서리털(서리처럼 하얀 털), 센털[1](빛깔이 희어진 털), 솜털, 쇠털(소의 털), 센털[2](억센 털. 빳빳한 털), 양털(羊), 여름털, 오리털, 융털(絨), 잔털, 장털(수탉의 꼬리털), 젖털, 짚털, 코털, 턱털, 토끼털, 헌털, 헤엄털(물결털. 鞭毛), 흰털. ☞ 깃. 모(毛).

털(다) ①달려 있거나 붙어 있는 것 따위가 떨어져 흩어지게 흔들거나 치다. ≒떨다[2]. ¶먼지를 떨기 위해 옷을 털다. 털리다[1](털게 하다. 털어지다), 탈탈[110]·털털, 털이개(먼지떨이). ②있는 재물을 죄다 내놓다. 도적 따위가 죄다 가져가다. ¶전 재산을 털어 장학회를 세웠다. 살림 밑천을 털다. 주머니를 탈탈 털다. 털리

팔의 힘으로 몸을 올려 턱이 철봉 위까지 올라가게 하는 운동. ¶턱걸이하다. ③턱에 걸도록 된 모자의 끈.

88) 턱까불다: ①죽을 때 숨을 모으느라고 턱을 떨다. ②말이나 행동을 경솔하게 하다.

89) 군턱: 살이 쪄서 턱 아래로 축 처진 살.

90) 제비턱: 밑이 두툼하고 넓적하게 살이 찐 턱.

91) 턱따기: 나무를 벨 때 일정한 방향으로 넘어지도록 베는 나무의 자리를 따 내는 일.

92) 턱솔: 두 개의 석재(石材)나 목재(木材)를 이어 붙일 때, 이을 자리를 각각 두께의 반씩 깎아내고 맞붙인 자리. ¶턱솔깎기, 턱솔이음.

93) 턱촌목: 재목의 한 변에 평행한 선을 긋는 연장.

94) 뒤턱: ①두 턱이 진 물건의 뒤쪽에 있는 턱.↔앞턱. ②노름판에서, 남에게 붙이어 돈을 태우는(지르는) 짓. ¶뒤턱을 놓다.

95) 아래위턱: 아랫사람과 윗사람의 구별. ¶자네는 아래위턱도 모르나?

96) 언턱: ①물건 위에 턱처럼 층이 진 곳. ②언덕의 턱.

97) 언턱거리: 남에게 찌그렁이를 붙일 만한 핑계. 〈준〉턱걸이.

98) 중턱(中): 산이나 고개, 또는 입체로 된 물건의 허리쯤 되는 곳.

99) 돌림턱: 여럿이 돌려가며 음식을 대접하는 턱.

100) 한턱: 한바탕 남에게 음식을 대접하는 일. ¶한턱거리(한턱낼 만한 거리), 한턱내다, 한턱먹다(한바탕 음식 대접을 받다).

101) 턱대다: 무엇을 의거할 근거나 이유로 삼다.

102) 턱없다: ①이치에 닿지 아니하다. ¶턱없는 말을 하다. 아이들이 턱없이 까분다. ②수준이나 분수에 맞지 아니하다. ¶턱없는 생활. 값이 턱없이 비싸다. 턱없이 큰 액수.

103) 제턱: 변함이 없는 그대로의 정도나 분량. ¶종일 낫질을 했는데도 여전히 제턱이다.

104) 털메기: 모숨을 굵게 하여 되는 대로 험하게 삼은 짚신.

105) 털모숨: 짐승의 털이 엉켜서 된 작은 뭉치.

106) 털수세: 털이 많이 나서 험상궂게 보이는 수염.

107) 터럭: 사람이나 길짐승의 몸에 난 길고 굵은 털. 아주 작거나 사소한 것.[←털+억]. ¶그에게는 터럭만한 희망도 보이지 않았다. 터럭손(터럭이 많이 나 보기 흉한 손), 타락·터럭줄(사람의 머리털로 꼰 줄).

108) 가시털: 환형동물의 몸 겉면에 난 빳빳한 털.

109) 갓털: 새의 머리에 길고 더부룩하게 난 털. 관모(冠毛).

110) 탈탈: ①먼지 따위를 가볍고 재게 터는 모양. ②남은 것이 없도록 죄다 털어 내는 모양.

ㅌ

다[2](재물을 모조리 잃어버리다), 털어내다(털어먹다), 털어놓다(속에 들어 있는 물건을 모두 내놓다. 숨김없이 이야기하다.↔감추다), 털어먹다(재산이나 돈을 다 써 없애다. 들어먹다), 털찝[111]; 빈탈타리/탈타리 · 빈털터리/털터리(가난뱅이. 실속이 없이 떠벌리는 사람).

털털-하다 성격이 까다롭지 아니하고 소탈하다. 품질이 수수하다. ¶털털한 사람. 그는 털털스러워 대하기가 편하다. 딱 보기에 털털해 보인다. 털털스럽다, 탈탈 · 털털이(차림이나 행동이 털털한 사람), 털털히.

텁텁-하다 ①(입맛이나 음식 맛, 또는 입 안이) 시원하거나 깨끗하지 못하다.↔개운하다. ¶자고 일어났더니 입안이 텁텁하다. 텁지근하다(개운하지 못하다). ②눈이 깨끗하지 못하다. ¶그는 술이 덜 깬 듯한 텁텁한 눈을 비벼댔다. ③성미가 소탈하여 까다롭지 않다. ¶그는 매우 텁텁한 사람이다. 텁텁이(텁텁한 사람). ④날씨 따위가 몹시 후터분하다. ¶바람 한 점 엇이 텁텁한 날씨.

테[1] 그릇의 조각이 어그러지지 못하게 단단히 둘러맨 줄. 둘레를 두른 물건. 죽 둘린 언저리. ¶나무통에 쇠줄로 테를 메우다. 테를 두르다. 테다[112], 테두리[113], 테메우다[114]/테메다, 테밀이[115]/하다, 테밖(한 통속에 드는 범위 밖. 판밖↔테안), 테받다[116], 테쌓기, 테안, 테왁[117], 테우리(외양간); 각테(角), 갈모테, 고무테, 굽밑테(그릇 굽의 밑 테두리), 그릇테, 금테(金)[금테안경(眼鏡), 금테줄], 나이테, 대테(대를 쪼개서 결어 만든 테), 딴테(지각의 가장 바깥 부분에 있는 층), 대모테(玳瑁), 목테[1](거북이 따위의 목에 생기는 테), 목테[2](木;나무로 만든 테), 무테(無;테가 없음), 뿔테, 소용돌이테, 쇠테, 안경테(眼鏡), 은테(銀), 흙테 들.

테[2] 사리어 놓은 실의 묶음을 세는 말.=토리'. 타래. ¶실 두 테. 털실 한 테를 둘로 나누어 꾸리로 감다. 테실(사려서 테를 지은 실); 실테(실꾸리. 실톳).

테석테석 거죽이나 면이 반드럽지 못하고 거칠게 일어난 모양. 〈큰〉티석티석[118]. ¶테석테석 거친 얼굴/손. 테석테석 · 티석티석하다.

텍스(tex) 실의 굵기를 나타내는 단위. 1텍스는 길이 1,000m의 무게가 1g 되는 실의 굵기.

템 주로 세는 말 아래에서 조사 '이나'와 결합하여, '예상보다 많은 정도'를 나타내는 말. ¶두 말 템이나 먹다. 한 달이면 끝날 줄 알았던 일이 석 달 템이나 걸렸다.

토[1] ①간장을 졸일 때에 위에 떠오르는 찌꺼기. ¶토찌끼[119]. ②간장을 담은 그릇의 밑바닥에 가라앉는 된장 부스러기.

토[2] ①체언에 붙는 조사(助詞). 또는 조사, 어미, 접사를 통틀어 이르는 말. ¶토를 달다(어떤 말끝에 그 말에 대하여 덧붙여 말하다), 토씨. ②한문의 구절 끝에 붙여 읽는 우리말 부분. ¶토를 달다/ 붙이다. 현토(懸). ③'끝'과 합성하여 '토끝[120]'으로 쓰이는 어근.

토(土) '흙 · 땅. 대지(垈地). 또는 부처나 보살이 사는 세계. 흙으로 된. 땅에서 나는. 오행(五行)의 하나. 지방(地方)'을 뜻하는 말. ¶토가(土價), 토감(土坎), 토건(土建), 토공(土工), 토관(土管), 토광(흙바닥 그대로 된 광), 토광(土鑛), 토광묘(土壙墓), 토괴(土塊), 토교(土橋), 토구(土寇), 토굴(땅에서 나는 굴조개), 토굴/집(土窟), 토금(土金), 토금속(土金屬), 토기(土氣), 토기(土器)[121], 토농(土農), 토농이(土農), 토니(土泥), 토단(土壇), 토담[토담장이, 토담집, 토담틀], 토당귀(土當歸), 토대(土臺), 토둔(土屯), 토도사(土桃蛇), 토라(土螺), 토란(土卵)[토란국, 토란대(고운대), 토란떡, 토란장아찌], 토력(土力), 토롱(土壟), 토룡(土龍), 토류(土類), 토리(土理), 토마루, 토막(土幕;움집)[토막민(民)], 토만두(饅頭), 토매(벼를 타서 현미를 만드는 기구), 토매인(土昧人), 토맥(土脈), 토머름(널조각 대신에 흙으로 막은 머름), 토명(土名), 토목(土木)[122], 토민(土民), 토바닥, 토박(土薄), 토박이(본토박이)[토박이꽃, 토박이말], 토반(土班), 토반자, 토방(土房;뜰방), 토번(土蕃), 토벽(壁), 토병(土兵), 토분(土粉), 토분(土墳), 토분(土糞), 토불(土佛), 토붕(土崩), 토비(土匪), 토빈(土殯), 토사/도(土砂/道), 토산(土山), 토산(土産)[토산마(馬), 토산물(物), 토산종(種), 토산품(品)], 토색(土色), 토석/류(土石/流), 토선(土船), 토성(土性), 토성(土姓), 토성(土星), 토성(土城), 토세공(土細工), 토속(土俗), 토수화(土鏽花), 토신(土神), 토실(土室), 토심(土深), 토압(土壓), 토양(土壤)[123], 토어(土語), 토언제(堰堤), 토역/꾼/일(土役), 토역청(土瀝靑;아스팔트), 토연(土煙), 토옥(土屋), 토옥하다(土沃), 토왕(土旺), 토욕/질(土浴)[124], 토용(土俑), 투우(土雨;흙비), 토우(土偶),

---

111) 털찝: 돈을 주책없이 함부로 쓰는 방탕한 사람을 그 돈을 먹는 쪽에서 이르는 말.[←털(다)+집].

112) 테다: 봉하거나 묶은 것을 열거나 풀다.

113) 테두리: ①물체의 가장자리 둘레. 윤곽(輪廓). 〈준〉테. ¶그림에 테두리를 두르다. 테두리그물, 테두리발파(發破), 테두리선(線). ②일정한 범위나 한계. ¶법의 테두리에서 벗어난 행동.

114) 테메우다: 질그릇 · 나무 그릇 따위의 틈이 벌어진데다가 짜갠 대오리나 철사를 도르다.

115) 테밀이: 문살의 등을 둥글게 하거나 모서리에 조금 테가 있게 만드는 일. 또는 그런 물살.

116) 테받다: 어떤 대상과 같은 모양을 이루다. 본뜨다. 닮다. ¶그 건축물은 왕관을 테받았다.

117) 테왁: 해녀가 물질을 할 때 채취한 해산물을 담는 그릇. 속이 빈 박으로 그물을 달았음.=뜸

118) 티석티석: ①'테석테석'보다 큰말. ¶티석티석 번지럽지 아니한 껍데기. 거북의 등은 티석티석 거칠어서 보기 흉하다. ②남의 흠이나 트집을 잡아 역겨운 말로 비위를 거스르는 모양.

119) 토찌끼: 간장에 가라앉은 된장 찌끼.

120) 토끝: ①피륙의 끄트머리. ②피륙의 필(疋) 끝에 글씨나 그림이 박힌 부분.=화도끝(華;피륙의 끝에 상표를 넣어서 짠 부분).

121) 토기(土器): 토기장(匠)/장이, 토기점(店); 가지무늬토기, 무문토기(無紋), 민무늬토기, 빗살무늬토기[즐문(櫛文)], 인문토기(印文), 즐문토기(櫛文), 채문토기(彩文;가지무늬토기), 채색토기(彩色), 칠무늬토기(漆).

122) 토목(土木): 토목건축(建築), 토목공사(工事), 토목공이, 토목공학(工學), 토목기계(機械), 토목기사(技師), 토목업(業).

123) 토양(土壤): 토양감염(感染), 토양개량(改良), 토양구조(構造), 토양미생물(微生物), 토양반응(反應), 토양보전(保全), 토양세균(細菌), 토양소독(消毒), 토양수(水), 토양오염(汚染), 토양온도(溫度), 토양입자(粒子), 토양조사(調査), 토양층(層), 토양침식(浸蝕), 토양학(學), 토양형(型), 토양호흡(呼吸), 토양화학(化學); 산성토양(酸性), 성대토양(成帶), 아토양(亞), 알칼리토양(alkali), 중성토양(中性).

124) 토욕(土浴): 날짐승이 흙을 파헤치고 들어앉아 버르적거리거나 소나 말

토원(土垣), 토음(土音;사투리), 토이질(痢疾), 토인(土人), 토장(土葬), 토장(土墻), 토장/국(土醬;된장), 토재관(土在官), 토적(土賊), 토전(土田), 토점/꾼(土店), 토정(土鼎;질솥), 토제(土堤), 토제(土製), 토족(土足), 토족(土族), 토종(土種)[토종꿀, 토종닭, 토종밤, 토종벌], 토주(土主), 토주(土朱), 토주(土柱), 토주자(土鑄字), 토지(土地)[125], 토질(土疾), 토질(土質), 토착(土着)[토착민(民), 토착어(語), 토착종(種), 토착화(化)], 토척하다(土瘠), 토청(土靑), 토체(土體), 토초(土炒), 토총(土塚), 토층(土層), 토탄(土炭), 토판(土版), 토판장(板墻), 토표(土豹), 토품(土品), 토풍(土風), 토피(土皮), 토필(土筆), 토하(土蝦;생이)/젓, 토현삼(土玄蔘), 토형(土型), 토호/질(土豪), 토화(土花), 토후(土侯), 토후하다(土厚); 가토(加土), 갈색토(褐色土), 강토(疆土), 개토(開土), 객토(客土)[126], 경토(耕土), 경토(輕土), 경토(境土), 경미토(粳米土;모래흙), 경송토(輕鬆土), 경식토(輕埴土), 경조토(輕燥土), 고토(苦土;산화마그네슘), 고토(故土), 고토(膏土;기름진 땅), 고량토(高粱土), 고령토(高嶺土), 고릉토(高陵土), 공토(公土), 과보토(果報土), 괴토(塊土), 교토(攪土), 구조토(構造土), 구토(舊土), 국토(國土), 궁방토(宮房土), 권토중래(捲土重來), 규조토(硅藻土), 극락정토(極樂淨土), 기건토(氣乾土), 노후토(老朽土), 낙토(樂土), 녹토(綠土), 농토(農土), 누토(累土), 다각형토(多角形土), 답토(畓土), 대토(代土), 도토(陶土), 동토(東土), 동토(凍土;언땅), 동거토(同居土), 동벽토(東壁土), 둔토(屯土), 마사토(磨沙土), 막토(보통 흙), 망간토(Mangan土), 매토(買土), 매토(賣土), 매몰토(埋沒土), 면작토(棉作土), 명토(冥土), 모토(母土), 박토(剝土), 박토(薄土), 방토(方土), 방토(邦土), 방토(防土), 방수토(防水土), 방편토(方便土), 배토(坏土), 배토(培土), 배양토(培養土), 배합토(配合土), 백토(白土), 번토(燔土), 법성토(法性土), 벽토(壁土), 벽토(闢土), 벽토척지(闢土拓地), 변토(邊土), 변화토(變化土), 보토(補土), 복토(覆土), 본토(本土), 봉토(封土), 부토(腐土), 부토(敷土), 부석토(浮石土), 부식토(腐植土), 부엽토(腐葉土), 분토(粉土), 분토(墳土), 분토(糞土), 불토(佛土), 불국토(佛國土), 붕적토(崩積土), 비토(肥土), 비옥토(肥沃土), 붕적토(風積土), 빙하토(氷河土), 사니질토(沙泥質土), 사막토(沙漠土), 사양토(砂壤土), 사질토(沙質土), 사토(死土), 사토(私土), 사토/질(沙土/質), 사토장이(莎土), 산성토(酸性土), 삼토(蔘土), 상토(上土), 상토(床土), 상적토(常寂土), 서토(西土), 석회토(石灰土), 성숙토(成熟土), 세사토(細沙土), 소토(燒土), 속토(屬土), 솔토(率土), 수반토(水礬土), 수용토(受用土), 수토(水土), 수토(守土), 수적토(水積土), 습토(濕土), 승보토(勝報土), 시험토(試驗土), 식토(埴土), 식양토(埴壤土), 십만억토(十萬億土), 아귀토[←瓦口土], 안토(安土), 알칼리토(alkali土), 암설토(巖屑土), 앙토(仰土)[앙토장이, 앙토질], 양토(壤土), 엄토(掩土), 역토(礫土), 역토(驛土), 염초토(焰硝土), 영토(領土), 예토(穢土), 옥토(沃土), 왕토(王土), 운적토(運積土), 원생토(原生土), 원적토(原績土), 은토(隱土), 응신토(應身土), 의토(宜土), 이적토(移積土), 이토(泥土), 인회토(燐灰土), 일괴토(一塊土), 일부토(一抔), 일촬토(一撮土), 자토(瓷土), 자토(赭土), 자수용토(自受用土), 작토(爵土), 잔적토(殘積土), 장토(庄土), 저토(底土), 적토(赤土;石間硃), 적색토(赤色土), 전토(田土), 전토(全土), 절토(切土), 점토(粘土), 점성토(黏性土), 정적토(定積土), 정토(淨土), 제위토(祭位土), 종토(宗土), 주토(朱土), 준설토(浚渫土), 중토(中土), 중토(重土), 진토(塵土), 진불토(眞佛土), 척토(尺土), 척박토(瘠薄土), 천토(賤土), 천연토(天然土), 철반토(鐵礬土), 초토(焦土), 촌토(寸土), 척토(拓土), 척토(瘠土), 초토(草土;居喪中), 초토(焦土), 촌토(寸土), 촬토(撮土), 축토(築土), 출토/품(出土/品), 충적토(沖積土), 취토(取土), 취토(聚土), 치양토(埴壤土), 코발트토(cobolt土), 타토(他土), 타수용토(他受用土), 퇴토(堆土), 퇴적토(堆積土), 툰드라토(tundra土), 파토(破土), 파벽토(破壁土), 편토(片土), 평토(平土)[평토깍두기, 평토장(葬), 평토제(祭)], 표토(表土), 표토(漂土), 표력토(漂礫土), 표백토(漂白土), 표포토(漂布土), 풍토(風土)[풍토기(記), 풍토병(病), 풍토색(色)], 풍성토(風成土), 풍적토(風積土), 풍화토(風化土), 하토(下土), 하토(遐土), 하성토(河成土), 하층토(下層土), 해성토(海成土), 해염토(海鹽土), 해토/머리(解土), 향도(鄕土), 호성토(湖成土), 혼응토(混凝土), 홍적토(洪積土), 홍토(紅土), 화산성토(火山性土), 화산회토(火山灰土), 환토(換土), 황토(荒土), 황토(黃土), 황색토(黃色), 회토(懷土), 회백토(灰白土), 회색토(灰色土), 후토(后土;토지를 맡은 귀신), 흑토(黑土), 흑니토(黑泥土), 흑색토(黑色土) 들.

토(吐) '게우다. 입 밖에 내다. 말하다'를 뜻하는 말. ¶토구(吐具), 토기(吐氣;욕지기), 토기(吐器), 토납(吐納), 토로(吐露;속마음을 다 드러내어 말함), 토사(누에가 실을 토함)/구(吐絲/口), 토사(吐瀉)[토사곽란(癨亂)], 토설(吐說;숨겼던 사실을 비로소 밝히어 말함), 토수(吐首), 토역(吐逆;욕지기), 토유(吐乳), 토실(吐實;일의 실상을 토설함), 토심/스럽다(吐心;불쾌한 마음), 토악질(吐;먹은 것을 게워냄)/하다, 토약(吐藥), 토역(吐逆;嘔吐), 토유/병(吐乳/病), 토정(吐情;사정이나 심정을 솔직히 털어놓음), 토정(吐精), 토제(吐劑), 토주(吐紬), 토진간담(吐盡肝膽), 토출(吐出;먹은 것을 토해냄. 속에 품은 뜻을 털어놓음), 토파(吐破;吐露), 토포악발(吐哺握髮), 토하다(뱃속에 든 것을 입 밖에 나가게 하다. 뱉다), 토하제(吐下劑), 토혈(吐血); 감탄고토(甘呑苦吐), 구토(嘔吐), 삼토(三吐), 설토(說吐), 실토하다(實吐), 욕언미토(欲言未吐), 욕토미토(欲吐未吐), 직토(直吐), 탄토(呑吐), 탐토(探吐), 혈반토(血反吐) 들.

토(討) '물리치다. 나무라다. 찾다. 더듬다'를 뜻하는 말. ¶토가(討價), 토구(討究), 토론(討論;따짐의논)[토론되다/하다, 토론자(者), 토론장(場), 토론회(會); 정책토론(政策), 패널토론(panel)], 토멸(討滅;공격하여 멸망시킴), 토벌/군(討伐/軍), 토비(討匪), 토색/질(討索;권세를 이용하여 금품을 억지로 빼앗는 짓), 토식(討食;음식을 억지로 청하여 먹음), 토역(討逆), 토의(討議)[토의되다/하다, 토의법(法); 난상토의(爛商), 분임토의(分任), 자유토의(自由)],

이 땅에 뒹굴면서 몸을 비빔.

125) 토지(土地): 토지개량(改良), 토지개혁(改革), 토지공개념(公概念), 토지공영제(公營制), 토지관리(管理), 토지관할(管轄), 토지구획정리(區劃整理), 토지국유(國有), 토지대장(臺帳), 토지법(法), 토지분쟁(紛爭), 토지사용권(使用權), 토지세(稅), 토지소산(所産), 토지소유권(所有權), 토지수용(收用), 토지신(神), 토지이용/률(利用/率), 토지자원(資源), 토지제도(制度), 토지조사(調査), 토지측량(測量), 토지회사(會社).

126) 객토(客土;딴흙): 토질을 개량하기 위하여 다른 곳에서 흙을 파다가 논밭에 옮기는 일. 또는 그 흙.

ㅌ

토이(討夷), 토적(討賊;도둑이나 역적을 토벌함), 토죄(討罪;지은 죄를 낱낱이 들추어 다부지게 나무람), 토주(討酒;술을 억지로 청하여 마심), 토파(討破;남의 말이나 글을 논박하여 깨뜨림), 토평(討平), 토포(討捕;토벌하여 잡음); 검토(檢討), 성토(聲討), 정토(征討), 초토(剿討;도둑의 무리를 쳐서 물리침), 추토(追討), 포토(捕討) 들.

토(兎/免) '토끼'를 뜻하는 말. ¶토각귀모(兎角龜毛), 토분(兎糞), 토사(兎舍), 토사구팽(兎死狗烹)[127], 토사문(免絲紋), 토순(兎脣), 톳실(음력 정월 토끼날에 만든 실), 토안(免眼), 토영삼굴(兎營三窟), 토육(兎肉), 토피(兎皮), 토호반(兎毫斑), 토호화(兎毫花); 가토(家免), 섬토(蟾免), 야토(野兎), 양토(養免), 오토(烏兎), 옥토끼(玉免;달)[금오옥토(金烏玉兎;해와 달)], 은토(銀兎), 종토(種兎) 들.

토끼 토낏과의 동물. ¶토끼는 앞발이 짧다. 토끼고기, 토끼그물, 토끼날, 토끼다[128], 토끼뜀, 토끼띠, 토끼몰이, 토끼우리(토끼집), 토끼자리, 토끼잠, 토끼장(欌), 토끼집, 토끼치기, 토끼타령, 토끼털, 토끼풀[토끼풀매듭], 토끼해; 산토끼(山), 새앙토끼, 생토끼(生), 수토끼, 암토끼, 옥토끼(玉), 집토끼. ☞ 토(兎).

토닥 어린아이들이 말다툼이나 주먹질로 다투는 모양. '도닥'보다 거센 말. 〈큰〉투덕'. ¶토닥·투덕거리다/대다/이다.

토도독 빗방울 따위가 바닥이나 나뭇잎 위에 세게 떨어지는 소리. 〈큰〉투두둑. ¶빗방울이 토도독 소리를 내며 지붕에 떨어지다. 우박이 투두둑 뿌린다.

토라지(다) ①먹은 음식이 체하여 제대로 삭지 못하고 신트림이 나다. ¶먹은 떡이 토라지다. ②마음에 들지 아니하고 뒤틀리어 싹 돌아서다.[←틀어지다]. ¶토라진 표정. 토라져서 말도 않는다. 토라뜨리다/트리다.

토렴 식은 밥이나 국수에 뜨거운 국물을 부었다 따랐다 하여 덥게 함.[←퇴염(退染)]. ¶국수를 토렴하다.

토록¹ 광산에서, 광맥의 본래 줄기와 떨어져 다른 잡석과 함께 광맥의 겉으로 드러나 있는 광석.

토록² 작은 종에 속하는 산짐승.↔느리(큰 종에 속하는 산짐승).

토록³ 시간을 나타내는 명사나 대명사 '이, 그, 저'에 붙어, 어느 정도나 얼마의 수량에 미침의 뜻을 나타내는 부사격 조사. 상대방에게 어떤 일을 그렇게 하도록 함을 나타냄.[←하(다)+도록]. ¶종일토록 비가 내린다. 이 일은 한시바삐 실행토록 하여라. 과년토록(過年), 그/이/저토록, 마르고닳토록, 무궁토록(無窮), 영원토록(永遠), 예토록, 종신토록(終身), 종일토록(終日), 평생토록(平生) 들.

토리¹ 실을 둥글게 감은 뭉치(실뭉치). 또는 그것을 세는 말. ¶명주실 두 토리. 토리실; 가락토리[129], 나무토리, 실토리/실톳, 종이토리.

토리² 화살대의 끝에 둥글게 씌운 쇠고리. ¶토리가 벗겨지다. 심토리(땅을 깊이 갈기 위하여 쟁기보습에 덧붙이는 장치).

토림 밤에 강이나 내에 불을 비추어 물속에 있는 고기를 작살로 잡는 일. ¶토림하느라 옷을 적시다. 토림하다.

토막 크고 덩어리가 진 도막. 또는 그것을 세는 말. 다른 것에 비하여 아주 짤막한 내용이나 물건. 일정한 길이의 물건을 쓰다가 남은 부분. 단편적이거나 아주 짧은 것. ¶생선 한 토막. 연필 토막. 토막고기, 토막광고(廣告), 토막구름, 토막극(劇;寸劇), 토막글(일정한 주제를 담은 짧은 글), 토막기사(記事), 토막길(원줄기에서 몇 갈래로 갈라져 나온 짤막한 길), 토막나무, 토막내다, 토막말, 토막반찬(飯饌;생선이나 자반을 토막쳐서 요리한 반찬), 토막살인(殺人), 토막생각[단상(斷想)], 토막소리(온바탕이 못 되는 판소리의 부분), 토막시간(時間), 토막실, 토막여행(旅行;여러 곳을 거쳐서 가는 여행), 토막잠, 토막지식(知識), 토막치다, 토막토막; 나무토막, 반토막(半). §'도막'은 짧고 작은 동강.

토스레 아마·삼 따위의 섬유를 삶아서 굵고 거칠게 드린 실로 짠 천. ¶토스레바지, 토스레옷(토스레로 지은 옷), 토스레잠방이, 토스레차림, 토스레치마.

토시 팔뚝에 끼어 추위를 막는 방한구.[←투수(套袖)]. ¶토시를 끼다. 토시살[130]; 덧토시[모의덧토시(毛衣)], 등토시(藤), 마제토시(馬蹄;마제), 말굽토시, 일토시(일할 때 끼는 토시), 잘토시(가죽의 털을 안에 두어 만든 토시), 털토시 들.

토실 살이 썩 보기 좋을 정도로 통통히 찐 모양. 〈큰〉투실. ¶토실한 볼에 보조개가 깊게 패었다. 살이 토실토실 오르다. 토실·투실하다, 토실토실·투실투실/하다(≒오동통하다. 통통하다.

톡¹ ①물건의 어느 한쪽이 볼가져 나온 모양. ¶톡 튀어 나온 개구리 눈. ②말을 다부지게 쏘아붙이는 모양. ¶말을 톡 받아치다. ③작은 것이 갑자기 발에 걸리거나 차이는 소리. ④가볍게 살짝 치거나 건드리는 소리. 또는 그 모양. ⑤갑자기 혀끝이나 코 따위에 자극을 받는 느낌. ⑥갑자기 튀거나 터지는 소리. 또는 그 모양. 〈큰〉툭.

톡² 호패(胡牌). ¶조선시대의 신분증인 호패를 '톡'이라고도 한다.

톡탁-치다 옳고 그름을 가릴 것 없이 모두 쓸어 없애다. 〈큰〉툭탁치다. ¶사건을 없었던 일로 톡탁치려는 속셈이랑 그만 두게.

톡톡-하다 ①국물이 바특하여 묽지 아니하다.=톱톱하다[131].≒바특하다. ¶된장찌개가 톡톡하게 되었다. ②피륙이 고르고 단단한 올로 짜서 바탕이 도톰하다.≒두껍다. ¶톡배다[132], 탁탁하다[133].

---

127) 토사구팽(兎死狗烹): 토끼를 다 잡으면 사냥개를 삶는다는 뜻으로, '필요한 때는 소중히 여기다가도 쓸모가 없게 되면 천대하고 쉽게 버림'을 비유하는 말.

128) 토끼다: '도망가다'를 속되게 이르는 말.

129) 가락토리: 물레로 실을 자을 때, 고치솜에서 풀려나오는 실을 감는 쇠꼬챙이. 또는 가락의 두 고동 사이에 끼우는 대통.

130) 토시살: 소의 만화(지라와 이자머리)에 붙은 살.

131) 톱톱하다: ①국물이 묽지 아니하고 바특하다. ②알속 있다. ③식구나 기구 성원 따위가 많지도 적지도 아니하고 알맞다. 〈큰〉툽툽하다'.

132) 톡배다: 피륙의 짜임새가 톡톡한 맛이 있게 배다.

133) 탁탁하다: ①피륙 따위의 바탕이 촘촘하고 두껍다. 〈큰〉툭툭하다. ¶탁탁하게 짠 옷감. 톡톡·툭툭하다. ②살림 따위가 넉넉하고 윤택하다.

ㅌ

③재산이나 살림살이가 실속 있게 넉넉하다. ¶세간이 톡톡하다. 톡톡히(썩 많이) 재산을 모으다. 친구의 덕을 톡톡히 보다. ④비판이나 망신이나 꾸중 따위가 심하고 단단하다. ¶톡톡하게 망신을 당하다. 이번에는 그가 톡톡히 당했다. 〈큰〉툭툭하다¹①,②.

톤(t) 무게의 단위로 1톤은 1,000kg.

톨 밤이나 도토리, 마늘 따위 낱낱의 알을 세는 단위. ¶쌀 한 톨. 마늘 두 톨. 가운데톨, 가톨[134], 밤톨(낱낱의 밤알), 외톨[세톨박이, 외톨박이, 외톨밤, 외돌토리, 외톨이].

톰방 작고도 좁은 물건이 깊은 물에 떨어지는 소리나 모양. 〈큰〉툼벙. ¶동전을 우물 속에 톰방 빠뜨리다. 돌멩이가 강물에 톰방 잠겼다. 톰방·툼벙거리다/대다, 톰방톰방/하다, 톨롱[135].

톱¹ ①나무·쇠붙이 따위를 자르거나 켜는 데 쓰는 연장. ¶나무를 톱으로 켜다. 톱날, 톱니, 톱몸(톱의 쇠판 부분), 톱밥, 톱손(톱의 손잡이. 톱질을 하는 손), 톱양[136], 톱자국, 톱자루, 톱장이, 톱질/하다, 톱칼; 가는톱[137], 가로톱, 가지톱(나뭇가지를 자를 때 쓰는 톱), 기계톱(機械), 끈치톱[138], 내릴톱, 대톱(大), 돌톱, 동가리톱/동톱(가로톱), 동력톱(動力;기계톱), 두덩톱, 둥근톱, 등대기톱, 등쇠톱, 띠톱, 막톱, 붕어톱(붕어의 등처럼 생긴 둥근 톱), 세톱(細), 세로톱, 소톱(小), 쇠톱, 실톱, 양날톱(兩), 오림톱, 외날톱, 잉걸톱, 장부켜기톱, 전기톱(電氣), 접톱, 중톱(中), 쥐꼬리톱(가늘고 길게 생긴 톱), 큰톱, 탕개톱, 틀톱, 허튼톱. ②명사에 붙어 '돋아난 것. 톱니 모양의'를 뜻하는 말. ¶톱날지붕, 톱니무늬, 톱니바퀴, 톱니잎(가장자리가 톱니 모양으로 생긴 잎), 톱니파(波), 톱대[139], 톱상어, 톱풀; 모래톱[140], 발톱[며느리발톱(새의 뒷발톱), 새끼발톱], 손톱, 손발톱, 차동톱니바퀴(差動) 들.

톱² 모시나 삼을 삼을 때 그 끝을 긁어 훑는 데 쓰는 기구. ¶그물톱[141].

톱지(다) 꽤 실속이 있다.[←톱톱/톡톡하다]. ¶톱진 살림살이.

톱톱-하다 =톡톡하다.

톳¹ 갈조류 모자반과의 해조.

톳² ①김을 묶어 세는 단위로 100장이나 40장을 을 이르는 말. 또는 그것을 세는 단위.=속. ¶김 세 톳. ②묶은 덩이나 뭉치. ¶톳나무(큰 나무), 가랫톳(허벅다리의 림프샘이 부어 아프게 된 멍울), 베실톳(베실을 감아 놓은 실몽당이), 실톳(실뭉치).

톳³ 자른 나무토막. 또는 그것을 세는 단위. ¶나무 두 톳을 치다. 톳실(톳에 감은 실); 톳나무(큰 나무); 나무톳(톳을 낸 통나무).

통¹ ①허리·다리의 굵기나 둘레. 또는 소매나 바짓가랑이 따위의 속의 넓이. 몸체. ¶통이 넓다. 통이 좁은 바지. 통이 굵은 다리. 통개[142], 통바지(통이 넓은 바지); 가슴통, 굽통(말이나 소의 발굽의 몸통), 다리통, 머리통, 목통, 몸통, 바지통, 사개통(화통), 소매통, 약통[143], 어깨통, 장구통, 절구통, 아래통, 알통(몸에서 불거진 근육), 웃통(몸의 허리 위의 부분. 윗옷), 위통(↔아래통), 허리통, 화통[144]. ②사람의 도량(度量)이나 씀씀이.≒그릇. 국량(局量). ¶몸집은 작아도 통은 크다. 사람이 왜 그리 통이 작아? ③광맥(鑛脈)의 넓이. ¶통가리[145], 통꾼(숯장이), 통목(광석을 나르는 일을 하는 사람); 쇠통, 심통(도막도막 끊어져 있는 광맥). ④다른 말에 덧붙어 그 말의 뜻을 힘줌. ¶울화통(鬱火)/화통(火).

통² 화투 등 노름할 때에 석 장을 뽑아 끗수가 열 또는 스물이 되는 수효. 망통.

통³ ①속이 차서 자란 배추·수박 같은 것의 몸피. 또는 그것을 세는 말. ¶통이 실한 배추. 수박 열 통. ②일정한 자수로 끊어 놓은 광목·옥양목 따위를 헤아리는 말.=필(疋). ¶광목을 통으로 끊다. 당목 두 통. 통감(통째 그대로의 재료).

통⁴ ①여럿이 한 속이 되어 이룬 무리나 모임.≒동아리. ¶모두 한 통이 되어 덤빈다. 통돌다[146], 통속(비밀로 이루어진 동아리. 모르게 한 약속)[한통속/한통, 한통치다[147]], 통짜다¹,²[148]; 온통/통(으로). ②어떤 일로 복잡한 주변. 또는 그 안이나 사이. ¶시장통(市場), 종로통(鐘路), 중앙통(中央). ③용언의 관형사형 다음에 쓰여 '무슨 일로 정신을 차릴 수 없을 정도의 기세' 또는 다른 말에 붙어 '서슬'의 뜻을 나타냄. ¶하도 떠드는 통에 한잠도 못 잤다. 비가 오는 통에 아무 일도 못했다. 난리통(亂離), 돌림통(돌림병이 돌아다니는 시기. 또는 그 병), 북새통[149], 분란통(紛亂;어수선하고 소란스러운 형세), 심통(心;나쁜 마음자리), 싸개통[150], 엄벙통(엄벙한 가운데), 유세통(有勢), 전쟁통(戰爭) 들.

통⁵ 전혀. 도무지. 일절. ¶소식을 통 알 수가 없다. 통 무슨 뜻인지 모르겠다. 술은 통 못한다. [+부정어. 부정적 확신].

통⁶ ①속이 텅 빈 나무통이나 작은 북 따위를 칠 때 나는 소리. ¶작은 북을 치니 통 소리가 났다. 토동통[151]. ②탄력이 있는 물건이

134) 가톨: 세톨박이 밤의 양쪽 가에 있는 밤톨.↔가운데톨.
135) 톨롱: 아주 작은 것이 좀 가볍게 떨어지는 소리나 모양. 〈큰〉툴룽. ¶비둘기 똥이 내 어깨에 톨롱 떨어졌다. 톨라당/톨랑·툴러덩/툴렁, 톨롱거리다/대다, 톨롱톨롱/하다.
136) 톱양: 톱의 이가 서 있는 얇고 긴 쇳조각.
137) 가는톱: 날이 얇고 이가 잔 작은 톱.
138) 끈치톱: 나무의 결을 가로로 자르는 톱.
139) 톱대: 도투마리에 감길 실의 끝을 잡아매는 막대.
140) 모래톱: 강가나 바닷가의 넓고 큰 모래 벌판.
141) 그물톱: 손으로 그물을 짤 때 그물코의 크기를 똑같이 하기 위하여 쓰는 작은 나무토막.
142) 통개: 바짓가랑이나 팔소매 따위의 통. 또는 나무통의 둘레.
143) 약통: 둥글게 생긴 인삼·더덕 따위의 몸.
144) 화통: 사개를 맞추기 위하여 오려 낸 기둥머리의 자리.=사개통. ¶화통가지(=사개촉).
145) 통가리: 광석을 캐는 가운데 갑자기 광맥(鑛脈)이 끊어지면서 부딪치게 되는 광상(鑛床) 둘레의 암석.
146) 통돌다: 여러 사람의 의견이 맞아 그렇게 하기로 서로 알려지다.
147) 한통치다: 나누지 아니하고 한곳에 합치다. ¶한통쳐서 얼마요? 알이 굵고 잔 감자를 한통쳐서 셈했다.
148) 통짜다¹: 여럿이 한 동아리가 되기로 약속하다. 통짜다²: 각 부분을 모아 하나가 되도록 맞추다.
149) 북새통: 여러 사람이 부산하게 떠들어 대는 바람.
150) 싸개통: ①여러 사람이 둘러싸고 승강이를 하는 통. ¶그 싸개통에 장사 망쳤다. ②여러 사람에게 둘러싸여 억울하게 욕을 먹는 일. ¶싸개통에 걸려 망신만 당했다. 〈준〉싸개.
151) 토동통: 작은 북이나 장구 따위를 치는 소리.

좀 무겁게 튀는 소리. 발동기 따위가 돌아가면서 내는 소리. 〈큰〉퉁. ¶통탕[152], 통통[153]·퉁퉁거리다/대다, 통통·퉁퉁걸음, 통통배.

통[7] 일부 명사 앞에 붙어 '가르거나 쪼개지 않은 덩어리 전부. 속이 꽉 찬', 몇몇 동사에 붙어 '한꺼번에. 평균'의 뜻을 더하는 말. §'몸피'를 의미하는 명사 '통'이 관형사적으로 어기에 접하여 쓰임. ¶통가죽, 통감(통짜 그대로의 천), 통감발(통으로 된 발감개), 통감자, 통거리[154]/로(온통. 전부), 통것(통째 그대로의 것), 통고기, 통고지[155], 통고집(固執), 통고추, 통골(goal), 통곬[156], 통구덩이, 통구이, 통국수, 통굽, 통금[157], 통기둥, 통길, 통김치, 통깃, 통깨, 통꽃, 통꽃부리, 통나무[통나무다리, 통나무배, 통나무집], 통단(크게 묶은 곡식의 단), 통닭[통닭구이, 통닭찜], 통대, 통대구(大口), 통돼지, 통마늘, 통마루, 통맞춤[158], 통머름[합중방(合中枋)], 통머리(부채 끝머리를 깎지 않고 제 크기대로 내밀게 한 것), 통모자(帽子;운두와 뚜껑을 애초에 한 살로 만든 갓모자), 통목(木;통나무), 통무/김치, 통밀, 통밀다, 통밀어(이것저것 가릴 것 없이 모두 평균으로 쳐서), 통바위, 통반석(盤石), 통밤(온 밤 내내), 통방(房;집의 전체가 한 칸의 방으로 된 구조), 통배추, 통버선, 통보(통째로 된 보), 통보리, 통부츠(boots), 통북어(北魚), 통비단(緋緞), 통뼈, 통뽕, 통살, 통색(色), 통소매, 통솔, 통송곳, 통쇠, 통수수, 통시간(時間), 통썰기, 통억지(매우 센 억지), 통오리, 통옷(아래위가 붙어 하나로 된 옷), 통유리, 통으로(온통으로), 통이불(자루 같이 만든 이불), 통자(字), 통자물쇠, 통잠(↔토막잠), 통잣, 통장작(長斫), 통재산(財産;재산의 전부), 통접시받침, 통조각(하나로 이루어진 조각), 통줄/주다, 통짜(온통의 덩어리)/로, 통째/로, 통차지, 통치마, 통칡, 통침(鍼), 통타이어(tire), 통터지다[159], 통틀다, 통틀어(도파니), 통판, 통팥, 통홰[160], 통후추 들.

통(通) ①'막힘이 없이 트이다. 서로 오가다. 순조롭다. 알리다'를 뜻하는 말. ¶통가(通家), 통가지의(通家之誼), 통간(通間), 통견(通見), 통견(通絹), 통경(通經), 통경제(通經劑), 통계(通計), 통고(通告)[통고문(文), 통고서(書), 통고처분(處分)], 통공(通功), 통고금(通古今;예나 이제나 한결같이), 통공(通功), 통과(通過)[161], 통관(通款;자기편의 형편을 몰래 적에게 알려줌), 통관/업(通關/業), 통관(通觀;전체를 통하여 전반적으로 내다봄), 통관(通管), 통교(通交)[통교조약(條約)], 통구(通衢;통행하는 길), 통권(通卷), 통규(通規), 통근(通勤), 통금(通禁), 통기(通氣)[통기공(孔), 통기구(口), 통기성(性)], 통기(通奇), 통내외(通內外), 통념(通念;일반적인 생각)[사회통념(社會)], 통뇨(通尿), 통달(通達;막힘이 없이 통하여 환히 앎), 통도(通道;通路. 사람이 마땅히 이행해야 할 도의), 통독(通讀), 통동(通同;온통), 통동(通洞;광산에서의 중요한 갱도), 통람(通覽;처음부터 끝까지 죄다 봄), 통래(通來;往來), 통력(通力;神通力), 통력(通歷), 통령(通靈), 통례(通例;일반에게 공통적으로 쓰이는 전례), 통례(通禮), 통로(通路), 통론(通論;사리에 통달한 이론. 공통적이고 일반적인 이론), 통률(通律), 통리(通利), 통리(通理), 통명(通名;일반에 통하는 이름), 통명(通明;通達), 통모/죄(通謀/罪), 통문(通文;通知文)[사발통문], 통문(通門), 통발류(通發流), 통방(通房), 통법(通法;일반에 공통되는 법칙), 통변(通辯), 통보(通報), 통보(通寶), 통보함(通報艦), 통부(通訃), 통부(通符), 통분(通分), 통비(通比), 통빙(通聘), 통사(通士), 통사(通史), 통사(通事), 통사론(統辭論), 통사정(通事情;자기 사정을 남에게 알리거나 남의 사정을 잘 알아줌), 통산(通算), 통상(通常)[162], 통상(通商)[163], 통색(通塞), 통선(通船), 통설(通說), 통섭(通涉), 통성(通性), 통성(通姓), 통성명(通姓名), 통세계(通世界), 통소(通宵), 통소로(通小爐), 통소불매(通宵不寐), 통속(通俗)[164], 통수(通水), 통시태(通時態), 통식(通式), 통신(通神), 통신(通信)[165], 통심정(通心情), 통약(通約), 통어(通語), 통역(通譯)[통역관(官), 통역사(士), 통역정치(政治)], 통용(通用)[통용금(金), 통용문(門), 통용어(語), 통용음(音)], 통운(通運)[통운회사(會社)], 통운(通韻), 통원(通院), 통유/성(通有/性), 통유(通儒), 통의(通義), 통의(通誼), 통인(通人;사물에 통달한 사람), 통인정(通人情), 통일(通日), 통장(通帳)[예금통장(預金), 적금통장(積金)], 통재(通才), 통전(通典), 통전(通電), 통정(通情), 통정(通睛), 통지(通知;기별하여 알림)/서(書), 통창하다(通敞), 통창하다(通暢;조리가 밝아 환함), 통천건(通天巾), 통천관(通天冠), 통천판(通天板), 통천하(通天下), 통철(通徹), 통첩(通牒;서면으로 통지함)[의명통첩(依命), 최후통첩(最後)], 통치(通治;두루 효험이 있음)[만병통치(萬病)], 통칙(通則), 통칭(通稱), 통투(通透), 통판(通判), 통판(通版), 통판(通販), 통팔도(通八道), 통팔로(通八路), 통폐(通弊), 통풍(通風)[통풍구(口), 통풍기(機)], 통하다(막힘이 없이 트이다), 통하정(通下情), 통학(通學)[통학권(券), 통학생(生), 통학차(車)], 통항(通航), 통해(通解), 통행(通行)[166], 통현(通玄), 통혈(通穴), 통호(通好), 통혼

152) 통탕: ①마룻바닥 따위의 공간 위에 놓인 널빤지를 세게 두드리거나 구를 때 나는 소리. 〈큰〉퉁탕. ②총을 마구 쏘는 소리. ¶총을 통탕 쏘다. 통탕·퉁탕거리다/대다.

153) 통통: ①작은 배 따위의 발동기 소리. ¶발동기가 통통 소리를 내며 돌다. ②발로 탄탄한 데를 자꾸 구르는 소리. ¶아이가 마루를 통통 구르다.

154) 통거리: 어떤 물건이나 일을 가리지 아니한 체 모두.

155) 통고지: 예전에, 지주에게 진 빚을 갚기 위하여 모내기에서 수확까지 모든 농사일을 하는 조건으로 하던 고지.

156) 통곬: 여러 갈래의 물이 한 곬으로 모이는 곳.

157) 통금[-끔]: ①이것저것 한데 몰아친 값. ②물건을 통거리로 파는 일.

158) 통맞춤: 재목 한 끝이 다른 큰 재목에 통째로 들어가 끼이게 하는 맞춤.

159) 통터지다: 여럿이 한꺼번에 냅다 쏟아져 나오다.

160) 통홰: 길을 들인 매가 올라앉아 쉴 수 있도록 둥근 나무토막 위에 만든 홰.

161) 통과(通過): 통과되다/하다, 통과무역(貿易), 통과보(報), 통과세(稅), 통과시간(時間), 통과역(驛), 통과의례(儀禮), 통과제의(祭儀), 통과화물(貨物); 무사통과(無事).

162) 통상(通常): 보통. 보통으로. ¶통상의 값. 우리는 통상 그렇게 불러 왔다. 통상복(服), 통상선거(選擧), 통상우편(郵便), 통상적(的), 통상전보(電報), 통상주(株), 통상주주(株主), 통상환(換), 통상회(會).

163) 통상(通商): 나라 사이에 서로 교통(交通)하며 상업을 함. ¶통상권(權), 통상대표부(代表部), 통상압력(壓力), 통상조약(條約), 통상협정(協定); 자유통상(自由).

164) 통속(通俗): 일반 세상에 널리 통하는 풍속. ¶통속가요(歌謠), 통속극(劇), 통속문학(文學), 통속물(物), 통속미(美), 통속성(性), 통속소설(小說), 통속어(語), 통속적(的), 통속화/되다/하다(化).

165) 통신(通信): 소식을 전함. 서로 소식이나 전보를 교환·연락하는 일. ¶통신강좌(講座), 통신교육(教育), 통신기(機), 통신망(網), 통신문(文), 통신병(兵), 통신사(士), 통신사(社), 통신사업(事業), 통신소(所), 통신원(員), 통신위성(衛星), 통신판매(販賣), 통신회의(會議); 가정통신(家庭), 광통신(光), 국제통신(國際), 다중통신(多重), 무선통신(無線), 비밀통신(秘密), 시호통신(視號), 우주통신(宇宙), 유선통신(有線), 이동통신(移動), 전기통신(電氣), 화상통신(畫像), 회광통신(回光).

(通婚), 통화(通化), 통화(通貨), 통화(通話), 통환(通患), 통효(通曉); 간통(姦通), 간통(簡通), 감통하다(感通), 개통(開通), 공통(共通), 관통(貫通), 교통(交通), 궁통(窮通), 내통(內通), 능통(能通), 달통(達通), 답통(答通), 대통(大通), 도통(道通), 득통(得通), 밀통(密通), 박통(博通), 발통(發通), 방통(旁通), 변통(便通), 변통(變通), 보통(普通), 불통(不通)[고집불통(固執), 수화불통(水火;친교를 끊음)], 사간통(四間通), 사발통문(沙鉢通文), 사통(私通), 사통(四通)[사통오달/팔달(五達/八達)], 상통(上通), 상통(相通), 서통(書通), 선통(先通), 소통(疏通), 순통(純通), 순통(順通), 신통(神通), 연통(聯/連通), 영통(靈通), 예통(豫通), 외통[외통목, 외통수(手), 외통장군(將軍)], 유통(流通), 유통(儒通), 융통(融通), 음통(陰通), 자통(自通)[무사자통(無師)], 전통(全通), 전통(電通), 정통하다(精通), 직통(直通), 착통(鑿通), 철통(鐵通), 잠통(潛通), 형통(亨通), 회통(回通). ②일부 명사 뒤에 붙어 '정통한 사람. 또는 거리'의 뜻을 더하는 말. ¶경제통(經濟通), 고집통(固執通), 관측통(觀測通), 국제통(國際通), 군사통(軍事通), 누진통(漏盡通), 소식통(消息通), 숙명통(宿命通), 순순통(純純通), 신통(神通), 신족통(神足通), 연극통(演劇通), 오신통(五神通), 외교통(外交通), 외국통(外國通), 유세통(有勢通), 육신통(六神通), 정보통(情報通), 정책통(政策通), 천안통(天眼通), 천이통(天耳通), 타심통(他心通), 행정통(行政通), /미국/ 중국/ 일본; 종로/ 광화문/ 남문/ 시장(市場)과 같이 '거리[가(街)]'를 나타냄. ③편지나 전화·서류 따위를 셀 때 쓰는 말. ¶편지 세 통/ 전화 한 통 걸다. 각통(各通).

통(痛) '아픔이 오는 병'이나 '몹시. 대단히'를 뜻하는 말. ¶통각(痛覺), 통간(痛諫), 통감(痛感;절실하게 느낌), 통격(痛擊), 통고(痛苦), 통곡(痛哭)[대성통곡(大聲)], 통극(痛劇), 통념(痛念), 통도(痛悼;마음이 아프고 슬픔), 통렬(痛烈;비판·공세가 몹시 매섭고 가차 없음. 猛烈), 통론(痛論;통렬히 의견을 말함), 통매(痛罵;통렬히 꾸짖음), 통박(痛駁;통렬하게 공박함), 통봉(痛棒), 통분(痛忿/憤;원통하고 분함), 통비(痛痺;사지의 뼈마디가 쑤시는 병), 통상(痛傷;매우 슬퍼하며 마음 아프게 여김), 통석(痛惜;몹시 애석함), 통성(痛聲;병으로 앓는 소리. 아픔을 참지 못해 지르는 소리), 통세(痛勢;아픈 형세), 통심(痛心;몹시 마음이 상함), 통심정(通心情), 통양(痛痒;아프고 가려움), 통언(痛言), 통음(痛飮;술을 매우 많이 마심), 통절(痛切;몹시 절실함. 몹시 고통스러움), 통점(痛點;아픔을 느끼는 감각점), 통증(痛症;아픈 증세), 통징(痛懲;嚴懲), 통책(痛責;嚴責), 통처(痛處), 통초(痛楚;몹시 아프고 괴로움), 통쾌(痛快;썩 유쾌함. 마음이 매우 시원함), 통타(痛打;맹렬히 공격함), 통탄(痛歎;몹시 탄식함), 통풍(痛風;관절염), 통한(痛恨;가슴 아프게 몹시 한탄함)[각골통한(刻骨)], 통회(痛悔); 가통(加痛), 가통(可痛), 각통(脚痛;다리의 아픔), 격통(激痛), 견비통(肩臂痛), 견인통(牽引痛), 계심통(悸心痛), 고분지통(鼓盆之痛), 고통(苦痛), 골통(骨痛), 골절통(骨折痛), 극통(極/劇痛), 근육통(筋肉痛), 담석통(膽石痛), 도통(悼痛), 동통(疼痛), 두통(頭痛), 둔통(鈍痛), 무통(無痛), 배뇨통(排尿痛), 배통(背痛), 변통(便痛), 복통(腹痛), 분통(憤痛), 붕성지통(崩城之痛), 비통하다(悲痛), 비통(鼻痛), 비통(臂痛), 사지통(四肢痛), 산통(産痛), 산통(疝痛), 상통하다(傷痛), 생리통(生理痛), 성장통(成長痛), 수통(羞痛), 시통(始痛), 신경통(神經痛), 심복통(心腹痛), 심장통(心臟痛), 심통(心痛), 심통(深痛), 애통하다(哀痛), 요통(腰痛), 원통하다(冤痛), 월경통(月經痛), 위통(胃痛), 이통(耳痛;귀앓이), 인후통(咽喉痛), 자통(刺痛), 재통(再痛), 절통(切痛), 족통(足痛), 중통(重痛), 지통(止痛), 지통(至痛), 진통(陣痛), 진통/제(鎭痛/劑), 질통(疾痛), 천붕지통(天崩之痛), 충식통(蟲蝕痛), 치통(痔痛), 치통(齒痛), 침통하다(沈痛), 탄통(歎痛), 편두통(偏頭痛), 풍랭통(風冷痛), 풍열통(風熱痛), 협통(脇痛), 회통(蛔痛;거위배), 흉통(胸痛), 흉부통(胸部痛) 들.

통(桶) 나무나 쇠붙이 따위로 만들어 물 같은 것을 담는 데 쓰는 그릇. 또는 그것에 담긴 것을 세는 말. ¶막걸리 한 통/ 석유 두 통/ 벌 세 통. 통가리[167], 통가마(유리를 녹이는 가마), 통꼭지, 통만두(찜통에 넣고 쪄서 내놓는 만두), 통말[두(斗)], 통메우다[168], 통메장이, 통방아(구유방아), 통술, 통장수, 통장이, 통젖(통꼭지), 통조림; 간장통, 강철통(鋼鐵桶), 개수통(-水桶), 거름통, 걸레통, 고불통(흙을 구워서 만든 담배통), 기름통, 꿀통, 나무통, 김칫통, 담배통, 대통(담배통), 대통(大桶), 드럼통(drum桶), 들통(들손이 달린 통), 똥통, 말죽통(粥桶), 먹이통, 먹통, 모이통, 목간통(沐間桶), 목욕통(沐浴桶), 목통(木桶), 무곡통(貿穀桶), 물통, 반찬통(飯饌桶), 밥통, 벌통, 보온통(保溫桶), 부시통, 분통(粉桶), 분필통(粉筆桶), 빨래통, 사료통(飼料桶), 새갓통(바가지에 손잡이를 단 그릇), 석유통(石油桶), 설거지통, 소통(小桶), 송장통, 쇠통, 수저통, 수채통, 수통(水桶), 술통, 쓰레기통, 양념통, 양철통(洋鐵桶), 여물통, 오줌통, 욕통(浴桶), 우유통(牛乳桶), 장통(醬桶), 저수통(貯水桶), 절병통(節甁桶;정자의 지붕마루 가운데에 세우는 탑 모양의 기와로 된 장식), 젓통, 중통(中桶), 질통/꾼, 찜통, 천수통(千手桶), 철밥통, 철통(鐵桶)/같다, 탄통(炭桶), 통조림통, 홈통, 휴지통(休紙桶) 들.

통(筒/筩) 둥글고 긴 동강으로 속이 빈 물건. ¶통계(筒契), 통구멍, 통그물, 통기타(筒guitar), 통꼭지, 통끼움(통넣기;한 목재의 옆면에 구멍을 파서 다른 목재의 머리를 끼우는 일), 통발[169], 통상/화(筒狀/花), 통이불(자루처럼 만든 이불), 통줄(둥그스름하게 생긴 줄), 통행전(筒行纏); 공명통(共鳴筒), 구새통[170], 구이통, 굴대통/굴통, 기통(汽/氣筒/筩), 기름통[171], 깡통[←can], 대통, 매통(벼의 겉겨를 벗기는 농기구), 북통(북의 몸이 되는 둥근 나무통), 붓통, 산통/계(算筒/契), 서통(書筒;봉투), 설통, 설통발, 수연통(水煙筒), 수패통, 수통(水筩), 숨통, 시통(詩筒), 연통(煙筒), 연필통(鉛筆筒), 연화통(蓮花筒), 우체통(郵遞筒), 울림통[공명기(共鳴器)], 울음통, 원통(圓筒), 유통(乳筒), 유서통(諭書筒), 자물(쇠)통,

166) 통행(通行): 길을 통하여 다님. ¶공사로 통행이 불편하다. 통행권(權), 통행규정(規定), 통행금지(禁止), 통행료(料), 통행본(本), 통행세(稅), 통행인(人), 통행증(證); 대면통행(對面), 쌍방통행(雙方), 우측통행(右側), 일방통행(一方), 좌측통행(左側).

167) 통가리(桶): 쑥대나 싸리·뜸(거적) 따위를 엮어 마당에 둘러치고 그 안에 감자나 곡식 낟알을 채워 쌓은 더미.

168) 통메우다: ①통조각을 맞추어 테를 끼우다. ②좁은 자리에 많은 사람이 빽빽하게 들어참을 이르는 말. 〈준〉통메다.

169) 통발(筒): 가는 댓조각이나 싸리를 엮어서 통같이 만든 고기잡이 도구. ¶설통발/설통(물속에 거꾸로 놓는 통발).

170) 구새통: ①구새 먹은 통나무. ②나무로 만든 굴뚝.

171) 기름통(筒): 기름을 묻힌 헝겊을 넣어서 연장을 닦는 마디진 대토막.

ㅌ

저통(箸筒), 저금통(貯金筒), 전통(箋筒), 전동(箭筒), 전화통(電話筒), 주라통(朱螺筒:소의 목구멍에서 밥통에 이르는 길), 죽통(竹筒), 죽통(粥筩), 중통(中筒), 즉통(唧筒:무자위), 지통(紙筩), 척탄통(擲彈筒), 첨통(籤筒), 총통(銃筒), 출통(出筒), 치아통(齒牙筒), 침통(針筒), 침통(鍼筒), 탄약통(彈藥筒), 通風筒), 파리통, 필통(筆筒), 하수통(下水筩), 항통(缿筒), 화통(火筒), 화살통, 화약통(火藥筩), 화통(火筒), 환기통(換氣筒), 회통(灰筒) 들.

통(統) '큰 줄기. 핏줄. 근본. 바탕을 두다. 거느리다. 합치다'를 뜻하는 말. ¶통각(統覺:온갖 경험의 인식 · 사유하는 통일과정), 통감(統監:정치나 군사를 통할하여 감독함), 통계(統計)[172], 통관(統管:여러 부문을 하나로 싸잡아서 관할함), 통괄(統括:낱낱의 일을 한데 뭉뚱그려서 잡음), 통독(統督:통할하여 감독함), 통령(統領:일체를 통할하여 거느림), 통리(統理:사리에 밝음. 일반에 공통되는 도리)[통리군자(君子)], 통서(統緖:한 갈래로 이어온 계통), 통섭(統攝:전체를 도맡아 다스림)/하다, 통솔(統率:온통 몰아서 거느림)[통솔권(權), 통솔력(力:휫손), 통솔자(者)], 통수/권(統帥/權), 통어(統御:거느려서 제어함), 통업(統業:나라를 통치하는 사업), 통영(統營), 통일(統一)[통일성(性), 통일안(案), 통일체(體); 규격통일(規格), 평화통일(平和)], 통장(統長), 통장(統將), 통제(統制)[173], 통천하(通天下), 통치(統治)[174], 통칭(統稱), 통폐합(統廢合:합쳐서 하나로 만듦), 통할(統轄:모두 거느려서 관할함), 통합(統合)[통합되다/하다, 통합력(力), 통합성(性)], 통호(統戶); 가통(家統), 계통(系統), 계통(繼統), 대통(大統), 대통령(大統領), 도통(都統:모두. 통틀어), 도통(道統), 법통(法統), 승통(承統), 승통(僧統), 얼통(孽統), 왕통(王統), 운통(韻統), 일통(一統), 적통(嫡統), 전통(傳統), 정통(正統), 종통(宗統), 천통(天統), 체통(體統), 총통(總統), 학통(學統), 혈통/주의(血統/主義), 황통(皇統) 들.

통(洞) '통하다. 막힘이 없이 트이다'를 뜻하는 말. ¶통각(洞角), 통개(洞開:문짝 따위를 활짝 열어젖뜨림), 통견(洞見:환히 내다봄. 속까지 꿰뚫어 봄), 통관(洞觀), 통설(洞泄:물똥을 좍좍 쌈), 통소(洞簫), 통시(洞視:洞察), 통연하다(洞然:막히지 않고 트이어 밝고 환하다), 통찰(洞察)[175], 통철(洞徹:깊이 살펴서 깨달음), 통촉하다(洞燭)[176]. §'마을. 고을. 굴. 행정 구역의 단위'의 뜻으로는 [동]으로 읽힘. ☞ 동(洞).

172) 통계(統計): 어떤 현상을 종합적으로 한 눈에 알아보기 쉽게 일정한 체계에 따라 숫자로 나타냄. 또는 그런 것. ¶통계가설(假設), 통계도표(圖表), 통계량(量), 통계법(法), 통계분석(分析), 통계숫자(數字), 통계언어학(言語學), 통계역학(力學), 통계연감(年鑑), 통계자료(資料), 통계적(的), 통계조사(調査), 통계지도(地圖), 통계집단(集團), 통계청(廳), 통계표(表), 통계학(學); 공업통계(工業), 동태통계(動態), 사회통계(社會), 시계열통계(時系列), 조세통계(租稅), 질병통계(疾病).

173) 통제(統制): 전체적인 목적을 달성하기 위하여 여러 부분을 한 원리로 제약하는 일. ¶교통을 통제하다. 외부인의 출입이 통제되다. 통제가격(價格), 통제강제(强制), 통제경제(經濟), 통제권(權), 통제되다/하다, 통제력(力), 통제법(法), 통제적(的), 통제탑(塔), 통제품(品), 통제하명(下命), 통제회사(會社); 부분통제(部分), 언론통제(言論), 전면통제(全面).

174) 통치(統治): 통치권(權), 통치기관(機關), 통치자(者), 통치지(地), 통치하다; 강압통치(强壓), 무단통치(武斷), 신탁통치(信託), 위임통치(委任), 철권통치(鐵拳).

175) 통찰(洞察): 환히 내다봄. 꿰뚫어 봄. ¶통찰력(力), 통찰하다.

176) 통촉하다(洞燭): 아랫사람의 사정이나 형편을 헤아려 살피다. ¶부디 통촉하여 주십시오. 깊이 통촉하시기를 바랍니다.

통(慟) '서럽게 울다'를 뜻하는 말. ¶통곡(慟哭); 애통(哀慟) 들.

통기(다) ①잘 짜인 물건이나 버티어 놓은 물건을 틀어지거나 쏙 빠지게 건드리다.≒튕기다. ¶버팀목이 퉁겨 나가면서 담이 무너졌다. ②뼈의 관절을 어긋나게 하다. ③일의 기회를 어긋나게 하다. ¶너무 퉁기지만 말고 웬만하면 부탁 좀 들어 줘. 배퉁기다[177], 빙퉁그러지다[178]. ④기타 · 하프 따위의 현을 당겼다 놓아 소리가 나게 하다. 〈큰〉퉁기다. ¶기타 줄을 퉁기다. 통겨 · 퉁겨지다[179], 뚱기다(튀기는 힘으로 퉁겨지게 하다).

통방이 긴 통 속에 미끼를 놓아 새나 짐승이 그것을 먹으러 들어가면 입구의 문이 닫혀 사로잡는 덫. 〈준〉통방.

통지기 서방질을 잘하는 계집종. ¶통지기년.

통통 작은 몸피가 볼록하게 붓거나 살진 모양.≒뚱뚱하다. 〈큰〉퉁퉁. [+붓다]. ¶발목이 통통 부었다. 통실[180], 통통 살이 오른 얼굴. 통통 · 퉁퉁하다, 통통[181] · 퉁퉁히; 누르퉁퉁하다(부은 살이 핏기가 없이 누르다).

톺(다)[1] 샅샅이 더듬어 뒤지면서 찾다.≒뒤지다. ¶아는 얼굴이 있는 지 인파 속을 톺다. 며칠을 톺아도 오리무중이다. 톺아보다[182].

톺(다)[2] 삼을 삶기 위해 짼 삼의 끝을 가늘고 부드럽게 하려고 톱으로 긁어 눌러 훑다. ¶톺질.

톺(다)[3] ①가래 같은 것을 뱉기 위하여 속으로부터 끌어올리다. 가슴속을 편안하게 하려고 숨을 몰아쉬거나 헛기침을 하다. ¶숨을 톺았다. 헛기침을 톺는다. 내톺다(몰았다가 밖으로 내보내다). ②가파른 곳을 오르거나 내리려고 발걸음을 매우 힘들게 더듬다. ¶산길을 톺아 멀리 온 손님. 톺아오르다[183].

퇴(退) ①싫증이 나거나 물리는 느낌. ¶퇴내다[184], 퇴판(흡족하게 퇴내는 판). ②물러나다. 물리치다. 바래다. 물림간. 툇마루'를 뜻하는 말.↔진(進). 입(入). 출(出). ¶퇴각(退却), 툇간(退間), 퇴거(退去), 퇴경(退京), 퇴경(退耕), 퇴경(退境), 퇴공(退供), 퇴관(退官), 퇴관(退棺), 퇴교(退校), 퇴군(退軍), 퇴궐(退闕), 퇴근(退勤↔出勤), 퇴기(退妓), 퇴기(退期), 툇기둥, 퇴단(退團), 퇴대(退待), 툇도리, 퇴도지(退賭地), 퇴둔(退遁), 퇴량(退梁), 퇴로(退老),

177) 배퉁기다: 제 뱃심만 부리고 남의 말에 따르지 아니하다. ¶배퉁기고 뻗댄다.

178) 빙퉁그러지다: 하는 짓이 꼭 비뚜로만 나가다. ¶그 쪽에서 빙퉁그러지기만 하니 성사(成事)가 어렵다.

179) 통겨지다: '통기다'의 사동형. 〈큰〉퉁겨지다.

180) 통실: 몹시 통통하고 실한 모양. 〈큰〉퉁실. ¶통실통실 살이 찐 얼굴.

181) 통통히: ①키가 작고 살이 쪄 몸이 옆으로 퍼진 모양. 물체의 한 부분이 붓거나 부풀어서 도드라져 있는 모양. ②아주 호기 있고 엄하게. ¶장군은 통통히 호령하였다.

182) 톺아보다: 샅샅이 훑어가며 살피다. ¶사람을 위아래로 톺아보지 마라. 그동안 준비했던 일을 하나하나 톺아보며 정리하였다.

183) 톺아오르다: 가파른 곳을 조심스럽게 발자국을 떼며 힘들게 더듬어 오르다. ¶산벼랑을 톺아오르다.

184) 퇴내다: ①먹거나 가지거나 누리는 것을 물리도록 실컷 하다. ②일을 지나치게 하여 싫증이 나게 되다. ¶퇴내기(싫증내기).

퇴로(退路↔進路), 퇴리(退吏), 툇마루, 퇴맞다, 퇴물(退物), 퇴물림[185], 퇴물림쌓기, 퇴박맞다[186]/하다, 퇴보(退步), 퇴분(退盆), 툇보(짧은 보), 퇴사(退仕), 퇴사(退社), 퇴사(退思), 퇴산(退散), 퇴상(退床;상물림), 퇴상(退霜), 퇴색(退/褪色), 퇴서(退署), 퇴석(退席), 퇴선(退膳), 퇴섭(退攝), 퇴속(退俗), 퇴송(退送), 퇴송(退訟), 퇴수(退水), 퇴수(退守), 퇴식(退息), 퇴식/밥(退食), 퇴신(退身), 퇴실(退室), 퇴암(退闇), 퇴양(退讓), 퇴역(退役), 퇴열(退熱), 퇴염(退染), 퇴영/적(退嬰/的), 퇴영(退營), 퇴원(退院), 퇴위(退位), 퇴일보(退一步), 퇴임(退任), 퇴잠(退潛), 퇴장(退場)[퇴장명령(命令); 화폐퇴장(貨幣)], 퇴장(退藏), 퇴전(退轉), 퇴정(退廷), 퇴정(退定), 퇴조(退朝), 퇴조(退潮), 퇴좌(退座), 퇴주(退柱), 퇴주(退酒)[퇴줏그릇, 퇴주잔(盞)], 퇴직(退職)[187], 퇴진(退陣), 퇴짜/놓다/맞다, 퇴창(退窓), 퇴척(退斥;물리침), 퇴청(退廳), 퇴촉(退鏃), 퇴촌(退村), 퇴축(退逐), 퇴축(退縮), 퇴출(退出)[퇴출기업(企業), 퇴출하다], 퇴치(退治;물리침. 없앰), 퇴침(退枕), 퇴피(退避), 퇴필(退筆), 퇴하다, 퇴학(退學), 퇴한(退限), 퇴함(退艦), 퇴행(退行;뒤로 물러감. 퇴화), 퇴행기(退行期;병세가 차츰 회복되어 가는 시기), 퇴혼(退婚), 퇴화(退化)[퇴화기관(器官)], 퇴환(退換), 퇴회(退會), 퇴휴(退休); 감퇴(減退), 격퇴(擊退), 견퇴(見退), 겸퇴(謙退), 노퇴(老退), 누퇴(累退), 돌퇴(건물의 둘레에 쭉 붙이어 지은 툇간), 멸퇴(滅退), 명퇴(名退), 무퇴(無退)[임전무퇴(臨戰), 범퇴(凡退), 불퇴(不退), 사퇴(仕退), 사퇴(蛇退;뱀의 허물), 사퇴(辭退), 삼자범퇴(三者凡退), 서퇴(暑退), 선퇴(蟬退;매미의 허물), 쇠퇴(衰退/頹), 실퇴(몹시 좁게 놓은 툇마루), 열퇴(熱退), 염퇴(恬退), 용퇴(勇退), 은퇴(隱退), 자퇴(自退), 점퇴(漸退), 정퇴(停退), 조퇴(早退), 조퇴(潮退), 중퇴(中退), 진퇴(進退), 조퇴(早退), 진퇴(進退)[진퇴양난(兩難), 진퇴유곡(維谷)], 척퇴(斥退), 철퇴(撤退), 탈퇴(脫退), 패퇴(敗退), 한퇴(寒退), 해퇴(海退), 환퇴(幻退), 환퇴(還退), 회랑퇴(回廊;건물의 주위를 빙 둘러 붙인 툇마루), 후퇴(後退), 휴퇴(休退) 들.

퇴(頹) '허물어지다. 기울다 · 기울어지다'를 뜻하는 말. ¶퇴괴(頹壞), 퇴당(頹唐;頹廢), 퇴락(頹落;무너지고 떨어짐), 퇴란(頹瀾), 퇴령(頹齡;노쇠한 연령), 퇴마(頹馬;말이 갑자기 죽음), 퇴벽(頹壁;허물어진 벽), 퇴비(頹圮;頹敗), 퇴사(頹舍), 퇴설(頹雪), 퇴세(頹勢;쇠퇴하여 가는 형세), 퇴속(頹俗;문란해진 풍속), 퇴옥(頹屋;낡아서 허물어진 집), 퇴운(頹運), 퇴타(頹惰), 퇴패(頹敗;쇠퇴하여 문란함), 퇴폐(頹廢;세력 따위가 쇠약해짐. 도덕이나 기풍이 문란해짐)[퇴폐적(的), 퇴폐주의(主義), 퇴폐파(派), 퇴폐풍조(風潮)], 퇴풍(頹風); 경퇴(傾頹), 붕퇴(崩頹), 쇠퇴(衰頹), 패퇴(敗頹), 폐퇴(廢頹) 들.

퇴(堆) 대륙붕 중에서 특히 얕은 부분. '흙무더기. 높이 쌓이다'를 뜻하는 말. ¶퇴비(堆肥;두엄), 퇴석(堆石)[퇴석층(層); 빙퇴석(氷)], 퇴적(堆積)[188], 퇴주(堆朱)[189], 퇴첩(堆疊), 퇴토(堆土), 퇴홍(堆紅), 퇴화(堆花), 퇴황(堆黃), 퇴흑(堆黑); 천퇴(淺堆) 들.

퇴(腿) '넓적다리'를 뜻하는 말. ¶퇴골(腿骨;다리뼈), 퇴절(腿節); 대퇴(大腿), 상퇴(上腿), 하퇴(下腿;종아리), 화퇴(火腿;소금에 절이어 불에 그슬린 돼지 다리) 들.

퇴(槌) '짤막한 몽둥이'를 뜻하는 말. ¶퇴격(槌擊;방망이나 쇠뭉치로 침); 각퇴(角槌;뿔방망이), 목퇴(木槌), 유성퇴(遊星槌), 철퇴(鐵槌;쇠몽둥이) 들.

퇴(推) '밀다'를 뜻하는 말. ¶퇴고(推敲), 퇴창(推窓), 퇴호(推戶;지게문이나 사립문을 밀어서 여닫음) 들.

퇴(褪) '빛이 바래다'를 뜻하는 말. ¶퇴색(退/褪色), 퇴홍(褪紅) 들.

퇴(㿉/癲) '음부(陰部)의 병'을 뜻하는 말. ¶퇴산(㿉/癲疝;불알이 붓는 병), 퇴산불알.

퇴지 흙마루. 토방(土房). ¶높은 퇴지 밑에 디딤돌이 놓여 있다. 툇돌(=댓돌), 퇴짓돌(처마 밑에 둘려놓은 돌).

퇴짜 ①지난 날, 상납(上納)하는 포목의 품질이 낮아 '퇴(退)'라는 도장을 찍어 도로 물리치던 일.[←퇴자(退字)]. ②바라는 수준에 이르지 못하여 물리치는 일. ¶퇴짜놓다, 퇴짜맞다.

-(우)퇴퇴/튀튀(하다) '검다'의 어근과 '하다' 사이에 붙어, '빛깔이 탁함'의 뜻을 더하는 말. ¶가무 · 까무퇴퇴 · 거무 · 꺼무튀튀하다.

투(投) '던지다 · 버리다. 보내다. 머무르다'를 뜻하는 말. ¶투강(投江), 투고(投稿), 투광/기(投光/器), 투구(投球)[전력투구(全力)], 투기(投寄), 투기(投棄;내던져 버림), 투기(投機)[190], 투료(投了), 투망(投網;그물을 던지는 일. 쟁이질), 투매(投賣), 투묘(投錨;닻을 내림), 투병식과(投兵息戈), 투비(投畀;죄인을 지정된 곳으로 귀양을 보냄), 투사(投射)[191], 투사(投梭), 투서(投書)[투서인(人), 투서자(者), 투서함(函)], 투석(投石)[투석기(機), 투석꾼, 투석전(戰)], 투수(投手)[투수판(板); 구원투수(救援), 선발투수(先發)], 투숙(投宿), 투신(投身)[투신자살(自殺)], 투약/구(投藥/口), 투여하다(投與;남에게 주다. 특히 의사가 환자에게 약을 줌), 투영(投映;빛을 비춤), 투영(投影)[192], 투옥(投獄;가둠), 투원반(投圓盤), 투융자

185) 퇴물림: ①큰상물림. ②윗사람이 쓰던 것을 물리어준 물건. ③퇴박맞은 물건.

186) 퇴박맞다: 마음에 들지 않아 물리침을 받다. ¶결재 서류가 퇴박맞다. 퇴박을 당하다.

187) 퇴직(退職): 현직에서 물러남. ¶퇴직금(金), 퇴직급여(給與), 퇴직소득(所得), 퇴직수당(手當), 퇴직연금(年金), 퇴직자(者), 퇴직하다; 명예퇴직(名譽), 정년퇴직(停年).

188) 퇴적(堆積): 많이 덮쳐 쌓임. ¶퇴적광상(鑛床), 퇴적도(島), 퇴적물(物), 퇴적분지(盆地), 퇴적산(山), 퇴적심(心;퇴적물의 중심), 퇴적암(巖), 퇴적열(熱), 퇴적윤회(輪廻), 퇴적작용(作用), 퇴적장(場), 퇴적층(層), 퇴적평야(平野), 퇴적학(學).

189) 퇴주(堆朱): 붉은 옻칠을 백 번 정도 칠하고 그 위에 산수나 화조, 인물 따위를 돋을새김한 공예품.

190) 투기(投機): 기회를 엿보아 큰 이익을 보려고 함. 또는 그 일. ¶부동산투기. 투기거래(去來), 투기공황(恐慌), 투기구매(購買), 투기꾼, 투기매매(賣買;투기거래), 투기사업(事業), 투기상(商;듣보기장사), 투기성(性), 투기심(心), 투기업자(業者), 투기열(熱), 투기적(的), 투기주(株), 투기하다; 땅투기.

191) 투사(投射): ①입사(立射). ¶광선이 수면에 투사하다. 투사각(角;입사각), 투사선(線), 투사율(率), 투사점(點). ②인정하고 싶지 않은 자신의 감정이나 욕망을 남에게 돌려 버림으로써 자신을 정당화하는 무의식적인 마음의 작용.

192) 투영(投影): 지면이나 수면 따위에 어떤 물체의 그림자가 비침. 또는 비친 그 그림자. 어떤 물체에 평행 광선을 비추어 그 그림자가 평면 위에

(投融資), 투입(投入)[투입구(口), 투입되다/하다], 투자(投資)[193], 투전/꾼(投錢;돈치기), 투족(投足), 투중추(投重錘), 투창(投槍), 투척(投擲)[투척경기(競技)], 투철퇴(投鐵槌), 투타(投打), 투탁(投託;남의 세력에 기댐), 투탄(投炭), 투탄(投彈), 투포환(投砲丸), 투표(投票)[투표구(區), 투표권(權), 투표율(率)], 투필(投筆), 투하(投下;떨어뜨림), 투하(投荷), 투함(投函), 투합(投合;뜻이나 성격이 서로 잘 맞음)[의기투합(意氣)], 투항(投降;항복함), 투해머(hammer), 투향(投鄕), 투헌(投獻;물건을 바침), 투호(投壺;긴 막대기를 병속에 던져 넣고 그 수효에 따라 승부를 겨루는 놀이), 투홀(投笏), 투화(投化), 투휘(投揮;물건을 휘두름); 계투(繼投), 기투(企投), 선투(善投), 실투(失投), 역투(力投), 연투(軟投), 연투(連投), 완투(完投), 쾌투(快投), 폭투(暴投), 혜투(惠投), 호투(好投) 들.

투(鬪) '싸움·싸우다. 노름'을 뜻하는 말. ¶투견(鬪犬), 투계(鬪鷄), 투구(鬪狗), 투구(鬪毆), 투기(鬪技), 투병(鬪病), 투부(鬪斧), 투사/형(鬪士/型), 투우(鬪牛)[투우사(士), 투우장(場)], 투쟁(鬪爭;싸움)[194], 투전(鬪牋)[투전꾼, 투전방(房), 투전판], 투지(鬪志;싸우고자 하는 굳센 의지)[투지력(力), 투지만만하다(滿滿), 투지상(賞)], 투채(鬪彩), 투초(鬪草;풀싸움), 투혼(鬪魂;끝까지 싸우려는 기백); 가투(歌鬪), 감투(敢鬪), 건투(健鬪), 격투(格鬪), 격투(激鬪), 결투(決鬪), 고투(苦鬪), 권투(拳鬪), 난투(亂鬪), 맹투(猛鬪), 박투(搏鬪), 분투(奮鬪), 사투(死鬪), 사투(私鬪), 상투(相鬪)[양호상투(兩虎)], 세투(歲鬪;정초에 하는 노름), 암투(暗鬪), 역투(力鬪), 열투(熱鬪), 용투(勇鬪), 쟁투(爭鬪), 전투(戰鬪), 춘투(春鬪), 파투(破鬪), 혈투(血鬪), 호투(好鬪), 화투(花鬪) 들.

투(透) '잘 통하다. 꿰뚫다'를 뜻하는 말. ¶투각(透刻), 투견(透見), 투과(透過)[투과광(光), 투과력(力), 투과성(性), 투과율(率)], 투광(透光;빛을 모아 비춤)/기(器), 투득(透得;막힘이 없이 환하게 깨달음), 투리(透理;일반에 공통되는 도리), 투명(透明)[195], 투사/지(透寫/紙), 투석(透析)[196], 투수(물이 스며듦)/층(透水/層), 투시(透視)[투시도(圖), 투시도법/투시법(圖法), 투시력(力), 투시하다], 투영(透映), 투자율(透磁率), 투조(透彫;도려내는 조각법), 투찰(透察;꿰뚫어 짐작함), 투철하다(透徹)[197], 투탈(透脫;빠져 나감), 투화(透化); 명투(明透), 반투막(半透膜), 반투벽(半透壁), 반투성(半透性), 삼투(滲透), 삼투압(滲透壓), 침투/압(浸透/壓), 통투(通透) 들.

투(套) ①말하는 본새나 버릇처럼 굳어진 틀. 방식. 방법. ¶그는 원래 말하는 투가 그렇다. 그런 투로 해서는 될 일도 안 된다. 투습(套習), 투어(套語); 구투(舊套), 글투, 말투, 문투(文套), 반말투, 변명투(辨明套), 상투(常套), 속투(俗套), 어투(語套), 언투(言套), 예투(例套), 진투(陳套), 탈투(脫套), 편지투(便紙套), 허투(虛套). ②덮개. 씌우개'를 뜻하는 말. ¶투관(套管), 토시[투수(套袖)]; 권투(圈套;새 잡는 올가미), 백열투(白熱套), 봉투(封套), 수투(水套), 외투(外套;겉옷)[외툿감, 외투지], 외투강(外套腔), 외투막(外套膜) 들.

투(偸) '훔치다·도둑질하다. 탐내다'를 뜻하는 말. ¶투도(偸盜), 투매(偸賣), 투박하다(偸薄;박정하고 불성실하다), 투생(偸生)[구안투생(苟安)], 투식(偸食), 투심(偸心), 투아(偸兒;좀도둑), 투안(偸安;안일을 탐함), 투안(偸眼;몰래 엿봄), 투장(偸葬), 투한(偸閒); 구투(苟偸;눈앞의 안일을 탐냄), 구투(寇偸;남의 나라에 쳐들어가 난폭한 짓이나 도둑질을 함), 망중투한(忙中偸閑) 들.

투(妬) '강샘하다. 시기하다'를 뜻하는 말. ¶투기(妬忌;강샘), 투부(妬婦), 투시(妬視), 투심(妬心), 투처(妬妻), 투한(妬悍), 투현질능(妬賢嫉能); 교투(嬌妬), 시투(猜妬), 질투(嫉妬) 들.

투(渝) '달라지다'를 뜻하는 말. ¶투맹(渝盟;맹세를 바꿈. 약속을 어김), 투색(渝色;빛이 바램) 들.

투(骰) '주사위'를 뜻하는 말. ¶투자(骰子), 투자골(骰子骨).

투구 옛날 전쟁할 때에, 갑옷과 함께 갖추어 머리에 쓰던 쇠로 만든 모자. 투구 모양. ¶투구를 벗다. 투구꽃(바꽃), 투구벌레/풍뎅이(장수풍뎅이), 투구해파리; 갑옷투구[갑주(甲冑)].

투그리(다) 짐승이 싸우려고 서로 소리를 지르며 잔뜩 벼르다. ¶개의 투그린 자세.

투깔-스럽다 일이나 물건의 모양새가 투박스럽고 거친 데가 있다. ¶투깔스럽게 만들어진 도자기. 투깔스레 마무리하다.

투덕¹ '토닥'보다 큰말. ☞ 도닥.

투덕² 얼굴이 살지고 두툼하고 복스러운 모양. ¶투덕투덕하다(≒살지다). 투덕투덕하고 복스럽게 생긴 얼굴.

투루루 ①젖먹이가 투레질하는 소리. ¶젖을 먹던 아기가 투루루 투레질을 하다. 투레질[198]/하다. ②말이나 당나귀가 코로 숨을 급히 쉬며 투레질하는 소리.

-투리 '일정한 분량에 차고 남은 것'을 뜻하는 접미사.[←도리/두리

비치게 함. ¶수면에 투영된 석탑. 투영그림, 투영도(圖), 투영도법(圖法), 투영렌즈(lens), 투영면(面), 투영법(法), 투영선(線), 투영하다; 빗투영, 사투영(斜).

193) 투자(投資): 사업에 밑천을 댐. 출자(出資). ¶투자를 늘리다. 거액의 연구비가 투자된 사업. 투자가(家), 투자가치(價値), 투자경기(景氣), 투자금융(金融), 투자수요(需要), 투자승수(乘數), 투자시장(市場), 투자신탁(信託), 투자액(額), 투자율(率), 투자은행(銀行), 투자자산(資産), 투자회사(會社); 해외투자(海外).

194) 투쟁(鬪爭): 투쟁기(記), 투쟁담(談), 투쟁력(力), 투쟁사(史), 투쟁성(性), 투쟁심(心), 투쟁욕(慾), 투쟁위원회(委員會), 투쟁적(的), 투쟁하다; 계급투쟁(階級), 공판투쟁(公判), 권력투쟁(權力), 규정투쟁(規定), 극한투쟁(極限), 단식투쟁(斷食), 대중투쟁(大衆), 무력투쟁(武力), 법정투쟁(法廷), 사상투쟁(思想), 원외투쟁(院外), 이념투쟁(理念), 이론투쟁(理論), 임금투쟁(賃金), 장외투쟁(場外), 장착투쟁(裝着;리본투쟁), 정치투쟁(政治), 준법투쟁(遵法), 지역투쟁(地域), 지하투쟁(地下), 합법투쟁(合法), 흡반투쟁(吸盤;직장을 지키며 하는 투쟁).

195) 투명(透明): 조금도 흐린 데가 없이 속까지 훤히 트여 맑음. 빛이 잘 통하여 속까지 훤히 비쳐 보임. ¶투명한 가을 하늘. 투명기법(技法), 투명도(度), 투명비누, 투명빙(透明氷), 투명색(色), 투명수지(樹脂), 투명지(透明紙), 투명체(體), 투명하다; 반투명/체(半-體), 불투명(不).

196) 투석(透析): 반투막(半透膜)을 사용하여 콜로이드나 고분자 용액을 정제(精製)하는 일. ¶투석기(器), 투석요법(療法), 투석유(乳)

197) 투철하다(透徹): 사리가 밝고 확실하다. 속속들이 뚜렷하고 철저하다. ¶투철한 비판 정신. 투철한 신념. 논지가 투철하다.

198) 투레질: 젖먹이가 두 입술을 떨며 '투루루' 소리를 내는 짓. ¶투레질하다; 코투레/하다.

ㅌ

(핵심을 두른 부분)]. §'자투리(☞자)'에서 유추된 말. ¶나투리('나머지'의 전라 사투리), 마투리(섬을 되고 남은 곡식), 자투리, 행투리(行;좋지 못한 버릇이나 행동).

투미-하다 어리석고 둔하다. 둔팍하다. ¶투미한 짓만 하다. 투미한 사람. 투미하게 생겼다. 투미스럽다.

투박-하다 ①생김새가 볼품없이 둔하고, 튼튼하기만 하다. ¶투박한 외투. 투박한 오지그릇에 담은 장국이 맛이 있었다. 투박스럽다, 툭박지다[199], 툽툽하다²[200]. ②거칠고 메떨어지다(세련되지 못하다).=툭하다. ¶투박한 말씨. 툽상스럽다[201], 툽상하다(말이나 행동이 투박하고 상스럽다).

투서 '도장(圖章)'을 달리 이르는 말.

-투성이 일부 명사에 뒤에 붙어 '그것이 매우 많은 상태나 그런 상태의 사물·사람 또는 더러워진 상태'의 뜻을 더하는 말. ¶갯벌투성이(갯일을 하는 사람), 거짓투성이, 거짓말투성이, 걱정투성이, 구멍투성이, 기름투성이, 낙서투성이(落書), 녹투성이, 농투성이(農), 돌투성이, 땀투성이, 때투성이, 먹투성이, 먼지투성이, 멍투성이, 모래투성이, 불량투성이(不良), 불만투성이(不滿), 빚투성이, 상처투성이(傷處), 실수투성이(失手), 오자투성이(誤字), 의혹투성이(疑惑), 이투성이, 죄투성이(罪), 주근깨투성이, 주름투성이, 진흙투성이, 피투성이, 허점투성이(虛點), 흙투성이, 흠집투성이(欠) 들.

투정 못마땅하거나 불만이 있어서 떼를 쓰며 조르는 짓.≒탓. 불평(不平). ¶투정을 부리다. 반찬 투정을 하다. 투정꾼, 투정쟁이, 투정질/하다, 투정하다; 반찬투정(飯饌), 밥투정, 억지투정(억지떼), 일투정, 잠투정 들.

투투 소 따위의 짐승이 힘겹게 숨을 내쉬는 소리.

툭수리-차다 망하여 빌어먹다. §'툭수리'는 '뚝배기'의 사투리.

툭-하면 조금이라도 일이 있기만 하면 버릇처럼 곧.=걸핏하면. ¶툭하면 운다. 툭하면 오라가라 한다. 그는 툭하면 시비를 건다.

툭-하다 ①끝이 좀 뭉툭하다. ②좀 거칠고 투박하다. ¶툭한 손. 툭실하다[202], 툭지다[203]. ③말소리 따위가 좀 굵다. ¶툭한 목소리. 툭툭하다²(목소리가 투박하고 거세다). ④성질이 상냥하지 못하고 꽤 무뚝뚝하다. ¶툭한 성미.

퉁¹ 퉁명스러운 핀잔.=퉁바리¹(퉁을 떨다). ¶퉁을 놓다. 퉁바리맞다/퉁맞다[204].

퉁² 품질이 낮은 놋쇠. ¶퉁노구, 퉁때(엽전에 묻은 때), 퉁바리²(퉁으로 만든 바리), 퉁방울(퉁으로 만든 방울)[퉁방울눈(퉁방울처럼 불거진 눈), 퉁방울이, 퉁별], 퉁부처, 퉁비(碑;품질이 낮은 놋쇠로 만든 기념비), 퉁사발, 퉁쇠, 퉁주발(周鉢), 퉁피[205] 들.

퉁가리 메깃과의 민물고기.

퉁구리 일정한 크기로 묶거나 싼 덩어리. 또는 그것을 세는 단위. ≒토리¹. ¶퉁구리를 짓다. 새끼 두 퉁구리. 퉁구리종이(두루마리); 실퉁구리.

퉁명 못마땅하거나 시답지 아니하여 불쑥 하는 말이나 태도가 무뚝뚝함. ¶퉁명을 떨다. 퉁명한 목소리. 퉁명스럽게 대답하다. 퉁명부리다(괜히 불쾌한 말이나 태도를 하다), 퉁명스럽다, 퉁명하다.

퉁소 대로 만든 악기의 한 가지.[←퉁소(洞簫)]. ¶옥퉁소(玉).

퉁어리-적다 하는 짓이 옳은지 그른지도 모르고 아무 생각 없이 행동하는 데가 있다.≒열퉁적다. ¶너의 그 퉁어리적은 습성 때문에 당최 마음 놓고 일을 맡길 수가 없다.

-퉁이 ①일부 명사 뒤에 붙어 '비하(卑下)'하거나 또는 '그런 태도나 성질을 가진 사람'을 뜻하는 말.[←통(桶)]. §문맥에 따라 '애정(愛情)'의 뜻이 되기도 함. ¶고집퉁이(固執), 곰퉁이, 꾀퉁이, 노랑퉁이, 눈퉁이, 매련퉁이, 물퉁이, 미련퉁이, 방퉁이, 배퉁이, 벌레퉁이, 심술퉁이, 외눈퉁이, 잠퉁이, 쟁퉁이[206], 젖퉁이. ②'둘레의 부근이나 뭉치'를 뜻하는 말. ¶귀퉁이(귀의 언저리. 물건의 모퉁이나 어느 한 구석), 모퉁이(언저리), 보퉁이(褓;물건을 보에 싸거나 꾸린 것).

-퉁퉁(하다) '누르다. 푸르다'의 어근에 붙어, '빛깔이 산뜻하지 못함'의 뜻을 더하는 말. ¶누르퉁퉁하다[207]. 푸르퉁퉁하다(산뜻하지 못하게 푸르다).

퉤 입안에 있는 것을 함부로 내뱉는 소리나 모양. ¶아니꼽다는 듯이 그 쪽을 돌아보며 침을 퉤 내뱉다.

튀 짐승의 털을 뽑기 위하여 끓는 물에 잠깐 넣었다가 꺼내는 일. ¶뜨거운 물에 튀를 한 닭. 닭을 튀하다. 튀하다; 마른튀/하다, 물튀/하다(짐승이 털을 뜨거운 물로 뽑다).

튀기 ①종(種)이 다른 두 동물 사이에서 난 새끼. ②수나귀와 암소 사이에서 난 새끼. ③혼혈아(混血兒). ¶저 소년은 튀기다.

튀기(다)¹ 끓는 기름에 넣거나 불에 익히어 부풀어 오르게 하다. ¶기름에 튀긴 만두. 감자를 기름에 튀기다. 튀각[208], 튀김¹[209], 튀밥(찰벼를 볶아 튀긴 것. 튀긴 쌀이나 옥수수); 뻥튀기.

199) 툭박지다: 툭툭하고 질박하다. ¶툭박지게 생긴 뚝배기.
200) 툽툽하다²: 생김새가 볼품이 없고 투박하다. ¶툽툽하게 생긴 얼굴.
201) 툽상스럽다: 말이나 행동 따위가 투박하고 상스럽다. 〈준〉투상스럽다. ¶툽상스러운 말씨.
202) 툭실하다: 몸집 따위가 두툼하고 살이 탄탄하며 실하다. ¶이제는 그녀도 툭실한 아줌마가 다 되었다.
203) 툭지다: 굵어지거나 두꺼워지다. ¶그는 툭지게 살이 쪘다.
204) 퉁맞다: 무엇을 말하였다가 매몰스럽게 거절을 당하다.
205) 퉁피: 한 사람 몫의 국물이 들어갈 만한 크기의, 전이 넓은 그릇.
206) 쟁퉁이: ①가난에 쪼들리거나 하여 마음이 옹졸하고 비꼬인 사람. ②잘난 체하며 거드름을 피우는 사람.
207) 누르퉁퉁하다: ①윤기가 없어 산뜻하지 않게 누르다. ②부은 살이 핏기가 없이 누르다.
208) 튀각: 다시마를 자그맣게 잘라 끓는 기름에 튀긴 반찬. ¶튀각산자(馓子); 눌은밥튀각, 다시마튀각, 묵튀각, 미역튀각, 참죽튀각, 파래튀각.
209) 튀김: 튀김가루, 튀김옷(튀김거리의 거죽에 입히거나 묻히는 것), 튀김찜, 튀김틀(곡식을 튀기는 기계); 감자튀김, 굴튀김, 닭튀김, 생선묵튀김(生鮮), 새우튀김, 오징어튀김, 옥수수튀김, 참죽튀김(참죽순을 튀긴 것), 호두튀김.

튀(다) ①터지는 힘이나 탄성(彈性)에 의하여 갑자기 세차게 흩어지거나 퉁겨지다.(≒흩어지다). 갑자기 달아나다. ¶침이 튀다. 물방울이 튀다. 흙탕물이 튀겨 옷이 지저분해졌다. 불똥이 튀다. 범인은 벌써 사건 현장에서 튀었다. 튀개(용수철. 출렁쇠. 스프링), 퇴기 · 튀기다[2][210]. 튀길힘[탄력(彈力)], 퇴김 · 튀김[2](연을 날릴 때에 통줄을 주어서 연의 머리를 그루박게 하는 짓), 튀번지다(튀어서 번지다), 튀어나다, 튀어나오다(어디로부터 튀어서 나오다), 튀어들다, 튀어오르다, 튈힘[탄력(彈力)], 튈성(性;彈性), 튕기다[211]; 들고튀다(달아나다), 장기튀김(將棋;어떤 일의 영향이 다른 곳에 튀어 번짐). ②솟아나서 눈에 쉽게 띄다. ¶튀어나온 광대뼈. 튀어나오다(불거지다). ③어떤 행동이나 말 따위가 다른 사람의 시선을 끌다. ¶젊은 세대들의 튀는 옷차림.

트(다)[1] ①물체의 겉면에 작은 틈이 나서 사이가 벌어지다. ¶논바닥이 트다. 트이다(틈을 당하다), 틈[212], 틔우다, 터갈리다(터서 갈라지다), 터지다[1][213], 터짐[1]; 부르트다, 불어터지다(국수가 너무 붇다). ②새벽에 동쪽이 훤하여지다. ¶먼동이 트다. 통이 틀 무렵. 터오다(동이 트기 시작하다); 동트기(東). ③식물의 싹이 새로 돋아나다. 꽃봉오리가 벌어지다. ¶눈트다, 싹트다, 움트다. ④추위로 살갗이 벌어지다. ¶손등이 트다. 터지다[2], 터짐[2], 트실트실(거칠게 튼 모양); 부르트다[214].

트(다)[2] ①막히었던 것을 통하게 하다.≒열다[2].↔막다. ¶벽을/ 길을 트다. 트이다/틔다, 터놓다(막힌 것을 치우다. 금하는 명령을 건다), 터뜨리다/트리다, 터주다, 터 · 타지다[3](≒트이다. 열리다), 터뜨리다/드리다, 터진개(트이어 있는 개천), 터진목(트이어 있는 길목이나 통로), 터짐[3][터짐소리], 트기(옷자락을 트는 일), 트이다/틔다, 트임[215],트임새[216], 튿다[217], 틔우다; 곪아터지다, 뒤터지다, 부르터나다[218], 샘터지다, 아귀트다[219], 애통터지다(너무 걱정이 되어서 속이 터질 것 같다), 육통터지다(六通). ②서로 거래 관계를 맺다. ¶거래를/ 계좌를 트다. ③사람을 사귈 때 스스럼없는 관계를 맺다.≒허교하다(許交). ¶그와는 서로 트고 지내는 사이다. 마음을 터놓고 이야기하다. 터놓다(말을 트다), 트고놀다, 트고지내다; 농트다(弄), 벗트다(스스럼없이 터놓고 지내다), 천트다[220].

트림 먹은 음식이 잘 삭지 아니하고 괴어서 생긴 가스가 입으로 복받쳐 오름. ¶트림이 나오다. 트림하다; 게트림[221], 된트림(매우 세차고 거센 트림), 무트림(무를 먹고 하는 트림), 신트림[222], 용트림[223]/하다 들.

트릿-하다 ①먹은 음식이 잘 삭지 아니하여 가슴이 거북하다. ¶상한 음식을 먹어서 속이 트릿하다. 트적지근하다(속이 조금 트릿하여 불쾌하다). ②성격이 맺고 끊는 데가 없이 흐리멍덩하다.≒우유부단하다(優柔不斷). ¶사람이 트릿하다. 트릿한 녀석.

트집 ①공연히 조그만 흠집을 들추어 불평을 하거나 말썽을 부림. 아이들이 조르고 떼를 쓰는 짓.≒꼬투리. 흠. ¶트집을 부리다. 트집만 잡고 흥정은 뒷전이다. 트집가락(트집), 트집거리, 트집나다(트집이 생기다), 트집바탈[224], 트집스럽다, 트집쟁이, 트집조(調), 트집하다; 건트집(乾), 되트집[225], 생트집/하다(生;일부러 트집을 잡다). ②한 덩이가 되어야 할 물건이나 일의 벌어진 틈.[←틈+집]. ¶피리에 트집이 나다. 담뱃대에 트집이 갔다.

특(特) '보통과 달리 별나다. 뛰어나다'를 뜻하는 말. ¶특가(特價), 특감(特減), 특강(特講), 특경(特警), 특경대(特警隊), 특공(特功), 특공대(特攻隊), 특과(特科), 특교(特敎), 특권(特權)[특권계급(階級), 특권층(層);선취특권(先取)], 특근(特勤)[특근수당(手當)], 특급(特急), 특급(特級), 특급(特給), 특기(特技)[특기병(兵); 주특기

210) 튀기다[2]: ①힘을 모았다가 갑자기 탁 놓아 튀거나 내뻗치게 하다. 공 따위를 쳐서 튀게 하다. ¶고무줄을 탁 튀기다. 흙탕물을 튀기다. 공을 튀기며 달려가다. 주판알을 튀기다. ②도둑 · 짐승 따위를 건드려서 튀어 달아나게 하다. ¶집안에 든 도둑을 튀기다. 토끼를 튀기다. ③엄지손가락의 안쪽에 다른 손가락의 끝을 굽혔다 끝을 굽혀 대었다가 힘주어 세게 펴다. 동전을 세워 잡고 가장자리를 튀겨 팽그르르 돌리다. 〈작〉퇴기다.

211) 튕기다: 무엇에 부딪혀 튀어오르거나 튀어나오다. 휘는 성질을 가진 물체를 휘었다가 놓아 움직이게 하다.≒통 · 퉁기다. 튀기다[2]. ¶튕긴 공을 잡다. 용수철이 잘 튕긴다. 돌이나 쇠가 부딪치면 불꽃이 튕기다. 활시위를 튕겨 화살을 쏘다.

212) 틈: 벌어져서 사이가 난 자리. 사이. 겨를. 기회. 서로 사이가 벌어진 사귐의 거리[불화(不和)]. ¶어른들 틈에 끼다. 틈을 내서 봉사활동을 한다. 소란한 틈을 타서 회의장을 빠져 나왔다. 두 사람 사이에 틈이 생기기 시작했다. 틈나다/내다. 틈구멍, 틈나다/내다(겨를을 내다), 틈막이자갈, 틈막잇대, 틈막이/하다, 틈바구니/틈바귀, 틈바람, 틈사이/틈새(틈의 사이), 틈새기(틈의 매우 좁은 부분), 틈새시장(市場), 틈샘, 틈서리(틈이 난 부분의 가장자리), 틈쇠(거푸집 틈으로 흘러나와 붙은 쇳물), 트집, 틈타다(겨를이나 기회를 얻다), 틈틈이(틈이 난 구멍마다. 짬짬이); 돌틈, 뒤틈(톱니바퀴가 물릴 때 이와 이 사이의 틈), 문틈(門), 바위틈, 빈틈, 새새틈틈(사이마다 틈마다), 실틈, 이틈(이와 이의 틈), 창틈(窓). ☞ 극(隙).

213) 터지다[1]: ①벌어져 갈라지다. 뜯어져 갈라지다. 갈라지거나 찢어지다. 〈작〉타지다. ¶배가 터지다. 바지다 타지다. 배터지다. ②갑자기 쏟아져 나오다. 갑자기 울려 나오다. 갑자기 드러나다. 일이 갑자기 벌어지다. ¶여기저기서 웃음이 터졌다. 사건이 터지다. 뒤터지다(똥이 마구 나오다), 샘터지다, 통터지다(여럿이 한꺼번에 냅다 쏟아져 나오다). ③불이 붙어 세차게 튀다. ④운이나 복이 한꺼번에 생기다. ¶너는 운이 터질 것이다. 복터지다(福). ⑤팽팽히 켕기던 것이 끊어지다. ¶기타줄이 터지다. ⑥매를 맞다.≒구타당하다(毆打).↔때리다. ¶상급생에게 얻어터지다. 얻어터지다(얻어맞다). ⑦용언의 어미 '-아/어'의 아래에 쓰이어, 어떤 현상의 정도가 매우 심함을 나타냄.≒빠지다. ¶불어터진 국수. 물러터진 사람. 게을러터지다, 느려터지다, 물러터지다, 불어터지다, 시어터지다.

214) 부르트다: ①살가죽이 들뜨고 속에 물이 괴다. ¶발바닥이 부르트다. ②물것에 물려 살이 도톨도톨하게 부어오르다. 〈준〉부릍다.

215) 트임: 옷자락을 튼 것. ¶트임은 그 위치에 따라 활동성이 달라진다.

216) 트임새: 옷을 만들 때 앞이나 뒤를 터놓는 것. 또는 그 모양새.

217) 튿다: 꿰매어진 것을 칼이나 가위로 실을 자르거나 두 손으로 잡고 벌려 터지게 하다. ¶이름표를 튿다. 꿰맨 부분이 튿어졌다. 치맛단이 튿어졌다. §'뜯다'의 경기 사투리.

218) 부르터나다: 감추어져 있던 일이 드러나다. ¶묵은 병폐가 부르터나다.

219) 아귀트다: 두루마기나 속곳의 옆을 트다.

220) 천트다: ①남의 추천을 받다. ②아무 경험이 없는 일에 처음으로 손을 대다.

221) 게트림: 거만스럽게 거드름을 피우며 하는 트림.

222) 신트림: 신물이나 시큼한 냄새가 목구멍으로 나오는 트림.

223) 용트림: 거드름을 부리느라고 일부러 하는 트림. ¶비지국 먹고 용트림한다.

224) 트집바탈[-빠-]: 무슨 일이건 트집만 부리는 일.

225) 되트집: 남의 요구나 충고를 받아들이기는커녕 도리어 남의 흠을 잡거나 불평을 늘어놓는 일. ¶충고를 했더니 되트집을 부린다.

ㅌ

(主)], 특기(特記), 특념(特念), 특단/의(特段;특별), 특달(特達), 특대(特大), 특대/생(特待/生), 특등(特等)[특등실(室), 특등품(品)], 특례/법(特例/法), 특립(特立), 특매/장(特賣/場), 특면(特免), 특명(特命)[특명전권공사(全權公使), 특명전권대사(全權大使)], 특무(特務)[특무기관(機關), 특무대(隊), 특무함(艦)], 특발/성(特發/性), 특배(特配), 특별(特別)[226], 특보(特報), 특사(特使), 특사(特赦), 특사(特賜), 특산(特産)[특산물(物), 특산종(種), 특산품(品)], 특상(特上), 특상(特賞), 특색(特色), 특생(特牲), 특선(特選), 특설(特設), 특성(特性), 특세(特勢), 특수(特秀;뛰어남), 특수(特需;특별한 수요), 특수(特殊)[227], 특애(特愛), 특약/점(特約/店), 특용(特用)[특용림(林), 특용작물(作物)], 특우(特遇), 특유(特有)[특유성(性), 특유재산(財産)], 특융(特融), 특은(特恩), 특이(特異;엉뚱함. 색다름)[특이성(性), 특이점(點), 특이질(質), 특이체질(體質)], 특임(特任), 특작(特作), 특장(特長), 특저/하다(特著), 특전(特典), 특전(特電), 특정(特定)[228], 특제(特除), 특제(特製), 특종(特種)[특종기사(記事)], 특종(特鐘), 특주(特酒), 특중(特重), 특지(特旨), 특지/가(特志/家), 특진(特進), 특진(特診), 특질(特質), 특집/호(特輯/號), 특징(特徵)[특징적(的), 특징짓다)], 특차(特差), 특차(特次), 특채(特採), 특천(特薦), 특청(特請), 특출(特出;뛰어남. 빼어남), 특칭(特稱)[특칭명제(命題), 특칭판단(判斷)], 특파(特派)[특파공사(公使), 특파대사(大使), 특파원(員)], 특품(特品), 특필/대서(特筆/大書), 특허(特許)[특허권(權), 특허법(法), 특허출원(出願), 특허품(品)], 특혜(特惠)[특혜관세(關稅), 특혜무역(貿易), 특혜세율(稅率), 특혜제도(制度); 조세특혜(租稅)], 특활(特活), 특효/약(特效/藥), 특히(특별히. 유달리); 기특하다(奇特), 독특하다(獨特), 영특하다(英特), 하특(何特;어찌 특히) 들.

특(慝) '못되고 악하다'를 뜻하는 말. ¶특악(慝惡), 특자(慝者;간사하고 악한 사람); 간특하다/스럽다(奸/姦慝), 검특하다(檢慝), 사특(私慝;숨기고 있는 비행), 사특하다(邪慝), 암특하다(暗慝), 영특하다(獰慝), 원특하다(怨慝), 음특하다(陰慝), 흉특(凶慝) 들.

틀[1] 일정한 형태를 갖춘 물건이나 기구·기계. 일정한 격식이나 형식. ¶쇠를 녹인 뒤에 틀로 찍다. 사진을 틀에 끼우다. 틀에 박힌 말만 한다. 그들의 계획은 이미 틀이 잡혀 있다. 그 사람은 몸의 틀이 좋다. 틀이 잡히다(격에 어울리게 틀이 갖추어지다). 틀가락[229], 틀거리[230], 틀거지[231], 틀계단(階段), 틀국수, 틀기름[윤활유(潤滑油)], 틀널, 틀누비, 틀니'(인공 이), 틀망(網), 틀메, 틀바느질/하다, 틀박이[232], 틀보습, 틀비계(飛階), 틀사냥, 틀속(일정한 형식의 내부), 틀송곳, 틀스럽다(틀거지 있게 보이다)/틀스러이, 틀일, 틀지다[233], 틀톱[234]; 가마니틀, 갈이틀, 겉틀, 국수틀, 귀틀(☞ 귀), 규준틀(規準), 그림틀, 금정틀(金井), 기름틀, 기본틀(基本), 기준틀(基準), 나틀(베실을 뽑아 날아 내는 기구), 날틀(베를 짤 때 날을 바로잡는 기계), 논틀(논이 있는 구획)/길, 누룩틀, 단틀(單), 담틀, 덫틀(벼락틀), 돗틀(돗자리를 짜는 틀), 두레박틀, 뜀틀, 매틀(맷돌받침), 매화틀, 문틀(門), 미끄럼틀, 바디틀, 반자틀, 받침틀, 발틀, 방틀(方)[235], 방향틀(方向), 베틀, 벼락틀[236], 벽돌틀, 병풍틀(屛風), 부담틀(負擔), 북틀(북을 올려놓는 틀), 붙임틀, 빵틀, 사진틀(寫眞), 새끼틀, 소리틀(발음기관), 손틀, 솜틀, 수틀(↔암틀), 수틀(繡), 수수미틀[237], 신틀, 악형틀(惡刑), 압지틀(押紙), 액틀(額), 이틀[치조(齒槽)], 자리틀, 자아틀(끌어올리는 기계), 장강틀(長杠;둘 이상의 길고 굵은 멜대를 맞추거나 얽어맨 틀), 장애틀, 재봉틀(裁縫), 재양틀(載陽)[238], 적틀(炙), 전골틀, 조준틀(照準), 좀틀, 주형틀(鑄型), 창틀(窓), 천장틀(天障), 큰틀(대강. 전체 조직), 토담틀(土), 편지틀(편지 형식), 편틀(떡을 괴는 데 쓰는 굽이 높은 나무 그릇), 형틀(刑), 형틀(型;거푸집), 홍두깨틀, 휘틀[239]. ☞ 기(機). 형(型).

틀[2] 논밭을 구획하는 단위. 흩어져 있는 몇 개의 논밭을 묶어서 이름. ¶논틀밭틀, 밭틀/길(밭이 있는 어느 구획이나 지역).

틀(다) 길이를 가진 물체를 축을 중심으로 서로 반대쪽으로 돌리다. 일이 어그러지도록 억지로 방해하거나 반대하다. 솜틀로 솜을 타다. 새가 깃들일 자리를 만들다. 기계나 장치에 손을 대어 그것이 움직이게 하다.(≒켜다.↔끄다). ¶주리를/ 상투를/ 솜을/ 나사를 틀다. 새가 보금자리를 틀다. 전축을/ 라디오를 틀다. 트레[트레머리, 트레바리[240], 트레반지, 트레방석(方席); 뒤트레머리], 트레트레[241]·타래타래/하다, 틀개[242], 틀고앉다[243], 틀기(무

226) 특별(特別): 보통과 아주 다름. 보통보다 훨씬 뛰어남. ¶특별가중(加重), 특별감사(監査), 특별관습(慣習), 특별교서(敎書), 특별규정(規定), 특별나다(다르다. 독특하다), 특별담보(擔保), 특별대리인(代理人), 특별명령(命令), 특별방송(放送), 특별배급(配給), 특별방송(放送), 특별배당(配當), 특별배임죄(背任罪), 특별법(法), 특별법원(法院), 특별변호인(辯護人), 특별복(服), 특별비(費), 특별사면/특사(赦免), 특별상(賞), 특별석(席), 특별선거(選擧), 특별세(稅), 특별시(市), 특별예금(預金), 특별위원회(委員會), 특별은행(銀行), 특별인출권(引出權), 특별임용(任用), 특별징수(徵收), 특별하다(↔평범하다), 특별형법(刑法), 특별활동(活動), 특별회계(會計).

227) 특수(特殊↔普遍·一般): 보통과 아주 다름. 특별(特別). ¶특수감각(感覺), 특수강(鋼), 특수강도죄(强盜罪), 특수과학(科學), 특수교사(教唆), 특수교육(教育), 특수면허(免許), 특수문자(文字), 특수법인(法人), 특수비행(飛行), 특수상대성이론(相對性理論), 특수성(性), 특수아(兒), 특수우편(郵便), 특수유전(遺傳), 특수은행(銀行), 특수이민(移民), 특수인쇄(印刷), 특수작물(作物), 특수작전(作戰), 특수조사(助詞), 특수조약(條約), 특수주(株), 특수차량(車輛), 특수창조설(創造說), 특수채권(債券), 특수촬영(撮影), 특수취급우편(取扱郵便), 특수학교(學校), 특수혼인율(婚姻率), 특수화(化), 특수회사(會社).

228) 특정(特定): 특별히 지정함. 또는 그 지정. ¶특정의 상품. 특정가격(價格), 특정물(物), 특정승계(承繼), 특정유증(遺贈), 특정인(人), 특정자본(資本), 특정재산(財産), 특정주(株).

229) 틀가락[-까-]: 무거운 물건을 메는 데 쓰는 긴 나무.

230) 틀거리: 일정하게 갖춰진 격식이나 태세.

231) 틀거지: 듬직하고 위엄이 있는 겉모양. ¶사람됨이 틀거지가 있어서 가볍지 않다. 그의 틀거지가 만만치 않다.

232) 틀박이: 일정한 테두리에 묶여 변동이 없는 것.

233) 틀지다: 겉모습이 당당하고 위엄이 있다. 일정한 틀이 잡혀 있다. ¶틀짓다.

234) 틀톱: 두 사람이 양쪽에서 밀고 당기면서 켜게 된 톱.

235) 방틀(方): 나무를 같은 길이로 잘라서 '井'자 모양으로 둘러짠 틀. ¶방틀공(工), 방틀굿/방틀구덩이, 방틀동발, 방틀무늬, 방틀써레.

236) 벼락틀: 산짐승을 잡으려고 설치하는 덫의 하나. 짐승이 걸리면 활대 위에 쌓아 둔 돌 더미가 갑자기 한꺼번에 무너지게 되어 있음.=곰덫. 덫틀.

237) 수수미틀: 김을 맬 때 흙덩이를 떠서 들다가 반을 꺾어 누이는 일.

238) 재양틀(載陽): 명주·모시붙이를 풀을 먹여 꿰어 매어 널리 말리거나 다리는 데 쓰는 틀.

239) 휘틀: 콘크리트 구조물을 만들기 위한 형틀(型;거푸집).

240) 트레바리: 이유 없이 남의 말에 반대하기를 좋아하는 성격. 또는 그런 사람.[←틀(다)+에+바리].

용에서, 틀어 돌리는 동작), 틀니[2](바다 속에 넣고 틀어서 해초를 채취하는 기구), 틀리다[2](틂을 당하다. 꼬이다. 켜지다)[뒤틀리다. 비틀리다], 틀림[1], 틀어넣다, 틀어막다, 틀어박다/박히다, 틀어잡다(단단히 움켜잡다), 틀어쥐다[244], 틀어지다[245], 탈다[246], 탄·틀짜다(비틀어 짜다); 가리틀다(잘되어 가는 일을 헤살놓다. 방해하다), 겯거니틀거니, 겯고틀다(서로 지지 아니하려고 버티어 겨루다), 되·뒤틀다/뒤틀리다, 뒤틀림, 뒤틀어지다, 말라비틀어지다, 비·배틀다[247]/틀리다, 비비·배배틀다(여러 번 단단히 비틀다)/틀리다, 비틀·배틀어지다(어긋나다. 비꼬이다), 외틀다(한쪽으로만 틀다)/틀리다/틀어지다, 용틀임(龍;왕성하게 뻗쳐오름), 쥐어틀다(단단히 잡고 비틀다), 통틀다, 통틀어. ☞ 타래

틀리(다)[1] ①사실이나 이치·계산이 맞지 아니하다. 어긋나다.↔맞다[1]. ¶답이/ 계산이 틀리다. 틀림[2](서로 어그러짐. 어긋남). ②감정이나 사이가 나빠지다. ¶골틀리다(마음이 비꼬여 부아가 나다), 눈꼴틀리다(눈꼴시다), 수틀리다(마음에 맞갖잖다). ③일이 순조롭게 되지 아니하고 어그러지다. ¶그 일은 이제 다 틀렸다. 틀림없다/이(어긋남이 없다. 확실하다). ④마음이나 행동이 올바르지 못하고 비뚤어지다. ¶심보가 틀리다. 틀려먹다(틀리다).

틀리(다)[2] ☞ '틀다'의 피동사.

틀수-하다 성질이 너그럽고 침착하다. ¶그 사람은 마음도 아마 틀수할 것이다.

틈(闖) '말이 문을 나오는 모양'을 뜻하는 말. ¶틈기(闖起), 틈발하다(闖發;기회를 타서 일어나다), 틈사하다(闖肆;틈을 타서 마음대로 하다), 틈연(闖然;머리를 불쑥 내미는 모양), 틈입(闖入)[248] 들.

티[1] '재·흙 그 밖의 온갖 물건의 잔 부스러기나 찌꺼기. 조그마한 흠집. 개암[2].≒먼지. 결점. 허물. ¶눈에 티가 들어가다. 옥에도 티가 있다. 티 없는 어린이. 팃검불(짚·풀 같은 것의 부스러기), 티끌[249], 티눈[250], 띠뜯다(흠절을 찾아내어 시비하다. 붙은 티를 뜯어 버리다), 티보다(흠집을 살피다), 티없다/없이, 티지르다(개암지르다); 군티(물건에 생긴 자그만 흠), 돌티(돌이 잔 부스러기), 불티, 잡티(雜), 재티 들.

티[2] 어떠한 태도나 기색. 버릇. ¶부자라고 티를 내다. 궁한 티가 나다. 당황한 티가 역력하다. 텃기(티가 있는 기색), 티다르다[251], 티하다[252]; 고생티(苦生), 교티(驕;교만한 태도나 기색), 구티(舊), 군티(물품의 조그마한 허물), 궁티(窮), 귀티(貴), 나이티, 노티(老), 늙은티, 막내티, 부티(富), 빈티(貧), 산티(産;산모의 얼굴에 나타난 병적인 기색), 소녀티(少女), 소년티(少年), 속티(俗), 숙녀티(淑女), 손티[253], 시골티, 애티, 어른티, 잡티(雜), 젊은티, 중년티(中年), 진티[254], 처녀티(處女), 천티(賤), 촌티(村), 학생티(學生), 행티(심술을 부리는 버릇) 들.

티[3] 가파른 고개. 치. ¶고개티(고개를 넘는 가파른 비탈길), 말티고개, 버들치고개 들.

티격 서로 뜻이 맞지 아니하여 사이가 벌어져 이러니저러니 하는 일. ¶티격나다(서로 뜻이 맞지 않아 사이가 뜨다), 티격태격[255].

티적 남의 흠이나 트집을 잡아 역겨운 말로 비위를 거스르는 모양.=트적. ¶얼토당토않게 티적티적 트집을 잡다. 얼토당토아니한 트집으로 티적티적 싸움을 걸어 왔지만 나는 아무렇지도 안은 척, 모르는 척하고 지냈다. 티적거리다/대다, 티적티적/하다.

틱틱 거만하게 배짱을 부리는 모양. ¶틱틱거리다/대다.

---

241) 트레: 둥글게 뱅뱅 틀어진 모양. 〈작〉타래. ¶뱀이 트레트레 똬리를 틀고 있다.

242) 틀개: ①무엇을 틀기 위한 물건. ②남의 일을 훼방하는 것. ¶틀개를 놓다(서로 겯고틀고 하면서 일을 방해하다).

243) 틀고앉다: ①격식을 차리고 앉다. ②잔뜩 틀어쥐고 버티다. 잔뜩 도사리고 앉다.

244) 틀어쥐다: ①단단히 죄어 잡아 쥐다. ②통틀어 손아귀에 쥐다. 완전히 자기의 세력권 안에 넣다. ¶이 단체를 틀어쥐고 좌지우지한다.

245) 틀어지다: ①굽어지다. ②꾀하는 일이 어긋나다. 비꼬이다.

246) 탈다: 되게 비틀다. ¶탈리다(꼬이거나 비틀어지다. 몹시 시달리고 지치다. 마음이 꼬이다).

247) 비틀다: 물체가 축을 중심으로 돌게 하되, 잘 돌아가지 않은 방향으로 돌리다.≒꼬다. ¶팔을 비틀다. 젖은 빨래를 비틀어 짜다. 닭의 모가지를 비틀어 죽이다.

248) 틈입(闖入): 기회를 타서 느닷없이 함부로 뛰어듦. ¶야간에 틈입한 자.

249) 티끌: 매우 잘고 가벼운 물질. 아주 작거나 적음. 티나 먼지 따위. 진애(塵埃). 분진(粉塵). ¶그럴 생각은 티끌만큼도 없다. 티끌 모아 태산. 티끌더미, 티끌세상(世上).

250) 티눈: 손이나 발에 생기는 무사마귀 비슷한 굳은살.

251) 티다르다: 눈에 띄게 다르다. 판이하다(判異).

252) 티하다: 어떤 색채나 버릇을 드러내다.

253) 손티: 약간 곱게 얽은 얼굴의 마맛자국.

254) 진티: 좋지 못한 일의 원인. ¶과식이 진티가 되어 한 달 동안이나 앓아누었다.

255) 티격태격: 서로 뜻이 맞지 아니하여 이러니저러니 시비를 따지는 모양. ¶의견이 달라 티격태격 싸우다. 동업자끼리 티격태격하다.

ㅌ

ㅍ

파[1] 백합과의 여러해살이풀. 식용·약용으로 쓰임. ¶파간장(醬), 파강회(膾), 팟국, 파김치, 파꽃, 파나물, 파누름적(炙), 파다발(만신창이가 된 몸), 파밑동, 파밭, 파뿌리, 파밭, 파뿌리, 파산적(散炙), 파씨, 파장국(醬), 파장아찌, 파전(煎), 파절이, 팟종(다 자란 파의 웃머리에 달리는 망울), 파죽음[1], 파즙(汁), 파짠지, 파찬국(파를 넣고 만든 찬국), 파채, 파피리[총저(葱笛)]; 고명파(음식 위에 고명으로 얹기 위하여 잘게 썬 파), 골파[2], 김장파, 대파, 실파, 양파(洋), 옥파(玉), 왕파(王;굵은 파), 움파, 종파(種), 쪽파, 호파(胡). ☞ 총(葱).

파[2] 불꽃이 일어나는 소리. ¶폭약 심지에 불을 붙이자 파 소리를 내며 타들어갔다.

파(波) '파동(波動). 전파(電波). 결·물결. 편안하지 않다'를 뜻하는 말. ¶파고(波高), 파곡(波谷↔波丘), 파광(波光;물결의 번쩍이는 빛), 파구(波丘;물결의 마루), 파급(波及;영향이나 여파가 먼 데까지 미침)[파급되다/하다, 파급효과(效果)], 파도(波濤)[파도치다, 파도타기], 파동(波動)[3], 파두(波頭;물마루), 파란(波瀾)[4], 파랑(波浪)[파랑경보(警報), 파랑계(計), 파랑침식(浸蝕); 승풍파랑(乘風)], 파력(波力), 파면(波面), 파문(波紋)[5], 파복(波腹), 파상(波狀)[6], 파선(波線), 파시/풍(波市/風), 파식(波蝕;파도가 육지를 침식함)[파식대지(臺地)], 파심(波心), 파압(波壓), 파원(波源), 파장(波長)[단파장(短), 장파장(長)], 파저(波底), 파절(波節), 파형(波形); 간섭파(干涉波), 강호연파(江湖煙波), 거치상파(鋸齒狀波;톱니파), 검파(檢波), 격파(激波), 고립파(孤立波), 격파(激波), 경파(鯨波), 고유파(固有波), 고저파(高低波), 고조파(高調波), 공간파(空間波), 광파(光波), 교통파(交通波), 구면파(球面波), 구형파(矩形波), 굴절파(屈折波), 금파(金波), 기파(氣波), 기압파(氣壓波), 기온파(氣溫波), 난파(暖波), 내부파(內部波), 네모파, 녹파(綠波), 뇌파(腦波), 능파(凌波), 능파(陵波), 단파(短波), 대파(大波), 라디오파(radio波), 러브파(love波), 레일리파(Rayleigh波), 마이크로파(micro波), 만파(萬波), 맥파(脈波), 무선파(無線波), 물질파(物質波), 반사파(反射波), 반송파(搬送波), 방송파(放送波), 방파제(防波堤), 방형파(方形波), 백파(白波), 벽파(碧波), 변파(邊波), 변조파(變調波), 불안정파(不安定波), 비선형파(非線型波), 사인파(sine波), 산란파(散亂波), 산악파(山岳波), 삼각파(三角波), 세파(世波), 세파(細波), 소파(小波), 소리파, 소밀파(疏密波), 수파(水波;물결), 수면파(水面波), 실체파(實體波), 심전파(心電波), 심해파(深海波), 알파파(alpha波), 에스파(S波), 엘파(L波), 여파(餘波), 역행파(逆行波), 연속파(連續波), 열파(熱波), 염파(簾波), 온도파(溫度波), 온파(溫波), 요소파(要素波), 월파(月波;달빛 어린 물결), 위상파(位相波), 유파(流波), 유효파(有效波), 은파(銀波), 음파(音波), 음성파(音聲波), 인파(人波), 일파만파(一波萬波), 입사파(入射波), 자기파(磁氣波), 장파(長波), 저조파(低調波), 적도파(赤道波), 전리층파(電離層波), 전파(電波), 전기파(電氣波), 전자파(電子波), 전자파(電磁波), 전자기파(電磁氣), 전진파(前進波), 전향파(前向波), 전환파(轉換波), 정립파(停立波), 정상파(定常波), 정지파(靜止波), 정현파(正弦波), 종파(縱波), 주파(周波)[주파수(數); 고주파(高), 저주파(低)], 주행파(走行波), 중파(中波), 중력파(重力波), 중복파(重複波), 지상파(地上波), 지속파(持續波), 지진파(地震波), 직접파(直接波), 진행파(進行波), 창파(滄波), 천수파(淺水波), 천파만파(千波萬波), 초단파(超短波), 초음파(超音波), 추파(秋波), 충격파(衝擊波), 측대파(側帶波), 타격파(打擊波), 탄도파(彈道波), 탄성파(彈性波), 톱니파, 파열파(破裂波), 평면파(平面波), 포구파(砲口波), 표면파(表面波), 풍파(風波), 피파(P波), 한파(寒波), 해파(海波), 헤르츠파(Hertz波), 헬름홀츠파(Helmholtz波), 황파(荒波), 회절파(回折波), 횡파(橫波;高低波) 들.

파(破) ①깨어지거나 상한 흠집. ¶파가 난 물건. ②사람의 결점. ¶남의 파를 잡다. ③'깨뜨리다. 쳐부수다. 끝까지 해내다. 쪼개다'를 뜻하는 말. ¶파가(破家;집을 헒), 파각(破却;깨뜨림), 파갑탄(破甲彈), 파건(破件), 파격(破格)[7], 파경(破鏡;離婚), 파계/승(破戒/僧), 파계(破契;계를 깨뜨림), 파골(破骨), 파과(破瓜;여자 16세, 남자 64세를 일컫는 말)[파과기(期), 파과병(病)], 파광/터(破壙;무덤을 판 옮긴 그전 자리), 파괴(破壞)[8], 파구분(破舊墳), 파국/적(破局/的), 파기(破棄)[9], 파기(破器), 파기록(破記錄), 파기와, 파나다[10], 파단(破斷)[파단면(面), 파단선(線)], 파담(破談), 파락호(破落戶), 파렴치(破廉恥;염치를 모름)[파렴치범(犯), 파렴치죄(罪), 파렴치한(漢)], 파뢰(破牢), 파륜자(破倫者), 파립(破笠)[폐의파립(敝衣), 폐포파립(弊袍)], 파망(破網), 파면자(破綿子;헌솜), 파

---

1) 파죽음: 몹시 맞거나 지쳐서 녹초가 된 상태를 이르는 말. 초주검(初). ¶파죽음이 되어 돌아오다.

2) 골파: 밑동이 마늘쪽처럼 붙고 잎이 여러 갈래로 난 파.

3) 파동(波動): 공간적으로 전하여 퍼져 가는 진동. 사회적으로 새로운 변화를 가져올 만한 변동. ¶파동과학(科學), 파동광학(光學), 파동설(說), 파동성(性), 파동역학(力學), 파동함수(函數); 경제파동(經濟), 공급파동(供給), 단기파동(短期), 에너지파동, 장기파동(長期), 정치파동(政治).

4) 파란(波瀾): 잔물결과 큰 물결이라는 뜻으로, '어수선한 사건이나 사고. 심한 변화나 기복'을 비유하여 이르는 말. ¶뜻하지 않은 파란이 일다. 오늘의 영광은 온갖 파란을 헤쳐 온 결과다. 파란곡절(曲折), 파란만장(萬丈), 파란중첩(重疊).

5) 파문(波紋): ①수면에 이는 물결. ¶바람이 파문을 일으키다. ②물결 모양의 무늬. ③어떤 일이 다른 데에 미치는 영향. ¶사회에 큰 파문을 몰고 오다.

6) 파상(波狀): 물결과 같은 모양. 어떤 일이 일정한 간격을 두고 되풀이되는 모양. ¶파상공격(攻擊), 파상문(紋), 파상운(雲), 파상운동(運動), 파상적(的), 파상파업(罷業), 파상평원(平原).

7) 파격(破格): 관례(慣例)나 격식에서 벗어난 일. 또는 그 관례나 격식. ¶파격을 보이다. 파격적(的).

8) 파괴(破壞↔建設): 깨뜨리어 헐어 버림. 깨뜨리어 기능을 잃게 함. 조직·질서·관계 따위를 와해시키거나 무너뜨림. ¶환경 파괴가 심각하다. 이상기온으로 생태계가 파괴되고 있다. 질서가 파괴되다. 파괴강도(强度), 파괴되다/하다, 파괴력(力), 파괴소화(消火), 파괴시험(試驗), 파괴위성(衛星), 파괴자(者), 파괴적(的), 파괴점(點), 파괴주의(主義), 파괴폭탄(爆彈), 파괴하중(荷重); 서열파괴(序列), 우상파괴(偶像).

9) 파기(破棄): ①깨뜨리거나 찢어서 없애 버림. ¶문서를 파기하다. ②계약이나 조약·약속 따위를 취소하여 무효로 함. ¶조약을 파기하다. ③소송법상 원심 판결을 취소함. ¶원심을 파기하다. 파기자판(自判), 파기환송(還送); 원심파기(原審).

10) 파나다(破): 물건이 찢기거나 깨져서 못쓰게 되다.

ㅍ

명당(破明堂), 파멸(破滅)[파멸되다/하다, 파멸적(的)], 파묘(破卯), 파묘(破墓), 파묘축(破墓祝), 파문(破門), 파물(破物), 파벽(破僻)[11], 파벽(破壁), 파벽(破甓), 파본(破本), 파부침선(破釜沈船), 파빈(破殯), 파사(破寺), 파사(破事), 파사기(破沙器), 파사현정(破邪顯正;그릇된 생각을 깨뜨리고 바른 도리를 드러냄), 파산(破産)[12], 파산(破算), 파상(破傷;다쳐서 상함)[파상풍(風), 파상풍균(菌)], 파색/조(破色/調), 파석(破石), 파선(破船), 파선(破線), 파쇄/기(破碎/機), 파손(破損;깨어져 못쓰게 됨), 파쇄/암(破碎/巖), 파쇠[破鐵], 파수(破水), 파안(破顔;얼굴에 웃음을 띠움)[파안대소(大笑)], 파약(破約), 파열(破裂)[파열강도(强度), 파열되다/하다, 파열시(矢), 파열압력(壓力), 파열음(音), 파열파(波)], 파옥(破屋), 파옥(破獄)[파옥도주(逃走), 파옥하다], 파와(破瓦), 파일(破日), 파자(破字)[파자쟁이, 파자점(点)], 파잡다(결점을 잡다), 파재(破齋), 파재목(破材木), 파적(破寂;심심풀이), 파적(破積), 파전(破錢), 파정(破精), 파제(破堤), 파제(破題), 파종(破腫), 파죽지세(破竹之勢), 파지(破紙), 파진(破陣;적진을 쳐부숨), 파찰음(破擦音), 파천황(破天荒;처음), 파철(破鐵), 파체(破砌), 파체(破涕), 파치(망그러져 못쓰게 된 물건), 파침(破鍼), 파탄(破綻)[13], 파토(破土), 파투(破鬪;일이 잘못되어 흐지부지됨), 파편(조각)/폭탄(破片/爆彈), 파하다, 파한(破閑;破寂. 심심풀이), 파혈(破穴), 파혈(破血), 파호(破戶), 파혹(破惑), 파혼(破婚), 파효(破曉), 파훼(破毁;깨뜨려 헐어 버림. 破棄), 파흥(破興;흥이 깨어지거나 흥을 깸); 간파(看破), 갈파(喝破), 격파(擊破), 공파(攻破), 난파(難破), 논파(論破), 답파(踏破), 대파(大破), 도파(道破;끝까지 다 말함), 독파(讀破), 돌파/구(突破/口), 동파(凍破), 면파(面破), 묘파하다(描破), 반파(半破), 발파(發破), 벽파(劈破), 분파(分破), 상파(翔破), 서파(鼠破), 설파(說破), 세파(歲破), 소파(小破), 쇄파(碎破), 연파(軟破), 열파(裂破), 작파(作破), 작파(斫破), 전파(全破), 조파(照破), 주파(走破), 중파(中破), 침파(鍼破;침으로 종기를 뺌), 타파(打破), 터파(攄破), 토파(吐破), 토파(討破), 폭파(爆破), 훼파(毁破) 들.

파(派) 어떤 생각이나 행동의 특성. 경향이나 갈래에 속한 사람들의 집단·계통(갈래). '갈라지다. 보내다'를 뜻하는 말. ¶여러 파로 갈리다. 파견(派遣)[파견군(軍), 파견단(團), 파견부대(部隊), 파견장(狀)], 파계(派系), 파당(派黨), 파벌(派閥)[파벌적(的), 파벌주의(主義)], 파별(派別), 파병(派兵), 파보(派譜), 파생(派生)[14], 파수(派收)[15], 파원(派員), 파쟁(派爭), 파족(派族), 파출(派出;어떤 일을 위하여 사람을 보냄)[파출소(所), 파출부(婦)], 파파/이(派派); 각파(各派), 감각파(感覺派), 강경파(强硬派), 강호파(江湖派), 개화파(開化派), 격조파(格調派), 경파(硬派), 계파(系派), 고답파(高踏派), 고전파(古典派), 과격파(過激派), 관능파(官能派), 교파(教派), 구파(舊派), 급진파(急進派), 급파(急派), 기교파(技巧派), 기분파(氣分派), 남파(南派), 낭만파(浪漫派), 노골파(露骨派), 노장파(老壯派), 다수파(多數派), 당파(黨派), 도학파(道學派), 막가파, 만파(萬波), 맏파, 매파, 무단파(武斷派), 문치파(文治派), 미래파(未來派), 밀파(密派), 반대파(反對派), 벽파(僻派一時派), 별파(別派), 보수파(保守派), 북파(北派), 북학파(北學派), 분리파(分離派), 분파(分派), 비둘기파, 사림파(士林派), 사실파(寫實派), 사장파(詞章派), 산악파(山岳派), 상징파(象徵派), 생활파(生活派), 서파(庶派), 선파(璿派), 세파(世派), 소파(小派), 소수파(少數派), 소장파(少壯派), 수구파(守舊派), 순수파(純粹派), 시파(時派), 신경향파(新傾向派), 신중파(愼重派), 신파(新派), 실리파(實利派), 실속파(實-派), 실학파(實學派), 악마파(惡魔派), 악마주의파(惡魔主義派), 야수파(野獸派), 여파(餘派), 역사학파(歷史學派), 연파(軟派), 연기파(演技派), 열성파(熱性派), 예술파(藝術派), 온건파(穩健派), 올빼미파[16], 왕당파(王黨派), 우파(右派), 유파(流派), 유미파(唯美派), 육체파(肉體派), 이파(異派), 인상파(印象派), 인생파(人生派), 일파(一派), 입체파(立體派), 자파(自派), 자연파(自然派), 장파(長派;맏파), 장고파(長考派), 적파(嫡派), 전위파(前衛派), 전전파(戰前派), 전중파(戰中派), 전후파(戰後派), 점묘파(點描派), 정파(政派), 정의파(正義派), 정통파(精通派), 종파(宗派), 좌파(左派), 중간파(中間派), 중도파(中道派), 증파(增派), 지파(支派), 직파(直派), 청담파(淸談派), 청록파(靑鹿派), 청탑파(靑鞜派), 타파(他派), 탐미파(耽美派), 퇴폐파(頹廢派), 특파(特派), 표현파(表現派), 학파(學派), 학구파(學究派), 행동파(行動派), 혁신파(革新派), 현실파(現實派), 화파(畫派), 회색파(灰色派), 훈구파(勳舊派) 들.

파(播) '씨를 뿌리다. 퍼뜨리다. 옮기다'를 뜻하는 말. ¶파다하다(播多)[17], 파설(播說;말을 퍼뜨림), 파식(播植), 파종(播種)[파종기(期), 파종법(法); 늦파종, 올파종], 파천(播遷;임금이 도성을 떠나 다른 곳으로 피란하는 것)[대가파천(大駕)], 파탕(播蕩;播遷), 파폭(播幅); 건파(乾播), 건직파(乾直播), 광파(廣播), 대파(代播), 만파(晩播), 백파(白播), 보파(補播), 산파(散播;흩어뿌림), 살파(撒播), 상파(床播), 승파(繩播), 전파(傳播)[인구전파(人口)], 점파/기(點播/機), 조파(早播), 조파(條播), 종파(種播), 직파(直播;곧뿌림), 추파(秋播), 춘파(春播), 취파(取播) 들.

파(罷) '마치다. 그만두다'를 뜻하는 말. ¶파가(罷家), 파계(罷繼), 파공(罷工), 파군(罷君), 파군(罷軍), 파귀(罷歸), 파노(罷駑), 파루(罷漏), 파면(罷免)[파면되다/하다], 파민(罷民), 파방(罷榜)[18], 파복(罷伏), 파사(罷仕;그 날의 일을 끝냄. 仕退), 파사(罷祀), 파산

11) 파벽(破僻): 벽성(僻姓)이나 무반향(無班鄕;사대부가 살고 있지 않은 시골)에서 인재가 나와 본디의 미천한 처지에서 벗어나는 일.

12) 파산(破産): 재산을 모두 잃고 망함. 모든 채권자에게 공평히 갚도록 하는 것을 목적으로 하는 재판의 절차. ¶파산을 당하다. 파산 위기. 파산관재인(管財人), 파산기관(機關), 파산능력(能力), 파산되다/하다, 파산범죄(犯罪), 파산법(法), 파산법원(法院), 파산선고(宣告), 파산성(性), 파산원인(原因), 파산자(者), 파산장애(障碍), 파산재단(財團), 파산절차(節次), 파산채권/자(債權/者), 파산폐지(廢止); 경가파산(傾家), 사기파산(詐欺).

13) 파탄(破綻): 일이 잘 이루어지지 못하고 그릇됨. 일이 돌이킬 수 없는 지경에 이름.=결딴. ¶경제적인 파탄. 가정생활이 파탄에 이르다.

14) 파생(派生): 어떤 사물이 근원으로부터 갈려 나와 생김. ¶정치적 문제에서 파생된 경제 현안. 파생되다/하다, 파생률(律), 파생물(物), 파생법(法), 파생사회(社會), 파생수요(需要), 파생어(語), 파생적(的), 파생적소득(所得), 파생접사(接辭), 파생체(體).

15) 파수(派收): ①닷새마다 팔고 산 물건 값을 치르는 일. ②장날에서 장날까지의 사이.

16) 올빼미파(派): 어떤 분쟁에 있어서 판단을 미루면서 사태의 진전을 계속 지켜보는 경향을 가진 사람들.

17) 파다하다(播多): 소문이 널리 펴져 있다. ¶온 동네에 소문이 파다하다.

18) 파방(罷榜): 과거에 급제한 사람의 발표를 취소함. ¶파방치다(이제까지 살아오던 살림을 그만 집어치우다). 파방에 수수엿 장수(이미 일이 잘못되어 이제는 더 볼 것이 없다). 파방판(일이 다 끝난 판).

(罷散), 파생(罷省), 파시(罷市), 파양(罷養;양자 관계를 끊음), 파업(罷業)[19], 파연/곡(罷宴/曲), 파의(罷意;하고자 하던 생각을 버림), 파의(罷議;의논을 그만두거나 합의하였던 것을 도로 물림), 파장/머리(罷場), 파재(罷齋), 파전(罷戰), 파접(罷接), 파제사(罷祭祀), 파조(罷朝), 파직(罷職;관직에서 물러나게 함), 파진(罷陣), 파하다, 파회(罷會;불교에서, 법회를 마침); 견파(譴罷), 언파(言罷), 자파(自罷), 장파(狀罷), 철파(撤罷), 청파(聽罷), 폐파(廢罷), 혁파하다(革罷) 들.

파(婆) ①늙은 여자. 할머니'를 뜻하는 말. ¶파심(婆心); 노파/심(老婆/心), 매파(媒婆), 산파(産婆), 상직파(上直婆;상직할미), 아파(牙婆), 주파(酒婆), 탈의파(奪衣婆;저승길에 있다는 할미 귀신). ②'사물(事物)의 형상'을 뜻하는 말. ¶파사하다(婆娑)[20]; 각파(脚婆), 탕파(湯婆) 들.

파(把) '잡다'를 뜻하는 말. ¶파반(把盤), 파배(把杯), 파속(把束), 파수(把守;경계하여 지킴)[파수꾼, 파수막(幕), 파수병(兵)], 파악(把握;손으로 잡아쥠. 이해하여 앎), 파장(把掌), 파주(把住), 파지(把持;꽉 움켜 쥠), 파직(把直), 파착(把捉;마음을 단단히 다잡음. 捕捉), 파총(把摠), 파필(把筆); 만파(輓把) 들.

파(爬) '긁다. 기어 다니다'를 뜻하는 말. ¶파라척결(爬羅剔抉;손톱으로 후벼 파냄), 파소(爬梳), 파양(爬癢;가려운 데를 긁음), 파충/류(爬蟲/類), 파행(爬行;벌레나 짐승 따위가 기어 다님), 파행증(症); 소파(搔爬) 들.

파(跛) '절뚝거리다'를 뜻하는 말. ¶파행(跛行;절뚝거리며 걸음. 불균형 상태)[파행성(性), 파행시세(時勢), 파행적(的), 파행하다]; 편파(偏跛). §[피]로 읽혀 '기대서다'를 뜻함. 피의(跛倚;한 다리로 서서 몸을 딴 것에 기대는 일. 한쪽에 치우침).

파(杷) '비파나무. 평평하게 하다(발고무래. 써레)'를 뜻하는 말. ¶대파(大杷), 비파/엽(枇杷/葉), 시파(柴杷;밭의 흙을 평평하게 고르는 데 쓰는 연장).

파(頗) '치우치다. 공평하지 아니하다. 매우 · 자못'을 뜻하는 말. ¶파다하다(頗多;물품이 수두룩하다. 자못 많다.↔적다); 편파/적(偏頗/的).

파(芭) '파초과에 속하는 열대성 여러해살이풀'을 뜻하는 말. ¶파초(芭椒), 파초(芭蕉), 파초선(芭蕉扇) 들.

파(疤) '흉터(헌데 자국)'를 뜻하는 말. ¶파기(疤記;어떤 인물의 용모나 신체상의 특징을 적은 기록)[용모파기(容貌)].

파(笆) '가시가 있는 대나무. 가시대로 결은 바자'를 뜻하는 말. ¶파리(笆籬;울타리), 파리변물(笆籬邊物;쓸모없는 물건).

19) 파업(罷業): 하던 일을 중지함. ¶파업 농성을 벌이다. 파업권(權), 파업기금(基金); 동맹파업(同盟), 동정파업(同情), 부분파업(部分), 전면파업(全面), 총동맹파업(總同盟)/총파업(總), 파상파업(波狀).

20) 파사하다(婆娑): ①춤추는 소매의 날림이 가볍다. ②몸이 가냘프다. ③세력이나 형세 따위가 쇠하여 약하다. ④거문고 따위의 소리가 꺾임이 많다. ⑤초목의 잎이 떨어지고 가지가 성기다. ⑥걸음이 힘없고 늘쩡늘쩡하다. ⑦앉아 있는 자세가 편안하다.

파(琶) '타원형의 몸통에 곧고 짧은 자루가 달린 현악기(비파)'를 뜻하는 말. ¶비파(琵琶).

파(皤) '머리가 세다(희다)'를 뜻하는 말. ¶파옹(皤翁), 파파노인(皤皤老人).

파(擺) '헤치다. 털어 버리다'를 뜻하는 말. ¶파발(擺撥)[21], 파탈(擺脫;구속에서 벗어남) 들.

파(叵) '어렵다. 불가능하다'를 뜻하는 말. ¶파내(叵耐;아주 견디기 어려움).

파(巴) 중국 사천성에 있는 땅 이름. ¶파인(巴人;시골사람).

파개 배에서 물을 푸는 데 쓰는 손두레박.=파래박[〈프래].

파근 ①가루나 음식 같은 것이 메지고 조금 팍팍하게. ¶찐 고구마가 파근파근 익었다. ②다리의 힘살이 지치어 노작지근하고 무겁게. ¶오랜 행군으로 다리가 파근파근 쑤신다. 파근하다(다리에 힘이 지치어 노작지근하고 무겁다), 파근파근하다[22].

파니 하는 일 없이 팬둥거리며 노는 모양. 〈큰〉퍼니. ¶파니 시간만 보내다가는 낙방한다. 파니 놀지만 말고 일 좀 해라.

파다 땅이나 단단한 물체에 손이나 도구로 우묵하게 만들다.(≒캐다. 굴착하다(掘鑿).↔묻다). 구덩이나 구멍을 만들다.(≒뚫다). 그림이나 글씨를 새기다. 구멍 속에 붙어 있는 것을 후벼 밖으로 내다. 모르는 것을 알아내기 위하여 마음을 기울여 궁리하다.(≒캐다). ¶땅을/ 무덤을 파다. 땅이 깊이 패어 있다. 도장을 파다(새기다). 귀이개로 귀를 파다. 그는 모르는 것이 있으면 깊이 파고 연구하는 성격이다. 파고들다(스며들다. 품에 안기다. 연구하다. 캐내다), 파고들어가다, 파내다, 파먹다(속에 든 것을 파내어 먹다. 벌지 않고 가지고 있는 것만을 써 없애다), 파묻다¹(구덩이를 파고 묻다)/묻히다, 파묻다²(여러 번 따지면서 자세하게 묻다), 파이다/패다⁵[23], 파잡다[24], 파젖히다, 파제끼다(파서 뒤집어엎다), 파헤치다; 곰파다[25], 금파오다(金;부잣집에 들어가 흙을 파오다), 들고파다[26], 들이파다(세게 파다. 밖에서 안쪽으로 또는 밑으로 내려 파다), 땅파기, 옴 · 움 · 홈 · 훔파다/패다, 오비어 · 우비어 · 호비어 · 후비어파다, 쪼아파다.

파닥 ①작은 날짐승이 날개를 가볍고 빠르게 쳐서 내는 소리. ¶독수리 새끼가 첫 비상을 하기 위해서 파닥 날갯짓을 하다. ②작은

21) 파발(擺撥): 조선 때, 공문을 급히 보내기 위하여 설치하였던 역참(驛站). 파발을 놓다(급한 기별을 보내다). 파발꾼, 파발마(馬;역참에서 부리던 말. 급히 달아나는 사람).

22) 파근파근하다: ①가루나 음식 따위가 메지고 팍팍한 느낌이 있다. ¶삶은 달걀을 물도 없이 먹으려니 파근파근하다. ②다리가 걸음마다 파근하다. ¶오금이 파근파근하여 이제 더는 못 걷겠다.

23) 패다⁵: 구멍이나 구덩이가 만들어지다. 그림이나 글씨가 새겨지다. 천이나 종이 따위의 한 부분이 도려내지다.

24) 파잡다: 결점을 들추어내다. ¶파잡아 말하기로 하면 흠이 없는 사람이 누가 있으랴.

25) 곰파다: 일의 내용을 알려고 자세히 찾아보고 꼼꼼하게 따지다. ¶무척 곰팠으나 그 일의 속내는 알 수 없었다.

26) 들고파다: 한 가지만 열심히 공부하거나 연구하다. ¶그는 오래 전부터 한문만 들고팠다.

ㅍ

물고기가 꼬리로 물을 치거나 뒤척이면서 내는 소리. ¶그물에 걸려 파닥 꼬리를 치는 물고기. ③깃발 따위가 센 바람에 날리어 내는 소리. ¶태극기가 바람에 파닥 소리를 내며 펄럭이다. ④심장이 조금 뛸성 있게 뛰는 모양. ¶총에 빗맞은 새의 가슴이 파닥 뛰고 있다. 파다닥 · 파드닥 · 파드득/파득 · 퍼더덕 · 퍼드덕 · 포드닥 · 푸드덕거리다/대다/이다, 파닥 · 퍼덕거리다/대다/이다/하다, 퍼들껑하다[27]. 〈큰〉퍼덕. 푸덕. 〈센〉파딱. 퍼떡. 〈큰 · 센〉퍼떡. 푸떡.

파당 소를 팔고 사는 곳. 우시장(牛市場).

파뜩 ①어떤 생각이 갑자기 순간적으로 떠오르는 모양. ¶파뜩 떠오른 생각. 파뜩 그녀의 모습이 떠올랐다. ②어떤 물체나 빛 따위가 갑자기 순간적으로 나타나는 모양. ¶파뜩 검은 물체가 지나가다. ③갑자기 정신이 드는 모양. ④=얼른. 곧. ¶파뜩 다녀오너라. 〈큰〉퍼뜩. 피뜩[28].

파란 투명하지 못한 유리 성질의 물체. 법랑(琺瑯).

파랗(다) 밝고 선명하게 푸르다. 〈큰〉퍼렇다. ¶파란 들 하얀 마음. ☞ 푸르다.

파래[1] 파랫과의 바닷말. ¶파랫과(科), 파랫국, 파래장아찌, 파래튀각; 갈파래[청태(靑苔)] 들.

파래[2] 물을 푸는데 쓰는 긴 자루가 달린 도구. ¶파래로 물을 푸다. 파래박(배안으로 들어온 물을 퍼내는 바가지), 파래소리(논에 물을 대며 부르는 노래).

파리 파리목의 곤충. ¶파리를 잡다. 파리를 날리다. 파리똥, 파리똥새(자잘한 광석 속의 알갱이), 파리매, 파리목(目), 파리목숨, 파리약(藥), 파리자리, 파리지옥풀(地獄), 파리채, 파리통(筒), 파리풀(파리를 잡는 데 쓰는 풀); 거미파리, 광대파리, 금파리(金), 꽃파리, 날파리, 누에파리, 똥파리, 말파리, 무당파리, 벌레혹파리, 뽕파리, 생파리(生)[29], 쇠파리, 술파리(술독에 생기는 파리), 쉬파리, 왕파리(王), 집파리, 초파리(醋)[30], 털파리, 피파리, 해파리. ☞ 승(蠅).

파리(玻璃) 유리. 수정(水晶). ¶파리모(玻璃母;유리가 녹아 엉긴 덩어리), 파리배(玻璃杯), 파리옥(玻璃玉); 정파리(淨玻璃).

파리-하다 몸이 여위거나 핏기가 없고 해쓱하다. ¶파리한 얼굴. 앓고 나더니 얼굴이 많이 파리해졌다. 패리다(여위어 마르다); 가무파리하다(가무스름하고 파리하게 해쓱하다), 강파르다[31], 강파리하다(생김새가 강파르다).

파섹(pc) 천문학상 거리의 단위로 1pc은 약 30조 8570억km.

파운드(lb) 무게를 나타내는 단위로 1lb는 약 453.5g.

파임 한자(漢字)의 획 가운데 '㇏'의 이름. ¶파임내다[32].

팍 ①야무지게 냅다 내지르는 모양. 또는 그 소리. ¶정강이를 팍 걷어차다. 퍽치기(느닷없이 치고 돈이나 물건을 빼앗는 짓). ②힘없이 고꾸라지는 모양. 또는 그 소리. ¶앞으로 팍 고꾸라지다. ③진흙 따위를 밟을 때 빠지는 모양이나 그 소리. ¶발을 헛디뎌 진흙탕에 팍 빠지다. ④눈이나 비가 되게 쏟아지는 모양. ⑤숟가락이나 삽 따위로 물건을 많이 퍼내는 모양. ⑥어떤 물건이나 현상 따위가 잇따라 많이 생기거나 없어지는 모양. ⑦냄새 따위가 몹시 심하게 나는 모양. ¶팍팍 썩는 냄새가 나다. 〈큰〉퍽. 푹. 픽. 팍삭[33], 팍팍[34].

팍신-하다 엉긴 가루 따위가 보드랍고 팍삭한 느낌이 있다. 〈큰〉퍽신하다. ¶팍신하게 익은 감자. 팍신팍신 · 퍽신퍽신/하다.

팍팍-하다 ①음식이 물기나 끈기가 적어 목이 멜 정도로 메마르고 부드럽지 못하다. ¶삶은 달걀을 물 없이 먹자니 팍팍하다. ②몹시 지쳐서 걸음을 내디디기 어려울 만큼 다리가 무겁다. 〈큰〉퍽퍽하다. ¶산길 오르기에 두 다리가 팍팍했다.

판[1] '넓은 들. 터. 넓적한 부분'을 이르는 말. ¶판을 고르다. 판꽂이[35], 판쇠(널리 퍼져 있는 사금층), 판자[36], 판판 · 펀펀하다, 판하다[37]/펀하다, 판히; 갈판[1](갈대가 많이 난 들판), 갈판[2](곡식을 가는 돌), 갈판[3][38], 남향판(南向), 동향판(東向), 들판, 말판, 머드럭판(땅이 좀 질퍽하고 모래가 섞인 곳), 모래판, 모종판/모판(모종을 가꾼 자리), 벌판[모래벌판, 허허벌판], 북향판(北向), 빨판[흡반(吸盤)], 살얼음판, 상판(上;첫판. 윗목), 상판/때기(相;얼굴), 서향판(西向), 석양판(夕陽;석양빛이 비치는 곳), 씨름판, 어깨판(어깨의 넓적한 부분), 얼음판, 엉덩판, 장기판(將棋;장기를 두는 자리), 점판(店;鑛區)[금점판(金店)] 들.

판[2] 일이 일어난 자리. 처지 · 형편의 뜻을 나타내는 말. 승부를 겨루는 일의 수효를 세는 말. ¶판을 깨다. 판을 벌이다. 쌀이 떨어져 굶어야 할 판이다. 세 판을 내리 지다. 판가름[39]/나다/하다, 판

27) 퍼들껑하다: 새나 물고기가 날개나 꼬리를 치면서 퍼드득 소리를 내다.

28) 피뜩: ①어떤 사람이나 사물이 빠르게 잠깐 나타나 보이는 모양. ¶피뜩 지나가다. ②어떤 생각이나 물체가 별안간 떠오르거나, 나타났다가 곧 사라지는 모양. ¶아이디어가 피뜩 떠오르다. 그이 모습이 피뜩 떠올랐다. 기발한 생각이 퍼뜩 떠올랐다. 야릇한 예감이 퍼뜩 스쳐 갔다. ③빠르게 눈길을 돌려 잠깐 훑어보는 모양.=피끗. 퍼뜩. ¶피끗 쳐다보다.

29) 생파리(生): 남이 조금도 가까이 할 수 없을 만큼 성미가 뾰롱뾰롱한 사람을 놀림조로 이르는 말. ¶생파리 잡아떼듯 한다(무슨 요구나 물음을 매정하고 쌀쌀하게 거절함을 일컫는 말).

30) 초파리(醋): 파리목 초파릿과에 속하는 곤충의 총칭. 초 · 간장 · 술 따위의 발효물에 잘 덤벼듦. 유전 실험에 많이 이용됨. ¶'초눈'은 초파리의 애벌레를 일컫는 말이다.

31) 강파르다: ①몸에 살이 적고 파리하다. ②성미가 깔깔하다. ¶강파른 성미.

32) 파임내다: 의논하여 결정한 일에 대하여 뒤에 다른 소리를 하여 그르치게 하다. ¶끝에 가서 파임내는 사람은 따로 있다.

33) 팍삭: ①맥없이 주저앉는 모양. ¶부실시공한 건물이 팍삭 내려앉았다. ②부피가 앙상하고 메마른 물건이 부드럽게 가라앉거나 쉽게 부서지는 모양. 또는 그 소리. ¶종이가 불에 타 팍삭 사그라지다. ③굳거나 질기지 않고 연한 모양. ¶닭살이 팍삭 연해 손으로도 잘 찢긴다. 〈큰〉퍽석. 폭삭. 푹석.

34) 팍팍: '팍'을 반복한 말. ¶병사들이 총탄에 팍팍 쓰러지다. 어깨가 팍팍 쑤시다. 막힌 구멍을 팍팍 쑤셔 뚫다. 폭풍우에 가로수가 팍팍 쓰러지다. 〈큰〉퍽퍽.

35) 판꽂이: 나뭇가지로 묘포(苗圃)에 꽂아 모를 길렀다가 가른 곳으로 옮겨 심는 식목법(植木法).

36) 판자: 넓게 만든 밭이랑.

37) 판하다: 판판하고 아득하게 너르다.≒넓다. 판판하다.

38) 갈판[3]: 염전의 판에서 긁어모은 흙을 쌓는 곳.

가리(결판이 나는 것), 판공론(公論;여러 사람 사이에 공동으로 떠도는 의논), 판국(局), 판굿, 판나다(끝장이 나다. 재산이 모조리 없어지다), 판다르다[40], 판돈, 판들다[41], 판때리다[42], 판막다(판막음하다), 판막음[43], 판몰이(노름판의 돈을 몰아 가짐)/하다, 판물리다, 판밖[44], 판상(上;그 판에서 가장 나은 사물), 판상놈(常;아주 못된 상놈), 판설다[45], 판세(勢;어떤 판의 형세), 판셈[46], 판소리, 판시세(時勢;판국의 시세), 판싸움/하다, 판쓸이[47], 판장원(壯元;그 판에서 재주가 가장 뛰어난 사람), 판조사(曹司), 판주다[48], 판중(中;판을 이룬 여러 사람 가운데), 판짜다(동아리를 조직하다), 판차리다(판짜다), 판치다[49], 판판[50], 판판이(판마다. 사뭇); 각다귀판, 간판(幹)[51], 개판(무질서하고 난잡한 판), 개판(改;다시 겨룸), 공사판(工事), 과줄판, 구움판(목재를 구워 말리는 구덩이), 굿판, 깽판(일을 훼방하거나 망치는 짓), 끝판, 난장판(亂場), 날뛸판, 낭판[52]노동판(勞動), 노름판, 놀음놀이판/놀음판, 놀이판, 놀자판, 농판(弄), 단판(單), 대마루판[53], 대판(大)[54], 독판/치다(獨), 들머리판[55], 딴판, 막판, 만냥판(萬兩), 만장판(滿場), 매판(맷돌질할 때 까는 방석), 먹자판, 방물판, 별판(別), 북새판, 산대판(山臺), 살판나다, 새판, 생판(生;전혀 모름), 생생이판[56], 섰다판, 셈판, 소리판, 속판(目次. 속마음), 술판, 싸개판, 싸구려판, 싸움판, 엄벙판[57], 엉세판(살아가기가 어려운 처지), 온판(전체의 국면), 웃음판, 윷판, 이야기판, 이판사판, 일판, 장사판, 장판(場), 전판(全;남김없이 다), 제판(거리낄 것이 없이 제멋대로 거드럭거리는 판), 첫판, 초판(初), 춤판, 큰판(크게 벌어진 판), 퇴판(먹거나 가지거나 누리는 것을 물리도록 실컷 하는 판), 파방판(罷榜), 하판(下;마지막 판), 한판(한 번 벌이는 판), 혈판(穴), 회두리판/회판(맨 나중의 장면. 끝판), 휘몰이판(한군데로 휘모는 판) 들.

판(板) ①'널빤지. 반반한 면'을 뜻하는 말. ¶판각(板刻;글씨나 그림을 판에 새김), 판각(板/版閣), 판교(板橋;널다리), 판금(板金), 판때기, 판면(板面), 판목(板本), 판목선(板木船), 판문(板門), 판벽(板壁), 판불(板佛), 판상(板狀), 판상절리(板狀節理), 판서(板書), 판유리(板琉璃), 판자(板子;널빤지)[판자벽(壁), 판잣집, 판자촌(板子村)], 판장(板墻), 판재(板材), 판지(板紙)[골판지], 판초자(板硝子), 판탕(板蕩), 판지(板紙), 판탕(板蕩), 판판하다, 판판히; 가기판(家忌板), 각판(刻板), 간판(看板), 감광판(感光板), 갑판(甲板), 강판(鋼板), 강판(薑板), 강철판(鋼鐵板), 개머리판, 개판(蓋板), 거판(擧板), 건판(乾板), 게시판(揭示板), 격판(隔板), 결재판(決裁板), 경판(京板), 경판(經板), 과판[←국화판(菊花板)], 관판(棺板), 광판(廣板), 구름판, 귀판(鬼板), 극판(極板), 널판, 늑판(肋板), 능화판(菱花板), 다리미판, 다림판, 다식판(茶食板), 단골판(板), 단판(端板), 당판(唐板), 당판(堂板), 대륙판(大陸坂), 대판(大板), 도약판(跳躍板;구름판), 돌판, 돌림판, 동판(銅), 등사판(謄寫板), 등판(登板), 떡판, 레코드판(record), 마판(馬板), 명판(名板), 목판(木板), 몰판(沒板), 묘판(苗板;못자리), 밑판, 바둑판, 박판(拍板), 박판(薄板), 받침판, 발판, 방판(方板), 방풍판(防風板), 배판(背板;등널), 배판(褙板), 백자판(柏子板), 백판(白板), 벽보판(壁報板), 보계판(補階板)/보판(補板), 보교판(補橋板), 본판(本板;본바탕), 부판(浮板), 부판(負板), 분판(粉板), 불판, 붙임판, 비자판(榧子板), 빙판(氷板), 빨래판, 산자판(橵子板), 산판(算板), 살판, 살판뛰, 상황판(狀況板), 색판(色板), 생기판(省記板), 서판(書板), 석판(石板), 석면판(石綿板), 성판(聖板), 세포판(細胞板), 속보판(速報板), 송판(松板), 쇠판, 수판(壽板), 수판(數板), 수상판(受像板), 수장판(修粧板), 스케치판(sketch板), 습판(濕板), 시상판(屍床板), 신경판(神經板), 악판(顎板), 안내판(案內板), 알림판, 앙판(秧板;못자리), 연개판(椽蓋板), 연귀판, 엿목판(木板), 옥판(玉板), 완판본(完板本), 용지판[58], 우리판[59], 웅판(雄板), 원판(原板), 원판(圓板), 유리판(板), 유성기판(留聲機), 인찰판(印札板), 줄판[철필판(鐵筆板)], 자판(字板), 잔판(棧板), 장판(杖板), 장경판(藏經板), 장기판(將棋板), 재양판(載陽板)/쟁판, 재판(재떨이 받침), 저울판, 적판(滴板), 전광판(電光板), 전언판(傳言板), 절편판, 점적판(點滴板), 좌판(坐板), 좌표판(座標板), 주판(籌/珠板), 즐판(櫛板), 지판(地板), 진동판(振動板), 차광판(板), 채판(彩板), 책판(冊版), 천판(天板), 천공판(穿孔板), 천지판(天地板), 철판(鐵板), 철필판(鐵筆板), 추판(楸板), 축문판(祝文板)/축판(祝板), 축판(築板), 축음기판(蓄音機板), 측판(測板), 층디딤판(層), 칠성판(七星板), 칠판(漆板), 칭판(秤板), 칼판, 타진판(打診板), 탄소판(炭素板), 투수판(投手板), 평판(平板), 포판(砲板), 풍판(風板), 함석판, 합판(合板), 해양판(海洋板), 향판(響板), 현판(懸板), 혈소판(血小板), 형광판(螢光板), 형판(形板;거푸집 널), 형판(型板), 화보판(畵報板), 화판(畵板), 황장판(黃腸板), 횡판(橫板), 흑판(黑板). ②달걀 30알을 오목하게 팬 판에 세워 담은 것을 세는 말.

39) 판가름: 시비 · 우열을 판단하여 가름. ¶판가름이 나다/내다.
40) 판다르다: 딴판인 것처럼 아주 다르다. ¶두 사람은 성격이 판다르다. 쌍둥이가 판달리(아주 다르게) 생겼다.
41) 판들다: 가지고 있던 재산을 함부로 다 써서 없애 버리다.
42) 판때리다: 옳고 그름과 선악을 가리어 결정하다.
43) 판막음: 그 판에서의 마지막 승리. ¶누가 판막음을 했지? 멋있게 판막음을 장식하다. 판막음장사(壯士), 판막음하다(끝내다. 판가름하다).
44) 판밖: 일이 벌어진 테두리의 바깥. ¶판밖의 사람(그 일에 관계가 없는 사람).
45) 판설다: 전체의 사정에 익숙하지 모하고 서투르다.↔판수익다(익숙하다). ¶일하는 품이 판설다.
46) 판셈: 빚진 사람이 빚 준 사람들 앞에 자기의 재산 전부를 내놓고 자기들끼리 나누어 셈하도록 하는 일. ¶판셈하다.
47) 판쓸이: 어떤 일을 싹 거두어들이듯이 결판을 내는 일.
48) 판주다: 그 판에서 가장 뛰어난 사람으로 인정하여 내세우다.
49) 판치다: ①어떤 일을 그 판에서 제일 잘 하다. ¶씨름판에서 판치다. ②어떤 분야에서 거리낌 없이 세력을 부리다. ¶부정과 부패가 판치는 세상은 지났다.
50) 판판: 다르기가 전연. 아주 완전히. 아주 온통.≒전혀. ¶전과는 판판 다르다. 그의 이야기는 판판 거짓말이다. 오늘 아침은 판판 굶었다.
51) 간판(幹): 일을 능숙하게 처리하는 배포. 또는 배짱.
52) 낭판: 계획한 일이 어그러지는 형편.
53) 대마루판: 일의 되고 못 됨과 이기고 짐이 결정되는 마지막 판. 〈준〉대마루. ¶지금 생각하면 그때가 내 인생에서 가장 큰 대마루판이었다.
54) 대판(大): ①'대판거리(크게 차리거나 벌어진 판국)'의 준말. ②큰 도량. ¶대판 싸우다. 일을 대판거리로 벌이다.
55) 들머리판: 있는 것을 모조리 들어먹고 끝장나는 판. ¶들머리판이 나다.
56) 생생이판: 속임수로 돈을 빼앗는 노름판. ¶생생이판에서 돈을 몽땅 날렸다.
57) 엄벙판: 어리둥절하여 정신을 차리지 못하는 형편.
58) 용지판: 벽이 무너지지 아니하도록 지방(地枋) 옆에 대는 널쪽.
59) 우리판(板): 테두리를 좋은 나무로 짜고 가운데에 널빤지를 끼운 문짝.

판(版) 일부 명사 뒤나 한자어 어근에 붙어 '종이의 규격이나 책·신문 따위를 인쇄하여 펴낸 것, 펴낸 횟수. 활판(活版)'의 뜻을 나타내는 말. ¶판에 박다/짜다. 판을 거듭하다. 판에 박은 듯하다. 판에 박은 말(똑같은 말). 판각(版閣), 판권(版/板權)[판권양도(讓渡), 판권장(張), 판권지(紙); 국제판권(國際)], 판도(版圖), 판면(版面), 판목(版木), 판박이[60]/말, 판본(版/板本), 판식(版式), 판적(版籍), 판전(版殿), 판짜기, 판책(版冊), 판행(版行), 판화(版畵); 가판(架版), 각판본(刻版本)/각판(刻版), 강판(鋼版), 개판(改版), 개판(開版), 개정판(改訂版), 결정판(決定版), 고판/본(古版/本), 고려판(高麗版), 곤약판(崑蒻版), 공판(孔版;등사판), 관판(官版), 괘판(罫版), 구판(舊版), 국판(菊版), 국배판(菊倍版), 규격판(規格版), 깁고더한판, 그림판, 내각판(內閣版), 다색판(多色版), 단색판(單色版), 대판(大版), 대중판(大衆版), 도판(圖版), 동판(銅版), 망판(網版), 명함판(名銜版), 목판(木版), 목각판(木刻版), 문고판(文庫版), 방각판(坊刻版), 배판(倍版), 번역판(飜譯版), 보판(保版), 보급판(普及版), 보정판(補正版), 복사판(複寫版), 복제판(複製版), 볼록판, 부판(負版), 비오판(B五版), 비육판(B六版), 비판(B), 사륙배판(四六倍版), 사륙판(四六版), 사색판(四色版), 사진판(寫眞版), 사찰판(寺刹版), 사판(仕版;벼슬아치의 명부), 사판(私版), 삼색판(三色版), 색판(色版), 석판(石版), 세미판(semi版), 속판(續版), 수정판(修正版), 시판(時版), 시내판(市內版), 신판(新版), 십육절판(十六切版), 아연판(亞鉛版), 양장판(洋裝版), 연판(鉛版), 염가판(廉價版), 영인판(影印版), 와판(瓦版), 요판(凹版), 운판(雲版), 원판(原版), 원색판(原色版), 위판(位版;位牌), 위판(僞版), 인쇄판(印刷版), 인판(印版), 일요판(日曜版), 장판(壯版)[장판방(房), 장판지(紙); 날장판], 장판(藏版), 장서판(藏書版), 재판(再版), 전사판(轉寫版), 절판(絕版), 정판(精版), 정판(整版), 제판(製版), 조판(組版), 조판(彫版), 중판(重版), 증보판(增補版), 증보개정판(增補改訂版), 증정판(增訂版), 지방판(地方版), 책판(冊版), 철판(凸版), 초판/본(初版/本), 축판(縮版), 축소판(縮小版), 축쇄판(縮刷版), 출판(出版)[61], 컬러판(color版), 캑스턴판(Caxton版), 크라운판(crown版), 타블로이드판(tabloid版), 토판(土版), 통판(通版), 평요판(平凹版), 평판(平版), 하판(下版), 하도롱판(hatoron版), 하이라이트판(highlight版), 학생판(學生版), 한정판(限定版), 한천판(寒天版), 합판(合版), 해판(解版), 해적판(海賊版), 현판(現版), 현대판(現代版), 호외판(號外版), 호화판(豪華版), 활판(活版), 활자판(活字版) 들.

판(判) '옳고 그름을 가리다'를 뜻하는 말. ¶판검사(判檢事), 판결(判決)[62], 판겸(判歉), 판관(判官)[명판관(名), 최판관(崔;죽은이의 선악을 판단하는 저승의 벼슬아치); 판관사령(使令)], 판단(判斷)[63], 판독(判讀;판단해 가며 읽음)[사진판독(寫眞), 암호판독(暗號)], 판례(判例)[판례법(法), 판례집(集)], 판명/되다/하다(判明;사실이나 진실이 명백히 밝혀짐), 판무(判無;아주 없음. 전혀 없음), 판무식(判無識)[판무식꾼, 판무식쟁이], 판법(判法), 판별/식(判別/式), 판부(判付), 판사(判事)[단독판사(單獨), 배석판사(陪席), 수탁판사(受託)], 판서(判書), 판시(判示;재판에서, 판결하여 보임), 판연하다(判然;분명하다), 판연히(判然)/판히, 판이하다(判異), 판정(判定)[판정승(判定勝); 중재판정(仲裁)], 판하(判下), 판형(判型); 결판(決判), 공판(公判), 공판(工判), 권판(權判), 기판력(旣判力), 논판(論判), 담판(談判), 명판(名判), 명함판(名銜判;크기가 명함만 한 사진판), 미판(未判), 부판(剖判), 비판(批判), 사판(事判;절의 일을 맡아 처리함), 신서판(新書判), 신언서판(身言書判), 신판(神判), 심판(審判), 억판(臆判), 연판(連判), 오판(誤判), 의판(擬判), 자판(自判), 재판(裁判), 전판(全判;全紙), 전판(前判), 제판(題判), 중판(中判), 출판(出判;재산이 탕진됨), 통판(通判), 평판(評判), 혈판(血判) 들.

판(辦) '힘써 일하다. 갖추다'를 뜻하는 말. ¶판공(辦公;공무를 처리함), 판공비(辦公費), 판납(辦納), 판득(辦得), 판리(辦理;일을 판별하여 처리함), 판무(辦務), 판무관(辦務官), 판비(辦備), 판상(辦償;빚이나 죄과를 갚음), 판수(辦壽;생일을 축하함), 판제(辦濟), 판주(辦主;음식물을 제공하는 사람), 판출(辦出;돈이나 물건 따위를 변통하여 마련해 냄); 대판(大辦), 매판(買辦), 매판자본(買辦資本), 설판(設辦), 설판재자(設辦齋者), 외판(外辦), 자판(自辦), 조판(調辦), 주판(籌辦;헤아리어 처리함), 타판(妥辦), 합판(合辦) 들.

판(瓣) '꽃잎. 꽃잎 모양'을 뜻하는 말. ¶판막(瓣膜;날름막), 판상(瓣狀;꽃잎 같은 형상), 판새류(瓣鰓類), 판열(瓣裂;꽃가루를 날리기 위하여 꽃밥이 터지는 일); 국화판(菊花瓣), 기판(旗瓣), 단판(單瓣;홑꽃잎), 반월판(半月瓣), 방실판(房室瓣), 승모판(僧帽瓣), 안전판(安全瓣), 연판(蓮瓣;연꽃잎), 이동판(移動瓣), 이첨판(二尖瓣), 이판화(離瓣花), 익판(翼瓣;나비 모양의 꽃잎), 중판(重瓣;겹꽃잎), 합판화(合瓣花), 화판(花瓣;꽃잎), 활판(滑瓣) 들.

판(販) '팔다. 장사'를 뜻하는 말. ¶판가(販價), 판금(販禁), 판로(販路)[판로개척(開拓), 판로협정(協定)], 판매(販賣)[64], 판촉(販促);

---

60) 판박이(版): ①판각으로 박는 일. ②판에 박은 듯이 꼭 같아 새로움이 없는 모양. 또는 그런 사람. ③아주 흡사하게 닮은 사람.

61) 출판(出版): 출판계약(契約), 출판권(權), 출판기념회(紀念會), 출판물(物), 출판법(法), 출판사(社), 출판업/자(業/者), 출판인(人); 비밀출판(秘密), 예약출판(豫約), 위탁출판(委託), 자비출판(自費), 처녀출판(處女), 한정출판(限定).

62) 판결(判決): 시비나 선악을 판단하여 결정함. ¶공평한 판결. 판결이 나다. 판결되다/하다, 판결례(例), 판결록(錄), 판결문(文), 판결사(事), 판결서(書), 판결원본(原本), 판결이유(理由), 판결절차(節次), 판결주문(主文;판결의 결론 부분); 결석판결(缺席), 궐석판결(闕席), 대석판결(對席), 대심판결(對審), 명판결(名), 보충판결(補充), 본안판결(本案), 소송판결(訴訟), 원판결(原), 일부판견(一部), 전부판결(全部), 종국판결(終局), 중간판결(中間), 추가판결(追加), 확인판결(確認), 확정판결(確定).

63) 판단(判斷): 사물을 인식하여 논리나 기준에 따라 판정을 내림. ¶판단되다/하다, 판단력(力), 판단중지(中止); 가언적판단(假言的), 가치판단(價値), 개념적판단(概念的), 개연적판단(蓋然的), 규정판단(規定), 긍정판단(肯定), 단칭판다(單稱), 도덕적판단(道德的), 무한판단(無限), 미적판단(美的), 부정판단(不正), 상황판단(狀況), 선언적판단(選言的), 소극적판단(消極的), 연계적판단(連繫的), 전칭판단(全稱), 전칭긍정판단(全稱肯定), 전칭부정판단(全稱否定), 정언적판단(定言的), 제약적판단(制約的), 종합판단(綜合), 지적판단(知的), 특칭판단(特稱), 필연적판단(必然的).

64) 판매(販賣): 판매가격(價格)/판매가(價), 판매관리(管理), 판매금지(禁止), 판매량(量), 판매망(網), 판매액(額), 판매업(業), 판매원(元), 판매원(員), 판매인(人), 판매점(店), 판매조합(組合), 판매처(處), 판매촉진(促進), 판매품(品), 판매회사(會社), 판매회수대금(回收代金); 가두판매(街頭), 공동판매(共同), 방문판매(訪問), 수탁판매(受託), 시중판매(市中), 신용판매(信用), 예약판매(豫約), 월부판매(月賦), 위탁판매(委託), 일부판매(日

가판(街販), 구판장(購販場), 시판(市販), 외판/원(外販/員), 자판기(自販機), 직판(直販), 총판(總販), 통판(通販), 흥판(興販) 들.

판(坂) '둑. 제방'을 뜻하는 말. ¶구절판/찬합(九折坂/饌盒;여덟모가 난 나눈 그릇).

판수 점치는 일을 직업으로 삼는 소경. ¶영하다는 판수를 찾아가 점을 치다. 판수익다[65]; 뜬판수(무식한 사람).

팔 ①사람의 어깨와 손목 사이의 부분. ¶팔을 들다/걷다/펴다. 팔을 걷고 나서다. 팔가락지, 팔걸음(물구나무를 서서 팔로 걷는 걸음), 팔걸이[팔걸이걸상, 팔거리의자(椅子)], 팔굽질, 팔굽혀펴기, 팔꿇기, 팔꿈치, 팔놀림(팔의 움직임), 팔다리/뼈, 팔때기('팔'의 낮춤말), 팔뚝[66], 팔띠(완장), 팔마디, 팔모가지, 팔목/시계(時計), 팔밀이[67]/꾼, 팔배태[68], 팔베개/하다, 팔뼈, 팔소매, 팔쇠(팔찌), 팔수[69], 팔심(팔뚝의 힘), 팔씨름, 팔오금, 팔운동(運動), 팔자리(춤을 출 때 팔이 놓이는 자리), 팔재간(才幹), 팔죽지(팔꿈치에서 어깻죽지 사이의 부분), 팔짓/하다, 팔짱, 팔찌[70], 팔춤, 팔허벅(팔의 윗마디), 팔헤엄, 팔회목(팔의 회목. 손회목), 팔힘살; 곰배팔[71]/이, 긴팔(긴 옷소매), 넓적팔, 몽당팔, 바른팔, 반팔(半), 뻗팔이(구부러지지 아니하는 팔), 아래팔(팔뚝), 양팔(兩), 오른팔, 외팔/이, 왼팔, 위팔, 줌팔(줌통을 쥐는 팔), 한팔접이(씨름이나 경기·내기에서 힘·기술이 부족한 사람). ②어떤 사람이 뜻대로 부릴 수 있는 믿음직한 사람. ¶그는 사장의 오른 팔이다. ☞ 팔(腕). 비(臂).

팔(八) 여덟[8]. ¶팔각(八角)[팔각기둥, 팔각정(亭), 팔각집, 팔각형(形)], 팔경(八景), 칠전팔기(七顚八起), 팔곡(八穀), 팔구(八區), 팔난(八難)[72], 팔달(八達)[73], 팔덕(八德), 팔도(八道)[팔도강산(江山), 팔도명산(名山)], 팔등신(八等身;키가 얼굴 길이의 8배 되는 몸), 팔로(八路), 팔면(八面), 팔모[팔모기둥, 팔모살, 팔모지붕], 팔문(八門), 팔방(八方)[팔방미인(美人); 사면팔방(四面)], 팔방망이[74], 팔복전(八福田), 팔불용(八不用), 팔불출(八不出;몹시 어리석은 사람), 바사기[75], 팔삭/둥이(八朔), 팔상(八相), 팔선녀(八仙女), 팔성(八成), 팔성(八姓), 팔순(八旬), 팔월(八月), 파일(八日), 팔자(八字)'[76], 팔자(八字)²[77], 팔자걸음(八字), 팔장신(八將神), 팔절(八節), 팔진도(八陣圖), 팔체(八體), 팔초(八草), 팔촌(八寸), 팔표(八表), 팔푼이(조금 모자라는 사람), 팔풍(八風); 망팔(望八), 백팔번뇌(百八煩惱), 초파일(←初八日), 칠전팔기(七顚八起) 들.

팔(다) ①물건이나 몸, 권리 따위를 값을 받고 남에게 넘기거나 노력을 제공하다.↔사다. ¶과일을 팔다. 품을 팔다. 나라를 팔아먹은 매국노. 술집에서 웃음을 파는 여인. 판값, 팔것, 팔것몰림(↔살것몰림), 팔고사기, 팔리다, 팔림길[판로(販路)], 팔림새, 팔아내다, 팔아넘기다, 팔아두들기기[78], 팔아먹다; 더위팔기, 되팔다, 밭팔다, 삯팔다, 조아팔다[79]. ②시선이나 정신을 다른 대상에게 돌리다. ¶공부하는 사람이 다른 일에 정신을 팔다니. 먼눈팔다, 정신팔리다(精神;어떤 일에 정신이 쏠리다), 한눈팔다. ③무엇을 끌어다 빙자하다. 또는 남을 속이거나 배반하다. ¶남의 이름을 팔아 거드럭거리다. 양심을 팔다. ④'-팔이'의 꼴로, 일부 명사 뒤에 붙어 '파는 사람임'의 뜻을 더하는 말. '팔다'의 어근에 파생접사 '-이[사람]'가 결합됨. ¶껌팔이[←gum], 날품팔이, 돈팔이(돈벌기 위주로만 하는 일), 돌팔이[80], 매품팔이, 벼팔이(돈을 주고 벼를 사들이는 일), 삯팔이, 성냥팔이, 신문팔이(新聞), 품팔이. ☞ 매(賣).

팔매 조그만 돌 따위를 멀리 내던지는 일. ¶팔맷돌, 팔매선(線;포물선), 팔매질/하다, 팔매치기/하다; 겉팔매(시늉으로 하는 팔매), 돌팔매/질, 물팔매(물수제비), 물풀매(농작물에 해를 끼치는 새를 쫓는 기구), 줄팔매[81]; 무릿매[82] 들.

팔초-하다 얼굴이 좁고 아래턱이 뾰족하다. ¶용의자는 팔초한 얼굴이다. 환자의 얼굴은 핏기 하나 없이 팔초하다.

팔팔 ①적은 물이 몹시 끓는 모양. ¶국이 팔팔 끓다. ②작은 것이 힘차게 뛰거나 날뛰는 모양. ¶새가 팔팔 날다. 팔팔 뛰다. 팔팔스럽다, 팔팔이(성질이 급하거나 힘과 생기가 넘치는 사람), 팔팔·펄펄·풀풀하다[83]. ③높은 열로 매우 뜨거운 모양. ¶방이 팔팔 끓다. 온몸이 팔팔 끓다. ④불길이 좀 작게 일어나는 모양. ¶

賦), 정찰판매(正札), 주문판매(注文), 총판매(總販賣), 통신판매(通信), 할부판매(割賦).

65) 판수익다: 어떤 일의 사정에 아주 익숙하다.↔판설다. ¶판수익은 일처리가 믿음직하다.

66) 팔뚝: 팔꿈치로부터 손목까지의 부분. 아래팔. ¶팔뚝이 굵다. 어른 팔뚝만한 잉어가 낚였다. 팔뚝뼈, 팔뚝잡이, 팔뚝질/하다.

67) 팔밀이: ①혼인날 신랑이 신붓집에 이르렀을 때, 신붓집 사람이 필을 밀어 인도하는 예(禮). ②마땅히 자기가 해야 할 일을 남에게 미룸. ¶학생이 공부는 팔밀이하고 놀려만 다녀?

68) 팔배태: 한복 저고리 소매 밑의 솔기를 따라 겨드랑이 끝까지 두 편으로 좁게 댄 헝겊.

69) 팔수: 살풀이춤에서, 두 팔을 부드럽게 머리 위로 올리는 춤사위.

70) 팔찌: ①팔가락지. ②활을 쏠 때에 활을 쥐는 팔의 소매를 걷어 매는 띠. 활팔찌. ¶팔찌동(활을 쏠 때의 예법); 메뚜기팔찌.

71) 곰배팔: 꼬부라져서 펴지 못하게 된 팔. ¶곰배팔이.

72) 팔난(八難): 여덟 가지의 재난. 곧 배고픔, 목마름, 추위, 더위, 물, 불, 병란(兵亂), 칼.

73) 팔달(八達): ①길이 여러 갈래로 통함. ②모든 일에 정통함.

74) 팔망망이(八): 방망이 여덟 개를 앞뒤로 대여 열여섯 사람이 메게 된 상여(喪輿).

75) 바사기: 사리에 어둡고 이해력이 부족한 사람을 조롱하여 이르는 말.[←팔삭(八朔)+이].

76) 팔자(八字)': (태어난 해, 달, 날, 시의 간지인 여덟 글자란 뜻으로) 사람의 한평생의 운수. ¶팔자가 좋다. 모든 것을 팔자로 돌리다. 팔자가 늘어지다. 팔자가 세다. 팔자를 고치다. 팔자땜, 팔자소관(所關;타고난 운수로 어쩔 수 없이 당하는 일)), 팔자타령; 개팔자, 궁팔십(窮八十), 달팔십(達八十), 매팔자(하는 일 없이 빈둥빈둥 놀기만 하는 팔자), 사주팔자(四柱), 상팔자(上), 호팔자(好;좋은 팔자).

77) 팔자(八字)²: 한자의 '八'이라는 글자의 모양. ¶수염을 팔자로 기른 할아버지. 팔자걸음, 팔자춘산(春山;미인의 고운 눈썹).

78) 팔아두들기기: 증권 시장에서, 주식을 한꺼번에 많이 팔아서 시세를 의도적으로 떨어뜨리는 일.

79) 조아팔다: 크거나 많은 물건을 헐어서 조금씩 팔다. 소매하다.

80) 돌팔이: ①떠돌아다니며 점이나 기술 또는 물건을 팔아 가며 사는 사람. ¶돌팔이 무당. ②변변한 기술이나 자격(면허) 없이 전문직에 종사하는 사람. ¶돌팔이 의사.

81) 줄팔매: 끈을 둘로 접어 두 끝을 손에 쥐고, 고에 돌멩이를 끼워 휘두르다가 줄 한끝을 놓으면서 돌멩이만 멀리 던지는 팔매.

82) 무릿매: 잔돌을 짤막한 노끈에 걸고 두 끝을 한데 잡아 휘두르다가 한끝을 놓으면서 멀리 던지는 팔매. ¶무릿매/질/하다.

83) 풀풀하다: 참을성이 적고 성질이 매우 괄괄하다.

파란 불이 팔팔 올라오다. ⑤바람에 세차게 날리거나 나부끼는 모양. ¶눈이 팔팔 날리다. 팔딱[84], 팔락[85]/팔랑, 팔짝[86] 들.

팔팔결 엄청나게 어긋나는 일이나 모양. 〈준〉팔결. ¶그 사람 언행이 전과는 팔팔결이라네. 신세대들의 가치 기준은 기성세대와 팔팔결 다르다.

팡¹ ①갑자기 무엇이 세게 터지거나 튀는 소리. ¶풍선이 팡 터지다. ②작은 구멍이 환히 뚫어진 모양. ¶막혔던 하수구가 팡 뚫어지다. 〈큰〉펑. 〈여〉빵.

팡² 작은 물건이 얕은 물에 떨어지는 소리. 〈큰〉펑.

팡개 돌멩이나 흙덩이를 찍어 던지게 된 대 토막. ¶팡개로 돌멩이를 던지다. 팡개·팽개질/하다, 팡개·팽개치다[87], 패대기치다[88]; 내팽개치다.

팡이 민꽃식물의 한 가지. 엽록소가 없고 기생함. 버섯이나 곰팡이 따위. ¶팡이갓, 팡이무리[균류(菌類)], 팡이실, 팡이자루[균병(菌柄)]; 곰팡이, 뜸팡이(효소. 효모균).

팡팡¹ ①액체 따위가 좁은 구멍으로 세차게 쏟아져 나오는 소리. 또는 그 모양. ¶샘물이 팡팡 솟다. ②눈이나 물 따위가 세차게 쏟아져 내리거나 솟는 모양. ¶함박눈이 팡팡 내리다.③여러 번 계속하여 나는 거센 총소리. ¶팡팡 총소리가 나다. ④돈이나 물 따위를 헤프게 쓰는 모양. ¶돈을 팡팡 쓰다. 팡팡·펑펑거리다/대다. 〈큰〉펑펑.

팡팡² ①아무 일도 하지 않고 빈둥거리는 모양. ②밥 따위를 하릴없이 굶는 모양. [+놀다. 굶다].

팥 콩과의 한해살이풀. ¶팥가루, 팥경단, 팥고물, 팥고추장(醬), 팥꼬투리, 팥꽃, 팥노굿(팥의 꽃), 팥눈(팥알에 박힌 점), 팥단자(團子;팥가루를 묻힌 찹쌀떡), 팥닭, 팥대우(팥을 심은 대우), 팥뒤주, 팥떡, 팥매(팥을 타는 데에 쓰는 큰 맷돌), 팥묵, 팥물/밥, 팥밥, 팥방아, 팥보숭이(팥고물), 팥비누, 팥빙수(氷水), 팥빵, 팥소, 팥송편, 팥수라, 팥알, 팥잎[팥잎국, 팥잎댕기, 팥잎죽(粥)], 팥칼국수, 팥장(醬), 팥죽(粥)[89], 팥편; 간팥(맷돌에 갈아 부순 팥), 거피팥(去皮;물에 불려 껍질을 벗긴 팥), 검은팥, 그루팥, 꿀팥(꿀팥고물), 늦팥, 덩굴팥, 돌팥, 떡팥, 먹팥, 봄갈이팥(껍질은 희고 속은 붉은 팥), 부둥팥[90], 붉은팥, 비단팥(緋緞), 새알팥, 생동팥, 쇠팥, 예팥(빛이 붉고 모양이 길쭉한 팥), 올팥, 이팥(알이 조금 납작하고 긴 팥), 통팥(맷돌에 타지 않은 통째의 팥), 흰팥 들.

패(牌) ①특징·이름·성분을 알릴 목적으로 만든 종이나 나뭇조각. ¶패를 붙이다. 팻말[손팻말, 패목(牌木;팻말), 패부진(牌不進), 팻술, 패자(牌子), 패지(牌旨), 패차다(좋지 못한 일로 별명이 붙게 되다)/채우다, 패찰(牌札), 패초(牌招), 패호(牌號); 각패(角牌), 골패(骨牌), 궐패(闕牌), 금패(金牌), 금란패(禁亂牌), 기념패(記念牌), 나무패, 녹패(祿牌), 대장패(大將牌), 동패(銅牌), 마패(馬牌), 말패(末牌), 명패(名牌), 명패(命牌), 목패(木牌), 목립패(木立牌), 문패(門牌), 문안패(問安牌), 방패(方牌), 방패(防牌)[방패막이, 방패연], 번호패(番號牌), 부패(符牌), 상패(賞牌), 선패(宣牌), 성패(聖牌), 수패(獸牌), 승패(承牌), 아패(牙牌), 왕패(王牌), 요패(腰牌), 월패(月牌), 위패(位牌), 작패(作牌), 전패(殿牌), 조패(造牌), 죽패(竹牌), 출입패(出入牌), 호패(胡牌), 호패(號牌), 홍패(紅牌), 훈패(勳牌), 흉패(胸牌). ②화투나 투전에서, 각 장. 또는 그것이 나타내는 끗수 따위의 내용. ¶패가 나쁘다/풀리다. 패를 돌리다. ¶패거리, 패노름/하다, 팻돈, 패떼다, 패장(牌張), 패전(牌錢), 패쪽; 골패(骨牌), 말패(末牌), 불패(不牌), 사모패(紗帽牌), 상패(上牌), 선패(先牌), 작패(作牌), 짝패(짝을 이룬 패). ③몇 사람이 어울린 동아리. 또는 무리를 세는 단위. ¶패를 지어 싸우다. 두 패로 나누어 차를 타고 가다. 패거리, 패노름, 패당(牌黨), 패동아리, 패두(牌頭;인부 열 사람의 우두머리), 패싸움/패쌈/하다, 패장(牌將), 패패/이(牌牌); 건달패(乾達牌), 걸립패(乞粒牌), 굿패, 굿중패, 깡패(gang), 난장패(亂場牌), 남사당패(男), 노름패, 단패(單牌;단 두 사람으로 된 짝패. 단틀), 등패(等牌), 모작패[91], 부패[92], 소리패, 소소리패[93], 싸움패, 잡탕패(雜湯牌), 좌패(坐牌), 짠지패[94], 출패(出牌), 한패(같은 동아리), 화적패(火賊牌). ④작은 나뭇조각. ¶실패(실을 감아 두는 작은 나무쪽 따위).

패(敗) 싸움이나 승부를 가리는 경기 등에서 지다. 또는 진 횟수를 세는 단위.↔승(勝). '무너지다. 썩다. 해지다'를 뜻하는 말. ¶몇 차례를 패를 겪었다. 1승 3패. 패가(敗家), 패가망신(敗家亡身), 패괴(敗壞), 패국(敗局), 패군(敗軍), 패덕(敗德), 패독산(敗毒散), 패동(敗洞), 패류(敗類;세력이나 풍속 따위가 쇠퇴하여 힘을 잃거나 몰락함), 패망(敗亡), 패멸(敗滅), 패배(敗北)[패배감(感), 패배자(者), 패배주의/자(主義/者)], 패병(敗兵), 패보(敗報), 패보다(실패를 당하다), 패사(敗死), 패사(敗事), 패산(敗散), 패상(敗喪), 패색(敗色), 패세(敗勢), 패소(敗訴), 패속(敗俗), 패쇠(敗衰), 패수/

---

84) 팔딱: ①작은 것이 힘을 모아 가볍게 뛰는 모양. ¶메뚜기가 팔딱 뛰다. 자리에서 팔딱 일어나다. ②맥이 뛰는 모양. ¶맥이 팔딱 뛰다. ③갑자기 성을 내는 모양. ¶팔딱 성을 내다. 〈큰〉펄떡. 팔딱·펄떡·폴딱·풀떡거리다/대다/이다.

85) 팔락: 종잇장이나 작은 깃발 따위가 바람에 가볍게 한 번 나부끼는 모양. 또는 그 소리.=팔느락. 팔라닥. 〈큰〉펄럭/펄러덕. 풀럭. ¶깃발이 바람에 팔락 날리다. 팔락·펄럭·폴락·풀럭거리다/대다/이다, 팔락팔락·펄럭펄럭·폴락폴락·풀럭풀럭, 팔랑개비(장난감의 하나), 팔랑·펄렁거리다/대다, 팔랑팔랑·펄렁펄렁, 폴랑·풀렁거리다/대다, 풀러덕(좀 둔하게 풀럭거리는 모양).

86) 팔짝: ①갑자기 가볍게 날거나 뛰어오르는 모양. ¶합격 소식을 듣고 팔짝 뛰며 기뻐하다. 개구리가 폴짝 뛰어오르다. ②문 따위를 갑자기 열어젖히는 모양. 〈큰〉펄쩍. ¶문이 팔짝 열리다. 문을 폴짝 열다. 팔짝·펄쩍·폴짝·풀쩍거리다/대다, 팔짝팔짝·펄쩍펄쩍·폴짝폴짝·풀쩍풀쩍.

87) 팽개치다: 짜증이 나거나 못마땅하여 물건 따위를 내던지거나 내버리다. ¶팽개질/하다.

88) 패대기치다: 팽개치다. ¶두 놈의 옷깃을 잡아당겨 패대기쳐 버렸다.

89) 팥죽(粥): 팥죽동옷(동지빔), 팥죽땀(뚝뚝 흘러 떨어지는 땀), 팥죽빛, 팥죽색(色), 팥죽집, 팥죽할멈; 단팥죽, 동지팥죽(冬至).

90) 부둥팥: ①여물기는 하였으나 아직 다 마르지 아니하여 살이 부둥부둥한 팥. ②아주 굵고 붉은 팥.

91) 모작패: 금광에서 몇 사람의 광부가 한 패가 되어 금을 캔 다음, 광주에게 분철(分鐵)을 주고 남은 광석에서 나는 이익을 나누어 가지는 일. 또는 그런 동아리.

92) 부패(牌): 광업(鑛業)을 함께 경영하는 사람. ¶맞부패, 삼부패(三).

93) 소소리패: 나이 어리고 경망한 무리.

94) 짠지패: 여럿이 떼를 지어 작은북을 치고 춤을 추며 노래 부르는 것을 업으로 하던 사람들.

살(敗數/煞), 패업(敗業), 패옥(敗屋), 패운/살(敗運/煞), 패육(敗肉), 패의(敗依), 패인(敗因), 패자/전(敗者/戰), 패잔/병(敗殘/兵), 패장(敗將), 패적(敗敵), 패적(敗績), 패전(敗戰)[패전국(國), 패전자(者), 패전투수(投手)], 패조(敗兆), 패주(敗走), 패적(敗敵), 패조(敗兆), 패주(敗走), 패지(敗紙;못 쓰는 종이), 패진(敗陣), 패착(敗着), 패촌(敗村), 패퇴(敗退), 패퇴(敗頹), 패폐(敗弊), 패하다(=지다. 망하다), 패혈증(敗血症), 패흥(敗興); 견패(見敗), 괴패(壞敗), 궤패(潰敗), 기권패(棄權敗), 대패(大敗), 몰패(沒敗), 무패(無敗), 반칙패(反則敗), 병패(病敗), 봉패(逢敗)[촉처봉패(觸處)], 부패(腐敗), 분패(僨敗;일을 잡쳐서 실패함), 분패(憤敗;이길 수 있었던 경기를 분하게 짐), 불패(不敗), 불계패(不計敗), 산패(酸敗), 석패(惜敗), 성패(成敗), 쇠패(衰敗), 수패(水敗), 승패(勝敗), 실격패(失格敗), 실패(失敗), 역전패(逆戰敗), 연패(連敗), 열패(劣敗), 영패(零敗), 완패(完敗), 인패위성(因敗爲成), 잔패(殘敗), 전패(全敗), 전패(戰敗), 전패위공(轉敗爲功), 참패(慘敗), 취패(臭敗), 치패(致敗), 탕패(蕩敗), 퇴패(頹敗), 판정패(判定敗), 필패(必敗)[경적필패(輕敵)], 흥패(興敗), 화패(禍敗), 후패(朽敗) 들.

패(悖) '어그러지다'를 뜻하는 말. ¶패군(悖君), 패녀(悖女), 패담(悖談;悖說), 패덕(悖德;정도에서 벗어난 행위)[패덕광(狂), 패덕적(的), 패덕주의/자(主義/者), 패덕하다, 패덕한(漢)], 패도(悖道;도리에 어긋남), 패란(悖亂), 패려궂다[95]/하다(悖戾), 패례(悖禮), 패류(悖類), 패류(悖謬), 패륜(悖倫)[패륜성(性), 패륜아(兒)], 패리(悖理), 패만(悖慢), 패설(悖說)[광담패설(狂談), 음담패설(淫談)], 패습(悖習;못된 버릇이나 풍습), 패악/스럽다/하다(悖惡), 패역(悖逆;인륜에 어긋나고 불순함), 패역무도(悖逆無道), 패자(悖子;인륜을 어긴 자식), 패자역손(悖子逆孫), 패정(悖政), 패행(悖行), 패향(悖鄕); 광패하다(狂悖), 괴패(乖悖), 망패(妄悖), 병행불패(竝行不悖), 비패(鄙悖), 완패(頑悖), 위패(危悖), 해패(駭悖), 행패(行悖), 흉패(凶悖) 들.

패(覇) ①남을 교묘하게 속이는 꾀. ¶패에 떨어지다(남의 은밀한 꾀에 넘어갔다). ②바둑에서, 서로 한 수씩 걸러 가며 잡고자 하는 한 집. ¶패를 걸다. 팻감, 패나다, 패싸움, 패쓰다; 꽃놀이패, 만패불청(萬覇不聽), 멸패(滅覇). ③'으뜸'을 뜻하는 말. ¶팻감, 패권/주의(覇權/主義), 패기(覇氣)[패기만만(滿滿), 패기발발(勃勃)], 패도(覇道), 패략(覇略), 패업(霸業), 패왕(覇王), 패자(覇者;왕. 임금); 연패(連覇), 왕패(王覇;왕도와 패도), 쟁패(爭覇), 정패(征覇), 제패(制覇) 들.

패(貝) '조개. 재물(財物)'을 뜻하는 말. ¶패각(貝殼), 패갑(貝甲), 패류/학(貝類/學), 패모(貝母), 패물(貝物)[패물삼건(三件); 금패물(金)], 패분(貝粉), 패석(貝石), 패석회(貝石灰), 패영(貝纓;호박이나 수정 따위로 만든 갓끈), 패주(貝柱;조개관자), 패총(貝塚;조개더미), 패화(貝貨); 금패(錦貝), 보배(寶貝), 삼각패(三角貝), 어패류(魚貝類), 종패(種貝), 치패(稚貝) 들.

패(佩) '차다(몸에 지니다)'를 뜻하는 말. ¶패검(佩劍), 패낭(佩囊), 패도(佩刀), 패동개(허리에 동개를 참), 패물(佩物), 패부(佩符), 패옥(佩玉), 패용(佩用;이름표나 훈장 따위를 몸에 달거나 참), 패은(佩恩;은혜를 입음), 패철(佩鐵), 패표(佩瓢), 패향(佩香); 감패(感佩;감사하여 잊지 아니함), 명패(銘佩), 옥패(玉佩) 들.

패(沛) '늪. 큰 모양'을 뜻하는 말. ¶패연하다(沛然;비가 내리는 기세가 매우 세차다), 패택(沛澤); 전패(顚沛) 들.

패(稗) '피[곡물(穀物)]'를 뜻하는 말. ¶패관(稗官)[96], 패사(稗史), 패설(稗說).

패(唄) 부처의 공덕을 찬양하는 노래. ¶패성(唄聲); 범패(梵唄).

패(狽) '이리'를 뜻하는 말. ¶낭패(狼狽), 낭패를 보다.

패(珮) '옥(玉)'을 뜻하는 말. ¶패가(珮珂), 패환(珮環).

패(다)¹ ①곡식의 이삭이 생겨 나오다. ¶보리 이삭이 패다. 벼가 패기 시작했다. 패암[97], 팸때(보리나 벼가 패는 때). ②아이가 성인으로 자라 목소리가 굵어지다.

패(다)² 사정없이 주먹이나 방망이로 마구 때리다. ¶사람을 몽둥이로 늘씬하게 두들겨 패다. 내리패다(사정없이 마구 때리다), 들이패다(세게 패다. 마구 때리다), 박패듯(마구 패는 모양), 짓패다(함부로 마구 패다).

패(다)³ 도끼로 장작 따위를 찍어 쪼개다. ¶도끼로 장작을 패다.

패(다)⁴ 밤을 새우다. ¶밤을 패며 공부를 하다.

패(다)⁵ '파다'의 사동/피동형. ¶빗물에 땅이 패다. 일꾼에게 땅을 패다. 파이다(팜을 당하다. 파게하다), 팬덕(평탄한 지면이 침식 작용으로 패면서 생긴 덕땅); 홈패다(좁고 깊게 패다).

패랭이: ①신분이 낮은 사람이나 상제가 쓰던, 댓개비로 엮어 만든 갓. ②'패랭이꽃'의 준말.

패름 강이나 큰 내에 두껍게 언 얼음이 터서 갈라지며 생기는 금. ¶강에 패름이 돌기 시작했다.

팩¹ ①몸집이 작은 것이 힘없이 쓰러지는 모양. ¶더위 먹은 병아리다. 팩팩/픽픽 쓰러지다. 더위에 지친 닭들이 팩팩 널브러져 있다. 팩팩대다¹. ②삭은 새끼나 끈 따위가 힘없이 끊어지는 모양. ¶실이 팩 끊어지다. ③갑자기 방향을 홱홱 돌리는 모양. ¶몸을 팩팩 돌리며 체조연습을 하다. 〈큰〉퍅. 픽.

팩² ①작은 몸집으로 지지 아니하려고 강퍅하게 대드는 모양. ¶팩팩대다². 팩팩하다¹. ②갑자기 성을 내는 모양. 〈큰〉퍅. ¶화를 팩 내다. 그의 질문에 당황한 영지는 팩팩 화를 내며 나가 버렸다. 팩하다(성내다. 욱하다). ③갑자기 방향을 돌리는 모양. ④순간적으로 머리를 기지 있게 쓰거나 생각이 잘 떠오르는 모양. ¶머리를 팩 돌려 바가지를 씌우다. 팩팩하다². 〈큰〉퍅.

팽¹ 팽나무의 열매. 굵은 팥알만 하며 빨갛게 익고 맛이 달콤함. ¶팽나무, 팽총(銃).

ㅍ

95) 패려궂다(悖戾): 말이나 행동 또는 성질이 도리에 어긋나고 사납다.

96) 패관(稗官): 임금이 민간의 풍속이나 정사(政事)를 알기 위하여 세상의 풍설과 소문을 모아 기록하게 하였던 벼슬아치. ¶패관문학(文學), 패관소설(小說).

97) 패암: 곡식의 이삭이 패어 나오는 일. 또는 그 이삭. ¶보리의 패암이 잘 되었다. 벼의 패암이 고르다.

팽² ①총알 따위가 빠르게 공기를 가르며 지나가는 소리. 또는 그 모양. ¶총알이 핑 스쳐 지나가다. ②코를 힘 있게 푸는 소리. 또는 그 모양. ③갑자기 눈에 눈물이 괴는 모양. ¶눈물이 팽 돌다. 〈큰〉핑.

팽(烹) '삶다'를 뜻하는 말. ¶팽다(烹茶), 팽두이숙(烹頭耳熟), 팽란(烹卵), 팽임(烹飪;삶고 지져서 음식을 만듦), 팽조(烹調;烹飪), 팽하다(죄인을 끓는 물에 삶아 죽이는 형벌에 처하다); 토사구팽(兎死狗烹), 할팽(割烹) 들.

팽(膨) '부풀어 오르다'를 뜻하는 말. ¶팽대(膨大), 팽만하다(膨滿), 팽압/운동(膨壓/運動), 팽윤(膨潤;화합물이 용매를 흡수하여 부피가 늘어나는 일)[팽윤압(壓), 팽윤운동(運動), 팽윤제(劑)], 팽융성(澎融性;부피가 늘면서 녹는 성질), 팽창(膨脹)[98], 팽출(膨出;부풀어 나옴), 팽팽하다(膨膨)[99], 팽화(膨化;膨潤); 해팽(海膨) 들.

팽(澎) '물결 부딪는 기세나 소리'를 뜻하는 말. ¶팽배(澎湃/排;어떤 사조나 기운이 맹렬한 기세로 일어남), 팽배하다.

팽기(다) 힘이 다하다. ¶근력이 팽기다.

팽이 둥근 나무를 잘라 한끝을 뾰족하게 깎아 만들어 쳐서 돌리는, 놀이 기구. ¶팽이를 돌리다. 팽이를 치다. 팽이싸움, 팽이채, 팽이치기/하다, 팽잇심(팽이 가운데 박힌 심), 팽잇줄, 팽이토기(土器); 말팽이(위는 편편하고 아래는 삐죽한 팽이), 색팽이(色), 장구팽이(원통형으로 생긴 팽이), 줄팽이 들.

팽패-롭다 성질이 부드럽지 못하고 별난 데가 있다. ¶그이는 성미가 팽패로워서 주변 사람들이 가까이하길 꺼린다. 팽패로이, 팽패리(팽패로운 사람).

팽팽-하다 잔뜩 켕기어 튀기는 힘이 있다.(↔느슨하다). 둘의 힘이 서로 어슷비슷하다. 성질이 비좁고 꼬여 너그럽지 못하다. 정세·정황·분위기 따위가 매우 경직되어 있다. 〈큰〉핑핑하다. ¶줄을 팽팽하게 매다. 팽팽한 결승전. 팽팽한 긴장감이 도는 회의장. 찬반 양론이 팽팽히 맞서다. 팽하다[100]; 줄팽팽이(언제나 일정하게 켕겨 있는 상태).

팽팽이 열목이(연어과의 민물고기)의 어린 새끼.↔산치(열목이의 큰 것).

퍅 가냘픈 몸이 갑자기 힘없이 쓰러지는 모양. 강퍅하게 자꾸 대드는 모양. ¶퍅 쓰러지다. 퍅퍅 덤비어들다.

퍅/팍(愎) '성질이 까다롭고 너그럽지 못하다(괴팍하다)'를 뜻하는 말. ¶퍅성(愎性;퍅한 성질), 퍅퍅쏘다(입바른 말을 잘하다), 퍅하다/팩하다; 강퍅하다(剛愎), 괴팍하다(怪愎), 암퍅하다(暗愎), 오퍅(傲愎) 들.

퍼벌-하다 어떤 대상이 겉모양을 꾸미지 아니하다. ¶퍼벌하고 돌아다니다. 펄꾼[101].

퍼지(다) ①끝 부분이 넓거나 굵게 벌어지다. 넓은 범위에 고루 영향을 미치다(≒번지다. 전파되다). 물건의 개수가 많이 붇거나 늘어나다.(≒번성하다). 낟알 따위가 물에 불어서 커지다. 옷이나 빨래가 잘 다리어지다. ¶가슴이/ 어깨가 퍼지다. 소문이 삽시간에 전국으로 퍼졌다. 나뭇가지가 퍼지다. 자손이 퍼지다. 전염병이/ 불길이 퍼지다. 밥이 잘 퍼지다. 다리미의 열이 약해서 빨래가 잘 퍼지지 않는군. 퍼뜨리다/트리다(널리 퍼지게 하다), 퍼짐[퍼짐길이, 퍼짐성(性)], 퍼치다(퍼뜨리다), 펀더기(넓은 들. 광야); 가로퍼지다(옆으로 자라거나 커지다. 살이 쪄 뚱뚱해지다), 팡파지다[102], 팡파짐·펑퍼짐하다(둥그스름하고 판판하게 옆으로 퍼져 있다). ②사람이 힘이 약해져 그대로 늘어지다.(≒쓰러지다). ¶나는 피곤하여 초저녁부터 그대로 퍼져 잠이 들었다.

퍽 보통 정도를 훨씬 지나치게.≒아주. 매우. 몹시. 너무. 썩. 꽤. 퍼그나. ¶퍽 좋다/덥다. 올해는 눈이 퍽 많이 내렸다. 그 애는 퍽 바보이었다. [+긍정적. 형용사]. §조사 '~이나, ~도'를 결합하면 반의적인 표현.

펀뜻 갑자기. 언뜻. 순식간에. 얼떨결에. ¶펀뜻 생각하다/ 떠오르다/ 갔다오마. '펀뜻'은 '언뜻'의 비표준말이다. 펀뜩.

펀펀 ①전연. 사뭇. ¶펀펀 굶는 처지. ②아무 일도 하지 아니하고 빈둥거리며 노는 모양. ¶집에서 펀펀 놀고 있다. 〈작〉판판.

펄¹ ①'개펄'의 준말. ¶서해안에 너른 펄이 펼쳐져 있다. 진펄(질퍽한 진창으로 된 넓은 벌). ②아주 넓고 평평한 땅.

펄² 일하는 솜씨가 아주 능하여 빨리 해치우는 모양. ¶왜놈을 슬쩍 천당으로 보낸다든가 하는 일은 펄 날거요. 전자부품 조립을 펄 해내다.

펑 아주 심하게 젖은 모양. ¶얼굴에 댄 손수건이 펑 젖도록 실컷 울었다.

펴널 상투를 짤 때에 맺는 맨 아래 돌림.

펴(다) 접히거나 개킨 것을 젖히어 벌리다.(≒깔다.↔말다¹. 개다³. 접다). 굽은 것을 두드려 반반하거나 곧게 하다.(↔구부리다). 널리 알리다. 범위를 넓히다. ¶책을/ 우산을/ 손바닥을 펴다. 마당에 돗자리를 펴고 앉아라. 찌그러진 냄비를 펴다. 구부러진 철사를 펴서 사용하였다. 모래를 펴다(깔다). 솜을 펴다. 어깨를 펴다. 기를 펴고 살다. 꿈을 펴다. 펴기, 펴내다(서적 따위를 발행하다), 펴낸이/편이(발행인), 펴놓다(깔다. 마음속을 숨김없이 나타내다), 펴늘이개, 펴묻기, 펴이다[103], 펴지다(펴이게 되다; 벌어

ㅍ

98) 팽창(膨脹): 부풀어서 부피가 커짐.(↔收縮). 수량이 본디보다 늘어나거나, 세력 따위가 본디의 상태보다 커지거나 크게 발전함. 팽창계(計), 팽창계수(係數), 팽창되다/하다, 팽창률(率), 팽창예산(豫算), 팽창우주(宇宙), 팽창정책(政策), 팽창제(劑), 팽창주의(主義), 팽창판(瓣); 겉보기팽창, 단열팽창(斷熱), 부피팽창, 선팽창/계수(線膨脹/係數), 체적팽창/체팽창(體積), 통화팽창(通貨).

99) 팽팽하다(膨膨): 한껏 부풀어 땡땡하다. ¶주름살 하나 없이 팽팽한 얼굴. 팽팽하게 부푼 풍선. 이 조각상은 생동감이 팽팽하게 넘쳐흐른다. 팽팽히,

100) 팽하다: 지나치거나 부족하지 아니하고 꼭 알맞다. ¶모양도 좋고 크기도 팽하다.

101) 펄꾼: 겉모습을 도무지 꾸미지 않는, 주제사나운(겉모습이 남보다 흉한) 사람.[←퍼벌+꾼]. ¶펄꾼은 안내원에서 제외시키다.

102) 팡파지다: 가로 퍼진 모양이 동그스름하게 넓적하거나 평평하게 널찍하다. 〈큰〉펑퍼지다. ¶팡파진 논밭.

지다. 나아지다. 젖혀지다), 편납(납작하게 편 납), 펼치다(널다. 펴서 드러내다)/펼쳐지다, 펼친그림, 펼친화음(和音), 펼침막(幕; 플래카드), 펼침화음(和音); 쥐락펴락. ☞ 신(伸).

편 '떡'을 점잖게 이르는 말. ¶편보다 떡이 낫다. 편과기/편기, 편쑤기[104], 편청(淸;떡을 찍어 먹는 꿀), 편틀[105]; 감편[시병(柿餠)], 경편(經), 과실/과일편(果實), 녹두편(綠豆), 녹말편(綠末), 모과편(木瓜), 물편[106], 밤편[107], 버찌편, 복분자편(覆盆子), 산사편(山査), 살구편, 삼색편(三色), 생강편(生薑), 송편[송병(松餠)][108], 수구레편(수구레를 고아서 굳힌 음식), 앵두편, 잡과편(雜果), 잣편, 절편[절병(切餠)][109], 족편(足), 증편(蒸), 팥편 들.

편(便) ①패를 갈랐을 때 그 각각의 쪽. 또는 부류. 방향(方向). ¶편을 가르다. 편가르다/갈리다, 편들다, 편먹다, 편바둑, 편사(便射)[골편사], 편싸움/꾼/질, 편씨름, 편전(便戰), 편짜다, 편짝(便/偏); 가편(可便), 건너편, 그편, 남편(男便), 남편(南便), 내편, 내편(來便), 네편, 동편(東便), 뒤편/짝, 바른편, 반대편(反對), 부편(否便), 북편[고면(鼓面)], 북편(北便), 상대편(相對), 서편(西便), 선편(先便), 여편네(女便), 오른편[우편(右便)], 외편(外便), 왼편[좌편(左便)], 우리편, 월편(越便;건너편), 이편, 자편(自便), 자기편(自己便)/자편(自便), 저편, 차편(此便;이편), 주편(主便), 채편, 처편(妻便), 후편(後便;뒤쪽). ☞ -녘. ②전하여 보내는 데 이용하는 수단이나 편의. '편하다. 편리하다'의 뜻을 나타내는 말. ¶편근(便近), 편녕하다(便佞), 편도(便道;지름길), 편독(便毒;성병에 의하여 생긴 가래톳), 편람(便覽), 편로(便路), 편리(便利)[편리기와, 편리화(靴)], 편문(便門), 편법(便法), 편벽(便辟), 편복(便服), 편복(便腹), 편사(便私), 편서(便書), 편선(便船), 편승(便乘), 편안(便安), 편연하다(便姸), 편의(便衣), 편의(便宜;사용하거나 이용하는 데 편리함)[편의상(上), 편의재량(裁量), 편의적(的), 편의종사(從事), 편의주의(主義)], 편이하다(便易;편리하고 쉽다), 편익(便益;편리하고 유익함), 편전(便殿), 편전지(便箋紙), 편좌(便坐), 편지(便紙)[110], 편차(便車;손수레), 편찮다, 편편하다(便便), 편하다, 편히; 간편하다(簡便), 감편(減便), 경편하다(輕便), 공편하다(公便), 발편(撥便), 방편(方便), 배편[船], 별편(別便), 불편(不便), 비행기편(飛行機便), 선편(船便), 수편(隨便), 순귀편(順歸便), 순편하다(順便), 신편(信便), 온편하다(穩便), 우편(郵便), 음편(音便), 인편(人便;사람편), 전편(專便), 전편(轉便), 증편(增便), 차편(車便), 철도편(鐵道便), 취편(取便), 평편(平便), 풍편(風便;바람결), 한편(한쪽), 항공편(航空便), 형편/없다(形便), 회마편(回馬便), 회편(回便), 후편(後便). ☞ 변(便). '오줌 · 대소변'으로 쓰일 때는 [변]으로 읽힘.

편(片) ①저울에 달아 파는 인삼의 낱개. 또는 그것을 세는 단위. ¶편이 작다. 삼 세 편. 편거리[111], 편수(片數), 편짓다; 무편삼(無片蔘)/무편(無片)[무편거리(무편삼으로 지은 약), 무편달이; 작편(作片). ②전체의 한 부분. 조각. '작은'의 뜻을 나타내는 말. ¶편각(片刻), 편간(片簡), 편갑(片甲), 편강(片薑), 편계피(片桂皮), 편고(片孤), 편금(片芩), 편난운(片亂雲), 편뇌(片腦), 편도(片道), 편리/공생(片利/共生), 편린(片鱗), 편마암(片麻巖), 편면/행위(片面/行爲), 편모(片貌), 편모작(片毛作), 편무/계약(片務/契約), 편무역(片貿易), 편문(片聞), 편반(片盤), 편범(片帆), 편서(片書), 편수/용상(片手/聳上), 편시(片時), 편시간(片時間), 편심(片心), 편암(片庵), 편암(片巖), 편어(片語), 편언(片言)[편언절옥(折獄), 편언척자(隻字)], 편연지(片臙脂), 편영(片影), 편운(片雲), 편월(片月), 편육(片肉), 편일(片日), 편저(片楮), 편적운(片積雲), 편전(片箭), 편전지(片箋紙), 편절(片節), 편족(片足), 편주(片舟), 편죽(片竹), 편지(片志), 편지(片紙), 편짓다, 편철(片鐵), 편측/마비(片側/痲痺), 편층운(片層雲), 편토(片土), 편편금(片片金;어느 물건이나 모두 귀함), 편편옥토(片片沃土), 편편이(片片), 편편하다(片片), 편포(片脯); 개편열(開片裂)/개편(開片), 골편(骨片), 녹편(錄片), 단편/적(斷片/的), 도편추방(陶片追放), 목편(木片), 문편(紋片), 박편(剝片), 박편(薄片), 빙편(氷片;용뇌향), 산편(散片), 석편(石片), 설편(雪片;눈송이), 세편(細片), 소편(小片), 악편(萼片), 엽편(葉片), 인편(鱗片), 작편(作片), 절편(截片), 지편(紙片), 철편(鐵片), 파편(破片), 화편(花片) 들.

편(偏) '한 쪽으로 기울거나 치우치다'를 뜻하는 말. ¶편각/계(偏角/計), 편격(偏格), 편견(偏見)[편견적(的); 인종적편견(人種的)], 편경(偏傾), 편고(偏枯), 편고(偏孤;아버지를 여의고 의지할 데가 없는 아이), 편고지역(偏苦之役), 편곡하다(偏曲), 편광(偏光)[편광경(鏡), 편광자(子), 편광프리즘(prism), 편광현미경(顯微鏡); 회전편광(回轉)], 편광(偏狂), 편구(偏球), 편국(偏國), 편굴(偏屈), 편극(偏極), 편기(偏嗜), 편단(偏斷), 편답(遍踏), 편당/적(偏黨/的), 편독(偏讀), 편동풍(偏東風), 편두통(偏頭痛), 편론(偏論), 편루(偏/褊陋), 편류(偏流), 편마비(偏痲痺), 편모(偏母)[편모슬하(膝下), 편모시하(侍下)], 편미분(偏微分), 편방(偏旁), 편벽(便辟;남의 비위를 잘 맞추어 아첨함), 편벽되다/하다(偏僻;마음이 한쪽으로 치우침), 편부(偏父), 편사(偏私), 편산(偏産), 편삼(偏衫), 편색(偏色), 편서풍(偏西風), 편석(偏析), 편성(偏性), 편식(偏食), 편신(偏信), 편심(偏心), 편안(偏安), 편애(偏愛), 편애(偏隘;성질이 편벽하고 좁음), 편의(偏倚;한쪽으로 기울어져 있음), 편의(偏意), 편인(偏人), 편장(偏長;당파의 어른), 편장(偏將), 편재(어떤 곳에 치우쳐 있음)/화(偏在/化), 편정(偏情), 편조식(偏條植), 편중(偏重;어느 한쪽을 중히 여김)/되다/하다, 편증(偏憎;편벽되게 미워함), 편집(偏執)[112], 편차(偏差)[113], 편친/시하(偏親/侍下;홀로된 어버이),

103) 펴이다: ①옮히었던 일이 제대로 되다. 일이 순조롭게 이루어지다. ¶사업이 펴이다. ②옹색함이 나아지다. ¶살림이 펴이다.

104) 편쑤기: 정월 초하룻날에 차례를 지내는 떡국.[←편+쑤(다)+기]. ¶편쑤기로 설날을 맞다.

105) 편틀: 떡을 괴는 데 쓰는 굽이 높은 나무 그릇.

106) 물편: 시루떡을 제외한 절편이나 송편, 인절미 따위를 몰몰아 이르는 떡의 총칭.

107) 밤편: 날밤을 갈아 즙을 낸 뒤에, 녹말을 섞고 꿀을 쳐서 조려 굳힌 떡.

108) 송편: 멥쌀가루를 반죽하여 소를 넣고 반달모양으로 빚어 솔잎을 깔고 찐 떡. ¶송편을 빚다. 송편으로 목을 따 죽지. 물송편, 알송편(번철에 달걀을 깨서 반달처럼 부친 음식), 오례송편.

109) 절편: 둥글거나 모나게 꽃판으로 눌러 만든 흰떡. ¶색절편(色切), 쑥절편, 잔절편(잘게 만든 절편); 절편판(板).

110) 편지(便紙): 편지봉투(封套), 편지지(紙), 편지질, 편지투(套); 돌림편지, 안편지(아낙네끼리 주고받는 편지. 內簡), 안부편지(安否), 연애편지(戀愛), 존문편지(存問), 청편지(請).

111) 편거리(片): 인삼을 한 근씩 골라 맞출 때 그 편수를 세는 말.

112) 편집(偏執): 편견을 고집하고 남의 말을 듣지 않음. ¶편집에 사로잡히

편침의(偏針儀), 편파(偏頗;不公正)[편파성(性), 편파적(的)], 편폐(偏嬖;偏愛), 편향(偏向)[114], 편협(偏狹;한쪽으로 치우쳐 도량이 좁음)[편협성(性), 편협심(心), 편협하다], 편혹(偏惑;편벽되이 마음을 쏟아 정신없이 홀림); 동편(東偏), 무편(無偏), 무편무당(無偏無黨), 반편/스럽다/이(半偏), 불편(不偏), 불편부당(不偏不黨), 서편(西偏) 들.

편(編) ①국악 곡조의 하나. ¶편경(編磬), 편종(編鐘). ②'재료를 모아 엮다(매다). 짜맞추다'를 뜻하는 말. ¶편간(編刊), 편경(編磬), 편곡(編曲), 편년(編年)[편년사(史), 편년체(體)], 편대(編隊), 편락(編樂), 편력(編曆), 편물(編物), 편발(編髮), 편배(編配), 편비내[115], 편사(編絲), 편사(編史), 편삭(編削), 편상화(編上靴), 편삭대엽(編數大葉), 편성(編成)[편성국(局), 편성표(表); 예산편성(豫算), 재편성(再)/재편], 편수/관(編修/官), 편술(編述), 편오(編伍), 편입(編入), 편자(編者), 편작(編作), 편저/자(編著/者), 편제(編制)[편제표(表); 전시편제(戰時), 평시편제(平時)], 편직/물(編織/物), 편집(編輯)[116], 편차(編次), 편찬(編纂)[편찬도(圖), 편찬위원(委員), 편찬인(人)], 편철(編綴), 편호(編戶); 개편(改編), 공편(共編), 농편(弄編), 단편/잔간(斷編/殘簡), 속편(續編), 신편(新編), 예편(豫編), 운편(芸編), 위편(韋編), 위편삼절(韋編三絕), 재편(再編), 합편(合編). §'땋다'의 뜻으로 쓰일 때는 [변]으로 읽힘. ¶변발(編髮).

편(篇) ①책이나 시문을 세는 단위. ¶영화/수필 한 편. 제 일 편. ②형식이나 내용·성질 등이 다른 글을 구별하여 나타내거나, 책의 내용을 일정한 단락으로 크게 나눈 부분. ¶편말(篇末), 편미(篇尾), 편법(篇法), 편수(篇首), 편질(篇帙), 편집(篇什), 편폭(篇幅); 가편(佳篇), 거편(巨篇), 기초편(基礎篇), 고급편(高級篇), 내편(內篇), 단편(短篇)[단편소설(小說), 단편영화(映畵), 단편집(集)], 대편(大篇), 대화편(對話篇), 명편(名篇), 상편(上篇), 성편(成篇), 소편(小篇), 속편(續篇), 시편(詩篇), 연편누독(連篇累牘), 예고편(豫告篇), 옥편(玉篇), 웅편(雄篇), 외편(外篇), 장편(長篇), 장편(掌篇), 전편(全篇), 전편(前篇), 졸편(卒篇), 주옥편(珠玉篇), 중급편(中級篇), 중편(中篇), 자매편(姉妹篇), 장편(長篇), 장편(掌篇), 졸편(卒篇), 종편(終篇), 천편일률(千篇一律), 초급편(初級篇), 하편(下篇), 후편(後篇) 들.

편(鞭) '쇠도리깨. 채찍(모양의). 가죽 끈'을 뜻하는 말. ¶편곤(鞭棍), 편달하다(鞭撻;때리다), 편면(鞭面), 편모(鞭毛;동식물의 정자 등에 나 있는 긴 털 모양의 기관)[편모균(菌), 편모류(類), 편모운동(運動), 편모충(蟲)], 편박(鞭朴), 편수(鞭穗;챗열), 편책(鞭策;말채찍), 편추(鞭芻), 편축(鞭蹴;심하게 학대함), 편충(鞭蟲), 편태(鞭笞), 편형(鞭刑); 가편(加鞭), 고편(苦鞭), 교편(敎鞭), 녹편(鹿鞭), 뇌편(雷鞭;번개), 도편(刀鞭), 등편(籐鞭), 마편(馬鞭;말채찍), 산호편(珊瑚鞭), 선편(先鞭), 선착편(先着鞭), 요구편(要鉤鞭;끝에 갈고리가 달린 몽둥이 모양의 무기), 자편(子鞭;도리깻열), 주마가편(走馬加鞭), 철편(鐵鞭), 피편(皮鞭;가죽 채찍), 혁편(革鞭) 들.

편(扁) '넓적하다. 액자. 거룻배. 두루'를 뜻하는 말. ¶편관(扁罐;배가 넓적한 주전자), 편도(扁桃)[117], 편두(扁豆;불콩), 편발[편평족(扁平足)], 편백(扁柏), 편액(扁額)[118], 편제(扁題), 편조(扁爪), 편주(片/扁舟), 편죽(扁竹), 편평(扁平;넓고 평평함)[편평도(度), 편평족(足), 편평체(體), 편평하다], 편형/동물(扁形/動物); 측편(側扁) 들.

편(遍) '두루. 고루 미치다'를 뜻하는 말. ¶편관(遍觀), 편답(遍踏), 편력(遍歷;두루 돌아다님), 편만하다(遍滿), 편산(遍散), 편신(遍身), 편재(遍在;두루 퍼져 있음.↔偏在), 편조(遍照); 보편(普遍) 들.

편(褊) '좁다. 소견이 좁아 성급하다'를 뜻하는 말. ¶편급(褊/偏急), 편기(褊忌;소견이 좁아 남을 시기함), 편소(褊小), 편협(褊狹;땅이 궁벽하고 좁음. 도량이 좁음) 들.

편(騙) '속이다. 기만하다'를 뜻하는 말. ¶편재(騙財;남을 속여 재물을 빼앗는 것), 편취(騙取;속여서 빼앗음) 들.

편(翩) '나부끼다'를 뜻하는 말. ¶편번(翩翻); 연편하다(聯翩), 편편(翩翩;가볍게 훨훨 나는 모양).

편복(蝙蝠) 박쥐. ¶산편복(山;산박쥐).

편수[1] 얇게 밀어 편 밀가루 반죽에 채소로 만든 소를 넣고 네 귀를 붙여, 끓는 물에 익혀 먹는 음식. 변씨만두.

편수[2] 공장(工匠;물품 만드는 일을 전문으로 하는 사람)의 우두머리. ¶가칠편수(假漆;단청을 애벌로 칠하는 사람의 우두머리), 공답편수[119], 도편수(都), 서까래편수, 조각편수(彫刻;조각장이의 우두머리) 들.

편자 말이나 소의 발굽에 대어 붙이는 U자 모양의 쇳조각. '편자 모양의'를 뜻하는 말. ¶편자를 박은 말. 편자고래(편자 모양으로 만든 방고래); 말편자, 소편자; 망건편자(網巾; 망건을 졸라매는 띠), 얼음편자(미끄러지지 않게 박는 편자).

폄(貶) 남을 나쁘게 말하는 일. '남을 헐뜯다'를 뜻하는 말. ¶폄을 당하다. 함부로 남을 폄해서는 안 된다. 폄강(貶降), 폄격(貶格),

---

다. 편집을 버리다. 편집광(狂), 편집병(病), 편집성(性), 편집증(症), 편집질(質).

113) 편차(偏差): 수치, 위치, 방향 따위가 일정한 기준에서 벗어난 정도나 크기. ¶편찻값, 편차지수(指數); 기온편차(氣溫), 사분편차(四分), 주파수편차(周波數), 평균편차(平均), 표준편차(標準).

114) 편향(偏向): 어떤 사물이나 생각 따위가 한쪽으로 기울거나 치우침. 또는 그러한 경향. ¶편향된 교육. 편향되다/하다, 편향력(力), 편향성(性), 편향적(的); 우편향(右), 좌편향(左).

115) 편비내(編): 방죽이 무너지지 아니하도록 대나 갈대 따위를 엮어 둘러 치거나 철선 따위로 엮은 바구니에 돌을 넣어 둑에 쌓는 일. §'비내'는 '비녀[잠(簪)]'의 사투리.

116) 편집(編輯): 일정한 방침 아래 여러 가지 재료를 모아 하나의 작품으로 완성하는 일. 편집국/장(局/長), 편집권(權), 편집기(機), 편집되다/하다, 편집부(部), 편집실(室), 편집위원(委員), 편집인(人), 편집장(長), 편집저작권(著作權), 편집진(陣), 편집화면(畵面), 편집회의(會議), 편집후기(後記); 가편집(假), 재편집(再).

117) 편도(扁桃): 복숭아나무와 비슷한 장미과의 낙엽 교목. ¶편도선(腺), 편도선염(炎), 편도유(油).

118) 편액(扁額): 방안이나 문 따위의 위에 거는 가로로 된 긴 액자.

119) 공답편수: 궁전이나 전각을 지을 때 공포를 짜는 일을 맡는 목수의 우두머리.

ㅍ

폄론(貶論), 폄류(貶流), 폄박(貶薄), 폄사(貶辭), 폄언(貶言), 폄적(貶謫), 폄제(貶題), 폄좌(貶座), 폄직(貶職), 폄찬(貶竄), 폄척(貶斥;貶黜), 폄천(貶遷), 폄체(貶遞), 폄출(貶黜), 폄칭(貶稱), 폄하(貶下), 폄하다, 폄훼(貶毁); 찬폄(竄貶), 포폄(褒貶) 들.

폄(窆) '하관하다(下官). 무덤구덩이'를 뜻하는 말. ¶폄분(窆墳), 폄영(窆塋); 권폄(權窆), 둔폄(窀窆), 매폄(埋窆), 부폄(祔窆), 중폄(中窆) 들.

평 '일이 되어가는 모양이나 형편'을 뜻하는 말. ¶속내평/내평(內;일의 속 까닭), 셈평(타산적인 생각. 셈수. 생활의 형편).

평(平) '높낮이가 없이 널찍하고 판판하거나 특별함이 없이 예사롭고 평범하다. 보통. 바르다, 평정하다(平定)'를 뜻하는 말. ¶평가(平家), 평가(平價;표준 가격)[평가발행(發行), 평가절상/절하(切上/切下)], 평가락지, 평각(平角), 평강(平康), 평견(平絹), 평경(平鏡), 평고대(平高臺), 평골, 평관(平關), 평교(平交)[평교간(間), 평교배(輩)], 평교(平郊), 평교사(平教師), 평교자(平轎子), 평균(平均)[120], 평길(平吉), 평나막신, 평년(平年), 평다리치다[121], 평달, 평담하다(平淡/澹), 평당원(平黨員), 평대문(大門), 평대패, 평두량(平斗量;평말), 평등(平等)[122], 평란(平亂), 평로/강(平爐/鋼), 평말[平斗量], 평맥(平脈), 평면(平面)[123], 평명(平明), 평명체(平明體), 평목(平木), 평문(平文), 평문(平問), 평미레/질/하다, 평미리치다(고르게 하다. 평등하게 하다), 평민(平民)[124], 평바닥, 평반(平盤), 평반자, 평발, 평방/근(平方/根), 평방(平枋), 평범/화(平凡/化), 평보(平步), 평복(平服), 평복(平復), 평분시(平分時), 평사(平沙;모래펄)[평사낙안(落雁)], 평사(平射)[평사도법(圖法), 평사포(砲)], 평사량(平四樑), 평사원(平社員), 평삭(平朔), 평삭반(平削盤), 평삼치(平), 평상(平床), 평상(平常)[평상복(服), 평상시(時), 평상일(日)], 평생(平生)[125], 평서(平書), 평서문(平敍文), 평서형(平敍形), 평성(平聲), 평소(平素), 평수량(平水量), 평수위(平水位), 평순(平順), 평순모음(平脣母音), 평시(平時)[126], 평시조(平時調), 평신(平身), 평신(平信), 평신도(平信徒), 평심(平心), 평심서기(平心舒氣), 평안하다(平安), 평안계(平安系), 평예법(平刈法), 평야(平野), 평연하다(平然), 평연(平椽;들연), 평열(平熱), 평영(平泳), 평온(平溫), 평온하다(平穩;고요하다), 평요판(平凹版), 평운(平韻), 평원(平原;들)[준평원(準)], 평원하다(平遠), 평유(平癒), 평음(平音), 평의걸이(平衣), 평이음, 평이하다(平易;쉽다), 평인(平人), 평인사(平人事), 평일(平日), 평자(平字), 평작, 평작(平作), 평장(平章), 평장(平葬), 평저(平底), 평전(平田), 평절, 평정(平正), 평정(平靜), 평정하다(平定), 평정해산(平頂海山), 평조(平調), 평좌(平坐), 평주(平柱), 평준(平準)[평준법(法), 평준점(點), 평준화/되다/하다(化); 물가평준(物價)], 평지(平地)[평지낙상(落傷), 평지돌출(突出), 평지림(林), 평지풍파(風波)], 평지대(平地帶), 평지붕(平), 평직(平織), 평집(도리를 셋이나 넷을 얹어서 지은 집), 평찌[127], 평천하(平天下), 평철렌즈(平凸), 평측(平仄)[평측식(式), 평측자(字)], 평치(平治), 평탄하다(平坦), 평토(平土)[평토장(葬), 평토제(祭)], 평판/측량(平板/測量), 평판(平版)[평판기(機), 평판인쇄(印刷)], 평편하다(平便), 평평하다(平平), 평포(平鋪), 평행(平行)[128], 평허하다(平虛), 평형(平衡)[129], 평화(平和)[130], 평화면(平畫面), 평활[弓], 평활(平滑)[평활근(筋), 평활도(度), 평활하다(平滑)], 평활하다(平闊); 가평(嘉平), 개평방(開平方;제곱근풀이)/개평(開平), 공평하다(公平), 균평하다(均平), 납

---

120) 평균(平均): 어떤 사물의 질이나 양 따위를 통일적으로 고르게 한 것. 여러 수나 같은 종류의 양의 중간 값을 갖는 수. ¶평균가격(價格), 평균값, 평균곤(棍), 평균과세(課稅), 평균기온(氣溫), 평균대(臺;기계 체조에 쓰는 기구), 평균량(量), 평균물가지수(物價指數), 평균배당률(配當率), 평균법(法), 평균변형력(變形力), 평균변화율(變化率), 평균분배(分配)/평분(平分), 평균산(算), 평균생산비(生産費), 평균소비성향(消費性向), 평균속도(速度), 평균속력(速力), 평균수(數), 평균수면(水面), 평균수명(壽命), 평균수위(水位), 평균수준(水準), 평균연교차(年較差), 평균연령(年齡), 평균율(率), 평균이윤율(利潤率), 평균인(人), 평균임금(賃金), 평균자유행로(自由行路), 평균저축성향(貯蓄性向), 평균적(的), 평균점(點), 평균정오(正午), 평균주가(株價), 평균치(値), 평균태양(太陽)[평균태양시(時)/평균시(時), 평균태양일(日)], 평균편차(偏差), 평균풍속(風速), 평균해면(海面), 평균혈압(血壓), 평균화/되다/하다(化); 가평균(假), 기하평균(幾何), 단순산술평균(單純算術), 모평균(母;어미고른값), 불평균(不), 산술평균(算術), 상가평균(相加), 상승평균(相乘), 연평균(年), 월평균(月), 조화평균(調和).

121) 평다리치다(平): 꿇어앉지 아니하고 편한 자세로 앉아 다리를 마음대로 놀리다.

122) 평등(平等): 권리, 의무, 자격이 차별 없이 한결같음.↔차별(差別). ¶자유와 평등은 만민이 누려야 할 권리다. 평등각(覺), 평등관(觀), 평등권(權), 평등무차별(無差別), 평등배당주의(配當主義), 평등사상(思想), 평등선거/제(選擧/制), 평등성(性), 평등심(心), 평등조약(條約), 평등주의(主義); 남녀평등(男女), 만민평등(萬民), 불평등(不), 사민평등(四民;士農工商), 진여평등(眞如;해탈의 경지).

123) 평면(平面): 평면각(角), 평면거울, 평면경(鏡), 평면곡선(曲線), 평면기하학(幾何學), 평면대칭(對稱), 평면도(圖), 평면도형(圖形), 평면묘사(描寫), 평면미(美), 평면삼각법(三角法), 평면적(的), 평면지도(地圖), 평면측량(測量), 평면파(波), 평면형(形); 복소평면(複素;가우스 평면), 사평면(斜).

124) 평민(平民): 평민계급(階級), 평민어(語), 평민적(的), 평민주의(主義), 평민층(層), 평민회(會).

125) 평생(平生): 평생교육(教育), 평생도(圖), 평생소원(所願), 평생지계(計), 평생토록, 평생회원(會員); 반평생(半), 오평생(誤;평생을 그르침), 일평생(一), 한평생, 한평생(限).

126) 평시(平時): 평시국제법(國際法), 평시봉쇄(封鎖), 평시점령(占領), 평시징발(徵發), 평시편제(編制).

127) 평찌: 나지막하고 평평하게 날아가는 화살.

128) 평행(平行): 두 직선이나 평면이 서로 나란히 있어 아무리 연장하여도 서로 만나지 않음. ¶평행하는 두 직선. 평행각(角), 평행곡선(曲線), 평행되다/하다, 평행력(力), 평행맥(脈;나란히맥), 평행면(面), 평행봉(棒), 평행사변형(斜邊形), 평행선(線), 평행운동(運動), 평행이동(移動), 평행자[尺], 평행직선/평행선(直線), 평행평면/평행면(平面), 평행호(壕).

129) 평형(平衡): 사물이 한쪽으로 기울지 않고 안정해 있음. ¶평형이 깨지다. 심리적 평형 상태를 유지하다. 평형간(杆), 평형감각(感覺), 평형곡선(曲線), 평형교부금(交付金), 평형기관(器官), 평형기능(機能), 평형낭(囊), 평형류(流), 평형밀도(密度), 평형반(斑), 평형상수(常數), 평형상태(狀態), 평형석(石), 평형세(稅), 평형증류(蒸溜), 평형추(錘), 평형키(평형타), 평형하천(河川); 동적평형(動的), 복사평형(輻射), 열평형(熱), 지형평형(地衡), 질소평형(窒素), 침강평형(沈降), 해리평형(解離), 화학평형(化學).

130) 평화(平和): 평온하고 화목함. 전쟁, 분쟁 또는 일체의 갈등이 없이 평온함. 또는 그런 상태. 항상 평화가 깃들기를 바랍니다. 인류의 평화를 갈망하다. 평화를 지키다. ¶평화공세(攻勢), 평화공존(共存), 평화교육(教育), 평화기(期), 평화기구(機構), 평화롭다, 평화리(裏), 평화봉사단(奉仕團), 평화산업(産業), 평화상(賞), 평화스럽다, 평화신(神), 평화운동(運動), 평화의무(義務), 평화의정서(議定書), 평화적(的), 평화조약(條約), 평화조항(條項), 평화주의(主義), 평화지대(地帶), 평화통일(統一), 평화혁명(革命), 평화협정(協定), 평화회의(會議); 경제평화(經濟), 무장평화(武裝).

평(臘平)[납평제(祭), 납평치], 불평(不平)[131], 수평(水平), 순평하다(順平), 승평(昇/承平), 염평하다(廉平), 정평(正平), 제평하다(齊平), 지평(地平)[지평거리(距離), 지평면(面), 지평선(線)], 창평하다(昌平), 초평(草平;네모진 긴 나무오리), 치평(治平), 탄평(坦平), 탕탕평평(蕩蕩平平)/탕평(蕩平), 태평(太/泰平), 토평(討平), 편평하다(扁平), 평평하다(平平), 형평(衡平), 화평(和平) 들.

평(評) 좋고 나쁨, 잘하고 못함, 옳고 그름 따위를 평가함. 또는 그런 말. '잘잘못을 살피어 정하다. 꼲다'를 뜻하는 말. ¶평이 좋다. 사람들에게 좋은 평을 듣다. 평가(評價)[132], 평결(評決), 평고(評估), 평단(評壇), 평론(評論)[133], 평림(評林), 평석(評釋;시문을 비평하고 주석을 닮), 평설(評說), 평어(評語), 평언(評言), 평의(評議)[평의원(員), 평의회(會)], 평자(評者), 평전(評傳), 평점(評點), 평정(評定)[평정기준(基準), 평정법(法)], 평판/하다(評判), 평하다, 평회(評會); 가평(苛評), 강평(講評), 개평(概評), 고평(考評), 고평(高評), 공평(公評), 관전평(觀戰評), 극평(劇評), 근평(勤評), 기평(譏評), 내평(內評), 냉평(冷評), 논평(論評), 단평(短評)[문예단평(文藝), 시사단평(時事)], 만평(漫評), 망평(妄評), 부평(浮評;근거 없는 뜬소문), 비평(批評), 산수평(山水評), 서평(書評), 선평(選評), 선후평(選後評), 세평(世評), 세평(細評), 시평(時評), 시평(詩評), 신간평(新刊評), 심사평(審查評), 악평(惡評), 오평(誤評), 월단평(月旦評), 월평(月評), 적평(適評), 정평(正評;꼭 바른 평론. 정당한 비평), 정평(定評)[134], 주평(週評), 중평(衆評), 찬평(讚評), 촌평(寸評), 총평(總評), 폭평(暴評), 품평(品評), 풍평(風評;風說), 하마평(下馬評)[135], 합평(合評), 호평(好評), 혹평(酷評) 들.

평(坪) ①토지나 주거 공간의 넓이를 나타내는 단위로 한 평은 3.3058㎡. ¶백 평도 안 되는 작업장. 평당(坪當), 평수(坪數); 간평(看坪), 건평(建坪), 매평(每坪), 입평(立坪), 지평(地坪), 초평(草坪), 총평(總坪). ②입체의 단위. 여섯 자 입방. ③조각 · 동판 따위의 한 치 평방.

폐(廢) ①'버리거나 없애다. 중도에 그만두다. 못 쓰게 되다'를 뜻하는 말. '폐하다'의 어근. ¶폐가(廢家), 폐각(廢脚), 폐간(廢刊), 폐갱(廢坑), 폐공(廢工), 폐공(廢孔), 폐과(廢科), 폐관(廢館), 폐광(廢鑛), 폐교(廢校), 폐군(廢君), 폐군(廢郡), 폐궁(廢宮), 폐기(廢棄), 폐농(廢農), 폐답(廢畓), 폐동(廢洞), 폐등(廢燈), 폐론(廢論), 폐륜(廢倫), 폐립(廢立), 폐위(廢位), 폐맹(廢盲), 폐멸(廢滅), 폐목(廢目), 폐무(廢務), 폐물(廢物), 폐방(廢房), 폐병(廢兵), 폐비(廢妃), 폐사(廢寺), 폐사자립(廢師自立), 폐석(廢石), 폐선(廢船), 폐수/처리(廢水/處理), 폐식(廢食), 폐안(廢眼), 폐안(廢案), 폐액(廢液), 폐어(廢語), 폐업(廢業), 폐옥(廢屋), 폐왕(廢王), 폐원(廢園/苑), 폐위(廢位;왕위나 왕비의 자리를 폐함), 폐유(廢油), 폐읍(廢邑), 폐인(廢人), 폐잔/물(廢殘/物), 폐장(廢庄), 폐적(廢嫡), 폐전(廢田), 폐전(廢典), 폐절/가(廢絕/家), 폐정(廢井), 폐정(廢政), 폐제(廢帝), 폐제(廢除), 폐조(廢朝), 폐족(廢族), 폐주(廢主;廢君), 폐지/안(廢止/案), 폐차(廢車), 폐지(廢止;그만둠. 없앰), 폐지(廢地), 폐지(廢址), 폐지(廢紙), 폐직(廢職), 폐질(廢疾), 폐창(廢娼), 폐철(廢徹), 폐출(廢黜), 폐치(廢置), 폐침(廢寢), 폐칩(廢蟄), 폐퇴(廢頹), 폐파(廢罷)[폐파소권(訴權), 폐파행위(行爲)], 폐품(廢品), 폐하다, 폐학(廢學), 폐함(廢艦), 폐합(廢合), 폐허/화(廢墟/化), 폐화(廢貨), 폐후(廢后), 폐휴(廢畦); 개폐(改廢), 노폐/물(老廢/物), 무폐(蕪廢), 병폐(病廢), 쇠폐(衰廢), 안폐(眼廢), 영폐(永廢), 이폐(弛廢), 자폐(自廢), 잔폐(殘廢), 전폐(全廢), 정폐(停廢), 존폐(存廢), 철폐(撤廢), 퇴폐(頹廢), 황폐(荒廢), 흥폐(興廢). ②일부 명사 앞에 붙어 '못쓰게 된. 버려야 할'의 뜻을 나타내는 말. ¶폐비닐, 폐식용유(廢食用油), 폐유(廢油), 폐차(廢車), 폐휴지(廢休紙), 폐카트리지 들.

폐(弊) ①남에게 끼치는 괴로움. 옳지 못한 일. '해지다. 좋지 아니하다'를 뜻하는 말. ¶폐를 끼치다. 그간 폐가 많았습니다. 폐객(弊客), 폐국(弊局;폐해가 많아 결딴나게 된 판국), 폐꾼, 폐단(弊端), 폐롭다[136], 폐리(弊履;헌신), 폐막(弊瘼;없애기 어려운 폐해), 폐방(弊邦), 폐스럽다, 폐습(弊習), 폐시키다(남에게 폐를 끼치다), 폐원(弊源), 폐읍(弊/蔽邑), 폐의(弊衣), 폐정(弊政), 폐풍(弊風), 폐해(弊害); 거폐(巨弊), 거폐(去弊), 고폐(痼弊), 과폐(科弊), 관폐(官弊), 교폐(矯弊;악폐를 교정함), 구폐(舊弊), 국폐(國弊), 궁폐하다(窮弊), 당폐(黨弊), 대폐(大弊), 동폐(洞弊), 무폐(無弊), 민폐(民弊), 방폐(防弊), 백폐(百弊), 번폐(煩弊), 병폐(病弊), 보폐(補弊), 사폐(事弊), 생폐(生弊), 설폐(說弊), 쇠폐(衰弊), 숙폐(宿弊), 시폐(時弊), 악폐(惡弊), 어폐(語弊), 여폐(餘弊), 위법자폐(違法自弊), 유폐(流弊), 읍폐(邑弊), 이폐(貽弊), 작폐(作弊), 적폐(積弊), 전폐(前弊), 전폐(錢弊), 정폐(情弊), 제폐(除弊), 통폐(通弊), 혁폐(革弊), 황폐(荒弊), 후폐(後弊). ②낮추어 말할 때 쓰는 말.↔귀(貴). ¶폐가(弊家), 폐관(弊館), 폐교(弊校), 폐국(弊國), 폐려(弊廬), 폐사(弊舍), 폐사(弊社), 폐옥(弊屋), 폐읍(弊邑), 폐점(弊店) 들.

폐(肺) 고등 척추동물의 호흡기관. 허파. 마음. ¶폐를 검사하다. 폐간(肺肝), 폐감(肺疳), 폐결핵(肺結核), 폐경(肺經), 폐공동(肺空洞), 폐기량(肺氣量), 폐기종(肺氣腫), 폐동맥(肺動脈), 폐디스토마(distoma), 폐렴(肺炎)[폐렴균(菌), 폐렴쌍구균(雙球菌); 마진폐렴(痲疹)], 폐로(肺癆), 폐문(肺門), 폐병(肺病), 폐부(肺腑;마음의 깊은 속)[폐부지언(之言), 폐부지친(之親)], 폐성심(肺性心), 폐수종(肺水腫), 폐순환(肺循環), 폐암(肺癌), 폐어/류(肺魚/類), 폐열(肺熱), 폐염(肺炎), 폐엽(肺葉), 폐옹(肺癰), 폐장(肺腸), 폐장(肺

---

131) 불평(不平): 불평가(家), 불평객(客), 불평꾼, 불평만만(滿滿), 불평분자(分子), 불평불만(不滿).

132) 평가(評價;드레질): 물건의 화폐 가치를 결정함. 사람이나 사물의 가치를 판단함. ¶재산을 평가하다. 좋은 평가를 받다. 실제보다 높이 평가하다. 평가목표(目標), 평가문항(問項), 평가자(者), 평가전(戰), 평가척도(尺度); 감정평가(鑑定), 과대평가(過大), 과소평가(過小), 다면평가(多面), 상대평가(相對), 업적평가(業績), 자기평가(自己), 자산평가(資産), 자산재평가(資産再)/재평가, 재산평가(財産), 절대평가(絕對), 조폐평가(造幣;순금량 또는 순은량을 기초로 한 양국 화폐 단위의 환산 비율), 중간평가(中間), 직능평가(職能), 직무평가(職務), 진단평가(診斷), 총괄평가(總括).

133) 평론(評論): 사물의 질이나 가치 따위를 비평하여 논함. 또는 그러한 글. ¶평론가(家), 평론계(界), 평론집(集); 문예평론(文藝), 문학평론(文學), 미술평론(美術), 시사평론(時事), 영화평론(映畵), 음악평론(音樂).

134) 정평(定評): ①세상에 널리 퍼져 움직일 수 없게 된 평판. ②사람마다 인정하는 좋은 평판. ¶정평 있는 작품.

135) 하마평(下馬評): 관리의 이동 · 임명 따위에 관한 세간의 풍설이나 물망.

136) 폐롭다: ①성가시고 귀찮다. ②성미가 까다롭다. ¶성미가 폐롭다. 폐롭게 굴다.

臟), 폐저(肺底), 폐전색(肺栓塞), 폐정맥(肺靜脈), 폐졸중(肺卒中), 폐진애증(肺塵埃症), 폐질환(肺疾患), 폐첨(肺尖), 폐출혈(肺出血), 폐충(肺蟲), 폐충혈(肺充血), 폐페스트(pest), 폐포/음(肺胞/音), 폐허(肺虛), 폐혈(肺血), 폐혈관(肺血管), 폐호흡(肺呼吸), 폐환(肺患), 폐활량/계(肺活量/計), 폐흡충(肺吸蟲); 규폐(硅肺), 무기폐(無氣肺), 석폐(石肺), 수폐(水肺), 진폐(塵肺), 철폐(鐵肺), 탄폐(炭肺) 들.

폐(閉) '닫다. 끝내다. 가두다'를 뜻하는 말.↔개(開). ¶폐가제(閉架制), 폐각(閉殼), 폐거(閉講), 폐거(閉居), 폐경기(閉經期), 폐곡선(閉曲線), 폐과(閉果), 폐관(閉關), 폐교(閉校), 폐구/음(閉口/音), 폐구간(閉區間), 폐기(閉/肺氣;딸꾹질), 폐로(閉路), 폐막/식(閉幕/式), 폐모음(閉母音), 폐목(閉目), 폐문(閉門), 폐색(閉塞)[137], 폐쇄(閉鎖)[폐쇄기(機), 폐쇄음(音); 공장폐쇄(工場)], 폐시(閉市), 폐식(閉式), 폐업(閉業), 폐원(閉院), 폐음절(閉音節), 폐장(閉場), 폐장(閉藏), 폐점(閉店), 폐정(閉廷), 폐지(閉止), 폐칩(閉蟄), 폐형(閉形), 폐호/선생(閉戶/先生), 폐회/식(閉會/式); 개폐(開閉), 밀폐(密閉), 변폐(便閉), 쇄폐(鎖閉), 요폐(尿閉), 유폐(幽閉), 전폐(全閉), 혈폐(血閉) 들.

폐(幣) '비단. 예물(禮物). 돈'을 뜻하는 말. ¶폐객(幣客),폐물(幣物), 폐백(幣帛)[폐백닭, 폐백대추, 폐백반(盤)], 폐빙(幣聘), 폐제(幣制), 폐조(幣棗); 납폐(納幣), 도폐(刀幣), 법폐(法幣), 빙폐(聘幣), 생폐(牲幣), 예폐(禮幣), 위폐(僞幣), 저폐(楮幣), 전폐(奠幣), 조폐(造幣), 지폐(紙幣)[138], 화폐(貨幣), 후폐(厚幣) 들.

폐(蔽) '가리다. 덮다. 막다'를 뜻하는 말. ¶폐공(蔽空;하늘을 가림), 폐슬(蔽膝;무릎을 가리는 헝겊), 폐야(蔽野;들을 뒤덮음), 폐일언(蔽一言;이러니저러니 할 것 없이 한 마디로 말함), 폐차(蔽遮), 폐풍우(弊風雨); 암폐(暗蔽), 엄폐(掩蔽), 옹폐(壅蔽;윗사람의 총명을 막아서 가림), 은폐(隱蔽), 일언이폐지(一言以蔽之), 차폐/물(遮蔽/物) 들.

폐(陛) '섬돌. 궁전(宮殿)에 오르는 계단'을 뜻하는 말. ¶폐하(陛下), 폐현(陛見); 사폐(辭陛), 전폐(殿陛;궁전이나 누각 따위의 섬돌), 천폐(天陛) 들.

폐(敝/弊) '낡은 것. 해지다'를 뜻하는 말. ¶폐건(敝件), 폐리(敝履), 폐립(敝笠), 폐망(敝網), 폐의(敝/弊衣), 폐포파립(蔽袍破笠); 피폐/상(疲弊/相;맑고 쇠약해진 모습), 향폐(鄕弊) 들.

폐(嬖) '사랑하다. 총애하다(寵愛)'를 뜻하는 말. ¶폐신(嬖臣), 폐애(嬖愛), 폐인(嬖人), 폐첩(嬖妾), 폐행(嬖幸); 내폐(內嬖), 편폐(編嬖;편벽되게 특별히 사랑함) 들.

폐(斃) '죽다'를 뜻하는 말. ¶폐사(斃死)[폐사되다/하다, 폐사율(率)], 폐축(斃畜); 병폐(病斃), 자폐(自斃), 작법자폐(作法自斃), 장폐(杖斃), 치폐(致斃), 피폐(疲斃;지쳐서 죽음) 들.

폐(吠) '개가 짖다'를 뜻하는 말. ¶견폐(犬吠).

포- 몇몇 동사 앞에 붙어, '거듭'을 뜻하는 말. ¶포개다[139], 포개지다(포갠 상태로 되다), 포갤점(點;쌍점), 포갬포갬[140], 포배기다[141], 포집다[142] 들.

-포 해, 달, 날의 말에 붙어 '어림잡아 얼마 동안'의 뜻을 나타내는 말.=소수. ¶날포(하루 이상이 걸쳐진 동안), 달포, 해포/이웃(오랫동안 지내는 이웃).

포(布) ①'베. 베로 만든 과녁'을 뜻하는 말. ¶포건(布巾), 포관(布棺), 포권척(布卷尺), 포대(布袋), 포대(布帶), 포렴(布簾), 포립(布笠), 포말(布襪), 포망(布網), 포면(布面), 포목(布木)[포목상(商), 포목점(店)], 포백/척(布帛/尺), 포범(布帆), 포사(布絲), 포상(布商), 포상홍수(布狀洪水), 포선(布扇), 포성(布城), 포속(布屬;베붙이), 포씨름(광목을 상품으로 걸고 하는 씨름), 포의(布衣), 포의한사(布衣寒士), 포장(布帳;베 · 무명 따위로 만든 휘장)[포장마차(馬車), 포장막(幕); 설포장(設)], 포전(布廛), 포척(布尺), 포화(布靴;헝겊신); 갈포(葛布), 거관포(擧棺布), 건포(巾布), 건포(乾布), 견포(絹布), 결관포(結棺布), 곤포(昆布;다시마), 공신포(貢身布), 공포(功布), 공포(貢布), 광포(廣布)¹, 교포(絞布;殮布), 군보포(軍保布)/군포(軍布), 내수포(耐水布), 농포(農布), 당포(唐布), 도포(刀布), 도포/제(塗布/劑), 동포(洞布), 마포(麻布), 면사포(面紗布), 면포(綿布;무명), 모포(毛布), 목포(木布), 목면포(木棉布), 무포(巫布), 반포(斑布), 방수포(防水布), 배포(褙布;배악비[143]), 백포(白布), 번포(番布), 범포(帆布), 사포(砂布), 삼승포(三升布;굵은 베), 상포(常布), 상포(商布), 상포(喪布), 생포(生布), 세포(細布), 소포(小布), 소렴포(小殮布), 습포(濕布), 신포(身布), 아마포(亞麻布), 안동포(安東布), 연포(練布), 영포(嶺布), 염포(殮布), 오승포(五升布;다섯 새의 베나 무명), 요포(料布), 윤포(무당이 쓰는 굵은 베), 저포(紵布;모시), 정포(丁布), 정포(正布), 조포(粗布), 조포(造布), 중포(中布), 천포(天布), 청포(青布), 추포(麤布), 칠포(漆布), 타포기(打布機), 협포(狹布), 호포(戶布), 홍포(紅布), 화포(花布), 화포(畵布), 활세포(濶細布). ②'널리 펴다 · 펼치다. 벌여 놓다. 베풀다'를 뜻하는 말. ¶포고(布告)[포고령(令), 포고문(文); 선전포고(宣戰)], 포교/사(布教/師), 포국(布局;전체의 배치), 포덕(布德), 포석(布石), 포시/보시(布施), 포유(布諭), 포진(布陣;진을 침), 포진(布陳;물건을 늘어놓음), 포치(布/鋪置); 간포(刊布), 공포(公布), 광포(廣布)², 반포(頒布), 발포(發布), 배포(配布), 배포(排布/鋪), 분포(分布), 산포/도(散布/度), 살포(撒布), 선포(宣布), 전포(傳布), 유포(流布), 홍포(弘布) 들.

137) 폐색(閉塞): 닫아 막음. 닫혀 막힘. 운수가 막힘. ¶폐색기(器), 폐색선(船), 폐색장치(裝置), 폐색전선(前線), 폐색호(湖).

138) 지폐(紙幣): 지폐발행은행(發行銀行), 지폐본위제도(本位制度), 지폐소각(燒却); 불환지폐(不換), 소액지폐(少額), 위조지폐(僞造), 태환지폐(兌換).

139) 포개다: 넓이를 가진 물체를 놓인 위에다 또 놓다.[←포(거듭)+개다³]. ¶찬장에 접시를 포개어 놓다. 손을 다른 사람 손 위에 포개다. 포개지다, 포갤점[쌍점(雙點)], 포갬포갬.

140) 포갬: 여러 번 거듭 포개거나 포개져 있는 모양. ¶이불을 포갬포갬 개켜 놓다. 접시를 포갬포갬 얹어 놓았다.

141) 포-배기다: 한 번 한 것을 자꾸 되풀이하다. ¶포배기가 거듭될수록 실력이 쌓이다. 포배기(한 것을 자꾸 되풀이하는 일)/하다.

142) 포집다: ①거듭 집다. ¶하루가 이틀씩 포집어 가다. ②그릇을 포개어 놓다. ¶접시를 포집어 놓다.

143) 배악비: 가죽신의 창이나 울 속에 두껍게 대는, 여러 겹으로 겹친 헝겊 조각. 〈준〉백비.

ㅍ

포(砲) '대포(大砲)'의 준말. ¶포가(砲架), 포강(砲腔), 포격(砲擊), 포경(砲徑), 포공(砲工), 포구(砲口), 포군(砲軍), 포금(砲金), 포기(砲機), 포대(砲隊), 포대(砲臺)[포대경(鏡); 현측포대(舷側)], 포루(砲樓), 포문(砲門), 포미(砲尾), 포방(砲放), 포병/대(砲兵/隊), 포보(砲保), 포사수(砲射手), 포살(砲殺), 포성(砲聲), 폿소리[포성(砲聲)], 포수(砲手)[포수막(幕); 몰이포수, 산포수(山), 자욱포수], 포술(砲術), 포신(砲身), 포안(砲眼), 포연/탄우(砲煙/彈雨), 포열(砲列), 포음(砲音), 포장(砲匠), 포전(砲戰), 포좌(砲座), 포진지(砲陣地), 포차(砲車), 포총(砲銃), 포탄(砲彈), 포탑(砲塔)[회전포탑(回轉)], 포판(砲板), 포함(砲艦), 포향(砲響), 포혈(砲穴), 포화(砲火)[방어포화(防禦)], 포환(砲丸)[투포환(投)]; 강선포(鋼線砲), 경포(輕砲), 고사포(高射砲), 곡사포(曲射砲), 공성포(攻城砲), 공포(空砲), 구포(臼砲), 기관포(機關砲), 노포(弩砲;쇠뇌), 대포(大砲), 대공포(對空砲), 매화포(梅花砲), 명월포(明月砲), 무반동포(無反動砲), 무포(霧砲), 바주카포(bazooka砲), 박격포(迫擊砲), 발포(發砲), 방포(放砲), 부포(副砲), 산포(山砲), 속사포(速射砲), 야전포(野戰砲)/야포(野砲), 연장포(聯/連裝砲), 예포(禮砲), 오포(午砲), 오정포(午正砲), 원자포(原子砲), 육/삼혈포(六/三穴砲), 응포(應砲), 자포(自砲), 자주포(自走砲), 장거리포(長距離砲), 장루포(墻樓砲), 전장포(前裝砲), 조포(弔砲), 주포(主砲), 중포(中砲), 중포(重砲), 직사포(直射砲), 철포(鐵砲), 총포(銃砲), 축포(祝砲), 평사포(平射砲), 포경포(捕鯨砲), 함포(艦砲), 함미포(艦尾砲), 함수포(艦首砲), 호포(號砲), 화포(火砲), 화포(花砲), 황례포(皇禮砲), 후장포(後裝砲), 후좌포(後座砲) 들.

포(包) 장기짝의 하나. '싸다. 주위를 둘러싸다. 깊이 간직하다. 아우르다. 받아들이다'를 뜻하는 말. ¶포경(包莖;우멍거지)[포경수술(手術); 가성포경(假性), 진성포경(眞性)], 포과/지(包裹/紙), 포괄(包括)[144], 포대(包袋)/포, 포대공(包臺工), 포락(包絡;온통 동이거나 싸서 묶음)[포락면(面), 포락선(線)], 포막(包膜), 포벽(包壁), 포살미(包;한옥에서 촛가지를 꾸밈)/하다, 포삼(包蔘), 포섭(包攝)[포섭력(力), 포섭하다], 포용(包容;도량이 넓어서 남의 잘못을 싸덮어 줌)[포용력(力), 포용성(性), 포용심(心)], 포위(包圍)[포위군(軍), 포위망(網), 포위선(線), 포위진(陣)], 포유(包有), 포은(包銀), 포장(包裝)[포장비(費), 포장지(紙)/포지(包紙); 진공포장(眞空)], 포장(包藏)[포장수력(水力), 포장화심(禍心)], 포주(包主), 폿집, 포피/염(包皮/炎), 포함(包含)[포함량(量), 포함률(率)], 포함(包含), 포회(包懷); 곤포(梱包), 공포(栱包), 공간포(空間包), 귀포, 내포(內包), 다포(多包), 소포(小包), 미포(米包;쌀부대), 약포(藥包), 오포(五包), 육포(肉包), 조포(租包) 들.

포(捕) '잡다'를 뜻하는 말. ¶포경(捕鯨;고래를 잡음)[포경모선(母船), 포경선(船), 포경업(業), 포경포(砲)], 포계(捕繫), 포교(捕校), 포구(捕球), 포도(도둑을 잡음)/청(捕盜/廳), 포로(捕虜)[포로교환(交換), 포로병(兵), 포로송환(送還), 포로수용소(收容所)], 포리(捕吏), 포망(捕亡), 포박(捕縛;잡아서 묶음), 포수(捕手↔投手), 포승(捕繩;오라), 포식(捕食;생물이 다른 종류의 생물을 잡아먹는 일)[포식완(腕), 포식자(者)], 포완(捕腕), 포졸(捕卒), 포장(捕將), 포착(捕捉)[145], 포충(捕蟲)[포충망(網), 포충식물(植物), 포충엽(葉)], 포치(捕治;죄인을 잡아다 다스림), 포획(捕獲)[146]; 기포(譏捕), 나포(拿捕), 발포(發捕), 생포(生捕), 즙포(緝捕), 채포(採捕), 철포(撤捕), 체포(逮捕), 추포(追捕), 출포(出捕), 토포(討捕) 들.

포(脯) 얇게 저미어서 양념을 하여 말린 고기. ¶포를 뜨다. 포육(脯肉), 포자반(脯佐飯), 포촉(脯燭), 포혜(脯醯); 건포(乾脯), 녹포(鹿脯), 대구포(大口脯), 동태포(凍太脯), 맨포(고기나 생선을 얇게 떠서 말린 것), 배포(焙脯), 뱅어포(괴도라치의 새끼 고기를 여러 마리 붙여서 만든 포), 복포, 북어포(北魚脯), 불염포(不鹽脯), 산포(散脯), 상어포, 약포(藥脯), 어포(魚脯), 어복포(魚腹脯), 염포(鹽脯), 오징어포, 육산포림(肉山脯林), 육포(肉脯), 장포(獐脯), 장포(醬脯), 쥐포(쥐치포), 천리포(千里脯)[147], 편포(片脯)[마른편포, 진편포], 하돈포(河豚脯;복어포) 들.

포(抱) '가슴에 안다. 품다. 가지다. 몸에 지니다'를 뜻하는 말. ¶포두서찬(抱頭鼠竄;무서워서 머리를 싸쥐고 얼른 숨음), 포란(抱卵), 포룡환(抱龍丸), 포병/객(抱病/客), 포복(抱腹)[포복절도(絕倒)], 포부(抱負), 포손/례(抱孫/禮), 포옹(抱擁;품에 껴안음), 포원(抱寃;원한을 품음), 포유문(抱有文), 포재(抱才;품은 재주), 포주(抱主;창녀를 두고 영업을 하는 사람), 포한(抱恨), 포합(抱合), 포합어(抱合語); 여포(旅抱), 연포지목(連抱之木), 영포(令抱), 온포(蘊抱), 터포(攄抱), 환포(環抱), 회포(懷抱) 들.

포(胞) 생물체를 조직하는 미생물의 원형질. 태의(胎衣). ¶포과(胞果), 포궁(胞宮), 포문(胞門), 포배(胞胚), 포의(胞衣), 포자(胞子)[148], 포태(胞胎); 공포(空胞), 교포(僑胞), 기포(氣胞), 난포(卵胞), 낭포(囊胞), 뇌포(腦胞), 동포(同胞)[동포애(愛); 사해동포(四海)], 세포(細胞)[149], 소포체(小胞體), 수축포(收縮胞), 식포(食胞),

---

144) 포괄(包括): 있는 대로 온통 휩쓸어 모음. ¶몇 가지 안들을 포괄한 새로운 안(案). 포괄되다/하다, 포괄법안(法案), 포괄수유자(受遺者;포괄유증을 받는 사람), 포괄승계(承繼), 포괄유증(遺贈), 포괄의료(醫療), 포괄이전(移轉), 포괄자(者), 포괄재산(財産), 포괄적(的), 포괄증자(增資).

145) 포착(捕捉): 꼭 붙잡음. 일의 요점이나 요령을 깨침. ¶좋은 기회를 포착하다. 익살스러운 표정을 사진기로 포착하다. 사건의 단서를 포착하다. 포착되다/하다, 포착력(力); 등시포착(等時).

146) 포획(捕獲): 적병을 사로잡음. 짐승이나 물고기를 잡음. 국제법상 전시(戰時)에, 적의 선박이나 범법(犯法)한 중립국의 선박을 정지 · 임검 · 수색하고 나포하는 일. ¶포획금지구(禁止區), 포획되다/하다, 포획물(物), 포획심판소(審判所); 해상포획(海上).

147) 천리포(千里脯): 짐승의 고기를 술 · 초 · 소금에 주물러 하루쯤 두었다가 삶아서 말린 반찬.

148) 포자(胞子): 포자낭(囊), 포자생식(生殖), 포자식물(植物), 포자엽(葉), 포자체(體), 포자충(蟲).

149) 세포(細胞): 생물체 구조상 · 기능상의 구조 단위. 말단 조직. ¶세포막(膜), 세포벽(壁), 세포설(說), 세포액(液), 세포질(質), 세포학(學), 세포핵(核); 간상세포(桿狀), 간세포(肝), 간세포(幹), 간질세포(間質)/간세포(間), 감각세포(感覺), 골세포(骨), 공변세포(孔邊), 극세포(極), 근세포(筋), 깃세포, 난세포(卵), 난모세포(卵母), 난원세포(卵原), 낭세포(娘), 다세포(多)[다세포동물(動物), 다세포생물(生物), 다세포식물(植物)], 다핵세포(多核), 단세포(單)[단세포동물(動物), 단세포생물(生物), 단세포식물(植物)], 동물세포(動物), 동정세포(童貞), 딸세포, 모세포(母), 미각세포(味覺), 미세포(微), 바늘세포, 반족세포(反足), 배낭세포(胚囊), 배양세포(培養), 복세포(複), 분비세포(分泌), 불꽃세포, 뼈세포, 상피세포(上皮), 생식세포(生殖), 석세포(石), 성세포(性), 숙주세포(宿主), 식물세포(植物), 식세포(食), 식균세포(食菌;식세포), 신경세포(神經), 알세포, 암세포(癌), 연골세포(軟骨), 원세포(原), 원생세포(原生), 원추세포(圓錐), 유리세포(遊離), 유주세포(遊走), 이동세포(移動), 자세포(刺),

안포(眼胞;눈꺼풀), 액포(液胞), 약포(葯胞;꽃밥), 여포(濾胞), 자포(刺胞), 조포체(造胞體), 폐포(肺胞) 들.

포(鋪) '펴다. 늘어놓다. 가게'의 뜻을 나타내는 말. ¶포도(鋪道), 포막(鋪幕), 포석(鋪石), 포설(鋪設;펴서 베풂), 포장(鋪裝)[150], 포진(鋪陳), 포진장병(鋪陳障屛); 금은포(金銀鋪), 노포(老鋪), 도장포(圖章鋪), 배포(排鋪), 본포(本鋪), 상포(商鋪), 서포(書鋪), 서화포(書畵鋪), 시계포(時計鋪), 약포(藥鋪), 자전거포(自轉車鋪), 전포(廛鋪), 전당포(典當鋪)/전포(典鋪), 점포(店鋪), 지물포(紙物鋪), 총포(銃鋪), 평포(平鋪) 들.

포(逋) '달아나다. 체납하다(滯納). 잡다'를 뜻하는 말. ¶포객(逋客;세상을 피하여 숨은 사람), 포도(죄를 저지르고 달아남)/수(逋逃/藪), 포리(逋吏), 포맹(逋氓), 포세(逋稅), 포탈(逋脫)[151], 포흠(逋欠)[152]; 범포(犯逋), 유포(流逋), 이포(吏逋;아전이 공금을 집어 쓴 빚), 탕포(蕩逋), 흠포(欠逋) 들.

포(泡) '물거품, 부풀어 오르다'를 뜻하는 말. ¶포괴(泡塊), 포기(泡起), 포말(泡沫;거품), 포비(泡沸), 포수(泡水), 포영(泡影), 포화(泡花); 기포(氣泡), 기포(起泡), 발포(發泡), 백포(白泡), 분포(噴泡), 수포(水泡), 연폿국(軟泡), 전포(電泡), 청포(淸泡;녹말묵) 들.

포(圃) '밭'을 뜻하는 말. ¶포삼(圃蔘), 포장(圃場)[포장시험(試驗)], 포전(圃田); 농포(農圃), 묘포(苗圃), 본포(本圃), 삼포(蔘圃), 약포(藥圃), 원포(園圃;채소를 심어 가꾸는 뒤란이나 밭), 장포(場圃), 전포(田圃;채소밭), 종삼포(種蔘圃), 채포(菜圃), 치포(治圃), 화포(花圃) 들.

포(袍) '옷'을 뜻하는 말. ¶포대(袍帶); 강사포(絳紗袍), 곤룡포(袞龍袍)/용포(龍袍), 도포(道袍), 방포(方袍), 백포(白袍), 온포(縕袍;묵은 솜을 둔 도포), 자포(紫袍), 전포(戰袍), 청포(靑袍), 폐포파립(弊袍破笠), 활수포(闊袖袍) 들.

포(浦) '물가. 갯가. 개펄'을 뜻하는 말. 도(渡)·진(津)보다는 조금 큰 나루. ¶포구(浦口), 포락(浦落;논밭이 침식됨), 포민(浦民), 포변(浦邊;갯가), 포전(浦田), 포촌/놈(浦村;갯가에 있는 마을), 포한(浦漢;포촌놈), 포항(浦港); 내포(內浦), 출포(出浦) 들.

포(哺) '먹다. 먹여 기르다'를 뜻하는 말. ¶포로감(哺露疳), 포유(哺乳;젖을 먹여 새끼를 기름)[포유기(期), 포유동물(動物), 포유류(類), 포유병(甁;젖병)], 포육(哺育); 반포(反哺;안갚음), 반포조(反哺鳥;까마귀), 함포고복(含哺鼓腹) 들.

포(匏) ①팔음(八音)의 하나로 생황(笙簧)과 같은 관악기임. ②'박'을 뜻하는 말. ¶포로(匏蘆), 포부(匏部), 포심채(匏心菜), 포아(匏蛾;박나방), 포전(匏臇), 포채(匏菜), 포탕(匏湯;박국), 포화(匏花); 무구포(無口匏;입을 다물고 말이 없음) 들.

포(飽) '배부르다. 싫증이 나다. 가득 차다'를 뜻하는 말. ¶포간(飽看), 포난(飽暖), 포만/감(飽滿/感), 포문(飽聞), 포복(飽腹), 포식(飽食)[포식난의/포난(暖衣)], 포족하다(飽足;배부르고 만족하다), 포향(飽享;흡족하게 누림), 포화(飽和)[153]; 기포(饑飽), 온포(溫飽) 들.

포(褒) '칭찬하고 권장하다'를 뜻하는 말. ¶포계(褒啓), 포상/금(褒賞/金), 포양(褒揚;褒奬), 포위(褒慰), 포장(褒章)[154], 포장(褒奬;칭찬하여 장려함), 포창(褒彰), 포칭(褒稱), 포폄(褒貶;칭찬과 나무람. 시비 선악을 평정함), 포현(褒顯) 들.

포(拋) '던지다. 내버리다'를 뜻하는 말. ¶포기(拋棄), 포물(拋物;물건을 집어던짐), 포물면(面), 포물선(拋物線), 포물체(拋物體), 포척(拋擲;내던짐), 포철(拋撤;던져서 여러 군데로 헤뜨림), 포치(拋置) 들.

포(怖) '두려워하다. 떨다'를 뜻하는 말. ¶포복(怖伏;무서워서 엎드림), 포외(怖畏); 공포(恐怖)[공포감(感), 공포심(心), 공포정치(政治), 공포증(症)], 섭포(攝怖) 들.

포(苞) '봉오리. 꽃대나 꽃자루의 받침 잎. 싸다[포(包)]'를 뜻하는 말. ¶포엽(苞葉), 포저(苞苴;뇌물로 보내는 물건); 불염포(佛焰苞), 신이포(辛夷苞;백목련의 꽃봉오리), 화포(花苞) 들.

포(炮) ①부자(附子) 따위의 독한 약을 끓는 물에 담가서 그 독기를 빼는 방법. ②'불에 달구다'를 뜻하는 말. ¶포락지형(炮烙之刑)/포락(炮烙;불에 달구어 지짐), 포자(炮煮), 포하다(炮).

포(疱) '물집'을 뜻하는 말. ¶포진(疱疹)[대상포진(帶狀)], 포창(疱瘡;천연두), 농포(膿疱;고름집), 발포(發疱), 수포(水疱), 장포(漿疱) 들.

포(蒲) '부들'을 가리키는 말. ¶포단(蒲團;포대기), 포류(蒲柳;갯버들), 포류지질(蒲柳之質;갯버들처럼 가냘프고 약한 체질), 포석(蒲席;부들자리), 포절(蒲節;端午節); 향포(香蒲) 들.

포(佈) '펴다. 펼치다'를 뜻하는 말. ¶포고(佈告), 포명(佈明;세상에 널리 펴서 두루 밝힘), 포치(佈置) 들.

포(咆) '으르렁거리다. 성을 내다'를 뜻하는 말. ¶포호함포(咆虎陷浦), 포효(咆哮) 들.

포(庖) '푸주. 부엌'을 뜻하는 말. ¶포정(庖丁), 포주(庖廚), 포한(庖漢;백정); 찬포(饌庖;푸줏간) 들.

정단세포(頂端), 정모세포(精母細胞), 정세포(精), 정원세포(精原), 조세포(助), 조골세포(造骨), 주변세포(周邊;공변세포), 줄기세포, 중간세포(中間), 지방세포(脂肪), 체세포(體), 표피세포(表皮), 합성세포(合成;인공게놈으로 만든 세포), 혈액세포(血液), 형질세포(形質), 후세포(嗅).

150) 포장(鋪裝): 포장길, 포장도로(道路); 교석포장(膠石), 도로포장(道路), 목괴포장(木塊), 비포장(非), 아스팔트포장(asphalt).

151) 포탈(逋脫): 도망하여 면함. 바쳐야 할 세금을 모면하여 내지 않음. ¶해마다 세금을 포탈하다.

152) 포흠(逋欠): 관청의 물품을 사사로이 써버림. 조세의 의무를 벗어남. ¶포흠나다/내다, 포흠(질)/하다.

153) 포화(飽和): 최대한도까지 무엇에 의해 가득 차 있는 상태. 어떤 상태량을 증가시키는 요인이 생겨도 그 상태량이 그 이상 증가하지 않는 상태. ¶포화공격(攻擊), 포화공기(空氣), 포화대(帶), 포화도(度), 포화량(量), 포화상태(狀態), 포화압력(壓力), 포화용액(溶液), 포화인구(人口), 포화전류(電流), 포화점(點), 포화제(劑), 포화증기/압(蒸氣/壓), 포화지방산(脂肪酸), 포화하다, 포화화합물(化合物); 과포화(過), 불포화(不), 심적포화(心的), 자기포화(磁氣).

154) 포장(褒章): 국가·사회에 공이 있는 사람에게 주는 휘장(徽章). ¶건국포장(建國), 국민포장(國民), 근정포장(勤政), 무공포장(武功), 문화포장(文化), 방위포장(防衛), 보국포장(保國), 산업포장(産業), 새마을포장, 수교포장(修交), 체육포장(體育).

ㅍ

포(匍) '배를 바닥에 대고 나아가다(기다). 굴러가다'를 뜻하는 말. ¶포구(匍球), 포복(匍匐/伏), 포행(匍行).

포(鮑) '소금에 절인 생선(자반). 전복(全鰒)'을 뜻하는 말. ¶포어(鮑魚), 포척(鮑尺;전복을 따는 사람) 들.

포(脬) '오줌통'을 뜻하는 말. ¶포비(脬痹;방광에 생기는 염증).

포(鉋) '대패'를 뜻하는 말. ¶포설(鉋屑;대팻밥).

포(麭) '빵'을 뜻하는 말. ¶면포(麵麭;빵).

포(鞄) '가죽을 다루는 사람'을 뜻하는 말. ¶혁포(革鞄).

포근-하다 두툼한 물건이 탄력성이 있고 보드라우며 따뜻하다. 감정이나 분위기가 보드라우며 따뜻하게 감싸 주는 듯한 느낌이 있다. 겨울의 날씨가 바람이 없고 따뜻하다. 〈큰〉푸근하다. 〈여〉보근하다[155]. ¶이부자리가 포근포근 보드랍다. 포근한 어머니의 품안. 포근히 잠들다. 가정의 포근한 분위기. 올 겨울은 대체로 포근하다. 포근포근·푸근푸근/하다, 포근히·푸근히.

포기 뿌리를 단위로 하는 초목의 낱개를 세는 말. ¶풀 한 포기. 포기가름/하다, 포기김치, 포기나누기, 포기지다(포기를 이루다); 솔포기/솔폭(작은 소나무), 수포기, 암포기, 잔솔포기/솔포기[156].

포닥 ①작은 새가 가볍고 재빠르게 날개를 치는 소리. 또는 그 모양. ¶새가 포닥 날갯짓을 한다. ②작은 물고기가 가볍고 재빠르게 꼬리를 치는 소리. 또는 그 모양. ¶물고기가 포닥 꼬리를 치다. 포닥·푸덕·포딱거리다/대다/이다/하다, 포닥포닥·푸덕푸덕/하다, 포도동[157], 포드닥[158], 포드드[159], 포드득/포득·푸드득/푸득거리다/대다, 포롱[160], 푸다닥[161]/푸닥.

포달 심술이 나서 함부로 악을 쓰고 욕을 하며 대드는 일. ¶포달을 부리다. 포달스러운 행동. 포달스럽다/지다.

포대기 어린아이를 덮거나 업는 데 쓰는 작은 이불. 강보(襁褓). ¶포대기를 두르다. 아기를 포대기에 싸서 안다. 누비포대기, 요포대기.

포도(葡萄) 포도나무의 열매. ¶포도나무, 포도당(葡萄糖), 포도막(膜;홍채·맥락막·모양체의 총칭), 포도밭, 포돗빛, 포도산(酸), 포도상(狀), 포도색(色), 포도석(石), 포도송이, 포도원(園), 포도주(酒)[백포도주(白), 적포도주(赤)], 포도즙(汁), 포도차(茶); 건포도(乾), 백포도(白), 산포도(山;머루), 청포도(靑), 흑포도(黑) 들.

포들짝 ①작은 물고기 따위가 꼬리를 힘 있게 치거나 갑자기 몸을 조금 굽혔다 펴며 뛰는 모양. ¶개구리가 포들짝 뛰다. ②성이 나서 매우 신경질적으로 화를 내는 모양. ¶포들짝 화를 내다. 파들짝[162], 포들포들[163], 푸들쩍.

포실-하다 살림이 넉넉하고 오붓하다. 몸에 살이 올라 통통하고 보드랍다. 감정이나 마음이 너그럽고 편안하다. 눈비나 연기 따위의 양이 많다. ¶포실한 생활. 눈이 앞을 가릴 만큼 포실하게 내리고 있었다. 포시럽다[164], 포실히.

포함 무당이 귀신의 말을 받아서 한다는 신의 명령. ¶포함을 주다(귀신의 말을 받아서 호령하다). 포함하다.

폭¹ ①어떤 가정이나 조건을 나타내는 말 앞에 쓰이어 '셈'의 뜻을 나타냄. ¶이 일을 하는 데 열흘 폭은 걸린 셈이다. ②어떤 것에 비교되는 '정도'의 뜻을 나타냄. ¶크기가 그것의 절반 폭은 된다.

폭² ①잠이 포근하게 깊이 들거나 곤한 몸을 흡족하게 쉬는 모양. ≒오래. 깊이. ¶한잠 폭 자다. ②힘 있게 찌르거나 쑤시는 모양. ¶바늘로 폭 찌르다. ③안의 것이 드러나지 않도록 빈틈없이 잘 덮거나 싸는 모양. ¶보자기에 물건을 폭 싸다. ④잘 익도록 삶거나 고거나 끓이는 모양. ¶곰국을 폭 끓이다. 고기를 폭 삶다. 약을 폭 달이다. ⑤아주 심하게 썩거나 삭거나 젖은 모양. ¶젓갈이 폭 잘 삭았다. 옷이 폭 젖다. 밥이 폭 쉬다. ⑥깊고 또렷이 팬 모양. ¶보조개가 폭 패다. ⑦깊이 빠지거나 잠기는 모양. ¶진흙탕에 발이 폭 빠졌다. ⑧작은 것이 힘없이 단번에 쓰러지는 모양. ¶폭 고꾸라지다. ⑨삽이나 숟가락 따위로 물건을 많이 떠내는 모양. ¶밥솥에서 밥을 한 주걱 폭 푸다. ⑩고개를 깊이 숙이는 모양. ¶벼이삭이 고개를 폭 숙이다. ⑪연기나 가루 따위가 작은 구멍으로 세게 쏟아져 나오는 소리. 또는 그 모양. ¶굴뚝에서 연기가 폭 나오다. ⑫분량이 갑자기 줄어드는 모양. ¶물이 폭 졸아들다. ⑬마음이 몹시 상하는 모양. ¶속이 폭 썩다. 〈큰〉푹.

폭(幅) 너비. 자체 안에 포함하는 범위. 하나로 연결하려고 같은 길이로 나누어 놓은 종이·널·천 따위의 조각. 그림, 족자 따위를 세는 단위.=품. ¶폭넓은 지식/ 교제/ 사람. 한 폭의 그림. 치마가 열두 폭인가. 폭광(幅廣), 폭내기(천의 너비를 넓히어 주는 일), 폭넓다, 폭원(幅員;땅이나 지역의 넓이), 폭치마; 광폭(廣幅), 기폭(旗幅), 길폭, 날개폭, 노폭(路幅), 대폭(大幅)[165], 대폭(帶幅), 대폭(對幅), 뒷폭(도포 뒷자락에 덧댄 딴 폭), 뒤폭, 마루폭(바지·고의 따위의 허리에 달아 사폭을 대는 긴 헝겊), 만폭(滿幅),

155) 보근하다: 물건이 딱딱하거나 굳지 않고 보드랍고 만만하다. 〈큰〉부근하다. ¶햇솜을 보근보근 두어 이불을 만들다. 보근보근·부근부근/하다.

156) 잔솔포기: 가지가 무성하게 퍼진 작은 소나무.

157) 포도동: 새가 갑자기 날개를 치며 나는 소리. 또는 그 모양.=포드둥. 〈큰〉푸두둥. ¶새가 포도동 날다. 포도동거리다/대다.

158) 포드닥: ①작은 새가 조금 가볍고 빠르게 날개를 치는 소리. 또는 그 모양. ¶새가 포닥 날다. ②작은 물고기가 조금 가볍고 빠르게 꼬리를 치는 소리. 또는 그 모양. ¶잉어가 포닥 꼬리를 치다. 〈큰〉푸드덕. 포드닥·푸드덕거리다/대다.

159) 포드드: 작은 새가 가볍게 날개를 치며 날아가는 소리. 또는 그 모양. 〈큰〉푸드드. ¶새가 포드드 날다.

160) 포롱: 작은 새 같은 것이 날개를 잽싸게 펴면서 짧은 거리를 날아오르는 모양. 또는 그 소리. ¶어린 새가 포롱 날다. 포르릉/포릉·푸르릉/푸릉, 포르롱/포롱, 포롱거리다/대다.

161) 푸다닥: ①새가 힘 있게 빨리 날개를 치는 소리. 또는 그 모양. ¶푸다닥 날개를 치다. ②물고기가 힘 있게 빨리 꼬리를 치거나 뛰어오르는 소리. 또는 그 모양. ¶고기가 푸다닥 꼬리를 치다. 〈큰〉푸더덕. 〈준〉푸닥.

162) 파들짝: =화들짝. ¶닭이 아무리 파들짝 깃을펴도 날지 못한다. 파들짝 뛰어 일어나다. 파들짝 놀라다.

163) 포들포들: ①나뭇잎 따위가 작고 탄력 있게 흔들리는 모양. ¶나뭇잎이 포들포들 흔들린다. ②성이 나서 신경질적으로 화를 내는 모양. ¶포들포들 화를 내다. 포들포들하다.

164) 포시럽다: 살이 통통하게 오르고 포근하고 부드럽다.

165) 대폭(大幅): ①큰 폭. ¶대학 정원을 대폭으로 늘리다. ②썩 많이. ¶요금을 대폭 올리다.

맥폭(脈幅), 반폭(反幅), 변폭(邊幅;피륙의 올이 풀리지 아니하게 짠 가장자리 부분), 보폭(步幅;걸음나비), 사폭(斜幅)[작은사폭, 큰사폭], 살폭(바지 따위의 살에 대는 좁다란 헝겊), 서폭(書幅), 선폭(船幅), 소폭(小幅), 앞폭, 연폭(連幅), 옆폭(옆에 있는 널빤지), 온폭, 전폭(全幅), 전폭(前幅), 중폭(中幅), 증폭(增幅), 지폭(紙幅), 진폭(振幅), 진폭(震幅), 차폭(車幅), 치마폭, 파폭(播幅), 편폭(篇幅), 표폭(表幅), 하폭(河幅), 허리폭, 화폭(畵幅), 횡폭(橫幅), 후폭(後幅) 들.

폭/포(暴) '드러나다 · 나타나다. 사납다. 갑자기. 정도가 지나치다'를 뜻하는 말. §[포]로도 읽힘. ¶폭객(暴客;함부로 사나운 짓을 하는 사람. 暴漢), 폭거(暴擧;난폭한 행동거지), 포기(暴棄), 폭군(暴君), 폭도(暴徒), 폭동/죄(暴動/罪), 폭등/세(暴騰/勢), 폭락/세(暴落/勢), 폭려하다(暴戾), 폭력(暴力)[166], 폭로(暴露)[167], 폭론(暴論), 포/폭리(暴吏;포악한 관리), 폭리(暴利↔薄利), 포만/무례(暴慢/無禮), 폭민/화(暴民/化), 폭발(暴發), 폭배(暴杯/盃), 폭백(暴白), 폭부(暴富;벼락부자), 폭사(暴死;갑자기 참혹한 죽음), 폭서(暴暑;갑작스런 된더위), 폭설(暴泄), 폭설(暴雪), 폭설(暴說;폭언), 폭쇠(暴衰), 폭식(暴食), 포악(暴惡)[포악무도(無道), 포악성(性), 포악질], 폭암(暴暗), 폭압(暴壓;폭력으로 억압함), 폭양(暴陽), 폭언(暴言;거칠고 사납게 하는 말), 포역(暴逆), 폭염(暴炎), 폭우(暴雨), 폭위(暴威), 폭음(暴淫), 폭음(暴飮;술을 함부로 마심), 폭정(暴政), 폭졸(暴卒), 폭주(暴走), 폭주(暴注), 폭주(暴酒), 포진천물(暴殄天物), 폭질(暴疾), 폭취(暴醉), 폭투(暴投), 폭평(暴評), 폭풍(暴風)[168], 포학(暴虐), 포학무도(暴虐無道), 폭한(暴寒), 폭한(暴漢), 폭행(暴行)[169], 포횡(暴橫); 강폭하다(强暴), 광포하다(狂暴), 난폭하다(亂暴), 맹포하다(猛暴), 이포역포(以暴易暴), 자포/자기(自暴/自棄), 잔포(殘暴), 제폭(除暴), 조포하다(粗暴), 행포(行暴), 횡포(橫暴), 흉포(凶暴) 들.

폭(爆) '터지다. 갑자기 일이 생기다'를 뜻하는 말. ¶폭격(爆擊)[170], 폭렬(爆裂), 폭뢰(爆雷), 폭명(爆鳴)[폭명기(氣), 폭명유성(流星)], 폭발(爆發)[171], 폭사(爆死;폭발물의 폭발로 죽음), 폭살(爆殺), 폭성(爆聲), 폭소(爆笑), 폭성(爆聲), 폭소/탄(爆笑/彈), 폭약(爆藥)[고성능폭약(高性能); 액체폭약(液體), 초안폭약(硝安)], 폭음(爆音), 폭죽(爆竹), 폭침(爆枕), 폭탄(爆彈)[172], 폭파(爆破)[폭파수(手), 폭파약(藥)], 폭풍(爆風); 기폭(起爆)[기폭약(藥), 기폭제(劑)], 내폭(耐爆), 도폭선(導爆線), 맹폭(盲爆), 맹폭(猛爆), 연폭(連爆), 원폭(原爆), 유폭(誘爆), 자포자기(自暴自棄)/포기(暴棄), 자폭(自爆), 전폭(傳爆), 전폭기(戰爆機), 피폭/열량(被爆/熱量) 들.

폭/포(曝) '쬐다. 햇볕에 쬐어 말리다'를 뜻하는 말. §[포]로도 읽힘. ¶폭로(曝露;풍우에 씻김), 포백(曝白), 폭서(曝書;책을 볕에 쬐고 바람에 쐬는 일), 폭/포쇄(曝曬), 폭양(曝陽), 폭하다(햇볕에 쬐다. 한데에 두어 비바람을 맞게 하다); 구증구포(九蒸九曝), 십한일폭(十寒一曝), 피폭(被曝;인체가 방사선을 받음) 들.

폭(瀑) '폭포. 용솟음치다'를 뜻하는 말. ¶폭담(瀑潭), 폭포(瀑布;물 떠러지)[폭포선(線), 폭포수(水); 만장폭포(萬丈)]; 비폭(飛瀑), 현폭(懸瀑) 들.

폭삭 ①온통 곯아서 썩은 모양. ¶호박이 폭삭 썩었다. ②몸피가 작은 것이 맥없이 주저앉는 모양. ¶소년이 그 자리에 폭삭 주저앉다. ③부피가 앙상하고 단단하지 못한 물건이 쉽게 바스러지거나 가라앉는 모양. 또는 그 소리. 〈큰〉푹석. ¶썩은 초가지붕이 폭삭 내려앉다. 폭삭 · 푹석거리다/대다/하다, 폭삭폭삭/하다.

폭신 조금 포근하게 보드랍고 탄력이 있는 느낌.=파신[173]. 〈큰〉푹신. 〈여〉북신. 복신[174]. ¶몸에 폭신 감기다. 가볍고도 폭신폭신한 이불. 폭신 · 푹신하다, 폭신폭신 · 푹신푹신/하다, 폭신 · 푹신히.

폴싹 ①연기나 먼지 따위가 조금씩 뭉키어 갑자기 한 번 일어나는 모양. ¶먼지가 폴싹 일다. 팔싹 · 펄썩 · 폴싹 · 풀썩거리다/대다, 풀썬(풀썩). ②작은 것이 맥없이 마구 주저앉거나 내려앉는 모양. ¶폴싹/팔싹/펄썩/풀썩 주저앉다. ③살이 빠지고 기력이 줄어 빨리 늙어 버린 모양. ¶폴싹 늙어버리다.

폴폴 ①새나 눈 · 먼지, 연기 따위가 날거나 흩날리는 모양. ¶참새들이 이 나무에서 저 나무로 폴폴 날아다니고 있다. 꽃잎이 폴폴 날리다. 먼지가 폴폴 날리다. 잿가루가 폴폴 날리다. 폴폴거리다/대다. ②날쌔고 기운차게 자꾸 뛰거나 나는 모양. ¶폴폴 뛰다. ③적은 물이 자꾸 끓어오르는 모양. ¶밥물이 폴폴 넘치다. ④냄새 따위가 자꾸 나는 모양. ¶반찬 냄새가 폴폴 나다. ⑤한숨을 쉬는 모양. ¶한숨을 폴폴 쉬다. 〈큰〉풀풀.

퐁 작고 무거운 물건이 얕은 물에 떨어지는 소리. 어떤 물건이 고정된 곳에서 빠지는 소리. 또는 그 모양. 〈큰〉풍. ¶조약돌이 연

---

166) 폭력(暴力): 남을 거칠고 사납게 제압할 때에 쓰는 주먹이나 발 또는 몽둥이 따위의 수단이나 힘. 무기로 억누르는 힘. ¶폭력을 휘두르다. 폭력 사태가 일어나다. 폭력단(團), 폭력론(論), 폭력배(輩), 폭력범(犯), 폭력성(性), 폭력적(的), 폭력주의/자(主義/者), 폭력혁명(革命); 무폭력(無), 비폭력(非), 성폭력(性), 언어폭력(言語), 전화폭력(電話), 집단폭력(集團).

167) 폭로(暴露): 알려지지 않았거나 감춰져 있던 나쁜 사실을 드러냄. ¶폭로기사(記事), 폭로되다/하다, 폭로문학(文學), 폭로소설(小說), 폭로시험(試驗;재료를 자연 조건에 드러내어 기후에 견디는 성질을 재는 시험), 폭로전술(戰術); 현실폭로(現實).

168) 폭풍(暴風): 몹시 세차게 부는 바람. ¶폭풍경보(警報), 폭풍설(雪), 폭풍우(雨); 자기폭풍(磁氣), 후폭풍(後).

169) 폭행(暴行): 난폭한 행동. 남에게 불법으로 폭력을 행사하는 일. ¶폭행외설죄(猥褻罪), 폭행죄(罪), 폭행하다; 성폭행(性), 집단폭행(集團).

170) 폭격(爆擊): 폭격기(機), 폭격술(術); 무차별폭격(無差別), 융단폭격(絨緞), 전략폭격(戰略), 전술폭격(戰術).

171) 폭발(爆發): 불이 일어나며 갑작스럽게 터짐. 많은 가스와 열량이 생기고 급격히 부피가 커지며 파열하는 현상. ¶수류탄이 폭발하다. 폭발가공(加工), 폭발가스(gas), 폭발되다/하다, 폭발력(力), 폭발물(物), 폭발반응(反應), 폭발성(性), 폭발성(聲), 폭발성형(成形), 폭발속도(速度), 폭발약(藥)/폭약(爆藥), 폭발음(音), 폭발적(的), 복발제(劑), 폭발죄(罪), 폭발지진(地震), 폭발탄(彈), 폭발파(波), 폭발한계(限界), 폭발행정(行程); 가스폭발(gas), 수중폭발(水中), 지하폭발(地下).

172) 폭탄(爆彈): '폭발물'의 준말. ¶폭탄선언(宣言;예상하지 않았던 중대 선언), 폭탄적(的), 폭탄주(酒); 가스폭탄gas), 궤도폭탄(軌道), 수소폭탄(水素), 습식폭탄(濕式), 시한폭탄(時限), 원자폭탄(原子), 줄폭탄, 질소폭탄(窒素), 파괴폭탄(破壞), 파편폭탄(破片), 핵폭탄(核).

173) 팍신: 살에 닿는 감촉이 딱딱하지 않고 부드럽고 툄성이 있이.=폭신. 〈큰〉퍽신. 푹신. ¶침대가 팍신팍신 촉감이 좋다.

174) 복신: 매우 보드랍고 탄력이 있는 느낌. 〈거〉폭신. 푹신. ¶새로 산 베개가 복신복신 포근한 게 기분마저 좋게 한다. 북신북신 보드라운 이불.

ㅍ

못에 퐁 빠지다. 팡당[175], 퐁당[176], 퐁드랑, 풍덩실[177].

표(表) 어떤 요항을 순서에 따라 보기 쉽게 만든 것. 보람. 표적. '거죽 · 겉. 밝히다. 나타내다. 문체 이름'을 뜻하는 말.↔이(裏). 심(深). ¶표를 작성하다. 표가(表價), 표결(表決)[178], 표구(表具), 표기/법(表記/法), 표나다, 표대(表對), 표로(表露), 표리(表裏;겉과 속)[표리부동(不同), 표리상응(相應), 표리일체(一體)], 표막(表膜), 표면(表面)[179], 표명(表明), 표문(表文), 표백(表白), 표상(表象)[180], 표서(表書), 표석(表石), 표시(表示;겉에 드러내어 보임. 드러내어 알리려고 발표함)[표시기(器), 표시등(燈), 표시주의(主義); 허위표시(虛僞)], 표식(表式), 표양(表樣), 표음(表音), 표의(表衣), 표의(表意), 표장(表裝), 표재사(表才士), 표저하다(表著), 표적(表迹;겉으로 나타나는 자취), 표전(表箋), 표정(表情)[181], 표정(表旌), 표제(表題), 표종(表從;외종 사촌), 표증(表症), 표증(表證), 표지(表紙)[겉표지, 속표지], 표징(表徵), 표차롭다(表)[182], 표창/장(表彰/狀), 표출(表出), 표층(表層)[표층구조(構造), 표층눈사태(沙汰)], 표토(表土), 표폭(表幅), 표표정정(表表亭亭), 표표하다(表表), 표피(表皮)[표피섬유(纖維), 표피세포(細胞), 표피조직(組織)], 표하다, 표할(表割), 표현(表現)[183], 표형(表型), 표훈(表勳); 가격표(價表票), 개정표(改正表), 계획표(計劃表), 고과표(考課表), 공시표(公示表), 공표(公表), 구구표(九九表), 근표(根表), 난수표(亂數表), 단가표(單價表), 대수표(對數表), 대조표(對照表), 대표(代表), 도표(圖表), 동표(同表), 로그표(log表), 묘표(墓表), 발표(發表), 배표분화(胚表分化), 변화표(變化表), 별표(別表), 보표(譜表), 복리표(複利表), 부표(附表), 비교표(比較表), 비표(碑表), 비중표(比重表), 사망표(死亡表), 사표(四表), 사표(師表;세상 사람의 모범이 되는 사람), 사표(辭表;辭職書), 사표(謝表;벼슬을 제수받은 은혜에 감사하는 뜻으로 올리는 글), 삼각표(三角表), 상표(上表), 상표(傷表), 생명표(生命表), 성표(星表), 성적표(成績表), 소견표(所見表), 손익표(損益表), 수표(數表), 시각표(時刻表), 시간표(時間表), 시산표(試算表), 십자표(十字表), 약표(略表), 양분표(養分表), 언표(言表), 역표(曆表), 연대표(年代表)/연표(年表), 예산표(豫算表), 외표(外表), 운임표(運賃表), 운행표(運行表), 월계표(月計表), 월표(月表), 유표(有表), 유표(遺表), 의표(意表), 이정표(里程表), 일계표(日計表), 일과표(日課表), 일람표(一覽表), 일정표(日程表), 자모표(字母表), 점검표(點檢表), 정표(旌表), 정표(情表), 정산표(精算表), 정오표(正誤表), 조견표(早見表), 지표(地表), 집계표(集計表), 징표(徵表), 차림표[식단(食單)], 체표(體表), 출사표(出師表), 치표(治表), 통계표(統計表), 통지표(通知表), 편성표(編成表), 편제표(編制表), 풍우표(風雨表), 하표(賀表), 함수표(函數表), 항성표(恒星表), 항해표(航海表), 해표(海表;먼 바다의 밖), 환산표(換算表) 들.

표(標) 두드러진 특징. 특징이나 증거가 되게 하는 어떤 점. 표를 하여 나타내다. 목표로 삼는 물건[표적(標的)]. ¶표가 나다. 표를 해 두다. 표격(標格), 표격하다(標擊), 표계(標季), 표고(標高)[184], 표기(標記), 표기(標旗), 푯대(목표로 삼아 세우는 대), 푯돌, 표등(標燈), 표말(標抹), 푯말, 표목(標木), 표방(標榜)[185], 표보(標譜), 표본(標本)[186], 표석(標石), 표송(標松), 표시(표를 하여 나타내 보임)/기(標示/器), 표식(標式), 표신(標信), 표어(標語), 표장(標章), 표적(標的)[187], 표점(標點), 표제(標題)[표제어(語), 표제음악(音樂)], 표주(標主), 표주(標柱), 표주(標註), 표준(標準)[188], 표지(標紙), 표지(標識)[189], 표징(標徵), 표찰(標札), 표척(標尺), 표치[1](標致;취지를 드러내 보임), 표치[2](標致;얼굴이 매우 아름다움), 표치(標幟), 표탑(標塔), 표품(標品), 표하다; 가랑이표(〈)[거꿀가랑이표(〉)], 가표(加標), 가새표, 감표(減標), 같음표[등호(等號)], 개표

175) 팡당: 작고 무거운 물건이 얕은 물에 떨어질 때 나는 소리. 〈큰〉펑덩. 풍덩. ¶팡당 물속에 뛰어들다. 팡당 · 펑덩거리다/대다.

176) 퐁당: ①작고 단단한 물건이 물에 떨어지거나 빠질 때 가볍게 한 번 나는 소리. 〈큰〉풍덩. ¶물에 퐁당 뛰어들다. ②밥이나 죽 따위가 잘 삭아서 가라앉는 모양. ¶죽이 퐁당 삭다. ③맥없이 주저앉는 모양. ¶바닥에 퐁당 주저앉다. 퐁당 · 풍덩거리다/대다, 퐁당퐁당/하다.

177) 풍덩실: 크고 무거운 물체가 깊은 물 위에 좀 가볍게 떨어져 잠기거나 떠 있는 모양이나 소리. ¶물속에 풍덩실 빠지다.

178) 표결(表決): 합의체의 구성원이 의안(議案)에 대하여 가부의 의사를 표시하여 결정하는 일. ¶충분한 토의를 거쳐 표결에 들어갔다. 표결권(權), 표결법(法), 표결하다.

179) 표면(表面): 거죽으로 드러난 면. 겉.↔이면(裏面). ¶표면감각(感覺), 표면구조(構造), 표면력(力), 표면마찰(摩擦), 표면압(壓), 표면장력(張力; 액체가 스스로 수축하여 표면적을 가장 작게 가지려고 하는 힘), 표면적(的), 표면처리(處理), 표면층(層), 표면파(波), 표면화/되다/하다(化).

180) 표상(表象): 대표적인 상징. 철학에서의 이데아(idea). 심상(心象). ¶표상주의(主義), 표상형(型); 감관표상(感官), 개인표상(個人), 시각표상(視覺), 지각표상(知覺), 집단표상(集團), 집합표상(集合).

181) 표정(表情): 마음속의 감정이나 정서 따위가 얼굴에 나타난 상태. ¶반가운 표정. 표정이 부드럽다. 굳은 표정을 짓다. 표정근(筋), 표정술(術), 표정예술(藝術); 무표정(無).

182) 표차롭다(表); 여럿 중에서 두드러지게 나타나 겉보기(허울)가 번듯하다. ¶표차롭게 보이는 물건을 고르다. 표차로이.

183) 표현(表現): 의사(意思)나 감정 따위를 드러내어 나타냄. ¶표현대리(代理), 표현되다/하다, 표현력(力), 표현미(美), 표현주의(主義), 표현파(派), 표현한계(限界), 표현형(型), 표현형식(形式); 자기표현(自己).

184) 표고(標高): 바다의 수준면(水準面)에서 지표의 어느 지점에 이르는 수직 거리. 해발(海拔).

185) 표방(標榜): ①주의나 주장 · 견지(見地) 따위를 어떠한 명목을 붙여 내세움. ¶만민 평등을 표방하다. ②남의 선행을 내세워 여러 사람에게 보이고 칭찬함.

186) 표본(標本): 본보기가 되는 물건. 다수의 통계 자료를 포함하는 집단 속에서 그 일부를 집어내어 그것에 관하여 조사한 결과로 집단의 결과를 추출하는 통계 자료. 생물의 몸을 처리하여 보전될 수 있게 한 것. ¶광물 표범. 곤충 표본. 표본공간(空間), 표본궤간(軌間), 표본실(室), 표본조사(調査), 표본지(紙), 표본추출(抽出); 곤충표본(昆蟲), 골격표본(骨格), 박물표본(博物), 식물표본(植物), 임의표본(任意), 해부표본(解剖).

187) 표적(標的): 목표로 삼는 물건. 보람. ¶표적에 명중하다. 표적감사(監事), 표적물(物), 표적선(船), 표적수사(搜査), 표적지(紙), 표적함(艦); 고정표적(固定), 이동표적(移動), 출몰표적(出沒).

188) 표준(標準): 사물의 정도를 정하는 목표. 기준. ¶표준으로 삼다. 표준가격(價格), 표준검사(檢査), 표준광물(鑛物), 표준궤간(軌間), 표준규격(規格), 표준기압(氣壓), 표준량(量), 표준말(↔사투리), 표준물질(物質), 표준발음/법(發音/法), 표준상태(狀態), 표준색(色), 표준생계비(生計費), 표준시(時), 표준시계(時計), 표준식(食), 표준압력(壓力), 표준액(液), 표준어(語), 표준예산(豫算), 표준온도(溫度), 표준음(音), 표준임금(賃金), 표준중력(重力), 표준지(地), 표준체온(體溫), 표준틀, 표준편차(偏差), 표준항성(恒星), 표준형(型), 표준화/하다(化), 표준화석(化石); 공업표준(工業), 과세표준(課稅), 사양표준(飼養).

189) 표지(標識): 표시나 특징. ¶표지등(燈), 표지색(色), 표지조(鳥), 표지판(標識板); 경계표지(警戒), 교통안전표지(交通安全), 규제표지(規制), 도로표지(道路), 반사표지(反射), 부유표지(浮游), 안내표지(案內), 안전표지(安全), 위치표지(位置), 주의표지(注意), 지도표지(指導), 지상표지(地上), 지시표지(指示), 특허표지(特許), 한정표지(限定), 항공표지(航空), 항로표지(航路), 해양표지(海洋).

(改標), 거리표(距離標), 결과표(結果標), 겹낫표, 경표(警標), 계표(界標), 곡선표(曲線標), 곱셈표, 공표, 과세표준(課稅標準)/과표(課標), 구배표(勾配標), 긴소리표[長音符], 나눗셈표, 나타냄표, 낫표, 낮은음자리표, 내림표, 노표(路標), 높은음자리표, 느낌표, 늘임표, 덧셈표, 도표(道標), 도표(導標), 도돌이표, 동표(同標), 동그라미표, 드러냄표, 등표(等標), 등표(燈標), 따옴표, 마침표, 말없음표, 머무름표, 모자표(帽子標)/모표(帽標), 목표(目標), 묘표(墓標), 묶음표, 문표(門標), 물표(物標), 물결표, 물음표, 박자표(拍子標), 방향표(方向標), 변화표(變化標;임시표), 별표(별 모양의 표), 보탬표, 봉표(封標), 부등표(不等標), 부표(浮標), 북표(北標), 붙임표, 비표(秘標), 빠짐표, 뺄셈표, 사표(四標), 상표(商標), 생략표(省略標), 서표(書標), 성표(成標), 셈여림표(標), 손가락표, 손표, 수표(水標), 수표(手標), 숨김표, 숨표, 쉼표, 승표(乘標), 시표(視標), 신표(信標), 쌍방울표(雙;%), 안표(眼標), 안드러냄표, 안표(眼標), 암표(暗標), 양수표(量水標)/수표(水標), 열쇠표, 올림표, 원표(元標), 음표(音標), 음자리표(音), 이름표, 이유표(理由標), 이음표, 이정표(里程標), 임시표(臨時標;악곡이 기호), 입표(立標), 작은따옴표, 제표(除標), 제자리표, 조표(調標), 좌표(座標), 주표(畫標), 줄임표, 줄표, 지표(指標)[지표식물(植物); 건강지표(健康), 사회지표(社會), 생물지표(生物)], 집표(集標), 징표(徵標), 초표(礁標), 치표(置標), 큰따옴표, 화살표, 환표(換標) 들.

표(票**)** ①증거가 될 만한 쪽지. 선거를 할 때 유권자가 자기의 의사를 기록한 쪽지. ¶표를 끊다(정해진 돈을 내고 표를 사다). 표를 예매하다. 표결(票決;투표로써 결정함), 표받, 표심(票心); 가표(可票), 감표(監票), 감표(鑑票), 감표(減票), 개표(改票), 개표(開票), 검표(檢票), 계표(計票), 고정표(固定票), 공표(空票), 군표(軍票), 기표(記票), 기차표(汽車票), 꼬리표, 늑표(勒票), 돈표(현금으로 바꿀 수 있는 표), 동정표(同情), 득표(得票), 매표(買票), 매표(賣票), 몰표(한 출마자에게 무더기로 쏠리는 표), 무효표(無效票), 반대표(反對票), 배표, 배급표(配給票), 백표(白票), 버스표, 번호표(番號票), 복표(福票), 봉수표(逢受票), 부동표(浮動票), 부표(付票), 부표(否票), 부표(附票), 비행기표(飛行機票), 빙표(憑票/標), 사표(死票;낙선한 사람에게 던진 표), 산표(散票), 선표(船票), 수표(手票)[190], 수험표(受驗票), 승선표(乘船票), 암표(暗票), 영표(令票), 우표(郵票), 유효표(有效票), 인식표(認識票), 자표(字票), 장서표(藏書票), 전당표(典當票), 전표(傳票)[대체전표(對替), 수납전표(受納), 입금전표(入金), 지급전표(支給)], 전표(錢票), 증표(證票), 지지표(支持票), 지표(紙票), 집표(集票), 차표(車票), 찬표(贊票), 찬성표(贊成票), 타표(他票), 투표(投票)[191], 환표(換票). ②'가볍게 오르는 모양'을 나타내는 말. ¶표연(票然).

표(漂**)** '뜨다. 떠돌다. 바래다. 빨래하다'를 뜻하는 말. ¶표녀(漂女), 표랑(漂浪;물위에 떠돌아다님. 정처 없이 떠돌아다님), 표력토(漂礫土), 표류(漂流;떠돎)[표류기(記), 표류선(船), 표류하다], 표모(漂母;빨래하는 나이 든 여자), 표몰(漂沒), 표박(漂泊;흘러 떠돎. 정처 없이 떠돌아다니며 지냄)[유리표박(遊離)], 표백(漂白;희게 하는 일. 마전)[표백분(粉), 표백작용(作用), 표백제(劑)], 표사(漂砂), 표석(漂石), 표선(漂船), 표설(漂說), 표실(漂失;물에 떠내려가서 잃어버림), 표우(漂寓;漂泊), 표조(漂鳥;철새), 표착(漂着), 표토(漂土), 표표하다(漂漂), 표풍(漂風); 동표서랑(東漂西浪), 부표(浮漂) 들.

표(飄**)** '나부끼다'를 뜻하는 말. ¶표령(飄零;나뭇잎이 나부껴 떨어짐. 신세가 딱하게 되어 떠돌아다님), 표연하다(飄然)[192], 표요(飄搖), 표일하다(飄逸;마음이 내키는 대로 하여 세속에 얽매이지 아니하다), 표전(飄轉), 표탕(飄蕩;홍수로 재산을 떠내려 보냄. 정처 없이 헤매어 떠돎), 표표하다(飄飄;나부끼는 모양이 가볍다), 표풍(飄風), 표홀하다(飄忽;홀연히 나타났다가 사라지는 모양이 재빠르다) 들.

표(豹**)** '표범'을 뜻하는 말. ¶표문(豹紋), 표미번(豹尾旛), 표범, 표변(豹變)[193], 표사유피(豹死留皮), 표직(豹直;예전에, 오래도록 들던 番), 표피(豹皮); 애엽표(艾葉豹), 전표(全豹), 토표(土豹), 해표(海豹), 호표(虎豹) 들.

표(剽**)** '빠르다. 빼앗다'를 뜻하는 말. ¶표경하다(剽輕;몸이 재빠르다. 경솔하다), 표도(剽盜;剽掠), 표략(剽掠;협박하여 빼앗음), 표로(剽虜), 표습(剽襲;그대로 모방하는 것), 표절(剽竊)[194], 표탈(剽奪;剽掠), 표한하다(剽悍;표독하고 날쌤) 들.

표(瓢**)** '바가지. 표주박 모양의'를 뜻하는 말. ¶표단(瓢簞), 표자(瓢子), 표주박, 표충(瓢蟲;무당벌레); 단표/누항(簞瓢/陋巷), 단표자(單瓢子), 패표(佩瓢;빌어먹음), 패표착풍(佩瓢捉風) 들.

표(俵**)** '나누어 주다'를 뜻하는 말. ¶표재(俵災;흉년에 조세를 줄이던 일)/하다; 분표(分俵;흉년이 든 논밭의 세금을 덜어 줌) 들.

표(縹**)** '옥색. 사물의 모양'을 뜻하는 말. ¶표릉(縹綾;옥색의 무늬 비단), 표모(縹緲;어렴풋하게 보이는 모양. 넓고 끝이 없는 모양)/하다, 표창(鏢槍;던져서 적을 공격하는 무기).

표(驃**)** '표절따'를 뜻하는 말. ¶표가라(驃;몸이 검고 갈기가 흰 말), 표마(驃馬), 표절따(驃;누른 바탕에 흰 털이 섞이고 갈기와 꼬리가 흰 말).

---

190) 수표(手票): 수표액(額); 가계수표(家計), 공수표(空), 금전수표(禁轉), 당좌수표(當座), 백지수표(白紙), 보증수표(保證), 부도수표(不渡), 송금수표(送金), 앞수표, 여행자수표(旅行者), 연수표(延), 위조수표(僞造), 은행수표(銀行), 자기앞수표(自己), 횡선수표(橫線).

191) 투표(投票): 선거 또는 가부(可否)를 결정할 때에 용지에 자기 뜻을 표시하여 내는 일. 또는 그 표. ¶투표구(區), 투표권(權), 투표록(錄), 투표소(所), 투표수(數), 투표용지(用紙), 투표율(率), 투표인(人), 투표일(日), 투표자(者), 투표함(函); 가투표(假), 거수투표(擧手), 결선투표(決選), 결재(決裁)/결정(決定)투표, 공개투표(公開), 국민투표(國民), 기명투표(記名), 기호투표(記號), 단기투표(單記), 대리투표(代理), 도편투표(陶片), 무기명투표(無記名), 무투표(無), 무효투표(無效), 반대투표(反對), 복수투표(複數), 부재자투표(不在者), 부정투표(不正), 비밀투표(秘密), 상호원조투표(相互援助), 선거투표(選擧), 신임투표(信任), 연기투표(連記), 인기투표(人氣), 일반투표(一般), 재투표(再), 점자투표(點字), 지명투표(指名), 찬성투표(贊成).

192) 표연하다(飄然): ①비바람에 나부끼는 모양이 가볍다. ②훌쩍 나타나거나 떠나가는 모양이 거침없다. ¶표연히 떠나다. 표연히 자취를 감추다.

193) 표변(豹變): 표범의 털이 철에 따라 털갈이함으로써 그 무늬가 달라지듯이, '언행이나 태도 · 의견이 이전과 뚜렷이 달라짐. 마음이나 행동이 갑자기 변함'을 이르는 말. ¶태도가 표변하다.

194) 표절(剽竊): 남의 시가(詩歌) · 문장 따위의 글귀를 훔쳐서 자기 것인 것처럼 발표하는 일. 초습(剿襲). ¶표절 작품. 남의 작품을 표절하다.

표(慓) '날래다. 재빠르다'를 뜻하는 말. ¶표독(慓毒;사납고 독살스러움)[표독하다, 표독스럽다], 표한(慓悍).

표(瘭) '생인손(손가락 끝에 나는 종기)'을 뜻하는 말. ¶표저(瘭疽;손톱·발톱 밑에 생기는, 몹시 아픈 염증).

표(鰾) '부레'를 뜻하는 말. ¶표교(鰾膠;부레풀); 어표(魚鰾;부레), 어표교(魚鰾膠) 들.

표(鏢): '칼끝'을 뜻하는 말. ¶표창(鏢槍;끝이 호리병박 모양으로 가운데가 잘록한 창).

표고 송이과의 버섯. ¶표고나물, 표고버섯, 표고조림.

퐁 ①총알 따위가 가까이서 날아갈 때 날카롭게 나는 소리. ②물방울 따위가 고인 물 같은 곳에 떨어질 때 나는 소리. 〈큰〉퓽.

푸 ①입안에 있는 것을 내뱉거나 숨을 내쉴 때 내는 소리. ¶담배 연기를 푸 내뿜다. 푸푸/거리다/대다/하다. ②방귀를 힘없이 뀌는 모양.

푸~풋/풑– 일부 명사 앞에 붙어 '채 덜 익거나 덜 여문. 익숙하지 아니하여 서툰. 앳되고 연약한'의 뜻을 더하는 말. §'풀[초(草)]'이 '여물지 않은[미숙(未熟)]'으로 뜻이 바뀜.[푸–/풋–←풀+ㅅ]. ¶푸대접(待接), 푸둥지[195], 푸상투, 푸솜(타지 않은 날솜), 푸조기, 풑소[풑소가죽, 풑소고기]; 풋가슴, 풋가지, 풋감, 풋감자, 풋거름, 풋것, 풋고추, 풋곡식(穀食)/풋곡, 풋과일, 풋굿, 풋기운(氣運), 풋김치, 풋꼴, 풋나락, 풋나무, 풋나물, 풋낟알, 풋남새, 풋낯, 풋내, 풋내기[196], 풋눈(초겨울에 들어서 조금 내리는 눈), 풋다래, 풋닭, 풋담배, 풋담배꾼, 풋대, 풋대추, 풋돈, 풋되다, 풋뜸(풋내기), 풋마늘, 풋망아지(어린 망아지), 풋맥주(麥酒), 풋머루, 풋머리[197], 풋머슴, 풋먹이, 풋면목(面目;풋낯), 풋미역, 풋바둑, 풋바람, 풋바심[198], 풋밤, 풋밤송이, 풋배, 풋배추, 풋벼/바심, 풋병아리, 풋보리, 풋사과(沙果), 풋사랑, 풋사위, 풑소[199], 풑솜, 풋솜씨, 풋수(手), 풋수염(鬚髥), 풋술, 풋실과(實果), 풋심, 풋열매, 풋완두(豌豆), 풋윷(익숙하지 못한 윷 솜씨), 풋인사(人事), 풋잠(선잠), 풋장[200], 풋장기(將棋), 풋절이, 풋정(情), 푸조기, 풋철, 풋콩, 풋향기(香氣), 풋호박 들.

푸냥–하다 모양새가 좀 두툼하다.

푸너리 '푸너리장단(무악 장단의 하나)'의 준말. ¶민푸너리, 자진푸너리.

푸넘 조기 따위의 물고기들이 산란하기 위하여 바닷물이 빠져 바닥이 드러난 곳에 들어오는 습성.

195) 푸둥지: 아직 깃이 나지 아니한 어린 새의 날갯죽지.
196) 풋내기: ①젊고 경험이 없어 일에 서투른 사람. ¶풋내기 의사. ②차분하지 못하여 툭하면 객기(客氣)를 잘 부리는 사람.
197) 풋머리: 맏물이나 햇것이 나오는 무렵. 계절의 이른 때. ¶풋머리에 나온 과일. 풋머리라 싱싱하기는 하나 제 맛이 들지 않았다.
198) 풋바심: 채 익기 전의 벼나 보리를 지레 베어 떨거나 훑는 일.
199) 풑소: 여름에 생풀만 먹고 사는 소.[←풀+소]. ¶풑소가죽, 풑소고기.
200) 풋장: 가을에 억새·참나무 따위의 잡목이나 잡풀을 베어서 말린 땔나무.

푸네기 가까운 제살붙이(친척)를 낮잡아 이르는 말.=푸녁. ¶자기 푸네기만 안다. 제 푸네기끼리 나눠 먹다. §겯쪽(가까운 일가친척). 결찌(먼 친척).

푸념 ①굿을 할 때에 무당이 귀신의 뜻을 받아 정성들이는 사람을 꾸짖음. ②마음속에 품은 불평을 말함.≒넋두리. ¶푸념을 늘어놓다. 푸념하다; 술푸념(술을 마시면서 술주정이나 신세 한탄을 하는 일).

푸(다) 물 따위의 액체를 자아올리거나 떠내다. 그릇 속에 든 가루·곡식이 밥 따위를 떠내다. ¶우물에서 물을 푸다. 주걱으로 밥을 푸다. 푸게[201], 퍼내다, 퍼넘기다, 퍼담다(함부로 많이 담다), 퍼마시다, 퍼먹다, 퍼버리다, 퍼붓다[내리퍼붓다(눈이나 비가 힘차게 오다. 물 따위를 위에서 아래로 마구 붓다), 들이퍼붓다, 내퍼붓다], 퍼안기다(마구 퍼서 안겨주거나 맡기다), 퍼올리다 들.

푸닥–거리 부정이나 살을 푼다고 무당이 간단하게 음식을 차리고 하는 굿.[←풀(다)+닦(다)+거리]. ¶푸닥거리하다.

푸덕 어떤 일이나 움직임이 아주 천천히 또는 띄엄띄엄 드물게 일어나는 모양. ¶푸덕푸덕 내리는 눈 속으로 자전거를 모는 그의 마음은 한없이 외롭기만 하였다. 푸뜩[202].

푸데기 한데 수북이 쌓인 더미.

푸드득 묽은 유동물(流動物)이 갇힌 상태로 있다가 갑자기 터져 나올 때 거세고 야단스럽게 나는 소리. ¶푸드득거리다/대다.

푸디리 =깊숙이. ¶그의 마음에는 아내의 말이 푸디리 박혔다.

푸뜩푸뜩 ①드문드문 나타나는 모양. ②눈송이나 바람 따위에 날려 성기게 자꾸 떠도는 모양. ¶푸뜩푸뜩하다.

푸르(다) ①하늘빛이나 쪽빛 같다. ¶하늘이 맑고 푸르다. 파랗다[203], 푸렁(푸른 빛깔이나 물감), 푸렁이(푸른빛의 물건), 푸르누렇다, 푸르데데하다, 푸르무레지다, 푸르대콩[청태(靑太)], 푸르디푸르다, 푸르딩딩[204], 푸르락누르락, 푸르락붉으락, 푸르싱싱/하다, 푸르죽죽·파르족족하다, 푸르청청하다(靑靑), 푸르퉁퉁하다(산뜻하지 못하게 푸르다), 푸른[푸른곰팡이, 푸른나물, 푸른도요, 푸른똥, 푸른빛, 푸른양반(兩班;덕과 세력이 있는 사람), 푸른얼

201) 푸게: 무엇을 퍼내는 데 쓰는 기구. ¶푸게질/하다.
202) 푸뜩: 이따금 띄엄띄엄 나타나는 모양.
203) 파랗다: ①새뜻하고 곱게 푸르다. 〈큰〉퍼렇다. ¶파란 하늘. 파라우리/하다(파란빛이 은은하다), 파란빛, 파란색(色), 파랑[파랑강충이, 파랑나나니, 파랑무지기, 파랑벌, 파랑새, 파랑이, 파랑콩], 퍼렁·푸렁, 파랑·퍼렁·푸렁이, 파래지다·퍼레지다, 파르께·푸르께하다, 파르대대·푸르데데하다, 파르댕댕·푸르뎅뎅하다, 파르라니, 파르무레·푸르무레하다, 파르스레·푸르스레하다, 파르스름·푸르스름하다, 파르족족·푸르죽죽하다, 파름·퍼름/하다, 파릇·퍼릇·푸릇/하다, 파리우리하다(파란빛이 은은하다); 검퍼렇다, 새파랗다, 시퍼렇다, 새파래지다, 시퍼레지다. ②푸른 기운이 돌 정도로 날카로운 상태에 있다. ¶서슬이 퍼렇다. 파랗게 칼날이 서다. ③사람이 몹시 놀라거나 공포에 질려 얼굴빛이 핼쑥해지다. ¶뉴스를 보더니 그는 얼굴이 파랗게 질렸다.
204) 푸르딩딩: ①칙칙하고 푸른 모양. ¶하늘이 푸르딩딩 변하다. ②몹시 성이 나서 얼굴에 노기를 띤 모양. ¶푸르딩딩 성난 얼굴.

음, 푸른콩], 푸릿하다(한 군데가 조금 짙게 푸르스름하다); 푸름[205], 푸릇푸릇·파릇파릇, 풋풋하다[206]; 감파르다, 검푸르다, 감파르잡잡·검푸르접접하다, 감파르족족·검푸르죽죽하다, 늘푸르다, 새포름[207], 얕푸르다(빛이 연하고 푸르다), 연푸르다(軟), 짙푸르다, 희푸르다(흰색을 띠면서 푸르다). 희푸르스름/하다/히, 희푸릇/하다. ②무척 싱싱하다. 희망이나 포부가 크고 아름답다. ¶푸른 꿈. ③세력이 당당하다. ¶서슬이 푸르다. 푸른 양반(兩班). ☞ 청(靑).

푸만-하다 배가 불러 조금 거북한 느낌이 있다.[←포만(飽滿)]. ¶밥을 많이 먹어 푸만하다. 푸만한 배를 주체를 못하는 듯이 깔고 엎드려 씨근씨근하였다.

푸수-하다 성품이 까다롭거나 사납지 않고 무던하다. 수수하고 텁텁하다. 맛이 독하지 않고 순하다. ¶푸수한 시골 아주머니. 푸수한 사투리. 푸수한 잎담배.

푸슛 화살이 날아가는 소리나 모양.

푸시시 불기가 있는 재 따위에 물을 부을 때 나는 소리.

푸쟁 모시옷·베옷 따위를 빤 뒤 풀을 먹이어 대강 발로 밟아 손질한 다음 다리미로 다리는 일. ¶푸쟁이.

푸접 남에게 너그럽고 따뜻이 대하는 성질. 붙임성이나 남을 받아들이는 마음.≒포용심(包容心). ¶푸접이 좋은 말솜씨. 푸접스럽다(보기에 붙임성이 없이 쌀쌀한 데가 있다), 푸접없다[208].

푸주 소나 돼지 따위 짐승을 잡아서 그 고기를 파는 가게.[←포주(庖廚). 포자(鋪子)]. ¶푸줏간(間;정육점), 푸주질/하다, 푸주한(漢); 사푸주(私;무허가로 고기를 잡아 파는 곳).

푸지(다) 먹을 것이 매우 많아서 넉넉하다. ¶잔칫상에 음식이 푸지다. 푸지게 먹었다. 푸닥지다[209], 푸짐[성대(盛大)], 푸짐하다(꽤 푸지다.≒넉넉하다), 푸짐히.

푸집개 병장기(兵仗器)를 덮는 물건. ¶푸집개로 덮다.

푸-하다 속이 꽉 차지 아니하고 불룩하게 부풀어 있다.≒푸석하다. ¶푸한 머리. 푸하게 부피만 크니 꼭꼭 쟁여 넣어라.

푹푹-하다 종이·피륙 따위가 두툼하고 헤식어서 여리다.

푹-하다 겨울 날씨가 퍽 따뜻하다.≒포근·푸근하다. ¶겨울 날씨답지 않게 날씨가 푹하다.

푼 ①옛날 엽전(葉錢)의 단위. 적은 양의 돈. ¶푼거리(몇 푼어치 땔나무를 사고파는 일.=푼내기)[푼거리나무, 푼거리질/하다], 푼내기/흥정, 푼돈, 푼물(이따금 한 지게씩 사는 물), 푼빵[210], 푼사[211], 푼어치, 푼장수(푼거리질하는 장수), 푼전(錢), 푼푼이(한 푼씩 한 푼씩); 대푼[212], 돈푼(돈냥), 반푼/쭝(←半分/重), 쇠푼(얼마 안 되는 돈). ②무게의 단위. 한 돈의 1/10. ¶대푼쭝(한 푼의 무게). ③한 치의 1/10, 약 0.33㎝를 이르는 길이의 단위. ¶세 치 두 푼. 푼끌(작은 끌), 푼치(얼마 안 되는 차이). ④백에 대한 비율로, 할(割)의 1/10. ¶3할 5푼 2리. 대푼변(邊).

푼수 ①얼마에 상당한 정도.[←분수(分數)]. ¶푼수에 맞다(어떤 정도에 알맞다). 세간 푼수를 보니 그렇게 못사는 것 같지도 않았다. ②됨됨이. 자격. 상태나 형편. ¶그 일을 해낼 만한 푼수가 못된다. 사람은 자기 푼수를 알아야 한다. 살림푼수[213]. ③생각이 모자라고 어리석은 사람. ¶푼수끼(깜냥이 좀 모자라는 듯한 기미), 푼수데기, 푼수없다/없이.

푼주 아가리가 넓고 밑이 좁은 사기그릇. ¶푼주로 물을 뜨다. 술푼주(술을 넣는 푼주).

푼푼-하다 모자람이 없이 넉넉하다.(≒푸짐하다). 옹졸하지 아니하고 너그럽고 활달하다. ¶먹을 것이 푼푼하다. 그의 마음은 언제나 푼푼하였다. 음식을 푼푼히 마련하다. 푼푼한 성격. 푼푼히/푼히(모자람 없이 넉넉하게. 너그럽게), 푼더분하다[214], 푼하다.

풀¹ 무엇을 붙이거나 또는 피륙 따위를 빳빳하게 만드는 데 쓰는 끈끈한 물질. 활기(活氣). ¶밀가루로 풀을 쑤다. 풀이 서다(풀을 먹이어 피륙이 빳빳하다). 풀이 꺾이다. 풀이 죽다(활기나 기세가 꺾이어 맥이 없다). 풀그릇, 풀기(氣;풀을 먹여 빳빳해진 기운. 사람의 씩씩하고 활발한 기운), 풀끝(풀의 아주 적은 분량), 풀끼알(귀얄), 풀다듬이/하다, 풀덩이, 풀떼기(잡곡의 가루로 쑨 죽)/풀떡, 풀맛, 풀맷돌/풀매(풀쌀을 가는 매), 풀먹이다[215], 풀발[216], 풀방구리(풀을 담아 놓은 그릇), 풀배접(여러 겹으로 붙임), 풀비(귀얄 대신 쓰는 작은 비), 풀빵, 푸새'[217], 풀세다[218], 풀솔, 풀쌀, 풀쑤다[219], 풀없이(기운이나 힘이 없이), 풀자루, 풀젓개, 풀주머니, 풀죽다[220], 풀질/하다, 풀집, 풀칠/하다(漆), 풀칼, 풀판(板;풀을 개는 널조각), 풀포수(泡水)[221], 풀하다(풀을 먹이다), 풀함지,

205) 푸름: ①어렴풋하게 날이 밝아올 때 하늘이 차츰 훤하게 되는 모양. ¶벌써 날이 푸름푸름 밝아오기 시작했다. ②군데군데 좀 푸르스름해지는 모양.

206) 풋풋하다: 풋내와 같이 싱그럽다. 푸르고 싱싱하다. ¶풋풋한 오월의 향기. 풋풋한 젊은이. 풋풋한 과일 향내.

207) 새포름: 산뜻하게 포르스름한 모양. ¶새포름 맑은 가을하늘.

208) 푸접없다: 붙임성이나 인정, 또는 엉너리가 없이 쌀쌀한 데가 있다. ¶푸접없이 행동하다.

209) 푸닥지다: 많지 않은 것을 많다고 비꼴 때에 '푸지다'의 뜻으로 쓰는 말. ¶그 푸닥진 돈벌이를 시킬 셈이냐. 푸닥지게 술도 사곤 하였다. 꽤 푸지다(푸지지 않다).

210) 푼빵: 흙 파는 일에서 나르는 짐의 수에 따라 품삯을 주는 일.

211) 푼사: 돈을 몇 돈이라고 셀 때에 남는 몇 푼. ¶열 돈 푼사.

212) 대푼: 아주 적은 돈. 돈 한 푼. ¶대푼거리질(푼거리질), 대푼변(邊;100분의 1이 되는 이자), 대푼짜리(돈 한 푼 값에 해당하는 물건. 값어치가 없는 물건), 대푼쭝(한 푼의 무게).

213) 살림푼수: 한집안을 이루어 살아가는 형편.

214) 푼더분하다: ①생긴 모양이 두툼하고 탐스럽다. ¶푼더분한 얼굴. 성격이 걱실걱실하고 푼더분한다. ②여유가 있고 넉넉하다. ¶살림살이가 푼더분한 집안. 푼더분히.

215) 풀먹이다: 옷이나 천 따위를 묽게 갠 풀물에 넣고 주물러 풀이 배어들게 하다.

216) 풀발: 옷이나 천에 풀을 먹여 선 발. ¶풀발이 서다. 풀발이 죽은 삼베옷.

217) 푸새': 옷 따위에 풀을 먹이는 일. ¶푸새를 한 후에 다림질을 하다. 푸새하다.

218) 풀세다: 기세나 성질 따위가 팔팔하거나 뻣뻣하다.↔풀죽다.

219) 풀쑤다: ①무리풀이나 밀가루를 물에 타서 불에 익히다. ②재산을 휘저어버리다.

220) 풀죽다: ①풀기가 적어서 빳빳하지 못하다. ¶풀죽어 후줄근한 옷. ②활기나 기세가 꺾여 맥이 없다. ¶풀죽은 목소리.

ㅍ

풀힘; 감자풀, 강풀(물에 개지 아니한 된풀), 갖풀(아교풀), 고무풀, 내풀로[222], 녹말풀(綠末), 된풀, 딱풀, 무리풀[223], 물풀, 뭍풀, 밀풀(밀가루로 쑨 풀), 밥풀[224], 부레풀(민어의 부레를 끓여 만든 풀)[어표교(魚鰾膠)], 붙임풀, 생풀(生), 쌀풀, 아교풀(阿膠;갖풀), 이풀(입쌀가루로 쑨 풀), 제풀로/에(저절로 되는 바람에), 진풀[1][225], 콩풀[226], 한풀[227]. ☞ 호(糊). 교(膠).

풀[2] 줄기가 연하고 물기가 많은 식물을 통틀어 이르는 말. ¶풀이 돋아나다. 풀을 뽑다. 소가 풀을 뜯는다. 풀갓[228], 풀꺾다/꺾이(못논에 거름할 갈풀을 베다), 풀꽃, 풀꾼(꼴을 베는 사람), 푸나무(풀과 나무), 풀대(풀의 대), 풀덤불, 풀독(毒), 풀둔덕(풀이 무성한 둔덕), 풀등[229], 풀떨기, 풀띠(초본대), 푸르다, 풀막(幕), 풀매기(잡초를 뽑는 일. 김매기), 풀모, 풀밭, 불벌(풀이 많이 난 벌판. 초원), 풀벌레, 풀베기, 풀빛, 풀뿌리(뿔의 뿌리. 민초), 풀살(풀을 먹고 오른 짐승의 살), 푸새[2][230], 풀색(色), 푸서리[231], 푸성귀[232], 푸섶(풀이 우거진 곳), 풀숲, 풀시렁, 풀싸움/풀쌈, 풀싹, 풀쐐기(불나방의 애벌레), 풀씨, 풀약(藥;제초제), 풀언덕, 풀열매, 풀이름, 풀이슬, 풀잎/피리, 풀줄기, 풀포기, 푸지개[233], 풀피리, 풀향기(香氣), 풋풋하다[234]; 갈풀, 강아지풀, 거름풀, 골풀, 노루발풀, 논풀, 덩굴풀, 독풀(毒), 독말풀(毒), 두렁풀, 두엄풀, 들풀, 뜬풀[부초(浮草)], 마른풀, 마풀[해조(海藻)], 매듭풀, 먹이풀, 모드라기풀(끈끈이주걱), 모풀(못자리에 거름으로 넣는 풀), 물풀[수초(水草)], 밭풀, 보리풀, 비단풀(緋緞), 생풀(生), 쇠풀, 쐐기풀, 애기풀, 애기똥풀, 약풀(藥), 여러해살이풀, 자귀풀, 잔풀(어린풀)[잔풀나기, 잔풀내기, 잔풀호사(豪奢)], 잡풀(雜), 조개풀, 진풀[2](시들어 마르지 않은 푸른 풀), 토끼풀, 파리지옥풀(地獄), 파리풀(파리를 잡는 데 쓰는 풀), 한해살이풀, 회향풀(茴香). ☞ 초(草).

풀(다) 묶이거나 얽히거나 또는 합쳐진 것을 끌러 흩어지게 하다.(≒끄르다.↔감다[3]. 매다. 맺다. 싸다[1]). 감정이나 상태를 가라앉히거나 사라지게 하다. 액체에 다른 물질을 타서 섞다.(≒녹이다). 알아내거나 해결하다. ¶매듭을 풀다. 정부가 수입 규제를 풀다. 증오심을/ 노여움을 풀다. 물에 물감을 풀다. 수학 문제를 풀다. 풀가락(본디의 가락을 변주하여 타는 가락), 푸는목(푸는 목소리), 풀대님(대님을 치지 않는 일)/하다, 푸레죽(粥), 풀리다[235][풀려나다/나오다], 풀매듭(↔옭매듭), 풀머리(풀어헤친 머리), 풀보기[236], 푸서[237], 풀솜[238], 풀어나가다, 풀어내다[239], 풀어놓다, 풀어뜨기, 풀어먹다(써먹다), 풀어먹이다(여러 사람에게 재물을 나누어주다), 풀어쓰기/쓰다, 풀어주다, 풀어지다, 풀어헤치다, 풀이[240], 푸지위(知委)[241], 풀쳐생각[242]/하다, 풀치다[243], 풀치마(↔통치마), 풀흙(도자기를 만드는 점토); 개개풀리다, 개개풀어지다[244], 되풀다/풀리다, 되풀이/하다, 땅풀림[해토(解土)], 몸풀다(아이를 낳다. 피로를 풀다), 얼레살풀다, 줄풀리다[245], 중동풀다(中;중동치레를 잘하다). ②'-풀(이)'의 꼴로, 일부 명사 뒤에 붙어 '그 기운이나 감정을 풀어버림. 또는 그 일을 해결함. 해석하다. 팔다'의 뜻을 더하는 말. ¶감정풀이(憾情), 골풀이, 고풀이, 과거풀이(科擧), 관상풀이(觀相), 귀양풀이, 근풀이(斤), 넋풀이, 논풀이, 다리풀이, 달풀이, 대문풀이(大門), 댕기풀이, 독살풀이(毒煞), 돈풀이, 돌풀이, 되풀이(곡식을 되로 되어 파는 일), 뒤풀이[1,2], 뒷전풀이, 뜻풀이, 망발풀이(妄發)[246], 모두풀이, 몸풀이(해산하는 일), 몸살풀이, 변풀이, 본풀이(本), 부자풀이(富者), 부정풀이(不淨), 분풀이(憤), 살풀이(煞), 삼신풀이(三神), 삼재풀이(三災), 상문풀이(喪門), 샘풀이, 생일풀이(生日), 설치풀이(雪恥), 성풀이, 성주풀이, 소리풀이, 소원풀이(所願), 속풀이, 손님풀이, 시왕풀이(十王), 신풀이(神), 신풀이(新), 실풀이, 심심풀이, 심화풀이(心火), 쌍진풀이(雙陳), 악풀이(惡), 악증풀이(惡症), 앙분풀이(怏憤), 액풀이(厄), 약풀이(藥), 역정풀이(逆情), 엽전풀이(葉錢), 올풀이[247], 왕풀이, 원풀이

221) 풀포수(泡水): 갈모 · 쌈지를 만들 때, 기름을 겯기 전에 묽은 풀을 먼저 바르는 일.

222) 내풀로: 내 마음대로.[←내+풀+로].

223) 무리풀: 무릿가루로 쑨 풀. ☞ 무리[2].

224) 밥풀: 밥알. ¶밥알로 편지를 봉하다. 얼굴에 붙어 있는 밥알. 밥풀강정, 밥풀과자(菓子), 밥풀눈, 밥풀눈이, 밥풀칠.

225) 진풀[1]: 빨래를 한 뒤 마르기 전에 곧 먹이는 풀.[←질(다)+풀]. ¶홑이불에 진풀을 먹이다.

226) 콩풀: 종이나 헝겊 따위를 풀칠하여 붙일 때, 그 사이에 공기가 들어가서 콩알처럼 겉으로 들뜬 자리.

227) 한풀: 어느 정도의 끈기나 기세 또는 패기. ¶한풀 꺾이다(한창 거세던 기세가 수그러지다). 한풀죽다(기세가 줄어들다).

228) 풀갓: ①초립(草笠). ②풀 · 갈풀 등을 가꾸는 말림갓.

229) 풀등: 강이나 냇물 속에 모래가 쌓이고 그 위에 풀이 수북하게 난 곳. 풀로 덮인 등성이.

230) 푸새[2]: 산과 들에 저절로 나서 자라는 풀을 통틀어 이르는 말.[←풀+새(풀)]. ¶푸새김치, 푸새다듬(김매기), 푸새밭(풀밭. 채소밭).

231) 푸서리: 잡초가 무성한 거친 땅.[←풀+서리(사이)]. 황야(荒野). ¶좀 높은 데 있는 푸서리를 '버덩'이라고 한다.

232) 푸성귀: 사람이 가꾼 채소나 저절로 난 나물을 두루 일컫는 말. ¶우리 집은 주로 푸성귀를 먹는다.

233) 푸지개: 새 사냥꾼이 풀이나 나무로 엮어 제 몸을 감추는 기구. ¶푸지개꾼.

234) 풋풋하다: 풋내와 같이 싱그럽다. 푸르고 싱싱하다. ¶풋풋한 오월의 향기. 풋풋한 정을 나누다.

235) 풀리다: 엉기어 맺혔거나 묶였거나 오므라들었던 것이 풀어지다. 얼었던 것이나 추위가 녹다. 한(恨)이 해소되다. 어려운 이치나 문제가 밝혀지다. 자유의 몸이 되다. 돈이나 자금이 방출되다. 눈동자가 초점이 없이 거슴츠레하다. ¶실타래가 잘 풀리다. 추위가 풀리다. 원한이 풀리다. 수수께끼가 풀리다. 통행금지가 풀리다. 갇혔던 몸이 풀리다. 시중에 돈이 풀리다. 눈동자가 풀리다.

236) 풀보기: 신부가 혼인한 며칠 뒤에 간단한 예장(禮裝)으로 시부모를 뵈러 가는 의식.[←풀(다)+보(다)+기].

237) 푸서: 피륙을 베어 낸 자리에서 풀어지는 올.[←풀(다)]. ¶그녀는 푸서가 생기는 것을 막기 위하여 감침질을 했다.

238) 풀솜: 실을 켤 수 없는 고치를 삶아서 늘여 만든 솜.

239) 풀어내다: ①얽힌 것들을 끌러내다. ¶옭힌 매듭을 풀어내다. ②어떤 이치나 문제를 깊이 연구하여 밝혀내다. ¶암호문을 풀어내다. 어려운 확률 문제를 풀어내다.

240) 풀이: 뜻을 쉬운 말로 밝히어 알림. 어떤 문제가 요구하는 결과를 얻어냄. ¶문제를 풀이하다. 낱말을 풀이하다. 풀이말, 풀이씨; 낱말풀이, 뜻풀이.

241) 푸지위(知委): 명령했던 것을 도로 중지시킴. ¶걸핏하면 푸지위다. 푸지위하여 신뢰가 떨어지다.

242) 풀쳐생각: 맺혔던 생각을 풀어 버리고 스스로 위로함.

243) 풀치다: 맺혔던 마음을 돌리어 너그럽게 용서하다. ¶생각을 풀치다. 할아버지께서는 아이들의 장난을 풀치셨다.

244) 개개풀어지다: ①끈끈하던 것이 녹아서 풀어지다. ②졸리거나 술에 취하여 눈의 정기가 흐려지다.=개개풀리다. ¶피로하여 개개풀어진 눈.

245) 줄풀리다: 광맥이 먼저 파낸 데보다 차차 좋아지다.

246) 망발풀이(妄發): 욕이 되게 언행을 한 것을 씻기 위하여 그 말을 들은 사람에게 한턱내는 일.

247) 올풀이: 규모가 작은 장사치가 상품을 낱자나 낱개로 파는 일. ¶올풀이하다.

(怨), 원풀이(願), 원수풀이(怨讐), 원앙풀이(鴛鴦), 은혜풀이(恩惠), 의문풀이(疑問), 자풀이[尺], 잔풀이(盞), 장독풀이(醬), 장자풀이(長子), 재풀이(材), 제곱근풀이(根), 제석풀이(帝釋), 조왕풀이(竈王), 중북살풀이(煞), 지신풀이(地神), 칠성풀이(七星), 한풀이(恨), 화풀이(火). ☞ 해(解).

풀무 불을 피울 때 바람을 일으키는 기구.[〈불무]. ¶광산에서는 풀무를 '소탕'이라고 한다. 풀무간, 풀무불, 풀무질/하다, 풀무틀; 골풀무[248], 디딜풀무(발로 디디어 바람을 내는 풀무), 발풀무, 손풀무, 자새풀무(자새처럼 돌려서 바람을 나게 만든 풀무) 들.

풀치 갈치의 새끼.

풀풀-하다 참을성이 적고 성질이 매우 괄괄하다. ☞ 팔팔.

품[1] 어떤 일을 하는 데 드는 노력이나 수고.≒노동(勞動). ¶품이 많이 드는 일. 품을 갚다. 품을 메다(일을 도중에 그만두다). 품을 버리다(일해야 하는 시간을 다른 일을 위해 소비하다). 품값(품삯), 품갚음(남에게 도움을 받은 것을 그대로 갚음)/하다, 품개질(삯일), 품꾼, 품돈(품삯으로 받는 돈), 품밥(품을 시키면서 먹이는 밥), 품방아[1](방아품), 품버리다[249], 품삯, 품셈[250], 품앗이[품앗이꾼, 품앗이하다], 품팔이[품팔이꾼/품꾼, 품팔이터, 품팔이하다]; 걸음품, 글품[251], 길품, 날품/팔이, 다리품, 달품, 대품(代;받은 품 대신에 갚아 주는 품), 매품/팔이, 모품(모내기를 하고 받는 품삯), 바느질품, 밖품(밖에 나가서 하는 노동), 반품(半;하루 품의 절반), 발품, 방아품, 빨래품, 삯품, 온품(온 하룻일의 품이나 품삯), 짐품 들.

품[2] ①웃옷의 양쪽 겨드랑이 밑에서 오른쪽 겨드랑이 밑까지의 넓이. 또는 그 부분. ¶품이 맞다. 품을 줄이다. 뒤품, 앞품. ②웃옷을 입었을 때, 가슴과 옷과의 틈. ¶품에 감추다. 목품(목둘레의 여유 있는 옷의 치수), 살품[252]. ③두 팔을 벌려 안아 주는 가슴. ¶엄마 품에 안기다. 내 품에 돌아오라. 품다[1], 품밖, 품방아[2](계집을 끼고 노는 것. 계집질), 품속(품안), 품안(품의 안. 보살펴 주는 곳), 품안다(품에 안다); 동품[253]. ④'따뜻이 감싸주거나 위안을 받을 수 있는 환경'의 비유. ¶조국의 품에 안기다. 고향의 품으로 돌아오다.

품[3] 행동이나 말씨에서 드러나는 태도나 됨됨이.=품새. 용언의 관형형 어미 '-ㄴ' 아래에 쓰이어, '그 동작이나 됨됨이'를 나타내는 말. ¶하는 품이 엉성하다. 말하는 품이 건방지다. 품새가 몹시 어색하다. 품밟기(태껸 동작의 하나), 볼품[254]; 품세[255].

---

248) 골풀무: 땅에 고랑을 파서 꾸미어 놓은 풀무. 발풀무.

249) 품버리다: 일해야 하는 시간을 다른 일을 위하여 쓰다.

250) 품셈: 품이 드는 수효와 값을 계산하는 일.

251) 글품: 글을 쓰는 데 드는 품이나 노력. ¶글품을 팔다. 글품쟁이.

252) 살품: 옷과 가슴 사이에 생기는 빈 틈.

253) 동품: 남녀가 한 이불 속에서 자는 일. 곧 노력과 능률 및 재료를 수량으로 표시한 것.

254) 볼품: 겉으로 드러나 보이는 볼 만한 자세. ¶볼품이 있게 꾸미다. 볼품없다(겉으로 보기에 초라하다).

255) 품세: 태권도에서, 겨루는 상대가 없이 공격과 방어의 기본 기술을 익힐 수 있도록 구성해 놓은 연속 동작.

품(品) '물질. 물건이나 작품. 품격(品格). 벼슬의 등급'을 뜻하는 말. ¶품건(品件), 품격(品格;품위. 물건의 좋고 나쁨의 정도), 품계(品階;品級), 품관(品官), 품관(品冠), 품귀/주(品貴/株), 품급(品級;벼슬의 등급), 품대(品帶), 품등(品等;품질과 등급), 품등(品燈;벼슬아치가 밤 나들이할 때 들고 다니던 등), 품등법(品等法), 품렬(品劣), 품류(品類), 품명(品名), 품목(品目), 품물(品物), 품반(品班), 품별(品別), 품사/론(品詞;씨/論), 품석(品石;品階石), 품석(品席;벼슬아치가 품위에 따라 깔던 방석), 품성(品性;품격과 성질), 품수(品數;품계의 차례), 품안(品案), 품위(品位)[256], 품자(品字), 품재(品才;성품과 재질), 품절(品切;切品)/하다(동나다), 품정(品定), 품종(品種)[품종개량(改良); 합성품종(合成)], 품질(品質;바탕)[257], 품평/회(品評/會), 품행(品行;몸가짐); 가공품(加工品), 가품(佳品), 가품(家品), 가공품(加工品), 간품(看品), 강매품(强賣品), 개량품(改良品), 개발품(開發品), 건재품(建材品), 건제품(乾製品), 건조품(乾燥品), 검품(檢品), 격외품(格外品), 견본품(見本品), 결정품(結晶品), 경품(景品), 경량품(輕量品), 계품(階品), 계절품(季節品), 고가품(高價品), 고공품(藁工品), 고급품(高級品), 고안품(考案品), 고품(高品), 골품/제도(骨品/制度), 골각품(骨角品), 골동품(骨董品), 공납품(貢納品), 공산품(工産品), 공손품(工損品), 공업품(工業品), 공예품(工藝品), 공용품(共用品), 공작품(工作品), 과세품(課稅品), 과품(果品), 관급품(官給品), 관용품(官用品), 관제품(官製品), 구급품(救急品), 구매품(購買品), 구제품(救濟品), 구호품(救護品), 국산품(國産品), 군납품(軍納品), 군수품(軍需品), 군용품(軍用品), 귀품(貴品), 귀중품(貴重品), 규격품(規格品), 근제품(謹製品), 금품(金品), 금속품(金屬品), 금수품(禁輸品), 금제품(金製品), 금제품(禁制品), 금지품(禁止品), 급조품(急造品), 기품(奇品), 기품(氣品), 기념품(記念品), 기료품(機料品), 기성품(旣成品), 기증품(寄贈品), 기호품(嗜好品), 낙농품(酪農品), 낙제품(酪製品), 남제품(濫製品), 남조품(濫造品), 납품(納品;;주문품을 가져다 줌), 내용품(內容品), 내장품(內粧品), 내장품(內藏品), 냉동품(冷凍品), 냉훈품(冷燻品), 노획품(鹵獲品), 늘품[258], 단장품(丹粧品), 단조품(鍛造品), 담보품(擔保品), 답례품(答禮品), 답품(踏品;踏驗), 당품(當品), 대품(代品), 대용품(代用品), 덕용품(德用品), 도품(盜品), 도난품(盜難品), 동품(同品), 동건품(凍乾品), 등외품(等外品), 매품(賣品), 매상품(賣上品), 매출품(賣出品), 면세품(免稅品), 명품(名品), 모사품(模寫品), 모조품(模造品), 목공품(木工品), 목제품(木製品), 목조품(木彫品), 몰수품(沒收品), 묘품(妙品), 무세품(無稅品), 무역품(貿易品), 문품(門品), 물품(物品), 미품(美品), 미사용품(未使用品), 미성품(未成品), 미술품(美術品), 미완성품(未完成品), 미제품(未製品), 미착품(未着品), 민수품(民需品), 민예품(民藝品), 밀매품(密賣品), 밀수입품(密輸入品), 밀수품(密輸品), 박래품(舶來品), 박제품(剝製品),

---

256) 품위(品位): ①직품(職品)과 지위. ¶품위를 높이다. ②사람이 갖추고 있는 기품이나 위엄. 또는 인격적 가치. ¶품위 있는 사람. 품위를 지키다. ③금은화가 머금은 금과 은의 비례. ④광석 중에 포함된 금속의 정도. ¶품위가 낮은 철광석.

257) 품질(品質): 물품의 성질. 물건이 된 바탕. ¶품질 향상을 꾀하다. 품질개선(改善), 품질관리(管理), 품질보증(保證), 품질불량(不良), 품질표시(表示); 고품질(高).

258) 늘품: 앞으로 좋게 발전할 품질. 또는 그 가능성. ¶늘품 있는 사업.

박침품(粕沈品), 반품(返品;사들인 물건을 도로 돌려보냄), 반입품(搬入品), 반제품(半製品), 반출품(搬出品), 반환품(返還品), 발명품(發明品), 배건품(焙乾品), 배급품(配給品), 배당품(配當品), 배장품(陪葬品), 배정품(配定品), 범품(凡品), 별품(別品;별다른 물품이나 품질), 보급품(補給品), 보세품(保稅品), 복리품(福利品), 복제품(複製品), 복식품(服飾品), 봉제품(縫製品), 부품(部品), 부분품(部分品), 부속품(附屬品), 부식품(副食品), 부품장(副葬品), 부정품(不正品), 분장품(扮裝品), 불량품(不良品), 불완품(不完品), 불완전(不完全品), 불용품(不用品), 불하품(拂下品), 불합격품(不合格品), 비품(備品), 비매품(非賣品), 비장품(秘藏品), 사은품(謝恩品), 사제품(私製品), 사치품(奢侈品), 상품(上品), 상품(商品), 상품(賞品), 상등품(上等品), 상상품(上上品), 생산품(生產品), 생필품(生必品), 서품(序品), 서품(敍品), 석제품(石製品), 선사품(膳賜品), 선용품(船用品), 설비품(設備品), 성품(性品), 성품(聖品), 성과품(成果品), 성수품(盛需品), 성형품(成形品), 세공품(細工品), 세전품(世傳品), 소품(小品), 소건품(掃乾品), 소모품(消耗品), 소비품(消費品), 소성품(燒成品), 소유품(所有品), 소장품(所藏品), 소지품(所持品), 송품(送品), 수장품(收藏品), 소지품(所持品), 수공업품(手工業品), 수공품(手工品), 수매품(收買品), 수예품(手藝品), 수용품(需用品), 수입품(收入品), 수입품(輸入品), 수장품(收藏品), 수장품(水葬品), 수제품(手製品), 수집품(蒐集品), 수출품(輸出品), 수출입품(輸出入品), 습작품(習作品), 승품(陞品), 시품(詩品), 시공품(試供品), 시설품(施設品), 시작품(試作品), 시제품(試製品), 식품(食品), 식량품(食糧品), 식료품(食料品), 식용품(食用品), 신품(神品)[259], 신품(新品), 실용품(實用品), 안조품(贋造品), 압류품(押留品), 압수품(押收品), 압연품(壓延品), 애용품(愛用品), 애장품(愛藏品), 언품(言品;말의 품위), 약품(藥品), 양품(良品), 양품(洋品), 양건품(陽乾品), 연산품(連產品), 연제품(軟製品), 열품(劣品), 염가품(廉價品), 염건품(鹽乾品), 염장품(鹽藏品), 예비품(豫備品), 예술품(藝術品), 온훈품(溫燻品), 완성품(품完成), 완전품(完全品), 완제품(完製品), 외국품(外國品), 외래품(外來品), 외제품(外製品), 요용품(要用品), 용품(用品), 용품(庸品), 우량품(優良品), 운송품(運送品), 원품(原品), 원료품(原料品), 위문품(慰問品), 위작품(僞作品), 위장품(僞裝品), 위제품(僞製品), 위조품(僞造品), 위품(位品;벼슬의 품계), 유품(遺品), 유류품(遺留品), 유사품(類似品), 유세품(有稅品), 유제품(乳製品), 유행품(流行品), 음건품(陰乾品), 음료품(飮料品), 의료품(醫療品), 의류품(衣類品), 의약품(醫藥品), 의장품(儀裝品), 의장품(艤裝品), 의제품(擬製品), 이용품(利用品), 인품(人品;사람의 품격, 일급품(一級品), 일등품(一等品), 일용품(日用品), 일품(一品;품질이 제일 나은 물건. 솜씨가 아주 좋음), 일품(逸品;아주 뛰어난 물건), 입상품(入賞品), 입선품(入選品), 입품(入品), 자건품(煮乾品), 자수품(刺繡品), 자양품(滋養品), 자제품(自製品), 작품(作品), 작품(爵品), 잔품(殘品), 잡품(雜品), 장품(贓品), 장식품(裝飾品), 재고품(在庫品), 재공품(在工品), 재생품(再生品), 재품(才品;재주와 인품), 재활용품(再活用品), 저장품(貯藏品), 적송품(積送品), 전달품(傳達品), 전당품(典當品), 전리품(戰利品), 전매품(專賣品), 전세품(傳世品), 전시품(展示品), 전제품(全製品), 절품(切品;물건이 다 팔려 없음), 절품(絶品;逸品), 절등품(絕等品), 젓갈품, 정품(正品), 정품(精品), 정밀품(精密品), 정제품(精製品), 제품(祭品), 제품(製品), 제품(題品), 제관품(製管品), 제작품(製作品), 제재품(製材品), 제조품(製造品), 조품(粗品), 조각품(彫刻品), 조립품(組立品), 조성품(助成品), 조악품(粗惡品), 조용품(粗用品), 조제품(粗製品), 졸품(拙品), 주강품(鑄鋼品), 주류품(酒類品), 주문품(注文品), 주물품(鑄物品), 죽공예품(竹工藝品), 죽제품(竹製品), 중품(中品), 중고품(中古品), 중량품(重量品), 즉매품(卽賣品), 증거품(證據品), 증답품(贈答品), 증정품(贈呈品), 지급품(支給品), 지성품(至誠品), 지참품(持參品), 직품(職品), 직매품(直賣品), 진품(珍品), 진품(眞品), 진귀품(珍貴品), 진상품(進上品), 진열품(陳列品), 집산품(集散品), 차용품(借用品), 차입품(差入品), 찬품(饌品), 참고품(參考品), 창작품(創作品), 창조품(創造品), 천품(天品), 철제품(鐵製品), 초침품(醋沈品), 최고품(最古品), 최고품(最高品), 최량품(最良品), 최상품(最上品), 출품(出品), 출고품(出庫品), 출토품(出土品), 취품(取品), 택품(擇品), 토품(土品), 토산품(土產品), 통제품(統制品), 특품(特品), 특가품(特價品), 특등품(特等品), 특매품(特賣品), 특산품(特產品), 특제품(特製品), 특품(特品), 특허품(特許品), 판매품(販賣品), 편세품(編細品), 폐품(廢品), 표품(標品), 필수품(必需品)[생활필수품(生活)], 필요품(必要品), 하품(下品), 하등품(下等品), 하사품(下賜品), 학예품(學藝品), 학용품(學用品), 한품(限品;신분을 제한함), 합격품(合格品), 합성품(合成品), 합작품(合作品), 해장품(醢醬品), 향락품(享樂品), 향리품(享利品), 허가품(許可品), 헌납품(獻納品), 현품(現品), 호품(好品), 호사품(豪奢品), 혼수품(婚需品), 화공품(火工品), 화장품(化粧品), 화품(花品), 화품(畵品), 환품(換品), 회중품(懷中品), 획득품(獲得品), 훈제품(燻製品), 휴대품(携帶品), 휴지품(携持品) 들.

품(稟) '타고난 성품. 여쭈다·사뢰다'를 뜻하는 말. ¶품결(稟決), 품고(稟告;웃어른이나 상사에게 여쭘), 품달(稟達;稟告), 품령(稟令), 품목(稟目;상관에게 여쭙는 글), 품부(稟賦), 품성(稟性;타고난 성품. 氣稟), 품수하다(稟受;타고나다), 품신하다(稟申;윗사람에게 여쭙다. 아뢰다), 품의(稟議)[260], 품재(稟才;타고난 재주), 품정(稟定;여쭈어 의논하여 결정함), 품주(稟奏), 품지(稟旨), 품처(稟處;웃어른께 아뢰어 처리함), 품하다(웃어른에게 무슨 일의 가부를 얻기 위해 말씀을 여쭙다); 계품(啓稟), 구품(具稟), 기품(氣稟), 면품(面稟), 묘품(妙稟), 미품(微稟;격식을 갖추지 아니하고 넌지시 아뢲), 배품(拜稟), 번품(煩稟), 비품(秘稟), 성품(性稟), 식품(食稟;먹음새), 이품(異稟), 입품(入稟;임금님께 아뢲), 자품(資稟), 주품(奏稟), 질품(質稟), 천품(天稟), 취품(取稟), 탈품(頉稟;사정을 말하다) 들.

품(다)' [←품]. ①다른 사람이나 물건을 품속에 넣거나 가슴에 대어 안다. ¶가슴에 품긴 원한. 알을 품다. 품기다, 품속[261]. ②함유하다. 포함하다.≒지니다. 머금다. ¶물기를 많이 품고 있다. ③

---

259) 신품(神品): ①신처럼 거룩한 품위. ②사람의 것으로는 생각할 수 없을 정도의 뛰어난 작품.

260) 품의(稟議): 웃어른이나 상사(上司)에게 여쭈어 의논함.≒상신(上申). ¶품의서(書), 품의하다.

261) 품속: 품의 속이나 품고 있는 그 깊은 속. ¶품속에 간직한 돈. 어머니의 품속.

ㅍ

어떤 생각이나 감정을 마음속에 가지다. ¶큰 뜻을 품다. 노여움을 품고 있다. 깊은 원한을 품다.

품(다)² 괴어 있는 물을 계속해서 많이 푸다. ¶양수기로 연못의 물을 품어 내다.

품(다)³ 모시풀의 껍질을 품칼로 벗기다. ¶모싯대를 품다. 품칼(모시풀의 껍질을 벗기는 칼).

품바 장터나 길거리로 돌아다니면서 동냥하는 사람. 품바타령(장타령).

품-질 바다낚시에서, 밑밥을 주는 일.

풋 참았던 웃음을 짧게 갑자기 터뜨리는 소리.

풍(風) ①바람. 풍류 운치. 경치(景致). 소문(所聞)'을 뜻하는 말. ¶풍각쟁이(風角;노래와 악기 연주로 돈을 구걸하는 사람), 풍객(風客;바람둥이), 풍건(風乾;바람에 쐬어 말림), 풍경(風景;경치)[풍경화(畵); 살풍경/스럽다/하다(殺), 진풍경(珍)], 풍경(風磬)[262], 풍계(風系), 풍고절(風高節), 풍광(風光;경치), 풍구(風)[263], 풍금(風琴)/손풍금(아코디언), 풍급(風級), 풍기(風期;임금과 신하 사이의 뜻이 통함), 풍난(風難), 풍도(風濤), 풍독(風毒), 풍동(風洞), 풍동(風動), 풍락목(風落木), 풍란(風蘭), 풍랑(風浪), 풍랑몽(風浪夢), 풍려(風厲), 풍력(風力)[풍력계(計), 풍력계급(階級), 풍력발전(發電)], 풍령(風鈴), 풍로(風爐), 풍로(風露), 풍뢰(風籟), 풍루(風淚), 풍류(風流)[264], 풍륜(風輪), 풍림(風林), 풍림(風霖), 풍마(風磨), 풍매화(風媒花), 풍문(風聞;이야기. 風說), 풍물'(風物;경치), 풍물(風物)²[풍물꾼(풍물재비), 풍물놀이], 풍미(風靡)[265], 풍백(風伯;바람을 맡아 다스리는 신. 風師. 風神), 풍비박산(風飛雹散;사방으로 날아 흩어지다), 풍비하다(風飛;흩어지다), 풍사(風師), 풍상(風霜)[만고풍상(萬古), 열력풍상(閱歷)], 풍생암(風生巖), 풍서(風絮), 풍서란(風-欄), 풍석(風席;돛을 만드는 데 쓰는 돗자리. 부뚜. 거적), 풍선(風扇), 풍선(風船)[266], 풍선(風選), 풍설(風雪;눈바람), 풍설(風說;소문), 풍성(風聲), 풍성암(風成巖), 풍세(風勢), 풍속(風速)[풍속계(計); 순간풍속(瞬間), 평균풍속(平均)], 풍수(風水)[267], 풍수지탄(風樹之嘆), 풍식(風蝕), 풍아/롭다/하다(風雅), 풍안(風眼), 풍압(風壓), 풍양(風陽), 풍연(風煙), 풍염(風炎;푄현상), 풍우(風雨)[풍우대작(大作), 풍우표(表); 불폐풍우(不蔽), 불피풍우(不避)], 풍운/아(風雲/兒), 풍운(風韻;풍류와 운치), 풍월(風月;자연의 아름다움)[풍월객(客), 풍월도(徒), 풍월주인(主人); 강산풍월(江山), 화조풍월(花鳥)], 풍위(風位), 풍위(風威), 풍이(風異)[268], 풍인(風人;시부에 능한 사람), 풍잠(風簪), 풍장(風葬), 풍재(風災), 풍적토(風積土), 풍전(風前)[풍전등촉(燈燭), 풍전등화(燈火)], 풍정(風情;풍치가 있는 정회), 풍조'(風潮;바람에 따라 흐르는 조수), 풍지(風紙), 풍진'(風塵;바람과 티끌), 풍차(風車), 풍차/바지(風遮), 풍찬노숙(風餐露宿), 풍창(風窓), 풍취(風趣;풍경의 아취), 풍치(風致)[풍치림(林), 풍치지구(地區); 몰풍치(沒)], 풍치다(허풍을 떨다), 풍침(風沈), 풍타낭타(風打浪打), 풍파(風波)[평지풍파(平地)], 풍판(風板), 풍편(風便;바람결), 풍평(風評;風說), 풍해(風害), 풍해(風解;風化), 풍향/계(風向/計), 풍혈/지(風穴/地;얼음골), 풍화(風化)[풍화물(物), 풍화석회(石灰), 풍화작용(作用); 구상풍화(球狀), 심층풍화(深層)], 풍회(風懷); 강풍(江風), 강풍(强風), 거풍(擧風), 건풍(乾風;습기가 없는 바람), 건풍떨다(乾風;허풍떨다), 건해풍(乾亥風), 겁풍(劫風), 경도풍(傾度風), 경풍(景風), 경풍(輕風), 계절풍(季節風), 고풍(高風), 곡풍(谷風), 곤신풍(坤申風), 광풍(光風), 광풍(狂風), 구풍(颶風), 국지풍(局地風), 극풍(極風), 금풍(金風;가을바람), 급풍(急風), 난풍(暖風), 남풍(南風), 냉풍(冷風), 녹풍(綠風), 대풍(大風), 돌풍(突風), 동풍(東風), 두루풍[269], 마풍(麻風;마파람), 마풍(魔風), 만풍(晩風), 맹풍(猛風), 명풍(名風;풍수를 잘 보는 사람), 몰풍하다/스럽다(沒風), 무풍(無風)[무풍대(帶), 무풍지대(地帶)], 무역풍(貿易風)[반대무역풍(反對)], 문풍(文風), 문풍(門風), 문풍(聞風;뜬소문을 들음), 미풍(微風;실바람), 박초풍(舶趠風), 방풍(防風), 배풍(背風), 법풍(法風;佛法), 병풍(屛風), 부정풍(不定風), 북풍(北風), 북동풍(北東風), 북새풍(北塞風), 북서풍(北西風), 북풍(北風), 비풍(悲風), 비풍참우(悲風慘雨), 빙하풍(氷河風), 사면풍(斜面風), 사풍/세우(斜風/細雨), 삭풍(朔風), 산곡풍(山谷風), 산풍(山風), 상풍(常風), 서풍(西風), 서남풍(西南風), 선풍(旋風;회오리바람)[선풍적(的); 검거선풍(檢擧), 역선풍(逆)], 선풍(颴風), 선풍기(扇風機), 설풍(雪風), 설한풍(雪寒風), 성풍(腥風), 세풍(細風), 소풍(消/逍風), 소남풍(少男風)[270], 소녀풍(少女風), 손사풍(巽巳風), 손석풍(孫石風;손돌바람), 송풍(松風), 송풍(送風), 송풍기(送風機), 쇄풍(曬風), 순풍(順風), 승풍파랑(乘風破浪;원대한 꿈을 이룸), 신풍(新風), 악풍(惡風;모진 바람)', 양풍(凉風), 여풍(麗風;북서풍), 역풍(逆風), 연풍(軟風), 열풍(熱風), 열풍(烈風), 염풍(炎風), 오풍(午風;마파람), 온풍(溫風), 외풍'(外風;밖에서 방으로 들어오는 바람), 웃풍, 원풍(遠風), 육풍(陸風), 음풍(陰風), 음풍농월(吟風弄月), 음풍영월(吟風詠月), 잔풍(殘風), 장풍(長風), 장풍(掌風), 전기풍(電氣風), 점풍(占風), 정기풍(定期風), 조풍(條風;북동풍), 조풍(潮風), 주극풍(周極風), 주야풍(晝夜風), 즐풍목우(櫛風沐雨), 지상풍(地上風), 진풍(陣風), 진풍(塵風), 진풍(震風), 질풍(疾風), 천풍(天風), 청풍(淸風), 청풍명월(淸風明月), 추풍(秋風), 추풍(醜風), 춘풍(春風), 탁월풍(卓越風), 태양풍(太陽風), 태풍(颱風), 통풍(通風)[통풍구(口), 통풍기

262) 풍경(風磬): 처마 끝에 달아 바람에 흔들려 소리가 나게 하는 경쇠. ¶그윽한 풍경 소리. 풍경치다(풍경을 치듯이 자주 드나들다); 쇠풍경(워낭).

263) 풍구(風): ①=풀무. ②곡물에 섞인 쭉정이, 겨, 먼지 따위를 날려서 제거하는 농기구. ¶풍구질/하다, 풍구채, 풍구틀.

264) 풍류(風流): 속되지 않고 운치가 있는 일. 풍치를 찾아 즐기며 멋스럽게 노니는 일. 음악(音樂). ¶풍류를 즐기다. 풍류가(家), 풍류객(客), 풍류굿, 풍류남자(男子;풍치가 있고 멋드러진 남자), 풍류놀이, 풍류랑(郎), 풍류스럽다, 풍류장(場); 대풍류(대나무로 만든 관악기가 중심이 된 연주 형태), 대풍류(大;갖가지 악기를 두루 갖추어 연주하는 큰 풍류), 몰풍류(沒;풍류를 전혀 모름), 문아풍류(文雅;시문을 짓고 읊조리는 풍류), 사시풍류(四時), 어악풍류(御樂), 어전풍류(御前), 줄풍류(현악기로 연주하는 풍류), 질풍류(진흙으로 만든 악기).

265) 풍미(風靡): 풀이나 나무가 바람에 쓸리듯, 어떤 위세가 널리 사회를 휩쓸거나 또는 휩쓸게 함. ¶일세(一世)를 풍미하다.

266) 풍선(風船): 풍선말, 풍선껌(gum), 풍선터뜨리기; 고무풍선, 광고풍선(廣告), 물풍선, 종이풍선.

267) 풍수(風水): 풍수도(圖), 풍수설(說), 풍수쟁이[지관(地官)], 풍수증(症), 풍수지리/설(地理/說), 풍수학(學), 풍수해(害); 반풍수(半;서투른 풍수).

268) 풍이(風異): 나무가 꺾이고 집이 무너질 만큼 힘이 센 바람의 상태.

269) 두루풍: 주로 노인들이 추위를 막기 위하여 아래에 덧입는 웃옷.

270) 소남풍(少男風): 비가 오기 직전에 솔솔 불어오는 부드러운 바람.

(機)], 파시풍(波市風;바다 위에서 열리는 생선 시장의 풍경), 편동풍(偏東風), 편서풍(偏西風), 폭풍(暴風), 폭풍(爆風), 표풍(漂風), 표풍(飄風;회오리바람), 한풍(寒風), 항상풍(恒常風), 항풍(恒風), 해륙풍(海陸風), 해풍(海風), 허풍(虛風)/풍(風)[풍을 떨다/풍떨다. 허풍선(扇), 허풍선이], 혜풍(惠風), 호풍환우(呼風喚雨), 화풍(和風), 화신풍(花信風), 환풍기(換風機), 활승풍(滑昇風), 회풍(回/廻風;회오리바람), 후풍(厚風), 후풍(候風), 훈풍(薰風), 훤풍(暄風), 흉풍(凶風), 흑풍(黑風;회오리바람). ②'질병'을 뜻하는 말. ¶풍이 들다. 풍을 맞다. 풍기(風氣;풍병), 풍랭통(風冷痛), 풍담(風痰), 풍독(風毒), 풍병(風病), 풍비(風痱), 풍비(風痺/痹), 풍선(風癬;마른버짐), 풍설(風泄), 풍설(風屑;비듬), 풍수(風嗽), 풍습(風濕), 풍열통(風熱痛), 풍요통(風腰痛), 풍의(風懿), 풍인(風人;문둥이), 풍증(風症), 풍진(風疹), 풍질(風疾), 풍치(風齒), 풍학(風瘧), 풍화(風火), 풍훈(風暈); 간경풍(肝經風), 간풍(癎風), 경풍(驚風)[급경풍(急)], 골조풍(骨槽風), 구풍제(驅風劑), 난각풍(爛脚風), 뇌풍(腦風), 두풍(頭風), 백설풍(白屑風), 상풍(傷風), 역절풍(歷節風), 오풍(烏風), 오풍증(惡風症), 장풍(腸風), 전풍(癲風;어루러기), 중풍(中風)[중풍증(症), 중풍질(質)], 치풍(治風), 통풍(痛風), 파상풍(破傷風), 피풍(皮風), 학슬풍(鶴膝風), 흑풍(黑風;눈병의 하나). ③'풍속·풍모·양식(様式). 기질. 풍습이나 경향'을 뜻하는 말. ¶풍감(風鑑), 풍격(風格;풍채와 품격), 풍골(風骨;풍채와 골격), 풍교(風敎;교화시키다), 풍기(풍속이나 사회 도덕에 대한 기강)/문란(風紀/紊亂), 풍기(風氣;風俗), 풍담(風談;풍류에 관한 이야기), 풍도(風度), 풍모(風貌), 풍미(風味)[271], 풍색(風色;남 보기에 좋지 못한 기색), 풍속(風俗)[풍속경찰(警察), 풍속도(圖), 풍속사범(事犯), 풍속소설(小說), 풍속화(畵)], 풍습(風習), 풍신(風神;모습. 풍채), 풍악(風樂), 풍요(風謠), 풍의(風儀;풍채), 풍자(風姿;풍채), 풍재(風裁;멋), 풍절(風節;거룩한 몸체와 절개), 풍조²(風潮;세상이나 시대의 추세)[사치풍조(奢侈), 신풍조(新), 퇴폐풍조(頹廢)], 풍진²(風塵;俗世), 풍채(風采;겉으로 드러나 보이는 인상. 틀)[철관풍채(鐵冠)], 풍토(風土)[풍토기(記), 풍토병(病), 풍토색(色), 풍토성(性); 사회적풍토(社會的)], 풍헌(風憲), 풍화(風化;風敎); 가풍(家風), 가풍(歌風), 가요풍(歌謠風), 가짜풍(假), 개세지풍(蓋世之風), 건달풍(乾達風), 고풍(古風), 고전풍(古典風), 관료풍(官僚風), 교풍(校風), 구풍(舊風), 국풍(國風), 기풍(氣風), 기풍(棋/碁風), 누풍(陋風), 당풍(黨風), 당세풍(當世風), 대명풍(大明風), 덕풍(德風), 도시풍(都市), 도회풍(都會風), 동양풍(東洋風), 만풍(蠻風), 망풍(望風), 몽고풍(蒙古風), 문풍(文風), 미풍/양속(美風/良俗), 민요풍(民謠風), 민풍(民風), 발라드풍(ballade風), 백수풍(白首風), 변풍(變風), 복고풍(復古風), 사풍(士風;선비의 기풍), 사풍/맞다/-스럽다(邪風;경솔한 언행), 사대풍(事大風), 서풍(書風), 서구풍(西歐風), 서양풍(西洋風), 선풍(仙風), 선비풍, 속풍(俗風), 순풍(淳風), 순풍미속(淳風美俗), 시풍(詩風), 시골풍, 신풍(新風;새로운 유풍), 아나크레온풍(Anacreon風), 악풍(惡風;나쁜 풍습)², 야풍(野風), 양풍(良風), 양풍(洋風), 여풍(餘風;遺風), 연가풍(戀歌風), 연기풍(演技風), 영풍(英風), 예풍(藝風), 왜풍(倭風), 외풍²(外風;외국 풍속), 위풍/당당(威風/堂堂), 유풍(流風;流俗), 유풍(遺風), 유행풍(流行風), 음풍(淫風), 읍양지풍(揖讓之風), 의고풍(擬古風), 의풍(懿風;아름다운 풍습), 이국풍(異國風), 이풍(異風), 인풍(人風), 일본풍(日本風), 작풍(作風), 장자풍(長子風;덕이 뛰어난 사람의 풍도), 정풍(正風), 정풍(整風), 종풍(宗風), 치풍(侈風), 토풍(土風), 토색풍(土色風), 퇴풍(頹風), 폐풍(弊風), 하풍(下風;사람이나 사물의 질이 낮음), 학풍(學風), 학자풍(學者風), 한국풍(韓國風), 현대풍(現代風), 호걸풍(豪傑風), 호풍(胡風), 화풍(畵風) 들.

풍(豊) '넉넉하다. 풍년 들다'를 뜻하는 말. ¶풍걸(豊乞;풍년거지), 풍겸(豊歉), 풍공(豊功), 풍년(豊年)[272], 풍등(豊登), 풍락(豊樂), 풍만하다(豊滿;풍족하여 그득하다. 살집이 넉넉하다), 풍미(豊味;푸짐한 맛, 풍요한 느낌), 풍미하다(豊美;풍만하고 아름답다. 豊艶), 풍부/하다(豊富), 풍비(豊備;풍부하게 갖춤), 풍산(豊産;풍부하게 남), 풍성하다(豊盛;넉넉하고 많다), 풍세(농사가 잘된 해)/대작(豊歲/大作), 풍수(豊水)[풍수기(期), 풍수량(量)], 풍어/제(豊漁/祭), 풍염하다(豊艶;탐스럽게 살져 아름답다), 풍옥하다(豊沃;肥沃), 풍요/롭다/하다(豊饒), 풍유(豊裕), 풍작(豊作), 풍협(豊頰;두툼하게 살찐 탐스러운 뺨), 풍후하다(豊厚;얼굴이 살져 덕성스럽다. 매우 넉넉하게 많다), 풍흉(豊凶), 풍흉술(豊胸術); 대풍(大豊), 물풍(物豊), 성풍하다(盛豊), 세풍(歲豊), 시화연풍(時和年豊), 연풍(年豐), 연풍(連豐), 흉풍(凶豊) 들.

풍(諷) '외다. 넌지시 말하여 깨우치다(풍자하다)'를 뜻하는 말. ¶풍간(諷諫), 풍경(諷經;소리를 맞춰 경문을 읽는 일), 풍독(諷讀), 풍송(諷誦), 풍영(諷詠), 풍유(諷諭/喩)[풍유법(法), 풍유적(的)], 풍자(諷刺)[273], 풍창곡(諷唱曲) 들.

풍(楓) '단풍나무'를 뜻하는 말. ¶풍국(楓菊), 풍림(楓林), 풍신(楓宸;임금의 궁전), 풍악산(楓嶽山), 풍약(楓約), 풍혹(단풍나무의 혹); 금풍(錦楓), 단풍(丹楓), 상풍(霜楓) 들.

풍(瘋) '미치광이 증세'를 뜻하는 말. ¶풍전(瘋癲), 마풍(痲瘋) 등.

풍계-묻이 어떤 물건을 감추고 서로 찾아내는 아이들의 놀이. ¶풍계묻이하다.

풍기(다) ①냄새나 기미 따위가 퍼지다. ¶고기 굽는 냄새를 풍기다. 이 작품에서는 동양미가 풍긴다. 멋을 풍기다. 내풍기다(냄새 따위가 안에서 밖으로 풍기다). ②모여 있던 사람이나 날짐승 따위가 놀라 사방으로 흩어지거나 흩어지게 하다. ¶새떼를 풍기다. 강아지가 병아리를 풍기다. ③곡식에 섞인 겨·검불 따위를 까불러서 날리다. ¶키로 까불러서 겨를 풍기다.

풍대 뗏목이 물 흐름에 따라 안전하게 내려가도록 길 아닌 곳을 막는 시설. 뜬풍대와 고정풍대가 있음.

271) 풍미(風味): ①음식의 좋은 맛. ¶고유의 풍미를 살린 음식. ②사람 됨됨이의 고상한 멋.

272) 풍년(豊年↔凶年): 풍년가(歌), 풍년거지, 풍년기근(饑饉), 풍년풀덩이(풍년에 많이 쑨 풀이라는 뜻으로, '탐스러운 물건'을 가리킴); 어거리풍년(매우 드물게 농사가 잘된 해. ¶몇 해 만에 어거리풍년이 들다).

273) 풍자(諷刺): 남의 결점을 다른 것에 빗대어 비웃으면서 폭로하고 공격함. 문학 작품 따위에서, 현실의 부정적 현상이나 모순 따위를 비웃으면서 씀. ¶풍자객(客), 풍자극(劇), 풍자만화(漫畵), 풍자문학(文學), 풍자성(性), 풍자소설(小說), 풍자시(詩), 풍자적(的), 풍자하다, 풍자화(畵); 현실풍자(現實).

풍뎅이[1] 머리에 쓰는 방한구의 한 가지. 모양이 남바위와 같으나 가에 모피를 좁게 댐.

풍뎅이[2] 풍뎅잇과의 곤충. 황병(蟥蛢). ¶풍뎅이붙이, 풍뎅이파리, 풍이; 사슴풍뎅이.

풍신-하다 옷의 크기가 몸에 비하여 넉넉하다. ¶옷이 풍신해서 활동하기에 편하다. 옷을 풍신하게 짓다.

풍빵 여러 종류의 나팔을 불 때 고르지 않게 나는 여러 가지 소리. ¶나팔을 풍빵 불다. 풍빵거리다/대다, 풍빵풍빵.

풍장 농악에 쓰는 풍물(風物;꽹과리 · 날라리 · 북 · 장구 따위의 악기)을 흔히 이르는 말. ¶풍장을 갖추다. 풍장을 치다.

피[1] 사람 · 동물의 몸 안에서 돌며 산소와 영양을 나르는 붉은빛의 액체. 혈액(血液). 혈통 · 혈연. 혈기(血氣). 희생이나 노력을 비유하는 말. ¶피를 흘리다. 청춘의 피가 끓는다. 피를 나눈 형제. 피를 말리는 연구 과제. 피가래[혈담(血痰)], 핏값, 피거품, 피검사(檢査;혈액검사), 피고름[농혈(膿血)], 핏골집(순대), 핏기(氣), 피나다[274], 피누름(血壓), 피눈물[275], 핏대[1][276], 핏덩어리/핏덩이(갓난아기. 피의 덩어리), 핏독(毒), 피돌기(혈액순환), 피딱지(피가 굳어서 된 딱지), 피땀(피와 땀. 노력과 수고), 피떡[혈병(血餠)], 피똥, 피말강이[혈청(血淸)], 피맺히다[277], 피멍, 피멍울, 피못[1](피가 고인 못), 피못[2][278], 피무늬, 핏물, 피바다, 피바람(수많은 사람을 죽이는 참극), 핏발[핏발삭다, 핏발서다], 핏방울, 피밭다[279], 피범벅, 피본[혈액형(血液型)], 피붙이(겨레붙이. 혈육), 피비리다, 피비린내, 핏빛, 피빨강이[혈색소(血色素)], 피뽑기[채혈(採血)], 피샘[혈선(血腺)], 핏속(피의 속. 혈통), 피어리다[280], 피오줌, 피울음, 핏자국, 피조개, 핏줄[핏줄샘; 실핏줄], 핏줄기, 피지다(피멍이 들다), 피칠, 피타다[281], 피톨[282], 피투성이, 피튀기다(매우 심하게 싸우다), 피티[혈소판(血小板)], 피파리, 피파랑이[혈청소(血靑淸)], 피흐름(혈액 순환); 놀란피(거멓게 죽은 피), 더운피/동물(動物), 먹피(멍이 들어 검게 죽은 피), 생피(生), 선지피, 엉긴피(엉기어 뭉친 피), 죽은피, 찬피, 코피. ☞ 혈(血).

피[2] 볏과의 한해살이풀. ¶핏겨/죽(粥), 피고개(농가의 식량 사정이 궁핍한 고비), 핏대[2](피의 줄기), 피밥(피로 지은 밥)[강피밥], 피밭, 피사리[283], 핍쌀(겉피를 찧어 겉겨를 벗긴 쌀), 피죽/바람(粥;모낼 무렵에 부는 바람); 강피(가시랭이가 없고 빛이 붉은 피)[강피죽(粥)], 개피, 겉피(겉껍질을 벗기지 않은 피), 장죄피(까끄라기가 길고 씨는 흰 피) 들.

피[3] ①비웃는 태도로 입술을 비죽이 벌리며 입김을 내뿜을 때 나는 소리. 또는 그 모양. ¶피 하고 웃다. ②속에 차 있던 기체나 가스가 힘없이 새어 나오는 소리. 또는 그 모양. ¶공에서 바람이 피 새어나오다. 피그시[284], 피식[285].

피- '암컷'을 이르는 유일 형태소. 말[馬]에 결합하여 '피마(다 자란 암말)'로 쓰임. ¶피마/피말 궁둥이 둘러대듯.

피(皮) 물건을 담거나 싸는 가마니 · 마대 · 상자 따위를 통틀어 이르는 말. '가죽. 껍질. 겉'을 뜻하는 말. ¶피각(皮角), 피갑(皮甲), 피곡(皮穀), 피골(皮骨)[피골상련(相連), 피골상접(相接)], 피공(皮工), 피공(皮孔;껍질눈), 피구(皮裘), 피금(皮金), 피내주사(皮內注射), 피대/지기(皮帒), 피대(皮帶)[286], 피딱지[皮紙], 피롱(皮籠), 피리춘추(皮裏春秋), 피막(皮膜), 피맥(皮麥;겉보리), 피목(皮目), 피물(皮物), 피봉(皮封), 피부(皮膚)[287], 피비(皮痺), 피비저(皮鼻疽), 피상(겉으로 드러나 보이는 형상)/적(皮相), 피상(皮箱), 피색장(皮色匠), 피색전(皮色廛), 피선(皮腺), 피육(皮肉), 피율(皮栗;겉밤), 피죽(皮竹), 피지(皮紙), 피지(皮脂), 피진(皮疹), 피질(皮質), 피쪽(통나무를 켜고 남은 껍질 조각), 피층(皮層), 피풍(皮風), 피하(皮下)[288], 피한(皮漢), 피혁(皮革)[피혁상(商); 인조피혁(人造)], 피화(皮靴); 각피/소(角皮/素), 갈피(葛皮), 갑피(甲皮), 거피(去皮)[289], 건피(乾皮), 겯피(활의 손잡이를 싸서 붙인 벚나무 껍질), 계피(桂皮), 곡피(穀皮), 과피(果皮), 구피(狗皮), 굴피[290], 귤피(橘皮), 극피/동물(棘皮/動物), 내피(內皮), 도피(桃皮), 돈피(豚皮), 돈피(獤皮), 등피(燈皮), 마피(馬皮), 만두피(饅頭皮), 맥피(麥皮;밀기울), 면피(面皮;낯가죽), 모피(毛皮), 목피(木皮), 무렴피[291], 밀피[292], 박피(剝皮), 박피(薄皮), 발피(潑皮), 복령피(茯苓皮), 봉피(封皮), 사어피(鯊魚皮), 사피(蛇皮), 사피(斜皮;장구의 가죽고리), 산달피(山獺皮;담비의 털가죽), 산피(山皮;산짐승의 가죽),

---

274) 피나다: 피가 날 정도로 '몹시 고생하거나 힘들여 함'을 비유하여 이르는 말. ¶피나는 노력. 피나게 번 돈.

275) 피눈물: 몹시 슬프거나 원통할 때 흘리는 눈물. ¶피눈물이 나다.

276) 핏대[1]: ①큰 혈관. ¶관자놀이에 핏대가 드러난 사람. ②'성'의 낮춤말. ¶핏대를 내며 소리를 지르다. 핏대가 서다(매우 화가 나다). 핏대를 세우다/ 올리다.

277) 피맺히다: ①살가죽 밑의 출혈로 피가 피부에 모이다. ②가슴에 피가 맺힐 정도로 한이 사무치다. ¶피맺힌 원한. 피맺힌 절규.

278) 피못[2]: 피가 엉겨 굳어져서 굳은살처럼 되어 버린 것.

279) 피밭다: 혈연관계나 친척 관계가 매우 가깝다.

280) 피어리다: 피를 흘려 싸우거나 피가 맺히도록 고생한 자취가 깃들어 있다. ¶피어린 투쟁. 피어린 원한을 풀 길이 없다.

281) 피타다: ①몸과 마음을 다 기울여 힘겨움을 이겨내며 몹시 힘쓰다. ¶피타는 향학열. ②심정, 바람 따위가 몹시 애타고 절절하다. ¶피타게 애원하다. 피타게 부르짖다.

282) 피톨: 핏속의 성분. 혈구(血球). ¶붉은피톨, 흰피톨.

283) 피사리: 농작물 가운데에 섞여서 자란 피를 뽑아내는 일.

284) 피그시: 슬그머니 웃음을 드러내는 모양. ¶그의 입가엔 점차 웃음이 피그시 머금어졌다.

285) 피식: ①큰 소리를 내지 않고 슬며시 웃는 모양이나 소리. ¶어이가 없어서 피식 웃어 버렸다. ②김이나 바람이 빠지는 소리. ¶풍선 바람이 피식 빠지다.

286) 피대(皮帶): 두 개의 기계 바퀴에 걸어 동력을 전달하는 띠 모양의 물건. 벨트(belt). 조대(調帶). ¶피댓줄을 걸다.

287) 피부(皮膚): 피부감각(感覺), 피부결석(結石), 피부과(科), 피부병(病), 피부색(色), 피부선/병(腺/病), 피부암(癌), 피부염(炎), 피부혈관(血管), 피부성형술(成形術), 피부호흡(呼吸); 건성피부(乾性).

288) 피하(皮下): 피부의 밑. ¶피하골절(骨折), 피하기름, 피하기종(氣腫), 피하일혈(溢血), 피하조직(組織), 피하주사(注射), 피하지방(脂肪;피하기름), 피하출혈(出血).

289) 거피(去皮): 껍질이나 가죽을 벗김. ¶거피고물, 거피녹두떡(綠豆), 거피되다, 거피떡, 거피팥/떡, 거피하다.

290) 굴피(皮): ①참나무의 두꺼운 껍데기. ¶굴피나무, 굴피자리(굴피로 엮은 자리), 굴핏집(굴피로 지붕을 인 집). ②돈이 마른 빈 주머니. ¶굴피를 털어 보이다.

291) 무렴피(皮): 활의 양냥고지 밑에 장식으로 붙인 가죽.

292) 밀피(皮): 활시위에 바른 꿀벌의 밀을 문지르고 씻고 하는 가죽이나 베의 조각.

ㅍ

산양피(山羊皮), 삵피, 사어피(沙鯊/魚皮), 상피(上皮), 상피(象皮), 상어피, 생피(生皮), 서피(書皮;책의 표지), 서피(犀皮), 서피(鼠皮), 석류피(石榴皮), 수달피(水獺皮), 수피(樹皮), 수피(獸皮), 숙피(熟皮), 순피(筍皮;죽순의 껍질), 아귀피, 야묘피(夜猫皮), 양피(羊皮)[양피구두, 양피배자(褙子), 양피지(紙); 아양피(兒)], 어피(魚皮), 외피(外皮), 우피(牛皮), 웅피(熊皮), 원피(原皮;가공하지 아니한 가죽), 유피(柔皮), 유피(鞣皮), 의피(擬皮), 인피(靭皮), 장피(獐皮), 종려피(棕櫚皮), 종피(種皮), 죽피(竹皮), 줌피(활의 줌통을 싼 물건), 진피(眞皮), 진피(陳皮), 철면피(鐵面皮[293]), 청피(靑皮), 초피(貂皮), 추피(楸皮), 칠피(漆皮), 탄피(彈皮), 탈피(脫皮), 토피(土皮), 토피(兎皮), 포피(包皮), 표사유피(豹死留皮), 표피(表皮), 표피(豹皮), 해록피(海鹿皮), 호사유피(虎死留皮), 호피(虎皮), 혼돈피(混沌皮), 홍수피(紅樹皮), 화피(樺皮), 환피(貛皮;오소리의 가죽), 황구피(黃狗皮), 황백피(黃柏皮), 흑양피(黑羊皮), 흑피(黑皮) 들.

피(被) ①옷·이불을 몸에 꿰거나 덮다. 손해를 받거나 누명 따위를 뒤집어쓰다. 당하다(입음)'를 뜻하는 말. ¶피가수(被加數), 피감수(被減數), 피갑(被甲), 피검(被檢;검거됨. 검사를 받음), 피격(被擊;습격 또는 사격을 받음), 피고(被告↔原告)[피고사건(事件), 피고인(人); 공동피고(共同)], 피금(被衾), 피동(被動)[피동성면역(免疫), 피동적(的), 피동형(形)], 피랍(被拉;납치를 당함), 피막(被膜), 피면(被綿), 피명(被命), 피모(被毛), 피발(披/被髮)[피발도선(徒跣) 피발좌임(左衽)], 피벌(被罰), 피복(被服;옷)[피복비(費), 피복상(商), 피복창(廠)], 피복(被覆;거죽을 덮어 쌈. 덮어 싼 물건)[피복선(船), 피복선(線)], 피사체(被寫體), 피살(被殺), 피선(被選), 피소(被訴), 피수(被囚), 피습(被襲), 피시(被弑), 피연(被鉛), 피은(被恩), 피의/자(被疑/者), 피임(被任;어떤 자리에 임명됨), 피죄(被罪), 피착(被捉), 피천(被薦;추천을 받음), 피체(被逮), 피치자(被治者), 피침(被侵), 피타(被打), 피탈(被奪;빼앗김), 피폭(被爆), 피폭(被曝), 피해(被害↔加害)[피해망상(妄想), 피해자(者)], 피핵(被劾;탄핵을 받음), 피험자(被驗者), 피화(被禍;화를 당함); 가피(加被), 몽피(蒙被), 연피선(鉛被線), 지피(地被;땅을 덮고 있는 잡초), 택피창생(澤被蒼生), 화피(花被;꽃덮이). ②서술성을 가지는 일부 명사 앞에 붙어 '그것을 당함'의 뜻을 더하는 말. ¶피가수(被加數), 피감수(被減數), 피고용인(被雇傭人), 피교육자(被教育者), 피동사(被動詞), 피배서인(被背書人), 피보상자(被補償者), 피보험(被保險)[피보험물(物), 피보험자(者)], 피보호국(被保護國), 피상속인(被相續人), 피선거권(被選擧權), 피수식어(被修飾語), 피승수(被乘數), 피압박(被壓迫), 피연산자(被演算者), 피점령국(被占領國), 피정복(被征服), 피제수(被除數), 피조물(被造物), 피지배(被支配), 피착취(被搾取), 피후견인(被後見人) 들.

피(避) '피하다. 면하다. 숨다'를 뜻하는 말. ¶피구(避球), 피닉(避匿), 피난(避難[294]), 피닉(避匿;피하여 숨음), 피란(避亂[295]), 피뢰(避雷)[피뢰기(器), 피뢰주(柱), 피뢰침(針)], 피막(避幕), 피병(避病), 피병원(避病院), 피서(避暑)[피서객(地), 피서지(地)], 피석(避席), 피세(避世), 피신/처(避身/處), 피어(避御;임금이 피난을 감), 피임(避妊)[피임약(藥), 피임제(劑)], 피재(避災), 피접(避接), 피정(避靜), 피좌(避座), 피탈(避脫), 피하다, 피한/지(避寒/紙), 피해(避害), 피혐(避嫌), 피화(避禍), 피회(避廻); 기피(꺼리거나 싫어하여 피함)/자(忌避/者), 대피(待避)[대피선(線), 대피소(所), 대피호(壕)], 대소피(大小避;대소변), 도피(逃避), 면피(免避), 모피(謀避), 불가피(不可避), 상피(相避), 소피(所避), 손피(遜避), 염피(厭避), 요피부득(要避不得), 은피(隱避), 친피(親避), 퇴피(退避), 혐피(嫌避), 회피(回避;꾀를 부려 마땅히 져야 할 책임을 지지 않음. 선뜻 나서지 않음)[회피부득(不得), 회피책(策), 회피하다 들.

피(疲) '고달프다. 지치다. 느른하다'를 뜻하는 말. ¶피곤(疲困;몸이나 마음이 지쳐서 고단함), 피권(疲倦), 피날하다(疲苶), 피로(疲勞;지침. 고단함)[피로감(感), 피로곤비(困憊;피로에 지쳐 나른하고 괴로움); 금속피로(金屬), 만성피로(慢性), 심신피로(心身)], 피륭(疲癃), 피민(疲民), 피병(疲兵), 피연하다(疲軟), 피폐/상(疲弊/相;낡고 쇠약해진 모습), 피폐(疲斃;기운이 지쳐 죽음) 들.

피(彼) '저(말하는 사람으로부터 좀 떨어져 있는 사물이나 사람을 가리킴)'를 뜻하는 말. ¶피변(彼邊;저쪽. 저편), 피아(彼我), 피안(彼岸[296]), 피인(彼人), 피일시차일시(彼一時此一時), 피차(彼此)[피차간(間), 피차없다/없이, 피차일반(一般)], 피처(彼處), 피척(彼隻); 지피지기(知彼知己) 들.

피(披) '헤치다'를 뜻하는 말. ¶피견(披見), 피람(披覽;펴서 봄), 피력(披瀝;마음속의 생각을 숨김없이 털어놓음)/하다, 피로(披露[297]), 피로연(披露宴[298]), 피미(披靡), 피발(披髮;머리를 풀어헤침), 피침(披針/鈹鍼;바소); 배피(拜披), 창피/스럽다(猖披) 들.

피(詖) '한쪽으로 기울어 공정하지 못하다'를 뜻하는 말. ¶피사(詖辭;부정한 언론); 험피하다(險詖;사람됨이 음험하고 부정하다) 들.

피근피근 너무 고집이 세어 밉살스럽도록 남의 말을 잘 듣지 않는 모양.=피둥피둥②. ¶피근피근 고집을 부리다. 피근피근 말을 듣지 않는다. 피근피근하다.

피기 '딸꾹질'의 옛말.

피(다) 꽃봉오리 따위가 벌어지다.(↔지다. 시들다). 혈색이 좋아지다. 불이 차차 일어나다.(↔꺼지다. 사위다). 매끈매끈하던 것이 거죽이 부풀부풀하여지다.(≒일다). 곰팡이나 버짐이 생겨나다. 가정 형편이 나아지다.(≒윤택해지다.↔가난해지다). ¶꽃이 활짝 피었다. 얼굴이 피기 시작하다. 연탄불을 피다. 검버섯이 피다.

---

293) 철면피(鐵面皮): 쇠로 만든 낯가죽이란 뜻으로, 부끄러운 줄을 모르는 뻔뻔스러운 사람. ¶저런 철면피를 다 보았나. 철면피하다, 철면피한(漢;후안무치의 사나이).

294) 피난(避難): 재난을 피하여 멀리 옮겨감. ¶홍수로 마을이 잠겨 피난을 갈 수밖에 없었다. 피난길, 피난꾼, 피난민(民), 피난살이, 피난처(處); 긴급피난(緊急), 오상피난(誤想), 착각피난(錯覺).

295) 피란(避亂): 난리를 피함. 난리를 피하여 다른 데로 옮김. ¶전쟁이 나 많은 사람들이 남쪽으로 피란을 갔다. 피란길, 피란꾼, 피란민(民), 피란살이, 피란지(地), 피란처(處), 피란하다.

296) 피안(彼岸): 이승의 번뇌를 해탈하여 열반의 세계에 도달하는 일. 또는 그 경지.↔차안(此岸).

297) 피로(披露): ①문서 등을 펴 보임. ②일반에게 널리 알림. ¶피로연(宴), 피로회(會).

298) 피로연(披露宴): 결혼·출생 따위를 일반에게 널리 알리는 뜻으로 베푸는 연회. ¶성대한 피로연을 베풀다.

전보다 살림이 피었다. 피어나다(열리다. 살아나다), 피어오르다, 피우다[1,2][299]; 간피다[300], 곰피다(곰팡이 피다), 꽃피우다, 내피다[301], 꾀피우다, 맛피우다(맛부리다), 불피다/피우다, 영피다(기운을 내거나 기를 피다), 야지랑·이지렁피우다, 옴피우다(옴약을 피우다). ☞ 발(發). 개(開).

피둥피둥 ①볼썽사나울 정도로 살쪄서 꽤 퉁퉁한 모양. 그 살갗이 탄력이 있는 모양. ¶살이 피둥피둥하다. ②밉살스럽게 남의 말을 듣지 않고 엇나가는 모양. ¶젊은 놈이 피둥피둥 놀기만 한다. 〈작〉패둥패둥. 〈여〉비둥비둥.

피라미 잉엇과의 민물고기. ¶날피리(급히 쫓길 때 물 위로 뛰어오르며 도망가는 피라미).

피륙 필로 된 베·무명·비단 따위의 천.≒포목(布木). ¶피륙을 끊다. 피륙 열 필.

피리 속이 빈 대에 구멍을 뚫고 불어서 소리를 내는 것의 총칭.[←필률(觱篥)]. ¶피리를 불다. 피리새, 피리소리, 피리젓대, 피리청; 가로피리, 갈피리, 꾀꼴피리, 꿩피리(까투리 울음소리를 내는 사냥용 피리), 당피리(唐), 대피리(大), 도피피리(桃皮), 버들피리, 보리피리, 뿔피리, 세피리(細), 쌍피리(雙), 옥피리(玉), 파피리[청적(蔥笛)], 풀잎피리/풀피리, 향피리(鄕). ☞ 적(笛).

피새[1] 기질이 급하고 날카로워 화를 잘 내는 성질. ¶낙선한 뒤부터 피새가 부쩍 늘었다. 피새를 부리다. 피새가 여물다(피새를 잘 부리는 성질이 있다). 피새내다[302].

피새[2] 알랑거리며 떠벌려 늘어놓는 말. ¶피새를 떨다. 그 사람은 술만 마시면 피새를 놓으니 비밀을 털어놓을 수가 없다. 피새나다[303], 피새놓다(매우 중요하고 필요한 체하면서 훼방을 놓다).

피장파장 상대편과 놓인 처지가 같아 서로 낫고 못함이 없음. ¶억울하기는 서로 피장파장이다. 무식하기야 서로 피장파장이다.

피적피적 무엇을 펼치며 부스럭거리는 모양. 또는 그 소리. ¶서류를 피적피적 뒤지다. 피적피적하다.

피천 아주 적은 액수의 돈. 노린동전. ¶피천 한 잎 없이 길을 나서 다니.

피트(feet) 거리를 나타내는 단위. 1피트는 약 30.48㎝.

피피엠(ppm) 백만분율(百萬分率).

픽 ①막혔던 가스나 기체 따위가 힘없이 터져 나오는 모양. 또는 그 소리. ②다물었던 입술을 터뜨리며 싱겁게 웃는 모양. 또는 그 소리.

핀잔 맞대어 놓고 비웃거나 비꼬아 꾸짖는 일.≒꾸중. 구살머리. 〈속〉쫑코. ¶투정을 부리다가 핀잔도 더러 듣는다. 핀잔을 듣다. 핀잔의 사투리는 '핀둥이'다. 핀잔맞다/먹다(핀잔을 당하다), 핀잔스럽다, 핀잔주다, 핀잔하다; 생핀잔(生;아무 까닭 없이 주는 핀잔).

핀트 ①사진기 따위의 렌즈의 초점. ¶카메라의 핀트를 맞추다. ②어떤 말이나 행동의, 노리거나 겨누는 요점. 겨냥. ¶핀트가 어긋난 답변.[←brandpunt〈네〉].

필(筆) '글을 쓰는 도구[붓]. 글이나 글씨. 쓰다'를 뜻하는 말. ¶필가(筆架), 필가(筆家), 필간(筆諫), 필갑(筆匣), 필격(筆格), 필경/사(筆耕/士), 필계(筆契), 필공(筆工), 필관(筆管;붓대), 필기(筆記)[필기구(具), 필기시험(試驗), 필기장(帳)], 필낭(筆囊), 필단(筆端;붓끝), 필담(筆談;글을 써서 서로 묻고 대답하는 일), 필답(筆答), 필도(筆道), 필두(筆頭;주장이 되는 사람), 필력(筆力), 필로(筆勞), 필로(筆路), 필명(筆名), 필묵(筆墨), 필문필답(筆問筆答), 필방(筆房), 필법(筆法), 필봉(筆鋒), 필사(筆寫)[304], 필삭(筆削), 필산(筆山;筆架), 필산(筆算), 필상(筆商), 필상학(筆相學), 필생(筆生), 필석/류(筆石/類), 필설(筆舌), 필세(筆洗), 필세(筆勢), 필수(筆受), 필순(筆順), 필연(筆硯), 필원(筆苑), 필자(筆者), 필장(筆匠), 필적(筆跡)[필적감정(鑑定), 필적부(簿), 필적학(學)], 필전(筆戰), 필점(筆占), 필주(筆誅)[305], 필지(筆紙), 필지(筆地)[306], 필진(筆陣), 필집(筆執), 필채(筆債), 필첩(筆帖), 필체(筆體), 필촉(筆觸), 필축(筆軸), 필치(筆致), 필탁(筆鐸;글로 경종을 울리며 이끎), 필통(筆筒), 필하(筆下), 필한(筆翰), 필해(筆海), 필화(筆花), 필화(筆華), 필화(筆禍), 필획(筆劃), 필흔(筆痕), 필흥(筆興); 가필(加筆), 가필(呵筆), 각필(閣/擱筆), 간필(簡筆), 갈필(葛筆), 갈필(渴筆), 감필(減筆), 강필(鋼筆;烏口), 건필(健筆), 겸호필(兼毫筆), 경필(勁筆;힘찬 필력), 고필(古筆), 곡필(曲筆)[무문곡필(舞文)], 골필(骨筆), 구필(口筆), 낙필(落筆), 난필(亂筆), 노필(老筆;노련한 글씨), 농필(弄筆), 능필(能筆), 난필(亂筆), 단필(短筆), 달필(達筆), 당필(唐筆), 대필(大筆), 대필(代筆), 도필(刀筆), 독필(禿筆;몽당붓), 독필(毒筆), 둔필(鈍筆), 둔필승총(鈍筆勝聰), 막필, 만년필(萬年筆), 만필(漫筆), 매필(賣筆), 면상필(가늘고 작은 글씨를 쓰는 붓), 명필(名筆), 모필(毛筆), 목필(木筆), 묘필(妙筆), 무심필(無心筆), 묵필(墨筆, 문여필(文輿筆), 문필(文筆), 반죽필(斑竹筆), 병필지임(秉筆之任), 보필(補筆), 복사필(複寫筆), 봉황필(鳳凰筆;썩 좋은 붓), 분필(粉筆), 비필(飛筆), 사필(史筆), 서수필(鼠鬚筆;쥐의 수염으로 만든 붓), 석필(石筆), 세필(洗筆), 세모필(細毛筆), 세필(細筆), 속필(俗筆), 속필(速筆), 수필(水筆), 수필(隨筆), 시필(試筆), 신필(神筆), 아필(牙筆), 악필(惡筆), 약필(略筆), 양두필(兩頭筆), 양호필(羊毫筆), 어신필(御宸筆), 어필(御筆), 여필(女筆), 연필(鉛筆)[연필심(心), 연필화(畵); 몽당연필, 색연필(色)], 염

299) 피우다[1]: '(불을) 피다'의 사동형.↔끄다. 피우다[2]: ①담배를 물고 연기를 빨아들였다가 코나 입으로 내보내다. ¶담배를 피우면 몸에 해롭다. 냄새를 피우다. ②재주·게으름·난봉·소란 따위를 행동으로 나타내다. ¶고집을/ 꾀를 피우다(부리다). 어리광을 피우다. 거드름피우다, 게으름피우다, 바람피우다, 점잔피우다, 재주피우다. ③먼지나 냄새 따위를 일으키다. 퍼뜨리다. ¶먼지를 피우지 마라.

300) 간피다: 바닷물에서 미역을 감고 난 뒤 살갗 따위에 소금기가 남게 되다.

301) 내피다: 잉크나 물감 같은 것이 밖으로 번지어 나타나다. 겉으로 두드러지게 나타나다. ¶기름이 내피다. 욕심이 내피다.

302) 피새내다: 사소한 일에도 화를 잘 내다.

303) 피새나다: 감추던 일이 뜻밖에 발각되다. ¶은밀히 꾀했던 일이 피새나다.

304) 필사(筆寫): 필사료(料), 필사본(筆寫本), 필사생(生), 필사원(員), 필사체(體).

305) 필주(筆誅): 죄악·과실 따위를 글로 써서 꾸짖음.

306) 필지: 논·밭·임야·대지의 구획된 전부를 하나치로 셀 때 쓰는 단위. ¶밭 두 필/ 필지. 분필(分筆), 합필(合筆).

ㅍ

필(染筆), 예필(睿筆;왕세자의 글씨), 옥필(玉筆), 용필(冗筆), 용필(用筆), 운필(運筆), 웅필(雄筆), 위필(僞筆), 육필(肉筆), 윤필(潤筆), 이필(吏筆), 이필/지다(異筆), 일지필(一枝筆), 일필(一筆), 일필휘지(一筆揮之), 자필(自筆), 작두필(雀豆筆), 잠필(簪筆), 잡필(雜筆), 장액필(獐腋筆), 재필(才筆), 재필(載筆), 저모필(豬毛筆), 절필(絕筆), 정필(停筆), 조필(助筆), 조필(粗筆), 존필(尊筆), 졸필(卒筆), 졸필(拙筆), 주필(主筆), 주필(朱筆), 주필(走筆), 증필(證筆), 지필(紙筆), 지필묵(紙筆墨), 직필(直筆), 진필(眞筆), 집필(執筆), 차필(借筆), 찰필/화(擦筆/畫), 채필(彩筆), 철필(鐵筆)[철필대, 철필(鏃), 철필판(板), 철필화(畫)], 청모필(青毛筆;날다람쥐의 털로 맨 붓), 초모필(貂毛筆;담비의 털로 맨 붓), 초필(抄筆), 취필(取筆), 칙필(勅筆;임금의 친필), 친필(親筆), 탁필(卓筆), 토필(土筆), 퇴필(退筆), 투필(投筆), 특필(特筆)[대서특필(大書)], 파필(把筆), 하필(下筆;시나 글을 지음), 한필(閑筆), 합필(合筆), 혁필(革筆), 현완직필(懸腕直筆), 화필(畵筆), 황모필(黃毛筆), 후필(後筆), 휘필(揮筆), 희필(戲筆) 들.

필(必) '반드시. 꼭'을 뜻하는 말. ¶필납(必納;반드시 납부함), 필독(必讀), 필득(必得;꼭 얻음), 필망내이(必亡乃已), 필멸(必滅), 필무시리(必無是理), 필벌(必罰), 필비(必備), 필사/적(必死/的), 필살(必殺), 필수(必修;반드시 학습하여야 함)[교양필수(敎養), 전공필수(專攻)], 필수(必須)[307], 필수(必需;꼭 있어야 함)[필수적(的), 필수품(品)], 필승(必勝), 필시(必是;반드시. 어김없이), 필야(必也;必然), 필야사무송(必也使無訟), 필연(必然)[308], 필요(必要)[309], 필욕감심(必慾甘心), 필용(必用), 필유곡절(必有曲折), 필유사단(必有事端), 필전(必傳), 필정(必定), 필종곡(必從谷), 필종천(必從川), 필중(必中), 필지(必至), 필지(必知), 필착(必着), 필패(必敗), 필휴(必携;반드시 지녀야 함), 필히(반드시); 기필/코(期必), 사필귀정(事必歸正), 언필칭(言必稱), 여필종부(女必從夫), 하필/이면(何必), 해필(奚必) 들.

필(畢) ①'이미 마쳤음. 다하다. 모두 다'를 뜻하는 말. ¶필경(畢竟;마침내), 필납(畢納), 필독(畢讀), 필동(畢同), 필력(畢力), 필명(畢命), 필배(畢杯), 필봉(畢捧), 필생(畢生), 필성(畢星), 필성기(畢星旗), 필쇄(畢刷), 필업(畢業), 필역(畢役), 필하다, 필혼(畢婚;아들딸을 모두 혼인시킴); 검사필(檢査畢), 검수필(檢數畢), 검역필(檢疫畢), 검열필(檢閱畢), 검인정필(檢認定畢), 검정필(檢定畢), 교정필(矯正畢), 납세필(納稅畢), 대조필(對照畢), 등기필(登記畢), 등록필(登錄畢), 미필(未畢), 미필적고의(未畢的故意), 병역필(兵役畢), 보고필(報告畢), 심사필(審査畢), 언미필에(言未畢), 인도필(引渡畢), 지급필(支給畢), 허가필(許可畢), 확인필(確認畢). ②'별 이름'을 뜻하는 말. ¶필성(畢星), 필성기(畢星旗).

필(匹) ①말이나 소를 세는 단위. ¶말 두 필. 필마(匹馬;한 필의 말), 필마단기(匹馬單騎), 필마단창(匹馬短槍); 마필(馬匹), 매필(每匹). ②'짝 · 배우자. 홀 · 홑 · 하나'를 뜻하는 말. ¶필부(匹夫), 필부(匹婦), 필부지용(匹夫之勇), 필부필부(匹夫匹婦), 필조(匹鳥;원앙); 배필(配匹), 양필(良匹) 들. ③'맞서다'를 뜻하는 말. ¶필대(匹對), 필적(匹敵), 필주(匹儔). ④'피륙(疋)'을 뜻하는 말. ¶필반자지(紙).

필(疋) 일정한 길이로 짠 피륙을 셀 때에 쓰는 말. 광목 · 옥양목의 경우는 '통'이라고 함. ¶명주 한 필. 필누비(누비 모양으로 짠 피륙), 필단(疋緞), 필목(疋木;필로 된 무명), 필백(疋帛), 필필이; 매필(每疋) 들.

필(弼) '돌보다. 돕다. 돕는 사람'을 뜻하는 말. ¶필광(弼匡;도와서 바로잡음), 필녕(弼寧;보필하여 편하게 함), 필도(弼導;돌보아 인도함), 필선(弼善), 필성(弼成), 필해(弼諧); 광필(匡弼), 보필(輔弼) 들.

필(觱) ①'피리'를 뜻하는 말. ¶필률(觱篥). ②바람이 쌀쌀한 모양. ¶필발(觱發).

필(篳) '울타리'를 뜻하는 말. ¶필문(篳/篳門;사립문), 필문규두(篳門圭竇); 봉필(蓬篳), 봉필생휘(蓬篳生輝).

필(蹕) '길 치우다. 임금의 거둥'을 뜻하는 말. ¶필로(蹕路), 필어(蹕御); 경필(警蹕), 범필(犯蹕), 주필(駐蹕).

필채 옛날에 엽전을 꿰기 위하여 노끈으로 만든 꿰미. 돈꿰미.

핍(乏) '모자라다. 다하여 없다'를 뜻하는 말. ¶핍궤(乏匱;물자가 떨어짐), 핍소하다(乏小;식량 따위가 충분하지 못하다), 핍월(乏月;음력 4월 보릿고개), 핍인(乏人;乏材), 핍재(乏材;인재가 모자라고 달림), 핍재(乏財;재산이 모자라고 달림), 핍전(乏錢), 핍절(乏絕), 핍진(乏盡;재물이나 정력이 죄다 없어짐), 핍하다(수량 따위가 모자라다. 다하여 없다), 핍혈(乏血;혈량감소); 간핍(艱乏), 결핍(缺乏), 곤핍하다(困乏), 군핍하다(窘乏), 궁핍(窮乏), 기핍(氣乏), 기핍(飢乏), 낭핍(囊乏;주머니 속이 텅 빔), 내핍(耐乏), 빈핍(貧乏), 승핍(承乏), 절핍(絕乏), 허핍(虛乏), 흠핍(欠乏) 들.

핍(逼) '닥치다. 가까이 다가오다. 황급하다. 몹시. 억지로'를 뜻하는 말. ¶핍근(逼近;썩 가까이에 다가옴), 핍박(逼迫)[310], 핍살(逼殺;사람을 을러서 죽임), 핍색(逼塞;꽉 막힘. 꽉 막혀 몹시 군색함), 핍억(逼抑;威脅), 핍절하다(逼切;진실하여 거짓이 없고 절실하다), 핍진하다(逼眞;진실해 거짓이 없다. 실물과 아주 비슷하다), 핍축(逼逐;핍박하여 쫓음. 바싹 가까이 쫓음), 핍탈(逼奪;협박하여 빼앗음. 임금을 협박하여 그 지위를 빼앗음); 압핍(狎逼), 어핍하다(語逼), 절핍하다(切逼), 직핍(直逼), 침핍(侵逼), 혐핍(嫌逼) 들.

핍(愊) '답답하다. 막히다'를 뜻하는 말. ¶핍억하다(愊臆;가슴이 답답하거나 마음이 우울하다).

307) 필수(必須): 꼭 하여야 하거나 있어야 함. ¶필수과목(科目), 필수아미노산(amino酸), 필수장비(裝備), 필수조건(條件), 필수지방산(脂肪酸).

308) 필연(必然↔우연(偶然): 필연론(論), 필연성(性), 필연적(的), 필연코; 미필연(未).

309) 필요(必要): 꼭 소용이 있음. ¶필요는 발명의 어머니. 필요경비(經費), 필요량(量), 필요비(費), 필요사무(事務), 필요성(性), 필요시(時), 필요악(惡), 필요원소(元素), 필요조건(條件), 필요충분조건(充分條件), 필요품(品); 불필요(不).

310) 핍박(逼迫): ①바싹 죄어서 괴롭게 함. ¶어떠한 핍박에도 굽히지 않는다. ②사태가 매우 절박함. ¶매우 핍박한 재정 상태. 재정적 핍박.

핑계 어떤 일이나 생각을 정당화하기 위하여 갖다 붙이는 구실.(≒꼬투리). 잘못한 일에 대하여 이리저리 돌리어 말하는 변명. ¶핑계를 삼다. 핑계 없는 무덤이 없다. 핑계의 사투리는 '피탈'이다. 핑곗거리, 핑곗김/에, 핑계모(이리저리 내세우는 방패막이), 핑계하다(둘러대다. 변명하다).

핑구 위에 꼭지가 달린 팽이. ¶줄을 핑구에 감아 얼음판에서 돌리다.

ㅎ

하[1] ①크게.≒아주. 몹시. 무척. 매우. 대단히.[←하다[3]]. ¶하 많은 사람 중에서 왜 날 보고 그러시오? 시설 규모가 하도 어마어마하여 기가 질렸다. 하 좋다(몹시 좋다). 하도[1]. ②얼마나. ¶하 곤하였으면 걸으면서 졸았겠소?

하[2] 입을 한껏 벌리며 거리낌 없이 크게 웃는 모양. 〈큰〉허[1]. ¶하 웃다. 하하거리다/대다.

하[3] 입을 크게 벌리고 입김을 한 번 내어 부는 소리. 또는 그 모양. 〈큰〉허[2]. ¶하 하고 입김으로 언 손을 녹여 주었다.

하[4] 기쁘거나 슬플 때, 놀라거나 기막힌 일을 당하였을 때 탄식하여 내는 소리. 못마땅한 일을 당하였을 때, 가볍게 근심하거나 나무라는 뜻으로 내는 소리. ¶하, 마침내 우승을 했구나. 하, 이럴 수가 있나.

하[5] 아주 높임의 호격 조사. ¶선열하. 임금하.

하(下) ①차례나 등급의 뒷부분. 또는 못하거나 저열한 등급.↔상(上). ¶이 사과는 등급이 하에 속한다. 상·중·하(上中下). ②'아래. 뒤. 낮다. 열등하다. 손아랫사람. 내리다'를 뜻하는 말. ¶하가(下嫁), 하감(下疳), 하감(下瞰), 하감(下鑑), 하강(下降)[하강기(期), 하강기류(氣流)], 하거(下去), 하거(下車), 하계(下計), 하계(下界), 하고음(下高音), 하관(下官), 하관/포(下棺/布), 하관(下顴;얼굴의 아래쪽), 하괘(下卦), 하교(下校), 하교(下敎), 하구(下矩), 하권(下卷), 하극상(下剋上), 하근(下根), 하급(下級)[2], 하기(下技), 하기(下記), 하기(下氣), 하기식(下旗式), 하납(下納), 하녀(下女), 하념(下念), 하단(下段), 하단(下端), 하단(下壇), 하단전(下丹田), 하달(下達), 하달지리(下達地理), 하답(下畓), 하답(下答), 하당영지(下堂迎之), 하당지우(下堂之憂), 하대(下待↔恭待), 하대석(下臺石), 하도(下道), 하도급(下都給), 하등(下等)[하등감각(感覺) 하등동물(動物), 하등식물(植物); 최하등(最)], 하띠, 하락/세(下落/勢), 하래(下來), 하략(下略), 하량(下諒), 하련(下輦), 하렴(下廉), 하령(下令), 하례(下隷), 하로교(下路橋), 하료(下僚), 하류(下流), 하륙(下陸), 하리(下里), 하림(下臨), 하마(下馬), 하마평(下馬評), 하면(下面), 하명(下命), 하묘(下錨), 하문(下文), 하문(下門), 하문(下問), 하미(下米), 하민(下民), 하박/골(下膊;팔뚝/骨), 하박/석(下薄/石), 하반(下半)[하반기(期), 하반부(部), 하반신(身)], 하반(下盤), 하발이(下;맨 아랫길의 사람), 하방(下方), 하방(下枋), 하배(下輩), 하번(下番), 하변(下邊), 하복(下腹;아랫배), 하부/구조(下部/構造), 하불실(下不失), 하불하(下不下), 하비(下婢), 하사(下士), 하사(下司), 하사(下賜), 하산(下山), 하상(下殤), 하상(下霜), 하생(下生), 하서(下書), 하석상대(下石上臺), 하선(下船), 하성(下誠), 하세(下世), 하소(下消), 하속(下屬), 하솔(下率), 하송(下送), 하수/도(下水/道), 하수/인(下手/人), 하수(下壽), 하숙(下宿)[하숙방(房), 하숙비(費), 하숙집], 하순(下旬), 하순(下脣), 하순(下詢), 하습(下習), 하습(下濕), 하시(下視), 하식일(下食日), 하악(下顎), 하야(下野), 하연(下椽), 하열하다(下劣), 하오(下午), 하옥(下獄), 하완(下浣), 하우/불이(下愚/不移), 하원(下元), 하원(下院), 하위(下位), 하유(下諭), 하의(下衣), 하의(下意), 하익(下翼), 하인/배(下人/輩), 하일(下日), 하장(下章), 하장(下裝), 하저(下箸;젓가락을 대대[음식을 먹음]), 하전(下田), 하전(下典), 하정(下情), 하정배(下頂拜), 하제(下第), 하제(下劑), 하종(下種), 하종가(下終價), 하좌(下座), 하지(下枝), 하지(下肢)[하지근(筋), 하지대(帶)], 하지목(下地木), 하지상(下之上), 하직(下直), 하직(下職), 하질(下秩), 하질(下質), 하차(下車), 하책(下策), 하처(下處), 하천인(下賤人), 하천배(下賤輩), 하첨(下籤), 하청(下請), 하청부(下請負), 하체(下體), 하초/열(下焦/熱), 하측(下側), 하층(下層)[하층계급(階級), 하층사회(社會), 하층운(雲)], 하치, 하침(下沈), 하침(下鍼), 하탁(下託), 하탑(下榻), 하탕(下湯), 하토(下土), 하퇴/골(下腿/骨), 하판, 하판(下版), 하편(下篇), 하품(下品), 하풍(下風), 하필(下筆), 하학(下學), 하한/가(下限/價), 하한(下澣), 하합(下合), 하행(下行↔上行), 하향(下向), 하향(下鄕), 하현/달(下弦), 하혈(下血), 하화중생(下化衆生), 하회(下回;다음 차례), 하회(下廻;어떤 표준보다 밑돎.↔上廻), 하후상박(下厚上薄), 하휼(下恤); 가하(加下;정한 액수보다 돈을 더 주거나 더 씀), 각하(却下), 각하(閣下), 감하(減下), 강하(降下), 격하(格下), 겸하(謙下), 계하(啓下), 계하(階下), 고하(高下;높음과 낮음), 관하(管下), 궐하(闕下), 궤하(机下), 귀하(貴下), 낙하(落下), 남하(南下), 낭하(廊下), 내하(內下), 누하(樓下), 단하(壇下), 당하(堂下), 당하(當下), 대하(帶下), 대하(貸下), 대하(臺下), 도하(都下), 막하(幕下), 명하(名下), 묘하(墓下), 목하(目下;바로 지금), 문하(門下), 부하(府下), 부하(部下), 분하(分下), 불하(不下), 불하(拂下), 비하(卑下), 비하정사(鼻下政事), 산하(山下), 산하(傘下), 상하(上下), 서하(書下), 선하(先下), 성하(城下), 솔하(率下), 쇄하(殺下), 수하(水下), 수하(手下), 수하(樹下), 슬하(膝下), 시하(侍下)[시하생(生), 시하인(人); 엄처시하(嚴妻), 층층시하(層層)], 시하(時下;이때. 요즈음), 신하(臣下), 안하무인(眼下無人), 어하(御下), 언하(言下), 연하(年下), 연하(軟下), 연하(嚥下), 영하(零下), 예하(例下), 예하(隷下), 요하(腰下;허리춤), 용하(用下;비용을 대어 줌. 또는 그 돈), 위하수(胃下垂), 윤하(允下), 이하(以下), 인하(引下), 장하(杖下), 장하(帳下), 저하(低下), 적하(滴下), 전하(殿下), 절하(切下), 제하(除下;물건을 아랫사람에게 나누어 줌), 제하(題下), 제하(臍下;배꼽 밑), 족하(足下), 좌하(座下), 주하(奏下), 지하(地下), 직하(直下), 차하(差下), 척하(戚下), 천하(天下), 천하(泉下), 첨하(檐下), 청하(廳下), 촉하(燭下), 최하(最下), 추하(楸下), 추하(墜下), 취하(取下), 층하(層下), 침하(沈下), 투하(投下), 폄하(貶下), 피하(皮下), 필하(筆下;붓끝), 행하(行下), 행하건(行下件), 향하(向下), 형이하(形而下), 회하(會下), 획하(劃下). ③'황제·왕 등 윗사람에게 쓰는 경칭'을 나타내는 말. ¶각하(閣下), 궤하(机下), 귀하(貴下), 성하(聖下), 안하(案下), 예하(猊下), 전하(殿下), 좌하(座下), 폐하(陛下), 합하(閤下). ④'어떤 처리나 상태 아래. 어떤 영향을 받는 범위. 무엇에 딸림'을 뜻하는 말. ¶구경하(具慶下), 만천하에(滿天下), 매명하(每名下), 미명하(美名下), 백일하에(百日下), 빙점

---

1) 하도: '하'를 강조한 말. '도'는 보조사. ¶하도 기가 막혀서 말이 안 나온다.
2) 하급(下級↔上級): 하급관청(官廳), 하급기관(機關), 하급법원(法院), 하급생(生), 하급심(審).

하(氷點下), 약속하(約束下), 영감하(永感下), 인솔하(引率下), 정세하(政勢下), 지도하(指導下), 지배하(支配下), 지휘하(指揮下), 치하(治下), 통치하(統治下), 합하(閤下), 현하(現下), 회하(會下), 휘하(麾下) 들.

하(夏) ①여름. 크고 성하다'를 뜻하는 말. ¶하간(夏間), 하갈동구(夏葛冬裘), 하견(夏繭), 하경(夏耕), 하경(夏景), 하계(夏季), 하곡(夏穀), 하국(夏菊), 하기(夏期)[하기방학(放學), 하기휴가(休暇), 하기휴업(休業)], 하단(夏斷), 하도(夏道), 하동(夏冬), 하란(夏卵), 하로동선(夏爐冬扇), 하면(夏眠), 하모(夏毛), 하반(夏半;음력 7월), 하선동력(夏扇冬曆), 하아(夏芽), 하안거(夏安居), 하우(夏雨), 하운(夏雲), 하일(夏日), 하잠(夏蠶), 하절/기(夏節/期), 하지(夏至)[하짓날, 하지선(線), 하지점(點)], 하추간(夏秋間), 하해(夏海;큰 바다), 하화(夏花); 객하(客夏), 거하(去夏), 결하(結夏), 계하(季夏), 과하시(過夏柴), 구하(九夏), 금하(今夏), 내하(來夏), 만하(晩夏), 맹하(孟夏), 모하(暮夏), 반하(半夏), 상하(常夏), 서하(暑夏), 성하(盛夏), 소하(消夏), 입하(立夏), 작하(昨夏), 조하(早夏;이른 여름), 조하(肇夏;초여름), 주하증(注夏症), 중하(仲夏), 춘하추동(春夏秋冬), 파하(破夏), 해하(解夏;하안거를 마침). ②중이 된 뒤로부터 나이를 셀 때 쓰는 말. ¶법랍(法臘) 20하.

하(河) '물. 강(江). 개척한 물길[수로(水路)]'를 뜻하는 말. ¶하거(河渠), 하계(河系), 하곡(河谷), 하공학(河工學), 하구(河口)[하구둑, 하구언(堰), 하구항(港)], 하도(河道), 하도(河圖), 하돈(河豚;복), 하량(河梁;하천에 놓은 조그마한 다리), 하류(河流), 하마(河馬), 하만(河灣), 하반(河畔), 하백(河伯;강의 신), 하변(河邊;하천가), 하상(河上), 하상(河床;하천의 바닥), 하성단구(河成段丘), 하성층(河成層), 하수(河水), 하식(河蝕), 하신(河身), 하심(河心), 하안(河岸), 하원(河源;하천의 水源), 하저(河底), 하적호(河跡湖), 하제(河堤), 하주(河舟), 하천(河川)[3], 하청(河淸)[4], 하폭(河幅), 하항(河港), 하해(河海;큰 강과 바다), 하해지택(河海之澤), 하협(河峽); 강하(江河), 결하(決河), 내륙하(內陸河), 누하(淚河), 대하(大河), 도하(渡河), 빙하(氷河)[5], 산하(山河), 성하(星河), 소하(溯河), 연하(沿河), 운하(運河)[6], 은하(銀河)[은하계(系), 은하수(水)], 천하(天河), 현하(懸河), 홍하(洪河;큰 강) 들.

하(何) '어찌. 어느. 무슨'을 뜻하는 말. ¶하가/에(何暇), 하간(何間;어느 때), 하고(何故;무슨 까닭), 하관(何關), 하관대사(何關大事), 하년(何年), 하등(何等), 하면목(何面目), 하물(何物), 하사(何事), 하상(何嘗;따지고 보면), 하시/경(何時/頃), 하여간/에(何如間), 하여튼/지(何如), 하일(何日), 하처(何處), 하특(何特;어찌 특히), 하필(何必), 하황(何況;하물며), 하후하박(何厚何薄); 기하(幾何)[기하급수/적(級數/的), 기하평균(平均), 기하학(學), 기하화법(畫法)], 내하(奈何), 수하(誰何), 약하/하다(若何), 억하심정(抑何心情), 여하하다(如何), 여하간(如何間), 여하다, 여하튼(如何) 들.

하(荷) '짐. 떠맡다. 짊어지다'를 뜻하는 말. ¶하담(荷擔), 하량(荷量), 하물(荷物), 하선(荷船), 하송인(荷送人), 하역(荷役), 하엽(荷葉;연잎), 하엽좌(荷葉座), 하전(荷電), 하주(荷主), 하중(荷重;짐의 무게. 구조물이 견딜 수 있는 무게)[동하중(動), 정하중(靜)], 하치/장(荷置/場); 감하(感荷;은혜를 감사히 여김), 부하(負荷), 선하(船荷), 송하인(送荷人), 수하인(受荷人), 신하(新荷), 운하(運荷), 입하(入荷), 장하(裝荷), 적하(積荷), 전하(電荷), 전하(轉荷), 제하(除荷;짐을 덜어냄), 중하(重荷), 집하(集荷), 착하(着荷), 출하(出荷), 투하(投荷) 들.

하(賀) '축하하다'를 뜻하는 말. ¶하객(賀客;축하하는 손님), 하례(賀禮;축하의 예식), 하사(賀詞), 하서(賀書), 하수(賀壽), 하연(賀宴), 하의(賀意), 하의(賀儀), 하장(賀狀), 하장(賀章), 하정(賀正;새해를 축하함), 하표(賀表); 경하(敬賀), 경하(慶賀), 공하(恭賀), 근하(謹賀), 내하(來賀), 배하(拜賀), 연하/장(年賀/狀), 연하(宴賀), 조하(朝賀), 진하(進賀), 축하(祝賀), 치하(致賀) 들.

하(霞) '노을. 아지랑이'를 뜻하는 말. ¶경하(輕霞), 단하(丹霞;햇빛에 비치는 붉은빛의 기운), 만하(晩霞), 석하(夕霞), 연하(煙霞), 연하고질(煙霞痼疾), 운하(雲霞), 조하(朝霞), 춘하(春霞), 홍하(紅霞) 들.

하(瑕) '티. 흠. 잘못'을 뜻하는 말. ¶하루(瑕累), 하자(瑕疵;흠. 결점), 하자담보(瑕疵擔保); 미하(微瑕;약간의 흠), 백벽미하(白璧微瑕), 백옥무하(白玉無瑕) 들.

하(遐) '멀다. 오래다'를 뜻하는 말. ¶하령(遐齡), 하방(遐方), 하수(遐壽), 하역(遐域), 하이(遐邇), 하토(遐土), 하향(遐鄕); 등하(登遐), 승하(昇遐) 들.

하(蝦) '새우'를 뜻하는 말. ¶하란(蝦卵); 노하(滷蝦;곤쟁이), 대하(大蝦), 백하(白蝦)[동백하(冬)], 소하(小蝦), 자하(紫蝦;곤쟁이), 중하(中蝦), 토하/젓(土蝦) 들.

하(呀) '입을 벌리다'를 뜻하는 말. ¶하합(呀呷;입을 벌림. 입을 벌려 꾸짖음).

하(廈) '큰 집'을 뜻하는 말. ¶하전(廈氈;임금이 거처하던 곳); 광하(廣廈), 대하(大廈), 숭하(崇廈) 들.

하(嚇) '으르다. 화를 내다'를 뜻하는 말. ¶공하(恐嚇;위협하다), 공하정치(恐嚇政治), 위하(威嚇) 들.

하고 ①사물을 열거할 때 쓰는 접속 조사.≒랑. 과(와). =하며[7]. ¶배하고 사과하고 밤을 가져오너라. ②비교를 나타내는 부사격 조사. ¶너하고 나하고는 닮았다. ③'함께 함'을 나타내는 부사격 조사. ¶나하고 놀자. ④말이나 생각, 소리의 인용을 나타내는 인

3) 하천(河川): 하천개량(改良), 하천공사(工事), 하천공학(工學), 하천법(法), 하천부지(敷地), 하천침식(浸蝕), 하천양식(養殖), 하천학(學); 감조하천(感潮;밀물과 썰물의 영향을 받는 하천 및 그 부근), 국제하천(國際), 내륙하천(內陸), 무능하천(無能), 상수하천(常水), 순응하천(順應;지층의 주향과 평행으로 흐르는 하천), 외래하천(外來), 재종하천(再從), 평형하천(平衡), 필종하천(必從).

4) 하청(河淸): 항상 흐려 있는 황하의 물이 맑아진다는 뜻으로 '기대할 수 없는 일'을 비유하는 말. 백년하청(百年河淸).

5) 빙하(氷河): 빙하계류(溪流), 빙하곡(谷), 빙하기(期), 빙하성층(成層), 빙하시대(時代), 빙하원공(圓孔), 빙하지형(地形), 빙하탁(卓)/빙탁(氷卓), 빙하토(土), 빙하호(湖); 내륙빙하(內陸), 대륙빙하(大陸), 산록빙하(山麓), 산악빙하(山岳).

6) 운하(運河): 국제운하(國際), 수갑식운하(水閘式).

7) 하며: =하고. ¶떡하며 고기하며, 그 밖의 별의별 음식이 다 있다.

용격 조사. ¶북소리가 '둥둥'하고 울렸다. 힘줌말은 '하고-는/하곤'. 하고-까지/야/나/나마/라도.

하나[1] ①한 가지. 일체(一體). ¶모두가 마음을 하나로 하여 어려움을 헤쳐 나가다. 어린 아이도 하나의 인간이다. 하나같다/같이(≒한결같이), 하나잔뜩/이. ②오직 그것뿐. ¶아들 하나만을 의지해서 살아간다.

하나[2] 사물의 수를 세는 수의 처음. 일(一). §명사 앞에 올 때는 '한[8]'으로 바뀜. ¶하나를 보면 열을 알 수 있다. 하나님, 하나치[단위(單位)], 하나하나(모두. 낱낱이), 하릅[9]; 열하나.

하냥 한결같이 줄곧. 계속하여 줄곧. ¶하냥 섭섭해 우옵내다. 하냥다짐[10].

하늘 해와 달과 무수한 별들이 널려 있는 무한대의 공간.(↔땅). 절대자. 운명(運命). 우주만물의 법칙. ¶하늘과 땅. 하늘의 도움을 받다. 하늘이 흐리다. 이 일을 하늘이 알고 땅이 안다. 되고 안 되고는 하늘에 달렸다. 하늘가(하늘의 끝), 하늘같다(지위나 은혜가 매우 높고 크다), 하늘공중(空中;하늘높이), 하늘구멍, 하늘궁전(宮殿), 하늘길, 하늘끝, 하늘나라, 하늘눈[11], 하느님, 하늘다람쥐, 하늘땅, 하늘뜻, 하늘마음[12], 하늘밑(온 세상), 하늘바라기(우두커니 하늘을 바라보는 일. 하늘지기), 하늘빛, 하늘색(色), 하늘아래, 하늘코[13], 한울(천도교에서의 우주의 본체)/님; 마른하늘(갠 하늘), 밤하늘, 새벽하늘, 조각하늘[14]. ☞ 천(天).

하늬 '서쪽'을 가리키는 말. ¶하늬바람, 하늬쪽; 높하늬(북서풍).

하님 여자종을 대접하여 부르거나, 또는 여자종들이 서로 높여 부르던 말. ¶하님여령(女伶).

하(다)[1] 사람이나 동물 또는 어떤 물체가, 어떤 일이나 행동이나 작용 또는 정신적인 작용을, 그 몸이나 몸체로 드러내 보이거나 심리적으로 그러한 과정을 겪는 상태에 두다. ¶일을 하다. 하건만, 하게체(體), 하게하다, 하기는[15], 하기야[16], 하기에, 하나[17], 하니/까[18], 하다가(어쩌다가), 하다면(그렇다면), 하다못해, 하릴없다[19], 하면[20], -하면[21], 하소, 하소서/체(體), 하여[22], 하여금(~를/을 시키어), 하염없다[23][〈ᄒᆞ욤없다], 하염직하다(할 만하다. 할 가치가 있다), 하오체(體), 하오하다[24], 하잘것없다[25], 하이다/하임[하임꼴, 하임법, 하임움직씨], 하지만[26], 한다한[27], 할대[28], 할듯말듯, 할똥말똥[29], 할말/없다, 함, 합쇼/체(體), 해내다(능히 처리하다. 거뜬히 이기다), 해대기(공격. 진격), 해대다[30], 해라/체(體), 해먹다[31]/먹이다, 해보다[32], 해체(體), 해치우다[33], 헐수할

---

8) 한: ①'하나. 한 번. 다른/딴'의 뜻. ¶한 가락/그릇/대... 한가락(노래나 소리의 한 곡조), 한걱정[1](하나의 걱정), 한걸음/에, 한것기(썰물과 밀물의 차를 헤아릴 때, 음력 닷새와 스무날), 한겻(하루 낮의 1/4쯤 되는 동안. 약 3시간 정도.=반나절), 한구석, 한군데, 한귀, 한꺼번에, 한끝, 한끼, 한나절, 한눈[1](한번 봄. 잠깐 봄), 한뉘(한평생), 한다리, 한달음/에,한데[1](한 곳), 한돌, 한돌림(차례로 돌아가는 한 바퀴), 한둘/한두, 한때[1], 한마디, 한모라기(연기가 한 번 피어오르는 것. 바람이 한 번 부는 것), 한목숨, 한목/에(한꺼번에. 한 번에 다), 한몫(한 사람 앞에 돌아가는 분량), 한무날, 한무릎(한 차례의 무릎걸음)/공부, 한바퀴, 한발, 한살이, 한삼매(三昧), 한세상(世上), 한소끔(한 차례 끓어오르는 모양), 한손[한손놓다(일단락되다), 한손접다(실력을 낮추어 평등하게 하다)], 한순(巡), 한순간(瞬間), 한술(한 숟가락), 한숨[1](잠깐 동안)/에, 한습(마소의 한 살.=하릅), 한시(時;짧은 시간), 한식경(食頃), 한옆(한쪽 구석), 한오금, 한입, 한자릿수(數), 한잔(盞;간단하게 한 차례 마시는 술), 한잠[1](잠시 자는 잠), 한줄금, 한줌(한 주먹), 한집/한집안[1](한집에서 사는 가족), 한쪽, 한차례, 한참(站), 한축(한차례), 한층(層)/더한층, 한치(아주 짧은 거리), 한카래/꾼, 한칼/에, 한통치다(나누지 않고 한곳에 합치다), 한판, 한팔접이, 한편(便; 어떤 일의 한 측면. 다른 상황), 한평생(平生;살아 있는 동안), 한푼, 한풀(기운이나 끈기 따위의 한 부분)[한풀꺾이다, 한풀죽다], 한해. ②'같은'의 뜻. ¶한 학교에 다니는 선후배 사이. 한가지(서로 같음), 한결/같다, 한곳, 한군데(같은 곳), 한날한시(時), 한대중(전과 다름이 없는 같은 정도), 한동갑(同甲;같은 나이), 한동기(同氣), 한동네, 한동생(同生), 한동아리, 한뜻, 한마을, 한마음, 한맛, 한목소리, 한방(房;같은 방), 한배(어미의 한 태에서 남. 같은 배), 한본새(같은 모양새), 한사람(같은 사람), 한살되다(두 물건이 합하여 한 물건이 되다. 남녀가 결합하여 부부가 되다), 한소리(같은 소리), 한속(같은 뜻이나 마음, 같은 셈속), 한솥밥, 한자리(같은 자리), 한줄기(같은 계통), 한지붕, 한집/한집안[2](같은 집. 일가 친척), 한차(車;같은 차), 한통속(같이 모이는 한 동아리), 한패(牌;같은 동아리), 한핏줄(하나의 같은 핏줄), 한하늘(같은 하나의 하늘). ③'대략'의 뜻. ¶한 천 명. 한 20분 걸렸다. 글쎄, 한 열흘 걸릴까? ④'어떤 · 어느'의 뜻. ¶한 고위 관리의 말에 의하면. 옛날 강원도의 한 마을에 효자가 살고 있었다. ☞ 한-[1],[2].

9) 하릅: 나이가 한 살 된 소, 말, 양, 개 따위를 이르는 말.=하습. ¶하릅강아지, 하릅망아지, 하릅비둘기, 하릅송아지. ☞ 하루.

10) 하냥다짐: 일이 잘 안될 경우에는 목을 베는 형벌이라도 받겠다는 다짐.

11) 하늘눈: 육안으로는 볼 수 없는 것을 환하게 보는 도통한 마음의 눈. 심안(心眼).

12) 하늘마음: 하늘처럼 맑고 밝고 넓고 고요한 마음. 천심(天心).

13) 하늘코: 짐승이 건드리면 목이나 다리를 옭아 공중에 달아 올리게 만든 올무.=챌목매.

14) 조각하늘: 구름이 온통 덮인 가운데서 드문드문 빠끔히 보이는 하늘.

15) 하기는: 실상 말하자면.≒실은(實). 딴은. 〈준〉하긴. ¶하긴, 그래. 하기는 맞는 말이다.

16) 하기야: 실상 적당히 말하자면야. ¶하기야 못할 것도 없지만. 하기야 그렇기도 하지.

17) 하나: 그러나. 하지만.≒허나. ¶하나, 꼭 그렇게 생각할 수만은 없다.

18) 하니: ①그러하니. ¶비가 온다. 하니 내일 떠나자. ②그랬더니. ¶꼬치꼬치 캐물었다. 하니 마지못해 대답을 해주었다.

19) 하릴없다: 어찌할 도리가 없다. 조금도 틀림이 없다.[←하(다)+ㄹ+일+없다]. ¶하릴없이 먼 산만 쳐다보다. 꾸중을 들어도 하릴없는 일이다.

20) 하면: ①그러면. 그렇다면. ¶하면, 네가 그 일을 하겠단 말인가? ②어떤 일이나 말을 하게 되면 당연히. 〈큰〉허면.

21) -하면: 몇몇 부사에 붙어, '그 조건만 주어지면 곧'의 뜻을 더하는 말. ¶걸핏하면, 까딱하면, 야다하면(어찌할 수 없이 긴급하게 되면), 언뜻하면, 여차하면(如此), 적이나하면(형편이 약간이라도 되면), 제꺽하면, 척하면, 툭하면.

22) 하여: ①그리하여 또는 이리하여. ¶하여 그 아이는 훌륭하게 자랐다. ②'하여금'의 준말. ¶우리로 하여 그 일을 하게 했다.

23) 하염없다: ①이렇다 할 만한 아무 생각도 없이 그저 멍하다. ¶하염없는 시선으로 먼 산을 바라보다. 하염없이 흐르는 눈물. ②공허하여 끝맺을 데가 없이 아득하다. ¶하염없는 시름에 잠기다.

24) 하오하다: 상대자를 예사로 높이는 하오체로 말하다.

25) 하잘것없다: 시시하여 할 만한 것이 못되다. 대수롭지 않다.[←하(다)+자(의도형어미)+ㄹ+것+없다]. 하잘것(힘을 써서 해볼 만한 가치).

26) 하지만: 일단 시인한 뒤에, 부정 · 반대의 뜻으로 이어주는 접속어.=그러나. 그렇지만. ¶초대해 주어서 고맙네. 하지만 갈 형편이 못 되어 미안하네.

27) 한다한: 남이 알아줄 만한. 뛰어난.[←한다고 하는/한다하는]. ¶국내의 한다한 선수들이 다 모였다. 한다하는 학자. 한다하는 집안.

28) 할대: 지켜야 할 근본의 법칙. 원칙(原則).

29) 할똥말똥: 일을 할 것도 같고 하지 아니할 것도 같은 모양. ¶그 일을 할똥말똥하다.

30) 해대다: ①대들 듯이 함부로 말하다. ¶잔소리를 해대다. ②화풀이로 남에게 마구 대들다. ③일을 마구 몰아쳐서 하다.

31) 해먹다: ①음식을 만들어 먹다. ②부정한 짓으로 재물을 모으다. ③어떤 일을 업으로 삼다. ¶장사도 해먹기 어렵다. ④남에게 해를 끼치다. ¶그는

수없다(어떻게 해볼 도리가 없다); 기껏해야, 떡하니, 막해야(가장 나쁜 경우라도), 말하자면, 암만해도(아무리 생각하거나 힘써 보아도), 연해(連;자꾸 계속하여), 자칫하면, 잘하다, 잘해야. §동사 '하다'는 '공부하다, 일하다, 숙제하다'처럼 명사와 합성하여 동사를 파생시킴. ☞ 행(行).

하(다)² 명사형 어미 '-기' 뒤에 보조사 '은/는, 까지. 도. 나/이나. 나마/이나마. 만. 부터'가 붙는 말 아래에 쓰이어, 동작의 뜻을 강조하여 나타냄. 또는 '의도'나 '시킴꼴', '당위(當爲)'의 뜻을 나타냄. ¶노래가 장엄하기는 하다. 밥을 먹기만 한다. 얄밉기까지 하다. 곱기도 하다. 산에 가려고 한다. 잠을 자게 하다. 일을 해야 한다.

하(다)³ '많다'를 뜻하는 옛말. ¶하고 한 날 그는 공부만 한다. 하도 서러워 눈물도 나오지 않는다. 하고많다(일일이 헤아리기 어려울 만큼 많고 많다), 하고하다(많고많다. 매우 많다), 하치않다/하찮다[34]. ☞ 한-¹.

-하다 일부 명사나 의태어 · 의성어 뒤에 붙어 형용사를, 부사 또는 자립성이 희박한 어근이나 몇몇 의존명사 뒤에 붙어 용언을 만드는 접사. ¶가하다(加), 가하다(可), 가가하다(可嘉), 가각하다(苛刻), 가감하다(可堪), 가강하다(加强), 가경하다(可驚), 가고하다(可考), 가공하다(可恐), 가괴하다(可怪), 가교하다(可教), 가급(苛急), 가급인족(家給人足), 가긍(可矜), 가기(可期), 가까이하다, 가난하다, 가념(可念), 가늣하다, 가느스름 · 가느초름, 가능(可能), 가닥가닥 · 거덕거덕, 가당(可當), 가득 · 가뜩 · 그득 · 그뜩, 가든 · 가뜬 · 거든 · 거뜬, 가들막 · 그들먹, 가란(家亂), 가랄(苛辣), 가랑가랑, 가량(佳良), 가량가량[35], 가려(可慮), 가려(佳麗), 가려(苛厲), 가련(可憐), 가린(慳吝), 가마득 · 까마득, 가마노르께, 가마말쑥 · 거머멀쑥 · 까마말쑥 · 꺼머멀쑥, 가마무트름 · 거머무트름 · 까마무트름 · 꺼머무트름, 가마반드르 · 거머번드르 · 까마반드르 · 꺼머번드르, 가마반지르/가마반질 · 거머번지르/거머번질 · 까마반지르 · 꺼머번지르, 가마아득 · 까마아득, 가마우리 · 거머우리, 가마푸르레, 가무께 · 까무께, 가무끄름 · 거무끄름 · 까무끄름 · 꺼무끄름, 가무대대 · 거무데데 · 까무대대 · 꺼무데데, 가무댕댕 · 거무뎅뎅 · 까무댕댕 · 꺼무뎅뎅, 가무레 · 거무레 · 까무레 · 꺼무레, 가무숙숙 · 거무숙숙 · 까무숙숙 · 꺼무숙숙, 가무스레 · 거무스레 · 까무스레 · 꺼무스레, 가무스름 · 거무스름 · 까무스름 · 꺼무스름, 가무잡잡 · 거무접접 · 까무잡잡 · 꺼무접접, 가무족족 · 거무죽죽 · 거무직직 · 까무족족 · 꺼무죽죽, 가무총총 · 거무충충 · 까무총총 · 꺼무충충, 가무칙칙 · 거무칙칙 · 까무칙칙 · 꺼무칙칙, 가무퇴퇴 · 거무튀튀 · 거무틱틱 · 까무퇴퇴 · 꺼무튀튀, 가무트름 · 거무트름 · 까무트름 · 꺼무트름, 가무파리, 가물가물 · 거물거물 · 까물까물 · 꺼물꺼물, 가뭇 · 거뭇 · 까뭇 · 꺼뭇, 가믯 · 거믯 · 까믯 · 꺼믯, 가분 · 거분 · 가뿐 · 거뿐, 가붓 · 거붓 · 가뿟 · 거뿟 · 거풋, 가빈(家貧), 가석(可惜), 가세(苛細), 가소(苛小), 가슬 · 거슬 · 까슬 · 꺼슬, 가슴츠레 · 거슴츠레 · 게슴츠레, 가승(佳勝), 가시시 · 거시시, 가신(可信), 가실가실, 가애(可愛), 가엄(家嚴), 가열(苛烈), 가의(可疑), 가적(佳適), 가절(佳絕), 가중(苛重), 가증(可憎), 가지런, 가직, 가취(加取), 가친가친, 가칠 · 거칠 · 까칠 · 꺼칠, 가칫 · 거칫 · 까칫 · 꺼칫, 가탄(可歎), 가통(可痛), 가포(苛暴), 가합(可合), 가혹(苛酷), 각급(刻急), 각다분, 각렴(刻廉), 각민(恪敏), 각박(刻薄), 각별(各別), 각실(慤實), 각양(各樣), 각이(各異), 각지(却之), 간하다(奸), 간하다(諫), 간간 · 건건, 간간(侃侃), 간간(衎衎), 간간(懇懇), 간간짭짤 · 건건찝찔, 간거(簡倨), 간결(簡潔), 간경(簡勁), 간고(艱苦), 간고(簡古), 간곡(奸曲), 간곡(懇曲), 간곤(艱困), 간관(間關), 간교(奸巧), 간구(艱苟), 간군(艱窘), 간급(艱急), 간난(艱難), 간녕(奸佞), 간단(簡單), 간단간단(簡單簡單), 간단명료(簡單明瞭), 간독(奸毒), 간독(懇篤), 간동 · 건둥 · 깐동 · 껀둥, 간략(簡略), 간명(簡明), 간묵(簡黙), 간미(簡美), 간박(簡朴), 간비(姦非), 간사(奸邪), 간사(奸詐), 간성(懇誠), 간세(奸細), 간세(簡細), 간소(簡素), 간신(艱辛), 간심(艱深), 간악(奸惡), 간악무도(奸惡無道), 간악무쌍(奸惡無雙), 간약(簡約), 간오(簡傲), 간요(奸妖), 간요(肝要), 간요(簡要), 간위(奸僞), 간절(懇切), 간잔지런, 간절(懇切), 간정(乾淨), 간정(簡淨), 간조(簡粗), 간지(懇摯), 간질간질 · 근질근질, 간첩(簡捷), 간초(艱楚), 간측(懇惻), 간탐(慳貪), 간특(姦慝), 간편(簡便), 간핍(艱乏), 간할(奸黠), 간항(簡亢), 간핵(簡核), 간험(奸險), 간험(艱險), 간활(奸猾), 간휼(奸譎), 간흉(奸凶), 간힐(奸詰), 갈하다(渴), 갈걍갈걍, 갈골(渴汨), 갈급(渴急), 갈람, 갈쌍 · 글썽, 갈씬 · 걸씬, 갈쭉 · 걸쭉, 감하다(減), 감가(坎坷), 감감, 감개무량(感慨無量), 감격무지(感激無地), 감능(堪能), 감람(坎壈), 감렬(甘冽), 감렬(甘烈), 감미(甘美), 감사(感謝), 감산(甘酸), 감숭 · 검숭, 감실감실 · 검실검실, 감암(嵁巖), 감연(敢然), 감연(欿然), 감연(敢然), 감용(敢勇), 감작감작 · 검적검적 · 깜작깜작 · 껌적껌적, 감직(敢直), 감참(嵌巉), 감창(感愴), 감파르잡잡 · 감푸르잡잡 · 검푸르접접, 감파르족족 · 검푸르죽죽, 갑갑, 갑갑궁금, 강하다(强), 강하다(剛), 강강(剛剛), 강강(强剛), 강개(慷慨), 강개무량(慷慨無量), 강건(剛健), 강건(剛蹇), 강건(剛謇), 강건(康健), 강건(强健), 강견(剛堅), 강경(剛勁), 강경(剛耿), 강경(强勁), 강고(强固), 강고무비(强固無比), 강과(剛果), 강근(强近), 강녕(康寧), 강담(剛膽), 강대(强大), 강동, 강뚱, 강락(康樂), 강려(剛戾), 강력(强力), 강렬(剛烈), 강렬(强烈), 강맹(强猛), 강명(剛明), 강박(剛薄), 강박(强薄), 강변(剛辯), 강복(康福), 강성(强盛), 강식(强識), 강악(强惡), 강약부동(强弱不同), 강왕(康旺), 강용(剛勇), 강용(强勇), 강의(剛毅), 강인(强靭), 강잉(强仍), 강장(强壯), 강정(剛正), 강직(剛直), 강파리, 강퍅(强愎), 강포(强暴), 강한(强悍), 강항(强項), 같이, 개결(介潔), 개 · 게 · 께나른 · 께느른, 개름 · 갸름 · 기름, 개무(皆無), 개연(介然), 개연(慨然), 개운, 개웃 · 갸웃 · 기웃 · 꺄웃 · 끼웃 · 끼웃, 개절(凱切), 개정(介淨), 개제(愷悌), 개창(開敞), 개활(開豁), 갤씀 · 걀씀, 갤쭉 · 걀쭉 · 길쭉, 갤쯤 · 꺌

끝내 주인을 해먹고 말았다. ⑤일하다. ¶이렇게 달달 볶으니 어디 해먹을 수가 있나?

32) 해보다: ①실제로 하거나 체험하다.≒연습하다. ¶운전을 해보다. ②대들어 맞겨루거나 싸우다. ¶오다 한번 해볼래? 죽기 살기로 한번 해보자.

33) 해치우다: ①어떤 일을 빨리 시원스럽게 끝내다.≒해제끼다. ¶이 정도의 일이면 오늘 중으로 해치우겠다. ②일의 방해가 되는 대상을 없애버리다. ¶그놈을 어서 해치워라. 적의 보초를 해치우고 침투하다.

34) 하치않다: 어떤 대상이 그다지 훌륭하지 않다. 대수롭지 않다.[←하(다; '많다. 크다'의 옛말)+하(다;爲)+않다].≒보잘것없다.↔대단하다. 〈준〉하찮다. ¶하찮게 여기다. 하찮은 일로 다투다.

35) 가량가량하다: 얼굴이나 몸이 야윈 듯하면서도 탄력성 있고 부드럽다.

쯤 · 길쯤, 갭직, 갱무, 갱무꼼짝(更無), 갱무도리(更無道理), 갱연(鏗然), 갱핏, 갸륵[1,2], 갸름캼캼, 갸우듬 · 거우듬 · 기우듬 · 꺄우듬 · 끼우듬, 갸우뚱 · 기우뚱, 갸우스름 · 꺄우스름 · 기우스름, 갸울딱 · 기울떡, 갸쑥 · 길쑥, 갸쭉스름, 갸쯔막 · 길쯔막, 갸찍 · 길찍, 거하다, 거하다(居), 거거익심(去去益甚), 거교(鉅狡), 거기중(居其中), 거나, 거늑, 거대(巨大), 거덜거덜, 거듭, 거룩, 거만(倨慢), 거무룩, 거무추레, 거무퉁, 거북, 거식, 거연(巨然), 거연(居然), 거오(倨傲), 거운, 거위(鉅偉), 거익심언(去益甚焉), 거졸(遽卒), 거창(巨創), 거추, 거푸수수, 거푸시, 거푸시시, 걱실걱실, 건하다, 건하다(乾), 건각(虔恪), 건강(健剛), 건강(健康), 건건(蹇蹇), 건건(乾乾), 건경(健勁), 건공(虔恭), 건드레 · 곤드레, 건듯, 건삽(乾澁), 건상(健爽), 건성, 건성드뭇, 건숙(虔肅), 건승(健勝), 건실(健實), 건열(蹇劣), 건용(健勇), 건장(健壯), 건재(健在), 건전(健全), 건정(乾淨), 건조(乾燥), 건조무미(乾燥無味), 건첩(健捷), 걸걸, 걸걸(傑傑), 걸대(傑大), 걸연(傑然), 걸오(桀驁), 걸쩍지근, 걸출(傑出), 검루(儉陋), 검린(儉吝), 검박(儉朴), 검박(儉薄), 검소(儉素), 검접, 검측, 검측측, 검침(黔沈), 검특(黔慝), 겁겁(劫劫), 겁나(怯懦), 겁약(怯弱), 겁타(怯惰), 겅성드뭇, 게시시, 게저분 · 께저분, 게적지근 · 께적지근, 격하다(激), 격근(隔近), 격기(隔期), 격렬(激烈), 격상(格尙), 격심(激甚), 격연(闃然), 격월(激越), 격적(闃寂), 격절(激切), 견강(堅剛), 견개(狷介), 견결(堅決), 견경(堅勁), 견고(堅固), 견권(繾綣), 견급(狷急), 견뢰(堅牢), 견리(堅利), 견미(堅美), 견실(堅實), 견애(狷隘), 견인(堅靭), 견정(堅貞), 견치(堅緻), 견협(狷狹), 견확(堅確), 결하다(決), 결하다(缺), 결결, 결곡, 결렴(潔廉), 결백(潔白), 결여(缺如), 결연(決然), 결연(缺然), 결정(潔淨), 겸하다(兼), 겸달(兼達), 겸렴(謙廉), 겸손(謙遜), 겸연(慊然), 겸용(兼容), 겸유(兼柔), 겸전(兼全), 겸폐(歉弊/歉敝), 겸화(謙和), 겸황(歉荒), 겸허(謙虛), 경하다(輕), 경개(耿介), 경개여고(傾蓋如故), 경거(輕遽), 경건(勁健), 경건(敬虔), 경결(耿潔), 경경(梗梗), 경경(煢煢), 경경(輕輕), 경난(輕暖), 경독(煢獨), 경망(輕妄), 경명(傾命), 경묘(輕妙), 경미(輕微), 경민(警敏), 경박(輕薄), 경박부허(輕薄浮虛), 경발(警拔), 경부(輕浮), 경산(驚散), 경삽(硬澁), 경선(徑先), 경세(輕細), 경솔(輕率), 경송(輕鬆), 경숙(敬肅), 경연(輕軟), 경예(輕銳), 경요(輕擾), 경위(傾危), 경이(輕易), 경정(梗正), 경조(輕佻), 경조(輕燥), 경조(輕躁), 경조부박(輕佻浮-), 경준(輕俊), 경직(硬直), 경직(鯁直), 경질(勁疾), 경첩(勁捷), 경첩(輕捷), 경청(輕淸), 경측(傾仄), 경쾌(輕快), 경탈(輕脫), 경편(輕便), 경한(勁悍), 경현(輕儇), 경홀(輕忽), 경휘(耿暉), 계면, 고하다(告)하다, 고하다(誥), 고강(高强), 고개(孤介), 고결(固結), 고결(高潔), 고고(孤苦), 고고(孤高), 고고(高古), 고고(高高), 고고(枯槁), 고곤(苦困), 고괴(古怪), 고궁(孤窮), 고귀(高貴), 고극(苦劇), 고급(高級), 고기(古奇), 고깃고깃 · 구깃구깃 · 꼬깃꼬깃 · 꾸깃꾸깃, 고단, 고단(孤單), 고담(枯淡), 고담(古談), 고답(高踏), 고대(高大), 고덕(高德), 고도(高度), 고독(孤獨), 고들고들 · 구들구들 · 꼬들꼬들 · 꾸들꾸들, 고등(高等), 고러 · 그러, 고러루 · 그러루, 고루(固陋), 고루(孤陋), 고리 · 그리, 고리타분 · 구리터분 · 코리타분 · 쿠리터분/골타분 · 굴터분, 고리탑탑 · 구리텁텁/골탑탑 · 굴텁텁, 고릿 · 구릿 · 코릿 · 쿠릿, 고마마 · 그마마, 고만 · 그만, 고만(高慢), 고만고만 · 그만그만, 고만조만, 고매(高邁), 고명(高名), 고명(高明), 고묘(高妙), 고박(古朴), 고방(孤芳), 고부랑 · 구부렁 · 꼬부랑 · 꾸부렁, 고붓 · 구붓, 고부스름 · 구부스름 · 꼬부스름 · 꾸부스름, 고부슴 · 구부슴, 고부장 · 구부정 · 꼬부장 · 꾸부정, 고분고분, 고불고불 · 구불구불 · 꼬불꼬불 · 꾸불꾸불, 고불탕 · 구불텅 · 꼬불탕 · 꾸불텅, 고붓 · 구붓 · 꼬붓 · 꾸붓, 고삽(苦澁), 고상(枯傷), 고상(高尙), 고상고상, 고색창연(古色蒼然), 고세(古世), 고소 · 구수, 고스란, 고슬고슬 · 구슬구슬, 고습(高濕), 고신(苦辛), 고아(古雅), 고아(高雅), 고약, 고오(高傲), 고옥(膏沃), 고요, 고위(孤危), 고원(高遠), 고유(固有), 고유(苦窳), 고유(膏腴), 고일(高逸), 고자누룩, 고적(孤寂), 고절(高絕), 고정, 고정(孤貞), 고조(高燥), 고족(孤族), 고졸(古拙), 고준(高峻), 고즈넉, 고지식, 고징(高澄), 고창(高敞), 고체(固滯), 고치(苦恥), 고타분 · 구터분, 고탁(高卓), 고탑지근 · 구텁지근, 고탑탑 · 구텁텁, 고태의연(古態依然), 고항(高亢), 고허(高虛), 고험(高險), 고현(高玄), 고혈(孤孑), 곡하다(曲), 곡결(曲潔), 곡귀(穀貴), 곡심(曲心), 곡절(曲折), 곡진(曲盡), 곡천(穀賤), 곤하다(困), 곤갈(困竭), 곤고(困苦), 곤곤(困困), 곤곤(滾滾), 곤골(滾汨), 곤군(困窘), 곤궁(困窮), 곤권(困倦), 곤궤(困匱), 곤급(困急), 곤뇌(困惱), 곤독(悃篤), 곤돈(困頓), 곤란(困難), 곤로(困勞), 곤박(困迫), 곤복(悃愊), 곤비(困憊), 곤색(困塞), 곤절(困絕), 곤태(困殆), 곤핍(困乏), 곤하다(困), 곤고(困苦), 곤곤(困困), 곤곤(滾滾), 곤골(滾汨), 곤군(困窘), 곤궁(困窮), 곤권(困倦), 곤궤(困匱), 곤급(困急), 곤뇌(困惱), 곤독(悃篤), 곤돈(困頓), 곤란(困難), 곤로(困勞), 곤박(困迫), 곤비(困憊), 곤색(困塞), 곤절(困絕), 곤폐(困弊), 곤핍(困乏), 골똘(←汨篤), 골막 · 굴먹, 골싹 · 굴썩, 곰바지런 · 꼼바지런, 곰상곰상, 곱단, 곱송, 곱살, 곱상(-相), 곰실곰실 · 꼼실꼼실 · 굼실굼실, 곰지락/곰질 · 꼼지락 · 꿈지럭, 곰틀 · 꼼틀 · 꿈틀, 곱슬곱슬 · 꼽슬꼽슬 · 굽슬굽슬, 공하다(空), 공하다(貢), 공건(恭虔), 공검(恭儉), 공고(功高), 공고(鞏固), 공공(公公), 공공(空空), 공공연(公公然), 공공적적(空空寂寂), 공광(空曠), 공교(工巧), 공구(恐懼), 공극(孔劇), 공근(恭勤), 공근(恭謹), 공렴(公廉), 공막(空漠), 공명(公明), 공명정당(公明正當), 공명정대(公明正大), 공몽(涳濛), 공무(空無), 공묵(恭默), 공방(公方), 공소(空疎), 공손(恭遜), 공순(恭順), 공연(公然), 공연(空然), 공적(空寂), 공정(公正), 공직(公直), 공참(孔慘), 공총(倥偬), 공칙, 공편(公便), 공평(公平), 공평무사(公平無私), 공한(空閒), 공활(空豁), 공허(空虛), 과하다(課), 과하다(過), 과하다(科), 과감(果敢), 과감(過感), 과강(過强), 과겁(過怯), 과격(過激), 과겸(過謙), 과경(果勁), 과공(過恭), 과극(過極), 과년(過年), 과다(過多), 과다(夥多), 과당(過當), 과대(過大), 과덕(寡德), 과도(過度), 과람(過濫), 과량(過量), 과루(寡陋), 과만(過滿), 과묵(寡默), 과문(寡聞), 과민(過敏), 과밀(過密), 과박(寡薄), 과분(過分), 과소(過小), 과소(過少), 과소(過疏), 과소(寡少), 과승(過勝), 과심(過甚), 과약(寡弱), 과언(寡言), 과예(果銳), 과욕(過慾), 과욕(寡慾), 과용(果勇), 과의(果毅), 과인(過人), 과중(過重), 과착(窠窄), 과핍(窠乏), 과혹(過酷), 관하다(貫), 관하다(關), 관곡(款曲), 관광(寬廣), 관대(寬大), 관숙(慣熟), 관엄(寬嚴), 관유(館儒), 관절(冠絕), 관중(關重), 관창(寬敞), 관홍(寬弘), 관활(寬闊), 관후(寬厚), 관흡(款洽), 괄하다, 괄괄, 괄연(恝然), 광간(狂簡), 광고(曠古), 광광(廣廣), 광괴(狂怪), 광대(光大), 광대(廣大), 광대무변(廣大無邊), 광

랑(光朗), 광랑(曠朗), 광량(廣量), 광막(廣漠), 광망(狂妄), 광망(曠茫), 광면(廣面), 광명(光明), 광명정대(光明正大), 광박(廣博), 광범(廣範), 광세(曠世), 광양(劻勷), 광연(廣衍), 광연(廣淵), 광완(狂頑), 광우(狂愚), 광원(廣遠), 광유(廣裕), 광자(狂恣), 광장(廣壯), 광패(狂悖), 광포(狂暴), 광폭(狂暴), 광학(狂虐), 광한(獷悍), 광활(廣闊), 광휘(光輝), 괘씸, 괜하다, 괭하다, 괴하다(怪), 괴걸(怪傑), 괴걸(魁傑), 괴괴, 괴괴(怪怪), 괴괴망측(怪怪罔測), 괴교(怪巧), 괴기(怪奇), 괴기(傀奇), 괴기(魁奇), 괴당(乖當), 괴란(乖亂), 괴란(愧赧), 괴람(乖濫), 괴려(乖戾), 괴망(怪妄), 괴상(乖常), 괴상(怪常), 괴상망측(怪常罔測), 괴상야릇(怪常), 괴수(魁殊), 괴악(怪惡), 괴악망측(怪惡罔測), 괴안(魁岸), 괴연(傀然), 괴오(魁梧), 괴우(怪迂), 괴위(魁偉), 괴의(怪疑), 괴이(怪異), 괴잡(怪雜), 괴적(怪寂), 괴죄죄 · 꾀죄죄, 괴천(乖舛), 괴탄(愧誕), 괴특(怪特), 괴팍(乖愎), 괴패(乖悖), 괴한(愧恨), 괴휼(怪譎), 굉걸(宏傑), 굉굉(宏宏), 굉굉(轟轟), 굉대(宏大), 굉려(宏麗), 굉렬(轟烈), 굉박(宏博), 굉부(宏富), 굉연(轟然), 굉원(宏遠), 굉장(宏壯), 굉장(宏壯), 굉창(宏敞), 굉탄(閎誕), 굉홍(宏弘), 굉활(宏闊), 교하다(巧), 교하다(驕), 교거(驕倨), 교건(驕蹇), 교격(矯激), 교결(皎潔), 교고(膠固), 교교(姣姣), 교교(皎皎), 교랑(皎朗), 교만(驕慢), 교묘(巧妙), 교민(巧敏), 교밀(巧密), 교박(磽薄), 교사(驕奢), 교사(驕肆), 교송(喬竦), 교수(翹秀), 교악(狡惡), 교앙(驕昂), 교염(嬌艶), 교오(驕傲), 교일(驕佚/驕逸), 교일(驕溢), 교자(驕恣), 교지(巧遲), 교천(交淺), 교첩(蹻捷), 교치(巧緻), 교치(驕侈), 교쾌(狡獪), 교타(驕惰), 교태(驕怠), 교태(驕泰), 교포(驕暴), 교학(驕虐), 교항(驕亢), 교활(狡猾), 교횡(驕橫), 교힐(狡黠), 구하다(求), 구하다(灸), 구하다(救), 구가마, 구간(苟艱), 구갈(口渴), 구공(俱工), 구구(久久), 구구(區區), 구구절절(句句節節), 구급(口給), 구농(咕噥), 구눌(口訥), 구둔(口鈍), 구뜰, 구만(懼懣), 구순, 구안(苟安), 구예(垢穢), 구원(久遠), 구저분, 구전(俱全), 구족(具足), 구존(具存), 구지레, 구진(久陳), 구질구질, 구집지레, 구차(苟且), 구첩(口捷), 구쾌(口快), 구탁(垢濁), 구태의연(舊態依然), 구험(口險), 국촉(局促/局趣), 군간(窘艱), 군곤(窘困), 군궁(窘窮), 군급(窘急), 군둔, 군박(窘迫), 군색(窘塞), 군속(窘束), 군졸(窘拙), 군핍(窘乏), 굳건, 굴하다(屈), 굴풋, 굼튼튼, 궁하다(窮), 궁고(窮孤), 궁곤(窮困), 궁군(窮窘), 궁굴, 궁굴(窮屈), 궁금, 궁금답답, 궁급(窮急), 궁명(窮命), 궁박(窮迫), 궁벽(窮僻), 궁색(窮塞), 궁졸(窮拙), 궁참(窮慘), 궁폐(窮弊), 궁핍(窮乏), 궁흉(窮凶), 궁흉극악(窮凶極惡), 권하다(勸), 권경(勸耕), 권곡(卷/拳曲), 권곤(倦困), 권귀(權貴), 권로(倦勞), 권비(倦憊), 권용(拳勇), 권용(捲勇), 권중(權重), 권타(倦惰), 권파(倦罷), 권피(倦疲), 궐연(蹶然), 궤격(詭激), 궤괴(詭怪), 궤궤(几几), 궤궤(憒憒), 궤궤(蹶蹶), 궤란(憒亂), 궤모(憒眊), 궤젓, 궤탄(詭誕), 궤휼(詭譎), 귀하다(貴), 귀부(貴富), 귀중(貴重), 귀중중, 귀진(貴珍), 귀축축, 귀현(貴顯), 규규(糾糾), 규규(赳赳), 규연(巋然), 균안(均安), 균온(均穩), 균일(均一), 균정(均整), 균정(均正), 균제(均齊), 균조(均調), 균질(均質), 균태(均泰), 균평(均平), 그늑, 그러그러, 그러저러, 그럴싸, 그렁그렁 · 크렁크렁, 그렁성저렁성, 그무레 · 끄무레, 그악, 그윽, 그쯘, 극하다(革), 극하다(極), 극가(極可), 극가(極嘉), 극간(極奸), 극간(極艱), 극곤(極困), 극공(極恭), 극괴(極怪), 극궁(極窮), 극귀(極貴), 극난(極難), 극다(極多), 극대(極大), 극려(極麗), 극렬(極烈), 극로(極老), 극맹(劇猛), 극명(克明), 극묘(極妙), 극미(極美), 극미(極微), 극번(劇繁), 극빈(極貧), 극사(極似), 극상(極上), 극선(極善), 극성(極盛), 극세(極細), 극소(極小), 극소(極少), 극심(極甚), 극악(極惡), 극악무도(極惡無道), 극엄(極嚴), 극염(極炎), 극예(極銳), 극원(極遠), 극존(極尊), 극중(極重), 극진(極盡), 극찬(極讚), 극친(極親), 극탕(極蕩), 극통(極痛), 극항(極亢), 극험(極險), 극흉(極凶), 근하다(勤), 근가(近可), 근각(謹慤), 근간(勤幹), 근간(懃懇), 근검, 근검(勤儉), 근근, 근근(勤勤), 근근간간(勤勤懇懇), 근근자자(勤勤孜孜), 근독(謹篤), 근리(近理), 근면(勤勉), 근민(勤敏), 근밀(謹密), 근비(近鄙), 근사(近似), 근세(謹細), 근소(僅少), 근실(勤實), 근엄(謹嚴), 근정(謹正), 근중(斤重), 근직(謹直), 근후(勤厚), 근후(謹厚), 금하다(禁), 금연(嶔然), 금음(嶔崟), 급하다(急), 급각(急刻), 급격(急激), 급극(急劇), 급급(岌岌), 급급(汲汲), 급급(急急), 급기시(及其時), 급박(急迫), 급속(急速), 급업(岌業), 급조(急躁), 급족(給足), 급촉(急促), 긍하다(亘), 긍긍(矜矜), 긍긍(兢兢), 긍련(矜憐), 긍민(矜愍), 긍엄(矜嚴), 긍장(矜莊), 긍조(矜躁), 긍타(矜惰), 기하다(期), 기걸(奇傑), 기고(奇古), 기고(氣高), 기고만장(氣高萬丈), 기곤(飢困), 기괴(奇怪), 기괴망측(奇怪罔測), 기교(技巧), 기교(奇巧), 기교(奇矯), 기교(機巧), 기구(崎嶇), 기구망측(崎嶇罔測), 기굴(奇崛), 기궁(奇窮), 기궤(奇詭), 기기(奇奇), 기기괴괴(奇奇怪怪), 기기묘묘(奇奇妙妙), 기다마, 기단(氣短), 기려(奇麗), 기려(綺麗),기묘(奇妙), 기미(綺靡), 기민(機敏), 기밀(機密), 기박(奇薄), 기발(奇拔), 기상천외(奇想天外), 기성(氣盛), 기세당당(氣勢堂堂), 기세등등(氣勢騰騰), 기세충천(氣勢衝天), 기승(氣勝), 기식엄엄(氣息奄奄), 기안(氣岸), 기약(氣弱), 기양(技癢), 기연(頎然), 기연가미연가(基然-未然-), 기영(奇穎), 기예(氣銳), 기요(機要), 기용(氣勇), 기웃드름, 기위(奇偉), 기위(奇瑋), 기이(奇異), 기자(忌恣), 기절(氣絶), 기준(奇峻), 기중(綦重), 기첩(機捷), 기초(奇峭), 기촉(期促), 기특(奇特), 기핍(氣乏), 기험(崎險), 기허(氣虛), 기혼(氣昏), 긴하다(緊), 긴가민가, 긴긴, 긴급(緊急), 긴막긴(緊莫緊), 긴밀(緊密), 긴박(緊迫), 긴실(緊實), 긴요(緊要), 긴절(緊切), 긴착(緊着), 길하다(吉), 길굴오아(佶屈聱牙), 길상(吉相), 깊숙, 까끄름, 까랑까랑 · 카랑카랑, 까룩, 까스스, 까시시 · 꺼시시, 까실 · 꺼실, 깍듯, 깐깐, 깐직깐직, 깐족깐족 · 깐죽깐죽, 깔깔 · 껄껄[1,2], 깔끔 · 껄끔, 깔깃, 깔딱 · 껄떡, 깔밋 · 끌밋, 깔킷, 깜깜 · 껌껌 · 캄캄 · 컴컴, 깜숭 · 껌숭, 깜작깜작 · 껌적껌적, 깜찍, 깝진, 깡동 · 껑둥, 깡뚱 · 껑뚱[1,2], 깡증, 깡지근, 깡총, 깡충, 깨고소, 깨끔, 깨끗 · 끼끗, 깨단, 꺍하다, 꺼림, 꺼림칙 · 께름칙, 꺼림텁텁, 꺼벙, 꺼부정, 꺽꺽, 꺽실, 껄렁, 껄쭉, 껑청, 께끄름/께끔, 꼬닥 · 꾸덕, 꼬장꼬장 · 꾸정꾸정, 꼬지꼬지, 꼬질꼬질, 꼭하다, 꼰질꼰질, 꼴꼴[1,2], 꼼꼼, 꼽꼽 · 꿉꿉, 꼿꼿 · 꿋꿋, 꽁하다, 꽛꽛, 꾀하다, 꾀꾀, 꾀죄, 꾸준, 꿈만, 꿍하다, 끄느름, 끈끈, 끌끌, 끌끔, 끔찍, 끽긴(喫緊), 끽착부진(喫着不盡), 나겁(懦怯), 나긋나긋, 나다분 · 너더분, 나닥나닥 · 너덕너덕, 나달나달 · 너덜너덜, 나란, 나루(覶縷), 나른 · 느른, 나릿나릿 · 느릿느릿, 나박(懦薄), 나뱃뱃 · 너벳벳, 나볏 · 너볏, 나부대대 · 너부데데, 나부랑납작 · 너부렁넓적, 나부룩, 나부죽 · 너부죽, 나분, 나붓 · 너붓, 나뿔사, 나쁨, 나스르르 · 너스르르, 나스스, 나슥, 나슨 · 느슨, 나슬나슬 · 너슬너슬, 나암(懦闇), 나약(懦弱), 나열

ㅎ

(懦劣), 나잘, 나지막, 나직, 나태(懶怠), 낙하다(烙), 낙강(樂康), 낙낙 · 넉넉, 낙락(落落), 낙락(樂樂), 낙막(落寞), 낙막(落漠), 낙역(絡繹), 낙진, 낙질, 낙이(樂易), 난하다(亂), 난하다(難), 난간(難艱), 난감(難堪), 난계(亂階), 난금(難禁), 난난(難難), 난당(難當), 난독(難讀), 난득(難得), 난란(爛爛), 난만(爛漫), 난망(難望), 난면(難免), 난분분(亂紛紛), 난사(難思), 난삽(難澁), 난안(難安), 난약(偄弱), 난언(難言), 난연(赧然), 난연(爛然), 난잡(亂雜), 난중(難重), 난처(難處), 난편(難便), 난폭(亂暴), 난해(難解), 난행(難行), 난험(難險), 난화(暖和), 난화(難化), 날력, 날렵, 날쌍 · 늘씽, 날씬 · 늘씬, 날연(苶然), 날짝지근 · 늘쩍지근, 날캉 · 늘컹, 날큰 · 늘큰, 남남(喃喃), 남루(襤褸), 남삼, 남상, 남실 · 넘실, 남악(濫惡), 남짓, 남흔여열(男欣女悅), 납대대 · 넙데데, 납작 · 넓적, 납작스름 · 넓적스름 · 넓적스레, 납죽 · 넓죽, 낫낫, 낭당(郎當), 낭랑(浪浪), 낭랑(朗朗), 낭랑(琅琅), 낭려(狼戾), 낭려(朗麗), 낭연(琅然), 낭오(朗悟), 낭요(朗耀), 낭자(狼藉), 낭창(朗暢), 낭창(踉蹌), 낭철(朗徹), 낭핍(囊乏), 낭항(狼抗), 낭혜(朗慧), 내강(內剛), 내근(內近), 내로라, 내명(內明), 내무주장(內無主張), 내밀(內密), 내숭, 내약(內弱), 내유외강(內柔外剛), 내친(內親), 내허(內虛), 냉하다(冷), 냉담(冷淡), 냉락(冷落), 냉랭(冷冷), 냉량(冷涼), 냉습(冷濕), 냉심(冷心), 냉암(冷暗), 냉엄(冷嚴), 냉연(冷然), 냉염(冷艶), 냉정(冷情), 냉정(冷靜), 냉철(冷徹), 냉초(冷峭), 냉한(冷寒), 냉혹(冷酷), 냠냠, 너글너글, 너끈, 너누룩, 너눅, 너렁청, 너무, 너저분, 너절, 너절사, 너절청, 너주레, 넉근, 넉더듬이, 널삐죽, 넘너른, 노하다(怒), 노하나(露), 노건(老健), 노건(駑蹇), 노결(勞結), 노곤(勞困), 노교(老巧), 노궁(老窮), 노그름, 노긋 · 누긋, 노기등등(怒氣騰騰), 노기등천(怒氣登天), 노기발발(怒氣勃勃), 노기충천(怒氣衝天), 노노(呶呶), 노둔(老鈍), 노둔(魯鈍), 노련(老鍊), 노렬(老劣), 노르께 · 누르께, 노르끄레 · 누르끄레, 노르끄름 · 누르끄름, 노르끄무레 · 누르끄무레, 노르대대 · 누르데데, 노르댕댕 · 누르뎅뎅, 노르무레 · 누르무레, 노르스레 · 누르스레, 노르족족 · 누르죽죽, 노르칙칙 · 누르칙칙, 노르퇴퇴 · 누르튀튀, 노름 · 누름, 노릇 · 누릇, 노리끼리 · 누르끼리, 노리착지근 · 누리척지근/노착지근 · 누척지근/노리치근 · 누리치근, 노릿 · 누릿, 노망(老妄), 노망(鹵莽), 노무(魯莽), 노무력(老無力), 노무용(老無用), 노박(魯朴), 노부지둔(老腐遲鈍), 노성(老成), 노쇠(老衰), 노숙(老熟), 노실(老實), 노약(老弱), 노작지근/노자근 · 누지근, 노창(老蒼), 노췌(老悴), 노췌(勞瘁), 노혼(老昏), 노활(老猾), 노회(老獪), 노후(老朽), 노흉(老凶), 녹녹 · 눅눅, 녹록(碌碌/錄錄), 녹신 · 눅신[1,2], 녹실 · 눅실, 녹작지근 · 눅적지근/녹지근 · 눅지근, 녹진 · 눅진, 논하다(論), 논독(論篤), 놀하다, 놀놀 · 눌눌, 놀면 · 눌면, 농하다(弄), 농농(濃濃), 농란(濃爛), 농롱(曨曨), 농롱(瓏瓏), 농매(聾昧), 농몽(朧朦), 농밀(濃密), 농염(濃艶), 농탁(濃濁), 농홍(濃紅), 농후(濃厚), 높나직, 높으락낮으락, 높지막, 뇌하다, 뇌가(磊砢), 뇌견(牢堅), 뇌고(牢固), 뇌고(惱苦), 뇌락(牢落), 뇌락(磊落), 뇌란(惱亂), 뇌려풍비(雷厲風飛), 뇌뢰(磊磊), 뇌뢰낙락(磊磊落落), 뇌르끄레, 뇌외(磊嵬), 뇌호(牢乎), 뇌확(牢確), 누꿈, 누덕누덕, 누르퉁퉁, 누르푸름, 누소(陋小), 누습(漏濕), 누애(陋隘), 누열(陋劣), 누우(陋愚), 누천(陋淺), 누천(陋賤), 누추(陋醜), 누케, 누후(僂佝), 눅수그레, 눈곱만, 눌하다(訥), 눌삽(訥澁), 뉘르끄레, 뉘엿, 느근, 느글느글, 느긋, 느끄름, 느끼, 느럭느럭, 느리터분, 느지막, 느직, 느짓, 늑하다, 는질는질, 늘늘, 늘비, 늘쩡, 늘편, 늙수그레, 늙수레, 늙숙, 늠렬(凜烈), 늠름(凜凜), 늠름(懍懍), 늠실, 늠연(凜然), 늠철(凜綴), 늠호(凜乎), 늡늡, 능하다(能), 능간(能幹), 능글능글, 능란(凌亂), 능란(能爛), 능려(凌厲), 능숙(能熟), 능준, 능증(崚嶒), 능통(能通), 능폭(陵暴), 능활(能猾), 늦춤, 다감(多情), 다감다정(多感多情), 다감다한(多感多恨), 다겁(多怯), 다고(多故), 다공(多孔), 다구(多口), 다급, 다급(多急), 다기(多岐), 다기(多技), 다기(多氣), 다난(多難), 다남(多男), 다능(多能), 다능다재(多能多才), 다다(多多), 다닥다닥, 다단(多端), 다래다래, 다력(多力), 다르르 · 드르르 · 따르르 · 뜨르르, 다망(多忙), 다망(多望), 다면(多面), 다모(多毛), 다문(多聞), 다문다문 · 드문드문, 다문박식(多聞博識), 다번(多煩), 다변(多辯), 다변(多變), 다병(多病), 다보록 · 더부룩, 다복 · 더북, 다복(多福), 다분(多分), 다붓[1,2], 다뿍 · 드뿍, 다사 · 따사 · 다스 · 드스 · 따스 · 뜨스, 다사(多事), 다사다난(多事多難), 다사다단(多事多端), 다사다망(多事多忙), 다사분주(多事奔走), 다상(多祥), 다소곳, 다수(多數), 다습(多濕), 다식(多識), 다심(多心), 다양(多樣), 다언(多言), 다예(多藝), 다옥, 다욕(多辱), 다욕(多慾), 다우(多雨), 다움실, 다음(多淫), 다의(多義), 다의(多疑), 다이(多異), 다재(多才), 다재다능(多才多能), 다정(多情), 다정다감(多情多感), 다정다한(多情多恨), 다조(多照), 다족(多足), 다족(多族), 다종(多種), 다종다양(多種多樣), 다죄(多罪), 다즙(多汁), 다지(多智), 다직, 다채(多彩), 다취(多趣), 다취미(多趣味), 다하다, 다한(多恨), 다행(多幸), 다행다복(多幸多福), 단기(短氣), 단단 · 딴딴, 단단무타(斷斷無他), 단란(團欒), 단량(端良), 단려(端麗), 단명(單明), 단명(短命), 단묘(端妙), 단무타려(斷無他慮), 단문(短文), 단비(短臂), 단세(短世), 단소(短小), 단숙(端肅), 단순(單純), 단아(端雅), 단약(單弱), 단엄(端嚴), 단연(端然), 단연(斷然), 단원(團圓), 단일(單一), 단장(端莊), 단장(端裝), 단재(短才), 단정(端正), 단정(端整), 단중(端重), 단지(短智), 단직(端直), 단천(短淺), 단첨(短尖), 단촉(短促), 단출, 단평(端平), 단학(短學), 단한(單寒), 단호(斷乎), 단화(端華), 단후(單厚), 단후(端厚), 달하다(達), 달곰 · 들금 · 달콤 · 달큼 · 덜큼 · 들큼, 달곰삼삼, 달곰새금 · 달콤새큼 · 들큼시큼, 달곰쌉쌀 · 달곰씁쓸, 달근달근, 달도(怛忉), 달람, 달름 · 덜름, 달리, 달보드레 · 들부드레, 달상(怛傷), 달싹 · 들썩, 달짝지근 · 들쩍지근/달짜근 · 들쩌근, 달착지근 · 들척지근/달차근 · 들처근, 달창(達暢), 달카닥 · 덜커덕/달칵 · 덜컥, 달카당 · 들커덩/달캉 · 덜컹, 달크무레 · 들크무레, 달큰 · 들큰, 담하다(淡), 담결(淡潔), 담담 · 덤덤(잠자코 있다), 담담(淡淡), 담담(潭潭), 담대(膽大), 담덕, 담략(膽略), 담박(淡泊), 담백(淡白), 담뿍 · 듬뿍, 담상 · 듬성, 담소(淡素), 담소(膽小), 담숭담숭, 담심(潭深), 담아(淡雅), 담약(膽弱), 담연(淡然), 담용(膽勇), 담탕(淡蕩), 담한(膽寒), 답답, 답숙, 답실답실, 답잡(沓雜), 당하다(當), 당글당글, 당당(堂堂), 당돌(唐突), 당래(當來), 당박(戇朴), 당실 · 덩실, 당약(瞠若), 당양(當陽), 당연(當然), 당연(瞠然), 당우(戇愚), 당직(戇直), 대하다(對), 대견, 대교(大巧), 대귀(大貴), 대그르르 · 때그르르 · 디그르르, 대근하다(견디기 힘들다), 대글대글 · 때글때글 · 디글디글, 대길(大吉), 대꾼 · 데꾼, 대단, 대담/무쌍(大膽/無雙), 대당(對當), 대도(大度), 대동(大同), 대동소이(大同小異), 대등(對等), 대로(大怒), 대

범(大汎), 대상부동(大相不同), 대승(大勝), 대악무도(大惡無道), 대안(大安), 대열(大悅), 대우(大愚), 대우(大優), 대원(代遠), 대자(大慈), 대전(大全), 대점(大漸), 대촉(代促), 대치(大熾), 대활(大闊), 대황(大遑), 댕댕[1]·땡땡·뎅뎅, 댕댕[2]·땡땡·탱탱·딩딩, 더하다, 더더귀더더귀/더덕더덕, 더덜뭇, 덕지덕지, 덕후(德厚), 덜하다, 덜퉁, 덥절덥절, 덩두렷, 덩둘, 데데, 데룩, 데면데면, 데설데설, 데퉁, 덴겁(怯), 덴덕지근, 도고(道高), 도담, 도담도담, 도도, 도도(陶陶), 도도(滔滔), 도도록·두두룩, 도독·두둑, 도돌도돌·두들두들, 도랑(跳踉), 도랑도랑, 도랑반자(跳踉放恣), 도람직, 도렷·두렷, 도로무공(徒勞無功), 도로무익(徒勞無益), 도리암직, 도릿도릿, 도부동(道不同), 도연(徒然), 도연(陶然), 도울(陶鬱), 도월(度越), 도이(徒爾), 도저(到底), 도톰·두툼, 독하다(毒), 독경(篤敬), 독공(篤恭), 독실(篤實), 독악(毒惡), 독야청청(獨也青青), 독일무이(獨一無二), 독지(篤摯), 독특(獨特), 독호(篤好), 돈하다, 돈단무심(頓斷無心), 돈대(惇大), 돈독(敦篤), 돈돈(惇惇), 돈돈(暾暾), 돈목(敦睦), 돈박(敦朴), 돈속(頓速), 돈실(敦實), 돈연(頓然), 돈친(敦親), 돈후(敦厚), 돌돌, 돌연(突然), 돌올(突兀), 돌출(突出), 동하다(動), 동·뚱그스름, 동글동글·둥글둥글, 동글갸름, 동글납대대·둥글넓데데, 동글납작·둥글납작·둥글넓적, 동글반반·둥글번번, 동긋·둥긋, 동동(憧憧), 동동촉촉(洞洞燭燭), 동실·둥실, 동연(同然), 동연(童然), 동일(同一), 동탁(童濯), 동탕(動蕩), 동혼(僮昏), 되하다, 되똑[1]·뒤뚝, 되똑[2], 되람직, 되룩되룩·뙤룩뙤룩·뒤룩뒤룩, 되생각, 되숭대숭, 되양되양, 될동말동, 두근두근, 두기(斗起), 두리뭉술, 두리넓적, 두리벙, 두연(斗然), 두절(斗絕), 둔하다(鈍), 둔감(鈍感), 둔마(鈍痲), 둔미(鈍微), 둔박(鈍朴), 둔열(鈍劣), 둔완(鈍腕), 둔완(鈍頑), 둔졸(鈍拙), 둔중(鈍重), 둔탁(鈍濁), 둔팍(鈍), 둔판(鈍), 둘하다, 둥글뭉수레, 뒤숭숭, 드레드레, 드뭇, 득하다, 득하다(得), 득당(得當), 득시글, 득실, 득의만만(得意滿滿), 득의만면(得意滿面), 득의양양(得意揚揚), 득의연(得意然), 든든·뜬뜬, 든직, 들렁들렁, 들썽, 들쑹, 듬성드뭇, 듬쑥, 듬직·땀직·뜸직, 듯하다, 등두(等頭), 등등(騰騰), 등장(等張), 등한(等閑), 디테일(detail), 딩딩, 따끈·뜨끈, 따끔·뜨끔·띠끔, 따들싹·떠들썩, 따듯·따뜻, 따분, 딱하다, 딱딱, 땀지근·뜸지근, 땅딸, 땅딸막, 때꾼·떼꾼, 떠름, 떠지껄, 떨떠름, 떨떨, 떳떳, 또강또강, 또랑또랑, 또렷·뚜렷, 또릿, 똑똑, 똘똘, 똘박, 똥똥·뚱뚱·통통·퉁퉁, 똥짤막, 뚜하다, 뚝하다, 뚝뚝, 뚱하다, 뚱실, 뜨듯·뜨뜻, 뜨뜻무레, 뜨뜻미지근, 뜨막, 뜨악, 뜨음, 뜨지근, 뜸하다, 뜻하다, 띵하다, 루스(loose), 리버럴(liberal), 리얼(real), 마다, 마땅, 마뜩, 마자마자, 마주, 마침, 막강(莫强), 막견(莫堅), 막급(莫及), 막론(莫論), 막막(寞寞), 막막(漠漠), 막부득이(莫不得已), 막상막하(莫上莫下), 막심(莫甚), 막엄(莫嚴), 막역(莫逆), 막연(漠然), 막원(邈遠), 막중(莫重), 만하다, 만가(滿家), 만강(萬康), 만건곤(滿乾坤), 만곡(彎曲), 만굴(彎屈), 만귀잠잠, 만능(萬能), 만당(滿堂), 만란(漫瀾), 만려(曼麗), 만륙유경(萬戮猶輕), 만만·문문, 만만(滿滿), 만만(漫漫), 만만다행(萬萬多幸), 만만불가(萬萬不可), 만만불측(萬萬不測), 만면(滿面), 만목소연(滿目蕭然), 만목수참(滿目愁慘), 만목황량(滿目荒凉), 만무(萬無), 만무시리(萬無是理), 만무일실(萬無一失), 만반(滿盤), 만범(滿帆), 만벽(滿壁), 만복(萬福), 만복(滿腹), 만부당(萬不當), 만부당천부당(萬不當千不當), 만부득이(萬不得已), 만부부당(萬夫不當), 만분다행(萬分多幸), 만분위중(萬分危重), 만불근리(萬不近理), 만사무석(萬死無惜), 만사무심(萬事無心), 만사여의(萬事如意), 만사와해(萬事瓦解), 만사유경(萬死猶輕), 만사태평(萬事太平), 만사형통(萬事亨通), 만수무강(萬壽無疆), 만신(滿身), 만실(滿室), 만심(滿心), 만안(萬安), 만안(滿顔), 만연(漫然), 만왕(萬旺), 만의(滿意), 만일(滿溢), 만전(萬全), 만정(滿庭), 만조, 만조(滿朝), 만족(滿足), 만좌(滿座), 만지(滿地), 만지(滿池), 만질만질, 만천(滿天), 만하다, 만행(萬幸), 만홀(漫忽), 만화방창(萬化方暢), 말그레·물그레, 말그스레·멀그스레·물그스레, 말긋·물긋, 말긋말긋, 말끔·멀끔, 말똥·멀뚱, 말랑·물렁, 말쌀하다(모질고 쌀쌀하다), 말쑥·멀쑥, 말씬·물씬, 말짱·멀쩡, 말캉·멀컹·물컹, 맑스그레·묽스그레, 맛문, 망하다(亡), 망극(罔極), 망극(罔極), 망단(望斷), 망막(茫漠), 망망(忙忙), 망망(茫茫), 망망연(望望然), 망매(茫昧), 망무두서(茫無頭緖), 망무애반(茫無涯畔), 망무제애(茫無際涯), 망박(忙迫), 망소(網疏), 망솔(妄率), 망쇄(忙殺), 망양(茫洋), 망연(茫然), 망유기극(罔有紀極), 망존(望尊), 망주(網周), 망중(望重), 망창(茫蒼), 망측(罔測), 망탄(妄誕), 망패(妄悖), 맞춤, 매기단, 매끄당·미끄덩, 매끈·미끈, 매끈둥·미끈둥, 매끌매끌, 매련, 매례(昧例), 매매(昧昧), 매매(浼浼), 매명(昧冥), 매몰, 매사(昧事), 매시근·미시근, 매옴·매움, 매욱·미욱, 매작지근·미적지근, 매정, 매지근·미지근. 매츨·미츨, 매츳·미츳, 매초롬·미추름, 매치르르, 매캐·메케, 매콤·매큼, 매콤짭짤, 매포, 맥맥, 맨둥맨둥·민둥민둥, 맨망, 맨송맨송, 맵싸, 맵자, 맷맷·밋밋, 맹하다, 맹근·밍근[1], 맹랑(孟浪), 맹려(猛戾), 맹렬(猛烈), 맹맹·밍밍[1,2], 맹악(猛惡), 맹용(猛勇), 맹포(猛暴), 맹혹(猛酷), 머뭇, 머슬머슬, 머쓱, 머절싸, 머춤, 머츰, 먹먹, 멀리, 멀찌막, 멀퉁, 멋하다, 멍하다, 멍멍, 멍청, 메부수수, 메사, 메작, 메케지근, 멜룽, 면하다(免), 면하다(面), 면괴(面愧), 면구(面灸), 면난(面赧), 면독(綿篤), 면려(綿麗), 면력(綿力), 면련(綿連), 면막(綿邈), 면면(綿綿), 면목가증(面目可憎), 면무인색(面無人色), 면밀(綿密), 면박(綿薄), 면약(綿弱), 면언(俛焉), 면여토색(面如土色), 면요(面妖), 면원(綿遠), 멸하다(滅), 멸이(蔑爾), 명결(明潔), 명달(明達), 명랑(明朗), 명량(明亮), 명려(明麗), 명료(明瞭), 명막(冥漠), 명명(明明), 명명(冥冥), 명명백백(明明白白), 명미(明媚), 명민(明敏), 명박(命薄), 명백(明白), 명석(明晳), 명세(明細), 명실상부(名實相符), 명암(冥闇), 명약관화(明若觀火), 명예(明銳), 명완(命頑), 명완(冥頑), 명윤(明潤), 명정(明淨), 명정언순(名正言順), 명존실무(名存實無), 명징(明澄), 명창(明暢), 명철(明哲), 명철(明徹), 명쾌(明快), 명투(明透), 명현(明賢), 명현(瞑眩), 명확(明確), 모하다(模), 모독(冒瀆), 모록, 모록(耄碌), 모색창연(暮色蒼然), 모착, 모춤, 모침(貌侵), 모호(模糊), 목강(木强), 목석연(木石然), 목직, 몬존, 몰하다, 몰랑, 몰렴(沒廉), 몰리(沒利), 몰상식(沒常識), 몰세(沒世), 몰실(沒實), 몰씬, 몰염치(沒廉恥), 몰이해(沒理解), 몰인정(沒人情), 몰정(沒情), 몰지각(沒知覺), 몰착락(沒著落), 몰책(沒策), 몰체면(沒體面), 몰취미(沒趣味), 몰풍(沒風), 몰풍류(沒風流), 못하다, 못마땅, 몽하다(蒙), 몽근·뭉근, 몽글·뭉글, 몽긋·뭉긋, 몽땅·뭉떵, 몽똑·뭉뚝, 몽란유조(夢蘭有兆), 몽롱(朦朧), 몽매(蒙昧), 몽몽(夢夢), 몽몽(濛濛), 몽밀(蒙密), 몽실·뭉실, 몽실통통, 몽애

(蒙騃), 몽연(蒙然), 몽용(蒙茸), 몽유(蒙幼), 몽융(蒙戎), 몽은(蒙恩), 몽총[1,2], 몽클 · 뭉클, 몽탕 · 뭉텅, 몽톡 · 뭉툭, 묘하다(妙), 묘려(妙麗), 묘막(渺漠), 묘만(渺慢), 묘만(淼漫), 묘망(渺茫), 묘망(淼茫), 묘명(杳冥), 묘묘(杳杳), 묘묘(淼淼), 묘소(渺少), 묘연(杳然), 묘연(渺然), 묘원(渺遠), 묘절(妙絕), 묘호(杳乎), 무하다(貿), 무가치(無價値), 무각성(無覺醒), 무간(武幹), 무간(無間), 무감(無感), 무감각(無感覺), 무감동(無感動), 무감정(無感情), 무강(無彊), 무거(無據), 무겁(無怯), 무겁직, 무결(無缺), 무경각(無警覺), 무경계(無經界), 무경위(無涇渭), 무경험(無經驗), 무계(無稽), 무계획(無計劃), 무고(無告), 무고(無故), 무고(無辜), 무공(無功), 무공(無跫), 무관(無官), 무관(無冠), 무관(無關), 무관계(無關係), 무관심(無關心), 무광(無光), 무괴(無怪), 무괴어심(無愧於心), 무교양(無教養), 무교육(無教育), 무구(無垢), 무궁(無窮), 무궁무진(無窮無盡), 무권리(無權利), 무궤도(無軌道), 무규각(無圭角), 무규율(無規律), 무규칙(無規則), 무극(無極), 무근(無根), 무근거(無根據), 무기(無氣), 무기능(無技能), 무기력(無氣力), 무기탄(無忌憚), 무난(無難), 무념(無念), 무능(無能), 무능력(無能力), 무단(無斷), 무덕(無德), 무던, 무덤덤, 무도(無道), 무도덕(無道德), 무도리(無道理), 무도막심(無道莫甚), 무도몰륜(無道沒倫), 무도불측(無道不測), 무도잔인(無道殘忍), 무독(無毒), 무두무미(無頭無尾), 무둑, 무득무실, 무등(無等), 무뚝뚝, 무량(無量), 무려(無慮), 무력(無力), 무렴(無廉), 무례(無禮), 무료(無聊), 무류(無類), 무륜무척(無倫無脊), 무르춤, 무름, 무릇, 무리(無理), 무망(無望), 무맥(無脈), 무맹(武猛), 무명(武名), 무명색(無名色), 무모(無毛), 무모(無謀), 무무(貿貿/瞀瞀), 무문(無紋), 무뭉스름, 무미(無味), 무미(嫵媚), 무미건조(無味乾燥), 무반성(無反省), 무방(無妨), 무방비(無防備), 무번(蕪繁), 무법(無法), 무법칙(無法則), 무변(無變), 무변광대(無邊廣大), 무병(無病), 무부모(無父母), 무부무군(無父無君), 무부여망(無復餘望), 무부여지(無復餘地), 무분별(無分別), 무불간섭(無不干涉), 무불통달(無不通達), 무불통지(無不通知), 무비(無比), 무비(無備), 무빙(無憑), 무빙가고(無憑可考), 무사(無邪), 무사(無私), 무사(無事), 무사(無嗣), 무사가답(無辭可答), 무사기(無邪氣), 무사무려(無思無慮), 무사무편(無私無偏), 무사분주(無事奔走), 무사상(無思想), 무사태평(無事泰平), 무상(無上), 무상(無狀), 무상(無常), 무상(無想), 무색(無色), 무색(無色), 무색(霧塞), 무색무취(無色無臭), 무색투명(無色透明), 무성(茂盛), 성의(無誠意), 무세(無稅), 무세(無勢), 무세력(無勢力), 무소가취(無所可取), 무소고기(無所顧忌), 무소기탄(無訴忌憚), 무소득(無所得), 무소부지(無所不至), 무소불능(無所不能), 무소불위(無所不爲), 무소식(無消息), 무소양(無素養), 무소용(無所用), 무손(無孫), 무손(無損), 무수(無數), 무슴슴, 무시근, 무시무시, 무시무종(無始無終), 무식(無識), 무신(無信), 무신경(無神經), 무신념(無信念), 무신무의(無信無義), 무실(無實), 무실(務實), 무실무가(無室無家), 무심(無心), 무쌍(無雙), 무안(無顏), 무애(無涯), 무양(無恙), 무양무양, 무언부답(無言不答), 무언부도(無言不道), 무엄(無嚴), 무엇, 무여지(無餘地), 무연, 무연(無緣), 무연(憮然), 무연고(無緣故), 무열(無熱), 무염(無厭), 무예(蕪穢), 무염치(無廉恥), 무예(蕪穢), 무요(無要), 무욕(無慾), 무용(無用), 무우(無憂), 무원(無援), 무원고립(無援孤立), 무원칙(無原則), 무위(無位), 무위(無爲), 무위(無違), 무음(誣淫), 무의(無依), 무의(無意), 무의(無義), 무의무신(無義無信), 무의무탁(無依無托), 무의미(無意味), 무의식(無意識), 무의의(無意義), 무의지(無意志), 무이(無二), 무익(無益), 무인격(無人格), 무인부지(無人不知), 무일(無逸), 무일가관(無一可觀), 무일가취(無一可取), 무일불성(無一不成), 무일전(無一錢), 무일푼(無一), 무자(無子), 무자각(無自覺), 무자격(無資格), 무자력(無資力), 무자미(無滋味), 무자본(無資本), 무자비(無慈悲), 무자식(無子息), 무작, 무작정(無酌定), 무잡(無雜), 무재(無才), 무재능(無才能), 무적(無敵), 무적(無籍), 무전(無前), 무절(無節), 무절제(無節制), 무절조(無節操), 무정(無情), 무정견(無定見), 무정수(無定數), 무정액(無精額), 무정위(無定位), 무정처(無定處), 무정형(無定形), 무정형(無定型, 무제(無際), 무제한(無制限), 무조건(無條件), 무족가책(無足可責), 무존장(無尊丈), 무죄(無罪), 무주(無主), 무주견(無主見), 무주룩, 무주의(無主義), 무주장(無主掌), 무지, 무지(無知), 무지(無智), 무지근, 무지막지(無知莫知), 무지몰각(無知沒覺), 무지몽매(無知蒙昧), 무지무지(無知無知), 무지문맹(無知文盲), 무직, 무직(無職), 무직업(無職業), 무진(無盡), 무진무궁(無盡無窮), 무진장(無盡藏), 무질서(無秩序), 무차별(無差別), 무참(無慘), 무참(無慙), 무책(無策), 무책임(無責任), 무처부당(無處不當), 무천(蕪淺), 무취(無臭), 무취미(無趣味), 무치(無恥), 무친무의(無親無依), 무크랑, 무클, 무탄(無憚), 무탈(無頉), 무편(無偏), 무편무당(無偏無黨), 무폐(無弊), 무폐(蕪廢), 무폭력(無暴力), 무표정(無表情), 무하(無瑕), 무한(無限), 무한년(無限年), 무한대(無限大), 무한량(無限量), 무한소(無限小), 무한정(無限定), 무한제(無限際), 무항산(無恒産), 무항심(無恒心), 무해(無害), 무해무독(無害無毒), 무해무득(無害無得), 무현관(無顯官), 무혐의(無嫌疑), 무형(無形), 무형무적(無形無迹), 무형식(無形式), 무효(無效), 무후(無後), 무훼무예(無毁無譽), 무휴(無休), 무휼(撫恤), 무흔(無痕), 무흠(無欠), 묵묵(默默), 묵묵무언(默默無言), 묵색임리(墨色淋漓), 묵색창윤(墨色蒼潤), 묵연(默然), 묵적(默寂), 묵중, 묵직, 문념무희(文恬武嬉), 문당호대(門堂戶對), 문란(紊亂), 문명(文明), 문무겸전(文武兼全), 문무쌍전(文武雙全), 문문(悶悶), 문미(門微), 문아(文雅), 문약(文弱), 물렴(勿廉), 물썽, 물쩍지근, 물쩡, 물한년(勿限年), 묽숙, 뭉턱, 뭉투룩, 뭉틀, 미가신(未可信), 미가필(未可必), 미개(未開), 미거(未擧), 미구(未久), 미구(彌久), 미구불원(未久不遠), 미끗, 미담(微曇), 미대(尾大), 미대난도(尾大難掉), 미대부도(尾大不掉), 미란(迷亂), 미랭(微冷), 미랭(未冷), 미량(微凉), 미려(美麗), 미력(微力), 미련, 미련(未練), 미렷, 미령(靡寧), 미룩, 미만(未滿), 미만(彌漫), 미말(微末), 미맹(未萌), 미명(未明), 미명(微明), 미목수려(眉目秀麗), 미묘(美妙), 미묘(微妙), 미묘(微眇), 미뭉, 미미, 미미(微微), 미미(亹亹), 미분명(未分明), 미비(未備), 미비(靡費), 미상(未詳), 미세(微細), 미소(微小), 미소(微少), 미쇄(微瑣), 미수(美秀), 미숙(未熟), 미신(未信), 미실미가(靡室靡家), 미심(未審), 미안(未安), 미약(微弱), 미염(美艶), 미염(媚艶), 미온(未穩), 미온(微溫), 미위불가(未爲不可), 미윤(美潤), 미음(微陰), 미장(美裝), 미족(未足), 미증유(未曾有), 미진(未盡), 미쭉, 미천(微賤), 미칠, 미타(未妥), 미타미타(未妥未妥), 미편(未便), 미필연(未必然), 미현(迷眩), 미협(未協), 미형(未瑩), 미호(美好), 미황(未遑), 미흡(未洽), 민하다, 민감(敏感), 민궁(民窮),

민급(敏給), 민답(悶沓), 민련(憫憐), 민만(悶懣), 민망(憫惘), 민민(憫憫), 민민답답(憫憫-), 민박(憫迫), 민속(敏速), 민수름, 민연(泯然), 민연(憫然), 민예(敏銳), 민완(敏腕), 민요(民饒), 민울(悶鬱), 민조(憫燥), 민첩(敏捷), 민출, 민춤, 민틋, 민혜(敏慧), 민활(敏活), 밀룽, 밀밀(密密), 밀접(密接), 밀치(密緻), 밍근[2], 바긋, 바드름·버드름·빠드름·뻐드름/바듬·버듬·빠듬·뻐듬, 바듯·빠듯, 바람직, 바룩·버룩, 바삭·바싹·버석·버썩·빠삭·뻐석·파삭·퍼석, 바스스, 바지런·부지런, 바툼, 바특, 박하다(薄), 박거(薄遽), 박근(迫近), 박급(迫急), 박눌(朴訥), 박담(薄曇), 박덕(薄德), 박둔(樸鈍), 박략(薄略), 박루(樸/朴陋), 박명(薄命), 박문(博文), 박복(薄福), 박부득이(迫不得已), 박빙여림(薄氷如臨), 박소(薄少), 박식(博識), 박아(博雅), 박악(薄惡), 박액(迫阨), 박야(朴野), 박약(薄弱), 박어부득(迫於不得), 박잡(駁雜), 박절(迫切), 박정(薄情), 박직(樸直), 박진(迫眞), 박충(朴忠), 박학(博學), 박학(薄學), 박학다문(博學多聞), 박학다식(博學多識), 박학다재(博學多才), 박행(薄倖), 박협(迫脅), 박후(樸厚/朴厚), 박흡(博洽), 반하다[1], 반·빤·뻔하다, 반하다(反), 반대(胖大), 반드레·번드레·빤드레·뻔드레, 반드르르·번드르르, 반들반들·번들번들·빤들빤들, 반듯·번듯, 반뜻·번뜻, 반미주룩·빈미주룩, 반반·번번·빤빤·뻔뻔[1,2], 반반가고(班班可考), 반생반숙(半生半熟), 반주그레·번주그레, 반지레·번지레·빤지레·뻔지레, 반지르르·번지르르·빤지르르·뻔지르르, 반짝반짝·번쩍번쩍·빤작빤짝·뻔쩍뻔쩍, 반질반질·번질번질·빤질빤질·뻰질뻰질, 반투명(半透明), 반환(盤桓), 반흉반길(半凶半吉), 발하다(發), 발가야드르르, 발가우리, 발군(拔群), 발그데데·벌그데데·볼그대대·불그데데·빨그데데·뻘그데데, 발그댕댕·벌그뎅뎅·볼그댕댕·불그뎅뎅·빨그댕댕·뻘그뎅뎅, 발그레·벌그레·볼그레·불그레·빨그레·뻘그레·뽈그레·뿔그레, 발그름·벌그름·볼그름·불그름·빨그름·뻘그름·뽈그름·뿔그름, 발그무레·벌그무레·볼그무레·불그무레, 발그속속·벌그숙숙·볼그속속·불그숙숙, 발그스레·벌그스레·볼그스레·불그스레·빨그스레·뻘그스레·뽈그스레·뿔그스레, 발그스름·벌그스름·빨그스름·뻘그스름·뽈그스름·뿔그스름, 발그족족·벌그죽죽·볼그족족·불그죽죽·빨그족족·뻘그죽죽·뽈그족족·뿔그죽죽, 발긋·벌긋·볼긋·불긋·빨긋·뻘긋·뽈긋·뿔긋, 발깃·벌깃·볼깃·불깃, 발랄(潑剌), 발록발록·벌룩벌룩, 발름·벌름, 발막(뻔뻔하다), 발발(발랄하다), 발발(勃勃), 발연(勃然), 발울(勃鬱), 발월(發越), 발자, 발쪽·벌쭉·빨쪽·뻘쭉, 발칙, 방하다(放), 방하다(倣), 방감(方酣), 방감(芳甘), 방광(放曠), 방급(方急), 방긋·방끗·벙긋·벙끗·빵긋·빵끗·뻥끗, 방농(方濃), 방달(放達), 방담(放膽), 방대(尨大), 방렬(芳烈), 방렴(方廉), 방만(放漫), 방방(滂滂), 방복(芳馥), 방분(放奔), 방분(芳芬), 방불(彷佛), 방사(放肆), 방사(倣似), 방솔(放率), 방순(芳醇), 방순(芳淳), 방약무인(傍若無人), 방연(尨然), 방염(芳艶), 방오(旁午), 방자(放恣), 방자무기(放恣無忌), 방잡(庬雜), 방장(方壯), 방정(方正), 방종(放縱), 방직(方直), 방창(方暢), 방탄(放誕), 방탕(放蕩), 방화(芳華), 배하다(拜), 배듬·비듬, 배딱·비딱·빼딱·삐딱, 배뚜름·비뚜름·빼뚜름·삐뚜름, 배리착지근/배치근·비리척지근/비치근, 배리치근·비리치근, 배릿·비릿, 배삭(排朔), 배살, 배상, 배상(賠償), 배스듬·비스듬, 배스름·비스름, 배슥·비슥·베슥·비슥, 배슷·비슷, 배승(倍勝), 배은망덕(背恩忘德), 배주룩·비주룩·비쭈룩·빼주룩·빼쭈륵·삐주룩·삐쭈룩/배죽·배쭉·비죽·비쭉·빼족·빼죽·빼쪽·빼쭉·삐죽·삐쭉, 배착지근·비척지근, 배천(配天), 배틀·비틀, 배틈·비틈, 백령백리(百怜百俐), 백벽미하(白璧微瑕), 백불유인(百不猶人), 백사불리(百事不利), 백석(白皙), 백승(百勝), 백악구비(白堊具備), 백중(伯仲), 백직(白直), 백탁(白濁), 백해구통(百骸俱痛), 백화난만(百花爛漫), 백화만발(百花滿發), 뱅싯뱅싯, 뱐·빤하다, 뱐뱐, 버근·비근, 버긋, 버름, 버스름, 버슷, 버젓·뻐젓, 번하다, 번가(煩苛/繁苛), 번거, 번극(煩劇), 번급(煩急), 번난(煩難), 번뇨(煩鬧), 번다(煩多), 번독(煩瀆), 번라(煩羅), 번란(煩亂), 번로(煩勞), 번만(煩懣), 번망(煩忙), 번무(繁蕪), 번밀(繁密), 번번, 번삭(煩數), 번설(煩屑), 번설(煩褻), 번성(繁盛), 번세(繁細), 번쇄(煩瑣/煩碎), 번연, 번연(幡然), 번열, 번영(繁榮), 번요(煩擾), 번우(煩憂), 번울(煩鬱), 번원(煩冤), 번잡(煩雜), 번장(煩長), 번족(繁族), 번추(煩醜), 번폐(煩弊), 번현(繁絃), 번화(繁華), 벋버듬, 벋버스름, 벌렁벌렁, 벌열(閥閱), 범하다(犯), 범박(汎博), 범범(泛泛), 범상(凡常, 범소(凡小), 범속(凡俗), 범연(泛然), 범용(凡庸), 범홀(泛忽), 법하다, 벙하다, 벙벙[1,2], 벽하다(僻), 벽루(僻陋), 벽립(壁立), 벽원(僻遠), 변하다(變), 변급(卞急), 변명무로(辨明無路), 변변, 변비(邊鄙), 변화난측(變化難測), 변화막측(變化莫測), 변화무궁(變化無窮), 변화무방(變化無方), 변화무상(變化無常), 변화무쌍(變化無雙), 변화불측(變化不測), 별하다(別), 별개생면(別開生面), 별무신통(別無神通), 병극(病劇), 병불이신(病不以身), 병쇠(病衰), 병약(病弱), 병언(病焉), 병영(炳映), 병요(炳燿), 병전(竝全), 병혼(病昏), 보하다(補), 보귀(寶貴), 보근·부근·포근·푸근, 보드레·부드레, 보들보들·부들부들, 보로통·부루퉁·뽀로통·뿌루퉁·쀼루퉁, 보르르·부르르, 보무당당(步武堂堂), 보사삭·뽀사삭·부서석·뿌서석/보삭·뽀삭·부석·뿌석·포삭·푸석, 보숭·뽀송·부숭·뿌숭, 보스스·부스스, 보슬보슬·부슬부슬, 보유스레·부유스레·뾰유스레·뿌유스레, 보유스름·부유스름·뾰유스름·뿌유스름, 보윰·부윰·뽀윰·뿌윰, 보잇·부잇·뽀잇·뿌잇, 복고여산(腹高如山), 복복(馥馥), 복욱(馥郁), 복잡(複雜), 복잡괴기(複雜怪奇), 복잡기괴(複雜奇怪), 복잡다기(複雜多岐), 복잡다단(複雜多端), 본연(本然), 볼똑·불뚝·뽈똑·뿔뚝, 볼록·불룩·뽈록·뿔룩, 볼만, 볼쏙·불쑥·풀쑥, 볼통·불퉁, 볼톡·불툭, 봉하다(封), 봉거(峯岠), 봉곳·봉긋·붕긋, 봉송(鬔鬆), 봉예(鋒銳), 봉용(丰茸), 봉창, 부하다(富), 부강(富强), 부경(浮輕), 부귀(富貴), 부근, 부다듯, 부단(不斷), 부당(不當), 부당당(不當當), 부당천만(不當千萬), 부대(富大), 부덕(不德), 부도(不道), 부도덕(不道德), 부동(不同), 부둑, 부드드, 부득의(不得意), 부득이(不得已), 부들눅진, 부듯·뿌듯, 부등(不等), 부랑무식(浮浪無識), 부랑탕(浮浪蕩), 부려(浮麗), 부리부리, 부미(浮靡), 부미(浮微), 부박(浮薄), 부부(浮浮), 부산, 부삽(浮澁), 부서(富庶), 부석·푸석, 부섬(富贍), 부성(富盛), 부소(浮疏), 부스스·푸시시, 부실(不實), 부앙무괴(俯仰無愧), 부얼부얼, 부연(富衍), 부요(富饒), 부유(富有), 부유(富裕), 부윤(富潤), 부자연(不自然), 부자유(不自由), 부잡(浮雜), 부적격(不適格), 부적당(不適當), 부적임(不適任), 부적절(不適切), 부적합(不適合), 부전(不全), 부전부전, 부절(不絕), 부절제(不節制), 부정(不正), 부정(不定), 부정(不貞), 부정(不淨), 부정(不精), 부정당(不正當), 부정직(不正直), 부정확(不正確), 부제(不悌), 부제(不齊), 부조(浮躁), 부조리(不條理), 부조화(不調和), 부족(不足), 부주의(不注意), 부진(不振), 부진(不盡), 부천(膚淺), 부탄(浮誕), 부판(負板/負版), 부풀부풀, 부허(浮虛), 부화(浮華), 부화(富華), 부화방탕(浮華放蕩), 부훤(浮喧), 북덕북덕, 복슬복슬, 분하다(分), 분하다(扮), 분하다(憤), 분결(紛結), 분나(紛拏), 분답(紛沓), 분독(憤毒), 분란(紛亂), 분막심언(忿莫甚焉), 분만(憤懣), 분망(奔忙), 분명(分明), 분방(奔放), 분방호탕(奔放浩蕩), 분분(芬芬), 분분(紛紛), 분여(紛如), 분연(紛衍), 분연(紛然), 분연(憤然), 분연(奮然), 분요(紛擾), 분운(紛紜), 분울(憤鬱), 분잡(紛雜), 분주(奔走), 분주다사(奔走多事), 분주불가(奔走不暇), 분착(紛錯), 분피(紛披), 분화(紛華), 분효(分曉), 분효(紛囂), 분훤(紛喧), 불가(不可), 불가결(不可缺), 불가근(不可近), 불가능(不可能), 불가사의(不可思議), 불가피(不可避), 불가해(不可解), 불각(不恪), 불감(不敢), 불감당(不堪當), 불건(不虔), 불건실(不健實), 불건전(不健全), 불견식(不見識), 불견실(不堅實), 불결(不潔), 불경(不敬), 불경(不經), 불경(不輕), 불공정(不公正), 불공평(不公平), 불과(不過), 불구(不久), 불군(不群), 불규칙(不規則), 불균(不均), 불균등(不均等), 불균일(不均一), 불균형(不均衡), 불근(不近), 불근(不勤), 불근불근, 불근인정(不近人情), 불급(不急), 불긴(不緊), 불길(不吉), 불능(不能), 불뚝, 불란(不亂), 불량(不良), 불려(拂戾), 불렴(不廉), 불로(不老), 불륜(不倫), 불리(不利), 불만(不滿), 불만족(不滿足), 불면(不免), 불명료(不明瞭), 불명예(不名譽), 불명확(不明確), 불목(不睦), 불문(不文), 불미(不美), 불민(不敏), 불민(不憫/不愍), 불밀(不密), 불범(不凡), 불법(不法), 불분명(不分明), 불비례(不比例), 불사(不似), 불상(不祥), 불상(不詳), 불상능(不相能). 불상당(不相當), 불상동(不相同), 불상득(不相得), 불선(不善), 불선(不尠), 불선명(不鮮明), 불섬(不贍), 불성(不誠), 불성실(不誠實), 불세출(不世出), 불소(不少), 불속(不俗), 불손(不遜), 불수다언(不須多言), 불숙(不熟), 불순(不純), 불순(不順), 불승감당(不勝勘當), 불신(不愼), 불신실(不信實), 불심(不審), 불신상관(不甚相關), 불심상원(不甚相遠), 불쌍, 불안(不安), 불안정(不安定), 불언가상(不言可想), 불여의(不如意), 불연(不然), 불연(怫然), 불열(不悅), 불예(不豫), 불온(不溫), 불온(不穩), 불온당(不穩當), 불완전(不完全), 불요(不要), 불요불굴(不撓不屈), 불요불급(不要不急), 불용(不用), 불우(不遇), 불운(不運), 불울(怫鬱), 불원(不遠), 불유쾌(不愉快), 불의(不義), 불이익(不利益), 불인(不仁), 불인(不仁), 불인견(不忍見), 불인문(不忍聞), 불인언(不忍言), 불인정(不人情), 불인정시(不忍正視), 불일(不一), 불철저(不徹底), 불초(不肖), 불초초(不草草), 불총명(不聰明), 불출(不出), 불출범안(不出凡眼), 불출세不出世), 불충분(不充分), 불충불의(不忠不義), 불충불효(不忠不孝), 불충실(不充實), 불측(不測), 불치불검(不侈不儉), 불친절(不親切), 불콰, 불쾌(不快), 불탄(不憚), 불태(不殆), 불투명(不透明), 불편(不便), 불편(不偏), 불편리(不便利), 불편부당(不偏不黨), 불평(不平), 불평(不評), 불평등(不平等), 불평만만(不平滿滿), 불필다언(不必多言), 불필요(不必要), 불필재언(不必再言), 불학(不學), 불학무식(不學無識), 불합(不合), 불합당(不合當), 불합리(不合理), 불행(不幸), 불현(不賢), 불협(不愜), 불호(不好), 불확고(不確固), 불확실(不確實), 불확정(不確定), 불활발(不活潑), 불황(不遑), 불효(不孝), 불효막대(不孝莫大), 불효막심(不孝莫甚), 붉하다, 비감(悲感), 비강(肥强), 비겁(卑怯), 비결(肥潔), 비경(肥勁), 비경(非輕), 비곤(憊困), 비굴(卑屈), 비대(肥大), 비덕(非德), 비둔(肥鈍), 비등(比等), 비뚤배뚤 · 비뚤비뚤, 비루(鄙陋), 비륜(比倫), 비리(卑俚), 비리(鄙俚), 비리비리[1,2], 비리쩍, 비린(鄙吝), 비만(肥滿), 비미(卑微), 비미(肥美), 비미(霏微), 비밀(秘密), 비박(卑薄), 비박(菲薄), 비박(鄙薄), 비반(肥胖), 비방(比方), 비범(非凡), 비법(非法), 비벽(鄙僻), 비비(斐斐), 비비(霏霏), 비비개연(比比皆然), 비비유지(比比有之), 비삽(秘澀), 비상(非常), 비상(悲傷), 비소(卑小), 비속(卑俗), 비순(比順), 비습(肥濕), 비습(卑濕), 비실비실, 비약(卑弱), 비연(賁然), 비열(卑/鄙劣), 비엿, 비영비영, 비오(秘奧), 비옥(肥沃), 비요(肥饒), 비울(沸鬱), 비유(肥腴), 비윤(肥潤), 비일비재(非一非再), 비장(肥壯), 비장(悲壯), 비재단식(非才短識), 비재핍식(非才乏識), 비절(悲絕), 비정(非情), 비죽빼죽, 비중(肥重), 비참(悲慘), 비창(悲愴), 비척(悲慽), 비천(卑賤), 비천(鄙淺), 비통(悲痛), 비패(鄙悖), 비편(非便), 비하(卑下), 비합리(非合理), 비현(不顯), 비현(憊眩), 비황(悲惶), 빈곤(貧困), 빈궁(貧窮), 빈난(貧難), 빈루(貧陋), 빈번(頻繁), 빈분(繽紛), 빈빈(彬彬), 빈빈(頻頻), 빈빈(貧貧), 빈삭(頻數), 빈소(貧素), 빈약(貧弱), 빈울(彬蔚), 빈위(彬蔚), 빈천(貧賤), 빈핍(貧乏), 빈한(貧寒), 빈한막심(貧寒莫甚), 빌빗, 빌빌, 빙하다, 빙결(氷潔), 빙정옥결(氷貞玉潔), 빙청(氷淸), 빙활(氷滑), 빠근 · 뻐근, 빠금 · 뻐금 · 빠끔, 빠닥빠닥 · 뻐덕뻐덕, 빠득빠득 · 뻐득뻐득, 빠릿빠릿, 빡빡 · 뻑뻑, 빡작지근 · 뻑적지근/빡지근 · 뻑지근, 빨랑빨랑, 빨리, 빳빳 · 뻣뻣, 빵빵, 빼곡 · 삐국 · 빼꼭, 빼대대, 빼뚜룩, 빼뚤빼뚤, 빼빼, 빼주름 · 삐주름, 뻑뻑 · 삑삑, 뺑뺑, 뻐서석/뻐석, 뻐쭈, 뻐쭉, 뺑하다, 뽀독 · 뿌둑, 뾰조록 · 뾰주룩, 뾰조롬, 뾰족 · 삐죽, 뿌드드, 삐춤, 삘죽, 사하다(死), 사하다(赦), 사하다(賜), 사하다(謝), 사하다(瀉), 사하다(辭), 사고무인(四顧無人), 사고무친(四顧無親), 사고무탁(四顧無託), 사곡(邪曲), 사곡(私曲), 사근사근 · 서근서근, 사글사글 · 서글서글, 사기왕성(士氣旺盛), 사기충천(士氣衝天), 사늘 · 서늘 · 싸늘 · 써늘, 사들사들 · 새들새들 · 시들시들, 사뜻, 사략(些略), 사려(奢麗), 사리사리, 사막, 사만(邪慢), 사망교연(四望皎然), 사무사(思無邪), 사미(奢靡), 사박, 사반공배(事半功倍), 사발허통(四八虛通), 사배공소(事倍功少), 사번(事煩), 사벽(邪辟), 사변무궁(事變無窮), 사부랑 · 서부렁, 사분 · 서분, 사분사분 · 서분서분, 사붓사붓 · 서붓서붓 · 사뿟사뿟 · 서뿟서뿟 · 사풋사풋 · 서풋서풋, 사비(辭費), 사비사지(使臂使指), 사뿐, 사뿐사뿐 · 서뿐서뿐 · 사푼사푼 · 서푼서푼, 사사(些些), 사사(奢肆), 사사여의(事事如意), 사세(些細), 사세교연(事勢固然), 사세난연(事勢難然), 사세난처(事勢難處), 사세부득이(事勢不得已), 사소(些少), 사속(斯速), 사실무근(事實無根), 사악(邪惡), 사예(邪穢), 사오(奢傲), 사음(邪淫), 사의(徙倚), 사자(奢恣), 사지(事知), 사참(奢僭), 사치(邪侈), 사치(奢侈), 사탄(詐誕), 사특(邪慝), 사화(奢華), 삭둑삭둑 · 싹뚝싹뚝 · 썩뚝썩뚝, 삭막(索寞), 삭연(索然), 삭지(削之), 산득 · 산뜩 · 선득 · 선뜩, 산듯 · 산뜻 · 선듯 · 선뜻, 산란(散亂), 산란무통(散亂無統), 산만(散漫), 산명수려(山明秀麗), 산명수자(山明水紫), 산명수청(山明水淸), 산비(酸鼻), 산산, 산연

ㅎ

(潸然), 산자수려(山紫水麗), 산잡(散雜), 산적(山積), 산정무한(山情無限), 산준수급(山峻水急), 살강살강 · 살캉살캉 · 설겅설겅 · 설컹설컹, 살근, 살긋 · 쌀긋, 살기담성(殺氣膽盛), 살기등등(殺氣騰騰), 살기충천(殺氣衝天), 살뜰, 살랑 · 설렁, 살망, 살벌(殺伐), 살살, 살풍경(殺風景), 살핏 · 설핏, 삼하다, 삼라(森羅), 삼렬(森列), 삼사, 삼삼(森森), 삼숙(森肅), 삼심(滲甚), 삼엄(森嚴), 삼연(森然), 삼연(滲然), 삼한(森閑), 삽고(澁苦), 삽삽, 삽삽(颯颯), 삽삽(澀澀), 삽상(颯爽), 삽연(颯然), 삽이(颯爾), 상하다(傷), 상공(象恭), 상깃 · 성깃, 상냥, 상당(相當), 상득(相得), 상등(相等), 상략, 상량(爽凉), 상막, 상명(爽明), 상명(詳明), 상미만(尙未晩), 상밀(詳密), 상반(相反), 상반(相半), 상반(相伴), 상벽(常碧), 상사(相似), 상세(詳細), 상연(爽然), 상위(相違), 상이(相異), 상적(相敵), 상정(詳正), 상준(相準), 상창(傷愴), 상측(傷惻), 상쾌(爽快), 상크름 · 성크름, 상큼 · 성큼, 상하화순(上下和順), 상확(詳確), 상활(爽闊), 상후(上厚), 상후하박(上厚下薄), 새곰 · 새금 · 시금, 새그무레 · 시그무레 · 새크무레 · 시크무레, 새근 · 시근 · 새큰 · 시큰, 새근새근, 새득새득 · 시득시득, 새뜻, 새무룩 · 시무룩 · 쌔무룩 · 씨무룩, 새새, 새치근 · 시치근 · 시지근 · 시척지근, 새치름 · 시치름, 새침, 새콤 · 새큼 · 새콤달콤 · 새큼달큼 · 새콤새콤 · 시큼 · 시금씁쓸 · 시큼씁쓸 · 시금떨떨 · 시금털털 · 시큼털털, 새파르족족 · 시푸르죽죽, 색려(色厲), 샐긋 · 실긋 · 쌜긋, 샐기죽 · 쌜기죽 · 실기죽 · 씰기죽, 샐쭉 · 쌜쭉 · 씰쭉, 생게망게, 생경(生硬), 생동(生動), 생생 · 쌩쌩 · 싱싱 · 씽씽, 생소(生疎), 생칠, 서낙, 서름, 서리(犀利), 서마/서마서마, 서머/서머서머, 서먹/서먹서먹, 서서(徐徐), 서어(齟齬/鉏鋙), 서완(徐緩), 서운, 서황(棲遑), 석하다(釋), 석대(碩大), 석무(碩茂), 석연(釋然), 선하다, 선하다(先), 선하다(善), 선결(鮮潔), 선량(善良), 선려(鮮麗), 선명(鮮明), 선묘(鮮妙), 선미(善美), 선미(鮮美), 선미(鮮媚), 선선, 선소(鮮少), 선악상반(善惡相半), 선연(嬋姸), 선연(嬋娟), 선연(鮮姸), 선연(鮮然), 선유(善柔), 선호(鮮好), 선화(鮮華), 설하다(泄), 설하다(設), 설하다(說), 설강(舌强), 설뚱, 설만, 설면, 설면설면, 설미지근, 설설, 설체, 설퉁, 섬교(纖巧), 섬뜩, 섬묘(纖妙), 섬미(纖微), 섬밀(纖密), 섬사, 섬색(纖嗇), 섬서, 섬섬(閃閃), 섬섬(纖纖), 섬세(纖細), 섬소(纖疏), 섬약(纖弱), 섬연(纖姸), 섬염(纖艶), 섬완(纖婉), 섬유(纖柔), 섬쩍지근, 섭섭, 성하다, 성하다(盛), 성각(誠慤), 성강(盛彊), 성걸(性傑), 성결(聖潔), 성굉(盛宏), 성근(誠勤), 성급(性急), 성긋, 성대(盛大), 성라(星羅), 성나기포(星羅棋布), 성만(盛滿), 성명(聖明), 성발(性發), 성비세려(誠非細慮), 성성(星星), 성실(誠實), 성악(性惡), 성엄(聖嚴), 성영(盛榮), 성왕(盛旺), 성유(性柔), 성일(誠一), 성장(盛壯), 성조(性燥), 성졸(性拙), 성창(盛昌), 성풍(盛豐), 세강속말(世降俗末), 세구(歲久), 세궁(細窮), 세미(細美), 세미(細微), 세밀(細密), 세부득이(勢不得已), 세세(細細), 세소(細小), 세쇄(細瑣), 세심(細心), 세약(細弱), 세여파죽(勢如破竹), 세장(細長), 세첨(細尖), 세치(細緻), 섹시(sexy), 센티멘털(sentimental), 소강(小康), 소곳 · 수긋, 소광(昭曠), 소광(疏狂), 소달(疏達), 소담, 소담(小膽), 소도록 · 수두룩/소독 · 수둑, 소들, 소들소들 · 수들수들, 소락소락 · 수럭수럭, 소란(騷亂), 소랑(昭郎), 소랭(蕭冷), 소략(疏略), 소려(昭麗), 소롱(消-), 소루(疏漏), 소마소마, 소만(疏慢), 소매(素昧), 소명(昭明), 소미(小微), 소박(素朴), 소방(疏放), 소보록, 소복 · 수북, 소불여의(少不如意), 소빈(素貧), 소삭(蕭索), 소삼(蕭森), 소삽(小澁), 소삽(疏澁), 소삽(蕭颯), 소상(昭詳), 소상(消詳), 소상(素尙), 소소(小小), 소소(小少), 소소(昭昭), 소소(炤炤), 소소(疏疏), 소소(蕭蕭), 소소(瀟瀟), 소소(騷騷), 소소명명(昭昭明明), 소슬(蕭瑟), 소심(小心), 소심익익(小心翼翼), 소아(騷雅), 소안(小安), 소약(小弱), 소양(搔癢), 소여(掃如), 소연(昭然), 소연(蕭然), 소연(騷然), 소욕(少欲), 소용(疏慵), 소원(疏遠), 소의(少義), 소이대동(小異大同), 소일(素-), 소잡(素雜), 소잡(騷雜), 소장(少壯), 소저(昭著), 소적(疏逖), 소적(蕭寂), 소조(蕭條), 소중(所重), 소타(疎惰), 소탈(疎脫), 소탕(疏宕), 소향무적(所向無敵), 소향무처(所向無處), 소홀(疏忽), 소화(韶和), 속하다(屬), 속하다(速), 속하다(贖), 속하다(速), 속루(俗陋), 속소그레 · 숙수그레 · 쏙소그레 · 쑥수그레, 속악(俗惡), 손공(遜恭), 손순(遜順), 손열(巽劣), 솔곤, 솔깃, 솔이(率易), 솔이(率爾), 솔직(率直), 솔찬, 솜솜 · 숨숨, 송골송골 · 송굴송굴, 송괴(悚愧), 송구(悚懼), 송률(悚慄), 송름(悚懍), 송민(悚憫), 송송 · 숭숭, 송연(悚然), 송우(惷愚), 송황(悚惶), 쇄락(灑落), 쇄말(瑣末), 쇄미(鎖尾), 쇄미(瑣微), 쇄세(瑣細), 쇄소(瑣小), 쇄쇄(瑣瑣), 쇄연(灑然), 쇄탈(灑脫), 쇠하다(衰), 쇠곤(衰困), 쇠미(衰微), 쇠약(衰弱), 쇠양배양, 쇰직, 쇠침(衰沈), 수하다(垂), 수하다(遂), 수하다(壽), 수결(秀潔), 수경(瘦勁/瘦硬), 수괴(殊怪), 수괴(羞愧), 수괴무면(羞愧無面), 수궁(數窮), 수기(數奇), 수깃, 수꿀, 수년(垂年), 수다, 수다(數多), 수달(秀達), 수더분, 수떨, 수란(愁亂), 수려(秀麗), 수련, 수련(手鍊), 수령(秀靈), 수령(粹靈), 수리수리, 수머줏, 수묘(殊妙), 수미(秀美), 수미(粹美), 수민(秀敏), 수민(愁悶), 수발(秀拔), 수발(秀發), 수부(壽富), 수부다남자(壽富多男子), 수삭(瘦削), 수삽(羞澀), 수상(殊常), 수색만면(愁色滿面), 수선수선, 수성수성, 수쇠(瘦衰), 수수[1,2], 수수번번, 수숙(手熟), 수슬수슬, 수승(殊勝), 수심(殊甚), 수아(秀雅), 수연(愁然), 수연(粹然), 수영(秀英), 수영(秀穎), 수요(須要), 수요(愁擾), 수우(殊尤), 수울(愁鬱), 수월, 수위(秀偉), 수윤(秀潤), 수이(秀異), 수일(秀逸), 수장(秀長), 수장(瘦長), 수절(秀絶), 수절(殊絶), 수참(羞慚), 수참(愁慘), 수척(瘦瘠), 수통(羞痛), 수특(殊特), 수혜(秀慧), 수활(手滑), 숙결(淑潔), 숙명(淑明), 숙목(肅穆), 숙민(夙敏), 숙살, 숙성(夙成), 숙숙(肅肅), 숙엄(肅嚴), 숙연(肅然), 숙오(夙悟), 숙완(淑婉), 숙저(夙著), 숙정(肅整), 숙정(肅靜), 숙지근, 숙지막, 숙청(淑淸), 숙추(淑湫), 숙친(熟親), 숙홀(倏忽), 순하다(殉), 순하다(順), 순결(純潔), 순결무구(純潔無垢), 순고(純固), 순고(淳古), 순근(純謹), 순근(醇謹), 순당(順當), 순독(純/醇篤), 순란(純爛), 순량(純良), 순량(淳良), 순량(順良), 순량(馴良), 순려(純麗), 순령(純靈), 순리(醇醨), 순명(純明), 순미(純美), 순미(淳味/醇美), 순박(淳朴/醇朴), 순백(純白/醇白), 순성(純誠), 순소(淳素), 순수(純粹), 순숙(純淑), 순순(恂恂), 순순(順順), 순순(淳淳), 순실(純實), 순실(淳實), 순아(馴雅), 순아(醇雅), 순엄(純嚴), 순연(純然), 순일(純一), 순전(純全), 순정(純正), 순정(順正), 순지(純至), 순직(純直), 순직(順直), 순진(純眞), 순진무결(純眞無缺), 순진무구(純眞無垢), 순질(淳質), 순탄(順坦), 순편(順便), 순평(順平), 순호(純乎), 순화(淳和), 순화(順和), 순활(順滑), 순후(淳厚/醇厚), 술명, 숫하다, 숭고(崇高), 숭고(嵩高), 숭광(崇曠), 숭려(崇麗), 숭미(崇美), 숭수(崇秀), 숭숭(崇崇), 숭엄(崇嚴), 숭준(崇峻),

ㅎ

쉬지근, 쉬척지근, 스산, 스펙터클(spectacle), 스피드(speed), 슬근, 슬금하다(슬기롭고 너그럽다), 슬슬(瑟瑟), 슬핏, 습하다(濕), 습습, 습습(習習), 습윤(濕潤), 습저(濕沮), 승하다(乘), 승하다(勝), 승묘(勝妙), 승어부(勝於父), 승절(勝絕), 승직(繩直), 시숨, 시극(猜克), 시급(時急), 시기적절(時期適切), 시끌벅적 · 시끌시끌, 시돌(豕突), 시드럭부드럭/시득부득, 시드럭시드럭/시득시득, 시들먹, 시뜻 · 시틋, 시릿, 시쁘둥, 시쁘장, 시서늘, 시시, 시시껄렁, 시시범범(泛泛), 시시콜콜, 시시풍덩, 시원 · 시원섭섭 · 시원시원, 시인(猜忍), 시장, 시종여일(始終如一), 시첨(視瞻), 시침, 시큰둥, 시퉁, 시푸르뎅뎅, 시풋, 시험(猜險), 식달(識達), 식미(式微), 식불감미(食不甘味), 식소사번(食少事煩), 신괴(神怪), 신교(神巧), 신근(信謹), 신급(迅急), 신기(神奇), 신기(新奇), 신랄(辛辣), 신령(神靈), 신명(神明), 신묘(神妙), 신묘불측(神妙不測), 신미(信美), 신밀(神密), 신비(神秘), 신사(迅駛), 신산(辛酸), 신선(新鮮), 신성(神聖), 신속(迅速), 신속(神速), 신수(神秀), 신수(神粹), 신신(新新), 신실(信實), 신약(身弱), 신엄(神嚴), 신열(辛烈), 신오(神奧), 신요(信樂), 신이(神異), 신이(新異), 신중(愼重), 신질(迅疾), 신축자재(伸縮自在), 신출귀몰(神出鬼沒), 신통(神通), 신통방통(神通-通), 신효(神效), 신후(信厚), 신후(愼厚), 실긋 · 씰긋, 실뚱머룩, 실미적지근, 실박(實樸), 실직(實直), 실큼(싫은 생각이 있다), 실팍, 실하다(實), 심하다(甚), 심각(深刻), 심겁(心怯), 심공(甚恭), 심광(深廣), 심교(心巧), 심급(甚急), 심난(甚難), 심다(甚多), 심대(甚大), 심대(深大), 심독(甚毒), 심드렁, 심란(心亂), 심만의족(心滿意足), 심무소주(心無所主), 심밀(甚密), 심밀(深密), 심밀(深密), 심박(深博), 심벽(深碧), 심산(心散), 심산(心酸), 심상(尋常), 심수(深邃), 심심 · 슴슴, 심심(甚深), 심심(深深), 심악(甚惡), 심약(心弱), 심엄(甚嚴), 심엄(深嚴), 심오(深奧), 심온(深穩), 심울(心鬱), 심원(甚遠), 심원(深遠), 심유(深幽), 심윤(深潤), 심장(深長), 심절(深切), 심정(審正), 심중(深重), 심청(深靑), 심침(深沈), 심통(心通), 심한(深閑), 심험(心險), 심험(深險), 심현(深玄), 심혹(甚酷), 심활(深豁), 심회(心灰), 심후(深厚), 십전(十全), 싱검털털, 싱겅싱겅, 싱둥, 싸하다, 싹싹 · 썩썩, 싼득 · 썬득, 쌀강쌀강 · 쌀캉쌀캉 · 썰컹썰컹, 쌀랑 · 썰렁, 쌀쌀, 쌈박, 쌉싸래 · 씁쓰레, 쌉쌀 · 씁쓸, 쌍전(雙全), 쌍절(雙絕), 썰썰(시장한 느낌이 있다), 쏠쏠 · 쑬쑬, 쑬하다, 쓸쓸, 씁쓰름, 씁쓰무레, 씁쓸, 씁씁, 씨그둥, 씨만, 씨억씨억, 씩씩, 아하다(雅), 아건(雅健), 아결(雅潔), 아긋 · 어긋, 아기똥 · 어기뚱, 아기자기, 아나(婀娜), 아나(猗儺), 아늑 · 으늑, 아늘아늘, 아니, 아담(雅淡/雅澹), 아당(阿黨), 아둔, 아득 · 어득, 아등바등, 아등아등, 아뜩 · 어뜩, 아려(雅麗), 아련, 아렴풋 · 어렴풋, 아령칙 · 어령칙, 아롱아롱 · 어룽어룽, 아르르, 아른아른 · 어른어른, 아리딸딸 · 어리떨떨, 아리송 · 어리숭/알쏭 · 얼쑹, 아리아리 · 어리어리, 아리잠직, 아릿[1], 아릿 · 어릿[2], 아릿자릿, 아무러, 아삼아삼, 아선(牙善), 아수룩 · 어수룩, 아순(雅馴), 아스라, 아스스 · 으스스, 아슥아슥 · 어슥어슥, 아슬아슬, 아슴아슴, 아슴푸레 · 어슴푸레 · 으슴푸레, 아심여칭(我心如秤), 아쓱아쓱, 아아(峨峨), 아연(俄然), 아연(啞然), 아옹 · 어웅, 아운, 아울(訝鬱), 아이러니(irony), 아이러니컬(ironical), 아졸(雅拙), 아질 · 아찔 · 어질 · 어찔, 아칙(雅飭), 아카데믹(academic), 아혹(訝惑), 악하다(惡), 악괄(惡聒), 악덕(惡德), 악독(惡毒), 악랄(惡辣), 악랄무쌍(惡辣無雙), 악렬(惡劣), 악립(愕立), 악역무도(惡逆無道), 악연(愕然), 악착(齷齪), 악특(惡慝), 안가(安家), 안가(安暇), 안가(安價), 안강(安康), 안걸(岸傑), 안고(安固), 안고수비(眼高手卑), 안고수저(眼高手低), 안녕(安寧), 안명수쾌(眼明手快), 안밀(安謐), 안비막개(眼鼻莫開), 안사(安肆), 안상(安詳), 안생(眼生), 안서(安舒), 안숙(眼熟), 안안(晏晏), 안여(晏如), 안여반석(安如磐石), 안여태산(安如泰山), 안연(晏然), 안연자약(晏然自若), 안온(安穩), 안유(安裕), 안이(安易), 안일(安逸), 안전(安全), 안정(安靜), 안존(安存), 안타(安惰), 안퐁, 안한(安閑), 안혼(眼昏), 안화(安和), 안활(眼豁), 안후(顔厚), 알거냥, 알근 · 얼근 · 알큰 · 얼큰, 알근달근 · 얼근덜근, 알금삼삼 · 얼금숨숨, 알금알금 · 얼금얼금, 알끈[1,2], 알딸딸 · 얼떨떨, 알뜰, 알락달락 · 얼럭덜럭, 알랑똥땅 · 얼렁뚱땅, 알랑알랑 · 얼렁얼렁, 알량, 알량꼴량, 알로록달로록 · 얼루룩덜루룩, 알록 · 얼룩, 알록달록 · 얼룩덜룩, 알매(黖昧), 알삽(戞澀), 알싸[1,2], 알쏭달쏭 · 얼쑹덜쑹, 알씬, 알알 · 얼얼, 알연(戞然), 알짝지근 · 얼쩍지근, 알쭌, 알찌근 · 얼찌근, 알큰 · 얼큰, 알키, 앍작앍작 · 얽적얽적 · 앍족앍족 · 얽죽얽죽, 암하다, 암담(暗澹), 암독(暗毒), 암둔(闇鈍), 암련(諳鍊), 암막(暗漠), 암매(唵昧), 암매(暗昧), 암맹(暗盲), 암상, 암암(暗暗), 암암(黯黯), 암암(巖巖), 암약(闇弱), 암연(暗然), 암연(闇然), 암연(黯然), 암우(暗愚), 암울(暗鬱), 암잔(闇孱), 암통, 암특(暗慝), 암퍅(暗愎), 암흑(暗黑), 암흑연(暗黑然), 압닐(狎昵), 압설(狎褻), 앙하다, 앙가조촘 · 엉거주춤, 앙념불이(怏念不怡), 앙당, 앙똥 · 엉뚱, 앙바틈 · 엉버틈, 앙살, 앙상 · 엉성, 앙앙(怏怏), 앙연(怏然), 앙연(盎然), 앙울(怏鬱), 앙읍(怏悒), 앙장(鞅掌), 앙증, 앙큼 · 엉큼, 애긍(哀矜), 애동대동, 애련(哀憐), 애련(愛憐), 애루(隘陋), 애리, 애매, 애매(曖昧), 애매모호(曖昧模糊), 애민(哀愍), 애석(哀惜), 애석(愛惜), 애압(愛狎), 애애(哀哀), 애애(皚皚), 애애(曖曖), 애애(藹藹), 애애(靄靄), 애애(靉靉), 애애절절(哀哀切切), 애애처처(哀哀悽悽), 애연(哀然), 애연(曖然), 애연(藹然), 애연(靄然), 애염(哀艶), 애옥, 애완(哀婉), 애울(藹鬱), 애이불비(哀而不悲), 애잔, 애절, 애절(哀切), 애중(愛重), 애참(哀慘), 애체(靉靆), 애초롬, 애초상심(-傷心), 애통(哀痛), 애통망극(哀痛罔極), 애틋, 액색(阨塞), 앵하다, 앵명(嚶鳴), 야하다(冶/野), 야긋야긋, 야드르르 · 이드르르, 야들야들 · 이들이들, 야릇, 야리야리, 야릿, 야매(野昧), 야무(野蕪), 야무방(也無妨), 야박(野薄), 야쁘장 · 예쁘장, 야속(野俗), 야심(夜深), 야심(偌甚), 야심만만(野心滿滿), 야염(冶艶), 야요(惹擾), 야젓, 야트막 · 여트막, 여틈 · 야틈, 약하다(弱), 약간(若干), 약략(略略), 약렬(弱劣), 약소(弱小), 약소(略少), 약시(若是), 약시약시(若是若是), 약약, 약여(躍如), 약연(躍然), 약존약망(若存若亡), 약존약무(若存若無), 약차(若此), 약차약차(若此若此), 약칙(約飭), 약하(若何), 약행(弱行), 약후(若朽), 얄긋, 얄브스름 · 열브스름, 얄쭉스름, 얄찍, 얄찍스름, 얄캉, 얄팍, 얇실, 얌전, 얍삽, 양하다, 양하다(涼), 양간, 양구(良久), 양난(兩難), 양덕(涼德), 양명(亮明), 양명(陽明), 양박(涼薄), 양선(良善), 양순(良順), 양양(洋洋), 양양(揚揚), 양양(漾漾), 양양(穰穰), 양양(陽陽), 양양(壤壤), 양연(亮然), 양일(洋溢), 양직(亮直), 양편(兩便), 양허(陽虛), 양협(量狹), 양호(良好), 어하다, 어굴(語屈), 어궁(語窮), 어근버근, 어글어글, 어금버금, 어금지금, 어긋버긋, 어기중(於其中), 어눌(語訥), 어두침침, 어두캄캄 · 컴컴, 어둑, 어둔(語鈍), 어둔(語遁), 어둠침침, 어떠, 어런더런, 어련, 어련무던, 어루룩더루룩, 어루룩어루룩, 어루룽어루룽, 어룩더룩, 어룩어룩, 어룽더룽, 어리둥절, 어리뜩, 어리마리, 어리바리, 어리벙벙 · 어리빙빙 · 어리뻥뻥 · 어리삥삥, 어리숙, 어리찡찡, 어리칙칙, 어릿, 어마어마, 어벌쩡, 어벙, 어부렁, 어불근리(語不近理), 어빡자빡, 어삽(語澁), 어상(於相), 어상반(於相半), 어색(語塞), 어석더석, 어석버석, 어성버성, 어수선, 어수선산란(-散亂), 어숭그러, 어스레, 어스름, 어슬어슬, 어슬핏, 어슷, 어슷비슷, 어쭛, 어연간, 어연번듯, 어엿, 어정쩡, 어졸(語拙), 어중(語重), 어중간(於中間), 어지간, 어질더분, 어찌, 어핍(語逼), 억박적박, 억실억실, 억울(抑鬱), 억원(抑冤), 언거번거, 언건(偃蹇), 언경(言輕), 언과기실(言過其實), 언순이정(言順理正), 언순이직(言順理直), 언연(偃然), 언오(偃傲), 언정이순(言正理順), 언졸(言拙), 언죽번죽, 언중(言重), 언지무익(言之無益), 언지하익(言之何益), 언진(言盡), 얼기설기 · 얼키설키, 얼떠름, 얼떨/얼떨떨, 얼러꿍덜러꿍, 얼벌벌, 얼뺀, 얼올(巃嵸), 얼울(巃嵸), 얼쩡, 얽둑얽둑, 얽벅얽벅, 엄하다(嚴), 엄가(嚴苛), 엄각(嚴刻), 엄격(嚴格), 엄관(淹貫), 엄랭(嚴冷), 엄려(嚴厲), 엄렬(嚴烈), 엄매(晻昧), 엄명(嚴明), 엄밀(嚴密), 엄박(淹博), 엄범부렁, 엄벙, 엄별(嚴別), 엄부렁, 엄숙(嚴肅), 엄슬(嚴瑟), 엄아(淹雅), 엄아(儼雅), 엄엄(奄奄), 엄엄(掩掩), 엄엄(晻晻), 엄엄(嚴嚴), 엄연(奄然), 엄연(儼然), 엄염(奄冉), 엄의(嚴毅), 엄장(嚴壯), 엄장(嚴莊), 엄전, 엄절(嚴切), 엄정(嚴正), 엄정(嚴淨), 엄준(嚴峻), 엄중(嚴重), 엄혹(嚴酷), 엄홀(奄忽), 업업(業業), 엇구뜰, 엇구수, 엇비뚜름, 엇비스듬, 엇비슥, 엇비슷, 엉거능측, 엉기성기, 엉성드뭇, 에구붓, 에넘느레, 에로틱(erotic), 에부수수 · 에푸수수, 엔간, 엔구부정, 여하다(如), 여간(如干), 여개방차(餘皆倣此), 여광여취(如狂如醉), 여구(如舊), 여낙낙, 여단수족(如斷手足), 여력과인(膂力過人), 여류(如流), 여릿, 여무족관(餘無足觀), 여물재후(如物在喉), 여미(麗美), 여미(麗靡), 여법(如法), 여북, 여사(如斯), 여사여사(如斯如斯), 여산약해(如山若海), 여상(如上), 여상(如常), 여수투수(如水投水), 여시(如是), 여신(如新), 여실(如實), 여아(麗雅), 여여(與與), 여염(麗艶), 여요(餘饒), 여읍여소(如泣如笑), 여읍여소(如泣如訴), 여의(如意), 여일(如一), 여전(如前), 여정, 여좌(如左), 여차(如此), 여차여차(如此如此), 여천여해(如天如海), 여천지무궁(與天地無窮), 여천지해망(與天地偕亡), 여청(餘淸), 여취여광(如醉如狂), 여취여몽(如醉如夢), 여타자별(與他自別), 여하(如何), 여할(如割), 여허(如許), 여형약제(如兄若弟), 여흑(黎黑), 역하다(逆), 역강(力强), 역구(歷久), 역란(歷亂), 역력(歷歷), 역면(力勉), 역면(力綿), 역부득(易不得), 역부족(力不足), 역불급(力不及), 역불섬(力不贍), 역약(力弱), 역역(繹繹), 역연(歷然), 연하다(軟), 연하다(連), 연하다(練), 연고(年高), 연고덕소(年高德卲), 연려(姸麗), 연로(年老), 연만(年滿/年晩), 연면(連綿), 연미(軟美), 연미(軟媚), 연박(淵博), 연부역강(年富力强), 연삭삭 · 연싹싹, 연삽, 연상약(年相若), 연소(年少), 연수(娟秀), 연수(淵邃), 연숙(鍊熟), 연심(淵深), 연아(淵雅), 연안(宴安), 연약(軟弱), 연양(軟癢), 연연(娟娟), 연연(涓涓), 연연(連延), 연연(軟娟), 연연(軟軟), 연연(蜒然), 연연(戀戀), 연염(姸艶), 연완(嬿婉), 연유(年幼), 연장(年壯), 연장(年長), 연정(淵靜), 연징(淵澄), 연천(年淺), 연청(軟靑), 연취(軟脆), 연측(憐惻), 연편(聯翩), 연한(燕閑), 연활(軟滑), 열뇨(熱鬧), 열등(劣等), 열렬(熱烈/烈烈), 열박(劣薄), 열세(劣勢), 열습(熱濕), 열악(劣惡), 열약(劣弱), 열연(悅然), 열요(熱拗), 열푸름, 열하(劣下), 열협(烈俠), 염하다(念), 염하다(殮), 염하다(廉), 염개(廉介), 염검(廉儉), 염결(廉潔), 염경(廉勁), 염교(艶巧), 염근(廉謹), 염담(恬淡), 염려(艶麗), 염명(廉明), 염미(艶美), 염밀(恬謐), 염백(廉白), 염섬(廉纖), 염아(恬雅), 염안(恬安), 염야(艶冶), 염연(恬然), 염염(冉冉), 염염(炎炎), 염염(焰焰), 염일(恬逸), 염절(艶絶), 염정(恬靜), 염정(廉正), 염족(饜足), 염직(廉直), 염탕(恬蕩), 염태(恬泰), 염평(廉平), 염허(恬虛), 염희(恬熙), 엽렵(獵獵), 엽연(曄然), 엽엽(曄曄), 엽욱(曄煜), 영하다(領), 영하다(靈), 영걸(英傑), 영검(靈-), 영관(盈貫), 영괴(靈怪), 영교(靈巧), 영구(永久), 영귀(榮貴), 영기(英奇), 영달(英達), 영독(獰毒), 영락(榮樂), 영렬(英烈), 영령(泠泠), 영령(玲玲), 영령쇄쇄(零零瑣瑣), 영롱(玲瓏), 영리(怜悧), 영만(盈滿), 영매(英邁), 영맹(英猛), 영맹(獰猛), 영명(英明), 영명(靈明), 영묘(英妙), 영묘(靈妙), 영무(英武), 영무(榮茂), 영민(英敏), 영밀(寧謐), 영발(英發), 영발(穎發), 영별(另別), 영사(佞邪), 영상(英爽), 영선(嬴羨), 영성(英聖), 영성(盈盛), 영성(零星), 영세(永世), 영세(零細), 영세무궁(永世無窮), 영쇄(零瑣), 영수(英秀), 영수(靈秀), 영수(靈邃), 영실(英實), 영악(獰惡), 영악(靈惡), 영안(永安), 영연(泠然), 영영(盈盈), 영영(營營), 영영구구(營營區區), 영영무궁(永永無窮), 영예(英銳), 영오(英悟), 영오(穎悟), 영용(英勇), 영용무쌍(英勇無雙), 영원(永遠), 영원무궁(永遠無窮), 영위(英偉), 영윤(榮潤), 영은(寧殷), 영이(穎異), 영이(靈異), 영장(英壯), 영정(零丁), 영정(寧靜), 영준(英俊), 영축(零縮), 영탈(穎脫), 영토(영리하고 똑똑하다), 영특(英特), 영특(獰慝), 영한(獰悍), 영항(永恒), 영행(榮幸), 영험(靈驗), 영현(英賢), 영현(榮顯), 영혜(英慧), 영혜(穎慧), 영혜(靈慧), 영호(永好), 영호(英豪), 영활(靈活), 예리(銳利), 예명(叡明), 예민(銳敏), 예민(叡敏), 예번(禮煩), 예악(穢惡), 예예(芮芮), 예예(翳翳), 예용(銳勇), 예직(銳直), 예철(睿哲), 예탁(穢濁), 예특(穢慝), 오감, 오괴(迂怪), 오구자, 오그랑 · 우그렁, 오그랑쪼그랑 · 우그렁쭈그렁, 오글오글 · 우글우글, 오글쪼글 · 우글쭈굴, 오긋 · 우긋, 오도발싸, 오돌오돌 · 우둘우둘, 오돌토돌 · 우둘투둘, 오동통 · 우둥퉁, 오동포동 · 우둥푸둥, 오뚝 · 우뚝, 오련, 오롯, 오롱조롱, 오막조막, 오만(傲慢), 오만무도(傲慢無道), 오만무례(傲慢無禮), 오만불손(傲慢不遜), 오망 · 우멍, 오망(迂妄), 오목 · 우묵, 오목조목 · 우묵주묵, 오묘(奧妙), 오밀조밀(奧密稠密), 오보록 · 우부룩, 오복 · 우북, 오불고불, 오불오불, 오불고불, 오불조불, 오붓, 오사바사, 오색영롱(五色玲瓏), 오색찬란(五色燦爛), 오솔, 오스스, 오연(傲然), 오종종, 오채영롱(五彩玲瓏), 오치(傲侈), 오탁(汚濁), 오톨도톨, 오퍅(傲愎), 오활(迂闊), 옥실옥실, 옥요(沃饒), 옥유(沃腴), 온하다(溫), 온건(溫乾), 온건(穩健), 온공(溫恭), 온극(溫克), 온근(溫謹), 온난(溫暖), 온당(穩當), 온량(溫良), 온량(溫涼), 온려(溫麗), 온부(溫富), 온순(溫純), 온순(溫順), 온습(溫濕), 온신(溫愼), 온아(溫雅), 온아적정(溫雅寂靜), 온연(溫然), 온오(蘊奧), 온온(溫溫), 온온(穩穩), 온유(溫柔), 온유돈후(溫柔敦厚), 온윤(溫潤), 온인(溫仁), 온자(溫慈), 온자(蘊藉), 온전(穩全), 온족(溫足), 온중(穩重), 온천, 온편(穩便), 온호(溫乎), 온화(溫和), 온화(穩和), 온활(溫滑), 온후(溫厚), 온후독실(溫厚篤實), 올곡, 올근볼근 · 울근불근, 올긋

ㅎ

볼긋, 올돌(兀突), 올뚝볼뚝, 올뚝올뚝, 올록볼록 · 울룩불룩, 올막졸막 · 울먹줄먹, 올망졸망, 올목졸목, 올몽졸몽 · 울멍줄멍, 올쏙볼쏙 · 울쑥불쑥, 올연(兀然), 올올(兀兀), 올톡볼톡 · 울툭불툭, 올통볼통 · 울퉁불퉁, 옴쏙 · 움쑥[1,2], 옴팍 · 움퍽, 옴팡 · 움펑, 옴포동, 옴폭 · 움푹, 옹하다, 옹긋옹긋 · 웅긋웅긋, 옹긋쫑긋 · 웅긋쭝긋, 옹기옹기 · 웅기웅기, 옹기종기 · 웅기중기, 옹상, 옹색(壅塞), 옹송망송, 옹송옹송, 옹연(蓊然), 옹옹(雝雝), 옹용(雍容), 옹용한아(雍容閒雅), 옹울(蓊鬱), 옹울(壅鬱), 옹졸(壅拙), 옹종, 옹종망종, 옹화(雍和), 와그르르 · 워그르르, 와일드(wild), 왁달박달, 왁자, 왁자그르르, 왁작, 완하다(刓), 완하다(頑), 완하다(緩), 완강(頑剛), 완강(頑强), 완고(完固), 완고(頑固), 완곡(婉曲), 완곡(緩曲), 완구(完久), 완둔(頑鈍), 완려(婉麗), 완련(婉孌), 완로(頑魯), 완뢰(完牢), 완루(頑陋), 완만(婉娩), 완만(頑慢), 완만(緩晚), 완만(緩慢), 완매(頑昧), 완명(頑冥), 완명불령(頑冥不靈), 완몽(頑蒙), 완미(完美), 완미(婉美), 완미(婉媚), 완미(頑迷), 완벽(完璧), 완부(頑腐), 완서(緩徐), 완서(緩舒), 완석(惋惜), 완선(完善), 완숙(完熟), 완숙(婉淑), 완순(婉順), 완실(完實), 완악(頑惡), 완약(婉弱), 완엄(頑嚴), 완연(完然), 완연(宛然), 완연(蜿蜒), 완염(婉艶), 완완(婉婉), 완완(緩緩), 완우(頑愚), 완장(阮丈), 완전(完全), 완전(宛轉), 완전(婉轉), 완전무결(完全無缺), 완전무흠(完全無欠), 완족(完足), 완증(頑憎), 완직(頑直), 완태(頑怠), 완패(頑悖), 완호(完好), 왈왈[1,2], 왈카닥 · 월커덕, 왈칵 · 월컥, 왕망(汪茫), 왕성(旺盛), 왕약(尫弱), 왕양(汪洋), 왕연(汪然), 왕연(旺然), 왕왕(汪汪), 왕흥(旺興), 왜곡(矮曲), 왜그르르, 왜단(矮短), 왜뚤비뚤, 왜루(矮陋), 왜소(矮小), 왜자, 왜추(矮醜), 외강내유(外柔內剛), 외괴(嵬魁), 외굴(嵬崛), 외급(嵬岌), 외람, 외람(猥濫), 외뢰(磈礧), 외무주장(外無主張), 외설(猥褻), 외아(巍峨), 외연(巍然), 외외(嵬嵬), 외외(嵬嵬), 외외(巍巍), 외외당당(巍巍堂堂), 외월(猥越), 외유(外柔), 외유내강(外柔內剛), 외의(嵬嶷), 외자, 외잡(猥雜), 외제(外題), 외허(外虛), 외허내실(外虛內實), 요하다(要), 요각(墝埆), 요개부득(搖改不得), 요격(遼隔), 요괴(妖怪), 요글요글, 요기(搖起), 요긴(要緊), 요나(嫋娜), 요뇨(嫋嫋), 요뇨정정(嫋嫋婷婷), 요다(饒多), 요락(寥落), 요란(搖亂/擾亂), 요란(燎亂), 요란뻑적지근(搖亂), 요량(嘹喨), 요러, 요러조러, 요려(寥戾), 요령부득(要領不得), 요리, 요마(幺麼), 요마마, 요막(遼邈), 요만, 요만조만, 요망(妖妄), 요매(妖魅), 요명(窈冥/窅冥), 요미(妖迷), 요밀(要密), 요밀요밀(要密要密), 요부(饒富), 요빈(夭貧), 요사(妖邪), 요실(饒實), 요악(妖惡), 요암(嶢巖), 요애(窈靄), 요야(妖冶), 요약(幺弱), 요양(擾攘), 요연(了然/瞭然), 요연(窅然), 요연(窈然), 요염(妖艶), 요요(了了), 요요(夭夭), 요요(姚姚), 요요(嫋嫋), 요요(搖搖), 요요(寥寥), 요요(遙遙), 요요(嶢嶢), 요요(撓撓), 요요(擾擾), 요요(耀耀/燿燿), 요요무문(寥寥無聞), 요요연연(夭夭娟娟), 요요작작(夭夭灼灼), 요요정정(夭夭貞靜), 요원(遙遠), 요위(澆僞), 요유(擾柔), 요이(妖異), 요이(聊爾), 요쟁(嶢崢), 요적(寥寂), 요조(窈窕), 요족(饒足), 요철(凹凸), 요탄(妖誕), 요행(僥倖), 요확(寥廓), 요확(瞭確), 요활(寥闊), 용하다, 용하다(庸), 용감(勇敢), 용감무쌍(勇敢無雙), 용강(勇剛), 용건(勇健), 용나(庸懦), 용다(冗多), 용둔(庸鈍), 용라(慵懶), 용란(慵懶), 용렬(勇烈), 용렬(庸劣), 용만(冗漫), 용맹(勇猛), 용명(勇明), 용무(勇武), 용발(聳拔), 용번(冗煩), 용병(冗倂), 용병여신(用兵如神), 용사비등(龍蛇飛騰), 용상(庸常), 용속(庸俗), 용약(庸弱), 용여(容與), 용연(溶然), 용연(聳然), 용용(溶溶), 용우(庸愚), 용우(惷愚), 용의주도(用意周到), 용이(容易), 용잔(庸孱), 용잡(冗雜), 용장(冗長), 용장(勇壯), 용졸(庸拙), 용직(庸直), 용천, 용타(慵惰), 용탑(茸闒), 용퉁, 용필침웅(用筆沈雄), 용한(勇悍), 용협(勇俠), 용혹무괴(容或無怪), 우하다(愚), 우결(憂結), 우곡(迂曲), 우곤(愚悃), 우괴(迂怪), 우그르르, 우둔(愚鈍), 우둥부둥, 우등(優等), 우락부락, 우람, 우람(愚濫), 우량(踽涼), 우량(優良), 우렁우렁, 우련, 우로(愚魯), 우만, 우망(迂妄), 우매(愚昧), 우몽(愚蒙), 우묘(尤妙), 우미(愚迷), 우미(優美), 우박(愚樸), 우북수북, 우분(憂憤), 우비(愚鄙), 우빈(愚貧), 우상(憂傷), 우선, 우세(優勢), 우소(迂疏), 우수(優秀), 우수(優殊), 우수(優數), 우순풍조(雨順風調), 우순(愚順), 우승(優勝), 우심(尤甚), 우심여취(憂心如醉), 우심열렬(憂心烈烈), 우심유유(憂心愈愈), 우심유충(憂心有忡), 우심은은(憂心殷殷), 우심참참(憂心慘慘), 우심충충(憂心忡忡), 우아(優雅), 우악(愚惡), 우악(優渥), 우애(愚騃), 우여(紆餘), 우연(偶然), 우연만, 우열(愚劣), 우완(愚頑), 우요(憂擾), 우우(迂愚), 우우(踽踽), 우우양량(踽踽亮涼), 우울(憂鬱), 우원(迂遠), 우월(優越), 우유(優柔), 우유부단(優柔不斷), 우유불박(優遊不迫), 우의(優毅), 우이(偶爾), 우이(優異), 우졸(愚拙), 우준(愚蠢), 우중충, 우직(愚直), 우치(愚癡), 우퉁, 우툴두툴, 우패(愚悖), 우험(尤險), 우활(迂闊), 우후(優厚), 욱렬(郁烈), 욱복(郁馥), 욱욱, 욱욱(昱昱), 욱욱(郁郁), 욱욱(煜煜), 욱욱청청(郁郁青青), 운하다(云), 운하다(殞), 운곤(運困), 운무회명(雲霧晦冥), 운수불길(運數不吉), 운아(韻雅), 운운(芸芸), 울하다(鬱), 울도(鬱陶), 울뚝, 울민(鬱悶), 울밀(鬱密), 울발(鬱勃), 울분(鬱憤), 울불(鬱怫), 울삼(鬱森), 울성(鬱盛), 울앙(鬱快), 울연(鬱然), 울연(蔚然), 울욱(鬱郁), 울울(鬱鬱), 울울불락(鬱鬱不樂), 울울창창(鬱鬱蒼蒼), 울울총총(鬱鬱叢叢), 울적(鬱寂), 울창(鬱蒼), 울총(鬱葱), 울폐(鬱閉), 웅강(雄强), 웅건(雄建), 웅걸(雄傑), 웅게웅게, 웅경(雄勁), 웅고(雄高), 웅굉(雄宏), 웅대(雄大), 웅대호장(雄大豪壯), 웅려(雄麗), 웅렬(雄烈), 웅매(雄邁), 웅맹(雄猛), 웅박(雄博), 웅발(雄拔), 웅부(雄富), 웅사굉변(雄辭閎辯), 웅신, 웅심(雄深), 웅심아건(雄深雅健), 웅용(雄勇), 웅위(雄威), 웅위(雄偉), 웅의(雄毅), 웅장(雄壯), 웅탁맹특(雄卓猛特), 웅한(雄悍), 웅혼(雄渾), 원하다(願), 원격(遠隔), 원굴(寃屈), 원대(遠大), 원만(圓滿), 원묘(圓妙), 원미(圓美), 원숙(圓熟), 원억(冤抑), 원왕(冤枉), 원원(源源), 원융(圓融), 원통(冤痛), 원통(圓通), 원특(怨慝), 월등(越等), 월명(月明), 월백풍청(月白風淸), 월수(越數), 월승(越勝), 웬만, 위하다(爲), 위고금다(位高金多), 위고망중(位高望重), 위곡(委曲), 위급(危急), 위다안소(危多安少), 위대(偉大), 위독(危篤), 위란(危亂), 위려(偉麗), 위름(危懍), 위망(危亡), 위맹(威猛), 위박(危迫), 위박(僞薄), 위상(委詳), 위세(委細), 위수(偉秀), 위심(爲甚), 위아(偉雅), 위약(危弱), 위약(胃弱), 위약(萎弱), 위엄(威嚴), 위여(偉如), 위연(威然), 위연(喟然), 위열(威烈), 위유(葳蕤), 위의(危疑), 위의당당(威儀堂堂), 위이(委迤), 위중(危重), 위중(威重), 위태(危殆), 위태위태(危殆危殆), 위패(危悖), 위풍당당(威風堂堂), 위허(胃虛), 위험(危險), 위험천만(危險千萬), 위황(危慌), 위효(偉效), 유하다(有), 유하다(留), 유하다(柔), 유간(有墾), 유감(遺憾), 유고(有故), 유공(有功), 유관(有關),

유관(裕寬), 유관작(有官爵), 유구(悠久), 유권력(有權力), 유기(幽奇), 유나(柔懦), 유난, 유난무난(有難無難), 유능(有能), 유능력(有能力), 유덕(有德), 유도(有道), 유독(有毒), 유두유미(有頭有尾), 유락(愉樂), 유량(嚠喨), 유려(流麗), 유력(有力), 유리(有利), 유리(有理), 유만부동(類萬不同), 유망(有望), 유망(謬妄), 유머러스(humorous), 유명(有名), 유명(幽冥), 유명무실(有名無實), 유미(柔媚), 유벽(幽僻), 유별(有別), 유병(有病), 유복(有福), 유복(裕福), 유부족(猶不足), 유비(有備), 유사(有事), 유사(類似), 유색(有色), 유세(有稅), 유세(有勢), 유소(幼少), 유소문(有所聞), 유수(有數), 유수(幽邃), 유순(柔順), 유습(狃習), 유시(有時), 유식(有識), 유신(有信), 유실(有實), 유심(有心), 유심(幽深), 유심(愈甚), 유아(幽雅), 유아(儒雅), 유암(幽暗), 유암(柳暗), 유야무야(有耶無耶), 유약(幼弱), 유약(柔弱), 유약무(有若無), 유양(悠揚), 유양불박(悠揚不迫), 유여(有餘), 유여(裕餘), 유연(有緣), 유연(油然), 유연(幽然), 유연(柔軟), 유연(悠然), 유열(愉悅), 유염(柔艶), 유완(柔婉), 유완(儒緩), 유왕유독(愈往愈篤), 유왕유심(愈往愈甚), 유요(有要), 유용(有用), 유우(儒愚), 유원(幽遠), 유원(悠遠), 유위(有爲), 유위부족(猶爲不足), 유유(幽幽), 유유(悠悠), 유유(愉愉), 유유(儒儒), 유유범범(悠悠泛泛), 유유한한(悠悠閑閑), 유음(流淫), 유의(有意), 유의미(有意味), 유의의(有意義), 유이(油膩), 유이(柔易), 유이(游移), 유익(有益), 유인(柔靭), 유일(有日), 유일(唯一), 유일(愉逸), 유일부족(惟日不足), 유자(有子), 유자손(有子孫), 유자유손(有子有孫), 유장(悠長), 유적(幽寂), 유절쾌절(愉節快節), 유정(有情), 유정(幽靜), 유조(有助), 유족(有足), 유족(裕足), 유종(有終), 유주(有主), 유준(幽峻), 유지(有志), 유지각(有知覺), 유착, 유창(流暢), 유처(有妻), 유충(幼沖), 유치(幼稚), 유치찬란(幼稚燦爛), 유쾌(愉快), 유타(遊惰), 유표(有表), 유표(有標), 유풍(裕豊), 유한(有限), 유한(有閑), 유한(幽閑), 유한정정(幽閑貞靜), 유해(有害), 유해무익(有害無益), 유향(有香), 유험(有驗), 유현(幽玄), 유형(有形), 유형무적(有形無跡), 유형무형(有形無形), 유혼(幽昏), 유화(柔和), 유활(柔滑), 유효(有效), 유효적절(有效適切), 유흔(幽昕), 육니(忸怩), 육다골소(肉多骨少), 육둔(肉鈍), 육리(陸離), 육중(肉重), 육후(肉厚), 윤공(允恭), 윤공(綸恭), 윤당(允當), 윤미(潤美), 윤의(倫擬), 윤태(潤態), 윤택(潤澤), 윤환(輪奐), 윤활(潤滑), 율렬(栗烈), 율연(慄然), 율줄(崒崒), 융랑(融朗), 융숭(隆崇), 융악(隆渥), 융연(隆然), 융융(融融), 으리으리, 으스레, 으스름, 으슥·으쓱, 으슬으슬, 은근(慇懃), 은근무례(慇懃無禮), 은근미롱(慇懃尾籠), 은미(隱微), 은밀(隱密), 은벽(隱僻), 은부(殷富), 은성(殷盛), 은약(隱約), 은연(隱然), 은은(殷殷), 은은(隱隱), 은진(殷賑), 은창(殷昌), 은풍(殷豊), 음하다(淫), 음하다(陰), 을개살개, 음교(淫巧), 음교(淫驕), 음독(陰毒), 음랭(陰冷), 음량(陰凉), 음미(淫靡), 음밀(陰密), 음방(淫放), 음비(淫非), 음비(陰祕), 음사(淫奢), 음사(陰邪), 음산(陰散), 음삼(陰森), 음상사(音相似), 음설(淫媟), 음습(陰濕), 음암(陰暗), 음양상박(陰陽相薄), 음염(淫艶), 음예(淫穢), 음예(陰翳), 음외(淫猥), 음우회명(陰雨晦冥), 음울(陰鬱), 음음(陰陰), 음음적막(陰陰寂寞), 음전, 음참(陰慘), 음충, 음침(陰沈), 음탕(淫蕩), 음특(淫慝), 음특(陰慝), 음학(淫虐), 음한(陰寒), 음허(陰虛), 음험(陰險), 음황(淫荒), 음회(陰晦), 음휼(陰譎), 음흉(陰凶), 읍읍(悒悒), 읍읍불락(悒悒不樂), 응하다(應), 응당(應當), 응연(凝然), 응연(應然), 응적(凝寂), 응접무가(應接無暇), 응접불가(應接不暇), 의하다(依), 의하다(疑), 의건모, 의고문(擬古文), 의괴(疑怪), 의구(依舊), 의기소침(意氣銷沈), 의기양양(意氣揚揚), 의기충천(意氣衝天), 의당(宜當), 의동일실(義同一室), 의리당연(義理當然), 의리부동(義理不同), 의뭉, 의미(依微), 의미심장(意味深長), 의불합(意不合), 의사(擬似), 의사무사(擬似無似), 의수(依數), 의아(疑訝), 의연(依然), 의연(毅然), 의위(依違), 의의(依依), 의의(猗猗), 의이(疑異), 의젓, 의합(宜合), 의합(意合), 의현(疑眩), 의희(依稀), 이하다(利), 이곡(理曲), 이교(利巧), 이구(已久), 이굴(理屈), 이궁(理窮), 이글이글하다, 이드거니, 이등(異等), 이러, 이러루, 이러이러, 이러저러, 이렁성저렁성, 이룽이룽, 이륜(異倫), 이리(離離), 이마마, 이만, 이만저만, 이매(夷昧), 이목(怡穆), 이상(異常), 이상야릇(異常), 이석격석(以石擊石), 이소고연(理所固然), 이소당연(理所當然), 이속(俚俗), 이수(羸瘦), 이순(理順), 이슥, 이심(已甚), 이악, 이어인(異於人), 이어중(異於衆), 이억, 이여이(易與耳), 이역부득(移易不得), 이연(怡然), 이연(犂然), 이열(怡悅), 이유(怡愉), 이융(易融), 이이(怡怡), 이제저제, 이직(理直), 이타(弛惰), 이해(易解), 이행(易行), 익숙, 익심(益甚), 익연(翼然), 익익(翊翊), 인하다(因), 인하다(吝), 인하다(隣), 인결(禋潔), 인곤마핍(人困馬乏), 인괄(引括), 인귀(人貴), 인귀상반(人鬼相半), 인당(引當), 인괄(引括), 인독(仁篤), 인린(燐燐), 인린(轔轔), 인린(鱗鱗), 인명(仁明), 인부(引附), 인비(鱗比), 인색(吝嗇), 인서(仁恕), 인석(吝惜), 인선(仁善), 인성만성, 인순(仁順), 인순(嶙峋), 인애(仁愛), 인약(仁弱), 인온(氤氳), 인용(仁勇), 인울(堙鬱), 인유(仁柔), 인자(仁慈), 인제(仁悌), 인지(仁智), 인차(鱗次), 인혜(仁惠), 인후(仁厚), 인희지광(人稀地廣), 일가(一架), 일견여구(一見如舊), 일구(日久), 일구월성(日久月深), 일군(逸群), 일긋, 일긴(一緊), 일길(日吉), 일길신량(日吉辰良), 일난풍화(日暖風和), 일망무애(一望無涯), 일망무제(一望無際), 일면여구(一面如舊), 일명(日明), 일모도궁(日暮途窮), 일모도원(日暮途遠), 일목요연(一目瞭然), 일무(一無), 일무실착(一無失錯), 일무차착(一無差錯), 일문부지(一文不知), 일문불통(一文不通), 일불가급(日不暇給), 일비일희(一悲一喜), 일빈일부(一貧一富), 일사불란(一絲不亂), 일소(日少), 일수(逸秀), 일심(日甚), 일심불란(一心不亂), 일안(一安), 일안(日安), 일안만강(日安萬康), 일야무간(日夜無間), 일여(一如), 일위(逸偉), 일이(逸異), 일일여삼추(一日如三秋), 일자무식(一字無識), 일정(一定), 일천(日淺), 일총(一聰), 일출(逸出), 일한일망(一閑一忙), 일희일비(一喜一悲), 임하다(任), 임하다(臨), 임력(淋瀝), 임록(淋漉), 임리(淋漓), 임림(淋淋), 임림총총(林林叢叢), 임약(荏弱), 임염(荏染), 임중도원(任重道遠), 임협(任俠), 잉편(仍便), 자하다(資), 자검(慈儉), 자그마·조그마·조끄마·쪼그마, 자근자근·지근지근, 자글자글·짜글짜글, 자금자금·지금지금, 자긋자긋·지긋지긋, 자늑자늑, 자닝, 자두룸, 자득(自得), 자락(自樂), 자락(恣樂), 자란자란, 자랑·저렁·짜랑·쩌렁, 자르르·짜르르·지르르·찌르르[1,2], 자름·짜름, 자릿·재릿·짜릿·저릿·쩌릿·찌릿, 자만(自慢), 자멸(自滅), 자명(自明), 자몽(自懜), 자무(滋茂), 자방(恣放), 자번(滋繁), 자변첩질(自辯捷疾), 자별(自別), 자부룩·자뿌룩, 자분자분·저분저분[1,2], 자비다(慈悲), 자빠름, 자사(恣肆), 자상(仔詳), 자세(仔細), 자소(仔小), 자손신신(子

孫㤹㤹), 자신만만(自信滿滿), 자심(滋甚), 자약(自若), 자여(自如), 자연(自然), 자오록·자우룩, 자옥·자욱, 자인(慈仁), 자일(恣逸), 자자(孜孜), 자자(藉藉), 자작, 자잘, 자재(自在), 자재기중(自在其中), 자전(自全), 자족(自足), 자질구레/자지레, 자질자질, 자차분, 자칫, 자협(自狹), 작하다(作), 작달막, 작약(綽約), 작연(灼然), 작연(綽然), 작유여지(綽有餘地), 작작(灼灼), 작작(綽綽), 작작(嚼嚼), 작작유여(綽綽有餘), 잔독(殘毒), 잔드근·진드근, 잔득·진득, 잔망(孱妄), 잔미(孱微), 잔박(殘薄), 잔악(殘惡), 잔악무도(殘忍無道), 잔약(孱弱), 잔열(孱劣), 잔원(潺湲), 잔인(殘忍), 잔인무도(殘忍無道), 잔자누룩, 잔작, 잔잔, 잔잔(孱孱), 잔잔(潺潺), 잔조롬, 잔졸(孱拙), 잔포(殘暴), 잔풍(殘風), 잔피(孱疲), 잔학(殘虐), 잔학무도(殘虐無道), 잔혈(孱孑), 잔혹(殘酷), 잘하다, 잘깃·질깃·짤깃·찔깃, 잘똑·질뚝·짤똑·찔뚝, 잘록·질룩, 잘못, 잘바닥·질버덕·잘파닥·질퍼덕/잘박·질벅·잘팍·질퍽, 잘쏙·질쑥·짤쏙·찔쑥, 잘착·질척, 잘카닥·질커덕/잘칵·질컥, 잘판·질펀, 잠록, 잠벽(湛碧), 잠아(岑峨), 잠연(湛然), 잠연(潛然), 잠월(潛越), 잠잠(潛潛), 잠적(岑寂), 잠적(潛寂), 잠포록, 잡다(雜多), 잡답(雜沓), 잡란(雜亂), 잡박(雜駁), 잡연(雜然), 잡착(雜錯), 장하다(長), 장하다(壯), 장건(壯健), 장걸(壯傑), 장결(莊潔), 장경(莊敬), 장구(長久), 장근(將近), 장남, 장대(壯大), 장대(長大), 장대(張大), 장려(壯麗), 장렬(壯烈), 장맹(壯猛), 장명(長命), 장미(壯美), 장벽무의(牆壁無依), 장비(壯悲), 장성(壯盛), 장엄(莊嚴), 장연(鏘然), 장원(長遠), 장장(章章), 장장(鏘鏘), 장절(壯絕), 장중(莊重), 장쾌(壯快), 장태평(長太平), 장한(壯悍), 장한(長閑), 장허(臟虛), 장활(長闊), 장황(張皇), 잦바듬, 재깔, 재둔(才鈍), 재민(才敏), 재부족(才不足), 재승덕(才勝德), 재승덕박(才勝德薄), 재승박덕(才勝薄德), 재안(再安), 재양(載陽), 재재, 쟁글쟁글, 쟁란(爭亂), 쟁명, 쟁연(錚然), 쟁영(崢嶸), 쟁쟁(琤琤), 쟁쟁(錚錚), 쟁쟁(錚錚), 저급(低級), 저능(低能), 저단(低短), 저대(著大), 저러저러·조러조러, 저러루, 저렴(低廉), 저리·조리, 저만저만·조만조만, 저명(著名), 저명(著明), 저문(著聞), 저뭇, 저미(低迷), 저속(低俗), 저속열악(低俗劣惡), 저습(低濕), 저악(低惡), 저어(齟齬), 저열(低劣), 저저, 저조(低調), 저평(低平), 저하(低下), 저함(低陷), 적격(適格), 적궁(赤窮), 적나라(赤裸裸), 적당(適當), 적막(寂寞), 적빈(赤貧), 적빈여세(赤貧如洗), 적실(赤實), 적실(的實), 적실(適實), 적여구산(積如丘山), 적연(的然), 적연(寂然), 적연(適然), 적연무문(寂然無聞), 적연부동(寂然不動), 적요(寂寥), 적의(適宜), 적의(適意), 적적(寂寂), 적절(適切), 적정(寂靜), 적족(適足), 적중(適中), 적합(適合), 적호(適好), 적확(的確), 전하다(傳), 전감소연(前鑑昭然), 전려(典麗), 전련(顚連), 전리(專利), 전매(全昧), 전무(全無), 전무식(全無識), 전무후무(前無後無), 전미(全美), 전미련(全), 전성(全盛), 전아(典雅), 전연(塡然), 전연(靦然), 전완(全完), 전요(專要), 전자(專恣), 전정(專情), 전중(典重), 전지전능(全知全能), 전혼(全渾), 전황(錢荒), 전후(腆厚), 절하다(切), 절하다(絕), 절가(絕佳), 절격(切激), 절고(絕高), 절곡(切曲), 절교(絕巧), 절군(絕群), 절근(切近), 절급(切急), 절기(絕奇), 절긴(切緊), 절당(切當), 절대(絕大), 절등(絕等), 절렬(節烈), 절렴(節廉), 절륜(絕倫), 절망고(絕望顧), 절묘(絕妙), 절무(絕無), 절미(絕美), 절미(絕微), 절박(切迫), 절분(切忿), 절사(節嗣), 절색(節嗇), 절세(絕世), 절속(絕俗), 절수(絕秀), 절승(絕勝), 절실(切實), 절엄(切嚴/截嚴), 절연(截然), 절염(絕艷), 절요(切要/節要), 절원(絕遠), 절이(絕異), 절인(絕人), 절적(節適), 절절(切切), 절절(截截), 절중(節中), 절촉(切促), 절친(切親), 절통(切痛), 절특(絕特), 절패(絕悖), 절핍(切逼), 절험(絕險), 절후(絕後), 점하다(占), 점점(點點), 점조(粘稠), 점직, 점험(漸險), 접하다(接), 접첩, 정하다(正), 정하다(呈), 정하다(定), 정하다(淨), 정하다(精), 정가(靜嘉), 정간(精墾), 정갈, 정강(精剛), 정강(精強), 정결(貞潔), 정결(淨潔), 정결(精潔), 정고(貞固), 정교(精巧), 정근(情近), 정긴(精緊), 정녕(丁寧), 정당(正當), 정당(停當), 정당(精當), 정대(正大), 정도(情到), 정량(貞亮), 정량(精良), 정려(精麗), 정렬(貞烈), 정렴(貞廉), 정립(挺立), 정명(正明), 정명(精明), 정묘(淨妙), 정묘(精妙), 정묵(靜默), 정미(精美), 정미(精微), 정미(整美), 정민(貞敏), 정민(精敏), 정밀(情密), 정밀(精密), 정밀(靜謐), 정백(淨白), 정상(精詳), 정선(正善), 정성(鼎盛), 정세(精細), 정소(情疏), 정쇄(精灑), 정수(挺秀), 정수(精秀), 정수(精粹), 정숙(貞淑), 정숙(情熟), 정숙(精熟), 정숙(整肅), 정숙(靜淑), 정숙(靜肅), 정순(貞純), 정순(貞順), 정실(正實), 정실(貞實), 정실(精實), 정심(情深), 정심(精深), 정아(精雅), 정아(靜雅), 정약(情弱), 정연(井然), 정연(亭然), 정연(挺然), 정연(精研), 정연(整然), 정예(精銳), 정온(靜穩), 정완(貞婉), 정요(精要), 정의돈목(情誼敦睦), 정일(定一), 정일(精一), 정일(靜逸), 정적(靜寂), 정절(精切), 정정(井井), 정정(正正), 정정(亭亭), 정정(貞正), 정정(淨淨), 정정(淨淨), 정정당당(正正堂堂), 정정방방(正正方方), 정정백백(正正白白), 정정제제(整整齊齊), 정제(整齊), 정중(鄭重), 정직(正直), 정출(挺出), 정충(貞忠), 정치(精緻), 정친(情親), 정태(靜泰), 정한(精悍), 정한(靜閑), 정허(正虛), 정허(靜虛), 정확(正確), 정확(貞確), 정확(精確), 젖버듬, 제하다(制)[1,2], 제하다(除), 제하다(際), 제균(齊均), 제일(齊一), 제제(濟濟), 제평(齊平), 조강(燥強), 조강(燥剛), 조결(操潔), 조곤조곤, 조글조글·주글주글, 조급(早急), 조급(躁急), 조녕(粗寧), 조달(早達), 조대(粗大), 조랑조랑·주렁주렁, 조략(粗略), 조러, 조러루, 조련, 조루(粗漏), 조르르·주르르, 조릿조릿, 조마조마, 조망(躁妄), 조민(躁悶), 조밀(稠密), 조박(粗薄), 조방(粗放), 조붓, 조브장, 조뼛·조뼛·쭈뼛, 조박(粗薄), 조솔(粗率), 조수불급(措手不及), 조숙(早熟), 조신(操身), 조쌀, 조아(藻雅), 조악(粗惡), 조안(粗安), 조야(粗野), 조연(嘈然), 조연(躁然), 조요(照耀), 조용, 조자(躁恣), 조잔·쪼잔, 조잔(凋殘), 조잡(粗雜), 조잡(稠雜), 조조(條條), 조조(嘈嘈), 조조(慥慥), 조조(躁躁), 조첩(稠疊), 조촐, 조포(粗暴), 조포(躁暴), 조험(阻險), 조협(躁狹), 조홀(粗忽), 조화무궁(造花無窮), 족하다(足), 족족(足足), 족족(簇簇), 존고(尊高), 존귀(尊貴), 존대(尊大), 존득·준득·쫀득·쭌득, 존성(尊盛), 존엄(尊嚴), 존영(尊榮), 존절(撙節), 존존·쫀쫀, 존중(尊重), 존현(尊賢), 존현(尊顯), 졸하다(卒), 졸하다(拙), 졸깃·쫄깃·쭐깃, 졸눌(拙訥), 졸딱졸딱, 졸렬(拙劣), 졸루(拙陋), 졸막졸막·줄먹줄먹, 졸망(拙妄), 졸매(拙昧), 졸소(拙小), 졸속(拙速), 졸악(拙惡), 졸연(猝然/卒然), 졸중(猝重), 졸지(拙遲), 졸직(拙直), 좀하다, 좁직, 종상(綜詳), 종용(慫慂), 종임(縱任), 종종(種種), 종종잡다(種種雜多), 죄당만사(罪當萬死), 죄만(罪萬), 죄민(罪悶), 죄사무석(罪死無惜), 죄송(罪悚), 죄송만만(罪悚萬萬), 죄송천만(罪悚千萬), 주도(周到), 주도면밀(周到綿

ㅎ

密), 주령주령, 주밀(周密), 주밀(綢密), 주방(遒放), 주뼛, 주안(駐顔), 주야분주(晝夜奔走), 주요(主要), 주우(朱愚), 주일(遒逸), 주전(周全), 주절주절, 주직(綢直), 주태(珠胎), 주호(遒豪), 죽신, 준하다(峻), 준하다(準), 준걸(俊傑), 준격(峻激), 준결(峻潔), 준극(峻極), 준급(峻急), 준답(噂沓), 준동(準同), 준량(駿良), 준려(峻厲), 준매(俊邁), 준무(俊茂), 준무(峻茂), 준미(俊美), 준민(俊敏), 준민(駿敏), 준발(俊拔), 준방(駿厖), 준상(俊爽), 준수(俊秀), 준애(峻隘), 준엄(峻嚴), 준연(蠢然), 준열(峻烈), 준영(俊英), 준우(蠢愚), 준이(俊異), 준일(俊逸), 준일(駿逸), 준장(峻壯), 준적(準的), 준절(峻截), 준조(峻阻), 준조(浚照), 준준(峻峻), 준준(蕁蕁), 준준(蹲蹲), 준준(蠢蠢), 준준무식(蠢蠢無識), 준준무지(蠢蠢無知), 준직(峻直), 준철(俊哲), 준철(濬哲), 준초(峻峭), 준총(駿驄), 준치(峻峙), 준평(準平), 준험(峻險), 준협(峻狹), 준혜(俊慧), 준호(俊豪), 준혹(峻酷), 줄, 줄멍줄멍, 중하다(重), 중난(重難), 중다(衆多), 중대(重大), 중요(重要), 중론불일(衆論不一), 중무소주(中無所主), 중실(←充實), 중쑬쑬(中), 중씰(中), 중악(重惡), 중요(重要), 중의(中意), 중중(重重), 중중첩첩(重重疊疊), 중중촉촉(重重矗矗), 중차대(重且大), 중탁(重濁), 중후(重厚), 즈분, 즉하다(卽), 즐번(櫛繁), 즐비(櫛比), 증하다(憎), 증릉(嶒崚), 증릉(繒綾), 증습(蒸濕), 증영(嶒嶸), 증울(蒸鬱), 증판, 지강(至剛), 지건(至健), 지격(至隔), 지결(至潔), 지고(至高), 지고지상(至高至上), 지고지순(至高至純), 지공(至公), 지공(至恭), 지공무사(至公無私), 지공지평(至公至平), 지광(地廣), 지광(至廣), 지광인희(地廣人稀), 지교(至巧), 지교(智巧), 지구(地久), 지구(遲久), 지궁(至窮), 지귀(至貴), 지극(至極), 지급(至急), 지긋, 지꺼분, 지껄, 지난(至難), 지당(至當), 지대(至大), 지대지강(至大至剛), 지독(至毒), 지둔(至鈍), 지둔(遲鈍), 지랭(至冷), 지런지런, 지령(至靈), 지루(←支離), 지룩, 지르르, 지르퉁, 지만(遲慢), 지만의득(志滿意得), 지망지망, 지명(知名), 지묘(至妙), 지미(旨美), 지미(至美), 지미(至微), 지미지세(至微至細), 지밀(至密), 지번(支煩), 지번(至煩), 지벽(地僻), 지부족(知不足), 지빈(至貧), 지빈무의(至貧無依), 지상(志尙), 지상(至上), 지선(至善), 지성(至誠), 지세(至細), 지소(至小), 지수굿, 지숙, 지순(至純), 지순(至順), 지신(至信), 지신(至神), 지심(至深), 지악(至惡), 지엄(至嚴), 지열(至熱), 지열(枝劣), 지완(至緩), 지요(至要), 지용무쌍(智勇無雙), 지우(至愚), 지원극통(至冤極痛), 지이(至易), 지인(至仁), 지인지자(至仁至慈), 지자(至慈), 지저분, 지적지적, 지절(至切), 지정(至正), 지정(至精), 지정지묘(至精至妙), 지정지미(至精至微), 지정지밀(至精至密), 지존(至尊), 지중(至重), 지지, 지지(遲遲), 지지부레, 지직, 지질, 지질구레, 지질지질, 지질펀펀, 지징무처(指徵無處), 지척지척, 지충(至忠), 지친(至親), 지태(遲怠), 지통(至痛), 지평(砥平), 지한(鷙悍), 지헐(至歇), 지험(至險), 지현(至賢), 지후(至厚), 지흉(至凶), 직하다, 직하다(直), 직량(直諒), 직수굿, 직실(直實), 직절(直切), 직절(直截), 진하다(盡), 진하다(津), 진괴(珍怪), 진교(珍巧), 진구(陳久), 진귀(珍貴), 진기(珍奇), 진묘(珍妙), 진무(榛蕪), 진물진물, 진밀(縝密), 진보(進步), 진부(陳腐), 진선완미(盡善完美), 진선진미(盡善盡美), 진선(珍鮮), 진솔(眞率), 진수(珍秀), 진실(眞實), 진실무위(眞實無僞), 진이(珍異), 진적(眞的), 진정(眞正), 진중(珍重), 진중(鎭重), 진지(眞摯), 진진(津津), 진희(珍稀), 질하다, 질고(秩高), 질고(質古), 질구(質舊), 질둔(質鈍), 질박(質朴), 질번질번, 질비(秩卑), 질속(疾速), 질실(質實), 질직(質直), 질쩍질쩍, 질탕(跌宕), 짐짐, 짐짓, 짐목(輯睦), 집요(執拗), 짓하다, 징건, 징고(澄高), 징글징글, 징명(澄明), 징상(澄爽), 징정(澄淨), 징징(澄澄), 징철(澄澈), 징청(澄淸), 짜하다, 짜긋 · 찌긋, 짜득, 짝자그르, 짠 · 찐하다, 짠득 · 찐득, 짬하다, 짭조름, 짭짜래 · 찝찌레, 짭짜름 · 찝찌름, 짭짤 · 찝찔, 짭짭 · 찝찝, 짯짯 · 찟찟, 짱짱 · 찡찡, 쨍긋 · 쨍끗 · 찡긋 · 찡끗, 쨍쨍, 쩡하다, 쩨쩨, 쫑긋 · 쭝긋, 찌득찌득, 찌무룩, 찌뿌드드, 찌뿌듯, 찜부럭, 찜하다, 찜찜, 찝찝, 찡하다, 찡찡, 차하다, 차곡차곡, 차근, 차깔 · 처깔, 차끈, 차랑 · 치렁, 차분, 차상차하(次上次下), 차석(嗟惜), 차승(差勝), 차아(嵯峨), 차악(嗟愕), 차완(差緩), 차요(次要), 착하다, 착급(着急), 착란(錯亂), 착살, 착소(窄小), 착실(着實), 착잡(錯雜), 착족무처(着足無處), 착착(鑿鑿), 찬(撰), 찬(讚), 찬란(燦爛), 찬란육리(燦爛陸離), 찬엄(燦嚴), 찬연(燦然), 찬찬[1,2], 찬찬(燦燦), 찰랑 · 철렁, 찰차(拶次), 찰찰(察察), 찰혜(察慧), 참하다, 참하다(斬), 참하다(僭), 참괴무면(慙愧無面), 참담(慘憺), 참독(慘毒), 참란(僭亂), 참람(僭濫), 참렬(慘烈), 참률(慘慄), 참망(僭妄), 참망(慘亡), 참사(僭奢), 참신(斬新), 참악(慘惡), 참암(巉巖), 참연(嶄然), 참연(慘然), 참월(僭越), 참자(僭恣), 참절(嶄絕), 참절(慘絕), 참절(巉絕), 참절비절(慘絕悲絕), 참착(參錯), 참척, 참치부제(參差不齊), 참학(慘酷), 참한(慙恨), 참혹(慘酷), 찹찹, 창(脹), 창건(蒼健), 창결(悵缺), 창고(蒼古), 창고(蒼枯), 창락(暢樂), 창망(悵惘), 창망(滄茫/蒼茫), 창명(愴冥), 창명(彰明), 창백(蒼白), 창암(蒼暗), 창양(搶攘), 창연(悵然), 창연(敞然), 창연(蒼然), 창우백출(瘡疣百出), 창울(悵鬱), 창울(蒼鬱), 창원(蒼遠), 창윤(蒼潤), 창적(暢適), 창졸(倉卒), 창창(倀倀), 창창(愴愴), 창창(滄滄), 창창(瑲瑲), 창창(蒼蒼), 창창(蹌蹌), 창창울울(蒼蒼鬱鬱), 창천(漲天), 창취(蒼翠), 창쾌(暢快), 창피(猖披), 창황(蒼黃/倉皇), 창황(惝怳), 창황망조(蒼黃罔措), 창황분주(蒼黃奔走), 책하다(策), 책책(嘖嘖), 처하다(處), 처깔, 처량(凄凉), 처연(凄然), 처연(悽然), 처염(悽艶), 처절(凄切), 처절(悽絕), 처참(悽慘), 처창(悽愴), 처처(凄凄), 처처(悽悽), 처처(萋萋), 처초(凄楚), 척하다, 척당(倜儻), 척박(瘠薄), 척연(惕然), 척연(戚然), 척이(跅弛), 척척 · 축축, 척척(戚戚), 척척(慼慼), 척척지근, 천하다(賤), 천근(淺近), 천단(淺短), 천도무심(天道無心), 천량기청(天朗氣淸), 천려(淺慮), 천루(淺陋), 천루(賤陋), 천만다행(千萬多幸), 천만부당(千萬不當), 천만불가(千萬不可), 천미(賤微), 천박(舛駁), 천박(淺薄), 천보간난(天步艱難), 천부당(千不當), 천부당만부당(千不當萬不當), 천빈(賤貧), 천소(淺小), 천속(賤俗), 천야만야(千耶萬耶), 천양무궁(天壤無窮), 천연(天然), 천열(賤劣), 천은망극(天恩罔極), 천음(天陰), 천음우습(天陰雨濕), 천의무봉(天衣無縫), 천자(擅恣), 천잡(舛雜), 천장지구(天長地久), 천지무궁(天地無窮), 천진(天眞), 천진난만(天眞爛漫), 천진무구(天眞無垢), 천차만별(千差萬別), 천착(舛錯), 천천, 천하무쌍(天下無雙), 천학(淺學), 천한(天寒), 천한(賤寒), 천험(天險), 천협(淺狹), 철하다(綴), 철하다(撤), 철두철미(徹頭徹尾), 철렴, 철벅, 철빈(鐵貧), 철상철하(撤上撤下), 철요(凸凹), 철저(徹底), 첨예(尖銳), 첨원(尖圓), 첩하다(帖), 첩경(捷勁), 첩급(捷給), 첩리(捷利), 첩속(捷速), 첩연(帖然), 첩첩, 첩첩(喋喋), 첩첩(疊疊), 청하다(請), 청결(淸潔), 청고(淸高), 청광(淸曠), 청담

ㅎ

(淸淡), 청랑(淸朗), 청랑(晴朗), 청랭(淸冷), 청량(淸亮), 청량(淸凉), 청려(淸厲), 청려(淸麗), 청련(淸漣), 청렬(淸冽), 청렴(淸廉), 청렴결백(淸廉潔白), 청명(淸明), 청목(淸穆), 청묘(淸妙), 청미(淸美), 청민(淸敏), 청백(淸白), 청빈(淸貧), 청상(淸爽), 청소(靑少), 청소(淸卲), 청수(淸秀), 청숙(淸淑), 청순가련(淸純可憐), 청아(淸雅), 청안(淸安), 청약(淸弱), 청연(淸姸), 청염(淸艶), 청완(淸婉), 청월(淸越), 청유(淸幽), 청일(淸逸), 청절(淸切), 청절(淸絶), 청정(淸正), 청정(淸淨), 청정(淸靜), 청정무구(淸淨無垢), 청직(淸直), 청진(淸眞), 청징(淸澄), 청처짐, 청천(淸淺), 청청(靑靑), 청청(淸淸), 청청백백(淸淸白白), 청초(淸楚), 청쾌(淸快), 청쾌(晴快), 청한(淸閑), 청허(淸虛), 청현(淸顯), 청호(晴好), 청화(淸和), 청화(淸華), 청화(晴和), 청훤(晴暄), 체하다, 체하다(滯), 체대(體大), 체소(體小), 체약(體弱), 체울(滯鬱), 체체, 초하다(抄), 초하다(草), 초하다(焦), 초각(峭刻), 초간(稍間), 초강초강, 초군(超群), 초군초군, 초근초근 · 추근추근, 초급(峭急), 초급(焦急), 초드근, 초라, 초략(草略), 초롱초롱, 초륜(超倫), 초름, 초립(峭立), 초망(草莽), 초매(超邁), 초무시리(初無是理), 초발(峭拔), 초범(超凡), 초솔(草率), 초쇄(憔衰), 초승(稍勝), 초승(超勝), 초실(稍實), 초애(湫隘), 초엄(峭嚴), 초연(悄然), 초연(愀然), 초연(超然), 초오(超悟), 초요(稍饒), 초원(稍遠), 초원(超遠), 초유(初有), 초절(峭絶), 초조(焦燥), 초준(峭峻), 초창(怊悵), 초창(悄愴), 초초(悄悄), 초초(草草), 초초(楚楚), 초출(超出), 초췌(憔悴), 초탁(超卓), 초통(楚痛), 초협(-挾), 초홀(超忽), 촉하다(促), 촉하다(矗), 촉급(促急), 촉박(促迫), 촉초근 · 축추근, 촉촉 · 축축, 촉촉지근 · 축축지근, 촐촐 · 출출, 촘촘, 총하다(聰), 총하다(寵), 총거(悤遽), 총극(悤劇), 총급(悤急), 총달(聰達), 총랑(聰朗), 총망(悤忙), 총명(聰明), 총명예지(聰明叡智), 총민(聰敏), 총영(聰穎), 총예(聰叡), 총오(聰悟), 총요(蔥擾), 총울(蔥鬱), 총잡(叢雜), 총좌(叢挫), 총준(聰俊), 총지(聰智), 총철(聰哲), 총총 · 충충, 총총(悤悤), 총총(蔥蔥), 총총(叢叢), 촬이(蕞爾), 최구(最久), 최귀(最貴), 최급(最急), 최긴(最緊), 최다(最多), 최단(最短), 최대(最大), 최량(最良), 최만(最晩), 최박(催迫), 최소(最小), 최소(最少), 최심(最甚), 최심(最深), 최외(崔嵬), 최요(最要), 최장(最長), 최적(最適), 최중(最重), 최찬(璀璨), 최최(崔崔), 최친(最親), 최헐(最歇), 추하다(醜), 추하다(麤), 추관(樞管), 추레, 추로(麤鹵), 추루(醜陋), 추루(麤陋), 추망(麤莽), 추비(醜卑), 추비(麤鄙), 추소(麤疏), 추솔(麤率), 추악(醜惡), 추악(麤惡), 추연(惆然), 추예(醜穢), 추오(醜汚), 추요(樞要), 추잡(醜雜), 추잡(麤雜), 추저분(醜), 추접(醜), 추접지근(醜), 추졸(醜拙), 추창(惆愴), 추추(啾啾), 추패(麤悖), 축하다(縮), 축연(蹴然), 춘만(春滿), 출군(出群), 출등(出等), 출려(出侶), 출류(出類), 출류발군(出類拔群), 출류발췌(出類拔萃), 출몰무쌍(出沒無雙), 출무성, 출범(出凡), 출색(出色), 출어심상(出於尋常), 출연(怵然), 출우(出尤), 출인(出人), 출중(出衆), 출췌(出萃), 충각(忠恪), 충곤(忠悃), 충근(忠勤), 충근(忠謹), 충담(沖澹), 충당(忠讜), 충동(充棟), 충량(忠良), 충량(忠亮), 충렬(忠烈), 충만(充滿), 충분(充分), 충선(忠善), 충숙(忠肅), 충순(忠純), 충순(忠順), 충실(充實), 충실(忠實), 충연(衝然), 충영(充盈), 충용(忠勇), 충유(沖幼), 충의(忠毅), 충장(充壯), 충장(充腸), 충적(沖寂), 충정(沖靜), 충정(忠正), 충정(忠貞), 충족(充足), 충직(忠直), 충충(忡忡), 충충(沖沖), 충택(充澤), 충현(忠賢), 충효겸전(忠孝兼全), 충효쌍전(忠孝雙全), 충효양전(忠孝兩全), 충후(忠厚), 취하다(取), 취하다(聚), 취하다(醉), 취만(吹滿), 취약(脆弱), 취연(脆軟), 취예(臭穢), 측연(惻然), 측은(惻隱), 측절(惻切), 측편(側偏), 츱츱, 층격(層激), 치강인의(差强人意), 치교(緻巧), 치근치근, 치기만만(稚氣滿滿), 치둔(癡鈍), 치람(侈濫), 치려(侈麗), 치매(癡呆), 치면, 치밀(緻密), 치사(恥事), 치사찬란(恥事燦爛), 치승(差勝), 치신무지(置身無地), 치열(熾烈), 치열(熾熱), 치오(侈傲), 치우(癡愚), 치유(稚幼), 치졸(稚拙), 치지(差池), 치취(馳驟), 치평(治平), 칙살, 칙칙, 친하다(親), 친근(親近), 친막친(親莫親), 친면(親面), 친목(親睦), 친밀(親密), 친선(親善), 친숙(親熟), 친압(親狎), 친절(親切), 친친, 친호(親好), 친후(親厚), 친흡(親洽), 칠락팔락(七落八落), 칠렁, 칠렁, 칠령팔락(七零八落), 칠칠, 침둔(沈頓), 침란(沈亂), 침미(沈迷), 침민(沈敏), 침심(沈心), 침암(浸暗), 침용(沈勇), 침울(沈鬱), 침웅(沈雄), 침음(沈陰), 침잠(沈潛), 침장(沈壯), 침적(沈寂), 침정(沈正), 침정(沈靜), 침착(沈着), 침침(沈沈), 침침(浸浸), 침침(駸駸), 침통(沈痛), 침후(沈厚), 칭하다(稱), 칭당(稱當), 카랑, 칼칼 · 컬컬, 캐주얼(casual), 컁컁, 코랑코랑 · 쿠렁쿠렁, 코믹(comic), 콜랑 · 쿨렁, 콜록 · 쿨룩, 콸콸, 쾌하다(快), 쾌락(快樂), 쾌미(快美), 쾌민(快敏), 쾌심(快心), 쾌어심(快於心), 쾌연(快然), 쾌적(快適), 쾌첩(快捷), 쾌청(快晴), 쾌쾌(快快), 쾌활(快活), 쾌활(快闊), 쾨쾨 · 퀴퀴, 쿠리텁텁, 퀭하다, 클클, 큼지막, 큼직, 타끈, 타당(妥當), 타별(他別), 타분 · 터분, 타안(妥安), 타약(惰弱), 탁하다(濁), 탁관(卓冠), 탁급(卓急), 탁락(卓犖), 탁란(濁亂), 탁발(卓拔), 탁수(擢秀), 탁연(卓然), 탁예(濁穢), 탁오(濁汚), 탁원(逴遠), 탁월(卓越), 탁위(卓偉), 탁이(卓異), 탁이(卓爾), 탁절(卓絶), 탁출(卓出), 탁탁 · 톡톡 · 툭툭 · 특특, 탁탁(卓卓), 탁호난급(卓乎難及), 탁효(卓效), 탄하다, 탄망(誕妄), 탄방(誕放), 탄솔(坦率), 탄실, 탄연(坦然), 탄이(坦夷), 탄종(誕縱), 탄탄, 탄탄(坦坦), 탄평(坦平), 탈쇄(脫灑), 탐려(貪戾), 탐린(貪吝), 탐묵(貪墨), 탐비(貪鄙), 탐악(貪惡), 탐오(貪汚), 탐탁, 탐탐(耽耽), 탐탐(眈眈), 탐포(貪暴), 탐학(貪虐), 탑소록 · 텁수룩, 탑연(嗒然), 탑용(闒茸), 탑탑 · 텁텁, 탓하다, 탕양(蕩漾), 탕연(蕩然), 탕탕(蕩蕩), 탕탕평평(蕩蕩平平), 탕평(蕩平), 태가(太佳), 태강(太康), 태고(太高), 태고연(太古然), 태과(太過), 태급(太急), 태다(太多), 태람(太濫), 태만(怠慢), 태무(殆無), 태무심(殆無心), 태부족(太不足), 태심(太甚), 태안(泰安), 태연(泰然), 태연무심(泰然無心), 태연자약(泰然自若), 태오(怠傲), 태완(太緩), 태재급급(殆哉岌岌), 태재태재(殆哉殆哉), 태중(泰重), 태타(怠惰), 태탕(駘蕩), 태태(棣棣), 태평(太/泰平), 태홀(怠忽), 택하다(擇), 탱탱, 터벅터벅, 터부룩, 털털, 텁지근, 텁터름, 토하다(吐), 토실 · 투실, 토옥(土沃), 토척(土瘠), 톱톱 · 툽툽, 통하다(通), 통극(痛劇), 통렬(痛烈), 통명(通明), 통박(痛迫), 통분(痛憤), 통석(痛惜), 통연(洞然), 통절(痛切), 통창(通敞), 통창(通暢), 통쾌(痛快), 통투(通透), 통해(痛駭), 퇴모(頹暮), 퇴연(退然), 퇴연(頹然), 퇴타(頹惰), 퇴퇴(堆堆), 투명(透明), 투미, 투박, 투용(偸庸), 투지만만(鬪志滿滿), 투철(透徹), 투한(妬悍), 투협(妬狹), 툭하다, 툽상, 트릿, 트적지근, 특달(特達), 특별(特別), 특수(特秀), 특수(特殊), 특심(特甚), 특이(特異), 특저(特著), 특정(特定), 튼실(實), 튼튼, 티석티석, 파하다(罷), 파하다(破), 파근, 파내(叵耐), 파다(頗多;매우 많음), 파다(播多), 파

ㅎ

란만장(波瀾萬丈), 파란중첩(波瀾重疊), 파렴치(破廉恥), 파륜(破倫), 파르께 · 푸르께, 파르대대 · 푸르데데, 파르댕댕 · 푸르뎅뎅, 파르무레 · 퍼르무레 · 푸르무레, 파르스레 · 퍼르스레 · 푸르스레, 파르스름 · 푸르스름, 파르족족 · 푸르죽죽, 파릇 · 퍼릇 · 푸릇, 파리, 파사삭/파삭 · 퍼서석/퍼석 · 푸석, 파슬파슬 · 퍼슬퍼슬, 팍삭 · 퍽석 · 폭삭, 팍신 · 퍽신, 팍팍 · 퍽퍽, 판 · 편하다, 판무식(判無識), 판연(判然), 판이(判異), 판판 · 펀펀, 팔초, 팔팔 · 펄펄, 팡파짐 · 펑퍼짐, 패기만만(覇氣滿滿), 패기발발(覇氣勃勃), 패려(悖戾), 패례(悖禮), 패륜(悖倫), 패리(悖理), 패만(悖慢), 패악(悖惡), 패역(悖逆), 패역무도(悖逆無道), 패연(沛然), 팽하다, 팽하다(烹), 팽만(膨滿), 팽팽 · 핑핑[1], 팽팽(膨膨), 퍼벌, 펄렁펄렁, 편하다(便), 편곡(偏曲), 편굴(偏屈), 편근(便近), 편급(褊急), 편녕(便佞), 편루(褊陋), 편리(便利), 편만(遍滿), 편벽(偏僻), 편산(遍散), 편소(褊小), 편안(便安), 편애(偏愛), 편연(便姸), 편연(便娟), 편의(偏倚), 편중(偏重), 편파(偏頗), 편편(便便), 편편(翩翩), 편평(扁平), 편협(偏狹), 폄하다(貶), 평강(平康), 평광(平曠), 평길(平吉), 평담(平淡), 평담(平澹), 평등(平等), 평등무차별(平等無差別), 평명(平明), 평범(平凡), 평순(平順), 평안(平安), 평연(平然), 평온(平穩), 평온무사(平穩無事), 평원(平圓), 평원(平遠), 평이(平易), 평자리(平-), 평정(平正), 평탄(平坦), 평편(平便), 평평(平平), 평평범범(平平凡凡), 평평탄탄(平平坦坦), 평허(平虛), 평형(平衡), 평화(平和), 폐하다(廢), 폐일언(蔽一言), 포동포동 · 푸둥푸둥, 포만(飽滿), 포만(暴慢), 포만무례(暴慢無禮), 포시시 · 프스스, 포실 · 푸실, 포악(暴惡), 포역(暴逆), 포외(怖畏), 포족(飽足), 포학(暴虐), 포학무도(暴虐無道), 포횡(暴橫), 폭하다(曝/暴), 폭려(暴戾), 폭신 · 푹신, 표경(剽輕), 표교(慓狡), 표급(剽急), 표독(慓毒), 표리부동(表裏不同), 표연(飄然), 표요(飄搖), 표용(剽勇), 표일(飄逸), 표저(表著), 표치(標致), 표표(表表), 표표(漂漂), 표표(飄飄), 표표정정(表表亭亭), 표한(剽悍), 표홀(飄忽), 푸하다, 푸냥, 푸르싱싱, 푸르퉁퉁, 푸만, 푸수, 푸수수, 푸짐, 푹하다, 푹푹, 푼하다, 푼더분, 푼푼, 풀풀, 품하다(稟), 품렬(品劣), 풋풋, 풍광명미(風光明媚), 풍려(豐麗), 풍만(豊滿), 풍미(豊美), 풍발(風發), 풍부(豊富), 풍생(風生), 풍성(豊盛), 풍신, 풍아(風雅), 풍연(豊衍), 풍염(豊艶), 풍영(豊盈), 풍옥(豊沃), 풍요(豊饒), 풍윤(豊潤), 풍족(豊足), 풍화(風和), 풍후(豊厚), 피하다(避), 피곤(疲困), 피곤피곤, 피둔(疲鈍), 피뜩, 피로(疲勞), 피리(疲羸), 피비(疲憊), 피연(疲軟), 피핍(疲乏), 필하다(畢), 필건(筆健), 필요(必要), 필용(必用), 핍하다(乏), 핍박(逼迫), 핍소(乏少), 핍억(愊憶), 핍절(逼切), 핍진(逼眞), 핑핑[2], 하늘하늘 · 흐늘흐늘, 하르르 · 흐르르, 하리망당 · 흐리멍덩, 하리타분 · 흐리터분, 하무뭇 · 흐무뭇, 하뭇 · 흐뭇, 하박(下薄), 하박하박 · 허벅허벅, 하분하분 · 허분허분, 하비(下卑), 하소(下小), 하습(下濕), 하야말끔 · 허여멀끔, 하야말쑥 · 허여멀쑥, 하야스레 · 허여스레, 하야스름 · 허여스름, 하여(何如), 하열(下劣), 하염직, 하원(遐遠), 하전 · 허전, 하졸(下拙), 학학(謞謞), 한가(閑暇), 한가득, 한건(旱乾), 한고(罕古), 한광(閑曠), 한독(悍毒/狠毒), 한랭(寒冷), 한량(寒凉), 한려(狠戾), 한려(閑麗), 한료(閑廖), 한만(汗漫), 한만(罕漫), 한만(閑漫), 한미(寒微), 한빈(寒貧), 한산(閑散), 한서(旱暑), 한소(寒素), 한소(閑素), 한심(寒心), 한아(閒雅), 한악(悍惡), 한언(罕言), 한용(悍勇), 한용(閒冗), 한유(罕有), 한유(閑裕), 한일(閑逸), 한적(閑寂), 한적(閑適), 한정(閑靜), 한천(寒賤), 한퍅(狠愎), 한한(閑閑), 할끔 · 헐끔, 할딱 · 헐떡, 할랑 · 헐렁, 할쑥 · 헐쑥, 할쭉 · 헐쭉, 함하다(陷), 함실함실 · 흠실흠실, 함초롬, 함치르르 · 흠치르르, 함함, 함함(顑頷), 합당(合當), 합법(合法), 합연(溘然), 합죽, 항건(伉健), 항조(亢燥), 항포(伉暴), 해괴(駭怪), 해괴망측(駭怪罔測), 해끄무레 · 희끄무레, 해끔 · 희끔, 해끗 · 희끗, 해낙낙, 해납작 · 희넓적, 해뜩 · 희뜩, 해만(懈慢), 해말끔 · 희멀끔, 해말쑥 · 희멀쑥, 해망(駭妄), 해박(該博), 해반드르르 · 희번드르르, 해반들 · 희번들, 해반주그레 · 희번주그레, 해반지르르 · 희번지르르, 해발쪽 · 헤벌쭉, 해비(賅備), 해사, 해속(駭俗), 해슥 · 해쓱, 해시시, 해연(駭然), 해완(懈緩), 해읍스레 · 희읍스레, 해읍스름 · 희읍스름, 해이(解弛), 해절(該切), 해정(楷正), 해참(駭慚), 해타(懈惰), 해태(海苔), 해패(駭悖), 핸섬(handsome), 행하다(行), 행검(行檢), 행복(幸福), 행심(幸甚), 행역(悻逆), 행우(幸祐), 행의(行誼), 행직(行直), 행행연(悻悻然), 향하다(向), 향긋, 향암(鄕闇), 허하다(許), 허하다(虛), 허겁(虛怯), 허광(虛曠), 허구(許久), 허다(許多), 허다반(許多般), 허닥, 허랑(虛浪), 허랑방탕(虛浪放蕩), 허랭(虛冷), 허령(虛靈), 허루(虛漏), 허룩, 허름, 허망(虛妄), 허명무실(虛名無實), 허무(虛無), 허무맹랑(虛無孟浪), 허박(虛薄), 허비(虛憊), 허소(虛疎), 허수, 허술, 허스키(husky), 허실난변(虛實難辨), 허심(虛心), 허약(虛弱), 허엽스레, 허영허영, 허우룩, 허적(虛寂), 허정, 허정(虛靜), 허줄 · 허출, 허즉실(虛則實), 허쩐허쩐, 허찐허찐, 허탄(虛誕), 허탈(虛脫), 허탕(虛蕩), 허핍(虛乏), 허허(虛虛), 허화(虛華), 허황(虛荒), 헌거(軒擧), 헌량(憲量), 헌앙(軒昻), 헌연(軒然), 헌창(軒敞), 헌칠, 헌칠민틋, 헌헌(軒軒), 헌활(軒豁), 헐(歇), 헐복(歇福), 헐후(歇后), 험(險), 험간(險艱), 험고(險固), 험괴(險怪), 험난(險難), 험상(險狀), 험악(險惡), 험애(險隘), 험액(險阨), 험요(險要), 험원(險遠), 험절(險絶), 험조(險阻), 험준(險峻), 험피(險詖), 헙수룩, 헙신헙신, 헙헙, 헛하다, 헛헛, 헤실바실, 헤실헤실, 헤싱헤싱, 헹글, 혁연(赫然), 혁작(赫灼), 혁혁(奕奕), 혁혁(赫赫), 현격(懸隔), 현귀(顯貴), 현능(賢能), 현동(玄同), 현란(眩亂), 현란(絢爛), 현량(賢良), 현려(顯麗), 현막(懸邈), 현명(賢明), 현묘(玄妙), 현미(玄微), 현수(懸殊), 현숙(賢淑), 현심(懸心), 현연(泫然), 현연(眩然), 현연(現然), 현연(懸然), 현연(顯然), 현영(顯榮), 현오(玄奧), 현요(眩耀), 현요(衒耀), 현요(顯曜), 현원(玄遠), 현윤(顯允), 현이(賢異), 현저(顯著), 현적(玄寂), 현절(懸絕), 현준(賢俊), 현지(賢智), 현철(賢哲), 현혁(顯赫), 현현(玄玄), 현현(泫泫), 현현(懸懸), 현현(顯顯), 현형(懸衡), 현호(賢豪), 현혼(眩昏), 현황(眩慌/炫煌), 혈허(血虛), 혈혈(孑孑), 혈혈무의(孑孑無依), 협(挾), 협량(狹量), 협박(狹薄), 협소(狹小), 협애(狹隘), 협용(俠勇), 협장(狹長), 협착(狹窄), 협협, 형별(迥別), 형사(形似), 형승(形勝), 형연(炯然), 형철(瑩澈), 형형(炯炯), 형형(熒熒), 혜민(慧敏), 혜오(慧悟), 혜철(慧哲), 호강(豪强), 호건(豪健), 호담(豪膽), 호대(浩大), 호도(糊塗), 호락호락, 호란(胡亂), 호륵(豪勒), 호리호리 · 후리후리[1], 호매(豪邁), 호묘(浩渺), 호무(毫無), 호박(浩博), 호방(豪放), 호백(皓白), 호번(浩繁), 호사다마(好事多魔), 호상(豪爽), 호승(好勝), 호앙(豪昻), 호연(浩然), 호용(豪勇), 호우(豪右), 호의(豪毅), 호적(好適), 호젓, 호졸근 · 후줄근, 호종(豪縱), 호준(豪俊), 호천망극(昊天罔極), 호치(豪侈), 호쾌(豪快), 호

ㅎ

탕(豪宕), 호탕불기(豪宕不羈), 호한(浩澣), 호한(豪悍), 호협(豪俠), 호호(浩浩), 호호(皓皓), 호호막막(浩浩漠漠), 호호망망(浩浩茫茫), 호호탕탕(浩浩蕩蕩), 호화(豪華), 호화찬란(豪華燦爛), 호활(浩闊), 호활(豪活), 호활(豪豁), 혹하다(惑), 혹독(酷毒), 혹란(惑亂), 혹렬(酷烈), 혹박(酷薄), 혹법(酷法), 혹사(酷似), 혹속혹지(或速或遲), 혹심(酷甚), 혹초(酷肖), 혼계(昏季), 혼곤(昏困), 혼노(惛怓), 혼돈(混沌), 혼란(昏亂), 혼란(混亂), 혼란(焜爛), 혼륜(渾淪), 혼망(昏忘), 혼매(昏昧), 혼맹(昏盲), 혼명(昏冥), 혼모(昏耄), 혼모(昏耗), 혼몽(昏懜), 혼미(昏迷), 혼암(昏暗), 혼암(昏闇), 혼약(昏弱), 혼연(渾然), 혼우(昏愚), 혼원(渾圓), 혼잔(昏孱), 혼잡(混雜), 혼침(昏沈), 혼타(昏惰), 혼탕(昏蕩), 혼태(昏怠), 혼포(昏暴), 혼혼, 혼혼(昏昏), 혼회(昏晦), 혼후(渾厚), 혼흑(昏黑), 홀하다(忽), 홀가분, 홀곤, 홀랑, 홀략(忽略), 홀미(忽微), 홀보드르르 · 훌부드르르/홀보들 · 훌부들, 홀연(忽然), 홀저(忽諸), 홀짝 · 훌쩍, 홀쭉 · 훌쭉, 홀홀 · 훌훌, 홀홀(忽忽), 홀홀불락(忽忽不樂), 홈홈 · 훔훔[1,2], 홋홋(홀가분하다), 홍대(弘大), 홍대(洪大), 홍량(洪亮), 홍명(鴻明), 홍연(洪淵), 홍염(紅艷), 홍원(弘遠), 홍윤(紅潤), 홍의(弘毅), 홍학(鴻學), 화하다, 화하다(化), 화하다(和), 화급(火急), 화기애애(和氣靄靄), 화길(和吉), 화끈, 화난(和暖), 화락(和樂), 화려(華麗), 화명(花明), 화목(和睦), 화미(華美), 화발허퉁(虛通), 화사(華奢), 화섬(華贍), 화속(火速), 화순(和順), 화연(譁然), 화열(和悅), 화유(和柔), 화이(和易), 화창(和暢), 화충(和衷), 화치(華侈), 화평(和平), 화호(和好), 화후(和煦), 확고(確固), 확고부동(確固不動), 확고불발(確固不拔), 확락(廓落), 확삭(矍鑠), 확실(確實), 확연(廓然), 확연(確然), 확적(確的), 확호(確乎), 확호불발(確乎不拔), 환하다, 환괴(幻怪), 환연(渙然), 환연(歡然), 환열(歡悅), 환호(煥呼), 환흡(歡洽), 활하다(滑), 활달(豁達), 활대(闊大), 활발(活潑), 활소(闊疏), 활수(滑手), 활여(豁如), 활연(豁然), 활탈(滑脫), 활택(滑澤), 활협(闊狹), 홧홧, 황하다(荒), 황감(惶感), 황거(惶遽), 황겁(惶怯), 황공(惶恐), 황공(慌恐), 황괴(荒壞), 황구(惶懼), 황급(遑汲), 황급(遑急), 황당(荒唐), 황당무계(荒唐無稽), 황락(荒落), 황량(荒凉), 황료(荒蓼), 황름(惶凜), 황막(荒漠), 황망(慌忙), 황무(荒蕪), 황손(荒損), 황솔(荒率), 황송(惶悚), 황송무지(惶悚無知), 황연(晃然), 황연(荒煙), 황예(荒穢), 황음무도(荒淫無道), 황잡(荒雜), 황척(荒瘠), 황추(荒麤), 황탁(黃濁), 황탄(荒誕), 황타무계(荒誕無稽), 황포(荒暴), 황혹(惶惑), 황홀(恍惚), 황홀난측(恍惚難測), 황황(皇皇), 황황(煌煌/晃晃), 황황(遑遑), 황황겁겁(惶惶怯怯), 황황급급(遑遑急急), 황황망극(遑遑罔極), 횅하다, 횅댕그렁, 회하다(晦), 회굉(恢宏), 회동그스름, 회매, 회맹(晦盲), 회명(晦冥), 회삽(晦澁), 회연(恢然), 회지막급(悔之莫及), 회지무급(悔之無及), 회홍(恢弘), 회확(恢廓), 회활(獪猾), 회회(恢恢), 획연(劃然), 획일(劃一), 횡사(橫肆), 횡역(橫逆), 횡자(橫恣), 횡포(橫暴), 효란(淆亂), 효맹(梟猛), 효무(驍武), 효박(淆薄), 효순(孝順), 효악(梟惡), 효연(曉然), 효예(驍銳), 효용(驍勇/梟勇), 효잡(淆雜), 효정(孝貞), 효한(驍悍/梟悍), 후하다(厚), 후끈, 후더분, 후덕(厚德), 후련, 후리후리[2], 후미(厚味), 후박(厚朴), 후안(厚顔), 후안무치(厚顔無恥), 후중(後重), 후출, 후터분, 후텁지근, 후파문, 후회막급(後悔莫及), 후회막심(後悔莫甚), 훈감, 훈열(薰熱), 훈증(薰蒸), 훈혁(薰赫), 훈훈(薰薰), 훈훈(醺醺), 훈흑(曛黑), 훌렁, 훌륭, 훌훌[1,2], 훗훗(훈하게 덥다), 훤하다, 훤소(喧騷), 훤칠, 훤혁(烜赫), 휑하다, 휑뎅그렁, 휘, 휘(諱), 휘둥그스름, 휘뚤, 휘영, 휘우둠, 휘움, 휘전휘전, 휘주근, 휘친휘친, 휘황(輝煌), 휘황찬란(輝煌燦爛), 휘휘, 휴고(休固), 휴령(休令), 휴명(休明), 휼괴(譎怪), 흉하다(凶), 흉괴(凶怪), 흉급(洶急), 흉녕(凶獰), 흉덕(凶/兇德), 흉독(凶/兇毒), 흉맹(凶/兇猛), 흉사(凶/兇邪), 흉악(凶惡), 흉악망측(凶惡罔測), 흉악무도(凶惡無道), 흉완(凶/兇頑), 흉잡(凶/兇雜), 흉참(凶/兇慘), 흉측(凶/兇測), 흉특(凶/兇慝), 흉패(凶/兇悖), 흉포(凶/兇暴), 흉학(凶/兇虐), 흉한(兇/兇悍), 흉할(凶/兇黠), 흉험(凶/兇險), 흐둥하둥, 흐리무레, 흐리흐리, 흐릿, 흐물흐물, 흐지부지, 흑암(黑暗/闇), 흔하다, 흔독(很毒), 흔연(欣然), 흔전, 흔쾌(欣快), 흔흔(欣欣), 흘기죽죽, 흘끔, 흘립(屹立), 흘미죽죽, 흘연(屹然), 흠쾌(欽快), 흠핍(欠乏), 흡만(洽滿), 흡박(洽博), 흡사(恰似), 흡여(翕如), 흡연(洽然), 흡연(翕然), 흡의(洽意), 흡족(洽足), 흡합(洽合), 흥하다(興), 흥건, 흥덩흥덩, 흥미진진(興味津津), 흥성흥성, 흥왕(興旺), 희괴(稀怪), 희귀(稀貴), 희누르스레, 희누르스름, 희뜩머룩, 희뜩번득, 희미(稀微), 희미(熹微), 희박(稀薄), 희번, 희불그레, 희불자승(喜不自勝), 희붐, 희색만면(喜色滿面), 희소(稀少), 희소(稀疎), 희어멀뚱, 희유(稀有), 희치희치, 희한(稀罕), 희행(喜幸), 희호(熙皞), 희화(晞和), 희활(稀闊), 힁하다, 힐굴오아(詰屈聱牙) 들.

하다분-하다 여럿이 깔려 있거나 드리워 있는 것이 보드랍고 하늘하늘하다. ¶흘러내린 하다분한 머리카락을 쓸어 넘기다. 하다분히.

하담삭 날렵하게 바싹 쥐거나 잡는 모양. ¶갑자기 내 손목을 하담삭 쥐었다.

하동 ①어찌 할 줄을 몰라 갈팡질팡하여 조금 다급하게 서두르는 모양. ¶얼굴을 감싸 안고 하동하동 뛰어가다. ②급히 서두르면서 작은 발을 앙증스럽게 헛디디며 허전하게 걷는 모양. ¶하동하동 따라가다. 하동 · 허둥거리다/대다, 하동하동 · 허둥허둥/하다, 하동지동 · 허둥지둥/하다, 허방허방(허둥지둥).

하들하들 ①천 따위가 휘늘어질 정도로 연하고 보드라운 모양. ¶하들하들 가볍고 부드러운 천. ②굳지 아니하고 연하여 말랑말랑한 모양. 〈큰〉허들허들. ¶하들하들 먹기에 좋은 것이 두부나 묵이다. 떡을 허들허들 찌다. 하들하들 · 허들허들/하다.

하롱 말이나 행동을 다부지게 하지 못하고 실없이 가볍고 달뜨게 하는 모양. 〈큰〉허룽. ¶경망스럽게 하롱하롱 까불다. 하롱 · 허룽거리다/대다, 하롱하롱 · 허룽허룽/하다.

하루 한 낮과 밤이 지나는 동안. 아침부터 저녁까지. 어느 한 날. ¶하루는 24시간이다. 하루의 일을 마치다. 하루는 그가 나를 찾아왔다. 하루가 멀다고(때를 가리지 않고 거의 날마다). 하루갈이[36], 하릇('하릅'과 같이 쓰임)[강아지, 망아지, 송아지], 하루같이, 하루거리, 하루건너, 하루걸러, 하룻길, 하루나절(한나절), 하룻날, 하루내, 하루돌이(하루걸러 한 번), 하룻망아지, 하룻머리(하루가 시작될 무렵), 하루바삐, 하룻밤, 하룻볕, 하루빨리, 하루

36) 하루갈이: 한 마리의 소가 하루에 갈 수 있는 논밭의 넓이. 약 2,000평 정도. 1평은 $3.3m^2$.

살이, 하루속히(速), 하룻송아지, 하루아침/에, 하루이틀, 하루장(葬), 하루저녁, 하루종일(終日), 하루차(差), 하루치(하루의 몫. 하루의 분량), 하루치기/하다, 하루하루, 하루한날, 하루한시(時), 하루해(해가 떠서 질 때까지의 동안); 초하루(初) 들.

하르르[1] 종이나 피륙 따위가 여리고 하늘하늘하여 매우 부드러운 모양. 〈큰〉흐르르. ¶하르르 부드러운 비단. 잠자리 날개같이 하르르한 실크 치마. 하르르·흐르르하다.

하르르[2] 한숨 따위를 힘없이 몰아쉬는 모양.

하리[1] 남을 헐뜯어 윗사람에게 일러바치는 일. 참소(讒訴).≒이간질(離間). ¶친구를 하리하다. 하리놀다(윗사람에게 남을 헐뜯어 일러바치다), 하리다, 하리들다[37], 하리쟁이(하리노는 것을 일삼는 사람), 하리질/하다.

하리[2] 화살의 가운뎃마디와 윗마디의 중간에 있는 부분.

하리[3] 간악한 여자의 망령(亡靈).=하리가망. ¶하리가 든 여자. 하리 같은 년.

하리(다)[1] 마음껏 사치(奢侈)를 하다. ¶하린 생활을 하다. 옷차림이 너무 하리다. 옷차림새를 하리다.

하리(다)[2] '흐리다[2]'의 작은말.

하마 행여나 어찌하면.=바라건대. ¶하마 이제나 올까 기다린다. 하마하마[38]. [+기대감].

하마터면 자칫 잘못하였더라면.≒까딱하면. ¶하마터면 큰일 날 뻔하였다. 하마터면 넘어질 뻔했다. [+~ㄹ뻔하다].

하무 옛날 군대에서 떠들지 못하게 군사들의 입에 물리던 가는 나무 막대기. 함매(銜枚).

하물 ①푹 익어서 무르게 된 모양. ¶하물하물 무른 음식. ②매우 말랑말랑한 것이 힘을 받아 하늘거리며 흔들리는 모양. ¶팥죽이 넘칠 듯이 하물하물 흔들린다. 하물·흐물[39]거리다/대다, 하물하물·흐물흐물/하다, 흐무러지다[40].

하물며 그 위에 더군다나. 더욱이.≒더군다나. 우황(又況). 하황(何況). 황차(況且). ¶개도 은혜를 아는데 하물며 인간에 있어서랴. 아이도 하거든 하물며 어른이 못하랴? [+~도. ~거든/는데 ~랴/는가].

하박하박 ①익어서 오래된 사과 따위의 물기가 적은 물건이 끈기가 없이 파삭파삭한 모양. ¶감자가 하박하박 하다. ②살이 굳거나 단단하지 아니하고 조금 무른 모양. 하박하박·허벅허벅하다.

37) 하리들다: 되어 가는 일의 중간에 방해가 생기다. ¶다 된 일이 하리들어 틀어지다.

38) 하마하마: ①어떤 기회가 계속 닥쳐오는 모양. ¶하마하마 고기가 걸릴 듯하다. ②어떤 기회를 자꾸 기다리는 모양.≒이제나저제나. ¶그녀는 그가 오기를 하마하마 기다렸다. 시험의 결과를 하마하마 기다리다.

39) 흐물: ①몸을 제대로 가누지 못하는 모양. ②분명한 꼴을 나타내지 못하고 흔들리는 모양.

40) 흐무러지다: ①아주 잘 익어서 무르녹다. 흐드러지다. ¶오곡백과가 흐무러지다. ②물에 불어서 아주 무르다. ③엉길 힘이 없어 뭉그러지다. ¶흐무러진 순두부. 살코기다 흐무러지게 익다. 〈준〉흐무지다.

하부룩 차분히 잠자지 아니하고 조금 부풀어 있는 모양. 〈큰〉허부룩. ¶이삿짐이 하부룩 크다. 담요가 하부룩하다. 하부룩이, 하부룩하다, 하부룩하부룩/하다.

하분하분 물기가 조금 있고 말랑말랑하여 매우 헤무른 모양. 〈큰〉허분허분. ¶햇감자를 하분하분 삶다. 하분하분·허분허분/하다, 헙신헙신/하다(허분허분하고 물씬물씬하다).

하불 침대 같은 데에 까는 흰 천. 홑이불. ¶침대에 하불을 깔다.

하소연 억울하고 딱한 사정을 간곡히 호소함. 비대발괄. 간청(懇請). 〈준〉하소. ¶하소연을 늘어놓다. 억울함을 하소연할 데가 없다. 하소거리다/대다/하다, 하소연하다/하소하다(애걸하다).

하작 ①쌓아 놓은 물건의 속을 들추어 헤치는 모양. ¶쓰레기를 하작 들추다. 하작·허적거리다/대다/이다. 하작하작·허적허적/하다. ②일을 하기 싫어서 헤치기만 하는 모양. 〈큰〉허적.

하차묵지-않다 ①품질이 다소 좋다. ¶이 쌀은 하차묵지않다. ②성질이 좀 착하다. ¶사람이 하차묵지않아 보인다.

하청-치다 절에서 재(齋)가 끝난 뒤에 여흥(餘興)을 벌이다.

하치-않다 하찮다. ☞ 하[1].

하품 졸리거나 고단할 때 절로 입이 벌어지면서 나오는 깊은 호흡. ¶하품만 하고 있다. 하품만 나온다(그저 어처구니가 없거나 따분하다). 하품하다; 선하품(몸에 이상이 있을 때나 재미없는 일을 할 때에 나는 하품).

하하 입을 크게 벌리고 웃는 소리. 〈큰〉허허. 히히. ¶기뻐서 하하 웃다.

학[1] 급히 뱉거나 토하는 소리. ¶학 토하다.

학[2] 놀라거나 숨이 차서 숨을 순간적으로 멈추거나 들이마시는 소리. 또는 그 모양. 〈큰〉헉. ¶학 소리를 지르다.

학(學) '배우다. 학문. 학교, 학자'를 뜻하는 말. ¶학감(學監), 학계(學界), 학계(學契), 학계(學階), 학과/목(學科/目), 학과(學課), 학관(學館), 학구(學究)[학구열(熱), 학구적(的), 학구파(派); 촌학구(村)], 학구/제(學區/制), 학군(學群), 학궁(學窮), 학교(學校)[41], 학규(學規), 학급(學級)[42], 학기(學期)[43], 학내(學內), 학년(學年)[학년제(制); 고학년(高), 저학년(低)], 학당(學堂), 학덕(學德), 학도/

41) 학교(學校): 일정한 목적·설비·제도 및 규칙에 의거하여, 교사가 계속적으로 피교육자에게 교육을 실시하는 기관. ¶학교관리(管理), 학교교육(敎育), 학교림(林), 학교방송(放送), 학교법인(法人), 학교신문(新聞), 학교위생(衛生), 학교의(醫), 학교장(長); 고등학교(高等), 공립학교(公立), 공민학교(公民), 국립학교(國立), 기술학교(技術), 농아학교(聾啞), 대안학교(代案), 대학교(大), 벽지학교(僻地), 사관학교(士官), 사립학교(私立), 상급학교(上級), 신학교(神), 실업학교(實業), 실험학교(實驗), 야간학교(夜間), 연구학교(研究), 중학교(中), 중등학교(中等), 초등학교(初等), 통신학교(通信), 특수학교(特殊), 해변학교(海邊).

42) 학급(學級): 학급경영(經營), 학급담임(擔任), 학급문고(文庫), 학급비(費), 학급수(數); 복식학급(複式), 특수학급(特殊).

43) 학기(學期): 학기말(末), 학기시험(試驗), 학기제(制), 학기초(初), 학기말(末); 새학기, 신학기(新).

ㅎ

병(學徒/兵), 학동(學童), 학려(學侶;학문에만 전념하는 스님), 학력(學力)[학력검사(檢査), 학력고사(考査), 학력연령(年齡), 학력인플레, 학력지수(指數)], 학력(學歷), 학령/아동(學齡/兒童), 학로(學勞), 학료(학寮;학교의 기숙사), 학류(學流), 학리(學理), 학맥(學脈), 학명(學名), 학모(學帽), 학무(學務), 학문(學文), 학문(學問)[44], 학반(學班), 학방(學房;글방), 학벌(學閥), 학보(學報), 학복(學僕), 학부(學府), 학부(學部), 학부득(學不得), 학부모(學父母), 학부형(學父兄), 학비(學費), 학사(學士), 학사/보고(學事/報告), 학사(學舍), 학생(學生)[45], 학설(學說), 학수(學修), 학술(學術)[46], 학습(學習)[47], 학승(學僧), 학식(學識), 학업/성적(學業/成績), 학예(學藝)[학예란(欄), 학예품(品), 학예회(會)], 학용품(學用品), 학우/회(學友/會), 학원(學員), 학원(學院), 학원(學園), 학위(學位)[학위논문(論文); 박사학위(博士)], 학인(學人), 학자/적(學者/的), 학자(學資)[학자금(金), 학자보험(保險)], 학장(學長), 학재(學才), 학적(學的), 학적/부(學籍/簿), 학적(學績), 학점/제(學點/制), 학제(學制), 학지(學地), 학창(學窓), 학칙(學則), 학통(學統), 학파(學派), 학풍(學風), 학해(學海), 학생/일치(學行/一致), 학형(學兄), 학회(學會); 가금학(家禽學), 가전학(家傳學), 가정학(家政學), 가축학(家畜學), 가치학(價値學), 가학(家學), 간호학(看護學), 갑골학(甲骨學), 강학(講學), 개학(開學), 건축학(建築學), 견학(見學), 결손학(缺損學), 결정학(結晶學), 결혼학(結婚學), 겸학(兼學), 경학(經學), 경영학(經營學), 경제학(經濟學), 경찰학(警察學), 계량진단학(計量診斷學), 계절학(季節學), 고학(古學), 고학(苦學), 고고학(考古學), 고기후학(古氣候學), 고동물학(古動物學), 고문학(古文學), 고문서학(古文書學), 고분자물리학(高分子物理學), 고생물(古生物學), 고생태학(古生態學), 고영장류학(古靈長類學), 고전학(古典學), 고전학(古錢學), 고증학(考證學), 고지리학(古地理學), 고지자기학(古地磁氣學), 고현학(考現學), 곡물학(穀物學), 곡학/아세(曲學/阿世), 곤충학(昆蟲學), 곤충병리학(昆蟲病理學), 골상학(骨相學), 공학(工學)[48], 공학(共學), 공학(公學), 공맹학(孔孟學), 공법학(公法學), 공병학(工兵學), 공시학(公示學), 공양학(公羊學), 공예학(工藝學), 과학(科學), 과수병학(果樹病學), 과수학(果樹學), 관계학(關係學), 관광학(觀光學), 관념학(觀念學), 관상학(觀相學), 관학(官學), 광학(光學), 광학(鑛學), 광고학(廣告學), 광고심리학(廣告心理學), 광물학(鑛物學), 광산학(鑛山學), 광상학(鑛床學), 광탄성학(光彈性學), 교감학(校勘學), 교부학(教父學), 교수학(教授學), 교육학(教育學), 교의학(教義學), 교질학(膠質學), 교통학(交通學), 교학(教學), 구학(求學), 구학(舊學), 구강학(口腔學), 국학(國學), 국가학(國家學), 국법학(國法學), 국사학(國史學), 국상학(國狀學), 국어학(國語學), 국제법학(國際法學), 군학(軍學), 군사학(軍事學), 군제학(軍制學), 굴절학(屈折學), 권학/문(勸學/文), 규범학(規範學), 균류학(菌類學), 근학(勤學), 근본학(根本學), 금문학(今文學), 금상학(金相學), 금석학(金石學), 금속학(金屬學), 기계학(氣界學), 기계학(機械學), 기관학(器官學), 기구학(機構學), 기권학(氣圈學), 기상학(氣象學), 기생충학(寄生蟲學), 기술학(記述學), 기하학(幾何學), 기형학(畸形學), 기호학(記號學), 기후학(氣候學), 낙민학(洛閩學), 남성학(男性學), 남성병학(男性病學), 남학(南學), 내과학(內科學), 내장학(內臟學), 노년학(老年學), 노동경제학(勞動經濟學), 노인학(老人學), 노장학(老莊學), 노학(老學), 논리학(論理學), 농학(農學), 농정학(農政學), 단체학(團體學), 당위학(當爲學), 대학(大學)[대학가(街), 대학원(院); 개방대학(開放)], 대기학(大氣學), 대수학(代數學), 도학(道學), 도학(圖學), 도덕학(道德學), 도상학(圖像學), 도서관학(圖書館學), 도시사회학(都市社會學), 도시형태학(都市形態學), 도의학(道義學), 독학(督學), 독학(獨學), 독학(篤學), 독물학(毒物學), 독성학(毒性學), 동학(東學), 동학(同學), 동물학(動物學), 동물해부학(動物解剖學), 동물행동학(動物行動學), 동양학(東洋學), 동전기학(動電氣學), 로봇학(robot學), 로켓학(rocket學), 마찰학(摩擦學), 만학(晩學), 말학(末學;後學), 맥관학(脈管學), 면학(勉學), 면역학(免疫學), 명과학(命課學), 목록학(目錄學), 무학(武學), 무학(無學), 무기학(武器學), 무역학(貿易學), 문학(文學), 문법학(文法學), 문예학(文藝學), 문자학(文字學), 문제학(問題學), 문학체계학(文學體系學), 문헌학(文獻學), 문헌정보학(文獻情報學), 물리학(物理學), 물후학(物候學), 미학(美學), 미래학(未來學), 미분학(微分學), 미생물학(微生物學), 미적분학(微積分學), 민법학(民法學), 민속학(民俗學), 민족학(民族學), 민족지학(民族誌學), 바이러스학(virus學), 박학(博學)[박학다식/하다(多識), 박학하다], 박물학(博物學), 발생학(發生學), 발음학(發音學), 방학(放學), 방사학(放射學), 방사선학(放射線學), 방송학(放送學), 방언학(方言學), 방역학(防疫學), 방외학(方外學), 방제학(防除學), 배자학(胚子學), 범죄학(犯罪學), 범지학(汎知學), 범학(梵學), 법학(法學), 법률학(法律學), 법리학(法理學), 법사학(法史學), 법정책학(法政策學), 법칙학(法則學), 변분학(變分學), 병학(兵學), 병기학(兵器學), 병리학(病理學), 병적학(病跡學), 보학(譜學), 보건학(保健學), 보조학(補助學), 보통학(普通學), 보편학(普遍學), 보험학(保險學), 복학(卜學), 복학(復學), 복량학(服量學), 본질학(本質學), 본초학(本草學), 부기학(簿記學), 북학(北學), 분광학(分光學), 분류학(分類學), 분포학(分布學), 불학(不學), 불학(佛學), 비뇨기과학(泌尿器科學), 비료학(肥料學), 비만학(肥滿學), 비타민학(vitamin學), 빙하학(氷河學), 사경제학(私經濟學), 사학(史學), 사학(死學), 사학(私學), 사학(邪學), 사학(斯學), 사료학(史料學), 사방학(沙防學), 사법학(私法學), 사실학(事實學), 사전학(史前學), 사전학(辭典學), 사진학(寫眞學), 사회학(社會學), 산과학(産科學), 산학(山學), 산학(産學), 산학(算學), 삼림학(森林學), 상학(上學), 상학(相學), 상마학(相馬學), 상법학(商法學), 상업학(商業學)/상학(商學), 상품

44) 학문(學問;공부. 지식. 학습): 학문인(人;학자), 학문적(的), 학문하다(공부하다. 익히다); 구학문(舊), 신학문(新).

45) 학생(學生): 학생모(帽), 학생복(服), 학생운동(運動), 학생증(證), 학생판(版), 학생회(會); 남학생(男), 여학생(女).

46) 학술(學術): 학술단체(團體), 학술대회(大會), 학술어(語), 학술원(院), 학술적(的), 학술지(誌), 학술회의(會議).

47) 학습(學習): 학습곡선(曲線), 학습단원(單元), 학습목표(目標), 학습서(書), 학습장(帳), 학습지도(指導), 학습참고서(參考書), 학습활동(活動); 가정학습(家庭), 개별학습(個別), 공간학습(學習), 단원학습(單元), 미로학습(迷路), 발견학습(發見), 방과후학습(放課後), 변별학습(辨別), 생활학습(生活), 시행착오학습(試行錯誤), 완전학습(完全), 자기주도학습(自己主導), 종합학습(綜合), 집단학습(集團), 체험학습(體驗), 탐구학습(探究), 협동학습(協同).

48) 공학(工學): 건축공학(建築), 교육공학(教育), 구조공학(構造), 기계공학(機械), 생물공학(生物), 생체공학(生體), 우주공학(宇宙), 유전공학(遺傳), 인간공학(人間), 전자공학(電子).

ㅎ

학(商品學), 생기후학(生氣候學), 생리학(生理學), 생명학(生命學), 생물학(生物學), 생약학(生藥學), 생체학(生體學), 생층서학(生層序學), 생태학(生態學), 서학(西學), 서상학(書相學), 서지학(書誌學), 석학(碩學), 선학(先學), 선학(禪學), 선사학(先史學), 선율학(旋律學), 선형학(船型學), 설문학(說文學), 설빙학(雪氷學), 성학(星學), 성학(聖學), 성격학(性格學), 성기학(星氣學), 성리학(性理學), 성명학(姓名學), 성명학(星命學), 성병학(性病學), 성상학(性相學), 성서학(聖書學), 성욕학(性慾學), 성음학(聲音學), 세계관학(世界觀學), 세균학(細菌學), 세포학(細胞學), 속학(俗學), 송학(宋學), 수학(受學), 수학(修學), 수학(數學), 수권학(水圈學), 수력학(水力學), 수로학(水路學), 수리학(水理學), 수리학(數理學), 수명학(壽命學), 수목학(樹木學), 수문학(水文學), 수병학(樹病學), 수사학(洙泗學), 수사학(修辭學), 수사학(搜査學), 수산학(水産學), 수신학(修身學), 수의학(獸醫學), 스콜라학(schola學), 시학(詩學), 시형학(詩形學), 식물학(植物學), 식물병학(植物病學), 식생학(植生學), 식양학(食養學), 신학(神學), 신학(新學), 신문학(新聞學), 신조학(信條學), 신화학(神話學), 실학(實學), 실담학(悉曇學), 실정법학(實定法學), 심령학(心靈學), 심리학(心理學), 심미학(審美學), 심지학(心誌學), 아동학(兒童學), 악마학(惡魔學), 안과학(眼科學), 암상학(巖狀學), 암석학(巖石學), 야학(夜學), 야금학(冶金學), 약학(藥學), 약리학(藥理學), 약물학(藥物學), 약제학(藥劑學), 양학(洋學), 양명학(陽明學), 양봉학(養蜂學), 양어학(養魚學), 양잠학(養蠶學), 어학(語學), 어로학(漁撈學), 어류학(魚類學), 어원학(語源學), 언론학(言論學), 언어학(言語學), 여성학(女性學), 역학(力學), 역학(易學), 역학(曆學), 역학(疫學), 역사학(歷史學), 역추산학(曆推算學), 연학(研學), 연극학(演劇學), 연대학(年代學), 열학(熱學), 열전자학(熱電子學), 영양학(營養學), 영화학(映畵學), 예학(睿學), 예학(禮學), 예술학(藝術學), 올자학(兀者學), 외과학(外科學), 외학(外學;불교 외의 학문), 용량학(用量學), 용병학(用兵學), 우경학(優境學), 우생학(優生學), 우주학(宇宙學), 운학(韻學), 운동학(運動學), 운율학(韻律學), 원생동물학(原生動物學), 원예학(園藝學), 원자력학(原子力學), 원형학(原型學), 월면학(月面學), 위생학(衛生學), 위학(僞學), 유학(遊學), 유학(儒學), 유학(留學), 유동학(流動學), 유변학(流變學), 유전학(遺傳學), 유통학(流通學), 유형학(類型學), 육권학(陸圈學), 육수학(陸水學), 육종학(育種學), 윤리학(倫理學), 율학(律學), 음성학(音聲學), 음악학(音樂學), 음양학(陰陽學), 음운학(音韻學), 음의학(音義學), 음향학(音響學), 의학(醫學), 의의학(意義學;意味論), 의치학(義齒學), 이재학(理財學), 이학(異學), 이학(理學), 인간학(人間學), 인구학(人口學), 인류학(人類學), 인명학(因明學), 인문학(人文學), 인상학(人相學), 인성학(人性學), 인종학(人種學), 임학(林學), 임산학(林産學), 임업학(林業學), 입학(入學)[49], 입법학(立法學), 입체도학(立體圖學), 자학(字學), 자기학(磁氣學), 자연법학(自然法學), 자연학(自然學), 작곡학(作曲學), 작물학(作物學), 장학(獎學)[장학금(金), 장학사(士), 장학생(生)], 장구학(章句學), 재학(才學;재주와 학식), 재학(在學), 재료학(材料學), 재배학(栽培學), 재정학(財政學), 저온학(低溫學), 적분학(積分學), 전기학(電氣學), 전략학(戰略學), 전례학(典禮學), 전문학(專門學), 전산학(電算學), 전술학(戰術學), 전자학(電子學), 전자학(電磁學), 전자기학(電磁氣學), 전학(轉學), 전화학(電話學), 전화학(錢貨學), 절학(絕學), 절운학(切韻學), 정학(停學), 정수학(靜水學), 정신병학(精神病學), 정신분석학(精神分析學), 정자기학(靜磁氣學), 정전기학(靜電氣學), 정주학(程朱學), 정책학(政策學), 정치학(政治學), 제도학(製圖學), 제약학(製藥學), 제지학(製紙學), 제직학(製織學), 조경학(造景學), 조류학(藻類學), 조류학(鳥類學), 조림학(造林學), 조병학(造兵學), 조선학(造船學), 조직학(組織學), 종학(宗學), 종교학(宗敎學), 종양학(腫瘍學), 주자학(朱子學), 지구학(地球學), 지도학(地圖學), 지리학(地理學), 지명학(地名學), 지문학(地文學), 지문학(指紋學), 지사학(地史學), 지식학(知識學), 지역학(地域學), 지의류학(地衣類學), 지자기학(地磁氣學), 지정학(地政學), 지지학(地誌學), 지진학(地震學), 지질학(地質學), 지하수학(地下水學), 지학(地學), 지학(志學), 지형학(地形學), 진학(進學), 진균학(眞菌學), 진동학(振動學), 천학(天學), 천학(淺學), 천문학(天文學), 천주학(天主學), 천체학(天體學), 철학(哲學), 체육학(體育學), 초음파학(超音波學), 초학(初學), 추계학(推計學), 추로학(鄒魯學), 축산학(畜産學), 축성학(築城學), 출학(黜學), 취학(就學), 측량학(測量學), 측성학(測星學), 측지학(測地學), 측풍학(測風學), 층서학(層序學), 층위학(層位學), 침구학(鍼灸學), 컴퓨터학(computer學), 탄도학(彈道學), 태학(太學), 태생학(胎生學), 토목학(土木學), 토속학(土俗學), 토양학(土壤學), 통학(通學), 통계학(統計學), 퇴학(退學), 퇴적학(堆積學), 편력학(編曆學), 폐학(廢學), 표현학(表現學), 품성학(品性學), 풍수학(風水學), 필상학(筆相學), 필적학(筆跡學), 하학(下學), 하공학(河工學), 하천학(河川學), 한국학(韓國學), 한문학(漢文學)/한학(漢學), 한의학(韓醫學), 한자학(漢字學), 합금학(合金學), 항공학(航空學), 항주학(航宙學), 항해학(航海學), 해각학(解刻學), 해부학(解剖學), 해석학(解析學), 해석학(解釋學), 해양학(海洋學), 핵물리학(核物理學), 핵학(核學;세포의 핵에 관해 연구하는 학문), 행동학(行動學), 행정학(行政學), 행형학(行刑學), 향학(向學), 향학(鄕學), 허무학(虛無學), 헌법학(憲法學), 현상학(現象學), 현학(玄學;심오한 학문), 현학(衒學)[현학자(者), 현학적(的)], 혈액학(血液學), 혈청학(血淸學), 형명학(刑名學), 형법학(刑法學), 형상학(形相學), 형성학(形成學), 형식학(型式學), 형이상학(形而上學), 형이하학(形而下學), 형태학(形態學), 호학(好學), 호교학(護敎學), 호소학(湖沼學), 호수학(湖水學), 화기학(火器學), 화산학(火山學), 화석학(化石學), 화성학(和聲學), 화학(化學), 화학(畵學), 환경학(環境學), 황로학(黃老學), 회계학(會計學), 효소학(酵素學), 후학(後學), 훈학(訓學), 훈고학(訓詁學), 휴학(休學) 들.

학(鶴) '두루미. 흰빛'을 뜻하는 말. ¶학이 높이 날아간다. 학가(鶴駕;왕세자가 대궐 밖에 나가는 일), 학금(鶴琴;거문고를 타는 일), 학금(鶴禁;왕세자가 사는 궁전), 학꽁치(학의 주둥이처럼 생긴 바닷물고기), 학대(鶴帶), 학도요, 학려(鶴唳), 학령(鶴齡), 학망(鶴望;학수고대), 학무(鶴舞;학춤), 학발(鶴髮;흰머리), 학선(鶴扇), 학수(鶴壽;長壽), 학수고대(鶴首苦待), 학슬초(鶴蝨草), 학익진(鶴翼陣;학이 양 날개를 펴듯이 치는 진영), 학정(鶴頂;탕건의 윗이마),

49) 입학(入學): 학교에 들어가 학생이 됨.↔퇴학(退學). ¶입학금(金), 입학기(期), 입학되다/하다, 입학률(率), 입학생(生;새내기), 입학시험(試驗), 입학식(式), 입학원서(願書).

학창의(鶴氅衣), 학춤, 학흉배(鶴胸背); 계군일학(鷄群一鶴), 고운야학(孤雲野鶴;숨어 사는 선비), 군계일학(群鷄一鶴), 단정학(丹頂鶴;두루미), 백학(白鶴), 선학(仙鶴;두루미), 송학(松鶴), 승학(乘鶴), 야학(野鶴;두루미), 현학(玄鶴;검은 학), 현학금(玄鶴琴;거문고), 홍학(紅鶴), 희학(喜鶴;까치) 들.

학(虐) '사납다. 잔인하다. 죽다'를 뜻하는 말. ¶학대(심하게 괴롭힘)/음란증(虐待/淫亂症), 학사(虐使), 학살(虐殺;참혹하게 죽임), 학정(虐政국민을 괴롭히는 정치); 가학(加虐;남을 못살게 굶), 가학(苛虐;몹시 심하게 학대함), 광학하다(狂虐), 기학(嗜虐;잔학한 일을 즐김)/적(的), 능학(陵虐), 음학(淫虐), 자학(自虐), 잔학/하다(殘虐), 조걸위학(助桀爲虐), 찬학(篡虐), 참학(慘虐), 침학(侵虐)[신래침학(新來)], 탐학(貪虐), 포학(暴虐), 피학대(被虐待), 흉학(凶虐;몹시 모질고 사나움) 들.

학(瘧) '학질. 말라리아'를 뜻하는 말. ¶학기(瘧氣), 학모(瘧母), 학질[50]/모기(瘧疾); 간일학(間日瘧;하루거리), 기학(氣瘧;심하지 않은 만성 학질), 노학(老瘧;이틀거리), 노학(勞瘧;氣瘧), 복학(腹瘧), 야학(夜瘧), 역학(疫瘧), 열학(熱瘧), 위학(胃瘧), 이일학(二日瘧;이틀거리), 일일학(一日瘧;하루거리), 초학(初瘧), 축일학(逐日瘧), 풍학(風瘧), 해학(痎瘧;이틀거리) 들.

학(壑) '골짜기. 구렁텅이'를 뜻하는 말. ¶구학(丘壑), 만학(萬壑), 만학천봉(萬壑千峰), 유학(幽壑), 천암만학(千巖萬壑), 해학(海壑;넓고 깊음) 들.

학(涸) '물이 마르다'를 뜻하는 말. ¶학철부어(涸轍鮒魚;곤궁에 다다른 사람); 건학(乾涸), 조학(燥涸) 들.

학(謔) '희롱거리다. 익살. 농담'을 뜻하는 말. ¶조학(嘲謔), 해학/적(諧謔/的), 희학(戱謔) 들.

학배기 잠자리의 애벌레[유충(幼蟲)].=물송치.

학치 정강이. ¶학치를 패다(종아리를 때리다). 학치뼈(정강이뼈).

한-[1] 일부 명사 앞에 붙어 어기에 따라 '큰. 한창인. 오랫동안. 바로 가운데. 꽉 찬'의 뜻을 더하는 말. §중세어 '하다[大·多]'의 관형사형 '한[←하-+ㄴ]', '할-, 황-'은 이형태. ¶한가득/하다, 한가슴(온 가슴), 한가운데, 한가위[추석(秋夕)], 한가을(한창 무르익은 가을), 한걱정[2](큰걱정)/하다, 한겨레, 한겨울, 한고비(바로 최고조에 다다른 판), 한골(骨;썩 좋은 문벌), 한공중(空中), 한근심(한걱정), 한글(우리나라 글자의 이름), 한금(큰금), 한길, 한낮(낮의 한가운데), 한닻(배의 가장 큰 닻), 한대중(전과 다름이 없는 대중), 한댁(宅;살림살이의 규모가 큰 집), 한더위, 한동안(꽤 오랫동안), 한때[2], 한마루(남보다 훨씬 뛰어남), 한맛/비, 한물[1][51], 한물[2][52], 한밑천(-錢), 한바다(매우 깊고 넓은 바다), 한바닥(중심이 되는 땅), 한바탕(일이 크게 벌어진 판), 한밤(깊은 밤), 한밤중(中), 한보름(정월 대보름), 한복판, 한봄, 한사리(↔조금), 한새(황새), 한숨[2](길게 몰아서 내쉬는 숨)/짓다, 한쉼(한동안 쉬는 것), 한시름(큰 시름), 한아름(아름 가득), 한얼(우주), 한여름(더위가 한창인 여름), 한자리(큰 벼슬)/하다, 한잠[2](깊이 든 잠), 한장정(壯丁;실력 따위가 상당하다고 인정받는 장정), 한중간(中間), 한철, 한추위, 한탕(한바탕), 한턱[53], 한포(布;날이 굵은 베), 한풀[54], 한품(더없이 크고 넓은 품), 한풍류(風流), 한허리(길이의 한가운데); 할아버지, 할머니; 황고집(固執), 황새, 황소(큰 수소) 들. ☞ 하다[3].

한-[2] 일부 명사 앞에 붙어 '바깥의. 끼니때가 지난'의 뜻을 더하는 말. ¶한구석(한쪽으로 치우친 곳), 한눈[2][55], 한데[2][56], 한동자[57], 한둔(한데서 밤을 지내는 일), 한밥(끼니때가 지난 뒤에 차리는 밥), 한음식(飮食;끼니 밖에 차린 음식), 한저녁, 한점심(點心), 한터(넓은 빈터).

한(寒) '차다. 춥다. 오싹하다. 가난하다. 겨울'을 뜻하는 말.↔난(暖). ¶한감(寒感), 한고(寒苦;추위로 겪는 괴로움), 한공(寒空;겨울 하늘), 한국(寒國), 한국(寒菊), 한극(寒極), 한기(寒氣), 한대(寒帶)[58], 한등(寒燈), 한란(寒卵), 한란(寒暖), 한랭(寒冷)[한랭대(帶), 한랭전선(前線), 한랭지(地)], 한량(寒凉), 한로(寒露), 한뢰(寒雷;겨울에 발생하는 우뢰), 한류(寒流↔暖流), 한림(寒林), 한문(寒門;가난하고 지체가 낮은 집안), 한미(寒微;가난하고 문벌이 변변치 못함), 한비(寒肥;겨울에 주는 거름), 한빈(寒貧;매우 가난함), 한사(寒士;가난한 선비. 세력 없는 선비), 한산(寒疝), 한산(寒酸;가난하고 고통스러움), 한색(寒色), 한서(寒暑), 한선(寒蟬), 한설(寒雪), 한소(寒素;생활이 간난하고 검소함), 한속(寒粟;소름), 한수(寒羞;변변하지 못한 음식. 찬밥), 한수(寒嗽), 한수석(寒水石), 한습(寒濕), 한식(寒食;동지로부터 105일째 되는 날)[한식날, 한식면(麵), 한식사리; 물한식(비가 내리는 한식날)], 한심스럽다/하다(寒心;가엾고 딱하다. 안타깝고 기막히다), 한아(寒鴉;까마귀), 한야(寒夜), 한양(寒羊), 한열(寒熱), 한온(寒溫), 한우(寒雨), 한운(寒雲), 한월(寒月), 한전(寒戰/顫), 한절(寒節), 한제(寒劑), 한조(寒鳥), 한족(寒族), 한죽(寒竹), 한준(寒畯;가난하나 문벌이 좋은 선비), 한중(寒中), 한지(寒地), 한창(寒窓), 한창(寒脹), 한천(寒天;우무. 한철), 한천(寒泉), 한촌(寒村), 한칩(寒蟄), 한토(寒土), 한퇴(寒退), 한파(寒波), 한풍(寒風), 한해(寒害), 한행(寒行), 한호(寒戶), 한홍매(寒紅梅), 한화(寒花), 한훤(寒暄); 객한(客寒),

50) 학질(瘧疾): 말라리아. ¶학질을 떼다('괴로운 일이나 처지를 간신히 모면하거나 몹시 혼남'을 비유).

51) 한물[1]: 채소·어물 따위가 한창 쏟아져 나오거나 수확되는 때. ¶수박도 한물 지났다. 한물가다(한창인 때가 지나다), 한물넘다, 한물지다(채소, 과일, 어물 따위가 한창 나오는 때가 되다).

52) 한물[2]: 큰물. ¶한물이 지다.

53) 한턱: 한바탕 음식을 대접하는 일. ¶한턱거리(한턱 낼 만한 거리), 한턱내다, 한턱먹다.

54) 한풀: 어느 정도의 끈기나 기세 또는 패기. ¶한풀 꺾이다. 한풀죽다(기세가 줄어들다).

55) 한눈[2]: 정작 보아야 할 데는 보지 않고 엉뚱한 데를 보는 눈. ¶한눈을 팔다.

56) 한데[2]: 하늘을 가리지 아니한 곳. 노천(露天). ¶한데에 나앉다. 한데가꿈, 한뎃가마, 한뎃금점(金店), 한뎃뒤주, 한뎃뒷간(間), 한뎃밤, 한뎃부뚜막, 한뎃부엌, 한뎃솥, 한데아궁이, 한데우물, 한뎃잠[노숙(露宿)], 한뎃장사(葬事).

57) 한동자: 식사 후 다시 새로 밥을 짓는 일. ¶뜻밖의 손님으로 새로 한동자를 해야 한다.

58) 한대(寒帶): 한대기후(氣候), 한대림(林), 한대식물(植物), 한대전선(前線), 한대호(湖); 아한대(亞)[아한대구(區), 아한대기후(氣候), 아한대림(林)].

경한(輕寒), 고한(苦寒), 극한(極寒), 기한(飢寒), 내한(耐寒), 담한(膽寒), 당한(當寒), 대한(大寒), 동한(冬寒), 동한(凍寒), 맹한(猛寒), 면한(面寒), 모한(冒寒), 방한(防寒)[방한구(具), 방한모(帽), 방한벽(壁), 방한복(服), 방한화(靴)], 배한(背寒), 빈한하다(貧寒), 상한(傷寒), 서한(暑寒), 설한(雪寒), 세한(歲寒), 세한삼우(歲寒三友), 소한(小寒), 소한(消寒), 슬한증(膝寒症), 야한(夜寒), 어한(禦寒;언 몸을 녹임), 엄동설한(嚴冬雪寒), 엄한(嚴寒), 여한(餘寒), 영한(迎寒), 오한(惡寒), 외한(外寒), 외한(畏寒), 위한(胃寒), 융한(隆寒;대단한 추위), 잔한(殘寒), 졸한(猝寒), 중한(中寒), 천한백옥(賤寒白屋), 천한하다(天寒), 천한하다(賤寒), 초한(初寒), 초한(峭寒;살을 찌르는 듯한 추위), 촉한(觸寒), 춘한(春寒), 폭한(暴寒), 피한(避寒), 호한(沍寒), 혹한(酷寒) 들.

한(限) 끝. 범위·한도·조건. '까지. 안으로'를 뜻하는 말. ¶한 없이 먼 길. 죽는 한이 있어도 해 보겠다. 9월 1일 한 제출 바람. 한격(限隔), 한계(限界)[59], 한금정(限金井), 한기(限期), 한껏(한도에 이르는 데까지), 한내(限內), 한도(限度)[상승한도(上昇), 최대한도(最大), 최소한도(最小), 최저한도(最低)], 한량(限量)[한량없다; 무한량(無)], 한만(限滿;기한이 참), 한명(限命), 한사(限死)[한사결단(決斷), 한사코], 한생전(限生前), 한성유전(限性遺傳), 한세전(限歲前), 한시적(限時的), 한없다/없이, 한외(限外;한계의 밖)[한외마약(痲藥), 한외발행(發行)], 한일(限日), 한일모(限日暮), 한전(限前), 한전론(限田論), 한점(限點), 한정(限定)[60], 한종신(限終身), 한종일(限終日), 한지/의사(限地/醫師), 한천명(限天明), 한평생(限平生;살아 있는 동안까지), 한품(限品); 각한(刻限), 과한(過限), 국한(局限), 권한(權限), 극한(極限), 기한(期限), 늑한(勒限), 당한(當限), 대월한(貸越限), 명한(命限), 무기한(無期限), 무한(無限)[61], 문한(門限), 범한(犯限), 북한(北限), 분한(分限), 상한/선(上限/線), 상한(象限), 선한(先限), 수한(壽限), 시한(時限)[시한부(附), 시한폭탄(爆彈)], 연한(年限), 완한(緩限), 위한(爲限;기한이나 한도를 정함), 위한(違限;약속 기한을 어김), 유한(由限), 유한(有限), 절한(節限), 정한(定限), 제한(制限), 제한(際限), 중한(中限), 차한(此限), 참한(기한까지 참음), 철한(鐵限), 최대한(最大限), 최소한(最小限), 퇴한(退限), 하한(下限↔上限) 들.

한(漢) ①'중국'을 뜻하는 말. ¶한단(漢緞), 한문(漢文), 한서(漢書), 한역(漢譯), 한음(漢音), 한인(漢人), 한자(漢字), 한재(漢才), 한족(漢族), 한토(漢土), 한학/자(漢學/者). ②일부 한자어 어근 뒤에 붙어 '사나이·파렴치한 놈'의 뜻을 더하는 말. ¶강골한(强骨漢), 강복한(剛腹漢), 거한(巨漢), 경골한(硬骨漢), 공두한(空頭漢), 광한(狂漢), 괴한(怪漢), 나태한(懶怠漢), 날속한(俗漢), 냉혈한(冷血漢), 노한(老漢), 농부한(農夫漢), 다혈한(多血漢), 대식한(大食漢), 도한(屠漢), 둔한(鈍漢), 망가한(亡家漢), 목석한(木石漢), 몰자한(沒字漢), 무능한(無能漢), 무뢰한(無賴漢), 무모한(無謀漢), 무식한(無識漢), 무지한(無知漢), 문외한(門外漢), 범골한(凡骨漢), 변절한(變節漢), 비한(肥漢), 비대한(肥大漢), 비열한(卑劣漢), 사기한(詐欺漢), 상한(常漢), 색한(色漢), 속한(俗漢), 악한(惡漢), 악덕한(惡德漢), 연골한(軟骨漢), 열혈한(熱血漢), 염한(鹽干/漢;소금을 굽는 사람), 완한(頑漢), 이기한(利己漢), 인색한(吝嗇漢), 잡한(雜漢), 장한(壯漢), 전사한(田舍漢), 정의한(正意漢), 천한(賤漢), 천한(天漢;銀河), 철한(鐵漢), 철면피한(鐵面皮漢), 촌한(村漢), 추한(醜漢), 취한(醉漢), 치한(癡漢), 쾌한(快漢;시원스럽고 쾌활한 사나이), 파렴치한(破廉恥漢), 패덕한(悖德漢), 포한(庖漢), 포한(浦漢), 폭한(暴漢), 푸주한, 호한(好漢), 호색한(好色漢), 호협한(豪俠漢), 혼한(昏漢), 화목한(火木漢), 흉한(兇漢) 들.

한(閑/閒) '겨를이 생기어 여유가 있다. 관심이 없거나 소홀하다'를 뜻하는 말. ¶한가/롭다/하다(閑暇), 한각(閑却;무심하게 내버려 둠), 한갈등(閑葛藤), 한객(閑客), 한거(閑居;한가히 지냄), 한과(閑窠;한가한 벼슬자리), 한관(閑官), 한극(閒隙;겨를), 한담(閑談), 한량(閑良;놀고먹는 사람)[한량무(舞), 한량음식(飮食;출출한 판에 음식을 마구 먹어대는 짓); 무겁한량(활터에서 일하는 한량); 장족한량(獐足)], 한료하다(閑寥;한가하고 고요하다), 한만하다(閑漫;매우 한가하고 여유가 있다), 한망(閑忙), 한문자(閑文字;필요없는 문자), 한벽처(閑僻處), 한보(閒步), 한사만직(閒司漫職), 한산하다(閑散), 한상량(閑商量), 한세월(閑歲月), 한아하다(閑雅), 한양(閑養), 한운/야학(閑雲/野鶴), 한유(閑裕), 한유(閑遊), 한음(閑吟), 한인/불입(閑人/不入), 한일(閑日), 한일월(閑日月), 한적하다(閑寂), 한적하다(閑適), 한정(閒靜), 한중/망(閑中/忙), 한직(閑職), 한택(閑宅), 한필(閑筆), 한화휴제(閑話休題); 공한(空閑), 공한지(空閑地;빈터), 농한기(農閑期), 등한시(等閑視), 등한하다(等閒), 망중한(忙中閑), 방한(防閑;하지 못하게 하는 범위), 소한(小閑), 소한(消閑), 안한하다(安閒), 어한기(漁閑期), 연한하다(燕閒), 유한(有閑), 유한(幽閒/閑), 정한(靜閑), 청한하다(淸閑), 촌한(寸閑), 투한(偸閒), 파한(破閑;심심풀이), 휴한/지(休閑/地) 들.

한(汗) '땀'을 뜻하는 말. ¶한마지로(汗馬之勞), 한만하다(汗漫;等閑), 한반(汗班), 한삼(汗衫;소맷부리에 덧댄 소매. 속적삼), 한선(汗腺;땀샘), 한우충동(汗牛充棟), 한의(汗衣;땀이 밴 옷. 땀받이), 한증(汗蒸;땀을 내어 병을 다스리는 일)[한증막(幕), 한증탕(湯)], 한진(汗疹;땀띠), 한출첨배(汗出沾背), 한토하(汗吐下), 한혈(汗血;피와 땀. 노력); 경한(輕汗), 고한노동(苦汗勞動), 낙한(落汗), 냉한(冷汗;식은땀), 도한(盜汗), 면한(面汗), 미한(微汗), 발한(發汗), 배한(背汗), 불한당(不汗黨)/한당(汗黨), 송한(悚汗), 수족한(手足汗), 액한(腋汗), 유한(油/柔汗;진땀), 유한(流汗), 절한(絕汗), 지한(脂汗), 열한(熱汗), 윤언여한(綸言如汗), 절한(絕汗;죽음이 닥쳐와 이마에 흐르는 식은땀), 참한(慙汗), 출한(出汗), 취한(取汗), 허한(虛汗), 혈한(血汗;피땀), 호한(浩汗/瀚), 황한(惶汗), 황한(黃

59) 한계(限界): 땅의 경계. 사물의 정하여 놓은 범위. ¶한계를 분명히 하다. 능력의 한계를 느끼다. 한계각(角), 한계농도(濃度), 한계비용(費用), 한계상황(狀況), 한계생산비(生産費), 한계선(線), 한계성(性), 한계소비성향(消費性向), 한계속도(速度), 한계수입(輸入), 한계원리(原理), 한계응력(應力), 한계이윤(利潤), 한계이익(利益), 한계인(人), 한계점(點), 한계전류(電流), 한계주파수(周波數), 한계체중(體重), 한계효용(效用); 작물한계(作物), 차량한계(車輛), 탄성한계(彈性), 표현한계(表現).

60) 한정(限定): 한정능력(能力), 한정되다/하다, 한정량(量), 한정상속(相續), 한정승인(承認), 한정적(的), 한정전쟁(戰爭), 한정책임능력(責任能力), 한정출판(出版), 한정치산/자(治産/者), 한정판(版), 한정표지(標識), 한정하다, 한정해석(解析); 무한정(無).

61) 무한(無限↔有限): 무한경(景), 무한궤도(軌道), 무한급수(級數), 무한꽃차례, 무한대(大), 무한소(小), 무한소수(小數), 무한수열(數列), 무한신력(神力), 무한원(遠), 무한제(際), 무한직선(直線), 무한집합(集合), 무한책임(責任), 무한판단(判斷), 무한화서(花序).

汗), 휘한(揮汗) 들.

한(恨) 억울하거나 원통하거나 원망스럽게 생각하여 뉘우치게 맺힌 마음. '원한을 품다. 뉘우치다'를 뜻하는 말. ¶한이 맺히다. 천추에 씻지 못할 한. 한불조도(恨不早圖), 한불조지(恨不早知), 한사(恨死), 한사(恨事), 한스럽다, 한탄(恨歎;뉘우치거나 원통하여 한숨을 지음)/스럽다/하다, 한풀이, 한하다(원통히 여기다. 불평을 품다; 객한(客恨), 구한(舊恨), 다한(多恨), 망국한(亡國恨), 분한(忿/憤恨), 비한(悲恨), 사한(私恨), 설한(雪恨), 애한(哀恨), 여한(餘恨), 오한(懊恨), 원한(怨恨), 유한(遺恨), 잔한(殘恨), 장한(長恨), 정한(情恨), 지한(至恨), 철천지한(徹天之恨), 추한(追恨), 춘한(春恨), 통한(痛恨), 포한(抱恨), 회한(悔恨) 들.

한(旱) '가물다 · 가뭄'을 뜻하는 말. ¶한건(旱乾), 한기(旱氣;가물), 한도(旱稻;밭벼), 한독(旱毒), 한련(旱蓮), 한뢰(旱雷;마른천둥), 한발(旱魃;가물), 한소(旱騷), 한열(旱熱), 한염(旱炎), 한운(旱雲), 한재(旱災), 한전(旱田), 한징(旱徵), 한천(旱天), 한초(旱草), 한해(旱害); 고한(枯旱), 내한(耐旱), 대한(大旱), 수한(水旱), 염한(炎旱), 잠한(涔旱), 장한(長旱), 천한(天旱), 춘한(春旱), 항한(亢旱;극심하고 오랜 가뭄) 들.

한(韓) '우리나라'를 뜻하는 말. ¶한교(韓僑), 한류(韓流), 한민족(韓民族), 한복(韓服)[한복감, 한복집], 한식(韓食), 한약(韓藥)[한약방(房), 한약재(材)], 한어(韓語), 한역(韓譯), 한옥(韓屋), 한의(韓醫)[한의사(醫師), 한의원(醫院)], 한인(韓人), 한족(韓族), 한토(漢土); 남한(南韓), 내한(來韓), 대한민국(大韓民國)/한국(韓國)[62], 대한(對韓), 마한(馬韓), 북한(北韓), 이한(離韓), 진한(辰韓), 착한(着韓) 들.

한(翰) '편지'를 뜻하는 말. ¶한모(翰毛), 한묵/장(翰墨/場); 공한(公翰), 귀한(貴翰), 문한(文翰), 반한(返翰), 방한(芳翰), 사한(私翰), 서한(書翰), 수한(手翰), 운한(雲翰), 존한(尊翰), 찰한(札翰), 첨한(添翰), 필한(筆翰), 혜한(惠翰), 화한(華翰), 회한(回翰) 들.

한(悍) '사납다'를 뜻하는 말. ¶한독(悍/狠毒;성질이 매우 사납고 독살스러움), 한리(悍吏), 한마(悍馬;사나운 말), 한부(悍婦), 한악(悍惡;성질이 사납고 악함), 한용(悍勇); 강한하다(剛/强悍), 경한하다(勁悍), 교한(驕悍), 용한(勇悍), 표한(慓/剽悍), 호한하다(豪悍), 효한(梟/驍悍) 들.

한(罕) '드물다'를 뜻하는 말. ¶한고(罕古), 한언(罕言), 한례(罕例;드문 전례); 희한하다(稀罕) 들.

한(澣) '열흘[순(旬)]'을 뜻하는 말. ¶삼한(三澣), 상한(上澣), 중한(中澣), 하한(下澣) 들.

한(鼾) '매부리코. 들창코'를 뜻하는 말. ¶한수(鼾睡;코를 골며 잠을 잠).

한(旰) '해가 지다'를 뜻하는 말. ¶소의한식(宵衣旰食).

한(捍) '막다'를 뜻하는 말. ¶한문(捍門).

한갓 고작해야 다른 것 없이 겨우. 그것만으로.≒다만. 단지. 오직. 한낱. ¶그것은 한갓 뜬소문에 지나지 않는다. 한갓 시간의 문제. 한갓 꿈에 불과하다. 한갓 먹고 사는 문제에만 집착하다. 한갓되다[63], 한갓지다[64]. [+~에 지나지 않는다. ~에 불과하다].

한결 전에 비하여 한층 더. 훨씬 더.≒썩. 보다. 더욱.[←한+결]. ¶목욕을 하고 나니 몸이 한결 가벼워졌다. 한결 돋보이다. 한결 낫다. 한결같다/같이.[+긍정적 의미].

한글 우리나라 고유 글자의 이름.[←한+글].=배달말. ¶한글은 문자의 활용성이 뛰어난 음소문자다. 한글날.

한낱 기껏해야 대단한 것 없이 다만.≒오직. 단지. 한갓.[←한+낱]. ¶그 이야기는 한낱 구실에 지나지 않는 변명일 뿐이다. 공약은 한낱 말뿐이다.[+~뿐이다. ~에 불과하다].

한대 팔작집의 네 귀 추녀의 촛가지에 모로 나온 나무토막.

한데 그러한데.=그런데. ¶한데, 장소는 어디로 갈까? 내일 낚시 가자, 한데 어디가 좋을까? [+의문문].

한-마루 쟁기의 성에와 술을 꿰뚫어 곧게 선 긴 나무.

한새 배에서, 닻가지가 벌어지지 않도록 가지 사이를 고정시키는 나무.

한창 가장 성한 때. 어떤 일이 가장 활기 있고 왕성하게 일어나는 모양. 또는 어떤 상태가 가장 무르익은 모양. ¶더위가 한창이다. 초여름은 농촌에서 한창 바쁜 철이다. 한창 일할 나이. 한창나이(기운이 한창인 젊은 나이), 한창때(전성기. 한물).

한태 쟁기 · 극젱이 따위의 봇줄을 잡아매는 줄. 왼쪽 봇줄에 매어 소의 등을 넘겨 오른쪽 봇줄에 맴.

한테 사람과 관련된 체언에 붙어 '에게'의 뜻으로 쓰이는 부사격 조사. §구어적인 표현.[←한(같은)+데(곳)]. ¶친구한테 부탁하다. 한국말을 누구한테서 배워요? 한테-로, 한테-서.

한포국-하다 사람이 무엇을 흐뭇하리만큼 넉넉히 가지다.≒흡족하다(洽足). ¶생일 선물을 한포국하다.

할(割) ①'베다. 나누다. 가르다. 빼앗다'를 뜻하는 말. ¶할강(割腔), 할거(割去;베어 버림. 찢어 없앰), 할거(割據;국토를 나누어 차지하여 세력권을 이룩함)[군웅할거(群雄)], 할경(割耕), 할구(割球), 할단(割斷), 할당(나눈 몫)/제(割當/制), 할려금(割戾金), 할례(割禮;신성 의식의 하나), 할률석(割栗石), 할맥(割麥), 할박(割剝), 할반(割半), 할보(割譜), 할복(割腹;배를 가름), 할부(割賦)[할부금(金), 할부상환(償還), 할부판매(販賣)], 할선(割線), 할애(割愛;아

62) 한국(韓國): 한국말, 한국무용(舞踊), 한국미(美), 한국어(語), 한국요리(料理), 한국은행(銀行), 한국음악(音樂;國樂), 한국인(人), 한국적(的), 한국표준시(標準時), 한국학(學), 한국화(畵).

63) 한갓되다: ①겨우 하찮은 것밖에 안 되다. ¶고등학생이 이런 한갓된 잡지 나부랭이나 보고 있으니 탈이다. ②=헛되다. ¶한갓된 욕망에 사로잡히다. 한갓되이(헛되이).

64) 한갓지다: ①아늑하고 조용하다. ¶이 마을은 도시에서 멀리 떨어진 한갓진 곳이다. ②잘 정돈되어 난잡하지 아니하다. ¶그 물건들을 한갓지게 창고 안에 치워놓아라.

깝게 여기는 것을 선뜻 내어 놓거나 버림), 할양(割讓;물건의 한 부분을 떼어 남에게 줌), 할여(割與), 할육충복(割肉充腹), 할은단정(割恩斷情), 할인(割引)[65], 할인(割印), 할주(割註;본문 사이에 두 줄로 잘게 단 주석), 할증(割增;일정한 금액에 얼마를 더 얹음)[할증금(金), 할증료(料), 할증발행(發行)], 할창(割創;創傷), 할취(割取;일부를 빼앗아 가짐), 할팽(割烹), 할흉(割胸); 경할(經割), 균할(均割), 균등할(均等割), 난할(卵割), 등할(等割), 반할(盤割), 부등할(不等割), 부분할(部分割), 분할(分割)[분할불(拂), 분할상속(相續), 분할상환(償還), 분할지도(地圖)], 역할(役割;구실), 위할(緯割), 자할(自割), 재할(再割), 재할(宰割;일을 주재하여 처리함), 재할(裁割), 전할(全割), 표할(表割). ②전체를 열 등분한 비율을 나타내는 단위. ¶3할 5푼. 5할의 타율.

할(轄) '다스리다'를 뜻하는 말. ¶관할(管轄), 분할(分轄), 소할(所轄), 직할(直轄), 총할(總轄), 통할(統轄) 들.

할경 남을 말로써 업신여김. 남의 떳떳하지 못한 신분(身分)을 드러냄. ¶할경하는 말을 듣다. 시기심이 많은 그는 친구가 칭찬 받을 때마다 할경했다. 그는 지체가 낮다는 이유로 사람을 할경했다. 할경하다.

할기(다) 눈을 옆으로 돌리어 못마땅하게 노려보다. 〈큰〉흘기다. ¶눈을 할기다. 할금[66]·핼금·흘금·힐금·할끔·핼끔·흘끔[1]·힐끔거리다/대다/하다, 할긋·할끗·핼긋·핼끗·힐긋·힐끗·흘긋·흘끗/거리다/대다, 할기시(은근히 한번 노려보는 모양), 할기족·흘기죽/거리다/대다/하다, 할기족족·흘기죽죽/하다, 할깃·할낏·핼끗·흘깃·흘낏·힐긋·힐끗거리다/대다/하다, 할긋할긋·할깃할깃·흘긋흘긋·흘깃흘깃/하다, 해끗·희끗, 할개·흘게·흘기눈(흘겨보는 눈), 흑보기[67], 흘겨보다, 흘겨붙이다, 흘그산(흘깃흘깃 보는 것처럼 생긴 눈), 흘근번쩍[68]/하다; 눈흘기다 들.

할끔-하다 몸이 고단하거나 불편하여 눈이 깔딱하다.=할딱하다. 〈큰〉흘끔하다[2]. ¶갑자기 힘든 일을 해서 할끔하면 나는 뜨거운 물로 씻기도 한다.

할대 반드시 지켜야 하는, 기본이 되는 법칙.[←하다]. ¶감히 네 놈이 용궁의 할대를 어기다니?

할딱-하다 심한 고생이나 병으로 얼굴이 야위고 핏기가 없다. 몹시 지치고 눈이 푹 들어가 있다(껄떡하다). 〈큰〉헐떡하다. ¶서울에 갔던 강수는 무슨 일이 있었는지 얼굴이 헐떡해서 돌아왔다. 눈이 할딱하다.

할쑥 얼굴이 야위고 핏기가 없는 모양. 〈큰〉헐쑥. ¶할쑥하다[69], 할쭉[70], 핼쑥/하다 들.

할퀴(다) 손톱이나 발톱이나 날카로운 물건으로 긁어 상처를 내다.≒갉다. 호비다. ¶얼굴을 할퀴다. 수마(水魔)가 할퀴고 간 마을. 할퀴이다.

할할 숨이 차서 숨을 고르게 쉬지 못하는 모양. 〈큰〉헐헐. ¶할할 숨을 쉬다. 할근[71], 할딱[72], 할락[73] 할싹거리다/대다/이다, 할할·헐헐거리다/대다 들.

핥(다) 사람이나 동물이 혀로 물건의 겉면을 스치어 빨다. ¶개가 새끼의 얼굴을 핥다. 수박 겉핥기. 핥아먹다(혓바닥으로 쓸어들여서 먹다. 핥아세다), 핥아세다[74], 핥이다(핥음을 당하다. 핥게 하다), 할짝[75]·할쭉/거리다/대다, 할짝할짝·할쭉할쭉/하다; 개미핥기(개미핥깃과의 포유동물), 겉핥다(겉만 대강 보다).

함(艦) '군사 목적으로 사용하는 배(싸움배)'를 뜻하는 말. ¶함교(艦橋), 함대(艦隊)[기동함대(機動), 무적함대(無敵), 봉쇄함대(封鎖), 연합함대(聯合)], 함령(艦齡), 함미(艦尾), 함상(艦上), 함선(艦船), 함수(艦首), 함영(艦影), 함장(艦長), 함장(艦檣), 함재(艦載), 함적(艦籍), 함정(艦艇), 함포(艦砲), 함형(艦型); 강철함(鋼鐵艦), 거함(巨艦), 건함(建艦), 경비함(警備艦), 공작함(工作艦), 구축함(驅逐艦), 군함(軍艦), 귀함(歸艦), 급유함(給油艦), 기함(旗艦), 대함(大艦), 모함(母艦)[수뢰모함(水雷), 잠수모함(潛水), 항공모함(航空)], 발함(發艦), 보조함(補助艦), 부설함(敷設艦), 쇄빙함(碎氷艦), 순양함(巡洋艦), 승함(乘艦), 예비함(豫備艦), 요함(僚艦), 운송함(運送艦), 잠함(潛艦), 잠수함(潛水艦), 장갑함(裝甲艦), 족재함(積載函), 적함(敵艦), 전투함(戰鬪艦), 전함(戰艦), 제함(製艦), 주력함(主力艦), 착함(着艦), 철함(鐵艦), 초계함(哨戒艦), 측량함(測量艦), 탈함/병(脫艦/兵), 통보함(通報艦), 특무함(特務艦), 폐함(廢艦), 포함(砲艦), 표적함(標的艦), 프리깃함(frigate艦), 항공모함(航空母艦), 현역함(現役艦) 들.

함(函) 물건을 넣어두는 상자. 혼인 때, 신랑 측에서 채단(采緞)과 혼서지(婚書紙)를 넣어서 신부 측에 보내는 나무 궤짝. ¶함을 팔다. 함롱(函籠), 함보(函褓;함을 싸는 보자기), 함수(函數)[76], 함장

---

65) 할인(割引): 일정한 값에서 얼마를 싸게 함.↔할증(割增). ¶할인 대매출. 할인공채(公債), 할인관세(關稅), 할인권(券), 할인되다/하다, 할인료(料), 할인발행(發行), 할인시장(市場), 할인어음, 할인율(率), 할인은행(銀行), 할인정책(政策), 할인채(債); 어음할인, 은행할인(銀行), 재할인(再), 조조할인(早朝;극장 등에서 보통 오전에는 입장 요금을 덜 받는 일).

66) 할금: 눈치를 살피려고 한 번 곁눈질을 하는 모양.≒슬쩍. 〈큰〉흘금. 힐금. 〈센〉할끔. 힐끔. ¶눈을 할금 돌리다. [+보다. 살피다].

67) 흑보기: 눈동자가 한쪽으로만 몰려 늘 흘기어 보는 사람.=편시(偏視).

68) 흘근번쩍: 눈을 함부로 흘기며 번쩍거리는 모양. ¶흘근번쩍거리다/대다/하다.

69) 할쑥하다: 얼굴에 핏기가 없고 파리하다.=핼쑥하다.[←하얗다]. 〈큰〉헐쑥하다.

70) 할쭉: ①살이 빠져서 몹시 야윈 모양. ¶볼이 할쭉 들어가다. 할쭉·헐쭉·홀쭉하다. ②심하게 오므라져 있는 모양. 〈큰〉홀쭉.

71) 할근: 숨이 차서 몹시 할딱이며 가르랑거리는 모양. 〈큰〉헐근. ¶할근할근 숨을 몰아쉬었다. 할근·헐근거리다/대다, 할근할근·헐근헐근/하다.

72) 할딱: 숨을 매우 가쁘고 급하게 몰아쉬는 소리. 또는 그 모양. 〈큰〉헐떡. ¶할딱·헐떡거리다/대다/이다, 할딱할딱/하다, 할래발딱·헐레벌떡/거리다/대다, 헐떡증(症).

73) 할락: ①숨을 조금 가쁘게 한 번 쉬는 모양. 심장이 가쁘게 뛰는 모양. ¶할락 숨쉬다. 심장이 할랑할랑 뛰다. 할랑·헐렁, 할싹·헐썩, 할씨근. ②혀를 별나게 한 번 꼬부렸다 펴면서 잘 알아듣지 못할 정도로 빠르게 말하는 모양. ¶할락 말하다.

74) 핥아세다: 옳지 못한 수단으로 남의 물건을 단번에 빼앗아 가지다. ¶남의 물건을 핥아세다.

75) 할짝: 혀끝으로 가볍게 핥는 모양.

76) 함수(函數): 따름수. ¶함숫값, 함수공간(空間), 함수관계(關係), 함수극한(極限), 함수론(論), 함수방정식(方程式), 함수열(列), 함수자, 함수족(族), 함수표(表), 함수해석학(解析學); 감소함수(減少), 기함수(奇), 다가함수(多價), 단엽한수(單葉), 대수함수(代數), 도함수(導), 로그함수(log), 무리함수(無理), 범함수(汎), 분수함수(分數), 삼각함수(三角), 상수함수(常

(函丈;스승), 함진아비, 함척(函尺;수준 측량을 하는 자); 개함(開函), 공함(空函/緘), 귀함(貴函), 도서함(圖書函), 도장함(圖章函), 돌함, 민성함(民聲函), 방전함(放電函), 배선함(配線函), 봉치함(封-函), 봉함(封函), 부주함(扶助函), 사함(私函), 사물함(私物函), 사서함(私書函)[우편사서함(郵便)], 서함(書函), 서류함(書類函), 석함(石函), 속백함(束帛函), 수신함(受信函), 예장함(禮狀函), 옥함(玉函), 우편함(郵便函), 운무함(雲霧函), 자개함, 잠함(潛函), 전리함(電離函), 존함(尊函), 지함(紙函), 칠함(漆函), 투서함(投書函), 투표함(投票函), 투함(投函), 패물함(佩物函), 편지함(便紙函), 향함(香函), 혜함(惠函), 희사함(喜捨函) 들.

함(陷) '무너지다. 파이다. 빠지다'를 뜻하는 말. ¶함닉(陷溺;물속에 빠져 들어감. 못된 일에 빠짐), 함락(陷落;땅이 꺼져서 내려앉음. 성이나 요새를 빼앗거나 빼앗음)[함락되다/하다, 함락지진(地震), 함락호(湖); 불공함락(不攻)], 함루(陷壘;진루를 함락함), 함몰(陷沒)[함몰만(灣), 함몰지진(地震), 함몰호(湖)], 함성(陷城), 함입(陷入;빠져 들어감), 함정(陷穽;구덩이. 꾀. 덫. 허방다리)[함정수사(搜査), 함정코[77]], 함중(陷中), 함지(陷地;평지보다 움푹 꺼진 땅), 함지사지(陷之死地), 함하다(바닥이 우묵하다. 기운이 까라져 있다), 함해(陷害;남을 재해에 빠지게 함); 갱함(坑陷), 결함(缺陷;缺點. 흠), 공함(攻陷;공격하여 함락시키는 것), 구함(構陷), 기함(起陷), 기함(氣陷), 모함(謀陷), 무함(誣陷), 실함(失陷), 오함(汚陷), 요함(夭陷), 요함(凹陷), 저함하다(低陷), 제함(擠陷), 지함(地陷), 참함(讒陷) 들.

함(含) '머금다. 품다'를 뜻하는 말. ¶함감(含憾), 함구(含垢), 함독(含毒;독기나 독한 마음을 품음), 함량(含量), 함루(含淚), 함묵(含默), 함분(含憤), 함분축원(含憤祝願), 함소(含笑;웃음을 머금음), 함수(含水;수분을 포함하고 있음), 함수(含羞;수줍은 빛을 띰), 함수(含漱;양치질을 함), 함수제(含漱劑), 함원(含怨;원한을 품음), 함유(含有;포함하고 있음)/량(量), 함유(含油;석유를 함유함)/층(層), 함의(含意;말이나 글 속에 어떠한 뜻이 들어 있음), 함인(含忍;참고 견딤), 함철(含鐵), 함축(含蓄)[78], 함탄(含炭), 함포고복(含哺鼓腹), 함혐(含嫌), 함호(含糊)[79]; 반함(飯含), 빈함옥(殯含玉), 포함(包含) 들.

함(銜/啣) 자기의 이름자를 달리 써서 만든 수결(手決). '재갈. 입에 물다'를 뜻하는 말. ¶함을 두다(글발의 이름 밑에 수결을 쓰다), 함륵(銜勒;재갈), 함매(銜枚;떠들지 못하도록 입에 나무 막대기를 물리던 일), 함자(銜字;남을 높이어 그의 '이름'을 이르는 말); 겸함(兼銜), 관함(官銜), 구함(具銜), 납함(納銜), 두함(頭銜), 마함(馬銜;재갈), 명함(名銜), 방함(芳銜), 성함(姓銜;銜字), 실함(實銜), 어함(御啣), 장함(長銜), 전함(前銜), 존함(尊銜), 직함(職銜), 차함(借銜) 들.

함(緘) 문·봉투의 부리, 그릇의 아가리를 붙이다[봉하다]. ¶함구(緘口;입을 다물고 말을 하지 않음)[함구령(令), 함구무언(無言), 함구불언(不言)], 함기성(緘氣性), 함묵(緘默)[함묵아(兒), 함묵증(症)], 함봉(緘封↔開封);근함(謹緘), 봉함(封緘)[봉함엽서(葉書)], 삼함(三緘;몸·입·뜻을 삼가라는 뜻) 들.

함(喊) '소리. 크게 외치다'를 뜻하는 말. ¶함성(喊聲)[고각함성(鼓角)]; 고함(高喊)[고함지르다/치다; 땡고함[80], 맞고함], 고함(鼓喊), 납함(吶喊;여러 사람이 함께 소리를 지름), 분노함(憤怒喊) 들.

함(檻) '우리(짐승을 가두어 두는 곳). 감옥(監獄). 난간(欄干)'을 뜻하는 말. ¶함거(檻車), 함창(檻倉); 연함(椽檻), 헌함(軒檻) 들.

함(鹹) '맛이 짜다'를 뜻하는 말. ¶함담(鹹淡), 함도(鹹度), 함미(鹹味), 함수(鹹水;짠물)[함수어(魚), 함수호(湖)], 함어(鹹魚), 함채(鹹菜;소금에 절인 채소), 함호(鹹糊) 들.

함(咸) '다·모두'를 뜻하는 말. ¶함고(咸告;죄다 일러바침), 함괘(咸卦), 함몰(咸沒), 함복(咸服), 함씨(咸氏;남의 조카), 함열(咸悅), 함지(咸池) 들.

함(涵): '담그다'를 뜻하는 말. ¶함양(涵養;陶冶), 함양훈도(涵養薰陶), 함영(涵泳;무자맥질), 함육(涵育;涵養), 함침(涵浸) 들.

함(頷) '턱'을 뜻하는 말. ¶함련(頷聯), 함하/물(頷下/物;남이 먹고 남은 찌꺼기. 턱찌끼), 함함하다(顑頷); 낙함(落頷), 함함하다(顑頷) 들.

함(菡) '연봉오리'를 뜻하는 말. ¶함담(菡萏;연꽃의 봉오리/미인의 용모).

함(椷) '상자(箱子). 담다'를 뜻하는 말. ¶수함(手椷;손수 쓴 글이나 편지).

함(顑) '주려서 얼굴이 누렇게 뜨다(부황들다)'를 뜻하는 말. ¶함함하다(顑頷;몹시 굶주려서 얼굴빛이 누렇게 뜨다).

함께 주로 '~과 함께' 구성으로 쓰여, 한꺼번에 같이. 동시에.≒아울러. 더불어. 같이. ¶함께 살다. 문소리와 함께 그가 들어왔다. 함께 돈을 내다. 함께 가져가다. 함께하다.

함박 ①함박꽃(목련과의 낙엽 활엽 교목의 꽃).[←한(큰)+박]. 벌어진 입이 함박꽃처럼 매우 큼. ¶합격 소식에 입이 함박만 해졌다. 함박같이(함박꽃처럼 환하게), 함박꽃/나무, 함박눈(함박송이처럼 굵고 탐스럽게 오는 눈), 함박만하다[81], 함박삭모(槊毛;말의 머리를 꾸미는 술이나 이삭모양의 털), 함박송이, 함박웃음, 함박조개. ②분량이 차고도 남도록 넉넉하게. ¶입을 함박 벌리다.

함부로 ①조심하거나 깊이 생각하지 아니하고 마음 내키는 대로.

數), 수요함수(需要), 양함수(陽), 여함수(餘), 역함수(逆), 연속함수(連續), 우함수(偶), 유리함수(有理), 음함수(陰), 이차함수(二次), 일차함수(一次), 정칙함수(正則), 정함수(整), 주기함수(週期), 증가함수(增加), 지수함수(指數), 초월함수(超越), 파동함수(波動), 합성함수(合成).

77) 함정코(陷穽): 함정에 빠지면 발이 걸리게 만든 올가미.

78) 함축(含蓄): 속에 간직하여 드러나지 아니함. 풍부한 내용이나 깊은 뜻이 들어 있음. ¶인생의 참뜻을 함축한 시편. 함축미(美), 함축성(性), 함축적(的), 함축하다(간직하다. 품다).

79) 함호(含糊): ①말을 입속에서 우물우물하고 분명하지 않게 함. ②우물우물하며 결단을 내리지 못함.

80) 땡고함(高喊): 자기의 처지, 신분에 맞지 않게 갑자기 지르는 소리. ¶땡고함을 지르다.

81) 함박만하다: 뚫린 구멍이나 벌린 입 따위가 함지박만큼 크다. ¶좋아서 입이 함박만하게 벌어지다.

≒마구. 엄벙덤벙. 분별없이. 허투루. ¶함부로 말하다. 함부로덤부로. ②이것저것 닥치는 대로. ¶일을 함부로 하다. ③버릇없이. ¶함부로 대들다/까불다.

함빡 ①모자람이 없도록 아주 넉넉하게.=넉넉히. ¶함빡 정이 들다. 〈여〉함박. ②물이 뚝뚝 듣도록 젖은 모양.≒함뿍. 흡족히. 충분히. 온통. 죄다. 에누리 없이. 〈큰〉흠뻑. ¶비를 함빡 맞다. 흠빨다(입으로 깊이 물고 흠뻑 빨다).

함석 아연을 입힌 얇은 양철. ¶함석가위, 함석공(工), 함석꽃[82], 함석담, 함석도금(鍍金;아연도금), 함석장이, 함석지붕, 함석집, 함석철(鐵), 함석철사(鐵絲;아연을 입힌 철사), 함석판(板); 골함석 들.

함실 부넘기가 없이 불길이 그냥 곧게 들어가게 된 아궁이. ¶함실을 놓다. 함실구들(함실로 된 구들), 함실방(房;함실구들로 된 방), 함실부엌, 함실아궁이, 함실장(함실아궁이 위에 놓는, 넓고 두꺼운 구들장), 함실코(입천장과 맞뚫린 코),

함실함실 삶은 물건이 너무 익어서 물크러질 정도로 된 모양. 〈큰〉흠실흠실. ¶고기를 함실함실 물크러지게 삶다. 함실함실·흠실흠실/하다.

함싹 ①조금도 남김없이 폭폭 젖은 모양. ¶옷이 함싹 젖다. ②지나칠 정도로 폭 익은 모양.=홈싹[83]. ¶고기를 함싹 익히다. ③물 따위가 넘칠 만큼 가득 고여 있는 모양. ¶눈에 눈물이 함싹 고이다.

함씬 ①꽉 차고도 남을 만큼 넉넉하게.=흠뻑. 〈큰〉흠씬. ¶감자를 함씬 익도록 삶다. 허물을 함씬 뒤집어쓰다. 함씬함씬·흠씬흠씬, 흠빨다(깊이 물고 빨다). ②물에 폭 젖은 모양.=함싹①. 홈싹①. ¶머리가 함씬 젖다. ③매를 맞거나 욕을 듣는 정도 따위가 심한 모양. ¶흠씬 욕을 먹다.

함지 ①나무로 네모지게 짜서 만든 그릇. ¶함지굽, 함지땅[분지(盆地)], 함지박/함지/함-박[84], 함지밥, 함지방(房;한번 들어가면 나올 수 없게 된 방), 함지배(함지 모양의 배); 귀함지(양쪽에 손잡이가 달린 함지), 도래함지, 두리함지박(큰 함지박), 둥근함지, 떡함지, 매함지(맷돌을 앉히는 함지), 밥함지, 전함지. ②광산에서, 복새나 감흙을 물에 일어서 금(金)을 잡는 그릇. ¶함드레[85], 함지질/하다, 함지탕(함지질을 하고 난 복대기).

함초롬-하다 젖거나 서려 있는 모양이나 상태가 가지런하고 곱다. 좀 축축하고 차분하다. ¶함초롬한 얼굴. 온화하고 함초롬한 가락. 꽃은 함초롬히 아침 이슬을 머금다. 함초롬히(가지런히).

함치르르 곱고 윤이 나며 깨끗한 모양.≒훔치르르. 〈큰〉흠치르르. ¶산악의 설경은 함치르르 분을 바른 것과 같았다. 함치르르 윤기가 흐르는 생머리. 함치레[86], 함치르르·흠치르르하다.

함함-하다 털이 보드랍고 반지르르하다. 소담하고 탐스럽다. ¶고슴도치도 제 새끼 보고 함함하다 한다. 풀잎에 맺힌 이슬이 함함하다.

합(合) ①여럿을 한데 모음. 또는 그 모은 수. 종합(綜合). '모으다·모이다. 맞다(어긋남이 없다)'를 뜻하는 말. ¶합이 얼마냐? 합가(合家), 합각(合刻), 합각(合閣)[87], 합격(合格)[합격률(率), 합격자(者), 합격품(品); 불합격(不), 수석합격(首席)], 합계(合啓), 합계(合計), 합곡(合谷), 합국(合局), 합군(合郡), 합궁(合宮), 합근(合巹), 합금/강(合金/鋼), 합기도(合氣道), 합당(合當)[합당하다; 불합당(不)], 합당(合黨), 합독(合櫝), 합동(合同)[합동변환(變換), 합동작전(作戰); 기업합동(企業)], 합동(合洞), 합뜨리다/트리다(결정적으로 합치다. 아주 합치다), 합량(合梁), 합력(合力), 합례(合禮), 합로(合路), 합류(合流)[합류되다/하다, 합류점(點)], 합리(合理)[88], 합명(合名), 합목(合木), 합목적/적(合目的/的), 합반(合班), 합방(合邦), 합방(合房), 합번(合番), 합법(合法)[89], 합벽(合壁;맞벽), 합병(合兵), 합병(合倂)[합병증(症); 병탄합병(倂呑), 흡수합병(吸收)], 합보(合褓), 합본(合本), 합부(合祔), 합빙(合氷), 합사(合沙), 합사(合絲), 합사/묘(合祀/廟), 합사주(合四柱), 합삭(合朔), 합산(合算), 합산적(合散炙), 합석(合席), 합선(合線), 합설(合設), 합섬(合纖), 합성(合成)[90], 합세(合勢;세력을 한데 모음), 합속도(合速度), 합솔(合率), 합수/머리(合水), 합숙(合宿)[합숙소(所), 합숙훈련(訓練)], 합승(合乘), 합심(合心), 합연(合演), 합용병서(合用竝書), 합위(合圍), 합유(合有), 합의(合意)[불합의(不)], 합의(合議)[91], 합일(合一), 합자(合字), 합자(合資)[합자산(算), 합자회사(會社)], 합작(合作)[합작영화(映畵), 합작품(品)], 합장(合掌)[합장매듭, 합장배례(拜禮), 합장심(心)], 합장(合葬), 합장(合醬), 합저(合著), 합점(合點), 합제(合劑), 합조(合調), 합졸(合卒), 합종(合縱), 합주(合酒), 합주/곡(合奏/曲), 합죽/선(合竹/扇), 합준(合蹲), 합중국(合衆國), 합중력(合衆力), 합중방(合中枋), 합지증(合指症), 합집(合集), 합집합(合集合), 합착(合着;한데 합하여 붙음), 합창(合唱), 합체(合體), 합취(合聚;합쳐서 모음), 합치/점(合致/點), 합치다(합하다), 합판(合板), 합판/유리(合版), 합판(合辦),

---

82) 함석꽃: 놋쇠를 녹일 때에 도가니에서 나온 연기가 굴뚝 따위에 서려 엉겨 붙은 것. 약으로 씀.

83) 홈싹: ①속 깊이까지 골고루 폭 젖은 모양.=함싹①. ¶소낙비에 속내의까지 홈싹 다 젖다. ②속 깊이까지 지나칠 정도로 익은 모양.=함싹. 함씬. ¶밤을 홈싹 익히다. 〈큰〉흠썩.=흠씬.

84) 함-박: 네모지게 나무로 짜서 만든 그릇. ¶함박조개(함지박 모양의 조개).

85) 함드레: 석탄이나 암석을 들어 나르는 데 쓰는 통.[들다⁴]

86) 함치레: 윤이 조금 흐르고 고운 모양. 〈큰〉흠치레. ¶머리가 함치레 곱다.

87) 합각(合閣): 지붕 위쪽 양옆에 박공(牔栱)으로 '人'자 모양을 이룬 각. ¶합각마루(박공 위에 있는 마루), 합각머리(합각이 있는 지붕의 양면).

88) 합리(合理): 이치에 맞음. ¶합리론(論), 합리성(性), 합리적(的), 합리주의(主義), 합리화/되다/하다(化); 불합리/성(不-性).

89) 합법(合法): 법령이나 규범에 맞음.↔불법(不法). ¶다수결로 통과되었으면 그것은 합법이다. 합법단체(團體), 합법성(性), 합법운동(運動), 합법적(的), 합법주의(主義), 합법화/되다/하다(化).

90) 합성(合成): 둘 이상의 것을 합쳐서 하나를 이룸. ¶합성고무, 합성국가(國家), 합성금/합금(金), 합성되다/하다, 합성력(力), 합성명제(命題), 합성물감, 합성법(法), 합성변성(變成), 합성변환(變換), 합성사진(寫眞;몽타주), 합성색(色), 합성섬유(纖維), 합성세제(洗劑), 합성수(數), 합성수지(樹脂), 합성어(語), 합성염료(染料), 합성음(音), 합성주(酒), 합성지(紙), 합성촬영(撮影), 합성품(品), 합성품종(品種), 합성피혁(皮革), 합성향료(香料), 합성화면(畫面); 광합성(光合成), 생합성(生), 석유합성(石油), 화학합성(化學).

91) 합의(合議): 어떤 문제에 대해 두 사람 이상이 한자리에 모여서 의논함. 합의기관이나 합의제법원에서 어떤 사실을 토의하여 의견을 종합하는 일. ¶합의하여 결정하다. 합의관할(管轄), 합의기관(機關), 합의재판(裁判), 합의점(點), 합의제(制), 합의체(體).

합판화(合瓣花), 합편(合編), 합평(合評), 합필(合筆), 합하다[92], 합헌/성(合憲/性), 합화(合和), 합환(合歡)[합환목(木;자귀나무), 합환주(酒)], 합혈(合血), 합화(合和;합하여 잘 어울림), 합환/주(合歡/酒); 가합하다(可合), 감합(勘合), 감합(嵌合;기계를 짜맞춤), 결합(結合), 경합(競合), 계합(契合), 광합성(光合成), 교합(交合), 교합(咬合), 교합(校合;異本을 비교 조사하는 일), 구합(苟合), 구합(媾合), 궁합(宮合), 규합(糾合), 기합(氣合), 내합(內合), 논리합(論理合), 단합(團合), 담합(談合), 대합실(待合室), 도합(都合), 말합(末合;마투리. 자투리), 매합(媒合), 문합술(吻合術), 배합(配合), 병합(倂合), 보합(步合), 보합(保合)[강보합(强), 약보합(弱)], 복합(複合), 봉합(封合), 봉합(縫合), 부합(附合), 부합(符合), 분합(分合), 불합(不合), 상합(相合), 수합(收合), 순합(順合), 승합(乘合), 시합(試合), 암합(暗合), 야합(野合), 여합부절(如合符節), 연합(煉合), 연합(聯合), 영합(迎合), 오합(烏合), 외합(外合), 용합(溶合), 우합(偶合;우연히 맞음. 뜻밖에 일치함), 유합(癒合), 육합(六合;천지와 사방), 융합(融合)[융합반응(反應); 핵융합(核)], 의합(意合), 의합하다(宜合), 이합/집산(離合/集散), 적합(適合), 접합(接合), 정반합(正反合), 정합(整合), 정합국(政合國), 조합(組合), 조합(照合), 조합(調合), 종합(綜合), 중합(重合), 중합(衆合)[중합도(度), 중합체(體)], 집합(集合), 집합(輯合), 총합(總合), 축합(縮合), 취합(聚合), 타합(打合), 통합(統合), 투합(投合)[의기투합(意氣), 정의투합(情義), 지기투합(志氣)], 폐합(廢合)[통폐합(統)], 포합(抱合), 하합(下合), 호합(好合), 혼합(混合), 화합(化合), 화합(和合), 회합(會合). ②칼이나 창으로 싸울 때, 칼이나 창이 서로 마주치는 횟수를 세는 단위.

합(盒) 음식을 담는 놋그릇의 하나. '그릇. 덮다'를 뜻하는 말. ¶닭찜을 합에 담다. 합배뚜리(덮개가 딸린 작은 항아리), 합보시기(뚜껑이 있는 작은 사발), 합사발(沙鉢;뚜껑이 있는 사발), 합재떨이; 굽다리합, 난합(卵盒), 돌합(돌로 만든 합), 모자합(母子盒)[93], 목합(木盒), 반합(飯盒), 반주합(飯酒盒), 분합(粉盒), 사합(沙盒), 성합(聖盒), 알합(아주 작은 합), 옥합(玉盒), 은합(銀盒), 인주합(印朱盒), 주합(酒盒), 찬합(饌盒)[마른찬합, 진찬합], 초합(草盒), 향합(香盒) 들.

합(閤) '궁중의 작은 문. 침실. 규방(閨房)'을 뜻하는 말. ¶합내(閤內;남의 가족을 높여 이르는 말), 합문(閤門;편전의 앞문), 합부인(閤夫人;높인 상대편의 아내), 합하(閤下), 합환(閤患); 규합(閨閤), 복합(伏閤), 분합(分閤), 수합(守閤), 영합(領閤), 현합(賢閤;'남의 아내'의 높임말) 들.

합(蛤) '조개'를 뜻하는 말. ¶합각(蛤殼), 합자(蛤子;섭조개나 홍합을 말린 어물); 대합(大蛤), 마합(馬蛤), 방합(蚌蛤), 백합(白蛤), 생합(生蛤), 해합분(海蛤粉), 홍합/죽(紅蛤/粥) 들.

합(闔) '나무로 만든 문짝. 문을 닫다'를 뜻하는 말. ¶합가(闔家;온 집안), 합문(闔門;온 집안. 제사 때 문을 닫음), 합안(闔眼;남의 허물을 보고도 모르는 체함) 들.

합(溘) '갑자기'를 뜻하는 말. ¶합연(溘然;갑작스러운 모양).

합(鴿) '집비둘기'를 뜻하는 말. ¶백합(白鴿;집비둘기).

합살-머리 소의 벌집위에 붙은 고기. 횟감으로 씀.

합죽 이가 빠져 입술과 볼이 오므라져 있는 모양. 또는 그런 사람이 입을 한 번 움직이는 모양. ¶합죽 볼이 오므라지다. 합죽한 입에 웃음을 띠다. 합죽거리다/대다/하다, 합죽이, 합죽합죽/하다, 합죽할미 들.

핫 입을 한껏 벌리고 명랑하고 쾌활하게 웃는 소리. 또는 그 모양. 〈큰〉헛. ¶천장이 떠나갈 듯이 핫핫 웃어 댔다.

핫- ①일부 명사 앞에 붙어 '솜을 두어 만든'의 뜻을 더하는 말. '핫-'은 의류(衣類)에만 쓰임. ¶핫것, 핫금(衾), 핫두루마기, 핫바지, 핫반(두 겹으로 된 솜반대기), 핫옷, 핫이불, 핫저고리, 핫퉁이(솜을 많이 두어 퉁퉁한 옷). ②몇몇 명사에 붙어 '배우자가 있는(솜처럼 따스한 부부 관계)'의 뜻을 더하는 말.↔홀-. ¶핫아비(아내가 있는 남자. 유부남), 핫어머니/핫어미(남편이 있는 여자. 유부녀).

항¹ ①구멍 같은 것이 속이 들여다보이게 크게 벌어졌거나 뚫린 모양. ¶구멍이 항 뚫리다. ②몹시 놀라서 숨을 제대로 쉬지 못하며 입을 짝 벌리는 모양. ¶놀라서 입을 항 벌리다.

항² 되바라지게 콧방귀를 뀌는 소리. 또는 그 모양. 〈큰〉흥. ¶콧방귀를 항 뀌다. 항야라/항야, 항이야/항야.

항(港) '바닷가에 배를 대게 설비한 대규모의 나루'를 뜻하는 말. §'공항(空港)'은 항공 수송을 위한 비행장. ¶항계(港界), 항구/도시(港口/都市), 항내(港內), 항도(港都), 항도(港圖), 항등(港燈), 항만(港灣)[항만도시(都市), 항만법(法), 항만봉쇄(封鎖), 항만역(驛), 항만창고(倉庫)], 항무(港務), 항문(港門), 항연(項軟); 갑문항(閘門港), 강항(江港), 개항(開港), 개구항(開口港), 검역항(檢疫港), 공항(空港)[국제공항(國際)], 공업항(工業港), 국제항(國際港), 군항(軍港), 귀항(歸港), 기항(寄港), 내항(內港), 도착항(到着港), 동항(凍港), 모항(母港), 무역항(貿易港), 밀항(密航), 발항(發港), 보조항(補助港), 봉항(封港), 부동항(不凍港), 부항(副港), 불개항(不開港), 산호초항(珊瑚礁港), 상항(商港), 선적항(船積港), 선적항(船籍港), 세계항(世界港), 소항(小港), 쇄항(鎖港), 수입항(輸入港), 수출항(輸出港), 시발항(始發港), 양항(良港), 어항(漁港), 여객항(旅客港), 연안항(沿岸港), 열린항, 외항(外港), 요항(要港), 운하항(運河港), 인공항(人工港), 임항(臨港), 입항(入港), 자연항(自然港), 자유항(自由港), 적하항(積荷港), 적화항(積貨港), 적출항(積出港), 정계항(定繫港), 정박항(碇泊港), 종단항(終端港), 중계항(中繼港), 주항(主港), 중립항(中立港), 착항(着港), 천연항(天然港), 축항(築港), 출발항(出發港), 출항(出港), 탄토항(呑吐港), 폐구항(閉口港), 포항(浦港), 피난항(避難港), 하항(河港), 하구항(河口港), 하천항(河川港), 항공항(航空港), 해항(海港), 해협항(海峽港), 호항(湖港), 화구항(火口港), 화물항(貨物港); 부산항/ 인천항/ 북평항/ 군산항/ 평택항 들.

항(抗) '그것에 저항하다. 막다. 들어 올리다'를 뜻하는 말. ¶항거

ㅎ

92) 합하다(合): 둘 이상이 하나가 되거나 둘 이상을 뒤섞다.↔나누다. 가르다. ¶여러 물줄기가 합하여 강을 이루다. 여럿이 힘을 합하다. 여러 가지를 합하여 만든 약. 합치다('합하다'의 힘줌말).

93) 모자합(母子盒): 합 속에 또 작은 합이 들어 있는 합.

(抗拒), 항결핵성(抗結核性), 항고(抗告)[94], 항균/성(抗菌/性), 항독소(抗毒素), 항력(抗力), 항례(抗禮), 항론(抗論), 항명/죄(抗命/罪), 항변(抗卞;抗議), 항변(抗辯)[95], 항비타민, 항산성균(抗酸性菌), 항생(抗生)[항생물질(物質), 항생제(劑)], 항산성균(抗酸性菌), 항서(降書), 항소(抗訴)[항소권(權), 항소기각(棄却), 항소심(審), 항소장(狀)], 항소극론(抗疏極論), 항수(抗手), 항심(抗心), 항안(抗顔), 항암제(抗癌劑), 항압력(抗壓力), 항압재(抗壓材), 항어(抗禦), 항언(抗言), 항역(抗逆), 항례(抗禮), 항론(抗論), 항명(抗命), 항변(抗卞), 항변(抗辯), 항역(抗逆;맞서서 거역함), 항원(抗原/元), 항응집소(抗凝集素), 항의/각서(抗議/覺書), 항이뇨제(抗利尿劑), 항일(抗日), 항자성(抗磁性), 항장력(抗張力)[96], 항재(抗材), 항쟁(抗爭;싸움), 항적/필사(抗敵/必死), 항전(抗戰), 항체(면역체)/원(抗體/原), 항혈청(抗血淸), 항형(抗衡;서로 버티어 지지 아니함), 항호르몬(抗hormone), 항효소(抗酵素), 항히스타민제(抗histamine劑); 길항(拮抗), 대항(對抗), 반항(反抗)[반항기(期), 반항심(心), 반항적(的)], 저항(抵抗), 초항(招降), 힐항(詰抗/頏) 들.

항(航) '배로 건너다. 날다. 비행하다'를 뜻하는 말. ¶항공(航空)[97], 항로(航路)[98], 항모(航母), 항법/사(航法/士), 항속(航速), 항속(航續)[항속거리(距離), 항속력(力), 항속시간(時間)], 항송(航送), 항양(航洋), 항운(航運), 항적/운(航跡/雲), 항정(航程), 항주/력(航走/力), 항주학(航宙學), 항진(航進), 항차(航次), 항차(航差), 항해(航海)[99], 항행(航行)[100]; 가항(可航), 결항(缺航), 귀항(歸航), 기항(寄航), 난항(難航), 남항(南港), 내항(內航), 내항(來航), 도항(渡航), 독항선(獨航船), 밀항(密航), 발항(發航), 복항(復航), 사항술(斜航術), 소항(溯航), 속항(續航), 순항(巡航), 순항(順航), 시항(試航), 야항(夜航), 예항(曳航), 왕항(往航), 외항(外航), 운항(運航), 원항(遠航), 인항(引航), 잠항(潛航), 제항(梯航), 종항(終航), 주항(舟航), 주항(周航), 직항(直航), 진항(津航), 진항(進航), 출항(出航), 취항(就航), 통항(通航), 회항(回/廻航), 휴항(休航) 들.

항(項) ①법률이나 문장 등의 각개의 구분. 사항(事項). 각개의 수나 양. ¶제2장 3항. 항목(項目); 각항(各項), 공통항(共通項), 공항(公項), 관항(款項), 내항(內項), 다항(多項), 단항(單項), 동류항(同類項), 말항(末項), 문항(問項), 변항(變項), 별항(別項), 비례항(比例項), 사항(事項)[101], 상항(上項), 상수항(常數項), 여항(餘項), 외항(外項), 요항(要項), 이항(移項), 일반항(一般項), 전항(前項), 절대항(絕對項), 조항(條項), 중항(中項)[등비중항(等比), 등차중항(等差)], 초항(初項), 축항(逐項), 후항(後項). ②척추동물의 머리와 몸통을 잇는 잘록한 부분. 목[頸]. ¶항강/증(項强/症), 항배(項背), 항배상망(項背相望), 항쇄/족쇄(項鎖/足鎖), 항연(項軟), 항종(項腫), 항철목(項鐵木;물방아의 굴대를 떠받치는 나무); 강항하다(强項), 부항(俯項) 들.

항(恒) '어느 때에나. 늘. 항상'을 뜻하는 말. ¶항구(恒久)[항구여일(如一), 항구성(性), 항구적(的)], 항다반/사(恒茶飯/事), 항덕(恒德), 항도(恒道;변하지 않는 바른 도리), 항등식(恒等式), 항례(恒例), 항류(恒流), 항사(恒事), 항산(恒産), 항상(恒常;늘 있음)[항상성(性), 항상소득(所得), 항상풍(風)], 항설선(恒雪線), 항성(恒性), 항성(恒星↔行星)[항성년(年), 항성도(圖), 항성월(月), 항성일(日)], 항속(恒速;일정한 속도), 항수(恒數), 항습(恒習), 항시(恒時), 항시권(恒視圈), 항심(恒心), 항언(恒言), 항업(恒業), 항온(恒溫)[항온기(器), 항온동물(動物), 항온조(槽), 항온층(層)], 항용(恒用), 항은권(恒隱圈), 항의(恒儀), 항의(恒醫), 항풍(恒風), 항하사(恒河沙;헤아릴 수 없을 만큼 많은 수량), 항현권(恒顯圈) 들.

항(行) 친족 관계의 말 뒤에 붙어, '겨레붙이의 관계 · 항렬'을 나타내는 말. '늘어서다. 순서'를 뜻하는 말. ¶항렬(行列), 항렬자(行列字), 항오(行伍;군대를 편성한 대오)[항오발천(發薦), 항오출신(出身)]; 대부항(大父行), 동항(同行), 비항(卑行), 손항(孫行), 숙항(叔行;아저씨뻘의 항렬), 안항(雁行)[102], 장인항(丈人行), 조항(祖行), 존항(尊行), 종항간(終行間), 질항(姪行) 들.

항(亢) '높다. 높이 오르다. 교만하다'를 뜻하는 말. ¶항라(亢羅)[항라직(亢羅織); 물항라, 주항라(紬)], 항룡(亢龍), 항비(亢鼻;높은 코), 항성(亢星), 항조하다(亢燥), 항진(亢進;위세 좋게 나아감. 병세가 심하여짐)[심계항진(心悸)], 항질(亢秩), 항한(亢旱;극심한 가뭄); 고항하다(高亢), 교항(驕亢;교만하고 자존심이 강함) 들.

항(巷) '거리'를 뜻하는 말. ¶항가(巷歌), 항간(巷間), 항담(巷談), 항설(巷說), 항어(巷語), 항요(巷謠), 항의(巷議), 항정(巷庭); 궁항(窮巷), 누항(陋巷)[단표누항(簞瓢)], 벽항(僻巷), 사항(斜巷), 소항(小巷), 심항(深巷), 여항(閭巷), 여항간(閭巷間), 촌항(村巷),화류항(花柳巷) 들.

항(降) '힘에 눌리어 굴복하다'를 뜻하는 말. ¶항기(降旗), 항마/검(降魔/劍), 항병(降兵), 항복(降伏/服)[항복규약(規約), 항복기(旗), 항복문서(文書), 항복하다, 항복협정(協定); 무조건항복(無條件)], 항부(降付), 항서(降書), 항의(降意;항복할 뜻), 항인(降人), 항자

---

94) 항고(抗告): 하급 법원의 결정 · 명령에 대하여, 그 당사자나 제삼자가 그 취소 또는 변경을 상급 법원에 신청하는 일. ¶항고기간(期間), 항고소송(訴訟), 항고심(審); 재항고(再), 즉시항고(卽時).

95) 항변(抗辯): 상대편의 주장에 대하여 항거하여 변론함. ¶항변권(權), 항변하다; 방소항변(妨訴), 재항변(再), 증거항변(證據).

96) 항장력(抗張力): 물체가 잡아당기는 힘에 대하여 견디어 낼 수 있는 최대한의 장력. ¶항장응력(應力).

97) 항공(航空): 항공계기(計器), 항공관제/탑(管制/塔), 항공권(券), 항공기(機), 항공대(隊), 항공도(圖), 항공등(燈), 항공등대(燈臺), 항공력(力), 항공로(路), 항공모함(母艦)/항모(航母), 항공무선(無線), 항공법(法), 항공병(病), 항공보험(保險), 항공사(士), 항공사(社), 항공사고(事故), 항공사진(寫眞), 항공선(船), 항공세관(稅關), 항공수송(輸送), 항공술(術), 항공역학(力學), 항공연료(燃料), 항공우편(郵便), 항공의학(醫學), 항공일지(日誌), 항공전(戰), 항공정찰(偵察), 항공측량(測量), 항공편(便), 항공표지(標識), 항공학(學), 항공항(港); 민간항공(民間), 산업항공(産業) 들.

98) 항로(航路): 항로변경(變更), 항로선(線), 항로신호(信號), 항로표지(標識); 국내항로(國內), 대권항로(大圈), 부/정기항로(不/定期)외국항로(外國), 자유항로(自由).

99) 항해(航海): 항해도(圖), 항해등(燈), 항해력(曆), 항해보험(保險), 항해사(士), 항해술(術), 항해일지(日誌), 항해장(長), 항해조례(條例), 항해증서(證書), 항해천문학(天文學), 항해표(表), 항해학(學); 공선항해(空船), 자유항해(自由), 처녀항해(處女).

100) 항행(航行): 배나 항공기가 항로를 따라 나아감. ¶항행구역(區域), 항행권(權), 항행기간(期間), 항행도(圖), 항행서열(序列), 항행차단(遮斷).

101) 사항(事項): 공지사항(公知), 법률사항(法律), 입법사항(立法), 전달사항(傳達), 주의사항(注意), 합의사항(合意), 헌법사항(憲法).

102) 안항(雁行): 남의 형제를 높이어 부르는 말.

(降者), 항장(降將), 항졸(降卒); 귀항(歸降), 납항(納降), 내항(來降), 수항(受降), 투항(投降) 들.

항(肛) '똥구멍'을 뜻하는 말. ¶항문(肛門)[항문괄약근(括約筋), 항문기(期), 항문소양증(搔痒症)]; 전항동물(前肛動物), 탈항(脫肛) 들.

항(杭) '막다'를 뜻하는 말.¶항타기(杭打機;무거운 쇠달구를 말뚝 머리에 떨어뜨려서 그 힘으로써 말뚝을 땅 속에 박는 기계), 항타기초(杭打基礎).

항(缸) '아래위가 좁고 배가 부른 질그릇'을 뜻하는 말. ¶항아리[103], 항독(항아리와 독), 항태(缸胎); 부항(附缸), 어항(魚缸), 옥항(玉缸), 장항(醬缸), 주항(酒缸), 태항(胎缸) 들.

항(伉) '짝. 굳세다'를 뜻하는 말. ¶항건(伉健), 항려(伉儷;남편과 아내), 항직하다(伉直;성품 따위가 곧고 굳세다) 들.

항(姮) '항아(姮娥;달)'를 뜻하는 말. ¶항궁(姮宮), 항아(姮娥;달), 항안(姮娥)[월궁항아(月宮)].

항(桁) '도리. 횃대'를 뜻하는 말. ¶단항(短桁;양쪽 끝만 받친 배다리), 의항(衣桁;횃대) 들.

항(缿) '벙어리저금통. 투서함(投書函)'을 뜻하는 말. ¶항통(缿筒;民願函).

항것 종이나 머슴이 모시는 주인. 상전(上典).

항구 염전(鹽田)에서 판에 댈 바닷물을 받는 웅덩이.

항정 ①돼지나 개의 목덜미. ②쇠고기의 양지머리 위에 붙은 부분. ¶쇠고기의 항정으로 편육을 만들다. 항정살.

항차 하물며.[←황차(況且)].

해[1] 태양(太陽). 년(年). 햇빛이나 햇볕. 일 년을 한 단위로 세는 말. ¶해가 뜨다. 우리 집은 해가 잘 든다. 여름에는 해가 길다. 몇 해 동안. 해가늠(해짐작)/하다, 해가리개, 해가림[104]/하다, 해거름(해름)/녘(해가 질 무렵), 해거리(한 해를 거름)/하다, 해굽성(性;빛을 향하여 굽는 성질), 햇귀[105], 해그늘, 해그림자, 해기둥(햇무리를 따라 나타나는 줄), 해길이, 해깍두기(봄에 새로 담근 깍두기), 해껏(해가 질 무렵까지), 햇나라, 해넘이(일몰)/께(해질녘), 해님, 햇덧[106], 햇덩이, 해돋이(일출), 해돌이(나이테), 해동갑(同甲)[107], 햇등(燈;인공 태양등), 해뜨기(해돋이), 해뜰참(해가 돋을 무렵), 해마다, 해맞이, 해무늬, 햇무리/햇물[1], 해묵다[108]/묵히다, 해바라기[109], 해바르다(양지바르다), 해받이[양산(陽傘)], 햇발(햇살. 햇귀), 햇볕(해가 내리쬐는 뜨거운 기운), 해붓기[110], 해비(해가 나면서 내리는 비. 여우비), 해비침, 햇빛(해의 밝은 빛. 세상에 알려져 칭송받는 것)/받이(陽地), 햇살(해가 내쏘는 광선), 해설피[111], 해소수[112], 해소일(消日;쓸데없는 일로 날을 보냄), 햇수(數), 해쑥(그해에 새로 자란 어린 쑥), 해안(해가 떠 있는 동안), 햇일, 해적이[연보(年譜)], 해전(前)/치기[113], 해종일(終日), 해지개[114], 해지다(해가 넘어가다), 해지킴[115], 해질녘(해질물), 해질성(性↔해바라기성), 해짐작, 해쪼이(햇빛을 쪼이는 일), 해참(해가 질 때까지의 시간. 해안), 해창(窓), 해포[해포달포, 해포이웃[116]], 해/햇-[117]; 간해(지난해), 긴긴해, 다음해, 매해(每), 묵은해, 새해[새해맞이, 새해문안(問安), 새해전갈(傳喝), 새해차례(茶禮)], 올해, 이태(두해.〈읻ᄒᆡ), 전해(前), 지난해, 지지난해, 첫해; 희다[白]. ☞ 일(日). 년(年).

해[2] 주로 사람을 나타내는 대명사 '내 · 네 · 누구/뉘 · 우리'의 아래에 쓰이어, '그의 소유(所有)임'을 나타내는 말.=것. ¶이건 내 해다. 저건 뉘 해냐.

해[3] 입을 힘없이 조금 벌린 모양. 입을 조금 벌리면서 경망하게 웃는 모양. 또는 그 소리. 〈큰〉헤. 히[118]. ¶입을 해 벌리다. 해 웃다. 해낙낙하다(마음이 흐뭇하여 만족한 느낌이 있다), 해 · 헤 · 히하다, 해해 · 헤헤 · 히히[119]거리다/대다, 해드득/해득 · 히드득/히득, 해들/해들, 해물 · 히물[120], 해발쭉 · 히벌쭉 · 헤벌쩍 ·

---

103) 항아리: 아래위가 좁고 배가 부른 질그릇.[←항+아리]. ¶항아리무늬, 항아리매듭, 항아리손님(양쪽 볼이 항아리처럼 붓는 마마), 항아리치마(항아리 모양을 한 치마); 귀때항아리, 김치항아리, 달항아리, 똥항아리, 분항아리(粉), 쌍항아리(雙), 알항아리, 오지항아리, 제석항아리(帝釋), 진동항아리(집안의 평안을 위해 돈과 쌀을 담아 모셔 두는 항아리), 질항아리, 충항아리(긴 타원형으로 만들고 청룡을 그린 사기병), 터주항아리(主缸).

104) 해가림: ①세력 있는 사람의 주위에서 총기를 어지럽히는 사람. ②햇볕을 가리는 것.

105) 햇귀: ①해가 처음 솟을 때의 빛. ②햇발.

106) 해덧: ①해가 지는 짧은 동안. 짧아 가는 가을날의 빨리 지는 해의 동안. ¶서둘지 않으면 해덧 안으로 집에 가기 힘들 거야. 햇덧이 짧다. ②일하는 데에 해가 주는 혜택. ¶햇덧을 보다.

107) 해동갑(同甲): ①해가 질 때까지의 동안. ②어떤 일을 해질 무렵까지 계속함. ¶해동갑으로 밭일을 하다. 두 사람이 해동갑을 해도 벅찬 일이다. 해동갑하다(해가 질 때가 되다).

108) 해묵다: ①한 해가 지나가다. 한 해를 지나다. ②오래되다. ¶해묵은 원한. 해묵히다(해묵게 하다).

109) 해바라기: ①추울 때 양지바른 곳에 나와 햇볕을 쬐는 일.=양지받이. ¶해바라기하다. ②국화과의 한해살이풀.

110) 해붓기: 빚이나 지불하기로 약속한 돈을 해마다 얼마씩 나누어서 갚는 일.

111) 해설피: 해가 져 빛이 약해질 무렵에. ¶얼룩빼기 황소가 해설피 금빛 게으른 울음을 우는 곳.

112) 해소수: 한 해가 좀 지나는 동안.

113) 해전치기: 해가 지기 전까지 일을 마치는 것.

114) 해지개: 해가 서쪽 지평선이나 산 너머로 넘어가는 곳.

115) 해지킴: 해가 바뀌기 전날인 섣달그믐 온밤을 새우는 일.

116) 해포이웃: 오랫동안 가깝게 사귀고 지내는 이웃.

117) 해-: 과일이나 곡식류, 동물을 나타내는 일부 명사 앞에 붙어 '그 해에 새로 난'의 뜻을 더하는 말.≒풋-. ¶햇가지, 햇감자, 햇강아지, 햇거지, 햇것, 햇고구마, 햇고기, 햇고사리, 햇곡(穀), 햇곡식(穀食), 햇과실(果實), 햇과일, 햇김, 햇김치, 해깍두기(봄에 새로 담근 깍두기), 햇나물, 햇눈(첫눈), 햇낟알, 햇내기(새내기. 풋내기), 햇누룩, 햇닭, 햇담배, 햇동(햇곡식이 나올 때까지의 동안), 햇돝, 햇마늘, 햇망아지, 햇물[2](장마 뒤에 잠시 솟다가 말라 버리는 샘물), 햇미역, 햇박, 햇밤, 햇밥, 햇벼, 햇병아리, 햇보리, 햇비둘기, 햇사과(沙果), 햇살구, 햇새, 햇소, 햇소금, 햇솜, 햇순(荀), 햇실과(實果), 해쑥, 햇일(그 해에 일어난 일), 햇잎, 해콩, 햇톳, 해팥, 햇풀; 햅쌀.

118) 히: ①만족스러울 때 입을 옆으로 크게 벌려서 싱겁게 웃는 소리나 모양. ¶아이들이 노는 것만 봐도 히 웃음이 나온다. ②비웃는 태도로 은근히 웃는 소리. 또는 그 모양. ¶히 웃으며 쳐다보다. 〈작〉해.

119) 히히: 남을 놀리듯이 짓궂게 까불며 웃는 소리. 〈작〉해해. ¶희희, 해해 · 히히거리다/대다.

120) 히물: ①입술을 좀 실그러뜨리며 소리 없이 웃는 모양. ¶히물히물 웃다. ②힘살이나 뼈 같은 것이 실그러지며 떨리는 모양. ¶근육이 히물히물

헤벌쭉/거리다/대다/하다', 헤벌레[121], 헤벌심(헤벌레), 해시시[122], 해족[123], 해해닥[124]; 애해해 · 에헤헤[125] 들.

해(海) '바다. 끝없이 넓은 세계'를 뜻하는 말. ¶해각(海角), 해경(海警), 해공(海工), 해공(海空), 해관(海關), 해구(海口), 해구(海丘), 해구/신(海狗/腎), 해구(海區), 해구(海寇), 해구(海溝), 해구(海鷗), 해국(海國), 해국(海菊), 해군(海軍)[해군기지(基地), 해군력(力), 해군본부(本部), 해군포(砲)], 해권국(海權國), 해금(海禁), 해기(海氣), 해기/사(海技/士), 해기욕(海氣浴), 해난(海難)[해난구조(救助), 해난증명서(證明書)], 해내(海內), 해녀(海女), 해니(海泥), 해달(海獺), 해당화(海棠花), 해대(海臺), 해도(海島;바다 가운데 떨어져 있는 섬), 해도(海圖), 해도(海濤), 해동/피(海桐/皮;엄나무/껍질), 해동(海東;우리나라)[해동공자(孔子), 해동청(青), 해동통보(通寶)], 해량(海量), 해량(海諒), 해령(海嶺), 해로(海路), 해록(海鹿), 해록석(海綠石), 해룡/피(海龍/皮;강치/가죽), 해류(海柳;갯버들), 해류(海流)[126], 해륙/풍(海陸/風), 해리(海狸;비버), 해리(海里)[127], 해마/아(海馬/牙), 해만(海灣), 해매(海霾;해미), 해면(海面)[평균해면(平均)], 해면(海綿)[128], 해명(海鳴), 해무(海霧;바다에 끼는 안개), 해문(海門), 해물(海物), 해미(海味), 해반(海畔;바닷가), 해반구(海半球), 해발(海拔)[129], 해방(海防), 해변(海邊), 해병(海兵), 해보(海堡), 해빙(海氷), 해사(海事), 해사(海蛇), 해산(海山)[평정해산(平頂)], 해산(海産)[해산물(物)/해물(海物), 해산비료(肥料)], 해삼(海蔘), 해상(海上)[130], 해상(海床), 해상(海象), 해상/법(海商/法), 해색(海色), 해생물(海生物), 해서(海恕;넓은 마음으로 용서함), 해서(海棲), 해석(海石), 해선(海扇;가리비), 해성(海星;불가사리), 해성단계(海成段階), 해성층(海成層), 해성토(海成土), 해소(海嘯;바닷물이 역류하여 일어나는 파도), 해수(海水)[해수욕/장(浴/場)], 해손(海損), 해송(海松), 해수(海水)[해수면(面), 해수비누, 해수욕(浴)], 해식(海蝕)[131], 해신(海神), 해심(海心;바다의 한가운데), 해심(海深), 해악(海嶽), 해안(海岸)[132], 해애(海艾), 해양(海洋)[133], 해언(海堰), 해역(海域), 해연(海淵), 해연(海燕;바다제비), 해연풍(海軟風), 해염(海鹽), 해외(海外)[134], 해용(海容), 해우(海牛), 해우(海隅), 해운(海運)[해운동맹(同盟), 해운시장(市場), 해운업(業), 해운협정(協定)], 해원(海員), 해읍(海邑), 해의(海衣;김), 해인(海人), 해인(海印;부처의 지혜), 해일(海日), 해일(海溢;바닷물이 해안을 덮침)[해일경보(警報); 지진해일(地震)], 해장(海葬), 해장(海瘴), 해저(海底)[135], 해저(海豬), 해적(海賊)[해적단(團), 해적선(船), 해적질/하다, 해적판(版)], 해적호(海跡湖), 해전(海戰), 해정(海程), 해조(海藻;바다에서 나는 조류), 해조/분(海鳥/糞), 해조/음(海潮/音), 해중(海中)[해중고혼(孤魂), 해중대원(臺原), 해중전(戰)], 해진(海進), 해진(海震), 해착(海錯), 해채(海菜), 해초(海草), 해침(海浸), 해태(海苔;김), 해퇴(海退), 해파(海波), 해팽(海膨), 해포석(海泡石), 해표(海表), 해표(海豹), 해표초(海螵蛸;오징어의 뼈), 해풍(海風), 해학(海壑;넓고 깊음), 해합분(海蛤粉;조갯가루), 해항(海港), 해협(海峽), 해화석(海花石), 해황(海況); 각해(覺海;불교의 세계), 강해(江海), 고해(苦海), 공덕해(功德海), 공해(公海), 공해(空海), 근해(近海), 난해(暖海), 남해(南海), 남극해(南極), 남빙해(南氷海), 남중국해(南中國海), 내해(內海), 다도해(多島海), 대해(大海)[막막대해(漠漠), 망망대해(茫茫), 무변대해(無邊), 양양대해(洋洋)], 도해(渡海), 동해(東海), 명해(溟海), 범람해(氾濫海), 법해(法海), 벽해(碧海), 변해(邊海), 복수해(福壽海), 부속해(附屬海), 북극해(北極海), 북빙해(北氷海), 빈해(瀕海), 빙해(氷海), 사해(四海), 사해(詞海), 사대해(四大海), 산해(山海), 산호해(珊瑚海), 상전벽해(桑田碧海), 생사해(生死海), 서해(西海), 소해(掃海), 수해(樹海), 순해선(巡海船), 심해(深海), 암해(岩海), 암해(暗海), 애욕해(愛慾海), 애해(愛海), 업해(業海), 연해(沿海), 연해(煙海), 연해(緣海), 연안해(沿岸海), 영해(領海), 외해(外海), 욕해(欲/慾海), 운해(雲海), 원해(遠海), 월해(越海), 이해(泥海;진창길), 인해(人海), 임해(臨海), 잔존해(殘存海), 절해(絕海), 절해고도(絕海孤島), 조해(潮海), 좌해(左海;우리나라), 지중해(地中海), 지혜해(智慧海), 창해(滄海), 천해(淺海), 측해(測海), 필해(筆海;글이 많이 모임), 하해(河海), 하해지택(河海之澤), 학해(學海), 항해(航海), 향수해(香水海), 호해(湖海), 화해(火海;불바다), 환해(宦海), 환해(環海); 동해(東海)/ 지중

떨리다.

121) 헤벌레: 입 따위가 어울리지 않게 넓게 벌어진 모양.=헤벌심. ¶봉구는 청산댁을 보자 헤벌레 웃었다. 헤벌심 웃다.

122) 해시시: 마음에 맞지 않던 감정이 풀려 즐거워하는 모양. 〈큰〉헤시시. ¶해시시 웃다.

123) 해족: 흐뭇한 태도로 귀엽게 살짝 한 번 웃는 모양. 〈큰〉해죽. 히죽. 〈센〉해쭉. 해쭉. ¶해족 · 해쪽 · 해죽 · 해쭉 · 히죽 · 히쭉/거리다/대다/이.

124) 해해닥: 실없이 까불거리고 웃으며 떠들어 대는 모양. 〈큰〉히히닥. 히히덕. 희희덕.

125) 에헤헤: ①가소롭다는 듯이 웃는 소리. ②천하고 비굴하게 웃는 웃음소리.

126) 해류(海流): 해류도(圖), 해류병(瓶); 동한해류(東韓), 적도해류(赤道)[남적도해류(南), 북적도해류(北)].

127) 해리(海里): 바다 위의 거리를 나타내는 길이의 단위. 1해리는 1,852m.

128) 해면(海綿): 해면동물(動物), 해면상(狀), 해면상금(狀金), 해면암(巖), 해면조직(組織), 해면질(質), 해면체(體), 해면치레(해면치렛과의 게).

129) 해발(海拔): 바다의 평균 해면(海面)을 기준으로 하여 잰 어느 지점의 높이. 표고(標高). ¶해발 1,950m의 한라산. 해발고도(高度).

130) 해상(海上): 해상권/해권(權), 해상급유(給油), 해상법(法)/해법(海法), 해상보험(保險), 해상봉쇄(封鎖), 해상예식(禮式), 해상운송(運送), 해상포획(捕獲).

131) 해식(海蝕): 파도, 조류, 연안류 따위가 해안을 침식하는 현상. 해안침식(海岸浸蝕). ¶해식굴(窟), 해식단구(段丘), 해식대(臺), 해식대지(臺地), 해식동(洞), 해식붕(棚), 해식애(崖), 해식해안(海岸).

132) 해안(海岸): 바다와 육지가 맞닿은 부분. ¶해안에 배를 정박하다. 해안가, 해안기후(氣候), 해안단구(段丘), 해안도(島), 해안도(圖), 해안림(林), 해안사구(砂丘), 해안사막(沙漠), 해안선(線), 해안지형(地形), 해안침식(浸蝕), 해안파(波), 해안평야(平野), 해안포(砲), 해안표지(標識), 해안효과(效果); 남해안(南), 단층해안(斷層), 동해안(東), 서해안(西), 암석해안(巖石), 융기해안(隆起), 이수해안(離水), 종해안(縱), 침강해안(沈降), 침수해안(沈水), 피오르드식해안(fjord;峽灣), 횡해안(橫).

133) 해양(海洋): 넓고 큰 바다. ¶해양개발(開發), 해양과학(科學), 해양관측(觀測), 해양국(國), 해양굴착(掘鑿), 해양기단(氣團), 해양기후(氣候), 해양목장(牧場), 해양법(法), 해양봉쇄(封鎖), 해양성(性), 해양소설(小說), 해양식물(植物), 해양어업(漁業), 해양오염(汚染), 해양자원(資源), 해양자유(自由), 해양적(的), 해양주권(主權), 해양지진(地震), 해양탐사(探査), 해양투기(投棄), 해양판(板), 해양학(學), 해양화학(化學), 해양회유성(回遊性), 해양효모(酵母).

134) 해외(海外): 해외방송(放送), 해외시황(市況), 해외여행(旅行), 해외이민(移民), 해외은행(銀行), 해외저금(貯金), 해외투매(投賣).

135) 해저(海底): 바다의 밑바닥. ¶해저곡(谷), 해저광물(鑛物), 해저목장(牧場), 해저분화(噴火), 해저산맥(山脈), 해저유전(油田), 해저전선(電線), 해저지진(地震), 해저지형(地形), 해저침식(浸蝕), 해저풍화(風化), 해저화산(火山).

ㅎ

해(地中)/ 베링해/ 홍해/ 카리브해 들.

해(解) '풀다 · 풀리다. 가르다. 흩어지다'를 뜻하는 말. 방정식이나 부등식을 성립시키는 미지수의 값. 풀이. 새김. ¶해를 구하다. 해각(解角), 해각/학(解刻/學), 해갈(解渴;목마름을 풂. 어려웠던 자금 사정이 좋아짐), 해결(解決;잘 처리함)[해결사(士), 해결책(策); 미해결(未)], 해고(解雇)[136], 해관(解官), 해교(解膠), 해군(解軍), 해근(解斤;근풀이), 해금(解禁;금지하였던 것을 풂)[해금기(期), 해금령(令); 금해금(金)], 해단(解團), 해답/지(解答/紙), 해당(解黨), 해당작용(解糖作用), 해대(解隊), 해독(解毒)[해독약(藥), 해독작용(作用), 해독제(劑)], 해독(解讀)[해독하다; 신호해독(信號), 암호해독(暗號)], 해동(解凍)[해동기(期), 해동되다/하다, 해동머리], 해득하다(解得;알다), 해례(解例;보기를 보이어 풂), 해로(解顱), 해리(解離)[137], 해면(解免), 해명(解明;풀어서 밝힘)[해명서(書), 해명신화(神話), 해명하다], 해몽(解夢;꿈풀이)/하다, 해몽(解蒙;어리석음을 깨우침), 해방(解放)[138], 해배(解配), 해벌(解罰), 해법(解法), 해복(解腹), 해부(解剖)[139], 해분(解盆), 해분(解紛), 해빙(解氷), 해사(解事), 해산(解産)[140], 해산(解散)[141], 해상력(解像)[해상도(度), 해상력(力)], 해석(解析)[142], 해석(解釋)[143], 해설(解雪), 해설(解說;풀이. 설명)[해설가(家), 해설집(集); 시사해설(時事)], 해소(解消), 해소(解訴), 해송(解訟), 해식(解式), 해신(解信), 해안(解顔), 해약(解約;약속을 취소함), 해어(解語), 해어화(解語花;기생), 해엄(解嚴), 해열/제(解熱/劑), 해오(解悟;진리를 깨달음), 해옥(解玉), 해우(근심을 풂)/소(解憂/所;뒷간), 해원(解寃;분풀이), 해위(解圍), 해유(解由), 해의(解義;뜻을 풀어서 밝힘), 해이(解弛;마음이나 규율이 풀리어 느즈러짐), 해이(解頤;입을 벌리고 웃음), 해임/장(解任/狀), 해자(解字), 해장(解腸), 해정(解停), 해제(解制), 해제(解除)[144], 해제(解題), 해죄(解罪), 해지(解止;解約), 해직(解職;직책에서 물러나게 함), 해척(解尺;자풀이), 해체(解體;흩어져 없어짐. 解剖), 해춘(解春), 해탈(解脫)[해탈덕(德), 해탈문(門;產門), 해탈신(身)], 해태(解怠), 해토/머리(解土;얼었던 땅이 풀림), 해판(解版), 해하(解夏), 해혹(解惑), 해합(解合); 강해(講解), 견해(見解), 고해성사(告解聖事)/고해(告解), 곡해(曲解), 관해(寬解), 기해(氣海), 난해하다(難解), 도해(圖解), 독해(讀解), 명해(明解), 변해(辯解), 분해(分解), 빙해(氷解), 상해(詳解), 속해(俗解), 신해(信解), 약해(略解), 양해(諒解), 언해(諺解), 역해(譯解), 오해(誤解), 와해(瓦解), 요해(了解), 용해(溶解), 용해(鎔解), 의해(義解), 이해(理解), 자해(自解), 자해(字解), 전해(電解)[전해구리, 전해물(物), 전해조(槽), 전해질(質)], 정해(正解), 정해(精解), 조해(潮解), 주해(註解), 지해(支/肢解), 직해(直解), 집해(集解), 체해(體解), 초해/문자(稍解;겨우 조금 앎/文字), 통해(通解), 풍해(風解;風化), 혜해(慧解), 화해(和解) 등.

해(害) 이롭지 못함. 손상(損傷) 시킴. '해치다. 방해하다'를 뜻하는 말. ¶해가 되다. 해를 끼치다. 해공(害工), 해당/분자(害黨/分子), 해독(害毒), 해론벌레(해로운 벌레), 해론새(↔이론새), 해롭다. 해보다(害), 해악(害惡), 해의(害意), 해적(害敵), 해조(害鳥), 해충(害蟲), 해치다(해롭게 하다. 다치게 하거나 죽이다), 해코지[145], 해하다; 가해(加害), 공해(公害)[146], 관수해(冠水害), 광해(光害), 광해(鑛害), 극해(極害), 냉해(冷害), 더위해, 독해(毒害), 독해(獨害), 동해(凍害), 두해(蠹害;좀 먹어 입는 해. 나쁜 영향을 끼치는 요소), 모해(謀害), 무해(無害), 민해(民害), 박상해(剝霜害), 박해(迫害), 박해(雹害), 방해(妨害), 백해무익(百害無益), 병해(病害), 병충해(病蟲害), 병해(病害), 보해(補害), 사해(詐害), 산해(山害), 살해(殺害;남의 생명을 해침), 상해(傷害), 상해(霜害), 설해(雪害), 손해(損害), 수해(水害), 수해(受害), 시해(弑害;부모나 임금을 죽임. 弑殺), 식해(食害), 약해(藥害), 연해(煙害), 오해(五害), 요해처(要害處), 위해/물(危害/物), 유해(有害), 이해/간(利害/間), 이해(貽害;남에게 해를 끼침), 일이일해(一利一害), 자해(自害), 잔해(殘害), 장해(障害), 재해(災害), 저해(沮害), 제해(除害), 조해(潮害), 참해(慘害), 충해(蟲害), 침해(侵害), 폐해(弊害), 풍해(風害), 풍무해(風霧害), 피해(被害), 피해(避害), 한해(旱害), 한해(寒害), 함해(陷害), 혹해(酷害), 화해(禍害), 환해(患害), 후해(後害), 흉해(凶害) 들.

해(駭) '놀라다'를 뜻하는 말. ¶해거(駭擧;해괴한 짓), 해괴(駭怪;매우 괴상함)[해괴망측(罔測)/하다], 해둔(駭遁;놀라서 달아남), 해망

136) 해고(解雇): 고용주(雇用主)가 고용당한 사람을 그만두게 함. ¶회사의 갑작스러운 해고 통지에 노동자들은 반발했다. 해고되다/시키다/하다, 해고수당(手當), 해고예고(豫告), 해고자(者), 해고제한(制限); 동맹해고(同盟), 일시해고(解雇), 지명해고(指名), 징계해고(懲戒).

137) 해리(解離): 풀려서 떨어짐. 분해(分解). ¶해리도(度), 해리되다/하다, 해리압(壓), 해리에너지(energy), 해리열(熱), 해리온도(溫度). 해리평형(平衡); 가수해리(加水), 열해리(熱), 전기해리(電氣)/전해(電解).

138) 해방(解放): 구속이나 억압, 부담 따위에서 벗어나게 함. ¶해방감(感), 해방구(區), 해방군(軍), 해방되다(벗어나다)/하다, 해방둥이(1945년생), 해방신학(神學), 해방운동(運動), 해방전쟁(戰爭); 노예해방(奴隸), 여성해방(女性).

139) 해부(解剖): 생물체 내부를 조사하는 일. 사물의 조리를 자세히 분석하여 연구함. ¶해부도(刀), 해부도(圖), 해부제(祭), 해부표본(標本), 해부학(學); 사법해부(司法), 법의해부(法醫), 인체해부(人體), 현미해부(顯微).

140) 해산(解産): 아이를 낳음. ¶해산구완, 해산달, 해산미역, 해산바라지, 해산쌀, 해산어미; 첫해산[초산(初產)].

141) 해산(解散): 모인 사람이 헤어지거나 헤어지게 함. 조직을 풀어서 없앰. ¶해산등(燈), 해산명령(命令); 강제해산(强制), 국회해산(國會), 무의해산(無意), 유의해산(有意), 자진해산(自進).

142) 해석(解析): 사물을 자세히 이론적으로 연구함. ¶해석기하학(幾何學), 해석학(學); 조화해석(調和).

143) 해석(解釋): 사물의 뜻이나 내용 따위를 자신의 논리에 따라 풀어서 이해함. ¶해석법규(法規), 해석법학(法學), 해석학(學); 공권적해석/공권해석(公權的), 논리해석(論理), 무권해석(無權), 문리해석(文理), 문자해석(文字), 반대해석(反對), 보충해석(補充), 유권적해석/유권해석(有權的), 조리해석(條理), 축소해석(縮小), 축조해석(逐條), 학리해석(學理), 행정해석(行政), 확대해석(擴大), 확장해석(擴張).

144) 해제(解除): 설치하였거나 장비한 것 따위를 풀어 없앰. 묶인 것이나 행동에 제약을 가하는 법령 따위를 풀어 자유롭게 함. ¶해제경보(警報), 해제계약(契約), 해제권(權), 해제되다/하다, 해제반응(反應), 해제조건(條件); 계약해제(契約), 계엄해제(戒嚴), 무장해제(武裝), 통금해제(通禁).

145) 해코지(害): 남을 해치고자 하는 짓. ¶네가 나에게 해코지를 하다니. 해코지하다.

146) 공해(公害): 산업이나 교통의 발달에 따라 사람이나 생물이 입게 되는 여러 가지 피해. ¶공해 추방 운동. 각종 공해로 환경 오염이 심각하다. 공해교육(教育), 공해방지법(防止法), 공해병(病), 공해산업(產業), 공해수출(輸出), 공해재판(裁判); 개발공해(開發), 공익공해(公益;다수의 이익이 소수에게 끼치는 공해), 공장공해(工場), 광공해(光), 도시공해(都市), 무공해(無), 산업공해(產業), 소음공해(騷音), 식품공해(食品), 우주공해(宇宙), 이차공해(二次;폐기물을 처리하는 경우에 부차적으로 발생하는 공해), 정보공해(情報), 진동공해(振動), 축산공해(畜産), 탈공해(脫).

(駭妄;해괴하고 요망스러움), 해복(駭服;놀라서 복종함), 해속하다(駭俗;놀랄 만큼 풍속이 어그러지다), 해악(駭愕;몹시 놀람), 해연하다(駭然), 해청(駭聽;매우 이상하고 놀라게 들림), 해탄(駭歎;놀라서 탄식함), 해패(駭悖;몹시 막되고 흉악함); 경해(驚駭), 진해(震/振駭) 들.

해(咳) '기침'을 뜻하는 말. ¶해기(咳氣), 해담(咳痰), 해병(咳病;기침병), 해수(咳嗽;기침)[해수병(病); 건성해수(乾性), 견폐성해수(犬吠性), 습성해수(濕性)], 해역(咳逆), 해천(咳喘), 해혈(咳血); 경해(謦咳), 담해(痰咳), 백일해(百日咳), 수해(嗽咳), 진해(鎭咳) 들.

해(該) '바로 그. 해당하는 그'나 '마땅하다. 갖추다'를 뜻하는 말. ¶해당(該當), 해리(該吏), 해민(該敏), 해박하다(該博;아는 것이 많다), 해비(該備;갖추어진 것이 넉넉함), 해사건(該事件), 해씨(該氏), 해인(該人), 해장(該掌;그 일을 맡은 사람), 해절(該切), 해지(該地), 해지역(該地域); 당해(當該) 들.

해(骸) '뼈. 시체'를 뜻하는 말. ¶해골(骸骨)[해골바가지/박, 해골산(山), 해골지킴(묘지기)], 해탄(骸炭); 걸해(乞骸), 골해(骨骸), 두해(頭骸), 망해(亡骸), 백해(百骸), 사해(死骸), 성해(聖骸), 유해(遺骸), 잔해(殘骸), 취해(臭骸), 형해(形骸) 들.

해(諧) '잘 어울리다. 농담하다. 익살부리다'를 뜻하는 말. ¶해박하다(諧博;여러 방면으로 학식이 넓다), 해성(諧聲), 해조(諧調;잘 조화됨. 즐거운 가락), 해학(諧謔)[해학가(家), 해학곡(曲), 해학극(劇), 해학문학(文學), 해학성(性), 해학소설(小說), 해학적(的)], 해화(諧和;調和); 호해[147] 들.

해(蟹) '게'를 뜻하는 말. ¶해갑(蟹甲), 해란(蟹卵), 해망구실(蟹網具失), 해정(蟹睛;게눈 같은 것이 나오는 눈병), 해조문(蟹爪紋), 해해(蟹醢;게젓), 해행(蟹行;게걸음), 해황(蟹黃;게장); 석해(石蟹;가재), 어해(魚蟹), 어해도(魚蟹圖), 어해적(魚蟹積) 들.

해(醢) '젓갈. 물고기 절임'을 뜻하는 말. ¶해장품(醢醬品), 해혜(醢醯); 나해(螺醢;소라젓), 난해(卵醢;알젓), 식해(食醢), 어시해(魚鰓醢;아감젓), 어해(魚醢;생선으로 담근 젓), 초해즙(醋醢汁;초젓국), 해해(蟹醢;게젓) 들.

해(偕) '함께'를 뜻하는 말. ¶해락(偕樂), 해래(偕來), 해로(偕老)[해로동혈(同穴); 백년해로(百年)], 해왕(偕往), 해행(偕行;함께 감) 들.

해(楷) '본뜨다. 해서(楷書;자획이 엄정한 글씨체)'를 뜻하는 말. ¶해백(楷白), 해서(楷書), 해자(楷字), 해정(楷正), 해체(楷體); 반해(半楷) 들.

해(亥) '열두째 간지. 돼지'를 뜻하는 말. ¶해방(亥方), 해시(亥時), 해좌(亥坐) 들.

해(奚) '어찌'를 뜻하는 말. ¶해가/에(奚暇), 해낭(奚囊)[148], 해금(奚琴;국악기의 한 가지), 해필(奚必) 들.

해(孩) '아이'를 뜻하는 말. ¶해동(孩童), 해아(孩兒); 동해(童孩), 아해(兒孩), 영해(嬰孩) 들.

해(垓) ①경계(境界). 끝'을 뜻하는 말. ¶해심(垓心), 해자(垓字;능이나 묘의 경계. 성 밖으로 둘러서 판 못). ②경(京)'의 만 곱절.

해(痎) '학질(瘧疾;말라리아)'을 뜻하는 말. ¶해학(痎瘧;이틀거리).

해(廨) '집 · 건물(建物)'을 뜻하는 말. ¶공해(公廨), 공해전(公廨田) 들.

해(懈) '게으르다'를 뜻하는 말. ¶해만(懈慢), 해타(懈惰), 해태(懈怠); 노해(勞懈;피로하여 게을리 함) 들.

해(邂) '뜻하지 아니하게 마주치다'를 뜻하는 말. ¶해후/하다(邂逅), 해후상봉/하다(邂逅相逢).

해감 물속에서 흙과 유기물이 썩어 생기는 냄새나는 찌끼. 물속에 가라앉은 흙의 앙금. ¶해감내, 해감탕(湯;해감 진흙탕), 해감하다(해감을 뱉어내게 하다).

해감-하다 일의 갈피를 잡을 수 없어 아득하다. 지나치게 서둘러서 어리벙벙하다.

해귀-당신 얼굴이 해바라지고 푼더분하지 못하게 생긴 사람을 낮잡아 이르는 말.

해까닥 갑자기 얼이 빠지거나 정신이 나간 모양.

해깝(다) 사람의 행실이나 언행이 아주 가볍다. ¶걸음도 해깝고 방울소리가 밤 벌판에 한층 맑게 울렸다.

해낙낙-하다 마음이 흐뭇하여 만족한 느낌이 있다. ¶해낙낙이.

해드득 참던 웃음을 입속으로 조금 가볍고 해바라지게 한 번 웃는 소리. 또는 그 모양. ¶해득 · 히득, 해들 · 히들거리다/대다, 하드닥[149].

해딱 정신이 나갔다 들었다 하는 모양.=해뜩.

해뜩¹ ①갑자기 몸을 뒤로 잦히며 자빠지는 모양. ¶해뜩 넘어지다. ②갑자기 얼굴을 돌리며 살짝 돌아보는 모양. ¶이름을 불렀더니 해뜩 돌아다보았다. ③눈알을 깜찍하게 뒤집으며 살짝 곁눈질을 하는 모양. ¶해뜩 쳐다보다. 해뜩거리다/대다. 〈큰〉희뜩. 히뜩[150].

해뜩² 밤을 고스란히 꼬박 새우는 모양. ¶밤을 해뜩 새우다.

해롱 버릇없이 가볍고 실없이 잘 까부는 모양. 〈큰〉희롱. 히롱. ¶히롱히롱 웃으며 빈정거리다. 해롱 · 희롱거리다/대다(버릇없이 까불다), 희롱해롱 · 희롱희롱/하다.

해망-쩍다 영리하지 못하고 어리석다.≒아둔하다. ¶이놈이 해망쩍게 또 어디 구경을 가지 않았나.

ㅎ

147) 호해(諕): =해학(諧謔). ¶호해로 사람을 웃기다.

148) 해낭(奚囊): 여행할 때 가지고 다니면서 시초(詩草)를 써 넣던 주머니.

149) 하드닥: 조금 갑작스럽게 한 번 소리 내어 유쾌하게 웃는 모양.=하드득. 〈큰〉흐드덕. ¶하드닥 웃다.

150) 히뜩: ①언뜻 돌아보는 모양. ¶발을 멈추고 히뜩 돌아보다. ②맥없이 넘어지거나 나동그라지는 모양. ¶히뜩 자빠지다. ③무엇이 잠깐 갑자기 눈에 뜨이는 모양.=희뜩. 〈작〉해뜩. ¶해뜩 · 히뜩거리다/대다, 히뜩히뜩/하다.

해매 요사스럽고 간악한 기운. ¶해매가 방안을 휩싸고 돈다.

해물 ①입술을 좀 샐그러뜨리며 소리 없이 웃는 모양. ¶해물해물 웃다. ②근육이나 뼈 따위가 조금 샐그러지며 떨리는 모양. ¶양쪽 볼을 해물해물 씰룩거리다. 〈큰〉히물. 해물·히물거리다/대다, 해물해물·히물히물/하다, 히물쩍.

해물딱 아이가 좀스럽게 능청을 부리며 까부는 모양. 〈큰〉히물떡. ¶아이가 해물딱 까불다.

해미 바다 위에 낀 아주 짙은 안개. 해매(海霾). ¶해미가 자욱이 덮인 바다. 포구에는 이른 아침부터 해미가 껴서 부둣가 앞은 한 치도 보이지 않았다.

해어-지다 옷이나 신 따위가 닳아서 구멍이 나거나 찢어지다.≒떨어지다. 닳다. 〈준〉해지다. ¶신발이 해어지다. 옷이 해지다. 해어뜨리다/해뜨리다. 해어트리다/해트리다.

해오라기 백로과의 새. 〈준〉해오리. ¶얼룩해오라기.

해우- '남자가 기생이나 창녀와 관계를 맺는'을 뜻하는 말. ¶해웃값, 해웃돈, 해우채/차.

해자[1] 어떤 일을 하는 데 드는 돈. '비용(費用)'의 옛말.

해자[2] 특별히 한 일 없이 공짜로 한턱내어 먹는 일.[←해좌(解座)]. ¶해자하다(잘 얻어먹다).

해작[1] 활개를 벌려 가볍게 저으며 걷는 모양. 〈큰〉헤적. 해죽. ¶해작해작 걸어와서 말을 시키다. 해작거리다/대다, 해작해작·해죽해죽·헤적헤적/하다.

해작[2] ☞ 헤다'. 헤작.

해장 전날의 술기운을 풀기 위하여 아침 식전에 술을 조금 마심. [←해정(解酲)]. ¶해장국, 해장술.

해죽 만족한 듯이 귀엽게 슬쩍 한 번 웃는 모양. 〈큰〉히죽. 〈센〉해쭉. 〈큰·센〉히쭉. ¶해죽·히죽·히쭉거리다/대다/이다/하다, 해죽이·히죽이, 해죽해죽·히죽히죽·히쭉히쭉/하다, 히벌쭉거리다/대다, 히죽벌쭉·히쭉벌쭉/하다 들.

해찰 ①마음에 썩 내키지 아니하여, 물건을 이것저것 부질없이 집적거리며 해치는 일. ¶해찰을 부리다. 해찰궂다(해찰을 부리는 버릇이 있다), 해찰스럽다, 해찰하다'. ②일에는 정신을 두지 않고 쓸데없이 다른 짓을 함. ¶해찰벽(癖;해찰하는 버릇), 해찰하다[2] 151).

해캄 녹조류 담수조(淡水藻)를 두루 일컫는 말.

해태 옳고 그름을 판단할 줄 안다고 하는 상상의 동물. 궁전 좌우에 석상(石像)으로 새겨서 세웠음.[←해치(海豸)].

해판 바닷가의 간석지에 깔려 있는 진흙탕.

151) 해찰하다[2]: 어떤 일에 정신을 두지 아니하고 딴 짓만 하다. ¶아이들이란 자칫 한눈팔고 해찰하기 일쑤라서 가끔 주의를 환기할 필요가 있다. 아이들은 수업 중에도 해찰하기 일쑤라서 집중을 유지할 방도를 찾아야 한다.

해파리 자포동물 해파리강, 히드라충강의 강장동물을 통틀어 이르는 말. ¶해파리냉채(冷菜).

핵(核) 씨. 단단한 알맹이로 된 것. 사물·현상·행동의 중심이 되는 것. 세포의 중심에 있는 것. 원자핵(原子核). ¶핵을 보유한 나라. 핵가족(核家族), 핵겨울, 핵공격(核攻擊), 핵과(核果), 핵단백질(核蛋白質), 핵력(核力), 핵막(核膜), 핵무기(核武器), 핵무장(核武裝), 핵물리/학(核物理/學), 핵물질(核物質), 핵반응(核反應), 핵발전/소(核發電/所), 핵변환(核變換), 핵병기(核兵器), 핵분열/반응(核分裂/反應), 핵붕괴(核崩壞), 핵사(核絲;생물의 핵 속에 들어 있는 실 모양의 물질), 핵산(核酸), 핵산란(核散亂), 핵상교번(核相交番), 핵실험(核實驗), 핵심(核心;알맹이)[핵심적(的), 핵심체(體)], 핵알맹이, 핵액(核液), 핵에너지, 핵연료(核燃料), 핵외전자(核外電子), 핵우산(核雨傘), 핵융합/반응(核融合/反應), 핵응용학(核應用學), 핵이성질체(核異性質體), 핵이식(核移植), 핵자(核子;알갱이), 핵자기(核磁氣), 핵전략(核戰略), 핵종(核種), 핵질(核質;세포의 핵을 구성하는 원형질), 핵클럽(club), 핵탄두(核彈頭), 핵폭발(核爆發), 핵학(核學), 핵형(核型), 핵화학(核化學); 거핵(去核), 결핵(結核), 골핵(骨核), 균핵(菌核), 귤핵(橘核), 극핵(極核), 난핵(卵核), 내핵(耐核), 반핵(反核), 분열성핵(分裂性核), 비핵(非核), 빙정핵(氷晶核), 세포핵(細胞核), 양핵(陽核), 어미핵(붕괴 전의 방사성 원자핵), 열핵(熱核), 원자핵(原子核), 음핵(陰核), 응결핵(凝結核), 이핵(離核), 정핵(精核), 정지핵(靜止核), 종핵(種核), 종핵(綜核/覈), 중핵(中核), 지핵(地核), 치핵(痔核), 휴지핵(休止核), 흑핵(黑核) 들.

핵(覈) '일의 실상을 조사하다'를 뜻하는 말. ¶핵득(覈得;사건의 실상을 조사하여 사실을 알아냄), 핵론(覈論), 핵변(覈辨), 핵사(覈査;調査), 핵실(覈實;사건의 실상을 조사함); 고핵(考覈), 검핵(檢覈), 구핵(究覈), 궁핵(窮覈), 반핵(盤覈), 변핵(辨覈), 사핵(査覈), 심핵(審覈), 엄핵(嚴覈), 정핵(精覈/核), 추핵(推覈) 들.

핵(劾) '죄를 캐묻다. 조사하다'를 뜻하는 말. ¶핵론(劾論), 핵장(劾狀), 핵정(劾情;일의 진상을 조사하여 따짐), 핵주(劾奏); 거핵(擧劾), 논핵(論劾), 자핵(自劾), 탄핵/권(彈劾/權), 피핵(被劾;탄핵을 당함) 들.

햄 목소리를 고르느라고 조금 방정스럽게 내는 기침 소리.≒헴(점잔을 빼거나 습관적으로 내는 작은 기침 소리).

행(行) ①글의 세로 또는 가로의 줄. 또는 그것을 세는 말. 서체(書體)의 하나. ¶한/두 행. 행을 바꾸다. 행각(行閣;줄행랑), 행간(行間;글줄과 글줄의 사이), 행렬[1]/식(行列/式), 행벡터(vector), 행수(行數;글 줄의 수), 행서(行書), 행시(行詩), 행체(行體), 행초(行草;행서와 초서); 공행(空行;글을 쓰지 아니하고 비워둔 줄), 말행(末行;맨 끝의 글줄), 별행(別行), 시행(詩行). ②'움직이다. 가다. 행동·행위, 간행(刊行)'을 뜻하는 말. ¶행각/승(行脚/僧), 행간(行姦), 행객(行客;나그네), 행건(行巾;상제가 쓰는 건), 행계(行啓), 행고(行苦), 행고(行賈), 행고(行鼓), 행공(行公), 행구(行具), 행군(行軍;줄을 지어 걸어감)[행군악(樂); 강행군(强)], 행궁(行宮), 행근(行殣;길에서 굶어죽은 송장), 행기(行氣;몸을 움직임. 호기를 부림), 행낭(行囊;자루. 주머니), 행년(行年;그 해까지 먹은 나이)[행년신수(身數;그 해의 좋고 나쁜 운수), 행년점(占)], 행담(行擔), 행덕(行德;불법을 닦은 공덕), 행도(行道), 행동(行動)[152], 행락(行樂)[행락객(客); 백년행락(百年)], 행랑(行廊)[153], 행려(行旅;나그네가 되어 다님)[행려병사자(病死者), 행려병자(病者), 행려시(屍)], 행력(行力;불도를 닦는 힘), 행력(行歷;지내온 경력), 행렬[1](行列;여럿이 줄지어 감)[행렬도(圖), 행렬하다; 가장행렬(假裝), 제등행렬(提燈)], 행렬(行列)[2][154], 행령(行令;명령을 시행함), 행례(行禮;예식을 행함), 행로(行路)[행로난(難;세상살이가 험하고 어려움), 행로병자(病者), 행로지인(之人); 인생행로(人生)], 행록(行錄;사람의 언행을 적은 글), 행뢰(行賂;뇌물을 보냄), 행리(行李;行裝), 행마(行馬;장기·바둑 따위에서 말을 씀), 행매(行媒;중매를 함), 행매(行賣), 행모(行暮;길을 가다가 날이 저무는 일), 행문(行文;글을 지음. 문서가 오고감), 행문이첩(行文移牒), 행방/불명(行方/不明), 행방(行房), 행법(行法), 행보(行步;걸음을 걸음. 어떤 일을 해 나감)[행보석(席;돗자리); 첫행보(처음으로 어떤 일을 해나감)], 행불성(行佛性), 행비(行比), 행사(行使)[155], 행사(行事)[156], 행사(行祀;제사를 지냄), 행사(行詐), 행상/인(行商/人), 행상(行喪;상여가 나감), 행상(行賞;상을 줌), 행색(行色)[157], 행선(行船), 행선/축원(行禪/祝願), 행선/지(行先/地), 행성(行星↔恒星), 행세(行世)[158], 행세도/행세(行勢道), 행수(한 무리의 우두머리)/기생(行首/妓生), 행수목(行需木), 행순(行巡;살피며 돌아다님), 행술(行術), 행습(行習), 행시(行時;때를 맞추어 옴), 행시주육(行尸走肉), 행신(行身;處身), 행신(行神), 행실(行實;일상의 행동), 행악(行惡;못된 짓을 함), 행업(行業;불도를 닦음), 행역(行役), 행렬(行列;줄)[행렬식(式); 가장행렬(假裝), 기행렬(旗), 사람행렬], 행용(行用), 행운/유수(行雲/流水), 행위(行爲)[159], 행유여력(行有餘力), 행음(行吟;거닐면서 글을 읽음), 행음(行淫), 행의(行衣), 행의(行義;의로운 일을 함), 행의(行誼;도리에 맞는 행위), 행의(行醫), 행이(行移), 행자(行者;속인으로서 절에 들어가 불도를 닦는 사람), 행장(行裝;여행할 때 쓰이는 물건), 행장/기(行狀/記)[160], 행장(行障;왕비의 장례 때 여럿이 장대에 매어 들고 가던 휘장), 행재소(行在所), 행적(行跡/蹟/績), 행전(行錢), 행전(行纏;바짓가랑이를 가든하게 둘러싸는 물건)[귀행전, 통행전(筒)], 행정(行政)[161], 행정(行程)[행정부피, 배기행정(排氣), 폭발행정(爆發)], 행주(行酒), 행주(行廚), 행주좌와(行住坐臥), 행중(行中), 행지(行止), 행지(行持), 행직(行直;성질이 강하고 곧음), 행진(行進)[행진가(歌), 행진곡(曲); 보보행진(步步), 시가행진(市街), 시위행진(示威)], 행차(行次)[162], 행찬(行饌), 행창(行娼), 행초(行草;담배), 행탁(行橐;여행용 주머니), 행패(行悖;버릇없는 짓을 함), 행포(行暴), 행하(行下)[163], 행하다(작정한 대로 해 나가다), 행행(行幸;임금이 궁궐

152) 행동(行動): 몸을 움직여 동작을 하거나 어떤 일을 함. 내적, 또는 외적 자극에 대한 생물체의 반응. ¶행동가(家), 행동강령(綱領), 행동거지(擧止), 행동과학(科學), 행동대(隊), 행동력(力), 행동반경(半徑), 행동성(性), 행동수정(修正), 행동심리학(心理學), 행동연습(練習), 행동요법(療法), 행동적(的), 행동주의(主義), 행동파(派), 행동하다, 행동학(學), 행동형(型), 행동환경(環境); 개인행동(個人), 공격적행동(攻擊的), 군사행동(軍事), 군중행동(群衆), 단독행동(單獨), 단체행동/권(團體行動/權), 대상행동(代償), 대인행동(對人), 동조행동(同調), 무의행동(無意), 언어행동(言語), 유의행동(有意), 이상행동(異常), 자유행동(自由), 작전행동(作戰), 직접행동(直接), 집단행동(集團), 회피행동(回避).

153) 행랑(行廊): 대문간에 붙어 있는 방. ¶행랑 빌리면 안방까지 든다(처음에는 조심스럽게 하던 일도 점차 분수를 넘게 된다). 행랑것, 행랑뒷골, 행랑방(房), 행랑살이/하다, 행랑아범, 행랑어멈, 행랑집, 행랑채(문간채); 줄행랑/놓다/치다.

154) 행렬(行列)[2]: 여러 숫자나 문자를 정사각형 또는 직사각형으로 배열한 것. ¶행렬대수(代數), 행렬론(論), 행렬식(式), 행렬역학(力學), 행렬원소(元素); 역행렬(逆), 영행렬(零).

155) 행사(行使): 부려서 씀. 권리나 권력·힘 따위를 실지로 사용하는 일. ¶국민의 권리를 행사하다. 실력을 행사하다. 무력행사(武力), 실력행사(實力).

156) 행사(行事): 일을 거행함. 또는 그 일. ¶행사를 계획하다. 행사장(場); 기념행사(記念), 연례행사(年例), 연중행사(年中), 옥외행사(屋外), 월중행사(月中), 축하행사(祝賀).

157) 행색(行色): ①겉으로 드러나는 차림이나 태도. ¶초라한 행색. 행색이 남루하다. ②길 떠나는 사람의 차림새. ¶산에 오르는 사람 같은 행색을 하고 있다.

158) 행세(行世): 세상에서 사람의 도리를 행함. ¶행세건(件), 행세꾼, 행세본(本), 행세하다; 불의행세(不義).

159) 행위(行爲): 사람이 의지를 가지고 하는 짓. 법률상의 효과 발생의 원인이 되는 의사(意思) 활동. 환경에서 유발되는 자극에 대하여 반응하는 유기체의 행동. ¶행위규범(規範), 행위기간(期間), 행위능력/자(能力/者), 행위범(犯), 행위법(法), 행위부정(不正), 행위세(稅), 행위시(時), 행위지(地); 가장행위(假裝), 개량행위(改良), 공동행위(共同), 관리행위(管理), 권리행위(權利), 기만행위(欺瞞), 기본행위(基本), 기부행위(寄附), 단독행위(單獨), 담합행위(談合), 대리행위(代理), 도발행위(挑發), 면책행위(免責), 무상행위(無償), 무책임행위(無責任), 방임행위(放任), 배신행위(背信), 범죄행위(犯罪), 법률행위(法律), 보존행위(保存), 부당노동행위(不當勞動), 부역행위(附逆), 부정행위(不正), 부정행위(不貞), 불법행위(不法), 불신행위(不信), 불/요식행위(不/要式), 불행위(不), 사법행위(私法), 사실행위(事實), 사해행위(詐害), 사행행위(射倖), 상행위(商), 생전행위(生前), 설립행위(設立), 성행위(性), 수권행위(授權), 어음행위, 월권행위(越權), 위법행위(違法), 유상행위(有償), 유책행위(有責), 은닉행위(隱匿), 자구행위(自救), 자살행위(自殺), 자상행위(自傷), 자손행위(自損行爲), 쟁의행위(爭議), 적대행위(敵對), 적법행위(適法), 전달행위(傳達), 전투행위(戰鬪), 정당업무행위(正當業務), 정당행위(正當), 집단행위(集團), 집행행위(執行), 채권행위(債權), 출연행위(出捐), 탈법행위(脫法), 탈선행위(脫線), 통치행위(統治), 편면행위(片面), 폐파행위(廢罷), 폭리행위(暴利), 해당행위(害黨), 행정행위(行政), 허위행위(虛僞).

160) 행장기(行狀記): 사람이 죽은 다음에, 그의 일생의 행적(行蹟)을 적은 글.

161) 행정(行政): 정치를 행함. 입법·사법 이외의 국가 통치 작용. ¶행정가(家), 행정감독(監督), 행정감사(監査), 행정감찰(監察), 행정개혁(改革), 행정경찰(警察), 행정계약(契約), 행정계엄(戒嚴), 행정공무원(公務員), 행정관(官), 행정관리(管理), 행정관청(官廳), 행정구역(區域), 행정구제(救濟), 행정권(權), 행정규범(規範), 행정규칙(規則), 행정기관(機關), 행정기구(機構), 행정단위(單位), 행정당국(當局), 행정도(圖), 행정명령(命令), 행정벌(罰), 행정법(法), 행정법원(法院), 행정병(兵), 행정부(府), 행정분석(分析), 행정비(費), 행정사건(事件), 행정소송/법(訴訟/法), 행정심판(審判), 행정입법(立法), 행정작용(作用), 행정재산(財産), 행정재판(裁判), 행정쟁송(爭訟), 행정적(的), 행정절차(節次), 행정정리(整理), 행정제도(制度), 행정조사(調査), 행정조직(組織), 행정지도(指導), 행정직(職), 행정처분(處分), 행정학(學), 행정해석(解釋), 행정행위(行爲), 행정협정(協定), 행정형별(刑罰), 행정형법(刑法); 경찰행정(警察), 관치행정(官治), 교육행정(敎育), 군사행정(軍事), 내무행정(內務), 말단행정(末端), 법무행정(法務), 법원행정(法院), 보건행정(保健), 복지행정(福祉), 사법행정(司法), 외무행정(外務), 위생행정(衛生), 위임행정(委任), 의료행정(醫療), 인사행정(人事), 일반행정(一般), 자치행정(自治), 재무행정(財務), 전시행정(展示), 중앙행정(中央), 지방행정(地方), 체신행정(遞信).

162) 행차(行次): 웃어른이 길 가는 것을 높여 이르는 말. ¶어느 분의 행차인가? 행차명정(銘旌), 행차소(所), 행차칼(죄인을 다른 곳으로 옮길 때 씌우던 형구); 관행차(官).

163) 행하(行下): 경사가 있을 때 주인이 하인에게 내려주는 물품. 품삯 이외에 더 주는 돈. ¶행하를 후히 주다. 행하건(件;품질이 낮은 물건), 행하조(調).

밖으로 거둥하던 일), 행혈(行血;약의 힘으로 피를 잘 돌게 함), 행형/학(行刑/學), 행호시령/행호령(行號施令), 행화(行化), 행흉(行凶/兇;사람을 죽임); 가행(家行;家風), 각행(覺行), 간행(刊行), 간행(奸行), 간행(間行), 감행(敢行), 강행(强行), 거행(擧行), 걸행(傑行), 결행(決行), 겸행(兼行), 경행(京行), 경행(徑行), 경행(經行), 계행(戒行), 계행(啓行), 계행(繼行), 고행(苦行), 공행(公行), 공행(空行;헛걸음), 과행(科行;과거를 보러감), 관행(官行), 관행/범(慣行/犯), 괴행(怪行), 궁행(躬行), 근행(勤行), 근행(覲行), 급행(急行↔緩行), 기행(奇行), 기행(紀行), 길행(吉行), 난행(亂行), 난행(難行), 남행(南行.↔北行), 남행(南行;蔭職), 남행(濫行;난잡한 행동), 내행(內行), 단행(單行), 단행(斷行), 대행(大行), 대행(代行), 덕행(德行), 도피행(逃避行), 도행역시(倒行逆施), 독행(篤行), 독행(獨行), 동행(同行)[동행중(衆), 동행인(人); 임의동행(任意)], 등행(登行), 만행(蠻行), 망행(妄行), 면행(勉行), 미행(尾行), 미행(美行), 미행(微行)/미복잠행(微服潛行), 밀행(密行), 박행(薄行), 반행(伴行), 반행(反行), 반행(頒行), 발행(發行), 배행(陪行), 배행(輩行), 백행(百行), 범행(犯行), 범행(梵行), 병행(竝行), 보행(步行), 복행(服行;복종하여 행함), 본행(本行), 봉행(奉行;어른이 시키는 일을 삼가 거행함), 북행(北行), 비행(非行), 비행(飛行), 사행(私行), 사행(邪行), 사행/천(蛇行/川), 사신행(捨身行), 상행(上行), 상행(常行), 상행(喪行), 서행(西行), 서행(徐行), 선행(先行), 선행(善行), 선행(旋行), 섭행(攝行), 성행(性行;성질과 행실), 성행(盛行;매우 성하게 행하여짐), 소행(所行;한 짓. 행한 일), 소행(素行;평소의 행실), 소행(宵行), 소행(溯行;강을 거슬러 올라감), 속행(速行), 속행(續行), 쇄행(刷行), 수행(修行;행실을 바르게 닦음), 수행(遂行;일을 계획한 대로 해냄), 수행(隨行;따라 행함), 수행(獸行), 순행(巡行), 순행(順行↔逆行), 슬행(膝行), 승행(承行), 시행(施行;실제로 행함. 법령의 효력의 실제로 발생시킴), 신행(新行), 실행(失行), 실행(實行), 악행(惡行), 암행(暗行), 암야행(暗夜行), 야행(夜行), 약행(弱行), 양행(洋行), 언행(言行)[언행록(錄), 언행일치(一致)], 여행(旅行), 여행(勵行), 역행(力行;힘을 다하여 함), 역행(逆行), 연행(連行;강제로 데리고 감), 연행(演行), 열행(烈行), 영행금지(令行禁止), 예행(豫行), 오행(五行), 완행(緩行), 용행(庸行), 운행(運行), 원행(遠行), 위행(危行), 유행(流行), 유행(遊行), 육행(陸行), 음행(淫行), 의행(義行), 의행(懿行;좋은 행실), 이행(易行), 이행(移行), 이행(履行), 인행(印行), 일행(一行), 자행(自行), 자행(恣行), 잠행(潛行), 잡행(雜行), 장행(壯行), 전행(專行), 절행(節行), 정행(正行), 제행(諸行), 조행(早行), 조행(操行), 종행(縱行), 주행(舟行), 주행(周行), 주행(晝行), 주행(走行), 준행(準行), 준행(遵行), 중행(中行), 즉행(卽行), 지행(至行), 지행(志行), 지행(知行;아는 것과 실행하는 것)/합일(合一), 직정경행(直情徑行), 직행(直行↔緩行), 진행(進行), 질행(疾行), 집행(執行), 착행(錯行), 척행(隻行), 천행(踐行), 초행(初行), 추행(追行), 추행(楸行), 추행(醜行), 출행(出行), 측행(仄/側行), 치행(治行), 치행(癡行), 칙행(勅行), 친행(親行), 탁행(卓行), 탁행(逴行), 통행(通行), 퇴행(退行), 파행(爬行), 파행(跛行), 판행(版行), 패행(悖行), 평행(平行), 폭행(暴行), 품행(品行), 하행(下行), 학행/일치(學行/一致), 한행(寒行), 해행(偕行), 해행(蟹行), 허행(虛行), 현행(現行), 혈행(血行), 호행(護行), 혼행(婚行), 화행(化行), 횡행(橫行), 효행(孝行), 후행(後行)[후행꾼, 후행상(床), 후행손님], 휴행(携行), 흉행(兇行), 흥행(興行). ③상점(商店). ¶양행(洋行), 은행(銀行). ④땅이름을 나타내는 일부 명사 뒤에 붙어 '그곳으로 감. 또는 향함'의 뜻을 더하는 말. ¶부산행/ 서울행/ 수원행/ 대전행. §'혈족간의 항렬'의 뜻으로 쓰일 때는 [항]으로 읽힘. ☞ 항(行).

행(幸) '운이 좋다. 바라다. 임금의 행차(거둥), 임금이 사랑하다'를 뜻하는 말. ¶행인지 불행인지. 행기(幸冀;요행을 바람), 행복(幸福)[164], 행신(幸臣;寵臣), 행심하다(幸甚;매우 다행하다), 행여[165]/나, 행운/아(幸運/兒), 행희(幸姬;寵姬); 경행(慶幸), 능행(陵幸), 다행(多幸)[다행스럽다/하다; 만만다행(萬萬), 만분다행(萬分), 천만다행(千萬)], 득행(得幸), 만행(萬幸), 박행하다(薄幸), 복행(伏幸), 불행(不幸)[166], 순행(巡幸), 임행(臨幸), 지행(至幸), 천행(天幸), 총행(寵幸), 폐행(嬖幸), 행행(行幸), 환행(還幸), 희행하다(喜幸) 들.

행(杏) '살구나무/살구. 은행나무'를 뜻하는 말. ¶행단(杏壇), 행림/계(杏林/界), 행원(杏園), 행인(杏仁;살구씨)[행인당(糖), 행인수(水), 행인유(油), 행인정과(正果), 행인죽(粥)], 행자(杏子)[행자목(木), 행자반(盤)], 행화(杏花); 은행(銀杏) 들.

행(倖) '복을 바람. 뜻밖에 얻은 행운'을 뜻하는 말. ¶행망(倖望), 행면(倖免), 행이득면(倖而得免); 사행(射倖), 요행(僥倖) 들.

행(悻) '발끈 화를 내다(성내다)'를 뜻하는 말. ¶행행(悻悻)[167], 행행연하다(悻悻然;발끈 성을 내어 일어서는 태도가 쌀쌀하다).

행금-하다 병목 같은 것이 희고 시원스럽게 쭉 빠지다. ¶청자 술병의 목이 행금하다. 백자 술병의 목이 행금히 빠지다.

행-내기 '그다지 뛰어나지 않은 예사로운 사람'을 얕잡아 일컫는 말.

행똥 몸피가 굵고 다리가 짧은 사람이 갸우뚱갸우뚱 걷는 모양. 〈큰〉행뚱.=흥뚱.

행망-쩍다 주의력이 없고 아둔하다. ¶하는 짓이 행망쩍다.

행주 그릇을 훔치거나 씻는 데 쓰는 헝겊. ¶행주를 치다(행주질을 하다). 행줏감, 행주질/하다, 행주치마; 마른행주, 물행주, 진행주 들.

행짜 심술을 부려 남을 해치는 짓. ¶행짜를 부리다. 행짜를 거두지 않을 작정인 듯했다. 행투리(행티를 부리는 짓), 행티[168].

행탕이 광산 구덩이 속에 괸 물 밑에 가라앉은 철분·흙·먼지 따위의 혼합물.

---

164) 행복(幸福↔不幸): 복된 운수. 욕구가 충족되어 충분한 만족과 기쁨을 느끼는 상태. ¶행복을 빌다. 행복을 누리다. 행복감(感), 행복설(說), 행복스럽다, 행복주의(主義), 행복추구권(追求權), 행복하다.

165) 행여(幸): ①운 좋게 다행히.≒바라건대. ¶기다리는 임이 행여 오시는가. 행여 꿈에라도 나타난다면 얼마나 좋을까. 행여 그 일을 아느냐? [+강한 기대감. 긍정적 상황]. ②어쩌다가 더러. ¶행여 그 일을 아느냐?

166) 불행(不幸): 불행하다; 대불행(大), 봉시불행(逢時), 시운불행(時運), 운수불행(運數), 행불행(幸).

167) 행행(悻悻): 성이 발끈 나서 자리를 박차고 떠나는 모양.

168) 행티: 심술을 부리는 버릇. ¶행티를 부리다. 그들의 행티를 다 받아 주자니 오장 육부가 부글부글 끓는다.

ㅎ

향(香) '향. 향내'를 뜻하는 말. ¶향을 피우다. 향각(香閣), 향갑(香匣), 향공양(香供養), 향궤(香櫃), 향기/롭다(香氣), 향꽃이, 향나무, 향낭(香囊), 향냄새/향내, 향다(香茶), 향로(香爐)[향로석(石); 탁향로(卓)], 향료(香料)[향료식물(植物); 천연향료(天然), 합성향료(合成)], 향목(香木), 향몽(香夢), 향미/료(香味/料), 향배(香陪), 향불/내, 향상(香床), 향설고(香雪膏), 향수/지(香水/紙), 향신료(香辛料), 향안(香案), 향연(香煙), 향운(香雲), 향유(香油), 향이(香餌;사람의 마음을 유혹하는 재물과 이익), 향전(香奠;賻儀), 향존(香尊), 향지(香脂), 향채(香菜), 향초(香草), 향촉(香燭), 향축(香祝), 향취(香臭), 향탁(香卓), 향탄산(香炭山), 향탕(香湯), 향포(香蒲;부들), 향함(香函), 향합(香盒), 향혼(香魂), 향화(香火), 향화(香華), 향훈(香薰); 가향(佳香), 국향(國香), 금사향(金絲香), 난향(蘭香), 단향/목(檀香/木), 담향(淡香), 만수향(萬壽香), 말향(抹香;가루향), 매향(埋香), 매향(梅香), 모기향, 묵향(墨香), 문향(文香), 문향(聞香), 박쥐향, 발향(香), 방향(芳香)[방향유(油), 방향제(劑)], 백운향(白雲香), 벽인향(僻人香), 부용향(芙蓉香), 북향(북 모양의 그릇에 담은 향료), 분향(焚香), 사향(麝香), 색향(色香), 선향(線香), 소합향(蘇合香), 소향(燒香), 암향(暗香), 여향(餘香), 염향인(染香人), 옥향(玉香), 용뇌향(龍腦香), 용연향(龍涎香), 울금향(鬱金香;튤립), 유향(乳香), 유향(遺香), 의향(衣香), 이향(異香), 자단향(紫檀香), 정향(丁香), 줄향, 천향(天香), 천향국색(天香國色;모란꽃), 청향(清香), 패향(佩香), 형향(馨香), 화향(花香), 황숙향(黃熟香), 회향(茴香), 훈향(薰香), 훈륙향(薰陸香;상록수의 진이 녹아 흘러 땅속에서 굳어져 향기를 내는 물건) 들.

향(向) '앞으로 향하다. 면하다. 접때'를 뜻하는 말. ¶향남(向南), 향광성(向光性), 향동(向東), 향래(向來), 향로(向路), 향류(向流), 향모(向慕;마음으로 그리워함), 향발(向發), 향방(向方), 향배(向背), 향배(向拜), 향벽(向壁), 향북(向北), 향사(向斜,↔背斜)[향사곡(谷); 지향사(地)], 향상(向上), 향서(向西), 향서(向曙), 향성(向性)[169], 향수성(向水性), 향습성(向濕性), 향시(向時), 향심력(向心力), 향양(向陽), 향양화목(向陽花木), 향우지탄(向隅之歎), 향의(向意), 향일(向日), 향자(向者), 향전(向前), 향점(向點), 향지성(向地性), 향진(向進), 향하(向下), 향하다, 향학(向學)[향학심(心), 향학열(熱)], 향화(向化), 향후(向後;이 다음); 경향(傾向), 남향(南向), 내향(內向), 대향범(對向犯), 동향(東向), 동향(動向), 발향(發向), 방향(方向)[방향각(角), 방향비(比), 방향타(舵), 방향표(標)], 배향(背向), 북향(北向), 사향(四向), 상향(上向), 서향(西向), 성향(性向), 소향(所向), 외향(外向), 운향(雲向), 의향(意向), 일향(一向), 전향(轉向), 정향(定向), 좌향(坐向), 주향(走向), 즉향(卽向), 지향(志向;생각이나 마음이 어떤 목적을 향함), 지향(指向;일정한 목표를 정하여 나아감), 진향(進向), 추향/성(趨向/性), 취향(趣向), 층향(層向), 편향(偏向), 풍향/계(風向/計), 하향(下向), 회향(回/廻向), 횡향(橫向) 들.

향(鄕) '시골. 고향. 마을'을 뜻하는 말. ¶향가(鄕歌), 향객(鄕客;시골에서 온 손님), 향곡(鄕曲;시골구석), 향관(鄕關), 향교(鄕校), 향국(鄕國), 향군(鄕軍), 향금(鄕禁), 향기(鄕妓), 향당(鄕黨;자기가 태어난 시골 마을), 향론(鄕論), 향리(鄕吏), 향리(鄕里), 향망(鄕望;향리에서의 인망), 향몽(鄕夢), 향민(鄕民), 향반(鄕班), 향병(鄕兵), 향비파(鄕琵琶), 향사(鄕士), 향사(鄕思), 향사(鄕射), 향사(鄕絲), 향서(鄕書), 향소(鄕所), 향속(鄕俗), 향수/병(鄕愁/病), 향숙(鄕塾), 향시(鄕試), 향신(鄕信), 향악(鄕樂)[향악기(器), 향악보(譜)], 향암(鄕闇), 향약(鄕約), 향약(鄕藥), 향어(鄕語), 향우/회(鄕友/會), 향원(鄕員), 향원(鄕園), 향유(鄕儒), 향음주례(鄕飮酒禮), 향읍(鄕邑), 향제(鄕第), 향조(鄕調), 향족(鄕族), 향중(鄕中), 향직(鄕職), 향찰(鄕札), 향천(鄕薦), 향청(鄕廳), 향촌(鄕村), 향토(鄕土)[170], 향폐(鄕弊), 향피리, 향학(鄕學), 향회(鄕會); 가향(家鄕), 객향(客鄕), 거향(居鄕), 경향(京鄕), 고향(故鄕), 곡향(穀鄕;穀倉), 관향(貫鄕), 구향(舊鄕), 궁향(窮鄕), 귀향(歸鄕), 근화향(槿花鄕), 낙향(落鄕), 동향(同鄕), 망향(望鄕), 반향(班鄕), 벽향(僻鄕), 본향(本鄕), 사부향(士大鄕), 사향(思鄕), 상자지향(桑梓之鄕), 색향(色鄕), 선향(仙鄕), 선향(先鄕), 성향(姓鄕), 수향(水鄕), 신향(新鄕), 실향(失鄕), 악향(惡鄕), 애향(愛鄕), 온유향(溫柔鄕), 원향(原鄕), 원향(遠鄕), 유향(留鄕), 유향(儒鄕), 이상향(理想鄕), 이향(吏鄕), 이향(異鄕), 이향(離鄕), 입향순속(入鄕循俗), 잔향(殘鄕), 제향(帝鄕), 천향(賤鄕), 체향(滯鄕), 출향(出鄕), 취향(醉鄕;술이 얼근히 취한 경지), 타향(他鄕), 투향(投鄕), 패향(悖鄕), 하향(下鄕), 하향(遐鄕;먼 시골), 환향(還鄕)[금의환향(錦衣)], 회향(懷鄕) 들.

향(享) '누리다. 드리다. 제사 지내다. 잔치'를 뜻하는 말. ¶향년(享年;나이), 향당(享堂), 향락(享樂)[향락재(財), 향락적(的), 향락주의(主義)], 향복(享福), 향사(享祀), 향수(享受), 향수(享壽), 향식(享食), 향악(享樂), 향연(享宴), 향유(享有), 향익(享益), 향첩(享帖), 향춘객(享春客;봄을 즐기는 사람); 궐향(闕享;제사를 지내지 아니함), 납향(臘享), 단향(壇享), 대향(大享), 배향(配享), 불향(佛享), 시향(時享), 안향/부귀(安享/富貴), 연향(宴享), 영향(永享), 정향(庭享), 제향(祭享), 친향(親享), 포향(飽享) 들.

향(響) '울리다. 소리. 악기'를 뜻하는 말. ¶향동(響銅), 향발/무(響鈸/舞), 향복(響卜), 향응(響應)[171], 향전(響箭), 향진(響震), 향판(響板); 교향곡(交響曲), 교향악(交響樂), 명향(鳴響), 반향(反響), 방향(方響;타악기의 하나), 성향(聲響), 여향(餘響), 영향(影響), 운향(韻響), 음향(音響), 잔향(殘響), 지향(地響), 포향(砲響) 들.

향(饗) '잔치하다. 제사 지내다'를 뜻하는 말. ¶향고(饗告), 향례(饗禮), 향설(饗設), 향연(饗宴), 향연(饗筵), 향응(饗應;특별히 융숭하게 대접함), 향전(饗奠); 대향(大饗), 대향(尙饗), 흠향(歆饗) 들.

향(餉) '음식. 식량(食糧)'을 뜻하는 말. ¶향곡(餉穀), 향궤(餉饋), 향식(餉食), 군향미(軍餉米)/군향(軍餉), 양향(糧餉), 운향사(運餉使), 일향(一餉) 들.

---

169) 향성(向性): ①고착 생활을 하는 동물의 어떤 부분이 외부의 자극에 일정한 방향으로 움직이는 성질. ②사람의 흥미나 관심이 어떤 방향으로 향하는 성질. ¶향성검사(檢査), 향성지수(指數).

170) 향토(鄕土): 시골. 고향(故鄕). ¶향토교육(教育), 향토무용(舞踊), 향토문학(文學), 향토문화(文化), 향토민(民), 향토민요(民謠), 향토방위(防衛), 향토사(史), 향토색(色), 향토애(愛), 향토예술(藝術), 향토요리(料理), 향토적(的), 향토정서(情緖;시골의 정서), 향토지(誌), 향토지리/학(地理/學), 향토학교(學校).

171) 향응(響應): ①소리에 따라 마주 소리가 울림. ②남의 주창(主唱)에 따라 마주 같은 행동을 함.

향(晌) '대낮. 나절'을 뜻하는 말. ¶반향(半晌;반나절), 일향(一晌;아주 짧은 시간) 들.

향(嚮) '바라보다 · 향하다'를 뜻하는 말. ¶향도(嚮導), 향왕(嚮/向往;마음이 어느 곳으로 향하여 감), 향일(嚮日) 들.

향긋 은근히 향기로운 느낌. ¶향긋 풀냄새가 나다. 향긋하다, 향긋이.

허(虛) 허술한 구석. 약점. 한자어 어근에 붙어 '비다. 헛것 · 거짓. 텅 빈'의 뜻을 나타냄.↔실(實). ¶허를 찌르다(노리다). 허갈(虛喝;거짓으로 꾸미어 공갈함), 허겁(虛怯;마음이 실하지 못하여 겁이 많음)[허겁대다/떨다/스럽다/지다, 허겁증(症)], 허경(虛驚;괜히 놀램), 허공(虛空;하늘. 텅 빈 공중), 허과(虛誇), 허광(虛曠;텅 비어 있음), 허구(虛構↔實際)[허구성(性), 허구적(的)], 허구렁(텅 빈 구렁), 허근(虛根↔實根), 허기(虛氣;허전한 기운), 허기(虛飢;배가 몹시 고픔)[허기증(症), 허기지다], 허기(虛器;쓸모없는 것), 허도(虛度;虛送), 허두(글이나 말의 첫머리)/가(虛頭/歌), 허랑방탕하다(虛浪放蕩), 허랑하다(虛浪;언행에 거짓이 많고 착실하지 못하다)[허랑방탕하다/허탕하다(放蕩)], 허랭(虛冷), 허령/불매(虛靈/不昧), 허령하다(虛靈;잡념이 없이 마음이 영묘하다), 허례/허식(虛禮/虛飾), 허로(虛老), 허로/증(虛勞/症), 허록(虛錄), 허론(虛論), 허류(虛留), 허리(虛痢), 허리맥(虛里脈), 허망(虛妄), 허맥(虛脈), 허명(虛名)[허명무실(無實)], 허무(虛無)[허무감(感), 허무맹랑(孟浪), 허무적(的), 허무주의(主義)], 허문(虛文), 허문(虛聞), 허박(虛薄), 허발(虛發), 허배/일(虛拜/日), 허번(虛煩), 허법(虛法), 허병(虛屛), 허병(虛病), 허보(虛報), 허복(虛卜), 어비(虛費), 허비(虛憊), 허사(虛事), 허사(虛辭), 허상(虛想), 허상(虛像), 허설(虛泄), 허설(虛說), 허성(虛星), 허성(虛聲), 허세(虛勢), 허소하다(虛疎), 허손(虛損), 허송/세월(虛送/歲月), 허수(虛宿), 허수/축(虛數/軸), 허식(虛飾;헛치레), 허실(虛失;헛되이 잃음), 허실(거짓과 참)/상몽(虛實/相蒙), 허심/탄회(虛心/坦懷), 허약(虛弱)[허약자(者), 허약하다], 허어(虛語), 허언(虛言), 허열(虛熱), 허영(虛榮;분수에 넘치는 겉치레)[허영심(心), 허영주머니], 허영청(虛影廳)/허청(虛廳), 허예(虛譽), 허욕(虛慾), 허위/배설(虛位/排設), 허위(虛威;虛勢), 허위(虛僞;거짓)[허위성(性), 허위의식(意識), 허위표시(表示), 허위행위(行爲)], 허유권(虛有權), 허일(虛日), 허자(虛字), 허장(虛葬), 허장성세(虛張聲勢;실력이 없으면서 허세로 떠벌림), 허전(虛傳;거짓 전함), 허점(虛點;弱點), 허정(虛靜), 허족(虛足), 허주(虛舟;빈 배), 허즉실(虛則實), 허증(虛症;기력이나 혈액 부족으로 몸이 쇠약해짐), 허청(虛廳;헛간으로 된 집채), 허초점(虛焦點), 허탄하다(虛誕;허망하다), 허탈/감(虛脫/感), 허투(虛套;겉치레), 허풍(虛風;믿음성이 적은 언행)[허풍떨다/풍떨다, 허풍선/이(扇), 허풍치다], 허핍(虛乏), 허하다(속이 비다. 옹골차지 못하다), 허한(虛汗), 허행(虛行;헛걸음), 허허실실/로(虛虛實實), 허혈(虛血), 허호(虛戶), 허화(虛火), 허화하다(虛華;실속 없이 겉으로만 화려하다), 허황하다(虛荒;거짓되고 근거가 없다. 들떠서 황당하다), 허훈(虛暈); 겸허하다(謙虛), 공허하다(空虛), 구허(構虛), 기허(氣虛), 내허(內虛), 부허지설(浮虛之說), 부허하다(浮虛), 부허지설(浮虛之說), 비허(脾虛), 신허(腎虛), 심허(心虛), 양허(陽虛), 영허(盈虛), 외허/내실(外虛/內實), 위허하다(胃虛), 음허(陰虛), 청허하다(淸虛), 태허(太虛), 평허(平虛), 폐허(肺虛), 혈허(血虛) 들.

허(許) ①'청하는 일을 들어 주다(허락하다). 바치다'를 뜻하는 말. ¶허가(許可)[172], 허교(許交), 허구하다(許久)[173], 허국(許國), 허급(許給), 허다하다(許多;수효가 매우 많다), 허다반(許多般;허다하게), 허락(許諾)[허락하다; 반허락(半)], 허문(許文;허락하는 문서), 허복(許卜), 허부(許否), 허상(許上), 허시(許施), 허신(許身), 허심(許心), 허약(許約), 허여(許與;권리 따위를 허락함), 허용(許容;허락하고 용납함. 막지 못하고 받아들임)[허용되다/하다, 허용량(量), 허용법규(法規), 허용치(値)], 허유(許由), 허입(許入), 허참례(許參禮), 허채(許採), 허체(許遞), 허하다, 허혼(許婚); 공허(公許), 관허(官許), 면허(面許), 면허(免許)[174], 묵허(默許), 불허(不許)[불허복제(複製); 속단불허(速斷)], 심허(心許), 양허(亮許), 용허(容許), 윤허(允許), 인허(認許), 자허(自許), 잠허(暫許), 준허(準許), 천허(擅許), 청허(聽許), 칙허(勅許), 특허(特許)[175]. ②'그쯤 되는 곳이나 정도'의 뜻을 나타내는 말.=-쯤. ¶기허(幾許;얼마), 소허(少許), 이허(里許), 이허(裏許), 십 리허/ 백 리허(里許) 들.

허(墟) '터 · 터전. 언덕'을 뜻하는 말. ¶고허(古墟), 고허(故墟), 교허(郊墟), 구허(丘墟), 사직위허(社稷爲墟), 폐허/화(廢墟/化), 황허(荒墟) 들.

허(噓) '불다(숨을 내쉬다)'를 뜻하는 말. ¶취허(吹噓;남이 잘한 것을 과장되게 칭찬하여 천거함).

허(歔) '흐느끼다. 몹시'를 뜻하는 말. ¶허읍(歔泣), 허허탄식(歔歔歎息), 허희탄식(歔欷歎息).

허(詡) '자랑하다'를 뜻하는 말. ¶자허(自詡).

허거프(다) 허전하고 어이없다. ¶허거프게 웃다.

허겁지겁 조급한 마음으로 정신없이 허둥거리는 모양. ¶놀라서 허겁지겁 달아나다/ 도망치다. 허겁지겁하다(≒갈팡질팡하다), 헝겁지겁[176].

---

172) 허가(許可): 들어줌. 법령으로 금지 또는 제한되어 있는 일을 특정의 경우 특정의 사람에게 할 수 있도록 처리하는 일.↔불허(不許). ¶허가되다/하다, 허가영업(營業), 허가원(願), 허가인(印), 허가장(狀), 허가제(制), 허가주의(主義), 허가증(證), 허가품(品); 경찰허가(警察), 무허가(無), 발매허가, 불허가(不), 영업허가(營業), 입국허가(入國), 출국허가(出國).

173) 허구하다(許久): '허구한'의 꼴로 쓰여, 날이나 세월 따위가 매우 오램을 뜻하는 말. ¶허구한 날 놀고만 있다.

174) 면허(免許): 국가 기관에서, 특정의 행위나 영업을 할 수 있도록 허가하는 일. 특정 기관에서, 어떤 기술 자격을 인정하여 줌. 또는 그 자격. ¶면허를 취소하다. 면허료(料), 면허세(稅), 면허영업(營業), 면허장(狀), 면허증(證), 면허취소(取消); 가면허(假), 대형면허(大型), 무면허(無), 소형면허(小型), 어업면허(漁業), 영업면허(營業), 운전면허(運轉), 제조면허(製造).

175) 특허(特許): 특허권(權), 특허기업(企業), 특허등록(登錄), 특허료(料), 특허발명(發明), 특허법(法), 특허사정(査定), 특허심판(審判), 특허장(狀), 특허주의(主義), 특허증(證), 특허청(廳), 특허출원(出願), 특허침해(侵害), 특허표지(標識), 특허품(品), 특허회사(會社); 물질특허(物質), 비밀특허(秘密), 식물특허(植物), 실용신안특허(實用新案)/신안특허, 의장특허(意匠), 전매특허(專賣).

176) 헝겁지겁: 좋아서 정신을 차리지 못하고 허둥거리는 모양. 〈준〉헝겁. ¶헝겁지겁하다.

ㅎ

허궁 ①어떤 물체가 공중에 번쩍 떠들리거나 떠 있는 모양. ¶낭떠러지에 허궁 떨어지다. 허궁다리(허방. 구름다리), 허궁치기(어떤 일을 들띄워 놓고 하는 것). ②어떤 사물이나 현상이 아주 터무니없이 없어지거나 보람 없이 되어 버리는 모양. ¶결국 우리는 허궁 떠서 일하는 거 아니오?

허깨비 ①기(氣)가 허할 때 착각으로 나타나는 물체.=헛것. ¶허깨비가 보인다. 허깨비걸음(정신없이 허둥지둥 걷는 걸음). ②생각보다 무게가 아주 가벼운 물건. ③겉보기와는 달리 신체적으로 정신적으로 몹시 허약한 사람을 비유하는 말.

허닥-하다 모아둔 돈이나 물건을 헐어(덜어서) 쓰기 시작하다. [←헐다²②]. ¶저축한 돈을 허닥하다.

허덕 아무 준비가 없거나 발붙일 곳이나 근거가 없이 무턱대고 하는 모양.=무턱대고. ¶그 일을 준비 없이 허덕 시작할 수는 없다.

허덕-이다 힘에 부쳐서 애쓰거나 괴로워하다. 여유가 없어서 쩔쩔매다. 어린아이가 손발을 자꾸 놀리다. ¶숨이 차서 허덕이다. 가난에 허덕이다. 허덕거리다/대다/이다, 허덕지덕(몹시 허덕거리는 모양)/하다, 허덕허덕/하다.

허덜품 범패에서, 본소리에 들어가기 전이나 짓소리 사이에 부르는 독창.

허드레 그다지 중요하지 아니하여 아무렇게나 쓸 수 있는 허름한 물건. ¶허드레로 입는 옷. 허드레꾼, 허드렛물, 허드렛소리/하다, 허드레손님, 허드렛심부름, 허드레옷, 허드렛일, 허드재비[177].

허든 다리에 힘이 없어 중심을 잃고 이리저리 발을 헛디디는 모양. ¶허든허든 발을 내딛다. 그는 마음의 준비가 끝나기도 전에 허든허든 문을 열었다. 허든거리다/대다, 허든허든/하다.

허룩-하다 없어지거나 줄다. 줄어들어서 적다. ¶허룩한 쌀자루. 주전자에 물이 허룩하다. 용돈이 허룩하다. 허수룩하다, 후룩하다[178].

허름-하다 값이 싼 듯하다. 사람이나 물건이 표준 정도에 약간 미치지 못한 듯하다. 귀중하지 아니하다.≒낡다. 허술하다. ¶허름한 집을 사서 살림을 시작했다. 허름한 옷차림. 허릅숭이(일을 실답게 하지 못하여 미덥지 못한 사람), 헐치다[179]. 허름허름/하다.

허리 ①사람의 갈빗대 아래로부터 골반 위쪽의 잘록한 부분. 사물의 잘록한 가운데 부분. ¶허리가 가늘다/ 굵다. 산허리에 나무가 울창하다. 바지허리를 줄여야 한다. 허구리[180], 허릿간(間;배의 고물 쪽의 칸), 허릿간마디, 허리감아치기, 허리길이, 허리끈, 허리나무(골풀무를 드릴 널의 아래쪽에 놓은 나무), 허릿단(바지나 치마의 허리 부분에 대는 단), 허릿달(연의 가운데에 가로 붙인 대), 허리동, 허리동이[지연(紙鳶)], 허리돛/대, 허리둘레, 허리등뼈, 허리띠/쇠, 허릿마디, 허리마비(痲痺), 허릿말기(치마나 바지의 허리에 둘러서 댄 부분), 허리맞춤, 허릿매(허리의 맵시), 허릿물(허리까지 닿을 만한 깊이의 물), 허릿바(허리띠), 허리뼈, 허리살바, 허리선(線), 허리세장(지게 밑세장 위에 가로로 댄 나무). 허리쉼, 허릿심, 허리씨름, 허리안개(산중턱을 에두른 안개), 허리앓이(요통), 허리옷, 허리잡기, 허리잡이, 허릿장(허리의 빗장), 허리접(椄), 허리죄기, 허리증(症), 허리질러[181], 허리짬(허리께. 허리춤의 부근), 허리춤[182], 허리칼(허리에 차는 칼), 허리통(허리의 둘레), 허리폭(幅), 허리품, 허리후리기, 허리휨새(낚싯대 가운데가 휘어진 모양); 가는허리, 개미허리, 등허리, 띠허리, 말허리(하고 있는 말의 중간), 바지허리, 발허리(발의 잘록한 중간 부분), 방아허리(방아채의 중간 부분), 복허리[복중(伏中)], 산허리(山)[183], 어깨허리(어깨에 걸치는 끈을 달아서 뒤로 여며 입는 치마허리), 잔허리(가는허리), 잠허리(잠을 자는 중간께), 중허리(中)[184], 중복허리(中伏;중복 무렵), 진허리[185], 추녀허리(추녀의 위로 휘어진 부분), 치마허리(치마의 맨 위 허리에 둘러서 댄 부분), 코허리(콧등의 잘록한 부분), 한허리(길이의 한중간. 허리 한가운데). ②씨름 경기에서, 사람을 이겨낸 수효를 세는 말. ¶한/두 허리. ☞ 요(腰).

허물¹ ①그릇 저지른 실수나 잘못. 과실(過失). ¶허물을 덮어주다. 그에게는 허물이 없다. 허물하다[186]; 말허물(말실수). ②=흉. ¶서로 썩 친하여 허물이 없다. 허물없다/없이; 흉허물.

허물² 살갗에서 저절로 일어나는 꺼풀. 뱀·매미 따위가 벗는 껍질. 몸의 부스럼이나 상처. ¶허물을 벗다/벗기다. 허물이 커야 고름이 많다. 허물다(살갗이 허물다), 허물벗기[탈바꿈. 탈피(脫皮)]. ☞ 헐다①.

허발 몹시 주리거나 궁하여 체면 없이 마구 덤비거나 먹는 일.=허천[187]. 걸신(乞神). ¶배고픈 김에 허발을 하고 음식을 걷어 먹었다. '걸신들리다'와 '걸신쟁이'를 사투리로 각각 '허발들리다, 허발쟁이'라고 한다. 허발하다.

허방 땅바닥이 갑자기 움푹 패어 빠지기 쉬운 땅. ¶허방을 딛고 고꾸라지다. 허방을 치다(바라던 일이 실패로 돌아가다). 허방다리(덫. 짐승을 잡기 위하여 파놓은 구덩이. 함정), 허방짚다[188], 허방치기(어떤 일을 무턱대고 함), 허방치다(바라던 일이 실패로 돌아가다); 허당[189].

허벅 물을 길어 나르는 동이. ¶허벅장단, 허벅춤; 물허벅.

---

177) 허드재비: 허드레로 쓰는 물건이나 허드레로 하는 일.
178) 후룩하다: 부피가 줄어들어 허전한 느낌이 있다. ¶품 안이 후룩하다.
179) 헐치다: ①가볍게 하다. ②허름하게 만들다.
180) 허구리: ①허리 좌우의 갈비뼈 아래 잘쏙한 부분. ¶허구리를 쿡 찌르다. ②위아래가 있는 물건의 가운데 부분.
181) 허리질러: 절반을 타서. 반쯤 되는 곳에. ¶외갓집 가는 길에는 큰 느티나무가 허리질러 서 있다.
182) 허리춤: 바지나 치마 따위에서 허리의 안쪽 부분.
183) 산허리(山): 산등성이의 잘록하게 들어간 곳.
184) 중허리(中): 평시조로 시작하여 중간에서 곡조를 잠깐 변조시켜 높은 소리로 부르는 풍류 곡조. ¶중허리시조(時調).
185) 진허리: 잔허리의 우묵하게 들어간 부분.
186) 허물하다: 허물을 들어 나무라다. ¶그릇된 일을 허물한들 무슨 소용이랴.
187) 허천: =허발. 허천나다(걸신들리다), 허천들리다(몹시 먹으려고 걸신들리다).
188) 허방짚다: 그릇 알았거나 잘못 예측하여 실패하다. 잘못 짚다.
189) 허당: 땅바닥이 갑자기 움푹 패어 빠지기 쉬운 땅. ¶허당을 짚다.

허벅지 허벅다리 안쪽의 살 깊은 곳. ¶허벅다리(넓적다리의 위의 몸통에 가까운 안쪽 부분), 허벅다리걸기, 허벅살(허벅지의 살).

허벅-지다 넉넉하고 푸짐하다. ¶돌담에는 양귀비가 허벅지게 피어 있었다.

허섭스레기 좋은 것을 골라 낸 뒤에 남은 찌꺼기 물건.=허접쓰레기.

허수아비 막대기와 짚 따위로 사람 모양을 만들어 논밭에 세우는 물건. 주관 없이 행동하는 사람.[←헛(虛)+우+아비]. 〈준〉허사비. ¶허수아비사장(社長).

허수-하다 ①허전하고 서운하다(공허감을 느끼다). ¶허수한 마음 둘 곳이 없다. 마음 한 구석이 허수하다. 그녀는 나이가 들어가는 것을 허수히 느끼지는 않는다. ②짜이지 아니하여 든든하지 못하다.≒허술하다. ¶옥이라고 허수하기 짝이 없다. 허수롭다(느슨한 데가 있다).

허술-하다 ①짜인 물건 따위가 헐어서 어울리지 아니하다. ¶옷차림이 허술하다. ②낡아 빠져서 너절하다. ¶허술한 집. ③치밀하지 못하고 엉성하여 빈틈이 있다.↔완벽하다. 빈틈없다. ¶경비가 허술하다. 허서분하다[190].

허양 ①맥없이 그냥 또는 곧바로 손쉽게. ¶허양 뒤로 나가자빠지다. ②남는 것 없이 깡그리. ¶한 달의 절반은 허양 달아나다. ③맥없이 그냥. 또는 곧바로 손쉽게. ¶허양 들어 올리다.

허영 앓고 난 뒤에 걸음걸이가 기운이 없어 쓰러질 듯이 비슬거리는 모양. ¶수척한 몸으로 허영허영 걸어가다. 몸살이 나서 신열이 대단했지만 직장을 향해 허영허영 걸어갔다. 허영거리다[191]/대다. 허영허영/하다.

허우룩 마음이 텅 빈 것같이 허전하고 서운한 모양. ¶마음이 허우룩 슬퍼지다. 허우룩하다(매우 가까운 사람과 영영 이별하여 텅 빈 것 같이 마음이 서운하다).

허우적 ①깊은 데에 빠져서 헤어나거나 벗어나려고 팔다리를 거듭 내두르는 모양. ¶물에 빠져 허우적 손을 내두르다.=허우. ②힘에 겨운 걸음걸이로 부자연스럽게 걷는 모양.=허위. 〈큰〉허위적. 〈준〉허우. ¶허우적거리다/대다/이다, 허우적허우적/허위허위하다, 허위단심[192], 허위넘다[193], 허적[194].

허울 실속이 없는 겉모양.≒겉치레.↔내실(內實). ¶허울은 그럴 듯하다. 허울 좋은 말만 지껄이다. 허울 좋은 하눌타리(실속이 없음. 빛 좋은 개살구). 허우대[195]; 겉허울(겉으로 드러나 보이는 모양새), 본허울(本;사물의 근본이 되는 꼴).

허전 ①주위에 아무것도 없어서 공허한 느낌. ¶허전한 풍경. 마음이 하전하전 쓸쓸하다. 허전감(感), 허전하다. ②무엇을 잃거나 의지할 곳이 없어진 것같이 서운한 느낌. ③느즈러져 안정감이 없는 느낌. ④다리에 힘이 없어 쓰러질 것 같은 느낌. 〈작〉하전. ¶며칠 굶주린 탓에 허전거리며 간신히 그 곳에서 빠져 나왔다. 허전거리다/대다, 하전·허전하다, 하전하전·허전허전/하다.

허접-스럽다 허름하고 잡스러운 느낌이 있다. ¶허접스러운 물건.

허정[1] 겉으로는 알뜰하게 보이나 실상은 충실하지 못함. ¶허정한 물건. 허정개비(겉보기와는 달리 속이 옹골차지 못한 사람), 허정하다.

허정[2] 다리에 힘이 없어 걸음을 제대로 걷지 못하고 비틀거리는 모양.=허영. 〈거〉허청[196]. ¶지친 다리로 허정허정 걸어 왔다. 허정·허청거리다/대다, 허청허청·허청거리다/대다, 허청대고[197].

허주 무당이 될 사람에게 씌는 허깨비. ¶허줏굿(무당이 되려고 할 때에 처음으로 신을 맞이하기 위하여 하는 굿).

허줄-하다[1] 배가 제법 고프다. 허기지고 출출하다. 〈거〉허출하다. 후출하다[198].

허줄-하다[2] 차림새가 보잘것없고 초라하다. 물건이 헐고 너절하다. ¶허줄그레[199].

허짓 기력이 없어서 몹시 비틀거리며 걷는 모양.=허적. ¶출구에서 짐을 지고 허짓허짓 들어오는 게 보였다. 허찐[200], 허치럭[201].

허천-하다 하는 말이나 짓이 허름하고 품위가 없다. 허술하고 천하다. ¶왠지 아내의 몸가짐이 허천해 보였다. 사람을 허천하게 대하다.

허탕 어떤 일을 시도하였다가 아무 소득이 없이 일을 끝냄. 또는 그렇게 끝낸 일.≒헛수고. ¶허탕을 짚다. 허탕을 치다. 허텅지거리(일정한 상대자 없이 들떼놓고 하는 '네기', '제기' 같은 말).

허턱 ①아무 생각 없이 문득 나서거나 행동하는 모양. ¶허턱 달려들다. ②이렇다 할 이유나 근거가 없이 함부로.=허청. ¶허턱 말하다/밀다. 허턱대고(허청대고;확실한 계획이 없이), 허턱대다.

허투루 ①생각 없이 아무렇게나 되는 대로.≒마구. 함부로. ¶물건을 허투루 다루다. 지금부터 내가 하는 얘기를 허투루 들어서는 찡하다.

---

190) 허서분하다: 짜임새가 느슨하다. 하는 일이 허술하다. 〈작〉하사분하다. 하사분(몹시 지쳐 나른한 모양).

191) 허영거리다: ①속이 텅 빈 것같이 매우 허전하다. ②앓고 난 뒤의 걸음걸이가 기운이 없어 곧 쓰러질 듯이 비슬비슬하다.

192) 허위단심: 일정한 목적지까지 가려고 허우적거리며 무척 애를 씀/쓰며. ¶허위단심으로 일하였소. 허위단심으로 천릿길을 찾아오다. 기별을 듣고 허위단심 달려갔다. 허위단심하고 삼사백 리 길을 달려갔다.

193) 허위넘다: 허위단심으로 높은 곳을 넘어가다. ¶고개를 허위넘다.

194) 허적: 기력이 없어서 비틀비틀 걷는 모양.=허짓. ¶허적허적 걷다. 허적거리다/대다.

195) 허우대: 겉으로 드러난 체격. 풍채가 있는 키.[←허울+대]. ¶허우대가 멀

196) 허청: 아무런 생각 없이 문득 나서거나 움직이는 모양. ¶아무 관계도 없는 일에 허청 뛰어들다.

197) 허청대고: 확실한 계획도 없이 마구.=무턱대고. ¶돈을 허청대고 쓴다. 허청대고 사업을 시작하다.

198) 후출하다: 뱃속이 비어 먹고 싶은 생각이 있다.≒출출하다. ¶후출한데 뭐 좀 없나.

199) 허줄그레: 어지간히 보잘것없고 초라한 데가 있는 모양. 〈큰〉히줄그레. ¶허줄그레 입다. 허줄그레하다.

200) 허찐: 다리에 힘이 매우 없어 이리저리 쓰러질 듯이 걷는 모양. 〈큰〉허찐. ¶허찐허찐 걷다. 허찐허찐 몸을 가누지 못하다.

201) 허치럭: 다리에 기운이 없어 무거운 걸음으로 걷는 모양. ¶허치럭 걷다.

안 된다. ②대수롭지 않게. ¶허투루 듣다. 허투루 볼 사람이 아니다. 손님을 허투루 다루다.

허퉁 몹시 서두르면서 발을 헛디디는 모양.

허튼- 명사 앞에 쓰이어, '헤프게 하는. 함부로 하는. 쓸데없는. 되지 못한'의 뜻을 나타내는 말.[〈헡(다)[202]+(으)ㄴ]. ¶허튼가락, 허튼걸음, 허튼계집, 허튼고래[203], 허튼구들, 허튼굿, 허튼놀음(허튼짓이나 허튼일)/하다, 허튼돈, 허튼말, 허튼맹세, 허튼모(↔줄모), 허튼목, 허튼발, 허튼뱅이, 허튼사람, 허튼소리(헛소리), 허튼수작/하다(酬酌), 허튼양상치기, 허튼일, 허튼장, 허튼장난/질, 허튼짓/하다, 허튼채, 허튼춤, 허튼층쌓기(막쌓기), 허튼타령, 허튼톱(나무를 켜기도 하고 자르기도 하는 톱) 들.

허틀허틀 사람이 착실하지 못하고 아무렇게나 되는대로 일하여 실답지 못한 모양. ¶허틀허틀 불성실하게 일하다. 허틀허틀하다.

허파 호흡기의 한 기관인 폐(肺). 숨주머니. ¶허파에 바람 들었다. 허파꼬리(허파의 끝 부분), 허파꼭대기, 허파꽈리[폐포(肺胞)], 허파동맥(動脈), 허파막(膜), 허파문(門), 허파바닥, 허팟병(病), 허파숨, 허파정맥(靜脈), 허파피돌기(폐순환) 들.

허허- 몇몇 명사 앞에 붙어, '끝없이 넓은'을 뜻하는 말. ¶허허넓다(끝없이 넓다), 허허들판, 허허바다, 허허벌판.

헉 ①갑자기 덤비는 모양. ¶헉 하고 달려들다. ②몹시 놀라거나 겁에 질려서. 또는 지쳐서 숨을 제대로 쉬지 못하는 모양. 또는 그 소리.=허걱. ¶헉헉 · 헉헉거리다/대다.

헌(獻) '드리다 · 바치다. 어진 사람'을 뜻하는 말. ¶헌공(獻供), 헌관(獻官), 헌근/지성(獻芹/之誠), 헌금(獻金), 헌납(獻納)[헌납금(金), 헌납되다/하다, 헌납품(品)], 헌다(獻茶), 헌답(獻畓), 헌당/식(獻堂/式), 헌등(獻燈), 헌물(獻物), 헌미(獻米), 헌민(獻民), 헌배(獻杯), 헌병(獻餠), 헌본(獻本), 헌부(獻俘), 헌사(獻詞/辭), 헌상(獻上), 헌생(獻牲;신에게 희생을 바침), 헌서(獻書), 헌성(獻誠), 헌수(獻酬), 헌수(獻壽), 헌시(獻詩), 헌식/돌(獻食), 헌신/적(獻身/的), 헌언(獻言), 헌의(獻議;의견을 드림), 헌작(獻爵), 헌정(獻呈;물품을 바침), 헌제(獻題), 헌주(獻奏), 헌찬(獻饌), 헌책(獻策), 헌체(獻替), 헌향(獻香), 헌혈(獻血), 헌화(獻花;신불이나 죽은이의 영전에 꽃을 바침); 공헌(貢獻), 단헌(單獻)[무축단헌(無祝)], 문헌(文獻), 봉헌(奉獻), 삼헌(三獻;初獻.亞獻.終獻), 승헌(陞獻), 진헌(進獻), 초헌관(初獻官), 투헌(投獻) 들.

헌(憲) '법. 상관(上官)'을 뜻하는 말. ¶헌량(憲量), 헌법(憲法), 헌병(憲兵), 헌장(憲章)[국제노동헌장(國際勞動), 어린이헌장], 헌정(憲政); 개헌(改憲), 관헌(官憲), 국헌(國憲), 당헌(黨憲), 대헌(大憲), 대헌장(大憲章), 방헌(邦憲), 사헌부(司憲府), 위헌(違憲), 입헌(立憲;헌법을 제정함)[입헌국(國), 입헌적(的), 입헌정치(政治), 입헌제도(制度), 입헌주의(主義)], 제헌/절(制憲/節), 조헌(朝憲), 합헌/성(合憲/性), 호헌(護憲) 들.

---

202) 헡다/허틀다: '흐트러지다'의 옛말. [←흩다].

203) 허튼고래: 불길이 이리저리 서로 통하여 들어가도록 굄돌을 흩어서 놓은 방구들.

헌(軒) '수레. 처마 · 추녀. 집. 높이 오르다'를 뜻하는 말. ¶헌가(軒架;시렁과 같은 높은 곳에 걺), 헌거(軒擧)[204], 헌두(軒頭), 헌등(軒燈;처마에 다는 등), 헌면(軒冕), 헌앙(軒昂), 헌연하다(軒然;의기가 당당하다), 헌초(軒軺), 헌함(軒檻), 헌헌장부(軒軒丈夫;외모가 준수하고 쾌활한 남자), 헌호(軒號), 헌활(軒豁); 고헌(高軒), 동헌(東軒), 모헌(茅軒), 서헌(書軒;공부방), 초헌(軺軒;외바퀴 수레) 들.

헌걸-차다 풍채가 좋고 의기가 당당한 듯하다. 기운이 매우 장하다. 키가 매우 크다.[←헌거(軒擧;너그러움. 의젓함)]. ¶헌걸차게 생기다. 허우대가 헌걸차게 생긴 사람. 헌걸스럽다/스레.

헌칠-하다 시원스럽게 훤하다. 키와 몸집이 보기 좋게 어울리도록 크다 늘씬하다.≒미끈하다. 건장하다. ¶헌칠한 하늘. 그는 키도 헌칠하고 성격도 매우 밝다. 헌칠한 청년. 헌칠민틋하다(헌칠하고 민틋하다).

헐(歇) '쉬다. 헐하다(값이 싸다. 약하다)'를 뜻하는 말. ¶헐가(歇價;헐값), 헐간(歇看;탐탁지 않게 보아 넘김), 헐값, 헐객(歇客;허랑방탕한 사람), 헐박(歇泊;쉬고 묵음), 헐변(歇邊;싼 이자), 헐복하다(歇福;어지간히 복이 없다), 헐소청(歇所廳), 헐숙(歇宿;歇泊), 헐잡다(헐하게 어림을 치다), 헐장(歇杖), 헐치(歇治;가볍게 벌함), 헐치(歇齒;닳아서 제대로 잘 맞지 않는 톱니바퀴의 이), 헐치다(가볍게 하다. 허름하게 하다), 헐하다[205]/헗다, 헐후하다(歇后;대수롭지 않다); 간헐(間歇)[206], 고헐(苦歇), 고헐(高歇), 지헐(至歇), 취헐(就歇) 들.

헐-겁다 끼울 물건보다 끼일 자리가 좀 크다.≒크다. 느슨하다. 헐렁하다. 〈작〉할갑다. ¶신발이 헐겁다. 할가이 · 헐거이, 할랑[207] · 헐렁거리다/대다/하다, 할랑할랑 · 헐렁헐렁하다, 헐렁이(마음이 들떠서 흔들리는 사람), 헝그레[208], 헹글헹글/하다[209], 훌렁하다.

헐(다)' ①몸에 부스럼이나 상처가 나서 짓무르다.≒곪다. 상하다(傷).↔낫다. ¶입안이 헐었다. 허물다'(헌데가 생기다), 헌데[210], 헌머리(헌데가 생긴 머리), 헐미[211]. ②물건 따위가 오래 되거나 많이 써서 해진 상태가 되다.≒낡다. ¶마루가 헐었다. 헐어도 비단옷. 헌[212].

---

204) 헌거(軒擧): 풍채가 좋고 의기가 당당하며 너그러워 인색하지 아니함. ¶헌거롭다, 헌거로이,

205) 헐하다: ①값이 시세보다 싸다.≒눅다. ¶배추 값이 헐하다. 헐값, 헐즉(헐하게 어림잡아서). ②엄하지 아니하다. ③일 따위가 생각한 것보다는 힘이 들지 아니하다.

206) 간헐(間歇): 간헐류(流), 간헐열(熱), 간헐온천(溫泉), 간헐적(的), 간헐천(川), 간헐천(泉).

207) 할랑: ①몹시 할가워서 이리저리 움직이는 모양. ¶옷을 할랑할랑 크게 입다. ②조심스럽지 아니하고 경박한 행동을 하는 모양. 〈큰〉헐렁.

208) 헝그레: ①동작이 어렵지 아니하고 여유가 있이. ¶지게를 헝그레 지다. ②힘겹지 아니하고 쉽게. ¶문제를 헝그레 해결하다. ③여유가 생겨 마음이 가볍게.

209) 헹글헹글하다: 입거나 끼운 물건이 너무 커서 몹시 헐겁다. ¶반지가 헹글헹글 손가락에서 겉돌다.

210) 헌데: 살갗이 헐어서 상한 자리. 부스럼. ¶헌데가 아물지 않았다.

211) 헐미: 다치거나 부스럼이 나거나 하여 살이 헐고 상한 자리. 또는 그런 병.

헐(다)² ①집 따위의 구조물이나 쌓아 놓은 물건을 무너뜨리다.≒부수다.↔짓다. ¶집을 헐고 새로 짓다. 허물다²[213], 헐리다, 헐벗다[214]. 헐어지다, 헐크러지다(헐리고 엉클어지다). ②김치와 같이 일정한 그릇에 저장한 음식을 처음 용기(容器)를 뜯다. ¶독을 헐어 김치를 꺼내다. ③일정한 돈 또는 물건을 꺼내거나 쓰기 시작하다. 모아 놓은 것을 축나게 하다. ¶만 원짜리 지폐를 헐다. 저금통을 헐어 생일 선물의 샀다. 예금까지 헐어 쓰다.

헐(다)³ 다른 사람을 나쁘게 말하다. 험담하다.≒비방하다(誹謗). ¶남의 인격을 헐다. 주인공을 칭찬하는 사람도 있고 헐어 말하는 사람도 있다. 헌해[215], 헐뜯다[216].

헐헐 시원스럽게 활개를 저으며 걸어가는 모양. ¶헐헐 걷다.

험¹ 상처가 아문 자리. 허물이나 결점.[←흠(欠)]. ¶험이 많다. 험을 잡다(트집을 잡다).

험² 헛기침을 하는 소리. ¶험! 험! 헛기침을 하며 마을을 한 바퀴 돌았다. 햄 · 흼(목소리를 고르는 기침 소리).

험(險/嶮) '험하다. 음흉하다'를 뜻하는 말. ¶험객(險客;성질이 험악한 사람), 험구/가(險口/家), 험궂다, 험난하다(險難), 험담(險談), 험랑(嶮浪;사납고 험한 파도), 험로(險路), 험산(險山), 험상/궂다/스럽다/쟁이(險狀), 험상(險相;험하게 보이는 인상), 험악스럽다/하다(險惡), 험액하다(險阨;지형이 험하고 좁다), 험어(險語;어려워서 알아듣기 힘든 말), 험언(險言;險談), 험요(險要;지세가 험하여 방어하기에 좋음), 험원하다(險遠;길이나 일이 험하고도 멀다), 험이(險夷/易), 험조하다(險阻;지세가 험난하고 막히어 있다), 험준하다(險峻), 험지(險地), 험탄(險灘;험난한 여울), 험판(嶮阪/險坂;험준한 고개), 험피하다(險詖;사람됨이 음험하고 바르지 못하다), 험하다[217]; 간험하다(奸險), 간험하다(艱險), 고험하다(高險), 구험하다(口險), 기험(崎險), 모험(冒險), 보험(保險), 섭험(涉險), 시험하다(猜險), 심험하다(心險), 심험하다(深險), 위험(危險), 음험하다(陰險), 절험하다(絕險), 조험하다(阻險), 준험하다(峻險), 천험(天險), 탐험(探險), 흉험(凶險) 들.

험(驗) '증거. 시험하다. 조사하다. 보람. 효능'을 뜻하는 말. ¶험결(驗決;조사하여 결정함), 험기(驗氣;병이 나아가는 기미), 험기특(驗奇特), 험득(驗得), 험문(驗問), 험불(驗佛), 험산(驗算;檢算), 험수콕(驗水cock), 험좌(驗左;참고가 될 만한 증거나 증인), 험지(驗知); 검험(檢驗), 경험(經驗), 고험(考驗), 누시누험(屢試屢驗), 답험(踏驗;논밭에 가서 작황을 조사함), 법험(法驗), 부험(符驗), 선험(先驗), 섭험(涉險), 수험(受驗), 시험(試驗), 신험(神驗), 실험(實驗), 안험(按驗), 영험(靈驗), 유험(有驗), 응험(應驗), 이험(異驗), 정험(定驗), 조험(照驗), 좌험(左驗), 증험(證驗), 징험(徵驗), 체험(體驗), 피험자(被驗者), 효험(效驗) 들.

험(杴) '가래(농기구의 한 가지)'를 뜻하는 말. ¶목험(木杴;넉가래).

협수룩 ①머리털이나 수염이 자라서 텁수룩한 모양. ¶머리가 협수룩 자라다. 협수룩하다, 협수룩히. ②옷차림이 어지럽고 허름한 모양. ¶옷이 협수룩 허름하다.

협신 물기가 조금 있으면서 물렁물렁하여 건드리는 대로 쭈그러지는 모양. ¶협신협신하다.

협협-하다 ①활발하고 융통성이 있으며 대범하다. ¶성격이 협협하다. 그 형은 마음이 협협한 사람이다. ②규모는 없으나 인색하지 아니하여 잘 쓰는 버릇이 있다. ¶그는 돈을 너무 협협하게 쓰고 다닌다.

헛- 일부 명사나 동사 앞에 붙어 '실속 없는. 가짜의. 보람이 없는. 소용이 없는. 마구. 잘못'의 뜻을 더하는 말. '헷-'은 표기상 이형태.[←허(虛)]. ¶헛가게, 헛가래, 헛가지, 헛간(間), 헛걱정, 헛걸음/질/치다/하다, 헛것, 헛것불(도깨비불), 헛결정(決定), 헛고생(苦生), 헛곳, 헛공론(公論), 헛공부(工夫), 헛구역/질/하다(嘔逆), 헛구호(口號), 헛굴, 헛글[218], 헛금줄(禁), 헛기다리다, 헛기르다, 헛기운(氣運), 헛기침, 헛길, 헛김, 헛꿈, 헛끌, 헛나가다, 헛나이, 헛나발(헛소리), 헛나이, 헛날, 헛노릇/하다, 헛농사(農事), 헛놓다/놓이다, 헛늙다, 헛다리/품(헛걸음질), 헛다리질/하다, 헛대포, 헛덮치다, 헛돈, 헛돌다/돌리다, 헛돌이[공전(空轉)], 헛동자(童子), 헛되다/헛되이, 헛듣다/들리다, 헛들다[219], 헛디디다, 헛딴곳, 헛뛰어다니다, 헛말(빈말), 헛맞다/맞추다/맞히다, 헛매질, 헛맹세/하다(盟誓), 헛먹다, 헛무덤, 헛문서(文書), 헛물[헛물관(管)], 헛물켜다, 헛바람, 헛바퀴, 헛발/질/하다, 헛발악(發惡), 헛방(房), 헛방망이질, 헛방아쇠(시늉만의 총질), 헛방귀, 헛방치다(放), 헛배, 헛배우다, 헛벌이, 헛보다/보이다, 헛부엌, 헛불/놓다, 헛비판(批判), 헛뺑뺑이, 헛뿌리, 헛살(군살), 헛살다, 헛삶이/하다, 헛생각, 헛생색, 헛선심(善心), 헛세월(歲月), 헛소동(騷動), 헛소리/꾼/하다, 헛소문(所聞), 헛손질/하다, 헛솥, 헛수(手), 헛수고(헛애), 헛수술, 헛숨, 헛스윙(swing), 헛심, 헛심부름, 헛씹다, 헛아궁이, 헛애(보람 없이 쓴 애), 헛얼[220], 헛열매, 헛웃음, 헛인물(人物;가

---

212) 헌: '낡은. 성하지 아니한'의 뜻을 나타내는 말.[←헐(다)+ㄴ]. ¶헌 물건을 모으다. 헌것, 헌계집, 헌사람, 헌소리(조리에 맞지 않는 말), 헌솜, 헌쇠, 헌신짝, 헌옷[헌옷가지, 헌옷때기], 헌종이, 헌집, 헌짚신, 헌책(冊), 헌털뱅이('헌것'을 친하게 이르는 말).

213) 허물다²: 쌓이거나 짜여 있는 것을 헐어서 무느다. 사회적으로 이미 주어져 있는 규범, 관습 따위를 없어지게 하다.≒부수다. 헐다. 무너뜨리다.↔세우다. 짓다. 쌓다. ¶담을/벽을 허물다. 고정관념을 허물다. 허물리다, 허물어뜨리다/트리다, 허물어지다.

214) 헐벗다: ①가난하여 떨어진 누더기를 입다. ¶헐벗기다. ②산에 나무가 없어 맨바닥이 다 드러나다.

215) 헌해: 남을 좋지 않게 말하는 것. 험담(險談). 흠구덕(欠). ¶동네방네 다니면서 자식들 헌해를 하는 부모가 어디 있겠나.

216) 헐뜯다: 남을 해치려고 헐거나 해쳐서 말하다. ¶자리에 없는 사람 헐뜯어 봐야 자기 욕하는 것과 진배없다.

217) 험하다(險): ①지세가 평탄하지 않아 발붙이기 어렵다. ¶산길이 험하다. ②나타난 모습이 무섭거나 보기 흉하다. ¶험한 꼴을 보다. 말씨가 험하다. 분위기가 험하다. ③상태나 형세 따위가 사납고 위태롭다. 일이나 생활이 거칠고 힘에 겹다. ¶험한(거친) 세파(世波)에 시달리며 인생을 살아간다. 일생 동안 험한 일만 했다.

218) 헛글: ①배워서 값있게 쓰지 못하는 글. ②독자에게 아무 효과도 주지 못하는 글.

219) 헛들다: 가야 할 방향이나 지향하는 목표에 맞지 않게 다른 데로 길을 잘못 들다.

220) 헛얼: 근거 없는 일이나 남의 일로 입게 되는 언걸(남 때문에 당하는 해). ¶헛얼을 입다.

ㅎ

공인물), 헛일/하다, 헛읽다, 헛입/노릇, 헛잎[가엽(假葉)], 헛자라기(웃자람), 헛자라다, 헛자랑/하다, 헛잠, 헛잡다(잘못 잡다)/잡히다, 헛장[1][221], 헛장[2](책의 겉장과 속표지 사이에 두는 백지 책장), 헛장담(壯談), 헛장사/하다, 헛장질(杖-), 헛제사(祭祀), 헛조직(組織), 헛지붕, 헛집, 헛짓/하다, 헛짚다(잘못 짚다. 잘못 짐작하다)/짚이다, 헛채찍/질, 헛창(槍), 헛찾다, 헛채다, 헛채질/하다, 헛채찍, 헛챔질, 헛청(廳;헛간으로 된 집채), 허초점(焦點;가상적인 초점), 헛총/질(銃), 헛치레[허식(虛飾)], 헛침(공연히 뱉는 침), 헛코/골다(일부러 코를 골다), 헛턱(실상이 없는 빈 턱), 헛팔매질, 헛푸념, 헛하다, 헛힘('헛심'의 본딧말).

헛헛-하다 배고픈 느낌이 있다. 몹시 출출하여 무엇을 먹고 싶다. ¶나는 헛헛해서 진열장 음식을 바라보며 군침을 흘렸다. 헛헛증(症;헛헛한 증세. 空腹感).

헝겁-지겁 매우 기뻐 정신을 못 차리고 허둥거리는 모양. 〈준〉헝겁. ¶합격통지서를 받고 헝겁지겁 달려오다. 헝겁스럽다[222], 헝겁지겁하다.

헝겊 피륙의 조각.[〈헌것]. ¶헝겊신, 헝겊오라기.

헝글 긴장하지 못하고 들떠서 건들건들 지내는 모양. 〈큰〉흥글. ¶헝글헝글 먹고 놀다. 헝글헝글 돌아다니다. 헝글거리다/대다, 헝글헝글/하다, 헝그럽다[223].

헤갈 ①쌓이거나 모인 물건이 흩어져 어지러운 상태. ¶헤갈하다(어수선하고 어지럽게 만들다. 물건 따위가 흐트러져 너저분하다). ②허둥지둥 헤매는 일.

헤(다)[1] 물속에 몸을 띄우고 팔다리를 놀리어 움직여 앞으로 나아가다. 어려운 상태에서 벗어나려고 애쓰다. 흐트러지다.[←*헤다(가르다;分·別)]. ¶강물을 헤어 건너다. 바닷물에서는 더 잘 헨다. 헤어 나오기 힘든 악의 구렁텅이에 빠지다. 헤뜨리다/트리다[224], 헤산바산[225], 헤어나다/헤나다(힘든 상태에서 벗어나다), 헤어지다[226], 헤엄[227], 헤치다[228]; 헤갈[229], 헤근[230], 헤실[231], 헤싱헤싱[232], 헤작[233]; 헤-: '흐트러진. 정돈되지 아니한. 헐거운'을 뜻하는 말. ¶헤가르다(헤쳐 가르다), 헷·헛갈리다[234], 헤대다[235], 헤더듬다[236], 헤덤비다[237], 헤뜨다[238], 헤매다[239], 헤먹다[240], 헤무르다(헤식고 야무지지 못하다), 헤묽다(헤식고 묽다), 헤벌려놓다, 헤벌리다, 헤벌어지다·해바라지다(어울리지 않도록 넓게 벌어지다), 헤벌쭉·해발쪽/하다[2]/이, 헤식다[241], 헤젓다(헤치며 젓다), 헤집다[242], 헹글[243] 들.

헤(다)[2] 여럿 가운데에서 가장 잘난 체하며 마음대로 행하다. ¶그의 헤는 행동에 진저리가 난다.

헤(다)[3] =헹구다. ¶개울물에 빨래를 헤다.

헤물장 경기에서 계속 이기는 일. 연승(連勝). ¶헤물장치다(씨름판이나 기타의 승부를 가리는 장소에서 연전연승하다), 헤물장하다.

헤살 남의 일을 짓궂게 훼방함. 또는 그러한 짓.≒방해(妨害). ¶공부하는 옆에 가서 헤살을 부린다. 헤살을 놓다(남의 일에 헤살하다). 헤살꾼, 헤살질/하다, 헤살짓다/하다.

---

221) 헛장[1]: 풍을 치며 떠벌리는 큰소리. 실상이 없는 큰소리. ¶허구한 날 헛장만 치고 다니다.

222) 헝겁스럽다: 혼이 나가도록 질겁하는 태도가 있다. ¶헝겁스러운 눈짓으로 계집을 달랜다.

223) 헝그럽다: ①헝글헝글하면서 어름어름 지내는 태도가 있다. ②힘겹지 아니하고 쉽다. ③여유가 생겨 마음이 가볍다.

224) 헤뜨리다/트리다: 제자리에서 흩어지게 하다. 어수선하게 늘어놓다. ¶책을 헤뜨리지 말고 제자리에 꽂아라. 헤뜨러지다(쌓이거나 모인 물건이 흐트러지다).

225) 헤산바산: 이리저리 헤어지는 모양. ¶모인 사람들이 헤산바산 흩어지다.

226) 헤어지다: ①사람이나 사물이 따로따로 흩어지거나 떨어지다. ¶뿔뿔이 헤어지다. 흙덩이가 푸슬푸슬 헤어지다. ②이별하다(↔만나다). ¶어머니와 헤어지다. ③살갗이 상하여 이리저리 갈라지다. ¶입술이 트고 헤어지다. 〈준〉헤지다.

227) 헤엄: 물에서 팔다리를 놀려 떠다니는 짓. 수영(水泳). ¶헤엄을 치다. 헤엄다리(헤엄쳐 다닐 수 있게 생긴 다리), 헤엄동물(動物), 헤엄발(헤엄다리), 헤엄재간(才幹), 헤엄치다; 개헤엄, 개구리헤엄, 나비헤엄, 등헤엄, 모잽이헤엄(모로 누운 자세로 하는 헤엄), 발헤엄(발로 헤는 헤엄.=선헤엄), 선헤엄, 송장헤엄[배영(背泳)], 앉은헤엄.

228) 헤치다: 속에 든 물건을 드러나게 하려고 거죽을 파거나 깨뜨리어 잡아젖히다. 제각기 흩어지게 하다. 앞에 걸리는 것을 좌우로 물리치다. 역경을 이겨 나가다. ¶물살을 헤치고 강을 건너다. 온갖 고난을 헤치고 꿋꿋이 살아가다. 해치작·헤치적/거리다/대다, 해작질·헤적질(들추거나 헤치는 짓); 내헤치다(마구 꺼내어 헤치다), 파헤치다, 풀어헤치다.

229) 헤갈: 쌓이거나 모인 물건이 흩어져 어지러운 상태. 허둥지둥 헤매는 일. ¶헤갈스럽다(갈피를 잡을 수 없이 어지러운 데가 있다).

230) 헤근: 꼭 끼이지 않은 물건이 어근버근 흔들거리는 모양. ¶의자의 나사못이 헤근헤근 흔들린다. 해근·헤근거리다/대다.

231) 헤실: ①어떤 물체가 단단하지 못하여 부스러지거나 헤지기 쉬운 모양. ¶진흙이 헤실헤실 바스러지다. ②사람이 맺고 끊는 것이 확실하지 않아 싱겁고 실속이 없는 모양. 싱겁고 어설프게 웃는 모양. ¶뜻밖에도 그녀는 헤실헤실 웃고 있었다. 헤실거리다/대다, 헤실바실(모르는 사이에 그럭저럭 없어지는 모양. 일하는 것이 흐지부지하여 시원스럽지 못한 모양).

232) 헤싱헤싱: 촘촘하게 짜이지 아니하여서 헐겁고 허전한 느낌이 있는 모양. ¶신발이 헤싱헤싱 크다. 헤싱헤싱/하다(치밀하지 못하여 헐겁고 허전한 느낌이 있다).

233) 헤작: 틈이나 사이가 벌어져 있는 모양. 탐탁하지 않은 태도로 조금씩 들추거나 파서 해치는 모양. 〈작〉해작. 〈센〉헤짝. 〈큰〉헤적. ¶해작·헤적거리다/대다/이다, 해작질·헤적질/하다, 헤작하다(틈이나 사이가 헤벌어져 있다), 해작해작·헤적헤적/하다.

234) 헷갈리다: 정신을 차리지 못하다. 갈피를 잡지 못하게 뒤섞이다.≒갈팡질팡하다. 뒤섞이다. 어리둥절하다. ¶정신이 헷갈리다. 내용이 복잡하여 헷갈리기 쉽다. 눈이 와서 길이 헷갈린다.

235) 헤대다: 공연히 바쁘게 왔다갔다 돌아치다. ¶헤대며 왔다갔다하다.

236) 헤더듬다: 헤가르거나 헤덤비며 더듬다. ¶안개 속을 헤더듬다.

237) 헤덤비다: 헤매며 덤비다. 공연히 바쁘게 서두르다. ¶일을 헤덤비지 말고 차분히 해라.

238) 헤뜨다: 자다가 놀라다. 허둥거리다. 덤벙거리다.

239) 헤매다: 갈 바를 몰라 이리저리 돌아다니다. 마음이 가라앉지 않아 갈피를 잡지 못하다. 어떤 환경에서 헤어나지 못하고 허덕이다.≒방황하다(彷徨). ¶길을 헤매다. 동생은 잠버릇이 나빠 온 방을 헤매며 잔다. 제 갈 길을 찾지 못하고 헤매는 청소년들. 헤매치다; 뻥뻥매다(어쩔 줄을 몰라 쩔쩔매고 돌아다니다), 절절·쩔쩔매다(어찌할 바를 모르고 갈팡질팡하다).

240) 헤먹다: 빈 곳이 많아서 어울리지 아니하다. 들어 있는 것보다 구멍이 헐거워서 어울리지 아니하다.

241) 헤식다: ①바탕이 단단하지 못하여 헤지기 쉽다. ¶헤식은 보리밥. ②사람됨이 맺고 끊는 데가 없이 싱겁다. ¶그는 너무 헤식어서 탈이다.

242) 헤집다: 긁어 파서 뒤집어 흩다. 헤쳐서 버르집다.(≒헤치다). ¶닭이 땅바닥을 헤집어 놓다.

243) 헹글: 입거나 끼운 물건이 너무 커서 몹시 헐거운 모양. ¶골무가 헹글헹글 손가락에서 겉돌다.

헤아리(다) ①수량을 세다.[‹혜다]. ¶밤하늘의 별을 헤아리다. 헴(행동을 가려 낼 줄 아는 능력). ②어떤 일을 미루어 생각하거나 짐작으로 따지고 살피다. ¶부모의 심정을 헤아리다. 제 처지를 헤아려 주시기 바랍니다. 산길이 너무 어두워 한치 앞도 헤아릴 수 없었다.

헤우(다) ①줄 따위가 팽팽하게 당겨지다. 또는 그렇게 하다. ¶빨랫줄이 헤우다. ②긴장이 더욱 조여지다. 또는 그렇게 하다.

헤프(다) ①물건이 닳거나 없어지는 동안이 짧다.↔마디다. ¶연료가 헤프다. 무른 비누는 헤프다. 신발이 헤피 닳는다. ②몸이나 물건을 함부로 써버리는 버릇이 있다.≒낭비하다.↔알뜰하다. ¶돈을 헤프게 쓰다. 돈 씀씀이가 헤프다. 식구가 많으니까 쌀이 헤프다. ③말을 함부로 하는 데가 있다. 어떤 감정이 보통 정도보다 더 드러나다.≒많다. 흔하다. ¶말이 헤프다. 웃음이 헤프다. 영재는 눈물이 헤픈 아이다. 헤픈데픈(언행이 헤픈 모양), 헤피(헤프게).

헬렐레 술이 몹시 취하거나 얼이 빠져 있거나 하여 몸을 가누지 못하는 모양.

헹 코를 야무지게 푸는 소리.

헹구(다) 빨거나 씻은 것을 다시 깨끗한 물에 넣어서 흔들어 더러운 것이 빠지게 하다. 〈준〉헤다[3]. ¶빨래를 헹구다. 상추를 흐르는 물에 잘 헹구다.

혀 ①동물의 입안 아래쪽에 붙어 있는 기관. 피리 같은 목관 악기(樂器)의 부리에 끼워 소리를 내는 얇고 갸름한 조각. ¶혀를 물다. 혀가 꼬부라지다. 이제 그만 좀 혀(입)를 놀려라. 악기의 혀. 혀꼬부랑이[244], 혀꽃부리, 혀끝, 혀끝소리, 혀때기(혀), 혀말이(혀가 입천장으로 말리는 일), 혀밑샘, 혓바늘[245], 혓바닥, 혀뿌리, 혓소리, 혀옆소리, 혓줄기(혀의 밑동), 혀짜래기/혀짤배기; 딸기혀(높은 열로 혓바닥이 깔깔하게 되는 병), 중혀(重;혓줄기 옆에 청백색의 수포가 이는 종기). ②'서까래[연(椽)]. 혀의 모양. 끄트머리'를 뜻하는 말. ¶혀쪽매[246]; 고미혀(고미받이와 보나 도리 사이에 걸쳐 놓는 평가래나 서까래), 닻혀(닻가지의 갈라진 끝 부분), 불혀(날름거리며 타오르는 불길), 붙임혀(추녀의 양쪽 옆에 붙이는 반쪽의 서까래), 습윤혀(濕潤) 들.

혁(革) ①'고치다. 바꾸다'를 뜻하는 말. ¶혁고(革故;낡은 것을 고침), 혁고정신(革故鼎新), 혁대(革代;革世), 혁명(革命)[247], 혁세(革世;나라의 왕조가 바뀜), 혁신(革新;고침. 개혁)[혁신되다/하다, 혁신세력(勢力), 혁신적(的), 혁신주의(主義), 혁신파(派); 기술혁신(技術)], 혁역(革易;고치어 바꿈), 혁정(革正;바르게 고침), 혁정(革政), 혁진(革進), 혁파(革罷;폐단을 고쳐서 없앰), 혁폐(革弊;폐단을 고쳐서 없앰); 개혁(改革), 교혁(矯革), 변혁하다/혁하다(變革), 연혁(沿革), 이혁(釐革). ②'가죽'을 뜻하는 말. ¶혁갑(革甲), 혁낭(革囊), 혁대(革帶;가죽띠), 혁리(革履), 혁세공(革細工), 혁장(革裝), 혁지(革砥), 혁질(革質), 혁편(革鞭), 혁포(革鞄;가죽으로 만든 가방), 혁표지(革表紙), 혁필화(革筆畵); 과녁(貫革), 과혁지시(裹革之屍), 말혁(革;말고삐), 배혁(背革), 병혁(兵革), 의혁(擬革;인조 가죽), 제혁(製革), 피혁(皮革). §'엄하다. 심하다'의 뜻으로는 [극]으로 읽힘. ¶극하다(革;병이 위급하다).

혁(赫) '빛나다. 성내다'를 뜻하는 말. ¶혁노(赫怒;얼굴을 붉히며 버럭 성을 냄), 혁세공경(赫世公卿), 혁업(赫業), 혁연하다(赫然)[248], 혁작(赫灼;빛나고 반짝임), 혁혁하다/혁혁히(赫赫;밝고 두드러지게 빛나다); 현혁(顯赫) 들.

혁(奕) '크다. 바둑'을 뜻하는 말. ¶혁기(奕棊;바둑), 혁대(奕代;여러 대. 累代), 혁엽(奕葉;여러 대를 이어 영화를 누림), 혁혁하다(奕奕;매우 크고 아름다워 성하다); 박혁(博奕;장기와 바둑) 들.

혁(鬩) '다투다'를 뜻하는 말. ¶혁송(鬩訟), 혁장(鬩墻;한 담장 안의 다툼이란 뜻으로, 형제끼리의 다툼질), 혁쟁(鬩爭), 혁투(鬩鬪).

혁(洫) '봇도랑'을 뜻하는 말. ¶구혁(溝洫), 백혁(白洫;물이 바싹 마른 봇도랑) 들.

현(現) ①'나타나다. 보이다. 지금'을 뜻하는 말. ¶현거(現居), 현가(現價), 현겁(現劫), 현고(現高), 현과(現果), 현관(現官), 현금(現今), 현금(現金)[249], 현당(現當), 현대(現代)[250], 현리(現利;눈앞의 이익), 현물(現物)[251], 현보(現報), 현봉(現俸), 현상(現狀;지금의 상태)[현상유지(維持), 현상타파(打破); 물질현상(物質)], 현상(現象)[252], 현상(現想), 현상(現像;형상을 나타냄)[현상액(現像液), 현

---

244) 혀꼬부랑이: 서양 사람이나 반벙어리처럼 말하는 사람.

245) 혓바늘: 혓바닥에 좁쌀 모양으로 붉은 것이 돋는 모양. 또는 그 돋은 것.

246) 혀쪽매: 널 옆에 혀를 내어 물리게 한 쪽매. 제혀쪽매, 딴혀쪽매가 있음.

247) 혁명(革命): 헌법의 범위를 벗어나 국가 기초, 사회 제도, 경제 제도, 조직 따위를 근본적으로 고치는 일. 이전의 관습이나 제도, 방식을 단번에 깨뜨리고 질적으로 새로운 것을 급격하게 세우는 일. ¶혁명을 일으키다. 기술 혁명. 혁명가(家), 혁명객(客), 혁명군(軍), 혁명권(權), 혁명독재(獨裁), 혁명문학(文學), 혁명사(史), 혁명성(性), 혁명열(熱), 혁명예술(藝術), 혁명운동(運動), 혁명재판(裁判), 혁명적(的), 혁명전(戰), 혁명전쟁(戰爭), 혁명정권(政權), 혁명정부(政府); 가격혁명(價格), 경영자혁명(經營者), 군사혁명(軍事), 녹색혁명(綠色), 농업혁명(農業), 대혁명(大), 무혈혁명(無血), 문자혁명(文字), 문화혁명(文化), 반혁명(反;혁명을 뒤엎어 구체제의 부활을 꾀하는 일), 사회혁명(社會), 산업혁명(産業), 소비혁명(消費), 시민혁명(市民;부르주아혁명), 에너지혁명(energy), 역성혁명(易姓), 역세혁명(易世), 유통혁명(流通), 유혈혁명(流血), 의식혁명(意識), 재료혁명(材料), 정보혁명(情報), 정치혁명(政治), 폭력혁명(暴力), 평화혁명(平和), 프롤레타리아혁명, 회색혁명(灰色;노령인구가 빠르게 늘어나는 현상).

248) 혁연하다(赫然): ①벌컥 화를 내는 모양이 대단하다. ¶위세(威勢)가 혁연하다. ②빛나서 왕성하다. ③사람으로 하여금 놀라 움직이게 하는 데가 있다.

249) 현금(現金): 현금가(價), 현금거래(去來), 현금계정(計定), 현금매매(賣買), 현금불(拂), 현금주의(主義), 현금출납부(出納簿).

250) 현대(現代): 현대건축(建築), 현대극(劇), 현대무용(舞踊), 현대문(文), 현대문학(文學), 현대물(物), 현대미(美), 현대미술(美術), 현대병(病), 현대사(史), 현대사상(思想), 현대사회(社會), 현대소설(小說), 현대시(詩), 현대시조(時調), 현대식(式), 현대어(語), 현대음악(音樂), 현대인(人), 현대적(的), 현대전(戰), 현대주의(主義), 현대판(版), 현대풍(風), 현대화/되다/하다(化); 근현대(近).

251) 현물(現物): 현물가격(價格), 현물거래(去來), 현물경제(經濟), 현물급부(給付), 현물납(納), 현물상(商), 현물세(稅), 현물소득(所得), 현물시장(市場), 현물임금(賃金), 현물자본(資本), 현물주(株), 현물출자(出資), 현물환(換).

252) 현상(現象): 지각(知覺)할 수 있는 사물의 모양이나 상태. 본질과의 상관개념으로서 시간과 공간 속에 나타나는 대상(對象). ¶현상계(界), 현

상약(藥); 미립자현상(微粒子), 반전현상(反轉)], 현생/인류(現生/人類), 현성(現成), 현세(現勢), 현세(現世)[현세인류(人類), 현세주의(主義)], 현세대(現世代), 현송(現送)[금현송(金)], 현수(現收), 현수(現數), 현시(現時), 현시대(現時代), 현시점(現時點), 현신/불(現身/佛), 현실(現實)[253], 현액(現額), 현업/청(現業/廳), 현역(現役)[현역병(兵), 현역함(艦)], 현연(現然), 현영(現影), 현왕(現王), 현원(現員), 현유(現有), 현임(現任), 현장(現場)[254], 현재(現在)[255], 현전(現前), 현존(現存), 현존재(現存在), 현주(現住), 현주소(現住所), 현증(現症), 현지(現地)[256], 현직(現職), 현찰(現札), 현척(現尺), 현출(現出), 현칭(現稱), 현탈(現頉), 현태(現態), 현판(現版), 현행(現行)[현행범(犯), 현행법(法)], 현판(現版), 현품(現品), 현하(現下), 현행(現行), 현형(現形), 현화(現化), 현황(現況), 현효(現效); 가현(假現), 구현(具現/顯), 구현(俱現), 발현(發現/顯), 시현(示現/顯), 실현(實現), 외현(外現), 은현(隱現), 재현(再現), 진현(進見/現), 체현(體現), 출현(出現), 표현/력(表現/力), 현현(顯現), 활현(活現). ②현재의. 지금의. ¶현 정권. 현 상태를 유지하다.

현(賢) ①'어질다. 착하다'를 뜻하는 말. ¶현군(賢君), 현녀(賢女;어진 여자), 현능(賢能), 현달(賢達;현명하고 사물의 이치에 통하는 일), 현답(賢答), 현덕(賢德;어진 덕행), 현량(賢良), 현량과(賢良科), 현려(賢慮), 현로(賢勞), 현리(賢吏), 현명(賢明), 현명(賢命;命令), 현모/양처(賢母/良妻), 현문/우답(賢問/愚答), 현보(賢輔;현명하게 보좌함), 현부(賢父), 현부(賢婦), 현부인(賢夫人), 현부형(賢父兄), 현비(賢妃), 현사(賢士;어진 선비), 현상양좌(賢相良佐), 현성(賢聖;현인과 성인. 불도를 닦는 어진 중), 현수(賢首;比丘), 현숙(賢淑;어질고 정숙함), 현식(賢息), 현신(賢臣), 현왕(賢王), 현우(賢友), 현우(賢愚), 현이(賢異;어질고 뛰어남), 현인/군자(賢人/君子), 현자(賢者), 현장(賢將), 현재(賢才), 현재상/현상(賢宰相), 현제(賢弟), 현주(賢主), 현준(賢俊), 현지(賢智), 현찰(賢察), 현처(賢妻), 현철(賢哲), 현합(賢閤), 현형(賢兄); 고현(古賢), 구현(求賢), 군현(群賢;뭇 현인), 대현(大賢), 명현(名賢), 명현(明賢), 석현(昔賢), 선현(先賢), 성현(聖賢), 영현(英賢), 용현(用賢), 유현(儒賢), 유현(遺賢), 전현(前賢), 제현(諸賢), 존현(尊賢), 중현(衆賢), 지현(至賢), 택현(擇賢), 투현질능(妬賢嫉能). ②편지글에서, '자네'라는 뜻으로 아랫사람을 높여 이르는 이인칭 대명사. ¶현은 그 동안 뭐 하고 지냈나?

현(顯) '밝다. 명백하다. 나타나다/내다. 드러나다. 돌아가신 부조(父祖)'를 뜻하는 말. ¶현경(顯警;큰 병이나 사고), 현계(顯界↔幽界), 현고(顯考)[257], 현관(顯官;높은 벼슬아치), 현교(顯敎;말이나 글자로 분명하게 교시한 가르침), 현귀(顯貴;지위가 드러나게 높고 귀함), 현달(顯達;벼슬이나 덕망이 높아서 이름을 세상에 드날림), 현령(顯靈;신령의 형상을 나타냄), 현명(顯名;이름이 세상에 드러남), 현명(顯命), 현미(顯微)[258], 현밀(顯密;뚜렷함과 은밀함), 현보(顯保;보증을 함), 현부(顯否), 현비(顯妣)[259], 현성(顯聖;거룩한 사람의 신령의 형상을 나타냄), 현시(顯示;나타내어 보임), 현양(顯揚;이름이나 지위 따위를 드러내어 들날림), 현연하다(顯然;두드러지게 뚜렷하다), 현영(顯榮), 현요(顯要;要職), 현위(顯位;높은 지위), 현자(顯者;세상에 이름을 드날리는 사람), 현재(나타나 있음↔潛在)/부(顯在/符), 현저하다(顯著;뚜렷하다), 현정질(顯晶質), 현조(顯祖;이름이 높이 드러난 조상), 현조고(顯祖考;돌아가신 할아버지), 현조비(顯祖妣;돌아가신 할머니), 현증(顯證), 현직(顯職), 현질(顯秩;높은 벼슬), 현창(顯彰;밝게 나타냄), 현출(顯出;두드러지게 드러남), 현충(顯忠)[현충사(祠), 현충일(日), 현충탑(塔)], 현혁하다(顯赫), 현현(顯現;명백하게 드러남), 현형(顯型), 현화식물(顯花植物), 현효(顯效;두드러진 효험); 귀현하다(貴顯), 노현(露顯/見), 영현(英顯), 영현하다(榮顯), 존현(尊顯), 창현(彰顯), 천현지친(天顯之親), 청현(淸顯), 항현권(恒顯圈), 홀현홀몰(忽顯忽沒) 들.

현(懸) '매달다. 걸다'를 뜻하는 말. ¶현거(懸車), 현격(懸隔;동떨어진 거리가 멀거나 차이가 큼)[천지현격(天地)], 현경(懸磬;그릇 속이 빔. 집이 가난하여 아무 것도 없음), 현계(懸繫), 현곡(懸谷;걸린곡), 현교(懸橋), 현군/고투(懸軍/孤鬪), 현금(懸金), 현념(懸念;늘 마음에 걸려 불안하게 생각함. 걱정), 현등(懸燈), 현란(懸欄;소란반자), 현령(懸鈴;방울을 닮), 현록(懸錄), 현명(懸命), 현벌(懸罰), 현병(懸病), 현상(懸賞;상금이나 상품을 내거는 일)[현상광고(廣告), 현상금(金), 현상모집(募集)], 현수(懸殊;판이하게 다름), 현수(懸垂)[260], 현수과(懸瘦果), 현순(懸鶉;누덕누덕 기운 옷), 현안(懸案)[261], 현애(懸崖;낭떠러지), 현옹/수(懸壅/垂;목젖), 현옹(懸癰;항문 · 음부 사이에 생기는 종기), 현완직필(懸腕直筆),

상학(學), 현상형(型); 가면현상(假面), 간섭현상(干涉), 계면현상(界面), 고갈현상(枯渴), 공동현상(空洞), 공동화현상(空洞化), 과도현상(過渡), 괴현상(怪), 기현상(奇), 노화현상(老化), 다배현상(多胚), 대비현상(對比), 도넛현상(doughnut), 동화현상(同化), 모세관현상(毛細管), 묘사적현상(描寫的), 물리현상(物理), 물적현상(物的), 발광현상(發光), 배수현상(排水), 백화현상(白化), 병목현상(甁), 복구현상(復舊), 분극화현상(分極化), 사수현상(死水), 사잇소리현상, 사회현상(社會), 생리현상(生理), 생활현상(生活), 수막현상(水膜), 심령현상(心靈), 심적현상(心的), 역류현상(逆流), 인광현상(燐光), 임계현상(現象), 자연현상(自然), 침투현상(浸透), 틴들현상(Tyndall), 화산현상(火山), 황사현상(黃砂).

253) 현실(現實↔理想): 현실감(感), 현실관(觀), 현실도피(逃避), 현실매매(賣買), 현실미(味), 현실성(性), 현실시/하다(視), 현실원칙(原則), 현실적(的), 현실주의/자/적(主義/者/的), 현실직시(直視), 현실타개(打開), 현실파(派), 현실화/되다/하다(化); 가상현실(假想).

254) 현장(現場): 사물이 현재 있는 곳. 일이 생긴 그 자리. ¶현장감(感), 현장감독(監督), 현장거래(去來), 현장검증(檢證), 현장도(渡), 현장매매(賣買), 현장부재증명(不在證明), 현장실습(實習), 현장학습(學習); 공사현장(工事), 사고현장(事故), 작업현장(作業).

255) 현재(現在): 지금의 시간. 현세(現世). ¶현재와 미래. 현재법(法), 현재분사(分詞), 현재불(佛), 현재시제(時制), 현재예정(豫定), 현재완료(完了), 현재원(員), 현재적실업(失業), 현재진행(進行); 사적현재(史的).

256) 현지(現地): 현지금융(金融), 현지답사(踏査), 현지대부(貸付), 현지법인(法人), 현지보고(報告), 현지보도(報道), 현지보호(保護), 현지성(性), 현지언어학(言語學), 현지인(人), 현지입대(入隊), 현지처(妻), 현지촬영(撮影).

257) 현고(顯考): 신주나 축문에서, '돌아가신 아버지'를 이르는 말.

258) 현미(顯微): 미소(微小)한 물체를 명백히 함. ¶현미경(顯微鏡)[현미경사진(寫眞), 현미경자리; 전자현미경(電子), 편광현미경(偏光)], 현미해부(解剖).

259) 현비(顯妣): 신주나 축문에서, '돌아가신 어머니'를 이르는 말.

260) 현수(懸垂): 아래로 곧게 드리워짐. ¶현수교(橋), 현수막(幕), 현수빙하(氷河), 현수선(線), 현수식(式), 현수운동(運動), 현수철도(鐵道).

261) 현안(懸案): 이전부터 논의되어 왔으나 결론이 나 있지 않은 문제나 의안. 해결되지 않고 있는 의안.

현장(懸章), 현절(懸絕), 현제(懸蹄), 현주(懸肘), 현주(懸註;주석을 다는 일), 현천(懸泉), 현탈(懸頉), 현토(한문에 단 토), 현판(懸板)[현판식(式); 지현판(紙)], 현폭(懸瀑;아주 높은 데서 떨어지는 폭포), 현하(懸河)[262]; 도현(倒懸), 유현증(乳懸症), 이현령비현령(耳懸鈴鼻懸鈴) 들.

현(玄) '검다. 검붉다. 하늘빛. 오묘하다. 깊다. 고요하다'를 뜻하는 말. ¶현관(玄關;출입구에 나 있는 문간)[현관문(門), 현관방(房)], 현궁(玄宮), 현금(玄琴;거문고), 현기(玄機), 현담(玄談;아득하고 깊은 이치를 말하는 이야기), 현리(玄理;깊고 오묘한 이치), 현맥(玄麥), 현목(玄木;누렇고 거무스름한 무명), 현묘하다(玄妙;기예나 도리 따위가 깊고 미묘하다), 현무(玄武四神의 하나), 현무암(玄武岩), 현묵(玄黙), 현문(玄門;佛法), 현미/기(玄米/機), 현삼(玄蔘), 현성(玄聖;가장 뛰어난 성인), 현소(玄素;검은 것과 흰 것. 離別), 현손(玄孫;손자의 손자. 高孫), 현실(玄室), 현오(玄奧;학문이나 기예가 헤아릴 수 없이 깊음), 현월(玄月), 현은(玄銀), 현정석(玄精石), 현조(玄祖), 현조(玄鳥;제비), 현주(玄酒), 현지(玄地), 현학/금(玄鶴/琴), 현학(玄學;이론이 깊고 미묘한 학문), 현호삭(玄胡索), 현황(玄黃), 현훈(玄纁); 상현(上玄;하늘. 하느님), 심현하다(深玄), 유현(幽玄), 천현(天玄;하늘의 정기), 통현(通玄) 들.

현(眩) '어지럽다'를 뜻하는 말. ¶현기/증(眩氣/症), 현란(眩亂;정신이 어수선함), 현목(眩目;눈이 부심. 눈이 빙빙 돎), 현연(眩然;눈이 캄캄한 모양), 현요(眩燿;눈부시게 빛나고 찬란함), 현인안목(眩人眼目), 현혹/되다/하다(眩惑), 현황(眩慌), 현훈/증(眩暈/症); 명현(瞑眩), 미현하다(迷眩), 비현하다(憊眩), 의현(疑眩), 진현(震眩) 들.

현(見) '뵙다. 나타나다'를 뜻하는 말. ¶현구고(見舅姑), 현사당(見祠堂;처음으로 시댁의 사당에 절하고 뵙는 일); 노현(露見/顯), 독서백편의자현(讀書百遍義自見), 발현(發見), 산현(散見;여기저기에 드문드문 나타남), 알현(謁見), 조현(朝見), 진현(進見/現), 폐현(陛見) 들.

현(弦) 활시위(줄). 수학에서, 원이나 곡선의 호(弧)의 두 끝 을 잇는 선분. 반달(半). 선(線). ¶현이 너무 헐렁하다. 현월(弦月;초승달), 현영(弦影), 현호(弦弧), 현호(弦壺); 공통현(共通弦), 공현(空弦), 궁현(弓弦), 발현악기(撥弦樂器), 상현/달(上弦), 절현(絕弦), 초현(初弦), 하현/달(下弦) 들.

현(絃) '악기의 줄. 현악기를 타다'를 뜻하는 말. ¶현가(絃歌), 현금(絃琴), 현삭(絃索), 현선(絃線), 현송(絃誦)[263], 현수(絃首), 현악/기(絃樂/器); 공명현(共鳴絃), 관현/악(管絃/樂), 단현(斷絃), 삼구현금(九絃琴), 삼현(三絃), 속현(續絃), 절현(絕絃), 화현(和絃) 들.

현(舷) '뱃전'을 뜻하는 말. ¶현두(舷頭;뱃머리), 현등(舷燈), 현문(舷門), 현장(舷牆), 현제(舷梯), 현창(舷窓), 현측(舷側); 건현(乾舷), 반현(半舷), 선현(船舷;뱃전), 우현(右舷), 좌현(左舷) 들.

현(衒) '스스로 자랑하여 남에게 내보이다'를 뜻하는 말. ¶현기(衒氣;뽐내는 마음), 현능(衒能;자기 재능을 그러내어 자랑함), 현학(衒學)[현학자(者), 현학적(的)] 들.

현(泫) '눈물을 흘리다'를 뜻하는 말. ¶현연하다(泫然;눈물이 줄줄 흐르다); 체현(涕泫) 들.

현(縣) 예전의 행정구역. 고을. ¶현감(縣監), 현령(縣令); 군현/제도(郡縣/制度) 들.

현(絢) '무늬. 아름답다'를 뜻하는 말. ¶현란/하다(絢爛).

혈(血) '피. 혈액. 핏줄[혈족(血緣)], 힘찬 생명력. 심한 싸움'을 뜻하는 말. ¶혈가(血瘕), 혈고(血枯), 혈관(血管)[264], 혈괴(血塊), 혈구(血球)[혈구소(素); 백혈구(白), 적혈구(赤)], 혈기/왕성(血氣/旺盛), 혈농(血膿), 혈뇨(血尿), 혈담(血痰), 혈당(血黨), 혈당(血糖), 혈동(血洞), 혈로(血路), 혈루(血淚;피눈물), 혈루(血漏), 혈리(血痢), 혈맥(血脈), 혈맹(血盟), 혈반/병(血斑/病), 혈반토(血反吐), 혈변(血便), 혈병(血餠), 혈분(血分), 혈분(血粉), 혈붕(血崩), 혈사(血嗣), 혈산(血疝), 혈상(血相), 혈색/소(血色/素), 혈서(血書), 혈선(血腺), 혈성(血性), 혈성(血誠), 혈성(血腥), 혈세(血稅), 혈소판(血小板), 혈속(血速), 혈속(血屬), 혈손(血孫), 혈수(血嗽), 혈수(血讎), 혈수(血髓), 혈식(血食), 혈심(血心), 혈안(血眼), 혈압(血壓)[혈압계(計), 혈압약(藥); 고혈압(高), 저혈압(低)], 혈액(血液)[265], 혈여(血餘), 혈연(血緣)[266], 혈영(血癭), 혈온(血溫), 혈우(血雨), 혈우병(血友病), 혈원골수(血怨骨髓), 혈육/애(血肉/愛), 혈장(血漿)[혈장교환(交換), 혈장제제(製劑); 건조혈장(乾燥)], 혈장탕(血臟湯;핏골집), 혈쟁(血爭;격렬히 다툼), 혈적(血積), 혈전/증(血栓/症), 혈전(血戰;격렬히 싸움), 혈제(血祭), 혈조(血詔;피로 쓴 조서), 혈족(血族)[혈족결혼(結婚)/혈족혼, 혈족애(愛), 혈족친(親)], 혈종(血腫), 혈주(血珠;핏빛의 산호주), 혈중알코올(血中), 혈증(血症), 혈징(血癥;뱃속의 피가 한 곳에 모여 뭉친 병), 혈청(血淸)[267], 혈충(血忠;정성을 다하는 충성), 혈치(血痔), 혈통(血統;핏줄)/주의(主義), 혈투(血鬪), 혈판(血判), 혈폐(血閉), 혈풍혈우(血風血雨), 혈한(血汗;피와 땀)[혈한증(症), 혈한하(下)], 혈행(血行;피가 도는 일), 혈허(血虛), 혈혹(피가 한곳에 모여 된 혹), 혈홍색(血紅色), 혈홍소(血紅素;헤모그로빈), 혈훈(血暈), 혈흔(血痕); 각혈(咯血), 개혈(改血), 객혈(喀血), 건혈(乾血), 경혈(驚血), 고혈(膏血), 공혈

262) 현하(懸河): ①경사가 급하여 물의 흐름이 빠른 하천. ②구변(口辯)이 거침없음. ¶현하의 변(辯). 현하구변(口辯), 현하웅변(雄辯).

263) 현송(絃誦): ①거문고를 타며 시를 읊음. ②'교양이나 학문을 쌓음'을 이르는 말.

264) 혈관(血管): 혈액이 흐르는 관. ¶혈관계(系)[개방혈관계(開放), 폐쇄혈관계(閉鎖)], 혈관신경(神經), 혈관이식(移植), 혈관잡음(雜音), 혈관주사(注射), 혈관파열(破裂); 모세혈관(毛細;실핏줄), 폐혈관(肺), 피부혈관(皮膚).

265) 혈액(血液): 사람·동물의 몸 안에서 돌며 산소와 영양을 나르는 붉은빛의 액체. 피. ¶혈액검사(檢査), 혈액독(毒), 혈액병(病), 혈액세포(細胞), 혈액소(素), 혈액소견(所見), 혈액순환(循環), 혈액원(院), 혈액응고(凝固), 혈액제제(製劑), 혈액학(學), 혈액형(型); 보존혈액(保存).

266) 혈연(血緣): 같은 핏줄에 의하여 연결된 인연. ¶혈연 공동체. 혈연계수(係數), 혈연관계(關係), 혈연도태(淘汰), 혈연사회(社會), 혈연적(的), 혈연집단(集團).

267) 혈청(血淸): 피가 엉기어 굳을 때에, 혈병(血餠)에서 분리되는 황색의 투명한 액체.=피말강이. ¶혈청검사(檢査), 혈청병(病), 혈청소(素), 혈청요법(療法), 혈청은행(銀行), 혈청진단(診斷), 혈청학(學), 혈청형(形); 면역혈청(免疫), 수역혈청(獸疫), 파상풍혈청(破傷風), 항혈청(抗).

(供血), 괴혈병(壞血病), 급혈(給血), 기혈(氣血), 냉혈(冷血), 녹혈(鹿血), 농혈(膿血;피고름), 누혈(漏血), 다혈(多血)[다혈증(症), 다혈질(質), 다혈한(漢)], 독혈(毒血), 동혈(動血), 동맥혈(動脈血), 매혈(買血), 매혈(賣血), 모혈(毛血), 무혈(無血)[무혈점령(占領); 무혈충(無血蟲;냉혹한 사람), 무혈혁명(革命)], 백혈구(白血球), 벽혈(碧血), 변혈(便血), 보혈(補血), 보혈(寶血), 빈혈(貧血)[빈혈증(症); 뇌빈혈(腦), 악성빈혈(惡性), 요혈성빈혈(溶血性)], 사혈(死血;죽은 피), 사혈사혈(瀉血;치료를 목적으로 환자의 피를 얼마간 뽑아냄), 산혈(産血), 삽혈(歃血), 상혈(上血), 생혈(生血), 선혈(鮮血), 성혈(腥血), 성혈(聖血), 실혈(失血), 심혈(心血), 수혈(嗽血), 수혈(輸血)[수혈성황달(黃疸); 동맥수혈(動脈)], 순혈(純血), 실혈(失血), 심혈(心血), 악혈(惡血), 양혈(養血), 어혈(瘀血), 여혈(餘血), 열혈(熱血), 예혈(預血), 온혈(溫血), 요혈(尿血), 용혈(溶血), 우심혈(牛心血), 울혈(鬱血), 원혈(元血), 유혈(流血), 읍혈(泣血), 응혈(凝血), 의혈(義血), 일혈(溢血)[뇌일혈(腦), 피하일혈(皮下)], 잠혈(潛血), 장혈(獐血), 저혈(豬血), 적혈(積血), 적혈구(赤血球), 전혈(戰血), 정혈(精血), 정맥혈(靜脈血), 제대혈(臍帶血), 조혈(造血)[조혈기(器), 조혈제(劑), 조혈하다], 지혈(止血)[268], 채혈(採血), 철혈(鐵血), 청혈(淸血), 축혈(蓄血), 출혈(出血)[269], 충혈(充血)[충혈되다; 뇌충혈(腦), 폐충혈(肺)], 치혈(治血), 치혈(痔血), 타혈(唾血), 탈혈(脫血), 토혈(吐血), 파혈(破血), 폐혈(肺血), 핍혈(乏血), 하혈(下血), 한혈(汗血), 합혈(合血), 해혈(咳血), 행혈(行血), 허혈(虛血), 헌혈(獻血), 혼혈(混血), 홍혈(紅血), 화혈(和血), 흡혈(吸血), 화혈(和血), 흡혈/귀(吸血/鬼) 들.

혈(穴) '구멍. 구덩이. 굴속. 침놓는 자리. 정기(精氣)가 모인 자리'를 뜻하는 말. ¶혈거(穴居;굴속에서 삶), 혈농(穴農;구메농사), 혈실(穴室), 혈심(穴深), 혈판(무덤 자리에 혈이 잡히어 구덩이를 파기에 마땅한 곳), 혈처(穴處); 경혈(經穴), 광혈(壙穴), 광혈(鑛穴), 구혈(灸穴), 굴혈(掘穴), 굴혈(窟穴), 금혈(金穴), 냉혈(冷穴), 누혈(漏穴), 단혈(丹穴), 동혈(同穴), 동혈(洞穴), 묘혈(墓穴), 미려혈(眉閭穴)[270], 봉혈(封穴), 산혈(山穴), 삼리혈(三里穴), 서혈(棲穴), 석혈(石穴), 소혈(巢穴), 수혈(竪穴), 수혈(壽穴), 신혈(新穴), 심혈(深穴), 암혈(巖穴), 연주혈(連珠穴), 은혈(銀穴), 은혈(隱穴), 음혈(音穴;악기에 파 놓은 구멍), 의혈(蟻穴;개미굴), 장혈(葬穴), 적혈(賊穴), 탄혈(彈穴), 태양혈(太陽穴), 통혈(通穴), 파혈(破穴), 포혈(砲穴), 풍혈(風穴) 들.

혈(孑) '외롭다(홀로. 혼자). 작다'를 뜻하는 말. ¶혈유(孑遺;단 하나 남은 것), 혈혈고종(孑孑孤蹤), 혈혈단신(孑孑單身), 혈혈무의(孑孑無依); 고혈하다(孤孑) 들.

혐(嫌) '두려워 피하거나 싫어하다(꺼리다). 미워하다'를 뜻하는 말. ¶혐가(嫌家;서로 꺼리고 미워하는 집안), 혐고(嫌辜;억울한 죄로 처형되는 것을 꺼림), 혐극(嫌隙;서로 싫어서 생기는 틈), 혐기(嫌忌;싫어하여 꺼림), 혐기(嫌棄;싫어서 버림), 혐기(嫌氣;산소를 싫어함)[혐기생활(生活), 혐기성(性), 혐기성세균(細菌), 혐기호흡(呼吸;무기호흡)], 혐노(嫌怒;싫어서 성냄), 혐문(嫌文;꺼려서 피해야 할 글), 혐시(嫌猜;싫어하고 꺼림), 혐연권(嫌煙權), 혐염(嫌厭;미워서 싫어함), 혐오(嫌惡)[혐오감(感), 혐오스럽다/하다, 혐오제(劑), 혐오증(症); 자기혐오(自己)], 혐원(嫌怨), 혐의(嫌疑)[271], 혐점(嫌點;혐의를 받을 만한 점), 혐질(嫌嫉;嫌厭), 혐피(嫌避;꺼리고 싫어서 서로 피함), 혐핍(嫌逼;매우 혐의쩍어 함), 혐한(嫌恨); 기혐(忌嫌), 노혐(怒嫌), 무혐의(無嫌疑), 사혐(私嫌;개인적인 혐의), 세혐(世嫌), 수혐(讎嫌), 숙혐(宿嫌), 시혐(猜嫌), 여혐(餘嫌), 원혐(怨嫌), 원혐(遠嫌), 인혐(引嫌), 작혐(作嫌), 전혐(前嫌), 피혐(避嫌), 함혐(含嫌;불평을 품음), 혼혐(婚嫌) 들.

협(狹) '좁다'를 뜻하는 말.↔광(廣). ¶협궤/철도(挾軌/鐵道), 협량(狹量;도량이 좁음), 협로(狹路;小路), 협박(狹薄;땅이 좁고 메마름), 협소(狹小), 협식성(狹食性), 협심증(狹心症), 협애(비좁음. 마음이 너그럽지 못함)/성(狹隘/性), 협염성(狹鹽性), 협온성(狹溫性;온도 변화에 적응하는 능력이 약한 성질), 협의(狹義↔廣義), 협장하다(狹長;좁고 길다), 협착(狹窄;공간이 몹시 좁음)[협착증(症), 협착하다; 장협착(腸)], 협포(狹布), 협하다(지역이 좁다. 마음이 너그럽지 못하고 아주 좁다); 광협장단(廣狹長短), 양협(量狹), 천협(淺狹), 편협/심(偏狹/心), 활협(闊狹) 들.

협(協) '합하다. 화합하다'를 뜻하는 말. ¶협동(協同)[272], 협력(協力;도움)[협력근(筋), 협력업체(業體), 협력자(者), 협력체(體); 기술협력(技術)], 협상(協商)[협상조약(條約); 막후협상(幕後), 비밀협상(秘密), 삼국협상(三國), 재협상(再)], 협성(協成), 협심(協心), 협약(協約)[협약능력(能力), 협약론(論), 협약헌법(憲法)], 협업(協業), 협연(協演), 협의(協議)[273], 협정(協定)[274], 협조(協助;힘을 모아 서로 도움), 협조(協調;서로 양보하고 조화하는 일)[협조융자(融資), 협조자(者), 협조적(的); 노사협조(勞使)], 협주/곡(協奏/曲), 협찬(協贊;찬동하여 재정적으로 도움), 협화/음(協和/音), 협회(協會); 미협하다(未協), 불협(不協), 타협(妥協), 화협(和協) 들.

협(夾) '벌어진 사이에 넣어 좌우에서 누르다(끼다). 손잡이. 곁에

268) 지혈(止血): 나오던 피가 멈춤. 또는 그렇게 되게 함. ¶지혈대(帶), 지혈되다/하다, 지혈법(法), 지혈전(栓), 지혈제(劑).

269) 출혈(出血): 출혈경쟁(競爭), 출혈수출(輸出); 내출혈(內), 뇌출혈(腦), 외출혈(外), 위출혈(胃), 폐출혈(肺), 피하출혈(皮下).

270) 미려혈(眉閭穴): ①등마루뼈 끝에 있는 침놓는 자리. ②자꾸 줄어서 없어짐을 비유적으로 이르는 말.

271) 혐의(嫌疑): 꺼리고 싫어함. 범죄를 저질렀으리라는 의심. ¶절도 혐의. 혐의를 뒤집어쓰다. 혐의스럽다, 혐의자(者), 혐의쩍다, 혐의형(刑); 무혐의(無).

272) 협동(協同): 협동광고(廣告), 협동기업(企業), 협동농장(農場), 협동생산(生産), 협동생활(生活), 협동성(性), 협동운동(運動), 협동작전(作戰), 협동적(的), 협동전선(戰線), 협동정신(精神), 협동조합(組合), 협동체(體), 협동하다, 협동현상(現象); 산학협동(産學).

273) 협의(協議): 여럿이 모여 의논함. ¶협의 사항을 알리다. 대책을 협의하다. 협의기구(機構), 협의되다/하다, 협의안(案), 협의약관(約款), 협의이혼(離婚), 협의제(制), 협의회(會); 노사협의(勞使), 재협의(再), 화친협의(和親).

274) 협정(協定): 협의하여 결정함. 또는 그 내용. 특히 국가와 국가, 업자와 업자간의 일을 이름. ¶양국 간에 협정을 맺다. 협정가격(價格), 협정관세(關稅), 협정문(文), 협정세율(稅率), 협정헌법(憲法); 국제관세협정(國際關稅), 군사협정(軍事), 금융협정(金融), 무역협정(貿易), 삼국협정(三國), 신사협정(紳士), 쌍무협정(雙務), 예금협정(預金), 정전협정(停戰), 조세협정(租稅), 지급협정(支給), 지불협정(支拂), 청산협정(淸算), 통상협정(通商), 판로협정(販路), 평화협정(平和), 해운협정(海運), 행정협정(行政).

두다. 좌우에서 돕다'를 뜻하는 말. ¶협각(夾角;끼인각), 협대(夾袋;귀중품을 넣어두는 조그마한 전대), 협도(夾/挾刀;눈썹 모양의 칼), 협로(夾路;큰길에서 갈려나간 좁은 길), 협록(夾錄;쪽지), 협문(夾門;정문 옆에 있는 작은 문), 협방(夾房), 협서(夾書), 협수(夾袖;동달이), 협시(挾/脇侍), 협실(夾室;곁방), 협종(夾鐘), 협주(夾註), 협죽도(夾竹桃), 협지(夾紙;편지 속에 따로 적어 넣는 쪽지), 협차(夾叉), 협채(夾彩), 협호/살림(夾戶) 들.

협(挾) '겨드랑 · 손가락 사이에 끼다. 가지다. 믿고 의지하다'를 뜻하는 말. ¶협간(挾姦), 협감(挾感;감기에 걸림), 협격(挾擊), 협공(挾攻)[좌우협공(左右)], 협귀(挾貴;자기 신분의 귀함을 믿고 뽐냄), 협무(挾舞), 협보(挾輔), 협부(挾扶), 협사(挾私), 협사(挾詐), 협살(挾殺;야구에서, 주자를 협공하여 아웃시키는 일), 협서(挾書), 협세(挾勢;남의 힘을 믿고 의지함), 협순(挾旬;열흘 동안), 협식(挾食), 협잡(挾雜;그릇된 짓으로 남을 속임)[협잡꾼, 협잡물(物), 협잡배(輩), 협잡술(術), 협잡질/하다], 협장(挾藏;간수하여 둠), 협창(挾娼;창녀를 끼고 놂), 협체(挾滯;체증에 다른 병이 겹침) 들.

협(峽) '골짜기. 두메. 띠 모양의 바다'를 뜻하는 말. ¶협간(峽間;골짜기), 협곡(峽谷;좁고 험한 골짜기), 협농(峽農;산골에서 짓는 농사), 협로(峽路;산속의 길), 협류(峽流), 협만(峽灣), 협맹(峽氓), 협우(峽雨), 협읍(峽邑), 협중(峽中;두메), 협촌(峽村;산골 마을); 구협(口峽), 궁협(窮峽;깊고 험한 산골), 산협(山峽), 심협(深峽), 절협(絕峽), 지협(地峽), 하협(河峽), 해협(海峽) 들.

협(脅) '으르다. 위협하다. 옆구리. 갈빗대'를 뜻하는 말. ¶협견첨소(脅肩諂笑), 협륵(脅勒), 협박(脅迫)[협박범(犯), 협박장(狀), 협박조(調), 협박죄(罪), 협박하다], 협식(脅息), 협약(脅約;위협으로써 이루어진 약속이나 조약), 협약(脅弱), 협위(脅威), 협제(脅制;으르대고 견제함), 협종(脅從;위협에 눌려 복종함), 협탈(脅奪;으르대어 빼앗음); 위협/적(威脅/的) 들.

협(俠) '호방하고 의협심이 강함'을 뜻하는 말. ¶협객(俠客), 협골(俠骨;장부다운 기골), 협괴(俠魁;협객의 우두머리), 협기(俠氣;호탕한 기상), 협녀(俠女;협기가 있는 여자), 협도(俠盜;협기가 있는 도둑), 협용하다(俠勇); 간협(奸俠), 검협(劍俠), 무협(武俠), 용협(勇俠), 유협(遊俠), 의협/심(義俠/心), 호협(豪俠;호방하고 의협심이 강함) 들.

협(頰) '뺨. 볼'을 뜻하는 말. ¶협골(頰骨), 협근(頰筋), 협기(頰鰭;가슴지느러미), 협낭(頰囊;다람쥐의 볼 안에 있는 주머니); 옥협(玉頰), 풍협(豊頰), 홍협(紅頰) 들.

협(脇) '겨드랑이'를 뜻하는 말. ¶협사(脇士), 협장(脇杖;목발), 협통(脇痛) 들.

협(莢) '콩꼬투리. 콩깍지'를 뜻하는 말. ¶협과(莢果;꼬투리로 맺히는 열매); 생식협(生殖莢;생식기를 덮은 물질), 약협(藥莢;총알에서 화약이 든 통) 들.

협(愜) '마음이 상쾌하다'를 뜻하는 말. ¶협의(愜意;서로 뜻이 맞음); 승협(勝愜).

협(篋) '상자(箱子)'를 뜻하는 말. ¶협사(篋笥); 채협(彩篋) 등.

협(鋏) '집게. 가위'를 뜻하는 말. ¶협도(鋏刀;한약재를 써는 작두. 가위), 협상가격차(鋏狀價格差) 들.

형(形) 겉으로 나타나는 모양. '본뜨다. 나타내다. 그런 모양이나 상태'를 뜻하는 말.=꼴. ¶형각(形殼), 형강(形鋼), 형국(形局), 형기(形氣), 형단영척(形單影隻;몹시 외로움), 형모(形貌), 형사(形寫), 형상(形狀/相)[형상기억합금(記憶合金)], 형상(形象)[275], 형색(形色), 형성(形成)[형성가격(價格), 형성권(權), 형성기(期), 형성체(體), 형성층(層)], 형성(形聲), 형세(形勢), 형승(形勝;지세나 풍경이 뛰어남), 형식(形式)[276], 형언(形言), 형역(形役), 형영(形影;항상 서로 떨어지지 않음)[형영상동(相同), 형영상조(相弔)], 형용(形容)[형용사(詞), 형용하다; 선형용(善)], 형이상(形而上), 형이하(形而下), 형적(形迹;자국)[무형적(無)], 형지(形止), 형질(形質)[277], 형체(形體), 형태(形態)[278], 형판(形板), 형편(形便)[279], 형해(形骸;육체. 뼈대. 앙상한 모습), 형형색색(形形色色;가지각색); 가락형, 각형(角形), 갈지자형(之字形), 개형(概形), 개방형(開放形), 거북형, 결정형(結晶), 계란형(鷄卵形), 고형(固形), 고깔형, 고산형(高山形), 곡면형(曲面形), 곡선형(曲線形), 곡척형(曲尺形), 곡형(曲形), 괴형(塊形), 교배형(交配形), 구형(球形), 구형(鉤形), 구형(舊形), 궁형(弓形), 궁륭형(穹窿形), 귀형(鬼形), 귀갑형(龜甲形), 기형(奇形), 기형(畸形/型), 기본형(基本形), 기아형(畸兒形), 기역자형, 나선형(螺旋形), 난형(卵形), 난원형(卵圓形), 남경형(男莖形), 남근형(男根形), 내만형(內灣形), 내접형(內接形), 농형(農形), 능형(菱形), 능동형(能動形), 다각형(多角形), 다변형(多變形), 단형(單形), 달걀형, 대형(大形), 대형(隊形), 대칭형(對稱形), 도형(圖形), 도끼형, 도란형(倒卵形), 동형(同形), 동차형(同次形), 둥근형, 둥우리형, 둥지형, 등변형(等邊形), 디귿형자(字), 마름형, 마름모형, 마제형(馬蹄形), 몽고형(蒙古形), 무형(無形), 문답형(問答形), 문자형(文字形), 물형(物形), 미형(美形), 미음자형(字), 반구형(半球形), 반달형(半-形), 반원형(半圓形), 반월형(半月形), 반전형(反轉形), 방형(方形), 방광형(方廣形), 방사형(放射形), 방진형(方陣形), 방추형(方錐形;정사각뿔), 방추형(紡錘形;물레 가락 모양), 배위형(配位形), 변형(變形), 변이형(變異形), 병립형(竝立形), 보살형(菩薩形), 복합형(複合形), 본형(本形), 부월형(斧鉞形), 부정

---

275) 형상(形象): ①형상(形狀). ②마음속에 떠오른 관념 따위를 어떤 표현 수단으로 구상화(具象化)함. 또는 그 구상화한 모습. ¶형상예술(藝術), 형상화/하다(化); 사회형상(社會).

276) 형식(形式): 꼴. 양식. 겉모양만 그럴듯한 것. ¶형식을 갖추다. 형식보다 실질을 중시하다. 형식논리학(論理學), 형식도야(陶冶), 형식론(論), 형식미(美), 형식범(犯), 형식법(法), 형식원리(原理), 형식적(的), 형식주의(主義), 형식형태소(形態素), 형식화/되다/하다(化); 무형식(無), 표현형식(表現), 한/두도막형식.

277) 형질(形質): 생긴 모양의 성질. 유전적 형질. ¶형질발현(發現), 형질세포(細胞), 형질전환(轉換); 대립형질(對立), 열성형질(劣性), 우성형질(優性), 유전형질(遺傳), 획득형질(獲得).

278) 형태(形態): 사물의 생긴 모양. 생김새. ¶동물의 형태. 형태론(論), 형태모사(模寫), 형태소(素)[자립형태소(自立), 의존형태소(依存), 실질형태소(實質), 형식형태소(形式)], 형태심리학(心理學), 형태인자(因子), 형태조절(調節), 형태학(學); 관념형태(觀念), 사회형태(社會), 임금형태(賃金).

279) 형편(形便): 일이 되어가는 모양이나 결과. 살림살이의 정도. ¶되어가는 형편을 지켜보다. 형편에 따르다. 형편이 어렵다. 형편없다/없이.

형(不定形), 부채형, 불상칭형(不相稱形), 비대칭형(非對稱形), 비파형(琵琶形), 사각형(四角形), 사각주형(斜角柱形), 사방형(四方形), 사방형(斜方形), 사변형(四邊形), 사변형(斜邊形), 사형(似形), 산형(山形), 삼각형(三角形), 삼릉형(三稜形), 삼변형(三變形), 삿갓형, 상형(相形), 상형(常形), 상형(象形), 상사형(相似形), 생활형(生活形), 서술형(敍述形), 선형(線形), 선형(扇形), 설형(楔;쐐기꼴), 설편형(舌片形), 설화형(說話形), 성형(成形)[성형술(術), 성형외과(外科)], 성형(星形), 소형(小形), 쇠서형, 수동형(受動形), 수상형(穗狀形), 순형(脣形), 순형(楯形), 슬림형(slim形), 시형(詩形), 신월형(新月形), 신장형(腎臟形), 심장형(心臟形), 십자형(十字形), 아치형(arch), 어형(語形), 얼굴형, 여형(女形), 연형(聯形), 연미형(燕尾形), 연형(年形), 연형(蠕形), 연결형(連結形), 와우형(臥牛形), 와우형(蝸牛形), 왜소형(矮小形), 외형(外形), 외접형(外接形), 요형(凹形), 운형자(雲形), 원형(原形), 원형(圓形), 원개형(圓蓋形), 원구형(圓球形), 원뿔형(圓), 원주형(圓柱形), 원추형(圓錐形), 원통형(圓筒形), 월형(月形), 유형(有形), 윤형(輪形), 을자형(乙字形), 의형(儀形), 의문형(疑問形), 이형(異形), 인형(人形), 인형(印形), 인형(鱗形), 일자형(一字形), 입체형(立體形), 자유형(自由形), 자형(自形), 자형(字形), 잠형(潛形), 장방형(長方形), 장원형(長圓形), 전형(全形), 전형(箭形;화살 모양의 뾰족한 잎), 전형(轉形), 전성형(轉成形), 접속형(接續形), 정형(晶形), 정형(定形), 정형(情形), 정형(整形), 정방형(正方形), 정자형(丁字形), 정자형(井字形), 제철형(蹄鐵形), 제형(梯形;사다리꼴), 제형(蹄形), 조형(造形), 종형(鐘形), 종지형(終地), 주형(舟形), 중간형(中間形), 지형(地形), 지그재그형, 직방형(直方形), 직선형(直線形), 진형(陣形), 진행형(進行形), 철형(凸形), 첨형(尖形), 청유형(請由形), 체형(體形), 축소형(縮小形), 축약형(縮約形), 취형(聚形), 침형(針形), 타원형(橢圓形), 탑형(塔形), 파형(波形), 팔자형(八字形), 편형(扁形), 평면형(平面形), 평방형(平方形), 평서형(平敍形), 평행형(平行形), 포물선형(拋物線形), 포복형(匍匐形), 표단형(瓢簞形), 피동형(被動形), 피라미드형(pyramid形), 피침형(披針形), 하트형(heart形), 현형(現形), 현월형(弦月形), 혈청형(血淸形), 호형(弧形), 화형(花形), 확대형(擴大形), 환형(幻形), 환형(換形), 환형(環形) 들.

형(型) ①거푸집. 틀. 어떠한 특징을 나타내고 있는 형태. ¶새로운 형의 자동차. 사회봉사를 할 수 있는 형의 인물. ②'본보기. 그러한 형식이나 양식'을 뜻하는 말. ¶형랍(型蠟), 형식(型式)[형식승인(承認)], 형지(型紙); 감수형(甘受型), 강하형(降河型), 건조형(乾燥型), 걸이형, 검도형(劍道型), 계절형(季節型), 고태형(古態型), 교차형(交叉型), 구형(舊型), 구보형(驅步型), 근골형(筋骨型), 근육형(筋肉型), 금형(金型), 기류형(氣流型), 기압형(氣壓型), 기억형(記憶型), 기후형(氣候型), 긴장형(緊張型), 납형(蠟型), 내장형(內臟型), 내배엽형(內胚葉型), 내향형(內向型), 네로형(Nero型), 노력형(努力型), 뇌형(腦型), 다산형(多産型), 단선형(單線型), 단시형(短詩型), 단형(單形), 대형(大型/形), 대화형(對話型), 돈키호테형(Don Quixote型), 동형(同型), 동고서저형(東高西低型), 두뇌형(頭腦型), 드라비다형(Dravida型), 디오니소스형(Dionysos型), 맞춤형, 메소형(meso型), 모형(模型), 모형(母型), 모성형(母性型), 목형(木型), 문형(文型), 바닥형, 발색형(拔塞型), 방열형(傍熱型), 방추형(紡錘型), 방폭형(防爆型), 배위형(配位型), 배출형(排出型), 배합형(配合型), 범죄형(犯罪型), 복선형(複線型), 복합형(複合型), 부형(父型), 부정형(不定型), 비만형(肥滿型), 사회형(社會型), 삼도형(三島型), 삼일형(三一型), 삼축형(三軸型), 생태형(生態型), 서고동저형(西高東低型), 석고형(石膏型), 선형(船型), 선다형(選多型), 선택형(選擇型), 세장형(細長型), 소형(小型), 소하형(溯河型), 소화형(消化型), 수모형(水母型), 수신형(瘦身型), 수척형(瘦瘠型), 스펙트럼형(spectrum型), 스포츠형(sports型), 시각형(視覺型), 시스형(cis型), 신형(新型), 신체형(身體型), 심엽형(心葉型), 십수형(十手型), 아폴론형(Apollon型), 야생형(野生型), 엑스와이형(XY型), 엑스제로형(XO型), 외배엽형(外胚葉型), 외향형(外向型), 운동형(運動型), 원형(元型;발생면에서 유사성을 띤 유형), 원형(原型;기본이 되는 모형), 유형(類型), 유선형(流線型), 유전형(遺傳型), 유전자형(遺傳子型), 육봉형(陸封型), 이구형(耳垢型), 이념형(理念型), 이상형(理想型), 이아고형(Iago型), 인간형(人間型), 인물형(人物型), 인자형(因子型), 일기도형(日氣圖型), 자립형(自立型), 자아형(自我型), 자유형(自由型), 자은형(慈恩型), 자형(字型), 전형(典型), 전폐형(全閉型), 정형(定型), 제형(蹄型), 주형(鑄型;거푸집), 주괴형(鑄塊型), 중형(中型), 중배엽형(中胚葉型), 지형(紙型), 지방형(地方型), 지방형(脂肪型), 진위형(眞僞型), 창부형(娼婦型), 청각형(聽覺型), 체형(體型), 체격형(體格型), 최신형(最新型), 축소형(縮小型), 카리스마형(charisma型), 태극형(太極型), 토형(土型), 토양형(土壤型), 통합형(統合型), 투사형(鬪士型), 판형(判型), 평안형(平安型), 포켓형(pocket型), 폭군형(暴君型), 표상형(表象型), 표준형(標準型), 표현형(表現型)/표형(表型), 함형(艦型), 해수형(海水型), 핵형(核型), 햄릿형(Hamlet型), 행동형(行動型), 현상형(現象型), 현형(顯型), 혈액형(血液型), 호소형(湖沼型), 호흡형(呼吸型), 혼합형(混合型), 화형(靴型;구두의 골), 흑화형(黑化型) 들.

형(刑) '벌주다. 법(法)'을 뜻하는 말. ¶5년 형을 선고 받다. 형이 집행되다. 형계(刑械), 형구(刑具), 형기(刑期), 형기(刑器), 형노(刑奴), 형도(刑徒), 형량(刑量), 형례(刑例), 형륙(刑戮), 형률(刑律), 형리(刑吏), 형명/학(刑名/學), 형무(刑務), 형문(刑問), 형배(刑配), 형벌(刑罰)[공형벌(公), 사형벌(私)], 형법/학(刑法/學), 형사(刑死), 형사(刑事)[280], 형살(刑殺), 형옥(刑獄), 형장(刑杖), 형장(刑場), 형전(刑典), 형정(刑政), 형조/판서(刑曹/判書), 형죄(刑罪), 형징(刑懲), 형틀; 가문형(家門刑), 가중형(加重刑), 가형(加刑), 감형(減刑), 감형(監刑), 경형(黥/鯨刑), 곤형(棍刑), 관형(寬刑), 교수형(絞首刑)/교형(絞刑), 구형(求刑), 궁형(宮刑;죄인의 생식기 베기), 극형(極刑), 금고형(禁錮刑), 낙형(烙刑;단근질), 남형(濫刑), 뇌형(牢刑), 능력형(能力刑), 단근형(斷筋刑), 대형(大刑), 도형(徒刑), 명예형(名譽刑), 목적형(目的刑), 무기형(無期刑), 묵형(墨刑, 방형(邦刑), 벌금형(罰金刑), 법정형(法定刑), 본형(本

280) 형사(刑事↔民事): 형법의 적용을 받는 일. 범죄를 수사하고 범인을 체포하는 따위의 일을 맡은 경찰관. ¶형사문제(問題), 형사범(犯), 형사법(法), 형사보상/법(補償/法), 형사사건(事件), 형사소송/법(刑事訴訟/法), 형사소추(訴追), 형사시효(時效), 형사재판(裁判), 형사책임(責任), 형사처분(處分), 형사특별법(特別法), 형사피고인(被告人), 형사학(學); 민완형사(敏腕刑事;민첩한 수사 경찰관).

刑), 부가형(附加刑), 부정기형(不定期刑), 분형(焚刑), 사형(死刑), 사형(私刑), 사회형(社會刑), 상형(賞刑), 선고형(宣告刑), 선택형(選擇刑), 속형(贖刑), 수형(水刑), 수형/자(受刑/者), 신체형(身體刑), 실형(實刑), 악형(惡刑), 알형(軋刑), 양형(量刑), 엄형(嚴刑), 역형(役刑), 원형(冤刑), 월형(刖刑;발꿈치를 베는 형벌), 유형(流刑), 유기형(有期刑), 유배형(流配刑), 육형(肉刑), 윤형(輪刑), 응보형(應報刑→목적형), 의형(劓刑;죄인의 코베기), 자유형(自由刑), 자자형(刺字刑), 장형(杖刑), 재산형(財産刑), 전형(典刑), 정형(正刑), 정기형(定期刑), 종신형(終身刑), 죄형(罪刑), 주형(主刑), 준형(峻刑;혹독한 형벌), 중형(重刑), 집형(執刑), 징역형(懲役刑), 참형(斬刑), 참형(慘刑), 참수형(斬首刑), 책형(磔刑), 처단형(處斷刑), 처형(處刑), 천형(天刑), 체형(體刑), 총살형(銃殺刑), 최고형(最高刑), 추형(追刑), 추방형(追放刑), 태형(笞刑), 편형(鞭刑), 포락지형(炮烙之刑), 행형(行刑), 혹형(酷刑), 화형(火刑), 환형(換刑), 환형(轘刑) 들.

형(兄) 동기(同氣)나 같은 항렬에서 나보다 나이가 많은 사람. 친구 사이에서 상대방의 존칭. ¶형만 한 아우 없다. 진심으로 형의 승진을 축하합니다. 형님, 형망제급(兄亡弟及), 형부(兄夫), 형사지(兄事之;형으로 대접하여 섬김), 형수(兄嫂)[맏형수, 작은형수, 큰형수], 형우제공(兄友弟恭), 형장(兄丈), 형제(兄弟)[281]; 가형(家兄), 계방형(季方兄;상대방의 사내 아우에 대한 존칭), 귀형(貴兄), 난형난제(難兄難弟), 내형(乃兄), 노형(老兄), 대형(大兄), 도형(道兄), 맏형, 망형(亡兄), 매형(妹兄), 법형(法兄), 부형(父兄), 사형(舍兄), 사형(査兄), 사형(師兄), 사형(詞兄), 삼종형(三從兄), 서형(庶兄), 선형(先兄), 실형(實兄), 아형(阿兄), 아형(雅兄), 여형(女兄), 여형약제(如兄若弟), 영형(令兄), 왈형왈제(曰兄曰弟), 외형(外兄), 외형(畏兄), 우형(愚兄), 의형(義兄), 의형제(義兄弟), 인형(姻兄), 인형(仁兄), 자형(姊兄), 자형(慈兄), 작은형, 장형(長兄), 적형(嫡兄), 제형(弟兄), 제형(諸兄), 족형(族兄), 존형(尊兄), 종형(從兄), 준형(俊兄), 중형(仲兄), 차형(次兄), 처형(妻兄), 친형(親兄), 큰형, 학형(學兄), 학부형(學父兄), 현형(賢兄), 호부호형(呼父呼兄), 호형(呼兄) 들.

형(衡) '저울. 평평하다 · 고르다'를 뜻하는 말. ¶형기(衡器), 형평(衡平), 형평사(衡平社), 형평운동(衡平運動); 권형(權衡), 규형(窺衡), 균형(均衡), 도량형(度量衡), 옥형(玉衡), 은형(銀衡), 쟁형(爭衡), 전형(銓衡)[전형위원(委員); 서류전형(書類)], 평형(平衡), 항형(抗衡) 들.

형(螢) '개똥벌레. 빛나다'를 뜻하는 말. ¶형광(螢光)[282], 형석/채(螢石/彩), 형설(螢雪), 형설지공(螢雪之功), 형안(螢案;공부하는 책상), 형창(螢窓;공부방의 창. 학문을 닦는 곳), 형화(螢火); 취형(聚螢) 들.

형(荊) '가시. 가시나무. 자기 아내를 말할 때의 겸칭'을 뜻하는 말. ¶형개/수(荊芥/穗), 형관(荊冠;가시 면류관), 형극(荊棘)[283], 형처(荊妻;남에게 자기 아내를 낮추어 이르는 말); 소형(小荊;싸리나무), 졸형(拙荊;자기의 아내를 이르는 말) 들.

형(亨) '뜻대로 잘 되다'를 뜻하는 말. ¶형통(亨通)[만사형통(萬事)]; 길형(吉亨) 들.

형(炯) '빛나다. 밝다'를 뜻하는 말. ¶형안(炯眼;날카로운 눈매. 뛰어난 관찰력), 형형(炯炯;반짝반짝 빛나는 모양)/하다 들.

형(桁) 건축이나 토목 공사 따위에서, 기둥 위에 가로질러 위의 것을 받치는 나무. ¶형교(桁橋;다리의 몸체가 형으로 되어 있는 다리).

형(詗) '몰래 살피다'를 뜻하는 말. ¶형착(詗捉;염탐하여 붙잡아 옴), 형찰(詗察;넌지시 염탐함), 형탐(詗探) 들.

형(熒) '등불. 빛나다'를 뜻하는 말. ¶형형하다(빛이 반짝반짝 빛나면서 밝다. 빛나면서 아름답다).

형(瑩) '밝다. 거울같이 맑다'를 뜻하는 말. ¶형철(瑩澈;내다보이도록 환하게 밝음); 미형하다(未瑩;어리석다) 들.

형(馨) '향기가 나다. 향기로운 냄새'를 뜻하는 말. ¶형향(馨香); 소형(素馨) 들.

형(逈/迥) '멀다'를 뜻하는 말. ¶형별(逈別;아주 동뜨게 다름).

혜(惠) '베풀어 주는 신세. 은혜를 베풀다. 남을 높임'을 뜻하는 말. ¶혜감(惠鑑;惠存), 혜고(惠顧;남의 방문에 대한 존칭), 혜교(惠敎), 혜군(惠君;자비로운 임금), 혜념(惠念;상대방이 나를 돌보아 줌), 혜당(惠堂), 혜래(惠來;惠顧), 혜량(惠諒), 혜리(惠利), 혜림(惠臨;惠顧), 혜무(惠撫;은혜를 베풀어 달램), 혜사(惠思), 혜사(惠賜;惠與), 혜서(惠書;惠翰), 혜송(惠送;남이 보냄의 높임말), 혜시(惠示;남이 알려줌의 높임말), 혜시(惠施;은혜를 베풀어 줌), 혜애(惠愛), 혜여(惠與), 혜왕(惠枉;惠臨), 혜우(惠雨), 혜육(惠育;은혜로써 기름), 혜전(惠展;어서 펴 보십시오), 혜존(惠存)[284], 혜찰(惠札), 혜택(惠澤), 혜투(惠投), 혜풍(惠風;화창한 봄바람), 혜한(惠翰), 혜함(惠函), 혜화(惠化;은혜를 베풀어 교화함), 혜휼(惠恤;자비심을 가지고 어루만져 돌보아 줌); 돈혜(惇惠), 몽혜(蒙惠), 수혜(受惠), 시혜(施惠), 신혜(神惠), 실혜(實惠), 은혜/롭다(恩惠), 인혜(仁惠), 자혜/롭다(慈惠), 준혜(駿惠), 천혜(天惠), 특혜(特惠), 호혜(互惠) 들.

혜(慧) '사리를 분명히 밝히는 지혜. 슬기롭다. 총명하다'를 뜻하는 말. ¶혜검(慧劍;지혜가 번뇌를 끊어버림), 혜교(慧巧;슬기와 기교), 혜명(慧命), 혜민하다(慧敏;슬기롭고 민첩하다), 혜심(慧心), 혜안(慧眼)[285], 혜지(慧智), 혜해(慧解); 교혜(巧慧), 민혜(敏慧),

281) 형제(兄弟): 형제간(間), 형제애(愛), 형제자매(姊妹), 형제지의(兄弟之誼), 혁제혁장(鬩墻;동족끼리 싸움); 내형제(內), 당형제(堂), 동포형제(同胞), 사해형제(四海;세상의 모든 사람), 안형제(여자 형제), 여형제(女), 외형제(外), 의형제(義), 종형제(從)[내종형제(內), 외종형제(外)], 이복형제(異腹), 재종형제(再從), 젖형제, 줄무더기형제(어머니가 다른 형제. 이복형과 아우), 중표형제(中表;內外從間인 형제), 친형제(親).

282) 형광(螢光): ①반딧불. ②어떤 물질이 빛을 받았을 때 그 빛과는 다른 고유의 빛을 내는 현상. ¶형광단(團), 형광도료(塗料), 형광등(燈), 형광물감, 형광물질(物質), 형광사진(寫眞), 형광염료(染料), 형광작용(作用), 형광체(體), 형광판(板), 형광현미경(顯微鏡).

283) 형극(荊棘): 나무의 가시. 고난이나 장애. ¶형극을 헤쳐 나가다. 동타형극(銅駝;가시밭에 파묻힌 낙타 곧 황폐한 상태).

284) 혜존(惠存): 자기의 저서나 작품을 증정할 때, '받아 간직하여 주십시오'의 뜻으로 쓰는 말.

삼혜(三慧;聞慧, 思慧, 修慧), 수혜하다(秀慧), 심혜(深慧), 염혜(染慧), 영혜하다(英慧), 영혜하다(穎慧), 영혜하다(靈慧), 정혜(定慧), 정혜(淨慧), 준혜하다(俊慧), 지혜(知慧), 지혜(智慧)[지혜경(鏡), 지혜광(光), 지혜롭다, 지혜안(眼), 지혜화(火)], 총혜(聰慧) 들.

혜(鞋) '신·신발'을 뜻하는 말. ¶혜말(鞋襪;신과 버선), 혜전(鞋廛;신전); 건혜(乾鞋), 꽃당혜(唐鞋), 녹비혜(鹿), 당혜(唐鞋)[도령당혜, 홍목당혜(紅目)], 마혜(麻鞋), 망혜(芒鞋), 목혜(木鞋;나막신), 수혜(繡鞋), 승혜(繩鞋;미투리), 양혜(洋鞋;구두), 어혜(御鞋), 여태혜(女太鞋), 여혜(女鞋), 운혜(雲鞋), 유혜(油鞋), 죽장망혜(竹杖芒鞋), 지혜(紙鞋), 초혜(草鞋;짚신), 태사혜(太史鞋), 협금혜(挾金鞋) 들.

혜(醯) '초·식초(조미료의 하나)'를 뜻하는 말. ¶식혜(食醯)[286], 어혜(魚醯), 포혜(脯醯) 들.

혜(彗) '꼬리별'을 뜻하는 말. ¶혜망(彗芒), 혜성(彗星;살별) 들.

혜(蕙) '혜초(蕙草;향풀)'을 뜻하는 말. ¶혜란(蕙蘭), 혜분난비(蕙焚蘭悲) 들.

혜(蹊) '지름길. 좁은 길'을 뜻하는 말. ¶서혜(鼠蹊;샅).

호 ①입을 오므리고 간드러지게 웃는 모양. 또는 그 소리. ¶호호거리다/대다'. ②입을 오므려 내밀고 입김을 내뿜는 소리. 또는 그 모양. 〈큰〉후/후우. ¶입김을 호호 불다. 추워서 손을 호호 불다. 연기를 후우 뿜어내다. 호호·후후거리다²/대다/하다.

호(號) ①본명이나 자(字) 이외에 쓰는 이름. 세상에 널리 드러난 이름. ¶호를 부르다/ 짓다. 호패(號牌); 개호(改號), 고호(古號), 구호(口號), 국호(國號), 군호(君號), 군호(軍號), 다년호[大年號], 당호(堂號), 당호(幢號), 도호(道號), 명호(名號), 묘호(廟號), 법호(法號), 별호(別號), 복호(復號), 불호(佛號), 사호(社號), 사호(賜號), 상호(商號), 선호(船號), 승호(乘號), 시호(詩號), 시호(諡號;임금이 추증하던 이름. 선왕의 공덕을 기리어 붙인 이름), 시호통신(視號通信), 아호(雅號), 연호(年號), 아호(雅號), 연호(年號), 옥호(屋號), 왕호(王號), 위호(位號), 자호(自號), 작호(綽號), 작호(爵號), 제호(帝號), 존호(尊號), 칭호(稱號), 택호(宅號), 패호(牌號), 호호(呼號), 휘호(徽號). ②번지·잡지·활자·그림의 크기·등급에서 일정하게 숫자를 매겨 쓰는 말. ¶호봉(號俸), 호수(號數), 호외(號外); 기념호(記念號), 매호(每號), 복간호(復刊號), 송년호(送年號), 신년호(新年號), 원호(元號), 전호(前號), 제삼호(第三號), 제호(題號), 증간호(增刊號), 차호(次號), 창간호(創刊號), 초호(初號). ③'부르다. 부르짖다. 명령을 알리다. 표(標)'를 뜻하는 말. ¶호각(號角;호루라기), 호곡/성(號哭/聲), 호기(號旗), 호당(號當), 호령(號令)[287], 호읍(號泣), 호의(號衣), 호적(號笛), 호종(號鐘), 호포(號砲); 경무호(警霧號), 경호(驚號), 군호(軍號), 규호(叫號), 근호(根號), 기호(記號)[기호론(論), 기호문자(文字); 발음기호(發音)], 기호(旗號), 노호(怒號), 능호(陵號), 등호(等號), 번호(番號), 부호(符號), 부등호(不等號), 상호(商號), 성호(聖號), 신호(信號)[신호기(旗), 신호기(機), 신호등(燈), 신호탄(彈)], 암호(暗號), 애호(哀號), 약호(略號), 음호(陰號), 자호(字號), 정호(正號), 조호(調號), 헌호(軒號), 호호(呼號), 훈호(勳號). ④배, 비행기, 기차의 이름을 나타내는 대다수 명사에 붙어 '그 이름을 가진 것'의 뜻을 더하는 말. ¶새마을/ 무궁화/ 제공/ 카페리 따위로 쓰임.

호(好) ①'좋다. 좋아하다. 아름답다'를 뜻하는 말. ¶호가(好價), 호가사(好家舍), 호감(好感), 호감정(好感情), 호거(好居), 호건(好件), 호결과(好結果), 호경(好景), 호경기(好景氣), 호고/가(好古/家), 호과(好果), 호기(好奇)[호기성(性), 호기심(心)], 호기(好期), 호기(好機), 호기록(好記錄), 호기성(好氣性), 호기회(好機會), 호남아(好男兒), 호남자(好男子), 호녀(好女), 호도리(好道理), 호명(好名), 호물(好物), 호변(好辯;能辯), 호부(好否), 호불호(好不好), 호사(好事), 호사다마(好事多魔), 호상(好喪), 호색(好色;여색을 좋아함)[호색가(家), 호색꾼, 호색한(漢)], 호생악사(好生惡死), 호소식(好消息), 호수(好手), 호수(好守), 호수비(好守備), 호승(好勝), 호시기(好時期), 호시절(好時節), 호식(好食), 호안(好顏), 호안색(好顏色), 호언(好言), 호연(好演), 호오(好惡), 호우(好友), 호우(好雨), 호운(好運), 호음(好音), 호음성(好陰性), 호의/적(好意/的), 호의(好誼), 호의호식(好衣好食), 호이(好餌), 호인(好人)[무골호인(無骨), 무등호인(無等)], 호인물(好人物), 호인상(好印象), 호일(好日), 호자(好字), 호재(好材), 호재료(好材料), 호저(好著), 호적(好適), 호적수(好敵手), 호전/적(好戰/的), 호전(好轉), 호전과(好戰果), 호조(好調), 호조건(好條件), 호주(好酒), 호천기(好天氣), 호천후(好天候), 호청(好晴), 호타(好打), 호투(好投), 호팔자(好八字), 호평(好評), 호품(好品), 호학(好學), 호한(好漢), 호합(好合), 호호야(好好爺), 호호인(好好人), 호황(好況); 교호(交好), 기호(嗜好), 동호(同好), 벽호(癖好), 불호(不好)[불호간(間), 불호광경(光景)], 상호(相好)', 선호(選好), 수호(修好), 시호(時好), 애호(愛好), 양호(良好), 영호하다(永好), 완호(玩好), 우호(友好), 인호(隣好), 적호(適好), 절호(絕好), 정호(情好), 최호(最好), 친호(親好), 탐호(貪好), 화호(和好). ②'얼굴'을 뜻하는 말. ¶상호²(相好;부처의 얼굴).

호(湖) '육지가 우묵하게 패어 물이 괸 곳(호수)'를 뜻하는 말. ¶호남(湖南), 호면(湖面), 호반(湖畔), 호상(湖上), 호서(湖西), 호성토(湖成土), 호소(湖沼), 호수(湖水), 호심(湖心), 호월(湖月), 호저평야(湖底平野), 호중(湖中), 호택(湖澤), 호항(湖港), 호해(湖海); 간헐호(間歇湖) 강호(江湖), 구조호(構造湖), 국제호(國際湖), 권곡호(圈谷湖), 기수호(汽水湖), 내륙호(內陸湖), 누호(淚湖), 단층호(斷層湖), 담수호(淡水湖), 대호(大湖), 대염호(大鹽湖), 무구호(舞口湖→유구호), 반함수호(半鹹水湖), 방수호(放水湖), 범람호(氾濫湖), 부영양호(富營養湖), 분지호(盆地湖), 비방수호(放水湖), 빈영양호(貧營養湖), 빙식호(氷蝕湖), 빙하호(氷河湖), 산호호(珊瑚湖), 삼각주호(三角洲湖), 석호(潟湖), 소호(沼湖), 소다호(soda湖), 양호(兩湖), 언색호(堰塞湖), 언제호(堰堤湖), 언지호(堰止湖), 열

285) 혜안(慧眼): ①날카로운 눈. 사물의 본질을 꿰뚫어 보는 안목과 식견. ¶앞을 내다보는 혜안. ②불교에서, 차별이나 망집(妄執)을 버리고 진리를 통찰하는 눈.

286) 식혜(食醯): 쌀밥에 엿기름가루를 우린 물을 부어 삭힌 뒤에 설탕을 넣은 음식.

287) 호령(號令): 부하나 동물 따위를 지휘하여 명령함. 또는 그 명령. ¶호령기(氣), 호령바람(큰 소리로 꾸짖는 서슬), 호령조(調), 호령질/하다, 호령호령/하다; 강호령, 불호령, 생호령(生).

ㅎ

대호(熱帶湖), 염호(鹽湖), 온대호(溫帶湖), 요지호(凹地湖), 용식호(溶蝕湖), 용암호(鎔巖湖), 우각호(牛角湖), 유각호(有脚湖→언색호), 유구호(有口湖=유각호), 유적호(遺跡湖), 인공호(人工湖), 인조호(人造湖), 인위호(人爲湖), 자연호(自然湖), 잔적호(殘跡湖), 조호(潮湖), 지호(池湖), 지구호(地溝湖), 지하호(地下湖), 침식호(浸蝕湖), 카르호(Kar湖), 칼데라호(caldera湖), 퇴석호(堆石湖), 폐색호(閉塞湖), 풍식호(風蝕湖), 하적호(河跡湖;강자리호수), 하천호(河川湖), 한대호(寒帶湖), 함호(鹹湖), 함락호(陷落湖), 함몰호(陷沒湖), 함수호(鹹水湖→담수호), 해적호(海跡湖), 혼성호(混成湖), 화구호(火口湖), 화산호(火山湖), 환초호(環礁湖); 나주호/ 대청/ 청평/ 동정/ 미시간 들로 쓰임.

호(虎) '범. 호랑이'를 뜻하는 말. ¶호골(虎骨), 호구(虎口), 호굴(虎窟), 호담(虎膽), 호담자(虎毯子), 호락(虎落), 호랑(虎狼)[288], 호렵도(虎獵圖), 호마(虎麻), 호망(虎網), 호미(虎尾), 호미난방(虎尾難放), 호반(虎班), 호반석(虎斑石), 호반유(虎斑釉), 호변(虎變), 호병(虎兵), 호부견자(虎父犬子), 호사유피(虎死留皮), 호석(虎石), 호소(虎嘯), 호수(虎鬚), 호시/탐탐(虎視/耽耽;기회를 노리며 형세를 살핌), 호신(虎臣), 호안석(虎眼石), 호액갑(護腋甲), 호열자(虎列刺;콜레라), 호염(虎髥), 호위(虎威;권세 있는 자의 위세), 호자(虎子), 호장(虎將;용맹스러운 장수), 호침(虎枕), 호탄자(호탄요), 호표(虎豹), 호피(虎皮), 호환(虎患), 호흉배(虎胸背); 기호지세(騎虎之勢), 담호호지(談虎虎至), 대호(大虎), 맹호(猛虎), 백호(白虎)[내백호(內), 단백호(單), 외백호(外)], 백액호(白額虎), 복호(伏虎), 비호/같다(飛虎), 석호(石虎), 숙호충비(宿虎衝鼻), 시호(豺虎;승냥이와 호랑이), 시호(市虎; 三人成虎-근거 없는 말도 여럿이 하면 곧이듣게 됨), 양호(兩虎), 양호(養虎), 양호유환(養虎遺患), 옥호(玉虎), 용양호시(龍驤虎視), 용호방(龍虎榜), 용호상박(龍虎相搏), 초망착호(草網着虎), 포호함포(咆虎陷浦;떠들기만 하고 일은 이루지 못함), 호가호위(狐假虎威) 들.

호(豪) '기운 · 재치 따위가 뛰어남. 또는 그 사람. 왕성하다'를 뜻하는 말. ¶호강(豪强;뛰어나게 강함), 호객(豪客;호기가 있는 사람), 호건(豪健;뛰어나고 굳셈), 호걸(豪傑)[289], 호기(豪氣)[290], 호노한복(豪奴悍僕), 호농(豪農), 호담(豪膽;매우 담대함), 호륵하다(豪勒;매우 사납다), 호매(豪邁;성질이 호탕하고 인품이 뛰어남), 호민(豪民;부자로 세력이 있는 백성), 호방하다(豪放;도량이 크고 작은 일에 거리낌이 없다), 호부(豪富;세력이 있는 부자), 호사(豪士;호방한 사람), 호사(豪奢)[호사바치(몸치장을 호사스럽게 하는 사람), 호사스럽다, 호사하다; 길호사[291]], 호상(豪商;큰 규모로 장사하는 사람), 호상(豪爽;성격이나 행동이 호방하고 시원시원함), 호성(豪姓;어느 지방에서 세력을 잡고 있는 성씨), 호세(豪勢;큰 세력), 호언/장담(豪言/壯談), 호용(豪勇), 호우(豪雨;억수)[호우경보(警報), 호우주의보(注意報)], 호웅(豪雄;매우 뛰어나고 강한 사람), 호유(豪遊), 호음(豪飮), 호의(豪毅;매우 굳세고 의젓함), 호일(豪逸), 호장(豪壯;세력이 강하고 왕성함), 호저(豪豬), 호족(豪族;土豪), 호종하다(豪縱;호방하다), 호주(豪酒;술을 많이 마심), 호준(豪俊), 호치(豪侈;豪華), 호쾌하다(豪快;매우 시원시원하다), 호탕불기(豪宕不羈), 호탕하다(豪宕;기개가 당당하고 호걸스럽다), 호한하다(豪悍;호방하고 사납다), 호협하다(豪俠;호방하고 의협심이 강하다), 호화(豪華)[292], 호활하다(豪活), 호활하다(豪豁); 강호(强豪), 검호(劍豪), 군호(群豪), 대호(大豪), 문호(文豪), 부호(富豪), 시호(詩豪), 읍호(邑豪), 인호(人豪), 주호(酒豪), 준호(俊豪), 토호(土豪) 들.

호(戶) '집. 집의 수효. 호적상의 가족으로 이루어진 집. 문짝'을 뜻하는 말. ¶200호. 호구(戶口), 호당(戶當), 호대(戶大;술고래), 호렴(戶斂), 호리(戶裏;뒤란), 호방(戶房), 호배(戶排), 호별(戶別), 호부(戶部), 호수(戶首), 호수(戶數), 호역(戶役), 호역(戶疫), 호외(戶外), 호장(戶長), 호적(戶籍), 호조(戶曹), 호주(戶主), 호차(戶車), 호총(戶總), 호추(戶樞), 호포(戶布), 호호(戶戶), 호환(戶還); 가가호호(家家戶戶), 가호(家戶), 각호(各戶), 누호(漏戶), 능호(陵戶), 대호(大戶), 독호(獨戶), 만호(萬戶), 매호(每戶), 면호(免戶), 문호(門戶), 반호(半戶), 반호(班戶), 복호(復戶), 분호(分戶), 빈호(貧戶), 산호(山戶), 상호(桑戶), 상호(常戶), 상호(商戶), 소호(小戶), 소요호(燒窯戶), 신호(新戶), 양호(養戶), 어호(漁戶), 연호(煙戶), 엽호(獵戶), 요호(饒戶), 원호(原戶), 음호(陰戶), 인호(人戶), 잔호(殘戶), 전호(全戶), 증호(增戶), 창호(窓戶), 축호(逐戶), 통호(統戶), 퇴호(推戶), 파락호(破落戶), 파호(破戶), 편호(編戶;호적을 편성함), 폐호(閉戶), 한호(寒戶;가난한 집), 허호(虛戶), 협호[293]/살림(夾戶) 들.

호(護) '돕다. 지키다'를 뜻하는 말. ¶호구(護具), 호국(護國), 호군(護軍), 호념(護念), 호마(護摩), 호법(護法), 호부(護符), 호상(護喪), 호석(護石;둘레돌), 호송(護送)[호송대(隊), 호송병(兵), 호송원(員); 상선호송(商船)], 호신(護身)[호신도(刀), 호신부(符), 호신불(佛), 호신술(術), 호신용(用)], 호심경(護心鏡), 호안(護岸), 호액갑(護腋甲)/호액(護腋), 호위(護衛;지킴)[호위군(軍), 호위병(兵)], 호인(護刃), 호장(護葬), 호전(護全), 호조(護照), 호지(護持), 호행(護行), 호헌(護憲); 가호(加護;신불이 돌보아 줌), 간호(看護), 감호/조치(監護/措置), 개호하다(介護), 경호/원(警護/員), 계호(戒護), 고호(顧護;돌보아 줌), 곡호(曲護), 구호(救護), 명호(冥護), 방호(防護), 변호(辯護), 보호(保護), 부호(扶護), 비호(庇護), 섭호선(攝護腺), 수호(守護), 애호(愛護), 양호(養護), 엄호(掩護), 옹호(擁護), 외호(外護), 원호(援護), 조호(助護), 조호(調護), 진호(鎭護) 들.

호(胡) '중국에서 들여온. 오랑캐. 중국의. 함부로 날뛰다'를 뜻하는 말. ¶호가(胡笳), 호가(胡歌), 호고추, 호과(胡瓜), 호국(胡國), 호궁(胡弓), 호금(胡琴), 호나복(胡蘿蔔), 호녀(胡女), 호노(胡奴),

---

288) 호랑(虎狼): 호랑나비, 호랑버들, 호랑연(鳶), 호랑이, 호랑하늘소; 종이호랑이.

289) 호걸(豪傑): 지혜와 용기가 뛰어나고 기개와 풍모가 있는 사람. ¶호걸남자(男子), 호걸스럽다, 호걸웃음, 호걸풍(風); 녹림호걸(綠林;불한당이나 화적), 산중호걸(山中;호랑이), 여중호걸(女中), 영웅호걸(英雄).

290) 호기(豪氣): 씩씩하고 호방한 기상. 꺼드럭거리는 기운. ¶하늘을 찌를 듯한 호기. 호기를 떨다. 호기남아(男兒), 호기롭다, 호기만발(滿發), 호기만장(萬丈), 호기스럽다.

291) 길호사(豪奢): 장가 · 시집갈 때에 겉치레로 호사스럽게 차려 입고 감. 또는 그러한 차림.

292) 호화(豪華): 호화롭다, 호화선(船), 호화스럽다, 호화자제(子弟), 호화찬란/하다(燦爛), 호화판(版); 초호화(超).

293) 협호(夾戶): 한집에서 딴살림 하게 된 집채.

호도(胡桃), 호떡, 호란(胡亂), 호렵도(胡獵圖), 호마(胡馬), 호마(胡麻)[호마유(油;참기름), 호마인(仁)], 호만두(胡饅頭), 호맥(胡麥), 호멧돼지, 호면(胡綿), 호무, 호미(胡米), 호밀, 호배추, 호복(胡服), 호복(胡福;큰 복), 호봉(胡蜂;말벌), 호분(胡粉), 호사난상(胡思亂想), 호산(胡算;수효를 기록하는 중국의 부호), 호상(胡牀;중국식 걸상), 호설(胡說;이치에 맞지 않는 말. 함부로 지껄이는 말), 호악(胡樂), 호염/호렴(胡鹽), 호월(胡越), 호인(胡人), 호적(胡笛), 호좁쌀, 호주머니, 호죽(胡竹), 호지(胡地), 호콩, 호파, 호패(胡牌), 호풍(胡風), 호행난주(胡行亂走), 호황련(胡黃蓮), 호황모(胡黃毛); 북호(北胡) 들.

호(呼) '부르다. 숨을 내쉬다'를 뜻하는 말. ¶호가(呼價), 호격(呼格), 호기(呼氣)[호기상(像), 호기음(音)], 호년(이년 저년하고 여자에게 면자를 붙여 부름), 호래척거(呼來斥去), 호명(呼名), 호모(呼母), 호부(呼父), 호소(呼訴;남에게 하소연함)[호소력(力), 호소문(文)], 호어(呼語), 호원(呼冤), 호응(呼應), 호제(呼弟), 호조(呼祖), 호창(呼唱), 호척(呼戚), 호출(呼出), 호칭(呼稱), 호풍환우(呼風喚雨), 호형(呼兄), 호형호제(呼兄呼弟), 호호(呼號), 호흡(呼吸)[294]; 대호(大呼), 상호(相呼), 연호(連呼), 점호(點呼), 지호(指呼), 질호(疾呼), 환호(喚呼), 환호(歡呼), 훤호(喧呼) 들.

호(互) '어긋매끼다. 교차하다. 서로'를 뜻하는 말. ¶호각(互角;양쪽의 역량이 엇비슷한 일), 호각지세(互角之勢;서로 엇비슷한 세력), 호류(互流;서로 어긋맞게 흐름. 교류함), 호변(互變), 호상(互相)[295], 호생(互生), 호선(互先;맞바둑), 호선(互選;구성원들이 서로 투표하여 어떤 사람을 뽑음), 호송(互送;피차 서로 보냄), 호시(互市;貿易), 호양(互讓;서로 사양하거나 양보함), 호용(互用;서로 넘나들며 씀), 호용리(互用犁), 호유(互有;공동으로 소유함)[호유권(權), 호유장단(長短)], 호제(互濟), 호조(互助;서로 도움), 호천(互薦;서로 천거함), 호칭(互稱;서로 부름), 호혜(互惠;서로 도와 편익을 주고받는 일)[호혜관세(關稅), 호혜무역(貿易), 호혜조약(條約), 호혜주의(主義)], 호환/성(互換/性); 교호(交互), 상호(相互) 들.

호(毫) '터럭 · 잔털. 붓이나 붓의 털끝. 썩 작은 것'을 뜻하는 말. ¶호단(毫端), 호리(毫釐)[호리불차(不差), 호리지차(之差), 호리천리(千里)], 호말(毫末;털끝), 호모(毫毛;가는 털. 아주 작은 것), 호무(毫無), 호발(毫髮;잔털. 아주 잔 물건), 호홀지간(毫忽之間); 구호(口毫), 백호(白毫), 분호(分毫), 사호(絲毫), 섬호(纖毫), 소호(小毫), 시호(試毫), 양호(羊毫), 옥호(玉毫), 일호(一毫), 지양호(紙羊毫;양털로 만든 붓), 추호(秋毫), 토호반(兎毫斑), 휘호(揮毫) 들.

호(狐) '여우. 교활함'을 뜻하는 말. ¶호가호위(狐假虎威), 호리(狐狸), 호망(狐網), 호미(狐媚), 호백구(狐白裘), 호사수구(狐死首丘), 호사토읍(狐死兎泣), 호서배(狐鼠輩), 호선(狐仙), 호의(狐疑); 구미호(九尾狐), 백호(白狐), 시호(豺狐), 야호(野狐) 들.

호(弧) 원둘레 또는 곡선상의 두 점 사이의 부분. ¶호광(弧光)[호광등(燈), 호광로(爐)], 호도/법(弧度/法), 호등(弧燈), 호상(弧狀), 호선(弧線), 호시(弧矢), 호시성(弧矢星), 호연(弧宴;생일잔치), 호형(弧形); 괄호(括弧;묶음표), 승호(昇弧), 열호(劣弧), 우호(優弧), 원호(圓弧), 전호(電弧), 켤레호 들.

호(浩) '넓다. 크다'를 뜻하는 말. ¶호가(浩歌), 호기(浩氣;호연한 기운), 호대(浩大;매우 넓고 큼), 호박(浩博), 호번(浩繁), 호연(浩然), 호연지기(浩然之氣), 호탄(浩歎), 호탕(浩蕩), 호한하다(浩汗/瀚), 호호기천(浩浩其天), 호호막막(浩浩漠漠), 호호탕탕/하다(浩浩蕩蕩), 호호하다(浩浩;한없이 넓고 크다), 호활하다(浩闊) 들.

호(壺) '병. 단지. 음료를 담는 그릇'을 뜻하는 말. ¶호리건곤(壺裏乾坤), 호상(壺狀;항아리처럼 배가 불룩하고 아가리가 벌어진 모양), 호상(壺觴;술병과 술잔), 호중물(壺中物;술); 누호(漏壺), 다호(茶壺), 빙호(氷壺)[296], 야호(夜壺;요강), 옥호(玉壺), 자호(子壺;子宮), 주호(酒壺;술병), 천대호(穿帶壺;자라병과 같이 생겨 차고 다니게 된 병), 투호(投壺), 현호(弦壺) 들.

호(壕) '성 둘레에 파놓은 도랑'을 뜻하는 말. ¶호에 들어가 대피하다. 호참(壕塹); 감적호(監的壕), 교통호(交通壕), 대호(對壕), 대피호(待避壕), 방공호(防空壕), 산병호(散兵壕), 엄폐호(掩蔽壕), 엄호(掩壕), 은폐호(隱蔽壕), 참호(塹壕), 평행호(平行壕) 들.

호(糊) '풀. 입에 풀칠하다'를 뜻하는 말. ¶호구(간신히 끼니만 이으며 사는 일)/책(糊口/策), 호도하다(糊塗;일시적으로 얼버무려 넘김), 호명(糊名), 호정(糊精), 호환(糊丸); 모호(模糊;10^{-13}이 되는 수), 애매모호/하다(曖昧模糊), 불역호(不易糊;썩지 않게 만든 풀), 함호(含糊) 들.

호(乎) 어조사. 꾸미는 말에 붙어 어세를 세게 함. ¶단호하다/단호히(斷乎), 석호(惜乎), 순호하다(純乎;純然), 시호시호(時乎時乎), 유시호(有時乎;어떤 때는), 차호(嗟乎;슬프다), 확호(確乎) 들.

호(皓) '희다. 밝다. 깨끗하다'를 뜻하는 말. ¶호반(皓礬;황산아연), 호백(皓魄;달), 호백하다(皓白;매우 희다), 호연하다(皓然), 호월(皓月;맑고 밝게 비추는 달), 호치(皓齒), 호호백발(皓皓白髮), 호호하다(皓皓;깨끗하고 희다. 빛나고 밝다) 들.

호(怙) '믿고 의지하다'를 뜻하는 말. ¶호세(怙勢;권세를 믿음), 호시(怙恃), 호종(怙終;전의 허물을 뉘우침이 없이 다시 죄를 저지름) 들.

호(扈) '뒤따르다. 시중들다. 만연하다'를 뜻하는 말. ¶호가(扈駕), 호위(扈衛), 호종(扈從); 발호(跋扈;함부로 세력을 휘두르거나 날뜀) 들.

호(縞) '명주. 흰빛'을 뜻하는 말. ¶호마노(縞瑪瑙), 호의현상(縞衣玄裳;학); 간섭호(干涉縞;빛이 겹쳐 간섭현상이 일어날 때 생기는 줄무늬. 간섭무늬) 들.

294) 호흡(呼吸): 사람이나 동물이 공기를 빨아들이고 내보내는 것.≒숨. ¶호흡이 가쁘다. 호흡근(根), 호흡근(筋), 호흡기(器), 호흡률(率), 호흡색소(色素), 호흡수(數), 호흡열(熱), 호흡운동(運動), 호흡음(音), 호흡중추(中樞); 광호흡(光), 내호흡(內), 무기호흡(無氣), 복식호흡(腹式), 산소호흡(酸素), 심호흡(深), 외호흡(外), 인공호흡(人工), 피부호흡(皮膚), 흉식호흡(胸式).

295) 호상(互相): 호상간(間), 호상연결(連結), 호상연락(聯絡), 호상왕래(往來), 호상입장(入葬).

296) 빙호(氷壺): 마음이 맑고 깨끗함을 비유.

호(冱) '몹시 춥다'를 뜻하는 말. ¶호한(冱寒;아주 심한 추위. 酷寒), 호호(冱涸;추워 얼어붙음).

호(昊) '하늘'을 뜻하는 말. ¶호천(昊天), 호천망극(昊天罔極); 창호(蒼昊) 들.

호(瓠) '표주박. 바가지'를 뜻하는 말. ¶호과(瓠果), 호락(瓠落;겉보기는 커도 쓸데없이 됨), 호서(瓠犀) 들.

호(瑚) '산호'를 뜻하는 말. ¶무호(蕪瑚;미역의 오래 묵은 뿌리), 산호(珊瑚).

호(犒) '음식을 보내어 군사를 위로하다'를 뜻하는 말. ¶호궤(犒饋), 호로(犒勞;군사를 위로함) 들.

호(濠) 성벽 바깥에 도랑을 파서 물을 실어 놓은 곳. ¶외호(外濠;성의 바깥 둘레에 판 호).

호(醐) '우락(牛酪;버터)'를 뜻하는 말. ¶제호(醍醐;우유에 갈분을 타서 쑨 죽).

호(蒿) '쑥'을 뜻하는 말. ¶봉호(蓬蒿), 애호(艾蒿;산쑥) 들.

호(琥) '옥'을 뜻하는 말. ¶호박(琥珀)[297].

호(皜) '희다'를 뜻하는 말. ¶호호백발(皜皜白髮).

호(皞/皥) '밝다. 희다'를 뜻하는 말. ¶희호(熙皞).

호강 호화롭고 편안한 삶을 누림. 또는 그런 생활.=양광. ¶호강에 겨운 소리. 호강을 누리다. 아들 덕에 호강하다. 호강살이/하다, 호강스럽다/스레, 호강작첩/하다(作妾), 호강첩(妾), 호강하다.

호(다) 바느질할 때, 헝겊을 여러 겹 겹쳐서 땀을 곱걸지 않고 성기게 꿰매다. ¶구멍 난 바지를 호다. 호라매다(호아서 졸라매다), 호아가다[298], 호아들다(이리저리 돌아서 오다), 혼솔/혼솔기(홈질로 꿰맨 옷의 솔기), 홀가매다(숭숭 되는 대로 감치듯이 꿰매다), 홈질/하다 들.

호도깝-스럽다 말이나 행동이 조급하고 경망스러운 데가 있다. ¶대수롭지 않은 일을 호도깝스럽게 떠벌리다.

호도독 깨나 콩 따위를 볶을 때 빠르고 작게 튀는 소리. 또는 그 모양. 잔나무나 검불 따위가 타들어가는 소리나 모양. 심장이 빠르게 뛰거나 마음이 떨리는 소리. 빗방울이 한 차례 뿌리는 소리. 작은 새가 날개를 빠르게 치며 갑자기 날아가는 소리나 모양. 〈준〉호독. 〈큰〉호드득/호득. 후두둑/후득. ¶콩을 호도독 볶다. 소나기가 호도독 쏟아지다. 심장이 호도독 뛰다. 호도독·호드득·후드득거리다/대다, 호득[299] 들.

호되(다) 매우 심하다.≒혹독하다(酷毒). ¶호된 추위. 호된 꾸지람. 호되게 나무라다. 여론의 호된 비판을 받다.

297) 호박(琥珀): 지질 시대의 나무의 진 따위가 땅 속에 묻히어 굳어진 광물. ¶호박광(光), 호박단(緞), 호박단추, 호박산(琥珀酸), 호박색(色), 호박설(屑), 호박옥(玉), 호박잠(簪), 호박풍잠(風簪); 불호박.

298) 호아가다: 이리저리 왔다갔다하며 돌아다니다.

299) 호득: 빗방울 같은 것이 연이어 떨어지는 소리.

호두 호두나무의 열매.[←호도(胡桃)]. ¶호둣속 같다(일이 복잡하여 갈피를 잡을 수 없다). 호두강정, 호두과자(菓子), 호두기름, 호두나무, 호두당(糖), 호두볏(호두처럼 생긴 닭의 볏 모양), 호둣속[300], 호두엿, 호두옴, 호두유(油), 호두잠(簪;대가리를 호두 모양으로 만든 옥비녀), 호두장(醬), 호두장아찌, 호두주(酒), 호두죽(粥), 호두튀김; 겨릅호두(껍데기가 얇은 호두), 쇠호두(딱딱하고 꺼풀이 두꺼운 호두).

호드기 봄철에 물오른 버드나무의 가지를 비틀어 뽑은 통껍질이나 밀짚 토막으로 만든 피리. ¶호드기를 불다.

호들 팔다리나 몸이 가냘프게 한 번 떨리는 모양.=하들[301]. 〈큰〉후들[302]. 〈큰·센〉후뜰. ¶몸을 호들호들 떨다. 호들거리다/대다/하다, 호들갑[303]·흐들갑, 호들랑[304]·후들렁, 호뜰[305].

호듯 ①따뜻한 봄볕이 바람 없이 포근히 내리비치는 모양. ¶햇볕이 호듯호듯 내리쪼인다. 후듯하다[306]. ②인정이나 사람의 손길이 따듯한 모양. 〈큰〉후듯. ¶호수에 봄볕이 호듯호듯 내리비치다. 호듯하다(가냘프다. 예쁘다).

호락-질 남의 힘을 빌리지 아니하고 제 혼자 또는 식구들끼리 농사를 짓는 일.[←홀+악+질]. ¶호락질에 허리가 휠 지경이다. 호락질하는 늙은이. 호락질하다.

호락호락 ①쉽게.≒쉽사리. ¶호락호락 물러서다. 그는 그렇게 호락호락 넘어갈 사람이 아니다. ②일이나 사람이 만만하여 다루기 쉬운 모양.≒수월히. ¶이번 일은 호락호락하다. 호락호락하다(버틸 힘이 없이 만질만질하다), 호락호락히.

호로 분합문의 아래쪽에 박는 쇠 장식.

호로로 ①호루라기나 호각 따위를 불 때 나는 소리. 〈큰〉호루루. ¶호루라기를 호로로 불다. ②얇은 종이나 나뭇잎 따위가 삽시간에 타오르는 모양. 〈큰〉후루루. ¶가랑잎이 호로로 타다.

호로록 ①날짐승이 갑자기 날개를 치며 가볍게 날아가는 소리. ¶종달새가 호로록 날다. 하르륵[307]. ②물이나 죽 따위를 빨아 들이마시는 소리.=호르륵/호록. ¶죽을 호로록 마시다. 〈큰〉후루룩/후룩. 〈준〉호록. 호로록/호록·후후룩/후룩거리다/대다.

300) 호둣속: ①호두 껍데기의 안쪽 부분. ②사물이 복잡하게 뒤섞여 있음. ¶호둣속 같다(일이 복잡하여 갈피를 잡을 수가 없다).

301) 하들하들: 몸을 약하게 떠는 모양. ¶손을 하들하들 떨다.

302) 후들: 다리나 몸을 떠는 모양. ¶사흘을 굶었더니 다리가 후들거린다. 후들거리다/대다.

303) 호들갑: 경망스럽게 야단을 피우는 말이나 행동.≒방정. 〈큰〉흐들갑. ¶호들갑을 부리다. 호들갑을 떨다. 호들갑·흐들갑스럽다(무슨 큰일이나 난 듯한 태도가 있다. 방정맞다).

304) 호들랑: 팔다리나 몸이 가냘프게 한 번 떨리는 모양. 〈큰〉화들렁. 후들렁. ¶팔을 호들랑 떨다.

305) 호뜰: 몸집이나 몸의 일부를 방정맞게 갑자기 움직이거나 흔드는 모양. 〈큰〉허뜰. 호뜰. 후뚤. 후뜰. ¶머리를 호뜰 흔들다.

306) 후듯하다: 운김이 훈훈하다.

307) 하르륵: 새나 털 따위가 갑자기 빠르게 날아가 버리거나 달아나는 소리. 또는 그 모양. ¶새가 하르륵 날다.

ㅎ

호롱 석유등의 석유를 담는 그릇. ¶사기 호롱이 그을음을 내면서 환하게 비친다. 호롱불(호롱에 켠 불).

호롱기 벼, 보리 따위의 이삭에서 낟알을 떨어내는 기계.=탈곡기(脫穀機).

호루라기 살구씨나 복숭아씨 양쪽에 구멍을 뚫어 속을 파내고 호각처럼 부는 것. ¶호루라기 소리가 길게 나다.

호르르 ①작은 새가 날개를 치며 가볍게 나는 소리. ¶나뭇가지의 참새 떼가 총소리에 호르르 날아갔다. ②얇은 종이 따위가 가볍게 타오르는 모양. ¶가랑잎이 호르르 타다. 〈큰〉후르르.

호리¹ 한 마리의 소가 끄는 쟁기.↔겨리. ¶호리로 밭을 갈다. 호릿날, 호리볏, 호리질/하다.

호리² 몸이 가늘고 날씬한 모양. 〈큰〉후리. ¶호리호리 날씬한 허리. 그 남자는 키가 작달막하고 몸매가 호리했다. 호리낭창하다[308], 호리다(몸의 부피가 가늘어지도록 옴츠리다), 호리호리·후리후리/하다(≒크다. 날씬하다. 훤칠하다), 호릿하다(좀 호리호리하다), 후릿[309].

호리(다) 그럴듯한 말이나 매력으로 남의 온전한 정신을 흐리게 하여 꾀다.=유혹하다(誘惑).≒녹이다. 〈큰〉후리다④. ¶시골 처녀를 호리다. 친구를 호려서 돈을 내놓게 하다. 그는 어리숙한 사람을 후리고 다닌다. 호려·후려내다(꾀어내다)/넘기다, 후려잡다, 후리이다, 호림·후림(남을 꾀는 일이나 수단), 홀리다[310], 홀림길[311], 홀림낚시(거짓 미끼로 하는 낚시), 홀림미끼, 홀림수(數;남의 실수를 유발하려는 짓), 홀림판(남을 홀리는 자리나 장면), 후림·호림대수작(酬酌;남을 꾀어 후리느라고 늘어놓는 말), 후림불[312], 후림비둘기, 후림새(남을 꾀어 후리는 솜씨), 홀림목(애교 띤 목소리) 들.

호물 ①이가 빠진 입으로 음식을 가볍게 씹는 모양. ¶염소가 호물호물 풀을 먹다. ②음식물 따위를 꼭꼭 씹지 않고 대충 가볍게 씹는 모양. 〈큰〉후물. ¶할머니가 죽을 호물호물 넘기다. 호물·후물거리다/대다, 호물때기(이가 거의 다 빠져 입을 호물거리는 사람), 호물호물·후물후물/하다, 흐무지다¹(흐무러지다).

호미 김을 매는 데 쓰는 농기구의 하나. ¶호미로 막을 것을 가래로 막는다. 호미걸이, 호미글게(호미로 땅을 파서 씨앗을 심는 일), 호미등, 호미모, 호밋밥(적은 분량의 흙), 호미씻이[313]/하다, 호미자락(호미의 끝부분이나 손잡이. 호미 끝이 들어갈 만큼 온비), 호미자루, 호미질/하다; 낙지호미, 왼호미(왼손잡이가 쓰기에 편하도록 만든 호미) 들.

호박 박과의 한해살이 덩굴풀의 열매. '호박 모양'을 뜻하는 말. ¶호박은 간에 좋다고 한다. 호박개(뼈대가 굵고 털이 북슬북슬한 개), 호박고지, 호박국, 호박김치, 호박꼭지, 호박꽃, 호박나물, 호박단자(團餈), 호박덕(호박순이 올라가게 세우는 덕), 호박덩굴, 호박돌(알돌), 호박떡, 호박무름[314], 호박벌, 호박범벅, 호박살(물렁한 살), 호박손(덩굴손), 호박순/지지미(筍), 호박씨, 호박엿, 호박오가리(호박을 길게 썰어 말린 것), 호박잎/쌈, 호박저냐, 호박전(煎), 호박주추(柱;둥근 주춧돌), 호박죽(粥), 호박지짐이, 호박찜(호박무름), 호박풀떼기; 납작호박, 늙호박, 애호박, 오골호박(거죽이 오그라진 호박), 청둥호박 들.

호습(다) 매우 짜릿하면서도 즐거운 느낌이 있다. ¶안돌이 지돌이로 이어진 호스운 길이어서 산을 즐기는 사람들이 많이 찾는다. 호스럼(호스운 느낌).

호암-지다 마음에 흐뭇할 만큼 탐스럽다. 흐뭇하다. ¶들판에는 호암진 이삭들의 물결이다.

호양호양 몸집이 탄력성 있게 가늘고 긴 모양. ¶호양호양 가늘고 탄력성 있어 보이는 몸집.

호젓-하다 무서운 느낌이 들 만큼 아주 고요하고 쓸쓸하다.↔시끄럽다. 번거롭다. ¶호젓한 산길. 호젓한 마음. 호젓이.

호졸근-하다 종이·피륙 따위가 약간 젖어 풀기가 없어져 보기 흉하게 늘어지다. 몸이 지치고 고단하여 축 늘어지듯 힘이 없다. 〈큰〉후줄근하다(후주른하다). ¶옷이 비에 젖어 호졸근하다. 호졸호졸하다, 후줄그레[315], 호졸근·후줄근히, 훌라리천(후줄근하여 흐들흐들한 천).

호타분-하다 몹시 답답할 정도로 무거운 기운이 있다. ¶마음이 호타분하다.

호통 화가 몹시 나서 큰소리를 지르거나 꾸짖음. 또는 그 소리.≒야단(惹端). 꾸중. 큰소리. ¶호통을 치다. 호통바람(호통을 치는 서슬), 호통질/하다, 호통하다(꾸짖다); 겉호통.

호함-지다 마음에 흐뭇할 만큼 탐스럽다. ¶꽃송이가 호암지다. 가지마다 붉게 익은 사과 알이 호함지게 주렁주렁 달렸다.

혹¹ ①병적인 원인이나 얻어맞아 툭 불거진 살덩이.≒종양(腫瘍). ¶혹을 수술하여 떼어내다. 혹병(病). 혹부리(얼굴에 혹이 달린 사람), 혹살[316], 혹소(인도소), 혹위(胃); 골혹(骨), 기름혹, 물혹, 벌레혹[317], 육혹(肉), 혈혹(血). ②물건의 거죽에 불룩하게 내민 부분. ¶혹낸돌(우툴두툴하게 혹을 낸 돌), 혹대패; 석혹(石;石癭). ③식물의 줄기·뿌리 따위에서 불룩하게 생기는 덩어리. ¶벌레

308) 호리낭창하다: 몸피가 가늘고 가볍게 휘늘어져 있다. ¶키가 호리낭창하다.
309) 후릿: ①조금 후리후리한 모양. ¶키가 후릿 크다. 후릿하다. ②조금 휘어진 듯한 모양. ¶등이 후릿 구부러진 할아버지.
310) 홀리다: '호리다' 피동. 호림을 당하다. 무엇의 꾐에 빠져 정신을 차리지 못하다. 무엇을 유혹하여 정신을 차리지 못하게 하다.≒반하다. 사로잡다. 속다. ¶도깨비에게 홀리고 있는 기분이다. 여우에게 홀리다. 우리 동네에서는 총각을 홀리는 처녀귀신 이야기가 구전되고 있다. 홀리개.
311) 홀림길: 어지럽게 갈래가 져서 섞갈리기 쉬운 길. 미로(迷路).
312) 후림불(-뿔): ①정신 차릴 사이조차 없이 갑자기 휩쓸리는 서슬. ②남의 일에 아무 까닭 없이 걸리어 드는 일.
313) 호미씻이: 김매기를 마친 뒤에 음력 7월 중 하루 날을 잡아서 일꾼들이 풍악을 울리고 술을 마시며 노는 민속행사.
314) 호박무름: 애호박을 길이로 몇 골로 째고 그 틈에 갖은 양념을 넣어 찐 음식. 호박찜.
315) 후줄그레: 종이나 옷 따위가 젖어 풀기가 없이 추레하게.
316) 혹살: 소의 볼기 한복판에 붙은 기름기가 많은 살. 국거리로 많이 씀.
317) 벌레혹: 식물의 줄기, 잎, 뿌리 따위에서 볼 수 있는 혹 모양의 불룩한 부분.

ㅎ

혹[벌레혹파리], 뿌리혹, 풍혹(楓;단풍나무의 옹두리가 뭉쳐 커진 혹). ④짐스러운 물건이나 일. 군더더기. ¶혹 떼러 갔다가 혹 붙여 온다.

혹² ①적은 양의 액체를 단숨에 들이마실 때 나는 소리. ¶물을 혹 들이켜다. ②입을 오므리고 입김을 한번 세게 내 부는 소리. ¶입김을 혹 불다. 촛불을 혹 불어 끄다. 〈큰〉훅.

혹(惑) 정도(正道)에 장애가 되는 일. '홀리다. 어지럽게 하다. 의심하다'를 뜻하는 말. ¶혹기(惑嗜), 혹닉(惑溺;홀딱 반하여 빠짐), 혹란(惑亂), 혹설(惑說;여러 사람을 미혹시키는 말), 혹성(惑星;行星), 혹세/무민(惑世/誣民), 혹술(惑術), 혹신(惑信), 혹심(惑心), 혹애(惑愛), 혹하다[318]; 경혹(驚惑), 고혹(蠱惑), 곤혹(困惑), 광혹(狂惑), 기혹(欺惑), 당혹/감(當惑/感), 매혹/적(魅惑/的), 무혹(誣惑), 미혹(迷惑), 불혹(不惑;40세), 선혹(煽惑), 아혹(訝惑), 유혹(誘惑), 의혹(疑惑), 침혹(沈惑), 탐혹(耽惑), 파혹(破惑), 편혹(偏惑), 해혹(解惑), 현혹(眩惑), 환혹(幻惑) 들.

혹(酷) '독하다. 모질다. 심하다'를 뜻하는 말. ¶혹독하다(酷毒;정도가 지나치게 심하다. 모질고 독하다), 혹렬(酷烈), 혹령(酷令;가혹한 명령), 혹리(酷吏), 혹박(酷薄), 혹법(酷法), 혹사하다(酷似), 혹사(酷使), 혹서(酷暑;酷炎), 혹세(酷稅), 혹심하다(酷甚), 혹열(酷熱), 혹염(酷炎), 혹우(酷遇), 혹장(酷杖), 혹정(酷政;가혹한 정치), 혹초(酷肖;거의 같을 정도로 몹시 닮음), 혹취(酷臭), 혹평(酷評), 혹한(酷寒;極寒. 冱寒), 혹해(酷害), 혹형(酷刑), 혹화(酷禍); 가혹하다(苛酷), 과혹하다(過酷), 냉혹하다(冷酷), 엄혹하다(嚴酷), 잔혹하다(殘酷), 준혹하다(峻酷), 참혹하다(慘酷) 들.

혹(或) 만일. 어떤(사람). 가끔. ¶혹 안 올지도 모른다. 혹간(或間;가끔), 혹-몰라[319], 혹설(或說), 혹속혹지(或速或遲), 혹시(或是;만일에. 어쩌다가 우연히. 확실한 것은 아니지만), 혹시-나(或是;행여나), 혹시(或時;어쩌다가), 혹시혹비(或是或非), 혹야(或也;혹시), 혹여(或如;혹시), 혹왈(或曰;어떤 사람이 말하는 바), 혹운(或云), 혹은(또는), 혹자(或者;어떤 사람); 간혹(間或), 만혹(萬或), 설혹(設或), 여혹(如或) 들.

혼(婚) '남녀가 부부가 되는 일'을 뜻하는 말. ¶혼가(婚家), 혼간(婚簡;혼인 때 쓰는 사주단자와 택일단자), 혼구(婚具), 혼기(婚期), 혼담(婚談), 혼대(婚對), 혼령(婚齡), 혼례/식(婚禮/式), 혼반(婚班), 혼비(婚費), 혼사(婚事)[혼삿길, 혼삿말, 혼사하다], 혼상(婚喪), 혼서/지(婚書/紙), 혼선(婚扇), 혼수(婚需), 혼야(婚夜), 혼약(婚約), 혼요(婚擾), 혼의(婚衣), 혼인(婚姻)[320], 혼일(婚日), 혼재(婚材), 혼전(婚前), 혼주(婚主), 혼처(婚處), 혼취(婚娶), 혼택(婚擇), 혼행/길(婚行), 혼혐(婚嫌); 간혼(間婚), 간통혼(姦通婚), 강혼(降婚), 강혼(强婚), 개혼(開婚), 결혼(結婚)[321], 관혼상제(冠婚喪祭), 교환혼(交換婚), 구매혼(購買婚), 구혼(求婚), 국혼(國婚), 군혼(群婚), 근친혼(近親婚), 금혼(禁婚), 금혼식(金婚式), 기혼(旣婚), 낙혼(落婚;降婚), 난혼(亂婚), 남혼(男婚), 내혼(內婚), 노역혼(勞役婚), 늑혼(勒婚), 단혼(單婚), 당혼(當婚), 대우혼(對偶婚), 대혼(大婚), 도망혼(逃亡婚), 도혼(倒婚), 도혼식(陶婚式), 동성혼(同姓婚), 만혼(晩婚), 매매혼(賣買婚), 모처혼(母處婚), 미혼(未婚)[미혼모(母), 미혼부부(夫婦), 미혼자(者)], 민혼(民婚), 반혼(班婚), 법률혼(法律婚), 복혼(複婚), 복역혼(服役婚), 부처혼(父處婚), 사실혼(事實婚), 상간혼(相姦婚), 성혼(成婚), 순연혼(順緣婚), 신혼(新婚), 앙혼(仰婚), 약탈혼(掠奪婚), 약혼(約婚), 억혼(抑婚), 여혼(女婚), 역연혼(逆緣婚), 역혼(逆婚), 연혼(連婚), 외혼(外婚), 요식혼(要式婚), 은혼식(銀婚式), 의혼(議婚), 이혼(離婚)[이혼사유(事由); 합의이혼(合議), 협의이혼(協議)], 자매역연혼(姉妹逆緣婚), 잡혼(雜婚), 재혼(再婚), 전혼(前婚), 정혼(定婚), 정략혼(政略婚), 조혼(早婚), 조혼(助婚), 족내혼(族內婚), 족외혼(族外婚), 주혼/자(主婚/者), 중혼(重婚), 지복혼(指腹婚), 집단혼(集團婚), 청혼(請婚), 초서혼(招婿婚), 초혼(初婚), 축혼(祝婚), 택혼(擇婚), 통혼(通婚), 퇴혼(退婚), 파혼(破婚), 필혼(畢婚), 할삼혼(割衫婚), 허혼(許婚), 혈족혼(血族婚), 형식혼(形式婚), 혼종혼(混種婚), 화혼(華婚), 회혼(回婚) 들.

혼(魂) 얼. 넋. 정신. 영혼. ¶혼이 나간 사람처럼 멍청히 있다. 작가의 혼이 담긴 작품이다. 혼겁(魂怯;혼이 빠지도록 겁을 냄), 혼교(魂轎), 혼궁(魂宮), 혼기(魂氣), 혼나다[322]/내다(혼꾸멍나다/내다), 혼담(魂膽), 혼돌림(단단히 혼을 내는 일), 혼뜨다[323]/띄다, 혼띔(단단히 혼냄;혼돌림), 혼령(魂靈), 혼마(魂馬), 혼맹이('혼'의 속된 말), 혼백(魂帛), 혼백(魂魄;넋), 혼불(魂;도깨비불. 영혼), 혼비백산(魂飛魄散), 혼소(魂銷), 혼승백강(魂昇魄降), 혼의(魂衣), 혼쭐/나다[324]/내다, 혼찌검; 건혼나다(乾魂;괜히 놀라서 혼이 나다), 고혼(孤魂)[무주고혼(無主), 수중고혼(水中), 해중고혼(海中)], 낙담상혼(落膽喪魂), 단혼(斷魂), 망제혼(望帝魂;두견새), 망혼(亡魂), 매혼(埋魂), 미귀혼(未歸魂), 민족혼(民族魂), 반혼(返魂), 방혼(芳魂), 상혼(商魂), 상혼(喪魂), 상혼(傷魂), 생혼(生魂), 소혼(消魂), 수중혼(水中魂), 시혼(詩魂), 신혼(神魂), 실혼(失魂), 심혼(心魂), 어진혼[325], 영혼(靈魂), 예술혼(藝術魂), 원혼(冤魂), 정혼

---

318) 혹하다: 아주 반하거나 빠져서 정신을 못 차리다.

319) 혹몰라: 일이 어찌 될지 모르거나, 일의 내용을 단언하기 어려운 경우에 의문을 나타내며 쓰는 말. ¶혹몰라 맛이 있을지.

320) 혼인(婚姻): 혼인날, 혼인비행(飛行;암수의 곤충이 교미를 하기 위해 하늘을 나는 일), 혼인색(色;번식기에 변화하는 동물의 몸 빛깔), 혼인성사(聖事), 혼인식(式), 혼인신고(申告), 혼인적령(適齡), 혼인집; 겹혼인(사돈 관계에 있는 집안끼리 다시 맺는 혼인), 구메혼인(널리 알리지 않고 하는 혼인)/하다, 덤불혼인(인척 관계가 있는 사람끼리 결혼함. 겹혼인), 두더지혼인(분수에 넘치는 엉뚱한 희망을 품거나 또는 공연히 애만 쓰다가 결국은 실패함을 비유. 식구끼리만 몰래 하는 혼인), 맞혼인, 연줄혼인(緣), 입부혼인(入夫), 첫혼인.

321) 결혼(結婚): 남녀가 정식으로 부부 관계를 맺음. ¶결혼관(觀), 결혼반지(斑指), 결혼비행(飛行), 결혼식(式), 결혼연령(年齡), 결혼정략(政略), 결혼행진곡(行進曲); 구메결혼(結婚;널리 알리지 않고 하는 혼인), 국제결혼(國際), 근친결혼(近親), 동족결혼(同族), 매매결혼(賣買)/매매혼, 사진결혼(寫眞), 시험결혼(試驗), 정략결혼(政略), 중매결혼(仲媒), 연애결혼(戀愛), 우애결혼(友愛), 자유결혼(自由), 친족결혼(親族), 혈족결혼(血族), 혼신결혼(混信;믿는 종교가 다른 사람끼리의 결혼).

322) 혼나다(魂): ①몹시 놀라거나 무서워서 정신이 빠지다. ②끔찍한 시련을 겪다. ③호된 꾸지람을 듣다. 혼쭐나다.

323) 혼뜨다(魂): 몹시 놀라거나 무서워서 혼이 떠서 나갈 지경이 되다. ¶혼돌림, 혼뜨검(혼이 나가게 꾸지람을 하거나 닦달을 하는 것. 되게 혼나는 일)/하다.

324) 혼쭐나다: ①몹시 혼나다. ②몹시 황홀하여 정신이 흐릴 지경이 되다.

325) 어진혼: 착하고 어진 사람이 죽은 혼. ¶어진혼나가다(몹시 놀라거나 시끄러워 맑은 정신을 잃다).

ㅎ

(精魂), 진혼(鎭魂), 창혼(唱魂), 천혼문(薦魂文), 청혼(請魂), 초혼/제(招魂/祭), 충혼/탑(忠魂/塔), 투혼(鬪魂), 향혼(香魂), 환혼(還魂) 들.

혼(混) '섞다 · 섞이다. 흐리다. 합하다'를 뜻하는 말. ¶혼거(混居), 혼계영(混繼泳), 혼돈(混沌;마구 뒤섞여 갈피를 잡을 수 없음)[혼돈상태(狀態), 혼돈세계(世界), 혼돈피(皮;胞衣)], 혼동(混同;뒤섞어서 구별하지 못함)[혼동농법(農法;목축과 농경을 겸한 농업 경영 방법), 혼동시/하다(視), 혼동하다], 혼란(混亂)[혼란기(期), 혼란상相), 혼란스럽다/하다], 혼목림(混牧林), 혼문(混文), 혼방/사(混紡/絲), 혼색(混色), 혼선(混線), 혼성(混成)[326], 혼성(混聲), 혼수(混數), 혼숙(混宿), 혼식(混食), 혼식(混植), 혼신결혼(混信結婚), 혼아(混芽), 혼영(混泳), 혼욕(混浴), 혼용(混用)[혼용선(船), 혼용체(體)], 혼원(混元), 혼융(混融), 혼음(混淫), 혼음(混飮), 혼일(混一), 혼입(混入), 혼작(混作), 혼잡(混雜)[혼잡도(度), 혼잡스럽다/하다], 혼전(混戰), 혼점(混點), 혼정(混睛), 혼정(混晶), 혼종어(混種語), 혼직(混織), 혼칭(混稱), 혼탁(混濁), 혼탕(混湯), 혼합(混合)[327], 혼혈/아(混血/兒), 혼화(混化;뒤섞여서 딴 물건이 됨), 혼화(混和;한데 섞어서 합함), 혼효(混淆;서로 뒤섞이거나 뒤섞음)[혼효림(林); 옥석혼효(玉石)] 들.

혼(昏) '날이 저물다 · 어둡다. 정신이 흐리다'를 뜻하는 말. ¶혼계하다(昏季;아주 젊고 세상 물정에 어둡다), 혼고(昏鼓;저녁 예불 때 치는 북), 혼곤(昏困), 혼군(昏君;사리에 어둡고 어리석은 임금), 혼도(昏倒;정신이 아뜩하여 넘어짐), 혼란하다(昏亂), 혼망(昏忘;정신이 흐려져 잊어버리기를 잘함), 혼매(昏昧;어리석어 사리에 어두움), 혼명(昏明;어둠과 밝음), 혼모(昏暮), 혼모하다(昏耗;늙어서 정신이 흐리고 기력이 쇠약하다), 혼몽(昏懜;정신이 헛갈리고 가물가물함), 혼미(昏迷;정신이 헛갈리고 흐리멍덩함), 혼수(昏睡;정신없이 잠이 듦), 혼수상태(昏睡狀態;의식이 없는 상태), 혼암(昏暗), 혼암(昏闇), 혼야(昏夜;어두운 밤), 혼야애걸(昏夜哀乞), 혼우(昏愚), 혼절(昏絕;정신이 아찔하여 까무러침. 氣絕), 혼정신성(昏定晨省), 혼종(昏鐘), 혼질(昏窒;정신이 혼미해질 정도로 숨이 막힘), 혼취(昏醉), 혼침하다(昏沈), 혼타하다(昏惰), 혼태하다(昏怠), 혼한(昏漢), 혼혼(昏昏;어두운 모양), 혼회하다(昏晦), 혼흑하다(昏黑;어두워 매우 캄캄하다); 노혼(老昏), 몽혼(曚昏;마취), 범혼(犯昏;땅거미가 짐), 승혼(乘昏), 신혼(晨昏), 안혼(眼昏), 초혼(初昏), 황혼(黃昏) 들.

혼(渾) '온 · 모두. 흐리다. 크다'를 뜻하는 말. ¶혼가(渾家), 혼공(渾恐), 혼돈(渾/混沌), 혼솔(渾率), 혼신(渾身;온몸), 혼연(渾然;조금도 다른 것이 섞이지 않은 모양. 구별 · 차별이 없는 모양)[혼연일체(一體), 혼연일치(一致), 혼연천성(天成), 혼연하다], 혼원(渾圓), 혼융(渾融;완전히 융합함), 혼의(渾儀), 혼천의(渾天儀), 혼화(渾和;혼연하게 화합함), 혼후하다(渾厚;화기가 있고 인정이 두텁다); 웅혼(雄渾) 들.

혼(閽) '문지기'를 뜻하는 말. ¶혼금(閽禁), 혼시(閽侍), 혼인(閽人), 혼패(閽牌) 들.

혼(餛) '떡'을 뜻하는 말. ¶혼돈(餛飩)[328][혼돈반(飯), 혼돈병(餠), 혼돈자(餈)].

혼(溷) '뒷간'을 뜻하는 말. ¶혼측(溷廁;뒷간).

혼글혼글-하다 정신이 들었다 나갔다 하며 어질어질하다. ¶박영감은 정신이 혼글혼글하여 집안에서 누워 지낸다.

혼자 자기 한 몸. 단독(單獨)/으로. 여럿 중에서 다른 사람이 없이. ≒스스로. 홀로. ¶혼자의 힘으로 해결하다. 혼자 남다. 혼자나다(혼자되다), 혼자되다. 혼자마음, 혼잣말(독백)/하다, 혼잣몸, 혼자살림, 혼자살이, 혼자생각, 혼자서, 혼잣소리/하다, 혼잣속, 혼잣손(혼자 일을 하는 처지. 단손), 혼자씨름/하다, 혼자힘; 홀-[329], 홀가분하다[330], 혼동[331], 홋손[332] 홋홋하다[333], 홀로(오로지 하나. 짝이 없이 외롭게)/되다/이, 홀로되기, 홀로서기. ☞ 독(獨).

홀 ①작은 새 따위가 갑자기 날아가 버리는 모양. ②입을 작게 벌리고 입김을 짧게 한 번 내어 보내는 모양. ③동작이나 행동을 단번에 아주 가볍게 하거나 쉽고 능란하게 하는 모양. ④목 따위가 시원스럽게 쑥 나와 있는 모양.

홀(忽) '갑자기. 탐탁하게 여기지 아니하다'를 뜻하는 말. ¶홀대(忽待;소홀히 대접함. 푸대접), 홀략하다(忽略), 홀미(忽微), 홀시(忽視;깔봄), 홀연(忽然;뜻밖에 갑자기), 홀왕홀래(忽往忽來), 홀지(忽地;갑자기 되거나 변하는 판), 홀지풍파(忽地風波), 홀하다[334], 홀현홀몰(忽顯忽沒), 홀홀하다(忽忽;조심성이 없고 행동이 가볍다. 대수롭지 않다. 문득 갑작스럽다); 경홀하다(輕忽), 동섬서홀(東閃西忽), 만홀하다(漫忽), 범홀하다(泛忽;탐탁하지 아니하다), 소홀하다(疏/疎忽), 엄홀하다(奄忽), 인홀불견(因忽不見), 조홀하다(粗忽), 태홀하다(怠忽), 표홀하다(飄忽) 들.

홀(笏) ①벼슬아치가 임금을 만날 때에 조복(朝服)에 갖추어 손에

---

326) 혼성(混成): 서로 섞여서 이루어짐. 또는 섞어서 만듦. ¶혼성가스(gas), 혼성경기(競技), 혼성곡(曲), 혼성림(林), 혼성방파제(防波堤), 혼성부대(部隊), 혼성분자(分子), 혼성비행단(飛行團), 혼성암(巖), 혼성여단(旅團), 혼성재배(栽培), 혼성주(酒), 혼성중합(重合), 혼성체(體), 혼성팀(team).

327) 혼합(混合): 혼합경기(競技), 혼합경제(經濟), 혼합기체(氣體), 혼합농업(農業), 혼합물(物), 혼합비(比), 혼합비료(肥料), 혼합신경(神經), 혼합아(芽), 혼합액(液), 혼합연료(燃料), 혼합열(熱), 혼합열차(列車), 혼합영양(營養), 혼합조직(組織), 혼합주(酒), 혼합체(體); 시각혼합(視覺).

328) 혼돈(餛飩): 밀가루나 쌀가루 반죽을 둥글게 빚어 그 속에 소를 넣어 찐 떡.

329) 홀-: '짝이 없이 혼자인. 하나뿐인'의 뜻을 더하는 말.[〈ᄒᆞ올]. ☞ 홑-. ¶홀몸(배우자나 형제가 없는 사람. 의지할 데가 없는 사람), 홀박자(拍子), 홀뿔, 홀성(性), 홀소리(↔닿소리), 홀수(數), 홀순열(順列), 홀시아버지, 홀시어머니, 홀시할머니, 시할아버지, 홀씨[홀씨잎. 홀씨주머니], 홀아버님, 홀아버지, 홀아범, 홀아비/김치, 홀알[무정란(無精卵)], 홀앗이(살림살이를 혼자 맡아 하는 처지)[홀앗이살림(가족이 단출한 살림), 홀앗이농사(農事;혼자의 힘으로 하는 농사)], 홀어머니, 홀어미, 홀어버이, 홀지느러미, 홀짐승, 홀짝, 홀할머니, 홀할아버지, 홀함수(函數), 호래아들[←홀+의+아들].

330) 홀가분하다: ①거추장스럽지 아니하고 가뿐하다.≒가볍다. 단출하다. ②대하기가 만만하여 대수롭지 아니하다.[←홀-+가분하다(가볍다)].

331) 혼동: 윷놀이에서 말이 하나만 가는 것. 〈준〉혼.

332) 홋손: 배우자가 없는 혼자의 몸. ¶어린 자식들을 홋손으로 기르신 어머니.

333) 홋홋하다: 딸린 살림이 적어서 아주 홀가분하다. ¶살림살이가 홋홋하다. 단 둘이서 홋홋이 산다.

334) 홀하다(忽): 조심성이 없고 행동이 거칠고 가볍다. ¶홀하게 대하다.

ㅎ

쥐던 물건. ¶홀기(笏記), 홀나무(홀을 만드는 나무); 목홀(木笏), 상아홀(象牙笏)/상홀(象笏), 잠홀(簪笏), 집홀(執笏), 투홀(投笏). ②혼례나 제례 때 의식의 순서를 적은 글. ¶홀을 부르다. 홀기(笏記).

홀(惚) '마음을 빼앗겨 멍한 모양'을 뜻하는 말. ¶황홀(恍惚)[황홀경(境), 황홀난측(難測)] 들.

홀곤홀곤 조금씩 내밀었다 들이밀었다 하는 모양. ¶두더지가 머리를 홀곤홀곤 내밀다.

홀까닥 ①적은 양의 액체나 음식 따위를 가볍게 삼키는 소리. 또는 그 모양. ¶꿀떡을 홀까닥 삼키다. 그는 소주잔을 홀까닥 비웠다. ②재빠르게 쏙 벗겨지거나 벗는 모양. ¶옷을 홀까닥 벗다. 〈큰〉훌꺼덕/훌꺽. 〈준〉홀깍.

홀딱 ①남김없이 벗거나 벗어진 모양.=활딱[335]. 홀랑. ¶이마가 홀딱 벗어졌다. 옷을 홀딱 벗다. ②조금 빠르게 뒤집거나 뒤집히는 모양. ¶손바닥을 홀딱 뒤집다. ③조금 힘차게 뛰거나 뛰어넘는 모양. ¶개천을 홀딱 뛰어넘다. ④적은 양을 남김없이 날쌔게 먹어 치우는 모양. ¶남은 떡 하나를 홀딱 먹어 버렸다. ⑤몹시 반하거나 여지없이 속아 넘어가는 모양. ¶그 여자에게 홀딱 반했다. 꾐에 홀딱 넘어가다. 홀딱하다. ⑥가지고 있던 것이 모두 다 없어지는 모양. 〈큰〉훌떡. ¶돈을 홀딱 날렸다. 홀딱 · 훌떡거리다/대다.

홀라닥 작은 사람이 좀스럽고 경박하게 행동하는 모양. 〈큰〉훌러덕. 〈준〉홀락②.

홀락 ①혀나 손 따위를 한 번 날름하는 모양. ②가볍고 방정맞게 행동하는 모양. 〈큰〉훌럭.

홀랑 ①속의 것이 한꺼번에 드러나도록 완전히 벗어지거나 뒤집히는 모양.=홀딱. ¶옷을 홀랑 벗다. ②조금 가지고 있던 돈이나 재산 따위가 완전히 다 없어지는 모양.=몽땅. 죄다. 모두. 홀딱. ¶경마에 얼마 안 되는 돈을 홀랑 날렸다. ③구멍이 넓어서 헐겁게 빠지거나 들어가는 모양.≒할랑. 헐렁. ¶구멍이 커서 손가락이 홀랑홀랑 들어간다. 신발이 홀랑하다. 홀랑 · 훌렁거리다/대다/하다, 홀랑홀랑/하다. 〈큰〉훌렁. 〈본〉홀라당 · 훌러덩.

홀랑이-질 되는 대로 마구 쑤시거나 훑는 짓. ☞ 훑다.

홀리(다) ①매력에 끌리어 아주 반하다. ②꾐에 빠지어 정신을 차리지 못하다. ☞ 호리다.

홀싹 날씬하고 상큼한 모양. ¶키가 홀싹 크다.

홀짝 ①적은 양의 액체를 단숨에 들이마시는 모양. ¶차를 홀짝 마시다. 홀짝거리다/대다/이다, 홀짝술(아주 적은 주량). ②콧물을 조금 들이마시는 소리. 또는 그 모양. ③단숨에 가볍게 뛰거나 날아오르는 모양. ¶장애물을 홀짝 뛰어넘다. 〈큰〉훌쩍[336].

홀쭉-하다 ①몸이 가늘고 길다. ②끝이 뾰족하고 길다. ③앓거나 지쳐서 몸이 야위다.≒마르다. 〈큰〉훌쭉하다. ¶며칠 사이에 아주 홀쭉해졌구나. 홀쭉홀쭉 · 훌쭉훌쭉, 홀쭉이(↔뚱뚱이), 홀쭉 · 훌쭉히; 할쭉 · 헐쭉하다.

홀치(다)[1] 벗어나거나 풀리지 아니하도록 동여매다. 〈큰〉훌치다[2]. ¶소가 멀리 못가도록 고삐를 나무에 홀쳤다. 홀매다(풀 수 없도록 단단히 옭아매다), 홀쳐매다, 홀치개, 홀치기[337]/그물, 홀치기염색(染色)[338].

홀치(다)[2] 함부로 쑤시거나 훑다. 〈작〉홀치다[3]. ¶물속을 홀쳐 고기를 잡다.

홀태[1] ①길고 좁게 된 물건. ¶저고리 회장이 홀태가 되고 섶귀가 날카롭다. 홀태바람(홀태바지를 입은 차림새), 홀태바지, 홀태버선, 홀태부리(홀쭉하게 생긴 물건의 앞부리), 홀태소매. ②알이나 이리가 없어서 배가 홀쭉한 생선.↔알배기.[←훑(다)+애].

홀태[2] =벼훑이.[←훑(다)+애]. ¶홀태질(곡식 따위를 훑어서 떠는 일. 백성에 대한 수탈)/하다.

홀홀 ①작은 날짐승 따위가 가볍게 나는 모양. ¶벌 나비가 꽃에 홀홀 날아들다. ②불이 조금씩 타오르는 모양. ③물이나 묽은 죽 따위를 조금씩 들이마시는 모양. ¶더운 차를 홀홀 마시다. ④옷 따위를 가볍게 벗어 버리거나 벗기는 모양. ¶옷을 홀홀 벗어버리다. ⑤불길이 조금씩 타오르는 모양. ¶쓰레기가 홀홀 타다. ⑥입김을 자꾸 조금씩 불어 내는 모양. ¶어린것들이 추워서 손끝을 홀홀 불면서 나와 있었다. 〈큰〉훌훌.

홀홀-하다[1] 재빨라서 붙잡을 수가 없다. 또는 걷잡을 사이 없이 갑작스럽다.

홀홀-하다[2] '훌훌하다'보다 작은 말.

홈 물체에 오목하고 길게 고랑처럼 팬 부분. ¶홈을 파다. 홈끌, 홈대패, 홈막이(산허리에 홈이 패는 것을 막는 구조물), 호맹이[339], 홈사개(이어지는 부재에 홈을 파고 이은 사개), 홈타기[340], 홈탕(물이 괴어 있는 홈타기), 홈톱, 홈통(桶)[홈통바위, 홈통받잇돌; 물홈통, 선홈통], 홈파다/패다; 기역자홈, 날홈(대팻날이 끼어 있는 홈), 도내기홈(창문의 홈을 깊이 판 것), 돌홈, 문홈(門)[341], 물홈[342], 변탕홈(邊鐋), 숨은홈(목재의 속에 있어 겉에 드러나지 않

---

335) 활딱: 남김없이 벗거나 벗어진 모양. 액체가 갑자기 끓어 넘는 모양. 〈큰〉훨떡. ¶머리가 활딱 벗어진 사람.

336) 훌쩍: ①액체 따위를 단숨에 들이마시는 소리. 또는 그 모양. ¶술을 훌쩍 들이켜다. ②콧물을 들이마시는 소리. 또는 그 모양. ③단숨에 거볍게 뛰거나 날아오르는 모양. ¶장애물을 훌쩍 뛰어넘다. 훌쩍 말에 올라타다. ④망설이지 않고 표연히 떠나는 모양. ¶예고도 없이 고향을 훌쩍 떠났다. ⑤보통의 경우보다 훨씬 더 크거나 커진 모양. ¶주택가 담장 위로 훌쩍 키가 커 버린 목련. 〈작〉①,②,③홀짝.

337) 홀치기: ①배낭이나 자루처럼 만들고 아가리에 끈을 꿰어 홀쳐매게 된 물건. ②물고기 떼를 몽땅 싸서 홀쳐 잡는 그물의 하나.

338) 홀치기염색(染色): 천을 군데군데 홀쳐매어 그 부분은 물감이 배어들지 못하게 하여 전체적으로 여러 가지 무늬로 나타나게 하는 염색법.

339) 호맹이: 산등성이에서 골짜기로 홈통처럼 골이 깊게 패어 내려간 곳. ¶호맹이에 몸을 숨기다.

340) 홈타기: 옴폭하게 팬 자리나 갈라진 살.

341) 문홈(門): 미세기나 미닫이문을 여닫게 하기 위하여 길게 파 놓은 홈.

342) 물홈: 장지를 드나들게 하거나 널빈지를 끼기 위하여 문지방이나 문틀에 길게 파 놓은 홈.

은 홈), 아가리홈, 은장홈(隱;이을 목재에 은장을 넣기 위해 판 홈), 은촉홈(隱鏃;이을 목재에 은촉을 끼우기 위해 판 홈), 줄홈, 탄피홈(彈皮;탄피턱) 들.

홈빡 ①온통 젖은 모양.≒온통. 푹. 함빡. 〈큰〉흠뻑. ¶비에 홈빡 젖다. ②남김없이 몽땅. ¶나라의 권세는 홈빡 대원군의 수중으로 들어갔다.

홈치(다) ①물기 · 때 따위가 묻은 것을 닦아 없애다. ¶방을 걸레로 홈치다. ②남의 것을 몰래 가져다가 자기 것으로 하다.≒도둑질하다. 슬쩍하다. ③손으로 보이지 아니하는 곳에 있는 것을 찾으려고 더듬어 만지다.≒뒤지다. ¶홈치작[343]. 〈큰〉훔치다[344].

홈칠 몸을 반사적으로 세게 한 번 움직이며 갑자기 놀라는 모양. 〈큰〉흠칠. [+놀라다]. ¶홈칠 놀라다. 흠칫[345].

홈홈-하다[1] 얼굴에 만족한 표정을 띠고 있다. 몹시 흐뭇하다. 〈큰〉훔훔하다. ¶홈홈한 얼굴. 그는 말하는 내내 훔훔한 표정을 지어 보였다.

홈홈-하다[2] 연하고 흐물흐물하다. ¶홈홈하게 익은 다래. 고기가 홈홈하다.

홉 부피의 단위. 한 되의 1/10. ¶쌀 한 홉. 홉되, 홉사(勺;홉과 사를 아울러 이르는 말), 홉지기[←홉+짓(다)-기]; 매홉(每).

홉-뜨다 눈알을 위로 굴리고 눈시울을 치뜨다. ¶눈을 홉뜨고 지랄병을 하였다.

홋홋-하다 딸린 사람이 적어서 아주 홀가분하다. 단출하고 알뜰하다(홀가분하다).[←홀]. 〈큰〉홋홋하다. ¶홋홋한 살림. 홋손(배우자를 잃고 혼자된 몸), 홋홋이.

홍 코찡찡이가 말을 할 때, 헛김이 섞여 나오는 소리.

홍(紅) '붉다'를 뜻하는 말. ¶홍각(紅殼), 홍개(紅蓋), 홍개미, 홍견(紅絹), 홍교(紅教), 홍국/주(紅麴/酒), 홍군(紅軍), 홍규(紅閨), 홍귤나무(紅橘), 홍기(紅旗), 홍꼭지, 홍나복(紅蘿葍;당근), 홍단(紅短), 홍당(紅糖), 홍당무(紅唐), 홍도(紅桃)[홍도나무, 홍도화(花)], 홍동백서(紅東白西), 홍두(紅豆), 홍등(紅燈)홍등가(街), 홍등롱(紅燈籠), 홍띠, 홍란(紅蘭), 홍란(紅欄), 홍련(紅蓮), 홍렴석(紅簾石), 홍로(紅爐)[홍로상일점설(紅爐上一點雪)], 홍록색맹(紅綠色盲), 홍료(紅蓼), 홍루(紅淚), 홍루(紅樓), 홍린(紅燐), 홍마(紅馬), 홍마목(紅馬木), 홍매(紅梅), 홍머리동이, 홍모(紅毛), 홍모기, 홍모인(紅毛人), 홍목당혜(紅目唐鞋), 홍반(紅斑), 홍반달(紅半), 홍백/색(紅白/色), 홍벽(紅甓), 홍벽도(紅碧桃), 홍보(紅褓), 홍보석(紅寶石), 홍분(紅粉), 홍사(紅絲), 홍사등롱(紅紗燈籠)/홍사롱(紅紗籠), 홍살문(門)/홍문(紅門), 홍삼(紅衫), 홍삼(紅蔘), 홍색(紅色)[홍색세균(細菌), 홍색인종(人種), 홍색짜리], 홍석(紅石), 홍석영(紅石英), 홍소주(紅燒酒), 홍송(紅松), 홍수(紅袖), 홍수/피(紅樹/皮), 홍수황문(紅袖黃門;궁녀와 환관), 홍순(紅脣), 홍스란치마, 홍시(紅柿), 홍실, 홍안(紅顔)[홍안박명(薄命), 홍안백발(白髮), 홍안비자(婢子)], 홍역(紅疫), 홍연/광(紅鉛/鑛), 홍염(紅焰), 홍염(紅艶), 홍엽(紅葉), 홍옥(紅玉), 홍우(紅雨), 홍윤(紅潤), 홍의(紅衣), 홍일(紅日;붉은해), 홍일점(紅一點), 홍자(紅紫), 홍장(紅帳), 홍장(紅粧), 홍전(紅箭), 홍전(紅氈), 홍조(紅潮), 홍조(紅藻)[홍조류(類), 홍조소(素), 홍조식물(植物)], 홍주석(紅柱石), 홍진(紅塵;속세. 티끌)[홍진만장(萬丈), 홍진세계(世界)], 홍차(紅茶), 홍채유(紅彩釉), 홍철릭, 홍초, 홍치마, 홍칠(紅漆), 홍탕(紅糖), 홍토(紅土), 홍패(紅牌), 홍포(紅布), 홍하(紅霞), 홍합(紅蛤), 홍해(紅海), 홍혈(紅血), 홍협(紅頰;붉은 빛을 띤 뺨), 홍화(紅花); 강홍(絳紅), 귤홍(橘紅), 낙홍(落紅), 다홍색(紅色), 당홍(唐紅), 대홍(大紅), 도홍(桃紅)[도홍띠, 도홍색(色)], 목홍(木紅), 박홍(薄紅), 반홍(礬紅), 북홍(北紅;아주 짙게 붉은 물감), 분홍(粉紅)[분홍빛, 분홍색(色), 분홍치마; 연분홍], 살홍(홍살문 · 샛문의 문 위에 가로 댄 살창), 순홍(純紅), 심홍(深紅), 연홍(緣紅), 연홍(軟紅), 선홍색(鮮紅色), 영산홍(靈山紅), 적홍(赤紅;유약의 하나), 점점홍(點點紅), 제홍(祭紅), 조홍(早紅), 조홍(潮紅), 주홍(朱紅)[주홍빛, 주홍색(色)], 진홍(眞紅), 청홍(靑紅), 타홍증(唾紅症) 들.

홍(洪) '큰물. 크다. 넓다'를 뜻하는 말. ¶홍대(洪/鴻大), 홍복(洪福;큰 행복), 홍섬(洪纖;넓고 큰 것과 작고 가는 것), 홍수(洪水)[홍수경보(警報), 홍수막이, 홍수예보(豫報), 홍수전술(戰術), 홍수조절지(調節池)], 홍어(洪魚), 홍업(洪業), 홍적기(洪積期), 홍적세(洪積世), 홍적층(洪積層), 홍적토(洪積土), 홍하(洪河), 홍화(洪化) 들.

홍(鴻) '큰기러기. 크다'를 뜻하는 말. ¶홍곡(鴻鵠;큰 인물), 홍공(鴻功;크나큰 공로), 홍기(鴻基;큰 사업의 기초), 홍대(鴻大;매우 큼), 홍덕(鴻德;큰 덕), 홍도(鴻圖;넓고 큰 계획. 임금의 계획), 홍동(澒洞), 홍모(鴻毛;매우 가벼운 사물), 홍안(鴻雁), 홍유(鴻儒;巨儒), 홍은(鴻恩;넓고 큰 은덕), 홍익(鴻益;매우 큰 이익), 홍조(鴻爪;기러기의 발자국. 행적이 묘연하거나 자취를 찾기 어려움), 홍지(鴻志), 홍호(鴻號;널리 알려진 이름); 어망홍리(魚網鴻離), 연홍지탄(燕鴻之歎) 들.

홍(弘) '넓다. 크다'를 뜻하는 말. ¶홍경(불경을 널리 퍼뜨리는 일)/대사(弘經/大師), 홍기(弘/鴻基), 홍대(弘大;넓고 큼), 홍문관(弘文館), 홍범(弘範), 홍법(弘法;불도를 널리 폄), 홍보(弘報;널리 알림), 홍서(弘誓;불 · 보살의 큰 서원), 홍원(弘遠), 홍원(弘願), 홍의(弘毅), 홍익/인간(弘益/人間), 홍포(弘布); 회홍(恢弘) 들.

홍(虹) '무지개'를 뜻하는 말. ¶홍석(虹石), 홍예(虹霓)[홍예높이, 홍예다리, 홍예머리, 홍예문(門;arch), 홍예벽(甓), 홍예보, 홍예석

343) 홈치작: 어림짐작으로 손을 한 번 더듬거리는 모양. 눈물 따위를 크게 한 번 훔쳐 씻는 모양. 움켜잡듯이 거칠게 한 번 긁적이는 모양. 〈큰〉훔치적. 〈준〉홈착. ¶자루 속을 홈치작 더듬다. 주머니를 홈착 뒤지다. 손으로 눈물을 홈착 씻다. 손목을 홈착 움켜쥐다. 홈치작/홈착 · 훔치적/훔척거리다/대다.

344) 훔치(다): ①물기 · 때 따위를 닦아 깨끗이 하다. ¶걸레로 방을 훔치다. 훔쳐내다[1], 훔치개질/하다[1]. ②남의 것을 몰래 가져다가 자기 것으로 하다. ¶물건을 훔치다. 훔쳐내다[2], 훔쳐먹다, 훔쳐보다(엿보다), 훔치개질(도둑질)/하다[2], 훔친죄(罪); 후무리다(남의 물건을 슬그머니 훔쳐 가지다). ③보이지 아니하는 곳에 있는 것을 찾으려고 더듬어 만지다. 훔쳐보다. ④훔쳐 · 훔쳐때리다(덤벼들어 야무지게 때리다). ⑤논밭을 맨 뒤 얼마 후에 손으로 풀을 뜯어내다. 〈작〉①,②,③홈치다.

345) 흠칫: 놀라거나 겁이 나서 어깨나 목을 움츠리는 모양. 〈작〉함칫. 홈칫. ¶흠칫 몸이 움츠려 들다. 놀라 몸을 흠칫 하다.

(石)], 홍채(虹彩)[홍채염(炎), 홍채유(釉), 홍채조리개]; 조홍(朝虹), 채홍(彩虹) 들.

홍(汞) '수은(은백색의 액체인 금속 원소)'을 뜻하는 말. ¶홍분(汞粉); 감홍(甘汞), 뇌홍(雷汞), 백강홍(白降汞), 승홍/수(昇汞/水;염화제이수은), 청화홍(靑化汞) 들.

홍(哄) '떠들썩하다'를 뜻하는 말. 홍동(哄動;여럿이 지껄이며 떠듦), 홍소(哄笑;떠들썩한 웃음), 홍연대소(哄然大笑;크게 껄껄 웃음) 들.

홍(訌) '무너지다. 집안싸움'을 뜻하는 말. ¶홍쟁(訌爭;집안싸움); 내홍(內訌).

홍(泓) '웅덩이'를 뜻하는 말. ¶도홍(陶泓;벼루).

홍두깨 ①옷감을 감아서 다듬이질하는 데 쓰는 방망이. 홍두깨 모양의 물건. ¶홍두깨로 다듬이질을 하다. 홍두깻감, 홍두깨다듬이(↔넓다듬이)/하다, 홍두깨떡(홍두깨같이 굵은 가래떡), 홍두깨비소리, 홍두깨살¹(홍두깻감에 나는 윤기), 홍두깨질/하다, 홍두깨춤(빳빳이 서서 손을 위로 올리면서 추는 춤사위), 홍두깨틀, 홍두깨흙[346]; 마른홍두깨, 진홍두깨[347]. ②소의 볼기에 붙은 살코기. ¶홍두깨살². ③쟁기질이 서툴러 갈리지 아니하고 남은 고랑 사이의 생땅. ¶홍두깨를 갈다. 홍두깨생갈이/하다(生).

홍아기 농촌에서 혼자 또는 여러 사람이 일하면서 부르는 소리.

홍알 조금 흥에 겹게 계속해서 종알종알 재깔이는 소리. 또는 그 모양. 〈큰〉흥얼. ¶유행가를 홍알거리다. 홍알·흥얼거리다/대다, 홍알홍알·흥얼흥얼/하다.

홑 ①짝을 못 이루거나 겹이 아닌 것.↔겹. ¶홑으로(헤아리기 쉬운 적은 수효로). 홑으로 보다(대수롭지 않게 보다). ②일부 명사 앞에 붙어 '한 겹으로 된. 외톨'의 뜻을 더하는 말. §'하나[一]'에서 연유되었으며, '홀-～홑-'으로 어기에 덧붙음.[홑/홀〈홋〈ᄒᆞᆫ옷]. ¶홑갈이, 홑거리, 홑것, 홑겹(한 겹), 홑고깔, 홑고쟁이, 홑그루(한 가지 농작물만 짓는 일), 홑금(衾), 홑기계(機械), 홑껍데기, 홑꽃, 홑꽃잎, 홑낚시, 홑낫표, 홑눈, 홑단, 홑단청(丹靑), 홑단치마(한 겹의 옷단으로 지은 치마), 홑담, 홑당의(唐衣), 홑당저고리(唐), 홑닿소리, 홑대패, 홑도르래, 홑두루마기, 홑량집(梁), 홑매듭, 홑모음(母音), 홑몸(혼자의 몸이나 아이를 배지 아니한 몸), 홑무늬, 홑무덤, 홑문장(文章), 홑바지, 홑박자(拍子), 홑반(한 겹으로 넓게 편 솜반), 홑반뿌리(한 겹의 솜반을 두어 지은 옷), 홑버선, 홑벌(한 겹으로 된 물건), 홑벌사람/홑사람(속이 얕은 사람), 홑벽(壁;한 쪽만 흙을 바른 벽), 홑볏, 홑보다(대수롭지 않게 보다), 홑분수(分數), 홑비(比), 홑비례(比例), 홑비탈, 홑뿌리, 홑뿔, 홑살이, 홑살창, 홑샘, 홑성(性), 홑섶, 홑세포(細胞), 홑셈, 홑소리, 홑솔, 홑수(數), 홑숲, 홑실(외올실), 홑씨, 홑씨방(房), 홑암술, 홑열매, 홑옷, 홑월, 홑이불, 홑잎, 홑자락(↔겹자락), 홑자리¹,², 홑잠방이, 홑저고리, 홑적삼, 홑조끼, 홑중의(中衣), 홑지다[348], 홑집, 홑짓기, 홑창(窓), 홑창옷(氅), 홑처마, 홑청(홑겹으로 된 요의 껍데기), 홑체(한 올씩으로 짠 쳇불로 메운 체), 홑층(層), 홑치마, 홑탁자(卓子), 홑틀, 홑판(板), 홑홀소리, 홑힘 들.

화 한숨을 매우 크고 심하게 내쉬는 소리. 또는 그 모양. ¶한숨을 화 쉬면서 보따리를 풀었다.

화(化) 천지 자연이 만물을 생육하는 작용. '변화하다. 바꾸다. 영향을 주다. 그렇게 만들거나 됨'을 뜻하는 말. ¶화객(化客), 화거(化去;죽음), 화골(化骨), 화공(化工), 화권(化權), 화녀(化女), 화농(化膿)[화농균(菌), 화농성(性)], 화도(化導), 화민성속(化民成俗), 화생(化生), 화석(化石)[349], 화성비료(化成肥料), 화속(化俗), 화신(化身;추상적인 것이 구체적인 것으로 바뀌는 일), 화외(化外), 화육(化育), 화장(化粧)[350], 화주/승(化主/僧), 화타(化他;남을 교화함), 화하다[351], -화-하다, 화학(化學)[352], 화합(化合)[353], 화행(化行;화주노릇), 화현(化現); 가성화(苛性化), 가소화(可塑化), 가속화(加速化), 가스화(gas化), 가시화(可視化), 가용화(可溶化), 가축화(家畜化), 가치화(價値化), 각질화(角質化)/각화(角化), 간소화(簡素化), 간음화(間音化), 간이화(簡易化), 감화(感化), 감화(鹼化;비누), 갑문화(閘門化), 강화(强化), 강조화(强調化), 개화(開化), 개량화(改良化), 개방화(開放化), 개성화(個性化), 객관화(客觀化), 갱도화(坑道化), 거품화, 건전화(健全化), 건축화(建築化), 겔화(Gel化), 격화(激化), 격식화(格式化), 격음화(激音化), 견고화(堅固化), 결정화(結晶化), 결합화(結合化), 경화(硬化), 경음화(硬音化), 경직화(硬直化), 계기화(計器化), 계량화(計量化), 계열화(系列化), 계층화(階層化), 계획화(計劃化), 고급화(高級化), 고도화(高度化), 고령화(高齡化), 고립화(孤立化), 고속도화(高速度化), 고속화(高速化), 고정화(固定化), 고착화(固着化), 고체화(固體

346) 홍두깨흙: 기와를 이을 때, 수키와가 붙어 있도록 그 밑에 괴는 반죽한 진흙.

347) 진홍두깨: 다듬이질할 때에 물기가 많은 축축한 다듬잇감을 홍두깨에 올리는 일.↔마른홍두깨.

348) 홑지다: 복잡하지 아니하고 단순하다. 너더분하지 않고 홋홋하다.

349) 화석(化石): 지질 시대에 살던 동식물의 유해 및 유물이 퇴적암 따위 암석 속에 남아 있는 것. ¶화석어류(魚類), 화석연료(燃料), 화석인류(人類).

350) 화장(化粧): 화장품을 얼굴 따위에 바르고 매만져 곱게 꾸밈. ¶눈 화장을 곱게 하다. 짙은 화장. 화장대(臺), 화장실(室), 화장지(紙), 화장품(品), 화장하다.

351) 화하다(化): ①어떤 물질이 다른 물질로 바뀌다. ¶액체가 기체로 화하다. ②다른 상태가 되다. ¶슬픔이 기쁨으로 화하다.

352) 화학(化學): 모든 물질의 성질·구조·변화 및 이들 상호간의 작용 따위를 연구하는 학문. ¶화학가공(加工), 화학결합(結合), 화학공업(工業), 화학구조(構造), 화학기호(記號), 화학당량(當量), 화학력(力), 화학무기(武器), 화학물질(物質), 화학반응(反應), 화학변화(變化), 화학분석(分析), 화학비료(肥料), 화학섬유(纖維), 화학식(式), 화학약품(藥品), 화학요법(療法), 화학자(者), 화학작용(作用), 화학적(的), 화학전(戰), 화학정련(精練), 화학제품(製品), 화학조성(組成), 화학진화(進化), 화학탐사(探査), 화학평형(平衡), 화학합성(合成), 화학화석(化石), 화학흡착(吸着); 결정화학(結晶), 계면화학(界面), 고분자화학(高分子), 공업화학(工業), 광화학(光), 교질화학(膠質), 구조화학(構造), 농예화학(農藝), 무기화학(無機), 물리화학(物理), 미량화학(微量), 방사성화학(放射性), 병리화학(病理), 분광화학(分光), 분석화학(分析), 생화학(生), 석유화학(石油), 순정화학(純正), 약화학(藥), 양자화학(量子), 열화학(熱), 영양화학(營養), 원자핵화학(原子核), 유기화학(有機), 응용화학(應用), 의화학(醫), 이론화학(理論), 자기화학(磁氣), 전기화학(電氣), 제철화학(製鐵), 중화학(重), 지구화학(地球).

353) 화합(化合): 화합량(量), 화합력(力), 화합물(物)[불/포화화합물(不/飽和)], 화합열(熱).

化)/고화(固化), 공고화(鞏固化), 공동화(空洞化), 공산화(共産化), 공식화(公式化), 공업화(工業化), 공영화(公營化), 공용화(共用化), 공유화(共有化), 공원화(公園化), 공장화(工場化), 과립화(顆粒化), 과밀화(過密化), 과학화(科學化), 관례화(慣例化), 관료화(官僚化), 광화(鑛化), 광물화(鑛物化), 광역화(廣域化), 교화(敎化), 구개음화(口蓋音化), 구상화(具象化), 구조화(構造化), 구체화(具體化), 국산화(國産化), 국악화(國樂化), 국영화(國營化), 국유화(國有化), 국제화(國際化), 국지화(局地化), 국한화(局限化), 군국주의화(軍國主義化), 군국화(軍國化), 군사화(軍事化), 궁핍화(窮乏化), 권화(勸化), 권화(權化), 귀화(歸化), 귀족화(貴族化), 규화(硅化), 규격화(規格化), 규범화(規範化), 규칙화(規則化), 균등화(均等化), 균일화(均一化), 균질화(均質化), 귤화위지(橘化爲枳), 극화(劇化), 극대화(極大化), 극렬화(極烈化), 극소화(極小化), 극소화(極少化), 근대화(近代化), 금속화(金屬化), 기화(氣化)[기화기(器), 기화열(熱)], 기계화(機械化), 기사화(記事化), 기술화(技術化), 기업화(企業化), 기정사실화(旣定事實化), 기준화(基準化), 기질화(器質化), 기형화(畸形化), 기호화(記號化), 난화하다(難化), 내실화(內實化), 내연화(內燃化), 네트워크화(network化), 노화(老化), 노골화(露骨化), 노예화(奴隷化), 노화(老化), 노후화(老朽), 녹화(綠化), 녹지화(綠地化), 농화(濃化), 농노화(農奴化), 농음화(濃音化), 능화(能化), 능률화(能率化), 니트로화(nitro化), 다각화(多角化), 다극화(多極化), 다당화(多黨化), 다면화(多面化), 다변화(多邊化), 다양화(多樣化), 다원화(多元化), 다중화(多重化), 다핵화(多核化), 단물화, 단순화(單純化), 단일화(單一化), 담수화(淡水化), 당화(糖化), 대화(大化), 대화(帶化), 대상화(對象化), 대중화(大衆化), 대형화(大型化), 덕화(德化), 도화(道化), 도시화(都市化), 도식화(圖式化), 도안화(圖案化), 도형화(圖形化), 동화(同化), 동기화(同期化), 동기화(動機化), 동력화(動力化), 동일화(同一化), 동질화(同質化), 둔화(鈍化), 등식화(等式化), 디아조화(diazo化), 라세미화(racemic化), 레진화(resin化), 만화(萬化), 만성화(慢性化), 멀티미디어(multimedia化), 메탄화(methane化), 메틸화(methyl化), 명문화(明文化), 명품화(名品化), 모화(慕化), 모리화(謀利化), 모형화(模型化), 목화(木化), 목전화(木栓化), 목질화(木質化), 무능화(無能化), 무대화(舞臺化), 무독화(無毒化), 무력화(無力化), 무성화(無聲化), 무용화(舞踊化), 무인화(無人化), 무작위화(無作爲化), 무효화(無效化), 문화(文化), 문건화(文件化), 문서화(文書化), 문장화(文章化), 문제화(問題化), 물화(物化), 미화(美化), 민영화(民營化), 민주화(民主化), 민중화(民衆化), 반자동화(半自動化), 방식화(方式化), 방향족화(芳香族化), 백열화(白熱化), 백지화(白紙化), 범화(汎化), 범주화(範疇化), 법문화(法文化), 법인화(法人化), 법제화(法制化), 변화(變化), 보편화(普遍化), 복선화(複線化), 복음화(福音化), 복잡화(複雜化), 복호화(復號化), 본격화(本格化), 부화(孵化), 부동태화(不動態化), 부식화(腐植化), 부실화(不實化), 부영양화(富營養化), 부호화(符號化), 분화(分化), 분권화(分權化), 분극화(分極化), 분업화(分業化), 불화(弗化), 불구화(不具化), 불균등화(不均等化), 불능화(不能化), 불모화(不毛化), 불법화(不法化), 불소화(弗素化), 불연화(不燃化), 불활화(不活化), 브롬화(Brom化), 비군사화(非軍事化), 비날론화, 비누화, 비법화(非法化), 비신화화(非神話化), 비속화(卑俗化), 비옥화(肥沃化), 비음화(鼻音化), 비인간화(非人間化), 비정상화(非正常化), 비핵화(非核化), 비활성화(非活性化), 사가화(死街化), 사막화(沙漠化), 사문화(死文化), 사문화(死門化), 사유화(私有化), 사회화(社會化), 산화(酸化)[산화구리, 산화대(帶), 산화물(物)], 산문화(散文化), 산성화(酸性化), 산업화(産業化), 상강화(相强化), 상설화(常設化), 상습화(常習化), 상식화(常識化), 상업화(商業化), 상용화(常用化), 상징화(象徵化), 상품화(商品化), 생화(生化), 생력화(省力化), 생필품화(生必品化), 생활화(生活化), 서구화(西歐化), 서양화(西洋化), 서열화(序列化), 석화(石化), 석탄화(石炭化), 석회화(石灰化), 선화(仙化), 선진화(先進化), 선형화(線形化), 섭화(攝化), 성화(聖化), 성격화(性格化), 성문화(成文化), 성문화(聲門化), 세계화(世界化), 세력화(勢力化), 세분화(細分化), 세속화(世俗化), 소화(消化), 소화(燒化), 소설화(小說化), 소프트화(soft化), 소형화(小型化), 속화(俗化), 수화(水化), 수량화(數量化), 수리화(水利化), 수산화(水酸化), 수소화(水利化), 수은화(水銀化), 수치화(數値化), 수포화(水泡化), 순화(馴化), 순화(醇化), 순화(純化), 순수화(純粹化), 순음화(脣音化), 술폰화(sulfone化), 습관화(習慣化), 습성화(習性化), 시화(詩化), 시각화(視覺化), 시디롬화(CDROM化), 시안화(cyaan化), 식민지화(植民地化), 식민화(植民化), 신화(神化), 신격화(神格化), 신비화(神秘化), 신성화(神聖化), 신조화(信條化), 신호화(信號化), 실용화(實用化), 실천화(實踐化), 실체화(實體化), 실현화(實現化), 심화(深化), 심각화(深刻化), 아말감화(amalgam化), 아미노화(amino化), 아산화(亞酸化), 아세틸화(acetyl化), 아실화(acyl化), 악화(惡化), 안정화(安定化), 알킬화(alkyl化), 암호화(暗號化), 애매화(曖昧化), 액화(液化), 액체화(液體化), 약체화(弱體化), 약화(弱化), 양극화(兩極化), 양성화(陽性化), 양식화(樣式化), 양자화(量子化), 양질화(良質化), 어휘화(語彙化), 에스테르화(ester化), 에테르화(ether化), 에틸화(ethyl化), 여론화(輿論化), 연구개음화(軟口蓋音化), 연극화(演劇化), 연동화(聯動化), 연화(軟化), 연백화(軟白化), 염화(鹽化), 염류화(鹽類化), 염소화(鹽素化), 영화(靈化), 영구화(永久化), 영속화(永續化), 영화화(映畫化), 예화(禮化), 예속화(隸屬化), 예술화(藝術化), 오염화(五鹽化), 오예화(汚穢化), 옥화(沃化), 온난화(溫暖化), 왕화(王化), 왜소화(矮小化), 요새화(要塞化), 요오드화(Jod化), 욕화(浴化), 용화(鎔化), 용매화(溶媒化), 용해화(溶解化), 우화(羽化), 우경화(右傾化), 우매화(愚昧化), 우민화(愚民化), 우상화(偶像化), 우성화(優性化), 원격화(遠隔化), 원자화(原子化), 유화(乳化), 유화(硫化), 유화(類化), 유닛화(unit化), 유리화(有理化), 유리화(琉璃化), 유연화(柔軟化), 유탁화(乳濁化), 유표화(有標化), 유형화(類型化), 유효화(有效化), 융화(融化), 은화(恩化), 음성화(陰性化), 응화(應化), 의무화(義務化), 의미화(意味化), 의식화(意識化), 의인화(擬人化), 이화(異化), 이데아화(Idea化), 이론화(理論化), 이상화(理想化), 이성질체화(異性質體化), 이슈화(issue化), 이온화(ion化), 이원화(二元化), 이질화(異質化), 이취화(二臭化), 이핵화(二核化), 이화(異化), 이황화(二黃化), 인간화(人間化), 인격화(人格化), 인구노령화(人口老齡化), 인산화(燐酸化), 이성화(異性化), 인습화(因習化), 일반화(一般化), 일상화(日常化), 일원화(一元化), 일체화(一切化), 입법화(立法化), 입상화(粒狀化), 자기화(磁氣化), 자동화(自動化), 자성화(磁性化), 자유화(自由化), 자율화(自律化), 자화(磁化), 잡

ㅎ

식화(雜食化), 잡종화(雜種化), 장기화(長期化), 장음화(長音化), 재구조화(再構造化), 재염화(再鹽化), 쟁점화(爭點化), 저석회화(低石灰化), 저유황화(低硫黃化), 저속화(低俗化), 저황화(低黃化), 전경화(前景化), 적화(赤化), 적극화(積極化), 적정화(適正化), 전화(電化), 전화(轉化), 전력화(電力化), 전문화(專門化), 전산화(電算化), 전설화(傳說化), 전장화(戰場化), 전통화(傳統化), 전형화(典型化), 절대화(絕對化), 점수화(點數化), 정화(政化), 정화(淨化), 정당화(正當化), 정량화(定量化), 정밀화(精密化), 정보(情報化), 정례화(定例化), 정상화(正常化), 정식화(定式化), 정예화(精銳化), 제화(濟化), 제도화(制度化), 제제화(製劑化), 제품화(製品化), 조화(造化), 조잡화(粗雜化), 조직화(組織化), 조형화(造形化), 좌경화(左傾化), 좌익화(左翼化), 주관화(主觀化), 중대화(重大化), 중립화(中立化), 중성화(中性化), 중수소화(重水素化), 지구촌화(地球村化), 지능화(知能化), 직업화(職業化), 진화(進化), 질화(窒化), 질소화(窒素化), 집단화(集團化), 집적화(集積化), 집중화(集中化), 차등화(差等化), 차별화(差別化), 천화(遷化), 첨단화(尖端化), 첨예화(尖銳化), 청화(靑化), 체계화(體系化), 체질화(體質化), 초점화(焦點化), 초토화(焦土化), 최대화(最大化), 최소화(最小化), 최소화(最少化), 최적화(最適化), 추상화(抽象化), 추화성(趨化性), 치화(治化), 취기화(臭氣化), 코르크화(cork化), 코크스화(coke化), 킬레이트(chelate化), 타화(他化), 탄산화(炭酸化), 탄화(炭化), 탈질화(脫窒化), 탈화(脫化), 태선화(苔癬化), 토착화(土着化), 통화(通化), 통속화(通俗化), 퇴화(退化), 투화(投化), 투화(透化), 특화(特化), 특성화(特性化), 특수화(特殊化), 특징화(特徵化), 팽화(膨化), 페로시안화(ferrocyanide化), 편재화(偏在化), 평균화(平均化), 평면화(平面化), 평범화(平凡化), 평준화(平準化), 폐허화(廢墟化), 폭민화(暴民化), 표면화(表面化), 표본화(標本化), 표준화(標準化), 풍화(風化), 하화중생(下化衆生), 플루오르화(Fluor化), 할로겐화(Halogen化), 합금화(合金化), 합리화(合理化), 합법화(合法化), 핵가족화(核家族化), 행화(行化), 향화(向化), 험악화(險惡化), 현금화(現金化), 현대화(現代化), 현실화(現實化), 현화(現化), 형상화(形象化), 형식화(形式化), 형태화(形態化), 혜화(惠化), 홍화(洪化), 화석화(化石化), 활성화(活性化), 활자화(活字化), 황화(皇化), 황화(黃化), 황백화(黃白化), 황섬화(黃纖化), 황폐화(荒廢化), 회분화(灰分化), 회신화(灰燼化), 획일화(劃一化), 후두화(喉頭化), 훈화(訓化;가르치어 감화함), 훈화(薰化), 휴지화(休紙化), 흑연화(黑鉛化), 흥행화(興行化), 희곡화(戲曲化), 희화(戲化), 희화화(戲畫化) 들.

화(花) '꽃. 꽃 모양. 기생(妓生)'을 뜻하는 말. ¶화간접무(花間蝶舞), 화감청(花紺靑), 화강석(花崗石), 화강암(花崗巖), 화개(花蓋), 화경(花莖;꽃줄기), 화경(花梗;꽃자루), 화계(花階), 화과(花果), 화관(花冠)[354], 화기(花期), 화기(花器), 화단(花壇), 화대(花代), 화대(花臺), 화동(花童), 화랑(花郞)[화랑도(徒), 화랑도(道), 화랑이], 화로수(花露水), 화뢰(花蕾), 화류(花柳)[화류계(界), 화류병(病), 화류장(場)], 화륜(花輪), 화릉(花綾), 화림(花林), 화마(花馬;얼룩말), 화명(花名), 화목(花木), 화문(花紋), 화밀(花蜜), 화반(花盤), 화반석(花斑石), 화방(花房), 화변(花邊), 화병(花柄;꽃자루), 화병(花甁), 화보(花譜), 화봉/초(花峰/草), 화분(花盆), 화분(花粉)[화분모세포(母細胞), 화분화(花)], 화사/주(花蛇/酒), 화사(花詞), 화사(花絲), 화상(花床), 화서(花序;꽃차례)[355], 화서(花署), 화선(花仙), 화성소(花成素), 화세(花洗), 화수(花樹), 화수회(花樹會), 화수(花穗), 화순(花脣), 화시(花時), 화식/도(花式/圖), 화신/풍(花信/風), 화신(花神), 화신(花晨), 화심(花心), 화아(花芽), 화안(花顔), 화압(花押), 화연(花宴), 화엽(花葉), 화영(花影), 화예(花瞖), 화예/석(花蕊/石), 화왕(花王), 화용(花容)[화용월태(月態); 운빈화용(雲鬢)], 화원(花園), 화월(花月), 화유(花遊), 화음(花陰), 화자(花瓷), 화잠(花簪), 화전/충화(花田/衝火), 화전(꽃부꾸미)/놀이(花煎), 화전(花戰), 화전/벽(花甎/碧), 화점(花點;바둑판에서 기본이 되는 아홉 개의 점), 화제(花製), 화조(花鳥)[화조문(紋), 화조사(使), 화조풍월(風月), 화조화(畫)], 화조/월석(花朝/月夕), 화종(花種), 화주(花柱), 화준(花罇), 화중군자(花中君子;연꽃), 화중신선(花中神仙;해당화), 화중왕(花中王), 화중화(花中花), 화지(花枝), 화채(花菜)[능금화채, 배화채, 복숭아화채, 사과화채, 수박화채, 앵두화채], 화채(花債;해웃값), 화채(花釵), 화천월지(花天月地), 화청소(花靑素), 화초(花草)[356], 화축(花軸), 화탁(花托), 화투(花鬪)[357], 화판(花瓣), 화편(花片), 화포(花布), 화포(花苞), 화포(花砲), 화포(花圃), 화피(花被), 화향(花香), 화형관(花形冠), 화환(花環), 화훼(花卉); 가화(假花), 각화(刻花;도자기에 새긴 꽃무늬), 갈화(葛花;칡꽃), 감국화(甘菊花), 개화(開花), 건조화(乾燥花), 견우화(牽牛花;나팔꽃), 계관화(鷄冠花;맨드라미), 고자화(鼓子花), 고화(枯花;시든 꽃), 고화(鼓花;印花), 공화(供花), 과람화(果欖花), 과자화(瓜子花), 관동화(款冬花), 관상화(管狀花), 구비화(具備花), 국화(菊花), 국화(國花), 규화(葵花), 귤화(橘花), 근화(槿花), 금궁화(禁宮花), 금낭화(錦囊花), 금등화(金藤花), 금련화(金蓮花), 금봉화(金鳳花), 금부화(金芙花), 금사화(錦賜花), 금상첨화(錦上添花), 금송화(金松花), 금은화(金銀花), 금작화(金雀花), 금잔화(金盞花), 금전화(金錢花), 금황화(金凰花), 기화(奇花), 기화(琪花), 나화(裸花), 낙양화(洛陽花), 낙화(落花), 난화(蘭花), 낭화(浪花), 노류장화(路柳墻花;娼女), 노포화(露布花), 늑화(勒花), 능화(菱花), 능소화(凌霄花), 다성화(多性花), 다형화(多形), 단성화(單性花), 단장화(斷腸花), 단판화(單瓣花), 단피화(單被花), 단화피화(單花被花), 당국화(唐菊花), 덕두화(德頭花), 도화(桃花)[도화사희(四喜), 도화수(水)], 도리화(桃李花), 동피화(同被花), 동화피화(同花被花), 두견화(杜鵑花), 두상화(頭狀), 등피화(等被花), 등화(登花), 등화(燈花), 만화(晩花), 만화(滿花), 만리화(萬里花), 매화(梅花), 매괴화(玫瑰花), 면화(棉花), 명화(名花), 모화(帽花), 목화(木花), 목근화(木槿花), 목련화(木蓮花), 무궁화(無窮花), 무성화(無性花), 무판화(無瓣花), 무피화(無

354) 화관(花冠;꽃부리): 누두상화관(漏斗狀), 설상화관(舌狀), 십자형화관(十字形)/십자화관, 이판화관(離瓣), 접형화관(蝶形).

355) 화서(花序;꽃차례): 기산화서(岐繖), 단산화서(團繖), 단정화서(單頂花序), 두상화서(頭狀), 무한화서(無限), 복/산형화서(複/繖形), 복/수상화서(複/穗狀), 복/총상화서(複/總狀), 산방화서(繖房花序), 원추화서(圓錐), 유제화서(葇荑), 유한화서(有限), 육수화서(肉穗), 은두화서(隱頭).

356) 화초(花草): 화초담, 화초말[馬], 화초방(房), 화초밭, 화초분(盆), 화초장(欌), 화초쟁이, 화초집, 화초첩(妾).

357) 화투(花鬪): 꽃그림이 그려진 투전이라는 뜻의 놀이딱지. ¶화뚜꾼, 화투장, 화투짝, 화투판, 화투패(牌), 화투치다/하다.

被花), 미화(美花), 밀몽화(密蒙花), 밀산화(密繖花), 밀속화(密束花), 밀추화(密錘花), 밀화(蜜花), 반지화(斑指花), 방화(訪花), 방화(榜花), 백화(白花), 백합화(白合花), 백화(百花)[백화난만(爛漫), 백화왕(王), 백화요란(燎亂)], 백일화(百日花), 백합화(白合花), 법화(法花), 벽도화(碧桃花), 변두화(藊豆花), 병화(瓶花), 보춘화(報春花), 복화(複花), 복사화(輻射花), 복우화(伏牛花), 봉숭화/봉선화(鳳仙花), 부귀화(富貴花:모란꽃), 부등화(不登花), 부용화(芙蓉花), 부정제화(不整齊花), 분화(盆花), 분단화(粉團花), 불두화(佛頭花), 불로화(不老花), 불상화(佛桑花), 불완전화(不安全花), 비화(飛花), 빙화(氷花), 사계화(四季花), 사권화(絲圈花), 사종화(四種花), 사출화(射出花), 사판화(四瓣花), 산화(山花), 산화(散花), 산다화(山茶花:동백나무의 꽃), 산당화(山棠花), 산유화(山有花), 산형화(繖形花), 삽화(揷花), 상화(床花), 상화(霜花), 상사화(相思花), 생화(生花)[고목생화(枯木)], 서화(瑞花:눈(雪)), 석화(石花), 석화(錫花), 속남화(石南花), 석류화(石榴花), 석산화(石蒜花), 석죽화(石竹花), 선화(旋花), 선복화(旋覆花), 설화(雪花), 설상화(舌狀花), 설토화(雪吐花), 섬화(閃花), 성화(聖花), 소두화(小豆花), 송화(松花), 수구화(繡毬花), 수금화(水錦花), 수단화(水丹花), 수매화(水媒花), 수사화(水梭花), 수상화(穗狀花), 수선화(水仙花), 수홍화(水紅花), 수화(繡花), 순형화(脣形花), 승두화(僧頭花), 시차화(矢車花), 신이화(辛夷花), 실상화(實相花), 십자화(十字花), 안화(眼花; 흐리다. 어둡다)[358], 암화(暗花), 앵두화(←櫻桃花), 앵속화(罌粟花), 야화(野花), 야생화(野生花), 야합화(夜合花), 야홍화(野紅花), 양성화(兩性花), 양전화(兩全花), 양피화(兩被花), 양형화(兩形花), 어사화(御賜花), 여랑화(女郎花), 여춘화(麗春花), 연화(蓮花), 연교화(連翹花), 연자화(燕子花), 엽자화, 영구화(永久花), 영춘화(迎春花), 오시화(午時花), 오판화(五瓣花), 옥령화(玉鈴花), 옥매화(玉梅花), 옥잠화(玉簪花), 완화(莞花), 완비화(完備花), 완전화(完全花), 요화(妖花), 요화(蓼花), 우구화(雨久花:물옥잠), 월계화(月季花), 유화(榴花), 유도화(油桃花), 유자화(柚子花), 유피화(有被花), 육출화(六出花), 육판(六瓣花), 은화(隱花), 은두화(隱頭花), 이성화(異性花), 이주화(異株花), 이판화(離瓣花), 이피화(異被花), 이형화(二形花), 이형화(異形花), 이화(李花:자두꽃), 이화(梨花:배꽃), 이화피화(異花被花), 인화(印花), 일가화(一家花), 일일화(日日花), 임성화(稔性花), 자미화(紫微花), 자성화(雌性花), 자양화(紫陽花), 자오화(子午花), 자초화(紫梢花), 자형화(紫荊花), 자화(雌花:암꽃), 작약화(芍藥花), 작엽하화(昨葉荷花), 잔화(殘花), 잠화(簪花), 잡거화(雜居花), 잡성화(雜性花), 장미화(薔薇花), 장춘화(長春花), 전금화(翦金花), 전륜화(轉輪花), 전비화(全備花), 절화(折花), 접형화(蝶形花), 정제화(整齊花), 정향화(丁香花), 조화(弔花), 조화(造花), 조화(彫花), 조매화(鳥媒花), 종상화(鐘狀花), 주변화(周邊花), 죽도화, 중성화(中性花), 중양화(重陽花), 중판화(重瓣花), 지화(紙花), 지갑화(指甲花), 채송화(菜松花), 척촉화(躑躅花), 천엽화(千葉花), 철쭉화, 첩화(貼花:도자기에 덧붙이는 무늬), 촉규화(蜀葵花), 총상화(總狀花), 추화(秋花), 추화(錐花), 축화(祝花), 춘화(春花), 출장화(黜墻花), 충매화(蟲媒花), 취산화(聚繖花), 치자화(梔子花), 타형화(他形花), 탄화(彈花:활로 탄 솜), 태평화(太平花), 토수화(土繡花), 토호화(兎毫花), 통상화(筒狀花), 퇴화(堆花), 팔선화(八仙花), 포화(泡花:물거품), 풍년화(豐年花), 풍매화(風媒花), 필화(筆花:매우 잘 지은 글), 하화(夏花), 한화(寒花), 합판화(合瓣花), 해당화(海棠花), 해어화(解語花), 행화(杏花), 향일화(向日花), 헌화(獻花), 현화(顯花), 호접화(胡蝶花), 홍화(紅花), 홍도화(紅桃花), 홍람화(紅藍花), 화밀화(花蜜花), 화분화(花粉花), 화중화(花中花), 황화(黃花), 회채화(回菜花), 획화(劃花) 들.

화(畵) '그림. 그리다'를 뜻하는 말. ¶화가(畵家)[일요화가(日曜)[359]], 화가(畵架), 화각(畵角)[화각공예(工藝), 화각빗, 화각장(欌)], 화각(畵閣), 화객(畵客:환쟁이), 화격(畵格), 화경(畵境), 화고(畵稿), 화공(畵工), 화구(畵具), 화기(畵技), 화단(畵壇), 화도(畵圖), 화랑(畵廊), 화룡(畵龍), 화룡점정(畵龍點睛), 화루(畵樓), 화면(畵面)[평화면(平)], 화명(畵名), 화미(畵眉), 화방(畵房), 화방(畵舫), 화배공(畵坏工), 화백(畵伯), 화법(畵法)[기하화법(幾何), 음영화법(陰影), 입체화법(立體), 투시화법(透視)], 화병(畵屛), 화병(畵瓶), 화병(畵餠), 화보(畵報), 화보(畵譜), 화보판(畵報板), 화본(畵本), 화사(畵師), 화사첨족(花蛇添足), 화상(畵商), 화찬(畵像)[화상찬(讚), 화상회의(會議)], 화선(畵仙), 화선지(畵宣紙), 화성(畵聖), 화소(畵素:화면을 전기적으로 분해한 명암의 최소 단위), 화소청(火燒靑), 화실(畵室), 화압(畵押), 화의(畵意), 화재(畵才), 화재(畵材), 화적(畵籍), 화접(畵楪), 화제(畵題), 화주역(畵周易), 화중지병(畵中之餠), 화지(畵紙), 화질(畵質), 화집(畵集), 화찬(畵讚), 화첩(畵帖), 화청장(畵靑匠), 화파(畵派), 화판(畵板), 화포(畵布), 화폭(畵幅), 화품(畵品), 화풍(畵風), 화필(畵筆), 화학(畵學), 화호불성(畵虎不成); 각화(刻畵), 간판화(看板畵), 고분화(高粉畵), 고화(古畵), 곡화(曲畵)[360], 골계화(滑稽畵), 공상화(空想畵), 구상화(具象畵), 군상화(群像畵), 권계화(勸戒畵), 귀두화(鬼頭畵), 극화(劇畵), 기록화(記錄畵), 기명절지화(器皿折枝畵), 기억화(記憶畵), 나체화(裸體畵), 낙화(烙畵:인두그림), 남종화(南宗畵), 납화(蠟畵), 녹화(錄畵), 농채화(濃彩畵), 다색화(多色畵), 단색화(單色畵), 담화(淡畵), 담채화(淡彩畵), 당화(唐畵), 도화(圖畵), 도기화(陶器畵), 도석화(道釋畵), 도안화(圖案畵), 독화(讀畵), 동화(動畵), 동굴화(洞窟畵), 동물화(動物畵), 동양화(東洋畵), 동판화(銅版畵), 만다라화, 만필화(漫筆畵), 만화(漫畵), 명화(名畵), 모사화(模寫畵), 모자이크화(mosaic畵), 모필화(毛筆畵), 목화(木畵), 목각화(木刻畵), 목탄화(木炭畵), 목판화(木版畵), 몰골화(沒骨畵), 묘화(描畵), 무대화(舞臺畵), 묵화(墨畵), 묵죽화(墨竹畵), 문인화(文人畵), 미세화(微細畵), 미인화(美人畵), 민화(民畵), 민간화(民間畵), 민속화(民俗畵), 민족기록화(民族記錄畵), 밀화(密畵)[361], 반경화(半徑畵), 방화(邦畵), 방외화(方外畵), 백묘화(白描畵)[362], 벽화(壁畵), 복제화(複製畵), 북종화(北宗畵), 불화(佛畵), 불투명수채

358) 안화(眼花): 눈앞에 불꽃같은 것이 어른어른 보이는 병. 안화섬발(眼花閃發).

359) 일요화가(日曜): 다른 날에 직장에 나가 일하고 일요일밖에 그림 그릴 시간이 없다는 데서, '아마추어 화가'를 일컫는 말. .

360) 곡화(曲畵): 정상적이지 않은 방법으로 그린 그림. 붓 대신에 머리카락 · 종이 · 손가락 · 헝겊 조각을 사용하거나 발이나 입으로 그린 그림.

361) 밀화(密畵): 화면에 가득 차도록 대상물을 설명적으로 치밀하게 그린 그림.

362) 백묘화(白描畵): 동양화에서, 모필(毛筆)에 의한 묵선(墨線)으로만 그린 그림.

화(不透明水彩畵), 비구상화(非具象畵), 사경화(寫經畵), 사생화(寫生畵), 사의화(寫意畵), 사진화(寫眞), 산수화(山水畵), 삽화(揷畵), 상상화(想像畵), 서화(書畵), 서양화(西洋畵), 석각화(石刻畵), 석채화(石彩畵), 석판화(石版畵), 석화(席畵), 선화(線畵), 설채화(設彩畵), 설화화(說話畵), 성화(聖畵), 세화(細畵), 세화(歲畵), 세밀화(細密畵), 세속화(世俗畵), 세태화(世態畵), 소화(素畵), 속화(俗畵), 속사화(速寫畵), 수묵화(水墨畵;먹그림), 수인화(水印畵), 수채화(水彩畵), 수화(繡畵), 스케치화(sketch畵), 스테인드글라스화(stained glass畵), 시화(詩畵), 실내화(室內畵), 아동화(兒童畵), 아크릴화(acrylic畵), 암각화(巖刻畵), 약화(略畵), 양화(陽畵), 어궐화(魚鱖畵), 어리화(魚鯉畵), 어이화(魚鮧畵), 어하화(魚蝦畵), 어해화(魚蟹畵), 역사화(歷史畵)/사화(史畵), 연필화(鉛筆畵), 영화(映畵), 영모화(翎毛畵), 영모절지화(翎毛折枝畵), 예불화(禮佛畵), 오대화(五代畵), 와상화(臥像畵), 외화(外畵), 용기화(用器畵), 원화(原畵), 원시화(遠視畵), 원체화(院體畵), 유화(油畵), 유리화(琉璃畵), 유채화(油彩畵), 음화(陰畵), 음화(淫畵), 인화(印畵), 인두화, 인물화(人物畵), 인상화(印象畵), 일필화(一筆畵), 임화(臨畵), 입상화(立像畵), 입체화(立體畵), 자연화(自然畵), 자유화(自由畵), 자재화(自在畵), 자화자찬(自畵自讚), 작화(作畵), 장화(長畵), 장식화(裝飾畵), 전신화(全身畵), 절지화(折枝畵), 점묘화(點描畵), 정물화(靜物畵), 정밀화(精密畵), 제화(題畵), 제단화(祭壇畵), 종교화(宗敎畵), 주제화(主題畵), 죽엽화(竹葉畵), 지화(指畵), 지두화(指頭畵), 직조화(織造畵), 진경산수화(眞景山水畵), 진채화(眞彩畵), 착색화(着色畵), 찰필화(擦筆畵), 채화(彩畵), 채색화(彩色畵), 천장화(天障畵), 철필화(鐵筆畵), 초상화(肖像畵), 초충화(草蟲畵), 추상화(抽象畵), 춘화(春畵), 출판화(出版畵), 칠화(漆畵), 크레용화(crayon畵), 크레파스화(kurepasu畵), 탱화(幀畵)[363][석가탱화(釋迦)], 템페라화(tempera畵), 투명수채화(透明水彩畵), 투시화(透視畵), 투영화(投影畵), 파스텔화(pastel畵), 판화(版畵)[고무판화, 금속판화(金屬), 목판화(木), 식각판화(蝕刻)], 패널화(panel畵), 펀치화(punch畵), 펜화(pen畵), 풍경화(風景畵), 풍속화(風俗畵), 풍자화(諷刺畵), 프레스코화(fresco畵), 한국화(韓國畵), 혁필화(革筆畵), 호분화(胡粉畵), 화조화(花鳥畵), 화훼절지화(花卉折枝畵), 환상화(幻想畵), 환시화(幻視畵)[364], 활인화(活人畵)[365], 활화(活畫), 회화(繪畵)[회화론(論), 회화문자(文字)], 흉상화(胸像畵), 희화(戱畵) 들.

화(火) 화기(火氣). 못마땅하거나 언짢아서 나는 성(걱정. 부아. 노염). '불. 타다. 태우다. 불에 익히다. 오행(五行)의 하나'를 뜻하는 말. ¶화를 내다. 화가 머리끝까지 나다. 화가마(불을 지펴 놓은 가마), 화각(火角), 화각(火脚), 화경(火耕), 화경(火鏡), 화곤(火棍;부지깽이), 화공(火工), 화공(火攻), 화광(火光;불빛), 화구(火口)[366], 화구(火丘), 화구(火具), 화금(火金), 화급하다(火急), 화기(火氣), 화기(火器)[경화기(輕), 소화기(小), 자동화기(自動), 주화기(主), 중화기(重)], 화나다/내다, 화딱지, 화덕(큰 화로)[화덕자리: 쇠화덕, 질화덕, 흙화덕], 화도(火刀), 화도(火度), 화도(火道), 화독/내(火毒), 화두(火斗;다리미), 화두(火頭), 화등잔(火燈盞;놀란 눈), 화딱지, 화력(火力)[화력발전(發電), 화력전기(電氣)], 화렴(火廉), 화로(火爐)[화롯가, 화로구이, 화롯불, 화롯전; 질화로, 청동화로(靑銅)], 화마(火魔), 화망(火網), 화면(火綿), 화목(火木), 화문(火門), 화밀(火蜜), 화반창(火斑瘡), 화방(火防), 화병(火兵), 화병(火餠;밀가루나 메밀가루를 반죽해서 모닥불에 구워낸 떡), 화병(火病), 화부(火夫), 화붕(火棚), 화사석(火舍石), 화산(火山)[367], 화삽(火鍤), 화상(火床), 화상(火傷), 화생(火生), 화석(火石;부싯돌), 화선(火扇), 화선(火船), 화선(火線), 화성(火姓), 화성(火星), 화성광물(火成鑛物), 화성암(火成巖), 화세(火洗), 화세(火勢), 화소(火巢)[368], 화속하다(火速), 화속(火贖), 화수(火嗽), 화승(火繩;화약심지)[화승작(作), 화승총(銃)], 화식(火食), 화신(火神), 화아(火蛾;불나방), 화약(火藥)[369], 화염(火焰;불꽃)[화염검(劍), 화염방사기(放射器), 화염병(甁), 화염제(劑)], 화왕지절(火旺之節;여름), 화요일(火曜日), 화운(火雲), 화원(火源), 화융(火絨;부싯깃), 화인(火印), 화인(火因), 화장(火匠), 화장(火杖), 화장(火葬)[화장장(場), 화장터], 화재(火災;불)[화재경보기(警報器), 화재보험(保險), 화재위험경보(危險警報)], 화저(火箸;부젓가락), 화적(도둑)/질(火賊), 화전(부대밭)/민(火田/民), 화전(火箭;불화살), 화전(火戰), 화정(火定), 화제(火帝), 화제(火祭), 화종(火鐘), 화주(火主), 화주(火酒), 화중(火中), 화증(火症), 화지(火紙), 화차(火車), 화창(火窓), 화청(火淸), 화체(火體), 화침(火針), 화택/승(火宅/僧), 화통(울화통), 화통(火筒), 화퇴(火腿), 화포(火砲), 화풀이, 화해(火海), 화형(火刑), 화희(火戱;불놀이); 강화(降火), 강화(强火), 객화(客火), 거화(炬火;횃불), 거화(擧火), 겁화(劫火), 괴화(怪火), 귀화(鬼火), 근화(近火), 금화(禁火), 급화(急火), 낙화(落火), 내화(耐火), 뇌화(雷火), 담화(痰火), 대화(大火), 도화(刀火), 도화/선(導火/線), 만화(慢火), 맹화(猛火), 명화(明火), 무화(武火), 문화(文火), 발화(發火), 방화(防火), 방화(放火), 병화(兵火), 봉화(烽火), 분화(分火), 분화(焚火), 분화(噴火)[분화구(口), 분화산(山); 해저분화(海底)], 비화(飛火), 사화(死火), 산화(山火), 석화(石火), 섬화(閃火), 성화(成火), 성화(星火), 성화(盛火), 성화(聖火), 소화(小火), 소화(消火)[냉각소화(冷却), 질식소화(窒息), 파괴소화(破

363) 탱화(幀畵): 부처·보살·성현 들을 그려서 벽에 거는 그림.

364) 환시화(幻視畵): 배경을 그린 막 앞에 소도구나 인형 따위를 배치하고 조명으로 입체적 실물감이 나게 하는 장치.

365) 활인화(活人畵): 배경을 꾸미고 분장을 한 사람이 그림 속의 인물처럼 정지(靜止)해 있는 상태를 구경거리로 보여 주는 것.

366) 화구(火口): 화산이 터진 구멍. ¶화구곡(谷), 화구구(丘), 화구뢰(瀨), 화구벽(壁), 화구원(原), 화구(湖), 화구통(筒), 화구항(港), 화구호(湖).

367) 화산(火山): 땅속의 마그마가 밖으로 터져 나와 퇴적하여 이루어진 산. ¶화산가스(gas), 화산군(群), 화산니(泥), 화산대(帶), 화산대(臺), 화산도(島), 화산력(礫), 화산뢰(雷), 화산맥(脈), 화산모(毛), 화산모래, 화산분지(盆地), 화산사(砂), 화산섬, 화산암(巖), 화산열도(列島), 화산운(雲), 화산원(源), 화산유리, 화산재, 화산전선(前線), 화산지진(地震), 화산지형(地形), 화산진(塵), 화산탄(彈), 화산현상(現象), 화산호(湖), 화산활동(活動), 화산회(灰), 화산흙; 겹화산, 구상화산(臼狀;절구꼴 화산), 기생화산(寄生), 단식화산(單式), 복성화산(複成), 복식화산(複式;겹화산), 복합화산(複合)/복화산(複), 사화산(死;죽은화산), 산화산, 성층화산(成層), 순상화산(楯狀), 쌍둥이화산(雙), 원추화산(圓錐), 종상화산(鐘狀), 죽은화산, 추상화산(錐狀), 측화산(側), 층상화산(層狀), 탑상화산(塔狀), 해저화산(海底), 해중화산(海中), 활화산(活;산화산), 휴화산(休).

368) 화소(火巢): 산불을 막기 위하여 능·묘의 울타리 밖에 있는 풀과 나무를 불살라 버린 곳.

369) 화약(火藥): 화약고(庫), 화약심지, 화약통(筒); 면화약(綿), 무연화약(無煙), 소염화약(消焰火藥), 솜화약, 흑색화약(黑色).

壞)], 소화(燒火), 수화(水火), 수화(燧火), 신화(神火;도깨비불), 실화(失火), 심화(心火), 십자화(十字火), 야화(野火), 어화(漁火), 업화(業火), 연화(煙火), 열화(烈火), 열화(熱火), 욕화(慾火), 울화(鬱火)[울화병(病), 울화증(症), 울화통], 음화(陰火), 인화(引火), 인화(燐火), 잔화(殘火), 전광석화(電光石火), 전화(電火), 전화(戰火), 절화(絕火), 점화(點火)[점화구(口), 점화약(藥), 점화장치(裝置), 점화전(栓)], 정화(淨火), 정화(情火), 중화(中火), 지화(地火), 지혜화(智慧火), 진화(鎭火), 착화(着火), 참화(慘火), 채화(採火), 천화(天火), 철화(鐵火), 촉화(燭火), 총화(銃火), 출화(出火), 충화(衝火), 탄화(炭火;숯불), 탄화(彈火), 탕화(湯火), 포화(砲火), 풍전등화(風前燈火), 풍화(風火), 향화(香火), 허화(虛火), 형화(螢火;반딧불), 활화(活火) 들.

화(和) ①'온화하다. 화목하다. 고르다'를 뜻하는 말. ¶화간(和姦), 화광동진(和光同塵), 화교법(和較法), 화기/애애(和氣靄靄), 화길하다(和吉), 화난하다(和暖;날씨가 화창하고 따뜻하다), 화담(和談), 화답/하다(和答), 화동(和同;다시 화합함), 화락하다(和樂;화평하고 즐겁다), 화매(和賣), 화목(和睦;뜻이 맞고 정다움)[상하화목(上下)], 화상(和尙)[370], 화색(和色;온화한 얼굴빛), 화성(和聲;하모니)[화성법(法), 화성음정(音程), 화성학(學)], 화수(和酬), 화순(和順;온화하고 양순함), 화안(和顏;화기를 띤 얼굴), 화약(和約), 화열(和悅;마음이 화평하고 기쁨), 화운(和韻;화답하는 시), 화유(和誘;온화한 기색으로 꾐), 화음(和音)[화음기호(記號)], 화응(和應;화답하여 응함), 화의(和議)[화의기관(機關), 화의법원(法院), 화의신청(申請), 화의취소(取消), 화의하다; 국제화의(國際)], 화전(和戰;전쟁을 끝내고 화친함), 화제(和劑), 화창하다(和暢;날씨가 온화하고 맑다), 화청(和淸), 화충하다(和沖/衷), 화충협의(和沖協議), 화친/조약(和親/條約), 화평(和平;마음이 평안함. 나라 사이가 화목함), 화풍(和風;부드럽고 산뜻한 바람)[화풍감우(甘雨), 화풍난양(暖陽)], 화하다[1,2][371], 화합(和合;화목하게 어울림), 화해(和解;다툼을 그치고 풂)[화햇술(和解)], 화혈(和血), 화협(和協;서로 툭 터놓고 협의함), 화호(和好;서로 사이가 좋고 친함); 가화만사성(家和萬事成), 강화(講和), 겸화(謙和), 공화(共和), 구화(媾和), 난화하다(暖/煖和), 농화(濃和), 동화(同和;하나로 화합함), 부화(附和)[372], 불화(不和), 사화(私和), 상화(相和), 섭화(燮和), 소화(消和), 수화(水和), 순화하다/롭다(順和), 실화(失和), 안화(安和), 약화제(藥和劑)/화제(和劑), 양화(陽和), 온화하다(溫和;날씨가 따뜻하고 부드럽다. 마음이 온순하다), 온화하다(穩和;성질이나 태도가 조용하고 부드럽다), 완화하다(緩和), 위화(違和), 유화(柔和;성질이 부드럽고 온화함), 유화(宥和;서로 용서하고 사이좋게 지냄)[유화적(的), 유화정책(政策)], 융화/책(融和/策), 음양상화(陰陽相和), 응화(應和), 조화(調和), 중화(中和), 창화(唱和), 척화(斥和), 청화(晴和), 총화(總和), 친화(親和), 평화(平和), 풍화(風和), 합화(合和), 해화(諧和), 협화/음(協和/音), 혼화(混和), 혼화(渾和), 희화하다(晞和). ②'일본식'을 뜻하는 말. ¶화식(和食), 화식(和式).

화(華) ①'꽃. 빛나다. 번성하다'를 뜻하는 말. ¶화간(華簡), 화객(華客), 화경(華景), 화관무직(華官膴職), 화년(華年), 화두(華頭), 화려하다(華麗), 화만(華鬘), 화미(華美), 화벌(華閥), 화복(華服), 화사하다(華奢)[373], 화섬(華贍), 화식(華飾), 화엄(華嚴)[화엄경(經,), 화엄신장(神將), 화엄종(宗), 화엄회(會)], 화연(華姸), 화옥(華屋), 화음(華音), 화전(華箋), 화좌(華座), 화주(華胄), 화직(華職), 화촉(華燭)[화촉동방(洞房), 화촉지전(之典;결혼식)], 화치하다(華侈), 화한(華翰), 화혼(華婚); 경화(京華), 규화(硅華), 만화경(萬華鏡), 명화(名華), 문화(文華), 번화(繁華), 보화(寶華), 보상화(寶相華), 부귀영화(富貴榮華), 부화하다(浮華), 부화하다(富華), 사라화(紗羅華;장례 때 쓰는, 종이로 만든 꽃), 사화(四華), 사화(詞華), 산화(散華), 상화(想華), 석회화(石灰華), 성화(聲華), 승화(昇華), 연화(年華), 연화(鉛華), 연화(蓮華/花), 영화(榮華), 외화(外華;화려한 겉치레), 용화(容華), 우담화(優曇華), 월화(月華;月光), 정화(精華), 채화(綵華), 천화(泉華), 춘화(春華), 필화(筆華), 향화(香華), 허화(虛華), 호화(豪華). ②'중국'을 뜻하는 말. ¶화교(華僑), 화남(華南), 화북(華北), 화상(華商), 화이(華夷), 화자(華字), 화중(華中); 모화(慕華), 중화(中華), 청화(靑華) 들.

화(話) '말하다. 이야기'를 뜻하는 말. ¶화극(話劇), 화두(話頭), 화법(話法)[간접화법(間接), 직접화법(直接)], 화설(話說), 화소(話素;이야기의 가장 작은 단위), 화술(話術), 화제(話題;이야기), 화젯거리(話題;이야깃거리가 될 만한 소재), 화조(話調), 화중(話中), 화창(話唱); 가화(佳話), 강화(降話), 강화(講話), 구화(口話), 기화(奇話), 누화(漏話), 다화(茶話), 단화(短話), 담화(談話), 대화(對話), 동화(童話), 면화(面話), 문화(文話), 민화(民話), 밀화(密話), 발화(發話), 백화(白話), 법화(法話), 비화(秘話), 비화(悲話), 사화/집(史話/集), 사화(詞話), 삽화(揷話), 선화(禪話), 설화(屑話), 설화(說話), 소화(小話), 소화(笑話), 속화(俗話), 송화(送話), 송화기(送話機), 수화(手話), 수화기(受話器), 시화(詩話), 시화법(視話法), 신화(神話), 실화(實話), 애화(哀話), 야화(夜話), 야화(野話), 예화(例話), 우화(寓話)[우화소설(小說), 우화시(詩), 우화집(集); 동물우화(動物)], 일화(逸話), 전화(電話), 정화(情話), 총화(叢話), 치화(癡話), 통화(通話), 향인설화(向人說話;남을 대하여 이야기함), 회화/체(會話/體), 훈화(訓話) 들.

화(禍) 모든 재앙과 액화. '재화. 재앙을 내리다'를 뜻하는 말. ¶화를 당하다. 화가여생(禍家餘生), 화근(禍根;빌미. 불집)/거리, 화기(禍機), 화난(禍難), 화받이(화를 받는 일)/하다, 화란(禍亂), 화변(禍變), 화복(禍福)[화복무문(無門); 길흉화복(吉凶), 새옹화복(塞翁)], 화색(禍色), 화수(禍祟), 화신(禍神), 화심(禍心), 화액(禍厄), 화언(禍言), 화인(禍因), 화천(禍泉;술), 화태(禍胎), 화패(禍敗), 화해(禍害), 화환(禍患); 가화(家禍), 가화(嫁禍), 구화(構禍), 기화(奇禍), 당화(黨禍), 대화(大禍), 면화(免禍), 백화(白禍), 병화(兵禍), 봉화(逢禍), 비화(飛禍), 사화(士禍), 사화(史禍), 산화(山禍), 설화(舌禍), 설화(雪禍), 속화(速禍), 수화(水禍), 앙화(殃禍), 액화(厄禍), 양화(釀禍), 양화구복(禳禍求福), 여화(女禍), 원화(遠

370) 화상(和尙): 수행을 많이 한 중. '중'의 높임말. ¶계화상(戒和尙;새로 들어온 사미에게 계를 일러 주는 중).

371) 화하다[1]: 무엇을 타거나 섞다. 화하다[2]: 날씨나 바람, 마음 따위가 온화하다. ¶미소를 띤 화한 얼굴.

372) 부화(附和): 자기 주견이 없이 남의 의견에 따름. ¶부화뇌동(雷同).

373) 화사하다(華奢): 화려하고 사치스럽다. ¶화사한 옷차림을 한 여인.

禍), 원화소복(遠禍召福), 윤화(輪禍), 이화(罹禍:재앙에 걸림), 재화(災禍), 적화(赤禍), 전화(戰禍), 전화위복(轉禍爲福), 조화(遭禍), 죄화(罪禍), 참화(慘禍), 천화(天禍), 초화(招禍), 피화(避禍), 필화(筆禍), 혹화(酷禍), 황화(黃禍), 회화(悔禍), 횡화(橫禍), 흉화(凶禍) 들.

화(靴) '신발'을 뜻하는 말. ¶화공(靴工), 화금(靴金:대문짝 아래 돌쩌귀에 씌우는 쇠), 화자(靴子), 화형(靴型); 격화소양(隔靴搔癢), 경제(經濟靴), 군화(軍靴), 권투화(拳鬪靴), 기마화(騎馬靴), 기성화(既成靴), 농구화(籠球靴), 군화(軍靴), 단화(短靴), 당목화(唐木靴), 등산화(登山靴), 목화(木靴), 무도화(舞蹈靴), 반화(半靴), 방수화(防水靴), 방한화(防寒靴), 백목화(白木靴), 설상화(雪上靴), 수영화(水泳靴), 수제화(手製靴), 실내화(室內靴), 실외화(室外靴), 실용화(實用靴), 아동화(兒童靴), 안전화(安全靴), 야구화(野球靴), 양화(洋靴), 연주화(演奏靴), 영내화(營內靴), 오유화(烏油靴:기름종이에 검은 칠을 하여 만든 신), 우화(雨靴), 운동화(運動靴), 운두화(雲頭靴), 유목화(油木靴), 육상화(陸上靴), 작업화(作業靴), 잠수화(潛水靴), 장화(長靴), 정글화(jungle靴), 제화(製靴), 즈크화(doek靴), 축구화(蹴球靴), 편리화(便利靴), 편상화(編上靴:목구두), 포화(布靴), 피혁화(皮革靴), 피화(皮靴), 협금화(挾金靴), 호모화(護謨靴), 흑피화(黑皮靴) 들.

화(貨) '물품. 화폐'를 뜻하는 말. ¶화객/선(貨客/船), 화물(貨物)[374], 화식(貨殖:재물을 늘림), 화재(貨財), 화주(貨主), 화차(貨車), 화폐(貨幣)[375]; 경화(硬貨), 구화(舊貨), 금화(金貨), 금은화(金銀貨), 기화(奇貨), 내화(內貨), 만화(萬貨), 물화(物貨), 미화(美貨), 방화(邦貨), 배화(排貨), 법화(法貨), 보화(寶貨), 본위화(本位貨), 불화(弗貨), 사화(死貨), 석화(石貨), 선화(船貨), 송화(送貨), 식화(食貨), 식화(殖貨), 악화(惡貨), 양화(良貨), 양화(洋貨), 연화(軟貨), 영화(英貨), 외화(外貨)[376], 운화(運貨), 원화, 외화(外貨), 원화, 은화(銀貨), 잡화(雜貨)[잡화점(店), 잡화상(商)], 재화(財貨), 재화(載貨), 저화(楮貨), 적동화(赤銅貨), 적화(積貨), 전화(錢貨), 정화(正貨), 주화(鑄貨)[기념주화(記念)], 진화(珍貨), 집화(集貨), 청동화(靑銅貨), 체화(滯貨), 출화(出貨), 통화(通貨)[377], 패화(貝貨), 폐화(廢貨), 한화(韓貨) 들.

화(樺) '자작나무'를 뜻하는 말. ¶화목(樺木:벚나무), 화피(樺皮), 화피전(樺皮廛:채색과 물감을 팔던 가게); 백화(白樺:자작나무) 들.

화(禾) '벼. 곡물'을 뜻하는 말. ¶화곡(禾穀), 화리(禾利), 화본과(禾本科), 화서(禾黍), 화수(禾穗: 벼이삭); 맥화(麥禾).

화(譁) '시끄럽다. 떠들썩하다'를 뜻하는 말. ¶화소(譁笑), 화연하다(譁然); 훤화(喧譁) 들.

화끈 갑자기 뜨거운 기운을 받아 달아오르는 모양.=화확. 흥분이나 긴장 따위가 고조되는 모양. 〈큰〉후끈. ¶얼굴이 화끈 달아올랐다. 방안 공기가 후끈하다. 감기에 걸려 온몸이 훌끈 달아올랐다. 호끈, 화끈 · 후끈/거리다/대다/하다[378], 화끈화끈 · 후끈후끈/하다, 화끗[379], 활끈, 후끈달다[380].

화냥 서방질을 하는 여자. 계집의 바람.[〈hayan〈만〉]. ¶화냥기(氣), 화냥년, 화냥질/하다.

화다닥 ①갑자기 빨리 뛰거나 움직이는 모양. ②일을 서둘러 해치우는 모양. ③갑자기 놀라거나 당황해 하는 모양. ④날짐승이 갑자기 홰를 치는 모양. 〈큰〉후다닥. ¶화닥닥[381], 화드득[382], 화딱 · 후딱.

화들 팔다리나 몸이 심하게 한 번 떨리는 모양.=화들랑. 〈센〉화뜰[383]. [+떨다]. ¶화들짝[384].

화라지 ①가로퍼진 긴 나뭇가지를 땔나무로 이르는 말. ¶아궁이에 화라지를 넣으니 불길이 솟아올랐다. ②돛 위에 가로 댄 나무.=활대.

화락¹ 갑작스럽게 움직이거나 변하는 모양.

화락² 옷 따위가 물이 뚝뚝 떨어질 정도로 흠뻑 젖은 모양. ¶화락 젖은 옷. 화락하다[385].

---

374) 화물(貨物): 운반할 수 있는 재화나 물품. ¶화물기(機), 화물등급(等級), 화물보험(保險), 화물상환증(相換證), 화물선(船), 화물역(驛), 화물열차(列車)/화물차(車), 화물운임(運賃), 화물자동차(自動車), 화물창(艙), 화물칸(짐칸), 화물항(港); 소화물(小), 수화물(手), 중화물(重), 통과화물(通過).

375) 화폐(貨幣): 화폐가격(價格), 화폐가치(價値), 화폐개혁(改革), 화폐경제(經濟), 화폐공황(恐慌), 화폐교환(交換), 화폐단위(單位), 화폐법(法), 화폐본위(本位), 화폐순환(循環), 화폐시장(市場), 화폐유통(流通), 화폐은(銀), 화폐임금(賃金), 화폐제도(制度), 화폐증권(證券); 계수화폐(計數), 금속화폐(金屬), 명목화폐(名目), 법정화폐(法定), 변조화폐(變造), 보조화폐(補助), 본위화폐(本位), 봉쇄화폐(封鎖), 상품화폐(商品), 세계화폐(世界), 신용화폐(信用), 안정화폐(安定), 유통화폐(流通)/통화(通貨), 자연화폐(自然), 자유화폐(自由), 정부화폐(政府), 칭량화폐(稱量).

376) 외화(外貨): 외화가득률(稼得率), 외화보유액(保有額), 외화준비(準備), 외화채(債), 외화획득(獲得).

377) 통화(通貨): 한 나라 안에서 통용되고 있는 화폐를 통틀어 이르는 말. ¶통화개혁(改革), 통화고(高), 통화관리(管理), 통화량(量), 통화발행고(發行高), 통화수축(收縮), 통화안정(安定), 통화위기(危機), 통화위조죄(僞造罪), 통화유통속도(流通速度), 통화정책(政策), 통화조절(調節), 통화주의(主義), 통화통제(統制), 통화팽창(膨脹); 강제통화(强制), 국제통화(國際), 기축통화(基軸), 긴급통화(緊急), 법정통화(法定), 예금통화(預金), 잠재통화(潛在).

378) 화끈하다: 일을 아주 시원스럽게 하는 맛이 있다. ¶화끈한 성질.

379) 화끗: 얼굴이 갑자기 달아오르는 모양.

380) 후끈달다: ①후끈하도록 뜨겁게 달다. ②갑자기 화가 나거나 애가 타서 참을 수 없을 정도로 속이 상하다. ¶영희는 후끈달았는지 시무룩하게 앉아 있다.

381) 화닥닥: ①갑자기 뛰거나 몸을 일으키는 모양. ¶방에서 화닥닥 뛰어나가다. ②일을 서둘러 해치우는 모양. ¶숙제를 화닥닥 해치우다. 화닥닥거리다/대다. ③문 따위를 갑자기 조금 세게 열어젖히는 소리. 또는 그 모양. ④갑자기 매우 놀라거나 당황해 하는 모양. ¶화닥닥 놀라다. 화닥닥거리다/대다. 〈큰〉후닥닥.

382) 화드득: ①묽은 똥 따위가 갑작스레 세게 나오는 소리. 또는 그 모양. ②숯불이나 나뭇가지 따위가 불똥을 튀기며 타들어 가는 소리. 또는 그 모양. ③경망스럽게 방정을 떠는 모양. ④새가 갑자기 날개를 마구 치며 힘 있게 날아가는 소리. 〈큰〉후드득.

383) 화뜰: 몹시 놀랐을 때에 갑자기 몸을 크게 떠는 모양. 〈큰〉후뜰. 〈여〉화들. ¶인기척에 화뜰 놀라다.

384) 화들짝: ①갑자기 무슨 일이 벌어져 깜짝 놀라는 모양. ¶화들짝 놀라다. ②가만히 있다가 급하게 몸을 움직이는 모양. ¶묶인 끈이 풀린 닭은 화들짝 일어나 몇 발자국 비칠대더니 장독대로 뛰어올랐다. 〈큰〉후들쩍. [+놀라다].

385) 화락하다: 흠뻑 젖다. ¶화락하게 젖은 바짓가랑이.

화르르 ①마른 나뭇잎이나 검불, 종이가 성하게 타오르는 모양. ¶화룽[386]. ②새 떼가 갑자기 날개를 치며 날아오르는 소리. ③나뭇잎이나 종이 따위를 한꺼번에 많이 뿌리는 모양. ④넓적한 나뭇잎 따위가 마구 떨리는 모양.=호르르. 〈큰〉후르르. ¶화르륵[387].

화보 얼굴이 둥글고 살이 두툼하게 찐 여자. ¶화보 부인에 말라깽이 남편.

화수분 재물이 계속 나오는 보물단지. 재물이 자꾸 생겨 아무리 써도 줄지 아니함.[←河水+盆]. ¶돈을 그렇게 흥청만청 뿌리고 다니면 화수분이라도 못 당할 거야.

화장(長) 옷의 겨드랑이에서 소매 끝까지의 길이.

화치(다) 배가 물결에 의하여 좌우로 흔들리다. 또는 그렇게 되도록 노를 젓다.

화톳-불 장작 따위를 한군데에 수북하게 모아 질러 놓은 불.

화통 목조 건축에서, 도리나 들보를 얹기 위하여 기둥머리를 '十'자 모양으로 파낸 자리. 사개통.

화-하다 입 안이 얼얼하면서 시원한 느낌이 있다. 환하다. ¶박하사탕이 화하다. 청심환을 입에 넣었더니 화하다.

확¹ 절구 아가리로부터 밑바닥까지 우묵하게 팬 구멍. ¶확바위(방아확 모양으로 움푹 파인 바위), 확쇠(문지도리의 장부가 들어가는 데 끼는 확처럼 된 쇠); 돌확, 방아확, 안확(眼;눈구멍), 철확(鐵;쇠절구) 들.

확² ①바람, 냄새 또는 어떤 기운 따위가 갑자기 세게 끼치는 모양. ¶술 냄새가 확 풍기다. 확확. ②불길이 갑자기 세게 일어나는 모양. ¶불길이 확 번지다. 확하다. ③갑자기 달아오르는 모양. ¶얼굴이 확 달아오르다. ④일이 빠르고 힘차게 진행되는 모양. ¶문제를 확 해결하다. ⑤매어 있거나 막혔던 것이 갑자기 풀리거나 시원스럽게 열리는 모양. ¶긴장이 확 풀리다. 문이 확 열리다. 시야가 확 트이다. 〈큰〉훅.

확(確) '굳다. 강하다. 틀림없다'를 뜻하는 말. ¶확견(確見;명확한 의견), 확고(確固)[확고부동(不動), 확고불발(不拔), 확고하다], 확단(確斷;확실하게 결단함), 확답(確答), 확론(確論), 확률(確率)[388], 확립(確立), 확문(確聞), 확보(確保;확실하게 보유하거나 보증함), 확보(確報), 확설(確說), 확수(確守;굳게 지킴. 墨守), 확신(確信)[확신범(犯), 확신하다(믿다)], 확실(確實)[확실성(性), 확실시(視), 확실하다; 불확실(不)], 확약(確約), 확언(確言), 확연하다(確然), 확인(確因;확실한 원인), 확인(確認)[389], 확적(確的;확실하여 틀림이 없음), 확정(確定)[390], 확증(確證;확실한 증거), 확지(確知), 확집(確執;자기 주장을 굳이 고집함), 확호하다(確乎), 확호불발(確乎不拔); 견확하다(堅確), 명확하다(明確), 부정확(不正確), 불확실(不確實), 상확하다(相/商確), 상확하다(祥確), 적확하다(的確), 정확하다(正確), 정확(精確) 들.

확(擴) '넓히다'를 뜻하는 말. ¶확대(擴大)[391], 확산(擴散)[확산광(光), 확산되다/하다, 확산반사(反射), 확산투과(透過); 열확산(熱)], 확성기(擴聲器), 확이충지(擴而充之), 확장(擴張)[392], 확충(擴充;넓혀서 충실하게 함); 군확(軍擴) 들.

확(穫) '거두다. 벼를 베다'를 뜻하는 말. ¶수확(收穫), 추확(秋穫) 들.

확(攫) '붙잡다. 움키다'를 뜻하는 말. ¶확서(攫噬), 확취(攫取); 일확(一攫), 일확천금(一攫千金) 들.

확(涸) '물이 마르다'를 뜻하는 말. ¶확철부어(涸轍鮒魚), 확철지어(涸轍之魚).

확(矍) '기운이 솟다'를 뜻하는 말. ¶확삭(矍鑠;기력이 정정함).

확(鑊) '발이 없는 솥'을 뜻하는 말. ¶정확(鼎鑊).

확(廓) ☞ 곽(廓).

환¹ 쇳조각 양쪽에 잘게 이를 새기거나 나뭇조각에 상어 껍질을 붙인 '줄' 연장. 금속이 아닌 물건을 쓸어서 깎는 데 씀.=안기려(雁歧鑢). ¶환으로 책상 모서리를 쓸다.

환² 아무렇게나 마구 그린 그림. ¶환을 치다(되는 대로 마구 그림을 그리다). 환지(紙), 환쟁이(막치의 그림을 그리는 것을 업으로 하는 사람), 환치다(막치 그림을 그리다), 환칠(漆;되는 대로 칠함)/하다(낙서하다).

환(換) 멀리 떨어져 있는 사람에게 현금을 보낼 때의 불편·경비를 줄이고 위험을 피하기 위하여 현금 대신에 보내는 증서. 환전(換錢). '바꾸다'를 뜻하는 말. ¶환가(換家), 환가(換價), 환거래(換去來), 환결제(換決濟), 환곡(換穀), 환골탈태(換骨奪胎), 환관리(換管理), 환국(換局), 환권(換券), 환금(換金)[환금성(性), 환금작물(作物)], 환기(換氣)[환기창(窓), 환기장치(裝置), 환기탑(塔)], 환

---

386) 화룽: 불길이 어른어른 흔들리며 타오르는 모양. ¶불이 이글거리며 화룽화룽 타오르자 온 아이들은 신바람이 났다.

387) 화르륵: ①마른 나뭇잎이나 종이 따위가 갑자기 기세 좋게 타오르는 모양. ¶섶나무 포기들이 순식간에 화르륵 타 버리다. ②새 떼가 날개를 치며 갑자기 한꺼번에 확 뿌리는 모양. ¶돌을 던지자 참새 떼는 화르륵 날아가 버렸다. ③나뭇잎이나 종이 따위를 갑자기 한꺼번에 확 뿌리는 모양. 〈큰〉후르륵.

388) 확률(確率): 어떤 사상(事象)이 일어날 확실성의 정도. 또는 그것을 나타내는 수치. ¶확률공간(空間), 확률론(論), 확률모형(模型), 확률변수(變數), 확률분포(分布), 확률예보(豫報), 확률오차(誤差); 조건부확률(條件附).

389) 확인(確認): 확실히 인정함. 특정의 사실 또는 법률 관계의 존부(存否)를 인정함. ¶사실 여부를 확인하다. 확인되다/하다, 확인서(書), 확인소송(訴訟), 확인의문문(疑問文), 확인판결(判決), 확인행위(行爲); 미확인(未), 재확인(再).

390) 확정(確定): 확실하게 정함. ¶확정공채(公債), 확정기한(期限), 확정력(力), 확정비(費), 확정시(視), 확정예산(豫算), 확정재판(裁判), 확정적(的), 확정판결(判決), 확정하다; 미확정(未), 불확정(不).

391) 확대(擴大↔縮小): 확대가족(家族), 확대경(鏡), 확대기(機), 확대도(圖), 확대되다/하다, 확대비(比), 확대율(率), 확대재생산(再生産), 확대척(尺), 확대하다, 확대해석(解釋), 확대회의(會議); 불확대(不), 의미확대(意味).

392) 확장(擴張): 범위나 세력 따위를 늘려서 넓힘.≒확대(擴大)↔축소(縮小). ¶사업을 확장하다. 확장되다/하다, 확장명(名), 확장세(勢), 확장자(字), 확장해석(解釋); 군비확장(擴張), 민권확장(民權), 영토확장(領土), 위확장(胃).

매(換買), 환명(換名), 환물(換物), 환방(換房), 환부역조(換父易祖), 환부작신(換腐作新), 환불(換拂), 환비(換費), 환산(換算), 환색(換色), 환세(換歲), 환수(換手), 환시세(換時勢), 환시장(換市場), 환심장(換心腸), 환어음, 환언(換言), 환용(換用), 환우/기(換羽/期), 환운(換韻), 환위법(換位法), 환율(換率)[393], 환위법(換位法), 환은(換銀), 환은행(換銀行), 환의(換衣), 환의(換意), 환인플레이션(inflation), 환입(換入), 환장(換腸), 환전(換錢), 환전표(換傳票), 환절(換節)[환절기(期), 환절머리], 환중매인(換仲買人), 환증서(換證書), 환지(換地)[환지처분(處分); 가환지(假)], 환질법(換質法), 환차(換差), 환취결(換就結), 환치/법(換置/法), 환치기, 환투기(換投機), 환평가(換平價), 환표(換票), 환표(換標), 환품(換品), 환풍/기(換風/機), 환하다(서로 바꾸다), 환형(換刑), 환형(換形), 환하다; 간접환(間接換), 교환(交換), 국제환(國際換), 내국환(內國換), 매각환(賣却換), 매도환(賣渡換), 매여환(賣與換), 매입환(買入換), 변환/기(變換/機), 상환(相換), 선물환(先物換), 소액환(小額換), 수입환(輸入換), 수출환(輸出換), 역환(逆換), 외국환(外國換), 우편환(郵便換), 은행환(銀行換), 인환(引換), 전보환(電報換), 전신환(電信換), 전환(轉換), 직접환(直接換), 차환(借換), 체환(替換), 치환(置換), 태환(兌換), 통상환(通常換), 퇴환(退換), 현물환(現物換) 들.

환(還) '되돌리다. 돌아오다'를 뜻하는 말. ¶환가(還家), 환각(還却; 주는 물건을 되돌려 보냄), 환갑(還甲)[환갑날, 환갑노인(老人), 환갑잔치, 환갑주(主)], 환거(還去;돌아감), 환고향(還故鄕), 환곡(還穀), 환관(還官), 환국(還國), 환군(還軍), 환궁(還宮), 환귀(還歸)[환귀본종(本宗), 환귀본주(本主)], 환금(還金;도리금), 환급(還給), 환납(還納), 환내(還內), 환도(還都), 환래(還來), 환류(還流), 환매/채(還買/債), 환매(還賣), 환멸(還滅↔流轉), 환모(還耗), 환미(還米), 환보(還補), 환본(還本), 환봉(還奉), 환봉(還封), 환봉(還封), 환부(還付)[환부금(金); 가환부(假)], 환불(還拂), 환삭(還削;되깎이), 환상(還上), 환생(還生;다시 살아남), 환소(還巢), 환속(還俗), 환속(還屬), 환송(還送)[파기환송(破棄)], 환수(還收), 환안(還安), 환어(還御), 환원(還元)[394], 환임(還任), 환입(還入), 환자(還子;還穀), 환주(還住), 환지(還紙), 환차(還次), 환차하(還差下), 환출급(還出給), 환충(還充;다시 채움), 환택(還宅), 환퇴/문기(還退/文記), 환행(還幸), 환향(還鄕), 환혼(還魂); 공환(空還), 귀환(歸還), 금의환향(錦衣還鄕), 반환(返還), 방환(坊還), 방환(放還), 보환(報還), 봉환(奉還), 봉환(封還), 상환(償還), 생환(生還), 소환(召還), 속환이(俗還), 송환(送還), 쇄환(刷還), 와환(臥還), 유환(宥還), 작환(繳還;물건을 도로 찾아옴), 철환(撤還), 초환(招還), 추환(追還), 탈환(奪還), 호환(戶還), 회환(回還) 들.

환(環) 고리 모양으로 결합되어 있는 원자(原子)의 집단. '둥글다. 고리. 돌다. 두르다'를 뜻하는 말. ¶환경(環境)[395], 환고일세(環顧一世), 환공(環攻), 환대(環帶), 환도(還刀)[환도뼈;허리의 뼈), 환도상어], 환상(環象), 환상(環狀)[환상문(紋), 환상연골(軟骨)], 환시(環視;많은 사람이 주목함. 두루 둘러봄), 환안(環眼;고리눈), 환옥(環玉), 환요(環繞), 환위(環圍), 환위(環衛), 환전(環田), 환절(環節)[환절기(器), 환절동물(動物)], 환좌(環坐;둥글게 둘러앉음), 환질(環絰;상제가 쓰는 사각건에 덧씌워 쓰는 삼으로 꼰 둥근 테두리), 환창(環窓), 환초(環礁), 환촌(環村), 환태평양(環太平洋), 환포(環抱;사방으로 둘러쌈), 환해(環海;사방을 둘러싼 바다), 환형(環形;고리 모양)[환형동물(動物); 반환형(半)]; 검환(劍環), 광환(光環), 금환(金環;금반지), 금지환(金指環), 단환(團環;둥근 문고리), 만환(彎環), 방환(方環), 불유환(不遊環), 색상환(色相環), 생활환(生活環), 선환(旋環), 순환(循環), 연환(連環), 옥환(玉環), 옥지환(玉指環), 와동환(渦動環), 유객환(留客環), 은지환(銀指環), 은환(銀環), 이환(耳環;귀고리), 일환(一環), 자오환(子午環), 지환(指環;가락지), 철환(轍環), 패환(珮環), 화환(花環) 들.

환(患) '근심. 근심하다. 병을 앓다'를 뜻하는 말. ¶환가(患家), 환고(患苦;근심이나 질병으로 말미암은 고통), 환난(患難)[환난상구(相救), 환난상휼(相恤)], 환득환실(患得患失), 환부(患部), 환자(患者)[경환자(輕), 나환자(癩), 외래환자(外來), 중환자(重)], 환절(患節), 환처(患處), 환해(患害), 환후(患候); 가환(家患), 경환(輕患), 고환(苦患), 급환(急患), 내우외환(內憂外患), 내환(內患), 노환(老患), 대환(大患), 변환(邊患), 병환(病患), 사환(四患;허위 · 사사로움 · 방심 · 사치), 세환(世患), 수환(水患), 수환(獸患), 숙환(宿患), 시환(時患), 신환(新患), 안환(眼患), 양호유환(養虎遺患), 어환(御患), 역환(疫患), 우환(憂患), 유비무환(有備無患), 이환(罹患), 재환(災患), 적환(賊患), 종환(腫患), 중환(重患), 질환(疾患), 친환(親患;부모의 병환), 태환(胎患), 통환(通患), 합환(閤患), 호환(虎患), 화환(禍患), 후환(後患) 들.

환(丸) '환약(丸藥)'의 준말. 환약의 개수를 세는 말. '알. 둥글다'를 뜻하는 말. ¶환을 빚다. 환강(丸鋼), 환니(丸泥), 환석(丸石), 환약(丸藥), 환옥(丸玉), 환제(丸劑), 환조(丸彫), 환짓다, 환하다; 고환/염(睾丸/炎), 뇌환(雷丸), 밀환(蜜丸), 비환(飛丸), 쑥환, 연환(鉛丸), 작환(作丸), 적환(敵丸;적이 쏜 탄환), 중환(中丸;총알에 맞음), 철환(鐵丸), 청심환(淸心丸), 총환(銃丸;총알), 탄환(彈丸), 투포환(投砲丸), 포룡환(抱龍丸), 포환(砲丸), 호환(糊丸) 들.

환(幻) '변하다. 도깨비'를 뜻하는 말. ¶환각(幻覺)[환각범(犯;錯覺

---

393) 환율(換率): 환율변동(變動); 고정환율(固定), 균형환율(均衡), 기준환율(基準), 변동환율(變動), 복수환율(複數), 외환율(外).

394) 환원(還元): 본디대로 되돌아감. 어떤 물질이 산소를 잃거나 수소를 흡수하는 화학변화. ¶환원력(力), 환원법(法), 환원성(性), 환원염(焰), 환원융자(融資), 환원이율(利率), 환원적정(滴定), 환원제(劑), 환원주의(主義), 환원지(地), 환원철(鐵), 환원효소(酵素).

395) 환경(環境): 생물에게 직간접으로 영향을 주는 자연조건이나 사회적 상황. 생활하는 주위의 상태. ¶환경을 보호하다. 쾌적한 환경으로 가꾸다. 환경가능론(可能論), 환경결정론(決定論), 환경공학(工學), 환경권(權), 환경기준(基準), 환경묘사(描寫), 환경문제(問題), 환경변이(變移), 환경보전법(保全法), 환경보호(保護), 환경설계(設計), 환경시험(試驗), 환경예술(藝術), 환경오염(汚染), 환경요법(療法), 환경요인(要因), 환경용량(容量), 환경위생(衛生), 환경의식(意識), 환경인자(因子), 환경적(的), 환경제어(制御), 환경조건(條件), 환경지리(地理), 환경청(廳), 환경친화(親和), 환경평가(評價), 환경학(學), 환경호르몬(hormone); 가정환경(家庭), 거주환경(居住), 교육환경(教育), 근무환경(勤務), 내부적환경(內部的), 노동환경(勞動), 도시환경(都市), 미적환경(美的), 사회적환경(社會的), 생태환경(生態), 생활환경(生活), 심리환경(心理), 외부적환경(外部的), 우주환경(宇宙), 인문환경(人文), 자연환경(自然), 정보환경(情報), 주거환경(住居), 주변환경(周邊), 준환경(準;환경에 대하여 인간이 갖는 이미지로서 인간의 머릿속에 있는 세계상), 지구환경(地球), 지리적환경(地理的), 친환경(親), 학습환경(學習), 행동환경(行動).

犯), 환각제(劑); 공동환각(共同)], 환괴(幻怪;덧없고 괴이함), 환구(幻軀;덧없는 몸. 병으로 여윈 몸), 환등(幻燈)[환등극(劇), 환등기(機), 환등회(會)], 환롱(幻弄)[환롱질/하다, 환롱치다, 환멸/감(幻滅/感), 환몽(幻夢), 환미(幻味), 환상(幻相;실체가 없는 형상), 환상(幻想)[396], 환상(幻像;幻影), 환생(幻生;새로 태어남), 환세(幻世;덧없는 세상), 환술(幻術), 환시(幻視;시각성의 환각), 환영(幻影;허깨비. 헛것. 곡두. 헛기운), 환월(幻月), 환일(幻日), 환청(幻聽)[397], 환형(幻形;병이 나거나 늙어서 얼굴 모양이 아주 달라짐), 환혹(幻惑;환술로 미혹함), 환화(幻化), 환희(幻戲); 기환(奇幻), 몽환(夢幻), 변환(變幻), 여환(如幻) 들.

환(歡) '기쁘다. 기뻐하다'를 뜻하는 말. ¶환낙(歡諾;기꺼이 승낙), 환담(歡談), 환대(歡待;기꺼이 맞아 정성껏 대접함), 환락(歡樂)[환락가(街), 환락경(境)], 환송/회(歡送/會), 환심(歡心;기쁘고 즐거운 마음), 환연하다(歡然), 환열(歡悅;歡喜), 환영(歡迎)[환영사(辭), 환영연(宴), 환영회(會); 대환영(大)], 환유(歡遊), 환정(歡情;歡心), 환천희지(歡天喜地), 환호(歡呼)[환호성(聲), 환호작약(雀躍)], 환흡(歡洽), 환희(歡喜;기쁨), 환희천(歡喜天); 교환(交歡), 비환(悲歡), 애환(哀歡), 합환(合歡) 들.

환(宦) '벼슬아치. 벼슬길'을 뜻하는 말. ¶환관(宦官;내시), 환녀(宦女), 환덕(宦德), 환도(宦途), 환로(宦路), 환문(宦門), 환수(宦數), 환수(宦豎), 환시(宦侍), 환액(宦厄;벼슬길의 재액), 환업(宦業), 환욕(宦慾), 환자(宦者), 환적(宦蹟;벼슬에 있을 때의 행적), 환정(宦情;벼슬을 하고 싶어 하는 마음), 환족(宦族), 환해(宦海;관리의 사회); 명환(名宦), 사환(仕宦), 종환(從宦), 천환(天宦), 청환(清宦) 들.

환(喚) '부르다. 외치다'를 뜻하는 말. ¶환규(喚叫), 환기하다/시키다(喚起;관심이나 기억 따위를 불러일으키게 하다), 환문(喚問), 환상(喚想), 환성(喚醒), 환성(喚聲;고함 소리), 환호(喚呼); 규환(叫喚), 사환(使喚;관청의 잔심부름꾼), 소환(召喚), 아비규환(阿鼻叫喚), 추환(追喚) 들.

환(桓) '크다. 굳세다'를 뜻하는 말. ¶환환하다(桓桓); 반환(盤桓;넓고 큼. 머뭇거리며 그 자리를 멀리 떠나지 아니함).

환(渙) '흩어지다. 풀리다'를 뜻하는 말. ¶환괘(渙卦), 환발(渙發;임금의 명령을 전하여 알림), 환산(渙散;흩어지거나 해산함), 환연하다(渙然), 환연빙석(渙然氷釋).

환(鬟) '쪽진 머리'를 뜻하는 말. ¶가환(假鬟), 만수운환(漫垂雲鬟;가닥가닥이 흩어져 드리워진 쪽 찐 머리), 차환(叉鬟;머리를 얹은 젊은 여자 종).

환(紈) '흰 비단'을 뜻하는 말. ¶환선(紈扇); 기환(綺紈), 빙환(氷紈) 들.

환(寰) '기내(畿內). 인간 세상'을 뜻하는 말. ¶환내(寰內), 환해(寰海).

환(鰥) '홀아비'를 뜻하는 말. ¶환거(鰥居;홀아비로 삶), 환과고독(鰥寡孤獨), 환부(鰥夫); 면환(免鰥).

환(轘) '두 다리를 서로 다른 방향의 수레에 묶어 찢어 죽이는 극형'을 뜻하는 말. ¶환열(轘裂), 환형(轘刑).

환(逭) '피하다. 면하다'를 뜻하는 말. ¶환면(逭免), 환서(逭暑).

환(奐) '빛나다'를 뜻하는 말. ¶윤환(輪奐;집이 크고 넓으며 아름다움).

환(驩) '기뻐하다'를 뜻하는 말. ¶환연하다(驩然), 환연히(驩然).

환(貛) '오소리'를 뜻하는 말. ¶환피(貛皮).

환-하다 빛이 비치어 맑고 밝다. 의심할 나위 없이 또렷하다. 얼굴이 잘 생기어 보기에 시원스럽다. 표정 따위가 구김살 없이 밝다. 〈큰〉훤하다. ¶도배를 하고 나니 방 안이 환하다. 인물이 환하다. 그 집은 앞이 환하게 트여 있다. 그는 내 마음속을 환히 알고 있다.

활[1] 화살을 메워서 쏘는 도구. 솜을 타는 활. 현악기를 켜는 살. '활 모양. 굽은'을 뜻하는 말. ¶활을 쏘다. 활걷다(활을 높이 들어 당기는 자세를 갖추다), 활고자(시위를 매는 활의 양 끝머리), 활꼭지(목화를 탈 때, 시위를 튕기는 나무), 활꼴[열활꼴(劣)], 활대(돛 위에 가로 댄 나무), 활등, 활등코[398], 활량[399], 활머리, 활메우다(활의 몸에 시위를 걸다), 활모양(模樣), 활무늬(활등처럼 휘우듬한 무늬), 활벌이줄, 활부리다(↔활메우다), 활비비[400], 활사냥, 화살[401], 화술(휘우듬하게 생긴 쟁기의 술), 활시위(활에 걸어서 켕기는 줄), 활쏘기, 활악기(樂器), 활이야살이야[402], 활자이(활잡이), 활잡이, 활장구[403], 활주(柱;무엇을 받치거나 버티는 굽은 기둥), 활죽(돛을 버티는 살), 활줄(활시위), 활줌통, 활집(활을 넣어 두는 자루), 활짱(활의 몸체), 활창애, 활채, 활촉(鏃), 활터, 활톱, 활팔찌; 덫활(덫에 장치한 활), 동개활, 무명활, 부린활(활시위를 벗긴 활), 색시활(작고 가볍게 만든 활), 솜활(무명활), 쇠활(쇠로 만든 활), 얹은활(쏠 때 활시위를 맨 활), 최활, 큰활, 탄자활(彈子), 평활(平;연습할 때 쓰는 활), 하활(下)[404]. ☞ 궁(弓).

활[2] 돛. 돛을 세는 단위를 나타내는 말. ¶활대(돛대에 가로 댄 나무), 활죽(돛을 버티는 살).

활[3] ①부채 따위로 바람을 시원스럽게 일으키는 모양. ¶모시적삼 차림에 합죽선을 활활 부치며 여름을 나다. ②불길이 세게 타오르는 모양. ¶활활 타오르는 성화대의 불길. ③날짐승이 높이 떠서 시원스럽게 날아가는 모양. ¶질라래비훨훨[405]. ④옷을 거침없

396) 환상(幻想): 현실에 없는 것을 있는 것같이 느끼는 여러 가지 생각. 종잡을 수 없이 일어나는 생각. ¶환상에 사로잡히다. 환상곡(曲), 환상력(力), 환상미(美), 환상소설(小說), 환상적(的), 환상주의(主義), 환상화(畵); 공동환상(共同).

397) 환청(幻聽): 청각성의 환각(幻覺). 실제로 나지 않는 소리가 마치 들리는 것처럼 느껴지는 환각 현상.

398) 활등코: 콧등이 활등처럼 휘우듬하게 생긴 코.

399) 활량: ①'한량(閑良)'의 변한 말. ②활을 쏘는 사람. ③재물 따위를 다랍지 아니하게 쓰는 호탕한 사람.

400) 활비비: 활같이 굽은 나무에 시위를 매고, 그 시위에 송곳 자루를 건 다음 당기고 밀고 하여 구멍을 뚫는 송곳. 무추(舞錐).

401) 화살: 화살길, 화살꼴, 화살나무, 화살대, 화살자리, 화살집살통), 화살촉(鏃), 화살춤, 화살표(標); 독화살(毒), 돌화살(돌로 만든 화살촉을 박은 화살), 불화살.

402) 활이야살이야: 남을 큰 소리로 꾸짖는 것.

403) 활장구: 물 담은 옹기에 바가지를 엎어 놓고 솜 타는 활로 치는 일.

404) 하활(下): 돛의 맨 밑에 댄 활죽(돛을 버티는 살).

ㅎ

이 벗어 제치는 모양. ¶옷을 활활 벗어서 횃대에 척 걸친다. ⑤열기가 세게 오르는 모양. ¶얼굴이 활활 달아오르다. ⑥시원스럽게 씻는 모양. ⑦동작이나 행동이 활기 있고 갑작스러운 모양. 〈큰〉훨.

활(活) '살다 · .살리다. 활발하다. 살림. 생계. 인쇄의 자형(字型)'을 뜻하는 말.↔사(死). ¶활계(活計), 활고자(活-子;올가미), 활구(活句), 활극(活劇), 활기(活氣;활발한 기운이나 기개), 활동(活動)[406], 활력(活力)[활력설(說), 활력소(素)], 활로(活路), 활린(活鱗), 활무대(活舞臺), 활물/기생(活物/寄生), 활발(活潑)[불활발(不)], 활법(活法), 활불(活佛), 활빈당(活貧黨), 활살/자재(活殺/自在), 활색(活塞;피스톤), 활선어(活鮮魚)/활어(活魚), 활선/작업(活線/作業), 활성(活性)[활성탄(炭), 활성탄소(炭素), 활성화/되다/하다(化)], 활수(活水), 활신덕(活信德), 활안(活眼), 활약(活躍)[활약상(相); 맹활약(猛)], 활어/차(活魚/車), 활어(活語), 활용(活用)[활용어(語), 활용어미(語尾), 활용형(形)], 활유법(活喩法), 활인(活人)[활인검(劍), 활인적덕(積德), 활인화(畵)], 활자(活字)[407], 활전(活栓), 활착(活着), 활판(活版)[활판본(本), 활판쇄(刷), 활판술(術)], 활현(活現), 활화(活火), 활화(活畫), 활화산(活火山), 활황(活況), 활훈(活訓); 민활하다(敏活), 부활(復活), 부활(賦活), 사활(死活), 살활(殺活), 생활(生活), 영활(靈活), 자활(自活), 재활(再活), 쾌활하다(快活), 폐활량(肺活量), 호활하다(豪活) 들.

활(滑) '매끄럽다, 미끄러지다'를 뜻하는 말. ¶활강(滑降;미끄러져 내려옴)[활강경기(競技); 사활강(斜)], 활공/기(滑空/機), 활리(滑痢), 활막(滑膜), 활변(滑便;물찌똥), 활빙/장(滑氷/場), 활상(滑翔), 활석/편암(滑石/片巖), 활설(滑泄), 활수(滑水), 활수(滑手), 활액/막(滑液/膜), 활예(滑瞖), 활음조(滑音調), 활주(滑走)[408], 활주(滑奏), 활차(滑車;도르래)[고정활차(固定)], 활착(滑着;활주하여 착륙함), 활추(滑錘), 활탈(滑脫)[원전활탈(圓轉)], 활택(滑澤;반드럽고 윤이 있음), 활판(滑瓣), 활하다; 복활차(複滑車), 빙활(氷滑), 수활(手滑), 연활하다(軟滑), 윤활(潤滑), 원활하다(圓滑), 평활하다(平滑) 들.

활(闊/濶) '트이다. 넓다. 느슨하다'를 뜻하는 말. ¶활배근(闊背筋), 활별(闊別;오랫동안 헤어짐), 활보하다(闊步;큰 걸음으로 당당히 걷다), 활세포(濶細布), 활소(闊疏), 활수(闊袖), 활엽/수(闊葉/樹), 활협(闊狹;남을 도와주려는 마음. 일을 주선하는 능력); 관활(寬闊), 광활하다(廣闊), 굉활하다(宏闊), 구활(久闊), 소활하다(疏闊), 오활하다(迂闊), 장활하다(長闊), 천공해활(天空海闊), 쾌활하다(快闊), 평활(平闊), 호활하다(浩闊), 희활하다(稀闊) 들.

활(豁) '넓게 탁 트인 골짜기. 활짝 열리다'를 뜻하는 말. ¶활달하다(豁達;도량이 넓고 크다), 활여하다(豁如;생각 · 뜻이 막힘이 없이 넓다), 활연하다(豁然;앞이 환하게 트여 시원하다), 활연관통(豁然貫通); 개활지(開豁地), 개활하다(開豁), 공활하다(空豁), 헌활/하다(軒豁), 호활하다(豪豁) 들.

활(猾) '간사하고 음흉하다(교활하다)'를 뜻하는 말. ¶활리(猾吏), 활적(猾賊), 활지(猾智;교활한 지혜); 간활(奸/姦猾), 교활하다(狡猾), 능활하다(能猾;능력과 재주가 있으면서 교활하다) 들.

활(蛞) '알달팽이'를 뜻하는 말. 괄태충(括胎蟲). ¶활유(蛞蝓), 활유어(蛞蝓魚;창고기).

활개 ①새의 두 날개. ¶활개 모양의 지붕. ②사람의 활짝 편 두 팔과 다리.≒지기. ¶활개를 젓다. 이불 속에서 활개치다. 활개를 펴다(두 팔을 옆으로 넓게 펴다. 당당한 태도를 취하다). 활개그물, 활개꺾기, 활개똥(힘차게 내깔기는 물똥), 활개옷(운동복), 활갯장마루(추녀마루), 활개젓다, 활갯짓/하다, 활개춤, 활개치다, 활개펴기; 두활개, 네활개(두 다리와 두 팔), 이불활개[409].

활까닥 ①한꺼번에 죄다 벗거나 벗어지는 모양. ②갑작스럽게 뒤집어지거나 뒤집히는 모양. ¶방문을 활까닥 열다. ③액체가 갑자기 한꺼번에 끓어 넘는 모양. ④한꺼번에 온통 변해 버리기나 바뀌는 모양.

활랑 ①심장이 몹시 두근거리며 가쁘게 마구 뛰는 모양. ¶가슴이 활랑활랑 뛰다. ②부채로 바람을 세게 일으키는 모양. ¶합죽선을 활랑활랑 부쳐가며 여덟팔자걸음을 시작했다. 활랑거리다/대다.

활량 활을 쏘는 사람. 재물 따위를 다랍지 아니하게 쓰는 호탕한 남자.[←한량(閑良)].

활소-하다 넉넉하다. 수월하다. 시원하다.

활싹 ①썩 넓고 크게 벌어지거나 열린 모양. ¶문이 활싹 열리다. 들이 활싹 펼쳐지다. ②목이 길어 환하게 내뽑힌 모양. 〈큰〉훨썩.

활짝 ①문 따위를 한껏 시원스럽게 열어젖뜨리거나 그렇게 열려 있는 모양.=한껏. 확. ¶창문을 활짝 열다. ②넓고 멀리 시원스럽게 트인 모양.=탁. ¶탁 트인 성격. ③날씨가 매우 맑게 갠 모양. ¶활짝 갠 하늘. ④꽃 따위가 흐드러지게 피어 있는 모양. ¶활짝 핀 나팔꽃. ⑤환한 얼굴로 크게 웃는 모양. ¶활짝 웃다. ⑥날이 아주 샌 모양. ⑦밥 따위가 아주 잘 퍼진 모양.=흠씬 물씬. ¶밥이 활짝 퍼지다. 〈큰〉훨쩍.

활찐 ①너른 들이 아주 시원스럽게 펼쳐진 모양. ¶활찐 트인 벌판. 〈큰〉훨찐. ②=활짝. ¶문이 활찐 열리다.

홧홧 불에 달듯이 뜨거운 기운이 이는 모양. ¶얼굴이 홧홧 달아올랐다. 홧홧거리다/대다/하다.

황 ①짝이 맞지 아니하는 골패의 짝. ¶황잡다. ②어떤 일을 이루는

---

405) 질라래비훨훨: 어린아이에게 새가 훨훨 날듯이 팔을 흔들라는 뜻으로 하는 말.

406) 활동(活動): 활동가(家), 활동객(客), 활동대(隊), 활동도(度), 활동력(力), 활동물(物), 활동복(服), 활동비(費), 활동사진(寫眞), 활동성(性), 활동자본(資本), 활동적(的), 활동전류(電流), 활동층(層); 경제활동(經濟), 과외활동(課外), 맹활동(猛), 문예활동(文藝), 봉사활동(奉仕), 사회활동(社會), 선교활동(宣敎), 선외활동(船外), 언어활동(言語), 자기활동(自己), 정보활동(情報), 정치활동(政治), 체험활동(體驗), 탐구활동(探究), 특별활동(特別), 학습활동(學習).

407) 활자(活字): 활자금(金), 활자본(本), 활자체(體), 활자판(版), 활자화/하다(化); 금속활자(金屬), 놋활자, 동활자(銅), 목판활자(木板), 초호활자(初號).

408) 활주(滑走): 활주대(臺), 활주로(路); 공중활주(空中)/활공(滑空), 이륙활주(離陸), 이수활주(離水), 착륙활주(着陸), 착수활주(着水).

409) 이불활개: 남이 보지 않는 데서 호기를 부리는 짓.

ㅎ

데 걸맞지 아니하는 사물.=여차. ¶그 사람은 말만 많고 실력은 황이다. 황그리다[410], 황기끼다(氣)[411], 황잡다(뜻밖의 일로 낭패를 보다. 일이 엇나가다).

황(黃) '누르다/누렇다. 늙은이. 황금. 황(黃;비금속 원소인 S)'을 뜻하는 말. ¶황가루, 황각(黃角), 황갈색(黃褐色), 황감(황화 물질이 산화 붉은빛을 띤 감돌), 황감(黃柑), 황개(黃蓋), 황견/계약(黃犬/契約), 황견(黃繭), 황경/권(黃經/圈), 황계(黃鷄), 황고랑(털빛이 누른 말), 황고사리, 황고집(黃固執), 황곡(黃麴), 황골(黃骨), 황관(黃冠), 황구(黃口), 황구유취(黃口乳臭), 황구렁이, 황구새, 황구/신(黃狗/腎), 황국(黃菊), 황권(黃券), 황권적축(黃券赤軸), 황금(黃金)[412], 황기(黃旗), 황끼다(인삼에 황이 생기다), 황나(黃糯;차좁쌀), 황납, 황낭(黃囊), 황내리다[413], 황단(黃檀), 황달(黃疸), 황대구(黃大口), 황도(黃桃), 황도(黃道)[황도광(光), 황도대(帶), 황조좌표(座標)], 황동(黃童), 황동(黃銅;놋쇠)[황동곱새기(저절로 잘게 부스러진 감돌), 황동광(鑛), 황동전(錢)], 황두(黃豆), 황들다[414], 황등롱(黃燈籠), 황랍(黃蠟), 황량(黃粱;메조), 황량미(黃粱米), 황련(黃連), 황로(黃老), 황록색(黃綠色), 황룡(黃龍), 황률(黃栗), 황리(黃梨), 황린(黃燐), 황마(黃麻), 황매/화(黃梅/花), 황면(黃面), 황모/필(黃毛/筆), 황모(黃麰), 황문(黃門), 황반(黃斑), 황밤[黃栗], 황발(黃髮), 황백(黃白), 황백/피(黃柏/皮), 황벽나무(黃蘗), 황벽색(黃蘗色), 황변(黃變), 황부루(누런 바탕에 흰빛이 섞인 말), 황사(黃砂), 황사/등롱(黃絲/燈籠), 황산(黃酸)[415], 황색(黃色)[황색신문(新聞), 황색인종(人種), 황색조합(組合), 황색토(土)], 황서(黃書), 황석(黃石), 황소[황소걸음, 황소눈, 황소바람, 황소숨, 황소울음, 황소자리], 황송(黃松), 황수정(黃水晶), 황수증(黃水症), 황숙(黃熟)[황숙기(期), 황숙향(香)], 황실, 황심예(黃心瞖), 황압(黃鴨), 황양(黃羊), 황양목(黃楊木), 황어(黃魚), 황연/광(黃鉛/鑛), 황열(黃熱), 황엽(黃葉), 황옥(黃玉), 황우(黃牛), 황우(黃雨), 황운(黃雲), 황위(黃緯), 황육(黃肉), 황의(黃衣), 황인종(黃人種), 황장(黃腸)[황장갓, 황장목(木), 황장판(板)], 황장력(黃粧曆), 황저포(黃紵布), 황적(黃炙), 황적색(黃赤色), 황정(黃精), 황정창(黃疔瘡), 황조(黃鳥;꾀꼬리), 황종/척(黃鐘/尺), 황증(黃蒸), 황지(黃紙), 황진/만장(黃塵/萬丈), 황천(黃泉;저승)[황천객(客), 황천길], 황철광(黃鐵鑛), 황청(黃淸), 황체(黃體), 황초, 황초(黃貂;담비), 황초/절(黃草/節), 황촉(黃燭), 황치마, 황칠(黃漆), 황탁(黃濁), 황태(黃太), 황태(黃苔), 황토(黃土)[416], 황포(黃布), 황포(黃袍), 황한(黃汗), 황혈염(黃血鹽), 황혼(黃昏), 황화(黃化)[417], 황화(黃花), 황화(黃禍), 황회목(黃灰木); 가황(加黃), 고무황, 난황(卵黃), 맥황(麥黃), 부황(付黃), 부황(浮黃), 비황(砒黃), 사황(蛇黃), 산저황(山猪黃), 생황장(生黃醬), 석웅황(石雄黃), 숙황장(熟黃醬), 순황(純黃), 심황(深黃), 양황(洋黃), 우황(牛黃), 유황(硫黃), 은황(銀黃), 음황(陰黃), 자황(雌黃), 자연황(自然黃), 적황색(赤黃色), 주황/빛(朱黃), 중황란(中黃卵), 창황하다(蒼黃), 창황망조(蒼黃罔措), 초황(炒黃), 탈황(脫黃), 해황(蟹黃), 현황(玄黃;하늘과 땅) 들.

황(荒) '거칠다. 흉년 들다'를 뜻하는 말. ¶황기(荒饑;흉년이 들어 배를 주림), 황단(荒壇), 황답(荒畓;거칠어서 못쓰게 된 논), 황당무계하다(荒唐無稽;언행이 터무니없고 허황하다), 황당하다(荒唐), 황당객(荒唐客), 황락(荒落;덩거칠어 쓸쓸함), 황량(荒凉;황폐하여 쓸쓸함)[황량하다; 만목황량(滿目)], 황로(荒路), 황료하다(荒蓼;거칠어서 쓸쓸하다. 황폐하여 적적하다), 황루(荒樓;황폐한 우각), 황림(荒林), 황막(荒漠;거칠고 썩 넓음), 황망하다(荒忙;바빠서 어리둥절하다), 황무지(荒蕪地), 황문(荒文;거칠고 너절한 글), 황민(荒民;흉년을 만난 백성), 황벽(荒僻), 황비(荒肥), 황설(荒說;허황한 말), 황성(荒城), 황세(荒歲), 황손(荒損), 황솔(荒率;거칠고 경솔함), 황아/장수(荒;떠돌이 잡화 장수), 황야(荒野;푸서리), 황연(荒宴;주연에 빠짐), 황예(荒穢;거칠고 더러움), 황원(荒原;荒野), 황원(荒遠;변경의 아주 먼 곳), 황유(荒遊), 황음(지나치게 여색에 빠짐)/무도(荒淫/無道), 황잡(荒雜;거칠고 잡됨), 황장(荒莊), 황전(荒田), 황정(荒政), 황지(荒地), 황척(荒瘠;땅이 거칠고 메마름), 황천(荒天;비바람이 심한 날씨), 황초(荒草), 황촌(荒村), 황추(荒麤), 황취(荒醉;술에 몹시 취함), 황탄하다(荒誕;황당하다), 황탄무계하다(荒誕無稽), 황탐(荒耽), 황태(荒怠), 황토(荒土)[황톳길, 황토밭, 황토벽(壁), 황토지대(地帶)], 황파(荒波;거친 물결), 황폐(荒弊;거칠고 피폐함), 황폐(荒廢)[황폐되다/하다, 황폐지(地), 황폐화/되다/하다(化)], 황하다(성격이 차근차근하지 못하고 거칠다), 황허(荒墟), 황흉(荒凶); 개황(開荒), 겸황(歉荒), 구황(救荒), 기황(饑荒;굶주림), 비황(備荒), 색황(色荒), 숙황(熟荒), 엽황소(葉黃素), 유련황락(流連荒樂), 유련황망(流連荒亡), 음황하다(淫荒), 전황(田荒), 전황(錢荒), 천황(天荒), 파천황(破天荒), 허황(虛荒), 흉황(凶荒) 들.

황(皇) '임금. 황제. 크다. 죽은 부모나 남편에 붙이는 높임'을 뜻하는 말. ¶황경(皇京), 황계(皇系), 황고(皇考), 황고(皇姑), 황국(皇國), 황군(皇軍), 황궁(皇宮), 황극(皇極), 황기(皇基), 황녀(皇女), 황도(皇都), 황릉(皇陵), 황명(皇命), 황비(皇妃), 황비(皇妣), 황사(皇嗣), 황상(皇上), 황성(皇城), 황손(皇孫), 황수(皇壽), 황실(皇室), 황운(皇運), 황위(皇位), 황위(皇威), 황유(皇猷), 황윤(皇胤), 황은(皇恩), 황자(皇子), 황장손(皇長孫), 황적(皇籍), 황제(皇帝)[예황제[418]], 황조(皇祚), 황조(皇祖), 황족(皇族), 황천/후토(皇天/后土), 황칙(皇勅), 황태손(皇太孫), 황태자(皇太子), 황태제(皇太

---

410) 황그리다: 욕되리만큼 매우 큰 낭패를 당하다. 다급하게 허둥거리다. ¶그에게 욕을 얻어먹은 철수는 황그리는 걸음으로 마을을 빠져나왔다. 얼굴에 눈물이 흐르는 채 황그리는 걸음으로 문 앞의 언덕을 내려갔다.

411) 황기끼다(氣): 겁을 내어 두려워하는 마음이 생기다. ¶개를 볼 때마다 황기끼다.

412) 황금(黃金): 황금률(律), 황금만능/주의(萬能/主義), 황금물결, 금분할(分轄), 황금불(佛), 황금새[鳥], 황금색(色), 황금술(術), 황금시대(時代), 황금알, 황금연휴(連休), 황금정략(政略), 황금조(黃金鳥;꾀꼬리).

413) 황내리다: ①보리나 밀의 줄기에 황이 생기다. ②소의 목덜미나 다리에 누런 물이 속으로 생기면서 부어오르다.

414) 황들다(黃): 소나 개 따위의 쓸개에 황이 생기다.

415) 황산(黃酸): 황산구리, 황산동(銅), 황산소다(soda), 황산암모늄(ammonium), 황산염(鹽), 황산지(紙), 황산철(鐵), 황산칼슘; 아황산(亞).

416) 황토(黃土): 황톳길, 황토밭, 황토벽(壁), 황토색(色), 황토수(水;地漿), 황토층(層).

417) 황화(黃化): 황화구리, 황화물(物), 황화수소(水素), 활화식물(植物), 황화은(銀), 황화철(鐵).

418) 예황제(皇帝): 별로 하는 일이 없이 안락하게만 지내는 황제. ¶예황제 부럽지 않다.

弟), 황태후(皇太后), 황택(皇澤), 황통(皇統), 황화(皇化), 황태후(皇太后), 황택(皇澤), 황황(皇皇;아름답고 성함), 황후(皇后); 교황(敎皇), 상황(上皇), 선황(先皇), 성황(聖皇), 여황(女皇), 옥황상제(玉皇上帝), 장황하다(張皇), 천황(天皇), 태황(太皇) 들.

황(況) ①'형편. 모양'을 뜻하는 말. ¶황차(況且); 개황(概況), 객황(客況), 경황(景況), 고황(苦況), 근황(近況), 농황(農況), 불황(不況)[경기불황(景氣), 만성적불황(慢性的)], 상황(狀況)[상황도(圖), 상황실(室), 상황판(板)], 상황(常況), 상황(狀況), 성황(盛況), 세황(歲況), 시황(市況), 실황(實況), 어황(漁況), 여황(旅況), 작황(作況), 적황(敵況), 전황(戰況), 정황(政況), 정황(情況), 조황(釣況), 진황(眞況), 해황(海況), 현황(現況), 호황(好況), 활황(活況), 흥황(興況), 후황(厚況). ②'하물며'를 뜻하는 말. ¶황차(況且;하물며)/황(況), 우황(又況), 하황(何況) 들.

황(惶) '두려워하다. 어찌할 바를 모르다(당황하다)'를 뜻하는 말. ¶황감하다(惶感), 황거하다(惶遽), 황겁하다(惶怯), 황공(惶恐;몹시 두려움)[황공무지(無地), 황공재배(再拜)], 황괴(惶愧;황공하고 부끄러움), 황망하다(惶忙;황황하여 몹시 바쁘다), 황송하다(惶悚), 황축(惶蹙), 황한(惶汗;두렵고 황공하여 흘리는 땀); 경황(驚惶;놀라고 두려워함), 경황망조(驚惶罔措), 공황(恐惶), 당황하다(唐惶/慌), 미황(未遑;미쳐 겨를을 내지 못함), 송황하다(悚惶), 전황(戰惶) 들.

황(遑) '허둥거리다. 바쁘다. 서두르다'를 뜻하는 말. ¶황급하다(遑汲;몹시 급하여 마음의 여유가 없다), 황급하다(遑急;몹시 어수선하고 급하다), 황황(遑遑;마음이 급하여 허둥거리며 정신이 없음); 미황하다(未遑), 불황(不遑) 들.

황(慌) '황홀하다. 다급하다'를 뜻하는 말. ¶황망하다(慌/荒忙); 공황(恐慌;갑자기 일어나는 심리적인 불안 상태), 위황(危慌), 현황(眩慌) 들.

황(肓) '명치끝'을 뜻하는 말. ¶고황(膏肓;낫기 어려운 병)[천석고황(泉石)], 고황지질(膏肓之疾).

황(恍) '마음을 빼앗겨 멍하다(황홀하다)'를 뜻하는 말. ¶황홀(恍惚)[황홀감(感), 황홀경(境), 황홀난측(難測), 황홀하다].

황(晃) '밝다. 빛나다'를 뜻하는 말. ¶황연하다(晃然), 황연대각(晃然大覺;환하게 모두 깨달음).

황(凰) '봉황새'를 뜻하는 말. ¶봉황(鳳凰)[봉황루(樓), 봉황무(舞), 봉황문(紋), 봉황새자리, 봉황의(衣)].

황(煌) '빛나다'를 뜻하는 말. ¶황반암(煌斑巖), 황황(煌煌;번쩍번쩍하고 환함); 휘황찬란(輝煌燦爛)/하다.

황(潢) '웅덩이. 장정(裝幀)·표구(表具)하다'를 뜻하는 말. ¶황지(潢池;썩은 물이 괴어 있는 못); 장황(裝/粧潢;책이나 서화첩을 꾸미어 만드는 일).

황(蝗) '누리(메뚜깃과의 곤충)'를 뜻하는 말. ¶황재(蝗災;농작물이 누리나 메뚜기 때문에 입는 피해), 황충(蝗蟲).

황(篁) '대나무. 피리'를 뜻하는 말. ¶황죽(篁竹;대숲); 취황(翠篁).

황(徨) '노닐다. 어정거리다'를 뜻하는 말. ¶방황하다(彷徨).

황(磺) '유황(硫黃). 쇳돌'을 뜻하는 말. ¶자기황(自起磺).

황아 바늘, 실, 담배쌈지 따위의 여러 가지 자질구레한 물건.[←황화(荒貨)]. ¶황아장수, 황아전(廛).

홰[1] 새장이나 닭장 속에 새나 닭이 앉도록 가로지른 나무 막대. 새벽에 닭이 홰를 치면서 우는 번수를 세는 단위. ¶닭이 홰에 올라앉다. 닭이 세 홰 울다. 횃대에 동저고리 넘어가듯. 횃대[419]/보(褓), 홰뿔[420]/횃대뿔, 횃줄/횃댓줄, 홰치다(닭이나 새가 날개를 펴서 탁탁 치다), 홰친홰친하다[421]; 닭의홰, 통홰(둥근 나무토막으로 만든 홰).

홰[2] 싸리·갈대 따위를 묶어 불을 켜서 밤길을 밝히거나, 제사 때 화톳불을 놓는 데 쓰는 물건. ¶홰꾼, 횃눈썹[422], 횃불/놀이, 홰싸움/횃불싸움, 홰잡이/횃불잡이; 다부치홰(다북쑥을 말려서 채로 묶은 것), 동홰(큰 홰), 망홰(望;앞길을 밝히는 횃불), 쑥홰(쑥으로 엮어 만든 홰).

홰[3] ①무엇을 내두르는 모양. ¶싫다면서 고개를 홰홰 내젓는다. ②감기는 모양. ¶새끼줄을 홰홰 감다. ③말 따위를 비꼬는 모양.

홰기 ①벼, 갈대, 수수 따위의 이삭이 달린 줄기. ¶농사 물정 안다더니 자라는 나락 홰기 뺀다. ②=새꽤기[423].

홱 ①갑자기 힘 있게 빨리 돌거나 돌리는 모양. ¶몸을 홱 돌리다. 운전대를 홱 돌렸다. 횅횅[424]. ②갑자기 빠르게 열거나 열리는 모양. ¶문을 홱 열다. ③힘을 주어 갑자기 날쌔게 던지거나 뿌리치는 모양. ¶마당에 물을 홱 뿌리다. ④바람이 한 번 갑자기 날쌔게 불어치는 모양. ¶바람이 홱 불어 촛불이 꺼졌다. ⑤재빠르게 지나가는 모양. ¶기차가 홱 지나갔다. ⑥망설이지 않고 날쌔게 해내는 모양. ⑦길 따위가 급작스럽게 꺾인 모양. ¶도로가 홱 꺾여 있다. 길이 홱 꼬부라지다. 〈큰〉휙.

횅 ①무슨 일이나 막힘이 없이 다 잘 알아 매우 환한 모양. ¶산에 대해서라면 횅 꿰고 있다. 횅하니(주저하거나 거침이 없이). ②구멍 따위가 막힌 데 없이 뚫려 있는 모양. ¶동굴이 횅 뚫려 있다. ③조금 횅뎅그렁한 모양. 횅댕[425]. ④눈이 쏙 들어가 보이고 정기가 없는 모양. 〈큰〉휑. ¶횅하다[426].

횅창 달빛이 환하게 밝은 모양. ¶달빛이 유난히 횅창 밝은 밤.

회[1] 단청에서, 머리초[427] 끝에 한 모양으로 두른 오색(五色)의 무늬.

---

419) 횃대: 옷을 걸도록 방안 따위에 매달아 둔 막대.
420) 홰뿔: 두 뿔이 다 밖으로 벋어 일자(一字) 모양으로 자란 짐승의 뿔.
421) 홰친홰친하다: 탄력 있는 물체가 휘우듬히 흔들거리다.
422) 횃눈썹: 눈썹 가장자리가 치켜 올려 붙은 눈썹.
423) 새꽤기: 억새·갈대·짚·띠 따위의 껍질을 벗긴 가는 줄기. 〈준〉꽤기.
424) 횅횅: ①무엇을 빠르게 내두르거나 돌리는 모양. 〈큰〉휑휑. ¶손을 횅횅 내젓다. ②매우 빠르게 걷거나 움직이는 모양.
425) 횅댕: 방 따위가 텅 빈 것같이 횅한 모양. 〈큰〉휑뎅. ¶방안이 횅댕 넓어 보인다. 횅댕그렁·휑뎅그렁/하다.
426) 횅하다: ①사물의 이치나 학문 따위에 막힘이 없이 통하여 알다. ¶사서삼경에 횅하다. ②구멍 따위가 밝고 시원스럽게 뚫려 있다. ③'횅댕그렁하다'의 준말. 〈큰〉휑하다.

ㅎ

회² ①센 바람이 가느다란 물건에 부딪쳐 나는 소리. ②한꺼번에 세게 내쉬는 숨소리. 〈큰〉휘.

회(會) '모이다 · 모이게 하다. 만나다. 단체 · 모임 · 회의. 모으다. 셈 · 계산. 깨닫다. 이해하다. 기회. 적당한 시기'를 뜻하는 말. ¶ 회를 조직하다. 회감(會減;주고받을 것을 맞비기고 남은 것을 셈함), 회강(會講), 회견(會見)[428], 회계(會計)[429], 회관(會館), 회기(會期)[국회회기(國會)], 회담(會談)[430], 회당(會堂), 화당(會黨), 회독/회(會讀/會), 회동(會同), 회득(會得;이해하다. 깨달아 알다), 회렵(會獵), 회례/연(會禮/宴), 회류(會流), 회맹(會盟), 회멸(會滅)[431], 회명(會名), 회무(會務), 회보(會報), 회비(會費), 회사(會社)[432], 회상(會上), 회상(會商), 회석(會席), 회석(會釋), 회소(會所), 회순(會順), 회시(會試), 회식(會食), 회심(會心)[회심작(作), 회심처(處)], 회심(會審), 회연(會宴), 회오(會悟), 회우(會友), 회우(會遇), 회원(會員)[433], 회음(會陰), 회음(會飮), 회의(會意), 회의(會議)[434], 회자정리(會者定離), 회장(會長)[회장단(團); 부회장(副)], 회장(會場), 회장/자(會葬/者), 회전(會戰), 회주(會主), 회중(會中), 회중(會衆), 회지(會誌), 회집(會集), 회첨(會檐), 회칙(會則), 회하(會下)[회하사(寺), 회하승(僧)], 회합(會合), 회화/체(會話/體); 가장회(假裝會), 가족회(家族會), 가회(佳會), 간담회(懇談會), 간부회(幹部會), 간친회(懇親會), 감상회(鑑賞會), 강독회(講讀會), 강론회(講論會), 강습회(講習會), 강연회(講演會), 강탄회(降誕會), 강평회(講評會), 강호회(江湖會), 개회(開會), 겁회(劫會), 견강부회(牽强附會), 경로회(敬老會), 경마회(競馬會), 경연회(競演), 경음회(競飮會), 경진회(競進會), 경찬회(慶讚會), 계회(契會), 계속회(繼續會), 계주연회(戒酒煙會), 고별회(告別會), 공회(公會), 공공회(公共會), 공연회(公演會), 공의회(公議會), 공진회(共進會), 공청회(公廳會), 과회(科會), 관등회(觀燈會), 관불회(觀佛會), 광문회(光文會), 광복회(光復會), 교회(敎會), 교민회(僑民會), 교수회(敎授會), 교우회(校友會), 구역회(區域會), 구인회(九人會), 국회(國會), 국교회(國敎會), 권업회(勸業會), 귀회(貴會), 근우회(槿友會), 금주회(禁酒會), 기회(期會), 기회/주의(機會/主義), 기념회(記念會), 기도회(祈禱), 기로회(耆老會), 기성회(期成會), 기영회(耆英會), 낚시회, 난로회(煖爐會), 납회(納會), 낭독회(朗讀會), 낭송회(朗誦會), 노병회(勞兵會), 노인회(老人會), 능소회(能所會), 다과회(茶菓會), 다화회(茶話會), 단회(團會), 담화회(談話會), 대회(大會)[군중대회(群衆), 선발대회(選拔), 선수권대회(選手權), 체육대회(體育)], 대반야경회(大般若經會), 대종회(大宗會), 도회(都會), 도당회(都堂會), 도민회(道民會), 도정회(道正會), 독회(讀會), 독극회(讀劇會), 독서회(讀書會), 독연회(獨演會), 독주회(獨奏會), 독창회(獨唱會), 동갑회(同甲會), 동우회(同友會), 동창회(同窓會), 동향회(同鄕會), 동호회(同好會), 동회(洞會), 마사회(馬事會), 만등회(萬燈會), 만승회(萬僧會), 만찬회(晩餐會), 망년회(忘年會), 매괴회(玫瑰會), 면회(面會), 목회(牧會), 무도회(舞蹈會), 무차회(無遮會), 묵회(黙會), 문회(門會), 문학회(文學會), 미륵회(彌勒會), 민회(民會), 밀회(密會), 바자회(bazar會), 박람회(博覽會), 반회(班會), 반상회(班常會), 반창회(斑窓會), 발회(發會), 발기회(發起會), 발표회(發表會), 방생회(放生會), 법회(法會), 법화회(法華會), 변호사회(辯護士會), 보고회(報告會), 보안회(保安會), 복사회(服事會), 복음회(福音會), 본회(本會), 본말사회(本末寺會), 부회(部會), 부회(附/傅會), 부녀회(婦女會), 부인회(婦人會), 부흥회(復興會), 분회(分會), 불명회(佛名會), 불사리회(佛舍利會), 불생회(佛生會), 비밀회(秘密會), 사회(社會), 사회(司會), 사경회(査經會), 사계회(四季會), 사리회(舍利會), 사은회(謝恩會), 사인회(sign會), 사친회(師親會), 산회(散會), 산악회(山岳), 삼부회(三部會), 상회(相會), 상회(商會), 상회(常會), 상의원회(商議員會), 상조회(相助會), 색동회(色童會), 서화회(書畵會), 선회(禪會), 선교회(宣敎會), 설명회(說明會), 성회(成會), 성회(盛會), 성가회(聖家會), 성도회(成道會), 성심회(聖心會), 성체회(聖體會), 성토회(聲討會), 소회(小會), 속회(續會), 속회(屬會), 송년회(送年會), 송별회(送別會), 수계회(授戒會), 수도회(修道會), 수양회(修養會), 승회(勝會), 시회(詩會), 시독회(試讀會), 시사회(試寫會), 시식회(施食會), 시식회(試食會), 시아귀회(施餓鬼會), 시연회(試演會), 시음회(試飮會), 시청회(試聽會), 신간회(新幹會), 신민회(新民會), 신심회(信心會), 신학회(神學會), 심의회(審議會), 아회(雅會), 액회(厄會), 야회(夜會), 야유회(野遊會), 야학회(夜學會), 약회(約會), 약사회(藥師會), 양회(諒會;자세히 앎), 어회(漁會), 어린이회, 어산회(魚山會), 어학회(語學會), 연회(年會), 연회(宴會), 연구회(硏究會), 연기회(延期會), 연등회(燃燈會), 연례회(年例會), 연설회(演說會), 연수회(硏修會), 연예회(演藝會), 연주회(演奏會), 연찬회(硏鑽會), 연포회(軟泡會), 연합회(聯合會), 연화회(蓮花會), 열반회(涅槃會), 영산회(靈山會), 예회(例會), 오락회(娛樂會), 오찬회(午餐會), 온회(穩會), 욕불회(浴佛會), 용두회(龍頭會), 용화회(龍華會), 운동회(運動會), 원회(元會), 원유회(園遊會), 원탁회(圓卓會), 원호회(援護會), 월례회(月例會), 위로회(慰

---

427) 머리초: 기둥이나 들보 등의 머리 부분에 그린 단청(丹靑).

428) 회견(會見): 회견기(記), 회견담(談); 기자회견(記者), 단독회견(單獨), 합동회견(合同).

429) 회계(會計): 회계감사(監査), 회계기(機), 회계사(士), 회계연도(年度), 회계원(員), 회계장부(帳簿), 회계학(學); 관리회계(管理), 무회계(無), 분식회계(粉飾), 사업회계(事業), 사회회계(社會), 일반회계(一般), 잔회(자질구레한 회계), 재무회계(財務), 특별회계(特別).

430) 회담(會談): 회담장(場); 마라톤회담(marathon), 본회담(本), 수뇌회담(首腦), 영수회담(領袖), 예비회담(豫備), 정상회담(頂上).

431) 회멸(會滅): 주고받을 것을 맞비기고 남은 것을 셈함.

432) 회사(會社): 회사법(法), 회사원(員), 회사채(債), 회사합병(合倂); 개인회사(個人), 계열회사(系列), 국책회사(國策), 군수회사(軍需), 금융회사(金融), 단자회사(短資), 동족회사(同族), 모회사(母), 물적회사(物的), 민사회사(民事), 방계회사(傍系), 방적회사(紡績), 보험회사(保險), 사업회사(事業), 상사회사(商事), 상선회사(商船), 상장회사(上場), 상호회사(相互), 식민회사(植民), 신탁회사(信託), 용달회사(用達), 우선회사(郵船), 운수회사(運輸), 유령회사(幽靈), 유한회사(有限), 인수회사(引受), 인적회사(人的), 일인회사(一人), 자회사(子), 제약회사(製藥), 종속회사(從屬), 주식회사(株式), 주식합자회사(株式合資), 증권회사(證券), 지주회사(持株), 통운회사(通運), 투자회사(投資), 특수회사(特殊), 판매회사(販賣), 포말회사(泡沫), 합명회사(合名), 합자회사(合資).

433) 회원(會員): 회원국(國), 회원권(券); 정회원(正), 종신회원(終身), 준회원(準).

434) 회의(會議): 회의록(錄), 회의석(席), 회의실(室), 회의장(場), 회의체(體); 간부회의(幹部), 강화회의(講和), 공개회의(公開), 구수회의(鳩首;여럿이 머리를 맞대고 소곤소곤 의논함), 국무회의(國務), 국제회의(國際), 긴급회의(緊急), 본회의(本), 비밀회의(秘密), 어전회의(御前), 연석회의(連席), 원탁회의(圓卓), 임시회의(臨時), 정기회의(定期), 중역회의(重役), 직원회의(職員), 편집회의(編輯), 학술회의(學術), 화상회의(畵像), 확대회의(擴大).

勞會), 위안회(慰安會), 위원회(委員會), 유별회(留別會), 유회(流會), 유회(儒會), 유마회(維摩會), 유별회(留別會), 유식회(唯識會), 육성회(育成), 융회(融會), 음악회(音樂會), 의회(議會), 이사회(理事會), 이차회(二次會), 이회(里會), 일기회(一器會), 일진회(一進會), 임시회(臨時會), 임원회(任員會), 입회(入會), 입회(立會)[입회관리(官吏), 입회시키다, 입회인(人)], 자모회(子母會), 자선회(慈善會), 자작회(自作會), 자치회(自治會), 장학회(獎學會), 장행회(壯行會), 재회(再會), 재회(齋會), 전교회(傳敎會), 전람회(展覽會), 전별회(餞別會), 전시회(展示會), 전우회(戰友會), 정회(停會), 정회(正會), 정기회(定期會), 정담회(鼎談), 정례회(定例會), 제직회(諸職會), 제회(際會;좋은 때를 만남), 조회(朝會), 조회/하다(照會), 조기회(早起會), 조사회(祖師會), 조찬회(朝餐會), 조합회(組合會), 종회(宗會), 종회(終會), 종문회(宗門會), 종친회(宗親會), 좌담회(座談會), 주찬회(晝餐會), 중회(中會), 중회(衆會), 직원회(職員會), 진솔회(眞率會), 진흥회(振興會), 집회(集會), 징회(徵會), 참회(參會), 참관회(參觀會), 척사회(擲柶會), 천불회(千佛會), 천불회(遷佛會), 청년회(青年會), 청문회(聽聞會), 체육회(體育會), 초연회(初演會), 총회(總會)[총회꾼; 사원총회(社員), 정기총회(定期), 주주총회(株主), 창립총회(創立)], 추모회(追慕會), 추조회(追弔會), 축첩회(祝捷會), 축하회(祝賀會), 출회(黜會), 치리회(治理會), 친목회(親睦會), 친족회(親族會), 탁족회(濯足會), 탄생회(誕生會), 탈회(脫會), 토론회(討論會), 토월회(土月會), 통상회(通常會), 퇴회(退會), 파회(罷會), 팔관회(八關會), 편시회(便射會), 평가회(評價會), 평민회(平民會), 평의회(評議會), 평회(評會), 폐회/식(閉會/式), 품평회(品評會), 풍운지회(風雲之會), 피로회(披露會), 학부모회(學父母會), 학생회(學生會), 학습회(學習會), 학예회(學藝會), 학우회(學友會), 학회(學會), 합주회(合奏會), 합평회(合評會), 향우회(鄕友會), 향회(鄕會), 호조회(互助會), 화요회(火曜會), 향우회(鄕友會), 협회(協會), 협의회(協議會), 협조회(協調會), 화수회(花樹會), 화엄회(華嚴會), 환등회(幻燈會), 환송회(歡送會), 환영회(歡迎會), 회독회(回讀會), 회독회(會讀會), 후원회(後援會), 휴회(休會); 축구회/ 광복회/ 울력회 들.

회(回) ①돌아오는 차례를 나타내는 말. ¶제3회 정기총회. ②'돌다·돌리다, 돌아오다, 돌이키다·돌이켜보다. 번(番)'의 뜻을 나타내는 말. ¶회간(回看), 회갑(回甲)[회갑연(宴); 주량회갑(舟梁;결혼한 지 예순이 되는 그날)], 회계(回啓), 회고(回顧)[회고담(談), 회고록(錄)], 회곡하다(回曲), 회광/경(回光/鏡), 회교(回敎;이슬람교)[회교국(國), 회교권(圈), 회교력(曆)], 회국/순례(回國/巡禮), 회군(回軍), 회귀(回歸)[435], 회근(回巹), 회기(回忌), 회기(回期), 회납(回納), 회달(回達), 회답(回答), 회대(回臺), 회도(回棹;배가 돛대를 돌린다는 뜻으로 '병이 차차 나음'), 회독/회(回讀/會), 회두(回頭;뒤돌아봄, 반성함), 회두기(回頭期;사물이 바뀔 시기), 회란(回瀾), 회란(回鑾), 회람/판(回覽/板), 회랑/퇴(回廊/退), 회래(回來), 회량(回糧;돌아오는 길삯), 회력(回歷), 회례/연(回禮/宴), 회로(回路)[436], 회록(回祿), 회룡고조(回龍顧祖), 회류(回流), 회마/(回馬/便), 회마수(回馬首), 회모(回毛), 회무(回舞), 회문/시(回文/詩), 회문례(回門禮), 회민(回民), 회반(回斑), 회방(回榜), 회보(回步), 회보(回報), 회복(回復)[437], 회부(回部), 회부(回附;넘겨 보내줌), 회분증류(回分蒸溜), 회빈작주(回賓作主), 회사(回謝;사례의 뜻을 나타냄), 회상(回翔;날아서 돌아옴), 회상(回想;追想), 회생(回生)[회생단(丹), 회생탕(湯), 회생하다; 기사회생(起死)], 회서(回書), 회선(回船), 회선(回/廻旋;빙빙 돌거나 돌림)[회선곡(曲), 회선교(橋), 회선근(筋), 회선운동(運動), 회선탑(塔)], 회선(回線), 회성(回省), 회소(回蘇;다시 살아남), 회송(回送), 회수(回收;도로 거두어들임)[회수익(益), 회수차(車)], 횟수(回數), 회수권(回數券), 회술레(回)[438]/하다, 회시(回示), 회신(回申), 회신/료(回信/料), 회심(回心), 회심향도(回心向道), 회안(回雁;답장의 편지), 회양(回陽;양기를 회복시킴), 회유(回遊)[회유선(船), 회유어(魚), 회유차(車); 계절회유(季節), 산란회유(産卵)], 회유/어(回游/魚), 회의(回議), 회자(回刺), 회장(回章), 회장(回裝)[439], 회장(回腸), 회전(回傳), 회전(回電), 회전(回轉)[440], 회절(回折), 회정(回程), 회제(回題), 회조(배로 실어 나름)/선(回漕/船), 회족(回族), 회좌(回坐), 회진(回診), 회진(回進), 회천(回天;임금의 뜻을 돌이키게 함), 회천(回薦), 회첩(回帖), 회청(回靑), 회춘(回春;봄이 다시 돌아옴. 도로 젊어짐)[회춘강/천(江/川), 회춘하다], 회칙(回勅), 회통(回通), 회편(回便), 회풍(回/廻風), 회피(回避;꾀를 부려 피함)[회피성(性), 회피자(者), 회피적(的), 회피책(策), 회피하다, 회피행동(行動)], 회하(回下), 회한(回翰), 회항(回航), 회향(回向), 회호(回護), 회혼(혼인한 지 60돌)/례(回婚/禮), 회환(回還), 회회(回回), 회회청(回回靑), 회훈(回訓), 회흘(回紇); 금회(今回), 기회(幾回), 누회(累回), 만회(挽回), 만우난회(萬牛難回), 말회(末回), 매회(每回), 반회(盤回), 보회(補回), 선회(旋回), 수회(數回), 우회(迂回/廻), 유회(遊回), 일회(一回), 장회소설(章回小說), 전회(前回), 전회(轉回), 주회(周回;둘레), 차회(次回), 차회(此回), 철회(撤回), 초회(初回), 최종회(最終回), 탈회(奪回), 하회(下回) 들.

회(灰) '재. 재가 되다. 잿빛. 석회(石灰)'를 뜻하는 말. ¶횟가루, 회

---

435) 회귀(回歸): 회귀기(期), 회귀년(年), 회귀곡선(曲線), 회귀본능(本能), 회귀분석(分析), 회귀선(線), 회귀성(性), 회귀월(月), 회귀율(率), 회귀이동(移動), 회귀일(日), 회귀적(的), 회귀조류(潮流); 모천회귀(母川), 부정회귀(不正), 영겁회귀(永劫), 집단회귀(集團).

436) 회로(回路): 회로도(圖), 회로소자(素子); 공진회로(共振), 광/집적회로(光/集積), 동조회로(同調), 이중회로(二重), 인쇄회로(印刷), 자기회로(磁氣), 전기회로(電氣), 전원회로(電源), 전자회로(電子), 정류회로(整流), 제어회로(制御), 지연회로(遲延), 초고밀도직접회로(超高密度直接), 폐쇄회로(閉鎖).

437) 회복(回復): 회복등기(登記); 국권회복(國權), 국적회복(國籍), 명예회복(名譽), 원상회복/되다/하다(原狀).

438) 회술레(回): ①사람을 끌고 다니며 부끄러움을 주는 일. ¶회술레를 돌리다. ②남의 비밀을 들추어내어 널리 퍼뜨림.[←回+巡邏(순라)].

439) 회장(回裝): ①병풍이나 족자 따위의 가장자리에 덧대는 꾸미개. ②여자 저고리의 깃과 끝동, 겨드랑이와 고름 따위를 무색 헝겊으로 꾸미는 일, 또는 그 꾸밈새. ¶회장저고리.↔민저고리.

440) 회전(回轉): 회전각(角), 회전계(計), 회전기관(機關), 회전날개, 회전대칭(對稱), 회전되다/시키다/하다, 회전등(燈), 회전력(力), 회전로(爐), 회전마찰(摩擦), 회전면(面), 회전목마(木馬), 회전무대(舞臺), 회전문(門), 회전반(盤), 회전반응(反應), 회전속도(速度), 회전솥, 회전식(式), 회전심(心;회전하는 물체의 중심), 회전운동(運動), 회전율(率), 회전의(儀), 회전의자(倚子), 회전이동(移動), 회전익(翼), 회전일수(日數), 회전자(子), 회전자금(資金), 회전전이(轉移), 회전증폭기(增幅器), 회전짝, 회전창(窓), 회전체(體), 회전축(軸), 회전출자금(出資金), 회전판(板), 회전편광(偏光), 회전포탑(砲塔); 공중회전(空中), 급회전(急), 우회전(右), 자본회전(資本), 좌회전(左).

갈색(灰褐色), 회격(灰隔), 회다짐/하다, 회다지군, 회도배(灰塗褙), 횟돌(石灰石), 회멸(灰滅;타서 없어짐), 횟물(石灰水), 횟반(뭉쳐서 굳어진 석회의 조각), 횟방아, 회백색(灰白色), 회백질(灰白質), 회벽(灰壁), 회분(灰分), 회사벽(灰沙壁), 회삼물(灰三物;석회 · 황토 · 가는모래), 회색(灰色)[441], 회성석(灰成石), 회신(灰身), 회신멸지(灰身滅智), 회신/화(灰燼/化), 회심(灰心), 회유(灰釉), 회장석(灰長石), 회즙(灰汁), 회지석(灰誌石), 회진(灰塵;하잘것없는 물건. 여지없이 멸망하거나 소멸함), 회질(灰質), 회청색(灰青色), 회칠(灰漆), 회통(灰筒), 회흑색(灰黑色); 강회(剛灰), 격회(隔灰), 경회(輕灰), 골회(骨灰), 냉회(冷灰), 노회(爐灰), 동회(冬灰), 면회(面灰), 목회(木灰;나뭇재), 무회(無灰;미역의 오래 묵은 뿌리), 방회(傍灰), 백회(白灰), 분회(粉灰), 사회(死灰), 사회(沙灰;굴 껍데기를 태워 만든 가루), 상시회(桑柴灰), 상회수(桑灰水;뽕나무의 잿물), 생회(生灰), 생석회(生石灰), 석회(石灰), 섬회(蟾灰), 성회(聖灰), 소다회(soda灰), 양회(洋灰), 여회(黎灰), 유회(油灰), 응회(凝灰)[응회석(石), 응회암(巖)], 이회(泥灰), 인회(燐灰), 천회(天灰), 초목회(草木灰), 축회(築灰), 화산회(火山灰), 회로회(懷爐灰) 들.

회(懷) '생각을 품다. 임신을 하다. 품 · 가슴. 따르다 · 따르게 하다. 어루만지다'를 뜻하는 말. ¶회고(懷古;옛일을 돌이켜 생각함)[회고담(談), 회고시(詩)], 회구(懷舊), 회로/회(懷爐/灰), 회리(懷裏;품속. 마음속), 회모(懷慕;마음속 깊이 사모함), 회무(懷憮;달래어 안심시킴), 회색(懷色), 회위(懷危;위태하게 여김), 회유(어루만져 달램)/정책(懷柔/政策), 회의(懷疑)[회의론(論), 회의심(心), 회의주의/자(主義/者)], 회인(懷人), 회임(懷妊), 회잉(懷孕), 회장(懷藏), 회정(懷情), 회중(懷中;품속. 마음속)[회중경(鏡), 회중물(物), 회중시계(時計), 회중전등(電燈), 회중품(品)], 회총(懷寵), 회춘(懷春;춘정을 느낌), 회치(悔恥), 회태(懷胎), 회토(懷土), 회포(懷抱;마음속에 품은 생각), 회향(고향을 그리워함)/병(懷鄕/病); 감회(感懷), 객회(客懷), 구회(舊懷), 금회(襟懷), 본회(本懷), 비회(悲懷), 비회(鄙懷), 상회(傷懷), 서회(敍/舒懷), 소회(所懷), 소회(素懷), 속회(俗懷), 수회(愁懷), 술회(述懷), 심회(心懷), 심회(深懷), 아회(雅懷), 여회(旅懷), 우회(憂懷), 운수지회(雲樹之懷), 위회(慰懷), 유회(幽懷), 잔회(殘懷), 장회(壯懷), 적회(積懷), 정회(情懷), 창회(暢懷), 추회(追懷), 충회(衷懷), 탄회(坦懷), 터회(攄懷), 풍회(風懷), 하회(下懷), 허심탄회(虛心坦懷), 흥회(興懷) 들.

회(膾) '날고기. 날것'을 뜻하는 말. ¶회를 치다/ 먹다. 횟감, 회국수(회를 고명으로 얹은 국수), 회깟[442], 회덮밥, 회자(膾炙)[443], 횟집, 회칼; 가자미회, 갈치회, 갑회(甲膾;소의 내포로 만든 회), 강회[444], 광어회(廣魚膾), 굴회, 꽁치회, 낙지회, 녹육회(鹿肉), 대구회(大口膾), 데친회(살짝 데쳐서 무친 회), 도회(屠膾), 동치회(凍雉膾;얼린 꿩고기회), 동치회(凍鯔膾;숭어회), 모듬회, 두릅회(膾), 문어회(文魚), 물회, 방어회, 붕어회, 사태회(소의 사태를 삶아 얇게 썬 회), 생선회(生鮮膾), 쇠심회, 숙회(熟膾), 어회(魚膾), 오징어회, 육회(肉膾), 자리회(자리돔회), 잡회(雜膾), 전어회(錢魚膾), 참치회, 처녑회, 천어회(川魚膾), 청각회(青角膾), 해삼회(海蔘膾), 홍어회(洪魚膾) 들.

회(悔) '뉘우치다'를 뜻하는 말. ¶회개(悔改;잘못을 뉘우치고 고침), 화과(悔過;허물을 뉘우침), 회루(悔淚), 회비(悔非), 회사(悔謝), 회색(悔色;뉘우치는 기색), 회심(悔心;잘못을 뉘우치는 마음), 회안(悔顔), 회언(悔言), 회오(悔悟;잘못을 뉘우치고 깨달음), 회전(悔悛;잘못을 뉘우침), 회죄(悔罪), 회한(悔恨), 회화(悔禍); 오회(悟悔), 참회(慙悔), 참회(懺悔)[참회록(錄), 참회문(文)], 추회(追悔), 통회(痛悔), 후회(後悔) 들.

회(晦) '그믐(음력에서 한 달의 맨 끝). 어둡다. 명료하지 아니하다'를 뜻하는 말. ¶회명(晦明), 회명(晦冥), 회삭(晦朔;그믐과 초하루), 회삽(晦澁;언어 · 문장 따위가 어려워 뜻을 잘 알 수가 없음), 회색(晦塞;깜깜하게. 꽉 막힘), 회일(晦日;그믐날), 회적(晦迹;종적을 감춤), 회초간(晦初間), 회하다(밝지 아니하고 어둡다); 도회(韜晦), 삭회(朔晦), 엄회(掩晦), 자회(自晦), 혼회하다(昏晦) 들.

회(誨) '가르치다'를 뜻하는 말. ¶회언(誨言;잘못을 뉘우쳐 하는 말), 회유(誨諭;가르쳐서 깨우침), 회음(誨淫;음탕한 짓을 가르침); 교회(敎誨), 야용지회(冶容之誨;얼굴을 요염하게 꾸밈은 남을 음탕하게 만든다는 말), 자회(慈誨), 훈회(訓誨;가르쳐 깨우침) 들.

회(恢) '넓고 크다. 돌이키다'를 뜻하는 말. ¶회공(恢公;일의 결정을 여러 사람의 의논에 맡김), 회복(恢復;예전의 좋은 상태로 되돌림)[회복기(期), 회복되다/하다, 회복실(室)], 회홍(恢弘), 회확(恢廓;크게 넓힘. 도량이 넓음), 회회하다(恢恢) 들.

회(蛔) '거위[회충(蛔蟲)]'를 뜻하는 말. ¶회궐(蛔厥), 횟배, 회복통(蛔腹痛;거위배), 회약(蛔藥), 회적(蛔積), 회증(蛔症), 회충(蛔蟲)[회충약(藥), 회충증(症)], 회통(蛔痛;거위배); 강회, 동회(動蛔), 안회(安蛔) 들.

회(廻) '빙빙 돌다. 돌리다'를 뜻하는 말. ¶회례(廻禮), 회향(廻向); 상회하다(上廻), 순회(巡廻), 우회(迂廻/回), 윤회(輪廻), 출회(出廻), 피회(避廻;피하여 돌아다님), 하회(下廻) 들.

회(賄) '뇌물을 주다'를 뜻하는 말. ¶회교(賄交), 회뢰(賄賂); 방회(方賄), 수회(收賄), 자회(資賄), 증수회(贈收賄), 증회(贈賄) 들.

회(繪) '그림. 그리다'를 뜻하는 말. ¶회구(繪具), 회불사(繪佛師), 회화(繪畵)[회화론(論), 회화문자(文字), 회화사(史); 환상회화(幻想)]; 당초회(唐草繪;만달), 채색회(彩色繪) 들.

회(徊) '노닐다. 일없이 어정거리다'를 뜻하는 말. ¶배회(徘徊), 저회(低徊), 지회(遲徊) 들.

회(詼) '조롱하다. 비웃다'를 뜻하는 말. ¶회소(詼笑;실없이 놀리며 웃음), 회조(詼嘲;희롱하여 비웃음) 들.

회(獪) '간사하고 음흉하다(교활하다)'를 뜻하는 말. ¶회활(獪猾); 노회하다(老獪;경험이 많고 교활하다).

441) 회색(灰色): 회색론(論), 회색분자(分子), 회색시장(市場), 회색인(人), 회색질(質), 회색체(體), 회색토(土), 회색파(派), 회색혁명(革命).

442) 회깟: 소의 간, 처녑, 양, 콩팥 따위를 잘게 썰고 갖은 양념을 하여 만든 회.

443) 회자(膾炙): ①회와 구운 고기. ②널리 사람의 입에 오르내림. ¶인구(人口)에 회자하는 명시(名詩).

444) 강회(膾): 미나리 · 파 따위를 데쳐 돌돌 감아 초고추장에 찍어 먹는 회. ¶고수강회(고수풀), 미나리강회.

회(洄) '거슬러 올라가다'를 뜻하는 말. ¶소회(遡洄).

회공 물건의 속이 두려빠져서 텅 빔. ¶회공되다/하다.

회두리 여럿 중의 맨 끝. 또는 맨 나중에 돌아오는 차례.≒마지막. ↔처음. 〈준〉회. ¶윷놀이에서는 회두리가 가장 유리하다. 회두리판/회판(끝판. 맨 나중의 장면).

회뚝 갑자기 넘어질 듯이 한쪽으로 흔들리거나 솟구치는 모양. 일이 위태위태한 고비에 서는 모양. 〈큰〉휘뚝. ¶정신이 회뚝 뒤바뀌는 착각을 느꼈다. 회뚝·휘뚝거리다/대다/이다/하다.

회똘회똘 길이 이리저리 고불탕고불탕하게 구부러져 있는 모양. 〈큰〉휘뚤휘뚤. ¶회똘회똘/하다.

회매-하다 입은 옷의 매무새나 무엇을 싸서 묶은 모양이 회동그랗고 가든하다. ¶옷차림새가 회매하다. 이삿짐을 회매히 꾸리다.

회목 ①손목이나 발목의 잘록하게 들어간 부분. ¶회목을 잡다. 회목걸이/하다. ②강이나 길 따위에서 꺾이어 방향이 바뀌는 곳. ¶남한강의 회목에 이르다.

회오리 나선형으로 뱅뱅 돌아치는 모양. 또는 그런 상태. 회리. ¶회오리바람, 회오리밤(외톨밤), 회오리봉(峯;작고 뾰족하며 둥글게 생긴 산봉우리), 회오리치다.

회회 ①여러 번 작게 감거나 감기는 모양. ¶붕대로 싱처 닌 손기락을 회회 감다. ②이리저리 좁게 휘두르는 모양.=홰홰. 〈큰〉휘휘. ¶팔을 회회 젓다. 지팡이를 휘휘 내두르다. 회회찬찬·휘휘친친.

획 ①갑자기 세게 돌거나 돌리는 모양. ¶얼굴을 획 돌리다. ②동작이 매우 날쌔거나 갑작스러운 모양. ¶잡는 손을 획 뿌리치다. ③바람이 갑자기 세게 부는 모양. ④갑자기 힘껏 내던지는 모양. ¶돌을 획 던지다. ⑤짧고 힘 있게 휘파람 따위를 부는 소리. 또는 그 모양. 〈큰〉휙.

획(劃/畫) '긋다. 가르다. 구분하다. 환히·분명히'를 뜻하는 말. ¶획을 긋다(줄을 긋다. 한 시대나 시기를 마감하거나 새로 시작하다). 획이 굵다. 획급(劃給;나누어서 줌), 획기적(劃期的)[445], 획단(劃斷;둘로 절단함), 획력(畫力;글씨나 그림의 획에 나타난 힘), 획벌(劃伐), 획법(畫法), 획수(畫數), 획순(畫順), 획시대적(劃時代的;획기적), 획연하다(劃然;구별이 명확하다), 획인(畫引;글자의 획수에 따라 찾는 색인), 획일(劃一;한결같음)[획일교육(教育), 획일적(的), 획일주의(主義), 획일하다], 획정(劃定;경계를 명확히 구별하여 정함), 획지(劃地), 획창(畫/獲唱;과녁을 맞혔을 경우에 '맞혔소'하고 외치는 사람), 획책(劃策;어떤 일을 꾸미거나 꾀함), 획출(劃出;꾀를 생각하여 냄), 획하(劃下;劃給), 획화(劃花;도자기의 표면을 칼로 파서 새김); 가로획, 가획(可劃), 감획(減劃), 개획(改畫), 결획(缺畫), 계획(計劃), 구획(區劃), 군획(군더더기로 붙은 획)/재다, 궐획(闕劃), 규획(規畫), 기획(企劃), 분획(分劃), 생획(省劃), 선후획(先後劃), 예획(隷劃), 자획(字劃), 자획(自劃), 주획(籌畫), 참획(參劃), 철획(鐵劃;글씨의 힘찬 획), 총획(總劃), 필획(筆劃), 훼획(毁劃) 들.

획(獲) '얻다. 잡다'를 뜻하는 말. ¶획득(獲得)[획득되다/하다, 획득물(物), 획득성(性), 획득형질(形質)], 획리(獲利;得利); 나획(拿獲), 남획(濫獲), 노획(鹵獲;싸워서 적의 군용품을 빼앗음), 노획(虜獲;적을 사로잡음과 목을 벰), 살획(殺獲), 어획/량(漁獲/量), 포획(捕獲) 들.

횡 ①바람이 갑자기 빠르게 부는 소리. ②작은 것이 바람을 일으키며 빠르게 날아가거나 떠나가 버리는 소리. 또는 그 모양. ③기계나 바퀴 따위가 빠르게 돌아가는 소리. 또는 그 모양. 〈큰〉휭.

횡(橫) '가로. 옆. 올바르지 않은. 뜻밖의. 제멋대로'를 뜻하는 말.↔종(縱). ¶횡가(橫柯), 횡각(橫閣), 횡간(橫看;가로 읽음), 횡강목(橫杠木), 횡갱(橫坑), 횡격(橫擊), 횡격막/근(橫膈膜/筋), 횡견(橫見), 횡경(橫經), 횡곡(橫谷), 횡관(橫貫), 횡구(橫句;거짓된 문구), 횡굴성(橫屈性), 횡단(橫斷)[446], 횡담(橫談), 횡대(橫帶), 횡대(橫隊), 횡도(橫道), 횡득(橫得;뜻밖의 이득을 봄), 횡듣다(무슨 말을 잘못 듣다), 횡래지액(橫來之厄), 횡렬(橫列), 횡렬(橫裂), 횡렴(橫斂), 횡령(橫領)[횡령죄(罪); 공금횡령(公金), 사기횡령(詐欺)], 횡로(橫路), 횡류(橫流), 횡리(橫罹), 횡면(橫面), 횡목(橫木), 횡문(橫文), 횡문(橫紋), 횡문(橫聞;잘못 들음), 횡문(橫紋;가로무늬), 횡문근(橫紋筋;가로무늬근), 횡보(橫步), 횡보다(잘못 보다), 횡분열(橫分裂), 횡사(橫死;뜻밖의 재앙으로 죽음), 횡사(橫斜;가로 비낌), 횡사(橫絲), 횡사(橫肆), 횡산(橫產), 횡서(橫書), 횡선(橫線;가로 그은 줄), 횡설수설/하다(橫說竪說), 횡섭(橫涉), 횡수(橫手), 횡수(橫竪;가로와 세로. 공간과 시간), 횡수(橫數;뜻밖의 운수), 횡십자(橫十字), 횡압/력(橫壓/力), 횡액(橫厄), 횡역(橫逆), 횡와(橫臥), 횡위(橫位), 횡의(橫議), 횡일(橫逸), 횡일(橫溢), 횡일성(橫日性), 횡자(橫恣;막되고 방자함), 횡잔교(橫棧橋), 횡장지, 횡재(橫災;뜻하지 않은 재난), 횡재(橫財;뜻밖에 재물을 얻음), 횡적(橫的↔縱的), 횡적(橫笛), 횡절(橫截), 횡정(橫政), 횡제(橫堤), 횡조(橫組;가로짜기), 횡좌표(橫座標), 횡주(橫走), 횡죽(橫竹), 횡지성(橫地性), 횡징(橫徵), 횡창(橫窓), 횡철(橫綴), 횡초지공(橫草之功), 횡축(橫軸), 횡출(橫出), 횡치(橫馳), 횡침(橫侵), 횡탈(橫奪), 횡파(橫波), 횡판(橫板), 횡포(橫暴;제멋대로 굴며 난폭함), 횡폭(橫幅;가로 너비), 횡해안(橫海岸), 횡행(橫行;모로 감. 거리낌 없이 멋대로 행동함), 횡향(橫向), 횡화(橫禍;뜻밖의 재난); 전횡(專橫), 종횡/무진(縱橫/無盡), 천횡(擅橫), 탐횡(貪橫), 포횡(暴橫) 들.

횡(黌) '글방'을 뜻하는 말. ¶횡당(黌堂;공부하는 집), 횡문객(黌門客;독서인).

효(孝) 부모를 잘 섬기는 일. ¶효는 백행의 근본이다. 효감(孝感), 효건(孝巾), 효경(孝敬), 효녀(孝女), 효덕(孝德), 효도(孝道), 효려(孝廬), 효렴(孝廉;효성스러움과 청렴함), 효복(孝服), 효부(孝婦), 효성/스럽다(孝誠), 효손(孝孫), 효순하다(孝順;효성스럽고 유순하다), 효심(孝心), 효양(孝養;효도하며 봉양함), 효열(孝烈), 효우(孝友), 효은(孝恩), 효자(孝子)[효자문(門), 효자비(碑)], 효자(孝

445) 획기적(劃期的): 지금까지와는 다른 시대를 열 만큼 눈부신 새 시대를 긋는 (것). ¶획기적 사건. 교통 환경이 획기적으로 바뀌었다.

446) 횡단(橫斷↔縱斷): 횡단로(路), 횡단면(面), 횡단보도(步道), 횡단비행(飛行), 횡단철도(鐵道), 횡단하다; 국토횡단(國土).

慈), 효제(孝悌;孝友), 효제충신(孝悌忠信), 효조(孝鳥), 효죽(孝竹), 효중(孝中), 효지(孝志), 효친(孝親), 효행(孝行); 달효(達孝), 대효(大孝), 독효(篤孝), 반포지효(反哺之孝), 불효(不孝), 성효(誠孝), 영효(榮孝), 절효(節孝), 절효정문(節孝旌門), 종효(終孝), 지효(至孝), 충효(忠孝) 들.

효(效**)** '본받다. 힘쓰다. 보람'을 뜻하는 말. ¶효과(效果)[447], 효능(效能), 효력(效力), 효로(效勞;힘들인 보람), 효빈(效顰)[448], 효용(效用)[449], 효율(效率)[효율적(的), 효율주의(主義); 열효율(熱)], 효정(效情), 효충(效忠), 효칙(效則), 효험(效驗); 공효(功效), 기효(奇效), 대효(大效), 득효(得效), 무효(無效)[450], 발효(發效), 방효(倣效), 비효(肥效), 상행하효(上行下效), 소급효(遡及效), 속효(速效), 시효(時效), 신효(神效), 실효(失效), 실효(實效), 약효(藥效), 위효(偉效), 유효(有效), 주효(奏效), 즉효(卽效), 지효(遲效), 탁효(卓效), 특효(特效), 현효(現效), 현효(顯效) 들.

효(曉**)** '새벽. 밝다. 깨닫다'를 뜻하는 말. ¶효계(曉鷄), 효광(曉光), 효기(曉氣), 효기(曉起), 효단(曉旦;새벽. 갓밝이), 효달(曉達;通達), 효두(曉頭;이른 새벽), 효득(曉得;깨달아서 앎), 효로(曉露), 효무(曉霧), 효상(曉霜;새벽에 내리는 서리), 효색(曉色;曙光), 효성(曉星;샛별), 효습(曉習;깨달아 익숙하게 됨), 효암(曉闇), 효애(曉靄), 효연하다(曉然), 효오(曉悟;깨달음), 효우(曉雨), 효월(曉月), 효유(曉諭;알아듣도록 타이름), 효종(曉鐘), 효천(曉天;새벽녘. 새벽하늘), 효칙(曉飭;잘 타일러 경계함), 효해(曉解;曉得); 금효(今曉), 불효(拂曉), 상효(霜曉), 위효(慰曉;위로하여 깨우침), 익효(翌曉), 작효(昨曉), 조효(早曉), 지효(知曉), 춘효(春曉), 통효(通曉), 파효(破曉) 들.

효(梟**)** '머리를 베어 달다. 영웅. 날쌔다'를 뜻하는 말. ¶효맹(梟猛), 효목(梟木), 효수(梟首)[군문효수(軍門)], 효시(梟示), 효웅(梟雄;사납고 용맹스러운 영웅), 효적(梟敵), 효죄(梟罪), 효한하다(梟/驍悍) 들.

효(爻**)** '주역(周易)의 하나하나의 괘를 이루는, 6개의 가로 그은 획'을 뜻하는 말. ¶효사(爻辭), 효상(爻象); 수효(數爻), 육효(六爻) 들.

효(驍**)** '날쌔다'를 뜻하는 말. ¶효기(驍/梟騎), 효무(驍武), 효용(驍/梟勇;사납고 날램), 효장(驍/梟將;사납고 날랜 장수), 효한하다(驍/梟悍) 들.

효(肴**)** '술안주'를 뜻하는 말. ¶효찬(肴饌); 가효(佳/嘉肴), 미효(美肴), 잔배냉효(殘杯冷肴), 조효(粗肴), 주효(酒肴), 진효(珍肴) 들.

효(哮**)** '으르렁거리다. 천식(喘息)'을 뜻하는 말. ¶효증(哮症;백일해), 효후(哮吼;哮吼), 조효(嘲哮), 포효(咆哮) 들.

효(淆**)** '뒤섞이다. 어지럽다'를 뜻하는 말. ¶효란(淆亂), 효박하다(淆薄), 효잡하다(淆雜); 혼효(混淆) 들.

효(酵**)** '술밑. 술이 괴다'를 뜻하는 말. ¶효모(酵母;술밑)[효모균(菌); 약용효모(藥用)], 효소(酵素)[451]; 발효(醱酵) 들.

효(嚆**)** '울리다. 소리가 나다'를 뜻하는 말. ¶효시(嚆矢;우는 화살. 일의 시초).

후(後**)** '뒤 · 다음. 나중. 뒤지다'를 뜻하는 말.↔전(前). 선(先). ¶공부를 마친 후에 가거라. 후에 연락하겠다. 후가(後家), 후가(後嫁;후살이. 改嫁), 후각(後脚;뒷다리), 후각(後覺), 후감(後勘), 후감(後鑑), 후갑판(後甲板), 후거리(말궁둥이를 꾸미는 제구), 후건(後件), 후견/인(後見/人), 후경(後勁), 후경(後景↔前景), 후경(後頸;목의 뒤 쪽), 후계(뒤를 이음)/자(後繼/者), 후고(後考), 후고(後顧;지난 일을 돌아보아 살핌), 후광(後光), 후구동물(後口動物), 훗국[452], 후군(後軍), 후굴(後屈), 후궁(後宮), 후그루(뒤에 남겨둔 그루), 후근(後筋), 후근(後根), 후기(後氣;버티어 나가는 힘), 후기(後記)[편집후기(編輯)], 후기(後期), 후난(後難;뒷날의 재난), 훗날, 후년(後年), 후뇌(後腦), 후단(後段), 후단(後端), 훗달(돌아오는 달), 후담(後談), 후당(後堂;別堂), 후대(後代↔先代. 前代), 후대(後隊), 후대문(大門), 후더침[453], 후도(後圖), 후독(後毒), 후두(後頭), 후둥이, 후래/삼배(後來/三杯), 후략(後略), 후려(後慮), 후렴(後斂), 후록(後錄), 후룡(後龍), 후망(後望), 후머리, 후면(後面), 후명(後命), 후문(後門), 후문(後聞), 후물림[454], 후미(後尾), 후미(後味), 후반(後半)[후반기(期), 후반부(部), 후반전(戰)], 후발(後發), 후방(後方)[후방교란(攪亂), 후방근무(勤務)], 후방(後房), 후배(後配), 후배(後陪), 후배(後輩), 훗배앓이, 후배주(後配株), 후백제(後百濟), 후번(後番), 후벽(後壁), 후보(後報), 후보름(↔선보름), 후부(後夫), 후부(後部), 후분(後分), 후불(後佛), 후불(後拂), 후비(後備), 후사(後事), 후사(後嗣), 훗사람, 후산(後山), 후산(後産), 후살이, 후삼국(後三國), 후상(後廂), 후생(後生), 후서(後序), 후서방(後書房), 후설음(後舌音), 후성(後聖), 후세(後世), 후속(後

447) 효과(效果): 보람 있는 결과. 영화나 연극에서, 시각이나 청각을 통하여 장면의 실감을 자아내려고 곁들이는 음악 · 조명 따위. ¶복습한 효과가 나타나다. 효과광선(光線), 효과녹음(錄音), 효과분석(分析), 효과음(音), 효과음악(音樂), 효과의사(意思), 효과적(的); 가격효과(價格), 간헐효과(間歇), 건토효과(乾土), 과시효과(效果), 과정효과(過程), 관성효과(慣性;소득이 높았을 때 굳어진 소비 성향이 소비가 낮아져도 변하지 않는 현상), 광고효과(廣告), 광도전효과(光導電), 광배효과(光背), 광전효과(光電效果)[내부광전효과(內部)], 교차효과(交叉), 나비효과, 낙인효과(烙印), 대체효과(效果), 도플러효과(Doppler), 무대효과(舞臺), 반사효과(反射), 법률효과(法律), 병용효과(竝用), 부메랑효과(boomerang), 상승효과(相乘), 승수효과(乘數), 시위효과(示威;전시효과), 약물효과(藥物), 역효과(逆效果), 온실효과(溫室), 유발효과(誘發), 음향효과(音響), 이중효과(二重), 입체효과(立體), 전시효과(展示), 조명효과(照明), 파급효과(波及), 후광효과(後光).

448) 효빈(效顰): ①옳게 배우지 않고 거죽만 배우는 일. ②덩달아 남의 흉내를 내거나 남의 결점을 장점인 줄 잘못 알고 함부로 본뜨는 일.

449) 효용(效用): 효용예술(藝術), 효용체감(遞減); 간접효용(間接), 직접효용(直接), 최종효용(最終), 한계효용(限界).

450) 무효(無效): 무효량(量), 무효투표(投票), 무효화(化); 당선무효(當選), 백약무효(百藥).

451) 효소(酵素): 생체 안에서 만들어지는 단백질을 중심으로 한 고분자 화합물. 뜸씨. 뜸팡이. ¶효소제(劑); 과산화효소(過酸化), 구성효소(構成), 녹말효소(綠末), 단백분해효소(蛋白分解), 단백소화효소(蛋白消化), 복합효소(複合), 산화효소(酸化), 소화효소(消化), 인공효소(人工), 적응효소(適應), 항효소(抗).

452) 훗국: 진국을 우리어 낸 건더기로 다시 끓인 국.

453) 후더침(後): 아이를 낳은 뒤에 일어나는 잡병. 거의 낫다가 다시 더친 병.[←후+더치(다)+ㅁ]. 후탈(後頉). ¶후더침으로 고생하다.

454) 후물림(後): 남이 쓰던 물건을 물려받음. 또는 그 물건. ¶이 구두는 형의 후물림이다.

續)[후속되다/하다], 후손(後孫), 후송(後送)[후송되다/하다, 후송로(路), 후송병원(病院), 후송자(者), 후송차(車)], 후수(後手), 후수(後綬), 후술(後述), 후승(後承), 후식(後食), 후신(後身), 후실(後室)[후실자식(子息)], 후약(後約), 후연(後緣), 후열(後列), 후열(後列), 후엽(後葉), 후예(後裔), 후우(後憂), 후원(後園), 후원(後苑), 후원(後援)[후원군(軍), 후원자(者), 후원회(會)], 후위/대(後衛/隊), 후유증(後遺症), 후윤(後胤), 후인(後人), 후일(後日), 후임(後任), 후자(後者), 후작(後作), 후장(後章), 후장(後場), 후장(後裝)[후장총(銃), 후장포(砲)], 후장(後腸), 후장(厚葬), 후정(後庭), 후제(뒷날의 어느 때), 후족(後足), 후좌(後座), 후주(後主), 후주/국(後酒), 후중(後重), 후증(後證), 후지(後肢), 후진(後陣), 후진(後進)[후진국(國), 후진성(性)], 후집(後集), 후차(後次), 후처(後妻), 후천(後天)[후천론(論), 후천병(病), 후천사(事), 후천성(性), 후천적(的)], 후취(後娶), 후치사(後置詞), 후탈(後頉), 후퇴(後退), 후편(後便), 후편(後篇), 후폐(後弊), 후폭(後幅), 후폭풍(後爆風), 후필(後筆), 후학(後學), 후항(後項), 후해(後害), 후행(後行), 후형질(後形質), 후환(後患), 후회(後悔)[455], 후회(後會), 훗국, 훗날, 훗달, 훗사람. 훗일; 가후(駕後), 계후(繼後), 궐후(厥後;그 뒤), 금후(今後), 기원후(紀元後), 기후(其後), 낙후/감(落後/感), 난후(亂後), 낮후(한낮이 지난 뒤), 노후(老後), 뇌후(腦後), 독후감(讀後感), 막후(幕後;드러나지 아니한. 裏面), 만세후(萬世後), 망후(亡後), 망후(望後), 멸후(滅後), 몰후(歿後), 무후(無/无後), 방과후(放課後), 배후(背後), 별후(別後), 병후(病後), 보후(補後), 복후(服後;복용한 뒤), 사후(事後), 사후(死後), 산후(産後), 생후(生後), 석후(夕後), 선후(先後), 선후(善後), 설후(雪後), 성사후(成事後), 세후(歲後), 순후(旬後), 식후(食後), 신후(身後), 연후(然後), 오후(午後), 열후(劣後), 영후(令後), 우후/죽순(雨後/竹筍), 이후(以後), 이후(爾後), 일후(日後), 예후(豫後), 입후(入後;양자로 들어감), 입후(立後;양자를 세움), 장후(葬後), 전후/하다(前後), 전후(戰後), 절후(絶後), 주후(酒後), 즉후(卽後), 직후(直後), 차후/에(此後), 최후(最後), 추후(追後), 취후(醉後), 향후(向後) 들.

후(候) ①'기후. 철'을 뜻하는 말. ¶후안(候雁;철에 따라 깃들이는 곳을 달리 하는 기러기), 후조(候鳥;철새), 후충(候蟲), 후풍(候風); 계후(季候), 기후(氣候), 시후(時候), 열후(熱候), 전천후(全天候), 절후(節候), 조후(潮候), 존후(尊候), 천후(天候), 측후(測候). ②'염탐하다. 조짐이나 상태. 소식. 기다리다. 맞다. 방문하다. 안부를 묻다'를 뜻하는 말. ¶후반(候斑), 후보(候補)[456], 후문(候問), 후영(候迎); 기체후(氣體候), 대후(待候), 등후(等候;等待), 맥후(脈候), 문후(問候), 사후(伺候;분부를 기다림. 문안을 드림), 상후(上候;聖候), 성후(聖候;웃어른에게 안부함), 승후(承候), 신후(愼候), 안후(安候), 월후(月候;月經), 조후(兆候), 증후(症候), 지후(祗候), 진후(診候), 징후(徵候), 척후(斥候), 체후(體候), 측후(測候), 친후(親候), 탐후(探候), 환후(患候) 들.

후(厚) '두텁다. 두껍다. 많다. 짙다'를 뜻하는 말.↔박(薄). ¶후가(厚價), 후대(厚待), 후덕(厚德), 후렴(後斂), 후록(厚祿), 후료(厚料), 후리(厚利), 후면(厚免), 후문(厚問)[457], 후미(厚味;음식물의 진한 맛), 후박(厚朴), 후박(厚薄;두꺼움과 얇음), 후복(厚福), 후사(厚賜;물품 따위를 후하게 내려줌), 후사(厚謝;후하게 사례함), 후상(厚賞;후하게 상을 줌), 후생(厚生)[458], 후수(厚酬), 후안(厚顔;鐵面皮), 후안무치(厚顔無恥), 후은(厚恩;두터운 은혜), 후의(厚意;남을 위해 베푸는 두터운 마음씨), 후의(厚誼;남을 위하는 두터운 정의), 후장(厚葬), 후지(厚志), 후지(厚紙), 후폐(厚幣;두터운 예물), 후풍(厚風;순박하고 인정이 두터운 풍속), 후하다[459], 후황(厚況); 관후(寬厚), 근후하다(謹厚), 농후(濃厚), 덕후(德厚), 독후(篤厚), 돈후하다(敦厚), 비후하다(肥厚), 상후하박(上厚下薄), 순후하다(淳/醇厚), 신후(信厚), 심후하다(深厚), 안후(顔厚), 온후하다(溫厚), 육후(肉厚), 인후하다(仁厚), 종후(從厚), 중후하다(重厚), 지후(至厚), 충후하다(忠厚), 친후(親候), 침후(沈厚), 풍후하다(豊厚), 하후상박(下厚上薄), 하후하박(何厚何薄), 혼후하다(渾厚) 들.

후(朽) '낡다. 썩다'를 뜻하는 말. ¶후괴(朽壞), 후락(朽落;낡고 썩어 못쓰게 됨), 후로(朽老;나이가 많아 기력이 쇠약해짐), 후멸(朽滅), 후목분장(朽木糞牆), 후삭(朽索), 후손(朽損;나무 따위가 썩어서 헒), 후엽/색(朽葉/色), 후패(朽敗); 노후(老朽), 두후(蠹朽;좀먹어 썩음), 불후(不朽)[불후지공(不朽之功); 만고불후(萬古), 만대불후(萬代), 천고불후(千古)], 초목구후(草木俱朽), 쇠후(衰朽), 약후(若朽) 들.

후(后) '왕비(王妃). 토지의 신(神)'을 뜻하는 말. ¶후비(后妃), 후토(后土;토지를 맡은 귀신); 모후(母后), 왕후(王后), 입후(入后), 입후(立后), 태후(太后), 폐후(廢后), 황후(皇后); 헐후/하다(歇后;대수롭지 아니함) 들.

후(侯) '제후. 임금. 후작. 과녁'을 뜻하는 말. ¶후곡(侯鵠), 후왕(侯王), 후작(侯爵); 공후(公侯), 군후(君侯), 만리후(萬里侯), 만호후(萬戶侯), 봉후(封侯), 사후(射侯;과녁으로 쓰는 베), 열후(列侯), 왕후(王侯), 제후/국(諸侯/國), 토후(土侯) 들.

후(喉) '목. 목구멍'을 뜻하는 말. ¶후골(喉骨), 후금(喉衿;중요한 곳. 급소), 후담(喉痰), 후두(喉頭)[460], 후문(喉門), 후설(喉舌), 후성(喉聲), 후음(喉音); 결후(結喉), 액후(扼喉;목을 누름), 인후(咽喉) 들.

후(嗅) '냄새를 맡다'를 뜻하는 말. ¶후각/기(嗅覺/器), 후감(嗅感), 후골(喉骨), 후관(嗅官), 후기(嗅器), 후신경(嗅神經), 후약(嗅藥) 들.

---

455) 후회(後悔): 이전의 잘못을 깨치고 뉘우침. ¶후회 없는 삶을 살다. 후회되다/하다, 후회막급(莫及), 후회막심(莫甚), 후회스럽다.

456) 후보(候補): 선거에서, 어떤 직위나 신분을 얻으려고 일정한 자격을 갖추고 나섬. 또는 그런 사람. 시상식 · 운동 경기 따위에서, 어떤 지위에 오를 자격이나 가능성이 있음. ¶대통령 후보. 우승 후보. 후보생(生), 후보자(者), 후보작(作), 후보지(地); 입후보(入).

457) 후문(厚問): 남의 슬픈 일이나 기쁜 일에 정중한 인사의 뜻으로 부조를 두터이 함.

458) 후생(厚生): 사람들의 생활을 넉넉하고 윤택하게 하는 일. 건강을 유지하거나 좋게 하는 일. ¶후생경제/학(經濟/學), 후생복지(福祉), 후생비(費), 후생사업(事業), 후생시설(施設), 후생주택(住宅); 이용후생(利用).

459) 후하다(厚): ①인심이 두텁다. ②얇지 않고 두껍다. ③마음씀씀이나 태도 따위가 인색하지 않다. ¶후한 보수(報酬).

460) 후두(喉頭): 후두개(蓋), 후두결절(結節), 후두결핵(結核), 후두경(鏡), 후두마비(痲痺), 후두부(部), 후두암(癌), 후두연골(軟骨), 후두염(炎), 후두엽(葉), 후두융기(隆起), 후두음(音), 후두협착(狹窄).

후(吼) '울다. 아우성치다'를 뜻하는 말. ¶비후(悲吼), 사자후(獅子吼), 일후(一吼), 효후(哮吼;으르렁거림) 들.

후(詬) '꾸짖다'를 뜻하는 말. ¶후매(詬罵), 후욕(詬辱); 조후(嘲詬) 들.

후(堠) '적정(敵情)을 살피는 곳. 이정(里程)을 표시하기 위해 쌓은 돈대'를 뜻하는 말. ¶후망(堠望), 후정(堠程) 들.

후(猴) '원숭이'를 뜻하는 말. ¶후류(猴類); 미후(獼/彌猴;원숭이); 원후(猿猴) 들.

후(餱) '말린 밥. 휴대 양식'을 뜻하는 말. ¶후량(餱糧;먼 길을 떠나는 사람이 가지고 가는 양식).

후(逅) '만나다'를 뜻하는 말. ¶해후/상봉(邂逅/相逢).

후꾸름-하다 어쩐지 무서운 생각이 들다.

후드득 ①콩이나 깨를 볶을 때 크게 튀는 소리. ②총이나 딱총 따위가 한차례 크게 터지는 소리. ③큰 나뭇가지나 검불 따위가 한차례 세게 타오르는 소리. ④굵은 빗방울이 한차례 뿌리는 소리. 〈작〉호드득. ¶토란잎에 후드득 떨어지는 빗방울 소리. 후두두[461], 후드득거리다/대다.

후들 몸에 묻은 것을 떠는 모양. 지치거나 분함을 참지 못하여 다리나 몸을 떠는 모양. ¶사흘을 굶었더니 다리가 후들후들 떨린다. 후들거리다/대다, 후들후들/하다, 후들기다(되는대로 막 흔들다). ☞ 화들.

후딱 ①일이나 행동을 갑자기 힘차고 빠르게 하는 모양. ¶청소를 후딱 해치우다. ②시간이 걷잡을 수 없이 빨리 지나가 버리는 모양. ¶어느새 여름휴가가 후딱 지나갔다.=휘딱[462]. 빨리. 지딱. 잽싸게. 후닥닥·화닥닥.

후련-하다 마음에 맺히었던 일이나 답답하던 것이 풀리어서 시원스럽다.↔답답하다. ¶모든 것을 고백하고 나니 속이 후련하다. 토하고 나니 후련하다.

후렴 빛깔이 바랬거나 물이 잘 들지 못한 옷감 따위에 다시 물을 들임.[←후염(後染)].

후리(다) ①휘몰아 채거나 쫓다. 휘둘러서 때리거나 치다. ¶수리가 장끼를 후리려 한다. 후려갈기다(후리치다), 후려잡다, 후려차기, 후려치다(때리다), 후릿가래질/하다, 후릿고삐, 후릿그물/후리, 후리기(씨름이나 유도의 다리 기술), 후리때[463], 후리막(幕;후릿그물을 지키는 막), 후릿줄, 후리질[464], 후리채(곤충 따위를 후리어 사로잡는 데 쓰는 물건), 후리치, 훌치기낚시, 훌치다(세게 후리다); 가후리, 내후리다, 신후리(고등어를 잡을 때 쓰는 후릿그물). ②깎거나 베다. 휘우듬하게 도리어 내다.≒다듬다. ¶대패로 나무 모서리를 후리다. 후릿가래질/하다, ③남의 물건을 슬쩍 가지거나 갑자기 빼앗다. ¶남의 돈을 후리어 먹다. 후려내다[465]. ④ ☞ '호리다'보다 큰말.

후무리(다) 남의 물건을 슬그머니 훔치어 가지다.≒훔치다. ¶공금을 감쪽같이 후무리다. 후무리기(≒몽태치기. 절도).

후미 물가나 산길 따위가 휘어서 굽어진 곳. 아주 구석지고 으슥한 곳. 굽도리. 안곡(岸曲). ¶후미진 골짜기. 후미진 골목. 후미진 강기슭. 후밋길, 후미지다(깊숙하다. 외지다. 으슥하다. 호젓하다); 물후미(물가의 후미진 곳).

후유 일이 고될 때에 힘에 부치어 내는 소리. 어려운 일을 끝내거나 고비를 넘기도 한숨 돌릴 때에 내는 소리. 〈준〉후. ¶후유, 겨우 다 마쳤다.

후익 휘파람을 세게 부는 소리.

후중 품질이 아주 좋은 소나무로 켠 널.

후지(다) 속된 말로, 품질이나 성능 따위가 다른 것에 비해 뒤떨어지는 데가 있다.

후추 후추나무의 열매. ¶후추는 작아도 맵다. 후춧가루, 후추나무, 후추알, 후추엿, 후춧통(筒); 통후추.

후치 극젱이. ¶후치볏, 후치보습; 물후치, 밭후치.

후터분-하다 불쾌할 정도로 무더운 기운이 있다. 〈여〉후텁지근하다. ¶후터분한 날씨. 후텁지근하다(몹시 후터분하다). ☞ 덥다.

후투티 후투팃과의 새. 오디새.

후파문-하다 무엇이 많고 푸지다. 생각한 것보다 너무 적음을 비꼬아서 그 반대되는 뜻의 말로 씀.

후훗 기분이 좋거나 흐뭇할 때 웃는 소리.

훅 ①'혹²'보다 큰말. ②더운 기운이 세차게 끼치는 모양. ¶훅하다¹(한꺼번에 갑자기 몰려오다), 훅훅하다. ③높은 데를 가볍게 뛰어넘는 모양. 행동이 몹시 날쌘 모양.=홱. ¶바람처럼 훅 사라지다. 훅하다²(날쌔게 덤비다).

훅닥-이다 공연한 말로 꼴사납게 지껄이다. 다그치고 들볶다. ¶친구들을 훅닥이는 그 아이를 좋아할 리가 없다.

훈(訓) ①'가르치다'를 뜻하는 말. ¶훈계(訓戒)[훈계방면(放免), 훈계조(調), 훈계하다], 훈고(訓告;알아듣도록 타이름), 훈도(訓導), 훈련(訓練)[466], 훈령(訓令)[훈령권(權), 훈령서(書), 훈령하다], 훈몽(訓蒙), 훈민정음(訓民正音), 훈방(訓放;訓戒放免), 훈사(訓辭), 훈

---

461) 후두두: ①빗방울 따위가 갑자기 떨어지는 소리.=후두둑/후둑. 후드득/후득. ¶우박이 후두두 떨어지다. ②손이나 몸이 떨리는 모양. ③심장이 뛰거나 불안을 느끼어 마음이 떨리는 모양.

462) 휘딱: ①갑작스레 거꾸로 뒤집히는 모양. ¶원숭이가 휘딱 재주를 넘다. ②재빠르게 움직이는 모양. ¶일을 휘딱 해치우다.

463) 후리때: 통나무로 후릿그물 모양으로 만들어 통나무를 가두어 넣는 뗏목.

464) 후리질: ①후릿그물로 물고기를 잡는 일. ②모두 후리어 들이는 짓.

465) 후려내다: 매력이나 그럴듯한 수단으로 남의 정신을 흐리게 하여 꾀어내다.

466) 훈련(訓練): 훈련과정(過程), 훈련병(兵), 훈련소(所); 가상훈련(假想;리허설), 군사훈련(軍事), 기능훈련(機能), 기동훈련(機動), 기초훈련(基礎), 단체훈련(團體), 대피훈련(待避), 맹훈련(猛), 모의훈련(模擬), 민방위훈련(民防衛), 방공훈련(防空), 야간훈련(夜間), 전지훈련(轉地), 직업훈련(職業), 집단훈련(集團), 합동훈련(合同), 합숙훈련(合宿), 해상훈련(海上), 회피훈련(回避).

ㅎ

수(訓手)[훈수꾼, 훈수하다], 훈시(訓示)[훈시규정(規定), 훈시자(者), 훈시하다], 훈유(訓諭/喩:가르치고 타이름), 훈육(訓育), 훈인(訓人), 훈장(訓長)[훈장질; 몽학훈장(蒙學)], 훈전(訓典), 훈전(訓電), 훈칙(訓飭:훈령으로써 단단히 일러서 경계함), 훈학(訓學), 훈화(訓化), 훈화(訓話), 훈회(訓誨:가르치고 타일러 뉘우치게 함); 가훈(家訓), 경훈(經訓), 고훈(古訓), 교훈(校訓), 교훈(敎訓), 급훈(級訓), 내훈(內訓), 논훈(論訓), 대훈(大訓), 명훈(明訓), 모훈(母訓), 발훈(發訓), 비훈(秘訓), 사훈(社訓), 사훈(師訓), 성훈(聖訓), 수훈(垂訓), 엄훈(嚴訓), 유훈(遺訓), 자훈(慈訓), 전훈(電訓), 정훈(政訓), 정훈(庭訓), 조훈(祖訓), 주훈(主訓), 주훈(週訓), 청훈(請訓), 촉훈(促訓), 활훈(活訓), 회훈(回訓). ②'뜻 · 새기다'를 뜻하는 말. ¶훈고/학(訓詁/學), 훈고(訓故), 훈독(訓讀), 훈석(訓釋); 음훈(音訓), 자훈(字訓) 들.

훈(勳) '공(국가를 위하여 세운 업적)'을 뜻하는 말. ¶훈공(勳功), 훈관(勳官), 훈구/파(勳舊/派), 훈기(勳記), 훈등(勳等), 훈로(勳勞), 훈명(勳名), 훈벌(勳閥), 훈봉(勳封), 훈부(勳府), 훈상(勳賞), 훈신(勳臣), 훈업(勳業), 훈위(勳位), 훈작(勳爵), 훈장(勳章)[467], 훈적(勳績), 훈적(勳籍), 훈척(勳戚), 훈친(勳親:勳戚), 훈패(勳牌), 훈호(勳號:勳名); 공훈(功勳), 녹훈(錄勳), 대훈(帶勳), 대훈로(大勳勞)/대훈(大勳), 대훈위(大勳位), 무훈(武勳), 보훈(報勳), 상훈(賞勳), 서훈(敍勳), 수훈(受勳), 수훈(首勳), 수훈(殊勳), 수훈(樹勳), 외훈(巍勳:뛰어나게 큰 공훈), 원훈(元勳), 위훈(偉勳), 유훈(有勳), 전훈(前勳), 전훈(戰勳), 충훈(忠勳), 표훈(表勳) 들.

훈(薰) '향기(香氣)'를 뜻하는 말. 약물을 태우거나 높은 열을 가하여 거기에서 발산되는 증기나 연기를 쐬어 병을 치료하는 일. ¶훈기(薰氣:훈훈한 기운), 훈김, 훈도(薰陶:학문이나 덕으로써 사람을 감화함), 훈문(薰門), 훈수(薰修), 훈습(薰習), 훈약(薰藥), 훈연(薰煙:좋은 냄새가 나는 연기), 훈열(薰熱), 훈염(薰染), 훈유(薰蕕:착한 사람과 못된 사람), 훈육(薰育), 훈의(薰衣), 훈자(薰炙), 훈증(薰蒸:찌는 듯이 무서움), 훈풍(薰風), 훈향(薰香), 훈화(薰化), 훈훈하다(薰薰)[468]; 방훈(芳薰), 여훈(餘薰), 연훈(煙薰), 향훈(香薰) 들.

훈(暈) 색다른 빛으로 물건의 중심을 향하여 고리처럼 둘린 테. 부스럼의 가장자리에 돌려 있는 독기(毒氣). 먹이나 물감의 번진 흔적. '멀미'를 뜻하는 말. ¶훈광(暈光), 훈륜(暈輪:달무리나 햇무리의 둥근 테두리), 훈색/유리(暈色), 훈선(暈船), 훈영(暈影), 훈위(暈圍), 훈채(暈彩); 기훈(氣暈), 다색훈(多色暈), 묵훈(墨暈)[469], 선훈(船暈), 열훈(熱暈), 월훈(月暈), 일훈(日暈), 주훈(酒暈), 풍훈(風暈), 허훈(虛暈), 현훈/증(眩暈/症), 혈훈(血暈), 흑훈(黑暈) 들.

훈(燻) '연기가 끼다'를 뜻하는 말. ¶훈약(燻藥), 훈연/법(燻煙(연기를 피워서 그슬림)/法), 훈육(燻肉:훈제한 고기나 물고기), 훈제(燻製)[훈제와(瓦), 훈제장(場), 훈제품(品)], 훈증(燻蒸:더운 연기에 쬐어서 찜); 냉훈법(冷燻法), 비훈(鼻燻), 온훈법(溫燻法) 들.

훈(曛) '석양빛. 황혼 무렵'을 뜻하는 말. ¶훈일(曛日:저녁 해), 훈흑하다(曛黑:해가 져서 어둑어둑하다), 훈황(曛黃:저녁때. 黃昏); 석훈(夕曛) 들.

훈(葷) '매운 채소'를 뜻하는 말. ¶훈채(葷菜:파 · 마늘처럼 특이한 냄새가 나는 채소).

훈(纁) '분홍빛'을 뜻하는 말. ¶현훈(玄纁:장사 지낼 때 산신에게 드리는, 검은 빛과 붉은 빛의 두 조각 헝겊의 폐백).

훈(醺) '취하다. 술기운'을 뜻하는 말. ¶훈훈하다(醺醺:술기운이 얼근하다); 여훈(餘醺:아직 말끔히 가시지 아니한 술기운).

훈감-하다 맛이 진하고 냄새가 좋다. 차려낸 것이 푸짐하고 호화롭다. ¶이 집 음식이 훈감하기로 유명하다. 음식이 훈감해 보는 것만으로도 배가 부를 지경이다.

훌/흘- 몇몇 동사 앞에 붙어 '마구 · 함부로. 몹시'의 뜻을 더하는 말. ¶훌매다(풀리지 않도록 단단히 매다), 훌맺다(풀 수 없도록 옭아서 단단히 맺다), 훌보드르르[470]; 훌걸이[471], 훌닦다[472]/닦이다, 훌볶다, 훌부들하다(매우 부드럽다), 훌부시다[473], 훌빗다, 훌뿌리다[474], 훌치우다; 흘번드르르하다(몹시 번드르르하다) 들.

훌 ①새가 갑자기 날아가 버리는 모양. ②입을 벌리고 입김을 짧게 한 번 내어 보내는 모양. ③동작이나 행동을 단번에 가볍게 하거나 쉽고 능란하게 하는 모양. ④잡았거나 쥐었던 것을 갑자기 내던지는 모양. ⑤몸의 일정한 부분이 쑥 드러난 모양. ⑥주저하거나 아까워하지 아니하고 결단성 있게 행동하는 모양. 〈작〉홀.

훌군 ①한 번 내밀었다가 들이미는 모양. ¶혓바닥을 훌군 놀리며 약을 올리는 영희. ②눈알을 사납게 한 번 굴리며 모양.=훌근. ¶훌군 쏘아보는 영희의 눈빛에 기가 질린 철수.

훌륭-하다 썩 좋아서 나무랄 데가 없다. 칭찬할 만큼 대단하거나 뛰어나다.↔시원찮다. ¶훌륭한 사람. 훌륭히.

훌치(다)¹ 촛불 · 등잔불 따위의 불꽃이 바람에 쏠리다. 물체가 바람을 받아서 휘우듬하게 쏠리다. 세차게 훌라들이다.

훌치(다)² 단단히 동여매다. '훌치다'보다 큰말.

훌훌-하다¹ 미음이나 죽 따위가 알맞게 퍼져서 묽다. 〈작〉홀홀하다². ¶훌훌한 죽으로 근근이 연명하고 있다. 훌훌 마시다.

---

467) 훈장(勳章): 나라에 크게 공헌한 사람에게 그 공로를 기리기 위하여 나라에서 주는 휘장. ¶훈장을 수여하다. 훈장감, 훈장연금(年金); 건국훈장(建國), 국민훈장(國民), 근정훈장(勤政), 무공훈장(武功), 문화훈장(文化), 보국훈장(保國), 산업훈장(産業), 새마을훈장, 수교훈장(修交), 체육훈장(體育).

468) 훈훈하다(薰薰): 견디기 좋을 만큼 알맞게 덥다. 마음을 부드럽게 하는 따뜻함이 있다. 〈작〉혼혼하다(훈기를 느낄 만큼 따스하다). ¶실내가 훈훈하다. 인간적인 훈훈한 매력. 훈훈한 인정미.

469) 묵훈(墨暈): 글씨나 그림의 가장자리에 먹물이 번진 흔적.

470) 훌보드르르: 피륙 따위가 가볍고 매우 보드라운 모양. 〈큰〉훌부드르르. 〈준〉훌보들. ¶훌보드르르하다.

471) 훌걸이: 싸잡아 걸어서. ¶여편네를 훌걸이 욕하였다.

472) 훌닦다: ①휘몰아서 대강 훔쳐 닦다. ②남의 잘못이나 약점을 들어 몹시 나무라다. ¶청년은 첫마디부터 끝마디까지 훌닦아 세우는 소리를 하다가 휙 나가버렸다.

473) 훌부시다: ①그릇 따위를 한꺼번에 몰아서 씻다. ②그릇에 담긴 음식을 남기지 아니하고 죄다 먹다.

474) 훌뿌리다: ①눈 · 비 따위가 마구 날리면서 내리다. ②함부로 마구 뿌리다. ③업신여기어 냉정하게 뿌리치다.

훌훌-하다[2] 행동이 거침이 없고 시원스럽다. ¶그는 미련 없이 훌훌히 떠나 버렸다.

훑(다) 겉에 붙은 것을 떼어 내기 위하여 다른 물건에 끼워 죽 잡아당기다. 속에 있는 것을 깨끗이 부시어 내다. 일정한 범위를 한쪽으로부터 죽 더듬거나 살피다. 〈작〉홅다. ¶그네(벼훑이)로 벼이삭을 훑다. 오징어 속을 훑다. 집안을 샅샅이 훑다(뒤지다. 찾다). 사람을 훑어보다. 훑기(훑는 일), 훑대(수를 놓은 뒤, 면을 훑어 고르는 연장), 훑더듬다(훑어 더듬다), 훑어가다, 훑라들이다[475], 훌랑이·훌렁이질/하다, 훌랑이·훌렁이치다, 훌치다[3][476], 훑어보다(≒뜯어보다. 눈여겨보다. 개관하다), 훑이[477], 훑이나인, 훑이다·훑이다(빠지다. 야위다. 졸아들다), 훑태질(곡식을 훑어서 떠는 일); 내리훑다, 뒤훑다(마구 훑다), 벼훑이, 서캐훑이;참빗), 소둘치(←솥+훑이;'눌은밥'의 황해 사투리), 옆훑이(홈 따위의 옆을 훑어 내는 데 쓰는 연장), 치훑다 들.

훔치(다) ☞ 훔치다.

훗훗-하다 약간 답답할 정도로 무더운 기운이 있다. 마음을 부드럽게 녹여주는 온김이 많다. ¶훗훗[478], 훗훗이.

훙(薨) '죽다'를 뜻하는 말. ¶훙거(薨去;죽음), 훙서/하다(薨逝;왕이나 왕족, 귀족의 죽음을 높여 이르는 말), 훙어/하다(薨御) 들.

훠이 닭이나 참새 따위를 쫓을 때 내는 소리. ¶훠이 하고 참새떼를 쫓다.

훤(喧) '시끄럽다. 떠들다'를 뜻하는 말. ¶훤뇨(喧鬧;騷動), 훤소(喧騷;騷亂), 훤언(喧言;말을 많이 함), 훤요(喧擾;시끄럽게 떠듦), 훤자(喧藉;여러 사람의 입으로 퍼져서 왁자하게 됨), 훤쟁(喧爭;왁자하게 떠들면서 싸움), 훤전(喧傳;喧藉), 훤호(喧呼), 훤화(喧譁) 들.

훤(暄) '따뜻하다'를 뜻하는 말. ¶훤난(暄暖), 훤일(暄日;따뜻한 날씨), 훤천(暄天;따뜻한 천기), 훤풍(暄風); 한훤/문(寒暄/問) 들.

훨씬 ①정도 이상으로 좀 많거나 적게. 한결 더. 한층 더.≒월등히. 무척. ¶이것보다 활씬 크다. 훨씬 많다. 훨쑥[479]. ②한결 넓게 벌어지거나 열린 모양. ¶옷을 활씬 벗다. 〈작〉활씬. [+비교].

훤칠-하다 길이가 길고 미끈하다.(≒헌칠하다). 막힘없이 깨끗하고도 시원스럽다.(↔꾀죄죄하다). ¶그 사람은 생김새가 훤칠한 미남이다. 훤칠하게 펼쳐진 평야. 성격이 훤칠하여 거리낌이 없다. 훤칠히.

475) 훌라들이다: 함부로 마구 쑤시거나 훑다. 자주 드나들게 하다.[←훑(다)+아+들(다)+이+다]. 〈작〉홀라들이다. ¶아궁이를 훌라들이다. 남자를 집안으로 훌라들이다. 훌랑이·훌렁이/질/하다, 훌랑이·훌렁이치다(함부로 마구 쑤시거나 훑는 짓을 자꾸 하다).

476) 훌치다[3]: 함부로 세게 마구 쑤시거나 훑다. 〈작〉홀치다[2]. ¶훌치기낚시(여러 개의 갈고리바늘을 달아 훌쳐서 하는 낚시).

477) 훑이[훌치]: 새끼 따위를 훌라들이어 겉의 험한 것을 다듬는 집게 같은 기구.

478) 훗훗: 바람이나 입김 같은 것이 훈훈하게 안겨오는 모양. ¶연기가 훗훗 날아오다. 봄바람이 훗훗 불어오니 몸이 나른해진다. 훗훗거리다/대다.

479) 훨쑥: 쑥 불거져 나와 훨씬 큰 모양. ¶훨쑥 자란 대추나무.

훼(毁) '헐다·헐어지다. 헐뜯다. 무너지다. 야위다. 이를 갈다'를 뜻하는 말. ¶훼가출송(毁家黜送;동네의 풍속을 어지럽힌 사람을 마을에서 내쫓는 일), 훼괴(毁壞), 훼기/죄(毁棄/罪), 훼단(毁短;남의 단점을 헐뜯어 말함), 훼멸(毁滅), 훼모(毁慕;몸이 상하도록 간곡하게 죽은 어버이를 사모함), 훼방(毁謗;방해)[훼방꾼, 훼방놓다, 훼방질/하다, 훼방하다(↔돕다)], 훼비(毁誹), 훼상(毁傷;몸에 상처를 냄), 훼손(毁損;損傷)[명예훼손/죄(名譽/罪)], 훼쇄(毁碎;깨뜨려 부숨), 훼언(毁言;남을 비방하는 말), 훼예(毁譽;비방함과 칭찬함), 훼와획만(毁瓦劃墁), 훼욕(毁辱;헐뜯고 욕함), 훼자(毁訾;꾸짖는 말로 남을 헐뜯음), 훼절(毁折;부딪혀서 꺾임), 훼절(毁節;變節), 훼참(毁讒;남을 헐뜯음), 훼척(너무 슬퍼하여 몸이 쇠하고 마름)/골립(毁瘠/骨立), 훼철(毁撤;헐어서 치워버림), 훼치(毁齒;젖니를 갊), 훼파(毁破), 훼패(毁敗), 훼획(毁劃); 구전지훼(求全之毁), 무훼무예(無毁無譽), 배훼(背毁), 비훼(誹毁), 수훼수보(隨毁隨補), 애훼(哀毁), 잔훼(殘毁), 참훼(讒毁), 파훼(破毁), 폄훼(貶毁) 들.

훼(卉) '풀[초(草)]'을 뜻하는 말. ¶훼복(卉服), 훼의(卉衣); 고훼(枯卉;말라죽은 풀), 화훼(花卉) 들.

훼(燬) '활활 타는 불'을 뜻하는 말. ¶훼염(燬炎;태양); 소훼(燒燬;불에 타서 없어짐. 태워 버림) 들.

훼(喙) '부리(새의 부리)'를 뜻하는 말. ¶훼장삼척(喙長三尺;허물이 드러나서 감출 수가 없음. 변론을 잘함); 용훼(容喙) 들.

훼살 남의 일을 훼방하는 일.[←훼사(毁事)]. ¶훼살을 놓다.

휘[1] 곡식을 되는 그릇. 스무 말 또는 열닷 말이 듦.=곡. 곡(斛).

휘[2] 건물의 보·도리·평방(平枋)에 단청을 그릴 때, 비늘·그물·물결 모양으로 그려 넣는 색깔 띠. ¶금휘(金), 녹휘(綠;녹색으로 그린 휘), 늘휘[480], 단휘(한 가지 색깔로 그린 휘), 바자휘(바자무늬 모양으로 된 휘), 삼휘(三;세 가지 빛깔로 된 휘), 오휘(五; 오색 무늬의 휘), 직휘(直; 곧은금으로 된 휘) 들.

휘[3] ①주위를 대충 쭉 둘러보거나 훑어보는 모양. ¶한 바퀴 휘 돌아보다. ②긴 숨을 내쉴 때나 휘파람을 부는 소리. ③세찬 바람이 물건에 부딪치는 소리. 〈작〉회. ¶휘파람, 휘파람새.

휘- 일부 동사 앞에 붙어 '마구. 매우 심하게' 또는 몇몇 형용사 앞에 붙어 '매우 큰 모양'의 뜻을 나타내는 말. §'휘-(훱-)'는 '회[回(돌다)·彎(굽다)]'의 이형태. ¶휘가르다(휘어잡아 가르다), 휘갈기다(휘둘러 갈기다), 휘감다/감기다, 휘감치다, 휘굴리다, 휘날다/날리다(바람에 나부끼다. 명성을 떨치다), 휘넓다(탁 트인 듯이 아주 넓다), 휘넣다, 휘놀다, 휘느른하다, 휘늘어지다(처지다), 휘달리다[1][481], 휘더듬다, 휘덮다/덮이다, 휘돌다/돌리다, 휘돌아다니다, 휘돌아보다, 휘두들기다, 휘두르다(흔들다)/둘리다, 휘둘러보다(두리번거리다), 휘뚱그래·휘뚱그러지다, 휘뚱그렇다·회동그랗다, 휘뚱그스름·회동그스름하다, 휘둥글다/둥글리다, 휘

480) 늘휘: 단청에서, 머리초 끝에 띠 모양으로 휘돌린 오색 무늬.

481) 휘달리다[1]: 급한 걸음으로 빨리 달리거나 바쁘게 돌아다니다. 휘달리다[2]: 정신을 차릴 수 없을 정도로 몹시 시달리다. 정신없이 바쁘게 지내다.

ㅎ

말다[1](옷 따위를 적셔 몹시 더럽히다), 휘말다[2](함부로 휘휘 감아서 말다)/말리다, 휘말려들다, 휘몰다/몰리다, 휘몰아넣다, 휘몰아대다, 휘몰아세우다, 휘몰아치다, 휘모리482), 휘몰이[휘몰이꾼, 휘몰이질/하다, 휘몰이판(휘모는 판)], 휘밀다(휘잡아서 되게 밀다), 휘불다/불리다, 휘뿌리다, 휘살피다, 휘얽다(마구 뒤엉키게 얽다)/얽히다, 휘적시다, 휘젓다[휘적483), 휘전484), 휘젓개, 휘정485), 휘줄486)], 휘주무르다; 휩뜨다, 휩싸다(덮다. 감싸다), 휩싸이다/휩쌔다, 휩쓸다(쓸다. 석권하다)/쓸리다 들.

휘(揮) '휘두르다. 뿌리다. 흩다·흩어지다'를 뜻하는 말. ¶휘각(揮却;거절하여 버리고 돌아보지 아니함), 휘갈(揮喝;큰 소리를 지르며 지휘함), 휘건(揮巾), 휘검(揮劍;칼을 휘두름), 휘루(揮淚), 휘리(揮罹;후릿그물을 둘러쳐서 물고기를 잡음), 휘발(揮發)[휘발도(度), 휘발성(性), 휘발유(油)], 휘쇄(揮灑;물에 흔들어 깨끗이 빪), 휘수(揮手;손짓하여 거절하는 뜻을 보이거나 어떤 낌새를 채게 함), 휘양(揮;머리에 쓰는 방한구.[←휘항(揮項)]), 휘장(揮帳;피륙을 여러 폭으로 이어서 둘러치는 장막)[휘장걸음, 휘장도깨비; 삼색휘장(三色)], 휘장(揮場)[휘장장원(壯元)], 휘필(揮筆), 휘한(揮汗), 휘호(揮毫;붓을 휘둘러 글씨를 쓰거나 그림을 그림)[석상휘호(席上)]; 발휘하다(發揮), 분휘(奮揮), 지휘(指揮), 투휘(投揮) 들.

휘(諱) 돌아간 높은 어른의 이름. '꺼리다'를 뜻하는 말. ¶휘기(諱忌;숨기고 드러내기를 꺼림), 휘담(諱談;꺼리어 세상에 드러내 놓기 어려운 말), 휘언(諱言;諱談), 휘음(諱音;訃音), 휘일(諱日;조상의 제삿날), 휘자(諱字;돌아가신 어른의 이름), 흐지부지·휘지비지(諱之秘之)/휘비(諱秘), 휘질(諱疾;병을 숨기고 드러내지 않음. 諱病), 휘하다(입 밖에 내기를 거리끼다); 기휘(忌諱), 묘휘(廟諱), 범휘(犯諱), 불휘(不諱), 성휘(聖諱), 시휘(時諱), 어휘(御諱), 엄휘(掩諱), 은휘(隱諱), 촉휘(觸諱) 들.

휘(輝) '빛. 빛나다'를 뜻하는 말. ¶휘광(輝光), 휘도(輝度), 휘동광(輝銅鑛), 휘비석(輝沸石), 휘석(輝石), 휘선(輝線), 휘안석(輝安石), 휘암(輝巖), 휘요(輝耀;밝게 빛남), 휘은광(輝銀鑛), 휘점(輝點), 휘황찬란하다(輝煌燦爛), 휘황하다(輝煌); 광휘/롭다(光輝), 양휘(揚輝) 들.

휘(徽) 거문고의 줄을 고르는 자리를 나타내기 위하여 거문고의 앞쪽에 둥근 모양으로 박은, 크고 작은 13개의 자개 조각. 기러기발. '아름답다. 노끈. 표기(標旗)'를 뜻하는 말. ¶휘궁(徽弓), 휘금(徽琴), 휘묵(徽纆;죄인을 묶는 노), 휘음(徽音;왕비의 아름다운 언행), 휘장(徽章), 휘지(徽旨;왕세자가 내리는 명령), 휘호(徽號;왕비가 죽은 뒤에 시호와 함께 내리던 존호); 금휘(琴徽), 전휘(前徽) 들.

482) 휘모리: 처음부터 급하게 휘몰아 부르는 판소리 및 산조 장단. 휘모리장단.
483) 휘적: 걸음을 걸을 때 팔을 몹시 휘젓는 모양. ¶휘적휘적 활개를 치며 걷다. 휘적거리다/대다.
484) 휘전: ①휘휘 젓는 모양. ¶고개를 휘전휘전 저으며 먼 산을 바라보는 노인. ②쇠잔하여 후들후들 떠는 모양. ¶걸음을 옮길 때마다 휘전휘전 떠는 노인.
485) 휘정: 물 따위를 휘저어서 흐리게 하는 모양. 분위기를 바꿔서 주위를 설레게 하는 모양. ¶휘정거리다/대다.
486) 휘줄: 휘젓고 다니면서 우쭐거리는 모양.

휘(彙) '무리. 모으다'를 뜻하는 말. ¶휘류(彙類;같은 내용이나 갈래에 따라 모은 종류), 휘보(彙報), 휘집(彙集), 휘찬(彙纂); 만휘군상(萬彙群象), 사휘(辭彙), 어휘(語彙), 자휘(字彙) 들.

휘(麾) 아악을 연주할 때, 시작과 끝을 알리는 기. 지휘하다. ¶휘기(麾旗;指揮旗), 휘동(麾動;지휘하여 움직이게 함), 휘병(麾兵), 휘하(麾下;주장의 아래. 지휘 아래 딸린 사졸) 들.

휘(暉) '빛. 빛나다'를 뜻하는 말. ¶석휘(夕暉), 신휘(晨暉;아침의 햇빛), 여휘(餘暉), 청휘(晴暉) 들.

휘갑 마름질한 옷감의 가장자리가 풀리지 아니하도록 꿰매는 일. 너더분한 일을 잘 마무름. ¶휘갑뜨기, 휘갑쇠487), 휘갑치기, 휘갑치다(너더분한 일을 잘 마무르다. 꿰매다), 휘갑하다(뒷일을 잘 마무리하다. 휘갑치다); 말휘갑(이리저리 말을 잘 돌려 맞추는 일).

휘끈 갑자기 돌아서거나 변하는 모양. ¶뒤를 휘끈 돌아보다.

휘끗 몸을 날리며 뛰거나 떨어지는 모양. ¶바위 위에서 휘끗 뛰어내리다.

휘(다) 탄력을 가진 단단하고 곧은 물체가 구부러지다. 곧은 것을 구부러지게 하다. 남의 의지를 꺾어 뜻을 굽히게 하다.≒곱다[3].↔꺾다. 굽다. ¶대나무가 휘다가 부러졌다. 열매가 주렁주렁 매달려 가지가 휘었다. 회들488), 회뚝489), 회똘490), 회초리491)·휘추리, 회촌492), 회친493), 휘묻이, 휫손494), 휘어가다, 휘어나가다, 휘어내다, 휘어넘기다, 휘어넘어가다(속다), 휘어대다(어떤 범위 안으로 억지로 우겨넣다), 휘어들다(안으로 향하여 휘어지다), 휘어박다(함부로 넘어뜨리다. 굴복하게 하다)/박히다, 휘어부리다(휘어잡아서 제 마음대로 일을 시키다), 휘어붙이다(남을 다루어 굴복하게 하다), 휘어심기, 휘어잡다495)/잡히다, 휘어지다, 휘영496), 휘우듬하다(조금 휘어져 자빠질 듯 비스듬하다), 휘우뚱497), 휘움하다, 휘청498), 휨499) 들.

487) 휘갑쇠: 물건의 가장자리나 끝을 보강하기 위하여 휘갑쳐 싼 쇠.
488) 회들: 작은 짐승이 꼬리를 내두르는 모양. 〈큰〉휘들. ¶송아지가 꼬리를 회들회들 젓다.
489) 회뚝: ①갑자기 넘어질 듯이 한쪽으로 흔들리는 모양. ¶정신이 회뚝 뒤바뀌는 착각을 느꼈다. ②일이 위태위태한 고비에 서는 모양. ¶회사가 경영난으로 회뚝. ③작은 물체가 갑자기 솟구쳐 오르는 모양. 〈큰〉휘뚝. 회뚝·휘뚝거리다/대다.
490) 회똘: ①길이 구불구불 휘어져 있는 모양. ②경망스럽게 눈알을 굴리며 요리조리 둘러보거나 몸을 까부는 모양. 〈큰〉휘뚤.
491) 회초리: 어린아이를 때릴 때 쓰는 나뭇가지. ¶회초리를 들다. 휘추리.
492) 회촌: 얇은 판자나 가늘고 긴 나무 따위가 휘어지면서 흔들흔들하는 모양. 〈큰〉휘춘. ¶가설무대에 깔아놓은 판자가 회촌회촌 놀아 공연하는데 어려움이 있었다. 회촌거리다/대다.
493) 회친: 회초리나 나뭇가지 같은 것이 꼿꼿하지 못하고 맥없이 잘 휘어지면서 한들거리는 모양. 〈큰〉휘친. ¶버들가지처럼 회친회친 날렵해 보이고 얼굴이 갸름한 소녀. 회친거리다/대다.
494) 휫손: ①남을 휘어잡아 잘 부리는 솜씨.=통솔력. ②일을 휘어잡아 잘 처리할 만한 솜씨.=휠손.
495) 휘어잡다: ①어떤 물건을 꾸부리어 거머잡다. ¶멱살을 휘어잡다. ②다루기 힘든 사람을 손아귀에 넣고 마음대로 부리다. ¶휫손(남을 잘 다루는 솜씨. 일을 잘 처리하는 솜씨).
496) 휘영: 휘휘 늘어져 운치 있게 흔들리는 모양. ¶수양버들이 휘영휘영 흔들린다.

ㅎ

휘뚜루 무엇에나 닥치는 대로 맞게 쓰일 만하게.[〈휫두루(다);휘+두르다]. ¶아무데고 휘뚜루 쓸 수 있는 물건. 휘뚜루마뚜루.

휘뚝 ①몸을 뒤로 크게 젖히며 한 번 나가자빠지는 모양. ②몹시 놀라는 모양. ¶휘뚝 놀라 뒷걸음을 치다.

휘리릭 무엇이 재빨리 움직이거나 바람이 세게 부는 모양.=휙.

휘번덕 고개를 채신없이 이리저리 돌리는 모양. ¶휘번덕거리다/대다/이다.

휘양 머리에 쓰는 방한구의 하나.[←휘항(揮項)]. ¶모휘양(毛;안에 모피를 대고 꾸민 휘양), 목휘양(木;무명으로 만든 휘양), 양휘양(凉;털을 붙이지 아니한 휘양).

휘영청 ①달이 아주 환하게 밝은 모양. ¶휘영청 밝은 보름달 밤. ②확 트여 시원스러운 모양. ¶휘영청 드넓은 벌판.

휘영-하다 마음이 텅 비어 몹시 허전하다. ¶휘영휘영(휘영한 느낌)/하다.

휘유 크게 한 번 한숨을 쉬거나 깊은 숨을 내쉬는 소리. 또는 그 모양.

휘주근 옷 따위가 풀기가 빠져 축 늘어진 모양.=후줄근. ¶휘주근 늘어진 스웨터. 휘주근하다[500].

휘지(다) 무엇에 시달려 기운이 빠지고 쇠하여지다. ¶약에 휘져 어지럽다. 산후조리를 잘못하여 기력이 휘지다.

휘지르(다) 어떤 일을 하느라고 옷을 몹시 구기거나 더럽히다.≒버리다. ¶장난이 어찌나 심한지 하루에도 옷을 몇 벌씩 휘질러 놓곤 한다.

휘휘-하다 무서운 느낌이 들 정도로 고요하고 쓸쓸하다. 〈준〉휘하다. ¶여러 사람이 떠드는 바람에 호젓하고 휘휘한 방이 갑자기 우꾼하고 들썩하였다. 혼자 걷기에는 휘휘한 오솔길이었다.

휫등 다소 조심스럽게 휘딱 들거나 옮겨 놓는 모양. ¶차에 치인 사람을 휫등 들어 응급차에 태우다.

휴(休) '쉬다. 그치다'를 뜻하는 말. ¶휴가(休暇)[501], 휴간(休刊), 휴강(休講), 휴게/실(休憩/室), 휴경/지(休耕/地;묵정밭), 휴관(休館), 휴교(休校), 휴기(休氣), 휴기(休棄), 휴녕(休寧), 휴등(休燈), 휴면(休眠)[휴면기(期), 휴면법인(法人), 휴면상태(狀態)], 휴명하다(休明), 휴무(休務), 휴문(休門), 휴병(休兵), 휴부(休符), 휴식(休息)[휴식리(痢), 휴식부(符), 휴식자본(資本)], 휴양(休養)[휴양도시(都市), 휴양복(服), 휴양지(地), 휴양처(處)], 휴언(休言), 휴언(休偃), 휴업(休業)[개점휴업(開店), 동맹휴업(同盟), 정기휴업(定期), 하기휴업(夏期)], 휴일(休日)[공휴일(公), 정휴일(定)], 휴작(休作), 휴재(休載), 휴전(休電), 휴전(休戰)[휴전기(旗), 휴전선(線)], 휴정(休廷), 휴조(休兆), 휴지(休止)[휴지기(期), 휴지부(符), 휴지핵(核)], 휴지(休紙)[휴지통(桶), 휴지화(化)], 휴직/급(休職/給), 휴진(休診), 휴징(休徵), 휴처(休妻), 휴척(休戚), 휴추(休錘), 휴태(休怠), 휴퇴(休退), 휴학(休學), 휴한/지(休閑/地), 휴항(休航), 휴화산(休火山), 휴회(休會); 게휴(憩休), 공휴/일(公休/日), 귀휴(歸休), 대휴(代休), 만사휴의(萬事休矣), 맹휴(盟休), 무휴(無休)[연중무휴(年中)], 반휴(半休), 불휴(不休), 산휴(産休), 연휴(年休), 연휴(連休)[황금연휴(黃金)], 운휴(運休), 유휴(遊休), 전휴(全休), 주휴(週休), 퇴휴(退休) 들.

휴(携) '끌다. 손을 맞잡다. 손에 가지다'를 뜻하는 말. ¶휴공(携笻), 휴대(携帶;물건을 몸에 지님)[휴대식량(食糧), 휴대전화(電話), 휴대증(證), 휴대품(品)], 휴수(携手;함께 감. 데리고 감), 휴이(携貳), 휴인(携引), 휴주(携酒), 휴지(携持;携帶), 휴행(携行); 영휴(盈虧), 제휴(提携)[기술제휴(技術)], 좌제우휴(左提右携), 필휴(必携) 들.

휴(虧) '이지러지다'를 뜻하는 말. ¶휴공(虧空), 휴상(虧喪), 휴손(虧損), 휴식(虧蝕), 휴실(虧失), 휴영(虧盈;이지러짐과 가득 참), 휴월(虧月;이지러진 달), 휴폐(虧蔽), 휴흠(虧欠); 영휴(盈虧), 초휴(初虧) 들.

휴(畦) '밭두둑'을 뜻하는 말. ¶휴반(畦畔;밭두둑).

휼(恤) '돕다'를 뜻하는 말. ¶휼고(恤孤), 휼구(恤救), 휼금(恤金), 휼무(恤撫), 휼문(恤問), 휼미(恤米), 휼민(恤民;이재민을 구제함), 휼병/금(恤兵/金), 휼병(恤病), 휼전(恤典;정부에서 이재민을 구제하는 은전), 휼형(恤刑); 고휼(顧恤), 구휼(救恤), 국휼(國恤), 궤휼(饋恤), 긍휼(矜恤), 무휼(撫恤), 민휼(憫恤), 애휼(愛恤), 연휼(憐恤), 우휼(優恤), 은휼(恩恤), 인휼(仁恤), 자휼(字恤), 조휼(弔恤), 주궁휼빈(賙窮恤貧), 진휼(賑恤), 하휼(下恤), 혜휼(惠恤), 흠휼지전(欽恤之典) 들.

휼(譎) '속이다. 거짓'을 뜻하는 말. ¶휼간(譎諫), 휼계(譎計;남을 속이는 꾀), 휼괴하다(譎怪), 휼궤(譎詭), 휼모(譎謀), 휼방지쟁(譎蚌之爭), 휼사(譎詐;남을 속이려고 간사한 꾀를 부림); 간휼(奸譎), 궤휼(詭譎), 음휼하다(陰譎) 들.

휼(潏) '물이 흐르는 모양. 샘솟다'를 뜻하는 말. ¶발휼(浡潏;물이 콸콸 솟음).

휼(鷸) '도요새'를 뜻하는 말. ¶방휼지세(蚌鷸之勢), 방휼지쟁(蚌鷸之爭) 들.

흉 상처·부스럼 따위가 아문 자리(흉터). 비웃음거리. 허물. ¶얼굴에 흉이 있다. 흉 각각 정 각각(상과 벌이 분명함). 흉보다(남의 허물을 들어 말하다. 헐뜯다), 흉잡다[502]/잡히다, 흉질/하다[악담(惡談)], 흉터(상처가 나은 자리. 흠집), 흉터종(腫), 흉하

497) 휘우뚱: 사람이나 물체가 중심을 잃고 한쪽으로 쓰러질 듯한 모양. ¶거센 파도에 배가 휘우뚱 기울다. 휘우뚱휘우뚱, 휘우뚱거리다/대다/하다.

498) 휘청: ①몸을 똑바로 가누지 못하여 좌우로 기우는 모양. ②길고 가는 물건이 탄력 있게 휘어지며 흔들리는 모양. ③어려운 일에 부딪쳐 앞으로 나아가지 못하고 주춤하는 모양. 〈작〉회창. ¶휘우청, 휘청휘청/하다, 회창·휘청거리다/대다/하다, 휘청걸음.

499) 휨: ①변형(變形). ②지붕의 용마루, 각 마루의 끝이 들리는 상태.

500) 휘주근하다: ①옷 따위가 풀기가 빠져서 축 늘어져 있다. ②몹시 지쳐서 기운이 없다.

501) 휴가(休暇): 말미. ¶휴가를 얻다. 휴가객(客), 휴가병(兵), 휴가비(費), 휴가증(證), 휴가철; 늦휴가, 생리휴가(生理), 여름휴가, 연차휴가(年次), 유급휴가(有給), 정기휴가(定期), 출산휴가(出産), 특별휴가(特別), 하기휴가(夏期).

적[503], 흉허물/없다/없이.

흉(凶/兇) 운이 사납거나 불길하다.↔길(吉). 보기에 언짢거나 징그럽다. 나쁘거나 궂다. 흉년들다. 포악하다. ¶흉가(凶家;들어 사는 사람마다 궂은일을 당하는 불길한 집), 흉계(凶計;흉악한 꾀), 흉괘(凶卦), 흉구(凶具), 흉근(凶饉), 흉기(凶器;사람을 살상하는 데 쓰는 기구), 흉년(凶年)[흉년거지; 불흉년(호된 흉년)], 흉녕(凶獰), 흉당(凶黨), 흉덕(凶德), 흉도(凶徒;暴徒), 흉례(凶禮), 흉맹(凶猛), 흉모(凶謀), 흉몽(凶夢↔吉夢), 흉문(凶聞), 흉물/스럽다(凶物), 흉범(凶犯), 흉변(凶變;좋지 못한 사고), 흉보(凶報), 흉복(凶服), 흉사(凶事↔吉事), 흉사(凶邪), 흉살(凶煞;불길한 운수나 흉한 귀신), 흉상(凶狀), 흉상(凶相), 흉설(凶說), 흉성(凶星), 흉세(凶歲), 흉수(凶/兇手;악인이 한 짓), 흉스럽다(흉한 데가 있다), 흉신(凶神), 흉악(凶惡)[흉악무도(無道), 흉악범(犯), 흉악하다], 흉어(凶漁), 흉업다[504], 흉역(凶逆), 흉완(凶頑), 흉음(凶音;凶報), 흉인(凶/兇刃), 흉일(凶日), 흉작(凶作), 흉잡(凶雜), 흉적(凶/兇賊), 흉조(凶兆;불길한 조짐), 흉조(凶鳥↔吉鳥), 흉즉대길(凶則大吉), 흉증/맞다/스럽다(凶證), 흉참(凶慘;흉악하고 참혹함), 흉측하다(몹시 흉악하다)/스럽다(凶測), 흉탄(凶彈), 흉특(凶慝;성질이 간사하고 음흉함), 흉패(凶悖;성질이 흉악하고 도리에 어그러짐), 흉포(凶暴), 흉풍(凶風), 흉풍(凶豊;흉년과 풍년), 흉하다[505], 흉학(凶虐;몹시 모질고 사나움), 흉한(兇漢), 흉해(凶害), 흉행(兇行), 흉험(凶險;마음이 음흉함), 흉화(凶禍), 흉황(凶荒;농사가 재앙으로 결딴남); 간흉(奸/姦凶), 군흉(群凶), 궁흉하다(窮凶), 권흉(權凶), 극흉하다(極凶), 길즉대흉(吉則大凶), 길흉(吉凶), 길흉화복(吉凶禍福), 대흉(大凶), 독흉(獨凶), 면흉(免凶), 연흉(連凶), 원흉(元兇), 음흉(陰凶), 적흉(赤凶), 지흉하다(至凶), 참흉(慘凶), 풍흉(豊凶), 행흉(行凶/兇), 황흉(荒凶;권세를 함부로 부리는 흉악한 사람) 들.

흉(胸) '가슴. 마음'을 뜻하는 말. ¶흉간(胸間), 흉강(胸腔), 흉격(胸膈), 흉곡(胸曲), 흉골(胸骨), 흉곽(胸廓), 흉근(胸筋), 흉금(胸襟;가슴속에 품은 생각), 흉당(胸膛), 흉리(胸裏), 흉막(胸膜), 흉모(胸毛), 흉배(胸背)[506], 흉벽(胸壁), 흉복(胸腹), 흉부(胸部), 흉비(胸痞), 흉산(胸算;속셈), 흉상(胸像), 흉선(腺線), 흉성(胸聲), 흉수(胸水), 흉액(胸液), 흉억(胸臆), 흉오(胸奧), 흉위(胸圍), 흉장(胸章), 흉장(胸墻), 흉중(胸中), 흉차(胸次), 흉추(胸椎), 흉통(胸痛), 흉패(胸牌), 흉호흡(胸呼吸); 개흉/술(開胸/術), 귀흉귀배(龜胸龜背), 기흉(氣胸), 농흉(膿胸), 심흉(心胸), 전흉(前胸), 풍흉술(豊胸術) 들.

흉(洶) '물살이 세차다'를 뜻하는 말. ¶흉용하다(洶湧), 흉흉하다(洶洶;물결이 어지럽게 일어나다. 인심이 몹시 어수선하다).

흉내 남이 하는 언행을 그대로 옮겨서 하는 짓.≒시늉. ¶남의 목소리를 흉내 내다. 흉내내기, 흉내말, 흉내시(詩), 흉내쟁이, 흉내질/하다; 입흉내/입내(소리나 말로써 내는 흉내).

흐 ①데설궂게 웃는 소리나 모양. ¶호탕하게 흐흐 잘 웃는다. ②흐뭇함을 참지 못하여 입을 조금 벌리고 은근히 웃는 소리나 모양. ¶흐흐거리다/대다/하다.

흐놀(다) 무엇인가를 몹시 그리워하면서 동경하다(憧憬).≒그리다. 그리워하다. ¶어린 시절을 흐놀다.

흐둥하둥 말이나 행동이 실없고 성의가 없는 모양. ¶흐둥하둥하다.

흐드러-지다 썩 탐스럽다. 흐무러지다(잘 익어서 무르녹다. ☞하물). 〈준〉흐들지다. ¶모란꽃이 흐드러지게 피었다. 흐드러지게 핀 진달래. 흐들흐들[507].

흐드르-하다 물 같은 것이 많이 괴어 있거나 묻어 있다.

흐득 숨이 막힐 듯이 이따금 흐느끼어 우는 모양. 또는 그 소리. ¶흐득거리다/대다, 흐득흐득/하다.

흐락 진실 되지 아니하고 장난으로 하는 짓. ¶흐락을 버려야 인정을 받는다.

흐르(다)[1] 물 따위가 낮은 곳으로 내려가다. 미끄러지듯이 움직이다. 윤기·광택 따위가 나다. 시간이나 세월이 지나가다.(↔멎다). 전기가 통하다. 어떤 기운·상태가 겉으로 드러나다. ¶냇물이/ 땀이 흐르다. 바지가 흘러내린다. 쌀밥에 기름이 자르르 흐르다. 세월이 흐르다. 땀을 흘리다. 흘러가다, 흘러나가다, 흘러나오다, 흘러내리다, 흘러넘치다(넘쳐흐르다), 흘러다니다, 흘러들다(≒스미다), 흘러보다[508], 흘러오다, 흘레구름(비구름), 흘레바람(비를 몰아오는 바람), 흘려듣다(주의 깊게 듣지 아니하다), 흘려버리다(흘려듣고 넘겨 버리다), 흘려보내다(내버려두다), 흘려쓰기, 흘려주다[509], 흐른살(과녁이나 목표에서 빗나간 살), 흐름[510], 흘리다[511], 흘리띄우다, 흘리젓다, 흘리어주다(여러 번에 조금씩 나누어 주다), 흘림[1][512], 흘림[2][513], 흘림낚시[배흘림낚시], 흘림흘림(한 번에 주어야 할 것을 조금씩 여러 번에 걸쳐 나누어

---

502) 흉잡다: 남의 결점을 꼬집어서 들추어내다. ¶공연히 며느리를 흉잡고 난리다.

503) 흉하적: 남의 잘못을 초들어 말하는 짓. ¶흉하적하다.

504) 흉업다: 언행이 불쾌할 정도로 흉하다. 흉한 느낌을 자아내다. ¶영수는 웃는 모습이 오히려 흉업다.

505) 흉하다: ①어떤 일의 결과가 좋지 않다. ②어떤 일의 예감이 불길하다. ③얼굴이나 태도 따위가 보기에 나쁘다. ¶겉모양이 흉하다. ④마음씨가 나쁘고 거칠다.

506) 흉배(胸背): 가슴과 등. 관복의 가슴과 등에 학이나 범을 수놓아 붙이던 사각형의 표장(表章). ¶단학흉배(單鶴), 단호흉배(單虎), 쌍학흉배(雙鶴), 학흉배(鶴), 호흉배(虎).

507) 흐들흐들: ①천 따위가 휘늘어질 정도로 연하고 부드러운 모양. ②굳지 아니하고 연하여 물렁물렁한 모양. ¶요양 생활 1개월 동안에 살이 흐들흐들 올랐다.

508) 흘러보다: 남의 속을 슬그머니 떠보다. ¶그녀의 마음을 흘러보다.

509) 흘려주다: 여러 번에 조금씩 나누어 주다.

510) 흐름(≒역사. 리듬. 추세. 동향): 흐름곡선(曲線), 흐름구멍, 흐름길, 흐름도(圖), 흐름새, 흐름성(性), 흐름소리[유음(流音)], 흐름속도(速度), 흐름살(빗나가는 화살), 흐름식(式), 흐름양(量), 흐름점(點); 층흐름(層).

511) 흘리다: 흐르게 하다. 물건을 빠뜨리거나 떨어뜨려 잃다. 글씨를 흘림으로 쓰다. 말을 귀담아 듣지 아니하다. 그림에서 붓 자국이 잘 보이지 않도록, 붓질을 희미하게 하다. ¶바닥에 물을 흘리다. 땀을/ 피를 흘리다. 소문을 흘리다. 글씨를 흘려 쓰다. 흘려주다.

512) 흘림[1]: 기둥머리 쪽을 밑동보다 조금 가늘게 하는 일. 기울기의 정도. ¶흘림기둥; 귀마루흘림(귀마루의 기울어진 정도), 민흘림, 배흘림/기둥.

513) 흘림[2]: 흘려 쓴 글씨[초서(草書)]. ¶흘림체; 반흘림(半).

주는 모양); 검흐르다[514], 내리흐르다(아래로 계속 흐르다), 넘쳐흐르다, 침흘리개, 코흘리개. ☞ 류(流).

흐르(다)² 짐승이 교미(交尾)를 하다. ¶흘레[흘레개, 흘레붙다/붙이다, 흘레암캐, 흘레질, 흘레틀, 흘레하다; 눈흘레[515]/하다].

흐름 새 따위가 맑지 아니한 소리로 뜨악하게 우는 소리.

흐리(다)¹ ①무슨 흔적을 잘 알지 못하게 지워버리다. ¶말끝을 흐리다. ②맑은 물 따위에 잡것을 섞어서 혼탁하게 하다. 순수하지 못한 상태가 되다.≒더럽히다. ¶냇물을 흐려 놓았다. 공기가 흐리다. 분위기를 흐리다. ☞ 탁(濁). ③집안이나 단체의 명예를 더럽히다. ¶가문의 이름을 흐리게 한 자식.

흐리(다)² 기억력이나 사리 판단, 또는 하는 일이 분명하지 않다. 날씨가 맑지 않다.(↔개다). 빛이 희미하다. 〈작〉하리다². ¶의식(意識)이 흐리다. 판단이 흐리다. 셈이 흐리다. 날씨가 흐리다. 전등불이 흐리다. 흐려지다, 흐리눅진하다[516], 흐리디흐리다, 흐리마리[517]/하다(아련하다), 하리망당 · 흐리멍덩 · 흐리멍텅하다(희미하다. 멍청하다), 흐리무레[518], 흐리무즛[519], 흐리우다, 하리타분 · 흐리터분하다, 흐리[520], 흐리하다(좀 흐리다), 흐린소리, 흐림, 흐림도(度), 흐림수(手;속임수), 흐릿[521]/하다 들.

흐물떡 거침없이 몽땅 꿀꺽 삼키는 모양. ¶흐물렁(쉽게 흐물떡 삼키는 모양).

흐뭇 ①여럿이 다 마음에 흡족하여 매우 만족스러운 모양. ②마음에 흡족하여 몹시 만족스러운 모양. ¶하뭇 · 흐뭇하다(즐겁다. 흡족하다), 하뭇 · 흐뭇이, 하무뭇 · 흐무뭇(매우 흐뭇한 모양)/하다, 흐무지다²(흐무뭇하다).

흐벅-지다 탐스럽게 두껍고 부드럽다. 양이 매우 많다. ¶손이 희고 흐벅지다. 흐벅진 젖가슴. 밤새 눈이 흐벅지게 내렸다.

흐슬-부슬 차진 기가 없고 부스러져 헤어질 듯한 모양. ¶마른 흙벽에서 모래가 흐슬부슬 흘러내렸다. 멥쌀로 만들어서인지 시루떡이 흐슬부슬하다.

흐아 소란스러울 정도로 크게 웃는 소리. ¶흐아거리다/대다/하다, 흐아흐아/하다, 흐악[522].

흐지부지 끝을 분명히 맺지 못하고 흐리멍덩하게 넘겨 버리는 모양. ¶말을 흐지부지 얼버무리다. 흐지부지되다/하다.

---

514) 검흐르다: 물 따위가 둑이나 그릇의 전을 넘쳐흐르다.
515) 눈흘레: 눈요기로써 상대방과 성교하는 일을 상상하는 것.
516) 흐리눅진하다: 흐리며 눅진하다. 되바라지거나 팽팽하지 아니하고, 흐린 듯 느긋한 듯하면서도 끈끈하고 질기다. ¶흐리눅진한 반항의 자세.
517) 흐리마리: ①거취 따위가 분명하지 아니한 모양. ②생각 · 기억이 분명하지 아니한 모양.
518) 흐리무레: 조금 흐린 듯한 모양. ¶하늘이 흐리무레 흐려 있다.
519) 흐리무즛: 흐린 기운이 있고 개운하지 아니한 모양. ¶잠을 설쳐 머리가 흐리무즛 개운치 않다.
520) 흐리: 몹시 흐린 모양. ¶머리가 흐리흐리 개운치 못하다.
521) 흐릿: 날씨나 빛깔이 맑지 아니하고 흐린 기운이 있는 모양. 〈작〉하릿. ¶흐릿하게 비추다. 흐릿하다(아득하다. 어슴푸레하다), 흐릿흐릿/하다.
522) 흐악: 조금 막혔던 날숨을 터뜨리며 크고 요란하게 한 번 웃는 소리. 또는 그 모양. 〈큰〉흐억.

흑 ①설움이 북받쳤을 때 흐느끼는 소리. 흑 눈물이 쏟아졌다. ②놀란 감정을 누르지 못하여 갑자기 숨을 내쉬거나 들이마실 때 내는 소리. ¶흐느끼다(몹시 서러워 흑흑 느껴 울다), 흐느낌.

흑(黑) '검은빛. 검다. 어둡다'를 뜻하는 말.↔백(白). ¶흑각(黑角), 흑각대(黑角帶), 흑갈색(黑褐色), 흑건(黑鍵), 흑고니, 흑고래, 흑고약(黑膏藥), 흑곡(黑麯), 흑광(黑鑛), 흑귀자(黑鬼子;黑人), 흑기(黑氣;검은 기운. 불길하고 음산한 기운), 흑기(黑旗), 흑기러기, 흑내장(黑內障), 흑노(黑奴), 흑단(黑檀), 흑단령(黑團領), 흑달(黑疸), 흑당(黑糖), 흑대두(黑大豆;검은콩), 흑대모(黑玳瑁), 흑도(黑道), 흑두(黑豆), 흑두/공(黑頭/公), 흑두루미, 흑두병(黑痘病), 흑린(黑燐), 흑마(黑馬), 흑마포(黑麻布), 흑막(검은 장막. 겉으로 드러나지 않은 음흉한 내막)/정치(黑幕/政治), 흑맥(黑麥;호밀), 흑맥주(黑麥酒), 흑반/병(黑斑/病), 흑반(黑礬), 흑발(黑髮), 흑백(黑白)[흑백논리(論理), 흑백사진(寫眞), 흑백영화(映畵)], 흑변두(黑藊豆), 흑비둘기, 흑빵, 흑사(黑砂), 흑사병(黑死病), 흑사탕(黑砂糖), 흑산호(黑珊瑚), 흑삼(黑衫), 흑색(黑色)[흑색선전(宣傳), 흑색인종(人種), 흑색조합(組合;무정부주의 계통의 노동조합)], 흑서(黑黍), 흑석(黑石), 흑석영(黑石英), 흑선(黑線), 흑설탕(黑雪糖), 흑성병(黑星病), 흑손(黑損), 흑송(黑松), 흑수(黑手;검은 손. 나쁜 짓을 하는 수단), 흑수(黑穗;깜부기)[흑수균(菌), 흑수병(病)], 흑수열(黑水熱), 흑수정(黑水晶), 흑수증(黑水症), 흑승지옥(黑繩地獄), 흑시(黑柹), 흑심(黑心;음흉하고 부정한 마음), 흑싸리, 흑암(黑暗), 흑암(黑巖), 흑앵(黑櫻;버찌), 흑야(黑夜), 흑양/피(黑羊/皮), 흑연(黑煙), 흑연/광(黑鉛/鑛), 흑연색(黑鳶色), 흑염소, 흑영(黑影), 흑예(黑瞖), 흑요석(黑曜石), 흑요암(黑曜巖), 흑우(黑牛), 흑운(黑雲), 흑운모(黑雲母), 흑월(黑月), 흑유(黑釉), 흑의/재상(黑衣/宰相), 흑인(黑人), 흑임자(黑荏子), 흑자(黑子), 흑자/재정(黑字/財政), 흑자색(黑紫色), 흑자폭(黑字幅), 흑적색(黑赤色), 흑점(黑點), 흑정(黑睛), 흑정창(黑疔瘡), 흑제(黑帝), 흑쥐, 흑지[523], 흑진주(黑眞珠), 흑질(黑質), 흑채(黑彩), 흑책질(黑冊)[524], 흑청(黑淸), 흑체(黑體), 흑초(黑貂), 흑축(黑丑), 흑칠(黑漆), 흑탄(黑炭), 흑태(黑太), 흑태(黑苔), 흑토(黑土), 흑판(黑板), 흑포도(黑葡萄), 흑풍(黑風), 흑피/화(黑皮/靴), 흑핵(黑核), 흑호마(黑胡麻), 흑화예(黑花瞖), 흑훈(黑暈); 백금흑(白金黑), 순흑(純黑), 심흑(深黑), 암흑(暗黑), 적흑(赤黑), 집흑(執黑), 초흑(炒黑), 칠흑(漆黑), 혼흑(昏黑), 훈흑(曛黑) 들.

흑죽학죽 일을 정성껏 맺지 않고 되는 대로 어름어름 넘기는 모양. ¶흑죽학죽 일해서는 인정을 받을 수 없다. 흑죽학죽하다.

흑책-질 남의 일을 교활한 꾀로 방해하는 짓. ¶흑책질이나 하고 돌아다니지 않는지 걱정이다. 흑책질하다.

흔(痕) '자취. 자국'을 뜻하는 말. ¶흔적(痕迹)[흔적기관(器官), 흔적틀, 흔적화석(化石)]; 누흔(淚痕), 늑흔(勒痕), 도흔(刀痕), 두흔(痘痕;마맛자국), 무흔구(無痕灸), 무흔하다(無痕), 묵흔(墨痕), 반흔(瘢痕), 상흔(傷痕), 생흔(生痕), 소흔(燒痕), 압흔(壓痕), 여흔(餘

---

523) 흑지: 바둑돌의 검은 알.
524) 흑책질(黑冊): 교활한 수단을 써서 남의 일을 방해하는 짓. ¶흑책정사(黑冊政事).

ㅎ

痕), 연흔(漣痕), 우흔(雨痕), 월흔(月痕), 유성흔(流星痕), 유흔(遺痕), 자흔(疵痕), 잔흔(殘痕), 장흔(粧痕), 전흔(戰痕), 조흔(爪痕), 조흔(條痕), 족흔(足痕), 주흔(酒痕), 탄흔(彈痕), 필흔(筆痕), 혈흔(血痕) 들.

흔(欣**)** '기쁘다'를 뜻하는 말. ¶흔감(欣感;기쁘게 느껴 감동함), 흔구(欣求), 흔낙(欣諾), 흔모(欣慕), 흔무(欣舞), 흔상(欣賞), 흔약(欣躍), 흔연(欣然)[흔연대접(待接), 흔연스럽다/하다], 흔쾌하다(欣快;기쁘고도 상쾌하다), 흔회(欣懷), 흔흔하다(欣欣), 흔희(欣喜), 흔희작약(欣喜雀躍); 남흔여열(男欣女悅) 들.

흔(掀**)** '높이 들어 올리다'를 뜻하는 말. ¶흔굉(掀轟), 흔동일세(掀動一世;위세가 당당하여 한 세상을 뒤흔듦), 흔천동지(掀天動地), 흔충(掀衝) 들.

흔(釁**)** '틈. 사이'를 뜻하는 말. ¶흔극(釁隙;불화로 생기는 틈), 흔단(釁端;서로 사이가 벌어지거나 다르게 되는 실마리), 흔루(釁累); 스스로 저지른 잘못); 사흔(伺釁;기회나 틈을 엿봄) 들.

흔들(다) ①위아래나 좌우로 이어서 움직이게 하다.[〈흐늘다]. ¶손을 흔들어 작별하다. 깃발을 흔들다. 어금니가 흔들린다. ②굉장히 큰 소리가 주위를 떨어 울리게 하다. ¶지축(地軸)을 흔드는 대포 소리. ③마음을 감동시키거나 동요시키다. ¶고요한 마음을 흔들어 놓았다. 그의 말이 나의 결심을 흔들어 놓았다. 마음이 흔들린다. ④사람이 권력을 잡고 어떤 대상을 자기 마음대로 움직이다. ¶권력을 쥐고 흔들다. 한 나라의 경제를 흔들어 놓을 만한 큰 사건이 일어났다. 하늑[525], 하느작[526], 하늘[527], 한닥 · 흔덕거리다/대다/이다, 한댕 · 흔뎅거리다/대다/이다, 한드랑 · 흔드렁거리다/대다, 한드작 · 흔드적거리다/대다, 한들 · 흔들거리다/대다. 한들한들 · 흔들흔들/하다, 혼돌[528], 흔들[흔들개비, 흔들대(臺), 흔들바람, 흔들바위, 흔들비쭉이(변덕쟁이), 흔들의자(倚子), 흔들이(振子)], 흔들리다(떨다. 움직이다. 나부끼다. 들썩이다), 흔들림, 흔들흔들/하다; 가로흔들다(좌우로 흔들다. 부정하다), 내흔들다(이리저리 흔들다), 뒤흔들다(함부로 마구 흔들다)/흔들리다, 쥐어흔들다(손으로 쥐고서 흔들다. 마음대로 휘두르다. 단단히 잡고 흔들다).

흔-하다 일상적으로 보고 들을 수 있게 많다. 귀하지 않고 많아서 얻기 쉽다.↔귀하다(貴). 드물다. 〈준〉흔타. 흖다. ¶흔한 이야기. 시골에는 푸성귀가 흔하다. 그런 일은 흔히 일어난다. 감수성이 예민한 사람은 눈물이 흔하다(헤프다). 흔전[529]거리다/대다/하다, 흔전만전/하다(넉넉하다. 홍청망청하다), 흔전하다(모자람이 없이 아주 넉넉하다), 흔전흔전/하다, 흔해빠지다(아주 흔하다), 흔히(곧잘).

흘(吃**)** ①'말을 더듬다. 머뭇거리다'를 뜻하는 말. ¶흘어(吃語), 흘역(吃逆;딸꾹질), 흘역하다(吃逆), 흘음(吃音;더듬는 소리); 흘수(吃水;배 밑이 물에 잠기는 깊이나 정도), 흘수선(吃水線).

흘(屹**)** '산이 우뚝 솟다'를 뜻하는 말. ¶흘립(屹立), 흘연하다(屹然), 흘연독립(屹然獨立), 흘출하다(屹出;산이 우뚝 솟아 있다), 흘호(屹乎;우뚝하게 높이 솟은 모양).

흘(迄**)** '이르다. 도달하다'를 뜻하는 말. ¶흘가휴의(迄可休矣;알맞은 정도에 그만두라는 뜻으로, 정도에 지나침을 경계하는 말).

흘게 매듭 · 사개 · 고동 · 사북 따위의 조인 정도나 무엇을 맞추어서 짠 자리. ¶흘게가 튼튼하게 짜인 책장. 흘게가 풀리다. 흘게가 빠지다(정신이 똑똑하지 못하고 흐릿하거나 느릿느릿하다). 흘게늦다[530].

흘근 느릿느릿하게 천천히 걷거나 행동하는 모양. ¶흘근거리다/대다, 흘근흘근/하다.

흘떼기 짐승의 힘줄이나 근육 사이에 박힌, 얇은 껍질이 많이 섞인 질긴 고기. ¶흘떼기장기(將碁;으레 질 장기를 안 지려고 떼를 쓰며 끈질기게 두는 장기).

흘미죽죽 일을 야무지게 끝맺지 못하고 흐리멍덩하게 질질 끄는 모양. ¶일을 흘미죽죽 처리해서는 안 된다. 흘미죽죽하다, 흘미죽죽이.

흘쭉 ①일을 다잡아 하지 않고 일부러 검질기게 끄는 모양. ¶곰탕을 먹이려고 흘쭉흘쭉 일을 끌다. ②일부러 걸음을 느릿느릿 걷는 모양. ¶집에 가도 반겨줄 사람이 없는 영희는 언제나 흘쭉흘쭉 걸어간다. 흘쭉거리다/대다, 흘쭉흘쭉/하다.

흘흘 숨이 차서 숨을 거칠게 쉬는 모양. ¶가쁜 숨을 흘흘 쉬며 산길을 오르다. 흘흘 흐느끼며 울다.

흙 땅 거죽의 바위가 분해되어 이루어진 무기물과 동식물의 썩은 것이 섞이어 된 물질.≒토양(土壤). ¶흙을 파다. 사람을 흙을 밟고 다녀야 한다. 흙가래, 흙가루, 흙간직, 흙갈퀴, 흙감태기(흙투성이), 흙강아지, 흙격지(지층과 지층 사이), 흙공예(工藝), 흙구덩이, 흙구름, 흙구이(흙태우기), 흙기둥, 흙기와, 흙깔기(흙펴기), 흙냄새/흙내, 흙넣기, 흙다리, 흙다짐/하다, 흙담[흙담집, 흙담틀], 흙댐(dam), 흙더미, 흙더버기[531], 흙덩어리/덩이, 흙덮기, 흙도배(塗褙), 흙도장(圖章), 흙둑, 흙뒤(발뒤축의 위쪽에 있는 근육), 흙들이다[532], 흙마루, 흙막이, 흙매/질, 흙먼지, 흙메, 흙메움, 흙모

525) 하늑: ①'하느작'의 준말. 〈큰〉흐늑. ②물건 따위가 한번 나슨하게 되거나 가볍게 한번 움직이는 모양. ¶하늑 · 흐늑거리다/대다/이다(흐느적이다), 하늑하늑하다.

526) 하느작: 나뭇가지나 천 따위의 가늘고 긴 물체가 가볍게 흔들리는 모양. 〈큰〉하느적. 흐느적. 〈센〉하늘짝. 〈큰 · 센〉흐늘쩍. 〈준〉하늑①. ¶옷고름이 하늘짝 날리다. 하느작 · 흐느적거리다(흔들리다)/대다/이다, 하느작하느작/하다.

527) 하늘: 어떤 기색이 알 듯 말 듯하게 움직여 나타나는 모양. 〈큰〉흐늘. ¶나뭇잎이 하늘하늘 나부끼다. 수양버들이 하늘하늘 춤춘다. 하늘 · 하늘거리다/대다, 하늘하늘 · 흐늘흐늘/하다.

528) 혼돌: 작은 것이 매우 경망스럽게 흔들리는 모양. 〈큰〉혼들. 흔들. 한들. ¶머리를 혼돌 까불며 걸어가다.

529) 흔전: 생활이 넉넉하여 아쉬움이 없이 돈을 잘 쓰며 지내는 모양.≒홍청망청. 풍부히. 함부로. 막. 헤프게. ¶돈을 흔전흔전 쓰다. 흔전거리다/대다, 흔정하다(아주 넉넉하다).

530) 흘게늦다: ①흘게가 조금 풀렸거나 단단하지 못하다. ②성격이나 하는 짓이 야무지지 못하고 느슨하다. 흘게늦고 게을러빠지고 눈치도 없는 사람.

531) 흙더버기: 진흙이 튀어 올라붙은 여러 개의 작은 진흙 방울.

532) 흙들이다: 지력이 낮은 논밭을 개량하기 위하여 다른 곳의 좋은 흙을

래, 흙무더기, 흙무덤, 흙무지, 흙물, 흙뭉치, 흙뭉텅이, 흙바닥, 흙바람, 흙바탕[토질(土質)], 흙반죽, 흙받기, 흙발, 흙밥(연장으로 뜨거나 갈아 넘긴 흙), 흙방(房), 흙밭, 흙배[토운선(土運船)], 흙벽(壁), 흑벽돌(甓), 흙봉우리, 흙부처, 흙북, 흙비, 흙빛, 흙빨래/하다, 흙살, 흙삽, 흙색(色;흙빛), 흙성(城), 흙소쿠리, 흙속, 흙손[흙손끌(흙손 모양의 끌), 흙손질/하다; 면회흙손(面灰), 줄눈흙손], 흙신발, 흙싸개, 흙얼개(토양 구조), 흙이랑(물가에 생긴 흙의 주름), 흙이불(무덤흙), 흙일[흙일꾼, 흙일하다], 흙장난, 흙주머니, 흙주접[533], 흙질(흙을 이기거나 바르는 일)[흙질꾼, 흙질하다], 흙짐, 흙집, 흙창(窓)[534], 흙체(흙을 곱게 치는 체), 흙층(層), 흙칠/하다, 흙탕(湯)[흙탕길, 흙탕물, 흙탕치다; 진흙탕], 흙태우기/하다, 흙테, 흙투성이, 흙펴기, 흙풍로(風爐), 흙화덕(火); 갈이흙[경토(耕土)], 감흙(사금광에서 캐낸, 금이 섞인 흙. 감돌), 개흙, 거름흙, 겉흙, 논흙, 놀란흙[535], 막흙(보통 흙), 매흙, 모래흙, 모판흙(板), 몸흙[536], 바숨흙[537], 벌흙[538], 복흙(福), 사기흙(沙器), 사태흙(沙汰), 산성흙(酸性), 살흙[539], 생흙(生), 속흙, 앙금흙(물에 가라앉힌 고운 흙), 진흙[진흙땅, 진흙물, 진흙바위, 진흙층(層), 진흙탕], 질흙, 찰흙, 참흙[540], 홍두깨흙(기와를 일 때, 수키와 밑에 괴는 반죽한 흙). ☞ 토(土).

흠[1] ①만족하거나 흥겨울 때, 콧숨을 내쉬며 내는 소리. ¶흠흠하다(얼굴에 만족한 표정을 짓다). ②언짢거나 아니꼬울 때 입을 다물고 콧숨을 내쉬며 비웃는 소리. ¶흠, 어지간히 잘난 체하는군.

흠[2] ①콧숨을 들이쉬며 무슨 냄새를 맡는 소리. 또는 그 모양. ¶흠 하고 냄새를 맡아 보다. ②대수롭지 않게 여기며 아랑곳하지 않는 모양. ¶흠흠 하고 서 있지만 말고 직접 나서게. 〈작〉홈.

흠(欠) 깨어지거나 상한 자리. 사물의 불완전하거나 잘못된 부분. 사람의 언행에 나타나는 결점. ¶흠이 있다. 흠을 잡다. 흠가다(흠이 생기다), 흠결/하다(欠缺), 흠구덕[541], 흠나다/내다, 흠단(欠端), 흠되다(흠가다), 흠뜯다(헐뜯다. 흉보다), 흠사(欠事), 흠신(欠伸;하품과 기지개), 흠신(欠身;존경의 뜻으로 몸을 굽힘), 흠신답례(欠身答禮), 흠잡다(꼬집다. 나무라다↔칭찬하다), 흠절(欠節;흠점), 흠점(欠點), 흠지다(흠나다), 흠집(흉터. 허물), 흠처(欠處), 흠축(欠縮;부족이 생김)/나다/내다, 흠포(欠逋), 흠핍(欠乏;이지러져서 모자람), 흠하다(흠뜯다); 무흠하다(無欠), 포흠(逋欠), 휴흠(虧欠) 들.

흠(欽) '공경하다. 삼가다'를 뜻하는 말. ¶흠경(欽敬), 흠명(欽命;황제의 명령), 흠모(欽慕;기쁜 마음으로 사모함), 흠복(欽服;마음속 깊이 존경하여 따름), 흠봉(欽奉;왕이나 황제의 명령), 흠선(欽羨), 흠상(欽尙), 흠상(欽賞), 흠선(欽羨), 흠송(欽頌), 흠송(欽誦), 흠숭(欽崇), 흠앙(欽仰), 흠정[542]/헌법(欽定/憲法), 흠준(欽遵;황제의 명령을 받들어 좇던 일), 흠차(欽差;황제의 파견인), 흠칙(欽勅;임금이 하던 말), 흠쾌하다(欽快;기쁘고 상쾌하다), 흠탄(欽歎;아름다움을 감탄함), 흠휼(欽恤;죄수를 신중하게 심의함), 흠휼지전(欽恤之典) 들.

흠(歆) '신이나 조상의 혼령이 제사 음식을 기쁘게 받다'를 뜻하는 말. ¶흠감(歆感;신이 제물을 받고 감응함), 흠격(歆格;신명이 감응함), 흠향(歆饗;신명이 제물을 받음) 들.

흠실 비교적 가벼운 물체가 크게 흔들리는 모양. ¶선풍기 바람을 맞을 때마다 흠실 흔들리는 책장.

흠지러기 살코기에 지저분하게 흐늘흐늘 매달린 잡살뱅이 주저리고기. ¶흠지러기는 떼어내고 요리하다.

흠탁-하다 우러러보며 만족하다.

흡(吸) '숨을 들이쉬다. 마시다. 빨아들이다'를 뜻하는 말. ¶흡각(吸角;吸鐘), 흡광(吸光)[흡광계(計), 흡광도(度), 흡광분석(分析)], 흡기/기(吸氣/器), 흡기(吸器), 흡력(吸力), 흡묵지(吸墨紙), 흡반(吸盤;빨판), 흡상(吸上), 흡수/관(吸水/管), 흡수(吸收)[543], 흡습(吸濕)[흡습성(性), 흡습제(劑)], 흡연(吸煙), 흡열(吸熱)[흡열반응(反應), 흡열유리], 흡유기(吸乳期), 흡음(吸音)[흡음구조(構造), 흡음력(力), 흡음률(率), 흡음벽(壁), 흡음실(室), 흡음재(材)], 흡인(吸引;빨아들이거나 끌어당김)[흡인깔때기, 흡인되다/하다, 흡인력(力), 흡인여과(濾過), 흡인요법(療法)], 흡입(吸入)[544], 흡장(吸藏), 흡종(吸鐘), 흡착(吸着)[545], 흡촉수(吸觸手), 흡출(吸出;빨아냄), 흡혈(吸血)[흡혈귀(鬼), 흡혈동물(動物), 흡혈마(魔), 흡혈성(性)]; 호흡(呼吸) 들.

흡(洽) '넉넉하게 하다. 두루·널리'를 뜻하는 말. ¶흡람(洽覽;박람), 흡연하다(洽然), 흡의(洽意;뜻에 흡족함), 흡족하다(洽足), 흡한(洽汗;땀에 흠뻑 젖음), 흡합(洽合); 미흡(未洽), 박흡(博洽), 우흡(優洽), 환흡하다(歡洽) 들.

흡(恰) '마치. 꼭'을 뜻하는 말. ¶흡사(恰似;마치), 흡사하다(恰似;거의 같다. 비슷하다).

흡(翕) '합하다. 모으다'를 뜻하는 말. ¶흡연하다(翕然;인심이 한곳으로 쏠리는 정도가 대단하다).

섞어 넣다.

533) 흙주접: 한 가지 농작물만 잇달아 지어서 땅이 메말라지는 현상.

534) 흙창(窓): 창살의 안팎에 종이를 발라 방을 컴컴하게 만든 창.

535) 놀란흙: 한 번 파서 건드린 흙.

536) 몸흙: ①인삼을 재배하는 데 쓰는 거름을 섞은 흙. ②옮겨 심는 식물의 뿌리에 붙어 있는 흙.

537) 바숨흙: 솥의 거푸집을 만들 때 쓰이는 찰기가 강한 흙. 점토(粘土).

538) 벌흙: 광산 구덩이에서 광물이 나기 전의 흙.

539) 살흙: 돌멩이나 모래가 섞이지 않은 순수한 흙.

540) 참흙: 모래와 찰흙이 적절히 섞여 농사에 알맞은 흙.

541) 흠구덕(欠): 남의 허물을 찾아내어 말함. 또는 그 말. 험담(險談). ¶시집 흠구덕이 더 나오지 않을까 염려가 되었다.

542) 흠정(欽定): 황제가 손수 법률 따위를 제정하던 일. 또는 그런 제정.

543) 흡수(吸收): 빨아들임. 자신의 것으로 받아들임. 흩어진 사물을 모아들임. ¶흡수계수(係數), 흡수구(口), 흡수기(器), 흡수능(能), 흡수도(度), 흡수되다/하다, 흡수량(量), 흡수력(力), 흡수성(性), 흡수연고(軟膏), 흡수열(熱), 흡수율(率), 흡수작용(作用), 흡수장치(裝置), 흡수전류(電流), 흡수제(劑), 흡수제어(制御), 흡수조직(組織), 흡수조치(措置), 흡수주의(主義), 흡수지(紙), 흡수한계(限界), 흡수합병(合併); 공명흡수(共鳴).

544) 흡입(吸入): 기체나 액체를 빨아들임. 생각, 감정 따위에 빠짐. ¶산소를 흡입하다. 흡입구(口), 흡입기(器), 흡입되다/하다, 흡입마취(痲醉), 흡입액(液), 흡입약(藥), 흡입요법(吸入), 흡착음(音), 흡입제(劑), 흡입판(瓣), 흡입행정(行程); 산소흡입(酸素).

545) 흡착(吸着): 달라붙음. ¶흡착기(器), 흡착되다/하다, 흡착력(吸着力), 흡착성(性), 흡착수(水), 흡착제(劑), 흡착질(質), 흡착체(體), 흡착평형(平衡).

ㅎ

훗대 질그릇의 모양을 만드는 데 쓰는 나무쪽.

흥¹ 코를 세게 풀거나 코를 울려 내부는 소리. ¶흥흥/거리다/대다/하다, 흥타령[흥타령꾼, 흥타령하다], 흥하다(코를 세게 풀어 소리를 내다).

흥² 시들하게 웃거나 코웃음을 치는 소리. 신이 나서 감탄하는 소리. ¶흥얼[546].

흥(興) 즐거움으로 일어나는 정서나, '일어나다, 일으키다. 행하다. 기쁘다'를 뜻하는 말. ¶흥이 절로 나다. 흥을 북돋우다. 흥겨이(흥겹게), 흥겹다(즐겁다), 흥국(興國), 흥그럽다(여유가 있고 흥겹다), 흥기(興起;떨치고 일어남), 흥김/에, 흥나다(흥이 일어나다), 흥도(興到), 흥란(興闌), 흥륭(興隆;매우 융성하여짐), 흥망/성쇠(興亡/盛衰), 흥미(興味)[흥밋거리, 흥미검사(檢査), 흥미롭다, 흥미진진/하다(津津)], 흥복(興復), 흥분(감정이 북받치거나 분기함)/제/하다(興奮/劑), 흥사(興師), 흥산(興産;산업을 일으킴), 흥성(興盛;매우 왕성하게 일어남), 흥신록(興信錄), 흥신소(興信所), 흥업/건(興業/權), 흥역(興役;공사를 일으킴), 흥와주산(興訛做訕), 흥왕(興旺), 흥융(興戎), 흥진(興振), 흥진비래(興盡悲來), 흥취(興趣;즐거운 멋과 취미), 흥치(興致;흥과 운치), 흥판(興販), 흥패(興敗), 흥폐(興廢), 흥하다(↔망하다), 흥행(興行)[547], 흥황(興況), 흥회(興懷); 가흥(佳興), 감흥(感興), 고흥(高興;고상한 흥취), 광흥(狂興), 만흥(漫興), 발흥(勃興), 발흥(發興), 부흥(復興)[부흥상(相), 부흥회(會); 문예부흥(文藝)], 사흥(史興), 숙흥야매(夙興夜寐), 승흥(乘興), 시흥(詩興), 신흥(新興), 여흥(餘興), 왕흥(旺興), 운흥(雲興), 울흥(蔚興), 유흥(遊興), 융흥(隆興), 작흥(作興), 재흥(再興), 조흥(助興), 좌흥(座興), 주흥(酒興), 중흥(中興), 즉흥(卽興)[즉흥곡(曲), 즉흥극(劇), 즉흥시(詩), 즉흥적(的)], 진흥(振興), 청흥(淸興), 추흥(秋興), 춘흥(春興), 취흥(醉興), 파흥(破興), 패흥(敗興), 필흥(筆興) 들.

흥감 넌덕스러운 말로 실지보다 지나치게 떠벌리는 짓.≒허풍(虛風). ¶흥감을 부리다(흥감스럽게 말하다). 흥감을 피우다. 흥감스럽게 떠들어대다. 흥감스럽다/하다.

흥건-하다 물 같은 것이 잠기거나 괼 정도로 많다.≒넉넉하다. 〈준〉건하다. ¶흥건한 눈물. 논에 물이 흥건하다. 피가 흥건히 고였다. 등에 땀이 흥건하게 배다. 흥건히. 흥덩흥덩[548], 흥떡[549].

흥글 들떠서 건들건들 지내는 모양. ¶흥글거리다/대다, 흥글방망이[550], 흥글벙글/하다, 흥글흥글/하다.

흥떵-이다 둥둥 떠 있으면서 세게 기우뚱거리다. 파도에 흥떵이는 고깃배의 돛대. ¶흥떵흥떵[551].

흥뚱 어떤 일에 정신을 온전히 쓰지 아니하고 꾀를 부리거나 마음이 들떠 행동하는 모양. ¶흥뚱흥뚱 보낸 하루. 흥뚱흥뚱 늑장을 부리다. 흥뚱거리다/대다, 흥뚱항뚱/하다.

흥야라 ①아니꼬운 듯이 세게 콧방귀를 뀌는 모양. ②흥청거리며 흥이 나는 모양.=흥이야/흥야. 흥이야항이야/흥야항야(상관없는 일에 쓸데없이 참견하는 모양)/하다.

흥정 물건을 사고파는 일이나 가격을 의논하는 것.≒거래(去來). 거간(居間). ¶값을 흥정하다. 흥정은 붙이고 싸움은 말리랬다. 배부른 흥정(되면 좋고 안 돼도 크게 아쉽다거나 안타까울 것이 없는 흥정). 흥정거리, 흥정꾼, 흥정바치(장사치), 흥정질/하다, 흥정붙이다, 흥정짐, 흥정판, 흥정하다; 가오리흥정[552], 낱흥정(↔도거리흥정), 단거리흥정(뱃사공이 터주를 위하는 데 쓰려고 납으로 만든 물건을 사는 일), 도거리흥정/도흥정(都), 드림흥정[553], 맞흥정, 모개흥정[554], 박치기흥정(맞흥정), 비싼흥정, 설흥정, 싼흥정, 억매흥정(抑買/賣;부당한 값으로 억지로 팔거나 사거나 하는 흥정), 장흥정(場), 절박흥정(切迫)[555], 제사흥정(祭祀), 주먹흥정, 푼내기흥정(푼돈으로 셈하는 잔 흥정) 들.

흥청 ①흥에 겨워서 마음껏 거드럭거리는 모양.=항청. ②재산이 넉넉하여 돈이나 물건 따위를 아끼지 아니하고 함부로 쓰는 모양. [←흥청회(興淸會)]. ¶돈을 흥청흥청 마구 쓰고 다닌다. ③막대기나 줄 따위가 탄력 있게 흔들리는 모양. ¶그네가 움직일 때마다 나뭇가지는 흥청흥청 흔들린다. 흥청거리다/대다, 흥청망청/하다, 흥청흥청/하다, 흥탕치다[556].

흩(다) 한 곳에 모였던 것을 다 각각 따로따로 떨어지어 헤지게 하다.↔모으다. 거두다. ¶흐트러뜨리다/트리다, 흐트러지다[557], 흩날다/날리다(흩어지며 날리다), 흩는목, 흩던지다, 흩뜨리다/트리다(흩어지게 하다), 흩뿌리다, 흩어놓다, 흩어보기, 흩어뿌리기, 흩어지다[558], 흩이다(흩음을 당하다. 흩어지게 하다), 흩임(흩어 폄), 흩치다(몹시 흩어지게 하다. 흩음을 당하다), 흐너지다[559] 들.

---

546) 흥얼: 흥에 겨워 계속 입속으로 노래 부르는 소리. 또는 그 모양. 남이 알아듣지 못할 말을 입속으로 지껄이는 소리. 또는 그 모양. ¶흥얼거리다/대다, 흥얼흥얼/하다, 흥타령(打令).

547) 흥행(興行): 돈을 받고 연극 · 영화 따위를 구경하는 일. ¶흥행에 실패하다. 흥행권(權), 흥행되다/하다, 흥행몰이, 흥행물(物), 흥행사(師), 흥행세(稅), 흥행업/자(業/者), 흥행장(場), 흥행화/하다(化).

548) 흥덩흥덩: ①물 따위가 거의 넘칠 만큼 많은 모양. ¶물이 흥덩흥덩 찬 저수지. ②건더기는 적고 국물이 너무 많은 모양. ¶무 조각이 흥덩흥덩 떠 있는 국물. 흥덩흥덩하다.

549) 흥떡: ①둥둥 떠서 흥겹게 이리저리 흔들거리는 모양. ¶연못의 연꽃이 흥떡흥떡 춤추다. ②물결이 흥치 있게 굼니는 모양.

550) 흥글-방망이: 흥글거리며 노죽(알랑거림)을 부리거나 능글맞게 노는 꼴을 아니꼬워 이르는 말. ¶흥글방망이놀다(남의 일을 잘 되지 못하게 훼방하다.≒훼방하다).

551) 흥떵흥떵: 떠 있는 바가지 따위를 세게 두드렸을 때 나는 소리. ¶흥떵흥떵 바가지를 두드려 장단을 맞추다.

552) 가오리흥정: 흥정 중에 잘못하여 도리어 값을 올리게 된 흥정.

553) 드림흥정: 물건을 사고 팔 때 값을 여러 차례에 나눠주기로 하는 드림셈을 흥정하는 일.

554) 모개흥정: 한데 몰아서 하는 흥정.

555) 절박흥정(切迫): 융통성이 전혀 없는 빡빡한 흥정.

556) 흥탕치다: ①가진 돈이나 물건을 방탕한 생활에 마구 써 없애다. ②막 뒤범벅을 만들어 놓다.

557) 흐트러지다: 한 곳에 집중하거나 가지런하던 것이 여러 가닥으로 흩어져 이리저리 얽히다. 무질서하게 되다. ¶마음이 흐트러지다. 대오(隊伍)가 흐트러지다. 옷매무새가 흐트러지다.

558) 흩어지다: 여러 개의 물건이나 여러 사람이 따로따로 떨어져, 모이거나 뭉친 상태가 되지 못하게 되다.≒분산하다(分散). 떨어지다. 헤어지다. ↔모이다. 뭉치다. ¶쌀이 바닥에 흩어지다. 시골집이 여기저기 흩어져 있다. 졸업 후 친구들이 뿔뿔이 흩어졌다.

559) 흐너지다: 포개져 있던 작은 물건이 낱낱이 허물어지다. ¶벽돌 더미가

희 바보같이 웃는 소리. 또는 그 모양. ¶실없이 희희 웃다.

-희 인칭대명사 '너, 저' 뒤에 붙어 '그 무리'의 뜻을 나타내는 말. ¶너희, 저희.

희(喜) '기쁘다, 좋아하다, 즐겁다'를 뜻하는 말.↔비(悲). ¶희가극(喜歌劇), 희견천(喜見天), 희경(喜慶), 희극(喜劇)[희극배우(俳優), 희극적(的), 희극영화(映畵), 희극작가(作家), 희극쟁이], 희동안색(喜動顔色), 희로애락(喜怒哀樂), 희락(喜樂), 희로(喜怒), 희보(喜報), 희불자승(喜不自勝), 희비(喜悲)[희비극(劇), 희비쌍곡선(雙曲線), 희비애락(哀樂)], 희사(喜事), 희사(喜捨;남을 위하여 기꺼이 돈이나 물건을 내놓음)[희사금(金), 희사함(函), 희사하다], 희색(喜色), 희색만면/하다(喜色滿面;얼굴에 기쁜 빛이 가득하다), 희소(喜笑), 희소극(喜笑劇), 희소식(喜消息), 희수(喜壽;일흔일곱 살), 희열(喜悅), 희오(喜娛), 희우(喜雨), 희우(喜憂), 희작(喜鵲;까치), 희출망외(喜出望外), 희행하다(喜幸;기쁘고 다행하다), 희희낙락(喜喜樂樂;매우 기뻐하고 즐거워함); 감희(感喜), 경희(慶喜;경사스럽게 여기어 기뻐함), 경희(驚喜;뜻밖의 좋은 일로 몹시 기뻐함), 경희작약(驚喜雀躍), 광희(狂喜), 대희(大喜), 비희(悲喜), 수희(隨喜), 암희(暗喜), 일희일비(一喜一悲), 환희(歡喜), 흔희(欣喜) 등.

희(稀) '드물다. 적다. 묽은. 엷은'을 뜻하는 말.↔농(濃). ¶희가스(稀gas), 희갈색(稀褐色), 희괴(稀怪;썩 드물고 괴이함), 희구서(稀覯書), 희귀(稀貴;드물고 진귀함)[희귀본(本), 희귀종(種), 희귀하다], 희금속(稀金屬), 희년(稀年;稀壽), 희대(稀代;稀世), 희모(稀毛), 희미(稀微;또렷하지 못하고 어렴풋함)[희미롭다/하다], 희박/하다(稀薄;묽거나 엷다. 가망이 적다. 정신 따위가 약하다), 희서(稀書;아주 희귀한 책), 희석(稀釋;용액에 물이나 용매 따위를 가하여 묽게 하는 일)[희석도(度), 희석열(熱), 희석제(劑), 희석하다], 희성(稀姓), 희세(稀世;세상에 드문 일), 희소(稀少)[560], 희소하다(稀疎), 희수(稀壽;일흔 살), 희염산(稀鹽酸), 희옥도정기(稀沃度丁幾), 희원소(稀元素), 희유(稀有;드물게 있음)[희유기체(氣體), 희유원소(元素)], 희인산(稀燐酸), 희종(稀種), 희죽(稀粥;묽게 쑨 죽), 희질산(稀窒酸), 희초산(稀硝酸), 희한하다(稀罕;매우 드물다. 썩 신기하거나 귀하다), 희활하다(稀闊), 희황산(稀黃酸); 고희/연(古稀/宴), 의희하다(依俙/稀;거의 비슷하다. 어렴풋하다), 인희지광(人稀地廣), 진희하다(珍稀) 등.

희(戱) '놀다. 희롱하다. 연극을 하다'를 뜻하는 말. ¶희곡(戱曲), 희구(戱具), 희극(戱劇), 희담(戱談), 희롱(戱弄)[희롱조(調), 희롱지거리, 희롱질/하다; 성희롱(性)], 희묵(戱墨), 희문(戱文), 희살(戱殺;장난을 하다가 잘못하여 사람을 죽임), 희설(戱媟), 희언(戱言), 희영수[561]/하다, 희오(戱娛), 희유(戱遊;실없는 짓을 하고 놂), 희작(戱作;장난삼아 지음), 희짓다[562], 희칭(戱稱), 희필(戱筆), 희학/질(戱謔), 희화(戱化)[희화되다/하다, 희화적(的)], 희화(戱畵)[희화화되다/하다(化)]; 가면희(假面戱), 가무희(歌舞戱), 각희(脚戱;태껸. 씨름), 광희(狂戱), 구희(球戱), 국희(局戱), 극희(劇戱), 마희(魔戱), 비희(秘戱), 성희(性戱), 소희(笑戱), 승희(繩戱;줄타기), 아희(兒戱), 악희(惡戱), 애희(愛戱), 어희(語戱), 연희(演戱), 오희(於戱), 유희(遊戱), 유희(遊戱), 유선희(遊仙戱), 작희(作戱), 잡희(雜戱), 저희(沮戱;지근덕거리며 방해함), 전희(前戱), 조희(嘲戱), 조희(調戱), 치희(稚戱), 화희(火戱), 환희(幻戱), 희희(嬉戱) 등.

희(犧) '신명(神明)에게 바치는 산 짐승. 남이나 어떤 일을 위하여 제 몸이나 재물 따위 귀중한 것을 바침'을 뜻하는 말. ¶희생(犧牲獻身)[563], 희준(犧樽;제례 때 쓰는 술항아리); 공희(供犧) 등.

희(希) '바라다'를 뜻하는 말. ¶희구(希求), 희망(希望;꿈. 뜻)[희망매매(賣買), 희망이익(利益), 희망자(者), 희망적(的), 희망차다/하다], 희원(希願), 희행(喜幸) 등.

희(姬) '아가씨. 여자(女子)'를 뜻하는 말. ¶가희(佳姬), 가희(歌姬), 명희(名姬), 무희(舞姬), 미희(美姬), 애희(愛姬), 요희(妖姬), 총희(寵姬), 행희(幸姬) 등.

희(晞) '마르다. 햇볕에 쬐다'를 뜻하는 말. ¶희관(睎觀;기회를 노리고 엿봄), 희광(曦光;아침 햇빛), 희토(晞土), 희화하다(晞和;온화하다) 등.

희(嬉) '즐기다. 기뻐하다. 놀다'를 뜻하는 말. ¶희소(嬉笑;실없게 웃음), 희유(嬉遊;즐겁게 놂), 희희(嬉戱); 희희(嬉嬉;기뻐서 웃는 모양), 오희(娛嬉) 등.

희(羲) '복희씨(伏羲氏)'의 약칭을 뜻하는 말. ¶희황상인(羲皇上人; 복희씨 이전의 사람이란 뜻으로, 세상일을 초월하여 한가롭게 지내는 사람을 가리킴).

희(欷) '흐느끼다'를 뜻하는 말. ¶희읍(欷泣;흐느끼어 욺), 희환(欷歡) 등.

희(熙) '빛나다. 넓히다. 기뻐하다'를 뜻하는 말. ¶희재(熙載), 희호/세계(熙皞/世界); 광희(光熙) 등.

희(嘻) '웃다'를 뜻하는 말. ¶희희(嘻嘻;즐겁게 웃는 모양이나 소리).

희(噫) '탄식하다. 탄식하는 소리'를 뜻하는 말. ¶희라(아아 슬프도다), 희오(噫嗚) 등.

희(禧) '복(福). 경사스럽다'를 뜻하는 말. ¶희년(禧年), 신희(新禧) 등.

희끈 어지럼증이 심하게 나서 어뜩어뜩하여지는 모양.=희끗[564]. ¶희끈거리다/대다.

흐너지다. 흐너뜨리다/트리다.

560) 희소(稀少): 매우 드물고 적음. ¶그 곳은 인구 희소 지역이다. 희소 상품은 값이 오르기 마련이다. 희소가격(價格), 희소가치(價値), 희소금속(金屬), 희소물자(物資), 희소성(性), 희소원소(元素), 희소하다.

561) 희영수(戱): 남과 더불어 실없는 말이나 짓을 하는 일. ¶희영수를 주고받다. 사랑방에 모여 밤새 희영수를 하다.

562) 희짓다(戱): 남의 일에 방해가 되게 하다.

563) 희생(犧牲): 다른 사람이나 어떤 목적을 위하여 자신의 목숨, 재산, 명예, 이익 따위를 바치거나 버림. 또는 그것을 빼앗김. 제물(祭物)로 바치는 짐승. ¶희생을 무릅쓰다. 희생 제물로 바치다. 희생되다/하다, 희생물(物), 희생번트(bunt), 희생성(性), 희생심(心), 희생양(羊), 희생자(者), 희생적(的), 희생정신(精神), 희생타(打).

564) 희끗: 어지럼증이 나서 어뜩어뜩하여지는 모양. ¶희끗희끗 어질증이 난다. 희끗거리다/대다.

희나리 채 마르지 아니한 생나무 장작. ¶희나리라 잘 타지 않는다. 희나리가 터지는 지 탁탁 튀는 소리가 났다. 희나리쌀(덜 익은 채로 마른 벼의 쌀).

희(다) 순수한 눈빛과 같다.≒하얗다[565]. 눈부시다.↔검다.[←해[태양(太陽)]. ¶희기가 까치 뱃바닥 같다 희/해-; 해끄쑥[566], 해끄무레·희끄무레하다, 희갈색(褐色), 해끔·희끔하다, 해끗·희끗/거리다/대다, 해납작·희넓적하다(얼굴이 하얗고 납작하다), 희누렇다[희누르다, 희누르스레하다, 희누르스름하다, 희누른색(色), 희누름], 희디희다, 해뜩·희뜩거리다/대다, 희뜩머룩이, 해뜩발긋, 해뜩해뜩·희뜩희뜩, 해·희맑다, 해말갛다·희멀겋다, 해말가니·희멀거니, 해말끔·희멀끔하다, 해말쑥·희멀쑥하다, 희무스름/하다, 희묽다[567], 희물그레/하다, 희바래지다, 해반닥[568]·희번덕·희번득거리다/대다, 해반드르르/해반들·희번드르르/희번들하다, 해반주그레·희번주그레하다, 해사하다[569], 해스무레[570]·희스무레, 해슥[571]·희슥/하다, 해쓱하다[572], 희번지르르하다, 희번쩍하다, 희번하다[573]/희번하니, 희부득하다(희고 부유스름하다), 희부연하다(좀 희부옇다), 희부옇다·희뿌옇다, 희부예지다, 희부윰·희뿌윰하다, 희붉다[희불그레, 희불그무레, 희불그스레, 희불그스름, 희불긋하다, 희불기우리, 희불깃], 희붐하다[574]/붐하다, 희붓해지다, 희뿌옇다, 희뿌유스럼하다, 희뿜하다, 희어멀뚱하다, 희엿하다, 희유끄름하다(희읍스름하다), 해읍스름[575]·희읍스름/하다, 희읍스레/하다, 희푸르다, 희푸르스름하다, 희푸릇하다; 흰-(하얀. 깨끗한)[흰가오리, 흰개미, 흰건반(鍵盤), 흰골무떡/흰골무, 흰곰, 흰구름, 흰그루[576], 흰기러기, 흰깨, 흰꼬리수리, 흰나비, 흰누룩, 흰담비, 흰돌비늘, 흰둥이, 흰떡, 흰띠, 흰말, 흰매, 흰머리, 흰멧새, 흰모래, 흰모시, 흰무늬, 흰무리떡, 흰무지기, 흰밥, 흰불나방, 흰비오리, 흰빛, 흰산호(珊瑚), 흰색(色), 흰서리, 흰수라, 흰신, 흰쌀, 흰여울(물이 맑고 깨끗한 여울), 흰엿, 흰오리(흰머리카락), 흰옷, 흰원미(元味), 흰자위/흰자(질)[달걀흰자], 흰죽(粥), 흰쥐, 흰추위(한겨울의 추위), 흰콩, 흰털, 흰팥, 흰풀, 흰피톨(백혈구), 흰회색(灰色)], 하얗다[577]. ☞ 백(白).

희떱(다) ①실속은 없어도 손이 크며 마음이 넓다. 〈준〉희다[578]. ¶제 살림에 맵고 짜다가도 없는 사람 사정 봐줄라 치면 희떱게 굴 줄도 알았다. 희짜뽑다[579]. ②행동이나 말이 실지보다 과장이 많다. ¶희떠운 소리만 한다.

희뜩머룩 씀씀이가 헤프고 싱거워 변변하지 못한 모양. ¶희뜩머룩 싱거운 짓만 한다. 희뜩머룩한 소리만 해대는구나. 희뜩머룩이, 희뜩머룩하다.

희아리 조금 상한 채로 말라서 희끗희끗하게 얼룩이 진 고추.[←희다]. ¶올해는 탄저병이 돌아 희아리가 많다.

희젓 물레를 돌릴 때 쓰는 손잡이.

희-짓다 남의 일에 방해가 되게 하다. ¶남의 일을 희짓고 다니다.

희치희치 ①물건의 바탕이 드문드문 치이거나 미어진 모양. ¶희치희치 낡은 옷. ②물건의 반드러운 면이 스쳐서 군데군데 벗어진 모양. ¶벽면의 칠이 희치희치 벗겨졌다. 마룻장 위의 희치희치 닳은 종 문서가 한갓 종이로 된 문서가 아니라, 살아 있는 생명체같이 느껴졌다. 희치희치하다.

흰- 몇몇 명사 앞에 붙어, '터무니없는. 되지 못한. 실없는'의 뜻을 더하는 말.[←희떱다/희다]. ¶흰목[580], 흰소리[581][흰소리꾼, 흰소리치다/하다], 흰수작(酬酌).

힁-하다 피곤하거나, 놀라거나 또는 머리가 아파서 정신을 못 차릴 만큼 머리가 띵하다. ¶머리가 힁해 잠시도 서 있을 수가 없다.

힁허케 중도에서 지체하지 않고 부리나케. 빠르게 곧장.=힁하니·힁허니.≒빨리. 재빨리. ¶힁허케 나가 버리다. 한눈팔지 말고 힁허케 다녀오너라. 힁허케 가 버렸다. 힁하니 갔다 오다.

히살-스럽다 교활하고 독살스럽다. ¶히살스러운 눈총. 히살스레 쳐다보다.

히잉 말이 우는 소리.=히힝.

힐(詰) '묻다. 따지다. 굽다(펴지 못하다)'를 뜻하는 말. ¶힐거(詰拒; 힐난하며 서로 버팀), 힐굴오아(詰屈聱牙), 힐궁(詰窮), 힐난하다(詰難;캐고 따져서 비난하다), 힐논의(詰論議), 힐단(詰旦), 힐론

565) 하얗다: 어떤 물체가 겉으로 아주 흰색을 띤 상태에 있다.↔까맣다. 〈큰〉허옇다. ¶하얀 종이. 하얀 눈 위를 걷다. 얼굴이 하얗게 질리다. 날이 하얗게 밝았다. 하야말갛다, 하야말끔하다, 하야말쑥하다, 하야스름하다, 하얀빛, 하얀색(色), 하얘지다.

566) 해끄쑥: 빛깔이 조금 희고 깨끗하면서 보기 좋을 정도로 조금 긴 모양. ¶해끄쑥 예쁘게 생기다.

567) 희묽다: 살갗 따위가 희고 보기에 단단하지 못하다.

568) 해반닥: ①눈을 크게 뜨고 흰자위를 굴려 번득이는 모양. ¶눈을 해반닥 굴리다. ②물고기 따위가 몸을 젖히며 번득이는 모양. ¶몸을 해반닥 뒤집는 붕어. 〈큰〉희번덕. 헤번덕.

569) 해사하다: ①얼굴이 하얗고 꽤 곱다. ¶눈이 크고 얼굴이 해사하다. ②표정, 웃음소리 따위가 맑고 깨끗하다. ¶해사하게 웃다. 해사스럽다. ③옷차림, 자태 따위가 말끔하고 깨끗하다.≒말쑥하다. ¶귀공자다운 해사한 면모를 지녔다.

570) 해스무레: 색깔이 조금 옅게 드문드문 하얀 모양. ¶날이 해스무레 밝아오다.

571) 해슥: 색깔이 조금 하얀 모양. 〈센〉해쓱. ¶머리가 해슥 세다. 해슥·해슥하다(얼굴에 핏기가 없고 파르께하다).

572) 해쓱하다: ①얼굴에 핏기나 생기가 없어 파리하다. 창백하다. ②두드러지게 하얗다.

573) 희번하다: 동이 트며 허연빛이 조금 비쳐서 번하다.

574) 희붐하다: 날이 새려고 빛이 희미하게 돌아 약간 밝은 듯하다. ¶희붐한 어둑새벽이 야산을 넘어오기 시작했다.

575) 해읍스름: 조금 하얀 모양. 〈큰〉희읍스름. ¶날이 해읍스름 밝아오다.

576) 흰그루: 지난겨울에 곡식을 심었던 땅.

577) 하얗다: ①매우 희다. 〈큰〉허옇다. ¶하야말갛다, 허여멀겋다, 하야말쑥하다, 허여멀쑥하다, 하양, 하얘지다, 허예지다, 해오라기/해오리, 해읍스레하다, 해읍스름하다; 새하얗다, 시허옇다, 새하얘지다, 시허예지다. ②뜬눈으로 지내다. ¶밤을 하얗게 새우다.

578) 희다: 사람이나 그 언행이 속은 비어 보잘것없으나 겉은 그럴듯하고 호화롭다. 말이나 행동이 분에 넘치며 버릇이 없다.

579) 희짜뽑다: 속은 그렇지 않으나 짐짓 희떱게 굴다. 짐짓 분수에 넘치게 굴다. ¶괜스레 거들먹거리며 희짜뽑다.

580) 흰목: 터무니없이 자기 힘을 뽐냄. 희떱게 으스대며 잔뜩 빼어 휘두르는 목. ¶그는 두 놈이 한꺼번에 덤벼도 자신 있다며 흰목을 썼다. 흰목을 뽑다/ 빼다.

581) 흰소리: 터무니없이 자랑으로 떠벌리거나 희떱게 하는 말.≒큰소리. 호언(豪言). 흰수작(酬酌). ¶흰소리를 늘어놓다. 흰소리를 치다.

(詰論), 힐문(詰問;따져서 물음), 힐문답(詰問答), 힐박(詰駁), 힐조(詰朝;이른 아침), 힐주(詰誅;죄를 따져 응징함), 힐책(詰責;잘못을 꾸짖음), 힐척(詰斥;잘못된 점을 따져서 물리침), 힐항(詰抗;힐난하여 반항함), 힐항(頡頏); 구힐(究詰;끝까지 따져 꾸짖음), 논힐(論詰), 상힐(相詰), 언힐(言詰), 쟁힐(爭詰) 들.

힐(黠) '약다. 영리하다. 교활하다'를 뜻하는 말. ¶간힐하다(奸黠), 교힐하다(狡黠), 혜힐하다(慧黠;약삭빠르다) 들.

힘 사람이나 동물이 몸에 갖추고 있으면서 스스로 움직이거나, 또는 다른 물건을 움직이게 하는 근육의 작용. 정지하고 있는 물체를 움직이게 하고, 또 움직이는 상태를 변화시키거나 아주 정지시키는 작용. 능력(能力)이나 효력(效力). 도움이나 은덕. 정성이나 노력. 폭력(暴力).≒기력(氣力). 기운(氣運). 원기(元氣). ¶그는 힘이 센 사람이다. 힘이 되어 주다. 힘을 기울이다. 힘자라는 데까지 돕다. 보약의 힘. 힘에는 힘으로 대항하다. 힘겨루기, 힘겨룸/하다, 힘겹다(힘에 부쳐서 능히 당해 내기가 어렵다), 힘겨이(힘겹게), 힘기르기, 힘껏(꽉. 잔뜩. 기껏), 힘꼴[582], 힘꾼(힘이 센 사람), 힘나다, 힘내기/하다, 힘내다(꾸준히 힘을 써서 일을 행하다. 분발하다), 힘다리(북돋아주는 힘), 힘담없다(말소리가 풀이 죽다)/없이, 힘담주다(힘차게 말하거나 강조하다), 힘닿다[583], 힘들다/들어지다, 힘들이다(기운을 발휘하다.≒노력하다. 애쓰다), 힘바리(힘이 세고 힘으로만 하려는 사람), 힘받이[힘받잇감, 힘받이천], 힘보다(힘을 입다), 힘부림(힘겨룸)/하다, 힘부치다[584], 힘빼물다(힘이 센 체하다), 힘살(근육. 힘이 뻗치는 기세), 힘세다(힘이 많다), 힘스럽다(힘이 있어 보이다), 힘실어주기, 힘싸움(세력 투쟁), 힘써(힘을 들여서. 힘껏), 힘쓰다(≒돕다. 힘주다. 애쓰다), 힘양(量;힘의 분량), 힘없다[585], 힘입다(어떤 힘의 도움을 받다), 힘있다(힘이 세다), 힘자라다(힘닿다), 힘자랑/하다, 힘장사(壯士), 힘쟁이, 힘점(點)[586], 힘주다(힘을 한곳으로 몰다. 어떠한 일이나 말을 강조하다), 힘줄, 힘줄기(힘줄. 힘이 뻗친 줄기), 힘줄끈, 힘줌말(뜻을 강조하는 말), 힘지다[587], 힘차다[588]; 가늠힘(평형 능력), 간힘[589], 개힘[590], 견딜힘(참고 견디어 내는 힘. 인내력), 경힘(經)[591], 계힘(戒;불교에서, 계율에 공을 쌓은 힘), 굳은힘(모질게 쓰는 힘), 깔힘[592], 끄는힘(두 물체가 서로 끌어당기는 힘. 견인력), 끌힘[인력(引力), 내밀힘[593], 냅뜰힘[594], 누르는힘, 눈힘(바라보는 눈길의 힘), 다리힘, 당길힘(견인력), 뒤힘(등댈 만한 힘), 듣는힘[청력(聽力)], 등힘[595], 뜰힘[부력(浮力)], 물힘, 밑힘(밑바탕에 깔린 힘), 반작용힘(反作用), 발힘(발로 무엇을 할 수 있는 힘), 밥힘, 배힘(배에 주는 힘), 버틸힘(지구력), 분자간힘(分子間;분자와 분자 사이에서 작용하는 힘), 살힘(구매력), 속힘(속에 숨어 있는 힘. 실력), 손힘(손의 힘), 쌍힘(雙;짝힘), 아귀힘[596], 안간힘(모질음), 억지힘(무리하게 쓰는 힘), 온힘, 제힘(자기 자신의 힘), 죽을힘[597], 중힘(中), 쥘힘[악력(握力)], 짝힘[598], 참을힘(참고 견디는 힘), 튈힘[탄력(彈力)], 풀힘[599], 헛힘/심(보람 없이 쓰는 힘), 홑힘(남의 도움이 없는 자기 혼자의 힘), 황소힘(매우 센 힘). ☞ 역(力). 심.

힘힘 남의 일인 양 모르는 체하는 모양. ¶힘힘하다.

힝 ①활기 있고 힘 있게 거동하는 모양. ¶집으로 힝 달려가다. ②코를 갑자기 소리 내어 푸는 소리. 아니꼬워서 코로 비웃는 소리. ¶코를 힝 풀다. ③아이가 어른에게 무엇을 달라고 콧소리를 내며 조르는 모양. ¶아버지에게 힝 조르는 아이. 힝힝거리다/대다/하다.

힝뚱 일에 정성이 없거나 마음이 들떠서 건들건들 지내는 모양. ¶힝뚱거리다/대다, 힝뚱항뚱, 힝뚱힝뚱/하다.

---

582) 힘꼴: 힘깨나 쓰는 완력. 약간 정도의 힘. ¶힘꼴이나 쓰다(힘깨나 쓰다. 세력이나 권력이 있다).

583) 힘닿다: 사람이 능력이나 권세, 위력이 이르다.≒힘자라다. ¶내 힘닿는 한은 너를 도울 테니 기운 좀 내라.

584) 힘부치다: 어떤 일에 힘이 모자라다. 힘겹다. ¶힘부친일.

585) 힘없다: ①기력이 없다. ¶힘없이 걷다. ②어떤 일을 처리할 능력이 모자라다.

586) 힘점(點): 지레 따위로 어떤 물체를 움직일 경우 그 물체에 힘이 작용하는 점.

587) 힘지다: 힘이 있다. 힘이 들 만하다. ¶말끝을 힘지게 맺다.

588) 힘차다: ①힘이 있고 씩씩하다.≒강하다. 드세다. 세차다. ¶힘찬 박수소리. ②힘에 겹다. 힘이 많이 들어 벅차다. ¶힘찬 일에 시달리다.

589) 간힘: 숨을 쉬는 것도 억지로 참으면서 고통을 이겨내려고 애쓰는 힘. ¶아무리 간힘을 써도 바위는 움직이지 않았다. 간힘을 쓰다(간힘을 주어 애를 쓰다), 간힘을 주다(간힘을 아랫배로 내려 밀다), 안간힘[-깐-](불만·고통·울화 따위를 참으려고 하지만 저절로 터져 나오는 간힘).

590) 개힘: 본래의 힘이 아닌, 분위기나 기분에 휩쓸려서 일시적으로 나는 힘.

591) 경힘(經): 경을 읽음으로써 생기는 힘이나 공덕.

592) 깔힘: 힘쓰는 사람을 직접 돕지는 않으나 곁에서 같이 밑받침해주는 힘. ¶팔씨름을 구경하는 사람들도 깔힘이 쓰인다.

593) 내밀힘: 특히 경제력 따위에서, 자신 있게 내세울 만한 힘. ¶내밀힘이 있어야 엄두라도 내보지.

594) 냅뜰힘: 기운차게 앞질러 나서는 힘.=추진력(推進力). 박력(迫力).

595) 등힘: 손등에서 어깨까지 고르게 뻗는 힘. ¶등힘이 좋아야 활도 잘 쏜다. 야구경기에서 투수는 등힘이 뛰어나야 빠른 공을 던질 수 있다.

596) 아귀힘: 손아귀에 잡고 쥐는 힘.

597) 죽을힘: 죽기를 각오한 채 목숨을 아끼지 않고 쓰는 힘. 사력(死力). ¶죽을힘을 다하여 덤비다.

598) 짝힘: 물리학에서, 한 물체에서 작용하는 크기가 같고 방향이 반대인 두 평형한 힘.≒쌍힘(雙). 우력(偶力).

599) 풀힘: 천이나 종이 같은 데 먹인 풀의 빳빳한 기운.